二十四史(附《清史稿》)

(第十二卷)

中州古籍出版社

《詩史青》(中)変四十三

清史稿（下）

赵尔巽等撰

清史稿（下）

清史稿(下)目录

卷二百十四　列传一
　后妃
　　显祖宣皇后 …… 1119
　　　继妃 …… 1119
　　　庶妃 …… 1119
　　太祖孝慈高皇后 …… 1119
　　　元妃 …… 1119
　　　继妃 …… 1119
　　　大妃 …… 1120
　　　寿康太妃 …… 1120
　　　诸妃 …… 1120
　　太宗孝端文皇后 …… 1120
　　　孝庄文皇后 …… 1120
　　　敏惠恭和元妃 …… 1120
　　　懿靖大贵妃 …… 1120
　　　康惠淑妃 …… 1121
　　　诸妃 …… 1121
　　世祖废后 …… 1121
　　　孝惠章皇后 …… 1121
　　　孝康章皇后 …… 1121
　　　孝献皇后 …… 1121
　　　淑惠妃 …… 1122
　　　诸妃 …… 1122
　　圣祖孝诚仁皇后 …… 1122
　　　孝昭仁皇后 …… 1122
　　　孝懿仁皇后 …… 1122
　　　孝恭仁皇后 …… 1122
　　　敬敏皇贵妃 …… 1122
　　　定妃 …… 1122
　　　通嫔 …… 1122
　　　悫怡皇贵妃 …… 1122
　　　悫惠皇贵妃 …… 1122
　　　诸妃 …… 1122
　　世宗孝敬宪皇后 …… 1123
　　　孝圣宪皇后 …… 1123
　　　敦肃皇贵妃 …… 1123
　　　纯悫皇贵妃 …… 1123
　　　诸妃 …… 1123
　　高宗孝贤纯皇后 …… 1123
　　　皇后乌喇那拉氏 …… 1123
　　　孝仪纯皇后 …… 1124
　　　慧贤皇贵妃 …… 1124
　　　纯惠皇贵妃 …… 1124
　　　庆恭皇贵妃 …… 1124
　　　哲悯皇贵妃 …… 1124
　　　淑嘉皇贵妃 …… 1124
　　　婉贵太妃 …… 1124
　　　诸妃 …… 1124
　　仁宗孝淑睿皇后 …… 1124
　　　孝和睿皇后 …… 1124
　　　恭顺皇贵妃 …… 1124
　　　和裕皇贵妃 …… 1124
　　　诸妃 …… 1124
　　宣宗孝穆成皇后 …… 1124
　　　孝慎成皇后 …… 1124
　　　孝全成皇后 …… 1125
　　　孝静成皇后 …… 1125
　　　庄顺皇贵妃 …… 1125
　　　彤贵妃 …… 1125
　　　诸妃 …… 1125
　　文宗孝德显皇后 …… 1125
　　　孝贞显皇后 …… 1125
　　　孝钦显皇后 …… 1125
　　　庄静皇贵妃 …… 1126
　　　玫贵妃 …… 1126
　　　端恪皇贵妃 …… 1126
　　　诸妃 …… 1126
　　穆宗孝哲毅皇后 …… 1126
　　　淑慎皇贵妃 …… 1126
　　　庄和皇贵妃 …… 1126
　　　敬懿皇贵妃 …… 1126
　　　荣惠皇贵妃 …… 1126
　　德宗孝定景皇后 …… 1126
　　　端康皇贵妃 …… 1127
　　　恪顺皇贵妃 …… 1127
　　宣统皇后 …… 1127
　　　淑妃 …… 1127
卷二百十五　列传二
　诸王一
　　景祖诸子
　　　武功郡王礼敦 …… 1127
　　　　孙色勒 …… 1127

　　　　慧哲郡王额尔衮 …………………… 1128
　　　　宣献郡王斋堪 ……………………… 1128
　　　　恪恭贝勒塔察篇古 ………………… 1128
　　显祖诸子
　　　　诚毅勇壮贝勒穆尔哈齐 …………… 1128
　　　　　子襄敏贝子务达海 ……………… 1128
　　　　庄亲王舒尔哈齐 …………………… 1128
　　　　　子阿敏 …………………………… 1129
　　　　阿敏子温简贝子固尔玛珲 ………… 1129
　　　　固尔玛珲子镇国襄敏公瓦三 ……… 1129
　　　　舒尔哈齐子郑献亲王济尔哈朗 …… 1129
　　　　济尔哈朗子简纯亲王济度 ………… 1130
　　　　济度子简亲王喇布 ………………… 1130
　　　　　简修亲王雅布 …………………… 1131
　　　　雅布从孙简仪亲王德沛 …………… 1131
　　　　济尔哈朗子辅国武襄公巴尔堪 …… 1131
　　　　巴尔堪子辅国襄愍公巴赛 ………… 1131
　　　　舒尔哈齐诸孙 辅国公品级札喀纳 … 1132
　　　　镇国公品级屯齐 …………………… 1133
　　　　镇国将军洛托 ……………………… 1133
　　　　通达郡王雅尔哈齐 ………………… 1133
　　　　笃义刚果贝勒巴雅喇 ……………… 1133
卷二百十六　列传三
　　诸王二
　　　太祖诸子一
　　　　广略贝勒褚英 ……………………… 1134
　　　　　子安平贝勒杜度 ………………… 1134
　　　　杜度子慤厚贝勒杜尔祜 …………… 1134
　　　　　贝子穆尔祜 ……………………… 1134
　　　　　恪僖贝子特尔祜 ………………… 1135
　　　　　怀愍贝子萨弼 …………………… 1135
　　　　褚英子敬谨庄亲王尼堪 …………… 1135
　　　　礼烈亲王代善 ……………………… 1135
　　　　　子巽简亲王满达海 ……………… 1136
　　　　代善子克勤郡王岳托 ……………… 1137
　　　　　颖毅亲王萨哈璘 ………………… 1139
　　　　　谦襄郡王瓦克达 ………………… 1140
　　　　　辅国公玛占 ……………………… 1140
卷二百十七　列传四
　　诸王三
　　　太祖诸子二
　　　　镇国勤敏公阿拜 …………………… 1141
　　　　镇国克洁将军汤古代 ……………… 1141
　　　　莽古尔泰 …………………………… 1141
　　　　辅国慤厚公塔拜 …………………… 1141
　　　　饶馀敏郡王阿巴泰 ………………… 1142
　　　　　子安和亲王岳乐 ………………… 1142
　　　　　温良贝子博和托 ………………… 1143
　　　　博和托子贝子彰泰 ………………… 1143
　　　　阿巴泰孙悼愍贝子苏布图 ………… 1144
　　　　镇国恪僖公巴布泰 ………………… 1144
　　　　德格类 ……………………………… 1144
　　　　巴布海 ……………………………… 1144
　　　　阿济格 ……………………………… 1144
　　　　辅国介直公赖慕布 ………………… 1146
卷二百十八　列传五
　　诸王四
　　　太祖诸子三
　　　　睿忠亲王多尔衮 …………………… 1146
　　　　豫通亲王多铎 ……………………… 1148
　　　　　子信宣和郡王多尼 ……………… 1149
　　　　多铎子信郡王董额 ……………… 1150
　　　　辅国恪僖公察尼 ………………… 1150
　　　　费扬果 ……………………………… 1150
卷二百十九　列传六
　　诸王五
　　　太宗诸子
　　　　肃武亲王豪格 ……………………… 1150
　　　　　子温良郡王猛峨 ………………… 1151
　　　　　猛峨子延信 ……………………… 1151
　　　　　辅国公叶布舒 …………………… 1151
　　　　承泽裕亲王硕塞 …………………… 1152
　　　　　庄恪亲王允禄 …………………… 1152
　　　　　镇国悫厚公高塞 ………………… 1152
　　　　　辅国公品级常舒 ………………… 1152
　　　　　辅国公韬塞 ……………………… 1152
　　　　襄昭亲王博穆博果尔 ……………… 1152
　　　世祖诸子
　　　　裕宪亲王福全 ……………………… 1152
　　　　荣亲王 ……………………………… 1153
　　　　恭亲王常宁 ………………………… 1153
　　　　纯靖亲王隆禧 ……………………… 1153
卷二百二十　列传七
　　诸王六
　　　圣祖诸子
　　　　贝子品级允禔 ……………………… 1154
　　　　理密亲王允礽 ……………………… 1154
　　　　诚隐郡王允祉 ……………………… 1155
　　　　恒温亲王允祺 ……………………… 1156
　　　　淳度亲王允祐 ……………………… 1156
　　　　允禩 ………………………………… 1156
　　　　允禟 ………………………………… 1157
　　　　辅国公允䄉 ………………………… 1157
　　　　怡贤亲王允祥 ……………………… 1158
　　　　恂勤郡王允禵 ……………………… 1159
　　　　愉恪郡王允祹 ……………………… 1159
　　　　果毅亲王允礼 ……………………… 1159
　　　　　果恭郡王弘曕 …………………… 1159
　　　　简靖贝勒允祎 ……………………… 1159
　　　　慎靖郡王允禧 ……………………… 1159

质庄亲王永瑢 …………… 1159
　　恭勤贝勒允祐 …………… 1159
　　郡王品级诚贝勒允祁 …… 1160
　　诚恪亲王允祕 …………… 1160
　世宗诸子
　　端亲王弘晖 ……………… 1160
　　和恭亲王弘昼 …………… 1160
　　怀亲王福惠 ……………… 1160
卷二百二十一　列传八
　诸王七
　高宗诸子
　　定安亲王永璜 …………… 1160
　　端慧太子永琏 …………… 1161
　　循郡王永璋 ……………… 1161
　　荣纯亲王永琪 …………… 1161
　　哲亲王永琮 ……………… 1161
　　仪慎亲王永璇 …………… 1161
　　成哲亲王永瑆 …………… 1161
　　贝勒永瑆 ………………… 1161
　　庆僖亲王永璘 …………… 1162
　仁宗诸子
　　穆郡王 …………………… 1162
　　惇恪亲王绵恺 …………… 1162
　　　惇勤亲王奕誴 ………… 1162
　　瑞怀亲王绵忻 …………… 1163
　　惠端亲王绵愉 …………… 1163
　宣宗诸子
　　隐志郡王奕纬 …………… 1163
　　顺和郡王奕纲 …………… 1163
　　慧质郡王奕继 …………… 1163
　　恭忠亲王奕䜣 …………… 1163
　　醇贤亲王奕譞 …………… 1164
　　钟端郡王奕詥 …………… 1165
　　孚敬郡王奕譓 …………… 1165
　文宗子
　　悯郡王 …………………… 1165
卷二百二十二　列传九
　阿哈出 ……………………… 1165
　　子释加奴 ………………… 1165
　　　猛哥不花 ……………… 1166
　　释加奴子李满住 ………… 1166
　　李满住孙完者秃 ………… 1167
　　脱罗子脱原保 …………… 1167
　王杲 ………………………… 1167
　　王兀堂 …………………… 1168
卷二百二十三　列传十
　万 …………………………… 1168
　　子虎尔干 ………………… 1169
　　孟格布禄 ………………… 1169
　　虎尔干子岱善 …………… 1169

　　孟格布禄子吴尔古代 …… 1170
　杨吉砮 ……………………… 1170
　　兄清佳砮 ………………… 1170
　　清佳砮子布寨 …………… 1170
　　杨吉砮子纳林布禄 ……… 1170
　　　金台石 ………………… 1171
　　布寨子布扬古 …………… 1172
　布占泰 ……………………… 1172
　拜音达里 …………………… 1173
卷二百二十四　列传十一
　张煌言 ……………………… 1174
　　张名振 …………………… 1175
　　王翊等 …………………… 1175
　　郑成功 …………………… 1175
　　　子锦 …………………… 1176
　　　锦子克塽 ……………… 1177
　李定国 ……………………… 1177
卷二百二十五　列传十二
　额亦都 ……………………… 1179
　费英东 ……………………… 1179
　　子索海 …………………… 1180
　　孙倭黑 …………………… 1180
　何和礼 ……………………… 1180
　　子多积礼 ………………… 1181
　　和硕图 …………………… 1181
　　都类 ……………………… 1181
　安费扬古 …………………… 1181
　扈尔汉 ……………………… 1181
卷二百二十六　列传十三
　扬古利 ……………………… 1182
　劳萨 ………………………… 1183
　　子程尼 …………………… 1184
　图鲁什 ……………………… 1184
　　子巴什泰 ………………… 1184
　觉罗拜山 …………………… 1184
　　子顾纳岱 ………………… 1184
　　顾纳岱子莫洛浑 ………… 1185
　西喇布 ……………………… 1185
　　子马喇希 ………………… 1185
　阿兰珠 ……………………… 1185
　　阿兰珠弟布尔堪 ………… 1185
　纳尔察 ……………………… 1185
　　纳尔察子瑚沙 …………… 1185
　达音布 ……………………… 1186
　朗格 ………………………… 1186
　　朗格子和托 ……………… 1186
　　　从弟雍舜 ……………… 1186
　玛尔当图 …………………… 1186
　　玛尔当图子乌库理 ……… 1186
　喀喇 ………………………… 1187

喀喇孙舒里浑 …… 1187	阿山 …… 1195
洛多欢 …… 1187	**卷二百二十八　列传十五**
崆古图 …… 1187	额尔德尼 …… 1196
巴笃理 …… 1187	噶盖 …… 1196
穆克谭 …… 1187	噶盖子武善 …… 1196
穆克谭子爱音塔穆 …… 1188	布善 …… 1196
达珠瑚 …… 1188	布善子夸扎 …… 1196
达珠瑚子翁阿岱 …… 1188	达海 …… 1197
卷二百二十七　列传十四	尼堪 …… 1197
常书 …… 1188	库尔缠 …… 1198
弟扬书 …… 1188	弟库拜 …… 1198
子察哈喇 …… 1189	英俄尔岱 …… 1198
孙叶玺 …… 1189	满达尔汉 …… 1199
曾孙辰布禄 …… 1189	弟马福塔 …… 1199
察哈喇子富喇克塔 …… 1189	明安达礼 …… 1199
扬书子达尔汉 …… 1189	**卷二百二十九　列传十六**
达尔汉子鄂罗塞臣 …… 1189	明安 …… 1200
康果礼 …… 1190	子昂洪 …… 1200
弟喀克都哩 …… 1190	多尔济 …… 1200
哈哈纳 …… 1190	恩格类 …… 1201
哈哈纳弟绰和诺 …… 1190	恩格类从子布当 …… 1201
绰和诺从子富喀禅 …… 1190	布颜代 …… 1201
叶克书 …… 1191	恩格德尔 …… 1201
叶克书子道喇 …… 1191	子额尔克戴青 …… 1201
博尔晋 …… 1191	古尔布什 …… 1201
子特锦 …… 1191	鄂齐尔桑 …… 1202
孙玛沁 …… 1192	布尔喀图 …… 1202
曾孙康喀喇 …… 1192	弼喇什 …… 1202
雅希禅 …… 1192	色尔格克 …… 1202
子恭衮 …… 1192	阿济拜 …… 1202
讷尔特 …… 1192	恩格图 …… 1203
拉笃浑 …… 1192	鄂本兑 …… 1203
舒赛 …… 1192	和济格尔 …… 1203
舒赛子西兰 …… 1192	和济格尔子拜音达里 …… 1203
西兰子席特库 …… 1192	阿赖 …… 1203
景固勒岱 …… 1192	布延 …… 1203
景固勒岱从弟崇阿 …… 1193	阿尔沙瑚 …… 1204
扬善 …… 1193	阿尔沙瑚兄子果尔沁 …… 1204
弟伊逊 …… 1193	额琳奇岱青 …… 1204
纳都祜 …… 1193	德参济旺 …… 1204
从弟武赖 …… 1193	多尔济达尔罕 …… 1204
冷格里 …… 1193	奇塔特彻尔贝 …… 1204
子穆成格 …… 1193	洛哩 …… 1205
弟纳穆泰 …… 1194	弟沙哩岱 …… 1205
从弟谭布 …… 1194	奇塔特伟征 …… 1205
萨穆什喀 …… 1194	奇塔特伟征弟额尔格勒珠尔 …… 1205
弟雅赖 …… 1194	喀兰图 …… 1205
洪尼雅喀 …… 1195	扎克托会 …… 1205
子武拉禅 …… 1195	衮楚克图英 …… 1205
弟萨苏喀 …… 1195	珲津 …… 1205

沙尔布 ··· 1205
卷二百三十　列传十七
　　武理堪 ··· 1206
　　　子吴拜 ······································· 1206
　　　　苏拜 ······································· 1207
　　　苏拜子和托 ··································· 1207
　　武纳格 ··· 1207
　　　子德穆图 ····································· 1207
　　　　齐墨克图 ··································· 1207
　　阿什达尔汉 ····································· 1208
　　　苏纳 ··· 1208
　　　固三泰 ······································· 1208
　　　固三泰子明阿图 ······························· 1208
　　　明阿图子赛弼翰 ······························· 1208
　　　瑚什布 ······································· 1209
　　　瑚什布子穆彻纳 ······························· 1209
　　鄂莫克图 ······································· 1209
　　喀山 ··· 1209
　　喀山子纳海 ····································· 1209
　　安达立 ··· 1209
　　绰拜 ··· 1210
　　布丹 ··· 1210
　　孙达哩 ··· 1210
　　吉思哈 ··· 1210
　　　弟吉普喀达 ··································· 1210
　　　吴巴海 ······································· 1210
　　康喀勒 ··· 1210
　　　从兄子和托 ··································· 1211
　　　　玛拉 ······································· 1211
　　　兄孙通嘉 ····································· 1211
　　　萨璧翰 ······································· 1211
卷二百三十一　列传十八
　　佟养性 ··· 1211
　　　孙国瑶 ······································· 1212
　　李永芳 ··· 1212
　　石廷柱 ··· 1212
　　马光远 ··· 1213
　　　弟光辉 ······································· 1214
　　李思忠 ··· 1214
　　　子荫祖 ······································· 1214
　　　荫祖子钶 ····································· 1215
　　金玉和 ··· 1215
　　　子维城 ······································· 1215
　　　王一屏 ······································· 1215
　　　一屏子国光 ··································· 1215
　　　国光子永誉 ··································· 1215
　　孙得功 ··· 1216
　　张士彦 ··· 1216
　　　士彦子朝璘 ··································· 1216
　　金砺 ··· 1216

卷二百三十二　列传十九
　　希福 ··· 1216
　　　子帅颜保 ····································· 1217
　　　曾孙嵩寿 ····································· 1217
　　范文程 ··· 1217
　　　子承勋 ······································· 1218
　　　子承斌 ······································· 1219
　　　承斌子时捷 ··································· 1219
　　　时捷孙建中 ··································· 1219
　　宁完我 ··· 1219
　　鲍承先 ··· 1221
卷二百三十三　列传二十
　　图尔格 ··· 1222
　　　兄彻尔格 ····································· 1222
　　伊尔登 ··· 1223
　　　弟超哈尔 ····································· 1223
　　　超哈尔子额赫里 ······························· 1223
　　巴奇兰 ··· 1224
　　　岱松阿 ······································· 1224
　　　岱松阿子阿纳海 ······························· 1224
　　　　巴汉 ······································· 1224
　　齐尔格申 ······································· 1224
　　　巴都里 ······································· 1224
　　　巴都里从弟子海都 ····························· 1224
　　　托克雅 ······································· 1224
　　叶臣 ··· 1225
　　　子车尔布 ····································· 1225
　　　苏鲁迈 ······································· 1225
　　　苏鲁迈子苏尔济 ······························· 1226
　　　　鄂洛顺 ····································· 1226
　　　　翁鄂洛 ····································· 1226
　　珠玛喇 ··· 1226
　　　瓦尔喀珠玛喇 ································· 1226
　　　瓦尔喀珠玛喇弟伊玛喇 ························· 1227
卷二百三十四　列传二十一
　　孔有德 ··· 1227
　　　全节 ··· 1229
　　耿仲明 ··· 1229
　　　子继茂 ······································· 1229
　　　继茂子昭忠 ··································· 1230
　　　　聚忠 ······································· 1230
　　尚可喜 ··· 1230
　　　子之孝 ······································· 1231
　　沈志祥 ··· 1232
　　　兄子永忠 ····································· 1232
　　　永忠子瑞 ····································· 1232
　　祖大寿 ··· 1232
　　　子泽润 ······································· 1234
　　　泽溥 ··· 1234
　　　泽洪 ··· 1234

泽洪子良璧 ………………………… 1234
　　大寿养子可法 ………………………… 1235
　　　从子泽远 ………………………… 1235
卷二百三十五　列传二十二
　图赖 ………………………… 1235
　准塔 ………………………… 1236
　伊尔德 ………………………… 1236
　努山 ………………………… 1237
　阿济格尼堪 ………………………… 1237
　佟图赖 ………………………… 1238
卷二百三十六　列传二十三
　陈泰 ………………………… 1238
　阿尔津 ………………………… 1239
　李国翰 ………………………… 1239
　　子海尔图 ………………………… 1240
　　　桑额 ………………………… 1240
　卓布泰 ………………………… 1240
　　弟巴哈 ………………………… 1241
　卓罗 ………………………… 1241
　　四世孙永庆 ………………………… 1241
　爱星阿 ………………………… 1241
　　子富善 ………………………… 1241
　逊塔 ………………………… 1241
　　子马锡泰 ………………………… 1242
　　从弟都尔德 ………………………… 1242
卷二百三十七　列传二十四
　洪承畴 ………………………… 1242
　　夏成德 ………………………… 1244
　孟乔芳 ………………………… 1244
　　张文衡 ………………………… 1246
　张存仁 ………………………… 1246
卷二百三十八　列传二十五
　蒋赫德 ………………………… 1247
　额色赫 ………………………… 1248
　车克 ………………………… 1248
　觉罗巴哈纳 ………………………… 1248
　宋权 ………………………… 1248
　傅以渐 ………………………… 1249
　吕宫 ………………………… 1249
　成克巩 ………………………… 1249
　金之俊 ………………………… 1250
　　谢升 ………………………… 1250
　　胡世安 ………………………… 1250
　　王永吉 ………………………… 1250
　党崇雅 ………………………… 1250
　　卫周祚 ………………………… 1251
　　高尔俨 ………………………… 1251
　　张端 ………………………… 1251
卷二百三十九　列传二十六
　沈文奎 ………………………… 1251

　李栖凤 ………………………… 1252
　　马鸣佩 ………………………… 1253
　马国柱 ………………………… 1253
　　罗绣锦 ………………………… 1254
　　　绣锦弟绘锦 ………………………… 1255
　　雷兴 ………………………… 1255
　　王来用 ………………………… 1255
　　丁文盛 ………………………… 1255
　　　子思孔 ………………………… 1255
　祝世昌 ………………………… 1255
卷二百四十　列传二十七
　李国英 ………………………… 1256
　刘武元 ………………………… 1257
　库礼 ………………………… 1257
　胡全才 ………………………… 1257
　申朝纪 ………………………… 1258
　马之先 ………………………… 1258
　刘弘遇 ………………………… 1258
　于时跃 ………………………… 1258
　苏弘祖 ………………………… 1258
　吴景道 ………………………… 1258
　李日芃 ………………………… 1259
　刘清泰 ………………………… 1259
　佟岱 ………………………… 1259
　秦世祯 ………………………… 1259
　陈锦 ………………………… 1260
卷二百四十一　列传二十八
　科尔昆 ………………………… 1260
　觉善 ………………………… 1261
　甘都 ………………………… 1261
　谭拜 ………………………… 1261
　　法谭 ………………………… 1261
　席特库 ………………………… 1262
　蓝拜 ………………………… 1262
　鄂硕 ………………………… 1262
　伊拜 ………………………… 1263
　　弟库尔阐 ………………………… 1263
　阿哈尼堪 ………………………… 1263
　　星讷 ………………………… 1263
　褚库 ………………………… 1264
卷二百四十二　列传二十九
　觉罗果科 ………………………… 1264
　　觉罗阿克善 ………………………… 1264
　敦拜 ………………………… 1265
　　哈宁阿 ………………………… 1265
　　硕詹 ………………………… 1265
　　　硕詹孙达色 ………………………… 1265
　济席哈 ………………………… 1265
　　弟费雅思哈 ………………………… 1266
　噶达浑 ………………………… 1266

费扬武 …… 1266	锡图库 …… 1281
爱松古 …… 1266	博尔辉 …… 1281
兴鼐 …… 1267	冷僧机 …… 1281
兴鼐兄孙哈尔奇 …… 1267	**卷二百四十七　列传三十四**
达素 …… 1267	彭而述 …… 1282
喀尔塔喇 …… 1267	陆振芬 …… 1282
喀尔塔喇子赫特赫 …… 1267	姚延著 …… 1282
卷二百四十三　列传三十	毕振姬 …… 1282
沙尔虎达 …… 1268	方国栋 …… 1283
子巴海 …… 1268	于朋举 …… 1283
安珠瑚 …… 1268	王天鉴 …… 1283
刘之源 …… 1268	赵廷标 …… 1283
吴守进 …… 1269	**卷二百四十八　列传三十五**
巴山 …… 1269	许定国 …… 1284
张大猷 …… 1269	刘良佐 …… 1284
喀喀木 …… 1270	左梦庚 …… 1284
梁化凤 …… 1270	郝效忠 …… 1284
子鼐 …… 1271	徐勇 …… 1284
刘芳名 …… 1271	卢光祖 …… 1284
胡有升 …… 1271	田雄 …… 1284
杨名高 …… 1271	马得功 …… 1285
刘光弼 …… 1272	张天禄 …… 1285
刘仲锦 …… 1272	弟天福 …… 1285
卷二百四十四　列传三十一	赵之龙 …… 1285
赵开心 …… 1272	孙可望 …… 1285
杨义 …… 1273	白文选 …… 1286
林起龙 …… 1273	**卷二百四十九　列传三十六**
朱克简 …… 1273	索尼 …… 1286
成性 …… 1274	苏克萨哈 …… 1287
王命岳 …… 1274	苏纳海 …… 1288
李森先 …… 1275	朱昌祚 …… 1288
李呈祥 …… 1275	王登联 …… 1288
魏琯 …… 1275	白尔赫图 …… 1288
李裀 …… 1276	遏必隆 …… 1288
季开生 …… 1276	子尹德 …… 1288
弟振宜 …… 1276	鳌拜 …… 1288
张煊 …… 1277	弟穆里玛 …… 1289
卷二百四十五　列传三十二	班布尔善 …… 1289
刚林 …… 1277	**卷二百五十　列传三十七**
祁充格 …… 1277	李霨 …… 1289
冯铨 …… 1278	孙廷铨 …… 1290
孙之獬 …… 1278	杜立德 …… 1290
李若琳 …… 1278	冯溥 …… 1290
陈名夏 …… 1278	王熙 …… 1291
陈之遴 …… 1279	弟燕 …… 1292
刘正宗 …… 1279	吴正治 …… 1292
张缙彦 …… 1279	黄机 …… 1292
卷二百四十六　列传三十三	宋德宜 …… 1292
谭泰 …… 1279	子骏业 …… 1293
何洛会 …… 1280	伊桑阿 …… 1293

子伊都立	1293		子弘灿	1309
阿兰泰	1293		弘燮	1309
子富宁安	1294		王进宝	1309
徐元文	1294		子用予	1309
弟秉义	1294		王万祥	1310
卷二百五十一 列传三十八			孙思克	1310
图海	1295		马进良	1311
李之芳	1296		卷二百五十六 列传四十三	
卷二百五十二 列传三十九			蔡毓荣	1311
甘文焜	1297		哈占	1312
子国璧	1297		杭爱	1312
范承谟	1297		鄂善	1312
子时崇	1298		华善	1313
马雄镇	1298		董卫国	1313
傅弘烈	1298		佟国正	1313
卷二百五十三 列传四十			周有德	1313
莫洛	1298		张德地	1314
陈福	1299		伊辟	1314
王之鼎	1299		王继文	1314
费雅达	1299		卷二百五十七 列传四十四	
李兴元	1299		赵国祚	1315
陈启泰	1300		许贞	1315
吴万福	1300		周球	1315
陈丹赤	1300		徐治都	1316
马琾	1300		胡世英	1316
叶映榴	1300		唐希顺	1316
卷二百五十四 列传四十一			李麟	1317
赉塔	1301		赵应奎	1317
穆占	1302		赵赖	1317
莽依图	1302		李芳述	1317
觉罗舒恕	1303		陈世凯	1318
勒贝	1303		许占魁	1318
佛尼埒	1303		卷二百五十八 列传四十五	
坤	1304		希福	1319
鄂泰	1304		珠满	1319
吴丹	1304		玛奇	1319
毕力克图	1304		额赫讷	1319
噶尔汉	1304		洪世禄	1319
阿密达	1305		彰库	1319
鄂克济哈	1305		鄂克逊	1320
觉罗吉哈里	1305		莽奕禄	1320
拉哈达	1305		沙纳哈	1320
察哈泰	1306		偏图	1320
根特	1306		瑚里布	1321
华善	1306		达理善	1321
席卜臣	1306		额楚	1321
希尔根	1306		穆成额	1321
卷二百五十五 列传四十二			额斯泰	1321
张勇	1307		布舒库	1322
赵良栋	1308		塔勒岱	1322

瓦岱 ……… 1322
　　桑格 ……… 1322
　　伊巴罕 ……… 1322
　沃申 ……… 1323
　　武穆笃 ……… 1323
　瑚图 ……… 1323
　　玛哈达 ……… 1323
　杰殷 ……… 1324
　　弟杰都 ……… 1324
　瓦尔喀 ……… 1324
卷二百五十九　列传四十六
　宜里布 ……… 1324
　哈克三 ……… 1325
　阿尔护 ……… 1325
　路什 ……… 1325
　雅赉 ……… 1325
　扩尔坤 ……… 1326
　王承业 ……… 1326
　　王忠孝 ……… 1326
卷二百六十　列传四十七
　姚启圣 ……… 1326
　　子仪 ……… 1327
　吴兴祚 ……… 1327
　施琅 ……… 1328
　　朱天贵 ……… 1329
卷二百六十一　列传四十八
　杨捷 ……… 1329
　　石调声 ……… 1329
　万正色 ……… 1330
　吴英 ……… 1330
　蓝理 ……… 1330
　黄梧 ……… 1331
　　子芳度 ……… 1331
　　兄子芳世 ……… 1331
　　　芳泰 ……… 1332
　穆赫林 ……… 1332
　段应举 ……… 1332
卷二百六十二　列传四十九
　魏裔介 ……… 1333
　熊赐履 ……… 1333
　李光地 ……… 1334
卷二百六十三　列传五十
　王弘祚 ……… 1336
　姚文然 ……… 1336
　魏象枢 ……… 1337
　朱之弼 ……… 1337
　赵申乔 ……… 1338
卷二百六十四　列传五十一
　郝维讷 ……… 1339
　任克溥 ……… 1340

　刘鸿儒 ……… 1340
　刘楗 ……… 1341
　　朱裴 ……… 1341
　张廷枢 ……… 1341
卷二百六十五　列传五十二
　汤斌 ……… 1342
　　孙之旭 ……… 1343
　陆陇其 ……… 1343
　张伯行 ……… 1344
　　子师载 ……… 1344
卷二百六十六　列传五十三
　叶方蔼 ……… 1345
　沈荃 ……… 1345
　励杜讷 ……… 1345
　　子廷仪 ……… 1346
　　廷仪子宗万 ……… 1346
　徐元珙 ……… 1346
　许三礼 ……… 1346
　王士禛 ……… 1347
　韩菼 ……… 1347
　汤右曾 ……… 1348
卷二百六十七　列传五十四
　张玉书 ……… 1348
　李天馥 ……… 1349
　吴琠 ……… 1349
　张英 ……… 1349
　　子廷瓒 ……… 1350
　　廷璐 ……… 1350
　　廷瑑 ……… 1350
　陈廷敬 ……… 1350
　温达 ……… 1351
　　穆和伦 ……… 1351
　萧永藻 ……… 1351
　嵩祝 ……… 1351
　王顼龄 ……… 1351
卷二百六十八　列传五十五
　米思翰 ……… 1352
　　子李荣保 ……… 1352
　顾八代 ……… 1352
　玛尔汉 ……… 1353
　田六善 ……… 1353
　杜臻 ……… 1354
　萨穆哈 ……… 1354
卷二百六十九　列传五十六
　索额图 ……… 1355
　明珠 ……… 1355
　　余国柱 ……… 1356
　　佛伦 ……… 1356
卷二百七十　列传五十七
　郝浴 ……… 1356

子林 ……………………… 1357
　　杨素蕴 …………………… 1357
　　郭琇 ……………………… 1358
卷二百七十一　列传五十八
　　徐乾学 …………………… 1359
　　　翁叔元 ………………… 1359
　　王鸿绪 …………………… 1359
　　高士奇 …………………… 1360
卷二百七十二　列传五十九
　　汤若望 …………………… 1361
　　杨光先 …………………… 1362
　　南怀仁 …………………… 1362
卷二百七十三　列传六十
　　李率泰 …………………… 1363
　　赵廷臣 …………………… 1363
　　　袁懋功 ………………… 1364
　　　徐旭龄 ………………… 1364
　　郎廷佐 …………………… 1364
　　　弟廷相 ………………… 1364
　　　郎永清 ………………… 1364
　　　永清子廷极 …………… 1365
　　佟凤彩 …………………… 1365
　　麻勒吉 …………………… 1365
　　　阿席熙 ………………… 1366
　　　玛祜 …………………… 1366
　　施维翰 …………………… 1366
卷二百七十四　列传六十一
　　杨雍建 …………………… 1366
　　姚缔虞 …………………… 1367
　　朱弘祚 …………………… 1367
　　　子纲 …………………… 1368
　　王骘 ……………………… 1368
　　宋荦 ……………………… 1368
　　陈诜 ……………………… 1369
卷二百七十五　列传六十二
　　格尔古德 ………………… 1369
　　　金世德 ………………… 1369
　　赵士麟 …………………… 1369
　　郭世隆 …………………… 1370
　　傅腊塔 …………………… 1370
　　马如龙 …………………… 1371
卷二百七十六　列传六十三
　　石琳 ……………………… 1371
　　　兄子文晟 ……………… 1371
　　徐潮 ……………………… 1371
　　　子杞 …………………… 1372
　　贝和诺 …………………… 1372
　　　子马喇 ………………… 1372
　　　陶岱 …………………… 1372
　　博霁 ……………………… 1372

　　觉罗华显 ………………… 1372
　　蒋陈锡 …………………… 1373
　　　子涟 …………………… 1373
　　　洞 ……………………… 1373
　　刘荫枢 …………………… 1373
　　音泰 ……………………… 1373
　　鄂海 ……………………… 1374
　　卫既齐 …………………… 1374
卷二百七十七　列传六十四
　　于成龙 …………………… 1374
　　　孙准 …………………… 1375
　　彭鹏 ……………………… 1375
　　陈瑸 ……………………… 1376
　　陈鹏年 …………………… 1377
　　施世纶 …………………… 1377
卷二百七十八　列传六十五
　　慕天颜 …………………… 1378
　　阿山 ……………………… 1379
　　噶礼 ……………………… 1379
卷二百七十九　列传六十六
　　杨方兴 …………………… 1380
　　朱之锡 …………………… 1380
　　　崔维雅 ………………… 1381
　　靳辅 ……………………… 1381
　　　陈潢 …………………… 1383
　　　宋文运 ………………… 1383
　　　董讷 …………………… 1383
　　　熊一潇 ………………… 1383
　　　于成龙 ………………… 1383
　　　孙在丰 ………………… 1384
　　　开音布 ………………… 1384
　　　张鹏翮 ………………… 1384
卷二百八十　列传六十七
　　郎坦 ……………………… 1385
　　朋春 ……………………… 1386
　　萨布素 …………………… 1386
　　玛拉 ……………………… 1387
卷二百八十一　列传六十八
　　费扬古 …………………… 1388
　　　满丕 …………………… 1389
　　　硕岱 …………………… 1389
　　　素丹 …………………… 1389
　　　马斯喀 ………………… 1389
　　　佟国纲 ………………… 1389
　　　迈图 …………………… 1390
　　　格斯泰 ………………… 1390
　　阿南达 …………………… 1390
　　　子阿喇纳 ……………… 1390
　　吉勒塔布 ………………… 1391
　　殷化行 …………………… 1391

潘育龙 …… 1392
　孙绍周 …… 1392
　　从孙之善 …… 1392
额伦特 …… 1392
　康泰 …… 1392
　　泰弟海 …… 1393
卷二百八十二　列传六十九
　姜希辙 …… 1393
　余缙 …… 1393
　德格勒 …… 1393
　陈紫芝 …… 1394
　笪重光 …… 1394
　任弘嘉 …… 1394
　高层云 …… 1394
　沈恺曾 …… 1394
　龚翔麟 …… 1395
　高遐昌 …… 1395
卷二百八十三　列传七十
　觉罗武默讷 …… 1395
　舒兰 …… 1396
　　拉锡 …… 1396
　　拉锡子旺札尔 …… 1396
　　旺札尔子博灵阿 …… 1396
　图理琛 …… 1396
　何国宗 …… 1397
卷二百八十四　列传七十一
　觉罗满保 …… 1398
　陈䇿 …… 1398
　施世骠 …… 1398
　蓝廷珍 …… 1398
　　族弟鼎元 …… 1399
　林亮 …… 1399
　　何勉 …… 1399
　　陈伦炯 …… 1399
　欧阳凯 …… 1399
　　罗万仓 …… 1400
　　游崇功 …… 1400
卷二百八十五　列传七十二
　王紫绶 …… 1400
　袁州佐 …… 1400
　黎士弘 …… 1400
　多弘安 …… 1401
　　佟国聘 …… 1401
　王缵 …… 1401
　　田呈瑞 …… 1401
　张孟球 …… 1401
卷二百八十六　列传七十三
　王掞 …… 1402
　　子奕清 …… 1402
　　　奕鸿 …… 1402

劳之辨 …… 1402
朱天保 …… 1403
陶彝 …… 1403
　任坪 …… 1403
　范长发 …… 1403
　邹图云 …… 1403
　陈嘉猷 …… 1403
　王允晋 …… 1403
　李允符 …… 1403
　范允锵 …… 1403
　高玢 …… 1403
　高怡 …… 1403
　赵成穗 …… 1403
　孙绍曾 …… 1403
　邵瑸 …… 1404
卷二百八十七　列传七十四
　佟国维 …… 1404
　马齐 …… 1404
　　子富良 …… 1405
　　弟马武 …… 1405
　　马武子保祝 …… 1405
　阿灵阿 …… 1405
　　子阿尔松阿 …… 1405
　揆叙 …… 1405
　鄂伦岱 …… 1405
卷二百八十八　列传七十五
　鄂尔泰 …… 1406
　　弟鄂尔奇 …… 1407
　　子鄂弼 …… 1407
　　鄂宁 …… 1407
　张廷玉 …… 1407
　　子若霭 …… 1408
　　若澄 …… 1408
　　若淳 …… 1408
　　从子若淮 …… 1408
卷二百八十九　列传七十六
　朱轼 …… 1409
　徐元梦 …… 1410
　蒋廷锡 …… 1410
　　子溥 …… 1411
　迈柱 …… 1411
　　白潢 …… 1412
　　赵国麟 …… 1412
　田从典 …… 1412
　　子懋 …… 1412
　高其位 …… 1413
　逊柱 …… 1413
　尹泰 …… 1413
　陈元龙 …… 1413
卷二百九十　列传七十七

杨名时 …… 1414	胡期恒 …… 1436
黄叔琳 …… 1414	卷二百九十六　列传八十三
子登贤 …… 1415	岳钟琪 …… 1436
方苞 …… 1415	季父超龙 …… 1438
王兰生 …… 1415	超龙子钟璜 …… 1438
留保 …… 1416	钟琪子濬 …… 1438
胡煦 …… 1416	策棱 …… 1439
魏廷珍 …… 1416	子成衮扎布 …… 1440
任兰枝 …… 1416	车布登扎布 …… 1440
蔡世远 …… 1417	卷二百九十七　列传八十四
沈近思 …… 1417	查郎阿 …… 1440
雷鋐 …… 1417	傅尔丹 …… 1441
卷二百九十一　列传七十八	马尔赛 …… 1442
海望 …… 1418	李杕 …… 1442
三和 …… 1418	庆复 …… 1442
莽鹄立 …… 1418	李质粹 …… 1443
杭奕禄 …… 1419	张广泗 …… 1443
傅鼐 …… 1419	卷二百九十八　列传八十五
陈仪 …… 1420	噶尔弼 …… 1444
刘师恕 …… 1420	法喇 …… 1444
焦祈年 …… 1420	查克丹 …… 1444
李徽 …… 1421	钦拜 …… 1445
王国栋 …… 1421	常赉 …… 1445
许容 …… 1421	哈元生 …… 1445
蔡仕舢 …… 1421	子尚德 …… 1445
卷二百九十二　列传七十九	董芳 …… 1445
高其倬 …… 1422	查弼纳 …… 1446
金铁 …… 1422	达福 …… 1446
杨宗仁 …… 1423	定寿 …… 1446
子文乾 …… 1423	素图 …… 1446
孔毓珣 …… 1423	卷二百九十九　列传八十六
斐㑩度 …… 1424	马会伯 …… 1447
子宗锡 …… 1425	从兄际伯 …… 1447
唐执玉 …… 1425	际伯弟见伯 …… 1447
杨永斌 …… 1425	觌伯 …… 1447
卷二百九十三　列传八十	路振扬 …… 1447
李绂 …… 1426	韩良辅 …… 1448
蔡珽 …… 1427	弟良卿 …… 1448
谢济世 …… 1428	子勋 …… 1448
陈学海 …… 1428	杨天纵 …… 1448
卷二百九十四　列传八十一	王郡 …… 1449
李卫 …… 1429	宋爱 …… 1449
田文镜 …… 1430	卷三百　列传八十七
宪德 …… 1430	沈起元 …… 1450
诺岷 …… 1431	何师俭 …… 1450
陈时夏 …… 1432	唐继祖 …… 1450
王士俊 …… 1432	马维翰 …… 1451
卷二百九十五　列传八十二	余甸 …… 1451
隆科多 …… 1433	王叶滋 …… 1451
年羹尧 …… 1433	刘而位 …… 1451

卷三百一　列传八十八	庄存与 …… 1469
讷亲 …… 1452	刘星炜 …… 1470
傅恒 …… 1453	王昶 …… 1470
子福灵安 …… 1454	卷三百六　列传九十三
福隆安 …… 1454	曹一士 …… 1470
福隆安子丰绅济伦 …… 1454	李慎修 …… 1471
傅恒子福长安 …… 1454	李元直 …… 1471
卷三百二　列传八十九	陈法 …… 1471
徐本 …… 1455	胡定 …… 1471
汪由敦 …… 1455	仲永檀 …… 1472
子承霈 …… 1455	柴潮生 …… 1472
来保 …… 1455	储麟趾 …… 1474
刘纶 …… 1456	卷三百七　列传九十四
子跃云 …… 1456	尹继善 …… 1474
刘统勋 …… 1456	刘於义 …… 1475
子墉 …… 1457	陈大受 …… 1476
孙镮之 …… 1458	张允随 …… 1477
卷三百三　列传九十	陈宏谋 …… 1477
福敏 …… 1458	卷三百八　列传九十五
陈世倌 …… 1458	那苏图 …… 1479
史贻直 …… 1459	杨超曾 …… 1479
阿克敦 …… 1459	徐士林 …… 1480
孙嘉淦 …… 1460	邵基 …… 1480
梁诗正 …… 1462	王师 …… 1481
卷三百四　列传九十一	尹会一 …… 1481
张照 …… 1463	王恕 …… 1481
甘汝来 …… 1463	方显 …… 1482
陈德华 …… 1464	子桂 …… 1483
王安国 …… 1464	冯光裕 …… 1483
刘吴龙 …… 1464	杨锡绂 …… 1483
杨汝穀 …… 1464	潘思榘 …… 1484
张泰开 …… 1465	胡宝瑔 …… 1485
秦蕙田 …… 1465	卷三百九　列传九十六
彭启丰 …… 1465	崔纪 …… 1486
梦麟 …… 1465	喀尔吉善 …… 1486
卷三百五　列传九十二	子定长 …… 1487
钱陈群 …… 1466	孙鄂云布 …… 1487
子汝诚 …… 1467	雅尔图 …… 1487
汝诚子臻 …… 1467	晏斯盛 …… 1487
沈德潜 …… 1467	瑚宝 …… 1488
金德瑛 …… 1467	卫哲治 …… 1488
钱载 …… 1468	苏昌 …… 1488
齐召南 …… 1468	鹤年 …… 1489
陈兆仑 …… 1468	吴达善 …… 1489
兆仑孙桂生 …… 1468	崔应阶 …… 1490
董邦达 …… 1468	王检 …… 1490
钱维城 …… 1469	吴士功 …… 1490
邹一桂 …… 1469	卷三百十　列传九十七
谢埔 …… 1469	齐苏勒 …… 1491
金甡 …… 1469	嵇曾筠 …… 1492

子璜 … 1492	豆斌 … 1512
高斌 … 1493	端济布 … 1512
从子高晋 … 1494	诺尔本 … 1512
完颜伟 … 1495	**卷三百十六　列传一百三**
顾琮 … 1495	瑚尔起 … 1513
白钟山 … 1496	爱隆阿 … 1513
卷三百十一　列传九十八	弟巴灵阿 … 1513
哈攀龙 … 1496	舒明 … 1513
子国兴 … 1497	福禄 … 1514
任举 … 1497	齐里克齐 … 1514
冶大雄 … 1498	阎相师 … 1514
马良柱 … 1498	伊柱 … 1514
本进忠 … 1498	努三 … 1514
刘顺 … 1499	乌勒登 … 1514
卷三百十二　列传九十九	**卷三百十七　列传一百四**
傅清 … 1499	王无党 … 1515
拉布敦 … 1499	吴进义 … 1515
班第 … 1500	谭行义 … 1515
子巴禄 … 1500	李勋 … 1515
鄂容安 … 1500	樊廷 … 1516
纳穆札尔 … 1501	武进升 … 1516
三泰 … 1501	马负书 … 1516
卷三百十三　列传一百	范毓馪 … 1516
兆惠 … 1502	**卷三百十八　列传一百五**
阿里衮 … 1503	阿桂 … 1516
子丰升额 … 1504	子阿迪斯 … 1519
布彦达赉 … 1505	阿必达 … 1519
舒赫德 … 1505	**卷三百十九　列传一百六**
子舒常 … 1506	于敏中 … 1519
卷三百十四　列传一百一	和珅 … 1520
策楞 … 1506	弟和琳 … 1521
子特通额 … 1507	苏凌阿 … 1521
特清额 … 1507	**卷三百二十　列传一百七**
特成额 … 1507	三宝 … 1522
玉保 … 1507	永贵 … 1522
达尔党阿 … 1507	蔡新 … 1522
哈达哈 … 1508	程景伊 … 1523
子哈宁阿 … 1508	梁国治 … 1523
永常 … 1508	英廉 … 1523
觉罗雅尔哈善 … 1508	彭元瑞 … 1524
富德 … 1509	纪昀 … 1524
萨赖尔 … 1510	陆锡熊 … 1524
卷三百十五　列传一百二	陆费墀 … 1524
高天喜 … 1510	**卷三百二十一　列传一百八**
鄂实 … 1510	裘曰修 … 1524
三格 … 1511	吴绍诗 … 1525
和起 … 1511	子垣 … 1525
唐喀禄 … 1511	坛 … 1526
阿敏道 … 1511	阎循琦 … 1526
满福 … 1512	王际华 … 1526

曹秀先 …… 1526	韩鑅 …… 1546
周煌 …… 1526	卷三百二十六 列传一百十三
子兴岱 …… 1527	开泰 …… 1546
曹文埴 …… 1527	阿尔泰 …… 1547
杜玉林 …… 1527	桂林 …… 1547
王士棻 …… 1527	温福 …… 1548
金简 …… 1527	卷三百二十七 列传一百十四
子缊布 …… 1528	刘藻 …… 1548
卷三百二十二 列传一百九	杨应琚 …… 1549
窦光鼐 …… 1528	子重英 …… 1549
李漱芳 …… 1529	苏尔相 …… 1549
范宜宾 …… 1529	明瑞 …… 1549
曹锡宝 …… 1529	卷三百二十八 列传一百十五
谢振定 …… 1529	常青 …… 1550
钱沣 …… 1529	蓝元枚 …… 1551
尹壮图 …… 1530	蔡攀龙 …… 1551
卷三百二十三 列传一百十	梁朝桂 …… 1551
黄廷桂 …… 1531	普吉保 …… 1552
鄂弥达 …… 1532	丁朝雄 …… 1552
杨廷璋 …… 1532	鄂辉 …… 1552
庄有恭 …… 1533	舒亮 …… 1552
李侍尧 …… 1534	卷三百二十九 列传一百十六
弟奉尧 …… 1535	宋元俊 …… 1553
伍弥泰 …… 1535	薛琮 …… 1554
官保 …… 1535	张芝元 …… 1554
卷三百二十四 列传一百十一	董天弼 …… 1554
方观承 …… 1536	柴大纪 …… 1555
富明安 …… 1537	卷三百三十 列传一百十七
周元理 …… 1537	福康安 …… 1555
李湖 …… 1538	孙士毅 …… 1557
李瀚 …… 1538	明亮 …… 1558
李世杰 …… 1538	卷三百三十一 列传一百十八
袁守侗 …… 1539	海兰察 …… 1559
郑大进 …… 1539	子安禄 …… 1561
刘峨 …… 1540	奎林 …… 1561
陆耀 …… 1540	珠勒格德 …… 1562
管干贞 …… 1541	和隆武 …… 1562
蒋兆奎 …… 1541	额森特 …… 1562
胡季堂 …… 1541	普尔普 …… 1563
卷三百二十五 列传一百十二	卷三百三十二 列传一百十九
李清时 …… 1542	富勒浑 …… 1563
姚立德 …… 1542	文绶 …… 1564
李宏 …… 1542	刘秉恬 …… 1564
子奉翰 …… 1543	查礼 …… 1565
奉翰子亨特 …… 1543	鄂宝 …… 1565
何煟 …… 1543	颜希深 …… 1566
子裕城 …… 1544	徐绩 …… 1566
吴嗣爵 …… 1544	觉罗图思德 …… 1566
萨载 …… 1544	彰宝 …… 1566
兰第锡 …… 1545	徐嗣曾 …… 1567

陈步瀛	1567
孙永清	1567
郭世勋	1568
毕沅	1568

卷三百三十三　列传一百二十

五岱	1569
五福	1569
海禄	1570
成德	1570
马彪	1571
常青	1571
官达色	1571
乌什哈达	1572
瑚尼勒图	1572
敖成	1572
图钦保	1572
木塔尔	1572
岱森保	1573
翁果尔海	1573
珠尔杭阿	1573
哲森保	1573

卷三百三十四　列传一百二十一

马全	1574
牛天畀	1574
阿尔素纳	1574
张大经	1574
曹顺	1574
敦住	1575
乌尔纳	1575
科玛	1575
佛伦泰	1575
达兰泰	1575
萨尔吉岱	1575
常禄保	1575
玛尔占	1575
库勒德	1576
穆哈纳	1576
国兴	1576
巴西萨	1576
扎拉丰阿	1576
观音保	1576
李全	1576
王玉廷	1576
珠鲁讷	1576
许世亨	1576
子文谟	1577
尚维升	1577
张朝龙	1577
李化龙	1577
邢敦行	1577

台斐英阿	1577
阿满泰	1578
花连布	1578
明安图	1578

卷三百三十五　列传一百二十二

富僧阿	1579
伊勒图	1579
胡贵	1579
俞金鳌	1579
尹德禧	1580
刚塔	1580

卷三百三十六　列传一百二十三

叶士宽	1580
陈梦说	1580
介锡周	1580
方浩	1581
金溶	1581
张维寅	1581
顾光旭	1581
沈善富	1582
方昂	1582
唐侍陛	1582
张冲之	1583

卷三百三十七　列传一百二十四

卢焯	1583
图尔炳阿	1583
阿思哈	1584
宫兆麟	1584
杨景素	1584
闵鹗元	1585

卷三百三十八　列传一百二十五

塞楞额	1585
周学健	1585
鄂昌	1585
鄂乐舜	1586
彭家屏	1586
李因培	1586
常安	1586
福崧	1587

卷三百三十九　列传一百二十六

恒文	1588
郭一裕	1588
蒋洲	1588
杨灏	1588
高恒	1588
子高朴	1588
王亶望	1589
勒尔谨	1589
陈辉祖	1589
郑源璹	1589

国泰 ………………………………… 1589
　郝硕 ………………………………… 1590
良卿 ………………………………… 1590
　方世俊 ……………………………… 1590
钱度 ………………………………… 1590
觉罗伍拉纳 ………………………… 1590
　浦霖 ………………………………… 1591
卷三百四十　列传一百二十七
　王杰 ………………………………… 1591
　董诰 ………………………………… 1592
　朱珪 ………………………………… 1593
卷三百四十一　列传一百二十八
　庆桂 ………………………………… 1593
　刘权之 ……………………………… 1594
　戴衢亨 ……………………………… 1594
　戴均元 ……………………………… 1595
　托津 ………………………………… 1595
　章煦 ………………………………… 1596
　卢荫溥 ……………………………… 1596
卷三百四十二　列传一百二十九
　保宁 ………………………………… 1597
　松筠 ………………………………… 1597
　　子熙昌 …………………………… 1598
　富俊 ………………………………… 1598
　　窦心传 …………………………… 1599
　　博启图 …………………………… 1599
卷三百四十三　列传一百三十
　书麟 ………………………………… 1599
　　弟广厚 …………………………… 1600
　觉罗吉庆 …………………………… 1600
　觉罗长麟 …………………………… 1600
　费淳 ………………………………… 1601
　百龄 ………………………………… 1601
　伯麟 ………………………………… 1602
卷三百四十四　列传一百三十一
　勒保 ………………………………… 1602
　额勒登保 …………………………… 1604
　　胡时显 …………………………… 1606
　德楞泰 ……………………………… 1606
卷三百四十五　列传一百三十二
　永保 ………………………………… 1608
　惠龄 ………………………………… 1608
　宜绵 ………………………………… 1609
　　子瑚素通阿 ……………………… 1610
　英善 ………………………………… 1610
　福宁 ………………………………… 1610
　景安 ………………………………… 1610
　秦承恩 ……………………………… 1611
卷三百四十六　列传一百三十三
　恒瑞 ………………………………… 1611

庆成 ………………………………… 1612
七十五 ……………………………… 1613
富志那 ……………………………… 1613
亮禄 ………………………………… 1613
卷三百四十七　列传一百三十四
　杨遇春 ……………………………… 1614
　　子国桢 …………………………… 1615
　吴廷刚 ……………………………… 1615
　祝廷彪 ……………………………… 1615
　游栋云 ……………………………… 1615
　罗思举 ……………………………… 1616
　桂涵 ………………………………… 1617
　包相卿 ……………………………… 1617
卷三百四十八　列传一百三十五
　赛冲阿 ……………………………… 1617
　温春 ………………………………… 1618
　色尔滚 ……………………………… 1618
　苏尔慎 ……………………………… 1619
　阿哈保 ……………………………… 1619
　纶布春 ……………………………… 1619
　格布舍 ……………………………… 1619
　札克塔尔 …………………………… 1620
　桑吉斯塔尔 ………………………… 1620
　马瑜 ………………………………… 1620
　蒲尚佐 ……………………………… 1621
　薛大烈 ……………………………… 1621
　罗声皋 ……………………………… 1622
　薛升 ………………………………… 1622
卷三百四十九　列传一百三十六
　王文雄 ……………………………… 1622
　朱射斗 ……………………………… 1623
　　子树 ……………………………… 1623
　穆克登布 …………………………… 1623
　富成 ………………………………… 1624
　穆维 ………………………………… 1624
　施缙 ………………………………… 1624
　李绍祖 ……………………………… 1624
　宋延清 ……………………………… 1625
　袁国璜 ……………………………… 1625
　何元卿 ……………………………… 1625
　诸神保 ……………………………… 1625
　达三泰 ……………………………… 1625
　德龄 ………………………………… 1625
　保兴 ………………………………… 1625
　凝德 ………………………………… 1625
　多尔济扎布 ………………………… 1625
　王凯 ………………………………… 1625
　王懋赏 ……………………………… 1626
　惠伦 ………………………………… 1626
　安禄 ………………………………… 1626

佛住 ……… 1626
西津泰 ……… 1626
丰伸布 ……… 1626
阿尔萨朗 ……… 1626
乌什哈达 ……… 1626
和兴额 ……… 1627
卷三百五十　列传一百三十七
李长庚 ……… 1627
　子廷钰 ……… 1628
　胡振声 ……… 1628
王得禄 ……… 1628
邱良功 ……… 1628
　陈步云 ……… 1628
许松年 ……… 1628
黄标 ……… 1629
　林国良 ……… 1629
　许廷桂 ……… 1629
卷三百五十一　列传一百三十八
沈初 ……… 1629
金士松 ……… 1629
邹炳泰 ……… 1629
戴联奎 ……… 1630
王懿修 ……… 1630
　子宗诚 ……… 1630
黄钺 ……… 1630
卷三百五十二　列传一百三十九
姜晟 ……… 1630
金光悌 ……… 1631
祖之望 ……… 1631
韩崶 ……… 1631
卷三百五十三　列传一百四十
达椿 ……… 1632
　子萨彬图 ……… 1632
铁保 ……… 1632
　弟玉保 ……… 1633
和瑛 ……… 1633
觉罗桂芳 ……… 1633
卷三百五十四　列传一百四十一
万承风 ……… 1634
周系英 ……… 1634
钱樾 ……… 1634
秦瀛 ……… 1635
李宗瀚 ……… 1635
韩鼎晋 ……… 1635
朱方增 ……… 1635
卷三百五十五　列传一百四十二
魁伦 ……… 1636
广兴 ……… 1636
初彭龄 ……… 1637
卷三百五十六　列传一百四十三
洪亮吉 ……… 1638
　管世铭 ……… 1639
谷际岐 ……… 1640
李仲昭 ……… 1640
石承藻 ……… 1640
卷三百五十七　列传一百四十四
吴熊光 ……… 1641
汪志伊 ……… 1642
陈大文 ……… 1642
熊枚 ……… 1643
裘行简 ……… 1643
方维甸 ……… 1643
董教增 ……… 1644
卷三百五十八　列传一百四十五
冯光熊 ……… 1644
陆有仁 ……… 1645
觉罗琅玕 ……… 1645
　乌大经 ……… 1646
清安泰 ……… 1646
常明 ……… 1646
温承惠 ……… 1647
颜检 ……… 1647
卷三百五十九　列传一百四十六
岳起 ……… 1648
荆道乾 ……… 1648
谢启昆 ……… 1649
李殿图 ……… 1649
张师诚 ……… 1649
　王绍兰 ……… 1650
李奕畴 ……… 1650
钱楷 ……… 1650
和舜武 ……… 1651
卷三百六十　列传一百四十七
司马骃 ……… 1651
王秉韬 ……… 1651
　嵇承志 ……… 1651
康基田 ……… 1651
吴璥 ……… 1652
徐端 ……… 1652
陈凤翔 ……… 1653
黎世序 ……… 1653
卷三百六十一　列传一百四十八
刘清 ……… 1654
傅鼐 ……… 1655
严如熤 ……… 1656
　子正基 ……… 1656
卷三百六十二　列传一百四十九
方积 ……… 1657
朱尔汉 ……… 1657
杨馝 ……… 1657

廖寅 …… 1658	恒敬 …… 1676
陈昌齐 …… 1658	**卷三百六十九　列传一百五十六**
朱尔赓额 …… 1658	林则徐 …… 1677
查崇华 …… 1659	邓廷桢 …… 1678
卷三百六十三　列传一百五十	达洪阿 …… 1678
曹振镛 …… 1659	**卷三百七十　列传一百五十七**
文孚 …… 1659	琦善 …… 1679
英和 …… 1660	伊里布 …… 1680
王鼎 …… 1661	宗室耆英 …… 1680
穆彰阿 …… 1661	**卷三百七十一　列传一百五十八**
潘世恩 …… 1662	颜伯焘 …… 1681
卷三百六十四　列传一百五十一	怡良 …… 1682
阮元 …… 1662	祁𡎴 …… 1682
汪廷珍 …… 1663	黄恩彤 …… 1683
汤金钊 …… 1664	刘韵珂 …… 1683
卷三百六十五　列传一百五十二	牛鉴 …… 1684
觉罗宝兴 …… 1664	**卷三百七十二　列传一百五十九**
宗室敬征 …… 1665	裕谦 …… 1684
宗室禧恩 …… 1665	谢朝恩 …… 1685
陈官俊 …… 1666	重祥 …… 1685
卓秉恬 …… 1666	关天培 …… 1685
卷三百六十六　列传一百五十三	陈连升 …… 1685
孙玉庭 …… 1667	祥福 …… 1686
蒋攸铦 …… 1667	江继芸 …… 1686
李鸿宾 …… 1668	陈化成 …… 1686
卷三百六十七　列传一百五十四	海龄 …… 1686
长龄 …… 1669	葛云飞 …… 1686
那彦成 …… 1670	王锡朋 …… 1687
子容安 …… 1671	郑国鸿 …… 1687
容照 …… 1671	朱贵 …… 1687
玉麟 …… 1671	**卷三百七十三　列传一百六十**
特依顺保 …… 1671	宗室奕山 …… 1687
卷三百六十八　列传一百五十五	隆文 …… 1688
杨芳 …… 1672	宗室奕经 …… 1688
胡超 …… 1673	文蔚 …… 1689
齐慎 …… 1673	特依顺 …… 1689
郭继昌 …… 1673	余步云 …… 1689
段永福 …… 1674	**卷三百七十四　列传一百六十一**
武隆阿 …… 1674	姚文田 …… 1689
哈哴阿 …… 1674	戴敦元 …… 1690
巴哈布 …… 1675	朱士彦 …… 1690
长清 …… 1675	何凌汉 …… 1691
达㥄阿 …… 1675	李振祜 …… 1691
哈丰阿 …… 1675	宗室恩桂 …… 1692
庆祥 …… 1675	**卷三百七十五　列传一百六十二**
舒尔哈善 …… 1676	白镕 …… 1692
乌凌阿 …… 1676	孙桓 …… 1693
穆克登布 …… 1676	史致俨 …… 1693
多隆武 …… 1676	那清安 …… 1693
壁昌 …… 1676	升寅 …… 1693

李宗昉	1693
姚元之	1693
何汝霖	1694
季芝昌	1694

卷三百七十六　列传一百六十三
辛从益	1694
张鳞	1695
顾皋	1695
沈维鐈	1695
朱为弼	1695
程恩泽	1695
吴杰	1696

卷三百七十七　列传一百六十四
鲍桂星	1696
顾莼	1696
吴孝铭	1697
陈鸿	1697
鄂木顺额	1697
徐法绩	1697

卷三百七十八　列传一百六十五
黄爵滋	1698
金应麟	1698
陈庆镛	1699
苏廷魁	1699
朱琦	1699

卷三百七十九　列传一百六十六
赵慎畛	1700
卢坤	1701
曾胜	1701
陶澍	1701

卷三百八十　列传一百六十七
陈若霖	1702
戴三锡	1703
孙尔准	1703
程祖洛	1703
马济胜	1704
裕泰	1704
贺长龄	1704

卷三百八十一　列传一百六十八
帅承瀛	1705
孙远烽	1705
弟承瀚	1705
左辅	1705
姚祖同	1705
程含章	1706
康绍镛	1706
朱桂桢	1707
陈銮	1707
吴其濬	1707
张澧中	1708

张日晸	1708

卷三百八十二　列传一百六十九
瑚松额	1708
布彦泰	1709
萨迎阿	1709

卷三百八十三　列传一百七十
张文浩	1710
严烺	1710
张井	1711
吴邦庆	1711
栗毓美	1712
麟庆	1713
潘锡恩	1713
子骏文	1713

卷三百八十四　列传一百七十一
林培厚	1714
李象鹍	1714
李宗传	1714
王凤生	1714
黄冕	1715
俞德渊	1715
姚莹	1715

卷三百八十五　列传一百七十二
杜受田	1716
子翰	1716
祁寯藻	1716
子世长	1717
翁心存	1717
彭蕴章	1718

卷三百八十六　列传一百七十三
文庆	1718
文祥	1719
宝鋆	1721

卷三百八十七　列传一百七十四
宗室肃顺	1722
穆荫	1722
匡源	1723
焦祐瀛	1723
陈孚恩	1723

卷三百八十八　列传一百七十五
桂良	1723
瑞麟	1724
子怀塔布	1724
官文	1724
文煜	1726

卷三百八十九　列传一百七十六
柏葰	1726
麟魁	1726
瑞常	1727
全庆	1727

卷三百九十　列传一百七十七
　贾桢 1728
　周祖培 1728
　朱凤标 1729
　单懋谦 1729
卷三百九十一　列传一百七十八
　倭仁 1730
　李棠阶 1730
　吴廷栋 1731
卷三百九十二　列传一百七十九
　赛尚阿 1732
　讷尔经额 1732
卷三百九十三　列传一百八十
　李星沅 1733
　周天爵 1733
　劳崇光 1734
卷三百九十四　列传一百八十一
　徐广缙 1735
　叶名琛 1735
　黄宗汉 1736
卷三百九十五　列传一百八十二
　常大淳 1737
　　双福 1737
　　王锦绣 1737
　　常禄 1737
　　王寿同 1737
　蒋文庆 1737
　陶恩培 1738
　　多山 1738
　吉尔杭阿 1738
　　刘存厚 1739
　　绷阔 1739
　　周兆熊 1739
　罗遵殿 1739
　　王友端 1739
　　缪梓 1739
　徐有壬 1739
　王有龄 1740
卷三百九十六　列传一百八十三
　吴文镕 1740
　潘铎 1741
　邓尔恒 1741
卷三百九十七　列传一百八十四
　陆建瀛 1742
　　杨文定 1742
　青麟 1742
　　崇纶 1743
　何桂清 1743
卷三百九十八　列传一百八十五
　宗室祥厚 1744

　霍隆武 1744
　福珠洪阿 1744
　恩长 1744
　陈胜元 1744
　祁宿藻 1744
　陈克让 1745
　刘同缨 1745
　瑞昌 1745
　杰纯 1745
　锡龄阿 1745
卷三百九十九　列传一百八十六
　吕贤基 1745
　邹鸣鹤 1746
　戴熙 1746
　汤贻汾 1747
　张芾 1747
　黄琮 1747
　陶廷杰 1747
　冯培元 1747
　孙铭恩 1747
　沈炳垣 1748
　张锡庚 1748
卷四百　列传一百八十七
　何桂珍 1748
　徐丰玉 1748
　　张汝瀛 1749
　　金云门 1749
　　唐树义 1749
　　岳兴阿 1749
　　易容之 1749
　　温绍原 1749
　　金光箸 1750
　李孟群 1750
　赵景贤 1750
卷四百一　列传一百八十八
　向荣 1751
　和春 1752
　张国梁 1753
卷四百二　列传一百八十九
　乌兰泰 1754
　　长瑞 1754
　　长寿 1754
　　董光甲 1755
　　邵鹤龄 1755
　邓绍良 1755
　　石玉龙 1755
　周天受 1755
　　弟天培 1756
　　　天孚 1756
　饶廷选 1756

文瑞 …………………………………… 1756
　　彭斯举 ………………………………… 1756
　张玉良 ………………………………… 1756
　　鲁占鳌 ………………………………… 1757
　　刘季三 ………………………………… 1757
　双来 …………………………………… 1757
　瞿腾龙 ………………………………… 1757
　王国才 ………………………………… 1757
　虎坤元 ………………………………… 1758
　戴文英 ………………………………… 1758
卷四百三　列传一百九十
　胜保 …………………………………… 1759
　托明阿 ………………………………… 1760
　　陈金绶 ………………………………… 1760
　德兴阿 ………………………………… 1761
卷四百四　列传一百九十一
　僧格林沁 ……………………………… 1761
　　舒通额 ………………………………… 1764
　　恒龄 …………………………………… 1765
　　苏克金 ………………………………… 1765
　　何建鳌 ………………………………… 1765
　　全顺 …………………………………… 1765
　　史荣椿 ………………………………… 1765
　　乐善 …………………………………… 1765
卷四百五　列传一百九十二
　曾国藩 ………………………………… 1766
卷四百六　列传一百九十三
　骆秉章 ………………………………… 1768
　胡林翼 ………………………………… 1770
卷四百七　列传一百九十四
　江忠源 ………………………………… 1772
　　弟忠济 ………………………………… 1774
　　族弟忠信 ……………………………… 1774
　罗泽南 ………………………………… 1774
卷四百八　列传一百九十五
　李续宾 ………………………………… 1775
　　丁锐义 ………………………………… 1776
　　曾国华 ………………………………… 1776
　李续宜 ………………………………… 1776
　王鑫 …………………………………… 1777
　　弟开化 ………………………………… 1778
　刘腾鸿 ………………………………… 1778
　　弟腾鹤 ………………………………… 1778
　蒋益澧 ………………………………… 1779
卷四百九　列传一百九十六
　塔齐布 ………………………………… 1779
　　毕金科 ………………………………… 1780
　多隆阿 ………………………………… 1780
　　孙寿长 ………………………………… 1782
　鲍超 …………………………………… 1782

　宋国永 ………………………………… 1783
　娄云庆 ………………………………… 1783
　谭胜达 ………………………………… 1783
　唐仁廉 ………………………………… 1783
　刘松山 ………………………………… 1784
卷四百十　列传一百九十七
　彭玉麟 ………………………………… 1785
　杨岳斌 ………………………………… 1786
　　王明山 ………………………………… 1787
　　孙昌凯 ………………………………… 1787
　　杨明海 ………………………………… 1788
　　谢浚畲 ………………………………… 1788
卷四百十一　列传一百九十八
　李鸿章 ………………………………… 1788
卷四百十二　列传一百九十九
　左宗棠 ………………………………… 1791
卷四百十三　列传二百
　曾国荃 ………………………………… 1794
　　弟贞干 ………………………………… 1795
　沈葆桢 ………………………………… 1795
　刘坤一 ………………………………… 1796
卷四百十四　列传二百一
　李臣典 ………………………………… 1797
　萧孚泗 ………………………………… 1797
　朱洪章 ………………………………… 1797
　刘连捷 ………………………………… 1798
　彭毓橘 ………………………………… 1798
　张诗日 ………………………………… 1798
　　伍维寿 ………………………………… 1798
　　朱南桂 ………………………………… 1799
　　罗逢元 ………………………………… 1799
　　李祥和 ………………………………… 1799
　　萧庆衍 ………………………………… 1799
　　吴宗国 ………………………………… 1799
卷四百十五　列传二百二
　黄翼升 ………………………………… 1799
　　丁义方 ………………………………… 1800
　　王吉 …………………………………… 1800
　　吴家榜 ………………………………… 1800
　李成谋 ………………………………… 1800
　李朝斌 ………………………………… 1801
　　江福山 ………………………………… 1801
　刘培元 ………………………………… 1801
卷四百十六　列传二百三
　程学启 ………………………………… 1802
　　何安泰 ………………………………… 1802
　　郑国魁 ………………………………… 1802
　刘铭传 ………………………………… 1803
　张树珊 ………………………………… 1803
　　弟树屏 ………………………………… 1804

周盛波 ……… 1804	殷兆镛 ……… 1829
周盛传 ……… 1804	卷四百二十三 列传二百十
潘鼎新 ……… 1805	宗稷辰 ……… 1829
吴长庆 ……… 1805	尹耕云 ……… 1830
卷四百十七 列传二百四	王拯 ……… 1830
都兴阿 ……… 1806	穆缉香阿 ……… 1831
弟西凌阿 ……… 1807	游百川 ……… 1831
福兴 ……… 1807	沈淮 ……… 1832
富明阿 ……… 1807	卷四百二十四 列传二百十一
舒保 ……… 1808	吴振棫 ……… 1832
伊兴额 ……… 1808	张亮基 ……… 1832
滕家胜 ……… 1809	毛鸿宾 ……… 1833
关保 ……… 1809	张凯嵩 ……… 1834
卷四百十八 列传二百五	卷四百二十五 列传二百十二
袁甲三 ……… 1809	李僡 ……… 1834
子保恒 ……… 1811	吴棠 ……… 1834
毛昶熙 ……… 1811	英翰 ……… 1835
卷四百十九 列传二百六	刘蓉 ……… 1835
刘长佑 ……… 1813	乔松年 ……… 1836
刘岳昭 ……… 1814	钱鼎铭 ……… 1837
岑毓英 ……… 1815	吴元炳 ……… 1837
弟毓宝 ……… 1816	卷四百二十六 列传二百十三
卷四百二十 列传二百七	王庆云 ……… 1837
韩超 ……… 1816	谭廷襄 ……… 1838
田兴恕 ……… 1817	马新贻 ……… 1839
曾璧光 ……… 1817	李宗羲 ……… 1839
席宝田 ……… 1817	徐宗干 ……… 1840
卷四百二十一 列传二百八	王凯泰 ……… 1841
沈兆霖 ……… 1818	郭柏荫 ……… 1841
曹毓瑛 ……… 1819	卷四百二十七 列传二百十四
许乃普 ……… 1819	王懿德 ……… 1842
赵光 ……… 1820	曾望颜 ……… 1842
朱嶟 ……… 1820	觉罗耆龄 ……… 1842
李菡 ……… 1821	福济 ……… 1843
张祥河 ……… 1821	翁同书 ……… 1843
罗惇衍 ……… 1822	严树森 ……… 1844
郑敦谨 ……… 1822	卷四百二十八 列传二百十五
庞钟璐 ……… 1822	秦定三 ……… 1844
卷四百二十二 列传二百九	郝光甲 ……… 1845
王茂荫 ……… 1823	郑魁士 ……… 1845
宋晋 ……… 1824	傅振邦 ……… 1845
袁希祖 ……… 1825	邱联恩 ……… 1846
文瑞 ……… 1825	黄开榜 ……… 1846
毓禄 ……… 1826	陈国瑞 ……… 1847
徐继畬 ……… 1826	郭宝昌 ……… 1847
王发桂 ……… 1827	卷四百二十九 列传二百十六
廉兆纶 ……… 1827	江忠义 ……… 1848
雷以諴 ……… 1828	周宽世 ……… 1848
陶梁 ……… 1828	石清吉 ……… 1849
吴存义 ……… 1828	余际昌 ……… 1849

林文察	1849
赵德光	1849
张文德	1850
卷四百三十　列传二百十七	
雷正绾	1850
陶茂林	1850
曹克忠	1851
胡中和	1851
何胜必	1851
萧庆高	1851
杨复东	1851
周达武	1852
李辉武	1852
唐友耕	1852
卷四百三十一　列传二百十八	
郭松林	1853
李长乐	1853
杨鼎勋	1854
唐殿魁	1854
唐定奎	1854
滕嗣武	1854
骆国忠	1855
卷四百三十二　列传二百十九	
萧启江	1855
张运兰	1856
唐训方	1856
蒋凝学	1856
陈湜	1857
李元度	1857
卷四百三十三　列传二百二十	
金国琛	1858
黄淳熙	1858
吴坤修	1858
康国器	1859
李鹤章	1859
弟昭庆	1859
吴毓兰	1860
卷四百三十四　列传二百二十一	
沈棣辉	1860
邓仁堃	1860
余炳焘	1861
栗燿	1861
朱孙诒	1861
史致谔	1862
刘郇膏	1862
朱善张	1862
子之榛	1863
黄辅辰	1863
卷四百三十五　列传二百二十二	
华尔	1863
勒伯勒东	1864
法尔第福	1864
戈登	1864
日意格	1864
德克碑	1864
赫德	1864
帛黎	1865
卷四百三十六　列传二百二十三	
沈桂芬	1865
李鸿藻	1865
翁同龢	1866
孙毓汶	1866
卷四百三十七　列传二百二十四	
荣禄	1867
王文韶	1867
张之洞	1868
瞿鸿禨	1868
卷四百三十八　列传二百二十五	
阎敬铭	1869
张之万	1870
鹿传霖	1870
林绍年	1870
卷四百三十九　列传二百二十六	
景廉	1871
额勒和布	1872
许庚身	1872
钱应溥	1872
廖寿恒	1872
荣庆	1873
那桐	1873
戴鸿慈	1873
卷四百四十　列传二百二十七	
英桂	1874
宗室载龄	1875
恩承	1875
宗室福锟	1875
崇礼	1875
裕德	1876
卷四百四十一　列传二百二十八	
潘祖荫	1876
李文田	1876
孙诒经	1876
夏同善	1877
张家骧	1877
张英麟	1877
张仁黼	1877
张亨嘉	1878
卷四百四十二　列传二百二十九	
徐树铭	1878
薛允升	1878

宗室延煦 …… 1879
　子会章 …… 1879
汪鸣銮 …… 1879
　长麟 …… 1879
周家楣 …… 1879
周德润 …… 1880
胡燏棻 …… 1880
张荫桓 …… 1880

卷四百四十三　列传二百三十
孙家鼐 …… 1881
张百熙 …… 1881
唐景崇 …… 1881
于式枚 …… 1882
沈家本 …… 1883

卷四百四十四　列传二百三十一
黄体芳 …… 1883
　子绍箕 …… 1883
宗室宝廷 …… 1884
宗室盛昱 …… 1884
张佩纶 …… 1884
　何如璋 …… 1885
邓承修 …… 1885
徐致祥 …… 1885

卷四百四十五　列传二百三十二
吴可读 …… 1886
　潘敦俨 …… 1886
朱一新 …… 1886
屠仁守 …… 1887
　吴兆泰 …… 1887
　何金寿 …… 1887
安维峻 …… 1887
文悌 …… 1887
江春霖 …… 1888

卷四百四十六　列传二百三十三
郭嵩焘 …… 1888
　弟昆焘 …… 1889
崇厚 …… 1889
曾纪泽 …… 1889
薛福成 …… 1890
黎庶昌 …… 1890
　马建忠 …… 1890
李凤苞 …… 1891
洪钧 …… 1891
刘瑞芬 …… 1891
徐寿朋 …… 1891
杨儒 …… 1892

卷四百四十七　列传二百三十四
丁宝桢 …… 1892
李瀚章 …… 1893
杨昌浚 …… 1893

张树声 …… 1893
　弟树屏 …… 1894
卫荣光 …… 1894
刘秉璋 …… 1894
陈士杰 …… 1894
陶模 …… 1895
李兴锐 …… 1896
史念祖 …… 1896

卷四百四十八　列传二百三十五
丁日昌 …… 1897
卞宝第 …… 1897
涂宗瀛 …… 1898
黎培敬 …… 1898
崧骏 …… 1898
崧蕃 …… 1898
边宝泉 …… 1899
于荫霖 …… 1899
饶应祺 …… 1899
恽祖翼 …… 1900

卷四百四十九　列传二百三十六
锡良 …… 1901
周馥 …… 1902
陆元鼎 …… 1902
张曾扬 …… 1903
杨士骧 …… 1903
冯煦 …… 1903

卷四百五十　列传二百三十七
李鹤年 …… 1904
文彬 …… 1904
任道镕 …… 1904
许振袆 …… 1905
吴大澂 …… 1905

卷四百五十一　列传二百三十八
李朝仪 …… 1906
段起 …… 1906
丁寿昌 …… 1906
曾纪凤 …… 1906
　储裕立 …… 1907
铁珊 …… 1907
桂中行 …… 1907
刘含芳 …… 1907
　陈黉举 …… 1907
游智开 …… 1908
李用清 …… 1908
　李希莲 …… 1908
李金镛 …… 1908
金福曾 …… 1909
　熊其英 …… 1909
　谢家福 …… 1909
童兆蓉 …… 1909

卷四百五十二　列传二百三十九
　洪汝奎 …………………………… 1910
　杨宗濂 …………………………… 1910
　史朴 ……………………………… 1910
　　史克宽 ………………………… 1910
　沈保靖 …………………………… 1910
　朱其昂 …………………………… 1910
　　弟其诏 ………………………… 1911
　宗源瀚 …………………………… 1911
　徐庆璋 …………………………… 1911
　　徐珍 …………………………… 1911
　蒯光典 …………………………… 1911
　陈通声 …………………………… 1912
　潘民表 …………………………… 1912
　　严作霖 ………………………… 1912
　唐锡晋 …………………………… 1912
　娄春蕃 …………………………… 1912
卷四百五十三　列传二百四十
　荣全 ……………………………… 1913
　　喜昌 …………………………… 1913
　升泰 ……………………………… 1913
　善庆 ……………………………… 1913
　　柏梁 …………………………… 1914
　恩泽 ……………………………… 1914
　铭安 ……………………………… 1914
　恭镗 ……………………………… 1914
　庆裕 ……………………………… 1914
　长庚 ……………………………… 1915
　文海 ……………………………… 1915
　凤全 ……………………………… 1916
　增祺 ……………………………… 1916
　贻榖 ……………………………… 1916
　　信勤 …………………………… 1917
卷四百五十四　列传二百四十一
　刘锦棠 …………………………… 1917
　张曜 ……………………………… 1918
　刘典 ……………………………… 1919
　金顺 ……………………………… 1919
　　邓增 …………………………… 1920
　　托云布 ………………………… 1920
　　果权 …………………………… 1920
　　曹正兴 ………………………… 1920
　穆图善 …………………………… 1920
　　杜嘎尔 ………………………… 1921
　　额尔庆额 ……………………… 1921
　　丰绅 …………………………… 1921
　文麟 ……………………………… 1921
　　明春 …………………………… 1922
　　富勒铭额 ……………………… 1922
　　徐学功 ………………………… 1922

卷四百五十五　列传二百四十二
　董福祥 …………………………… 1922
　　张俊 …………………………… 1923
　　夏辛酉 ………………………… 1923
　金运昌 …………………………… 1923
　黄万鹏 …………………………… 1923
　余虎恩 …………………………… 1924
　桂锡桢 …………………………… 1924
　方友升 …………………………… 1925
卷四百五十六　列传二百四十三
　马如龙 …………………………… 1925
　和耀曾 …………………………… 1926
　杨玉科 …………………………… 1926
　李惟述 …………………………… 1927
　蔡标 ……………………………… 1927
　　段瑞梅 ………………………… 1928
　夏毓秀 …………………………… 1928
　何秀林 …………………………… 1928
　杨国发 …………………………… 1929
　张保和 …………………………… 1929
卷四百五十七　列传二百四十四
　蒋东才 …………………………… 1930
　　刘廷 …………………………… 1930
　　李承先 ………………………… 1930
　李南华 …………………………… 1930
　　兄子得胜 ……………………… 1930
　董履高 …………………………… 1930
　　董全胜 ………………………… 1931
　牛师韩 …………………………… 1931
　曹德庆 …………………………… 1931
　马复震 …………………………… 1932
　程文炳 …………………………… 1932
　方耀 ……………………………… 1932
　　郑绍忠 ………………………… 1933
　　邓安邦 ………………………… 1933
卷四百五十八　列传二百四十五
　徐延旭 …………………………… 1933
　唐炯 ……………………………… 1933
　何璟 ……………………………… 1934
　张兆栋 …………………………… 1934
卷四百五十九　列传二百四十六
　冯子材 …………………………… 1935
　　王孝祺 ………………………… 1935
　　陈嘉 …………………………… 1935
　　蒋宗汉 ………………………… 1935
　苏元春 …………………………… 1936
　　马盛治 ………………………… 1936
　王德榜 …………………………… 1936
　张春发 …………………………… 1937
　萧得龙 …………………………… 1937

马维骐	1937
覃修纲	1938
吴永安	1938
孙开华	1938
朱焕明	1938
苏得胜	1938
章高元	1938
欧阳利见	1938

卷四百六十　列传二百四十七

左宝贵	1939
弟宝贤等	1939
永山	1939
邓世昌	1939
刘步蟾	1940
林泰曾等	1940
戴宗骞	1940

卷四百六十一　列传二百四十八

宋庆	1940
吕本元	1941
徐邦道	1941
马玉昆	1941
依克唐阿	1941
荣和	1942
长顺	1942

卷四百六十二　列传二百四十九

丁汝昌	1943
卫汝贵	1943
叶志超	1943

卷四百六十三　列传二百五十

唐景崧	1944
刘永福	1944

卷四百六十四　列传二百五十一

李端棻	1945
徐致靖	1945
子仁铸	1945
陈宝箴	1945
黄遵宪	1946
曾铄	1946
杨深秀	1946
杨锐	1946
刘光第	1946
谭嗣同	1947
唐才常	1947
林旭	1947
康广仁	1947

卷四百六十五　列传二百五十二

徐桐	1947
豫师	1947
徐桐子徐承煜	1947
刚毅	1948

赵舒翘	1948
启秀	1948
英年	1948
裕禄	1948
廷雍	1949
毓贤	1949
李廷箫	1949

卷四百六十六　列传二百五十三

徐用仪	1949
许景澄	1950
袁昶	1950
立山	1950
联元	1950

卷四百六十七　列传二百五十四

李秉衡	1950
王廷相	1951
聂士成	1951
罗荣光	1951
寿山	1952
族孙瑞昌	1952
凤翔	1952
崇玉等	1952

卷四百六十八　列传二百五十五

崇绮	1953
子葆初等	1953
志钧	1953
延茂	1953
弟延芝	1953
色普征额	1953
王懿荣	1953
熙元	1953
宗室宝丰	1953
宗室寿富	1954
弟寿蕃等	1954
宋承庠	1954
王铁珊	1954

卷四百六十九　列传二百五十六

恩铭	1954
孚琦	1954
凤山	1955
端方	1955
弟端锦	1955
刘燧	1955
赫成额	1955
松寿	1955
赵尔丰	1955
冯汝骙	1955
陆钟琦	1955
子光熙等	1956

卷四百七十　列传二百五十七

志锐	1957
刘从德	1957
良弼	1957
宗室载穆	1957
万选	1958
德霈	1958
同源	1958
文瑞	1958
承燕	1958
克蒙额	1958
恒龄	1958
德霈等	1958
朴寿	1958
谢宝胜	1958
姚霭云	1959
黄忠浩	1959
杨让梨等	1959

卷四百七十一　列传二百五十八

盛宣怀	1959
瑞澂	1960

卷四百七十二　列传二百五十九

陆润庠	1961
世续	1961
伊克坦	1962
梁鼎芬	1962
徐坊	1963
劳乃宣	1963
沈曾植	1963

卷四百七十三　列传二百六十

张勋	1963
康有为	1964

卷四百七十四　列传二百六十一

吴三桂	1965
耿精忠	1969
尚之信	1970
孙延龄	1971

卷四百七十五　列传二百六十二

洪秀全	1971

卷四百七十六　列传二百六十三

循吏一

白登明	1996
汤家相	1996
任辰旦	1996
于宗尧	1996
宋必达	1996
陆在新	1997
张沐	1997
张埙	1997
陈汝咸	1997
缪燧	1998
陈时临	1998
姚文燮	1998
黄贞麟	1998
骆钟麟	1999
崔宗泰	1999
祖进朝	1999
赵吉士	1999
张瑾	2000
江皋	2000
张克嶷	2000
贾朴	2001
邵嗣尧	2001
卫立鼎	2001
高荫爵	2001
靳让	2001
崔华	2001
周中铉	2002
刘棨	2002
陶元淳	2002
廖冀亨	2003
佟国珑	2003
陆师	2003
龚鉴	2003

卷四百七十七　列传二百六十四

循吏二

陈惪荣	2004
芮复传	2004
蒋林	2004
阎尧熙	2005
王时翔	2005
蓝鼎元	2005
叶新	2005
施昭庭	2006
陈庆门	2006
周人龙	2006
童华	2006
黄世发	2007
李渭	2007
谢仲坑	2007
李大本	2007
牛运震	2008
张甄陶	2008
邵大业	2008
周克开	2008
郑基	2009
康基渊	2009
言如泗	2009
周际华	2009
汪辉祖	2010
茹敦和	2010

朱休度 ……… 2010	杨荣绪 ……… 2022
刘大绅 ……… 2010	林启 ……… 2022
吴焕彩 ……… 2010	王仁福 ……… 2022
纪大奎 ……… 2011	朱光第 ……… 2022
邵希曾 ……… 2011	冷鼎亨 ……… 2022

卷四百七十八　列传二百六十五
循吏三

张吉安 ……… 2011	孙葆田 ……… 2023
李毓昌 ……… 2012	柯劭憼 ……… 2023
龚景瀚 ……… 2012	涂官俊 ……… 2023
盖方泌 ……… 2012	陈文黻 ……… 2023
史绍登 ……… 2013	李素 ……… 2023
李赓芸 ……… 2013	张楷 ……… 2023
伊秉绶 ……… 2013	王仁堪 ……… 2024

卷四百八十　列传二百六十七
儒林一

狄尚絧 ……… 2014	孙奇逢 ……… 2025
张敦仁 ……… 2014	耿介 ……… 2025
郑敦允 ……… 2014	黄宗羲 ……… 2025
李文耕 ……… 2014	弟宗炎 ……… 2026
刘体重 ……… 2015	宗会 ……… 2026
子煕 ……… 2015	子百家 ……… 2026
张琦 ……… 2015	王夫之 ……… 2026
石家绍 ……… 2015	李颙 ……… 2027
刘衡 ……… 2015	李因笃 ……… 2027
徐栋 ……… 2016	李柏 ……… 2027
姚柬之 ……… 2016	王心敬 ……… 2027
吴均 ……… 2016	沈国模 ……… 2027
王肇谦 ……… 2017	史孝咸 ……… 2027
曹瑾 ……… 2017	韩当 ……… 2027
桂超万 ……… 2017	邵曾可 ……… 2027
张作楠 ……… 2017	曾可孙廷采 ……… 2027
云茂琦 ……… 2017	王朝式 ……… 2028

卷四百七十九　列传二百六十六
循吏四

	谢文洊 ……… 2028
	甘京 ……… 2028
徐台英 ……… 2018	黄熙 ……… 2028
牛树梅 ……… 2018	曾曰都 ……… 2028
何曰愈 ……… 2018	危龙光 ……… 2028
吴应连 ……… 2019	汤其仁 ……… 2028
刘秉琳 ……… 2019	宋之盛 ……… 2028
陈崇砥 ……… 2019	邓元昌 ……… 2028
夏子龄 ……… 2019	高愈 ……… 2028
萧世本 ……… 2020	顾培 ……… 2028
李炳涛 ……… 2020	彭定求 ……… 2028
俞澍 ……… 2020	汤之锜 ……… 2028
朱根仁 ……… 2020	施璜 ……… 2029
邹钟俊 ……… 2020	张夏 ……… 2029
王懋勋 ……… 2020	吴曰慎 ……… 2029
蒯德模 ……… 2021	陆世仪 ……… 2029
林达泉 ……… 2021	陈瑚 ……… 2029
方大湜 ……… 2021	盛敬 ……… 2029
陈豪 ……… 2021	江士韶 ……… 2029

张履祥	2029		子图南	2035
钱寅	2029		张鹏翼	2035
何汝霖	2030		童能灵	2035
凌克贞	2030		胡方	2035
屠安世	2030		冯成修	2036
郑宏	2030		劳潼	2036
祝洤	2030		劳史	2036
沈昀	2030		桑调元	2036
姚宏任	2030		汪鉴	2036
叶敦艮	2030		顾栋高	2036
刘汋	2030		陈祖范	2036
应㧑谦	2030		吴鼎	2037
朱鹤龄	2030		梁锡玙	2037
陈启源	2030		孟超然	2037
范镐鼎	2031		汪绂	2037
党成	2031		余元遴	2037
李生光	2031		姚学塽	2037
白奂彩	2031		潘谘	2038
党湛	2031		唐鉴	2038
王化泰	2031		吴嘉宾	2038
孙景烈	2031		刘传莹	2038
胡承诺	2031		刘熙载	2038
曹本荣	2031		朱次琦	2039
张贞生	2031		成孺	2039
刘原渌	2032		邵懿辰	2039
姜国霖	2032		高均儒	2040
刘以贵	2032		伊乐尧	2040
韩梦周	2032		卷四百八十一 列传二百六十八	
梁鸿翥	2032		儒林二	
法坤宏	2032			
阎循观	2032		顾炎武	2040
任瑗	2032		张尔岐	2041
颜元	2032		马骕	2041
王源	2032		万斯大	2041
程廷祚	2032		兄斯选	2041
恽鹤生	2032		子经	2041
李塨	2033		侄言	2041
刁包	2033		胡渭	2041
王余佑	2033		子彦升	2042
李来章	2033		叶佩荪	2042
冉觐祖	2033		毛奇龄	2042
窦克勤	2033		陆邦烈	2042
李光坡	2034		阎若璩	2042
从子钟伦	2034		李铠	2043
庄亨阳	2034		吴玉搢	2043
官献瑶	2034		惠周惕	2043
王懋竑	2034		子士奇	2043
朱泽沄	2035		孙栋	2043
乔仪	2035		余萧客	2043
李梦箕	2035		陈厚耀	2044
			臧琳	2044

玄孙庸	2044	李诚	2053
礼堂	2044	丁杰	2053
任启运	2044	周春	2054
全祖望	2045	孙星衍	2054
蒋学镛	2045	毕亨	2054
董秉纯	2045	李贻德	2054
沈彤	2045	王聘珍	2054
蔡德晋	2045	凌廷堪	2054
盛世佐	2045	洪榜	2055
江永	2045	汪龙	2055
程瑶田	2046	桂馥	2055
褚寅亮	2046	许瀚	2055
卢文弨	2046	江声	2055
顾广圻	2046	孙沅	2056
钱大昕	2046	钱大昭	2056
族子塘	2047	子东垣	2057
坫	2047	绎	2057
王鸣盛	2047	侗	2057
金曰追	2047	朱骏声	2057
吴凌云	2047		
戴震	2047	卷四百八十二 列传二百六十九	
金榜	2048	儒林三	
段玉裁	2048	马宗梿	2057
钮树玉	2049	子瑞辰	2057
徐承庆	2049	瑞辰子三俊	2057
孙志祖	2049	张惠言	2057
翟灏	2049	子成孙	2058
梁玉绳	2049	江承之	2058
梁履绳	2049	郝懿行	2058
汪家禧	2049	陈寿祺	2059
刘台拱	2049	子乔枞	2059
朱彬	2050	谢震	2059
孔广森	2050	何治运	2059
邵晋涵	2050	孙经世	2059
周永年	2050	柯蘅	2060
王念孙	2051	许宗彦	2060
子引之	2051	吕飞鹏	2060
李惇	2051	沈梦兰	2061
宋绵初	2051	宋世荦	2061
汪中	2051	严可均	2061
江德量	2052	严元照	2061
徐复	2052	焦循	2061
汪光爔	2052	子廷琥	2062
武亿	2052	顾凤毛	2062
庄述祖	2052	钟怀	2062
庄绶甲	2052	李钟泗	2062
庄有可	2053	李富孙	2062
戚学标	2053	兄超孙	2062
江有诰	2053	弟遇孙	2062
陈熙晋	2053	胡承珙	2062
		胡秉虔	2063

朱珔	2063
凌曙	2063
薛传均	2063
刘逢禄	2063
宋翔凤	2064
戴望	2064
雷学淇	2064
王萱龄	2064
崔述	2064
胡培翚	2065
杨大堉	2065
刘文淇	2065
子毓崧	2066
孙寿曾	2066
方申	2066
丁晏	2066
王筠	2066
曾钊	2067
林伯桐	2067
李黼平	2067
柳兴恩	2067
弟荣宗	2068
许桂林	2068
钟文烝	2068
梅毓	2068
陈澧	2068
侯康	2068
康弟度	2068
桂文灿	2069
郑珍	2069
邹汉勋	2069
王崧	2069
刘宝楠	2069
子恭冕	2070
龙启瑞	2070
苗夔	2070
庞大坤	2070
陈立	2070
陈奂	2070
金鹗	2071
黄式三	2071
子以周	2071
俞樾	2071
张文虎	2071
王闿运	2072
王先谦	2072
孙诒让	2072
郑杲	2072
宋书升	2073
法伟堂	2073

卷四百八十三　列传二百七十
儒林四
　孔荫植等 …… 2073
卷四百八十四　列传二百七十一
文苑一 …… 2074
　魏禧 …… 2074
　　兄际瑞 …… 2075
　　弟礼 …… 2075
　　礼子世效 …… 2075
　　　世俨 …… 2075
　　李腾蛟 …… 2075
　　邱维屏 …… 2075
　　曾灿 …… 2075
　　林时益 …… 2075
　　梁份 …… 2075
　侯方域 …… 2075
　　王猷定 …… 2076
　　陈宏绪 …… 2076
　　徐士溥 …… 2076
　　欧阳斌元 …… 2076
　　申涵光 …… 2076
　　张盖 …… 2076
　　殷岳 …… 2076
　　吴嘉纪 …… 2076
　　徐波 …… 2076
　　钱谦益 …… 2076
　　龚鼎孳 …… 2076
　吴伟业 …… 2077
　　曹溶 …… 2077
　宋琬 …… 2077
　　严沆 …… 2077
　施闰章 …… 2077
　　高咏 …… 2077
　　邓汉仪 …… 2077
　王士禄 …… 2078
　　弟士祜 …… 2078
　　田雯 …… 2078
　　曹贞吉 …… 2078
　　颜光敏 …… 2078
　　王苹 …… 2078
　　张笃庆 …… 2078
　　徐夜 …… 2078
　陈恭尹 …… 2078
　　屈大均 …… 2078
　　梁佩兰 …… 2078
　　程可则 …… 2078
　　方殿元 …… 2078
　　吴文炜 …… 2078
　　王隼 …… 2078
　冯班 …… 2078
　　宗元鼎 …… 2078

刘体仁	2078	吴百朋	2083
吴殳	2079	沈谦	2083
胡承诺	2079	虞黄昊	2083
贺贻孙	2079	孙枝蔚	2083
唐甄	2079	李念慈	2084
阿什坦	2079	丁炜	2084
刘淇	2079	林侗	2084
金德纯	2079	林佶	2084
傅泽洪	2079	黄任	2084
汪琬	2079	郑方坤	2084
计东	2079	黄与坚	2084
吴兆骞	2079	王昊	2084
顾我锜	2079	顾湄	2084
彭孙遹	2080	吴雯	2084
朱彝尊	2080	陶季	2084
李良年	2080	梅清	2084
谭吉璁	2080	梅庚	2084
尤侗	2080	冯景	2084
秦松龄	2080	邵长蘅	2084
曹禾	2080	姜宸英	2084
李泰来	2080	严虞惇	2085
陈维崧	2080	黄虞稷	2085
吴绮	2080	性德	2085
徐釚	2081	顾贞观	2085
潘耒	2081	项鸿祚	2085
倪灿	2081	蒋春霖	2085
严绳孙	2081	文昭	2085
徐嘉炎	2081	蕴端	2085
方象瑛	2081	博尔都	2085
万斯同	2081	永忠	2085
钱名世	2082	书诚	2085
刘献廷	2082	永蕙	2085
邵远平	2082	裕瑞	2085
吴任臣	2082	赵执信	2085
谢启昆	2082	叶燮	2086
周春	2082	冯廷櫆	2086
陈鳣	2082	黄仪	2086
乔莱	2082	郑元庆	2086
汪楫	2082	查慎行	2086
汪懋麟	2083	弟嗣瑮	2086
陆葇	2083	查升	2086
兄子奎勋	2083	史申义	2086
庞垲	2083	周起渭	2086
边连宝	2083	张元臣	2086
陆圻	2083	潘淳	2086
丁澎	2083	顾陈垿	2086
柴绍炳	2083	何焯	2086
毛先舒	2083	陈景云	2087
孙治	2083	景云子黄中	2087
张丹	2083	戴名世	2087

卷四百八十五　列传二百七十二
文苑二

诸锦 …… 2087
　沈廷芳 …… 2087
　夏之蓉 …… 2087
厉鹗 …… 2088
　汪沆 …… 2088
　符曾 …… 2088
　陈撰 …… 2088
　赵昱 …… 2088
　赵信 …… 2088
王峻 …… 2088
　王延年 …… 2088
何梦瑶 …… 2088
　劳孝舆 …… 2088
　罗天尺 …… 2088
　苏珥 …… 2088
　车腾芳 …… 2088
　许遂 …… 2088
　韩海 …… 2088
刘大櫆 …… 2088
　胡宗绪 …… 2088
　王灼 …… 2088
李锴 …… 2089
　陈景元 …… 2089
　戴亨 …… 2089
　长海 …… 2089
　吴麟 …… 2089
　曹寅 …… 2089
　鲍鉁 …… 2089
　高鹗 …… 2089
　刘文麟 …… 2089
　王乃新 …… 2089
沈炳震 …… 2089
　弟炳谦 …… 2089
　　炳巽 …… 2089
　赵一清 …… 2089
曹仁虎 …… 2089
　吴泰来 …… 2089
　黄文莲 …… 2089
胡天游 …… 2089
　彭兆荪 …… 2090
袁枚 …… 2090
　程晋芳 …… 2090
　张问陶 …… 2090
王又曾 …… 2090
　祝维诰 …… 2090
　万光泰 …… 2090
　又曾子复 …… 2090
　维诰子哲 …… 2090
邵齐焘 …… 2090
　王太岳 …… 2090
　吴锡麒 …… 2090
　杨芳灿 …… 2090
　杨揆 …… 2091
　吴蔚 …… 2091
徐文靖 …… 2091
　赵青藜 …… 2091
　汪越 …… 2091
朱仕琇 …… 2091
　高澍然 …… 2091
蒋士铨 …… 2091
　汪轫 …… 2091
　杨垕 …… 2091
　赵由仪 …… 2091
　吴嵩梁 …… 2091
　乐钧 …… 2091
赵翼 …… 2091
　黄景仁 …… 2092
　杨伦 …… 2092
　吕星垣 …… 2092
　徐书受 …… 2092
严长明 …… 2092
　子观 …… 2092
朱筠 …… 2092
翁方纲 …… 2092
姚鼐 …… 2093
　吴定 …… 2093
　鲁九皋 …… 2093
　陈用光 …… 2093
　吴德旋 …… 2093
宋大樽 …… 2093
　钱林 …… 2093
　端木国瑚 …… 2093
　吴文溥 …… 2093
章学诚 …… 2093
　章宗源 …… 2093
　姚振宗 …… 2093
　吴兰庭 …… 2093
祁韵士 …… 2093
　张穆 …… 2094
　何秋涛 …… 2094
冯敏昌 …… 2094
　宋湘 …… 2094
　赵希璜 …… 2094
法式善 …… 2094
　孙原湘 …… 2094
　郭麐 …… 2094
恽敬 …… 2094
　赵怀玉 …… 2094

黎简	2094	周仪暐	2098
张锦芳	2095	俞正燮	2098
弟锦麟	2095	赵绍祖	2099
黄丹书	2095	汪文台	2099
吕坚	2095	汤球	2099
胡亦常	2095	潘德舆	2099
张士元	2095	吴昆田	2099
张海珊	2095	张维屏	2099
张履	2095	谭敬昭	2099

卷四百八十六　列传二百七十三
文苑三

		彭泰来	2099
张澍	2095	梅曾亮	2099
邢澍	2095	管同	2099
莫与俦	2095	刘开	2099
子友芝	2096	毛岳生	2099
陆继辂	2096	汤鹏	2100
从子耀遹	2096	张际亮	2100
彭绩	2096	龚巩祚	2100
洪颐煊	2096	魏源	2100
兄坤煊	2096	方东树	2100
弟震煊	2096	从弟宗诚	2100
邓显鹤	2096	苏惇元	2100
万希槐	2096	戴钧衡	2100
周济	2096	鲁一同	2101
陈鹤	2096	子蕡	2101
徐松	2096	谭莹	2101
沈垚	2097	熊景星	2101
陈潮	2097	黄子高	2101
李图	2097	莹子宗浚	2101
李兆洛	2097	吴敏树	2101
承培元	2097	杨彝珍	2101
宋景昌	2097	周寿昌	2101
缪尚诰	2097	李希圣	2101
六承如	2097	斌良法良	2101
钱仪吉	2097	锡缜	2101
从弟泰吉	2097	李云麟	2101
包世臣	2097	何绍基	2102
齐彦槐	2097	孙维朴	2102
姚椿	2098	李瑞清	2102
顾广誉	2098	冯桂芬	2102
张鉴	2098	王颂蔚	2102
杨凤苞	2098	叶昌炽	2102
施国祁	2098	管礼耕	2103
黄易	2098	袁宝璜	2103
瞿中溶	2098	李慈铭	2103
张廷济	2098	陶方琦	2103
沈涛	2098	谭廷献	2103
陆增祥	2098	李稷勋	2103
董祐诚	2098	张裕钊	2103
方履籛	2098	范当世	2103
		朱铭盘	2103

杨守敬 …… 2103
　　吴汝纶 …… 2103
　　萧穆 …… 2104
　　贺涛 …… 2104
　　刘孚京 …… 2104
　　林纾 …… 2104
　　严复 …… 2104
　　辜汤生 …… 2105
卷四百八十七　列传二百七十四
　忠义一
　　特音珠 …… 2106
　　阿巴泰 …… 2106
　　固山 …… 2106
　　　僧锡等 …… 2106
　　纳密达 …… 2106
　　　炳图等 …… 2106
　　书宁阿 …… 2106
　　　感济泰等 …… 2106
　　穆护萨 …… 2106
　　　觉罗兰泰等 …… 2106
　　索尔和诺 …… 2107
　　　斋萨穆等 …… 2107
　　席尔泰 …… 2107
　　满达理 …… 2107
　　卓纳 …… 2107
　　　纳海 …… 2107
　　觉罗鄂博惠 …… 2107
　　　觉罗阿赉等 …… 2107
　　同阿尔 …… 2108
　　董廷元 …… 2108
　　　弟廷儒 …… 2108
　　　廷柏 …… 2108
　　常鼎 …… 2108
　　　白忠顺等 …… 2108
　　格布库 …… 2108
　　　阿尔津等 …… 2109
　　济三 …… 2109
　　　瑚密色等 …… 2109
　　敦达里 …… 2109
　　　安达里 …… 2109
　　许友信 …… 2109
　　　成升等 …… 2109
卷四百八十八　列传二百七十五
　忠义二
　　朱国治 …… 2110
　　杨应鹍 …… 2110
　　　马弘儒等 …… 2110
　　周岱生 …… 2111
　　杨三知 …… 2111
　　　孙世誉 …… 2111

　　翟世琪 …… 2111
　　刘嘉猷 …… 2111
　　高天爵 …… 2111
　　李成功 …… 2111
　　　张善继等 …… 2111
　　嵇永仁 …… 2112
　　　王龙光等 …… 2112
　　叶有挺 …… 2112
　　　萧震等 …… 2112
　　戴玑 …… 2112
　　刘钦邻 …… 2113
　　　崔成岚 …… 2113
　　　黄新德 …… 2113
　　柯永升 …… 2113
　　　随光启等 …… 2113
　　道禅 …… 2113
　　李茂吉 …… 2113
　　刘昆 …… 2113
　　　马秉伦 …… 2113
　　　刘镇宝 …… 2113
　　罗鸣序 …… 2113
卷四百八十九　列传二百七十六
　忠义三
　　宗室恒斌 …… 2114
　　倪国正 …… 2114
　　赵文哲 …… 2114
　　　王日杏 …… 2114
　　　汪时 …… 2114
　　　程荫桂 …… 2114
　　　孙维龙 …… 2114
　　　吴璜 …… 2114
　　　吴铖等 …… 2114
　　曹永闻 …… 2115
　　何道深 …… 2115
　　沈齐义 …… 2115
　　　陈枚 …… 2115
　　　吴璪等 …… 2115
　　温模 …… 2115
　　　邵如椿 …… 2116
　　　李南晖 …… 2116
　　汤大奎 …… 2116
　　　史谦 …… 2116
　　　周大纶 …… 2116
　　　寿同春 …… 2116
　　　李乔基 …… 2116
　　熊恩绂 …… 2116
　　宋如椿 …… 2116
　　赵福 …… 2117
　　刘升 …… 2117
　　滕家瓒 …… 2117

萧水清 …… 2117	黄辅相 …… 2124
刘大成 …… 2117	福格等 …… 2124
王翼孙 …… 2117	孔昭慈 …… 2124
王行俭 …… 2117	徐晓峰 …… 2125
王铣 …… 2117	袁绩懋 …… 2125
汪兆鼎 …… 2117	杨梦岩 …… 2125
左观澜 …… 2117	邓子垣 …… 2125
董宁川 …… 2118	罗萱 …… 2126
韩嘉业 …… 2118	侯云登 …… 2126
叶槐 …… 2118	黄鼎 …… 2126
陆维基 …… 2118	陈源兖 …… 2127
毛大瀛 …… 2118	瑞春 …… 2127
张大鹏 …… 2118	鄂尔霍巴 …… 2127
白廷英 …… 2119	许承岳 …… 2127
杨继晓 …… 2119	潘锦芳 …… 2127
杨堂等 …… 2119	廖宗元 …… 2127
曾艾 …… 2119	刘体舒 …… 2128
曾彰泗 …… 2119	李庆福等 …… 2128
罗江泰 …… 2119	李保衡 …… 2128
霍永清 …… 2119	徐海等 …… 2128
强克捷 …… 2120	淡树琪 …… 2128
赵纶等 …… 2120	褚汝航 …… 2128
宗室奕湄 …… 2120	陈辉龙 …… 2129
景兴 …… 2120	夏銮 …… 2129
陈孝宽等 …… 2120	储玫躬 …… 2129
王鼎铭 …… 2120	李杏春 …… 2129
吕志恒 …… 2120	朱善宝 …… 2129
邵用之等 …… 2120	庄裕崧 …… 2129
杨延亮 …… 2120	万年新 …… 2129
师长治 …… 2121	易举等 …… 2129
王光宇 …… 2121	**卷四百九十一　列传二百七十八**
卷四百九十　列传二百七十七	忠义五
忠义四	王淑元 …… 2130
张锡嵘 …… 2121	高延祉 …… 2130
王东槐 …… 2121	黄为锦 …… 2130
曹桥坚等 …… 2122	瑞麟 …… 2130
周玉衡 …… 2122	杨映河等 …… 2130
王本梧 …… 2122	曹燮培 …… 2130
陈宗元 …… 2122	刘继祖 …… 2130
明善 …… 2123	翟登峨等 …… 2130
觉罗豫立 …… 2123	刘作肃 …… 2130
世焜 …… 2123	沈衍庆 …… 2131
徐荣 …… 2123	李仁元 …… 2131
许上达等 …… 2123	李福培 …… 2131
郭沛霖 …… 2123	王恩绶 …… 2131
王培荣 …… 2124	李右文 …… 2131
朱钧 …… 2124	子杰 …… 2132
钱贵升 …… 2124	从弟载文 …… 2132
徐曾庾 …… 2124	李橚 …… 2132
萧翰庆 …… 2124	陈肖仪 …… 2132

万成 …… 2132
袁祖德 …… 2132
　　李大均 …… 2132
于松 …… 2132
尚那布 …… 2133
李淮 …… 2133
唐治 …… 2133
　　钟普塘等 …… 2133
林源恩 …… 2133
　　唐德升 …… 2133
毕大钰 …… 2133
　　汤世铨 …… 2134
　　刘福林 …… 2134
谢子澄 …… 2134
　　周宪曾等 …… 2134
文颖 …… 2134
　　徐凤喈等 …… 2134
张积功 …… 2134
　　傅士珍 …… 2134
　　瞿浚 …… 2134
冒芬 …… 2135
施作霖 …… 2135
韩体震 …… 2135
　　德克登额 …… 2135
蒋嘉榖 …… 2135
邓玲筠 …… 2135
承顺 …… 2136
托克清阿 …… 2136
冯元吉 …… 2136
平源 …… 2136
　　张宝华 …… 2136
　　王泗 …… 2136
　　周来豫 …… 2136
余宝锟 …… 2136
王汝揆 …… 2136

卷四百九十二　列传二百七十九
忠义六
斋清阿 …… 2137
童添云 …… 2137
　　彭三元 …… 2137
萧捷三 …… 2138
　　周清元 …… 2138
蔡应龙 …… 2138
萧意文 …… 2139
　　周福高 …… 2139
　　彭志德 …… 2139
　　李存汉 …… 2139
　　杜廷光等 …… 2139
赖高翔 …… 2139
　　毕定邦 …… 2139

刘德亮 …… 2140
陈大富 …… 2140
陈万胜 …… 2140
　　郭鹏程 …… 2140
　　王绍羲 …… 2140
王之敬 …… 2140
陈忠德 …… 2141
　　刘玉林等 …… 2141
黄金友 …… 2141
　　麟瑞 …… 2141
蔡东祥 …… 2141
邹上元 …… 2141
郝上庠 …… 2141
张遇祥 …… 2142
　　兄张遇清 …… 2142
曹仁美 …… 2142
毛克宽 …… 2142
　　邢连科 …… 2143
田兴奇 …… 2143
　　田兴胜 …… 2143
马定国 …… 2143

卷四百九十三　列传二百八十
忠义七
张继庚 …… 2144
　　从弟张继辛 …… 2144
　　李翼棠等 …… 2144
赵振祚 …… 2145
　　赵起 …… 2145
马善 …… 2145
陈克家 …… 2145
　　马钊 …… 2145
臧纡青 …… 2145
　　窦元灏 …… 2146
马三俊 …… 2146
张勋 …… 2146
吴文谟 …… 2146
吴廷香 …… 2146
孙家泰 …… 2147
江图悃 …… 2147
程葆 …… 2147
彭寿颐 …… 2147
陈介眉 …… 2148
　　亓祈年 …… 2148
唐守忠 …… 2148
吴山 …… 2148
俞焜 …… 2148
　　戴煦 …… 2148
张洵 …… 2149
钟世耀 …… 2149
孙义 …… 2149

汪士骧	2149	崇寿	2156
钱松	2149	韩绍徽	2156
毛雍	2149	韩培森	2156
魏谦升	2149	马钟祺	2156
金鼎燮	2149	董瀚	2156
巴达兰布等	2149	谭昌祺	2156
包立身	2149	庄礼本	2156
王玉文	2149	冯福畴	2156
孙文德	2150	宫玉森	2156
李贵元等	2150	景善等	2156
罗正仁	2150	宋春华	2156
陈起书	2150	马福禄	2156
陈景沧	2150	杨福同	2156
何霖	2150	吴德溥	2157
蹇谔	2151	子仲韬	2157
赵国澍	2151	成肇麐	2157

卷四百九十六 列传二百八十三
忠义十

宋华嵩	2151		
伯锡尔	2151		

卷四百九十四 列传二百八十一
忠义八

		刘锡祺	2157
		阮荣发	2157
姚怀祥	2152	程彬	2157
全福	2152	桂荫	2157
舒恭受等	2152	存厚	2157
韦逢甲	2152	荣浚	2157
长喜等	2152	锡桢等	2157
麦廷章	2152	张景良	2158
刘大忠等	2152	倭和布	2158
韦印福	2152	周飞鹏	2158
钱金玉等	2152	松兴	2158
龙汝元	2153	松俊等	2158
乐善	2153	宗室德祜	2158
魁霖等	2153	彭毓嵩	2158
文丰	2153	杨调元	2158
殷明恒	2153	杨宜瀚	2159
高腾云等	2153	陈问绅	2159
高善继	2153	德锐	2159
骆佩德等	2153	皮润璞	2159
林永升	2153	荣麟等	2159
陈金揆等	2154	张毅	2159
李大本	2154	喜明	2159
于光炘等	2154	阿尔精额	2159
黄祖莲	2154	斌恒等	2159
杨寿山等	2154	谭振德	2159
		熊国斌	2159

卷四百九十五 列传二百八十二
忠义九

		陈政诗	2159
宗室奕功	2154	陆叙钊	2160
札隆阿等	2154	齐世名等	2160
觉罗清廉等	2154	罗长裿	2160
松林	2154	曹铭	2160
文炘等	2154	章庆	2160

徐昭益	2160
曹彬孙	2160
汪承第	2160
吴以刚	2160
陶家琦等	2160
奎荣	2160
王毓江	2160
刘骏堂	2160
钟麟	2161
何永清	2161
沈瀛	2161
申锡绶等	2161
世增	2161
石家铭	2161
琦璘	2161
毛汝霖	2161
胡国瑞	2161
张舜琴等	2161
钟麟同	2161
范钟岳等	2161
孔繁琴	2162
王振畿	2162
张嘉钰	2162
陈兆棠	2162
冯汝桢	2162
何承鑫	2162
白如镜	2162
何培清	2162
黄兆熊	2162
张德润	2162
张振德	2162
舒志	2162
来秀	2162
刘念慈	2162
李秉钧	2162
王荣绶	2162
定煊	2162
长瑞	2163
巴扬阿等	2163
王有宏	2163
何师程	2163
黄凯臣	2163
戚从云	2163
盛成	2163
哈郎阿	2163
南山	2163
培秀等	2163
桂城	2163
延浩	2163
文蔚	2163
佘世宽等	2163
高谦	2163
黄为熊	2164
文海	2164
赵翰阶	2164
贵林	2164
量海等	2164
额特精额	2164
文荣等	2164
玉润	2164
劳谦光	2164
吉升	2164
张程九	2164
王文域	2164
谭凤亭等	2164
张传楷	2164
孙文楷	2164
王乘龙	2165
赵彝鼎	2165
施伟	2165
李泽霖	2165
胡穆林	2165
更夫某	2165
梁济	2165
简纯泽	2165
王国维	2165

卷四百九十七　列传二百八十四

孝义一

朱用纯	2166
吴蕃昌	2166
从弟谦牧	2166
沈磊	2166
周靖	2166
耿耀	2166
弟炳	2166
兄子於彝	2166
耿辅	2166
李景濂	2166
汪灏	2166
弟晨	2166
日昂	2166
日升	2166
黄农	2166
曹亨	2166
黄嘉章	2166
郑明允	2166
刘宗洙	2167
弟恩广	2167
恩广子青藜	2167
何复汉	2167

许季觉	2167	郭味儿	2170
吴氏四孝子	2167	聂宏	2170
雷显宗	2167	董阿虎	2170
赵清	2167	张乞人	2170
荣涟	2167	席慕孔	2170
薛文	2167	张长松	2170
弟化礼	2167	崔长生	2170
曹孝童	2167	荣孝子	2170
丁履豫	2167	无锡二孝子	2170
钟保	2167	哑孝子	2170
觉罗色尔岱	2167	**卷四百九十八　列传二百八十五**	
翁杜	2167	**孝义二**	
佟良	2167	卢必升	2171
克什布	2167	李应麒	2171
王麟瑞	2167	李中德	2171
李盛山	2168	张文龄	2171
李悃	2168	黎安理	2171
奚缉营	2168	易良德	2171
周士晋	2168	方立礼	2171
黄有则	2168	丁世忠	2171
王尚毅	2168	汪良绪	2171
胡鍈	2168	贾锡成	2172
李三	2168	王长祚	2172
张梦维	2168	刘国宾	2172
乐太希	2168	曹超	2172
董盛祖	2168	黎兴岭	2172
徐守仁	2168	夏汝英	2172
李凤翔	2169	金国选	2172
卯观成	2169	张憣	2172
葛大宾	2169	李志善	2172
吕敩孚	2169	弟志勃	2172
王子明	2169	彭大士	2172
冯星明	2169	钱孝则	2172
张元翰	2169	任遇亨	2172
俞鸿庆	2169	族子裕德	2172
姜瑢	2169	陆国安	2172
汤渊	2169	徐守质	2172
魏兴	2169	兄基	2172
戴兆笨	2169	黄简	2172
潘周岱	2169	程愿学	2172
张淮	2169	郁褒	2172
张廷标	2169	姚易修	2173
胡其爱	2170	胡梦豸	2173
方其明	2170	贺上林	2173
邓成珠	2170	何士阀	2173
张三爱	2170	陈嘉谟	2173
杨梦益	2170	林长贵	2173
阎天伦	2170	弟长广	2173
夏士友	2170	戚弢言	2173
白长久	2170	李敬跻	2173

张大观 …… 2173
　杨璞 …… 2173
　蔡应泰 …… 2173
张士仁 …… 2173
潘瑁 …… 2173
刘希向 …… 2173
沈嗣绶 …… 2174
　谢君泽 …… 2174
冯福基 …… 2174
黄向坚 …… 2174
　顾廷琦 …… 2174
李澄 …… 2174
刘献煜 …… 2174
　钱美恭 …… 2174
赵万全 …… 2174
刘龙光 …… 2174
李芳煐 …… 2174
唐肇虞 …… 2174
缪士毅 …… 2174
　子秉文 …… 2174
陆承祺 …… 2175
　弟承祚 …… 2175
汪龙 …… 2175
　方如珽 …… 2175
张焘 …… 2175
朱寿命 …… 2175
潘天成 …… 2175
翁运槐 …… 2175
　弟运标 …… 2175
杨士选 …… 2175
徐大中 …… 2175
沈仁业 …… 2175
魏树德 …… 2176
李汝恢 …… 2176
郑立本 …… 2176
李学侗 …… 2176
董士元 …… 2176
李复新 …… 2176
党国虎 …… 2176
严廷瓒 …… 2176
陆起鹍 …… 2176
　弟起鹏 …… 2176
虞尔忘 …… 2176
　弟尔雪 …… 2176
黄洪元 …… 2177
　弟福元 …… 2177
　颜中和 …… 2177
　颜鏊 …… 2177
王恩荣 …… 2177
杨献恒 …… 2177
任骑马 …… 2177
李巨勋 …… 2177
任四 …… 2177
王国林 …… 2177
蓝忠 …… 2178

卷四百九十九　列传二百八十六
孝义三
　岳荐 …… 2178
　张厥 …… 2178
　黄学朱 …… 2178
　吴伯宗 …… 2178
　钱天润 …… 2178
　萧良昌 …… 2178
　李九 …… 2178
　张某 …… 2178
　程含光 …… 2178
　陈福 …… 2179
　　谯衿 …… 2179
　　黄成富 …… 2179
　　李长茂 …… 2179
　任天笃 …… 2179
　赵一桂 …… 2179
　黄调鼎 …… 2179
　杨艺 …… 2179
　　咸默 …… 2179
　李晋福 …… 2179
　　胡端友 …… 2179
　朱永庆 …… 2179
　王某 …… 2180
　张瑛 …… 2180
　郭氏仆 …… 2180
　胡穆孟 …… 2180
　苑亮 …… 2180
　杨越 …… 2180
　　子宾 …… 2180
　吴鸿锡 …… 2180
　韩瑜 …… 2181
　程增 …… 2181
　李应卜 …… 2181
　塞勒 …… 2181
　王联 …… 2181
　黎侗 …… 2181
　李秉道 …… 2181
　赵珑 …… 2181
　蒋坚 …… 2181
　李林孙 …… 2182
　高大镐 …… 2182
　许所望 …… 2182
　邢清源 …… 2182
　王元 …… 2182

凤瑞	2182	兄理孙	2191
方元衡	2182	汪沨	2191
叶成忠	2183	余增远	2192
杨斯盛	2183	周齐曾	2192
武训	2183	傅山	2192
吕联珠	2183	子眉	2192

卷五百　列传二百八十七
遗逸一

		费密	2192
李清	2183	王弘撰	2193
李模	2184	杜濬	2193
梁以樟	2184	弟岕	2193
王世德	2184	郭都贤	2193
阎尔梅	2184	陶汝鼐	2193
万寿祺	2185	李世熊	2193
郑与侨	2185	谈迁	2194

卷五百二　列传二百八十九
艺术一 … 2194

曹元方	2185	吴有性	2194
庄元辰	2185	戴天章	2195
王玉藻	2186	余霖	2195
李长祥	2186	刘奎	2195
王正中	2186	喻昌	2195
董守谕	2186	徐彬	2195
陆宇燝	2187	张璐	2195
弟宇𤏶	2187	高斗魁	2195
江汉	2187	周学海	2195
方以智	2187	张志聪	2195
子中德等	2187	高世栻	2196
钱澄之	2187	张锡驹	2196
恽日初	2188	陈念祖	2196
郭金台	2188	黄元御	2196
朱之瑜	2188	柯琴	2196
沈光文	2189	尤怡	2196
陈士京	2189	叶桂	2196
吴祖锡	2189	薛雪	2197

卷五百一　列传二百八十八
遗逸二

		吴瑭	2197
李孔昭	2189	章楠	2197
单者昌	2189	王士雄	2197
崔周田	2189	徐大椿	2197
刘继宁	2190	王维德	2197
刘永锡	2190	吴谦	2197
彭之灿	2190	绰尔济	2198
徐枋	2190	伊桑阿	2198
戴易	2190	张朝魁	2198
李天植	2190	陆懋修	2198
理洪储	2191	王丙	2198
顾柔谦	2191	吕震	2198
子祖禹	2191	邹澍	2198
冒襄	2191	费伯雄	2198
陈贞慧	2191	蒋平阶	2198
祁班孙	2191	章攀桂	2199

刘禄 …… 2199	朱伦瀚 …… 2204
张永祚 …… 2199	张鹏翀 …… 2204
戴尚文 …… 2199	唐岱 …… 2204

卷五百三　列传二百九十
艺术二

王澍 …… 2199	焦秉贞 …… 2204
蒋衡 …… 2199	郎世宁 …… 2204
徐用锡 …… 2199	张宗苍 …… 2204
王文治 …… 2200	余省 …… 2204
梁巘 …… 2200	金廷标 …… 2204
梁同书 …… 2200	丁观鹏 …… 2205
邓石如 …… 2200	缪炳泰 …… 2205
钱伯坰 …… 2201	华嵒 …… 2205
吴育 …… 2201	高凤翰 …… 2205
杨沂孙 …… 2201	郑燮 …… 2205
吴熙载 …… 2201	金农 …… 2205
梅植之 …… 2201	罗聘 …… 2205
杨亮 …… 2201	奚冈 …… 2205
	钱杜 …… 2205

卷五百四　列传二百九十一
艺术三

	方薰 …… 2205
	王学浩 …… 2205
	黄均 …… 2205
王时敏 …… 2202	
王鉴 …… 2202	**卷五百五　列传二百九十二**
时敏子撰 …… 2202	**艺术四**
孙原祁 …… 2202	王来咸 …… 2206
原祁曾孙宸 …… 2202	褚士宝 …… 2206
陈洪绶 …… 2202	冯行贞 …… 2206
崔子忠 …… 2202	甘凤池 …… 2206
禹之鼎 …… 2202	曹竹斋 …… 2206
余集 …… 2202	潘佩言 …… 2206
改琦 …… 2202	江之桐 …… 2207
费丹旭 …… 2202	梁九 …… 2207
释道济 …… 2202	张涟 …… 2207
髡残 …… 2202	叶陶 …… 2207
朱耷 …… 2203	刘源 …… 2207
弘仁上睿 …… 2203	唐英 …… 2207
王翚 …… 2203	戴梓 …… 2208
吴历 …… 2203	丁守存 …… 2208
杨晋 …… 2203	徐寿 …… 2208
黄鼎 …… 2203	子建寅 …… 2208
方士庶 …… 2203	华封 …… 2208
恽格 …… 2203	
马元驭 …… 2203	**卷五百六　列传二百九十三**
王武 …… 2203	**畴人一**
沈铨 …… 2203	薛凤祚 …… 2209
龚贤 …… 2203	杜知耕 …… 2209
赵左 …… 2203	龚士燕 …… 2209
项圣谟 …… 2203	王锡阐 …… 2209
查士标 …… 2204	潘柽樟 …… 2210
高其佩 …… 2204	方中通 …… 2211
李世倬 …… 2204	揭暄 …… 2211
	梅文鼎 …… 2211
	子以燕 …… 2214

孙毂成 … 2214	胡弥禅妻潘 … 2229
曾孙钫 … 2215	张棠妻金 … 2229
从弟文弼 … 2215	洪翘妻蒋 … 2230
弟文弼 … 2215	张蟾宾妻姜 … 2230
明安图 … 2216	施曾锡妻金 … 2230
子新 … 2216	廷璐妻恽 … 2230
陈际新 … 2216	汪楷妻王 … 2230
刘湘煃 … 2216	姜徐 … 2230
王元启 … 2216	冯智懋妻谢 … 2230
朱鸿 … 2217	郑文清妻黎 … 2230
博启 … 2217	程世雄妻万 … 2230
许如兰 … 2217	高学山妻王 … 2230
卷五百七 列传二百九十四	王氏女 … 2230
畴人二	张天相女 … 2230
李潢 … 2218	周氏女 … 2230
汪莱 … 2218	王孜女 … 2231
陈杰 … 2219	缪浒妻蔡 … 2231
丁兆庆 … 2220	濮氏女 … 2231
张福僖 … 2220	李氏女 … 2231
时曰淳 … 2220	来氏二女 … 2231
李锐 … 2220	曾尚增女 … 2231
黎应南 … 2221	王氏女 … 2231
骆腾凤 … 2221	吕氏女 … 2231
项名达 … 2221	佘长安女 … 2231
王大有 … 2222	王法夔女 … 2231
丁取忠 … 2222	武仁女 … 2231
李锡蕃 … 2222	唐氏女 … 2231
谢家禾 … 2222	张桐女 … 2231
吴嘉善 … 2223	汪俨聘妻周 … 2231
罗士琳 … 2223	刘氏女 … 2231
易之瀚 … 2224	吴某聘妻周 … 2231
顾观光 … 2224	李荐一聘妻曾 … 2231
韩应陛 … 2224	袁斯凤女 … 2231
左潜 … 2224	丁氏女 … 2232
曾纪鸿 … 2225	朱械之女 … 2232
夏鸾翔 … 2225	杜仲梅女 … 2232
邹伯奇 … 2226	方氏二女 … 2232
李善兰 … 2227	刘可求女 … 2232
华衡芳 … 2227	杨泰初女 … 2232
弟世芳 … 2228	孙承沂女 … 2232
卷五百八 列传二百九十五	赵承穀聘妻丁 … 2232
列女一 … 2228	彭爵麒女 … 2232
田绪宗妻张 … 2229	陈宝廉女 … 2232
嵇永仁妻杨 … 2229	吴士仁女 … 2232
妾苏 … 2229	王济源女 … 2232
张英妻姚 … 2229	董桂林女 … 2232
蔡璧妻黄 … 2229	耿恂女 … 2232
子世远妻刘 … 2229	吴芬女 … 2232
尹公弼妻李 … 2229	邵氏二女 … 2232
钱纶光妻陈 … 2229	蒋遂良女 … 2232

徐氏二女	2232
李鸿普妻郭	2232
牛辅世妻张	2232
高位妻段	2232
郑光春妻叶	2233
子文炳妻吴	2233
屈崇山妻刘	2233
谢以炳妻路	2233
弟仲秀妻郑	2233
季纯妻吴	2233
王鉅妻施	2233
陈文世妻刘	2233
张守仁妻梁	2233
韩守立妻俞	2233
路和生妻吴	2233
诸君禄妻唐	2233
牛允度妻张	2233
游应标妻萧	2233
蒋广居妻伍	2233
周学臣妻柳	2233
王德骏妻盛	2233
张茂信妻方	2233
林经妻陈	2233
张德邻妻李	2233
武烈妻赵	2233
孙朗人妻吴	2233
李天挺妻申	2233
刘与齐妻魏	2233
周志桂妻冯	2233
欧阳玉光妻蔡	2233
子惟本妻蔡	2234
萧学华妻贺	2234
张友仪妻陈	2234
冯氏	2234
王钺妻隋	2234
林云铭妻蔡	2234
陈龙妻胡	2234
王懃妻岳	2234
鲁宗镐妻朱	2234
马叔吁妻丁	2234
许光清妻陈	2234
黄开鳌妻廖	2234
黄茂梧妻顾	2235
高其倬妻蔡	2235
陈之遴妻徐	2235
詹枚妻王	2235
柯蘅妻李	2235
艾紫东妻徐	2235
郝懿行妻王	2235
汪远孙妻梁	2235
陈裴之妻汪	2235
汪延泽妻赵	2236
吴廷鉁妻张	2236
张氏诸妹章政平妻等	2236
程鼎调妻汪	2236
陈瑞妻缪	2236
马某妻阮	2236
富乐贺妻王	2236
仁兴妻瓜尔佳氏	2236
耀州三妇	2236
杉松邮卒妇	2236
杨芳妻龙	2236
崔龙见妻钱	2236
沈葆桢妻林	2236
王某妻陈	2237
李某妻赵	2237
罗杰妻陈	2237
杨某妻唐	2237
姚旺妻潘	2237
盖氏	2237

卷五百九　列传二百九十六
列女二

张延祚妻蔡	2238
陈时夏妻田	2238
傅光箕妻吴	2238
郑哲飞妻朱	2238
李若金女	2238
王师课妻朱	2238
秦甲祐妻刘	2238
艾怀元妻姜	2238
周子宽妻黄	2238
李有成妻王	2238
杨方勋妻刘	2238
邹近泗妻邢	2239
胡源渤妻董	2239
林国奎妻郑	2239
陈仁道妻庞	2239
张某妻秦	2239
李氏女	2239
何某妻韩	2239
张荣妻吴	2239
张万宝妻李	2239
沈学颜妻尤	2239
王赐绂妻时	2239
王某妻张	2239
子曰琦妻魏	2239
李学诗妻赵	2239
学书妻高	2239
高明妻刘	2239
邓汝明妻刘	2239
魏国栋妻庞	2239

吕才智妻王	2239	张氏	2243
许尔臣妻骆	2240	袁氏	2243
原某妻马	2240	杨某妻张	2243
张扬名妻彭	2240	周士英聘妻张	2243
沈万裕妻王	2240	蔺壮聘妻宋	2243
卢廷华妻沈	2240	沈煜聘妻陈	2243
李豁然妻杨	2240	王国隆聘妻余	2243
曾经佑妻林	2240	于天祥聘妻王	2243
梁昌妻李	2240	方礼秘聘妻范	2244
姜吉生妻木	2240	姚世治聘妻陈	2244
曹某妻王	2240	何秉仪聘妻刘	2244
潘思周妻傅	2240	沈之鑫聘妻唐	2244
倪存谟妾方朱	2240	贝勒弘暾聘妻富察氏	2244
杨震甲妻杨	2240	潍上女子	2244
杨三德妻马	2240	吴某聘妻林	2244
张壶装妻牛	2240	雷廷外聘妻侯	2244
陈大成妻林	2240	程树聘妻宋	2244
温德珠妻李	2240	张氏子聘妻姜	2244
贾国林妻韩	2240	钱氏子聘妻王	2244
孙云瓒妻白	2241	王志曾聘妻张	2244
图翰恰纳妻王依氏	2241	李家勋聘妻杨	2244
吴先榜妻郑	2241	李家驹聘妻朱	2244
王元龙妻李	2241	贾汝愈聘妻卢	2245
蔡庚妻吴	2241	袁进举聘妻某	2245
韩某妻马	2241	李应宗聘妻李	2245
李鸣銮妻黄	2241	何其仁聘妻李	2245
金光炳妻倪	2241	王前洛聘妻林	2245
徐嘉贤妻刘	2241	节义县主	2245
冒树楷妻周	2241	李承宗聘妻何	2245
曾广垔妻刘	2241	吴某聘妻朱	2245
冯丙烘妻俞	2241	徐文经聘妻姚	2245
袁绩懋妻左	2241	李煜聘妻萧	2245
子学昌妻曾	2241	刘戊儿聘妻王	2245
俞振鸾妻傅	2241	朱某聘妻李	2245
周怀伯妻边	2241	武稌聘妻李	2246
吉山妻瓜尔佳氏	2241	陈霞池聘妻钱	2246
张某妻钱	2242	汪荣泰聘妻唐	2246
戚成勋妻廖	2242	季斌敏聘妻蔺	2246
曾惟庸妻谭	2242	董福庆聘妻冯	2246
谢万程妻李	2242	乔涌涛聘妻方	2246
李殿机妻王	2242	张氏女	2246
长清妇	2242	粉姐	2246
程允元妻刘	2242	阚氏女	2246
杨某妻樊	2242	赵氏婢	2246
刘柱儿妻鲁	2243	卷五百十 列传二百九十七	
李国郎妻苏	2243	列女三	
赵维石妻张	2243	韦守官妻梁	2247
钟某聘妻吴	2243	归昭妻陆	2247
岳氏	2243	昭弟继登妻张	2247
姚氏	2243	罗仁美妻李	2247

仁美弟妻刘 …… 2247	刘章寿妻徐 …… 2249
妾梅李等 …… 2247	黄嘉文妻蔡 …… 2249
钱应式女 …… 2247	徐明英妻吴 …… 2249
王氏三女 …… 2247	长清岭烈妇 …… 2249
沈华区妻潘 …… 2247	韩昌有妻李 …… 2249
陈某妻伍 …… 2247	马雄镇妻李 …… 2250
孙谔妻顾等 …… 2247	妾顾等 …… 2250
洪志达妻叶 …… 2247	沈瑞妻郑 …… 2250
罗章衮妻杜 …… 2248	傅璇妻黄 …… 2250
章衮从子群聘妻田等 …… 2248	刘昆妻张 …… 2250
王磐千妻颜 …… 2248	妾吴及二女 …… 2250
何大封妻阮 …… 2248	杨天阶妻关及二女 …… 2250
方希文妻项 …… 2248	乌蒙女 …… 2250
廖愈达妻李 …… 2248	刘亨基女 …… 2250
妾汪张 …… 2248	滕士学妻满 …… 2250
叶芊妻谢 …… 2248	向宗榜妻滕 …… 2250
姚文瑶妻刘 …… 2248	滕作贤妻杨 …… 2250
毛翼顺妻陈 …… 2248	滕家万妻黄 …… 2250
王三接妻黄 …… 2248	高村妇 …… 2250
刘琰妻邢 …… 2248	陈世章妻朱 …… 2250
王跻圣妻韩等 …… 2248	薛中杰女 …… 2250
程显妻朱 …… 2248	傅瑛妻周 …… 2250
刘元铛妻吴妾朱等 …… 2248	任寨村二十烈女 …… 2250
应氏妇 …… 2248	王自正妻马 …… 2250
平阳妇 …… 2248	强逢泰妻徐 …… 2250
殷壮猷妻李 …… 2248	方振声妻张 …… 2251
杨昌文妻袁 …… 2248	陈玉威妻唐 …… 2251
谌日升妻陈 …… 2248	宝丰二妇 …… 2251
陈某妻万 …… 2248	戴钧衡妻李 …… 2251
林应雒妻莫 …… 2249	妾刘 …… 2251
梁学谦女 …… 2249	陈吉麟妻周 …… 2251
吴师让妻某 …… 2249	凌传经妻杨 …… 2251
黄某妻李 …… 2249	秦耀曾妻毕 …… 2251
文秉世妻梁 …… 2249	曹士鹤妻管 …… 2251
文氏女 …… 2249	谢石全妻廖 …… 2251
文枢妻陆 …… 2249	曾石泰妻黄 …… 2251
何氏女 …… 2249	叶金题母胡 …… 2251
王氏三女 …… 2249	缪胜云妻黄 …… 2251
陈心俊妻马 …… 2249	石时稔聘妻刘 …… 2251
郭俊清女 …… 2249	章瑶圃女 …… 2251
张问行妻杨 …… 2249	戴可恒妻朱 …… 2251
张联标妾傅 …… 2249	金福曾妻李 …… 2251
林乾妻程 …… 2249	张福海妻姚 …… 2251
杨应鹍妾佟 …… 2249	邵顺年妻伊 …… 2251
黄居中妻吴 …… 2249	顺年弟顺国妻刘 …… 2251
胡守谦妻黄 …… 2249	陈某聘妻鄢 …… 2252
沈棠妻俞 …… 2249	胡金题妻俞 …… 2252
陈得栋妻蒋等 …… 2249	王氏女 …… 2252
汪二蛟母徐 …… 2249	郑德高妻阮 …… 2252
妻戴 …… 2249	方其莲妻阮 …… 2252

周小梅妻汤	2252	根瑞妻	2254
杨某妻沈	2252	松文母吴	2254
周世棣妻胡	2252	姚叶敏妻耿	2254
蔡以莹妻曹	2252	陈某妻殷	2254
姜马	2252	黄晞妻周	2254
王永喜妻卢	2252	邹延玠妻吴	2255
刘崇鼎母张	2252	陈生辉妻侯	2255
武昌女子	2252	田一朋妻刘	2255
沧州女子	2252	蒋世珍妻刘	2255
费某妻吴	2252	王有章妻罗	2255
冷煜瀛妻卢	2252	有章妹	2255
陈兆吉妻余	2252	楼文贵妻卢	2255
蔡法度妻简	2253	沙木哈妻	2255
张守一女	2253	郑荣组妻徐	2255
王占元妻杨	2253	张翼妻戴	2255
王秉坤女	2253	詹允迪妻吴	2255
魏克明女	2253	蔡以位妻孙	2255
刘庆耀妻廖	2253	杨春芳妻王	2255
阳欧维元妻曹	2253	王尊德妾唐	2255
李盘龙妻邓等	2253	窦鸿妾郝	2255
黄氏女	2253	章学闵妻董	2255
程氏女	2253	杜聂齐妻何	2255
韩肖朱妻郗	2253	张氏妇	2255
张醴仁妻王	2253	宁化二妇	2256
许氏女	2253	卷五百十一 列传二百九十八	
李氏女	2253	列女四	
杨某妻吴	2253	长山铺烈妇	2256
康创业妻邸	2253	胡二妻	2256
李鸿业妻邸	2253	唐之坦妻曹	2256
王书云妻谷	2253	李岸妻焦	2256
王有周妻杨	2253	方引黉妻毛	2256
子汉连妻张	2253	林其标妻韩	2257
汉元妻李	2253	冯云勷妻李	2257
汉科妻李等	2253	曹邦杰妻张	2257
张金铸妻段	2253	林守仁妻王	2257
王氏二女	2253	张四维妻刘	2257
马安娃妻赵	2253	李长华妾吴	2257
王之纲妻李	2253	周兆农妻王	2257
穆氏女	2254	陈国材妻周	2257
张某妻蔡	2254	吴廷望聘妻池	2257
程丁儿妻黄	2254	李正荣聘妻霍	2257
张氏女	2254	项起鹄妻程	2257
赵贵赐妻任	2254	于某妻蔡	2257
杨贵升妻刘	2254	张义妻李	2257
多宝聘妻宗室氏	2254	黄敬升妻王	2258
子英愉妻鄂卓尔氏	2254	伊嵩阿妻钮祜禄氏	2258
公额布妻	2254	张廷桂妻章	2258
音德布女	2254	郝某妻单	2258
良奎妻	2254	陈广美妻李	2258
连惠妻	2254	贺邦达妻陆	2258

清史稿目录 49

郑宗墩妻陈	2258	林氏	2261
任有成妻陈	2258	洪某妻徐	2261
丁三郎妻	2258	敖氏	2261
丁采芹妻孙	2258	涂氏	2261
王如义妻向	2258	吴氏	2261
狄听妻王	2259	杨氏	2261
林邦基妻曾	2259	赵氏	2261
钱潆甫妻汪	2259	王氏许氏	2261
谢作栋妻王	2259	梅氏	2261
缪文郁妻邱	2259	张氏	2261
黄寿椿妻管	2259	秦某妻崔	2261
冯桂增妾李	2259	李某妻管	2261
黄翥先妾彭	2259	王某妻徐	2262
方恮妻赵	2259	陈潜聘妻崔	2262
姚森桂妻宋	2259	朱承宇妻曹	2262
恽毓华妻庄	2259	陈有量妻海	2262
弟毓德妻许	2259	樊廷柱妻张	2262
侄宝元妻袁	2259	李有恒聘妻杨	2262
曲承麟妻袁	2259	陈某妻	2262
尹春妻张	2259	刘埑妻李	2262
李氏	2259	曲氏女	2262
陈三义妻王	2259	宋氏五烈女	2262
游开科妻赵	2259	龚行妻谢	2262
孙崇业妻金	2260	女巧	2262
张某妻田	2260	杨文龙聘妻孙	2262
张氏女	2260	梁至良妻郑	2263
汤氏女	2260	郭进昌妻李	2263
沧州女	2260	龚良翰妻陈	2263
张氏	2260	王均妻汤	2263
孙大成妻裔	2260	李氏女	2263
杨某聘妻章	2260	翠金	2263
孟黑子妻苑	2260	张元尹妻李	2263
北塘女	2260	张检妻颜	2263
蓝某妻	2260	万某妻曾	2263
芮氏女	2260	李继先妻侯	2263
乐某妻左	2260	田氏女	2263
萧氏	2260	马某聘妻苗	2263
黄氏女	2260	高日勇妻杨	2263
吴氏女	2260	罗季儿妻	2263
顾氏	2260	刘氏女	2263
张氏	2260	钟某妻蔡	2263
许会妻张	2260	段举妻卢	2264
赵海玉妻任	2260	王某妻刘	2264
殷氏	2260	张良善妻王	2264
嘉兴女	2260	李青照妻张	2264
王某妻李	2261	姚际春女	2264
何先佑妻孙	2261	王敦义妻张	2264
邢氏	2261	陈维章妻陆	2264
迁安妇	2261	何氏女	2264
白镕妻尹	2261	谢亚焕妻王	2264

张树功妻吴	2264
郭某妻李	2264
赵谦妻王	2265
郭氏女	2265
何氏女	2265
沈鼎猷妻严	2265
铁山妇	2265
汪氏女	2265
贺氏女	2265
冯光琦女	2265
郭君甫妻吴	2265
黄声谐妻王	2265
徐惟原妻许	2265
柯叔明妻巩	2265
胡某妻裘	2265
陈儒先妻李	2265
白洋女	2265
高氏妇	2265
段昊考女	2265
曹氏女	2265
刘廷斌女	2265
张氏女	2265
孙妪	2265
陈氏婢	22652265
邱氏婢	2265
董氏	2265
任氏	2265
卢尚义妻梁	2266
白氏	2266
王氏	2266
秦士楚妻洪	2266
张氏婢	2266
杨氏婢	2266
江贵寿妻王	2266
张禄妻徐	2266
任氏婢	2266
郑氏女	2266
王氏婢	2266
徐氏女	2266
丁香	2266
江金姑	2266
罗氏	2266
陇联嵩妻禄	2266
者架聘妻直额	2266
罗廷胜妻马	2267
罗朝彦妻刘	2267
安于磐妻朱	2267
后妻田	2267
田养民妻杨	2267
李任妻矣	2267

鄂对妻热依木	2267
索诺木荣宗母麦麦吉	2267
坚参达结妻喇章	
次妻夭夭	2267
沙氏女	2267
嘉义番妇	2267
卷五百十二　列传二百九十九	
土司一	
湖广	2267
卷五百十三　列传三百	
土司二	
四川	2270
卷五百十四　列传三百一	
土司三	
云南	2279
卷五百十五　列传三百二	
土司四	
贵州	2281
卷五百十六　列传三百三	
土司五	
广西	2286
卷五百十七　列传三百四	
土司六	
甘肃	2288
卷五百十八　列传三百五	
藩部一	
科尔沁	2292
扎赉特	2293
杜尔伯特	2293
郭尔罗斯	2294
喀喇沁	2294
土默特	2295
卷五百十九　列传三百六	
藩部二	
敖汉	2295
奈曼	2296
巴林	2296
扎噜特	2297
阿噜科尔沁	2297
翁牛特	2298
克什克腾	2298
喀尔喀左翼	2298
乌珠穆沁	2299
浩齐特	2299
苏尼特	2300
阿巴噶	2300
阿巴哈纳尔	2301
卷五百二十　列传三百七	
藩部三	
四子部落	2301

茂明安 …………………………… 2302
　　喀尔喀右翼 ………………………… 2302
　　乌喇特 ……………………………… 2303
　　鄂尔多斯 …………………………… 2303
　　阿拉善 ……………………………… 2305
　　额济讷 ……………………………… 2308
卷五百二十一　列传三百八
　藩部四
　　喀尔喀土谢图汗部 ………………… 2308
　　喀尔喀车臣汗部 …………………… 2313
　　喀尔喀赛因诺颜部 ………………… 2314
　　喀尔喀扎萨克图汗部 ……………… 2317
卷五百二十二　列传三百九
　藩部五
　　青海额鲁特 ………………………… 2319
卷五百二十三　列传三百十
　藩部六
　　杜尔伯特 …………………………… 2325
　　旧土尔扈特 ………………………… 2330
　　新土尔扈特 ………………………… 2331
　　和硕特 ……………………………… 2332
卷五百二十四　列传三百十一
　藩部七
　　唐努乌梁海 ………………………… 2334
　　阿尔泰乌梁海 ……………………… 2335
　　阿尔泰淖尔乌梁海 ………………… 2337
卷五百二十五　列传三百十二
　藩部八
　　西藏 ………………………………… 2338
卷五百二十六　列传三百十三
　属国一
　　朝鲜 ………………………………… 2348
　　琉球 ………………………………… 2358
卷五百二十七　列传三百十四
　属国二
　　越南 ………………………………… 2360
卷五百二十八　列传三百十五
　属国三
　　缅甸 ………………………………… 2367
　　暹罗 ………………………………… 2374
　　南掌 ………………………………… 2376
　　苏禄 ………………………………… 2377
卷五百二十九　列传三百十六
　属国四
　　廓尔喀 ……………………………… 2377
　　浩罕 ………………………………… 2379
　　　布鲁特 …………………………… 2380
　　　哈萨克 …………………………… 2380
　　　安集延 …………………………… 2381
　　　玛尔噶朗 ………………………… 2381
　　　那木干 …………………………… 2381
　　　塔什干 …………………………… 2381
　　　巴达克山 ………………………… 2381
　　　博罗尔 …………………………… 2381
　　　阿富汗 …………………………… 2381
　　　坎巨提 …………………………… 2382

卷二百十四　　　列传一

后妃

显祖宣皇后　　继妃　庶妃　太祖孝慈高皇后
　元妃继妃　大妃　寿康太妃　太祖诸妃
太宗孝端文皇后　　孝庄文皇后　　敏惠恭和元妃
　懿靖大贵妃　康惠淑妃　太宗诸妃　世祖废后
　孝惠章皇后　孝康章皇后　孝献皇后　贞妃
淑惠妃　世祖诸妃　圣祖孝诚仁皇后
孝昭仁皇后　孝懿仁皇后　孝恭仁皇后
敬敏皇贵妃　定妃　通嫔　悫怡皇贵妃
　愨惠皇贵妃　圣祖诸妃　世宗孝敬宪皇后
孝圣宪皇后　敦肃皇贵妃　纯悫皇贵妃
　世宗诸妃　高宗孝贤纯皇后　皇后乌喇那拉氏
孝仪纯皇后　慧贤皇贵妃　纯惠皇贵妃
庆恭皇贵妃　哲悯皇贵妃　淑嘉皇贵妃
婉贵太妃　高宗诸妃　仁宗孝淑睿皇后
孝和睿皇后　恭顺皇贵妃　和裕皇贵妃
　仁宗诸妃　宣宗孝穆成皇后　孝慎成皇后
孝全成皇后　孝静成皇后　庄顺皇贵妃
彤贵妃　宣宗诸妃　文宗孝德显皇后
孝贞显皇后　孝钦显皇后　庄静皇贵妃　玫贵妃
　端恪皇贵妃　文宗诸妃　穆宗孝哲毅皇后
淑慎皇贵妃　庄和皇贵妃　敬懿皇贵妃
荣惠皇贵妃　德宗孝定景皇后　端康皇贵妃
恪顺皇贵妃　宣统皇后　淑妃

　太祖初起，草创阔略，宫闱未有位号，但循国俗称"福晋"。福晋盖"可敦"之转音，史述后妃，后人缘饰名之，非当时本称也。崇德改元，五宫并建，位号既明，等威渐辨。世祖定鼎，循前代旧典。顺治十五年，采礼官之议：乾清宫设夫人一，淑仪一，婉侍六，柔婉、芳婉皆三十；慈宁宫设贞容一、慎容二，勤侍无定数；又置女官。循明六局一司之制，议定而未行。

　康熙以后，典制大备。皇后居中宫；皇贵妃一，贵妃二，妃四，嫔六，贵人、常在、答应无定数，分居东、西十二宫。东六宫：曰景仁，曰承乾，曰钟粹，曰延禧，曰永和，曰景阳；西六宫：曰永寿，曰翊坤，曰储秀，曰启祥，曰长春，曰咸福。诸宫皆有宫女子供使令。每三岁选八旗秀女，户部主之；每岁选内务府属旗秀女，内务府主之。秀女入宫，妃、嫔、贵人惟上命。选宫女子，贵人以上，得选世家女；贵人以下，但选拜唐阿以下女。宫女子侍上，自常在、答应渐进至妃、嫔，后妃诸姑、姊妹不赴选。帝祖母曰"太皇太后"，母曰"皇太后"，居慈宁、寿康、宁寿诸宫。先朝妃、嫔称太妃、太嫔，随皇太后同居，与嗣皇帝，年皆逾五十，乃始得相见。诸宫殿设太监，秩最高不逾四品，员额有定数，廪给有定量，分领执事有定程。此其大较也。

　二百数十年，壸化肃雍，诐谒盖寡，内鲜燕溺匹嫡之嫌，外绝权戚蠹国之衅，彬彬盛矣。追尊四代，惟宣皇后著氏族，且有继室，托始於是。历朝居正号者，谨而次之，并及妃、嫔有子若受后朝尊封者。世祖以汉女为妃，高宗以回女为妃，附书之，以其仅见也。

　显祖宣皇后，喜塔腊氏，都督阿古女。归显祖为嫡妃。岁己未，太祖生。岁己巳，崩。顺治五年，与肇祖原皇后、兴祖直皇后、景祖翼皇后同时追谥。子三：太祖、舒尔哈齐、雅尔哈齐。女一，下嫁噶哈善哈斯虎。

　继妃，纳喇氏，哈达部长万所抚族女。遇太祖寡恩，年十九，俾分居，予产独薄。子一，巴雅喇。庶妃，李佳氏。子一，穆尔哈齐。

　太祖孝慈高皇后，纳喇氏，叶赫部长杨吉砮女。太祖初起兵，如叶赫，杨吉砮以后许焉。杨吉砮为明总兵李成梁所杀，子纳林布禄继为贝勒，又为成梁出破。岁戊子秋九月，以后来归，上率诸贝勒、大臣迎之，大宴成礼。是岁，后年十四。岁壬辰冬十月，太宗生。岁癸卯秋，后病作，思见母，上遣使迎焉，纳林布禄不许。九月庚辰，后崩，年二十九。

　后庄敬聪慧，词气婉顺，得誉不喜，闻恶言，愉悦不改其常。不好谄谀，不信谗佞，耳无妄听，口无妄言。不预外事，殚诚毕虑以事上。及崩，上深悼之，丧敛祭享有加礼，不饮酒茹荤者逾月。越三载，葬赫图阿拉尼雅满山冈。天命九年，迁葬东京杨鲁山。天聪三年，再迁葬沈阳石嘴头山，是为福陵。崇德元年，上谥孝慈昭宪纯德真顺承天育圣武皇后。顺治元年，祔太庙。康熙元年，改谥。雍正、乾隆累加谥，曰孝慈昭宪敬顺仁徽懿德庆显承天辅圣高皇后。子一，太宗。

　元妃，佟佳氏。归太祖最早。子二：褚英、代善。女一，下嫁何和礼。

　继妃，富察氏。归太祖亦在孝慈皇后前。岁癸巳，叶赫诸部来侵，上夜驻军，寝甚酣，妃呼上觉曰："尔方寸乱耶，惧耶？九国兵来攻，岂酣寝时耶？"上曰："我果惧，安能酣寝？我闻叶赫来侵，以其无期，时以为念。既至，我心安矣。我若负叶赫，天必厌之，安得不惧？今我顺天命，安疆土，彼纠九国以虐无咎之人，天不佑也！"安寝如故。及旦，遂破敌。天命五年，妃得罪，死。子二：莽古尔泰、德格类。女一，名莽古济，下嫁锁诺木杜棱。

大妃，纳喇氏，乌喇贝勒满泰女。岁辛丑，归太祖，年十二。孝慈皇后崩，立为大妃。天命十一年七月，太祖有疾，浴于汤泉。八月，疾大渐，乘舟自太子河还，召大妃出迎，入浑河。庚戌，舟次瑷鸡堡，上崩。辛亥，大妃殉焉，年三十七。同殉者，二庶妃。妃子三：阿济格、多尔衮、多铎。顺治初，多尔衮摄政，七年，上谥孝烈恭敏献哲仁和赞天俪圣武皇后，祔太庙。八年，多尔衮得罪，罢谥，出庙。

寿康太妃，博尔济吉特氏，科尔沁郡王孔果尔女。太祖诸妃中最老寿。顺治十八年，圣祖即位，尊为皇曾祖寿康太妃。康熙四年，薨。

太祖诸妃称侧妃者四：伊尔根觉罗氏，子一，阿巴泰，女一，下嫁达尔汉；纳喇氏，孝慈皇后女弟，女一，下嫁固尔布什；其二皆无出。称庶妃者五：兆佳氏，子一，阿拜；钮祜禄氏，子二，汤古代、塔拜；嘉穆瑚觉罗氏，子二，巴布泰、巴布海，女三，下嫁布占泰、达启、苏纳；西林觉罗氏，子一，赖慕布；伊尔根觉罗氏，女一，下嫁鄂托伊。

太宗孝端文皇后，博尔济吉特氏，科尔沁贝勒莽古思女。岁甲寅四月，来归，太祖命太宗亲迎，至辉发扈尔奇山城，大宴成礼。天聪间，后母科尔沁大妃屡来朝，上迎劳，锡赉有加礼。崇德元年，上建尊号，后亦正位中宫。二年，大妃复来朝，上迎宴。越二日，大妃设宴，上率后及贵妃、庄妃幸其行幄。寻命追封后父莽古思和硕福亲王，立碑于墓，封大妃为和硕福妃，使大学士范文程等册封。世祖即位，尊为皇太后。顺治六年四月乙巳，崩，年五十一。七年，上谥。雍正、乾隆累加谥，曰孝端正敬仁懿哲顺慈僖至德纯徽翊天协圣文皇后。女三，下嫁额哲、奇塔特、巴雅思祜朗。

孝庄文皇后，博尔济吉特氏，科尔沁贝勒寨桑女，孝端皇后侄也。天命十年二月，来归。崇德元年，封永福宫庄妃。三年正月甲午，世祖生。世祖即位，尊为皇太后。顺治十一年，赠太后父寨桑和硕忠亲王，母贤妃。十三年二月，太后万寿，上制诗三十首以献。上承太后训，撰《内则衍义》，并为序以进。圣祖即位，尊为太皇太后。

康熙九年，上奉太后谒孝陵。十年，谒福陵、昭陵。十一年，幸赤城汤泉，经长安岭，上下马，扶辇，至坦道，始上马以从。还，度岭，正大雨，仍下马，扶辇。太后命骑从，上不可，下岭，乃乘马傍辇行。吴三桂乱作，频年用兵，太后念从征将士劳苦，发宫中金帛加犒。闻各省有偏灾，辄发帑赈恤。布尔尼叛，师北征，太后以慈宁宫庶妃有母年九十馀，居察哈尔，告上诫师行毋掳掠。

国初故事，后妃，王、贝勒福晋，贝子、公夫人，皆令命妇更番入侍，至太后始命罢之。宫中守祖宗制，不蓄汉女。上命儒臣译《大学衍义》进太后，太后称善，赐赉有加。太后不预政，朝廷有黜陟，上多告而后行。尝勉上曰："祖宗骑射开基，武备不可弛。用人行政，务敬以承天，虚公裁决。"又作书以诫曰："古称为君难。苍生至众，天子以一身临其上，生养抚育，莫不引领，必深思得众得国之道，使四海咸登康阜，绵历数于无疆，惟休。汝尚宽裕慈仁，温良恭敬，慎乃威仪，谨尔出话，夙夜恪勤，以祗承祖考遗绪，俾予亦无疚于厥心。"十九年四月，上撰《大德景福颂》进太后。

二十年，上复奉太后幸汤泉。云南平，上诣太后宫奏捷。二十一年，上诣奉天谒陵，途次屡奏书问安，使献方物，奏曰："臣到盛京，亲网得鲢、鲟，浸以羊脂，山中野烧，自落榛实及山核桃，朝鲜所进柿饼、松、栗、银杏，附使进上，伏乞俯赐一笑，不胜欣幸。"二十二年夏，奉太后出古北口避暑。秋，幸五台山，至龙泉关。上以长城岭峻绝，试辇不能陟，奏太后。次日，太后辇登岭，路数折不可上，太后乃还龙泉关，命上代诣诸寺。二十四年夏，上出塞避暑，次博洛和屯，闻太后不豫，即驰还京师，太后疾良已。

二十六年九月，太后疾复作，上昼夜在视。十二月，步祷天坛，请减算以益太后。读祝，上泣，陪祀诸王大臣皆泣。太后疾大渐，命上曰："太宗奉安久，不可为我轻动。况我心恋汝父子，当于孝陵近地安厝，我心始无憾。"己巳，崩，年七十五。上哀恸，欲于宫中持服二十七月，王大臣屡疏请遵遗诰，以日易月，始从之。命撤太后所居宫移建昌瑞山孝陵近地，号"暂安奉殿"。二十七年四月，奉太后梓宫诣昌瑞山。自是，岁必诣谒。雍正三年十二月，世祖即其地起陵，曰昭西陵。

世祖亲政，上太后徽号，国有庆，必加上。至圣祖以云南平，奏捷，定徽号曰昭圣慈寿恭简安懿章庆敦惠温庄康和仁宣弘靖太皇太后，初奉安上谥。雍正、乾隆累加谥，曰孝庄仁宣诚宪恭懿至德纯徽翊天启圣文皇后。子一，世祖。女三，下嫁弼尔塔哈尔、色布腾、铿吉尔格。

敏惠恭和元妃，博尔济吉特氏，孝庄皇后姊也。天聪八年，来归。崇德元年，封关雎宫宸妃。妃有宠于太宗，生子，为大赦，子二岁而殇，未命名。六年九月，太宗方伐明，闻妃病而还，未至，妃已薨。上恸甚，一日忽迷惘，自午至酉始瘥，乃悔曰："天生朕为抚世安民，岂为一妇人哉？朕不能自持，天地祖宗特示谴也。"上仍悲悼不已。诸王大臣请出猎，遂猎蒲河。还过妃墓，复大恸。妃母和硕贤妃来吊，上命内大臣掖舆临妃墓。郡王阿达礼、辅国公扎哈纳当妃丧作乐，皆坐夺爵。

懿靖大贵妃，博尔济吉特氏，阿霸垓郡王额齐格诺颜女。崇德元年，封麟趾宫贵妃。四年，额齐格诺颜及其妻福晋来朝，妃率诸王、贝勒迎宴。次日，上赐宴清宁宫，福晋入见，称上外姑。顺治九年，世祖加尊封。康熙十三年，薨，圣祖侍太后临奠。子一，博穆博果尔。女一，下嫁噶尔玛索诺木。又抚蒙古女，嫁噶尔玛德参，济旺子也。

康惠淑妃，博尔济吉特氏，阿霸垓塔布囊博第塞楚祜尔女。崇德元年，封衍庆宫淑妃。抚蒙古女，上命睿亲王多尔衮娶焉。顺治九年，加尊封，前懿靖大贵妃薨。

太宗诸妃：元妃，钮祜禄氏，弘毅公额亦都女，子一，洛博会；继妃，乌拉纳喇氏，子二，豪格、洛格，女一，下嫁旺第。称侧妃者二：叶赫纳喇氏，子一，硕塞；扎鲁特博尔济吉特氏，女二，下嫁夸扎、哈尚。称庶妃者六：纳喇氏，子一，高塞，女二，下嫁辉塞、拉哈；奇垒氏，察哈尔部人，女一，下嫁吴应熊；颜札氏，子一，叶布舒，伊尔根觉罗氏，子一，常舒；其二不知氏族，一生子，韬塞；一生女，下嫁班第。

世祖废后，博尔济吉特氏，科尔沁卓礼克图亲王吴克善女，孝庄文皇后侄也。后丽而慧，睿亲王多尔衮摄政，为世祖聘焉。顺治八年八月，册为皇后。上好简朴，后则嗜奢侈，又妒，积与上忤。

十年八月，上命大学士冯铨等上前代废后故事，铨等疏谏，上严拒，谕以"无能，故当废"，责诸臣沽名。即日奏皇太后，降后为静妃，改居侧宫，下礼部，礼部尚书胡世安、侍郎吕崇烈、高珩疏请慎重详审，礼部员外郎孔允樾及御史宗敦一、潘朝选、陈棐、张璿、杜果、聂玠、张嘉、李敬、刘秉政、陈自德、祖永杰、高尔位、白尚登、祖建明各具疏力争。允樾言尤切，略言："皇后正位三年，未闻失德，特以'无能'二字定废嫡之案，何以服皇后之心？何以服天下后世之心？君后犹父母，父欲出母，即心知母过，犹涕泣以谏，况不知母过何事，安忍缄口而不为母请命？"上命诸王、贝勒、大臣集议，议仍以皇后位中宫，而别立东西两宫。上不许，令再议，并责允樾覆奏，允樾疏引罪，诸王大臣再议，请从上指，於是后竟废。

孝惠章皇后，博尔济吉特氏，科尔沁贝勒绰尔济女。顺治十一年五月，聘为妃，六月，册为后。贵妃董鄂氏方幸，后又不当上恉。十五年正月，皇太后不豫，上责后礼节疏阙，命停应进中宫笺表，下诸王、贝勒、大臣议行。三月，以皇太后旨，如旧制封进。

圣祖即位，尊为皇太后，居慈仁宫。上奉太皇太后谒孝陵，幸盛京，谒福陵、昭陵，出古北口避暑，幸五台山，皆奉太后侍行。康熙二十二年，上奉太皇太后出塞，太后未侍行，中途射得鹿，断尾溃以盐，并亲选榛实，进太后。二十六年，太皇太后不豫，太后朝夕奉侍。及太皇太后崩，太后悲痛。诸妃主入临，太后恸甚，几仆地。上命诸王大臣奏请太后节哀回宫，再请乃允。岁除，诸王大臣请太后谕上回宫，上不可。二十七年正月，行虞祭，上命诸王大臣请太后勿往行礼，太后亦不可。二十八年，建宁寿新宫，奉太后居焉。

三十五年十月，上北巡，太后万寿，上奉书称祝。驻丽苏，太后遣送衣裘，上奉书言："时方燠，河未冰，帐房不须置火，俟严寒，即欢怃而服之。"三十六年二月，上亲征噶尔丹，驻他喇布拉克。太后以上生日，使赐金银茶壶，上奉书拜受。噶尔丹既定，群臣请上加太后徽号寿康显宁，太后以上不受尊号，亦坚谕不受。三十七年七月，奉太后幸盛京谒陵，道喀喇沁。途中以太后父母葬发库山，距跸路二百里，谕内大臣索额图择洁地，太后遥设祭。十月，次奇尔赛毕喇，值太后万寿，上诣行宫行礼，敕封太后所驻山曰寿山。

三十八年，上奉太后南巡。三十九年十月，太后六十万寿，上制《万寿无疆赋》，并奉佛像、珊瑚、自鸣钟、洋镜、东珠、珊瑚、金珀、御风石、念珠、皮裘、羽缎、哆罗呢、沈、檀、芸、降诸香、犀玉、玛瑙、甆、漆诸器，宋、元、明名画，金银、币帛；又令膳房数米万粒，号"万国玉粒饭"，及肴馔、果品以献。四十九年，太后七十万寿，亦如之。

五十六年十二月，太后不豫。是岁，上春秋六十有四，方有疾，头眩足肿，闻太后疾甚，以帕缠足，乘软舆诣视，跪床下，捧太后手曰："母后，臣在此！"太后张目，畏明，障以手，视上，执上手，已不能语。上力疾，於苍震门内支幄以居。丙戌，太后崩，年七十七。上号恸尽礼。五十七年三月，葬孝陵之东，曰孝东陵。初上太后徽号，国有庆，必加上。至云南平，定曰仁宪恪顺诚惠纯淑端禧皇太后。及崩，上谥，大学士等初议误不系世祖谥，上令至太庙、奉先殿瞻礼高皇后、文皇后神位，大学士等引罪；又以所拟谥未留徽号字，命更议。雍正、乾隆累加谥，曰孝惠仁宪端懿慈淑恭安纯德顺天翼圣章皇后。

孝康章皇后，佟佳氏，少保、固山额真佟图赖女。后初入宫，为世祖妃。顺治十一年春，妃诣太后宫问安，将出，衣裾有光若龙绕，太后问之，知有妊，谓近侍曰："朕妊皇帝实有斯祥，今妃亦有是，生子必膺大福。"三月戊申，圣祖生。圣祖即位，尊为皇太后。康熙二年二月庚戌，崩，年二十四。初上徽号曰慈和皇太后。及崩，葬孝陵，上谥。雍正、乾隆累加谥，曰孝康慈和庄懿恭惠温穆端靖崇文育圣章皇后。后家佟氏，本汉军，上命改佟佳氏，入满洲。后族抬旗自此始。子一，圣祖。

孝献皇后，栋鄂氏，内大臣鄂硕女。年十八入侍，上眷之特厚，宠冠后宫。顺治十三年八月，立为贤妃。十二月，进皇贵妃，行册立礼，颁赦。上皇太后徽号，鄂硕本以军功授一等精奇尼哈番，进三等伯。十七年八月，薨，上辍朝五日。追谥孝献庄和至德宣仁温惠端敬皇后。

上亲制《行状》，略曰："后婉静循礼，事皇太后，奉养甚至，左右趋走，皇太后安之。事朕，晨夕候兴居，视饮食服御，曲体罔不悉。朕返跸晏，必迎问寒暑，意少刱，则曰：'陛下归晚，体得毋倦耶？'趣具餐，躬进之，命共餐，则辞。朕值庆典，举数觞，必诚侍者，室无过燠，中夜恓恓起视。朕省封事，夜分，未尝不侍侧。诸曹循例章报，朕辄置之，后曰：'此虽奉行成法，安知无当更张，或有他故？奈何忽之！'令同阅，起谢：'不敢干政。'览廷谳疏，握笔未忍下，后问是疏安所云，朕谕之，则泣曰：'诸辟皆愚无知，岂尽无冤？宜求可矜宥者全活之！'大臣偶得罪，朕或不乐，后辄请霁威详察。朕偶免朝，则谏毋倦勤。日讲后，与言章句大义，辄喜。偶遗忘，则谏：'当服膺默识。'蒐狩，亲骑射，则谏：'毋以万邦仰庇之身，轻于驰骤。'偶有未称旨，朕或加谯让，始犹自明无过；及闻姜后脱簪事，即有宜辩者，但引咎自责而已。后至节俭，不用金玉。诵《四书》及《易》已卒业；习书，未久即精。朕喻以禅学，参究若有所省。后初病，皇太后使问安否，必对曰：'安。'疾甚，朕及今后、诸妃、嫔环视之，后曰：'吾殆将不起，此中澄定，亦无所苦，独不及酬皇太后暨陛下恩万一。妾殁，陛下宜自爱！惟皇太后必伤悼，奈何？'既又令以诸王赙施贫乏，复属左右毋以珍丽物敛。殁后，皇太后哀之甚。"《行状》数千言，又命大学士金之俊别作《传》。是岁，命秋谳停决，从后志也。

时鄂硕已前卒，后045父罗硕，授一等阿思哈尼哈番。及上崩，遗诏以后丧祭逾礼为罪己之一。康熙二年，合葬孝陵，主不祔庙，岁时配食飨殿。子一，生三月而殇，未命名。

贞妃，栋鄂氏，一等阿达哈哈番巴度女。殉世祖。圣祖追封为皇考贞妃。

淑惠妃，博尔济吉特氏，孝惠皇后妹也。顺治十一年，册为妃。康熙十二年，尊封皇考淑惠妃。妃最老寿，以五十二年十月薨。

同时尊封者：浩齐特博尔济吉特氏为恭靖妃，阿霸垓博尔济吉特氏为端顺妃，皆无所出；栋鄂氏为宁悫妃，在世祖时号庶妃，子一，福全。又恪妃，石氏，滦州人，吏部侍郎申女。世祖尝选汉官女备六宫，妃与焉。居永寿宫。康熙六年薨，圣祖追封皇考恪妃。

又在三妃前，世祖庶妃有子女者，又有八人：穆克图氏，子永干，八岁殇；巴氏，子钮钮，为世祖长子，二岁殇，女二，一六岁殇，一七岁殇；陈氏，子一，常宁；唐氏，子一，奇授，七岁殇；钮氏，子一，隆禧；杨氏，女一，下嫁纳尔杜；乌苏氏，女一，八岁殇；纳喇氏，女一，五岁殇。

圣祖孝诚仁皇后，赫舍里氏，辅政大臣、一等大臣索尼孙领侍卫内大臣噶布喇女。康熙四年七月，册为皇后。十三年五月丙寅，生皇二子允礽，即于是日崩，年二十二。谥曰仁孝皇后。二十年，葬孝东陵之东，即景陵也。雍正元年，改谥。乾隆、嘉庆累加谥，曰孝诚恭肃正惠安和淑懿恪敏俪天襄圣仁皇后。子二：承祜，四岁殇；允礽。

孝昭仁皇后，钮祜禄氏，一等公遏必隆女。初为妃。康熙十六年八月，册为皇后。十七年二月丁卯，崩。二十年，与仁孝皇后同葬。上每谒孝陵，辄临仁孝、孝昭两后陵奠酹。乾隆、嘉庆累加谥，曰孝昭静淑明惠正和安裕端穆钦天顺圣仁皇后。

孝懿仁皇后，佟佳氏，一等公佟国维女，孝康章皇后侄女也。康熙十六年，为贵妃。二十年，进皇贵妃。二十八年七月，病笃，册为皇后。翌日甲辰，崩。谥曰孝懿皇后。是冬，葬仁孝、孝昭两后之次。雍正、乾隆、嘉庆累加谥，曰孝懿温诚端仁宪穆和恪慈惠奉天佐圣仁皇后。女一，殇。

孝恭仁皇后，乌雅氏，护军参领威武女。后事圣祖。康熙十七年十月丁酉，世宗生。十八年，为德嫔。二十年，进德妃。世宗即位，尊为皇太后，拟上徽号曰仁寿皇太后，未上册。雍正元年五月辛丑，崩，年六十四。葬景陵。上谥，曰孝恭宣惠温肃定裕慈纯钦穆赞天承圣仁皇后。子三：世宗，允祚，允禵。允祚六岁殇。女三：其二殇，一下嫁舜安颜。

敬敏皇贵妃，章佳氏。事圣祖为妃。康熙三十八年，薨。谥曰敏妃。雍正初，世宗以其子怡亲王允祥贤，追进封。妃又生女二，下嫁仓津、多尔济。

定妃，万琉哈氏。事圣祖为嫔。世宗尊为皇考定妃。就养其子履亲王允祹邸。高宗朝，岁时伏腊，辄迎入宫中上寿，然未进尊封。薨年九十七。

通嫔，纳喇氏。事圣祖为贵人。雍正二年，世宗以其婿喀尔喀郡王策棱功，尊封。乾隆九年，薨。子二：万黼，五岁殇；允䄔，二岁殇。女一。

悫怡皇贵妃，瓜尔佳氏。事圣祖为和妃。世宗尊为皇考贵妃。高宗尊为皇祖温惠皇贵太妃。乾隆三十三年，薨，年八十六。谥曰悫怡皇贵妃。葬景陵侧皇贵妃园寝。女一，殇。圣祖诸妃，妃薨最后。

乾隆初，同时尊封者：惠惠皇贵妃，佟佳氏，孝懿皇后妹。事圣祖为贵妃。世宗尊为皇考皇贵妃。高宗尊为皇祖寿祺皇贵太妃。薨，谥曰惠惠皇贵妃。顺懿密太妃，王氏。初为密嫔，自密妃尊封。子三：允禑、允禄、允祄，允祄八岁殇。纯裕勤太妃，陈氏。初为勤嫔，自勤妃尊封。子一，允礼。襄嫔，高氏。自贵人尊封。子一，允祎。一，殇。谨嫔，色赫图氏。自贵人尊封。子一，允祜。静嫔，石氏。自贵人尊封。子一，允祁。熙嫔，陈氏。自贵人尊封。子一，允禧。穆嫔，陈氏。自贵人卒后追尊封。子一，允祕。

其卒于康熙中及虽下逮雍正、乾隆而未尊封者，又有：温僖贵妃，钮祜禄氏，孝昭皇后妹。子一，允䄂。女一，殇。惠妃，纳喇氏。子二：承庆，殇；允禔。宜妃，郭络罗氏。当圣祖崩时，妃方病，以四人舁软榻诣丧所，出太后前，世宗见之，又傲，世宗为诘责宫监。子三：允祺、允禟、允禌，允禌十二岁殇。荣妃，马佳氏。子五：承瑞，为圣祖长子，四岁殇；赛音察浑，长华，长生皆殇，允祉。女一，下嫁乌尔滚。成妃，戴佳氏。子一，允祐。良妃，卫氏。子一，允禩。平妃，赫舍里氏，孝诚皇后妹。子一，允禨，殇。端嫔，董氏。女一，殇。贵人，兆佳氏，女一，下嫁噶尔臧。郭络罗氏，宜妃妹。子一，允禌，殇。女一，下嫁敦多布多尔济。袁氏，女一，下嫁孙承运。陈氏，子一，允援，殇。庶妃，钮祜禄氏，女一；张氏，女二；王氏，女一；刘氏，女一：皆殇。

世宗孝敬宪皇后，乌喇那拉氏，内大臣费扬古女。世宗为皇子，圣祖册后为嫡福晋。雍正元年，册为皇后。九年九月己丑，崩。时上病初愈，欲亲临含敛，诸大臣谏止。上谕曰："皇后自垂髫之年，奉皇考命，作配朕躬。结褵以来，四十余载，孝顺恭敬，始终一致。朕调理经年，今始全愈，若亲临丧次，触景增悲，非摄养所宜。但皇后丧事，国家典仪虽备，而朕礼数未周。权衡轻重，如何使情文兼尽，其具议以闻。"诸大臣议，以《明会典》皇后丧无亲临祭奠之礼，令皇子朝夕奠，遇祭，例可遣官，乞停亲奠，从之。谥孝敬皇后。及世宗崩，合葬泰陵。乾隆、嘉庆累加谥，曰孝敬恭和懿顺昭惠庄肃安康佐天翊圣宪皇后。

孝圣宪皇后，钮祜禄氏，四品典仪凌柱女。后年十三，事世宗潜邸，号格格。康熙五十年八月庚午，高宗生。雍正中，封熹妃，进熹贵妃。高宗即位，以世宗遗命，尊为皇太后，居慈宁宫。高宗事太后孝，以天下养，惟亦兢兢守家法，重国体。太后偶言顺天府东有废寺当重修，上从之。即召宫监，谕："汝等尝侍圣祖，几曾见昭圣太后当日令圣祖修盖庙宇？嗣后当奏止！"宫监引悟真庵尼入内，导太后弟入苍震门谢恩，上屡诫之。上每出巡幸，辄奉太后以行，南巡者三，东巡者三，幸五台山者三，幸中州者一。谒孝陵。狝木兰，岁必至焉。遇万寿，率王大臣奉觞称庆。

乾隆十六年，六十寿；二十六年，七十寿；三十六年，八十寿：庆典以次加隆。先期，日进寿礼九九。先以上亲制诗文、书画，次则如意、佛像、冠服、簪饰、金玉、犀象、玛瑙、水晶、玻璃、珐琅、彝鼎、瓷器、书画、绮绣、币帛、花果，诸外国珍品，靡不具备。太后为天下母四十余年，国家全盛，亲见曾玄。

四十二年正月庚寅，崩，年八十六。葬泰陵东北，曰泰东陵。初尊太后，上徽号。国有庆，屡加上，曰崇德慈宣康惠敦和裕寿纯禧恭懿安祺宁豫皇太后。既葬，上谥。嘉庆中，再加谥，曰孝圣慈宣康惠敦和诚徽仁穆敬天光圣宪皇后。子一，高宗。

敦肃皇贵妃，年氏，巡抚遐龄女。事世宗潜邸，为侧福晋。雍正元年，封贵妃。三年十一月，妃病笃，进皇贵妃。并谕妃病如不起，礼仪视皇贵妃例行。妃薨逾月，妃兄羹尧得罪死。谥曰敦肃皇贵妃。乾隆初，从葬泰陵。子三：福宜、福惠、福沛，皆殇。女一，亦殇。

纯悫皇贵妃，耿氏。事世宗潜邸，为格格。雍正间，封裕嫔，进裕妃。高宗时，屡加尊为裕皇贵太妃。乾隆四十九年，薨，年九十六。谥曰纯悫皇贵妃。葬妃园寝，位诸妃上。子一，弘昼。

世宗诸妃，又有：齐妃，李氏。事世宗潜邸，为侧室福晋。雍正间，封齐妃。子三：弘盼、弘昀，皆殇；弘时。女一，下嫁星德。谦妃，刘氏。事世宗潜邸，号贵人。雍正间，封谦嫔。高宗尊为皇考谦妃。子一，弘曕。懋嫔，宋氏。事世宗，号格格。雍正初，封懋嫔。女二，皆殇。

高宗孝贤纯皇后，富察氏，察哈尔总管李荣保女。高宗为皇子，雍正五年，世宗册后为嫡福晋。乾隆二年，册为皇后。后恭俭，平居以通草绒花为饰，不御珠翠。岁时以鹿羔氄绒制为荷包进上，仿先世关外遗制，示不忘本也。上甚重之。十三年，从上东巡，还跸，三月乙未，后崩于德州舟次，年三十七。上深恸，兼程还京师，殡于长春宫，服缟素十二日。

初，皇贵妃高佳氏薨，上谥以慧贤，后在侧，曰："吾他日期以'孝贤'，可乎？"至是，上遂用为谥。并制《述悲赋》，曰："《易》何以首《乾》、《坤》？《诗》何以首《关雎》？惟人伦之伊始，固天俪之与齐。念懿后之作配，廿二年于于斯。痛一旦之永诀，隔阴阳而莫知。昔皇考之命偶，用抡简于名门。俾逮予而尸藻，定嘉礼于渭滨。在青宫而养德，即治壸而淑身。纵糟糠之未历，实同甘而共辛。乃其正位坤宁，克赞乾清。奉慈闱之温凊，为九卿之仪型。克俭于家，爰始缣品而育茧；克勤于邦，亦知较雨而课晴。嗟予命之不辰兮，痛元嫡之连弃。致黯然以内伤兮，遂逸尔而长逝。抚诸子如一出兮，岂彼此之分视？值乖舛之叠遭兮，谁不增夫怨怼？况顾予之伤悼兮，更恍悢而切意。尚强欢以相慰兮，每禁情而制泪。制泪兮泪滴襟，强欢兮欢匪心。聿当春而启蟄，随予驾以东临。抱轻疾兮念众劳，促归程兮变ºº遭。登画舫兮陈翟褕，由潞河兮还内朝。去内朝兮时未几，致邂逅兮怨无已。切自尤兮不可追，论生平兮定于此。影与形兮难去一，居忽忽兮如有失。对嫔嫱兮想芳型，顾和敬兮怜弱质。望湘浦兮何先祖，求北海兮乏神术。循丧仪兮怆徒然，例展禽兮谥孝贤。思遗徽之莫尽兮，讵两字之能宣。包四德而首出兮，谓庶几其可传。惊时序之代谢兮，届十旬而迅如。睹新昌而增恸兮，陈旧物而忆初。亦有时而暂弭兮，旋触绪而欷歔。信人生之如梦兮，了万事之皆虚。呜呼，悲莫悲兮生别离，失内位兮孰予随？入椒房兮闃寂，披凤幄兮空垂。春风秋月兮尽于此已，夏日冬夜兮知复何时？"

十七年，葬孝陵西胜水峪，后即于此起裕陵焉。嘉庆、道光累加谥，曰孝贤诚正敦穆仁惠徽恭康顺辅天昌圣纯皇后。子二：永琏、永琮。女二：一殇，一下嫁色布腾巴尔珠尔。

皇后，乌喇那拉氏，佐领那尔布女。后事高宗潜邸，为侧室福晋。乾隆二年，封娴妃。十年，进贵妃。孝贤皇后崩，进皇贵妃，摄六宫事。十五年，册为皇后。三十年，从上南巡，至杭州，忤上旨，后剪发，上益不怿，令后先还京师。三十一年七月甲午，崩。上方幸木兰，命丧仪视皇贵妃。自是遂不复立皇后。子二，永璂、永璟。女一，殇。

四十三年，上东巡，有金从善者，上书，首及建储，次为立后。上因谕曰："那拉氏本朕青宫时皇考所赐侧室福晋，孝贤皇后崩后，循序进皇贵妃。越三年，立为后。其后自获过愆，朕优容如故。国俗忌剪发，而竟悍然不顾，朕犹包含不行废斥。后以病殁，止令减其仪文，并未削其位号。朕处此仁至义尽，况自是不复继立皇后。从善乃欲朕下诏罪己，朕有何罪当自责乎？从善又请立后，朕春秋六十有八，岂有复册中宫之理？"下行在王大臣议从善罪，坐斩。

孝仪纯皇后，魏佳氏，内管领清泰女。事高宗为贵人。封令嫔，累进令贵妃。乾隆二十五年十月丁丑，仁宗生。三十年，进令皇贵妃。四十年正月丁丑，薨，年四十九。谥曰令懿皇贵妃，葬胜水峪。六十年，仁宗立为皇太子，命册赠孝仪皇后。嘉庆、道光累加谥，曰孝仪恭顺康裕慈仁端恪敏哲翼天毓圣纯皇后。后家魏氏，本汉军，抬入满洲旗，改魏佳氏。子四：永璐，殇；仁宗；永璘；其一殇，未命名。女二，下嫁拉旺多尔济、札兰泰。

慧贤皇贵妃，高佳氏，大学士高斌女。事高宗潜邸，为侧室福晋。乾隆初，封贵妃。薨，谥曰慧贤皇贵妃。葬胜水峪。

纯惠皇贵妃，苏佳氏。事高宗潜邸。即位，封纯嫔。累进纯皇贵妃。薨，谥曰纯惠皇贵妃。葬裕陵侧。子一，永瑢。女一，下嫁福隆安。

庆恭皇贵妃，陆氏。初封庆嫔。累进庆贵妃。薨。仁宗以尝受妃抚育，追尊为庆恭皇贵妃。

哲悯皇贵妃，富察氏。事高宗潜邸。雍正十三年，薨。乾隆初，追封哲妃，进皇贵妃。谥曰哲悯皇贵妃，葬胜水峪。子一，永璜，为高宗长子。女一，殇。

淑嘉皇贵妃，金佳氏。事高宗潜邸，为贵人。乾隆初，封嘉妃，进嘉贵妃。薨，谥曰淑嘉皇贵妃，葬胜水峪。子四：永珹，永璇，永瑆；其一殇，未命名。

婉贵太妃，陈氏。事高宗潜邸。乾隆间，自贵人累进婉妃。嘉庆间，尊为婉贵太妃。寿康宫位居首。薨，年九十二。颖贵太妃，巴林氏。亦自贵人累进颖贵妃。尊为颖贵太妃，亦居寿康宫。薨，年七十。

贵人：西林觉罗氏，柏氏，皆自常在进尊为贵人。晋太妃，富察氏。事高宗为贵人。逮道光时，犹存。宣宗尊为皇祖晋太妃。

高宗诸妃有子女者：忻贵妃，戴佳氏，总督那苏图女。女二，皆殇。愉贵妃，珂里叶特氏。子一，永琪。舒妃，叶赫那拉氏。子一，殇，未命名。惇妃，汪氏。尝笞宫婢死，上命降为嫔。未几，复封。女一，下嫁丰绅殷德。

又有容妃，和卓氏，回部台吉和札赉女。初入宫，号贵人。累进为妃。薨。

仁宗孝淑睿皇后，喜塔腊氏，副都统、内务府总管和尔经额女。仁宗为皇子，乾隆三十九年，高宗册后为嫡福晋。四十七年八月甲戌，宣宗生。仁宗受禅，册为皇后。嘉庆二年二月戊寅，崩，谥曰孝淑皇后，葬太平峪，后即于此起昌陵焉。道光、咸丰累加谥，曰孝淑端和仁庄慈懿敦裕昭肃光天佑圣睿皇后。子一，宣宗。女二：一殇，一下嫁玛尼巴达喇。

孝和睿皇后，钮祜禄氏，礼部尚书恭阿拉女。后事仁宗潜邸，为侧室福晋。仁宗即位，封贵妃。孝淑皇后崩，高宗敕以后继位中宫。先封皇贵妃。嘉庆六年，册为皇后。二十五年八月，仁宗幸热河崩，后传旨令宣宗嗣位。宣宗尊为皇太后，居寿康宫。道光二十九年十二月甲戌，崩，年七十四。宣宗春秋已高，方有疾，居丧哀毁，三十年正月，崩于慎德堂丧次。咸丰三年，葬后昌陵之西，曰昌西陵。初尊皇太后，上徽号。国有庆，累加上，曰恭慈康豫安成庄惠寿禧崇祺皇太后。逮崩，上谥。咸丰间加谥，曰孝和恭慈康豫安成钦顺仁正应天熙圣睿皇后。子二：绵恺、绵忻。女一，殇。

恭顺皇贵妃，钮祜禄氏。嘉庆初，选入宫，为如贵人。累进如妃。宣宗尊为皇考如皇贵妃，居寿安宫。文宗尊为皇祖如皇贵太妃。薨，年七十四，谥曰恭顺皇贵妃。子一，绵愉。女二，殇。

和裕皇贵妃，刘佳氏。事仁宗潜邸。嘉庆初，封诚妃。进诚贵妃。宣宗尊为皇考诚禧皇贵妃。薨，谥曰和裕皇贵妃。子一，未命名，殇。女一，下嫁索特纳木多布斋。

仁宗诸妃有子女者：华妃，侯佳氏。事仁宗潜邸。嘉庆初，封莹嫔。改进封。女一，殇。简嫔，关佳氏；逊嫔，沈佳氏：皆事仁宗潜邸，号格格。嘉庆初，追封。女各一，皆殇。

仁宗嫔御至宣宗朝尊封者，又有信妃，刘佳氏；恩嫔，乌雅氏；荣嫔，梁氏：皆自贵人进。安嫔，苏完尼瓜尔佳氏，自常在进。

宣宗孝穆成皇后，钮祜禄氏，户部尚书、一等子布颜达赉女。宣宗为皇子，嘉庆元年，仁宗册后为嫡福晋。十三年正月戊午，薨。宣宗即位，追册谥曰孝穆皇后。初葬王佐村，移宝华峪，以地宫浸水，再移龙泉峪，后即于此起慕陵焉。咸丰初，上谥。光绪间加谥，曰孝穆温厚庄肃端诚恪惠宽钦孚天裕圣成皇后。

孝慎成皇后，佟佳氏，三等承恩公舒明阿女。宣宗为皇子，嫡福晋薨，仁宗册后继嫡福晋。宣宗即位，立为皇后。道光十三年四月己巳，崩，谥曰孝慎皇后，葬龙泉峪。咸丰初，上谥。光绪间加谥，曰孝慎敏肃哲顺和懿诚惠敦恪熙天诒圣成皇后。女一，殇。

孝全成皇后，钮祜禄氏，二等侍卫、一等男颐龄女。后事宣宗，册全嫔。累进全贵妃。道光十一年六月己丑，文宗生。十三年，进皇贵妃，摄六宫事。十四年，立为皇后。二十年正月壬寅，崩，年三十三。宣宗亲定谥曰孝全皇后，葬龙泉峪。咸丰初，上谥。光绪间加谥，曰孝全慈敬宽仁端悫安惠诚敏符天笃圣成皇后。子一，文宗。女二：一殇，一下嫁德穆楚克扎布。

孝静成皇后，博尔济吉特氏，刑部员外郎花良阿女。后事宣宗为静贵人。累进静皇贵妃。孝全皇后崩，文宗方十岁，妃抚育有恩。文宗即位，尊为皇考康慈皇贵太妃，居寿康宫。咸丰五年七月，太妃病笃，尊为康慈皇太后。越九日庚午，崩，年四十四。上谥，曰孝静康慈弼天抚圣皇后，不系宣宗谥，不祔庙。葬慕陵东，曰慕东陵。穆宗即位，祔庙，加谥。光绪、宣统累加谥，曰孝静康慈懿昭端惠庄仁和慎弼天抚圣成皇后。子三：奕纲、奕继、奕䜣。女一，下嫁景寿。

庄顺皇贵妃，乌雅氏。事宣宗，为常在。进琳贵人，累进琳贵妃。文宗尊为皇考琳贵太妃。穆宗尊为皇祖琳皇贵太妃。同治五年，薨，命王公百官持服一日，谥曰庄顺皇贵妃，葬慕东陵园寝。德宗朝，迭命增祭品，崇规制，上亲诣行礼。封三代，皆一品。子三，奕譞、奕詥、奕譓。女一，下嫁德徽。

彤贵妃，舒穆噜氏。事宣宗，为彤贵人。累进彤贵妃。复降贵人。文宗尊为皇考彤嫔。穆宗累尊为皇祖彤贵妃。女二，一下嫁扎拉丰阿，一殇。

宣宗诸妃有子女者：和妃，纳喇氏。初以宫女子，事宣宗潜邸。嘉庆十三年，子奕纬生。仁宗特命为侧室福晋。道光初，封和嫔。进和妃。祥妃，钮祜禄氏。事宣宗，为贵人。进嫔，复降。文宗尊为皇考祥妃。穆宗追尊为皇祖祥妃。子一，奕䜣。女二，一殇，一下嫁恩醇。

他无子女而受尊封者：佳贵妃，郭佳氏；成贵妃，钮祜禄氏：皆事宣宗，为贵人，进嫔，复降。历咸丰、同治二朝进封：常妃，赫舍哩氏，以贵人进封；顺嫔，失其氏，以常在进封。恒嫔，蔡佳氏；豫妃，尚佳氏；贵人李氏，那氏：以答应进封。

文宗孝德显皇后，萨克达氏，太常寺少卿富泰女。文宗为皇子，道光二十七年，宣宗册为嫡福晋。二十九年十二月乙亥，薨。文宗即位，追册谥曰孝德皇后。权攒田村，同治初，移葬安庄，旋葬定陵，上谥。光绪、宣统屡加谥，曰孝德温惠诚顺慈庄恪慎徽懿恭天赞圣显皇后。

孝贞显皇后，钮祜禄氏，广西右江道穆扬阿女。事文宗潜邸。咸丰二年，封贞嫔，进贞贵妃。立为皇后。十年，从幸热河。十一年七月，文宗崩，穆宗即位，尊为皇太后。

是时，孝钦、孝贞两宫并尊，诏旨称"母后皇太后"、"圣母皇太后"以别之。十一月乙酉朔，上奉两太后御养心殿，垂帘听政。同治八年，内监安得海出京，山东巡抚丁宝桢以闻，太后立命诛之。十二年，归政于穆宗。十三年，穆宗崩，德宗即位，复听政。光绪七年三月壬申，崩，年四十五，葬定陵东普祥峪，曰定东陵。初尊为皇太后，上徽号。国有庆，累加上，曰慈安端康裕庆昭和庄敬皇太后。及崩，上谥。宣统加谥，曰孝贞慈安裕庆和敬诚靖仪天祚圣显皇后。

孝钦显皇后，叶赫那拉氏，安徽徽宁池广太道惠征女。咸丰元年，后被选入宫，号懿贵人。四年，封懿嫔。六年三月庚辰，穆宗生，进懿妃。七年，进懿贵妃。十年，从幸热河。十一年七月，文宗崩，穆宗即位，与孝贞皇后并尊为皇太后。

是时，怡亲王载垣、郑亲王端华、协办大学士尚书肃顺等以文宗遗命，称"赞襄政务王大臣"，擅政，两太后患之。御史董元醇请两太后权理朝政，两太后召载垣等入议，载垣等以本朝未有皇太后垂帘，难之。侍郎胜保及大学士贾桢等疏继至。恭亲王奕䜣留守京师，闻丧奔赴，两太后为言载垣等擅政状。九月，奉文宗丧还京师，即下诏罪载垣、端华、肃顺，皆至死，并罢黜诸大臣预赞襄政务者。授奕䜣议政王，以上旨命王大臣条上垂帘典礼。

十一月乙酉朔，上奉两太后御养心殿，垂帘听政。谕曰："垂帘非所乐为，惟以时事多艰，王大臣等不能无所禀承，是以姑允所请。俟皇帝典学有成，即行归政。"自是，日召议政王、军机大臣同入对。内外章奏，两太后览讫，王大臣拟旨，翌日进呈。阅定，两太后以文宗赐同道堂小玺钤识，仍以上旨颁示。旋用御史徐启文奏，令中外臣工于时事阙失，直言无隐；用御史钟佩贤奏，谕崇节俭，重名器；用御史卞宝第奏，谕严赏罚，肃吏治，慎荐举。命内直翰林辑前史帝王政治及母后垂帘事迹，可为法戒者，以进。同治初，寇乱未弭，兵连不解，两太后同心求治，登进老成，倚任将帅，粤、捻荡平，滇、陇渐定。十二年二月，归政于穆宗。

十三年十二月，穆宗崩，太后定策立德宗，两太后复垂帘听政。谕曰："今皇帝绍承大统，尚在冲龄，时事艰难，不得已垂帘听政。万几综理，宵旰不遑，刬当民生多蹙，各省水旱频仍。中外臣工、九卿、科道有言事之责者，于用人行政，凡诸政事当举，与时事有裨而又实能见施行者，详细敷奏。至敦节俭，祛浮华，宜始自宫中，耳目玩好，浮丽纷华，一切不得上进。""封疆大吏，当勤求闾阎疾苦，加意抚恤；清讼狱，勤缉捕。办赈积谷，饬有司实力奉行；并当整饬营伍，修明武备，选任贤能牧令，与民休息。"用御史陈彝奏，黜南书房行走、侍讲王庆祺；用御史孙凤翔等奏，黜总管内务府大臣贵宝、文锡；又罪宫监之不法者，戍三人，杖四人。一时宫府整肃。

光绪五年，葬穆宗惠陵。吏部主事吴可读从上陵，自杀，留疏乞降明旨，以将来大统归穆宗嗣子。下大臣王议奏，王大臣等请毋庸议，尚书徐桐等，侍读学士宝廷、黄体芳，司业张之洞，御史李端棻，皆别疏陈所见。谕曰："我朝未明定储位，可读所请，与家法不合。皇帝受穆宗付托，将来慎选元良，缵承绪，其继大统者为穆宗嗣子，守祖宗之成宪，示天下以无私，皇帝必能善体此意也。"

六年，太后不豫，上命诸督抚荐医治疾。八年，疾愈。孝贞皇后既崩，太后独当国。十年，法兰西侵越南。太后责恭亲王奕䜣等因循贻误，罢之，更用礼亲王世铎等；并谕军机处，遇紧要事件，与醇亲王奕譞商办。庶子盛昱、锡珍、御史赵尔巽各疏言醇亲王不宜参豫机务，谕曰："自垂帘以来，揆度时势，不能不用亲藩进参机务。谕令奕譞与军机大臣会商事件，本专指军国重事，非概令与闻。奕譞再四恳辞，谕以俟皇帝亲政，再降谕旨，始暂时奉命。此中委曲，诸臣不能尽知也。"是年，太后五十万寿。

十一年，法兰西约定。醇亲王奕譞建议设海军。十三年夏，命会同大学士、直隶总督李鸿章巡阅海口，遣太监李莲英从。莲英侍太后，颇用事。御史朱一新以各直省水灾，奏请修省，辞及莲英。太后不怿，责一新复奏。一新复奏，言鸿章具舟迎王，王辞之，莲英乘以行，遂使将吏迎者误为王舟。太后诘王，王遂对曰："无之。"遂黜一新。

太后命以次年正月归政，醇亲王奕譞及王大臣等奏请太后训政数年，德宗亦力恳再三，太后乃许之。王大臣等条上训政典礼，命如议行。请上徽号，坚不许。十五年，德宗行婚礼。二月己卯，太后归政。御史屠仁守疏请太后归政后，仍披览章奏，裁决施行。太后不可，谕曰："垂帘听政，本万不得已之举。深宫远鉴前代流弊，特饬及时归政。归政后，惟醇亲王单衔具奏，暂须径达。醇亲王密陈：'初裁大政，军国重事，定省可以禀承。'并非著为典常，使训政永无底止。"因斥仁守乖谬，夺官。

同治间，穆宗议修圆明园，奉两太后居之，事未行。德宗以万寿山大报恩延寿寺，高宗奉孝圣宪皇后三次祝釐于此，命茸治，备太后临幸，并更清漪园为颐和园，太后许之。既归政，奉太后驻焉。岁十月十日，太后万寿节，上率王大臣祝嘏，以为常。十六年，醇亲王奕譞薨。二十年，日本侵朝鲜，以太后命，起恭亲王奕䜣。是年，太后六十万寿，上请在颐和园受贺，仿康熙、乾隆间成例，自大内至园，跸路所经，设彩棚经坛，举行庆典。朝鲜军急，以太后命罢之。二十四年，恭亲王奕䜣薨。

上事太后谨，朝廷大政，必请命乃行。顾以国事日非，思变法救亡，太后意不谓然，积相左。上期以九月奉太后幸天津阅兵，讹言谓太后将勒兵废上；又谓有谋围颐和园劫太后者。八月丁亥，太后遽自颐和园还宫，复训政。以上有疾，命居瀛台养疴。二十五年十二月，立端郡王载漪子溥儁继穆宗为皇子。

二十六年，义和拳事起，载漪等信其术，言于太后，谓为义民，纵令入京师，击杀德意志使者克林德及日本使馆书记，围使馆。德意志、奥大利亚、比利时、日斯巴尼亚、美利坚、法兰西、英吉利、义大利、日本、和兰、俄罗斯十国之师来侵。七月，逼京师。太后率上出自德胜门，道宣化、大同。八月，驻太原。九月，至西安。命庆亲王奕劻、大学士总督李鸿章与各国议和。二十七年，各国约成。八月，上奉太后发西安。十月，驻开封。时端郡王载漪以庇义和拳得罪废，溥儁以公衔出宫。十一月，还京师。上仍居瀛台养疴。太后屡下诏："母子一心，励行新政。"三十二年七月，下诏预备立宪。

三十四年十月，太后有疾。上疾益增剧。壬申，太后命授醇亲王载沣摄政王。癸酉，上崩于瀛台。太后定策立宣统皇帝，即日尊为太皇太后。甲戌，太后崩，年七十四，葬定陵东普陀峪，曰定东陵。初尊为皇太后，上徽号。国有庆，累加上，曰慈禧端佑康颐昭豫庄诚寿恭钦献崇熙皇太后。及崩，即以徽号为谥。子一，穆宗。

庄静皇贵妃，他他拉氏。事文宗，为贵人。累进丽妃。穆宗尊封为皇考丽皇贵太妃。薨，谥曰庄静皇贵妃。女一，下嫁符珍。玫贵妃，徐佳氏。事文宗，为贵人。进玫嫔。穆宗尊封为皇考玫贵妃。子一，未命名，殇。

端恪皇贵妃，佟佳氏。事文宗，为祺嫔。同治间，尊为皇考祺贵妃。宣统初，尊为皇祖祺贵太妃。薨，谥曰端恪皇贵妃。文宗诸妃未有子女而同治、光绪两朝尊封者：婉贵妃、璷妃、吉妃、禧妃、庆妃、云嫔、英嫔、容嫔、璹嫔、玉嫔，皆自贵人进封。婉贵妃，索绰络氏。云嫔，武佳氏。英嫔，伊尔根觉罗氏。余不知氏族。

穆宗孝哲毅皇后，阿鲁特氏，户部尚书崇绮女。同治十一年九月，立为皇后。十三年十二月，穆宗崩，德宗即位，以两太后命，封为嘉顺皇后。光绪元年二月戊子，崩，梓宫暂安隆福寺。二年五月，御史潘敦俨因岁旱上言，请更定谥号，谓："后崩在穆宗升遐百日内，道路传闻，或称伤悲致疾，或云绝粒寘生，奇节不彰，何以慰在天之灵？何以副兆民之望？"太后以其言无据，斥为谬妄，夺官。五年三月，合葬惠陵，上谥。宣统加谥，曰孝哲嘉顺淑慎贤明恭端宪天彰圣毅皇后。

淑慎皇贵妃，富察氏。穆宗立后，同日封慧妃。进皇贵妃。德宗即位，以两太后命，封为敦宜皇贵妃。进敦宜荣庆皇贵妃。光绪三十年，薨。谥曰淑慎皇贵妃。

庄和皇贵妃，阿鲁特氏，大学士赛尚阿女，孝哲毅皇后姑也。事穆宗，为珣嫔，进妃。光绪间，进贵妃。宣统皇帝尊为皇考珣皇贵妃。孝定景皇后崩未逾月，妃薨。谥曰庄和皇贵妃。敬懿皇贵妃，赫舍里氏。事穆宗，自嫔进妃。光绪间，进贵妃。宣统间，累进尊封。荣惠皇贵妃，西林觉罗氏。事穆宗，自贵人进嫔。光绪间，进妃。宣统间，累进尊封。

德宗孝定景皇后，叶赫那拉氏，都统桂祥女，孝钦显皇后侄女也。光绪十四年十月，孝钦显皇后为德宗聘焉。

十五年正月，立为皇后。二十七年，从幸西安。二十八年，还京师。三十四年，宣统皇帝即位。称"兼祧母后"，尊为皇太后。上徽号曰隆裕。宣统三年十二月戊午，以太后命逊位。越二年正月甲戌，崩，年四十六。上谥曰孝定隆裕宽惠慎哲协天保圣景皇后，合葬崇陵。

端康皇贵妃，他他拉氏。光绪十四年，选为瑾嫔。二十年，进瑾妃。以女弟珍妃忤太后，同降贵人。二十一年，仍封瑾妃。宣统初，尊为兼祧皇考瑾贵妃。逊位后，进尊封。岁甲子，薨。

恪顺皇贵妃，他他拉氏，端康皇贵妃女弟。同选，为珍嫔。进珍妃。以忤太后，谕责其习尚奢华，屡有乞请，降贵人。逾年，仍封珍妃。二十六年，太后出巡，沈于井。二十七年，上还京师。追进皇贵妃。葬西直门外，移祔崇陵。追进尊封。

宣统皇后，郭博勒氏，总管内务府大臣荣源女。逊位后，岁壬戌，册立为皇后。淑妃，额尔德特氏。同日册封。

论曰：世祖、圣祖皆以冲龄践阼，孝庄皇后睹创业之难，而树委裘之主，政出王大臣，当时无建垂帘之议者。殷忧启圣，遂定中原，克底于升平。及文宗末造，孝贞、孝钦两皇后躬收政柄，内有贤王，外有名将相，削平大难，宏赞中兴。不幸穆宗即世，孝贞皇后崩，孝钦皇后听政久，稍稍营离宫，修庆典，视圣祖奉孝庄皇后、高宗奉孝圣皇后不逮十之一，而世顾窃然有私议者，外侮迭乘，灾祲屡见，非其时也。不幸与德宗意悁不协，一激而启戊戌之争，再激而成庚子之乱。晚乃壹意变法，怵天命之难谌，察人心之将涣，而欲救之以立宪，百端并举，政急民烦，陵土未干，国步遂改。综一代之兴亡，系于宫闱。呜呼！岂非天哉？岂非天哉？

卷二百十五　　列传二

诸王一

景祖诸子　**武功郡王礼敦**　孙色勒
慧哲郡王额尔衮　**宣献郡王斋堪**
恪恭贝勒塔察篇古
显祖诸子　**诚毅勇壮贝勒穆尔哈齐**　子褎敏贝子
务达海　**庄亲王舒尔哈齐**　子阿敏　阿敏子温简
贝子　固尔玛珲　固尔玛珲子镇国襄敏公瓦三
郑献亲王济尔哈朗　济尔哈朗子简纯亲王济度
辅国武襄公巴尔堪　济度子简亲王喇布
简修亲王雅布　雅布从孙简仪亲王德沛

巴尔堪子辅国襄愍公巴赛
舒尔哈齐诸孙辅国公品级札喀呐　镇国公品级屯齐
镇国将军洛托　**通达郡王雅尔哈齐**
笃义刚果贝勒巴雅喇

有明诸藩，分封而不锡土，列爵而不临民，食禄而不治事，史称其制善。清兴，诸子弟但称台吉、贝勒；既乃斅明建亲、郡王，而次以贝勒、贝子，又次以公爵，复别为不入八分。盖所以存国俗，而等杀既多，屏卫亦益广，下此则有将军，无中尉，又与明小异；诸王不锡土，而其封号但于嘉名，不加郡国，视明为尤善。然内襄政本，外领师干，与明所谓不临民、不治事者乃绝相反。

国初开创，栉风沐雨，以百战定天下，繄诸王是庸。康熙间，出讨三藩，胜负互见，而卒底荡平之绩。其后行师西北，仍以诸王典兵。雍正、乾隆谅闇之始，重臣宅揆，亦领以诸王。嘉庆初，以亲王为军机大臣，未几，以非祖制罢。穆宗践阼，辍赞襄之命，而设议政王，寻仍改直枢廷。自是相沿，爰及季年，亲贵用事，以摄政始，以摄政终。论者谓宵有天焉，诚一代得失之林也。

今用诸史例，以皇子为宗，子孙袭爵者从焉；子孙别有功绩复立爵者亦从焉。其爵世，备书之；其爵不世，则具详于表。表曰《皇子》，传曰《诸王》，亦互文以见义焉。自公以下，别被除拜具有事实者，及疏宗登追列高位著名绩者，皆散与诸臣相次。清矫明失，宗子与庶姓并用，通前史之例以存其实也。

景祖五子：翼皇后生显祖；诸子，武功郡王礼敦，慧哲郡王额尔衮，宣献郡王斋堪，恪恭贝勒塔察篇古，皆不详其母氏。

武功郡王礼敦，景祖第一子也。肇祖而下，世系始详，事迹未备，四传至兴祖。兴祖六子：长，德世库；次，刘阐；次，索长阿；次，景祖；次，包朗阿；次，宝实；号"宁古塔贝勒"。景祖承肇祖旧业，居赫图阿拉，德世库居觉尔察，刘阐居阿哈河洛，索长阿居河洛噶善，包朗阿居尼麻喇，宝实居章甲，环赫图阿拉而城，近者五里，远者二十里，互相卫。宝实子阿哈纳渥济格与董鄂部长克辙巴颜有隙，屡来侵。索长阿子吴泰，哈达万汗婿也，乞援于哈达，攻董鄂部，取数寨，董鄂部兵乃不复至。"宁古塔"亦自此稍弱。及太祖兵起，德世库、刘阐、索长阿、宝实等子孙甚其英武，屡欲加害；其后益强大，谋始戢。索长阿、宝实子孙皆从攻战，包朗阿云孙拜山尤有功，自有传。帝业既成，景祖诸兄弟追封爵未及。

礼敦生而英勇，景祖讨平硕色纳、奈呼二部，礼敦功最，号曰"巴图鲁"。太祖兵起，礼敦卒久矣。太祖既定东京，葬景祖、显祖于杨鲁山，以礼敦陪葬。崇德四年八月，进封武功郡王，配享太庙。子贝和齐，太祖伐明，攻广宁，留守辽阳。

孙色勒，事太祖，授牛录额真。事太宗，自十六大臣进八大臣，授正蓝旗固山额真。从太宗围大凌河，军城南，屡击败明兵。又从太宗略宣府、大同，与贝勒德格类入独石口，败明兵于长安岭，攻赤城，克其郛。寻坐事，降镶黄旗梅勒额真。崇德初，从伐朝鲜，朝鲜国王李倧遣妻子入江华岛，走保南汉山城。豫亲王多铎围之急，朝鲜将赴援，色勒与甲喇额真阿尔津击败之。分兵攻江华岛，色勒率右翼兵渡海，越敌舰，近跃登岛，破其守兵，得倧妻子。倧既降，论功，授牛录章京世职，兼吏部右参政。顺治元年，擢内大臣。录礼敦诸孙席赉、阿济泰、阿赉等，并授拜他喇布勒哈番。色勒进一等阿思哈尼哈番，再进二等精奇尼哈番，擢领侍卫内大臣。卒，谥勤悫。阿赉子吉哈礼，自有传。

慧哲郡王额尔衮，景祖第二子。顺治十年，追封谥，配享太庙。

宣献郡王斋堪，景祖第三子。当族人与太祖构难，斋堪与额尔衮皆不与。顺治十年，追封谥，配享太庙。

恪恭贝勒塔察篇古，景祖第五子。顺治间，追封谥。天聪九年，诏遣世库等子孙以"觉罗"为氏，系红带。乾隆四十年，诏国史馆："礼敦等传列诸臣之首，以别于宗室诸王。"

显祖五子：宣皇后生太祖、庄亲王舒尔哈齐、通达郡王雅尔哈齐；继妃纳喇氏生笃义刚果贝勒巴雅喇；庶妃李佳氏生诚毅勇壮贝勒穆尔哈齐。

诚毅勇壮贝勒穆尔哈齐，显祖第二子。骁勇善战，每先登陷阵。岁乙酉，从太祖伐哲陈部，值大水，遣众还，留八十人：被棉甲者五十，被铁甲者三十，行路地。加哈人苏枯赖虎密以告，于是托漠河、章甲、把尔达、撒尔湖、界凡五城合兵御我。后哨章京能古德驰告，上出他道，弗遇。上深入，遥望见敌兵八百余，阵浑河至于南山。包朗阿孙札亲桑古里惧敌众，解其甲授人，上呵之。穆尔哈齐及左右颜布禄、兀浚噶从上驰近敌阵，下马奋击，射杀二十余人，敌渡浑河走。穆尔哈齐复从上蹴敌后，至吉林崖，遥见敌兵十五自旁径来。上去胄上缨，隐而待，射其前至者，贯脊殪。穆尔哈齐复射殪其一，余皆坠崖死。上曰："今日以四人败八百人，天助我也！"穆尔哈齐屡从征伐，赐号青巴图鲁，译言"诚毅"。天命五年九月，卒，年六十。上临祭其墓。顺治十年，追封谥。

子十一，有爵者六：达尔察、务达海、汉岱、塔海、祜世塔、喇世塔。达尔察、塔海、祜世塔、喇世塔皆封辅国公，达尔察谥刚毅，喇世塔谥恪僖。

襄敏贝子务达海，穆尔哈齐第四子。事太宗，授牛录章京。崇德元年，从睿亲王多尔衮伐明，攻沙河、南和及临洺关、魏县并有功。三年，授刑部左参政。从贝勒岳托败明兵开平，复偕固山额真何洛会等败明兵沙河、三河，又败之浑河岸，至赵州。复攻山东，克临清、安丘、临淄。还次密云，俘四千余。五年，授镶白旗满洲梅勒额真。从攻锦州，夜略杏山、塔山。七年，擢刑部承政。从伐明，分军略登州，未至先归，坐夺俘获入官。顺治元年，从定京师，逐李自成至延安，城兵夜出，击破之。复从豫亲王多铎徇江南。三年，又从讨苏尼特腾机思，败土谢图汗、硕雷汗援兵。五年，借固山额真阿赖等戍汉中。累进爵，自三等辅国将军至贝子。六年，借镇国公屯齐哈、辅国公巴布泰代英亲王阿济格讨叛将姜瓖。八年，摄都察院事。十一年，从郑亲王世子济度讨郑成功，中道疾作，召还。十二年，卒，谥襄敏。

务达海子托克托慧，封镇国公。托克托慧子扬福，事圣祖，官黑龙江将军久，圣祖屡称之，命袭不入八分镇国公。卒，谥襄毅。扬福子三官保，圣祖褒其孝，即命继扬福署黑龙江将军，袭爵。

汉岱，穆尔哈齐第五子。事太宗，与务达海同授牛录章京。崇德六年，从上围松山，击破明总兵吴三桂、王朴。七年，从贝勒阿巴泰伐明，攻蓟州、河间、景州，进克衮州，即军前授兵部承政。顺治元年，从入关击李自成，又从多铎西征，破自成潼关。二年，与梅勒额真伊尔德率兵自南阳趋归德，克州一、县四；渡淮克扬州。赐金二十五两、银千三百两。三年，授镶白旗满洲固山额真，与贝勒博洛徇杭州，进攻台州，击明鲁王以海。分兵略福建，攻分水关，破明唐王将师福，入崇安，斩所置巡抚杨文英等，下兴化、漳州、泉州。五年，从贝子屯齐将兵讨陕西乱回。乱定，与英亲王阿济格合军讨叛将姜瓖。六年，从巽亲王满达海克朔州、宁武。移师攻辽州，下长留、襄垣、榆社、武乡诸县。七年，授吏部尚书、正蓝旗满洲固山额真。八年，调刑部。累进爵，自一等奉国将军至镇国公。九年，复调吏部。从定远大将军尼堪下湖南，尼堪战没，坐夺爵。十二年，复授吏部尚书，加太子太保，授镇国将军品级。十三年四月，坐依阿蒙蔽，夺官爵。卒。

汉岱子海兰、席布锡伦、嵩布图，均封辅国公。海兰谥悫厚，席布锡伦谥悼敏，嵩布图谥怀思。

庄亲王舒尔哈齐，显祖第三子。初为贝勒。蜚悠城长策穆特黑苦乌喇之虐，愿来附。太祖令舒尔哈齐及贝勒褚英、代善，诸将费英东、扬古利、常书，侍卫鼠尔汉、纳齐布，将三千人往迎之。夜阴晦，军行，蠹有光，舒尔哈齐曰："吾从上行兵屡矣，未见此异，其非吉兆耶？"欲还兵，褚英、代善不可。至蜚悠，尽收环城屯寨五百户而归。乌喇贝勒布占泰发兵万人邀于路，褚英、代善力战破之。舒尔哈齐以五百人止山下，常书、纳齐布别将百人从焉。褚英、代善既破敌，乃驱兵前进，绕山行，未能多斩获。师还，赐号达尔汉巴图鲁。既，论常书、纳齐布止山下不力战罪，当死。舒尔哈齐曰："诛二臣与杀我同。"上乃宥之，罚常书金百，夺纳齐布所属。自是上不遣舒尔哈齐将兵。舒尔哈齐居恒郁郁，语其第一子阿尔通阿、第三子扎萨克图曰："吾岂以衣食受羁于人哉？"移居黑扯木。上怒，诛其二子。舒尔哈齐乃复还。岁辛亥八月，薨。顺治十年，追封谥。子九，有爵者五：阿敏、图伦、寨桑武、济尔哈朗、费扬武。

阿敏，舒尔哈齐第二子。岁戊申，偕褚英伐乌喇，克宜罕山城，俘其众以归。岁癸丑，上伐乌喇，布占泰以三万人拒，诸将欲战，上止之。阿敏曰："布占泰已出，舍而不战，将奈何？"上乃决战，遂破乌喇。天命元年，与代善、莽古尔泰及太宗并授和硕贝勒，号"四大贝勒"，执国政。阿敏以序称二贝勒。四年，明经略杨镐大举来侵，阿敏从上击破明兵萨尔浒山。复御明总兵刘綎于栋鄂路，代善等继之，阵斩綎。还击明将乔一琦，一琦奔固拉库崖，与朝鲜将姜弘烈合军。阿敏攻之，弘烈降。一琦自经死。寻从上破叶赫。六年，从上取沈阳、辽阳。镇江城将陈良策叛附明将毛文龙，阿敏迁其民于内地。文龙屯兵朝鲜境，阿敏夜渡镇江，击杀其守将，文龙败走。十一年，伐喀尔喀巴林部，取所属屯寨。伐扎噜特部，俘其众。

天聪元年，太宗命偕贝勒岳托等伐朝鲜，濒行，上命并讨文龙。师拔义州，分兵攻铁山，文龙所屯地也，文龙败走。进克定州，渡嘉山江，克安州、平壤。复进次中和，朝鲜国王李倧使迎师。阿敏与诸贝勒答书数其罪有七，力拒之。师复进次黄州，倧复遣使来。阿敏欲遂破其都城，诸贝勒谓宜待其大臣至，莅盟许平。总兵李永芳进曰："我等奉上命仗义而行，前已遗书言遣大臣莅盟即班师，背之不义。"阿敏怒，叱之退。师复进次平山，倧走江华岛，遣其臣进昌君至军，阿敏令吹角督进兵。岳托乃与济尔哈朗驻平山，遣副将刘兴祚入江华岛责倧。倧遣族弟原昌君觉等诣军，为设宴。宴毕，岳托议还师，阿敏曰："吾恒慕明帝及朝鲜王城郭宫殿，今既至此，何遽归耶？我意当留兵屯耕，杜度与我叔侄同居于此。"杜度变色曰："上乃我叔，我何肯远离，何为与同居？"济尔哈朗亦力阻，诸贝勒乃定议许倧盟。阿敏纵兵掠三日，乃还。上迎劳于武靖营，赐御衣一袭。复从上伐明，围锦州，攻宁远，斩明步卒千余。

四年，师克永平、滦州、迁安、遵化，上命阿敏偕贝勒硕托将五千人驻守。阿敏驻永平，分遣诸将分守三城，谕降榛子镇。明经略孙承宗督兵攻滦州，阿敏遣数百人赴援，收迁安守兵入永平。明兵攻滦州急，滦州守将固山额真图尔格等不能支，弃城奔永平，明兵截击，师死者四百余。阿敏令遵化守将固山额真察哈喇等亦弃其城，遂尽杀明将吏降者，屠城民，收其金帛，夜出冷口东还。

上方遣贝勒杜度赴援，闻阿敏等弃四城而归，上御殿，集诸贝勒大臣宣谕，罪阿敏等。阿敏等至，令屯距城十五里，复宣谕诘责。上念士卒陷敌，感伤堕泪。越三日，召诸贝勒大臣集阙下，上御殿，令贝勒岳托宣于众曰："阿敏怙恶久矣。当太祖时，嗾其父欲移居黑扯木，太祖坐其父子罪，既而宥之。其父既终，太祖爱养阿敏如己出，授为和硕贝勒。及上嗣位，礼待如初。师征朝鲜，既定盟受质，不愿班师，欲与杜度居王京，济尔哈朗力谏乃止。此阿敏有异志之见端也。俘美妇进上，既，复自求之。上察其觖望，曰：'奈何以一妇人乖兄弟之好？'以赐总兵冷格里。伐察哈尔，土谢图额驸背约与通好，上怒，绝之。阿敏遗以甲胄鞍辔，且以上语尽告之。诸贝勒子女婚嫁必闻上，阿敏私以女嫁蒙古贝勒塞特尔，及宴，上不往，常怀怨愤。太祖时，守边驻防，原有定界，乃越界移驻黑扯木。上责以擅弃汛地，将有异志，阿敏不能答。上出征，令阿敏留守，惟耽逸乐，屡出行猎。岳托、豪格出师先还，坐受其拜，俨如国君。及代守永平，妄曰：'既克城，何故不杀其民？'又明告众兵曰：'我既来此，岂能令尔等不饱欲而归？'略榛子镇，尽掠其财物，又驱降人分给八家为奴。明兵围滦州三昼夜，拥兵不亲援，屠永平、迁安官民，悉载财帛牲畜以归。毁坏基业，故令我军伤残。"命众议其罪。佥曰："当诛。"命幽之。留庄六所、园二所、奴仆二十、羊五百、牛二十，余财产悉畀济尔哈朗。崇德五年十一月，卒于幽所。

阿敏子六，有爵者五：爱尔礼、固尔玛珲、恭阿、果盖、果赖。爱尔礼、果盖、果赖皆封镇国公，爱尔礼坐罪死，果盖谥端纯。

温简贝子固尔玛珲，崇德间，从多尔衮伐明，自京师入山西境，复东至济南，克城四十余，封辅国公。阿敏得罪，夺爵，削宗籍。顺治五年，复封辅国公。上以其贫乏，赐白金三千。从济尔哈朗徇湖广，破何腾蛟。师复进攻永兴，夺门入，败明兵，进贝子。康熙二十年，卒，谥温简。

镇国襄敏公瓦三，固尔玛珲子。事圣祖，初封辅国将军。从岳托定湖广，袭辅国公。二十一年，授右宗人。追论攻长沙退缩罪，夺官，仍留爵。复授镶蓝旗满洲固山额真。俄罗斯侵据雅克萨，上遣瓦三偕侍郎果丕，会黑龙江将军萨布素按治。寻命固山额真朋春等率师讨之，以瓦三统辖黑龙江将士。二十四年，卒，谥襄敏。瓦三子齐克塔哈，袭辅国公。事圣祖，征噶尔丹在行。历右宗人、都统，领侍卫内大臣。坐事，夺爵。以固尔玛珲孙鄂斐袭。征噶尔丹亦在行。卒，以子鄂齐袭。事世宗，尝奉使西藏，宣谕达赖喇嘛，进镇国公。授天津水师都统，坐不能约束所部，夺爵。复起授都统，坐纳赂，再夺爵。

恭阿，亦以阿敏得罪，与固尔玛珲同谴，寻同还宗籍。顺治五年，同徇湖广，克六十余城，封镇国公。六年，卒于军。

郑献亲王济尔哈朗，舒尔哈齐第六子。幼育于太祖。封和硕贝勒。天命十一年，伐喀尔喀巴林部、扎噜特部，并有功。天聪元年，伐朝鲜，朝鲜国王李倧既乞盟，阿敏仍欲攻其国都。岳托邀济尔哈朗议，济尔哈朗曰："吾等不宜深入，当驻兵平山以待。"卒定盟而还。五月，从上伐明，围锦州，偕莽古尔泰击败明兵。复移师宁远，与明总兵满桂遇，裹创力战，大败其众。二年五月，偕豪格讨蒙古固特塔布囊，戮之，收其众归。三年八月，伐明锦州、宁远，焚其积聚。十月，上率师自洪山口入，济尔哈朗偕岳托攻大安口，夜毁水门以进，击明马兰营援兵。及旦，明兵立二营山上，济尔哈朗督兵追击，五战皆捷，降马兰营、马兰口、大安口三营。引军趋石门寨，歼明援兵，寨民出降。会师遵化，薄明都，徇通州张家湾。四年正月，从上围永平，击斩叛将刘兴祚，获其弟兴贤。既克永平，与贝勒萨哈璘驻守，察仓库，阅士卒，置官吏，传檄下滦州、迁安。三月，阿敏代戍，乃引师还。

五年七月，初设六部，济尔哈朗掌刑部事。从上围大凌河，济尔哈朗督兵收近城台堡。六年五月，从征察哈尔，还趋归化城，收其众千余人。七年三月，城岫岩。五月，明将孔有德、耿仲明自登州来降，明总兵黄龙以水师邀之，朝鲜兵与会。济尔哈朗与贝勒阿济格等勒军自镇江迓有德等，明兵引去。

崇德元年四月，封和硕郑亲王。三年五月，攻宁远，薄中后所城，明兵不敢出。移师克模龙关及五里堡屯台。四年五月，略锦州、松山，九战皆胜，俘其众二千有奇。五年三月，修义州城。蒙古多罗特部苏班岱、阿尔巴岱附于明，屯杏山五里台，请以三十户来归。上命率师千五百人迎之，戒曰："明兵见我寡，必来战，可分军为三队以行。"夜过锦州，至杏山，使潜告苏班岱等携辎重以行。旦，明杏山总兵刘周智与锦州、松山守将合兵七千逼我师，济尔哈朗纵师入敌阵，大败之，赐御厩良马一。九月，围锦州，设伏城南，敌不进，追击破之。六年三月，复围锦州，立八营，掘壕筑堑，以困祖大寿。大寿以蒙古兵守外郭，台吉诺木齐等遣人约献关矢，为大寿所觉，与之战。济尔哈朗督兵薄城，蒙古兵缒以入，据其郭。迁蒙古六千余人于义州，降明将八十余。上御笃恭殿宣捷。四月，败明援兵。五月，又败之，斩级二千。六月，师还。九月，复围锦州。十二月，洪承畴自松山遣兵夜犯我军，我军循壕射之，敌败去，不得入，尽降其众。七年，再围锦州。三月，大寿降，隳松山、塔山、杏山三城以归，赐鞍马一、蟒缎百。

八年，世祖即位，命与睿亲王多尔衮同辅政。九月，攻宁远，拔中后所，并取中前所。顺治元年，王令政事先白睿亲王，列衔亦先之。五月，睿亲王率师入山海关。定京师。十月，封为信义辅政叔王，赐金千、银万、缎千匹。四年二月，以府第逾制，罚银二千，罢辅政。五年三月，贝子屯齐、尚善、屯齐喀等评王诸罪状，言王当太宗初丧，不举发大臣谋立肃亲王豪格。召王就质，议罪当死，遂兴大狱。勋臣额亦都、费英东、扬古利诸子侄皆连染，议罪当死，籍没。既，改从轻比，王坐降郡王，肃亲王豪格遂以幽死。

闰四月，复亲王爵。九月，命为定远大将军，率师下湖广。十月，次山东，降将刘泽清以叛诛。六年正月，次长沙，明总督何腾蛟，总兵马进忠、陶养用等，合李自成余部一只虎等据湖南。王分军进击，拔湘潭，擒腾蛟。四月，次辰州，一只虎遁走，克宝庆，破南山坡、大水、洪江诸路兵凡二十八营。七月，下靖州，进攻衡州，斩养用。逐敌至广西全州，分军下道州、黎平及乌撒土司，先后克六十余城。七年正月，师还，赐金二百、银二万。

八年二月，偕巽亲王满达海、端重亲王博洛、敬谨亲王尼堪奏削故睿亲王多尔衮爵，语详《睿王传》。三月，以王老，免朝贺、谢恩行礼。九年二月，进封叔和硕郑亲王。十二年二月，疏言："太祖创业之初，日与四大贝勒、五大臣讨论政事得失，咨访士民疾苦，上下交孚，鲜有壅蔽，故能扫清群雄，肇兴大业。太宗缵承大统，亦时与诸王贝勒讲论不辍，崇奖忠直，录功弃过，凡诏令必求可以顺民心、垂久远者。又虑武备废弛，时出射猎，诸王贝勒置酒高宴，以优戏为乐。太宗怒曰：'我国肇兴，治弓矢，缮甲兵，视将士若赤子，故人争效死，每战必克。常恐后世子孙弃淳厚之风，沿习汉俗，即于慆淫。今若辈为此荒乐，欲国家隆盛，其可得乎？'遣大臣索尼再三申谕。今皇上诏大小臣工尽言，臣以为平治天下，莫要于信。前者轸恤满洲官民，闻者欢忭。嗣役修乾清宫，诏令不信，何以使民？伏祈效法太祖、太宗，时与大臣详究政事得失，必商榷尽善，然后布之诏令，庶几法行民信，绍二圣之休烈。抑有请者，垂谟昭德，莫先于史。古圣明王，进君子，远小人，措天下于太平，垂鸿名于万世，繄史官是赖。今宜设起居注官，置之左右，一言一行，传之无穷，亦治道之助也。"疏上，嘉纳之。

五月，疾革，上临问，奏："臣受三朝厚恩，未及答，愿以取云贵，殄桂王，统一四海为念。"上垂涕曰："天奈何不令朕叔长年耶！"言已，大恸。命工图其像。翌日薨，年五十七。辍朝七日。赐银万，置守园十户，立碑纪功。康熙十年六月，追谥。乾隆四十三年正月，诏配享太庙，复嗣王封号曰郑。

济尔哈朗子十一，有爵者四：富尔敦、济度、勒度、巴尔堪。

富尔敦，济尔哈朗第一子，封世子。顺治八年，卒，谥悫厚。

简纯亲王济度，济尔哈朗第二子。初封简郡王。富尔敦卒，封世子。十一年十一月，命为定远大将军，率师讨郑成功。十二年九月，次福州。久之，进次泉州。十三年六月，成功将黄梧、苏明、郑纯自海澄来降，移军次漳州。俄，成功犯福州，遣梅勒额真阿克善等赴援，击败之，斩二百余级。复击斩其将林祖兰等，夺其舟十有四。又分军攻惠安、闽安、漳浦，获舟数百，斩二千余级。十四年三月，师还，上遣大臣迎抚卢沟桥，始闻郑献亲王之丧，令入就丧次，上临其弟慰谕之。五月，袭爵，改号简亲王。十七年，薨。

济度子五，喇布、德塞、雅布先后袭爵简亲王。

喇布，济度第二子。济度初薨，以第三子德塞袭。康熙九年，薨，谥曰惠。是年，喇布袭爵。吴三桂反，十三年九月，命为扬威大将军，率师驻江宁。十四年九月，移师江西，镇南昌，屡遣兵援东乡，击鄱阳，破金谿、万年。三桂将高得捷、韩大任陷吉安，诏趣进师。喇布驻南昌，不出师攻吉安，屯螺子山，敌来攻，师败绩。上遣侍郎班迪按败状，喇布乃督师围吉安。十六年三月，敌引走，喇布入吉安，疏称大任等屯吉都请降，诏报可。既而大任自宁都出扰万安、泰和，喇布复请增兵。上谕曰："简亲王喇布自至江西，无尺寸之功，深居会城，虚糜廪饷。追赴吉安，以重兵围城，而韩大任偾逸，窃踞宁都，复扰万安、泰和，不能击灭。喇布所辖官兵为数不为少，乃一大任不能剪除，宜严加处分，俟事平日议罪。"十七年正月，护军统领哈克三等败大任于老虎洞，燬其垒，斩六千级。大任奔福建，诣康亲王杰书军降。二月，移师湖南，驻茶陵。八月，三桂死于衡州，诏令自安仁进师。十八年正月，进复衡州。二月，分军复祁阳、耒阳、宝庆。九月，进次广西，驻桂林。十九年正月，马承荫以柳州叛。五月，进攻柳州，承荫降。八月，移驻南宁。十月，诏选所部付大将军赉塔进攻云南。二十年八月，召还京师。十月，薨。二十一年，追论吉安失机罪，夺爵。

雅布，济度第五子。二十二年，袭。二十七年，命赴苏尼特防噶尔丹。二十九年，噶尔丹深入乌珠穆沁地，以恭亲王常宁为安北大将军，雅布与信郡王鄂扎勍之，出喜峰口。既而罢行，诏赴裕亲王福全军参赞军务。八月，击败噶尔丹于乌兰布通，噶尔丹遁，未穷追。师还，议不追敌罪，当夺爵，诏罚俸三年。三十五年，从上亲征。三十八年，掌宗人府事。四十年，薨，谥曰修。子十五，雅尔江河、神保住先后袭爵。

雅尔江河，雅布第一子。初封世子。四十二年，袭。雍正四年，诏责雅尔江河耽饮废事，夺爵。神保住，雅布第十四子。初封镇国将军。雅尔江河既黜，世宗命袭爵。乾隆十三年，诏责神保住恣意妄为，致两目成眚，又虐待兄女，夺爵。以济尔哈朗弟贝勒费扬武曾孙德沛袭。

德沛字济斋，贝子福存子。雍正十三年，授镇国将军。以果亲王允礼荐，世宗召见，问所欲，对曰："愿厕孔庑分特豚之馈。"上大重之。授兵部侍郎。乾隆元年，改古北口提督。二年，授甘肃巡抚，奏言："甘肃州县多在万山中，遇灾，民入城领赈，路弯远。宜于乡镇设厂散粮，并许州县吏具详即施赈。"旋擢湖广总督，奏言："治苗疆宜劝垦田，置学校，并谕令植树。"四年，调闽浙总督。御史朱续晫劾福建巡抚王士任赃私，上疑不实，命续晫会鞫。德沛自承失察，直续晫而夺士任官，时服其公。福州将军隆升贪纵，劾去之。奏言："海滨居民恒械斗，宜酌移镇将营汛，预弭争端。"五年十二月，谕曰："德沛屡任封疆，操守廉洁，一介不取，遇负日积，致蠲旧产。赐福建藩库银一万，以风有位。"六年，兼署浙江巡抚。七年，调两江总督。淮、扬大水，令府县发仓库，奏拨地丁、关税、盐课银十万两治赈。寻议河事与高斌不合。八年，转吏部侍郎。十二年五月，署山西巡抚。十二月，擢吏部尚书。十三年七月，以疾解任。神保住既黜，上以德沛操履厚重，特命袭爵，曾祖贝勒费扬武、祖贝子傅喇塔、父福存，并追封简亲王。十七年，薨，谥曰仪。以济尔哈朗曾孙奇通阿袭。

奇通阿，辅国公巴赛子。初授辅国将军。袭辅国公。乾隆元年，授正红旗满州都统。三年，授领侍卫内大臣。十七年，袭。祖辅国公巴尔堪、父巴赛，并追封简亲王。二十一年，掌宗人府事。二十八年，薨，谥曰勤。子丰讷亨袭。丰讷亨初授三等侍卫。事高宗，从师讨准噶尔，将健锐千人屯呼尔璊。霍集占以五千人来犯，合诸军击却之，逐北十余里。师进，敌踞堑以拒战，夺堑，所乘马中创，易马再进，败敌沁达勒河渡口，再败敌叶尔羌河岸。诏嘉其勇，迁二等侍卫，擢镶白旗满洲副都统。移驻伊犁，授领队大臣。击破玛哈沁及哈萨克部人，收其马。二十七年，师还，赐双眼孔雀翎。迁护军统领，管健锐营。二十八年，袭爵。授都统，掌宗人府事。四十年，薨，谥曰恪，子积哈纳，袭。四十三年正月，复号郑亲王。四十九年，薨，谥曰恭。子乌尔恭阿，袭。

乌尔恭阿初名佛尔果崇额，袭爵，诏改名。道光二十六年，薨，谥曰慎。

子端华，袭。授御前大臣。宣宗崩，受顾命。文宗即位，迭命为阅兵大臣、右宗正。京师戒严，令督察巡防。十年，扈上幸热河，授领侍卫内大臣。端华弟肃顺用事，文宗崩，再受顾命，与怡亲王载垣及肃顺等并号"赞襄政务王大臣"。穆宗还京师，诏责端华等专擅跋扈罪，端华坐赐死。肃顺自有传。爵降为不入八分辅国公。同治元年二月，以济尔哈朗八世孙岳龄袭。三年七月，克复江宁，复还郑亲王世爵，以奇通阿五世孙承志袭。

承志，辅国公西朗阿子。初袭辅国公。既袭王爵，曾祖辅国公经讷亨、祖辅国公伊丰үᠦᠷ、父西朗阿，并追封郑亲王，而以岳龄改袭辅国公。四年二月，御史刘庆勃承志品行不端，诏令力图湔灌。十一年，坐令护卫玉寿殴杀主事福珣，夺爵，圈禁。以积哈纳孙庆至袭。庆至，奉恩将军松德嗣子。既袭王爵，松德追封郑亲王。庆至，光绪四年，薨，谥曰顺。子凯泰，袭。二十六年，薨，谥曰恪，子昭煦，袭。

勒度，济尔哈朗第三子。封敏郡王。薨，谥曰简。无子，爵除。

辅国武襄公巴尔堪，济尔哈朗第四子。初授辅国将军。康熙十三年，吴三桂据湖南，令巴尔堪率师赴克州，署梅勒额真。进次江宁，耿精忠遣兵犯徽州，诏巴尔堪进剿。九月，次旌德，闻绩溪陷，疾趋徽岭，破敌。江宁将军额楚继至，合师逐北，斩三千余级，克徽州。复破敌黟县董亭桥，进攻婺源。复破敌于奇台岭、于黄茅新岭，复婺源。进克乐平，击破叛将陈九杰，乘胜下饶州。十四年，攻万年石头街，敌四万人御渡口，水陆并进，破五十七营，斩五千级，擒九杰，克安仁，敌焚舟走。五月，复贵溪，进略弋阳，攻永丰。十六年正月，败于螺子山，议夺官。偕额楚徇广东。九月，战韶州莲花山，陷阵，中流矢，裹创力战，大破敌。十九年八月，喇布师次广西，上命以巴尔堪从。病作，语固山额真额赫纳等曰："吾不能临阵而死，今创发，勿令家人以阵亡冒功也。"遂卒于军。丧还，上命内大臣辉塞往奠，下部议恤。雍正元年，追封谥。子巴赛，袭。

辅国襄愍公巴赛，事圣祖，授镶蓝旗汉军副都统。从征噶尔丹，迁正红旗蒙古都统，署黑龙江将军。世宗即位，授宁古塔将军。既，袭爵，召还。雍正四年，授振武将军，军阿尔台。五年，当代还，以喀尔喀郡王丹津多尔济言巴赛治事整饬，命留防。七年，靖边大将军傅尔丹率师讨噶尔丹策零，授巴赛副将军。八年，傅尔丹入觐，护大将军印。九年，偕傅尔丹驻科布多。六月，噶尔丹策零以三万人来犯，傅尔丹信间言噶尔丹策零兵寡，遂出师，次库列图岭。敌据险，攻之不克，移军和通呼尔哈诺尔。敌伏山谷，突起截战，蒙古兵溃，收满洲兵四千作方营，保辎重，退渡哈尔哈纳河。敌追至，傅尔丹还科布多，巴赛与副将军查弼纳率残兵越岭至河滨御敌，没于阵。噶尔丹策零之众旌黄带示我师曰："汝宗室为我所杀矣！"赐恤谥，祀昭忠祠。子奇通阿，袭。寻改袭简亲王，公爵当除。高宗以巴尔堪、巴赛仍世有战功，以奇通阿次子经讷亨袭。四传至曾孙承志，复改袭郑亲王。

靖定贝勒费扬武，一名芬古，舒尔哈齐第八子。天聪五年，授镶蓝旗固山额真。从上伐明，攻大凌河城，费扬武率本旗兵围其西南。上幸阿济格营，城兵突出，费扬武击败之。上令诸军向锦州，帜而驰，若明援兵至者，以致祖大寿。费扬武迎击，大寿败入城，遂不敢出。八年，再从伐明，师进独石口，克长安岭，攻赤城，克其郛。九年，师入山西，上命费扬武等攻宁、锦，缓明师。大寿军大凌河西，击败之。崇德元年，伐明，克城十。是冬，伐朝鲜。叙功，封固山贝子。四年，坐受外藩蒙古贿，削爵。寻复封辅国公。七年，伐明，败明总兵白腾蛟等于蓟州，克其城。八年，代戍锦州。十二月，卒。顺治十年，追封谥。

费扬武子七，有爵者三：尚善、傅喇塔、努赛。努赛封贝子，谥悼哀。

尚善，初袭辅国公。顺治元年，进贝子。二年，从多铎南征击李自成，敌以骑兵三百冲我师，尚善击败之。平河南，下江南，并有功，赐圆补纱衣一袭、金百、银五千、鞍马一。五年，戍大同。六年，进贝勒，掌理藩院，为议政大臣。十五年，从多尼征云南。明桂王由榔奔永昌，尚善进镇南州，破其将白文选于玉龙关，渡澜沧江，下永昌。由榔先遁，乘胜取腾越，进南甸，至孟村而还。十六年，赐蟒袍一、玲珑刀一、鞍马一。十七年，追论尚善撤永昌守兵致军士入城伤人罪，降贝子。康熙十一年，复爵，任右宗正。以疾罢。

吴三桂反。授安远靖寇大将军，率师之岳州。尚善至军，移书三桂曰："王以亡国余生，乞师我朝，殄歼贼寇，雪国耻，复父仇，蒙恩眷礼，列爵分藩，富贵荣宠，迄今三十余年矣；而晚节末路，自取颠覆，窃为王不解也。王今藉口兴复明室，曩者大兵入关，不闻请立明裔；天下大定，犹为我计除后患，剪灭明宗，安在其为故主效忠哉？将为子孙创大业，则公主、额驸入滇之时，何不即萌反侧？至遣子入侍，乃复称兵，以陷子于戮，可谓慈乎？若谓光耀前人，则王之投诚也，祖考皆膺封锡，今则坟茔毁弃，骸骨遗于道路，可谓孝乎？为人臣仆，身事两朝，而未尝忠于一主，可谓义乎？躬蹈四罪，而犹逞志角力，谬欲收拾人心，是厝薪于火而云安，结巢于幕而云固也。圣朝宽大，如输诚悔罪，应许自新，毋蹈公孙述、彭宠故辙，赤族湛身，为世大僇。"三桂得书，不报。

尚善疏请发荆州绿营兵、京口沙唬船五十，进攻岳州。十四年，遣舟师绝敌饷道。十五年，败贼于洞庭，取君山，分兵助攻长沙。十六年四月，三桂奔衡州，复出湘潭，分遣其众侵两粤。十七年，诏责尚善师无功，令率所部驻长沙，而以岳乐统大军取岳州。尚善请率舟师克岳州，自上之。三桂将杜辉等犯柳林嘴，师迎击，舟师来会，合战，辉败走。八月，卒于军。十九年，追论退缩罪，削贝勒。圣祖念尚善旧劳，授其子门度辅国公，世袭。

惠献贝子傅喇塔，费扬武第四子。初封辅国公。顺治二年，从勒克德浑徇湖广，有功，赐金五十、银千。五年，复征湖广，逐敌至广西，赐银六百。六年，进贝子。十六年，以朝参失仪，降辅国公。十八年，复爵。

康熙十三年，耿精忠反，授宁海将军，佐康亲王杰书讨之。师至浙江，温州、处州皆陷。傅喇塔师进台州，战黄瑞山，击斩精忠将陈鹏等，复破敌天台紫云山。十四年，精忠将曾养性再犯台州，师自仙居袭其后，破之，乘胜围黄岩，养性遁，城降。先后复太平、乐清、青田诸县，进攻温州，破敌南江。十五年，精忠兵四万水陆来犯，师分路迎击，斩其将三百、兵二万有奇。

初，傅喇塔之攻温州也，以待红衣炮为辞，继言须战船，杰书疏闻。上责其言先后歧，命克期取温州。傅喇塔疏言："臣奉康亲王檄催，心思皇惑，语言违谬。臣前驻台州，王云：'待破台州，进福建。'臣得黄岩，又云：'必取温州。'以是责臣，臣将无辞。今蒙恩刻期下温州，敢不戮力，但环温州皆水，我军不能猝入。"上命康亲王留兵围温州，而趣傅喇塔率师自衢州规福建。谕曰："王、贝子皆朕懿亲，受命讨贼，师克在和，宜同心合力，以奏肤功。"于是傅喇塔亦留兵围温州，而自率师攻处州，溯江抵得胜山。养性等以数百艘泊江中，复立两营对江及得胜山下古溪，阻我师。傅喇塔遣攻古溪，伏林中，敌败，伏起截杀，并发炮碎敌舟及对江营。师进次温溪渡口，败精忠将马成龙。寻会杰书师于衢州。精忠兵屯云和石塘岭，击之，破其垒二十八，克云和。九月，师入福建，精忠降。浙江诸寇悉平。十一月，卒于军。丧归，赐祭奠，谥惠献。

子富善，仍袭贝子。授左宗人。以病解任。谕责富善乖乱，夺爵。弟福存，袭。卒，子德普，袭镇国公。授左宗人。卒，子恒鲁，袭辅国公。事高宗，历工部侍郎、左宗人，绥远城、盛京将军，授内大臣。卒，谥恭懿。子兴兆，袭辅国公。事高宗，从征金川，为领队大臣。历右宗人、荆州将军。攻当噶拉、得黑、绒布寨、卡卡角诸地，有功。金川平，画像紫光阁。历西安、绥远城将军。坐事，夺官。复授荆州将军。苗石柳邓、吴半生、吴八月等为乱，与提督花连布击吴半生，降；与内大臣额勒登保等击吴八月，复击石柳邓，殪焉；屡荷恩赉。嘉庆初，讨教匪姚之富、齐王氏等，师久无功，夺官，戍乌鲁木齐。复授侍卫，驻和阗、塔尔巴哈台。坐事，复夺官。子孙仍以辅国公世袭，录傅喇塔功也。

舒尔哈齐诸孙，札喀纳、屯齐、洛托皆有功，受封。

札喀纳，扎萨克图子。崇德三年八月，睿亲王多尔衮率师伐明，毁边墙，至涿州，分军八道入。札喀纳首临清州，渡运河，破济南，还破天津卫，所向有功。四年，师还，赐驼马各一、银二千，封镇国公。上命追蒙古、汉人之逃亡者，札喀纳以泥淖，不追而还，降辅国公。六年，从上攻锦州。明总督洪承畴以兵犯镶红旗营，击败之。罢战，敌袭我后，距百步而近，札喀纳奋力转战，敌惊遁。复偕辅国公费扬武，追击明将吴三桂、白广恩、王朴等于塔山。七年，戍锦州。追论敏惠恭和元妃丧时札喀纳从武英郡王阿济格歌舞为乐，大不敬，削爵，黜宗籍，幽禁。

顺治初，释之。从多尔衮败李自成，复宗籍，授辅国公品级。偕镇国公傅勒赫戍江南，复从平南大将军勒克德浑徇湖广。师还，赐金五十、银千。五年，从郡王瓦克达赴英亲王阿济格军戍大同。六年，进贝子。九年，从定远大将军尼堪征湖南，赐蟒衣、鞍马、弓矢。至衡州，尼堪战殁，上以月勒屯齐与札喀纳合领其军。败明兵于周家坡。十一年，追论衡州败绩罪，夺爵。十二年，复授辅国公品级。十五年，从定远靖寇大将军多尼徇云南，克永昌。十六年闰三月，卒于军。子玛喀纳，袭。

三等镇国将军品级屯齐，图伦子。图伦，舒尔哈齐第四子，追封贝勒，谥恪僖。屯齐，事太宗，从英亲王阿济格伐明，有功。从郑亲王济尔哈朗略锦州、松山、杏山，九战九胜。屯齐受创，加赐银百，封辅国公。五年，从睿亲王多尔衮围锦州，明兵夜袭镶蓝旗营，击败之。坐不临城及私遣兵还，议削爵，命罚银千。六年，从上攻锦州、塔山，败明兵，复从多尔衮围锦州。

顺治元年，进贝子。寻从豫亲王多铎破流寇，平陕西、河南并有功，赐圆补纱衣一袭。从多铎下江宁，明福王由崧走太平，与贝勒尼堪追至芜湖，获之。师还，赐金百、银五千、鞍马一，授镶蓝旗满洲固山额真。三年，从肃亲王豪格西征，破贺珍，解汉中围。会一只虎、孙守法陷兴安，进师汉阴，击走之。五年，陕西回乱，命为平西大将军，率师讨之。总督孟乔芳已击斩回酋米喇印、丁国栋等，还赴英亲王阿济格军，戍大同。六年，进贝勒。

张献忠将孙可望、李定国等降于明桂王由榔，扰湖南。九年，屯齐从定远大将军尼堪南征。尼堪战殁，以屯齐代将。时定国及别将马进忠率兵四万余，屯永州。定国闻师至，度龙虎关先遁。可望在靖州，别将冯双礼在武冈。屯齐进师宝庆，至周家坡，双礼、进忠据险抗我师，会暮天雨，列阵相拒。其夜可望自宝庆以兵来会，众号十万，屯齐分兵纵击，大破之。十一年，追坐衡州败绩，削爵。十二年，授镇国公品级。十五年，从多尼徇云南，定国挟由榔奔永昌，降其余众。还。康熙二年，卒。

子温齐，初封贝子，授右宗人、镶蓝旗满洲都统。吴三桂反，上命定西大将军董额自陕西徇四川，温齐从。陕西提督王辅臣叛应三桂，师驻汉中。十四年，进次陇州，克仙逸、关山二关，复秦州礼县，逐进至西和、清水、伏羌并下。十六年，诏责董额师久无功，温齐亦坐降辅国公，夺官。三桂陷湖南，安远靖寇大将军尚善规岳州，上发禁旅，命温齐率以往，参赞军务。十七年，败贼于柳林嘴、于君山、于陆石口，进克岳州。十八年，温齐追三桂将吴应麒，以未携纛具，引还，且妄报斩五千余级。时尚善已卒，察尼代将。事闻，命察尼按鞫之，温齐坐削爵。

洛托，寨桑武子。寨桑武，舒尔哈齐第五子，追封贝勒，谥和惠。

洛托，天聪八年，从太宗伐明。上驻师大同南山西冈，洛托籍所俘以献。崇德元年，封贝子。从伐朝鲜，偕贝勒多铎围南汉山城。朝鲜将以八千人赴援，尽歼之，又以五千人赴援，击之，败走。二年，与议政。四年，从英亲王阿济格围塔山、连山。五年，从睿亲王多尔衮屯田义州。锦州兵夜袭我镶蓝旗营，与屯齐共击败之。六年，坐围锦州不临城，且私遣兵还，议削爵，诏罚银千。上征松山，大破明总督洪承畴兵。洛托横击溃兵于塔山，复围锦州。七年，从郑亲王济尔哈朗攻塔山，克之，授都察院承政。偕博洛、尼堪驻锦州。八年，坐事，削爵，幽禁。

顺治初，释之。八年，复封三等镇国将军。十三年，授镶蓝旗满洲固山额真。十四年，孙可望、李定国、冯双礼等扰湖南，命为宁南靖寇将军，驻防荆州，佐经略洪承畴讨之。遣兵取心潭隘，断巴东渡口，可望将赵世超、谭新传、赵三才皆降。俄，可望与定国内讧，战不胜，亦来降。上命偕都统济席哈自湖南进取贵州。十五年，与承畴会师常德，次辰州。复沅陵、泸溪、麻阳、黔阳、溆浦诸县，进次沅州。徼偏沅巡抚袁廓宇徇靖州，屯镇远二十里山口以御敌。双礼部将冯天裕、阎廷桂等先后自平越降。四月，师至贵州，明将罗大顺复溃卒袭新添卫，击败之，洛托与承畴守贵阳。十六年，师还。叙功，加授拖沙喇哈番，进一等镇国将军。十七年，命为安南将军，征郑成功，大破之。十一月，还。康熙四年，卒。

子富达礼，袭拜他喇布勒哈番世职。旋改袭奉恩将军。八年，进一等辅国将军。坐谄索额图，为其从弟所讦，削爵。

通达郡王雅尔哈齐，显祖第四子，太祖同母弟。其生平不著。顺治十年五月，追封谥，配享太庙。

笃义刚果贝勒巴雅喇，显祖第五子。初授台吉。岁戊戌正月，太祖命偕褚英伐安楚拉库路，夜取屯寨二十，降万余人，赐号卓礼克图，译言"笃义"。岁丁未五月，伐东海窝集部，取赫席赫、鄂谟和苏鲁、佛讷赫托克索三路，俘二千人。天命九年，卒。顺治十年，追封谥。

子拜音图，事太宗，授三等昂邦章京、镶黄旗固山额真。崇德元年五月，从武英郡王阿济格略保定，攻安肃，克之。十月，献所获于笃恭殿，上以拜音图战不忘君，深嘉之。从伐朝鲜，骑入城，收其辎重。三年，从睿亲王多尔衮伐明，偕固山额真图尔格败敌冢家口，毁边墙入，克青山关下城。六年，拜音图弟巩阿岱从大军围锦州，临阵退挠，下王大臣鞫其罪，拜音图拂袖出，坐徇庇，论死，命夺爵职，罚缓赎罪。寻率师助多尔衮攻锦州，复偕多铎围松山。七年，复授固山额真。顺治二年，从多铎西征，败敌潼关，封一等镇国将军，赐绣服一袭。复从南征，克扬州，又以舟师破其兵于江南岸，偕贝子博洛下杭州。叙功，赐金八十、银四千、鞍马一。三年，授三等公。五年，进贝子。从阿济格戍大同。叛将姜瓖既死，余党犹分据郡邑。六年，拔沁州，复围瓖将胡国鼎于潞安，歼其众，进贝勒。巩阿岱事多尔衮，最见信任，累进封贝子。多尔衮既薨，坐党附罪，死。拜音图亦牵连，削爵，幽禁，削宗籍。嘉庆四年，仁宗命复宗籍，赐红带。巩阿岱裔孙伊里布，自有传。

卷二百十六　列传三

诸王二

太祖诸子一　**广略贝勒褚英**　子安平贝勒杜度
杜度子慇厚贝勒杜尔祜　贝子穆尔祜　恪僖贝子特尔祜
怀愍贝子萨弼　敬谨庄亲王尼堪　**礼烈亲王代善**
子巽简亲王满达海　克勤郡王岳托
颖毅亲王萨哈璘　谦襄郡王瓦克达　辅国公玛占

太祖十六子：孝慈高皇后生太宗，元妃佟佳氏生广略贝勒褚英、礼亲王代善，继妃富察氏生莽古尔泰、德格类，大妃乌拉纳喇氏生阿济格、睿亲王多尔衮、豫亲王多铎，侧妃伊尔根觉罗氏生饶馀郡王阿巴泰，庶妃兆佳氏生镇国公阿拜，庶妃钮祜禄氏生镇国将军汤古代、辅国公塔拜，庶妃嘉穆瑚觉罗氏生镇国公巴布泰、镇国将军巴布海，庶妃西林觉罗氏生辅国公赖慕布，而费扬古不详所自出。

广略贝勒褚英，太祖第一子。岁戊戌，太祖命伐安楚拉库路，取屯寨二十以归。赐号洪巴图鲁，封贝勒。岁丁未，偕贝勒舒尔哈齐、代善徙瓦尔喀部蜚悠城新附之众。军夜行，阴晦，蠹有光，舒尔哈齐疑不吉，欲班师，褚英与代善持不可。抵蜚悠城，收其屯寨五百户，令扈尔汉卫以先行，乌喇贝勒布占泰以万人邀之路。扈尔汉所部止二百人，褚英、代善策马谕之曰："上每征伐，皆以寡击众，今日何惧？且布占泰降虏耳，乃不能复缚之耶？"众皆奋，因分军夹击，敌大败，得其将常柱、瑚里布，斩三千级，获马五千、甲三千。师还，上嘉其勇，锡号曰阿尔哈图土门，译言"广略"。岁戊申三月，偕贝勒阿敏伐乌喇，克宜罕山城。布占泰与蒙古科尔沁贝勒翁阿岱合兵出乌喇二十里，望见我军，知不可敌，乃请盟。

褚英屡有功，上委以政。不恤众，诸弟及群臣诉于上，上寖疏之。褚英意不自得，焚表告天自诉，乃坐咀咒，幽禁，是岁癸丑。越二年乙卯闰八月，死于禁所，年三十六。明人以为谏上毋背明，忤旨被遣，褚英死之明年，太祖称尊号。褚英子三，有爵者二：杜度、尼堪。

安平贝勒杜度，褚英第一子。初授台吉。天命九年，喀尔喀巴约特部台吉恩格德尔请内附，杜度从贝勒代善迎以归，封贝勒。天聪元年，从贝勒阿敏、岳托等伐朝鲜，朝鲜国王李倧请和，诸贝勒许之。阿敏欲仍攻王京，岳托持不可，阿敏引杜度欲与留屯，杜度亦不可；卒定盟而还。三年十一月，从上伐明，薄明都，败明援兵。又偕贝勒阿巴泰等略通州，焚其舟，至张家湾。十二月，师还，至蓟州，明兵五千自山海关来援。与代善亲陷阵，伤足，犹力战，歼其众，驻遵化。四年正月，明兵来攻，败之，斩其副将，获驼马以千计。

七年，明将孔有德、耿仲明降，偕贝勒济尔哈朗、阿济格赴镇江迎以归。诏问伐明及朝鲜、察哈尔三者何先，杜度言："朝鲜在掌握，可缓；察哈尔国则征之；若尚远，宜取大同边地，秣马乘机深入。"八年，军海州。崇德元年，进封安平贝勒。海州河口守将伊勒慎报明将造巨舰百余截辽河，命杜度济师，明兵却，乃还。是冬，上伐朝鲜，杜度护辎重后行，略皮岛、云从岛、大花岛、铁山。二年二月，次临津江。前一日冰解，夕大雨雪，冰复合，师毕渡。上闻之曰："天意也！"从睿亲王多尔衮取江华岛，败其水师，遂克之。

三年，多尔衮将左翼、岳托将右翼伐明，杜度为岳托副。师进越密云东墙子岭，明兵迎战，击败之。进攻墙子岭堡，分军破黑峪、古北口、黄崖口、马兰峪，岳托薨于军，杜度总军事。会多尔衮军于通州河西，越明都至涿州，西抵山西，南抵济南，克城二十，降其二。凡十六战皆捷，杀总督以下官百余，俘二十余万。还，出青山口，自太平寨夺隘行。四年四月，师还，赐驼一、马二、银五千，命掌礼部事。略锦州、宁远。五年，代济尔哈朗于义州屯田，刈锦州禾，遇明兵，败之，克锦州台九、小凌河西台二。明总督洪承畴以兵四万营杏山城外，偕豪格击败之，追薄壕而还，又歼运粮兵三百。往锦州诱明兵出战，复击败之，获大凌河海口船，追斩敌之犯义州者。冬，再围锦州。六年，攻广宁，败松山、锦州援兵。以从多尔衮离城远驻，遣军私还，论削爵，诏罚银二千。复围锦州，败明兵于松山。是秋，复从上伐明，留攻锦州。七年六月，薨。病革时，诸王贝勒方集笃恭殿议出征功罪，上闻之，为罢朝。丧还，遣大臣迎奠。雍正二年，立碑旌其功。

杜度子七，有爵者五：杜尔祜、穆尔祜、特尔祜、杜努文、萨弼。

慇厚贝勒杜尔祜，杜度第一子。初封辅国公。从太宗围松山、锦州有功。坐事，降袭镇国公。复以甲喇额真拜山等首告怨望，削爵，黜宗室。顺治元年，从多铎南征。二年，复宗室，封辅国公。叙功，赐金五十、银二千。五年，从济尔哈朗徇湖广。六年，败敌永兴，次辰州。进剿广西，定全州。七年，赐银六百。八年，进贝勒。十二年二月，卒，予谥。子敦达，袭贝子，谥恪恭。子孙递降，以辅国公世袭。敦达八世孙光裕，袭辅国公。光绪二十六年，德意志等国兵入京师，死难，赠贝子衔，谥勤愍。

贝子穆尔祜，杜度第二子。天聪九年，师伐明，穆尔祜从贝勒多铎率偏师入宁远、锦州缀明师，抵大凌河，击斩明将刘应选，追奔至松山，获马二百，克台一，并有功。崇德元年，封辅国公。七年十月，与杜尔祜同得罪。顺治元年，从多铎南征，破李自成潼关，先后拔两营。贼犯我噶布什贤兵，穆尔祜击败之。又设伏山隘，贼自山上来袭，败其众。二年，复宗室，封三等镇国将军，三年，进一等。从多铎征苏尼特部腾机思等，败之。四年，进辅国公。六年，从尼堪击叛将姜瓖，进贝子。复从尼堪征湖南，赐蟒衣、鞍马、弓矢。至衡州，尼堪战殁。十一年，论前罪，削爵。卒，子长源，授镇国将军品级。子孙递降至云骑尉品级，爵除。

格僖贝子特尔祜，杜度第三子。崇德四年，封辅国公。六年，从围锦州，败明兵于松山、杏山间。七年，移师驻塔山，克之。与杜尔祜同得罪。顺治元年，从多尔衮入山海关，破李自成，逐之至庆都。复从多铎败自成潼关。二年，复宗室，封辅国公，赐金五十、银二千。六年，进贝子。十五年，卒，予谥。子孙递降，以奉恩将军世袭。

怀愍贝子萨弼，杜度第七子。杜尔祜得罪，从坐，黜宗室。顺治元年，从多尔衮入山海关，破李自成有功。二年，复宗室，封辅国公。三年，从勒克德浑南征，略荆州，屡破敌。师还，赐金五十、银千。六年，从击叛将姜瓖，战朔州，败瓖将姜之芬、孙乾、高奎等，移师攻宁武，瓖将刘伟等降，进贝子。十二年，卒，予谥。子固丽，袭镇国公，谥悼愍。子孙递降，以镇国将军世袭。杜度诸子，惟第六子杜努文无战功。顺治初，封辅国公。卒。康熙三十七年，追封贝子，亦谥怀愍。子苏努，初袭镇国公。事圣祖，累进贝勒。雍正二年，坐与廉亲王允禩为党，削爵，黜宗室。

敬谨庄亲王尼堪，褚英第三子。天命间，从伐多罗特、董夔诸部，有功。天聪九年，师伐明，从多铎率偏师入锦、宁界缀明师。崇德元年，封贝子。上伐朝鲜，从多铎逐朝鲜国王李倧至南汉山城，歼其援兵。四年，上伐明，从阿济格等攻塔山、连山。七年，戍锦州。

顺治元年四月，从多尔衮入山海关，败李自成，复从阿济格追击至庆都，进贝勒。复从多铎率师自孟津至陕州，破敌。二年，师次潼关，自成将刘方亮出御，尼堪与巴雅喇纛章京图赖夹击之，获马三百余。又偕贝子尚善败敌骑，趋归德，定河南，诏慰劳，赐弓一。五月，从多铎克明南都，追获明福王由崧。又攻江阴，力战，克之。师还，赐金二百、银万五千、鞍一、马五。

三年，从豪格西征。时贺珍扰汉中，二只虎、孙守法扰兴安，群寇蜂起。尼堪次西安，自栈道进军，珍自鸡头关迎拒，击歼之，疾驰汉中躏其垒，贼走西乡，追击于楚湖，至汉阴，二只虎奔四川，孙守法奔岳科寨。十一月，复从豪格入四川，斩张献忠于西充。与贝子满达海分兵定遵义、夔州、茂州、隆昌、富顺、内江、资阳，四川平。五年，师还。偕阿济格平天津土寇，进封敬谨郡王。六年，命为定西大将军，讨叛将姜瓖，屡败敌。破瓖所置巡抚姜瑄，执其将罗英坛以所部降。多尔衮赴大同招抚姜瑄，承制进尼堪亲王。旋自左卫取大同，瓖将杨振威等斩瓖以降，师还。七年，与巽亲王满达海、端重亲王博洛理六部事。多尔衮遣尚书呼哈尼堪迎朝鲜王弟，阿哈尼堪启尼堪以章京恩国泰代行，事觉，尼堪坐徇隐，降郡王。八年，复封亲王。又坐不奏阿济格私蓄兵器，降郡王。寻掌礼部。居数月，再复亲王，掌宗人府事。

孙可望等犯湖南，命为定远大将军，率师讨之。濒行，赐御服、佩刀、鞍马，上亲送于南苑。李定国陷桂林，诏入广西剿贼。十一月，师次湘潭，明将马进忠等遁。师向衡州，噶布什贤击敌衡山县，败敌兵千八百。尼堪督兵夜进，兼程至衡州。诘旦，师未阵，敌四万于猝至，尼堪督队进击，大破之，逐北二十余里，获象四、马八百有奇。敌设伏林内，中途伏发，师欲退，尼堪曰："我军击贼无退者。我为宗室，退，何面目归乎？"奋勇直入，敌围之数重，军失道，尼堪督诸军纵横冲击，陷淖中，矢尽，拔刀战，力竭，殁于阵。十年，丧归，辍朝三日。命亲王以下郊迎，予谥。是役也，从征诸将皆以陷师论罪。

第二子尼思哈，袭。顺治十六年，追论尼堪取多尔衮身后遗财，及不劾尚书谭泰骄纵罪，以阵亡，留爵。十七年，卒，谥曰悼。第一子兰布，袭贝勒。圣祖念尼堪以亲王阵亡，进兰布郡王，仍原号。七年，进亲王。兰布取鳌拜女，八年，鳌拜既得罪，兰布坐降镇国公。十三年，从尚善讨吴三桂于湖南。十七年，卒于军。十九年，追论退缩罪，削爵。子赖士，袭辅国公。乾隆四十三年，高宗以尼堪功著，力战捐躯，进镇国公，世袭。

礼烈亲王代善，太祖第二子。初号贝勒。岁丁未，与舒尔哈齐、褚英徙东海瓦尔喀部斐悠城新附之众，乌拉贝勒布占泰遣其将博克多将万人要于路。代善见乌喇兵营山上，分兵缘山奋击，乌喇兵败奔，代善驰逐博克多，自马上左手攫其胄斩之。方雪甚寒，督战益力，乌喇败兵僵卧相属，复得其将常柱、瑚哩布。师还，太祖嘉代善勇敢克敌，赐号古英巴图鲁。

岁癸丑，太祖伐乌喇，克逊扎搭、郭多、郭谟三城。布占泰将三万人越富勒哈城而营，诸将欲战，太祖犹持重，代善曰："我师远伐，利速战，虑布占泰不出耳。出而不战，将谓之何？"太祖曰："我岂怯战？恐尔等有一二被伤，欲计万全。今众志在战，复何犹豫。"因麾兵进，与乌喇步兵相距百步许，代善从太祖临阵奋击，大破之，克其城。乌喇兵溃走，代善追殪过半。布占泰奔叶赫，所属城邑尽降，编户万家。天命元年，封和硕贝勒，以序称大贝勒。

太祖始用兵于明，行二日，遇雨，太祖欲还，代善曰："我师既入明境，遽引还，将复与修好乎？师既出，孰能讳之？且雨何害，适足以懈敌耳。"太祖从之。夜半雨霁，昧爽，围抚顺，明将李永芳以城降。东州、玛哈丹二城及台堡五百余俱下。师还，出边二十里，明将张承荫率兵来追。代善告太宗还战，复入边，破其三营，斩承荫及其裨将颇廷相等。四年，命代善率诸将十六、兵五千，守扎喀关备明。寻引还。

三月，明经略杨镐大举来侵，遣总兵刘綎将四万人出宽甸，杜松将六万人出抚顺，李如柏将六万人出清河，马林将四万人出三岔口。太祖初闻明兵分出宽甸、抚顺，以宽甸有备，亲率师西御抚顺明兵。代善率前军，谍复告明兵出清河，代善曰："清河道狭，且崎岖，不利速行，我当御其自抚顺来者。"过扎喀关，太宗以祀事后至，言界凡方筑城，民应役，宜急卫之。代善引兵自大兰冈趋界凡，与筑城役屯吉林崖。杜松以二万人来攻，别军阵萨尔浒山。代善与贝勒阿敏、莽古尔泰及诸将议以千人助吉林崖军，使陟山下击，余军张两翼，右应吉林崖，左当萨尔浒。太祖至，以右翼兵益左翼，先趋萨尔浒。明兵出，我兵仰射，不移时破其垒。吉林崖军自山驰而下，右翼渡河夹击，破明兵，斩松等。马林出三岔口，以三万人军于尚间崖，监军道潘宗颜将万人军于飞芬山，松后部龚念遂、李希泌军于斡珲鄂谟，太祖督兵攻之。代善将三百骑驰尚间崖，见明兵结方营，掘壕三匝，以火器居前，骑兵继之，严阵而待，遣骑告太祖。太祖已击破念遂等，亲至尚间崖，令于军，皆下马步战。未毕下，明兵突至，代善跃马入阵，师奋进，斩获过半。翌日，代善以二十骑先还，诇南路敌远近。太祖亦还，闻刘䋐采深入，命代善率先至诸军御之。出瓦尔喀什，䋐已至阿布达哩冈，太宗率右翼陟山，代善率左翼出其西，夹击，明兵大溃，斩䋐。镐所遣诸军尽败。

七月，从太祖克铁岭。八月，太祖伐叶赫。叶赫有二城：金台石居其东，布扬古居其西。师至，太祖攻东城，代善攻西城。东城下，布扬古及其弟布尔杭古乞盟，代善谕而降之。六年三月，从太祖伐明沈阳，率其子岳托战，斩馘甚众。复偕莽古尔泰迁金州民于复州。

十一年八月，太祖崩，岳托与其弟萨哈璘告代善，请奉太宗嗣位，代善曰："是吾心也！"告诸贝勒定策。太宗辞让再三，代善等请益坚，乃即位。是冬，伐蒙古喀尔喀扎鲁特部，擒贝勒巴克等，斩鄂尔斋图，俘所属而归。

天聪元年，从太宗围锦州，拒明山海关援兵，薄宁远，破敌，以暑还师。三年，从伐明，入洪山口，克遵化，薄明都，明总兵满桂等赴援，击败之德胜门外，克良乡，又破明兵永定门外。从上阅蓟州形势，明步兵五千自山海关至，与师遇，不及阵，列车楯、枪炮而营，代善率左翼四旗击破之。四年正月，明侍郎刘之纶率兵至遵化，营山上，代善环山围之，破其七营，之纶走入山，射杀之。五年八月，从上围大凌河，收城外台堡。九月，明总兵吴襄、监军道张春等将四万人自锦州至，距大凌河十五里，代善从上将二万人击之，明兵方阵，发枪炮，督骑兵突入，矢如雨，明兵大却。襄遁，春收溃兵复阵。黑云起，风自西来，明兵乘风纵火逼我军。大雨反风，毁其营，明兵死者甚众，师乘之，获春等。春见上不屈，上将诛之，代善谏，乃赦之。

初，太祖命四和硕贝勒分直理政事，每御殿，和硕贝勒皆列坐。至是，礼部参政李伯龙请定朝会班制。时和硕贝勒阿敏已得罪，莽古尔泰亦以罪降多罗贝勒，诸贝勒议不得列坐。代善曰："奚独莽古尔泰？上居大位，我亦不当并列。自今请上南面，我与莽古尔泰侍坐于侧，诸贝勒坐于下。"

六年四月，从上伐察哈尔，过兴安岭，闻林丹汗远遁，移师攻归化城，趋大同、宣府，出塞，与沙河堡、得胜堡、张家口诸守将议和而还。八年五月，从伐明，出榆林口，至宣府边外，分兵自喀喇鄂博克得胜堡，遂自朔州趋马邑，会师大同而还。

崇德元年，封和硕兄礼亲王。冬，从上朝鲜。二年，有司论王克朝鲜，违旨以所获粮米饲马及选用护卫溢额，上曰："朕于兄礼亲王敬爱有加，何不体朕意若是？"又曰："王等事朕虽致恭敬，朕何所喜？必正身行义以相辅佐，朕始嘉赖焉。"四年十一月，从上猎于叶赫，射獐，马仆，伤足。上下马为裹创，酌金卮劳之，因泣下曰："朕以兄年高不可驰马，兄奈何不自爱？"罢猎，还，命乘舆缓行，日十余里，护以归。

八年，太宗崩，世祖即位。王集诸王、贝勒、大臣议，以郑亲王济尔哈朗、睿亲王多尔衮辅政。又发贝子硕托、郡王阿达礼私议立睿亲王，下法司，诛之。硕托，王次子；阿达礼，萨哈璘子，王孙也。顺治元年正月朔，命上殿毋拜，著为例。二年春，至京师。五年十月，薨，年六十六。赐祭葬，立碑纪功。康熙十年，追谥。乾隆四十三年，配飨太庙。

代善子八，有爵者七：岳托、硕托、萨哈璘、瓦克达、玛占、满达海、祜塞。祜塞，初封镇国公，追封惠顺亲王，而满达海袭爵。

巽简亲王满达海，代善第七子。崇德五年，从围锦州。六年，封辅国公。从肃亲王豪格围松山，破敌。洪承畴赴援，战，所乘马创，豪格呼曰："马创矣！亟易马！"明兵大至，力战，殿而还。明总兵吴三桂倚山为营，满达海合诸军击破之，三桂宵道。七年，从济尔哈朗克塔山。八年，授都察院承政。

顺治元年，从入关，败李自成，进贝子。复从英亲王阿济格逐自成趋绥德。二年，克沿边三城及延安，自成遁湖广，师还。三年，从豪格讨张献忠，自汉中进秦州，降献忠将高如砺。师次西充，击斩献忠，与尼堪分剿余贼。五年，师还。坐徇巴牙喇蘉章京希尔根冒功，议罚银，睿亲王多尔衮令免之。六年，袭爵。降将姜瓖叛大同，满达海与郡王瓦克达率师讨之，寻授征西大将军。克朔州、马邑、宁武关、宁化所、八角堡、静乐县，遂与博洛会师，复汾州。瓖诛，大同平。遣兵围平遥、太谷、辽沁，先后克之。屯留、襄垣、榆社、武乡诸县俱下。睿亲王多尔衮令留瓦克达剿余寇，满达海还京师。

八年，世祖亲政，改封号曰巽亲王。诸王分治部务，满达海掌吏部。九年二月，薨，予谥。十六年，追论满达海于奏削多尔衮封爵后，夺其财物；掌吏部，惧谭泰骄纵，未论劾：削谥仆碑，降爵为贝勒。

子常阿岱，初袭亲王。降贝勒。康熙四年，薨，谥怀愍。子星尼，袭贝子，再袭辅国公。星尼子星海，袭镇国公。并坐事夺爵。乾隆四十三年，追录满达海功，命星海孙福色铿额以辅国将军世袭。常阿岱既降爵，以从弟杰书袭亲王。

康良亲王杰书，祜塞第三子。初袭封郡王。顺治八年，加号曰康。十六年，袭爵，遂改号康亲王。康熙十三年六月，命为奉命大将军，率师讨耿精忠。师至金华、温州、处州已陷。精忠将徐尚朝以五万人犯金华，王令都统巴雅尔、副都统玛哈达迎击，破之。尚朝复来犯，巴雅尔会总兵陈世凯破贼垒积道山，歼二万余，复永康、缙云。精忠将沙有祥踞桃花岭，梗处州道，玛哈达率军击之，有祥溃走。十四年，复处州及仙居。尚朝等犹踞宣平、松阳，屡窥处州。都统拉哈达偕诸将御之，破贼于石塘，于石佛岭，于大王岭东陇隘口上套寨、下五塘诸地。诏宁海将军傅喇塔自黄岩规温州，趣杰书自衢州入，杰书疏言："处州有警，兵单不能骤进。"上谕曰："王守金华，将及二载，徒以文移往来，不亲统兵规剿，贼何自灭？宜刻期进取。"

十五年，自金华移师衢州，精忠将马九玉屯大溪滩拒师。杰书督诸将力击之，伏起，刃相接。杰书坐古庙侧指挥，纛为火器所穿，卫兵负扉为蔽，杰书谈笑自若，诸军皆踊跃奋击，精忠兵大败，溪水为赤。杰书令偃旗鼓，一日夜行数百里，乘月攻克江山，进徇常山，次仙霞关。精忠将金应虎收舟泊隔岸，师不得渡。令循滩西上，视水浅乱流，涉。精忠兵不战，溃，应虎降。进拔浦城，檄精忠谕降。师复进，拔建阳，抚定建宁、延平二府。精忠遣其子显祚迎师，杰书承制许以不死，精忠出降。十月，师入福州，精忠请从师讨郑锦自赎，入告，诏许之。

锦将许耀以三万人屯乌龙江南小门山、真凤山，杰书遣拉哈达等击走之。疏言："精忠从师出剿，其弟昭忠、聚忠，宜留一人于福州，辖其属。"又言："福建制兵已设如额，精忠所率兵不少，左右两镇兵可并裁去。温州总兵祖弘勋、藩下总兵曾养性，宜别除授。"上命昭忠为镇平将军，驻福州，余如所请。杰书遣兵败锦将吴淑于浦塘，复邵武。师复进，泰宁、汀我及所属诸县皆下。十六年，拉哈达败锦军于白茅山、太平山，破二十六垒，克兴化，复泉州、漳州。奏入，诏褒杰书功。杰书令拉哈达等率兵与精忠进次潮州，规广东。锦兵陷平和，逼海澄，副都统穆赫林等守御越七旬，援不至，与长泰并陷。杰书请罪，诏俟师还议之。锦兵复破同安、惠安，杰书遣军讨复之，并复长泰，破敌于柯铿山、万松关，又遣别将破敌江东桥、石卫寨。十八年，战郭塘、欧溪头，屡破敌。敌犯江东桥，击却之。副都统吉勒塔布败敌鳌头山，沃申克东石城。十九年，沃申抚定大定、小定、玉洲、石马诸地，克海澄。水师提督万正色克海坛，拉哈达等克厦门、金门，都统赉塔克铜山。锦以残兵还台湾。

精忠既降，复有异志，杰书疏请逮治。上令杰书讽精忠请入觐，亦召杰书师还，留八旗兵三千分守福州、泉州、漳州。十月，至京师，上率王大臣至卢沟桥迎劳之。二十一年，追论金华顿兵及迟援海澄罪，夺军功，罚俸一年。二十九年，率兵出张家口，屯归化城，备噶尔丹。三十六年闰三月，薨，予谥。

子椿泰，袭。椿泰豁达大度，遇下以宽。善舞六合枪，手法矫捷，敌十数人。四十八年，薨，谥曰悼。

子崇安，袭。雍正间，官都统，掌宗人府。九年，率兵驻归化，备噶尔丹寻命护抚远大将军印，召还，十一年，薨，谥曰修。杰书子巴尔图，袭。乾隆十八年，薨，年八十，谥曰简。

崇安子永恩，袭。四十三年，复号礼亲王。永恩性宽易而持己严，袭爵垂五十年，淡泊勤俭，出处有恒。嘉庆十年，薨，谥曰恭。

子昭梿，袭。昭梿好学，自号汲修主人，尤习国故。二十一年，坐陵辱大臣，滥用非刑，夺爵，圈禁。二十二年，命释之。从弟麟趾，袭，父永蕙，永恩弟也。亦嗜文学，能诗。追封礼亲王。麟趾，道光元年，薨，谥曰安。

孙全龄，袭，父锡春，追封礼亲王。全龄，三十年，薨，谥曰和。

子世铎，袭。同治间，授内大臣、右宗正。光绪十年，恭亲王奕䜣罢政，太后谘醇亲王奕譞诸王孰可任，举世铎对。乃命在军机大臣上行走，并诏紧要事件会同奕譞商办。德宗亲政，世铎请解军机大臣，奉太后旨，不许。十九年，命增护卫。二十年，太后万寿，赐亲王双俸，再增护卫。二十六年，上奉太后西巡，世铎不及从。召赴行在，复以病未至。二十七年七月，罢直，授御前大臣。逊位后三年，薨，谥曰恪。子诚厚，袭。薨，谥曰敦。

克勤郡王岳托，代善第一子。初授台吉。天命六年，师略奉集堡，将还，谍告明军所在，岳托偕台吉德格类击败之。上克沈阳，明总兵李秉诚引退，师从之，至白塔铺。岳托后至，逐北四十里，歼明兵三千余。喀尔喀扎鲁特贝勒昂安执我使女送叶赫，被杀。八年，岳托同台吉阿巴泰讨之，斩昂安及其子。十一年，复从代善伐扎鲁特，斩其部长鄂尔斋图，俘其众。封贝勒。

天聪元年，偕贝勒阿敏、济尔哈朗伐朝鲜，克义州、定州、汉山三城。渡嘉山江，克安州，次平壤，其守将弃城走。再进，次中和，谕朝鲜国王李倧降。阿敏欲直攻王京，岳托密与济尔哈朗议驻平山，再便谕倧。倧愿岁贡方物，岳托谋曰："吾曹事已集，蒙古与明皆吾敌，设有警，可不为备乎？宜与盟而归。"既盟，告阿敏。阿敏以未与盟，纵兵掠。岳托曰："盟成而掠，非义也。"劝之不可。复令倧弟觉与盟，乃还师。

从上伐明，又从围宁远，并有功。复败明兵于牛庄。二年，略明边，隳锦州、杏山、高桥三城。自十三站以东，毁堞二十一，杀守者三十人。师还，上迎劳，赐良马一。三年，略明锦州、宁远，焚其积聚。上伐明，岳托与济尔哈朗率右翼兵夜攻大安口，毁水门入，败马兰营援兵于城下。及旦，见明兵营山上，分兵授济尔哈朗击之，岳托驻山下以待。复见明兵自遵化来援，顾济尔哈朗曰："我当击此。"五战皆捷。寻次顺义，击破明总兵满桂等。薄明都，复从代善击败援兵。偕贝勒萨哈璘围永平，克香河。四年，还守沈阳。

五年三月，诏询诸贝勒："国人怨断狱不公，何以弭之？"岳托奏："刑罚舛谬，实在臣等。请上擢直臣，近忠良，绝谗佞，行黜陟之典，使诸臣知激劝。"是岁初设六部，命掌兵部事。上攻大凌河，趋广宁，岳托偕贝勒阿济格率兵二万别义州进，与师会。固山额真叶臣围城西南，岳托为之应。祖大寿请降，以子可法质。可法见诸贝勒，将拜，岳托曰："战则仇敌，和则弟兄，何拜为？"因问何为死守空城，曰："畏屠戮耳！"岳托善谕之，遣归。越三日，大寿乃降。上议取锦州，命偕诸贝勒统兵四千，易汉服，偕大寿作溃奔状，夜袭锦州。会大雾，乃止。

六年正月，岳托奏："前克辽东、广宁，汉人拒命者诛之，后复屠滦州、永平，是以人怀疑惧。今天与我大凌河，正欲使天下知我善抚民也。臣愚以为善抚此众，归顺者必多。当先予以室家，出公帑以赡之。倘蒙天眷，奄有其地，仍还其家产，彼必悦服。又各官宜令诸贝勒给庄一区，每牛录令取汉男妇二人、牛一头，编为屯，人给二屯。出牛口之家，各牛录复以官值偿之。至明诸将士弃其乡土，穷年戍守，畏我诛戮。今慕义归降，善为抚恤，毋令失所，则人心附，大业成矣。"疏入，上嘉纳之。

寻偕济尔哈朗等略察哈尔部，至归化城，俘获以千计。又偕贝勒德格类行略地，自耀州至盖州南。七年，又偕德格类等攻旅顺口，留兵驻守。师还，上郊劳，以金卮酌酒赐之。八年，上阅兵沈阳，岳托率满洲、蒙古十一旗兵，列阵二十里许，军容整肃，上嘉之。从上征察哈尔，有疾先还。九年，略明山西，岳托复以病留归化城。土默特部来告，博硕克图汗子俄木布遣人偕阿噜喀尔喀及明使者至，将谋我。岳托伏兵邀之，擒明使者，令土默特捕斩阿噜喀尔喀匿马驼者。部分土默特壮丁，立队伍，授条约。寻与诸贝勒会师，偕还。

崇德元年四月，封成亲王。八月，坐徇庇莽古尔泰、硕托，及离间济尔哈朗、豪格，论死，上宽之，降贝勒，罢兵部。未几，复命摄部事。二年八月，上命两翼较射，岳托言不能执弓，上勉之再三，始引弓，弓堕地者五，乃掷去。诸王论岳托骄慢，当死，上再宽之，降贝子，罚银五千。

三年，复贝勒。从上征喀尔喀，至博硕堆，知扎萨克图汗已出走，乃还。八月，伐明，授岳托扬武大将军，贝勒杜度副之，统右翼军；统左翼者睿亲王多尔衮也。至墙子岭，明兵入堡，外为三寨，我师克之。堡坚不易拔，用俘卒言岭东西有间道，分兵攻其前，缀明师，潜从间道逾岭入，克台十有一。师深入，徇山东，下济南，岳托薨于军。四年，多尔衮奏捷，无岳托名。上惊问，始闻丧，大恸，辍膳，命毋使礼亲王知。丧还，上至沙岭遥奠；还宫，辍朝三日。诏封为克勤郡王，赐驼五、马二、银万。康熙二十七年，立碑纪功。乾隆四十三年，配享太庙。

岳托子七，有爵者五：罗洛浑、喀尔楚浑、巴尔楚浑、巴思哈、祜里布。巴尔楚浑、祜里布并恩封贝勒，巴尔楚浑谥和惠，祜里布谥刚毅。

衍禧介郡王罗洛浑，岳托第一子。初袭贝勒。崇德五年，迎蒙古多罗特部苏班岱、阿尔巴岱于杏山，遇明兵，搏战破之，赐御厩良马一。寻围锦州。复从伐明，克松山，赐蟒缎。八年，坐嗜酒妄议，敏惠恭和元妃丧不辍丝竹，削爵。旋复封，命济尔哈朗、多尔衮戒谕之。顺治元年，从定京师，进衍禧郡王。三年，偕肃亲王豪格征四川，薨于军。康熙间，追谥。

子罗科铎，袭。八年，改封号曰平郡王。十五年，从信郡王多尼徇云南，屡破明将李定国、白文选。十六年，赐蟒衣、弓刀、鞍马，旌其劳。康熙二十一年，薨，谥曰比。子纳尔图，袭。二十六年，以殴毙无罪人及折人手足，削爵。弟纳尔福，袭。四十年，薨，谥曰悼。子纳尔苏，袭。五十七年，从抚远大将军允禵收西藏，驻博罗和硕，寻移古木。六十年，摄大将军事。雍正元年，还京。四年，坐贪婪，削爵。子福彭，袭。

平敏郡王福彭既袭爵，授右宗正，署都统。十一年，命军机处行走。授定边大将军，率师讨噶尔丹策零。师次乌里雅苏台，奏言："行军，驼马为先。今喀尔喀扎萨克贝勒等远献驼马，力请停偿直。彼不私其所有，而宗室王、公、贝勒皆有马，岂不内愧于心。臣有马五百，愿送军前备用。"十二年，率将军傅尔丹赴科布多护北路诸军。寻召还。十三年，复命率师驻鄂尔坤，筑城额尔德尼昭之北。寻以庆复代，召还。乾隆初，历正白、正黄二旗满洲都统。十三年，薨，予谥。

子庆宁，袭。十五年，薨，谥曰僖。无子。以纳尔苏孙庆恒袭，授右宗正。坐旗员冒借官银，降贝子。四十年，复王爵。四十三年，复号克勤郡王。四十四年，薨，谥曰良。以讷尔图孙雅朗阿袭。五十九年，薨，谥曰庄。子恒谨，袭。嘉庆四年，以不避皇后乘舆，夺爵。以弟恒元子尚格袭。恒元追封克勤郡王。尚格，道光四年以病乞休，十三年，薨，谥曰简。子承硕，袭，十九年，薨，谥曰恪。

子庆惠，袭。咸丰八年，授正黄旗汉军都统。十年，上幸热河，命留京办事。英国兵燔圆明园，其将巴夏礼先为我师所擒，庆惠释之，疏请恭亲王奕䜣入城议抚。十一年，薨，谥曰敬。子晋祺，袭。历左宗人、右宗正、都统、领侍卫内大臣。德宗大婚，加亲王衔。孝钦皇后万寿，赐四团龙补服，并岁加银二千。二十六年，薨，谥曰诚。子崧杰，袭，宣统二年，薨，谥曰顺。子晏森，袭。

显荣贝勒喀尔楚浑，岳托第三子。顺治元年，从多尔衮击李自成于山海关。二年，封镇国公。三年，从豪格讨张献忠，偕贝子满达海率师进剿。献忠将高如砺等率众降，豪格歼献忠，喀尔楚浑在事有功。五年，授都统。六年，从尼堪讨叛将姜瓖，围宁武，破敌，进贝勒。八年，摄理藩院事。卒，予谥显荣。子克齐，方一岁，袭爵，历七十一年卒，年七十二。子鲁宾，初封贝子。事圣祖，授左宗正。从征噶尔丹，罢宗正。雍正元年，袭爵。四年，坐狂悖，削爵。复封辅国公。乾隆八年，卒，年七十四，谥恪思。子孙以奉恩将军世袭。

镇国将军品级巴思哈，岳托第五子。崇德四年，封镇国将军。顺治六年，进贝勒。九年，从尼堪征湖南，赐蟒衣、鞍马、弓矢。尼堪战死衡州，屯齐代为定远大将军，巴思哈与合军自永州趋宝庆，败敌周家坡。十一年，追论尼堪败绩失援罪，削爵。十二年，授都统。寻授镇国公品级。十五年，从多尼下云南。师次贵州，破敌。十六年，薄云南会城，同贝勒尚善克镇南州玉龙关、永昌府腾越州，赐蟒袍、鞍马。十七年，师还。追议在永昌纵兵扰民，降镇国将军品级。十八年，卒。

硕托，代善第二子。初授台吉。天命六年，从伐明，攻奉集堡。十年，偕贝勒莽古尔泰援科尔沁。十一年，从代善伐喀尔喀巴林部，又伐扎噜特部，皆有功，授贝勒。天聪元年，从贝勒阿敏等伐朝鲜。又从上伐大凌河，围锦州。四年，师克永平，偕阿敏驻守。阿敏引还，硕托坐削爵。五年，从攻锦州，明兵攻阿济格营，硕托力战，伤于股，上亲酌金卮劳之。明兵趋大凌河，硕托击败张春，复伤于手。叙劳，赐彩缎十、布百。八年，从代善自喀喇鄂博攻得胜堡，克之。又击败朔州骑兵。偕萨哈璘略代州，拔崞县，分克原平驿。寻封贝子。崇德元年，从伐朝鲜，围南汉山城，败援兵二万余。二年，偕阿济格攻克皮岛。三年，偕济尔哈朗攻宁远。四年，坐僭上越分，降辅国公。偕阿济格伐明，俘获无算，论功，赐驼、马各一。五年六月，从多尔衮围锦州。坐离城久驻，又遣卒私归，议削爵。上让之曰："尔罪多矣！朕屡宥，尔屡犯，若不关已者。后当任法司治之，不汝宥也！"改罚银千。寻复封贝子。太宗崩，硕托与阿达礼谋立睿亲王多尔衮，谴死，黜宗室。

颖毅亲王萨哈璘，代善第三子。初授台吉。天命十年，察哈尔林丹汗攻科尔沁，萨哈璘将精骑五千赴援，解其围。十一年，从代善伐喀尔喀巴林部，又伐扎噜特部，皆有功，授贝勒。天聪元年，上伐明，率巴雅喇精骑为前队。上自大凌河至锦州，明兵走，萨哈璘邀击歼之。复率偏师卫塔山粮运，败明兵二万人。攻宁远，击明总兵满桂，萨哈璘力战，被创。三年，上伐明，次波罗河屯。代善等密请班师，上不怿。萨哈璘与岳托力赞进取，由是克遵化，薄明都。十二月，萨哈璘略通州，焚其舟，次张家湾。复围永平，克香河。四年，永平既下，萨哈璘与济尔哈朗驻守。永平人李春旺讹言将屠城，斩以徇。旋谕降迁安、滦州、建昌、台头营、鞍山堡诸地。明兵自乐亭、抚宁攻滦州，萨哈璘率军赴援，明兵引退。贝勒阿敏来代，乃还师。

五年，诏诸贝勒指陈时政，萨哈璘言："图治在人。人主灼知邪正，则臣下争尚名节，惟皇上慎简庶僚，任以政事。遇大征伐，上亲在行间，诸臣皆秉方略。若遣军，宜选贤能者为帅，给符节，畀事权，仍限某官以下干军令，许军法从事。"初设六部，掌礼部事。六年，略归化城，俘蒙古千余。指授蒙古诸贝勒牧地，申约法。

七年六月，诏问征明及察哈尔、朝鲜三者何先，萨哈璘言："当宽朝鲜，拒察哈尔，而专征明。察哈尔虽不加兵，如虫食穴中，势且自尽。至于明，我少缓，则彼益固。臣意值今岁秋成图进取，乘彼禾稼方熟，因粮于敌，为再进计。量留兵防察哈尔。先以骑兵往来袭击蹂躏，再简精兵自一片石入山海关，则宁、锦为无用；或仍自宁、锦入，断北京四路，度地形，据粮足之地。乘机伺便，二三年中，大勋集矣。"寻略山海关。八年，偕多尔衮迎降将尚可喜，招抚广鹿、长山二岛户口三千八百有奇。从伐明，萨哈璘自喀喇鄂博攻克得胜堡。略代州，夜袭崞县，拔之。王东、板镇二堡民弃堡遁。复击败代州兵。会上大同，籍俘获以闻。

九年，偕多尔衮、岳托、豪格等收察哈尔林丹汗子额尔克孔果尔额哲，师次托里图，收其全部。师还，岳托驻归化城。萨哈璘偕多尔衮、豪格入明边，略山西。事详《多尔衮传》。诸贝勒大臣屡请上尊号，不许。既收察哈尔，复请，上仍不许。萨哈璘令内院大臣希福等奏曰："臣等屡请，未蒙鉴允，夙夜悚惶，罔知所措。伏思皇上不受尊号，咎在诸贝勒不能殚竭忠信，展布嘉猷，为久大计。今诸贝勒誓改行竭忠，辅开太平之基，皇上宜受尊号。"上曰："善。萨哈璘为朕谋，开陈及此，实获我心。诸贝勒应誓与否，尔掌礼部，可自主之。"翌日，萨哈璘集诸贝勒于朝，书誓词以进。上命以众议告朝鲜，萨哈璘因言："诸贝勒亦当遣使，示以各国来附，兵力强盛。"上嘉纳之。

崇德元年正月，萨哈璘有疾，上命希福谕曰："群子弟中，整理治道，启我所不及，助我所不能，惟尔之赖。尔其静心调摄，以副朕望！"萨哈璘对曰："蒙皇上温旨眷顾，窃冀仰荷恩育，或可得生。即不幸先填沟壑，亦复何憾。但当大勋垂集，不能尽力国家，乃辗转床蓐，为可恨耳！"希福还奏，上恻然曰："国家岂有专事甲兵以为治理者？倘疆土日辟，克成大业，而明哲先萎，孰能助朕为理乎？"病革，屡临视，见其羸瘠，泪下，萨哈璘亦悲痛不自胜。五月，卒。上震悼，入哭者四，自辰至午乃还。仍于庭中设幄坐，不御饮食，辍朝三日。祭时，上亲奠，痛哭。诏褒萨哈璘明达敏赡，通满、汉、蒙古文义，多所赞助，追封颖亲王。上御翔凤楼，偶假寐，梦人请曰："颖亲王乞赐牛一。"故事，亲王薨，初祭以牛。萨哈璘以追封，未用，上命致祭如礼。康熙十年，追谥。

萨哈璘子三：阿达礼、勒克德浑、杜兰。杜兰，恩封贝勒，坐事，降镇国公。

阿达礼，萨哈璘第一子。袭郡王。崇德三年，从伐喀尔喀。五年五月，偕济尔哈朗驻义州，迎来归蒙古多罗特部，明锦州杏山、松山兵出拒，击败之。师还，赐御厩良马一。六年，围锦州，降城中蒙古台吉诺木齐、吴巴什等，败明兵于锦州南山西冈。明兵复自松山沿海进援，我兵薄城下，击歼其众。围松山，明兵来犯，击败之，斩千四百余级。七年，明将夏承德约内应，夜半，我军梯登，遂克松山。叙功，赐鞍马一、蟒缎九十。寻管礼部，与议政。先是，上御笃恭殿，王以下皆侍立；硕托奏定仪制，上御殿及赐宴，亲王以下皆跪迎，上升阶方起，驾还清宁宫亦如之。贝勒阿巴泰伐明蓟州，偕多铎屯宁远缀明师。八年，太宗崩，坐与硕托谋立睿亲王，谴死。

顺承恭惠郡王勒克德浑，萨哈璘第二子。阿达礼谴死，缘坐，黜宗室。顺治元年，复宗室，封贝勒。二年，命为平南大将军，代豫亲王多铎驻江宁。时明鲁王以海据浙东称监国，其大学士马士英等率兵渡钱塘江窥杭州，勒克德浑遣兵击却之。复遣梅勒额真珠玛喇击士英余杭，和托击明总兵方国安富阳，两军合营杭州城三十里外。士英、国安复率兵渡江，又为梅勒额真济席哈所败，溺死者无算。十一月，明唐王聿键所置湖广总督何腾蛟招李自成余部，分据诸府县，命勒克德浑偕镇国将军巩阿岱率师讨之。三年正月，师次武昌，遣护军统领博尔辉等督兵进击，战临湘，歼敌千余。次岳州，降明将黑运昌。至石首，敌渡江犯荆州，遣尚书觉罗郎球等以偏师出南岸，伺敌渡，狙击之。师乘夜疾驰，诘旦抵城下，分两翼躏敌营，大破之，斩获甚众。薄暮，郎球等亦尽夺敌舟以归。翌日，分遣奉国将军巴布泰等逐敌，自安远、南漳、喜峰山、关王岭至襄阳，击斩殆尽。次彝陵，自成弟孜及诸将田见秀、张耐、李佑、吴汝义等率马步兵五千，诣军前降，获马、骡、牛万二千余。捷闻，优诏班师，赐金百、银二千。五年九月，进封顺承郡王。寻偕郑亲王济尔哈朗引兵攻湘潭，拔之，擒腾蛟。移师入广西，攻全州。破赵廉，克永安关。逐土寇曹桭子，又败之于道州。七年，师还，赐金五十、银五千。八年，掌刑部事。九年三月，薨。康熙十年，追谥。

子勒尔锦，袭。康熙十一年，掌宗人府事。十二年，吴三桂反，命为宁南靖寇大将军，率师讨之。十三年，驻荆州。三桂兵陷沅州、常德，分兵抵巴东，逼襄阳，遣都统鄂内率兵防守。三月，三桂将刘之复率舟师犯彝陵，夹江立五营，遣护军统领额司泰等水陆并击，大败之。四月，三桂将陶继智复自宜都来犯，又败之。七月，败三桂将吴应麒等。十四年五月，三桂兵犯均州，遣都统伊里布击败之。六月，叛将杨来嘉来犯，列阵山巅，自山沟下断我师道，师击之，斩三千余级。疏言："敌逼彝陵，兵众舟多，请益战舰以断运道。"上从之。七月，三桂将王会等合来嘉犯南漳，遣伊里布与总督蔡毓荣会师击之。八月，疏言："贼立垒掘堑，骑兵不能冲突。当简绿旗步兵，造轻箭帘车、炮车并进，填壕发炮，继以满洲兵，庶可灭贼。"上复从之。十月，复兴山。十二月，请发禁旅益师，上责其迁延。十五年，自荆州渡江，破敌于文村、于石首，复战太平街，师败绩，退保荆州。九月，遣副都统塞格复郧西。十八年，设随征四营，辖新增兵万二千。

三桂既死，复渡江克松滋、枝江、宜都及澧州，进取常德，敌焚庐舍、舟舰先遁，所置巡抚李益阳、按察院陈宝钥等降。遣兵至青石渡，吴世璠将潘龙迎战。师左右夹击，追至平峪铺，斩馘无算，敌堕崖死者甚众。复衡山。攻归州，败世璠将廖进忠于马黄山，追至西壤，复归、巴东。十九年，诏趣取重庆。疏请留将军噶尔汉于荆州，亲率师赴重庆。中途引还，具疏自劾，请解大将军任，赴沅州军自效，上责令还京师。下吏议，以老师糜饷，坐失事机，削爵。子勒尔贝，袭。二十一年，薨。弟扬奇，袭。二十六年，薨。弟充保，袭。三十七年，薨。弟布穆巴，袭。五十四年，坐以御赐鞍马给优人，削爵。以从父诺罗布袭。

诺罗布，勒克德浑第三子。初授头等侍卫。累官至杭州将军。袭爵。五十六年，薨，谥曰忠。

子锡保，嗣。雍正三年，掌宗人府事，在内廷行走。四年，谕曰："顺承郡王锡保才具优长，乃国家实心效力之贤王，可给与亲王俸。"授都统。坐徇贝勒延信罪不举劾，又逮治迟误，夺亲王俸，降左宗正。七年三月，师讨噶尔丹策零，命锡保署振武将军印，驻军阿尔台。九年，上以锡保治军勤劳，进封顺承亲王，命守察罕叟尔。噶尔丹策零遣其将大策零敦多卜、小策零敦多卜、多尔济丹巴入犯科布多，次克噜伦，侵掠喀尔喀游牧。蒙古亲王策棱等合师邀击，遣台吉巴海夜入大策零敦多卜营挑战，击斩其将喀喇巴图鲁，大策零敦多卜等自哈布塔克拜达克遁归。锡保疏报，得旨嘉奖。十一月，授靖远大将军。十年七月，策棱等败敌额尔德尼昭。十一年，疏请城乌里雅苏台，从之。寻以噶尔丹策零兵越克尔森齐老，不赴援，罢大将军，削爵。

子熙良，初封世子。以锡保罪，并夺。寻命袭郡王。乾隆九年，薨，谥曰恪。子泰斐英阿，袭。授都统、左宗正。二十一年，薨，谥曰恭。子恒昌，袭。四十三年，薨，谥曰慎。子伦柱，袭。道光三年，薨，谥曰简。子春山，袭。咸丰四年，薨，谥曰勤。子庆恩，袭。穆宗大婚，赐三眼孔雀翎。光绪七年，薨，谥曰敏。子讷勒赫，袭。德宗大婚，赐食全俸。孝钦皇后万寿，岁加银二千。逊位后，薨，谥曰质。

谦襄郡王瓦克达，代善第四子。天聪元年，师攻宁远，击败明总兵满桂，瓦克达力战，被创。崇德五年，从多尔衮围锦州，敌兵樵采，瓦克达以十余骑击斩之。六年，洪承畴以十三万人援锦州，次松山，敌骑来夺我红衣炮，瓦克达偕满达海战却之，天雨，复战，又败之。进击承畴步兵，噶布什贤什长费雅思哈失马，瓦克达与累骑而出。甲喇章京哈宁阿坠马，创甚，敌围之数重，瓦克达入其阵，挈以归。硕托遣死，缘坐，黜宗室。

顺治元年，从多尔衮入山海关，追击李自成至庆都。复从阿济格自边外趋绥德。二年，自成遁湖广，躏至安陆。贼方乘船遁。瓦克达偕巴牙喇纛章京鳌拜涉水登岸，射殪贼众，夺其船以济大军。三年，叙功，复宗室，授三等镇国将军。从多铎剿苏尼特部腾机思、腾机特等，至图拉河，斩腾机思孙三、腾机特子二，及喀尔喀台吉十一，并获其辎重。至布尔哈图山，复与贝子博和托合军，进斩千余级，俘八百余人，获驼、马、牛、羊无算。又击败喀尔喀土谢图汗兵。四年，进封镇国公。

五年，上念宗室贫乏，瓦克达赐银六千，进封郡王。喀尔喀部二楚虎尔扰边，从阿济格防大同。复从讨叛将姜瓖，围浑源。六年，偕满达海攻朔州，发炮隳其城。移攻宁武，瓖将刘伟、赵梦龙守焉，纵火，弃城走。瓖将杨振威斩瓖降阿济格，伟、梦龙亦降于瓦克达，静乐及宁化所、八角堡诸寨悉平。十月，代满达海为征西大将军，剿山西余寇。明大学士李建泰既降，复叛，踞太平。围之二十余日，穷蹙，出降。诏诛建泰及其兄弟子侄，籍家产入官。连复平阳属县三十六。七年，师还。八年，加封号，掌工部，预议政。九年，坐事，解部任，罢议政。薨。康熙十年，追谥。

瓦克达尝驻军平阳，戢军安民。既薨，平阳人建祠以祀。薨之明年，授其子留雍、哈尔萨三等奉国将军品级。康熙六年，留雍、哈尔萨诉瓦克达功多，授哈尔萨镇国公，留雍镇国将军。八年，留雍复以已爵卑，讼不平。议政王等言前爵贪缘辅政所得，宜并黜革，上命并降奉国将军品级。二十一年，哈尔萨复诉瓦克达爵乃功封，例得袭。命袭镇国公，并封其子海青辅国公。哈尔萨累迁右宗正。二十五年，诏责其钻营，与海青并夺爵。又以留雍袭镇国公。三十七年，复以惰，夺爵。乾隆四十三年，高宗录瓦克达功，命其四世孙洞福以镇国将军世袭。

辅国公玛占，代善第六子。天聪九年，多铎自广宁入宁远、锦州缀明师，玛占在事有功。崇德元年，从阿济格入长城，至安州，克十二城。师还，上郊劳，赐酒一金卮，封辅国公。三年，从岳托自墙子岭毁边城，入密云，连克台堡，越燕京趋山东，卒于军。四年，丧归，赐银二千、驼马各一。无子，未立后。

卷二百十七　　列传四

诸王三

太祖诸子二　镇国勤敏公阿拜
镇国克洁将军汤古代　子镇国公聂克塞
莽古尔泰　辅国悫厚将军塔拜
饶馀敏郡王阿巴泰　子安和亲王岳乐
温良贝子博和托　博和托子贝子彰泰
阿巴泰孙悼愍贝子苏布图　镇国恪僖公巴布泰
德格类　巴布海　阿济格　辅国介直公赖慕布

镇国勤敏公阿拜，太祖第三子。天命十年，偕塔拜、巴布泰伐东海北路呼尔哈部，俘千五百户，还，太祖出城迎劳，授牛录章京。天聪八年，授梅勒额真。崇德三年，授吏部承政。四年，封三等镇国将军。六年，驻防锦州。八年，以老，罢承政。顺治四年，进二等。五年二月，卒。十年，追封谥。

阿拜子有爵者三：巩安，袭三等镇国将军，进辅国公；干图、灏善封辅国公，干图谥介直。巩安、灏善之后，皆以奉恩将军世袭。

镇国克洁将军汤古代，太祖第四子。事太宗，授固山额真。取永平四城，汤古代偕图尔格、纳穆泰守滦州。天聪四年，明兵攻滦州急，贝勒阿敏怯不敢援，遣巴都礼率数百人突围进，夜三鼓，入滦州。既，明兵以炮坏城，城楼火，汤古代等弃城奔永平。既还，太宗廷诘之，汤古代引罪请死。太宗曰："汝不能全师而归，杀汝何益？"下所司论罪，免死，罢固山额真，夺所属人口，籍其家。八年，授三等梅勒章京。崇德四年，封三等镇国将军。五年，卒。

子二：穆尔察，初封三等奉国将军，袭爵，进二等。卒，谥恪恭。聂克塞，袭穆尔察三等奉国将军。从多铎略宁远，从多尔衮定京师，逐李自成至庆都，皆有功，累进镇国公。坐事降三等镇国将军。康熙四年，卒。无子，爵除。

莽古尔泰，太祖第五子。岁壬子，从太祖伐乌喇，克六城，莽古尔泰请渡水击之，太祖曰："止！无民何以为主？无民何以为君？我且削之。"遂毁六城，移军富勒哈河。越日，于乌喇河建木城，留兵千守焉。天命元年，授和硕贝勒，以序称三贝勒。

四年，明经略杨镐遣总兵杜松以六万人出抚顺关，刘綎以四万人出宽甸。莽古尔泰从太祖御松界凡，伏兵萨尔浒谷口，伺明兵过将半击之，我军据吉林崖，明兵营萨尔浒山，复偕贝勒代善等以千人益吉林崖，而合师攻萨尔浒，大破之，松战死。又从太祖还军击斩绖。八月，从伐叶赫。五年，太祖伐明，略懿路、蒲城，令莽古尔泰以所部逐敌，率健锐百人追击明兵，至浑河乃还。六年，镇江守将陈良策叛投毛文龙，莽古尔泰偕代善迁金州民复州。十年，攻克旅顺口。

察哈尔林丹汗侵科尔沁部，围克勒珠尔根城，莽古尔泰赴援，至农安塔，林丹汗遁。十一年，太祖伐喀尔喀巴林部，先命诸贝勒略锡拉穆楞，皆以马乏不能进；莽古尔泰独领兵夜渡击之，俘获无算。

天聪元年，攻明右屯卫，又以偏师卫塔山粮运。三年，从太宗征明，阿巴泰自龙井关入，攻汉儿庄。莽古尔泰偕多尔衮、多铎为继，降其城，旋谕降潘家口守将。上克洪山口，逼遵化。莽古尔泰自汉儿庄合军击败明总兵赵率教，擒其副将臧调元。师进次通州，薄明都，明诸道兵入援。莽古尔泰遣巴牙喇兵前行，与多铎殿，值明溃卒来犯，击歼之。从上阅蓟州，破山海关援兵。四年二月，克永平、遵化。还，与明兵遇，败之。

五年，从围大凌河，正蓝旗围其南，莽古尔泰与德格类率巴牙喇兵策应。明总兵吴襄、监军道张春赴援，距城十五里而营。莽古尔泰从上击之，获春等。当围大凌河时，莽古尔泰以所部兵被创，言于上。上偶诘之曰："闻尔所部兵每有违误。"莽古尔泰愕曰："宁有是耶？"上曰："若告者诬，当治告者；果实，尔所部兵岂得无罪？"言已，将起乘马，莽古尔泰曰："上何独与我为难？我固承顺，乃犹欲杀我耶？"抚佩刀，频目之。贝勒德格类，其母弟也，斥其悖，拳殴之。莽古尔泰益怒，抽刃出鞘。左右挥之出，上愤曰："是固尝弑其母以邀宠者！"诸贝勒议莽古尔泰大不敬，夺和硕贝勒，降多罗贝勒，削五牛录，罚银万及甲胄、雕鞍马十、素鞍马二。

六年，从伐察哈尔，林丹汗遁。移师伐明，略大同、宣府。十二月，卒，上临丧，漏尽三鼓，始还，又于中门设幄以祭，哭之恸，乃入宫。

九年，莽古尔泰女弟莽古济格格所属冷僧机告莽古尔泰与德格类、莽古济格格盟誓怨望，将危上，以莽古济格格夫琐诺木为证。搜得牌印十六，文曰"大金国皇帝之印"。追夺莽古尔泰爵。莽古济格格及莽古尔泰子额必伦坐死，余子并黜宗室。

辅国悫厚公塔拜，太祖第六子。天命十年，伐东海北路呼尔哈部有功，授三等甲喇章京。天聪八年，进一等。寻封三等辅国将军。崇德四年九月，卒。顺治十年，追封谥。塔拜子八，有爵者三：额克亲、班布尔善、巴都海。额克亲，崇德元年，从阿济格伐明，逼燕京。明兵自涿州来拒，亲陷阵，破之。四年，封三等奉国将军。寻袭爵。五年，从多尔衮攻锦州，复从多铎追击明兵于塔山。六年，上围锦州，败洪承畴兵十三万。移军近松山，掘壕困之。明总兵曹变蛟夜夺上营，额克亲偕内大臣锡翰力御，却之。叙功，赐银八十。顺治元年，从多尔衮入山海关，破李自成，有功，累进镇国公。七年，授正白旗满洲固山额真，复进贝子。八年，坐附罗什博尔惠谄媚诸王造言构衅，削爵，黜宗室。九年，复入宗室，授内大臣。十二年，卒。班布尔善，累进封辅国公。以附鳌拜，谴死。附见《鳌拜传》。巴都海，亦封辅国公，谥恪僖。

饶馀敏郡王阿巴泰，太祖第七子。初授台吉。岁辛亥，与费英东、安费扬古率师伐东海窝集部乌尔固辰、穆棱二路，俘千余人，还。天命八年，偕台吉德格类等伐扎噜特部，渡辽河，击部长昂安。昂安携妻子引牛车遁，师从之，昂邦章京达音布战死。阿巴泰继进，斩昂安及其子，俘其众，还，太祖郊劳，并赉从征将士。

太宗即位，封贝勒。阿巴泰语额驸扬古利、达尔汉曰："战则擐甲胄，猎则佩弓矢，何不得为和硕贝勒？"语闻，上曰："尔等宜劝之，告朕何为？"天聪元年，察哈尔昂坤杜棱来归，与宴。阿巴泰不出，曰："我与诸小贝勒同列。蒙古贝勒明安巴克乃位我上，我耻之！"上以语诸贝勒，贝勒代善与诸贝勒共责之曰："德格类、济尔哈朗、杜度、岳托、硕托早从五大臣议政，尔不预焉。阿济格、多尔衮、多铎，先帝时使领全旗，诸贝勒皆先尔入八分。尔今为贝勒，得六牛录，已逾分矣！乃欲与和硕贝勒抗行，得和硕贝勒，不更将觊觎耶？"阿巴泰引罪，罚甲胄、雕鞍马四、素鞍马八。

二年，与岳托、硕托伐锦州，明师退守宁远，克墩台二十一，毁锦州、杏山、高桥三城，还。三年，从伐明，自喀喇沁波罗河屯行七日，偕阿济格率左翼四旗及蒙古军攻龙井关，夜半克之。明将易爱自汉儿庄赴援，击斩之，取其城。会上克洪山口，逼遵化，败明山海关援兵，克之。复趋通州，明总兵满桂、侯世禄屯顺义，阿巴泰偕岳托击走，获马千余，驼百，顺义亦下。

时袁崇焕、祖大寿以兵二万屯广渠门外，阿巴泰偕莽古尔泰等率师攻之。闻敌伏兵于右，诸贝勒相约入隘必趋右，若出中路，与避敌同。豪格趋右，败伏兵，转战至城壕。阿巴泰出中路，亦破敌，与豪格师会。罢战，诸贝勒议违约罪，阿巴泰当削爵。上曰："阿巴泰非怯，以顾其二子，与豪格相失，朕奈何加罪于吾兄？"宥之。徇通州，焚其舟，略张家湾。从上至蓟州，明兵五千自山海关至，奋击，歼其众。四年，从上围永平，与济尔哈朗邀斩叛将刘兴祚。寻命守永平。明兵攻滦州，偕萨哈璘赴援，明兵引退，代还。

五年，初设六部，掌工部事。从上围大凌河，正黄旗围北之西，镶黄旗围北之东，阿巴泰率巴牙喇兵为策应。大寿降，阿巴泰偕德格类、多尔衮、岳托以兵四千易汉装，从大寿夜袭锦州，二更行，炮发不绝声。锦州人闻之，谓大凌河兵逸，争出应之，师纵击，斩馘甚众。雾，两军皆失伍，乃引还。七年，筑兰磐城，赐御用蟒衣一、紫貂皮八、马一。诏问伐明及朝鲜、察哈尔三者何先，阿巴泰请先伐明。八月，略山海关，俘数千人还。上迎劳，责其不深入。八年，从征宣府，至应州，克灵丘及王家庄。九年，阿巴泰病手痛，上曰："尔自谓手痛不耐劳苦。不知人身血脉，劳则无滞。惟家居佚乐，不涉郊原，手不持弓矢，忽尔劳动，疾痛易生。若日以骑射为事，宁复患此？凡有统帅之责者，非躬自教练，士卒奚由奋？尔毋偷安，斯克敌制胜，身不期强而自强矣。"

崇德元年，封饶馀贝勒。偕阿济格等伐明，克雕鹗堡、长安岭堡，薄延庆，分兵克定兴、安肃、容城、安州、雄、东安、文安、宝坻、顺义、昌平十城。五十六战皆捷，俘十数万。师还，上出城十里迎劳，酌以金卮。上伐朝鲜，留防噶海城。三年，上伐喀尔喀，阿巴泰与代善留守，筑辽阳都尔弼城，复治盛京至辽河道，道广十丈，高三尺，浚壕夹之。副多尔衮率师伐明，毁边墙入，越明都趋涿州，直抵山西。复东趋临清，克济南。略天津、迁安，出青山关，还。赐马二、银五千。四年，偕阿济格略锦州、宁远。

五年，偕多尔衮屯田义州，分兵克锦州城西九台，刘其禾；又克小凌河西二台。偕杜度伏兵宁远，截明运道，夺米千石。移师败明杏山、松山兵。时大军更番围锦州，阿巴泰屡往还其间。六年，坐从多尔衮去锦州三十里为营及遣士卒还家，论削爵，夺所属户口。诏宽之，罚银二千。寻从上破洪承畴援兵十三万。七年，锦州降，偕济尔哈朗围杏山，克之，还守锦州。叙功，赐蟒缎七十。

十月，授奉命大将军伐明，内大臣图尔格副之。自黄崖口入边，败明将白腾蛟等于蓟州，破河间、景州。趋兖州，擒斩明鲁王以派等。分徇莱州、登州、青州、莒州、沂州，南至海州。还略沧州、天津、三河、密云。凡克城八十八，降城六，俘三十六万，得金万二千、银二百二十万有奇。八年五月，师还，上遣济尔哈朗、多尔衮等郊迎三十里，赐银万。顺治元年四月，进郡王。二年，统左右两翼兵镇山东，剿满家洞土寇，寻还。三年，薨。康熙十年，追谥。

阿巴泰子五，有爵者四：尚建、博和托、博洛、岳乐，而岳乐袭爵。

安和亲王岳乐，阿巴泰第四子。初封镇国公。顺治三年，从豪格徇四川，击斩张献忠。六年，封贝勒。八年，袭爵，改号安郡王。九年，掌工部事，与议政。十年，命为宣威大将军，驻归化城，规讨喀尔喀部土谢图汗、车臣汗。寻行成，入贡，乃罢兵。十二年，掌宗人府事。十四年，进亲王。

康熙十三年，吴三桂、耿精忠并反，犯江西。命为定远平寇大将军，率师讨之，自江西规广东，次南昌，遣兵复安福、都昌。十四年，复上高、新昌。战抚州唐埠、七里冈、五桂寨、徐汉，屡破敌，复馀干、东乡。诏移师湖南，疏言："江西为广东咽喉，当江南、湖广之冲，今三十余城皆陷贼。三桂馀醴陵造木城，增伪总兵十余人，兵七万，倮倮三千，固守萍乡诸隘。若撤抚州、饶州、都昌诸路防兵尽赴湖南，则诸路复为贼有。否则，兵势单弱，不能长驱。广东诸路，恐亦多阻。臣欲先平江西，无却顾忧，然后移师。"疏闻，上令速定江西。岳乐督兵攻建昌，精忠将邵连登率众万人迎战长兴乡，击走之，克建昌，并下万年、安仁。师进克广信，再进克饶州，破敌景德镇，复克浮梁、乐平。分兵徇宜黄、崇仁、乐安，皆下。并谕降泰和、龙泉、永新、庐陵、永宁及湖广茶陵诸县。师再进，克靖安、贵溪。疏言："三桂闻臣进取，必固守要害，非绿旗兵无以搜险,非红衣炮无以攻坚。请令提督赵国祚等率所部从臣进讨,并敕发新造西洋炮二十。"又疏言:"精忠将张存遣人称有兵八千屯顺昌,俟大军入闽为应。"诏以简亲王喇布专主福建军事,而趣岳乐赴长沙。

十五年,岳乐师克萍乡,遂薄长沙。疏言:"敌船集长沙城下,我师无船,难以应敌。长沙附近林木颇盛,请先拨战舰七十艘,仍令督抚委员伐木造船。"如所请。八月,诏曰:"朕闻王复萍乡,直抵长沙,甚为嘉悦。王其善抚百姓,使困苦得纾;即胁从者皆朕赤子,当加意招徕。"十六年,遣兵破敌浏阳,斩千余级,克平江。十七年,破敌七家洞。三桂将林兴珠等自湘潭来降。九月,三桂既死,诏趣岳乐进师。岳乐请赴岳州调度诸军。上命大将军察尼规取岳州,而令岳乐仍攻长沙。十八年正月,岳州降。长沙贼亦弃城遁,遂入长沙,遣兵复湘潭。寻会喇布军克衡州、宝庆,分兵守焉。复与喇布合军攻武冈,破敌宝庆岩溪,斩级数百,获舟四十。师次紫阳河,敌于对岸结营,师径渡,分兵出敌后夹击之,敌溃走。三桂将吴国贵、胡国柱以二万人守隘,发炮殪国贵,夺隘。贝子彰泰逐敌至木瓜桥,遂克武冈及枫木岭。诏召岳乐还京师,以敕印付彰泰。十九年正月,下诏褒岳乐功。岳乐至京师,上于卢沟桥南二十里行郊劳礼。

顺治初,故明外戚周奎家有自称明太子者,使旧官人及东宫官属辨视非是。三桂反,京师又有朱慈璊者,自称三太子,私改元广德,纠党举火为乱,事败,慈璊走免。鞫其党,谓其真姓名为杨起隆。及岳乐驻师枫木岭,于新化僧寺得朱慈灿,自言为庄烈帝长子,闯难奔南京,福王置诸狱,释为民,从朽木和尚为僧,往来永州、宝庆间。以三桂悖逆反覆,将募兵声讨,三桂死,乃止。至是,岳乐携慈灿来京,诏令慈璊党相见,复不相识,乃斩之。

二十年,仍掌宗人府事。二十七年,偕简亲王雅布往苏尼特防噶尔丹。二十八年二月,薨,予谥。二十九年,贝勒诸尼讦岳乐掌宗人府,听谗,枉坐诸尼不孝罪,追降郡王,削谥。

岳乐子二十,有爵者三:蕴端、玛尔浑、经希。蕴端封勤郡王,坐事降贝子;复坐事夺爵。经希封僖郡王。岳乐得罪,降镇国公,卒,停袭。玛尔浑,袭爵。玛尔浑好学能文章,蕴端亦善诗词。玛尔浑又辑宗室王公诗为《宸尊集》,一时知名士多从之游。四十八年,薨,谥曰懿。子华玘,袭。五十八年,薨,谥曰节。雍正元年十二月,诏曰:"曩安郡王岳乐谄附辅政大臣,每触忤皇考,蒙恩始终宽宥,而其诸子全不知感,倾轧营求,妄冀封爵。玛尔浑、华玘相继夭折,爵位久悬。岳乐诸子伍尔占、诸孙色亨图等,怨望形于辞色。廉亲王允禩又复逞其离间,肆为谗言。安郡王爵不准承袭。"乾隆四十三年,高宗以阿巴泰、岳乐屡著功绩,封华玘孙奇昆辅国公,世袭。

温良贝子博和托,阿巴泰第二子。初封辅国公。崇德元年,从征朝鲜,围南汉山城,偕尼堪击走其援兵,斩馘甚众。三年,从伐明,自董家口略明都西南六府,入山西界。移师克济南。师还,赐银二千。七年,从阿巴泰伐明,自黄崖口入。及还,赐银三千。顺治元年,从入关,破李自成,进贝子。三年,从多铎击喀尔喀苏尼特部腾机思、腾机特等。五年九月,卒,予谥。子六,彰泰,袭贝子。

彰泰袭爵,进封。康熙十三年春,吴三桂陷湖南,上命贝勒尚善为大将军,率师下岳州,以彰泰参赞军务。十五年,诏责行师延缓。彰泰与尚善议水陆并进,遣额司泰等破敌洞庭湖,获舟五十余。敌立桩套湖峡口阻我师。十七年,督兵伐桩,棹轻舟破敌柳林嘴,发炮毁其船。八月,尚善卒于军,贝勒察代为大将军,授彰泰定远将军。九月,督兵出南津港。十月,破敌陆石口,屯白米滩,绝三桂兵运道。十八年,三桂将陈珀等以乏食出降,吴应麒走衡州。都统珠满等克湘阴,彰泰克华容、石首。会安亲王岳乐复长沙,简亲王喇布复衡州,诏彰泰与会师。自衡州进攻武冈,击破三桂将吴国贵等。十一月,召岳乐还京师,命彰泰代为定远平寇大将军。

十九年,复沅州,靖州,三桂所置绥宁诸将吏及附近土司俱降。疏言:"将军蔡毓荣调遣汉兵,今进取贵州,若不相闻,恐碍事机。"诏毓荣军事关白大将军。十月,次镇远,遣兵攻镇远卫关,截其隘,而与毓荣督兵蹴敌垒。所遣兵亦夺十向口,破敌大岩门,逐之至偏桥卫,遂复镇远。进下平越及新添卫,趋贵阳。三桂孙世璠及应麒等俱走还云南。迭克安顺、石阡、都匀、思南诸府。十一月,复永宁,破敌安笼铺,逐之至鸡公背山铁索桥,师驻贵阳。诏趣彰泰进规云南。

二十年正月,渡盘江,破敌沙子哨,进次腊茄坡,复次新兴所,逐北三十里,克普安、霑益。大将军赉塔自广西入曲靖,会于嵩明州,合围云南会城,距三十里。世璠将胡国柄、刘起龙等以万余人列象阵拒战。赉塔军其右,彰泰军其左,自卯达午,殊死战,破敌阵,斩国柄、起龙等,俘获无算。令诸军分扼南坝、萨尔卫、走马街、双塔寺、得胜桥、重关诸地,于是大理、临安、永顺、姚安、武定世璠所置将吏,相继诣军前降。

世璠将马宝、胡国柱等自四川,夏国相自广西,还救云南,彰泰遣兵迎击,宝次姚安,亦乞降。国柱走鹤庆、丽江,希福攻云龙州,国柱自经死。国相走广西,李国梁等围之西板桥,国相亦缢,与宝同槛送京师。将军赵良栋师自四川至,彰泰偕赉塔及良栋等屡破敌南坝、得胜桥、太平桥、走马街诸地。师薄城环攻,世璠自经死,其将何进忠等出降。彰泰戒将士毋杀掠,入城安抚,收仓库,戮世璠尸,函首献阙下。云南平。授左宗正。二十一年十月,师还,上迎劳卢沟桥南二十里。

二十二年,议初下岳州迁延曙,以功不坐。赐金二十、银千。二十四年,坐滥举宗人府属官,罢左宗正。二十九年正月,卒。子屯珠,袭镇国公。授左宗正、礼部尚书。五十七年,卒,赠贝子,谥恪敏。孙逢信,以辅国公世袭。

博洛,阿巴泰第三子。天聪九年,从伐明,有功。崇德元年,封贝子。二年,与议政。三年,授理藩院承政。从攻宁远,趋中后所。明将祖大寿袭我军后,巴牙喇纛章京哈宁阿等与相持,博洛突前奋击,大寿引却。五年,从济尔哈朗迎来归蒙古苏班岱,击败明兵,赐良马。寻与诸王更番围锦州。六年,洪承畴以十三万人援锦州,博洛偕阿济格击之，至塔山，获笔架山积粟；又偕罗洛浑等设伏阿尔寨堡，击败明将王朴、吴三桂。

顺治元年，从入关，破李自成，进贝勒。从多铎征河南。二年，破自成潼关。多铎南征，下江宁，分师之半授博洛，下常州、苏州，趋杭州，屡败明兵。师临钱塘江岸，明兵以为江潮方盛，营且没，会潮连日不至，明潞王常淓以杭州降，淮王常清亦自绍兴降。克嘉兴，徇吴江，破明将吴易，攻江阴亦下。师还，赐金二百、银万五千、鞍马一。

三年，命为征南大将军，率师驻杭州。明鲁王以海监国绍兴，明将方国安营钱塘江东，亘二百里。师无舟，会江沙暴涨，固山额真图赖等督兵径涉，国安惊遁，以海走台州。师入绍兴，进克金华，击杀明蜀王盛浓等，再进克衢州，浙江平。明唐王聿键据福建，博洛率师破仙霞关，克浦城、建宁、延平。聿键走汀州，遣阿济格、尼堪、努山等率师从之，克汀州，擒聿键及曲阳王盛渡等。明将姜正希以二万人夜来袭，击之却，斩万余级。又破敌分水关，克崇安。梅勒额真卓布泰等克福州，斩所置巡抚杨廷清等，降其将郑芝龙等二百九十余人，马步兵十一万有奇。师复进，下兴化、漳州、泉州诸府。十一月，遣昂邦章京佟养甲徇广东，克潮州、惠州、广州，击杀明唐王聿鐉及诸王世子十余人，承制以养甲为两广总督。四年，师还，进封端重郡王。五年，以所获金币、人口赍焉。

偕阿济格防喀尔喀，徇大同，讨叛将姜瓖。六年正月，偕硕塞援代州，克其郛。三月，瓖将马得胜以五千自北山逼我师，博洛率千余骑应之，与巴牙喇纛章京鳌拜等奋击，大破之，斩馘过半，瓖闭城不敢出。睿亲王多尔衮自京师至军议抚，承制进亲王，命为定西大将军。移师汾州，下清源、交城、文水、徐沟、祁诸县，战平阳、绛州，又遣军克孝义，战寿阳、平遥、辽州、榆次：屡捷。英亲王阿济格、敬谨亲王尼堪围大同，巽亲王满达海、谦郡王瓦克达定朔州、宁武。召博洛还京师，疏言：“太原、平阳、汾州所属诸县虽渐次收复，然未下者尚多，恐撤军后，贼乘虚袭踞，请仍留守御。”上从之。瓖既诛，与满达海合军克汾州，复岚、永宁二县，战绛州孟城驿、老君庙诸地，尽歼瓖余党，乃还师。七年，偕满达海、尼堪同理六部事。再坐事，降郡王。世祖亲政，复爵。寻命掌户部。九年三月，薨，谥曰定。

子齐克新，袭。十六年，追论博洛分多尔衮遗财，又掌户部时尚书谭泰逞私揽权，不力阻，夺爵、谥，齐克新降贝勒。十八年，卒，谥怀思。无子，爵除。博洛子塔尔纳封郡王，卒，谥敏思。坐博洛罪，追夺爵。

悼愍贝子苏布图，阿巴泰孙。父尚建，追封贝子，谥贤愍。苏布图初封辅国公。顺治二年，从勒克德浑驻江宁，移师征湖广。三年，从定荆州、襄阳有功，赐金五十、银千，进贝子。五年，复从济尔哈朗徇湖广，卒于军，谥悼愍。子颜龄，封镇国公。卒。无子，爵除。苏布图弟强度，封贝子，谥介洁，亦不袭。

镇国恪僖公巴布泰，太祖第九子。天命十年，偕阿拜、

塔拜伐东海北路呼尔哈部，有功。十一年，命理正黄旗事。天聪四年，从阿敏驻永平。明兵攻滦州，巴布泰不能御，坐罢。八年，授梅勒额真。从伐明，克保安州。巴布泰匿所获不以闻，复坐罢。崇德六年，授三等奉国将军。顺治元年，从入关，逐李自成至庆都。二年，进一等。三年，从勒克德浑伐湖广，战安远、南漳、西峰口、关王岭、襄阳，屡破敌。四年，进辅国公。六年，偕务达海讨姜瓖，进镇国公。十二年正月，卒，予谥。子噶布喇，封辅国公；祜锡禄，袭三等镇国将军。其后并以奉恩将军世袭。

德格类，太祖第十子。初授台吉。天命六年，师略奉集堡，将还，有一卒指明兵所在，德格类偕岳托、硕托进击之，击败明将李秉诚。复偕台吉寨桑古阅三岔河桥，至海州，城中官民张乐昇舆迎德格类等，令军士毋扰民，毋夺财物，毋宿城上，毋入民居。翌日，遣视三岔河者还报桥毁无舟楫，乃还。八年，偕阿巴泰伐喀尔喀扎噜特部。十一年，复从代善伐扎噜特部。天聪三年，偕济尔哈朗略锦州，焚其积聚。叙功，进和硕贝勒。

五年，初设六部，掌户部事。从围大凌河，德格类率师策应，击破明监军道张春。十月，祖大寿降，偕阿巴泰等伪为明军袭锦州，击斩甚众。六年，偕济尔哈朗等略归化城。复偕岳托略地，自耀州至盖州迤南。七年，攻克旅顺口。八年，从伐明，抚定蒙古来归人户。克独石口。攻赤城，未拔。入保安州，会师应州，还。九年十月，卒。上临其丧，痛悼之，漏尽三鼓乃还。设幄坐其中，撤馔三日。

逾月，莽古尔泰既卒，为冷僧机所评，以大逆削籍，德格类坐同谋，追削贝勒。子邓什库，并坐，削宗籍；德克西克，以侍卫从豪格征张献忠，战死，世祖诏其子辉尔食一等阿思哈尼哈番俸。子五，云柱，授一等阿达哈哈番。康熙五十二年，圣祖命复宗籍，赐红带。

巴布海，太祖第十一子。初授牛录章京。天聪八年，授一等甲喇章京。尝命偕镇国将军阿拜祭陵，巴布海不待阿拜，先往祭。牛未至，取民牛代，以祭牛偿民，民以小不受，讼焉，罚银三十偿民，又不与，再讼。巴布海闻上，上责其愚黯，且谓其受制于妻，妻，扬古利女也。崇德四年，授梅勒额真，封镇国将军。七年，巴布海语固山额真谭泰曰：“愿罢我梅勒额真。堪为梅勒额真者，多于草木！”谭泰语折之，誓曰：“若口与心违者，天日鉴之！”图海奉命差择牛录贫富，巴布海曰：“我所领牛录甚富。”语闻，巴布海曰：“我非太祖之子欤？谭泰等顾厚诬我。”廷鞫皆实，罪当死，上宽之，但夺爵。世祖即位，有为飞书讦谭泰者，投一等公塔瞻第。鞫其仆，谓得之巴布海家。内监逮讯，不承，巴布海及其妻并子阿喀喇皆坐死，籍其家予谭泰。顺治九年，谭泰诛，乃以其孥及遗产畀巴布泰。

阿济格，太祖第十二子。初授台吉。天命十年，从贝勒莽古尔泰伐察哈尔，至农安塔。十一年，偕台吉硕托伐喀尔喀巴林部，复从贝勒代善伐扎鲁特，皆有功，授贝勒。

天聪元年，偕贝勒阿敏伐朝鲜，克五城。从上伐明，偕莽古尔泰卫塔山粮运。会师锦州，薄宁远，明兵千余人为车营，掘壕，前列火器，阿济格击歼之。总兵满桂出城阵，上欲进击，诸贝勒以距城近，谏不可，独阿济格请从。上督阿济格驰击明骑兵至城下，诸贝勒皆惭，奋不及胄，亦进击其步军，明兵死者大半。二年，以擅主弟多铎婚，削爵，寻复之。

三年，偕济尔哈朗略明锦州、宁远，焚其积聚，俘三千。复从上伐明，克龙井关，下汉儿庄城，克洪山口。进次遵化，击斩明总兵赵率教。薄明都，袁崇焕、祖大寿以兵二万赴援，屯广渠门外，师逐之，迫壕，阿济格马创，乃还。寻偕阿巴泰等略通州，至张家湾。寻从上阅蓟州，遇明山海关援兵，阿济格偕代善突入敌阵，大破之。

四年，复从伐明，趋广宁，会师大凌河。夜围锦州，明兵袭阿济格营，雾不见人，阿济格严阵待。青气降，雾豁若门辟，急纵击，获明裨将一、甲械及马二百余。上酌金卮亲劳之，授围城方略。寻闻明增兵，上命扬古利率八旗巴牙喇之半以益军。大寿弟大弼逐我军中侦骑近上前，上擐甲与战，阿济格驰至，明大弼步骑遽出，奋击却之，斩明裨将一。上以所统兵付阿济格，明监军道张春援至，又战于大凌河，截杀过半，逐北四十里。

六年，从伐察哈尔，林丹汗遁。上移师伐明，令阿济格统左翼及蒙古兵略大同、宣府，尽得张家口所贮犒边财物。七年，城通远堡，迎降将孔有德，拒明及朝鲜兵。诏问攻明及朝鲜、察哈尔三者何先，阿济格言当攻明。偕阿巴泰等略山海关，诏责其不深入，阿济格言：“臣欲息马候粮，诸贝勒不从。”上曰：“汝果坚不还，诸贝勒将弃汝行乎？”八年，从伐明，克保安，拔灵丘。

崇德元年，进武英郡王。偕饶馀贝勒阿巴泰及扬古利伐明，自雕鹗堡入长安岭，薄延庆。越保定至安州，克昌平、定兴、安肃、宝坻、东安、雄、顺义、容城、文安诸县，五十六战皆捷，俘人畜十余万。又遣固山额真谭泰等设伏，斩遵化三屯营守将，获马四十余。得优旨，赐鞍马一。师还，上迎劳地载门外十里，见阿济格劳瘠，为泪下，亲酌金卮劳之。上伐朝鲜，命守牛庄。二年，硕托攻皮岛未下，阿济格督所部水陆并进，克之。上遣使褒劳。

四年，从伐明，阿济格扬言欲以红衣炮攻台，守者惧，四里屯、张刚屯、宝林寺、旺民屯、于家屯、成化峪、道尔彰诸台俱下。寻还守塔山、连山，俘人马千计。复偕阿巴泰略锦州、宁远。六年，偕济尔哈朗围锦州。守郛蒙古台吉吴巴什等议举城降，祖大寿觉之，击蒙古兵，阿济格夜登陴助战，明兵败，徙蒙古降者于义州。屡击败明兵，赐银四千。

洪承畴率诸将王朴、吴三桂等援锦州，号十三万。上亲视师，营松山。明兵奔塔山，阿济格追击之，夺笔架山积粟，又偕多尔衮克敌台四，擒明将王希贤等，朴、三桂仅以身免。明兵犹守锦州、松山、杏山、高桥诸地，上还盛京，命阿济格偕杜度、多铎率军围之。承畴夜出松山袭我军，阿济格等督众环射之，明兵败还，城闭不得入，其众二千皆降。七年，围杏山，遣军略宁远。三桂以四千人驻塔山、高桥，不战而退，纵兵四击，又迭败之。八年，复偕济尔哈朗攻宁远，军城北，布云梯发炮，城圮，克之；抵前屯卫，攻城西，斩馘四千余，明总兵黄色弃城遁，复克之。

顺治元年，从入关破李自成，进英亲王，赐鞍马二。命为靖远大将军，自边外入陕西，断自成归路，八战皆胜，克城四，降城三十八。时自成为多铎所败，弃西安走商州。诏多铎趋淮、扬，而命阿济格率师讨自成。自成南走，众尚二十万，规取南京。阿济格以师从之，及于邓州，复南至承天、德安、武昌、富池口、桑家口、九江，屡破敌，自成走死，斩其将刘宗敏，俘宋献策。宗敏，自成骁将；献策，自成所倚任，号军师者也。

明将左良玉子梦庚方驻军九江，师至，执总督袁继咸等，率马步兵十万、舟数万，诣军门降。是役凡十三战，下郡县：河南十二，湖广三十九，江西、江南皆六。捷闻，上使赴军慰劳，诏曰：“王及行间将士驰驱跋涉，悬崖峻岭，深江大河，万有余里，劳苦功高。寇氛既靖，宜即班师。其招抚余兵，或留或散，王与诸大臣商榷行之。”诏未至，阿济格率师还京师。睿亲王多尔衮责阿济格不候诏班师，又自成未死时，先以死闻，遣人数其罪；又在午门张盖坐，召而斥之。复议方出师时，胁宣府巡抚李鉴释逮问赤城道朱寿鎜及擅取鄂尔多斯、土默特马，降郡王。寻复之。五年，剿天津、曹县土寇。十一月，率师驻大同，姜瓖叛，督兵讨之。旋命为平西大将军，率固山额真巴颜等讨瓖。六年，瓖将刘迁犯代州，遣博洛赴援，围乃解。

多尔衮至大同视师，时阿济格两福晋病卒，命归视，阿济格曰：“摄政王躬摄大政，为国不遑，吾敢以妻死废国事？”阿济格自以功多，告多尔衮曰：“辅政德豫亲王征流寇至庆都，潜身僻地，破潼关、西安不歼其众，追腾机思不取，功绩未著，不当优异其子。郑亲王乃叔父之子，不当称'叔王'。予乃太祖之子，皇帝之叔，宜称'叔王'。”多尔衮斥其妄，令勿预部务及交接汉官。寻复偕巩阿岱攻大同，会降将杨振威斩瓖降，隳其城睥睨五尺，乃还。八年正月，多尔衮薨于喀喇城，阿济格赴丧次，诸王夜临，独不至，召其子郡王劳亲以兵胁多尔衮所属使附己。丧还，上出迎，阿济格不去佩刀。劳亲兵至，阿济格张纛与合军。多尔衮左右讦阿济格欲为乱，郑亲王济尔哈朗等遣人于路监之。还京师，议削爵，幽禁。逾月，复议系别室，籍其家，诸子皆黜为庶人。十月，监守者告阿济格将于系所举火，赐死。

阿济格子十一，有爵者三：和度、傅勒赫、劳亲。和度，封贝子，先卒。劳亲与阿济格同赐死。

傅勒赫，初封镇国公。坐夺爵，削宗籍。十八年，谕傅勒赫无罪，复宗籍。康熙元年，追封镇国公。子构孳、绰克都，并封辅国公。绰克都，事圣祖。从董额讨王辅臣，守汉中，攻秦州，师无功。授盛京将军，又以不称职，夺爵。上录阿济格功，以其子普照仍袭辅国公，坐事夺爵，以其弟经照仍袭辅国公。雍正间，普照亦以军功复爵，卒。世宗谕曰：“普照军前效力，且其兄女为年羹尧妻，故特予封爵。今羹尧负恩诛死，此爵不必承袭。”居数年，经照亦坐事，夺爵。普照、经照皆能诗。乾隆四十三年，命阿济格之裔皆复宗籍。经照子孙递降，以奉恩将军世袭。

辅国介直公赖慕布，太祖第十三子。天聪八年，授牛录章京。崇德四年，与议政。七年，从阿济格伐明，败宁远兵。上御笃恭殿赍师，阿济格不待赏先归。赖慕布坐不劝阻，夺职，罢议政。顺治二年，封奉恩将军。三年，卒。十年五月，追封谥。子来祜，袭。累进辅国公。坐事，夺爵。高宗以其孙扎昆泰袭奉恩将军，一传，命停袭。

卷二百十八　　列传五

诸王四

太祖诸子三　睿忠亲王多尔衮
豫通亲王多铎　子信宣和郡王多尼
信郡王董额　辅国恪僖公察尼　费扬果

睿忠亲王多尔衮，太祖第十四子。初封贝勒。天聪二年，太宗伐察哈尔多罗特部，破敌于敖穆楞，多尔衮有功，赐号墨尔根代青。三年，从上自龙井关入明边，与贝勒莽古尔泰等攻下汉儿庄，趋通州，薄明都，败袁崇焕、祖大寿援兵于广渠门外，又歼山海关援兵于蓟州。四年，引还，多尔衮与莽古尔泰先行，复破敌。五年，初设六部，掌吏部事。从围大凌河，战，多尔衮陷阵，明兵堕壕者百余，城上炮矢发，将士有死者。上切责诸将不之阻。祖大寿约以锦州献，多尔衮与阿巴泰等以兵四千，佯装从大寿作溃奔状，袭锦州，锦州兵迎战，击败之。事具《阿巴泰传》。

六年五月，从征察哈尔。七年六月，诏问征明及朝鲜、察哈尔三者何先，多尔衮言："宜整兵马，乘谷熟时，入边围燕京，截其援兵，毁其屯堡，为久驻计，可坐待其敝。"八年五月，从上伐明，克保安，略朔州。九年，上命偕岳托等将万人招察哈尔林丹汗子额哲，师还渡河，多尔衮自平鲁卫至朔州，毁宁武关，略代州、忻州、崞县、黑峰口及应州，复自归化城携降众还。林丹汗得元玉玺曰"制诰之宝"，多尔衮使额哲进上，群臣因表上尊号。崇德元年，进封睿亲王。武英郡王阿济格等率师伐明，命王偕多铎攻山海关缀明师，阿济格捷至，乃还。从伐朝鲜，偕豪格别从宽甸入长山口，克昌州。进攻江华岛，克之，获朝鲜王妃及其二子，国王李倧请降。上还盛京，命约束后军，携朝鲜质子淏、溰及大臣子以归。

三年，上伐喀尔喀，王留守，筑辽阳都尔弼城，城成，命曰屏城；复治盛京至辽河大道。八月，命为奉命大将军，将左翼，岳托将右翼，伐明。自董家口毁边墙入，约右翼兵会通州河西务。越明都至涿州，分兵八道，行略地至山西、南徇保定，击破明总督卢象升。遂趋临清，渡运河，破济南。还略天津、迁安，出青山关。克四十余城，降六

城，俘户口二十五万有奇，赐马五、银二万。五年，屯田义州，克锦州城西九台，刈其禾。又克小凌河西二台。迭败明兵杏山、松山间。

围锦州，王贝勒移营去城三十里，又令每旗一将校率每牛录甲士五人先归。上遣济尔哈朗代将，传谕诘责，对曰："臣以敌兵在锦州、松山、杏山三城，皆就他处牧马。若来犯，可更番抵御。是以遣人归牧，治甲械。旧驻地草尽，臣倡议移营就牧，罪实在臣。"上复使谕曰："朕爱尔过于群子弟，锡予独厚。今违命若此，其自议之。"王自言罪当死，上命降郡王，罚银万，夺二牛录。

六年，复围锦州。洪承畴率十三万人屯松山，王屡击之，以敌众，请济师。上自将疾驰六日，次戚家堡，将屯高桥。王请上驻松山、杏山间，分兵屯乌欣河南山，亘海为营。明兵屡却复前，上张黄盖指挥，明兵引退。王偕洛托等趋塔山道横击之，明兵多死者；遂发炮击塔山外四台，擒王希贤等。寻以贝勒杜度等代将，王暂还。复出，七年，下松山，获承畴，克锦州，大寿复降。进克塔山、杏山。乃隳三城，师还。叙功，复亲王。

八年，太宗崩，王与诸王、贝勒、大臣奉世祖即位。诸王、贝勒、大臣议以郑亲王济尔哈朗与王同辅政，誓曰："有不秉公辅理、妄自尊大者，天地谴之！"郡王阿达礼、贝子硕托劝王自立，王发其谋，诛阿达礼、硕托。寻与济尔哈朗议罢诸王贝勒管六部事。顺治元年正月，却朝鲜馈遗，告济尔哈朗及诸大臣曰："朝鲜国王因予取江华，全其妻子，常以私馈遗。先帝时必闻而受之，今辅政，谊无私交，不当受。"因并禁外国馈诸王贝勒者。济尔哈朗谕诸大臣，凡事先白王，书名亦先之。王由是始专政。固山额真何洛会等讦肃亲王豪格怨望，集议，削爵，大臣扬善等以谄附，坐死。

四月乙丑，上御笃恭殿，授王奉命大将军印，并御用纛盖，敕便宜行事，率武英郡王阿济格、豫郡王多铎及孔有德等伐明。丙寅，发盛京。壬申，次翁后。明平西伯吴三桂自山海关来书乞师，王得书，移师向之。癸酉，次西拉塔拉。答三桂书曰："我国欲与明修好，屡致书不一答。是以整师三入，盖示意于明，欲其熟筹通好。今则不复出此，惟底定中原，与民休息而已。闻流贼陷京都，崇祯帝惨亡，不胜发指，用率仁义之师，沉舟破釜，誓必灭贼，出民水火！伯思报主恩，与流贼不共戴天，诚忠臣之义，勿因向守辽东与我为敌，尚复怀疑。昔管仲射桓公中钩，桓公用为仲父，以成霸业。伯若率众来归，必封以故土，晋为藩王。国仇可报，身家可保，世世子孙，长享富贵。"

丁丑，次连山。三桂复遣使请速进，夜逾宁远抵沙河。戊寅，距关十里，三桂报自成兵已出边。王令诸王逆击，败李自成将唐通于一片石。己卯，至山海关，三桂出迎，王慰劳之。令所部以白布系肩为识，先驱入关。时自成将二十余万人，自北山列阵，横亘至海。我兵阵不及海岸，王令曰："流贼横行久，犷而众，不可轻敌。吾观其阵大，首尾不相顾。可集我军鳞比，伺敌阵尾，待其衰击之，必胜。努力破此，大业成矣。勿违节制！"既成列，令三桂居右翼后。搏战，大风扬沙，咫尺不能辨。力斗良久，师

噪。风止，自三桂阵右突出，捣其中坚，马迅矢激。自成登高望见，夺气，策马走。师无不一当百，追奔四十里，自成溃遁。王即军前承制进三桂爵平西王。下令关内军民皆剃发。以马步兵各万人属三桂，追击自成。乃誓诸将曰："此行除暴救民，灭贼以安天下。勿杀无辜、掠财物、焚庐舍。不如约者，罪之。"自关以西，百姓有逃窜山谷者，皆还乡里，剃发迎降。辛巳，次新河驿，使奏捷，师遂进。途中明将吏出降，命供职如故。

五月戊子朔，师次通州。自成先一日焚宫阙，载辎重而西。王令诸王偕三桂各率所部追之。己丑，王整军入京师，明将吏军民迎朝阳门外，设卤簿，请乘辇，王曰："予法周公辅冲主，不当乘。"众以周公尝负扆，固请，乃命以卤簿列王仪仗前，奏乐，拜天，复拜阙，乘辇，升武英殿。明将吏入谒，呼万岁。下令将士皆乘城，毋入民舍，民安堵如故。为崇祯帝发丧三日，具帝礼葬之。诸臣降者，仍以明官治事。武英郡王阿济格逐自成至庆都，大破之，获其辎重。自成西奔，又令固山额真谭泰、准塔等率巴牙喇兵追至真定，自成败走。王再遣使奏捷，上遣学士詹霸、侍卫巴泰赍敕慰劳。畿辅诸府县先后请降，分遣固山额真巴哈纳、石廷柱略山东，叶臣定山西诸省，金砺等安抚天津。

王初令官民皆剃发，继闻拂民愿，谕缓之。令戒饬官吏，网罗贤才，收恤都市贫民。用汤若望议，厘正历法，定名曰《时宪历》。复令曰："养民之道，莫大于省刑罚，薄税敛。自明季祸乱，刁风日竞，设机构讼，败俗伤财，心窃痛之！自今咸与维新，凡五月初二日昧爽以前，罪无大小，悉行宥免。违谕讦讼，以所告罪罪之。斗殴、田、婚细故，就有司告理。重大者经抚按结案，非机密要情，毋许入京越诉。讼师诬陷良民，加等反坐。前朝弊政，莫如加派，辽饷之外，复有剿饷、练饷，数倍正供，远者二十年，近者十余年，天下嗷嗷，朝不及夕。更有召买、粮料诸名目，巧取殃民。今与民约，额赋外，一切加派，尽予删除。官吏不从，察实治罪。"六月，遣辅国公屯齐喀、和托，固山额真何洛会等迎上，定都燕京。

明福王由崧称帝江宁，遣其大学士史可法督师扬州，设江北四镇，沿淮、徐置戍。王致书可法曰："予向在沈阳，即知燕京物望，咸推司马。及入关破贼，得与都人士相接，识介弟于清班，曾托其手勒平安，拳致衷绪，未审以何时达？比闻道路纷纷，多谓金陵有自立者。夫君父之仇，不共戴天。《春秋》之义，有贼不讨，则故君不得书葬，新君不得书即位，所以防乱臣贼子，法至严也。闯贼李自成，称兵犯阙，手毒君亲，中国臣民，不闻加遗一矢。平西王吴三桂，介在东陲，独效包胥之哭，朝廷感其忠义，念累世之宿好，弃近日之小嫌，爰整貔貅，驱除狗鼠。入京之日，首崇帝后谥号，卜葬山陵，悉如典礼。亲郡王、将军以下，一仍故封，不加改削。勋戚文武诸臣，咸在朝列，恩礼有加。耕市不惊，秋毫无扰。方拟秋高气爽，遣率西征；传檄江南，联兵河朔，陈师鞠旅，戮力同心，报乃君国之仇，彰我朝廷之德。岂意南州诸君子，苟安旦夕，弗审事机，聊慕虚名，顿忘实害，予甚惑之！国家抚定燕都，得之于闯贼，非取之于明朝也。贼毁明朝之庙主，辱及先人，我国家不惮征缮之劳，悉索敝赋，代为雪耻，孝子仁人，当如何感恩图报。兹乃乘逆寇稽诛，王师暂息，遂欲雄据江南，坐享渔人之利。揆诸情理，岂可谓平？将以为天堑不能飞渡，投鞭不能断流耶？夫闯贼但为明朝崇耳，未尝得罪于我国家也，徒以薄海同仇，特伸大义。今若拥号称尊，便是天有二日，俨为勍敌。予将简西行之锐，转旆东征，且拟释彼重诛，命为前导。夫以中华全力，受制潢池，而欲以江左一隅，兼支大国，胜负之数，无待蓍龟矣。予闻君子之爱人也以德，细人则以姑息。诸君子果识时知命，笃念故主，厚爱贤王，宜劝令削号归藩，永绥福祚。朝廷当待以虞宾，统承礼物，带砺山河，位在诸王侯上，庶不负朝廷伸义讨贼、兴灭继绝之初心。至南州群彦，翩然来仪，则尔公尔侯，列爵分土，有平西之典例在。惟执事实图利之！挽近士大夫好高树名义，而不顾国家之急，每有大事，辄同筑舍。昔宋人议论未定，兵已渡河，可为殷鉴。先生领袖名流，主持大计，必能深惟终始，宁忍随俗浮沉？取舍从违，应早审定。兵行在即，可西可东。南国安危，在此一举。愿诸君子同以讨贼为心，毋贪一身瞬息之荣，而重故国无穷之祸，为乱臣贼子所窃笑，予实有厚望焉！记有之，惟善人能受尽言。敬布腹心，伫闻明教。江天在望，延跂为劳，书不宣意。"可法旋遣人报书，语多不屈。

京师民讹言秋七、八月将东迁，王宣谕当建都燕京，戒民毋信流言摇惑。又讹言八月屠民；未几，又讹言上至京师，将纵东兵肆掠，尽杀老壮，止存赤。王复宣谕曰："民乃国之本，尔曹既诚心归服，复以何罪而戮之？尔曹试思，今上携将士家属不下亿万，与之俱来者何故？为安燕京军民也。昨将东来各官内，命十余员为督、抚、司、道等官者何故？为统一天下也。已将盛京帑银取至百余万，后又转运不绝者何故？为供尔京城内外兵之用也。且予不忍山、陕百姓受害，发兵追剿，犹恨未能速定，岂能不爱京城军民，反行杀戮？此皆众所目击，何故妄布流言？是必近京土寇，流贼间谍，有意煽惑摇动，已谕各部严捕。通行晓谕，以安众心。"

九月，上入山海关，王率诸王群臣迎于通州。上至京师，封为叔父摄政王，赐貂蟒朝衣。十月乙卯朔，上即位，以王功高，命礼部尚书郎球、侍郎蓝拜、启心郎渥赫建碑纪绩，加赐册宝、黑狐冠一、上饰东珠十三、黑狐裘一，副以金、银、马、驼。二年，郑亲王等议上摄政王仪制，视诸王有加礼。王曰："上前未敢违礼，他可如议。"翌日入朝，诸臣跪迎，命还舆，责大学士刚林等曰："此上朝门，诸臣何故跪我？"御史赵开心疏言："王以皇叔之亲，兼摄政王之尊，臣民宁肯自外于拜舞？第王恩皆上恩，群臣谒王，正当限以礼数，与朝见不同。庶诸臣不失尊王之意，亦全王尊上之心。上称叔父摄政王，王为上叔父，惟上得称之。若臣庶宜于叔父上加'皇'字，庶辨上下，尊体制。"下礼部议行。其年六月，豫亲王克扬州，可法死之，遂破明南都。闰六月，英亲王逐李自成至武昌，东下九江，故明宁南侯左良玉子梦庚率众降，江南底定。十月，上赐王马，王入谢，诏曰："遇朝贺大典，朕受王礼。若小节，勿与诸王同。"王对曰："上方幼冲，臣不敢违礼。待上亲政，凡有宠恩，不敢辞。"王时摄政久，位崇功高，时诚诸臣尊事主上，曰："俟上春秋鼎盛，将归政焉。"

初，肃亲王怨王不立己，有郄。英、豫二王与王同母，王视豫亲王厚，每宽假之。豫亲王之征苏尼特也，王送之出安定门。及归，迎之乌兰诺尔。集诸大臣，语以豫亲王功懋，宜封辅政叔王，因罢郑亲王辅政，以授豫亲王。肃亲王既平四川，王摘其微罪，置之死。四年十二月，王以风疾不胜跪拜，从诸王大臣议，独贺正旦上前行礼，他悉免。五年十一月，南郊礼成，赦诏曰："叔父摄政王治安天下，有大勋劳，宜加殊礼，以崇功德，尊为皇父摄政王。凡诏疏皆书之。"

六年二月，自将讨大同叛将姜瓖，拔浑源。闻豫亲王病痘，先归。谕瓖降，未下。以师行在外，铸行在印。禁诸王及内大臣干预部院政事及汉官升降，不论所言是非，皆治罪。七月，复征大同，瓖将杨振威斩瓖降。十月，移师讨喀尔喀二楚呼尔，征敖汉、扎噜特、察哈尔、乌喇特、土默特、四子部落以兵来会。至喀屯布拉克，不见敌，乃还。十二月，王妃博尔济吉特氏薨，以册宝追封为敬孝忠恭正宫元妃。

七年正月，王纳肃王福金，福金，妃女弟也。复征女朝鲜。令部事不须题奏者，付巽亲王满达海、端重亲王博洛、敬谨亲王尼堪料理。五月，率诸王贝勒猎于山海关，朝鲜送女至，王迎于连山，成婚。复猎于中后所，责随猎王贝勒行列不整，罚锾有差。七月，谕以京城当复溽暑不可堪，择地筑城避暑。令户部加派直隶、山西、浙江、山东、江南、河南、湖广、江西、陕西九省地丁银二百四十九万两有奇，输京师备工用。八月，王尊所生母太祖妃乌喇纳拉氏为孝烈恭敏献哲仁和赞天俪圣武皇后，祔太庙。

寻有疾，语贝子锡翰、内大臣席讷布库等曰："予罹此大戚，体复不快。上虽人主，独不能循家人礼一临幸乎？谓上幼冲，尔等皆亲近大臣也。"既又戒曰："毋以予言请上临幸。"锡翰等出，追止之，不及，上幸王第。王因责锡翰等，议罪当死，旋命宥之。十一月，复猎于边外。十二月，薨于喀喇城，年三十九。上闻之，震悼。丧还，率王大臣缟服迎奠东直门外。诏追尊为懋德修道广业定功安民立政诚敬义皇帝，庙号成宗。明年正月，尊妃为义皇后，祔太庙。

王无子，以豫亲王子多尔博为后，袭亲王，俸视诸王三倍，诏留护卫八十员。又以王近侍苏克萨哈、詹岱为议政大臣。二月，苏克萨哈、詹岱讦告王薨时，其侍女吴尔库尼等殉，请以王所制八补黄袍、大东珠素珠、黑貂褂置棺内。王在时，欲以两固山驻永平，谋篡大位。固山额真谭泰亦言王纳肃王福金，复令肃王子至第较射，何洛会以恶言詈之。于是郑亲王济尔哈朗、巽亲王满达海、端重亲王博洛、敬谨亲王尼堪及内大臣等疏言："昔太宗文皇帝龙驭上宾，诸王大臣共矢忠诚，翊戴皇上。方在冲年，令臣济尔哈朗与睿亲王多尔衮同辅政。逮后多尔衮独擅威权，不令济尔哈朗预政，遂以母弟多铎为辅政叔王。背誓肆行，妄自尊大，自称皇父摄政王。凡批票本章，一以皇父摄政王行之。仪仗、音乐、侍从、府第，僭拟至尊。擅称太宗文皇帝序不当立，以挟制皇上。构陷威逼，使肃亲王不得其死，遂纳其妃，且收其财产。更悖理人生母于太庙。僭妄不可枚举。臣等从前畏威吞声，今冒死奏闻，伏愿重加处治。"诏削爵，撤庙享，并罢孝烈武皇后谥号庙享，黜宗室，籍财产入官，多尔博归宗。十二年，吏科副理事官彭长庚、一等精奇尼哈番许尔安各疏颂王功，请复爵号，下王大臣议，长庚、尔安坐论死，诏流宁古塔。

乾隆三十八年，高宗诏曰："睿亲王多尔衮摄政有年，威福自专，殁后其属人首告，定罪除封。第念定鼎之初，王实统众入关，肃清京辇，檄定中原，前劳未可尽泯。今其后嗣废绝，茔域榛芜，殊堪悯恻。交内务府派员缮茸，并令近支王公以时祭扫。"四十三年正月，又诏曰："睿亲王多尔衮扫荡贼氛，肃清宫禁。分遣诸王，追歼流寇，抚定疆陲。创制规模，皆所经画。寻奉世祖车驾入都，成一统之业，厥功最著。殁后为苏克萨哈所构，首告诬以谋逆。其时世祖尚在冲龄，未尝亲政，经诸王定罪除封。朕念王果萌异志，兵权在握，何事不可为？乃不于彼时因利乘便，直至身后始以敛服僭用龙衮，证为觊觎，有是理乎？《实录》载：'王集诸大臣，遣人传语曰："今观诸王大臣但知媚予，鲜能尊上，予岂能容？"昔太宗升遐，嗣君未立，英王、豫王跪请予即尊，予曰："若果如此言，予即当自刎。"誓死不从，遂奉今上即位。似此危疑之日，以予为君，予尚不可；今乃不敬上而媚予，予何能容？自今后有忠于上者，予用之爱之；其不忠于上者，虽媚予，予不尔宥。'且云：'太宗恩育予躬，所以特异于诸子弟者，盖深信诸子弟之成立，惟于能成立之。'"朕每览《实录》至此，未尝不为之堕泪。则王之立心行事，实为笃忠荩，感厚恩，明君臣大义。乃由宵小奸谋，构成冤狱，岂可不为之昭雪？宜复还睿亲王封号，追谥曰忠，配享太庙。依亲王园寝制，修其茔墓，令太常寺春秋致祭。其爵世袭罔替。"

多尔博归宗封贝勒，命仍还为王后，以其五世孙辅国公淳颖袭爵。四世祖镇国公苏尔发、曾祖辅国公塞勒、祖辅国恪勤公功宜布先已进封信郡王，至是与淳颖父信恪郡王如松并追封睿亲王。嘉庆五年，淳颖薨。谥曰恭。子宝恩，袭。七年五月，薨，谥曰慎。弟瑞恩，袭。道光六年，薨，谥曰勤。子仁寿，袭。道光九年，上巡盛京谒陵，追念忠王，推恩赐三眼花翎。同治三年，薨，谥曰僖。子德长，袭。光绪二年，薨，谥曰悫。子魁斌，袭。

豫通亲王多铎，太祖第十五子。初封贝勒。天聪二年，从太宗伐多罗特部有功，赐号额尔克楚呼尔。三年，从上伐明，自龙井关入，偕莽古尔泰、多尔衮以偏师降汉儿庄城。会大军克遵化，薄明都。广渠门之役，多铎以幼留后，明溃兵来犯，击却之。师还，次蓟州，复击破明援兵。五年，从围大凌河城，为正白旗后应，克近城台堡。明兵出锦州，屯小凌河岸，上率二百骑驰击，明兵走。多铎逐之，薄锦州，坠马，马逸入敌阵，乃夺军校马乘以还。六年，从伐察哈尔，将右翼兵，俘其众千余。

七年，诏问征明及朝鲜、察哈尔三者何先，多铎言："我军非怯于战斗，但止攻关外，岂可必得？夫攻山海关与攻燕京，等攻耳。臣以为宜直入关，庶厌士卒望，亦久远计也。且相机审时，古今同然。我军若弛而敌有备，何隙之可乘？吾何爱于明而必言和？亦念士卒劳苦，姑为委蛇。倘时可乘，何待再计。至察哈尔，且勿加兵；朝鲜已和，亦勿遽绝。当先图其大者。"八年，从上略宣府，自巴颜珠尔克进。寻攻龙门，未下，趋保安，克之。谒上应州。复略朔州，经五台山，还。败明兵大同。九年，上遣诸贝勒伐明，徇山西，命多铎率师入宁、锦缀明师。遂自广宁入，遣固山额真阿山、石廷柱率兵四百前驱。祖大寿合锦州、松山兵三千五百屯大凌河西，多铎率所部驰击之，大寿兵溃。命分道追击，一至锦州，一至松山，斩获无算。翌日，克台一，还驻广宁。师还，上出怀远门五里迎劳，赐良马五、甲五。上嘉之曰："朕幼弟初专阃，即能制胜，是可嘉也！"

崇德元年四月，封豫亲王，掌礼部事。从伐朝鲜，自沙河堡领兵千人继噶布什贤兵，至朝鲜都城。朝鲜全罗、忠清二道援兵至南汉山，多铎击败之，收其马千余。扬古利为残兵所贼，捕得其人，斩以祭。三年，伐锦州，自蒙古扎衮博伦界分率包牙喇及土默特兵入明境，克大兴堡，俘其居民，道遇明谍，擒之。诏与郑亲王济尔哈朗军会，经中后所，大寿以兵来袭，我军伤九人，亡马三十。多铎且战且走，夜达郑亲王所，合师薄中后所城。上统师至，敌不敢出。四年五月，上御崇政殿，召多铎戒谕之，数其罪，下诸王、贝勒、大臣议，削爵，夺所属入官。上命降贝勒，罚银万，夺其奴仆、牲畜三之一，予睿亲王多尔衮。寻命掌兵部。十月，伐宁远，击斩明总兵金国凤。

五年三月，命与郑亲王济尔哈朗率师修义州城，驻兵屯田，并扰明山海关外，毋使得耕稼。五月，上临视。附明蒙古多罗特部苏班岱降，上命偕郑亲王以兵迎之，经锦州杏山，明兵来追，奋击败之，赐御厩良马一。围锦州，夜伏兵桑阿尔斋堡，旦，敌至，败之，追至塔山，斩八十余级，获马二十。六年三月，复围锦州，环城立八营，凿壕以困之。大寿城守蒙古将诺木齐约降，师缒以入，击大寿，挈降者出，置之义州。明援兵自杏山至松山，多铎与郑亲王率两翼兵伏锦州南山西冈及松山北岭，纵噶布什贤兵诱敌，夹击，大败之。

洪承畴以十三万援锦州，上自盛京驰六日抵松山，环城而营，明兵震怖，宵遁。多铎伏兵道旁，明总兵吴三桂、王朴自杏山奔宁远，我军追及于高桥，伏发，三桂等仅以身免。嗣与诸王更督围松山，屡破敌。七年二月，明松山副将夏承德遣人通款，以其子舒为质，约内应，夜半，我军梯而登，获承畴及巡抚邱民仰等。叙功，进豫郡王。复布屯宁远边外缀明师，俘获甚夥。

顺治元年四月，从睿亲王多尔衮入关，破李自成，进亲王。命为定国大将军，南征，定怀庆。进次孟津，遣巴牙喇纛章京图赖率兵先渡，自成守将走，沿河十五寨堡皆降。再进次陕州，克灵宝。再进，距潼关二十里，自成兵据山列营，噶布什贤噶喇依昂邦努山及图赖、鄂硕等击破之。二年正月，自成亲率步骑迎战，师奋击，歼其步卒，骑卒奔溃。及夜，屡犯屡北，凿重壕，立坚壁。师进，发巨炮迭战，自成兵三百骑冲我师，贝勒尼堪、贝子尚善等跃马夹击，屡破敌垒，尸满壕堑，械胄弥山野，自成精锐略尽，遁归西安，其将马世尧率七千人降。入潼关，获世尧所遣致自成书，斩以徇。进次西安，自成先五日毁室庐，挈子女辎重，出蓝田口，窜商州，南走湖广。二月，诏以陕西贼付英亲王阿济格，趣多铎自河南趋淮、扬。师退徇南阳、开封，趋归德，诸州县悉降。所至设官吏，安集流亡。诏褒多铎功，赐嵌珠佩刀、鋄金鞯带。四月，师进次泗州，渡淮趋扬州，遣兵部尚书汉岱等先驱，得舟三百余，围七日，克之，杀明大学士史可法。五月，师再进，次扬子江北岸，明将郑鸿逵等以水师守瓜洲、仪真。师列营相持，造船二百余，遣固山额真拜音图将水师薄南岸，复遣梅勒额真李率泰护诸军渡江。明福王田菘走太平。师再进，明忻城伯赵之龙等率文武将吏，籍马步兵二十三万有奇，使迎师。

多铎至南京，承制受其降，抚辑遗民。遣贝勒尼堪、贝子屯齐徇太平，追击明福王。福王复走芜湖，图赖等邀之江口，击杀明将黄得功，获福王。捷闻，上遣侍臣慰劳。明潞王常淓于杭州，遣贝勒博洛率师讨之，潞王降。江、浙底定。多铎承制改南京为江南省，疏请授江宁、安庆巡抚以下官。别遣精奇尼哈番吴兆胜徇庐江、和州，并下。诏遣贝勒勒克德浑代镇江宁，召多铎还京师。上幸南苑行郊劳礼，进封德豫亲王，赐黑狐冠、紫貂朝服、金五千、银五万、马十、鞍二。

三年，命为扬威大将军，偕承泽郡王硕塞讨苏尼特部腾机思、腾机特等。师至盈阿尔察克山，闻腾机思方在衮噶噜台，疾行三昼夜，败之于谔特克山，斩台吉茂海。渡图拉河，追至布尔哈图山，斩腾机特子二、腾机思孙三，尽获其孥。师次扎济布喇克，喀尔喀土谢图汗遣兵二万，硕雷车臣汗遣兵三万，迎战。我师奋击，逐北三十余里，先后斩级数千，俘千余，获驼千九百、马二万一千一百、牛万六千九百、羊十三万五千三百有奇。师还，上出安定门迎劳，加赐王鞍马一。

四年，进封为辅政叔德豫亲王，赐金千、银万、鞍马二，封册登录功勋。六年三月，以痘薨，年三十六。九年三月，睿亲王既削爵，以同母弟追降郡王。康熙十年，追谥。乾隆四十三年正月，诏配享太庙。

多铎子八，有爵者四：多尼、董额、察尼、多尔博、费扬古。费扬古自三等奉国将军进封辅国公，坐事，夺爵。

信宣和郡王多尼，多铎第一子。初封郡王。顺治六年十月，袭豫亲王。八年，改封信亲王。九年，降郡王。十五年，命为安远靖寇大将军，偕平郡王罗科铎等南征。师自湖南入贵州，趋安庄卫。明将李定国焚盘江口铁索桥走，师以浮桥济，自交水进次松岭卫，击走明将白文选。十六年正月，薄云南会城，定国、文选挟桂王走永昌，遣贝勒尚善以师从之，克永昌及腾越。上使慰劳，赐御衣、蟒袍及鞍马、弓矢。十七年五月，师还，遣内大臣迎劳。

六月，追论云南误坐噶布什贤昂邦瑚理布等磨盘山败绩罪，罚银五千。十八年正月，薨，谥曰宣和。

子鄂扎，嗣。康熙十四年，命为抚远大将军，讨察哈尔布尔尼。师次岐尔哈台，诇知布尔尼屯达禄。鄂扎令留辎重，偕副将军图海及梅勒额真吴丹轻骑进。布尔尼设伏待，命分军搜山涧，伏发，师与土默特兵合击破之。布尔尼督兵列火器以拒，师奋击，布尔尼大败；复收溃卒再战，又击歼之，获马械无算。布尔尼以三十骑遁，中途为科尔沁部长沙津射死。察哈尔平，抚余党一千三百余户。师还，上迎劳南苑，诏褒功，赐金百、银五千。寻掌宗人府事。二十九年，副恭亲王常宁备噶尔丹。三十五年，从上北征，领正白旗营。三十八年，以惰，解宗人府。四十一年，薨，以多铎子董额袭。

信郡王董额，多铎第三子。初封贝勒。康熙十三年，命为定西大将军，讨叛将王辅臣。董额遣遣梅勒额真赫业等守凤翔，而率师驻西安。诏令进驻兰州，董额未即行，上复命严守栈道。辅臣遣兵毁偏桥，断栈道。诏责董额迁延，仍趣攻下平凉、秦州诸路。董额进克秦州礼县，逐敌至西和，克清水、伏羌。复遣安西将军穆占攻巩昌，兰州亦下。寻与将军毕力克图、阿密达会师攻平凉，久未下。十五年，命大学士图海视师，改授董额固山额真，听图海节制。十六年二月，削贝勒。三十一年，授正蓝旗固山额真。四十二年，袭郡王。四十五年，薨。仍坐前罪，不赐恤。以鄂扎子德昭袭。雍正间，历左、右宗正。乾隆二十七年，薨，谥曰悫。以多铎五世孙如松袭。

如松四世祖多尔博，多铎第五子。初出为睿亲王多尔衮后。多尔衮薨后，削爵。多尔博归宗，封贝勒。多尔博生苏尔发，袭贝子。苏尔发生塞勒，塞勒生功宜布，皆袭辅国公。功宜布生如松，历都统、左宗人、署兵部尚书、领侍卫内大臣，绥远城、西安将军。袭爵，复授都统、右宗正。三十五年，薨，谥曰恪。寻以子淳颖袭睿亲王，追进封。具《睿亲王多尔衮传》。

功宜布初薨，以德昭子修龄袭辅国公，授左宗正。四十三年，复袭豫亲王。五十二年，薨，谥曰良。子裕丰，袭。嘉庆十八年，林清之变，所属有从乱者，坐夺爵。弟裕兴，袭。二十五年，奸婢，婢自杀。仁宗谕曰："国家法令，王公与庶民共之。裕兴不自爱惜，恣意干纪，且亲丧未满，国服未除，罪孰大焉！"坐夺爵，幽禁。三年后释之。弟豫全，袭。道光二十年，薨，谥曰厚。子义道，袭。历内大臣、左宗正。同治七年，薨，谥曰慎。子本格，袭。亦历内大臣、左宗正。德宗大婚，赐四团正龙补服。光绪二十四年，薨，谥曰诚。子懋林，袭。

辅国恪僖公察尼，多铎第四子。顺治十三年，封贝勒。康熙七年，授左宗正。十二年，吴三桂反，从顺承郡王勒尔锦南征，参赞军务。师次荆州，三桂已陷岳州。察尼偕将军尼雅翰舟师进，三桂将吴应麒引七万人自陆路来拒，击却之。师次七里山，发炮沉其舟十余。方暑，还驻荆州。十四年，佩靖寇将军印，授榖城。时南漳、兴山已陷，敌逼彝陵，踞镇荆山，掘壕为寨。察尼至彝陵，议增舟师，断饷道。击敌牛皮丫口，进攻黄连坪，焚其积聚，取兴山。

十五年，三桂移南漳、彝陵兵往长沙，勒尔锦令察尼还荆州，渡江趋石首，据虎渡口，击敌太平街，斩三百余级。翌日再出，遇伏，败还荆州。诏责其无能。十七年八月，贝勒尚善薨于军，命察尼代为安远靖寇大将军，规岳州。疏言："舟师入湖，贼饷将绝。宜于湖水涸后，围以木筏，立桩列炮，以小舟徼巡，为久困计。"上善其言，令副都统关保济师。寻破敌南津港，斩千级。都统叶储赫等进攻岳州，复破敌万余人。屡疏请增调水陆军合围，上皆许之。十八年正月，三桂将王度冲、陈珀等以舟师降，应麒弃城遁，遂复岳州。降官吏六百余、兵五千余，获舟六十五、炮六百四十有奇。二月，安亲王岳乐自长沙进取衡州，察尼发绿旗兵济师，寻复湘阴、安乡。四月，命自常德征辰龙关，澧州以南诸军听调度。十九年三月，克辰龙关，复辰州。疏言："途中霪雨泥泞，士马须休养。"诏暂屯沅州。六月，诏以贝子彰泰率师下云南，察尼劳苦久，率满洲兵还京师。吏议退缩罪，削爵职、籍其家，幽禁，上念克岳州功，命但削爵。二十四年，授奉天将军。二十七年，卒，赐祭葬视辅国公，谥恪僖。

费扬果，太祖第十六子。太宗时，坐罪赐死，削宗籍。康熙五十二年，圣祖命莽古尔泰、德格类子孙复宗籍。费扬果曾孙三等侍卫尼雅罕呈宗人府请复宗籍，宗人府以闻，圣祖曰："此事朕知之，但不详耳。费扬果，太祖子，太宗时因获大罪诛死者。"命复宗籍，赐红带。

卷二百十九　　列传六

诸王五

太宗诸子　**肃武亲王豪格**　子温良郡王猛峨
猛峨子延信　**辅国公叶布舒**
承泽裕亲王硕塞　庄恪亲王允禄
镇国悫厚公高塞　**辅国公品级常舒**
辅国公韬塞　**襄昭亲王博穆博果尔**
世祖诸子　**裕宪亲王福全**　**荣亲王**
恭亲王常宁　**纯靖亲王隆禧**

太宗十一子：孝庄文皇后生世祖，敏惠恭和元妃科尔沁博尔济吉特氏生第八子，懿靖大贵妃阿巴海博尔济吉特氏生襄亲王博穆博果尔，元妃钮祜禄氏生洛博会，继妃乌喇纳喇氏生肃亲王豪格、洛格，侧妃叶赫纳喇氏生承泽亲王硕塞，庶妃颜扎氏生辅国公叶布舒，庶妃纳喇氏生镇国公高塞，庶妃伊尔根觉罗氏生辅国公品级常舒，庶妃生辅国公韬塞。洛格、洛博会及第八子，皆殇，无封。

肃武亲王豪格，太宗第一子。初从征蒙古董夔、察哈尔、鄂尔多斯诸部，有功，授贝勒。天命十一年，偕贝勒代善等征扎噜特部，斩其贝勒鄂斋图。天聪元年，败明兵于锦州，复率偏师卫塔山粮运。二年，偕济尔哈朗讨蒙古固特塔布囊，诛之，收其众。三年十月，偕贝勒莽古尔泰等视通州渡口，师薄明都，豪格迎击宁、锦援兵于广渠门外，敌伏于右，豪格以所部当之，冲击至城壕，明兵大溃，偕岳托、萨哈璘围永平，克香河。六年，从伐察哈尔，移师入明边，略归化诸路。六月，进和硕贝勒。

七年，诏问征明与朝鲜、察哈尔三者何先，疏言："征明，如徒得锦州，余坚壁不下，旷日持久，恐老我师。宜悉我众及边外新旧蒙古从旧道入，谕各屯寨，以我欲和而彼君不答，彼将自怨其主。再用更番法，俟马肥，益以汉兵巨炮，一出宁远，一出旧道，夹攻山海关，不得，则屯兵招谕流贼，驻师通州，待其懈而击之。朝鲜、察哈尔且缓图焉。"八月，略山海关。八年，从上自宣府趋朔州。豪格偕扬古利毁边墙，分兵自尚方堡入，略朔州及五台山，从上视大同，击败明援兵。

九年，偕多尔衮等收察哈尔林丹汗子额哲，抵托里图，定盟。还抵归化城，复略山西边郡，毁宁武关，入代州、忻州。崇德元年四月，进封肃亲王，掌户部事。寻坐党岳托漏上言有怨心，降贝勒，解任，罚银千。旋偕多尔衮攻锦州，仍摄户部。又从征朝鲜，偕多尔衮别自宽甸入长山口，克昌州，败安州、黄州兵于宁边城下。复遣将败其援兵，次宣屯村，村民言："黄州守将闻国王被围，遣兵万五千往援，行三日矣。"我军疾驰一昼夜，追及于陶山，击败之。九月，坐固山额真鄂莫克图欲胁取蒙古台吉博洛女媚事豪格，豪格不治其罪，罢部任，罚银千。

三年九月，伐明，自董家口毁边墙入，败明兵于丰润。遂下山东，降高唐，略地至曹州，还下东光。又遣骑二千破明兵，克献县。四年四月，师还，赐马二、银万，复摄户部，复原封。又偕多铎败宁远兵，斩明将金国凤。五年六月，偕多尔衮屯田义州，刘锦州禾，克台九、小凌河西台二。明兵夜出袭镶蓝旗营，击败之。又击洪承畴杏山，偕多尔衮围锦州。坐离城远驻，复遣兵还家，降郡王。六年，再围锦州，击松山及山海关援兵，皆败之，获马五百余。

承畴将兵十三万援锦州，破其垒三。上至军，将驻高桥，豪格等恐敌约军夹攻，请改屯松山、杏山间。七年，松山明将夏承德密遣人请降，以其子舒为质，豪格遣左右翼夜梯城入，八旗兵继之，旦，克松山，获承畴及巡抚邱民仰等，斩官百余，兵千六十有奇。进驻杏山，复偕济尔哈朗克塔山。叙功，复原封，赐鞍马一、蟒缎百。

顺治元年四月，以语侵睿亲王多尔衮，为固山额真何洛会所讦，坐削爵。十月，大封诸王，念豪格从定中原有功，仍复原封。其年冬，定济宁满家洞土寇，埋山洞二百五十一。

三年，命为靖远大将军，偕衍禧郡王罗洛浑、贝勒尼堪等西征。师次西安，遣尚书星讷等破敌邠州，别遣固山额真都类攻庆阳。时贺珍、二只虎、孙守法据汉中、兴安、武大定、高如砺、蒋登雷、石国玺、王可成、周克德据徽

县、阶州。师自西安分兵进击，登雷、国玺、可成、克德俱降，余溃走，下所陷城邑。陕西平。十一月，入四川，张献忠据西充，遣巴牙喇昂邦鳌拜先发，师继进，抵西充，大破之，豪格亲射献忠，殪，平其垒百三十余所，斩首数万级。捷闻，上嘉奖。四年八月，遵义、夔州、茂州、荣昌、隆昌、富顺、内江、宝阳诸郡县悉定。四川平。五年二月，师还，上御太和殿宴劳。睿亲王多尔衮与豪格有夙隙，坐豪格徇隐部将冒功及擢用罪人扬善弟吉赛，系豪格于狱。三月，薨。

睿亲王纳豪格福晋，尝召其子富绶至邸校射。何洛会语人曰："见此鬼魅，令人心悸，何不除之？"锡翰以告，睿亲王曰："何洛会意，因尔不知我爱彼也。"由是得全。八年正月，上亲政，雪豪格枉，复封和硕肃亲王，立碑表之。十三年，追谥。亲王得谥自豪格始。以谥系封号上，曰武肃亲王。乾隆四十三年，配享太庙。

豪格子七，有爵者二：富绶、猛峨。

富绶袭爵，改号曰显亲王。康熙八年，薨，谥曰懿。子丹臻，袭。三十五年，从征噶尔丹。四十一年，薨，谥曰密。子衍潢，袭。乾隆三十六年，薨，年八十二，谥曰谨。富绶孙蕴著，袭。乾隆中，自三等辅国将军授内阁侍读学士，历通政使、盛京户部侍郎。调兵部侍郎，迁漕运总督。坐受商人馈遗，谬称上旨籍盐政吉庆家，坐绞上宽之，复授副都统，历凉州、绥远城将军，工部尚书。既，袭封。四十三年，复号肃亲王。薨，年八十，谥曰勤。丹臻孙永锡，袭。官都统。坐事，罢。道光元年，薨，谥曰恭。子敬敏，袭。咸丰二年，薨，谥曰慎。子华丰，袭，历内大臣、宗令。以火器营设碓制药，占用王府地，华丰力拒之，诏责不知大体，罢宗令、内大臣。八年，薨，谥曰恪。子隆勤，袭，官内大臣。光绪二十一年，疏请纳正言，裕财用，上嘉纳之。二十四年，薨，谥曰良。子善耆，袭。三十三年，授民政部尚书。逊国后，避居大连湾。久之，薨，谥曰忠。

温良郡王猛峨，豪格第五子。顺治十四年，封。康熙十三年，薨。子佛永惠，袭。三十七年，降贝勒。卒。子揆惠，袭辅国公。坐事，夺爵。

延信，猛峨第三子。初封奉国将军。累官至都统。五十七年，从抚远大将军贝子允䄉率师讨策妄阿喇布坦，驻西宁。五十九年，授平逆将军，率师徇西藏，道青海，击败策妄阿喇布坦将策零敦多卜，遂入西藏。西藏平。诏曰："平逆将军延信领满洲、蒙古、绿旗各军，经自古未辟之道，烟瘴恶溪，人迹罕见。身临绝域，歼夷丑类，勇略可嘉！封辅国公。"寻摄抚远大将军事。揆惠既夺爵，议以延信袭。进贝子，再进贝勒。授西安将军。雍正五年，上以延信与阿其那等结党，又阴结允䄉，徇年羹尧，入藏侵帑十万两，夺爵，逮下王大臣按治。谳上延信党援、欺罔、负恩、要结人心、贪婪乱政、失误兵机，凡二十罪，当斩，上命幽禁，子孙降红带。

辅国公叶布舒，太宗第四子。初封镇国将军。康熙八年，晋辅国公。二十九年，卒。子苏尔登，降袭镇国将军。

承泽裕亲王硕塞，太宗第五子。顺治元年，封。时李自成奔潼关，河以南仍为自成守。硕塞从豫亲王多铎师次孟津，进攻陕州，破自成将张有增、刘方亮，自成迎战，又大破之。师入关，斩其将马世尧。寻复从南征，击破明福王由崧，赐团龙纱衣一袭、金二千、银二万。嗣复从多铎征喀尔喀、英亲王阿济格戍大同。会姜瓖叛，硕塞移师解代州围，进亲王。谕曰："博洛、尼堪、硕塞皆不当在贵宠之列。兹以太祖孙故，加锡王爵。其班次、俸禄不得与和硕亲王等。"七年，以和硕亲王下，多罗郡王上无止称亲王者，仍改郡王。八年，复进和硕亲王。迭掌兵部、宗人府。十一年十二月，薨，予谥。

第一子博果铎，袭，改号曰庄亲王。雍正元年，薨，年七十四，谥曰靖。无子，宗人府题请以圣祖子承袭，世宗请于皇太后，以圣祖第十六子允禄为之后，袭爵。居数日，上手诏谓："外间妄议朕爱十六阿哥，令其承袭庄亲王爵。朕封诸弟为亲王，何所不可，而必藉承袭庄亲王爵加厚于十六阿哥乎？"

允禄精数学，通乐律，承圣祖指授，与修《数理精蕴》。乾隆元年，命总理事务，兼掌工部，食亲王双俸。二年，叙总理劳，加封镇国公，允禄请以硕塞孙宁赫袭。寻坐事，夺爵，仍厚分以田宅，时论称之。四年，坐与允礽子弘晳往来诡秘，停双俸，罢都统。七年，命与三泰、张照管乐部。允禄等奏："藉田礼毕，筵宴当奏《雨旸时若》、《五谷丰登》、《家给时足》三章，本为蒋廷锡所撰，乐与礼不符，不能施于燕乐。请敕别撰。"又奏："《中和韶乐》，例用笙四、箫笛皆二，金、革二音独出众乐之上。请增笙为八，箫笛为四。"又奏："汉以来各史《乐志》，俱有镈钟、特磬。今得西江古镈钟，考定黄钟直度，上下损益，铸镈钟十二。窃以条理宜备始终，请仿《周礼》磬氏遗法，制特磬十二，与镈钟俱为特悬。乐阕击特磬，乃奏敔；大祭祀、大典礼皆依应月之律，设镈钟、特磬各一虡。"上悉从之。二十九年，允禄年七十，上赐诗褒之。三十二年，薨，年七十三，谥曰恪。

子弘普，辅国公，前卒。孙永璥，袭，历都统、领侍卫内大臣，仍管乐部、宗人府。五十三年，薨，谥曰慎。无子，以从子绵课袭，历都统、领侍卫内大臣、御前大臣。嘉庆十八年，林清为乱，其徒入宫门，绵课持械拒，射伤一人，得旨议叙。明年，上幸木兰，绵课奏河桥圮于水，意在尼行，不称上旨，坐罚俸，并罢诸职。道光二年，坐承修裕陵隆恩殿工草率，降郡王。四年，重修工竣，复亲王。六年，薨，谥曰襄。子奕䌰，嗣。八年，以宝华峪地宫入水，追论绵课罪，降奕䌰郡王，并夺诸子奕赒、奕叙、奕赓、奕赓职。十一年，上五十万寿，复奕䌰亲王。十八年九月，坐与辅国公溥喜赴尼寺食鸦片，夺爵。上闻奕䌰浮薄无行，戍吉林，又娶民女为妾，改戍黑龙江，以允禄曾孙绵护袭。

绵护，允禄次子辅国公弘融孙，辅国将军永蕃子也。二十一年，薨，谥曰勤。弟绵諲，袭，二十五年，薨，谥曰质。子奕仁，袭，同治十三年，薨，谥曰厚。子载勋，

袭。光绪二十六年，义和团入京师，载勋与端郡王载漪相结，设坛于其邸，纵令侵使馆。俄，授步军统领。上奉太后幸太原，载勋从，为行在查营大臣。既，与各国议和，罪祸首，夺爵，赐自尽。弟载功，袭。

硕塞第二子博尔果洛，封惠郡王。坐事，夺爵。世宗既以允禄袭庄亲王，封博尔果洛孙球琳为贝勒，惠郡王所属佐领皆隶焉。乾隆中，坐事，夺爵。子德谨，袭辅国公。子孙递降，以奉恩将军世袭。

镇国悫厚公高塞，太宗第六子。初封辅国公。康熙八年，进镇国公。高塞居盛京，读书医无闾山，嗜文学，弹琴赋诗，自号敬一主人。九年，卒。子孙递降，至曾孙忠福，袭辅国将军，坐事夺爵。

辅国公品级常舒，太宗第七子。初封镇国将军。康熙八年，进辅国公。十四年，坐事，夺爵。三十七年，授辅国公品级。明年，卒。乾隆元年，高宗录太祖、太宗诸子后无爵者，授常舒子海林奉恩将军，世袭。再传至慧文，卒，命停袭。

辅国公韬塞，太宗第十子。初封镇国将军。康熙八年，进辅国公。三十四年，卒。乾隆元年，授韬塞子谕德奉恩将军，世袭。

襄昭亲王博穆博果尔，太宗第十一子。顺治十二年，封襄亲王。十三年，薨，予谥。无子，爵除。

世祖八子：孝康章皇后生圣祖，孝献皇后董鄂氏生荣亲王，宁悫妃董鄂氏生裕宪亲王福全，庶妃巴氏生牛钮，庶妃陈氏生恭亲王常宁，庶妃唐氏生奇授，庶妃钮氏生纯靖亲王隆禧，庶妃穆克图氏生永干。牛钮、奇授、永干皆殇，无封。

裕宪亲王福全，世祖第二子。幼时，世祖问志，对："愿为贤王。"世祖异之。康熙六年，封，命与议政。十一年十二月，疏辞，允之。二十二年，上奉太皇太后幸五台，先行视道路，命福全扈太皇太后行。次长城岭，上以岭险不可陟，命福全奉太皇太后先还。二十七年，太皇太后崩。既绎祭，谕曰："裕亲王自太皇太后违豫，与朕同处，殊劳苦。"命皇长子及领侍卫大臣送王归第。

二十九年七月，噶尔丹深入乌朱穆秦，命为抚远大将军，皇长子允禔副之，出古北口；而以恭亲王常宁为安北大将军，出喜峰口。福全请发大同绿旗兵往杀虎口听调遣，上令发大同镇标马兵六百、步兵一千四百从征，兼命理藩院自阿喇尼设站处量发附近蒙古兵尾大军置驿。福全又请凡谍报皆下军中，上从之。师行，上御太和门赐敕印，出东直门送之。上先后遣内大臣阿密达、尚书阿喇尼、都统阿南达等出塞，命各率所部与福全师会。上出塞，驻古鲁富尔坚嘉浑噶山，命康亲王杰书率师会福全，进驻博洛和屯。又命简亲王雅布参赞福全军事。上先遣内大臣索

额图、都统苏努分道出师，福全奏请令索额图驻巴林，待师至，与会，上从之，并令苏努同赴巴林，又趣阿密达、阿喇尼等速率兵内向分驻师所经道中以待。上自博洛和屯还驻舍里乌朱，遣使谕福全曰："兵渐与敌近，斥堠宜严明。噶尔丹当先与羁縻，以待盛京及乌喇、科尔沁诸部兵至。"

福全遣济隆胡土克图等以书哈噶尔丹曰："我与汝协护黄教，汝追喀尔喀入我界，上命我等来论决此事。汝使言：'我汗遵达赖喇嘛之谕。'讲信修礼，所关重大，今将于何地会议？"并遗以羊百、牛二十。苏努、阿密达师来会，福全疏言："噶尔丹声息渐近，臣分大军为三队，三队当置将。自参赞大臣以下、副都统以上在行间者，皆奋欲前驱，唯上所命。"上命前锋统领迈图、护军统领杨岱、副都统札木素、塞赫、罗满色、海兰、尚书吉勒塔布、阿喇尼率前队，都统杨文魁、副都统康喀喇、伊垒、色格印率次队，公苏努、彭春率两翼，内大臣佟国维、索额图、明珠、阿密达从王亲督指挥，师遂进。八月己未朔，次乌阑布通，与厄鲁特兵遇。黎明，整队进，日晡，与战，发枪炮。至山下，厄鲁特兵于林内隔河高岸横卧橐驼以为障。内大臣佟国纲等战没。至昏，师左翼自山腰入，大败之，斩馘颇众。师右翼阻河崖泥淖，夜收兵徐退。事闻，上深奖谕之。

噶尔丹遣伊拉古克三胡土克图至军前，请执土谢图汗、泽卜尊丹巴界之，福全数其罪，遣还。越日，济隆胡土克图率其弟子七十人来言："博硕克图汗信伊拉古克三等言，入边侵掠，大非理。但欲索其仇土谢图汗及泽卜尊丹巴，迫而至此。彼今亦不敢复索土谢图汗，愿以泽卜尊丹巴予其师达赖喇嘛，荣莫大矣！"福全谓之曰："土谢图汗、泽卜尊丹巴即有罪，唯上责之，岂能因噶尔丹之言遣还达赖喇嘛？汝往来行说，能保噶尔丹不乘间奔逸掠我境内民人乎？"济隆固言噶尔丹不敢妄行，福全许檄各路军止勿击。时盛京及乌喇、科尔沁诸军未至，厄鲁特方据险，故福全既击败厄鲁特，欲因济隆之请羁縻之，待诸军至复战。

上以福全奏下王大臣集议，佥谓福全不即进军，明知济隆为噶尔丹游说以缓我师而故听之，坐失事机，上严旨诘责，又以允禔与福全不协，留军前必偾事，召先还京师。福全遣侍卫吴丹、护军参领塞尔济等偕济隆谕噶尔丹，噶尔丹跪威灵佛前稽首自誓，复遣伊拉古克三赍奏章及誓书诣军前乞宥罪，出边待命。上许之，复戒福全曰："噶尔丹虽服罪请降，但性狡诈，我撤兵即虞背盟，仍宜为之备。"十月，福全率师还，驻哈吗尔岭内，疏言："军中粮至十月十日当尽，前遣侍郎额尔贺图偕伊拉古克三谕噶尔丹，月余未归，度噶尔丹已出边远遁。"上以福全擅率师内徙，待归时议罪，命即撤兵还京师，令福全及索额图、明珠、费扬古、阿密达留后。寻奏："噶尔丹出边，伊拉古克三等追及于塞外。噶尔丹具疏谢罪。"因并命福全还京师。

十一月，福全等至京师，命止朝阳门外听勘，谕曰："贝勒阿敏弃永平，代善使朝鲜，不遵旨行事，英亲王以

兵噪，皆取口供，今应用其例。"且谕允禔曰："裕亲王乃汝伯父，倘汝供与王有异同，必置汝于法。"福全初欲录允禔军中过恶上闻，闻上命，流涕曰："我复何言！"遂引为己罪。王大臣议夺爵，上以击败厄鲁特功，免夺爵，罢议政，罚俸三年，撤三佐领。

三十五年，从上亲征噶尔丹。四十一年，重修国子监文庙。封长子保泰为世子。四十二年，福全有疾，上再临视。巡塞外，闻福全疾笃，命诸皇子还京师。福全薨，即日还跸。临丧，摘缨，哭至柩前奠酒，恸不已。是日，太后先临王第，上劝太后还宫，自苍震门入居景仁宫，不理政事。群臣劝上还乾清宫，上曰："居便殿不自朕始，乃太祖、太宗旧典也。"越日，再临丧，赐内厩马二、对马二、散马六、骆驼十，及蟒缎、银两。予谥。又越日，举殡，上奉太后临王第恸哭，殡行，乃已。命如郑亲王例，常祭外有加祭。御史罗占为监造坟茔，建碑。

福全畏远权势，上友爱綦笃，尝命画工写御容与并坐桐阴，示同老意也。有目耕园，礼接士大夫。子保泰、保绥。

保泰，初封世子，袭爵。雍正二年，坐诣附廉亲王允禩国丧演剧，夺爵。以保绥子广宁袭，保绥追封悼亲王。四年，谕："广宁治事错缪，未除保泰朋党之习。"夺爵，锁禁。弟广禄，袭。乾隆五十年，薨，谥曰庄。子亮焕，袭郡王。嘉庆十三年，薨，谥曰僖。孙文和，袭贝勒。子孙循例递降，以镇国公世袭。

荣亲王，世祖第四子。生二岁，未命名，薨。追封。

恭亲王常宁，世祖第五子。康熙十年，封。十四年，分给佐领。二十二年，府第灾，上亲临视。是秋，上奉太皇太后幸五台，常宁扈从。二十九年，噶尔丹深入乌朱穆秦。常宁为安北大将军，简亲王雅布、信郡王鄂扎副之，出喜峰口；同时，裕亲王福全以抚远大将军，出古北口。先发，旋令率师会裕亲王军。十一月，以击败噶尔丹不穷追，罢议政，罚王俸三年。三十五年，从上亲征。四十二年，薨。上方巡幸塞外，命诸皇子经理其丧，赐银万，内务府郎中皂保监修坟茔，立碑，遣官致祭。上还京师，临其丧。第三子海善，袭贝勒。五十一年，坐纵内监妄行，夺爵。雍正十年，复封。乾隆八年，卒，谥僖敏。初夺爵，以常宁第二子满都护袭贝勒，屡坐事，降镇国公，又以海善孙斐苏袭贝勒。子孙循例递降，以不入八分镇国公世袭。

纯靖亲王隆禧，世祖第七子。康熙十三年，封。十四年，分给佐领。十八年七月，隆禧疾笃；上亲临视，为召医。是日再临视，日加申，薨，上痛悼，辍朝三日。太皇太后欲临其丧，上力谏乃止。上复欲临奠，太皇太后亦谕止之，留太皇太后宫中。越日，上临奠，命发帑修茔，加祭，予谥。子富尔祜伦，袭，明年，薨，上辍朝三日。又明年，葬纯亲王隆禧，上临奠。富尔祜伦无子，未立后，爵除。

卷二百二十　　列传七

诸王六

圣祖诸子　贝子品级允禔　理密亲王允礽
　　诚隐郡王允祉　恒温亲王允祺
　　淳度亲王允祐　允䄉　允䄉　辅国公允䄉
　　履懿亲王允祹　怡贤亲王允祥
　　恂勤郡王允禵　愉恪郡王允祎
　　果毅亲王允礼　果恭郡王弘瞻　简靖贝勒允祎
　　慎靖郡王允禧　质庄亲王永瑢
　　恭勤贝勒允祐　郡王品级诚贝勒允祁
　　诚恪亲王允祕
世宗诸子　端亲王弘晖　和恭亲王弘昼
　　怀亲王福惠

　　圣祖三十五子：孝诚仁皇后生承祜、理密亲王允礽，孝恭仁皇后生第六子允祚、世宗、恂勤郡王允禵，敬敏皇贵妃章佳氏生怡贤亲王允祥，温僖贵妃钮祜禄氏生贝子品级允䄉，顺懿密妃王氏生愉恪郡王允祎、庄恪亲王允禄、第十八子允祄，纯裕勤妃陈氏生果毅亲王允礼，惠妃纳喇氏生承庆、贝子品级允禔，宜妃郭络罗氏生恒温亲王允祺、第九子允禟、第十一子允禌，荣妃马佳氏生承瑞、赛音察浑、长华、长生、诚隐郡王允祉，成妃戴佳氏生淳度亲王允祐，良妃卫氏生第八子允禩，定妃万琉哈氏生履懿亲王允祹，平妃赫舍里氏生允禨、通嫔纳喇氏生万黼、允䄉，襄嫔高氏生第十九子允禝、简靖贝勒允祎、谨嫔色赫图氏生恭勤贝勒允祐，静嫔石氏生郡王品级诚贝勒允祁，熙嫔陈氏生慎靖郡王允禧，穆嫔陈氏生诚恪亲王允祕，贵人郭络罗氏生允禨，贵人陈氏生允禝。允禄出为承泽裕亲王硕塞后，允祚、允禌、允祄、允禝皆殇，无封。承瑞、承祜、承庆、赛音察浑、长华、长生、万黼、允禨、允禝、允机、允禨皆殇，不齿序。

　　固山贝子品级允禔，圣祖第一子。上有巡幸，辄从。康熙二十九年，命副裕亲王福全御噶尔丹。上以允禔听谗，与福全不协，私自陈奏，虑在军中偾事，召还京师。未几，福全师还，命诸王大臣勘鞫。福全初欲发允禔在军中过失，会有严旨戒允禔不得与福全异同，福全乃引罪。语在《福全传》。三十五年，从上征噶尔丹，命与内大臣索额图统先发八旗前锋、汉军火器营与四旗察哈尔及绿旗诸军驻拖陵布喇克待上。西路大将军费扬古军后期，军中大臣议，亦遣官诘允禔。上遂进军昭莫多。既捷，允禔留中拖陵犒军，寻召还。三十七年三月，封直郡王。三

十九年四月，上巡视永定河堤，鸠工疏浚，命允禔总之。
　　四十七年九月，皇太子允礽既废，允禔奏曰："允礽所行卑污，失人心。术士张明德尝相允禩必大贵。如诛允礽，不必出皇父手。"上怒，诏斥允禔凶顽愚昧，并戒诸皇子勿纵属下人生事。允禔用喇嘛巴汉格隆魇术魇废太子，事发，上命监守。寻夺爵，幽于第。四月，上将巡塞外，谕："允禔镇魇皇太子及诸皇子，不念父母兄弟，事无顾忌。万一祸发，朕在塞外，三日后始闻，何由制止？"下诸王大臣议，于八旗遣护军参领八、护军校八、护军八十，仍于允禔府中监守。上复遣贝勒延寿，贝子苏努，公鄂飞，都统辛泰，护军统领图尔海、陈泰，并八旗章京十七人，更番监守，仍严谕疏忽当族诛。
　　雍正十二年，卒，世宗命以固山贝子礼殡葬。子弘昉，袭镇国公。卒。子永扬，袭辅国公。坐事，夺爵。高宗以允禔第十三子弘晌封奉恩将军，世袭。

　　理密亲王允礽，圣祖第二子。康熙十四年十二月乙丑，圣祖以太皇太后、皇太后命立为皇太子。太子方幼，上亲教之读书。六岁就傅，令大学士张英、李光地为之师，又命大学士熊赐履授以性理诸书。二十五年，上召江宁巡抚汤斌，以礼部尚书领詹事。斌荐起原任直隶大名道耿介为少詹事，辅导太子。介旋以疾辞。逾年，斌亦卒。太子通满、汉文字，娴骑射，从上行幸，赓咏斐然。
　　二十九年七月，上亲征噶尔丹，驻跸古鲁台尔坚嘉浑噶山，遘疾，召太子及皇三子允祉至行宫。太子侍疾无忧色，上不怿，遣太子先还。三十三年，礼部奏祭奉先殿仪注，太子拜褥置槛内，上谕尚书沙穆哈移设槛外，沙穆哈请旨记档，上命夺沙穆哈官。三十四年，册石氏为太子妃。
　　三十五年二月，上再亲征噶尔丹，命太子代行郊祀礼；各部院奏章，听太子处理；事重要，诸大臣议定，启太子。六月，上破噶尔丹，还，太子迎于诺海河朔，命太子先还。上至京师，太子率群臣郊迎。明年，上行兵宁夏，仍命太子居守。有为蜚语闻上者，谓太子昵比匪人，素行遂变。上还京师，录太子左右用事者置之法。自此眷爱渐替。
　　四十七年八月，上行围。皇十八子允祄疾作，留永安拜昂阿。上回銮临视，允祄病笃。上谕曰："允祄病无济，区区稚子，有何关系？至于朕躬，上恐贻高年皇太后之忧，下则系天下臣民之望，宜割爱就道。"因启跸。
　　九月乙亥，次布尔哈苏台，召太子，集诸王大臣谕曰："允礽不法祖德，不遵朕训，肆恶虐众，暴戾淫乱，朕包容二十年矣。乃其恶愈张，僇辱廷臣，专擅威权，鸠聚党与，窥伺朕躬起居动作。平郡王讷尔素、贝勒海善、公普奇遭其殴挞，大臣官员亦罹其毒。朕巡幸陕西、江南、浙江，未尝一事扰民。允礽与所属恣行乖戾，无所不至，遣使邀截蒙古贡使，攘进御之马，致蒙古俱不心服。朕以其赋性奢侈，用淩普为内务府总管，以为允礽乳母之夫，便其征索。淩普更为贪婪，包衣下人无不怨憾。皇十八子抱病，诸臣以朕年高，无不为朕忧，允礽乃亲兄，绝无友爱之意。朕加以责让，忿然发怒，每夜逼近布城，裂缝窃视。

从前索额图欲谋大事，朕知而诛之，今允礽欲为复仇。朕不卜今日被鸩、明日遇害，昼夜戒慎不宁。似此不孝不仁，太祖、太宗、世祖所缔造，朕所治平之天下，断不可付此人！"且谕且泣，至于仆地，即日执允礽，命直郡王允禔监之，诛索额图二子格尔芬、阿尔吉善，及允礽左右二格、苏尔特、哈什太、萨尔邦阿；其罪稍减者，遣戍盛京。次日，上命宣谕诸臣及侍卫官兵，略谓："允礽为太子，有所使令，众敢不从，即其中岂无奔走逢迎之人？今事内干连应诛者已诛，应遣者已遣，余不更推求，毋危惧。"

上既废太子，愤懑不已，六夕不安寝，召扈从诸臣涕泣言之，诸臣皆呜咽。既又谕诸臣，谓："观允礽行事，与人大不同，类狂易之疾，似有鬼物凭之者。"及还京，设毡帷上驷院侧，令允礽居焉，更命皇四子与允禔同守之。寻以废太子诏宣示天下，上并亲撰文告天地、太庙、社稷曰："臣祗承丕绪，四十七年余矣，于国计民生，夙夜兢业，无事不可质诸天地。稽古史册，兴亡虽非一辙，而得众心者未有不兴，失众心者未有不亡。臣以是为鉴，深惧祖宗垂贻之大业自兹而隳，故身虽不德，而亲握朝纲，一切政务，不徇偏私，不谋群小，事无久稽，悉由独断，亦惟鞠躬尽瘁，死而后已，在位一日，勤求治理，断不敢少懈。不知臣有何辜，生子如允礽者，不孝不义，暴虐悖淫，若非鬼物凭附，狂易成疾，有血气者岂忍为之？允礽口不道忠信之言，身不履德义之行，咎戾多端，难以承祀，用是昭告昊天上帝，特行废斥，勿致贻忧邦国，痛毒苍生。抑臣更有哀吁者，臣自幼而孤，未得亲承父母之训，惟此心此念，对越上帝，不敢少懈。臣虽有众子，远不及臣，如大清历数绵长，延臣寿命，臣当益加勤勉，谨保终始；如我国家无福，即殃及臣躬，以全臣令名。臣不胜痛切，谨告。"

太子既废，上谕："诸皇子中如有谋为皇太子者，即国之贼，法所不宥。"诸皇子中皇八子允禩谋最力，上知之，命执付议政大臣议罪，削贝勒。十月，皇三子允祉发喇嘛巴汉格隆为皇长子允禔魇允礽事，上令侍卫发允礽所居室，得厌胜物十余事。上幸南苑行围，遘疾，还宫，召允礽入见，使居咸安宫。上谕诸近臣曰："朕召见允礽，询问前事，竟有全不知者，是其诸恶皆被魇魅而然。果蒙天佑，狂疾顿除，改而为善，朕自有裁夺。"廷臣希旨有请复立允礽为太子者，上不许。左副都御史劳之辨奏上，上斥其奸诡，夺官，予杖。

既，上召诸大臣，命于诸皇子中举孰可继立为太子者，诸大臣举允禩。明日，上召诸大臣入见，谕以太子因魇魅失本性状。诸大臣奏："上既灼知太子病源，治疗就痊，请上颁旨宣示。"又明日，召允礽及诸大臣同入见，命释之，且曰："览古史册，太子既废，常不得其死，人君靡不悔者。前执允礽，朕日日不释于怀。自顷召见一次，胸中乃疏快一次。今事已明白，明日为始，朕当霍然矣。"又明日，诸大臣奏请复立允礽为太子，疏留中未下。上疾渐愈，四十八年正月，诸大臣复疏请，上许之。

三月辛巳，复立允礽为皇太子，妃复为皇太子妃。五十年十月，上察诸大臣为太子结党会饮，谴责步军统领托合齐，尚书耿额、齐世武，都统鄂缮、迓图。托合齐兼坐受户部缺主沈天生贿罪，绞；又以镇国公景熙首告贪婪不法诸事，未决，死于狱，命剉尸焚之。齐世武、耿额亦以得沈天生贿，绞死。鄂缮夺官，幽禁。迓图入辛者库，守安亲王墓。上谕谓："诸事皆因允礽。允礽不仁不孝，徒以言语货财嘱此辈贪得谄媚之人，潜通消息，尤无耻之甚。"

五十一年十月，复废太子，禁锢咸安宫。五十二年，赵申乔疏请立太子，上谕曰："建储大事，未可轻言。允礽为太子时，服御俱用黄色，仪注上几于朕，实开骄纵之门。宋仁宗三十年未立太子，我太祖、太宗亦未豫立。汉、唐已事，太子幼冲，尚保无事；若太子年长，左右群小结党营私，鲜有能无过者。太子为国本，朕岂不知？立非其人，关系匪轻。允礽仪表、学问、才技俱有可观，而行事乖谬，不仁不孝，非狂易而何？凡人幼时犹可教训，及长而诱于党类，便各有所为，不复能拘制矣。立皇太子事，未可轻定。"自是上意不欲更立太子，虽命大学士、九卿等裁定太子仪仗，卒未用。终清世不复立太子。

五十四年十一月，有医贺孟頫者，为允礽福金治疾，允礽以矾水作书相往来，复嘱普奇举为大将军，事发，普奇等皆得罪。五十六年，大学士王掞疏请建储，越数日，御史陈嘉猷等八人疏继上，上疑其结党，疏留中不下。五十七年二月，翰林院检讨朱天保请复立允礽为太子，上亲召诘责，辞连其父侍郎朱都纳，及都统衔齐世，副都统戴保、常赉，内阁学士金宝。朱天保、戴保诛死，朱都纳及常赉、金宝交步军统领枷示，齐世交宗人府幽禁。七月，允礽福金石氏卒。上称其淑孝宽和，作配允礽，辛勤历有年所，谕大学士等同翰林院撰文致祭。六十年三月，上万寿节，掞复申前请建储。越数日，御史陶彝等十二人疏继上。上乃严旨斥掞为奸，并以诸大臣请逮掞等治罪，上令掞及彝等发军前委署额外章京。掞年老，其子奕清代行。

六十一年，世宗即位，封允礽子弘晳为理郡王。雍正元年，诏于祁县郑家庄修盖房屋，驻札兵丁，将移允礽往居之。二年十二月，允礽病薨，追封谥。六年，弘晳进封亲王。乾隆四年十月，高宗谕责弘晳自视为东宫嫡子，居心叵测，削爵。以允礽第十子弘㬙袭郡王。四十五年，薨，谥曰恪。子永暧，袭贝勒。子孙循例递降，以辅国公世袭。允礽第三子弘晋、第六子弘曣、第七子弘晀、第十二子弘晓皆封辅国公。弘曣卒，谥恪僖。子永玮，袭。事高宗，历官左宗正，广州、黑龙江、盛京将军。卒，谥恪勤。永暧四世孙福锟，事德宗，官至体仁阁大学士。卒，谥文慎。

诚隐郡王允祉，圣祖第三子。康熙二十九年七月，偕皇太子诣古鲁富尔坚嘉浑噶山行宫，上命先还。三十二年，阙里孔庙成，命偕皇四子往祭。凡行围、谒陵，皆从。三十五年，上亲征，允祉领镶红旗大营。三十七年三月，封诚郡王。三十八年，敏妃之丧未百日，允祉剃发，坐降贝勒，王府长史以下遣黜有差。四十三年，命勘三门底柱。四十六年三月，迎上幸其邸园，侍宴。嗣是，岁以为常，或一岁再幸。

四十七年，太子既废，上以允祉与太子素亲睦，召问太子情状，且曰："允祉与允礽虽昵，然未怂恿其为恶，故不罪也。"蒙古喇嘛巴汉格隆为允禔厌胜废太子，允祉侦得之，发其事。明年，太子复立，允祉进封诚亲王。五十一年，赐银五千。

圣祖邃律历之学，命允祉率庶吉士何国宗等辑律吕、算法诸书，谕曰："古历规模甚好，但其数目岁久不合。今修历书，规模宜存古，数目宜准今。"五十三年十一月，书成，奏进。上命以律吕、历法、算法三者合为一书，名曰《律历渊源》。

五十八年，上有事于圜丘，拜毕，命允祉行礼。五十九年，封子弘晟为世子，班俸视贝子。六十年，上命弘晟偕皇四子、皇十二子祭盛京三陵。世宗即位，命允祉守护景陵。雍正二年，弘晟得罪，削世子，为闲散宗室。

六年六月，允祉索苏克济赇，事发，在上前诘王大臣，上责其无臣礼，议夺爵，锢私第。上曰："朕止此一兄。朕兄弟如允祉者何限？皆欲激朕治其罪，其心诚不可喻。良亦朕不能感化所致，未可谓尽若辈之罪也。"命降郡王，而归其罪于弘晟，交宗人府禁锢。八年二月，复进封亲王。五月，怡亲王之丧，允祉后至，无戚容。庄亲王允禄等劾，下宗人府议，奏称："允祉乖张不孝，昵近陈梦雷、周昌言，祈禳镇魇，与阿其那、塞思黑、允䄉交相党附。其子弘晟凶顽狂悖，助父为恶，仅予禁锢，而允祉衔恨怨怼。怡亲王忠孝性成，允祉心怀嫉忌，并不恳请持服，王府齐集，迟至早散，背理蔑伦，当削爵。"与其子弘晟皆论死。上命夺爵，禁景山永安亭，听家属与偕，弘晟仍禁宗人府。十年闰五月，薨，视郡王例殡葬。乾隆二年，追谥。

子弘曔，封贝子。子孙递降，以不入八分辅国公世袭。五世孙载龄，袭爵。事德宗，官至体仁阁大学士。卒，谥文恪。

恒温亲王允祺，圣祖第五子。康熙三十五年，上征噶尔丹，命允祺领正黄旗大营。四十八年十月，封恒亲王。五十一年，赐银五千。五十八年，封子弘升为世子，班禄视贝子。雍正五年，坐事，削世子。十年闰五月，允祺薨，予谥。子弘晊，袭。乾隆四十年，薨，谥曰恪。子永皓，袭郡王。五十三年，薨，谥曰敬。弘升子永泽，袭贝子。子孙循例递降，以镇国公世袭。弘升既削世子，乾隆十九年卒，予贝勒品级，谥恭恪。

淳度亲王允祐，圣祖第七子。康熙三十五年，上征噶尔丹，命允祐领镶黄旗大营。三十七年三月，封贝勒。四十八年十月，封淳郡王。五十一年，赐银五千。五十七年十月，正蓝旗满洲都统延信征西陲，命允祐管正蓝三旗事务。雍正元年，进封亲王，诏褒其安分守己，敬顺小心。复命与诚亲王允祉并书景陵碑额，以两王皆工书故。八年四月，薨，予谥。

子弘曙。圣祖命皇十四子允禵为抚远大将军，驻甘州，令弘曙从。圣祖崩，世宗召还京，封世子。雍正五年，坐事削，改封弘暻为世子。允祐薨，弘暻袭。乾隆四十二年，薨，谥曰慎。子永鋆，袭贝勒。子孙递降，以镇国公世袭。永鋆子绵洵，事穆宗，官凉州副都统。转战河南、直隶、山东、湖北，克临清，破连镇、冯官屯，皆有功。迁荆州将军。卒，谥庄武。

允禩，圣祖第八子。康熙三十七年三月，封贝勒。四十七年九月，署内务府总管事。

太子允礽既废，允禩谋代立。诸皇子允禟、允䄉、允禵，诸大臣阿灵阿、鄂伦岱、揆叙、王鸿绪等，皆附允禩。允禔言于上，谓相士张明德言允禩后必大贵，上大怒，会内务府总管凌普以附太子得罪，籍其家，允禩颇庇之，上以责允禩。谕曰："凌普贪婪巨富，所籍未尽，允禩每妄博虚名，凡朕所施恩泽，俱归功于己，是又一太子矣！如有人誉允禩，必杀无赦。"翌日，召诸皇子入，谕曰："当废允礽时，朕谕诸皇子有钻营为皇太子者，即国之贼，法所不容。允禩柔奸性成，妄蓄大志，党羽相结，谋害允礽。今其事皆败露，即锁系，交议政处审理。"允禟语允䄉，入为允禩营救，上怒，出佩刀将诛允䄉；允祺跪抱劝止，上怒少解，仍谕诸皇子、议政大臣等毋宽允禩罪。

逮相士张明德会鞫，词连顺承郡王布穆巴，公赖士、普奇，顺承郡王长史阿禄。张明德坐凌迟处死，普奇夺公爵，允禩亦夺贝勒，为闲散宗室。上复谕诸皇子曰："允禩庇其乳母夫雅齐布，雅齐布之叔厮长吴达理与御史雍泰同榷关税，不相能，诉之允禩，允禩借事痛责雍泰。朕闻之，以雅齐布发翁牛特公主处。允禩因怨朕，与褚英孙苏努相结，败坏国事。允禩又受制于妻，妻为安郡王岳乐甥，嫉妒行恶，是以允禩尚未生子。此皆尔曹所知，尔曹当遵朕旨，方是为臣子之理；若不如此存心，日后朕考终，必至将朕躬置乾清宫内，束甲相争耳。"上幸南苑，遘疾，还宫，召允禩入见，并召太子使居咸安宫。

未几，上命诸大臣于诸皇子中举可为太子者，阿灵阿等私示意诸大臣举允禩。上曰："允禩未更事，且罹罪，其母亦微贱，宜别举。"上释允礽，亦复允禩贝勒。四十八年正月，上召诸大臣，问倡举允禩为太子者，诸臣不敢质言。上以大学士马齐先言众欲举允禩，因谴马齐，不复深诘。寻复立允礽为太子。五十一年十一月，复废允礽。

六十一年十一月，上疾大渐，召允禩及诸皇子允祉、允祐、允禟、允䄉、允裪、允祥同受末命。世宗即位，命允禩总理事务，进封廉亲王，授理藩院尚书。雍正元年，命办理工部事务。皇太子允礽之废也，允禩谋继立，世宗深憾之。允禩亦知世宗憾之深也，居常怏怏。封亲王命下，其福晋乌雅氏对贺者曰："何贺为？虑不免首领耳！"语闻，世宗憾滋甚。会副都统祁尔萨条奏："满洲俗遇丧，亲友馈粥吊慰。后风俗渐弛，大设奢馔，过事奢靡。"上用其议申禁，因谕斥："允禩居母妃丧，沽孝名，百日后犹扶掖匍匐而行；而允䄉，允裪，允禵指称馈食，大肆筵席，皇考谕责者屡矣。"二年，上谕曰："允禩素行阴狡，皇考所深知，降旨不可悉数。自朕即位，优封亲王，任以总理事务。乃不能输其诚悃以辅朕躬，怀挟私心，至今未已。凡事欲激朕怒以治其罪，加朕以不令之名。允禩在诸弟中颇有治事材，朕甚爱惜之，非允禵、允䄉等可比，是以屡加教诲，令其改过，不但成朕友于之谊，亦全皇考慈爱之衷。朕果欲治其罪，岂有于众前三复教诲之理？朕一身上关宗庙社稷，不得不为防范。允禩在皇考时，恣意妄行，匪伊朝夕，朕可不念祖宗肇造鸿图，以永贻子孙之安乎？"

三年二月，三年服满。以允禩任总理事务，挟私怀诈，有罪无功，不予议叙。寻因工部制祈谷坛祖宗神牌草率，阿尔泰驻兵军器粗窳，屡下诏诘责允禩；允禩议减内务府披甲，上令复奏，又请一佐领增甲九十余副。上以允禩前后异议，谕谓："阴邪叵测，莫此为甚！"因命一佐领留甲五十副不即裁，待缺出不补。隶内务府披甲诸人集允禩邸器哄，翌日，又集副都统李延禧家，且纵掠。上命捕治，诸人自列允禩使哄延禧家，允禩不置辩。上命允禩鞫定为首者立斩，允禩以五人姓名上，上察其一乃自首，其一坚称病未往，责允禩所谳不实。宗人府议夺允禩爵，上命宽之。允禩杖杀护军九十六，命太监阎伦隐其事，厚赐之。宗人府复议夺允禩爵，上复宽之。

四年正月，上御西暖阁，召诸王大臣暴允禩罪状，略曰："当时允禩希冀非望，欲沽忠孝之名，而事事伤圣祖之心。二阿哥坐废，圣祖命朕与允禩在京办事，凡有启奏，皆蒙御批，由允禩藏贮。嗣问允禩，则曰：'前值皇考怒，恐不测，故焚毁笔札，御批亦纳其中。'此允禩亲向朕言者。圣祖升遐，朕念允禩夙有才干，冀其痛改前非，为国家出力，令其总理事务，加封亲王，推心置腹。三年以来，宗人府及诸大臣劾议，什伯累积，朕百端容忍，乃允禩诡谲阴邪，狂妄悖乱，包藏祸心，日益加甚。朕令宗人府讯问何得将皇考御批焚毁，允禩改言：'抱病昏昧，误行烧毁。'及朕面质之，公然设誓，诅及一家。允禩自绝于天，自绝于祖宗，自绝于朕，断不可留于宗姓之内，为我朝之玷！谨述皇考谕，遵先朝削籍离宗之典，革去允禩黄带子，以儆凶邪，为万世子孙鉴戒。"并命逐其福晋还外家。

二月，授允禩为民王，不留所属佐领人员，凡朝会，视民公、侯、伯例，称亲王允禩。诸王大臣请诛允禩，上不许。寻命削王爵，交宗人府圈禁高墙。宗人府请更名编入佐领：允禩改名阿其那，子弘旺改菩萨保。六月，诸王大臣复胪允禩罪状四十事，请与允禵、允禟并正典刑，上暴其罪于中外。九月，允禩患呕哕，命给与调养，未几卒于幽所。诸王大臣仍请戮尸，不许。

乾隆四十三年正月，高宗谕曰："圣祖第八子允禩、第九子允禟结党妄行，罪皆自取。皇考仅令削籍更名，以示愧辱。就两人心术而论，觊觎窥窃，诚所不免，及皇考绍登大宝，怨尤诽谤，亦情事所有，特未有显然悖逆之迹。皇考晚年屡向朕谕及，愀然不乐，意颇悔之，若将有待。朕今临御四十三年矣，此事重大，朕若不言，后世子孙无敢言者。允禩、允禟可复原名，收入玉牒，子孙一并叙入。此实仰体皇考仁心，申未竟之绪，想在天之灵亦当愉慰也。"

允禟，圣祖第九子。康熙四十七年，上责允禩，允禟语允䄉，入为保奏，上怒。是时，上每巡幸，辄随。四十八年三月，封贝子。十月，命往翁牛特送和硕温恪公主之丧。五十一年，赐银四千。

雍正元年，世宗召允禟回京，以诸王大臣议，命允禟出驻西宁。允禟屡请缓行，上谴责所属太监，允禟行至军。二年四月，宗人府劾允禟擅遣人至河州买草、勘牧地，违法肆行，请夺爵，上命宽之。三年，上闻允禟纵容家下人在西宁生事，遣都统楚宗往约束，楚宗至，允禟不出迎，传旨诘责，曰："上责我皆是，我复何言？我行将出家离世！"楚宗以闻，上以允禟傲慢无人臣礼，手诏深责之，并牵连及允禩、允䄉、允禵私结党援诸事。七月，山西巡抚伊都立奏劾允禟护卫乌雅图等经平定殴诸生，请按律治罪，陕西人称允禟九王，为上所闻，手诏斥为无耻，遂夺允禟爵，撤所属佐领，即西宁幽禁，并录允禟左右用事者毛太、佟保等，撤还京师，授以官。

四年正月，九门捕役得毛太、佟保等寄允禟私书，以闻，上见书迹类西洋字，遣持问允禟子弘旸，弘旸言允禟所造字也。谕曰："从来造作隐语，防人察觉，惟敌国为然。允禟在西宁，未尝禁其书札往来，何至别造字体，暗藏密递，不可令人以共见耶？允禟与弘旸书用朱笔，弘旸复书称其父言为'旨'，皆僭妄非礼。允禟寄允䄉书言'事机已失'，其言尤骇人。"命严鞫毛太、佟保等。诸王大臣请治允禟罪，命革去黄带子，削宗籍，逮还京，令楚宗及侍卫胡什礼监以行。五月，令允禟改名，又以所拟字样奸巧，下诸王大臣议，改为塞思黑。

六月，诸王大臣复劾允禟罪状二十八事，请诛之。胡什礼监允禟至保定，命直隶总督李绂暂禁，观其行止。绂语胡什礼"当便宜行事"，胡什礼以闻，上命驰谕止之，绂奏无此语。八月，绂奏允禟以腹疾卒于幽所。上闻胡什礼与楚宗中途械系允禟，旋释去，胡什礼又妄述绂语，命并逮治。其后绂得罪，上犹责绂不以允禟死状明白于众，乃起流言也。乾隆间，复原名，还宗籍。子弘暲，封不入八分辅国公，坐事夺爵。

辅国公允䄉，圣祖第十子。康熙四十八年十月，封敦郡王。五十七年，命办理正黄旗满洲、蒙古、汉军三旗事。允䄉与允禩、允禟皆党附允禩，为世宗所恶。雍正元年，泽卜尊丹巴胡土克图诣京师，谒圣祖梓宫，俄病卒，上遣送灵龛还喀尔喀，命允䄉赍印册赐奠。允䄉托疾不行，旋称有旨见还，居张家口。复私行禳祷，疏文内连书"雍正新君"，为上所知，斥为不敬。兵部劾奏，命允禩议其罪。四月，夺爵，逮京师拘禁。乾隆二年，高宗命释之，封辅国公。六年，卒，诏用贝子品级祭葬。

履懿亲王允祹，圣祖第十二子。康熙四十八年十月，封贝子。自是有巡幸，辄从。五十六年，孝惠章皇后崩，署内务府总管事务，大事将毕，乃罢。五十七年，办理正白旗满洲、蒙古、汉军三旗事。六十年，上以御极六十年，遣允祹祭盛京三陵。六十一年，授镶黄旗满洲都统。世宗即位，进封履郡王。雍正二年，宗人府劾允祹治事不能敬谨，请夺爵，命在固山贝子上行走。二月，因圣祖配享仪注及封妃金册遗漏舛错,降镇国公。八年五月,复封郡王。高宗即位,进封履亲王。乾隆二十八年七月,薨,予谥。

子弘昆,先卒,用世子例殡葬,余子皆未封。高宗命以皇四子永珹为允祹后,袭郡王。四十二年,薨,谥曰端。嘉庆四年,追封亲王。子绵惠,袭贝勒。嘉庆元年,薨,追封郡王。以成郡王绵懃子奕纶为后,袭贝子,进贝勒。子孙循例递降,以镇国公世袭。

乾隆四十二年,高宗南巡,还跸次涿州,有僧携童子迎驾,自言永珹庶子,为侧室福晋王氏所弃,僧育以长。上问永珹嫡福晋伊尔根觉罗氏,言永珹次子以痘殇。乃令入都,命军机大臣诘之。童子端坐名诸大臣,诸大臣不敢决。军机章京保成直前批其颊,叱之,童子乃自承刘氏子,僧教为妄语。斩僧,戍童子伊犁,仍自称皇孙,所为多不法。上命改戍黑龙江,道库伦,库伦办事大臣松筠责其不法,缚出,绞杀之,高宗嘉其明决。

怡贤亲王允祥,圣祖第十三子。康熙三十七年,从上谒陵。自是有巡幸,辄从。六十一年,世宗即位,封为怡亲王。寻命总理户部三库。雍正元年,命总理户部。十一月,谕:"怡亲王于皇考时敬谨廉洁,家计空乏,举国皆知。朕御极以来,一心翊戴,克尽臣弟之道。从前兄弟分封,各得钱粮二十三万两,朕援此例赐之,奏辞不已,宣谕再四,仅受十三万;复援裕亲王例,令支官物六年,王又固辞。今不允所请,既不可;允其请,而实心为国之懿亲,转不得与诸弟兄比,朕心不安。"下诸王大臣议。既,仍允王请,命王所兼管佐领俱为王属,加护卫一等一员、二等四员、三等十二员,豹尾枪二、长杆刀二,每佐领增亲军二名。二年,允祥请除加色、加平诸弊,并增设三库主事、库大使,从之。

三年二月,三年服满。以王总理事务谨慎忠诚,从优议叙,复加封郡王,任王于诸子中指封。八月,加俸银万。京畿被水,命往勘。十二月,令总理京畿水利。疏言:"直隶卫河、淀河、子牙河、永定河皆汇于天津大直沽入海,卫河与汶河合流东下。沧、景以下,春多浅阻,伏秋暴涨,不免溃溢。请将沧州砖河、青县兴济河故道疏浚,筑减水坝,以泄卫河之涨;并于白塘口入海处开直河,使砖河、兴济河同归白塘出海;又浚东、西二淀,多开引河,使脉络相通,沟浍四达;仍疏赵北、苑家二口以防冲决。子牙河为滹沱及漳水下流,其下有清河、夹河、月河同趋于淀,宜开决分注,缓其奔放之势。永定河故道已湮,应自柳义口引之稍北,绕王庆坨东北入淀,至三角淀,为众水所归,应逐年疏浚,使浊水不能为患。又请于京东滦、蓟、天津,京南文、霸、任丘、新、雄诸州县设营田专官,募农耕种。"四年二月,疏请直隶兴修水利,请分诸河为四局,下吏、工诸部议,议以南运河与臧家桥以下之子牙河、苑家口以东之淀河为一局,令天津道领之;苑家口以西各淀池及畿南诸河为一局,以大名道改清河道领之;永定河为一局,以永定分司改道领之;北运河为一局,撤分司以通永道领之:分隶专官管辖。寻又命分设京东、京西水利营田使各一。三月,疏陈京东水利诸事。五月,疏陈畿辅西南水利诸事。皆下部议行。

七月,赐御书"忠敬诚直勤慎廉明"榜,谕曰:"怡亲王事朕,克殚忠诚,职掌有九,而公尔忘私,视国如家,朕深知王德,觉此八字无一毫过量之词。在朝诸臣,于'忠勤慎明'尚多有之,若'敬诚直廉',则未能轻许。期咸砥砺,以副朕望。"七年六月,命办理西北两路军机。十月,命增仪仗一倍。十一月,王有疾。八年五月,疾笃,上亲临视,及至,王已薨,上悲恸,辍朝三日。翌日,上亲临奠,谕:"怡亲王薨逝,中心悲恸,饮食无味,寝卧不安。王事朕八年如一日,自古无此公忠体国之贤王,朕待王亦宜在常例之外。今朕素服一月,诸臣常服,宴会俱不必行。"越日,复谕举怡亲王功德,命复其名上一字为"胤",配享太庙,谥曰贤,并以"忠敬诚直勤慎廉明"八字加于谥上。白家疃等十三村民请建祠,允之。拨官地三十余顷为祭田,免租赋。命更定园寝之制,视常例有加。又命未殡,月赐祭;小祥及殡,视大祭礼赐祭;三年后,岁赐祭。皆特恩,不为例。乾隆中,祀盛京贤王祠。命王爵世袭。

子弘晓,袭。乾隆四十三年,薨,谥曰僖。子永琅,袭。嘉庆四年,薨,谥曰恭。孙奕勋,袭。二十三年,薨,谥曰恪。子载坊,袭。明年,薨。弟载垣,袭。事宣宗,命在御前大臣行走,受顾命。文宗即位,历左宗正、宗令、领侍卫大臣。咸丰八年,赐紫禁城内肩舆。

载垣与郑王端华及端华弟肃顺皆为上所倚,相结,权势日张。九年,命赴天津察视海防。十年正月,万寿节,赐杏黄色端罩。七月,英吉利、法兰西两国兵至天津,命与兵部尚书穆荫及钦差大臣赴通州与英人议和。时大学士桂良已于天津定议,上许英使额尔金至通州签约,英使额尔金请入京师亲递国书,不许。兵复进,上以和议未成,罢载垣钦差大臣。未几,扈上幸热河。及和议定,群臣请还京师,上犹豫未决。十一年七月,文宗崩,穆宗即位,载垣等受遗诏辅政,与端华、景寿、肃顺及军机大臣穆荫、匡源、杜翰、焦祐瀛称"赞襄政务王大臣",擅政。九月,上奉文宗丧还京师,诏罪状载垣等,夺爵职,下王大臣按治,议殊死,赐自尽。事详《肃顺传》。爵降为不入八分辅国公,并命不得以其子孙及亲兄弟子承袭。同治元年,以庄亲王允禄四世孙载泰袭辅国公,收府第敕书。三年七月,师克江宁,推恩还王爵。九月,以宁郡王弘晈四世孙镇国公载敦袭怡亲王,还敕书。光绪十六年,薨,谥曰端。子溥静,嗣。二十六年八月,薨。九月,坐纵芘拳匪启衅,夺爵,以先薨免罪。弟之子毓麒,袭。

宁良郡王弘晈,允祥第四子。世宗褒允祥功,加封郡王,任王于诸子中指封,允祥固辞不敢承。及允祥薨,世宗乃封弘晈宁郡王,世袭。乾隆二十九年八月,薨,谥曰良。子永福,仍循例袭贝勒。四十七年九月,薨,谥恭恪。子绵誉,仍袭贝勒。子孙递降,以镇国公世袭。载敦绍封怡亲王,即以载泰袭镇国公。

允祥诸子:弘昌,初封贝子,进贝勒,坐事夺爵;弘暾,未封早世,聘于富察氏,未婚守志,世宗愍之,命视贝勒例殡葬;弘昑,亦用其例。

恂勤郡王允禵，圣祖第十四子。康熙四十八年，封贝子。五十年，从上幸塞外。自是辄从。五十一年，赐银四千两。五十七年，命为抚远大将军，讨策妄阿喇布坦。十二月，师行，上御太和殿授印，命用正黄旗纛。五十八年四月，劾吏部侍郎色尔图督兵饷失职，都统胡锡图索诈骚扰，治其罪。都统延信疏称："准噶尔与青海联姻娅，大将军领兵出口，必有谍告准酋者，不若暂缓前进。"上命驻西宁。五十九年正月，允禵移军穆鲁斯乌苏，遣平逆将军延信率师入西藏，令宗查布防西宁，讷尔素防古木。时别立新胡必尔汗，遣兵送之入藏。十月，延信击败准噶尔将策零敦多卜等于卜克河诸地。六十年五月，允禵率师驻甘州，进次吐鲁番。旋请于明年进兵。闰六月，和尔博斯厄穆齐寨桑以厄鲁特兵五百围回民，回众万余人乞援。允禵以粮运艰阻，兵难久驻，若徙入内地，亦苦粮少地狭，哈密扎萨克额敏皆不能容，布隆吉尔、达里图诸地又阻瀚海，请谕靖逆将军富宁安相机授抚，从之。十月，召来京，面授方略。六十一年三月，还军。

世宗即位，谕总理王大臣曰："西路军务，大将军职任重大，但于皇考大事若不来京，恐于心不安，速行文大将军王驰驿来京。"允禵至，命留景陵待大祭。雍正元年五月，谕曰："允禵无知狂悖，气傲心高，朕望其改悔，以便加恩。今又恐其不能改，不及恩施，特进为郡王，慰我皇妣皇太后之心。"三年三月，宗人府劾允禵前为大将军，苦累兵丁，侵扰地方，糜费军帑，请降授镇国公，上命仍降贝子。四年，诸王大臣劾，请正国法。谕："允禵止于糊涂狂妄，其奸诈阴险与允禩、允禟相去甚远。朕于诸人行事，知之甚悉，非独于允禵有所偏徇。今允禵居马兰峪，欲其瞻仰景陵，痛涤前非。允禵不能悔悟，奸民蔡怀玺又造为大逆之言，摇惑众听，宜加禁锢，即与其子白起并锢于寿皇殿左右，宽以岁月，待其改悔。"高宗即位，命释之。乾隆二年，封辅国公。十二年六月，进贝勒。十三年正月，进封恂郡王。二十年六月，薨，予谥。

第一子弘春，雍正元年，封贝子。二年，坐允禩党，革爵。四年，封镇国公。六年，进贝子。九年，进贝勒。十一年，封泰郡王。十二年八月，谕责弘春轻佻，复降贝子。高宗即位，夺爵。别封允禵第二子弘明为贝勒。乾隆三十二年，卒，谥恭勤。子孙循例递降，以不入八分镇国公世袭。弘春曾孙奕山，自有传。

愉恪郡王允禑，圣祖第十五子。康熙三十九年，从幸塞外。自是辄从。雍正四年，封贝勒。命守景陵。八年，封愉郡王。九年二月，薨，予谥。子弘庆，袭。乾隆三十四年，薨，谥曰恭。子永珠，袭贝勒。子孙循例递降，以辅国公世袭。

果毅亲王允礼，圣祖第十七子。康熙四十四年，从幸塞外。自是辄从。雍正元年，封果郡王，管理藩院事。三年，谕曰："果郡王实心为国，操守清廉，宜给亲王俸，护卫亦如之，班在顺承郡王上。"六年，进亲王。七年，命管工部事。八年，命总理户部三库。十一年，授宗令，管户部。十二年，命赴泰宁，送达赖喇嘛还西藏，循途巡阅诸省驻防及绿营兵。十三年，还京师，命办理苗疆事务。世宗疾大渐，受遗诏辅政。

高宗即位，命总理事务，解宗令，管刑部。寻赐亲王双俸，免宴见叩拜。密疏请蠲江南诸省民欠漕项、芦课、学租、杂税，允之。谕曰："果亲王秉性忠直，皇考所信任。外间颇疑其严厉，今观密奏，足见其存心宽厚，特以宣示九卿。"允礼体弱，上命在邸治事，越数日一入直。乾隆元年，坐事，罢双俸。三年正月，病笃，遣和亲王弘昼往视。二月，薨，上震悼，即日亲临其丧。予谥。无子，庄亲王允禄等请以世宗第六子弘曕为之后。

弘曕善诗词，雅好藏书，与怡府明善堂埒。御下严，晨起披衣巡视，遇不法者立杖之，故无敢为非者。节俭善居积，尝以开煤窑夺民产。从上南巡，嘱两淮盐政高恒鬻人参牟利，又令织造关差致绣段、玩器，予贱值。二十八年，圆明园九州清宴灾，弘曕后至，与诸皇子谈笑露齿，上不怿。又尝以门下私人嘱阿里衮。上发其罪，并责其奉母妃俭薄，降贝勒，罢一切差使。自是家居闭门，意抑郁不自聊。三十年三月，病笃，上往抚视。弘曕于卧榻间叩首引咎，上执其手，痛曰："以汝年少，故稍加拂拭，何愧恧若此？"因复封郡王。旋薨，予谥。

子永璨，袭。五十四年，薨，谥曰简。子绵从，袭贝勒。孙奕湘，袭镇国公。历官副都统，广州、盛京将军，兵部尚书。加贝子衔。卒，谥恪慎。子孙递降，以辅国公世袭。

简靖贝勒允祎，圣祖第二十子。康熙五十五年，始从幸塞外，自是辄从。雍正四年，封贝子。八年二月，进贝勒。十二年八月，命祭陵。称病不行，降辅国公。十三年九月，高宗即位，复封贝勒，守护泰陵。乾隆二十年，卒，予谥。子弘闰，袭贝子。子孙循例递降，以不入八分镇国公世袭。

慎靖郡王允禧，圣祖第二十一子。康熙五十九年，始从幸塞外。雍正八年二月，封贝子。五月，谕以允禧立志向上，进贝勒。十三年十一月，高宗即位，进慎郡王。允禧诗清秀，尤工画，远希董源，近接文征明，自署紫琼道人。乾隆二十三年五月，薨，予谥。

二十四年十二月，以皇六子永瑢为之后，封贝勒。三十七年，进封质郡王。五十四年，再进亲王。永瑢亦工画，济美紫琼，兼通天算。五十五年，薨，谥曰庄。子绵庆，袭郡王。绵庆幼聪颖，年十三，侍高宗避暑山庄校射，中三矢，赐黄马褂、三眼孔雀翎。通音律。体孱弱。嘉庆九年，薨，年仅二十六。仁宗深惜之，赐银五千，谥曰恪。子奕绮，袭贝勒。道光五年，坐事，罚俸。十九年，夺爵。二十二年，卒，复其封。子孙循例递降，以镇国公世袭。

恭勤贝勒允祜，圣祖第二十二子。康熙五十九年，始从幸塞外。雍正八年二月，封贝子。十二年二月，进贝勒。

乾隆八年，卒，予谥。子弘晓，袭贝子。卒。子永芝，袭镇国公。坐事，夺爵，爵除。

郡王品级诚贝勒允祁，圣祖第二十三子。雍正八年二月，封镇国公。十三年十月，高宗即位，进贝勒。屡坐事，降镇国公。四十五年，复封贝子。四十七年，进贝勒。四十九年，加郡王衔。五十年，卒，予谥。子弘谦，袭贝子，嘉庆十四年，加贝勒品级。卒，子永康，袭镇国公。卒，子绵英，袭不入八分镇国公。卒，无子，爵除。

诚恪亲王允祕，圣祖第二十四子。雍正十一年正月，谕曰："朕幼弟允祕，秉心忠厚，赋性和平，素为皇考所钟爱。数年以来，在宫中读书，学识亦渐增长，朕心嘉悦，封为诚亲王。"乾隆三十八年，薨，予谥。第一子弘畅，袭郡王。六十年，薨，谥曰密。子永珠，袭贝勒。道光中，坐事，夺爵。弘旿，允祕第二子，字仲升。乾隆二十八年，封二等镇国将军。三十九年，进封贝子。屡坐事，夺爵。嘉庆间，授奉恩将军。卒。弘旿工画，师董邦达，自署瑶华道人，名与紫琼并。永珠既夺爵，以弘旿孙绵勋袭贝子。子孙递降，以镇国公世袭。

世宗十子：孝敬宪皇后生端亲王弘晖，孝圣宪皇后生高宗，纯懿皇贵妃耿佳氏生和恭亲王弘昼，敦肃皇贵妃年佳氏生福宜、怀亲王福惠、福沛，谦妃刘氏生果恭郡王弘瞻，齐妃李氏生弘昀、弘时、弘盼。弘瞻出为果毅亲王允礼后。弘昀、弘盼、福宜、福沛皆殇，无封。弘时雍正五年以放纵不谨，削宗籍，无封。

端亲王弘晖，世宗第一子。八岁殇。高宗即位，追封亲王，谥曰端。

和恭亲王弘昼，世宗第五子。雍正十一年，封和亲王。十三年，设办理苗疆事务处，命高宗与弘昼领其事。乾隆间，预议政。弘昼少骄抗，上每优容之。尝监试八旗子弟于正大光明殿，日晡，弘昼请上退食，上未许。弘昼遽曰："上疑吾买嘱士子耶？"明日，弘昼入谢，上曰："使昨答一语，汝齑粉矣！"待之如初。性复奢侈，世宗雍邸旧赀，上悉以赐之，故富于他王。好言丧礼，言："人无百年不死者，奚讳为？"尝手订丧仪，坐庭际，使家人祭奠哀泣，岸然饮啖以为乐。作明器象鼎彝盘盂，置几榻侧。三十年，薨，予谥。子永璧，袭。三十七年，薨，谥曰勤。子绵伦，袭郡王。三十九年，薨，谥曰谨。弟绵循，袭。嘉庆二十二年，薨，谥曰恪。子奕亨，袭贝勒。卒，子载容，袭贝子。同治中，加贝勒衔。卒，谥敏恪。子溥廉，袭镇国公。

怀亲王福惠，世宗第七子。八岁殇。高宗即位，追封亲王，谥曰怀。

卷二百二十一　　列传八

诸王七

高宗诸子　定安亲王永璜　端慧太子永琏
循郡王永璋　荣纯亲王永琪　哲亲王永琮
仪慎亲王永璇　成哲亲王永瑆　贝勒永瑆
庆僖亲王永璘　仁宗诸子　穆郡王
惇恪亲王绵恺　惇勤亲王奕誴
瑞怀亲王绵忻　惠端亲王绵愉　宣宗诸子
隐志郡王奕纬　顺和郡王奕纲
慧质郡王奕继　恭忠亲王奕䜣
醇贤亲王奕譞　钟端郡王奕詥
孚敬郡王奕譓　文宗子　悯郡王

高宗十七子：孝贤纯皇后生端慧太子永琏、哲亲王永琮，皇后纳喇氏生贝勒永璂、永璟，孝仪纯皇后生永璐、仁宗、第十六子、庆僖亲王永璘，纯惠皇贵妃苏佳氏生循郡王永璋、质庄亲王永瑢，哲悯皇贵妃富察氏生定安亲王永璜，淑嘉皇贵妃金佳氏生履端亲王永珹、仪慎亲王永璇、第九子、成哲亲王永瑆，愉贵妃珂里叶特氏生荣纯亲王永琪，舒妃叶赫纳喇氏生第十子。永珹出为履懿亲王允祹后，永瑢出为慎靖郡王允禧后。永璟、永璐、第九子、第十子、第十六子皆殇，无封。

定安亲王永璜，高宗第一子。乾隆十三年，上南巡，还跸次德州，孝贤纯皇后崩，永璜迎丧，高宗斥其不知礼，切责之。十五年三月，薨。上谕曰："皇长子诞自青宫，齿序居长。年逾弱冠，诞毓皇孙。今遘疾薨逝，朕心悲悼，宜备成人之礼。"追封定亲王，谥曰安。

子绵德，袭郡王。坐事，夺爵。弟绵恩，袭。五十八年，进封亲王。嘉庆四年正月，封其子奕绍为不入八分辅国公。八年闰二月，有陈德者，匿禁门，犯跸，诸王大臣捍御。论功，赐绵恩御用补褂，进奕绍贝子。二十年，授御前大臣。道光二年，薨，赐银五千治丧，谥曰恭。子奕绍，先以上六十万寿进贝勒，至是袭亲王。十五年，奕绍年六十，封其子载铨为辅国公。十六年，奕绍薨，赐银治丧，谥曰端。载铨袭。

载铨初封二等辅国将军，三进封辅国公，授御前大臣、工部尚书、步军统领，袭爵。道光末，受顾命。文宗即位，益用事。咸丰二年六月，给事中袁甲三疏劾："载铨营私舞弊，自谓'操进退用人之权'。刑部尚书恒春、侍郎书元潜赴私邸，听其指使。步军统领衙门但准收呈，例不审办；而载铨不识大体，任意颠倒，遇有盗案咨部，乃以武断济其规避。又广收门生，外间传闻有定门四配、十哲、七十二贤之称。"举所绘《息肩图》朝官题咏有师生称谓为证。上谕曰："诸王与在廷臣工不得往来，历圣垂诫周详。恒春、书元因审办案件，趋府私谒，载铨并未拒绝。至拜认师生，例有明禁，而《息肩图》题咏中，载龄、许诵恒均以门生自居，不知远嫌。"罚王俸二年，所领职并罢。九月，仍授步军统领。三年，加亲王衔，充办理巡防事宜。二月，疏请申明会议旧章，报可。四年九月，病作，诏以绵德曾孙溥煦为后。是月，薨。追封亲王，赏银五千两治丧，谥曰敏。

溥煦袭郡王。光绪三十三年，薨，谥曰慎。子毓朗，袭贝勒。光绪末，授民政部侍郎、步军统领。宣统二年七月，授军机大臣。三年四月，改授军谘大臣。

端慧太子永琏，高宗第二子。乾隆三年十月，殇，年九岁。十一月，谕曰："永琏乃皇后所生，朕之嫡子，聪明贵重，气宇不凡。皇考命名，隐示承宗器之意。朕御极后，恪守成式，亲书密旨，召诸大臣藏于乾清宫"正大光明"榜后，是虽未册立，已命为皇太子矣。今既薨逝，一切典礼用皇太子仪注行。"旋册赠皇太子，谥端慧。

循郡王永璋，高宗第三子。乾隆二十五年七月，薨。追封循郡王。四十一年，以永理子绵懿为后，袭贝勒。卒，子奕绪，袭贝子。卒，子载迁，袭镇国公。

荣纯亲王永琪，高宗第五子。乾隆三十年十一月，封荣亲王。永琪少习骑射，娴国语，上钟爱之。三十一年三月，薨，谥曰纯。子绵亿，四十九年十一月，封贝勒。嘉庆四年正月，袭荣郡王。绵亿少孤，体羸多病，特聪敏，工书，熟经史。十八年，林清变起，绵亿方扈跸，闻警，力请上速还京师，上即日回銮，因重视之，宠眷日渥。逾年，薨，谥曰恪。子奕绘，袭贝勒。卒，子载钧，袭贝子。卒，子溥楣，袭镇国公。

哲亲王永琮，高宗第七子，与端慧太子同为嫡子。端慧太子薨，高宗属意焉。乾隆十二年十二月，以痘殇，方二岁。上谕谓："先朝未有以元后正嫡绍承大统者，朕乃欲行先人所未行之事，邀先人不能获之福，此乃朕过耶！"命丧仪视皇子从优，谥曰悼敏。嘉庆四年三月，追封哲亲王。

仪慎亲王永璇，高宗第八子。乾隆四十四年，封仪郡王。嘉庆四年正月，进封亲王，总理吏部。二月，罢。谕曰："六卿分职，各有专司，原无总理之名，勿启专权之渐。"十三年正月，谕曰："内廷行走诸王日入直，仪亲王朕长兄，年逾六十，冬寒无事，不必进内。"十四年正月，封其子绵志为贝勒。十七年，以武英殿刻《高宗圣训》，误书庙讳，罢王俸三年。

十八年，林清变起，贼入禁城，绵志从宣宗发鸟枪殪贼。仁宗褒其奋勇，加郡王衔，加俸岁千两。永璇亦以督捕勤劳，免一切处分。二十年七月，命祭裕陵，阻雨，还京，坐降郡王，并夺绵志郡王衔及加俸，仍罚王俸五年。二十四年正月，复绵志郡王衔，赐三眼孔雀翎。七月，坐刺探政事，上谕曰："朕兄仪亲王年已七十有四，精力渐衰。所领事务甚多，恐有贻误，探听尚有可原。朕不忍烦劳长兄，致失颐养。嗣后止留内廷行走，平日不必入直。"六月，绵志坐纵妾父冒职官诈赃，夺郡王衔，罚贝勒俸四年。

二十五年七月，宣宗即位，谕仪亲王不必远迎，又谕召对宴赉无庸叩拜。道光三年正月，绵志复郡王衔，加俸。八年正月，命在紫禁城乘轿，并加赏俸银五千，示亲亲敬长之意。十一月，复谕朝贺免行礼。十年十月，永璇诣圆明园视大阿哥，径入福园门，谕罢绵志官。十一年，谕寿皇殿、安佑宫当行礼时，于府第内行礼。又谕元旦暨正月十四日宗亲筵宴，均免其入宴，别颁果肴一席。十二年八月，薨，年八十八。赐银五千治丧，亲临赐奠，谥曰慎。绵志袭郡王，薨，谥曰顺。子奕绌，袭贝勒，加郡王衔。卒，曾孙毓崐，袭贝子。卒，弟毓岐，袭镇国公。

成哲亲王永瑆，高宗第十一子。乾隆五十四年，封成亲王。永瑆幼工书，高宗爱之，每幸其府第。嘉庆四年正月，仁宗命在军机处行走，总理户部三库。故事，亲王无领军机者，领军机自永瑆始。二月，仪亲王永璇罢总理吏部，并命永瑆俟军务奏销事毕，不必总理户部。三月，和珅以罪诛，没其园第，赐永瑆。七月，永瑆辞总理户部三库，允之。八月，编修洪亮吉上书永瑆，讥切朝政，永瑆上闻，上治亮吉罪。语在《亮吉传》。十月，上谕曰："自设军机处，无诸王行走。因军务较繁，暂令永瑆入直，究与国家定制未符。罢军机处行走。"

永瑆尝闻康熙中内监言其师少时及见董其昌以前三指握管悬腕作书，永瑆广其说，作拨镫法，推论书旨，深得古人用笔之意。上命书裕陵圣德神功碑，并令自择书迹刻为《诒晋斋帖》，以手诏为序。刻成，颁赏臣工。

十八年，林清变起，永瑆在紫禁城内督捕，上嘉其勤劳，免一切处分及未完罚俸。二十四年正月，加其子不入八分辅国公绵懃郡王衔。五月，祭地坛，终献时，赞引误，永瑆依以行礼。上以永瑆年老多病，罢一切差使，不必在内廷行走，于邸第闭门思过，罚亲王半俸十年。绵懃亦罢内大臣，居家侍父。二十五年六月，绵懃卒，赠郡王。有司请谥，以非例斥之，著为令。

仁宗崩，有旨免迎谒。语见《仪亲王传》。十月，命曾孙载锐袭贝勒。道光二年十月，上还自行在，永瑆进食品十六器，以非例却之。三年三月，薨，年七十二，赐银五千治丧，谥曰哲。载锐袭郡王。绵懃及载锐父奕绶并追封如其爵。咸丰九年，薨，谥曰恭。子溥庄，袭贝勒，加郡王衔。卒，子毓橚，袭贝子。

贝勒永璂，高宗第十二子。乾隆四十一年，卒。嘉庆四年三月，追封贝勒。以成亲王子绵偲为后，初封镇国将军，再进封贝子。道光十八年正月，谕曰："绵偲逮事皇祖，昔同朕在上书房读者只绵偲一人。"进贝勒。二十庆僖亲王永璘，高宗第十七子。乾隆五十四年，封贝勒。嘉庆四年正月，仁宗亲政，封惠郡王，寻改封庆郡王。三月，和珅诛，没其宅赐永璘。五年正月，以祝颖贵太妃七十寿未奏明，命退出乾清门，留内廷行走。二十一年正月朔，乾清宫筵宴，辅国公绵懋就席迟，奕绍推令入座，拂堕食碗，永璘是内奏事太监。得旨："诸王奏事不得径交内奏事太监。"罚永璘俸。二十五年三月，永璘疾笃，上亲临视，命进封亲王。寻薨，谥曰僖。命皇子往奠，上时谒陵归，复亲临焉。

子绵慜，袭郡王。绵慜奏府中有毗卢帽门口四座、太平缸五十四件、铜路镫三十六对。上谕曰："庆亲王府第本为和珅旧宅，凡此违制之物，皆和珅私置。嗣后王、贝勒、贝子当依《会典》，服物宁失之不及，不可僭逾，庶几永保令名。"府置诸达二，亦命裁汰。道光三年正月，赐绵慜三眼孔雀翎，管雍和宫、中正殿。十六年十月，薨，赐银四千治丧，谥曰良。上命再袭郡王一次。

以仪顺郡王绵志子奕彩为后，袭郡王。十七年正月，命在御前行走。二十二年十月，奕彩以服中纳妾，下宗人府议处。奕彩行贿请免，永璘第六子辅国公绵性亦行贿觊袭王爵，事发，奕彩夺爵，绵性戍盛京。以永璘第五子不入八分镇国公绵悌奉永璘祀。旋又坐事，降镇国将军。二十九年，卒。

以绵性子奕劻为后。三十年，袭辅国将军。咸丰二年正月，封贝子。十年正月，上三十万寿，进贝勒。同治十一年九月，大婚，加郡王衔，授御前大臣。光绪十年三月，命管理总理各国事务衙门。十月，进庆郡王。十一年九月，会同醇亲王办理海军事务。十二年二月，命在内廷行走。十五年正月，授右宗正。大婚，赐四团正龙补服，子载振头品顶带。二十年，太后六十万寿，懿旨进亲王。二十六年七月，上奉太后幸太原，命奕劻留京会大学士李鸿章与各国议和。二十七年六月，改总理各国事务衙门为外务部，奕劻仍总理部事。十二月，加载振贝子衔。二十九年三月，授奕劻军机大臣，仍总理外务部如故。寻命总理财政处、练兵处，解御前大臣以授载振。

载振赴日本大坂观展览会归，请振兴商务，设商部，即以载振为尚书。十月，御史张元奇劾载振宴集召歌妓侑酒。上谕："当深加警惕，有则改之，无则加勉。"旋请开缺，未许。三十年三月，御史蒋式瑆奏："户部设立银行，招商入股。臣风闻上年十一月庆亲王奕劻将私产一百二十万送往东交民巷英商汇丰银行收存。奕劻自简任军机大臣以来，细大不捐，门庭如市。是以其父子起居、饮食、车马、衣服异常挥霍，尚能储蓄巨款。请命将此款提交官立银行入股。"命左都御史清锐、户部尚书鹿传霖按事，不得实，式瑆回原衙门行走。

三十一年，充日、俄修订东三省条约全权大臣。三十二年，遣载振使奉天、吉林按事。改商部为农工商部，仍以载振为尚书。三十三年，命奕劻兼管陆军部事。东三省改设督抚，以直隶候补道段芝贵署黑龙江巡抚。御史赵启霖奏："段芝贵善于迎合，上年贝子载振往东三省，道经天津，芝贵以万二千金鬻歌妓以献，又以十万金为奕劻寿，夤缘得官。"上为罢芝贵，而命醇亲王载沣、大学士孙家鼐按其事，不得实，夺启霖官。载振复疏辞御前大臣、农工商部尚书，许之。三十四年十一月，命以亲王世袭。

宣统三年四月，罢军机处，授奕劻内阁总理大臣，大学士那桐、徐世昌协理大臣。八月，武昌兵起，初命陆军部尚书荫昌视师，奕劻请于朝，起袁世凯湖广总督视师。世凯入京师，代奕劻为内阁总理大臣，授奕劻弼德院总裁。十二月，诏逊位，奕劻避居天津。后七年薨，谥曰密。

仁宗五子：孝淑睿皇后生宣宗，孝和睿皇后生惇恪亲王绵恺、瑞怀亲王绵忻，恭顺皇贵妃钮祜禄氏生惠端亲王绵愉，和裕皇贵妃刘氏生穆郡王。

穆郡王，未命名，仁宗第一子。二岁，殇。宣宗即位，追封。

惇恪亲王绵恺，仁宗第三子。嘉庆十八年，林清变起，绵恺随宣宗捕贼苍震门，得旨褒嘉。二十四年，封惇郡王。宣宗即位，进亲王。子奕缵，封不入八分公。道光三年正月，命绵恺内廷行走。旋以福晋乘轿径入神武门，坐罢，罚王俸五年。上奉太后幸绵恺第，仍命内廷行走，减罚王俸三年。七年，坐太监张明得私相往来，复置太监苑长青，降郡王。八年十月，追叙苍震门捕贼，急难御侮，复亲王，谕加意检束。十三年五月，绵恺以议皇后丧礼引《书》"百姓如丧考妣，四海遏密八音"，于义未协，退出内廷，罚王俸十年。十八年五月，民妇穆氏诉其夫穆齐贤为绵恺所囚，命定郡王载铨按实，复降郡王，罢一切职任。十二月，薨，复亲王。上亲临奠，谥曰恪。奕缵前卒，追封贝勒，命赐福晋郡王半俸。

二十六年，以皇五子奕誴为绵恺后，袭郡王。文宗即位，命在内廷行走。奕誴屡以失礼获谴。咸丰五年三月，降贝勒，罢一切职任，上书房读书。六年正月，复封惇郡王。十月，进亲王。穆宗即位，谕免叩拜称名。同治三年，江宁克复，封其子载濂不入八分镇国公，载津赐头品顶带。四年六月，授宗令。七年正月，捻匪逼近畿，奕誴陈防守之策。八年十一月，醇郡王奕譞劾王自授宗令，藉整顿之名，启揽权之渐，诏两解之。十一年，大婚，赐紫禁城乘四人肩舆，并免进领侍卫内大臣班及带豹尾枪。载濂进辅国公。十三年十二月，赐亲王双俸。光绪五年六月，普祥峪吉地工竣，复赐食双俸。十三年，上亲政，免带领引见。十五年正月，薨，上奉太后临奠，谥曰勤。

子八，有爵者五：载濂、载漪、载澜、载瀛、载津。载濂，奕誴第一子。初封一等辅国将军，累进辅国公，袭贝勒，加郡王衔。二十五年，子溥偁，赐头品顶带。二十六年，载濂以庇义和拳，夺爵，弟载瀛袭。载瀛，奕誴第四子。初封二等镇国将军，加不入八分辅国公衔，袭贝勒。载漪，奕誴第二子。出为瑞郡王奕志后。获罪，夺爵，归宗。语在《瑞怀亲王绵忻传》。载澜，奕誴第三子。初封三等辅国将军，再进封不入八分辅国公。以庇义和拳，夺爵，戍新疆。载津，奕誴第五子。封二等镇国将军，加不入八分辅国公衔。

瑞怀亲王绵忻，仁宗第四子。嘉庆二十四年，封瑞亲王。道光三年，命在内廷行走。八年七月，薨，谥曰怀。子奕约甫晬，上命定亲王奕绍检察邸第官吏，内务府大臣敬征治家政。十月，奕约袭郡王，予半俸。寻更名奕志。三十年五月，薨，谥曰敏。无子。赐绵忻福晋郡王半俸。咸丰三年，福晋薨，复赐奕志福晋郡王半俸。

十年，命以惇亲王子载漪为奕志后，袭贝勒。同治十一年，大婚，命食贝勒全俸。光绪十五年，加郡王衔。十九年九月，授为御前大臣。二十年，进封端郡王。循故事，宜仍旧号；更曰端者，述旨误，遂因之。载漪福晋，承恩公桂祥女，太后侄也。二十四年，太后复训政。二十五年正月，赐载漪子溥俊头品顶带。十二月，上承太后命，溥俊入为穆宗后，号"大阿哥"，命在弘德殿读书，以承恩公尚书崇绮、大学士徐桐为之傅。明年元旦，大高殿、奉先殿行礼，以溥俊代。都下流言将下诏禅位，大学士荣禄与庆亲王奕劻以各国公使有异同，谏止。

二十六年，义和拳乱起，载漪笃信之，以为义民，乱遂炽。五月，命充总理各国事务大臣。义和拳击杀日本使馆书记杉山彬，复及德国使臣克林德，围攻东交民巷使馆。八月，诸国联军自天津逼京师，上奉太后出狩，载漪及溥俊皆从。次大同，命载漪为军机大臣，未逾月罢。命奕劻与大学士李鸿章议和，诸国目载漪为首祸。十二月，夺爵，戍新疆。二十七年十月，上奉太后还京师。次开封，谕："载漪纵义和拳，获罪祖宗，其子溥俊不宜膺储位，废'大阿哥'名号。"废公衔俸，归宗。

二十八年六月，别以醇贤亲王奕𫍽子镇国公载洵为奕志后，袭贝勒。宣统间，为海军部尚书。改海军部大臣，加郡王衔。

惠端亲王绵愉，仁宗第五子。嘉庆二十五年七月，宣宗即位，封惠郡王，在内廷行走，上书房读书。故事，亲、郡王未及岁，食半俸。道光九年，命食全俸。十九年，进亲王。文宗即位，谕："惠亲王为朕叔父，内廷召对及宴赉赏赐，宜免叩拜，章奏免书名。"咸丰三年，赐御用龙褂。

洪秀全之徒北扰畿，命为奉命大将军，颁锐捷刀，统健锐、火器、前锋、护军、巡捕诸营，及察哈尔兵，哲里木、卓索图、昭乌达东三盟蒙古兵，与科尔沁郡王僧格林沁督办防剿。僧格林沁出驻涿州，绵愉留京师。九月，会奏颁行银钱钞法。时秀全兵至深州，请发哲里木盟马队一千及热河、古北口兵各五百赴涿州助防；复奏请发蒙古兵三千，以德勒克色楞为将，督兵进击。

四年正月，命朝会大典外悉免叩拜。寻与恭亲王奕䜣、定郡王载铨疏请铸铁钱为大钱议，上令王详议以行。五年四月，北路肃清，行凯撤礼，上奉命大将军印。十二月，以铸铁钱有效，下宗人府议叙。八年五月，以奏保耆

英，罢中正殿、雍和宫诸职任。九年，罢铁钱局。

十年七月，英、法二国兵至天津，命至通州与僧格林沁办防，并谕绵愉及怡亲王载垣、郑亲王端华、尚书肃顺、军机大臣等筹商交涉。同治二年，穆宗典学，太后以绵愉行辈最尊，品行端正，命在弘德殿专司督责，并令王子奕详、奕询伴读。三年十二月，薨，上亲临奠，赐银五千治丧，谥曰端。

子六，有爵者三：奕详、奕询、奕谟。奕详，绵愉第五子。初封不入八分辅国公。赐三眼孔雀翎，进镇国公，袭郡王。穆宗大婚，加亲王衔。十三年，命食亲王俸。光绪十年十月，太后万寿，命食亲王全俸。十一年六月，授内大臣。十二年正月，薨，谥曰敬。子载润，袭贝勒。奕询，绵愉第四子。初封不入八分辅国公，进封镇国公。卒，无子，以愉恪郡王允禑五世孙载泽为后，袭辅公，进镇国公，加贝子衔。光绪末，授度支部尚书。奕谟，绵愉第六子。初封不入八分镇国公，再进封贝子，加贝勒衔。卒，以醇贤亲王奕𫍽孙溥侗为后，袭镇国公。

宣宗九子：孝全成皇后生文宗，孝静成皇后生顺和郡王奕纲、慧质郡王奕继、恭忠亲王奕䜣，庄顺皇贵妃生醇贤亲王奕𫍽、钟端郡王奕詥、孚敬郡王奕譓，和妃纳喇氏生隐志郡王奕纬，祥妃钮祜禄氏生惇勤亲王奕誴。奕誴出为惇恪亲王绵恺后。

隐志郡王奕纬，宣宗第一子。嘉庆二十四年，封贝勒。道光十一年四月，薨，以皇子例治丧，进隐志贝勒。文宗即位，进郡王。无子，以贝勒绵懿子奕纪为后，袭贝勒。卒，谥恭勤。子溥伦，袭贝子，进贝勒；溥侗，授一等镇国将军。

顺和郡王奕纲，宣宗第二子。二岁，殇。文宗即位，进封谥。

慧质郡王奕继，宣宗第三子。三岁，殇。文宗即位，追封谥。

恭忠亲王奕䜣，宣宗第六子。与文宗同在书房，肄武事，共制枪法二十八势、刀法十八势，宣宗赐以名，枪曰"棣华协力"，刀曰"宝锷宣威"，并以白虹刀赐奕䜣。文宗即位，封为恭亲王。咸丰二年四月，分府，命仍在内廷行走。

三年九月，洪秀全兵逼畿南，以王署领侍卫内大臣办理巡防，命仍佩白虹刀。十月，命在军机大臣上行走。四年，迭授都统、右宗正、宗令。五年四月，以畿辅肃清，予优叙。七月，孝静成皇后崩，上责王礼仪疏略，罢军机大臣、宗令、都统，仍在内廷行走，上书房读书。七年五月，复授都统。九年四月，授内大臣。

十年八月，英吉利、法兰西兵逼京师，上命怡亲王载垣、尚书穆荫与议和，诱执英使巴夏礼，与战，师不利。

文宗幸热河，召回载垣、穆荫，授王钦差便宜行事全权大臣。王出驻长辛店，奏请饬统兵大臣激励兵心，以维大局。克勤郡王庆惠等奏释巴夏礼，趣王入城议和。英、法兵焚圆明园。豫亲王义道等奏启城，许英、法兵入。王入城与议和，定约，悉从英、法人所请，奏请降旨宣示，并自请议处。上谕曰："恭亲王办理抚局，本属不易。朕深谅苦衷，毋庸议处。"十二月，奏通商善后诸事。初设总理各国事务衙门，命王与大学士桂良、侍郎文祥领其事。王疏请训练京师旗兵，并以吉林、黑龙江与俄罗斯相邻，边防空虚，议练兵筹饷。上命都统胜保议练京兵，将军景淳等议练东三省兵。

十一年七月，文宗崩，王请奔赴，两太后召见，谕以赞襄政务王大臣载垣、端华、肃顺等擅政状。穆宗侍两太后奉文宗丧还京师，遣黜载垣等，授议政王，在军机处行走，命王爵世袭，食亲王双俸，并免召对叩拜、奏事书名。王坚辞世袭，寻命兼宗令、领神机营。

同治元年，上就傅，两太后命王弘德殿行走，稽察课程。三年，江宁克复。上谕曰："恭亲王自授议政王，于今三载。东南兵事方殷，用人行政，征兵筹饷，深资赞画，弼亮忠勤。加封贝勒，以授其子辅国公载澂，并封载浚辅国公、载滢不入八分辅国公。"四年三月，两太后谕责王信任亲戚，内廷召对，时有不检，罢议政王及一切职任。寻以惇亲王奕誴、醇郡王奕譞及通政使王拯、御史孙翼谋、内阁学士殷兆镛、左副都御史潘祖荫、内阁侍读学士王维珍、给事中广诚等奏请任用，广诚语尤切。两太后命仍在内廷行走，管理总理各国事务衙门。王入谢，痛哭引咎，两太后复谕："王亲信重臣，相关休戚，期望既厚，责备不得不严。仍在军机大臣上行走。"

七年二月，西捻逼畿辅，命节制各路统兵大臣。授右宗正。十一年九月，穆宗大婚，复命王爵世袭。十二年正月，穆宗亲政，十三年七月，上谕责王召对失仪，降郡王，仍在军机大臣上行走，并夺载澂贝勒。翌日，以两太后命复亲王世袭及载澂爵。十二月，上疾有间，于双俸外复加赐亲王俸。旋复加剧，遂崩。德宗即位，复命免召对叩拜、奏事书名。

光绪元年，署宗令。十年，法兰西侵越南，王与军机大臣不欲轻言战，言路交章论劾。太后谕责王等委靡因循，罢军机大臣，停双俸。家居养疾。十二年十月，复双俸。自是国有庆屡增护卫及甲数，岁时祀事赐神糕，节序辄有赏赉，以为常。二十年，日本侵朝鲜，兵事急，太后召王入见，复起王管理总理各国事务衙门，并总理海军，会同办理军务，内廷行走；仍谕王疾未愈，免常川入直。寻又命王督办军务，节制各路统兵大臣。十一月，授军机大臣。二十四年，授宗令。王疾作，闰三月增剧，上奉太后三临视，四月薨，年六十七。上再临奠，辍朝五日，持服十五日。谥曰忠，配享太庙，并谕："王忠诚匡弼，悉协机宜，诸臣当以王为法。"

子四：载澂，贝勒加郡王衔，卒，谥果敏；载滢，出为钟端郡王奕詥后，袭贝勒，坐事夺爵归宗；载浚，与载滢同时受封；载潢，封不入八分辅国公。载澂、载浚、戴潢皆前王卒。王薨，以载滢子溥伟为载澂后，袭恭亲王。

醇贤亲王奕譞，宣宗第七子。文宗即位，封为醇郡王。咸丰九年三月，分府，命仍在内廷行走。穆宗即位，谕免宴见叩拜、奏事书名。迭授都统、御前大臣、领侍卫内大臣，管神机营。同治三年，加亲王衔。四年，两太后命弘德殿行走，稽察课程。十一年，进封醇亲王。十二年，穆宗亲政，罢弘德殿行走。

德宗即位，王奏两太后，言："臣侍从大行皇帝十有三年，昊天不吊，龙驭上宾。仰瞻遗容，五内崩裂。忽蒙懿旨下降，择定嗣皇帝，仓猝昏迷，罔知所措。触犯旧有肝疾，委顿成废。惟有哀恳矜全，许乞骸骨，为天地容一虚縻爵位之人，为宣宗成皇帝留一庸钝无才之子。"两太后下其奏王大臣集议，以王奏诚恳请罢一切职任，但令照料菩陀峪陵工，从之。命王爵世袭，王疏辞，不许。光绪二年，上在毓庆宫入学，命王照料。五年，赐食亲王双俸。

十年，恭亲王奕䜣罢军机大臣，以礼亲王世铎代之，太后命遇有重要事件，与王商办。时法兰西侵越南，方定约罢兵，王议建海军。十一年九月，设海军衙门，命王总理，节制沿海水师，以庆郡王奕劻、大学士总督李鸿章、都统善庆、侍郎曾纪泽为佐。定议练海军自北洋始，责鸿章专司其事。十二年三月，赐王与福晋杏黄轿，王疏辞，不许。鸿章经画海防，于旅顺开船坞，筑炮台，为海军收泊地。北洋有大小战舰凡五，辅以蚊船、雷艇，复购舰英、德，渐次成军。五月，太后命王巡阅北洋，善庆从焉，会鸿章自大沽出海至旅顺，历威海、烟台，集战舰大合操，遍视炮台、船坞及新设水师学堂，十余日毕事。王还京，奏奖诸将吏及所聘客将，请太后御书榜悬大沽海神庙。

太后命于明年归政，王疏言："皇帝甫逾志学，诸王大臣吁恳训政，乞体念时艰，俯允所请，俟及二旬，亲理庶务。至列圣宫廷规制，远迈前代。将来大婚后，一切典礼，咸赖训教。臣愚以为诸事当先请懿旨，再于皇帝前奏闻，俾皇帝专心大政，承圣母之欢颜，免宫闱之剧务。此则非如臣生深宫者不敢知，亦不敢言也。"太后命毋庸议。十三年正月，上亲政。四月，太后谕预备皇帝大婚，当力行节俭，命王稽察。十四年九月，王奏："太平湖赐第为皇帝发祥地。世宗以潜邸升为宫殿，高宗谕子孙有自藩邸绍承大统者，应用其例。"太后从之，别赐第，发帑十万葺治。十五年正月，大婚礼成，赐金桃皮鞘威服刀，增护卫。葺治邸第未竟，复发帑六万。并进封诸子：载沣镇国公，载洵辅国公，载涛赐头品顶带、孔雀翎。

二月，河道总督吴大澂密奏，引高宗《御批通鉴辑览》，略谓："宋英宗崇奉濮王，明世宗崇奉兴王，其时议者欲改称伯叔，实人情所不安，当定本生名号，加以徽称"；且言："在臣子出为人后，例得以本身封典貤封本生父母，况贵为天子，天子所生之父母，必有尊崇之典，请饬廷臣议醇亲王称号礼节。"特旨宣示。上即位逾年，王密奏："臣见历代继承大统之君，推崇本生父母者，备载史书。其中有适得至当者焉，宋孝宗不改子偁秀王之封是也。有大乱之道焉，宋英宗之濮议、明世宗之议礼是也。

张璁、桂萼之俦，无足论矣。忠如韩琦，乃与司马光议论牴牾，其故何欤？盖非常之事出，立论者势必纷沓扰攘，乃心王室，不无其人；而以此为梯荣之具，迫其主以不得不视为庄论者，正复不少。皇清受天之命，列圣相承，十朝一脉，讵穆宗毅皇帝春秋正盛，遽弃臣民。皇太后以宗庙社稷为重，特命皇帝入承大统，复推恩及臣，以亲王世袭罔替。渥叨异数，感惧难名。原不须更生过虑，惟思此时垂帘听政，简用贤良，廷议既属执中，邪说自必潜匿。倘将来亲政后，或有草茅新进，趋六年拜相捷径，以危言故事耸动宸聪，不幸稍一夷犹，则朝廷滋多事矣。仰恳皇太后将臣此折，留之宫中。俟皇帝亲政，宣示廷臣世赏之由及臣寅畏本意，千秋万载，勿再更张。如有以治平、嘉靖之说进者，务目之为奸邪小人，立加屏斥。果蒙慈命严切，皇帝敢不钦遵，不但臣名节得以保全，而关乎君子小人消长之机者，实为至大且要。"太后如王言，留疏宫中。大澂疏入，谕曰："皇帝入承大统，醇亲王奕𫍽谦卑谨慎，翼翼小心，十余年来，殚竭心力，恪恭尽职。每优加异数，皆涕泣恳辞，前赐杏黄轿，至今不敢乘坐。其秉心忠赤，严畏殊常，非徒深宫知之最深，实天下臣民所共谅。光绪元年正月初八日，王即有《豫杜妄论》一奏，请俟亲政宣示，俾千秋万载，勿再更张。自古纯臣居心，何以过此？当归政伊始，吴大澂果有此奏，特明白晓谕，并将王原奏发钞，俾中外咸知醇王心事，从此可以共白。阘茸希宠之徒，更何所容其觊觎乎？"

十六年正月，以上二十万寿，增护军十五、蓝白甲五十，授载涛二等镇国将军。十一月，王疾作，上亲诣视疾。丁亥，王薨，年五十一。太后临奠，上诣邸成服。定称号曰皇帝本生考，称本生考，遵高宗御批；仍原封，从王志也。谥曰贤，配享太庙。下廷臣议：上持服期年，缟素、辍朝十一日；初祭、大祭、奉移前一日，亲诣行礼，御青长袍褂，摘缨；期年内御便殿，用素服，葬以王，祭以天子，立庙班祎。十八年，葬京师西山妙高峰。宣统皇帝即位，定称号曰皇帝本生祖考。

子七：德宗，其第二子也；载洸，初封不入八分辅国公，进镇国公；载沣，袭醇亲王，宣统皇帝即位，命为监国摄政王；载洵，出为瑞郡王奕志后；载涛，出为钟郡王奕詥后。宣统间，载洵为海军部大臣，载涛为军谘府大臣，主军政。三年十月，并罢。十二月，逊位。

钟端郡王奕詥，宣宗第八子。文宗即位，封为钟郡王。穆宗即位，命免宴见叩拜、奏事书名。同治三年，分府，仍在内廷行走。七年十一月，薨，谥曰端。无子，以恭忠亲王奕訢子载滢为后，袭贝勒。坐事，夺爵，归宗。又以醇贤亲王奕𫍽子载涛为后，袭贝勒，加郡王衔。

孚敬郡王奕譓，宣宗第九子。文宗即位，封孚郡王。穆宗即位，命免宴见叩拜、奏事书名。同治三年，分府，仍在内廷行走，命管乐部。十一年，授内大臣，加亲王衔。德宗即位，复命免宴见叩拜、奏事书名。光绪三年二月，薨，谥曰敬。无子，以愉恪郡王允祜四世孙奕栋子载沛为

后，袭贝勒。卒，又以奕瞻子载澍为后，袭贝勒，坐事夺爵归宗；又以贝勒载瀛子溥忻为后，封贝子。

文宗二子：孝钦显皇后生穆宗，玟贵妃徐佳氏生悯郡王。

悯郡王，生未命名，殇。穆宗即位，追封。

论曰：庄亲王佐太祖建业，将出师，登垅而谋，策定驰而下，黄道周亟称其骁勇；太祖崩，诸子嗣业，未有成命，礼烈亲王拥立太宗，亲为扞御边圉，夏允彝以为行事何减圣贤。盖雄才让德，虽在敌国，不能掩也。睿忠亲王手定中原，以致于世祖，求之前史，实罕其伦。徒以执政久，威福自专，其害肃武亲王，相传谓因师还赐宴拉杀之，又或谓还至郊外遇伏死，死处即今葬地。传闻未敢信，然其惨酷可概见矣。身后蒙谤，仅乃得雪，亦有以取之也。

圣祖遇诸宗人厚，遗诏犹以礼亲王、饶馀亲王子孙安全，拳拳在念。然当用兵时，诸王贝勒为帅，小违律必议罚，且不得以功掩。义以行法，仁以睦亲，固不相悖也。雍正中，允禵、允禟之狱，世宗后亦悔之。怡贤亲王特驯谨，渥加宠荣，示非寡恩。诚以尺布斗粟，相逼笮过甚，恂勤郡王尝握兵柄，非母弟亦岂得幸生耶？时去开国未远，以尚武为家法，其失则犷。

太宗屡谕诸子弟当读书，愨厚公承其教，彬彬有东丹王之风。高宗诸子多擅文学，尤以成哲亲王为最，词章书翰，无愧古人。恭忠亲王继以起，绸缪宫府，定乱绥疆，罢不生怼，用不辞劳，有纯臣之度焉。醇贤亲王尊为本生亲，乾乾翼翼，靡间初终，预绝治平、嘉靖之议，载在方策，彰彰迈前代远甚。迨时移势易，天方降割，乃以肺腑之亲，寄腹心之重，漠然不知阴雨之已至，一发而不可复收。天欤人欤，亡也忽诸，尤足为后来之深鉴矣！

卷二百二十二　　　列传九

阿哈出 子释加奴　猛哥不花　释加奴子李满住　李满住孙完者秃　脱罗子脱原保　**王杲**　王兀堂

阿哈出，辽东边外女真头人。太祖以建州卫起兵。建州设卫，始永乐元年十一月辛丑，初为指挥使者，阿哈出也，明赐姓名李诚善，所属授千百户、镇抚，赐诰印、冠服、钞币有差。三年十月，阿哈出朝于明。六年三月，忽的河、法胡河、卓儿河、海刺河诸女真头人哈喇等朝于明，以其地属建州卫，哈喇等授千百户。七年七月，阿哈出朝于明。

阿哈出子二：释加奴、猛哥不花。八年，成祖亲征出塞，释加奴率所属从战有功。八月乙卯，以释加奴为都指

挥佥事，赐姓名李显忠，所属昝卜赐姓名张志义，阿剌失赐姓名李从善，可捏赐姓名郭以诚，皆为正千户。九年九月，释加奴举猛哥不花为毛怜卫指挥使。初，永乐三年设毛怜卫，以头人巴儿逊为指挥使；至是从释加奴请，以命其弟。十年，释加奴等岁祲乏食，辽东都指挥巫凯以闻，成祖命发粟赈之。

猛哥帖木儿者，亦女真头人，其弟曰凡察，与阿哈出父子并起，明析置建州左卫处之，以为指挥使。十一年十月，与释加奴、猛哥不花同朝于明。十四年，释加奴、猛哥不花朝于明，为所属乞官。十五年二月，猛哥不花朝于明。十二月，释加奴上言："颜春头人月儿速哥率其孥来归，请属于建州。"释加奴、猛哥不花、猛哥帖木儿屡为所属乞官。十八年闰正月，成祖命无功不得乞官，赐敕戒谕之。十九年十月，猛哥不花朝于明。二十年正月，成祖亲征出塞，猛哥不花率子弟及所属从，赐弓矢、裘、马。二十二年三月，成祖复亲征出塞，猛哥不花使所属指挥佥事王吉从，成祖嘉赉之。七月，成祖崩。

宣德元年正月，猛哥不花、猛哥帖木儿朝于明。是月壬子，进猛哥帖木儿为都督佥事。释加奴已前卒，三月辛丑，以其子李满住为都督佥事。九月丁巳，进猛哥不花为中军都督同知，仍掌毛怜卫。二年二月，猛哥不花使贡马，旋卒。四月，命忾其孥。

猛哥不花子二：撒满哈失里、官保奴。撒满哈失里蒙其祖阿哈出赐姓为李氏，四年三月壬子，明以为都督佥事。五年三月，官保奴朝于明。四月，李满住上言求市于朝鲜，朝鲜不纳，宣宗敕谕听于辽东境上通市。六年正月，释加奴妻唐氏朝于明。二月，撒满哈失里朝于明。七年二月，猛哥帖木儿使其弟凡察朝于明；三月壬戌，明以为都指挥佥事。

八年二月庚戌，进猛哥帖木儿为右都督，凡察都指挥使。六月，撒满哈失里朝于明。是年，七姓野人木答忽等纠阿速江等卫头人弗答哈等掠建州卫，杀左卫都督猛哥帖木儿及其子阿古，凡察告难于明。会明使者指挥裴俊如斡木河，中途遇寇，凡察以所属赴援，有功。九年二月癸酉，进凡察都督佥事，掌卫事；敕谕木答忽等还所掠人、马、资财，且赦其罪。是月，撒满哈失里母金阿纳失里朝于明。

宣德十年正月，宣宗崩。是月，李满住、撒满哈失里上言忽剌温境内野人那列秃等掠所属那颜寨，敕谕那列秃等还所掠人、马、资财，并以责弗答哈等。四月，撒满哈失里朝于明。正统元年闰六月，李满住使其子古纳哈等朝于明，还辽东逃人，明英宗嘉其效诚，赐彩缎、冠服；并上章言忽剌温野人相侵，乞徙居三阳婆猪江，英宗命辽东总兵官巫凯计议安置，毋弛边备，毋失夷情。二年正月，凡察使所属指挥同知李伍哈朝于明，上章言："居邻朝鲜，为所困；欲还建州，又为所阻；乞朝命。"英宗赐敕抚谕。五月，撒满哈失里朝于明，自陈愿留京师自效。

前，撒满哈失里已进都督同知，英宗命仍掌毛怜卫事，赐敕遣之。是时，李满住掌建州卫，凡察掌建州左卫，与撒满哈失里并奉职贡惟谨；而故建州左卫都督猛哥帖木儿死七姓野人之难，子阿古殉焉，诸子董山、绰颜依凡察以居。是年十一月，以董山为本卫指挥使。三年正月，凡察朝于明。是月壬子，英宗赐以敕曰："往者猛哥帖木儿死七姓野人之难，失其印，宣德间，别铸印畁凡察。董山上言旧印故在，而凡察复请留新印，一卫二印无故事。敕至，尔等协同署事，遣使上旧印。"凡察、董山争卫印自此始。六月，李满住使所属指挥赵歹因哈上章，言："自徙居婆猪江，屡为朝鲜侵掠。今复徙居灶突山东南浑河上，为朝廷守边圉，罔敢或违。"别疏又言："毛怜卫印为指挥阿里所匿，请别铸印畁撒满哈失里。"英宗不许，命撒满哈失里奏事附李满住以达。

四年四月，李满住上言："都督凡察、指挥童仓为朝鲜所诱，叛去。"童仓即董山，译音异也。英宗敕朝鲜国王李裪问状，裪疏自明非诱。英宗命凡察、童仓即居镜城，复敕裪抚谕之。五年四月，英宗以李满住与福馀卫鞑靼相侵盗，敕辽东总兵曹义备边。九月，朝鲜国王李裪上言凡察、童仓复逃还建州。总兵曹义亦疏陈："凡察等去镜城，率叛军马哈剌等四十家至苏子河，乏食。"英宗敕义使编置三土河及婆猪江迤西冬古河两界间，仍依李满住以居，发粟赈之；责逃军马哈剌等，命还伍。复谕裪使归其种人留朝鲜境者。是时，凡察以都督、董山以指挥同领建州左卫，其徙居镜城复还。六年正月戊午，进董山为都督佥事。

二月，朝鲜国王李裪上言："凡察旧居镜城阿木河，其兄猛哥帖木儿，臣祖授以万户，创公廨，与婢仆、衣粮、鞍马，臣父又授以上将军。及死七姓野人之难，其子阿古殉焉，屋宇、资产焚掠殆尽。臣抚恤凡察，如先臣抚恤其兄。近岁徙居东良，后乃潜逃，与李满住同处。此时臣不及知，安有追杀？或有留者，非怀土不去，则同类开谕而还，非臣阻之也。李满住昔居婆猪江，在臣国边境。盐米醯酱随其所索，时时给与。后引忽剌温劫掠臣边不已。今凡察与同恶，谋与忽剌温等来侵。请饬凡察等遄返旧居，庶小国边民获免寇盗。"英宗敕裪谨为备。会凡察上言不敢为非，敕辽东总兵曹义遣使谕之，并廉其情伪。

凡察、董山争卫印数年而不决。七年二月甲辰，英宗用总兵官曹义议，析置建州右卫，凡察、董山皆进都督同知，董山以旧印掌左卫，凡察以新印掌右卫，敕分领所属，守法安业，毋事争斗。董山、凡察及李满住各为所属乞官，皆许之。自是，岁有干请。久次，乞进秩；物故，乞袭职，以为常。撒满哈失里朝于明。三月丁丑，进右都督，别铸毛怜卫印畁之。五月，英宗以凡察等屡言朝鲜留其部众，使锦衣卫指挥佥事吴良赍敕往勘。凡察所索童阿哈里等，居朝鲜久，受职事，守丘墓，皆自陈不愿还，而以十人还李满住。八年十月，李满住使报兀良哈等将入寇，英宗命金都御史王翱勒兵为备。九年正月，李满住等上言指挥郎克苦等还自朝鲜，乞赈，英宗命发粟赈之。十二月，董山、凡察朝于明。十年正月，撒满哈失里朝于明。十一年二月，以董山弟绰颜为副千户。十二年正月，进李满住为都督同知。六月，以闻瓦剌将寇边，敕建州三卫李满住、董山、凡察等使为备。十三年正月，复敕戒李满住等毋为北虏诱。十二月，董山、凡察朝于明。十四年，凡察妻朵儿真索朝于明,进皇太后塔纳珠二颗,赉以纻丝表里。既而额森入寇,建州三卫亦屡犯边。景泰中,王翱巡抚辽东,使招谕,复叩关。

天顺二年正月,李满住朝于明。二月,进董山右都督。时董山阴附朝鲜,朝鲜授以中枢密使。巡抚辽东都御史程信诇得其制书以闻,英宗使诘朝鲜及董山,皆慑服,贡马谢。五年十二月,朝鲜国王李珧上言:"建州众夜至义州江,杀并江收禾民,掠男妇、牛马。"下兵部议,以为朝鲜尝诱杀毛怜卫都督郎卜儿哈,致寇乃自取,置勿问。八年春正月,英宗崩。

成化元年正月,董山朝于明,自陈防边有劳,乞进秩。宪宗不许,赐以彩缎。十月,整饬边备。左都御史李秉上言:"建州、毛怜、海西诸部落入贡,边臣验方物,貂必纯黑,马必肥大,否则拒不纳。今诸部落结福馀三卫屡犯边。贡使至,使者不宜过持择,召边衅。"宪宗命从之。二年十一月,秉上言:"毛怜诸卫犯边,官兵击破之。"十二月,复入犯,总兵武安侯郑宏战败。三年正月,秉上言:"董山归所掠边人,请赎俘。"宪宗敕奖董山,因戒责建州、毛怜诸卫,旋使锦衣卫署都督佥事武忠将命抚谕。是月,海西、建州诸卫复入鸦鹘关,都指挥邓佐御诸双岭,中伏死,副总兵施英不能救。三月,复入连山关,掠开原、抚顺,窥铁岭、宁远、广宁。及忠至,董山等受抚。四月,偕李古纳哈等朝于明,宪宗使集阙下,宣诏赦其罪,董山等顿首听命。

五月己丑,复以左都御史李秉提督军务,武靖伯赵辅佩靖虏将军印,充总兵官,发兵讨建州,而董山等留京师,会赐宴,其从者语嫚,夺庖人铜牌,事闻,有诏切责;既而,予马值、赉彩币如故事。董山、李古纳哈乞蟒衣、玉带、金顶帽、银酒器,宪宗命增赐衣、帽,人一具。董山又言指挥可昆等五人有劳,乞赐,宪宗命赐衣,人一袭。董山等辞归,鸿胪寺通事署丞王忠奏:"董山等骂坐不敬,贪求无厌,扬言归且复叛,请遣官防送。"宪宗命礼部遣行人护行,复赐敕戒谕。董山等既行,宪宗复用礼部主事高冈议,命赵辅絷董山塞上。辅留董山等广宁,令遣使戒所属毋更盗边。七月庚申,辅召董山等听宣敕,未毕,董山等为嫚语,袖出刃刺译者,吏士格斗,杀董山等二十六人。宪宗命发兵益秉、辅东征,敕安抚毛怜、海西诸卫,示专讨建州。九月,分道出师:左军渡浑河,越石门,至分水岭;右军度鸦鹘关,逾凤凰城、摩天岭,至婆猪江;中军下抚顺,经薄刀山,过五岭,渡苏子河,至虎城。攻破张打必纳、戴咬纳、朗家、嘹哈诸寨,四战皆捷。十月,师还。秉上疏请增兵戍辽阳,于凤凰山、鸦鹘关、抚顺、奉集、通远诸路度地筑城堡,选将吏习边事者镇开原,宪宗悉从之。

四年正月,朝鲜国王李珧上言,遣中枢府知事康纯等将兵征建州,渡鸭绿、泼猪二江,破兀狝府诸寨,擒李满住及其子古纳哈等,多所俘馘,使献俘。

自阿哈出始领建州卫,传其子释加奴及孙李满住。析左卫,猛哥帖木儿领之,死,而弟凡察代;既复传其子董山;析右卫,移凡察领之。其入边为乱,董山为之渠。明

既杀董山,朝鲜亦破李满住,其子古纳哈同死,他子都喜亦不哈,后不著。凡察正统后不复见,当已前死。其子不花秃不与董山之乱,独全。他子阿哈答尝朝于明,争赐币不及例。五年六月,建州左卫都指挥佟那和札等上章,为董山子脱罗等、李古纳哈子完者秃乞官。兵部请进止,宪宗命授脱罗都指挥同知、完者秃都指挥佥事。自是,凡从董山为乱者,其子姓降一等,仍袭职。

六年正月,建州三卫头人沙加保等三百余人朝于明,宪宗敕示威德,俾复奉朝贡。居数年,太监汪直擅政,欲以边功自重,巡抚辽东右副都御史陈钺阿直意,十三年十二月,上章言建州三卫为边患,请声罪致讨。十四年六月,命兵部侍郎马文升及钺会议招抚,文升上言:"建州左、右二卫掌印都指挥脱罗、卜花秃等一百九十五人,建州卫掌印都指挥完者秃等二十七人,先后应命。"宣敕抚慰,遣还。卜花秃即不花秃,凡察子也,九年十二月、十一年正月,再入朝,至是同受招抚。

寻复命直诣辽东处置边务,直至边,钺复请用兵。十五年十月,命直监督军务,抚宁侯朱永佩靖虏将军印充总兵官,钺参赞军务,讨建州三卫,并敕朝鲜国王李娎发兵夹击。十一月,永等分道出抚顺关,建州人拒守,纵击破之,有所俘馘。师还,永等受上赏。十六年六月,建州复寇边。巡按辽东御史强珍疏论钺等启衅冒功,下吏议。汪直憾珍,劾珍欺罔,逮治,谪戍。钺寻罢去。十八年,直亦得罪,建州三卫奉朝贡如故。

弘治初,脱罗、完者秃皆进都督。孝宗之世,脱罗三朝,完者秃五朝,明赐完者秃大帽、金带。正德元年,脱罗卒,以其子脱原保袭都督佥事。二年四月,卜花秃卒,赐祭。武宗之世,脱原保三朝。

嘉靖间,建州卫都督方巾,左卫都督章成、古鲁哥,右卫都督阿剌哈、真哥、腾力革辈,见于《明实录》,皆不知其世。盖自李满住死,复传其孙完者秃。阿哈出之后,可纪者四世。其别子喜哥不花领毛怜卫,传子撒满答失里,后不著。董山死,传其子脱罗及孙脱原保。猛哥帖木儿之后,可纪者三世。其弟凡察传子不花秃,后不著。迨嘉靖季年,王杲强,而阿哈出、猛哥帖木儿之族不复见。

王杲,不知其种族。生而黠慧,通番、汉语言文字,尤精日者术。嘉靖间,为建州右卫都指挥使,屡盗边。三十六年十月,窥抚顺,杀守备彭文洙,遂益恣掠东州、会安、一堵墙诸堡无虚岁。四十一年五月,副总兵黑春帅师深入,王杲诱致春,设伏媳妇山,生得春,磔之,遂犯辽阳,劫孤山,略抚顺、汤站,前后杀指挥王国柱、陈其孚、戴冕、王重爵、杨五美,把总温栾、于栾、王守廉、田耕、刘一鸣等,凡数十辈。当事议绝贡市,发兵剿,寻又请贷,杲不为悛。隆庆末,建州哈哈纳等三十人款塞请降,边吏纳焉。王杲走开原索之,勿予,乃勒千余骑犯清河。游击将军曹簠伏道左,突起,斩五级,王杲遁走。

故事,当开市,守备坐听事,诸部酋长以次序立堂上,奉土产,乃验马;马即羸且跛,并予善值,餍其欲乃已。王杲尤桀骜,攫酒饮,至醉,使酒箕踞骂坐。六年,守备贾汝翼初上,为亢厉,抑诸酋长立阶下,诸酋长争非故事,

尽阶进一等。汝翼怒，抵几叱之，视戏下榁不下者十余人，验马必肥壮。王杲鞅鞅引去，椎牛约诸部，杀掠塞上。是时，哈达王台方强，诸部奉约束，边将檄使谕王杲。王杲讼言汝翼摧抑状，巡抚辽东都御史张学颜以闻，下兵部议，令辽东镇抚宣谕，示以恩威。于是王台以千骑入建州寨，令王杲归所掠人马，盟于抚顺关下而罢。学颜复以闻，赍王台银币。

万历二年七月，建州奈儿秃等四人款塞请降，来力红追亡至塞上，守备裴承祖勿予，追者纵骑掠行夜者五人以去。承祖檄召来力红令还所掠，亦勿予。是时王杲方入贡，马二百匹、方物三十驮，休传舍。承祖度王杲必不能弃辎重而修怨于我，乃率三百骑走来力红寨，诸部围之，未敢动。王杲闻耗惊，驰归，与来力红入谒承祖，而诸部围益众。王杲曰："将军幸毋畏。仓卒闻将军至，皆匍匐愿望见。"承祖知其诈，呼左右急兵之，击杀数十人，诸部皆前斗，杀伤相当。来力红执承祖及把总刘承奕、百户刘仲文，杀之。于是学颜奏绝王杲贡市，边亦复檄王台使捕王杲及来力红。王台送王杲所掠塞上士卒，及其种人杀汉官者。

王杲以贡市绝，部众坐困，遂纠土默特、泰宁诸部，图大举犯辽、沈。总兵李成梁屯沈阳，分部诸将：杨腾驻邓良屯，王维屏驻马根单，曹簠驰大冲挑战。王杲与诸部三千骑入五味子冲，明军四面起，诸部兵悉走保王杲寨。王杲寨阻险，城坚堑深，谓明军不能攻。成梁计诸部方聚处，可坐缚。十月，勒诸军具炮石、火器疾走围王杲寨，斧其栅数重。王杲拒守，成梁摇撞诸将冒矢石陷坚先登。王杲以三百人登台射明军，明军纵火，屋庐、刍茭悉焚，烟蔽天，诸部大溃。明军纵击，得一千一百四级。往时剖承祖腹及杀承奕者皆就歼，王杲遁走。明军车骑六万，杀掠人畜殆尽。

三年二月，王杲复出，谋集余众犯边，复为明军所围。王杲以蟒褂、红甲授所亲阿哈纳，阳为王杲突围走，明军追之。王杲以故得脱，走重古路，将往依泰宁王速把亥。明军购王杲急，王杲不敢北走，假道于王台。边吏檄捕送。七月，王台率子虎儿罕赤缚王杲以献，槛车致阙下，磔于市。王杲尝以日者术自推出亡不即死，竟不验。妻孥二十七人为王台所得，其子阿台跳去。阿台妻，清景祖女孙也。

王台卒，阿台思报怨，因诱叶赫杨吉砮等侵虎儿罕赤。总督吴兑遣守备霍九皋谕阿台，不听。李成梁率师御之曹子谷、大梨树佃，大破之，斩一千五百六十三级。四年春正月，阿台复盗边，自静远堡九台入，既又自榆林堡入至浑河，既又自长勇堡入薄浑河东岸，又纠土蛮谋分掠广宁、开原、辽河。阿台居古勒寨，其党毛怜卫头人阿海居莽子寨，两寨相为犄角。成梁使裨将胡鸾备河东，孙守廉备河西，亲帅师自抚顺王刚台出塞，攻古勒寨，寨陡峻，三面壁立，壕堑甚设。成梁麾诸军火攻两昼夜，射阿台，殪。别将秦得倚已先破莽子寨，杀阿海，斩二千二百二十二级。景祖、显祖皆于难。语详《太祖纪》。

同时又有王兀堂，亦不知其种族，所居寨距瑷阳二百五十里，瑷阳故通市。王兀堂初起，奉约束惟谨。万历三年，李成梁策徙孤山、险山诸堡，拓境数百里，断诸部窥塞道。王杲既擒，张学颜行边，王兀堂率诸部酋环跪马前，谓徙堡塞道，不便行猎，请得纳质子，通市易盐、布。学颜以请，神宗许之。开原、抚顺、清河、瑷阳、宽奠通布市自此始。

当是时，东方诸部落，自抚顺、开原而北属海西，王台制之；自清河而南抵鸭绿江属建州，王兀堂制之；颇守法。已，渐窃掠东州、会安堡。七年七月，开市宽奠，参将徐国辅纵其弟若仆减直强鬻参，殴种人以回易至者几毙，诸部皆忿，数掠宽奠、永奠、新奠诸堡。他酋佟马儿等牧松子岭，阑入林刚谷。巡抚都御史周咏等劾国辅，罢之，谕王兀堂戢诸部。八年三月，王兀堂及他酋赵锁罗骨等，以六百骑犯瑷阳及黄关岭，指挥王宗义战死。四月，又以千骑自永奠堡入，成梁师击败之，斩七百五十级，俘一百六十人。十一月，复自宽奠堡入，副总兵姚大节帅师击败之，斩六十七级，俘十一人。王兀堂自是遂不振，不复通于明。

当隆庆之世，下逮万历初，建州诸卫以都督奉朝贡者，建州卫则有纳答哈、纳木章，左卫则有大疼克、八汗马、哈塔台，右卫则有八当哈、来留住、松塔；而王杲自指挥使迁何秩，不可考见，王兀堂并不著其官，然皆强盛为大酋。自王杲就擒后五年而王兀堂败，又后三年而阿台死，太祖兵起。

论曰：建州之为卫，始自阿哈出。枝干互生，左右析置，自永乐至嘉靖，一百五十余年，而阿哈出之世绝。王杲乘之起，父子弄兵十余年乃灭。其在于清，犹爽鸠、季荝之于齐，所谓因国是也。或谓猛哥帖木儿名近肇祖讳，子若孙亦相同。然清先代遘乱，幼子范察得脱，数传至肇祖，始克复仇。而猛哥帖木儿乃被戕于野人，安所谓复仇？若以范察当凡察，凡察又猛哥帖木儿亲弟也，不得为数传之祖。清自述其宗系，而明乃得之于简书。《春秋》之义，名从主人，非得当时纪载如《元秘史》者，固未可以臆断也。隆庆、万历间，建州诸部长未有名近兴祖讳者。太祖兵起，明人所论述但及景、显二祖，亦未有谓为董山裔者。信以传信，疑以传疑，今取太祖未起兵前建州三卫事可考见者著于篇，以阿哈出、王杲为之纲，而其子弟及同时并起者附焉。

卷二百二十三　　列传十

万	子扈尔干	孟格布禄	扈尔干子岱善
孟格布禄子吴尔古代	**杨吉砮**	兄清佳砮
杨吉砮子纳林布禄	金台石	清佳砮子布寨
布寨子布扬古	**布占泰**	**拜音达里**

万，哈达部长也。万自称汗，故谓之万汗。明译为王台，"台""万"音近。明于东边酋长称汗者，皆译为

"王"某,若以王为姓,万亦其例也。哈达为扈伦四部之一,明通称海西。哈达贡于明,入广顺关,地近南,故谓之南关。

万姓纳喇氏,其始祖纳齐卜禄。纳齐卜禄生尚延多尔和齐,尚延多尔和齐生嘉玛喀硕珠古,嘉玛喀硕珠古生绥屯,绥屯生都勒喜。都勒喜子二:克什纳、古对朱颜。古对朱颜之后别为乌喇部。克什纳,嘉靖初掌塔山左卫,于诸部中最强,修贡谨,又捕叛者猛克有劳,明授左都督,赐金顶大帽;既,为族人巴代达尔汉所杀。克什纳子二:长彻彻穆,次旺济外兰。克什纳死时,彻彻穆子万奔席北部境绥哈城,而旺济外兰奔哈达,遂为其部长。明以其侦寇功,授都督金事。叶赫部长褚孔格数为乱,旺济外兰执而僇之,夺其贡敕七百道,及所部十三寨。后其部众叛,旺济外兰为所杀。其子博尔坤舍进杀父仇,迎从兄万于绥哈城,还长其部。万能用其众,略邻部,远交而近攻,势益盛,遂以哈达为国,称汗。兴祖诸子环居赫图阿喇,号"宁古塔贝勒",与董鄂部构衅。兴祖第三子索长阿为其子吴泰娶万女,盖尝乞兵于万以御董鄂部。

万居静安堡外,室庐、耕植与他部落异,事明谨。是时王杲领建州,与觉巩东西遥应,窥辽塞,万支拄其间不令合。明使继其大父克什纳为都督。王杲盗边,开原兵备副使王之弼檄万,令王杲还所掠。万入建州寨,要王杲盟于抚顺关下,复通市如故。土默特徙帐辽东,万入贡,多夺其马。已而,土默特弟韦征与万为婚,其从子小黄台吉拥五万骑,介叶赫复请婚于万,万惧而许之。小黄台吉以马牛羊、甲胄、貂豹之裘遗万,筑坛刑白马为盟,约毋犯塞。居无何,小黄台吉要万犯塞,万不可,乃罢,时为万历元年。明年,王杲乱,辽东巡抚张学颜檄万捕王杲。万令海西、建州诸酋款塞,乞先开市,游击丁仍语之曰:"必得王杲而后市可图也。"万复遣建州卫都督大疹克等叩关,督抚以闻,许开市,遂缚献王杲所掠边军八十四人,及种人兀黑,以兀黑尝杀汉官也。又明年,捕得王杲,槛致京师。明进万右柱国、龙虎将军,官二子都督金事,赐黄金二十两、大红帅字纻衣一袭。

是时万所领地,东则辉发、乌喇,南则建州,北则叶赫,延袤千里,保塞甚盛。万暴而黩货,以事赴诉,视略有无为曲直。部下皆效之,使于诸部,骄恣无所忌,求贿鹰、犬、鸡、豚惟所欲。使还,意为毁誉,万辄信之。以是诸部皆贰。而叶赫部长清佳砮、杨吉砮兄弟,以父褚孔格见僇,心怨万。万纳其女弟温姐,又以女妻杨吉砮,卵翼之。万老而衰,杨吉砮复婚于哈屯恍惚太,势渐张。万子扈尔干尤暴,所部或去从杨吉砮。杨吉砮构乌喇与扈尔干为仇,遂收故所部诸寨为旺济外兰所侵者,取其八寨,惟把太等五寨尚属万。自是辉发、乌喇诸部皆不受约束,万地日蹙,忧愤不自惮。万历十年七月,万卒。叶赫闻万死,使求故贡敕,扈尔干曰:"我父以汝兄弟故,卒用忧愤死,今尚问敕书乎?"勿与,告哀于明。明以万忠,赐祭,予彩币、四表里。

万有子五:扈尔干为长;仲、叔皆前死;季孟格布禄,温姐子也;又有康古鲁,为万外妇子。万卒,康古鲁与扈尔干争父业。扈尔干怒曰:"汝,我父外妇子也,宁得争父业乎?不避我,我且杀汝!"康古鲁因亡抵清佳砮,清佳砮妻以女。是时太祖初起兵。八月,扈尔干以兵从兆佳城长李岱劫太祖所属瑚济寨,太祖将安费扬古、巴逊以十二人追击,杀哈达兵四十人,还所掠。扈尔干旋卒。孟格布禄年十九,袭父职龙虎将军、左都督,众未附。康古鲁闻扈尔干死,遂还,烝温姐。

扈尔干有子曰岱善,与康古鲁、孟格布禄析万遗业为三。康古鲁报扈尔干之怨,释憾于其子;孟格布禄亦以母温姐故,助康古鲁,共攻岱善;而清佳砮、杨吉砮兄弟谋攻万子孙报仇,十一年七月,挟媛兔、恍惚太等万骑来攻。明总督侍郎周咏念岱善弱,孟格布禄少,请加敕部诸酋,神宗许之。十二月,杨吉砮等复挟蒙古科尔沁贝勒瓮阿岱等万骑来攻,孟格布禄及岱善以二千骑迎战而败。自是兵屡至,恣焚掠不已。十二年,明总兵李成梁诱杀清佳砮、杨吉砮兄弟,所部慑服,誓受孟格布禄约束。

叶赫难始纾,而内讧复急。清佳砮子布寨、杨吉砮子纳林布禄乘隙图报怨。十五年四月,纳林布禄以恍惚太万骑攻把泰寨,明兵来援,围解;乃阴结其姑温姐,嗾孟格布禄佐康古鲁图岱善。先是扈尔干许以女归太祖,十六年,岱善亲送以往,太祖为设宴成礼。是年纳林布禄复以恍惚太五千骑围岱善。孟格布禄将其孥从纳林布禄往叶赫,居十八里寨,于是图岱善益急,而康古鲁诱岱善所部叛岱善,略其赀畜,纳林布禄并掠岱善妻哈屯以去。明边吏议绝孟格布禄市,以所部及土田、牲畜尽归于岱善。孟格布禄不听,复与布寨、纳林布禄、康古鲁入开原,温姐偕。开原兵备副使王缄令裨将袭其营,执温姐、康古鲁以归。巡抚顾养谦谕孟格布禄:"和岱善,还所掠,否则断若母头矣!"王缄以为戮温姐则孟格布禄益携,不如释之,而囚康古鲁,待朝命。温姐既得脱,遁还。孟格布禄自叶赫攻岱善,自焚其所居,劫温姐去。王缄坐是夺职。

十六年二月,河西大饥,岱善乞籴于明,明予粟百斛。李成梁出师讨布寨、孟格布禄,围其城,布寨、孟格布禄请降,成梁振旅还。开原兵备副使成逊议释康古鲁,和诸部;总督侍郎顾养谦亦谓:"岱善弱而多疑,即歼诸酋立之,不能有其众。不如释康古鲁,使和岱善,则万子孙皆全。岱善内倚中国,外结建州,阴折北关谋,实制东陲胜策也。"夏四月,遂释康古鲁而谕之曰:"中国立岱善,以万故;囚汝,以助北关侵岱善也。汝亦万子,不忍杀。今释汝,和诸酋,修父业。岱善安危,汝则任之。"康古鲁听命,因令岱善以叔父事康古鲁,以祖母事温姐,刑牲盟;且进布寨、纳林布禄使者诫谕之,为均两部,敕孟格布禄出岱善妻子五人,及所部种人三百二十三、妇稚五百四十三、马牛羊数百,归岱善。康古鲁偕温姐归故寨,居月余,康古鲁病且死,语温姐及孟格布禄,戒部曲毋盗边负明恩。康古鲁死,孟格布禄谋尽室徙依叶赫,度温姐不从,微告布寨、纳林布禄以至。孟格布禄纵火燔其居,趣温姐行,温姐不可,强扶持上马,郁郁不自得,七月亦死。

布寨、纳林布禄诱孟格布禄图岱善如故。成逊令诸酋面相要释憾,并入贡,而太祖日强盛,布寨、纳林布禄与有隙。二十一年夏六月，纠孟格布禄及乌喇、辉发四部合兵攻太祖，略户布察寨。太祖率兵追之，设伏于中途，引兵略哈达富儿家齐寨。哈达兵至，太祖欲引敌至设伏所，挥众使退，以单骑殿。孟格布禄以三骑自后相迫，一骑出于前，太祖引弓射前骑，前骑在右，回身自马项上发矢，矢著于马腹，遂逸去。三骑骤至，太祖马惊几坠，右足挂于鞍，复乘，遂射孟格布禄马蹄地，其从者秦穆布禄授以己马，挟以驰。太祖率所部兵骑者三、步者二十，逐而击之，斩十二人，获甲六、马十八，以还。九月，复从布寨、纳林布禄以九部之兵三万人攻太祖，战于黑济格城下，九部之兵燔，布寨殪焉。

二十五年，叶赫诸部请成于太祖，盟定辄背之。二十六年，孟格布禄所居城北溪流血。二十七年秋，纳林布禄攻孟格布禄，孟格布禄不能支，以其三子质于太祖，乞师。太祖使费英东、噶盖以兵二千戍哈达。纳林布禄恐，乃构明开原译者为书，诱孟格布禄使贰于明，将袭击费英东等。费英东等诇得之，以告太祖。九月丁未朔，太祖帅师攻哈达。贝勒舒尔哈齐请为前锋，薄孟格布禄所居城。兵出，舒尔哈齐使告太祖曰："彼城兵出矣！"太祖曰："岂为此城无兵而来耶？"躬督兵进。舒尔哈齐兵塞道，太祖军循城行，城上发矢多伤者，遂攻城，癸丑，克之。扬古利生得孟格布禄，太祖命勿杀，召入谒，赐以所御貂帽、豹裘，置帐中。既，孟格布禄与噶盖谋为乱，事泄，乃杀之。

二十九年春正月，太祖以女妻孟格布禄子吴尔古代，明使来让，太祖遣吴尔古代还所部。纳林布禄归所掠敕六十道，请于明，补双贡如故事。已而，纳林布禄复纠蒙古掠哈达。哈达饥，乞籴于明，明不与，至鬻妻子、奴仆以食。太祖周恤之，遂以吴尔古代归。哈达亡。

杨吉砮，叶赫部长，孝慈高皇后父也。其先出自蒙古，姓土默特氏，灭纳喇部据其地，遂以地为姓；后迁叶赫河岸，因号叶赫。其贡于明，取道镇北关，地近北，故明谓之北关。

始祖星根达尔汉生席尔克明噶图，席尔克明噶图生齐尔噶尼。正德初，齐尔噶尼数盗边，斩开原市。八年，其子褚孔格纠他酋加哈复为乱，旋就抚，授达喜木鲁卫都督佥事。褚孔格阻兵数反覆，为哈达部长旺济外兰所杀，明赐敕书及所属诸寨，皆为所夺。

褚孔格子太杵。太杵子二：长，清佳砮；次即杨吉砮。能抚诸部，依险筑二城，相距可数里，清佳砮居西城，杨吉砮居东城，皆称贝勒。明人以译音，谓之"二奴"。是时哈达万汗方强，杨吉砮弟兄事万谨，万纳其女弟温姐，藉势寖骄，数纠建州王杲侵明边。明讨王杲，而清佳砮、杨吉砮不与，盖万实庇之，既又以女妻杨吉砮。然杨吉砮兄弟日夜思复先世褚孔格之仇，怨万。会万老，势衰，杨吉砮复婚于哈屯恍惚太，以隙复故地季勒诸寨。万子扈尔干所属白虎赤等先后叛归杨吉砮，杨吉砮势日盛，万遂以忧愤死。死而诸子内争，其庶孽康古鲁亡抵清佳砮，清佳砮妻以女，益间万子孙使自相图。

既而太祖兵起，尝如叶赫，杨吉砮顾知为非常人，谓太祖曰："我有幼女，俟其长，当使事君。"太祖曰："君欲结姻盟，盍以年已长者妻我？"杨吉砮对曰："我虽有长女，恐未为嘉偶。幼女端重，始足为君配耳。"太祖遂纳聘焉。

万历十一年，杨吉砮弟兄率白虎赤，益以煖兔、恍惚太所部万骑，袭败孟格布禄，斩三百级，掠甲胄一百五十；益借猛骨太、那木塞兵，焚躏孟格布禄所部室庐、田稼殆尽。明分巡副使任天祚使赍布帛及铁釜，犒杨吉砮兄弟，谕罢兵。杨吉砮兄弟言："必得敕书尽辖孟格布禄等然后已。"既，复焚孟格布禄及其仲兄所分庄各十，岱善庄一，胁所属百余人去。既，又以恍惚太二千骑驰广顺关，攻下沙大亮寨，俘三百人，挟兵邀贡敕。

十二年，巡抚李松与总兵李成梁谋诛杨吉砮兄弟，哈达亦以请。明制，凡诸部互市，筑墙规市场，谓之"市圈"。成梁使召杨吉砮弟兄，当赐敕赏赉，乃伏兵中固城，距开原可四十里，待其至。已而杨吉砮弟兄挟恍惚太二千骑擐甲叩镇北关，守备霍九皋遣使让之曰："若来就抚，甲骑数千何为者？"杨吉砮兄弟乃请以三百骑入圈。李松令参将宿振武、李宁等夹城四隅为伏，戒军中曰："虏入圈，听抚则张帜，按甲毋动；不则鸣炮，皆鼓行而前，急击之勿失。"松与任天祚坐南楼，使九皋谕杨吉砮兄弟。杨吉砮兄弟则益兵，以精骑三千屯镇北关，而以三百骑入圈。杨吉砮兄弟请敕书部勒孟格布禄等，九皋谯让之，渐急，杨吉砮兄弟瞋目，语不驯，李松奋辔抵几叱之。九皋麾杨吉砮等下马，杨吉砮目从者白虎赤，白虎赤拔刀击九皋，微中右臂。九皋还击杨吉砮从者一骑踣，余骑群噪击明兵。军中炮如雷，伏尽起，遂杀清佳砮、杨吉砮、白虎赤、清佳砮子兀孙孛罗、杨吉砮子哈儿哈麻，及诸从者，斩三百十有一级。勒兵驰出关，成梁先自中固城至，围击叶赫军，斩千五百二十一级，夺马千七百有三，遂深入杨吉砮弟兄所居寨。师合围，旦日，诸酋出寨门蒲伏，请受孟格布禄约束，刑白马攒刀为誓，成梁引师还。自是叶赫不敢出兵窥塞扰哈达为乱。明总督张佳胤奏以阵斩"二奴"闻，成梁、松、天祚、九皋、振武、宁予荫进秩有差。

居数年，清佳砮子布寨、杨吉砮子纳林布禄继为贝勒，收余烬，谋倾哈达报世仇，挟以儿邓数侵掠，阑入威远堡。纳林布禄尤狂悖，要贡敕如其诸父，频岁纠恍惚太攻岱善不已；且因其姑温姐姐煽孟格布禄、康古鲁图岱善，俾哈达内讧。会明助岱善，袭执康古鲁。

十六年二月，巡抚顾养谦决策讨布寨、纳林布禄。成梁帅师至海州，雪初消，人马行淖中，马足胶不可拔。成梁计击房利明旸，军抵开原已下弦，不如三月往，遂壁海州，养谦壁辽阳。是岁，河东大饥，斗米钱三千，菽二千，发海州、辽阳谷赡军。月将晦，成梁自海州乘传出，三月十有三日，至开原。令岱善军以白布缀肩际为帜，鸡鸣，发威远堡，行三十里，至叶赫属酋落罗寨。成梁使召落罗，落罗骇兵至，迎谒，命以一帜树寨门，材官十人守之，戒诸军毋犯；挟落罗及其从者三骑俱，又行三十里，至叶赫城下。布寨弃西城，奔纳林布禄，并兵以拒，其众与明军夹道驰，明军不敢先发。二酋麾其骑突明军，杀三人，成梁乃纵兵击之。游击将军吴希汉先驱，流矢集于面，创甚，弟希周奋起，斩虏骑射希汉者，亦被创。明军如墙进，叶赫兵退入城守。城以石为郭，郭内外重叠障，以巨桁为栅。城中有山，凿山周遭为坂，绝峻，为罗城其上，外以石，内以木，又二重，中构八角楼，置妻孥、财货。明师攻二日，破郭外栅二重。城上木石杂下，先登者辄死，城坚不可拔。成梁乃敛兵，发巨炮击城，城坏，穿楼断桁，叶赫兵死者无算，歼其酋把当亥，斩级五百五十四，城中皆号泣。明军车载云梯至，直立，齐其内城，将置巨炮其上。二酋始大惧，出城乞降，请与南关分敕入贡。成梁令毋攻，燔云梯，戒诸军毋发其窖粟，遂引师还。四月朔，释康古鲁遣还，因进叶赫使者谕曰："往若效顺，朝廷赏不薄。江上远夷如貂皮、人参至，必藉若以通。若布帛、米盐、农器仰给于我，耕稼围猎，坐收木臬、松实、山泽之利，为惠大矣。今贡事绝，江上夷道梗，皆怨若。我第传檄诸部，斩二酋头来，俾为长，可无烦兵诛也。今贷若，若何以报？"遂与哈达救。永乐初，赐海西诸部敕，自都督至百户，凡九百九十九道。至是，畀哈达、叶赫分领，以哈达效顺，使赢其一。

秋九月，纳林布禄送其女弟归太祖，太祖率诸贝勒迎之，大宴成礼，是为孝慈高皇后。

十九年，纳林布禄令宜尔当、阿摆斯汉使于太祖，且曰："扈伦诸部与满洲语言相通，宜合五为一。今属地尔多我寡，额尔敏、扎库木二地，盍以一与我！"太祖曰："我为满洲，尔为扈伦，各有分地。我毋尔取，尔毋我争。地非牛马比，岂可分遗？尔等皆知政，不能谏尔主，奈何强颜来相渎耶！"遣其使还。既而纳林布禄又令尼喀里、图尔德偕哈达、辉发二部使者复至，太祖与之宴。图尔德起而请曰："我主有传语，恐为贝勒怒。"太祖问："尔主何语？我不尔责。"图尔德曰："我主言曩欲分尔地，尔靳不与。倘两国举兵相攻，我能入尔境，尔安能蹈我地乎？"太祖大怒，引佩刀断案曰："尔叶赫诸舅，盍尝躬在行间，马首相交，裂甲毁胄，堪一剧战耶？哈达惟内讧，故尔等得乘隙掩袭，何视我若彼易与也！吾视蹈尔地，如入无人境，昼即不来，夜亦可往，尔其若我何！"因诋布寨、纳林布禄父见杀于明，至不得收其骨，奈何出大言，以其语为书，遣巴克什阿林察报之。布寨要至其寨，不令见纳林布禄，遣还。

未几，长白山所属朱舍里、讷殷二路引叶赫兵劫太祖所属东界洞寨。二十一年夏六月，扈伦四部合兵攻太祖，布寨、纳林布禄为戎首，劫户布察寨。太祖以师御之，遂侵哈达。秋九月，复益以蒙古科尔沁、席北、卦尔察三部，朱舍里、讷殷二路，攻太祖，谓之"九姓之师"。太祖将出师，祀于堂子，祝曰："我初与叶赫无衅，叶赫横来相攻，纠集诸部，为暴于无辜，天其鉴之！"又祝曰："愿敌尽垂首，我军奋扬，人不遗鞭，马无颠踬，惟天其助我！"是时，叶赫兵万人，哈达、乌喇、辉发三部合兵万人，蒙古科尔沁三贝勒及席北、卦尔察三部又万人，凡三万人。太祖兵少，众皆惧，太祖戒勉之。朝发虎阑哈达，夕宿扎

喀城。叶赫兵方攻黑济格城，未下。旦日，太祖师至，面城而阵，使额亦都以百人先。叶赫兵罢攻城来战，太祖军迎击，斩九级，叶赫兵小却。布寨、金台石及蒙古科尔沁三贝勒复并力合攻，金台石者，纳林布禄弟也。布寨将突阵，马触木，踣，太祖部卒吴谈趋而前，伏其身刺杀之。叶赫兵见布寨死，皆痛哭，阵遂乱。九姓之师以此败。布寨死，子布扬古嗣为贝勒。

二十五年春正月，扈伦诸部同遗使行成于太祖曰："吾等兵败名辱，继自今愿缔旧好，申之以婚媾。"布扬古请以女弟归太祖，金台石请以女妻太祖次子台吉代善，上许之，具礼以聘。宰牛马告天，设卮酒、块土及肉、血、骨各一器，四国使者誓曰："既盟之后，苟弃婚媾，背盟约，如此土，如此骨，如此血，永坠厥命！若始终不渝，饮此酒，食此肉，福禄永昌。"太祖誓曰："彼等践盟则已，有或渝者，待三年不悛，吾乃讨之。"布扬古女弟，高皇后侄也，是时年十四。未几，太祖遣将穆哈连侵蒙古，获马四十。纳林布禄邀夺其马，执穆哈连归于蒙古。乌喇贝勒布占泰亦背盟结纳林布禄。二十七年，太祖克哈达。以明有责言，使哈达故贝勒孟格布禄子吴尔古代还所部。二十九年，纳林布禄以兵侵之，太祖遂以吴尔古代归。三十一年秋九月，高皇后疾笃，思见母，太祖使迎焉。纳林布禄不许，令其侧南太来视疾，太祖数之曰："汝叶赫诸舅无故掠我户布察寨，又合九姓之师而来攻我，既乃自服其辜，歃血誓天为盟誓，而又背之，许我国之女皆嫁蒙古。今我国妃病笃，欲与母诀，而又不许，是终绝我也！"既而，高皇后崩。三十二年春正月，太祖帅师攻叶赫，克二城，曰张，曰阿气兰；取七寨，俘二千余人而还。

三十五年，纳林布禄闻辉发贝勒拜音达里使贰于太祖，太祖以是取辉发，纳林布禄不能救；而布扬古女弟受太祖聘，十六年不遣，年三十，乌喇贝勒布占泰将强委禽焉。四十年，太祖讨布占泰。四十一年，师再举，遂克乌喇，布占泰亡奔叶赫。布扬古欲遂以女弟嫁之，布占泰逊谢不敢娶，为别婚。是时纳林布禄已死，其弟金台石嗣为贝勒，与布扬古分居东、西城如故。秋九月，太祖使告叶赫执布占泰以献，使三往，不听。太祖谋伐之，先期遣第七子巴布泰率所属阿都、于骨里等三十余人质于明。至广宁，谒巡抚都御史张涛，请敕叶赫遣布占泰，涛上闻，神宗下部议，以为质子真伪莫可辨，拒勿纳。太祖乃以四万人会蒙古喀尔喀贝勒介赛伐叶赫。会有遁卒泄师期，叶赫收张、吉当阿二路民堡。太祖围兀苏城，城长山谈、扈石木降，太祖饮以金卮，赐冠服；遂略张、吉当阿、呀哈、黑儿苏、何敦、克布齐赉、俄吉岱七城，下十九寨，尽焚其庐舍储峙，以兀苏城降民三百户还。

叶赫诉于明，以兵援，遇介赛，战胜，遂遣使让太祖，令游击马时楠、周大岐率兵千，挟火器，戍叶赫。太祖至抚顺，投书游击李永芳，申言："侵叶赫，以叶赫背盟，女已字，悔不遣；又匿布占泰；故与明无怨，何遽欲相侵？"遂引师还。

金台石有女，育于其兄纳林布禄，嫁介赛。金台石既为贝勒，杀纳林布禄妻，介赛假辞为外姑复仇，觊得布扬

古女弟以解。布扬古女弟誓死不愿行。介赛治兵攻叶赫。既而喀尔喀贝勒巴哈达尔汉以其子莽古尔代请婚，布扬古将许之。明边吏谕布扬古，姑留此女，毋使太祖及介赛望绝，冀相羁縻；而以兵分屯开原、抚顺及镇北堡为犄角，卫叶赫。四十三年夏五月，布扬古遂以其女弟许莽古尔代，秋七月婚焉。太祖闻，诸贝勒皆怒，请讨叶赫，不许。请侵明，又不许，且曰："此女生不祥，哈达、辉发、乌喇三部以此女构怨，相继覆亡。今明助叶赫，不与我而与蒙古，殆天欲亡叶赫，以激其怒也。我知此女流祸将尽，死不远矣。"布扬古女弟嫁莽古尔代未一年而死，死时年盖三十四，明所谓"北关老女"者也。是岁为太祖天命元年。

太祖既称帝建国，始用兵于明。三年，取抚顺、清河。明经略侍郎杨镐使谕叶赫发兵挠太祖。秋九月，金台石子德尔格勒侵太祖，克一寨，俘四百七人，斩八十四级。明赐以白金二千两、彩缎表里二十。四年春正月，太祖谋报之，使大贝勒代善以兵五千戍札喀关阻明师，而躬督兵伐叶赫。辛卯，入其境，经克亦特城、粘罕寨，至叶赫城东十里，克大小屯寨二十余。叶赫乞援于明，明开原总兵马林以师至，合城兵而出，见太祖兵盛，不敢击。太祖亦引还。二月，杨镐大举伐太祖，使都司窦永澄征兵于叶赫，叶赫以二千人应。至三岔北，明师覆，永澄死之。太祖谋使所属诈降于金台石，金台石不应。六月，太祖攻开原，叶赫复以二千人援，至则开原已下。秋八月，经略侍郎熊廷弼初视事，叶赫使期复开原，廷弼厚赉之。

太祖甚叶赫，八月，大举伐之。己巳，师出，声言向沈阳，以缓明师。壬申，至叶赫城下，太祖攻金台石东城，而命诸贝勒驰向西城取布扬古。布扬古与其弟布尔杭古以城兵出西郭，陟冈，鸣角而噪，望太祖军盛，敛兵入。诸贝勒遂督军合围。太祖围东城，入其郛，布攻具，呼金台石降，不听，曰："吾非明兵比，等丈夫也，肯束手降乎？宁战而死耳。"太祖麾兵攻城，两军矢交发，太祖军拥楯陟山麓，将穴城，城上下木石，掷火器。太祖军冒进，穴城，城圮，师入，城兵迎战，败溃，皆散走。太祖使执帜约军士毋妄杀，执黄盖，令降者免死，城民皆请降。金台石以其孥登台，太祖军就围之，命之下。金台石求见四贝勒盟而后下，四贝勒为太宗，高皇后所出，金台石甥也。四贝勒方攻西城，太祖召之至，使见金台石。金台石曰："我未尝见我甥，真伪乌能辨？"费英东、达尔哈在侧，曰："汝视常人中有奇伟如四贝勒者乎？且曩与汝通好时，尝以媼往乳汝子德尔格勒，盍使媪辨之！"金台石曰："何用媼为也！汝辈辞色，特诱我下杀我耳。我石城铁门既为汝破，纵再战，安能胜？特我组父世分土于斯，我生于斯，长于斯，则死于斯可已。"四贝勒劝之力，金台石使阿尔塔石先见太祖，太祖复令谕降。金台石又求见其子德尔格勒，德尔格勒至，金台石终不下。四贝勒将缚德尔格勒，德尔格勒曰："我年三十六，乃今日死耶！杀可也，何缚焉？"四贝勒以德尔格勒见太祖，太祖撤所食食之，命四贝勒与共食。且曰："尔兄也，善遇之！"金台石妻将其幼子下，金台石引弓，其从者复甲。太祖军进毁台，

纵火，屋宇皆烬。太祖诸将谓金台石且死，军退。火烬，金台石潜下，为太祖军所获，缢杀之。

诸贝勒围西城，布扬古闻东城破，与布尔杭古使请降，并请盟无死。大贝勒曰："汝辈畏死，盍以汝母先，汝母我外姑也，我宁能杀之？"布扬古母至军，大贝勒以刀划酒，誓，饮其半，使送布扬古、布尔杭古在饮其半，乃降。大贝勒以布扬古见太祖，布扬古行复勒马，大贝勒挽其辔，命毋沮。见太祖，布扬古以一膝跪，不拜即起。太祖取金卮授之，布扬古复以一膝跪，酒不竟饮，不拜而起。太祖命大贝勒引去，以其忒也，即夕亦缢杀之。贷布尔杭古。攻杀明游击马时楠戍兵，歼焉。杨镐闻警，使总兵李如桢自抚顺出，张疑兵为叶赫声援，得十余级而退。

神宗命给事中姚宗文行边，求叶赫子孙，德尔格勒有女子子二，嫁蒙古，各赐白金二千。明臣请为金台石、布扬古立庙，又以哈达余裔王世忠为金台石妻侄，授游击，将以风诸部，然叶赫遂亡。

太祖以德尔格勒归，旗制定，隶满洲正黄旗，授三等副将。太宗天聪三年，改三等梅勒章京，卒，八年，子南楮嗣。十年，察哈尔林丹汗殂，所部内乱，太宗遣贝勒多尔衮帅师略地。林丹汗福金号苏泰太后，南楮女兄也，因使南楮谕降。南楮至其帐，呼其人出，语之曰："尔福金苏泰太后之弟南楮至矣！"其人入告，苏泰太后大惊，使故叶赫部来媵者视之，信。苏泰太后号而出，与南楮相抱持，遂使其子额哲出降。南楮旋以罪夺爵，复以南楮弟索尔和嗣。乾隆初，改二等男。

布尔杭古分隶正红旗，亦授三等副将。再传，坐事，夺世职。

布占泰，乌喇部长，太祖婿也。乌喇亦扈伦四部之一，与哈达同祖纳齐卜禄。纳齐卜禄五传至克什纳、古对朱颜兄弟。克什纳之后为哈达部。古对朱颜生太兰，太兰生布颜。布颜收附近诸部，筑城洪尼，滨乌喇河，因号乌喇，为贝勒。

布颜子二：布干、博克多。布颜死，布干嗣为部长。布干子二：满泰、布占泰。布干死，满泰嗣为部长。万历二十一年夏六月，叶赫纠扈伦诸部侵太祖，满泰以所部从。秋九月，叶赫再纠扈伦诸部，及蒙古科尔沁所部，及满洲长白山所属，大举分道侵太祖。满泰使布占泰以所部从，与哈达贝勒孟格布禄、辉发贝勒拜音达里合军万人。战败，叶赫贝勒布寨死于阵，科尔沁贝勒明安单骑走。战之明日，卒有得布占泰者，缚以见太祖，曰："我获俘，将杀。俘大呼勿杀，愿自赎。因缚以来见。"踞太祖前，太祖问谁何，对曰："乌喇贝勒满泰弟布占泰也，生死惟贝勒命。"叩首不已。太祖曰："汝辈合九部兵为暴于无辜，天实厌之。昨阵斩布寨，彼时获汝，汝死决矣！今见汝，何忍杀？语有之曰：'生人胜杀人，与人胜取人。'"遂解其缚，与以猞猁狲裘，抚育之。

居三年，二十四年秋七月，遣还所部，使图尔坤黄占、博尔焜蛮扈占护行。未至，满泰及其子涅于所部，皆见杀。布占泰至，满泰有叔兴尼牙，将杀而夺其地，二使者严护

之,兴尼牙谋不行,乃出奔叶赫,卒定布占泰而还。冬十二月,布占泰以女弟妻贝勒舒尔哈齐。二十五年春正月,与叶赫诸部同遣使请盟,盟甫罢,布占泰旋执太祖所属瓦尔喀部安褚拉库、内河二路头人为众所推者罗屯、噶石屯、汪吉努三人送叶赫,使招所部贰于太祖;又以满泰妻都都祜所宝铜锤畀纳林布禄。二十六年春正月,太祖命台吉褚英等伐安褚拉库路。冬十二月,布占泰来谒,以三百人俱,太祖以舒尔哈齐女妻之,赐甲胄五十,敕书十道,礼而遣之。二十九年冬十一月乙未朔,布占泰以其兄满泰女归太祖。布占泰初聘布寨女,既又聘明安女,以铠胄、貂、猞猁狲裘、金银、驼马为聘,明安受之而不予女。三十一年春正月,布占泰使告太祖曰:"我昔被擒,待以不死,俾我主乌喇,又妻我以公主,恩我甚深。我孤恩,尝聘叶赫、蒙古女,未敢以告。今蒙古受聘而复悔,我甚耻之!乞再降以女,当岁岁从两公主来朝。"太祖允其请,又以舒尔哈齐女妻焉。

三十五年春正月,东海瓦尔喀部蜚悠城长策穆特黑谒太祖,自陈属乌喇,为布占泰所虐,乞移家来附。太祖命贝勒舒尔哈齐、褚英、代善率诸将费英东、扈尔汉、扬古利等以兵三千之蜚悠城,收环城屯寨五百户,分兵三百授扈尔汉、扬古利护之先行。布占泰使其叔博克多将万人要诸途。日暮,扈尔汉依山结寨以相持。翌日,乌喇兵来攻,扬古利率兵击败之,乌喇兵引退,渡河陟山为固。褚英、代善等率后军至,缘山奋击,乌喇兵大败,代善阵斩博克多。是日昼晦,雪,甚寒,乌喇兵死者甚众,俘其将常住、胡里布等,斩三千级,获马五千、甲三千以还。

三十六年春正月,太祖复命褚英及台吉阿敏将五千人伐乌喇,克宜罕阿麟城,斩千人,获甲三百,俘其余众。布占泰纠蒙古科尔沁贝勒瓮阿代,合军屯所居城外二十里,畏褚英等军强,不敢进,引还。秋九月,遣使复请修好,太祖使报问。布占泰执纳林布禄所部种人五十辈,畀太祖使者尽杀之。又遣使来请曰:"我数背盟,获罪于君父,若更以女子子妻我,抚我如子,我永赖以生矣。"太祖复允其请,又以女子子妻之。

四十年,布占泰复背盟,秋九月,侵太祖所属虎尔哈路,复欲娶太祖所聘叶赫贝勒布寨女,又以鸣镝射所娶太祖女。太祖闻之怒,癸丑,亲率兵伐之。庚申,兵临乌喇河,布占泰以所部迎战,夹河见太祖军甲胄甚具,士马盛强,乌喇人人惴恐,不敢渡。太祖循河行,下河滨城五,又取金州城,遂驻军焉。冬十二月辛酉朔,太祖以太牢告天祭纛,青白气见东方,指乌喇城北。太祖屯其地三日,尽焚其储峙。布占泰昼引兵出城,暮入城休。太祖率兵毁所下六城,庐舍、糗粮皆烬,移军驻伏尔哈河渡口。布占泰使使者三辈以舟出见太祖,布占泰率其弟喀尔喀玛及所部拉布泰等继以舟出,隔舟中而言曰:"乌喇国即父国也,幸毋尽焚我庐舍、糗粮。"叩首请甚哀。太祖立马河中,数其罪。布占泰对曰:"此特谗者离间,使我父子不睦。我今在舟中,若果有此,惟天惟河神其共鉴之!"拉布泰自旁傡曰:"贝勒既以此怒,曷不以使者来诘?"太祖责之曰:"我部下岂少汝辈人耶?事实矣,又何诘?河

冰无时,我兵来亦无时。汝口虽利,能齿我刃乎?"布占泰大惧,止拉布泰毋言。喀尔喀玛为乞宥,太祖乃命质其子及所部大酋子,遂还营。五日引还,度乌喇河滨邑麻虎山巅,以木为城,留千人戍焉。

十二月,有白气起乌喇,经太祖所居南属虎拦哈达山。布占泰旋复背盟,幽太祖及舒尔哈齐女,将以其女萨哈廉子绰启鼐及所部大酋十七人质于叶赫,娶太祖所聘贝勒布寨女。四十一年春正月,太祖闻,复率兵伐之。布占泰期以是月丙子送其子出质,而太祖军以乙亥至,攻下孙扎泰及郭多、俄谟三城。丙子,布占泰以兵三万越伏尔哈城而军,太祖犹欲谕之降。诸贝勒代善、阿敏,诸将费英东、何和里、扈尔汉、额亦都、安费扬古皆请战,曰:"我利速战,但虑彼不出耳。今既出,平原广野,可一鼓擒也!舍此不战,厉兵秣马,何为乎来?且使布占泰娶叶赫女,辱莫甚焉!虽后讨之,何益?"太祖曰:"我荷天宠,自少在兵间,遇劲敌,无不单骑突阵者!今日何难率汝辈身先搏战。但虑诸贝勒、诸将或一二夷伤,我所深惜,故欲出万全,非有所惧也。今汝辈志一,即可决战。"因命被甲,诸贝勒、诸将则大欢,一军尽甲,令曰:"胜即夺门,毋使复入!"乃率兵进。布占泰自伏尔哈城率兵还,令其军皆步为阵,两军距百步。太祖军亦皆舍马步战,矢交如雨,呼声震天。太祖躬入阵,诸贝勒、诸将从之纵击,乌喇兵大败,死者十六七。师入,太祖坐西门楼,命树帜。布占泰余兵不满百,还至城下,见帜则大奔。遇代善,布占泰兵皆溃,仅以身免,奔叶赫。太祖使请于叶赫,叶赫不听。后七年,太祖克叶赫,布占泰盖已前死。

拜音达里,辉发部长也。辉发亦扈伦四部之一,其先姓益克得里氏,居黑龙江岸。尼马察部有昂古里星古力者,自黑龙江载木主迁于渣鲁,居焉。时扈伦部噶扬噶、图墨土二人居张城,二人者姓纳喇氏,昂古里星古力因附其族,宰七牛祭天,改姓纳喇,是为辉发始祖。

昂古里星古力子二:留臣、备臣。备臣子二:纳领噶、耐宽。纳领噶生拉哈都督,拉哈都督生噶哈禅都督,噶哈禅都督生齐讷根达尔汉,齐讷根达尔汉生王机褚。王机褚收邻近诸部,度辉发河滨扈尔奇山,筑城以居,因号辉发。城负险坚峻,蒙古察哈尔部扎萨克图土门汗尝自将攻之,不能克。王机褚死时,其长子前死,孙拜音达里,杀其叔七人,自立为贝勒。

万历二十一年夏六月,叶赫纠哈达、乌喇诸部侵太祖,拜音达里以所部从。秋九月,复举兵,拜音达里与哈达贝勒孟格布禄、乌喇贝勒布占泰合兵万人,兵败,还。二十三年夏六月,太祖攻辉发,取所属多壁城,辉发将克充格、苏猛格二人戍,歼焉。二十五年春正月,与叶赫诸部同遣使行成于太祖。居数年,拜音达里之族有叛附叶赫者,部众有携心。拜音达里惧,以所属七人之子质于太祖,太祖发兵千人助之镇抚。叶赫贝勒纳林布禄使告拜音达里曰:"尔以质子归我,亦归尔叛族。"拜音达里信之,乃曰:"吾其中立于满洲、叶赫二国之间乎!"遂取质子还,以其子质于纳林布禄。纳林布禄殊无意归叛族,拜音达里

以告太祖，且曰："吾前者为纳林布禄所诳，怙旧恩，敢请婚。"太祖许之。既而拜音达里约不娶，太祖使诘之曰："汝昔助叶赫，再举兵侵我。我既宥尔罪，复许尔婚。今背约不娶，何也？"拜音达里诡对曰："吾子质叶赫，须其归，娶尔女，与尔合谋。"因筑城三重自固。及其子自叶赫归，太祖复遣使问，拜音达里倚城坚，度兵即至，足以守，遂负盟。三十五年秋九月丙申，长星出东方指辉发，八夕乃灭。乙亥，太祖率师讨之。甲辰，合围，遂克之，杀拜音达里及其子，安集其民，帅师还。辉发亡。

论曰：扈伦四部，哈达最强，叶赫稍后起，与相埒，乌喇、辉发差弱。其通于明，皆以所领卫，令于所部则曰"国"。太祖渐强盛，四部合攻之，兵败纵散，以次覆灭。太祖与四部皆有连，夺其地，歼其酋，显庸其族裔。疆场之事不以婚媾道，有时乃藉口以启戎，自古则然，不足异也。

卷二百二十四　　列传十一

张煌言 张名振 王翊等 **郑成功** 子锦 锦子克塽 **李定国**

张煌言，字玄箸，浙江鄞县人。明崇祯十五年举人。时以兵事急，令兼试射，煌言三发皆中。慷慨好论兵事。顺治二年，师定江宁，煌言与里人钱肃乐、沈宸荃、冯元飏等合谋奉鲁王以海。煌言迎于天台，授行人。至绍兴，称"监国"，授翰林院修撰。入典制诰，出领军旅。三年，师溃。归与父母妻子决，从王次石浦，与黄斌卿军相犄角，加右佥都御史。

鲁王诸将，张名振最强。四年，江南提督吴胜兆请降，煌言劝名振援胜兆，遂监其军以行。至崇明，飓作，舟覆，煌言被执。七日，有导之出者，走间道复还入海。经黄岩，追者围而射之，以数骑突出，自是益习骑射。集义旅屯上虞、平冈。诸山寨多出劫掠，独煌言与王翊履亩劝输，戢所部毋扰民。六年，觐王于健跳。七年，名振奉王居舟山，召煌言入卫。乃以平冈兵授刘翼明、陈天枢，率亲兵赴之，加兵部侍郎。八年，闻父讣，浙江提督田雄书招降，却之。师攻渝洲，名振奉王侵吴淞，冀相牵制。俄，师破舟山，乃奉王入金门，依郑成功。成功用唐王隆武号，事鲁王但月上豚、米，修寓公之敬。煌言尝谓成功曰："招讨始终为唐，真纯臣也！"成功亦曰："侍郎始终为鲁，与吾岂异趋哉？"故与成功所事不同，而其交能固，王亦赖以安居。九年，监名振军，经舟山至崇明，进次金山。十年，复至崇明，师与战，败绩。十一年，又自吴淞入江，逼镇江，登金山，望祭明太祖陵。烽火达江宁，俄，退次崇明。再入江，略瓜洲、仪真，薄燕子矶，寻还屯临门，皆与名振俱。十二年，成功遣其将陈六御与名振取舟山，台州守将马信约降，煌言以沙船五百迎之。名振中毒卒，遗言以所部属煌言。

十三年，师再破舟山，煌言移军秦川，王去"监国"号，通表桂王。十四年，桂王使至，授煌言兵部侍郎、翰林院学士。两江总督郎廷佐书招煌言，煌言以书报，略曰："来书揣摩利钝，指画兴衰，庸夫听之，或为变色，贞士则不然。所争者天经地义，所图者国恤家仇，所期待者豪杰事功。圣贤学问，故每毡雪自甘，胆薪深厉，而卒以成事。仆于将略原非所长，祇以读书知大义。左祖一呼，甲盾山立，济则赖君灵，不济则全臣节。凭陵风涛，纵横锋镝，今逾一纪矣，岂复以浮词曲说动其心哉？来书温慎，故报数行。若斩使焚书，适足见吾意之不广，亦所不为也。"

十五年，与成功会师将入江，次羊山，遇飓，引还。十六年，成功复大举，煌言与俱，次崇明。煌言曰："崇明，江、海门户。宜先经营于此，庶进退有所据。"成功不从。师防江、金、焦两山间横铁索，隔江置大炮，煌言以十七舟冒江而渡。成功破瓜洲，欲取镇江，虑江宁援至，煌言曰："舟师先捣观音门，南京自不暇出援。"成功以属煌言，煌言所将人不及万，舟不满百，即率以西。降仪真，进次六合，闻成功拔镇江，煌言致书，言当先抚定夹江郡县，以陆师趋南京，成功复不从。煌言进薄观音门，遣别将以轻舟数十直上攻芜湖，分兵掠江浦。成功水师至，会芜湖已降，趣煌言往抚，部勒诸军，分道略地，移檄诸郡县。于是太平、宁国、池州、徽州、广德及诸县皆请降，得府四、州三、县二十四。煌言所过，秋毫无犯，经郡县，入谒孔子庙，坐明伦堂，进长吏，考察黜陟，略如巡按行部故事，远近响应。

方如徽州受降，闻成功败，还芜湖收兵，冀联合瓜洲、镇江军为守计，既，闻成功并弃瓜洲、镇江入海，煌言遂溃。两江总督郎廷佐发舟师断煌言东下道，书招煌言。煌言拒不应，率余兵道繁昌，谋入鄱阳湖。次铜陵，师自湖广至，煌言与战而败，抚残兵仅数百，退次无为，焚舟登陆。自铜城道霍山、英山，度东溪岭，追骑至，从者尽散。煌言突围出，变服夜行，至高浒埠，有父老识之，匿于家数日，导使出间道，渡江走建德、祁门乱山间，店作，力疾行，至休宁，得舟下严州。复山行，经东阳、义乌至天台达海，收集旧部，成功分兵益之，屯长亭乡，筑塘捍潮，辟田以赡军。使桂王告饥，桂王敕慰问，加兵部尚书。十七年，移军临门。十八年，廷议徙海上居民绝接济，煌言无所得饷，开屯南田自给。

成功攻台湾，煌言移书阻之，不听。师下云南，取桂王。煌言遣其客罗纶入台湾，趣成功出兵，成功以台湾方定，不能行；遣使入郧阳山中，说十三家兵，使之扰湖广，以缓云南之师。十三家者，郝永忠、刘体纯辈，故李自成部将，窜据茅麓山，衰疲不敢出。康熙元年，煌言复移军沙堤。成功自攻江宁败还，取台湾谋建国。鲁王在金门，礼数日薄，煌言岁时供亿，又虑成功疑，十年不敢入谒。及闻桂王败亡，上启鲁王，将奉以号召。俄成功卒，煌言还军临门，又有议奉鲁王监国者，煌言使劝锦，以李亚子锦囊三矢相勖。

浙江总督赵廷臣复招煌言，煌言书谢之。煌言孤军势日促，或议入鸡笼岛，煌言不可。二年，鲁王殂，煌言恸曰："孤臣栖栖海上，与部曲相依不去者，以吾主尚存也。今更何望？"三年，遂散遣其军，居悬澳。悬澳在海中，荒瘠无人烟，南汉港商舟，北倚山，人不能上，煌言结茅而处，从者纟及部曲数人，一侍者、一舟子而已。廷臣与提督张杰谋致煌言，得煌言故部曲，使为僧普陀，伺煌言知踪迹，夜半，引兵攀岭入，执煌言及纶，与部曲叶金、王发，侍者汤冠玉。煌言至杭州，廷臣宾礼之。九月乙未，死于弼教坊，举目望吴山，叹曰："好山色！"赋绝命词，坐而受刃，纶等并死。煌言妻董、子万祺先被执，羁管杭州，先煌言死。

纶字子木，丹徒诸生。方成功败还，纶入谒，劝以回帆复取南都，成功不能用，乃从煌言。又有山阴叶振名，字介韬，尝谒煌言论兵事，煌言荐授翰林院修撰、兵科给事中。既，复上策，欲擒斩成功，夺其兵，图兴复。煌言死，登越王岭遥祭，为文六千五百于言。与纶称"张司马二客"。

乾隆四十一年，高宗命录胜朝殉节诸臣，得专谥者二十六；通谥忠烈百十三，煌言与焉；忠节百八、烈愍五百七十六；节愍八百四十三。祀忠义祠：职官四百九十五、士民千七百二十八。诸与煌言并起者，钱肃乐、沈宸荃、冯元飏，《明史》并有传。

张名振，字侯服，应天江宁人。崇祯末，为石浦游击。鲁王次长垣，率舟师赴之，封定西侯。以所部屯舟山，移南田，迎王居健跳所，与阮进、王朝先共击黄斌卿。斌卿，莆田人，崇祯末为舟山参将，唐王时封伯。名振奉鲁王如舟山，不纳。既，以王命进侯。斌卿法严急，配民为兵，籍大户田为官田，先后戕荆本澈、贺君尧。王次健跳，令进告籴，又不应。至是，名振破舟山，沈斌卿于海，迎王居焉。使日本乞师，不应。成功袭破郑彩，名振因声彩熊汝霖、郑遵谦罪，击破其余兵。俄，又袭杀朝先。师攻舟山，名振与煌言奉王南依成功。成功居王金门，名振屯嵩头。成功初见名振不为礼，名振祖背示之，涅"赤心报国"四字，深入肤，乃与二万人，共谋复南京，攻崇明，破镇江，题诗金山而还。复与成功偕出，师次羊山，飓作，舟多损，惟名振部独完。再攻崇明，复入镇江，观兵仪真，侵吴淞，战屡胜。顺治十二年十二月，卒于军。或云成功酖之。

王翊，字完勋，浙江馀姚人。顺治四年，起兵下管，奉鲁王破上虞。是时萧山、会稽、台州、奉化民兵并起结山寨，无所得饷，则不免剽掠。翊与煌言皆厘亩科税赡兵。陈天枢者，会稽山寨将也，荐刘翼明佐翊，武勇善战。东徇奉化，师与遇，引却。鲁王授翊官，累迁至兵部尚书。复陷新昌，越馀姚，拔浒山。固山额真金砺、浙江提督田雄合兵攻大岚山。八年七月，翊走还山，团练执以献，死定海。天枢与翼明攻陷新昌，视火药骤焚，急投水，月余死。翼明善大刀，治兵戒毋犯民，翊败，死于家。

肃乐、宸荃谥忠节，翊谥烈愍，斌卿谥节愍。名振不与，而其弟名扬死舟山，谥烈愍。

郑成功，初名森，字大木，福建南安人。父芝龙，明季入海，从颜思齐为盗，思齐死，代领其众。崇祯初，因巡抚熊文灿请降，授游击将军。以捕海盗刘香、李魁奇，攻红毛功，累擢总兵。

芝龙有弟三：芝虎、鸿逵、芝豹。芝虎与刘香搏战死。鸿逵初以武举从军，用芝龙功，授锦衣卫掌印千户。崇祯十四年，成武进士。明制，勋卫举甲科进三秩，授都指挥使。累迁亦至总兵。福王立南京，皆封伯，命鸿逵守瓜洲。顺治二年，师下江南，鸿逵兵败，奉唐王聿键入福建，与芝龙共拥立之，皆进侯，封芝豹伯。未几，又进芝龙平国公、鸿逵定国公。

芝龙尝娶日本妇，是生森，入南安学为诸生。芝龙引谒唐王，唐王宠异之，赐姓朱，为更名。寻封忠孝伯。唐王倚芝龙兄弟拥重兵。芝龙族人彩亦封伯，筑坛拜彩、鸿逵为将，分道出师，迁延不即行。招抚大学士洪承畴与芝龙同县，通书问，叙乡里，芝龙挟二心。三年，贝勒博洛师自浙江下福建，芝龙撤仙霞关守兵不为备，唐王坐是败。博洛师次泉州，书招芝龙，芝龙率所部降，成功谏不听。芝龙欲以成功见博洛，鸿逵阴纵之入海。四年，博洛师还，以芝龙归京师，隶汉军正黄旗，授三等精奇尼哈番。

成功谋举兵，兵寡，如南澳募兵，得数千人。会将吏盟，仍用唐王隆武号，自称"招讨大将军"。以洪政、陈辉、杨才、张正、余宽、郭新分将所部兵，移军鼓浪屿。成功年少，有文武略，拔出诸父兄中，近远皆属目，而彩奉鲁王以海自中左所改次长垣，进建国公，屯厦门。彩弟联，鲁王封为侯，据虑屿，相与为犄角。成功与彩合兵攻海澄，师赴援，洪政战死。成功又与鸿逵合兵围泉州，师赴援，围解。鸿逵入揭阳，成功颁明年隆武四年《大统历》。五年，成功陷同安，进兆泉州。总督陈锦师至，克同安，成功引兵退。六年，成功遣其将施琅等陷漳浦，下云霄镇，进次诏安。明桂王称帝，号肇庆，至是已三年。成功遣所署光禄卿陈士京朝桂王，始改用永历号，桂王使封成功延平公。鲁王次舟山，彩与鲁王贰，杀鲁王大学士熊汝霖及其将郑遵谦。七年，成功攻潮州，总兵王邦俊御战，成功败走。攻碣石寨，不克，施琅出降。成功袭厦门，击杀联，夺其军，彩出驻沙埕。鲁王将张名振讨杀汝霖、遵谦罪，击彩，彩引余兵走南海，居数年，成功招之还，居厦门。卒。

八年，桂王诏成功援广州，引师南次平海，使其族叔芝莞守厦门。福建巡抚张学圣遣泉州总兵马得功乘虚入焉，尽攫其家资以去。成功还，斩芝莞，引兵入漳州。提督杨名高赴援，战于小盈岭，名高败绩，进陷漳浦。总督陈锦克舟山，名振进奉鲁王南奔，成功使迎居金门。九年，陷海澄，锦赴援，战于江东桥，锦败绩。左次泉州，成功复取诏安、南靖、平和，遂围漳州。锦师次凤凰山，为其奴所杀，以其首奔成功。漳州围八阅月，固山额真金砺等自浙江来援，与名高兵合，自长泰间道至漳州，击破成功。成功入海澄城守，金砺等师薄城，成功将王秀奇、郝文兴督兵力御，不能克。

上命芝龙书谕成功及鸿逵降，许赦罪授官，成功阳诺，诏金砺等率师还浙江。十年，封芝龙同安侯，而使赍敕封成功海澄公、鸿逵奉化伯，授芝豹左都督。芝龙虑成功不受命，别为书使鸿逵谕意，使至，成功不受命，为书报芝龙。芝豹奉其母诣京师。成功复出掠福建兴化诸属县。十一年，上再遣使谕成功，授靖海将军，命率所部分屯漳、潮、惠、泉四府。

成功初无意受抚，乃改中左所为思明州，设六官理事，分所部为七十二镇；遥奉桂王，承制封拜，月上鲁王豚、米，并厚廪沪、溪、宁、靖诸王，礼待诸遗臣王忠孝、沈佺期、郭贞一、卢若腾、华若荐、徐孚远等，置储贤馆以养士。名振进率所部攻崇明，谋深入，成功嫉之，以方有和议，召使还。名振俄遇毒死。成功托科饷，四出劫掠，蔓及上游。福建巡抚佟国器疏闻，上密敕为备。李定国攻广东急，使成功趣会师。成功遣其将林察、周瑞率师赴之，迁延不即进。定国败走，成功又攻漳州，千总刘国轩以城献，再进，复陷同安。其将甘辉陷仙游，穴城入，杀掠殆尽。至是和议绝。

上命郑亲王世子济度为定远大将军，率师讨成功。十二年，左都御史龚鼎孳请诛芝龙，国器亦发芝龙与成功私书，乃夺芝龙爵，下狱。成功遣其将洪旭、陈六御攻陷舟山，进取温、台，闻济度师且至，隳安平镇及漳州、惠安、南安、同安诸城，撤兵聚思明。济度次泉州，檄招降，不纳；易为书，成功依违答之。上又令芝龙自狱中以书招成功，谓不降且族诛，成功终不应。十三年，济度以水师攻厦门，成功遣其将林顺、陈泽拒战，飓起，师引还。

成功以军储置海澄，使王秀奇与黄梧、苏明同守。梧先与明兄茂攻揭阳未克，成功杀茂，并责梧。梧、明并怨成功，俟秀奇出，以海澄降济度。诏封梧海澄公，驻漳州，尽发郑氏墓，斩成功所置官。大将军伊尔德克舟山，击杀六御。成功攻陷闽安城牛心塔，使陈斌戍焉。十四年，鸿逵卒。师克闽安，斌降而杀之。成功陷台州。

十五年，谋大举深入，与其将甘辉、余新等率水师号十万，陷乐清，遂破温州，张煌言来会。将入江，次羊山，遇飓，舟败，退泊舟山。桂王使进封为王，成功辞，仍称招讨大将军。十六年五月，成功率辉、新等整军复出，次崇明，煌言来会，取瓜洲，攻镇江，使煌言前驱，溯江上。提督管效忠师赴援，战未合，成功将周全斌以所部陷阵，大雨，骑陷漳，成功兵徒跣击刺，往来剽疾，效忠兵败绩。成功入镇江，将以违令斩全斌，继而释之，使守焉；进攻江宁，煌言次芜湖，庐、凤、宁、徽、池、太诸府县多与通款，腾书成功，谓宜收旁郡县，以陆师急攻南京。成功狃屡胜，方谒明太祖陵，会将吏置酒，辉谏不听。崇明总兵梁化凤赴援，江宁总管喀喀木等合满、汉兵出战，袭破新军，诸军皆奔溃，遂大败，生得辉杀之。成功收余众犹数万，弃瓜洲、镇江，出海，欲取崇明。江苏巡抚蒋国柱遣兵赴援，化凤亦还师御之，成功战复败，引还。煌言自间道走免。

上遣将军达素、闽浙总督李率泰分兵出漳州、同安，规取厦门。成功使陈鹏守高崎，族兄泰出浯屿，而与周全斌、陈辉、黄庭次海门。师自漳州薄海门战，成功将周瑞、陈尧策死之，迫取辉舟，辉焚舟。战方急，风起，成功督巨舰冲入，泰亦自浯屿引舟合击，师大败，有满洲兵二百降，夜沉之海。师自同安向高崎，鹏约降。其部将陈蟒奋战，师以鹏已降，不备，亦败，成功收鹏杀之，引还。十七年，命靖南王耿继茂移镇福建，又以罗托为安南将军，讨成功。十八年，用黄梧议，徙滨海居民入内地，增兵守边。

成功自江南败还，知进取不易；桂王入缅甸，声援绝，势日蹙，乃规取台湾。台湾，福建海中岛，荷兰红毛人居之。芝龙与颜思齐为盗时，尝屯于此。荷兰筑城二，曰赤嵌，曰王城，其海口曰鹿耳门。荷兰人恃鹿耳门水浅不可渡，不为备。成功师至，水骤长丈余，舟大小衔尾径进，红毛人弃赤嵌走保王城。成功贻谓之曰："土地我故有，当还我；珍宝恣尔载归。"围七阅月，红毛存者仅百数十，城下，皆遣归国。成功乃号台湾为东都，示将迎桂王狩焉。以陈永华为谋主，制法律，定职官，兴学校。台湾周千里，土地饶沃，招漳、泉、惠、潮四府民，辟草莱，兴屯聚，令诸将移家实之。水土恶，皆惮行，又以令严不敢请，铜山守将郭义、蔡禄入漳州降。是岁，圣祖即位，戮芝龙及诸子世恩、世荫、世默。

成功既得台湾，其将陈豹驻南澳，而令子锦居守思明。康熙元年，成功听周全斌谗，遣击豹，豹举军入广州降。恶锦与乳媪通，生子，遣泰就杀锦及其母董。会有讹言成功尽杀诸将留厦门者，值全斌自南澳还，执而囚之，拥锦，用芝龙初封，称平国公，举兵拒命。成功方病，闻之，狂怒啮指，五月朔，尚据胡床受诸将谒，数日遽卒，年三十九。

成功子十，锦其长也，一名经。成功既卒，台湾诸将奉其幼弟世袭为招讨大将军，使于锦告丧。锦出全斌使为将，以永华为咨议，冯锡范为侍卫，引兵至台湾。诸将有欲拒锦立世袭者，全斌力战破之，锦乃入，嗣为延平王。世袭走泉州降。二年，锦还思明。泰尝与台湾诸将通书，锦得之，遂杀泰。泰弟鸣骏、赓，子缵绪亦走泉州降。诏封鸣骏遵义侯，缵绪慕恩伯，世袭、赓皆授左都督。诸将蔡鸣雷、陈辉、杨富、何义先后举军降。锦渐弱。

耿继茂、李率泰大发兵规取金、厦，出同安；马得功将降卒，并征红毛兵，出泉州；黄梧、施琅出海澄。锦令全斌当得功，遇于金门外乌沙，得功舟三百，红毛夹板船十四，全斌以二十舟入阵冲击，红毛炮皆不中，诸舟披靡，得功战死；而同安、海澄二道兵大胜，直破厦门。琅复进克金门、浯屿，锦退保铜山。三年，锦将杜辉以南澳降。铜山粮垂尽，全斌亦出降，封承恩伯。锦与其将黄廷坚守。继茂等复以水师出八尺门，廷与诸翁求多等以三万人降，遂拔铜山，焚之，得仗舰无算。锦与永华及洪旭引余众，载其孥尽入台湾。改东都为东宁国，置天兴、万年二州，仍以永华综国政。

诏授施琅靖海将军，周全斌、杨富为副，督水师攻台湾，阻飓，不得进。四年，廷议罢兵。李率泰请遣知府慕天颜谕降，假卿衔，赍敕往。锦请称臣入贡如朝鲜，上未之许。六年，征琅入京师。撤降兵分屯诸省，严戒守界，不复以台湾为意。锦兵亦不出。相安者数年，滨海居民渐复业。

十二年，耿精忠将以福建叛应吴三桂，使约锦为援。十三年，精忠遂反，锦仍称永历年号。以永华辅长子克𡒉居守，与诸将冯锡范等督诸军渡海而西，入思明，取同安。锦以族人省英知思明，省英，芝莞子也。集舟航，整部伍，方引军复出，而精忠与争泉州。泉州兵内乱，精忠所遣守将溃围走，迎锦师入，复攻下漳州。精忠遣兵围潮州，潮州总兵刘进忠降于锦，锦遣其将赵得胜入潮州，击破精忠兵。

锦更定军制，以锡范及参军陈绳武赞画诸政，诸将刘国轩、薛进思、何祐、许辉、施福、艾祯祥分领各军。省英为宣慰使，督各郡钱粮，令人月输银五分，曰"毛丁"；船计丈尺输税，曰"梁头"。盐司分笼盐场，盐斤值二钱，征饷四钱，饷司科杂税给军。复开互市，英圭黎、暹罗、安南诸国市舶并至，思明井里烟火几如承平时。

十四年，精忠使贺年，锦亦报礼，自是复相结。永春民吕花，保所居村曰"马跳"，不应征索，使进忠围之，三月不下，诱花降而杀之。续顺公沈瑞屯饶平，进忠攻之，何祐击破其兵，遂执瑞及其孥归于台湾。海澄公黄梧卒，子芳度保漳州。锦自海澄移军万松关，祐亦自潮州攻平和，降守将赖升。芳度孤守漳州，围合，总兵吴淑以城降，芳度死之，其孥皆殉。

十五年，康亲王杰书下福建，精忠降，克泉州，国轩复围之，两月不下。李光地迎师自间道赴援，总兵林贤、黄镐、林子威以舟师会，国轩退次长泰，骤同安，稍进屯漳州溪西。师进击国轩，国轩败，弃长泰走。锦将许辉以二万人攻福州，壁乌龙江。康亲王遣副都统喇哈达等渡江奋击，破其垒，逐北四十里。兴、泉、汀、漳诸郡尽复，惟海澄未下。十六年，师克海澄，锦复破之，遂围泉州。锦下教叙国轩、淑、祐等功。副都统穆赫林等克泰宁、建宁、宁化、长汀、清流、归化、连城、上杭、武平、永定凡十县。喇哈达等解泉州围，锦撤兵还思明。十七年，康亲王遣知府张仲举招锦，不纳。

国轩自长泰退据三汊河、玉洲、水头、镇门诸寨，屡遣兵攻石玛、江东桥。锦又遣其将林耀、林英犯泉州，提督段应举击破之，获耀。吴淑又自石玛登陆，海澄公黄芳世、都统孟安击破之，沉其舟。上令复徙滨海民如顺治十八年例，迁界守边。穆赫林、黄芳世会师湾腰树，攻国轩，师败绩。国轩陷平和、漳平，遂复破海澄，段应举、穆赫林及总兵黄蓝死之。蓝，梧族，芳度所遣诣京师奏事者也。国轩进围泉州。诏趣诸军合击，将军喇哈达、赖塔，总督姚启圣，巡抚吴兴祚，提督杨捷，分道并进，贤、镐、子威以舟师会，克平和、漳平、惠安，复解泉州围。启圣与赖塔等逐国轩至长泰，及于蜈蚣山，大破之，斩四千余级，进克同安，斩锦将林钦。赖塔又破锦兵万松关，启圣、捷及副都统吉勒塔布等，与国轩战于江东桥、于潮沟，国轩屡败。副都统瑚图又击吴淑于石街，尽焚其舟。锦敛兵退保思明。

诏厚集舟师，规取金、厦。十九年，兴祚出同安，与启圣、捷会师，自陆路向厦门。提督万正色以水师攻海坛，分兵为六队前进，自统巨舰继；又以轻舟绕出左右，发炮毁锦师船十六，兵三千余入水死，锦将朱天贵引退。正色督兵追击，斩锦将吴内、林勋。湄洲、南日、平海、崇武诸澳皆下。天贵出降。副都统沃申击破锦将林英、张志，水陆并进，趋玉洲，国轩走还思明。锦将苏堪以海澄降。启圣分遣总兵赵得寿、黄大来从赖塔击破陈洲、马洲、湾腰山、观音山、黄旗诸寨。兴祚复与喇哈达等逐锦兵至浔尾，遂克厦门、金门，锦还台湾。二十年，锦卒。

子克𡒉，自锦出师时为居守，永华请于锦，号"监国"。年未冠，明察能治事，顾乳媪子锡范等意不属，先构罢永华兵，永华郁郁死；及锦卒，遂共缢杀克𡒉，奉锦次子克塽嗣为延平王。

克塽幼弱，事皆决于锡范。行人傅为霖谋合诸将从中起，事泄，锡范执而杀之，并及续顺公沈瑞。诏用施琅为水师提督，与启圣规取台湾。二十二年，国轩投书启圣，复请称臣入贡视琉球。上趣琅进兵。时国轩以二万人守澎湖。六月，琅师乘南风发铜山，入八罩屿，攻澎湖，击沉锦师船二百，斩将吏三百七十有奇、兵万余。国轩以小舟自吼门走台湾。七月，克塽使请降，琅疏闻。上降敕宣抚，克塽上降表，琅遣侍卫吴启爵持榜入台湾谕军民剃发。八月，琅督兵至鹿耳门，水浅不得入，泊十有二日，潮骤长高丈余，群舟平入。台湾人咸惊，谓无异成功初至时也。克塽及国轩、锡范率诸将吏出降，诣京师，上授克塽公爵，隶汉军正红旗，国轩、锡范皆伯爵。诸明宗人依郑氏者，宁靖王术桂自杀，鲁王子与他宗室皆徙河南。上以国轩为天津总兵，召对慰勉。眷属至，赐第京师。克塽请为成功子聪、锦子克举等叙官，上特许之。光绪初，德宗允船政大臣沈葆桢疏请，为成功立祠台湾。

李定国，字鸿远，陕西延安人。初从张献忠为乱，与孙可望、刘文秀、艾能奇并为献忠养子。献忠入四川，遣诸将分道屠杀，定国为抚南将军。顺治三年，肃亲王豪格率师入四川，献忠死西充。可望与定国等及白文选、冯双礼率残众自重庆而南，四年，破遵义，入贵州。可望令定国袭破临安，屠其城，尽下迤东诸郡县，定国等皆自号为王。居年余，可望用任僎议，自号为国主。

时能奇已前卒，定国、文秀故侪辈，不相下，而定国尤崛强。六年春，可望密与文秀谋，藉演武声定国罪，缚而杖之百。已，复相抱哭，令取沙定洲自赎。定国憾可望，念兄事久，未可遽发难，乃率所部攻定洲，定洲降，械以归，剥皮死。定国兵渐强。可望知不可制，乃通使桂王，思得封爵，弹压诸将。桂王封可望公，寻进为王。定国与文秀亦自侯进公。八年，可望遣使迎桂王。九年，劫迁安隆所。会定南王孔有德师出河池向贵州，可望令定国与冯双礼将八万人自黎平出靖州，别遣马进忠自镇远出沅州，两军会武冈，图桂林。文秀亦出兵规取成都。可望言于桂王，进定国西宁王、文秀南康王。

定国自靖州道沅州，再进，陷宝庆，遂破武冈，与双礼兵合。有德引师还桂林。定国使张胜、郭有铭为前锋，趋严关，而令双礼与高文贵、靳统武继其后。有德遣兵逆战驿湖，败绩，陷全州。定国与王之邦、刘之讲、吴子圣、廖鱼、卜宁率所部自西延大埠疾驰向桂林，胜、有铭已破严关。有德率师出战，定国军中象阵略退，斩驭象者以徇，所部战甚力，驱象突阵，有德败绩，退保桂林。定国昼夜环攻，城陷，有德自杀。定国分兵徇广西诸郡县，梧州、柳州皆下，又遣白文选攻陷辰州。大将军敬谨亲王尼堪率师南征，次湘潭。马进忠引退，师从之，次衡州。定国赴援，两军同时至，战衡州城下，定国败走。敬谨亲王自率精骑追之，遇伏，没于阵。定国收兵屯武冈。

定国转战广西、湖广，下数十城，兵屡胜，可望益嫉之，次沅州，召定国计事，将以衡州败为定国罪而杀之。定国察其意，辞不赴。十年，率进忠等犯永州。大将军、贝勒屯齐率师自衡州赴之，未至，定国度龙虎关复入广西，次柳州。可望会双礼追定国，自靖州进次宝庆。贝勒屯齐遣兵自永州要击，可望败走，还贵阳。定国自柳州道怀集，攻肇庆。师自广州赴援，战四会河口，定国兵败，移军破长乐，行略高、雷、廉三府，悉属于定国。

桂王在安隆，马吉翔为政，遥奉可望指。可望谋自帝甚急，王惧，与大学士吴贞毓谋，密遣林青阳敕定国统兵入卫，定国感泣，议奉迎，青阳密使报王。王复遣周官铸"屏翰亲臣"金印赐之，定国拜受命。十一年，事为吉翔闻，启可望，可望怒，遣其将郑国按治，杀贞毓、青阳及诸与谋者凡十八人，独dict走免。定国发兵陷高明，进围新城。平南王尚可喜、靖南王耿继茂赴援，次三水，将军珠玛喇以师会，战于珊洲，定国兵败，退保新会。师进击之，定国败走。十二年，师进次兴业，再进次横州江上。定国战屡败，乃道宾州走南宁。可喜等抚定高、雷、廉三府及广西横州。十三年，师进攻南宁，定国战复败，将道安隆入云南。可望诇知之，遣白文选移桂王贵阳。文选心不直可望，因密告王曰："姑迟行，候西府。"西府谓定国也。定国至，文选与共奉王自安南卫入云南。文秀自四川还军，可望会与诸将王尚礼、王自奇守云南，亦不直可望，遂与沐天波迳迓王入居可望廨，进定国晋王，并封文秀、文选皆王，尚礼等公。令文选还贵阳喻意，可望夺文选兵，置之军中。定国令靳统武收吉翔，将杀之，吉翔哀统武为言于定国，召入谒，叩头，谄定国，定国荐于王，使入阁，复用事。

十四年，可望举兵反攻定国，起文选为将，留双礼守贵阳。定国与文秀率师御之，遇于三岔河。两军夹河而阵，文选弃其军奔定国，可望遣张胜、马宝自寻甸间道袭云南，而自将当定国，战合谷，其将马维兴先奔，兵尽溃，可望走还贵阳。定国遣文秀追可望，引军还云南，遇胜于浑水塘，获而杀之，宝降定国。可望至贵阳，双礼言追兵且至，可望乃诣经略洪承畴降。双礼尽取其子女玉帛，从文秀归云南，桂王进双礼王、维兴等公。

十五年，大将军罗托自湖南，吴三桂自四川，将军卓布泰自广西，三道入贵州。文秀病卒。定国使刘正国、杨武守三坡、红关诸隘，御三桂，马进忠守贵州。会王自奇、关有才贰于定国，据永昌举兵，定国自将击之。罗托师自镇远入，定国不及援，卓布泰亦尽下南丹、那地、独山诸州，两军会贵阳，进忠遁去。三桂师后入，至三坡，正国拒战，大败，自水西奔还云南。师次开州，武迎战倒流水，亦败，遂取遵义。王拜定国招讨大元帅，赐黄钺，谋御敌。三桂亦入贵阳，大将军信郡王多尼至军，会师平越，戒期入云南。定国与双礼扼鸡公背，图复贵州，文选守七星关。三桂师自遵义趋天生桥，出水西，克乌撒，文选弃关走霑益。卓布泰兵次盘江，自下流宵济，遂入安隆，定国将吴子圣拒战，败走。定国以全军据双河口，卓布泰师进破象阵，迭战罗炎、凉水井，定国兵溃，妻子俱散失，诸将窜走不相顾。定国收兵还云南，奉桂王走永昌。

十六年春，师自普安入云南会城。定国使靳统武护桂王走腾越，文选自霑益追及定国，定国使断后，屯玉龙关。师从之，文选战而败，自右甸走木邦，师遂克永昌，渡潞江，陟磨盘山。定国使其将窦民望、高文贵、王玺为三伏以待。师半度，以炮发其伏，伏起力战，自卯至午短兵接，死者如堵墙。民望弹穿胁，犹持刀溃围出，乃死。玺亦死于阵。定国坐山巅督战，飞炮堕其前，土垒起扑面，遂奔，退走腾越。未至，马吉翔以桂王走南甸。统武还从定国，双礼渡金沙江走建昌，其部将执以出降。

桂王入缅甸，定国次孟艮，如木邦，从文选谋，分屯边境。文选将入卫王，与定国意异。定国乃移驻猛缅，收残部，势稍振。未几，复移驻孟连。贺九仪招文秀将张国用、赵得胜归定国。孟艮酋惧定国兼并，攻定国，定国击破之，遂据其地。号召诸土司起兵，元江土司那嵩应定国，三桂讨焉，嵩自焚死。三桂使招九仪，定国执而杀之。国用、得胜皆鞅鞅不为用，定国坐是终不竞。十七年，文选自木邦攻阿瓦，求出桂王，不克，引兵会定国孟艮。十八年，合兵复攻阿瓦，定国上三十余疏迎桂王，为吉翔所阻，不得达。文选使密启王，得报书。与缅人战，定国军稍却，文选引兵横击之，缅人大败，退城守，然终不肯出桂王。复议以舟师攻之，造船，为缅人所焚，乃移兵次洞鄢，国用、得胜挟文选北走，定国还孟艮。文选至耿马，遇定国将吴三省，方得定国妻子，将归诸定国，乃合军驻锡箔，凭江为险。三桂与将军爱星阿会木邦，倍道深入，文选降。师薄阿瓦，缅人执王归于我师。

定国自景线走猛腊，遣粝入车里、暹罗诸国乞师，皆不应；伺边上求王消息。康熙元年，闻王凶问，号恸祈死。六月壬子，其生日也，病作，诫其子及靳统武曰："任死荒徼，毋降！"乙丑，定国卒。统武寻亦卒。嗣兴乃与文秀子震率所部出降。

论曰：当鼎革之际，胜国遗臣举兵图兴复，时势既去，不可为而为，盖鲜有济者。徒以忠义郁结，深入于人心，陵谷可得更，精诚不可得沬。煌言势穷兵散，终不肯为遁死之计。成功大举不克，退求自保，存先代正朔。定国以降将受命败军后，崎岖险阻，百折而不挠，比之扩廓帖木儿、陈友定辈，何多让焉。即用《明史》例，次于开国群雄之列。既表先代遗忠，并以见其偪强山海间，远至三十余年，近亦十余年。开创艰难，卒能定于一，非偶然也。

卷二百二十五　　　列传十二

额亦都　费英东子索海　孙倭黑　**何和礼**
子多积礼　和硕图　都类　**安费扬古　扈尔汉**

额亦都，钮祜禄氏，世居长白山。以贵雄乡里。祖阿陵阿拜颜，移居英峨峪。父都陵阿巴图鲁。岁壬戌，额亦都生。幼时，父母为仇家所杀，匿邻村以免。年十三，手刃其仇。有姑嫁嘉木瑚寨长穆通阿，往依焉。穆通阿子哈思护，长额亦都二岁，相得甚欢。居数岁，庚辰，太祖行经嘉木瑚寨，宿穆通阿家。额亦都与太祖语，心知非常人，遂请从，其姑止之，额亦都曰："大丈夫生世间，能以碌碌终乎？此行任所之，誓不贻姑忧。"翌日，遂从太祖行。是岁太祖年二十二，额亦都年十九。太祖为族人所忌，数见侵侮，矢及于户，额亦都护左右，卒弭其难。

居三年，岁癸未，太祖起兵，额亦都从，讨尼堪外兰，攻图伦城，先登；攻色克济城，掩敌无备，取之，获其牛马、甲士；又别将兵攻舒勒克布占，克其城。额亦都骁果善战，挽强弓十石，能以少击众，所向克捷，太祖知其能，日见信任。岁丁亥八月，令将兵取巴尔达城。至浑河，秋水方至，不能涉，以绳约军士，鱼贯而渡，夜薄其城，率骁卒先登，城兵惊起拒，跨堞而战，飞矢贯股著于堞，挥刀断矢，战益力，被五十余创，不退，卒拔其城。师还，太祖迎于郊，燕劳，其所俘获悉畀之，号为"巴图鲁"。萨克察来攻，额亦都率数卒出御，为所败；夜入其城，进攻克尼玛兰、章家二城，索尔瑚寨。师还，太祖迎劳如初。界藩有科什者，以勇闻，盗九马以遁，额亦都单骑追斩之，尽返所盗马。嘉木瑚人贝挥巴颜谋叛附哈达，太祖命额亦都讨之，诛其父子五人以徇。

岁癸巳九月，叶赫等九部合师来侵，攻我黑济格城，太祖亲御之，阵于古勒山。令额亦都以百骑挑战，敌悉众来犯，奋击，殪九人，敌却，我师乘之，擒叶赫贝勒布寨。九部师皆溃，遂乘胜略诸赛寨及兆佳村。有齐法罕者，战没，额亦都直入敌阵，以其尸还。讷殷路者，九部之一也，其长搜稳塞克什，既败归，复聚七寨之众守佛多和山自固。太祖命额亦都偕噶盖、安费扬古，以兵千人围其寨，克之，斩搜稳塞克什，太祖以所乘马赐之。岁己亥秋，从征哈达，灭之。

岁辛未五月，从贝勒巴雅喇等伐东海渥集部，取赫席黑、俄漠和苏鲁、佛讷赫拖克索等三路，俘二千人。九月，从征辉发，灭之。岁庚戌十一月，太祖命将兵千，抚渥集部那木都鲁、绥分、宁古塔、尼玛察四路，降其长康古礼等十九人。旋乘胜取雅揽路，俘万人。岁辛亥，太祖命偕何和礼、扈尔汉等将兵二千伐渥集部虎尔哈路，围札库塔城三日，招之不下，遂攻克其城，斩千级，俘二千人。环近各路悉降，令其长土шаber伸、额勒伸护其民五百户以还。岁癸丑，从征乌拉，灭之。

岁乙卯，定旗制，额亦都隶满洲镶黄旗。天命建元，置五大臣，以命额亦都，国语谓之"达拉哈辖"。二年，命偕安费扬古攻明马根单、花豹冲、三岔儿诸堡，皆克之。四年，明经略杨镐大举来侵，总兵杜松军自抚顺入。三月甲申朔，诸贝勒帅师出御。日过午，师至太兰冈，大贝勒代善以太祖未至，议驻军以俟。太宗时号四贝勒，谓："界藩有我筑城夫役，宜急护之！何为次，且示弱？"额亦都大言曰："四贝勒之言是也！"师遂进。师至界藩，筑城夫役腾跃下山赴战，太祖军至，指挥夹击，松军遂覆，还破马林于尚间崖、刘继于阿布达里冈，额亦都并为军锋。

太祖有所征讨，额亦都皆在行间，未尝挫衄。每克敌受赐，辄散给将士之有功者，不以自私。太祖厚遇之，始妻以族妹，后以和硕公主降焉。

额亦都次子达启，少材武，太祖育于宫中，长使尚皇女。达启怙宠而骄，遇诸皇子无礼，额亦都患之。一日，集诸子宴别墅，酒行，忽起，命执达启，众皆愕。额亦都抽刃而言曰："天下安有父杀子者？顾此子傲慢，及今不治，他日必负国败门户，不从者血此刃！"众乃惧，引达启入室，以被覆杀之。额亦都诣太祖谢，太祖惊愧久之，乃嗟叹，谓额亦都为国深虑，不可及也。

累官至左翼总兵官、一等大臣，给以百人廪食，食三世。分所部为世管牛录三，分隶镶黄、正白二旗。六年，克辽阳，赐第一区。六月，卒，年六十，太祖临哭者三。天聪元年，追封弘毅公。崇德初，配享太庙。顺治十一年，世祖命立碑旌功，亲为制文，详著其阀阅，以为"忠勇忘身，有始有卒，开拓疆土，厥积懋焉"。

额亦都子十六人，其知名者，彻尔格、图尔格、伊尔登、超哈尔、遏必隆，皆自有传。四子韩代，五子阿达海，及阿达海之子阿哈尼堪，并以从征战死。七子谟海，蚤岁从军，屡立战功，仕至都统，亦战死。十五子索浑，从太宗战伐有功，授世管牛录额真，迁至议政大臣。

额亦都初授一等总兵官，康熙间改袭一等精奇尼哈番，乾隆元年改一等子。图尔格别封公爵，以其从孙阿里衮及阿里衮子丰升额父子相继有功，进一等果毅继勇公。高宗谕："额亦都后已进一等公，其初封子爵仍绍封如故。"

费英东，瓜尔佳氏，苏完部人。父索尔果，为部长。太祖起兵之六年，岁戊子，索尔果率所部五百户来归。费英东时年二十有五，善射，引强弓十余石。忠直敢言，太祖使佐理政事，授一等大臣，以皇长子台吉褚英女妻焉。兑沁巴颜者，费英东女兄之夫也，有逆谋，费英东擒而诛之。旋授扎尔固齐，扎尔固齐职听讼治民。

太祖命费英东伐瓦尔喀部，取噶嘉路，杀其酋阿球，降其众以归。岁戊戌正月，太祖命费英东从台吉褚英、巴雅喇，伐瓦尔喀部安褚拉库路，将兵千，克屯寨二千余，收所属村落。岁己亥秋九月，哈达、叶赫二部构兵，哈达贝勒孟格布禄乞援于太祖，太祖命费英东及噶盖将兵二千戍哈达；既而贰于明，费英东等以其谋闻，哈达以是亡。

岁丁未春正月，瓦尔喀部蜚悠城长策穆特黑请徙所部属太祖，太祖命费英东从贝勒舒尔哈齐等将兵三千以往,收环城居民五百户,分兵三百授扈尔汉,使护之先行。乌喇贝勒布占泰发兵万人要诸途,费英东从诸贝勒督后军至,大败乌喇兵。夏五月,太祖命费英东从贝勒巴雅喇伐渥集部,略赫席黑等路,俘二千人以还。岁辛亥秋七月,渥集部乌尔古宸、木伦二路掠他路太祖所赐甲,太祖命费英东从台吉阿巴泰将千人讨之,俘千余人以还。岁癸丑,从太祖伐乌喇,灭之。

岁乙卯,太祖将建号,设八旗,命费英东隶镶黄旗,为左翼固山额真;置五大臣辅政,以命费英东,仍领一等大臣、扎尔固齐如故。明年岁丙辰,太祖遂建国,改元天命。三年,始用兵于明,费英东从攻抚顺。明总兵张承荫以万骑来援,据险而阵,火器竞发。费英东马惊旁逸,诸军为之却,费英东旋马大呼,麾诸军并进,遂破之。太祖叹曰:"此真万人敌也!"四年,明大举来侵,分道深入。明总兵杜松屯萨尔浒山巅,费英东所部属左翼,合诸旗奋击破之,松战死,明师以是沮败。秋八月,太祖伐叶赫,费英东从,薄其城,城人飞石投火。太祖命且退,费英东曰:"我兵已薄城,安可退也?"又命之,费英东曰:"城垂克,必毋退!"遂拔其城。太宗谕金台石降,费英东在侧,相与诘责,卒获金台石,叶赫以是破。

费英东事太祖,转战,每遇敌,身先士卒,战必胜,攻必克,摧锋陷阵,当者辄披靡;国事有阙失,辄强谏,毅然不稍挠;佐太祖成帝业,功最高。五年春三月,太祖定武功爵,授费英东三等总兵官。是月,费英东卒,年五十有七。方疾革,日向西,云起,有声铿鍧,雷电雨雹交至,不移时而霁。太祖将临丧,诸贝勒以日晏谏,太祖曰:"吾股肱大臣,与同休戚,今先雕丧,吾能无悲乎?"遂往,哭之恸,至夜分始还。秋九月,太祖祭贝勒穆尔哈齐墓,出郊,因至费英东墓,躬奠酒者三,泣数行下。

天聪六年,太宗命追封直义公。崇德元年,始建太庙,以费英东配享。太宗尝谕群臣曰:"费英东见人不善,必先自斥责而后劾之;见人之善,必先自奖劝而后举之;被劾者无怨言,被举者亦无骄色。朕未闻诸臣以善恶直奏如斯人者也!"顺治十六年,世祖诏曰:"费英东事太祖,参赞庙谟,恢扩疆土,为开创佐命第一功臣。延世之赏,勿称其勋,命进爵为三等公。"康熙九年,圣祖亲为文勒碑墓道,称其功冠诸臣,为一代元勋。雍正九年,世宗命加封号曰信勇。乾隆四十三年,高宗复命进爵为一等公。费英东子十,图赖自有传。

索海,费英东第六子,袭总兵官。旋坐事,夺职。太宗天聪五年,初置六部,授刑部承政。七年,与兵部承政车尔格侦明边,至锦州,有所俘馘,命管牛录事。崇德三年,更定部院官制,改都察院左参政。十月,从太宗伐明,略大凌河,下堡垒十四,复授刑部承政。

四年,索伦部博木博果尔等降而复叛,命索海及工部承政萨木什哈帅师往讨之,克雅克萨、兀库尔二城。进攻铎陈城,博木博果尔以六千人来援,乘我师后,索海设伏以待,破敌,俘四百,乘胜入其垒,博木博果尔遁去。索海率诸将攻挂喇尔屯,攻克之,屯兵五百,斩级二百,俘百三十还。逐敌额苏里屯西、额尔图屯东,俘六千九百五十六人,牛羊驼马称是。师还,命贝勒杜度、阿巴泰迎劳,太宗幸实胜寺,赐宴。叙功,授二等甲喇章京。兵部劾索海行军不立寨,俘有逋者,当夺赏,命贳之。

六年春,从睿亲王多尔衮等出师围锦州,坐私遣官兵归,离城远屯,征还,与谭泰、阿山、叶克书等皆罚锾。夏,复从多尔衮等出师围锦州,城兵出行汲小凌河,索海以兵四百邀击,斩九十余级,遂从攻松山,击破明军。时有敏惠恭和元妃之丧,索海召降将大乐俳优至其帐歌舞,刑部论索海当死,削职。上使谕之曰:"尔既耽逸乐,姑自娱于家,自今毋至笃恭殿及大清门前。"索海遂坐废,终太宗世不复用。世祖顺治二年,以副都统从征四川,卒于军。子多颇罗,以从入关击流贼有劳,授牛录章京,进一等甲喇章京。十四年,从信郡王多尼征云南,战死磨盘山。

倭黑,费英东诸孙。父察哈尼。方索海嗣父而黜也,太宗以纳海、图赖分袭,既又以事夺爵,复以察哈尼袭。寻改三等昂邦章京。卒,子倭黑,袭。世祖初元,从入关。四年,复更定爵秩,改三等精奇尼哈番,遇恩诏累进一等。十六年,进三等公,并授内大臣。康熙八年,圣祖遣鳌拜,吏部议倭黑与同族,当黜,命罢内大臣,隶骁骑营。

吴三桂反,倭黑从征。十三年,命以署副都统率兖州驻防兵,佐定南将军希尔根进讨,败耿精忠将左宗邦于分宜,败吴三桂将朱君聘、黄乃忠于袁州,遂收安福。击贼鸢石岭、白水口,屡捷。十五年,加太子太保。从大将军安亲王岳乐复萍乡,至长沙,击败吴三桂兵。十六年,岳乐分兵授倭黑,令驻茶陵。十七年,移屯攸县。十八年,从大将军贝子彰泰下云南,授镶黄旗蒙古副都统。云南平,二十一年,擢都统。议政大臣议诸将帅功罪,以倭黑击贼长沙尝引退,当谴,命罢太子太保。三十年,卒。子傅尔丹,自有传。

何和礼,栋鄂氏,其先自瓦尔喀迁于栋鄂,别为一部,因以地为姓。何和礼祖曰克彻巴颜,父曰额勒吉,兄曰屯珠鲁巴颜,世为其部长。何和礼年二十六,代兄长其部。栋鄂部素强,克彻巴颜与章甲城长阿哈纳相仇怨。阿哈纳,兴祖诸孙,为"宁古塔"六贝勒之一。栋鄂屡侵宁古塔,宁古塔借兵哈达伐栋鄂,互攻掠。

太祖初起兵,闻何和礼所部兵马精壮,乃加礼招致之。岁戊子,太祖纳哈达女为妃,何和礼率三十骑卫行。比还,遂以所部来附,太祖以长女妻焉。何和礼故有妻,挟所部留故地者,求与何和礼战,太祖面谕之,乃罢兵降。旗制初定,何和礼所部隶红旗,为本旗总管。岁戊申,从太祖征乌喇,率本旗兵破敌有功。岁辛亥,太祖命与额亦都、扈尔汉将兵伐渥集部虎尔哈路,克扎库塔城。岁癸丑,从太祖再征乌喇。太祖招谕布占泰,犹冀其悛悔,何和礼与诸贝勒力请进攻,遂灭乌喇。天命建元,旗制更定,何和礼所部隶正红旗。置五大臣,何和礼与焉。四年,从破明经略杨镐。六年,下沈阳、辽阳,何和礼皆在行间,叙功,授三等总兵官。九年八月,卒,年六十有四。时费英东、额亦都、安费扬古、扈尔汉皆前卒,太祖哭之恸,曰:

"朕所与并肩友好诸大臣,何不遗一人以送朕老耶?"太宗朝,进爵为三等公。顺治十二年,追谥温顺,勒石纪功。雍正九年,加封号曰勇勤。子六。

多积礼,何和礼次子。初授牛录额真。事四贝勒,从伐乌拉。天聪间,擢甲喇额真。从伐锦州,围大凌河,授游击世职。崇德元年,帅师伐东海瓦尔喀部,俘壮丁三百余,擢本旗梅勒额真。四年,与镇国公扎喀纳率兵屯藩、屏二城间,卒窃马遁去,追之勿及。论罪,夺世职,籍没,上命留弓矢、甲胄及三马,仍领梅勒额真事。六年,从击洪承畴,率骑兵循海追捕,斩获甚众。七年,以老罢。顺治五年,卒。

和硕图,何和礼四子。初袭三等总兵官。太祖以大贝勒代善女妻焉,号和硕额驸。太宗即位,授正红旗固山额真。天聪元年,从击朝鲜,又从伐明,攻锦州、宁远有功。二年,从贝勒阿巴泰帅师破锦州、杏山、松山诸路。九月,复伐察哈尔,克其四路军。以功加五牛录,进爵三等公。三年,从贝勒岳托帅师攻大安口,败明戍兵于马兰峪,再败明援兵于石门寨。复从太宗攻遵化,率本旗兵攻其城西北,克之。师薄燕京,结营土城关,明兵来攻,击却之。复败明师于卢沟桥,与副都统阿山等阵斩明经略满桂、总兵孙祖寿,获黑云龙、麻登云。师旋,克永平,帅骑兵守滦州。五年,从围大凌河城,以本旗兵当其西北。明兵突围出,与都统叶臣等夹击破之,追奔及城壕而还。七年,上询伐明及朝鲜、察哈尔三国何先,和硕图疏言:"宜先葺治诸城堡,乃觇明边,乘瑕而入。若天佑我,各城纳款,势不能速归,南界六城,立界屯耕,修筑可委后。虑我兵既出,敌伺其隙,鞭长不及,难以援也。沈阳、牛庄、耀州三城宜先缮完,庶边界内外皆可长驱。"七月,和硕图卒,上亲临哭之。顺治十二年,追谥端恪。

都类,何和礼第五子,公主出也。初为牛录额真,洊擢本旗固山额真。以公主子,增领两牛录。崇德元年,从太宗伐朝鲜,薄汉城,先登,城溃,率阿礼哈超哈兵入城搜剿。以失察所部违法乱行,罚锾,夺所分俘获。三年,从贝勒岳托伐明,次密云墙子岭。明将以三千人来拒,都类与谭泰督将夹击,大败之,获马百、驼二十。军分四道进,所当辄摧破,略地至济南而还。四年,从郑亲王济尔哈朗围锦州,坐所部退缩,又受蒙古馈遗,罚锾。未几,所部讦告都类在山东时,纵恣养盗马,私发明德王埋藏珍物,坐论死,上贷之,夺职,籍没。八年,复起为固山额真,镇锦州。顺治三年,从肃亲王豪格征张献忠,分兵定庆阳,会师西充,击杀献忠,与贝勒尼堪等戡定川北州县。师还,论功,并遇恩诏,累进二等伯。十三年,卒。

安费扬古,觉尔察氏,世居瑚济寨。父完布禄,事太祖,有章甲、尼麻喇人诱之叛,不从,又劫其孙以要之,终无贰志。安费扬古少事太祖。旗制定,隶满洲镶蓝旗。

岁癸未,太祖兵初起,仇尼堪外兰,克图伦城,攻甲版。萨尔浒城长诺米讷、奈喀达阴助尼堪外兰,漏师期,尼堪外兰得遁去。太祖憾诺米讷、奈喀达,执而杀之,使安费扬古率兵取其城。康嘉者,太祖再从兄弟也,甚太祖

英武,与群从谋以哈达兵至,俾兆佳城长李岱为导,劫瑚济寨。既,引去,安费扬古方猎,闻有兵,与巴逊以十二人追及,击破之。岁甲申正月,从太祖攻兆佳城,获李岱。其党李古里扎泰素附汪泰,安费扬古以太祖命往谕,并汪泰降之。六月,从太祖攻马儿墩寨,寨负险,守者甚备,矢石杂下,攻三日不克。安费扬古夜率兵自间道攀崖而上,拔其寨。岁丁亥六月,太祖伐哲陈部,八月,克洞城,岁戊子九月,克王甲城,安费扬古皆从战有功。寻攻克章甲、尼麻喇、赫彻穆诸城,又取香潭寨;其长李墩拜湖通走,追及于硕郭之阳,俘以献。岁癸巳六月,太祖略哈达富尔佳齐寨。师还,太祖躬勒兵以殿,哈达贝勒孟格布禄率骑追至,一骑出太祖前,太祖方引弓射,复有三骑突至,太祖马几坠,三骑挥刀来犯,安费扬古截击,尽斩之;太祖亦射孟格布禄中马蹄,敌骑败走。太祖嘉其勇,赐号硕翁科罗巴图鲁。九月,太祖既破九部师,闰十一月,命与额亦都、噶盖等攻讷殷路佛多和山寨,斩其长搜稳塞克什。岁已亥九月,从太祖灭哈达。

岁辛亥七月,命与台吉阿巴泰等伐渥集部乌尔古宸、木伦二路,取其地,俘其人以归。岁癸丑正月,从太祖灭乌喇,师薄城,安费扬古执纛先登。寻置五大臣,安费扬古与焉。天命元年七月,命与扈尔汉帅师伐东海萨哈连部,至兀尔简河,刳木为舟,水陆并进,取呼尔哈南北三十六寨。八月丁巳,师至黑龙江之阳,江水常以九月始冰,是日当驻师处独冰,宽将六十步,若浮梁。安费扬古曰:"此天佑我国也!"策骑先涉,众竞从之,师毕渡,冰旋解,遂取江北十一寨,降使犬、诺洛、石拉忻三路。三年四月,太祖取抚顺,明总兵张承荫等赴援,分为三营,安费扬古击其左营,大破之,遂乘胜取三岔儿诸堡。四年,破明经略杨镐,灭叶赫。六年,取沈阳、辽阳。安费扬古皆在行间。

七年七月,卒,年六十四。顺治十六年,追谥敏壮,立碑纪其功。太宗尝谕群臣曰:"昔达海、库尔缠劝联用汉衣冠,朕谓非用武所宜。我等宽袍大袖,有如安费扬古、劳萨其人者,挺身突入,能御之乎!"当日猛士如云,而二人尤杰出云。

子达尔岱、阿尔岱、硕尔辉。达尔岱以甲喇额真事太宗。伐明,攻大凌河,守臧家堡,取锦州、宁远,征朝鲜,皆有功。顺治二年,授拖沙喇哈番。七年,追叙安费扬古功,进一等阿达哈哈番。康熙五十二年,圣祖念安费扬古开国勋,别授三等阿达哈哈番,令其孙明岱分袭。阿尔岱子都尔德及硕尔辉孙逊塔,皆有功,受爵世祖朝,别有传。

扈尔汉,佟佳氏,世居雅尔古寨。父扈喇虎,与族人相仇,率所部来归,是岁戊子,太祖起兵之六年也,扈尔汉年十三,太祖养以为子。稍长,使为侍卫。旗制定,隶满洲正白旗。扈尔汉感太祖抚育恩,誓效死,战辄为前锋。

瓦尔喀部蜚悠城初属乌喇,贝勒布占泰待之虐,丁未正月,城长策穆特黑请徙附太祖,太祖命贝勒舒尔哈齐等将三千人迎之,扈尔汉从。既至蜚悠城,收环城屯寨凡五百户,使扈尔汉与扬古利率兵三百,护以前行。布占泰发兵万人邀诸路,扈尔汉结寨山巅,使蜚悠城来附者五百

户入保，分兵百人卫之。自率二百人与乌喇兵万人各据山为阵，相持，使驰告后军。翌日，乌喇悉众来战，扬古利迎击，乌喇兵稍退，会后军至，奋击，大破之。夏五月，太祖命贝勒巴雅喇将千人伐渥集部，扈尔汉从，取赫席黑、俄漠和苏鲁、佛讷赫拖克索三路，俘二千人。己酉冬十二月，复命扈尔汉将千人伐渥集部，取潭野路，收二千户以还，太祖嘉其功，赍甲冑及马，赐号"达尔汉"。辛亥冬十二月，复命扈尔汉及何和礼、额亦都将二千人伐渥集部虎尔哈路，克扎库塔城，斩千余级，俘二千人；抚环近诸路，收五百户以还。癸丑，太祖讨乌喇，扈尔汉及诸将皆从战，夺门入，遂灭乌喇。太祖置五大臣，扈尔汉与焉。

先是太祖与明盟，画界，戒民毋窃逾，违者杀毋赦。至天命初将十年，明民越境采参凿矿，取树木果蔬，殆岁有之。太祖使扈尔汉行边，遇明民逾塞，取而杀之，凡五十余辈。太祖遣纲古里、方吉纳如广宁，广宁巡抚李维翰系诸狱，而使来责言，且求杀逾塞民者，太祖拒不许。既乃取叶赫俘十人戮抚顺关下，明亦释使者。是年秋七月，太祖命扈尔汉及安费扬古将二千人伐萨哈连部，道收兀尔简河南北三十六寨；遂进攻萨哈连部，取十一寨，降其三路。语详《安费扬古传》。

四年春二月，明经略杨镐大举四道来侵，三月，太祖督军御之，扈尔汉从贝勒阿敏先行，与明游击乔一琦遇，击败之。时朝鲜出军助明，其帅姜弘立屯孤拉库岭，一琦收残卒匿朝鲜营。扈尔汉从诸贝勒击明军，战于萨尔浒，破明将杜松等；战于尚间崖，破明将马林等；扈尔汉皆在行间。明将刘綎自宽奠入董鄂路，牛录额真托保等战不利。扈尔汉帅师与托保合军，凭隘为伏，诸贝勒军出瓦尔喀什林。刘綎将率兵登阿布达里冈为阵，扈尔汉引军扼其冲，诸贝勒继至，东西夹击，破之，綎战死，明兵遂熸。五年，太祖取沈阳，扈尔汉从击明总兵贺世贤等，败之。历加世职至三等总兵官。八年冬十月，卒，年甫四十八，太祖亲临其丧。

扈尔汉诸子：浑塔袭三等总兵官，其后不著；准塔别有传；阿拉密袭准塔世职，附见《准塔传》。

论曰：国初置五大臣以理政听讼，有征伐则帅师以出，盖实兼将帅之重焉。额亦都归太祖最早，巍然元从，战阀亦最多。费英东尤以忠说著，历朝褒许，称佐命第一。何和礼、安费扬古、扈尔汉后先走走，共成筚路蓝缕之烈，积三十年，辅成大业，功施烂然。太祖建号后，诸子皆长且才，故五大臣没而四大贝勒执政。他塔喇希福祖罗屯，传言列五大臣，或初阙员时尝简补欤？草昧传闻，盖不可深考矣。

卷二百二十六　　列传十三

扬古利　**劳萨**子程尼　**图鲁什**子巴什泰
觉罗拜山子顾纳岱　顾纳岱子莫洛浑
西喇布子马喇希　阿兰珠　阿兰珠弟布尔堪
纳尔察　纳尔察子瑚沙　**达音布**朗格
朗格子和托　从弟雅骞　玛尔当图
玛尔当图子乌库理　喀喇　喀喇孙舒里浑
洛多欢　崆古图　**巴笃理**穆克谭
穆克谭子爱音塔穆　达珠瑚　达珠瑚子翁阿岱

扬古利，舒穆禄氏，世居浑春。父郎柱，为库尔喀部长，率先附太祖，时通往来，太祖遇之厚，命扬古利入侍。郎柱为部人所戕，其妻褥负幼子纳穆泰于背，属鞭佩刀，左右射，夺门出，以其族来归。部人寻亦附太祖。扬古利手刃杀父者，割耳鼻生啖之，时年甫十四，太祖深异焉。日见信任，妻以女，号为"额驸"。旗制定，隶满洲正黄旗。

太祖令扬古利守汛鸭绿江，警备严密，无敢犯者。伐辉发多璧城，阻水不得进，扬古利乱流而济，众从之，遂薄城，多所俘馘。岁癸巳，略朱舍里路、讷殷路，戊戌，略安褚拉库路，皆有功。岁己亥，从哈达，扬古利先登，擒贝勒孟格布禄。岁丁未正月，徙蜚悠城众，扬古利与扈尔汉率兵三百护行，乌喇以万人要诸路。扬古利励众曰："吾侪平居相谓死于疾宁死于敌，此非临敌时乎？"持矛突阵，杀乌喇兵七，敌稍却。夹河相持，诸贝勒军总至，大破之。五月，从贝勒巴雅喇等伐渥集部，取赫席黑路，为前锋。马儿古里村人惊兵至，走负山，因攻据其山巅，驰下击之，尽歼丁壮，俘子女以归。九月，伐辉发，越栅二重，先入，夺其城。岁庚戌七月，从台吉阿巴泰等伐渥集部，略木伦路，克吴儿瑚麻村，望林中烟起，即驰赴之，同往者三，俘获甚众。岁壬子九月，从讨乌喇，攻金州城，城中迎射拒，扬古利冒矢攻克之。岁癸丑正月，再讨乌喇，扬古利先众进战。攻青河，乌喇贝勒布占泰兵甚锐，太祖传矢命诸将退，扬古利持不可，麾众追城，聚一隅疾攻，遂拔之。

天命四年三月，明经略杨镐大举来侵，总兵杜松等攻界凡，大贝勒代善等帅师御之。我军屯吉林崖，明军屯萨尔浒山，两军相薄，扬古利与贝勒阿巴泰等争先赴敌，破其军，松等皆战死。是夕，明总兵马林以兵至，营于尚间崖。翌旦，移兵往攻，太祖命被创者勿往，扬古利裹创系腕，率十牛录兵，凭高驰击，林兵大溃。七月，攻铁岭，遇蒙古贝勒介赛兵，击破之，遂获介赛。六年三月，从太祖攻沈阳，壕深堑坚，众难之；扬古利拔刀挥本旗兵先登，夺敌所植竹签以阻军者，遂克之。进攻辽阳，复先登陷阵，破其步卒，夺河桥，与明兵战于沙岭，大败之。辽阳既拔，太祖嘉其战多屡受创，命位亚八贝勒，统左翼兵，授一等总兵官，诫勿更临阵。

十年，扬古利守耀州，明将毛文龙遣兵三百来攻，略城南荞麦冲，扬古利率兵追击，尽歼之。旋进三等公。天聪三年九月，同阿山等捕逃人，至雅尔古，遇文龙所部越塞采参者，击杀九十六人，获千总三及其从者十六人以还。十月，从伐明，薄明都，击败满桂兵于城北，炮兵陷敌伏中，扬古利率亲军十余人夺围入，悉出之。军还，从贝勒阿巴泰等略通州，焚舟千余。攻蓟州，明军来援，太宗督右翼三旗攻其西，贝勒代善等督左翼四旗攻其东，右翼两红旗兵少却，扬古利率正黄旗兵直前突阵，敌败走。太宗命两红旗将佐纳锾自赎，以赐扬古利，扬古利分赉将士，不自私。六年，太宗伐察哈尔，命贝勒阿巴泰等及扬古利居守，明兵来侵，诸贝勒御之。锦州战，明兵锐甚，六旗俱却，扬古利大怒，独率本旗兵奋击破之。旋复从太宗入明边，攻大同、宣府，与贝勒阿巴泰等拔灵丘，隳王家庄，取之。

七年六月，太宗谘诸将兵事，扬古利言："用兵不可旷隔，逾年不用，敌以其时乘间修备，虑误我再举。我暇，一年再征；不暇，亦一年一征：乃为善策。我今当深入敌境克城堡，贝勒诸将已痘者驻守，未痘者从上还都。不克，则纵兵焚其村聚；民降者编伍，拒者俘以还。各旗献俘，视牛录为多寡，兵士所获听自取。若此，则人人贪得，不待驱迫，争出私财买马，兵气益扬矣。戍边，贝勒许番代，他将卒不许番代。不耐劳苦，岂有能拓地成功业者乎？或谓用兵数，且妨农。妇子相随，且行且获，何妨农之有？朝鲜、察哈尔宜且置之，山海关外宁远、锦州亦当缓图，但深入腹地。腹地既得，朝鲜、察哈尔自来附矣。"时诸大臣所见亦略同，太宗遂定策伐明。八年五月，复录扬古利前后战功，进超品公，位亚贝勒，帽顶嵌珠。

崇德元年五月，命武英郡王阿济格、饶馀贝勒阿巴泰及扬古利师伐明，入边，克畿内诸州县凡十二城，五十八战皆捷，获总兵巢丕昌等，俘十余万。出边，击败三屯营、山海关援兵。九月，师还，太宗出郭十里迎劳。献捷，设宴，亲酹卮酒赐三帅。十一月，论伐明诸将违律，阿济格出边不亲于殿，扬古利坐不净，罚土黑勒威勒。

十二月，太宗亲伐朝鲜，扬古利从。二年正月，师济汉江，屯江岸，朝鲜全罗、忠清二道兵来援，营汉城南。是月丁未，太宗命豫亲王多铎及扬古利击之，值雪，阴晦，敌阵于山下，纵兵进击，自麓至其巅，多铎鸣角，招扬古利登山督战。扬古利将驰赴，朝鲜败卒伏崖侧，窃发鸟枪，中扬古利，创重，遂卒，时年六十六。明日，多铎率兵逼敌营，朝鲜兵已夜遁，得扬古利尸以归。太宗亲临哭奠，赐御用冠服以殡。丧还，太宗迎于郊，命陪葬福陵。葬日，太宗复亲奠。

扬古利初事太祖，凡在行间，率先破敌，冲锋挫锐，所向披靡。太宗诫不令临阵，而遇敌忘躯，奋发不自已。行军四十余年，大小百余战，功业绝特，而持身尤敬慎。太宗尝命本牛录护军为之守门，赐豹尾枪二，以亲军二十人为卫。其葬，以本牛录八户守冢。是年十一月，追封武勋王，立碑墓道。顺治中，世祖命配享太庙。康熙三十七年，圣祖巡盛京谒陵，亲奠其墓。三十九年，复建碑为文表绩。雍正九年，定世爵为一等英诚公。

扬古利子二：长，阿哈旦，以军功授拖沙喇哈番；次，塔瞻，袭超品公，擢内大臣。崇德六年八月，太宗亲将御明洪承畴，战于锦州，敌遁，命塔瞻设伏追击，斩获甚众。寻移营松山，明总兵曹变蛟夜率兵突近御营，塔瞻不能御，降一等公。顺治四年，卒，以其子爱星阿袭，爱星阿自有传。

劳萨，瓜尔佳氏，世居安褚拉库。太祖伐瓦尔喀部，取安褚拉库，劳萨来归。旗制定，隶满洲镶红旗。天命六年，从伐明，克辽东，授游击。天聪二年，从伐蒙古多特罗部，进二等参将。三年，从伐明，薄明都，与图鲁什等败敌德胜门外，斩五十余级，获马数十，进一等参将。八旗选精锐为前锋，号"噶布什贤"。劳萨骁勇善战，使为将，号"噶喇依章京"。每出师，前行侦敌，所向有功。五年八月，从伐明，围大凌河城。上闻明援兵自锦州至，遣劳萨与图鲁什以兵二百侦敌，上与贝勒多铎以兵二百继其后。明兵至，逐劳萨等至小凌河，突近上前，上渡河躬陷阵，后军亦至，共击败之。时我将觉ললி被围，又有裨将与敌战，敌挥刃将及，劳萨直前奋击，悉拯之出，还，白上，上亲酌金卮以劳。明监军道张春等合马步兵四万，渡小凌河，严屯拒战，劳萨受上指，领蘖而前，力战破敌垒。十月，复与图鲁什往锦州松山侦敌，遇明兵，奔宁远，斩其执蘖者十余人。

十一月，闻察哈尔兵至，劳萨率兵百侦敌。会察哈尔兵引去，追击之，逾兴安岭，勿及，甲仗、驼马委于道者，悉收以还。六年四月，从伐察哈尔，师次博罗额尔吉，劳萨率兵前行，收蒙古流散者二百余人。五月，与阿山率兵百至喀喇莽奈侦敌，遇察哈尔逻卒，逐而斩之。我国谍者刘哈为敌困，敌兵殆百人，劳萨以七骑大呼破围入，挟之出，敌披靡败走。寻侦察哈尔汗弃地，遁已远，还白上，上乃自布龙图班师，至枯橐，劳萨还与大军会。

七年，上命劳萨与图鲁什等将三百人略宁远，分其兵两翼突入沙河所，斩三百人，获裨将一、牲畜二百七十。八年二月，复略锦州松山边境，往锦州投书明总兵祖大寿。五月，与图尔格率兵出边，渡辽河，沿张古台河屯戍，卫蒙古，扼明兵。劳萨屡以寡胜众，功多，进三等副将，赐号硕翁科洛巴图鲁。十二月，察哈尔部众来归，命劳萨将百人迎护。九年四月，从贝勒多尔衮收降察哈尔部众。师还，略明边，劳萨夜率兵进败宁武关兵，遂毁关入，进略代州；复进略忻州，度黑峰口，遇明逻卒四十人，悉击斩之，获其马。

崇德元年，偕吴松等赍书谕明松棚路潘家口诸将，因侦敌边隘，多所俘馘。上伐朝鲜，命劳萨与户部承政马福塔以兵三百先为贾人装，昼夜行，将至朝鲜，其戍将出御，力战，尽歼其众。朝鲜国王李倧使劳师郊外，以其间走南汉山城。师还，吏议劳萨备不严，使倧得走，当夺世职论罚，上命毋夺职。二年，授议政大臣。三年二月，从伐喀尔喀，上使劳萨赍书谕明宣府将吏归岁币、开市。劳萨获喀尔喀四十余人，收其财物、牲畜，纵使去。师还，吏议劳萨罪当死，上特命宥之。八月，从贝勒岳托、杜度伐明，自独石墙子岭口入。岳托奏言："噶布什贤将领劳萨等逐溃兵，得明逻卒，洞知墙子岭坚不易拔，岭东西高处可越。"分军四路深入，明兵合马步八千人拒战，阿兰泰所将蒙古兵稍却，劳萨与图赖等奋战陷阵，明兵败去，其夜复至，劳萨击却之，遂入其垒；又率所部逐敌，斩百七十余级，俘九十，获马百三十有奇，进二等梅勒章京。

五年五月，与吴拜侦敌广宁边境，自中后所入，循海而南，斩二百级。上自将攻锦州，劳萨伏兵高桥，纵敌弗击，论罪，降世职，夺赐号。六年四月，从郑亲王济尔哈朗伐明，围锦州，设伏，击明兵松山，获马百九十。劳萨逐明兵，见敌援至，使骑驰问济尔哈朗曰："敌援至，若之何？"济尔哈朗以为怯，闻于上，上曰："劳萨素勇敢，且身被重创，不当议小过。"五月，明总督洪承畴以兵六万援锦州，屯松山北，我师未集，劳萨力战，败其前锋。会上命睿郡王多尔衮等济师，复与战，大败之。劳萨行塔山东侦敌，获敌骑，克锦州外城。九月，命复劳萨世职、赐号。旋代洪尼喀为梅勒章京。是月，上自将督多尔衮等与承畴决战，劳萨从多尔衮陷阵，力战，死之。既克敌，上遣内大臣携酒临奠，恤赠三等昂邦章京，以其子程尼袭。

程尼既袭职，三遇恩诏，进一等伯，任议政大臣。顺治九年，从敬谨亲王尼堪征湖南。十一月，及明将李定国战于衡州，我师败绩，没于阵，恤赠拖沙喇哈番。十二年，追谥国初以来有功诸将，劳萨谥忠毅，程尼谥诚介，并立石纪绩。

劳萨弟罗壁，初以军功授阿达哈哈番，至是并袭程尼世职，进为二等公。卒，其子降袭一等伯。再传，无嗣，乾隆间，续封二等子。

图鲁什，伊尔根觉罗氏，世居叶赫。归太祖。旗制定，隶满洲镶黄旗。天命九年，为牛录额真。蒙古有亡者，逐得之。十年，命率兵至旅顺口捕盗，俘获甚众。擢甲喇额真，授游击世职。

天聪三年，从太宗伐明，图鲁什先驱侦敌，至大安口，城下兵出战，图鲁什单骑奋击，师继至，克之。自遵化向明都，明兵自蓟州蹑师后，图鲁什设伏击却之。十二月，上军明都西南，令图鲁什与梅勒章京阿山循城觇敌多寡。获谍，言明总兵满桂、黑云龙、麻登云、孙祖寿合兵四万，屯永定门南二里许。还白上，且曰："敌盛，宜及其不虞，乘夜击之。"夜三鼓，秣马蓐食，八旗及蒙古左、右翼兵俱进。图鲁什率所部先驰入敌垒，敌阵乱，师从之，明师遂败，斩桂、祖寿，获云龙、登云。与劳萨、席尔纳等往来游击，屡有斩馘。四年正月，从贝勒阿巴泰、济尔哈朗逐斩叛将刘兴祚，进二等参将。既，复从贝勒阿敏守永平，谍告明兵且至，图鲁什以四十人侦之，巴笃理、屯布禄等以百人策应，共击败明别将张弘谟兵。语详《巴笃理传》。已而，明兵大至，阿敏弃永平引师还。命往视边墙，率兵五十为三队，魇使后，独与四骑先至塞下，蒙古数十人猝起，相薄两垣间，环而射之，图鲁什突围出，顾所率骑卒皆陷围中，一骑中矢且仆，复大呼驰入，援三骑挟伤者俱归。

五年八月，从伐明，攻大凌河，明援兵二千自松山至，图鲁什与阿山、劳萨等以兵二百迎击，败之，斩百余级，获三纛。还，上酌金卮劳之。九月，攻锦州，明援兵自锦州至，与劳萨从上破敌。语详《劳萨传》。复遵上指，令军中张旗帜，举炮，伪若明兵来援，致城兵出战，伏起，敌败走。明监军道张春等集诸路军来援，渡大凌河，屯长山。图鲁什先以偏师邀击，小胜。戊戌之夕，上亲督骑兵袭敌垒，图鲁什先进，两军力战，卒破明师，获张春。十月，侦锦州松山，斩明兵执纛者。十一月，逐察哈尔兵，逾兴安岭。

六年，从伐察哈尔，次博罗额尔吉，招流亡，皆与劳萨偕。上令哈尔占具粮糗储乌兰哈达，而以甲喇额真颜布禄、牛录额真董山司转运，愆期，粮糗不时至，吏议当死。上命覆谳，众皆言法不当죽，图鲁什言："曩者上申谕'临阵而退当斩'，然亦尝恩宥；今罪颜布禄、董山而贷其死，实惟上恩。"上从之。

八年二月，略锦州。五月，擢噶布什贤噶喇依昂邦，进三等副将。六月，复从伐察哈尔。七月，至归化城，遇察哈尔诸宰桑以千二百户来降，率以谒上。是月，毁明边墙入大同，与瑚什布等击败明总兵祖大弼军，略地至宣化，攻怀远，设伏左卫城，击败明总兵曹文诏军。上驻左卫城西，使图鲁什如宣府侦敌。闰八月乙酉，遇大弼侦卒十五人，图鲁什单骑驰击，矢中其腹，独力战不已，斩二人，俘十三人。图鲁什创甚，上亲迎视之。丁亥，卒于军，赐号硕翁科罗巴图鲁，进三等总兵官。顺治间，追谥忠宣。

子巴什泰，袭爵。事世祖。三遇恩诏，进一等伯。顺治九年三月，在上前为蒙古侍卫琐尼所戕，进三等侯。子珠拉岱，袭。康熙间，定封一等精奇尼哈番。乾隆元年，改一等子。

觉罗拜山，景祖弟包朗阿曾孙也。景祖兄弟凡六，分城而居，包朗阿次第五，居尼麻喇城。太祖既起兵，族人甚太祖英武，谋欲害太祖，包朗阿子孙独不与，率先事太祖。太祖起兵之三年，攻哲陈部托漠河等五城，合兵战于界凡，包朗阿诸孙札亲、桑古里皆从。

拜山事太祖差后，旗制定，隶满洲镶黄旗。天命六年，从太祖伐明，攻沈阳。明将有号秃尾狼者，骁悍善战，拜山蹅诸阵。明兵悉众自城南来，拜山迎战，斩副将一，遂降其众。既克辽东，授游击。天聪元年，从太宗伐明，攻锦州未下，移师攻宁远。锦州兵潜出蹑师后，拜山与牛录额真巴希竞起还击，战死。太宗亲临其丧，酹酒哭之，赐人户、牲畜，赠三等副将。子顾纳岱，袭。

顾纳岱既袭职，天聪八年，改三等梅勒章京。崇德三年，从伐明，战于山海关，败明兵。逐敌至丰润，师或出采薪，明兵起乘之，顾纳岱驰赴奋击，援以归。徇山东，击败明内监冯永盛、总兵侯应禄，克博平，进一等梅勒章京。

顺治元年，顾纳岱以摆牙喇纛章京从睿亲王多尔衮入关击李自成。十月，从豫亲王多铎逐自成至陕州，贼依山为阵，顾纳岱与图赖率摆牙喇兵驰击，斩获大半。三年二月，自成将刘元亮以千余人夜觇我师，顾纳岱出击败之。镶黄、正蓝、正白三旗兵继进，贼大奔，遂克潼关，逼西安，加半个前程。三月，从豫亲王徇河南，渡淮。四月，至扬州，与伊尔都齐等率摆牙喇兵军于城南，获舟二百余。翌日，合师薄城下，七日而拔。进克明南都，溯江至芜湖，击明将黄得功，败其舟师。移师从贝勒博洛徇苏州，克昆山，攻江阴，发炮破城，顾纳岱先登。复移师趋浙江，略平湖，水陆并胜，收其战舰。攻嘉兴，明兵出御，背城为阵，顾纳岱与固山额真恩格图、汉岱等合击之，三战三胜。七月，师还，进三等昂邦章京。

四年，从豫亲王征苏尼特部，讨腾机思，腾机思走喀尔喀，分遣蒙古兵追击，败之于欧特克山；复自土喇河西行，败喀尔喀兵于查济布喇克。寻以恩诏进二等精奇尼哈番。五年，从征南将军谭泰下江西，讨金声桓，至九江，击破声桓兵；进攻南昌，中炮，没于阵。赠一等精奇尼哈番，以其子莫洛浑袭。

莫洛浑授参领。顺治十七年，从安南将军达素徇福建，讨郑成功，攻厦门，死之。圣祖以拜山、顾纳岱、莫洛浑三世死王事，赠莫洛浑三等伯，谥刚勇。

太祖始起，诸族人未附，有龙敦者，为景祖第三兄索长阿子，于太祖为从叔，挠太祖尤力。太祖讨尼堪外兰、讨李岱，漏师期，又构太祖异母弟萨木占杀噶哈善哈思虎，皆龙敦所为也。然其从子旺善事太祖。太祖再攻兆佳城，取宁古亲，旺善为敌踣，敌俯扑，出刃将刺；太祖未及甲，直入发矢，中敌额，殪，援旺善起。其后屡从征伐。天命十年，偕达珠瑚、车尔格，以千五百人伐瓦尔喀部，俘获甚众。上出郊迎之，行抱见礼，慰谕甚至。

太祖既盛强，龙敦子铎弼、托博辉皆从。天命七年，太祖伐明，使铎弼与贝和齐、苏把海留守辽阳。太宗初即位，设八大臣，以托博辉领正蓝旗。

又有土穆布禄，为景祖幼弟宝实诸孙。十年，命与阿尔代、毛海、光石等屯耀州。太宗设十六大臣，使与萨璧翰为托博辉佐。

又有郎球、巴哈纳，皆索长阿之裔，俱致通显，自有传。

西喇布，世居完颜，以地为氏。太祖初起兵，率所部来归，常翼卫太祖，授扎尔固齐。岁癸巳，略富尔佳齐，哈达人西忒库抽矢射贝勒巴雅拉，西喇布以身当之，中二矢，遂卒，恤赠游击。子二：噶禄、马喇希。旗制定，隶满洲镶红旗。噶禄袭职，从攻沙岭有功，进二等参将。卒，无子。

马喇希，天聪九年，授佐领。寻袭其兄噶禄世职。崇德二年，从都统叶克舒等伐札勒察。三年七月，授刑部理事官。八月，迁蒙古梅勒额真。四年，再迁固山额真。从睿亲王多尔衮围锦州，坐徇王贝勒等私遣兵归，离城远驻，罚如律。复从贝勒阿巴泰等入黄崖口，所至克捷。顺治元年四月，从睿亲王多尔衮入关破李自成，追击至庆都。十二月，与都统阿山征陕西，自蒲州渡河击贼。论功，进一等甲喇章京兼半个前程。寻命移师从豫亲王多铎下江南。二年五月，自归德渡河至泗北淮河桥，明守将焚桥走，师夜济，与都统宗室拜音图以红衣炮攻克武冈寨，引兵而东。至常州，明将黄蜚以步兵数万御战，击破之，遂下宜兴，道破明水军。至昆山，都统恩格图等方攻城，马喇希率所部兵趋颓堞，先登，遂克之，复拔常熟。师还，进三等梅勒章京。

四年八月，从肃亲王豪格徇陕西，至汉中。叛将贺珍走西乡，马喇希与都统鳌拜分兵驰击，及于楚、湖，斩馘甚众，进二等阿思哈尼哈番。五年，睿亲王多尔衮出猎，马喇希坐与都统噶达浑等私猎，贬秩。八年，世祖亲政，诏复职。再遇恩诏，进三等精奇尼哈番。九年九月，命与定南将军、护军统领阿尔津帅师定广东。十月，命移军镇汉中。十二月，复命移军定湖广辰州、常德诸路。十一年，卒。

十二年，世祖命追录国初以来有功诸将，皆视一品大臣，予谥，立碑墓道，于是西喇布谥顺壮，马喇希谥忠僖。

太祖诸将，当帝业未成，效死行间，与西喇布同时易名纪绩者，又有扎尔固齐阿兰珠、梅勒额真纳尔察。

阿兰珠，栋鄂氏，世居瓦尔喀什。父阿格巴颜，与其兄对齐巴颜并为屯长。太祖攻杭佳城，守城者为阿格巴颜妻父，令助守，阿格巴颜不可，曰："以德诛乱，宜也。吾安能助乱而拒有德乎？"寻与对齐巴颜各率所属归太祖。旗制定，隶满洲镶红旗。对齐巴颜子噶尔瑚济、阿兰珠皆授牛录额真，分辖所属。阿兰珠旋擢扎尔固齐。从伐乌喇，直前冲击，人马皆被创，下马步战，遂没于阵。恤赠三等甲喇章京，以其弟布尔堪袭。顺治间，追谥顺毅。

布尔堪袭职，授甲喇额真。天聪四年，与武赖、哈宁阿等率精兵百略明边，获明谍三，遂渡大凌河，斩四十余级，俘百六十。八年，重定各牛录所属人户，以新附瑚尔哈百人增隶布尔堪。寻戍牛庄，获蒙古逃人，进二等甲喇章京。崇德元年，卒。

纳尔察，钮祜禄氏，世居安图，隶苏克苏浒河部。国初来归，授备御，隶满洲镶黄旗。岁戊申，从太祖讨乌喇，攻伊罕阿林城，先登克之，擢梅勒额真。后攻沙岭，不待大军至，独进，没于阵，以长子佛索里袭世职。顺治间，追谥端壮。

瑚沙，纳尔察次子。初授牛录额真。天聪六年，从太宗伐明，入大同。与图鲁什等行侦敌，遇明兵四百，瑚沙弯弓跃马，疾驰入阵，敌皆披靡。略地至崞县，屡击败明兵。崇德三年，从贝勒岳托伐明，与鳌拜先驱，遇明骑兵三百，突进搏战，瑚沙以八骑击却之。遂率左翼摆牙喇兵越燕京，徇山东。明太监高起潜等率兵出御，瑚沙与罗什等连战皆捷，逐北数十里。上以佛索里不胜任，畀瑚沙袭世职，为噶布什贤章京。六年，从伐明，攻锦州，转战松山、杏山间，屡有斩获。七年，加半个前程。十月，贝勒阿巴泰等帅师伐明，上命瑚沙从，俟师入边，以军事还报。

八年春,师还,使瑚沙从噶布什贤噶喇昂邦努山等,以兵九十人诣界岭口迎师,俘敌甚众。

顺治初,从入关击李自成,战于一片石,瑚沙率本旗噶布什贤超哈当自成将唐通,逐自成至庆都;复从噶布什贤噶喇昂邦席特库设谋诱敌,夹击破之。六月,从固山额真叶臣征山西,至汾州,偕甲喇额真道喇、图尔赛等,击破自成将白辉。二年,从英亲王阿济格征陕西,克绥德、延安。牛录额真哈尔汉俄班驻军南山,为贼所乘,战死,瑚沙率数骑突入,得其尸以还。自成奔湖广,追剿至安陆,击败自成将邵章,掠其舟以东。至九江口,与席特库率前锋二十人破贼垒,逐自成至于九宫山。自成既殪,瑚沙复与甲喇额真苏拜、希尔根等逐捕余贼,斩二千余级,进三等甲喇章京。三年,从肃亲王豪格讨张献忠于汉中,击败叛将贺珍,逐献忠至于西充,献忠引众迎战,瑚沙奋击败之,肃亲王遂殪献忠。五年,进二等阿达哈哈番。

六年,从郑亲王济尔哈朗略湖南。时明桂王由榔犹驻广西,其总督何腾蛟守湘潭。师既克长沙,渡湘水攻之,前锋兵薄城,敌分三门出战,瑚沙与席特库力战,破城西兵,生致腾蛟。明兵溃,遂克湘潭,于是衡州、宝庆、永州、辰州诸郡县次第皆下。进二等阿思哈尼哈番。九年,擢镶黄旗蒙古副都统,命与学士苏纳海使朝鲜鞫狱。十一年,兼任工部侍郎。十二年,擢本旗蒙古都统,授议政大臣。十五年,从信郡王多尼下云南。十六年,从克永昌。十七年,师还。以永昌初下,纵兵入城扰民,降三等阿思哈尼哈番。康熙三年,卒。分世职为二,第五子瑚弼图袭一等阿达哈哈番,第二子硕伯海袭拜他喇布勒哈番。

达音布,他塔喇氏,世居札库木。天命三年来归,隶满洲正白旗,任牛录章京。从太祖征伐,辄为军锋,积战阀授备御。来归诸部众或为蒙古诱逼,达音布与楞额礼率兵逐之,及于达佔塔,击败蒙古兵,得逃人以归。六年,太祖伐明,略奉集堡,达音布先驱,斩谍克敌,进游击。蒙古扎鲁特贝勒昂安尝执我使界叶赫,又屡遣兵要我使,攘牲畜。八年,太祖命台吉阿巴泰等将三千人讨之。达音布时为噶布什贤噶喇昂邦,与雅希禅、博尔晋率五十骑先大军行,乘夜渡辽河,略昂安所辖厄尔格勒,复驰百余里,逼昂安所居寨,昂安以牛车载妻子从者二十余骑出寨。雅希禅、博尔晋麾三十余骑下马将搏战,达音布引十余骑勒马立,昂安谋遁,不欲战,直前冲骑兵,冀突围出,达音布拒战,方弯弓注矢,昂安所部乘隙挟短矛搏达音布,中其口,堕马。我兵冲击,昂安父子及从者尽殪,俘其孥。达音布遂以创卒。师还,予恤,进世职为游击。子阿济格尼堪,阿济格尼堪子宜理布,并有传。第三子岱衮,屡从征伐,授侍卫。崇德二年,围锦州,战死,赠备御。达音布死最烈,子孙贵列爵,顺治间赐谥乃不及。

太祖诸偏裨死事者,牛录额真喀喇,以御刘绖战死。又有牛录额真额尔纳、额黑乙,将五百人屯深河,与绖战林中,死之。甲喇额真布哈、石尔泰、牛录额真朗格,从太祖攻沈阳,既下,明总兵陈策等来援,与战,陷阵死。玛尔当图从太祖围锦州,战死。喀喇、额尔纳、额黑乙死

时,太祖方草创,未有恤赠。布哈赠参将,石尔泰、朗格赠游击,而玛尔当图死时已授游击。朗格子和托、玛尔当图子乌库理事太宗,喀喇孙舒里浑、洛多欢、崆古图事世祖,皆有战功,赏延于世。

朗格,栋鄂氏,对齐巴颜子,阿兰珠弟也。对齐巴颜来归,语见《阿兰珠传》。战死,得世职,以长子栋世禄袭。旗制定,隶满洲镶红旗。

和托,其次子也。崇德七年正月,授本旗梅勒额真。从郑亲王济尔哈朗等伐明,围锦州。明总兵祖大寿以其城降,遂进克塔山。郑亲王籍所俘获,令和托还奏。上命分赉军中死伤将士,并令赍敕抚明杏山守将,曰:"汝以善言招之,降则已;否则以炮攻,炮发而彼降,亦可许也。"和托至军,如上指宣言,炮发,明将降。师还,得优赉。旋追议诸徇部卒失律,和托当罚锾,以前劳得免。十月,从贝勒阿巴泰伐明,自界岭口毁边墙入,至黄崖口。军中议分两翼夹攻,辅国公笃洋古令和托督左翼,建云梯攻城。和托周视毕,复曰:"城可登,无以梯为也。"乃率巴牙喇兵四十人毁城入,斩守备一,余悉溃。复合右翼围苏州,击败明总兵白腾蛟、白广恩,遂徇山东,克衮、莱、青诸府。明年,师还,授吏部参政,兼梅勒额真。

顺治元年,从入关击李自成,予世职牛录章京。上遣侍郎王鳌永招抚山东,明副总兵杨威据登州。鳌永请兵,上命和托与梅勒额真李率泰、额孟格帅师讨之。鳌永至青州,为降将赵应元所戕。和托等师至,媵巡抚陈锦、总兵柯永盛会师逼青州。应元复请降,和托与李率泰计许之降,遣兵夜捕斩应元及其党数十人,宥胁从勿诛,青州遂定。锦亦下登州。上命和托与李率泰移军河南,会豫亲王多铎下江南,赉黄金、紫貂,进世职三等甲喇章京。二年,从贝勒勒克德浑徇浙江,定杭州。明将方国安以兵至,和托将左翼御之富阳,斩副将二、参将二、游击五,国安兵大败。复破敌下关宣沟,毁其木城。上命和托与梅勒额真珠玛喇率所部满洲、蒙古兵驻防杭州。三年四月,卒。

雍舜,对齐巴颜从子,授牛录额真。英果,战辄当前锋。累擢镶红旗固山额真。天聪三年,从上伐明,围遵化,率本旗兵攻城西南,克之。四年,从取永平,授二等参将世职。贝勒阿敏弃永平还师,雍舜独赞其议,坐罢官,夺世职,籍没。七年,从贝勒岳托舟师攻旅顺,明将黄龙城守,师克之。论功,先登崖者,巴奇兰、萨穆什喀;先登城者,雍舜、珠玛喇;复世职。崇德二年,从克皮岛,擢梅勒额真。四年,从征索伦,设伏败敌,进一等参将。六年,从攻锦州,战坠马,得他骑,引本旗兵趋左翼;及右翼胜,乃驰击,争赴敌。坐欺谩论罪,命宽之,解梅勒额真。顺治初,遇恩诏,进二等阿思哈尼哈番,复官固山额真。卒。子庚图,先以功授拜他喇布勒哈番,同为一等阿思哈尼哈番。

玛尔当图,扎库塔氏,先世居和通吉。太祖时,率百余人,授游击。从攻锦州,战死。

子乌库理,年十六,即从征伐。太宗命领甲喇额真,袭玛尔当图世职。崇德三年,从贝勒岳托伐明,略山东,明太监冯永盛以兵至,击败之;攻济南,云梯兵未至,乌

库理攀雉堞先登，麾所部兵毕上，克其城。师还，将出塞，与白奇超哈统将萨穆什喀殿，敌不敢逼，道经太平寨，复步战败敌。七年，从伐明，复攻锦州，战于松山，敌败走，旋合溃兵屯北山，垒甚固，乌库理直前击之，三战皆捷。

顺治初，入关，从固山额真叶臣攻太原，率十骑绕城周视，城兵骤出搏战，乌库理与甲喇额真萨璧图奋击，俘馘甚众。寻从英亲王阿济格定陕西、湖广、江西诸省。师还，至池州，侦明将黄斐，击之，得舟十二。还京师，授兵部理事官，加半个前程。三年，从肃亲王豪格下四川，讨张献忠，败其将高汝砺；逐献忠，再破之。五年，从讨叛将姜瓖，攻宁武关，所署巡抚姜辉、总兵刘惟思以三千人赴援，内外兵夹击。乌库理率三旗巴牙喇兵转战关下及偏关西河营，七战皆胜。师将至左卫，瓖兵万余阵以待，乌库理击破之，复发炮克其城，殪瓖兵。八年，进一等阿达哈番。十年，郑成功寇福建，命与理事官额赫理率禁旅及江宁、杭州驻防兵济师，至海澄，敌以火器守隘，乌库理连破其垒。敌毁桥，乌库理跃马先众涉，敌惊溃，师乃毕渡；敌又以三千余人屯海岸，乌库理步战败之。先后与固山额真金砺等，勦敌寨数十，降其兵数千人，复加拖沙喇哈番。

十二年，授大理寺即，疏言：" 满洲士卒岁从征讨，市马制械皆自具，其孥留京师，请恩赉。行军所至，民多失所，虽被旨赈贷，当安辑，俾自为生计，请敕部议便宜。绿旗死事率卒，请下所司赡其妻子。江、广、闽、浙滨江、海，盗贼出没，请敕诸省督抚，要隘设重兵。西北厄鲁特、俄罗斯诸部尚阻声教，请敕理藩院议互市条例，通贸易。" 所陈凡五事，皆下部议行。

寻命视黄河决口。十三年，授漕运总督。十七年，授盛京总管。康熙元年，改总管为将军，仍以命乌库理。是时，盛京置户、礼、工三部，乌库理请增设刑部，廷议如所请。四年，卒。析世职为二，长子俄谟克理，袭三等阿达哈番；次子佛保，袭拜他喇布勒哈番兼拖沙喇哈番。

喀喇，栋鄂氏，先世居瓦尔喀。当太祖时，以其族来归。从征伐有功，授牛录额真，赐号"巴图鲁"。天命四年，御明总兵刘𬘩，力战，被七创，以伤卒。

子扎福尼。天聪四年，从伐明，攻滦州，有三卒为敌所得，扎福尼陷阵援之出。以功，予世职备御。八年十二月，从白奇超哈统将巴奇兰等伐黑龙江，加半个前程。

舒里浑，扎福尼子也。初以巴牙喇壮达从军。从攻大凌河城，败蒙古军。及扎福尼卒，袭世职。顺治二年，从英亲王阿济格西逐李自成至延安，七捷。自成走湖广，以师从之，次安陆，得舟十四。三年，从豫亲王多铎北讨腾吉斯，力战，多俘馘，击败喀尔喀土谢图汗、硕类汗。师还，授牛录额真。六年，从端重亲王博洛西徇大同，击败姜瓖所署巡抚姜建勋等。十一年，擢巴牙喇蘲章京。十五年，授正黄旗满洲梅勒额真。从信郡王多尼南征云南，战凉水井，败明将李成龙；战双河口，败明将李定国。师还，进三等阿思哈尼哈番。十八年八月，卒。

洛多欢，舒里浑弟。从军，取旅顺，围锦州，皆有功。崇德七年，从贝勒阿巴泰伐明，克顺德府，先登，赐号 "巴图鲁"。累进世职至一等阿达哈番兼拖沙喇哈番。

崆古图，亦舒里浑弟也。顺治间，从靖南将军陈泰征福建，克兴化府，先登。自巴牙喇壮达擢甲喇额真。十七年，洛多欢卒，袭世职。康熙十三年，从副都统雅赉、阿喀尼等讨耿进忠，自安庆向江西，败贼小孤山，复彭泽、宜黄、崇仁、乐安诸县。十五年，移师讨吴三桂，攻萍乡，败其将夏国相，师下湖南。十八年，战枫木岭，败其将吴国贵，复武冈。二十四年，卒。子多博海，袭。

特尔勒，舒里浑孙也。康熙间，从征南大将军赉塔讨吴世璠，败其将何继祖，夺石门坎、黄草坝；乘夜拔嵩明、丹城，遂克云南。又从都统希福逐马宝，破胡国柱。以功，予世职拜他勒布喇哈番。卒。

太祖尝为故勋臣雅巴海祈天："乞转生朕家！" 又为布哈孙、朗格等八人祈曰："宥其微失！" 太祖未举兵以前，有族难，侍者帕海死之，似即雅巴海。布哈孙等事不著。

巴笃理，世居佟佳，以地为氏。天命初，与其弟蒙阿图来归。太祖命所属为二牛录，使兄弟分领其众，隶满洲正白旗。太祖察巴笃理才，使为扎尔固齐。积战功，授游击。十年，明发兵航海至旅顺，缮完故城，驻军以守。巴笃理从贝勒莽尔古泰攻之，城下，尽歼明兵。十一年，明将毛文龙遣兵夜袭萨尔浒城，城兵炮矢交发。明兵退，结营。巴笃理率兵自山而下，大呼乘敌，敌溃走，追斩二百余级。

天聪三年，从伐明，克遵化有功。太宗亲酌金卮劳之，进二等参将。四年正月，从贝勒济尔哈朗守永平。三月，明将张弘谟率兵来侵，甲喇额真图鲁什以四十人先，巴笃理与噶布什贤噶喇章京邦屯布禄以百人继。伏起，屯布禄败走，巴笃理与图鲁什殿，力战，其弟课约马著矢且踣，巴笃理斩敌兵，夺马授其弟，殪三十余人，敌乃退。五月，明兵围滦州，贝勒阿敏守永平，不即赴援，城垂破，乃遣巴笃理率兵赴之，乘夜突围入城。方议并力坚守，敌发巨炮焚城楼，守将纳穆泰等度力不能支，弃城依阿敏，阿敏亦弃永平东还。廷议诸将罪，以巴笃理突围赴援，释勿论。

五年，授礼部承政。六年，使朝鲜，定贡额数。八年八月，太宗自将伐明，巴笃理从，至应州，命与贝勒阿巴泰等取灵丘县王家庄。巴笃理督军攻堡，既被创，犹奋击，中流矢，卒。太宗闻之泣下，曰："此朕旧臣，转战数十年，效命疆场，深可惜也！" 恤赠三等副将。顺治十三年，追谥敏壮。子卓罗，自有传。

蒙阿图，自牛录额真累擢梅勒额真，坐私立屯庄，罢。天聪三年，从伐明，败敌于遵化。寻命帅师伐瓦尔喀，俘其众三千。逾年师还，上自出郊宴劳。授游击世职，擢工部承政。崇德三年，以老解职，召见，谕之曰："尔等旧臣，朕见之辄心喜，可不时来见也！" 未几，卒。

国初诸将，事太祖创业复佐太宗从征伐而战死者，劳萨、图鲁什功最高，巴笃理、穆克谭、纳尔特与相亚，达珠瑚为俘所贼。顺治中，皆追谥。纳尔特事具其父《雅希禅传》中。

穆克谭，戴佳氏，世居杭涧，隶哈达。穆克谭从其父兄率众来归，授牛录额真。从太祖征伐，战必陷阵，攻则先登，赐号"巴图鲁"。有查海胡色者，叛太祖归哈达，穆克谭从其父兄追之，战，其父兄皆死。从子厄尔诺亦叛归哈达，穆克谭单骑逐斩之。旗制定，隶满洲镶蓝旗。天命元年，从伐瓦尔喀，战败，诸将孟库噶哈皆走，舒赛、阿尔虎达被为敌得，穆克谭与燕布里等八人冲敌阵，援之出。师还，太祖遣孟库噶哈，夺所获畀穆克谭。六年，从伐明，攻耀州，先登，克之，命成焉。蒙古人海色与其众叛去，我师追之，战不利，穆克谭策马大呼，直前刺杀海色，余悉溃。以功授二等副将。太宗即位，各旗设调遣大臣，以穆克谭佐本旗。天聪元年四月，从伐朝鲜。六月，阿山、阿达海兄弟叛，将归明，贝勒阿敦夜帅师追之，穆克谭从，射阿达海，阿达海力战，抽刀斫穆克谭坠马，几殆，卒挟以俱还。五年，从伐明，围大凌河，穆克谭以本旗兵从固山额真宗室篇古当城西南。城兵出挑战，图赖先进，穆克谭从之，薄壕，舍骑步战，将追敌入壕。城上炮矢竞发，城兵续出，奋拒力战，殁于阵。太宗惜之，曰："穆克谭我旧臣，不值于此毕命也！"赠一等副将，世袭。顺治间，追谥忠勇，立碑墓道。子爱音塔穆。

爱音塔穆袭父爵，兼领穆克谭旧辖牛录，益壮丁五十。顺治初，从入关破李自成。旋从豫亲王多铎徇河南，与梅勒额真沙尔瑚达屡败贼，逐贼至潼关，为殿，贼自后来袭，三至三却，爱音塔穆功也。二年，河南既平，从定江南。六年八月，从郑亲王济尔哈朗下湖广。时明桂王由榔驻武冈，湖南诸郡县半为明守。爱音塔穆帅师自长沙而南，克宝庆，击马进忠、王进才皆有功。自成将刘体纯与其党袁宗第等屯洪江为十寨，缘沅江拒守。爱音塔穆与尚书阿哈尼堪督军渡江，连破贼寨，贼溃，遂与阿哈尼堪驻守沅州。十二月，贼将王强来犯，与阿哈尼堪共击却之。九年，遇恩诏，累进二等精奇尼哈番。十一月，从靖南将军珠玛喇略广东，时明将李定国攻新会，平南王尚可喜赴援，定国有众四万，列象炮，据山峪，方相持。爱音塔穆等师至，合击大破之，逐北二十余里，定国遁去。十二年闰五月，论功，进一等精奇尼哈番。康熙十九年，卒。

子公图，袭。三十五年，从抚远大将军费扬古征噶尔丹昭莫多，战胜，进三等伯。子永泰，降袭二等精奇尼哈番。乾隆元年，改一等子，世袭。

达珠瑚，兆佳氏，先世居讷殷。祖达尔楚，国初来归。旗制定，隶满洲正蓝旗。达珠瑚初任牛录额真。从太祖伐乌喇，斩级四千。从克西林屯，俘其人以归；追者至，还击败之，斩级五千。从伐叶赫，斩级三百，俘五十人。遇明人越境采参，斩三十人，俘六人。敌侵宁古塔，出战，斩其将及兵百，获甲百副、马三百匹。授三等副将。天命十一年，伐东海瓦尔喀部，又伐卦尔察部，皆有功。太宗即位，设十六大臣，伊逊及达珠瑚佐镶黄旗。天聪元年，太宗伐朝鲜，克义州，留兵驻守，命达珠瑚分将之。旋复帅师伐瓦尔喀。师还，为俘卒所贼。八年，以其子翁阿岱袭三等梅勒章京。太宗复遣将伐瓦尔喀，因诫之曰："前遣达珠瑚，以疏见害。念其从事久，有劳，方令袭世职。汝曹未能如达珠瑚之功，傥不自慎，欲觊例外恩，不可得

也。"顺治间，追谥襄敏。

翁阿岱袭职为甲喇章京。从伐虎尔哈，加半个前程。累迁都察院参政、正蓝旗梅勒额真。时方攻锦州急，命与梅勒额真多积礼帅师屯戍，讥遭逃。崇德六年，从围锦州，与明总督洪承畴战，屡胜。寻进攻松山，力战，没于阵。赉白金千两，进一等梅勒章京。无子，以弟之子济木布袭。康熙间，降袭一等阿思哈尼番。乾隆元年，改一等男，世袭。

论曰：国之将兴，必有熊罴之士，不二心之臣，致身事主，蹈死不反顾，乃能拓土破敌，弼成大业。扬古利负大将才略，功视额亦都、费英东伯仲间；劳萨、图鲁什骁勇冠军，战必被选锋陷阵；若拜山三世效忠，西喇布、达音布、巴笃理等以死勤事，亦其亚也。观太祖祈天之语，惓惓于旧将；太宗以达珠瑚为戒，又以恭衮不从令，虽阵亡，犹付吏议。其申军律，惜将材，恩威兼尽，开国基于是矣。

卷二百二十七　　　列传十四

常书 弟扬书　子察哈喇　孙叶玺
曾孙辰布禄　察哈喇子富喇克塔
扬书子达尔汉　达尔汉子郭罗塞臣
康果礼 弟喀克都哩　哈哈纳　哈哈纳弟绰和诺
绰和诺从子富喀禅　叶克书　叶克书子道喇
博尔晋 子特锦　孙玛沁　曾孙康喀喇
雅希禅 子恭衮　讷尔特　拉笃浑　舒赛
舒赛子西兰　西兰子席特库　景固勒岱
景固勒岱从弟崇阿　**扬善** 弟伊逊　讷都祜
从弟武赖　**冷格里** 子穆成格　弟纳穆泰
从弟谭布　**萨穆什喀** 弟雅赖　**洪尼雅喀**
子武拉禅　弟萨苏喀　**阿山**

常书，郭络罗氏。与其弟扬书，同为苏克苏浒河部沾河寨长。太祖起孤露，奋复祖父仇，归罪尼堪外兰，未遽讼言仇明也。明庇尼堪外兰，宣言将筑城甲班，使为满洲主。于是旁近诸部及太祖族人，皆欲害太祖，附尼堪外兰。苏克苏浒河部萨尔浒城长诺米纳有兄曰瓜喇，忤尼堪外兰，尼堪外兰潜于明，见诘治。诺米纳与常书、扬书及同部嘉木湖寨长噶哈善哈思虎相为谋曰："与其倚此等人，何如附爱新觉罗宁古塔贝勒乎？"遂相率归太祖。太祖椎牛祭天，将与盟，常书等言于太祖曰："我等率先来归，幸爱如手足，毋以编氓遇我！"乃盟，既而诺米纳贰于尼堪外兰，常书等请于太祖诱而杀之。

太祖以同母女弟妻扬书、噶哈善哈思虎，是岁癸未。明年正月，太祖从叔龙敦，构太祖异母弟萨木占，邀噶哈善哈思虎杀诸途。太祖闻，大怒，欲收其骨；族昆弟皆与

龙敦谋，不肯往。太祖率近侍数人行，太祖族叔棱敦尼之曰："同族皆仇汝，否则汝女弟之夫何至见杀？宜勿往。"太祖勿听，环甲跃马，登城南横巘，引弓疾驰。向城大呼曰："有害我者速出！"闻者惮太祖英武，不敢出，遂收其骨以归，移置室中，解所御冠履衣裳以敛，厚葬之。遂帅师讨萨木占及其党讷申、万济汉等，为噶哈善哈思虎复仇。

常书兄弟事太祖，分领其故部，为牛录额真。旗制定，隶满洲镶黄旗，旋改隶镶白旗。常书兄弟皆卒于太祖朝，扬书之丧，太祖亲临焉。常书子布哈图、察哈喇，并为牛录额真，改隶镶白旗。布哈图事迹无所表见。

察哈喇事太宗。各旗设调遣大臣，察哈喇与焉，佐正红旗。天聪三年，从上伐明，取遵化，薄明都。四年二月，师还。命署固山额真，与范文程率蒙古兵守遵化。四月，与武纳格设谋，即樵采地设伏败敌，获马二百余。明将合马步军四千攻大安口，复与武纳格整兵奋击，尽歼之。五月，明兵复滦州。贝勒阿敏等谋弃诸城，引兵出边，令察哈喇弃遵化。会明兵已逼，察哈喇与鄂本兑等突围出，全师以还。五年五月，偕总兵官冷格里、喀克笃礼伐明南海岛，师次海滨，掠敌舟以渡，舟未足，驻师待之。明兵渡海来击，牛录额真穆世中战死。察哈喇督兵力战，别遣人沉其舟，敌求还舟不得，溺者大半。六年五月，上伐明，略归化城，将渡河，与承政车尔格以兵五百为前锋，具舟济师。十一月，与承政巴笃理使朝鲜，定职贡岁额。九年，从贝勒多铎攻明锦州，与固山额真阿山、甲喇额真吴拜等以兵四百为前锋，渡大凌河，遇明兵三千，相向列阵。使告多铎督诸军继至，明兵溃，察哈喇等分道迫击，俘馘无算。逾年，卒。

布哈图有子曰叶玺，事太宗。崇德三年，从睿亲王多尔衮伐明，自青山口毁边墙入，破蓟辽总督吴阿衡军。五年，从围锦州。顺治元年，从武英亲王阿济格西征。二年，破李自成兵于延安，移军下江南，至安陆，获敌舰四，复与护军统领哈宁阿泛江击贼，至富池口，水陆屡战皆捷。三年四月，苏尼特部腾机思等叛入喀尔喀，叶玺从多铎等讨之，追至布尔哈图山，俘七人，降二十五户。七月，师自图拉河西行，至扎济布拉克，遇喀尔喀土谢图汗二子率兵二万御，战，没于阵。叶玺时官巴牙喇甲喇章京，事闻，赠巴牙喇纛章京，予世职拜他喇布勒哈番。

布哈图有孙曰辰布禄，初任牛录额真，兼工部理事官。崇德三年，从多尔衮伐明，克阳信。顺治三年，从定西大将军和洛辉击贺珍汉中，从肃亲王豪格讨张献忠，皆有功，授拜他喇布勒哈番。十三年，从讨郑成功，败其将陈六御等于舟山，进三等阿达哈哈番。十七年，卒。

察哈喇有子曰富喇克塔，任牛录额真、都察院理事官。崇德八年，迁工部参政。顺治元年四月，授正蓝旗满洲梅勒额真，旋擢本旗蒙古固山额真。从睿亲王多尔衮入关破李自成，追至庆都，授牛录章京世职。从豫亲王多铎攻潼关，自成将刘宗敏据山为阵，富喇克塔与都统拜音图发炮击之，溃。二年，从下江南，与马喇希等为前锋，克扬州。三年，从贝勒博洛定浙江，克处州。略福建，与都统汉岱克分水关，趋泉州，下抚州及所领县三。加半个前程。五年二月，坐事，解固山额真。寻从征南大将军谭泰讨金声桓，败贼于九江，得战舰百余。与何洛会以偏师截饷道，得粮艘二百，遂攻南昌。声桓及王得仁以兵七万守隘，富喇克塔以舟二十为前锋，薄城力战。明年，贼平。师还，卒于军，进一等阿达哈哈番。

扬书有子曰达尔汉，太祖甥也。改隶镶蓝旗。初为牛录额真。太祖妻以女，为额驸。积战功，授一等副将世职。太宗即位，列八大臣，领镶黄旗。从大贝勒代善伐扎鲁特部，单骑逐敌，获其台吉。复伐栋揆部，俘塔布囊古穆楚赫尔、杜喀尔、代青多尔济三人及其子，进三等总兵官。天聪元年，从伐朝鲜，克义、定、安三州，斩其府尹李莞等。朝鲜国王李倧请行成，使以纳穆泰等莅盟。师还，上赐宴劳之。复从伐明，攻锦州，有功。贝勒阿巴泰以赐宴不得与大贝勒同坐，属达尔汉代奏，上使劝谕之。复宴，阿巴泰又以为言，乃解达尔汉固山额真示意，旋命复任。三年，从伐明，围遵化，率所部攻城西迤北，克之。四年，蒙古敖汉、奈曼诸部兵攻昌黎，不克，命达尔汉与喀克笃礼等以兵千人往会攻，城未下，焚近郭庐舍而还。五年七月，从伐明，围大凌河城，率所部攻城北迤东，浚壕筑垒，与冷格里等环城固守。八月，城人以步骑五百出战，达尔汉率八十人击败之。越日，敌复出挑战，达尔汉督所部邀击，明兵堕壕死者百余人。

六年，从伐察哈尔，师次哈纳崖。达尔汉从者盗马，遁入察哈尔，告师至，林丹汗举部西奔，驱归化城富家渡黄河西遁。达尔汉坐降一等副将。七年，明将孔有德来降，达尔汉与笃古屯兵江岸守其舟。八年，复从伐察哈尔，遂略明边，自上方堡毁边墙入，经朔州，分兵至宣府右卫。是岁，命免功臣徭役，达尔汉与焉，并增牛录人户。九年，上遣诸贝勒伐明，略山西，命达尔汉与阿山等出屯，牵制明宁、锦诸道兵，使不得西援。道遇敌，击败之，斩明将刘应选。崇德元年五月，从武英郡王阿济格伐明，攻顺义，以所部先登，进一等总兵官。寻以顺义复失，论罚。六年，从郑亲王济尔哈朗等伐明，攻锦州，达尔汉坐济尔哈朗召议御敌不时至，嗾其僚争功，罢固山额真，夺世职。顺治元年，卒。

达尔汉有子曰鄂罗塞臣，事太宗，官甲喇章京，领摆牙喇兵。天聪三年，从伐明，薄燕京，与哈宁阿共破明经略袁崇焕营。太宗嘉其善战，授备御。四年，署固山额真。从贝勒阿巴泰等守永平，明兵自开平卫至，迎击，败之。五年，从伐明，围大凌河城，屡败城兵。八年，从贝勒萨哈廉略山西，明兵自崞县至，鄂罗塞臣从第三队先众击敌。累功，进二等阿达哈番。崇德元年，从伐朝鲜，与萨穆什喀等败其援兵。二年，授议政大臣。三年十月，从豫亲王多铎伐明，侵宁远、锦州。十一月，豫亲王至中后所，将与郑亲王济尔哈朗军会。明总兵祖大寿兵来袭，甲喇额真翁克等及从征土默特部兵先奔，鄂罗塞臣及哈宁阿等且战且退，士卒有死伤者。论罚，夺世职。

六年三月，从睿亲王多尔衮伐明，围锦州。六月，复从郑亲王济尔哈朗伐明，围锦州，祖大寿以步兵出战，左翼三旗骑兵避敌勿敢击，鄂罗塞臣与同官阿桑喜率摆牙喇兵直前奋击，大寿乃引去。肃亲王豪格庀三旗之未战者，睿亲王多尔衮和之，使诫鄂罗塞臣毋言战胜皆出摆牙喇兵，亦毋言战时未见骑兵，功罪置勿论。明年，事闻，上令多尔衮出白金五百，豪格出白金千，畀鄂罗塞臣，进二等阿达哈哈番，擢梅勒额真。八年，与参政巴都礼等定黑龙江。顺治二年，从讨李自成，克潼关，鄂罗塞臣先登。五年正月，命帅师驻沧州。十二月，从武英亲王阿济格讨姜瓖。六年七月，擢正蓝旗蒙古固山额真。寻兼任刑部侍郎。

鄂罗塞臣，公主子，世臣，从征伐有功。两遇恩诏，累进二等精奇尼哈番。七年，坐谳狱徇情，罢侍郎。八年，授都察院左都御史。寻命专任固山。十六年，与安南将军明安达礼帅师驻荆州。郑成功犯江宁，明安达礼、鄂罗塞臣以舟师赴援，成功败走。十七年，还京，仍任都统。康熙三年，卒，赠太子太保，谥敏果。子勒贝，自有传。

康果礼，先世居那木都鲁，以地为氏。岁庚戌，太祖命额亦都将千人，徇东海渥集部，降那木都鲁、绥芬、宁古塔、尼马察四路。康果礼时为绥芬路屯长，与其弟喀克都里及他屯长明安图巴颜、泰松阿、伊勒占、苏尔休、明安图巴颜子哈哈纳、绰和诺、泰松阿子叶克书等，凡十九辈，率丁壮千余来归。太祖为设宴，赉以金币，分其众为六牛录，以康果礼、喀克都里、伊勒占、苏尔休、哈哈纳、绰和诺世领牛录额真。

旋授康果礼三等总兵官。以贝勒穆尔哈齐女妻之，号"和硕额驸"。旗制定，隶满洲正白旗。天命三年，从上伐明，取抚顺，克抚安、三岔儿等十一堡，入鸦鹘关，破清河。六年，复从伐明，下沈阳，树云梯先登，遂克其城。太宗即位，列十六大臣，佐正白旗。寻擢摆牙喇甲喇章京。天聪元年，从贝勒阿敏伐朝鲜。三年，从上伐明，入洪山口，克遵化，薄明都。上驻军德胜门外，明督师袁崇焕入援，壁于城东南。上命康果礼与诸贝勒击之，诸贝勒逐敌迫壕，康果礼与甲喇章京郎球、汉岱等不及壕而返，并坐削爵，罚锾，夺俘获。五年，卒。

子六，色虎德，继为牛录额真；迈色，为摆牙喇甲喇章京，从伐明，战塔山，没于阵；赖塔，自有传。

喀克都里，与康果礼同隶满洲正白旗。初授三等总兵官。太宗即位，列八大臣，领正白旗。天聪元年，从伐朝鲜，有功。三年，上伐明，围遵化，八固山环城而攻，分隅列阵。喀克都里所部兵萨木哈图，树云梯先登，众继之，城遂拔。上嘉喀克都里造攻具如法，督兵先诸军登城，亲酌金卮奖劳，进二等总兵官，赐号噶思哈巴图鲁，言其勇敢善战，疾如飞鸟也。

萨木哈图亦赐"巴图鲁"号，授备御世职。四年正月，上复伐明，克永平，明兵溃走昌黎。上遣敖汉、柰曼、巴林、扎鲁特诸部兵攻之，命喀克都里与固山额真达尔汉等将千人继往为助，守坚不能下，焚附城庐舍，引还。上既录遵化功，察萨木哈图猛士，心爱惜之，戒喀克都里毋使更先登。及攻昌黎，萨木哈图运木筑栅，复树云梯欲登，闻上命罢攻，乃止。上以喀克都里不恤战士，深诘责之。

五年五月，与固山额真冷格里分率左右翼步、骑兵伐明，规取南海岛，征舟于朝鲜，不至，师次海滨，不能渡，引还。明兵邀战，屡击败之，多所俘获。八月，上复伐明，围大凌河城，喀克都里率所部军城东北，城人食尽，祖大寿以城降，引还。六年，从上伐察哈尔，与诸将分道并入，籍所俘人户及帛、马、牛、羊以献，赐赉有差。七年，上询诸贝勒大臣伐明及朝鲜、察哈尔宜何先，喀克都里言："宜先伐明，以承天佑、协人情，且利在神速，攻其不备。"上嘉纳之。

八年，喀克都里家人讦喀克都里将亡归瓦尔喀，以财货藏那木都鲁故屯。上曰："喀克都里安有此？果欲负朕，天必鉴之！"以讦者付喀克都里杀之。逾数月，喀克都里卒。其兄康果礼妻，故贝勒舒尔哈齐女，言喀克都里谋亡去事之不诬，诸子坐此不得绍封。

哈哈纳，亦那木都鲁氏，明安图巴颜子也。隶满洲镶红旗。初与伊勒占、苏尔休同授备御。太祖妻以宗女。寻从伐乌喇，被数创，力战败敌。上命将所部出驻赛明吉，未至，其戍兵叛亡，守将玛尔图追弗及。哈哈纳闻之，兼程疾进，斩三百余级，收男妇五百余以还。上赐以所得叛渠及鞍马、弓矢。天命四年三月，明经略杨镐部诸将四路来攻，上督诸贝勒出御，破之，遂进克开原、铁岭。哈哈纳皆在军有功。六年，从攻辽阳，与博尔晋伺敌城下，败其援兵；复分攻沙岭城，破援兵自广宁至者。太宗即位，设各旗调遣大臣，以哈哈纳佐镶红旗。天聪八年，帅师略锦州，进攻宁远，明兵骤至，哈哈纳马殪，徒步益奋击，卒破明兵。城海州，明兵来争，哈哈纳以所部首当敌，敌溃走。复援耀州，解其围，逐敌，获马三十。崇德元年，从武英郡王阿济格伐明，入长城，克昌平、涿州。创发，病废，致仕。寻卒。

子费扬古，事圣祖。以佐领从军，讨吴三桂。师次荆州，战宜昌，战永兴，皆捷；攻常宁、耒阳，先驱。累迁镶红旗汉军副都统。卒。

绰和诺，亦隶镶红旗。其初归太祖，别率所部百人偕，太祖赉予甚厚。从太祖征伐，临阵衷绵甲，奋起直前，所向披靡。岁辛亥，从何和礼攻呼尔哈部，克扎库塔城。天命四年，击明总兵马林尚间崖。六年，取沈阳、辽阳，并有功，授游击。帅师戍科木索、宁古塔。有就善者，戍守吏，率众掠辎重亡去，绰和诺追及海滨，斩就善，并歼其党，上命以所获辎重犒之。太宗即位，列十六大臣，佐镶红旗。天聪五年，从上伐明，围大凌河城。明监军道张春、总兵吴襄等率兵万余自锦州来援，绰和诺先众迎击，力战，没于阵。上厚恤其家，进世职一等将军。无子，其兄翁格尼袭，以新附呼尔哈百人益所辖任牛录。旋以翁格尼才不胜，改授其子富喀禅。

富喀禅初以摆牙喇壮达事太宗。大凌河之役，深入敌阵，绰和诺战死，富喀禅亦被创堕马，裹创步战，挚敌纛；摆牙喇壮达瑶奎亦堕马，富喀禅复前援，与俱归。八年，攻大同，复被创，仍奋进克敌寨。是岁代其父为牛录额真，袭职。崇德元年，从伐朝鲜。三年，授工部理事官，兼甲喇章京。从豫亲王多铎伐明，攻宁远，败敌中后所城西。

顺治初，从入关击李自成，加半个前程。三年，授西安驻防总管。自成余党刘文炳、郭君镇等掠延安、庆阳。四年三月，富喀禅师讨之，逐贼三水，斩君镇；别遣游击胡来觐、守备徐国崇等逐文炳至宜君蓝庄沟，护之，俘斩其党略尽。

五年，回民米喇印、丁国栋等陷河州为乱，富喀禅与总督孟乔芳遣兵攻讨，诸回皆受抚，而喇印复叛，陷甘州。富喀禅师师进攻，深沟高垒相持，贼出城来犯，战辄胜，并歼其樵采者。城既下，馘喇印。国栋又与缠回土伦泰等陷肃州，遣副将马宁、张勇讨平之。

六年，姜瓖以大同叛，旁近郡县皆陷。富喀禅遣诸将根特、杜敏赴援，战猗氏，获瓖所署监军道卫登方；战合水，斩瓖将刘宏才。论功，遇恩诏，累进一等阿思哈尼哈番。圣祖即位，改西安驻防总管为将军，富喀禅任事如故。时自成余党李来亨、郝摇旗、袁宗第等屯归州、兴山间。康熙二年，上遣将往讨，命富喀禅与总督李国英、副都统杜敏等会师，战于陈家坡，贼溃遁，进至黄草坡，复大败之，进三等精奇尼哈番。五年，卒。子穆成额，自有传。

叶克书，辉和氏，尼玛察部长泰松阿子也。归太祖，授牛录额真，隶满洲正红旗。天命六年，从伐明，攻辽阳，敌背城而阵，叶克书冲锋突击；攻沙岭，先众杀敌。累功授三等副将。太宗即位，列十六大臣，佐正红旗。天聪五年，授兵部承政。六年，授固山额真。八年八月，从贝勒代善伐明，入得胜堡；略大同，下诸城堡；西至黄河，合军朔州。十一月，考满，进二等副将世职。九月，贝勒多尔衮伐明，自大同入边，分兵授叶克书，从贝勒多铎屯宁远、锦州间，缀明援师，斩明将刘应选，俘其偏裨。

崇德元年，从武英郡王阿济格伐明，自延庆入边，克十二城。师还，坐所部失伍及攘获、擅杀诸罪，罢官，削世职，仍领牛录。二年正月，太宗伐朝鲜，命从参政尼堪等帅师伐瓦尔喀，师出会宁，击败朝鲜兵。十一月，从参政星讷伐卦尔察，至黑龙江，俘获甚众。三年，师还，上特遣大臣迎劳。寻授兵部右参政。四年七月，授梅勒额真。十一月，从承政索海等帅师伐索伦。五年四月，复任固山额真。七月，授牛录章京世职。

复从睿亲王多尔衮伐明，图锦州，与固山额真图尔格率所部三百人为伏城西南乌欣河，捕城人出牧者。敌兵千余逆战，叶克书马中矢蹶，图尔格驰救之，上马复战，杀敌。比还，敌潜躏其后，叶克书收兵还击，敌溃。以功进三等甲喇章京。六年九月，从贝勒杜度伐明，围锦州，与固山额真谭泰、阿山等凿壕环守，击明总督洪承畴于松山。十一月，从贝勒阿巴泰伐明，师至黄崖口，叶克书与谭泰定策分两道夹击，入边薄长城，麾军先登；攻蓟州，败明总兵白腾蛟、白广恩诸军。寻遣兵攻孟家台，陷敌，坐罢官，夺世职。

顺治元年三月，世祖复命为梅勒额真，帅师驻宁远。四月，率步兵从入关击李自成，身被三十一创，毁一目，战弥厉，大破贼军。二年，从肃亲王豪格略山东，贼渠十余辈据满家洞，凭险为巢，凡二百五十一窟，叶克书与尚书车尔格合兵搜剿，歼其渠，悉堙诸窟。以功累进二等阿达哈哈番。三年，授镇守盛京总管，恩诏进三等阿思哈尼哈番。十四年，坐昭陵总管钟奈有罪，失不劾，罢官，夺世职。十五年，卒。子道喇。

道喇以摆牙喇兵从征伐，积功至摆牙喇甲喇章京。崇德三年，从伐明。五年，围锦州，战松山、杏山，皆有功。顺治元年，调噶布什贤甲喇章京。睿亲王多尔衮与李自成战于一片石，从噶喇昂邦鄂硕当自成将唐通，通大败。入关逐贼，战安肃、庆都，乘胜蹑击，斩馘甚众。寻从固山额真叶臣略山西，至汾州，败自成将白辉。授牛录章京世职。三年，从顺承郡王勒克德浑攻荆州，击走李锦。五年，从大将军谭泰下江西，讨金声桓，五败贼，获所署总兵以下。九年，擢正红旗梅勒额真。十年，从靖南将军哈哈木复潮州，讨郝尚久。旋帅师驻荆州。十四年，授本旗蒙古固山额真。十六年，从信郡王多尼平云南，攻元江土司，克其城。累功，并遇恩诏，进一等阿达哈哈番。

康熙初，以老乞致仕，徙居盛京。十二年，圣祖加恩诸老臣，加太子少傅。二十一年，幸盛京，召见赐坐，侍茶酒，优赉。二十二年九月，卒，年八十一，谥勤襄。以弟之孙伊济纳袭职。叶克书次子夏穆善，第三子瑚叶，皆有战功，授世职：夏穆善二等阿达哈哈番，瑚叶三等阿达哈哈番。

博尔晋，世居完颜，以地为氏。太祖初起兵，有挟丁口来归者，籍为牛录，即使为牛录额真，领其众。顺治间，定官名皆汉语，谓之"世管佐领"。博尔晋领牛录，隶满洲镶红旗，寻授侍卫。岁癸巳，太祖侵哈达，略富尔佳齐寨，博尔晋与族弟西喇布从。西喇布被二矢死，博尔晋拔其矢还射，殪发矢者西忒库，为西喇布报仇。

天命六年，授扎尔固齐。城萨尔浒，命博尔晋董其役。役竟，从伐明，攻沈阳，击败明总兵贺世贤、陈策。沈阳下，进攻辽阳，明总兵李怀信、侯世禄、蔡国柱、姜弼、董仲葵合军五万，屯城东南五里，左翼四旗与战，大破之。城兵自西门出援，博尔晋方奉命诇敌，傍城行，遂合两红旗兵邀击，明兵败，入城争门，相蹂践死者枕籍。会左翼四旗兵已登陴，博尔晋麾众毕登，辽阳亦下。复分兵拔沙岭，击败明广宁援军。八年，与达音布、雅希禅帅师伐扎鲁特部，其贝勒昂安突走，达音布战死，博尔晋与雅希禅奋进，斩昂安，俘其孥。师还，上优赉之。十年，擢梅勒额真。将兵二千伐东海虎尔哈部，收五百户以归，上郊迎宴劳。

太宗即位，列八大臣，领镶红旗，兼侍卫如故。天聪元年正月，从伐朝鲜。五月，上自将围锦州，屯城西二里。博尔晋自沈阳帅师至，败明兵，追至宁远城下尽歼之。叙先后战功，授一等副将。旋卒。以失敕书，子孙不得袭。康熙三年，其子特锦疏请立碑纪绩，部议无左证，持不可，圣祖以博尔晋事太祖，勤劳夙著，特诏许之，并追谥忠直。特锦及博尔晋孙玛沁、曾孙康喀喇，皆有战绩。

特锦，博尔晋第四子也。初任牛录额真。天聪八年，授牛录章京世职。崇德五年，从郑亲王济尔哈朗师屯田义州。蒙古多罗特部苏班代等降明，居杏山西五里台，使通款，上命郑亲王移师迎护。明总兵祖大寿、吴三桂、刘周智屯杏山拒战，特锦以偏师击败之。六年，从伐明，围松山，攻宁远，皆力战败敌。

顺治初，从入关，逐李自成至庆都，与梅勒额真和托合军大败之，进三等甲喇章京，任兵部理事官。考满，进二等甲喇章京。三年，从肃亲王豪格下四川，讨张献忠，战三水，败其将胡敬德；复战礼县，败其将高汝砺。献忠死西充，余贼负山，将断我兵后，特锦击之走；又战马湖，破其将杨正。六年，从讨姜瓖，略寿阳，贼犯两蓝旗分地，徇汾州，贼七千夜击两红旗军垒，特锦连击败之。平辽、辽州、榆社以次悉平。

七年，擢兵部侍郎，兼镶红旗蒙古梅勒额真，进三等阿思哈尼哈番。十二年，擢本旗蒙古固山额真、议政大臣。十五年，从信郡王多尼征贵州、云南，进二等。十八年，转本旗满洲都统。康熙十一年，卒，谥襄壮。玛沁，博尔晋孙。父本托辉，博尔晋长子。官牛录额真，兼都察院理事官。崇德三年，以摆牙喇甲喇章京从贝勒岳托伐明，自墙子岭入边，明苏辽总督吴阿衡以步兵六千来援，玛沁与劳萨等率兵击败之，获其马及炮。六年，从围锦州，败敌于松山。顺治初，从入关，破流贼，授牛录章京世职。五年，擢镶红旗蒙古副都统。七年，恩诏加半个前程。寻从郑亲王济尔哈朗征湖广，至衡州，疾，卒。无子，以兄子康喀喇袭。

康喀喇，博尔晋曾孙。初为二等侍卫。顺治四年，苏尼特部腾机思与其弟腾机特叛，康喀喇亲王多铎帅师往讨，大破之，阵斩腾机特。进二等阿思哈哈番。十五年，从宁南大将军洛托征贵州。康熙十年，迁护军参领。十二年，吴三桂反，顺承郡王勒尔锦帅师讨之，康喀喇将护军从。十三年，攻岳州，战荆河口、战城陵矶，破三桂将吴应麒。十六年，攻长沙，复茶陵，战攸县，破三桂将王辉。十七年，取耒阳，下常宁、新宁诸县，又克郴州，康喀喇皆在行间。二十五年，授镶红旗满洲副都统。二十九年，从裕亲王福全征噶尔丹。三十年，卒。

雅希禅，先世居马佳，以地为氏。父尼玛禅，当太祖兵初起，从其兄赫东额率五十余户来归，任牛录额真。雅希禅事太祖，积战功，授备御，为扎尔固齐。天命四年，蒙古喀尔喀五部遣使请盟，太祖命额驸星格、绰护尔、雅希禅、库尔缠、希福往莅。是岁，从上御明师，战于界凡，雅希禅先众克敌，复击明总兵马林于尚间崖，破其中坚，以功进二等参将。七年，从上克辽阳，进三等副将。及沙岭之战，为敌所创，战败，降一等参将。八年，从贝勒阿巴泰等伐扎鲁特部，与达音布、博尔晋率兵逼贝勒昂安寨，昂安以其挐行，达音布战死，雅希禅与博尔晋共击杀昂安。寻卒。顺治十二年，世祖追录太祖、太宗诸臣，赐谥勒碑，雅希禅谥敏壮。子三：恭衮、讷尔特、拉笃浑。

恭衮袭职，坐事，析世职为二备御，与其弟讷尔特分袭。崇德三年，授刑部副理事官。四年，从伐察伦，阵没。部议恭衮不从军令，乃为敌所戕，当夺世职，籍家产三之一，上念其父雅希禅有功，特贳之。

讷尔特，初从太宗伐明，败敌小凌河。复自大同入边，选善射者使讷尔特将之，攻克小石城。既，袭备御。复从围锦州，屡败敌松山、杏山。崇德七年，授刑部参政，兼梅勒额真。师方攻松山，松山明兵夜遁，讷尔特与摆牙喇纛章京鳌拜，驰塔山南海滨，先敌至，蓐食以待。夜击明兵，达旦，明兵据山巅，讷尔特率所部冒矢仰攻，明兵败走，乘胜逐之，明兵入水死者甚众。八年，从伐明，初入边，击败明守将。师渡浑河，方筑梁，明兵千余起挠之，讷尔特击之走。复败明援兵于三河，进略山东，克武定。师还，将出边，明将以步兵追蹑，谋劫炮，讷尔特与固山额真准塔还击，破之，赐白金五百。九月，复从郑亲王济尔哈朗伐明，攻宁远，明总兵吴三桂出拒，讷尔特力战，阵没，赠游击。

拉笃浑从父兄在军，战比有功。恭衮战死，袭备御。崇德六年，从伐明，围锦州，阵没，加半个前程。

舒赛，世居萨克素，以地为氏。归太祖，隶满洲镶蓝旗。天命四年，从太祖御明师，与雅希禅等攻马林于尚间崖，以功授备御。寻从伐瓦尔喀，俘获其众，进二等参将。太宗即位，列十六大臣，佐镶蓝旗。天聪元年，从伐朝鲜，师还，命与固山额真阿山等帅师戍义州。八年，上自将伐明，郑亲王济尔哈朗居守，舒赛与梅勒额真蒙阿图等副之。舒赛善战，攻城辄被棉甲先登，太祖嘉其勇，又虑其轻进，温谕诫止之。舒赛益感奋，先后克十六城。太宗特敕旌其功，进三等梅勒章京。崇德六年十月，卒。顺治十二年，追谥壮敏。

子西兰，初任牛录章京，授备御世职。顺治元年，以摆牙喇甲喇章京从豫亲王多铎讨李自成，攻潼关，三战皆胜。二年，从贝勒博洛定江南，下松江，徇福建，克平和。论功，遇恩诏，进三等阿达哈哈番。七年，卒。

西兰子席特库，崇德六年，袭大父舒赛世职三等梅勒章京。八年，授甲喇额真。从伐明，攻前屯卫，以炮克城，斩明总兵李辅明。顺治初，从入关，进略山西，佐固山额真叶臣等克太原。二年，从英亲王阿济格徇陕西，败贼延安。自成走湖广，蹑击至安陆，与鳌拜等屡败敌，进二等梅勒章京。四年，改二等阿思哈尼哈番。五年四月，卒。乾隆间，定封二等男。

景固勒岱，扎库塔氏。初居呼尔哈部，乌喇招之，不往。太祖遣将伐东海渥集部，景固勒岱徒步从军，攻取乌尔固宸路，俘馘甚众。寻挈孥及诸兄弟率所属三十户来归，隶满洲正白旗，任牛隶额真。天命三年，从上伐明，入鸦鹘关，攻克清河城，擢甲喇额真，仍兼领牛录。上规取辽、沈，景固勒岱并在军有功。天聪八年五月，授世职二等甲喇章京。十二月，命与甲喇额真吴巴海率兵四千伐瓦尔喀部，降其屯长芬达里及所属五百余户，俘阿库里尼满部千余人，获貂、虎、狐、貉、猞猁狲、獭、青鼠诸毛氅之属。九月六月，师还，上令礼部诸臣宴劳，以所获赍将士，进世职一等甲喇章京。崇德二年，从武英郡王阿济格攻明皮岛，克之，赍裘服、鞍、马、银、布、驼、牛诸物。顺治初，恩诏，累进二等阿思哈尼哈番。十一年八月，卒，谥忠直。

从弟崇阿，任牛录额真。天聪八年，从伐明，徇大同，略回雁堡。崇德元年，从伐朝鲜，败敌桃山村。六年，从伐明，围锦州，入其郛，巷战。七年，从伐明，败敌浑河之滨，入山东，至寿光。顺治初，从入关。二年，从下浙江，拔湖州，进取福建，败敌福宁。五年，从讨金声桓，败王得仁于南昌。从讨李成栋，破其军，六年，战南康，围信丰，蹙成栋赴水死。累功，遇恩诏，进一等阿达哈番。十八年，卒。

扬善，瓜尔佳氏，费英东弟音达户齐之子也。费英东诸弟：音达户齐、吴尔汉、郎格、卫齐，皆事太祖，隶镶黄旗；而音达户齐诸子：扬善、伊逊、钟金、吉赛、纳都祜、吉逊，改隶镶白旗。

扬善亦事建事太祖，授备御。太宗即位，旗设调遣大臣二，扬善佐镶黄旗，寻授巴牙喇纛章京。天聪三年，从伐明，受上方略，冲锋攻坚，所至有功。五年，攻大凌河，与明监军道张春战，冒矢石陷阵，胸腕皆被创，进游击，擢内大臣。六年，从伐察哈尔，林丹汗既遁，其部众有遁入明境沙河堡者，使扬善赍书索以归。崇德二年，略大同，蒙古有被掠者，悉取以还，授议政大臣。

顺治初，肃亲王豪格得罪，都统何洛会诬告扬善及其子罗硕诣附豪格为乱。罗硕能通满、汉、蒙古文字，太宗召直文馆，授内国史院学士，噶布什贤章京，兼刑部理事官。至是，父子俱弃市。世祖亲政，诛何洛会，复扬善世职，以其孙霍罗袭。

伊逊，音达户齐第三子。太宗即位，列十六大臣，佐镶黄旗。天聪三年，从伐明，攻遵化，伊逊先登，中炮伤臂，太宗亲临视，授游击，寻迁兵部承政。七年，偕英俄尔岱使朝鲜，定互市约。崇德二年，坐事，罢。三年，复为兵部承政。四年，命与工部承政萨穆什喀等伐虎尔哈部，分兵循喇里闸，下兀库尔城，设伏铎陈城，败敌，斩七十级。师还，坐为博穆博果尔所袭，亡辎重、士卒，论罚。八年，卒。顺治十二年，追谥襄壮，建碑纪绩。子噶达浑，孙沙尔布，相继袭职。

纳都祜，音达户齐第八子。顺治初，任护军参领。从入关，破李自成，克潼关，定西安。移师下江南，追明福王至芜湖。并有俘馘，授半个前程。三年，从讨腾机思，土谢图汗、硕罗汗拒战，皆击败之。五年，从讨金声桓，有功。八年，擢正白旗梅勒额真，改副都御史，进拜他喇布勒哈番。又以伊逊无嗣，纳都祜当并袭，复遇恩诏，核改一等阿思哈尼哈番兼拖沙喇哈番。十四年，都察院请更定世职袭次，上疑其徇私，坐罢官。十七年，卒。无子，以钟金孙贵钦、吉赛子卢柏赫分袭。

武赖，吴尔汉子也。隶满洲镶黄旗。天聪四年，与布尔堪等将精兵百人略明边，渡大凌河，驰斩俘获其众。八年，任甲喇额真。九年，擢固山额真，领正蓝旗。崇德元年七月，从武英郡王阿济格伐明，明遵化三屯营守备率众来窥伺，尽歼之。师还，坐出边不收后队，诳言阿济格逼胁，临阵败走，罚白金四百。十二月，上自将伐朝鲜，武赖从，与豫亲王多铎共击败诸道援兵，复与固山额真谭泰等率阿礼哈超哈兵攻汉城，树云梯以登，守陴者奔窜，尽收其辎重牲畜以归。三年，从贝勒岳托伐明，至山东，击败明内官冯永盛、总兵侯永禄等，经董家口，敌兵千余，依山为阵，武赖与战屡捷，犁其垒。明将复率兵要我军辎重，武赖与准塔击破之，遂乘胜行略地。以功，授牛录章京。五年，从睿亲王多尔衮伐明，刘禾锦州，明兵出拒，武赖追击，迫使入城，遂略松山。八年，从贝勒阿巴泰伐明，至浑河，击败明兵。师还，经密云，明兵以火器断归路，武赖与固山额真鳌拜奋勇驰突，明兵溃走；度塞，复败敌，整军出边。以功加半个前程。顺治初，入关破李自成，三诏，进至一等阿思哈尼哈番。以老乞休。寻卒，谥康毅，建碑纪绩。

卫齐子鳌拜，郎格孙席卜臣，皆别有传。

冷格里，舒穆禄氏，满洲正黄旗人，扬古利弟也。少事太祖，从征伐。叙功，自备御累进一等副将。明将毛文龙分兵自朝鲜义州城西渡鸭绿江，入海岛中，辟田以耕。天命九年秋八月，上命冷格里将左翼兵，吴善将右翼兵袭击之。道得谍，知明兵昼渡江获于岛，夜还屯江岸。冷格里夜引兵自山蹊潜行，平旦，度明兵已渡江，即疾驰，揭支流以济。入岛，明将卒皆惊，奔溃，追斩五百余级，余众争舟，多堕水死，焚岛中积聚而还。

太宗即位，以其弟纳穆泰为八大臣领本旗，而冷格里列十六大臣佐之。蒙古扎鲁特部贰于明，大贝勒代善等帅师讨之，冷格里及甲喇额真阿山将六百人为前锋，略喀尔喀巴林部，逐守卒，纵火燎原，张军势，转战而前，获扎鲁特部贝勒巴克等十四人，俘二百七十一，掠驼、马、牛、羊三千九百四十有二。师还，上率诸贝勒大臣迎劳，进三等总兵官。

天聪元年，从贝勒阿敏等伐朝鲜，夜引兵八十人袭明边，一夕入六堠，尽俘其堠卒，遂袭义州，克之。论功，进一等总兵官。三年二月，明兵自海岛移屯朝鲜铁山，冷格里率精兵攻之，多所斩馘。九月，从扬古利率兵逐逃人雅尔古，遇毛文龙部卒以采参至者，俘数十人以还。四年，纳穆泰以弃滦州黜，擢冷格里为八大臣，领本旗。五年五月，与喀克笃礼分将左右翼兵伐南海岛，有功。八月，太宗伐明，冷格里从，围大凌河城，冷格里以所部军于城西北。

上招明总兵祖大寿降，大寿未决，先使裨将韩栋出谒，出冷格里所守门。冷格里令军士戎服执戟，立营门内外，示栋军容。栋既谒上还，将入城，冷格里呵使止门外，问姓名，审形貌，然后令入。栋具以语大寿，大寿怵我军严整，乃决降。

七年六月，从贝勒岳托等将右翼兵代明，取旅顺，师还，上迎劳如初。是年冬，冷格里有疾，十二月，上亲至其第视疾。八年正月，卒。上临其丧，哭之恸，驾还，设幄于丹墀，坐而叹息，漏下二鼓始入宫。明年，上行幸，道经其墓，下马酹而哭之。顺治十二年，追谥武襄。

子穆成格。天聪四年，从伐明，克永平四城。薄明都，明侍郎刘之纶率兵出御,战败,所将兵尽歼,之纶匿石岩下,穆成格射杀之。八年,袭一等总兵官,寻改一等昂邦章京。官至刑部左参政。卒,子穆赫林,袭。顺治初,改一等精奇尼哈番。恩诏,累进一等伯。康熙中,其孙吉当阿袭,复为一等精奇尼哈番。乾隆间,定封一等子。

纳穆泰,扬古利幼弟,其母襁负来归者也。少从太祖征伐。太宗即位,擢为八大臣,领本旗,以笃义贝勒巴雅喇子拜音图及其兄冷格里为十六大臣佐之。天聪元年,从伐朝鲜。三年冬,从伐明,攻遵化,率所部军其城西北。四年春,复克永平,降迁安,下滦州,是为永平四城。师还,命贝勒阿敏督诸将戍守,纳穆泰与图尔格、库尔缠、高鸿中率正黄、正红、镶白三旗分守滦州。

明经略孙承宗锐意复四城,四月,遣兵攻滦州,不能克而退。五月,监军道张春、监纪官邱禾嘉,总兵祖大寿、马世龙、杨绍基,副将祖大乐、祖可法、张弘谟、刘天禄、曹恭诚、孟乔悉众来攻,纳穆泰与图尔格分门而守,矢石竞发,出精锐绕城搏战,驱敌出壕外。敌复突至,攻纳穆泰所守门,焚城楼,或执蘖缘云梯先登,我兵阿玉什斩之,夺其纛,敌稍却,求援于阿敏。阿敏守永平,使巴笃礼以数百人往,夜突围入城。敌以炮攻,我兵不能御,守四日夜,弃城奔永平就阿敏。阿敏旋引师还,永平四城复入于明。纳穆泰坐论死,上命宥之,夺官,籍其家。

五年,将兵入明边逐逋,斩六人,执九人以归。明宁远人张士粹来降,诡言明筑大凌河城,使纳穆泰与图尔格将千人往诇之,还言士粹等言妄,悉诛之。寻擢兵部承政,授游击世职。复与图尔格略锦州、松山。八年,改官制,授固山额真、三等甲喇章京。秋,从上伐明,自上方堡入,八月,克灵丘县王家庄,先登有功。九年二月,命贝勒多尔衮将万人,收察哈尔林丹汗子额尔克孔果尔额哲,纳穆泰将右翼,图尔格将左翼。师还,入明境,自平鲁卫略代州,至崞县出边,纳穆泰、图尔格以兵千人殿。明总兵祖大寿率马步兵三千人追至,图尔格奋击破之;溃兵合马步五百余据台为阵,纳穆泰麾兵围攻,尽歼其众,获人畜七万六千二百。叙功,加三等梅勒章京。十月,卒。上欲临其丧,诸贝勒谏止,赐御服以敛。顺治四年,改世职三等阿思哈尼哈番。三传,降袭。扬古利从弟谭泰,自有传。

谭泰弟谭布,天聪初,为巴牙喇甲喇章京。五年,从伐明,围大凌河城,城人出樵采,率先邀击,斩三人,俘二人,复与希福等击败明援兵自锦州至者。崇德三年,授议政大臣。四年十一月,与萨穆什喀、索海等伐索伦部,取道虎尔哈部,攻雅克萨城,得丁壮三百余。索伦部长博穆博果尔迎战,击却之,护所俘以归。授牛录章京,赐貂皮及人户。五年,擢十六大臣。时我兵屯田义州,谭布及觉善率兵为卫,明兵骤至,残屯丁,论罚如例。六年,伐明,围锦州。明总兵祖大寿以步卒出战,谭布冲坚力战,复败其骑卒,斩材官一以徇。明总督洪承畴来援,谭布及其兄谭泰迎战,敌骑至,谭布屡战奋战挫敌。以功,加半个前程。祖大寿既降,上命诸大臣与较射,尝诸中侯者,谭布赐驼一。八年正月,复与觉善戍锦州。九月,从郑亲王济尔哈朗伐明,略宁远。

顺治元年,从入关,击李自成,追至庆都,进二等甲喇章京。二年,从饶馀郡王阿巴泰镇山东,与准塔徇徐州,击败明军,得舟五百余、炮五十有七。时豫亲王多铎下江南,自泗州渡河趋扬州,而明总兵刘泽清、总漕田仰犹保淮安,谭布与准塔师至清江浦,泽清、仰皆走,遂定淮安,下如皋、通州,抚辑附近诸州县。进一等甲喇章京,加半个前程。三年,从肃亲王豪格击张献忠。

六年,从端重亲王博洛讨姜瓖,围大同。瓖潜结援贼倚北山缀我军,而自纠众出城为夹击。谭布与鳌拜、车尔布等先破贼援,还击瓖,迫使入城,斩馘甚众;又分兵徇太原、平阳、汾州。论功,遇恩诏,累进一等阿思哈尼哈番。八年三月,授工部尚书。是年八月,谭泰诛,诏兄弟毋连坐。寻罢尚书,复为三等阿思哈尼哈番。康熙四年,卒。

萨穆什喀,佟佳氏,扈尔汉第三弟也。隶满洲正白旗。少从太祖转战,积功授游击。尝以十二人逐敌山麓,斩百人,获五十三人,马、牛、羊千计。太宗即位,列十六大臣,佐镶白旗。

天聪四年,从伐明,攻滦州。七年,复从贝勒岳托等伐明,规取旅顺。时师自陆行,皆乘马,萨穆什喀曰:"师潜进,安用乘马为?"乃率众舍马徒行。至水次,岳托勉萨穆什喀努力,萨穆什喀对曰:"如贝勒言。此城誓必下,不空归也!"遂与白奇超哈章京巴奇兰以舟先,身被百创,战益厉,遂破旅顺。师还,太宗郊劳,亲酌金卮以赐,进一等参将。八年,授甲喇额真。从贝勒杜兰戍海州。十二月,命副巴奇兰伐黑龙江虎尔哈部,降其众,取其地。九年四月,师还。加三等梅勒章京,授白奇超哈章京。

崇德元年,从武英郡王阿济格等伐明,入长城,与额驸苏纳帅师攻容城,先登,克之。三年,授议政大臣。复从武英郡王阿济格攻皮岛,督摆牙喇兵渡江,先至岸,与固山额真阿山、叶臣等共攻克之,斩其守将沈世魁,进二等。七月,授工部承政。

四年,与刑部承政索海分将左右翼伐索伦部,部人达尔布尼、阿哈木都户、白库都、汉必尔代据厄库尔城拒我师,萨穆什喀合左右翼攻克之。进攻铎陈,未下,牛录额真萨必图等引兵助攻,铎陈、阿撒津二城兵潜出邀战,萨穆什喀设伏败之,斩七十人。五年,师还,上郊劳赐宴。吏议萨穆什喀伐索伦,得三屯,复叛,其长博穆博果尔掠正蓝旗辎重,坐视不救,当削职、籍没,上命削职,贯籍没。萨穆什喀陈辩:"博穆博果尔掠辎重,率兵追击里许,乃与右翼索海等兵遇,索海等攘功。"上命王、贝勒、议政大臣勘核,以萨穆什喀言妄,论死,上特宥之。复追论戍海州时备不严,屯丁为敌杀,论罚锾。

七年,从伐明,攻锦州,敌犯塞,萨穆什喀力战,敌三至三却。锦州下,复授世职牛录章京。八年,卒。子罗什,袭职。

雅赖,扈尔汉第七弟也。事太祖,从伐乌喇,略地朝鲜,数被创。从攻辽东,破蒙古兵。从伐察哈尔,先登杀敌。天聪三年五月,偕甲喇额真罗璧等将千人略明新城路，遇毛文龙旧部采参者，斩六十人，毁其舟。九月，从扬古利逐逃人雅尔古，复ँ文龙部众，杀九千六百余人，获千总三及从者十六。十一月，太宗伐明，薄明都，袁崇焕来援，攻摆牙喇兵，城兵出应，雅赖力战却之。五年，从攻大凌河，屡胜。尝单骑入敌阵，出战死者尸。七年，取旅顺口，与萨穆什喀同舟先济，敌据岸列阵以拒。雅赖超跃登岸，大呼曰："雅赖先登矣！"遂入敌阵。黎明，与敌战，入城被创，战益奋，我兵或少却，辄手刃之。城下，授世职备御。崇德二年，授议政大臣。八年，加半个前程。顺治初，从入关，击李自成。二年，从破自成兵潼关，定河南、江南。论功，遇恩诏，进一等阿思哈尼哈番兼拖沙喇哈番。八年三月，擢户部尚书。四月，坐驻防河间，牛录额真硕尔对评告发饷不均，罢，并削拖沙喇哈番。康熙三年，卒。乾隆初，定封三等男。

洪尼雅喀，吴扎库氏，世居噶哈里。太祖初起时，扈伦诸部方强，乌喇尤横肆，闻洪尼雅喀以材武豪于所部，劫其孥，迫使归附。洪尼雅喀既偕往，念乌喇贝勒不足事，中遂弃走；与萨苏喀、萨穆唐阿率其族四十人归太祖。授牛录额真，俾领其众，隶满州镶红旗。天命三年，从伐明有功，擢甲喇额真。天聪二年，太宗自将伐明，攻锦州。师薄城，洪尼雅喀先登，毁其堞，坠伤足，敌迫之，将执而絷焉，季弟萨穆唐阿以壮汉从军，驰斗力死，洪尼雅喀乃免。八年五月，授世职三等甲喇章京。寻卒。子武拉禅。

武拉禅袭世职。顺治元年，授摆牙喇甲喇额真。十月，从豫亲王多铎西讨李自成。十二月，至潼关，甫立营，贼掩至，击却之。二年，从端重亲王博洛下浙江，趋平湖，败敌，获战舰。进略杭州，马士英、方国安拥众来攻，武拉禅与战于赭山、于朱桥、于范村，屡胜。四年，授镶红旗蒙古梅勒额真。五年正月，增设沧州、大名驻防，命武拉禅以梅勒额真驻大名。金声桓为乱，从征南大将军谭泰攻南昌，五合五胜。声桓以步骑七万拒战，率本旗兵合击，大破之。声桓既死，剿余寇于袁州，击败明将朱翊钹，定府一、县二。

六年七月，有赵凤冈者，为乱于畿南，武拉禅讨之，斩凤冈，歼其众千人；别遣甲喇额真哈其哈等击贼宝山村，获其渠田东楼、杨牌子。七年五月，授刑部侍郎。叙功，遇恩诏，世职屡进，寻定为二等阿思哈尼哈番。十二年，从宁海大将军宜尔德攻舟山，明将陈六御等以三万人拒战，武拉禅督麾奋击。以功，进一等阿思哈尼哈番。复以恩诏，加拖沙喇哈番。十六年，领侍卫内大臣额尔克戴青家奴殴侍卫阿拉那于市，武拉禅勘狱，反罪阿拉那，坐枉抑，削所加拖沙喇哈番。十七年，以病免。康熙六年十月，卒。

萨苏喀，洪尼雅喀仲弟也。事太祖，授摆牙喇甲喇额真。天命七年，从太祖伐明，攻广宁，战于沙岭。我师有都尔根者，马蹶，敌骑三共取之，两刃交下，萨苏喀驰入敌阵，跃马大呼，斩一人，排一人扑地，遂翼之出，无敢逼者。天聪三年，从太宗伐明，薄明都，萨苏喀为前驱侦敌。五年，师围大凌河城，城兵突出，萨苏喀率兵追击，

及壕而返；城兵寻复出，又击败之。八年二月，略明前屯卫，从噶布什贤噶喇昂邦劳萨击败宁远兵，获马二十有二。六月，师至大同。以三十人侦左卫，敌三百屯城外，奋击，敌溃走，逐之至城下，斩获甚众。九年，从贝勒多尔衮招察哈尔林丹汗子额哲，进略明边。固山额真图尔格设伏败敌，敌溃走，萨苏喀蹑其后，斩级最，授半个前程。寻擢礼部参政。崇德二年，与甲喇额真丹岱等以八十人略明边，次清河，敌七百屯守，与战大胜，获蠹二、马二十余。五年，围锦州，守木鲁河。六年，围松山。八年，攻宁远，取中后所、前屯卫，战比有功。顺治初，擢镶红旗满洲梅勒额真。从入关，击李自成，与梅勒额真和托共驱入敌营，中炮没，赠三等甲喇章京。

阿山，伊尔根觉罗氏，世居穆溪。父阿尔塔什，率阿山及诸子阿达海、济尔垓、噶赖，以七村附太祖。太祖妻以同族女兄弟，号"额驸"，而以阿山等属贝勒代善。代善置闲散，觖望，与诸弟及其子塞赫等逃之明。上收其孥，贝勒阿敏以兵追之，射殪阿山二子，阿山亦被创，兄弟相失。穆克谭追射阿达海，阿达海斫穆克谭，坠马几死，遂夺其马，与阿山等入明边，寻复自归。太祖问其故，对曰："举族相投，矢效命疆场，岂直充厮役乎？"乃置诸左右。旗制定，隶满洲正蓝旗。

天命六年，从伐辽阳，授二等参将。太宗即位，旗置大臣一为将，其次置大臣二为佐，又其次置大臣二备调遣。使阿山佐正白旗，阿达海与同旗备调遣。是岁，贝勒代善等帅师伐扎鲁特部，上令阿山与冷格里以兵六百入喀尔喀巴林部逐逻卒，纵火张军威。师还，进三等副将。

天聪元年，从伐朝鲜，克义州。阿达海坐匿太祖御用兜鍪，鞭五十。又违上命，为贝多铎媒聘国舅阿布泰女，论死，上宥之，命夺官，籍其家之半。阿达海托言捕鱼，以十骑逾赫图阿喇城道，克彻尼追之还。阿达海私语从人曰："我欲乱箭射杀克彻尼，如尔辈何！"语闻，上命诛之。

三年秋，阿山复与弟噶赖子塞赫及阿达海子查塔、莫洛浑奔明宁远，上收其孥，遣兵往追之，阿山等将入明境，遣从者先，明守塞兵执而杀之。阿山等惧，复还，请罪，上复宥之，还其孥，使复职。阿山乃讦雅荪与同谋，雅荪者起微贱，以叶赫攻兀扎鲁城时，战有功，太祖宠任之，雅荪矢言殉太祖。太祖崩，不果殉，临丧慢。至是，鞫得实，遂坐诛。

冬，从上伐明，克洪山口城，薄明都，军于城东南。阿山与图鲁什周视敌营，请速进攻，上命即夜漏三下列阵，诘旦遂战，大破明军，阵斩武经略满桂等。四年，攻永平，上命阿山及叶臣选部下猛士二十四人，乘夜挟云梯以攻，谕曰："登梯当令四人先分立梯端二旁，次令四人登，又次令十六人相继上，又次则尔曹督其后，复令各旗出将一兵千人助攻。"次日，日加寅，薄城树梯，犯矢石奋战。俄，城上炮裂药发，敌兵自惊扰，阿山督所部冒火锐上，诸军继进，遂克其城。

五年，攻大凌河，率锐骑逻锦州、松山，俘明兵，明守将出援，与劳萨、图鲁什以三百人败其众二千，斩百余

级，获纛三。上劳以金卮，寻授固山额真。六年，上自将伐察哈尔，阿山与梅勒额真布尔吉方行边，闻上至西拉木伦河，帅师来会，上命率精骑三百助图鲁什为前驱。察哈尔汗遁去，上引还，复命阿山等帅师防边。七年，与布尔吉侦鹿岛，多所俘获。八年，与图鲁什略锦州，贝勒岳托谓图鲁什曰："军中调遣，当就阿山商榷，勿违其言。"既，复从伐察哈尔，斩蒙古逃人。追录克永平功，进三等昂邦章京，免徭役；并分以虎尔哈俘百人，隶所领牛录。

九年，师入明边，略山西，明兵自山海关赴援。上命贝勒多铎军广宁，阿山与固山额真石迁廷柱率噶布什贤兵四百前驱趋锦州，明副将刘应选等以兵三千五百人来御，遇于大凌河。将战，多铎后军骤至，自山而下，士马腾踔，军容甚盛，明兵惊沮。阿山突起掩击，我师从之，阵斩应选，歼其兵五百，克台堡一。师还，赐良马、铠甲。

崇德元年，从武英郡王阿济格伐明，下雕鹗、长安岭二城，率本旗兵独克东安县。师还，明兵来追，阿山殿，击斩略尽。二年，取皮岛，与叶臣将左翼舟师攻其西北隅，先登，斩守将沈世魁，进一等昂邦章京世职。六年八月，复围锦州，城兵突围出攻我师，松山守将潜谋夺火器，阿山迭击败之。七年十月，复从贝勒阿巴泰伐明，入墙子岭，转战至兖州。师还，赉银币。

顺治元年，从入关，击李自成，自成败走，阿山偕左翼梅勒额真阿哈尼堪、右翼固山额真马喇希，济薄津击破之，克平阳。以功，进三等公。二年，豫亲王多铎自陕西移师下江南，阿山及诸将从。与马喇希等取淮河桥，渡淮拔扬州，率舟师溯江上，克江宁，获明福王。江南既定，从贝勒博洛、固山额真拜音图徇浙江，师次杭州，明潞王常涝降。嘉兴、湖州、绍兴、宁波、严州皆下。师还，赉金银、鞍马。

阿山自太宗时，屡坐事被论，辄贷之。三年，坐妄听巫者言，罪所部，被讦，罢官，夺世职。旋复授一等昂邦章京。四年，改一等精奇尼哈番。旋卒。乾隆初，定封一等男。从弟阿尔津，自有传。

论曰：太祖时，邻近诸部族归附，常书兄弟最先，康果礼等最众，其子孙皆能以骁勇自效。博尔晋、雅希禅杀敌致果，盖劳萨、图鲁什之亚也。扬善、冷格里、萨穆什喀皆有战绩，非藉父兄显者也。洪尼雅喀尤以材武名。阿山屡去复归，诛弟而用兄，驾驭枭桀，惟恩与法，握其要矣。

卷二百二十八　　列传十五

额尔德尼噶盖　噶盖子武善　布善
布善子夸札　**达海**　**尼堪**　**库尔缠**弟库拜
英俄尔岱　**满达尔汉**弟马福塔　**明安达礼**

额尔德尼，纳喇氏，世居都英额。少明敏，兼通蒙古、汉文。太祖时来归，隶正黄旗满洲。从伐蒙古诸部，能因其土俗、语言、文字宣示意旨，招纳降附。赐号"巴克什"。

满洲初起时，犹用蒙古文字，两国语言异，必移译而成文，国人以为不便。太祖起兵之十六年，岁己亥二月辛亥朔，召巴克什额尔德尼、扎尔固齐噶盖使制国书。额尔德尼、噶盖辞以夙习蒙古文字，未易更制。上曰："汉人诵汉文，未习汉字者皆知之；蒙古人诵蒙古文，未习蒙古字者皆知之。我国语必译为蒙古语，始成文可诵；则未习蒙古语者，不能知也。奈何以我国语制字为难，而以习他国语为易耶？"额尔德尼、噶盖请更制之法，上曰："是不难。但以蒙古字协我国语音，联属为句，因文以见义可矣。"于是制国书，行于国中。满洲有文字自此始。

天命三年，从伐明，取抚顺，师还，明总兵张承荫自广宁率众躡我师后，额尔德尼偕诸将还击，斩承荫。叙功，授副将。太宗时，额尔德尼已前卒，尝谕文馆诸臣，叹为一代杰出。顺治十一年，追谥文成。子萨哈连，官至銮仪卫冠军使。赐姓赫舍里，改入大学士希福族中。

噶盖，伊尔根觉罗氏，世居呼纳赫。后隶满洲镶黄旗。太祖以为扎尔固齐，位亚费英东。岁癸巳闰十一月，命与额亦都、安费扬古率千人攻讷殷佛多和山寨，斩其酋搜稳塞克什。岁戊戌正月，命与台吉褚英、巴雅喇及费英东率千人伐安褚拉库路，降屯寨二十余。岁己亥，受命制国书。是年九月，命与费英东将二千人戍哈达。哈达贝勒孟格布禄贰于明，将执二将。二将以告，太祖遂灭哈达，以孟格布禄归。孟格布禄有逆谋，噶盖坐不觉察，并诛。子武善。

武善年十六，太祖念噶盖旧劳，授牛录额真。天命九年，明将毛文龙遣兵入海岛屯耕，太祖命武善与冷格里击之，歼其众。语详《冷格里传》。文龙复遣兵三百登海岸掠，武善与满都里率兵追击，斩裨将二，还所掠。太宗即位，列十六大臣，佐镶红旗。天聪八年，上遣诸将伐明，武善与阿山为后队，遵上方略，设伏败敌，授三等甲喇章京。崇德元年，诇知明兵袭滨海醎场，上命武善与吏部参政吉恩哈驰援，击走明兵。三年正月，喀尔喀扎萨克图窥归化城，上自将御之，武善与吴巴海从。吴巴海厮卒盗军糈，武善坐徇隐，夺世职。八月，授工部参政。时蒙古、瓦尔喀诸部皆附，使至，每以武善典其事。顺治元年，卒。

布善，武善弟。事太宗，授巴牙喇甲喇章京，兼牛录额真。寻护巴牙喇纛章京，列议政大臣。崇德五年，从伐明，攻锦州，击败杏山骑兵。六年，复从伐明，攻松山，洪承畴以十三万人赴援，布善先众力战却敌。上度明兵众而饷不继，必引去，命诸将比翼列营，直抵海滨。入夜，明兵果引去，诸将截击，布善率兵穷追，斩获无算。八年，复从伐明，攻克前屯卫、中前所。顺治初，从入关，予牛录章京世职。二年，从征江南，卒于军。

夸札，布善子，袭职。遇恩诏，进二等阿达哈哈番。十七年，授护军参领，兼佐领。康熙十三年，从定南将军希尔根讨耿精忠，围抚州，屡破贼，贼弃城走。四年，从大将军安亲王岳乐讨吴三桂，其将夏国相屯萍乡，依山结寨。夸札率兵奋击，大破之，国相等弃资械走。十七年，迁护军统领。十八年，擢镶红旗蒙古都统。从安亲王攻武冈，军器辎重自水道进，贼截溪，夸札率兵驰击，贼却走。绿旗兵屯溪岸，贼舟坌集逼屯，夸札自陆赴援，道险，马不能行，乃率兵步行。贼据山梁，设鹿角，列火器以拒，夸札督兵直前，斩获甚众，贼水陆皆溃。十九年，命将湖广兵诣广西，参赞大将军简亲王喇布军务，讨叛将马承荫，克武宁，进取象州，围柳州，承荫降，进复庆远。广西平，还京。二十一年，卒。叙功，进一等阿达哈番。

达海，先世居觉尔察，以地为氏。祖博洛，太祖时来归。父艾密禅。旗制定，隶满洲正蓝旗。

达海幼慧，九岁即通满、汉文义。弱冠，太祖召直左右，与明通使命，若蒙古、朝鲜聘问往还，皆使属草；令于国中，有当兼用汉文者，皆使承命传宣：悉称太祖旨。旋命译《明会典》及《素书》、《三略》。太宗始置文馆，命分两直：达海及刚林、苏开、顾尔马浑、托布戚译汉字书籍；库尔缠、吴巴什、查素喀、胡球、詹霸记注国政。

天聪三年，上伐明，既击破满桂等四总兵军，遣达海赍书与明议和，明闭关拒勿纳；复命达海为书二通，一置德胜门外，一置安定门外，乃引师还。四年，复伐明，至沙河驿，命达海以汉语谕降。克永平，命达海持黄旗登城，以汉语谕军民，城中望见，皆罗跪呼"万岁"。降将孟乔芳、杨文魁、杨声远从贝勒阿巴泰入见，命达海以汉语慰劳。三屯营、汉儿庄既降，明兵袭三屯营。上虑汉儿庄复叛，命达海以汉语抚定之。是年，所译书成，授游击。五年七月，赐号"巴克什"。九月，复伐明，破大凌河，命达海以汉语招总兵祖大寿。上赐宴，复命传谕慰劳。十二月，定朝仪。

达海治国书，补额尔德尼、噶盖所未备，增为十二字头。六年三月，太宗谕达海曰："十二字头无识别，上下字相同。幼学习之，寻常言语，犹易通晓；若人姓名及山川、土地，无文义可寻，必且舛误。尔其审度字旁加圈点，使音义分明，俾读者易晓。"达海承命寻绎，字旁加圈点。又以国书与汉字对音，补所未备，谓："旧有十二字头为正字，新补为外字，独不能尽协，则以两字合音为一字，较汉文翻切尤精当。"国书始大备。是年六月，达海病，逾月病亟。上闻，垂涕，遣侍臣往视，赐蟒缎，并谕当优恤其子。达海闻命感怆，已不能言，数日遂卒，年三十八。时方译《通鉴》、《六韬》、《孟子》、《三国志》、《大乘经》，皆未竟。

达海廉谨，在文馆久，为领袖。其卒也，当敛，求靴无完者。七年二月，以其长子雅秦降一等袭职，授备御。国初文臣无世职，有之自达海始。十年，赐谥文成。康熙八年五月，圣祖以其孙禅布请，立碑纪绩。

达海子四，长子雅秦，以备御兼管佐领。崇德三年，从伐明，毁董家口边墙入，略明畿内，下山东，所向克捷。七还，出青山口，遇明军，雅秦率步兵击败之。四年，从攻松山。六年，从围锦州，城兵突出犯我军，雅秦率所部兵御敌，皆有功。旋授吏部理事官。八年，调户部理事官。顺治元年四月，从入关，击败李自成。迭遇恩诏，进世职至二等阿思哈尼哈番。八年三月，授吏部侍郎。七月，擢国史院大学士。十月，卒。九年，上以恩诏进世职过滥，命改为一等阿达哈哈番兼拖沙喇哈番。予其子禅布袭职。康熙二十一年，圣祖巡方，命从官祭雅秦墓。

达海次子辰德，太宗尝召其兄弟，赐馔予币，命辰德勤习汉文，其后仕未显。

三子喇扣，康熙间，以前锋统领从讨吴三桂，战衡州，阵没，赠拖沙喇哈番。

四子常额，雅秦卒后，世祖特授学士，而雅秦子禅布，康熙初亦官秘书院学士，为达海请立碑。三桂既平之明年，圣祖谘诸大学士："达海巴克什子孙有入仕者乎？"明珠对："闻有孙为鸿胪寺官。"因下吏部录达海诸孙陈布禄等十二人引见，命授陈布禄刑部郎中。其后国子监祭酒阿理瑚请以达海从祀孔子庙，礼部尚书韩菼议不可，乃罢。

达海以增定国书，满洲群推为圣人。其子孙：男子系紫带，亚于宗姓；女子不选秀女。

尼堪，纳喇氏，世居松阿里乌喇。太祖时来归，赐号"巴克什"。旗制定，隶满洲镶白旗。初以说降蒙古科尔沁部，授备御。天命十年，偕侍卫博尔晋等率师伐虎尔哈部，收五百户以还，上效劳赐宴。

天聪初，擢一等侍卫。从太宗伐明，攻锦州，有功。七年，从诸贝勒按狱蒙古诸部，牛录额真阿什达尔汉以所赉敕二十道付尼堪，尼堪以授从者，失其九。所司论劾，罚如律。蒿齐忒部台吉额林等来归，命尼堪往迎。八年正月，收其部落户口、牲畜以还。七月，上伐明，道遇察哈尔部众来归，命尼堪送盛京安置。时郑亲王济尔哈朗留守，使尼堪偕卦尔察、席特库率兵十二人侦明兵。明兵适至，奋击败之，逐至辽河，凡三战，斩馘百余，明兵引退。九年，从贝勒岳托戍归化城，土默特部私与明通，岳托使尼堪及参领阿尔津伺塞上，得明使四辈、土默特使十辈，皆执以归。寻与英俄尔岱等使朝鲜。

崇德元年六月，授理藩院承政。二年正月，太宗伐朝鲜，既克其都，命尼堪及吉思哈、叶克舒帅师并护科尔沁、扎鲁特、敖汉、柰曼诸部兵伐瓦尔喀，将出朝鲜境，朝鲜兵屯吉木海，阻师行，尼堪督兵进击，大破之，斩平壤巡抚。既，朝鲜兵二万余人复来追袭，尼堪等设伏诱敌，歼万余人。敌遁，据山巅立栅拒守，师围之三日，遂下。降哈忙城巡抚及总兵副使以下官，获牲畜、布帛诸物无算。进略瓦尔喀部，以所获畀蒙古诸部兵，寻引师还。复偕阿什达尔汉使科尔沁、巴林、扎鲁特、喀喇沁诸部颁敕诏，会诸部王贝勒谳庶狱。三年五月，坐谳狱科尔沁失实，解任。七月，授理藩院右参政。四年，伐明，征蒙古诸部兵，兵至不如额，命尼堪使科尔沁、喀喇沁、土默特诸部诘责。五年四月，上以尼堪充副任使，授三等甲喇章京。复命安集索伦、郭尔罗斯两部新附之众，编为八牛录。七月，复命征蒙古诸部兵伐索伦，简其军实。

世祖定鼎，论功，进二等。顺治二年，从豫亲王多铎下河南，将蒙古兵自南阳趋归德，降州一、县四。论功，进一等。三年，从多铎讨苏尼特部，大破其众。四年，论功，进三等阿思哈尼哈番。迁理藩院尚书。六年，喀尔喀使至，馈睿亲王多尔衮马，巽亲王满达海以为言，尼堪启王，王曰："如例云何？"尼堪曰："外藩职贡，例不当馈诸王。"王恶其语侵己，令内大臣议罪，夺其俸。三遇恩诏，进三等精奇尼哈番，世袭。十年，上以尼堪老，进二等，致仕。十七年，卒。无子，以其弟阿穆尔图、阿锡图、从子玛拉、兆资分袭世职。玛拉自有传。

库尔缠，钮祜禄氏，世居长白山。祖曰赖卢浑，父曰索塔兰。赖卢浑先为哈达都督，索塔兰及所部来归。旗制定，隶属满洲镶红旗。太祖以女妻索塔兰，生子四，库尔缠其次子也。天命元年，召直左右。十一月，蒙古喀尔喀五部来议和，库尔缠赍书莅盟；九年二月，复将命如科尔沁修好：皆称旨，授牛录章京。

太宗即位，伐扎鲁特部，库尔缠从，师还，上劳诸贝勒。饮至，达海承旨问诸贝勒行军胜敌始末，库尔缠为诸贝勒具对，成礼。天聪元年，伐朝鲜，库尔缠从，朝鲜王李倧请行成，库尔缠及副将刘兴祚将命宣抚。倧既约降，库尔缠等还报，朝鲜诸将不知倧已约降也，以步骑兵千人邀诸平壤，库尔缠集从者环甲突围出。朝鲜兵蹑其后，库尔缠令从者前行，而以十骑殿，杀朝鲜兵三，疾驰六十里。朝鲜兵三百骑继至，库尔缠率十骑凭隘为伏，击败之，斩朝鲜将四、兵五十余，获马百，卒达沈阳。上复命赍谕至军中申军令，定盟誓而还。

三年四月，定文馆职守，命记注时政，备国史。四年正月，伐明，库尔缠偕游击高鸿中先至滦州，设谋使启城门，师遂入。二月，师还，库尔缠从诸将戍焉。五月，明监军道张春等来攻，库尔缠与牛录额真觉善等勒兵出战，奋矟逾堑，直趣敌阵。春等稍却，旋发火器焚城楼，坏睥睨，库尔缠与觉善还兵御之，敌不能登。都统图尔格等以孤军无援，退保永平，敌围益急，库尔缠且守且战，屡有斩馘。旋从贝勒阿敏等弃诸城，还都待罪。上以在滦州时能力战，特贳之。

库尔缠先以口语被评。五年十一月，使朝鲜，以汉文作书遗朝鲜，受私馈。六年六月，使明得胜堡议和，以其人来，上召入见，屡失期。七年二月，上发库尔缠诸罪，并追议庇刘兴祚罪，论死。兴祚者开原人，见辱开原道，遂率其诸弟兴治等以降，太祖以国语名之曰爱塔。克辽东，授副将，领盖、复、金三州。兴祚怼，索民财畜，被评解任，遂有叛志。事屡败，太宗屡保覆之。兴祚使其弟兴贤逃归毛文龙，作书遗库尔缠，诡言且死，托以营葬，诳瞽者醉而缢杀之，焚其室逸去。库尔缠得书，视兴祚，见瞽者尸，以为兴祚也，持之恸，告于上，以其子五十袭职，为营葬。既而其弟兴治亦遁，诈渐露。兴祚、兴治去事文龙，文龙荐为参将。袁崇焕杀文龙，使兴治与陈继盛分将其兵。天聪四年，上攻永平，兴祚在敌中，袭我军中喀喇沁兵，杀数十人。使贝勒阿巴泰、济尔哈朗将五百人求兴祚。兴祚将趋山海关，阿巴泰遮其前，济尔哈朗迫其后，遂战，甲喇额真图鲁什获兴祚，杀之，执兴贤以归。库尔缠解衣瘗兴祚，上命发而磔之，库尔缠复窃收其遗骼。时兴治将兵驻皮岛，诸弟兴基、兴梁、兴沛、兴邦皆为偏裨。兴沛以游击守长山岛，上遣使招兴治等，讳言逻卒误杀兴祚；且令兴贤附书述上恩，赡其母及妻。使屡返，复遣护其妻以往，兴治亦屡答上书，自署"客国臣"，枝梧不得要领。会兴治为兴祚发丧，而继盛信谍言，疑未死，兴治怒，执杀继盛，因纵掠。明使黄龙镇皮岛，兴治复为乱，被杀。上亦杀兴贤及其诸子。库尔缠与兴祚善，未叛，屡为上言，终收其骨，卒以此及。上犹念其有劳，命毋籍其家。世祖定鼎燕京，诏视一品大臣例，予宅地、奴仆。

库尔缠弟库拜，初以小校事太祖，从伐明，取抚顺，战败追兵，复下辽、沈，命为牛录额真。天聪五年，从伐瓦尔喀，手被创，犹力战，克堡一。是年七月，初设六部，授吏部参政。叙功，授牛录章京世职。复以吏部考满，授三等甲喇章京。八年，从伐黑龙江诸部。九年，进二等甲喇章京。崇德元年，从伐朝鲜。追论伐瓦尔喀时夺部卒俘，复令部卒私猎，论罚，罢牛录章京。三年七月，更定官制，改吏部理事官。五年正月，卒。

英俄尔岱，他塔喇氏，世居扎库木。太祖时，从其祖岱图库哈理来归，授牛录额真，隶满洲正白旗。天命四年，从攻开原。有蒙古巴图鲁阿布尔者，素以骁勇名，降明为边将，出战，英俄尔岱驰斩之。六年，从克沈阳，授游击。从克辽阳，授二等参将。

天聪三年，从伐明，克遵化，太宗督诸军向明都，而令英俄尔岱及李思忠、范文程以兵八百守遵化。师既行，所下诸城堡石门驿、马兰峪、三屯营、大安口、罗文峪、汉儿庄、郭家峪、洪山口、潘家口、滦阳营皆复为明守。明兵夜薄遵化，英俄尔岱率兵击却之。平旦，明将以骑兵列阵待，英俄尔岱出战，明兵骤至，英俄尔岱麾其众悉锐奋击，明兵退，斩殿者五人，俘材官一，明兵宵奔。英俄尔岱以师从之，复歼骑卒百、步卒千余，以书谕诸城，罗文峪、三屯营、洪山口、汉儿庄、滦阳营五城复降。

五年七月，定官制，始设六部，以英俄尔岱为户部承政。七年，明故毛文龙部将孔有德、耿仲明自登州来降，使英俄尔岱及游击罗奇赍书征粮于朝鲜，朝鲜国王李倧使其臣朴禄报聘，言毛氏旧为敌，不愿输粮。太宗复以书谕，略言："毛氏将今归我国，以兵守其舟，当就便输以粮。"遣英俄尔岱及备御代松阿赍书复往，朝鲜乃输粮如指。八年五月，改进一等甲喇章京。

太宗自将伐察哈尔，察哈尔林丹汗走图白特，所部溃散。或得俘，言同行凡千余户，方苦无所归，上命英俄尔岱及梅勒额真觉罗布尔吉等率二千人往迹之。英俄尔岱等行遇蒙古头人侯痕巴图鲁率千户将来归，遣使谒上；复过台吉布颜图，纵兵击杀之，斩二百余，俘四十以还。上以驼马及所俘，赉英俄尔岱及诸将士。既，布颜图部众奔诉于上，言："我曹自察哈尔来归，遇大军，乞降不见允，横被屠戮。"上怒，命尽夺所赉。英俄尔岱寻以考满进三等梅勒章京。

十年春，诸贝勒及蒙古诸部以太宗功德日隆，议上尊号，令英俄尔岱赍书使朝鲜喻意。既至，倧谢不延纳，令英俄尔岱诣所置议政府陈说，设兵昼夜环守使邸。英俄尔岱率诸从者夺民间马，突门而出。朝鲜王遣骑持报书追付英俄尔岱而别，以书诫其边臣令守界，英俄尔岱并夺之以闻。又遇明皮岛兵遮归路，击走之。

崇德改元，讨朝鲜，师克王都，倧出奔南汉城。二年春，上使英俄尔岱及马福塔赍敕诘责，朝鲜以书谢。师益进，薄南汉城，复使英俄尔岱、马福塔招倧出城相见，倧答书始称臣，然犹逡巡不敢出。上诇知倧寄孥江华岛，命睿亲王多尔衮以偏师下之，获其妃及诸子。倧乃出降，上留其二子为质，命英俄尔岱、马福塔送其妃及诸戚属还王都。二月，班师，倧出送，命英俄尔岱、马福塔宣谕，仍送之还。旋授议政大臣。十月，复命英俄尔岱、马福塔赍敕印使朝鲜，封倧仍为朝鲜国王。四年，授固山额真。五年，上以倧缮城郭，积刍粮，欺罔巧饰，使英俄尔岱及鄂莫克图赍敕诘责，倧上表谢罪。

六年六月，睿亲王多尔衮复攻锦州，九月，贝勒多铎等围松山，英俄尔岱皆在行间。七年，复使朝鲜鞫狱，还奏称旨。八年，考满，进三等精奇尼哈番。顺治元年，从睿亲王多尔衮入关。是年，改承政为尚书，英俄尔岱仍任户部。二年，叙功，封三等公。三年，奏请禁民间私售马骡、军械、火器，以杜盗源，从之。四年，考满，进二等公。五年二月，卒。

英俄尔岱娶饶馀郡王阿巴泰女，授多罗额驸。领户部十余年，既领固山，仍综部政。屡坐事论罚，而恩顾不稍衰。太宗尝谕群臣曰："英俄尔岱性素执拗，其于本旗人亦偶有徇庇。朕思人鲜有令德，英俄尔岱能殚心部政，治事明决，朕甚嘉之。视诸部大臣不如英俄尔岱者多矣！"及睿亲王薨，得罪，夺英俄尔岱公爵，降精奇尼哈番。康熙间，辅臣鳌拜专政，陷大学士苏纳海等于死，以英俄尔岱与苏纳海同族，追论初授地不平、附睿亲王诸罪状，夺官。子宜图，官至内大臣，袭爵降三等精奇尼哈番。乾隆初，定封三等子。

满达尔汉，纳喇氏，先世居哈达。父雅虎，率十八户归太祖，太祖以为牛录额真，隶满洲正黄旗。擢扎尔固齐。与哈穆达尼伐东海卦尔察部，俘二千人以归，太祖郊劳，与宴。又克舒桑哈达，赐俘百。既乞休，满达尔汉继为牛录额真。从太宗伐虎尔哈部，降五百余户。

天聪五年五月，上将伐明，规取海中诸岛，使满达尔汉与董纳密聘于朝鲜，且征舟焉。时朝鲜初附，未敢开罪于明，满达尔汉等至朝鲜，国王李倧谢不见，且以兵守馆。越三日，满达尔汉谓守者曰："我奉命至此，何慢我不相见？我归矣！"遂与诸从者佩弓矢，策骑夺门出。倧使侍臣追及，请见，满达尔汉等乃入见，致使命而还。七月，授礼部参政。闰十一月，复与库尔缠等使朝鲜，诫毋纵其民越境采猎，毋匿逃人，并令岁馈当如例，倧乃引咎，愿如约。

八年，太宗自将伐明，攻大同，满达尔汉分兵克堡四、台一，又拔王家庄。以功，授世职牛录章京。寻擢礼部承政。复使朝鲜。崇德二年，从武英郡王阿济格伐明，克皮岛，赐白金、裘、马。顺治初，世祖定鼎京师，满达尔汉以老解部任，专领牛录。恩诏，进二等甲喇章京。三年，卒，谥敬敏。子阿哈丹，袭职。恩诏，进一等阿达哈哈番兼拖沙喇哈番。从征福建，击郑成功厦门，战死，恤赠三等阿思哈尼哈番。

马福塔，满达尔汉弟也。初授牛录额真，与满达尔汉分辖所属人户。天聪五年，授户部参政。八年三月，与户部承政英俄尔岱如朝鲜互市。五月，太宗自将伐明，马福塔从贝勒济尔哈朗等居守。九月，赍奏诣行营，道明铁山，明兵邀战，斩五人，俘一人；又刭一人，纵使还。寻擢户部承政。九年，与参政博尔惠使朝鲜。自是通使朝鲜，马福塔辄与。

崇德元年，复与英俄尔岱等使朝鲜，明皮岛兵遮道，击走之。九月，复如朝鲜义州监互市，得明逻卒，知明兵入碱场，因率百人蹑其后，明兵引去。值武英郡王阿济格等伐明还，渡辽，具舟以济师。十二月，太宗自将伐朝鲜，命马福塔与劳萨率兵先驱。语详《劳萨传》。朝鲜国王李倧走保南汉山城，二年正月，师克朝鲜都，进攻南汉山城。马福塔两奉敕入城数倧罪，且谕降。倧先使其臣谢罪，寻率群僚出城谒上。二月，上班师，倧出送，命马福塔与英俄尔岱送倧还城。倧馈金，却之，以闻。四月，从武英郡王阿济格攻明皮岛，马福塔攻其北隅，督战败敌。六月，吏议马福塔从伐朝鲜，私以其子往，得俘获，先众赍还，又令朝鲜琴与贝子硕托交结，罪当死，命罚锾以赎。十月，复命与英俄尔岱使朝鲜，册李倧为朝鲜国王。三年七月，更定官制，改户部左参政。四年六月，命与刑部参政巴哈纳使朝鲜，册倧配赵氏为王妃。八月，其兄甲喇额真福尔丹从军退缩，伏法，籍其家畀马福塔。九月，复为户部承政。十一月，倧疏言立碑三田渡颂上恩，命与礼部参政超哈尔等往察视。五年二月，卒。

明安达礼，西鲁特氏，蒙古正白旗人，世居科尔沁。父博博图，率七十余户归太祖，即授牛录额真，领所属。天聪元年，从伐明，攻锦州，战死，予世职游击，以明安达礼袭，仍兼领牛录额真。

崇德三年，迁巴牙喇甲喇章京。从贝勒岳托伐明，自密云东北毁边墙以入，与固山额真伊拜共击败明太监冯永盛兵，克南和县。六年，复从伐明，围锦州。明兵阵山巅，明安达礼率所部巴牙喇兵陷阵，明兵败走。既，又有骑兵自松山至，复击败之。师阻壕，以守城兵出争桥，明安达礼迫明兵使引入城。上将击洪承畴，明安达礼战尤力，又败敌骑，进二等甲喇章京。七年冬，从贝勒阿巴泰伐明，攻蓟州，薄明都，击破明总督赵光抃。又与噶布什贤噶喇依昂邦阿山共击明兵自三河至者，遂进略山东。八年春，与明总兵白广恩、张登科、和应荐等战螺山，又与巴牙喇纛章京鳌拜共击明总督范志完，屡破敌。师还，赍白金。擢礼部参政，兼正白旗蒙古梅勒额真。

顺治元年，从入关，击李自成。二年，从英亲王阿济格西讨，战延安，七遇皆捷。抚凤翔等府三十余城，悉下。三年，调兵部侍郎。苏尼特腾机思叛，从豫亲王多铎帅师讨之，别将兵屯险要。腾机思遁走，明安达礼夜帅师乘之，及诸鄂特克山,战大胜,斩台吉茂海,复与镇国将军瓦克达等逐北,手斩十一人,获其辎重。复击败土谢图汗、硕类汗。

五年,擢正白旗蒙古都统。七年,授兵部尚书。九年,列议政大臣。论功,遇恩诏,累进二等精奇尼哈番。十年,坐徇总兵任珍擅杀,罢尚书,降一等阿达哈哈番兼拖沙喇哈番。十一年,帅师伐鄂罗斯,败敌黑龙江。十三年,授理藩院尚书。

十五年十二月,命为安南将军,帅师驻防荆州。十六年,郑成功入攻江宁,明安达礼帅师赴援。成功等杨文英等以舟千余泊三山峡,明安达礼击之,斩副将一,获其舟及诸攻具,成功引入海。上命明安达礼移师驻防舟山。十七年,召还,授兵部尚书。康熙三年,加太子太保。六年,调吏部尚书。引疾,致仕。八年,卒,谥敏果。

子都克,袭。从征噶尔丹有功,授拖沙喇哈番,合为三等阿思哈尼哈番。都克孙永安,降袭一等阿达哈哈番兼拖沙喇哈番。乾隆间,从征甘肃石峰堡乱回。官至山海关副都统。永安孙宪德,宪德子梦麟,自有传。

论曰:国必有所与立,文字其一也。因蒙古字而制国书,额尔德尼、噶盖创之,达海成之。尼堪等皆兼通蒙、汉文字,出当专对。造邦之始,抚绥之用广矣。英俄尔岱领户部,调兵食最久,见褒于太宗。明安达礼以折冲御侮之才,于长兵部。盖皆有功于创业者,故比而次之。

卷二百二十九　　列传十六

明安 子昂洪　多尔济　恩格类
恩格类从子布当　布颜代　**恩格德尔**
子额尔克戴青　古尔布什　**鄂齐尔桑**
布尔喀图　弼喇什　色尔格克　**阿济拜** 恩格图
鄂本兑　和济格尔　和济格尔子拜音达里　阿赖
布延 阿尔沙瑚　阿尔沙瑚兄子果尔沁
额琳奇岱青　德参济旺　多尔济达尔罕
奇塔特彻尔贝　**洛哩** 弟沙哩岱　奇塔特伟征
奇塔特伟征弟额尔格勒珠尔　喀兰图
扎克托会　袭楚克图英　珲津　沙尔布

明安,博尔济吉特氏。其先世元裔,为蒙古科尔沁兀鲁特部贝勒。岁癸巳,叶赫贝勒布寨、纳林布禄纠九国之师来侵,明安与焉,战败,明安乘骟马独身跳去,寻修好于太祖。上闻明安女贤,遣使往聘,岁壬子正月,明安送女至,上具车服以迎,与宴成礼。

天命二年正月,明安来朝,上出郊百里迎诸富尔简冈,设宴慰劳。明安献驼十、马牛皆百,上优礼之,日设宴。留一月,明安辞,赐以四十户,甲币称是,送之三十里。七年二月壬午,明安及同部贝勒兀尔宰图、锁诺木、绰乙喇札尔、达赖、密赛、拜音代、噶尔马、昂坤、多尔济、顾禄、绰尔齐、奇笔他尔、布颜代、伊林齐、特灵,喀尔喀部贝勒石里胡那克,并诸台吉等三千余户,驱其牲畜来归,授三等总兵官,别立兀鲁特蒙古一旗。

天聪三年,与固山额真武讷格、额驸恩格德尔等伐察哈尔,降二千户。五年,从上伐明,围大凌河城。明总兵祖大寿出战,明安与固山额真和硕图等夹击,大败之。我师伪为明兵赴援状,诱大寿复出战,明安及两翼固山齐进奋击,大寿败却,寻率众降,明安得优赉。六年,从上伐察哈尔。师还,以俘获少,又违令不以隶户籍,擅以官牛与所属,复匿蒙古亡者,吏议当夺世职,上命罚锾以赎。寻以内附诸蒙古所行多违令,罢蒙古旗,俱散隶诸贝勒所领牛录,明安改隶满洲正黄旗。八年,改三等昂邦章京。顺治初,三遇恩诏,进二等伯。卒,谥忠顺。雍正间,追进一等侯,加封号恭诚。子昂洪、多尔济、绰尔济、纳穆生格、朗素。

昂洪初从父来归,授游击。天命十一年,从伐巴林、扎鲁特诸部;天聪五年,从伐明,攻大凌河:俱有功,超进三等副将,赐号达尔汉和硕齐。七年,卒。子鄂齐尔,袭。八年,改三等梅勒章京。顺治间,三以恩诏进,再以罪降,定为二等阿思哈尼哈番。洊擢内大臣,管銮仪卫事。寻授领侍卫内大臣。十四年,卒,谥勤恪。乾隆初,定封三等男。

多尔济亦从父来归,授备御,尚主为额驸。天命十一年,从伐扎鲁特,有盗马遁者,多尔济逐得之。寻从伐栋奎、克什克腾诸部,又从伐朝鲜,皆有功。天聪五年,始设六部,以多尔济为刑部承政,专理蒙古事。六年,以直上前失仪,又奉命选猎户不当,吏议夺世职,上宥之,罚白金百。八年,从伐明,攻大同,上命多尔济领中军,图鲁什、乌拜分率左右军,与明总兵曹文诏战,大破之,逐至城下,获马百。崇德二年,授内大臣,预议政。四年,从郑亲王济尔哈朗略锦州。六年,上伐明,驻军松山、杏山间,命多尔济与内大臣锡翰设伏高桥。明ở山兵千人,以粮不继潜遁,伏发,败之,逐至塔山,俘斩甚众。寻以围松山时,明总兵曹变蛟夜犯御营,多尔济不能御,议罪,系三日,罚白金五百,仍叙高桥功,进一等梅勒章京。顺治二年,以多尔济夙荷太宗恩厚,进三等昂邦章京。四年,改三等精奇尼哈番。五年,卒。

弟绰尔济,袭。坐事,削爵。弟纳穆生格,袭。从征福建,没于海,谥直勇。纳穆生格既卒,复以绰尔济袭。乾隆初,定三等子,多尔济三世从孙博清额袭。三十四年,改袭一等恭诚侯,为其四世祖明安后。

朗素,明安幼子,袭明安世职。传至孙马兰泰,雍正七年,上以明安旧劳,进一等恭诚侯,命署前锋统领。九年,讨准噶尔,授参赞大臣,疏言寇犯西尔哈昭,击之败退,擢领侍卫内大臣。召还,命在办理军机处行走。俄,察知在军悾忪,妄奏功,谪军前自效,逮京论斩,系狱。乾隆初,复授副都统。又以扈从行围后至,称疾不治事,发拉林披甲。

初,明安所与同部诸贝勒入朝请内附,皆授世职有差,锁诺木子穆赫林自有传。又有恩格类、布当叔侄与明安同时来归，布颜代归稍后，皆从征伐有战绩。

恩格类、布当，博尔济吉特氏。来归，恩格类授游击，布当授二等参将。天聪三年，太宗自将伐明，布当从攻遵化，与甲喇额真英俄尔岱合军力战，破明总兵赵率教，以功进三等梅勒章京。六年，散蒙古旗入满洲，恩格类、布当皆隶正蓝旗。崇德三年，授布当刑部右参政。四年，卒。布当弟色棱，袭恩格类世职。事太宗，伐明，克遵化，围锦州。事世祖，从入关破贼，击腾吉斯，并有功。进一等阿达哈番兼拖沙喇哈番。十二年，卒。

布颜代，博尔济吉特氏。初为蒙古乌鲁特贝子。天命七年，籍所辖户口自西拉塔喇来归，尚主为额驸，予二等参将世职，隶满洲镶红旗。十一年，太祖自将伐明，攻宁远，不克，偏师取觉华岛，布颜代率蒙古兵从固山额真武讷格破敌垒，歼其众，焚所积刍粮而还。

天聪元年，从伐朝鲜，师有功，分赐降户及所获马。三年，从伐明，入龙井关，克大安口，下遵化，薄明都，四遇敌，战皆胜。复击明兵卢沟桥，以七人先入敌阵，遂破之。四年春，师还，驻遵化，明兵击喀喇沁兵垒，布颜代趋援却敌。寻与武讷格略地行山冈，遇敌，斩级四十余。五年，授礼部承政，兼右翼蒙古梅勒额真。从围大凌河，明兵出战，布颜代伤于矛，仍力战却敌，斩一人。六年，从略宣府、大同边外，收察哈尔部众。师还，以匿俘获，吏议削世职、罚锾、夺俘获及赐物，上命毋削世职。八年，上自将伐明，攻大同，布颜代与侍卫星讷等率蒙古牙喇兵八十人，经哈麻尔岭，收察哈尔部众。进次西拉木轮，降百余户；又进，遇察哈尔部俄尔塞图以所属来降。还，与大军会。以功，进三等梅勒章京。九年，蒙古旗制定，以布颜代为镶红旗固山额真。

崇德元年，从武英郡王阿济格伐明，克昌平。师出还塞，明兵袭我后，布颜代为所败，坐罢固山额真世职，降一等甲喇章京，罚锾，夺俘获。顺治元年，以巴牙喇甲喇额真从入关，与梅勒额真和托等逐李自成至庆都。寻从豫亲王多铎定陕西。二年，加半个前程。复从下江南，渡黄河，与明兵战，身被数伤，所乘马亦创，犹力战冲锋殪敌，遂以创卒，年六十有一。子鄂穆布，袭职。

恩格德尔，博尔济吉特氏。其先世元裔，为蒙古喀尔喀巴约特部长。当太祖初起兵时，喀尔喀裂为五部，巴约特其一也，恩格德尔父达尔汉巴图鲁，为其部贝勒，牧地曰西喇木伦。太祖起兵之十二年，岁甲午正月，喀尔喀部贝勒老萨、北科尔沁部贝勒明安始遣使来聘。又十一年，岁乙巳，恩格德尔来谒，献马二十，上优赉而遣之。明年，岁丙午冬十二月，恩格德尔率五部诸贝勒之使谒太祖，献驼马，奉表上尊号曰神武皇帝。自此蒙古诸部朝贡岁至。

天命元年，太祖初建国即皇帝位，距恩格德尔等初上尊号时十年矣。二年，恩格德尔来朝，上以贝勒舒尔哈齐女妻焉，号为"额驸"。三年夏四月，太祖始用兵于明，师次忿哄萼漠之野，恩格德尔与萨哈尔察国长萨哈连二额驸侍上，上与言金往事，因谕之曰："朕观古帝王转战劳苦，始致天位，亦未有能永享者。今朕此役，非欲觊天位而永享也。但以明构怨于我，不得已而用兵耳。"

九年春正月，恩格德尔偕其妻郡主来朝，请率所部来归，上嘉其诚，与之盟，赐以敕："非叛逆，他罪皆得免。"命贝勒代善等帅师移所部至辽阳。既至，上郊劳，设宴章义站，赐恩格德尔及其弟莽果尔代雕鞍良马一、貂裘一，恩格德尔子囊弩克、门都、答哈，莽果尔代子满朱习礼猞狸狲裘一。既入城，赐田宅、金银、貂、猞狸狲、段匹、器用及耕作之具，复分平定堡民属焉。寻授恩格德尔、莽果尔代三等总兵官。旗制定，隶满洲正黄旗。

天聪三年，与武讷格等帅师伐察哈尔，降二千户。语详《武讷格传》。是年冬，从上伐明，入龙井关，克遵化，薄明都，上驻军德胜门外。明督师袁崇焕率总兵祖大寿军二万人，自宁远赴援，屯城东南。上令诸军进战，时恩格德尔与武讷格共率蒙古兵。恩格德尔率左翼，未成列，纵骑骤进，为所败，却走；武讷格以右翼突击，乃败敌。吏议恩格德尔当夺世职，上命贷之。四年春，克永平。恩格德尔行略地，遇明将将步卒三百，将战；复有骑兵三千自玉田城突出，恩格德尔阳退诱敌，敌稍前，疑有伏，还走；因追蹙其后，获马百。

五年，从围大凌河城。明监军道张春、总兵吴襄等军四万自锦州赴援，上亲督诸军击破之。初战，敌甚锐，蒙古兵右翼猛进，先入张春垒；左翼兵避矢石，进稍缓。吏议恩格德尔当夺世职，上复命贷之，罚鞍马一、白金百。崇德元年五月，卒。顺治十二年，追谥端顺，立碑纪功。

子额尔克戴青，初任侍卫，授三等甲喇章京。恩格德尔既卒，以额尔克戴青袭父爵，而以所授世职予其弟索尔噶。顺治二年，进二等昂邦章京。七年三月，遇恩诏，进三等侯。大学士刚林、祁充格等讦使附睿亲王多尔衮，当改入正白旗，额尔克戴青不从，旋构吏议，降二等精奇尼哈番。世祖亲政，嘉其持正无所阿，复进一等侯，列议政大臣，管銮仪卫，擢领侍卫内大臣。再遇恩诏，又以索尔噶卒，仍兼三等甲喇章京，三进至一等公。十年，坐谳狱有所徇，降二等公。十四年，加少保，兼太子太保。十六年，额尔克戴青仆殴侍卫于市，先发诬侍卫，讞实，额尔克戴青坐徇纵，削爵夺官，留内大臣衔。十八年六月，卒，谥勤良。

恩格德尔初封，是时从例改三等昂邦章京，其长子囊弩克当袭。囊弩克先以从军授二等甲喇章京，合为二等伯。康熙间，复为二等公，降袭一等侯。世宗时，特命袭三等公，加封号顺义，旋改奉义。乾隆九年，定封一等奉义侯。

莽果尔代初与恩格德尔同授三等总兵官，改三等昂邦章京。顺治初，从入关，破流贼。三遇恩诏，进一等伯。雍正间，降袭二等精奇尼哈番。乾隆初，定封一等子。

古尔布什，亦元裔，为喀尔喀台吉，与恩格德尔同牧西喇木伦。天命六年十一月，偕台吉莽果尔，率所属六百户，驱牲畜来归。太祖御殿，入谒与宴，各赐裘：貂三，猞狸狲、虎、貂皆二，狐一；缘貂朝衣五，缘獭裘二，缘青鼠裘三，蟒衣九，蟒缎六，缎三十五，布五百，黄金十两，白金五百两，雕鞍一，鲨鞍七，玲珑撒袋一，撒袋实弓矢八，甲胄十，僮仆、牛马、田宅、杂具毕备。上以女妻古尔布什为额驸，赐名青卓礼克图，畀满洲、蒙古牛录各一，授一等总兵世职，隶满洲镶黄旗。

天聪五年，太宗自将伐明，围大凌河城。蒙古左翼兵战不力，古尔布什当夺世职，上特贳之，罚鞍马一、白金百两。寻擢兵部承政。崇德三年，更定官制，改兵部右参政。六年，从伐明，围锦州，败敌于宁远。七年，再围锦州，敌兵出战，古尔布什击走之。

古尔布什屡坐事论罚，至是以元妃丧，辅国公扎喀纳军中歌舞，吏议古尔布什不呵禁，不举劾，当夺世职、籍没，上复特贳之。顺治初，从入关，破流贼。复遇恩诏，累进一等精奇尼哈番。十八年正月，卒，谥敏襄。康熙间，降袭二等精奇尼哈番。乾隆八年，定封二等子。

莽果尔与古尔布什偕来，同被赏赉。太祖以族弟济白里女妻焉，亦授总兵。

鄂齐尔桑，博尔济吉特氏，蒙古扎鲁特部人。父巴克，为其部贝勒。天命四年，太祖既击败杨镐，取开原；七月，复克铁岭，即夕，巴克与喀尔喀部贝勒介赛等将万余人赴援，翌旦遂战，诸部师大败，获介赛等及巴克以归。七年正月，鄂齐尔桑入质，请释巴克，上许之。八年，巴克朝正旦，上悦，遣鄂齐尔桑与俱还。

太宗即位，以扎鲁特部败盟，贰于明，命贝勒代善、阿敏等将万人讨之，斩倡叛者贝勒吴尔寨图，获巴克及其二子，诸贝勒喇什希布、代青、桑噶尔寨等十四人以归。上命隶满洲镶黄旗，赐衣服器用。寻授鄂齐尔桑牛录额真。

天聪三年，从伐明，明步兵自蓟州至，与扬古利共击破之。五年，围大凌河城，败锦州援兵。八年，授世职三等甲喇章京。八月，复从伐明，攻大同。上命噶布什贤噶喇依昂邦图鲁什将左军，甲喇额真吴拜将右军，而以额驸多尔济与鄂齐尔桑并将中军，与明总兵曹文诏战，大破之，追至城下，获马百。崇德二年，擢内大臣。六年，从上伐明，攻松山，明总兵曹变蛟夜犯御营，诸将未御战者皆坐谴，上以鄂齐尔桑自蒙古来归，特免之。顺治二年正月，以其子喇玛思尚主，授固伦额驸。二月，进鄂齐尔桑三等梅勒章京。五年，卒，以其子楚勒袭，恩诏进二等。乾隆初，定封二等男。

太宗时，诸博尔济吉特之裔来归，为将有战功受封爵者，又有布尔喀图、弼喇什、色尔格克。

布尔喀图，初为喀喇沁部台吉。天聪三年六月，使入贡，九月，来朝。十月，太宗自将伐明，以布尔喀图尝如明朝贡，习知关隘，使为导。师入边，克龙井关，抚定罗文峪，分兵命布尔喀图戍焉。四年正月，明将丁启明等以三千人来攻，布尔喀图与战，明兵败，入堡。翌日进兵，克其堡，获启明及裨将三，俘馘甚众，赐号岱达尔汉。五年正月，以贝勒阿巴泰第四女妻焉。三月，从上伐察哈尔。察哈尔部众有降而复叛者，劫军中土默特部人畜，布尔喀图追击，斩逋者，足被创，寻挈所部来归。蒙古旗制定，隶正蓝旗。崇德元年六月，授一等昂邦章京。顺治元年，卒。子班珠勒，袭。恩诏累进一等伯。乾隆初，定封一等子。

弼喇什，亦喀喇沁部台吉。天聪二年二月，从其父贝勒布延谒太宗，请归附。八月，上将伐察哈尔，征蒙古诸部兵，次绰洛郭尔。弼喇什从其汗拉斯喀布谒在，献财币驼马，上悉却之，赐宴，与以甲胄，遂从上击察哈尔，战有功。旋又从贝勒岳托伐栋奎部，与甲喇额真萨木什喀、牛录额真布颜、巴牙喇壮达博尔辉等同力战破敌，斩百余人。寻率所属人户来归。蒙古旗制定，隶镶红旗。上妻以宗女，命贝勒代善赡焉。弼喇什自陈贫乏，上赐以金。崇德元年，授世职三等昂邦章京。三年，与明通市张家口，命弼喇什莅焉。六年，复往莅。时诸王大臣各遣其属从，有盗礼亲王代善金者，弼喇什坐失囚，论罚。顺治三年，从豫亲王多铎逐腾机思，道卒。子多尔济，袭。改三等精奇尼哈番，恩诏进二等。乾隆初，定封三等子。

色尔格克，先世居喀喇彻哩克部。父阿拜岱巴图鲁，天聪间率众来归，授世职三等牛喇章京，隶正白旗。卒，以色尔格克袭，授一等侍卫。崇德元年，从伐朝鲜。朝鲜国王李倧保南汉山城，师从之，色尔格克登山，身被创，赉马三。五年，从郑亲王济尔哈朗等伐明，围锦州，色尔格克率侍卫二十人前搏战。有僧格依者，自蒙古降明，为将，善战，色尔格克击斩之。郑亲王使启心郎额尔赫图还，上其功。六年，复围锦州，令色尔格克选巴牙喇兵四十为伏以待敌，得明将一，夺甲与械，即以赐之。上自将御洪承畴，命诸将设伏高桥，色尔格克斩明兵七，复赉马二。又先众破敌骑。师围松山，为壕环其城，城兵出击乌真超哈分守地，色尔格克以巴牙喇兵三十人赴援，城兵引退。七年冬，从贝勒阿巴泰伐明，越明都攻临城；略山东，攻青州，皆力战，被创。

世祖即位，录阿拜岱巴图鲁旧勋及色尔格克战功，复遇恩诏，授二等阿思哈尼哈番，擢内大臣。康熙十二年，圣祖加恩诸旧臣，色尔格克加太子少保。二十年，卒，谥勤敏。乾隆初，定封二等男。

阿济拜，卓特氏，先世为蒙古巴林部人。旗制定，隶正蓝旗。初事太祖，授牛录额真。天命三年，太祖克抚顺。师还，明总兵张承荫自广宁袭师后，阿济拜从贝勒阿巴泰还击，破之。四年，破明总兵杜松于界凡。七年，败明兵于沙岭。阿济拜皆在行间。

天聪三年，太宗伐明，阿济拜以甲喇额真从，略通州，斩逻卒五，获马四；薄明都，与甲喇额真鄂罗塞臣等当袁崇焕，战胜。九年，上命巴牙喇纛额真布哈将八十人略明边，至宁远，俘九人，获马四、牛百余。还，出边六十里，明兵八千追至，布哈殁，战没，阿济拜与巴牙喇甲喇章京托克雅、哈谈巴图鲁等还击败敌，护所俘获以还。上命赉以牛马，予牛录章京世职。

顺治初，从入关，击李自成。阿济拜署梅勒额真，为后队。寻与固山额真伊拜逐寇山西，至泽州，数破贼垒，擢正蓝旗蒙古梅勒额真。二年，加半个前程。三年，从肃亲王豪格讨张献忠，道汉中，与固山额真巴哈纳击走叛将贺珍；徇秦州，与尚书星讷击败献忠将高汝砺，获马骡百余;进击献忠于西充,与巴牙喇蘁额真阿尔津、苏拜连战皆捷。叙功,遇恩诏,累进一等阿达哈番兼拖沙喇哈番。九年八月,以老乞休,命解梅勒额真任。寻卒,谥忠勤。

恩格图,失其氏,蒙古科尔沁部人。自哈达挈家来归,授牛录额真。与甲喇额真阿岱出驻伊兰布里库,防蒙古游牧轶界,率十人巡徼,遇敌百人,追斩殆尽。闻明兵千余将攻海州,率三百人驰击,败之。天聪间,屡从太宗伐明,薄明都,击满桂军;攻遵化,破敌垒,入大安口:皆先众奋击。以功,予世职二等甲喇章京,擢兵部承政。蒙古旗制定,恩格图隶正红旗,即授本旗固山额真。

崇德元年,从伐明,与阿岱等为伏,歼明逻卒。复从伐朝鲜,薄其都城,与固山额真谭泰等树云梯以登。寻坐伐明时,战松山,正蓝、正白、镶白三旗营汛错乱,匿不劾;师还出塞,遇敌败:罚锾、夺俘获。又坐伐朝鲜时,方食,上召不即赴,厮卒妄出,为朝鲜兵所杀,论罪,上命罚锾以赎。三年,从贝勒岳托伐明,攻密云,距墙子岭五里,恩格图率兵先诸军越高峰,入边破敌。五年,从郑亲王济尔哈朗等伐明,围松山,明兵夜出劫营,恩格图率本旗兵击败之。六年,从上伐明,上命恩格图与噶布什贤噶喇依昂邦吴拜击明总督洪承畴,恩格图违上方略,遇敌不前。师还,吏议当褫职,命罚锾以赎。寻令与诸将更番戍松山。

顺治元年,从入关,击李自成,进一等甲喇章京,加半个前程。从豫亲王多铎西破贼,移师向江南,贼蹑我师后,恩格图殿,四战皆胜。寻破明将郑鸿逵于瓜洲,复自江南徇浙江,至杭州,破敌,获舟三十五。克嘉兴,下昆山。进三等梅勒章京。复自浙江徇福建,与固山额真汉岱共下府一、县五;与梅勒额真鄂罗塞臣共下府一、县八;战于分水关、于南靖:皆有功。四年,进一等阿思哈尼哈番。五年,讨江西叛将金声桓,卒于军。乾隆初,定封二等男。

鄂本兑,曼靖氏,其先为蒙古。入明为守备。天命六年,太祖取辽阳,鄂本兑以兵三十五、马六十出降。其后蒙古旗制定,隶正黄旗。七年,从伐广宁有功,授世职游击。天聪元年,太宗伐明,屯锦州,命额驸苏纳选蒙古将士御敌塔山西,鄂本兑与焉,敌以二千人至,奋击败之。上移师宁远,明总兵满桂阵于城东,鄂本兑率五牛录甲士破敌,进二等参将。二年,从上伐多罗特部,以二百人先驱,遇敌,敌稍北,复出精锐死战,我师且却,鄂本兑跃骑突前,敌败遁,上谕诸贝勒并进,杀其台吉吉鲁,俘获无算。进一等参将,擢右翼蒙古固山额真。

三年,从上伐明,明边将五道邀战,鄂本兑率所部兵击敌,斩参将一,获其纛,入大安口,遂进薄明都,克永平、滦州、遵化、迁安四城。上命鄂本兑与固山额真察哈喇等守遵化,贝勒阿敏驻永平,护诸将。明兵来攻,阿敏檄弃城引师退,敌已逼城下,鄂本兑以五十人出战,斩逻卒七人,获其马,遂与察哈喇等全军以还。鄂本兑为殿,明师追至,屡击却之,引出边,师无所损,进三等副将。五年,从上伐明,围大凌河,屯城西。敌出战,争已下诸台堡,鄂本兑与固山额真和硕图督兵并进,敌败退入城,

追逐之及壕,敌死者甚众。师还,得优赍。八年,改三等甲喇章京。九年正月,卒。康熙间,兄孙托克塔哈尔袭世职。从抚远大将军费扬古讨噶尔丹有功,进三等精奇尼哈番。乾隆初,定封二等男。

和济格尔,失其氏,蒙古乌鲁特部人。入明为千总。太祖取广宁,从石廷柱出降,授甲喇额真,隶乌真超哈。其后汉军旗制定,隶正白旗,并从汉姓为何氏。和济格尔事太祖,从伐巴林、栋奎诸部,有功。天聪三年,从伐明,诇敌蓟州,斩逻卒三,敌三百来攻,和济格尔冲锋入,斩百总一。五年,复从伐明,围大凌河,败锦州援兵;城兵出樵采,争台堡,并击败之。与敌战城下,我师执蠹者坠壕,和济格尔掖之出,复以乌枪殪敌兵三。八年,授世职牛录章京。崇德三年,复从贝勒岳托伐明。四年,乌真超哈析置四固山、八梅勒,以和济格尔为镶白旗梅勒额真。五年,从围锦州,累败敌。六年,复从围锦州。敌自松山分踞高桥南三台,和济格尔以火器克之,歼敌百余。七年,从克塔山、杏山二城,加半个前程,授正白旗梅勒额真。八年,从克中后所、前屯卫二城,进一等甲喇章京。顺治三年二月,卒。

拜音达里,和济格尔子,袭二等阿达哈哈番。事圣祖,自参领擢宣化总兵官。十三年,耿精忠反,移拜音达里为随征福建总兵官,尚可喜请增兵戍广东,上命与福建巡抚杨熙驻广州。十五年,可喜子之信叛,拜音达里与熙督所部斩关突围出,会大军于赣州。上奖其忠勇,进一等。十九年,授驻防广州副都统。二十七年,迁广州将军。三十七年,卒,以其子何天培袭。

天培时已官参领,累迁江南京口将军。雍正初,命署江苏巡抚。入为兵部尚书,出为江宁将军;复入为正白旗汉军都统,署兵部尚书。六年五月,上以天培阿附年羹尧、隆科多下刑部逮治,拟斩监候。乾隆元年,赦出狱。寻卒。天培既得罪,以拜音达里曾孙何钧降袭二等阿达哈哈番。乾隆间,更名立柱。官至贵州提督。

阿赖,莽努特氏,世居喀尔喀部。太宗时,挈其孥来归,隶蒙古正黄旗。尝奉使阿禄部,降其部长,上嘉其能,赐号"达尔汉",免赋役。率兵五百逐逃人,穷追数月,斩倡叛者四人,尽俘以还。又率兵攻喀木尼喀部,俘其部长叶雷,获户口牲畜无算。崇德九年,授一等甲喇章京,又半个前程,加赐号库鲁克达尔汉。寻授礼部左参政、正黄旗蒙古固山额真。从攻锦州,设伏杏山邀击,攻松山,败敌。顺治初,从固山额真叶臣徇山西,师还,赐白金三百;三年,从击腾机思;六年,讨姜瓖:皆有功,进二等阿思哈尼哈番。康熙十二年,加太子太保。十七年,卒,谥武壮。

布延,郭尔罗特氏,蒙古察哈尔部人。初在其部为塔布囊。天聪元年,偕昂坤杜棱来归,隶满洲正黄旗。从伐栋奎部,为导。从伐克什克腾部,首陷阵。再从甲喇额真图鲁什略明边,俘其逻卒,斩百余级,得樵车百余、骡驴以百数。复略十三站,斩十级,得把总一、马三。叙功,授世职牛录章京。九年,偕布哈塔布囊略宁远。既出边,

明兵千余追至，布哈陷阵。哈谈巴图鲁还战，马中矢仆，布延赴援，与之马，力战败敌，费俘一、马二、牛三，进世职三等甲喇章京。

崇德元年二月，命赍书授明边诸守将，历松棚路、潘家口、董家口、喜峰口致责言焉。五月，从伐明，薄明都，败明兵卢沟桥。三年二月，从伐喀尔喀部。七月，擢议政大臣，兼巴牙喇纛章京。九月，从伐明，自墙子岭入，败明兵，追击，得马八十七。四年，帅师戍乌欣河口。偕侍卫阿尔萨兰攻松山，布延为伏，斩二十一级。诇敌锦州，斩逻卒八，得马十二。五年，从睿亲王多尔衮围锦州，击败明步军。六年，从郑亲王济尔哈朗克锦州外城，与内大臣伊尔登战最力，费百金，进世职二等甲喇章京。八月，上自将击洪承畴，其将曹变蛟夜袭上营，布延以内大臣不严守御，论罚。七年二月，师击承畴，布延兵后至，当死，命论罚以赎。十一月，伐明，围蓟州。

顺治二年，世祖以布延旧臣，进世职一等甲喇章京。其从子乌纳海，先以战死，恤赠世职牛录章京，命布延并袭，进三等阿思哈尼哈番。八年，卒，次子茂奇塔特袭世职。

茂奇塔特，康熙三十五年，从征噶尔丹有功，加拖沙喇哈番，例进二等。乾隆初，定封二等男。

阿尔沙瑚，瓦三氏。初为察哈尔林丹汗护卫。林丹汗败走唐古特，阿尔沙瑚帅所属四十余户渡哈屯河来归，隶蒙古镶白旗，授世职游击。崇德三年，从伐明，自墙子岭入，屡败明兵，行略地至济南。四年三月，师还出塞，复击败太平寨明兵。五年，从伐索伦部，获部长博穆博果尔及其孥。六年，从伐明，围锦州。明以骑兵出松山，谋劫红衣炮，阿尔沙瑚力战却之，又败洪承畴所将步兵，以功进世职一等甲喇章京。八年，卒，以兄子果尔沁袭。

果尔沁时已为牛录额真。从伐朝鲜，尝以侍卫二十人败敌。顺治初，从入关，击李自成，加半个前程。再迁镶白旗蒙古梅勒章京，进世职二等阿思哈尼哈番。十七年，迁本旗固山额真。上命定西将军爱星阿帅师与吴三桂合兵逐明桂王由榔，以果尔沁为副，敕爱星阿军中机事皆俾果尔沁与议。十八年九月，师次大理，休马力。逾月，出腾越，道南甸、陇川、猛卯。十一月，薄木邦，明将白文选方据锡箔江为守。果尔沁与固山额真逊塔、巴牙喇纛章京毕力克图、费雅思哈、噶布什贤昂邦白尔赫图等，简精锐疾驰三百余里，至江滨。文选毁桥走茶山，令总兵官马宁以师从之，至猛养，文选降。师进次晚旧，得由榔以归。康熙三年，进一等阿思哈尼哈番兼拖沙喇哈番。寻列议政大臣，调本旗满洲都统。九年二月，卒，谥襄敏。乾隆初，定封二等男。

额琳奇岱青，博尔济吉特氏。居翁牛特部，为察哈尔部宰桑。林丹汗败走，所部皆溃，额琳奇岱青将来归；会宰桑多尔济塔苏尔海率所属游牧，与我师遇，倚山拒战，败遁，额琳奇岱青追之，与谋偕降。天聪八年六月，上自将伐明，道塞外，师次波硕克。额琳奇岱青、多尔济塔苏尔海及顾实、布颜代、塞冷等五宰桑率丁壮七百人及其孥二千口来归，上遣将护诣沈阳，厚赉之，分隶蒙古正白旗。崇德元年，授世职二等昂邦章京。三年，从伐明，自青山口入，越明都，略地山东，累战皆胜。六年，围锦州，与阿尔沙瑚同功，进一等，世袭罔替。八年，卒。顺治间，追谥勤良。子札木素，袭。圣祖即位，加恩诸大臣旧自察哈尔来者，札木素与内大臣噶尔玛、散秩大臣沙哩岱等，并赐庄田、奴仆。康熙三年，授内大臣。六年，卒。乾隆初，定封一等子。

德参济旺，博尔济吉特氏，世居阿布罕。初为察哈尔部宰桑。林丹汗败走，以所属从。天聪八年，上自将伐明，略宣府，攻万全左卫，遂出尚方堡二十里驻军。时林丹汗走死大草滩，德参济旺与噶尔玛济农、多尼库鲁克、多尔济达尔汉诺颜号四大宰桑，挟林丹汗二福金，率丁壮二千人及其孥来归，遣三十人先奏上。上进次克蚌，命所司运米三百石以待。二福金及德参济旺等至，谒上行在，上与之宴，赐貂裘、鞍马、牛羊。还师，复宴新附诸臣，德参济旺等跪进酒，上曰："朕本不饮酒，念尔曹诚意，当尽此一卮。"复酌酒遍易之，并赍甲胄、衣裘，授世职一等昂邦章京，隶蒙古正黄旗。九年六月，察哈尔台吉琐诺木来降，上召宴，德参济旺与焉。上因言："察哈尔倾覆，尔诸臣来归，朕皆预知。"德参济旺奏曰："圣谕及此，洵有如神之鉴也！"顺治二年，坐事，降三等。三年，从豫亲王多铎北讨腾机思，鄂特克山之役，及破土谢图汗，德参济旺皆与有功焉。语详《奇塔特彻尔贝传》。复进一等。是岁，改一等精奇尼哈番。五年八月，卒。乾隆初，定封一等子。

多尔济达尔罕，博尔济吉特氏，居翁牛特，为察哈尔部宰桑。与德参济旺等同降，隶蒙古镶黄旗。崇德元年，授世职一等梅勒章京，以为都察院承政。三年，更定官制，改参政。六年，上自将击洪承畴，命多尔济达尔罕偕承政阿什达尔罕度善地驻军，并察诸军斩绖多寡，还报称旨，擢内大臣，仍兼参政。七年七月，祖大寿来降，上幸牧马所，命诸内大臣与较射，赏中的者，多尔济达尔罕得驼一。十月，从饶馀贝勒阿巴泰伐明，行略地，自蓟州至于兖州。师还，上言："师自兖州还，右翼诸固山不遵贝勒期约，先左翼诸军出塞。赖上威灵慑敌，我军纵横师行无人地，得全师以还。万一有失，悔何及？"请论罚，上为停右翼诸军赏。顺治间，上推太宗旧恩，并考满，进三等精奇尼哈番，复授都察院承政。七年，命以内大臣与议政，恩诏一等，兼拖沙喇哈番。十七年四月，卒，谥顺僖。乾隆初，定封三等子。

奇塔特彻尔贝，哈尔图特氏。初为察哈尔部宰桑。林丹汗败，奇塔特彻尔贝以四百户保哈屯河。天聪八年十一月，上使招焉，渡河次西拉木轮，旋从使者来归，上厚赉之，隶蒙古正蓝旗。林丹汗有八大福金，掌高尔土门固山事福金，其一也。林丹汗殂，所部宰桑奄出克僧格妻焉。上以奄出克僧格叛主，夺福金畀奇塔特彻尔贝。

崇德元年，授世职三等昂邦章京。三年九月，从伐明，自青山口入，越明都，略山东。明年，师还，以所部牛录额真珠额文经三屯营，率兵役掠敌粮，战死。奇塔特彻尔贝未及援，罚纳马。九月，从伐明，薄宁远，以火攻击却明兵。六年,围锦州,破洪承畴。既,复与阿尔沙瑚共击败明兵来劫炮者及承畴所将步兵,进世职二等昂邦章京。

顺治初,从入关,逐李自成,至庆都。三年,从豫亲王多铎北讨腾机思,师次英噶尔察克山,闻腾机思在滚葛鲁台,疾驰逐之,至鄂特克山,获其孥。土谢图汗以六万人次扎济布拉,为腾机思声援,奇塔特彻尔贝等率所部击之,败走,逐北三十余里。诘旦,硕垒汗复以二万人至,复击之,亦败走。以功进一等。康熙三年,卒。子鄂诺勒,袭。十八年,鄂诺勒以参领从护军统领莽吉图南讨郑锦,卒于军。

洛哩,鄂尔沁氏。初为察哈尔林丹汗护卫。天聪六年,太宗自将伐察哈尔,林丹汗走死,洛哩持元旧巴斯巴喇嘛所铸嘛哈噶拉金佛,率百余人来归。隶蒙古正黄旗,授世职一等参将。崇德三年,从贝勒岳托伐明,自墙子岭毁边墙入,击败明总督吴阿衡。六年,从伐明,围锦州,城兵出战,左翼三旗巴牙喇兵击之不利,退入壕,明师环之,逼洛哩分守地。洛哩力战,没于阵,恤赠三等梅勒章京。

洛哩兄沙济,弟乌班和硕齐、沙哩岱。沙济袭洛哩遗爵。乌班和硕齐当林丹汗走死,别率七十人来归,授游击。卒,以其弟沙哩岱击。顺治初,沙哩岱以牛录额真从睿亲王多尔衮入关击李自成,复从豫亲王多铎讨腾机思,击败土谢图汗、硕垒汗,进二等阿达哈哈番。寻沙济亦卒,沙哩岱兼袭,合为二等精奇尼哈番,授散秩大臣。顺治十八年,圣祖即位,加赠诸大臣旧自察哈尔来归者,沙哩岱及内大臣噶尔玛、散秩大臣札木素等,并赐庄田、奴仆。康熙元年,卒。乾隆初,定封二等子。

太宗时诸将自蒙古来归以战死者,又有奇塔特伟征、巴赖都尔莽奈、巴赖都尔莽奈子阿南达、孙阿喇纳,皆有声绩,自有传。其事世祖战死,则有衮楚克图英、珲津、沙尔布。

奇塔特伟征,博尔济吉特氏,鄂尔多斯哈尔济农族人也。世居克鲁伦。太宗时,与其弟额尔格勒珠尔、喀兰图、扎克托会率所属来归,隶蒙古正黄旗。天聪八年正月,上遣蒙古军略锡尔哈、锡伯图,收察哈尔流散部众,奇塔特伟征与岱青塔布囊斩七十三人,降百余人,获马驼数十。五月,上自将伐明,次古尔班图勒噶,命蒙古军别出间道,与大军会锡喇乌苏河,奇塔特伟征行遇察哈尔五人将遁入阿禄部,擒以献。九年五月,从贝勒多铎伐明,次宁远。奇塔特伟征时为噶布什贤噶喇昂邦,率所部前驱,至大凌河西,明将刘应选、赵国志将七千人迎战,我兵寡,奇塔特伟征力战,没于阵,恤赠三等梅勒章京。

额尔格勒珠尔,崇德间,屡从伐明,徇山东,围锦州,战松山,皆有功。顺治间,从入关击李自成,予世职牛录章京,加半个前程。卒,无子,以喀兰图子察珲袭。

喀兰图,崇德间为一等侍卫。顺治初,世祖推太宗旧恩,复屡遣恩诏,世职累进二等阿达哈番。睿亲王多尔衮摄政,请上幸其第,喀兰图方退直,闻上崩从无多人,即持弓矢趋诣左右防卫。及世祖亲政,敕奖喀兰图忠笃,赐金帛、鞍马、庄田,命以其族改隶满洲正黄旗,进世职一等。寻以上行围扈从愆迟,复为二等。事圣祖,累官理藩院尚书。乞老,授内大臣,加太子太保。卒,谥敏壮。子察珲兼袭,合为三等阿思哈尼哈番。康熙十三年,安亲王岳乐讨吴三桂,次袁州,与吴三桂将马宝战钤冈山,死之。进二等。

扎克托会,事太宗,授正黄旗蒙古梅勒额真。从伐朝鲜,坐所部战舰不时至,解官。寻以追叙来归功,累遇恩诏,授世职一等阿达哈哈番兼拖沙喇哈番。卒,子锡喇布,袭。顺治间,从靖南将军珠玛喇徇广东,击明将李定国,战于新会,锡喇布力战破敌,进三等阿思哈尼哈番。

衮楚克图英,和勒依忒氏。初为察哈尔宰桑。林丹汗败走,部众皆溃散。天聪八年,太宗自大同还师,屯尚方堡,衮楚克图英将二百余人,与故宰桑德参济旺等来归。蒙古旗制定,隶正红旗,授甲喇额真。崇德元年,授世职一等梅勒章京。二年,坐事,降一等甲喇章京。三年,从伐明,入墙子岭,明兵自密云至,衮楚克围英引避,当谴,上以降将贷之,收其牲畜,分畀诸自察哈尔降者。六年,复从伐明,围锦州,战松山。八年,略宁远,屡击败明兵。顺治初,从入关,击李自成,与固山额真恩格图合军力战败贼。二年,进三等梅勒章京。三年,从讨张献忠,屡战皆胜。六年正月,从讨姜瓖,攻大同,城兵出劫土默特营,衮楚克图英赴援,中流矢,没于阵,进二等阿思哈尼哈番。乾隆初,定封二等男,衮楚克图英六世孙望吉尔袭。从讨霍集占兄弟,战死叶尔羌,赠一等男。

珲津,萨尔图氏,世居敖汉部。太宗收敖汉,珲津从众来归,行失道,入明锦州。崇德六年,我师围锦州,珲津与蒙古台吉诺木齐、武巴什等缒城出降,授世职牛录章京,隶蒙古镶蓝旗。旋授甲喇额真。顺治初,从入关,击李自成,署梅勒额真。督后队,有功,加半个前程。六月,与固山额真吞觉罗巴哈纳略山东。七月,移师徇山西,自成将陈永福据太原,珲津单骑行城下,城兵骤出,击之,败走,遂克太原,其属州县十有五皆下,赉白金。二年,与固山额真都雷逐自成至九江口,得其舟。三年,从肃亲王豪格讨张献忠,时叛将贺珍据汉中,以二千人守鸡头关,拒我师。珲津率右翼兵从贝勒尼堪击之,败走,遂进兵入四川,与固山额真马特玛等击献忠,屡战皆捷。

献忠既诛,复与巴牙喇甲喇额真希尔根定涪州,以功进三等阿达哈番,真除镶蓝旗蒙古梅勒额真。复从郑亲王济尔哈朗徇湖广,时自成余众降于明,分屯宝庆、沅州诸郡县。六年,珲津与噶布什贤噶喇依昂邦努山、梅勒额真拜音岱等攻克宝庆,徇沅州,破敌于洪江,斩所署总兵二、副将四、兵二千余,得舟九。师还,进一等阿达哈番兼拖沙喇哈番。十五年,从信郡王多尼下云南。十六年四月,克永昌。师渡潞江,明将李定国为伏磨盘山。师至,破其栅,珲津与固山额真沙尔布率众深入,伏起,遂战死,谥壮勤。

沙尔布,博尔济吉特氏。崇德二年,自察哈尔率百余丁来归,授牛录额真,即使辖其众,隶蒙古镶白旗。寻擢一等侍卫。至顺治九年,三迁,授本旗固山额真。恩诏予世职拖沙喇哈番。十年十一月,命与宁南大将军陈泰帅师守湖南。十二年，明将刘文秀、卢明臣、冯双礼等将数万人分道侵岳州、武昌，沙尔布与巴牙喇纛章京苏克萨哈设伏邀击，大败之。敌复攻常德，舟千余蔽江而下，沙尔布督军截击，六战皆捷，纵火焚其舟。明臣赴水死，双礼被创遁，文秀走桃源。沙尔布与巴牙喇纛章京都尔德等以师从之，文秀走贵州。十五年，从多尼下云南。明年，与珲津同战死，谥襄壮，进世职拜他喇布勒哈番。乾隆间，高宗命八旗世职先世以死事恤叙，袭次已满者，皆予恩骑尉，世袭罔替，沙尔布等皆与焉。

论曰：蒙古喀尔喀、科尔沁诸部，东与扈伦四部接。太祖兵初起，一战知不敌，率先归附。明安、恩格德尔皆申以姻盟，赏延于世。鄂齐尔桑初为质子，恩礼与相亚。阿济拜等于蒙古为庶姓，皆以功受赏。察哈尔林丹汗庭，西处宣、大边外，太宗乘其衰，以兵收之。布延等有战绩，而洛哩诸人效命疆场，尤有足多者。最初蒙古来附，即隶满洲；有自明至者，又入汉军。天聪九年，定蒙古旗制，先已籍满洲、汉军者，亦不复追改也。

卷二百三十　　　列传十七

武理堪 子吴拜　苏拜　苏拜子和托　**武纳格**
　子德穆图　齐墨克图　**阿什达尔汉** 苏纳
　固三泰　固三泰子明阿图　明阿图子赛弼翰
　瑚什布　瑚什布子穆彻纳　**鄂莫克图** 喀山
　喀山子纳海　安达立　绰拜　布丹　孙达哩
吉思哈 弟吉普喀达　吴巴海　**康喀勒**
　从兄子和托　玛拉　兄孙通嘉　萨壁翰

武理堪，瓜尔佳氏，世居义屯。父伊兰柱，徙居哈达费德里。太祖初起，武理堪来归。岁癸巳，叶赫纠九部之师，三道来侵，上遣武理堪出东路侦敌。武理堪出虎拦哈达新城，行将百里，方度岭，群鸦竞噪，若阻其行者，武理堪心异之，度行且与敌左，驰归告上，上命改道自札喀路向浑河部。武理堪行，薄暮至浑河，敌方屯北岸会食，爇火密如星。武理堪得叶赫逻卒一，言敌兵三万，将夜度沙济岭而进，遂挟以还报，时夜方半，上命旦日出师。武理堪虑我军怵敌众，言曰："敌虽众，心不一，谁能御我？"及战，遂破诸路兵。

旗制定，武理堪隶满州正白旗，分辖丁户，为牛录额真。出从征伐，率选锋前驱，为噶布什贤噶喇昂邦。天命四年，明经略杨镐合诸镇兵四道来侵，太祖督诸贝勒帅师御之。既，败其三道，独总兵李如柏出鸦鹘关，未与我师遇，镐檄使引还。武理堪方率二十骑逻虎拦山，见如柏军行山麓；乃令诸骑立马山巅，鸣螺，脱帽系弓末，挥且噪，若指挥伏兵者，如柏军望而愕顾。武理堪遂纵骑疾驰下击，斩四十人，获马五十匹，如柏军夺路走，相蹂藉死者复千余。武理堪寻卒，太祖叹曰："武理堪从朕摧锋陷阵，几死者数矣！"乃录其二子吴拜、苏拜。

吴拜，年十六，从太祖伐明，略抚顺，遇敌辄奋斗，矢中颊不顾。尝从太祖猎，有熊突围出，跃上峻岭，太祖遥望见一人跃马射熊，贯胸而堕。上顾侍臣雅荪曰："是非吴拜不能。"遣视之，吴拜也。因谕诸皇子曰："吴拜之勇，今共见之矣！"遂授侍卫。天命四年，从伐叶赫，负重创，力战不退，师还，赐良马。明总兵毛文龙诱我新附之众实皮岛。吴拜循徼三日，获逋八十余，射杀文龙使者，还告上。时吴拜已代父为牛录额真，上命以所获隶所辖牛录。六年，从伐明。破明军于南寿山，授备御。既克辽阳，以俘获分隶诸将，上以吴拜能继父志，年少建功，命视一等大臣，隶千人。十一年，蒙古巴林部贝勒囊努兔背盟掠境上，上遣将讨之，吴拜从，谍者为敌困，援之出，殪敌百人。

太宗即位，列十六大臣，佐镶白旗。命逐蒙古亡去者，至都尔弼。蒙古亡去者十五人，拒战，吴拜既被创，仍奋击，尽斩之。太宗谕诸大臣曰："是固先帝数嘉许者！"赏特厚。天聪四年，伐明，取永平、滦州等四城，吴拜从贝勒阿敏守永平。阿敏引还，吴拜当坐罪逮系，以尝率摆牙喇兵援滦州，夜入敌营，太宗命贳之，释其缚。寻授噶布什贤甲喇章京。五年，从伐明，围大凌河城，与甲喇章京苏达喇诣锦州侦敌。六年，从伐察哈尔，率精骑前驱，道遇蒙古亡去者，击杀之，察哈尔林丹汗西奔土默特部。师还，取归化城，上命吴拜抚辑降者。

八年，伐明，攻大同，多尔济将中军，图鲁什将左军，吴拜将右军，明总兵曹文诏迎战，击败之。复兴甲喇章京席特库设伏宣府，获明守备一，歼其游骑。寻与承政阿什达尔汉等招林丹汗子额哲来归。九年五月，明屯军大凌河西，吴拜与固山额真阿山、石廷柱、图赖要其归路，斩明副将刘应选，获游击曹得功及守备三，歼步骑五百余，复攻克松山城南堡。师还，进三等甲喇章京。是时，上遣诸贝勒分道伐明，命吴拜等帅师驻上都城旧址，侦军事。崇德元年，复命与劳萨等赍书投明边吏。

冬，征朝鲜，命与承政马福塔等率兵三百为前驱，袭朝鲜都城，朝鲜王倧走南汉山城。师进，吴拜与劳萨击破朝鲜援兵，斩二百余级。二年，授噶布什贤噶喇昂邦，列议政大臣。甲喇章京丹岱、阿尔津等如土默特互市，将还，命吴拜率将校至归化城迎护，遇明逻卒十六人，斩其十五，获马十九，俘一，以还。

三年四月，略宁远，逐敌随壕，斩馘甚众。八月，率兵八十人至洪山口，遇明兵，斩其裨将；复击走罗文峪骑兵五百，夺其蠹，获马四十，歼密云步兵百余。五年，与劳萨率兵过中后所，略海滨，斩级二百，获马骡牲畜。我师攻锦州，命吴拜驻车要隘为策应，屡败敌兵。六年春，以攻锦州勿克，论统师王贝勒罪，吴拜坐罚锾。秋，上自将攻松山，明兵败走，吴拜未邀击，逮系，旋命释之。七年，从贝勒阿巴泰入明边，败敌丰润、三河、静海，至于青州。八年，从郑亲王济尔哈朗取明中后所、前屯卫。十一月，复授正白旗梅勒额真。顺治初，从入关，击李自成。二年，解梅勒额真，授内大臣。三年，从豫亲王多铎讨苏苏拜，年十五，从太祖伐蒙古有功，授侍卫，兼领牛录额真。天聪间，从军收察哈尔林丹汗子额哲，遂入明边，攻代州，明兵三百自崞县赴援，苏拜争先当敌，明兵溃走。崇德元年，从伐朝鲜，破敌桃山村。三年，授摆牙喇甲喇章京。从贝勒岳托伐明，自墙子岭入，越明都，击败明太监冯永盛。四年，围锦州，苏拜屡击败明援兵自松山、杏山至者；又与固山额真图尔格等伏兵乌忻河口，多所俘获，敌千余蹑师后，击却之，获其辎重。六年，复围锦州，败松山骑兵，又败明总督洪承畴所将步兵，予世职牛录章京，兼半个前程。七年，从贝勒阿巴泰伐明，败敌，克乐安、昌邑。八年，师还，进三等甲喇章京。

顺治初，从入关，击李自成。世祖既定鼎，命将分道讨自成：以豫亲王多铎为定国大将军，出山西、河南；英亲王阿济格为靖远大将军，道塞外土默特、鄂尔多斯诸部入边，南取西安，苏拜佐阿济格军。方冬，渡黄河，凿冰以济。明年春，至榆林。自成兵夜袭蒙古军，苏拜与摆牙喇纛章京彻尔布赴援，贼败走，还军遇伏，复击却之。攻延安，七战皆胜。自成走湖广，追之至安陆，屡破贼垒，俘馘无算。三年，摄摆牙喇纛章京。从肃亲王豪格讨张献忠，败献忠将高汝砺于三寨山，进击献忠于西充。贼攻正蓝旗营，苏拜与阿尔津共援之，大破献兵。五年，师还，授摆牙喇纛章京。论功，遇恩诏，累进二等精奇尼哈番。

八年正月，吴拜、苏拜及内大臣洛什、博尔辉发英亲王阿济格罪状，吴拜进三等侯，苏拜进一等精奇尼哈番加拖沙喇哈番。二月，洛什、博尔辉以谄媚亲王、造言构衅，论死；吴拜兄弟坐削爵，夺官，籍没。苏拜又坐阿徇睿亲王多尔衮，论死，上特宥之。九年，起苏拜为正白旗梅勒额真。十三年，擢内大臣。十五年，上念吴拜兄弟事太祖、太宗有战功，复授吴拜世职一等精奇尼哈番，苏拜一等阿思哈尼哈番。寻授苏拜领侍卫内大臣。康熙三年十二月，苏拜卒，谥勤僖。四年四月，吴拜卒，年七十，谥果壮。吴拜子郎谈，自有传。

苏拜第三子和托，康熙间以侍卫从讨王辅臣，战平凉城北，杀贼甚众；从讨吴三桂，战攸县，败三桂将王国佐等；战永兴，败三桂将胡国柱等。十九年，自广西进兵攻石门坎、黄草坝，薄云南省城，败吴世璠将胡国柄、刘起龙等，皆有功。官至护军参领，予世职骑都尉加一云骑尉。五十二年，卒。

武纳格，博尔济吉特氏，隶蒙古正白旗。其先盖出自蒙古，而居于叶赫。太祖创业，武纳格以七十二人来归。有勇略，通蒙、汉文，赐号"巴克什"。岁癸丑，从伐乌喇有功，授三等副将。天命十一年，太祖伐明，围宁远城未下，命武纳格别将兵攻觉华岛。明参将姚抚民将兵四万，倚岛列屯，凿冰为壕，袤十五里，卫以盾。武纳格督军争壕，首排盾径入，尽歼其众，焚所储刍粮及舟二千余，进三等总兵官。

太宗即位，武纳格总管蒙古军，位亚扬古利、李永芳，在八大臣上。旋以蒙古军益众，分左、右二营，武纳格与鄂本兑同为固山额真。天聪三年春，与额驸苏纳等率蒙古军，益以满洲骁卒八十人，伐察哈尔，降其边境二千户。军中流言降者睍我师寡将为变，于是尽歼其男子，惟二台吉得免，俘其孥八千。太宗责武纳格等杀降非义，夺所给牲畜，命以所俘分隶二翼，赡之毋失所。冬，从太宗伐明，入龙井关，克遵化，进薄明都。明督师袁崇焕自宁远来援，左翼蒙古兵迎战不能胜，武纳格麾右翼蒙古兵继进，遂败敌。赐俘获之半以犒其军。寻克固安。四年春，克永平。明将以三千骑自玉田至，武纳格遣兵击之走，获马百余。行略丰润，还，闻明兵四千攻大安口城急，与察哈喇赴援，解其围。又就军士行樵，设伏致敌，斩获无算。

五年秋，复从伐明。明总兵祖大寿守大凌河城，杏山守将与大寿书，谋携军弃城相就，武纳格获以献，得其情，于是环城筑垒凿壕，为久困计。武纳格统蒙古兵屯城东南，大寿纵兵出攻我所下台堡，武纳格与贝勒阿济格等率兵来攻，歼敌过半，自是城兵不复出。六年夏，与阿济格招抚大同、宣府边外察哈尔部众。七年秋，与贝勒阿巴泰等侵明，攻山海关，有所俘获。师还，明兵追袭，武纳格为殿，力战却之。太宗谕诸贝勒大臣曰："武纳格所在建功，今又为殿败敌。人臣为国，当如是也！"

八年五月，改蒙古军左、右营为左、右翼，以武纳格为左翼固山额真。定诸将功次，武纳格以一等昂邦章京世袭，旋进三等公。是年，太宗复率诸贝勒分道伐明，命武纳格统蒙古军为策应，入独石口，越兴安岭，经保安州，至应州，与大军会，道收察哈尔千余户，所过诸州县，或攻或抚，悉称上意。闰八月，自得胜堡班师，收蒙古逃人自阳和入者四百七十人。九月，喀尔喀部众为察哈尔所袭杀，命将百人往诇，斩二十余人而还。九年二月，卒。子德穆图、齐墨克图、广泰。

德穆图，武纳格长子也。初任牛录额真。崇德三年正月，擢户部承政。七月，更定官制，改右参政。四年，从上伐明，围松山，树云梯攻城。会明兵自锦州赴援，德穆图度不能克，弃云梯引还，罪当死，上特贳之，论罚。寻兼任梅勒额真。六年，从郑亲王济尔哈朗伐明，围锦州。蒙古贝勒诺木齐等守外城，约降，郑亲王令德穆图迎之。诺木齐方率所部与明兵战，德穆图以其子阿桑喜出我师克外城，诺木齐始来归。德穆图诡言诺木齐父子皆所拔出，论罚，籍家产之半，罢参政、梅勒额真，俾专领牛录。七年，从贝勒阿巴泰伐明，自蓟州入边，薄明都，略山东。顺治元年，从入关击流贼，授拜他喇布勒哈番。二年，从豫亲王多铎攻潼关，遂定江南。败明将郑鸿逵于瓜洲，与都统马喇希徇常州，与明将黄蜚相遇，再战皆捷。分兵下宜兴、昆山诸县，加拖沙喇哈番。复任本旗蒙古副都统，三进一等阿达哈哈番。九年，卒。

齐墨克图，武纳格次子。早岁屡从行阵，略宁远，败明兵。武纳格既卒，以广泰袭世职，从伐明，坐违令不前，夺世职，以齐墨克图降袭一等阿思哈尼哈番。复从伐明，与沙尔虎达等率逻卒至锦州，明兵五百来追，还击败之，获马六十及其纛。太宗伐明，三围锦州，齐墨克图皆在军中，遇城兵出战，骤马截击，阵斩十人。攻洪承畴所将步卒，掩杀甚众，又败敌援兵。崇德八年三月，与阿尔津、哈宁阿等伐黑龙江，围都里屯，克之；又降大小噶尔达苏、能吉尔三屯师；赉貂皮、银币。十一月，擢梅勒额真，佐本旗。顺治初，从入关，加拜他喇布勒哈番，合为三等精奇尼哈番。三年，从定西大将军何洛会击破叛将贺珍。五年，卒，复以广泰袭一等阿思哈尼哈番，别以齐墨克图子萨哈炳分袭拜他喇布勒哈番。广泰遇恩诏，进二等精奇尼哈番。乾隆初，定封三等子。

阿什达尔汉，纳喇氏，与叶赫贝勒金台石同族，为兄弟，太宗诸舅也。太祖灭叶赫，阿什达尔汉率所属来归，授牛录额真，隶满洲正白旗。天命六年二月，从伐明，攻奉集堡，围其城，阿什达尔汉先诸将奋进，三月，攻辽阳，复先登，克之，授一等参将，赦免死一次。

太宗嗣位，以阿什达尔汉典朝鲜、蒙古诸属部，尝奉使宣谕。天聪六年，明边吏遣使议和，上命阿什达尔汉及白格、龙什等报聘。既盟而归，白格言阿什达尔汉及龙什等受明边吏馈，命夺入官。六年，从贝勒济尔哈朗、萨哈璘如蒙古鞫狱，赍敕二十道，失其九，论罚。十一月，复以定律令颁布蒙古诸部。

八年五月，上自将伐察哈尔林丹汗，命征兵科尔沁部，会于宣府左卫。林丹汗西遁，道死。所属额尔德尼襄苏等以其众降。上命阿什达尔汉及吴拜等挟额尔德尼襄苏诇林丹汗子额哲所在。九月，率来降台吉塞冷等还，并报复有祁他特等率千人而来者，踵相接也。旋命至春科尔大会蒙古诸部，分画牧地，使各有封守，复与诸贝勒亭平其狱讼。十一月，还报称旨，令专辖一牛录。九年二月，从贝勒多尔衮等将万人取额哲。四月，师至托里图，多尔衮等遵上所授方略，遣阿什达尔汉及金台石孙南褚谕额哲母。额哲母，金台石女孙也，阿什达尔汉为其族尊行，额哲遂从其母举部来降。当我军未至，有鄂尔多斯济农图巴者招额哲，与盟而去。阿什达尔汉侦知之，追及图巴，令悉归额哲之馈。又率兵入明边，略宣府、大同，入山西境，多所俘获。师还，上亲迎劳之。

崇德元年六月，授都察院承政。上御崇政殿，侍臣巴图鲁詹、额尔克戴青后至，阿什达尔汉责其慢，叱出之。十月，与希福使察哈尔、喀尔喀、和尔沁诸部，申明律令。十二月，从伐朝鲜，国王李倧走保南汉山城，豫亲王多铎帅师追之，围城。朝鲜诸道援兵合万八千人，树二栅城外，悉众出战，阿什达尔汉及贝子硕托率精骑锐进，大破其军。朝鲜别将以五千人屯山麓为声援，复分兵百，循河而南，阿什达尔汉驰击尽歼之，攻破其垒，余众皆溃。二年正月，倧请降，论功，进三等副将，世袭。寻复使科尔沁、巴林、扎鲁特、喀喇沁、土默特、阿禄诸部，颁赦，且谳狱。明年五月，部议阿什达尔汉谳狱失平，受蒙古诸部馈，命罢承政，夺所馈入官。七月，复授都察院承政。

五年，与参政祖可法等疏论时事，略言："皇上欲恢张治道，深思笃行之。今诸国景附，朝廷清明，而诸王以下至诸固山额真，彼此瞻顾，第念身家，莫肯一心为国，

有所论列。不知果无可言耶，抑有所畏忌而不敢言耶？夫刑所以防民之奸，鲜于法则丽于刑，此不可宥也。今刑部断狱不依本律，诸臣有坐者，或从重论，辄削其职。臣思诸臣历战阵，出死力，蒙恩授官，一旦有过，岂可不论重轻而遽削其职乎？臣等窃思先时简选议事十人，今皆不称职，宜罢斥。令甲，战死者将吏得世职，兵则恤其妻孥。今又未尽行，惟皇上裁察。"疏入，上嘉纳之。

六年，从伐明，上督诸军围松山。明总兵曹变蛟屯乳峰山，乘夜弃寨，率步骑直犯御营，诸将力战却之。阿什达尔汉未至，论罪，罢承政，降世职为牛录章京。寻卒。

太祖诸臣自叶赫来归者，苏纳、固三泰、瑚什布皆与金台石同族。

苏纳当叶赫未亡，弃兄弟归太祖，太祖妻以女，为额驸。编所属人户为牛录，使领牛录额真，隶正白旗。天命四年，太祖灭叶赫，命苏纳收其戚属隶所领牛录。十年，授甲喇额真。录战功，赐敕免死四次。寻擢梅勒额真。

天聪元年，太宗自将伐明，攻锦州，以贝勒莽古尔泰等将偏师屯塔山，卫饷道；命苏纳选八旗蒙古精锐别屯塔山西路，截明兵。明兵二千人至，苏纳领囊进击，败之，乘胜逐敌，多所俘斩，获马百五十。三年春，命与武纳格将兵伐察哈尔，以杀降见诘责。十月，复与武纳格将兵逐蒙古亡去者。语并见《武纳格传》。五年，授摆牙喇囊章京，擢兵部承政。从伐明，围大凌河城，败城兵及锦州援兵，授备御世职。八年，考满，进三等甲喇章京，免徭役。九年，以隐匿壮丁，削世职。七月，定蒙古旗制，以苏纳领镶白旗。

崇德元年，从武英郡王阿济格伐明，薄明都，攻雕鹗、长安、昌平诸城隘，五十六战皆捷；复与萨穆什喀共攻容城，克之。师述，以先出边，后队为敌乘，溃败，夺所俘获。十二月，从伐朝鲜，朝鲜将以步骑兵千余御战，苏纳及吴塔齐等邀击，大破之，俘其将。二年，吏议苏纳坐朝鲜国王朝行在，乱班释甲，又离大军先还，论罚。三年，又坐有所徇隐，论罚，罢固山额真，仍领牛录。顺治五年，卒。世祖追录苏纳旧劳，复原职。子苏克萨哈，自有传。

固三泰归太祖，太祖妻以女，为额驸。领牛录，隶满洲镶蓝旗。从伐明，战于广宁，单骑入敌阵，身被数创，战愈力，师乘之，遂败敌，授副将世职。太宗即位，为八大臣，领本旗。天聪元年三月，从贝勒阿敏伐朝鲜有功，师还，上郊劳。三年，上自将伐明，攻遵化，固三泰率本旗兵攻其西南，克之。四年，上命固三泰与达尔汉等助攻昌黎。语详《达尔汉传》。复命与高鸿中、库尔缠等下滦州，籍其仓库银谷以闻。五年，上幸文馆，览达海所译《武经》，因谕群臣曰："为将当恤士。朕闻额驸固三泰与敌战，士有死者，以绳系其足曳归，蔑视若此，何以得死力乎？"寻命解固山额真。九年，诏免徭役，并增赐人户，俾专领牛录。顺治初，卒。

子明阿图。睿亲王多尔衮帅师入关，明阿图摄梅勒额真为殿。累官都察院理事官、镶蓝旗蒙古副都统，授三等阿达哈哈番。顺治八年，卒。

明阿图子赛弼翰，初为简亲王济度护卫。康熙四年，

授护军参领。从护军统领瑚里布西御吴三桂将吴之茂,克阳平、朝阳诸关;趋保宁讨王辅臣,克秦州。从平南将军赖塔南讨郑锦,战漳州,败总将刘国轩等。诛吴世璠,定云南。累官镶蓝旗满洲副都统,授拜他喇布勒哈番。二十九年,卒。

瑚什布,与固三泰同隶镶蓝旗,领牛录。寻任侍卫,兼甲喇额真。天聪二年,从伐通古索尔和部,身被七创,战益力,斩敌将,授备御世职。八年,从伐明,攻大同,与图鲁什等击败明总兵祖大弼;攻万全左卫,击败明总兵曹文诏;复设伏邀击,斩三十余级,俘四人。九年,定蒙古旗制,瑚什布领镶蓝旗。崇德元年,从武英郡王阿济格伐明,越明都,克定兴。师还,部议出边时不为殿,为敌所乘,士卒战死者十人,罚白金六百,夺世职,罢固山额真,专领牛录。三年,授理藩院副理事官。顺治四年,复世职。遇恩诏,进二等阿达哈哈番。七年,卒。

子穆彻纳。顺治间,官护军参领。众豫亲王多铎征苏尼特部腾吉思,败喀尔喀兵。从武英亲王阿济格讨姜瓖,败其将刘伟思等;攻宁武关,败宜孟臣援兵;至左卫城,战于吴家峪。从靖南将军珠玛喇定广东,败李定国于新会。累进三等阿达哈哈番。十三年,卒。

鄂莫克图,纳喇氏。自叶赫归太祖,隶满洲正蓝旗。初为摆牙喇壮达。天聪元年正月,从伐朝鲜,克义州。五月,上自将伐明,攻宁远。明总兵满桂阵于城东,鄂克莫图从诸将进战,殪敌。三年,从贝勒岳托伐明,攻保安州,先登,克之,赐号"巴图鲁",授备御世职,任甲喇章京。八年,从伐黑龙江虎尔哈部,计俘,为诸甲喇章京冠。崇德二年,复从伐卦尔察部,计俘如伐虎尔哈部时。

三年七月,授兵部理事官。九月,从睿亲王多尔衮伐明,自青山口入边,越明都,击败明太监冯永盛,克临潼关,略地至济南。四年七月,上遣使如明,命与努山等率兵护使者以行。五年,授噶布什贤噶喇昂邦。从伐明,围锦州,击败明总兵祖大寿。六年,复围锦州,击败明经略洪承畴。语见《喀山传》。上军松山、杏山间,明军自松山溃遁,骑兵走杏山,步兵走塔山,鄂莫克图先后邀击,并有斩获。七年,复从围杏山,分兵略宁远,掠牲畜。明总兵吴三桂以兵蹑我师后,我师击之,败走,复益兵觇我师垒,鄂莫克图与战,穷追至连山,敌骑自沙河犯我师牧地,复奋击破之。锦州既下,进二等参将。

顺治元年,从入关,败贼安肃,追之至庆都。寻率前锋兵徇山西,败贼绛州渡口。二年,从英亲王阿济格定陕西,败贼延安。李自成走湖广,追之至安陆,屡破贼垒,得战舰三十,授一等甲喇章京。三年,从肃亲王豪格下四川,败贼汉中。逐张献忠至西充,与护军统领卤尔赫图等屡战皆捷,加授半个前程。遇恩诏,进一等阿思哈尼哈番。十一年,授正蓝旗满洲副都统。十三年,致仕。康熙十二年,卒,年七十八。乾隆初,定封一等男。

喀山,纳喇氏,世居苏完。当叶赫未灭,挈家归太祖,隶满洲镶蓝旗,授牛录额真。屡从伐明,下辽、沈有功,予游击世职。天命九年,明总兵毛文龙以兵百人劫额驸康

果礼庄,喀山率所部御之,斩二裨将,歼其众。天聪六年,从伐察哈尔,与劳萨、吴拜率精锐前驱。林丹汗遁走。八年,进三等梅勒章京。目失明,辞兵。顺治初,进二等昂邦章京。寻改二等精奇尼哈番。十二年,卒,谥敏壮。

子纳海。初以喀山病目,命代领牛录。旋授噶布什贤甲喇额真。从伐明,与席特库等以步兵四千击败明阳和骑兵,斩级二百,获马六十余;复设伏宣府,捕明逻骑。天聪九年,复从伐明,攻大同,命与布丹等驻上都城故址,诇军事。寻命与鄂莫克图等赍书谕明边守将,历喜峰口、潘家口、董家口诸隘,及还,斩逻卒百余。

崇德二年,命与席特库赍书谕明锦州守将祖大寿,自广宁入边,获逻卒十二,斩其九,纵二人使赍谕以往,俘一人以还。四年,从武英郡王阿济格伐明锦州,还报捷。复从上攻松山,明兵出战,击却之。祖大寿遣兵自宁远乘舟趋杏山,将入城;纳海与瑚密色、索浑将兵击其后,斩级五十,获甲四十、舟一。又与瑚密色、席特库等行略地,俘采薪者二十二人,牛、羊、骡马无算。五年,从伐明,围锦州,敌筑台城外,纳海与色赫、布丹、苏尔德将骑兵驰击,斩四十人,复逐斩刈草者四十二人,敌来犯,屡击却之。与色赫等略小凌河,斩祖大寿所遣蒙古十七人。

六年,明总督洪承畴集各道兵赴援,次松山,与吴拜击败其骑兵。上自将攻松山,敌自杏山走塔山,与鄂莫克图帅师邀击,追至笔架山,斩级四百,俘二十八,得蠹六,获马二百余。七年,锦州下。叙功,予半个前程,命摄噶布什贤噶喇昂邦。从贝勒阿巴泰伐明,自黄崖口入长城,趋苏州,败明总兵白腾蛟、白广恩,遂略山东。明年,师还。以右翼诸将不俟左翼军至,先出边,功不叙。顺治初,遇恩诏,进三等阿达哈番。及喀山卒,兼袭二等精奇尼哈番,例进二等伯。雍正中,从孙治山,降袭一等阿思哈尼哈番。乾隆元年,定封一等男。

安达立,纳喇氏。自叶赫归太祖,隶满洲正红旗。太祖遣兵徇铁岭,刈其禾,有蒙古人降于明,出拒,安达立击之走。事太宗,从贝勒萨哈璘驻牛庄。师攻永平,叶臣率二十四人冒矢石先登,安达立其一也。师还,从图鲁什侦敌建昌,夜战,甲士有中矢坠马者,援之出,擢噶布什贤章京。从伐明,攻崞县,率所部先登;复以四十人伏忻口,败敌,得蠹三、马五十余。出边,图尔格击敌溃窜,安达立邀击,迫敌入壕,所杀伤过当。天聪九年,授牛录章京世职,擢正红旗蒙古梅勒额真。

崇德三年,从贝勒岳托伐明,将至墙子岭,闻明军备甚固,安达立与固山额真恩格图率所部趋岭右,陟高峰间道入边,击败明军。越燕京,略山东。明年,师自青山口出边,复击败明军。五年,围锦州,屡战皆捷。六年,复围锦州,洪承畴援师至,与战,破三营,至暮,敌溃,翌日复战,又击却之。叙功,加半个前程。寻卒。

子阿积赖,袭职。顺治初,从入关,逐李自成,战于庆都。又从叶臣徇山西,署正红旗蒙古梅勒额真。又从英亲王阿济格攻延安,逐自成至武昌,窜入九宫山,率师搜剿,歼其徒甚众。四年,兼任刑部理事官。五年,署巴牙喇纛章京。从郑亲王济尔哈朗征湖南,分兵徇道州,攻永

安关。叙功,进一等阿达哈哈番兼拖沙喇哈番。卒。

绰拜,巴林氏。自叶赫归太祖,隶蒙古镶白旗,为牛录额真。天聪八年,授世职牛录章京。九年,与吴巴海伐瓦尔喀部,深入额赫库伦、额垎岳索诸地,进三等甲喇章京。崇德三年,兼任户部理事官。从睿亲王多尔衮伐明,徇山东,至济南,敌骑千余拒战,何洛会先众奋击,遂克其城。七年,从肃亲王豪格围明总督洪承畴于松山,承畴遣兵夜越壕攻镶黄旗营,击却之。八年,进二等。顺治初,从入关,破流贼,进一等。四年,加拖沙喇哈番。五年,授参领。从征南大将军谭泰讨叛将金声桓,克饶州、南昌,师还,赉白金千、马四十。七年,迁仓场侍郎。八年,授镶白旗蒙古梅勒额真,兼工部侍郎。擢本旗固山额真,进一等阿思哈尼哈番。九年十二月,卒。

布丹,富察氏。自叶赫归太祖,隶满洲正红旗,授牛录额真。寻迁甲喇额真,领摆牙喇兵。天聪八年,从伐明,克万全左卫城,先登,授半个前程。九年,从贝勒多铎伐明,攻锦州,师还,明兵骤至,固山额真石廷柱所部有陷阵不能出者,布丹破阵援之出。旋命与纳海等诇军事。崇德元年,从武英郡王阿济格伐明,破雕鹗、长安二隘,皆先登,与苏纳同功。转战于涿州,师还,明兵出居庸关,设伏邀我军辎重,击破之。四年,与沙尔瑚达等将土默特兵二百,略宁远北境,以数骑挑战,敌坚壁不出,乃俘其樵者以归。五年,围锦州,杀敌。语见《纳海传》。六年,与明兵战松山、杏山,屡胜。锦州下,进牛录章京世职。七年冬,复与纳海等从贝勒阿巴泰伐明。顺治初,从入关,破流贼。叙功,并遇恩诏,进一等阿达哈哈番。九年,擢正红旗蒙古副都统。十一年,卒,谥毅勤。

孙达哩,鲁布哩氏。太祖取叶赫,以其民分属八旗,孙达哩隶正黄旗。选充骁骑,遇战必先,中创不为却,屡得优赉。崇德三年,从睿亲王多尔衮伐明,入自青山口,越明都,转战至山东,攻济南,先登第一,赐号"巴图鲁",授二等参将,领牛录额真。顺治间,累进二等阿思哈尼哈番,迁摆牙喇纛章京。从穆里玛、图海讨李自成余党李来亨、袁宗第等,破茅麓山,有功。十二年,加太子少傅。十四年四月,卒,谥果壮。

吉思哈,乌苏氏,世居瓦尔喀冯佳屯。初属乌喇,见其贝勒不足事,与弟吉普喀达归太祖,并授牛录额真,隶满洲正白旗,旋改隶镶白旗。天命四年,从伐明有功,授游击世职。六年,以甲喇额真帅师围辽阳,树云梯先登。天聪八年,太宗追录其功,进二等参将。是年,与甲喇额真吴巴海伐东海虎尔喀部,俘一千五百有奇,及牲畜辎重。九年,与梅勒额真巴奇兰等伐黑龙江,收二千人以还,进一等参将。崇德元年,太宗自将伐朝鲜,闻明兵入硷场,遣吉思哈率兵蹑其后,击败之。二年,师既克朝鲜都城,上命旗出甲士十,并简科尔沁、敖汉、柰曼、扎鲁特、乌拉特诸部兵,俾吉思哈及理藩院承政尼堪为将,自朝鲜伐瓦尔喀,因击破朝鲜军,斩平壤巡抚,进略瓦尔喀,奏捷称旨。语详《尼堪传》。累迁至吏部参政。三年四月,卒。子吉瞻,袭。

吉普喀达,吉思哈弟也。天命四年,授游击。六年,任甲喇额真。从伐明,攻奉集堡,明总兵李秉诚赴援,师与战,明兵走入城,师从之,至壕,城上发巨炮,吉普喀达中炮卒。天聪八年,赠二等参将。子瓜尔察,袭。

吴巴海,瓜尔佳氏,自乌喇归太祖。太祖讨尼堪外兰,吴巴海实从。隶满洲镶蓝旗,授牛录额真。天聪元年四月,从贝勒阿敏伐朝鲜,攻义州,与梅勒额真阿山、穆克谭等先登,克之。五月,从太宗伐明,攻锦州,敌来犯,我师少却,吴巴海为殿,督战败敌。五年,与梅勒额真蒙阿图伐瓦尔喀,略额黑库伦、额勒约索二部,收降人数千,上郊劳,赐宴,赐号"巴图鲁"。六年,从伐察哈尔,林丹汗西遁,上命吴巴海逐逋逃,斩察哈尔兵五,获其马及牲畜。旋率师伐乌扎喇,部署所将兵四道并进,会敌方渔于握黑河,吴巴海挥骑直前,斩三百余人,得其辎重。七年,与牛录额真郎格如朝鲜互市,得瓦尔喀部长族属十五人以归。八年,与吉思哈伐东海虎尔喀部。语详《吉思哈传》。十二月,复与牛录额真景固尔岱将四百人伐瓦尔喀,降屯长分得里,收阿库里尼满部众千余。师还,上命大臣迎劳,以所获赉之。

九年,从贝勒岳托率师镇归化城。土默特人评部长博硕克图,谓其子阴遣使与明通,岳托遣吴巴海及甲喇额真阿尔津等四人要诸途,毛罕私以告,喀尔喀人潜遁,吴巴海追获之,并得明使。毛罕者,博硕克图子乳母之夫也,初从土默特来降,既而有叛志,号博硕克图子为汗,自号贝勒。吴巴海既执喀尔喀使人,遂杀毛罕。十年,授梅勒额真,世职一等甲喇章京。

崇德元年六月,进三等梅勒章京,移镇宁古塔。十二月,喀木尼汉部叶雷等叛,将其孥俱亡,吴巴海部兵逐之。行数十日无所见,见宿雁三,射之,一雁负矢飞且堕,往取之,见遗火,知逃者自此过。蹑其迹,及之于温多,获其孥。叶雷入山,追及围之,谕使降,不可,射之。叶雷将注矢,有狐起于前,触叶雷弓,弓坠,遂射杀叶雷及其从者。师还,太宗命诸固山额真迎劳。二年,叙功,进三等昂邦章京,赐衣服、仆、马、庄田。三年,与梅勒额真吴善帅师戍归化城。旋坐匿罪人、徇厮养卒盗米,罢梅勒额真,论罚四等。卒,分世职为一等甲喇章京者一,为牛录章京者二,授其子弟。

康喀勒,纳喇氏,辉发贝勒王机砮之孙也。太祖时,偕从兄通贵率族属来归,隶满洲镶红旗,授牛录额真。天聪六年,从伐察哈尔部。八年正月,上以察哈尔林丹汗西遁,其部众流散锡尔哈、锡伯图,命康喀勒与岱青塔布囊等率蒙古及诸部驻牧戍往取以归。五月,授世职牛录章京。崇德三年,兼刑部副理事官。五年,擢镶红旗蒙古梅勒额真。六年,从伐明,围锦州,并攻松山城。七年,松山、锦州皆下,复克塔山城。寻追论攻松山避敌、克塔山与固山额真叶臣争功,罪当死,太宗特贳之。

顺治初,从入关,击李自成,加半个前程。寻从豫亲王多铎下江南,与固山额真准塔自徐州水陆并进,次清河。明总兵刘泽清遣部将马花豹、张思义等率战舰千余、兵数万，屯黄淮口。康喀勒与游击范炳、吉天相等发炮毁其舟，分兵追击，泽清走，淮安下。复与梅勒额真谭布击明总漕田仰，仰方屯湖口桥，以三千人迎战，击破之；又战于三里桥，逐至海岸，获舟八十；又战于如皋，攻通州，以云梯克其城，旁近诸县皆下。二年十一月，授镇守江宁梅勒额真。时江北未定，群相聚为乱，江宁有谍为内应者，康喀勒与驻防总管巴山先期捕治，杀三十人而定。已而明潞安王朱谊石集众二万余，分三道来攻，康喀勒等击却之。三年，以功进三等甲喇章京，世袭。四年，改三等阿达哈哈番。旋卒。子洛多，袭职。

和托，康喀勒从兄之子也。顺治元年，以噶布什贤甲喇章京从入关，破李自成潼关，移兵下江宁。复从贝勒博洛徇浙江，破明总兵方国安等于杭州。复略福建，所向克捷。攻汀州，先登，克其城。论功，并遇恩诏，授拜他喇布勒哈番兼拖沙喇哈番，世袭。十一年，从征云南，击败明将白文选，进取永昌，夺澜沧江铁索桥。康熙九年，卒。

玛拉，和托弟也。顺治十二年，以三等侍卫署甲喇额真。从固山额真伊勒德攻舟山，从摆牙喇纛章京穆成额破郑成功兵于泉州；十六年，从安南将军达素击成功厦门：皆有功。康熙二十二年，卒。

通嘉，康喀勒兄孙。初袭其父莽佳三等阿达哈哈番。顺治十八年，以护军参领从靖东将军济什喀讨山东贼于七。于七据楼霞、岠嵎山为乱，其党吕思曲、俞三等以数千人拒战，通嘉击败之，贼遂以平。康熙六年，改前锋参领。十四年，从信郡王鄂托讨察哈尔布尔尼，师至达禄，布尔尼于伏山谷间，通嘉督所部尽击杀之，布尔尼以三十骑遁。以功加拖沙喇哈番。旋坐事削。十八年，以护军统领从讨吴三桂，破谭弘于云阳。二十三年，迁本旗蒙古都统。二十四年，卒。

萨璧翰，亦纳喇氏。父三檀，自辉发率属归太祖，授牛录额真，隶满洲正蓝旗。卒，萨璧翰与其兄萨珠瑚并授牛录额真。太宗即位，以萨璧翰列十六大臣，佐正蓝旗。天聪五年，擢户部承政。八月，上自将伐明，围大凌河，城兵出御，萨璧翰与战，舍马而步，逐敌薄壕。城上发炮矢，甲士巴逊没于阵，萨璧翰力战，入敌阵，取其尸还。八年五月，上自伐察哈尔，贝勒济尔哈朗居守，萨璧翰与梅勒额真蒙阿图副之。考满，授世职牛喇章京。崇德二年，从伐朝鲜，取皮岛。师还，萨璧翰与其兄萨珠瑚发贝子硕托以厮役冒甲士请恤，坐论罚，萨璧翰初隶硕托，至是命改隶饶馀贝勒阿巴泰。旋以萨璧翰从子侍卫吴达礼从伐朝鲜，私役甲士，坐夺世职。三年，改吏部右参政。四年，授议政大臣。六年八月，从伐明，攻锦州，明援兵自松山至，诱战，萨璧翰被创，卒于军。

子汉楚哈、哈尔沁，皆授牛录额真。哈尔沁从讨吴三桂，从讨噶尔丹，皆有功，授拖沙喇哈番。汉楚哈子哈尔弼，授一等护卫，从击郑成功，战厦门，殁于阵，亦授拖沙喇哈番。

论曰：太祖初起，扈伦四部与为敌，四部之豪俊，先后来归。武理堪等自哈达，武纳格、阿什达尔汉、鄂莫克图等自叶赫，吉思哈等自乌喇，康喀勒等自辉发，皆能效奔走，立名氏。武纳格其先出自蒙古，遂为"白奇超哈"统帅，勋绩尤著。四部有才而不能用，太祖股肱爪牙取于敌有余。国之兴亡，虽曰天命，岂非人事哉？

卷二百三十一　　　　列传十八

佟养性 孙国瑶　　**李永芳**　　**石廷柱**
马光远 弟光辉　　**李思忠** 子荫祖 荫祖子钶
金玉和 子维城　　**王一屏** 一屏子国光
国光子永誉　孙得功　张士彦　士彦子朝璘
全砺

佟养性，辽东人。先世本满洲，居佟佳，以地为氏。有达尔哈齐者，入明边为商，自开原徙抚顺，遂家焉。天命建元，太祖日益盛强。养性潜输款，为明边吏所察，置之狱，脱出，归太祖。太祖妻以宗女，号"施吾理额驸"，授三等副将。从克辽东，进二等总兵官。

太祖用兵于明，明边吏民归者，籍丁壮为兵。至太宗天聪间，始别置一军，国语号"乌真超哈"。五年正月，命养性为昂邦章京，谕曰："汉人军民诸政，付尔总理，各官受节制。尔其殚厥忠，简善黜恶，恤兵抚民，毋徇亲故，毋蔑疏远。昔廉颇、蔺相如共为将相，以争班秩，几至嫌衅。赖相如舍私奉国，能使令名煜耀于今日。尔尚克效之！"又谕诸汉官曰："汉人军民诸政，命额驸佟养性总理，各官受节制。其有势豪嫉妒不从命者，非特藐养性，是轻国体、蔑法令也，必遣毋赦！如能谨守约束，先公后私，壹意为国，则尔曹令名亦永垂后世矣。"

是岁，初铸炮，使养性为监。炮成，铭其上曰"天祐助威大将军"，凡四十具。师行则车载以从，养性掌焉。八月，上伐明，围大凌河城。养性率所部载炮越走锦州道为营，击城西台，台兵降；又击城南，坏睥睨；翌日，击城东台，台坼，台兵夜遁，尽歼之。九月，明兵出关援锦州，上遣亲军迎击，养性以所部兵五百从，敌溃遁。明监军道张春合诸路兵援大凌河，夜战，上督骑兵出破之。方追奔，明溃兵复阵，上命养性屯敌垒东，发炮毁敌垒。十月，攻于子章台，发炮击台上堞，台兵多死者。十一月，祖大寿以大凌河降，上命尽籍城中所储枪炮弹药付养性。寻率兵隳明所置台壕，自大凌河至于广宁。

六年春正月，上幸城北演武场阅兵，养性率所部乌真超哈试炮，擐甲列阵，军容甚肃。上嘉养性能治军，因追奖大凌河战功，赐雕鞍良马一、白金百，遂遍及诸将，自石廷柱以下皆有赐，设宴以劳之。养性疏言："新编汉兵，马步仅三千有奇，宜尽籍汉民为兵，有事持火器而战，无事则为农。火器攻城，非炮不克，三眼枪、佛朗机鸟枪特城守器耳，宜增铸大炮。兵食未足，宜令民广开垦，无力者官畀牛若种，获则以十一偿。"四月，上自将伐察哈尔，命与贝勒阿巴泰、杜度，大臣扬古利、伊尔登留守。七月，卒。顺治间，追谥勤惠。

子普汉，改袭二等昂邦章京。卒，以弟六十袭。崇德四年，汉军旗制定，隶汉军正蓝旗。顺治四年，改二等精奇尼哈番。遇恩诏，累进三等伯。

国瑶，六十子也，袭爵。康熙九年，授本旗副都统。十二年，吴三桂反，特命国瑶为郧阳提督，帅师镇抚。十三年，襄阳总兵杨来嘉以榖城叛附三桂，郧阳副将洪福应来嘉，劫部兵千余攻国瑶。国瑶率游击杜英、佟大年以健丁三百拒战，福退，复至，苦战数日，斩二百余级，福败遁。事闻，加左都督。十四年，福挟诸叛将分五道来犯，复击败之，逐战泥河口、板桥河，斩其将林跃等七辈、兵数百人。

十五年，四川叛将谭弘与福等复分道来犯，弘屯郧江北，福掠郧江南，相声援；国瑶分兵御之，战坪沟、战黄畈、战九里冈，又渡郧江战江南岸，皆胜，焚其舟及械，斩获无算。福复遣众伏郧江两岸，以三十余舟顺江下，泊琵琶滩，逼郧阳运道为寨。国瑶及将军噶尔汉、抚治杨茂勋等率水陆兵大破之，战陡岭，福败走，运道复通。叙功，加一等。

十六年，以捐俸赍军赈难民，加太子少保。十七年，进讨来嘉、福，战于房县，获其将五十二辈、印十二、札牌二十四，遂克其城，进复保康。十八年，与噶尔汉等攻兴安，久而不下，命削战陡岭所叙加一等。六月，授福建将军。二十八年，卒，谥忠毅。乾隆初，定封二等子。达尔哈齐子养真，自有传。

李永芳，辽东铁岭人。在明官抚顺所游击。太祖克乌喇，乌喇贝勒布占泰走叶赫。太祖伐叶赫，叶赫诉于明。明使告太祖，诫毋侵叶赫。太祖以书与明，言叶赫渝盟悔婚，复匿布占泰，不得已而用兵，躬诣抚顺所，永芳迎三里外，导入教场，太祖出书界永芳，乃引师还。

后三岁为天命元年，又三岁，始用兵于明。四月甲辰昧爽，师至抚顺所，遂合围，执明兵一，使持书谕永芳曰：“明发兵疆外卫叶赫，我乃以师至。汝一游击耳，战亦岂能胜？今谕汝降者：汝降，则我即日深入；汝不降，是误我深入期也。汝多才智，识时务，我国方求才，稍足备任使，犹将举而用之，与为婚媾；况如汝者有不加以宠荣与我一等大臣同列者乎？汝若欲战，我矢岂能识汝？既不能胜，死复何益？且汝出城降，我兵不复入，汝士卒皆安堵。若我师入城，男妇老弱必且惊溃，亦大不利于汝民矣。勿谓我恫喝，不可信也。汝思区区一城且不能下，安用兴师？失此弗图，悔无及已。降不降，汝熟计之。毋不忍一时之忿，违我言而偾事也！”永芳得书，立城南门上请降，而仍令军士备守具。上命树云梯以攻，不移时，师登陴，斩守备王命印等。永芳冠带乘马出降，固山额真阿敦引永芳下马，匍匐谒上，上于马上以礼答之，传谕勿杀城中人。东州、马根单二城及沿边诸台堡五百余，悉下。是日，上驻抚顺。明日，命隳其城，乃还。编降民千户，迁之赫图阿喇。命依明制设大小官属，授永芳三等副将，辖其众，以上第七子贝勒阿巴泰女妻焉。太祖伐明取边诸城，自抚顺始；明边将降太祖，亦自永芳始。

是年七月，上复伐明，拔清河。四年，克铁岭。六年，下辽、沈。永芳皆从，以功授三等总兵官。明巡抚王化贞及诸边将屡遣谍招永芳，永芳辄执奏，上嘉奖，敕免死三次。

太宗即位，以朝鲜与明将毛文龙相应援，纳逋逃，命贝勒阿敏等帅师讨之，永芳从。上谕阿敏等曰：“朝鲜理当讨，然非必欲取之。凡事相机度义而行。”克义州，分兵攻铁山，击走文龙；进下定州、安州，次平壤，其官民皆遁，遂渡大同江。朝鲜王李倧使赍书迎师，诸贝勒答书历数其罪，许以遣大臣莅盟，当班师。使既行，师复进，次黄州，倧使驰告已遣大臣莅盟。阿敏欲遂攻其都城，诸贝勒谓宜待所遣大臣至，永芳进曰：“我等奉上命，仗义而行。前与朝鲜书，许以遣大臣莅盟当班师，今食言不义。盍暂驻待之？”诸贝勒皆是其言，阿敏怒，叱永芳曰：“尔蛮奴，何多言！我岂不能杀尔耶？”师再进，次平山，倧所遣大臣至师，卒如永芳议，遣刘兴祚、库尔缠如倧所，莅盟而还。

八年，永芳卒，有子九人。汉军旗制定，隶正蓝旗汉军。次子李率泰，自有传。

第三子刚阿泰，顺治初，官宣府总兵。时姜瓖为乱，山西北境诸州县土寇蜂起，瓖既平，所部窜匿代州、定襄、繁峙五台山中。刚阿泰先后逐捕，诸山寨悉平。旋以属吏侵饷劾罢。

第五子巴颜，天聪八年袭父爵，例改三等昂邦章京。崇德间，以参领从太宗征科尔沁；围锦州，与洪承畴战松山城下：皆有功。七年，定汉军八旗，以巴颜为正蓝旗固山额真。八年九月，从郑亲王济尔哈朗等征宁远，拔中后所、前屯卫。顺治元年，进二等昂邦章京。旋与固山额真石廷柱剿寇昌平，与固山额真叶臣徇直隶饶阳，河南怀庆，山西泽州、潞安诸府县，师还，赐白金五百。二年，从定大大将军和洛辉自陕西徇四川，流寇孙守法、贺珍犯西安，再战大破之，逐至黑水峪，斩守法；又破流寇一只虎于商州，克延安诸路山寨。四年，例改二等精奇尼哈番。五年，进一等精奇尼哈番。讨叛将姜瓖，从睿亲王多尔衮复浑源州；从英亲王阿济格复左卫；从巽亲王满达海复朔州、汾州及太谷诸县。巴颜在军将左翼，挟火器以攻，所向皆克。八年，叙平姜瓖功，复遇恩诏，进一等伯。九年，卒。乾隆间，定封号曰昭信。四十年正月，命以其族改隶镶黄旗。

石廷柱，辽东人。先世居苏完，姓瓜尔佳氏。明成化间，有布哈者，为建州左卫指挥。布哈生阿尔松阿，嘉靖中袭职。阿尔松阿生石翰，移家辽东，遂以"石"为氏。石翰子三：国柱、天柱、廷柱。万历之季，廷柱为广宁守备，天柱为千总。太祖师至，巡抚王化贞走入关，天柱先与诸生郭肇基出竭，且曰：“吾曹已守城门矣。”翌日入城，廷柱从众降，授世职游击，俾辖降众。

蒙古巴林部贝勒囊努克背盟劫掠，廷柱从上讨之，取其寨，收牲畜以还，进三等副将。天聪三年，太宗命率兵搜剿明故毛文龙所辖诸岛，敌自石城岛来犯，击斩二百人，俘十九人。寻从上伐明，薄明都。四年，师还，至沙河驿，廷柱与达海谕城中军民出降；又与达海以千人诇汉儿庄，汉儿庄与三屯营、喜峰口诸堡先已降而复叛，至是复降。

五年，明总兵祖大寿筑城大凌河，上自将围之。大寿穷蹙，使从子泽润射书请降，并乞上令廷柱往议。廷柱与达海至城南，先使姜桂诇大寿，桂故明千总，为我军所俘。大寿使游击韩栋从桂出迎廷柱，并以其义子可法为质。廷柱乃逾壕与语，大寿言决降，惟乞速取锦州，俾妻子得相见。廷柱以告，上复遣廷柱谕指，大寿乃降。是时佟养性为乌真超哈昂邦章京，廷柱为副。六年，养性卒，廷柱代为昂邦章京。从伐察哈尔，多斩获。七年，从贝勒岳托伐明，攻旅顺，师还，上酌金卮以劳，进三等总兵官。八年，从伐明，攻应州，克石家村堡。九年，复从伐明，与明兵战大凌河西，斩明副将刘应选，获游击曹得功等。

崇德元年，上自将伐朝鲜，命廷柱帅所部整兵械，储粮糈，挟火器以从。二年，既定朝鲜，还攻皮岛，廷柱与户部承政马福塔攻其北隅。寻追论朝鲜王李倧谒上时廷柱乱班释甲，及纵士卒违法妄行罪，解任，罚锾，夺赏赉。是年分乌真超哈为左、右翼，以廷柱为左翼固山额真。三年，上与诸臣论兵事，举吕尚相勖，廷柱言："吕尚制阃外专生杀，故所向有功。今臣等若有过下部逮讯，虽牛录以下亦当比肩对簿，其何以堪？"诸臣以其言戆，请下刑部议罪论死，上命宥之。是年十月，从伐明，攻锦州，克城外诸屯堡，进破城旁台。台上余敌从间道走，廷柱弗追击，部议降爵罚锾，上复命宥之。

四年二月，上自将伐明，乌真超哈诸将孔有德、耿仲明、尚可喜、马光远及廷柱皆率所部从。上驻军松山，命廷柱攻城南台，毁其堞，台兵不能御，守将王昌功等四十余人出降。上登松山南冈度地形，命廷柱从。可喜以炮攻城南门之左，廷柱与光远先攻城西南隅台，诸将继进，攻城，城堞皆尽，会以日暮罢。明日攻益急，城兵守御甚固，我兵缘云梯上不能入，死者二十余人，廷柱兄子达尔汉亦被创。上召询诸将，皆谓攻必克。翌日复集议，有德、仲明、可喜、光远欲凿地道以攻，廷柱持不可。上责廷柱曰："尔为主将，恇怯无斗志，与诸将异议。尔岂因兄子被创，故惊怖不欲战耶？"廷柱惶恐，对曰："臣昔尝巡逻至此，知地中有水石不可穿，且亦不能越壕而过，故不敢不言。今众皆谓可攻，臣焉敢独异？"乃与有德等鸠役于城南凿地道。初，祖大寿既降，请得入锦州，乃复叛，为明守；至是，闻松山急，遣蒙古兵三百乘夜入城，诇得我军谋，多为备，地道不能达，乃罢攻。师还，部议廷柱攻城不尽力，当罢任罚锾，上仍命宥之。时乌真超哈复析为八旗，合二旗为一固山，于是汉军旗制始定。廷柱隶正白旗。

六年七月，廷柱上言："锦州为辽左首镇，我师筑垒浚壕，誓必剪灭，以策进取，诚至计也。第明恃大寿为保障，我师围之急，彼必益发援兵，并力一战。宜及此时简精锐，分布各旗屯田所，遇警即并进。如敌已立营，以炮环击，伺其稍动，我师即突起乘之，转战过锦州，至松山、杏山间，敌必败走，则锦州破矣。锦州既破，关外八城闻而震动。昔年克沈阳，辽阳从之下；克沙岭，广宁亦从之下。此其明征也。近闻喀尔喀扎萨克图扬言叛归化，恐阴欲取鄂尔多斯。臣拟令鄂尔多斯移牧黄河南，使与归化相接，彼此策应。仍选才勇将士挟火器戍焉，而令王贝勒帅师道宣、大，略应州、雁门。归化有警，轻骑倍道赴援。明所恃为辽东援者，不过宣大、陕西榆林、甘肃宁夏诸路。我师西入，诸路自顾不遑，岂能复出援辽哉？此一举而两得也。明援兵自宁远至松山，所赍行粮不过六七日，其锋少挫，势必速退；即宿留数日，终且托粮尽而返。宜设伏于高桥险狭处，凿壕截击，仍发劲兵缀其后，使进退无路，则彼援兵皆折而降我矣。我师遇敌出兵，每奋勇陷阵，彼军多火器，恐致伤夷。宜诇敌远离城郭，或凭据高阜，水竭粮匮，乃环而攻之。夜则凿壕以守，昼则发炮以击。不一二日，势且生变，其毙可坐俟也。洪承畴书生耳，所统援辽诸镇，皆乌合亡命，外张声势，内实恇慑。如大寿为我师所破，承畴与诸将纵得脱去，亦东市就僇而已。彼闻上恩豢降将，或慕义纳款，亦未可料。今明灾异迭见，流寇方炽，乘时应运，定鼎中原，机不可失。"疏入，上深嘉之。九月，师围松山，敌夜犯廷柱营，廷柱力御，斩十余级，获刀甲、枪炮无算，进二等昂邦章京。七年，定汉军八旗，置八固山，以廷柱为镶红旗固山额真。

顺治元年四月，从师入关，破李自成。五月，与固山额真巴颜等平昌平土寇。六月，与固山额真巴哈纳帅师抚定山东诸郡县。七月，移师会固山额真叶臣共克太原。山西、河南悉平。师还，赐白金五百两，进一等昂邦章京。四年，改一等精奇尼哈番。六年，从讨叛将姜瓖，复浑源、太谷、朔州、汾州。十二年五月，授镇海将军，驻防京口。十四年二月，以老乞休，加少保兼太子太保，致仕，进三等伯，世袭。十八年二月，卒，赠少傅兼太子太傅，谥忠勇，立碑纪绩。

廷柱兄国柱，亦自广宁降，与天柱先后授三等副将。廷柱六子，三子华善，四子石琳，自有传。

马光远，顺天大兴人。明建昌参将。天聪四年，我师克永平，光远以所部降，命隶正蓝旗，授梅勒额真，赐冠服、鞍马。五年，上复伐明，围大凌河，光远从，招城南台降，得百总一、男妇五十余，即畀光远育焉。

六年十一月，光远疏言："六部既设，当建内阁，选清正练达二三臣为总裁，日黎明入阁，八家固山、六部承政，有事诣阁集议，请上指挥。"并议置六科，立八道言官。翌日再疏，申言六科职掌。七年正月，乌真超哈昂邦章京佟养性及光远合疏言："上及诸贝勒豢汉官恩厚，臣等叨冒首领。上有命，敢不竭心力。臣等有罪，听诸臣弹劾。诸汉官容如或抗令欺公，诳言误事，诿避偷安，玩法科敛，臣等当弹劾，不敢避忌。惟虑诸汉官茹怨，以蛮语中臣等，臣等得罪，虽死不知其故。乞上及诸贝勒鉴臣等意，今后有过失，即时处分；有谗言，即时质问。俾金邪不得行其险戆。"三月，光远疏陈整饬军政：省戎器，视牧马，习炮，治炮车，节火药，谨城守，制火箭，建藏炮储药之局,赡铸炮造药之役,厚养炮兵,凡十事。七月,上命旧隶满洲户下汉人十丁授棉甲一,得千五百八十人,命光远等统之,分补旧甲喇缺额。

时孔有德、耿仲明来降,克旅顺。光远言:"有德等初来,登莱、旅顺并各岛兵舰随至江口不敢归,畏明法也。今旅顺既失,江口兵舰必退保登莱。宜急遣水师逐彼舟后,乘风而西。上亲帅师取山海,进攻北京,不半载大事可定。"十月,授一等总兵官。八年三月,疏请出师:"一自蓟东入,一自八里铺趋山海关,内外夹攻,先取其水关,则山海关易下也。既克山海关,还取祖大寿,整旅而西,进攻北京,塞冲要,阻运道,不数月必有内变。但乞上于出师之日,戒谕将士,毋杀,毋淫,毋掠货财,毋焚庐舍。四方闻之,皆引领而归上矣。"四月,改一等昂邦章京。九年七月,甄别辖治汉人各官,以各堡户丁增减行赏罚,丁减初额三之一者削世职为民。光远疏言:"各官功次不等,皆蒙敕赐世袭,得之至艰。今以养人不如法,皆罢为民,众情惊惧。乞恩从重议罚,而毋遽夺世职;令戴罪视事,使功不如使过。臣为王法持平,敢昧死以请。"梅勒额真张存仁亦以为言,上从之。十年四月,诸臣劝进,汉将列孔有德、耿仲明、尚可喜、石廷柱及光远,凡五人。

崇德元年十二月,从伐朝鲜,克平壤、江华岛。二年八月,分乌真超哈为两翼,置固山额真二。以廷柱辖左翼,光远辖右翼。三年,上伐明,攻锦州,乌真超哈运火器为前驱。寻与有德以火器克台五,复与廷柱克李云屯、柏士屯、郭家堡、开州、井家堡,俘七百有三,得牲畜称是。光远率甲喇额真郎绍贞围攻锦州城旁台,敌遁,不追击,上诘之,光远妄辩,当夺职,上命罚锾。四年,上复伐明,光远以所部克松山西南隅台,降其将杨文显,攻城不克。语详《石廷柱传》。师还,数其罪而罢之;又以庇所部参将季世昌铸炮子不中程,论死,上特宥之。六月,析乌真超哈为八旗,置固山额真四,复起光远为正黄、镶黄两旗固山额真。汉军旗制定,光远隶镶黄旗。顺治四年,以老病乞休。康熙二年,卒,谥诚顺。以弟之子思文袭爵。恩诏进三等伯。乾隆初,定封一等子。

光辉,光远弟。明武举。与其兄光先从光远来降。天聪七年,授光先二等参将,光辉游击。崇德三年,任户部理事官。以贷官商物不偿,罢官,夺世职。四年六月,汉军旗制定,授镶黄旗梅勒额真。六年,兼任吏部。七年,以从克杏山城,复世职。师已克锦州,命光辉从固山额真孟乔芳诣锦州监造炮。八年,以从克中后所、前屯卫二城,进一等甲喇章京。

世祖入关定鼎,参政改侍郎,光辉仍贰吏部。顺治四年,考满,加拖沙喇哈番。五年,从征南大将军谭泰讨江西叛将金声桓,声桓既诛,谭泰将承制授光辉江西提督,光辉辞。既,谭泰欲以都察院理事官纪国先为都司,国先亦辞。谭泰劾国先,辞连光辉,史议从重比,上命罢光辉梅勒额真、侍郎,降世职为拜他喇布勒哈番。七年,复任梅勒额真。八年,上命追录光辉军功,屡遇恩诏,累进三等阿思哈尼哈番。五月,授户部侍郎。十月,命以兵部尚书、右副都御史总督直隶、山东、河南三行省。

十年九月,胶州总兵海时行叛,为暴莱、沂间,光辉帅师讨之。时行走宿迁,师从之,复走永城。光辉会漕运总督沈文奎帅师自灵璧向永城,战洧河集西,大破之,缚时行以归。以功加级,任子。十一年,甄别诸督抚,加太子少保,以老病乞休。十二年七月,卒,谥忠靖。

光先,顺治间遇恩诏,亦授三等阿思哈尼哈番,官山西左布政使。

李思忠,字葵阳,铁岭人。父如梴,明辽东总兵官宁远伯成梁族子也,仕明为太原同知,罢归居抚顺。太祖天命三年,始用兵于明,克抚顺,得思忠,如梴徙还铁岭。明年,师下铁岭,如梴及弟如梓子一忠、存忠死之。六年,定辽阳,敕思忠收其族人,俾复故业,即授牛录额真,予世职备御。寻以获谍,进游击。

天聪三年,太宗自将伐明,取永平等四城。师还,贝勒阿敏护诸将分守,察哈喇以蒙古兵守遵化,思忠及甲喇额真英固勒岱等为之佐。既而明将谢尚忠等来攻,思忠与战,敌三进三却。阿敏议弃四城东还,檄察哈喇全军出塞。时尚忠攻遵化正急,发火箭焚我军火器,我军方恇扰,思忠戒无轻动,徐结阵出城,挟降吏四人以俱,身为殿,出塞无一亡失。师还,上谴阿敏等,以思忠力战,贷勿罪。五年,从固山额真楞格里等伐明,攻南海岛,未至,遇明兵茨榆坨,俘十一人,得舟五。明兵争舟,思忠与战,炮伤额,勿却,卒败明兵,进二等参将。九年,察汉官所领城堡户口盈耗,思忠辖沙河堡郎寨,增丁百十有三,上嘉赏,赐狐裘一袭,进三等梅勒章京。寻命驻盖州。崇德二年,命修辽阳诸城,思忠疏言:"盖州处边,士卒任防守,余丁仅足以耕。今弃农就役,工窳而农亦废。请俟诸城工竟,庀役造砖从事。"上允其请。七年,汉军旗制定,隶正黄旗。

顺治元年,从豫亲王多铎徇陕西,破潼关;下江南,克扬州,抚定江北州县凡十。三年二月,命以梅勒额真戍西安。三月,擢陕西提督。恩诏,累进一等阿思哈尼哈番兼拖沙喇哈番。十一年,致仕。十四年七月,卒。

思忠子五,第三子显祖袭爵,世祖赐名塞白理,授二等侍卫、甲喇额真。康熙初,授随征江南左路总兵官,迁广东水师提督,改浙江提督。耿精忠叛,自福建侵浙江,塞白理疏请分兵援台州,防宁波。寻从贝子傅喇塔击走精忠将曾养性。十四年九月,卒于军。乾隆初,定封三等男。

荫祖,思忠次子。事世祖,自荫生授户部员外郎,三迁兵部侍郎。顺治十一年,直隶灾,命与尚书巴哈纳等治赈。寻授兵部尚书,右副都御史,总督直隶、山东、河南三行省。疏请蠲被灾诸州县秋粮,招流民还故里,当随地安集,以时予赈,毋使道殣。又疏言:"直隶滨海北塘、涧河、黑洋诸地,宜分兵驻守。"时议禁海船,鱼盐米麦不能转输,请官为编号,讥其出入,则商民皆便。并下部议行。

十四年四月,疏发河南管河道方大猷贪婪状,上切责河道总督杨方兴失劾,夺大猷官,鞫治论死。有高鼎者,据五台山为乱,出三岔口扰真定,荫祖遣井陉道陈安国谕降,悉散其党。疏言:"太行天下险,三岔居其冲,林密山深，藏奸甚易。自鼎降，其党散在民间，虽戍以兵，视营垒为传舍。当置游击一，定额兵六百，专司守御。"上从之。

是岁荫祖年才二十有九，会湖南北用兵，上察荫祖才，加太子太保，移督湖广。师方徇贵州，故李自成诸将郝永忠、袁宗第、刘体纯、李来亨辈挟十余万人降于明，踞郧、襄间，扰饷道。荫祖请选襄阳水师及均、黄、汉阳诸营兵二千人戍觳城，地扼上游；选武昌洞庭营兵千人戍九溪，断通蜀道。十五年，汉阳、天门、潜江、沔阳诸郡县水灾，上命荫祖治赈，民赖以得拯。

十六年，经略大学士洪承畴疏请发湖北提镇标兵六千人戍云南，荫祖以承畴已发湖广兵万三千五百有奇，湖南新收降人数万，郧、襄间流贼未殄，留兵不宜复发，请敕承畴就滇中召募，下部议行。复疏议："讨永忠等，请敕四川总督李国英师驻重庆，扼巫峡，阻达州；西安将军富喀禅帅师趋兴安；河南协剿兵诣襄阳合军。臣督诸军分出彝陵、襄阳、郧阳，三道深入，期一举灭贼。"疏既上，会郑成功犯江南，诏将军明安达哩将荆州驻防兵赴援，部议缓师期。十七年，以疾乞罢。康熙三年，卒。祀直隶、山东、河南、湖广名宦。

鉌，荫祖子。事圣祖，自佐领授兵部员外郎。十三年，以参将从征吴三桂，再迁御史。二十七年，湖广夏逢龙为乱，上授鉌湖北按察使。累擢兵部侍郎。三十五年，上亲征噶尔丹，命与左都御史于成龙等督饷。三十七年，授山东巡抚，以疾辞，改授安徽巡抚。三十九年，疾未瘳，被弹事罢。四十二年，山东饥，鉌请往助赈，卒于赈所。

金玉和，辽东人。仕明为开原千总。太祖克开原，玉和降，授甲喇额真，予世职三等副将。汉军旗制定，隶正黄旗。天聪五年，擢礼部承政。六年，上阅兵，玉和与额驸佟养性等率所辖乌真超哈摆甲列阵试炮，上赍以鞍马。八年，考绩，进二等副将。崇德元年，坐与吏部参政李延庚互举子弟，罢官，降世职三等甲喇章京。二年，从武英郡王阿济格伐明皮岛，以水师战不利，玉和不赴援，论死，上特宥之，但削世职。四年，复授甲喇额真。六年，从围明锦州，屡败敌，敌夜攻壕堑，击却之，斩级五十。七年，锦州下，并克塔山，予世职牛录章京。八年，从郑亲王济尔哈朗伐明宁远，与王国光同克前屯卫、中后所二城。顺治元年，擢工部参政。叙宁远功，进三等甲喇章京。既入关，迁梅勒额真。从军河南，署怀庆总兵官。时李自成窜陕西，余党掠河南，犯济源县城，玉和帅师往援，至则城已陷，夜半遇贼，力战，中流矢，没于阵。河南巡抚罗绣锦疏报得玉和遗骸于柏乡西，请赐恤，进二等梅勒章京。乾隆初，定封二等男。

金维城，玉和子也。崇德初，师攻锦州，维城以甲喇额真奉命与梅勒额真金砺督饷，屡从伐明有功。克中后所、前屯卫二城，维城亦在行间。累官正白旗汉军梅勒额真，兼兵部参政，世职至牛录章京。从入关，改兵部侍郎，兼梅勒额真如故。顺治四年，改拜他喇布勒哈番。考绩，加拖沙喇哈番。复从定湖广，同克武冈、沅州、靖州，进一等阿达哈哈番。调正黄旗汉军梅勒额真。十年，坐总兵任珍行赇罢官，降世职为三等。十五年，卒。

子世砺，康熙间，以佐领从平南大将军赉塔征福建，败敌江东桥。郑成功将刘国轩攻漳州，世砺战死，予世职拖沙喇哈番。

太祖克开原，玉和与同官王一屏、戴集宾、白奇策，守堡百总戴一位降；下广宁，游击孙得功、守备张士彦、黄进、石廷柱，千总郎绍贞、陆国志、石天柱降；收辽河诸城堡，参将刘世勋，游击罗万言、何世延、阎印，都司金砺、刘式章、李维龙、王有功、陈尚智，备御朱世勋、黄宗鲁，中军王志高，守堡闵云龙、俞鸿渐、郑登、崔进忠、李诗、徐镇静、郑维翰、臧国祚、周元勋、王国泰，各以所守城堡来降。玉和、一屏、得功、士彦、延柱、砺皆以有功授世职。廷柱自有传。

王一屏，先世本满洲，姓完颜氏。初降，授牛录额真。汉军旗制定，隶正红旗。天聪八年，授世职三等甲喇章京。旋卒。

子国光，以牛录额真兼户部理事官，袭职。擢正红旗汉军梅勒额真，兼户部参政。八年，从郑亲王济尔哈朗伐明，克前屯卫、中后所二城，进二等甲喇章京。顺治元年，改户部侍郎，兼梅勒额真如故。从定西大将军和洛辉御寇西安。考满，进一等阿达哈哈番。迁本旗固山额真。六年，从英亲王阿济格讨叛将姜瓖，克左卫、朔州、汾州、太谷四城。叙功，遇恩诏，累进一等阿思哈尼哈番。十年，从定远大将军、贝勒屯齐征湖广，击败明将李定国、孙可望。十二年，从宁海大将军伊勒德援浙江，击败明将郑成功、张名振。十三年二月，授两广总督，谕奖其才品，赐蟒服、鞍马，加太子太保。十五年，以疾解任。十八年，圣祖即位，授镇海将军，帅师镇潮州。康熙三年，与平南王尚可喜会师讨碣石叛将苏利，师至海丰，侦破敌伏，径灯笼山。苏利乘我军未成列，以万余人搏战，我军左右夹击，贼溃遁。薄碣石卫城，环攻拔之，斩苏利及所部陈英、李慧等，遂歼其余党。五年，还京，仍任本旗都统。九年，卒，谥襄壮。

子永誉，字孝扬，袭爵。十二年，授河南提督。河北总兵蔡禄叛应吴三桂，内大臣阿密达帅师讨之。上命永誉如怀庆，扪循士卒，因请留驻镇抚。旋设安庆提督，以授永誉。耿精忠将宋标方自饶州犯徽州，十四年，永誉督兵驻建德，令参将傅尔学破标于馀干，俘标，磔于市。寻移驻徽州。十七年，江西平。改永誉江南提督，驻松江。十九年，迁广东将军。二十年，疏言："广东濒海，陆路两镇，请各以一营改练水师。"二十二年，复请留满洲兵四千驻防广东省城。皆如所议行。二十七年，授本旗都统。二十三年三月，命定北将军瓦岱帅师屯张家口，诇噶尔丹，以永誉与都统喀岱等参赞军务。三十五年，上亲征噶尔丹，分汉军为四营，永誉帅正黄、正红二旗出中路，噶尔丹不战遁。永誉与平北将军马斯喀督兵追蹑，侦噶尔丹行远，乃还。三十六年，从上至宁夏，命督饷运，贮黄河西岸，闻噶尔丹窜死，罢，还。四十三年，卒。乾隆十八年，命其族改隶满洲正红、镶白二旗。

孙得功，在明为广宁巡抚王化贞中军游击，化贞倚得功为心膂。太祖围西平堡，刘渠等赴援，令得功从。渠等战死，得功潜纳款于太祖，还言师已薄城，城人惊溃。化贞走入关，得功与进、绍贞、国志等，率士民出城东三里望昌冈，具乘舆，设鼓乐，执狀张盖，迎太祖入驻巡抚署，士民皆夹道俯伏呼万岁。时天命七年正月庚申，月之二十四日也。上授得功游击，隶镶白旗，辖降众，移驻义州。天聪六年十月，得功疏言："上命修城，天寒土冻，徒劳民力而不能坚固，请俟春融。又上发帑界官兵市布制冬衣，官已足用，兵人给银五钱六分，得布不足以为衣，乞恩使人得市布一二匹，官兵均沾上泽。"七年四月，又疏言："禁淡巴菰，令未能行。步兵皆用火器，尤宜申谕戒革。上令民输粮，因禁百谷不得入市，贫民无所得食，则宜任民便。"八年，追叙得功广宁功，授三等梅勒章京。旋卒，以其子孙有光袭。汉军旗制定，改隶正白旗。以从克前屯卫、中后所及顺治间讨姜瓖有功，并遇恩诏，进三等精奇尼哈番。卒。乾隆初，定封一等男。得功次子思克，自有传。

张士彦，化贞中军守备。太祖兵至，化贞走入关，士彦降。汉军旗制定，隶正蓝旗。天聪八年，与一屏同授三等甲喇章京。旋乞休。

子朝璘，袭职。崇德七年，授牛录额真。从贝勒阿巴泰伐明，败敌于胶州。八年，与国光同功，进二等甲喇章京。迁兵部理事官。顺治二年，从豫亲王多铎下江南，克扬州、江阴，率兵戍苏州，击败明将黄斐。四年，从恭顺王孔有德等平湖南，破明将刘承胤于夕阳桥，克武冈；复破明将张先璧于黔阳，克沅州。六年，从讨姜瓖，复与国光同功。考满，遇恩诏，进一等阿思哈尼哈番，授正蓝旗汉军梅勒额真。十年，授都察院左副都御史。十三年，迁户部侍郎。寻出为江西巡抚。江西当金声桓乱后，民少田芜，御史笪重光请蠲赋，下朝璘议。朝璘疏言："田亩荒芜，惟从容劝垦，则熟者恒熟，荒者不终荒。若急于征赋，则始以荒为熟，渐至熟者仍荒，非足国恤民计也。南昌、瑞州二府新垦田四十余顷，请三年后起科；未垦二千余顷，请与豁除。"上允其请。十五年，加兵部尚书衔。十八年，擢江西总督。康熙二年，右布政使王庭疏请减南昌府属浮粮，下朝璘议。朝璘疏言："江西重赋，自陈友谅始，明世因之。前巡抚蔡士英请减袁、瑞二府赋额，未及南昌。南昌诸州县，惟武宁为友谅乡里，赋赋循元、宋之旧。他六县一州，请敕部核减。"户部核上南昌府属浮粮银十二万五千有奇、米十四万九千有奇，上命悉蠲之。三年，朝璘疏言："吉安旧食粤盐，远且阻，请改食淮盐。"下所司从之。四年，以江西总督省入江南，解任。五年，授福建总督。六年，以老疾乞休。越十余年，卒。

金砺，辽东人。明武进士，为镇武堡都司。初降，授甲喇额真，予世职三等副将。天聪五年，始设六部，以砺为兵部承政。六年，上阅兵，与玉和等并赐鞍马。调户部承政。八年，考绩，进二等梅勒章京。崇德二年，从伐明，攻皮岛，甲喇额真巴雅尔图等先入敌阵，砺与副将高鸿中所将水师不进，前军以是败，坐论死，上以砺与鸿中来归有功，特宥之。四年，汉军旗制定，砺隶镶红旗，复为甲喇额真。五年，授吏部参政。六年，擢固山额真。迭克松山、塔山、前屯卫、中后所，授世职三等甲喇章京。顺治元年，从入关，五月，与梅勒额真李率泰安集天津乱民；六月，复与固山额真叶臣宣抚山西。时李自成西遁，其将陈永福犹据太原，砺与叶臣潜往觇焉，城兵骤出，砺击败之，督本旗兵发炮克其城。师还，赐白金四百两，进世职二等甲喇章京。二年，从顺承郡王勒德浑征湖广，明将马进忠降复叛，砺与固山额真刘之源击进忠武昌，夺战舰六十余，遂下湖南，战衡州，斩明将黄朝宣；复战长沙，斩明将杨国栋。师还，赐黄金二十两、白金四百两，进世职一等阿达哈哈番。

六月，授平南将军，镇浙江。遇恩诏，加拖沙喇哈番。明鲁王以海及其臣阮进、张名振屯舟山，砺与梅勒额真吴汝玠等率兵自宁波出定海，会总督陈锦破获进于横洋，遂克舟山，名振拥以海出走。九年，郑成功攻漳州，命砺帅师赴援，至泉州，成功退屯江东桥。砺自长泰进屯漳州城北，分兵万松关为掎角，七战皆胜，漳州围解，海澄、南靖、漳浦诸县悉定。叙功，遇恩诏，进一等阿思哈尼哈番兼拖沙喇哈番。十一年，授陕西四川总督。十三年，引年乞休，加太子太保致仕。康熙元年，卒。

论曰：养性、廷柱先世本满洲，怀旧来归，申以婚媾。永芳归附最先，思忠为辽左右族，皆蒙宠遇，各有贤子，振其家声。光远初佐养性，后与廷柱分将汉军，罢而复起。玉和战死。同时诸降将有绩效，赏延于世，或其子显者，得以类从。后先奔走，才亦盛矣。

卷二百三十二　　列传十九

希福 子帅颜保　曾孙嵩寿　**范文程** 子承勋　承斌 孙时捷 四世孙建中　**宁完我**　**鲍承先**

希福，赫舍里氏。世居都英额，再迁哈达。太祖既灭哈达，希福从其兄硕色率所部来归。居有顷，以希福兼通满、汉、蒙古文字，召直文馆。屡奉使蒙古诸部，赐号"巴克什"。旗制定，隶满洲正黄旗。

天聪二年，太宗伐察哈尔，以希福使科尔沁征兵，土谢图额驸奥巴止之曰："寇骑塞路，行将安之？即有失，谁执其咎？"希福曰："君命安得辞？死则死耳，事不可误也。"遂行。再宿，达上所，复命曰："科尔沁兵不赴征，土谢图额驸奥巴方率所部行掠，掠竟乃来耳。"上怒，使希福再往，以壮士八人从。行四昼夜，道遇敌，击杀三十余人，卒至科尔沁，以其兵来会。明年，奥巴来朝，上命希福与馆臣库尔缠辈责让之，奥巴服罪，上驼马以谢。叙功，授备御。从伐明，薄明都，败明兵于城下。攻大凌河，援兵自锦州至，与谭泰争先奋击，破之。师还，又力战败追兵，进游击。

崇德元年，改文馆为内三院，希福为内国史院承政。寻授内弘文院大学士，进二等甲喇章京。二年，请禁造言惑众，违者罪之，著为令。三年，偕大学士范文程建言定部院官制。希福虽以文学事上，官内院，管机务，然常出使察哈尔、喀尔喀、科尔沁诸部，编户口，置牛录，颁法律，亭平狱讼；时或诣军前宣示机宜，相度形势，核诸将战阀，行赏，谕上德意于诸降人。每还奏，未尝不称旨也。顺治元年，译辽、金、元三史成，奏进，世祖恩赉有加。

希福故与谭泰有隙，屡诮其衰愦。谭泰昵附摄政睿亲王多尔衮，因与其弟谭布构希福妄传王语，谓堂餐过侈，诋谩诸大臣，构衅乱政，罪当死；王命罢官削世职，并籍其家。八年二月，世祖亲政，雪其枉，仍授内弘文院大学士，复世职。九年，世祖以希福事太祖、太宗，衔命驰驱，殚心力。曩定鼎燕京，希福力削籍，功未赏，乃一岁三进为三等精奇尼哈番，世袭。是年十一月，卒，赠太保，谥文简。长子奇塔特，袭职。乾隆初，定封三等子。

帅颜保，希福次子。康熙初，圣祖念希福事先朝久，躬预佐命，用大学士范文程、额色黑例，超授内国史院学士。八年六月，迁吏部侍郎。七月，授漕运总督。九月，疏言："淮安水陆孔道，乃十五里中为关者三，板闸有钞关，淮安有仓税，隶户部；清江有税厂，隶工部。胥役繁冗，商民耗资失时，请减三为一，合并税额，省胥役，便商民。"下部议，户部言仓税并钞关便；工部言税厂征船料诸税，葺治漕船，并钞关不便。上心韪帅颜保言，下九卿科道再议，卒如所请。九年正月，疏言："淮、扬被水，高邮、宿迁、桃源、盐城、赣榆灾尤重。旧逋漕米，例当补征，民力不能胜。"下部议，请改折，仍补征。上以诸县频岁被灾，民重困，下部再议，免旧逋漕米三万一千石有奇。十二年正月，偕河道总督王光裕疏请漕运毕事，当复旧例，举劾所属文武官吏。既得请，疏荐山东粮道迟日巽、河南粮道范周、无锡知县吴兴祚等，劾溧阳知县王锡范等。十三年，吴三桂兵犯江西，十月，命帅颜保帅所部移镇南昌。十二月，安亲王岳乐师至，命罢还。十七年，岳乐进军湖南，复命镇南昌。九月，移吉安。十八年三月，招降吴三桂部将五十余、兵万余。十九年八月，逮尚之信勘治，命帅颜保移镇南雄、韶州。十月，命罢还。二十年五月，迁工部尚书。十二月，移礼部尚书。二十三年十二月，卒。子赫奕，自侍卫累迁工部尚书。

嵩寿，希福曾孙。雍正元年进士，选庶吉士，授编修。乾隆二年，册封安南国王黎维祎，以侍读充正使，赐一品服。累擢内阁学士。十四年，颁诏朝鲜，擢礼部侍郎。十九年，袭一等子爵。二十年，卒。

范文程，字宪斗，宋观文殿大学士高平公纯仁十七世孙也。其先世，明初自江西谪沈阳，遂为沈阳人，居抚顺所。曾祖锪，正德间进士，官至兵部尚书，《明史》有传。

文程少好读书，颖敏沉毅，与其兄文采并为沈阳县学生员。天命三年，太祖既下抚顺，文采、文程共谒太祖。太祖伟文程，与语，器之，知为锪曾孙，顾谓诸贝勒曰："此名臣后也，善遇之！"上伐明，取辽阳，度三岔攻西平，下广宁，文程皆在行间。

太宗即位，召直左右。天聪三年，复从伐明，入蓟门，克遵化。文程别将偏师徇潘家口、马兰峪、三屯营、马栏关、大安口，凡五城皆下。既，明围我师大安口，文程以火器进攻，围解。太守自将略永平，留文程守遵化，敌掩至，文程率先力战，敌败走。以功授世职游击。五年，师围大凌河，降其城，而蒙古降卒有阴戕其将叛去者，上怒甚，文程从容进说，贷死者五百余人。时明别将壁西山之巅，独负险坚守未下，文程单骑抵其垒，谕以利害，乃请降。上悦，以降人尽赐文程。

六年，从上略明边，文程与同直文馆宁完我、马国柱上疏论兵事，以为入宣、大，不若攻山海。及师至归化城，上策深入，召文程等与谋。文程等疏言："察我军情状，志皆在深入。当直抵北京决和否，毁山海关水门而归，以张军威。若计所从入，惟雁门为便，道既无阻，道旁居民富庶，可资以为粮。上如虑师无名，当显命其民，言察哈尔汗远遁，所部归于我，道远不可以徒行，来与尔国议和，假尔马以济我新附之众。和议成，偿马值；不成，异日兴师，荷天之宠，以版图归我，凡军兴而扰及者，当量免赋税数年。此所谓堂堂正正之师也。否则，作书抵近边诸将吏，使以议和请于其主，为期决进止。彼朝臣内挠，边将外诿，迁延逾所期，我师即乘衅而入。我师进，利在深入；否，利在速归；半途而返，无益也。"疏入，上深嘉纳之。

七年，孔有德等使通款，而明兵迫之急，上命文程从诸贝勒帅师赴援；文程宣上德意，有德等遂以所部来归。自是破旅顺，收平岛，讨朝鲜，抚定蒙古，文程皆与谋。

崇德元年，改文馆为内三院，以文程为内秘书院大学士，进世职二等甲喇章京。初，旗制既定，设固山额真。诸臣议首推文程，上曰："范章京才诚胜此，然固山职一军耳，朕方资为心膂。其别议之。"文程所典皆机密事，每入对，必漏下数十刻始出；或未及食息，复召入。上重文程，每议政，必曰："范章京知否？"脱有未当，曰："何不与范章京议之？"众曰："范亦云尔。"上辄署可。文程尝以疾在告，庶务填委，命待范章京病已裁决。抚谕各国书敕，皆文程视草。初，上犹省览，后乃不复详审，曰："汝当无谬也。"文程迎父柟侍养，尝入侍上食，有珍味，文程私念父所未尝，逡巡不下箸。上察其意，即命彻馔以赐柟，文程再拜谢。

世祖即位，命隶镶黄旗。睿亲王多尔衮帅师伐明，文程上书言："中原百姓蹇离丧乱，备极荼毒，思择令主，以图乐业。曩者弃遵化，屠永平，两次深入而复返。彼必以我为无大志，惟金帛子女是图，因怀疑贰。今当申严纪律，秋毫勿犯，宣谕进取中原之意：官仍其职，民复其业，录贤能，恤无告。大河以北，可传檄定也。"及流贼李自成破明都，报至，文程方养疴盖州汤泉，驿召决策，文程曰："闯寇涂炭中原，戕厥君后，此必讨之贼也。虽拥众百万，横行无惮，其败道有三：逼殒其主，天怒矣；刑辱搢绅，拷劫财货，士忿矣；掠人赀，淫人妇，火人庐舍，民恨矣。备此三败，行之以骄，可一战破也。我国上下同心，兵甲选练，声罪以临之，恤我士夫，拯我黎庶。兵以义动，何功不成？"又曰："好生者天之德也，古未有嗜杀而得天下者。国家止欲帝关东则已，若将统一区夏，非乂安百姓不可。"翌日，驰赴军中草檄，谕明吏民言："义师为尔复君父仇，非杀尔百姓，今所诛者惟闯贼。吏来归，复其位；民来归，复其业。师行以律，必不汝害。"檄皆署文程官阶、姓氏。

既克明都，百度草创，用文程议，为明庄烈愍皇帝发丧，安抚孑遗，举用废官，搜求隐逸，甄考文献，更定律令，广开言路，招集诸曹胥吏，征求册籍。明季赋额屡加，册皆毁於寇，惟万历时故籍存，或欲下直雀求新册，文程曰："即此为额，犹虑病民，其可更求乎？"於是议遂定。论功，并遇恩诏，进一等阿思哈尼哈番加拖沙喇哈番，赐号"巴克什"。复进二等精奇尼哈番。

顺治二年，江南既定，文程上疏言："治天下在得民心，士为秀民。士心得，则民心得矣。请再行乡、会试，广其登进。"从之。五年正月，定内三院为文臣班首，命文程及刚林、祁充格用珠顶、玉带。七年，睿亲王多尔衮卒。八年，大学士刚林、祁充格以附睿亲王妄改《太祖实录》，坐死。文程与同官当连坐，上以文程不附睿亲王，命但夺官论赎。是岁即复官。九年，遇恩诏，复进世职一等精奇尼哈番，授议政大臣，监修《太祖实录》。

时直省钱粮多不如额，一岁至缺四百余万，赋亏饷绌。文程疏言："湖广、江西、河南、山东、陕西五省乱久民稀，请兴屯，设道二、同知四，令督抚选属文廉能敏干者任之，以选束当否为督抚功罪。官吏俸廪，初年出兴屯母财，次年以所获偿。自后皆出所获，官增而俸不费。屯用牛，若谷种，若农器，听兴屯道发州县仓库以具。屯始驻兵，地荒芜多而水道便者，以次及其余。地无主，若有主而弃不耕，皆为官屯。民愿耕而财不足，官佐以牛若谷种，分所获三之一，三年后为民业。编保甲，使助守望，绝奸究。若无财，官畀以佣值。民将逭饥，流亡大集。初年所获粮草，听屯吏储留，出陈易新，为次年母财；有余，畀近屯驻军，勿为额以取盈。三年所获寖多，僦舟车运以馈饷。毋烦屯吏，毋役屯民，毋用屯牛。屯所在州县吏受兴屯道指挥，屯吏称其职，三岁进二秩，视边俸；不职，责抚按纠举；有所徇，则并坐：所谓信赏必罚也。"上深韪其议。

十年，复与同官疏："请敕部院三品以上大臣，各举所知，毋问满、汉新旧，毋泥官秩高下，毋避亲疏恩怨，举惟其才，各具专疏，胪举实迹，置御前以时召对。察其论议，核其行事，并视其举主为何如人，则其人堪任与否，上早所深鉴，待缺简用。称职，量效之大小，举主同其赏；不称职，量罪之大小，举主同其罚。"上特允所请。

上勤於政治，屡幸内院，进诸臣从容谘访。文程每以班首承旨，陈对称上意。尝值端阳，诸臣散直差早，上曰："乘藉天休，猥图安乐，人情尽然。特欲逸必先劳，俾国家大定，其乐方永。不然，乐亦暂耳。"复言："人孰无过，能改为美。成汤盛德，改过不吝。若明武宗嬉游无度，诿罪于其臣，岂修己治人之道耶？"文程因奏："君明臣良，必交勉释回，始克荷天休，济国事。"上曰："善。自今以往，朕有过即改。卿等亦宜黾勉，毋忘启沃可也！"上尝

命遣官莅各省恤刑，文程言："前此遣满、汉大臣巡方，虑扰民，故罢。今四方水旱灾伤，民劳未息，宜罢遣使。现禁重囚，令各省巡抚详勘，有可矜疑，奏闻裁定。"上从之。文程论政，务简要，持大体，多类是。

十一年八月，上加恩辅政诸臣，特加文程少保兼太子太保，文程疏谢，因自陈衰病，乞休。九月，上降温谕，进太傅兼太子太师，致仕。上以文程祖宗朝旧臣，有大功于国家，礼遇甚厚：文程疾，尝亲调药饵以赐；遣画工就第图其像，藏之内府；赉御用服物，多不胜纪；又以文程形貌颀伟，命特制衣冠，求其称体。圣祖即位，特命祭告太宗山陵，伏地哀恸不能起。康熙五年八月庚戌，卒，年七十。上亲为文，遣礼部侍郎黄机谕祭，赐葬怀柔红螺山，立碑纪绩，谥文肃，御书祠额曰"元辅高风"。文程子承荫、承谟、承勋、承斌、承烈、承祚。承谟自有传。

承勋字苏公，文程第三子也。以任子历官御史、郎中。康熙十九年，谭弘叛，圣祖命承勋与郎中额尔赫图如彝陵，趣将军噶尔汉战，并督湖广转粟运军。二十年，师进攻云南，命兼军督饷如故。二十二年，还京，监崇文门税。二十三年，上命九卿举廉吏，承勋与焉，迁内阁学士。二十四年，授广西巡抚，疏免容县、郁林州追征陷贼后遗赋；定诸属征米，本折兼纳。二十五年，擢云贵总督，疏定云南援剿两协驻军地，裁贵州卫十五、所十，改并州县，并增设县七。二十七年，湖广兵乱，云南时岁铸钱，钱壅积，军饷十之三皆予钱，军勿便。会移左协赴寻甸，遂鼓噪为变，省城兵亦将起应，承勋诛其渠二十一人，乱乃弭。遂疏罢云南铸钱，以银供饷。二十八年，番阿贵杀土目鲁姐走匿东川土妇安氏所，恒出掠为民害。事闻，上命郎中温葆会承勋等如东川檄安氏献阿贵，斩之。

云南自吴三桂乱后，康熙二十一年讫二十七年，逋屯赋当补征，承勋疏请分年附征，上命悉蠲之。二十九年，疏定云南秋粮，本折兼纳，贵州提督马三奇请军饷折银，承勋疏言："折贱困兵，折贵病民，宜以时损益。秋成，各府察市值，本折兼纳。"三十一年，疏设永北镇，罢洱海营，增置大理府城守将吏。三十二年，入觐。

三十三年，迁都察院左都御史。六月，江南江西总督傅拉塔卒，上难其人，以授承勋。并谕："承勋坚定平易，当胜此任。"承勋上官，琉移凤阳关监督驻正阳关。江西民纳粮，出赀俾吏输省城，谓之脚价，寻以违例追入官，承勋疏请罢追，部议不可，上特允其请。江南地卑湿，仓谷易朽蠹，承勋疏请"江苏、安徽诸州县，岁春夏间，以仓谷十二三平粜，出陈易新"。又以江南赋重，疏请"州县经征分数，视续完多寡为轻重。康熙十八年后逋赋分年附征，俾宽吏议，纾民力"。皆如议行。三十五年，淮、扬、徐诸府灾，疏请发省仓米十万石，续借京口留漕凤仓存麦，治赈，民赖以全。三十八年，授兵部尚书。三十九年，命监修高家堰堤工。四十三年，工成，加太子太保。五十三年，卒。

承勋初授广西巡抚，入辞，上诫之曰："汝父兄皆为国宣力，汝当洁己爱民，毋信幕僚，沽名妄作。"及自云贵总督入觐，上方谒孝陵，承勋迎谒米峪口，上曰："汝

父兄先朝旧臣,汝兄复尽节。朕见汝因思汝兄,心为轸戚。不见汝八九年,汝须发遂皓白如此。郊外苦寒,以朕所御貂冠、貂褂、狐白裘赐汝。汝且勿更衣,虑中风寒。明日可服以谢。"圣祖推文程、承谟旧恩,因厚遇承勋如是。

时绎,承勋子。雍正初,自佐领三迁为马兰镇总兵。四年,命署两江总督。是年,迁正蓝旗汉军都统。五年,移镶白旗汉军都统,并署总督如故。十二月,时绎疏:"请自雍正六年始,江苏、安徽各州县应征丁银,均入地亩内征收。"地丁并征始此。六年,授户部尚书,仍署总督。时绎在官,尝疏请就通州运河入海处,作涵洞以时蓄泄。规扬州水利,浚海口,疏车路、白涂、海沟诸水,泰州运盐河为之堤。盐城、如皋诸水入海处,为之闸若涵洞。厘两淮盐政,增漕标庙湾、盐城二营兵吏。皆下部议行。上以苏、松诸处多盗,时绎戢盗才绌,命以江苏七府五州盗案属浙江总督李卫。卫名捕江宁民张云如以符咒惑众谋不轨,而时绎尝与往还,卫因论劾。八年,命尚书李永升会鞫得实,诛云如,解时绎任。召还京,命董理太平峪吉地。旋复命协理河东河务,河东总督田文镜复以误工论劾,谕曰:"朕以范时绎为勋臣后,加以擢用。朱鸿绪尝奏时绎廉,至日用不能给,朕深为动念,优与养廉。后知时绎例所当得,未尝不取。朕犹今增犏,盖欲遂成其廉,使殚心力于封疆也。顾时绎祖私交,容奸宄,朕复密谕李卫善为保全。且范氏为大僚者,惟时绎及其从弟时捷,勋臣后裔,渐至零落,朕心不忍,所以委曲成全之者至矣。复命协理河务,岂意伏汛危急,时绎安坐于旁,置国事弁髦,视民命草芥。负恩瘝职,他人尚不可,况时绎乎?"逮治,部议坐云如狱论斩,上复特宥之。授镶蓝旗汉军副都统。十年,授工部尚书,兼镶黄旗汉军都统。十二年,罢尚书。十三年,复以侍卫保柱劾行贿,下部议罪,寻遇赦。乾隆六年,卒。

承斌,文程第四子,袭一等精奇尼哈番。卒。

时捷,承斌子。自参领再迁为陕西、宁夏总兵。康熙五十七年,署陕甘提督。雍正元年,授陕西巡抚。三年,迁镶白旗汉军都统。五年,年羹尧得罪,世宗以羹尧尝举时捷,及羹尧败,事连时捷,罢统,授侍卫。八年,授散秩大臣,护陵寝。是时,时捷从兄时绎以协理河东河务误工罢黜,世宗以文程诸孙无为大僚者,命时捷署古北口提督,直隶总兵官听节制,诏勉以改过。旋移陕西固原提督。乾隆元年,例改一等子。二年,以病召还,授散秩大臣。三年,卒。

建中,时捷孙,袭一等男。自副参领再迁副都统、侍郎。嘉庆四年,授户部尚书,署正黄旗汉军都统。寻改都察院左都御史,出为杭州将军。五年,卒,谥恪慎。

时绶,文程诸孙。雍正间,自笔帖式累迁至户部郎中。乾隆初,复累迁至湖北布政使。十六年,署湖南巡抚,疏言:"湘阴、益阳诸县,察有私垦千余顷,皆濒洞庭,岁旱方获,请缓升科。洞庭诸私垸窒水道,劝禁增筑。"报可。十八年,移江西巡抚,病免。二十一年,起授户部侍郎,署都统,请赴西路屯田。二十四年,副都统定长劾时绶役兵渔利,遣使就谳,时绶未尝役兵,特其仆从藉求利,命夺官,交定长责自效。二十六年,授头等侍卫,迁镶蓝旗汉军副都统、吏部侍郎、哈尔沙尔办事。三十一年,迁左都御史,仍留哈尔沙尔办事。三十二年,授湖北巡抚。入对,上以时绶弱不能任封疆,三十三年,复授都统、左都御史。三十五年,迁工部尚书。明年,罢。四十七年,卒。

时纪,亦文程诸孙。乾隆初,以任子授工部员外郎。四迁,署广东按察使。二十五年,俸满入觐,谕范氏无大僚,授镶红旗汉军副都统。二十六年,授工部侍郎。二十七年,疏请就京南诸州县开田植稻,下直隶总督方观承察土宜酌行。屡移仓场、户部、礼部诸侍郎。四十二年,以年衰改副都统。寻卒。

宜恒,时绶子。乾隆中,自銮仪卫、整仪卫,五迁,为福建福宁镇总兵。四十七年,授正蓝旗汉军副都统。五十七年,授工部侍郎。嘉庆元年,迁户部尚书。二年,卒。

文程曾孙行又有宜清,乾隆间官盛京工部侍郎;四世诸孙建丰,嘉庆时官吏部侍郎;皆以汉军任满缺,一时称异数云。

宁完我,字公甫,辽阳人。天命间来归,给事贝勒萨哈廉家,隶汉军正红旗。天聪三年,太宗闻完我通文史,召令直文馆。完我入对,荐所知者与之同升,鲍承先其一也。寻授参将。四年,师克永平,命与达海宣谕安抚。又从攻大凌河及招抚察哈尔,皆有功,授世职备御。五年七月,初置六部,命儒臣赐号"榜式"得仍旧称,余称"笔帖式"。

完我遇事敢言,尝议定官制,辨服色。十二月,上疏言:"自古设官定职,非帝王好为铺张。虑国事无纲纪也,置六部;虑六部有偏私也,置六科;虑君心宜启沃也,置馆臣;虑下情或壅蔽也,置通政。数事相因,缺一不可。上不立言官,不过谓我国人人得以进言,何必言官。臣请明辨之,我国六部既立,曾见有一人抗颜论劾者否?似此寂寂,岂国中真无事耶?举国然诺浮沉,以狡滑为圆活,以容隐为公道,以优柔退缩为雅重,上皇皇图治,亦何乐有此景象也?况今日秉政者,岂尽循理方正?僚属既不敢非长官,局外又谁敢议权贵?臣知国中事,上亦时得闻知,然不过犹古之告密,孰若置言官,兴利除害,皆公言之之为愈耶?言官既设,君身何许指摘,他人更何忌讳?苟不至贪污欺诳,任其尽言,勿为禁制,此古帝王明目达聪之妙术也。若谓南朝言官败坏,此自其君鉴别不明,非其初定制之不善也。我国'笔帖式',汉言'书房',朝廷安所用书房?官生杂处,名器弗定。不置通政,则下情上壅,励精图治之谓何也?至若服制,尤陶熔满、汉第一急事。上遇汉官,温慰恳至,而国人反陵轹之。汉官不通满语,每以此被辱,有至伤心坠泪者,将何以招徕远人,使成一体?故臣谓分别服色,所系至大,愿上勿再忽之也。臣等非才,惟耿介忠悃,至死不变,昨年副将高鸿中出领甲喇额真,臣具疏请留;今游击范文程又补刑曹,谅臣亦不得久居文馆。若臣等二三人皆去,岂复得慷慨为上尽言乎?"疏入,上颇韪之,命俟次第举行。

六年正月，完我疏言："昨年十一月初九日，自大凌河旋师，上豫议今年进取，至诚恻怛，推心置腹，蔼然家人父子。臣敢不殚精毕思，用效驽钝。臣闻千里而战，虽胜亦败。近年将士贪欺之习，大异于先帝时，更张而转移之。上固切切在念，而曾未显斡旋之术。人心不炼，必不得指臂相使之用。分军驻防，万难调停，虽诸葛复生，无能为也。又况蜂虿有毒，肘腋患生，疑贰之祖大寿，率宁、锦疮痍之众，坐伺于数百里间，杞人之见，不得不虑及也。"三月，上决策自将伐察哈尔，而完我以为大凌河降卒思逋，宜先图山海，还取锦州，因上疏谏。四月，师西出，度兴安岭，次都勒河，侦言林丹汗西走。完我与同值文馆范文程、马国柱合疏申前议，略言："师已度兴安岭，察哈尔望风远遁，上威名显爆。臣度上且罢西征，转而南入。上怜士卒劳苦，不能长驱直入，徒携子女、囊金帛而归。苟若是，大事去矣！昔者辽左之误，诿诸先帝；永平之失，诿诸二贝勒。今更将谁诿？信盖天下，然后能服天下。臣等为上筹之，以为当今从军蒙古，每人择头人三二辈，挟从者十余人，从上南入，余悉遣还部。然后严我法度，昭告有众，师行所经，戒杀戒掠，务种德树仁，宏我后来之路。今此出师，诸军士卖牛买马，典衣置装，离家益远，见财而不取，军心怠矣，取则又蹈覆辙。上岂不曰'我厉禁取财，其孰敢违'？上耳目所及，或不敢犯；耳目所不及，孰能保者？无问蒙古部长，及诸贝勒，稍稍扰民，怨归于上，此上所当深思者也。与其以长驱疲惫之兵入宣、大，孰若留精锐有余之力取山海。臣等明知失上旨，但既见及此，不容箝口也。"是时上已决用兵于宣、大，五月，上驻归化城，召完我等计事。完我等疏论机宜，语详《文程传》。翌日，上谕蒙古诸部及诸贝勒申军律，盖采完我等前疏所陈也。

七年正月，完我疏言："近日朝鲜交益疏，南朝和未定，沈城不可以常都，兵事不可以久缓，机会不可以再失。汉高祖屡败，何为而帝？项羽横行天下，何为而亡？袁绍拥河北之众，何为而败？昭烈屡遘困难，何为而终霸？无他，能用谋不能用谋，能乘机不能乘机而已。夫天下大器也，可以智取，不可以力争。臣请以棋喻，能者战守攻取，素熟于胸中，百局而百不负。至于取天下，是何等事，而可以草草侥幸耶？自古君臣相需，先帝时，达拉哈辖五大臣，知有上不知有人，知有国不知有家，故先帝以数十人起，克成大业。上今环观国中，如五大臣者有几人耶？每侍上治事，不闻谏诤，但有唯阿；惟务苟且，不肯任劳怨。于国何利？于上何益？钓饵激劝，振刷转移，臣望上于旦暮间也。古人有言：'骐骥之局促，不如驽马之安步；孟贲之狐疑，不如庸夫之必至；虽有尧、舜之智，吟而不言，不如喑哑之指挥。'此言贵能行之。臣谨昧死上言，惟上裁择。"

完我他所献替，如论译书，谓："自《金史》外，当兼译《孝经》、《学》、《庸》、《论》、《孟》、《通鉴》诸籍。"论试士，谓："我国贪惰之俗，牢不可破，不当只以笔舌取人，试前宜刷陋习，试后宜察素行。且六部中，满、汉官吏及大凌河将备，当悉令入试，既可觇此等人才调，且令此等人皆自科目出，庶同贵此途不相冰炭也。"论六部治事，谓："六部本循明制，汉承政皆墨守《大明会典》，宜参酌彼此，殚心竭思，就今日规模，别立会典。务去因循之习，渐就中国之制度，庶异日既得中原，不至于自扰。昔汉继秦而王，萧何任造律，叔孙通任制礼。彼犹是人也，前无所因，尚能造律制礼；今既有成法，乃不能通其变，则又何也？六部汉承政宜人置一通事，上亦宜以译者侍左右，俾时召对，毋使以不通满语自诿。"完我疏屡上，上每采其议。完我又尝疏荐李率泰、陈锦，皆至大用。惟论用兵，力主自宁、锦直攻山海，不愿出宣、大；孔有德、耿仲明降时，完我疏言当收其兵入乌真超哈，继又言有德、仲明暴戾无才，其兵多矿徒，食尽且为盗：皆未当上旨。

九年二月，范文程上言荐举太滥，举主虽不连坐，亦当议罚。完我亦疏请功罪皆当并议，略言："上令官民皆得荐举，本欲得才以任事，乃无知者假此幸进，两部已四五十人，其滥可见。当行连坐法，所举得人，举主同其赏；所举失人，举主同其罪；如有末路改节，许举主自陈，贷其罪。如采此法，臣度不三日，请罢举者十常八九；其有留者，不问皆真才矣。"上并嘉纳。

完我久预机务，遇事敢言，累进世职二等甲喇章京，袭六次，赐庄田、奴仆，上骎骎倚任，顾喜酒纵博。初从上伐明，命助守永平，以博为礼部参政李伯龙及游击佟整所劾，上为诫谕，宥之。十年二月，复坐与大凌河降将甲喇章京刘士英博，为士英奴所评，削世职，尽夺所赐，仍令给事萨哈廉家。是年改元崇德，以文馆为内三院，希福、文程、承先皆为大学士，完我以罪废，不得与。

及世祖定鼎京师，起完我为学士。顺治二年五月，授内弘文院大学士，充《明史》总裁。是年及三年、六年，并充会试总裁。又命监修《太宗实录》，译《三国志》、《洪武宝训》诸书，复授二等阿达哈哈番。八年闰二月，大学士刚林、祁充格得罪，完我以知睿亲王奥《太祖实录》未启奏，当夺职，郑亲王济尔哈朗等复谳，以为无罪，得免。三月，调内国史院大学士，命班位禄秩从满洲大学士例。寻授议政大臣。

十一年三月，疏劾大学士陈名夏结党怀奸，胪举名夏涂抹票拟稿簿，删改谕旨，庇护同党，纵子掖臣为害乡里，凡七事；复言："从古奸臣贼子，党不成则计不行。何则？无真才，无实事，无显功，故必结党为之虚誉。欲党之成，附己者虽恶必护，异己者虽善必仇，行之久而入党者多。若非审察乡评舆论，按其行事，则党固莫可破矣。臣窃自念，壮年孟浪疏庸，辜负先帝，一废十年。皇上定鼎，始得随入禁地，谨守臣职，又复十年，忍性缄口。然愚直性生，遇事勃发，埋轮补牍，虽不敢行；若夫附党营私以图富贵，臣宁死不为也。皇上不以臣衰老，列诸满大臣，圣寿召入深宫，亲赐御酒。臣非土木，敢不尽心力图报。名夏奸乱日甚，党局日成。人鉴张煊而莫敢言，臣不惮舍残躯以报圣主。"名夏坐是遣死。八月，加太子太保。十三年，加少傅兼太子太傅。

十五年九月，以老乞休，温谕命致仕。康熙元年正月，圣祖念完我事太宗、世祖有劳,命官一子为学士。四年四月,卒,谥文毅。雍正六年七月,世宗命录完我子孙,得曾孙兰,以骁骑校待缺,赐宅,予白金五百。

鲍承先,山西应州人。明万历间,积官至参将。泰昌元年,从总兵贺世贤、李秉诚守沈阳城,迁开原东路统领新勇营副将,城守如故。经略熊廷弼疏请奖励诸将,承先预焉,加都督佥事衔。是岁为天命五年。太祖已克开原,乃自懿路、蒲河二路进兵向沈阳。承先偕世贤、秉诚出城,分汛驻守,见太祖兵至,皆不战退。上令左翼兵逐承先等,追沈阳城北,斩百余级而去。七年三月,上克沈阳、辽阳,世贤战死,承先退保广宁。八年正月,克西平堡,承先从秉诚及总兵刘渠、祁秉忠等自广宁赴援,渠、秉忠战死,承先与秉诚败走,全军尽殪。巡抚王化贞弃广宁走入关,游击孙得功等以广宁降。承先窜匿数日,从众出降,仍授副将。

天聪三年,太宗自将伐明,自龙井关入边,承先从郑亲王济尔哈朗略马兰峪,屡败明兵,承先以书招其守将来降。师进薄明都,承先复招降牧马厂太监,获其马骡以济师。明经略袁崇焕以二万人自宁远入援,屯广渠门外,凭险设伏。贝勒豪格督兵出其右,战屡胜。是时承先以宁完我荐直文馆,翌日,上诫诸军勿进攻,召承先及副将高鸿中授以秘计,使近阵获明内监系所并坐,故相耳语,云:"今日撤兵乃上计也。顷见上单骑向敌,有二人自敌中来,见上,语良久乃去。意袁经略有密约,此事可立就矣。"内监杨某佯卧窃听,越日,纵之归,以告明帝,遂杀崇焕。

四年,师克永平,承先从,以书谕迁安诸绅朱坚台、卜文焕以城降,遂取滦州。上命承先与副将白格率镶黄、镶蓝二旗兵守迁安,立台堡五,明兵来攻,力战却之。明监军道张春、总兵祖大寿等合诸军攻滦州,贝勒阿敏令承先以守迁安兵守永平。及滦州破,阿敏弃永平,率诸将出冷口,东还沈阳。上命定诸将弃地罪,以承先、白格守迁安,完城退敌,释弗问。五年,从攻大凌河,降翟家堡。

六年十一月,上询文馆诸臣,考各部启心郎优绌以为黜陟。承先与宁完我、范文程疏言:"当察其建言,或实心为国,或巧言塞责,以为去留。"七年五月,孔有德、耿仲明来降,泊舟镇江。承先疏言:"用舟师攻明宜急进,否则,明亦广练舟师以御,即不能为功。"七月,既克旅顺,承先复请移镇江诸舰泊盖州,收旁近诸岛,以仁义抚其人。

八年五月,上伐明大同,明总督张宗衡、总兵曹文诏等遣承先子韬赍书请和。初,承先降,明人执韬系应州狱,至是出之,使以书来,山行,遇土谢图济农兵,夺其骑,斫韬及从者,皆死。兵去,韬复苏。有冯国珍者,送韬至贝勒代善营,令与承先相见,遂使入谒上。上见韬创甚,留军中,遣国珍赍书还。

九年正月,承先疏言:"臣窃见元帅孔有德、总兵耿仲明为其属员请敕,上许其自行给札。帝王开国,首重名器,上下之分,自有定礼。倘欲加意招徕远人,可谕吏部奏请给札,使恩出上裁。"上不谓然,谕曰:"元帅率众航海远来,厥功匪小。任贤勿贰,载在《虞书》。朕推诚待下,前旨已行,岂可食言?承先败走乞降,今尚列诸功臣,给敕恩养。岂远来归顺诸将吏反谓无功?朕此言亦非责承先也,彼以诚入告,朕亦以诚开示之耳。"

旋自察哈尔得元传国玺,承先请命工部制玺函,卜吉日,躬率群臣郊迎入宫,仍以得玺敕示满、汉、蒙古,上从之。既,承先与文馆诸臣随贝勒文武率吏请上尊号。崇德元年,改文馆为内三院,承先授内秘书院大学士。三年,改吏部右参政。四年,汉军八旗制定,承先隶正红旗。五年,从郑亲王济尔哈朗等围明锦州,令防守衮塔。耕时明兵伤我农民,承先退避不及援,坐论死,上宥之。寻以病解任。顺治元年,世祖定鼎燕京,承先从入关,赐银币、鞍马。二年,卒,命大学士范文程视含敛。

子敬,授三等阿思哈尼哈番,官河北总兵。康熙四年,剿流贼郝摇旗,纵不追,坐降四级。复起为大同总兵。入为銮仪卫銮仪使。卒。

高鸿中与承先同直文馆。克永平四城,承先助守迁安,而令鸿中助守滦州,盖使文馆诸习武事。旋以鸿中领甲喇额真。天聪五年,设六部,授刑部承政。六年,疏论刑部事当厘正者四,谓:"诸臣敕书赐免死,有罪宜先去'免死'字,更有罪乃追敕书,不当遽议削夺。诸臣坐罪辄罚锾,非古制;且罚锾视职崇庳,不问罪轻重,宜有定程。满民有罪待谳,所属牛录若家主,辄与谳狱吏同坐,辨论纷扰,拟严定以罪,著为令。刑曹谳狱,满、汉官会谳,民不便,宜令满官主满民狱讼,汉官主汉民狱讼。"旋复条奏时政,上谕文馆诸臣曰:"上书建言,固不可禁遏。鸿中疏多言古人过失,昔ься成吉思皇帝子察罕代以刀削怪柳为鞭,曰:'我国,父皇所定;此怪柳鞭,乃我所手创也。'其臣俄齐尔塞臣曰:'非先帝鸠工制此刀,则此怪柳岂能以指削,以齿啮耶?凡此土地人民一切诸政,皆先帝所创立。'今榜式等当以此等事相启迪,毋妄议前人为也。"既又疏论兵,略谓:"上策宜薄明都,中策先取山海。当甲军令,毋辱妇女,毋妄杀人,毋贪财物。有以离家久得财多而劝还师者,上毋为所惑。"九年,以所属户口耗减,坐黜。

论曰:"太祖时,儒臣未置官署。天聪三年,命诸儒臣分两直,译曰"文馆",亦曰"书房";置官署矣,而尚未有专官,诸儒臣皆授参将、游击,号榜式;未授官者曰"秀才",亦曰"相公"。崇德改元,设内三院,希福、文程、承先及刚林授大学士,是为命相之始。希福屡奉使,履险效忱,抚辑属部;文程定大计,左右赞襄,佐命勋最高;完我忠说耿耿,历挫折而不挠,终蒙主契;承先以完我荐直文馆,而先完我入相,参预军画。间除帅,皆有经纶。草昧之绩,视萧、曹、房、杜,殆不及也。

卷二百三十三　　列传二十

图尔格 兄彻尔格　**伊尔登** 弟超哈尔
　超哈尔子额赫里　**巴奇兰** 岱松阿
　岱松阿子阿纳海　巴汉　**齐尔格申** 巴都里
　巴都里从弟子海都　托克雅　**叶臣** 子车尔布
　苏鲁迈　苏鲁迈子苏尔济　鄂洛顺　翁鄂洛
　珠玛喇 瓦尔喀珠玛喇　瓦尔喀珠玛喇弟伊玛喇

图尔格，满洲镶白旗人，额亦都第八子也。少从太祖征伐，积功授世职参将。尚和硕公主。太宗即位，八旗各设大臣二，备调遣，亦号"十六大臣"，以图尔格佐镶白旗。寻迁本旗固山额真，列八大臣。天聪元年，上伐明，图尔格率所部从攻锦州，不克，隳大小凌河二城而还。二年，追录其父额亦都功，进世职总兵官。

三年，从伐明，克遵化。四年，上还师，命贝勒阿敏护诸将屯永平，而图尔格与正黄旗固山额真纳穆泰、正红旗调遣大臣汤古岱、榜式库尔缠、高鸿中守滦州。明监军道张春，总兵官祖大寿、马世龙、杨绍基等，合军来攻，图尔格与纳穆泰、汤古岱分地设汛以守。明兵攻纳穆泰急，图尔格分兵授裨将阿玉什使赴援。明兵举火，火将及城楼，有执囊者乘云梯以登，阿玉什挥刀斩之，夺其囊，明兵稍却。阿敏闻明兵攻滦州，遣巴都礼以数百人赴之，夜三鼓，突围入，明兵发巨炮，城圮，城楼焚。图尔格等守四日，度不能御，率所部夜弃城，为散队溃围出。会雨，明兵截击，死者四百余人。至永平，阿敏遂尽弃诸城，引师出塞，令图尔格为殿。师还，命收诸将议罪，上诘责图尔格、纳穆泰等，汤古岱因引罪请死。上曰："汝等不能全师归，陷于彼为敌所杀，归至此朕又杀之，于朕复何益？且汝等既携俘获人畜而还，何不收我士卒与之俱来？彼等何辜，忍令其呼天抢地以死也！"图尔格坐削总兵官，解固山额真。

五年，初设六部，起图尔格为吏部承政。上自将伐明，攻大凌河，督诸军合围，令图尔格从正白旗固山额真喀克笃礼当城东迤北。城兵出攻城南炮台，图尔格不及骑，徒步击走之。略松山，大凌河旋下。八年，与固山额真谭泰帅师略锦州。上自将伐明，命贝勒济尔哈朗留守，使图尔格帅师屯张古台河口，防敌自沿海至。既，又使与梅勒额真劳萨帅师出边，渡辽河，循张古台河驻军，卫蒙古诸部。

是时察哈尔部林丹汗死，其子额哲不能驭其众，诸宰桑皆来降。九年，命贝勒多尔衮等为帅，纳穆泰将右翼，图尔格将左翼，徇察哈尔，至其庭，额哲遂降。师还，略明边，自平鲁卫入塞，躏代州，乘胜至忻口，遇伏，败之，逐北至崞县，歼明兵。还过平鲁卫，明兵邀于途，图尔格战，陷阵，得数百级，明兵引入城，不敢出。图尔格度追师且至，设伏以待，与纳穆泰将千人为殿。明将祖大寿等以三千人赴战，图尔格返兵步战，力冲其中坚，伏起夹击，明兵大奔，乃徐引兵出塞。十年，叙功，授世职一等梅勒章京。

崇德元年，复授镶白旗固山额真。从武英郡王阿济格伐明，图尔格率所部自坤都入边，会于延庆，遂深入，克十六城。攻昌平，下雄县，图尔格皆先登。旋坐女为贝勒尼堪福晋诈取仆女为女，事发，贷死夺官。八月，复命摄固山额真。四年，上命睿亲王多尔衮为奉命大将军，率师伐明，图尔格从，击破明太监冯永盛、总兵侯世禄军。复与固山额真拜音图败明兵于董家口，毁边墙，夺青山关入，下四城。

五年，从多尔衮帅师攻锦州，取其禾，屡击败明兵。又与固山额真叶克书将三百人伏乌忻河口，伺城兵出牧，驱牲畜以归。明兵千余人逐战，叶克书马中矢蹶，敌将兵焉，图尔格射敌毙，翼叶克书上马，并力击敌，敌败去复至，凡六合，图尔格身中二十余创，犹殿后力战，护所俘还。叙功，复进世职三等昂邦章京。寻授内大臣。六年，太宗自将伐明，困洪承畴松山，图尔格从。明总兵曹变蛟夜犯御营，兵至仓卒，守营大臣侍卫皆未集，图尔格首发矢毙二人，与弟伊尔登、宗室锡翰督亲军攒刺，变蛟中创败去。复从诸贝勒邀击明败兵，战于塔山，为伏于高桥，杀敌无算。

七年十月，上命饶馀贝勒阿巴泰为奉命大将军，以图尔格副之，帅师伐明。左翼道界岭口，右翼破石城、雁门二关，并深入，越明都，自畿南徇山东，南极兖州，克府三、州十八、县六十七，获明鲁王以派及乐陵、阳信、东原、安丘、滋阳五郡王，他宗室官属千余人。遇敌三十九战皆胜，俘三十六万九千，驼马骡驴牛羊五十五万一千三百有奇，得黄金万二千、白金二百二十万有奇，珠缎衣裘称是。八年六月，师还，赐白金千五百。世祖即位，叙功，进三等公。顺治二年二月，卒。九年，谥忠义。配享太庙，立碑墓道。雍正九年，定封三等果毅公，世袭。

子武尔格，从征皮岛，战死；科布梭，袭三等昂邦章京。贝子屯齐等讦郑亲王济尔哈朗诸罪状，因及太宗崩时图尔格等共谒肃亲王豪格，将奉以嗣位，而以上为太子。王大臣议追夺图尔格公爵，命但削科布梭世职。科布梭亦讦其父当太宗崩时，以与白旗诸王有隙，命三牛录护军具甲冑弓矢卫其门，其祖母、其父，及其从父遏必隆；又尝叱辱格格，格格，遏必隆妻也。语详《遏必隆传》。顺治八年，上亲政，命科布梭袭三等公，恩诏进二等。九年，追论科布梭妄讦其父，削爵。遏必隆兼袭进一等公，自有传。

兄彻尔格，隶满洲镶黄旗。幼事太祖，从征伐有劳，授备御，进游击。天命十年四月，上命王善、达珠瑚及彻尔格率千五百人伐瓦尔喀部，王善，上族弟也。师大捷，多所俘获。及还，上先五日出郊猎为避荫，四日乃罢猎，至木户角洛，与师会。王善等入谒，行抱见礼，以酒二百瓮并出猎所获兽百余飨从征士卒，并及降人。还至沈阳北冈，复以酒四百瓮、牛羊四十，列四百筵为大宴。既入城，又赐从征者人白金五两。寻进彻尔格三等总兵官。

太宗即位，设八大臣，彻尔格领镶白旗。天聪元年正月，从贝勒阿敏等伐朝鲜，师还。寻解固山额真授其弟图尔格。二年五月，从贝勒阿巴泰等伐明，隳锦州、杏山、高桥三城。五年七月，初设六部，授刑部承政。寻迁兵部承政。七年八月，命与刑部承政索海侦明边，至锦州，斩七级，获把总一、兵九。十月，明副将尚可喜来降，上命彻尔格侦其踪迹。八年二月，奏言："可喜行且至，道远马不给，请诸牛录凡有马四者，借二以给用。"崇德二年四月，从武英郡王阿济格等攻皮岛，师还，以屡违军令，削爵罢官。三年七月，更定部院官制，起授工部左参政。五年二月，擢户部承政。八年，考满，复授牛录章京世职。世祖定鼎燕京，加半个前程。顺治二年二月，卒。

子陈泰、法固达、拉哈达。陈泰、拉哈达自有传。法固达袭世职，进三等阿达哈哈番，寻卒。

伊尔登，额亦都第十子，与图尔格同旗。幼，太祖育之宫中，长授侍卫。屡从征伐，城界凡、萨尔浒，皆有劳，赉蟒服，授世职游击。累进三等副将。太宗即位，各旗置大臣二备调遣，伊尔登与其兄图尔格同佐镶白旗。寻命帅师戍国南界。天聪三年九月，攻獐子岛，岛故明将毛文龙所辖，文龙为袁崇焕所杀。伊尔登帅师行略地，得舟五，沉之，俘其人以归。十月，从伐明，攻龙井关，隳其水门入，斩明将易爱、王遵臣，尽歼其众。攻遵化，败明山海关援兵，斩其将赵率教，薄明都。四年，克永平、滦州、遵化诸城。师还，进一等副将。图尔格罢固山额真，以授伊尔登。五年八月，攻大凌河城，伊尔登当城东迤南，深沟坚垒，环而守之，卒以破敌。六年，上自将伐察哈尔，命与贝勒阿巴泰等留守。

七年六月，上以伐明若朝鲜若察哈尔三者何先，谕诸贝勒大臣各陈所见。时上留诸军驻山海关外屯田，诸贝勒大臣皆请先用兵于明。伊尔登亦言："与其顿兵关外，不若径入内地。察诸城孰可攻者，多率步兵具梯牌，乘机摧陷，何坚不克？况蓄锐已久，人有战心，及时而用之，所谓事半而功倍也。"七月，上命从贝勒岳托、德格类等取旅顺，与固山额真叶臣将二千五百人戍焉。八年，上自将伐明，自上方堡入，命伊尔登从贝勒阿济格、多尔衮、多铎等帅师自巴颜朱尔格入龙门，与上军会宣府，击败明兵，得马百余。攻保安，克之，进拔灵丘。伊尔登怙诸贝勒，又与固山额真贝子篇古等相讯谋，下法司集谳，坐夺世职，并罢固山额真，复授图尔格，仍罚锾。寻从豫亲王多铎伐朝鲜，师还，复从武英郡王阿济格攻皮岛，坐先军蘧渡江，复罚锾。

崇德三年，起授巴牙喇纛章京。四年春，从武英郡王阿济格伐明，伊尔登以三十人行略地，败明兵千人，掠其马。上自将大军驻锦州。四月，阿济格以其会攻松山、杏山，诇知明总兵祖大寿、太监高起潜将二千人出战，我师为伏以待，敌逡巡不前。伊尔登以四十人纡道致敌，且战且却，伏发合击，大败明兵。六月，命充议政大臣，兼内大臣。

六年六月，从郑亲王济尔哈朗围锦州，明总兵洪承畴以师赴援，屯松山西北。郑亲王令右翼军击之，战不利，退保乳峰山。敌入两红旗、两蓝旗驻军地，固山额真叶臣等敛兵不与争。伊尔登将多尔机辖与恭顺王孔有德及蒙古敖汉、柰曼、察哈尔诸部兵御敌，跃马突阵，纵横驰击，身被数创不少却，马踣，易之，三战益奋，明兵凡四合围，卒溃围出。上嘉其勇，复世职三等梅勒章京，赐白金四百。

八月，上自将御洪承畴，陈师松山、杏山间，命诸贝勒大臣分道截击明兵。伊尔登与公塔瞻率巴牙喇兵为伏于高桥，甫出营，遇明兵千人自杏山潜出，击斩之，遂至高桥；又遇明兵六百余人自杏山南奔塔山，伏起，明兵熸焉。上移营逼松山，明将曹变蛟夜犯御营，图尔格率先射敌，伊尔登与内大臣宗室锡翰整兵拒战，变蛟败遁。上命侍卫大臣疏防及战不利者皆罚锾，赏御敌将士，伊尔登得优赉。

世祖定燕京，论功，遇恩诏，累进二等伯。顺治十三年，以老致仕。上旌伊尔登功，命得乘马入朝，辄召对赐食。图其像，一藏内库，一畀其家。康熙二年，卒，谥忠直。

伊尔登勇冠诸军，尤长于应变，潜机制敌，诸宿将皆弗能及。子前卒，孙噶都袭，官至镶黄旗蒙古副都统、领侍卫内大臣。乾隆初，定封一等男。

超哈尔，彻尔格弟，与同旗。幼事太祖，授牛录额真。天聪八年，予牛录章京世职。九年，与牛录额真纳海、巴雅、彰屯等赍书诣喜峰口、潘家口、董家口诸处谕明守边将吏，还遇戍卒邀战，斩获百余人，擢巴牙喇甲喇章京。崇德元年，从武英郡王阿济格伐明，将入边，遇逻卒，迎战，俘二人，获马四。薄明都，夺炮以击敌，杀百余人。转战至卢沟桥，再遇敌，战皆胜。二年，列议政大臣。三年七月，更定部院官制，授礼部左参政。

九月，从睿亲王多尔衮伐明，自青石口入边，会师涿州。超哈尔率所部攻任丘，穴地隳其城，趋赵北口，明兵毁桥，师不得渡，乃骑出水西袭明兵后，明兵大败。南略山东，从克济南。四年春，师还，出边，超哈尔殿，败明兵于太平寨。五年，转兵部右参政。六年，从郑亲王济尔哈朗伐明，围锦州，城兵出战，超哈尔率所部奋击，逐入郭，力战没于阵。太宗深惜之，赐白金六百一十两，进世职二等甲喇章京。顺治间，追谥果壮，立碑纪绩。子格黑礼、额赫里。格黑礼袭世职，凡四年而卒。

额赫里以牛录额真袭世职，寻迁甲喇额真。从郑亲王济尔哈朗徇湖广，屡败明兵。师还，授京城中城理事官。迁都察院理事官。累进二等阿思哈尼哈番。顺治九年，命帅师戍江宁。郑成功侵福建，驻军海澄。平南将军金砺请益师进剿，上命额赫里将千五百人以往，与金砺会师击成功，大破之，遂攻海澄，复败成功兵。十二年，擢兵部侍郎。以功进一等阿思哈尼哈番。十六年，成功兵逼江宁，给事中杨雍建劾枢臣失职。明年，甄别部院诸臣，上以额赫里弗任劳怨，解任，降三等阿思哈尼哈番。康熙初，复为兵部侍郎。擢工部尚书。卒。

子英素袭。从征准噶尔有功，进二等阿思哈尼哈番。卒，子郎保仍袭三等阿思哈尼哈番。从大将军傅尔丹征准噶尔，和通呼尔之败，郎保殉焉，恤进二等阿思哈尼哈番。

巴奇兰，纳喇氏，世居伊巴丹。旗制定，隶满洲镶红旗。太祖兵初起，巴奇兰率众来归。屡从征伐，沙岭之役，率五牛录兵当前锋，败敌。天命十一年，从攻宁远，克觉华岛，授游击。太宗即位，各旗设调遣大臣二，巴奇兰佐正黄旗。

天聪三年，从伐明，薄明都，驻军城北，击败明总兵满桂等。七年，从伐明，攻旅顺口。巴奇兰率白奇超哈兵与镶白旗固山额真萨穆什喀方舟而前，敌负崖，战甚力，巴奇兰被数创，冒矢石奋击，且号于众曰："孰能先登，吾檄其功于上前！"于是牛录额真雍舜、珠玛喇超距登崖，巴奇兰督众兵从之上，敌殊死战，我军少却。巴奇兰疾呼曰："敌兵败矣！"士卒皆踊跃腾藉入，遂克之，进三等副将。

八年五月，太宗自将伐明，贝勒济尔哈朗留守，巴奇兰副之。十二月，命偕萨穆什喀分将左右翼兵伐虎尔哈诸部，师行，上谕之曰："此行道殊远，慎毋惮劳。得俘，抚以善言，与共甘苦。携以还，皆可为我用。汝曹当善体朕意。"九年五月，师还，上御殿设宴，亲酌金卮劳之，分赉所获牲畜，命籍降人二千余户俾安业，进一等梅勒章京。十年二月，病创溃，卒，赠三等昂邦章京。乾隆初，定封三等子。巴奇兰伐虎尔哈诸部，牛录额真岱松阿实从。

岱松阿，佟佳氏，世居雅尔湖。旗制定，隶满洲正红旗。初亦逮事太祖。天聪二年，从伐明锦州，下十三站以东二十余台。七年，命与甲喇额真英俄尔岱使朝鲜。语见《英俄尔岱传》。八年，予牛录章京世职。及巴奇兰等师还，有功，加半个前程。崇德元年，从英亲王阿济格伐明，徇昌平。二年，戍海州，击明兵旅顺口，得舟二，俘七人，斩二人，命赍银布。六年，卒。

阿纳海，岱松阿子，袭职，授牛录额真。顺治二年，从击李自成，逐至富池口，掠其舟。三年，从击张献忠。师至西安，叛将贺珍以马步二千人拒守鸡头关，阿纳海与巴牙喇纛章京鳌拜等击破贼垒，遂徇四川，屡破献忠兵。五年，授工部理事官，寻兼任甲喇额真。六年，从讨叛将姜瓖，攻大同，掘堑环城，城兵出战，阿纳海及固山额真噶达浑与战屡胜。叙功，并遇恩诏，累进一等阿达哈哈番。十八年，从靖东将军济席哈讨山东土寇于七，败其党乔玉季于连山，贼夜出，阿纳海与战，中创卒，进三等阿思哈尼哈番。

巴汉，亦岱松阿子，袭职，康熙十三年，以参领从副都统硕塔、穆森等讨耿精忠。次安庆，闻建德陷，巴汉率兵诇之。至赤头关，精忠兵出战，击之溃，遂导诸军攻克之。十一月，精忠兵四千余攻南康，巴汉与硕塔、穆森等击败之，斩千余，尽收其械。十六年，从镇南将军莽依图、江宁将军额楚等讨吴三桂，自广东徇广西，破三桂将蒋雄于树梓墟。十八年，三桂将吴世琮攻南宁，巴汉从莽依图等赴援，世琮屯新宁州西山下，列鹿角为阵。巴汉与战，多所俘馘，世琮负伤引去。南宁围解。二十年，从征南大将军赖塔进兵，败三桂将何继祖等于西隆州，夺石门坎、黄草坝诸隘，遂趋曲靖。会湖南、四川两路兵，进克云南，

复从都统希福击三桂将马宝、巴养元等于楚雄乌木山。二十五年，论功，进一等阿思哈尼哈番。二十九年三月，卒。

齐尔格申，世居宁古塔，以地为氏。兄纳林率百余人归太祖，太祖命籍其众为牛录，以为牛录额真。旗制定，隶满洲镶白旗。纳林卒，齐尔格申代为牛录额真，率所部屯迤卜逊木城。明兵攻耀州，齐尔格申赴援，败之淤泥河，还驻平山。海滨鬻盐者千人，具舟将出海，齐尔格申夜袭之，千人皆殪。明锦州守者以兵至，齐尔格申与战，面中枪，战愈力，明兵败去。

天聪六年，修盖州城，移民以实之，命齐尔格申与梅勒额真石国柱、甲喇额真雅什塔等帅师成焉。八年，授世职牛录章京。盖州与明为界，诸新附多亡去归于明。齐尔格申将兵行海滨，值明兵以舟迎逃人，已入海。齐尔格申涉水追射，殪舟中执枪者及逃人一，遂跃入其舟，获明备御一、逻卒十有三。又将兵视北新渡口，谍言明兵以舟五十余泊岛中，命为伏以待，明兵二十余入岛伐木，伏发，尽获之。明兵以舟泛于海，有二人遥呼曰："我逃人也，谁敢逐我者？"齐尔格申乘小舟逐之，斩一人，俘一人，余舟明兵皆惊溃。

崇德元年，以齐尔格申出战能称职，赐良马。五月，从武英郡王阿济格伐明，薄大同，徇延庆，有所俘获。世祖朝为福陵总管。顺治七年，授世职拖沙喇哈番。齐尔格申从弟多尼喀，以攻莱阳先登，赐号"巴图鲁"，授世职牛录章京，加半个前程，至是卒，以齐尔格申兼袭为一等阿达哈哈番，复以恩诏进三等阿思哈尼哈番。康熙十二年，卒。

巴都里，性佳氏，满洲镶蓝旗人。父刚格，当太祖时率其族来归。巴都里屡从战伐，授牛录额真，兼甲喇额真。天聪八年，从伐明，攻大同，与宗室拜音图为导，未入边，得察哈尔宰桑四，擢巴牙喇纛章京。崇德元年，从伐朝鲜，巴都里与巴牙喇纛章京巩阿岱围南汉山城，屡败敌。二年，从上猎叶赫，巴都里及哈宁阿所部行列不整，上严诘责之。三年，从伐明。明年，从济南还，师出青山口，明师追至，巴都里率所部还战，巴牙喇兵有被创坠马者，令他兵护以归，弃于道，坐罚锾。六年，授兵部参政，兼任镶蓝旗满洲梅勒额真。八年，与梅勒额真鄂罗塞臣伐黑龙江，降图瑚勒禅诸城。师还，予世职半个前程。迁镶蓝旗满洲固山额真。卒。

海都，其从弟杭嘉子也，袭职。恩诏，进拜他喇布勒哈番兼拖沙喇哈番。顺治间，从击明将孙可望、李定国、白文选，皆有功。康熙中，署护军统领。从讨吴三桂，卒于军。叙功，进三等阿达哈哈番。

托克雅，先世居瑚尔哈，以地为氏。兄纳罕泰，为瑚尔哈部屯长，天命四年，将其戚属及所部百余户来归，太祖使迎劳赐宴，赉裘服、奴仆、田宅、器用、牛马。旗制定，隶满洲正红旗。寻授纳罕泰扎尔固齐，托克雅牛录额真。天聪三年，迁巴牙喇甲喇章京。从伐明，入自龙井关，遇明三屯营逻卒，斩五人，获马七。护粮以行，明兵来劫，复斩数人，获纛一。遂与大军会，从克遵化。五年三月，

与甲喇额真榜素等将百人略锦州。八月,围大凌河城,移屯断锦州、松山道。明兵自锦州至,击却之,逐至城下,俘馘甚众。八年,从伐明,攻大同,归还出尚方堡,察哈尔诸宰桑来归,上命托克雅率师护降人以还。叙功,授甲喇章京世职。九年,战于宁远,与阿济拜等败敌。语详《阿济拜传》。崇德三年八月,从贝勒岳托伐明,越明都,趋山东,围临邑,托克雅以云梯攻克其城,赉马及白金。四年六月,擢正红旗蒙古梅勒额真。六年,从围锦州,与明总督洪承畴战,当敌炮,被数创。七年,解梅勒额真任。顺治元年,起为陵寝总管。二年九月,卒,年六十有三。

叶臣,完颜氏,世居兆佳。归太祖。旗制定,隶满洲镶红旗。天命四年,从伐明,攻铁岭,蒙古兵助守拒战,奋击破之。六年,复从伐明,克辽阳,以功授游击。太宗即位,各旗置调遣大臣二,叶臣佐镶红旗。

天聪元年,从贝勒阿敏伐朝鲜,以六十人阑入明边,俘逻卒六。攻义州,与牛录额真艾博先登,以功授二等参将。率兵戍蒙古,捕斩逋逃,进三等副将。四年,从太宗伐明,攻永平,上命叶臣与副将阿山选部下壮士二十四人,树云梯先登。语详《阿山传》。城既克,上嘉叹,且谕诸将曰:"他日复攻城,毋令先登。骁将,当共惜之!"进三等总兵官,授议政大臣。谕以政有阙失,当尽言,叶臣对曰:"臣受恩重,愿罄所知入告,但恐臣识未逮耳。"五年,授镶红旗固山额真。从伐明,围大凌河城,叶臣以所部当城西迤南。城兵出蹙我垒,叶臣与额驸和硕图等督兵夹击,歼敌过半。

七年六月,上命诸贝勒大臣陈时政,时有议直击山海关者,叶臣疏言:"今我师方聚,宜先往大同、宣府觇察哈尔踪迹,近则攻之;若远,即入明边,进逼明都。伐木为梯,昼夜环攻,即不遽克,亦足以威敌。"上韪其言。是月,从贝勒岳托、德格类等攻明旅顺口,斩获无算。八年,从贝勒代善自喀拉鄂博入得胜堡,略大同,西至黄河,击败明朔州骑兵。崇德元年五月,从武英郡王阿济格等伐明,既入边,分兵下安州;又合攻宝坻,穴其城,克之。十二月,从上伐朝鲜,与诸固山额真率阿礼哈超兵入其王都。二年四月,从阿济格攻明皮岛,与阿山督白奇超哈兵乘小舟攻岛西北隅,麾兵先进,斩明总兵沈世奎,岛下。师还,进一等总兵官。四年,从贝勒岳托等伐明,入青山口,略太平寨。岳托令每旗遣梅勒章京一,每牛录简甲士三,使叶臣与固山额真谭泰为将,攻克其关,遇敌十三战皆胜,得马六十。七年,命代贝勒阿巴泰戍锦州。

顺治元年,从入关,率师徇山西。师所经行,自直隶饶阳至河南怀庆,傍近诸府县悉下,进克太原。先后定府九、州二十七、县一百四十一,署置官吏,安辑居民。明将李际遇屯河南境,依山为寨。唐通、董学礼降李自成,拥众扰边。叶臣皆招使来降,山西底定。师还,至定州,土寇有自号扫地王者,纠徒党剽掠,叶臣遣兵讨平之。比至京,坐擅毁禁垣,屏其功不录,但锡白金六百。二年,豫亲王多铎定江南。七月,命贝勒勒克德浑为平南大将军,以叶臣佐之,代多铎镇抚;并命大学士洪承畴招抚南方诸行省,敕满洲诸军会叶臣调遣,有不顺命者,叶臣发兵搜捕,辄奏绩。十一月,以自成余党一只虎等出没武昌、襄阳、荆州诸府,命叶臣从勒克德浑移师剿除。三年十月,师还,赐黄金三十、白金五百。四年,改一等精奇尼哈番。五年,卒。是年七月,定封二等精奇尼哈番,以长子车尔布袭;复兼一拖沙喇哈番,以第五子车赫图袭。

车尔布初官甲喇额真。崇德六年,从攻锦州,与诸将共为伏,破明兵,擢巴牙喇纛章京。从入关,击李自成,追及于安肃,复追及于庆都,歼贼甚众,授世职拜他喇布勒哈番。既,复从英亲王阿济格西讨自成,师出塞,道土默特、鄂尔多斯;入塞渡黄河,凿冰以济。顺治二年春,师至榆林,贼夜袭蒙古军,车尔布与牛录额真苏拜往援,破敌,还军遇伏;复纵击却之,与固山额真伊拜拊循旁近诸府县。师进围延安,与梅勒额真罗壁战败城兵。自成走湖广,车尔布与巴牙喇纛章京鳌拜以师从之,攻安陆,得舟八十;复与巴牙喇甲喇章京京噶达浑逐贼九宫山,败其骑兵,自成死。师还,授议政大臣,加一拖沙喇哈番。

三年,从肃亲王豪格讨张献忠,屡战皆捷,与贝勒尼堪等徇遵义、夔州诸府县。寻以巴牙喇纛章京哈宁阿被围,车尔布未及援,降拖沙喇哈番,辍其赏及既袭父爵。六年,姜瓖以大同叛,车尔布从英亲王阿济格帅师讨之。瓖出攻镶红旗营,车尔布率巴牙喇兵御之,瓖败走。瓖党自阻马、得胜二路分兵循北山逼我军,瓖复以城兵出战,鳌拜率先当贼,车尔布与梅勒额真谭布合兵继进,遂歼瓖兵。两遇恩诏,累进三等伯。十二年十二月,命与宁海大将军伊尔德率师徇浙江,击斩明鲁王将王长树、王光柞、沈尔序等。与伊尔德自宁波航定海,分三路进攻,敌万余,列舟二百,战败;逐之,至衡水洋,斩思六御,获其将林德等百余人,遂复舟山。语互见《伊尔德传》。以功进一等伯,兼拖沙喇哈番。十五年十二月,命与安南将军明安达理戍贵州。十六年二月,复命移驻荆州。八月,郑成功入攻江宁,车尔布与明安达理自荆州赴援,循江而下,击败成功将杨文英,斩其裨将,获舟及诸攻具。十七年十一月,师还。十八年,改镶红旗蒙古都统。康熙三年,以久疾解都统,降三等伯。七年三月,卒。乾隆十四年,定封号曰威靖。

初,从叶臣攻永平,先登凡二十四人,苏鲁迈其一也。苏鲁迈,嵩佳氏,满洲正蓝旗人,世居栋鄂部。父逊札哩,归太祖,太祖录其长子苏巴海,授牛录章京。天命三年,苏鲁迈从伐明,攻抚顺,树云梯先登。六年,授牛录额真。复从伐明,取沈阳、辽阳。天聪元年,从阿敏伐朝鲜,攻义州,苏鲁迈以二十人先诸军登城。三年,从太宗伐明,攻克洪山口城。予世职备御。其从叶臣攻永平也,城上火器发,苏鲁迈面中枪,不退;敌炮裂自焚,冒火援云梯上,城遂下。上遣医视创,赐号"巴图鲁",赉牲畜、布帛,进世职游击。复从伐明,取旅顺,略宁远,战必先众,恒以被创受赏。崇德元年,从武英郡王阿济格伐明,将入边,攻雕鹗城,炮伤口,因以残疾家居。顺治间,恩诏,累进三等阿思哈尼哈番。康熙元年十一月,卒,谥勤勇。苏鲁迈子苏尔济、逊哈、三塔哈、鄂洛顺、翁鄂洛。

苏尔济,顺治初以噶布什贤辖从入关,与噶布什贤噶喇依昂邦锡特库击败李自成将唐通于一片石。三年,从端重亲王博洛徇福建,败明将姜正希于汀州,予世职拜他喇布勒哈番。七年,卒。

鄂洛顺,事圣祖。以二等护卫从建威将军佛尼埒讨吴三桂,败其将高定;以前锋统领从裕亲王福全击噶尔丹。有功,累迁江宁将军。卒。

翁鄂洛,事圣祖。从征南大将军赉塔讨吴世璠,师自广西入,战石门坎,败其将何继祖;再战黄草坝,复败继祖,获詹养、王有功。薄云南,歼胡国柄,逐捕马宝、巴养元等。以功进三等阿达哈哈番。卒。

珠玛喇,碧鲁氏,世居叶赫。太祖时,率所部虎尔哈人来归。旗制定,隶满洲镶白旗,授牛录额真。天聪三年,从伐明,次遵化,击败明兵。后三日,太宗临视遵化,明兵自山海关至,将入城,珠玛喇以逻卒十人御之,所击杀甚众。薄明都,遇明总兵满桂、黑云龙、麻登云、孙祖寿诸军入大红门,与额驸扬古利、甲喇额真音达户齐击之明兵左次,旋克永平。复攻昌黎,先登,被六创。以功授备御。寻坐事夺世职。五年,从围大凌河城,明监军道张春赴援,珠玛喇与甲喇额真鄂诺迭战,破其前锋。

六年,从伐察哈尔,次穆鲁哈岱,获布延图台吉,歼其从者百余,俘其孥。七年,从贝勒德格类、岳托攻旅顺口,将巴牙喇兵十人,以舟登击瓮城。巴奇兰既令于众,珠玛喇与牛录额真雍舜超跃而上,大声自名曰:"珠玛喇登城矣!"被三创,不少却,卒拔其城。上闻,嘉叹,亲酌金卮以赐,复世职。九年,从贝勒多铎伐明,围锦州,夜设云梯以功,被创甚。

崇德元年,从伐朝鲜,力战,克山寨;从伐明,败明总兵,取四县。三年,授兵部理事官。从伐明,围锦州。明兵屯广宁北苔峙山,珠玛喇别将四十人破其寨;又招降别军屯骆驼山及大凌河北山诸寨。六年,命与甲喇额真僖福监家口互市。事毕,所司劾珠玛喇以私财为市,且索马蒙古,论死,上命宽之,复夺世职,输所市物入官。寻从郑亲王济尔哈朗复围锦州,敌将夺我军炮,珠玛喇击之退;既,复至,珠玛喇射殪敌,敌乃溃。七年,与噶布什贤噶喇依昂邦沙尔虎达伐虎尔哈部,降喀尔喀木等十屯,俘壮丁千余及牲畜、辎重以归,上命迎劳。

顺治初,珠玛喇以甲喇额真从入关,击李自成。寻授正蓝旗满洲梅勒额真、兵部侍郎,复世职。二年十一月,与梅勒额真和托等帅师驻防杭州,珠玛喇将左翼。马士英、方国安自严州侵馀杭,珠玛喇击之走。还,未至杭州三十里,遇土寇,复击破之。国安等仍以数万人分屯江东诸山及杭州郊外朱桥、范村诸地,珠玛喇与总兵和大雄、副将张杰等分兵逐捕。三年,率师徇福建,与巴牙喇纛章京敦拜击破明兵。五年,从征南大将军谭泰讨叛将金声桓于江西,与固山额真何洛会及沙尔虎达等屡败声桓兵,焚其舟千三百有奇,下九江及其属县凡六。迁正白旗蒙古固山额真、吏部尚书。世职累进三等阿思哈尼哈番。

十年冬,坐选授山东驿道房之麒尝占籍青州不详勘,罢尚书。十一年,明将李定国等寇广东,命珠玛喇为靖南将军,副以敦拜,率师讨之。方攻新会,尚可喜、耿继茂等军于三水,扼隘列屯。珠玛喇至,与合军击敌,战于珊洲,斩副将一,获裨将十余,馘一百五十余级。师至新会,定国所将步骑卒四万,分据山险列炮,以象为阵。珠玛喇督将士力战,定国兵既却,复出兵四千人自山上驰下,我师力御败之,夺其山,定国兵乃遁。十二年二月,定国走高州,珠玛喇遣梅勒额真毕力克图、鄂拜等以师从之,战于兴业,再战于横州,定国渡江焚其桥,我师蹑其后,三战皆胜。定国走入安隆,珠玛喇与尚可喜等复高州、雷州、廉州三府及所属州三、县八;又克广西境州二、县四:凡二十二城。得象十六、马二百有奇,他器械称是。上赐敕奖励。九月,师还,入见,上谕大学士冯铨等曰:"珠玛喇率师征广东捷归,年方五十。壮年能立功,为有福也!"赐茶慰劳。部议进一等阿思哈尼哈番兼一拖沙喇哈番,上以珠玛喇等击破定国,雪衡州、桂林之愤,功高不当循常格,命再议,进三等精奇尼哈番。十五年,致仕。康熙元年,卒,谥襄敏。

瓦尔喀珠玛喇,那木都鲁氏,居瓦尔喀部浑春地。祖察礼,率族归太祖。旗制定,隶满洲正白旗。珠玛喇方少时,即从太祖征伐,授牛录额真。以同时有碧鲁珠玛喇,命缀地于名以为别。

天聪八年,授世职牛录章京。尝率噶布什贤兵十人,逐得蒙古亡者四十三人,上特予优赉。崇德二年,与牛录额真喀凯等分道伐瓦尔喀部,徇额勒约索、额黑库伦、僧库勒诸路,俘获甚众。以功加半个前程。三年,授吏部理事官。四年三月,从贝勒岳托伐明,攻故城,夜以云梯登,克之。明总兵侯世禄师赴援,珠玛喇徒步突敌军,力战,世禄败去,珠玛喇创甚,明太监高起潜师复至,负创战尤力,超潜亦败去。十月,从略锦州,败明兵,入边至太平寨,明兵严阵以待,珠玛喇徒步大呼,入阵斫鹿角,中创不稍却,明兵大溃。十一月,从承政索海、萨穆什喀伐索伦部,珠玛喇俘十有九人。道攻虎尔哈部雅克萨,焚其郛,牛录额真和扎先登,珠玛喇继之,克其城。师还,次黑龙江之滨,虎尔哈溃兵复合,乌鲁苏屯酋博穆博果尔以六千人击正蓝旗后队,珠玛喇与索海设伏掩击,歼敌略尽。以功进三等甲喇章京。

六年,从伐明,围锦州,击败松山骑卒。明总督洪承畴赴援,营松山西北,我师与战,右翼败;敌萃于左翼,珠玛喇力战,炮伤额,踣且绝,上深悼之,赐襮以敛。后三日复苏,上闻喜甚,令加意休养,毋即从军,命监造盛京塔,塔成,厚赉之。旋令率戍锦州,明兵来攻,战竟夜,敌败去,斩四十余级,得云梯及军械。累进一等甲喇章京。

顺治初,从入关,击李自成,平马山口土寇,以功加半个前程。二年十月,调户部理事官。十一月,与固山额真巴颜等帅师会定西大将军何洛会西讨张献忠。三年,肃亲王豪格代何洛会督诸军向阶州,闻献忠兵屯礼县南,遣珠玛喇分兵击之,献忠兵惊窜;复与巴牙喇纛章京鳌拜进兵西充,献忠死,乃还师。六年,从讨叛将姜瓖,次左卫。

瓖兵屯城外迎战，珠玛喇击之走，城遂下。逐贼宁武关，环兵置炮山冈以拒，珠玛喇与甲喇额真乌库礼疾驰据冈脊，破其垒，瓖所置总兵刘伟以关降。师还，擢正白旗梅勒额真。世职累进一等阿思哈尼哈番。十年三月，卒，祀四川名宦。

伊玛喇，其弟也。肃亲王定四川，伊玛喇以巴牙喇侍卫从。师次保宁，献忠将赵云桂来攻。伊玛喇登城射中云桂目，贼骇走，师从之，大捷，即袭其兄世职，授甲喇额真。康熙十三年，从扬威将军阿密达讨叛将王辅臣。十四年五月，克宁州。九月，进攻平凉，未至八里，辅臣率万馀人出拒，伊玛喇从贝勒洞鄂与战，辅臣败入城。十五年，从抚远大将军图海复攻平凉，至城北虎山墩诇贼，贼合步骑猝至，伊玛喇奋战，贼败去。事平，师还。二十七年，乞休。三十四年五月，卒，亦祀四川名宦。世宗即位，命录战功未受赏者，加伊玛喇拖沙喇哈番。

论曰：太宗与明战，下大凌河，克锦州，皆以全力争。壬午之师，间道深入数千里，如行无人之境，为前此所未有，则图尔格之绩也。以是战多踬为宗勋。伊尔登、巴奇兰、齐尔格申犟皆骁武，从太宗征伐，搴旗陷阵；而叶臣、珠玛喇入关后，又以凤将力战策勋。大业将成，群才翊运，盛矣！

卷二百三十四　　列传二十一

孔有德全节　**耿仲明**子继茂　继茂子昭忠
聚忠　**尚可喜**子之孝　**沈志祥**兄子永忠
永忠子瑞　**祖大寿**子泽润　泽溥　泽洪
泽洪子良璧　大寿养子可法　从子泽远

孔有德，辽东人。太祖克辽东，与乡人耿仲明奔皮岛，明总兵毛文龙录置部下，善遇之。袁崇焕杀文龙，分其兵属副将陈继盛等。有德与仲明走依登州巡抚孙元化为步兵左营参将。

天聪五年，太宗伐明，围大凌河城。元化遣有德以八百骑赴援，次吴桥，大雨雪，众无所得食，则出行掠。李九成者，亦文龙步将，与有德同归元化，元化使赍银市马塞上，银尽耗，惧罪。其子应元在有德军，九成还就应元，咻有德谋为变。所部陈继功、李尚友、曹得功等五十馀人，纠众数千，掠临邑，凌商河，残齐东，围德平，破新城，恣焚杀甚酷。元化及山东巡抚馀大成皆力主抚，檄所过郡县毋邀击，有德因伪请降。明年正月，率众径至登州，仲明与都司陈光福及杜承功、曹德纯、吴进兴等十五人为内应，夕举火，导有德入自东门，城遂陷。元化自刭不殊，有德等以元化故有恩，纵使航海去。旅顺副将陈有时、广禄岛副将毛承禄亦叛应有德，势益张。有德自号都元帅，铸印置官属，九成为副元帅，仲明、有时、承禄、光福为总兵官，应元为副将，四出攻掠。明以徐从治为山东巡抚，

谢琏为登莱巡抚，并驻莱州。有德等进陷黄县、平度，遂攻莱州，从治中炮死城上。有德复伪请降，诱琏出，杀之。庄烈帝命侍郎朱大典督师讨有德，援平度，斩有时，至昌邑，有德逆战，大败，复黄县。有德等退保登州。

登州城东西南皆距山，北临海，城北复有水城通海舶。大典督诸军筑长围困之，九成出战死，明师攻益急；有德乃谋来降，以子女玉帛出海，仲明单舸殿，经旅顺，明总兵黄龙以水师邀击，擒承禄、光福，歼应元，斩级千馀。有德等退屯双岛龙安塘，食尽，遣所置游击张文焕、都司杨谨、千总李政明以男妇百人泛海至盖州。盖州戍将石国柱、雅什塔护使谒上，具言有德等举兵始末，且请降。上谕范文程、罗什、刚林预策安置。有德等复遣所置副将曹绍中、刘承祖等奉疏，言将自镇江登陆，上命贝勒济尔哈朗、阿济格、杜度帅师迓之。朝鲜发兵助明师，要有德等鸭绿江口。济尔哈朗等兵至江岸，严阵相对，敌师不敢逼。有德等舟数百，载将士、枪炮、辎重及其孥毕登，三贝勒为设宴，上使副将金玉和传谕慰劳。

七年六月，有德、仲明入谒，上率诸贝勒出德盛门十里至浑河岸，为设宴，亲举金卮酌酒饮之，赐蟒袍、貂裘、撒袋、鞍马，有德、仲明亦上金银及金玉诸器、彩段、衣服。越二日，复召入宫赐宴，授有德都元帅、仲明总兵官，赐敕印，即从所署置也。命率所部驻东京，号令、鼓吹、仪卫皆如旧，惟刑人、出兵当以闻。有德等怨黄龙，必欲报之。会闻龙发水师逐贼鸭绿江，旅顺无备，上命贝勒岳托、德格类帅师袭之，以有德率为导。龙数战皆败，遂自杀，克其城。有德等兵入占官吏富民廛宅，多收俘获。岳托、德格类闻于上，上置不问。有德坠马伤乎，与仲明留辽阳，诏慰之曰："都元帅远道从戎，良亦劳苦。行间诸事，实获朕心。招抚山民，尤大有裨益。不谓劳顿之身，又遭衔橛之失。伫闻痊可，用慰朕怀。"别敕令旗蠹用皂色，并诫军士以时演习枪炮、弓矢；马以牌，甲胄以带，皆书满洲字为识别。有德、仲明旋入朝，上诫毋馈遗贝勒大臣。八年，朝元日，命有德、仲明与八和硕贝勒同列第一班，遣官为营第，疏辞朕不允。

有德、仲明军驻辽阳，官吏经其地，必躬迎款宴。上复诫谕之，谓："尔等即朕子弟，款接诸臣理有未当。今后非贝勒，毋更迎宴。尔等偕至者如有困穷，当加爱养。尔等或遣使诣盛京，当令使者告礼部，礼部与馆饩。不然，尔等新附，亲知尚少，使来无居无食，不重困乎？"及尚可喜来降，上遇之亚有德、仲明。命更定旗制，以白镶皂，号有德、仲明军为天祐兵，可喜军为天助兵。国语谓汉军"乌真超哈"，有德等三将所部不相属。八月，从上伐明，自大同入边，有德遣所部黑成功、佟延以八十人击败明兵代州城东，获马二十。九年，有德等为部将请敕，上命自给札。鲍承先疏论当令吏部给札付，上不允。有德等仍录所部副将以下请敕，上曰："尔等初来归，朕许尔等黜陟部将。今复给敕，是背前言。朕非谓尔等无功不当畀敕书也，虑失信耳。"因赐有德、仲明、可喜人缎一、貂皮六十，副将以下白金有差。有德以新附者日众，偕仲明输粮佐饷，上却之。

崇德元年夏四月，上受宽温仁圣皇帝尊号，有德从诸贝勒奉宝以进，封恭顺王。十二月，上自将伐朝鲜，命有德等从贝勒杜度护辎重继后。二年二月，既下江华岛，命有德等从贝子硕托以水师取皮岛。师还，有言其部众违法妄行者，上命申严约束，毋蹈故辙。三年，从攻锦州，有德等以炮攻下戚家堡；石家堡与锦州城西台，降大福堡，又以炮攻下大台一，俘男妇三百七十九，尽戮其男子；又以炮攻五里河台，台隅圮，明守将李计友、李惟观乃率其众出降，皆籍为民，勿杀。四年，从攻松山，以炮击城东隅台，台上药发，自燔，歼其余众，又降道旁台二。上至松山，使有德等以炮攻其南郛。有德当郛门，仲明居右，马光远佐之；可喜居左，石廷柱佐之。自夜漏下至翌日晡，城堞尽毁。明守将金国凤即夜缮治，守甚固，有德议穴地攻之，不克。六年，率兵更番围锦州，破明师杏山。七年，松山、锦州相继下。时析乌真超哈为八旗，有德等请以所部隶焉，乃分属正红旗。八年，从取中后所、前屯卫。

顺治元年，从睿亲王多尔衮入关，追击李自成至庆都。九月，上至京师，赐有德等貂蟒朝衣。十月，上御皇极门大宴，复赐鞍马。旋命有德从定国大将军豫亲王多铎西讨李自成。二年，陕西既定，移师下江南，克扬州，取明南京，攻江阴，有德皆有劳。八月，师还，赐绣朝衣一袭、马二、黄金百、白金万。命还镇辽阳，简士马待征发。

三年五月，谕兵部召有德等率所部会京师。八月，授有德平南大将军，率仲明、可喜及续顺公沈志祥、右翼固山额真金砺、左翼梅勒额真屯泰率师南征，策自湖广下江西赣南入广东，谕诸将悉受有德节制。是时明桂王称号，湖广总督何腾蛟驻湘阴，诸将李赤心、黄朝宣、刘承胤、袁宗第、王进才、马进忠等分屯湖南北，号"十三镇"，大抵自成余党及左良玉旧部。

四年春，有德师至，进才自长沙走湖北，腾蛟亦弃湘阴单骑奔衡州。有德遣梅勒额真卓罗、蓝拜等蹑进才，与所部水师遇，击败之。有德进次湘潭，朝宣以十三万人屯燕子窝。有德率蓝拜等将水师，可喜及卓罗等将陆师，分道并入，破明将徐氏节。朝宣走衡州，有德以师从之，获朝宣。有德令仲明、金砺、卓罗等水师还诣长沙，明将杨国栋以二千人屯天津湖，巴牙喇甲喇章京张国柱、札萨蓝等与战，国栋自牛皮滩遁去。有德令金砺留驻衡州，复与仲明及卓罗等率师越熊飞岭克祁阳，遂破宝庆，击杀明鲁王世子乾生，总兵黄晋、李茂功、吴兴等。时明桂王居武冈，倚承胤为守。有德夜发宝庆，前队梅勒章京黑成功等败敌，焚木城，夺门入，明桂王走靖州，转徙入桂林，承胤出降。

有德始自长沙下祁阳也，闻郝摇旗围桂阳，令可喜及蓝拜等别将兵赴援；郝摇旗部卒四百人屯翔凤铺，令巴牙喇纛章京线国安、固山大苏朗等击破之，摇旗引去。至是国安等遂趋靖州，追明桂王。明总兵萧旷、姚有性以万二千人守靖州，国安师薄城，夺门入，获旷、有性等，又破明侍郎盖光英军。蓝拜略黔阳，进攻沅州，明将张宣弼以三万人出战，我兵奋击，遂克其城。自出师至此，凡获明宗室桂王子尔珠等二十七人，降明将自承胤以下四十七人，偏裨二千余人、马步兵六万八千有奇。捷闻，赐有德黄金二百五十两，仲明、可喜各二百，志祥百，将士赉白金有差。

五年春，复进克辰州，湖南诸郡县悉定。又旁取贵州黎平府、广西全州，招降铜仁、全州、兴安、灌阳苗峒二百九十有奇，复获明宗室荣王子松等四十余人，及所置总兵以下诸将吏甚众。上命有德班师，至京师，宴劳，赐黑狐、紫貂、冠服、彩帛、鞍马、黄金二百、白金二千。

六年五月，改封有德定南王，授金册金印，令将旧兵三千一百、新增兵万六千九百，合为二万人，征广西，设随征总兵官一、左右翼总兵官各一，以授马蛟麟、线国安、曹得先。同时仲明、可喜各将万人征广东，但设左右翼，制辖于有德。自有德师还，湖南诸郡县复为赤心、进才、宗第等侵据，上命郑亲王济尔哈朗为定远大将军，帅师讨之，克长沙、宝庆、衡州诸府，获腾蛟；而进忠犹据武冈，与曹志建、郑思爱、刘禄、胡光荣、林国瑞、黄顺祖、向文明等为寇靖、永、郴诸州，窥宝庆。

十月，有德师至衡州，遣副将董英、何进胜击思爱，战于燕子窝，擒斩之；进克永州，击走明将胡一青。七年春，复进破龙虎关，歼志建，遂攻武冈，阵获禄、光荣等。进忠负创走，克其城，并下靖州。复进战兴宁，获顺祖、国瑞，招文明等以五万人降。师入广西境，克全州。十二月，遂拔桂林，明桂王走南宁，留守大学士瞿式耜死之，斩靖江王以下四百七十三人，降将吏一百四十七人。桂林、平乐诸属县皆下。

八年春正月，有德奏移藩属驻桂林，遣蛟麟、国安取梧州、柳州，略旁近诸州县。有德进驻宾阳，复遣国安等分三道进取，定思恩、庆远，明将陈邦傅以浔州来降。明桂王走广南，南宁亦下。

九年四月，有德疏言："臣荷先帝节录微劳，锡以王爵。恭遇圣主当阳，两粤八闽未入版图，臣谬辱廷推，驻防闽海。同时有固辞粤西之役者，盖以其地最荒僻，民少山多，百蛮杂处，诸孽环集，底定难预期也。臣自念受恩至渥，必远僻岩疆，始敢伸首丘凤愿，故毅然以粤西为请。受命以来，道过湖南，伏莽蔓延，六郡拮据，一载咸与扫除。乃进征粤西，仰藉威灵，所向立捷。贼党或窜或降，虽土司瑶、伶、狼、獞，古称叛顺靡常者，亦渐次招徕，受我戎索，粤西底定。臣生长北方，与南荒烟瘴不习。解衣自视，刀箭瘢痕，宛如刻划。风雨之夕，骨痛痰涌，一昏几绝。臣年迈子幼，乞恩敕能臣受代，俾得早觐天颜，优游终老。"疏入，得旨："览王奏，悉知功苦。但南疆未尽宁谧，还须少留，以俟大康。"

五月，有德率轻兵出河池，向贵州，留师柳州为后援。是时张献忠将孙可望降于明，窥伺楚、粤，有德请敕剿抚。将军续顺公沈永忠驻沅州，扼门户。时国安擢广西提督，马雄为左翼总兵，全节为右翼总兵，分守南宁、庆远、梧州。未几，明将李定国、冯双礼自黎平出靖州，马进忠自镇远出沅州，会于武冈。永忠使乞援，有德遣兵赴之，至全州。永忠已弃宝庆，退保湘潭，有德因还桂林。七月，定国自西延大埠取间道疾驱击破全州军，薄桂林，驱象攻城。城兵寡，定国昼夜环攻，有德躬守陴，矢中额，仍指挥击敌。敌夺城北山俯攻，有德令其孥以火殉，遂自经，妻白氏、李氏皆死于火。事闻，谥有德武壮。十一年六月，有德女四贞以其丧还京师，上命亲王以下、阿思哈尼哈番以上、汉官尚书以下、三品官以上，郊迎，赐白金四千，官为营葬，立碑纪绩。寻复命建祠，祀春秋，以白氏、李氏配。

有德子廷训，为定国所掠，越六年，乃杀之。及我师克桂林，随征总兵李茹春求得遗骼，以其死事状上闻，命予恤。四贞至京师，赐白金万，视和硕格格俸，旋嫁有德部将孙龙子延龄，延龄叛应吴三桂，自有传。国安、雄皆附延龄为乱，附见《延龄传》。

节，广宁人。在明官参将。从有德降，授甲喇额真。有德既克桂林，以节为右翼总兵。克庆远，使节戍焉。降宜山、河池、思恩、荔浦诸县。顺治九年七月，有德遣兵援宝庆，令节移屯梧州；闻定国兵且至，复令节移屯平乐。节方至柳州，定国已破桂林，柳州副将郑元勋等叛降定国，谋袭节。节间道走梧州，与国安、雄会军。定国来攻，我师战而败，节负重伤溃围出，乘舟至肇庆。可喜遣水师助节，乃还定梧州、藤县、浔州。十年正月，复平乐。马雄守梧州，而与国安共击破明将陈经猷、王应龙，遂克桂林。明将胡一青、龙韬、杨振威以数万人屯阳朔、永福间，节屡战破之。叙功，加都督，进三等精奇尼哈番。移屯武宣，平象州，获明将韦文有、罗天舜。

十二年，移屯荔浦。时明宗室盛浓、盛添，明将李茂先、龚瑞屯富川，纠土寇王心、蒋乾相等及瑶、僮为乱，跨湖南、贵州界，依山结寨，为可望、定国声援。节与国安等迭遣兵击之，获盛浓、盛添，诸瑶、僮百九十二寨皆下。十五年，上命国安征贵州，奏请令节移屯柳州。十六年，复督兵讨茂先、瑞，战融县，获茂先；战怀远，瑞降。康熙元年，改右翼总兵为左江镇总兵，即以命节。七年七月，卒，赠太子少保。

方定国破桂林也，节妻温氏率妾婢自经，子成忠，年十一，被掠去。及洪承畴定贵州，得之降将赵三才所。至是，袭三等精奇尼哈番。

从有德降者，又有李尚友、徐元勋、胡璜、曹绍中、孟应春，皆受世职梅勒章京，分隶正黄、镶黄二旗。

耿仲明，字云台，辽东人。初事明总兵毛文龙，文龙死，走登州依巡抚孙元化，皆与孔有德俱，元化以仲明为中军参将。时总兵黄龙镇皮岛，所部有李梅者，仲明党也，通洋。事觉，龙系之狱。仲明弟都司仲裕在龙军，率部卒假索饷名，围龙廨，拥之至演武场，折股去耳鼻，将杀之，诸将为救免。龙乃执杀仲裕，疏请罪仲明。元化劾龙蚀饷致兵哗。明庄烈帝命充为事官，而核仲明主使状。会有德已叛，还攻登州，仲明遂纠诸将同籍辽东者为内应。城陷，推有德为帅，受署置，称总兵官。天津裨将孙应龙自夸与仲明兄弟善，能父缚有德以降。巡抚郑宗周使将二千人自海道往。仲明伪为有德首，绐之开水城，延使入，猝斩之，歼其众，得巨舰，以为舟师。明师攻登州急，天聪七年五月，从有德来降，上礼遇优异，授以总兵官，号其兵曰天祐兵。语并详《有德传》。

仲明侵渔所部，所部诉于有德。有德因劾仲明，仲明引咎，请以所部赴诉者移属有德。上敕奖有德，令善抚之；亦谕仲明善抚部下，毋念旧恶。即日并召入宫赐宴。越数日，又使赐羊酒，且谕之曰："朕闻诸汉官从尔等教场角射，设筵饷尔等，意尔等必欲相酬报。尔等去家远，可即以此羊酒藉教场为答宴也。"旋命与有德同驻辽阳。崇德元年，封仲明怀顺王。上屡出师伐明，讨朝鲜，仲明皆从。七年八月，命隶正黄旗。九月，所部甲喇额真石明雄讦仲明匿所获松山、杏山人户；有逃人被法，仲明为收葬设祭；复妄杀无辜：鞫实，罚仲明白金千两。八年十一月，甲喇额真宋国辅、潘孝及明雄谋杀仲明，仲明闻，鞫实，斩国辅等，籍其家畀仲明。顺治初，从睿亲王多尔衮入关，复从豫亲王多铎西讨李自成，移师定江南。三年，有德为平南大将军，帅师南征，仲明等以所部从。与明将杨国栋战于牛皮滩，大破之；克衡州、祁阳、武冈诸郡县；获明将郭肇基。皆仲明功也。六年，改封靖南王，赐金册金印。

仲明自降后，屡出征伐，恒与有德俱，未尝独将。是岁始与有德分道出师，有德征广西，仲明与尚可喜征广东。仲明将旧兵二千五百、新增兵七千五百，合为万人，以徐得功为左翼总兵，连得成为右翼总兵。师既行，刑部奏论仲明部下梅勒章京陈绍宗等纵部卒匿逃人，罪当死。上因谕仲明，察随征将士携逃人以往者，械归毋隐。仲明察得三百余人械归，上疏请罪，吏议当夺爵，上命宽之，绍宗等亦贷死。仲明未闻命，十一月次吉安，自经死。

子继茂，顺治初授世职昂邦章京。仲明死，继茂在军中，代领其众，请袭爵，睿亲王方摄政，持不可。继茂从可喜俱南，定广东诸郡县。语见《可喜传》。八年，世祖亲政，继茂嗣为王。九年，李定国陷桂林，孔有德死事。上闻报，命定远大将军敬谨亲王尼堪自湖南移师赴之，敕可喜、继茂俟尼堪至，合军进攻，而继茂先已与可喜遣兵赴援，复梧州及旁近诸郡。十年，潮州总兵郝尚久据城叛，继茂与靖南将军喀喀木、总兵吴六奇合军讨之，围城逾月，城将王立功为内应，树云梯以登，尚久入井死，余贼尽歼。潮州及饶平、揭阳、澄海、普宁诸县悉平。十一年二月，命内翰林秘书院学士郎廷佐赍敕慰劳，赐白金三千，分赍将士。是岁李定国徇高、雷、廉三府，进犯新会。继茂、可喜与靖南将军珠玛喇合军进击，再战皆捷。定国还据南宁，复出攻横州，继茂自梧州帅师赴之，解横州围。进攻南宁，定国走安隆，获明将李先芳，斩裨将杜纪等。十三年，赐敕纪功，增藩俸岁千金。

初，继茂与可喜攻下广州，怒其民力守，尽歼其丁壮。即城中驻兵牧马。营靖南、平南二藩府，东西相望，继茂尤汰侈，广征材木，采石高要七星岩，工役无艺；复创设市井私税：民咸苦之。广东左布政使胡章自山东赴官，途中上疏，言："臣闻靖南王耿继茂、平南王尚可喜所部将士，掠辱士绅妇女，占居布政使官廨，并擅置置官吏。臣思古封建之制，天子使吏治其国而纳其贡税焉，不得暴彼民也。二王以功受封，宜仰体圣明忧民至意，以安百姓，乃所为如是，臣安敢畏威缄默？乞敕二王还官廨，释俘房。"继茂奏辩，可喜亦有疏自白，章坐诬论绞，上命贷死夺官。逾年，高要知县杨雍建内迁给事中，疏陈广东滥役、私税诸大害，谓："一省不堪两藩，请量移他省。"朝议令继茂移镇桂林，未行。十六年三月，上命移四川。十七年七月，改命移福建。

时明将郑成功据金门，窥伺闽、浙，继茂既移镇，与总督李率泰协谋征剿。康熙元年，成功死，子锦代领其军。上命继茂相机剿抚，继茂疏报："自顺治十八年讫元年，招降将吏二百九十、兵四千三百三十四、家口四百六十七。"其后成功弟世袭、兄子缵绪及所置都督郑赓先后出降，复得将吏七百有奇、兵七千六百有奇。二年十月，继茂与率泰督兵渡海克厦门，水师提督施琅以荷兰夹板船来会，乘胜取浯屿、金门二岛。锦与其将周全斌等走铜山，复入犯云霄、陆鳌诸卫，总兵王进功与战，大破之。三年三月，继茂复与率泰及海澄公黄梧合军，自八尺门出海克铜山，锦以数十舟走台湾。捷闻，上嘉其功，复增岁俸千金。十年正月，疏陈疾剧，乞以长子精忠代治藩政，上允其请。五月，卒，谥忠敏。精忠嗣为王，别有传。

昭忠，继茂次子；聚忠，继茂第三子。顺治间先后入侍世祖，授昭忠一等精奇尼哈番，以贝子苏布图女妻焉。昭忠例得多罗额驸，进秩视和硕额驸；聚忠尚柔嘉公主，为和硕额驸：同加太子少保，旋又同进太子太保。康熙十三年，精忠叛，昭忠、聚忠率子姓请死，系于家待命，逾年贳其罪，复秩有如故。十四年，命聚忠赍敕招精忠，精忠拒不纳。十五年，精忠降，授昭忠镇平将军，驻福州，代精忠治藩政。藩下参领徐鸿弼等讦精忠降后尚蓄逆谋，昭忠具以闻，并劾助逆曾养性等十余人。上以精忠在军，未即发。十七年，命昭忠以其祖父之丧还葬盖平。十九年，召精忠诣京师，昭忠、聚忠劾精忠背恩为乱，违母周氏训，蹙迫以死，诬祖仲明与吴三桂在山海关时先有成约，请予显戮。寻命聚忠诣福州，议徙藩兵。聚忠疏阵藩兵当尽徙，称旨，命以精忠家属还京师。精忠既诛，昭忠、聚忠疏陈家属众多，艰于养赡，请如汉军例，披甲食粮。下部议，编五佐领，隶汉军正黄旗。二十五年，昭忠卒，谥勤僖。二十六年，聚忠卒，谥悫敏。

尚可喜，辽东人。父学礼，明东江游击，战殁楼子山。明庄烈帝崇祯三年，擢副总兵黄龙为东江总兵官，驻皮岛，可喜隶部下。皮岛兵乱，龙不能制，可喜率兵斩乱者，事乃定。后二年，孔有德等叛明，陷登州，旅顺副将陈有时、广鹿岛副将毛承禄皆往从之。龙遣可喜及金声桓等抚定诸岛。有德党高成友者据旅顺，断关、宁、天津援师，龙令游击李维鸾偕可喜等赴走之，即移军驻其地。旋以可喜为广鹿岛副将。明年秋七月，有德等从我师攻旅顺，龙兵败，自杀，部将尚可义战死，盖可喜兄弟行也。明以沈世奎代龙为总兵，部校王庭瑞、袁安邦等构可喜，诬以罪。世奎檄可喜诣皮岛，可喜诇得其情，遂还据广鹿岛。

天聪七年十月，遣部校卢可用、金玉奎谒上乞降。上报使，赐以貂皮，并令车尔格等侦可喜踪迹。八年正月，

可喜举兵略定长山、石城二岛，行且至，上命诸贝勒集满、汉、蒙古诸臣谕曰："广鹿岛尚副将携民来归，非以我国衣食有余也，承天眷佑，彼自来附。八家贝勒已出粟四千石，凡积粟之家，当量出佐饷，仍予以值。"二月，命贝勒多尔衮、萨哈廉往迓。三月，可喜至海州，上降敕慰劳。攻旅顺时，获可喜戚属二十七人，至是，命归诸可喜。四月，可喜入朝，上迎十里外，拜天毕，御黄幄，可喜遥行五拜礼，进至上前再拜，抱上膝以见，所部将士以次罗拜，可喜跪进赆。上与宴，赐蟒衣、鞓带、帽靴、玄狐裘、雕鞍、马、驼、羊，命贝勒以次设宴。旋授可喜总兵官，赐敕印，可用、玉奎皆为甲喇章京，号其军曰天助兵，命驻海州。

寻从伐明，自宣化入边，略代州。崇德元年四月，封智顺王。十二月，从伐朝鲜。二年，朝鲜降。从贝勒硕托帅师克皮岛，斩世奎，师还，赉蟒服、黄白金。可喜家僮讦可喜私得人户、金帛、牲畜，法司以奏。上曰："此岂王自得，必散于众兵耳。其勿问。"三年，从伐明，攻锦州，屡攻下台堡，更番驻牧，故至辄击败之。七年，锦州下，赐所俘及降户。可喜与有德等疏请以所部属乌真超哈，分隶镶蓝旗。八年，从伐明，取中后所、前屯卫诸城。

顺治元年，从入关，击李自成，追至庆都，斩自成将谷可成等。十月，命从英亲王阿济格西讨自成，出边自榆林趋绥德，二年二月，师次米脂。自成兄子锦犹据延安，用可喜议，令诸军分道进，锦走，克其城。会豫亲王多铎已破潼关，定西安，上命可喜从英亲王追击自成，分兵克郧阳、荆州、襄阳诸郡，降自成将王光恩、苗时化等。复与英亲王合军下九江，闻自成窜死九宫山，乃班师，赐可喜绣朝衣一袭、马二，还镇海州。

三年八月，授有德为平南大将军，征湖广，命可喜率所部兵偕行。师次湘潭，明将黄朝宣以十三万人屯燕子窝，可喜与梅勒章京卓罗等自陆路进击，败明将徐松节，遂逐斩朝宣。既，闻郝摇旗攻桂阳急，可喜与梅勒章京蓝拜帅师赴援。郝摇旗以千四百人屯翔凤铺，巴牙喇纛章京线国安等与战，郝摇旗败走，桂阳围解。湖南既定，师还，与有德等同赐冠服、金币、鞍马。

六年五月，改封平南王，赐金册金印。旋命率旧兵二千三百、新增兵七千七百，合万人，与耿仲明同征广东，以许尔显为左翼总兵官，班志富为右翼总兵官。仲明所部匿逃人，事发，因谕有德等检校军中得逃人悉送京师，仲明惧罪自裁。吏议可喜亦坐夺爵，上命纳白金四千以赎。时明桂王驻肇庆，两广尚为明守。是岁除夕，可喜潜兵袭南雄，城兵三千出西门迎战，击败之，立云梯以登。明守将江起龙弃城走，斩其部将杨杰、董洪信、郑国林等三十余人、兵六千有奇。

七年正月，进克韶州。明守将罗成耀闻南雄破，已先遁，明桂王走梧州。复进下英德、清远、从化诸县，明将吴六奇等迎降。二月，师薄广州。广州城三面临水，李成栋之叛，于城西筑两翼，令附城外为炮台，水环其下。成栋死信丰，子元胤、建捷代将，元胤留肇庆，建捷守广州。可喜令攻城，阻水不能进，乃凿深壕，筑坚垒，为长围困

之。建捷拒战甚力，暑雨郁蒸，我师弓矢皆解胶，久相持不下。元胤与明将陈邦傅等分道援广州，邦傅与杜永和等以万余人自清远赴战，可喜击败之，获裨将魏廷相等，明水师总兵梁标相来降，得战船百五十助攻；复招潮州守将郝尚久、惠州守将黄应杰，皆以其城降，遣将士戍焉。围合十阅月，永和部将范承恩助守广州，约内应，决炮台下水，可喜令诸军皆舍骑藉薪行淖中以济，遂得炮台；据城西楼堞发炮击城西北隅，城圮，师毕登，克广州，俘承恩等，斩六千余级，逐余众迫海滨，溺死者甚众。明将宋裕昆自肇庆率所部来降。八年春，可喜遣尔显等收肇庆，并下罗定，部将徐成功克高州。梁标相叛，遣兵讨平之。

九年春正月，可喜与耿继茂帅师南下，降明将蔡奎，遂入廉州，遣部将吕应学等攻克钦州，战于灵山，获元胤及明将袁胜、周朝，阵斩明益阳王、明将上官星拱。师将下雷、琼，永和及明西平王缚明将李明忠以降。于是高、雷、廉、琼四州皆定。七月，李定国陷桂林，有德死之。梧州、南宁、平乐、浔州、横州皆复为明，东略化州、吴川。可喜遣兵与有德部将提督线国安，总兵马雄、全节，合军以进，广西诸郡县以次收复。十年八月，可喜别遣兵克化州、吴川。

十一年冬，定国以万余人侵广东，扰高、雷、廉三府境，深入陷高明，分兵攻肇庆，围新会，可喜与继茂疏请发禁旅为援。上已先命珠玛喇为靖南将军，帅师援广东。可喜等师次三水，遣兵援肇庆，破定国兵于四会河口，待珠玛喇师至合军击定国，战于珊洲，斩定国裨将一，俘十余人，馘百五十余，进薄新会。定国与其将吴子圣阻山而军，马步兵分屯岭隘，可喜麾兵急击，夺径以登，斩获其众。定国走，新会围解。可喜与继茂督军攻高明，定国遣兵御战，获其将武君禧等三十余人，斩三百余级，得马骡、军械无算。可喜遣梅勒章京毕力克图等逐定国，战于兴业，定国败走；复及于横州江，歼马步兵甚众，获象二。定国渡江焚桥引去，广东高、雷、廉三府，广西横州诸州县悉平。十三年四月，又克揭阳、晋宁、澂海三县。闰五月，赐敕纪功，增岁俸千两，并赍貂裘、鞍马。自是明桂王徙云南，定国等不复侵广东，数岁无兵事。可喜与继茂并开府广州，所部颇放恣为民害，自左布政胡章以论可喜等得罪，无复言者。

十七年，移继茂福建，可喜专镇广东。广东初定，又以令徙濒海居民，民失业为盗。有邓耀者据龙门，入掠雷阳；又有萧国隆，与其徒洪彪、周祥、方泰、陈期新等分据恩平、开平、阳江、阳春诸山寨，掠广州诸属县，并及肇庆。可喜先后遣兵讨之，耀走死，斩彪、祥、泰、期新及其徒千五百人，国隆投水死。又有周玉，故疍户，自号恢粤将军，缯船数百，三帆八桨，冲浪若飞，习水战。郑成功兵至，辄助剽掠。康熙二年，可喜遣兵讨之，获玉，焚其舟。四年，碣石总兵苏利叛，可喜遣潮州总兵许龙以舟师进击，利出降。玉余党谭琳高窜据东涌海岛，疍户黄明初等济以米粮。可喜遣部将佟养谟击琳高，舒云护等捕明初，皆就诛。

初，可喜遣长子之信入侍。十年十一月，疏言有疾，请令还广东暂领军事，上允其请。十二年二月，遣侍卫古德、米哈纳使广东劳军，赉御用貂帽，团龙天马裘、蓝蟒狐腋袍各一袭，束带一围，赐可喜。三月，可喜疏乞归老海城，谕曰："王自航海归诚效力，累朝镇守粤东，宣劳岁久。览奏，年已七十，欲归老辽东，恭谨能知大体，朕深嘉悦。"下议政王大臣及户、兵二部集议，议尽撤所部移驻海城。于是吴三桂、耿精忠相继上章乞撤藩，上皆允其请，分遣朝臣料量藩兵移徙，具舟役刍粮，户部尚书梁清标如广东。十一月，三桂反，命罢撤平南、靖南二藩，召清标还。

十三年，精忠及定南王孔有德婿孙延龄反应三桂。三月，可喜疏言："延龄檄并举三藩，精忠复叛，臣与精忠为婚姻，不能不踧踖于中。臣叨忝王爵，年已七十余，虽至愚岂肯向逆贼求富贵乎？惟知矢志捐躯，保固岭南，以表臣始终之诚。"上温旨嘉奖，并命与总督金光祖同心合力筹战守。四月，潮州总兵刘进忠叛应三桂，可喜遣次子都统之孝帅师讨之。疏言："诸子中惟之孝端慎宽厚，可继臣职。"上即命之孝袭王爵，之孝辞。可喜复疏言："三桂遣兵二万人屯黄沙河，若与延龄兵合，势益猖獗，请遣将合军进讨。"上授副都统根特平寇将军，自江西帅师赴广东，与可喜合军进讨，并命兵部以各道进兵状移告可喜。五月，上敕奖可喜忠贞，并谕与光祖等策讨延龄。十月，可喜讨平广州土寇李三、官七。上命广东督、抚、提、镇俱听可喜节制，遴补将吏，调遣兵马，均得便宜从事。根特自长沙下广西，卒于军，上复授安亲王岳乐为定远平寇大将军，率禁旅赴广东。三桂、精忠方连兵寇江西，安亲王师至，转战不能遽达。十二月，复命镇南将军尼雅翰率所部协守广东。

十四年正月，进封可喜平南亲王，以之孝袭爵，并授平南大将军。广东当寇冲，盗贼并起，博罗、河源、长宁、增城、从化诸县先后告警，可喜辄分兵剿定。总兵张星耀等战乐昌，俘斩千余；副将李印香等战磁石、白沙湖诸处，毁敌舟百余：皆下部叙功。郑锦自台湾以兵攻海澄，进围漳州，可喜疏闻，复请发重兵策应。尼雅翰亦言："可喜年衰，臣才短，设有警，虑不支。"上命前锋统领觉罗舒恕自江西帅师援广东，旋代尼雅翰为镇南将军。

先是，之孝讨进忠，复程乡、大埔诸县，遂克潮州。郑锦遣其将刘国轩以万人赴之，势复张。之孝退保惠州，叛将祖泽清引延龄将马雄、三桂将王宏勋等入高州，并陷雷、廉二郡。可喜疏言："广东十郡已失其四，将军舒恕、总督金光祖退保肇庆，事势危急，请敕安亲王赴广东办贼。"上责安亲王定江西即下长沙取三桂，扬威大将军简亲王喇布自江宁移师屯南昌，遂命简亲王发兵应可喜。师未至，十五年正月，锦攻陷漳州，三桂兵逼肇庆。可喜初请以长子之信袭爵，继恶之信酗酒嗜杀，请更授次子之孝。之信阴通三桂，三桂兵日迫。之孝与进忠相持，上敕还广州，不时至，二月，之信发兵围可喜第，叛。可喜卧疾不能制，愤甚，自经，左右救之苏，疾益甚，十月卒。可喜疾亟，犹服太宗所赐朝衣，遗令葬海城。十六年，之信降，上敕部恤可喜，谥曰敬。及之信既诛，二十年五月，之孝乞迎可喜丧归葬。九月，丧至，遣大臣觉罗塔达、学士库勒纳、侍卫敦柱至丁字沽亲奠，谕曰："王素矢忠贞，若人人尽能如王，天下安得有事？每念王怀诚事主，至老弥笃，朕甚悼焉！"可喜诸子，之信自有传。

之孝初授可喜藩下都统，袭平南亲王。授平南大将军，帅师讨刘进忠。上敕还广州，未闻命，之信叛，胁之孝罢惠州军，之孝还广州侍可喜疾，及可喜卒，从之信居广州。之信降，遣之孝还京师，上命以内大臣入直，秩视一品，食正一品俸。之孝请自效，授宣义将军，驻南昌，募兵诣简亲王军听调遣，击吴三桂军吉安、赣州间，降其将林兴隆、王国赞等；进次汀州，复击破其将杨一豹、江机。江西定，召还京师，留所募兵编入绿旗营。之信诛，上贷之孝母连坐，以内大臣入直如故。二十二年，奏乞守陵，议政大臣等劾其职。三十五年正月，卒。

之隆，可喜第七子。官至领侍卫内大臣。圣祖既诛之信，命有司还可喜海城田宅，置佐领二，以其一为可喜守幕，从之隆请也。

沈志祥，辽东人。毛文龙所部有沈世奎者，本市侩，倚女为文龙妾，横行岛中。累迁副总兵。及黄龙败没，明以世奎代龙为总兵官，镇东江。时旅顺已破，尚可喜又以广鹿岛降，世奎势孤甚。后三年，太宗伐朝鲜，因移师克皮岛，世奎战败，率舟师走，我师从之，副总兵金日观战死。登莱总兵陈洪范来援，不敢进，世奎亦战死，志祥其从子也，时官副将，收溃兵保石城岛，欲得世奎敕印，监军者靳弗予，遂自称总兵，明发兵讨之。

崇德二年九月，太宗遣使赍书招志祥。三年二月，志祥遣所部将吴朝佐、金光裕诣盛京上疏请降，时上方出猎奎屯布喇克，留守诸王与宴，使贝勒杜度等转粟迓志祥。志祥自黄石岛至安山城，杜度等令驻沙河堡待命。从志祥降者，副将九、参将八、游击十八、都司三十一、守备三十、千总四十、诸生二、军民二千五百有奇。上猎还，命学士胡球、承政马福塔等劳志祥，且令于铁岭、抚顺自择屯军所。志祥言愿驻抚顺，畀以车骑，令率所携军民往。至，复为具屋宇，庀服物，俾得安处。七月，上闻志祥所携军民有亡去者，遣学士罗硕等谕其众曰："尔曹航海来归，以朕能育尔曹也。朕不能育尔曹，任尔曹亡去未晚。尔曹初至，朕遽出猎，故未及加恩，尔曹何去之速也！朕蒙天眷，朝鲜已平，蒙古、瓦尔喀诸部皆附，惟明仅存。倘天复垂佑，以明畀我，尔曹将安之？尔曹虽逃，为诸边逻卒所得，不免于杀戮，朕心实所不忍。今后毋更逃，有贫不能自给者，朕为抚育之。"志祥入谒上，上御崇政殿受朝，授志祥总兵官，赉蟒衣、凉帽、玲珑鞓带、貂、猞猁狲、狐、豹裘各一袭，撒袋、弓、矢、雕鞍、甲、胄、驼、马。初宴礼部，再宴宫中，命诸贝勒各与宴；及还镇，遣信送五里外，复赐宴。四年正月，封续顺公。九月，授志祥兄子永忠及所部许天宠等二十八人世职。

六年十月，命率所部助围锦州。七年，师还，分赐俘获。旋与孔有德等合疏请以所部属乌真超哈，志祥隶正白旗。顺治元年，从入关，逐李自成，至庆都。上至京师，赐志祥等貂蟒朝衣。十月，上御皇极门宴凯旋诸王大臣，志祥与焉，复赐鞍马。三年，授孔有德平南大将军，征湖广，志祥率所部从。五年，湖南定，赐志祥黄金百、白金二千。寻卒，无子。

永忠，其兄子也，袭爵。五月，有德及耿仲明、尚可喜复分道出师征两广，亦命永忠率部将总兵官许天宠、郝效忠等徇湖南。六年，效忠遣参将马如松将兵御孙可望，战于托口，俘其将李应元等。八年，天宠及阿达哈哈番张彦宏、护军统领宋文科等击败明师，获明将席世贤等一百七人，降牛万才等二百五十六人，兵一万八千有奇。可望等攻陷沅州，效忠遣守备吴进功等分屯要隘为备，复亲将兵攻下黎平，屯四乡所。可望调我军寡，骤以兵至，效忠力战，马蹶被执，不屈，死。效忠，辽东人。明副将，属左良玉军。良玉死，从其子梦庚来降，隶汉军正白旗，授三等阿达哈哈番。至是，永忠以死事状闻，上命予恤。

永忠退保湘潭，敕令激励将士，相度险要，以同心并力，坚守疆土，毋轻战，毋退缩。旋闻桂林陷，孔有德战死，复敕令留屯宝庆，与总兵柯永盛合军固守。十年二月，授永忠剿抚湖南将军，镇湖南。十一年，孙可望兵入湖南，沅、靖、武冈诸州皆陷，进攻辰、永。永忠还军长沙。给事中魏裔介劾："永忠手握重兵，望风宵遁，乞亟赐罢斥，毋俾误及封疆。"十二年，议政王大臣议永忠丧师失地罪，当斩，来降有功，免死夺爵，上从其议。十七年，复以永忠为挂印将军，镇广东。康熙初，命驻潮州。旋卒。

瑞，永忠子。方永忠之黜也，以从弟永兴袭爵。永兴卒，以瑞袭爵。时瑞方八岁，所部副都统邓广明驻潮州如故。十三年，潮州总兵官刘进忠叛应三桂，瑞部兵与巷战三日，进忠引郑锦兵入城，执瑞、广明，驱将卒家属二千余人徙福建，置诸漳浦。十六年，复执瑞送台湾。康亲王杰书师定福建，疏言："瑞所部及其孥无所属，应令有地得以总集。"上命副都统张梦吉、宋文科统其众驻潮州，同将军赖塔等协守，当给俸饷，令督饷侍郎达都视旧例从厚。梦吉等寻疏请送孥留京师，杰书又请以所部分隶督、抚、提、镇，而处其孥于山西诸省。圣祖谕言："瑞及所部官兵素怀忠义，特以众寡不敌，为贼所胁。"令驻潮州如故。

锦得瑞，爵以侯。瑞不愿附锦，谋待我师至为内应。二十年十一月，锦将朱友以瑞谋告锦，锦遽幽瑞，瑞及妻郑皆自杀，锦尽杀其孥。台湾平，圣祖闻瑞死事状，下廷臣议，求其族，以瑞从侄沈熊昭袭爵。

祖大寿，字复宇，辽东人。仕明为靖东营游击。经略熊廷弼奏奖忠勤诸将，大寿与焉。天启初，广宁巡抚王化贞以为中军游击。广宁破，大寿走觉华岛。大学士孙承宗出督师，以大寿佐参将金冠守岛。承宗用参政道袁崇焕议，城宁远，令为高广，大寿董其役。方竟，太祖师至，穴地而攻，大寿佐城守，发巨炮伤数百人。太祖攻不下，偏师略觉华岛，斩冠，殪士卒万余。太宗即位，伐明，略宁远，崇焕令大寿将精兵四千人绕出我师后，总兵满桂、尤世威等以兵来赴，战宁远城下。会溽暑，我师移攻锦州，不克，遂引还。明人谓之宁锦大捷。

明庄烈帝立，用崇焕督师，擢大寿前锋总兵，挂征辽前锋将军印，驻锦州。太宗尝与大寿书，议遣使吊明熹宗之丧，且贺新君，大寿答书拒之。越二年，太宗伐明，薄明都。崇焕率大寿入卫，庄烈帝召见平台，慰劳，令列营城东南拒战。崇焕中太宗间，朝臣复论其"引敌胁和"，庄烈帝意移，复召入诘责，缚下狱。大寿在侧股慄，惧并诛，出，又闻满桂为武经略，统宁远将卒，不肯受节制，遂帅所部东走，毁山海关出，远近大震。庄烈帝取崇焕狱中书招之，孙承宗亦使抚慰，密令上章自列，请立功赎崇焕罪。大寿如其言，庄烈帝优旨答之。明年春，我师克永平等四城，太宗闻大寿族人居永平三十里村，命往收之，得大寿兄子一、子二及其戚属，授宅居之，以兵监焉。师出塞，贝勒阿敏等护诸将戍四城。承宗令大寿与山西总兵马世龙、山东总兵杨绍基会师率副将祖大乐、祖可法、张弘谟、刘天禄、曹恭诚、孟焋等攻滦州，滦州下，遂逼永平，阿敏等弃四城引兵还。大寿复驻锦州。

又明年七月，大寿督兵城大凌河。太宗策及其工未竟攻之，自将渡辽河，出广宁大道，贝勒德格类等率偏师出义州。八月，师至城下，上曰："攻城虑多伤士卒，不若为长围困之。城兵出，我则与战；援师至，我则迎击。"乃分命诸贝勒诸将环城而军：冷格里当城北迤西，达尔哈当城北迤东，阿巴泰在其后，觉罗色勒当城正南，莽古尔泰、德格类在其后，篇古当城南迤西，济尔哈朗在其后，武纳格当城南迤东，喀克笃礼当城东迤北，多铎在其后，伊尔登当城东迤南，多尔衮在其后，和硕图当城西迤北，代善在其后，鄂本兑当城正西，叶臣当城西迤南，岳托在其后。诸蒙古贝勒各率所部弥其隙。佟养性率乌真超哈载炮跨锦州大道而营，诸将各就分地，周城为壕，深广各丈许。壕外为墙，高丈许，施睥睨；距墙内五丈又为壕，广五尺，深七尺七寸。营外又各为壕，深广皆五尺。上陟城南冈，顾谓降将麻登云、黑云龙曰："明善射精兵尽在此城。关内兵强弱，朕所素悉。"登云对曰："此城之兵，犹枪之有锋，锋挫柄存，亦复何济？"上命射书城中，招蒙古兵出降。诸将攻抚城外诸台堡，以次悉下；城兵出樵采，辄为我军擒馘。围合十余日，上以书谕大寿，言愿与明媾和，大寿置不报。

明援师自松山至，阿山、劳萨、图鲁什击败之；自锦州至，贝勒阿济格等击败之。九月，辽东巡抚邱禾嘉、总兵官吴襄、钟纬，合军七千人赴援，上亲率贝勒多铎多图鲁什等以巴牙喇兵二百渡小凌河，乘锐击破之。围合已月余，上度大寿必期援师至，出城兵夹攻，乃令厮卒去城十里所，发炮树帜，骤马扬尘，若为援兵自锦州至者，而亲率巴牙喇兵入山为伏。大寿果以城兵出攻城西南隅台，篇古、叶臣及蒙古诸贝勒所部御战，上亲率巴牙喇兵自山上腾跃下。大寿知堕计，急收兵入城，死伤百余人。自是闭城不复出。越数日，明监军道张春及襄、纬等合马步兵四万来援，渡小凌河，为严阵徐进，上与贝勒代善等以二万人御之。上率两翼骑兵直入敌营，发矢射明军。明军发枪炮，上督骑兵纵横驰突，矢雨集，明军遂败。襄先奔，

佟养性屯敌营东发炮。黑云起天际，风从西来，明军纵火，势甚炽，将逼我阵，忽骤雨，反风向明军，明军益乱。右翼兵入春营，逐北三十余里，获春及副将张弘谟、杨华征、薛大湖，参将姜新等三十三人，斩副将张吉甫、满库、王之敬，襄等皆遁走。

十月，上复使招大寿，并命弘谟等各以己意为书劝降，大寿率将吏见使者城外，曰："我宁死于此，不能降也！"上复与大寿书谕降，许以不杀。旋有王世龙者，越城出降，言城中粮竭，商贾诸杂役多死，存者人相食，马毙殆尽。参将王景又以于章台降。我师克傍城诸堡，收糗粮，葺壕垒。大寿欲突围，不得出。上复遣姜新招大寿，大寿见新于城外，遣游击韩栋与新偕还，栋伏我师严整，归以白大寿，大寿始决降。遂令其子可法出质，要石廷柱往议，上遣库尔缠、龙什、宁完我与廷柱偕。廷柱度壕见大寿，大寿曰："人安得不死？今不能忠于国，亦欲全身保妻子耳。我妻子在锦州，上将以何策俾我得与妻子相见耶？"上复令廷柱与达海往谕，即令大寿为计。大寿遣其中军副将施大勇来，言降后欲从者诈逃入锦州，伺隙以城献。是时大凌河诸将皆愿降，独副将何可刚不从，大寿乃令掖以出城杀之。大寿使以誓书至，上率诸贝勒誓曰："明朝总兵官祖大寿，副将刘天禄、张存仁、祖泽洪、祖泽润、祖可法、曹恭诚、韩大勋、孙定辽、裴国珍、陈邦选、李云、邓长春、刘毓英、窦承武，参将游击吴良辅、高光辉、刘士英、盛忠、祖泽远、胡弘先、祖克勇、祖邦武、施大勇、夏得胜、李一忠、刘良臣、张可范、萧永祚、韩栋、段学孔、张廉、吴泰成、方一元、涂应乾、陈变武、方献可、刘武元、杨名世等，今以大凌河城降。凡此将吏兵民罔或诛夷，将吏兵民亦罔或诈虞。有违此盟，天必谴之！"誓毕，上使龙什告大寿，大寿即日出谒，上与语良久，定取锦州策，以御服黑狐帽、貂裘、金玲珑鞓带、缎靴、雕鞍、白马赐之。

次日，命贝勒阿巴泰等将四千人为汉装，从大寿取锦州，会大雾，不果行。又次日为十一月朔，大寿以从子泽远及从者二十六人入锦州，石廷柱、库尔缠送之，夜渡小凌河，徒步去。上令大凌河将吏兵民剃发，敛军中余粟分赉之。方大凌河筑城时，军士、工役、商贾都三万余人，至是仅存万一千六百八十二人，马三十有二。后数日，大寿自锦州传语诸裨将："前日行仓猝，从者少。抚按防御严，客军众，未得即举事。"又遣使以告上，上报以书，诫毋忘前约。命隳大凌河城，引师还，至沈阳，命达海传谕慰藉降将，大寿诸子孙赐宅以居，厚抚之。用贝勒岳托议，将以雪辽东、永平乏杀谤也。

大寿初入锦州，诡言突围出，辽东巡抚邱禾嘉知其纳款状，密闻于朝。庄烈帝欲羁縻之，因为用，置勿问；惟以蒙古将桑噶尔塞等赴援，战不力，败又先奔，令大寿诛之。桑噶尔塞等执大寿来降，大寿与之盟乃定。庄烈帝召大寿入朝，使三至，辞不往。上自大凌河师还，略宣府，克旅顺。居二年，遣阿山、谭泰、图尔格先后徇锦州。又明年，上使贝勒多铎帅师攻锦州，多铎令阿山、石廷柱、图赖、吴拜、郎球、察哈喇等以四百人前驱。大寿令副将

刘应选、穆禄、吴三桂，参将桑噶尔塞、张国忠、王命世、支明显将二千七百人出御，松山城守副将刘成功、赵国志率八百人来会。阿山等与遇大凌河西，多铎引后军自山下，尘起蔽天，应选等军溃，歼五百人，获游击曹得功等，得马二百余，甲胄无算。多铎旋引军还。

又明年，改元崇德，行封赏，授泽润三等昂邦章京，泽洪、可法一等梅勒章京，予世袭敕书。设都察院、六部，满、汉、蒙古各置承政。汉承政皆授降将：可法、张存仁都察院，泽洪吏部，韩大勋户部，姜新礼部，泽润兵部，李云刑部，裴国珍工部。二年，更定部院官制，但置满承政。诸降将改授左右参政，并以邓长春代大勋，陈邦选代新。是时上北抚喀尔喀，南定朝鲜，敕大寿使密陈进兵策，大寿不报。

三年十月，上自将伐明，率郑亲王济尔哈朗、豫亲王多铎出宁远、锦州大道；睿亲王多尔衮为左翼，自青山关入；贝勒岳托为右翼，自墙子岭入。大寿方屯中后所，以兵袭多铎，土默特之众先奔，多铎师败绩。次日，与济尔哈朗合兵出，大寿敛兵不复战。上亲率军至中后所，使谕大寿曰："自大凌河别后，今已数载。朕不惮辛苦而来，冀与将军相见。至于去留，终不相强。曩则释之，今乃诱而留之，何以取信于天下乎？将军虽屡与我兵相角，为将固应尔，朕绝不以此介意。将军勿自疑！"次日，又纵俘赍敕往曰："曩大凌河释汝，朕之诸臣每谓朕昧于知人。今将军宜出城相见，若怀疑惧，朕与将军可各将亲信一二人于中途面语。朕欲相见者，盖为朕解嘲，亦使将军子侄及大凌河诸将吏谓将军能践言也。"大寿终不敢出。石廷柱、马光远、孔有德等攻克旁近诸台堡，上乃命还师。左右翼深入，师大捷。

四年二月，上复自将伐明，以武英郡王阿济格为前锋，亲督军围松山，分兵攻连山、塔山、杏山。明庄烈帝方召大寿入援，大寿甫行，我师至，乃还守宁远。时泽远守杏山，大寿遣部将三、兵九百自水道赴援，半入城。我噶布什贤兵蹑其后，纵击，得舟一，杀五十人。上遣使至锦州谕大寿妻，令以利害导大寿来降。大寿选蒙、汉兵各三百，授祖克勇及副将杨震、徐昌永等取道边外趋锦州，至乌欣河口；阿尔萨兰以满、蒙兵一百六十戍焉，与战，获震，斩级八十四，得马百五十。克勇等依山为寨，上亲督巴牙喇兵破其寨，斩昌永，获克勇，斩级三百十一，得马四百十一。我兵攻松山，不克，会左右翼师还，上命罢攻还盛京。大寿复入锦州。是岁屡出师略锦州、宁远、松山、杏山，皆未竟攻，得俘获即引退。

五年三月，命郑亲王济尔哈朗、贝勒多铎率师屯田义州。五月，上幸义州视师，蒙古苏班岱等牧杏山城西，使请降，上命济尔哈朗等率巴牙喇兵千五百人往迓。大寿侦我师寡，令游击戴明与松山总兵吴三桂、杏山总兵刘周智合兵七千人邀击，济尔哈朗引退以致敌，还击，大败之。上亲阅锦州城，攻城东五里台、城北晾马台，皆下，刈其禾而还。上命多尔衮、济尔哈朗等将兵更番攻锦州。六年三月，济尔哈朗令诸军环城而营，大寿令蒙古守阵。逻卒至城下，蒙古兵自城上呼与语曰："我城中积粟可支二三

年，尔曹为长围，岂遂足困我乎？"逻卒曰："我师围不解，自二三年至四五年，尔曹复何取食？"蒙古兵闻之皆惧。贝勒诺木齐等遂遣使约降，启郭东门纳我师。及期，大寿闻变，以兵出城，蒙古兵与战，我师逼城外，蒙古兵垂绳，援以登，吹角夹攻，大寿退保子城。我师入其郭，得裨将十余及蒙、汉民男妇五千三百六十七人。明援兵自杏山至，济尔哈朗为二伏，败明兵，斩级一百七十，俘四千三百七十四人，得马百十六，甲七十六。

五月，洪承畴督军来援。六月，多尔衮替代。上遣学士罗硕以泽润等书招大寿。七月，上自将破明师，降承畴。语见《承畴传》。大寿弟总兵大乐，游击大名、大成从承畴军，被获，上命释大成，纵之入锦州。大寿使诣军，言得见大乐，当降；既令相见，大寿再使请盟。济尔哈朗怒曰："城且夕可下，安用盟为？"趣攻之。大寿乃遣泽远及其中军葛勋诣我师引罪。翌日，大寿率将吏出降，即日诸固山额真率兵入城，实崇德七年三月初八日也。上闻捷，使济尔哈朗、多尔衮慰谕大寿，并令招杏山、塔山二城降，济尔哈朗、多尔衮帅师驻焉。

阿济格、阿达礼等以大寿等还，上御崇政殿召见，大寿谢死罪，上曰："尔背我为尔主，为尔妻子宗族耳。朕尝语内院诸臣，谓祖大寿必不能死，后且复来，然朕决不加诛。往事已毕，自后能竭力事朕则善矣。"又谕泽远曰："尔不复来归，视大寿耳。曩朕苍视杏山，尔明知为朕，而特举炮，岂非背恩，尔举炮能伤几人耶？朕见人过，即为明言，不复省念。大寿且无责，尔复何诛？尔年少壮，努力战阵可已。"泽远感激泣下。六月，乌真超哈分设八旗，以泽润为正黄旗固山额真，可法、泽洪、国珍、泽远为正黄、正红、镶蓝、镶白诸旗梅勒额真。大凌河诸降将初但领部院，至是始以典军。大寿隶正黄旗，命仍为总兵，上遇之厚，赐赉优渥。存仁上言："大寿悔盟负约，势穷来归。即欲生之，待以不杀足矣，勿宜复任使。"降将顾用极且谓其反覆，虑蹈大凌河故辙。上方欲宠大寿讽明诸边将，使大寿书招明宁远总兵吴三桂，三桂，大寿甥也，答书不从。大寿因疏请发兵取中后所，收三桂家族。

八年十月，济尔哈朗帅师伐明，克中前所，并取前屯卫、中后所。明年，世祖定鼎京师，大寿从入关。子泽溥在明官左都督，至是亦降。十三年，大寿卒。

大寿初未有子，抚从子泽润为后。其后举三子，泽溥、泽洪、泽清。泽清叛应吴三桂，语见《三桂传》。

泽润初授三等昂邦章京。顺治中，以从征叛将姜瓖，并遇恩诏，进一等精奇尼哈番又一拖沙喇哈番。从阿尔津帅师镇湖南，卒于军。乾隆初，定封二等子兼一云骑尉。

泽溥初降，授一等侍卫。累迁福建总督。乞休，卒。

泽洪分隶镶黄旗。顺治元年，改参政为侍郎，泽洪仍任吏部。入关追击李自成，斩其将陈永福；克太原，复击败叛将贺珍、姜瓖。叙功，并遇恩诏，累进一等精奇尼哈番，兼授内弘文院学士。以疾解任，卒。

子良璧，袭爵，授参领，兼佐领。从裕亲王福全征噶尔丹，擢西安副都统；复从抚远大将军费扬古出西路讨噶尔丹，驻翁吉督饷。噶尔丹从子丹济拉袭翁吉，良璧击之，

败走。迁福州将军，署福州总督。卒。乾隆初，定封一等男兼一云骑尉。

可法，大寿亲子。初质于我师。及降，授副将，隶正黄旗。顺治初，从入关，击走李自成，命以右都督充河南卫辉总兵。自成兵掠济源、怀庆，总兵金玉和战死，可法赴援力战，自成兵乃引去。进都督，充镇守湖广总兵，驻武昌。以疾解任，卒，谥顺僖。

泽远，顺治间，积功，并遇恩诏，授世职一等阿达哈哈番。累迁湖广总督，加太子太保。京察左迁。寻卒。

论曰：有德、仲明，毛文龙部曲；可喜，东江偏将；志祥又文龙部曲之余也。文龙不死，诸人者非明边将之良欤？大寿大凌河既败，锦州复守，相持至十年。明兵能力援，残疆可尽守也。太宗抚有德等，恩纪周至，终收绩效。其于大寿，不惟不加罪，并谓其"能久守者，读书明理之效"。推诚以得人，节善以励众，其诸为兴王之度也欤！

卷二百三十五　　列传二十二

图赖　准塔　伊尔德　努山
阿济格尼堪　佟图赖

图赖，费英东第七子也。初隶镶黄旗，后与兄纳盖、弟苏完颜改属正黄旗。天聪元年，太宗伐明，略宁远，二年，伐察哈尔，图赖皆从。三年，复伐明，薄明都，明大同总兵满桂入援，屯德胜门，图赖与战，所杀伤甚众。师还，授世职备御。四年，从贝勒阿敏守永平，明兵救滦州，阿敏遣巴都礼赴援，图赖与梅勒额真阿山皆在行。及阿敏弃永平出边，明将率步卒百人追击，图赖以十六人殿，还战，尽歼之，进世职游击。

五年，上伐明，围大凌河城，命巴牙喇纛章京杨善、巩阿岱等驻军壕外，待敌度壕即与战，而令图赖与南褚、哈克萨哈当两旗间，卫樵采；城兵出挑战，图赖锐入阵，达尔哈以所部继，贝勒多尔衮亦督兵进，我师薄壕，舍骑步战，敌阻壕与城上兵争发炮矢。师退，副将穆克谭、屯布禄、备御多贝、戈里等皆战死，图赖亦被创。上怒曰："图赖轻进，诸从之入，朕弟冲锋而进，有不测，将磔尔等食之！敌如狐处穴，更将焉往？朕兵天所授，皇考所遗，欲善用之，勿使劳苦。穆克谭我旧臣，死非其地，岂不可惜？"因诫诸臣毋视图赖创，扬古利、巩阿岱偕往存问，上复切责之。明监军道张春等以四万人来援，次长山，上率诸贝勒御之，图赖当右翼，跃马突阵，敌溃走，遂夷其师。

七年，从攻旅顺口。八年，从伐明，徇大同，攻朔州，拔灵丘，进世职二等。旋追论攻朔州时越界出掠，又不赴期会地，夺俘获入官。九年，授巴牙喇纛章京，从贝勒多铎等伐明。多铎既入广宁，令图赖与固山额真阿山等以四百人为前锋向锦州，击杀明将刘应选，破其军。师还，以

功得优赉。崇德二年，授议政大臣。三年，上命睿亲王多尔衮、贝勒岳托率师分道伐明。图赖从岳托为前驱，逾墙子岭入边，克十一台，遂南略山东。明将以八千人拒战，蒙古阿蓝泰旁却，图赖方督所部驰击，敌百骑突至，图赖搏战陷坚，敌败去。明大学士刘宇亮缀我师而北至通州，图赖与固山额真谭泰击破之，拔四城，进三等梅勒章京。

六年，从郑亲王济尔哈朗等伐明，围锦州。明总兵祖大寿为明守，蒙古吴巴什、诺木齐等谋内应，事泄，大寿以兵攻吴巴什等，图赖入其郛，力战，援诺木齐出。先后破杏山、松山援兵，遂督乌真超哈拔塔山、杏山二城，进一等梅勒章京。师还，追论攻锦州时巴牙喇兵有怯退者，图赖当罚锾，上命宽之。八年，从伐明，拔中后所、前屯卫，进三等昂邦章京。

顺治元年，从睿亲王多尔衮帅师伐明，明将吴三桂迎师。四月戊寅，师距山海关十里，李自成遣其将唐通率数百骑出关，是夕遇于一片石，图赖督巴牙喇兵与战，通败走。己卯，入关，从大军击破自成。自成还京师西遁，图赖复从诸军追击，败之于庆都。二年，叙功，超授三等公。时图赖方从定国大将军豫亲王多铎西讨自成，豫亲王师自怀庆而南，图赖为孟津，率精兵渡河，明守将黄士欣等皆走，降溯河寨堡十五。

明总兵许定国等以所部来附，进薄潼关。自成将刘宗闵据山为阵拒我师。噶布什贤章京努山、鄂硕等率兵向敌，敌迎战，图赖率百四十骑直前掩杀，一以当百，俘馘过半。是岁正月，自成将刘方亮以千余人出关觇我师，图赖与阿济格尼堪等令正黄、正红、镶白、镶红、镶蓝等五旗各牛录出巴牙喇兵，率以击敌，大败之。自成闻败，亲率马步兵拒战，又征镶黄、正蓝、正白三旗兵相助，贼连夕攻我垒，皆败走，遂破潼关。

陕西既定，豫亲王移师下江南。四月，至扬州，令图赖与拜音图、阿山等攻之，克其城，执明大学士史可法杀之。进攻明南京，复令图赖与拜音图、阿山率舟师列江西岸助攻。南京既下，从贝勒尼堪等逐明福王至芜湖。福王登舟，将渡江，图赖扼江断渡，明将田雄、马得功以福王降。师还，图赖上书摄政睿亲王，略言："图赖昔年事太宗，王之所知也。今图赖事上，亦犹昔事太宗时。不避诸王贝勒嫌怨，见有异心，不为容默；大臣以下、牛录章京以上，亦不为隐恶。图赖誓于天，必尽忠事上。图赖有过失，王若不言，恐不免于罪戾。王幸毋姑息，不我教诫也！"

初，图赖在军，固山额真谭泰从英亲王阿济格西征，遗使告图赖曰："我军道迂险，故后至。请留南京畀我军取之。"图赖以其语告豫亲王，别作书遣塞尔特报索尼，将使索尼启摄政王。塞尔特以书示牛录希思翰，希思翰虑书达，谭泰且得罪，令沉诸河。图赖至京师，系塞尔特索前书，塞尔特诡言已达索尼。事闻于摄政王。三年正月，下诸大臣审勘，将罪索尼。摄政王亲鞫塞尔特，始自承沉书状。摄政王坐午门议谭泰罪，三日犹未决。图赖诘王，语甚厉，摄政王怒曰："尔亦过妄矣！曩逐流贼至庆都，议分道进兵。因诸将争先，尔诮让肃、豫、英诸亲王，不顾而唾。今又以语凌我。似此怒色疾声，将逞威于谁乎？

予与诸王非先帝子弟乎!"语毕,遂还邸。诸王因执图赖将罪之,王复返曰:"图赖虽声色过厉,然非退有后言者。且为我矢勤效忠,无他咎也。"命解其缚。狱既定,侍卫阿里马私诮图赖庇索尼,图赖以告摄政王,王令捕阿里马及其二弟索泥岱、锁宁。阿里马故骁勇,与索泥岱拔刀力拒。皆杀之,而释锁宁。寻授本旗固山额真。

二月,以贝勒博洛为征南大将军,图赖副之,帅师徇浙江、福建。五月,论破流贼及定河南、江南功,进图赖一等公。是月,师至杭州,明鲁王驻绍兴,其将方国安等屯钱塘江东岸,绵亘二百里,舣舟拒我军。我军舟未具,会潮落沙涨,图赖率诸将士策马自上流径渡,江广十余里,人马无溺者。国安望见,惊,弃战舰走还绍兴,将劫鲁王以降,鲁王走台州,图赖师从之,获其将武景科等。进克金华,杀明督师大学士朱大典。七月,复进克衢州,杀明蜀王盛浓及明将吴凯、项鸣斯等。浙江平。八月,博洛令诸军分道入福建,图赖自衢州出仙霞关,击破明大学士黄鸣骏等。师度岭,克浦城,分遣署巴牙喇纛章京杜尔德、噶布什贤章京拜尹岱等攻克建宁、延平诸府。明唐王自延平走汀州,复遣巴牙喇纛章京阿济格尼堪、杜尔德等帅师追击,克其城,执唐王及其宗室诸王送福州。明将姜正希以二万人夜袭汀州,已登陴,我军出御,击杀过半;别军自广信出分水关,克崇安。共抚定兴化、漳州、泉州诸府。福建平。师还,至金华,图赖卒于军。子辉塞,袭爵。贝子屯齐等讦郑亲王济尔哈朗,因多图赖尝谋立肃亲王豪格,及上即位,复附和郑亲王,辉塞坐夺爵。八年,上亲政,念图赖旧功,命配享太庙,谥昭勋,立碑纪绩,辉塞复袭爵。雍正九年三月,定封一等雄勇公。

准塔,满洲正白旗人,扈尔汉第四子也。天聪间,授世职牛录章京,官甲喇额真。尝与鳌拜共率师略明锦州,复与劳萨共率师迎护察哈尔来降诸宰桑。崇德二年四月,从武英郡王阿济格攻明皮岛,敌守坚。阿济格集诸将问策,准塔与鳌拜对曰:"我二人誓必克之!不克,不复见王。"遂先众连舟渡海,举火招诸军,敌倚堡为阵以拒,与鳌拜犯矢石力战,卒取其岛。论功,进世职三等梅勒章京,袭十二次,赐号"巴图鲁",敕增纪其绩。

三年八月,授蒙古固山额真。九月,从扬武大将军贝勒岳托等伐明,攻密云墙子岭,准塔先据岭,导诸军毁边墙以入,击败明太监冯永盛、总兵侯世禄等;又与武赖败三屯营援兵,复进战于董家口,破敌,行略地,克城二。师还,进世职二等梅勒章京。六年二月,从睿亲王多尔衮攻锦州,以阿王指,遣士卒归,又离城远驻,议罪,当夺官籍没,上命罚锾以赎。八月,上自将攻锦州,九月,还盛京,命准塔从贝勒杜度等为长围困之。七年三月,锦州既下,上命贝勒阿巴泰率师留戍。旋令准塔与固山额真叶臣等番代。

先是围锦州时,城兵出犯镶黄旗汛地,巴牙喇兵退入壕内,王贝勒等祖不举,准塔坐阿附,议罪当罚锾,上命贷之。十月,从阿巴泰、图尔格帅师伐明,略山东,与叶克书等分兵攻孟家台,不克,士卒有死者,准塔又妄称尝

陷阵。师还,议罪,夺巴图鲁号,降世职一等甲喇章京,仍罚锾。十二月,复命镇锦州。

顺治元年,从睿亲王多尔衮入关击李自成,遂至庆都,大破之;又与谭泰等率噶布什贤兵逐至真定,又破之。自成焚辎重,仓皇西走,于是京师以北、居庸关内外诸城堡,及畿南诸州县悉定。论功,复三等梅勒章京。

二年正月,以饶馀郡王阿巴泰为帅,准塔将左翼,谭布将右翼,帅师徇山东。二月,闻明福王遣兵渡河,阿巴泰令准塔等迎战。明兵方攻沛县李家楼,马步二千余屯徐州,距城十五里,准塔师破其垒,斩其将六,明兵赴河死者无算,遂克徐州。五月,复自徐州南下,明总兵刘泽清遣其将高祐以舟师攻宿迁,击破之,进次清河县。黄河自西来,至县境,淮水及清河皆入焉。泽清遣其将马化豹、张思义等将兵四万、舟千余,据三水交汇处,连营十里。准塔遣梅勒章京康喀赖、游击范炳、吉天相等率兵渡清河,结营相拒,发炮击敌舟;复遣都司楚进功将步兵六百人屯黄河北岸,鸣炮相应;又分其兵为二:一出清河上游,一隔水,击破明马步军;兵复合,逐入淮安界,斩其将三。师次清江浦,泽清引去,明将吏柏永馥、范鸣珂出降,遂克淮安。

明新昌王入海据云台山,纠众陷兴化,准塔遣将击斩之,通州、如皋、泰兴诸城皆下;凤阳、庐州亦降。凡降明将吏二百十三,得舟五百余、马九百余、橐驼二十五、炮一百二十。捷闻,进准塔三等昂邦章京,复巴图鲁号,命以固山额真镇守庐、凤、淮阳诸处。准塔帅师巡行诸州县,安抚居民,设置官吏。江、淮间悉定。泽清寻亦以所部降。

三年正月,从肃亲王豪格帅师徇陕西。时叛将贺珍据汉中,武大定、石国玺等分屯徽、阶诸州,遥与相应。豪格师自西安向汉中,珍走西乡。七月,令准塔与贝子满达海等攻大定、国玺等,大定、国玺等以其众七百人降。十一月,豪格击张献忠于西充,准塔指挥诸合战,俘馘甚众。四年八月,复与贝勒尼堪、贝子满达海等分兵下遵义、夔州、茂州、荣昌、富顺、内江、资阳诸郡县。四川平,师还。寻卒。论功,进世职一等精奇尼哈番。十二年,追谥襄毅,立碑纪绩。

准塔无子,弟阿拉密袭。遇恩诏,进三等伯。康熙中,准塔兄子舒书降袭一等精奇尼哈番。乾隆初,定封一等子。

伊尔德,满洲正黄旗人,扬古利族侄也。天聪三年,从扬古利率师入明边,略锦州、宁远。既,复从攻北京。师还,败山海关援兵于滦州,出塞为前驱,斩明兵守隘者。五年,从上围大凌河城,城兵突出,伊尔德冲锋杀敌,逐敌迫壕,乃引还。敌骑挟弓矢将犯御营,伊尔德驰斩之。秋,复略前屯卫,将十五人,捕敌军逻卒。值别将噶思哈为敌困,奋击,援之出。积功,授世职备御。寻擢巴牙喇纛章京。

崇德二年,从贝勒阿巴泰筑都尔弼城,将巴牙喇兵四百人护工役。五年,从围锦州,敌出战,伊尔德领纛追击,

败之。督屯田锦州、松山间，明人纵牧于野，伊尔德设伏乌欣河，驱其牲畜以归。敌袭我军后，伊尔德还击，斩获无算。超进世职三等梅勒章京。屡坐事当削世职，命罚锾以赎。七年，复从围锦州，明兵来夺炮，击败之，进一等。

顺治元年，命驻防锦州。二年，加半个前程。世祖召伊尔德，命从豫亲王多铎南征，与尚书宗室韩岱等将蒙古兵自南阳下归德，招抚甚众。至扬州，获战舰百余，渡江先驱，破南京。明福王由崧走芜湖，与固山额真阿哈尼堪等追击，败明将黄得功。三年，进世职一等昂邦章京。六年，偕大将军谭泰讨叛将金声桓，下南昌，诛声桓。师进，叛将李成栋陷信丰，攻克之，成栋夜遁，马蹶，溺水死。分兵定抚州、建昌，破其将杨奇盛。江西悉平。师还，复移剿保定土寇。论功，进世职一等精奇尼哈番。八年，巴牙喇纛章京鳌拜讦伊尔德值上幸内苑擅令门直员役更番，私减守门护军额数，又嫉忌鳌拜等，鞫实，论死，上贷之，命降世职一级，罚锾以赎。寻授本旗固山额真。九年，三遇恩诏，累进一等伯兼拖沙喇哈番。从敬谨亲王尼堪征湖南，师败绩，王没于阵。十一年，师还，论罪，夺职籍没。

初，明鲁王以海与其将阮进等据舟山，以海走入海。至是，其将陈六御、阮思等复据舟山为寇。十二年，上授伊尔德宁海大将军，率师讨之。六御等遣其所置总兵王长树、毛光祚、沈尔序等登陆掠大岚山，伊尔德遣巴牙喇纛额真车尔布、梅勒额真石硕禄古、总兵张承恩引兵趋夏关，抵斗门，连击败之，斩长树等；而自率师攻宁波，乘舟趋定海，分三道并进。六御等列舟望江口山下以待，伊尔德挥众进击，败之；追至衡水洋，斩六御等，遂取舟山。十四年，师还，上命贝勒杜兰等郊劳，复世职，论功，进一等伯。

十五年，从信郡王多尼南征，自贵阳至盘江，击斩明将，进克云南。十八年，卒于军，谥襄敏。

孙巴珲岱，袭。自散秩大臣迁正黄旗满洲都统。夏逢龙之乱，出为荆州将军。圣祖征噶尔丹，参赞大将军马斯喀军务。卒，谥恪恭。子马哈达，降二等伯，世袭。乾隆中，加封号宣义。

努山，扎库塔氏，世居鄂里。父塔克都，归太祖，太祖命籍其众为牛录，以其长子瑚什屯为牛录额真。旗制定，隶满洲正黄旗。积功，授世职游击。卒，无子，以努山子浑岱为后，袭职，而努山代为牛录额真。从征伐，辄先驱觇敌。有功，授噶布什贤章京。太宗嘉其能，以瑚什屯世职改命努山，谕曰："弟之子不若弟亲也。"时为天聪八年五月。

寻从伐明，攻大同，努山与甲喇额真席特库、纳海执逻卒以献。崇德元年，率甲士行边，至冷口，遇明逻卒十四，斩三人，俘一人，获马十余。三年，从贝勒岳托伐明，将入边，遇明兵，斩四十人，俘三人。发明兵所置火药。度墙子岭，明总兵吴阿衡将六千人迎战，击之败。与噶布什贤噶喇依昂邦劳萨逐明兵，获马数十及攻具。薄明都，破明兵为伏者，而自设伏道侧，挑明太监高起潜战，伏起夹击，多所俘馘。即夕，起潜袭噶布什贤兵，努山与席特库及甲喇额真鄂克合兵战，起潜兵败走，逐北，迫会通河，明兵多入水死，遂次涿州；分道从睿亲王多尔衮徇山东，克济南。师还，出塞，复与劳萨共败明兵。

六年七月，与侍卫穆章等诇敌董家口、喜峰口，遇明兵，斩百余人，俘四人。从围锦州，是时上自将驻军松山、杏山道中，明兵击噶布什贤兵，努山力战，斩五十二人，获马三十。明总督洪承畴出战，努山与劳萨等阵而前，战良久，王贝勒等各以所部合战，大破明兵。十月，擢噶布什贤噶喇依昂邦。是时武英郡王阿济格驻军杏山河岸，上命努山济师。敌骑千自宁远至，猝与努山值，惊溃，努山逐之，至连山，斩三十人，获马三十有二。七年三月，与噶布什贤噶喇依昂邦吴拜共略宁远，敌骑五十自中后所至，率噶布什贤兵纵击，明兵四百人来援，并击败之；薄宁远，守者背城阵，努山等与战，俘二十三人；进世职二等甲喇章京。八年，上以贝勒阿巴泰等略山东未还，命努山率甲喇额真四、侍卫四、兵九十至界岭口，诇师于距边远近。遇明兵，斩守备一、兵三百余，俘数十人，获马骡二百余。八月，与巴牙喇纛章京阿济格尼堪帅师戍锦州。

顺治元年，世祖既定鼎，命努山将左翼噶布什贤兵从豫亲王多铎西讨李自成，自成兵出潼关拒战。努山自间道巘其垒，斩杀过半，自成兵溃走。二年，移师定河南，下扬州，克明南京。明福王由崧走芜湖，努山与诸将以师从之，得福王以归。三年，从贝勒博洛徇浙江，明总兵方国安屯钱塘江东岸，以舟师出战。努山从固山额真图赖自上游渡，击国安，败之，尽得其舟；进略福建，击斩明巡抚杨廷清、李暄。时巴牙喇纛章京都尔德等攻下建宁、延平诸府，明唐王聿键走汀州，努山驰七昼夜追及之，唐王入城守，令锐卒以巨木撞其门，后军继至，遂克之。

五年，从郑亲王济尔哈朗定湖广。明桂王由榔据广西，其总督何腾蛟，总兵王进才、马进忠、袁宗第等，分屯湖南诸郡邑。六年正月，努山至长沙，时席特库亦迁噶布什贤噶喇依昂邦，将右翼噶布什贤兵，共简精锐攻湘潭，与固山额真阿济格尼堪等破北门入，腾蛟死之。四月，兵部尚书阿哈尼堪等徇宝庆，未至七十里，进才、进忠合军出御，努山令所部舍骑步战，明兵败，薄城东门，进才等弃城走，逐之至武冈，歼进忠所将步兵三千，破进才及宗第等寨十余，分克沅州、靖州；再进克全州，斩明阁部杨鳌及副将以下四十余。累进二等阿思哈尼哈番。十三年，擢内大臣。十五年，卒。

阿济格尼堪，满洲正白旗人，达音布子。达音布战死，长子阿哈尼堪袭三等甲喇章京，旋卒。阿济格尼堪继袭，授甲喇额真。从太宗伐察哈尔，自大同入明境，与雅赖共击败明兵于崞县。崇德元年，从太宗伐朝鲜，击败明宁远守边兵。三年，从贝勒岳托伐明，击破总兵侯世禄，得其印及骑。四年，擢巴牙喇纛章京。从肃亲王豪格攻锦州，设伏于连山，俘五人，获马七。

六年，从郑亲王济尔哈朗攻锦州，以七十人为伏，败敌；进攻杏山，领纛直入敌垒，敌大溃。时锦州有蒙古诺木齐等愿降，明总兵祖大寿发其谋，以兵围之，不得出。阿济格尼堪诇知之，乘夜薄城，力战先登，入其郛，援诺木齐等皆出。进攻松山，战屡捷。上以阿济格尼堪少年能杀敌，进一等参将，赍白金四百。是年八月，明总督洪承畴集诸镇兵救锦州，上自将屯松山、杏山道中，绝饷道。明总兵吴三桂、唐通等皆潜引去。上召阿济格尼堪亲授策，与鳌拜等追击，大败之。八年八月，命戍锦州。九月，郑亲王取中后所、前屯卫，阿济格尼堪率所部及蒙古兵攻中前所，拔其城，俘明溃兵，无得脱者，加半个前程。

顺治元年四月，从睿亲王多尔衮入关，破李自成，追至庆都，进一等梅勒章京。十月，从豫亲王多铎帅师西讨自成，渡孟津，薄潼关。贼齿重壕为固，自成将刘方亮率千余人出拒，阿济格尼堪与图赖、阿尔津等奋战，方亮败退。至夜，复来犯，阿济格尼堪力战却之，连破贼二垒，遂麾兵逾壕，冒矢石先登，贼惊溃降窜，师入关。二年正月，克西安，自成自商州入湖广。

豫亲王移师下江南，四月，至淮安，遣阿济格尼堪率所部趋扬州，屯城北，与亲军合攻，城遂下，获战舰二百余；渡江克明南都，追击明福王由崧于芜湖，败其舟师；进三等昂邦章京。三年，从端重亲王博洛定浙江，徇金华、衢州，破仙霞关，略建宁、延平。明唐王聿键走汀州，阿济格尼堪与都尔德进击至城下，率精锐先登，遂克汀州。其总兵姜正希以二万人赴援，阿济格尼堪出御，所衆伤过半。进一等精奇尼哈番，赐敕世袭。五年，授正白旗满洲都统。

六年，郑亲王济尔哈朗征湖广，以阿济格尼堪参赞军事。是时明总督何腾蛟，总兵王进才、马进忠等，守湖南：腾蛟军湘潭；进才、进忠军宝庆。阿济格尼堪至长沙，与兵部尚书阿哈尼堪为前锋，攻湘潭，破北门入，执腾蛟。逐明溃兵至湘乡，尽歼之，遂趋宝庆。未至七十里，进才、进忠合军拒战，阿济格尼堪令步骑番进，薄宝庆东郭，进才等败遁。遂下沅、靖，进克全州。七年正月，师还，进三等伯，赍白金五百，授议政大臣。四月，卒，谥勇敏。乾隆间，加封号襄宁。子宜理布，自有传。

佟图赖，汉军镶黄旗人。父养真。太祖克抚顺，养真以从弟养性已降，挈其族来归。从攻辽阳，以功授世职游击。命驻镇江，守将陈良策以城叛，，养真及长子丰年皆死。

佟图赖初名盛年，其次子也，袭世职，事太宗。天聪五年，从攻大凌河，破明监军道张春兵，进世职二等参将。崇德三年，授兵部右参政。五年，从攻锦州，取白官儿屯台。六年，复从攻锦州，取金塔口三台。七年，从攻松山，明师以骑兵突阵，将夺我师炮，佟图赖击却之；又败其步兵，取塔山、杏山诸台，遂克其城二：以功进世职一等。是岁始分汉军为八旗，授正蓝旗固山额真。师出略明边，佟图赖与固山额真李国翰等奏请直取燕京，上以"未取关外四城，何能即克山海"，优旨开谕之。八年，从郑亲王济尔哈朗收前屯卫、中后所二城，加半个前程。

顺治元年，从入关，调镶白旗，与固山额真巴哈纳、

石廷柱等招降山东府四、州七、县三十二。复移师下太原，招降山西府九、州二十七、县一百四十一。师还，赐白金四百。寻从豫亲王多铎西讨李自成，定河南。二年，移师徇江南，先后克扬州、嘉兴，皆在行，进世职二等梅勒章京，赐蟒服、黄金三十、白金千五百。五年，授定南将军，与固山额真刘之源率左翼汉军驻宝庆。时马进忠等寇衡、湘、辰、永间，陷宝庆。佟图赖师至，克之。

六年，郑亲王济尔哈朗徇湖广，佟图赖与固山额真硕詹等分兵趋衡州，阵斩明将陶养用，拔其城；时明将胡一清犹屯城南为七营，乘胜疾击破之；逐一清，战于望公岭山峪口，又破之；一清走入广西境，距全州三十里，立六营自保，与努山、阿济格尼堪合军奋击，破之，遂下全州。师还，驻衡州。明兵犯常宁，遣牛录额真陈天谟等驰援，破明兵石鼓洞，斩其渠。八年，师还，宴劳。授礼部侍郎。复调正蓝旗固山额真。世职累进至三等精奇尼哈番。十三年，以疾乞休，世祖命加太子太保致仕。十五年，卒，赐祭葬，赠少保，仍兼太子太保，谥勤襄。

康熙间，以孝康章皇后推恩所生，赠一等公，并命改隶满洲。世宗即位，追封佟养正一等公，谥忠烈，与佟图赖并加太师。养真改曰养正，避世宗嫌名也。

论曰：图赖忠鲠类父，督师南征，破福、唐二王，三江、闽、浙，以次底定，仍世有饟，允哉！准塔绥徕畿辅，戡定江、淮；伊尔德横海杀敌，破鲁王余众，功与相并。努山、阿济格尼堪，佟图赖佐定江表，又合军徇湘南。戮力佐创业，绩亦伟矣！

卷二百三十六　　　　列传二十三

陈泰　阿尔津　李国翰子海尔图
桑额　卓布泰弟巴哈　**卓罗**四世孙永庆
爱星阿子富善　**逊塔**子马锡泰　从弟都尔德

陈泰，满洲镶黄旗人，额亦都孙，彻尔格子也。初授巴牙喇甲喇章京。从伐明，攻锦州，明兵自宁远来援。陈泰先众直入敌阵，斩执纛者，得纛以归。天聪三年，从太宗伐明，薄明都，屯德胜门外，攻袁崇焕垒，遇伏，奋击，多所俘馘。五年，从围大凌河城，明监军道张春赴援，陈泰设伏，擒马逻卒，复以步军战，歼敌。

崇德元年，从伐朝鲜，与梅勒额真萨穆什喀夜袭破黄州守将营。三年，伐明，败明兵于丰润，攻太监冯永盛、总兵侯世禄营，拔之；又以巴牙喇三十败明骑卒百余。五年，从围锦州，攻杏山，败敌兵，获牲畜。六年，复围锦州，败松山兵。我兵出樵采，为敌困，陈泰率兵六援之出，敌袭我后队，迭战破敌，遂克其郛。予世职，自牛录章京进三等甲喇章京。七年，复围锦州，掘堑围松山。明兵夜犯正黄旗蒙古营，赴援，击之走。八年，从伐明，败总兵马科于浑河，筑浮桥济师。明总督范志完拒战，击败

之。下山东，陈泰以偏师克东阿、汶上、宁阳三县，进世职二等。

顺治元年，从入关，击破李自成，进世职一等。四年，授礼部侍郎。从平南大将军孔有德征湖广，战荆州，击破流贼一只虎。时明鲁王遣其将郑彩、阮进等寇福建，先后陷府三、州一、县二十七。上授陈泰靖南将军，与梅勒额真栋阿赉率师讨之，击破鲁王将曹大镐、张耀星，克同安、平和二县。五年三月，复克兴化。彩遁入海，复克长乐、连江，获所置总督顾世臣等十一人，斩之。鲁王所陷诸府州县以次尽复，福建平。师还，授巴牙喇纛章京，进二等阿思哈尼哈番。遇恩诏，累进三等精奇尼哈番兼拜他喇布勒哈番。迁刑部尚书。八年，移吏部尚书，授国史院大学士。以加上皇太后尊号恩诏误增赦款罢任，并以吏部覃恩升袭过滥，降世职一等阿达哈哈番。九年，起礼部尚书，充会试主考官，授镶黄旗满洲固山额真，特命进世职二等精奇尼哈番。

十年，上以湖广未定，大学士洪承畴再出经略，至军，疏言："孙可望等战湖南，郝摇旗、一只虎等扰湖北。湖南驻重兵，各郡窎远，不免首尾难顾。"上授陈泰宁南靖寇大将军，与固山额真蓝拜、济席哈，巴牙喇纛章京苏克萨哈等统兵镇湖南。临行，上谕之曰："师行有一定纪律，大小将佐，为国尽力，岂致挫衄？毋藐视主帅，下当抚励士卒，能爱众而得其心，遇敌未有不争先效命者也。"十一年，复授吏部尚书。十二年，孙可望遣其将刘文秀、卢明臣、冯双礼等以舟师六万分犯岳州、武昌。文秀引精兵攻常德，陈泰遣苏克萨哈设伏以待。甲喇额真呼尼牙罗和当前锋，挫敌；甲喇额真苏拜、希福等以舟师迎击；大军继进，三合三胜。敌复列舰拒战，伏起，纵火焚其舟，敌大败，别遣兵击敌德山下。师进次龙阳，敌集二千人来犯，我兵奋击，溃奔，明臣赴水死。双礼被创，与文秀并遁。降所置裨将四十余、兵三千余。论功，进一等精奇尼哈番兼拖沙喇哈番。未几，卒于军。

师还，明年正月，世祖宴诸将，追悼陈泰，挥泪酹酒，谕学士麻勒吉、侍卫觉罗塔大曰："大将军班师还，朕将亲酹酒以慰劳之。不幸中道弃捐，不复相见。尔等以此觞奠大将军灵次，抒朕追悼。"诸将及侍从皆感涕。赐祭葬，谥忠襄。乾隆初，定封一等子。

阿尔津，伊尔根觉罗氏。父齐玛塔，与从子阿山归太祖，官侍卫。旗制定，与阿山同隶正蓝旗。阿山自有传。

阿尔津积战功，授甲喇额真，世职二等参将。天聪四年，从固山额真纳穆泰等守滦州。纳穆泰等引还，论罪，上以阿尔津力战杀敌，特贷之。九年，伐察哈尔，阿尔津从贝勒岳托驻归化城。博硕克图汗子阴结喀尔喀等部贰于明，阿尔津获其使者，进世职一等甲喇章京。崇德元年，上自将伐朝鲜，朝鲜国王李倧走南汉山城，阿尔津简精骑追蹑，破其援兵。二年，略铁山，获明逻卒。授议政大臣，领巴牙喇纛章京。三年，从豫亲王多铎伐明，过中后所，明将祖大寿发兵追袭，阿尔津为殿，战不力，所部多战死者，又弃其骨不收，坐削世职，籍家

产之半，仍领巴牙喇纛章京如故。五年，从围锦州，以离城远驻，坐罚锾。六年，攻松山，击明总督洪承畴军，克台一、垒三，歼守台敌兵，出我师被围者。上嘉其善战，复授三等甲喇章京。七年，从伐明，攻宁远。八年，与巴牙喇纛章京哈宁阿等伐虎尔哈部，下七屯，俘获无算。

顺治元年，从入关，击李自成，追及于安肃，大破之，进二等甲喇章京，兼半个前程。寻从豫亲王多铎西破潼关，还定江南，进三等梅勒章京。三年，与巴牙喇纛章京鳌拜等徇汉中，击叛将贺珍，破流贼张献忠，进攻叙州，所向克捷。五年，进一等阿思哈尼哈番。寻率师定宣化叛兵。八年，与固山额真穆克青等发武英亲王阿济格罪状，语详《阿济格传》。叙功，遇恩诏，进一等精奇尼哈番兼拖沙喇哈番。九年，授西安将军，镇汉中。寻改授定南将军，移师徇湖广。十一年，自巴牙喇纛章京迁固山额真。

十二年八月，授宁南靖寇大将军，与固山额真卓罗等率师驻荆州。时土寇姚黄等据归州，出没宜昌、襄阳间，阿尔津督兵搜捕，安集兵民，枝江、松滋诸县悉定。十三年，与卓罗等率师渡江，十月，克辰州。宝庆、永顺诸土司率官吏，具版籍，诣军前降。时云南、贵州尚为明守，阿尔津议移常德镇兵守辰州，别移兵屯常德为应援，自辰州下沅、靖，进取滇、黔。经略大学士洪承畴与异议，事闻，上召阿尔津还京师，以宗室罗托代之。

十五年正月，授信郡王多尼为安远靖寇大将军，征云南，命阿尔津率本旗兵以从。五月，卒于军，赠太子太保，谥端果。乾隆初，定封三等子。

李国翰，汉军镶蓝旗人，其先居清河。父继学，初为商，从明经略杨镐军，尝通使于我。天命六年，克辽阳，继学来归，授都司。以副将刘兴祚娄贿，劾罢之。屡获明谍，捕逃人，授世职三等副将。请老，国翰袭世职。事太宗，授侍卫，赐号"墨尔根"。

天聪三年，从伐明，薄明都。还攻永平，战先众。五年，围大凌河，城兵突出，国翰督兵击之退；明兵自锦州赴援，又击之，败走。九年，以善拊循所领人户，进世职二等梅勒章京。崇德三年，授刑部理事官。从伐明，入边，明兵千余据山列阵，国翰督兵奋击，败之，获马四十；进克墙子岭，转战至山东，克济南。师还，攻庆都、获鹿，发炮毁其垣。四年，授镶蓝旗汉军梅勒额真。五年，从攻锦州，克吕洪山台。七年，攻下塔山、杏山，擢镶蓝旗汉军固山额真。八年，从前屯卫、中后所。世职累进三等昂邦章京。

顺治元年，从入关，国翰与固山额真刘之源、祖泽润等率兵剿饶阳土寇康文斗、郭壮畿等，师进征山西。时李自成走陕西，其党犹分据太原、平阳诸府，国翰与固山额真叶臣谋曰："自成新败，贼无固志，当以大兵直捣太原。太原既下，分道略定诸郡县，余贼非降既就馘耳。"乃合兵进拔太原，分道略定诸郡县。师还，赉白金五百。寻又从大将军英亲王阿济格征陕西，自成走湖广，师从之，战应山，进攻武昌，与固山额真金砺等夺舟数百。

二年，命偕固山额真巴颜率兵下四川，次西安，叛将

贺珍自汉中来犯，国翰与驻防西安内大臣和洛辉分兵夹击，大破之，进世职二等。三年，大将军肃亲王豪格师至，令国翰与巴颜逐捕延安余寇，寇保张果老崖，掘壕困之，乘夜攻克其寨，歼其渠，获马二百余。遂从肃亲王下四川，歼张献忠，复率兵渡涪江，击破献忠将袁韬，进世职一等。

五年四月，授定西将军，同平西王吴三桂镇汉中。六年，明宗室朱森滏与其将赵荣贵以万余人犯阶州，国翰督兵赴援，战必先众陷阵。诸将请曰："将军任讨贼之重，奈何轻身犯锋镝？脱有不戒，忧及全军。"国翰曰："吾固知此。然贼锋颇锐，战不利，势将蔓延。吾故以力战挫其锋。明之失机，率由主兵者怯战耗时，贼以坐大。覆辙可复蹈耶？"遂战，阵斩森滏、荣贵，复击破其将王永强，斩级数千，获驼马数百，复宜君、同官、蒲城、宜川、安塞、清涧等县。上深嘉其勇略，谕以"自后但发纵指示，不必身先士卒"。叛将姜瓖据大同，其将刘登楼、张凤翼、任一贵、谢汝德、万炼等分据附近诸郡县，国翰遣兵会剿，歼贼甚众，抚定河东；进克府谷，擒斩所置经略高有才以下三百余人，降其将郝自德等；进一等伯。

九年，与三桂督兵复成都、嘉定，遣将徇重庆、叙州，皆下。明将王夏臣等纠偕伪万余人犯保宁，列象阵攻城，国翰自绵州赴援，督兵横击敌，阵斩复臣，歼其众。捷闻，进三等侯，赏紫貂冠服，鋄金甲胄，櫜鞬、鞍马。十年，以四川平，命与三桂还镇汉中。十四年，明将谭文等与自成余党刘二虎等为寇，陷重庆，使所置都督杜子香守之。十五年，国翰与三桂进讨之，自西充下合州，子香迎战，败遁，复重庆，道桐梓，趋遵义。明将李定国遣其将刘正国等据险拒战，击之溃，自水西走云南，取遵义及所属州县；复进克开州，并招降水西土司。时大将军罗托、经略洪承畴已取贵阳，国翰还驻遵义，策会师取云南。七月，卒于军。丧至京，命内大臣致奠，赠太子太保，谥敏壮，侯爵袭次三次，循例改袭三等伯。乾隆中，加封号懋烈。

海尔图，国翰长子。初从国翰军击贺珍，破袁韬，皆在行，授兵部理事官、牛录额真。擢镶蓝旗汉军梅勒额真，授户部侍郎，坐事罢。迁本旗固山额真。康熙初，袭三等侯爵。定西将军贝勒董鄂讨叛将王辅臣，命海尔图运炮赴军前，并参赞军务。寻以运炮迟误，解参赞，留驻凤翔。从征云、贵，二十年，卒于军。

桑额，国翰第三子。康熙初，自参领擢宁夏总兵。迁云南提督，未上官，吴三桂反，留驻荆州。改湖广提督，移守武昌。从攻岳州，师进城陵矶，发炮沉敌舰，加右都督。三桂兵自洞庭湖出，桑额击之却，逐至岳州城下，三桂兵引去，收万容、石首、安乡诸县，加左都督。诏趣进师，复以桑额为云南提督，奏改湖广提标兵为云南提标，率之进克辰龙关，克辰州、沅州；复进镇远、平越，下贵阳，趋鸡公背。三桂兵焚铁索桥走，桑额督土司沙起龙等筑浮桥济师。旋从大将军贝子彰泰攻下云南省城，其将马宝、胡国柱自四川还救，桑额与副都统托岱等破宝于楚雄，宝走降；又与都统希福困国柱于永昌，国柱自经死。云南平。

初，桑额标兵中道有溃散者，上遣左都御史哲勒肯按治，疏言标兵家口在武昌，无资养赡，逃回者千余人。上切责桑额不恤士卒，部议夺职，命留任，叙功复职。二十五年，卒。

卓布泰，瓜尔佳氏，满洲镶黄旗人。父卫齐，费英东第九弟。事太祖，从特尔晋等率兵伐虎尔哈，得五百户以归，授世职备御。天聪初，从太宗代明，略遵化，进世职游击。上统大军出征，每令卫齐留守盛京，任八门提督。卒。顺治间，追谥端勤。子鳌拜，自有传。

卓布泰，其次子也。事太宗，授牛录额真。崇德四年，从承政萨穆什喀、索海伐瑚尔哈部，铎陈、阿萨津二城以兵四百逆战，卓布泰与牛录额真萨弼图率甲士九十人击败之，斩级五十。敌复与索伦部长博穆博果尔合兵以拒，卓布泰率先邀击，俘六十余人。五年，擢甲喇额真。六年，从伐明，围锦州，明总督洪承畴屯山口拒守。卓布泰与梅勒额真翁阿岱迎战，明兵败走，大军合击，复与翁阿岱力战破敌。师还，敌蹑我后，翁阿岱中创仆，卓布泰还歼敌，掖翁阿岱乘马归。七年，从伐明，徇山东至青州，屡败明兵。明将张登科、和应荐等合八镇兵来拒，卓布泰率兵奋击，大破之，复乘夜袭破余兵。八年，师还，赉白金，兼任兵部理事官。顺治元年，偕甲喇额真沙尔瑚达略黑龙江，克图瑚勒禅城，俘二百余人。

是冬，从大将军豫亲王多铎西讨李自成，次潼关，与固山额真恩格图等迭战破敌。二年，进克西安，自成走湖广，与巴牙喇纛章京敦拜、阿尔津等追击，歼敌骑三百。移师下江南，从贝勒博洛徇浙江，败敌于杭州、于海宁、于平湖，得战舰百余。三年，复从徇福建，署梅勒额真。次延平，明唐王聿键走汀州，师从之，卓布泰别将兵攻克福州。叙功并考满，进世职三等阿达哈哈番。

五年，从郑亲王济尔哈朗下湖广。六年，复署梅勒额真，与固山额真佟图赖等自湘潭进克衡州。明将胡一清以步骑万余踞城南山冈，列七营，与佟图赖合攻之，溃走；复进克道州、靖州。师还，优赉，授刑部侍郎。累擢内大臣、镶黄旗满洲固山额真，进世职二等阿思哈尼哈番。

十四年，授征南将军，率师至广西会湖南、四川两军规取云、贵。十五年九月，师次独山，与信郡王多尼及吴三桂会约师期，语详《洪承畴传》。卓布泰率兵自都匀进次盘江，明兵闻师至，沉舟，潜匿山谷中。卓布泰用土司岑继鲁言，渡下流取所沉舟，中夜济师。明将李承爵以万余人屯凉水井，师进击破之，攻双河口山寨。明将李定国以象阵拒战，击溃之。定国悉众为三十营，列栅固守，卓布泰分军为三队，张左右翼以进，再战皆胜，追奔四十余里，获其象、马。闻明兵尚坚守铁索桥，乃自普安间道进罗平，会信郡王等军攻克云南省城，明桂王奔永昌。十六年二月，从贝勒尚善等进军镇南，破白文选于玉龙关，渡澜沧江，取永昌，明桂王奔腾越，师复进，渡潞江。定国以六千人伏磨盘山，卓布泰分兵为八队，以火器发其伏，掩击，斩杀过半，遂克腾越。明桂王奔缅甸，卓布泰乘胜追击，越南甸至猛卯而还。捷闻，赉蟒服、鞍马。

康熙元年二月，师还，上命内大臣迎劳。寻追论在军勘将士功罪不实，与议政王贝勒争辨语怨望，论绞籍没，上命宽之，夺世职，罢都统。三年，复世职。八年，复以弟鳌拜得罪，夺世职。十六年，再复世职。十七年，卒，谥武襄。

巴哈，卓布泰弟。事太宗，以一等侍卫授议政大臣。顺治初，入关，从肃亲王豪格征张献忠有功，世职累进一等甲喇章京。睿亲王讨姜瓖，巴哈请从征，王勿许，拂衣起，坐论死，命罚锾以赎。睿亲王摄政，巴哈兄弟独不附。肃亲王卒于狱，子富绶尚幼，尚书宗室巩阿岱议之，巴哈及内大臣哈什屯持不可，乃止。巩阿岱因与弟锡翰及内大臣西讷布库等欲构陷以罪，闻上嘉其勤劳，议乃寝。世祖亲政，使证巩阿岱等罪状，皆坐诛。复命为议政大臣，世职累进一等阿思哈尼哈番，加少傅兼太子太傅，授领侍卫内大臣。鳌拜得罪，坐罢官夺世职。卒。

苏勒达，巴哈子。事圣祖，授侍卫。累迁镶黄旗蒙古都统、领侍卫内大臣。上亲征噶尔丹，从行，赞议进击，复扈上巡行塞北，赐内厩马。卒，谥恪僖。

卓罗，满洲正白旗人，巴笃理子也。卓罗袭三等副将，兼任牛录额真。崇德三年，从伐明，薄明都，明太监杨永盛出战，卓罗以三百人击败之，遂徇略山东。四年，围锦州，入其郛，获守备一。六年，复围锦州，击败明总督洪承畴。八年，授刑部参政。

顺治初，从入关，破李自成，进世职一等梅勒章京，擢正白旗梅勒额真。三年，从大将军顺承郡王勒克德浑下湖广，败自成党一只虎于荆州。师还，赉黄金十两、白金三百两。是时明桂王由榔驻武冈，其将王进才等分守长沙、衡州、宝庆。大将军恭顺王孔有德等收湖南诸郡县，命卓罗及梅勒额真蓝拜率师益有德。四年，自岳州趋长沙，进才弃城走，卓罗等追击败之。遂与智顺王尚可喜共击败明总兵徐松节，率舟师还长沙。遣甲喇额真张国柱、札苏蓝等以偏师击败明总兵杨国栋于天心湖。卓罗会有德下祁阳，道熊罴岭，克其城。进攻武冈，击败明将刘承胤于夕阳桥，承胤降。明桂王走桂林，遂取武冈。五年，师还，上赉如自荆州还时。累擢吏部尚书，兼镶白旗满洲固山额真，进一等精奇尼哈番兼拖沙喇哈番。九年十一月，授靖南将军，下广东。旋以广东垂定，罢。

十二年八月，命与固山额真阿尔津帅师屯荆州，时张献忠将孙可望、李定国、白文选等降于明，屯辰州。十三年八月，卓罗与阿尔津道澧州、常德，下辰州，可望焚舟夜遁，卓罗与梅勒额真泰什哈、巴牙喇纛章京费雅思哈等率兵渡江攻之，遂克辰州。十四年，可望诣长沙降，定国、文选等从明桂王入云南。

十五年，规取云南，吴三桂自四川，征南将军卓布泰自广西，卓罗从信郡王多尼自湖南，三道并进。十六年正月，合攻云南，克之，屡败文选、定国兵，收永昌、腾越，追击至南甸。命卓罗守云南，赉蟒服、鞍马。明桂王奔缅甸，定国屯孟良，以印札招元江土司那嵩。十月，卓罗与噶布什贤噶喇昂邦白尔赫图等共击之，克其城，那嵩自焚死。十八年，定西将军爱星阿与三桂帅师入缅甸，卓罗仍守云南。缅甸执明桂王诣军，云南平。康熙元年，召卓罗振旅还京，进二等伯。七年，卒，谥忠襄。乾隆间，定封号曰昭毅。

永庆，卓罗四世孙。乾隆间，以护军参领降袭三等伯。旋擢副都统。从征准噶尔有功，加云骑尉，仍进二等伯。出为乌鲁木齐副都统。迁江宁将军，移绥远城将军。召还，擢礼部尚书。罢，授内大臣。嘉庆十年七月，卒，谥敬僖。旋以在绥远城尝受赇，事露，夺谥。

爱星阿，满洲正黄旗人，扬古利孙也。父塔瞻，袭封一等公，卒，爱星阿袭封。世祖念扬古利旧劳，命加给三等阿达哈哈番俸。顺治八年，授领侍卫内大臣。

明桂王由榔与其将沐天波等奔缅甸，李定国居孟良，白文选屯木邦，皆在云南边外。上命吴三桂镇云南，三桂疏请发兵入缅甸取由榔。十七年，授爱星阿定西将军，与都统卓罗、果尔钦、逊塔，护军统领毕力克图、费雅思哈，前锋统领白尔赫图等禁旅会三桂南征。十八年，师行，闻世祖大行，三桂犹豫不进。爱星阿曰："君命不可弃。"督兵先行，三日，三桂乃发。九月，师次大理，休兵秣马。逾月，出腾越，道南甸、陇川、猛卯。十一月，至木邦，获文选将冯国恩，讯知文选屯锡箔江滨，定国与不协，走景线。爱星阿令白尔赫图等简精锐，疾驰三百余里至江滨，文选已毁桥走茶山。大军至，结筏以济，遣总兵马宁、沈应时追之。爱星阿与三桂督师趋缅甸，时缅甸酋尽杀桂王从官天波以下数十人，密使人守之，谋擒以归我师。十二月，师次旧晚坡，去其庭六十里，缅甸使诣军前请遣兵薄城，当以桂王献。爱星阿遣白尔赫图将前锋百人进，次兰鸠江滨；复令毕力克图等将护军二百人继其后，缅甸以舟载桂王及其孥并故从官妻女献军前。宁、应时追文选及于猛养，文选度不能脱，遂降。定国走死猛猎。捷闻，圣祖谕嘉奖，命以爱星阿所俘获畀三桂区处，振旅还京师。加太保兼太子太保，敕书增纪军功。

康熙三年二月，卒，谥敬康。

子富善，袭。授领侍卫内大臣。圣祖亲征噶尔丹，富善将镶红旗兵扈上出中路，进次克鲁伦河，阅选驼马，征输刍粟，皆当上意。师还，加太子太保。卒。乾隆初，追谥恭懿。

逊塔，满洲镶蓝旗人，安费扬古孙也。父硕尔辉。安费扬古既卒，太祖以所属人户分编牛录，授硕尔辉牛录额真。卒，逊塔嗣。太宗嘉其能，予世职牛录章京。崇德三年，授户部副理事官。是冬伐明，贝勒岳托将右翼自墙子岭入边，逊塔署甲喇额真，从噶布什贤噶喇依昂邦席特库等击破明总督吴阿衡军，遂越明都，略山东。明年春，师出边，明兵蹑我后，逊塔从巴牙喇纛章京图赖等奋战却之。明兵侵喀喇沁营，逊塔移兵赴援，明兵溃走。六年，围锦州，明总督洪承畴赴援，屯松山，逊塔与甲喇额真蓝拜率兵击之，破三垒。明兵乘阴雨犯我师右翼，复与蓝拜步战却敌。八年，授甲喇额真。

顺治元年，从入关，破李自成，进世职三等甲喇章京。三年，从大将军肃亲王豪格西讨张献忠，道汉中，与固山额真巴哈纳等击破叛将贺珍，进次西充。献忠率其徒拒战，逊塔与固山额真李国翰等迭击破之。五年，师还，兼任刑部理事官。命率师驻防淮安。六年，莒州土寇曹良臣破海州，知州张懋勋、州同李士麟死之。逊塔督兵赴援，良臣走保马髻山，进击破之。时以浙淮盐务理事、兼户部侍郎衔，上以命逊塔，驻扬州。七年，改督理漕运户部侍郎，仍驻淮安。八年，官裁，逊塔还京，授镶蓝旗满洲梅勒额真。遇恩诏，进世职三等阿思哈尼哈番。

十三年，授工部尚书。十五年，监修坛殿工成，进世职二等。寻兼授镶蓝旗蒙古固山额真。十七年，罢尚书，专任都统。旋命从定西大将军爱星阿率师下云南，明年十一月，会师木邦，趋缅甸，得明桂王以归。叙功，进世职一等拖沙喇哈番。四年，调本旗满洲都统。十二月，卒，谥忠襄。

子马锡泰，袭世职，授佐领，兼前锋参领。康熙间，从信郡王鄂札征察哈尔布尔尼，师次达禄，布尔尼屯山冈，列火器拒战，马锡泰率前锋薄险，四战皆捷，进世职三等精奇尼哈番。又从讨吴三桂，迁本旗满洲副都统。自湖广出广西，下云南，石门坎、黄草坝诸战，皆在行间。进破云南省城，逐贼楚雄，降三桂将马宝、巴养元等。师还，进世职一等。卒，孙德彝，降袭一等阿思哈尼哈番。乾隆初，定封一等男。

都尔德，亦安费扬古孙。父阿尔岱，以牛录额真事太宗，驻耀州，御明兵有功。从攻大凌河，战死，赠世职备御，都尔德袭。顺治初，授刑部理事官。从入关，击李自成，署巴牙喇纛章京。从豫亲王多铎西征，战陕州，督兵陟山拔其垒，复破敌潼关。寻自河南下江南，逐明福王由崧至芜湖，截江而战，大败之。复从端重亲王博洛定浙江，徇福建，偕巴牙喇纛章京阿济格尼堪攻汀州，破明唐王聿键。复从郑亲王济尔哈朗略湖广，讨李自成余党李锦等。师还，真除巴牙喇纛章京，授议政大臣，世职累进一等阿思哈尼哈番。康熙三年，卒，赐祭葬，谥忠襄。

论曰：顺治初，取福、唐二王，不再期而定。桂王势更蹙，以有闯、献余众死党力战，支拄十余年。陈泰定湖北，兵力至常、岳，阿尔津继之，奄有湖南。李国翰略四川、贵州，卓布泰下云南，卓罗从信郡王为之佐；爱星阿继之，逊塔为之佐；与吴三桂合军，深入缅甸取桂王：明宗至是始尽熸矣。

卷二百三十七　　列传二十四

洪承畴 夏成德　**孟乔芳** 张文衡　**张存仁**

洪承畴，字亨九，福建南安人。明万历四十四年进士。累迁陕西布政使参政。崇祯初，流贼大起，明庄烈帝以承畴能军，迁延绥巡抚、陕西三边总督，屡击斩贼渠，加太子太保、兵部尚书，兼督河南、山、陕、川、湖军务。时诸贼渠高迎祥最强，号闯王，李自成属焉，承畴与战，败

绩。庄烈帝擢卢象升总理河北、河南、山、陕、川、湖军务，令承畴专督关中，复与自成战临潼，大破之，迎祥就俘。自成号闯王，分道入四川，承畴与屡战辄胜。自成还走潼关，承畴使总兵曹变蛟设伏邀击，自成大败，以十八骑走商洛。关中贼略尽。是岁为崇德三年。

太宗伐明，师薄明都，庄烈帝征承畴入卫。明年春，移承畴总督蓟、辽军务，帅秦兵以东，授变蛟东协总兵、王廷臣辽东总兵、白广恩援剿总兵，与山海马科、宁远吴三桂二镇合军；复命宣府杨国柱、大同王朴、密云唐通各以其兵至：凡八总兵，兵十三万，马四万，咸隶承畴。太宗师下大凌河，祖大寿入锦州为明守，松山、杏山、塔山三城相与为犄角。承畴至军，庄烈帝遣职方郎中张若麒趣战，乃进次松山，国柱战死，以山西总兵李辅明代。

六年八月，太宗自将御之。上度松山、杏山间，自乌忻河南山至海，当大道立营。承畴及辽东巡抚邱民仰率诸将驻松山城北乳峰山，步兵分屯乳峰山至松山道中为七营，马兵分屯松山东、西、北三方，战败，移步兵近松山城为营，复战又败。上诫诸将曰："今夕明师其遁！"命诸军当分地为汛以守，敌遁，视其寡众，遣兵追击，至塔山而止；分遣诸将截塔山、杏山道及桑噶尔寨堡，又自小凌河西直抵海滨，绝归路。是夜三桂、朴、通、科、广恩、辅明皆率所部循海711退，为我师掩杀，死者不可胜计。承畴、民仰率将吏入松山城守，上移军松山，议合围。变蛟夜弃乳峰山寨，悉引所部马步兵犯镶黄旗汛地者一，犯正黄旗汛地者四，直攻上营，殊死战，变蛟中创，奔还松山。三桂、朴引余兵入杏山。上遣诸将为伏于高桥及桑噶尔寨堡，明兵自杏山出奔宁远，遇伏，歼强半。三桂、朴仅以身免。承畴师十三万，死五万有奇，诸将溃遁，惟变蛟、廷臣以残兵万余从。

城围既合，上以敕谕承畴降。九月，上还盛京，命贝勒多铎等留护诸军。承畴悉众突围，攻镶黄旗摆牙喇阿礼哈超哈，战败，不能出。十月，命肃郡王豪格、公满达海驻松山。十二月，承畴闻关内援师且至，复遣将以兵六千夜出攻正红旗摆牙喇阿礼哈超哈及正黄旗蒙古大营，战败，城闭不得入，强半降我师。余众溃走杏山，道遇伏，死。庄烈帝初以杨绳武督师援承畴，绳武卒，以范志完代，皆畏我师强，宿留不进。承畴被围阅六月，食且尽。明年二月，松山城守副将夏成德使其弟景海通款，以子舒为质。我师夜就所守堞树云梯，阿山部卒班布里、何洛会部卒罗洛科先登，遂克其城，获承畴、民仰、变蛟、廷臣及诸将吏，降残卒三千有奇。时为崇德七年二月壬戌。上命杀民仰、变蛟、廷臣，而送承畴盛京。

上欲收承畴为用，命范文程谕降。承畴方科跣谩骂，文程徐与语，泛及今古事，梁间尘偶落，著承畴衣，承畴拂去之。文程遽归，告上曰："承畴必不死，惜其衣，况其身乎？"上自临视，解所御貂裘衣之，曰："先生得无寒乎？"承畴瞠视久，叹曰："真命世之主也！"乃叩头请降。上大悦，即日赏赉无算，置酒陈百戏，诸将或不悦，曰："上何待承畴之重也！"上进诸将曰："吾曹栉风沐雨数十年，将欲何为？"诸将曰："欲得中原耳。"上笑曰："譬诸

行道，吾等皆瞽。今获一导者，吾安得不乐？"

居月余，都察院参政张存仁上言："承畴欢然幸生，宜令剃发备任使。"五月，上御崇政殿，召承畴及诸降将祖大寿等入见。承畴跪大清门外，奏言："臣为明将兵十三万援锦州，上至而兵败。臣入守松山，城破被获，自分当死，上不杀而恩育焉。今令朝见，臣知罪，不敢遽入。"上使谕曰："承畴言诚是。尔时与我交战，各为其主，朕岂介意？且朕所以战胜明兵，遂克松山、锦州诸城，皆天也。天道好生，故朕亦恩尔。尔知朕恩，当尽力以事朕。朕昔获张春，亦尝遇以恩，彼不能死明，又不能事朕，卒无所成而死，尔毋彼若也！"承畴等乃入朝见，命上殿坐，赐茶。上语承畴曰："朕观尔明主，宗室被俘，置若罔闻。将帅力战见获，或力屈而降，必诛其妻子，否亦没为奴。此旧制乎，抑新制乎？"承畴对曰："旧无此制。迩日诸朝臣各陈所见以闻于上，始若此尔。"上因叹谓："君暗臣蔽，遂多枉杀。将帅以力战御敌，斥府库财赎而还之可也，奈何罪其孥？其虐无辜亦至矣！"承畴垂涕叩首曰："上此谕真至仁之言也！"上还宫，命宴承畴等于殿上。宴毕，使大学士希福等谕曰："朕方有元妃之丧，未躬膳宴。尔等勿以为意！"承畴等复叩首谢。庄烈帝初闻承畴死，予祭十六坛，建祠都城外，与邱民仰并列。庄烈帝将亲临奠，俄闻承畴降，乃止。承畴既降，隶镶黄旗汉军，太宗遇之厚。然终太宗世，未尝命以官。

顺治元年四月，睿亲王多尔衮帅师伐明，承畴从。既定京师，命承畴仍以太子太保、兵部尚书兼右副都御史，同内院官佐理机务。旋与同官冯铨启睿亲王，复明内阁故事，题奏皆下内阁拟旨，分下六科，钞发各部院。九月，上至京师，与铨及谢升奏定郊庙乐章。

二年，豫亲王多铎师下江南。闰六月，命承畴以原官总督军务，招抚江南各省，铸"招抚南方总督军务大学士"印，赐敕便宜行事。是时唐王聿键称号福建，其大学士黄道周率师道广信、衢州向徽州，左金都御史金声家休宁，募乡兵十余万屯绩溪；诸宗姓高安王常淇据徽州，蕲水王术𤪽子常㳛自号樊山王屯潜山、太湖间，由橒号金华王据饶州，谊石号乐安王、谊泐号瑞安王分屯溧阳、金坛、兴化诸县；荆本彻以舟师驻太湖，败，复入崇明；皆为明守。承畴至官，招抚江南宁国、徽州，江西南昌、南康、九江、瑞州、抚州、饶州、临江、吉安、广信、建昌、袁州诸府。十月，遣提督张天禄，总兵卜从善、李仲兴、刘泽泳等攻破绩溪。十二月，进破道周于婺源，声道周见获，皆不屈，送江宁杀之；总兵李成栋破崇明，本彻走入海，杀其将李守库、徐君美。三年二月，遣总兵马得功、卜从善等击破司空寨，斩守寨石应琏、应璧等五人，获常㳛。

既，谊石、谊泐合兵二万犯江宁。承畴先事诛内应西沟池万德华、郭世彦、尤琚等八十余人。谊石等攻神策门，我分兵出朝阳、太平二门，截谊石等后，乃启神策门出城兵奋击，破之，追及摄山，斩馘无算。承畴疏请还京，以江南未大定，不允，赐其妻白金百、貂皮二百。八月，征南大将军贝勒博洛克金华，获谊石。九月，谊泐复犯江宁，

承畴出御，追获谊泐及所置经略韦尔韬、总兵杨三贯、夏含章。十二月，天禄搜婺源严杭山，获常淇及所置监军道江于东、职方司许文玠等。四年二月，从善及总兵黄鼎攻宿松，获谊泐弟瑞昌王谊贵及所置军师赵正；下饶州，获由橒及其族人常㳺、常㳛、常溍：并请命斩之。江南众郡县以次定。

明鲁王以海转徙浙、闽海中，号监国，明诸遗臣犹密与相闻。是年四月，明给事中陈子龙家华亭，阴受鲁王官，谋集太湖溃兵举事。承畴遣章京索布图往捕，子龙投水死。是月，柘林游击陈可获谍者谢尧文，得鲁王敕封承畴国公，江宁巡抚土国宝为侯；又得鲁王将黄斌卿与承畴、国宝书；镇守江宁昂邦章京巴山、张大猷以闻。上奖巴山等严察乱萌，命与承畴会鞫谍者，别敕慰谕承畴。

粤僧函可者，为故明尚书韩日缵子，日缵于承畴为师生。函可将还里，乞承畴畀以印牌护行出城，守者讥察笥中，得文字触忌讳。巴山、张大猷以闻，承畴疏引咎，部议当夺职，上命贳之。

承畴闻父丧，请解任守制，上许承畴请急归，命治丧毕入内院治事。五年四月，还京师。六年，加少傅兼太子太傅，疏请定会推督、抚、提、镇行保举连坐法。得旨："自后用督、抚、提、镇，内院九卿咸举所知。得人者赏，误举者连坐。"

八年闰二月，命管都察院左都御史。寻甄别诸御史为六等，魏琯等二十二人差用，陈昌言等二人内升，张煊等十一人外转，王世功等十七人外调，降黜有差。煊疏劾吏部尚书陈名夏，因及承畴尝与名夏及尚书陈之遴集火神庙，屏左右密议逃叛；承畴又尝私送其母归里。疏入，上方狩塞外，巽亲王满达海居守，集诸王大臣会鞫。承畴言："火神庙集议，即议甄别诸御史定等差，非有他也。"并以送母未请旨引罪。名夏亦列辨，因坐煊诬奏，论死。未几，上雪煊冤，黜名夏。因谕："承畴火神庙集议，事虽可疑，未可悬拟；送母归原籍未奏闻，为亲甘罪，情尚可原。留任责后效。"九年五月，承畴闻母丧，命入直如故，私居持服，赐其母祭葬。九月，达赖喇嘛来朝，上将幸代噶，待喇嘛至入觐。承畴及大学士陈之遴疏谏，上为罢行，并遣内大臣索尼传谕曰："卿等以贤能赞密勿，有所见闻，当以时入告。朕生长深宫，无自洞悉民隐。凡有所奏，可行即行；纵不可行，朕亦不尔责也。"

十年正月，调内翰林弘文院大学士。明桂王由榔称号肇庆，频年转战，兵燹地蹙，至是居安隆所，云南、贵州二省尚为明守。诸将李定国、孙可望等四出侵略，南攻湖南南境诸州县，东陷桂林，西据成都，兵连不得息。五月，上授承畴太保兼太子太师、内翰林国史院大学士、兵部尚书兼都察院右副都御史，经略湖广、广东、广西、云南、贵州等处地方，总督军务兼理粮饷。敕谕抚镇以下咸听节制，攻守便宜行事。满兵当留当撤，即行具奏。命内院以特假便宜条款详列敕书，宣示中外；并允承畴疏荐，起原任大学士李率泰督两广。以江西寇未尽，命承畴兼领，铸"经略大学士"印授之。临发，赐蟒朝衣、冠带、靴袜、松石嵌撒袋、弓矢、马五、鞍辔二，诸将李本深等八十七人

朝衣、冠带、撒袋、弓矢、刀马、鞍辔有差。

承畴至军，疏言："湖南驻重兵足备防剿，而各郡窎远，兵力所不及。郝摇旗、一只虎等窃伏湖北荆、襄诸郡，倘南窥澧、岳，则我军腹背受敌。臣与督臣、议臣宜往来长沙四应调度。督臣率提标兵驻荆州，别遣兵增武昌城守，以壮声援。"又疏言："桂林虽复，李定国军距桂林仅二百里，满洲援剿官兵岂能定留？克复州县，保以分守？又使孙可望诇我兵出援，潜自靖、沅截粤西险道，则我首尾难顾。置孤军于徼外，其危易见。臣已分兵驰赴，俾佐战守，且当亲历衡、永、察机宜以闻。"十二月，上授固山额真陈泰为宁南靖寇大将军，及固山额真蓝拜、济席哈，摆牙喇纛章京苏克萨哈等率师镇湖南；十一年二月，命靖南王耿继茂率所部自广州移镇桂林：皆承畴疏发之也。

是岁孙可望劫桂王，杀大学士吴贞毓等，方内讧。十二年六月，可望遣刘文秀攻常德，分兵使卢明臣、冯双礼攻武昌、岳州。承畴、陈泰遣苏克萨哈迎击，破之。明臣堕水死。文秀、双礼皆走贵州。陈泰旋卒于军，以固山额真阿尔津为宁南靖寇大将军，率固山额真卓罗、祖泽润等分驻荆州、长沙。十三年，考满，加太傅，仍兼太子太师。李定国奉明桂王入云南，湖广无兵事。阿尔津议以重兵驻辰州，谋自沅、靖入滇、黔，承畴与异议。上召阿尔津还京，以宗室罗托代。十四年，可望叛其主，举兵攻云南，与定国战而败；十一月，诣长沙降。时上已允承畴解任还京师养疴，至是命承畴留任，督所部与罗托等规取贵州，并命平西大将军吴三桂自四川、征南将军卓布泰自广西分道入。

十五年正月，复命信郡王多尼为安远靖寇大将军，帅师南征，于是承畴与罗托会师常德，道沅州、靖州入贵州境，克镇远。卓布泰招南丹、那地、抚宁诸土司，下独山州，会克贵阳。三桂亦自重庆取遵义进攻开州、桐梓，以其师来会。承畴上疏筹军食，言："贵州诸府、州、县、卫、所仅留空城，即有余粮，兵过辄罄。惟省仓存米七千余石、谷四千余石，足支一月粮。臣所部兵，令分驻镇远、偏桥、兴隆、清平、平越诸处。降兵暂驻三五日，改屯天柱、会同、黔阳诸县及湖南沅州。四川兵驻遵义，广西兵驻独山，使分地就粮。闻信郡王大兵自六月初发荆州，需粮多且倍蓰。贵州山深地寒，收获皆在九月。臣方遣吏劝谕军民须纳今岁秋粮之半，并檄下沅州运粮储镇远，又令常德道府具布囊、棕套、木架、绳索，思南、石阡诸府、州、县、卫、所及诸土司募夫役，具工糈，以赴军兴。"九月，授武英殿大学士。

信郡王多尼师至，驻平越杨老堡，承畴、三桂、卓布泰皆会，议多尼军出中路，经关岭铁索桥至云南省城，行一千余里；三桂军自遵义经七星关，凡一千五百余里，先中路十日行；卓布泰以南宁方有寇，自贵州、广西边境平浪、永顺坝、威透山，出安隆所、黄草坝、罗平州，凡一千八百余里，先四川兵十五日行。既定议，承畴还贵阳，与罗托驻守，遣提督张勇等从多尼军。明将李定国等拒战皆败，明桂王奔永昌。十六年正月乙未，三路师会，克云南省城，明桂王奔缅甸。承畴如云南，疏言："云南险远，请如元、明故事，以王公坐镇。"上以命三桂。

三月，承畴至云南，疏言："信郡王令贝子尚善及三桂等追剿至永昌、腾越。明将贺九义、李成爵、李如碧、廖鱼、邹自贵、马得鸣辈收集溃兵，分遁元江、顺宁、云龙、澜沧、丽江，处处窥伺。民间遭兵火，重以饥馑，近永昌诸处被祸更烈，周数百里杳无人烟，省城米价石至十三两有奇。诸军就粮宜良、富民、罗次、姚安、宾川、临安、新兴、澄江、陆凉诸处。上明察万里，自有宸断，俾边臣得以遵奉。"疏入，上命户部发帑三十万，以十五万赈两省贫民，十五万命承畴收贮，备军饷不给。

八月，承畴疏言："兵部密咨令速攻缅甸。臣受任经略，目击民生雕敝，及土司降卒尚怀观望，以为须先安内，乃可剿外。李定国等窜伏孟艮诸处，山川险阻，兼瘴毒为害，必待霜降始消，明年二月青草将生，瘴即复起，其间可以用师不过四月，虑未能穷追。定国等觊旧景东、元江复入广西，要结诸土司，私授札印，歃血为盟。若闻我师西进，必且避实就虚，合力内犯。我军相隔已远，不能回顾；省城留兵，亦未遑禋御：致定国等纵逸，所关非细。臣审度时势，权其轻重，谓今岁秋冬宜暂停进兵，俾云南迤西残黎，稍藉秋收以延余喘；明年尽力春耕，渐图生聚。我军亦得养锐蓄威，居中制外，俾定国等不能窥动静以潜逃，诸土司不能伺间隙以思逞。绝残兵之勾结，断降卒之反侧，则饥饱劳逸皆在于我。定国等潜藏边界，无居无食，瘴疠相侵，内变易生，机有可俟。是时刍粮辎备，苗、蛮辑服，调发将卒，次第齐集，然后进兵，庶为一劳永逸、安内剿外长计。"疏下议政王、贝勒、大臣会议，如所请暂停进兵。

十月，以目疾乞解任，命回京调理。明年，三桂进兵攻缅甸，获明桂王以归。语见《三桂传》。圣祖即位，承畴乞致仕，予三等阿达哈番世职。康熙四年二月，卒，谥文襄。子士钦，顺治十二年进士，官至太常寺少卿。

夏成德，广宁人。既，以松山降，隶正白旗汉军。顺治初，授三等昂邦章京。其弟景海，授一等甲喇章京。出为山东沂水总兵，尝疏请收沂州明大学士张四知等财产，又越职乞颁方印，皆不得请。旋以纵所部越境暴掠，与青州道韩方昭互揭，还京师，卒。乾隆初，定封三等子。

孟乔芳，字心亭，直隶永平人。父国用，明宁夏总兵官。乔芳仕明为副将，坐事罢，家居。

天聪四年，太宗克永平，乔芳及知县张养初、家居兵备道白养粹、罢职副将杨文魁、游击杨声远等十五人出降，命以养粹为巡抚，养初为知府，乔芳、文魁仍为副将，率降兵从诸贝勒城守。上移军向山海关，诸贝勒率乔芳、文魁、声远入谒行营，上召三人者酌以金卮，且谕之曰："朕不似尔明主，凡我臣僚，皆令侍坐，吐衷曲，同饮食也。"乔芳使诇阳和，而明总兵祖大寿亦使诣乔芳诇我师，乔芳缚以献。五月，明兵取滦州，贝勒阿敏弃永平出塞。濒发，屠城民，诸降官养粹、养初等死者十一人，乔芳、文魁、声远及郎中陈此心得免。乔芳从师还，隶乌真超哈为牛录额真。五年七月，置六部，以乔芳为刑部汉承政，授世职二等参将。

崇德三年，更定官制，改左参政。四年，乌真超哈析置八旗四固山，以乔芳兼领正红、镶红两旗梅勒额真。七年，从伐明，克塔山城。乌真超哈八旗复析置八固山，改镶红旗梅勒额真，遂以汉军镶红旗人。八年，或讦贝勒罗洛浑家人夺金，乔芳置不问，坐瞻徇，降世职三等甲喇章京。旋以从克前屯卫、中后所二城，加半个前程。

顺治元年，入关，改左侍郎。从诸军西讨。二年四月，以兵部右侍郎兼右副都御史，总督陕西三边。时张献忠尚据四川，关中群盗并起，叛将贺珍躏汉中、兴安诸府。是年冬，武大定叛固原，徒党甚众。初，上命内大臣何洛会帅师镇西安，至是就拜定西大将军，遣固山额真巴颜、李国翰将禁旅济师。三年，复敕靖远大将军肃亲王豪格帅师督诸将自汉中、兴安入四川取献忠，乔芳于其间亦分遣所部四出捕治。初上官，长安民胡宁龙者挟左道惑民，妄改元清光，将为乱，乔芳遣副将陈德捕诛守龙，散其胁从。是年春，贺珍与其徒孙守法、胡向化等以七万人攻西安。何洛会主城守，乔芳遣选军西门，副将任珍军北门，往来冲突，会李国翰师至，贺珍败走。是年十月，肃亲王豪格师既入川，乔芳亦遣总兵官范苏等攻献忠部众，为伏芽溪第沟子，战白水、青川，屡破之；复以反间杀其渠况益勤等，遂收龙安。

四年五月，乔芳帅师出驻固原，讨大定之党，分遣诸将任珍击斩白天爵等；刘芳名攻宁夏，俘王元、焦浴；陈德攻镇原，降姬蛟、王总管：于是固原西北悉定。复遣珍、德及副将马宁、王平徇兴安，讨贺珍之党，战荞麦山，再战板桥，斩胡向宸，困椒沟，破药箭寨，斩孙守法；破漫营山寨，擒米国轸、李世英：于是兴安定。是年秋，马德乱宁夏，复遣马宁会宁夏兵共讨之。战乱麻川，逐至河儿坪，斩德。又遣张勇、刘友元攻铁角城，复战安家川，擒贺宏器；攻李明义寨，擒明义：于是环庆亦定。乃益遣陈德、王平等招降青嘴寨渠折自明，三十六寨渠王希荣，鞑驴寨渠高一祥，击斩天峰寨渠张贵人，于是关中群盗垂尽。五年四月，流贼一朵云、马上飞等攻西乡，乔芳遣任珍等讨之，斩所署监军许不惑，凡千余级，生致其渠。

河西回米喇印、丁国栋挟明延长王识鋐为乱，既陷甘、凉，渡河东，残岷、兰、洮，河诸州，薄巩昌。乔芳帅师出驻秦州，遣赵光瑞、马宁等赴援，城兵出，夹击，斩百余级。宁等复战广武坡，逐北七十余里，斩三千余级，巩昌围解。喇印、国栋之党数百人，分扰临洮、岷州内官营。乔芳部勒诸将，令张勇、陈万略向临洮、马宁、刘友元取内官营，赵光瑞、佟透徇岷、洮、河三州。勇等败贼马韩山，斩级七百，进复临洮。光瑞等败梅岭，得其渠丁光射，斩级三千。岷、洮、河三州皆下。宁等直击内官营，斩级八百。喇印、国栋之徒退据兰州。闰四月，乔芳与侍郎额塞率师自巩昌薄兰州。勇败贼马家坪，获识鋐，与宁、光瑞会师兰州城下，攻拔之。别遣光瑞克旧洮州，其渠丁嘉升走死，师渡河。七月，定凉州。八月，攻甘州，乔芳遣张勇夜攻城，而与昂邦章京傅喀禅与宁、光瑞等为继。喇印等食尽，皆出降。

六年，征诸道兵下四川。喇印降后授副将，在兰州军中，觊镇兵惮远征，囚甚中军参将蒋国泰，戕甘肃巡抚张文衡等，据甘州以叛。国栋亦攻陷凉、肃二州。乔芳帅师自兰州渡河而西，与傅喀禅等会师合围，攻不下，深沟坚垒以困之。喇印等食尽夜遁，乔芳遣兵追之水泉，击杀喇印。国栋复与缠头回土伦泰等据肃州，号伦泰王，而国栋自署总兵官，城守，出掠武威、张掖、酒泉。会平阳盗渠虞允、韩昭宣等应大同叛将姜瓖为乱，以三十万人陷蒲州，上命乔芳与额塞还军御之。乔芳留勇、宁等围肃州，率师遂东。八月，师自潼关济，督协领根特、副将赵光瑞等克蒲州，斩级七千。进次宁晋，瓖将白璋等六千人往攻荣河，光瑞等击破之，斩级二千有奇。璋北走，师从之，迫河，贼多入水死，遂击斩璋。余贼入孙吉镇，歼焉。复进向猗氏，行十余里，瓖所置监军道卫登方以数千人依山拒我师，其将张万全又以四千人助战。光瑞等击斩万全，乃还攻，获登方，斩其将王国贤等三十余人，级三千有奇。又令章京杜敏等攻解州，破其渠边王张五、党自成等。荣河、猗氏、解州皆下。杜敏等歼余寇。根特等又破所置都督郭中杰余侯马驿。九月，光瑞等进克运城，斩允、昭宣。瓖之徒内犯者皆诛诛。十一月，勇、宁克肃州，诛国栋、伦泰及其党黑承印等，斩五千余级。河西平。

七年三月，论功，加兵部尚书，进世职一等阿达哈哈番。十二月，乔芳遣任珍击斩兴安寇何可亮。是年，遣赵光瑞等讨北山寇刘宏才，战保安，擒其军师苗惠民；战合水，擒斩宏才。八年，遣游击陈明顺等击败雒南寇何柴山，游击仰九明诇紫阳山寇孙守全；复令光瑞等会兴安镇兵击斩守全及其徒翘兴宁、赵宏国、谢天奇等，犁其寨。

乔芳督陕西十年，破灭群盗，降其胁从，前后十七万六千有奇。奖拔诸将，不限资格，如张勇、马宁、赵光瑞、陈德、狄应魁、刘友元辈，皆自偏裨至专阃。诸寇既珍，疏言："陕西寇剧，多荒田，请蠲其赋。分兵徕民，行屯田法。"乃遣诸将白士麟等分屯延庆、平固诸地，岁得粟四万二千石有奇，以佐军糈。恩诏累进三等阿思哈尼哈番，加太子太保。

十年二月，命兼督四川兵马钱粮，疏言："陕西七镇及督抚各标为兵九万八千有奇，合满洲四旗及平西王吴三桂、固山额真李国翰两军，岁饷三百六十万而弱，而陕西赋入一百八十六万，不足者殆半，后将难继。甘肃处边远兴安界，三省兵当循旧额。延绥、宁夏、固原、临巩四镇镇留三千人，庆阳协五百人，余五千五百人可省也。汉羌既驻三桂、国翰两军，宜裁总兵官。兴镇置副，留千人，阳平关、黑水峪、汉阴县各五百人，余二千五百人可省也。提督驻省会，留二千人，余二千人亦可省也。各道标兵悉令屯田，延镇、定边、神木三道无屯田，止用守兵，计所省又二千余人。都省兵一万二千人，省饷岁三十一万。今四川未定，当令右路总兵官马宁率精兵三千驻保宁，以步兵五千分驻保宁逮北广元、昭化间，以屯田为持久。三桂驻汉中，相为犄角，规取四川。"既，复疏言："师进取四川，宜随中留兵驻防，以树干城，谋生聚。师行，当人给马三、伴丁一,携甲仗,以利攸往。"上褒其谋当。

十月,西宁回谋为乱,遣狄应魁捕治,得其渠祁敖、牙固子等以归。乔芳屡乞退,至是以疾告,加少保,召还京师。十二月,命未至而乔芳卒,谥忠毅。太宗拔用诸降将,从入关,出领方面,乔芳绩最显,张存仁亚焉。圣祖尝诫汉军诸官吏,因曰:"祖宗定鼎初,委任汉军诸官吏,与满洲一体。其间颇有宣猷效力如乔芳、存仁辈,朝廷亦得其用"云。

张文衡,辽东开平卫人。明诸生。天聪八年闰八月,太宗自将伐明,入宣府。文衡自大同诣军前求见,言在明为代王参谋。明诸臣方尚贪酷,虐民罔上,必有圣主应天而兴,故徒步上谒。旋疏言:"大同城小而坚,师攻当先关而后城,攻关宜穴地。宣府城大破碎,宜决洋河灌之。"九年正月,复疏策进取,言:"明文武将吏皆以赂得,无谋无勇;又以贪故,饷减器窳,兵不用命。所以能拒我者,不过畏杀、畏掠、畏父母妻子离散,乃倚火器以死御我。今宣、大新被兵,山、陕、川、湖陷于流贼。贼半天下,兵亦半天下。惟东南无事,又困于新饷。上不及此时进兵,明不恒弱,我不恒强,节短势险,人有鼎立之志,岂非自失其机,反贻异日忧乎?愿上毋负天生上之心也。"疏入,上曰:"待朕思之。"二月,遣贝勒多尔衮帅师收察哈尔。文衡又言:"宜率蒙古入偏蒿,略太原,假中国物力以富蒙古;且张军威,并可近招流贼,并力并进。"上授文衡秘书院副理事官,赐田宅、银币,以大臣雅希禅女妻焉。隶镶黄旗汉军。

顺治元年,出为山东青州知府。初上官,总兵官柯永盛以戍青州之兵徇高密,而侍郎王鳌永以招抚至,主饷。赵应元者,从李自成为旗鼓,觑青州兵寡,阳就鳌永降,请置孥于城。既入,遂执杀鳌永。文衡见应元,为好语,具疏请留镇。应元喜,攫库金,群酗。会梅勒额真和托、李率泰率禁旅略登、莱,道青州,营城西北。文衡甚应元出谒和托等,慰劳遣还,密令兵从入,夜起戮应元及其党数十人。青州平。

二年,移淮安府知府。豫亲王多铎下扬州,道淮安。文衡请禁将吏毋扰市,糇粮刍秣应期立办。三迁,巡抚甘肃。五年二月上官,逾月而遇米喇印之乱。变未作,喇印诡言要文衡造其家集议。文衡行未至,贼队射杀之。总兵刘良臣,副将毛锳、潘云腾,游击黄得成、金印,都司王之俊,守备胡大年、李廷试、李承泽、陈九功皆死。参将翟大有与战,没于阵。贼挟西宁道副使林维造至北关,扼杀之。越日,陷凉州,戕西宁道参议张鹏翼。贼四出侵掠,破巩昌,戕临巩兵备道李絮飞;破岷州,戕知州杜懋哲、王札;破兰州,戕同知赵冲学,知州赵玭,训导白旗、国学锦;破临洮,戕同知徐养奇;破渭源,戕知县李涓;战通渭,围子山,知县周盛时被创死。事平,皆赠恤如例。

张存仁,辽阳人。明宁远副将,与总兵祖大寿同守大凌河。天聪五年,太宗自将攻大凌河,从大寿出降,仍授副将。六年正月,存仁与副将张洪谟、参将高光辉、游击方献可合疏请乘时进取,参将姜新别疏请令副将祖可法、刘天禄先取松、杏二城,则锦州自下。七年五月,新复请进兵,洪谟等及新皆大凌河降将也。

崇德元年五月,始设都察院,班六部上。以存仁为承政,并授世职一等梅勒章京。越数日,存仁上言:"臣自归国,默察诸臣贤否,政事得失,但不敢出位妄论列。今上创立此官,而以命臣。臣而正直,后之人正直必有过于臣者;臣而邪佞,后之人邪佞亦必有甚于臣者。所虑臣本心而行事,人不敢弹劾而臣弹劾之,人不敢更张而臣更张之,举国必共攻臣,使臣上无以报主恩,下无以伸己志,获戾滋甚。臣虽愚,岂不知随众然诺,其事甚易;发奸摘伏,其事难。诚见不如此,不足以尽职。敢于受任之始,沥诚以请:如臣苟且塞责,畏首畏尾,请以负君之罪杀臣;如臣假公行私,瞻顾情面,请以欺君之罪杀臣;如臣贪财受贿,私家利己,请以贪婪之罪杀臣。苟臣无此三罪,而奸邪诬陷,亦愿上申乾断,以徼谗嫉。"上曰:"此或知有其人而为是言。朕素不听谗,惟亲见者始信之。且朕志定于上,而诸臣蒙泽于下,纵有奸邪,孰能售其术哉?"越数日,以阿什达尔汉为都察院满承政,尼堪为蒙古承政,并增置祖可法为汉承政。上御清宁宫,阿什达尔汉等前奏事,上因谕曰:"朕有过,亲王以下坏法乱纪,民左道惑众,皆当不时以闻。若举细而遗大,非忠直也。"可法对曰:"臣等惟上是惧,他复何忌?有闻必以奏。"存仁曰:"可法言非是。臣诚忠直为国,上前且犯颜直谏,况他人乎?"上曰:"然。人果正直,天地鬼神不能摇动,人主焉得而夺之?"是岁,都察院劾刑部承政郎球贪污,论罪;劾工部夺民居授降人,复别造宅偿民,劳民非制。上以诸臣多未更事,事事加罪,反令惶惑,但诫毋更令。

三年正月,可法、存仁疏言:"礼部行考试,令奴仆不得与。上前岁试士,奴仆有中式者,别以人畀其主。今忽更此制,臣等窃谓奴仆宜令与试,但限以十人为额。苟十人皆才,何惜以十人易之?"上曰:"昔取辽东,良民多为奴仆。朕令诸王下至民家,皆察而出之,复为良民。又许应试,少通文艺,拔为儒生。今满洲家奴仆,非先时滥占者比。或有一二诸生,非攻城破敌血战而得,即以战死被赉。昨岁皮岛,满洲官兵争效命,汉官兵坐视不救。此行所得之人,苟无故夺之,彼死战之劳,捐躯之义,何忍弃也?若别以人相易,易者无罪,强令为奴,独非人乎?尔等但爱汉人,不知惜满洲有功将士及见易而为奴者也。"可法、存仁引罪谢。既,复论户部承政韩大勋盗帑,大勋坐夺职。四月,疏请敕户部立四柱册,再疏请诛大勋,又劾吏部、刑部复用赃吏违旨坏法,皆与可法合疏上,上皆嘉纳之。七月,更定官制,可法、存仁皆改都察院右参政。汉军旗制定,隶镶蓝旗。

大寿既降,复入锦州为明守,攻数年不克。五年正月,存仁疏请屯兵广宁,扼宁远、锦州门户。四月,又疏言:"臣睹今日情势,锦州所必争。但略地得利易,围城见功难。愿上振军心,与之坚持。截彼伺察,禁我逃亡。远不过一岁,近不过一月,当有机可乘。兵法全城为上,盖贵得人得地,不贵得空城也。我师压境,彼必弃锦州,保宁远;再急,彼必弃宁远,保山海关。大寿跋扈畏罪,岂肯轻去其窟?事缓则计持久,事急则虑身家。大寿背恩失信,人皆以为无颜再降。臣深知其心无定,惟便是图,急则悉置不顾。况彼所恃者蒙古耳,今蒙古多慕化而来,彼必疑而防之。防之严则思离,离则思变。伏愿以屯耕为本务,率精锐薄城,显檄蒙古,纵俘宣谕,未有不相率出降者。此攻心之策,得人得地之术也。"十二月,复言:"兵事有时、有形、有势,三者变化无定,而用之在人。松山、杏山、塔山三城,乃锦州之羽翼,宁远之咽喉。塔山城倚西山之麓,自其巅发炮俯击,城易破也。既得此城,羽翼折,咽喉塞矣。兵法困坚城者,必留其隙。锦州虽不甚坚,当留山海关以为之隙。锦州辽兵少,西兵多,一人负箭入,群惊而思遁。能善用巧,山海关可下。"疏末并言乌真超哈每遇番上,辄令奴仆代,上为申禁。

六年,师屡破明兵松山、杏山间,存仁复疏请相机度势,以时进兵。七年,既克锦州,存仁请招吴三桂降。上颁御札抚谕,并命存仁遗以私书,略言:"明运将终,重臣大帅就俘归命。将军祖氏甥,虽欲逃罪,无以自明。大厦将倾,一木不能支。纵苟延岁月,智竭力穷,终蹈舅氏故辙。何若未困先降,勋名俱重?"六月,乌真超哈四旗始分置八固山,授存仁镶蓝旗梅勒额真。八年,从郑亲王济尔哈朗取前屯卫、中后所,加半个前程。

顺治元年,入从入关,与固山额真叶臣率师徇山西,下府六、州二十四、县一百三十一,遂克太原。又从豫亲王多铎略河南,下江南,督所部以炮战,屡有克捷。二年六月,从贝勒博洛定浙江,以存仁领浙江总督。兵后民流亡,存仁集士绅使抚谕,民复其所。七月,疏言:"近有剃发之令,民或假此号召为逆。若反形既著,重劳大兵,莫若速遣提学,开科取士,下令免积逋,减额赋,使读书者希仕进,力田者逭追呼,则莫肯相从为逆矣。"得旨,谓"诚安民急务也",令新定诸行省皆准恩诏施行。

十一月,授兵部右侍郎,兼都察院右副都御史,总督浙江、福建。时明鲁王以海保绍兴,号"监国",其将方国安镇严州。故明福王由崧倚大学士马士英,用以亡国,士英走依国安。是岁九月,国安自富阳渡钱塘江窥杭州,存仁遣副将张杰、王定国率师御之,斩四千余级。国安退保富阳。又令定国出屯馀杭,遇国安兵,与战,自关头至小岭,逐北二十里,斩国安子士衍。十月,士英复以兵至,去杭州十里为垒五。平南大将军贝勒勒克德浑帅师赴之,未至,士英引去,存仁与总兵官田雄追击之,斩五百余级。十一月,士英、国安复以兵至,存仁与梅勒额真季什哈及雄等帅师击之,敌溺江死者无算。十二月,士英、国安屯赭山,掠朱桥、范村诸处。存仁与梅勒额真朱玛喇及雄、杰等分兵与战,国安所等水师数万人鸟骇,余众俘臧殆尽。三年二月,有姚志卓者,为乱于昌化,与国安相应。存仁遣杰等击击志卓,复昌化。五月,叙功,进三等昂邦章京。六月,遣副将张国勋等破敌太湖,获士英等,戮之。十一月,存仁请设水师五千,备钱塘江御海寇。四年五月,遣副将满进忠等收福州镇东卫,破海寇周鹤芝;遣副将李绣授浦城,逐鹤芝党岑本高。十二月,遣副将马成龙等破敌处州,克景宁、云和、龙泉三县。五年正月,明宜春王

议衍率众自江西入福建,保汀州山寨,总兵官于永绥击破之。二月,分兵克连城、顺昌、将乐三县,获明侍郎赵士冕、总兵黄钟灵等。存仁自至浙江,屡以疾乞休,至是始得请,受代以去。

六年八月,起授兵部尚书,兼右副都御史,总督直隶、山东、河南三行省,巡抚保定诸府,提督紫金诸关,兼领海防。盗发榆园,为大名诸县害。存仁闻归德侯方域才,贻书咨治盗策,方域具以对。存仁用其计,盗悉平。七年,上令疆吏考校诸守令,以文艺最高下。存仁出按诸府县,廉能吏有一二语通晓,即注上考;非然者,文虽工亦乙之。监司请其故,存仁曰:"我武臣也,上命我校文,我第考实,文有伪,实难欺也。况诸守令多从龙之士,未尝教之,遽以文艺校短长,不寒廉能吏心乎?"屡遇恩诏,进一等精奇尼哈番兼拖沙喇哈番。九年,卒,赠太子太保,谥忠勤,祀直隶、山东、河南、浙江、福建五行省名宦。乾隆初,定封三等子。

存仁弟子瑞午,康熙间为福建邵武府知府。耿精忠叛,徇诸郡邑,瑞午不为下,死之。子玾、瑛、珍、珖、玳、瑜,子妇王、李皆从死。事定,赠瑞午太仆寺卿。存仁孙璲,康熙间以佐领从军,郑成功将刘国轩攻海澄,战死,赠拖沙喇哈番。

论曰:国初诸大政,皆定自太祖、太宗朝。世谓承畴实成之,诬矣。承畴再出经略,江南、湖广以逮滇、黔,皆所勘定;桂王既入缅甸,不欲穷追,以是罢兵柄。孟乔芳抚绥陇右,在当日疆臣中树绩最烈。张存仁通达公方,洞达政本。二人皆明将。明世武臣,未有改文秩任节钺者,而二人建树顾如此。资格固不足以限人欤,抑所遭之时异也?

卷二百三十八　　列传二十五

蒋赫德　额色赫　车克　觉罗巴哈纳
宋权　傅以渐　吕宫　成克巩　金之俊
谢升　胡世安　王永吉　党崇雅　卫周祚
高尔俨　张端

蒋赫德,初名元恒,遵化人。天聪三年,太宗伐明,克遵化,选儒生俊秀者入文馆,元恒与焉,赐名赫德。崇德元年,授秘书院副理事官,予四户。汉军旗制定,隶镶白旗。

顺治二年,擢国史馆学士。九年,朝鲜国王李淏奏国内外奸徒谋不轨,已伏其辜,命与侍郎伊勒都赉敕往慰问。十一年,擢国史院大学士。十二年,诏诸大臣陈时务,疏言:"察吏乃可安民,除害乃可兴利。今百姓大害,莫甚于贪官蠹吏。惩治之法,惟恃督抚纠劾,以其确知属吏之贤不肖也。近每见各督抚弹章,指事列款,赃迹累累;及奉旨勘谳,计赃科罪,不及十之二三。不曰'事属子

虚'，则曰'衙役作弊'。即坐衙役者，又多引杂犯律例，听其赎免，何所惩悼而不肆行其志乎？其始官胥朋比，虐取瓜分；事败，官嫁名于吏以觊燎灰，吏假赀于官以成展脱。究之官吏优游，两获无恙，纠劾难行，竟成故事。请严饬各督抚，纠劾勘谳覆奏时，必全述原参疏语，某款不实，或开报虚构，或承问故纵，穷源质讯，是非不容并立；实系衙役诈骗，按律坐以应得之罪，不许折赎，则贪蠹清而民苏矣。"得旨，下所司严饬行。旋加太子太保。

十五年，改文华殿大学士，兼礼部尚书。十六年，加少保。命赍册封朝鲜国王李棩，侍读硕博辉副之。蒋赫德屡充殿试读卷官、教习庶吉士。修辑《明史》、《太宗实录》，充副总裁；《太祖》、《太宗圣训》充总裁。译《三国志》成，赐鞍马。十七年，引疾乞休。康熙元年，起为弘文院大学士。二年，调国史院。九年，卒，谥文端。

蒋赫德初为明诸生，尝应乡试，夜闻明远楼鼓声，曰："此颓败之气，国安能久？"不终试而去。遍游九边，曰："王气在辽、沈，将有圣人出，吾蓄才以待可也。"旋为太宗赏拔，卒致通显。

额色赫，富察氏，满洲镶白旗人，世居讷殷。祖莽吉图，当太祖时，从其兄孟古慎郭和来归。

额色赫事太宗，从征伐，自巴牙喇壮达授兵部理事官。天聪九年，从梅勒额真巴奇兰伐黑龙江部，使还奏捷。崇德三年，擢秘书院学士。五年，睿亲王多尔衮率师围锦州，命额色赫赍敕谕机宜。会固山额真图尔格败明兵于木轮河，使还奏捷。六年，命与图尔格及大学士范文程、刚林如锦州，按诸将离城远驻，遣兵还家，睿亲王以下坐降罚有差。明总督洪承畴以援师至，上又命额色赫监军前授诸将方略，还奏敌势甚张，当益兵。上遂自将击破明军。既克锦州，又命宣谕慰抚祖大寿及同降诸将士。八年，从贝勒阿巴泰伐明，略山东，下兖州，同甲喇额真穆成格等奏捷。

顺治元年，从入关，授世职牛录章京，加半个前程。五年，迁刑部启心郎。八年，擢国史院大学士，世职累进一等阿达哈哈番。十三年，命往朝鲜谳狱。十五年，改保和殿大学士。额色赫再主会试，修《太宗实录》，辑《太祖》、《太宗圣训》，纂《资政要览》，并充总裁官，累加少师兼太子太师。十八年，卒，谥文恪。

车克，瓜尔佳氏，满洲镶白旗人，世居苏完。祖克尔素，太祖时来归。父席尔那，任牛录额真，卒，车克嗣，兼巴牙喇辖。

天聪八年，从上伐明，自大同趋怀远，薄左卫城，与巴牙喇纛章京图鲁什等设伏，败明将曹文诏骑兵。略代州，至五台山，还，遇明将祖大弼兵，击败之。崇德三年，授户部理事官。承政韩大勋私取库金，事发，车克坐贮库时未记档，论死，命罚镂以赎，仍留部。寻兼任甲喇额真。五年，从郑亲王济尔哈朗围锦州，令车克与噶布什贤噶喇依昂邦劳萨以三百人伏高桥北，坐纵敌，籍家财之半。六年，复从攻锦州，击破明总督洪承畴步兵。

顺治元年，从入关，击李自成，授世职牛录章京。考绩，加半个前程。五年，擢户部侍郎。从英亲王阿济格讨姜瓖，师下大同，令车克援太原，与巡抚祝世昌谋，遣兵歼瓖将刘迁、万炼等。七年，兼任正白旗满洲梅勒额真。世职累进二等阿达哈哈番。八年，改都察院参政。驻防河间，佐领硕尔对讦户部给饷不均，事具《巴哈纳传》。车克亦坐降世职拖沙喇哈番。旋擢户部尚书。十年，复世职。十一年，加太子太保。十二年，擢秘书院大学士，进少保。十三年，复进少傅兼太子太傅，领户部尚书。十四年，考满，加少师兼太子太师。十六年，命赴江南督造战舰。十七年，命与安南将军宗室罗托率师驻福建，防郑成功。

圣祖即位，召还，调吏部尚书。有阿那库者，与兄金布争产，上命均分之。既，又与本旗佐领吉詹争言，吉詹坐阿那库违上旨。牒户部，车克移刑部，坐阿那库罪绞；阿那库妻击登闻鼓讼冤，命覆勘，车克当夺官，命削加衔。康熙元年，复授秘书院大学士。六年，以疾乞休。十年，卒，谥文端。

觉罗巴哈纳，满洲镶白旗人，景祖第三兄索长阿四世孙也。年十七从军，佐太宗征伐有功。天聪八年，授世职牛录章京。九年，命免功臣徭役，分设牛录，巴哈纳与焉。崇德三年，授刑部理事官。四年，擢参政，兼正蓝旗满洲梅勒额真。七年，以刑部勘将佐功罪失平，夺世职。

顺治元年，擢正蓝旗满洲固山额真。与固山额真石廷柱徇霸州、沧州、德州、临清，皆下。移师山西，会固山额真叶臣，招降明总督李化熙等。师自汾州趋平阳，与廷柱击破明兵，至黑龙关，降裨将三、卒六千余，费白金，进世职三等甲喇章京。三年，从肃亲王豪格下四川，讨张献忠，分兵定遵义、夔州、茂州，斩所置吏数百，降卒数千，尽得其马骡辎重。余寇悉平。师还，以勘甲喇章京希尔根军功失实，又肃亲王欲以机赛为巴牙喇纛章京不当，巴哈纳与索浑未阻止，且共为奏，议夺官，命降世职拜他喇布勒哈番。寻擢户部尚书。

八年，世祖亲政，巴哈纳奏事毕，上问民间疾苦及国家无益之费，巴哈纳举临清采瓦及通州五闸运漕二事以对，上命即永行停止。寻兼正白旗满洲固山额真。驻防河间牛录额真，硕尔对讦告户部发饷不均，下法司鞫问，部议巴哈纳阿附睿亲王，厚白旗，薄黄旗。时方治睿亲王狱，坐巴哈纳罪至死，上命宽之，削世职，夺官，籍其家三之二。

九年，起授刑部尚书。十一年，同诸大臣分赈畿辅，赐敕印以行。累进少傅兼太子太傅。十二年，授弘文院大学士。十五年，改中和殿大学士。十八年，复设内三院，又改秘书院大学士。康熙元年，兼镶白旗满洲固山额真。五年，卒。时鳌拜擅政，巴哈纳与不洽，恤不行。圣祖亲政，其子巴什力请，赠少师兼太子太师，谥敏壮。

宋权，字元平，河南商丘人。明天启五年进士。官顺天巡抚，驻密云。受事甫三日，李自成陷京师，权计杀自成将黄锭等。睿亲王师入关，籍所部以降，命巡抚如故。

权疏言："旧主御宇十有七年，宵衣旰食，声色玩好一无所嗜。不幸有君无臣，酿成大乱。幸逢圣主，歼乱复仇，祭葬以礼。倘蒙敕议庙号，以光万世，则仁至义尽，天下咸颂，四海可传檄而定。明朝军需浩繁，致有加派，有司假公济私，明征外有暗征，公派外有私派，民困已极。请照万历初年为正额，其余加增悉予蠲免。勤求上理，宜育贤才。臣所知者，如王永吉、方大猷、杨毓楫、朱继祚、叶廷桂等，均济时舟楫，惟上召而用之。"得旨嘉纳。寻又荐宝坻进士杜立德等十一人。

时权仍驻密云，抚治二十余州县，兼领军事。旋以遵化当冲要，命权移驻，先后击降自成党数千。丰润盗起，权捕治，以未获其渠，疏请罢斥，温旨慰留。寻疏陈祖军、民壮之害，言："明制祖传军籍，隶在营部；选取民壮，隶在州县。身故则勾子孙，子孙绝则勾宗族，宗族尽则勾戚属，流离逃窜，乱由此阶。请特沛恩纶，除兹秕政。"又有私刻顺天巡抚印伪为纠举咨文投部者，事觉，逮治。权疏言："用舍本君人之权，黜陟者铨枢之政，荐劾者抚按之职。请饬各省抚按，有关用舍大典，必具疏请，不须以咨文从事，则百弊俱清。"疏入，并如所请，著为令。

畿辅既平，诏拨近京荒田及明贵戚内监废庄，画为旗地，民田错杂，别给官田互易。权疏言："农民甫得易换之田，庐舍无依，耕种未备，请蠲租三年。"又迭疏请蠲蓟州田租一年，除密云荒地逃丁派征钱粮，兴三协屯政，守兵予田十亩。俱下部议行。有诏优恤绿旗阵亡兵家属，权请特遣部臣莅视散给，俾沾实惠。

三年，擢国史院大学士。五年，遭母丧，请终制，命如常入直，私居持服。六年，假归葬亲。寻加太子太保。七年，还朝。时议用明例，遣御史巡方，权力持以为不可。八年，条陈时政，又言宜复设巡按。给事中陈调元、王廷谏等劾权前后持两端，且迫劾其母丧未除，入闱主试，下部议，权老病宜罢归，遂命致仕。九年，卒。部议权被论致仕，祭葬宜杀礼。上以权诛自成党有功，赐祭葬如例，赠少保兼太子太保，谥文康。子莘，自有传。

傅以渐，字于磐，山东聊城人。顺治三年一甲一名进士，授弘文院修撰。八年，迁国史院侍讲。九年，迁左庶子。十年，历秘书院侍讲学士、少詹事，擢国史学士。十一年，授秘书院大学士。十二年，诏陈时务，条上安民三事。加太子太保，改国史院大学士。先后充《明史》、《太宗实录》纂修，《太祖》、《太宗圣训》并《通鉴》总裁。又命作《资政要览》后序，撰《内则衍义》，覆核《赋役全书》。十四年，命以渐及庶子曹本荣修《易经通注》。十五年，偕学士李霨主会试。考官入闱，例得携书籍，言官请申禁，以渐请仍如旧例，许之。入闱偶咯血，请另简，命力疾料理。寻加少保，改武英殿大学士，兼兵部尚书。旋乞假还里，累疏乞休。十八年，解任。康熙四年，卒。

吕宫，字长音，江南武进人。顺治四年一甲一名进士，授秘书院修撰。九年，加右中允。十年二月，上幸内院，召宫与侍讲法若真，编修程芳朝、黄机，命撰《柳下惠不以三公易其介论》。宫论有曰："伊、周、卫、霍，争介不介。"上喜曰："此三公语。"列第一。寻谕吏部："翰林升转，旧例论资俸，亦论才品。吕宫文章简明，气度闲雅。遇学士员缺，即行推补。"寻授秘书院学士。闰六月，迁吏部侍郎。十二月，超授弘文院大学士。言官请禁江、浙签富户运白粮并织造报充机户，部议已有例禁，宫复请严饬督抚察究。

大学士陈名夏得罪，十一年，给事中王士祯、御史王秉乾劾宫为名夏党，宫引罪乞罢，上命省改。初，平西王吴三桂专镇，渐跋扈。宫与名夏及大学士冯铨、成克巩荐御史郝浴，命巡按四川。至是，浴露章劾三桂，三桂疏辨，上为罢浴，宫与铨、克巩皆坐误举，镌二级留任。

宫以病乞假，上遣医疗治，问病状。疏言："乞假已三月，禀体怯弱，人道俱绝，仅能僵卧兀坐。乞宽期调治。"御史姜图南劾疏语亵嫚，杨义复劾其旷职，宫亦累疏乞罢。十二年，以修《资政要览》书成，加太子太保。宫复疏申请，赐貂裘、蟒缎、鞍马，命驰驿回籍，俟病痊召用。十三年，敕存问，赐羊酒。十七年，诏大学士、尚书自陈，宫不具疏，左都御史魏裔介劾宫"一病六年，闻问杳然，忘君负恩"。上以宫请告无自陈例，谕毋苛求。十八年，世祖崩，宫赴都哭临，病益殆，还里。康熙三年，卒。

成克巩，字子固，直隶大名人。父基命，明大学士。克巩崇祯十六年进士，改庶吉士。避乱里居。

顺治二年，以左庶子李若琳荐，授国史院检讨。五年，迁秘书院侍读学士。寻擢弘文院学士。九年，迁吏部侍郎。十年，擢本部尚书。疏言："臣部四司，分省设官，原以谘访本省官评。请令各司人注一簿，详列本省各官贤否，参以抚按举劾，备要缺推选。督抚旧无考成，请令疏列事迹，消弭盗贼，开垦荒田，清理钱粮，纠除贪悍，定为四则，以别赏罚。文选推升，概从制签。但地方繁、简、冲、僻不同，如江南苏、松等郡积弊之区，非初任邑令所能振刷。请取卓异官，或升或调，通融补授。行之有效，即加优擢，亦于选法无碍。"章下所司。寻擢秘书院大学士。以荐御史郝浴失人，镌二级。十二年，命还所降级。

十二年，加太子太保。左都御史缺员，命克巩暂摄，并谕俟得其人，仍回内院。疏言："用人为治平之急务，而大僚尤重。今通政使李日芳、甘肃巡抚周文叶、陕西巡抚陈极新皆衰老昏庸，亟当更易。财用困乏，宜定丈量编审之期。学校冒滥，宜严考贡入学之额。任枢密者，遇封疆失事，不得借行查以滋推诿。司刑宪者，于棍徒诈害，不得宽反坐以长刁风。又若修筑河工，宜核冒销，杜侵蚀。此数事皆当振刷，以图实政。"上深韪之。

给事中孙光祀劾左通政吴达兄逵叛逆，下法司勘拟。克巩疏论左都御史龚鼎孳与达同乡，徇隐不举，鼎孳疏辨不知逵为达弟，坐夺俸。寻命克巩回内院。十五年，加少保，改保和殿大学士，兼户部尚书。十六年，加少傅兼太子太傅。十七年，遵例自陈，谕不必求罢。

部推浙江布政参议李昌祚擢大理寺少卿。先是，扬州乱民李之春事发，其党亦有名李昌祚者，克巩与大学士刘正宗票拟未陈明；又在吏部时，荐周亮工，擢至福建布政使，坐赃败。克巩疏引罪。左都御史魏裔介劾正宗，语连克巩，并及昌祚、亮工事，克巩疏辨，上责其巧饰，下王大臣议，罪当夺官。世祖初以克巩世家子，知故事，不次擢用，值讲筵，命内臣将画工就邸舍图其像以进，居常或中夜出片纸作书询时事，克巩占对惟谨；至是，谕责其依违附和，凡事因人，仍宽之，命任事如故。

十八年，圣祖即位，复为国史院大学士。康熙元年，调秘书院大学士。二年，乞休回籍。

克巩迭主乡、会试，称得士，汤斌、马世俊、张玉书、严我斯、梁化凤等，皆出其门。历充《太宗实录》、《太祖·太宗圣训》总裁，屡得优赉。二十六年，太皇太后崩，赴临。三十年，卒，年八十四。子亮，编修；光，武昌守道。

金之俊，字岂凡，江南吴江人。明万历四十七年进士，官至兵部侍郎。睿亲王定京师，命仍故官。疏请先蠲畿甸田租以慰民望，又言："土寇率众降者，宜赦罪勿论。缚渠来献，分别叙功。就抚之众，宜编保甲，令安故业。无恒产者，别为区画。"寻奏荐丁魁楚、丁启睿、线国安、房可壮、左懋泰、郝䌹等，又劾通州道郑 煇 优游养寇、三关总兵郝之凋纵兵肆掠，俱宜罢斥；并请趣畿南北巡按及监司以下官赴任，禁止满洲官役额外需索驿递夫马。疏入，皆采行。

顺治二年，以京师米贵，疏言："大兵直取江南，应令漕督及巡漕御史赴任。金陵底定，举行漕政。"诏速议行。因复上漕政八事，疏下所司。寻调吏部侍郎。三年，疏请酌定进士铨选之制。五年，擢工部尚书。六年，乞假归，加太子太保。七年，还朝。八年，调兵部，加少保兼太子太保。十年，调左都御史。疏言："审拟盗犯，请用正律，不宜概行籍没，致累无辜。"又疏言："直省提学，例以佥事道分遣。畿辅为首善之区，江南人才之会，请以翰林官简用。"均报可。寻迁吏部尚书，授国史院大学士。

十二年，之俊病，乞休，上不允，遣画工就邸画其像。十三年，谕诸大臣曰："君臣之义，终始相维。尔等今后毋以引年请归为念。尔等岂忍违朕，朕何忍使尔等告归？昨岁之俊病甚，朕遣人图其容。念彼已老，惟恐不复相见，不胜眷恋。朕简用之人，欲皓首相依，不忍离也！"之俊泣谢。十五年，改中和殿大学士，兼吏部尚书。同校定律例。十六年，诏立明庄烈帝碑，命之俊撰文。寻加太保兼太子太师，复乞假归。十七年，自陈乞罢，温谕敦召，未至，加太傅。十八年，复改秘书院大学士。之俊自归后，屡以衰老乞休，康熙元年，始允致仕。

之俊家居，有为匿名帖榜其门以谤之者，之俊白总督郎廷佐穷治之，牵累不决。事闻，上不直所为，以律禁收审匿名帖，镌廷佐二级，之俊削太傅衔。九年，卒，谥文通。

谢升，山东德州人。明万历三十五年进士，官至建极殿大学士，兼吏部尚书，加少保兼太子太保。崇祯之季，明帝欲与我议和，升泄其语，罢归里。李自成入京师，升与明御史赵继鼎、卢世㴶逐自成所置吏，奉明宗室香河知县师鋐城守。寻奉表来归，授师鋐知州，命升以建极殿大学士管吏部尚书。升至京师，改命与诸大学士共理机务。顺治二年，卒，赠太傅，谥清义。

胡世安，四川井研人。明崇祯元年进士，官至少詹事。顺治初，授原官。四迁礼部尚书。十五年，授武英殿大学士，兼兵部尚书。圣祖即位，与之俊同改秘书院大学士。以疾乞休，累加少师兼太子太师。康熙二年，卒。

王永吉，字修之，江南高邮人。明天启间进士，官至蓟辽总督。顺治二年，以顺天巡抚宋权荐，授大理寺卿。四年，擢工部侍郎。永吉疏辞，上责其博虚名，特允之，并谕永不录用。居数年，有诏起用废员，复诣京师，吏部疏荐，八年，授户部侍郎。条奏各卫所屯地分上、中、下三等，请拨上田给运丁；各项折色银请仍令官收官解，本色物料动支折价采买；洲田丈量累民，请以芦课并入州县考成，五年一次丈量：皆见采择。

永吉家居，究心黄河下游阏壅为害，尝议修泾河闸，浚射阳湖。九年，疏言："黄水自邳、宿下至清河口，淮、泗之水聚于洪泽湖，亦出清河口。二水交会，淮、泗弱势，不能敌黄。折而南趋四百余里，出瓜洲、仪真方能达江。一线运河，收束甚紧，即有大小闸洞宣泄，海口不开，下流壅滞，以致河堤十年九决。海口在兴化、泰州、盐城境内，辄为附近居民填塞。乞敕河、漕重臣度疏浚，复其故道。淮、泗消则黄河势亦减。"

时河以北诸省患水，而江以南又苦旱，屡诏蠲赈，而湖广、四川、闽、广诸镇待饷甚急。永吉疏请下廷臣筹足饷救荒之策，上命永吉详具以闻。永吉因言："各省兵有罪革占冒，马亦有老病弱毙，十汰其二。以百万之饷计之，岁可省二十万。即以裁省之项，酌定直省灾伤分数，则兵清而赋亦减。"上嘉纳之。

畿辅奸民，每藉投充旗下，横行骫法。永吉疏陈其害，谓："上干国法，下失人心，请敕禁王大臣滥收人投旗，以息诸弊。"十年，擢兵部尚书。十一年，与刑部尚书觉罗巴哈纳等分赈直隶八府。转都察院左都御史，擢秘书院大学士。

永吉在兵部，鞫德州诸生吕煌匿逃人行贿，谳未当，下王大臣诘问，永吉厉声争辨。事闻上，谕曰："永吉破格超擢，当竭力为国，乃因诘问，辄至忿怒，岂欲效陈名夏故态耶？"左授仓场侍郎。十二年，仍授国史院大学士。寻加太子太保，领吏部尚书。

十四年夏，旱，疏请"下直省督、抚、按诸臣清厘庶狱，如有殊常枉屈，奏请上裁；赎徒以下，保释宁家"。下所司议行。旋以地震厉具疏引咎，上复责其博虚名。十五年，以兄子树德科场关节事发，左授太常寺少卿，迁左副都御史。十六年，卒。上以永吉勤劳素著，命予优恤，赠少保兼太子太保、吏部尚书，谥文通。

党崇雅，陕西宝鸡人。明天启五年进士，官至户部侍郎。顺治元年，以天津总督骆养性荐，授原官，调刑部。

疏言："旧制，大逆大盗，决不待时，余俱监候秋后处决，未尝一罹死刑，辄弃于市。请凡罪人照例区别，以昭钦恤。新制未定，并乞暂用《明律》。俟新例颁行，画一遵守。"二年，复疏言："流寇暴虐，今剿灭殆尽。恐寇党株连，下民未获宁止。请速颁恩赦。督、抚、司、道及府、州、县各官，简用务在得人，庶可广皇仁，布实政。"并得旨允行。骆养性被讦贪婪通贼，辞连崇雅，谳不实，免议。给事中庄宪祖劾崇雅衰庸，崇雅疏乞罢，留之。五年，擢尚书。六年，加太子太保。八年，调户部，加少保。十年，引疾告归，命仍支原俸。旋召还。十一年，授国史院大学士。十二年，复以老乞休，加少傅兼太子太傅。入谢，上见其老，赐御服，谕曰："卿今还里，服朕赐衣，如见朕也！"临行，复召见，赐茶，慰以温语，命大学士车克送之。十三年，敕存问。康熙五年，卒。明福王时，定从贼案，崇雅与卫周祚、高尔俨皆与。

卫周祚，山西曲沃人。明崇祯进士，官户部郎中。顺治元年，授吏部郎中。再迁刑部侍郎，疏言："各省逮捕土寇，坐辄数十人，请饬鞠讯得实，具狱词解部。京师多讦讼，请严反坐罪。功臣犯法，请复收赎之令。"调吏部，疏言："六部司属，请每岁令堂官纠举黜陟。""疆圉新辟，招民百名，即授知县，暂委各官，即予本职，乃一时权宜计。请试以文义，有不娴者，招民改武职，暂委授佐杂。"皆下部议行。擢尚书，历工、吏二部。十五年，授文渊阁大学士，兼刑部尚书，改国史院。以葬兄周胤乞假还。复起授保和殿大学士，兼户部尚书。以疾乞休。康熙十四年，卒，谥文清。周祚居乡谨厚，圣祖称之。西巡，遣大臣酹其墓。

周胤，明崇祯七年进士，官御史。顺治初，授原官。官至兵部侍郎。

高尔俨，直隶静海人。明崇祯十二年进士，官编修。顺治初，授秘书院侍讲学士。迁侍郎，历礼、吏二部，擢吏部尚书，加太子太保。九年，为御史吴达所论，乞罢。旋起补弘文院大学士。十二年，卒，赠少保，谥文端。

张端，山东掖县人。父忻，明天启五年进士，官至刑部尚书。端，明崇祯十六年进士，改庶吉士。李自成入京师，端从忻皆降。顺治初，忻以养性荐，授天津巡抚。端亦以荐授弘文院检讨。三迁为礼部侍郎。十年，授国史院大学士。十一年，卒，赠太子太保，谥文安。忻以静海土寇乱罢，后端卒。

养性，崇祯时官锦衣卫都指挥使，颇用事。大学士吴甡戍，周延儒死，皆有力。来降，授总督。寻坐事罢，仍加太子太傅、左都督，进太子太师。求自效，授浙江掌印都司。卒。

论曰：世祖既亲政，锐意求治，诸臣在相位，宜有闳规硕画足以辅新运者。如蒋赫德请惩贪蠹、权首请田赋循万历旧额，并罢祖军、民壮；永吉议清兵额、恤灾伤，痛陈投旗之害；之俊、崇雅郑重断狱：可谓能举其大矣。若巴哈纳以细事塞明问，以渐、宫以巍科虚特擢，及额色赫、车克辈，皆鲜所建白。要其谨身奉上，亦一代风气所由始也。

卷二百三十九　　列传二十六

沈文奎　李栖凤 马鸣佩　马国柱 罗绣锦
绣锦弟绘锦　雷兴　王来用　丁文盛 子思孔
祝世昌

沈文奎，浙江会稽人。少寄育外家王氏，因其姓。年二十，为明诸生，北游遵化。天聪三年，太宗伐明，下遵化，文奎降。从贝勒豪格以归，命值文馆。汉军旗制定，隶镶白旗。六年六月，上自将伐察哈尔，因略宣府边外。明文武大吏请盟，上还师。八月丁卯，召文奎及同值文馆诸生孙应时、江云深入宫赐馔，命策和议成否。文奎等皆言明政日紊，中原盗贼蜂起，民困于离乱。劝上宣布仁义，用贤养民，乘时吊伐。文奎等退，各具疏陈所见。

文奎疏言："先命用兵之初，势若破竹，盖以执北关之衅，名正言顺。其后多疑好杀，百姓离心，皆曰利我子女玉帛耳。上宽仁大度，推心置人。今师次宣、大，长驱而入，谁复敢当？乃以片言之故，卷甲休兵。大信已著，宜乘时遣使，略逊其辞，以践张家口之约。夫不利人之危，仁也；不乘人之乱，勇也；不失旧约，信也：一举而三美归焉。或谓南朝首吝王封，次论地土人民，和必不成。臣谓和否不在南朝，在上意定不定耳。且和而成，我坐收其利，以待天时；和而不成，或蓟镇，或宣、大，或山海，乘时深入，诞告于众曰：'幽、燕本金故地，陵墓在房山，吾第复吾故疆耳。'师行毋杀人，毋劫掠，则彼民必怨其君之不和，而信我无他志矣。大凌河降夷，上赦之刀斧之下，复加以恩育，其所以去者，皆父母妻子牵其念耳。文王王政，罪不及孥。执杀逃亡，已正国法。岂可因兄及弟，因父及子？以一降夷而使众降夷自危，且使凡自大凌河降者人人坐疑，非上明白宣谕，上下暌违，终不能释也。我国衣冠无制，贪而富者，即氓隶，冠裳埒王侯；清而贫者，即高官，服饰同仆从。乞上独断，定衣冠之制，使主权尊，民志定，贤愚金奋，国日以强。"

云深疏言："南朝未能决和，宜倍道径取山海。山海既破，八城折入于我，再与画界议好，和乃可定。"

应时疏言："用兵当先足民。年来国用不舒，今岁又被灾，十室九空，宜乘时究方略，转虚为盈，此宜急议者也。八门征税，正税外有羡银，税一两非增三四分不收，朘削穷民脂血，此宜严核者也。六部公廨已毕工，人人当尽心力为上治事，否则不惟负上，抑且负此巨室，此宜申饬者也。大凌河新夷，固自取灭亡，然边防严则遄逃何自越，此亦宜申饬者也。"

是岁近明边蒙古部民逃入沙河堡，明兵索还。文奎、应时疏中曰"降夷"，曰"新夷"，盖谓是也。

九月，文奎复疏言："臣自入国后，见上封事者多矣，而无劝上勤学问者。上喜阅《三国志》，此一隅之见，偏而不全。帝王治平之道，奥在《四书》，迹详史籍。宜选笔帖式通文义者，秀才老成者，分任移译讲解，日进《四书》二章，《通鉴》一章。上听政之暇，日知月积，身体力行，操约而施博，行易而效捷。上无曰'此难能'，更无曰'乃公从马上得之'，乌用此迂儒之常谈，而付之一哂也。上用人亦宜详审，臣第就书房言之。书房出纳章奏，即南朝之通政司也。自达海卒，龙什罢，五榜式不通汉字，三汉官又无责成。秀才八九，哄然而来，群然而散。遇有章奏，彼此相诿，动淹旬月。上方求言，而令喉舌不通，是何异欲其入而闭之门乎？宜量才委用，或分任俾责有所专，或独任俾事有所总。至笔帖式通文义者，惟恩国泰一人，宜再择一二以助不逮。立簿籍，定期会，使大事不过五，小事不过十，分而任之。课勤惰，察能否，而从以赏罚，则政柄不摇，贤愚并励矣。"

七年七月，疏言"图事功者，以得人为先务。顷闻开科取士，诚开创急事也。然臣以为非抡才之完策，上宜发明谕，不拘族类，不限贵贱，不分新旧，有才能者许自荐，知人有才能者许保举。自荐者择有智识之臣，异以抡选，而严挟私徇情之罚；保举者不避父子兄弟，但令立状记籍，异日考其功罪，与同赏罚，然后亲加省试，量才录用。有技能则超擢，无才行则责遣。奴隶工商，有善必取。显官贵戚，有恶必惩。招以真心实意，歆以高爵厚禄，绳以严刑重罚。好荣恶辱，人情所同。虽不能拔十得五，于千百中得数人，而已足为用矣。"崇德元年，甄别文馆诸臣，文奎列第二，赐人户、牲畜，授内弘文院学士。七年八月，以醉乘马犯卤簿，论死，上宥之，仍命断酒。

顺治元年，世祖定鼎，七月，命为右副都御史，巡抚保定。时畿南未定，保定、大名、真定所属诸州县，盗千百并起，焚掠为民害。文奎到官，驻真定，训练所部兵，与巡按卫周胤谋捕治，盗渠赵崇阳等数百人降。有韩国璧者，为盗于晋泊，拒官军。文奎即用崇阳捕斩国璧，歼其徒。遂分部总兵王燝、守备刘文选等将兵逐贼。燝等讨灭香炉、乔家二寨，戮其渠钱子亮、赵建英。文选等攻深州，戮其渠于小安；攻晋州，戮其渠马数丈。于是冀州郭世先、保定李库、内黄李君相、顺德袁三才数十渠魁，并就俘戮。散其胁从，录骁勇置部下。畿南渐定。州县吏征赋仍明季旧习，优免多则蚀赋，摊派行则厉民，文奎疏请悉从正额；宁晋泊地肥而赋轻，豪右竞占，逋赋为州县吏累，文奎疏请招民分耕纳赋；二年正月，疏言畿南民重困，岁贡绵丝诸品，皆求诸他行省，请改折色；二月，又论诸卫所地纳赋丁入保甲，皆当属州县吏：并见采择。李联芳、张成轩等为盗南皮、盐山间，四月，遣都司杨澄、守备徐景山捕治，戮联芳等九十三人。

寻命加兵部右侍郎，总督陕西。五月，改命总督淮、扬漕运。淮、扬群盗，高进忠、魏用通、高升三人者为之魁，复有鄢报国、司邦基挟明宗室新昌王，与相应为乱。文奎遣游击裴应旸等击斩用通，总兵王天龙亦击破升，报国、邦基为其徒缚诣江宁以降；进忠走崇明，亦降。十二月，复令总兵孔希贵、苏希乐逐盗如皋，得其渠于锡藩、刘一雄。三年八月，又与淮徐道张兆熊发兵击斩邳州盗杨秉孝、王君实等。江、淮间始稍安。十月，疏请禁革苏、松诸府征漕积弊，悉去官户、儒户、济农仓诸名，著为令。四年正月，以擅免荒田赋，又渎请明陵祀典，夺职。

五年十二月，起为内弘文院学士。六年，充会试总裁。八年，大学士刚林、祁充格得罪，文奎以知睿亲王多尔衮令改实录不上言，当坐，上命免议。四月，复命以兵部侍郎、左副都御史，总督漕运，巡抚凤阳。请复姓沈氏。七月，疏请慎选运官，清核舍余，合选殷丁，清勾黄快，皆漕政大端，凡四事。十年，率师讨胶州叛将海时行。十一年，遣兵捕朱周锜，清通、泰滨海遗寇。江北庐、凤、淮、扬诸府灾，文奎请蠲赋，户部议未定，冬尽未启征。九月，文奎坐督运愆迟，左迁陕西督粮道。寻卒。

与文奎同时以诸生直文馆者，云深、应时同被召对。又有李栖凤、杨方兴、高士俊、马国柱、马鸣佩、雷兴辈，盖皆文奎疏中所谓秀才八九者也。栖凤、方兴、国柱、鸣佩、兴自有传。云深后不著。应时为启心郎，以祝世昌请毋以俘妇为妓，为改疏稿，坐死。士俊尝上疏谓："上定例一丁予田五日，衣食于此出，力役于此出。民已苦不足，况以绳量田，名五日，实止二三日。将吏复占沃地，役民以耕，宜禁革。民间贷金，当视金多寡定取息轻重，其有逾度者，宜坐罪。"日者，满洲以计田，士俊用当时语也。士俊入关后，尝为湖广巡抚，收长沙，克衡州、常德，有劳。

方上召文奎等策议和成否，亦谕吏民令建言。有胡贡明者，疏言："我国与南朝未尝无内外君臣之分。今既议和，当遣使修表，姑听其区画。如不欲为之下，遂图大事，必如汉高祖而后可。"因谓鼓舞用人、养百姓、立法令、收人心，皆未若汉高祖。贡明先尝上疏请更养人旧例，略言："太祖时方草创，土地、人民、财用皆与诸贝勒均之。今尚沿此习，上名虽有国，实不啻正黄旗一贝勒耳。一人寸土，上与诸贝勒互不相容。十羊九牧，即有中原不可以为治。出师得财，当以三属上，七分畀诸贝勒。得人聚而赎之，视其贤不贤，厚薄予夺，权得以自操，而人心亦归于一。"至是又别疏申前说，并反复言养豪杰当破格，如高祖之于"三杰"。上览先疏，颇韪其语，谓后出师当用汝议；览后疏，责其语冗。贡明复上疏抗辨。

七年，又有扈应元者，疏诋汉官但求名利，语近戆，略如贡明。别疏陈七事，谓备荒宜储粮；编丁宜恤老幼；筑城建关宜不妨农业；出师宜选公正廉能吏，拊循新下郡邑；取士宜尚德行；求言宜置谏官；乘机取天下，在人心不在火器。上览其疏，至论筑城建关，疑勿善也，不竟阅。应元亦上疏抗辨。

贡明隶镶红旗，亦诸生；应元隶正白旗，自署"隐士"。

李栖凤，字瑞梧，广宁人，本贯陕西武威。父维新，仕明为四川总兵官。尝官蓟、辽，家焉。马鸣佩字润甫，辽阳人，本贯山东蓬莱。其先世尝为辽东保义副将，因占籍辽阳左列二等，赐人户、牲畜。汉军旗制定，同隶镶红旗。世祖定鼎，授栖凤山东东昌道，鸣佩山西冀南道。顺治二年，收湖广，移栖凤上荆南道，鸣佩下湖南道。

方栖凤值文馆，治事勤慎，达海等闻于上。上命司撰拟，移写国书。达海卒，栖凤言文馆无专责，椟贮官文书，人得窃视，虑有漏言。上召王文奎等谘和议成否，栖凤上疏言："臣侍文馆几七年，今上与南朝议和，谋及群臣。臣愚以为时政有可惜者二，当速图者六。先帝劳心力、训练劲旅以遗上，上当法先帝赏罚出独断，有功虽贱虽仇必赏，有罪虽贵虽亲必罚。若不振奋鼓舞，必且习为泄泄，弛已成之业。此可惜者一也。上天姿英敏，诚大有为之君也。臣见诸臣章奏，辄曰'上宽仁大度'，此则谀耳。创国之君，不欲过刻，亦不欲过宽。用人听言，审察其可否，中夜而思，如何使人畏，如何使人喜，而后可以驱使。倘信虚誉而眦于仁厚，必误上英敏矣。此可惜者二也。民以食为天。今岁水旱螟，米值骤昂。上宜速出师攻关外八城，八城为我有，岂复虑我民之枵腹耶？一失此机，民无食且流散，国亦稍稍衰矣。当速图者一也。上旧得人民，兵农工役，物物皆备。惟频岁役民筑城，此毁彼建，不得休，民未必不怨。昨闻大凌河西夷复加诛戮，奈何先与之誓而后又杀之也？今宜罢非时之工，广养人之惠。当速图者二也。南朝东西支梧，奔命不遑，势必且南迁。祖大寿与上尝有盟约，当急遣使游说，乘机进兵，迟则失时。当速图者三也。君虽圣，必赖贤臣以调燮之。近虽有二三骨鲠之臣，位卑禄薄，信任未专。如永平道张春，在彼中号为谋略，上宜隆以礼遇，心虽金石，将为我熔。我国虽边鄙，未始无才，重赏之下，必有勇夫。当速图者四也。诸臣多请制定衣冠，尚未允行。夫所谓衣冠，岂必如南朝纱帽圆领而后可？但别尊卑，差贵贱，即是制度。国体威严视斯，人心系恋视斯，纲纪法度，风移俗易，莫不视斯。当速图者五也。达海竭心力奉上，及其卒，敛乃无衤宁，其廉若此，未闻上破格矜恤。总兵布三取辽阳首功，先帝赐敕免死，今以事夺官，且下之狱，不过以愚直得罪。功过贪廉，自古无全才，不可拘于一。当速图者六也。"调为上荆南道参政。明年六月，迁湖广右布政使。

十月，命以右副都御史巡抚安徽。吴继、程国柱等为寇休宁、婺源间，栖凤檄总兵李仲兴、许汉鼎等帅师捕治，获所置总兵江乌、郑恩祥，降张天麒、江周等千人。其党赵正挟明瑞昌王谊贵攻宿松，栖凤率总兵卜从善、冷允登御之洿池，斩千级，获谊贵及正子捷应，弟允升。招抚江南大学士洪承畴上其事。旋坐属县滥征赋不举劾，左迁。

六年，复自浙江嘉湖道参议授右佥都御史，巡抚广西。明桂王由榔遣兵略广东诸郡县，尚可喜、耿继茂军驻广州，栖凤驻南雄，为具储糈。七年，命兵克韶州，并破雷州、廉州诸寨。八年，明将曾志建侵韶州，栖凤令南韶道林嗣琛、游击张玮等击之，斩二千级。九年，遣副将先启玉等攻钦州，获叛将李成栋子元胤。十年，明将李定国自梧州侵肇庆，栖凤遣兵败之龙顶冈；寻分遣总兵徐成功、吴进功等复罗定州东安县。捷闻，上手书"知方略"三字以赐。又遣副将陈武、李之珍徇高州，至沙江。敌循江岸列寨，师渡江纵击，获所置副将姚奇、中军余元玑等。

克化州、吴川县，焚其垒，歼敌。以功进兵部右侍郎。

十五年三月，考满，加兵部尚书。六月，命总督两广。时明桂王走云南，其将陈奇策及明дяя王蕴钥、德阳王俨锦等据上思州，旁掠诸县，栖凤令总兵栗养志等讨之，获奇策等；又剿抚那锦、板强诸寨，定太平、思恩诸府。十七年，加太子少保。十八年九月，分设广东、广西两总督，栖凤督广东。十二月，以老乞休。康熙三年正月，卒。

鸣佩，天聪三年，授工部启心郎，仍直文馆。六年，与同官罗绣锦疏论输粮令，语详《绣锦传》。崇德八年，授半个前程。顺治三年，自下湖南道参政授户部侍郎衔，总督江南粮储兼理钱法。疏言钱法首禁私铸，犯必诛，并请设钱法道专其责；江南军饷不足，请留关税佐之：皆议行。八年，入为户部侍郎。十年，改总督仓场侍郎。

十一年二月，命以兵部左侍郎兼右副都御史，总督宣、大、山西，劝垦宣府、大同荒地三千余顷。盗发平阳，鸣佩令副将许占魁等捕治，分兵扼隘，诛其渠张五等二百八十余人，降其党九十余。

十月，加兵部尚书，移督江南、江西。时郑成功为寇海上，陈其纶、汪龙等为明将，号为侯、伯，据郡县，遥应成功。鸣佩檄总兵胡有升等攻其纶瑞金，破大柏山寨。其纶走宁都天心寨，寨民执以献；复获龙九江，并击破成功之徒胡宁等。未几，明将张名振以舟师侵崇明，鸣佩亦以舟师御之，名振败走，得其副将林正礼等；复周历松江、崇明诸郡邑，视形势，疏陈水陆攻守之策。会给事中张玉治言江宁提督当移驻苏州，吴淞宜增兵，上令鸣佩核议。鸣佩请令江宁提督分兵守刘河、福山，苏松提督驻吴淞，不烦更增兵，但令与江宁提督互策守御为犄角。得旨，如所议。十二月，名振复侵崇明，以舟师断海港，官军莫能渡，鸣佩密令民束草削柹，佐军焚敌舟，俘馘无算，名振夜引去。十三年正月，降所置总兵顾忠，副将黄忠、董礼等百余人。顾忠故剧盗，号"纲仓顾三"，善水战，至是降，敌益沮。复率参将吴守祖等出海，至浙江独山破敌。分兵讨吉安、赣州盗，败之上坪；讨徽州盗，剿花桥诸寨。闰五月，以目疾乞罢，进三等阿达哈哈番。康熙五年正月，卒。

鸣佩尝荐梁化凤有大将才，及成功入攻江宁，赖化凤破敌。栖凤、鸣佩子弟皆才。栖凤弟栖凰漕运总督加太子太保，栖昆、栖鸾总兵，栖鸣广东提督；子镇鼎，亦官广东提督，加太子太保。鸣佩子雄镇，自有传。

马国柱，辽阳人。天聪间，以诸生直文馆。六年，诸生胡贡明请更养人旧例，语附见《沈文奎传》。国柱上疏，谓："以家喻国，上犹祖父，诸贝勒犹子弟，而人则妻孥也。祖父重持家，子弟喜便嬖，好恶不同，不能迫而从也。我国正直者多贫贱，贪佞者多富贵。正诎而邪申，欲国之兴得乎？宜采贡明议，无分新旧人，悉养于上。如疑八家分人而赠为先帝旧例，试思先帝时曰分赠，而厚薄予夺操之一人。今昔相较，果何如乎？况善继志者谓之大孝。先帝至今日，亦当更旧习。苟益于国，何有于小嫌？且利于八家，而上独擅焉，诚不可也；今养人乃劳事，虽专之，庸何伤？"

先是，国柱与高鸿中、鲍承先、宁完我、范文程等合疏请置言官，是疏并申言之；而诸上书言时事者，扈应元、徐明远、许世昌、仇震疏中往往及是。应元事见《沈文奎传》。明远，明兵部吏，自永平降，隶镶黄旗。疏并请禁交结，定法度，立管屯将吏考课黜陟之制，禁管台将吏搕克士卒，禁八门监榷不得用重秤，豁流亡户籍，录闲冗吏，革鬻良人为妓。世昌，正红旗牛录章京。疏并请定先帝谥号，建中书府。震，明武进士、都督佥事。疏自署"俘臣"，并请译书史，申法律，简贤才，与明通和。

八年，太宗命礼部设科取士，中式为举人，国柱与焉。直文馆如故。崇德初，始置都察院。三年，授国柱理事官。汉军旗制定，隶正白旗。顺治元年，从入关，授左佥都御史。师已定大同、代州，七月，命国柱以右副都御史巡抚山西，道昌平，出居庸关，至代州任事。师自忻州克太原，国柱进驻太原。师行，任策应。汾州、平阳、潞安、泽州诸府以次底定。李自成将李过、高一功走保绥德，国柱疏请分兵东西夹击，使贼首尾不相应，上韪其议。二年，遣游击杨捷出斩阳曲盗阎汝龙，别将讨岚县盗高九英，降四十余寨。交城盗梁自雨、河曲盗李俊与九英犄角，国柱复分兵捕治。国柱抚山西年余，捕诛自成余孽伏民间者，安集抚循，民渐复业。客军数往来，苦供亿繁，国柱悉心措置，民不知兵。十月，擢兼兵部侍郎，总督宣、大。

四年七月，加兵部尚书，移督江南、江西、河南三行省。五年正月，安庆乱者冯洪图陷巢县，掠无为州，国柱令按察使土国宝从侍郎鄂屯帅师讨之，获洪图及其党蒋懋修、钟武等。江西总兵金声桓叛，其将潘永禧犯徽州，国柱遣满洲驻防官兵击破之，复祁门、黟二县。上命征南大将军谭泰帅师讨声桓，克九江、南康、饶州等府。明尚书余应桂据都昌，出没鄱阳湖，国柱令副将杨捷等从谭泰攻克都昌，获应桂；复击败其将邓ало龙等于武宁。十月，广东叛将李成栋自南雄侵赣州，国柱遣将与江西巡抚刘武元合兵击杀之。

六年，有王定安者，为乱于胡广，陷罗田，结英山盗陈元等掠霍山，国柱遣中军副将朱运亨等击之，战于三尖山，元等引去；又令总兵卜从善剿白云、梅家、英窠诸寨。明石城王统锜率五千余人自金紫寨赴援，倚山列阵，从善与战，俘馘甚众，获所置总兵孔文灿、副将方学达等。国柱复率师会江宁昂邦章京巴山、提督张大猷讨六安盗，围将军寨，击斩其渠张福寰，降所置总兵王俊、副将霍维伦等。安徽境诸弄兵者，往往依山结寨相望，至是始尽。

明鲁王以海在舟山，其将吴凯据大兰山为声援，上命国柱策剿抚。国柱知宁波诸生方圣时与以海臣严我公友，使为游说，我公遂降，国柱护送京师。上遣赍敕招凯，国柱复寓书焉，凯与其将顾奇勋、姜君献、陈德芝等降。七年，加太子少保。

九年七月，有张自盛者，为乱于福建，阑入江西境，保大觉岩，国柱檄提督刘光弼击斩所置总兵李全等，遂获自盛。十一年正月，明将张名振攻崇明、刘河、吴淞，国柱募水师，遣总兵王璟、副将张恩达分将之，败之于靖江，

复败之于泰兴，毁其舟，名振引去。二月，有赖龙者，为乱于湖广，号"红头贼"，自桂东侵江西境，国柱与湖广总督祖泽远合兵攻桂东，得龙，乱乃定，复加太子太保。旋致仕。国柱初至江南，驻防兵与民不相习，国柱善为抚戢，令行禁止，兵民相安。康熙三年二月，卒。

天聪八年，举人凡十六人，汉人习汉书者，齐国儒、朱灿然、罗绣锦、梁正大、雷兴、马国柱、金柱、王来用，得八人。国柱及绣锦、兴、来用入关后，皆为督抚，而国柱、绣锦、兴文同值文馆。

绣锦，亦辽阳人，以诸生来归。天聪五年，与马鸣佩同授工部启心郎。六年，上以大凌河新附人众，计国中无问官民，计口储粮，有余悉输官，视市值记籍，徐为之偿；有余粮不输者，许家人告发。绣锦、鸣佩疏言："民有余粮，孰肯输之官？纵令首告，有仇则评，无仇则隐，所得必少。且民不敢以粮入市，新人粮不足及旧人之无粮者，皆无所于籴。不若出令，无问满、汉、蒙古官生军民，人输粮一斗。有粮者固易办，无粮人出银二三钱，籴以输官，亦无大损；其有余粮愿输官者，奖以升赏：此两便之术也。"崇德元年五月，授内国史院学士。纂《太祖实录》成，得优赉。汉军旗制定，隶镶蓝旗。七年，兼牛录额真。

顺治元年，从入关，七月，命以右副都御史，巡抚河南。时李自成西走，其党掠卫辉、怀庆间，而原武、新乡诸县盗竞起。绣锦至官，与总兵官祖可法等谋防御。疏言："自成之众二万余，攻怀庆甚急。明尚书张缙彦等拥兵河上，副将郭光辅、参将郝尚周不应征调，叛而为寇。明兵在南，流寇在西，请发兵剪乱。"上已令豫亲王多铎为定国大将军。帅师南征，令取道河南捕治群寇。绣锦亦遣卫辉参将赵士忠等攻破娄儿寺盗寨，擒其渠。绣锦请以河北荒地万余亩令守兵屯垦，得旨俞允。

二年十一月，擢兼兵部右侍郎，总督湖广、四川。湖南诸州县尚为明守，自成从子锦拥众降于明，侵湖北。绣锦至荆州，锦率众来攻。顺承郡王勒克德浑自江宁来援，锦败走。勒克德浑师还，锦又至，绣锦帅师御之，锦复败走。有胡公绪者，据天门八百洲，四出焚掠，戕署盐道周世庆，绣锦遣中军副将唐国臣、署总兵杨文富等分道讨之，获公绪，毁其巢。三年六月，遣总兵官徐勇击破麻城山寨，获其渠梅增、周文江；兵州署总兵官高蛟龙等击斩满大壮，获龙见明等。九月，明总督何腾蛟寇岳州，绣锦遣将御之，多所斩获。十月，遣总兵郑四维等定夷陵、枝江、宜都三州县。

四年，定南大将军恭顺王孔有德等略湖广，取长沙、衡州、宝庆、辰州诸府。绣锦条奏增设镇协，下部议行。王光泰以郧阳叛，上命侍郎喀喀木帅师讨之，绣锦与合兵克郧阳，光泰走四川。五年，金声桓以江西叛，湖南骚动，常德、武冈、辰、沅诸府州复入于明。绣锦疏留喀喀木驻荆州，而分遣总兵徐勇、马蛟麟等分守要隘，屡败明将马进忠等。上复命郑亲王济尔哈朗共率师徇湖南，渐收诸郡县。绣锦疏请移降卒腹地，毋使师还复为余孽煽诱，上嘉纳其言。九年七月，卒，赠兵部尚书。

弟绘锦，自通政司理事官再迁，终贵州巡抚。

兴，亦辽东人。太祖时，以诸生选直文馆。事太宗，授秘书院副理事官。崇德间，迁都察院理事官。汉军旗制定，隶正黄旗。顺治元年十月，命以右副都御史巡抚天津。李联芳、张成轩为乱沧州、南皮间，兴与总兵官娄光先帅师讨之。成轩等将遁出海，师已扼海口，乃惊溃，投水死者强半。兴复遣兵捕治，轩渠宥协，盗尽散。疏言大沽海口为神京门户，请置战船为备，下所司议行。二年四月，移巡抚陕西。陕西方被兵，民多流亡，兴招徕抚绥，疏述其状。上旌以冠服、袭马。三年，肃亲王豪格帅师自陕西徇四川，师未至，有孙守法者，为乱于兴安；贺珍又以汉中叛。兴发潼关兵戍商州，密檄汉羌道胡全才为备，待师至，悉戡定。兴疏请陇州置兵，临洮、巩昌留屯军防边，皆报可。四年四月，以疾乞罢。十年八月，复起巡抚河南。未上，卒，赠兵部侍郎。

来用，亦隶镶蓝旗。授工部启心郎。顺治初，再迁山西布政使。三年，师略四川，三月，授来用户部右侍郎，总督山西、川、陕粮饷，驻西安。疏言陕西兵后民困，请蠲荒征熟。山西铜缺，铸钱多，定值过低，商不前，请酌增。四年，疏言汉南遭贺珍乱，蹂躏荒残，请恩赈，并敕部储备肃亲王还师饷糇。五年，疏言河西回乱，运河阻，诸军南讨，请发湖广漕供饷。又言汉中屯军岁饷数十万，请专设饷司。皆如所请。六年，疏言兵出镇，赡其孥如所食糇。司兵者请自离伍日起，司饷者请自到军日起，持异议，请定例画一。部议以应征日起，中途逃亡，不得滥与。八年正月，御史聂玠劾来用专倚中军王桢，自隳职业，部议左迁，援赦免。七月，裁缺。九年，命巡抚顺天。十年，移驻河间。十一年，以定南王孔有德丧归，其属吏或格诏书不出迎，坐左迁。十四年，改授河南大梁道。寻卒。

丁文盛，广宁人。初为明诸生。天命六年，归太祖。天聪间，授兵部启心郎。七年正月，偕同官赵福星疏言："师行戒毋扰民，子女玉帛，秋毫无犯，但发仓库以佐军兴。攻关东八城，当先其易者，后其难者。舍宁、锦、前卫，但得其他小城，因粮以度师，进攻山海。旧制编民为兵，十丁而取一。当令诸甲喇及领屯将吏，慎选年事盛强、身家相称者，毋许以他人代。永平炮兵衣食不足，宜择其技精者授千总，督演习，食糇视铸炮之工。哈喇沁降者置辽河外，虑且逃亡，宜移其腹地。"

及孔有德、耿仲明来降，五月，文盛、福星上疏请水陆并进，攻山海，取旅顺；并言："毛帅来归，令金、汉官吏出羊、鸡、鹅、米、肉以赡其兵。臣虑新人未必肥，而旧人已不胜瘠。复使市马，力尤不能举。若用八门税，一二月已足。"孔有德等，毛文龙部曲，文龙尝使冒其姓，故是时犹称毛帅。及旅顺既下，七月，文盛、福星复请城旅顺，加意防守。考绩，授世职牛录章京。

顺治初，从入关，授山东登莱兵备道参政。二年六月，授右佥都御史，巡抚山东。潍县盗张广为乱，以数千人攻莱州，文盛令游击冯武乡等讨之，战三埠，再战红山口，斩广党尼思齐、赵明春。广走平度，游击杨遇明逐之，及于徐里疃，射广殪，歼其徒。明季马政弛，驿马缺，求诸民，文盛疏请以余存驿站银市马。明季增牙税及他杂税，文盛疏请罢。临清、东昌、平山诸卫置兵五千人，虚额逾半，文盛疏请减，留二千人，节饷令州县募壮丁逐捕盗贼。别疏又请教有司清刑狱，禁狱卒毋虐囚。皆下部议行。三年，盗发茌平、高唐诸县，文盛请兵，上遣副都统觉善率师捕治。四年，文盛被弹事不胜任，左迁河南按察使，稍迁福建布政使。七年，卒。

文盛子思孔，字景行。顺治九年进士，选庶吉士。四迁，授陕西汉羌道副使。康熙二年，巡抚买汉复劾思孔追胥役蚀粮草逾限，左迁河南开封府同知。思孔诣通政使自列胥役蚀粮草，狱瘐家罄。事上巡抚，巡抚久乃入告未尝逾限，下总督白如梅勘实。复授直隶通蓟道。直隶未设布政、按察两司，八年，巡抚金世德请增置保定守道领钱谷，以授思孔。再迁江南布政使。时吴三桂乱方定，师行江西、湖广，思孔主馈运，应期不愆。禁旅还自福建，庀役具舟，科量悉当。修苏州府学，置育婴堂、养济院，诸政皆举。二十一年，遇大计，总督于成龙以思孔督赋未中程，不得举卓异，特疏荐廉能，上命准卓异。二十二年，擢偏沅巡抚。偏沅所领七郡，溪山环互，民、僚杂处，反侧初定，余孽每煽乱，思孔抚其渠，群盗渐散。复岳麓书院，御书旌楣。

二十七年，移抚河南，方上，而有夏逢龙之乱，复移抚湖北。逢龙私自署置千总胡耀乾，参将李廷秀，马兵周凯，万金镒皆号总兵，守备林德号副将。上命振武将军瓦岱帅师讨之，趣思孔诣荆州主饷。思孔以武昌仓库皆陷贼，诸军饷乏，乃发河南库帑，护诣襄阳，诸军资以济，疏报称旨。七月，瓦岱师至，蹙贼黄州，诛逢龙，而耀乾等尚据武昌拒命。思孔至汉口，具舟渡江，单骑叩汉阳门，呼耀乾出见，耀乾等遂降。思孔入武昌，数耀乾等罪而诛之，并戮所置巡抚傅尔学、布政娄方顺、驿道金奇功，凡八人，武昌遂定。九月，复设湖广总督，以命思孔。陈龙越八者，逢龙之徒也，二十八年五月，谋为变，期夜半。思孔晡始闻，执陈龙越八戮于市，他悉不问。设水师，分成武昌、荆州、岳州、常德。尝岁饥，便宜发帑市米江西，平值与籴。

三十三年四月，移督云、贵。八月，卒。

祝世昌，辽阳人。先世在明初授辽阳定边前卫世袭指挥，十数传至世昌，为镇江城游击。天命六年，太祖克辽阳，世昌率三百余人来降，仍授游击，统其众。命董筑沈阳、辽阳、海州三城，事竟，授沈阳城守昂邦章京。

天聪五年，从征大凌河。六年，太宗阅乌真超哈兵，赉诸将，世昌与焉。寻迁礼部承政，授世职参将。七年七月，克旅顺。世昌疏请大举伐明，谓："攻城当专用红衣炮，国中新旧三十余具，沈阳留四具，城守已足，余悉载军中。炮多则縻药亦多，药局制药，硝丁淋硝虑不足于用。旅顺新获硝磺，宜以其半送沈阳制药。师行克城邑，当得练达谨慎之吏，不求小利，不贪财贿，乃能戢民心、保疆圉，宜预选令从军备任使。用兵当兼奇正，轻兵先发，夺人畜，掠储峙，然后整军挟红衣炮自大道徐进。"上寻遣贝勒阿巴泰等将二千人略山海关外，未深入，引还。

崇德七年，疏请禁俘良家妇鬻入乐户，上谕都察院承政张存仁、祖可法曰："世昌岂不知朕禁乐户？而为此疏，不过徇汉人，藉此要誉耳。朕度世昌身在我国，心犹向明。世昌果忠于明，明以元功臣田、刘、张三姓之裔隶乐户，世昌何不闻有言乎？朕视满、蒙、汉若一体，尔等同心辅国。譬诸五味，贵调剂得宜。若各相庇护，是犹咸苦酸辛不得其和。尔等徇世昌而不举劾，咎在尔等。曾子曰：'吾日三省吾身。'尔等能如曾之省身，则何过之有？"旋命固山额真石廷柱、马光远与诸汉官会鞫，坐世昌死。其弟世荫同居，知其事，启心郎孙应时为改疏稿，皆死。礼部承政甲喇章京姜新、甲喇章京马光先见疏稿称善，当夺职坐罚。上命诛应时，而贷世昌、世荫，徙边外席北。新解承政，与光先皆贯罪。

顺治二年，召还，隶汉军镶红旗。四年七月，授右副都御史，巡抚山西。时盗发盂、五台、永宁、静乐诸县，世昌遣兵捕治。五年十二月，上遣英亲王阿济格等戍大同备边，总兵官姜瓖疑见诛，遂叛。世昌檄浑县兵还守省城，瓖遣兵陷朔州、岢岚，攻代州急，世昌帅师赴援，疏请发禁旅出居庸取大同，分兵出紫荆关，至代州济师。上命阿济格等讨瓖，别遣敬谨亲王尼堪等帅师镇太原。六年正月，瓖将姚举等掠平原驿，戕冀宁道王昌龄，下忻州。固山额真库鲁克、达尔汉、阿赖等破举众石岭关，举弃忻州走。既，复袭陷宁武，万炼踞偏关，刘迁破繁峙、静乐及交城东关。世昌疏趣援，尼堪师至，出攻宁武，逾月未下，移师向大同。瓖党以其间攻陷保德、交城、石楼、永和诸县，世昌复请发禁旅守太原、曲沃。李建泰以大学士罢归，谋应瓖叛，世昌得其手书以闻。会瓖为其将杨振威所杀，以大同降，师讨定汾、绛、潞安、永宁、宁乡诸州县。建泰与瓖将李大猷等入太平，师从之，建泰等亦降。是岁平阳盗虞允、韩昭宣为乱，攻陷州县，应瓖，陕西总督孟乔芳等兵击破之，世昌以闻。山西底定。七年，卒，谥僖靖。

天聪间，有徐明远者，疏陈时事，因言："军中得良家妇，上悉令归故夫。此诚如天之仁，禹、汤、文、武殆莫能过。臣窃见遵化、永平俘得良家妇，其主贪利，辄鬻入乐户，得无损上仁声？且乐户既多，吏民游治，损财物，耗精血，于国无益。买良为贱，古著于令甲，今岂可任其所为而不之禁乎？"明远盖自永平降者，事互见《张存仁传》。世昌继以为言，乃得罪。

论曰：顺治初，诸督抚多自文馆出。盖国方新造，用满臣与民阂，用汉臣又与政地阂，惟文馆诸臣本为汉人，而侍直既久，情事相浃，政令皆习闻，为最宜也。文盛、世昌未尝直文馆，而自太祖朝已来附，抒谠效忱，遂与文奎、栖凤、国柱辈分领疆圻，各著声绩。天聪间诸言时政者，并以类附见。当时章奏，流传盖鲜，经纶草昧，毋俾终湮也。

卷二百四十　　　列传二十七

李国英　刘武元　库礼　胡全才　申朝纪
马之先　刘弘遇　于时跃　苏弘祖　吴景道
李日芃　刘清泰　佟岱　秦世祯　陈锦

李国英，汉军正红旗人，初籍辽东。仕明隶左良玉部下，官至总兵。顺治二年，与良玉子梦庚来降。三年，从肃亲王豪格下四川，讨张献忠，授成都总兵。五年，擢四川巡抚。

献忠既灭，其将孙可望、刘文秀等降于明，分遣所部王命臣等窜川南，谭弘、谭文、谭诣、杨展、刘惟明等窜川东，与李自成旧部郝摇旗、李来亨、袁宗第、刘二虎、邢十万、马超等遥为声援。弘犯保宁，国英击败之。命臣据顺庆，国英分兵三道，水陆并进，克其城，获其将李先德、朱朝国等。邢十万、马超所据地近保宁，国英偕总兵惠应诏讨之，获其将胡敬，复潼川，逐之至绵州，获所置吏吕济民等。寻招惟明、展来降，遂下绵州。六年，进复安县，克彰明，破曲山关，徇石泉。有谢光祖者，据寨抗师行，遣兵破斩之。七年，遣副将曹纯忠、刘汉臣徇川北诸郡县，设伏击斩寇渠老铁匠、黄鹞子。九年，可望、文秀大举寇保宁，横列十五里，势张甚。国英督兵捣其中坚，别遣兵出间道击其后，大破之，授世职二等阿达哈哈番。

十一年，加兵部尚书。时可望等破成都，重庆、夔州、嘉定皆为明守。吴三桂、李国翰驻军汉中，国英请敕进兵。十三年，加太子太保。十四年，擢陕西四川总督。三桂等自汉中下重庆，遂趋贵州。文、弘、诣、二虎等分屯忠州、万县，合军攻重庆，总兵程廷俊、严自明御之，败走。文又合十三家兵逼重庆，国英自保宁赴援，次合江，诣杀文以降。国英入城安抚，弘亦与其将郝承裔、陈达先后出降。文所部犹据涪、忠二州，国英遣总兵王明德击破之。十七年，承裔据雅州复叛，国英督兵至嘉定，分三道进剿，破竹箐关入，承裔走黎州，追获之。十八年，川、陕各设总督，命国英专辖四川。

康熙元年，明石泉王奉銮攻叙州，国英讨平之。时摇旗、来亨、二虎、宗第等据茅麓山，出掠四川、湖广、陕西错壤诸州县。议三省合军讨之，国英疏言："贼巢横据险要，我师进攻，未能联合。宜豫会师期，分道并入，使贼三路受敌，彼此不暇兼顾。一路既平，就近会师，贼可尽歼。"上命将军穆里玛、图海将禁旅讨之，国英与西安将军富喀禅、副都统郝敏会剿。明年，督兵进巫山，趋陈家坡，破二虎垒。二虎走死，摇旗、宗第夜遁。总兵梁加琦、佐领巴达世逐之至黄草坪，获摇旗、宗第及所置吏洪育鳌等。又遣总兵李良桢破小尖寨，获明东安王盛蒗，叛将贺珍子道宁以所部降。四年，疏言："全川底定，裁留通省兵四万五千名，以马二、步一战守各半定额。"从之。五年，卒，谥勤襄。七年，追叙国英功，授世职一等阿思哈尼哈番。

孙永升，袭职。雍正间，官南阳总兵。坐事戍军台。世宗念国英前劳，召还，洊擢至工部尚书。以永升从子时敏袭职。乾隆初，定封一等男。

刘武元，字镇藩，汉军镶红旗人，初籍辽东。仕明官游击，佐祖大寿守大凌河，天聪五年，从大寿出降。崇德六年，授刑部参政。顺治元年，改授甲喇额真，予世职三等甲喇章京。二年，授天津兵备道。三年，擢南赣巡抚。四年，遣副将刘伯禄、徐启仁等剿捕瑞金、石城，兴国、龙安、宁都、上犹诸州县土寇，克鱼骨、莲花、丁田、钩刀嘴诸寨，斩其渠叶南枝、刘志谕、刘飞等。

五年正月，金声桓、王得仁以南昌叛，江西诸郡县皆附，外连闽、粤，赣州介其间。武元召诸将歃血誓，得仁以二十万人来攻，启仁出降，围合。武元城守三月，粮尽，斥家财佐军，励士卒奋战，遂破得仁兵。得仁退屯东山，引武元空城出战，将设伏邀击。武元知其谋，天未明，兵数百持炬为前驱，得仁望见，伏兵出，力战，得仁中创遁。声桓闻我师至九江，谋退保南昌，武元出奇兵袭其后，败之太湖港，斩获无算。

十月，叛将李成栋复来攻，众号百万。武元先出兵数百挠之，夜缒城出死士劫破十余垒，遂令诸将分兵东、西、南三门出战，大破之，成栋以数骑走。叙功，加右都御史，兼兵部侍郎，赐紫貂冠服、甲胄、佩刀、鞍马。六年，征南大将军谭泰既克南昌，遣梅勒额真觉善等与武元会师，克信丰，成栋宵遁，堕水死。武元分遣副将先启玉、参将鲍虎、游击左云龙等捕击成栋余党，定瑞金、雩都、崇义诸县。进攻梅岭，破木城五，获成栋将刘治国。

七年，平南王尚可喜徇广东，师自南安入，武元遣副将栗养志以兵从，克南雄、韶州二府。又遣副将高进库，游击杨继、洪起元等剿宁都土寇彭顺庆，副将杨遇明、刘伯禄、贾熊、董大用等剿大庾土寇罗荣。顺庆应声桓为乱，自号军门，窥伺郡邑，荣自明季倡乱楚、粤间，自号五军都督，聚众数万，阻山结寨二十余，四出劫掠：至是皆就戮。叙功，加太子太保、兵部尚书。遇恩诏，进世职一等阿达哈哈番又一拖沙喇哈番。十年，引疾还京。十一年，卒，赠少保，谥明靖。

汇，武元长子，袭职。疏请追叙武元赣州全城功，进二等阿思哈尼哈番。官至副都统。

浩，武元次子。康熙间，官广西浔州知府。孙延龄叛，城陷被戕，并及其子中枢、中梁、中柱、中楫。事闻，赠太仆卿。

库礼，喜塔腊氏，满洲正白旗人。太祖创业初，其四世祖昂果都理巴颜来归。库礼事太宗。

崇德初，征朝鲜兵从征伐，命库礼将其军。五年，睿亲王多尔衮等伐明，围锦州。上遣户部参政硕詹使朝鲜，发水师五千人、米万斛诣大凌河，库礼与梅勒额真洪尼哈将三十人导。六年，从郑亲王济尔哈朗围锦州，克其郛，斩八百余级。复与噶布什贤噶喇依昂邦萨穆什喀攻松山北崖，库礼以朝鲜兵二百余先登。科尔沁部人或降于明，发炮中库礼手，库礼不为动，督战益力，卒破明兵。攻松山，明兵击正红、镶蓝二旗分守地，库礼与左翼将领勒卜忒击之，明兵引却。以功授世职牛录章京，赍所获牲畜。七年，擢户部参政。

顺治初，改户部侍郎。论定都功，加半个前程。旋坐阿豫亲王多铎指，集视八旗女子，论罚锾。二年，命如淮安总理漕储。四年九月，盐城土寇窃发，库礼与漕运总督杨声远亲往抚慰。未几，其渠周文山等以八百人夜袭淮安，自夹城东门缺口入，攻库礼官廨。库礼率中军张大治、旗鼓王国印将帐下卒数十人御之，其妻尽出廨储矢，仆婢赍送助战，众皆一当百，自丑至辰，所杀伤过当。文山等溃走，逐斩百八十余级，尽收其印札、军械，城赖以全。

有称明益王者，奉唐王聿键隆武号，屯庙湾，有众数千、舟百余，将攻淮安，库礼与声远等计，设伏以待。敌舟扬帆直上，至车家桥，伏发，水陆夹击，敌死者过半，余众走还庙湾。固山额真张大猷、巡抚陈之龙以师从之，敌揭刘庄场，为旬凡十，以次剿抚，旬日乃尽定。考满，进三等阿达哈哈番。寻召还。

七年，致仕，复进一等阿达哈哈番加拖沙喇哈番。卒，谥僖恪。

胡全才，山西文水人。明崇祯进士，官兵部主事。顺治元年，固山额真叶臣定山西，疏荐，起原官。二年，自郎中授陕西汉羌道，驻汉中。时叛将贺珍为乱，全才上官，抚绥雕瘵，安集流亡。招明将赵光远部曲齐升、王明德、李世勋等来降，尽收其军械，与知府杨可经等练士卒，聚刍粮为备。珍突至围城，升等奋勇冲击，世勋中流矢死。城守三十余日，援师至，珍遁走，汉中得全。工部侍郎赵京仕疏言汉中重地，宜设巡抚，且荐全才为称任。

三年，擢宁夏巡抚。四年，疏请颁本朝律典及性理、《通鉴》诸书，令士子诵习。又疏言："宁夏旧额三万有奇，设总兵及中军副将分统之。其后兵裁及半，罢中军副将。往者总兵应征发，叛将王元遂乘隙戕巡抚焦安民为乱。宜复旧制，广兵额，设中军，调征兴庆副将马宁尝擒斩王元，请仍补斯缺。"下部议，并如所请。元党马德既降复叛，全才与总兵刘芳名发兵讨诛之。语详《芳名传》。是岁山、陕蝗见，全才为捕蝗法授州县吏，蝗至，如法捕辄尽，不伤稼。因以其法上闻，命传示诸直省。

初，全才任汉羌道时，令凡受贺珍札付者，许自首，仍予札付如其官。旋揭告汉羌总兵尤可望苛罚冒饷，藏匿伪官，可望即以擅给札付讦全才，并坐罢。全才诣部自陈，部议以全才功大罪小，复除江西饶南道。

十年，经略洪承畴奏荐，令从征湖南。寻命抚治郧阳，提督军务。李自成将郝摇旗、刘体纯等降于明，及明桂王走南徼，遂屯聚房、竹群山间为盗。全才分兵扼冲要，驰察穀城、南漳诸地形势，檄诸将进讨，战屡胜。十三年，明桂王所置总兵李企晟入郧阳，与摇旗等合，全才遣诸将朱光祚等密捕之，执企晟。旋擢湖广总督，卒官，赠兵部尚书，谥勤毅。

申朝纪，汉军镶蓝旗人，初籍辽东。天聪八年，授刑部启心郎。文馆朱延庆疏陈时事，荐朝纪温雅正直，练达世务，处家俭，守身约，讷言敏行，足任鸿巨。崇德元年，赐人户、牲畜。

顺治元年，授河南河北道，驻怀庆，李自成之党二万余来犯，朝纪登陴守御，昼夜不少懈，有渠乘白马薄壕，麾众攻城，朝纪举炮殪之，贼悉惊窜。二年，迁江南布政使，擢山西巡抚。三年，疏言："驿递累民，始自明季，计粮养马，按亩役夫。臣禁革驿递滥应、里甲私派。请饬勒石各驿，永远遵守，俾毋蹈前辙。"又疏言："各省驿站银旧额十五万有奇，明季裁充兵饷。驿费不足，辄私派于民。请敕部复原额。"又疏言："《赋役全书》应裁、应留诸项，请核实详酌，俾有司不得私征滥派。"疏并下部议行。四年，阳城民王希尧、贾国昌等以邪教倡乱，朝纪遣中军都司白璧同冀南道武延祚率兵捕治，悉诛希尧、国昌等。汾州营卒李本清、任自兴等据永宁铜柱寨为乱，朝纪赴汾州，遣冀宁道王昌龄等率兵捕治，获本清等，焚其寨。宁乡民杨春畅等复以左道据冷泉寨为乱，朝纪遣平阳副将范承宗等讨平之，擢擅大山西总督。五年，卒。

延庆，汉军镶黄旗人。入关，官至江西巡抚。

顺治间，治山、陕著绩效者，又有马之先、刘弘遇。

马之先，汉军镶蓝旗人，初籍金州卫。顺治初，以诸生授昌平知州。四迁至湖广布政使。七年，授江西巡抚。土寇王才据终南山肆掠，之先遣游击陈明顺等自子午镇进剿，才窜走，败之高关峪，又败之化羊峪，获才。又捕治诸盗何紫山、孙守金、唐珍玉等。十一年，自成余党刘二虎、郝摇旗等侵入陕西境，之先与汉兴总兵赵光兴发兵三道迎击，破小广峪寨，斩其将傅奇，迁宣大山西总督。十三年，调川陕总督，加兵部尚书，入觐，上谕之曰："陕西天下咽喉，尔当视孟乔芳倍加勤慎，方克有济。"十四年，卒，谥勤僖。

刘弘遇，汉军正蓝旗人，初籍辽东。与弟奇遇，并以诸生入祖大寿幕，佐军谘。天命间，太祖伐明，次三岔河，弘遇与奇遇挈家来归，籍明诸边兵马数目，并画战守事陈奏。上曰："得广宁，当官汝！"久之未用。崇德元年，上疏乞自效，命大学士范文程等试之，授弘文院副理事官。

顺治元年，译辽、金、元三史成，赐白金、鞍马。寻授工部理事官，迁山西朔州道。二年，与副将侯大节等捕治蒋家峪、黑草嘴土寇，擢陕西布政使。五年，授安徽巡抚。金声桓叛江西，皖北盗蜂起。弘遇如池州，分遣镇将逐捕盗渠王贰甫等，移驻安庆，与总督马国柱捕治英山、霍山、潜山诸盗，得其渠孔文灿等，余盗悉平。六年，裁缺召还。

七年，授山西巡抚。时姜瓖乱初定，其党窜匿保德、五台、府谷诸县山谷间。弘遇请免逋赋，苏驿困，矜恤诸死事家。又疏言："兵后民田荒芜殆尽，前此师讨姜瓖，竭蹶供刍粮。今捕治余寇，日需输饷。值二麦未收，秋禾遇蝗灾，农失耕时。"得旨，下所司蠲赈。又与总督佟养量、总兵刚阿泰剿五台山寇刘永忠、高鼎，降陕西土寇杨茂。

弘遇抚山西四年，建忠烈祠祀守土诸臣死姜瓖乱者，并修太原、阳曲学宫，筑汾河诸堤，山西民诵其惠。旋以捕治土寇未入奏即籍没，给事中张璇论弘遇专擅，寻奉诏甄别督抚，弘遇左授福建督粮道。十八年，卒。

于时跃，汉军正白旗人，初籍广宁。顺治二年，以诸生授安徽合肥知县。寻授河南怀庆知府。四年，擢河南道。灵宝、卢氏二县寇发，时跃与副将寇徽音、游击孔国养等入山捕治，破其寨，斩寇渠刘芳、张进泽、张三桂等，寇乃平。七年，迁山西按察使。时跃善听讼，讼至即定谳，民称之曰不落。九年，迁山西布政使。坐在陕西荐举属吏失当，左迁。经略洪承畴荐其才，命赴军前效用。寻复荐补湖广驿盐道。

十二年，超擢广西巡抚。明宗人盛浓、盛添据富川，结土寇王心、蒋乾相等，勾集瑶、僮，窥旁近郡县。时跃会提督线国安、总兵全节讨平之。十三年，明将龙韬屯柳州，时跃密约国安与定南王护卫李茹春、总兵温如珍等，督兵攻之，阵斩韬，逐北三十余里，余众悉道。十四年，师下云南，时跃疏请宾州设兵防守，并分屯柳州备策应，下所司议行。明桂王由榔号召诸降附土寇，假以公侯，分据郡县：郁林则李胜、李乔华，怀集则何奎豹、李盛功，富川、贺县则马宝、梁忠，南宁、太平则贺凡仪、曹友，并倚险为巢，四出侵掠。僮寇罗法达、廖仁伦等复扰临桂、永福、荔浦、修仁诸县。时跃亲兵捕治，所陷城邑次第克复，叙加都察院副都御史。十八年，擢广西三督。明德阳王至浚走安南，时跃招使来降。叙功，加右都御史。康熙二年，卒。

苏弘祖，汉军正红旗人，初籍辽阳。崇德三年，以举人授户部启心郎，赐朝衣一袭，免丁四。八年，考满，授世职牛录章京。顺治初，授河南河北道。累迁陕西布政使，世职累进三等阿达哈哈番。十年，坐计典失实，左授福建福宁道。十三年，迁左金都御史。十五年，授南赣巡抚。十七年，雩都寇发，弘祖斥资造火器，遣兵捣其巢，擒其渠李玉廷。别有土寇谢上逵、罗一鉴、徐黄毛等，据广东平远五指石，界连闽、赣。弘祖发兵讨之，上逵诈降，潜走匿红畲。弘祖遣将李宗韬以计擒斩一鉴、黄毛等七人，夜进兵，逐贼至柑子窝中木溪，毁五指石寨，攻红畲，贼缚上逵献，斩之。十八年，遣游击王把什捕治广昌土寇，乘雨攻不备，破滴水、羊石二寨，斩千余级，擒其渠幸连升、萧来信。康熙元年，甄别督抚，弘祖解任。三年，卒。

吴景道，汉军正黄旗人，初籍辽东广宁卫。天聪间，授吏部启心郎。崇德元年，改都察院理事官。疏劾刑部理事官郎位贪污不法状，鞫实，黜郎位，追赃贷死。郎位衔景道甚，诱都察院笔帖式李民表与同居，讦景道，鞫虚，民表坐诛，籍郎位半产。景道以不察民表违禁移居他旗，罚如例。景道疏论睿亲王多尔衮专擅，坐夺官。

顺治二年，起授河南布政使，擢巡抚。时河北初定，河南五府余寇未靖。宝丰宋养气、新野陈蛟、商城黄景运等各聚数千人，侵掠城邑。景道檄总兵高第、副将沈朝华等分道捕治，诛养气等。四年，郧阳土寇王光泰率千余人犯浙川，景道遣参将尤见等与总兵张应祥合兵击却之。五年，罗山土寇张其伦据鸡笼山寨，出掠，景道遣都司朱国强、佟文焕等督兵讨之，破寨，擒戮其伦，并其党朱智明、赵虎山等。曹县土冦范慎行等煽宁陵、商丘、考城、虞城、仪封、兰阳、祥符、封丘诸县土寇，并起为盗，屯黄河北岸。景道檄第督兵讨之，寇退保长垣，第以师从之，寇走兰阳。景道遣文焕等督兵追击，斩千余级。薄曹县，寇列栅拒守。景道檄总兵孔希贵自卫辉道肥城，断寇东走路。游击赵世泰、都司韩进等率精骑分道夹击，战于东明，歼寇数千，获慎行诛之，余众悉溃散。叙功，加兵部侍郎。七年，进尚书。八年，商州土寇何紫山等掠卢氏，夜袭世泰营，第督兵扼击，走商南。景道檄应祥督兵讨之，寇尽歼。九年，以塞汴河决口，与河道总督杨方兴同赐鞍马、冠服。十年，以老疾乞休。十三年，卒，赠太子太保，谥悫僖。

李日芃，汉军正蓝旗人，初籍辽阳。太宗时，命以诸生入内院理事，赐五户。顺治元年，授永平知府。三年，迁霸州兵备道。授知州张儒策，谕降土寇李振宇等数百人，擢佥都御史。四年，加右副都御史，授操江巡抚。金声桓以江西叛，日芃亲督兵屯小孤山磨盘洲，令同知赵廷臣、参将汪义、游击黄诚等迎击。五年，战于彭泽，得舟二十余，寇中炮及溺死者无算。六年，裁安徽巡抚，命日芃摄其事。土寇余尚鉴挟明宗室统锜勺声桓余党据险为二十余寨，掠桐城、潜山、太湖诸县。日芃遣副将梁大用等督兵讨之，克皖涧寨，进围飞旗寨，断水道，分兵四路合击，拔之。又破桃围等寨，擒戮统锜、尚鉴，余大小和山等十八寨皆降。九年，加兵部侍郎。十年，讨平徽州赤岭土寇张惟良。十一年，甄别直省督抚，加兵部尚书。明将张名振屡自海入江犯镇江、瓜州，劫漕艘。日芃令于镇江檀家洲测江水，浅则植桩，深则编筏，环以铁索，阻来舟。两岸置炮，南自镇江至圌山，北自瓜洲至三江口，建新堤，设木桥，通巡兵往来。令圌山、瓜洲等四营守备更番督水师防御。五里置一汛，讥察详密，诸寇屈江为数，俘斩略尽。十二年，加太子太保。旋卒，谥忠敏。

刘清泰，汉军正红旗人，初籍辽阳，名朝卿，以诸生归太宗，赐今名。崇德六年，试一等，入内院办事。顺治二年，擢弘文院学士。九年，充会试副考官。授浙江福建总督。

时郑成功据厦门，陷漳浦、海澄、南靖诸县，上命其父芝龙作书，敕清泰谕降。十年二月，清泰疏劾巡抚张学圣、巡道黄澍、总兵马得功前此侦成功赴粤，潜袭厦门，攫其家赀，致成功修怨，连陷城邑，学圣等并坐黜。三月，清泰得成功报芝龙书，略言就抚后，愿得浙东、岭南地驻兵。清泰疏上闻，并论成功语浮夸，议抚当详慎，上嘉其远虑。五月，平南将军金砺攻海澄，以饷不继，还军潼浦。会上敕封成功海澄公，畀以泉、漳、惠、潮四郡地，遂罢兵。清泰请驻军浦城备不虞，从之。十一年，疏言：「成功虽降，不剃发，其党遏掠如故，降无实意。宜发禁旅赴福建，驻要地，资策应。」下诸王大臣议。清泰旋以病乞假，还驻杭州。成功发兵攻陷漳、泉，上授郑亲王世子济度为定远大将军，率师讨之。左都御史龚鼎孳疏劾清泰当金砺攻海澄，不能同心合力，及招抚未定，又不控扼险要，致海疆被陷，坐夺官。

十八年，圣祖即位，起秘书院学士，授河南总督。康熙三年，以报垦荒地万余顷，加兵部尚书。四年，以疾致仕。卒。

佟岱，汉军正蓝旗人，先世居佟佳。父佟三，归太祖，任梅勒额真。佟岱与兄养量同授牛录额真。养量顺治初官至宣大总督，驻阳和，有惠于民。佟岱崇德元年从伐朝鲜，以纵掠降民坐死，命夺官，罚锾以赎。三年，授吏部副理事官，兼甲喇额真。六年，师围锦州，七年，攻塔山、杏山，皆在行，擢正蓝旗汉军梅勒额真。八年，从克前屯卫、中后所，予世职牛录章京。

顺治元年，从克太原。二年，从讨李自成，师自陕西徇湖广，遂下江南。与总兵金声桓驻守九江，定南康、南昌、瑞州、袁州诸府，以所俘捋奏闻。因疏言：「故明钟祥王慈若等衰残废弃，或存其余喘，彰我朝浩荡之仁。」得旨：「故明诸王赴京朝见。」旋令摄湖广总督。三年，还京，授兵部侍郎。复从征湖南，自岳州进长沙，战衡州，克宝庆、武冈。六年，复从讨姜瓖，拔浑源、左卫、朔州、汾州、太谷诸城。世职累进一等阿达哈番兼拖沙喇哈番，历户、吏诸部。

十一年，代清泰为浙江福建总督。疏请申海禁，断接济，片帆不得出海，违者罪至死。十二年，成功陷舟山，十三年，复陷台州。佟岱与巡抚秦世祯不协，互劾。上为移世祯操江巡抚，召佟岱还京，以李率泰代。佟岱不即行，复疏自叙剿抚功，上责其目功恋禄，下李率泰等按状，夺官，留军功三等阿达哈哈番。卒。

秦世祯，汉军正蓝旗人，初籍广宁。顺治二年，以贡生除直隶文安知县。三年，行取授御史，疏请画一各省裁免赋役，从之。四年，巡按浙江。八年，甄别台员，列一等。寻命巡按江南。世祯察淮、扬各郡蠹役害民，严治其罪。徒党聚盟，仇诉告者，世祯执为首者系之狱，疏上其事，并言惩蠹于事后，不若使不为蠹。请饬督抚以下至州县，毋于经制外滥设胥役，并定年限，毋令久充，上从之。

时方大兵后，田亩淆乱，官为丈量，胥役因缘为奸。世祯令编列「鱼鳞册」，使民自丈量，赢缩覆复其旧，荒坍皆有别。州县征赋，民或逾额输纳，世祯限夏税五月，秋粮九月，先给「易知单」，示以科则定数。又令每甲汇列赋额及输户为「滚单」，使里长按户递传，输赋则填注。先行之苏州，民以为便，条列以闻，通行诸府。又以征银设柜，有司奉行不实，请增司府印封，立日收簿，输户自封投柜，验数书之簿。又请革金点粮长之例，改官收官兑。并下部，著为令。巡抚土国宝贪酷病民，以世祯劾，罢。

十年，还京，迁大理寺丞。十一年，擢浙江巡抚，疏请增造战舰，精选水师；别疏言沿海渔舟，往往通寇，请按保甲法，以二十五舟为一队，无事听采捕，有事助守御：并议行。十二年，与佟岱互劾，调操江巡抚，解佟岱任，命暂管总督事。寻以李率泰等疏论成功陷舟山，世祯不能辞咎，与佟岱并夺官。卒。

陈锦，字天章，汉军正蓝旗人，初籍锦州。仕明官大凌河都司，崇德间来降，予世职牛录章京，加半个前程。汉军旗制定，授牛录额真。

顺治元年，自内院副理事官授登莱巡抚。青州土寇杨威、秦尚行结明将刘泽清为乱，锦遣兵讨平之。二年，土寇张广焚掠掖、潍诸县，遣兵击败之。广降于泽清，复寇平度，犯莱州，锦遣兵捕治，授策设伏徐家疃，射杀广，尽歼其众。擢操江总督，与招抚大学士洪承畴并驻江宁。三年，明瑞昌王谊石等密结城人为乱，锦与承畴诇知之，闭城捕治诸为乱者。谊石以兵至，击破之。四年，疏言："圌山为镇江咽喉，江宁门户，宜建立炮台，置兵备。江北要口设台亦如之。两岸兵船接哨分防，沿江设烽墩，使声势相通。"章下部议行。

迁浙江福建总督。郑成功为寇，据延平将军寨，地高险，俯瞰诸县，攻不能破。锦命垒土高与寨等，乘以登陴，遂克之。岁大饥，锦遣兵次第收复，抚辑流亡，民赖以安。五年，成功将郑彩以舟师入据长乐、连江诸县，锦与靖南将军陈泰等分兵收复。师进次兴化，斩成功将顾世臣等十一人。六年，遣总兵张应梦、马得功等发罗源、永春、德化、福安诸城。江西山寇侵延平，陷大田、尤溪，锦遣兵收复，获明新建王由模等。七年，疏请进攻舟山。八年，锦与固山额真金砺、刘之源、提督田雄等会师，以大舰随潮出，败明兵于横洋，获其将阮进；乘雾攻舟山，明鲁王以海出走，遂克之，隳其城，置定关总兵，驻师守焉。九年，成功寇漳浦、平和，锦督兵赴援，战江东桥，败绩，左次同安，贼夜入其帐，刺中要害，遂卒，赠兵部尚书。

论曰：国初民志未壹，诸依山海险岨而起者，往往自托于明遗，要之为民害，廓清摧陷，封疆之责也。国英定四川，合师讨茅麓山，绩最高。武元守赣州，库礼守淮安，全才守汉中，御寇全城，亦其亚也。朝纪等捕治土寇，皆能勤其官者。若清泰策郑成功，谓挟怨而叛，殊不中事理。锦屡胜而挫，遽为何人所贼，防卫亦稍疏矣。

卷二百四十一　　列传二十八

科尔昆　觉善　甘都　谭拜法谭　**席特库　蓝拜　鄂硕　伊拜**弟库尔阐　**阿哈尼堪**星讷　**褚库**

科尔昆，阿颜觉罗氏，满洲正蓝旗人，世居瓦瑚木。祖翰，太祖时来归。父硕色，官牛录额真。

科尔昆初为贝勒阿巴泰护卫。事太宗，未冠，从伐察哈尔、朝鲜皆有功，令隶噶布什贤。崇德五年，从伐明，围锦州。明兵数万屯松山，科尔昆与牛录额真索浑、巴牙喇甲喇章京瑚里布挑战，败之。明总督洪承畴、总兵祖大寿合兵十余万迎战，科尔昆与索浑等陷阵，殪骁骑数十。

六年，从英亲王阿济格伐明，驻杏山。明兵数千自宁远至，科尔昆先众驰击，逐敌至连山，马中流矢仆，科尔昆跃起殪敌骑，夺马，乘以还。从英亲王视壕，敌猝至，索浑陷围中，科尔昆单骑翼以出。明兵数千自沙河所至，侵牧地，率噶布什贤兵击破之。七年，从贝勒阿巴泰伐明，次丰润，破明军。次河西务，与巴牙喇甲喇章京鄂硕将数十骑侦敌，敌将射，科尔昆先发，贯其臂，逐之，从马上相搏，同堕水，敌将顾有力，握科尔昆胄，抑使入水，科尔昆捶其胫而踏，絷以归。八年，授牛录额真，兼兵部理事官。

顺治元年，入关，击破李自成，逐之至庆都。从固山额真叶臣攻太原，设伏歼敌。又从英亲王阿济格讨自成湖广，屡蹶敌垒。叙功，授世职牛录章京。三年，从肃亲王豪格西讨张献忠，次汉中，击破叛将贺珍。进击献忠，战西充凤凰山，大破之。献忠既殪，复与辅国公岳乐、尚书巴哈纳等歼其余党。师还，累进二等阿达哈哈番。

六年，授噶布什贤牛录章京。从郑亲王济尔哈朗征湖广，破湘潭，下宝庆、武冈，分兵趋沅州。与巴牙喇甲喇章京白尔赫图以数十骑先驱，白尔赫图陷阵失其马，科尔昆夺敌马掖之上，并马突围出。复纵骑奋击破敌，进沅州，自道州出龙虎关。进世职一等，兼拖沙喇哈番。

九年，从敬谨亲王尼堪徇衡州，明将李定国列象阵迎战。科尔昆语巴牙喇甲喇章京西伯臣曰："象不畏矢石，惟鼻脆，吾为君射之。"矢再发，贯象鼻，象奔，师从之，追奔数十里。敬谨亲王闻胜，轻骑疾进，遇伏战没，科尔昆三入围，求得王遗骸。师进次宝庆，明将孙可望以数万人屯山巅，科尔昆督兵奋击，可望溃走。贝勒屯齐遣学士硕岱与科尔昆还奏军事，疏不言王战没。事闻，下议政王、贝勒、大臣会勘，科尔昆言不知疏云何，郑亲王呵之，科尔昆大言曰："臣自髫龀侍太祖，弱冠事太宗，转战二十余年。今奏事不明，死其分。奈何轻相侮？"上察其无罪，命宽之，但夺世职。十三年，擢巴牙喇章京。

十四年，从大将军罗托下贵州。既定贵阳，令科尔昆以五千人取黄平，梅勒额真玛尔赛副之。明将白文选据七星关，科尔昆令玛尔赛将二千人出万奇岭大道，诱文选出战，伪败数十里，文选蹑其后。科尔昆将三千人自间道疾趋出文选军后，玛尔赛还战，文选败走，克黄平。师还。

康熙元年，出定义州土寇。二年，从将军穆里玛、图海下湖广，讨李自成余党李来亨等。图海出归州，穆里玛出宜昌，科尔昆与噶布什贤噶喇依昂邦赖塔将五千人先驱，迭战皆胜。次茅麓山，郝永忠以数万人与来亨合，拒战，科尔昆升山觇之，俟隙纵击，破之。夜设伏，来亨以万余人袭我军，伏发，败走。明日复战，来亨兵以大刀、藤牌护阵，我师张两翼，科尔昆捣其中坚，阵溃。来亨倚谭家砦屯粮，计持久。科尔昆分兵破石坪，进围砦。其将李嗣名出战，中流矢死，科尔昆断其后道，十余日，其将高必玉等出降。科尔昆还与穆里玛合军，图海亦至，令满洲兵守隘，绿旗兵为长围困之，来亨自经死，余党悉降。自成余党至是乃尽殄。师还，授世职拖沙喇哈番。

科尔昆从征伐，常为军锋。廉介，嫉恶远势。鳌拜专政，科尔昆独不附。八年，卒。子巢可托，官至盛京刑部侍郎。

觉善，李佳氏，满洲正红旗人，世居萨尔浒。父通果，归太祖，授牛录额真。卒，觉善嗣。灭叶赫，克沈阳、辽阳，皆在行间，授世职备御，擢甲喇额真。

天聪三年，从太宗伐明，下永平四城，佐固山额真纳穆泰等守滦州。明兵来攻，围合，觉善勒兵出战，奋稍逾堑，与甲喇额真阿尔津、牛录额真库尔缠趋击，明兵溃奔，俄复集迫城下，觉善击却之。明兵发石块城堞，觉善力御，明兵不能登，凡五败明兵。阿敏弃永平出关，纳穆泰等亦突围走，明兵阻道，力击败之。师还，与诸将待罪，上以觉善力守城，既出犹杀敌，释其缚，进世职游击。五年，上自将围大凌河，明兵自锦州骤至，屯小凌河岸。上遣偏师渡河迎击，兵不盈二百，觉善奋入阵，陷重围，力战得出。我兵别队与明兵战，有军校为明兵所得，援之归。明监军道张春、总兵吴襄将步骑四万距大凌河十五里驻军，觉善从贝勒硕托以右翼兵直躏春垒，明兵败挫，进世职二等甲喇章京。

崇德五年，授正红旗梅勒额真，驻防义州。六年，从攻锦州，坐围不力，罚锾。上攻锦州，自将军松山、杏山间，明兵薄我军，谋夺炮，觉善以所部御之，明兵败走。师围松山，掘堑立营，明兵夜来侵，复战却之。八年，与梅勒额真谭布等驻锦州。又从郑亲王济尔哈朗伐明，攻宁远，明总兵吴三桂邀战，击却之。进前屯卫，明兵出战，蒙古兵稍却，觉善督右翼兵奋击，大破之，遂克其城。

顺治元年，从入关，击李自成，觉善创于炮，仍奋战。二年，进世职一等。从顺承郡王勒克德浑南征，次江宁。自成余党一只虎等寇湖北，命移师讨之。三年，师次石首，令与固山额真叶臣等率精锐徇荆州，破敌，分剿远安、南漳、宜昌，悉定。师还，赐黄金十两、白金三百两。山东土寇扰恩、齐河、平阴诸县，命觉善率兵讨之，斩其渠扫地王，其众万余歼焉。

五年，从大将军谭泰讨叛将金声桓，七月，师薄南昌，至六年正月，克之。移师讨叛将李成栋，攻信丰，觉善督所部树云梯先登，拔其城。师还，次赣州，复分兵戡定新喻、安福诸县。叙功，并遇恩诏，世职累进二等阿思哈尼哈番，赐号"巴图鲁"。七年，从睿亲王畋于中后所，坐私出射猎，降一等阿达哈哈番兼拖沙喇哈番。八年，上亲政，复世职，擢都察院左都御史。寻命仍专领梅勒事，进世职三等精奇尼哈番。十五年，以老病乞罢。康熙三年卒，谥敏勇。乾隆初，定封三等男。子吉勒塔布，自有传。

甘都，先世自叶赫徙居巴林，因氏巴林。太祖时，率子弟来归，授牛录额真。旗制定，隶蒙古镶蓝旗。天聪元年，从伐明，次宁远。明兵屯城北山冈，甘都手大纛直前，击破之。三年，复从伐明，克大安口，复败明兵于玉田。上自将取永平四城，克遵化，甘都与焉，即命佐察哈喇等驻守。四年，师弃遵化出边，甘都殿，击败追兵。八年，予世职三等甲喇章京，授兵部参政。

崇德三年，考满，进二等甲喇章京。寻更定部院官制，改兵部理事官。冬，从贝勒岳托等伐明，击败明太监高起潜，越明都，徇山东，克济南。四年春，师还，道蠡县，复克其城。以功进一等甲喇章京。五年，从索海等伐索伦部，索伦兵五百，据挂喇尔屯拒战。甘都及理事官喀喀木督兵破栅入，斩级二百，俘二百三十人以归。六年，从伐明，围锦州，明总督洪承畴屯松山，屡以步骑出战，甘都辄击败之。恭顺王长史徐胜芳为敌困，甘都突入阵，援之出。七年，锦州下，以功加半个前程。

顺治元年，从入关，破李自成。复从豫亲王多铎徇陕西，克潼关，取西安。二年五月，移师定江南，复与固山额真恩格图、玛喇布等下宜兴、昆山诸县，进三等梅勒章京。三年，从端重亲王博洛略浙江，逐明将方国安至黄岩，国安入城守，围合。甘都察国安势蹙，撤围纵使出，击之，国安兵大溃，城遂拔。师入福建，甘都先众克分水关，逐明唐王聿键至汀州，降漳州及漳平县。五年，命署巴牙喇纛章京。从征南大将军谭泰徇江西，讨叛将金声桓。七年三月，进二等阿思哈尼哈番。寻卒于军。

谭拜，他塔喇氏，满洲正白旗人。父阿敦，事太祖。天命元年正月朔旦，太祖始建号，诸贝勒大臣上表，阿敦与额尔德尼侍左右，受表，额尔德尼跪展读如礼。阿敦寻领固山额真。太祖初征明抚顺，李永芳出降，阿敦引谒太祖。厥后事不著。

谭拜事太宗，天聪五年，以牛录额真从伐明，围大凌河城。祖大寿城守，遣百余骑突围出，谭拜与巴牙喇甲喇章京布颜图追斩三十余人，获马二十有四。八年，授世职牛录章京，迁甲喇额真。九年，从伐察哈尔，收降人，遂伐明代州。谭拜与噶布什贤章京苏尔德、安达立将四十人伏忻口，明逻卒三百经所伏地，斩馘过半。

崇德元年，从伐明，薄明都，北趋卢沟桥，再败明兵。二年，与甲喇额真丹岱、萨苏喀等将四十人略明边，次清河，明兵七百拒守，击之溃，搴纛二，并获其马。三年，从贝勒岳托伐明，入墙子岭，攻丰润，击明兵，多坠壕死，复攻破明太监冯永盛诸军。四年，从略锦州，率巴牙喇兵破明兵于城南，以功加半个前程。五年，授兵部参政。六年，兼任正白旗蒙古梅勒额真。七年冬，从伐明山东，克利津。八年春，出边，以所部击败明总督赵光抃、范志完，总兵吴三桂、白广恩诸军。师还，赉白金，以功进三等甲喇章京。顺治初，从入关。三年，擢兵部尚书。寻从肃亲王豪格西讨张献忠，道陕西，与固山额真玛喇希等击败叛将贺珍。下四川，屡破献忠兵，复与固山额真李国翰渡涪江，败献忠将袁韬。四年，调吏部尚书，旋歼献忠。入关后，世职四进至二等阿思哈尼哈番。七年三月，卒。子玛尔赛，附鳌拜，语见《鳌拜传》。孙多奇辉，降袭三等。乾隆初，定封三等男。

法谭，亦他塔喇氏，满洲正红旗人，世居瓦尔喀。初以巴牙喇壮达从灭叶赫，取辽阳，授牛录额真。天聪三年，从攻宁远，败明兵于城北山冈。七年，取旅顺。崇德三年，从伐明，败密云步卒，趣山东，克郯城。四年，从伐虎尔哈部，克雅屯萨城。六年，从围锦州，御明总督洪承畴兵于松山，逐敌至塔山，击之，多赴海死。八年，从攻宁远，克前屯卫、中后所。顺治元年，擢甲喇额真，兼工部理事官。从入关，破李自成。从顺承郡王勒克德浑逐自成湖广，其兄子锦犯荆州，法谭以精骑蹂之，斩获甚众，降自成弟孜及其将田见秀等。世职累进一等阿达哈哈番兼拖沙喇哈番。五年，授右翼步军总尉。康熙元年，以病致仕。卒。

席特库，佟佳氏，满洲镶蓝旗人。父努颜，率族属归太祖，授牛录额真，卒，席特库嗣。事太宗，擢噶布什贤章京，率兵出锦州，得明谍，明兵自耀州至，席特库赴援却敌。从围大凌河，裨将多贝阵没，席特库入阵，以其尸还。明兵自宁远来援，与战，一卒坠马，席特库领蠹入阵援以出。

六年，与巴牙喇甲喇章京鳌拜等略明边。八年，与噶布什贤章京图鲁什诇敌锦州、松山，皆有俘馘。察哈尔部人有散入席尔哈、席伯图者，上命席特库与蒙古布哈塔布囊等逐捕，斩七十余级，得其户口、牲畜。寻与卦尔察尼堪以二十骑往济丰城侦明兵，至西拉木轮河，遇降明蒙古百人，席特库设伏尽歼之。二人逸出而奔，席特库射殪其一，一为我国谍者所获。上嘉席特库以少胜多，赐甲胄旌之。

复从大贝勒代善略大同，败明兵。自阳和转战，趣天城、左卫，徇宣府，与噶布什贤章京吴拜设伏破敌，进世职三等甲喇章京。九年，从贝勒多尔衮略山西，自平鲁卫入宁武关，击败明兵。复与甲喇额真布颜等诇明兵锦州，与噶布什贤噶喇依昂邦劳萨等蹑明兵冷口。

崇德三年，从贝勒岳托伐明，入墙子岭。明兵自密云突出，与劳萨分兵击败之，得巨炮二十。复击败明总督吴阿衡，攻真定，破太监高起潜兵，追至运粮河。敌夜犯本旗营，偕牛录额真俄兑等力战却敌。六年，从郑亲王济尔哈朗围锦州，明兵自杏山赴援，郑亲王设伏，令席特库以噶布什贤兵诱敌，伏发还击，大破之。

明总督洪承畴出松山拒战，席特库与劳萨力战破敌。师复围锦州，承畴以十三万人来援，席特库与噶布什贤八章京迎战，击败其将王朴等。承畴退塔山，我师蹑击屡胜，复退杏山，席特库纵横驰突，追至笔架山，斩四百余级，得马二百四十有奇，获蠹六。明兵自松山、杏山二城潜遁，席特库与噶布什贤章京布尔逊追击，斩数百人，得其驼马。七年，克松山，从豫郡王多铎伐明，明兵自宁远至，击却之。以功进世职二等甲喇章京。旋率兵自界岭口毁边墙入，败山海关明兵。将攻蓟州，明总兵白腾蛟、白广恩合军赴援，席特库与噶布什贤章京瑚里布兵奋击，破阵斩将，得马六百有奇。

顺治元年，从入关，破李自成将唐通于一片石。固山额真叶臣徇山西，上命席特库益其军，至绛州，渡河，下汾州、平阳，降自成将康元勋，进攻黑龙关，降明将及其兵三千人。二年，移师略湖广，逐自成至安陆，斩四百余级，夺其战舰，进世职一等。

三年，从豫亲王讨苏尼特部腾机思，次土喇河，土谢图等部以兵遮道，席特库督兵追击，斩获无算，送进一等阿思哈尼哈番。康熙五年，卒。

蓝拜，亦佟佳氏，满洲镶蓝旗人。父噶哈，太祖时来归，授牛录额真。蓝拜事太宗，天聪八年，授巴牙喇甲喇章京。从固山额真阿山略锦州，又从噶布什贤噶喇依昂邦劳萨率兵迎察哈尔部众之来归者。寻擢梅勒额真。崇德四年，以不称职解任。寻命偕承政萨穆什喀、索海征索伦部，仍领梅勒事，道虎尔哈部攻克雅克萨城，索伦部长博穆博果尔迎战，与索海设伏夹击，大破之，以功授世职牛录章京，赐貂皮及所获人户。六年，从郑亲王济尔哈朗围锦州，明兵来夺炮，击却之，擢兵部参政。明总督洪承畴援锦州，蓝拜与诸将进击，破三营。敌乘雨侵右翼，蓝拜及甲喇额真逊塔等与战，敌败走。寻调礼部。

顺治元年，从入关，进世职三等甲喇章京。三年，复授梅勒额真。从大将军孔有德征湖南，明桂王由榔据武冈，其总督何腾蛟遣其将王进才、黄朝宣、张先璧等拒战。有德至长沙，击走进才，令蓝拜与梅勒额真卓罗追击，殪其众过半。下湘潭，朝宣屯燕子窝，蓝拜与梅勒额真佟岱乘舰至泸口，督兵破其营，寻从尚可喜援桂阳，还师攻道州。又与可喜合军攻沅州，先璧自黔阳出，扼隘为五营。蓝拜率先与战，斩七千余级，遂薄城，先璧又以三万人拒战，败溃，遂克之，赐黄白金，进世职二等。六年，兼任礼部侍郎。八年，擢固山额真，兼工部尚书。九年，调刑部。寻命罢尚书，专领固山事。累进世孙二等阿思哈尼哈番。

十年，命率兵镇湖南。明将孙可望等出峡窥湖北，蓝拜督兵防御，敌不能犯。十三年，召还。上亲劳以酒，谕曰："尔等为朕宣力年久矣。今见尔等形貌癯瘠，朕心恻然！"寻以老病乞罢，加太子太保。康熙四年，卒。

鄂硕，栋鄂氏，满洲正白旗人。祖枪布，太祖时率四百人来归，赐名鲁克素，子锡罕，授世职备御。天聪初，从伐朝鲜，先驱战没。

鄂硕，锡罕子也。太宗以锡罕死事，进世职游击，以鄂硕袭。八年，从贝勒多铎伐明，攻前屯卫，斩逻卒。又从噶布什贤噶喇依昂邦劳萨率将士迎察哈尔部来归者，授牛录额真。九年，招察哈尔部伐明，自朔州至崞县，斩逻卒。自平鲁卫出边，明兵邀战，鄂硕与固山额真图尔格击却之。进世职二等甲喇章京，擢巴牙喇甲喇章京。

崇德元年，与劳萨将百人侦明边，至冷口，斩逻卒，得马十五。二年，护甲喇额真丹岱等与土默特互市，赴归化城，斩明逻卒。三年，从睿亲王多尔衮伐明，自青山口入边，击败明太监高起潜兵。四年，与噶布什贤章京沙尔虎达将土默特兵三百略宁远，挑战，明兵坚壁不出，得其樵采者以还。

五年，从围锦州，以噶布什贤兵败敌骑。明总督洪承畴赴援，上营松山、杏山间，命吴拜率以偏师营高桥东。鄂硕诇明兵自杏山溃出，告吴拜，吴拜未进击，明兵复入城。上以鄂硕不亲击责之。六年，复围锦州，分兵略定远，遇明兵六百骑，击破之，得蠹二、马六十余。七年，从伐明，自界岭口入边，败明总督范志完军于丰润。明兵自密云出劫我辎重，奋击却之，遂越明都趋山东。师出边，明总兵吴三桂邀战，复击之溃，追斩数十级，得纛三、逻卒二十九、马二百余。

顺治初，从入关，逐李自成至庆都，从豫亲王多铎讨之。自成据潼关，倚山为寨，鄂硕与噶布什贤噶喇依昂邦努山攻拔之。二年，移师南征，鄂硕将噶布什贤兵先驱，至睢宁，败明兵。从端重亲王博洛下苏州，击明巡抚杨文驄舟师，得战舰二十五。趋杭州，败明鲁王以海兵，获总兵一。复与巴牙喇纛章京哈宁阿克湖州。世职累进二等阿思哈尼哈番。六年，擢镶白旗满洲梅勒额真。从郑亲王济尔哈朗征湖广。师还，赉白金三百。八年，授巴牙喇纛章京。十三年，擢内大臣。世职累进一等精奇尼哈番。十四年，以其女册封皇贵妃，进三等伯。十四年，卒，赠三等侯，谥刚毅。子费扬古，自有传。

罗硕，鄂硕兄也。初授刑部理事官。从入关，擢甲喇额真。顺治六年，姜瓖叛，命梅勒额真卦喇驻军太原。瓖遣兵陷清源，与卦喇分道击之，瓖兵弃城走，斩五千余级。瓖遣兵犯太原，从端重亲王博洛破贼垒，斩万余级。其徒围绛州，抚浮山，迭战胜之。八年，擢工部侍郎。进世职三等阿思哈尼哈番。九年，从征湖南，失利，夺官，降世职。寻授大理寺卿。十七年，以从女追册端敬皇后，授一等阿思哈尼哈番。康熙四年，卒。

鄂尔多，罗硕孙。初授侍卫，累迁至侍郎，历户、刑二部。授内务府总管，擢尚书，历兵、户、吏三部。卒，谥敏恪。

伊拜，赫舍里氏，世居斋谷。父拜思哈，归太祖，授牛录额真。旗制定，隶满洲正蓝旗。卒，伊拜与其兄宜巴里、弟库尔阐分辖所属，为牛录额真。太宗即位，察哈尔部贝勒图尔济来归，命伊拜迎犒。天聪八年，上自将伐明，命伊拜征科尔沁兵，予世职半个前程。九年，迁正白旗蒙古固山额真。

崇德元年，从伐明，入长城，攻克昌平等州县，俘获甚众。三年九月，从伐明，入青山口，薄明都，徇山东。五年，从伐明，围锦州。明兵自杏山、松山赴援，城兵出战，伊拜屡击败之。六年，复围锦州，破明兵，进世职牛录章京。洪承畴赴援，上自将击之，命诸将分屯要隘，要明兵，伊拜与梅勒额真谭拜等依杏山而营。明兵败走，伊拜逐击至塔山，明兵多赴水死。七年，遂破承畴，下锦州，命伊拜戍杏山。八年，复命与辅国公篇古戍锦州。是时军纪严，将士有过，辄论罚，伊拜屡坐罚锾、罚马。

顺治元年，调正蓝旗蒙古固山额真。从入关，击李自成。寻与固山额真叶臣等徇山西，克太原，抚定旁近州县。师还，赉白金三百。二年，从英亲王阿济格徇陕西，逐自成至武昌，屡击破贼垒。三年，进三等阿达哈番。五年，从郑亲王济尔哈朗徇湖南，时衡州、宝庆诸府尚为明守。六年，师克湘潭，伊拜与固山额真佟图赖等分兵向衡州，未至三十里，明兵千余人据桥立寨，伊拜与侍郎硕詹击之溃。薄城，战屡胜，斩明将陶养用，遂克衡州。别军略宝庆及辰、沅、靖、武冈诸州，皆定。师还，赉白金三百。寻请老，授议政大臣。累进一等阿思哈尼哈番。十五年，

卒，赠太子太保，谥勤直。第三子费扬武，袭世职。

库尔阐，天聪间，以牛录额真从伐黑龙江，有功，予世职半个前程。崇德三年，授都察院理事官，兼甲喇额真。五年，从伐索伦部，与其部长博穆博果尔力战，却之。从睿亲王多尔衮围锦州，攻松山，战有功。六年，擢都察院参政。复从围锦州，明兵自松山来，将夺军中炮，库尔阐击却之。率师依山为寨，明兵复来攻，势甚猛，工部承政萨穆什喀欲遣兵助战，库尔阐辞焉，独以所部迎战，斩四十一级，得云梯、枪炮、甲楯、旗帜，进世职牛录章京。八年，迁正蓝旗蒙古梅勒额真。

顺治初，从入关，逐李自成至庆都，加半个前程。旋从豫亲王多铎破自成潼关，累进二等甲喇章京。四年，命帅师驻防济南。淄川寇发，库尔阐遣兵讨之。部议责库尔阐不亲赴，当罚锾，盖削其官职，上但命倍其罚。五年，迁都察院承政，寻仍改参政。六年，从谭泰讨金声桓江西，卒于军，进一等阿达哈哈番。

阿哈尼堪，富察氏，满洲镶黄旗人，世居叶赫。天命时，曾祖椿布伦，偕兄楚隆阿、弟昂古里来归。阿哈尼堪初授牛录额真。天聪九年，同蒙古两黄旗将领布哈、阿济拜略明宁远，明兵千人追至，还击，败之。崇德二年，从征朝鲜，取江华岛。五年，从承政萨穆什喀、索海伐虎尔哈部，克雅克萨城。博穆博果尔以两乌喇兵六千来袭正蓝旗后队，索海设伏击之，阿哈尼堪与焉。又攻挂喇尔，先入屯，授世职牛录章京。擢礼部参政。六年，从伐明，围锦州，击败松山援兵。又与固山额真宗室拜音图败明总督洪承畴兵。松山守将夜袭我军，又遣步兵犯正黄旗蒙古汛地，阿哈尼堪击却之。擢镶黄旗梅勒额真。

顺治元年，从入关，击李自成。世祖将迁都燕京，命内大臣何洛会镇盛京，阿哈尼堪与梅勒额硕詹将左右翼为之佐。寻命偕固山额真马喇等率兵之蒲州，助剿流寇。二年，进世职三等甲喇章京。大将军豫亲王多铎南征，命阿哈尼堪会师，自河南下江南攻扬州，明兵来援，率甲喇额真班代等连战皆捷，与固山额真玛喇希克常熟。三年，从豫亲王北讨蒙古苏尼特部，腾机思遁走，追击，斩百余级，俘获无算，进世职一等。四年，擢兵部尚书。

六年，郑亲王济尔哈朗师略湖广，阿哈尼堪与固山额真刘之源别将兵趋宝庆，明将王进才、马进忠城守。师夜薄城，平旦，明兵出战，急击歼之，遂克宝庆。明将马有志等九营屯南山，阿哈尼堪乘胜奋进，阵斩有志等。师徇洪江，又破袁宗第十营，克沅州。师复进，留阿哈尼堪驻守。明将王强等来攻，阿哈尼堪遣署巴牙喇纛章京都尔德等迎击，战沅水上，大破之，斩馘甚众，兵七百余。七年，师还，赐白金三百。调礼部尚书，加世职拖沙喇哈番。

睿亲王遣迎朝鲜王弟，阿哈尼堪启巽亲王满达海等，以甲喇额真恩德代行。事觉，下王大臣会勘，论死，得旨，夺世职，罚锾以赎。寻复世职，累进一等阿思哈尼哈番。八年，卒。

星讷，觉尔察氏，满洲正白旗人。初事太祖，授二等侍卫，兼牛录额真。从伐明，次塔山北，遇蒙古兵四百，射杀其渠。事太宗，伐察哈尔，以二十人侦敌张家口，遇

明兵，御之四昼夜，俟贝勒阿济格军至，益兵二百击破之。察哈尔部多尔济苏尔海倚山立寨，列火器拒守，星讷率巴牙喇兵先登破敌。天聪八年，复从上伐察哈尔，星讷佐额驸布颜代率蒙古兵讷进哈麻尔岭，招其部俄尔塞图等来降。移师伐明，与席特库等略大同。论功，予世职半个前程，授刑部参政。

崇德三年，与承政叶克舒伐黑龙江，师有功，其兄辛泰、弟西尔图战没，当得世职，合为三等甲喇章京。寻坐事降理事官。四年，授巴牙喇甲喇章京，兼议政大臣。寻迁梅勒额真。六年，授工部参政。八年，擢承政。

顺治元年，从入关，改尚书，进世职一等。三年，从讨张献忠，师还，加太子少保。六年，从讨姜瓖，攻大同。瓖以精锐出战，填堑毁垣，星讷督将士持短兵，力战却之。瓖背城为阵，星讷督将士直压其垒，师乘之，歼其精锐略尽，进世职二等阿思哈尼哈番。

八年，英亲王阿济格得罪，星讷故为王属，坐夺官，削世职，籍家产之半。寻复授工部尚书、议政大臣。十年，以老致仕。十四年，星讷自讼军功，复世职一等阿达哈哈番兼拖沙喇哈番。康熙十三年，卒，谥敏襄。

褚库，萨尔图氏，满洲镶黄旗人，先世居札鲁特。祖柏德，迁居叶赫，来归。天聪四年，师围大凌河，褚库年十七，从军。明军中蒙古将彻济格突阵，褚库迎击，生获以归。复伐明，攻万全左卫，褚库先登，颈被创，犹力战破其城。论功，授世职备御，赐号"巴图鲁"。授牛录额真，兼甲喇额真。崇德三年，授吏部理事官。

顺治元年，入关，从英亲王阿济格讨李自成，略湖广，自成将吴伯益以三千人拒战，褚库击之，败走。三年，从肃亲王豪格讨张献忠，略陕西，与尚书星讷击献忠将高汝砺等，遂下四川，屡败献忠兵。六年，从讨姜瓖，围大同，败瓖将杨振威。师还，坐值宿失印钥，解理事官。九年，从固山额真噶达浑征鄂尔多斯部，与其部长多尔济战贺兰山，俘获甚众。世职累进二等阿达哈哈番。

十三年，郑成功攻福州，时郑亲王世子济度率师次漳州，遣梅勒额真阿克善与褚库别将兵赴援。成功以战舰二百自乌龙江来犯，褚库督兵迎战，逐至大江口，得舟十二。成功又以千余人屯江岸，褚库督兵奋击，斩二百余级。康熙二年，擢正红旗蒙古副都统，进世职一等。七年，以老乞休。十四年，卒，谥襄壮。

论曰：科尔昆、觉善、甘都逮事太祖，谭拜以下诸将，则太宗所驱策，入关后四征不庭，成一统之业，皆与有功焉。科尔昆尤忠直，与席特库、褚库并以骁武塞旗陷阵。干城腹心，由此其选矣。

卷二百四十二　　列传二十九

觉罗果科 觉罗阿克善　**谭拜** 哈宁阿　硕詹　硕詹孙达色　**济席哈** 弟费雅思哈　**噶达浑**　费扬武　爱松古　兴鼐　兴鼐兄孙哈尔奇　**达素** 喀尔塔喇　喀尔塔喇子赫特赫

觉罗果科，满洲镶白旗人，未详其属籍。事太宗，授巴牙喇甲喇章京。崇德六年，从伐明，围锦州，分兵屯杏山河岸。明兵自宁远至，果科与噶布什贤噶喇依昂邦努山击破之，逐至连山，斩级三十，得马三十二。七年，与努山略宁远，明兵自中后所犯我牧地，击之溃遁。八年，复与努山至界岭口伺明兵，与战，斩裨将一、步骑三百余。

顺治元年，从入关，击李自成，追至庆都。二年，从英亲王阿济格下陕西，克绥德。自成兄子锦据延安，果科与巴牙喇蠹章京希尔根三战皆捷。自成奔湖广，师从之，次安陆，迭击败之，得舟八十。三年，从肃亲王豪格讨张献忠，经汉中，击叛将贺珍，进次西充，破献忠，复与希尔根搜剿余寇。五年，从郑亲王济尔哈朗下湖南，授巴牙喇甲喇章京。攻湘潭，明总督何腾蛟城守，果科与噶布什贤章京瑚沙破西门入。寻与固山额真佟图赖率兵趋衡州，击破明兵，攻拔石桥寨。又击破明将周进唐、胡一清等，逐一清至全州。师还，授刑部理事官。

十一年，授工部侍郎。叙功，遇恩诏，并以监修坛庙，世职累进二等阿达哈哈番。十七年，擢工部尚书。十八年，卒。追坐修仓糜费，罚锾，降世职拖沙喇哈番。圣祖亲政，其子萨尔布诉枉，复拜他喇布勒哈番。

觉罗阿克善，满洲正黄旗人，景祖兄索长阿三世孙。事太宗，授甲喇额真。崇德六年，围锦州，与果科同在行，击败明总兵吴三桂及松山、杏山援军。师还，明兵袭梅勒额真索海军，阿克善与巴牙喇蠹章京伊尔德赴援，击却之，又屡击败总督洪承畴军，授半个前程。八年，从郑亲王济尔哈朗伐明，攻宁远，分兵攻前屯卫，先登，克其城。

顺治元年，从入关。七年，擢正黄旗满洲梅勒额真，兼工部侍郎。八年，调兵部。叙功，并遇恩诏，进世职一等阿达哈哈番。九年，与固山额真噶达浑征蒙古鄂尔多斯部，歼其众于贺兰山。总兵任珍杀其孥，贿兵部寝勿治，事发，阿克善罢侍郎，降世职拜他喇布勒哈番兼拖沙喇哈番。十一年，暂署都察院左都御史。从征湖广，战湘潭、常德、龙阳，屡捷。

十三年，从郑亲王世子济度讨郑成功，师次乌龙江，水险不可渡，乃间道趋福州，分兵令牛录额真褚库先驱击成功，署巴牙喇蠹章京伊色克图击成功舟师，遂至福州。谍言成功舟三百泊乌龙江，阿克善等水陆合击，逐敌至三江口，斩其将林祖兰等，俘获甚众。十四年，成功兵侵罗源，阿克善督兵赴援，力战死之，进世职三等阿达哈哈番。

敦拜，富察氏，满洲正黄旗人，先世居沙济。父本科理，归太祖。尝从鄂佛洛总管达赖讨朱舍理部长尤额楞，有功，赐号苏赫巴图鲁，授牛录额真。卒，敦拜嗣。天命十一年，从太祖攻宁远，先驱，败城兵。师还，敌骑追射，敦拜还击却敌，殿而归。

天聪八年，授世职牛录章京。崇德五年，擢巴牙喇纛章京。从郑亲王济尔哈朗围锦州，城兵出诱战，敦拜突入敌队中，斩三人，众悉遁。明兵自杏山再来犯，皆战却之。六年，复围锦州，明兵自松山攻两红旗及蒙古军，敦拜御敌力战，斩二百余级，得云梯十四。七年，加半个前程。八年，与巴牙喇纛章京阿济格尼堪率师驻锦州。

顺治元年，从入关，击李自成，逐之至庆都。二年，进世职二等甲喇章京。大将军豫亲王多铎南征，敦拜将巴牙喇兵从。次陕州，破自成将刘方亮，方亮兵夜袭营，复击败之。克潼关，定西安。自成走商州，入湖广，敦拜与巴牙喇纛章京阿尔津等追斩三百余级。从豫亲王下江南，克扬州，薄明南都。追明福王至芜湖，与阿尔津、图赖等截江口，击破明将黄得功，得明福王以归。三年，进世职一等。从端重亲王博洛自浙江徇福建，与梅勒额真珠玛喇合军破敌。五年，从大将军谭泰讨金声桓，攻九江，破王得仁军，克之，抚临江郡县。

六年，剿畿南土寇，斩其渠，献、雄、任丘、宝坻诸县悉定。七年，进世职三等阿思哈尼哈番。寻从睿亲王畋于中后所，坐私出猎，降世职一等阿达哈哈番。八年，上亲政，复世职。九年，进二等。

十一年，明将李定国犯广东，命佐将军珠玛喇讨之，克新会，逐之至横州江岸，定国引去。师还，晋世职一等精奇尼哈番。以病乞休，加太子太保。十四年，起为盛京总管。十七年，卒，谥襄壮。乾隆初，定封一等男。

富察之族，有哈宁阿、硕詹、济席哈、费雅斯哈，皆以武功显。

哈宁阿，满洲镶白旗人，世居额宜湖。父阿尔图山，率其族攻萨齐库城，杀其部长喀穆苏尼堪，抚降三百余人，以归太祖，授牛录额真。既，复分其众别编一牛录，以命哈宁阿。天聪二年，从贝勒岳托等伐明，略锦州，攻松山、杏山、高桥诸台堡，战甚力，授巴牙喇纛章京。三年，从伐明，薄明都，与袁崇焕战广渠门外，以功授世职备御。五年，从攻大凌河。八年，从攻大同，哈宁阿先驱，至小西城，树云梯以攻，克之，复将二十人出战，败敌兵三百。九年，与承政图尔格入明边。师还，道平鲁卫，明兵蹑师后，还击败之，逐薄壕，多所斩馘，进二等甲喇章京。

崇德元年，从攻皮岛。二年，授议政大臣。三年，从豫亲王多铎如锦州会师，道中后所，祖大寿以轻骑掩我师，甲喇额真翁克及土默特兵先奔，哈宁阿且战且退，士卒有死者，论罪当死，上贷之，命夺世职，籍家产之半。四年，复以庇牛录额真阿兰太失律，论罪当死，上复贷之。六年，从围锦州，屡败敌。明总督洪承畴赴援，上督诸军环松山而营，度明师且遁，遣诸将分地以伏以待。哈宁阿与巴牙喇纛章京鳌拜阵于海滨，夜初更，明师循海走，哈宁阿等起掩击，明师蹂藉，死者甚众。寻进攻松山，屡败敌。八年三月，与巴牙喇纛章京阿尔津伐虎尔哈部，俘男妇二千五百有奇，获牲畜、貂皮无算。师还，上厚赍之。

顺治元年，从入关，击李自成，战庆都，再战真定，自成焚辎重走。二年，复授世职三等甲喇章京。逐贼绥德，徇延安，战破城兵。南逐自成，战安陆，得舟八十。复与谭泰合兵下江南，战江上，夺敌舟。逐敌至富池口，敌据江岸为阵，复击之败。三年二月，从顺承郡王勒克德浑略湖广，破明将吴汝义，降其众。四月，进二等甲喇章京。五月，从肃亲王豪格讨叛桥贺珍，取汉中，逐贼至秦州。珍党武大定据三寨山，山势峻不可攻，师围之。会其将周克德、石国玺皆乞降，克德遣其子导师自僻径登，国玺为内应，哈宁阿与梅勒额真阿拉善、署巴牙喇纛章京噶达浑将六百人破垒入，贼皆自投崖下，斩杀略尽。进讨张献忠，徇夔州、茂州、资州、遵义，皆下。五年，师还，进一等阿达哈哈番。寻卒。

硕詹，满洲正红旗人，世居讷殷。父舒穆禄，归太祖，授牛录额真。卒，硕詹嗣，寻兼甲喇额真。天聪五年，与甲喇额真杭什木、沙尔虎达等略明边，遇逻卒，斩其三，俘其五及逻卒长。八年，授世职牛录章京。崇德元年，从伐朝鲜，攻江华岛，硕詹舟越朝鲜战舰，继牛录额真阿哈尼堪以登，率众合围，降其城，加半个前程。三年，兼刑部理事官。从伐明，深入山东，克禹城、平阴。四年，师还，明兵袭我后军，与巴图鲁尼哈里等击却之，进世职三等甲喇章京。擢户部参政。五年，师伐明，命硕詹如朝鲜征粮及水师助战。从围锦州，甲喇额真禧福率士二十四驻守骆驼山，明兵四百夜劫营，硕詹赴援，斩二百余级，得马十六。七年，领本旗梅勒额真。

顺治元年，从入关，改侍郎。上将迁都燕京，命硕詹统右翼兵留守盛京。寻复命从豫亲王多铎南征，自河南徇陕西，遂移师定江南。叙功，世职累进一等阿达哈哈番兼拖沙喇哈番。五年，从郑亲王济尔哈朗征湖南，偕都统佟图赖等师出湘潭，明兵阻桥立寨，与固山额真伊拜、巴牙喇甲喇章京觉罗果科共击下之，斩其将陶养用，衡州平。师还，赉白金三百，进世职一等阿思哈尼哈番。

八年，坐户部给饷不均，降世职一等阿达哈哈番。九年，以老病罢。十年，命复世职。康熙二年，卒，谥明敏。以其孙达巴、法色分袭世职，并授二等阿达哈哈番。

达色以参领从征福建，战屡捷。郑锦将刘国轩众万余犯海澄，达色赴援，冒枪炮力战，闻城陷，自经死，加拖沙喇哈番。法色兼袭，复合为一等阿思哈尼哈番兼拖沙喇哈番。子明宝，雍正间从征西藏，有功，进三等精奇尼哈番。乾隆初，改三等子。子德成，降袭三等男。

济席哈，亦富察氏，满洲正黄旗人。父本科里，官牛录额真。济席哈初亦授牛录额真。崇德四年，擢巴牙喇纛章京。五年，从伐明，围锦州。明兵自松山至，邀战，与甲喇额真布丹、希尔根等击却之。寻驻义州护屯田，上诫诸将固守营垒，勿与明兵战。明兵犯镶蓝旗营，济席哈越镶红旗营助战，以擅离汛地，夺官，籍其家三之一。旋与梅勒额真席特库伐索伦部,得其部长博穆博果尔以归。六年,师还,与宴劳。七年,授正红旗蒙古梅勒额真。八年,兼户部参政。

顺治元年,从入关,击李自成,追之至庆都。叙功,授世职拜他喇布勒哈番。二年,从端重亲王博洛下浙江,既克杭州,以梅勒额真驻守。明大学士马士英、总兵方国安据严州,屡来犯,济席哈督兵御之,五战皆捷。还京,授工部侍郎,加世职拖沙喇哈番。

五年,命率兵驻东昌。寻以郑彩寇福建,命从将军陈泰南征,克长乐、连江、同安、平和诸县,进世职二等阿达哈哈番。七年,调刑部,擢尚书,进世职三等阿思哈尼哈番。九年,授正红旗蒙古固山额真。十年,解尚书。胶州总兵海时行叛,命与梅勒额真瑚沙讨之,未至,时行走宿州降。诏移兵镇湖南。十一年,召还。

十四年,命率梅勒额真四、巴牙喇甲喇章京八,从大将军贝子罗托征云南。十五年,命佐将军卓布泰,师进次都匀,击败明将李定国。会师,克云南。十七年,以勘从征将士功罪不实,降一等阿思哈尼哈番。十八年,授靖东将军,讨栖霞土寇于七,击破所据岠嵎山寨,七窜入海。康熙元年,卒。六十年,以其子西安副都统阿禄疏请,追谥勇壮。

费雅思哈,济席哈弟也。初以巴牙喇壮达事太宗。天聪六年,从伐察哈尔,分兵略大同,至朔州,城兵出战,费雅思哈与甲喇额真道喇等击败之。崇德三年,署巴牙喇纛章京,从贝勒岳托伐明,败密云步兵。五年,师围锦州,明兵自松山、杏山赴援,费雅思哈御战皆捷。六年,复围锦州,同甲喇额真哈宁阿击敌城下,射殪三人,明总督洪承畴步队自松山至,费雅思哈力战却敌。

顺治元年,从入关,击李自成,追败之庆都,授巴牙喇甲喇章京。从英亲王阿济格西讨,二年春,次榆林,自成兵夜袭营,与巴牙喇纛章京车尔布等击之走,追自成至武昌,屡破其垒;又以舟师邀击富池口,得舟三十。三年,从肃亲王豪格讨张献忠,道西安,分兵徇邠州。其渠胡敬德以千余人据三水西北山冈,费雅思哈与巴牙喇纛章京噶达浑破其垒,复与固山额真巴哈纳击叛将贺珍于鸡头关。师下四川,屡战皆捷。正蓝旗兵为贼困,与噶达浑趋援,贼走。叙功,授世职拜他喇布勒哈番兼拖沙喇哈番。

六年,从英亲王讨叛将姜瓖,掘堑围城,瓖兵步骑万余来犯,费雅思哈先众迎战,瓖兵不得入城。瓖兵分踞左卫,陷汾州,窥太原,费雅思哈率巴牙喇兵伺击,会师围大同,瓖党斩以降,进世职一等阿达哈哈番。

十三年,擢巴牙喇纛章京。寻命率兵驻防湖南。明将孙可望据辰州,费雅思哈与固山额真罗卜、梅勒额真泰什哈等,自澧州、常德进征,可望弃城遁,纵火焚舟,阻我师。费雅思哈取其未焚者以济师,蹑击至泸溪,歼敌甚众。十八年,从将军爱星阿入缅甸,得明桂王以归。师还,进世职三等阿思哈尼哈番。康熙十一年,卒,谥僖恪。子素丹,自有传。

噶达浑,纳喇氏,满洲正红旗人,世居哈达。其先有约兰者,当太祖时,率其子懋巴里等来归。天聪二年,噶达浑以巴牙喇甲喇章京从太宗伐多罗特部,有功。八年,从伐明,略山西,克应州。崇德五年,从伐明,略中后所。睿亲王多尔衮率师围锦州,令领纛先进,败杏山骑兵,设伏松山,斩十余级,明兵营岭上,击破之;又从噶布什贤噶喇依昂邦劳萨追击至北冈。七年,从豫亲王多铎攻宁远,明兵蹑我后,噶达浑先众还击,明兵溃走。师还,有巴牙喇兵达哈塔者,被创,仆,掖以归。

顺治元年,擢巴牙喇纛章京。从入关,击李自成,授世职拜他喇布勒哈番。二年,从英亲王阿济格击自成至九宫山,三败之。三年,从肃亲王豪格下四川,次西安,分兵讨叛将贺珍,徇邠州,其党胡敬德屯三水,噶达浑与梅勒额真和托直入,破其垒。高汝砺、武大定等屯三寨山,复与巴牙喇纛章京苏拜、哈宁阿,梅勒额真阿拉善击败之,督步卒搜剿岩谷。大定等据山巅,其徒左右迎战,噶达浑与巴牙喇纛章京阿尔津奋战,挫其锋。大定等兵攻正蓝旗营,哈宁阿陷围中,噶达浑与阿尔津、苏拜疾驰赴援,围乃解。擢户部侍郎,五年,调吏部,进世职三等阿达哈哈番。

英亲王阿济格讨叛将姜瓖,噶达浑与阿拉善资师,七战皆捷。克代州,进复浑源。六年,兼本旗蒙古固山额真。七年,世祖亲政,擢户部尚书,进世职二等。改都察院左都御史,寻还为尚书。率师征鄂尔多斯部,获部长多尔济,歼其众于贺兰山,进世职三等阿思哈尼哈番。调满洲固山额真、兵部尚书。十年,进世职二等。世职吕忠行赇事发,部议引赦例贷其罪,坐降世职一等阿达哈哈番。

大将军郑亲王世子济度讨郑成功,命噶达浑佐之,敕济度调遣官兵,毋令噶达浑离左右。克海澄,水陆并进,复福州,遂下泉州,攻惠安海港卫套及闽安镇,大捷。十四年,师还。卒,赠太子太保,谥敏壮。同族有费扬武、爱松古、兴萧。

费扬武,满洲正蓝旗人。初自巴牙喇壮达累迁甲喇额真。崇德七年,从饶馀贝勒阿巴泰伐明,入塞,击败明总兵马科。越明都,略山东,次胶州,明兵千余屯城外,费扬武力战破之;攻滨州,以云梯先登。出塞,明总督范志完、总兵吴三桂等分道要我师,费扬武先后与战皆胜,护所俘获还。

顺治初,从入关,击李自成,败其骑兵。寻署巴牙喇纛章京。从豫亲王多铎西讨自成,次潼关,破自成将刘宗敏。二年,从定江南,攻扬州,得舟二百余。攻明南都,败其步兵。逐明福王至芜湖,与明总兵黄得功战,得舟三十有一。旋从端重亲王博洛下浙江,破明马士英军于杭州,生致明总兵一,分兵定海宁、平湖土寇;又与明总兵王之仁战,得舟十有六;授议政大臣,予世职甲喇章京,加半个前程。四年,从军福建。卒。

爱松古,满洲镶白旗人。太祖时,自叶赫来归,屡从征伐。崇德元年,命与察汉喇嘛等赴明边杀虎口互市。复遣往科尔沁征兵。三年,初设理藩院,授副理事官。寻自归化城导厄鲁特部长墨尔根戴青来归。再坐事鞭责。

顺治元年,授牛录额真。从固山额真叶臣徇山西。时李自成西走，其将陈永福据太原，发炮攻城圮，永福突围走，爱松古以蒙古兵战，多斩馘，得马千余。又逐自成将马骥至河滨，得舟十五。二年，从围延安，城兵出战，击却之，以八骑蹑自成，获其孥。

三年，从豫亲王多铎讨苏尼特部长腾机思，将蒙古兵三百先驱扼隘，师继进，腾机思遁走，从侍郎尼堪、梅勒额真明安达里乘夜追击，得其辎重；斩台吉茂海，遂渡图喇河，土谢图汗以二万人拒战，从镇国将军瓦克达等败其骑兵。叙功，授世职拖沙喇哈番。

五年，命率蒙古兵六百驻太原，击斩泾阳寇李阳，败交城寇王豪明。时叛将姜瓖据大同，其党刘迁以万余人犯代州，爱松古驰往守御。迁众傅云梯乘城，钩致其梯九，斩级三百；迁众穴城，城上发矢石，迁众多殪，乃走繁峙。六年，复来袭，有为应者，引入郭，爱松古婴城守十余日，端重亲王博洛师至，击斩其渠郭芳，迁通去。乃还驻太原，瓖党十余万来犯，爱松古与巡抚祝世昌谋遣兵赴清源徐沟防御，不使逼城下。端重亲王师自晋阳至，破贼。累镶白旗蒙古梅勒额真，世职累进二等阿达哈哈番。九年，从敬谨亲王尼堪南征，王没于阵，爱松古不及救，降世职拜他喇布勒哈番兼拖沙喇哈番。十六年，致仕。康熙十四年，卒。

子讷青，以三等侍卫从讨郑成功，至厦门，卒于军。

兴鼐，满洲镶白旗人。父素巴海，自哈达率二百人来归，太祖编牛录，授其长子莽果，兴鼐其第三子也。事太宗，天聪八年，授世职牛录章京。崇德元年，从英亲王阿济格伐明，佐固山额真达尔罕攻顺义，先登，加半个前程。三年，授工部理事官。考满，进世职三等牛喇章京。顺治元年，从入关，西讨李自成。自成之徒自延安出犯，截击，大破之。逐自成至武昌，蹑之至富池口，列阵河岸，与巴牙喇纛章京哈宁阿、甲喇额真希尔根击之溃。移军江南，与巴牙喇甲喇额真布贞沙败明将黄蜚于池州，斩级二百，得舟十二。三年，从讨苏尼特部长腾机思，战败土谢图汗、硕类汗二部兵。擢工部侍郎，累进世职二等阿思哈尼哈番。十五年，以勘罗源战败将士有所徇，夺官，削世职。十八年，圣祖即位，复授一等阿达哈哈番兼拖沙喇哈番。康熙三年，卒。

哈尔奇，莽果孙也。顺治十六年，以巴牙喇壮达从军。郑成功内犯，自荆州援江宁，破成功将杨文英。署巴牙喇甲喇章京。讨耿精忠，迭战败其将杨益茂于九江、邵联登于建昌，又败吴三桂将夏国相于萍乡、谢胜先于浏阳、吴国贵于武冈。叙功，授拖沙喇哈番。卒。

达素，章佳氏，满洲镶黄旗人，先世居费雅郎阿。天聪五年，以巴牙喇壮达从伐明，围大凌河。明兵来援，与巴牙喇壮达鳌拜同击却之。略明边，斩敌骑。师还，擢巴牙喇甲喇额真。

崇德五年，从围锦州，败杏山明兵。六年，复围锦州，明兵数十人据塔山，列火器拒守。达素率六骑驰而上，尽斩之；复率兵邀击，明兵走海岸，溺死者无算。七年，从徇宁远，败明骑兵。八年，从巴牙喇纛章京阿尔津等伐虎尔哈部，克博和理城，又招降能吉尔、大噶尔达苏诸屯。

顺治元年，从入关，击李自成。从固山额真巴哈纳等徇山西，克绛州，逐贼至黄河。贼以舟济，达素督兵射之，贼多堕水死。二年，从英亲王阿济格下湖广，讨自成，克安陆、武昌，逐之至富池口，贼营对岸，达素先诸将冲击，多所俘获。三年，从肃亲王豪格讨张献忠，道汉中，击破贺珍，下四川，屡战皆捷。积战功，授世职拜他喇布勒哈番兼拖沙喇哈番。

六年，从英亲王阿济格讨姜瓖，战于右卫，贼大至，达素奋前搏击，飞矢及其喉，手足皆创，堕马。军校欲负以退，叱曰："死则死耳，何避为？"裹创督兵复战，瓖兵败却。世职累进一等阿达哈哈番。

九年，从敬谨亲王尼堪征湖南，次衡州。贝勒屯齐令别将兵诇敌宝庆，遇敌，击败之，进攻全州，破寨五，斩所置文武吏九及其徒四千于，复兴安、灌阳，复斩定国将倪兆龙。敬谨亲王没于阵，将佐俱坐罪，达素以别将兵克敌，得免议。十一年，擢巴牙喇纛章京。十三年，擢内大臣。十六年，郑成功内犯江宁，授达素安南将军，同固山额真索浑、巴牙喇纛章京赖塔等率师赴援，至则成功已败走，移师赴福建。十八年，召还。康熙八年，鳌拜败，达素为所引用，坐罢官。寻复世职。卒。同族有喀尔塔喇。

喀尔塔喇，满洲镶白旗人，先世亦居费雅郎阿。父图尔坤詹，当太祖时，率五子及所部百余户来归，授牛录额真。卒，喀尔塔喇嗣，事太宗。崇德三年，以巴牙喇甲喇章京从豫亲王多铎伐明，略宁远，将入边，破明兵；及还，又连败之。六年，从围锦州，城兵出犯镶黄旗分守壕堑，坐退避，罪当死，上命罚锾以赎。

顺治元年，从入关，击李自成，将本旗败其骑兵，逐之至庆都，尽歼其后队。旋从固山额真巴哈纳等徇怀庆，入山西境，破贼黄河渡口，逐之至榆林。二年，自成走湖广，移师从之。与巴牙喇甲喇章京鳌拜攻克安陆，督兵进剿，毁其垒，得舟六十余。

五年，从大将军谭泰讨金声桓，师次童子渡。声桓兵据水而阵，方舟为梁，喀尔塔喇夺以渡师，分兵趋饶州。声桓遣别将以三千人迎战，喀尔塔喇与甲喇额真巴朗等击败之，克饶州。进次南昌，营甫定，声桓兵出战，奋战，挫其锋。师合围，喀尔塔喇屯江岸，声桓兵以舟运粮入城，喀尔塔喇邀击，得舟八，又纵火焚舟七百余，师次城北。喀尔塔喇与甲喇额真艮泰分兵攻城南，六年春，克南昌。

九年，擢巴牙喇纛章京。从敬谨亲王尼堪征湖南衡州，乘胜疾进，遇伏，力战，与王同没于阵。喀尔塔喇积战功，世职累进一等哈达哈番，恤进三等阿思哈尼哈番，谥忠壮。

子赫特赫，袭。十六年，以甲喇额真从讨郑成功，攻厦门，战死，予世职拜他喇布勒哈番。

论曰：满洲诸大家多以地为氏，往往氏同而所自出异。战绩既著，门材遂张。济席哈、达素尝专将，虽所当非大敌，或未与敌遇，要其才望必有足以胜此任者。果科等皆以裨佐树绩行间，勋阀所存，亦不得而略焉。

卷二百四十三　　　列传三十

沙尔虎达 子巴海　**安珠瑚**　**刘之源** 吴守进
巴山 张大猷　**喀喀木**　**梁化凤** 子鼐
刘芳名　**胡有升**　**杨名高** 刘光弼　**刘仲锦**

沙尔虎达，瓜尔佳氏，其先苏完部人，居虎尔哈。太祖时，从其父桂勒赫来归，授牛录额真。天命初，从伐瓦尔喀部，有功，授世职备御。天聪元年，太宗自将伐明，攻大凌河，围锦州，沙尔虎达以噶布什贤章京从，屡战辄胜。三年，复从伐明，拔遵化，薄明都，沙尔虎达战郭外，败明兵，进世职游击。自是数奉命与噶布什贤章京劳萨等率游骑入明边，往来松山、杏山间，获明逻卒十八及牙将为逻卒监者，并得牲畜、器械甚夥。大凌河城下，明将祖大寿降，既，复入锦州为明守。上遣诸将略锦州，使沙尔虎达悬书十三站山坡谕大寿。九年，与白奇超哈将领巴兰奇等徇黑龙江，加半个前程。冬，复略锦州，还，献俘，命分赉将士。

崇德元年，从伐朝鲜，破敌南汉山城。二年，列议政大臣。甲喇额真丹岱、阿尔津等如土默特互市，上虑明兵要诸途，命沙尔虎达帅师诣归化城护行。三年，与噶布什贤噶喇依昂邦吴拜将八十人行边，至红山口，遇明兵，斩裨将二；击走明骑兵自罗文峪至者，寨其纛，得马四十；又破明步兵自密云至者，斩百余级。四年，上自将伐明，沙尔虎达将噶布什贤兵自义州向锦州，复将土默特兵二百人入宁远北境，与甲喇额真苏尔德、鄂硕、布丹为伏，以数骑致明师，明师坚壁不应，乃掠其采薪者以归。五年，进世职二等甲喇章京。

六年三月，从睿亲王多尔衮围锦州，坐从王令离城远驻，当夺职，籍家产之半，上命罚锾。八月，迁噶布什贤噶喇依昂邦。上自将御洪承畴，部分诸将击敌，赐沙尔虎达马，使将所部屯高桥东界，谕曰："敌败，当自杏山西台截大道蹑击之，毋使入城。"且诫之曰："汝平日行不逮言，今当自勉！"既战，明师败，沙尔虎达违节制，纵溃兵二百余入城。上命系而问之，沙尔虎达稽首对曰："杀臣衹一死，宥当效命。"上乃宥之，降授甲喇额真。七年，与珠玛喇率师伐虎尔哈部，降鄂尔喀木等十七人、户千余，得马骡牲畜。师还，宴劳，赍布帛有差。

顺治元年，伐库尔喀，伐黑龙江，皆有功。复从击李自成，破潼关。二年，从攻江宁，下杭州，进世职一等甲喇章京。四年，授梅勒额真。帅师屯东昌，讨平土寇丁维岳、张尧中，加半个前程。五年，从讨江西叛将金声桓。迁巴牙喇纛额真，复为议政大臣。六年，定河间土寇。七年，调镶蓝旗满洲梅勒额真。累进一等阿思哈尼哈番。九年七月，命帅师驻防宁古塔。十年，擢固山额真，仍留镇，赐冠服、鞍马。十五年七月，俄罗斯寇边，沙尔虎达击之，走，多所俘馘。十六年，卒，谥襄壮。以其子巴海袭。

巴海初以牛录额真事世祖，累迁秘书院侍读学士。既袭世职，上谕吏部曰："宁古塔边地，沙尔虎达驻防久，得人心。巴海勤慎，堪代其父。授宁古塔总管。"十七年，俄罗斯复寇边，巴海与梅勒章京尼哈里等帅师至黑龙江、松花江交汇处，伺敌在飞牙喀西境，即疾趋使犬部界，分部舟师，潜伏江隈。俄罗斯人以舟至，伏起合击，我师有五舟战不利。既，俄罗斯人败，弃舟走，巴海逐战，斩六十余级。俄罗斯人入水死者甚众，得其舟枪炮铳若他械，因降飞牙喀百二十余户。叙功，加拖沙喇哈番。明年，以巴海奏捷讳未言有五舟战不利，尽削原袭及功加世职。

康熙元年，改设黑龙江将军，仍以命巴海。十年，上东巡，诣盛京，巴海朝行在。上问宁古塔及瓦尔喀、虎尔哈诸部风俗，巴海具以对。谕曰："朕初闻尔能，今侍左右，益知尔矣。飞牙喀、赫哲虽服我，然其性暴戾，当迪以教化。俄罗斯尤当慎防。训练士马，整备器械，毋堕其狡谋。尔膺边方重任，当龟勉报知遇！"

边外有墨尔哲之族，累世输贡，巴海招之降。其长扎努喀布克托等请内徙，巴海请徙置宁古塔近地，置佐领四十，以授扎努喀布克托及其族属，分领其众，号为新满洲。十三年冬，巴海率诸佐领入觐，上锡予有差，赐巴海黑狐裘、貂朝衣各一袭。十七年，敕奖巴海及副都统安珠瑚抚辑新满洲有劳，予世职一等阿达哈番兼拖沙喇哈番。

二十一年，巴海疏言官兵捕采参者，当视所得多寡行赏。上为下部议，并诫非采参者毋妄捕。是岁，上复东巡，诣盛京，幸吉林，察官兵劳苦。既还京师，谕巴海罢采鹰、捕鲟鳇诸役。二十二年，以报田禾歉收不实，部议夺官，削世职，上犹念巴海抚辑新满洲有劳，命罢将军，降三等阿达哈哈番。二十三年，授镶蓝旗蒙古都统，列议政大臣。三十五年，卒。子四格，袭职。

安珠瑚，瓜尔佳氏，满洲正黄旗人，先世居苏完。父阿喇穆，任牛录额真。顺治元年，从入关，击李自成，战死，授世职半个前程。安珠瑚袭职，遇恩诏，累进三等阿达哈哈番。擢甲喇额真，兼刑部郎中。从大将军伊尔德攻舟山，从将军济什哈讨莱州土寇于七，皆有功。康熙六年，授宁古塔副都统。十五年，增设吉林乌喇副都统，以命安珠瑚，佐巴海抚新满洲，进世职如巴海。十七年，擢盛京将军。二十一年，上东巡，见边界多战骨暴露，谕安珠瑚遍察收瘗。二十二年，以疾乞休，上责安珠瑚失职，夺官，发吉林乌拉效力。二十四年，授索伦总管。二十五年，卒。

安珠瑚入对，尝言所辖士兵皆藐视之，上知其庸懦，及卒，命削其世职。

刘之源，汉军镶黄旗人。天聪九年，授甲喇额真。崇德五年，从上伐明，攻锦州，距城东五里发炮隳其台。复列炮城北击晾马台，殪明兵。寻代马光远为正黄、镶黄二旗汉军固山额真。六年，从睿亲王多尔衮围松山，发炮隳台四，获明将王希贤、崔定国、杨重镇等，又斩裨将三。七年，从郑亲王济尔哈朗围塔山，列炮城西，毁其垣二十余丈，歼城兵，隳杏山城北台，又击毁其垣，城兵惧，乃出降，授世职二等甲喇章京。分设汉军八旗，之源仍领镶黄旗。八年，从郑亲王攻克中后所，斩明将吴良弼、王国安等；进攻前屯卫，发炮隳其城：进世职一等。

顺治元年，从入关，命与固山额真李国翰剿定畿南余寇。复从固山额真叶臣等西征，克太原。又与固山额真巴哈纳自汾州逐寇至平阳，斩馘四千余。山西寇始尽。师还，优赉。二年，从顺承郡王勒克德浑下湖广，讨李自成，与国翰合师破应山。降将马进忠复叛，与固山额真金砺击败之武昌，得舟六十余，遂徇湖北。五年，授定南将军，从郑亲王再下湖广。六年，攻湘潭，明总督何腾蛟分三队出战，之源分兵应之，败明兵，克其城，获腾蛟。夜督兵逐进忠，平明劓其垒。复进克宝庆，并破南山坡九垒，斩明将马有志、胡进玉等，进忠跳而免。又击破明将袁宗第于洪江、王永强于便水驿。叙功，遇恩诏，世职累进一等阿思哈尼哈番兼拖沙喇哈番。

八年，与金砺驻防杭州。明大学士张肯堂与其将阮进、张名振拥鲁王以海屯舟山，之源与总督陈锦、总兵田雄合师攻之，破明兵于横水洋，获进。逼螺头门，肯堂城守十余日，师以云梯登，肯堂及鲁王诸臣李向中、吴钟峦、朱永佑等纵火自焚死。名振以鲁王遁三盘岛，之源遣总兵马进宝等追击之，焚其积聚；复败之于沙埕，收各噢户口八千五百余，悉令归农。论功，进三等精奇尼哈番。

十六年八月，授镇海大将军，驻防镇江。疏言："京口百川汇流，江南财赋自此挽运北输。近因郑成功入犯，几至横截运道。宜先练习水师，以资防御。防海策有三：出海会哨，勿使入江，上也；循塘拒敌，勿使登陆，中也；列阵备兵，勿使近城，斯下矣。顾练水师当先造船，火器、水手、舵工，百无一备，何以御贼？"上敕兵部下总督郎廷佐制备。十七年，疏言："京口水师造船二百，募水手、舵工八千余，一时难以集事。沿海民有双桅沙船，造作坚固，其人熟于洋面水道，请查验船堪用者收用，船户给以粮饷。旧设战船低小，不必修补。边海炮台、烽墩、桥路，请敕督抚下沿海州县修葺高广。"下兵部，并从之。寻得成功遣谍与提督马逢知关通状，疏闻，命侍郎尼满会之源鞫实，逢知坐诛。

康熙三年，召还京，仍任都统。四年，以病乞休，加太子太保，致仕，以其子光代为都统。鳌拜得罪，之源、光坐党附，夺官论死，上命宽之。之源寻卒。妻胡叩阍，诉之源功罪足相当，诏复官，并予三等精奇尼哈番，仍以光袭。三传，降袭三等阿思哈尼哈番。乾隆初，定封三等男。

吴守进，汉军正红旗人，初籍辽阳。太祖时来归，从征伐有劳，授世职游击。天聪五年，授户部承政。八年，考满，进世职一等甲喇章京。时始设汉军世管牛录额真，命守进兼任。崇德三年，改左参政。四年，坐赃，论罪至死，命贷之，削世职，解参政，籍其家之半，仍摄正红旗汉军梅勒额真。旋真除。

六年，从睿亲王多尔衮、武英郡王阿济格攻锦州，守进发炮克塔山四台，获明将王希贤、崔定国等，多所斩馘。七年，擢本旗固山额真。率师攻松山、杏山，明兵屯於吕洪山口，与固山额真金砺击破之。明兵保杏山侧二台，复与固山额真刘之源击破之，遂拔杏山。寻命与梅勒额真马光辉等诣锦州督铸炮。八年，从攻宁远，取中后所、前屯卫。

顺治元年，从入关，复授世职二等甲喇章京。从固山额真叶臣徇山西，克太原。复从豫亲王破李自成，下江南，败明师，克扬州、江阴，复进破嘉兴。叙功，进一等。四年，授定西将军，驻汉中。五年，卒。子国柄袭。从征湖广，官梅勒额真，加世职拖沙喇哈番。

巴山，瓜尔佳氏，满洲镶黄旗人，世居哈达。祖巴岱，国初率众来归，授世管牛录额真。再传至巴山。天聪五年，从太宗伐明，围大凌河。城兵出战，梅勒额真屯布禄、牛录额真郎格等战没，巴山驰入阵，以其尸还。六年，从伐察哈尔，其部人窜入大同，往取之。师还，巴山与承政图尔格殿，明兵追袭，设伏邀击，斩馘甚众。八年，授世职牛录章京。寻擢甲喇额真。

崇德元年，从上伐朝鲜，与甲喇额真屯泰等先众破敌。三年，兼任工部理事官。从贝勒岳托伐明，自墙子岭入边，薄明都，击败明太监冯永盛兵；攻巨鹿，率所部以云梯先登，克之：加半个前程。五年，与承政萨穆什喀、索海等伐虎尔哈部，攻挂喇尔屯。七年，从奉国将军巴布泰率师驻锦州。

顺治元年，从入关，督所部步兵击败李自成，擢工部侍郎，进世职三等阿达哈哈番。二年，授梅勒额真，镇守江宁。三年，命总管江宁驻防满洲兵，特置总督粮储兼理钱法，驻江宁，以协领鄂屯兼任，加户部侍郎，以重其事。时江北诸山寨并起，号为明守。江宁民有谋为应者，巴山诇知，捕斩三十人。未几，明潞安王谊石以二万人分三道攻江宁，巴山会招抚大学士洪承畴等督兵御之，谊石败走。语详《承畴传》。明故左通政嘉定侯峒曾以二年死难，四年，其子元潜通表鲁王以海，取敕书及其将黄斌卿致承畴书以归。柘林游击陈可得之，有"内杀巴、张二将"语，指巴山及提督张大猷也。事闻，上以敌谋设间，诏尉承畴，而谕奖巴山及大猷"严察乱萌，公忠尽职"。

六年，江南总督马国柱讨六安山寇，巴山及大猷以师会，斩其渠张福寰，诸寨悉平，进三等阿思哈尼哈番。是岁，裁总督粮储钱法，不复置。九年，将军金砺讨郑成功，请益师，部议调江宁驻防兵二百，鄂屯与理事官额赫纳、乌库理率以行，攻海澄。成功兵劫我军炮，鄂屯与额赫纳击却之。成功兵十余万逆战，鄂屯督兵纵击，成功兵退，断桥。鄂屯与乌库理策马径渡，成功兵溃，破其垒数十，降数千人。寻召巴山还京，以喀喀木代。十一年，复录江宁半功，进世职二等。康熙十二年，卒。

子舒恕，袭世职。从大学士图海讨王辅臣，次平凉城北虎山墩，击败辅臣兵。复从都统穆占讨吴三桂，击败三桂兵于松滋，进围云南，屡败吴世璠将胡国柄、刘玘龙、黄明等，又困其将马宝、巴养元等于乌木山。论功，进世职一等。卒，子长清，改袭一等阿达哈哈番。

张大猷，汉军镶黄旗人，初籍辽阳。太祖克辽阳，大猷以千总自广宁来降，授牛录额真。天聪初，明边将遣谍招我新附之众，大猷发其事。太宗嘉之，予世职游击。崇德三年，授刑部理事官。寻擢汉军梅勒额真。四年，更定汉军旗制，授镶黄旗梅勒额真。五年，从睿亲王多尔衮围锦州，率本旗兵攻五里台及晾马山、马家湖，皆下，又克金塔口台。六年，从郑亲王济尔哈朗围锦州，明骑兵自松山至，谋夺炮，大歼击却之。复与山额真刘之源等攻克塔山、杏山及附近诸台。论功，进二等甲喇京。七年，迁兵部参政。十月，从贝勒阿巴泰伐明，筑桥浑河济师，击破明总督范阿衡军。八年，从攻宁远，取中后所、前屯卫，进世职一等。

顺治元年，从固山额真叶臣徇山西，克太原，与固山额真李国翰抚定诸郡县。二年，师定江南，与固山额真吴守进下浙江，次石门，明兵自杭州夜来袭，却之。还，克嘉兴。三年，命与巴山率兵镇守江宁，总管汉军及绿旗兵。旋授提督江南总兵官。论功，进世职三等梅勒章京。六年，同讨张福寰。总督马国柱奏大歼身先士卒，屡险摧锋，功第一，进世职三等精奇尼哈番。九年，卒。三传，降袭三等阿思哈尼番。乾隆初，定封三等男。

喀喀木，萨哈尔察氏，满洲镶黄旗人，先世居乌喇部。父塘和礼，当太祖时，率百人来归，授牛录额真。从伐辽东有功，予世职游击。从伐瓦尔喀，射熊，为所伤，卒。

喀喀木嗣领牛录。崇德三年，授吏部理事官。五年，从伐虎尔哈部，敌据栅拒战，喀喀木督兵破栅，斩级二百，俘一百三十。七年，从伐明，攻松山，本旗率领失律未察举，降世职牛录章京。八年，擢吏部参政。顺治元年，署梅勒额真。从入关，加半个前程。寻改侍郎。四年，复世职三等甲喇章京。郧阳总兵王光恩坐事逮系，其弟光泰叛据郧阳，提督孙定辽战死，势甚张，上命喀喀木率兵讨之。师将薄郧阳，光泰遁走，喀喀木与副将王平率师逐捕，战房县，斩级千余。光泰走四川，喀喀木驻军郧阳。

五年，金声桓自江西窥湖广，总督罗绣锦疏请留喀喀木驻荆州。六年，召还。七年，授镶黄旗梅勒额真，世职累进三等阿思哈尼哈番。八年，命与固山额真噶达浑等率兵讨蒙古鄂尔多斯部长多尔济。九年，师出宁夏，至贺兰山，击斩多尔济，并歼其部众，俘其余以归，得马驼数百、牛千余、羊万余。

寻命代巴山为镇守江宁总管。十年，明将李定国兵犯广东，潮州总兵郝尚久叛应之，授喀喀木靖南将军，率师会靖南王耿继茂讨尚久。围逾月，督兵以云梯登，尚久入井死，潮州及旁近州县皆定。还驻江宁。

十六年，郑成功大举入犯，破镇江，复陷瓜洲，溯江上。喀喀木与总督郎廷佐、提督管效忠谋御敌，檄总兵梁化凤赴援。会梅勒额真噶褚哈、玛尔赛自贵州旋师，循江东道江宁，入城同守。喀喀木曰："贼势盛，宜乘其未集先击之。"简精锐逆击，成功前军为少却，得舟二十余。俄成功兵大至，连营八十有三，舟蔽江，喀喀木昼夜防守。化凤援兵至，乃议使绿旗兵先出战。化凤出仪凤门，效忠出钟阜门，夹击，破成功兵，获其将余新等。明日，喀喀木与噶褚哈、玛尔赛督兵出神策门，成功兵据白土山列阵，乃分兵左右仰攻，与化凤率精锐捣其中坚，获其将甘辉及裨佐数人，斩馘无算。成功兵溃，走出海。事闻，部议失镇江、瓜洲当议罪，上以固守江宁功大，命免议。

康熙元年，改总管为将军，仍以命喀喀木。七年，卒，授其子喇扬阿一等阿达哈哈番兼拖沙喇哈番。

梁化凤，字翀天，陕西长安县人。顺治三年武进士。四年，授山西高山卫守备。五年，从英亲王阿济格讨叛将姜瓖，克阳和城，擒瓖将郭二用。擢大同掌印都司。时大同、左卫、浑源、太原、汾、泽群盗竞起应瓖。六年，化凤攻大同，破北窑沟，寇据山巅，悬柴以火燔之，获其渠李义、张豹。攻浑源，徇韩村、玉合堡、张家堡，破贾庄，获其渠王平；乃克浑源，又获其渠方三、唐虎诛之。攻左卫，降云冈、高山二堡，遂合围。化凤中三矢，战愈力，寇以城降。叙功，超加都督金事，以副将推用。进攻太原，寇出战，化凤左臂中枪，矢集于胛，益奋斗，执所置巡抚姜建勋，乃克太原。进解阳平围，攻汾州，败其渠沈海。攻孝义，寇渠张尔德来援，与战大破之，乃克汾州，获尔德。海复以兵至，再战击败之，走潞安。迭下曹家堡、记古寨、善信堡。介休、平遥、祁、徐沟诸县悉降。进攻太谷，克之，获其渠苏升，乃克潞安，海走九仙台。拔长子，进攻九仙台，山峻，骑不得上；以火攻之，寇不支，海出降。进定泽州。是岁凡二十二战皆捷。七年，复歼余寇于牛鼻寨，获其渠衰忠。山西悉定。

八年，借补江南芜永营参将。讨平石皿、鹭鸶二湖盗，获其渠杨万科。十二年，擢浙江宁波副将。明将张名振屯崇明平洋沙，总督马国柱檄化凤署苏松总兵。名振攻高桥，化凤驰赴战，迭击败之，遂复平洋沙。十三年，真除苏松总兵。化凤以平洋沙悬隔海中，戍守不及。沿海筑坝十余里使内属，并引水灌田，俾海滨斥卤化为膏腴。

会郑成功攻崇明，遣谍疑众，化凤擒斩之，督兵迎战，获其将侯丁秀、宫龙、陈义等。又遣诸将设伏，斩其将陈正，缚致曾进等十一人。成功引去，七月，复大举入寇，连舟蔽江，号百万，陷镇江，直犯江宁，南北中梗。化凤将所部兵三千人疾驰赴援，升高瞭敌，见成功军不整，樵苏四出，军士浮后湖而嬉，乃率五百骑夜出神策门，破白土山敌垒。明日，督兵出仪凤门，提督管效忠出钟阜门，夹击搏战，拔巨纛，毁其木寨，简骁勇乘屋，发火器，矢石杂下，成功兵奔溃，逐至龙江关，获其将自新等。成功收余众，连营屯白土山，众犹数十万。又明日，复与总管喀喀木等出神策门，直攻白土山，督将士仰击，寇迎拒，殊死战。甘辉者，成功骁将也，化凤入阵生获之。成功兵夺气，遂奔不可止，逐北斩馘。迫江上，化凤先遣别将焚其舟，成功兵自踩藉及入江死者无算。成功遁入海，化凤策成功当还攻崇明，先遣别将为备。成功出海攻崇明，化凤自江宁还援；成功度不能克，括民舟将渡白茅口，化凤与相值，绝流迅击，炮石荡海波，成功复大败，跳而免。叙功，授世职三等阿达哈番，赐金甲、貂裘。

十七年，擢苏松提督，加太子太保、左都督。化凤疏言："苏、松滨海，地袤八百余里，标兵止二千余。请酌调省兵三千八百，立六营，资捍御。"下部议，从之。十八年，上复录化凤功，进世职三等阿思哈尼哈番。寻裁江安庐凤提督，以化凤为江南提督。时议者以台湾未复，用广东、福建例，苏、松滨海立界，徙居民于内地。化凤曰："沿海设戍，赋拟弃之地以养之。国既足兵，民无废业，迁界何为？"奏入，上从其言。康熙十年，卒，赠少保，谥敏壮。圣祖巡西安，遣官祭其墓。乾隆初，定封三等男。

萧，其次子也。以荫授川陕督标左营游击。吴三桂乱起，总督哈占令萧率兵驻黑水峪，败王辅臣之兵于观音堂。调兴安城守游击。从征汉中，战屡捷，克达州，加都督金事。三迁至福建陆路提督。四十五年，擢福建浙江总督。上南巡，书"旗常世美"字赐之。初，金世荣为总督，谓出洋大船易藏盗，奏定渔船不得用双桅，商船悉令改造，梁头不得过丈有八尺。萧力言无益海疆，徒累于商民，上命弛其禁。四十七年，疏言嘉、湖诸水皆泄入太湖，通津要道，发帑疏治；支河淤浅，劝民开浚。上谕支河劝民开浚，虑有司藉此私派，当并发帑疏治。四十九年，以母丧去官。五十三年，卒。

刘芳名，字孝五，汉军正白旗人，初籍宁夏。仕明至柳沟总兵。顺治元年，降，命仍原官。二年，调宁夏，赐白金、冠服。时陕西初定，多盗，悍卒复伺隙谋乱。芳名抚绥训练，冀树威望，销乱萌，总督孟乔芳疏奖其才。武大定叛固原，贺珍叛汉中，师进讨，芳名皆有功。三年，方赴巩昌剿寇，宁夏兵遽变，戕巡抚焦安民。芳名驰还，察知裨将王元、马德首乱，遣德署黑马池副将，分元势；侦元将出城就寇渠洪大诰，芳名设伏，俟元至，伏发，力拒，诸将樊朝臣、姜九成等夹击之，元败奔，副将马宁等追击，获以归。芳名别遣将搜斩大诰。德闻元诛而惧。四年春，芳名偕河东道马之先出师惠安，德乘间纠党劫军资，遁入山，合寇渠贺宏器等自红古城出口，袭破安定。螺山寇王一林戕参将张纯以应之，横行宁固、平庆间。芳名督所部兵进次乱麻川，破贼；复进次预望城，再破贼，斩一林，德以四骑走，追及之河儿坪，缚而磔之，乱乃定，授三等阿达哈哈番，擢四川提督、定西将军。寻命以右都督留镇宁夏。五年，讨平香山寇李彩。

马德之诛，副将刘登楼预有功。登楼居榆林宁塞，力而狡。六年，以延安叛应姜瓖，易衣服，自署"大明招抚总督"，戕靖边道夏时芳，腾书致芳名。芳名以见污，怒，封其书示巡抚李鉴，鉴以闻。登楼西犯花马池，下兴武诸营堡，逼宁州。时定边屯蒙古札穆素叛逃贺兰山，芳名遣兵击破登楼，登楼走定边屯，结札穆素寇宁夏西境，犯河东，陷铁柱、惠安、汉伯诸堡。将犯灵州，会固山额真李国翰师至，乃定策：鉴守宁夏，御札穆素；芳名引兵东渡河，趋榆林，与登楼战于官团庄，大破之。登楼退据汉伯，师从之，绝其水道，遂合围。芳名督兵逼垒东南，当矢石冲。诸将进曰："当移数武避贼锋。"芳名厉色叱之曰："死则死耳，何惧为？且士卒多伤痍，而我避锋镝可乎？"士卒益奋，攻十二日，克之，斩登楼，余众悉降。

乱定，进世职二等。疏言："宁夏孤悬河外，延袤千里。镇兵屡征发，兵单力薄。请自后征发缺额，即令招补备守御。"又请以减等罪人金发沿边，资生聚。皆下部议行。

十六年，调随征江南右路总兵，加左都督，率宁夏三营驻江宁。郑成功攻崇明，芳名与提督梁化凤共击败之。十七年，疏言："臣奉命剿贼，不意水土未服，受病难瘳。所携宁夏军士，训练有年，心膂相寄。今至南方，半为痢疟伤损。及臣未填沟壑，敢乞定限更调。"上报以优旨。旋卒于军，加太子太保，谥忠肃。命所部将士还宁夏本镇。

胡有升，锦州人。崇德元年，睿亲王多尔衮、豫亲王多铎率师攻锦州，有道人崔应时者，与州民张绍祯，门世文、世科，秦永福等谋以城降，使有升持书诣师，期内应。豫亲王与书赍还。明将诇知之，执应时等下狱。有升与绍祯、世文、世科、永福脱走来归，各赐寇服、鞍马、妻室、奴仆。授世职，有升得三等梅勒章京，隶汉军镶黄旗。屡从征伐，进二等。

顺治四年，授南赣总兵。五年，金声桓、王得仁以南昌叛，犯赣州。副将高进库出战而败，巡抚刘武元与巡道张凤仪分守城东西，有升率健卒循城策应。得仁兵穴城，将置火具仰攻，有升以石塞其窦。围三月，粮匮，有升出战，得仁败走。声桓闻征南大将军谭泰师至，引退，有升督兵迫击，多所斩馘。未几，李成栋复来攻，有升乘成栋兵方凿壕，出战大破之。语互见《武元传》。初，柯永盛自南赣总兵迁湖广总督，请以镇兵二千自随。有升疏言："赣地江、湖关键，声桓乱未平，镇兵习水土，便征剿，宜遣还镇。"上从之。六年，声桓诛，成栋走死。谭泰师还，土寇犹未靖，上犹刘飞、龙南叶芝、石城邹华、雩都彭顺庆、瑞金陈其纶，皆负固为乱，有升与武元分遣诸将次第讨平之。叙功，加左都督，赐紫貂冠服、甲胄、佩刀、鞍马，进世职三等精奇尼哈番。

十年，以尚可喜、耿继茂疏论有升功，复加太子少保。十七年，以老解官。康熙三年，武元子沤疏请加叙守赣州功，有升亦以请，进一等。九年，卒，子启泰袭，改隶正白旗。再传，降袭一等阿思哈尼哈番。乾隆初，定封一等男。

杨名高，汉军镶黄旗人，初籍辽东。太宗时，率其族百余人来归，授牛录额真，兼任兵部理事官。崇德间，屡从征伐，克塔山、杏山，击败明总督范志完，取前屯卫、中后所，皆在行。顺治元年，授世职牛录章京。二年，迁甲喇额真。三年，擢都察院参政。

六年，授福建漳州提督。明新建王由模据大田，勾延平高峰诸土寇为乱。七年，名高率师破石矾巅，由模走永安，副将王爱臣追获之。高峰寨渠陈光等招德化土寇郑荐来援，名高令副将韩尚亮等率师截击，围寨。光夺围走，名高督兵奋击，寇多堕壕死。师进次大田，寇溃走，败之龙门桥，擒其将郭奇、廖明正，诸寇悉降。

寻又率师徇邵武，寇走入江西新城，名高分兵三道进，与总兵王之纲殿，逐寇三十余里，擒其将洪国玉、李安民、王恒美等，得牛马、枪炮无算。叙功，进世职二等阿达哈哈番。九年，郑成功自厦门陷长春、漳浦、海澄、南靖诸县，以二十余万人寇漳州，屯凤巢山。名高督兵击破之，成功退屯海澄，所陷诸县皆复。寻复出，陷漳州及所属诸县。给事中魏裔介劾名高急玩，下总督佟岱按治，坐夺官。寻卒。

刘光弼，汉军镶蓝旗人，初籍辽阳，冒曹氏。天聪五年，命守耀州。率兵从太宗伐明，围大凌河，克城旁三台。城兵出战，光弼先众驰击，我兵有陷阵者，力援之出。明监军道张春、总兵吴襄等自锦州赴援，光弼驰入阵，斩其裨将。崇德五年，授甲喇额真。从攻锦州，与墨尔根辖李国翰同克吕洪山诸台。屡击败松山、杏山马步兵。明兵屯山口阻我师，与国翰督兵奋战，明兵引去。锦州既下，发炮攻克塔山、杏山两城，及附近台堡。叙功，予世职牛录章京。七年，擢镶蓝旗汉军梅勒额真。八年，偕固山额真刘之源诣锦州督铸炮。寻从郑亲王济尔哈朗攻宁远，取前屯卫、中后所。

顺治元年，从入关，击李自成。旋从固山额真叶臣徇山西，克太原。三年，从端重亲王博洛下浙江，拔金华，进定福建。五年，授礼部侍郎。从大将军谭泰讨金声桓，克南昌，谭泰疏请以光弼署江西提督。六年，平广昌土寇，旋命真除。土寇张自盛、洪国玉等据湖东为乱。光弼督参将陈升等讨平之。其党董明魁、郭承珉等皆降。遇恩诏，世职累进一等阿达哈哈番。十三年，赐鞍马、弓矢。十六年，以老病致仕。康熙十二年，卒。

刘仲锦，汉军正蓝旗人，初籍辽阳东宁卫。崇德五年，以牛录额真从睿亲王多尔衮等伐明，围锦州，骑兵千余出迎战，仲锦击破之，追薄城下始还。复击败松山、杏山、吕洪山口敌兵。七年，从郑亲王济尔哈朗等攻塔山，发炮击城圮，仲锦率所部兵先登，克之。进攻杏山，复发炮击城，毁其垣，城人遂降。叙功，予世职半个前程。八年，从巴牙喇纛章京阿尔津、哈宁阿等伐黑龙江虎尔哈部，克博和哩、诺尔噶勒、都里三屯，降大小噶勒达苏、绰库禅、能吉勒四屯。赐貂皮、白金。复从攻宁远，取中后所、前屯卫。进世职半喇章京。

顺治元年，从入关，授户部理事官，兼甲喇额真。从固山额真叶臣等徇山西，克太原。又从英亲王阿济格西讨李自成，自陕西下湖广，败其将马进忠，得舟十一。五年，擢兵部侍郎。六年，从睿亲王讨姜瓖，攻浑源、左卫，进攻汾州，皆发红衣炮克之。七年，授山东临清总兵，加都督同知，世职累进一等阿达哈哈番加镇沙喇哈番。十年，改福建右路总兵，加左都督，驻泉州。十一年，以疾解任。旋卒。

论曰：满洲兵初入关，分驻都会，其后乃久屯，置总管。沙尔虎达招徕新满洲，刘之源、巴山、喀喀木镇抚江南，喀喀木合群力摧大敌，厥功尤著。汉兵入关后来附者，不复入乌真超哈，循旧制分设提镇。化凤援江宁，与喀喀木同功。芳名偕马之先守宁夏，有升佐刘武元守赣州，皆有殊绩。名高等以卿贰出专阃，亦能称其职者。若富喀禅镇西安，乌库理守盛京，皆见于他篇，故不复著。

卷二百四十四　　列传三十一

赵开心　杨义　林起龙　朱克简成性
王命岳　李森先李呈祥　**魏琯　李裀
季开生**弟振宜　**张煊**

赵开心，字灵伯，湖南长沙人。明崇祯进士，官至兵部员外郎。顺治元年，授陕西道监察御史。是岁有自称故明皇太子者，令故明贵妃袁氏及故东宫官属内监等视之，皆言不相识。开心及给事中朱徽疏请详审，下法司，自承为京师民杨玉。以开心疏言"太子若存，明朝之幸"，论死，上命免之。二年，疏言："刑部治庶狱，数日即结正。惟自别衙门发送者，恒不时谳决，久置狱中。请令所司五日一稽核，当鞫当释，勿使留滞，并请通饬诸行省抚按遵行。"从之。

寻命巡视南城。满洲兵初入关，畏痘，有染辄死。京师民有痘者，令移居出城，杜传染。有司行之急，婴稚辄弃掷。开心疏请四郊各定一村，移居者与屋宇聚处。旋又疏言："立政之始，一事之得失，关天下万世之利害。疏奏不能尽陈，封章不敢频渎。乞时赐召对，霁颜听受。庶用人施政，悉奉宸断。"睿亲王摄政，入朝，朝臣皆跪迎，开心疏请敕礼部详定仪注。江、浙、湖广诸行省初定，开心疏请急置抚按，以时绥抚。并得旨俞允。擢左佥都御史。三年，坐事，罢。

八年，召起原官。旋超擢左都御史。开心子而抃，为唐王时举人。九年，开心疏乞许而抃会试，礼部议不许，开心坐夺职，永不叙用。十年，谕曰："开心有直名，畀风宪重任。不言国家大事，乃庇子渎奏，辜朕望实深。朕念开心大臣，一事差谬，遂永弃不用，心终未惬然。召还京。"开心至，疏论湖广巡抚迟日益、偏沅巡抚金廷献、郧襄巡抚赵兆麟所属寇盗充斥，剿抚无能。得旨，下部察议。又言："江南诸行省，每因捕治叛逆，株连无辜。如常镇绅士王期升、路迈、蒋拱辰等，久锢狱中，虚实未辨。就一方一事，可推之他省。"上命确察以闻。时方考察京官，甄别翰林，开心疏论大学士冯铨、陈名夏等，各植门户，开朋党之渐，上命开心据实覆奏，未能实指其人，得旨申饬。旋授原官。

十一年，疏陈时政，请御经筵，亲奏对，选贤才，原过误，许流徙自赎，重法司职掌。上以疏中有"屏斥畋游"语，谕曰："讲武习兵，乃祖宗立国大法，何谓畋游？开心常谈浅见，沽名塞责，殊负委任。"寻以名夏获罪，责言官不先事举发，降补太仆寺卿。

十二年，迁户部侍郎。疏言："畿甸流民载道，有司恐误留逃人，听其转徙。请暂宽隐匿逃人之罪，以免株连，俾流民得邀抚辑。"谕曰："逃人之多，因有隐匿者，故立法不得不严，何谓株连？"因责开心沽誉，降补太仆寺寺丞。寻擢少卿，协理兵部督捕事。十三年，上以逃人多不获，所司督责不严，复降补鸿胪寺少卿。十六年，迁太仆寺少卿。康熙元年，擢总督仓场户部侍郎，加工部尚书衔。卒官。

杨义，山西洪洞人。明崇祯进士，官山东聊城知县。顺治元年，授河南汝阳知县。五年，行取，擢江西道御史，巡视两浙盐政。义疏请定行盐掣验之法，遴选清廉有司照行盘验，御史亲临监掣。八年，睿亲王得罪，义劾工部侍郎李迎晙前官营缮郎中，监造王府，僣拟禁廷，不数年间，躐升华要，请敕部治罪。以迎晙事在赦前，寝其议。复巡视长芦盐政，劾运使赵秉枢贪酷骫法，削籍逮治。

九年，督学江南，寻掌京畿道事。十一年，大学士陈名夏得罪，义因劾请告侍郎孙承泽党附名夏，下部，令承泽休致。吏部尚书刘正宗荐降调员外郎董国祥，拟授文选司郎中，义面诘正宗专擅，即具疏劾之，正宗得旨察议，国祥卒以赃败，谪徙尚阳堡。

十二年，条陈时政，言："大学士吕宫久疾旷职，宜令归田，养大臣廉耻。""巡按既停阅城、审录诸事，督抚按期巡行，宜令简随从，慎关防，毋以扰民。""兵民匮乏，请令各州县廪生捐银准贡，以给满洲兵备鞍马器用，余赈被灾贫民。""谕旨严禁加派，有司抗不遵行。如臣籍洪洞，地亩正粮外，又加驿站坐司马夫、工食、公费等项，几半正粮。祈敕禁革。"会宫已得旨致仕，饬下所司议行。时议复设巡按，义奏请甄举才守兼优考试，请简不拘资俸。是岁四迁至刑部侍郎。十四年，调工部。十七年，调仓场侍郎，擢工部尚书。康熙元年，致仕。卒。

林起龙，顺天大兴人。顺治三年进士，授吏科给事中。疏请严禁白莲、大成、混元、无为等邪教。又疏请重守令，课以十五事，曰：招流亡，垦荒莱，巡阡陌，劝树艺，稽户口，均赋税，轻徭役，除盗贼，抑豪强，惩衙蠹，赈灾患，济孤寡，浚沟池，治桥梁，兴学校。考其殿最，而大吏以时访察。俱如所奏行。四年，劾山东巡抚丁文盛不能弭盗，并荐大理寺卿王永吉可代，部议以起龙有私，降二级外用。又坐劾登州道杨云鹤婪赃不实，夺官。

世祖亲政，召来京。十年，复原官。时军旅未靖，急转饷，不遑言积贮，起龙请敕计臣筹画，先实京仓，次及近辅各直省，务使仓有储谷，备水旱，应调发。又言："满洲兵昔在盛京，无饷而富；今在京师，有饷而贫。时地既迥异，法制宜更定。凡驻守征行，所需马匹、草束、军装、戎器，悉动官帑筹备，毋使拮据。"疏入，谕曰："满洲兵建功最多，资生无策，十年来未有言及此者。起龙实心为国，忠诚可嘉！"下部议，以五品京堂用，起龙疏辞。

十一年，转刑科，加大理寺寺丞衔。疏言："州县吏媚事上官，耗费不赀，请禁革；并请遣廉能大臣巡行各直省，体察利弊。"既，疏劾总河杨方兴及工部尚书刘昌，方兴、昌相质，所劾皆不实，部议当杖流，上特宥之，左授光禄寺署正。十二年，迁大理寺寺丞。十三年，一岁中三迁，擢工部侍郎。十五年，改户部侍郎，总督仓场。

十六年，加太子少保。疏请更定绿旗兵制，略言："有制之师，兵虽少，一以当十，饷愈省、兵愈强而国富；无制之师，兵虽多，万不敌千，饷愈费、兵愈弱而国贫。今绿营兵几六十万，而地方有事，即请满洲大兵，虽多仍不足用。推原其故，总缘将官赴任，召募家丁，随营开粮，军牢、伴当、吹手、轿夫，皆充兵数。甚有地方铺户子侄，充兵免徭。其月饷则归之本管，马兵克扣草料，驿递缺马，亦供营兵应付。是以马皆骨立，鞭策不前。又如弓箭、刀枪、盔甲、火器，俱钝弊朽坏，帐房、窝铺、雨衣、弓箭罩，则竟阙不具。春秋两操，不复举行。将不知分合奇正之势，兵不知坐作进退之法。徒空国帑，竭民膏，虽众何益？推其病有二：一则营兵原以戡乱，今乃责之捕盗；一则出饷养兵，原以备战守之用，今则加以克扣。兵丁所得，仅能存活，又不按月支发，贫乏何以自支？今诚抽练绿旗精兵二十万，养以四十万之饷，饷厚兵精，地方有警，战守有人。不过十年，可使库藏充溢。"下所司议行。十七年，加太子太保、兵部尚书，巡抚凤阳。时议惩官吏犯赃，视轻重科罪，不许纳赎，起龙疏请如旧例收赎充饷，下廷议，请从之。上曰："立法止贪，今因济饷而贷法，如民生何？"绌起龙议不行。

圣祖即位，授起龙漕运总督，迭疏请免滨海移民田地赋额，浚淮城迤南运河，直达射阳湖，修筑济宁、临清诸处閘，并请禁运丁毋病民，运弁毋病丁，条议以上，皆从其请。又疏请禁运丁多携货物，稽滞漕运，定分地稽察例。康熙六年，粮艘至济宁，运丁有多携货物者。事觉，总河卢崇峻疏陈起龙言江南漕储道既裁，总漕不任稽察，御史张志尹纠起龙不引罪。上以诘起龙，起龙谢失职，镌三级休归。卒。

嘉庆四年，仁宗亲政，阅《世祖实录》，得起龙更定绿营兵制疏，谕诸行省督抚整饬营伍，并以所言抽练精兵，是否可仿行，饬妥议具奏。诸行省督抚惮改作，议格不行。

朱克简，字敬可，江南宝应人。顺治四年进士，授内阁中书。五年，考授御史。八年，典广东乡试。十二年，巡按福建。福建八府一州，其五滨海。郑成功时入寇，民苦焚掠。克简至，申明军政，绸缪防御，请增兵防仙霞关。时兵部尚书王永吉疏请减兵额，汰营兵老弱，下诸行省。克简疏言："福建内防山贼，外御海寇，省兵三万四千，不可复减。"上如其议。又疏论防海，略言："用水师不难得其力，难得其心。漳泉为郑成功故土，沿海多戚属，宜以连保法察其踪迹，考其身家，不使入伍；降者令归耕，或移置他军，使离旧巢，乃坚归志。水师战海中，破浪擒贼，当受上赏，宜著为令。水师用在舟，木、竹、钉铁、油麻、棕叶，皆海之所无，一物不具，不可以为舟。宜设专官讥察，毋以资敌。""宁化、崇安滨海要地，今俱为贼踞，当按形势增兵固守。"又立六规二十四约，与提督马成功、总兵王之纲等深相结纳，诸将咸奉令。

巡汀州，闻成功兵攻福州，即率汀州镇兵还援。成功兵引退，克简入城，曰："寇知我援寡，且复来。"令完城垣、简卒伍为备。数日，成功兵复至。初，官军有成功兵辄诛之，克简令发不过五寸者贷死，编为民，得万余人，皆恩克简，至是助守城，发炮击寇，寇溃，遂出战，解围去。至漳州，布政使详请征逋赋，克简力阻之，疏请蠲征，上从之。至福清，以闽安地当冲，设兵守之，连江、罗源、福清、长乐诸县要隘皆置汛。至兴化，见道有流民，与知府张彦珩议赈，活者万数千人。至泉州，令崇武、獭户、大盈诸隘皆置汛。至延平，知其地舟人多通寇，令循江诸州县设"循环薄"讥察。汀州、延平、建安三郡多伏戎，克简遣兵破其巢穴，离其党羽，次第皆就抚。迭疏请汰冗员，蠲盐课，恤驿困，皆报可。秩满，乞归。康熙三十二年，卒。

子约，以副贡生充教习，历知福安、南丰、费诸县，擢晋州，所至皆有惠政。

成性，字我存，江南和州人。顺治六年进士，授中书科中书。十四年，考授御史，巡按福建。疏言："福建山海征剿，师旅繁兴，民穷地荒。条上四策：一曰严汛守。滨海地寥廓，不能遍防。臣愚以为宜设水师，求熟练舟楫、谙识水性之将吏，广选舵工水手，缭碇招斗，惟其能者，廪饷不为常格。以舟为家，铳械用其长技，操演习熟，庶几水师可成。泉州近贼巢，水师宜移石湖。崇武、石芝驻陆军为声援。惠安北有峰尾司，宜驻兵，为惠州藩篱。同安邻厦门，当于高浦设屯，刘五店警炮，时出游骑巡视要隘。此又惠州之唇齿也。一曰分界址。有司禁遏接济，商阻物贵，民生穷蹙。臣愚以为先定禁例，若竹木、镤铁、硝磺、油、麻，毋许通贸。小民日用所需，宜听转运。惟滨海大道或捷径可通者，严立疆界。更定勾稽文法，以时比验。自泉州西出延平上游，去海甚远，百货交易，宜听民便。一曰辑降众。山海啸聚之徒，渐次来降。入伍者多，归耕者少。间有悍气未驯，凌轹乡里。居民亦负气不相下，讦讼不受理，则自相格斗。臣愚以为宜令解散宿怨，禁止罗织。新附之众，合者渐分，聚者渐散，近者渐远，庶可消弭反侧。一曰清营伍。府县编氓，既有保甲，诸营什伍，犹未整齐。臣愚以为当责成兵吏，自为版籍，略仿保甲之制，同居连坐。则军伍肃、盗源遏矣。"事下兵部议行。

既，又上疏言："下游四府滨海，海徼无险阻可守，且又兵力所不及。宜令居民筑土堡，多备长枪鸟铳，习为团练。贼至，人自为守，家自为战，驰报附近将领，以兵赴援。久之使贼粮绝势穷，未有不瓦解者也。"又疏论盐场利弊，请裁上里、海口、牛田诸场，以福清知县领其事。十六年，报绩，授兵部主事。移疾归。

康熙七年，始出就官。十一年，授工科给事中。时议招募游民，开垦荒田。性疏言："民贫不能耕，乃有荒田。游民既失业，安能开垦？请敕督抚令县官劝民开垦，无力者上布政司给牛种贳钱。以本县之民，垦本县之田，官既易于稽察，朝廷本赍亦易于征收。"又疏请奖进廉吏，为国家培元气，密谕推举督学，以重人才根本之地。又疏陈民生十害，谓："州县胥役挟持长吏，为衙蠹之害；官吏私交旧识，关说曲直，为抽丰之害；乡民钱粮讼狱，必投在城所主之户，听其侵蚀唆使，为歇家之害；大奸臣猾武断乡曲，为奸豪之害；督抚及司道胥吏干托有司，为上官胥吏之害；丞簿佐贰滥受讼牒，为佐贰之害；奸民诪张上控，株连蔓衍，为越诉之害；颜料本色，缘时价低昂，不载由单，任意苛敛，为杂派之害；百姓十室九空，无藉乘急取利，逐月合券，俗谓'印子钱'，利至十之七八，折没妻孥，为放债之害；邮传往来，强捉人夫，挽舟负舆，为纤夫之害。请下所在有司，每季书状，不蹈十害，申大吏按验。"又请饬督抚严饬所司，复社学，讲乡约，举节孝，立义冢，不力行者，不得与卓异。旋擢掌科。十五年，以疾乞归，家居三年，卒。

国初循明旧，御史出为巡按。顺治七年罢，旋复设。八年，世祖亲政，特敕诫谕，并命都察院察访举劾。御太和殿，召新命诸巡按入见，赐坐宣谕。十七年，都察院复请罢，王大臣会议，安亲王及侍郎石申等议留，别疏上。又以御史陆光旭疏争，令再议，仍议罢不复设。巡按能举其职者，又有宁承勋按河南，请塞黄河决口；秦世祯按江苏，劾巡抚土国宝：最知名。承勋大兴人，明天启举人，自礼部主事考选御史，官至大理寺右寺正。世祯自有传。

王命岳，字伯咨，福建晋江人。顺治十二年进士，改庶吉士。时云南、贵州未定，策问及之。命岳言："李定国贰于孙可望，当缓定国，行间使与可望相疑忌。我兵以守为战，以屯为守，视隙而动。"上异之，擢工科给事中。上经国远图疏，略言："今国家所最急者，财也。岁入千八百一十四万有奇，岁出二千二百六十一万有奇。出浮于入者四百四十七万。国用所不足，皆由养兵。各省镇满、汉官兵俸米、草豆，都计千八百三十八万有奇，师行刍粟又百四十万，其在京王公百官俸薪、披甲俸饷不过二百万。是则岁费二千二百万，十分在养兵，一分在杂用也。臣愚以为今日不宜再议剥削以给兵饷，而当议就兵生饷之道。河南、山东、湖广、陕西、江南北、浙东西、江西、闽、广诸行省，迭经兵火水旱，田多荒废。宜令各省驻防官兵分地耕种，稍仿明洪武中屯田之法，初年有司给与牛种、耕具、饩粮，自次年后，兵皆自食其力，便可不费朝廷金钱，此其为利甚溥。古者郡县之兵，什伍相配，千百成旅，将帅因而辖之。乃者将帅多以仆从、厨役、优伶为兵，其实能操戈杀贼者十不得二三。故官粮有兵，充伍无兵。官去兵随，难议屯种。今当先定兵额，官有升降，兵无去来。平定各省及去贼二三百里外者，皆给地课耕。因人之力与地之宜，一岁便可生财至千余万。群情不为深虑，不过议节省某项、清察某项。譬如盘水，何益旱田？臣见今日因贼而设兵，因兵而措饷，因饷而病民。民复为贼，展转相因，深可隐忧。要在力破因循，断无不可核之兵，断无不可耕之田，断无不可生之财。"疏下各直省督抚，议格不行。

世祖恶贪吏，令犯赃十两以上籍没。命岳疏言："立法愈严，而纠贪不止，病在举劾不当。请敕吏部，督抚按举劾疏至，当参酌公论，果有贤者见毁，不肖者蒙誉，据实覆驳。如部臣耳目有限，科道臣皆得执奏。又按臣原有都察院考核甄别，督抚本重臣，言官恐外转为属吏，参劾绝少。请特敕责成，简别精实。每岁终仍命吏部、都察院考核督抚举劾当否，详具以闻。庶激励大法以倡率小廉。"转户科。再上疏论漕弊，大要谓："百姓为运官所苦，运官又自有其苦，不得不苦百姓。请革通仓需索，禁旗丁混抢，仓场督臣亲监河兑。"福建方用兵，时又苦旱，命岳疏陈五事，曰：缓征买，枭劝赈，督催协饷，严治奸盗，安置投诚。

十五年，调兵科。师下湖广，命岳复申屯田之议，请复明军卫屯田之制，设指挥、千百户等官，以劳久功多之臣膺其任，子孙世及。无漕之地，专固封疆；有漕之地，即使领运。新附之将，有功亦得拜官。量易其地，勿在本省。寻疏言："各省除荒之数，岁缩银五百五十万有奇。荒地以河南、山东为最多。请选清正御史，督察二省田地，率诸州县清丈，编造鱼鳞图册。他省除荒多者，如例均丈。"得旨举行。命岳又上清丈事宜十馀条。

明桂王既出边，云南犹未平。命岳疏言："云南岁饷九百万，而一省正杂赋税都计十六万有奇，是以九百万营十六万之地也。云南原有旧屯万一千一百七十一顷有奇，科粮三十八万九千九百九十二石有奇。请敕巡抚袁懋功责成原军，换帖领种。暂发二十万金，买牛办种，借给军民。经年销算，必无亏损，又可收复科粮旧额。且官收额内，军余额外，每粟一石，价可三金，视今年每石十二金，已省饷费四分之三。庶几兵食兼足，不至竭天下之物力以奉一隅。"上可其奏，命发十万金买牛办种，修复旧屯。

命岳乞假归葬，还朝，疏言："贼习于海战，我师皆北人，不谙水性。惟有堵截隘港，禁绝接济，严号令，轻徭赋，与民休息，使民不为贼，贼不得资。久之必有系丑献阙下者。"吏部以浙江右布政员尽忠迁广东左布政，命已下，命岳劾其贪秽，尽忠坐罢。康熙初，使广东还，迁刑科都给事中。时陈豹据南澳，尚为明守，命岳疏请招豹收南澳。寻以议狱未当，夺官。六年，畿辅旱，诏求直言。命岳家居，以天子方冲龄，宜览古今，广法戒，撰《千秋宝鉴》，书垂成，未进，卒。

李森先，字琳枝，山东掖县人。明崇祯进士。顺治二年，自国子监博士考选江西道监察御史。启睿亲王发大学士冯铨贪秽及其子源淮诸不法状，御史吴达，给事中许作梅、庄宪祖、杜立德、御史王守履、罗国士、邓孕槐、桑芸等先后论劾。睿亲王于重华殿集大学士，刑部、科道诸臣，召铨等面质，以为无实迹（语详《铨传》，责森先启请肆市语过当，夺官。世祖既亲政，铨罢去。九年十一月，大学士范文程以劾铨诸疏进，上阅之竟，曰："诸臣劾铨诚当，何为以此罢？"文程曰："诸臣劾大臣，无非为君国，上当思所以爱惜。且使大臣而能钳制言官，非细故也。"越数日，上谕吏部，诸臣以劾铨罢者皆起用，森先补原官。

十三年，巡按江南，劾罢贪吏淮安推官李子燮、苏州推官杨昌龄，论如律。巡苏州，杖杀不法僧三遮、优王紫稼并为优张榜少年沈浚，一时震悚。淮安生吏张电臣坐侵蚀漕折银一百二十两有奇，例当追比，森先为疏请缓之。上责森先徇纵，夺官，逮至京讯鞫，事白，复原官。

十五年，应诏陈言，略曰："上孜孜图治，求言诏屡下；而诸臣迟回观望者，皆以从前言事诸臣，一经惩创，则流徙永锢，相率以言为戒耳。臣以为欲开言路，宜先宽言官之罚。如流徙谏臣李呈祥、季开生、魏琯、李裀、郝浴、张鸣骏等，皆与恩诏因公诖误例相应。倘蒙俯赐轸恤，使天下昭然知上宽宥直臣，在远不遗。凡有言责者，有不洗心竭虑而兴起者乎？"上责其市恩徇情，夺官，下刑部议，流徙尚阳堡，上仍宽之，复原官。寻命察荒河南，用左都御史魏裔介言，给敕印，未讫事而卒。

十七年，上命吏部开列建言得罪诸臣，其流徙者，举呈祥、琯、裀、开生及彭长庚、许尔安凡六人。上命释呈祥、许琯、开生归葬。余虽系建言，情罪不同，无可宽免。裀、开生自有传。长庚、尔安见《睿亲王传》。

呈祥，字吉津，山东沾化人。明崇祯进士，选庶吉士。顺治初，授编修。累迁少詹事。十年二月，条陈部院衙门应裁去满官，专用汉人。上谕大学士洪承畴等曰："呈祥此奏甚不当。昔满臣赞理庶政，弼成大业。彼时岂曾咨尔汉臣？朕满、汉一体眷遇，奈何反生异意耶？"画都御史宜巴汉等因劾呈祥，夺官，下刑部，坐呈祥巧言乱政，论斩，上命免死，流徙盛京。居八年，至是命释还，诣京师疏谢，遂还里。康熙二十七年，卒。

琯，字昭华，山东寿光人。明崇祯进士，官御史。顺治二年，以荐起原官，巡按甘肃。请罢马市以柔远人，下部议行。凉州兵叛参议道醢，捕得倡乱者二十余人，琯疏言西陲兵骄悍，由明季专事姑息，养奸滋乱，宜用重典。上命悉诛之，并诏后有犯者，首从骈斩，著为令。

四年，授江宁学政。七年，还京，掌河南道。八年，漕运总督吴惟华请输银万，又括诸项羡余，得九万三千，请以助饷。琯疏言淮、扬连年水旱，惟华输饷皆分派属吏，仍取自民间，乞赐察究，会巡漕御史张中元发惟华贪黩状，逮治夺官。琯又劾郧阳抚治赵兆麟，甄别文武属吏，荐举多至数十，纠劾仅一二微员，上为责兆麟，并诫诸督抚不得劾微员塞责。九年，授顺天府丞。

十二年，迁大理寺卿。八旗逃人初属兵部督捕，部议改归大理寺，琯疏言其不便，乃设兵部督捕侍郎专董其事。又言："逃人日多，以投充者众。本主私纵成习，听其他往，日久不还，概讼为逃人。逃人至再，罪止鞭百，而窝逃犹论斩，籍人口、财产给本主。与叛逆无异，非法之平。"下九卿议，改为流，免籍没。又言窝逃瘐毙，妻子应免流徙，时遇热审，亦应一体减等。上责其市恩，下王大臣议罪巧宽逃禁，当坐绞，上宽之，降授通政司参议。德州诸生吕煌窝逃事发，州官当坐罪，琯持异议。王大臣劾琯，因追议琯前请热审减等为煌地，坐夺官，流徙辽阳，卒于戍所。上既许归葬，并宥其孥还故里。

诸与森先同时劾冯铨者：吴达，江南人。自刑部员外郎授御史。顺治二年七月，疏言："今日用人，皆取材于明季。抗直忤时，山林放弃，此明季所黜而今日当用者也。逆党权翼，贪墨败类，此明季所黜而今日不可不黜者也。持禄养交，倒行逆施，此明季未黜而今日不可不黜者也。

定鼎初年，藉招徕为名，犹可兼收邪正。江南既定，人材毕集，若复泾渭不分，则君子气沮，宵小竞进。即如阮大铖、袁宏勋、徐复阳辈，联袂而至，岂可概加录用乎？至广开言路，尤为创业急务。乃动责回奏，是沮直谏之气而塞后进之路也。即如赵开心论事爽剀，用其人矣，而所规切时政，果一一用之否耶？"得旨："朝廷用人，非曰诱之，若先既录用，后无罪而黜，是有疑心矣。屡饬回奏，欲求其实，非沮言路也。"疏寝不用。旋命巡按山东、湖南，官至太仆寺少卿。

桑芸，山西榆次人。自行人授御史，巡按顺天，累迁光禄寺卿。出为河南汝南道参政，督民垦荒土，除杂派，捕治巨猾毙杖下。累迁广东左布政。道卒。

又有许作梅，河南新乡人。亦以劾铨罢，复起官至太仆寺少卿。王守履，山西宁乡人。自工部郎中授御史，巡按湖北。罗国士，山东德州人。自礼部主事授御史，巡按顺天。庄宪祖，直隶东光人。以明进士起户科给事中。顺治三年新进士，除科道，宪祖与吏科都给事中向玉轩疏争，下刑部，并坐夺官。玉轩，四川潼江人。邓孕槐，失其籍，自顺天府推官授御史，巡按江南。

李裀，字袭襄，山东高密人。顺治六年，以举人考授内院中书舍人。擢礼科给事中，转兵科。劾吏部郎中宋学洙典试河南，宿妓纳馈，鞫实，夺官。

八旗以俘获为奴仆，主遇之虐，辄亡去。汉民有愿隶八旗为奴仆者，谓之"投充"，主遇之虐，亦亡去。逃人法自此起。十一年，王大臣议，匿逃人者给其主为奴，两邻流徙；搏得在途复逃，解子亦流徙。上以其过严，命再议，仍如王大臣原议上。十二年，裀上疏极论其弊曰："皇上为中国主，其视天下皆为一家。必别为之名曰'东人'，又曰'旧人'，已歧而二之矣。谓满洲役使军伍，犹兵与民，不得不分；州县追摄逃亡，犹清勾逃兵，不得不严核：是已。然立法过重，株连太多，使海内无贫富良贱，皆惴惴莫必旦夕之命。人情汹惧，有伤元气，可为痛心者一也。法立而犯者众，当思其何利于隐匿而愍不畏死。此必有居东人为奇货，挟以为囮。殷实破家，奴婢为祸，名义荡尽，可为痛心者二也。犯法不贷，牵引不原，即大逆不道，无以加此。破一家即耗一家之贡赋，杀一人即伤一人之培养。十年生聚，十年教训，今乃用逃人法戕贼之乎？可为痛心者三也。人情不甚相远，使其居身得所，何苦相率而逃，况至三万之多？其非尽怀乡土、念亲戚明矣。不思恩义维系，但欲穷其所往，法愈峻，逃愈多，可为痛心者四也。自逮捕起解，至提赴质审，道路驿骚，鸡犬不宁。无论其中冤陷实繁，而瓜蔓株寻，市鬻银铛殆尽。日复一日，生齿彫残，谁复为皇上赤子？可为痛心者五也。又不特犯者为然，饥民流离，以讥察东人故，吏闭关，民扃户，无所投止。嗟此穷黎，朝廷方蠲租煮粥，衣而食之，奈何因逃人法迫而使毙乎？可为痛心者六也。妇女踯躅于郊原，老稚僵仆于沟壑。强有力者，犯霜露，冒雨雪，东西迫逐，势必铤而走险。今寇孽未靖，招抚不遑，本我赤子，乃驱之作贼乎？可为痛心者七也。世谓与其严于既逃之后，何如严于未逃之先？今逃人三次始行正法，其初犯再犯，不过鞭责。请敕今后逃人初犯即论死，皇上好生如天，不忍杀之，当仿窃盗刺字之例：初逃再逃，皆于面臂刺字。则逃人不敢逃，即逃人自不敢留矣。"疏入，留中。后十余日，下王大臣会议，金谓所奏虽он律无罪，然"七可痛"，情由可恶，当论死，上弗许，改议杖，徙宁古塔；上命免杖，安置尚阳堡。逾年，卒。

上深知逃人法过苛重，绌王大臣议罪伺。十三年六月，谕曰："朕念满洲官民人等，攻战勤劳，佐成大业。其家役使之人，皆获自艰辛，加之抚养。乃十余年间，背逃日众，隐匿尤多，特立严法。以一人之逃匿而株连数家，以无知之奴仆而累及官吏，皆念尔等数十年之劳苦，万不得已而设，非朕本怀也。尔等当思家人何以轻去，必非无因。尔能容彼身，彼自体尔心。若专恃严法，全不体恤，逃者仍众，何益之有？朕为万国主，犯法诸人，孰非天生烝民，朝廷赤子？今后宜体朕意改，使奴仆充盈，安享富贵。"十五年五月，复谕曰："督捕逃人事例，屡令会议，量情申法，衷诸平允。年来逃人未止，小民牵连，被害者多。闻有奸徒假冒逃人，诈害百姓，将殷实之家指为窝主，挟诈不已，告到督捕，冒主认领，指诡作真。种种诈伪，重为民害。如有旗下奸宄横行，许督抚逮捕，并本主治罪。"逃人祸自此渐熄。

季开生，字天中，江南泰兴人。顺治六年进士，改庶吉士。累迁礼科给事中。明将张名振犯上海，开生疏言防御海寇，宜远侦探，扼要害，备器械，严海禁，杜接济，密讥察。十一年，因地震，疏言："地道不静，民不安也。民之不安，官失职也。官之失职，约有十端：一曰格诏旨，二曰轻民命，三曰纵属官，四曰庇胥吏，五曰重耗克，六曰纳馈遗，七曰广株连，八曰阁词讼，九曰失弹压，十曰玩纠劾。"分疏其目以上，章下所司。调兵科右给事中。

十二年秋，乾清宫成，发帑遣内监往江南采购陈设器皿，民间讹言往扬州买女子，开生上疏极谏。得旨："太祖、太宗制度，宫中从无汉女。朕奉皇太后慈训，岂敢妄行，即太平后尚且不为，何况今日？朕虽不德，每思效法贤圣主，朝夕焦劳。若买女子入宫，成何如主耶？"因责开生肆诬沽直，下刑部杖赎，流尚阳堡，寻卒戍所。十七年，旱，下诏罪己，命吏部察谪降言官，谕曰："季开生建言，原从朕躬起见，准复官归葬，荫一子入监读书。"

弟振宜，字诜兮。顺治四年进士，授浙江兰溪知县。行取刑部主事，迁户部员外郎、郎中。十五年，考选浙江道御史。及上以旱下诏罪己，言十二、十三年间，时有过举。振宜疏言："伏读上谕，兴革责之部院，条奏责之科道，而内阁诸臣阙焉未及。夫用人行政，其将用未用、将行未行之际，毫厘千里，间不容发。天颜咫尺，呼吸可通者，惟内阁诸臣。皇上亲政以来，忧勤惕厉，原未见有过举。皇上以为有过举矣，试问其时有言及者乎？则宰相之不言亦可见矣。皇上以心膂股肱寄之内阁诸臣，徒以票拟四五字了宰相事业，皇上纵不遣责，清夜扪心，恐有难以自慰者。"得旨："阁臣不能尽言，初非其罪。前谕十二、十三年间过举，皆已行之事。朕心过失，即今岂能尽无，阁臣何由得知？部覆章奏，照拟票发，皆朕亲裁，亦非阁臣之咎。朕恒虑此心稍懈，诸臣其各加内省！"

左都御史魏裔介疏劾大学士刘正宗蠹国乱政，振宜亦疏举正宗树党纳贿诸罪状，正宗以是得罪。互见《正宗传》。振宜又疏言："府库已竭，兵革方兴。云南守御，专任平西王，满兵抽十之四五驻湖南。郑成功为闽、浙、江南三省之患，当择地驻兵，绝其登陆。闽抚徐永祯、浙督赵国祚、浙抚史记功，军旅皆不娴习，宜简贤员以代其任。山东、河南辅翼京师，连年水旱，盗贼实繁。北直八府，白昼公行劫掠。明末流寇，殷鉴不远。蒙古阑入陕西洮、岷一带耕种，西宁抵宜、大，长城颓塌，防卫空虚。国家中外一统，疆界原宜分明，何可听其出入不加讥察？"又请复六科封驳旧制，复以扬、徐近河诸县加派河夫为民间重累，疏请申禁，下部议行。寻命巡视河东盐政。乞归，卒。

顺治初以建言名者，又有给事中常若柱、张国宪。若柱疏言："贼相牛金星弑君残民，抗拒王师，力尽始降，宜婴显戮。乃复玷列卿寺，腼颜朝右。其子铨同父作贼，冒滥为官，任湖广粮储道，赃私巨万。请将金星父子立正国法，以申公义，快人心。"得旨："流贼伪官投诚者，多能效力。若柱此奏，殊不合理，应议处。"遂罢归。国宪疏言："前朝厂卫之弊，如虎如狼，如鬼如蜮。今易锦衣为銮仪，此辈无能，逞其故智。乃臣闻有缉事员役在内院门首，访察赐画。赐画特典，内院重地，安所用其访察？城狐社鼠，小试其端。臣窃谓宜大为之防也。"疏入，下廷臣议禁止，得旨："銮仪卫专司扈从，访役缉事，一概禁止。"厂卫之祸始息。若柱，陕西蒲城人。顺治四年进士，自庶吉士改户科给事中。国宪，顺天宛平人。顺治三年进士，除吏科给事中。

张煊，山西介休人。明崇祯间进士，自知县擢河南道御史。为大学士陈演所构，遣戍。顺治元年，荐起原官，以忧归。三年，复补浙江道御史，仍掌河南道事。六年，疏言："有司朘削小民，督抚徇不以告。言官论劾，乃其职守。乞付廷臣公议，勿遽下狱对理。"上从之，谕："惟挟仇诬陷，仍夺官治罪。自非然者，虽有不实，不得径送刑部。"八年，疏言："文武全才难得。近以武职改任督抚，恐政体民瘼未必晓畅，请还本职。"又言："贪吏坐赃，多委诸吏役，遇赦辄复原官。请将援免诸人应左降者，调补闲曹；应夺官者，勒令休致。"下部议行。

是年值计典，煊以河南道掌计册，劾御史李道昌、王士骧、金元正、匡兰兆、李允崑等巡方失职。时大学士洪承畴掌都察院，甄别诸御史，议道昌降调，士骧等均夺官，并列煊外转。煊疏劾吏部尚书陈名夏，以故明修撰，诣事睿亲王，骤陟尚书，父为县民所杀，赐银归葬。名夏贪缘夺情，恤典空悬。因举綦乱铨序，把持计典，列十罪、二不法，并及名夏与洪承畴、陈之遴于火神庙屏左右密议，承畴送母回籍未先奏，亦非法。疏下王大臣勘奏。时上方出猎，巽亲王满达海等召名夏、承畴与煊质，名夏事俱实，承畴言火神庙集议，即为甄别诸御史，送母回籍未先奏，当引罪。上还京，复命王大臣廷鞫，吏部尚书谭泰袒名夏，奏名夏事在赦前；煊奏不多实，且先为御史不言，今当外转，挟私诬告蔑，罪当死，因坐绞。九年正月，谭泰得罪，上复发煊疏，命王大臣覆谳，名夏坐夺官。语详《名夏传》。遂下诏雪煊冤，赠太常寺卿，赐祭葬。以赠官官其子基远，官至礼部侍郎。

论曰：国初言事侃侃，以开心为最。义、起龙皆用言事致显擢，克简巡方著声绩，命岳策屯田虽未用，要自有所见。森先、裀、开生以謇真蒙谴，独森先复起。煊死非罪，世尤哀之；然挟外转之嫌，授佥人以隙，与森先诸人不同矣。

卷二百四十五　　　列传三十二

刚林祁充格　**冯铨**孙之獬　李若琳　**陈名夏**
陈之遴　刘正宗张缙彦

刚林，瓜尔佳氏，字公茂，满洲正黄旗人，世居苏完。初来归，隶正蓝旗，属郡王阿达礼。授笔帖式，掌翻译汉文。天聪八年，以汉文应试，中式举人，命直文馆。崇德元年，授国史院大学士，与范文程、希福等参与政事。疏请重定部院承政以下官各五等，又疏请定述士之法，皆报可。太宗四征不庭，疆宇日辟，刚林屡奉使军前，宣布威德，咸称上旨。积功，授世职牛录章京。八年，阿达礼有罪，改隶正黄旗。

世祖定鼎，进世职二等甲喇章京。三年、四年，送主会试。考满，进世职一等阿达哈哈番。五年，复进三等阿思哈尼哈番，赐号"巴克什"。六年，充《太宗实录》总裁，复主会试。疏请令六科录诸臣章奏并批答，月送史馆，备纂修国史，报可。八年，以编撰《明史》阙天启四年至七年实录，请敕悬赏购求；崇祯一朝事迹无考，其有野史、外传，并令访送。章下所司。

睿亲王多尔衮薨，得罪。刚林阿附睿亲王，参与移永平密谋，又与大学士祁充格擅改《太祖实录》，为睿亲王削匿罪愆、增载功绩，坐斩，籍没。

祁充格，乌苏氏，满洲镶白旗人，世居瓦尔喀。国初从其族吉思哈等来归。太宗时号"四贝勒"，以祁充格娴习文史，令掌书记。天聪五年，初设六部，授礼部启心郎。八年，考绩，授牛录额真。崇德元年，睿亲王多尔衮伐明，攻锦州，命巩阿岱往济师，祁充格从师有功，还报捷。三年，睿亲王复伐明，太宗亲饯于郊。祁充格以不启豫亲王多铎从上出送，又于是日私往屯庄，坐死，命宽之，夺官，贯耳鞭责，以隶睿亲王。顺治二年，授弘文院大学士，充《明史》总裁官、册封朝鲜世子正使。四年，考满，加授牛录额真。六年，充《太宗实录》总裁官，与刚林等同主会试。八年，与刚林同诛。

冯铨，字振鹭，顺天涿州人。明万历进士，授检讨。谄事魏忠贤，累迁文渊阁大学士兼户部尚书，加少保兼太子太保，以微忤罢去。庄烈帝既诛忠贤，得铨罢官后寿忠贤百韵诗，论杖徒，赎为民。

顺治元年，睿亲王既定京师，以书征铨，铨闻命即至，赉冠服、鞍马、银币。令以大学士原衔入内院佐理机务，与大学士洪承畴疏请复明票拟旧制，又与大学士谢升等议定郊社、宗庙乐章。十月朔，世祖御皇极门受贺，给事中孙承泽疏纠朝班杂乱，语侵内院。铨与升、承畴乞罢，谕令益殚忠猷，以襄新治。

二年，授弘文院大学士兼礼部尚书。御史吴达劾铨向降将姜瓖索银三万，许以封拜，未称其意；内院政本所关，乃令其子源淮擅入，张晏欢饮。给事中许作梅、庄宪祖、杜立德，御史王守履、罗国士、邓孕槐、桑芸等亦交章劾铨得招抚侍郎江禹绪金；为源淮贿招抚侍郎孙之獬充标下中军；礼部侍郎李若琳为铨党羽，庸懦无行。御史李森先疏继入，语尤峻，略谓："明二百余年国祚，坏于忠贤，而忠贤当日杀戮贤良，通贿谋逆，皆成于铨。此通国共知者。请立彰大法，戮之于市。"疏并下刑部鞫问，刑部以所劾不实，启睿亲王。王集廷臣覆谳，以铨降后与之獬、若琳皆先剃发，之獬家男妇并改满装，诸臣遂谋陷害。王谓三人者皆恪遵本朝法度，诘责科道诸臣。给事中龚鼎孳言铨附忠贤作恶，铨亦反诘鼎孳尝降李自成。王问鼎孳："铨语实否？"鼎孳曰："岂惟鼎孳，魏征亦尝降唐太宗。"王因斥鼎孳，遂寝其事。以森先言过甚，夺官，互见《森先传》。

三年正月，铨疏言："臣蒙特召入内院，列同官旧臣之前，臣固辞不敢。摄政王面谕：'国家尊贤敬客，卿其勿让！'今海宇渐平，制度奠定。金台骏骨，暂示招徕。久假不归，实逾涯分。况叨承宠命，赐婚满洲，理当附籍满洲编氓之末。回释尊贤敬客之谕，辗转悚惧，特恳改列范文程、刚林后。如以新旧为次，并当列祁充格、宁完我后。"得旨："天下一统，满、汉无分别。内院职掌等级，原有成规，不必再定。"是年命典会试，列范文程、刚林后，宁完我前。四年，复典会试。六年，加少傅兼太子太傅。

八年，上亲核诸大臣功绩，谕："铨先经吴达奏劾得叛将姜瓖贿，便当引去；乃隐忍居官，七年以来，无所建白：令致仕。李若琳检险专擅，与铨朋比为奸，夺官，永不叙用。"铨既罢，代以陈名夏，坐事夺官；代以陈之遴，亦不久罢。上复召铨还，谕曰："国家用人，使功不如使过。铨素有才学，博洽诰练，朕特召用，以观自新。"铨至，召见，又与承畴、文程等同夕对论翰林官贤否，上曰："朕将亲试之！"铨奏曰："南人优于文而行不符，北人短于文而行或善。今取文行兼优者用之可也。"上颔之，仍授弘文院大学士。以议总兵任珍罪坐欺饰论绞，上命宽之。铨入谢，奏对失旨，谕诫之。

龚鼎孳为左都御史，复劾铨，上命指实。鼎孳言铨罪过颇多，惟以密勿票拟，非如诸曹有实可指，上切责鼎孳。十二年，居母丧，命入直如故。寻加少师兼太子太师。十三年，上以铨衰老，加太保致仕，仍令在左右备顾问，铨疏请回籍，许之。十六年，改设内阁，命以原衔兼中和殿大学士。康熙十一年，卒，谥文敏。旋命削谥。

孙之獬，山东淄川人。明天启进士，授检讨，迁侍读。以争毁《三朝要典》入逆案，削籍。顺治元年，侍郎王鳌永招抚山东。土寇攻淄川，之獬斥家财守城。山东巡抚方大猷上其事，召诣京师，授礼部侍郎。二年，师克九江，之獬奏请往任招抚，从之，加兵部尚书衔以行。三年，召还。总兵金声桓劾之獬擅加副将高进库、刘一鹏总兵衔，市恩构衅；之獬议抚诸将怀观望，不力攻赣州。之獬疏辨，下兵部议，夺之獬官。四年，土寇复攻淄川，之獬佐城守，城破，死之，诸孙从死者七人，下吏部议恤。侍郎陈名夏、金之俊议复之獬官，予恤；马光辉及启心郎宁古里议之獬已削籍，不当予恤。两议上，命用光辉议。

李若琳，山东新城人。明天启进士，授检讨。顺治元年，起原官，累迁少詹事，兼国子监祭酒。詹事府裁，改翰林院侍读学士，兼祭酒如故。二年，请更定孔子神牌，复元制曰大成至圣文宣王，下礼部议，定称大成至圣先师。再迁礼部侍郎。五年，进尚书。六年，加太子太保。既罢归，未几卒。

陈名夏，字百史，江南溧阳人。明崇祯进士，官修撰，兼户、兵二科都给事中。降李自成。福王时，入从贼案。顺治二年，诣大名降。以保定巡抚王文奎荐，复原官。入谒睿亲王，请正大位。王曰："本朝自有家法，非尔所知也。"旋超擢吏部侍郎，兼翰林院侍读学士。师定江南，九卿科道议南京设官。名夏言："国家定鼎神京，居北制南。不当如前朝称都会，设官如诸行省。"疏入称旨。三年，居父丧，命夺情任事，请终制，赐白金五百，暂假归葬，仍给俸赡其孥在京者。五年，初设六部汉尚书，授名夏吏部尚书，加太子太保。八年，授弘文院大学士，进少保，兼太子太保。

名夏任吏部时，满尚书谭泰阿睿亲王，擅权，名夏附之乱政。睿亲王薨，是夏，御史张煊劾名夏结党行私，铨选不公，下王大臣会鞫，谭泰祖名夏，坐煊诬奏，论死。语详《煊传》。是时御史盛复选亦以劾名夏坐黜。迨秋，谭泰以罪诛，九年春，复命王大臣按煊所劾名夏罪状，名夏辨甚力。及屡见诘难，词穷，泣诉投诚有功，冀贷死。上曰："此辗转矫诈之小人也，罪实难逭！但朕已有旨，凡与谭泰事干连者，皆赦勿问。若复罪名夏，是为不信。"因宥之，命夺官，仍给俸，发正黄旗，与闲散官随朝，谕令自新。

十年，复授秘书院大学士。吏部尚书员缺，侍郎孙承泽请以名夏兼摄，上责承泽以侍郎举大学士，非体。翌日，命名夏署吏部尚书。上时幸内院，恒谕诸臣："满、汉一体，毋互结党与。"名夏或强辞以对，上戒之曰："尔勿怙过，自贻伊戚。"诸大臣议总兵任珍罪，皆以珍擅杀，其孥怨望，宜傅重比。名夏与陈之遴、金之俊等异议，坐欺蒙，论死，复宽之，但镌秩罚俸，任事如故。

十一年，大学士宁完我劾之，略言："名夏屡蒙赦宥，尚复包藏祸心。尝谓臣曰：'留发复衣冠，天下即太平。'其情叵测。名夏子掖臣，居乡暴恶，士民怨恨。移居江宁，占入官园宅，关通纳贿，名夏明知故纵。名夏署吏部尚书，破格擢其私交赵延先，给事中郭一鹗疏及之，名夏欲加罪，以刘正宗不平而止。浙江道员史儒纲为名夏姻家，坐事夺官逮问，名夏必欲为之复官。给事中魏象枢与名夏姻家，有连坐事，应左迁，仅票罚俸。护党市恩，于此可见。臣等职掌票拟，一字轻重，关系公私；立簿注姓，以防推诿。名夏私自涂抹一百十四字。上命谙诚科道官结党，名夏擅加抹改，其欺罔类是。请敕大臣鞫实，法断施行。"疏下廷臣会鞫，名夏辨证款皆虚，惟"留发复衣冠"，实有其语。完我与正宗共证名夏诸罪状皆实，谳成，论斩，上命改绞。掖臣逮治，杖戍。

陈之遴，字彦升，浙江海宁人。明崇祯进士，自编修迁中允。顺治二年，来降，授秘书院侍读学士。五年，迁礼部侍郎。六年，加右都御史。八年，擢礼部尚书。御史张煊劾大学士陈名夏，语涉之遴，鞫不实，免议，加太子太保，九年，授弘文院大学士。

时捕治京师巨猾李应试，王大臣会鞫，之遴默不语，王大臣诘之，之遴曰："上立置应试于法则已，如或免死，则必受其害，是以不言。"王大臣等以闻，上以诘之遴，疏引罪。上以之遴既悔过，宥之。调户部尚书。议总兵任珍罪，与名夏及金之俊持异议，坐罪，宽贷如名夏。十二年，奏请依律定满臣有罪籍没家产、降革世职之例，下所司议行。复授弘文院大学士，加少保兼太子太保。

十三年，上幸南苑，召诸大臣入对，谕之遴曰："朕不念尔前罪，屡申谙诚，尝以朕言告人乎？抑自思所行亦曾少改乎？"之遴奏曰："上教臣，臣安敢不改？特臣才疏学浅，不能仰报上恩。"上曰："朕非不知之遴等朋党而用之，但欲资其才，故任以职。且时时教饬之者，亦冀其改过效忠耳。"因责左副都御史魏裔介等媕呐缄默，裔介退，具疏劾之遴植党营私，当上诘问，但云"才疏学浅"，良心已昧；并言之遴讽礼部尚书胡世安举知府沈令式，旋为总督李辉祖所劾，是为结党之据。给事中王桢又劾之遴市权豪纵，昨蒙诘责，不思闭门省罪，即于次日邀游灵佑宫，逍遥恣肆，罪不容诛。之遴疏引罪，有云："南北各亲其亲，各友其友。"上益不怿，下吏部严议，命以原官发盛京居住。是冬，复命回京入旗。十五年，复坐贿结内监吴良辅，鞫实，论斩，命夺官，籍其家，流徙尚阳堡，死徙所。

刘正宗，字可宗，山东安丘人。明崇祯进士，自推官授编修。福王时，授中允。顺治二年，以荐起国史院编修。累迁秘书院学士。十四年，授吏部侍郎，擢弘文院大学士。吏部尚书缺员，谕以"正宗清正耿介，堪胜此任，加太子太保，管吏部尚书"。

御史杨义论部推越次，正宗与辨，执相诟詈。给事中周曾发、御史姜图南、祖建明交章劾之。御史张嘉复以正宗昏庸衰老，背公徇私，疏请罢斥。下部议，以无实据，寝其事。给事中朱徽复劾正宗擅拟金事许宸迁通政司参

议，不由会推，又未专疏题明。正宗以疏忽引咎，当罚俸，援恩诏以免。旋引疾乞休，不允。辞尚书，命以兼衔回内院，加少保兼太子太保。十四年，考满，进少傅兼太子太傅。十五年，改文华殿大学士。

十六年，上以正宗器量狭隘，终日务诗文，廷议辄以己意为是，降旨严饬，并谕曰："朕委任大臣，期始终相成，以惬简拔初念。故不忍加罪，时加申戒。当痛改前非，称朕优容宽恕之意。"十七年，自陈乞罢，不允。左都御史魏裔介劾"正宗自陈奏内不叙上谕切责，无人臣礼。李昌祚叛案有名，票拟内升。先后荐董国祥、梁羽明，今皆事败，被劾不自检举。欺君之罪何辞？正宗与张缙彦为友，缙彦序正宗诗曰'将明之才'，诡谲尤不可解。正宗弟正学，为郑成功总兵，正宗嘱巡抚耿焞蹿升中军。蠹国乱政，其事非一端。请乾断以杜祸萌"。御史季振宜继劾，亦及国祥、正学，并正宗贪贿营利诸事。正宗疏辨，略谓："李昌祚为叛党，裔介身为法司，何不早行纠参？例凡荐举之官，在本任不职，追坐举主。国祥、羽明皆升任后得罪。缙彦序臣诗有曰'将明之才'，臣诗稿见存，缙彦序未见此语。"疏入，上夺正宗官，下王大臣会鞫；亦责裔介、振宜不早纠参，并夺官待质。旋议上裔介、振宜劾正宗罪状鞫实者十一事，罪当绞。上斥"正宗性质暴戾，器量褊浅，持论偏私，处事执谬。惟事沽名好胜，罔顾大体，罪戾滋甚。从宽免死，籍家产之半，入旗，不许回籍"。十八年，圣祖即位，以世祖遗诏及正宗罪状，当置重典，愍其衰老，贷之。未几病卒。

张缙彦，河南新郑人。明崇祯进士，自知县行取授主事。再授编修，擢兵部尚书。顺治元年，诣固山额真叶臣军前纳款，福王授以总督，乃遁去。既，复受洪承畴招降。九年，以荐下吏部考核。十年，授山东右布政。十五年，擢工部侍郎。十七年，甄别三品以上大臣，降级江南徽宁道。裔介劾正宗，词连缙彦，夺官逮讯。御史萧震疏劾缙彦刻《无声戏》，自称"不死英雄"，惑人心，害风俗。王大臣会鞫，论斩，上命贳死，籍其家，流徙宁古塔。寻死于戍所。

论曰：刚林相太宗，与范文程、希福并命，祁充格掌记室，于创业宜皆有功。铨胡明相，谙故事，与名夏皆善占对。名夏劝进虽不用，以此邀峻擢。之遴、正宗各有所援引，知当时亦颇用事。际初运，都高位，而不足以堪之。诛夷削夺，曾莫之惜。正宗倾名夏，亦不免于罪，尤可鉴矣。

卷二百四十六　　列传三十三

谭泰　何洛会　锡图库　博尔辉　冷僧机

谭泰，舒穆禄氏，满洲正黄旗人，扬古利从弟也。初授牛录额真。天聪八年，擢巴牙喇章京，与固山额真图尔

格分统左右翼兵，略锦州。还从太宗伐明，自上方堡毁边墙以入，败明兵，克保安州。擢巴牙喇纛章京，令关白诸事。九年，扬古利赐第，侍卫宗室济马护欲得其旧居，扬古利不可。济马护嘱谭泰入奏，谭泰匿不以闻，济马护诉于上，上责谭泰曰："尔为朕耳目，凡事当无隐。济马护乃朕叔父之子，其言尚不能达，民间劳苦嗟怨，何由得使朕知？尔恃宗族强盛，欺陵愚弱，朕所深恶！"下刑部质讯，夺官。寻复授本旗固山额真。

崇德元年，从武英郡王阿济格等伐明，克延庆等十二城。进围定兴，先登有功。复与固山额真阿山等设伏，败明遵化三屯营守兵，尽歼之。师还，宴劳。复从上伐朝鲜，朝鲜王弃城走，谭泰率师入其城，尽收其辎重。从上逐朝鲜王至南汉城，受降而还。四年，从睿亲王多尔衮等伐明，与固山额真叶臣自太平寨破青山口，与明兵十三战，皆捷。辅国将军巩阿岱，济马护兄也，谭泰与相诟于禁中，坐罚。

六年，从围锦州，谭泰将四百人自小凌河直抵海滨，绝明兵归路。与明总督洪承畴兵战，大败之。授世职二等参将。七年，从辅国公篇古等攻蓟州，击败明总兵白腾蛟、白广恩等，俘馘为诸军最。八年，命率锐卒与固山额真准塔更番戍锦州。顺治元年，从入关，逐破李自成于庆都。复将巴牙喇兵蹙击，至真定，大破之，叙功授一等公。

睿亲王摄政，谭泰与巴牙喇纛章京图赖、启心郎索尼并见信任。固山额真何洛会诬肃亲王豪格怨谭泰等不附己，讦之睿亲王，王谓谭泰忠，益信任之。大学士希福忤谭泰，希福欲易赐第，谭泰不可，希福消之，益怒。其弟谭布以希福述睿亲王自言过误告谭泰，谭泰讦之法司，希福坐黜。二年，英亲王阿济格坐奏军事不实得罪，命谭泰与鳌拜等集众宣其罪。谭泰匿谕旨不以示众，索尼发其罪，降世职昂邦章京，夺官。谭泰怨索尼，讦索尼于内库牧马鼓琴及禁门桥下捕鱼，索尼亦坐黜。谭泰复起为本旗固山额真。

初，师下江南，谭泰自西安逐捕流寇，虑不与平江南功，使谓图赖曰："我军道迂险，后至。今南京未下，请留待我军。"图赖书告索尼，使启睿亲王，或发观之，惧谭泰得罪，毁其书勿使达索尼。图赖师还，诘索尼，发其事，王鞫赍书者，得状。谭泰又坐与妇翁固山额真阿山遣巫者治病。下廷臣议罪，论死，下狱，王使视之，并馈食焉。谭泰曰："王若拯我，我杀身报王！"乃出之狱。五年，复原官。

金声桓叛江西，授谭泰征南大将军，率师讨之。声桓以步骑七万人抗我师，谭泰督诸军与战，次九江，大败声桓兵，获其舟以济师。攻南昌，为长围困之，数月，糜将士以云梯登，声桓中二矢，投水死，又破其王得仁。南康、瑞州、临江、袁州并下。当声桓叛时，李成栋以广东应之，南昌围急，成栋赴援。谭泰师将至赣州，闻成栋入信丰，谭泰遣诸将乘胜袭击，成栋大溃，溺水死，克信丰。别将徇抚州、建昌。江西悉平。师还，授一等精奇尼哈番。

七年，睿亲王薨，上命吏、刑、工三部增设满洲尚书各一，授谭泰吏部尚书。八年，世祖亲政，追论睿亲王罪

状，大学士刚林、祁充格皆坐诛，罪不及谭泰。时图赖已卒，索尼方罪废，谭泰毁图赖墓室，泄旧忿。五月，御史张煊劾大学士陈名夏等，下王大臣会鞫。谭泰祖名夏，谳上，命未下，谭泰前奏，言煊劾皆虚，且所举诸事皆在赦前，煊以外转嫌，诬名夏等死罪，当反坐，煊遂见法。

谭泰愈纵恣，岳尔多其妻弟也，袭一等精奇尼哈番，为夺其族人法喀应袭一等阿思哈尼哈番合并为三等侯；佟图赖其女弟之夫也，时金砺驻防杭州，妄称员缺，以佟图赖拟补。上自谭泰祖陈名夏构张煊，心厌恶之。是岁八月，下诏责其专横，命执付狱，集廷臣议罪。鳌拜复讦谭泰阿附睿亲王及营私擅政诸状，谳皆实。王大臣议诛谭泰及其子孙，上命诛谭泰，籍其家，子孙贷连坐。

何洛会，失其氏，满洲镶白旗人。父阿吉赖，事太祖，从征战，官牛录额真。卒，何洛会嗣，兼巴牙喇甲喇章京。天聪八年，从伐明，略锦州。九年，诏免诸功臣徭役，何洛会与焉。崇德五年，授正黄旗蒙古固山额真。从睿亲王多尔衮伐明，围锦州。调满洲固山额真。七年，锦州既下，追论围锦州时何洛会匿鄂罗塞臣破阵功，当夺官，上宥之。

何洛会隶肃亲王豪格，颇见任使。世祖即位，睿亲王摄政，与肃亲王有隙。何洛会讦肃亲王与两黄旗大臣扬善、俄莫克图、伊成格、罗硕将谋乱，肃亲王坐削爵，扬善等皆弃市。赏何洛会告奸，籍俄莫克图、伊成格家畀之，授世职二等甲喇章京。寻从睿亲王入关，击李自成，逐至庆都。还，睿亲王令奉表迎世祖，擢内大臣，留守盛京。阿哈尼堪将左翼，硕詹将右翼，并于熊耀城、锦州、宁远、凤凰城、兴京、义州、新城、牛庄、岫岩城各置城守官，皆统于何洛会。

顺治二年，叙功，进世职一等。旋命率师驻防西安，道河南，讨定西平土寇刘洪起等。是岁十二月，授定西大将军，命自陕西徇四川。时自成将刘体纯等犯商州，叛贺珍与其党孙守法、胡向宸等分据汉中、兴安。三年，珍以七万人犯西安，何洛会督兵迎战，珍败走，复逐破之，并破体纯商州。

肃亲王从入关，破李自成，复爵。至是，上命为靖远大将军，下四川，召何洛会还京师。四年，命率师驻防宣府，仍授正黄旗满洲固山额真。五年，调镶白旗。命佐谭泰定江西，击破金声桓、王得仁、李成栋，事具《谭泰传》。师还，赐所获金银珠玉，进世职三等精奇尼哈番。

肃亲王师还，贝子屯齐等讦王诸悖妄状，何洛会复从而证之，遂坐夺爵，以幽系终。睿亲王取肃亲王福金，召肃亲王诸子入府校射，何洛会詈之曰："见此鬼魅，不觉心悸！"尚书谭泰闻其语。及睿亲王薨，世祖亲政，何洛会语贝子锡翰曰："两黄旗大臣与我相恶，我尝讦告肃亲王，今岂肯容我？"八年二月，苏尼萨哈等讦睿亲王将率两白旗移驻永平，且私具上服御，及薨用敛，何洛会、罗什、博尔惠等皆知状。时罗什、博尔惠已先诛，执何洛会，下王大臣会鞫。谭泰、锡翰各以何洛会语告，又追论诬告肃亲王罪，与其兄胡锡并磔死，籍其家。

锡图库，乌扎拉氏，满洲正白旗人，世居乌拉。兄福兰，当太祖时来归，授世职备御。卒，锡图库嗣，授牛录额真，兼巴牙喇甲喇章京。天聪四年，师克永平，锡图库与甲喇额真鲁什等率兵循徼，得逻卒二、马十七。五年，诇敌大凌河，得二人以还。上伐明，围大凌河城，败锦州援兵，锡图库皆有功。六年，复从伐明，略宣府、大同边外，多所斩获。八年，复略蒙古锡尔哈、锡伯图诸地，斩七十余级、俘百余户及马驼，赉以所获，进世职一等甲喇章京。九年，偕噶布什贤噶喇依昂邦劳萨等略明边，入长城，攻代、朔诸州，多所斩获。

崇德元年，睿亲王多尔衮率师伐明，攻宁远，锡图库以二十人前驱，至中后所及山海关外诇敌，屡得逻卒，并获其马，又于前屯卫设伏败敌。喀木尼堪部叶类等盗科尔沁诸部马叛走，锡图库率巴牙喇壮达八人诣宁古塔，与梅勒额真吴巴海督兵追之。行数十日，及于温铎，招降不从，叶类潜遁，尽殪其党九十四人，俘妇女八十余，得马五十六；复逐捕叶类，入山，射之殪。师还，上遣大臣出迎五里，宴劳，进世职一等梅勒章京。

五年，命偕巴牙喇纛章京济什哈率师并征蒙古敖汉、奈曼、乌喇特诸部兵伐索伦部，败敌于甘河，擒部长博木博郭尔，籍千余户，得马数百。师还，赐宴北郊馆，进世职三等昂邦章京。旋授本旗梅勒额真。七年，从贝勒阿巴泰伐明，自蓟州越明都，下山东。师还，以先出边，部议当夺官，命宽之，罚白金百。八年，擢巴牙喇纛章京。

顺治元年，从睿亲王多尔衮伐明，败李自成将唐通于一片石，遂入山海关，屡战皆胜；败自成游骑于三河，追击至安肃。旋从固山额真叶臣等取太原，战于汾州、于绛州，屡破敌。二年，进二等精奇尼哈番。时自成犹据陕西，师自潼关、绥德南北两路入，锡图库率师与北路军会，败贼延安。自成走入湖广，锡图库移兵从之，自安陆至于荆门，屡击败自成兵。

三年，复从肃亲王豪格下四川，讨张献忠。五年，进世职一等。复从郑亲王济尔哈朗下湖南。六年，师次长沙，锡图库从左翼巴牙喇纛章京努三率兵前驱，攻湘潭。努三军北门，锡图库军西门，遂克之。进徇永兴，斩明将尹举智、杜贞明等。再进定宝庆，取全州，破明将焦琏。又移兵克永安关，取道州。师还，赐白金三百。

七年，睿亲王多尔衮薨。八年春，吴拜、罗什、博尔辉等讦英亲王阿济格将谋乱，鞫实，锡图库坐与谋，诛死，籍其家。

博尔辉，他塔喇氏，满洲正白旗人。初以巴牙喇壮达从征栋奎部，有俘馘。天聪三年，从太宗伐明，自龙井关入攻遵化。明总兵赵率教自山海关赴援，与战，博尔辉斩其副将，明兵惊溃。五年，擢巴牙喇甲喇章京，兼户部参政。复从伐明，与明兵遇宁远，击杀前队七人。八年，复从伐明，攻大同，明兵三千自龙门迎战，博尔辉与噶布什贤章京锡特库、牛录额真星讷等奋击破之。九年，命偕承政马福塔赍敕谕朝鲜国王。师出边招察哈尔部众，自归化经明边东远，博尔辉殿。明兵二百三十追击我师，博尔辉以二十人击却之，斩十人，俘一人，得马三。明兵从我师，有垂为所获者，博尔辉救之得脱。崇德元年，叙功，授世职牛录章京。三年，裁参政，专任巴牙喇甲喇章京。

顺治元年，兼任刑部理事官。从入关，击李自成，叙功，进世职二等甲喇章京。旋署巴牙喇纛章京。从顺承郡王勒克德浑下湖广，师至武昌。时自成将马进忠、王进才既降复叛，据岳州，令博尔辉率师讨之，次临湘，击败其兵。进攻岳州，进忠、进才走长沙，逐击败之，其将黑运昌以舟师降。师还，优赉。五年，真除巴牙喇纛章京，列议政大臣，进世职二等阿思哈尼哈番。

睿亲王摄政，诸王多与忤。郑亲王济尔哈朗降郡王，旋复爵。初以端重亲王博洛、敬谨亲王尼堪佐理事，亦以专擅降爵。博尔辉及诸大臣罗什、额克亲、吴拜、苏拜皆谨事睿亲王，从王猎喀喇城。王薨，丧还。英亲王阿济格为睿亲王同母兄，欲继王柄政，博尔辉等与阿尔津共发其罪，英亲王夺爵幽禁，赏诸告者，博尔辉进世职二等精奇尼哈番。博尔辉等传睿亲王遗言，复理事二王亲王爵，以告两黄旗大臣。居月余，命未下，博尔辉有疾，穆尔泰往视之，博尔辉以为言。穆尔泰告额尔德赫，额尔德赫告敬谨郡王尼堪，遂以端重郡王博洛诉于郑亲王。八年正月，复二王爵。越八日，执博尔辉等下狱，坐博尔辉、罗什动摇国事，蛊惑人心，论死，籍其家。额克亲削宗室籍，及吴拜、苏拜皆夺官为民。议上，得旨："朕每闻刑人，殊不忍。二人罪当诛，姑宥死何如？"王大臣复以初议上，乃诛死。

冷僧机，纳喇氏，满洲正黄旗人，叶赫部长金台石之族也。叶赫亡，来归，隶正蓝旗，属贝勒莽古尔泰。天聪元年，敖汉部长索诺木来归，尚公主为额驸，以冷僧机隶焉。莽古尔泰既卒，九年，冷僧机诣法司言莽古尔泰及贝勒德格类与公主及索诺木结党，设誓谋不轨。冷僧机与甲喇额真屯布禄、巴克什爱巴礼并下法司，鞫实，冷僧机以自首免罪，屯布禄、爱巴礼皆坐诛，籍其家以畀冷僧机，改隶正黄旗，授世职三等梅勒章京。

崇德二年，固山额真都类坐事下兵部待鞫，兵部参政穆尔泰令诸在系者避都类。或以告冷僧机，闻于上，穆尔泰及同官皆坐降罚，授冷僧机一等侍卫。七年，祖大寿来归，上幸牧马所，命内大臣侍卫与大寿等校射，中的者有所赐，冷僧机得驼一。世祖即位，授内大臣。顺治二年，进二等阿思哈尼哈番兼拖沙喇哈番。谭泰讦索尼，引冷僧机为证，谢未闻，坐徇庇，当削世职籍没，上贳之。旋进世职三等精奇尼哈番。

七年，睿亲王有疾，怨上未临视，冷僧机及贝子锡翰等奏请上临视，睿亲王坐以擅请降世职，恩诏复故，进一等伯。睿亲王薨，以豫亲王多铎子多尔博为后，袭爵。冷僧机言于上曰："昔太宗登遐，两黄旗大臣誓立肃亲王。睿亲王定策奉上绍统，多尔衮宜特见优遇。"又举侍卫罗什，罗什上为冷僧机乞恩。八年，郑亲王济尔哈朗等劾罗什蛊惑诸王，坐诛，辞连冷僧机。上因命诸大臣诘誓立肃亲王事，冷僧机穷，诸大臣兼发阿谀睿亲王诸罪，论斩籍没，命宽之。九年，追论冷僧机与贝子巩阿岱、锡翰、内大臣西讷布库等迎合睿亲王，乱国政，下王大臣鞫实，与巩阿岱、锡翰、西讷布库等并诛，籍其家。

论曰：定金声桓、王得仁之乱，谭泰专将，何洛会为之佐。锡图库、博尔辉亦久从征战有劳。睿亲王既薨，诸阿附者乃互相倾，何洛会之狱，谭泰证之；锡图库之诛，博尔辉等发之：转相排轧，同就诛夷。若冷僧机者，专事告讦，其及也亦宜矣。

卷二百四十七　　列传三十四

**彭而述　陆振芬　姚延著　毕振姬
方国栋　于朋举　王天鉴　赵廷标**

彭而述，字子篯，河南邓州人。明崇祯进士，官阳曲知县，母忧归。顺治初，英亲王徇湖广，荐为提学佥事，迁永州道参议。孔有德定湖南，荐而述授贵州巡抚，予兵三千以行。次靖州，降将陈友龙叛，围州城，而述夜开西门出，营山下，选劲骑乘雾冲阵，贼溃且走，副将贺进才战死。城兵大噪，欲与友龙合，而述拔众退守宝庆，告有德益师，与贼相持紫阳河上。永州陷，劾免官。

久之，以尚书王永吉荐，命赴经略洪承畴长沙军前，陈黔、楚山川形势，战守方略，甚悉，承畴异之。补衡州兵备道副使。寻令管云南右布政事，调广西桂林道参政。僮酋莫扶豹聚众劫永宁，而述用始龙故土司覃法欧为向导，檄永宁知府史赞勋募土兵数百人，遣裨将分道进，败扶豹于酉山，又败于麻冈，擒之。擢贵州按察使。

吴三桂征水西土司安坤，而述谋曰："乌蒙、乌撒、镇雄、东川四府与水西为唇齿，土司陇安藩又与安氏婚媾。今四府虽名内附，狼子野心，势必顾惜其种类。以水西之强，而安藩与四府附之，安坤未易制也。莫如先定四府，鹹安藩，然后西南可无患。"三桂用其策，诛安坤。迁广西右布政使。三桂荐为云南左布政使，而述乞归，三桂留之，会有诏召，遂行，出会城三十里，一夕无疾卒。

陆振芬，字令远，江南华亭人。顺治六年进士。时两粤未平，廷议破格用人，即新进士中遴才除道府。振芬授广东惠潮道副使，从师南征。是冬，克南雄。七年春，度大庾岭，次韶州。韶州以南望风降，进规会城，既下，振芬与总兵郭虎率师赴惠州，剿抚归善、海丰诸寨。将至，诸寨窥兵寡，出拒。振芬选精锐数百人绕出其旁击之，获一队，诸寨皆惧。于是谕以祸福，降者踵至。至海丰，守者抗不下。振芬与虎驻五坡驿，他将自羊蹄岭会师合攻之，遂克其城。碣石卫亦降。

八年，抵潮州，上官，联结诸镇，检制土官，招集流亡，简省徭役，民始有更生之乐。乱甫定，用法严，郡县辄滥禁无辜。振芬与属吏约，期五十日清庶狱，囹圄为空。九年，会师复平远，总兵赦尚久故降将，阴持两端，闻将改授水师副总兵，结山海诸寇僭立帅府。振芬牒大吏策弭变，不应。十年春，尚久自署新泰侯，举兵围道署。振芬谕以大义，不从，使告变。秋，固山兵至，振芬约为内应，引外兵入，诛尚久。事平，引疾归里。家居四十年乃卒。

姚延著，字象悬，浙江乌程人。顺治六年进士，除广西庆远知府。从师南征，调柳州，有守御功，又调平乐。迁广东岭南道副使，抚僮寨，擢江南按察使。

十六年，郑成功内犯，陷镇江，入攻江宁。延著佐总督郎廷佐缮守备，安辑危城，闾阎不扰。民间时有羊尾党，事发，株连数百人。延著谓廷佐曰："寇在门，不可兴大狱、摇人心。"狱乃解。当事急，人多疑贰，民间有宿怨，辄诬以通敌。延著严治反坐，多所全活。城民有升高而望者，逻者执之，总管喀喀木以为敌谍，延著力争，得不死。喀喀木部兵扰城市，延著捕得械毙之。吏卒私掠被难妇女，延著亲驻江干，召其家，遣还者一千七百人，以此忤喀喀木。事定叙功，擢河南左布政使。旋以忧归，而金坛狱起。

镇江之陷也，属县戒严。金坛知县任体坤集县中士大夫王重、袁大受等谋遣诸生十辈诣镇江乞缓兵。丹徒乱民王再兴兵起，复令书吏、耆民数十人送款，尽窃库帑以遁。喀喀木等击败成功，体坤乃复至县，赂重、大受谓大吏，谓土民送款，冀掩弃城罪。重、大受居乡多不法，为诸生所挠。至是欲以叛坐诸生，泄私怨，列姓名以上。巡按马胜声疏闻，下廷佐令延著鞫其狱。延著紊县吏李钟秀，讯得实，欲但坐体坤，余皆减罪。大受腾书京师为蜚语，欲并陷延著，御史冯班发其状。时侍郎尼满奉诏勘提督马逢知狱，命即讯，乃坐重、大受及诸士大夫集议者。诸生及书吏、耆民送款者皆斩，体坤以被逼迫减为绞。巡按何可化又疏劾延著谳从叛罪人史记青、管得胜傅轻比，又有王天福、韩王锡并纵不拟罪，与金坛狱并论，亦坐绞。时喀喀木主军事，新破敌，尤威重，素不慊于延著。民间谓延著之死，喀喀木实主之。就刑日，江宁为罢市，士民哭踊。丧归，数百里祭奠不绝，建祠鸡鸣山下私祀焉。

子淳煮，康熙六年进士，授内阁中书舍人。伏阙上书为延著讼冤。累擢湖广提学道佥事，坐事罢，未行，值叛卒夏逢龙之乱，誓死不为屈。事闻，复官，授岳常澧道副使。卒。

毕振姬，字亮四，山西高平人。顺治三年进士，授平阳教授。入为国子监助教，累迁刑部员外郎。曹事暇，独坐陋室，布被瓦盆，读书不稍倦。

十年，出为山东济南道参议。岁旱，流民踞山谷为盗，振姬昼夜驰三百里往谕之，悉就抚，全活者七千余人。泰山香税，岁羡余七千金，例充公使钱，振姬悉以佐饷。调广东驿传道佥事。时三藩使命往来络绎，胥吏乘以私派折价，民苦之，振姬一绳以法，阅数月，减船数百，减费七万有奇。调浙江金衢严道参政，擢广西按察使。所至以廉能闻。迁湖广布政使，乞病归。

康熙中，诏举博学鸿儒，左都御史魏裔介、副都御史刘楗疏荐之。十八年，命廷臣举清廉吏，裔介复疏言："振姬清操绝世，才略过人。请告十余年，躬耕百亩，读书不辍。"楗亦言："振姬居官不染一尘。归日一仆一马，了无长物，真学行兼优之人。"下部议，以振姬老，置勿用。寻卒。

方国栋，字干霄，顺天宛平人。顺治三年举人，授蠡县教谕。入为国子监助教，累擢至刑部郎中。

十六年，出为广东海北道佥事。海寇邓耀居岛中，时出剽掠。国栋以三千人分五道进剿，檄邻道出兵扼要隘，擒耀，解散余党。事平，雷、廉两部诸富人为贼所诬，械系者众，国栋察其冤，为辨雪。诸富人赍千金为报，国栋曰："吾悯若无辜，奈何污我？"却之。

迁山西宁武道参议。康熙六年裁缺，改江南苏松常道参议。太湖堤岸倾圮，率吏民修葺，修沿海墩台及吴淞、刘河两闸，工费不扰民。师下闽、粤，征调旁午，国栋一意与民休息，每遇急征，从容部署。刍茭粮糗，预储以待，军兴无乏，闾左晏然。戒属吏无朘民，郡县稍稍知敛戢，不敢事剥削。

连岁用兵，度支不给，诏各省筹裕饷之策。国栋言："古今生财之说，开与节二者而已。议开于今日，已无可加，当议节，自朝廷始。旧制，江南岁市布五万匹供官府赍予，宜可罢，岁省帑金三万。"议上，报可。满洲兵驻防苏州，议筑营舍于王府基，当城中。国栋以兵民杂居难久安，持不可，乃改营南城隙地，民便之。宜兴善权山中寺僧与豪族争地，聚众焚寺杀僧，知县告乱，大吏将发兵。国栋单骑驰往，得首祸置法，余无所问。吴俗健讼，喜投觝告密，国栋辄不问，即有所案，亦从宽。驭吏严，而拊循士民具有恩意。十六年，卒。吴民思之，建祠虎丘山麓以祀。

于朋举，字襄子，江南金坛人。顺治六年进士，改庶吉士，散馆授检讨。十二年，出为河南睢陈道副使，政不扰民。鄢城盗杀县官而逸，士民汹汹，谓城将屠。朋举驰至，抚谕毋恐。营将以兵至，拒不使入城。大吏召朋举诘责，对曰："鄢城令，朋举妇翁也。岂不欲甘心是盗？独奈何苦良民！"大吏悟，止兵，亦遂盗正其罪。

迁福建福宁道参政。兴化濒海，镇将所部皆群盗受抚者。有材官辱张氏仆，张氏以告。镇将挞材官，部卒大哗，毁张氏之室，欲劫镇将为乱。镇将避去，则缚移挞者置张氏，谓其仆杀之。朋举甫到官，廉得首恶，猝缚至，集文武吏会鞫，健儿带刀环立瞋视。朋举从容："若曹干军法，罪重。念若曹约束无素，但用杀人律，罪有专属。"众乃泥首，言杀人者为张氏仆。朋举曰："若曹气焰何等，彼能于千百健儿中夺一人缢之耶？"召讯证者，俱吐实，诛三人而事定。泉州提督剿海盗，盗逸入兴化界，镇将获数百人。朋举视其尝剃发者，曰："此良民被陷，当宥。"有年少者，曰："童稚何知，又当宥。"全活甚众。

郑成功屯厦门，与漳州隔海相望。固山额真驻会城，遣兵戍漳州，番代岁四易，民苦供役。朋举请驻防无屡更，不许；固请展其期，岁再易，民稍苏息。擢四川按察使、山东右布政使。父忧归。

起授湖南布政使。上官，见胥吏至数百，曰："兵初罢，民方重困。此曹鲜衣美食，纵横市井间，何所取诸？"汰其十九，择谨愿者，取足供文书而已。数为大吏言地方利病，有司贤不肖积与之忤，被劾镌级，未行，而大吏以贪败。士民惜之。寻卒。

王天鉴，字近微，直隶万全人。顺治三年进士，授山东恩县知县。县接直隶界，自明季为盗薮，尝一岁七被寇。天鉴上官，谕父老曰："往岁寇至，县辄不守，由人无固志。自今勿复逃，视知县所向。"俄而寇大至，天鉴坐城上，从容指挥，寇疑有伏，逡巡去。于是茸楼橹，治城隍，严候望，时巡徼，守具大备。按行乡鄙，举团练，立寨十有九，桴鼓相闻，久之得步卒万八千、骑士三百。巡按御史疏闻，令天鉴自治兵。廉得境内贼渠数辈，夜突至其乡呼之出，贼错愕不能遁，皆诛之。寇据曹县，巡抚檄天鉴与诸道兵会剿，率所部为前锋，冒矢石深入，诸军踵之，复其城。尝以轻骑逐贼，日暮被围，短兵相接，手格杀数贼，溃围出，不失一骑。在恩四年，屡与寇战，俘馘无算，降者安抚之。寇远遁，招徕屯种，流亡复归，垦荒千八百顷。建书院，弦诵不辍。政声为山东最，上考，内迁礼部主事。十一年，始行耤田亲耕礼，天鉴参酌古今，悉合礼宜。累迁郎中。主山东乡试。十二年，出为陕西河西道参议。与属吏约，毋猎民枉法。

天鉴固长治兵，按籍讨军实，诫将弁毋以军糈肥私橐。性刚介负气，数忤上官。岁余，谢病归。绝迹公府，门下士或有馈遗，不受，曰："饫箪豆，惜名节，足以报举主矣！"康熙初，大臣荐，不出。寻卒。

赵廷标，浙江钱塘人。顺治三年，以拔贡生授福建永定知县。广东大埔逸寇江龙以万余人犯县城，廷标城守。寇穴地入，潴池水以待，地炮不得发；树云梯乘城；于城上悬栅堕之。持三月，食垂尽。值立春，廷标张鼓乐，开城门，迎春东郊。寇疑有伏，引去。密遣兵间道往伏两山间，出不意夹击，败之。进至龙磜寨，捕斩略尽。

擢湖广衡州同知，署府事。蠲赋垦荒，流亡复业。岁大饥，赈恤有实惠。经略大学士洪承畴荐廷标，十七年，擢云南迤东道副使。安普诸番为土官所诱，竞作不靖。廷标设方略、行间，解散之，遂复维摩旧地。移檄谕宁州弥勒、8盘、八甸，罢捕逐之令，令诸持田器者皆为良民，持兵者乃为贼。巡行安抚，诸路悉平。治迤东十八年。康熙中，调广东广肇南韶道副使。安普民、蛮闻其去，堑道塞城留之。慰谕再三，乃得行。

两粤八排诸山寇闻廷标来，望风解散。连州乱，至，立就抚。逾年以忧去。起湖南驿盐道副使。捕治剧寇，诛其渠，余悉纵归农。湖南方用兵，刍茭械仗，储峙供给，不误晷刻，民不困役。兼摄粮道。会湘东民变，巡抚韩世琦令廷标往抚之。单骑驰谕，皆悔泣听命，散遣之。事稍论曰：自置督抚，而两司权轻，况于各道；然以贤者处之，奉职循理，视民之所急，弭乱解娆，亦足以为治。而述、振芬、振姬、天鉴皆有才略，根本尤在廉勤。延著、国栋、廷标当治乱用重之日，济之以宽仁，虽以是罢贬，甚或中危法，而一不自恤，是皆能举其职者。泽之于斯民，亦已多矣。

卷二百四十八　　　列传三十五

许定国刘良佐　**左梦庚**郝效忠　徐勇　卢光祖
田雄马得功　**张天禄**弟天福　赵之龙
孙可望白文选

许定国，河南太康人。明崇祯间，官山西总兵官。李自成围开封，趣定国赴援，师次沁水，一夕师溃，逮治论死。**寻复授援剿河南总兵官**。福王时，驻军睢州。

顺治元年，豫亲王多铎下河南，次孟津，定国使请降。肃亲王豪格略山东，复上书请以其孥来附，肃亲王命遣子为质。二年，遣其子诣肃亲王军。明师大学士史可法遣总兵高杰徇河南，次归德，闻定国已遣子纳款，招往会，不赴。杰乃与巡抚越其杰、巡按陈潜夫就定国睢州，定国不得已郊迎。其杰劝杰勿入城，杰轻定国，不听。既入，定国宴杰，侑以妓。杰酣，为定国刻行期，并微及遣子纳款事。定国益惧，中秋伏兵杀杰。明日，杰部将攻定国屠城。定国走考城，遂来降。

豫亲王请以定国从征，留其孥曹县，命河道总督杨方兴厚赡之。定国妻邢有疾，乞还乡里，方兴为代奏。命暂居曹县，俟定国入觐。豫亲王师还，定国诣京师，隶汉军镶白旗。三年，卒。五年，以来降功，授一等精奇尼哈番，子尔安袭。十二年，诏求言，尔安为睿亲王多尔衮讼功德，请修其墓。语详《睿亲王传》。坐煽惑，减死流宁古塔。弟尔吉袭。

史可法置江北四镇，杰与刘泽清、刘良佐、黄得功分领之。杰为定国所杀，得功战死芜湖。

刘良佐，直隶人，明总兵，预拥立福王。顺治二年，豫亲王下江南，良佐以兵十万来降。江南定，诣京师，隶汉军镶黄旗。五年，以来降功，授世职二等精奇尼哈番，从大将军谭泰讨金声桓。师还，授散秩大臣。十八年，授江南江安提督，加总管衔。寻改直隶提督，改左都督。康熙五年，以病乞休。六年，卒。刘泽清既降复叛，诛死。

左梦庚，山东临清人。父良玉，《明史》有传。良玉初授平贼将军，及封宁南伯，以平贼将军印授梦庚。福王时，良玉举兵自武昌东下，号"清君侧"。次九江，病卒。诸将推梦庚为帅。总督袁继咸御战，梦庚还驻池州，遣兵间道自彭泽下建德，遂取安庆。总兵黄得功破之铜陵，乃退保九江。

顺治二年，英亲王阿济格逐李自成至九江，梦庚率众降。师还，入觐，宴午门内，命隶汉军正黄旗。疏言："部将卢光祖、李国英从入京师，余若张应祥、徐恩盛、郝效忠、金声桓、常登、徐勇、吴学礼、张应元、徐育贤俱奉英亲王调发防剿江西、湖广。诚恐诸将在外，踪迹未定，室家未安，讹惑之事，不可不筹。"命有司安插。五年，叙来降功，授一等精奇尼哈番。六年，从英亲王讨大同叛将姜瓖，攻左卫，克之。擢本旗固山额真。十一年，卒，谥庄敏。乾隆初，定封一等子。梦庚诸将，李国英最显，自有传。

郝效忠，辽东人，隶汉军正白旗。从英亲王定湖南，擢湖南右路总兵，加都督佥事，授世职三等阿达哈哈番。孙可望陷沅州，效忠率师克黎平。可望兵骤至，力战，马蹶被执，不屈，遂见杀，赠都督同知。

徐勇，亦辽东人。英亲王檄署九江总兵，调黄州，捕治九江、黄州土寇。明唐王使犒之，勇斩使以闻，命移镇长沙。金声桓叛，招勇，复斩其使。与李锦战江中，中矢，裹创战愈奋。贼攻城，设策守御，锦遁去。迎郑亲王师击破明大学士何腾蛟。复调常德总兵，授世职一等阿达哈哈番兼拖沙喇哈番。明桂王遣将张光翠、张景春窥辰州，屯荔溪。勇督将士渡江战，击杀景春，擒神将六，馘士卒数百，加左都督，进世职三等阿思哈尼哈番。桂王复遣白文选来攻，驱象为阵，破城，勇巷战死之，赠太子太保，进世职二等，谥忠节。以其兄子袭，入籍武昌卫。

卢光祖，辽东海州人，隶汉军镶蓝旗。从肃亲王下四川，破张献忠。授夔州总兵。击破明桂王将朱天麟等。取顺庆，屡捕治土寇。甘一爵、朱德洪据邻水、大竹为乱。光祖督师讨之，战七昼夜，斩一爵、德洪，降硐寨十余。以功授世职一等阿达哈哈番。孙可望破叙州，将军李国翰率师赴援，光祖殿，遇敌，战败，命立功自赎。寻改川北总兵。卒。金声桓既降复叛，诛死。

田雄，直隶宣化人。马得功，辽东人。仕明皆至总兵。顺治二年，豫亲王多铎下江南，明福王由崧走芜湖。巴牙喇纛章京图赖督兵截江断道，雄、得功缚福王及其妃来献，豫亲王令以原衔从征。寻授雄杭州总兵，得功镇江总兵。

雄佐总督张存仁、梅勒章京珠玛喇，驻军杭州。时明鲁王以海称"监国"绍兴，乘间渡钱塘江窥杭州，雄与存仁、珠玛喇等屡击破之。三年，擢浙江提督。六年，发李成栋逆书，加左都督。八年，叙来降功，授世职一等精奇尼哈番。

明鲁王与其臣阮进、张名振等据舟山，雄与固山额真金砺以舟师出海擒进，遂破舟山，隳其城，名振拥鲁王入海。十二年，进将阮思、陈六御等复据舟山，朝命宁海大将军伊尔德率师南征。雄预治战舰攻具，分兵遣裨将扼要隘，通声援，而以舟师会伊尔德击思，以横洋、金塘为舟山要路，分兵击破之。张两翼夹击，歼其众无算，思赴水死。捷闻，加少傅兼太子太傅。十五年，疏请归旗籍，隶汉军镶黄旗。

郑成功兵扰浙境，陷遂安、平阳诸县。兵部劾雄，上命宽之。十六年，成功兵攻太平，击却之。复攻宁波，雄督战，分三路进剿，成功兵引退。十八年，进二等侯。康熙二年，卒，赠太傅，谥毅勇。

得功，亦隶汉军镶黄旗。江宁初定，明瑞昌王谊泑屯花山、龙潭间。顺治三年，谋攻江宁，事泄，走镇江。得功获谊泑，诛之。寻以收劫盗入伍，降调。四年，大学士洪承畴请以得功署副将。从浙闽总督张存仁剿建宁、邵武山寇，克松溪、政和、建阳、崇安、光泽诸县，即令驻松溪。复克庆元、永春、德化诸县。六年，授右路总兵，加都督金事。克南安，破海寇林忠。复捕治兴化、仙游、惠安诸县海寇郑丹国等。时郑成功据厦门，巡抚张学圣诇成功方出，令得功攻厦门，克之。成功还救，复陷。遂围漳州，破海澄。得功退守泉州，与固山额真金砺会师解漳州围。以得功初克厦门贪取财物为成功所乘，命逮治，援赦免。十一年，叙前功，赐一品顶带，出镇泉州。得功自陈与雄同降，授雄例乞世职，授一等精奇尼哈番，加都督同知。

十三年，擢福建提督。林忠复据永春、德化、尤溪、大田诸县，巡抚宜永贵令得功率师讨之。师行，寇自闽安径攻会城，得功引师还，与城兵夹击，围解。十四年，与浙闽总督李率泰同合兵克闽安，成功屡内犯，得功击却之。十八年，进三等侯。康熙元年，迁滨海居民内地，击败海寇阻民迁者。二年，师进攻厦门，得功克乌沙，以舟师出海。南风起，寇乘上流来战，得功奋击，没于阵。李率泰以闻，进一等侯，谥襄武。子三奇，袭爵，官至潮州总兵。乾隆十四年，定诸侯、伯封号，雄曰顺义，得功曰顺勤。

张天禄，陕西榆林人。明季与弟天福以义勇从军，积功至总兵。福王时，大学士史可法督师，令屯瓜洲为前锋。豫亲王师下江南，天禄、天福率所部三千人从赵之龙迎降，豫亲王令以原官从征，隶汉军镶黄旗。

明金都御史金声家休宁，受唐王命，纠乡勇十余万据徽州。贝勒博洛遣固山额真叶臣率师击之，天禄及总兵卜从善、李仲兴、刘泽泳并从。师自旌德入，战绩溪，获声及中军吴国祯、副将成有功、守备万全等，送江宁杀之。徽州平。

明大学士黄道周率兵犯徽州，天禄击之，斩其将程嗣圣等十余人，获总兵李尧光等。顺治三年，战婺源，获道周，亦送江宁杀之。分兵出祁门、江湾、街口、黄源，四道逐捕道周余众。以功加都督同知，授徽宁池太总兵官。天禄屯徽州城外，依山为营。值雨，父老迎天禄入城，天禄曰："三军方在泥涂，何忍独安？"终不下山。军民皆称之。明嵩安王常淇纠众数千扰婺源，天禄率副将许汉鼎等击之，获常淇及监军江于东等。四年，授江南提督。五年，叙来降功，授世职三等阿达哈哈番。八年，进三等精奇尼

哈番。

九年，郑成功围漳州，命天禄赴援，成功引退。天禄留驻延平，捕治山寇。十一年，明鲁王将张名振攻崇明，天禄还松江御战。名振既出海，复侵吴淞。我水师与战，败绩。江南总督马鸣佩劾天禄失舟师三百余及炮械，匿未报；闽浙总督佟泰劾天禄与名振通书：逮下刑部，谳通书无据，坐匿失炮械等，夺官，降世职三等阿达哈哈番。十六年，卒。

天福初降，从征昆山、嘉定。民不剃发，据城抗我师，天福与总兵李成栋讨平之。顺治五年，授陕西汉羌总兵。叙来降及战功，授世职一等阿思哈尼哈番。明山阴王鼎济聚兵据毛坝关，署单一涵为元帅。年六，天福自汉中率师入山，获鼎济，一涵投崖死。参将王永祥叛延安，山寇刘宏才攻同官，天福先后讨平之。以病还京师，授散秩大臣。十七年，授本旗都统。康熙六年，卒。

赵之龙，江南虹县人。崇祯时，以忻城伯镇南京。福王立，与拥戴，干政。豫亲王师至，与魏国公徐允爵，保国公张国弼，隆平侯张拱日，临淮侯李祖述，怀宁侯孙维城，灵壁侯汤国祚，安远侯柳祚昌，永昌侯徐宏爵，定远侯邓文囿，项城伯常应俊，大兴伯邹存义，宁晋伯刘允极，南和伯方一元，东宁伯焦梦熊，安城伯张国才，洛中伯黄九鼎，成安伯郭祚永，驸马齐赞元，大学士王铎，尚书钱谦益，侍郎朱之臣、梁云构、李绰等迎降。之龙授世职三等阿思哈尼哈番，允爵等皆置勿用。铎等诣京师。先是北都降者多授原官，御史卢传言南都新人不得与旧臣比。铎至，命以尚书管弘文院学士，累擢至礼部尚书，卒，谥文安。谦益语在《文苑传》。

孙可望，陕西延长人。从张献忠为贼，与李定国、刘文秀、艾能奇并为献忠养子。献忠据四川，使分将其众，可望号平东将军。顺治三年，肃亲王豪格师定四川，献忠败死。可望与定国等率残众南窜，道重庆、綦江、遵义入贵阳。阿迷土司沙定洲乱云南，可望率众兼程赴之。定洲方攻楚雄，迎战大败，走归阿迷。可望入云南会城，遣定国徇迤东，而与文秀率兵西出，得副使杨畏知，相誓扶明室，与俱至楚雄，略迤西诸府。定国亦定迤东诸府。可望遂尽有云南，自号平东王，以干支纪年，铸钱曰"兴朝通宝"。时能奇已前死，可望并将其众。定国、文秀故等夷，不为可望下。可望假事杖定国，欲以威众，隙益深。

明桂王在肇庆，乃遣畏知奉表乞王封，桂王封可望景国公，赐名朝宗。使以敕印往，而桂王诸将争欲得可望为强援。堵胤锡驻梧州，承制改封平辽王；陈邦傅守泗城，又矫命封秦王；可望乃不受景国公命。会我师克韶州，桂王走梧州。可望复遣使请封，议封澂江王。使者谓非秦不敢复命，大学士严起恒持不可，议中寝。可望袭贵阳，复遣文秀攻嘉定，入四川。我师定两广，桂王至南宁，乃遣使封可望冀王，可望犹不受，复使畏知诣长桂王，而遣其将贺九仪等以五千人先驱，取起恒及诸臣阻秦封者尽杀之。桂王乃真封可望秦王，而留畏知授大学士。可望闻之怒，召至贵阳面数之，畏知以冠击可望，亦被杀。

桂王遣大学士文安之督师四川，将以招川中诸镇。可望遣兵伺于都匀，邀止之。可望将移桂王自近，挟以作威。桂王奔广南，可望遣兵迎入安隆所，改为安龙府，岁供银八千、米百石，穷迫不可堪；而马吉祥、庞天寿辈方欲戴可望行禅让，可望遂自设内阁六部等官，立太庙，定朝仪，改印文为八叠。桂王益忧惧。

初，定国自广西入湖广，兵益强，不复禀可望约束。会定国败于衡州，使召诣沅州议事，将以为罪而杀之；定国辞不赴，又自柳州攻肇庆，下高、廉、雷诸府。至是，桂王闻定国兵强，密诏使入卫。可望闻，使执大学士吴贞毓等，凡预谋者尽杀之。议移桂王贵阳，使其将白文选督行期。文选心不直可望，以情输桂王，缓其行。俟定国至，奉桂王自安南卫走云南。时文秀守云南，亦怨可望，迎桂王入云南会城。可望举兵反桂王，以双礼留守，令文选统诸军前行。定国、文秀率师御之，次三岔河，夹水而军。文选轻骑奔定国。可望遣其将张胜、马宝等自寻甸间道袭云南，而自率劲卒击定国等。战方合，其将马惟兴先奔，遂大溃，定国遣文秀等追之。

可望至贵阳，双礼绐言追兵且至。可望知事去，将诣经略洪承畴请降，遣使先纳款。文秀等遣将杨武追之，及于沙子岭。承畴援兵至，乃得脱，将妻子诣长沙降，时顺治十四年十月也。诏封义王，慰谕之。寻遣学士麻勒吉等赍敕印册封。十五年，诣京师，命简亲王济度等郊迎。入觐，宴中和殿，赐白金万，官其部将陈杰、刘天瑞等百余人，命隶汉军正白旗。可望请从讨云南自效，下王大臣议，寝其奏。十七年，疏辞封爵，复慰谕之。寻卒，谥恪顺。

子征淇袭，未几卒。征淳袭，卒，谥顺慤。征灏请袭，御史孟飞熊疏言："可望，献忠余党，久据滇、黔，负固不服。及为定国所败，穷蹙来归，滥膺非分。宜即停止，或以次降等。"下部议，降袭慕义公，官至兵部尚书，谥清端。子降袭一等阿达哈哈番。乾隆三十六年，命停袭。

文选，陕西吴堡人，亦从献忠为贼。献忠败，从可望入贵州。其缓桂王使得入云南也，桂王封为巩国公，令还贵阳慰谕可望，可望夺其兵，置军中。及举兵，诸将说可望愿得文选为大将，可望使将前锋，遂降定国以是败。桂王封文选巩昌王。

顺治十六年，我师下云南，定国战屡败，令文选为殿，战于玉龙关，文选复败，走木邦。桂王入缅甸，居赭硌。十七年，文选攻阿瓦，弗克，与定国会师孟艮；再攻阿瓦，求出桂王，终不获，我师益深入。文选据锡箔，凭江拒守。我师出木邦，造筏将渡，文选奔茶山。总兵马宁将偏师追之，及于猛养，文选降。诏封承恩公，亦隶汉军正白旗。康熙元年，命予三等公俸。七年，加太子少师。十四年，卒。子绘，降袭一等精奇尼哈番。卒，停袭。

论曰：邦家新造，师行所至，逆者诛，顺者庸。虽其人叛故国，贼旧君，苟为利于我，固不能不以为功也。可望独以台官言夺爵，终见削夺。唐通降自成，既复来归，授世职，康熙间即停袭，事又在其前；而定国、梦庚、雄犟及他诸降将，皆袭封如故。民间传雄负福王出，王啮其

项，遂溃死。雄死时，明亡已二十年。其言诚无稽，然民之所恶，盖亦可见矣。

卷二百四十九　　列传三十六

索尼　苏克萨哈 苏纳海　朱昌祚　王登联
白尔赫图　遏必隆 子尹德　**鳌拜** 弟穆里玛
班布尔善

索尼，赫舍里氏，满洲正黄旗人。父硕色，大学士希福兄也，太祖时，自哈达挈家来归。太祖以其兄弟父子并通国书及蒙、汉文字，命硕色与希福同直文馆，赐号"巴克什"。授索尼一等侍卫。从征界藩、栋夔。天聪元年，从太宗攻锦州，侦敌宁远，并有功。

二年，上亲征喀尔喀，征兵外藩，科尔沁不至。命索尼与侍卫阿珠祜赍谕饬责土谢图额驸奥巴。初，奥巴为台吉，入朝，太祖以贝勒舒尔哈齐女妻焉。既而奥巴屡背约，私与明通，复征兵不至。索尼受方略行，既入境，其部人馈以牲，索尼不受，曰："尔汗有异心，尔物岂可食耶？"时奥巴病足，索尼与阿珠祜见公主，以谕旨告。奥巴闻之，扶掖至，佯问曰："此为谁？"索尼曰："吾侪天使也！尔有罪，义当绝。今特以公主故，使来馈问耳。"奥巴顾左右趣具馔，索尼等不顾而出。奥巴恐，使台吉塞冷等请其事。索尼出玺书示之，即令从者先行。奥巴得书大惊，令所属大臣踞留，索尼责以大义，奥巴叩首悔罪，愿入朝。索尼与阿珠祜偕其大臣党阿赖先归奏状，帝甚悦。

三年，从大军入关，薄燕京，明督师袁崇焕赴援，列营城东南。贝勒豪格突入阵，敌兵蹙之，矢石如雨。索尼跃马驰入，斩杀甚众，拔豪格破围出。四年，谕降榛子镇、沙河驿，拔永平，守之。五年，擢吏部启心郎。从围大凌河。明兵自锦州来援，败之。六年，从征察哈尔，略大同，取阜台寨。寻予牛录章京世职，仍直内院。崇德八年，考绩，进三等甲喇章京。

太宗崩后五日，睿亲王多尔衮诣三官庙，召索尼议册立。索尼曰："先帝有皇子在，必立其一。他非所知也。"是夕，巴牙喇纛章京图赖诣索尼，告以定立皇子。黎明，两黄旗大臣盟于大清门，令两旗巴牙喇兵张弓挟矢，环立宫殿，率以诣崇政殿。诸王大臣列坐东西庑，索尼及巴图鲁鄂拜首言立皇子，睿亲王令暂退。英亲王阿济格、豫亲王多铎劝睿亲王即帝位，睿亲王犹豫未允，豫亲王曰："若不允，当立我。我名在太祖遗诏。"睿亲王曰："肃亲王亦有名，不独王也。"豫亲王又曰："不立我，论长当立礼亲王。"礼亲王曰："睿亲王若允，我国之福。否则当立皇子。我老矣，能胜此耶？"乃定议奉世祖即位。索尼与谭泰、图赖、巩阿岱、锡翰、鄂拜盟于三官庙，誓辅幼主，六人如一体。都统何洛会等讦告肃亲王豪格，王坐废，诏褒索尼不附王，赐鞍马。

顺治元年，从睿亲王入关，定京师。二年，晋二等昂

邦章京。睿亲王令解启心郎职，仍理部事。睿亲王方擅政，谭泰、巩阿岱、锡翰皆背盟附之，憾索尼不附。李自成之败也，焚宫殿西走。至是议修建，睿亲王亦营第，勾工庀材，工部给直偏厚，诸匠役皆急营王第。佟机言于王，王怒，欲杀之。索尼力言其无罪，王以是愈憾索尼。英亲王阿济格慢上，目为"八岁幼儿"，索尼以告睿亲王，请罪之，王不许。王尝召诸大臣议分封诸王，索尼持不可。巩阿岱、锡翰进曰："索尼不欲王平天下乎？"请罪之，王亦不许。索尼发固山额真谭泰隐匿诏旨，谭泰坐削公爵；因讦索尼以内库漆琴与人，及使牧者秣马库院，佣从捕鱼禁门桥下，索尼遂坐罢。

三年，巴牙喇纛章京图赖劾谭泰怨望，词涉索尼。顺治初，大军分道剿贼西安，谭泰后至，无功。及移师江南，谭泰虑勿预，语图赖，甚快怏。图赖遗书索尼，使启睿亲王，赍书者私发之，恐谭泰获罪，沉诸河。图赖发前事，逮讯赍书者塞尔特，诡云书已达索尼。诸大臣论索尼罪当斩，王亲鞫之，索尼曰："吾前发谭泰匿诏旨罪，顾匿图赖书以庇之乎？"王穷讯赍书者，事得白。寻复世职，然王与谭泰等憾索尼滋甚。五年，值清明，遣索尼祭昭陵，既行，贝子屯齐讦索尼与图赖等谋立肃亲王，论死，末减，夺官，籍其家，即安置昭陵。

八年，世祖亲政，特召还，复世职。累进一等伯世袭，擢内大臣，兼议政大臣、总管内务府。十七年，应诏上言，略谓："小民冤抑，有司不为详审者，请严察，使毋壅于上闻。犯罪发觉，其奉有严旨者，有司辄从重比，不无枉滥。请敕法司详慎。前议福建将士失律罪，在大将军止削一不世袭之拜他喇布勒哈番，而所属将领乃尽夺世职，轻重不平，有乖惩劝，请敕更正。开国诸臣，自拜他喇布勒哈番以上皆有功业，宜于世袭；其后恩诏所加，非有战功，请毋给世袭敕书。在外诸藩，风俗不齐，若必严以内定之例，恐反滋扰，请予以优容。大臣夺据行市，奸宄之徒，投托指引，以攫货财，四方商贾，负担来京，辄复勒价强买。诸王贝勒及大臣私引玉泉山水灌溉，泉流为之竭。边外木植，皆商人雇民采伐。今又为大臣私行强占，致商不聊生。大臣不殚心公事，惟饰宅第。皆请申禁。五城审事官，遇世族富家与穷民讼者，必罪穷民，曲意徇私，不思执法。请严饬毋得枉屈贿庇。"疏入，上以所奏皆实，饬议行。

十八年，世祖崩，遗诏以索尼与苏克萨哈、遏必隆、鳌拜同辅政。索尼闻命，跪告诸王贝勒，请共任国政，诸王贝勒皆曰："大行皇帝深知汝四大臣，委以国家重务，谁敢干预？"索尼等乃奏知皇太后，誓于上帝及大行皇帝前，其辞曰："先皇帝不以索尼、苏克萨哈、遏必隆、鳌拜为庸劣，遗诏寄托，保翊冲主。索尼等誓协忠诚，共生死，辅佐政务。不私亲戚，不计怨仇，不听旁人及兄弟子侄教唆之言，不求无义之富贵，不私往来诸王贝勒等府受其馈遗，不结党羽，不受贿赂，惟以忠心仰报先皇帝大恩。若各为身谋，有违斯誓，上天殛罚，夺算凶诛。"誓讫，乃受事。

世祖定中国，既亲政，纪纲法度，循太祖、太宗遗制；亦颇取明旧典损益之，务使称国体。四辅臣为政，称旨谕诸王、贝勒、诸大臣，详考太祖、太宗成宪，勒为典章。引世祖遗诏，谓："不能仰法太祖、太宗，多所更张；今当率祖制，复旧章，以副先帝遗意。"乃改内阁翰林院还为内三院，复设理藩院，罢裁太常、光禄、鸿胪诸寺。他举措皆类此。而镶黄、正白两旗互易圈地，兴大狱。四辅臣称旨，亦谓太祖、太宗时，八旗庄田庐舍，依左右翼顺序分给。既入关，睿亲王多尔衮使镶黄旗处右翼之末，正白旗圈地本当属镶黄旗，今还与相易，亦以复旧制。

索尼故不慊苏克萨哈，顾见鳌拜势日张，与苏克萨哈不相容，内怀；又念年已老，多病，康熙六年三月，遂与苏克萨哈、遏必隆、鳌拜共为奏请上亲政。上未即允，而诏褒索尼忠，加授一等公，与前授一等伯并世袭，索尼辞，不许。六月，卒，谥文忠，赐祭葬有加礼。七月，乃下索尼之奏，上亲政，以第五子心裕袭一等伯，法保袭一等公。长子噶布喇官领侍卫内大臣，孝诚皇后父也，十三年，后崩，推恩所生，授一等公，世袭。第三子索额图，自有传。

苏克萨哈，纳喇氏，满洲正白旗人。父苏纳，叶赫贝勒金台什同族。太祖初创业，来归，命尚主为额驸，授牛录额真。累进梅勒额真。天聪初，从太宗征锦州，贝勒莽古尔泰帅偏师卫塔山饷道，苏纳屯塔山西，明兵来攻，击破之。三年，与固山额真武纳格击察哈尔，入境，降其民二千户。闻降者将为变，尽歼其男子，俘妇女八千余，上责其妄杀。蒙古人有自察哈尔逃入明边者，命苏纳以百人逐之，所俘获相当。累进三等甲喇章京。坐隐匿丁壮，削职。寻授正白旗蒙古固山额真。崇德初，从伐明，攻雕鹗、长安诸堡及昌平诸城，五十六战皆捷。又攻破容城。及出边，后队溃，坐罚锾。又从伐朝鲜，击破朝鲜军，俘其将。以朝鲜王出谒时乱班释甲，又自他道还，坐罚锾。寻以谳狱有所徇，坐罢，仍专管牛录事。顺治五年，卒。

苏克萨哈初授牛录额真。崇德六年，从郑亲王济尔哈朗围锦州，明总督洪承畴师赴援，太宗亲帅大军蹙之，苏克萨哈战有功，授牛录章京世职，晋三等甲喇章京。顺治七年，世祖追复苏纳世职，以苏克萨哈并袭为三等阿思哈尼哈番。寻授议政大臣，进一等，加拖沙喇哈番。苏克萨哈隶睿亲王多尔衮属下，王薨，苏克萨哈与王府护卫詹岱等讦王谋移驻永平诸逆状，及殡敛服色违制，王坐是追黜。是年，擢巴牙喇纛章京。

十年，孙可望寇湖广，命苏克萨哈偕固山额真陈泰率禁旅出镇湖南，与经略洪承畴会剿。十二年，刘文秀遣其将卢明臣等分兵犯岳州、武昌，苏克萨哈邀击，大败之。文秀引兵寇常德，战舰蔽江，苏克萨哈六战皆捷，纵火焚其舟，斩获甚众，明臣赴水死，文秀走贵州。叙功，晋二等精奇尼哈番，擢领侍卫内大臣，加太子太保。

圣祖立，受遗诏辅政。时索尼为四朝旧臣，遏必隆、鳌拜皆以公爵先苏克萨哈为内大臣，鳌拜尤功多，意气凌轹，人多惮之。苏克萨哈以额驸子入侍禁廷，承恩眷，班行亚索尼；与鳌拜有姻连，而论事辄龃龉，寖以成隙。鳌拜隶镶黄旗，与正白旗互易庄地，遂兴大狱。大学士兼户部尚书苏纳海，总督朱昌祚、巡抚王登联坐纷更阻挠，下刑部议罪，以律无正条，请鞭责籍没。上览奏，召辅臣议，鳌拜请置重典，索尼、遏必隆不能争，独苏克萨哈不对，上因不允。鳌拜卒矫命，悉弃市。

鳌拜以苏克萨哈与相抗，憾滋甚。鳌拜日益骄恣，苏克萨哈居常怏怏。康熙六年，上亲政，加恩辅臣。越日，苏克萨哈奏乞守先帝陵寝，庶得保全余生。有旨诘问，鳌拜与其党大学士班布尔善等遂诬以怨望，不欲归政，构罪状二十四款，以大逆论，与其长子内大臣查克旦皆磔死；余子六人、孙一人、兄弟子二人皆处斩，籍没；族人前锋统领白尔赫图、侍卫额尔德皆斩：狱上，上不允。鳌拜攘臂上前，强奏累日，卒坐苏克萨哈处绞，余悉如议。八年，鳌拜败，诏以苏克萨哈虽有罪，不至诛灭子孙，此皆鳌拜挟仇所致，命复官及世爵，以其幼子苏常寿袭。

苏纳海，他塔喇氏，满洲正白旗人。由王府护卫擢弘文院学士，累迁工部尚书，加太子少保。圣祖即位，拜国史院大学士，兼管户部。时鳌拜擅权，以苏纳海不阿附，嗛之。寻鳌拜欲以蓟、遵化、迁安正白旗诸屯庄改拨镶黄旗，而别圈旗地益正白旗，使旗人诉请牒户部。苏纳海持不可，谓旗人安业已久，且奉旨不许再圈民地，宜罢议，鳌拜益衔之，矫旨遣贝子温齐等履勘。旋以镶黄地不堪耕种疏闻，遂遣苏纳海会直隶总督朱昌祚、巡抚王登联董理其事。昌祚、登联交章请停圈换，苏纳海亦言屯地难丈量，候明诏进止，鳌拜遂坐以藐视上命，并弃市。鳌拜获罪，昭雪复官，谥苏纳海襄愍，昌祚勤愍，登联悫愍。

昌祚，字云门，汉军镶白旗人。顺治初，官宗人府启心郎。十八年，以工部侍郎巡抚浙江，清廉沉毅。平寇盗，拨荒地，给濒海内徙居民开垦，免其所弃田亩丁粮，戒所司藉端苛敛，浙人德之。康熙四年，擢直隶、山东、河南三省总督。圈地议起，旗民失业者数十万人。昌祚抗疏力言其不便，卒以冤死。祀直隶、浙江名宦。

登联，字捷轩，汉军镶红旗人。自贡生授河南郑州知州，荐擢山东济宁道，累迁大理寺卿。顺治十七年，授保定巡抚。严缉捕，盗贼屏息。康熙五年，以京东诸路圈地扰民，疏请停止，言甚痛切。民闻其死，甚哀之。祀直隶名宦。

白尔赫图，初由噶布什贤壮达授兵部副理事官。崇德间，屡从征有功，擢噶布什贤章京。顺治元年，入关，击李自成，败贼将唐通于一片石，多斩获。寻从豫亲王多铎西剿流寇，克潼关。移师江南，徇苏州，略定浙江、福建。五年，从郑亲王济尔哈朗征湖南，大破贼于湘潭，平宝庆、武冈。累功，晋一等阿达哈哈番，擢噶布什贤噶喇依昂邦。

十五年，从信郡王多尼征贵州，屡陷阵，进克云南。逾年，率兵取永昌府，渡潞江，败李定国，遂克腾越州。明桂王由榔及定国、白文选俱遁入缅甸。信郡王班师，白尔赫图留驻云南。定国入犯，约降将高应凤内应，以由榔印札诱元江土司那嵩叛，白尔赫图往剿，斩应凤于阵，那嵩自焚死，赐白金、鞍马。十八年，与定西将军爱星阿会师木邦，缅人献由榔至军中。康熙元年，诏班师。进一等阿思哈尼哈番。

后苏克萨哈为鳌拜构陷，以白尔赫图为其族弟，竟被祸。八年，上以白尔赫图无罪枉坐，追复故官世职。寻其子一等侍卫罗铎讼其父云南战功为鳌拜所抑，未予优叙，诏晋三等精奇尼哈番，赐祭葬，谥忠勇。

遏必隆，钮祜禄氏，满洲镶黄旗人。额亦都第十六子，母和硕公主。天聪八年，袭一等昂邦章京，授侍卫，管牛录事。贝勒尼堪福晋，遏必隆兄图尔格女也，无子，诈取仆妇女为己生。事发，遏必隆坐徇庇，夺世职。崇德六年，从太宗伐明，营松山，筑长围守之。明总兵曹变蛟率步骑突围，迭败之。夜三鼓，变蛟集溃卒突犯御营，遏必隆与内大臣锡翰等力战，殪十余人，变蛟负创走。论功，得优赉。七年，从饶馀贝勒阿巴泰等入长城，克蓟州；进兵山东，攻夏津，先登，拔之；予牛录章京世职。

顺治二年，从顺承郡王勒克德浑剿李自成兄子锦于武昌，拔铁门关，进二等甲喇章京。五年，兄子侍卫科普索讦其与白旗诸王有隙，设兵护门，夺世职及佐领。世祖亲政，遏必隆讼冤，诏复职。科普索旋获罪，以所袭图尔格二等公爵令遏必隆并袭为一等公。寻授议政大臣，擢领侍卫内大臣，累加少傅兼太子太傅。十八年，受遗诏为辅政大臣。

康熙六年，圣祖亲政，加恩辅臣，特封一等公，以前所袭公爵授长子法喀，赐双眼花翎，加太师。屡乞罢辅政，许之。四大臣当国，鳌拜独专恣，屡矫旨诛戮大臣。遏必隆知其恶，缄默不加阻，亦不劾奏。八年，上逮治鳌拜，并下遏必隆狱。康亲王杰书谳上遏必隆罪十二，论死，上宥之，削太师，夺爵。九年，上念其为顾命大臣，且勋臣子，命仍以公爵宿卫内廷。十二年，疾笃，车驾亲临慰问。及卒，赐祭葬，谥悫僖，御制碑文，勒石基道。十七年，孝昭皇后崩，遏必隆为后父，降旨推恩所生，敕立家庙，赐御书榜额。五十一年，上以遏必隆袭额亦都世职，命其第四子尹德袭一等精奇尼哈番。

尹德初自佐领授侍卫，从圣祖征噶尔丹，扈跸宁夏。寻自是统擢领侍卫内大臣，兼议政大臣。雍正五年，以病乞休，许致仕。未几卒，谥悫敬。尹德恭谨诚朴，宿卫十余年，未尝有过。兼袭图尔格二等公，岁禄所入，以均宗族，人皆贤之。寻祀贤良祠。乾隆元年，诏晋一等公。

鳌拜，瓜尔佳氏，满洲镶黄旗人，卫齐第三子。初以巴牙喇壮达从征，屡有功。天聪八年，授牛录章京世职，任甲喇额真。崇德二年，征明皮岛，与甲喇额真准塔为前锋，渡海搏战，敌军披靡，遂克之。命优叙，进三等梅勒章京，赐号"巴图鲁"。六年，从郑亲王济尔哈朗围锦州，明总督洪承畴赴援，鳌拜辄先陷阵，五战皆捷，明兵大溃，追击之，擒斩过半。功最，进一等，擢巴牙喇纛章京。八年，从贝勒阿巴泰等败明守关将，进薄燕京，略地山东，多斩获。凯旋，败明总督范志完总兵吴三桂军。叙功，进三等昂邦章京，赍赐甚厚。

顺治元年，随大兵定燕京。世祖考诸臣功绩，以鳌拜忠勤勠力，进一等。二年，从英亲王阿济格征湖广，至安陆，破流贼李自成。进征四川，斩张献忠于阵。下遵义、夔州、茂州诸郡县。五年，坐事，夺世职。又以贝子屯齐讦告谋立肃亲王，私结盟誓，论死，诏宥之，罚锾自赎。是年，率兵驻防大同，击叛镇姜瓖，迭败之，克孝义。七年，复坐事，降一等阿思哈尼哈番。

世祖亲政，授议政大臣。累进二等公，予世袭。擢领侍卫内大臣，累加少傅兼太子太傅。十八年，受顾命辅政。既受事，与内大臣费扬古有隙，又恶其子侍卫倭赫及侍卫西住、折克图、觉罗塞尔弼同直御前，不加礼辅臣。遂论倭赫等擅乘御马及取御用弓矢射鹿，并弃市。又坐费扬古怨望，亦论死，并杀其子尼侃、萨哈连，籍其家，以与弟都统穆里玛。

初入关，八旗皆有分地。睿亲王多尔衮领镶镶黄旗，定分地在雄、大城、新安、河间、任丘、肃宁、容城诸县。至是已二十年，旗、民相安久。鳌拜以地确，倡议八旗自有定序，镶黄旗不当处右翼之末，当与正白旗蓟、遵化、迁安诸州县分地相易。正白旗地不足，别圈民地补之。中外皆言不便。苏克萨哈为正白旗人，与相抗尤力，鳌拜怒，悉逮苏纳海等，弃市。事具《苏克萨哈传》。又追论故户部尚书英俄尔岱当睿亲王摄政时阿王意，授分地乱序，并及他专擅诸事，夺世职。时有窃其马者，鳌拜捕斩之，并杀御马群牧长。怒蒙古都统俄讷、喇哈达、宜理布于议政时不附己，即令蒙古都统不与会议。

鳌拜受顾命，名列遏必隆后，自索尼卒，班行章奏，鳌拜皆首列。日与弟穆里玛、侄塞本特、讷莫及班布尔善、阿思哈、噶褚哈、玛尔赛、泰必图、济世、吴格塞等党比营私，凡事即家定议，然后施行。侍读熊赐履应诏陈时政得失，鳌拜恶之，请禁言官不得陈奏。上亲政，加一等公，其子纳穆福加二等公。世祖配天，加太师，纳穆福加太子少师。鳌拜益专恣。户部满尚书缺员，欲上命玛尔赛，上别授玛希纳，鳌拜顺治间故事，户部置满尚书二，强请除授。汉尚书王弘祚领部久，玛尔赛不得自擅，乃因事龃而去之。卒，又擅予谥忠敏。工部满尚书缺员，妄称济世才能，强请推补。

康熙八年，上以鳌拜结党专擅，勿思悛改，下诏数其罪，命议政王等逮治。康亲王杰书等会谳，列上鳌拜大罪三十，论大辟，并籍其家，纳穆福亦论死，上亲鞫俱实，诏谓："效力年久，不忍加诛，但褫职籍没。"纳穆福亦免死，俱予禁锢。鳌拜死禁所，乃释纳穆福。

五十二年，上念其旧劳，追赐一等阿思哈尼哈番，以其从孙苏赫袭。苏赫卒，仍以鳌拜孙达福袭。世宗立，赐祭葬，复一等公，予世袭，加封号曰超武。乾隆四十五年，高宗宣谕群臣，追核鳌拜功罪，命停袭公爵，仍袭一等男，并命当时为鳌拜诬害诸臣有褫夺世职者，各旗察奏，录其子孙。

穆里玛，卫齐第六子。卫齐卒，袭世职牛录章京，授一等侍卫。顺治初，迁甲喇额真，世职累进一等阿达哈哈番兼拖沙喇哈番。从征金声桓，克饶州，遂下南昌。十七年，擢工部尚书，并发本旗满洲都统。李自成将李来亨等降于明，窜伏郧、襄山中，出劫掠为寇。康熙二年，授穆里玛靖西将军，图海定西将军，率师讨之。来亨拥众据茅

麓山，穆里玛督兵攻围，九战皆捷。来亨等夜袭总督李国英、提督郑蛟麟营，穆里玛赴援，大破之，来亨自焚死，余众降。论功，超进一等阿思哈尼哈番。鳌拜得罪，坐死。

班布尔善，太祖诸孙辅国公塔拜子也。初封三等奉国将军，累进辅国公。康熙六年，以领侍卫内大臣拜秘书院大学士，谄事鳌拜。及事败，王大臣劾奏班布尔善大罪二十一，坐绞。

同时坐鳌拜罪至死者，吏部尚书阿思哈、侍郎泰必图、兵部尚书噶褚哈、工部尚书济世、内秘书院学士吴格塞及鳌拜侄塞本特、讷莫、玛尔赛，追夺官爵，削谥。

论曰：四辅臣当国时，改世祖之政，必举太祖、太宗以为辞。然世祖罢明季三饷，四辅臣时复征练饷，并令并入地丁考成。此非太祖、太宗旧制然也，则又将何辞？索尼忠于事主，始终一节，锡以美谥，诚无愧焉。苏克萨哈见忌同列，遂致覆宗。遏必隆党比求全，几及于祸。鳌拜多戮无辜，功不掩罪。圣祖不加诛殛，亦云幸矣。

卷二百五十　　列传三十七

李霨　孙廷铨　杜立德　冯溥　王熙弟燕　吴正治　黄机　宋德宜子骏业　伊桑阿子伊都立　阿兰泰子富宁安　徐元文弟秉义

李霨，字坦园，直隶高阳人，明大学士国𣄴子。少孤，劬学自厉。顺治三年，成进士，选庶吉士，授检讨，进编修。十年，世祖亲试习国书翰林，霨列上等，擢中允。累迁秘书院学士。时初设日讲官，霨与学士麻勒吉、胡兆龙，侍读学士折库纳，洗马王熙，中允方悬成、曹本荣等并入直。寻充经筵讲官。十五年，拜秘书院大学士。内三院改内阁，以霨为东阁大学士，兼工部尚书，加太子太保。以票拟疏误，镌四秩。未几，复官，任事如故。偕大学士巴哈纳等校定律例。

十八年，圣祖即位，复内三院，以霨为弘文院大学士。时四大臣辅政，决机务，或议事龃龉，霨辄默然，既乃出片言定是非，票拟或未当，不轻论执。每于谈笑间婉言曲喻，徐使更正。其间调和匡救，保护善类，霨有力焉。

康熙八年夏，旱，奉诏清刑狱，释系囚，多所平反。明年，复内阁，霨以保和殿大学士兼户部尚书。与修《世祖实录》，充总裁官。十一年，书成，赐银币、鞍马，晋太子太傅。未几，三藩叛，继以察哈尔部作乱。上命将出征，凡机密诏旨，每口授霨起草，退直尝至夜分，或留宿阁中。所治职务，出未尝告人，忠谨慎密，始终匪懈。二十一年，重修《太宗实录》成，进太子太师。

台湾初定，提督施琅请设官镇守，廷议未决。有谓宜迁其人、弃其地者，上问阁臣，霨言："台湾孤悬海外，屏蔽闽疆。弃其地，恐为外国所据；迁其人，虑其奸宄生事。应如琅议。"上韪之。二十三年，卒，谥文勤。

霱弱冠登第，大拜时年裁三十有四，风度端重，内介外和。久居相位，尤娴掌故，眷遇甚厚。四十九年，上追念前劳，超擢其孙工部主事敏启为太常寺少卿。

孙廷铨，初名廷铉，字枚先，山东益都人。明崇祯进士，任永平推官。顺治元年，授天津推官。二年，以巡抚雷兴荐，擢吏部主事，历郎中。与曲沃卫周祚同官文选司，有声于时。累迁左通政。十年，擢户部侍郎。以大学士洪承畴荐，召对。寻坐事，罚俸，论告归。还朝，改兵部，擢尚书。

十三年，调户部。廷铨以岁会无总录，无以剂盈绌之宜，殚心综核，钱谷旧隶诸部者，各还所司，条贯厘然。岁会之成自此始。十四年，疏言："山东、河南荒田，请招民垦辟。其已熟者，清厘赋额，无使隐漏。"上从其言。

十五年，调吏部，加太子太保。十六年，谕奖其勤劳，加少保。廷铨疏请复学道升补旧制，下所司集议，如廷铨请。时吏部铨除，一事数例，吏胥因缘为奸。给事中杨雍建、古尔恺。黏本盛、孙际昌、王启祚，御史许劭昕，交章发其弊，且劾廷铨因循为所蔽，夺加衔，罚俸。十七年，疏言："新辟边疆员缺，督抚委用，即予实授，与部选之员，一体迁转。莅事未久，辄移内地，请定为试署二年，乃予实授。"又言："司道不宜轻易，非大计处分及贪酷被纠者，遇降革，仍留任。"皆从之。又因旱，疏请宽考成，兴屯政。上命兵部议屯政，而询廷铨请宽考成议中有云"积资累荐，弃以一眚"语，何所指？廷铨言："积疲州县，久累人材，宜稍宽减观后效，非为处分人员求免。"

世祖崩，二十七日制满。廷铨发议尊皇太后为太皇太后，上所生母为皇太后，率九卿上请举大礼疏。及议大行皇帝谥号，廷铨曰："大行皇帝龙兴中土，混一六合，功业同于开创。宜谥为高皇帝。"众皆和之，而辅臣鼇拜持异议，遂定谥章皇帝。时太祖谥武皇帝，故廷铨议如是。时论颇归之。

康熙二年，拜秘书院大学士。奉职勤慎，终岁未尝休沐。逾年，以父母年老，解职归养，闭户却扫，不与外事。十三年，卒，谥文定。

杜立德，字纯一，直隶宝坻人。明崇祯进士。顺治元年，以顺天巡抚宋权荐，授中书科中书。二年，考选户科给事中。疏陈："治平之道有三：一曰敬天。君为天之子，当修省以迓天休。今秦、晋、燕畿水旱风雹，天心示警。凡开诚布公，懋德敦行，皆敬天事也。一曰法古。古者事之鉴，是非定于一时，法则昭于百代。故经而后能权，遵法而后能创。凡建学明伦，立纲陈纪，皆法古事也。一曰爱人。自大臣以至百姓，宜一视同仁。且无论新旧，悉存弃短取长之心。凡亲贤纳谏，尚德缓刑，皆爱人事也。"上以其有裨治理，深嘉纳之。又累疏言："牧民之官，宜久任以验成功。凡遇赈蠲，宜分别款项，豫行颁示，使小民咸喻，胥吏不能为奸。""条编法简易便民。军兴草豆无定额，宜敕部定价值，使民先事为备。"皆下部议行。累迁户科都给事中。疏言："漕运丛弊，今漕臣库礼搜获运官使费册三十本送部。请敕穷究，以厘奸弊。"再迁吏科都给事中。八年，疏请举行经筵，择廷臣经明行修者为讲官，以裨圣治；又请定朝期，肃禁地，杜加派。上甚韪之。

初，睿亲王多尔衮辅政，给事中许作梅、御史吴达、李森先、桑芸等交章劾大学士冯铨奸贪状，疏上旬日，未下廷议。立德请令满、汉大臣集议，以伸公论，鼓直言之气；并及马士英、阮大铖、宋企郊等，在前朝或纳贿招权，或煽恶流毒，今并遁逃，宜急捕诛，以彰法纪。下刑部，以事在赦前，寝其议。世祖亲政，铨既黜，立德因言作梅等前以劾铨为所切齿，又金都御史赵开心素为铨所忌，相继构陷去官，乞矜察。由是开心等俱起用。

立德寻迁太常寺少卿，超擢工部侍郎，调兵部。畿辅水灾，奉诏赈济大名，全活甚众。再调吏部，以父忧去。坐兵部任违误，镌秩调用。服阕，除太仆寺卿，擢刑部侍郎。十六年，加太子少保衔。领侍卫内大臣额尔克岱青家奴缚侍卫诬诉，部议罪侍卫，下内大臣索尼等察实，立德夺加衔。十六年，擢尚书。

立德治狱仁恕，上闻其用法平，深嘉之。尝入对，既出，上顾左右曰："此新授刑部尚书杜立德也！不贪一钱，亦不妄杀一人。"康熙元年，调户部。考满，复加太子少保。三年，调吏部。八年，拜国史院大学士。圣祖亲政，乾清宫成，择日临御，钦天监奏吉神在隅，不宜从中门入。立德言："紫微帝星所在，吉神拱向。皇上迁正新宫，臣庶观瞻，应从中门入。监臣所奏非是。"上从其言。九年，改保和殿大学士，兼礼部尚书，进太子太傅。

三藩事起，立德与李霱、冯溥参预机务。从容整暇，中外相安。广东平，所司具杂赋税之数以闻。立德言："广东杂税多尚之信所加，为民间大累，非朝廷正额。今变乱甫定，宜与民休息。其除之便。"上从之。十八年，自陈乞休。其秋地震，复请罢，诏辄慰留。云南平，议颁恩赦，立德告病未与议，遣大臣持诏旨就其家咨询，俟还奏乃下诏。一日，上顾阁臣，谓在廷诸臣谁堪大用者，立德面疏数人以对。比退，人讶其不稍引嫌，答曰："自筮仕以来，惟此心可邀帝鉴。他非所计也。"

二十一年夏，复乞休，上许之，赐御制诗及"怡情洛社"篆章，驰驿遣行人护归。《太宗实录》成，进太子太师，赐银币、鞍马。二十六年，太皇太后丧，立德诣京师哭临，上念其老病不任拜起，命学士张英扶掖以行，慰劳甚至。三十一年，卒，年八十一，上闻，谕大学士曰："杜立德秉性厚重，行事正大。直言敷奏，不肯苟随同列。可谓贤臣！"赐祭葬如礼，谥文端。三十九年，帝南巡，其子恭俊迎驾三河，上问立德葬所，手书"永言惟旧"四字赐之，命揭诸阡。恭俊官广信知府，好义，善济人急。

冯溥，字孔博，山东益都人。顺治三年进士，选庶吉士，授编修。累迁秘书院侍读学士，直讲经筵。世祖幸内院，顾大学士曰："朕视冯溥乃真翰林也！"十六年，擢吏部侍郎。会各省学道缺，部郎不足，以知府补之。已，会礼部议奏，时尚书孙廷铨、侍郎石申并乞假；给事中张维赤因劾溥徇私，溥疏辨。上曰："朕知溥不为也！"置勿问。明年，京官三品以上自陈，忽严旨黜满尚书科尔坤及两侍郎，独留汉官在部。溥与廷铨疏言："部事满、汉同治，今满臣得罪，汉臣安得免，乞并黜。"诏供职如故。

康熙初，停各省巡按，议每省遣大臣二人廉察督抚。吏部尚书阿思哈、侍郎泰必图议定公廨，颁册印。溥谓："国家设督抚，皆重臣。今谓不可信，复遣两大臣监之。权既太重，势复相轧，保无属吏仰承左右启隙端？"泰必图性暴佷，闻溥言，恚，瞋目攘臂起。溥徐曰："会议也，独不容吾两议耶？且可否自有上裁，岂敢专主？"疏入，上然溥言，事遂寝。御史李秀以考绩黜，后贪缘得复官，劾溥为故相刘正宗党，主铨时违例徇私，溥疏辨，严旨责秀诬评。六年，迁左都御史。内阁有红本，已发科钞，辅臣鳌拜取回改批。溥抗言："本章既批发，不便更改。"鳌拜欲罪之，上直溥，戒辅臣详慎。盛京工部侍郎缺，已会推，奉旨以规避者多，不旬日三易其人。溥疏言："王言不宜反汗，当慎重于未有旨之先，不当更移于已奉旨之后。"首辅班布尔善复其奏，上闻，取溥疏览之，称善，饬部施行。

八年夏，旱，应诏陈言，请省刑薄税。略谓："古者罪人不孥，今一事牵连佐证，或数人，或数十人。往往本犯尚未审明，而被累致死者已多。且或迟至七八年尚未结案，遂至力穑供税之人，抛家失业。请敕部严禁。百姓之财，不过取之田亩。今正月已开征，旧税之逋甫偿，新岁之田未种，钱粮从何办纳？请敕部酌议。自后征赋，缓待夏秋。"下户、刑二部议。刑部议，承审强盗、人命重案，限一年速结，不得牵累无辜，督抚及承审官隐漏迟延皆有罚。户部议，春季兵饷不能待至夏秋，仍旧例便。得旨，俟国用充足，户部奏请更定。户部吏陈一夔冒领清苑等县钱粮事发，溥言："钱粮者百姓之脂膏也，其已输在官，则朝廷之帑藏也。若任胥吏侵盗，职掌谓何？请严定所司处分，惩前慭后。"擢刑部尚书。十年，拜文华殿大学士。疏言："直隶、山东、河南、山西、陕西米麦丰收，谷价每斗值银三四分。当此丰稔之时，宜广积贮，以备凶年。"

先是，溥以衰病累疏乞休，上曰："卿六十四岁，未衰也，俟七十乃休耳。"自吴三桂反，军事旁午，乃不敢复言。十四年，建储礼成，内阁议恩赦，满大臣以八旗逃人应不赦，溥不可，遂两议以进。诏下阁臣画一奏闻，有谓当从满大臣议者，溥持之力；仍以两议进，上卒从之。十七年，福建平，溥以年届七十，复申前请，上仍慰留。二十一年秋，诏许致仕，遣官护行驰驿如故事。此将归，诣阙谢，赐游西苑，内侍携酒果，所至坐饮三爵。临发，疏请清心省事，与民休息，言甚切，温言报闻。赐御制诗及"适志东山"篆章，命讲官牛钮、陈廷敬传谕曰："朕闻山东仕于朝者，彼此援引，造为议论，务有济于私，又居乡多扰害地方，朕审知其弊。冯溥久居禁密，可教训子孙，务为安静。"《太宗实录》成，加太子太傅。三十年，卒，年八十三，谥文毅。

溥居京师，辟万柳堂，与诸名士觞咏其中。性爱才，闻贤能，辄大书姓名于座隅，备荐擢。一时士论归之。

王熙，字子雍，顺天宛平人。父崇简，明崇祯十六年进士。顺治三年，以顺天学政曹溶荐，补选庶吉士，授检讨。累迁礼部尚书，加太子少保。尝疏请赐恤明季殉难范景文、蔡懋德等二十八人，又议帝王庙罢宋臣潘美、张浚从祀，北岳移祀浑源，皆用其议。十八年，引疾解职。康熙十七年，卒，谥文贞。

熙，顺治四年进士，选庶吉士，授检讨。累迁右春坊谕德。召直南苑。译《大学衍义》，充日讲官，进讲称旨。累擢弘文院学士。时崇简方任国史院学士，上曰："父子同官，古今所罕。以尔诚恪，特加此恩。"十五年，擢礼部侍郎，兼翰林院掌院学士。考满，加尚书衔。时崇简为尚书，父子复同官。十八年正月，上大渐，召熙至养心殿撰遗诏，熙伏地饮泣，笔不能下，上谕勉抑哀痛，即御榻前先草第一条以进。寻奏移乾清门撰拟，进呈者三，皆报可。是夕上崩，圣祖嗣位，熙改兼弘文院学士。

康熙五年，迁左都御史。时三藩拥兵逾制，吴三桂尤崛强，擅署官吏，寝骄蹇，萌异志。子应熊，以尚主居京师，多聚奸人，散金钱，交通四方。熙首疏请裁兵减饷，略言："直省钱粮，半为云、贵、湖广兵饷所耗。就云、贵言，藩下官兵岁需俸饷三百余万，本省赋税不足供什一，势难经久。臣以为滇、黔已平，绿旗额兵亟宜汰减，即藩下余丁，亦宜散遣屯种，则势分而饷亦裕。"复疏言："闽、广、江西、湖广等省官吏，挟赀贸易，与民争利。或指称藩下，依势横行。宜饬严禁。"又言："近例招民百家送至盛京，得授知县。不肖好人，借资为市，贻害地方，宜改给散秩。现任官吏捐输银米，博取议叙，名出私橐，实取诸民，宜一切报罢。"上俱从之。

七年夏，旱，金星昼见，诏求直言。熙疏言："世祖章皇帝精勤图治，诸曹政务，皆经定议。数年来有因言官条奏改易者，有因各部院题请更张者，有会议兴革者，则例繁多，官吏奉行，任意轻重。请敕部院诸司详察现行事例，有因变法而滋弊者，悉遵旧制更正。其有从新例便者，亦条晰不得不然之故，裁定画一。"上命各部院条议，遵旧制，删繁例，凡数十事。迁工部尚书。

十二年，调兵部。是年冬，三桂反，京师闻变，都城内外一夕火四起，皆应熊党为之也。明年三月，用熙言诛应熊。寻命熙专管密本。汉臣与闻军机自熙始。十七年，以父忧去。二十一年，即家拜保和殿大学士，兼礼部尚书。时三藩既平，熙以和平宽大，宣上德意，与民休息。造次奏对，直陈无隐，上每倾听。《太祖实录》成，加太子太傅。三十一年，以疾累疏乞休，温旨慰留。四十年，诏许致仕，晋少傅。明年上元节，赐宴其家，遣官赍手敕存问。四十二年，卒，上命皇长子直郡王允禔、大学士马齐临丧，行拜奠礼，举哀酹酒，恩礼有加，谥文靖。

熙持大体，有远虑。平定三藩后，开方略馆。一日，上谕阁臣："当三桂反时，汉官有言不必发兵，七旬有苗格者。"又其时汉官多移妻子回家，顾学士韩菼曰："汝为朕载之！"菼退而惶恐。熙乃昌言阁中曰："'有苗格'乃会议时魏象枢语。告者截去首尾，遂失其本意。然如其言，岂非误国？移家偶然耳，日久何从分别，其移者岂非背主？

汉官负此两大罪,何颜立朝?"翌日入见,执奏如阁中语,上许之。

熙子克善、克勤,皆世祖命名。克善能文,熙不令与试。遇乡、会典试,熙辄注假,以圣祖方恶汉人师生之习,故尤慎之。二十七年,典会试,盖特命也。雍正中,入祀贤良祠。

弟燕,字子喜,以父荫,任户部郎中。出为镇江知府,擢江苏按察使,治狱称平。迁湖广布政使,巡抚贵州,建学设官,减赋税,教养兼施,善抚循苗人,颁条教,饬州县无纵奸人诡索土司。抚黔三年,移疾归,卒。

吴正治,字当世,湖北江夏人。顺治六年进士,选庶吉士,授国史院编修。丁母忧,服阕,起故官。迁右庶子。十五年,特简翰林官十五人外用,正治与焉,得江西南昌道。迁陕西按察使。所至以清廉执法著称。十七年,内擢工部侍郎,调刑部。平亭疑狱,释江南逋赋无辜诸生二百余人。疏论奉行赦款宜速,丈量田地宜停,禁状外指扳,严妇女私嫁,皆著为令。

康熙八年,以父忧去。起兵部督捕侍郎,充经筵讲官。十二年,迁左都御史。疏言:"缉逃事例,首严窝隐。一有容留,虽亲如父子,即坐以罪,使小民父子视若仇仇。伏读律有亲属容隐之条,惟叛逆者不用此律。逃人乃旗下家人之事,与叛逆轻重相悬。请自今有父子窝逃,被人举发者,逃犯治罪,免坐窝隐。若容留逾旬,父子首报者,逃犯依自首例减罪。则首报者多,逃人易获。朝廷之法与天性之恩,两不相悖矣。"又言:"今岁雨泽愆期,方事祈祷。近因直隶多盗,廷议于玉田、滦州、霸州、雄县增设驻防旗兵,构建营房,劳民动众,应暂停止。俟农隙时酌行。"疏入,下部议,俱如所请。先是睿亲王多尔衮当国,严旗下逃人之禁,鳌拜继之,禁益严。株连穷治,天下嚣然,而圈地建营房,凡涉旗务,汉大臣莫敢置喙。自正治疏出,逃人禁稍宽,营房亦罢建,世多以是称之。

寻迁工部尚书,调礼部。十八年,自陈乞休,诏嘉其端勤诚慎,慰留之。二十年,拜武英殿大学士。时修《太祖实录》、《圣训》、《会典》、《方略》、《一统志》,俱充总裁官,加太子太傅。

正治守成法,识大体。一日,圣祖阅朝审册,有以刃刺人股致死而抵法者,上曰:"刺股伤非致命,此可宽也。"正治对曰:"当念死者之无辜。"他日,又阅册,有囚当死,上问此囚尚可活否,众皆以情实对。正治曰:"皇上好生之德,臣等敢不奉行。"退而细勘,得可矜状,遂从末减。二十六年,复疏乞休,诏许原官致仕。三十年,卒,谥文僖。

黄机,字次辰,浙江钱塘人。顺治四年进士,选庶吉士,授弘文院编修。世祖幸内院,询机里籍官职,命与侍讲法若真、修撰吕宫、编修程芳朝撰《柳下惠不以三公易其介论》,上览毕,赐茶。授左中允,寻迁弘文院侍读。

十二年,机疏言:"自古仁圣之君,必祖述前谟,以昭一代文明之治。今纂修《太祖、太宗实录》告成,乞敕诸臣校定所载嘉言嘉行,仿《贞观政要》、《洪武宝训》诸书,辑成治典,颁行天下。尤愿万几之暇,朝夕省览。法开创之维艰,知守成之不易,何以用人而收群策之效?何以纳谏而宏虚受之风?何以理财而裕酌盈剂虚之方?何以详刑而无失出失入之患?力行身体,则动有成模,绍美无极。"上俞之,诏辑《太祖、太宗圣训》,以机充纂修官。累迁国史院侍读学士,擢礼部侍郎。

康熙六年,进尚书。疏言:"民穷之由有四:杂捐私派,棍徒吓诈,官贪而兵横。请严察督抚,举劾当否,以息贪风、苏民命。各省藩王、将军、提、镇有不法害民之事,许督抚纠劾。请饬破除情私,毋更因循,贻误地方。"七年,调户部,再调吏部。机以疏通铨法、议降补官对品除用,为御史季振宜所劾。既而给事中王曰温劾故庶吉士王彦即机子黄彦博,欺妄,应罢黜。机以彦与彦博姓名不同,且彦博死已久,疏辨,得免议。寻以迁葬乞假归,而论者犹不已。

十八年,特召还朝,以吏部尚书衔管刑部事。御史张志栋言机老成忠厚,然衰迈,恐误部事,应令罢归。上以志栋言过当,命机供职如故。明年,授吏部尚书。以年老请告,诏慰留。二十一年,拜文华殿大学士,兼吏部。逾年,复乞休,许以原官致仕,遣官护行驰驿如故事。二十五年,卒,谥文僖。

宋德宜,字右之,江南长洲人。父学朱,明御史,巡按山东,死于难。德宜年十七,伏阙请恤,与兄德宸、弟德宏并著文誉。顺治十二年,成进士,选庶吉士,授编修。累迁国子监祭酒,严立条教,六馆师生咸敬悼之。圣祖亲政,释奠太学,御彝伦堂,命德宜东向坐,讲《周易·乾卦》辞,称旨。迁翰林院侍读学士,擢内阁学士。

德宜风度端重,每奏事,辄当上意。康熙十一年,扈跸塞外,上从容询及江南逋赋之由,德宜极言苏、松赋役独重,民力凋敝,上为动容。诏明年蠲苏、松四府钱粮之半。迁户部侍郎,发龙江关大使李九官馈遗,上嘉其不私,褫九官职。寻调吏部。

十五年,擢左都御史。时陕、甘、闽、粤渐已底定,惟吴三桂未平。德宜疏言:"三桂所恃,不过枪炮,枪炮专藉硝黄。硝黄产自河南、山西,必奸民图利私贩,请饬严禁。"上以督、抚、提、镇稽察不严,下兵、刑二部严定处分。德宜又疏言:"频年发帑行师,度支不继。皇上允廷臣之请,开例捐输。三年所入,二百万有余。捐纳最多者,莫如知县,至五百余人。始因缺多易得,踊跃争趋。今见非数年不得选授,徘徊观望。请敕部限期停止,慎重名器。"又疏言:"沿海居民,以渔为生。佐赋税,备灾荒,而利用通商,又立市舶之制。本朝以海氛未靖,立禁甚严。近者日就荡平,宜及此时招携抚恤。沿海居民,以捕鱼为业。商人通贩海岛,皆许其造船出海,官给印票,仿旧例输税。人口商货,往来出入,咸稽核之。"事并下所司议行。

十七年,疏言:"自三桂煽乱,各路统兵大将军以下,亦有玩寇殃民,营私自便。或越省购买妇女,甚者掠夺民间财物，稍不如意，即指为叛逆。今当克期灭贼，尤恐借端需索。请严饬。"上下王大臣申禁。山东提督柯永蓁纵兵鼓噪，德宜劾奏，上命逮治。

孝昭皇后崩，德宜上疏请秉礼节哀，并言："宵旰忧勤，天颜清减。昔唐太宗锐意勤学，刘洎谏以多记损心。宋儒程颐亦曰：'帝王之学，与儒生不同。'伏愿绅绎篇章，略方名象数之繁，择其有关政治、裨益身心者而讨论之。稍节耳目之劳，用葆中和之德。"上嘉纳焉。迁刑部尚书，调兵部。

四川初定，大军糗粮皆运自陕西，出栈道，颠踣相望，陕西民大困。工部侍郎赵璟、金鼐疏上陈，德宜因言："大军下云、贵，需饷孔亟。秦、蜀互相推诿，皆由总督分设。川、陕设一总督，则痛痒相关，随地调发，可以酌剂均平。"诏如议行。靖逆将军张勇以甘肃防边事重，请缓裁前此添设官兵，部臣议如所请，德宜独谓："当日河东有兵事，添设官兵，事平应即裁汰。将军标下前以步兵二千名改为马兵，今宜复原，定经制马六步四。惟以防边添设之兵，无可议裁。"上遣尚书折尔肯往会勇等阅核，留河州、宁夏添设兵，余仍复原定经制，如德宜议。迨三藩平，军中俘获妇女，并籍旗下。德宜言宜听收赎，所释甚众。

调吏部。左都御史魏象枢、副都御史科尔昆等劾德宜会推江西按察使事失当，德宜疏辨，部议降五级。上以会推原令各出所见，免德宜处分。二十三年，拜文华殿大学士。重修《太宗实录》成，加太子太傅。

德宜严毅木讷，然议国家大事，侃侃独擅所见。居官廉谨，未仕时有宅一区，薄田数顷；既贵，无所增益，门巷萧然。二十六年，卒，谥文恪。

子骏业，自副贡授翰林院待诏，直御书处，历兵科给事中。康熙四十一年，疏劾湖广总督郭琇、提督林本植、巡抚金玺、总兵雷如等办理苗疆剿抚失宜，鞫实，琇等降革有差。终兵部侍郎。

伊桑阿，伊尔根觉罗氏，满洲正黄旗人。顺治九年进士，授礼部主事。累擢内阁学士。康熙十四年，迁礼部侍郎，擢工部尚书，调户部。时吴三桂踞湖南，廷议创舟师，自岳州入洞庭，断贼饷道，命伊桑阿赴江南督治战舰。明年，复命偕刑部侍郎禅塔海诣茶陵督治战舰。

二十一年，黄河决，命往江南勘视河工，以布政使崔维雅随往，维雅条上治河法，与靳辅议不合。伊桑阿因请召辅面询，上以维雅所奏无可行，寝之。寻疏陈黄河两岸堤工修筑不如式，夺辅职，戴罪督修。复命筹海运，疏言："黄河运道，非独输挽天庾，即商贾百货，赖以通行，国家在所必治。若海运，先需造船，所费不赀；且胶、莱诸河久淤，开浚匪易。"上是之。是年冬，俄罗斯犯边，命往宁古塔造船备征调。再调吏部。

二十三年夏，旱，偕王熙等清刑狱。其秋，扈跸南巡，命阅视海口。疏言车路、串场诸河及白驹、草堰、丁溪诸口，宜饬河臣疏浚，引流入海。历兵、礼二部尚书。二十七年，拜文华殿大学士，兼吏部，充三朝国史总裁。三十六年，上亲征噶尔丹，命往宁夏安设驿站，事平，与大学士阿兰泰充《平定朔漠方略》总裁官。

居政府十五年，尤留意刑狱，每侍直勾本，上有所问，辄能举其词，同列服其精详。上尝御批本房，伊桑阿与大学士王熙、吴琠及学士韩菼等以折本请旨，上曰："人命至重，今当勾决，尤宜详慎。尔等苟有所见，当尽言。"伊桑阿乃举可矜疑者十余人，皆得缓死，上徐曰："此等所犯皆当死，犹曲求其可生之路，不忍轻毙一人。因念淮、扬百姓频被水害，死者不知凡几。河患不除，朕不能暂释于怀也！"伊桑阿陈灾民困苦状，上曰："百姓既被水害，必至流离转徙。田多不耕，赋安从出？今当预免明年田赋，俾灾黎于水退时思归故乡，粗安生业。"伊桑阿等皆顿首，遂下诏免淮、扬明年田赋。

三十七年，以年老乞休。上谕阿兰泰曰："伊桑阿厚重老成，宣力年久。尔二人自任阁事，推诚布公，不惟朕知之，天下无不知者。伊桑阿虽年老求罢，朕不忍令去也。"四十一年，复以病告，诏许原官致仕。逾年卒，谥文端。乾隆中，入祀贤良祠。

子伊都立，自举人任内务府员外郎，历刑部侍郎，巡抚山西。坐事夺职。雍正七年，命赴大将军傅尔丹军治粮饷，授额外侍郎。十三年，以侵蚀军粮事觉，褫职下狱，论大辟。乾隆七年，赦释。

阿兰泰，富察氏，满洲镶蓝旗人。性敏慎。初授兵部笔帖式。康熙初，累迁职方郎中。三藩事起，专司军机文檄。议政王大臣以勤劳详慎疏荐，得旨以三品卿用。二十年，擢光禄寺卿，迁内阁学士，充《平定三逆方略》副总裁，兼充《明史》总裁。二十二年，迁吏部侍郎，兼管佐领。擢左都御史。上阅方略，以叙事多舛错，谕阁臣曰："平逆始末，阿兰泰知之甚详，可与酌改，务期纪载得实。"迁工部尚书。累调吏部。二十八年，上以雨泽愆期，命偕尚书徐元文虑囚，奏减罪可矜疑者四十五人。是年拜武英殿大学士。陕西饥，命阿兰泰与河督靳辅议运江、淮粮米自黄河溯西安，以备积储。

三十四年，上出古北口巡历塞外，命留京综阅章奏。明年，上亲征噶尔丹，阿兰泰仍留京，与尚书马齐、佛伦宿卫禁城。其秋，随驾出归化城，驻跸黄河西界，经画军务。以扈从劳，赐内厩马。厄鲁特台吉丹济拉来降，上驻跸翰特穆尔岭，召入见，阿兰泰及郎中阿尔法引之入御幄，上屏左右，令阿兰泰等出，独与丹济拉语良久。及退，召阿兰泰谕曰："尔偕降人入，以防不测，意甚善。朕令尔出，欲推诚示不疑耳。"

三十七年，与伊桑阿俱以年老善忘奏解阁务，上曰："大学士重任，必平坦雍和、任事谨慎者方为称职。至于记事，可令学士任之。"明年，卒。方病剧，上欲临视，遣皇子先往，而阿兰泰已卒。上为辍朝一日，遣皇子及内大臣奠醊，赠太子太保，加赠少保，谥文清。

阿兰泰操行清谨，处政府远权势，人莫敢干以私，以是为上所重。后上与大学士论内阁旧臣，称阿兰泰能强记，且善治事云。

子富宁安,初袭其从祖尼哈纳拜他喇布勒哈番世职。自侍卫历官正黄旗汉军都统,改授左都御史,迁吏部尚书。富宁安内行修笃,事亲至孝,圣祖亟称之,又尝谕廷臣曰:"富宁安自武员擢用,人皆称其操守,是以授为吏部尚书。今部院中欲求清官甚难,当于初为笔帖式时,即念日后擢用,可为国家大臣,自立品行也。"

五十四年,策妄阿喇布坦侵哈密,命富宁安赴西宁视师,许以便宜调遣。贼旋遁,诏缓进兵,回驻肃州,经理粮马。五十六年,授靖逆将军,驻军巴里坤,与将军傅尔丹等分路规贼。旋率兵袭击厄鲁特边境,进屯乌鲁木齐,屡败贼。五十九年,进兵乌兰乌苏,遣侍卫哲尔德等分道袭击,斩获甚众;别遣散秩大臣阿喇纳等谕降辟展回人,进击吐鲁番,降其酋长,获驼马无算。时策妄阿喇布坦挟所属吐鲁番回人偕徙,中道多遁归,命富宁安收抚其众。未几,贼复来犯,遣将援剿,自率兵进驻伊勒布尔和硕,调遣策应。会阿喇纳连败贼,窜走,乃还驻巴里坤。六十一年,疏言:"嘉峪关外、布隆吉尔之西,为古瓜、沙、燉煌地。昔吐鲁番建诚屯种,遗址犹存,若驻兵屯牧,设总兵官一人统之,可扼党色尔腾之路。"又请专遣大臣领屯田粮储及牧驼运粮事,上可其奏。

世宗即位,授武英殿大学士,管军务如故。雍正四年,还朝,赐御用冠服、双眼花翎、黄辔鞍马,并谕王大臣:"富宁安端方廉洁,年来领兵将军声名无出其右者。"授世袭侯爵。寻进一等侯,加太子太傅,署西安将军。六年,坐事夺爵,仍留大学士任。是年卒于西安,谥文恭,与父阿兰泰同祀贤良祠。

徐元文,字公肃,江南昆山人。初冒姓陆,通籍后复姓。少沉潜好学,与兄乾学、弟秉义有声于时,称为"三徐"。

元文举顺治十六年进士第一,世祖召见乾清门,还启皇太后曰:"今岁得一佳状元。"赐冠带、蟒服,授翰林院修撰。从幸南苑,赐乘御马。尝奉命撰《孚斋说》。孚斋,世祖读书所也。上览之称善,命刊行。康熙初,江南逋赋狱起,元文名丽籍中,坐谪銮仪卫经历,事白,复原官。丁父忧,居丧行古礼。起补国史院修撰,累迁国子监祭酒,充经筵讲官。

元文闲雅方重,音吐宏畅,进讲辄称旨。元文疏请"敕直省学臣间岁一举优生,乡试仍复副榜额,俱送监肄业"。并著为令。复请永停捐粟,章下所司。居国学四年,端士习,正文体,条教大饬。其后上语阁臣:"徐元文为祭酒,规条严肃。满洲子弟不率教者,辄加挞责,咸敬惮之,后人不能及也。"十三年,迁内阁学士,改翰林院掌院学士,充日讲起居注官,教习庶吉士。

先是熊赐履在讲筵,累称说孔、孟、程、朱之道,上欲博览前代得失之由,命词臣以《通鉴》与《四书》参讲。元文因取朱子《纲目》,择其事之系主德、裨治道者,采取先儒之说,参以臆断,演绎发挥,按期进讲。寻以母忧归。十八年,特召监修《明史》,疏请征求遗书,荐李清、黄宗羲、曹溶、汪懋麟、黄虞稷、姜宸英、万言等,征入

史馆,不至者,录所著书以上。寻补内阁学士。时有议遣大臣巡方者,元文言于阁中曰:"巡方向遣御史,以有台长约束,故偾事者鲜。若遣大臣,或妄作威福,谁能禁之?"因入告,事得寝。

明年,擢左都御史。会师下云南,吴三桂之徒多率众归附,耗饷不赀。元文疏言:"三桂遗孽,且夕伏诛。凡胁从之众,恩许自新。若仍留本土,既非永久之规;移调他方,亦多迁徙之费。统以别将,则猜疑未化,终涉危嫌;摄之归旗,则放恣既久,猝难约束。请以武职及入伍者,与绿旗一体录用。余俱分遣为民,以裕饷需。至耿精忠、尚之信、孙延龄旧隶将弁,尤宜解散,勿仍藩旗名目。"又请"革三藩虐政,在粤者五:曰盐埠,曰渡税,曰总店,曰市舶,曰鱼课;在闽者四:曰盐税,曰报船,曰冒扰驿夫,曰牙行渡税;在滇者四:曰勋庄,曰圈地,曰矿厂,曰冗兵。"疏入,俱下所司议行。

初,御史刘安国请察隐占田亩,州县利有升叙,多捏报累民。元文力言其弊,谓名为加税,实耗粮户。请饬督抚检举,复条列近时督抚四弊。时部例捐纳官到任三年后称职者,具题升转;不称职者,罢之。既,复令捐银者免其具题,又生员得捐纳岁贡。元文言捐纳事例,系一时权宜,请于收复滇南之日,降诏停止,言甚剀切。

云南平,告庙肆赦,廷臣多称颂功德。元文独言:"圣人作《易》,于《泰》《丰》《既济》诸卦,垂戒尤切。景运方新,愿皇上倍切咨儆。兼谕大小臣工,洗心涤虑,毗赞大业。勿狃目前之浅图,务培国家之元气。振纪纲以崇大体,核名实以课吏材,崇清议以定国是,厉廉耻以正人心,端教化以图治本,抑营竞以儆官邪,敦节俭以厚风俗,正名分以绝奸萌,并当今急务。"上俞之。

时方严窝逃之禁,杭州将军马哈达以民间多匿逃人,请自句摄,勿移有司。元文曰:"是重扰民也。无已,当令督抚会同将军行之。"京师奸人,多掠平民卖旗下,官吏豫印空契给之,屡发觉,元文疏请禁止。又八旗家人投水、自经,报部者岁及千人,疏请严定处分。上俱从之。京察计典罢官者,谋入赀捐复,元文力持不可,遂罢议。先后疏劾福建总督姚启圣纵恣谲诈,杭州副都统高国相纵兵虐民,两淮巡盐御史堪泰徇庇贪官,御史萧鸣凤居丧蔑礼,俱谳鞫得实,惟启圣辨释。二十二年,以会推湖北按察使,坐所举不实,镌三秩调用。寻命专领史局。二十七年,复代其兄乾学为左都御史,迁刑部尚书,调户部。二十八年,拜文华殿大学士,兼掌翰林院事。

上南巡,幸苏州,以江南浮粮太重,有旨询户部。元文考宋、元以来旧额官田、民田始末及前明历代诏书以闻。元文在内阁,上复谕及之,元文顿首曰:"圣明及此,三吴之福也。"因下九卿议,有力尼之者,事遂寝。

元文兄乾学,豪放,颇招权利,坐论罢;而元文谨礼法,门庭肃然。二十九年,两江总督傅拉塔劾乾学子侄交结巡抚洪之杰,招权竞利,词连元文,上置不问,予元文休致回籍。舟过临清,关吏大索,仅图书数千卷,光禄馔金三百而已。家居一年卒。乾学自有传。

弟秉义,字彦和,举康熙十二年进士第三,授编修,

迁右中允。乞假归。乾学卒，召补原官。累迁吏部侍郎。命偕刑部侍郎绥色克如陕西，谳粮盐道黄明受贿，拟罪失当，左迁詹事。擢内阁学士，乞归。上南巡，赐御书"恭谨老成"榜额。五十年，卒。

论曰：康熙初叶，主少国疑，满、汉未协，四辅臣之专恣，三藩之变乱，台湾海寇之猖荡，措置偶乖，皆足以动摇国本。鳌、廷铨、立德、溥当多事之日，百计匡襄；熙预顾命，参军谋；正治等入阁，值事定后，从容密勿，随事纳忠；伊桑阿、阿兰泰推诚布公，受知尤深。康熙之政，视成、宣、文、景驾而上之，诸臣与有功焉。

卷二百五十一 列传三十八

图海　李之芳

图海，字麟洲，马佳氏，满洲正黄旗人。父穆哈达，世居绥芬。图海自笔帖式历国史院侍读。世祖尝幸南苑，负宝从，顾其举止，以为非常人。擢内秘书院学士，授拜他喇布勒哈番，迁弘文院大学士、议政大臣。顺治十二年，加太子太保，摄刑部尚书事。与大学士巴哈纳等同订律例。侍卫阿拉那与公额尔克戴青两家奴斗于市，谳失实，坐欺罔，免死，削职。世祖崩，遗命起用。圣祖即位，授正黄旗满洲都统。

李自成余众郝摇旗、刘体纯、李来亨啸聚郧、襄间。康熙二年，命图海为定西将军，副靖西将军都统穆里玛，将禁旅，会湖广、四川诸军讨之，屡破贼。未几，郝摇旗为副都统杜敏所擒，刘体纯亦破灭，惟李来亨据茅麓山，恃险负固，图海围之，绝其外援。来亨穷蹙，自焚死，其下以众降。执斩明新乐王及所署置官属，俘三千余以还。六年，复为弘文院大学士，进一等阿达哈哈番。顷之，以兼都统乞解机务，不许。九年，改中和殿大学士，兼礼部尚书。

十二年，平南王尚可喜请老。七月，吴三桂继之，实探朝旨。廷议移藩状，莫洛、米思翰、明珠等皆主如所请，惟图海持不可。上意决，遂黜图海议。三桂既反，命摄户部，理饷运。

十四年，察哈尔布尔尼劫其父阿布奈以叛。命信郡王鄂扎为抚远大将军，图海副之，讨布尔尼。时禁旅多调发，图海请籍八旗家奴骁健者率以行，在路骚掠，一不问。至，下令曰："察哈尔元裔，多珍宝，破之富且倍！"于是士卒奋勇，无一不当百。战于达禄，布尔尼设伏山谷，别以三千人来拒。既战，伏发，土默特兵挫。图海分兵迎击，敌以四百骑继进，力战，覆其众。布尔尼乃悉众出，用火攻，图海令严阵待，连击大破之，招抚人户一千三百余。布尔尼以三十骑遁，科尔沁额驸沙津追斩之，察哈尔平。师还，圣祖御南苑大红门，行郊劳礼。叙功，进一等阿思哈尼哈番。

陕西提督王辅臣以平凉叛应三桂，定西大将军贝勒董额督诸军攻之，久未下。三桂遣王屏藩、吴之茂等犯秦、陇，欲与平凉合。十五年，以图海为抚远大将军，八旗每佐领出护军二名，率以往。临发，上御太和殿赐敕印，命诸军咸听节制。既至，明赏罚，申约束。诸将请乘势攻城，图海宣言曰："仁义之师，先招抚，后攻伐。今奉天威讨叛竖，无虑不克。顾城中生灵数十万，覆巢之下，杀戮必多。当体圣主好生之德，俟其向化。"城中闻者，莫不感泣，思自拔。五月，夺虎山墩，虎山墩者，在平凉城北，高数十仞，贼守以精兵，通饷道。图海曰："此平凉咽喉也。"率兵仰攻，贼万余列火器以拒师。图海令兵更迭进，自巳至午，战益力，遂夺而据之，发大炮攻城，城人汹惧。图海用幕客周昌策，招辅臣降。

昌，字培公，荆门诸生。好奇计。佐振武将军吴丹有劳，以七品官录用。图海次潼关，以策干之，客诸幕。辅臣所署置总兵黄九畴、布政使龚荣遇皆昌乡人，屡劝辅臣反正，以蜡丸告昌，昌白图海。图海即令昌入城谕降，辅臣遣其将从昌出谒，图海闻上，上许之。乃假昌参议道，赍诏往抚。辅臣使荣遇上军民册，子继贞缴三桂所授敕印，顾犹观望，复命昌偕其子保定谕之，乃剃发降。因令吴丹入城抚定。

吴之茂闻平凉下，自秦州遁，遣将军佛尼勒败之于牡丹园，又败之于西和县北山。将军穆占进攻王屏藩于乐门，败贼于红崖，复礼县。辅臣所署置巡抚陈彭，总兵周养民、王好问等相继降。秦地略定。叙功，进三等公，世袭。

图海疏请遣兵赴湖广，会征三桂，上命图海亲率精锐以行。图海疏陈陕西初定、反侧未安状，乃授穆占征南将军，率满洲兵及平凉降卒往，图海仍留镇。时平凉、庆阳虽下，汉中、兴安犹为贼据。图海奏调绿旗兵，期明年正月檄提督孙思克赴秦州，赵良栋赴凤翔，与张勇、王进宝会师进取，勇等谓须俟夏秋。上虑克汉中、兴安转饷难，令守诸要隘，分兵赴荆州攻三桂。十六年，图海招抚韩城等县伪官，又遣兵逼礼县、益门，先后败贼五盘山、乔家山、塘坊庙、芭蕉园、沙窝诸处，复塔什堡。十七年，复疏请分兵下汉中、兴安，上密谕止之。将军佛尼勒等又败贼牛头山香泉，四川总督周有德亦败贼秦岭，复潼关堡五寨。庆阳贼袁本秀受三桂札，谋乱。图海发庆阳、宜君、延安三营兵，会王进宝讨平之，斩本秀卫远沟。顷之，入觐。十八年，还镇。

湖南、广西平。上命亟取宝鸡，规取汉中、兴安，定四川。图海乃厉师攻益门镇，破之。会贼毁偏桥，兵不得进，状闻，诏严责。乃决策分四路：图海亲率将军佛尼勒等趋兴安，总兵官程福亮为后援，屯旧县关；将军毕力克图、提督孙思克等自略阳进，总兵官朱衣客为后援，驻西河；将军王进宝、总兵官费雅达自栈道进，总兵官高孟为后援，驻宝鸡；提督赵良栋自徽县进。十月，师次镇安，分兵为二队，败贼三桂将王遇隆，渡乾玉河，夺梁河关。三桂将韩晋卿遁。进宝亦复汉中。良栋复徽县、略阳。毕力克图复成县，又复阶州，遣参将康调元复文县。于是平利、紫阳、石泉、汉阴、洵阳、白河、竹山、竹溪、上津诸县皆下。兴安既克，图海统大军之半屯凤翔，寻移汉中，护诸军饷。会降将谭洪复叛，陕西总督哈占溯江讨之，诏图海遥为声援。

二十年，以疾征还。卒，谥文襄。《太宗实录》成，赠少保兼太子太傅。雍正初，追赠一等忠达公，配享太庙。子诺敏，袭爵，历刑、礼二部尚书，正黄旗蒙古都统。诺敏子马尔赛，自有传。

周昌初入城，自陈父明季死流寇，母孙剑目破面触棺死，愿捐躯表母烈。及辅臣降，图海以闻。上命旌其母，遣官致祭，授昌布政使参政。昌复参蔡毓荣军事，事平，授山东登莱道，摄布政使，以与总兵吴讦罢。昌既罢，犹喜言兵。噶尔丹扰边，数上书当事陈利害。后卒于家。

李之芳，字邺园，山东武定人。顺治四年进士，授金华府推官。卓异，擢刑部主事。累迁郎中，授广西道御史。疏请革钱粮陋规，禁州县官迎送。十七年，巡按山西。圣祖即位，裁巡按，召回。康熙元年，乞假归。二年，复授湖广道御史。五年，巡视浙江盐政。入掌河南道事。

大学士班布尔善坐鳌拜党诛，之芳疏言："昔大学士俱内直，诸司章奏，即日票拟。自鳌拜辅政，大学士皆不入直，疏奏俱至次日看详。请复旧制，杜任意更改之弊。"又疏言："世祖时赏罚出至公，督抚不敢恣睢无忌。十八年以后，督抚率多贪缘而得，有恃无恐。勒索属员，扰害百姓。夫直省亿万之众，皆世祖留遗之群黎，我皇上爱养之赤子，何堪此辈胺削？自与受同罪之法严，与者不承，则言者即涉虚，非特不敢纠督抚，且不敢纠司道守令。有贪之利，无贪之害，又何惮而不怙恶自恣？今皇上亲政，乞亲裁，罢黜溺职督抚，以肃吏治。"疏下部，寻甄别各省督抚，黜其尤者数人。进秩视四品，擢左副都御史。之芳数上封事，请严巡盐考绩，慎外官罚俸，皆关治体。迁吏部侍郎。

十二年，以兵部侍郎总督浙江军务。会吴三桂反，十三年，奏请复标兵原额，督习枪炮。疏甫上，耿精忠亦叛，遣其将曾养性、白显忠、马九玉数道窥浙，浙大震。之芳檄诸将扼仙霞关，调总兵李荣率副将王廷梅、牟大寅、陈世凯、鲍虎等分道御寇。时上命都统赖塔率师入浙，五月，偕赖塔率满洲步千、绿旗兵二千、乡勇五百，进驻衢州。众皆谓会城重地，不宜轻委。之芳曰："不然。衢踞上游，无衢，是无浙也。今日之事，义无反顾。"显忠自常山陷开化、寿昌、淳安，养性自处州犯义乌、浦江、东阳、汤溪，沿河阻饷道。温州镇总兵祖弘勋叛，召寇陷平阳，再进陷黄岩，集悍卒数万窥衢州。

七月，之芳与赖塔阅兵水亭门，率总兵官李荣、副都统瑚图等薄贼垒，军坑西。之芳手执刀督阵，或请少避，之芳曰："三军司命在吾，退即为贼乘。今日胜败，即吾死生矣！"守备程龙怯战，斩以徇。麾众越壕拔栅，败之。遣陈世凯乘胜复义乌、汤溪，鲍虎复寿昌、淳安，牟大寅破常山，王廷梅败贼于金华石梁、大沟源，李荣亦复东阳，复败贼于金华寿溪，馘贼将，毁寨十八。参将洪起元复嵊县。诏嘉之芳调度有力。

十月，贼将桑明等五万众由常山逼衢州西沟溪，倚山为营，觊联南路贼巢。之芳与赖塔议，出不意，遣廷梅与参领禅布夜趋沟溪，分队进攻，又大破之，贼弃营遁。

十四年，康亲王杰书破曾养性金华，复处州；贝子傅拉塔亦复黄岩，进围温州。惟九玉踞江山、常山、开化，连寨数十，与之芳相持。五月，乘大雨河溢，由南塘捣贼前岭，阵斩七百余级。十五年，遣将自遂安连破贼寨，遂复开化。

会郑锦入漳、泉，耿继祚方攻建昌溃营遁。上知闽中有变，命王撤温州之围取福建，之芳乃建议直捣仙霞关，曰："进取之路，不在温、处而在衢。虽九玉死守河西难猝破，然其南江山，西则常山，皆间道可袭。我兵一进，使彼首尾受敌，即河西之垒不能独完。"王至衢州，从之芳议。遂进兵大溪滩，复江山，九玉走，欲别取道夺仙霞。诸将受之芳密檄，急据关夹击，其将金应虎等穷蹙降。

王师下福建，临行，之芳启曰："王但饬诸军勿房掠，即长驱入，兵可不血刃也。"未几精忠降，温、处贼皆溃散。精忠所署置总兵马鹏、汪文生、陈山，将军程凤等犹踞玉山、铅山、弋阳、德兴，之芳请金剿。时吴三桂兵寇吉安、袁州，江西兵不能东，乃独遣兵复玉山，文生遁；自白沙关趋德兴，擒鹏；遣游击郭守金等复铅山、兴安、弋阳、贵溪诸县。上嘉之芳剿贼邻省有功，加兵部尚书衔。

十六年，遣参将蒋懋勋等败贼玉山椒岩，山降。先是文生、凤皆乞降，而凤病死，其妻王玉贞籍所属六万八千余人就抚，而精忠将林尔瞻犹拥众石垄。之芳令懋勋等扼要隘，自以数十骑入寨，往抚慰之，尔瞻乃降。十七年，击贼子午口，克八仙、老鼠诸洞，贼寨悉平。郑锦寇濒海，遣将严守御，败之于庙岭湖，又败之于温州。锦将詹天枢诣世凯降。十八年，檄定海总兵牟大寅斩锦将童耀等孝顺洋，夺获船只、器械以还。

之芳练世故，沉几善谋。康亲王师将行，问之芳："所策固万全乎？"之芳曰："军已发，犹豫则士气沮。"乃诣王曰："虏在吾目中久，明日捷书至矣！"前军捷书果至，杰书大喜，以为神。在杭州，与将军图喇约为兄弟。精忠既叛，语图喇勿纵兵暴民。有满兵犯法，之芳缚诣图喇，以军法治之，一军肃然。浙乱平，疏请蠲被兵州县额赋，安辑流亡，甚有威惠。所拔偏裨，皆累功至方镇。而之芳以督臣不叙。久之，追论大溪滩破贼功，授拖沙喇哈番，准袭一次。

入为兵部尚书，调吏部。二十六年，授文华殿大学士。二十七年，御史郭琇疏劾大学士明珠，谓内阁票拟，皆听明珠指挥，上既罢明珠，并命之芳休致。三十三年，卒于家，谥文襄。

之芳既卒，圣祖思其功，尝谕群臣曰："人能效命，既为勇士。耿精忠叛，时之芳为总督，虽不谙骑射，执刀立船首，率众突前破敌。彼时同出征者，还京皆称其勇。今承平久，善射，能约束士卒，尚不乏人。若屡经战阵者，甚难得也！"世宗命立贤良祠，谕曰："德若汤斌、功若之芳者，祀之。"乾隆间，录勋臣后，命予恩骑尉，世袭。

论曰：图海始阻撤藩之议，及其鹰扬西土，绥靖秦陇，卒收底川之绩。川军入滇，遂竟全功。之芳力扼三衢，敌虽东略，终不能得志仙霞。下闽之功，与有劳焉。虽曰遭时盘错，抑亦圣祖驭材之效哉？并践纶辅，易名曰襄。呜呼，伟矣！

卷二百五十二　　列传三十九

甘文焜 子国璧　**范承谟** 子时崇　**马雄镇**
傅弘烈

甘文焜，字炳如，汉军正蓝旗人，其先自丰城徙沈阳。父应魁，从入关，官至石匣副将。文焜善骑射，喜读书，尤慕古忠孝事。以官学生授兵部笔帖式，累迁礼部启心郎，屡奉使称旨。康熙初，授大理寺少卿，迁顺天府府尹。崇文门榷税不平，疏劾之。廷议令兼摄，文焜曰："言之而居之，是利之也。"固辞。六年，授直隶巡抚，奏复巡历旧制。单车按部，适保定、真定所属诸县患水灾，疏请蠲岁赋。总督白秉真以赈费浩繁，请听官民输银米。文焜斥廉俸以助。议叙，加工部侍郎。

七年，迁云贵总督，驻贵阳。时吴三桂镇云南，欲藉边衅固兵权，诡报土番康东入寇，给文焜移师，又阴嗾凯里诸苗乘其后。文焜策康东无能为，凯里近肘腋，不制将滋蔓，先督兵捣其巢，斩苗酋阿戎。既平，约云南会剿康东。三桂跪诈泄，谓康东已远遁，縠是益悍之。文焜巡历云、贵各府州皆遍。十年，遭母忧，上命在任守制。文焜又遣兵击杀臻剖苗酋阿福。疏乞归葬，许给假治丧。三桂请以云南巡抚兼督篆，令督标兵悉诣云南受节度，而以利啗之，冀为己用。

十二年，文焜还本官，适撤藩议起。三桂反，杀巡抚朱国治，遣其党逼贵阳。文焜闻变，使族弟文炯赍奏入告，牒贵州提督李本深率兵扼盘江。本深已怀贰，先以书觇文焜意。文焜手书报之，期效张巡、南霁云誓死守，而本深不之顾。本标兵已受三桂饵，纷溃弗听调。文焜度贵阳不可守，令妾盛率妇女七人自经死，独携第四子国城赴镇远，思召湖北兵扼险隘，使贼不北出。十二月丙申朔，癸卯至镇远，守将江义已受伪命，拒弗纳。文焜渡河至吉祥寺，义遣兵围之。文焜望阙再拜，拔佩刀将自杀，国城大呼请先死，夺其刀以刎而还之，尸乃踣，血溅文焜衣。文焜曰："是儿勇过我！"遂自杀，年四十有二。从者笔帖式和善雅图殉。

乱平，贵州巡抚杨雍建以文焜治绩及死事状上闻，予优恤。遣其长子宣化同知国均迎丧还京师，使内大臣佟国维迎奠卢沟桥，赠兵部尚书，谥忠果。建祠贵阳，上赐"劲节"二字，颜其额。子七，国璧尤知名。

国璧，字东屏，以任子授陕州知州，改苏州同知，擢山西平阳、浙江宁波知府，名循吏。圣祖南巡，幸杭州，御书朱子诗及"永贞"额以赐。谕曰："汝父尽节，朕未尝忘，此为汝母书也。"累迁云南巡抚。坐事罢。雍正间，起为正黄旗汉军都统。乾隆三年，授绥远城右翼副都统。复罢。十二年，卒。

范承谟，字觐公，汉军镶黄旗人，文程次子。顺治九年进士，选庶吉士，授弘文院编修。累迁秘书院学士。康熙七年，授浙江巡抚。时去开国未久，民流亡未复业，浙东宁波、金华等六府荒田尤多。总督赵廷臣请除赋额，上命承谟履勘。承谟遍历诸府，请免荒田及水冲田赋凡三十一万五千五百余亩。杭州、嘉兴、湖州、绍兴四府被水，民饥，承谟出布政使库银八万，籴米湖广平粜，最贫者得附老弱例，肩盐给朝夕，全活甚众。并疏请"漕米改折，石银一两。明年麦熟，补征白粮，以三年带征。灾重者如例蠲免"。得旨允行。十年，以疾请解职，召还。总督刘兆麒、**提督塞白理疏言浙民请留承谟一百五十余牒**，给事中姜希辙、柯耸，御史何元英等亦言："承谟受事三载，爱民如子，不通请谒馈遗。劾罢贪墨，廉治巨猾，剔除加耗、陋规、私派诸弊。浙民爱戴，深于饥渴。"上命承谟留任。十一年，承谟复疏言湖、嘉两府白粮加耗，多寡不一，请每石加四斗五升为限；又奏蠲温、台二卫康熙九年以前逋赋及石门、平阳未完轻赍月粮：皆下户部议行。

十月，擢福建总督，疏辞未允，请入觐。十二年七月，至京师，入对。承谟疾未愈，命御医诊视，赐药饵。疾稍差，趣赴官，赐冠服、鞍马。福建总督初驻漳州，至是以将撤藩，命移驻福州。吴三桂反，承谟察精忠有异志，时方议裁兵，承谟疏请缓行。又报巡历边海，欲置身外郡，便征调防御。事未行而精忠叛，阳言海寇至，约承谟计事。巡抚刘秉政附精忠，趣同行。承谟知有变，左右请擐甲从，承谟曰："众寡不敌，备无益也。"遂往。精忠之徒露刃相胁，承谟挺身前，骂不绝口。精忠拘之土室，加以桎梏，绝粒十日，不得死。精忠遣耿应说降，承谟奋足蹴之仆，叱左右掖之出，曰："贼就僇当不远，我先褫其魄！"为贼困逾二年，日冠赐冠，衣辞母时衣，遇朔望，奉时宪书一帙悬之，北向再拜。所居室迫隘，号曰蒙谷。为诗文，以桴炭画壁上。

时有部曲张福建者，手刃夺门入，连斩数贼，力竭死。蒙古人嘛尼为伪散骑郎，精忠遣守承谟，感承谟忠义，谋令出走。事泄，精忠将磔之，大言曰："吾宁与忠臣同死，不愿与逆贼同生！"

十五年，师克仙霞关，精忠将降，冀饰词免死，思承谟暴其罪。九月己酉朔，甲子夜半，精忠遣党逼承谟就缢。幕客嵇永仁、王龙光、沈天成，从弟承谱，下至隶卒，同死者五十三人。语互详《忠义传》。旧役王道隆奉遗他出，还至延平，闻变，自刎死。贼焚承谟尸，弃之野，泰宁骑兵许鼎夜负遗骸藏之。十六年，丧还京师。上遣内大臣侍卫迎奠，赠兵部尚书、太子少保，谥忠贞，御书碑文赐其家。十九年，精忠伏诛，赴市曹日，承谟子时崇脔其肉祭墓。福建民请建祠祀之，御书"忠贞炳日"扁于楣。承谟所为《画壁集》，上亲制序。

时崇，字自牧。以难荫出知辽阳州，迁直隶顺德知府，有惠政。累迁福建按察使。陛辞日，上顾谓群臣曰："此开国名臣孙，殉难忠臣子也！"四十七年，擢广东巡抚，兼盐政。越二年，擢福建浙江总督。五十四年，入为左都御史。明年，授兵部尚书。命出塞筑莫代察罕廋尔、鄂尔斋图呆尔台站凡四十有七所。又明年，还朝。寻卒。闽人思其德，附祀承谟祠。

马雄镇，字锡蕃，汉军镶红旗人，鸣佩子。以荫补工部副理事官，历迁左金都御史、国史院学士。康熙八年，授山西巡抚。未上，改广西。时群盗猬起，构瑶、僮掠梧州、平乐二府，不数月讨平之。累疏请平醝价，建学官，定有司边俸，省军粮运费，并罢各采买累民者，皆得旨允行。

十二年，吴三桂反。十三年，孙延龄以广西叛应之，围雄镇廨，胁降。时巡抚无标兵，雄镇家人拒守。密令守备易友亮赴柳州趣提督马雄来援，弗应。雄镇自经，为家人救免，以蜡丸驰疏请兵。延龄伺知之，幽雄镇，置家人别室。三桂使招降，雄镇不为屈。会傅弘烈劝延龄反正，延龄踌躇未决，雄镇得以间遣长子世济赍疏诣京师，友亮导之出，客杨启祥护行，至赣州，江西巡抚董卫国以闻。上遣使护入京，至，授世济四品京卿。居数月，雄镇又具疏陈粤西可复状，付长孙国桢，俾与客朱昉凿垣出。既，又遣州人唐守道、唐正发潜负次子世永出，次第诣京师。又为延龄知，系之孥于狱。雄镇愤自到，复为贼所夺，幽之别室。

十六年十月，三桂遣其从孙世琮杀延龄，拥雄镇至贼垒，迫使降，雄镇大呼曰："吾义守封疆，不能寸斩汝以报国，死吾分也！"贼戕其幼子世洪、世泰怵之，骂益厉，贼杀之，时年四十有四。从者马云皋、唐进宝、诸兆元等九人同时死，妻李、姜顾、刘，女二人，世济妻董、妾苗，并殉。语互详《列女传》。雄镇尸暴四十余日，友亮收其骸骨，藁葬焉。

雄镇被絷三年，日著书赋诗。既死，客孙成、陈文焕乘间脱走，抵苍梧，以所著《击筑楼遗稿》及《汇草辨疑》归世济。十七年，弘烈以雄镇死状入告，命议恤。擢世济大理寺少卿。成以举人授同知，文焕授知县。旋又授友亮、守道、正发、启祥游击、守备有差。十八年，世济如广西迎雄镇丧至京师，赠太子太傅，兵部尚书，谥文毅。三桂既平，岁正，上宴群臣，特命世济及陈启泰子汝器至御座前赐酒。世济官至漕运总督，世永历运使；国桢官江南常镇道，督饷入藏，卒于军。

傅弘烈，字仲谋，江西新建人。明末，流寓广西。顺治时，以总督王国光荐，授韶州同知，迁甘肃庆阳知府。吴三桂蓄逆谋久，康熙七年，弘烈密上告，逮治，坐诬，论斩。九年，上特命减死戍梧州。及三桂反，将军孙延龄、提督马雄以广西叛应之。弘烈欲集兵图恢复，阳受三桂伪职，入思州、泗城、广南、富川诸土司，历交址界，募义军得五千人，遂移檄讨贼，从尚可喜军规肇庆。三桂

甚恚之，使马雄如柳州害其家百口。弘烈说延龄反正。镇南将军觉罗舒恕军赣州，弘烈密致书言延龄妻孔四贞，定南王有德女，未忘国恩，延龄可招抚。又致书奉诏招抚督捕理事官麻勒吉，言王师速进南安，弘烈自韶州策应，则两粤可定。舒恕、麻勒吉先后以闻，上嘉其忠诚，授广西巡抚、征蛮灭寇将军，俾增募义兵，便宜行事。

弘烈克梧州，下昭平、贺、郁林、博白、北流、陆川、兴业诸州县，进复浔州，遣平乐知府刘晓赍疏上方略。论功，加太子少保，并加晓参议道。当是时，马雄据柳州，三桂诸将分据平乐、南宁、横州，势汹汹。弘烈虽屡捷，惟新军缺炮马，假于尚之信，弗应。吴世琮既杀延龄，陷平乐，袭弘烈梧州，弘烈击败之。十七年，与将军莽依图围平乐，战失利，弘烈与互讦。诏谓弘烈兵未支饷饷，奋勇收复诸路。莽依图自平乐退贺县，又言粮乏，再退梧州，使弘烈所复郡县尽弃于贼，因饬莽依图图效。弘烈督兵进，贼数万渡左江，弘烈战败。贼陷藤县，逼梧州。十八年，之信军至，弘烈分兵水陆，乘贼攻城时三面夹击，贼溃走，遂下藤县，克平乐，进复桂林。

弘烈密疏言延龄旧部宜善为解散，又言之信怙恶反复，当早为之所。马雄死，子承荫仍附三桂，受伪封怀宁公，诡言乞歙附，弘烈许之，为疏闻。诏授承荫昭义将军统其众。弘烈规取云、贵。十九年二月，次柳州，承荫期弘烈会议，弘烈至，承荫以其众叛，袭破其营，执送贵阳。世琮诱以伪职，弘烈曰："尔祖未反时，吾已劾奏，料汝家必为叛逆。汝敢以此言污我邪？"世琮百计说之，骂益厉。十月辛丑，遇害。十一月，征南将军穆占复贵阳，收遗骸，以死状闻，赠太子太师、兵部尚书，谥忠毅。二十二年，允广西巡抚郝浴请，建双忠祠于桂林，祀弘烈及马雄镇。

论曰：方诸藩盛强，朝廷所置督抚，势不足以相抗。文煜虽与三桂分疆而治，所部贰于三桂久矣。若承谟之于精忠，雄镇之于延龄，皆同城逼处，惟以身殉，无他术也。弘烈异军特起，又与莽依图相失，势孤，遂困于承荫。要其忠义激烈，作士气，怵寇心，皆不为徒死者。呜呼，烈已！

卷二百五十三　　列传四十

莫洛　陈福　王之鼎费雅达　**李兴元**
陈启泰吴万福　**陈丹赤**马珵　**叶映榴**

莫洛，伊尔根觉罗氏，满洲正红旗人，世居呼纳赫鲁。祖温察，太祖时来归。莫洛初授刑部理事官，累迁工部郎中。康熙六年，擢左副都御史。七年，出为山西陕西总督。陕西饥，平凉、临洮、巩昌、西安、延安、凤翔、汉中、兴安诸府州多逋赋，有司令现户均输，民苦之，奏请蠲免。迭疏清厘加派、火耗诸弊。八年，辅政大臣鳌拜获谴，法

司以莫洛附鳌拜，请逮问，诏以能任事，贷勿治，仍留任。九年，计典，仍以前罪夺职。陕西民吁留，甘肃巡抚刘斗同、提督张勇、柏永馥等疏言莫洛清正，在官有善政，乞留以慰民望。上谕曰："简用督抚，原以绥辑地方，爱养百姓。莫洛既能得民，其免处分，供职如故。"俄擢刑部尚书。

十三年，吴三桂等奏请撤藩，上敕廷臣议，皆主勿徙，惟莫洛与米思翰、明珠议撤。三桂反，四川提督郑蛟麟等叛应之。二月，命莫洛经略陕西，拜武英殿大学士，仍管兵部，赐以敕印，既至，策遣诸军征四川。时蛟麟兵据广元百丈关，莫洛遣都统马一宝、将军席卜臣赴汉中，副都统科尔宽赴广元，击贼。十月，蛟麟将何德成犯宁羌，为官军所败，还奔四川，莫洛因遣提督王辅臣驻其地。逾月，蛟麟将彭时亨复据七盘、百丈诸关，劫略阳粮艘，截陆运栈道。

广元军缺饷两月矣，总兵王怀忠所部溃散，而辅臣亦阴怀异志。辅臣故与莫洛有郤，奉檄使随征，益怏怏，藉口戎备寡，莫洛益以骑兵二千，少之；又以马疲瘠不任用摇军心，军无斗志。十二月，莫洛至宁羌，两营相去二里许。先是，上命莫洛统绿营步旅下四川，嗣虑巴蜀道险，令贝勒洞鄂率满洲骑兵兼程继进。军未至，是月庚寅朔，癸巳，辅臣煽所部噪饷，袭劫莫洛。莫洛督兵击却之。甫定，辅臣复率悍党起，炮矢雨坌，莫洛被创，卒于军。恤典久未行，二十二年，命予祭葬，谥忠愍，授世职拜他喇布勒哈番兼拖沙喇哈番。子常安，袭。

陈福，字箕演，陕西榆林人。国初师定陕西，福以武举应募，从宁夏总兵刘芳名剿寇。叙功，授守备。又从都统李国翰下四川，迁遵义游击。康熙初，从总督李国英讨李自成遗党郝摇旗、李来亨等。叙功，加右都督衔，擢成都副将，迁重庆总兵。十二年，入觐，授宁夏总兵。

吴三桂反，郑蛟麟以四川叛应之，遣使诱福。福家留重庆，弟奇官守备，妻子亦在贼中，贼以是劫福。福执其使，具疏入告，遣其弟诸生寿赍诣京师。上嘉福忠，授拜他喇布勒哈番，并官寿主事。辅臣据平凉，福上战守方略。十四年，擢陕西提督，进三等阿思哈尼哈番，又官奇参将。进规花马池、惠安、安定、定边诸城堡，以次皆下。上擢寿鸿胪寺少卿。福率副将泰必图乘胜薄固原，围之匝月。辅臣遣其将来援，城贼亦突出，泰必图战死。福引兵还灵州，斩逃将贾从哲、张元经以徇。

上命福佐贝勒洞鄂攻平凉。福疏言固原有贼万余，若我兵径趋平凉，虑贼断我饷道，当先取固原，上韪之。十二月，福督兵取固原。天寒大雪，士卒苦远役，且惩前败，有戒心。是月甲寅朔，乙亥，师次惠安，下令："五鼓会食，集城下，后者斩。"夜半时，参将熊虎等鼓噪入，刺福死。上以赵良栋代，收虎及首谋把总刘德及营兵戕福者悉诛之，赠福三等公，以三等精奇尼哈番世袭，谥愍慤。建祠宁夏。擢奇天津总兵。时福子世琳、世勋并陷贼，命以寿子世怡袭爵。

事定，寿弃官入四川求福妻子，得之遵义山中，将入都，上召世琳入见，问母子流离状，深愍之，命袭爵，改籍宁夏。旋授直隶三屯协副将。累迁古北镇总兵、銮仪使。世琳子益、益子大用，相继袭爵。益官至楚姚镇总兵。大用乾隆间官江南提督，所属游击杨天相，获海盗，总督苏凌阿谳以为诬，诛天相，大用亦被谴。嘉庆初，予守备衔，休致。

王之鼎，字公定，汉军正红旗人。父世选，仕明为参将。归太宗，授三等昂邦章京。从世祖入关，征江南有功，进二等。卒，之鼎袭，进一等精奇尼哈番，署参领。从贝勒屯齐征湖南，击走李定国、孙可望。授正红旗汉军副都统，驻防贵州。康熙元年，授福建中路总兵，讨郑锦，克厦门、金门、古浪诸岛。三年，败锦将黄盛、林茂、裴德等，拔铜山卫，进三等伯。八年，召还，仍授本旗副都统。十年，授江南提督。

十二年，授镇海将军，驻守京口。吴三桂、耿精忠相继反。上命之鼎分兵防安庆，而以安南将军华善帅师佐之。之鼎调崇明沙船，江阴、瓜洲战舰，扼津要，令绿旗水师驻黄浦换防，兼备水陆。上命简亲王喇布为扬威大将军，驻江宁，之鼎赞军事。十七年，改福建水师提督，加定海将军。闽寇日蹙，而楚、蜀间军事方亟，请移镇要地自效。

十八年，调四川提督。十九年，到官，会寇犯永宁，遂率总兵李芳述等讨之，战屡胜。六月，勇略将军赵良栋将进剿云、贵，调芳述守叙州，之鼎留镇永宁。九月，吴世璠遣将尤廷玉、胡国柱攻永宁，围之数匝。时城中粮尽已两阅月，之鼎犹率兵挑战，士气倍奋。嗣为贼间知，筑长围以守。至是月甲子，寇穴城入，总兵费雅达、副将杨三虎，游击周尚功，守备李逢春、鲁明芝、席豹督兵巷战，皆死。之鼎解印付家人，令间道走成都，率总兵杨魁、何成德、王永世、傅汝友，游击陈先凤、陈田、刘应科等出御贼，身受重创。贼涌至，之鼎自度不能免，拔剑自刎，未殊，与魁等俱被执，传送贵阳。贼党夏国相等百计诱降，之鼎厉声叱曰："死则死耳，肯向鼠辈乞活耶？"久之，贼知不可夺，遂遇害。魁等皆不屈死。事闻，赠之鼎太子少保，谥忠毅。子毓贤，官至贵州布政使，毓秀袭爵。

费雅达，汉军正白旗人。自整仪尉累迁潼关副将。王辅臣叛，廷议设汉中总兵讨贼，以授费雅达，署都督佥事。进取汉中，破贼彝门镇，抵秦岭，拔北木城，与王进宝会师夺武关。叙功，加都督同知。永宁之役，城陷身死，赠左都督、太子少傅，谥忠勇。魁等皆予恤。

从三虎等战死者，又有千总蒋得福、赵鸣凤、王英杰；从之鼎死者，又有从军荫生潘济世：并恤如例。

李兴元，字若始，汉军镶黄旗人。以拔贡授直隶沙河知县，报最，迁祁州。历江西吉安、直隶永平知府，晋陕西陇右道。康熙十一年，授云南按察使。其明年，诏敕有司审理平西藩下逃兵。时平西勋庄棋布，管庄者杀人夺货，滋为民患。讼牒命、盗两案，兵居半。又勒平民为余丁；不从，则曰："是我逃兵也。"称贷重息，人或丝毫负，亦以"逃兵"诬之,有司亡谁何。兴元素持风力,谂知刘昆强项,令为审事官。有犯者论如法,部民德之,而大忤三桂意。

三桂将叛,使治者铸印,昆诇知,白兴元,兴元启巡抚朱国治,趣入告。国治迟数日始发,为三桂逻卒所得,遂作乱。召各官集议,以国治苛虐失民心,杀之;迫授兴元伪职,兴元叱之曰:"汝内为国戚,外封亲王,受恩重矣,何叛为?我为丈夫,义可杀不可辱,惟一死以报朝廷。"三桂怒,杖而下之狱。云南知府高显辰及昆皆不屈,旋以兴元及昆戍腾越卫。十八年,师克湖南,时三桂已死,其子世璠使刺杀兴元。师围滇城,兴元二子荫秀、奇秀亦被杀。

事定,其三子萃秀诣军所申诉,巡抚王继文上其状,赠太常寺卿。萃秀官至安陆府知府。昆当兴元未死,出避民间。事定,复补登州同知,迁常德知府。

陈启泰,字大来,汉军镶红旗人。顺治四年,自贡生知直隶滑县,有声。行取,擢御史。奏言:"满洲部院官凡遇亲丧,宜离任守制,以广孝治。"从之。十一年,出为苏松粮道。康熙三年,调福建漳南道。八年,转巡海道。时山寇遍受耿精忠札,势汹汹。启泰严保甲,立团长,亲督所司捕贼。有干禁令者,辄绳以法,奸宄屏息。

十三年,精忠叛,伪檄至漳州。启泰密与海澄公黄梧议拒守,会梧病,精忠复招郑锦为助。启泰自度不能守,语妻刘曰:"义不偷生,忠不附贼,死吾事也。然死而妻子为俘,吾何以瞑?"刘请死,家人皆愿从死。乃以巨盎置酒下药,刘及侍妾婢仆饮者二十一人。幼子方六岁,持觞拜而饮。启泰朝服坐堂皇,召僚属与诀,引弓自绞死,僚属为殡。锦兵入,见置棺纵横,皆垂泪。事闻,赠通政使,赐葬祭。

启泰子汝器,闻变,赴漳州迎丧,为郑锦兵掠去。逾二年乃脱还,诣京师,上念其父子忠义,加赠工部侍郎,授汝器右通政。三十三年,复予启泰谥忠毅。建祠福州,御书"忠义流芳"为祠额。汝器官至安徽巡抚。方精忠叛时,诸郡望风纳叛;所不肯以城降者,启泰死漳州,总兵吴万福死福宁。

万福,汉军镶红旗人。初仕明为守备。崇德七年,师围松山,从副将夏承德来归,授牛录额真。入关,从征李自成有功,累叙二等阿达哈哈番。出为福宁总兵。张煌言兵屡入,与总兵李长荣分路击却之,累进右都督。精忠叛,万福婴城固守,城破,死之,阖家被害。幕客孙埈、百总潘腾凤并殉。事闻,赠万福左都督、太子少保,谥忠愍。

陈丹赤,字献之,福建侯官人。顺治十七年举人,选授重庆推官,摄府事,兼署夔州府。时张献忠初灭,蜀东尚沦于贼,征师四集,丹赤给饷不乏。垦荒莱,缓刑禁,报最,迁刑部主事,再晋兵部郎中。出为浙江按察司佥事、分巡温处道,署按察使。

康熙十三年,入觐,道山东。会吴三桂反,诏入觐官悉还治所。丹赤归至东昌,闻耿精忠亦叛,亟间道还。适平阳叛将司定猷构精忠兵逼瑞安,丹赤独居城上,泣谕父老,誓与城存亡。海寇朱飞熊乘间肆掠,乡民争入城,总兵祖弘勋欲不纳。丹赤曰:"城以人为固,人以食为命。民挈粟入城,民即兵,食即饷。亟宜纳之,与共守。"于是来者数万。寇涌至,攻南门甚亟,副将杨春芳忽撤兵去,人心汹惧。丹赤日驰牒乞援,晨夜俊循,以忠义厉士卒,皆感泣,愿死守。

弘勋将以温州叛,阳遣游击马文始助守,实以诇丹赤,丹赤誓以身殉。六月甲午朔,弘勋陈甲仗华盖山,集文武官计事,欲以胁丹赤。千总姚绍英知其谋,劝勿往,丹赤不顾,策马去。至则兵露刃夹阶立,坐定,弘勋曰:"彼众我寡,将若何?"丹赤曰:"提标前锋五千人已集,且民心效死,战即不足,守自有余。吾此来商以舟济师,顾乃计多寡邪?"弘勋曰:"舟安在?"丹赤语通判白鳌宸曰:"河干泊舟不少,皆乡民所弃。以济援师,何患无舟?"弘勋语塞,春芳厉声言曰:"城中粮尽,纵有兵有舟,谁为我用?"丹赤曰:"若言误矣。吾军粮饷足供六阅月,且远近乡民输粟入。若乃为此言惑军心邪?"有自怀中出帛书者,精忠招弘勋献城檄也,丹赤怒,碎而掷之地,曰:"此岂可污吾目?吾头可断,城不可得也!"弘勋执其手,好语慰之,丹赤曰:"封疆之臣死封疆,不知其他。"弘勋知不可夺,目千总高魁持斧拥丹赤出,骂益厉,执斧者断其臂,大呼曰:"臣事毕矣!"兵刃交下,遂遇害。十六年,浙江巡抚陈秉直疏请恤,赠通政使,谥忠毅。三十八年,上南巡,丹赤子一夔时为湖州知府,迎谒,上书额赐之。

马玠,字奉璋,陕西武功人。顺治十一年举人,授山东昌乐知县,有惠政。康熙十三年,补永嘉。明决有才,清核图籍,不数月而政成。华盖山集议,弘勋戕丹赤,玠跃而起曰:"国家豢若辈,反党贼杀封疆大吏,吾耻与若辈俱生!"遂骂不绝口,同时遇害。事闻,赠布政司参政。三十五年,敕建祠温州,祀丹赤及玠,亦曰"双忠"。四十二年,上南巡,玠子逸姿官江南布政司参议督粮道,迎谒,疏引丹赤例求赐谥,上允之,谥忠勤,亦赐御书额如一夔。丹赤仆林茂、仆张亦宝,玠从子颖姿,皆从死。

叶映榴,字炳霞,江南上海人。顺治十八年进士,选庶吉士。时方严治江南通赋士绅,映榴在籍中,降国子监博士。累迁礼部郎中。出榷赣关,会吴三桂叛,赣南北路绝。映榴与同官守险要,抚流民,境获宁。提学陕西巡抚鄂恺荐其才,康熙二十四年,授湖广粮储道。清积逋,减耗羡,事有不便于民者,辄与大吏力争。

二十七年五月,延议省湖广总督,并裁督标兵。楚兵素剽悍,有夏逢龙者,尤桀黠,能以小信义结其伍,隐附之。檄既下,裁兵汹汹亡归实。总督徐国相还朝已登舟,众围诉索饷,不得,遂大哗。时巡抚柯永升初上官,映榴摄布政使才三日。事急,映榴白永升,请予两月粮遣散,不许。众入巡抚署,露刃呼噪。映榴复白永升,请好言慰遣之。永升出,众语不逊,永升曰:"若辈欲反邪?"众曰:"反也奈何?"刃伤永升臂,夺其印,复刃伤足,仆,遂拥映榴至阅马场。永升伺间自经死。逢龙自号"总统兵马大元帅",帜以白,迫布政使以下官受伪职,映榴给以无杀掠,三日后徐议之。乃令其妻陈奉母吴自水沟出,解印付其仆,乃手具遗疏。是月丁酉,朝服升公座,骂贼,拔佩刀自刎死。

疏略曰:"臣一介竖儒,叨沐皇上高厚深恩,历擢今职。尝以洁己奉公,自矢夙夜,但愧才具庸劣,未效寸长。兹值裁兵夏逢龙倡乱,劫夺抚臣敕印,分兵围臣衙门,露刃逼胁。臣幼读诗书,粗知节义,虽斧锧在前,岂肯丧耻偷生?臣母年七十有六,在臣任所;臣长子瞐,远在原籍;其余二子尚未成童,茕茕孤藜,死将安归?因遣妻女奉母潜逃。臣如微服匿影,或可幸免以图后效。伏念臣守土之官也,城存与存,城亡与亡,义所当然。今勉尽一死,以报国恩。所恨事起仓猝,既不能先事绸缪,默消反侧;复不能临期捍御,独守孤城。上辜三十载之皇恩,下弃七旬余之老母,君亲两负,死有余惭。"上览疏,深慜伤之,召廷臣展读,闻者皆感泣。下部议恤,部议援陈丹赤例,赠通政使,特旨赠工部侍郎。次年上南巡,瞐迎谒,手书"忠节"二字赐之,遂以为谥。立祠武昌,书"丹心炳册"扁以赐。

雍正八年,录忠臣后,授其子瞐凤阳知府;芳蔚州知州,寻改员外郎;孙凤毛内阁中书。与映榴同时死者,都司宣德仁,赠副将。

论曰:功令襃死事,仓卒遇变与艰难效死者同,所以奖忠义也。莫洛与福,先事宜知有变,师行有进无退,虽死不挠。之鼎效忠于孤城,兴元抗节于大憨。若启泰、丹赤、映榴,皆能死其官者。启泰以其家殉,与马雄镇比烈;映榴遗疏款款,则又范承谟蒙谷自序之亚也。

卷二百五十四　　列传四十一

赉塔　穆占　莽依图觉罗舒恕　勒贝　**佛尼埒**坤　郭泰　吴丹　**毕力克图**噶尔汉　**阿密达**郭克济哈　觉罗吉哈里　**拉哈达**　察哈泰　根特华善　席卜臣希尔根

赉塔,那穆都鲁氏,满洲正白旗人,康古里第四子。年十四,授三等侍卫。坐事免。崇德时,从伐明,围锦州,击松山、杏山敌兵,屡有斩获。攻新城、高阳、霸州、寿光、博兴,并先登,身中五创。被赏赉,授前锋侍卫。

顺治元年,从讨李自成,败之一片石,追至安肃、庆都。授巴牙喇甲喇章京。从豫亲王多铎转战河南、陕西,颇有功。二年,移师江南,克扬州,下江宁,追败明福王于芜湖,予拖沙喇哈番。三年,从端重亲王博洛下福建,明唐王奔汀州,赉塔率师攻破其城,进拜他喇布勒哈番。明桂王据湖南。六年,从郑亲王济尔哈朗征衡州,战败明将陶养用、胡一清;克祁阳,复战败明将周进唐、王进才及一清;又战败明将谭弘,取道州;又战败一清及明将焦

琏,取全州。累晋二等阿达哈哈番兼世管佐领。十一年,明将李定国犯广东,从珠玛喇解新会围,进三等阿思哈尼哈番,擢巴牙喇纛章京。十六年,郑成功窥江宁,从安南将军达素讨之。比至,成功已败遁,遂引兵下福建。十七年,战厦门,师失利,坐免官,夺世职。康熙二年,署前锋统领。击李来亨等于茅麓山,数战皆克。八年,擢正白旗蒙古都统。

十三年,耿精忠叛,遣其将马九玉、曾养性、白显忠分三道寇浙江。授赉塔平南将军,赴援。寇犯金华,遣诸将玛哈达、雅塔里、拉哈等击走之,复义乌、诸暨。精忠将王国斌屯金、衢接壤处,为群寇声援。赉塔与总督李之芳驻衢州,精忠将周列拥众二万自常山入。赉塔遣瑚图要之焦园,俘斩过半。精忠将桑明率众五万犯衢州,迎击,斩级万余。十四年,督兵击九玉,五战皆捷,又破其将李廷魁,焚所屯木城。康亲王杰书至衢州,赉塔依例归将军印,以总统参赞军务。时九玉退据九龙山,分万人扼大溪滩护粮运。杰书令赉塔攻之,即夕遣兵涉河,直捣九玉营,破之。九玉仅以三十骑遁,遂复常山。率玛哈达等破仙霞关,拔浦城;又与吉勒塔布败贼建阳,克之。进取建宁,薄延平,精忠乃迎降。

其时漳、泉、兴化并为郑锦所据,锦,成功子也。精忠导贝子傅拉塔军攻锦。十六年,与宁海将军拉哈达复兴化,降仙游。进讨叛将刘进忠于潮州,进忠亦降。康亲王杰书奏仍授赉塔平南将军,守潮州。十七年,锦将刘国轩入犯泉州,与总督姚启圣会师赴援,复长泰,战漳州,破敌。十八年,国轩复入犯,迎击,败走。十九年,克海澄,锦还台湾。授赉塔本旗满洲都统,守潮州如故。

尚之信之降也,仍怀贰志,返广东,复抗命。都统王国栋首告,诏赉塔抚慰。之信已杀国栋反,赉塔率兵讨擒之。

时吴世璠尚据云南,大将军贝子彰泰自湖南下贵州,上授赉塔平南大将军,督满、汉诸军自广西入云南。赉塔师自田州、泗城道西隆,迭战皆捷。石门坎者去安笼三十里,地峻狭,世璠将何继祖等拥众拒守。赉塔令诸将希福、勒贝、玛奇等率师前进,而别与总督金光祖等分兵自间道蹑其后。二十年元旦,度贼无备,饬前军进攻;继祖等仓卒出御,后军攀险而上,前后夹击,遂夺其隘口,复安笼所。继祖复与詹养、王有功等以二万人守黄草坝。赉塔督诸军奋击,自卯至未,破垒二十二,俘养、有功及其众千余,并获其象、马。捷闻,上以赉塔自广西深入,先诸军至,败敌,温诏嘉奖。

师至曲靖,遣诸将希福、玛奇、硕塔等分道取沾益、云龙、嵩明诸州及易龙所、杨林城。彰泰师自贵州至,两军合。未至会城三十里,世璠遣郭壮图等迎战,列象阵,彰泰军其左,赉塔军其右,自卯至午,贼五却五进,殊死战。过金汁河,象反践,阵乱,师乘之,大溃,进屯城东归化寺。九月,赵良栋师自四川至,遂合围。赉塔军银锭山,运炮至,昼夜番攻,世璠将余从龙降。诇知粮将罄,人相食,与诸将环而攻之。世璠众内乱,欲擒世璠以降,世璠自杀。其将夏国相奔广南,胡国柱奔云龙州。遣诸将

李国梁、希福等追袭之，擒国相，国柱自缢死。云南大定。
二十一年，凯旋，上率群臣郊劳卢沟桥西，行抱见礼。二十二年，以隐匿之信藩下入官妇女，下所司集质。上谕赉塔有大功，勿以细事加罪。礼部议请夺官治罪，诏改降级罚俸。二十三年，卒，谥襄毅。二十五年，追授一等阿思哈尼哈番。

子费叶楞，袭。雍正五年，世宗命追封一等公，令其孙博尔屯袭。并谕："赉塔克云南，功绩懋著。当日因其功过相掩，未予优封，欲使立功之臣，咸知儆惕收敛，不可恃功骄肆。今事历多年，后人已知鉴戒。用特追封，示眷念旧臣。"九年，定公号曰襄绩。

穆占，纳喇氏，满洲正黄旗人，南褚子也。南褚事具《杨吉砮传》。穆占初任侍卫，兼牛录额真。顺治十六年，署噶布什贤章京。从都统卓洛等驻防云南，平元江土司有功，予三等阿达哈哈番，擢本旗梅勒额真。

康熙十二年冬，吴三桂反，命授赫叶安西将军，道陕西入四川进讨，以穆占署前锋统领，参赞军务。十三年二月，师至陕西，时四川巡抚罗森、提督郑蛟麟皆附贼，总兵谭弘亦叛据阳平关。穆占与西安将军瓦尔喀率兵先驱，战野狐岭，败之，克阳平关。总兵吴之茂叛据保宁，穆占进与战，屡击败之。旋以贼阻饷道，引还汉中。提督王辅臣叛宁羌，与之茂、弘相应。穆占从大将军贝勒洞鄂还西安。十四年，诏趣洞鄂讨辅臣，而以穆占代赫叶为安西将军，率师并进。辅臣将高鼎屯陇州河岸，迎战，与达理善击却之。趋秦州，围合，辅臣将陈万策以城降。穆占复助提督张勇攻下巩昌，还会诸军征平凉。十五年，上遣图海代洞鄂为大将军，辅臣降。穆占分剿余寇，以次复西河、清水、成、礼诸县。辅臣将周养民等以庆阳降。

九月，诏入觐，进秩视都统，佩征南将军印，统陕西、河南诸军赴湖广，讨三桂，诸将塔勒岱、鄂克逊从。十六年正月，至荆州。时大将军顺承郡王勒克德浑守荆州，贝勒尚善围岳州，安亲王岳乐围长沙，简亲王喇布守吉安。上命穆占助攻长沙，军至，屯阿弥岭。三桂初欲自松滋渡江，进攻荆州，相持数年不得逞。闻长沙有新军至，亟自松滋还援，屯隔江岳麓山。遣其将马宝等屯城外，掘重壕，布铁蒺藜，列象阵以守；而自从常德进，为穆占所败，走衡州。上命穆占移兵会简亲王取衡州。十月，克茶陵，复攸、安仁、酃、永宁诸县。十七年春，克郴州，傍县并下。穆占守郴州，以都统宜理布守永兴。三桂欲通粤东道，与尚之信、孙延龄军合，遣其将马宝、胡国柱等悉锐攻永兴。穆占遣哈克三、硕岱来援。时喇布尚驻吉安，穆占请旨趣进征。六月，宜理布、哈克三战死。硕岱入城守，喇布遣萨克察来援，牒穆占请益兵。穆占谓永兴军事简亲王主之。喇布以闻，上责穆占谬戾。宝、国柱攻永兴，二十余日不下，闻三桂死，乃引还衡州。穆占率布舒库等追击，败之耒阳。十八年，三桂将吴国贵为他将所戕，遁永州，穆占追剿，克之，道州、常宁、新田、永明、江华、东安皆下。师入广西境，克全州、灌阳、兴安、恭城。诏还定湖南，进克新宁。三桂将郭壮图等拥三桂孙世璠据贵州。

十一月，上命贝子彰泰为定远平寇大将军，规定云、贵，穆占参赞军务。十九年二月，复沅州。十月，克镇远，并定偏桥、兴隆二卫。进克平越，下贵阳。世璠奔云南。十一月，克遵义、安顺、石阡、都匀、思南诸府。二十年正月，世璠将夏国相、高起隆、王会、杨应选等拥众二万拒战，屯平远西南山。穆占与提督赵赖督诸军奋击，起隆等败窜，会降，遂复平远。分遣诸将莽奕禄等逐贼，复大定，应选亦降。遂入云南，与广西军会，壁归化寺。壮图出兵重关，列象阵犯我军。赉塔等纵兵夹击，穆占战尤力，象阵乱，反践其军。诸军乘之，壮图敛兵，止存二十七人，奔入城。九月，四川军至，总督蔡毓荣破重关，穆占亦夺玉皇阁，猛攻东西寺。世璠、壮图皆自杀。穆占入城，抚余众，籍逆产以闻。师还，授正黄旗蒙古都统、议政大臣。

二十二年，追论征保宁时奏军事不实，征平凉时不临阵指挥，及不救永兴，罪当绞，籍没。上谕曰："穆占固有罪，但其战绩多至二百六十处，此所议稍过。"命覆议，乃请夺官、削世职、没妻子入内务府，上命但夺官，余悉宽之。寻卒。

莽依图，兆佳氏，满洲镶白旗人。父武达禅，崇德中从伐明，攻任丘、济阳，并先登，赐号"巴图鲁"，予牛录章京世职。既入关，授太原城守尉。卒。

莽依图袭职，进三等阿达哈哈番。顺治十五年，从征南将军卓卜特下贵州，自都匀次盘江，破明将李定国。移师定云南。康熙二年，李自成余党李来亨等据湖北茅麓山，未下，从靖西将军穆里玛攻克之。凯旋，授江宁协领。

十三年，吴三桂陷湖南，复从镇南将军尼雅翰攻岳州，炮击寇舰，败之七里桥。十四年，三桂构广西总兵马雄叛，广东十府失其四。尚可喜请兵，上命尼雅翰率师赴广东，以莽依图署副都统，驻肇庆。甫至，而可喜子之信已叛应三桂。十五年，三桂将范齐韩等逼肇庆，莽依图溃围出，且战且走，还驻江西。闻三桂将黄士标等攻信丰，亟率师赴援，遣奇兵出其背，与城兵夹击之，贼大溃，遂会镇南将军觉罗舒恕解南围围。

十六年三月，上命舒恕留兵守赣州，而授莽依图署江宁副都统，代舒恕佩镇南将军印，帅师规复广东，以额赫讷、穆成额参赞军事。自南康进南安，再进南雄，三桂所遣守者皆出降，之信亦率藩属归顺。莽依图遂逾岭进韶州，韶居五岭脊，为赣、粤咽喉，贼所必争。莽依图以城北当敌冲，厚增土墙，夜则缒卒出城浚壕通水，并分兵断广州饷道。三桂将胡国柱、马宝以万余人攻城，莽依图屡击却之；乃扼河西断我水运，又壁莲花山发炮，女墙悉坏。会江宁将军额楚赴援，莽依图出城兵夹击，破四垒，逐北至帽峰山，夜战，大败之。河西贼亦引去，饷运始通。莽依图督军追击，破敌风门澳，斩二千余级。下乐昌、仁化诸县，乃还驻韶州。

时傅弘烈佩抚蛮灭寇将军印，巡抚广西，所将义兵五千人。莽依图虑其力不支，遣副都统额赫讷将兵八千赴梧州佐弘烈，而之信不为具舟，师久不集。十七年二月，莽依图至平乐，围城，寇水陆拒战，引还中山镇，与弘烈互奏纠,上两释之。莽依图复还梧州,引咎请罢将军,上切责之,命留任图功赎罪。十八年春,三桂从孙世琮犯梧州,莽依图与弘烈谋合诸军分布水陆,与战,贼败去,遂复桂林。语具《弘烈传》。

三桂将马承荫以南宁来降,世琮自梧州败归,并力攻南宁。城几陷,莽依图方卧病,闻警,督军倍道赴援。贼悉锐依山列鹿角拒战,莽依图使额楚、额赫讷引前锋兵冲击之,而自与舒恕麾大军进,预遣兵潜出山后断归路,尽殪。世琮负重伤,以数十骑越山遁。南宁围解。命进取云、贵,莽依图以承荫虽降,心叵测,疏请暂驻南宁。上命简亲王喇布镇桂林,莽依图俟都统希福军至,合兵谋进取。十九年,授护军统领。承荫果以柳州复叛,弘烈遇害。莽依图军进次宜宾,承荫驱象阵迎战,以劲弩射之,象返奔,贼阵乱,铁骑乘之,遂大败。承荫复以柳州降。莽依图疾益深,八月,卒于军。

莽依图母贤,尝训以不杀降,不掠民,莽依图终身诵之,时称"仁义将军"。既卒,南宁人绘其像祀之。事平,朝议追论自平乐还梧州失律罪,当籍没。上以莽依图战多,且不扰民,宽之,夺恩诏所加世职,以原授拜他喇勒哈番兼拖沙喇哈番予其弟博和里。博和里曰:"兄平粤有功,上褒之,不可使吾子孙复袭此职。"乃抚其孙布瞻阿继袭。乾隆元年,追谥襄壮。

三桂初反,十三年正月,上授都统尼雅翰镇南将军,会师德州,道安庆至武昌。寻命参赞军务,攻岳州;旋又命进取南康,克之;又击破三桂将黄乃忠等于袁州。十五年五月,上命哈尔哈齐率江宁兵攻吉安,解尼雅翰镇南将军印授之;螺子山败,改授觉罗舒恕。

觉罗舒恕,满洲正白旗人,武功郡王礼敦曾孙。康熙八年,自一等侍卫授兵部督捕侍郎,调吏部。十三年,命署前锋统领,参赞定南将军希尔根军务。精忠遣兵陷抚州,舒恕从希尔根进击,克之。十四年,精忠兵复至,又击破之,克新城、宜黄、崇仁、乐安诸县。上命舒恕援广东,授镇南将军。叛将马雄与三桂将王弘勋攻高州,与战不利,退驻肇庆。十五年,尚之信反,再退驻赣州。十六年,上命解镇南将军印授莽依图,率师下广东,令舒恕留兵佐巡抚佟国桢守赣州。寻复授安南将军。三桂兵自宜章窥南雄、韶州,上命莽依图赴韶州应敌,而舒恕守南雄为声援。

十七年,穆占言郴州、桂阳新复,请敕舒恕移师驻守。舒恕疏言南韶为湖南、江西、广东三省接壤,不可轻离。继命进次梧州。十八年,即军前授都察院左都御史。旋与莽依图共击吴世琮,解南宁之围。舒恕以病乞还肇庆,召还京。入对,上察其神色如故,无病状,诏诘责,命羁候宗人府,下王大臣议,夺职。三十四年,起镶黄旗满洲副都统,再迁宁夏将军,参赞抚远大将军费扬古军务,讨噶尔丹。三十五年,上亲征,授扬威将军,从费扬古出西路。上驻栋斯拉,召费扬古议军事,以舒恕署大将军。师有功,予拖沙喇哈番世职,擢正蓝旗满洲都统。以病乞休。卒。

勒贝,郭络罗氏,满洲正蓝旗人,鄂罗塞臣子。初授侍卫,兼管牛录事。累迁正蓝旗满洲都统。三桂乱未平,

康熙十六年春,上以简亲王喇布出师江西久无功,参赞均不胜任,命勒贝及哈克三、舒库往代之。既,命与江宁将军额楚守韶州;又诏进攻梧州,与弘烈攻郁林及北流、兴业、陆川、博白,军益振,乘胜下南宁,克象州。十九年秋,莽依图卒于军。诏勒贝代为镇南将军,从赉塔定云南。抵西隆,诇知三桂将何继祖等屯安笼所石门坎,与玛奇率前锋奋攻,次第克三峰,夺隘口,复安笼所。继祖等坚守黄草坝,列象阵以待,复与赉塔大败之,直抵云南城。吴世璠自杀,滇平。师还,道卒。

佛尼埒,科奇理氏,满洲镶红旗人,世居瓦尔喀。父索尔和诺,少孤,兄瑚里纳抚之成立,后为仇所害,索尔和诺手刃之,祭兄墓。崇德三年,来归。从伐明,攻河间,战死,授牛录章京世职。

佛尼埒袭职。授西安驻防牛录额真,进二等阿达哈哈番。康熙初,累擢西安副都统。十三年春,从将军瓦尔喀道四川讨吴三桂。入栈道,闻四川叛附三桂,谭弘据阳平关。从瓦尔喀自野狐岭进兵,斩三千余级。进薄天关,屡击败敌军。总兵吴之茂以保宁叛,移师往讨之。费克、凿壕堑与相持。之茂出劫略阳粮艘,截槐树驿运道。我师饷不继,还汉中。之茂要于中途,与总兵王怀忠击之,败走。

其冬,提督王辅臣叛,连陷平凉、秦州。十四年,擢西安将军,加振武将军衔。命与贝勒洞鄂进讨辅臣将高鼎,以四千人屯关山河岸,偕穆占整师与战,破其垒;逐北,又败之渭河桥,进薄秦州。垒未定,贼乘我不备,开壁出战。佛尼埒督军遮击,贼不敢犯。旋攻克东西二关。贼数千掠仙逸关,佛尼埒虑断饷道,分兵往援。贼遁山走,追蹑之,杀其党且尽,遂率师趋陇州。贼纵火焚山泽,佛尼埒曰:"是欲烧绝我挽运道也。若不增兵策应,军食何赖焉?"因暂驻陇州。

时师攻秦州久未下,而四川及平凉诸寇挟万余人赴救,城寇与应者亦八千余。佛尼埒亟还师与诸军合,偕内大臣坤连败贼众,擒其将李国栋等,殪其众三千余。州城复,以次下礼县、西和、清水、伏羌诸城。汉中运道阻,军大饥。将军席卜臣还西安,上命佛尼埒领兵开栈道,规汉中,缘途剿贼,皆溃窜。十五年,之茂欲为辅臣援,再犯秦州。佛尼埒与护军统领杰殷议绕贼后,绝其运道,复静宁。大将军图海下平凉,之茂遁。又与杰殷乘夜追击,及之牡丹园,遂克祁山堡。之茂仅以十余骑走。

十六年,追论自保宁退还汉中被罪,降世职为拜他喇布勒哈番,削振武将军衔,仍署西安将军。十七年,与吴丹等败敌于牛头山、于香泉,率师驻守宝鸡,坚扼栈道诸隘。寇屡至,屡败之。十八年,从大将军图海征兴安,寇阻梁河关。佛尼埒领兵先驱,济乾玉河,拔之。兴安下。十九年,潼川降,并复盐亭、中江、射洪诸县。再败寇豹子山,克泸州。冬,吴世璠将胡国柱自叙州扰永宁,诏授建威将军讨之。二十年,克马湖。世璠将宋国辅等以永宁降。国柱亦奔叙州遁,上命佛尼埒守之。寻命王镇汉中。二十一年,卒。乾隆初,追谥恭靖。子托留,袭世职,官至黑龙江将军。额伦特,别有传。

坤，那木都鲁氏，满洲正黄旗人，先世居绥芬，隶瓦尔喀部。父伊讷克，太宗伐瓦尔喀，先众降。坤事太宗，洊擢一等侍卫，兼管牛录事。太宗伐明，围松山。明总兵曹变蛟乘夜犯御营，迫正黄旗营门，诸侍卫及亲军等皆散列门左右，坤独当门，力战却敌。上嘉其勇，赐号"巴图鲁"，赉白金四百，授一等甲喇章京世职。

世祖朝，累进一等阿思哈尼哈番兼拖沙喇哈番。寻以遣祭昭陵辞未往，扈跸南台不入直，又娶女子已赐配者为妻，论罪当死，上宽之，夺官，仍留世职侍卫。顺治十一年，从靖南将军珠玛喇下广东，命署固山额真。破明将李定国于新会，逐至横州江岸，斩馘无算。擢内大臣。康熙十二年，奖先朝诸旧臣，坤加太子太保。

吴三桂反，授振武将军，帅师驻汝宁。王辅臣叛，命移师西安。十四年，又命偕副都统翁爱等进驻汉中，辅臣毁凤县偏桥绝运道，又断栈道，阻汉中声援。诏趣坤援汉中，次宝鸡，以道阻未克进。命罢将军，以内大臣从军。秦州既复，朝议规复汉中，以坤守潼关。

十八年，上念坤已老，召还。追论汉中逗留状，当夺官、削巴图鲁号。上曰："巴图鲁号太宗所赐，其勿削！但夺官。"仍留一等阿达哈番世职。二十四年，授散秩大臣，并谕年衰不能朝，听家居。二十六年，卒。

鄂泰，瓜尔佳氏，满洲正白旗人，世居苏完。国初来归，以军功累进二等阿达哈番。顺治间，授盛京礼部理事官，坐事黜，并夺世职，旋复起。康熙初，洊擢盛京副都统。王辅臣叛，大将军贝勒洞鄂西讨，命鄂泰率盛京兵千来京备征发。十四年，授建威将军，率所部兵驻太原。寻命赴西安参赞洞鄂军务，以建威将军印授副都统吴丹。鄂泰与副都统阿尔瑚屯宝鸡，贼出栈道攻九龙山，鄂泰督兵纵击，尽歼之。辅臣所署置总兵任德望率兵及傈僳七千余屯益门镇，鄂泰分兵九路进击，自巳至未，破七垒。德望以百骑遁，骁骑校韩楚汉射中其股，乃降。十五年，复捕余贼红崖堡。十八年，卒，追授拜他喇布勒哈番兼拖沙喇哈番。

吴丹，纳喇氏，满洲正黄旗人，叶赫金台石曾孙也。康熙初，以一等侍卫同学士郭廷祚视淮安河决。十三年，大将军顺承郡王勒尔锦讨吴三桂，吴丹奉使军中，宣谕机宜。王辅臣叛，命署副都统，从鄂泰驻太原。旋复命署建威将军，移师潼关。十五年，从大将军图海征平凉，击贼虎山墩，辅臣乞降，吴丹率数骑入城，安抚降人。

十七年，授护军统领。时汉中、兴安尚为三桂兵所据，上趣图海进军，以吴丹参赞军务，战于牛头山、香泉，屡破贼。图海入观，命仍佩建威将军印，暂统大兵。旋从图海徇镇安，偕将军佛尼埒战于火神崖，破贼，渡乾玉河，克梁河关，遂复兴安。上命图海还驻凤翔，分兵畀吴丹，与将军王进宝下四川，为后继。十九年，与进宝击贼蟠龙、锦屏诸山，大破之，遂复保宁，获三桂将吴之茂等。时将军赵良栋亦复成都，吴丹与佛尼埒分兵取顺庆、重庆，并下达州、东乡、太平诸州县。诏取泸州，趋云南。吴丹复从佛尼埒战于豹子山，破泸州贼。会永宁复为贼得，仁怀亦不守，良栋劾吴丹不急赴援，解将军印还汉中。事定，

还京，王大臣等议罪，夺职。寻授三等侍卫兼佐领。

二十九年，喀尔喀台吉额尔克阿海等为乱，噶尔丹亦犯边，命从大将军裕亲王讨之，战于乌阑布通，噶尔丹败走。裕亲王命吴丹与参领色尔济、博尔和岱诇噶尔丹所在，知远去已数日，乃还。途值喀尔喀叛者，并遇害，赠散秩大臣，予拖沙喇哈番世职。

毕力克图，博尔济吉特氏，蒙古正蓝旗人，世居科尔沁。太宗时，来归，授豫亲王护卫。从伐朝鲜及明锦州，并有功。顺治初，从讨李自成，定西安，移师拔扬州，下江宁，以战绩著，署护军统领，予牛录章京世职，擢正蓝旗蒙古副都统。六年，诏驻防平阳，贼犯绛州，击却之。李建泰叛据太平，复与协领根特等攻之，久弗下，乃穴地燃火药隳城，擒建泰诛之。累进一等阿达哈番。授礼部侍郎，调户部。

十一年，从靖南将军珠玛喇下广东，明将李定国犯新会，屯县在山岭。毕力克图再战败之，追至兴业，斩杀过半，趋横州，定国渡江遁。进三等阿思哈尼哈番。坐事罢官，降二等阿达哈番。

十七年，命署护军统领。从定西将军爱星阿出师云南。时明桂王入缅甸，定国与白文选分据孟艮、木邦。十八年，会师木邦，定国走景线，文选走锡箔江，毁桥趋茶山。毕力克图至，护谍者，结筏以济，次旧晚坡，去缅城六十里。缅人谋献桂王，请大军留驻，以百人进兰鸠江备捍卫，于是白尔赫图率前锋以往，毕力克图以护军二百从之。缅酋蟒猛以桂王出界我军，遂班师还。文选至猛养，为总兵马宁追及，率众降。毕力克图抚其众，徙之边境。论功，进一等阿达哈番兼拖沙喇哈番。

康熙八年，擢正蓝旗蒙古都统，列议政大臣。十二年，加太子少师。十四年，王辅臣叛，授毕力克图平逆将军，帅师驻大同。寻延安、绥德皆陷，命进驻榆林。诇知贼屯杨家店渡口，遂分兵三队，乘夜疾进。黎明，鸣角济河。贼不虞我师至也，皆骇走，遂复吴堡。进次虎尔崖口，遇贼，又击败之。下绥德，乘胜克延安，并招抚附近诸州县。上命移师会扬威将军阿密达攻平凉。将至，辅臣拥众迎战，与贝勒洞鄂等击之，阵斩其将郝天祥。十五年，大学士图海莅师，命毕力克图屯宁夏。辅臣降，还驻平凉。

十七年，移师守陇州、宝鸡。图海取汉中，与鄂克济哈等分道入，以次降灵台、华亭、崇信诸县。其冬，克成县。十九年，征还，仍任都统。二十年，卒，年七十有三，谥悟僖。孙常远，袭职。二十五年，追录陕西军功，进二等阿思哈尼哈番。

噶尔汉，纳喇氏，满洲正红旗人，尚书噶达浑子也。噶尔汉袭一等阿达哈番，授王府长史。康熙初，迁正红旗满洲副都统。

十四年，授镇安将军，驻守河南。时寇势甚炽，总兵杨来嘉叛，命移师襄阳。十五年，战南漳，破灵机寨。叛将谭弘等犯郧阳，遣党扼城东陡岭，断我挽运道。复与提督佟国瑶会师，分路进击，贼退。十八年，谢泗、刘魁等掠竹山、竹谿诸县，逼郧城，与兴安贼为声援；噶尔汉往

讨之。时方溽暑，郧西数百里，山径狭隘，草木丛塞，霖雨洪注，师阻水，弗能进。噶尔汉期以木落水涸时进师，上责其逗留，削前功。二十年，薄郧城，时弘已死，其子天秘毁垒遁，遂克之。以次下万、开、建始、梁山诸县及忠州。二十二年，授荆州将军。部议当杨来嘉攻房县不能救，当夺职，上命降级留任。

二十六年，湖广裁兵，夏逢龙倡乱。噶尔汉师次安陆，遣协领穆礼玛等攻之，多所斩馘。进次应城，贼还窜武昌，会粮绝，战舰不足用，疏言状，召还，授正红旗蒙古都统。比至都，论退缩玩寇罪，免官。后卒于家。

阿密达，他塔喇氏，满洲正白旗人。顺治间，授三等侍卫，洊擢正白旗满洲副都统。康熙初，擢领侍卫内大臣、议政大臣。

十三年，吴三桂反，襄阳总兵杨来嘉以谷城叛应之。河北总兵蔡禄初与来嘉并为郑成功将，先后来降。来嘉招同叛，禄具枪械，购骡马，密令所部为备。圣祖闻状，命阿密达率兵赴怀庆察视，禄不出迎，谋拒战。阿密达疾驰入其垒，得禄及其孥，悉诛之。耿精忠亦叛，授阿密达扬威将军，率满洲兵千人驻江宁，命习水战。寻授简亲王喇布扬威大将军，阿密达归将军印，参赞军务。

王辅臣叛，十四年，命阿密达仍佩扬威将军印，率兵赴兰州，佐以副都统鄂克济哈、觉罗夸岱。时辅臣据平凉，兰州诸路皆陷贼，大将军贝勒洞鄂令阿密达径攻平凉。五月，克宁州，薄平凉，战失利，退驻泾州。洞鄂兵至，命参赞军务，与总兵孙思克会师进攻，久不下。十五年，大学士图海代为大将军，阿密达参赞如故。既，夺虎山墩，俯攻城，辅臣乃降。

十七年，命赴湖南，从大将军安亲王岳乐讨吴世璠。十八年，克武冈。谕阿密达与安亲王计议，量撤满洲兵，护还京师。十九年，授正白旗蒙古都统。部议平凉战败当夺职，上宽之，命降五级留任。寻复授领侍卫内大臣。

噶尔丹为乱，命诣贼状。二十九年，命参赞大将军裕亲王福全军务，出塞讨噶尔丹，战于乌阑布通，胜敌。师还，部议不能乘胜灭贼，福全以下皆有罪，当夺职，上以师有功，宥之。三十五年，上亲征噶尔丹，阿密达请从征。上次克鲁伦河，以阿密达暂充将军，率留后满洲兵及绿旗步兵赴克勒和硕，并命兼辖留屯各军。寻撤还京师。四十八年，卒。

鄂克济哈，纳喇氏，满洲正黄旗人。初任侍卫，署副都统兼佐领。康熙十三年，三桂反，陕西、湖广并警。上命偕副统色格壮河南府。辅臣乱起，从阿密达赴西安剿御。寻赴兰州参赞阿密达军务，克泾州、宁州，诏嘉之。十八年，从图海攻礼县驿门，大破之。复塔什堡，进克兴安。图海以汉中要地，令鄂克济哈领振武将军，与副都统哈塔将千人守之。

十九年，提督赵良栋等徇四川，与将军吴丹为后劲。泸州陷，率师攻克之，又败之托川雅。未几，贼犯仁怀，吴丹拥兵不救，永宁复陷。命还汉中，而使鄂克济哈领其众。鄂克济哈疏言建昌、永宁相去千余里，未能兼顾，乃命佛尼埒专领永宁一路，而授鄂克济哈宣威将军，驻军成都，专领建昌一路。二十年，建昌军弃城走，自劾，解将军印，以参统觉罗吉哈里代，还守汉中。寻入为二等侍卫。三十年，迁正黄旗副都统。三十三年，授护军统领。从征噶尔丹，事平，驻守宁夏。三十八年，卒。

觉罗吉哈里，满洲正白旗人，武功郡王礼敦第三世孙。顺治初，授牛录额真，袭父拜他喇布勒哈番世职。遇恩诏，晋二等阿达哈哈番。累迁护军参领、镶黄旗满洲副都统。康熙十二年，吴三桂反，京师奸民杨启隆为乱，都统图海、祖承烈及吉哈里讨平之。佐领鄂克逊擒其党黄吉、陈益，吉哈里亦获焦三、朱尚贤、张大、李桂、陈继志、史国宾、王镇邦等送法司，廉得实，论弃市。诏互详《鄂克逊传》。十六年，命与副都统席布率师赴四川会镇安将军噶尔汉讨贼，即军前擢镶黄旗蒙古都统。三桂孙吴世璠尚据有云南、贵州，其将胡国柱、夏国相、马宝等分犯泸州、叙州、建昌。二十年，建昌陷，上解鄂克济哈宣威将军任，诏吉哈里代之，统所部兵会提督赵良栋复建昌。良栋自雅州入，吉哈里为后，鏖战大渡河，夺寇舟以济。是时师下云南，已合围，国柱等亟引众还，吉哈里遂复建昌。将趋云南，行至武家，疾作，卒于军，恤如例。

拉哈达，钮祜禄氏，满洲镶黄旗人，车尔格第五子。顺治间，以侍卫袭其兄法固达三等阿达哈哈番世职，恩诏累进一等。授兵部督捕侍郎，擢工部尚书、议政大臣。康熙八年，授镶黄旗满洲都统。

十三年，吴三桂叛，授镇东将军，驻防兖州，甫至，而耿精忠叛，犯浙江。诏往署杭州将军，与平南将军赉塔、总督李之芳共筹防御。贼窥金华，遣副都统沃申、副将陈世凯等击却之；复犯台州，宁波、绍兴皆骚动。上命康亲王杰书为大将军，贝子傅喇塔为宁海将军，统师援浙，拉哈达以都统参赞军务。十四年，击处州贼，连下松阳、宣平。十五年，从康亲王徇福建。精忠降，即导我师攻郑锦。

时漳州、泉州、兴化三府为锦所据，遣其将许耀以三万人逼福州，拉哈达率师击之，破其垒十四。其冬，傅喇塔卒于军，授拉哈达宁海将军。十六年，与赉塔合军攻兴化，克之，其将郭维藩以仙游降。耀奔泉州，复据以坚守。拉哈达率锐师宵加之，漏未尽，梯入，斩耀及诸伪官，入城抚定军民。是时锦连败，还厦门，泉州、漳州二府及海澄等十县皆复，降将四百、兵四千有奇。移师略潮州，叛将刘进忠亦降，乃还守福州。

十七年，锦将刘国轩陷海澄，复犯泉州，断万安、江东二桥，扼长泰、同安诸隘，南北援绝，泉州几不守。拉哈达驻漳州，诏责其不亟援海澄，趣戴罪赴泉州难。拉哈达议自长泰入，会江涨，军阻水。侍读学士李光地居忧在籍，乃遣使导师出间道，自南靖道漳平趋安溪，遂薄泉州，围乃解。国轩筑垒滨海东石地，当金门、厦门道。十八年，拉哈达遣沃申攻克之。十九年，与巡抚吴兴祚自同安至浔尾，分兵渡海，拉哈达居中，兴祚自左，总兵王英自右，并趋厦门。赉塔与总督姚启圣、提督万正色、杨捷、总兵黄大来师来会，三面合击，贼不能支，遂克厦门。复进攻金门，其将吴国俊等迎降，锦与国轩走归台湾。诏召康亲王还京，命拉哈达与副都统马思文守福州。

二十一年，撤满洲兵还京，追论失守海澄罪，部议降世职为三等，并罢官，上以拉哈达从康亲王平福建有劳，留都统任。二十四年，致仕。四十二年，病卒，恤如制。

察哈泰，萨克达氏，满洲镶红旗人，世居宁古塔。事太宗，从伐明，屡有功。顺治初，逐李自成，讨金声桓，皆在行间，屡擢太仆寺理事官，并授三等阿达哈番。复迁太仆寺卿、镶红旗满洲副都统。从伐俄罗斯，将舟师，招降斐雅喀百二十余户。坐所部战舰战失利，奏不实，罢副都统，夺世职，专管牛录事。

康熙三年，复授镶红旗蒙古副都统。以老乞休，上慰留之。寻迁护军统领，加太子少保。十三年，从拉哈达出驻兖州。上命拉哈达赴杭州，以敕印留付察哈泰，继为镇东将军。十四年，命仍以护军统领帅所部赴荆州，听顺承郡王勒尔锦调度。十五年，三桂使陶继智等犯宜昌，率兵驻江陵，通声援。七月，卒于军，恤如制。察哈泰调赴荆州，上命以镇东将军印授副都统布颜，统蒙古兵留驻兖州。事定，撤还京师。

根特，纳喇氏，满洲正黄旗人。父达雅里，国初来归。从伐明，攻深州，先登，克之。军功，累进一等参将世职。

根特早岁从戎，数立功绩。从伐明，攻泗水县、定州，并先登，赐号"巴图鲁"，授三等甲喇章京世职。顺治元年，授刑部理事官。五年，金声桓以南昌叛，从大将军谭泰讨之，薄南昌，攻未下，根特自城南以登，拔之。声桓中矢死，擒王得仁。师还，擢梅勒额真，进一等阿达哈哈番。

六年，姜瓖以大同叛，其党虞允、白漳、张万全陷蒲州及临晋、猗氏、河津。从总督孟乔芳济河击之，复蒲城，进征平阳。白漳拥步骑六千至荣河迎战，奋击，大破之。迫黄河，贼未及济，师薄之，贼多赴水死，遂斩白漳，余奔吉镇，悉歼焉。移师趋猗氏，瓖党卫登芳依山结寨，与万全为犄角，复分兵击斩万全，歼其众。寻生得登芳，复进败瓖党郭中杰于闻喜。

康熙十三年，吴三桂反，命出驻兖州。寻以江西地要冲，命偕副都统席布徙守南昌。长沙陷，袁州、吉安二府与接壤，巡抚董卫国请发兵驻防，命根特自南昌移师，备战御。寻以希尔根为定南将军，根特参赞军务。尚可喜疏请兵，上令根特俟希尔根兵至，率所部下广东。耿精忠反，授根特平寇将军，令仍返江西。副将柯升以广信叛应精忠，破都昌，窥南康，复命根特先定广信，与前锋统领觉罗舒恕自袁州规长沙。是年八月，卒于军，恤如制。

礼部尚书哈尔哈齐副定南将军希尔根驻江西，根特卒，上命以平寇将军印授之。十一月，命赴江宁，赞大将军简亲王军务，镇江南。十五年五月，命率江宁兵赴广东，授华善平寇将军，道江西，命会师攻吉安。螺子山之败，坐夺官，披甲。

华善，汉军正白旗人。石廷柱第三子，为豫亲王多铎婿，授和硕额驸。三桂反，授安南将军，守镇江。寻命赞大将军简亲王军务，驻江宁。十五年，改授平寇将军。十六年，简亲王进军江西，命华善率所部从，以平寇将军印留付江宁副都统科尔扩岱。十七年，授定南将军，命守茶陵。三桂兵攻永兴急，上命简亲王进次茶陵，而令华善救永兴。华善不敢进，上切责之，解将军印，令从穆占自效。事平，论罪，上命宽之。三十四年，卒。子石文炳，袭廷柱三等伯。累廷福州将军。以华善老，召授正白旗汉军都统。寻闻丧还京，卒于途。

席卜臣，瓜尔佳氏，满洲镶白旗人，费英东弟郎格之孙也。事太宗，从上征朝鲜。从睿亲王多尔衮伐明，战于通州，击败太监高起潜军；再从攻锦州，屡战破敌。顺治初，从大军入关击李自成，战于一片石，遂至庆都，败贼于太原。二年，从英亲王阿济格徇陕西，逐自成至安陆。三年，从肃亲王豪格下四川，歼张献忠。五年，从讨叛将姜瓖。叙功，屡遇恩诏，世职至二等拜他喇布勒哈番，官至护军统领。十二年，与副都统卓洛等出驻荆州，破孙可望。十六年，与安南将军明安达里援江宁，败郑成功将杨文英等，斩馘甚多。康熙九年，擢镶白旗蒙古都统。十二年，加太子少傅。

十三年，吴三桂反，上授都统赫叶为安西将军，与西安将军瓦尔喀等自汉中下四川。十四年，复授席卜臣镇西将军，与副都统巴喀、德业立同驻西安。寻又命大将军贝勒洞鄂西讨，赫叶归将军印，参赞军务。是冬，席卜臣与赫叶会师攻保宁。三桂将王屏藩拒守，师屯蟠龙山，屏藩出战，潜遣别将自他道绝流度，挠我师，我师弃营退，席卜臣引还汉中。上命核诸将罪，赫叶夺职，披甲自效。方军退，佐领穆舒誓死决战，将甲上记号付将军，督兵奋斗。上闻，超擢正红旗蒙古副都统，以奖其勇。

席卜臣至汉中，值王辅臣叛，栈道绝，饷不继，引还西安。旋召还京。事定，王大臣追论蟠龙山战败罪，夺官，削世职。上以席卜臣有劳，免其籍没。寻卒。

希尔根，觉尔察氏，满洲正黄旗人，世居长白山。太宗居藩邸时，任护卫。天聪间，以军功授牛录章京世职。崇德元年，从伐明，连下昌平、宝坻十余城，迁巴牙喇甲喇章京。击败明太监高起潜兵，擒总兵巢丕昌，又助谭泰设伏，败三屯营骑兵。师还，敌蹑后，诸将护辎重先行，希尔根殿，超授一等甲喇章京世职。二年，从克皮岛。将行围，选扈从，其父雅赖与焉。希尔根向睿亲王多尔衮乞免，不许，给以珠尔堪代之。事觉，坐欺罔，应罢官夺职，从宽论罚锾。从师围锦州，壁山冈，明兵至，击走之，并击退松山援兵。复坐擅离军伍、言事不实，停叙功。七年，师围蓟州，明总兵白腾蛟率师驰救，希尔根击败之。

顺治二年，从英亲王阿济格讨李自成，围延安，大败其众。其将有一只虎者，称骁果，数犯我师。希尔根三战皆克，遂至西安。自成奔湖广，逐北至安陆，贼据城拒战，复与鳌拜攻克之，获战舰八十艘。引兵武昌，贼又集舰五百浮江将东下，谭泰率众往取，希尔根先至，获之，进三等梅勒章京。三年，从肃亲王豪格征张献忠，与哈宁阿、阿尔津、苏拜败之西充。别趋涪州，讨贼袁韬，斩虏多。

寻坐哈宁阿陷重围不救，复与阿尔津等争功，论弃市，诏改罚赎，降三等甲喇章京。

六年，姜瓖叛据大同，希尔根从巽亲王满达海讨之，围太谷，以炮破其城，斩瓖所署置知县李成沛、都司吴汝器，进克大同。以次复长子县、浑源、朔二州。永宁州、岚县、潞安府并降。又以汉岱攻复辽州。山西平，当进秩，因诉前镌秩冤，累遇恩诏，进一等阿达哈番。九年，擢巴牙喇纛章京，列内大臣。十二年，加太子太保。

十三年，耿精忠叛，使其将白显忠寇广信、建昌、抚州，授希尔根定南将军，率师援江西，以桑格赞军事，沃赫、伊巴罕从，次南昌，而三城已陷。是时安亲王岳乐驻师省城，檄希尔根先取抚州，贼出拒，连败之，并率沙纳哈击走援贼，城贼待援不至，弃城走。精忠将陈升构土贼郭应定等犯赣州，令副都统甘度海御之，大捷。追至龙泉，破三垒，复攻取曹林十余寨。十四年，击败精忠将邵连登，复建昌。移师饶州，击退徐干、浮梁、乐平诸县贼。会岳乐师下湖南，命简亲王喇布赴南昌，以希尔根副之。三桂将高大节出醴陵、萍乡，陷吉安，冀断岳乐军后路。我师屯螺子山，大节勇，常以少骑奔我师。喇布仓皇弃营走，希尔根从之，贼入垒，纵饮饱掠而归。俄大节死，希尔根督师攻围，战又弗胜。逾岁贼遁，诏仍驻南昌。寻以老召还。十八年，卒。

子喀西泰，任护军参领。从征四川，攻保宁，死蟠龙山之战。

论曰：当三藩乱时，命将四出，以庶姓授大将军，惟图海与赉塔二人而已。赉塔自广西，穆占自湖南，皆转战下云南，削平巨憝，功最多。穆占功归彰泰，故赏不逮；赉塔、莽依图功与相并，惜中道先卒。佛尼埒等皆夙将，有战绩。其时杂号将军，或出朝命，或即军前除拜。有一人递掌二三印者，有一印迭授二三人者，皆领异军独当一路。综而观之，当日行师应敌之大概，可以得其要矣。

卷二百五十五　　列传四十二

张勇　赵良栋子弘灿　弘燮　**王进宝**
子用予　王万祥　**孙思克**马进良

张勇，字非熊，陕西咸宁人。善骑射，仕明为副将。顺治二年，英亲王阿济格军次九江，勇来降，檄令招抚，得总兵以下七百余人。授游击，隶陕西总督孟乔芳标下。时李自成将贺珍、贺弘器、李明义等分据汉中、兴安、固原诸地，窥西安。勇与副将任珍、马宁等御战，屡败之。四年，宁夏叛将马德结弘器陷安定，勇从总兵刘芳名率师赴援，战，马宁阵擒德，勇攻克固原，获弘器、明义，诛之。

四年，米喇印、丁国栋以兰州叛，陷临洮。勇与副将陈万略率师夹击，破贼，复临洮。逐贼至岷州，败之宫堡，又败之马韩山。贼分窜二崖洞，歼焉；又败之马家坪，获明延长王识鋑。乔芳攻拔兰州，喇印、国栋走甘州。勇等率师与乔芳会，遂渡河而西。八月，至甘州，贼出战，屡击败之。六年正月，总兵南一魁夺门入，勇入城巷战，贼夜遁，逐之至北山，歼贼甚众。斩喇印于水泉，国栋走肃州，师从之。五月，至肃州，伏壕外，伺贼出牧，擒斩，不使得入。十二月，勇与马宁督兵树云梯登城，遂复肃州，诛国栋，超授甘肃总兵。十年，叙功，授三等阿达哈番。

大学士洪承畴视师湖广，勇请自效，诏奖其忠勤，召诣京师。承畴亦荐勇智勇兼备，所部兵精马足，请移授经略右标总兵，上许之。勇入对，赐冠服、甲冑、弓矢，加右都督。勇移家京师，乞赐宅；子云鷟，以荫授陕西卫指挥，乞改隶京卫，并得旨俞允。勇将行，命内大臣索尼等传谕曰："当今良将如勇者甚少。军务不可悬度，当相机而行，勿负才轻敌。"至军，佐承畴屡破敌。十五年，从徇贵州，明将罗大顺焚新添卫，勇率兵驰战，大顺走十万豀，勇与一魁等破其垒。复从信郡王多尼下云南，次盘江。明兵焚铁索桥，勇夜督兵造梁，黎明，全军皆得渡，破明将白文选于七星关。十六年，加左都督。十七年，命移镇临元、广西诸处。十八年，迁云南提督。

康熙二年，以勇久镇甘州，威名素著，属番慑服，命还镇甘肃。三年，加太子太保。西喇塔拉饶水草，号大草滩，厄鲁特蒙古乞驻牧于此。勇以其地当要隘，不容逼处，自往谕之，事遂寝。因请筑城其地，曰永固。旁建八寨，相联属为声势。四年，蒙古徙牧近边，请增西宁兵四千五百二十。部议下总督覆核，上特命允之。

十二年，吴三桂反，四川总兵吴之茂叛应之。十三年，三桂使招勇，勇执其使以闻。陕西提督王辅臣亦叛，勇督兵防御。十四年，巡抚华善疏言："辅臣遥应三桂，西番土回乘隙并起，河西危甚，得免沦陷，皆勇之力。请敕许勇便宜。"命授靖逆将军，仍领提督，总兵以下听指挥。辅臣招勇，勇斩其使，上嘉之，封靖逆侯。

勇遣西宁总兵王进宝率师攻兰州。辅臣将潘瑀攻洮州，曾文耀攻河州，番部乘隙肆掠。勇率兵攻河州，文耀败走。别遣土官杨朝梁攻洮州，自督兵继其后，瑀亦败走。上嘉勇谋略，以其次子云翼为太仆寺卿。勇进攻巩昌，辅臣将任国治等潜师入城，与城兵共出战。勇与副将刘宣圣等奋击，截其归路，斩馘过半，获四百七十三人。时辅臣据平凉，贝勒洞鄂督兵围攻，久不下，上命勇率师会之。勇疏言巩昌要地，兵力难分，下廷臣议，令勇固守巩昌。

吴三桂遣其将吴之茂自四川北犯，为辅臣声援，屯西和。勇与振武将军佛尼埒及进宝等御之，三战皆胜。宁夏兵变，戕提督陈福。勇还驻巩昌，疏荐天津总兵赵良栋才勇，命即授宁夏提督。十五年，叙复洮、河二州功，加少保兼太子太保。

吴之茂屯乐门，分兵攻陷通渭。勇督兵道伏羌赴援，至十八盘坡，与之茂兵遇，张两翼冲击，之茂兵溃，乘胜复通渭。进攻乐门，之茂据险，列十一寨，勇度地，令横营山梁。营甫立，贼齐出，勇令兵持草一束，与都统赫叶击南北山梁，贼亦南北应战。火器发，贼败走入寨，兵投草填堑直进，杀贼千余。之茂收余众复战，勇勒兵冲击，之茂大败。勇与佛尼勒、进宝等尽平贼寨。之茂夜走，追败之牡丹园，又败之西和北山，之茂仅以数骑遁。大学士图海出视师，辅臣降，勇遣兵收平凉、庆阳、巩昌诸属县。诏褒勇功，进一等侯，加少傅兼太子太师。

十七年，准噶尔台吉噶尔丹兵入河套，厄鲁特部为所败，假道赴青海，阑入内地，勇驱令出塞。二十一年，入觐。二十二年，以老病乞休，谕留之。二十三年，闻青海蒙古游牧近边城，率兵赴丹山防御，至甘州，病笃。上闻，遣医并其子云翼驰驿往视。寻卒，赠少师仍兼太子太师，赐祭葬，谥襄壮。

勇身经数百战，克府五、州县五十，右足中流矢，伤骨，不能履，常以肩舆督战。临敌若无事，而智计横出，每以寡胜众。居恒恂恂退让，宾礼贤士。用人尽其材，其所甄拔，往往起卒伍为大将，良栋、进宝尤其著者也。

子云翼，袭爵，官至江南提督。卒，谥恪定。雍正间，祀勇贤良祠。乾隆三十三年，命以一等侯世袭罔替。四十七年，诏褒勇、良栋、进宝勋绩，尤称勇有古名将风。时勇四世孙承勋袭爵，以散秩大臣旷班，降三等侍卫，命复还散秩大臣。

赵良栋，字擎宇，甘肃宁夏人，先世居榆林。顺治二年，师定陕西，良栋应募，隶总督孟乔芳标下，檄署潼关守备。从征秦州、巩昌，击败叛将贺珍、武大定。授宁夏水利屯田都司。五年，讨河西回，擒丁国栋。良栋在行间，擢高台游击。十三年，以经略洪承畴荐，从征云、贵，授督标中军副将。康熙元年，擢云南广罗总兵。先后剿平马乃、陇纳、水西诸苗。四年，移镇贵州平远，遭父丧，吴三桂以水西未大定，留勿遣。良栋辞，忤三桂，同官为排解，乃得归终制。八年，起山西大同总兵。十一年，移镇直隶天津。

十二年，三桂反。十三年，宁夏兵变，戕提督陈福。甘肃提督张勇荐良栋，擢宁夏提督。入觐，奏宁夏乱兵，宜诛首恶，宥胁从，上领之。良栋请留孥京师，赐宅以居。简精兵百骑驰赴镇，宣上谕抚慰。察知倡乱者把总刘德，而参将熊虎与其谋，戕福者营兵阎国贤、陈进忠。乃分兵使出防，散其党羽，逮虎等正其罪，请旨斩之。

是时大将军图海督师平凉，讨王辅臣，良栋及平凉提督王进宝并听指挥，分兵定秦州、西和、礼县。十八年，良栋疏言："宁夏兵旧习骄纵，臣三年训练，渐遵纪律，并严禁侵克额饷，众志思奋。臣年渐老，不乘时努力，虚负上恩。今湖南既定，宜取汉中、兴安，规四川。臣愿精选所部步骑五千，独当一路。"上览奏嘉许，下图海。图海议先破栈道、益门镇诸处贼垒，分四道进取；而凉州提督孙思克疏请缓师，得旨切责。乃以十月定师期，良栋将所部出徽县。师进破密树关，遣兵袭黄渚关分敌势，大战，破三桂兵，克徽县。思克出略阳，方次阶州。良栋师自徽县进克略阳，三桂将吴之茂败走。良栋复进取阳平关，徇沔县。进宝出凤县定汉中，良栋与会师宁羌，各奏捷。授良栋勇略将军，仍领宁夏提督。

十九年，良栋与进宝分道进次白水坝，三桂兵夹江而阵，江水方涨，不得舟，贼矢石如雨。良栋令于众曰："视我鞭所向，敢退者斩！"一军皆奋呼。良栋擐甲，骤马乱流而渡，师从之，敌发炮，伤致十人，无回顾者。三桂兵错愕奔溃，逐之过青川，败之石峡沟，再败之青箐山，下龙安府，渡明月江，经绵竹。三桂兵尽溃，所置巡抚张文德及其将汪文元等皆execut，遂复成都，盖出师甫十日。上奖良栋功，擢云贵总督，加兵部尚书，仍领将军。良栋念宁夏当有代者，镇兵且不能从征，疏辞总督，上弗许。部议宁夏改设总兵，上即授良栋子荫生弘灿，仍将镇兵从征。

时进宝亦克保宁，与建威将军吴丹等徇顺庆、重庆、遵义，皆下。良栋分遣游击冶国用等西徇雅州，复象岭、建昌诸卫。东略叙州，定纳溪、永宁诸县。疏请敕陕西、四川督抚诸臣合筹运饷济军。师自四川分道：一自保宁出永宁，达沾益；一自成都出建昌，达武定。并下云南。上韪其言，谕诸将帅协谋定策。寻议吴丹出永宁，良栋出建昌。吴世璠遣其将胡国柱、夏国相等攻陷永宁，犯泸州、叙州，复聚窥建昌。良栋檄总兵朱衣客将八千人援建昌，朱衣客战不胜，退驻雅州。建昌守兵食尽，弃城走。良栋劾吴丹拥兵不进，致永宁陷贼，并及朱衣客引退状，诏解吴丹将军以授佛尼埒，逮朱衣客下部议。

二十年，良栋率师次朝天关，遣弘灿出马湖绕贼兵后，战凤凰村，再战观音崖。贼据崖，弘灿督兵攀崖袭其后，馘三百，俘八十余。令总兵李芳述、偏图等逐至黄茅冈，贼分三道拒战，弘灿分兵应之，自旦至暮，大破贼，斩其将沈明、张文祥，国柱等遁走。复泸州、叙州，遂克永宁，徇荣经。良栋与会师夹江，克雅州，进复建昌。渡金沙江，次武定。

大将军贝子彰泰统湖广、广西诸路满、汉兵四十万下云南，攻会城，屯城东归化寺，西亘碧鸡关，连营四十里，前临昆明湖，湖中不设兵。世璠收余众固守，自水道转运，相持数月未下。九月，良栋至军，周视营垒，请于彰泰曰："我师不速战，相持日久，粮不继，何以自存？"彰泰曰："皇上豢养满洲兵，岂可轻进委之于敌？且尔兵初来，亦宜体养，何可令其伤损？"良栋不从，率所部夜攻南坝，破垒夺桥，遂薄城。彰泰语良栋："尔兵攻已瘁，宜暂退，令总督蔡毓荣代守。"良栋曰："我兵死战所得地，奈何令他人守乎？"于是彰泰令诸军悉进，世璠兵出城，战于桂花寺，诸军皆奋斗，世璠兵大败，乃自杀，余众以城降。云南平。

自三桂镇云南，至世璠覆亡，历年久，子女玉帛充积饶富。城破，诸将争取之，独良栋无所取，戢所部兵丝毫毋敢犯。

朱衣客就逮，具疏辨，谓良栋与兵少，又无后应，是以退辞。进宝亦疏谓建昌之陷，罪在良栋。良栋复劾朱衣客欺饰狡辨，且谓辨疏出进宝。上以军事急，命俟事平察议。云南既定，召良栋诣京师，进宝亦入觐，谕曰："当贼据汉中负固，诸将咸谓恢复为难，独良栋首发议进剿，与进宝同取汉中。嗣因意见不相合，遂分道克成都，而进宝亦取保宁。成都不下，保宁未易拔；保宁不下，成都未易守：是二将并有功也。时贼皆从川抗战，我师乘虚自沅州、镇远取贵阳，川中寇复张，已复之疆土几至再陷，则二将不能和衷之所致也。二将不谙大体，私忿交讦。朕念其功绩并茂，惟欲保全，互讦章奏，皆置不问，但论失援建昌罪。"部议朱衣客论斩，吴丹夺官籍没，良栋夺官。上命朱衣客免死为奴，吴丹夺官，良栋改授銮仪使。

二十二年，良栋疏陈战功，请察议，下王大臣等议：良栋失建昌，以功抵罪；止叙从征将士弘灿、芳述、偏图，并加左都督。良栋寻乞病归。二十五年，上念良栋克云南，廉洁守法纪，复将军、总督原衔。二十七年，入觐，复自陈战功，上命还里牒部具奏。二十八年，授拜他喇布勒哈番。

三十年，噶尔丹扰边，命西安将军尼雅翰等出防宁夏，以军事谘良栋。三十二年，以宁夏总兵冯德昌赴甘州，命良栋暂领镇兵。良栋劾德昌克军粮，德昌坐罢。三十三年，命良栋率兵驻土喇御噶尔丹，旋召诣京师。三十四年，良栋复自陈战功为大将军图海、彰泰所抑，并咎大学士明珠蔽功，上责其褊隘，还其疏，仍敕部优叙，授一等精奇尼哈番。良栋愿留京师，乞田宅。御史龚翔麟劾良栋骄纵，上原之，赉白金二千，令归里。

三十六年，良栋病，尚书马齐自宁夏还，奏状，手诏存问，赐人参、鹿尾。寻卒，年七十有七。上方征噶尔丹，次榆林，谕曰："良栋伟男子，著有功绩。性躁心窄，每与人不合，奏事朕前，言语粗率。朕保全功臣，始终优容之，所请无不允。今病卒，宜为其妻子区处，使得安生。"至宁夏，命皇长子允褆临其丧，命祭葬，谥襄忠。五十九年，上谕群臣，犹举良栋至云南与彰泰议军事，谓决于进战乃得成功。乾隆四十七年，进一等伯，世袭罔替。

子弘灿，初以荫生特授宁夏总兵，历川北、真定、黄岩、南赣诸镇。康熙三十八年，授浙江提督，调广东。四十五年，授两广总督。五十五年，入觐，辞还，奏言久处炎海，年事就衰，请移近地自效。寻授兵部尚书。五十六年，诣京师，至武昌，道卒，谥敏恪。

弘燮，初授完县知县，再迁天津道。良栋卒，袭一等精奇尼哈番，复授天津道。三迁河南巡抚，调直隶。五十四年，谕奖弘燮抚直隶十年，任事勤劳，旗、民辑睦，盗案稀少，加总督衔。六十一年，卒，谥肃敏。弘燮在官亏库帑，特命弘灿子之垣以郎中署直隶巡抚，责完补。世宗即位，以之垣庸劣，令解任。寻命免追亏项，诏谓念良栋旧勋也。

王进宝，字显吾，甘肃靖远人。精骑射。顺治初，从孟乔芳讨定河西回，授守备，隶甘肃总兵张勇标下。十一年，勇调经略右标总兵，南征，进宝从徇湖南。十五年，下贵州，师次十万豀，悬崖千仞，明将李定国遣其将罗大顺扼险屯守。进宝率众攀崖直上，捣其巢，大顺奔溃，以功迁经略右标中营游击。康熙二年，勇还为甘肃提督，进宝亦改授提标左营游击，随军有功，迁参将。厄鲁特蒙古欲得大草滩驻牧，勇用进宝议，持不可。既，城永固，以

进宝为副将驻其地。十二年，擢西宁总兵。

王辅臣攻陷兰州，勇遣进宝率师讨之。次黄河，夜以革囊结筏自蔡湾渡，破贼皋兰龙尾山，获辅臣将李廷玉。遂东拔安定，复金县。西攻临洮，会大雪，诇贼不诚备，袭破之。辅臣使持吴三桂札招进宝，进宝以闻，加左都督。四月，进攻兰州。辅臣遣兵开壁出战，进宝督兵奋击，自旦至日中，擒斩过半。贼败入壁，为长围困之，断其粮运。六月，辅臣造筏黄河，谋潜遁。进宝缘河要之，贼计蹙，其将赵士升出降。

其秋，三桂遣其将王屏藩、吴之茂自四川入陕西，为辅臣声援。之茂据西和凤凰山，进宝督兵讨之，初合，我师败绩；夜，之茂兵来袭，进宝以计环攻之，蹙之党家山，大溃，多坠崖死。十五年，擢陕西提督，仍兼领西宁总兵，驻秦州。之茂进据北山，断临洮、巩昌道。进宝与将军佛尼埒分兵赴援，击败之，获其将徐大仁。战罗家堡，再战盐关，屡胜。之茂集溃兵万余屯铁叶碛、红山堡，筑垒护以密桩，潜出运刍粮。进宝遣兵破贼牡丹园，获粮械。大将军图海进攻平凉，辅臣引四川叛将谭弘犯通渭。进宝引数十骑从自东峡口，闻将军赫叶战败，寇方张，令诸军伐木曳以行，尘大起，寇骇走，追杀数十里。分兵进攻，复静宁，于是平凉遂下。六月，师次乐门，甫立营，之茂兵来攻，进宝督兵环击，歼其裨将数辈。复与佛尼埒合兵，战屡胜，之茂仅以十余骑溃走。平原、固原悉定。论功，授二等阿思哈尼哈番。上褒进宝忠义，进一等，授奋威将军，仍兼提督平凉诸军事。

十七年，复庆阳，斩其将袁本秀。十八年，图海议取汉中。图海与总兵费雅达自栈道先驱，进宝疏乞令长子用予随征，上授以副将。师进次宝鸡，进宝遣用予击贼红花铺，大败之，克凤、两当二县。复进次武关，令用予将偏师绕出关后，进宝督兵夜斩关入，获其将罗朝兴等。复进夺鸡头关，直趋汉中，屏藩率其丛自青石关走广元，进宝遣兵追击，其将杨永祚、孙启耀来降，遂尽复汉中地。时赵良栋亦克略阳，命分道定四川。将军吴丹、鄂克济哈率满洲兵继进，进宝自青石关进次神宣驿，督兵夺朝天关，疾驰进，拔广元。屏藩走保宁。

十九年，分兵趋保宁，距城二十里当孔道立营，屏藩以二万人出战，进宝督兵奋击，大破之。追至锦屏山，连拔贼垒，夺浮桥。薄城，守兵贯弓注矢，进宝披襟示之曰："何不射我？"守兵皆惊愕。用予斩门入，进宝戒诸军毋惊井里，皆曰："此仁义将军也！"屏藩与其陈君极缢焉，获之茂与其将张起龙、郭天春等十七人，诛之。分部诸将及次子用宾复昭化，剑州、苍溪、蓬州、广安、合州、西充、岳池诸州县悉定。

时良栋已克成都，授云贵总督，移军下云南。诏进宝留镇四川，驻保宁。擢用予松潘总兵。进宝疏称疾乞休，命还固原就医，即令用予护诸军驻保宁。寻改用予固原总兵。良栋檄川、陕诸军从征，进宝疏言所属诸军宜留镇守，请停拨遣，从之。三桂将胡国柱、夏国相等自贵州入四川，谭弘既降复叛，陷建昌。良栋疏劾进宝，进宝言方卧疾，固原、建昌之陷，罪在良栋，诏趣进宝还保宁护诸军。叙

功,进三等精奇尼哈番,用予加左都督,授拖沙喇哈番。二十年,三桂将马宝犯叙州,用予击却之,并复纳溪、江安、仁怀、合江诸县,降其将何德成等,宝窜还云南。上命用予率所部驻永宁。

二十一年,云南平,进宝入觐,良栋亦诣京师,命王大臣发还互劾章奏,并宣谕:"二臣功绩并茂,欲矜全保护之;私忿攻讦,不谙大体,皆置不问。"语互详《良栋传》。赉服物,还镇。二十三年,疾甚乞休,时用予已调太原总兵,命偕太医驰驿视疾。寻移甘肃总兵,俾便奉侍。二十四年,进宝卒,赠太子太保,赐祭葬,谥忠勇。用予袭爵,进二等,寻卒官。乾隆三十三年,命世袭罔替。四十七年,进一等,用宾授侍卫。进宝所部多材武,王万祥尤著。

万祥,字瑞宇,会宁人。幼丧父母,依其戚郭氏,从其姓。进宝官游击,应募入伍,屡当军锋。积功至副将。攻兰州,万祥请先取临洮,进宝率兵以夜半至城下。万祥见城有缺,令裨将阎润先登,縋万祥上,数十人从,守者惊觉,发矢石。万祥语众曰:"今欲退无路,惟有猛进!"手刃数人,众继上,遂克临洮。

宁夏兵变,军中流言汹汹,万祥告进宝。翌日,阳引兵退,而置伏以待。敌来追,伏起,敌大败。俄,至者益众,万祥中矢,手拔,战益奋,左辅又创,仍力战,敌乃溃奔,克通渭。进宝愤城人通贼,将悉按诛之,万祥谏而止。攻汉中,将二千四百人断敌运道,敌弃寨,屯八角原,复攻之下。土寇起,击斩其渠。拔凤县,分兵取两当。雪夜进攻武关,擒其将刘哈性。战阎王碥,用予陷围中,万祥驰援,伤右股,还固原疗治。进宝为疏请复姓,授定海总兵,调兴化。台湾定,复调台湾,擢福建陆路提督。卒,赠太子少保,谥壮敏。

孙思克,字荩臣,汉军正白旗人。父得功,以明游击降太祖,有功,附《金玉和传》。思克其次子也。初授王府护卫。顺治八年,管牛录额真,并授刑部理事官。十一年,迁甲喇额真。从军,自湖南下贵州、云南,转战有功。康熙二年,擢甘肃总兵,驻凉州。

五年,厄鲁特蒙古徙牧大草滩,慰遣之。不受命,战于定羌庙,败去,扬言将分道入边为寇。思克与提督张勇疏请用兵,廷议不可轻启兵衅,令严防边境,抚恤番人。思克乃偕勇修筑边墙,首扁都口西水关,至嘉峪关止,于是厄鲁特蒙古入边牧者皆徙走。思克遍视南山诸险隘,分兵固御,乃益敕军纪,简将才,汰冗卒,核饷糈,剔蠹蚀,戢兵安民,疆圉敉宁。总督卢崇峻以闻,加右都督。

十三年,提督王辅臣以平凉叛应吴三桂,临洮、巩昌皆附,兰州亦陷。总督哈占檄思克赴援,思克率师道阿坝红水芦塘至索桥,结筏渡河,克靖远,附近诸城堡悉下。厄鲁特墨尔根台吉乘隙毁隘,入为寇,副将陈达阵没。思克乃留将军刘选胜等守靖远,率师还凉州,墨尔根台吉引去。高台黄番复入边为寇,围攻暖泉、顺德诸堡。思克率师赴甘州,黄番亦远遁,乃复渡河而东,与勇会师。疏言所部兵自草地往来劳苦,乞恩加犒赏,上特许之。

思克会勇围巩昌,时大将军贝勒洞鄂攻秦州未下,三桂遣兵自四川至,营南山上,势方张。檄思克率二千人自巩昌赴援,壁州西,与相持。辅臣将陈万策等诣思克降,巴三纲遁走,遂克秦州。南山寇溃窜,思克与将军佛尼埒等追击,败之阎关,复礼县;复败之西和,夺门入,斩所置吏,清水、伏羌诸县皆下。复还军巩昌,遣万策等入城谕辅臣将陈可等,以巩昌十七州县降。河东悉定。

乃会攻平凉,思克率师出静宁,击败辅臣将李国梁,斩级五百,获裨将三,复其城。进次华亭,辅臣将高鼎率裨将二十八、兵千余,迎降。遂至平凉,与贝勒洞鄂师会。城兵出战,思克徒步督所部当贼,战南山,战城北,八战辄胜。又为九覆,败贼南郭外。贼阻我军掘壕,思克挥兵急击,贼退复逼者三,皆败去。攻泾州白起寨,挥兵先登,克寨,获辅臣将李茂。又败之甲子峪,败之马营子、麻布岭,洞鄂上其功。十五年,图海代洞鄂督师,至城北虎山墩度形势,并侦通固原道。贼伏兵万余猝起,思克急击之,逐北十余里,被巨创。辅臣乞降,思克还凉州。诏褒思克功,擢凉州提督,授世职一等阿达哈哈番。思克疏谢,因言:"虎山墩之战,贼斫臣右臂,伤筋骨。今已成残疾,乞解任回旗。"温旨慰留。十六年,叙功,进三等阿思哈尼哈番。噶尔丹为乱,诸蒙古徙入边扰民,思克与勇遣兵驱之,乃去。

十八年,上敕图海合诸军下四川,定四道进兵,思克与将军毕力克图出略阳。会京师地震,诏内外大臣陈所见。思克疏言:"汉中、兴安山岭纡险,贼铲断要隘,师未能直入。绿旗兵不尽强壮,马又多羸瘦,满洲兵亦无多。若各路调取,又恐地逼番夷,秋高马肥,乘机思逞。秦地多山,土不生粳稻,采买麦豆,用民负载驮运,馈运维艰。诸军闻京师地震,倾坏房屋,压毙人口,各有内顾忧。不若今秋暂缓出师,选强壮,饲战马,俟来春再议进兵。"上命学士拉隆礼至凉州宣谕诘责,思克引罪。与毕力克图率师攻阶州,进克文成、沔诸县。上命思克还凉州。寻以总督哈占奏,移驻庄浪。二十年,庆阳民耿飞纠番酋达尔嘉济农等为乱,犯河州,思克与勇遣兵讨平之。二十二年,追论请缓师罪,罢提督,夺世职,仍留总兵。二十三年,复授甘肃提督。

二十九年,学士达瑚、郎中桑格使西域归,至嘉峪关外,为西海阿奇罗卜藏所劫。思克遣游击朱应祥诱质其宰桑,达瑚等乃得返。又遣逼将潘育龙、游击韩成率师讨之,斩四百余级,阿奇罗卜藏败走。复使诘责西海诸台吉,诸台吉惧,籍阿奇罗卜藏家偿所掠。思克疏请免穷治,上嘉思克筹画合宜,如其请。

三十年,疏言:"噶尔丹巢穴距边三十余程,其从子策妄阿喇布坦在西套住牧。虽叔侄为仇,虑其复合,侵掠西海,道必经嘉峪关外。今设副将,威望未尊,兵不盈千,不足资控御。请设总兵一、兵三千,以固边圉。甘肃地瘠民贫,布种收获,与腹地迥别。纵遇丰年,输将国赋,仅赡八口,并无盖藏。兵马粮料,不敷供支。宜于河西要地,屯积粮草。本地无粮可买,挽运又巩劳民。请开事例,捐纳加级、纪录、职监。俟边储稍充,即行停止。"三十一年，加太子少保，予世职拜他喇布勒哈番。疏乞休，复慰留。加振武将军。

三十二年，噶尔丹为乱，命内大臣郎岱率禁旅出驻宁夏，以思克为参赞。三十五年，上亲征，大将军费扬古当西路，思克率师出宁夏，与会于翁金。上驻跸克鲁伦河，噶尔丹遁去，费扬古督兵邀击，战于昭莫多。思克将绿旗兵居中，与诸军并力奋战，大破之，逐北三十余里，噶尔丹引数骑走。诏褒谕，召诣京师，命侍卫迎劳，御制诗，书笺以赐。入对畅春园，赐绥怀堂额及端罩、四团龙补服、孔雀翎、衣冠、鞍马，并赉从入京师官兵粮料。命驻肃州，诇噶尔丹踪迹。三十七年，叙功，加拖沙喇哈番。三十九年，以病乞休，遣医往视，仍命留任养疴。寻卒，赠太子太保，赐祭葬，谥襄武。丧还京师，命皇长子允禔临奠。

思克镇边久，威惠孚洽。丧还自甘州，至潼关，凡道所经，军民号泣相送。上闻状，叹曰："使思克平昔居官不善，何以得此？"进世职一等阿思哈尼哈番兼拖沙喇哈番。乾隆四年，定封一等男。三十二年，命世袭罔替。曾孙庆成，自有传。

马进良，甘肃西宁人。初入伍，隶思克军。从攻平凉，辅臣拒战，贼斫思克手。进良闻之，曰："斫我总兵手，我必杀之！"乃入贼阵，逐斫思克手者杀之，身被数创。叙功，累迁游击。思克请补中军参将，格部议，上特允之。复再迁，授古北口总兵。上征噶尔丹，命将千五百人从。擢直隶提督，谕奖饬营伍，训练严明。中军参将缺，上特授其子龙。寻以老乞休。卒，赐祭葬，谥襄毅。

论曰：世称河西四将，以勇为冠，忠勇笃诚，识拔裨佐，同时至专阃，奉指挥维谨。高宗许为古名将，允哉！良栋、进宝，转战定四川，进宝实首功，乃怏怏多所忤，圣祖力全之，始以功名终。进宝亦与良栋龃龉，不令不下云南，怏怏称疾，命其子代将。思克请缓师，虽不得与良栋、进宝同功，仍俾坐镇，皆圣祖驭将之略也。思克战功微不逮，而倦倦爱民，可谓知本矣。

卷二百五十六　　列传四十三

蔡毓荣　**哈占**_{杭爱}　郭善　华善　**董卫国**
佟国正　**周有德**张德地　**伊辟**王继文

蔡毓荣，字仁庵，汉军正白旗人。父士英，初籍锦州。从祖大寿来降，授世职牛录章京。从转战有功。顺治间，累迁至右副都御使。出为江西巡抚，疏陈兵后荒芜，请除荒田赋额十万八千五百四十顷有奇，又以瑞、袁二府科粮偏重，疏请蠲瑞属浮粮九万九千余石，定袁属赋额自一斗六升七八合减至九升三合；皆得请。又疏论铜塘封禁山不宜开采，咸为民所颂。寻改漕运总督，加兵部尚书，以疾告归。十三年，卒，谥襄敏。

毓荣，其次子也。初授佐领，兼刑部郎中。寻授御史，兼参领，迁秘书院学士。康熙初，授侍郎，历刑、吏二部。九年，授四川湖广总督，驻荆州。累疏言："四川民少田荒，请广招开垦。招民三百户，予议叙，垦田五年，起科"；"四川冲要营员用沿边例题补"；"移驻官兵子弟得入籍应试"。并下部议行。

十二年，吴三桂反，毓荣遣沅州总兵崔世禄率兵入贵州，夷陵总兵徐治都、永州总兵李芝兰继进，上命速遣提督桑额守沅州。寻授顺承郡王勒尔锦为大将军，率八旗兵讨三桂，驻荆州，谕毓荣督饷。十三年，分设四川总督，命毓荣专督湖广，以招民垦荒功，加兵部尚书。三桂破沅州，世禄降。常德、澧州、长沙、岳州相继陷。部议毓荣当夺官，命留任。寻居父丧，命在任守制，督绿旗兵进剿。毓荣令副将胡士英等分防江口。叛将杨来嘉据南漳，屡出掠，令襄阳总兵刘成龙御之，战屡胜。广西提督马雄降三桂，腾书两广总督金光祖，言毓荣将率绿营兵赴岳州降三桂。光祖密使告毓荣，毓荣以闻，请解任，命殚心供职，毋以反间引嫌。

十四年，勒尔锦请增绿旗兵援、剿二营，领以两副将，命毓荣统辖。十七年，毓荣督造战舰成，率绿旗兵五千，从大将军贝勒尚善进攻岳州，与讨逆将军鄂纳等以舟八百余入洞庭湖，击三桂兵，大败之，发炮沉其舟，歼寇甚众。遣将舣君山，载土伐木塞诸港。分兵屯三眼桥、七里山，绝寇转粮道。寇犯我粮艘，夹击，复大败之，斩级千余。会三桂死，其孙世璠以丧还。师克岳州，进定长沙、衡州。十八年，疏言："湖南境惟辰州尚为三桂守。枫木岭、神龙冈两道皆险隘。我师疲顿，当小休。俟粮草既继，会师进攻。"上命给事中摩罗、郎中伊尔格图传谕曰："贼败遁负险，宜用绿旗步兵。毓荣所属官兵强壮，不难攻取险隘，剿除余寇。其具方略以闻。"毓荣疏请专责一人，总统诸路绿旗兵水陆并进，上即授毓荣绥远将军，赐敕，总统绿旗，总兵董卫国、周有德、提督赵赖等并受节制。十九年，督兵分道出枫木岭、辰龙关，水师并进，克辰州，再进克沅州，并复泸溪、溆浦、麻阳诸县。

大将军贝子彰泰与会师，自沅州入贵州境。彰泰疏言绿旗兵已与满洲兵会，若各自调遣，虑未能合力奏功。上命毓荣军机关白大将军。寻与卫国督兵克镇远、思南。世璠将夏国相等以二万人屯平远西南山，分兵据江西坡，坡天险，国相为象阵。我师迫险攻象阵，不能克，毓荣以红旗督战，众奔不可止，师败绩。越二日复战，鼓怒益进，国相弃险走，遂克贵阳。二十年，从彰泰下云南，次曲靖。会师进薄会城，屯归化寺，夺重关及太平桥。世璠将余从龙等出降，诇知其虚实。赵良栋师至，趣进攻，毓荣军大东门。世璠自杀，城下。云南平。毓荣还任湖广总督。

二十一年，调云贵总督。累疏区画善后诸事："一曰蠲荒赋。云南陷寇八载，按亩加粮。驱之锋镝，地旷丁稀，无征地丁。额赋应予蠲除，招徕开垦。二曰制土夷。前此土目世职，不过宣慰，三桂滥加至将军、总兵。初投诚，权用伪衔给札，今当改给土职。旧为三桂夺职者，察明予袭。三曰靖逋逃。三桂旧部奉裁，征兵散失，八旗仆从，兔脱鼠窜。宜厚自首赏，重惩窝隐。所获逃人，量从末减，庶闻风自归。四曰理财源。云南赋税不足供兵食。地产五金，令民开采，官总其税。省会及禄丰、蒙自、大理设炉铸钱。故明沐氏庄田及入官叛产，均令变价，以裕钱本。田仍如例纳赋，兵弁余丁，垦荒起科，编入里甲，俾赋有余而饷可节。五曰酌安插。逆属尝随伍，当遣发极边。若仅受伪衔，并未助逆，宜免迁徙。六曰收军仗。私造军器，应坐谋叛论罪。土司藏刀枪，民以铅硝、硫黄贸易，皆严禁。七曰劝捐输。云南民鲜盖藏，偶有灾祲，无从告籴。请暂开捐监事例。八曰弭野盗。鲁魁在万山中，初为新嶍阿蒙土人所据，啸聚为盗。内通新平、开化、元江、易门，外接车里、孟艮、镇元、猛缅。三桂授以伪职，今虽改授土司，仍宜厚集土练，分驻隘口，防侵轶为患。九曰敦实政。兵后整理抚绥，其要在垦荒芜，广树蓄，裕积贮，兴教化，严保甲，通商贾，崇节俭，蠲杂派，恤无告，止滥差。州县吏职以此十事为殿最。十曰举废坠。各府州县学官，自三桂煽乱，悉皆颓坏。今宜倡率修复。通省税粮，既有成额，宜均本折定，留运驿站，酌加工食，俾民间永无派累。"疏入，廷臣议行。别疏言："督标旧额兵四千，请增千为五营。吴三桂设十镇，今改为六。在迤西者：曰鹤丽、曰永顺、曰楚姚蒙景，在迤东者：曰开化、曰临元澂江、曰曲寻武沾。""中甸旧辖丽江土府，三桂割畀蒙、番互市。今互市已停，蒙、番所设喇嘛营官未撤，宜令土知府木尧仍归其地。"

初，师自贵州下云南，毓荣劾董卫国不听调度，上命俟事平再议。二十二年，部议卫国未尝违误，且有复镇远功，请免议，上责毓荣妒功诬奏，下部议，削五级。二十五年，授总督仓场侍郎，改兵部。领侍卫内大臣佟国维等疏言侍卫纳尔泰自陈前使云南，毓荣令其子琳馈以银九百；内务府又发毓荣入云南以三桂女孙为妾，并徇纵逆党状；下刑部，鞫实，拟斩，籍没，命免死，与琳并戍黑龙江。赦还。三十八年，卒。

哈占，伊尔根觉罗氏，满洲正蓝旗人。自官学生授鸿胪寺赞礼郎，累迁兵部督捕理事官。康熙八年，授秘书院学士。十一年，擢兵部侍郎。

十二年，授陕西总督。甫到官，吴三桂反，四川提督郑蛟麟、总兵吴之茂等叛应之，与三桂将王屏藩谋寇陕西。上授都统赫业安西将军，会西安将军瓦尔喀讨之，命哈占与巡抚杭爱督饷，并敕与提督张勇、王辅臣修治备，辑军民。十三年，复命尚书莫洛经略陕西，敕凡事谘哈占乃行。哈占以汉中、广元山径险峻，疏请造船略阳运粮运。寻又命贝勒董额为定西大将军，护诸将出秦州，徇四川。寇劫略阳粮艘，上命四川总督周有德督川境转饷。哈占疏请令山西协助，上以山西道远多劳费，发帑十五万，使在西安采运；并谕宜稍增其直，俾民乐输送。会辅臣叛，莫洛遇害。董额以饷不继，自汉中引还西安。

十四年，诏哈占分兵防兰州，哈占疏言西安兵少不宜分遣。上命云贵总督鄂善率师驻兴安、汉中，既又命守延安，哈占迭奏请留西安不遣。时辅臣据平凉，同州游击李师膺叛，戕韩城知县翟世琪，协神道岭营卒，合蒲城土寇陷延安。固原道陈彭、定边副将朱龙皆以城叛。辅臣分兵四出，陷旁近诸州县，遂破兰州，巡抚华善走凉州。遣将逐贼邠州、淳化、三水、长武、汉阴、石泉、甘泉、宝鸡诸处，战辄胜。董额师克秦州，总兵王进宝亦复兰州。定边、延安皆下。上趣董额督兵合攻平凉。哈占闻兴安游击王可成叛，移潼关绿旗兵守商州，移西安满洲兵守潼关。俄闻兴安叛兵已破商州旧县关，逼西安，疏请敕董额分兵赴援。上责哈占曰："辅臣初叛，朕以兰州近边要地，令哈占发兵镇守。哈占以西安兵少不遣，兰州遂陷。又以延安居要冲，命鄂善屯守，哈占留之西安，延安复陷。哈占但知有西安，重兵自卫，贻误非小！"别敕董额急攻平凉，仍遣将军吴丹率师自太原移驻潼关，员外郎拉笃祜率榆林蒙古兵益西安。十五年，大学士图海代董额为大将军，围平凉，辅臣降。哈占疏请安辑降众，设置官吏。事皆下部议行。

十九年，将军赵良栋克成都，王进宝克保宁，郡县以次底定。哈占疏言军饷自西安运保宁，应令四川接运。上以四川初定，未能任转饷，命自略阳水道运叙州。寻敕哈占率师赴保宁，规复云南。哈占复疏请命四川督饷，户部侍郎赵璟、金鼐疏言陕西转饷入四川，四川吏不之恤，道远民滋困。

尚书宋德宜言陕西、四川宜以一总督董理，庶两省民劳逸得平，乃改设川陕总督，以命哈占。哈占师次保宁，时叛将谭弘、彭时亨四出劫掠为民害，上命速剿定，进攻云南。哈占遣总兵高孟击时亨，败贼南溪罗石桥，复营山、渠二县。二十年，镇南将军噶尔汉收忠、万、开、建始、云阳、梁山诸州县。弘走死。孟逐时亨，亦复广安、达、大竹、东乡诸州县。时亨势蹙，降。敕哈占率师赴叙州，会建昌、永宁两路兵进征。哈占师发永宁，追击三桂将马进宝，入贵州。次毕节，进宝降。复进次威宁。大将军贝子彰泰疏言云南已合围，师足用，兵多粮少，宜令哈占还四川。哈占复进次曲靖，闻命引还。寻以破时亨功，加兵部尚书衔。弘将牟一乾，一举诣遵义降，分驻巴县、涪州。哈占疏请移西安，懦者归农，强者入伍，上从之。二十二年，授兵部尚书。二十四年，调礼部。以疾乞休，上疏自述在军时积劳成病。上以哈占未尝立功，斥其妄，命仍殚力供职自赎。二十五年，卒。

杭爱，章佳氏，满洲镶白旗人。父古尔嘉珲，顺治初为国子监祭酒。杭爱初授笔帖式，累迁吏部郎中。康熙十一年，超授山西布政使。谕曰："朕知汝才能，外省事重，藩司职掌最要。其克尽忠诚，毋负简任！"十二年，擢陕西巡抚。军兴，命督饷。十九年，调四川。叛将谭弘据万县为乱，命杭爱慰抚夔州诸路。二十年，建昌土司安泰宁谋乱，敕与将军王进宝招之来降。哈占师进次永宁，命杭爱督趣输运。自三桂乱，四川悉陷，民多流亡，兵占耕民田不纳赋。杭爱疏请清厘，又乞蠲罗森客报垦荒升科田四百余亩，上特允之。二十二年，卒，谥勤襄。

鄂善，纳喇氏，满洲镶黄旗人。初自侍卫授秘书院学士，迁副都御史。康熙九年，授陕西巡抚。十一年，擢山西陕西总督，寻改专督陕西。十二年，调云南，以哈占代。

三桂反，诏鄂善留湖广。十三年，改兼督云、贵，命从师进征。三桂陷湖南郡县，吏议镌五级，命留任。王辅臣叛，命与副都统穆舒浑率师自襄阳移守兴安、汉中。十四年，次西安，哈占疏留助守。上复命移守榆林、延安，哈占再疏留不遣。及毕力克图击辅臣，复延安，鄂善乃遵上指移驻，招抚流民，分守栈道，寇来犯，击之退。授甘肃巡抚。十七年，坐失察布政使伊图蚀帑、清水知县佟国佐苛敛，部议当夺官，命留任。十八年，以计典罢。寻卒。

华善，亦伊尔根觉罗氏，满洲镶黄旗人。初授笔帖式，累迁刑部郎中。顺治十三年，从大将军伊尔德克舟山，累进世职拜他喇布勒哈番兼拖沙喇哈番。康熙初，累迁弘文院学士。九年，授甘肃巡抚，疏请免逃荒额赋。西和、礼县大疫，华善发帑治赈，并以春耕期迫，令市耕牛、具籽种，事竟乃疏闻，部议以违例当责偿，上命宽之。辅臣反，攻兰州，游击董正己叛应之，布政使成额降寇，华善与按察使伊图走永昌，疏请假提督张勇便宜讨辅臣，与勇及王进宝、陈福、孙思克分道进兵，规复兰州。华善与勇督兵赴临洮，遣将收河、洮二州，复督兵攻巩昌，克之，会进宝亦克兰州，谕嘉劳。十五年，疏请免临洮、巩昌二府逋赋。寻卒于官。

董卫国，汉军正白旗人。初授佐领，累官秘书院学士。顺治十八年，擢山西巡抚。康熙四年，加工部尚书衔。十三年，改兵部尚书衔。

吴三桂反，陷长沙，卫国疏请发兵备袁州、吉安，上命副都统根特自兖州移兵赴援。耿精忠亦反，侵宁都、广昌、南丰诸府县，饶州参将程凤、广信副将柯升叛应之，构土寇破都昌，窥南康。卫国密疏闻，上命定南将军希尔根会卫国剿御。精忠逼袁州，山民棚居与相结，谓之"棚寇"。卫国请设袁临总兵，荐副将赵应奎有胆略堪任，上从之。南瑞总兵杨富谋叛，卫国廉得实，置之法，并歼其党，上嘉之。寻改设江西总督，以命卫国。精忠兵及棚寇分犯新昌、上高，卫国遣诸将佟国栋、赵登举、张射光赴援，大破贼，斩其渠左宗榜。十四年，与希尔根等招降泰和、龙泉、永新、庐陵诸县。参赞桑额自上高克新昌，被檄引去；寇抵隙复入，城并陷，遣其徒遏广信粮道。卫国请督兵进剿，大将军简亲王喇布驻师南昌，疏留之。十五年，遣将吴友明逐寇瑞州，复上高、新昌。复遣援靖安，诸将许盛、杨以松克泰和、定南。十六年，以土寇杨玉泰窃据宜黄、乐安、崇仁山谷中，发兵讨之。崇仁寇蔡仕伯、宜黄寇沈凤祥等出降。破贼于大岭，克乐安，玉泰亦降。

湖南平江及铜鼓营寇起，卫国留提督赵赖守乐安，移兵入湖南，简亲王檄发卫国标下兵悉赴安乐。卫国疏闻，且言省城驻满洲兵不过二百，虑不足守御，乞赐罢斥，上严旨诘简亲王，并谕此后征发当谘卫国。卫国遣兵徇建昌，定泸溪，自将出芳塘，别遣诸将出黄冈口，遂克铜鼓营。平江乃定。

未几，精忠将韩大任侵宁都，时简亲王出驻吉安，卫国请与会师合剿，上命绿营兵听便宜调遣。十七年，巡抚佟国正遣将破大任。精忠将郭应辅等分屯万安、泰和诸县，卫国督兵进击，斩四万余，降者亦四万六千有奇。

吴三桂犯永兴，薄吉安，上命卫国守铜鼓营。三桂既死，其将据岳州、长沙，师围之不下。卫国请自铜鼓营督兵援剿，上嘉许，并授以方略。未几，岳州、长沙皆下。十八年，会命大将军安亲王岳乐谋进取，遂合军出衡州、宝庆，破贼紫阳河、双井铺，克武冈。给事中李宗孔劾卫国为总督不治事，失民心，廷议夺官，上宽之。十九年，破鸭婆、黄茅诸隘，攻靖州。与都统穆占会师逐吴世璠将吴应麟等，克沅州。进薄镇远，力战夺石港口，抵大岩门。世璠将张足法悉众迎战，卫国亲督兵奋击，大破之。足法夜遁，逐之至油闸关而还，遂克镇远。贵州既定，大将军贝子彰泰下云南，留卫国守贵阳。二十年，云南平，命还任。

二十一年，调湖广总督。卫国初自湖南入贵州，蔡毓荣以不听调度论劾。事平，下廷议，上右卫国谴毓荣。御史蒋伊又论卫国纵兵俘掠，江西总督于成龙为疏辩。卫国朝京师，濒行，谕曰："尔在外二十余年，民情宜悉知。前此方用兵，不免扰民。今天下承平，当思休养，兴革利病，务在实行。朕知尔有劳，毋畏人言，勉图后效。"月余，卒，赐祭葬。

佟国正，佟佳氏，汉军正黄旗人。自拔贡生授江南无为知州，累迁安徽按察使。康熙十三年，迁江西布政使。卫国改总督，白色纯代为巡抚。十四年，色纯卒，大将军安亲王岳乐奏国正得民心，擢巡抚。十五年，命出驻赣州。叛将严自明等逼南康，国正遣许盛等赴援，破贼库镇铺，破其垒十七，逐北七十余里。自明等走南安，又遣别将黄士标、王割耳等犯信丰，国正遣杨以松及诸将周球等分三道击之，士标等走南雄。盛进克上犹，球进克龙泉。国正闻师定漳州，遣球及诸将刘体君等出间道援剿。十六年，破贼五里排，会昌、瑞金、崇义以次下。韩大任自宁都败窜万安，国正遣兵四出断道，并绝粮运；令以松等追击，战鸬鹚寨，战老虎洞，屡败之。大任走汀州，降。江西平。叙功，累进兵部尚书衔。十八年，左副都御史杨雍建疏论国正莅任数载，治绩无闻。京察循例自陈，降二级调用。四十七年，卒于家。

周有德，字彝初，汉军镶红旗人。顺治二年，自贡生授弘文院编修。五年，从英亲王阿济格讨叛将姜瓖，还，迁侍读。康熙元年，迁国史院侍读学士，寻擢弘文院学士。

二年，授山东巡抚。三年，以获逃人加工部侍郎衔。迭疏请宽登、莱、青三府海禁，俾居民得捕鱼资生；请以历城明季藩府地视民田科赋；请复孤贫口粮；请以德州驻防兵旧给民地五百余顷仍还之民，驻防兵视陕西、浙江例支月粮；请蠲逋赋六十余万，暨察出逃亡荒芜虚增田额户口凡四十万有奇，悉予免除。四年，济南、兖州、东昌、青州四府旱灾，请加赈恤；登州、莱州二府歉收，请免本年额赋：皆下部议行。

六年，擢两广总督。七年，上遣都统特锦等会勘广东沿海边界，设兵防汛，俾民复业。有德疏言："界外民苦失业，闻许仍归旧地，踊跃欢呼。第海滨辽阔，使待勘界既明，始议安插，尚需时日，穷民迫不及待。请令州县官按迁户版籍给还故业。"得旨允行。是冬，遭父丧，平南王尚可喜疏言沿海兵民，方赖经营安辑，请命在任守制。凡三年而事定。九年，疏请还京师治丧，许之。

十年，旱，求言，编修陈志纪疏言："上忧勤惕厉，而尝为督抚诸大臣方营第宅，蓄倡优，近在辇毂下，不守法度，何以责远方大吏廉节？"上命指实，覆疏举郎廷佐、张长庚、苗澄、祖泽溥、张朝璘、许世昌并及有德，下部严察，有德坐居丧营造，又于志纪覆疏未入时，嘱托毋及其名，夺官，追缴诰命。

吴三桂反，十三年，起授四川总督。三桂将吴之茂、彭时亨等犯广元，有德与副都统科尔宽分道击败之，阵斩裨将徐应昌等。上命经略尚书莫洛自陕西入四川，敕有德与巡抚张德地固守广元诸路，并督军饷。三桂将何德成等自昭化攻二郎关，谋夺我师储峙，有德遣兵击德成，走还昭化，复犯广元；有德与科尔宽等复击败之，逐北三十余里。时亨屯七盘、朝天诸关，劫偏阳粮艘，广元饷不给。寇窥阳平，将军席卜臣屯蟠龙山为所劫，断我师饷道，上命有德固守阳平诸路。

王辅臣叛，十四年，上命大将军贝勒董额讨之，以有德参赞军务，命督诸军协击。董额克秦州，有德乞还诰命，吏部持非例，上特许之。十五年，从大将军大学士图海攻平凉，辅臣降。图海疏令有德还驻西安。之茂等尚驻秦岭，十七年，与副都统觉和托督兵击之，降其裨将王世祜等。

十八年，调云贵总督。师克汉中，上谕责"有德、德地等前驻广元督饷迟误，致数年来逆贼逋诛，兵民苦累。今大兵前进，督抚诸臣有误饷运，以军法从事。"王大臣议师自湖广进征云、贵，绿旗兵当有统帅，以湖广总督蔡毓荣及有德名上，上以命毓荣，令有德受节制。有德寻疾作，留驻常德。十九年，卒。

张德地，初名刘格，汉军镶蓝旗人。初以通晓国书，在户部学习。顺治九年，授宗人府主事，累迁户部督捕理事官。康熙元年，擢顺天府尹。二年，授四川巡抚。疏言："四川自张献忠乱后，地旷人稀，请招民承垦。文武吏招民百户、垦田十顷以上，予迁转。"下部议行。累加工部尚书衔。十年，武生刘琯等评德地武乡试得贿鬻武举，遣副都御史阿范等按治，德地坐斩，命免死夺官。德地叩阍称枉，下部覆议，以事无据，复官。十三年，复授四川巡抚。时亨犯广元，德地与有德督兵御之。十四年，王辅臣叛，命协守西安，寻又命出驻延安。广元之役，有德劾德地弃城走，夺官。二十二年，卒。

伊辟，字卢源，山东新城人。顺治五年，举乡试第一。十二年，成进士，改庶吉士。十三年，授御史。十四年，巡按山西，捕长治乱民勒化龙，穷治其党与。十六年，还，掌京畿道，擢通政司参议。累迁大理寺卿。

康熙十九年，授云南巡抚。时吴世璠未平，师自广西、贵州、四川分道入，辟督饷。围会城未下，同知刘昆不屈于三桂，为所絷，至是始脱出。辟从诹策，昆曰："公用人宽，降人予原职。今安宁、晋宁、昆阳、呈贡诸县令悉降人，昆池舟楫往来无禁。岂有父兄被围而子弟不为转输者？"辟为罢诸降人，寇饷渐断。师久次，虑饷不继。辟疏请贵州、广西二路协济银米，上以二路道险山多，转运不便，遣户部郎中明额礼、萨木哈诣军议采买。军中或议取食民间，布政使王继文持不可，曰："现粮支三日，昆阳、宜良寇遗粮，方具赀伿役运诣军前。两广随军饷银十万在曲靖，当请于总督金光祖，乞相假。过三日饷不继，请正继文军法。"辟言于大将军贝子彰泰，用其议。不三日，银粟皆至，民以得安，饷亦无阙。辟疏言："云南地处天末，当得重臣弹压。元镇以亲王，明则黔国公任留守。王师计日荡平，臣自镇远至云南，途次闻士民语，金谓大将军贝子彰泰、内大臣额驸华善所过不扰，请特简一人镇守。"章下所司。辟旋病作，遗疏荐继文自代。卒，赐祭葬。

继文，字在燕，汉军镶黄旗人。自官学生授弘文院编修，迁兵部督捕理事官。顺治十二年，考选御史，巡按陕西。初受事，即疏劾布政使黄纪、兴屯道白士麟贪污不法，夺官逮治。十四年，还京师，都察院列上继文在官劾文武吏四十余，督开荒田七千顷有奇，招徕流移民五千八百余，察出虚冒钱粮七千七百有奇，实心任事，允为称职。迁户部郎中。十八年，授江西饶九南道。康熙三年，调浙江宁绍台道。六年，缺裁。

十三年，师讨吴三桂，命以候补道从左都御史多诺等如荆州督饷，用继文策度地建仓，分馈东西二路军及水师。旋授云南布政使，从师进征。二十年，代辟为巡抚，佐将军赵良栋攻克会城，云南遂定。二十一年，与总督蔡毓荣疏言："会城东南旧有金汁河，引盘龙江水入昆明池，旧存坝闸涵洞，积水溉田。世璠毁为壕堑，令官吏捐资修治。"下部议，捐银百，纪录一次。二十五年，以忧归。二十八年，复授巡抚，疏言："黑井盐课，三桂月增课银二千两，请豁除。屯田科赋十倍于民田，重为民累，请分别改视民田起科。"三十年，疏言："土司奏销迟误，例无处分，请比照流官计俸罚米，移贮附近常平仓备荒赈。"皆议行。

三十三年，擢云贵总督。三十七年，讨平鲁魁山寇，厘定汛界，驻兵防守。又疏议收水西宣慰使地，改属大定、平远、黔西三州流官管辖，均如所请。是岁冬，朝京师，以老病乞致仕。寻命修理子牙河工。赐御书榜曰"烟霞耆旧"。四十年，加兵部尚书衔。四十二年，卒，赐祭葬。子用霖，官山东布政使。

论曰：毓荣统绿旗兵下云南，廉清不逮赵良栋，战绩与相亚。哈占镇陕西，卫国定江西，有德略四川，督饷治军，其于戡乱皆与有功。云南既下，抚绥安集之绩，毓荣开之，继文成之，自是西南遂底于平矣。

卷二百五十七　　列传四十四

赵国祚　许贞周球　徐治都胡世英　唐希顺
李麟　赵应奎赵赖　李芳述　陈世凯
许占魁

赵国祚，汉军镶红旗人。父一鹤，太祖时来归。天聪间，授三等甲喇章京。国祚其次子也。初授牛录额真，屯田义州。从征黑龙江。取前屯卫、中后所。顺治初，从征江南，克扬州、嘉兴、江阴，皆有功。世职自半个前程累进二等阿达哈哈番。历官自甲喇额真累迁镶白旗汉军固山额真。

十三年，加平南将军，驻师温州。十五年，授浙江总督。郑成功犯温州，国祚督兵击却之，得舟九十余。成功又犯宁波，副都统夏景梅、总兵常进功等督兵击却之，奏捷，上以成功自引退，疏语铺张，饬毋蹈明末行间陋习，罔上冒功。成功旋大举犯江宁，督兵防御，事定，部议国祚等玩寇，当夺官，诏改罚俸。国祚督浙江四年，颇尽心民事。岁饥，米值昂，发帑平粜，并移檄邻省毋遏粜，民以是德之。十八年，调山东，复调山西。康熙元年，甄别各直省督抚，国祚以功不掩过，解任。

吴三桂反，十三年，起国祚江西提督，驻九江。三桂兵入江西境，命移驻南昌。耿精忠应三桂，亦遣兵犯江西，陷广信、建昌。国祚与将军希尔根、哈尔哈齐督兵赴援，精忠将易明自建昌以万余人迎战。师分道从击，破贼，逐北七十余里，克抚州。明复以万余人来攻，国祚与前锋统领沙纳哈、署护军统领瓦岱等奋击破之，斩四千余级。十四年，大将军安亲王岳乐请以国祚随征，报可。十五年，师进攻长沙，三桂兵来犯，国祚击之败走。寻命移驻茶陵。十八年，长沙下，从安亲王攻宝庆。世璠将吴国贵据武冈，国祚与建义将军林兴珠督兵力战，炮殪国贵，克武冈。国祚以创发乞休。二十七年，卒，年八十，赐祭葬，谥敏壮。子玥袭职，自广东驻防协领累迁至正红旗汉军都统。

许贞，字荩臣，福建海澄人。初为郑氏将。康熙三年，率所部至漳州降，授左都督，驻九江。寻移赣县，以荒地畀降兵屯垦，号"屯垦都督"。

十三年，耿精忠反，遣其将贾能鲁、曾若千犯赣州，陷石城，围宁都。广信、建昌诸山寇应之，州县多残破。贞选所部得健卒四百，会游击周球赴援，败贼于黄地，斩级千余，获甲帜、炮械无算，遂解宁都围，复石城。未几，贼犯兴国，贞驰剿，多斩获。进攻零都、瑞金，战天华山、李芬江、长乐里，屡破贼，克桥头、五仙、白奇、田产、江头、上龙、宝石诸寨，降贼万余，出难民三万有奇。巡抚白色纯上其功，诏嘉许，加太子少保。总督董卫国请增置抚建广总兵驻建昌，即以命贞。贞督兵复宜黄、崇仁、乐安诸县。精忠使诱贞，贞不发书，械其使以闻，予世职拖沙喇哈番。

时大将军安亲王岳乐驻建昌，精忠遣其将耿继善、杨玉太、李懋珠等分屯城外麻姑、二圣诸山，岳乐忧之，贞曰："贼虽多，易与，请先破一寨。"即夕驰攻萧家坪，破一寨。岳乐乃督兵自吉安进攻长沙，留满洲兵五百俾贞守建昌。贞所部仅二千，贼伺守兵寡，攻城，分屯城东南从姑山，贞自将锐卒攻之，直上破垒，贼引却。麻姑山最峻，贼数万人屯其上，环山立寨。贞休兵数月，时就山麓操演，贼易之，不为备。十五年，春水发，溪涧皆可舟，贼寨隔水为浮桥相属。贞复引兵傍山麓，出不意，督兵直上突贼垒，别将舟载薪焚浮桥，一日破六十余寨，斩其将揭重信等，其众歼焉。

继善屯二圣山，余众分屯沙坪、红门、梓木岭。贞复休兵数月，当暑，督兵出攻，肉薄，陟崖，大破贼。继善弃寨走入杉关，师从之，进克金溪、南丰。复进克广昌，攻泸溪。泸溪在万山中，精忠将杨益茂、林镇等以四万人守隘，为之栅。贞督兵陟岭，援栅以上，焚其垒，遂克泸溪。懋珠寇南丰，贞赴援，击贼杨梅岩，斩其将王大耀等，进克新城。十六年，懋珠、玉太走入乐安，副都统尼满、提督赵赖与贞会师进攻。贞出西路，击贼白石岭，复乐安。玉太以六千人来降。韩大任自吉安走入乐安，贞督兵击之，遇于跌水岭。一日与八战，走宁都，立木城都湖堑而守。围之两月，大任出走，败之永丰，又败之黄塘老虎峒，众死亡略尽；走福建，诣康亲王军前降。

十七年，逐贼广昌，破藤吊、枫树二寨。二寨地绝峻，贞驻师永安山与相对，发火器遥击，焚其寨，乃破之。叙功，进世职拜他喇布勒哈番，擢抚建广饶吉南六府提督。广信土贼江机、杨一豹以数万人屯江浒山，倚险立木城，四出剽掠。贞与总督董卫国分兵进攻，迭克要隘。贼退入鸡公山、猴子岭，复袭破之，斩万六千余级。一豹走洪山。十八年，贞复督兵自弋阳双港进攻，屡挫贼，斩一豹弟一虎及其众二千四百有奇。机、一豹俱窜走。命贞提督江西全省军务。十九年，逐贼入江浒山，贞伺贼谋夜劫营，令筑垒，兵露刃立垣下，别将伏林中。贼至，见垣内刃如林，惊走，伏发，大破之。一豹、机亦走福建降。

二十一年，自陈乞罢，诏慰留。寻调广东提督，朝京师，上褒劳备至，加拖沙喇哈番。贞莅粤十四年，造哨船，设塘汛，昼夜巡逻，盗贼屏迹。三十四年，卒，赠少傅，赐祭葬。

贞和易，谦抑不伐。驭军严整，戒所部毋淫掠。收城邑，他将议攻山寨，贞曰："寇乱方烈，民结寨自保，非尽盗也。"止勿攻，全活甚众。江西民德之。

周球，字季珍，江南来安人。顺治十二年武进士，授广州卫守备，署南赣营都司，管游击事。石城陷，总兵刘进宝遣球赴援，与贞合兵击贼宁都。民避乱红石崖洞，贼积薪洞口，将举火焚之。球兵至，贼走，民以得全。既克石城，复与贞援兴国，球破南安土寇，克崇义、上犹境中诸寨，陞游击。复与游击李天柱援会昌，破贼。康熙十四年，叛将陈升引精忠将郭应辅等陷龙泉，球与天柱破黄土关，克龙泉。逐贼，陞自林中出诱战，伏起，球督兵奋击，大破之。攻左安口，陟自险径，炮殪升。十五年，赣州增城守兵，球授参将，管副将事。被巡抚佟国正檄援信丰，破黄士标、王割耳等。十六年，援会昌，战五里排。语详《国正传》。叙功，加都督佥事。复从贞击破韩大任。大任既降，球与游击唐光耀督护降卒至福州。复被大将军简亲王喇布檄，以二千人从征湖南，守安仁，援永兴，立营鸡公山，屡破贼，加右都督。十八年，擢太原总兵，进左都督。调汉中，再调真定。二十二年，卒，赠太子少保，赐祭葬。

徐治都，汉军正白旗人。父大贵，事太宗，授牛录额真，兼工部理事官。师攻锦州，战松山、杏山，克塔山，取中后所、前屯卫，皆在行间。顺治间，从征太原，自河南徇江南。累迁刑部侍郎，兼梅勒额真，驻防杭州，领左翼。徇福建，攻海澄，还定舟山。累功，授世职三等阿思哈尼哈番，加太子少保。卒，谥勤果，赐祭葬。

治都，初授佐领，兼参领。康熙七年，擢直隶天津总兵。八年，调湖广夷陵。吴三桂反，十三年，陷沅州，治都率师赴援。时四川文武吏附三桂，叛将杨来嘉、刘之复应之。治都妻许闻邻境兵民皆从逆，权以治都令约束将弁，抚尉士卒，并脱簪珥劳军。会上命治都还守夷陵，来嘉、之复以舟师来攻。治都督兵水陆防御，击却之。来嘉据南漳，分路出犯，治都与襄阳总兵刘成龙会师合击，所斩杀过半。叙功，加左都督。十五年，来嘉复以舟师来攻，治都循江堵截。总兵靡溅江，寇舟逼靡，妻许督兵与战，中炮死。总督蔡毓荣、提督桑额疏闻，具述治都忠奋不顾家状。十八年，擢提督，以胡世英代为总兵。

贼将王凤岐据巫山，上命治都戒备。治都练水师，修五板船百，令世英领之；而与成龙督兵出归州、兴山、巴东，扼形势，相机进剿。十九年，师次巫山，来嘉、凤岐以万余人拒守。师夺隘，贼突出，治都挥刀力战，来嘉弃马越山走，擒凤岐，斩三千余级，克巫山。进向夔州，夔州贼将刘之卫、瞿洪升以城降。叛将谭弘遣其子天秘、族人地晋、地升诣军前请降，缴敕印。上命治都还守夷陵。弘复叛，陷泸、叙二州。治都与镇安将军噶尔汉督兵溯江上，分军为三队击贼，进克下关城。二十年，进向云阳，屡败贼。时弘已死，天秘走万县。治都复进复梁山、忠州。叙功，进四级。

二十七年，湖广督标裁兵夏逢龙作乱，据武昌。治都督兵赴剿，至应城，与贼遇，力战却之。遂驻师应城。贼万余环攻，治都分兵内外夹击，贼大溃，奔德安。逢龙乘北风联巨舰二十顺流下，见治都水师严整，不敢攻，乃登龙川矶攻陆师。治都督兵迎击，昼夜鏖战，斩杀殆尽。逢龙合余众泊鲤鱼潦，治都令诸将郑兴、杨明锦防贼登陆，而自将水师循江发火器焚贼舟。逢龙再攻陆师，复战却之，斩七百余级，余多赴水死。其将胡耀乾等以武昌降，逢龙走黄州。振武将军瓦岱督八旗兵至，黄冈诸生宜畏生擒逢龙以献，磔于市，乱乃定。捷闻，赐孔雀翎，予世职拖沙喇哈番。

治都师未还，桃源土寇万人杰为乱，治都妻孔督兵剿平之。三十二年，朝京师，赉御用冠服。三十三年，诏嘉治都功，用孙思克、施琅例授镇平将军，仍领提督事。三十六年，卒，赠太子少保，谥襄毅，赐祭葬。

治都在湖广十八年，整饬军纪，民感其惠，为立祠以祀。

胡世英，字汝迪，安徽歙县人。初从福建总督李率泰军。累功至参将。康熙元年，迁湖广督标中军副将。十二年，擢副总兵，守荆州。吴三桂反，总督蔡毓荣檄为中军。十四年，大将军顺承郡王勒尔锦自荆州渡江击三桂，世英以四百人为前锋。师集围合，贼援至，冲我师，断为二。世英张左右翼略阵，度师已毕济，乃分骑队逆战，人持二炬，贼惊不敢逼，徐引还。十六年，常、澧诸郡饥，三桂将吴应麒屯岳州，㒶仓谷以为利。世英密令人市焉，白勒尔锦乘贼饥督兵水陆并进。世英为前锋，櫂小舟直抵巴陵，溯风而战，逼岸且近。世英呼而登曰："得城陵矶矣！"师毕登，破贼垒。十八年，应麒走，城民迎师入。勒尔锦请设随征四镇，世英授后路总兵，寻调夷陵。十九年，从治都克巫山，擒凤岐，进取重庆。以病还夷陵，未几卒。

唐希顺，甘肃武威人。自行伍补凉州镇标把总。康熙十三年，王辅臣叛，希顺从总兵孙思克进剿河东，转战有功。十五年，从围平凉，破贼虎山墩，希顺奋勇争先，手足被伤。叙功，予参将衔，管提标千总。寻迁守备，偕参将康调元攻复阶州、文县。

十九年，勇略将军赵良栋征四川，调希顺从军，迁四川川北镇标游击。时吴世璠将胡国柱等踞关山大象岭，良栋军由雅州进剿，复荣经。贼退入箐口驿，分兵扼周公桥、黄泥铺诸隘，结五营守险。希顺从总兵李芳述及调元等进攻土地桥，连破其垒。抵桥口，选步兵千，由间道穿山箐，自山顶下攻。会桥口兵夹击，贼溃遁。乘夜追袭，次日，复败贼于黎州，克其城，追至大渡河，夺渡口三，遂复建昌。其冬，从良栋自金沙江下云南，败贼于玉皇阁、三市街。二十二年，叙功，予左都督衔。累迁台湾水师副将。三十二年，擢贵州威宁镇总兵。

三十五年，圣祖亲征噶尔丹，命希顺隶西路进剿。自贵州率亲丁百，驰抵宁夏。大军已出塞，希顺兼程进，与孙思克军会，破噶尔丹于昭莫多。叙功，予世职拖沙喇哈番，擢四川提督。疏言："川省幅员辽阔，蛮、苗杂处，水陆交错。提标三营，请视各省提标例，营设兵八百。川省额兵三万六千，臣清厘积弊，兵额充足。即于原额内酌量营汛缓急抽调。提标兵虽他移，饷仍其旧。标下将备等官，材技优长，弓马娴熟，又谙蜀中地利。请如松潘、叠溪等营保题事例，择员题补。"允之。

打箭炉旧属内地，上以西藏番部嗜茶，许西藏营官在打箭炉管理土伯特贸易事。三十九年，营官喋巴昌侧集烈为乱，侵据河东乌泥、若泥、岚州、善庆、擦道诸处，戕明正、长河西土司蛇蜡喳吧。总督锡勒达奏请移化林营参将李麟督兵捕治。贼复攻围烹坝、冷竹关，希顺檄各路兵赴化林，密疏闻。上命侍郎满丕统荆州满洲兵进剿，并诏希顺相机行事。蛮兵五千余，立营十四，在磨西面及磨冈等处。希顺雪夜渡泸水，分兵三路进攻：一自子牛攻哪吒顶，一自烹坝攻大冈，一自督兵出咱威攻磨西面及磨冈。别遣兵自头道水登山，驰下夹攻。战五日，各路俱捷，歼蛮兵五千余，斩喋巴昌侧集烈，遂复打箭炉，喇嘛、番民俱降。寻抵木鸦，番目错王端柱等缴敕印，归附喇嘛、番民万二千余户。捷闻，诏嘉奖。寻疏陈善后事，并允行。未几，以病乞休，命解任调理。四十七年，卒，予祭葬如制。子际盛，袭职，入籍四川。

李麟，陕西咸阳人。自行伍从勇略将军赵良栋下云南。叙功，以都司金用。康熙三十五年，从振武将军孙思克击噶尔丹于昭莫多，大败之。累迁四川化林营参将。三十九年，昌侧集烈作乱，麟奉檄移兵渡泸，招安咱威、子牛、烹坝、魁梧四处。寻提督唐希顺令麟顺泸水至哦可，出磨西面后，夹攻磨冈。麟夜迷失道，比明，反出磨西面前，遂攻蛮营，夺磨西面。打箭炉平。希顺追劾麟避险就易驻咱威，致失哭坝；又进兵迷道，误军机。诏总督锡勒达及满丹等讯鞫，以有功免治罪。累擢登州总兵。

五十七年，策妄阿喇布坦扰王藏，命麟选精兵百，自宁夏赴军前。五十九年，诏令统延信为平逆将军，率兵进藏，以麟参赞军务。寻令护送第六世达赖喇嘛进藏，至沙克河，贼乘夜袭营，击败之，连败贼于齐诺郭勒、绰玛喇等处。西藏平，麟率兵自拉里凯旋。六十年，授陕西固原提督。雍正元年，迁銮仪使。追叙平藏功，加右都督，予世职拖沙喇哈番。以老致仕。寻卒。

赵应奎，河南商丘人。少入伍，从恭顺王孔有德征湖南、广西，俱有功。累迁至湖广施南副将。

康熙十三年，吴三桂陷长沙，调应奎为江西袁州副将。袁州地逼长沙，又有棚寇，与三桂兵可连。应奎以所部兵力弱，斥赀增募，并家丁助战，擒斩贼渠朱益吾等。寻自慈化进剿黄塘、楚山、上栗市，屡败贼。总督董卫国请设袁临镇，即以应奎为总兵官。三桂遣寇犯袁州，应奎力守。未几，其将朱君聘等以数万人自萍乡来犯，应奎败之西村，斩万五千余级。分兵趋万载，斩其将邱以祥等，复其城。三桂使诱降，应奎令子衍庆呈部，部议加应奎左都督，衍庆署都司金书。寻降敕嘉其忠荩，予世职拜他喇布勒哈番。十四年，遣游击杨正元剿棚贼于分宜、新喻，擒斩甚众，尽毁其巢。三桂将揭玉卿犯万载，遣游击陈素纶等败之，斩级千余；又败之于白良。三桂将黄立卿复以三桂书诱降，应奎令子衍祥呈部，部议加应奎军功一等，衍祥授鸿胪寺少卿。十五年，遣游击李显宗等逐三桂兵至仙居桥、沙溪、湖塘，皆败之。三桂兵复结浏阳诸寇陷万载，应奎进剿，贼截龙河渡口，夹岸迎拒。应奎督兵渡河，先斩守口贼，直入其垒，贼大溃，追斩无算，复万载，诏嘉奖。寻授三等阿达哈哈番。

十七年，上以江西已定，命应奎统本标官兵移镇茶陵、攸县。疏言："自三桂反，袁州密迩湖南，臣率孤军征剿，上游幸获安全。但彼时兵力苦单，漕运亦匮，臣捐赀赡养亲兵，或自备马匹，或奖以虚衔。嗣户部侍郎温岱奏见臣督亲丁防御，蒙恩给臣所养健丁千人步战兵饷，令臣量为设官管辖。惟兵丁既叨饷饩，而所设管辖官未议实授。今臣移驻茶、攸，仅率标兵二千六百，现奉征南将军穆占、定南将军华善调往鄱县千四百人。健丁一营，随臣左右。仰冀天恩，各予实衔，开支实俸。"诏从之。未几，贼犯永兴，败之。十八年，从大将军简亲王喇布复祁阳、新宁。大将军安亲王岳乐檄剿贼武冈州枫木岭，败三桂将胡国柱等。寻偕贵州提督赵赖攻克龙头山、泡洞口、瓦屋塘、云雾岭、五子坡诸寨。三桂将马宝败遁，追击之，复会同、黔阳等县。未几，建义将军马承荫以柳州叛，从简亲王率兵讨之，承荫降。

二十一年，命以提督充广西左江镇总兵。叙功，进二等阿达哈哈番。疏言："臣昔任思南副将，深知左江为滇、黔门户，接壤交南，环以僮、瑶，土司不时反覆。镇标额设四营，共兵三千有余，多从逆归命者，习成骄悍。臣标健丁一营，半系亲属，久经训练，请率赴新任，以资钤压。"从之。未几，以病累疏乞休，诏辄慰留，命衍祥驰驿省视。应奎卒，赠太子少保，谥襄壮。

赵赖，汉军正蓝旗人。父梦彩，事太宗，以监修福陵，授世职二等阿达哈哈番。赖袭职。从谦郡王瓦克达征叛将姜瓖，以功进一等，并兼拖沙喇哈番。擢正蓝旗汉军副都统。康熙十三年，从大将军顺承郡王勒尔锦讨吴三桂，擢贵州提督，统兵驻九江，调江西。韩大任陷吉安，赖率兵击败之。复调湖南，从简亲王喇布剿贼衡山，复衡州府。迭克耒阳、祁阳等县。败三桂将吴国贵等，复武冈。十九年，从大将军贝子彰泰、将军蔡毓荣进攻贵州，迭克贼寨。败马宝于洪江，复黔阳，旋自沅州趋镇远，复黎平、铜仁、思州、思南等府。偕将军穆占败三桂将高启隆、夏国相等，复平远府。大军进征云南，诏赖留镇贵州。擢正蓝旗汉军都统。以老乞休。三十一年，卒。

李芳述，四川合州人。初入伍，隶贵州大定总兵刘之复标下。剿水西土司安坤有功，授千总。

康熙十三年，吴三桂反，之复从逆，胁芳述往湖北，据夷陵、巴东关隘。芳述脱走，留四川，其妻子在大定。越五年，乃得取妻子至叙州。吴世瑶加芳述伪总兵，令自巫山袭郧、襄。芳述留重庆。十九年，勇略将军赵良栋进取成都，芳述遣人赴军前呈缴伪札，率重庆、泸州、叙州所属州县文武吏降。良栋令芳述抚永宁，即移军驻守，修缮城垣。甫竣事，世瑶将毛友贵等以数万人来犯，芳述迎击，贼却走。寻以悍卒数千逼城，夜树云梯攀堞，芳述督兵鏖战，毙贼千余，斩友贵于阵。世瑶将胡国柱、王邦图等以显武将军印招芳述，芳述封送良栋，良栋以闻，诏授随征总兵。

未几，贼陷仁怀、合江。芳述移守叙州，擒贼谍，斩以徇。贼来犯，芳述壁城外真武、翠屏诸山，贼不得逞，潜退马湖，谋出木川、犍为袭成都。芳述诇知之，先率兵至犍为扼其冲，大破贼，蹙击至新增黄茅冈，斩杀过半。降其将夏升、罗应甲等，拔被掠民二千有奇。擢西宁总兵官，仍从征云南。二十年，良栋令为前锋，自洪雅、荣经二县出大象岭之左，败贼关山。时国柱踞建昌，闻关山、大象岭俱失，弃建昌走云南。芳述渡金沙江，会良栋军取云南，夺得胜桥，拔其东西二营，遂克云南。

三十一年，迁贵州提督。四十年，云南总督巴锡疏劾游击高鉴，语连芳述徇隐，芳述亦疏讦巴锡，上遣侍郎温达往谳。芳述应夺俸，免之。四十二年，湖南镇筸红苗作乱，芳述移兵会剿，深入苗地，平糯塘山及葫芦、天星诸寨。疏言：“贵州苗、民杂处，控制尤在得人。保题武职，请以久任苗地、熟悉风土者拣选题补。”诏允行。四十五年，诏奖"芳述久镇边境，驭军有法。现今旧将，罕与比伦"。特加太子少保，授镇远将军。四十七年，卒，赠太子少傅，谥壮敏，赐祭葬。

陈世凯，字赞伯，湖广恩施人。初附明桂王，为忠州副总兵。顺治十六年，川陕总督李国英驻师重庆，世凯来降，授副将衔。康熙十年，李自成余党刘一虎等以数万人犯巫山，世凯击却之。寻从国英进剿，以功加总兵衔。十一年，授杭州副将。

十三年，耿精忠反，浙江总督李之芳驻师衢州，令世凯援金华。甫渡江，闻寇犯龙游，即遣兵驰击，通衢州饷道。既至金华，精忠将阎标自永康、武义来犯，世凯与副都统沃申御之，发炮击贼。既，复与总兵李荣逐贼汤溪，分兵出贼后，而自当其前，获所瘗监军道徐福龙等。精忠将陈重自东阳、叶钟自浦江先后来犯，与副都统玛哈达、石调声督兵击之败走。援义乌，破精忠将周彪。叙功，授温州总兵，加都督佥事。精忠将徐尚朝以数万人逼金华，世凯出城南十二里与战，寇甫集，大呼陷阵，寇溃奔，逐北十余里，杀伤过半。尚朝与精忠将冯公辅合，得五万人，据积道山，立木城石垒。世凯乘大雾进兵，破木城，斩级万余，尚朝败走。

大将军康亲王杰书师进次金华，令世凯及玛哈达、荣规处州。十四年，世凯复永康，进攻缙云，击破尚朝兵，克之。精忠将沙有祥守处州，垒桃花岭拒守。世凯等师三道入，夺岭，有祥走，克处州。尚朝来犯，三战破贼，获其裨将，斩八百余级。移师向松阳，从贝子傅喇塔攻温州。十五年，精忠将曾养性及叛将祖弘勋以四万余人拒我师，世凯与提督段应举奋击，获其裨将。诏傅喇塔进征福建，世凯以所部从。击养性得胜山，破其垒。寇舟屯江山，督兵击之，师行乃无阻，复云和、泰顺诸县。精忠降，世凯还镇温州。十六年，加左都督，予世职拖沙喇哈番。屡招降郑锦将陈彬、刘天福等。二十二年，进拜他喇布勒哈番。朝京师，上奖其绩，谕"辑兵爱民，毋以功大生骄傲"，赐鞍马、袭服。

二十三年，擢浙江提督。上制《圣训十六条》，宣谕士民。世凯请令将卒一体讲读，并援引经史依类附注，为书三卷，奏进颁行。又奏春秋祭文庙，宜令武职行礼。下九卿议行。二十八年，复朝京师，命还任，以疾未行，卒。遣内大臣佟国维、侍卫马武奠茶酒，赐祭葬，谥襄敏。子天培，授都司。累迁至浙江提督。世凯勇敢善战，所向有功，军中呼为陈铁头。

浙中诸将，佐之芳戡乱者，又有李荣、王廷梅、牟大寅、鲍虎、蒋懋勋。荣，字华庵，广宁人。黄岩总兵。廷梅，顺天人。武进士。自督标中营副将迁平阳总兵。大寅，湖广人。镇海总兵。虎，字云楼，山西应州人。初授南赣镇标前营游击。击李成栋有功，累迁浙江严州城守副将。从之芳御精忠，克寿昌。破土寇黄应茂。寻代荣为黄岩总兵。懋勋，浙江临海人。温州总兵。谥襄僖。

许占魁，字文元，陕西蒲城人，流寓辽东。顺治初，从豫亲王多铎定江南，授陕西阳平关参将。六年，土寇赵荣贵拥明宗人森滏号秦王，聚数万人犯阶州。占魁从间道出碧鱼口袭其后，先与定西将军李国翰、临巩总兵王允久期夹击，大破之。迁山西平阳副将。土寇张武挟朱秀唐号魏王，掠闻喜。占魁与游击苗成龙等分道搜剿，战紫家峪，擒秀唐等，斩级百余。累调直隶紫荆关副将。康熙九年，擢延绥总兵，驻榆林。

十三年，提督王辅臣、副将朱裵俱叛应吴三桂，占魁举首龙所与逆书，上嘉之，下部议叙，加都督同知。延绥标兵多应调征四川，龙等窥榆林防守单弱，屡纠众来犯。占魁遣副将张国彦、孙维统，游击谢鸿儒、钱应龙等分道堵剿，自督兵击贼绥德。贼踞城为拒，发炮，毙贼数百。占魁虑贼袭榆林，率维统等还守榆林，令国彦守波罗堡。龙诱波罗营千总刘尚勇等叛，逼国彦，劫夺敕印。国彦阖门自焚死。叛将孙崇雅戕神木道杨三知、知县孙世誉、守备张光斗等，遂踞神木，势张甚。占魁遣子登隆诣阙告急，诏授登隆鸿胪寺少卿，趣将军毕力克图、都统觉和托自大同移师赴援。占魁遣维统、应龙等从觉和托击贼，擒所无算。复鱼河、响水、波罗诸堡，进克神木。毕力克图复绥德、延安，擒崇雅、尚勇等，悉诛之。国彦、三知等并赐恤，从征将弁敕议叙。

占魁疏言："土辅臣嗾朱龙窃踞定边，遂陷绥德、米脂、葭州、神木，贼骑至归德堡，北距榆林仅二十里。臣集阖城官民誓死守城。嗣因临洮、巩昌、延安、庆阳、平凉、汉中、兴安、固原相率从逆，榆林一城独存，饷道隔绝，百姓日食糠秕。臣斥赀购米，计口授食。及大兵既至，道臣高光祉筹措粮需，将士奋勇击贼，克期奏凯，危城得安。皆由文武同心，兵民合力。其在城各官劳绩，祈敕部核议，为固守孤城者劝。"上俞之，俱命优叙。占魁进左都督，予世职拜他喇布勒哈番。寻以疾乞罢，温旨慰留。十六年，擢銮仪使。占魁复以病辞，允驰驿回籍，仍食俸。卒，赠太子少保，赐祭葬视一品，谥恪敏。子登隆，官至云南临安知府。

论曰：顺治初，汉兵降，犹分隶汉军；其后抚定诸行省，设提镇，置营汛，于是有绿营。以绿营当大敌，建戡定之绩，自三藩之役始。蔡毓荣、赵良栋将绿营直下云南诸省，以战伐显著，如国祚辈，皆彰彰有名氏，而治都、芳述功尤著。贞治屯垦，奋起效绩，不烦饷运，盖更有难能者。腹心爪牙，由此其选矣。

卷二百五十八　　列传四十五

希福 珠满　玛奇　额赫讷　洪世禄　彰库
鄂克逊 莽奕禄　沙纳哈　偏图　瑚里布
　达理善　额楚 穆成额　额斯泰 布舒库　塔勒岱
瓦岱 桑格　伊巴罕　沃申 武穆笃
瑚图 玛哈达　杰殷 弟杰都　瓦尔喀

　　希福，他塔喇氏，满洲正红旗人，世居安褚拉库路。祖罗屯，国初以八百户来归，编牛录。父哈宁阿，官巴牙喇甲喇章京。从征锦州、松山。入山海关，逐李自成至庆都。授牛录章京世职。希福初任二等侍卫，袭世职。遇恩诏，进一等阿达哈哈番兼拖沙喇哈番。累迁正黄旗蒙古副都统。
　　康熙十三年，吴三桂反，从大将军顺承郡王勒尔锦赴湖广。陕西提督王辅臣以宁羌叛，分据平凉、秦州，命希福移师守兴安、汉中。十四年，大将军贝勒洞鄂进攻秦州，希福攻克东、西二关。十五年，调守陇州。十六年，迁前锋统领。十七年，命赴湖南，驻茶陵。十八年，攻衡州，夜半薄城下，夺门入，贼烧营遁，城复。擢正红旗满洲都统。
　　时耿精忠将马承荫以南宁降，诏希福率所部赴广西，佐镇南将军莽依图规云南。十九年，承荫复叛，战陶登，大败之。莽依图卒于军，朝命赉塔为征南大将军，希福将莽依图所部以从。至西隆，破石门坎，复安笼所，攻黄草坝，希福屡力战。既至曲靖，复马龙诸城。遣硕塔等下嵩明州，遂会大军围省城。希福率前锋卫击，贼大溃。其党马宝、胡国柱自蜀还救，希福与珠满、桑额迎战乌木山，大破之。宝奔姚安，部卒溃，寻降。国柱奔云龙州，希福追至永昌，截守潞江诸要隘。国柱自度不能脱，缢死。其别将王绪、李匡自焚死。二十一年，擢西安将军。部议追论希福从征长沙战失利，当夺官、削世职。上念希福战功多，命轻之。二十七年，调正红旗蒙古都统。
　　二十九年，噶尔丹寇边，上命裕亲王福全出师讨之，以希福参赞军务，破贼乌阑布通。三十一年，授建威将军，统师驻右卫。三十三年，噶尔丹内犯，将侵根敦戴青，诏希福亟赴图拉备守御。希福疏调大同总兵康调元率三千人偕往，并请发察哈尔兵，上责其疑阻，敕还驻右卫。部劾希福不收八旗运马糜饷，免官。三十八年，卒。
　　珠满，瓜尔佳氏，隶满洲正白旗，先世居乌拉。祖多和伦来归，次子额赫玛瑚任侍卫，攻郑成功厦门，阵没，赠拖沙喇哈番，无子。珠满其兄子也，袭世职，署参领，耿精忠叛，使其党犯南康，珠满从将军尼雅翰击败之。吉安既平，又从莽依图军征广东，入韶州。马宝等来犯，珠满居右翼，奋战，大破贼，宝溃围出。进取广西，破吴世琮，解南宁围。陶登之捷，并败世璠将范齐韩、詹仰等援

兵。从希福征云南，石门坎、黄草坝诸役，战常陷坚。围省城，斩世璠将胡国柄于乌木山。师还，晋拜他喇布勒哈番兼拖沙喇哈番。累迁护军参领。三十六年，出为荆州副都统。三十九年，被命讨川蛮，驻守鸦陇江。四十一年，还本官。会镇筸苗乱，命尚书锡勒达等统师抚剿，以珠满诸兵事，敕共筹战守。抚降三百一寨，唯天星寨犹负嵎，师分四路入，珠满为策应，攻克葫芦寨，余悉平。擢江宁将军。四十六年，卒，进世职三等阿达哈哈番。
　　玛奇，纳喇氏，满洲镶白旗人，其先哈达万汗之族。初授显亲王护卫。累迁镶白旗满洲都统，列议政大臣。上念广西将士劳苦日久，宜番休，命与都统赵琏、副都统洪世禄、祖植椿率师往，并命参赞军务。次柳州，降伪将三十余人。赉塔取云、贵，上趣玛奇进兵，安笼所、黄草坝诸役，并有功。进军曲靖，迭克马龙州、易龙所、杨林城。世璠军壁浑水塘，与嵩明遥应。玛奇分遣兵趋嵩明，乘不备，克其东门，贼启西门遁。乃会贝子彰泰军入省城，屯归化寺。世璠使其将胡国柄等出战，阵斩之，遂合围，与勒贝等夺城西北银锭山。贼炮弹雨下，玛奇挺立当其冲，督兵捣壕筑垒。垒成，俯瞰城内，纵炮，贼不支，内乱，世璠死。与穆占入城抚民，授镇安将军，驻防云南。二十三年，坐才力不及，当免；上命撤云南驻防兵，玛奇率以还京。三十五年，卒。子常赉，自有传。
　　额赫讷，纳喇氏，满洲镶蓝旗人。初任王府护卫，迁巴牙喇甲喇章京。从征云南及平栖霞土寇，有功，擢镶蓝旗蒙古副都统，驻防兖州。耿精忠叛，分兵犯江西，诏参赞简亲王喇布军务。马雄扰广东，命倍道往援。未至，而尚之信谋乱，将犯赣州。额赫讷退守南赣，连破寇寨二十余。会叛将严自明犯南康，围信丰，又击之固镇铺，围解。命参赞莽依图军务，赴韶州。马宝等壁城东山，与额楚击败之。旋奉莽依图檄赴梧州佐傅弘烈，闻祖泽清叛据高州，亟还师次电白。贼殊死守，额赫讷破之，高州平。授护军统领。从莽依图进剿柳州，与勒贝、希福分路击敌，败之。二十年，克安笼所，略定曲靖、罗平。师既克云南，凯旋，调前锋统领，擢镶蓝旗满洲都统，列议政大臣。噶尔丹犯边，命屯归化城。寻召还，以老乞休。卒。
　　洪世禄，瓜尔佳氏，满洲镶红旗人，世居瓦尔喀。祖噶锡屯，归太祖，授世管牛录额真。顺治间，洪世禄嗣职，迁巴牙喇甲喇章京。从征云南，入缅甸。叙功，予世职拖沙喇哈番。康熙十二年，擢镶红旗蒙古副都统。十四年，大将军信郡王鄂扎讨察哈尔布尔尼，洪世禄参赞军务。师至达禄，薄敌垒，布尔尼设伏山谷间，以三千余人出拒。洪世禄等右翼进战，伏起，师有备，尽歼之。布尔尼悉众发火器力战，洪世禄等纵兵分击，大破之。布尔尼收余众屯山冈，洪世禄督兵环射，分道掩杀，布尔尼乃遁走。进世职三等阿达哈哈番。十九年，命与玛奇等益赉塔兵，攻石门坎，赉塔令勒贝等为前锋，洪世禄等继进，破贼夺隘入；攻黄草坝，洪世禄当头队，复力战破隘。师还。二十三年，以老乞休。二十七年，卒。
　　彰库，亦瓜尔佳氏，满洲镶白旗人。父多克索哩，事太宗，从伐明，攻南皮，先登，赐号"巴图鲁"，授世职

牛录章京。顺治间，累进二等甲喇章京，卒，彰库袭，自骁骑校署参领。从将军希尔根讨耿精忠，徇抚州，破精忠将易明；战建昌，阵斩杨益茂等。又击破邵连登长兴山、李茂珠等建昌镇鼓山。从勒贝攻柳州，破世璠将范齐韩、詹仰等。从赉塔下云南，克石门坎、黄草坝，皆在行。又从希福逐世璠将马宝、巴养元，战于乌木山，大破之，宝等降。师还，进世职一等阿达哈哈番兼拖沙喇哈番，授护军参领。累迁至镶黄旗满洲副都统。致仕，卒。子海宝，康熙三十三年进士，官翰林院检讨，袭职。

鄂克逊，富察氏，满洲镶黄旗人。父鄂通武，事世祖，有战功，授拜他喇布勒哈番。鄂克逊袭职。

康熙十二年，吴三桂反，京师闻变，有杨起隆者，诈称朱三太子，私改元广德，号其徒为"中兴官兵"，裂布裹首以白，披身以赤，谋作乱。其徒黄吉、陈益等三十余人，聚正黄旗周公直家，公直，承恩伯全斌子也，家鼓楼西街。公直诣都统祖永烈告变，起隆等遽举火。鄂克逊行过鼓楼，见火，升屋望之，贼皆披甲露刃，遂奔告兵部尚书明珠、都统图海，永烈与副都统觉罗吉哈礼率兵围公直家。贼益纵火，流矢如雨，鄂克逊先入，斩十余人，擒益、吉，悉诛之，独起隆遁去。后七年，图海驻军凤翔，捕得起隆，槛送京师，诛之。

十三年春，以参领衔从定南将军希尔根赴江西，至南昌，寇陷龙泉。石灰澳者，县要隘也，南曰山都澳，北曰河塘澳，寇阻险筑垒相犄角。鄂克逊夺其隘口，破南北诸垒，寇遁，蹑击至曹林，拔十余寨，遂复龙泉。敌来犯，复击破之。十五年，从简亲王喇布及希尔根攻吉安，敌阵于城北，以火器战，鄂克逊劚城垒逐贼，贼堕壕死者甚众。三桂将马宝与韩大任以数万人来援，战于螺子山，我师败绩。鄂克逊被数创，犹力战，马踣，鄂克逊堕，跃而起，手刃数人，复夺马入阵，收战士尸，奔而殿。十七年，大任自万安走福建，鄂克逊与额楚分道逐贼，败贼汀州老虎洞，焚其垒，杀贼六千余。

复从穆占徇湖南。时拉寨、萨克察自安仁赴永兴，被困。穆占令鄂克逊送米及火药济之，贼拒阻，击却之，乃得达。十八年，与三桂将郭应辅、吴国贵战于永州，多所俘馘。十九年，师下贵州，战于新田卫，复进，逐贼镇远，克偏桥、兴隆二卫。穆占令鄂克逊袭取重安浮桥，师得济。二十年，师下云南，围省城，破象阵，鄂克逊夺归化寺东西二垒。师还，授江宁驻防佐领，再迁江宁副都统。四十六年，上南巡，鄂克逊迎谒，陈战绩，擢江宁将军，进三等阿达哈哈番。五十七年，以老乞休。雍正七年，卒，年八十八，谥武襄。

莽奕禄，富察氏，满州正白旗人。曾祖阿布岱，自叶赫归太宗，授牛录章京世职。莽奕禄袭，累晋二等阿达哈哈番。从师征广东，败李定国于新会，进一等。康熙初元，授护军参领。三桂反，诏署统领，从征湖广。以功擢镶白旗蒙古副都统。十九年，从穆占征贵州。时世璠据贵阳，其将韩天福据新添卫，莽奕禄与诸军击却之，复龙里。薄贵阳城，世璠遁，遂克之。二十年，进军平远，贼据西山拒战，又与副都统花色等击败其众，城复。旋下黔西、大定诸城，遂入云南，会赉塔军于曲靖，进围省城。调满洲副都统，参赞赉塔军务。云南平，还，授护军统领，管佐领，擢都统。三十年，出为荆州将军。四十二年，谢病归。寻卒，谥敏肃。雍正时，命改入正白旗。

沙纳哈，伊尔根觉罗氏，满洲正黄旗人。顺治六年，从征大同，克左卫，先登，赐号"巴图鲁"，授拜他喇布勒哈番兼拖沙喇哈番。旋署甲喇额真。从将军伊尔德下浙江，克舟山，进三等阿达哈哈番。移师福建讨郑成功，率师为前锋，以舟进。俄，舍舟登陆，战失利，面及项中三矢，师退。吏议夺赐号、世职，以受创重，免籍没、鞭责。顷之，还拜他喇布勒哈番，授西安驻防佐领。已，命还京，授参领。

康熙十三年，精忠叛，出师江西，败易明于抚州。贼自建昌人，奉希尔根檄率前锋兵百，会两蓝旗兵击却之。叛将杨富弟杨三与李茂著以万余人掠抚州，与护军统领瓦岱进攻，大捷。三、茂著中箭堕水死。从甘乐进兵瑞州，寇万五千人自上高扼金浦。与桑额疾击之，克上高。阮国栋据新昌北山，复与诸将会击，斩四千余级，新昌亦复。进规萍乡。

三桂将夏国相等以一万三千人据来龙山，结寨十二，师环攻之，贼败溃；沙纳哈截杀之，脱者仅四百。十八年，兵进次湘潭，贼遁走。迁正黄旗蒙古副都统、前锋统领。其秋，国相屯武冈双井寨，使马宝等以二万四千人拒战。沙纳哈将三百人进击，贼披靡，逐北至枫木岭。二十年，师至盘江西坡，击败世璠将线缄，遂入云南。世璠以象阵拒师，沙纳哈大败其众，追迫城下，斩其将胡国柄等九人。云南平。擢正黄旗蒙古都统，列议政大臣。二十六年，谢病归。寻卒，恤如制。

偏图，李氏，汉军正白旗人，隶内务府。康熙十三年，以奉宸院催长从军陕西，授都司衔，旋授督标游击。十四年，土寇李长腿以千余人攻淳化、三水，掠三原，偏图与游击缴应善将六百人自泾阳逐贼至红水沟，俘四十余，获旗械、骡马以归。又率绿旗兵从将军阿密达出瓦云驿，与副都统鄂克济哈率满洲兵共趋泾州，贼据隘，数战破之。进薄城，贼出拒，击斩三百余级，遂克之，斩王辅臣将卫民誉。又从护军统领舒淑攻灵台，破辅臣将马瑞轩，拔陶家堡，斩百余级。又与鄂克济哈略庆阳，招降二十余寨。入宁州，破辅臣将魏虎山、冯嘉德等。还军泾州，又破贼镇原。

从大将军贝勒洞鄂攻辅臣平凉，贼筑垒高阜；将二百五十人，与护军统领阿哈多等仰攻，破之。十五年，援商州，克山阳，破辅臣将李茂荣于宽平里，斩百余级。复援三原，战西阳镇，逐贼至凤凰山，出陷贼难民百余。寻从大将军图海攻平凉，屯虎山墩，断粮道，辅臣降。十六年，授督标副将。十七年，从征兴安，贼据岭堑壕树栅，偏图自窑儿沟出岭后毁垒，逐贼至香泉。十八年，攻破梁河关，克兴安及汉阴、石泉诸县。

十九年，命从将军赵良栋南征。二十年，命增置云南随征总兵，以授偏图。吴世璠将胡国柱以二万余人屯马湖拒守，良栋檄偏图坚守雅州，徇荣经，斩百二十余级。从良栋军克关山关，下黎州，夺大流河隘口。逐贼火场坝，深入山谷中，降世璠将蔡国明、戴圣明、于登明、杨泗等，复越嶲、建昌。渡金沙江，破石虎关。遂攻会城，夺玉皇阁及土桥、东寺、西市三市街，城旋下。二十一年，授永顺总兵。叙功，加左都督。三十年，朝京师，擢云南提督。四十五年，复朝京师，赐孔雀翎。五十年，迁镶白旗汉军都统。五十五年，卒。赐祭葬，谥襄敏，予世职拖沙喇哈番。

瑚里布，赫舍里氏，满洲正红旗人，世居和穆多哈连。父吴巴海，归太祖，授牛录额真。瑚里布袭。天聪间，擢一等侍卫，噶布什贤章京。事太宗，屡从征伐。顺治元年，英亲王阿济格讨李自成，瑚里布率正红旗前锋兵从。二年，师次绥德，贼乘我未列阵，掠我马数十。瑚里布追及之山巅，击贼溃，以所掠马归。自成走湖广，师从之，克安陆。瑚里布破贼，得其战舰。逐自成至九宫山，五战皆胜。以功授世职拖沙喇哈番。

三年，肃亲王豪格讨张献忠，师将至西充，令瑚里布与参领席卜臣率前锋四十人，持橄先驱。遇贼骑，突前冲击，斩三十余级，俘二人。薄献忠垒，斩其执纛者，师继进，与战，遂殪献忠。瑚里布复与都统准塔下遵义，战壁山，破贼。六年，从征湖广，攻湘潭，徇衡州，皆有俘馘。以功进世职三等阿思哈尼哈番。累擢正红旗满洲副都统、右翼前锋统领。

十五年，从信郡王多尼南征。十六年，师克云南，明桂王走缅甸。与左翼前锋统领白尔赫图率兵趋永昌，渡潞江，战磨盘山，克腾越，穷追至南甸，师还，追论磨盘山战时都统沙里布战死，瑚里布弗及援，功不叙。康熙十二年，圣祖加恩诸旧将，瑚里布加太子少师。

吴三桂反，授都统赫叶安西将军，改瑚里布护军统领为之副，率禁旅自西安进。十三年，趣瑚里布与前锋统领穆占驰援四川。师次汉中，寇屯阳平关，攻克之。迭破七盘、朝天二关，进攻保宁，三桂将吴之茂拒守，与相持。上命大将军贝勒洞鄂西征，瑚里布参赞军务。王辅臣叛应三桂，命瑚里布引兵自汉中还驻西安。寻又命瑚里布从洞鄂攻辅臣，克秦州。进围平凉，久不下。十五年，以大学士图海代洞鄂为大将军，瑚里布罢参赞，留军听调遣。十六年，卒于军。

达理善，那木都鲁氏，满洲正黄旗人。其先世岳苏纳，与绥芬路长明安图巴颜同族，归太祖。达理善其四世孙也。崇德间，以闲散隶骁骑营。从征明，攻济南，树云梯以登，达理善为第三人，克其城，赐号"巴图鲁"，予世职三等甲喇章京。复从征明，围锦州，战松山、杏山间，屡破敌。

顺治三年，从梅勒额真珠玛喇、和托等驻防杭州，击败明将方国安，屡战皆捷。五年，从讨叛将金声桓，复南昌。累进世职一等阿达哈番兼拖沙喇哈番，授甲喇额真。十五年，从征云南，攻元江，克之，得明桂王将高应凤，进世职三等阿思哈尼哈番。

康熙二年，以老乞休。十三年，王辅臣叛，请自效，命署本旗副都统，率师赴西安。十四年，次陇州仙逸关，辅臣屯平凉，遣其将高鼎、蔡元以四千人迎战。达理善与前锋统领穆占等共击之，鼎、元败走，克关山关。师自清水进，夺渭河桥，次秦州。城寇出战，达理善纵兵夹击，寇败入城，分兵克东关。叛将吴之茂以万人援平凉，逼秦州立寨，城寇八千余出应，犯我师。达理善已病，犹督兵力战，大破贼。寻卒，赐祭葬，谥武毅。事定，兵部叙功，上谕曰："达理善巴图鲁以老乞休，复请从军，尽心效力，卒于行间。"复加拖沙喇哈番，合为二等阿思哈尼哈番。

额楚，乌扎拉氏，满洲镶黄旗人，先世居萨哈勒察。顺治初，从内大臣和洛辉出师，驻防西安。降将刘洪起以西平叛，树云梯攻城，护军昂海先登，额楚继之，遂克其城，授牛录额真。进迭三等阿达哈哈给番。从军贵州还，适郑成功犯江宁，遂自荆州驰救，大破成功，进二等。再迁江宁副都统。康熙七年，迁将军。

耿精忠之叛也，徽州所属多附贼，移师规绩溪，破之，克徽州。贼据休宁新岭，分兵夹击，长驱复婺源。诏进征饶州，攻乐平，薄东门，贼出窜，追袭之，俘斩过半。进攻鄱阳，遂定饶州。叛将陈九杰遁入鄱阳湖，毁其舟十余。次万年，至石头街渡口，与贼夹水而军。额楚自出挑战，而潜使骑兵济上游，绕贼后衷击，俘九杰，诛之。万年复，并克安仁、弋阳。

上复命赞简亲王喇布军，军南昌。会吴三桂遣高天杰陷吉安，与将军哈勒哈齐攻之，克外郛；马宝、韩大任等来援，额楚迎战于螺子山，我师败绩。宝闻长沙被围，乃引去。坐失机，罢官，留世职，仍领江宁兵赴广东。宝等复犯韶州。师次莲花山，贼逼营，城兵出应，战，破贼，遂与勒贝守韶州。寻命与莽依图合军进。叛将祖泽清复以高州应贼，诏趣额楚自肇庆兼程进，至藤县，遇大疫，士马多死。疏请增遣备御，未至而寇集，城陷。与勒贝进解南宁围，还江宁。十九年，卒。

穆成额，那木都鲁氏，满洲镶红旗人。父喀喀禅，西安将军，有勋劳（语在《康古里传》），授三等精奇尼哈番。穆成额袭职。精忠叛，命署副都统，从征南将军希尔根下江西，分守南昌。三桂自长沙遣将犯袁州，与总兵赵应奎赴援，败贼西村，规万载，斩其渠邱以祥，城复，遂克安福。精忠将刘进忠构郑锦扰濒海郡邑，上先后命尼雅翰、舒恕率兵赴广东，以穆成额参赞军务，克始兴，枭通贼守备李光明。尚之信以韶州、南雄叛，退保南安、赣州，克万安、南康，频有功。上命舒恕守赣州，而以莽依图代其任，穆成额参赞如故。广东定，从莽依图下粤西。三桂遣将分犯浔州、梧州、桂林、平乐，与额楚、勒贝、傅弘烈并力讨之。次郁林，战失利；还守藤县，寻复陷。坐免官，籍没。未几，卒。

额斯泰，富察氏，满洲镶白旗人，大学士额色赫弟也。初任一等侍卫。康熙三年，擢副都统。九年，授护军统领。

吴三桂反，命顺承郡王勒尔锦帅师讨之，以额斯泰参赞军务。三桂兵自贵州出，湖南南境皆陷。诏与护军统领伊尔都齐简锐先发。十三年二月，师次荆州，常德、长沙皆陷。三桂将刘之复、陶继智率万余人犯宜昌，夹江而垒。额斯泰自荆州赴援，与总兵徐治都率舟师横江截击。战甫接，贼潜以三百人扰我师后，我师分击败之，得贼舟三，贼败走。

师进次岳州，三桂时屯澧州，其将吴应麒、廖进忠、柯铎、高起隆据岳州。马宝、胡国柱率二万人会于澧州，水陆岔集，设鹿角阻我骑兵。额斯泰与贝勒察尼等议，令前锋先夺山冈扼贼吭，继乃分路截击，夺据城陵矶及七里桥，俾首尾不相顾。至期，闻贝勒营吹角，额斯泰率战舰进，众乘之，贼大溃。

是岁冬，命参赞贝勒尚善军务，规岳州，与贼相持久。十五年二月，诏趣尚善进兵。尚善乃令额斯泰督所部水陆诸军以进。贼舟列阵洞庭，贯以铁锁，额斯泰率锐卒冲其北，使副都统路什击其南。战甫交，额斯泰麾纛进，炮矢雨岔，卫卒死者五人，额斯泰不为动，进如前，手刃数十人，遂克君山，获贼舟五十余，诏嘉之。十六年，卒于军。师旋，追论征岳州迟留不进，坐籍家产，上宥之。

额斯泰伟干有雅量，恤军爱民，谙韬略。尝图滇、楚陇塞，悬壁谛视。既寝疾，犹强起视事，卒日，军民为位哭，哀动郊野。孙傅鼐，自有传。

布舒库，吴鲁氏，满洲正黄旗人。父纳尔泰，官牛录额真。从征大同叛将姜瓖，率子噶尔珲、纳什库力战，阵亡。布舒库其长子也。以巴牙喇壮达从征江西、云南，战常陷坚，授拜他喇布勒哈番。康熙初，授参领，擢正黄旗蒙古副都统，列议政大臣。韩大任据吉安，上命参赞简亲王喇布军务。次永丰，大任兵至，与提督赵赖同击之。贼退守山寨，布舒库缓师诱之，弗应。相持月余，大任引去，追斩千余级。大任走福建，又与哈克三追剿，连破之老虎洞、鞍子岭，贼势以蹙，大任降。还征湖南。互详《哈克三传》。贼犯永兴，穆占令守河岸，贼不能进。遂从穆占取耒阳，进规常宁。与塔新岱数败贼，逐北翟里桥，去永州四十里。又从穆占攻城，贼大溃。与简亲王喇布会师武冈。十九年，授正黄旗满洲副都统。击败马承荫，克雒容，承荫复降。旋卒，谥刚壮。

塔勒岱，博和里氏，满洲镶白旗人。初授噶布什贤壮达。康熙初，从征缅甸，授前锋侍卫。三桂叛，从军，从穆占逐贼野狐岭。贼隐深林中，出步骑诱战，发其伏，歼之。克阳平关，进次保宁蟠龙山。师败引还，两遇贼，击之败去，予拖沙喇哈番。从讨王辅臣，战陇州，进围秦州，克之。遂趋平凉，屡捷。十五年，命从穆占移师湖南，驻攸县，击败三桂将王国佐。又败黄士彪、裘万宝于郿县、桂阳州；败吴国贵、吴应麒于永州、沅州。凯旋，授护军参领。擢镶白旗蒙古都统，进拜他喇布勒哈番兼拖沙喇哈番。二十五年，卒，谥勇壮。

瓦岱，钮祜禄氏，满洲镶黄旗人，额亦都孙也。父敖德，事太宗，分额亦都旧辖人户，益以新附瑚尔哈部众，授敖德世管牛录事。屡从征有功，授二等阿达哈番。瓦岱其第三子也。初任侍卫，署巴牙喇甲喇章京，从征云南、湖广有功，即真。

康熙十三年，耿精忠叛，命署护军统领，从安亲王岳乐援江西，所至为军锋。次抚州，战钟家岭，被巨创。寇夜袭营，仍力战却之，并击败精忠将易明等。又战瑞州北山，抚定东乡。移师徇建昌，精忠将邵连登拥众可八万，因山为垒，负险抗拒。瓦岱与将军希尔根分阵山下，鸣角仰攻，多所斩获。连登中矢，余溃，复绝其归路，得贼舟六十余。遂下建昌，乘胜克新城。十五年，复萍乡，进规长沙，仍为军锋。战南桥、齐家峒，皆捷。十八年，克长沙，以次下衡州、宝庆，并歼贼于武冈，克其城。渡紫阳河，贼分据渡口，瓦岱俟诸军进战，引兵袭其后，夹击之，贼大败。湖南平。授护军统领，予世职拖沙喇哈番。

二十一年，授江宁将军。二十三年，车驾南巡，嘉其居官廉，赉御用袍，并白金千。二十四年，召授镶黄旗满洲都统，以博济代之。谕曰："将军、副都统与地方官多不相能，唯瓦岱克谐众志，尔当效之。"既至京，任议政大臣。

二十七年，湖广大裁兵，夏逢龙倡乱，命为振武将军往讨之。师至黄州，逢龙所署置总兵赵得等迎降，胡约谦等复献武昌、汉阳二城，诸生宜畏生执逢龙以献，磔之，并诛其党与，班师。

三十年，诏授定北将军，率师赴图拉，追击噶尔丹至克鲁伦河。三十一年，命偕都统班达尔沙督理达勒鄂莫、瑚尔鄂莫屯田。坐督耕不勤，免官，削云骑尉。寻卒。

桑格，喜塔腊氏，满洲正白旗人，库礼子。桑格以三等侍卫袭世职一等阿达哈番兼拖沙喇哈番。善射，擢一等侍卫。康熙十五年，授护军统领，从希尔根赴江西。上谕以江西为粤东咽喉，江、浙唇齿；兵民持两端，当协同将军领重兵进剿。至则攻易明于抚州，授贼自建昌至，倚城结垒，合城寇拒战。桑格夷其垒，明遁，州复。明复来犯，再败之。希尔根移师入城，桑格出至碣石，遇贼，战大捷。连克上高、新昌、东乡诸县，击斩连登，明遁，遂下建昌。

吴三桂将夏国相据萍乡，桑格会诸军并进，战来山，连破十二寨，国相奔长沙。十八年，克长沙。御制诗宠异之，有"百战威名早已扬"句。湖南上游，惟武冈枫木岭与辰州辰龙关皆天险，为入贵州要道。三桂将吴国贵、马宝据武冈，桑格与伊巴罕督兵攻之，鏖战三昼夜，国贵中炮死，余溃走，遂克枫木岭。二十年，以佥职罢官。

三十五年，上亲征噶尔丹，诏署护军统领。师至克鲁伦河，请追击逸寇，与平北将军马思喀进次乌兰西路。噶尔丹已败，收集降众，护送至张家口。还京，复护军统领原品。三十八年，卒。

伊巴罕，格济勒氏，满洲正白旗人，世居雅兰。其世父舒珠，从征黑龙江有功，授拜他喇布勒哈番。无子。伊巴罕袭。初任三等侍卫，改刑部郎中兼佐领。累进二等阿达哈番。嗣以护军参领援江西，击走建昌贼及抚州援寇，复新昌、萍乡。枫木岭之捷，功最，擢前锋统领。出为盛京将军。康熙二十四年，征还，复授前锋统领。二十沃申，钮祜禄氏，满洲正红旗人。崇德时，以噶布什贤兵从伐明锦州，克松山。顺治元年，从入关，平保定，进征山、陕，授拜他喇布勒哈番，赐号"巴图鲁"。平舟山有功，加拖沙喇哈番。累迁杭州副都统。

康熙十三年，耿精忠叛，浙东告警，与总督李之芳赴衢州御之。寻徙守金华，精忠将阎标自温州来犯，辄败走。又遣将焚浦江寇垒，遂会贝子傅喇塔取台州，道义乌，遇精忠将赵明卿，击败之。十四年，精忠将林冲等据仙居，师三路入，战白水洋。沃申纵兵张两翼，令营总萨木哈将左，侍卫卦塔将右。战移时，贼坚持不退，沃申直前击之，连破二垒。太平贼闻我师至，就叛将曾养性乞兵以守。时夜将半，沃申三面梯攻，缺其西而隐卒城外以待其逸。黎明，贼果启西门遁，伏起，大溃。

师入仙居，寇水陆扼险守，沃申诇知有路通黄岩，可袭其后，伐木凿石，开道以济师。夜达黄岩，贼大惊，遣其党吴长春扼半山岭，沃申身先士卒，大破之。进梁蓬隘口，又大败其众。养性奔福建。十五年，构瑞安石塘贼分路入寇，与副都统吉勒塔布先后击退之。其夏，傅喇塔被命征福建，沃申从。浦城为四达要衢，入福建捷径也。精忠将连登云以二万余众守隘，沃申攻夺山寨，武穆笃等乘雾直捣其巢，复云和。精忠降，沃申守延平。亡何，郑锦势益炽，使其将吴淑取邵武，薄延平，顿木城、新屯渡口，别遣率潜扰浦塘隘口。沃申率师破之，乘势渡河攻木城，贼溃走，遇其将杨德来援，又败之小河岸，斩万余人。邵武、汀州相继复。泰宁、建宁、宁化、长汀、清流、归化、连城诸县以次皆降。其将朱宁入海，据石井寨。

十六年，师分三路入，沃申进自东路，克清寺。十七年，寇万余人逼漳州，其将刘国轩壁于河为犄角。城兵寡，沃申以千余人赴援，瑚图分道亦至，大破之。贼退据长泰，谋犯南靖，顿蜈蚣山。沃申与瑚图并力迎击，自辰至未，贼大溃，弃寨走，克长泰。贼退据江东桥，截漳、泉路。沃申与浙江提督石调声力战，攻桥东岸，自长泰深入奋击之，贼遁去，江道乃通。

十八年，锦将林盛据东石，其地近泉州，为金门、厦门屏蔽，三面皆海，寇婴城固守。沃申精选前锋，架云梯，乘潮落亟进，亲薄壕指麾，遂拔东石。十九年，锦将林深与我水师相拒，别遣将扼大定、小定，梗我舟行道。会泉州无舟，沃申自陆路取大定，夺其中营；追至小定，贼遁，燔其巢。适海澄已下，乘胜渡海取尾高溪，与漳州兵夹攻，寇屯金、厦者皆窜出大洋。师还，沃申留守泉州。初江山之陷也，积骸盈野，议者颇咎之。守金华，奉檄取温州，赴事ух缓；守台州时，小梁山寇势盛，未能击。廷臣追论其罪，坐免。沃申在行间久，大小凡九十余战，身被创二十余处，一时称骁将。三十年，卒。

武穆笃，富察氏，满洲镶黄旗人。初任巴牙喇甲喇章京。从伐明桂王，自贵州入云南，击败其将李成蛟于凉水井、李定国于双河口；进至卢噶，定国列象阵拒战，大败之，追至磨盘山，又大捷：授拖沙喇哈番。又剿山东土寇

于七，有功，授前锋参领。精忠叛，从将军傅拉塔率师自浙江下福建，次台州。贼壁黄瑞山，谋犯天台，其地当江北，为水陆咽喉。武穆笃与吉尔塔布、塞白理悉力攻克之。师至凉蓬隘口，杀伏贼几半，贼夜遁。武穆笃追至于黄土岭，贼溃退黄岩，师围城，曾养性遁走，城复。师至上塘岭，养性拥众三万拒战，武穆笃统前锋冲击，大败之，身被数创，获甲械无算。太平、乐清、青田三县，大荆、磐石二卫相继收复。石塘岭之役，功最。康熙十七年，创发，卒于军。丧还，遣侍卫内大臣奠茶酒，命赐恤视前锋统领，进拜他喇布勒哈番，谥襄壮。

瑚图，洪鄂氏，满洲镶白旗人。以巴牙喇壮达从征湖广、福建，屡有功。康熙二年，授江宁协领。八年，擢副都统。

十三年，耿精忠叛，命与副都统玛哈达率所部赴杭州，参赞平南将军赉塔军务。精忠将马九玉遣别将胡锦等犯衢州，与副将王廷梅等击败之，复破贼大沟源、焦园、红桥诸处。十四年，九玉屯衢州西南，夜渡水袭我军；与廷梅往击，败之杭埠。九玉复遣别将李廷桂军元口村，设木城，绝我粮运，并据东西山为犄角。瑚图分兵击之，燔其木城，贼败走。十五年，覆其兵大溪滩，江山复。九玉奔常山，瑚图进围之，遁去。逐至江西玉山界，克常山，进拔浦城。及精忠降，随军驻福州。

郑锦将徐耀以三万人至乌龙江南，军小门、直凤诸山，又与总兵董大来夹击之，破其垒十四，贼大溃，进驻泉州。土寇数谋乱，辄败去，徙守漳州。十七年二月，寇陷石玛，逼海澄。从黄芳世赴援，败寇弯腰树、观音山，寇收余众垒石玛拒师。逾月，寇舟二百乘潮至，与石玛寇相表里，将夹击我军。瑚图从芳世坚守，潜令总兵黄蓝袭其后，击之，毁其舟九，寇保垒。海澄围解。时漳州兵少，瑚图昼夜循徼不少休。锦复连艑数百，蹈窥入东关，炮击之退。已，复至，构山寇蔡寅扼天宝山，截我饷道。瑚图督战，焚其船，寇殊死战，不少却。会芳世援师至，乃遁去。

未几，刘国轩、吴淑复破海澄，陷长泰，饷道又阻。瑚图以八百人扼要路，淑率万余众逼漳州，国轩夹水而军为击援。值副都统沃申率师至，瑚图从赉塔分路进击，至蔗林，遇伏，师少却。瑚图斩却退者三人，众乃奋进，连破十六营。寇退据长泰，谋犯南靖。瑚图引兵进，寇以兵五万分军龙虎、蜈蚣二山，复与沃申麾众力战，寇乃败，弃营走，遂克之。然寇犹据江东桥不退，赉塔军其西，而令瑚图、沃申与提督石调声取桥东岸，乃间道逾朝天岭，过龙江口，深入寇军奋击。寇弃寨，走入舟，据桥口，急击之，寇出江道。漳、泉路始通。国轩还海澄。

十八年，寇顿虌头山，复数窥江东桥，谋断我后路。师分四路入，瑚图与副都统玛思文为一路，击败之。十九年，攻克玉环各寨。寇败窜厦门。海澄再复。随赉塔赴潮州，再战破贼。闽、粤平，还江宁。二十三年，擢杭州将军。二十六年，卒，诏奖其清慎，予恤，谥敏恪。

玛哈达，佟佳氏，满洲正白旗人，礼部承政巴都里孙。

康熙七年，自参领擢正白旗满洲副都统。吴三桂反，诏守兖州，徙安庆。精忠叛，赴浙参赞费塔军务。时大将军杰书至金华，精忠将陈重自东阳来犯，玛哈达与都统石调声等败之山口村小河岸，追击至郑家店。俄，精忠将徐尚朝拥众五万人犯金华，距城十二里结寨，玛哈达与台吉察浑、都统巴雅尔、总兵李荣等分兵击败之。精忠将张元兆以二万人屯寿溪，又与巴雅尔、荣移兵击之，破垒十八，斩兆元及其众二千余。尚朝复据积道山，与总兵陈世凯等乘雾进兵，破其木城。十四年，击精忠将沙有祥等于桃花岭，复处州。尚朝、有祥等又来攻，复与察浑、荣、世凯分兵击败之。十五年，擢杭州将军。杰书下福建，玛哈达从费塔自衢州率兵先驱。大溪滩、仙霞岭诸役，战常陷坚。进复建宁、延平，还杭州。论功，予三等阿达哈番。二十三年，召授正白旗满洲都统。坐补官徇情，罢，遣戍黑龙江。二十八年，卒。

杰殷，韩氏，满洲正红旗人，其先为朝鲜人。父义，归太祖，授世职一等参将。杰殷初授一等侍卫，累迁正红旗满洲副都统。康熙十一年，迁护军统领。十四年，察哈尔布尔尼叛，从内大臣佟国纲率师驻宣府。王辅臣叛，上命将军毕力克图率师驻大同，以杰殷参赞军事。土寇朱龙据榆林，毕力克图移师讨之，次谢村，分兵为三队，杰殷乘夜先发，黎明次河岸。贼三千余据杨家店渡口，杰殷督兵渡河击贼，贼溃，克吴堡，遂趋绥德。贼屯虎尔崖山口，杰殷督兵仰攻，殪其裨将，俘七十余人，进破卧牛城，复米脂、延川诸县，复进收延安及诸属县，并定宜川县境二十六寨。再进攻平凉，大将军贝勒洞鄂令杰殷领左翼兵为前锋，辅臣以万余人列阵迎战。杰殷督兵捣其中坚，战自巳至未，凡三胜，复分兵环击，歼馘甚众。自是屡击却辅臣兵。

十五年，吴三桂将吴之茂以万余人屯秦州，为辅臣声援。洞鄂令杰殷移师御之，战谷口山崖，斩五十余级。与将军佛尼埒、提督王进宝会师。议出贼后断粮道，杰殷督兵先行，战罗家堡、战盐关、战三十里铺，屡击败之茂护粮兵。之茂扬言将断临洮、巩昌道，杰殷移师伏羌，战平头山、战马坞，又屡击败之茂护粮兵，破其垒，克通渭，还驻秦州。大将军图海下平凉，之茂引兵走。杰殷与佛尼埒率师夜追之，及于牡丹园，力战破阵，克祁山堡。之茂别部兵自西和至，败之祁山嘴，又败之清阳峡。选轻骑逐之茂，及于石牙儿关，之茂以二十人越山遁，斩五千余级，俘五百余人，克礼、西和二县。

三桂将王屏藩走阶州，督兵追之，降其兵三百余，复还驻秦州。十九年，攻保宁，克顺庆，并复所属州县，进驻成都。寻卒，赐祭葬，予世职拜他喇布勒哈番。

弟杰都，顺治十六年，以巴牙喇甲喇章京从将军达素徇厦门，破郑成功舟师。康熙十三年，从前锋统领穆占自陕西入四川，破之茂裨将石存礼于朝天关；趋保宁屯蟠龙山，屏藩引众劫营，绝我师饷道。师引退，杰都殿，力战，死之，予世职拜他喇布勒哈番兼拖沙喇哈番。

瓦尔喀，完颜氏，满洲镶红旗人。初任噶布什贤壮达，称骁勇，中创不少却，数被优赉。崇德时，从贝勒岳托伐明，攻怀来、宝坻，略山东，攻克海丰，并先登。又从贝勒阿巴泰攻范县，薄城，以矛凿垣为磴，缘而上，克之。顺治初，从肃亲王豪格徇四川，数击败张献忠兵。有护军阿纳海者为敌困，瓦尔喀策马突前，格杀二人，翼之出。与梅勒额真乌拉禅驻防大名，击土寇。累进三等阿达哈哈番，授工部理事官，董修宫殿，进一等。十六年，署噶布什贤章京。从固山额真卓洛驻云南，讨平元江土司。康熙元年，还京，授参领，兼督捕理事官。迁西安副都统。七年，擢将军。

十二年，吴三桂反，湖南、广西皆应。命瓦尔喀偕佛尼埒赴四川备守御，许便宜行事。师次汉中，分三道入，击叛将谭弘野狐岭，发其伏，歼之。乘胜复阳平、七盘、朝天诸关，先后斩万余级，获旗帜、器械称是。时贼据保宁，师进逼，凿壕堑与相持，久弗下。瓦尔喀遘疾，卒于军，谥襄敏。寻追论保宁不疾进兵，又守隘弗严，损将士，部议追夺官阶、世职，并削谥。

论曰：希福将莽依图所部，转战下云南，功最多，鄂克逊、偏图等皆与攻云南，而偏图留镇三十年，抚定创夷。瑚里布、达理善以夙将从军，额楚战广西，额斯泰战湖南，瓦岱战江西，沃申战闽、浙，杰殷、瓦尔喀战川、陕，皆有功绩。是时倾禁旅以出，八旗将士敌忾策勋，斯其尤炳著者也。

卷二百五十九　　　列传四十六

**宜里布　哈克三　阿尔护　路什
雅赉　扩尔坤　王承业**王忠孝

宜里布，他塔喇氏，满洲正白旗人，阿济格尼堪子也。初授兵部副理事官。顺治八年，袭三等伯爵，兼管牛录。恩诏进一等伯。擢刑部侍郎，调吏部。郑成功据台湾为乱，议者请当徙濒海居民入内地，以避剽掠，绝接济，命宜里布与尚书苏纳海历江南、浙江、福建勘疆界。既定，还京师，擢正白旗蒙古都统。康熙七年，调本旗满洲都统，列议政大臣。

吴三桂反，十三年，大将军顺承郡王勒尔锦率师讨之，以宜里布参赞军务。既至荆州，三桂自常德攻陷松滋，襄阳总兵杨来嘉、副将洪福叛附之，壁毂城、郧阳间，窥视郡邑，诏宜里布守宜昌。十四年，来嘉等犯南漳，顺承郡王承制授宜里布讨逆将军印，与副都统根特往援。来嘉等引退，旋复犯均州，垒武当山下，宜里布督兵击之，斩千余级，来嘉等复引退。

时三桂屯松滋北山，缘江置战舰，谋水陆并进。命宜里布与都统范达礼等守襄阳、均州诸处。三桂遣其将张以诚与来嘉等寇南漳，宜里布与总督蔡毓荣分率劲旅夹击，斩三千余级。十六年,命与将军穆占率荆州满洲兵自岳州下长沙,克茶陵。三桂兵奔攸县,宜里布追击之,斩四千余级,俘百余,克攸县。

十七年,穆占师进克郴州、永兴诸处,驻师郴州,而令宜里布守永兴。三桂遣其将马宝、胡国柱等来犯,与副都统哈克三督兵御之,力战,殒于阵。丧还,遣内大臣奠茶酒,复遣侍卫谕其母曰:"宜里布侍朕久,深知其为人。出师有劳绩,方谓功成奏凯,即可相见。忽闻阵没,凄怆痛悼!尔家贫,予白金六百为治丧资。"赐祭葬,谥武壮。子阿什坦袭爵。

哈克三,佟佳氏,满洲正蓝旗人。父法萨里巴图鲁,以骁骑校从征战没。哈克三初授礼部笔帖式,累迁员外郎。顺治十四年,改授巴牙喇甲喇章京。康熙二年,李自成余孽李来亨等据茅麓山,剽掠为民害,从将军穆里玛等讨之。贼入山,哈克三从巴牙喇纛章京堪泰自山后进,大破之;复与总兵于大海夹击,多所斩馘,来亨自缢死:擢正蓝旗蒙古副都统。十二年,调满洲副都统,寻迁护军统领。

十四年,察哈尔布尔尼叛,大将军信郡王鄂扎率师讨之,哈克三参赞军务。师次达禄,布尔尼列阵以待,而隐兵山谷间以诱我师。土默特兵遇伏,哈克三力御败之。复督骁骑突贼阵,贼溃奔,斩馘甚众,布尔尼以三十骑遁。叙功,授三等阿达哈哈番。

十六年,大将军简亲王喇布讨吴三桂,哈克三参赞军务。三桂将韩大任据万安,哈克三与副都统雅沁等分道进,大任渡河走。哈克三以山径隘不容骑,请调绿旗兵守隘,断贼饷道,上责其稽延,敕穷追毋纵入楚。贼窜兴国山中,追击之黄塘、新田铺,师舍骑而徒,奋击,贼大溃。复选轻骑夜逐贼至姜坑岭,贼据险自保,哈克三分兵环攻,斩千余级。大任等收余众走福建,屯老虎洞。十七年三月,与都统巴雅尔,副都统锡三、雅沁、布舒库等分队夺隘,斩六千余级,获所置总兵以下三百余。大任穷蹙,率众诣康亲王军降,哈克三还吉安。旋命赴湖南,与将军穆占会师驻郴州。三桂将马宝、胡国柱攻永兴急,穆占令哈克三率师赴援,与都统宜里布力战,同殁于阵。丧还,遣内大臣奠茶酒,予白金五百治丧,赐祭葬,谥武毅,进世职一等阿达哈哈番兼拖沙喇哈番,无子,以弟之子巴尔泰袭。

阿尔护,富察氏,满洲镶红旗人,世居辉发。父鄂拜,国初来归,管牛录。从入关,击走李自成。复从征福建有功,予世职一等阿达哈哈番。累迁镶红旗蒙古副都统。阿尔护初授王府长史。

康熙十三年,命署副都统,与将军坤巴图鲁率师出驻汝宁。其冬,吴三桂将王屏藩等自四川窥陕西,提督王辅臣叛应之。与坤巴图鲁赴西安,十四年,将五百人守宝鸡。贼来犯,击之,败去,追至天王村,抚绥归州十二堡,降其贼七、兵千余。八月,诏分将军佛尼埒兵六百授阿尔护,守栈道诸险要。与三桂将彭时亨战仰天池,大捷。出蚂蚁河口,望见贼营分立九龙山,即以锐师宵加之,贼大溃。十月,三桂将石存礼等拥众八千出栈道,据益门镇口,分七营窥宝鸡,兼为王辅臣声援。阿尔护令军中曰:"有能攻克隘口者,赏与克州县城同。"军士气奋,分三道上,直捣其巢,力战,自巳至未,七营尽破,追奔十数里,射殪其将,获旗帜、器械无算。迭破贼仰天池山下,及益门镇东邵家山、黄儿子沟、沈家坡诸处,自是贼不敢出栈道。

十五年,授镶红旗蒙古副都统。从将军穆占移师湖广。十六年,三桂将吴国贵犯长沙,力战,死之。事闻,谥敏壮,予三等阿达哈哈番。

路什,纳喇氏,满洲镶黄旗人,世居章甲城。父克恩,归太祖。路什以骁勇称。崇德七年,师入兖州,以云梯攻城,路什先登,克之,赐号"巴图鲁",予世职游击。

顺治初,以甲喇额真从入关,与牛录额真袞泰将步兵击李自成;复与梅勒额真阿哈尼堪逐自成至庆都,败之,自成溃而西。二年,从英亲王阿济格徇陕西,与梅勒额真阿喇善攻绥德,围延安,七战七克。时自成南走商州,奔湖广,蹑追至武昌,获其孥。论功,进二等。

张献忠据蜀,久不下。三年,从肃亲王豪格西征,会叛将贺珍等犯汉中,分兵守鸡头关,路什与巴牙喇纛章京鳌拜击却之;追破珍于楚湖,入四川,所向皆捷。献忠既灭,分兵剿余贼,俘斩甚众,进三等阿思哈尼哈番。

十五年,从信郡王多尼南征,师入贵州。明桂王将罗大顺出拒战于黔西州十万溪箐,路什与噶布什贤噶喇依昂邦鄂讷、梅勒额真噶褚哈分兵击之,连破数营,敌大溃。叙功,进二等。

吴三桂反,路什年已七十,请从征,遂以贝勒尚善徇湖南。康熙十七年秋,以偏师取湘阴,进洞庭湖,守九马嘴。寇至,风大作,泊绿林滩,舟被击,路什犹贾勇发矢石,击杀十数人,力竭,死。时七月二十八日也。事闻,进一等兼拖沙喇哈番。

子布纳海,袭。圣祖亲征噶尔丹,布纳海从内大臣费扬古出西路,战于昭莫多。师有功,进三等精奇尼哈番。卒,子瑚什屯,降袭二等阿思哈尼哈番。

雅赉,纳喇氏,满洲正蓝旗人。初任王府长史,兼佐领。康熙十三年,命署副都统,驻防江宁,未至,徙驻安庆。耿精忠遣其将抚江西,广信、建昌、饶州并陷。大将军安亲王岳乐率禁旅南征,驻南昌,以雅赉与署领都统阿喀尼参赞军务,移兵攻彭泽。既,诇知贼据小姑山,先遣兵击之。贼结水寨拒战,我军出其后,陟山而下,斩其裨将,余众多被创赴水死。师进攻彭泽,城西临江,南北皆倚山,路险峻,乃督兵略其东,陟山,树云梯以登。贼不能抗,纵火启东门走,追击败之,遂进攻湖口。安亲王军至,贼弃城走都昌,雅赉追及之,败窜鄱阳湖,所置吏以湖口降。

十四年,将水师逐贼鄱阳湖,趋五桂寨,贼弃寨走,其将黄浩浮舟来犯,击却之。追至梅溪、瑞洪、康山湖及坝口,先后得船数百,斩数千级,与陆军会苴蓿湾,克馀干县。复进征建昌，精忠将邵连登据常兴山，列营三十，雅赉攻其左，诸军自右击之，尽夷其巢，连登中流矢死。复与都统霍特征广信，次石峡，方暑，士马疲渴，猝遇伏，师少却，雅赉直前奋战，中炮死，赐祭葬，谥襄壮，予世职拜他喇布勒哈番。

扩尔坤，萨克达氏，满洲镶红旗人，世居那穆都鲁。祖叶古德，归太祖，编牛录，俾统之。父喜福，任兵部理事官。崇德间，从征黑龙江，顺治初，从征汉中，皆有功。复出讨姜瓖，瓖将屯宁武关，分据左卫。喜福力战，被巨创，卒于军，世职累进二等阿达哈哈番。

扩尔坤初授牛录额真。从征贵州，战屡捷。康熙初袭职，迁护军参领，擢镶红旗蒙古副都统。吴三桂反，命率师驻防太原。十三年，徙驻西安。会四川告警，命进驻汉中。三桂将吴之茂犯广元，遣兵败之，复分水陆兼进，又击之败去。之茂遣裨将贺腾龙劫粮二郎关，扩尔坤驰击，获腾龙。之茂复遣裨将何德成犯广元，分兵渡河击却之，逐北三十余里。寻以七盘、朝天诸关复陷贼，诏还驻汉中。

十四年，汉中乏饷，将军锡卜臣领兵还城固，扩尔坤率右翼兵殿后。三桂将彭时亨等拥众八千据险邀阻，扩尔坤击溃之，且战且行三昼夜，次洋县金水河，七战皆捷。诸军前行，仍令扩尔坤殿，俄贼环逼，力战中创，殒于阵，赐祭葬，进世职三等阿思哈尼哈番。子逊扎齐，袭职，官至工部尚书。

王承业，字琼山，江南庐江人。少入伍。康熙初，从军福建，克金门、厦门。累擢游击，迁广西副将。十七年，将军莽依图徇广西，以承业为新设援剿中营总兵，管副将事。十八年，吴世琮犯梧州，承业击败之。世琮弃营宵遁，克浔州。世琮以十万人分屯贵州、广西诸要隘，而自将兵围南宁。承业赴援，设奇与城兵相犄角，战新村西山之巅，斩六千余级，世琮负重伤败走，南宁围解。遂自陶邓山进剿柳州，叛将马承荫以二万人拒战，击败之，乘胜定象州，承荫遂降。

其冬，将军赉塔自南宁直进云南，檄承业至西隆。吴世璠将何继祖据石门坎，去安笼所三十里，地僻道险。十九年正月，承业奋勇入，连夺二隘口，复所城。继祖退据黄草坝，列象拒战，承业疾击之，自卯至未，毁其营二十有二。克曲靖，取沾益，下马龙、杨林，大小三十余战，无不披靡。既抵会城，壁城外归化寺。世璠将胡国柄、刘起龙出拒，承业引守备林廷橘麈战，自卯至午，突入贼阵，炮中额，坠马死。廷橘单骑驰救，贼矢雨集，亦殒于阵。事闻，诏赠承业右都督，廷橘赠都司佥事。

王忠孝，奉天人。以参将衔从军屡有功，累擢署左翼总兵官。从将军赉塔下云南，为前锋。克西隆，攻广西县，忠孝与所部游击林桂选勇士数十人，越岭疾驰下，大破贼。攻石门坎，师盛旗帜，鸣鼓角，趋上游，忠孝与桂督兵涉水，出间道绕其后，破敌寨。攻黄草坝，与桂引敌入谷，伏起，夹击，斩世璠军裨将。既破隘，师进薄云南会城。国柄等出战，忠孝与承业、廷橘同时战死，赠都督同知。

廷橘，广东南海人。桂，广东番禺人。忠孝既战没，桂佐赉塔定云南，代为左翼总兵官。

论曰：吴三桂白首举事，号善用兵。屯松滋数年，不敢渡江攻荆州。晚欲通赣、粤道，宜理布、哈克三以死拒，然终不得达，安在其为善用兵也？阿尔护辈杀敌致果，授命疆场。承业战没云南城下，悍敌致死，诚有不易当者。故比而论之，亦以见裁定始末。他死事者，语别见《忠义传》，不能遍著也。

卷二百六十　　　　列传四十七

姚启圣 子仪　**吴兴祚**　**施琅** 朱天贵

姚启圣，字熙止，浙江会稽人。少任侠自喜。明季为诸生。顺治初，师定江南，游通州，为土豪所侮，乃诣军前乞自效。檄署通州知州，执土豪杖杀之，弃官归。郊行，遇二卒掠女子，故与好语，夺其刀杀之，还女子其家。去附族人，籍隶镶红旗汉军。举康熙二年八旗乡试第一，授广东香山知县。前政负课数万，系狱，启圣牒大府，悉为代偿。寻以擅开海禁，被劾夺官。

十三年，耿精忠反，兵入浙江境，陷温州傍近及台、处诸属县。圣祖命康亲王杰书统师进讨，启圣与子仪募健儿数百诣军，以策干王。檄署诸暨知县，剿平紫琅山土寇。十四年，以王荐，超擢温处道佥事。从都统拉哈达克松阳、宣平二县。十五年，偕副都统沃申、总兵陈世凯等剿贼石塘，焚其木城，斩获甚众，乘胜复云和。

先是，精忠以书招郑锦，锦至复拒之，将士多为内应，锦遂取泉、漳二府，据厦门。精忠与战，复屡败。启圣又使仪破精忠将曾养性于温州。十月，师入仙霞关，趋福建，精忠降。擢启圣福建布政使，率兵讨锦。吴三桂将韩大任骁勇善战，世称小淮阴者也，自赣入汀，谋与锦合。启圣说之降，简其部卒，得死士三千人，以为亲军。十六年，从康亲王复邵武、兴化，尽复漳、泉地。锦遁归厦门。总督郎廷佐奏启圣与子仪屡著战功，赡军购马，具甲胄弓矢，糜白金五万，皆出私财，诏嘉奖。

十七年，锦遣其将刘国轩、吴淑、何佑等复犯漳、泉，海澄公黄芳世、都统穆赫林、提督段应举等与战，败绩，遂陷海澄、长泰、同安、惠安、平和诸县。诏擢启圣福建总督，条上机宜，"请调福宁镇兵助攻泉州，调衢州、赣州、潮州三镇兵助攻漳州，复设漳浦、同安二总兵，增督标兵五千。通省经制兵万八千，申明临阵赏罚，禁斯役占兵额"。下议政王大臣议，衢、赣、潮三路皆重地，未便征发，既增督标兵，毋庸复广通省兵额，余皆从其议。七月，偕海澄公黄芳度自永福进克平和、漳平。国轩等解泉州围，进逼漳州，壁于蜈蚣岭。启圣率壮士钟宝、张黑子等出战，将军赉塔、都统沃申等夹击，连破贼寨，斩其将郑英、刘正玺等十余人，国轩遁海澄，乘胜复长泰。叙功，进正一品。九月，复遣仪率兵攻同安，敌弃城遁，斩其将林钦等。寻偕副都统吉勒塔布、提督杨捷等进攻海澄，败国轩于江东桥，又败之于潮沟。

十八年，国轩与淑、佑等踞郭塘、欧溪头，欲断江东桥以犯长泰。启圣偕赉塔、捷及巡抚吴兴祚等邀击，大败之，先后招降所置吏四百余、兵一万四千有奇。国轩等复率万余人谋夺榴山寨，启圣偕赉塔及副都统石调声击败之，至太平桥、潮沟，斩千余级。十九年，会赉塔等攻海澄。时提督万正色先克海坛，启圣及总兵赵得寿、黄大来等分兵七路并进，破十九寨；别遣将渡海，拔金门、厦门，降锦将朱天贵等，锦退保澎湖，尽复所陷郡县；进兵部尚书、太子太保。

二十年，左都御史徐元文劾"启圣疏请借司库银十二万，经营取息，侵占民利；题报军前捐银十五万，皆克军饷朘民膏而得。闽民极困，启圣不能存抚，拆毁民居，筑园亭水阁，日役千人，舞女歌儿充轫房闼；又强取长泰戴氏女为妾。海坛进师，力为阻挠，及克厦门，又言当直取台湾。始欲养寇，继欲穷兵。吴兴祚、万正色平海奏功，启圣惭妒，妄谓正色与锦将朱天贵有约，让海坛而去。险诈欺诬，乞敕部严议"。上令启圣覆奏，启圣言："臣于康熙十七年十月进兵至凤凰山，因一时投诚者多，犒赏不继，与抚臣吴兴祚议外省贸易，颇有微利，前督臣李率泰、经略洪承畴尝借帑为之，遂冒昧上疏，未蒙俞允。臣自入仕，京师未有产业，而军前捐银十五万有奇者，香山罢官后，贸易七年，得积微赀，并臣浙江祖产变价，及亲朋借贷，经年累月而后有此。臣于十七年七月至省，见总督官廨为耿精忠屯兵毁伤倾圮，因捐赀修整，日役不过数十，栅外员役私舍，令其自行撤除。至臣妾皆有子女，年已老大，并无歌儿舞女，强取戴氏女，尤无其事。十八年十一月，臣密陈进剿机宜，请水陆五道进兵，并未阻挠。至得厦门即攻台湾，先于十八年九月预陈，亦非届时发议。抚臣、提臣拜疏出师，平贼首功已定，臣何所容其惭妒。朱天贵应抚投诚，天贵言之而臣始知之。臣任三闽三职，虽无妒功之心，实有溺职之咎。乞敕部严议，别简贤能。"疏入，报闻。二十一年，叙克海澄、金门、厦门功，授世职拜他喇布勒哈番兼拖沙喇哈番。

方郑锦窜入寇，徙滨海居民入内地，俾绝接济、避侵掠，下令越界者罪至死，民多荡析。及禁旅班师，驱系良民子女北行，启圣白王严禁。复捐赀赎归难民二万余人，并请开海界、复民业，听降卒垦荒，民困渐苏。及锦死，子克塽仍其爵，复延平王，凡事皆决之国轩等。启圣令知府卞永誉、张仲举专理海疆，多以金帛间其党与。克塽乃遣使赍书，愿称臣入贡，不剃发登岸，如琉球、高丽例。启圣以闻，上不许，趣水师提督施琅进征。

二十二年六月，琅进攻台湾，取澎湖。启圣驻厦门督馈运，以大舟载金、缯、货、米至军，大赉降卒，遣之归，台民果携贰。复设间使克塽与国轩互相猜，众莫为用。琅遂定台湾，克塽、国轩等皆降。语具《琅传》。启圣还福州，未几，疽发背，卒。明年，部议以启圣修缮船舶、军械，浮冒帑金四万七千有奇，应追缴，上念其劳，免之。

子仪，膂力绝人，雄伟与父埒。初以捐纳知县从征，累战有功。康亲王檄署游击。议叙，内擢郎中。上以仪有才略，且自陈愿以武职自效，改都督佥事，以总兵用。历狼山、杭州、沅州、鹤庆诸镇总兵，镶红旗汉军副都统。卒，赐祭葬。

钟宝，少业屠，流为盗。启圣令香山，招之降。后启圣征福建，宝偕同降者二十人隶麾下，每战辄当前，所向有功。累进秩都督佥事。启圣卒，遂归。后数年，部议注官，授潼关参将，迁靖边协副将。卒。宝抚兵民有恩，称为钟佛子。

韩大任，降后入觐，圣祖以其为三桂将，留为内务府包衣参领。二十九年，从佟国纲征噶尔丹，次乌阑布通，伏发，国纲殁于阵。大任惊曰："吾闻临阵失帅，兵家大罪。吾以叛逆之党，蒙恩不死。今岂可坐必死之律，复对狱吏乎？"因驰入贼阵，手刃数十人，死之。

吴兴祚，字伯成，汉军正红旗人，原籍浙江山阴。父执忠，客礼亲王代善幕，授头等护卫。兴祚自贡生授江西萍乡知县。金声桓叛，郡县多被寇，萍乡以有备独完。坐事罢。旋以守御功复官，授山西大宁知县，迁山东沂州知州。白莲教啸聚为患，兴祚开谕散遣之。复坐事降补江南无锡知县。县吏亏库帑，更数政未得偿，官罢不能去。兴祚至，为请豁除，其当偿者出私财代输。清丈通县田，编号绘图，因田征赋。飞诡隐匿，皆不得行。县徭役未均，最烦苦者为图六。兴祚以入官田征租雇役，民害乃除。岁饥，为粥食饿者。八旗兵驻防苏州，兴祚请乞领兵固山，单骑弹压。兵或取民鸡，立笞之，皆奉约束。塘溢，兵不得渡，立竹于塘旁，悬灯以为识，骑行如坦途。

康熙十三年，迁行人，仍留知县事，用漕运总督帅颜保荐，超擢福建按察使。有朱统鋷者，号明斋，耿精忠私署敉远将军，及精忠降，自称宜春王，据贵溪为乱，与福建错壤。兴祚轻骑至光泽，抚其将陈龙等，遣降将阳自归为内应，令龙导师入，其将冯珩等缚统鋷，率兵三千以降。

十七年，擢巡抚。时郑锦踞台湾，遣其骁将刘国轩等陷漳、泉属县，复围泉州。兴祚率标兵自兴化赴援，至仙游，锦将黄球等率二千人结土寇万余屯白鸽岭。兴祚分兵三道，自当中路，与战，自辰至酉，相持不即退。兴祚遣兵自间道夺白鸽岭关口，斩级六百，堕岸溺水死者甚众，寇乃溃走，追败之于岭头湾，复永春、德化二县。国轩自泉州走入海，以巨舰数百出没赤屿、黄崎诸处。兴祚遣总兵林贤等统水师出海，分三路夹攻，焚敌舰六十余，俘斩六千有奇。疏报捷，并言："海逆遁犯漳、泉，大军由陆路进发，跋涉疲难。臣前捐募水兵，一战破贼，但兵力稍薄，未易轻取厦门。若得水师二万，再添造战船，可直捣巢穴，扫荡鲸波。"诏允行。

十八年，国轩率兵二千至郭塘、欧溪头，欲断江东桥以犯长泰，兴祚与都统吉勒塔布、总督姚启圣会师击走之。兴祚遣驿传道王国泰等招降锦将蔡冲雕、林忠等三百八十五人，兵万二千五百，拔难民千二百，得舟六十七。

叙前后功，进秩正一品。

十九年，疏言："郑锦盘踞厦门，沿海生灵受其荼毒。臣去冬新造战船，水师提督万正色分配将士，自闽安出大洋操练。俟旧存船艘修葺完整，江南炮手齐集，即相机进取厦门。"二月，正色师进海坛，兴祚自泉州会宁海将军拉哈达、总兵王英等赴同安，攻克汭洲、浔尾诸隘。渡海，拉哈达出中路，英右，兴祚左，奋战，敌大溃，遂克厦门。时正色已取海坛，降锦将朱天贵等，复遣兵取金门，余众悉窜台湾。捷闻，诏嘉奖，下部优叙。兴祚因请留澳民防守，蠲荒田租粮，减关课。正色亦请于海澄、厦门分兵驻守。上命侍郎温岱赴福建会议。温岱至，启圣与言正色复海坛，与天贵先有约乃进兵，无杀贼攻克事。温岱还京师，兵部据其言，议兴祚冒功，上命仍议叙，予世职拜他喇布勒哈番兼拖沙喇哈番。

二十年，擢两广总督。兴祚上官，疏言尚之信在广东横征苛敛，民受其害数十年。因举盐埠、渡税、税总店、渔课诸害，悉奏罢之。自迁界令下，广东沿海居民多失业，兴祚疏请展界，恣民捕采耕种。上遣尚书杜臻、内阁学士石柱会兴祚巡历规画，民巨皆得所。又言潮州海汛辽阔，商民往来贸易，恐宵小潜踪，应令澄海协达濠营水汛官兵船只改归南澳水师镇统辖，与碣石镇互相联络，巡防外海岛屿，诏并允行。二十四年，疏请于广东、广西二省设炉鼓铸，给事中钱晋锡、御史王君诏疏劾兴祚鼓铸浮冒，下吏议，当镌秩，命以副都统用。

三十一年，授归化城右翼汉军副都统，复坐事镌秩。三十五年，上征噶尔丹，命自呼坦和硕至宁夏安十三塘，兴祚愿效力坐沙克舒尔塘，未几，复原秩。三十六年，卒。

兴祚为政持大体，除烦苛，卒后远近戴之。历官之地，并呼祀名宦。

施琅，字琢公，福建晋江人。初为明总兵郑芝龙部下左卫锋。顺治三年，师定福建，琅从芝龙降。从征广东，戡定顺德、东莞、三水、新宁诸县。芝龙归京师，其子成功窜踞海岛，招琅，不从。成功执琅，并絷其家属。琅以计得脱，父大宣、弟显及子侄皆为成功所杀。十三年，从定远大将军世子济度击败成功于福州，授同安副将。十六年，成功据台湾，就擢琅同安总兵。

康熙元年，迁水师提督。时成功已死，其子锦率众欲犯海澄，琅遣守备汪明等率舟师御之海门，斩其将林维，获战船、军械。未几，靖南王耿继茂、总兵李率泰等攻克厦门，敌惊溃，琅募荷兰国水兵，以夹板船要击，斩级千余，乘胜取浯屿、金门二岛。叙功，加右都督。三年，加靖海将军。

七年，琅密陈锦负嵎海上，宜急攻之。召诣京师，上询方略，琅言："贼兵不满数万，战船不过数百，锦智勇俱无。若先取澎湖以扼其吭，贼势立绌；倘复负固，则重师泊台湾港口，而别以奇兵分袭南路打狗港及北路文港海翁堀。贼分则力薄，合则势蹙，台湾计日可平。"事下部议，寝其奏。因裁水师提督，授琅内大臣，隶镶黄旗汉军。

二十年，锦死，子克塽幼，诸将刘国轩、冯锡范用事。内阁学士李光地奏台湾可取状，因荐琅习海上事，上复授琅福建水师提督，加太子少保，谕相机进取。琅至军，疏言："贼船久泊澎湖，悉力固守。冬春之际，飓风时发，我舟骤难过洋。臣今练习水师，又遣间谍通臣旧时部曲，使为内应。俟风便，可获全胜。"二十一年，给事中孙蕙疏言宜缓征台湾。七月，彗星见，户部尚书梁清标复以为言，诏暂缓进剿。琅疏言："臣已简水师精兵二万、战船三百，足破灭海贼。请趣督抚治粮饷，但遇风利，即可进行，并请调陆路官兵协剿。"诏从之。

二十二年六月，琅自桐山攻克花屿、猫屿、草屿，乘南风进泊八罩。国轩踞澎湖，缘岸筑短墙，置腰铳，环二十余里为壁垒。琅遣游击蓝理以鸟船进攻，敌乘潮四合。琅乘楼船突入贼阵，流矢伤目，血溢于帕，督战不少却，总兵吴英继之，斩级三千，克虎井、桶盘二屿。旋以百船分列东西，遣总兵陈蟒、魏明、董义、康玉率兵东指鸡笼屿、四角山，西指牛心湾，分贼势。琅自督五十六船分八队，以八十船继后，扬帆直进。敌悉众拒战，总兵林贤、朱天贵先入阵，天贵战死。将士奋勇東击，自辰至申，焚敌舰百余，溺死无算，遂取澎湖，国轩遁归台湾。克塽大惊，遣使诣军前乞降，琅疏陈，上许之。八月，琅统兵入鹿耳门，至台湾。克塽率属剃发，迎于水次，缴延平王金印。台湾平，自海道报捷。疏至，正中秋，上赋诗旌琅功，复授靖海将军，封靖海侯，世袭罔替，赐御用袍及诸服物。琅疏辞侯封，乞得如内大臣例赐花翎，部议谓非例，上命毋辞，并如其请赐花翎。

遣侍郎苏拜至福建，与督抚及琅议善后事。有言宜迁其人、弃其地者，琅疏言："明季设澎水标于金门，出汛至澎湖而止。台湾原属化外，土番杂处，未入版图。然其时中国之民潜往生聚，已不下万人。郑芝龙为海寇，据为巢穴。及崇祯元年，芝龙就抚，借与红毛为互市之所。红毛联结土番，招纳内地民，渐作边患。至顺治十八年，郑成功盘踞其地，纠集亡命，荼毒海疆。传及其孙克塽，积数十年。一日纳土归命，善后之计，尤宜周详。若弃其地、迁其人，以有限之船，渡无限之民，非阅数年，难以报竣。倘渡载不尽，窜匿山谷，所谓藉寇兵而赉盗粮也。且此地原为红毛所有，乘隙复踞，必窃窥内地，鼓惑人心。重以夹板船之精坚，海外无敌，沿海诸省，断难安然无虞。至时复勤师远征，恐未易见效。如仅守澎湖，则孤悬汪洋之中，土地单薄，远隔金门、厦门，岂不受制于彼，而能一朝居哉？臣思海氛既靖，汰内地溢设之官兵，分防两处：台湾设总兵一、水师副将一、陆营参将二、兵八千；澎湖设水师副将一、兵二千。初无添兵增饷之费，已足固守。其总兵、副将、参、游等官，定以二三年转升内地。其地正赋杂粮，渐行蠲豁。驻兵现给全饷，三年后开征济用，即不尽资内地转输。盖筹天下形势，必期万全，台湾虽在外岛，关四省要害，断不可弃。并绘图以进。"疏入，下议政王大臣等议，仍未决。上召询廷臣，大学士李霨奏应如琅请。寻苏拜等疏亦用琅议，并设县三、府一、巡道一，上命允行。

琅又疏请克塽纳土归诚，应携族属与刘国轩、冯锡范及明裔朱桓等俱诣京师，诏授克塽公衔，国轩、锡范伯衔，俱隶上三旗，余职官及桓等于近省安插垦荒。复疏请申严海禁，稽核贸易商船，命如所议。

二十七年，入觐，温旨慰劳，赏赉优渥。上谕琅曰："尔前为内大臣十有三年，当时尚有轻尔者。惟朕深知尔，待尔甚厚。后三逆平定，惟海寇潜据台湾为福建害，欲除此寇，非尔不可。朕特加擢用，尔能不负任使，举六十年难靖之寇，珍灭无余。或有言尔恃功骄傲，朕令尔来京。又有言当留勿遣者，朕思寇乱之际，尚用尔勿疑，况天下已平，反疑而勿遣耶？今命尔复任，宜益加敬慎，以保功名。"琅奏谢，言："臣年力已衰，惧勿胜封疆之重。"上曰："将尚智不尚力。朕用尔亦智耳，岂在手足之力哉？"命还任。三十五年，卒于官，年七十六，赠太子少傅，赐祭葬，谥襄壮。

琅治军严整，通阵法。尤善水战，谙海中风候。将出师，值光地请急归，问琅曰："众皆言南风不利，今乃刻六月出师，何也？"琅曰："北风日夜猛。今攻澎湖，未能一战克。风起舟散，将何以战？夏至前后二十余日，风微，夜尤静，可聚泊大洋。观衅而动，不过七日，举之必矣。即偶有飓风，此则天意，非人虑所及。郑氏将刘国轩最骁，以他将守澎湖，虽败，彼必再战。今以国轩守，此则胆落，台湾可不战而下。"及战，云起东南，国轩望见，谓飓作，喜甚。俄，雷声殷殷，国轩推案起曰："天命矣！今且败。"人谓琅必报父仇，将致毒于郑氏。琅曰："绝岛新附，一有诛戮，恐人情反侧。吾所以衔恤茹痛者，为国事重，不敢顾私也。"子世纶、世骥，自有传；世范，袭爵。

朱天贵，福建莆田人。初为郑锦将。康熙十九年，师下海坛，以所部二万人、舟三百来降，授平阳总兵。琅攻澎湖，天贵以师会之。国轩拒战，天贵以十二舟薄敌垒，焚其舟，杀伤甚众，战益力，俄，中飞炮仆舟中，犹大呼杀贼，遂卒，赠太子少保，谥忠壮。

论曰："台湾平，琅专其功。然启圣、兴祚经营规画，戡定诸郡县。及金、厦既下，郑氏仅有台澎，遂聚以歼。先事之劳，何可泯也？及琅出师，启圣、兴祚欲与同进，琅遽疏言未奉督抚同进之命。上命启圣同琅进取，止兴祚毋行。既克，启圣告捷疏后琅至，赏不及，郁郁发病卒。功名之际，有难言之矣。大敌在前，将帅内相竞，审择坚任，一战而克。非圣祖善驭群材，曷能有此哉？"

卷二百六十一　　列传四十八

杨捷石调声　**万正色**　**吴英**　**蓝理**　**黄梧**
子芳度　从子芳世　芳泰　**穆赫林**段应举

杨捷，字元凯，义州人，先世居宝应，明初，以军功授后屯卫指挥使，世袭，遂家焉。捷初为明裨将，顺治元年来降，授山西抚标中军游击。岚县土寇高九英等聚众剽掠，巡抚马国柱檄捷捕治，斩九英，毁其巢。国柱迁总督，以捷为督标中军参将，旋擢副将。

四年，师定广东，命捷率宣化、大同兵三千往镇抚。五年，行次池州，金声桓、李成栋叛。大将军谭泰请以捷驻防九江会剿，即九江总兵，率兵复都昌，获声桓所置吏余应柱等，斩之。江西平，叙功，予世职拖沙喇哈番。十年，从靖南将军喀喀木讨广东叛镇郝尚久，复潮州。调陕西兴安，经略大学士洪承畴请留原镇，加右都督。调福建随征右路总兵，十二年，叙复潮州功，进左都督。郑成功侵掠福建，兴战云霄、铜山诸处，屡捷。十六年，擢江南提督。会成功陷镇江，窥江宁，加太子少保，充江南随征左路总兵，驻扬州，防江北要汛。十八年，命署庐凤提督，寻调山东。土寇于七败窜入海，捷捕治其党五十余人，诛之。

康熙十二年，调江南。十七年，郑锦攻漳州，陷海澄。调捷福建，辖水陆各军，进少保兼太子太保。疏言："臣前剿贼云霄、铜山间，深知闽兵不力战。自任江南提督，召募材健，训练有年。拟选三千人随征福建。"诏允之。捷至福州，闻锦犯泉州，即督兵趋惠安。锦将刘国轩断洛阳桥，以三千人据陈山坦阻我师，捷遣游击李琏等袭破之。总兵黄大来与副都统禅布等会师洛阳桥南夹击，国轩遁，泉州平。锦将王一鹏复窥惠安，捷令总兵张韬御之，捕斩略尽。其别将叶明、纪朝佐等出没德化、永春间，萧武等以舟师泊湄洲，窥兴化。捷遣将防守策应，移师至漳州。偕副都统吉尔塔布等败国轩于江东桥，又分兵屯守柯坑山、凤山、万松关诸要隘，遣别将扼守榴山寨。

捷初上官，疏请别设水师提督，得以专御陆路。上授捷昭武将军，领福建陆路提督事。十八年，国轩率众劫榴山寨，欲夺江东桥。捷会平南将军费塔等分两翼夹击，大败之于下坑山及欧溪头，斩级千余，获甲仗无算。国轩屯狮子山，联络远近各寨为声援。十九年，捷亲率健卒剿平乌屿诸寨，与总督姚启圣、总兵姚大来等分下玉洲、三汊、石码，连破十九寨，进取海澄。锦将苏侃以城降，遂乘胜与浙江提督石调声复厦门，国轩自铜山窜归台湾。

是年，以老病乞罢，命还任江南提督。叙复海澄功，进世职三等阿达哈哈番。三十九年，卒，年七十四，赠少傅兼太子太傅，谥敏壮。孙铸，袭职，请改籍扬州卫。

石调声，汉军镶黄旗人。以佐领从征广东，叙功，予世职拖沙喇哈番。迁参领，驻防福建。擢杭州副都统。耿精忠犯浙江，调声迎击，屡却贼。擢浙江提督。康熙十七年，郑锦遣刘国轩等犯海澄，诏趣调声赴援，未至而海澄陷，康亲王檄守惠安。贼陷同安，遂围泉州，惠安亦陷。调声退军兴化，与参赞大臣禅布攻复惠安，逐北至洛阳桥。泉州围解。复偕副都统沃申破贼江东桥。顷之，国轩等复夺桥，断饷道，将军费塔檄调声迎击，败之。十九年，复厦门、金门，国轩遁。调声还浙江任。初贼陷江山、惠安，战士暴骨多未瘗，议者以咎调声。二十一年，追论夺官及世职。寻卒。

万正色，字惟高，福建晋江人。少入伍。以招降海寇陈灿等，叙功，授陕西兴安游击。康熙十二年，吴三桂反，正色从西安将军瓦尔喀征四川。叛将谭弘等据阳平关拒战，败之于野狐岭，乘胜复广元、昭化。累擢岳州水师总兵。时三桂据岳州，扼守洞庭湖套，植木为桩阻我师。十七年，正色上官，率舟师夜入乱苇中，拔桩尽，击贼，屡败之。三桂将江义、巴养元、杜辉等率舟二百攻柳林嘴，正色与游击唐善等击之，毁其舟。是岁三桂死于衡州，其子应麒与辉、义等守岳州。正色遣千总魏士曾赍书十四分致应麒部将，士曾为所杀，应麟亦杀部将之受书者，遂内讧。其将陈华、李超、王度冲出降，应麟弃城遁，遂复岳州。正色为士曾请恤，赠守备。十八年，追叙克阳平关功，加左都督。

大将军康亲王杰书征福建，耿精忠降，而郑锦犹踞金门、厦门，陷海澄。正色自以闽人习海上事状，因陈水陆战守机宜，言：“福建负山枕海，贼踪出没靡常。宜择官兵习于陆者分布要害，使贼不得登岸；水军自万安镇顺流直下金门，塞海澄以断其归路。贼自厦门来援，则从金门掩击。更请蠲除沿海边地杂派，设法招抚，善为安置，则贼党自散。”疏入，诏加太子少保，调福建水师总兵，擢琅提督。时议檄调荷兰国船进取厦门，正色疏言：“荷兰船迟速莫必，延至三四月，风信转南，即难前进。今新旧鸟船俱集，臣与抚臣吴兴祚决计进讨，臣率水师直攻海坛，兴祚率陆兵为声援。”

十九年，正色征海坛，分前锋为六队，亲统巨舰继之，又以轻舟绕出左右，并力夹攻，发炮击沉敌舰，溺死三千余人，遂取海坛。其将朱天贵遁，正色追躡至平海澳，天贵走崇武，正色掩击，大败之。与将军拉哈达、总督姚启圣、巡抚吴兴祚、提督杨捷会师取厦门，天贵降。

锦窜归台湾。疏请分兵镇守滨海要地，上遣兵部侍郎温岱莅视。寻议铜山、厦门诸处量设总兵以下官，留水师二万人分镇之。初，海坛既克，下兵部叙功。启圣语温岱：“正色先与天＊约乃进兵，未尝与贼战。”兵部疏闻，上命仍议叙，予世职拜他喇布勒哈番。上谕正色规取台湾，正色请缓师。二十年，改陆路提督。

二十五年，调云南。未几，与鹤庆总兵王珍互讦，命与珍诣京师质问。总督范承勋劾正色纳贿侵蚀，上遣侍郎多奇、傅拉塔按治，下刑部论死，上以正色功多，特宥之，夺官，仍留世职。三十年，卒。

吴英，字为高，福建莆田人。幼为海贼掠置岛中，更姓王。康熙二年，赴泉州降，授守备札。从提督王进功攻郑锦，拔铜山城，加都司佥事衔。寻授浙江提标都司。

十三年，耿精忠反，其将曾养性侵浙，总兵祖弘勋以温州叛应之，分犯宁波、绍兴。英从提督塞白理击败之，降其将李荣春等，迁左营游击。十四年，养性、弘勋率众十余万犯台州。英言于塞白理，阳修毛坪山径，潜引兵间道自仙居袭贼后，贼踞黄岩半山岭拒战。英偕游击曾承等冒矢石前进，斩其将刘邦仁等，遂复黄岩，迁中军参将。

十五年，贝子傅拉塔规复温州，养性、弘勋率三万人乘夜劫营。英分兵五百伏贼后，自率精锐据大羊山，阻其要道，遇贼，殊死战，身中数枪。师继进，伏尽起，贼大溃，斩获无算。寻从提督石调声援象山，贼屯石门、西溪二岭。英偕游击侯奇等分兵三道抵慈溪，击沉贼船，歼其众，遂复象山。九月，康亲王杰书进征福建，精忠降，养性、弘勋引退。其将冯公辅犹踞松阳，英入山，招之降。其党林惟仁等屯处州，英剿抚兼用，斩贼五百余，降惟仁及兵千余。

十七年，锦犯泉州，康亲王檄调声赴援，英率师从。锦将刘国轩据洛阳桥，英自上游陈山坝渡江，以奇兵出贼后，造浮桥济师，前后夹攻，斩级六百有奇。迁福建督标中军副将。率师援漳州，连克十九寨，转战至江口，发炮击沉敌船，遂复海澄。十八年，国轩复拥众数万屯郭塘、欧溪头，谋夺江东桥，英击走之，擢同安总兵。

十九年，偕宁海将军拉哈达、巡抚吴兴祚自同安港口分兵，进克厦门，锦遁归台湾。是年英奏请复姓。二十二年，移兴化，会施琅进攻澎湖。英偕总兵朱天贵、林贤等自八罩屿乘风进击，游击蓝理陷围，英冲入敌阵，拔之出。翌日，进取虎井屿，英左耳中枪，益力战，跃入敌舰，手刃其将郑仁，余悉骇窜。国轩与郑克塽乞降，事具《琅传》。

二十四年，入觐，奏言：“台湾地势绝险，土番求衣食，素无他愿。自来小寇窃发，皆由内地奸民作祟，陆师搜捕易尽。前议设水师赶缯双篷船百，请减十之八，留二十船分拨台湾、澎湖二处，传递文书。台湾、澎湖经制官兵一万员名，前议以鹿皮、白糖通洋助饷，不能如期给发。臣见台湾民田之外，别有水田，俱属郑氏亲党及其将，耕牛甚多。请分四千屯田，每兵给田三十亩、牛一，课耕种。农隙操练，则兵有恒产，饷可省半。”疏入，命议行。寻移镇浙江舟山。擢四川提督。

英先以军功加左都督，授世职拖沙喇哈番。叙平台、澎功，进世职三等阿达哈哈番。三十六年，调福建陆路提督，改水师。上南巡，英朝行在，赐御书榜额。召见，问：“福建今有无海寇？”英对曰：“海寇断不至蔓延，若蔓延，任臣等可用？惟海中与城郭不同，一水汪洋，乘一小舟，随处可藏匿。商贾失利，不得已走而为盗，往往有之，不可遽谓之海寇也。”上降诏奖英笃实而明达，寻授威略将军，仍领水师提督事，复御制诗赐之，勖以黾勉防微。五十一年，卒，年七十六，赠太子少保。

蓝理，字义山，福建漳浦人。少桀骜，膂力绝人。集族人勇健者击杀海寇卢质，诣吏，欲因以为功，吏疑亦盗也，系之狱。康熙十三年，耿精忠反，悉纵击者，令赴藩下授职。理间道走仙霞关诣康亲王军降，为向导，破叛将曾养性于温州。十五年，从师入闽，授宁游击。十七年，从都统赉塔败海寇于蜈蚣山，复长泰。十八年，迁灌口营参将。十九年，总督姚启圣驻师漳浦，令理分兵守高浦，辞不赴，劾理虚兵冒饷，坐夺官。下部议罪，拟杖徒，理请剿海寇自赎，上允之，发军前效力。

二十一年，提督施琅征台湾，知理英勇，奏署右营游击领舟师，部议格之，特旨允行。琅令理当前锋，诸弟瑶、瑗、珠皆从。郑克塽遣其将刘国轩守澎湖，令曾遂等率众数万迎敌，战舰蔽海。理督兵与战，自辰至午，战益力。遂发炮，弹掠理而过，理仆，遂遥呼曰："蓝理死矣！"瑶扶理起立，理亦呼曰："蓝理在，曾遂死矣！"呼刀，族子法以授理，见理腹破肠流出，为掬而纳诸腹，瑗傅以衣，珠持匹练缚其创。理呼杀贼，麾兵进，击沉敌舰二，敌大溃。琅过理舟慰劳之，令治创复战。琅舟胶浅沙，敌舰环围之，理闻，赴援。理舟书姓名篷上，敌惮理，战为稍却，追击，大败之。得敌舰，请琅易舟，出，逐敌至西屿，杀伤殆尽，遂克澎湖。台湾平，叙功，仍授参将，加左都督。

未几，丁父忧。二十六年，服阕，诣京师，迎驾赵北口，召至御前，问澎湖战状，命解衣视其创，慰劳甚至，超授陕西神木营副将。寻擢宣化镇总兵，挂镇朔将军印。二十九年，移定海。四十二年，复移天津。赐花翎、冠服，并御书榜曰"所向无敌"赉焉。四十三年，以旧伤疾作，乞解任，温旨慰留，遣御医诊视。理以畿辅地多荒洼，请于天津开垦水田百五十顷，岁收稻谷，民号曰"蓝田"。

四十五年，擢福建陆路提督。四十六年，上南巡，理迎驾扬州，赏赉有加，复御书榜曰"勇壮简易"。四十七年，丁母忧，命在任守制。五十年，巨盗陈五显等纠二千人扰泉州永春、德化诸县。事闻逾数月，理始疏陈，并言村落安集如故，上斥其诳，命夺职，总督梁鼐、巡抚满保先后劾理贪婪酷虐诸状，遣侍郎和托、廖腾煃会督抚按治得实，论斩，诏从宽免死，入京旗。五十四年，师北征，剿策妄阿喇布坦，理请赴军前效力，赐总兵衔，从都统穆尔赛协理北路军务。以病回京，寻卒。诏免所追银两，遣其妻子回籍归葬。

理虓勇善战。性率直。官福建提督，政行于乡里。捕治盗贼，遂及豪家。修桥梁，平道路，率富民钱，益积怨。泉州民绘虎为榜，列理诸累民状，以是得罪。上念其旧功，终矜全之。弟瑶，未仕；瑗，官至金门总兵；珠，累官参将。

黄梧，字君宣，福建平和人。初为郑成功总兵，守海澄。顺治十三年，梧斩成功将华栋等，以海澄降。大将军郑亲王世子济度以闻，封海澄公。十四年，总督李率泰疏请益梧兵，合四千人，驻漳州。梧与李率泰及提督马得功、都统郎赛水陆分道进，破七城，克闽安镇。叙功，赐甲胄、貂裘，加太子太保。梧牒李率泰，荐委署都督施琅智勇忠诚，熟谙沿海事状，假以事权，必能剪除海孽；又言成功全藉内地接济，木植、丝绵、油麻、钉铁、柴米、土宄阴为转输，赍粮养寇，请严禁；并条列灭贼五策，复请速诛成功父芝龙。率泰先后上闻，琅得擢用，芝龙亦诛。寻命严海禁，绝接济，移兵分驻海滨，阻成功兵登岸，增战舰，习水战，皆由梧议也。

及成功病卒，其将万义、万禄、杨学皋、陈莽、陈辉、颜立勋、黄昌、黄义、余期英等诣梧降。康熙二年，师攻厦门，靖南王耿继茂出浔尾，梧偕李率泰出嵩屿，督水陆将卒夹击，斩获无算，遂克厦门、金门、浯屿三岛。郑锦遁据铜山。继茂令梧统兵驻云霄防剿。三年，梧招锦将周全斌、陈升、黄廷、何政、许贞、李思忠等来降。遂偕继茂、李率泰及提督王进功乘夜渡海，拔铜山。锦走还台湾。

梧疏言："自海上归诚，十二年中，先后招抚文武吏二百余，兵数万人，有蒙赐封侯伯且世袭者。臣公爵未定何等及承袭次数，乞敕部核议。"寻命定封一等公，世袭十二次。七年，兵部议裁汰诸行省兵额，梧标下额定官三十员、兵一千二百人，余移驻河南。十三年，耿精忠反，传檄至漳州。梧方病疽，闻变惊恚，遂卒。

子芳度，字寿岩。梧既卒，阳以梧命答精忠，而阴募兵自守，凡二月余，得壮士六千人，遂斩精忠所置都督刘豹等，誓师登陴，以蜡丸函疏，遣黄蓝间道驰奏。上嘉梧忠荩，降诏优恤，以芳度袭爵；并谕师自浙江、江西、广东三路入福建。芳度诇何路兵先到，迎会合剿。寻疏言："漳州介耿、郑二逆间，自八月以来，坚与耿拒，伪与郑和。因得阴行招募，练成劲旅万人，分布漳城及龙溪等五县。无何，耿逆来犯，臣率众迎击，擒所无算。二逆构怨已深，势必俱败。诚得粤省大兵乘胜进攻，臣当率师迎会，迅奏扫除之功。"十四年，复言："臣拒耿饵郑，固守一载有余。近二逆通好，臣谋已泄。郑逆遂撤回各镇，蜂聚海澄，备粮缮器。臣知其狡谋，遣总兵杨壮猷等扼守平和，并令臣从兄芳泰突围赴广东，接引大兵。郑逆率众围城，昼夜攻击。臣连次出兵，斩其将黄鼎新、卢英等。但孤城缺饷，百计难支。计粤路援师，旦夕可至。乞密敕浙江、江西两路兵迅速进发，俾二逆不能相顾，臣可会合奏功。"

漳州自五月被围至七月，敌来益众，竖云梯攻城，炮毁城堞三十余丈。芳度率将士拒战，歼贼无算。敌环攻不退，芳度连疏告急。诏趣统兵诸将迅速赴援，并按饷接济。十月，城中粮尽，叛将吴淑引贼陷城。芳度率兵巷战，力竭，赴开元寺井死，年二十有五。贼戮其尸，母赵、妻李自经。从父枢、从兄芳名、弟芳声、芳祐并死。期功男女从死者三十余人。贼又斫梧棺，毁其尸。副将蔡隆、游击朱武，外委张琼、戴邻、陈谦俱骂贼死。事闻，优诏褒恤，赠芳度王爵，谥忠勇，如多罗郡王例，遣大臣致祭。隆、武、琼、邻、谦俱赠官有差。

梧兄子芳世，字周士。先于康熙元年赍梧疏入觐，留京师，授一等侍卫。及芳度遣蓝赍疏告急，芳世自陈乞从大军自广东进援，上许之，以为福建随征总兵官，降敕褒勉。芳世至广东，会弟芳泰自漳州突围出，芳世督兵赴援，距漳州仅二日，闻城陷，退屯惠州。芳度殉难，诏以芳世袭爵。十五年，叛将马雄等诱芳世兄弟附三桂，不从，乘间脱走，至江西信丰，遣蓝赍疏陈陷贼始末。上嘉之，加太子太保，命仍镇守漳州。蓝自参将擢海澄总兵，令驰赴康亲王军，俟漳、泉恢复，收集海澄公部下散失官兵，镇守汛地。

十六年，芳世疏言："臣叔梧遗骸遭贼残毁，请与芳度一体议恤。臣叔枢骂贼而死，臣弟芳名、芳声奋力守城，同日遇害，并乞赐恤。"诏赠梧太保，谥忠恪，枢赠按察使佥事，芳名、芳声赠太常寺卿，各予荫；赐芳世蟒袍、弓矢、鞍马，褒嘉甚至。

十七年，锦将刘国轩、吴淑犯海澄，芳世与总督郎廷相、副都统孟安等迭败之观音山、柜山头、石玛村等处。国轩退犯漳州，芳世率兵堵剿，歼贼甚众。山寇蔡寅诈称朱三太子，纠众数万，与锦通，犯漳州。芳世击败之于天宝山，斩其渠杨宁等。芳世疏言："漳州乱后，臣叔梧、弟芳度旧部离散，臣渐次收集，得四千八百人，选补本标五营六百人，余无额可补，乞汰留三千人，别立三营，视经制给饷。"部议从之。未几，病卒，遗疏言："闽省久困兵祸，漳州尤甚。愿大师底定后，严饬有司轻徭薄赋，苏此残黎。"并区画海疆数事，复以子溥年才九岁，请以弟芳泰袭爵，诏赠少保，谥忠襄。

芳泰，字和士。少为诸生。佐芳度守漳州，突围出乞援。城陷后，父母妻子皆遇害。至广东，值尚之信叛，芳泰与芳世从巡抚杨熙力战得出。寻授江南京口总兵。芳世卒，袭爵。屡出剿贼，复平和、漳平诸县。总督姚启圣疏言芳泰年少，不能辖标兵。下部议，令芳泰诣京师。芳泰疏请暂驻汀州，为兄芳度营葬。启圣复言海澄公标下旧兵，闻芳泰在汀州，皆走依之，伪将吴淑兄弟以曾害芳度，不敢来降，请敕芳泰速离福建。十八年，芳泰至京师，上言："臣久经行阵，不为幼弱。离漳已十月，不闻吴淑投诚。督臣无计办贼，以臣藉口。臣当壮年，乞仍驻闽疆督剿，以报主恩。"上慰谕之。二十二年，许其回籍营葬。二十九年，卒，以子应缵为芳度后，袭爵。四十九年，应缵为芳泰请恤，赠太子少保。乾隆初，追谥襄愍。三十二年，高宗特诏以公爵世袭罔替。

应缵卒，谥温简。无子，以从子仕简为后，袭爵。乾隆初，朝京师。高宗以其幼，令还里待命。十九年，授衢州总兵。二十四年，迁湖广提督，历广东、福建陆路水师。疏发厦门商船陋规，上嘉之，谕："汝知恩，朕亦知人。"漳、泉民流入台湾，屡出劫掠，仕简亲渡海督兵捕治。再入觐，赐黄马褂、双眼花翎、黑狐端罩。病后偶踬，赐人参、高丽清心丸。淡水生番戕同知杨凯，复渡海督兵捕治，加太子太保。林爽文乱起，督兵讨之，师久无功。总督常青、李侍尧先后劾仕简贻误，夺官，逮下刑部论斩，特宥之。寻赦归，卒。

仕简子秉淳前卒，以其孙嘉谟袭爵。秉淳初授蓝翎侍卫，累迁至狼山总兵。嘉谟初授头等侍卫，累迁至温州总兵。

穆赫林，博尔济吉特氏，满洲正蓝旗人。祖瑊诺木，为兀鲁特贝勒。太祖时，从明安来归。积战阀，授二等总兵官。卒，顺治间，追谥顺良。再传，子僧格袭世职，遇恩诏，累进三等伯。卒，穆赫林袭职。康熙五年，授正蓝旗满洲副都统，列议政大臣。

吴三桂反，十三年，偕都统拉哈达率兵驻防兖州，旋命移驻江宁。时耿精忠叛应三桂，大将军康亲王杰书、将军贝子傅喇塔讨之。穆赫林率所部喀喇沁、土默特兵赴浙江，与傅喇塔师会。十四年，从攻台州，精忠将林冲纠众万余，列十三寨拒战。穆赫林督兵攻拔其寨，斩获无算，复仙居。

师自黄岩进，精忠将曾养性偕叛将祖弘勋据温州分水陆迎战，穆赫林击败之上塘岭，得战舰三十余。精忠将彭国明率众五千濒瓯江列寨，穆赫林率兵至宝带桥奋击，斩级千余，尽获其枪械旗帜，遂薄江而阵，贼来犯，辄战却之。温州绕城为壕属瓯江，为闸以蓄水，师争闸，贼护甚力，久未能薄城。时康亲王杰书驻金华，檄傅喇塔与穆赫林速攻城。穆赫林言必得大炮乃可克。十五年，上责王贝子等迁延，师无功。王因劾穆赫林与副都统吉勒塔布、提督段应举等违令瞻顾状，命事平议罪。八月，康亲王自衢州攻克仙霞关，精忠降，徙养性、弘勋等至福州，檄穆赫林移师福建，驻守延平。

郑锦使其将吴淑、吴潜自邵武来攻，穆赫林击之浦塘隘口，阵斩其将杨大任等，乘胜复邵武、汀州二府及所属县。锦屡犯泉州，复侵潮州，穆赫林与副都统沃申、总兵马三奇等分兵赴之，屡捷。十七年，锦犯海澄，穆赫林与海澄公黄芳世率兵迎击于湾腰树，战失利，退保海澄。锦复纠众环逼，据高阜瞰城中，炮石交下，穆赫林与应举协力固守，粮尽，身负重创，未几城陷，乃与应举自经死。事平，吏议穆赫林征温州师无功，守海澄闻援且至，不能突围出，当夺官及世职，籍其家，上以穆赫林有战功，贳籍没，命其从子赫达色袭爵。世宗时，诏与应举并入祀昭忠祠。

段应举，汉军镶蓝旗人。父思信，明广宁千总。太祖取广宁，来降，予世职备御。卒，应举袭。从端重亲王博洛讨叛将姜瓖，攻汾州及太谷，克之。复从贝勒屯齐征湖南，屡有功。累擢镶蓝旗汉军梅勒额真，进世职二等阿达哈哈番。偕镇国将军王国光赴广东，驻防潮州。康熙三年，剿叛将苏利于南塘铺，贼败遁，复碣石卫。叙功，进世职一等。寻署山东提督。十三年，率兵赴杭州剿御耿精忠，授福建提督。击贼仙居、黄岩、太平、乐清，进围温州，皆捷。十五年，从康亲王征福建，精忠降。时郑锦据漳、泉、兴化，与将军拉哈达合兵进剿，复兴化、泉州二城。复分兵定漳州及海澄等县，应举进驻海澄。十七年，刘国轩、吴淑等陷平和，穆赫林战失利。诏责应举不能平贼，调江宁提督杨捷代之，应举仍以副都统从征。寻城陷，死之。

论曰：郑氏为海疆患三十余年，捷、正色捍卫艰难，内定泉、漳，外收金、厦；英、理遂佐施琅越海恢疆，而理尤忠奋，称虎将。方郑氏乱时，有自海上降者，辄优以封爵，林兴珠为建义侯，郑鸿逵为奉化伯，周全斌为承恩伯，郑缵绪为嘉恩伯，梧最先降，授成功伯封。子芳世殉漳州，以忠延世。穆赫林等死海澄，孤城抗节，亦自有足称者。悍寇死战，御之艰，克之尤伟矣！

卷二百六十二　　列传四十九

魏裔介　熊赐履　李光地

魏裔介，字石生，直隶柏乡人。顺治三年进士，选庶吉士。四年，授工科给事中。五年，疏请举经筵及时讲学，以隆治本。又言："燕、赵之民，椎牛裹粮，首先归命。此汉高之关中，光武之河内也。今天下初定，屡奉诏蠲赋，而畿辅未沾实惠，宜切责奉行之吏，信彰于民。"俱报闻。

转吏科，以母忧归。服阕，九年，起故官。应诏疏言："上下之情未通，满、汉之气中阏。大臣蕰茸以保富贵，小臣钳结以习功名。纪纲日弛，法度日坏。请时御正殿，召对群臣，虚心咨访。令部院科道等官面奏政事，仍令史官记注，以求救时之实。"时世祖亲政，裔介疏言："督抚重臣宜慎选择，不宜专用辽左旧人。"又言："摄政王时，隐匿逃人，立法太严，天下嚣然，丧其乐生之心。后以言官陈说，始宽其禁，责成州县，法至善也。若舍此之外别有峻法，窃恐下拂人心，上干天和，非寻常政治小小得失而已。"上韪之。

河南巡抚吴景道援恩诏荐举明兵部尚书张缙彦。裔介疏言："缙彦任明，身任中枢，养寇误国，有卢杞、贾似道之奸，而庸劣过之。宜予摈弃，以协公论。"疏下部议，以事在赦前，予外用。又疏言："州县遇灾荒，既经报部，其例得蠲缓钱粮，即予停征，以杜吏胥欺隐。并就州县积谷及存贮库银，先行赈贷。"下所司议行。时直隶、河南、山东诸省灾，别疏请赈。上命发帑金二十四万，分遣大臣赈之，全活甚众。

十一年，迁兵科都给事中。东南兵事未定，疏言："今日刘文秀复起于川南，孙可望窃据于贵筑，李定国伺隙于西粤，张名振流氛于海岛，连年征讨，尚稽天诛。为目前进取计，蜀为滇、黔门户，蜀既守而滇、黔之势蹙，故蜀不可不先取。此西南之情形也。粤西稍弱，昨岁桂林之役未大创，必图再犯，以牵制我湖南之师。宜令藩镇更番迭出，相机战守。此三方者，攻瑕宜先粤西。粤西溃则可望胆落，滇、黔亦当瓦解。"又疏劾湖南将军续顺公沈永忠拥兵观望，致总兵官徐勇、辰常道刘升祚力竭战死。永忠坐罢任夺爵。复劾福建提督杨名高玩寇，致漳州郡县为郑成功沦陷，名高坐罢任。

寻迁太常寺少卿，擢左副都御史。十三年，疏劾大学士陈之遴营私植党，之遴坐解官，发辽阳闲住。十四年，迁左都御史，上谕之曰："朕擢用汝，非由人荐达。"裔介益感奋，尽所欲言。四月，因钦天监推算次月日月交食，疏请广言路，缓工作，宽州县考成，速颁恩赦，释滞狱，酌复五品以下官俸，减征调之兵，节供应之费。上嘉之，下部详议以行。尝侍经筵，讲汉文帝春和之诏，因举仁政所宜先者数事。正阳门外菜园为前朝嘉蔬圃地，久为民居，部议入官。裔介过其地，民走诉，即入告，仍以予民。十六年，加太子太保。十七年，京察自陈。以御史巡方屡坐贪败，责裔介未有纠劾，削太子太保，供职如故。

时可望犹据贵州，郑成功乱未已。裔介疏言："可望恃峒蛮为助，宜命在事诸臣加意招徕，予以新敕印，旧者毋即收缴，则归我者必多。成功作乱海上，我水师无多，惟于沿海要地增兵筑堡，使不得泊岸劫掠，然后招其携贰，散其党与，海患可以渐平。"下部议行。未几，疏劾大学士刘正宗、成克巩欺罔附和诸罪，命正宗、克巩回奏，未得实，下法司勘讯，并解裔介官与质。谳定，正宗获罪籍没，克巩夺职视事，复裔介官。时以云南、福建用兵，加派钱粮。裔介疏请救户部综计军需足用即停止，上命未派者并停止。康熙元年，云南既定，疏言："云南既有吴三桂藩兵数万，及督提两标兵，则满洲兵可撤。但滇、黔、川、楚边方辽远，不以满洲兵镇守要地，倘戎寇生心，恐鞭长莫及。荆、襄乃天下腹心，宜择大帅领满兵数千驻防，无事则控制形势，可以销奸宄之萌；有事则提兵应援，可以据水陆之胜。"疏下部，格不行。复请以湖广总督移驻荆州，从之。

进吏部尚书。三年，拜保和殿大学士。时辅臣柄政，论事辄争执，裔介调和异同，时有所匡正。预修《世祖实录》，充总裁官。九年，典会试。是年内院承旨会吏、礼二部选新进士六十人，试以文字，拟上中下三等入奏，上亲定二十七人为庶吉士。御史李之芳劾裔介所拟上卷二十四人，先使人通信，招权纳贿；并谓与班布尔善相比，引用私人。班布尔善官大学士，党鳌拜，伏法。上命裔齐复奏，裔介疏辨，并言："臣与班布尔善同官，论事辄龃龉。以鳌拜之势焰，足迹不至其门，岂肯附班布尔善？臣服官以来，弹劾无所避忌。前劾刘正宗，其党切齿于臣者十年于兹。之芳，正宗同乡，今为报复。"因自请罢斥，疏下吏部会质。之芳力争，裔介自引咎。部议以之芳劾奏有因，裔介应削秩偿俸，上宽之，命供职如故。

十年，以老病乞休，诏许解官回籍。《世祖实录》成，进太子太傅。二十五年，卒，赐祭葬如制。

裔介居言路最久，疏至百余上，敷陈剀切，多见施行。生平笃诚，信程、朱之学，以见知闻知述圣学之统。著述凡百余卷，大指原本儒先，并及经世之学。家居十六年，躬课稼穑，循行阡陌，人不知其为故相也。雍正间，祀贤良祠。乾隆元年，追谥文毅。

熊赐履，字敬修，湖北孝感人。顺治十五年进士，选庶吉士，授检讨。典顺天乡试，迁国子监司业，进弘文院侍读。

康熙六年，圣祖诏求直言。时辅臣鳌拜专政，赐履上疏几万言，略谓："民生困苦孔亟，私派倍于官征，杂项浮于正额。一旦水旱频仍，蠲豁则吏收其实而民受其名，赈济则官增其肥而民重其瘠。然非独守令之过也，上之有监司，又上之有督抚。朝廷方责守令以廉，而上官实纵之以贪；方授守令以养民之职，而上官实课以厉民之行。故督抚廉则监司廉，守令亦不得不廉；督抚贪则监司贪，守令亦不得不贪。此又理势之必然者也。伏乞甄别督抚，以民生苦乐为守令之贤否，以守令贪廉为督抚之优劣。督抚得人，守令亦得人矣。虽然，内臣者外臣之表也，本原之地则在朝廷。其大者尤在立纲陈纪、用人行政之间。今朝廷之可议者不止一端，择其重且大者言之：一曰，政事极其纷更，而国体因之日伤也。国家章程法度，不闻略加整顿，而急功喜事之人又从而意为更变，但知趋目前尺寸之利以便其私，而不知无穷之患已潜滋暗伏于其中。乞敕议政王等详议制度，参酌古今，勒为会典，则上有道揆、下有法守矣。一曰，职业极其隳窳，而士气因之日靡也。部院臣工大率缄默瞻顾，外托老成慎重之名，内怀持禄养身之念。忧愤主谓之疏狂，任事者目为躁竞，廉静者斥为矫激，端方者诋为迂腐。间有读书穷理之士，则群指为道学，诽笑诋排，欲禁锢其终身而后已。乞申饬满、汉诸臣，虚衷酌理，实心任事，化情面为肝胆，转推诿为担当。汉官勿阿附满官，堂官勿偏任司员。宰执尽心献纳，勿以唯诺为休容，台谏极力纠绳，勿以钳结为将顺，则职业修举，官箴日肃而士气日奋矣。一曰，学校极其废弛，而文教因之日衰也。今庠序之教缺焉不讲，师道不立，经训不明。士子惟揣摩举业，为弋科名掇富贵之具，不知读书讲学、求圣贤理道之归。高明者或泛滥于百家，沉沦于二氏，斯道沦晦，未有甚于此时者也。乞责成学院，学道，统率士子，讲明正学，特简儒臣使司成均，则道术以明，教化大行，人才日出矣。一曰，风俗极其僭滥，而礼制因之日坏也。今一袭而费中人之产，一宴而縻终岁之粮，舆隶被贵介之服，倡优拟命妇之饰，习为固然。夫风俗奢，礼制坏，为饥寒之本原，盗贼、讼狱、凶荒所由起也。乞明诏内外臣民，一以俭约为尚，自王公以及士庶，凡宫室、车马、衣服，规定经制，不许逾越，则贪风自息、民俗渐醇矣。虽然，犹非本计也。根本切要，端在皇上。皇上生长深宫，春秋方富，正宜慎选左右，辅导圣躬，薰陶德性，优以保衡之任，隆以师傅之礼，又妙选天下英俊，使之陪侍法从，朝夕献纳。毋徒事讲幄之虚文，毋徒应经筵之故事，毋以寒暑有辍，毋以晨夕有间。于是考诸六经之文，监于历代之迹，实体诸身心，以为敷政出治之本。若夫左右近习，必端其选，缀衣虎贲，亦择其人。佞幸不置于前，声色不御于侧。非圣之书不读，无益之事不为。内而深宫燕闲之间，外而大廷广众之地，微而起居言动之恒，凡所以维持此身者无不备，防闲此心者无不周，主德清明，君身强固。由是直接二帝三王之心法，自足措斯世于唐、虞、三代之盛，又何吏治之不清，民生之不遂哉？"疏入，鳌拜恶之，请治以妄言罪，上勿许。

七年，迁秘书院侍读学士。疏言："朝政积习未除，国计隐忧可虑。年来灾异频仍，饥荒叠见，正宵旰忧勤、彻悬减膳之日，讲学勤政，在今日最为切要。乞时御便殿，接见群臣，讲求政治，行之以诚，持之以敬，庶几转咎征为休征。"疏入，鳌拜传旨诘问积习、隐忧实事，以所陈无据，妄奏沽名，下吏议，镌二秩，上原之。八年，鳌拜败，命康亲王杰书等鞠治，鳌拜衔赐履，意图倾害，为罪状之一。方鳌拜辅政擅威福，大臣稍与异同，辄加诛戮，赐履以词臣论事侃侃无所避，用是著直声。上即位后，未举经筵，赐履特具疏请之，并请设起居注官。上欲幸塞外，以赐履疏谏，乃寝，且嘉其直。

九年，擢国史院学士。未几，复内阁，设翰林院，更以为掌院学士。举经筵，以赐履为讲官，日进讲弘德殿。赐履上陈道德，下达民隐，上每虚己以听。十四年，谕奖其才能清慎，迁内阁学士，寻超授武英殿大学士，兼刑部尚书。十五年，陕西总督哈占疏报获盗，开复疏防官，下内阁，赐履误票三法司核拟。既，检举，得旨免究。赐履改草签，欲诿咎同官杜立德，又取原草签嚼而毁之，立德以语索额图。事上闻，吏部议赐履票拟错误，欲诿咎同官杜立德，改写草签，复私取嚼毁，失大臣体，坐夺官。归，侨居江宁。

二十三年，上南巡，赐履迎谒，召入对，御书经义斋榜以赐。二十七年，起礼部尚书。未几，以母忧去。二十八年，上复南巡，赏赉有加。二十九年，起故官，仍直经筵。命往江南谳狱，调吏部。会河督靳辅请豁近河所占民田额赋，命赐履会勘。奏免高邮、山阳等县额赋三千七百二十八顷有奇。三十四年，弟编修赐瓒以奏对欺饰下狱，御史龚翔麟遂劾吏部铨除州县以意高下，赐履伪学欺罔，乞严谴。下都察院议，赐履与尚书库勒纳，侍郎赵士麟，彭孙遹当降官，上不问，赐瓒亦获赦。

三十八年，授东阁大学士兼吏部尚书，预修《圣训》、《实录》、《方略》、《明史》，并充总裁官。典会试者五。以年老累疏乞休。四十二年，温旨许解机务，仍食俸，留京备顾问。四十五年，乞归江宁。比行，召入讲论累日。赐履因奏巡幸所至，官民供张烦费，惟上留意，上颔之，给传遣官护归。四十六年，上阅河，幸江宁，召见慰问，赐御用冠服。四十八年，卒，年七十五，命礼部遣官视丧，赐赙金千两，赠太子太保，谥文端。五十一年，上追念赐履，知其贫，迭命江宁织造周恤其家；谕吏部召其二子志契、志夔诣京师，皆尚幼，复谕赐履僚属门生醵金恤之。

赐履论学，以默识笃行为旨，其言曰："圣贤之道，不外乎庸，庸乃所以为神也。"著《闲道录》，尝进上，命备省览。雍正间，祀贤良祠。

李光地，字晋卿，福建安溪人。幼颖异。年十三，举家陷山贼中，得脱归。力学慕古。康熙九年成进士，选庶吉士，授编修。十二年，乞省亲归。

十三年，耿精忠反，郑锦据泉州，光地奉亲匿山谷间，锦与精忠并遣人招之，力拒。十四年，密疏言："闽疆褊小，自二贼割据，诛求敲扑，民力已尽，贼势亦穷。南来大兵宜急攻，不可假以岁月，恐生他变。方今精忠悉力于仙霞、杉关，郑锦并命于漳、潮之界，惟汀州小路与赣州接壤，贼所置守御不过千百疲卒。窃闻大兵南来，皆于贼兵多处鏖战，而不知出奇以捣其虚，此计之失也。宜因贼防之疏，选精兵万人或五六千人，诈为入广，由赣达汀，为程七八日耳。二贼闻急趋救，非月余不至，则我军入闽久矣。贼方悉兵外拒，内地空虚，大军果从汀州小路横贯其腹，则三路之贼不战自溃。伏乞密敕领兵官侦谍虚实，随机进取。仍恐小路崎岖，须使乡兵在大军之前，步兵又在马兵之前，庶几万全，可以必胜。"置疏蜡丸中，遣使间道赴京师，因内阁学士富鸿基上之。上得疏动容，嘉其忠，下兵部录付领兵大臣。时尚之信亦叛，师次赣州、南安，未能入福建。康亲王杰书自衢州克仙霞关，复建宁、延平，精忠请降。师进驻福州，令都统拉哈达、赉塔等讨郑锦，并求光地所在。十六年，复泉州，光地谒拉哈达于漳州。拉哈达白王，疏称"光地矢志为国，颠沛不渝，宜予褒扬"，命优叙，擢侍读学士。行至福州，以父丧归。

十七年，同安贼蔡寅结众万余，以白巾为号，掠安溪。光地募乡勇百余人扼守，绝其粮道，贼解去。未几，锦遣其将刘国轩陷海澄、漳平、同安、惠安诸县，进逼泉州，断万安、江东二桥，南北援绝。光地遣使赴拉哈达军告急，值江水涨，道阻，乃导军自漳平、安溪小道入。光地从父日煜率乡勇度石珠岭，芟荆棘，架浮桥以济。光地出迎，具牛酒犒军。又使弟光垤、光垠以乡兵千度白鸽岭，迎巡抚吴兴祚军于永春。师次泉州，击破国轩，窜入海。拉哈达上其功，再予优叙，迁翰林学士。光地上疏推功将帅，辞新命，不允；并官日煜，后积功官至永州总兵。

十九年，光地至京师，授内阁学士。入对，言："郑锦已死，子克塽幼弱，部下争权，宜急取之。"且举内大臣施琅习海上形势，知兵，可重任，上用其言，卒平台湾。

陈梦雷者，侯官人。与光地同岁举进士，同官编修。方家居，精忠乱作，光地使日煜潜诣梦雷探消息，得虚实，约并具疏密陈破贼状，光地独上之，由是大受宠眷。及精忠败，梦雷以附逆逮京师，下狱论斩。光地乃疏陈两次密约状，梦雷得减死戍奉天。

二十一年，乞假奉母归。二十五年，还京，授翰林院掌院学士，直经筵，兼充日讲起居注官，教习庶吉士。逾年，以母病乞归省。二十七年，至京。初，光地与侍读学士德格勒善，于上前互相称引。上召德格勒与诸词臣试乾清宫，以文字劣，镌秩。旋掌院库勒讷劾其私抹起居注事，下狱论罪。诏责光地，光地引罪，乞严谴，上原之。寻擢兵部侍郎。三十年，典会试。偕侍郎博霁、徐廷玺，原任河督靳辅勘视河工。三十三年，督顺天学政。闻母丧，命在任守制。光地乞假九月回里治丧。御史沈恺曾、杨敬儒交章论劾，上令遵初命。给事中彭鹏复疏论光地十不可留，目为贪位忘亲，排诋尤力。下九卿议，命光地解任，在京守制。三十五年，服阕，仍督顺天学政。三十六年，授工部侍郎。

三十七年，出为直隶巡抚。初，畿辅屡遭水患，上以漳河与滹沱合流易泛滥，命光地导漳自故道引入运河，杀滹沱之势。光地疏言："漳河现分为三：一自广平经魏、元城，至山东馆陶入卫水归运；一为老漳河，自山东丘县经南宫诸县，与完固口合流，至鲍家嘴归运；一为小漳河，自丘县经广宗、巨鹿合于滏，又经束鹿、冀州合于滹沱。由衡水出献县完固口复分为两支：小支与老漳河合流而归运，大支经河间、大城、静海入子牙河而归淀。今入卫之河与老漳河流浅而弱，宜疏浚；其完固口小支应筑坝逼水入河，更于静海阎、留二庄挑土筑堤，束水归淀，俾无

泛滥。"诏报可。寻奏霸州、永清、宛平、良乡、固安、高阳、献县因浚新河，占民田一百三十九顷，请豁免赋额，从之。通州等六州县额设红剥船六百号，剥运南漕，每船给赡田，遇水旱例不蠲免，光地奏请援民田例概蠲免之。三十九年，上临视子牙河工，命光地于献县东西两岸筑长堤，西接大城，东接静海，亘二百余里；又于静海广福楼、焦家口开新河，引水入淀：由是下流益畅，无水患。四十二年，上褒其治绩，擢吏部尚书，仍管巡抚事。四十三年，给事中黄鼎楫、汤右曾、许志进、宋骏业、王原等合疏劾光地抚绥无状，致河间饥民流入京畿，并宁津县匿灾不报状。光地疏辩，引咎乞罢，诏原之。再疏辞尚书，不许。寻疏劾云南布政使张霖假称诏旨，贩鬻私盐，得银百六十余万，霖论斩，籍没。

四十四年，拜文渊阁大学士。时上潜心理学，旁阐六艺，《御纂朱子全书》及《周易折中》、《性理精义》诸书，皆命光地校理，日召入便殿覃求探讨。四十七年，皇太子允礽以疾废，命诸大臣保奏诸皇子孰可当储位者。尚书王鸿绪等举皇子允禩，上切责之。询光地何无一言，光地奏："前者皇上问臣以废太子病，臣奏言徐徐调治，天下之福，臣未尝告诸人也。"光地被上遇，同列多忌之者，凡所称荐，多见排挤，因以撼光地。抚直隶时，御史吕履恒劾光地于秋审事任意断决，上察其不实，还其奏。给事中王原劾文选郎中陈汝弼受贿，法司论绞，汝弼，光地所荐也。上察其供证非实，下廷臣确核，得逼供行贿状，汝弼免罪，承谳官降革有差，原夺官。

光地益敬慎，其有献纳，罕见于章奏。江宁知府陈鹏年忤总督阿山，坐事论重辟，光地言其诬，鹏年遂内召。两江总督噶礼与巡抚张伯行互讦，遣大臣往讯，久不决。嗣诏罢噶礼，复伯行官，光地实赞之。桐城贡士方苞坐戴名世狱论死，上偶言及侍郎汪霦卒后，谁能作古文者，光地曰："惟戴名世案内方苞能。"苞得释，召入南书房。其扶植善类如此。

五十二年，与千叟宴，赐赍有加。顷之，以病乞休，温旨慰留。越二年，复以为请，且言母丧未葬，许给假二年，赐诗宠行。五十六年，还朝，累疏乞罢，上以大学士王掞方在告，暂止之。五十七年，卒，年七十七，遣恒亲王允祺奠醊，赐金千两，谥文贞。使工部尚书徐元梦护其丧归，复谕阁臣："李光地谨慎清勤，始终一节，学问渊博。朕知之最真，知朕亦无过光地者！"雍正初，赠太子太傅，祀贤良祠。

弟光坡，性至孝，家居不仕，潜心经术。子钟伦，举人，治经史性理，旁及诸子百家，从其叔父光坡治《三礼》，于《周官》、《礼记》尤精，称其家学。从子天宠，进士，官编修，有志操，邃于经学，与弟钟侨、钟旺俱以穷经讲学为业。钟侨进士，官编修，督学江西，以实行课士，左迁国子监丞。钟旺，举人，授中书，充《性理精义》纂修官。

论曰："圣祖崇儒重道，经筵讲论，孜孜圣贤之学，朝臣承其化，一时成为风气。裔介久官台谏，数进谠言，为

忧盛危明之计，自登政府，柴立不阿，奉身早退，有古大臣之风。赐履刚方鲠直，疏举经筵，冀裨主德，庶乎以道事君者欤？光地扬历中外，得君最专，而疑谤丛集，委蛇进退，务为韬默。圣祖尝论道学不在空言，先行后言，君子所尚。夫道学岂易言哉？

卷二百六十三　　列传五十

**王弘祚　姚文然　魏象枢
朱之弼　赵申乔**

王弘祚，字懋自，云南永昌人。明崇祯三年举人。自蓟州知州迁户部郎中，督饷大同。顺治元年，授岢岚兵备道。总督吴孳昌以弘祚筹画军饷，请仍留大同。二年，以总督李鉴荐，仍授户部郎中。中原初定，图籍散佚。弘祚聪强习掌故，户部疏请修《赋役全书》，以弘祚主其事。弘祚谓："民不苦正供而苦杂派，法不立则吏不畏，吏不畏则民不安。闾阎菽帛之输，朝廷悉知之，则可以艰难成节俭。版籍赋税之事，小民悉知之，则可以烛昭绝侵渔。"裁定赋役，一准万历间法例，晚末苛细巧取，尽芟除之，以为一代程式。三年，加太仆寺少卿。六年，迁太仆寺卿，仍领郎中。

十年，擢户部侍郎。时云、贵尚为明守，孙可望据辰州。弘祚请于江南、江西、湖广丰稔之地，采米谷、储粮饷为进取计。又言："黔国公沐天波世守云南，得民心，其僚属有散处江宁者，宜令往招天波为内应。贵州九股黑苗，自都匀、黎平远及庆远、靖州，近为可望蹂躏，宜加意抚绥，俾令归化。冠服异制，勿骤更易。"上以所言足助抚剿，下经略大学士洪承畴采行。

十一年，给事中郭一鹗劾弘祚修《赋役全书》逾久未成，弘祚疏辨，一鹗复劾其巧饰。下部议，以各省册报稽迟，弘祚不举劾，论罚俸。十二年，疏请禁有司私派累民、将领冒名领饷，皆下部议行。十三年，以河西务钞关员外郎朱世德征税不如额，援赦请免议，坐降三级，命留任。十五年，《赋役全书》成，叙劳，还所降级。考满，荫子。寻擢尚书，加太子少保。命同大学士巴哈纳等校订律例。十六年，进太子太保。

云南平，迭疏上善后诸事，请开乡试，慎署员，设重镇，稽丁田，恤士绅，抚土司，宽新政。既，又疏言司道宜久任，州县宜部选，投诚宜解散，荒残宜轸恤，炉座宜多设。弘祚闻父母丧，疏乞解官奔赴，命在任守制。逾月，命出视事。十八年，圣祖即位，疏请归葬，许之。旋谕促还朝。

康熙三年，授刑部尚书，寻复还户部。四年，星变地震，求直言。弘祚疏言："异星见，天失其常；地震，地失其常。挽回天地之变，首在率循人事之常。"漕粮自通州运京师，或谓水次支散，可省转搬费。弘祚持不可，谓："水次支散，受者艰负戴。必减直而售，则米狼戾在外。京仓颁给虽有粜者，颗粒皆在都下。根本至计，不宜以小利遽变。"又有议尽裁州县存留与变漕粮官运为商运者，固争不得，具疏上之，卒如弘祚议。

六年，用辅政大臣鳌拜议，户部增设满尚书，以授玛尔赛，与弘祚龃龉。七年，户部失察书吏假印盗帑，大学士班布尔善独罪弘祚，坐夺官。八年，鳌拜得罪，起弘祚兵部尚书。九年，以老乞休，命驰驿归里，食原俸。弘祚中道疾作，侨居江宁。念未终事父母，辑《永思录》，自号曰思斋。十一年，疏辞俸，谕曰："卿在官著有劳绩，引年乞休，赐禄颐养，毋固辞。"十三年，卒，赐祭葬，谥端简。

姚文然，字弱侯，江南桐城人。明崇祯十六年进士，改庶吉士。顺治三年，以安庆巡抚李犹龙荐，授国史院庶吉士。五年，改礼科给事中。六年，疏请"敕抚、按、道恩诏清理刑狱，勿任有司稽玩。条赦之外，有可矜疑原宥者，许专疏上陈"。又请重定会试下第举人选用例，以广任使。又言："直隶与山东、河南接壤，盗贼窃发，东西窜匿，难于越境追捕。请改保定巡抚为总督，辖直隶、山东及河南怀庆、卫辉、彰德三府。"又请敕各省督抚勿滥委私人署州县官。诸疏皆下部议行。寻转工科。

八年，世祖亲政，疏请令都察院甄别各省巡按，下部院会议，以六等考核，黜陟有差。是岁，江南、浙江被水，文然请灾地漕米改折，视灾重轻定折多寡。既，又言："折漕例新定，民未周知。官吏或折外重征耗银，或先已征米而又折收，或折重运轻，其弊不一。请敕漕臣密察严劾。"上并采纳。十年，疏言大臣得罪不当锁禁，得旨允行。迁兵科都给事中，乞归养。

康熙五年，起补户科给事中。六年，疏言："四川、湖广诸省官吏，借殿工采木，搜取民间屋材、墓树，宜申饬禁止。"又言："采买官物，其由官发价者，如有驳减余银，例贮司库。若价出自民，余银宜还之民间。"又言："案牍烦冗滋弊，一部可径结之事，即应一部径结；一疏可通结之事，即应一疏通结。若各省钱粮考成已报完者，部臣宜于议覆时即予开复。"均如所请。九年，考满内升，命以正四品顶带食俸任事。故事，给事中内升，还籍候补。留任自文然始。文然与魏象枢皆以给事中敢言负清望，号"姚魏"。十年，两江总督麻勒吉坐事逮诣京师，仍用锁系例。文然复上疏论之，上谕："自后命官赴质，概免锁系，著为令。"

寻迁副都御史，再迁刑部侍郎。十二年，调兵部督捕侍郎。京口副都统张所养劾将军柯永蓁徇私纵恣，令文然往按，永蓁坐罪。迁左都御史。十三年，疏言："福建耿精忠、广西孙延龄皆叛应吴三桂，中间阻隔，赖有广东。精忠将士旧驻其地，熟习山川形势，倘与延龄合谋相犄角，则广东势危。江西境与福建、广东接，倘侵据赣州南安，驿道中断，饷阻邮梗。宜驻重兵通声援。"上嘉纳之。陕西提督王辅臣叛，河南巡抚佟凤彩引疾，上已许之；文然言河南近陕西，流言方甚，凤彩得民心，宜令力疾视事，上为留凤彩。

文然屡有论列，尤推本君身，请节慎起居。孝诚皇后崩，权攒巩华城，上数临视，文然密疏谏，且引唐太宗作台望昭陵用魏征谏毁台事相拟，上亦受之，不怫也。十五年，授刑部尚书。时方更定条例，文然曰："刃杀人一时，例杀人万世，可无慎乎？"乃推明律意，钩稽挈讨，必剂于宽平，决狱有所平反，归辄色喜。尝疑狱有枉，争之不得，退，长跪自责。又以明季用刑惨酷，奏除廷杖及镇抚司诸非刑。十七年，卒，赐祭葬，谥端恪。

文然清介，里居几不能自给，在官屏绝馈遗，晚益深研性命之学。子士基，官湖广罗田知县；士鳌，官陕西朝邑知县；皆有治行。

魏象枢，字环极，山西蔚州人。顺治三年进士，选庶吉士。四年，授刑科给事中。疏言："明季大弊未禁革者，督、抚、按听用官舍太杂，道、府、州、县胥隶太滥，请严予清厘。"报可。五年，劾安徽巡抚王懩受赇庇贪吏，懩坐罢。转工科右给事中。时以满、汉杂处不便，令商民徙居南城。象枢疏言："南城地狭，商民赁买无房，拆盖无地。请下部察官地官房，俾民输银承业。"复疏请更定会典。并下部议行。七年，转刑科左给事中。

八年，世祖亲政，有司有以私征侵帑坐罪者，象枢疏陈其弊，请饬州县依易知单造格眼册，注明人户姓名、粮银、款目及蠲赈清数，上大吏核验，印发开征；又请定布政使会计之法，以杜欺隐，立内外各官治事之限，以清稽滞；皆见施行。复疏言："圣政方新，机务孔多，中外相望治平，非同昔日。上近巡京畿，辅臣当陪侍法从，尽启沃之忠。倘远有临幸，亦宜谏止銮舆，副保傅之责。"又因灾变上言，谓天地之变，乃人事反常所致。语侵权贵尤急。九年，转吏科给事中。十年，大计，疏请复纠拾旧制，言官纠拾未得当，不宜反坐，下所司，著为令。因复疏言顺治四年吏科左给事刘楗以纠拾被谴，宜予昭雪，上为复楗官。

总兵任珍失职怨望，并擅杀其家人，下九卿科道议罪，大学士陈名夏等二十八人，别为一议，象枢与焉。上责其徇党负恩，下部议，罪应流，宽之，命留任。十一年，大学士宁完我劾名夏，辞连象枢，谓象枢与名夏姻家牛射斗有连，象枢纠劾有误，吏部议降级，名夏改票罚俸，命逮问。象枢自陈素不识射斗，得免议。寻以名夏父子济恶，言官不先事论劾，各科都给事中皆镌秩，象枢降补詹事府主簿，稍迁光禄寺丞。十六年，以母老乞终养。

康熙十一年，母丧终，用大学士冯溥荐，授贵州道御史。入对，退而喜曰："圣主在上，太平之业方始。不当以姑且补苴之言进。"乃分疏，言："王道首教化，满、汉臣僚宜敦家教。""督抚任最重，有不容不尽之职分、不容不去之因循，宜责成互纠。""制禄所以养廉，今罚俸例太严密，宜以记过示罚，增秩示恩。""治河方亟，宜蓄人才备任使。""戒淫侈宜正人心，励风俗宜修礼制。"圣祖多予褒纳。复疏纠湖南布政使刘显贵侵公帑不当内升，给事中余国仁欺罔不法，皆坐黜。十二年，以岁满加四品卿衔，寻擢左佥都御史。

十三年，岁三迁，至户部侍郎。会西南用兵，措兵食，察帑藏，多所规画。疏论筹饷，请确估价直，严核关税，慎用各直省布政使。十七年，授左都御史。疏言："国家根本在百姓，百姓安危在督抚。愿诸臣为百姓留膏血，为国家培元气。臣不敢不为朝廷正纪纲，为臣子励名节。"因上申明宪纲十事，上嘉其切中时弊。各直省举劾属吏多失当，江苏嘉定知县陆陇其有清名而被劾罢，象枢疏荐之。镇江知府刘鼎溺职，题升粮道；山西绛州知州曹廷俞劣迹显著，纠察不及；象枢疏劾之。磨勘顺天乡试卷，因陈科场诸弊，请设内帘监试御史；考核各直省学道，举劳之辨、邵嘉，劾卢元培、程汝璞，上如其议以为黜陟。

十八年，迁刑部尚书。象枢疏言："臣忝司风纪，职多未尽，敢援汉臣汲黯自请为郎故事，留御史台，为朝廷整肃纲纪。"上可其奏，以刑部尚书留左都御史任。分疏劾山西巡抚王克善、榷税芜湖主事刘源诸不法状，皆坐黜。七月，地震，象枢与副都御史施维翰疏言："地道，臣也。臣失职，地为之不宁，请罪臣以回天变。"上召象枢入对，语移时，至泣下。明日，上集廷臣于左掖门，诏极言大臣受赇徇私，会推不问操守；将帅克敌，焚庐舍，俘子女，攘财物；外吏不言民生疾苦；狱讼不以时结正；诸王、贝勒、大臣家人罔市利，预词讼；上干天和，严饬修省。是时索额图预政侵佟，诏多为索额图发，论者谓象枢实启之。

寻命举廉吏，象枢举原任侍郎雷虎、班迪、达哈塔、高珩，大理寺卿瑚密色，郎中宋文运，侍讲萧维豫，布政使毕振姬，知县陆陇其、张沐凡十人。上谕曰："雷虎朕亦闻其清，以其怠惰罢黜，既经象枢特荐，授内阁学士。班迪清慎，因使往江西按事，未能明晰，问以民间苦乐，又谢不知，以是镌秩。余令吏部议奏录用。"十九年，仍授刑部尚书。寻命与侍郎科尔坤巡察畿辅，按治豪猾，还奏称旨。

象枢有疾，上赐以人参及参膏，命内侍问饮食如何。二十三年，奏事乾清门，踬焉，即日疏乞休，再奏，乃许之，命之入对，赐御书寒松堂额，令驰驿归。二十五年，卒，年七十一，赐祭葬，谥敏果。

象枢以冯溥荐再起。象枢见溥，问何以见知？溥曰："昔余为祭酒，故事，丁祭不得陪祀者，当于前一日瞻拜。君每期必至，敬慎成礼。一岁直大雨，君仍至，肃然瞻拜而去，此外无一人至者。余以是知君笃诚。"子学诚，进士，授中书。上推象枢恩，改编修，官至谕德。嘉庆间，录贤良祠诸臣后裔，赐象枢四世孙煜举人。

朱之弼，字右君，顺天大兴人。顺治三年进士，授礼科给事中，转工科都给事中。八年，疏言："国家宜重名器。旧制，胥吏供役年久无过，予以议叙，选用佐贰。今户、兵等部书役别系职衔，非官非吏，有玷班官。此曹起自贫乏，不数年家赀巨万，衣食奢侈。非舞文作奸，何以致此？户、兵堂司官岁有迁转，此曹历年久不去，官为客，吏为主，流弊何穷。请严察褫夺。"下部议行。九年，以父丧去。十一年，起补户科都给事中。

十二年，疏言："小民纳粮一也，而其目有四：曰漕粮、白粮、军粮、恤孤粮。军粮、恤孤粮程限迟缓，无增耗之费，有力之家，往往求寄拨兑；单弱之户，派纳漕、白，苦乐不均。军粮行折色，军得银则妄费，生挂欠之弊。恤孤粮半饱豪强，鳏寡孤独无由控诉。请饬漕臣下各省粮道，亲督州县画一编征，尽数输纳，敢有拨兑者治罪。"又言："钱粮侵欠，兵食不充，为上所厪念。侵欠之大者，曰漕欠、粮欠。漕欠责漕督亲督粮道，粮欠责督抚亲督布政使，令本年附征。某年欠项逾限不完，以溺职论，有司侵亏息缓，纠劾不贷。如此，则年销年欠，宿逋可清。"上韪其言，严严饬行。又疏言："国家章制大备，部臣实心任事，利自知举，弊自知革。今乃尽若事外，遇事至，才者不肯决，无才者不能决，稍重大即请会议。不然，行外察报，迁延岁月而已；不然，听督抚参奏，科道指纠而已；不然，苟且塞责，无容再议而已：上下相诿，彼此相安。国家事安得不废，百姓安得不困？欲致太平，必无之事也。臣愚谓今日求治，首在择人。上面召诸大臣亲试才品，因能授任；复考其历事后兴利几何，除弊几何，定功罪，信赏罚，则法行而事举矣。"上纳之弼言，谕六部去怠忽旧习。一岁中四迁，授户部侍郎。十三年，河西务钞关员外郎朱世德征税不如额，户部援赦请免议，上切责遣部臣，之弼降三级。

十五年，授光禄寺少卿，再迁左副都御史。疏言："巡按未得其人，当责都察院考核，巡按之贤不肖，即都察院堂上官贤不肖。臣与诸巡按约，操守当洁清，举劾当得宜，抚按当互纠。臣等定差不公，考核不当，巡按贤者不荐，不肖者不纠，诸御史亦得论劾。至巡方应行诸事，当令掌河南道会诸御史各抒见闻，奏请明定画一。"从之。

世祖恶贪吏，命官得赃十两、役得赃一两，皆流徙。令既行，之弼疏论其不便，略谓："自上谕宣传后，抚按所纠，必无以大贪入告者。何则？一经提问，有司无不图保身命，虽盈千累百，而及其结谳，期不满十两而止。是未纠以前，徒层累而输于大吏。被纠之后，又层累而输于问官。尺籍所科，百不一二。盖虽起龚、黄为之有司，未有不犯十两之令者。而今普天之下，皆不取十两之有司，岂真出古循吏上哉？良以令严则思遁，徒有名而无其实也。上但择抚按一大贪者惩之，一大廉者奖之，则众贪惧、众廉奋矣。"

会岁旱求言，之弼疏言："山东巡抚耿焞、河南巡抚贾汉复以垦荒蒙赏，两省百姓即以赔熟受困，岁增数十万赋税，多得之于鞭笞敲剥、呼天抢地之孑遗。怨苦之气，积为沴厉。"又疏劾户部赈济需迟，救荒无术。京师既得雨，河南报彰德、卫辉以旱成灾，户部奏："上步祷天坛，时雨方降。彰德、卫辉地接畿南，何独请蠲恤？请覆勘。"之弼疏争，略谓："百里不同风，千里不同雨，安得以辇下例率土？且以抚臣疏报为不可信，而又倚以覆勘，使抚臣告灾如前，部臣信之不可，不信必易人而勘，徒使地方增烦扰耳。自夏徂冬，被灾州县未尽停征，待勘明已至来春，虽蠲免，徒饱吏橐，饥民转为沟中瘠久矣。"与尚书王弘祚廷辨，卒从之弼议。十八年，复授户部侍郎。

康熙四年，调吏部。五年，迁左都御史，擢工部尚书。六年，疏言："福建官兵月米五十余万石，岁征十万余石，余皆籴诸市，石值银二两四钱。朝廷买米养兵，绝不抑值以累民。臣闻延、建、汀、邵诸府民以买米摊赔为累，有愿缴田入官者。漳、泉之间，按地派米，石必加六斗，又迫令折价三四两不等，数倍于正供，民不胜其朘削。"上特谕督抚严察。

七年，调刑部。八年，疏言："各省存留钱粮，顺治间军需正迫，有裁汰之令。昨年部臣又请酌减。存留各款，原为留备地方公用，事不容已，费无所出，势不得不派之民间，不肖有司因以为利。宜复康熙七年以前存留旧例。"又疏言："八旗家丁，每岁以自尽报部者不下二千人。人虽有贵贱，均属赤子。请赦谕八旗，凡蓄仆婢，当时其教诲，足其衣食，恤其劳苦，减其鞭笞，使各得其所。岁终刑部列岁中自尽人数，系某旗某家，具册呈览，俾人知儆惕。"又言："世祖严治贪官蠹役，特立严法，如非官役，不用此例。今不论有禄无禄，通用重典。贪蠹事发，被证畏同罪，刑讯不承，使大贪漏网。请嗣后因事纳贿，仍拟同罪。如逼抑出钱，倘非官役，许用旧律。"诏并如所请。九年，调兵部。十四年，以母丧去官。十七年，起授工部尚书。二十二年，会推湖北按察使，之弼举道员王垓，不当上意，以所举非材，吏部议降三级调用。寻卒。

之弼内行修笃，事亲孝，与其弟之佐相友爱。之佐，顺治十四年进士，选庶吉士，历官侍读学士。严事之弼，虽白首，执子弟礼甚谨。

赵申乔，字慎旃，江南武进人。康熙九年进士。二十年，授河南商丘知县，有惠政。二十五年，以贤能行取，命以主事用。二十七年，授刑部主事。三十年，迁员外郎，以病乞归。四十年，以直隶巡抚李光地荐，召见，上察申乔敬慎，超擢浙江布政使。陛辞，上谕曰："浙江财赋地，自张鹏翮后，钱粮多蒙混，当秉公察核，不亏帑，不累民。布政使为一省表率，尔清廉，属吏自皆守法。"申乔顿首谢曰："臣蒙皇上特擢，不黾勉为好官，请置重典。"申乔上官，不挟幕客，治事皆躬亲，例得火耗，悉屏不取。四十一年，上谕奖申乔居官清，能践其言，就迁巡抚。布政使旧有贴解费，岁支不过十之五，申乔积二千余金，封识以授代者，曰："吾奏销不名一钱，后将难继，得此足办一岁事，毋以抚我也。"钱塘江潮啮塘，申乔令镕铁贯石，筑子塘为护。

湖南镇箪红苗杀掠为民害，民走京师叩阍陈状，给事中宋骏业因劾总督郭琇、巡抚金玺、提督林本植讳匿不为民去害，上命侍郎傅继祖、甘国枢及申乔往按，尽发红苗杀掠害民状，琇等皆坐罢。调申乔偏沅巡抚。四十二年，疏言与总督喻成龙檄衡永道张士可入苗洞宣抚，已听命者二十余寨，并与提督俞益谟发兵讨诸不率命者。上命尚书席尔达等率荆州驻防满洲兵，并檄广东、贵州、湖北三省提督，会成龙等进攻。自龙椒洞至于天星寨，分道搜剿，斩馘苗千余，三百余寨咸听命受约束，苗悉定。申乔疏上善后诸事，移辰沅道驻其地。上奖征苗诸将，贵州提督李芳述功最，并褒申乔强毅。

上南巡，申乔朝行在，上以湖南地偏远，官吏私征、加耗倍于他省，特诏申饬。申乔还，建上谕碑亭于通衢，示属吏，并疏劾巴陵知县李可昌等违例苛敛，夺官逮治。四十五年，申乔疏言："清浪、平溪二卫地处山僻，请改米征银，俾省运费。"四十六年，疏言："漕运旗丁旧有耗赠、行月银米，于起运前预发。给事中戴嵩条奏俟至通州补发，意在防其亏缺。湖南运道远于江、浙，例本无耗赠，惟恃行月银米为转运之资。今既扣存，穷丁不能涉远，必致误漕。请仍旧例预发。"上许之，著为令。

四十七年，命赴湖北按谳荆州同知王伋等侵蚀木税，疏请裁港口渡私税，荆州关税部差如故。申乔还，又请以靖州属鸬鹚关税并入辰州关。别疏言："营兵给饷，每于正月支领，时地丁尚未开征，挪移则累官，预征则累民，请以隔岁余存米石拨给兵饷"。并下部议行。内阁学士宋大业祭告南岳还京师，劾申乔轻亵御书，诏诘申乔。申乔疏辨，并言："大业初使湖南，馈金九千。此次再使湖南，馈金五百，意不慊，札布政使董昭祚，言南岳庙工余银毋报部。臣仍报部充饷，以是诬劾。"大业坐夺官，申乔镌五级留任。

四十八年，疏劾提督俞益谟取兵粮三十五石，诏诘益谟。益谟劾申乔苛刻，请并解官质讯。四十九年，上命尚书萧永藻往按，永藻察申乔疏实，上为罢益谟，而命申乔还职。寻擢左都御史，谕曰："申乔甚清廉，但有性气，人皆畏其直。朕察其无私，是以护惜之。"五十年，疏请刻颁部行则例。劾编修戴名世所著《南山集》、《孑遗录》有大逆语，下刑部，鞫实坐斩。五十一年，疏请禁营兵冒名食粮；又言上普免各省地丁钱粮，惟潼关卫、大同府征本色，不在蠲例，请如奉天、台湾例，一体蠲免：并允所请。

又疏言每岁农忙，京师当遵例停讼。上谕曰："农忙停讼，听之似有理，实乃无益。民非独农也，商讼则废生理，工讼则废手艺。地方官不滥准词状，准则速结，讼亦少矣。若但四月至七月停讼，而平日滥准词状，又复何益？且此四月至七月间，或有奸民诈害良善，冤向谁诉？八月以后，正当收获，亦非闲时。福建、广东四季皆农时，岂终岁停讼乎？读书当明理，事有益于民，朕即允行，否则断乎不可也。"五十二年，广东饥，命往督平粜。寻授户部尚书。

五十三年，旗丁请指圈沧州民地，直隶巡抚赵弘燮议以旗退地另拨，部议不许。申乔言沧州民地有旨停圈，宜如弘燮议，上从之。时方铸大钱，商人请纳银领易小钱送宝源局改铸，命内务府会户部议。申乔言："收小钱，有司责也，商人图利，恐近藉端扰民，不可许。"而疏已上，议准申乔奏，请罢斥。上召问状，申乔言："司官但送侍郎画题，为所藐视，无颜复莅职。"上曰："君子惩忿窒欲，此语宜详思。司官藐视，但当奏劾。尔性苛急，不能容人。天地之大德曰生，非但不杀而已。盖于万物皆养育而保全之。尔在官诚廉，然岂可恃廉而矫激乎？"命任事如故。卒用申乔议，罢商人纳银领钱。

申乔子凤诏，官太原知府。上幸龙泉关，凤诏入谒，上以申乔子优遇之。问巡抚噶礼贤否，凤诏言噶礼清廉第一，上为擢噶礼江南总督。及噶礼以贪败，上举凤诏问尚书张鹏翮，鹏翮言其贪。五十四年，山西巡抚苏克济劾凤诏受贿至三十余万，命夺官按治。申乔疏谢不能教子，请罢斥，上责其词意忿激，非大臣体，命任事如故。凤诏坐赃罪至死。

五十九年，以病乞休。上仍奖申乔清廉，令在官调治。凤诏赃未清，命免追，并谕大学士，谓"速传此旨，使其早知，庶服药可效也"。寻卒，年七十有七，赐祭葬，谥恭毅。雍正元年，加赠太子太保。六年，湖广总督迈柱疏劾属吏亏帑，有申乔在偏沅时事，例当分偿。世宗特命免之。

论曰：弘祚定赋役，文然修律例，皆为一代则，其绩效巨矣。象枢廉直謇謇，能规切用事大臣，尤言人所难言。之弼意主于爱民，凡所裁替，皆切于民事。申乔名辈差后，清介绝流辈，慷慨足以任国家之重。贞元之际，自据乱入升平，开济匡襄，诸臣与有力焉。

卷二百六十四　　　列传五十一

郝维讷　任克溥　刘鸿儒　刘楗
朱裴　张廷枢

郝维讷，字敏公，直隶霸州人。父杰，明崇祯进士。顺治初，授行人，迁户部给事中。迭疏请开经筵，祀阙里，废斥诸臣才堪录用者量予自新，朝贺大典内监不得入班行礼，俱下部议行。累迁户部侍郎。卒。

维讷，顺治四年进士，授刑部主事，再迁郎中。七年，出为福建督粮道佥事。师下漳南，粮运多阻，维讷督米二万石浮海达泉州以济军。巨盗张自盛犯延、邵，檄维讷权延建邵道，设方略，用间散其党，自盛就擒。寻署按察使，谢苞苴，绝羡耗。举卓异，复用孙承泽、成克巩荐，十一年，召授通政司右参议。累迁大理寺卿。十三年，擢户部侍郎，调吏部。十六年，丁父忧。服阕，起户部侍郎，复调吏部。

康熙三年，典会试，寻擢左都御史。维讷以开国二十余年，南徼初定，民困未苏，疏言："天下大弊在民穷财尽，连年川、湖、闽、广、云、贵无不增兵增饷，本省不支，他省协济。臣观川、湖等省尚多旷土，若选绿旗及降兵精锐者隶之营伍，给以牛种，所在屯田，则供应减而协济可以永除，闾里无追呼之困。"又疏言："巡按既裁，地方巡视责归督抚。督抚任事繁，出巡动逾旬月，恐误公务，况骑从众多，经过滋扰。至属官贪廉，闾阎疾苦，咨访耳目，仍寄司道。请嗣后事关重大者，仍亲身巡察，余概停止。"又疏言："山西、山东等省偏旱，发帑赈济，圣恩至为优渥，特穷乡僻壤恐难遍及，惟蠲免钱粮，率土均沾实惠。但田有田赋，丁有丁差，前者被灾地方，例多免粮不免丁；其有丁无田者，反不得与有田之户同沾恩泽。请丁银均如田粮分数蠲免。"又疏言："贪吏罪至死者，遇赦免死，并免交吏部议处。此曹饕餮狼藉，未可令其复玷名器，贻害地方。虽新例赴部另补，贪残所至，播虐惟均。请敕部定议，凡赃款审实者，遇赦免罪，仍当夺官。庶官箴可肃，民害可除。"皆下部议行。

五年，迁工部尚书，调刑、礼二部。八年，调户部。疏请停督抚勘灾，申禁圈取民地，并得旨允行。十一年，调吏部。时兵兴开捐纳，正途日壅，维讷为斟酌资格，按缺分选，铨法称平。十八年，给事中姚缔虞请宽免科道风闻言事之禁，下廷臣议，维讷谓："言官奏事，原不禁其风闻。但风闻奏参审问全虚者，例有处分，否则虑有藉风闻挟私报怨者，请仍照定例行。"从之。

维讷领吏、户二部最久，法制多经裁定。凡事持大体，遇会议、会推、朝审，委曲斟酌，期于至当。敷奏条畅，所见与众偶有同异，开陈端绪，不留隐情，上深重之，往往从其言。十九年，遭母忧。服阕，诣京师，未补官，卒，谥恭定。

任克溥，字海眉，山东聊城人。顺治四年进士，授南阳府推官。卓异行取，十三年，授吏科给事中。疏言："上励精图治，知亲民之官莫过守令，特择各府繁剧难治者，许三品以上各举一人，破格任用。使保举得当，一人贤则一郡安，人人贤则各省安，太平何难立致。乃为时未久，以贪庸劾罢者已有数人，前此保举不能秉公慎选可知。乞敕部察处。"

十四年，转刑科，疏言："抗粮弊有三：宦户、儒户、衙蠹。宜分三项，各另造册，申报总督、巡抚、巡按，宦欠者题参，衿欠者褫革，役欠者逮治。"复疏论顺天乡试给事中陆贻吉与同考官李振邺、张我朴交通行贿鬻举人，下吏部、都察院严鞫，贻吉、振邺、我朴与居间博士蔡元禧，进士项绍芳，行贿举人田耜、邬作霖皆坐斩。命礼部覆试不及程者，褫夺流徙又二十五人，考官庶子曹本荣、中允宋之绳并坐降调。

十五年，充会试同考官，出闱，疏言："伏读上谕，令各衙门条奏兴利除弊。时近两月，仅见宗人府一疏，各衙门迟疑观望。窃谓其病有二：一则因循既久，发论方新，恐无以赎往日旷官之咎；一则瞻望多端，指陈无隐，恐无以留后来迁就之门。臣子报国，止有朴忠，遇事直陈；稍一转念，便持两端，势必摭拾琐屑，剿说雷同，不能慷慨论列，又安望设诚致行？乞严饬不得浮泛塞责，并鉴别能否，示以劝惩。"又疏言："近以各衙门胥役作奸犯科，诏令诸臣计议指摘。臣以为惩于弊后，不若杜于弊先，如吏部文选司推升原有定序，应先悬榜部门，序列姓名、资俸、荐纪、参罚，使共见共闻，考功议处条例，亦画一颁发，使不得轻重增减。至各官开缺，以科钞为凭，向以发钞后先转移舞弊。如当逮问，先下刑部，与事止夺官、径下吏部者迟速有异。应令即日钞发，使不容操纵。"上以所奏切中时弊，下部详议行。

转礼科都给事中，疏言："士为四民首，宜端习尚。请敕学臣，凡有请托私书，许揭送部科，差满定为上考。并令举优当访学行著闻之士，惩劣则以抗粮为最重。"又疏言："钱粮逋欠，非尽在民。臣前奏三款，部议分册申报，得旨允行；而造册奏报者，惟山西一省耳。诸省玩泄从事，不肯实心清理，徒以开荒增课，一时博优叙之荣，仍听其逋欠而不之问，请饬部察核；又绅衿抗粮，定有新条，蠹役尤应加严，并请敕部定例行。"十七年，迁太常寺少卿。十八年，遭父丧。

康熙三年，起补原官。六年，疏言："朝廷欲薄赋，有司反加赋；朝廷欲省刑，有司反滥刑：皆由督抚不得其人。今方有诏令部院纠察，部院肯纠极贪大恶之督抚一人，天下为督抚者警；督抚肯纠极贪大恶之司道一人，天下为司道者警。督抚、司道廉洁，则有司不苦诛求，轻徭薄赋，政简刑清，自宽然有余地矣。"八年，应诏陈民生疾苦，言："小民莫疾于加派，莫苦于火耗，已敕严禁矣。此外疾苦尚有数端：有司派殷户催粮，粮单中多列逃亡绝户，无可征粮；且有粮册无名，按时追比，致倾家以偿者。邮传供应，原有钱粮，或侵入私囊，令民养马应夫或充里长。使客往来，舟车饮食，责令设备。河漕附近，籍民应役，衣敝履决，力尽筋疲，而工食或至中饱。浅夫闸夫，卖富差贫，一名更至数十名，衙役捕系恫吓，民被累无穷。请敕督抚清厘征禁。"上纳其言，并特谕河工毋令累民。

寻迁右、左通政。十一年，疏言："嘉鱼知县李世锡告湖广巡抚林天擎索贿，以此知馈遗不绝，苞苴尚行，较世祖朝有司不敢馈遗督抚、不敢轻至省会风气迥殊。督抚初受命，群馈裘马、弓矢，而为督抚者亦饰观瞻、趋奢侈，一时费累万。上官后，为酬报取偿地，遂苛索属吏，贻累于民。请敕督抚赴官之先，屏绝馈送，勿铺张行色，以俭养廉。督抚参罚科条甚密，部院亦当知督抚艰难繁重，依例处分，毋过为吹索，俾得专心吏治民生，无旁顾之忧。"先后诸疏并下部议行。

十二年，擢刑部侍郎。十八年，京察，以才力不及拟降调，命再议，改注不谨，遂夺官。三十八年，迎跸临清，复原衔。四十二年，南巡还跸东昌，幸其所居园，赐松桂堂榜。以克溥年将九十，赐刑部尚书衔。是岁卒，赐祭葬。乾隆四十七年，高宗览克溥条奏诸疏，善之，谕："克溥逮事两朝，抒诚建白，无愧直言謇谔之臣。"并命录诸疏宣示。

刘鸿儒，字鲁一，直隶迁安人。顺治三年进士，授兵科给事中。疏言："开国之始，首重安民，宜轻赋徭，革积弊。伏读恩诏，赋制悉依万历初年，及观顺治二年征数，并不减少，且复增重，请敕有司核实。州县六房书吏，初房各二人，今则增至七、八十人，并请敕有司核简。"上命指实，鸿儒复言："臣籍迁安，明季丁银，下下二钱，下中四钱，上地一亩七分有奇。民苦输将，犹多逋赋。今蒙恩诏蠲免，而二年征数，二钱者增至三钱六分，四钱者增至七钱二分，上地每亩增至八分有奇。一邑如此，他邑可知。乞敕清查蠲免。"下部确察。四年，调户部。五年，坐纠巨鹿知县劳有学失实，左迁上林苑蕃育署署丞。十年，命复故官。十三年，补兵科，疏言："畿辅近地，劫掠时闻。请严责成，谨防捕。"下部如所请。

转户科，十五年，疏言："开国以来，度支屡见不敷。汰冗员，增榷务，广输纳，督积逋，讲求开节，已无不尽。今南服削平，万方底定，宜总计财赋之数，准其出入，定为经久不易之规。请通计一岁内亩赋、丁徭、盐征、津税，各省轻赍、重运及赎锾事例等项，汰其猥琐无艺者，所存金粟若干数；然后计一岁内上方供应、官吏俸禄、兵马粮料、朝祭礼仪、修筑工役，以至师生廪饩，胥役代食，罢其不经无益者，所需金粟若干数；务使出入相合，定为会计之准。用财大端惟兵，生财本计惟土。欲纾国计，莫善于屯田，朝廷下民屯之令。设官置役，多糜廪禄，得不偿失，不旋踵而请罢。稽古屯制，不在民而在兵，请敕各省驻兵处所，无论边腹地方，察有荒土，令兵充种。正疆界，信赏罚，则趋事自力；丰种具，宽程效，则收获自充。此唐初府兵之制也。自顷四川、贵州已入版图，所得之地，必需驻守；若令处处兴屯，则根本自固，战守咸资。此又赵充国之于先零，杜预之于宛、叶，确然可循之遗策也。顺天左右郡县，拱翊王畿，根本要地，自令旧人圈住，深得居重驭轻之意。但畿辅之民，多失恒业，拨补他地，皆有系属，岂能据为己有？今喜峰、冷口诸关外，大宁以南，弥望千里，咸称膏壤，请令民愿出关垦者，许承之为业。沃土新辟，获利必饶，先事有获，趋者自众。数年以后，渐次起科，成聚成邑，堪资保障。二者皆军国大计，若设诚致行，久之兵食充足，国基赖以不拔矣。"下部议，以滇、黔未靖，兵饷无数，难以预定会计；设置兵屯，及畿辅民出边垦种，敕所司详勘。

十七年，迁顺天府府丞，再迁左通政。十八年，迁太常寺卿。康熙三年，迁通政使。六年，擢兵部侍郎。十年，调户部。十二年，迁左都御史。

官户部时，甘肃巡抚华善因擅发仓粟赈灾，户部循例题参，并议罚偿，鸿儒无异议；及官都御史，又疏论华善不应参处，嗣后封疆大臣有利民之政，不宜拘以文法。给事成性疏劾，下部议，坐鸿儒先未异议，后又指摘沽名，降二级调用。寻卒于家。

刘楗，字玉罍，直隶大城人。顺治二年进士。是岁选新进士十人授给事中，楗除户科。疏论山东巡抚杨声远劾青州道韩昭宣受贿释叛贼十四人，仅令住俸剿贼，罚不蔽辜，昭宣坐夺官。四年，转兵科右给事中。疏论江西巡按宋调元荐举泰州游击潘延吉，寇至弃城走，调元滥举失当，亦坐夺官。是岁大计，楗用拾遗例，揭山东聊城知县张守廉贼款，下所司勘议，守廉以失察吏役得赇，罚俸；楗诬纠，坐夺官。十年，吏科都给事中魏象枢请行大计拾遗，因论楗枉，得旨，吏役诈赇，知县仅罚俸，言官反坐夺官，明有冤抑，令吏部察奏，命以原官起用。授兵科左给事中。

十一年，疏言："近畿被水地，水落地可耕。方春农事急，请敕巡抚檄州县发存留银，借灾民籽种，俟秋成责偿。仍饬巡行乡村勘核，不使吏胥得缘以为利。"

十二年，疏言："郑成功踩躏漳、泉，窥伺省会。臣昔充福建考官，询悉地势。福清镇东卫，明时驻兵防倭。倘复旧制，可以保障长乐，藩卫会城。宋、元设州海坛，明以倭患弃之。若设将镇守，可与镇东互为犄角。仙霞岭为入福建门户，与江西、浙江接壤，宜设官控制，招民以实其地，俾无隙可乘。成功数犯京口，泊舟平洋沙为巢穴。宜乘其未至，移兵驻镇，使退无可据，必不敢深入内地。"疏入，敕镇海将军石廷柱等分别驻守。

十三年，授山西河东道副使。十五年，转河南盐驿道参议。十六年，授湖广按察使，就迁右布政。十八年，总督张长庚、巡抚杨茂勋疏荐楗廉干，协济滇、黔兵饷至八百余万，清逋赋垦地，除鼓铸积弊。楗以母忧归。康熙二年，起江西布政使。

吴三桂乱作，措饷供兵，事办而民不扰。十四年，授太常寺卿。十六年，迁大理寺卿。十七年，擢副都御史，疏言："自吴三桂为乱，军需旁午，大计暂停。今师所至，渐次荡平。伏思兵后残坏已极，正赖贤有司招徕安辑。若使不肖用事，何以澄吏治、奠民生、息盗贼？请令督抚速行举劾，凡经荐举者，改行易操，一体严察，不得偏徇。"下部如所请行。又疏言："江西当乱后，民逃田墟，钱粮缺额不急予蠲免，逃者不归，归者复逃；荒者未垦，垦者仍荒。"上为特旨番行蠲免。

旋以病乞休，谕慰留，遣太医视疾。擢吏部侍郎。未几，复擢刑部尚书。十八年，病剧，始得请还里。至家，卒，赐祭葬，谥端敏。

朱裴，字小晋，山西闻喜人。亦顺治三年进士。知直隶易州，移河南禹州。裴治尚严，到官即捕杀盗渠。县有诸生聘妇为盗掠，既复自归。盗以夺妇讼生，妇以生贫且别娶，反为盗证。前政论生死，裴廉得其实，为榜杀妇而出生于狱。擢刑部员外郎，迁广东道御史，再迁礼科给事中。满洲俗尚殉葬，裴疏请申禁，略言："泥信幽明，未有如此之甚者。夫以主命责问奴仆，或畏威而不敢不从，或怀德而不忍不从，二者俱不可为训。好生恶死，人之常情。捐躯轻生，非盛世所宜有。"疏入，报可。累迁工部侍郎。以疾乞休，归。地震，伤于足，卧家九年，卒。

张廷枢，字景峰，陕西韩城人。父顾行，康熙六年进士，官江安督粮道。廷枢，二十一年进士，选庶吉士，授编修。三十八年，以侍读主江南乡试。四十一年，以内阁学士督江南学政。四十四年，圣祖南巡，赐御书、冠服。四十五年，迁吏部侍郎，充经筵讲官。

湖广容美土司田舜年摄其子昞如贪庸暴戾，昞如匿桑植土司向长庚所，不赴鞫。总督石文晟以闻，并劾舜年僭妄。命左都御史梅鋗、内阁学士二格会文晟按治。舜年诣武昌，文晟执之，病卒。鋗与文晟各具议疏陈，二格疏言佐证未集，未可即定议。诏廷枢偕大学士席哈纳、侍郎萧永藻覆勘，舜年各款俱虚，梅鋗以草率具奏，下部议夺官；文晟及湖北巡抚刘殿衡、偏沅巡抚赵申乔、提督俞益谟各降罚有差。

四十八年，进刑部尚书。民张三等盗仓米，步军统领托合齐逮送刑部，满尚书齐世武拟斩监候，廷枢持不可，拟充军。下九卿议，廷枢改拟不当，当罚俸。上责廷枢偏执好胜，夺官。俄，托合齐得罪，五十一年，起廷枢工部尚书。江南总督噶礼、江苏巡抚张伯行互讦，命尚书张鹏翮、总督赫寿按治，议夺伯行官。上复命廷枢与尚书穆和伦覆勘，如鹏翮等议。疏下九卿，上特命夺噶礼官，伯行复任。

五十二年，调刑部。五十六年，河南宜阳知县张育徽加征火耗虐民，盗渠亢珽结渑池盗李一临据神垕寨为乱，并劫永宁知县高式青入寨；閺乡盗王更一亦藉知县白澄豫征钱粮，啸聚围县城；巡抚张圣佐、总兵冯君侁不能平，又匿不以起衅所由入告。命廷枢与内阁学士勒什布按治，珽自缢；更一、一临就擒，置之法；澄、育徽拟绞监候；圣佐、君侁夺官；并追咎原任巡抚李锡令属吏加征激变，论斩。兰阳白莲教首衰进等谋不轨，命廷枢并按，论罪如律。五十八年，南阳镇兵为乱，辱知府沈渊，命廷枢偕内阁学士高其倬按治；浙江巡抚御史哈尔金受商人赇，被劾，命廷枢偕内阁学士德音按治。并论如法。

廷枢还京师，疏言：「河南漕米自康熙十四年每石改折银八钱解部，嗣因米贱，部议以一钱五分解部，余交巡抚购米起运。巡抚分委州县，州县复派民买输，甚为闾阎累。请交粮道购买，毋得派累民间。」下部议行。

世宗在藩邸，优徐采旗佣者棰杀人，部议以佣抵。廷枢独议罪在采，坐徙边。世宗即位，褒廷枢抗直，复逮采论罪。雍正元年，以原任编修陈梦雷侍诚郡王得罪，命发黑龙江，廷枢循故事，方冬停遣，又出其子使治装。尚书隆科多劾廷枢徇纵，命镌五级，逐回籍。

子缙，进士，官中允，亦以告病家居。六年，陕西巡抚西琳劾廷枢受河督赵世显赇六千，抗追不纳，缙居乡不法。诏夺廷枢及缙官，令所司严讯。廷枢被逮，道卒。总督岳钟琪议缙当斩，籍其家，诏特宽免，令缙在川、陕沿边修城赎罪。乾隆时，复廷枢官，追谥文端。子继，亦进士，官户部主事。

论曰：维讷论贪吏遇赦，不得遽复官；克薄言民生疾苦，戒加赋滥刑；鸿儒请定岁会之制；楗议兵后当复行计典；裴请禁殉葬：益于国，泽于民，言各有所当也。廷枢使车四出，惟张伯行事出上裁，他皆称指。律严科场罪，所以重取士，乃草野私议辄以为过当。克薄兴丁酉顺天之狱，卒以不谨罢，殆怨家所中欤？廷枢得罪，似亦有畸之者，诎而后申，足为謇直者劝矣。

卷二百六十五　　列传五十二

汤斌 孙之旭　**陆陇其**　**张伯行** 子师载

汤斌，字孔伯，河南睢州人。明末流贼陷睢州，母赵殉节死，事具《明史·列女传》。父契祖，挈斌避兵浙江衢州。顺治二年，奉父还里。九年，成进士，选庶吉士，授国史院检讨。

方议修《明史》，斌应诏言：「《宋史》修于元至正，而不讳文天祥、谢枋得之忠；《元史》修于明洪武，而亦著丁好礼、巴颜布哈之议。顺治元、二年间，前明诸臣有抗节不屈、临危致命者，不可概以叛书。宜命纂修诸臣勿事瞻顾。」下所司。大学士冯铨、金之俊谓斌奖逆，拟旨严饬，世祖特召至南苑慰谕之。时府、道多缺员，上以用人方亟，当得文行兼优者，以学问为经济，选翰林官，得陈炌、黄志遴、王无咎、杨思圣、蓝润、王舜年、范周、马烨曾、沈荃及斌凡十人。

斌出为潼关道副使。时方用兵关中，征发四至。总兵陈德调湖南，将二万人至关欲留，斌以计出之，至洛阳哗溃。十六年，调江西岭北道。明将李玉廷率所部万人据雩都山寨，约降，未及期，而郑成功犯江宁。斌策玉廷必变计，夜驰至南安设守。玉廷以兵至，见有备，却走；遣将追击，获玉廷。

斌念父老，以病乞休，丁父忧。服阕，闻容城孙奇逢讲学夏峰，负笈往从。康熙十七年，诏举博学鸿儒，尚书魏象枢、副都御史金鋐以斌荐，试一等，授翰林院侍讲，与修《明史》。二十年，充日讲起居注官、浙江乡试正考官，转侍读。二十一年，命为《明史》总裁官，迁左庶子。二十三年，擢内阁学士。江宁巡抚缺，方廷推，上曰：「今以道学名者，言行或相悖。朕闻汤斌从孙奇逢学，有操守，可补江宁巡抚。」濒行，谕曰：「居官以正风俗为先。江苏习尚华侈，其加意化导，非旦夕事，必从容渐摩，使之改心易虑。」赐鞍马一、表裏十、银五百。复赐御书三轴，曰：「今当远离，展此如对朕也！」十月，上南巡，至苏州，谕斌曰：「向闻吴閶繁盛，今观其风土，尚虚华，安佚乐，逐末者多，力田者寡。尔当使之去奢返朴，事事务本，庶几可挽颓风。」上还跸，斌从至江宁，命还苏州，赐御书及狐腋蟒服。

初，余国柱为江宁巡抚，淮、扬二府被水，国柱疏言：「水退，田可耕，明年当征赋。」斌遣覆勘，水未退即田，出水处犹未可耕，奏寝前议。二十四年，疏言：「江苏赋税甲天下，每岁本折五六百万。上命分年带征漕欠，而地丁钱粮，自康熙十八年至二十二年，五年并征。州县比较，十日一限。使每日轮比，则十日中三日空闲，七日赴比。民知剜补无术，拌皮骨以捱征比；官知催科计穷，拌降革以图卸担。恳将民欠地丁钱粮照漕项一例，于康熙二十四年起，分年带征。」又疏言：「苏、松土隘人稠，而条银漕白正耗以及白粮经费漕剩五米十银，杂项差徭，不可胜计。区区两府，田不加广，而当大省百余州县之赋，民力日绌。顺治初，钱粮起存相半，考成之例尚宽。后因兵饷急迫，起解数多，又定十分考成之例。一分不完，难逭部议。官吏顾惜功名，必多苟且。参罚期迫，则以欠作完；赔补维艰，又以完为欠。百姓脂膏已竭，有司智勇俱困。积欠年久，惟恃恩蠲。然与其赦免于追呼既穷之后，何若酌减于征比未加之先。恳将苏、松钱粮各照科则量减一二成，定适中可完之实数，再将科则稍加归并，使简易明白，便于稽核。」又请蠲苏、松等七府州十三年至十七年未完银米，淮、扬二府十八九两年灾欠，及邳州版荒、宿迁九厘地亩款项，并失额丁粮，皆下部议行。九厘地亩款项，即明万历后暂加三饷，宿迁派银四千三百有奇，至是始得蠲免。

淮、扬、徐三府复水，斌条列蠲赈事宜，请发帑五万，籴米湖广，不俟诏下，即行咨请漕运总督徐旭龄、河道总督靳辅分赈淮安。斌赴清河、桃源、宿迁、邳、丰诸州县察赈，疏闻，上命侍郎素赫助之。先后奏劾知府赵禄星、张万寿，知县陈协浚、蔡司沽、卢綎、葛之英、刘涛、刘茂位等。常州知府祖进朝以失察属吏降调，斌察其廉，奏留之。又疏荐吴县知县刘滋、吴江知县郭琇廉能最著，而征收钱粮，未能十分全完，请予行取。下部皆议驳，特旨允行。

斌令诸州县立社学，讲《孝经》、《小学》，修泰伯祠及宋范仲淹、明周顺昌祠，禁妇女游观，胥吏、倡优毋得衣裘帛，毁淫词小说，革火葬。苏州城西上方山有五通神祠，几数百年，远近奔走如鹜。谚谓其山曰"肉山"，其下石湖曰"酒海"。少妇病，巫辄言五通将娶为妇，往往瘵死。斌收其偶像，木者焚之，土者沉之，并饬诸州县有类此者悉毁之，撤其材修学官。教化大行，民皆悦服。

方明珠用事，国柱附之。布政使龚其旋坐贪，为御史陆陇其所劾，因国柱贿明珠得缓；国柱更欲为斌言，以斌严正，不得发。及蠲江南赋，国柱使人语斌，谓皆明珠力，江南人宜有以报之，索赇，斌不应。比大计，外吏辇金于明珠门者不绝，而斌属吏独无。

二十五年，上为太子择辅导臣，廷臣有举斌者。诏曰："自古帝王谕教太子，必简和平谨恪之臣，统率宫僚，专资辅翼。汤斌在讲筵时，素行谨慎，朕所稔知。及简任巡抚，洁己率属，实心任事。允宜拔擢，以风有位。"授礼部尚书，管詹事府事。将行，吴民泣留不得，罢市三日，遮道焚香送之。初，靳辅与按察使于成龙争论下河事，久未决。廷臣阿明珠意，多右辅。命尚书萨穆哈、穆成额会斌勘议，斌主浚下河如成龙言。萨穆哈等还京师，不以斌语闻。斌至，上问斌，斌以实对。萨穆哈等坐罢去。

二十六年五月，不雨，灵台郎董汉臣上书指斥时事，语侵执政，下廷议，明珠惶惧，将引罪。大学士王熙独曰："市儿妄语，立斩之，事毕矣。"斌后至，国柱以告。斌曰："汉臣应诏言事无死法。大臣不言而小臣言之，吾辈当自省。"上卒免汉臣罪。明珠、国柱愈恚，摘其语上闻，并摭斌在苏时文告语，曰"爱民有心，救民无术"，以为谤讪，传旨诘问。斌惟自陈资性愚昧，愆过丛集，乞赐严加处分。左都御史瑸丹、王鸿绪等又连疏劾斌。会斌先荐候补道耿介为少詹事，同辅太子，介以老疾乞休。詹事尹泰等劾介侥幸求去，且及斌妄荐，议夺斌官，上独留斌任。国柱宣言上将隶斌旗籍，斌适扶病入朝，道路相传，闻者皆泣下。江南人客都下者，将击登闻鼓讼冤，继知无其事，乃散。

九月，改工部尚书。未几，疾作，遣太医诊视。十月，自通州勘贡木归，一夕卒，年六十一。斌既卒，上尝语廷臣曰："朕遇汤斌不薄，而怨讪不休，何也？"明珠、国柱辈嫉斌甚，微上厚斌，斌祸且不测。

斌既师奇逢，习宋诸儒书。尝言："滞事物以穷理，沉溺迹象，既支离而无本；离事物而致知，隳聪黜明，亦虚空而鲜实。"其教人，以为必先明义利之界，谨诚伪之关，为真经学、真道学；否则讲论、践履析为二事，世道何赖。斌笃守程、朱，亦不薄王守仁。身体力行，不尚讲论，所诣深粹。著有《洛学编》、《潜庵语录》。雍正中，入贤良祠。乾隆元年，谥文正。道光三年，从祀孔子庙。

孙之旭，字孟升。康熙四十五年进士，官编修，改御史。出为霸昌道，内迁左通政。所至皆有声。

陆陇其，初名龙其，字稼书，浙江平湖人。康熙九年进士。十四年，授江南嘉定知县。嘉定大县，赋多俗侈。陇其守约持俭，务以德化民。或父讼子，泣而谕之，子披父归而善事焉；弟讼兄，察导讼者杖之，兄弟皆感悔。恶少以其徒为暴，校于衢，视其悔而释之。豪家仆夺负薪者妻，发吏捕治之，豪折节为善人。讼不以吏胥逮民，有宗族争者以族长，有乡里争者以里老；又或使两造相要俱至，谓之自追。征粮立挂比法，书其名以俟比，及数者自归；立甘限法，令以今限所不足倍输于后。

十五年，以军兴征饷。陇其下令，谓"不恋一官，顾无益于尔民，而有害于急公。"户予一名刺劝谕之，不匝月，输至十万。会行间架税，陇其谓当止于市肆，令毋及村舍。江宁巡抚慕天颜请行州县繁简更调法，因言嘉定政繁多逋赋，陇其操守称绝一尘，才干乃非肆应，宜调简县。疏下部议，坐才力不及降调。县民道为盗所杀而讼其仇，陇其获盗定谳。部议初报不言盗，坐讳盗夺官。十七年，举博学鸿儒，未及试，丁父忧归。十八年，左都御史魏象枢应诏举清廉官，疏荐陇其洁己爱民，去官日，惟图书数卷及其妻织机一具，民爱之比于父母，命服阕以知县用。

二十二年，授直隶灵寿知县。灵寿土瘠民贫，役繁而俗薄。陇其请于上官，与邻县更迭应役，俾得番代。行乡约，察保甲，多为文告，反覆晓譬，务去斗很轻生之习。二十三年，直隶巡抚格尔古德以陇其与兖州知府张鹏翮同举清廉官。二十九年，诏九卿举学问优长、品行可用者，陇其复被荐，得旨行取。陇其在灵寿七年，去官日，民遮道号泣，如去嘉定时。授四川道监察御史。偏沅巡抚于养志有父丧，总督请在任守制。陇其言天下承平，湖广非用兵地，宜以孝教。养志解任。

三十年，师征噶尔丹，行捐纳事例。御史陈菁请罢捐免保举，而增捐应升先用，部议未行。陇其疏言："捐纳非上所欲行，若许捐免保举，则与正途无异，且是清廉可捐纳而得也；至捐纳先用，开弃竞之途：皆不可行。更请捐纳之员三年无保举，即予休致，以清仕途。"九卿议，谓若行休致，则求保者奔竞益甚。诏再与菁详议，陇其又言："捐纳贤愚错杂，惟恃保举以防其弊。若并此而可捐纳，此辈有不捐纳者乎？议者或谓三年无保举即令休致为太刻，此辈白了得官，踞民上者三年，亦已甚矣；休致在家，俨然搢绅，为荣多矣。若云营求保举，督抚而贤，何由奔竞；即不贤，亦不能尽人而保举之也。"词益激切。菁与九卿复持异议。户部以捐生观望，迟误军需，请夺陇其官，发奉天安署。上曰："陇其居官未久，不察事情，诚宜处分，但言官可贷。"会顺天府尹卫既齐巡畿辅，还奏民心皇皇，恐陇其远谪，遂得免。

寻命巡视北城。试俸满，部议调外，因假归。三十一年，卒。三十三年，江南学政缺，上欲用陇其，侍臣奏陇其已卒，乃用邵嗣尧，嗣尧故与陇其同以清廉行取者也。雍正二年，世宗临雍，议增从祀诸儒，陇其与焉。乾隆元年，特谥清献，加赠内阁学士兼礼部侍郎。

著有《困勉录》、《松阳讲义》、《三鱼堂文集》。其为学专宗朱子，撰《学术辨》。大指谓王守仁以禅而托于儒，高攀龙、顾宪成知辟守仁，而以静坐为主，本原之地不出守仁范围，诋斥之甚力。为县崇实政，嘉定民颂陇其，迄清季未已。灵寿邻县阜平为置家，民陆氏世守焉，自号陇其子孙。

张伯行，字孝先，河南仪封人。康熙二十四年进士，考授内阁中书，改中书科中书。丁父忧归，建请见书院，讲明正学。仪封城北旧有堤，三十八年六月，大雨，溃，伯行募民囊土塞之。河道总督张鹏翮行河，疏荐堪理河务，命以原衔赴河工，督修黄河南岸堤二百余里及马家港、东坝、高家堰诸工。四十二年，授山东济宁道，值岁饥，即家运钱米，并制棉衣，拯民饥寒。上命分道治赈，伯行赈汶上、阳谷二县，发仓谷二万二千六百石有奇。布政使责其专擅，即论劾，伯行曰："有旨治赈，不得为专擅。上视民如伤，仓谷重乎？人命重乎？"乃得寝。四十五年，上南巡，赐"布泽安流"榜。

寻迁江苏按察使。四十六年，复南巡，至苏州，谕从臣曰："朕闻张伯行居官甚清，最不易得。"时命所在督抚举贤能官，伯行不与。上见伯行曰："朕久识汝，朕自举之。他日居官而善，天下以朕为知人。"擢福建巡抚，赐"廉惠宣猷"榜。伯行疏请免台湾、凤山、诸罗三县荒赋。福建米贵，请发帑五万市湖广、江西、广东米平粜。建鳌峰书院，置学舍，出所藏书，搜先儒文集刊布为《正谊堂丛书》，以教诸生。福州民祀瘟神，命毁其偶像，改祠为义塾，祀朱子。俗多尼，鬻贫家女，髡之至千百，伯行命其家赎还择偶，贫不能赎，官为出之。

四十八年，调江苏巡抚，赈淮、扬、徐三府饥。会布政使宜思恭以司库亏空为总督噶礼劾罢，上遣尚书张鹏翮按治。陈鹏年以苏州知府署布政使，议司库亏三十四万，分扣官俸役食抵补，伯行咨噶礼会题，不应。伯行疏上闻，上命鹏翮并按。别疏陈噶礼异议状，上谕廷臣曰："览伯行此疏，知与噶礼不和。为人臣者，当以国事为重。朕综理机务垂五十年，未尝令一人得逞其私。此疏宜置不问。"伯行寻乞病，上不许。鹏翮请责前任巡抚于准及思恭偿十六万，余以官俸役食抵补。上曰："江南亏空钱粮，非官吏侵蚀。朕南巡时，督抚肆意挪用而不敢言。若责新任官补偿，朕心实有不忍。"命察明南巡时用款具奏。伯行又疏奏各府州县无著钱粮十万八千，上命并予豁免。

噶礼贪横，伯行与之迕。五十年，江南乡试副考官赵晋交通关节，榜发，士论哗然，舆财神入学宫。伯行疏上其事，正考官左必蕃亦以实闻，命尚书张鹏翮、侍郎赫寿按治，伯行与噶礼会鞫，得举人吴泌、程光奎通贿状，词连噶礼。伯行请解噶礼任付严审，噶礼不自安，亦摭伯行七罪讦奏。上命俱解任，鹏翮等寻奏晋与泌、光奎通贿俱实，拟罪如律；噶礼交通事诬，伯行应夺官。上切责鹏翮等掩饰，更命尚书穆和伦、张廷枢覆按，仍如前议。上曰："伯行居官清正，天下所知。噶礼才虽有余而喜生事，无清正名。此议是非颠倒，命九卿、詹事、科道再议。"明日，召九卿等谕曰："伯行居官清廉，噶礼操守朕不能信。若无伯行，则江南必受其朘削几半矣。此互参一案，初遣官往审，为噶礼所制，致不能得其情；再遣官往审，与前无异。尔等能体朕保全清官之意，使正人无所疑惧，则海宇升平矣。"遂夺噶礼官，命伯行复任。

五十二年，江苏布政使缺员，伯行疏荐福建布政使李发甲、台湾道陈璸、前祭酒余正健，上已以湖北按察使牟钦元擢任。未几，伯行劾钦元匿通海罪人张令涛署中，请逮治。令涛兄元隆居上海，造海船，出入海洋，拥厚赀，结纳豪贵。会部檄搜缉海贼郑尽心余党，崇明水师捕渔船，其舟人福建产，冒华亭籍，验船照为元隆所代领，伯行欲穷治。是时令涛在噶礼幕，元隆称病不就逮，狱未竟而死于家。噶礼前劾伯行，因擅其事为七罪之一。会上海县民顾协一诉令涛据其房屋，别有水寨数处窝藏海贼，称令涛今居钦元署中。上命总督赫寿察审，赫寿庇令涛，以通贼无证闻；复命鹏翮及副都御史阿锡鼐按其事，鹏翮等奏元隆、令涛皆良民，请夺伯行官。上命复审，且命伯行自陈，伯行疏言："元隆通贼，虽报身故，而金多党众，人人可以冒名，处处可以领照。令涛乃顾协一首告，若其不实，例应坐诬；钦元庇匿，致案久悬。臣为地方大吏，杜渐防微，岂得不究？"既命解任，鹏翮等仍以伯行诬陷良民，挟诈欺公，论斩，法司议如所拟，上免其罪，命伯行来京。

旋入直南书房，署仓场侍郎，充顺天乡试正考官。授户部侍郎，兼管钱法、仓场，再充会试副考官。雍正元年，擢礼部尚书，赐"礼乐名臣"榜。二年，命赴阙里祭崇圣祠。三年，卒，年七十五。遗疏请崇正学，励直臣。上轸悼，赠太子太保，谥清恪。光绪初，从祀文庙。

伯行方成进士，归构精舍于南郊，陈书数千卷纵观之，及《小学》、《近思录》，程、朱《语类》，曰："入圣门庭在是矣。"尽发濂、洛、关、闽诸大儒之书，口诵手抄者七年。始赴官，尝曰："千圣之学，括于一敬，故学莫先于主敬。"因自号曰敬庵。又曰："君子喻于义，小人喻于利。老氏贪生，佛者畏死，烈士徇名，皆利也。"在官所引，皆学问醇正，志操洁清，初不令知。平日龃龉之者，复与共事，推诚协恭，无丝毫芥蒂。曰："已荷保全，敢以私废公乎？"所著有《困学录》、《续录》、《正谊堂文集》、《居济一得》诸书。

子师载，字又渠。举人。以父荫补户部员外郎。雍正初，授扬州知府。岁饥，高邮湖西民以县吏报灾轻，不得赈。师载行部，见饥民满道，不待报而赈之。江都芒稻闸为淮、黄、高、宝诸河入江要津，夏潦盛涨。闸官利商人饵，谓非运使令不得启。师载询盐艘须水六七尺，今过半，乃身往督役启闸。其后芒稻闸属府启闭，遂以为例。累迁江苏按察使，内擢右通政。再迁，授仓场侍郎，命协办江南河务。授安徽巡抚，仍命赴南河协同防护。会河溢，夺官。上命诛疏防同知李焞、守备张宾，使师载视行刑，毕，释之。再起为兵部侍郎，迁漕运总督。复授河东河道总督。师载长于治河。少读父书，研性理之学，高宗称其笃实。卒，赠太子太保，谥悫敬。

论曰：清世以名臣从祀孔子庙，斌、陇其、伯行三人而已，皆以外吏起家，蒙圣祖恩遇。陇其官止御史，而廉能清正，民爱之如父母，与斌、伯行如一，其不为时所容而为圣祖所爱护也亦如一。君明而臣良，汉、唐以后，盖亦罕矣。斌不薄王守仁，陇其笃守程、朱，斥守仁甚峻，而伯行继之。要其躬行实践，施于政事，皆能无负其所学，虽趋向稍有广隘，亦无所轩轾焉。

卷二百六十六　　列传五十三

叶方蔼　沈荃　励杜讷（子廷仪　孙宗万）
徐元珙　许三礼　王士祯　韩菼　汤右曾

叶方蔼，字子吉，江南昆山人。顺治十六年一甲三名进士，授编修。江南奏销案起，坐夺官。寻授上林苑蕃育署丞。事白，还故官。康熙十二年，充日讲起居注官。十四年，迁国子监司业，再迁侍讲。宴瀛台，群臣皆进诗赋，方蔼制八箴以献，上甚悦，命撰《太极图论》以进，赐貂裘、文绮。十五年，迁左庶子，再迁侍讲学士。十六年，命充《孝经衍义》总裁，进讲《通鉴》。上问："诸葛亮何如伊尹？"方蔼对曰："伊尹圣人，可比孔子；诸葛亮大贤，可比颜渊。"上首肯。讲《中庸》，上问："知行孰重？"对曰："宋臣朱熹之说，以次序言，则知先行后；以功夫言，则知轻行重。"上曰："毕竟行重，若不能行，知亦虚知耳。"转侍读学士。十七年，充《鉴古辑览》、《皇舆表》总裁，经筵讲官，直南书房。上勤于典学，故事，以大臣二人日直，上特以属方蔼，兼掌院学士，兼礼部侍郎。

十八年，召试博学宏词，命方蔼阅卷，总裁《明史》。十九年，《尚书讲义》成。上以讲幄劳，加方蔼尚书衔。上讲《易·噬嗑》卦辞，方蔼与同官库勒纳进所撰《乾坤二卦总论》，上览竟，谕曰："卦爻义各有不同，即如《噬嗑》卦中四爻主用刑者言，初上二爻主受刑者言，必得总论发挥，庶全卦之义了然，诸卦可依此撰进。"二十年，授刑部侍郎。二十一年，卒，遣奠茶酒，赐白金二百。上以方蔼久侍讲幄，启沃勤劳，命优恤，赐谥文敏。

方蔼初释褐，以文章受知世祖。家居时，有密陈其居乡不法者，下其事江苏巡抚田雯核覆。雯以乡评入告，上曰："朕固知方蔼不如是也！"其后事圣祖，直内廷，眷遇优渥。方蔼故廉谨，其卒，以板扉为卧榻，支以四瓮，布帐多补缀，无以为敛，见者以为难能。

沈荃，字贞蕤，江南华亭人。顺治九年一甲三名进士，授编修。世祖择翰林官外转，荃出为大梁道副使。剧盗董天禄、牛光天剽掠许、颍间，荃督兵捕治，歼其渠，群盗皆散去。禹州盗倚竹园为巢，杀人越货，荃遣吏卒收捕，发土得尸十余，悉按诛之。寻署按察使，疏言："师方南征，必经南阳、汝宁诸府，供应疲苦，亢村、郭店诸驿，官死夫逃，请敕均拨驿站银两。师既入楚，留马彰德，役民饲秣，请敕以怀庆、卫辉、广平、顺德、大名诸府更番分驻。各县常平仓蓄谷太寡，请敕定额：大县五六百石，小县三四百石。开封自河决后，城垣淤圮，官吏分驻各邑，乡闱暂移辉县。近奉旨修复汴城，请敕筹拨钱粮，督倡兴工。河南土地，原有上中下等则，向因疆井混淆，一例派粮。今查勘渐定，请敕视万历年间则例，照地派粮。河南兵额一万二千，奉旨缺额免补，有汰无增，驻防分汛，每苦不足，请敕仍许募补足额。"俱下部议行。

康熙元年，以忧归。六年，授直隶通蓟道，坐事左迁。九年，授浙江宁波同知。未上官，特旨召对，命作各体书，称旨，诏以原品内用。十年，授侍讲，直南书房。十一年，转侍读。十二年，充日讲起居注官。十三年，擢国子监祭酒。十五年，迁少詹事。十六年，擢詹事。

十八年，旱，求直言。时更定新例，罪人当流者徙乌喇，下廷臣议。荃谓："乌喇去蒙古三四千里，地极寒，人畜多冻死。今罪不至死者，乃遣流，而更驱之死地，宜如旧例便。"疏上，有旨令画一，荃持前议益坚，且曰："此议行，三日不雨者，甘服欺罔罪。"上改容纳之。越二日，天竟雨，例得罢。十九年，上以讲幄劳，加荃礼部侍郎衔。二十一年正月，乾清宫宴廷臣，赋柏梁体诗，荃与焉。二十三年，卒。上以荃贫，赐白金五百。

子宗敬，二十七年进士，改庶吉士，以编修入直，上命作书，因谕大学士李光地曰："朕初学书，宗敬父荃指陈得失。至今作字，未尝不思其勤也。"宗敬官至太常寺少卿。

励杜讷，字近公，直隶静海人。励氏自镇海北迁，讷以杜姓补诸生。康熙二年，纂《世祖实录》，选善书之士，讷试第一，赴馆缮录。书成叙劳，授福建福宁州同，命留直南书房，食六品俸。十九年，授编修，充日讲起居注官。二十一年，奏请复励姓。圣祖方阅《通鉴纲目》，杜讷与学士张英侍，阅竟，杜讷请以御批宣示史馆，下礼部翰林院会议，如所请。二十七年，迁赞善。二十九年，迁侍讲，改光禄寺少卿。三十六年，迁通政司参议。三十七年，迁太仆寺卿，再迁宗人府府丞。

三十九年，迁左副都御史。疏言："督抚大吏，朝廷畀以百余城吏治、数千里民生，责任至重；若托villages镇静，渐成悠忽，不过以期会簿书苛奉封疆之寄。请敕各督抚年终汇奏若何察吏安民、兴利除弊，以备清览；不实，则治以欺罔之罪：庶时时警勉，不敢优游草率，贻误地方。藩司专掌钱谷，臬司专掌刑名，州县之钱粮有无亏空，定案之爰书有无驳审，详实并列，则藩臬之优劣亦无遁情。"议如所请。又言："提镇保送将弁，时有骑射甚劣并年老之员，经特旨甄别。典戎要务，首在考察将弁，请敕部将各提镇所属引见不称旨之员，汇册呈览，并定处分。"下诏所司饬行。四十二年，擢刑部侍郎。卒。

杜讷学行醇粹，直禁廷二十余年，无纤芥过失。四十四年，上驻跸静海，敕奖杜讷谨慎勤劳，亲定谥曰文恪，手书赐其家。雍正元年，赠礼部尚书。八年，祀贤良祠。高宗即位，加赠太子太傅。

子廷仪，字南湖。康熙三十九年进士，改庶吉士。四十一年，特命直南书房。四十三年，授编修，遭父丧，既终，充日讲起居注官。累迁内阁学士，充经筵讲官，擢翰林院掌院学士、兵部侍郎。雍正元年，迁刑部尚书。疏言各省常平仓谷，当责督抚核实盘查，年终册报；又请于古北口外设理事同知，检验命、盗狱：并从之。二年，疏言各州县团练民壮，当选习枪箭，勤加训练，上韪之，下直省督抚实力奉行；又疏请分立内外监，内监居要犯，外监居轻犯，别为女监，另墙隔别：均报可。迭疏论监生考职，禁止私盐，清查入官家产，各举其丛弊所在，并下部议行。七年，加太子太傅，赐"矜慎平恕"榜。九年，调吏部，仍专管刑部事。十年，卒，谥文恭。

子宗万，字滋大。康熙六十年进士，改庶吉士，授编修。雍正二年，命直南书房，充日讲起居注官，督山西学政。六年，迁国子监司业，按试潞安。临晋民解进朝诈称御前总管，私书请托，宗万疏发之，谕嘉奖，迁侍读，命巡察山西。八年，巡抚石麟劾宗万扰驿递，并纵仆受赇，坐夺官。十年，起鸿胪寺少卿，仍直南书房。四迁至礼部侍郎，调刑部。乾隆元年，吏部劾宗万保举河员受请托，坐夺官。寻命直武英殿。七年，再起侍讲学士，累迁通政使。直懋勤殿，纂《秘殿珠林》，迁左副都御史。擢工部侍郎，调刑部。十年，坐纵门客生事，复夺官，手诏诘责，命还里闭户读书。督抚那苏图劾宗万纵弟占官地，命承修固安城工，免其罪。十六年，复起侍讲学士，累迁光禄寺卿。二十四年，卒。

子守谦，嘉庆十年进士，官编修。

自杜讷以诸生受知遇，子孙继起，四世皆入翰林。

徐元珙，字辑五，江南武进人。顺治十二年进士，授刑部主事，迁员外郎。典广西试，迁郎中。出为福建建道佥事，善治盗。移山西冀宁道参议，遭母忧去。康熙十二年，起直隶口北道参议。时宣镇未设府县，但署同知分防。元珙和调将士，严斥堠，增亭障，葺城郭，修学舍，边境晏然。入为光禄寺少卿，历太仆寺卿、通政使。

二十四年，授太常寺卿。疏请厘正北郊配飨位次，略言："本朝分祭南北郊。圜丘南向，三圣并配，甚巨典也。独方泽配位，臣不能无议。昭穆之位，分左右不分东西：圜丘南向，则东为左为昭，西为右为穆；地祇既北向，则西为左为昭，东为右为穆。盖东西有定方，而左右无定位，从正位所向而殊。汉、唐地祇皆南向，至宋政和四年，引北牖答阴之义，始改北向，配位亦改焉。明嘉靖九年，建方泽坛，因宋制，地祇北向，而配位仍设于东，不应古礼。盖其时礼官误执以东为左，因循至今。然明配位止一太祖，或左或右，尚无越次之嫌。今三圣并配，左右易位，因之昭穆失序；况配位误则从坛皆误，即陵山从祀金镇者亦误。揆诸典礼，实有未安，有待厘正。"疏入，下廷臣集议，学士徐乾学、韩菼皆题元珙议，独许三礼驳之，遂不行。语见《三礼传》。

二十五年，迁左副都御史。疏请正北海祀典，略言："唐望祭洛州，即今河南府。宋望祭孟州，即今怀庆府。明依宋制。说者谓怀庆属济源，潜通北海，故于此望祭焉。本朝定制，东海祀莱州，南海祀广州，西海祀蒲州，皆为允当。独北海仍祀怀庆，窃以岳镇方位，当准皇都。往南祭北，于义未惬。谨按北镇医巫闾山在今奉天府境，山既为北镇，川即可为北海，刳长白山水、黑龙、鸭绿诸江，悉朝宗于海。请更定北海之祭，就北镇医巫闾为便。或疑历时已久，不可辄更。臣按北岳祀恒山曲阳，积二千余年，用科臣言改祀浑源州。岳祭可更，何疑海祭？"疏入，议行。

二十六年，疏乞归养。至家，父已前卒。二十七年，孝庄文皇后崩，赴阙哭临。疾作，卒于京师，上闻而悯之，丧归，许驰驿，恤如礼。

元珙尚风义，座主陈彩没，妻妾继逝，抚其一岁孤并其女，为营婚嫁，与己子无异。时论推其笃厚。

彩字美公，广东顺德人。顺治九年进士，自编修出为江南常镇道。康熙初，江南有大狱，诸生连染被逮，彩以轻刑全活之甚众。

许三礼，字典三，河南安阳人。顺治十八年进士，授浙江海宁知县。海宁地濒海，多盗，三礼练乡勇，严保甲，擒盗首朱缵之等。益修城壕，筑土城尖山、凤凰山间，戍以士兵。筑塘浚河，救灾储粟，教民以本业。立书院，延黄宗羲主讲。在县八年，声誉甚美。

康熙八年，行取，授福建道御史。疏言："汉儒董仲舒表章六经，其言道之大原出于天，与禅宗异学专主明心者不同。故宋儒程颢有儒道本天、释教本心之辨。宜视宋时六大儒，从祀国学，进称先贤。"下廷臣议，不果行。时云、贵犹未定，三礼疏言荡平后，察大吏宜严，苏民困宜宽。

寻命巡视北城，太常寺卿徐元珙议北郊配位应改坐西向东，下廷臣集议，三礼曰："阳生于子，极于巳，故祀天在冬至，位南郊南向；阴生于午，极于亥，故祀地在夏至，位北郊北向。答阴答阳，义各有取。配位者主道也，义在近尊者为上。故配天尚左，配地尚右，并居东。改之非是。"从之。寻疏请定武臣守制例，下廷臣集议，有谓本朝无此例者。三礼曰："宋高宗绍兴七年，岳飞闻母讣，解兵柄徒步归庐山，庐墓三年。此往代守制例也。"遂定议武臣守制自此始。旋擢通政司右参议。二十七年，迁提督四译馆、太常寺少卿，再迁大理寺卿。

召对便殿，上曰："河图洛书，道治之原。一二三四五，六七八九十，忽金火易位何也？"对曰："此即一阴一阳之道也。天地大德曰生，故河图左旋，而相生为顺数；

洛书右转，而相克为逆数。一顺一逆，位所由易也。"上曰："既顺何以逆？"对曰："孤阳不生，独阴不成。河图自北而东，顺以相生，木火土金水，就流行言；洛书自北而西，逆则相克，上下四方中，就对待言。既五数在中，纵横皆十五矣，惟克乃所以生也。阴阳交则生变，变则生生不已。"上又问曰："《洪范》九畴，皇建有极，谓人参三才，此说是乎？"对曰："自天地开辟以来，赖有圣人，愿治而不愿乱者，天地之心；有治而不能无乱者，天地之数。数至则生圣人，拨乱而返之治，裁成辅相，以左右民，则圣人建极会极归极之功也。圣人既能拨乱而返之治，始副天地长治之心；此人参三才之说，实理也，亦实事也。"上颇嘉美之。

迁顺天府府尹。二十八年，迁右副都御史。再迁兵部督捕侍郎，以病告归，未及行，卒。

三礼初师事孙奇逢，及在海宁，从黄宗羲游，官京师，有所疑，必贻书质宗羲。教宋赵抃故事，且昼所为，夜焚香告天，家居及在海宁，皆建告天楼。圣祖重道学，尝以之称三礼云。

王士禛，字贻上，山东新城人。幼慧，即能诗，举于乡，年十八。顺治十二年，成进士。授江南扬州推官。侍郎叶成格被命驻江宁，按治通海寇狱，株连众，士禛严反坐，宽无辜，所全活甚多。扬州鹾贾逋课数万，逮系久不能偿，士禛募款代输之，事乃解。康熙三年，总督郎廷佐、巡抚张尚贤、河督朱之锡交章论荐，内擢礼部主事，累迁户部郎中。十一年，典四川试，母忧归，服阕，起故官。

上留意文学，尝从容问大学士李霨："今世博学善诗文者孰最？"霨以士禛对。复问冯溥、陈廷敬、张英，皆如霨言。召士禛入对懋勤殿，赋诗称旨。改翰林院侍讲，迁侍读，入直南书房。汉臣自部曹改词臣，自士禛始。上征其诗，录上三百篇，曰《御览集》。

寻迁国子监祭酒，整条教，屏馈遗，奖拔皆知名士。与司业刘芳喆疏言："汉、唐以来，以太牢祀孔子，加王号，尊以八佾，十二笾豆。至明嘉靖间，用张璁议，改为中祀，失尊崇之意。《礼》：祭从生者。天子祀其师，当用天子之礼乐。"又疏言："自明去十哲封爵，称君子者凡三，未有辨别。宋周敦颐等六子改称先贤，位汉、唐诸儒之上，世次殊有未安，宜为厘定。"又疏言："田何受《易》商瞿，有功圣学，宜增祀。郑康成注经百余万言，史称纯儒，宜复祀。"又疏言："明儒曹端、章懋、蔡清、吕柟、罗洪先，并宜从祀。绛州贡生辛全，生际明末，以正学为己任，著述甚富，乞敕进遗书。"又请修监藏经史旧版。疏并下部议，以笾豆、乐舞、名号、位次，俟会典颁发遵循；增祀明儒及征进遗书，俟《明史》告成核定；修补南北监经史版，如所请行。

二十三年，迁少詹事。命祭告南海，父忧归。二十九年，起原官，再迁兵部督捕侍郎。三十一年，调户部。命祭告西岳西镇江渎。三十七年，迁左都御史。会廷议省御史员额，士禛曰："国初设御史六十，后减为四十，又减为二十四。天子耳目官，可增不可减。"卒从士禛议。

迁刑部尚书。故事，断狱下九卿平议。士禛官副都御史，争杨成狱得减等。官户部侍郎，争太平王训、聊城于相元、齐河房得亮狱皆得减等，而衡阳左道萧儒英，则又争而置之法。徐起龙为曹氏所诬，则释起龙而罪曹，案其所与私者，皆服罪。及长刑部，河南阎焕山、山西郭振羽、广西窦子章皆以救父杀人论重辟，士禛曰："此当论其救父与否，不当以梃刃定轻重。"改缓决，入奏，报可。

士禛以诗受知圣祖，被眷遇甚隆。四十年，乞假迁墓，上命予假五月，事毕还朝。四十三年，坐王五、吴谦狱罢。王五故工部匠役，捐纳通判；谦太医院官，坐索债殴毙负债者。下刑部，拟王五流徙，谦免议，士禛谓轻重悬殊，改王五但夺官。复下三法司严鞫，王五及谦并论死，又发谦嘱托刑部主事马世泰状，士禛以瞻徇夺官。四十九年，上眷念诸旧臣，诏复职。五十年，卒。

明季文敝，诸言诗者，习袁宗道兄弟，则失之俚俗；宗钟惺、谭友夏，则失之纤仄；教陈陈子龙、李雯，轨辙正矣，则又失之肤廓。士禛姿禀既高，学问极博，与兄士禄、士祜并致力于诗，独以神韵为宗。取司空图所谓"味在酸咸外"、严羽所谓"羚羊挂角，无迹可寻"，标示指趣，自号渔洋山人。主持风雅数十年。同时赵执信始与立异，言诗中当有人在。既没，或诋其才弱，然终不失为正宗也。

士禛初名士禛，卒后，以避世宗讳，追改士正。乾隆三十年，高宗与沈德潜论诗，及士正，论曰："士正绩学工诗，在本朝诸家中，流派较正，宜示褒，为稽古者劝。"因追谥文简。三十九年，复谕曰："士正名以避庙讳致改，字与原名不相近，流传日久，后世几不复知为何人。今改为士禛，庶与弟兄行派不致淆乱。各馆书籍记载，一体照改。"

韩菼，字元少，江南长洲人。读书通《五经》，恬旷好山水。朋游饮酒，欢谐终日，而制行清严。特工制举文。应顺天乡试，尚书徐乾学拔之遗卷中。康熙十二年，会试、殿试皆第一，授修撰，充日讲起居注官。圣祖知其能文，命撰《太极图说》以进，复论进所作制举文，召入弘德殿讲《大学》。初世祖命纂《孝经衍义》未成，至是以菼专任纂修。十四年，典顺天试，十五年，迁赞善。十六年，迁侍讲。十七年，复典顺天试。十八年，乞假归。二十三年，起故官，寻转侍读。二十四年，上亲试翰林，菼列第二，迁侍讲学士。寻擢内阁学士。

二十六年，再假归，筑室西山。点勘诸经注疏，旁逮诸史。居八年，三十四年，召至京，命以原官总裁《一统志》。迁礼部侍郎，兼掌院学士。祭酒阿理瑚请以故大学士达海从祀文庙，下部议，菼谓："从祀巨典，论定匪易。达海造国书，一艺耳。"持不可。永定河工开事例，户部请推广，得捐纳道府。菼谓道府不当捐纳，御史郑维孜疏言："国子监生多江、浙人，有冒籍赴试者。请尽发原籍肄业。"菼言："京师首善地，远人向化，方且闻风慕义而来。若因一二不肖，辄更定制，悉为驱除，太学且空，非国礼。维孜言非是。"事得寝。三十九年，充经筵讲官，授礼部尚书，教习庶吉士。四十一年，上疏乞解职，专意纂辑承修诸书，诏慰留之，并赐"笃志经学、润色鸿业"榜。四十二年，再称疾，上不悦，敕仍留原任。四十三年，再疏乞退，仍不允。是岁秋，卒，恤如礼。

菱负文章名，而立朝树风概，敢言，与人有始终。其再假归也，乾学方罢官家居，领书局洞庭山中。两江总督傅腊塔构乾学，将兴大狱，素交皆去。菱且暮造门，且就当事白其诬，乃已。其复起也，上遇之厚，尝曰："韩菱天下才，美风度，奏对诚实。"又曰："菱学问优长，文章大雅，前代所仅有。所撰拟能道朕意中事。"会江宁布政使张万禄蚀帑金三十余万金，总督阿山庇之，谓费出南巡。下廷臣议，有言阿山与有连，妄语罪当死。菱谓纵有连，情私而语公。忌者增益其语入告，上由是疏菱。及再谢病，诏责其教习庶吉士，每日率以饮酒多废学；九卿集议，不为国事直言，惟事瞻徇。菱意不自得，病甚，饮不辍，至卒。乾隆十七年，高宗谕奖"菱雅学绩文，湛深经术。所撰制义，清真雅正，开风气之先，为艺林楷则"。追谥文懿。

子孝嗣，举人；孝基，进士，官编修，菱卒，奉母不出十余年。雍正初，召修《明史》。书成，移疾归，年九十而终。

汤右曾，字西崖，浙江仁和人。康熙二十七年进士，改庶吉士，授编修。出典贵州试。三十九年，授刑科给事中。两广总督石琳疏言琼州生黎以文武官采婪索，激而为乱。上遣侍郎凯音布、学士邵希穆按治。右曾疏言："揭帖言琼州文武官往黎峒采取沈香、花梨致生衅，石琳及巡抚萧永藻、提督殷化行平时绝不觉察，且黎乱在上年，迟且一载，始行题报，掩饰欺隐，请严加处分。"石琳等皆下吏议。四十年，疏请刊颁《政治典训》及《御制文集》。

四十一年，转户部掌印给事中。初，以私钱多，改钱制轻小，使私铸无所利，顾仍不止。上令仍铸大钱，下廷臣议，改铸大钱，其旧铸小钱，期二年销毁。右曾疏言："改大钱宜遵圣谕，若毁小钱则民间必惊扰。且户、工二部存钱八十四万串，若议销毁，工料耗折甚多。且二年中铸出新钱不过一百万串，岂能遍及各省？新钱无多，旧钱已毁，恐私铸更繁，钱法愈坏。古者患钱重，则改轻而不废重；患钱轻，则改重而不废轻：使子母相权而行。新铸重钱，每串作银一两；旧铸轻钱作七钱；并听行使。积久大钱流通，小钱自不行矣。"疏再下廷臣议，定新钱每重一钱四分，旧钱并行勿禁，如右曾议。

四十四年，提督河南学政。秩满，巡抚汪灏疏言右曾取士公明。四十八年，迁奉天府府丞。四十九年，迁光禄寺卿。五十年，转太常寺卿、通政使。五十一年，擢翰林院掌院学士。五十二年，授吏部侍郎。尚书富宁安、陈鹏翮皆廉办有威棱，右曾贰之，锐意文案，纠剔是非。选人或挟大力以相要，必破其机纽，俾终不获选。由是干进射利者，皆丛怨于吏部，而富宁安往莅西师，鹏翮任事久，见知于上深，莫可摇动，遂争为浮言撼右曾。六十年，命解右曾侍郎，仍专领掌院学士。六十一年，卒。

右曾少工诗，清远鲜润。其后师事王士祯，称入室。使贵州后，风格益进，锻炼澄汰，神韵泠然。右曾朝热河行在，上命进所为诗，右曾方咏文光果，即以进上。上为和诗，有句曰"丛香密叶待诗公"，右曾自定集，遂取是诗冠首。

论曰：方蔼、荃、杜讷以文学直内廷，其结主知，尤在于廉谦。元珙、三礼议礼各申其所见，有当于经指。士祯以诗被遇，清和粹美，蔚为一代正宗。菱于文亦然，久而论定，并邀补谥，增文字之重。右曾师事士祯，继以诗被遇。论者谓自明弘治、正德以后一百五十年，而文章复在台阁，为圣祖崇儒右文之效云。

卷二百六十七　　　列传五十四

张玉书　李天馥　吴琠　张英 子廷瓒 廷璐 廷瑑　陈廷敬　温达 穆和伦 萧永藻　嵩祝　王顼龄

张玉书，字素存，江南丹徒人。父九征，字湘晓。顺治二年，举乡试第一。九年，成进士。博学砺行，精《春秋三传》，尤邃于史。历吏部文选郎中。出为河南提学金事，考绩最，当超擢，遽引疾归。

玉书，顺治十八年进士，选庶吉士，授编修。累迁左庶子，充日讲起居注官。康熙十九年，以进讲称旨，加詹事衔。二十年，擢内阁学士，充经筵讲官。寻迁礼部侍郎，兼翰林院掌院学士。三藩平，有请行封禅者，玉书建议驳之，事遂寝。二十三年，丁父忧，上遣内阁学士王鸿绪至邸赐奠。服阕，即家起刑部尚书，调兵部。

二十七年，河道总督靳辅奏中河工成。时学士开音布往勘称善，监高邮石工，疏请闭塞支河口为中河蓄水。上以于成龙尝奏辅开中河无益累民，今中河工成，乃命玉书偕尚书图纳等往勘，并遍察毛城铺、高家堰及海口状。濒行，上谓玉书曰："此行当秉公陈奏，毋效熊一潇托故推诿为也。"玉书等还奏："勘阅河形，黄河西岸出水高。年来水大，未溢出岸上，知河身并未淤塞。海口岸宽二三里，河流入海无所阻。中河工成，舟楫往来，免涉黄河一百八十里之险。但与黄河逼，河宽固不可，狭又不能容运河及骆马湖之水。拟请于萧家渡、杨家庄增建减水坝，相时宣泄。闭塞支河口，应如开音布议。"上悉从之。

浙江巡抚金鋐以民杜光遇陈诉驻防满洲兵扰民，下布政使李之粹察讯。之粹咨杭州将军郭丕请申禁，郭丕以闻。上遣尚书熊赐履往按，赐履丁忧去，改命玉书。寻调礼部。二十八年，上南巡，驻跸苏州，玉书还奏杜光遇无其人，所陈诉皆虚妄。金鋐、李之粹皆坐夺官，流徙。二十九年，拜文华殿大学士，兼户部尚书。

三十一年，靳辅奏高家堰加筑小堤，复命玉书偕图纳往勘。还言："曩者黄涨，淮流被逼，故洪泽湖水视昔为高。今拟筑堤，距高家堰甚近；若水涨，则高家堰大堤且不保，筑小堤何益？因条列高家堰河工，自史家刮至周桥一万四百余丈，宜筑堤三官庙。诸口宜改石工。今拟筑小堤处，宜令河臣每岁亲勘。"上深然之。

三十五年，上亲征噶尔丹，玉书扈行，预参帷幄。师次克鲁伦河，噶尔丹北窜，大将军费扬古截击，斩杀几尽，噶尔丹仅以身免。玉书率百官上贺。三十六年，充《平定朔漠方略》总裁官。丁母忧，遣官赐祭，并赐御书松荫堂榜。三十八年，上南巡，玉书迎谒，赐赉有加。三十九年，服未阕，召至京，入阁视事。四十年，扈驾南巡，驻跸江宁，召试士子，命为阅卷官。御舟次高资港，玉书奏言前去镇江不远，请幸江天寺，留驻数日，上为留一日。

四十六年，河道总督张鹏翮请开溜淮套河，上南巡，次清口勘视，见所树标竿多在民家，召鹏翮极斥其非。玉书奏曰："向者老人白英议引汶水南北分流，不若别作坝引汶水通漕，其下流专以淮水敌黄。黄水趋海，此万世利也。"上善其言，遂谕鹏翮罢开溜淮套，事具《鹏翮传》。

四十九年，以疾乞休，温旨慰留。五十年，从幸热河，甫至疾作，遂卒，年七十，上深惜之，亲制挽诗，赐白金千。命内务府监制棺椁衾绞，驿送其丧还京师，加赠太子太保，谥文贞。五十二年，上追念旧劳，擢其子编修逸少为侍读学士。

玉书谨慎廉洁，居政地二十年，远避权势，门无杂宾，从容密勿，为圣祖所亲任。自奉俭约，饮食服御，略如寒素。雍正中，入祀贤良祠。

李天馥，字湘北，河南永城人。先世在明初以军功得世袭庐州卫指挥佥事，家合肥。有族子占永城卫籍，天馥以其籍举乡试。顺治十五年，成进士，选庶吉士，授检讨。博闻约取，究心经世之学，名藉甚。累迁内阁学士，充经筵讲官。每侍直，有所见，悉陈无隐，圣祖器之。康熙十九年夏，旱，命偕大学士明珠会三法司虑囚，有矜疑者，悉从末减。寻擢户部侍郎，调吏部。杜绝苞苴，严峻一无所私，铨政称平。二十七年，迁工部尚书。河道总督靳辅议筑高家堰重堤，束水出清口，停浚海口；于成龙主疏浚下河。上召二人诣京师入对，仍各持一说，下廷臣详议，天馥谓下河海口当浚，高家堰重堤宜停筑，上然之。历刑、兵、吏诸部。

三十一年，拜武英殿大学士。上曰："机务重任，不可用喜事人。天馥老成清慎，学行俱优，朕知其必不生事。"三十二年，以母忧回籍，上赐"贞松"榜御书，勉以儒者之学；复谓："天馥侍朕三十余年，未尝有失。三年易过，命悬缺以待。"三十四年，服阕，起故官，入阁视事。上亲征厄鲁特，平定朔漠，兵革甫息，天馥务以清静和平，与民休息。尝谓："变法不如守法。奉行成宪，不失尺寸，乃所以报也。"三十八年，卒，谥文定。

天馥在位，留意人才，尝应诏举彭鹏、陆陇其、邵嗣尧，卒为名臣。为学士时，冬月虑囚，有知县李方广坐当死，天馥言其有才，得缓决，寻以赦免。刑部囚多瘐毙，为庀屋材，多为之所，别罪之轻重以居，活者尤众。事亲孝，居丧庐墓，有双白燕飞至，不去，人名其居为白燕庐。

子孚青，进士，官编修。父丧归，不复出。

吴琠，字伯美，山西沁州人。顺治十六年进士，授河南确山知县。县遭明季流寇残破，琠拊循流亡，辟芜废，垦田岁增，捕获盗魁诛之。师下云南，县当孔道，舆马粮饷，先事筹办而民不扰。康熙十三年，以卓异入为吏部主事，历郎中。累迁通政司右参议。刑部尚书魏象枢亟称其贤。二十年，特擢右通政，累迁左副都御史。疏请复督抚巡方，略言："令甲，督抚于命下之日，即杜门屏客；莅任，守令不得参谒。凡有举劾，惟据道府揭报，爱憎毁誉，真伪相乱，督抚无由知。革火耗而火耗愈甚，禁私派而私派愈增。请敕督抚亲历各属，以知守令贤否。或谓巡方恐劳扰百姓，夫督抚贤，则必能禁迎送、却供应；如其不肖，虽端坐会城，而暮夜之馈踵至，岂独巡方足以劳民哉？"又言："巡抚及巡守道无一旅之卫，而提镇各建高牙。前抚臣如马雄镇，道臣如陈启泰，怀忠秉义，向使各有兵马，奚至束手？宜及此时复旧制，使巡抚、巡守道仍各管兵马。减提督，增总兵，以一镇之兵酌分数镇，听督抚节制。"

二十八年，迁兵部侍郎，寻授湖广巡抚。湖北自裁兵乱后，奸猾率指仇人为乱党，株连不已，琠悉置不问，而惩其妄讦者，人心大定。陕西饥，流民入湖广就食，令有司分赈，全活甚众。三十一年，诏以荆州兵船运漕米十万石至襄阳备赈，琠议："兵船泊大江下至汉口受米，复西上抵襄阳，计程二千余里。令原运漕船若乘夏水顺道赴襄阳，仅七百余里，即以便宜行事。"疏入，上嘉之。未几，丁母忧，服未阕，即授湖广总督，仍听终制乃赴任。故事，土司见州县吏不敢抗礼，其后大吏稍稍假借之。琠至，绝馈遗，饬谒见长吏悉循旧制，或犯约束，檄谕之，无敢肆者。

三十五年，召为左都御史。三十六年，典会试。上北征回銮，顾迎驾诸臣，褒琠及河道总督张鹏翮居官之廉，即擢琠为刑部尚书，而以鹏翮为左都御史。三十七年，拜保和殿大学士，兼刑部。琠熟谙旧章，参决庶务，靡不允当。奏对皆竭忱悃，上每称善。所荐引多贤能吏。

三十九年，复典会试，上手书"风度端凝"榜赐之。寻具疏乞休，不允。上尝临米芾书以赐琠，书其后曰："吴琠宽厚和平，持己清廉。先任封疆，军民受其实惠。朝中之事，面折廷诤，能得其正。朕甚重其能得大臣之体。"四十四年，卒，谥文端。翰林院撰祭文，上以为未能尽琠，敕改撰。吏部奏大学士缺员，上以琠丧未归，悬缺未即别除，曰："朕心不忍也。"

琠所至多惠政，两湖及确山皆祠祀。初，沁州荐饥，琠籴米赈之，全活无算。有司议增沁粮一千三百石，琠力争乃已。乡人德之，立祠以祀。雍正中，祀贤良祠。

张英，字敦复，江南桐城人。康熙六年进士，选庶吉士。父忧归，服阕，授编修，充日讲起居注官。累迁侍读学士。十六年，圣祖命择词臣谆谨有学者日侍左右，设南书房。命英入直，赐第西安门内。词臣赐居禁城自此始。时方讨三藩，军书旁午，上日御乾清门听政后，即幸懋勤殿，与儒臣讲论经义。英率辰入暮出,退或复宣召,辍食趋宫门,慎密恪勤,上益器之。幸南苑及巡行四方,必以英从。一时制诰,多出其手。

迁翰林院学士,兼礼部侍郎。二十年,以葬父乞假,优诏允之,赐白金五百、表里缎二十,予其父秉彝恤典视英官。英归,筑室龙眠山中,居四年,起故官。迁兵部侍郎,调礼部,兼管詹事府。充经筵讲官,奏进《孝经衍义》,命刊布。二十八年,擢工部尚书,兼翰林院掌院学士,仍管詹事府。调礼部,兼官如故。编修杨瑄撰都统、一等公佟国纲祭文失辞,坐夺官流徙;斥英不详审,罢尚书,仍管翰林院、詹事府,教习庶吉士。寻复官,充《国史》、《一统志》、《渊鉴类函》、《政治典训》、《平定朔漠方略》总裁官。三十六年,典会试。寻以疾乞休,不允。三十八年,拜文华殿大学士,兼礼部。

英性和易,不务表襮,有所荐举,终不使其人知。所居无赫赫名。在讲筵,民生利病,四方水旱,知无不言。圣祖尝语执政:"张英始终敬慎,有古大臣风。"四十年,以衰病求罢,诏许致仕。濒行,赐宴畅春园,敕部驰驿如制。四十四年,上南巡,英迎驾淮安,赐御书榜额、白金千。随至江宁,上将旋跸,以英恳奏,允留一日。时总督阿山欲加钱粮耗银供南巡费,江宁知府陈鹏年持不可,阿山怒鹏年,欲因是罪之,供张故不办;左右又中以蜚语,祸将不测。及英入见,上问江南廉吏,首举鹏年,阿山意为沮,鹏年以是受知于上为名臣。四十六年,上复南巡,英迎驾清江浦,仍随至江宁,赐赉有加。

英自壮岁即有田园之思,致政后,优游林下者七年。为《聪训斋语》、《恒产琐言》,以务本力田、随分知足诰诫子弟。四十七年,卒,谥文端。世宗读书乾清宫,英尝侍讲经书,及即位,追念旧学,赠太子太傅,赐御书榜额揭诸祠宇。雍正八年,入祀贤良祠。高宗立,加赠太傅。

子廷赞,字卣臣。康熙十八年进士,自编修累官少詹事。先英卒。廷玉,自有传。

廷璐,字宝臣。康熙五十七年,殿试一甲第二名进士,授编修,直南书房,迁侍讲学士。雍正元年,督学河南,坐事夺职。寻起侍讲,迁詹事。两督江苏学政。武进刘纶、长洲沈德潜皆出其门,并致通显,有名于时。进礼部侍郎,予告归,卒。

廷瑑,字桓臣。雍正元年进士,自编修累官工部侍郎,充日讲官。起居注初无条例,廷瑑编载详赡得体。既擢侍郎,兼职如故。终清世,已出翰林而仍职记注者惟廷瑑。乾隆九年,改补内阁学士,兼礼部侍郎。典试江西,移疾归。廷瑑性诚笃,细微必慎。既归,刻苦砥行,耿介不妄取。三十九年,卒,年八十四。上闻,顾左右曰:"张廷瑑兄弟皆旧臣贤者,今尽矣!安可得也?"因叹息久之。

廷璐子若霈,进士,官侍讲。若霈子曾敞,进士,官少詹事。

自英后,以科第世其家,四世皆为讲官。

陈廷敬,初名敬,字子端,山西泽州人。顺治十五年进士,选庶吉士。是科馆选,又有顺天通州陈敬,上为加"廷"字以别之。十八年,充会试同考官,寻授秘书院检讨。康熙元年,假归,四年,补原官。累迁翰林院侍讲学士,充日讲起居注官。十四年,擢内阁学士,兼礼部侍郎,充经筵讲官,改翰林院掌院学士,教习庶吉士。与学士张英日直弘德殿,圣祖器之,与英及掌院学士喇沙里同赐貂皮五十、表里缎各二。十七年,命直南书房。丁母忧,遣官慰问,赐茶酒。服除,起故官。二十一年,典会试。滇南平,更定朝会燕飨乐章,命廷敬撰拟,下所司肄习。迁礼部侍郎。

二十三年,调吏部,兼管户部钱法。疏言:"自古铸钱时轻时重,未有数十年而不改者。向日银一两易钱千,今仅得九百,其故在毁钱鬻铜。顺治十年因钱贱壅滞,改旧重一钱者为一钱二分五厘,十七年又增为一钱四分,所以杜私铸也。今私铸自如,应改重为轻,则毁钱不禁自绝。产铜之地,宜停收税,听民开采,则铜日多,钱价益平。"疏下部议行。

擢左都御史。疏言:"古者衣冠、舆马、服饰、器用,贱不得逾贵,小不得加大。今等威未辨,奢侈未除,机丝所织,花草虫鱼,时新时异,转相慕效。由是富者黩货无已,贫者耻其不如,冒利触禁,其始由于不俭,其继至于不廉。请敕廷臣严申定制,以挽颓风。"又言:"方今要务,首在督抚得人。为督抚者,不以利欲动其心,然后能正身以董吏。吏不以曲事上官为心,然后能加意于民;民可徐得其养,养立而后教行。宜饬督抚凡保荐州县吏,必具列无加派火耗、无黩货词讼、无朘削富民。每月吉集众讲解《圣谕》,使知功令之重在此。而皇上考察督抚,则以洁己教吏,吏得一心养民教民为称职,庶几大法而小廉。"又言:"水旱凶荒,尧、汤之世所不能尽无,惟恤及于豫而赒当其急,故民恃以无恐。山东去年题报水灾,户部初议行令履勘,继又行令分晰地亩高下,今年四月始行覆准蠲免。如此其迟回者,所行之例则然耳。臣愚以为被灾分数既有册结可据,即宜具覆豁免,上宣圣主勤民之意,下慰小民望泽之心,中不使吏胥缘为弊窦。"疏并议行。

二十五年,迁工部尚书。与学士徐乾学奏进《鉴古辑览》,上嘉其有裨治化,命留览。时修辑三朝《圣训》、《政治典训》、《方略》、《一统志》、《明史》,廷敬并充总裁官。累调户、吏二部。二十七年,法司逮问湖广巡抚张汧,汧会曾赍银赴京行贿。狱急,语涉廷敬及尚书徐乾学、詹事高士奇,上置勿问。廷敬乃以父老,疏乞归养,诏许解任,仍管修书事。

二十九年,起左都御史,迁工部尚书,调刑部。丁父忧,服阕,授户部尚书,调吏部。四十二年,拜文渊阁大学士,兼吏部,仍直经筵。四十四年,扈从南巡,召试士子,命阅卷。四十九年,以疾乞休,允之。会大学士张玉书卒,李光地病在告,召廷敬仍入阁视事。五十一年,卒,上深惜之,亲制挽诗一章,命皇三子允祉奠茶酒;又命部院大臣会其丧,赐白金千,谥文贞。

廷敬初以赐石榴子诗受知圣祖,后进所著诗集,上称其清雅醇厚,赐诗题卷端。尝召见问朝臣谁能诗者,以王士祯对,又举汪琬应博学鸿儒,并以文学有名于时。上御门召九卿举廉吏，诸臣各有所举，语未竟，上特问廷敬，廷敬奏："知县陆陇其、邵嗣尧皆清官，虽治状不同，其廉则一也。"乃皆擢御史。始廷敬尝亟称两人，或谓曰："两人廉而刚，刚易折，且多怨，恐及公。"廷敬曰："果贤欤，虽折且怨，庸何伤？"

温达，费莫氏，满洲镶黄旗人。自笔帖式授都察院都事，迁户部员外郎。康熙十九年，授陕西道御史。迁吏科给事中，兼管佐领。授兵部督捕理事官。三十五年，上亲征噶尔丹，命温达随皇七子允祐、都统都尔玛管镶黄旗大营。三十六年，擢内阁学士。三十八年，迁户部侍郎。四十年，命赴山西、陕西察验驿马，还，授议政大臣。云贵总督巴锡劾游击高鉴谳狱不当，并论提督李芳述徇隐，芳述亦劾巴锡，命温达往按，鉴罪应徒，巴锡左迁，芳述罚俸。四十一年，调吏部，擢左都御史。四十二年，复命往贵州按威宁总兵孟大志侵饷，论罪如律。四十三年，迁工部尚书，充经筵讲官。四十六年，授文华殿大学士，纂修《国史》、《政治典训》、《平定朔漠方略》、《大清一统志》、《明史》，并充总裁。五十年，命八旗及部院举孝义，因谕曰："孝为百行首。如大学士温达，尚书穆和伦、富宁安之孝，不特众所知，朕亦深知之也。"御制诗以赐，复褒其孝友。五十三年，以老乞休，许致仕。寻谕温达虽老，尚自康健，命仍任大学士。五十四年，卒，命皇子奠茶酒，赐祭葬，谥文简。

穆和伦，喜塔腊氏，满洲镶蓝旗人。自兵部笔帖式四迁为御史，又三迁为内阁学士。命往山东察赈，自泰安至郯城。康熙四十三年，迁工部侍郎。四十八年，授礼部尚书。四十九年，调户部。上称穆和伦孝，其母年已九十，御书"北堂眉寿"榜赐之。两江总督噶礼与巡抚张伯行互劾，命穆和伦往按，右噶礼，上责其是非颠倒，终直伯行。寻以老病乞休，复起授户部尚书。坐事当左迁。寻卒。

萧永藻，汉军镶白旗人。父养元，管佐领。永藻自荫生补刑部笔帖式。康熙十六年，授内阁中书，迁礼部员外郎，袭佐领。迁郎中，监张口税务。授御史，再迁顺天府尹。三十五年，擢广东巡抚。疏言："钱多价贱，每千市价三钱二三分，兵领一两之饷，不及数钱之用。民亦因钱贱，货物难行。请暂停鼓铸。"又疏言："开山发矿，多人群聚，良莠淆杂，臣通饬严禁。近有长宁匪徒集众私采，知县尤鹏翔请饬部议处。"鹏翔坐夺官。

三十九年，给事中汤右曾劾永藻与总督石琳于黎人争斗事，迟至一载始行具题；纵属吏朘民，民困而为盗，海则电白、阳江，山则英德、翁源，横行劫掠。上命与广西巡抚彭鹏互调，入觐，上谕当命效鹏所行，并诫荐举当择清廉。四十五年，迁户部侍郎。湖广总督石文晟劾容美土司田舜年不法，命左都御史梅鋗、内阁学士二格往谳，与文晟异议；复命永藻与大学士席哈纳、侍郎张廷枢覆谳，还奏舜年已死，无诸僭越状。

四十六年，擢左都御史，迁兵部尚书。四十八年，湖南巡抚赵申乔与提督俞益谟交恶互劾，命永藻偕副都御史王度昭往按，得益谟违例缺兵额状，申乔事苛求，非大臣体，并拟夺官，上罢益谟，留乔。四十九年，调吏部，旋授文华殿大学士。五十六年，列议政大臣。

六十一年，世宗即位，加太子太傅，命驻马兰峪守护景陵。雍正五年，宗人府奏护陵宗室广善越分请安，永藻不先阻，当夺官，上责永藻自恃其有操守，骄矜偏执，惟知阿谀允䄉，长其傲慢狂肆之罪，如议夺官，仍命护陵自效。七年，卒，年八十六。

嵩祝，赫舍里氏，满洲镶白旗人。父岱衮，事太宗，协管佐领。史来衮，自侍卫累迁至内三院学士，授世职拜他喇布勒哈番。嵩祝袭职，康熙九年，管佐领。二十三年，迁护军参领。三十三年，擢内阁学士。

三十四年，盛京旱，命与侍郎珠都纳偕往，发海运米万石散贫民，万石平粜。还京，命复偕珠都纳往开原等散米。上谕曰："将军等请散米，但言兵不言民，此皆朕赤子，当一并给与，月与米一斗五升，至来岁四月。"嵩祝等散米如上指，事毕还京师。

三十五年，上亲征噶尔丹，嵩祝管正黄旗行营。师还，命统后队缓行，待西路章奏。迁兵部侍郎，改护军统领。三十六年，复扈上出塞驻宁夏，命昭武将军喀斯喀等穷追噶尔丹，嵩祝参赞军务。噶尔丹窜死，师至摩该图，引还。

四十年，迁正黄旗汉军都统。广东官兵剿连州瑶失利，命嵩祝偕副都统达尔占、侍郎傅继祖往会总督石琳，调广西、湖南兵进剿，即授广州将军。濒行，上谕以相机招抚。四十一年，师次连州，檄三省官兵分布要隘。瑶人剃发请降，执戕官兵者九人诛之。师引还，调正红旗。

四十八年，署奉天将军。海盗舟泊双岛，挟火器出掠，遣兵击杀三十余人，得其舟一。疏请山东水师兼巡奉天属金州铁山，又请选盛京满洲兵千人习鸟枪，设火器营，皆从之。迁礼部尚书。

五十一年，授文华殿大学士。五十五年，上幸热河，嵩祝从。久不雨，上忧旱甚，遣嵩祝还京师，察诸大臣祈雨不躬至者劾奏。六十一年，世宗即位，加太子太傅，修《圣祖实录》及玉牒，并充总裁。雍正五年，奉天将军噶尔弼奏贝子苏努为将军时，借放库银三万余，嵩祝坐徇隐，夺官。十三年，卒，年七十九。

王顼龄，字颛士，江南华亭人。父广心，字农山。有文名。顺治六年进士，官御史，巡视京、通二仓，厘剔漕弊，奸猾屏迹。

顼龄，康熙十五年进士，授太常寺博士。十八年，举博学鸿儒，召试一等，授编修，纂修《明史》，充日讲起居注官。二十一年上元节，圣师御乾清宫赐廷臣宴，仿柏梁体赋诗，顼龄与焉。迁侍讲，督四川学政。累迁侍讲学士。二十八年，左都御史郭琇疏劾少詹事高士奇与顼龄弟鸿绪植党营私，并诋顼龄与士奇结婚媾，交关为奸利。顼龄、士奇、鸿绪并休致，寻命顼龄留任如故。转侍读学士，以父忧归，服阕，起故官。累擢礼部侍郎。四十三年，上南巡，幸顼龄所居秀甲园，赐御书榜。四十六年，上南巡阅河，再幸其第。寻调吏部，充经筵讲官。擢工部尚书，典会试。五十五年，拜武英殿大学士。

雍正元年，诏开恩榜，顼龄重与鹿鸣宴，加太子太傅。以老，累疏乞休，上以顼龄先朝旧臣，勤劳岁久，谙习典章，辄与慰留。三年，痰作，命御医治疾，赐参饵。寻卒，年八十四，上为辍朝一日，令朝臣出其门下者素服持丧、各部院汉官会祭，赐太傅，谥文恭。

弟九龄，字子武，进士，授编修，官至左都御史；鸿绪，自有传。

论曰：玉书等遭际承平，致位宰相。或以文学进，或以功能著，或以节操用，皆循循乎矩度。即朝旨所褒许，于玉书则曰"小心"，于天馥则曰"勤慎"，英曰"忠纯"，琠曰"宽厚"，廷敬曰"清勤"，温达"孝"，永藻"廉"，嵩祝"老成"，顼龄"安静"。诸臣之行谊显，世运之敦厖亦可见矣。

卷二百六十八　　列传五十五

米思翰子李荣保　**顾八代**　**玛尔汉**
田六善　**杜臻**　**萨穆哈**

米思翰，富察氏，满洲镶黄旗人。先世居沙济。曾祖旺吉努，当太祖时，率族来归，授牛录额真。父哈什屯，事太宗，以侍卫袭管牛录。擢礼部参政，改副理事官。讨瓦尔喀，招明总兵沈志祥。从攻锦州，明总兵曹变蛟夜袭御营，先众捍御，被创，力战却之。顺治初，授内大臣、议政大臣，世职屡进一等阿达哈哈番兼拖沙喇哈番。睿亲王多尔衮摄政，诸大臣巩阿岱等并附之，哈什屯独持正，忤睿亲王，降世职拜他喇布勒哈番。肃亲王豪格以非罪死，巩阿岱参议杀其子富绶，哈什屯与巴哈力持，事乃已。世祖亲政，累进世职一等阿思哈尼哈番加拖沙喇哈番。十二年，奖奉职恪勤诸大臣，加太子太保。康熙初卒，谥恪僖。

米思翰，其长子也，袭世职，兼管牛录，授内务府总管。辅政大臣从假尚方器物，力拒之。圣祖亲政，知其守正，授礼部侍郎。八年，擢户部尚书，列议政大臣。是时各直省岁赋，听布政使存留司库，蠹弊相仍，米思翰疏请通饬各直省俸饷诸经费，所余悉解部，由是勾稽出纳权尽属户部。

十二年，尚可喜疏请撤藩，吴三桂、耿精忠疏继入，下户、兵二部议。米思翰与兵部尚书明珠议三藩并撤，有言吴三桂不可撤者，以两议入奏。复集诸大臣廷议，米思翰坚持宜并撤，议乃定。既而吴三桂反，上命王贝勒等率八旗兵讨之，议者谓军需浩繁，宜就近调兵御守。米思翰言："贼势猖獗，非绿旗兵所能制，宜以八旗劲旅会剿。军需内外协济，足支十年，可无他虑。"于是请以内府所储分年发给，复综核各直省库金、仓粟，以时拨运，悉称旨。

又疏言："师行所至，屡奉明诏以正赋给军需，恐有司尚多借端私派，请敕各督抚严察所属，供应粮饷薪刍，一切动官帑，毋许苛派；其购自民间者，务视时价支给，勿纤毫累民。"上命如议速行。

米思翰寻卒，年甫四十三，上深惜之，予祭葬，谥敏果。时三桂势方张，精忠及可喜子之信皆叛，议者追咎撤藩主议诸臣，上曰："朕自少时，以三藩势日炽，不可不撤。岂因其叛，诿过于人耶？"及事定，上追忆主议诸臣，犹称米思翰不置。

米思翰子马斯喀、马齐、马武，皆自有传。

李荣保，袭世职，兼管牛录，累迁至察哈尔总管，卒。乾隆二年，册李荣保女为皇后，追封一等公。十三年，册谥孝贤皇后，推恩先世，进封米思翰一等公。十四年，以李荣保子大学士傅恒经略金川功，敕建宗祠，祀哈什屯、米思翰、李荣保，并追谥李荣保曰庄悫。

顾八代，字文起，伊尔根觉罗氏，满洲镶黄旗人。父顾纳禅，事太宗，从伐明，次大同，攻小石城，先登，赐号"巴图鲁"，予世职牛录章京。旋授甲喇额真。顺治初，从入关，定陕西、湖南、江南、浙江，皆在行间，进三等阿达哈哈番。子顾苏，袭，进二等。

顾八代，其次子也。任侠重义，好读书，善射。以荫生充护军。顺治十六年，从征云南有功，授户部笔帖式。旋以顾苏及子佛岳相继卒，无嗣，顾八代袭世职，迁吏部郎中。康熙十四年，圣祖试旗员第一，擢翰林院侍读学士。

吴三桂陷湖南，遣其将掠两广。镇南将军莽依图自江西下广东，驻韶州。十六年，上命顾八代传谕莽依图规复广西，即留军，从征广西。巡抚傅弘烈为三桂将吴世琮所败，莽依图引兵与相合。顾八代按行诸军，谓结营散乱，敌至虑不相应。世琮兵至，师复败，还驻梧州。世琮来追，击却之。顾八代策世琮且复至，益诫备。会除夕，世琮以三万人奄至，又击败之。十七年，师进次盘江，与世琮军遇，莽依图病甚，以军事属顾八代；借副都统勒贝等渡江，与世琮战，分兵出敌后，破其左而合击其右。世琮溃围出，遣精骑追之，自杀。师进克南宁，叛将马承荫与三桂军合，可十万，拒战。诸将或难之，顾八代奋入阵，诸将皆力战，遂破敌。

十八年，京察，掌院学士拉萨里、叶方蔼以顾八代从征有绩效，注上考；大学士索额图改注"浮躁"，坐夺官。莽依图疏言顾八代从征三载，竭诚奋勉，运筹决胜，请留军委署副都统，参赞军务，上命以原衔从征。十九年，莽依图卒于军，顾八代从平南大将军赉塔下云南，攻会城。顾八代当先取银锭山，俯瞰城内，攻得势。及勇略将军赵良栋师至，用顾八代策，先取银锭山，克会城，云南平。师还，授侍讲学士。

二十三年，命直尚书房，累迁礼部侍郎。二十八年，授尚书。三十二年，坐事，上责其不称职，夺官，留世职，仍直尚书房。三十七年，以病乞休。四十七年，卒。

顾八代直尚书房时，世宗从受学；及卒，贫无以敛，世宗亲临奠，为经纪其丧。雍正四年，诏复官，加太傅，予祭葬，谥文端，又以其贫，赐其家白金万。八年，建贤良祠京师，谕满洲大臣当入祀者五人，大学士图海、都统赉塔，次即顾八代，及尚书玛尔汉、齐苏勒。

子顾俨，袭世职，自参领官至副都统。孙顾琮，自有传。

玛尔汉，兆佳氏，满洲正白旗人。顺治十一年，翻译举人，授工部七品笔帖式，累迁刑部员外郎。

康熙十三年，陕西提督王辅臣叛应吴三桂，上命扬威将军阿密达自江宁移师讨之，玛尔汉以署骁骑参领从。十四年，与副都统鄂克济哈、穆舒珲等自泾州进兵，屡破垒，斩级数百，克宁州。十五年，大将军图海督兵围平凉，辅臣降，玛尔汉还京师。图海请调凉州、宁夏、固原诸镇兵进攻兴安、汉中，上命副都统吴丹及玛尔汉赴诸镇料理征发，兼询缓急机宜。甘肃提督张勇请缓师，上命图海固守凤翔、秦州诸要隘，分兵授征南将军穆占下湖广，命玛尔汉从。十七年，授御史。

十九年，穆占师进贵州，二十年，师进云南，玛尔汉皆在行间，得功牌十二。云南平，师还，追论征湖南不力援永兴，致损将士，夺功牌九。二十一年，命巡视河东盐政。御史许承宣、罗秉伦劾山西巡抚图克善令平阳属十三州县增报盐丁加课累民，下巡抚穆尔赛会玛尔汉核实，请免虚报一万七千余丁。二十五年，以按治归化城都统固穆德不实，吏议左迁。二十六年，授理藩院司务。从大学士索额图等使鄂罗斯定边界，辞辨明析，鄂罗斯人折服。事闻，圣祖嘉其能。寻迁户部郎中。三十三年，迁翰林院侍讲学士，再迁兵部侍郎。三十五年，上亲征噶尔丹，命玛尔汉驻土木董理驿站，以送军为羸，吏议夺官，命宽之。

三十八年，迁左都御史。再迁兵部尚书，充经筵讲官、议政大臣。四十三年，岁饥，流民就食京师。命与内大臣佟国维、明珠、阿密达等监赈。四十六年，调吏部。四十八年，以老病乞休。五十七年，卒，年八十五。上遣内大臣临奠，赐祭葬。雍正八年，世宗谕奖玛尔汉谨慎忠厚，事圣祖宣力多年，完名引退，赠太子太傅。贤良祠成，命入祀。乾隆元年，高宗命追谥恭勤。

田六善，字兼山，山西阳城人。顺治三年进士，授河南太康知县，时当兵后，劳来安集。九年，巡抚吴景道疏荐才守兼优，迁户部主事，监临清关，复监凤阳仓兼临淮关。罢滥征，革奇羡，商民称便。累迁郎中。十五年，授江南道御史。兵部议禁民乘马，六善疏言其不便，下廷臣集议，弛禁。十六年，疏言："欲安民在劝清吏，乞敕各督抚实行荐举，吏部于各督抚莅任一二年后，列奏荐举何人，能否察吏安民，即可以是鉴别。议者或谓举荐清吏，无以处乎不在清吏之列者，一难也；恐督抚依旧受贿徇私，二难也；征粮缉逃处分罣碍，三难也。然臣谓清吏果得荐举，则为清吏者见公道尚存，益坚其持守，一便也；群吏以不著清名为愧，力自濯磨，二便也；某省有清吏几人，以验政治修废，三便也；天下晓然知有能必先有守，风俗丕变，四便也；向日督抚厌憎清吏无益于己，今必且卵翼而亲爱之，五便也。不惑于三难，力致其五便，将循良兴起，不让前古矣。"下部议行。寻命巡视长芦盐政。十七年，还掌江南道事。

康熙元年，乞假归。三年，补贵州道御史。四年，疏言："兵部议裁山西、陕西、河南等处兵额，三营裁一营。遇裁之兵，挟久练之技，处坐困之时，穷无所归，遂为贼盗。请谕总督、提督诸臣，察已裁之兵，如弓马娴熟、膂力精强，仍收入伍。自后老弱必斥，逃亡不补。所渐去者疲卒，不虑其为非；所招回者劲兵，可资其实用。"下部议，令各营汰去老弱，其年力精壮者仍留充伍。又疏言："吏部于往日曾行之事，率皆援以为例，惟意所彼此，莫穷其弊。请敕部以上所裁定及有旨为例者，汇为一册，敬谨遵守，余仍循旧章。"得旨，如所请。七年，命巡视京、通仓，还掌山东道事，得旨内升，回籍待缺。

十一年，授刑科给事中，秩视正四品。疏言："臣里居读上谕，以苏克萨哈为鳌拜仇陷，杀其子孙，连坐族人白尔赫图，恩予昭雪。臣思法律为天下共者也，以满洲劳苦功高之人，因与执政诸臣意见相左，辄牵连兴大狱，恐尤而效之，报复相寻，借端推刃。《周礼》有八议，罪大可减，罪小可赦。请特制昭示，满洲犯罪非反叛有实迹者，一准于律，勿妄议株连。储人才，固国本，于是乎在。"上韪其言，下王大臣议，从之。又疏言："圣学宜先读史。史者，古帝王得失之林也。其君宽仁明断，崇俭纳谏，则其民必安，其事必治，其世必兴必平。若夫苛察因循，恶闻过，乐逞欲，其民必不安，其事必不治，其世必衰必乱。乞谕日讲诸臣，以《通鉴》与经史并进。"得旨俞允。寻转户科掌印给事中。三迁至右佥都御史。

十三年，疏言："吴三桂负恩叛逆，处必灭之势。绿旗月饷，步兵一两有奇，马兵二两有奇，甲胄不必坚强，弓刀不必精利，登山涉水，资以先驱。臣谓绿旗力虽弱，善用之则强；心虽涣，善收之则聚。供给宜足，劳逸宜均。至先登破阵，无分满、汉，赏赉公平。斯览勇自奋，克佐劲旅以奏肤功，今日所宜急计者也。"下部议鼓励绿旗官兵叙给爵赏例。迁顺天府尹。未几，复迁左副都御史。十四年，疏言："臣昔为河南知县时，孙可望、李定国尚据云、贵、四川，其势不减于吴三桂。金声桓叛江西，姜瓖叛大同，亦不异耿精忠、王辅臣。而当日民心未若今之惊惶疑惧者，由其时督抚有孟乔芳、张存仁、吴景道诸臣，敦行俭朴，慎守廉隅，吏治肃清，民生乐遂也。宜特颁严谕，令各督抚禁杂派，核军实。有司或剥民败检，立行纠劾，以省民力、安众心。师行所至，更宜审酌剿御。近见江西、浙江报捷诸疏，屡言杀贼累万。然必待杀尽而后入闽，恐愚顽之民无尽，草窃之贼亦无尽。臣谓先取精忠，则群贼自息。昔姜瓖乍叛，土寇群起，瓖灭，土寇亦尽，其明验也。至三桂狡谋，觊以一隅之地困天下全力，我即以天下全力困此一隅。三桂授首，则四川、广西不烦兵而自定。"又疏言："臣籍山西，与陕西接壤。黄河自边外折入内地，至蒲州一千余里。蒲州上至禹门，为平阳府属，河西为西安，有提督、总兵重兵驻守。自此以北，永宁州、临县为汾州府属，渡口有孟门镇、高家塔诸处；更北保德州为太原府属,渡口有黑田沟、穷狼窝诸处。河西为延安,素称荒野,河东为交城,路险山深,草穷潜匿。请敕巡抚、提督分兵驻防。"又疏言:"师已抵平凉,辅臣迫于必死,困兽犹斗,杀贼百不偿失兵一。宜驻军城下,以逸待劳,急攻固原,绝其粮道。平凉地瘠,非比湖南地广米多,可以持久。粮道不通,人心自散,必有斩辅臣献军门者。若贼东出则东应,贼西出则西应,疲我师徒,分我威力,固原围解,贼气贯通,此断断不可者也。"诸疏并下王大臣议行。

十六年,擢工部侍郎。十七年,以夏旱求言,疏言:"今日官至督抚,居莫敢谁何之势,自非大贤,鲜不纵恣。道府岁纳规礼,加之以搜括,则道府所辖官民,不啻鬻之道府矣。州县岁纳规礼,重之以勒索,则州县所属士民,不啻鬻之州县矣。世祖朝,山东巡按程衡劾巡抚耿焞,江南巡按秦世祯劾土国宝,皆置重典,天下肃然。今巡按久停,虽欲议复,恐一时难得多人。惟有出自上意,欲清一省,则选一人遣往,不必一时俱发。出其不意,示以不测,使天下奸恶吏不敢恃督抚而肆志,即有不肖之督抚,亦莫敢庇贪而害民。"疏入,报闻。

调户部。十八年,疏言:"国家有钱法以通有无、利民用,自秦、汉及唐、宋,公私皆悉用钱;至金、元,以银与钱钞并行;至明中叶,乃专资于银。闽逆之乱,或沉江河,或埋山谷,又以贪吏厚藏,银益少,民益困。今欲救天下之穷,惟有多铸钱。铸钱所资,铜六铅四,而可采之山,所司每深讳之,盖恐时有时无,贻累偿税。且上官闻其地开采,此挟彼制,诛求甚多也。臣谓宜令天下产铜铅之地,任民采取,有则以十分二输税于官,无则听之州县自行稽察,毋使多官旁挠。报采多者予议叙,则官与民皆乐为,资以鼓铸,钱不可胜用矣。"下九卿详议,拟例以上,得旨:"采铜关系国计,其令各督抚率属殚力奉行。"

六善以老病乞罢,上不许。二十年,命致仕。三十年,卒于家,年七十一。

杜臻,字肇余,浙江秀水人。顺治十五年进士,改庶吉士,散馆,授编修。累迁内阁学士,擢吏部侍郎。

国初以海上多事,下令迁东南各省沿海居民于内地,画界而设之禁。界外皆弃地,流民无所归,去为盗。及师定金门、厦门,总督姚启圣请以界外地按籍还民,弛海禁,收鱼盐之利给军食,廷臣持不可。康熙二十二年,台湾平,上命以界外地还民。会给事中傅感丁请以江、浙、闽、粤滨海界外地招徕开垦,乃命臻及内阁学士席柱赴福建、广东察视展界,进臻工部尚书。臻与席柱如广东,自钦州防城始,遵海以东而北,历府七、州三、县二十九、卫六、所十七、巡检司十六、台城堡寨二十一,还民地二万八千一百九十二顷,复业丁口三万一千三百。复如福建,自福宁州西分水关始,遵海以北,历府四、州一、县二十四、卫四、所五、巡检司三、关城镇寨五十五,还民地二万一千一十八顷,复业丁口四万八百。于是两省滨海居民咸得复业。别遣使察视江南、浙江展界复业,同时毕事。臻以母丧还里,席柱复命,奏陈滨海居民还乡安业。上曰:

"民乐处海滨,以可出海经商捕鱼,尔等知其故,前此何以不准议行?边疆大臣当以国计民生为念,曩禁令虽严,私出海贸易初未尝断绝。凡议出海贸易不可行者,皆总督、巡抚自图射利故也。"

臻丧终,起刑部尚书。旧制,方冬狱囚月给煤,狱吏率乾没,囚多以寒疾死,臻力禁之。调兵部。时议裁各省驻防及督、抚、提、镇标兵,臻谓:"兵冗可裁而不宜骤行,请自今老弱、物故、额缺概不补,数岁额自减。"从之。再调礼部。以疾告归,寻卒于家。上南巡,书"眷怀旧德"额追赐之。

臻少贫力学,事祖母及父母孝,宏奖人才,诗文剀切中条理。

萨穆哈,吴雅氏,满洲正黄旗人。顺治十二年进士,授户部主事,迁员外郎。

康熙十二年,圣祖允吴三桂疏请撤藩,遣萨穆哈偕郎中党务礼、席兰泰,主事辛珠,笔帖式萨尔图如贵州,具舟及刍粟,谕以毋骚扰,毋迟误。既至,三桂谋反,提督李本深与谋,书招贵州巡抚曹申吉,总督甘文焜拒之,告萨穆哈等,趣诣京师告变,并请兵赴援。萨穆哈与党务礼、席兰泰行至镇远,三桂已举兵,镇还将吏得三檄,不给驿马。萨穆哈、党务礼得马二,驰至沅州。乃乘驿,十一昼夜至京师,诣兵部,下马喘急,抱柱不能言,久之始苏,上三桂反状。席兰泰自镇远乘小舟至常德,乃乘驿,后七日至。辛珠、萨尔图不及行,死之。十三年,擢萨穆哈刑部郎中。十四年,叙告变功,萨穆哈、党务礼、席兰泰并应升光禄、太仆诸卿。

十五年,授太仆寺卿。十六年,再迁户部侍郎。命监赈山东。十七年,还京师。疏言:"臣屡奉使命,所过州县,间有藉差科派民财,深滋扰累。请嗣后有大事,特遣部院官,余并责督抚料理。"上为下廷臣会议,定州县科敛俱视贪吏治罪。调吏部。二十年,再迁工部尚书。二十一年,命察视石景山至卢沟桥石堤,疏言:"堤内本官地,康熙初招民垦荒,致侵损堤根。请敕部免其赋,罢勿复耕。"从之。二十二年,命察视山西地震,疏请被灾最重州县发帑治赈。

二十四年,河道总督靳辅请于高邮、宝应诸州县筑堤,束黄河注海,按察使于成龙主浚海口,下廷臣议,用辅策。上询日讲官籍江南者,侍读乔莱力请用成龙策。上曰:"乡官议如此,未知民意如何?"令萨穆哈与学士穆成额,会漕运总督徐旭龄、巡抚汤斌,详察民间利害。萨穆哈等行历海口诸州县,诸州县民陈状参差不一。檄诸州县,令各择通达事体者十人询利害,皆言浚海口不便。二十五年,萨穆哈还奏,谓详问居民,从成龙议;积水不能施工,从辅议;水中亦不能取土,请两罢之。是时成龙召诣京师,上命廷臣及萨穆哈、成龙再议。成龙言浚海口当兼治串场河,费至百余万。廷臣以为费巨,疏请停。未几,斌入为尚书,奏言:"海口不急浚,再遇水,下游诸州县悉付巨浸。"上召问萨穆哈,萨穆哈不坚执前奏。复下廷臣议,始定用成龙策。上责萨穆哈前覆奏不实,夺官。寻授步军翼尉。

三十二年，仍授工部尚书。三十九年，上察知工部积弊，河工糜帑，受请托，发银多侵蚀，诘责萨穆哈等。萨穆哈寻以老疾乞罢，上斥其伪诈，命夺官，仍留任，察工部积弊，一一自列。四十三年，以疏浚京师内外河道侵蚀帑银，萨穆哈得赇，逮治拟绞。卒于狱。

论曰：米思翰赞撤藩之议，绸缪军食，足以支十年，知定谋有由也。顾八代、玛尔汉皆文臣，能克敌，复以廉勤建绩。六善于军事有建白，收绿旗之用，其效著于后矣。臻巡复海疆，兵后一大政也。萨穆哈以告变受赏，亦附著于斯篇。

卷二百六十九　　列传五十六

索额图　明珠 余国柱　佛伦

索额图，赫舍里氏，满洲正黄旗人，索尼第二子。初授侍卫，自三等洊升一等。康熙七年，授吏部侍郎。八年五月，自请解任效力左右，复为一等侍卫。及鳌拜获罪，大学士班布尔善坐党诛，授索额图国史院大学士，兼佐领。九年，改保和殿大学士。十一年，《世祖实录》成，加太子太傅。十五年，大学士熊赐履票本有误，改写草签，既又毁去。索额图与大学士巴泰、杜立德等疏劾，赐履坐罢归。十八年，京察，侍讲学士顾八代随征称职，翰林院以"政勤才长"注考，索额图改注"浮躁"，竟坐降调。语详《顾八代传》。

索额图权势日盛。会地震，左都御史魏象枢入对，陈索额图怙权贪纵状，请严谴。上曰："修省当自朕始！"翌日，召索额图及诸大臣谕之："兹遘地震，朕反躬修省。尔等亦宜洗涤肺肠，公忠自矢。自任用后，诸臣家计颇饶裕，乃朋比徇私，益加贪黩。若事情发觉，国法具在，决不尔贷！"是时索额图、明珠同柄朝政，互植私党，贪佞倾朝右，故谕及之。上并书"节制谨度"榜赐焉。

十九年八月，以病乞解任，上优旨奖其"勤敏练达，用兵以来，赞画机宜"，改命为内大臣。寻授议政大臣。先是索额图兄噶布拉，以册谥孝诚仁皇后推恩所生，封一等公；弟心裕，袭索尼初封一等伯；法保，袭索尼加封一等公。二十三年三月，以心裕等懒惰骄纵，责索额图弗能教，夺内大臣、议政大臣、太子太傅，但任佐领，并夺法保一等公。二十五年，授领侍卫内大臣。

时俄罗斯屡侵黑龙江边境，据雅克萨，其众去复来。上发兵围之。察罕汗谢罪，使费耀多罗等来议界。二十八年，上命索额图与都统佟国纲往议。索额图奏谓："尼布楚、雅克萨两地当归我。"上曰："尼布楚归我，则俄罗斯贸易无所栖止，可以额尔固纳河为界。"索额图等与议，费耀多罗果执尼布楚、雅克萨为请。索额图等力斥之，仍宣上意，以额尔固纳河及格尔必齐河为界，立碑而还。

二十九年，上以裕亲王福全为大将军，击噶尔丹，命索额图将盛京、吉林、科尔沁兵会于巴林，败噶尔丹于乌阑布通。以不穷追，镌四级。三十五年，从上亲征，率八旗前锋、察哈尔四旗及汉军绿旗兵前行，并命督火器营。大将军费扬古自西路抵图拉。上驻克鲁伦河，噶尔丹遁走。费扬古截击之于昭莫多，大败其众。三十六年，上还幸宁夏，命索额图督水驿，会噶尔丹死。叙功，复前所镌级。四十年九月，以老乞休，心裕代为领侍卫内大臣。

索额图事皇太子谨，皇太子渐失上意。四十一年，上阅河至德州，皇太子有疾，召索额图自京师至德州侍疾。居月余，皇太子疾愈，还京师。是岁，心裕以虐毙家人夺官。四十二年五月，上命执索额图，交宗人府拘禁，谕曰："尔为大学士，以贪恶革退，后复起用，罔知愧悔。尔家人讦尔，留内三年，朕意欲宽尔。尔乃怙过不悛，结党妄行，议论国事。皇太子在德州，尔乘马至中门始下，即此尔已应死。尔所行事，任举一端，无不当诛。朕念尔原系大臣，心有不忍，姑贷尔死。"又命执索额图诸子交心裕、法保拘禁，谕："若别生事端，心裕、法保当族诛！"诸臣党附索额图者，麻尔图、额库礼、温代、邵甘、佟宝并命严锢，阿米达以老贷之。又命诸臣同祖子孙在部院者，皆夺官。江潢以家有索额图私书，下刑部论死。仍谕满洲人与偶有来往者，汉官与结交者，皆贷不问。寻索额图死于幽所。

后数年，皇太子以狂疾废，上宣谕罪状，谓："索额图助允礽潜谋大事，朕知其情，将索额图处死。今允礽欲为索额图报仇，令朕戒慎不宁。"并按诛索额图二子格尔芬、阿尔吉善。他日，上谓廷臣曰："昔索额图怀私，倡议皇太子服御俱用黄色，一切仪制几与朕相似。骄纵之渐，实由于此。索额图诚本朝第一罪人也！"

明珠，字端范，纳喇氏，满洲正黄旗人，叶赫贝勒金台石孙。父尼雅哈，当太祖灭叶赫，来降，授佐领。明珠自侍卫授銮仪卫治仪正，迁内务府郎中。康熙三年，擢总管。五年，授弘文院学士。七年，命阅淮、扬河工，议复兴化白驹场旧闸，凿黄河北岸引河。旋授刑部尚书。改都察院左都御史，充经筵讲官。十一年，迁兵部尚书。十二年，上幸南苑，阅八旗甲兵于晾鹰台。明珠先布条款使练习之，及期，军容整肃，上嘉其能，因著为令。

康熙初，南疆大定，留重兵镇之：吴三桂云南，尚可喜广东，耿精忠福建。十余年，渐跋扈，三桂尤骄纵。可喜亦忧之，疏请撤藩，归老海城。精忠、三桂继请。上召诸大臣询方略，户部尚书米思翰、刑部尚书莫洛等主撤，明珠和之。诸大臣皆默然。上曰："三桂等蓄谋久，不早除之，将养痈成患。今日撤亦反，不撤亦反，不若先发。"因下诏许之。三桂遂反，精忠及可喜子之信皆叛应之。时争咎建议者，索额图请诛之。上曰："此出自朕意，他人何罪？"明珠由是称上旨。十四年，调吏部尚书。十六年，授武英殿大学士，屡充《实录》、《方略》、《一统志》、《明史》诸书总裁，累加太子太师。迨三叛既平，上谕廷臣以前议撤藩,惟明珠等能称旨,且曰:"当时有请诛建议者,朕若从之,皆含冤泉壤矣!"

明珠既擅政,簠簋不饬,货赂山积。佛伦、余国柱其党也,援引致高位。靳辅督南河,主筑堤束水,下游不浚自通。于成龙等议浚下游,与异议。辅兴屯田,议者谓不便于民,多不右辅,明珠独是其议。蔡毓荣、张汧皆明珠所荐引者也,迨得罪按治,恐累举者,傅轻比,上谕斥,始定。与索额图互植党相倾轧。索额图生而贵盛,性倨肆,有不附己者显斥之,于朝士独亲李光地。明珠则务谦和,轻财好施,以招来新进,异己者以阴谋陷之,与徐乾学等相结。索额图善事皇太子,而明珠反之,朝士有侍皇太子者,皆阴斥去。荐汤斌傅皇太子,即以倾斌。会天久不雨,光地所荐讲官德格勒明《易》,上命筮,得夬,因陈小人居鼎铉,天屯其膏,语斥明珠。事具《德格勒传》。

二十七年,御史郭琇疏劾:"明珠、国柱背公营私,阁中票拟皆出明珠指麾,轻重任意。国柱承其风旨,即有舛错,同官莫敢驳正。圣明时有诘责,漫无省改。凡奉谕旨或称善,明珠则曰'由我力荐';或称不善,明珠则曰'上意不喜,我从容挽救';且任意附益,市恩立威,因而要结群心,挟取货贿。日奏事毕,出中左门,满、汉部院诸臣拱立以待,密语移时,上意罔不宣露。部院事稍有关系者,必请命而行。明珠广结党羽,满洲则佛伦、格斯特及其族侄富拉塔、锡珠等,凡会议会推,力为把持;汉人则国柱为之囊橐,督抚藩臬员缺,国柱等展转征贿,必满欲而后止。康熙二十三年学道报满应升者,率往论价,缺皆预定。靳辅与明珠交结,初议开下河,以为当任辅,欣然欲行。及上欲别任,则以于成龙方沐上眷,举以应命,而成龙官止按察使,题奏权仍属辅,此时未有阻挠意也。及辅张大其事,与成龙议不合,乃始一力阻挠。明珠自知罪戾,对人柔颜甘语,百计款曲,而阴行鸷害,意毒谋险。最忌者言官,惟恐发其奸状,考选科道,辄与订约,章奏必使先闻。当佛伦为左都御史,见御史李兴谦屡疏称旨,吴震方颇有弹劾,即令借事排陷。明珠智术足以弥缝罪恶,又有国柱奸谋附和,负恩乱政。伏冀立加严谴。"

疏入,上谕吏部曰:"国家建官分职,必矢志精白,大法小廉。今在廷诸臣,自大学士以下,惟知互相结引,徇私倾陷。凡遇会议,一二倡率于前,众附和于后,一意诡随。廷议如此,国是何凭?至于紧要员缺,特令会同推举,原期得人,亦欲令被举者警心涤虑,恐致累及举者,而贪黩匪类,往往败露。此皆植党纳贿所致。朕不忍加罪大臣,且用兵时有会著劳绩者,免其发觉。罢明珠大学士,交领侍卫内大臣酌用。"未几,授内大臣。后从上征噶尔丹,督西路军饷,叙功复原级。

明珠自罢政后,虽权势未替,然为内大臣者二十年,竟不复柄用。四十七年,卒。子性德、揆叙自有传。

余国柱,字两石,湖广大冶人。顺治九年进士,授兖州推官。迁行人司行人,转户部主事。康熙十五年,考授户科给事中。时方用兵,国柱屡疏言筹饷事,语多精核。二十年,擢左副都御史。旋授江宁巡抚,请设机制宽大缎匹。得旨:"非常用之物,何为劳费?"当明珠用事,国柱务罔利以迎合之,及内转左都御史,迁户部尚书,汤斌继国柱抚江苏;国柱索斌献明珠金,斌不能应,由是倾之。二十六年,授武英殿大学士,益与明珠结,一时称为"余秦桧"。会上谒陵,中途召于成龙入对,成龙尽发明珠、国柱等贪私。上归询高士奇,士奇亦以状闻。及郭琇疏论劾,言者蜂起,国柱门人陈世安亦具疏纠之,颇中要害,国柱遂夺官。既出都,于江宁治第宅,营生计,复为给事中何金兰所劾,命逐之回籍。卒于家。

佛伦,舒穆禄氏,满洲正白旗人。自笔帖式累迁内阁学士。吴三桂既死,其孙世璠犹据滇、黔,命佛伦总理粮饷,通镇远运道,旋兼理四川粮饷。事平,迁刑部侍郎。寻迁左都御史,擢工部尚书,转刑、户两部。先是下河工程,靳辅与按察使于成龙议不协,命佛伦偕侍郎熊一潇等勘议。佛伦受明珠指,议如辅言,为总漕慕天颜所劾。御史陆祖修亦劾佛伦祖辅,且言:"九卿会议时,尚书科尔坤等阿佛伦意,尚书张玉书、左都御史徐乾学言兴屯所占民田应还之民,科尔坤置不闻。他九卿或不得见只字。"上怒,下部严议。及郭琇劾明珠,指佛伦为明珠党,因解佛伦任。召辅等廷对,佛伦乃奏停屯田,并汰前所设官。部议夺佛伦官,上命留佐领。旋授内务府总管。

出为山东巡抚,疏请均赋役,令绅民一体应役,诏嘉其实心任事。初,潍县知县朱敦厚以赃私为巡抚钱珏所发,乞徐乾学请于珏,获免,且内擢主事。至是事发,下佛伦鞫实,乾学坐夺官。佛伦又劾琇知吴江县时,尝侵公帑,其父景昌故名尔标,乃明御史黄宗昌奴,坐贼党诛,琇改父名冒封典,当追夺。乾学故附明珠,后相失,或传琇疏乾学实主之,故佛伦以是报。寻擢川陕总督,入为礼部尚书。三十八年,授文渊阁大学士。三十九年,琇入觐,讼父受诬。上诘佛伦,自承不实,当夺官,援赦得免。未几,以原品休致。旋卒。

论曰:康熙中,满洲大臣以权位相尚者,惟索额图、明珠,一时气势熏灼,然不能终保令名,卒以贪侈败。索额图以附皇太子得罪,祸延于后嗣。明珠与索额图竞权,不附皇太子,虽被弹骂罢相,圣祖犹念其赞撤藩,力全之,以视索额图,岂不幸哉?若国柱、佛伦,则权门之疏附矣。

卷二百七十　　　列传五十七

郝浴子林　杨素蕴　郭琇

郝浴,字雪海,直隶定州人。少有志操,负气节。顺治六年进士,授刑部主事。八年,改湖广道御史,巡按四川。时张献忠将孙可望、李定国等降明,为桂王将,据川南为寇,师讨之,郡县吏率军前除授,恣为贪虐。浴至,严约束,廉民间疾苦,将吏始敛迹。九年,平西王吴三桂与固山额真李国翰分兵复成都、嘉定、叙州、重庆。已而两路兵俱败,三桂退驻绵州。浴在保宁监临乡试,可望将数万人薄城，浴飞檄邀三桂，激以大义，谓"不死于贼，必死于法"。逾月，三桂乃赴援，可望等引去。

浴在围城中，上诏询收川方略，疏言："秦兵苦转饷，川兵苦待哺，故必秦不助川而后秦可保；川不冀秦助而后川可图。成都地大且要，灌口一水，襟带三十州县。若移兵成都，照籍屯田，开耕一年，可当秦运三年。所难者牛种，倘令土司出牛，抚臣与立券，丰年还其值，当无不听命。嘉定据上游，饶茶、盐，令暂易谷种，则牛、种俱不难办也。臣故谓开屯便。川所患者滇寇也，滇寇所恃，不过皮兜、布铠、鸟铳、扇刀，善于腾山逾岭。蜀中土官土兵，其技尤娴于此。若拔其精锐为前茅，以满洲骁骑为后劲，疾雷迅霆，贼必鸟兽散。臣故谓用土兵便。"上以其言可采，下部议。部议谓战守事当听三桂主之，遂报寝。浴又言："土贼投诚，给札授官，恣行劫掠为民害。请嗣后愿归伍者归伍，愿为民者，令有司造册编丁，免ója租，除杂派，就熟地丹征，俾有定额。"疏议行。

三桂入四川，寖骄横，部下多不法，惮浴严正，辄禁止沿路塘报。浴上言："臣忝司朝廷耳目，而壅阏若此，安用臣为？"及保宁围解，颁赏将士，三桂以冠服与浴，浴不受。疏言："平贼乃平西王责。臣司风宪，不预军事，而以臣预赏，非党臣则忌臣也。"因陈三桂拥兵观望状，三桂深衔之。浴劾永宁总兵柏永馥临阵退缩，广元副将胡一鹏骄悍不法，并命夺官逮治。降将董显忠等以副将衔题授司道，恣睢虐民，浴复疏劾，改原职。三桂嗾显忠等入京陈辨，浴坐镌秩去。

十一年，大学士冯铨、成克巩、吕宫等章荐浴，三桂乃撼浴保宁奏捷疏有"亲冒矢石"语，指为冒功，论劾，部议当坐死，上命宽之，流徙奉天。大学士冯铨、成克巩、吕宫皆以荐浴罣吏议。浴至戍所，益潜心理之学，嗜《孟子》及《二程遗书》，以"致知格物"颜其庐，刻苦厉志。康熙十年，圣祖幸奉天，浴迎谒道左，具陈始末，上为动容，慰劳良久。

十二年，三桂反，尚书王熙、给事中刘沛先荐浴，为部议所格。十四年，侍郎魏象枢复疏言："浴血性过人，才守学识，臣皆愧不及。使在西蜀操尺寸之权，岂肯如罗森辈俯首从逆？臣子立朝，各有本末。当日参浴者三桂也，使三桂始终恭顺，方且任以腹心。浴一书生耳，即老死徙所，谁复问之？今三桂叛矣，天下无不恨三桂，即无不怜浴。浴当三桂身居王爵，手握兵柄，不畏威，不附势，致为所仇。三桂之所仇，正国家之所取，何忍弃之？"上乃召浴还，复授湖广道御史。

时陕西提督王辅臣叛应三桂，浴疏言："大兵进剿平凉，宜于西安、潼关用重兵屯驻，以待策应。用郧阳之兵攻兴安，调河南之兵入武关，直取汉中，逆贼计日可擒。"上然之，下其疏诸帅。复请禁苛征，恤民困，止督、抚、提、镇坐名题补之例。章十数上，皆中时弊。十六年，命巡视两淮盐政，严剔宿蠹，增课六十余万。淮、扬大饥，发仓米赈救，全活甚众。十七年，擢左佥都御史，迁左副都御史。

十九年，授广西巡抚。广西新经丧乱，民生凋瘵，浴专意抚绥，疏陈调剂四策，请裁兵、汰马、防要害、简精锐；复请停鼓铸，改米征银，复南宁、太平、思恩诸府县行盐旧制：上辄报可。时南疆底定，满洲兵撤还京师。浴疏言抚标兵不宜裁减，下部议，留其半。又请为死事巡抚马雄镇、傅弘烈建祠桂林，知府刘浩、知县周岱生为孙延龄所戕，疏请予恤。二十二年，卒官。丧归，士民泣送者数千里不绝。

初，傅弘烈以军事急，移库金七万有奇、米七千余石供饷，浴请以库项扣抵。及卒，布政使崔维雅署巡抚，劾浴侵欺，命郎中苏赫、陈光祖往按，如维雅言。部议夺官追偿。上知浴廉，谕所动钱粮非入己，从宽免追。二十五年，子林讼父冤，复原官，赐祭葬。

林，字中美。康熙二十一年进士，授中书科中书，历吏部郎中，亦以廉正称。累迁礼部侍郎，加尚书衔。致仕，卒。

杨素蕴，字筠湄，陕西宜君人。顺治九年进士，授直隶东明知县。东明当河决后，官舍城垣悉败，民居殆尽，遗民依丘阜，仅数十家。素蕴至，为缮城郭，招集流亡，三年户增至万余。山东群盗任凤亭等剽掠旁郡，扰及畿南。素蕴设计降其渠，散其胁从。十七年，举卓异，行取，授四川道御史。疏言："臣言官也，宜以言为事。然今天下所患，正在议论多而成功少。国家建官分职，各有所事。诚使司举劾，筹财用，任封疆，理刑狱，各举其职，则平天下无余事。更愿皇上推诚御物，肃大闲，宽小眚，俾人人得展其才，尤端本澄源之要也。"

时吴三桂镇云南，郡县吏复得自辟署，谓之"西选"。渐乃题用朝臣，无复顾忌。素蕴疏言："三桂以上湖南道胡允等十员题补云南各道，并有奉差部员在内，深足骇异。爵禄者人主之大柄，纲纪者朝廷之大防，柄不可移，防不可溃。前此经略用人，特命二部不得掣肘，亦惟以军前效用及所辖五省各官酌量题请，从未闻敢以他行省及现任京官坐缺衔者也。且疏称求于滇省既苦索骏无从，求于远方又恐叱驭不速，则湖南、四川距云南犹近，若京师、山东、江南相去万里，不知其所谓远者更在何方？皇上特假便宜，不过许其就近调补。若尽天下之官，不分内外，不论远近，皆可择而取之，何如归吏部铨授，尤为名正言顺。纵或云、贵新经开辟，料理乏人，诸臣才品为藩臣所素知，亦宜请旨令吏部签补；乃径行拟用，不亦轻名器而亵国体乎？人臣忠邪之分，起于一念之敬肆。藩臣扬历有年，应知大体。此举为封疆计，未必别有深心，然防微杜渐，当慎于几先。祈申饬藩臣，嗣后惟力图进取，加意抚绥，一切威福大权，俱宜禀自朝廷，则君恩臣谊两尽其善。"疏下部。

十八年，圣祖即位，辅臣柄政，出素蕴为川北道。三桂见素蕴前奏，恶之，具疏辨，并摘"防微杜渐"语，谓意含隐射，语伏危机。诏责素蕴回奏，素蕴言："防微杜渐，古今通义。臣但期藩臣每事尽善，为圣世纯臣，非有他也。"下部议，坐素蕴巧饰，当降调，罢归。

居十年，三桂反。尚书郝惟讷、冀如锡，侍郎杨永宁交章请起用，惟讷词尤切，略言："素蕴首劾三桂，云当防微杜渐。在当日反状未形，似属杞忧。由今观之，则素蕴先见甚明，且为国直陈，奋不自顾，其刚肠正气，实有大过人者！亟宜优录。"乃命发湖广军前，以原官用。会丁父忧，服阕，乃赴军前。总督蔡毓荣题补湖广提学道，部议当以现办军务参议道题补。康熙十七年，题补下荆南道。时襄阳总兵杨来嘉、副将洪福等叛应三桂。大军运饷，自襄至房、保路险狭，舟车不通，岁调襄阳、安陆、德安三郡丁夫担负，饷苦不继。素蕴访知榖城有小溪可通舟，乃按行山谷开饷道，由是水运通利，省丁夫什九，军乃无乏。迁山西提学道。二十四年，任满，荐举擢通政司参议，累迁顺天府尹。二十六年，授安徽巡抚。会岁饥，上疏请赈。甫拜疏，即檄州县开仓赈给，全活甚众。

寻调湖广巡抚。夏逢龙乱初定，胁从尚众，人情恇扰，一夕数惊。素蕴首严告讦之禁，反侧以安。二十八年，大旱，疏请蠲免武昌等属三十二州县钱粮，上遣户部郎中舒淑等会督抚勘灾。舒淑至武昌，素蕴适患暑疾，令布政使于养志从总督丁思孔往勘。寻称病乞休，上疑其托疾，夺官。命甫下而素蕴已卒。

先是，湖北郡县疾苦最甚者，如沔阳、江陵、汉阳、嘉鱼滨江地陷未蠲赋额，咸宁、黄陂、景陵谷折，江夏、崇阳、武昌、通城、汉阳、汉川、云梦、孝感、应城谷田科重，监利一年两赋，为民害数十年。素蕴得其实，条为两疏。未及上而病革，口授入遗疏，曰："此疏行，吾目瞑矣！"

郭琇，字华野，山东即墨人。康熙九年进士。十八年，授江南吴江知县。材力强干，善断疑狱。征赋行版串法，胥吏不能为奸。居官七年，治行为江南最。二十五年，巡抚汤斌荐琇居心恬淡，莅事精锐，请迁擢。部议以琇征赋未如额，寝其奏，圣祖特许之，行取，授江南道御史。时河督靳辅请停浚下河，筑高家堰重堤，清丈堤外田亩以为屯田，谓可增岁收百余万。巡抚于成龙议不合，上令尚书佛伦往勘，主辅议。下九卿核奏，尚书张玉书、左都御史徐乾学力言屯田扰民。二十七年，琇疏劾辅治河无功，偏听幕客陈潢阻浚下河。上御乾清门，召诸大臣，下琇疏，令会同察议。寻辅入觐，复召诸大臣与议。琇申言屯田害民，辅坐罢，而擢琇佥都御史。

大学士明珠柄政，与余国柱比，颇营贿赂，权倾一时，久之为上所觉。琇疏劾明珠与国柱结党行私，详列诸罪状，并及佛伦、傅拉塔与辅等交通状，于是明珠等降黜有差。琇直声震天下。迁太常寺卿，再迁内阁学士。二十八年，复迁吏部侍郎，充经筵讲官，擢左都御史。疏劾少詹事高士奇与原任左都御史王鸿绪植党为奸，给事中何楷、修撰陈元龙、编修王顼龄依附坏法，士奇等并休致回籍。

未几，御史张星法劾山东巡抚钱珏贪黩，珏奏辨，因及琇尝致书嘱荐即墨知县高上达等，却又诬挟嫌使星法诬劾，下法司讯。狱未具，琇疏言："左都御史马齐于会讯时多方锻炼，必欲实以指使诬劾罪。"诏责琇疑揣。寻法司奏琇请托不实，当夺官。上以琇平日鲠直敢言，改降

五级调用。二十九年，吏部推琇通政司参议，上命改令予琇休致。江宁巡抚洪之杰以吴江县亏漕项、事涉琇，滕山东追琇赴质。时佛伦为山东巡抚，因劾琇违例逗留希进用，请夺官逮治，又劾琇世父郭尔印乃明季御史黄宗昌家奴，琇父郭景昌原名宇标，尝入贼党伏法，琇私改父名请诰封，应追夺。部议如所请，逮赴江宁勘治。坐侵收运船饭米二千三百余石，事发弥补，议遣戍，诏宽之。

三十八年，上南巡，琇迎驾德州。既还京师，谕大学士阿兰泰等曰："原任左都御史郭琇，前为吴江令，居官甚善，百姓感颂至今。其人有胆量，可授湖广总督，令驰驿赴任。"琇上官，疏言："黄州、武昌二府兵米二万七千有奇，运给荆州、郧阳汛地，悬隔千里，挽输费不赀，请改折色。江夏等十三州县有故明藩产，田瘠赋重，数倍民粮，请一律减征。江夏、嘉鱼、汉阳三县濒江地，水啮土陊，有赋无田者三百余顷，请豁免。"皆允行。

三十九年，入觐，因奏言："臣父景昌，即墨县诸生，有册可稽。邑匪郭尔标本无妻室，安得有子？不知佛伦何所据，诬臣并及臣父。"时佛伦为大学士，上诘之，以舛错对，命仍予诰轴。琇陛辞，奏请清丈地亩，并言湖南地广人稀，恐清丈后赋当差减。上问："当减几何？"琇言："当减十分之三。"上曰："果益民，虽倍于此，亦不惜也！"寻条陈三事：一，严定筑堤处分；一，停造无用粮船；一，通融调补苗疆官吏。又疏禁征赋诸弊政。上嘉其实心除弊，并允行。时红苗就抚，琇陈善后之策，请颁诏敕，令勒石永遵。

四十年，以病乞休，上曰："琇病甚，思一人代之不可得，能如琇者有几人耶？"给事中马士芳劾湖广布政使任风厚久病，巡抚年遐龄徇庇不以闻。遐龄奏风厚实无病。风厚入觐，上见其未衰，因曰："任风厚若不堪任使，郭琇岂肯徇庇耶？"未几，琇以病剧再疏求罢，仍慰留。黄梅知县李锡催科不力，琇委员摘印。锦得民心，民闭城拒之，乞留锦。御史左必蕃劾琇，部议当夺官，上以清丈未毕，缓之。

四十一年，镇筸诸生李定等叩阍奏红苗杀掠，总督、巡抚匿不以闻；而给事中宋骏业亦劾琇向骛虚声，近益衰废，持禄养痾。乃命侍郎傅继祖、甘国枢，浙江巡抚赵申乔往按。会琇报清丈毕，乞罢任。上责其清丈稽延，与前奏不合，行不顾言；并及匿报红苗杀掠与黄梅拒命事。琇自陈老病失察，请治罪。初红苗犯镇筸，游击沈长禄往剿，至大梅山，守备许邦垣、千总孙清俱陷贼，长禄私赎之归，讳不报；而副将朱绞报苗已就抚，琇据以入告。继祖等勘得状，琇与提督林本植并夺官。五十四年，卒。寻祀乡贤，并祀吴江名宦。

论曰：郝浴、杨素蕴秉刚正之性，抗论强藩，曲突徙薪，防祸未形，甘窜逐而不悔。郭琇抨击权相，有直臣之风，震霆一鸣，金壬解体。盖由圣祖已悟其奸，而琇遂得行其志。然以浴之廉，蒙议于身后；素蕴居官爱民，不终于位；琇则横被诬陷，废置十年，始获申雪。得君如圣祖，犹不克善全，直道难行，不其然哉？

卷二百七十一　　列传五十八

徐乾学 翁叔元　王鸿绪　高士奇

徐乾学，字原一，江南昆山人。幼慧，八岁能文。康熙九年，一甲三名进士，授编修。十一年，副蔡启僔主顺天乡试，拔韩菼于遗卷中，明年魁天下，文体一变。坐副榜未取汉军卷，与启僔并镌秩调用。寻复故官，迁左赞善，充日讲起居注官。丁母忧归，乾学父先卒，哀毁三年，丧葬一以礼；及母卒，如之。为《读礼通考》百二十卷，博采众说，剖析其义。服阕，起故官。充《明史》总裁官，累迁侍讲学士。

二十三年，乾学弟元文以左都御史降调，其子树声与乾学子树屏并举顺天乡试。上以是科取中南皿卷皆江、浙人，而湖广、江西、福建无一与者，下九卿科道磨勘。树屏等坐斥举人。是年冬，乾学进詹事。二十四年，召试翰詹诸臣，擢乾学第一，与侍读韩菼、编修孙岳颁、侍讲归允肃、编修乔莱等四人并降职褒奖赏赉。寻直南书房，擢内阁学士，充《大清会典》、《一统志》副总裁，教习庶吉士。时户部郎中色楞额往福建稽察鼓铸，请禁用明代旧钱，尚书科尔坤、余国柱等议如所请。乾学言："自古皆新旧兼行，以从民便。若设厉禁，恐滋纷扰。"因考自汉至明故事，为议以献。上然之，事遂寝。

诏采购遗书，乾学以宋、元经解、李焘《续通鉴长编》及唐《开元礼》，或缮写，或仍古本，综其体要，条列奏进，上称善。时乾学与学士张英日侍左右，凡著作之任，皆以属之。学士例推巡抚，上以二人学问渊通，宜侍从，特谕吏部，遇巡抚缺勿预推。未几，迁礼部侍郎，直讲经筵。朝鲜使臣郑载嵩诉其国王受枉，语悖妄。乾学谓恐长外藩跋扈，劾其使臣失辞不敬，宜责以大义。上见疏，奖，谓有关国体。已而王上疏谢罪。二十六年，迁左都御史，擢刑部尚书。二十七年，典会试。

初，明珠当国，势张甚，其党布中外，乾学不能立异同。至是，明珠渐失帝眷，而乾学骤拜左都御史，即劾罢江西巡抚安世鼎，讽诸御史风闻言事，台谏多所弹劾，不避权贵。明珠竟罢相，众皆谓乾学主之。时有南、北党之目，互相抨击。尚书科尔坤、佛伦，明珠党也，乾学遇会议会推，辄与龃龉。总河靳辅奏下河屯田，下九卿会议，乾学偕尚书张玉书言屯田所占民地应归旧业，科尔坤、佛伦勿从。御史陆祖修因劾科尔坤等偏袒河臣，不顾公议，御史郭琇亦劾辅兴屯累民，诏罢辅任。湖广巡抚张汧亦明珠私人，先是命色楞额往谳上荆南道祖泽婪赃各款，并察汧有无秽迹，色楞额悉为庇隐。御史陈紫芝劾汧贪黩，命副都御史开音布会巡抚于成龙、马齐覆讯，汧、泽深事俱实，复得泽深交结大学士余国柱为嘱色楞额徇庇及汧遣人赴京行贿状，下法司严议。时国柱已为琇劾罢，法司请檄追质讯，并诘汧行贿何人，汧指乾学。上闻，命免国柱质讯，戒勿株连。于是但论汧、泽深、色楞额如律，事遂寝。乾学寻乞罢，疏言："臣蒙特达之知，感激矢报，苞苴馈遗，一切禁绝。前任湖北巡抚张汧横肆污蔑，缘臣为宪长，拒其币问，是以衔憾诬攀。非圣明在上，是非几至混淆。臣备位卿僚，乃为贪吏诬构，皇上覆载之仁，不加谴责，臣复何颜出入禁廷，有玷清班？伏冀圣慈放归田里。"诏许以原官解任，仍领修书总裁事。

二十八年，元文拜大学士，乾学子树毂考选御史。副都御史许三礼劾乾学："律身不严，为张汧所引。皇上宽仁，不加谴责，即宜引咎自退，乞命归里。又复优柔系恋，潜住长安。乘修史为名，出入禁廷，与高士奇相为表里。物议沸腾，招摇纳贿。其子树毂不遵成例，朦胧考选御史，明有所恃。独其弟秉义文行兼优，原任礼部尚书熊赐履理学醇儒，乞立即召用，以佐盛治。乾学当逐出史馆，树谷应调部属，以遵成例。"诏乾学复奏，乾学疏辨，乞罢斥归田，并免树毂职。疏皆下部议，坐三礼所劾不实，应镌秩调用。三礼益恚，复列款讦乾学赃罪，帝严斥之，免降调，仍留任。

是年冬，乾学复上疏言："臣年六十，精神衰耗，只以受恩深重，依恋徘徊。三礼私怨逞忿，幸圣主洞烛幽隐。臣方寸靡宁，不能复事铅椠。且恐因循居此，更有无端弹射。乞恩终始矜全，俾得保其衰病之身，归省先臣丘陇，庶身心闲暇。愿比古人书局自随之义，屏迹编摩，少报万一。"乃许给假回籍，降旨褒嘉，命携书籍即家编辑。二十九年春，陛辞，赐御书"光焰万丈"榜额。未几，两江总督傅腊塔劾乾学嘱托苏州府贡监等请建生祠，复纵其子侄交结巡抚洪之杰，倚势竞利，请敕部严议。语具《元文传》。上置弗问，而予元文休致。

三十年，山东巡抚佛伦劾潍县知县朱敦厚加收火耗论死，并及乾学尝致书前任巡抚钱珏庇敦厚。乾学与珏俱坐是夺职。自是龂龂者不已。嘉定知县闻在上为县民评告私派，逮狱，阅二年未定谳。按察使高承爵穷诘，在上自承尝馈乾学子树敏金，至事发后追还，因坐树敏罪论绞。会诏戒内外各官私怨报复，树敏得赎罪。三十三年，谕大学士举长于文章学问超卓者，王熙、张玉书等荐乾学与王鸿绪、高士奇，命来京修书。乾学已前卒，遗疏以所纂《一统志》进，诏下所司，复故官。

翁叔元，字宝林，江南常熟人。康熙十五年，一甲三名进士，授编修，馆试第一。累迁国子监祭酒，洊擢吏部侍郎，迁工部尚书。部例，每有工作，先计其直上之，名曰"料估"。工完多冒破，所司不敢以闻，有十年不销算者，大工至四十三案。叔元莅部甫半载，积牍一清。调刑部，移疾归，卒。叔元爱才而褊隘，何焯在门下，初甚赏之；叔元疏劾汤斌，焯请削门生籍，叔元摈之，竟不得成名。以是为世所诮云。

王鸿绪，初名度心，字季友，江南娄县人。康熙十二年一甲二名进士，授编修。十四年，主顺天乡试。充日讲起居注官。累迁翰林院侍讲。十九年，圣祖谕奖讲官勤劳，加鸿绪侍读学士衔。时湖广有朱方旦者，自号二眉山人。

造《中说补》，聚徒横议，常至数千人。自诩前知，与人决休咎。巡抚董国兴劾其左道惑众，逮至京，得旨宽释。及吴三桂反，顺承郡王勒尔锦驻师荆州，方旦以占验出入军营，巡抚张朝珍亦称为异人。上密戒勒尔锦勿为所惑。方旦乃避走江、浙，会鸿绪得其所刊《中质秘书》，遂以奏进，列其诬罔君上、悖逆圣道、摇惑人心三大罪。方旦坐诛。

二十一年，转侍读，充《明史》总裁。累擢内阁学士、户部侍郎。二十四年，典会试。二十五年，疏请回籍治本生母丧，遣官赐祭。二十六年，擢左都御史。疏劾广东巡抚李士桢贪劣，潮州知府林杭学尝从吴三桂反，乃举其清廉。士桢坐罢，杭学夺职。会灵台郎董汉臣疏陈时事，以谕教元良、慎简宰执为言。御史陶式玉劾汉臣摭拾浮言，欺世盗名，请逮治。鸿绪疏言："钦天监灵台郎、博士等官，不择流品，星卜屠沽之徒，粗识数字，便得滥竽。请敕下考试，分别去留。"下部议行。汉臣及博士贾文然等十五人并以词理舛误黜。初，以式玉疏下九卿集议，尚书汤斌谓大臣不言，惭对汉臣。汉臣既黜，鸿绪偕左都御史璪丹、副都御史徐元珙合疏劾斌名系鲜实，并追论江宁巡抚去任时，巧饰文告，以博虚誉。上素重斌清廉，置弗问。

鸿绪论各省驻防官兵累民，略言："驻防将领恃威放肆，或占夺民业，或重息放债，或强娶民妇，或诳诈逃人，株连良善；或收罗奸棍，巧生扎诈。种种为害，所在时有。如西安、荆州驻防官兵纪律太宽，牧放马匹，驱赴村庄，累民刍秣；百十成群，践食田禾，所至驿骚。其他苦累，又可类推。请严饬将军、副都统等力行约束。绿旗提、镇纵兵害民，以及虚冒兵粮者，不一而足，请饬督抚立行指参。"上命议行。

未几，以父忧归。二十八年，服阕，将赴补。左都御史郭琇劾鸿绪与高士奇招权纳贿，并及给事中何楷、编修陈元龙，皆予休致。语具《士奇传》。嘉定知县闻在上为县民评告私派事，按察使高承爵按治。在上言尝以银馈举人徐树敏，至事发退还，因坐树敏罪。巡抚郑端覆讯，在上言尝以银五百赠鸿绪，亦事发退还。端乃劾乾学纵子行诈，鸿绪竟染赃银，有玷大臣名节，乞敕部严议。上特谕曰："朕崇尚德教，蠲涤烦苛。凡大小臣工，咸思恩礼下逮，曲全始终；即因事放归，仍令各安田里。近见诸臣彼此倾轧，伐异党同，私怨相寻，牵连报复；虽业已解职投闲，仍复吹求不已，株连逮于子弟，颠覆及于身家。朕总揽万机，已三十年，此等情态，知之甚悉。媢嫉倾轧之害，历代皆有，而明季为甚。公家之事，置若罔闻，而分树党援，飞诬排陷，迄无虚日。朕于此等背公误国之人，深切痛恨。自今以往，内外大小诸臣，宜各端心术，尽蠲私忿，共矢公忠。倘仍执迷不悟，复踵前非，朕将穷极根株，悉坐以朋党之罪。"时鸿绪方就质，诏至，得释。

三十三年，以荐召来京修书。寻授工部尚书，充经筵讲官。四十七年，调户部。其年冬，皇太子允礽既废，诏大臣保奏储贰，鸿绪与内大臣阿灵阿、侍郎揆叙等谋，举皇子允禩，诏切责，以原品休致。

五十三年，疏言："臣旧居馆职，奉命为《明史》总裁官，与汤斌、徐乾学、叶方霭互相参订，仅成数卷。及臣回籍多年，恩召重领史局，而前此纂辑诸臣，罕有存者。惟大学士张玉书为监修，尚书陈廷敬为总裁，各专一类：玉书任志，廷敬任本纪，臣任列传。因臣原衔食俸，比二臣得有余暇，删繁就简，正谬订讹。如是数年，汇分成帙，而大学士熊赐履续奉监修之命，檄取传稿以进，玉书、廷敬暨臣皆未参阅。臣恐传稿尚多舛误，自蒙恩归田，欲图报称，因重理旧编，搜残补阙，复经五载，成列传二百八卷。其间是非邪正，悉据公论，不敢稍逞私臆。但年代久远，传闻异辞，未敢自信为是。谨缮写全稿，赍呈御鉴，请宣付史馆，以备参考。"诏俞之。

五十四年，复召来京修书，充《省方盛典》总裁官。雍正元年，卒于京。乾隆四十三年，国史馆进《鸿绪传》，高宗命以郭琇劾疏载入，使后世知鸿绪辈罪状。

孙兴吾，进士，官吏部侍郎。

高士奇，字澹人，浙江钱塘人。幼好学能文。贫，以监生就顺天乡试，充书写序班。工书法，以明珠荐，入内廷供奉，授詹事府录事。迁内阁中书，食六品俸，赐居西安门内。康熙十七年，圣祖降谕，以士奇书写密谕及纂辑讲章、诗文，供奉有年，特赐表里十匹、银五百。十九年，复谕吏部优叙，授为额外翰林院侍讲。寻补侍读，充日讲起居注官，迁右庶子。累擢詹事府少詹事。

二十六年，上谒陵，于成龙在道尽发明珠、余国柱之私。驾旋，值太皇太后丧，不入宫，以成龙言问士奇，亦尽言之。上曰："何无人劾奏？"士奇对曰："人孰不畏死。"帝曰："若辈重于四辅臣乎？欲去则去之矣，有何惧？"未几，郭琇疏上，明珠、国柱遂罢相。二十七年，山东巡抚张汧以赍银赴京行贿事发，逮治，狱辞涉士奇。会奉谕戒勿株连，于是置弗问。事详《徐乾学传》。士奇因疏言："臣等编摩纂辑，惟在直庐。宣谕奏对，悉经中使。非进讲，或数月不觐天颜，从未干涉政事。不独臣为然，前入直诸臣，如熊赐履、叶方霭、张玉书、孙在丰、王士禛、朱彝尊等，近今同事诸臣，如陈廷敬、徐乾学、王鸿绪、张英、励杜讷等，莫不皆然。独是供奉日久，嫌疑日滋。张汧无端疑怨，含沙污蔑，臣将无以自明，幸赖圣明在上，诬构难施。但禁廷清秘，来兹萋斐，岂容仍玷清班？伏乞赐归田里。"上命解任，仍领修书事。二十八年，从上南巡，至杭州，幸士奇西溪山庄，御书"竹窗"榜额赐之。

未几，左都御史郭琇劾奏："皇上宵旰焦劳，励精图治，用人行政，未尝纤毫假手左右。乃有原任少詹事高士奇、左都御史王鸿绪等，表里为奸，植党营私，试略陈其罪。士奇出身微贱，其始徒步来京，觅馆为生。皇上因其字学颇工，不拘资格，擢补翰林。令入南书房供奉，不过使之考订文章，原未假之兴闻政事。而士奇日思结纳，谄附大臣，揽事招权，以图分肥。内外大小臣工，无不知有士奇者。声名赫奕，乃至如此。是其罪之可诛者一也。久之羽翼既多，遂自立门户，结王鸿绪为死党，给事中何楷为义兄弟，翰林陈元龙为叔侄，鸿绪兄顼龄为子女姻亲，俱寄以心腹，在外招揽。凡督、抚、藩、臬、道、府、厅、县及在内大小卿员，皆鸿绪、楷等为之居停，哄骗馈至，成千累万。既不属党护者，亦有常例，名之曰'平安钱'。是士奇等之奸贪坏法，全无顾忌，其罪之可诛者二也。光棍俞子易，在京肆横有年，事发潜遁。有虎坊桥瓦房六十余间，价值八千金，馈送士奇。此外顺成门外斜街并各处房屋，令心腹出名置买，寄顿贿银至四十余万。又于本乡平湖县置田产千顷，大兴土木，杭州西溪广置园宅。以觅馆糊口之穷儒，忽为数百万之富翁。试问金从何来？无非取给于各官。官从何来？非侵国帑，即剥民膏。是士奇等真国之蠹而民之贼也，其罪之可诛者三也。皇上洞悉其罪，因各馆编纂未竣，令解任修书，矜全之恩至矣！士奇不思改过自新，仍怙恶不悛，当圣驾南巡，上谕严戒馈送，以军法治罪。惟士奇与鸿绪憨不畏死，鸿绪在淮、扬等处，招揽各官馈送万金，潜遗士奇。淮、扬如此，他处可知。是士奇等欺君灭法，背公行私，其罪之可诛者四也。王鸿绪、陈元龙鼎甲出身，俨然士林翘楚；竟不顾清议，依媚大臣，无所不至。苟图富贵，伤败名教，岂不玷朝班而羞当世之士哉？总之高士奇、王鸿绪、陈元龙、何楷、王顼龄等，豺狼其性，蛇蝎其心，鬼蜮其形。畏势者既观望而不敢言，趋势者复拥戴而不肯言。臣若不言，有负圣恩。故不避嫌怨，请立赐斧斤，明正典刑，天下幸甚。"疏入，士奇等俱休致回籍。副都御史许三礼复疏劾解任尚书徐乾学与士奇姻亲，招摇纳贿，相为表里。部议以所劾无据，得寝。

三十三年，召来京修书。士奇既至，仍直南书房。三十六年，以养母乞归，诏允之，特授詹事府詹事。寻擢礼部侍郎，以母老未赴。四十二年，上南巡，士奇迎驾淮安，扈跸至杭州。及回銮，复从至京师，屡入对，赐予优渥。上顾侍臣曰："朕初读书，内监授以《四子》本经，作时文；得士奇，始知学问门径。初见士奇得古人诗文，一览即知其时代，心以为异，未几，朕亦能之。士奇无战阵功，而朕予之厚，以其裨朕学问者大也。"寻遣归，是年卒于家。上深惜之，命加给全葬，授其子庶吉士舆为编修。寻谥文恪。

论曰：儒臣直内廷，谓之"书房"，存未入关前旧名也。上书房授诸皇子读，尊为师傅；南书房以诗文书画供御，地分清切，参与密勿。乾学、士奇先后入直，鸿绪亦以文学进。乃凭藉权势，互结党援，纳贿营私，致屡遭弹劾，圣祖曲予保全。乾学、鸿绪犹得以书局自随，竟编纂之业，士奇亦以恩礼终，不其幸欤！

卷二百七十二　　列传五十九

汤若望　杨光先　南怀仁

汤若望，初名约翰亚当沙耳，姓方白耳氏，日耳曼国人。明万历间，利玛窦挟天算之学入中国，徐光启与游，尽其术。崇祯初，日食失验，光启上言："台官用郭守敬法，历久必差，宜及时修正。"庄烈帝用其议，设局修改历法，光启为监督，汤若望被征入局掌推算。光启卒，以李天经代，奏进汤若望所著书及恒星屏障。送与台官测日食，候节气，并考定置闰先后，汤若望术辄验。庄烈帝知西法果密，欲据以改《大统术》，未行而明亡。

顺治元年，睿亲王多尔衮定京师，是岁六月，汤若望启言："臣于明崇祯二年来京，用西洋新法厘正旧历，制测量日月星晷、定时考验诸器。近遭贼毁，拟重制进呈。先将本年八月初一日日食，照新法推步。京师日食限分秒并起复方位，与各省所见不同诸数，开列呈览。"王命汤若望修正历法。七月，礼部启请颁历，王言："治历明时，帝王所重。今用新法正历，以敬迓天休，宜名《时宪历》，用称朝廷宪天义民之至意。自顺治二年始，即用新历颁行天下。"汤若望复启言："敬授人时，全以节气交宫，与太阳出入、昼夜时刻为重。今节气、日时、刻分与太阳出入、昼夜时刻，俱照道里远近推算，增加历首，以协民时，利民用。"王奖其精确。八月丙辰朔，日有食之。王令大学士冯铨与汤若望率钦天监官赴观象台测验，惟新法吻合，《大统》、《回回》二法时刻俱不协。

世祖定鼎京师，十一月，以汤若望掌钦天监事。汤若望疏辞，上不许。又疏请别给敕印，而以监印缴部，谓治历之责，学道之志，庶可并行不悖，上亦不许。并谕汤若望遇旨率属精修历法，整顿监规，如有怠玩侵紊，即行参奏。加太仆寺卿，寻改太常寺卿。十年三月，赐号通玄教师，敕曰："国家肇造鸿业，以授时定历为急务。羲和而后，如汉洛下闳、张衡，唐李淳风、僧一行，于历法代有损益。元郭守敬号为精密，然经纬之度，尚不能符合天行，其后暑度遂以积差。尔汤若望来自西洋，精于象纬，闳通历法。徐光启特荐于朝，一时专家治历如魏文魁等，实不及尔。但以远人，多忌成功，终不见用。朕承天眷，定鼎之初，尔为朕修《大清时宪历》，迄于有成。又能洁身持行，尽心乃事。今特锡尔嘉名，俾知天生贤人，佐佑定历，补数千年之阙略，非偶然也。"旋复加通政使，进秩正一品。

钦天监旧设回回科，汤若望用新法，久之，罢回回科不置。十四年四月，革职回回科秋官正吴明炫疏言："臣祖默沙亦黑等一十八姓，本西域人。自隋开皇己未，抱其历学，重译来朝，授职历官，历一千五十九载，专管星宿行度。顺治三年，掌印汤若望谕臣科，凡日月交食及太阴五星陵犯、天象占验，俱不必奏进。臣察汤若望推水星二八月皆伏不见，今于二月二十九日仍见东方，又八月二十四日夕见，皆关象占，不敢不据推上闻。乞上复存臣科，庶绝学获传。"并上十四年《回回术》推算太阴五星陵犯书，日月交食、天象占验图象。别疏又举汤若望舛谬三事：一、遗漏紫炁、一、颠倒觜参、一、颠倒罗计。八月，上命内大臣爱星阿及各部院大臣登观象台测验水星不见，议明炫罪，坐奏事诈不以实，律绞，援赦得免。

康熙五年，新安卫官生杨光先叩阍进所著《摘谬论》、

《选择议》，斥汤若望新法十谬，并指选择荣亲王葬期误用《洪范》五行，下议政王等会同确议。议政王等议："历代旧法，每日十二时，分一百刻，新法改九十六刻。康熙三年立春候气，先期起管，汤若望妄奏春气已应参、觜二宿，改调次序，四余删去紫炁。天祐皇上，历祚无疆，汤若望只进二百年历。选荣亲王葬期不用正五行，反用《洪范》五行，山向年月俱犯忌杀，事犯重大。汤若望及刻漏科杜如预、五官挈壶正杨宏量、历科李祖白、春官正宋可成、科官正宋发、冬官正朱光显、中官正刘有泰皆凌迟处死；故监官子刘必远、贾文郁、可成子哲、祖白子实、汤若望义子潘尽孝皆斩。"得旨，汤若望效力多年，又复衰老，杜如预、杨宏量勘定陵地有劳，皆免死，并令覆议。议政王等覆议，汤若望流徙，余如前议。得旨，汤若望等并免流徙，祖白、可成、发、光显、有泰皆斩。自是废新法不用。

圣祖既亲政，以南怀仁治理历法，光先坐谴黜，复用新法。时汤若望已前卒，复通微教师封号，视原品赐恤，改"通玄"曰"通微"，避圣祖讳也。

杨光先，字长公，江南歙县人。在明时为新安所千户。崇祯十年，上疏劾大学士温体仁、给事中陈启新，舁棺自随。廷杖，戍辽西。

国初，命汤若望治历用新法，颁《时宪历书》，面题"依西洋新法"五字。光先上书，谓非所宜用。既又论汤若望误以顺治十八年闰十月为闰七月，上所为《摘谬》、《辟邪》诸论，攻汤若望甚力，斥所奉天主教为妄言惑众。圣祖即位，四辅臣执政，颇右光先，下礼、吏二部会鞫。康熙四年，议政王等定谳，尽用光先说，谴汤若望，其属官至坐死。遂罢新法，复用《大统术》。除光先右监副，疏辞，不许；即授监正，疏辞，复不许。

光先编次其所为书，命曰《不得已》，持旧说绳汤若望。顾学术自审不逮远甚，既屡辞不获，乃引吴明烜为监副。明烜，明炫兄弟行，明炫议复回回科不得请，至是明烜副光先任推算。五年春，光先疏言："今候气法久失传，十二月中气不应。乞许臣延访博学有心计之人，与之制器测候，并饬礼部采宜阳金门山竹管、上党羊头山秬黍、河内葭莩备用。"七年，光先复疏言："律管尺寸，载在《史记》，而用法失传。今访求能候气者，尚未能致。臣病风痹，未能董理。"下礼部，言光先职监正，不当自诿，仍令访求能候气者。

是时朝廷知光先学术不胜任，复用西洋人南怀仁治理历法。南怀仁疏劾明烜造康熙八年七政民历于是年十二月置闰，应在康熙九年正月，又一岁有两春分、两秋分，种种舛误，下议政王等会议。议政王等议，历法精微，难以遽定，请命大臣督同测验。八年，上遣大学士图海等二十人会监正马祜测验立春、雨水两节气及太阴火、木二星躔度，南怀仁言悉应，明烜言悉不应。议政王等疏请以康熙九年历日交南怀仁推算，上问："光先前劾汤若望，议政王大臣会议，以光先何者为是，汤若望何者为非，及新法当日议停，今日议复，其故安在？"议政王等疏言："前命大学士图海等二十人赴观象台测验，南怀仁所言悉应，

吴明烜所言悉不应，问监正马祜，监副宜塔喇、胡振钺、李光显，皆言南怀仁历法上合天象。一日百刻，历代成法，今南怀仁推算九十六刻，既合天象，自康熙九年始，应按九十六刻推行。南怀仁言罗睺、计都、月孛、推历所用，故入历；紫炁无象，推历所不用，故不入历。自康熙九年始，紫炁不必造入七政历。"又言："候气为古法，推历亦无所用，嗣后并应停止。请将光先夺官，交刑部议罪。"上命光先但夺官，免其罪。

南怀仁等复呈告光先依附鳌拜，将历代所用《洪范》五行称为《灭蛮经》，致李祖白等无辜被戮，援引吴明烜诬告汤若望谋叛。下议政王等议，坐光先斩，上以光先老，贷其死，遣回籍，道卒。刑部议明烜坐奏事不实，当杖流，上命笞四十释之。

南怀仁，初名佛迪南特斯，姓阜泌斯脱氏，比利时国人。康熙初，入中国。时汤若望方黜，杨光先为监正，吴明烜为监副，以《大统术》治历，节气不应，金、水二星躔度舛错。明烜奏水星当见，其言复不售。乃召南怀仁，命治理历法。南怀仁劾光先、明烜而去之，遂授南怀仁监副。

时康熙八年三月，南怀仁言是岁按旧法以十一月置闰，以新法测验，闰当在九年正月。既又言是月二十九日雨水，乃正月中气，即为康熙九年之正月，闰当在是年二月。上命礼部询钦天监官，多从南怀仁，乃罢八年十二月闰，移置九年二月；节气占候，悉用南怀仁说。六月，南怀仁请改造观象台仪器，从之。十二月，仪器成，擢南怀仁监正。仪凡六：曰黄道经纬仪，曰赤道经纬仪，曰地平经仪，曰地平纬仪，曰纪限仪，曰天体仪；并绘图立说，次为《灵台仪象志》。十七年，进《康熙永年表》，表推七政交食，为汤若望未竟之书，南怀仁续成之。二十一年，命南怀仁至盛京测北极高度，较京师高二度，别为推算日月交食表上之。南怀仁官监正久，累加至工部侍郎。二十七年，卒，谥勤敏。

自是钦天监用西洋人，累迁为监正、监副，相继不绝。五十四年，命纪理安制地平经纬仪，合地平、象限二仪为一。乾隆中，戴进贤、徐懋德、刘松龄、傅作霖皆赐进士。道光间，高拱宸等或归国，或病卒。时监官已深习西法，不必复用西洋人，奏奉宣宗谕，停西洋人入监。方圣祖用南怀仁，许奉天主教，仍其国俗，而禁各省立堂入教。是时各省天主堂已三十余所。雍正间，禁令严，尽毁去，但留京师一所，俾西洋人入监者居之。入内地传教，辄绳以法。迨停西洋人入监，未几海禁弛，传教入条约，新旧教堂遍内地矣。

论曰：历算之术，愈入则愈深，愈进则愈密。汤若望、南怀仁所述作，与杨光先所攻讦，浅深疏密，今人人能言之。其在当日，嫉忌远人，牵涉宗教，引绳批根，互为起仆，诚一时得失之林也。圣祖尝言当历法争议未已，己所未学，不能定是非，乃发愤蕲讲，卒424深造密微，穷极其阃奥。为天下主，虚己励学知是。呜呼，圣矣！

卷二百七十三　　　列传六十

李率泰　**赵廷臣** 袁懋功　徐旭龄　**郎廷佐**
弟廷相　郎永清　永清子廷极　**佟凤彩**
麻勒吉 阿席熙　玛祜　**施维翰**

李率泰，字寿畴，汉军正蓝旗人，永芳子。初名延龄，年十二，入侍太祖，赐今名。年十六，以宗室女妻之。弱冠，从太宗征察哈尔、朝鲜及明锦州，又从贝勒阿巴泰征山东，并有功，洊擢梅勒额真。

顺治元年，命以刑部参政兼任，率师驻防锦州。四月，从睿亲王多尔衮入关，破李自成；又率从徇山东、河南，斩自成将赵应元，降其众万人。二年，从豫亲王多铎破自成兵潼关。移师南征，克扬州，下江宁，分兵定苏州、松江诸郡。江阴典史阎应元拒守，督兵攻破之。豫亲王令驻防苏州。会明将吴志葵、黄蜚等来犯，时城兵仅千余，率泰使绕城张帜为援兵状。志葵等斩关入，劲骑突起截击，尽歼之。

三年，从端重亲王博洛平浙江、福建，叙功，授世职二等阿达哈哈番兼拖沙喇哈番。五年，郑彩犯福建漳、泉诸郡，诏率泰与靖南将军陈泰协剿，斩获甚众。复长乐、连江二县。彩走，复擒斩所署总督顾世臣等，遂克兴化。寇攻福州十四月，围始解。民食尽，江西盗郭天才自杉关长驱至福州，载米麦江上，诱民出就食。率泰师次建宁，檄守吏严备，乃夜焚洪山桥遁。巡按御史周世科虐刑楚贿，率泰疏劾，置诸法。六年，从征大同叛将姜瓖，下保德州，擒瓖党牛化麟等。叙功，复加拖沙喇哈番。

初定官制，改参政为侍郎，率泰仍以刑部侍郎兼梅勒额真。八年，调吏部，拜弘文院大学士。条奏请惩贪酷官吏，给满洲兵马草料，酌量营造工程次第，上从之。未几，与大学士陈泰坐误增恩诏赦款，并罢任，降世职为拜他喇布勒哈番。九年，特进三等阿思哈尼哈番。

十年，用大学士洪承畴荐，授两广总督。时明桂王朱由榔居安隆，其将李定国拥兵广西，土寇廖笃增等应之。十一年，率泰遣兵进剿，斩笃增于玉版巢。十二年，定国犯广东，率泰御之，败其将高文贵。会靖南将军珠玛喇率禁旅至，合兵夹击，大破之。复高、雷二郡。

十三年，加太子太保，调闽浙总督。率泰有方略，善用兵，与士卒同甘苦。时郑成功据台湾，数入寇。率泰疏请增设水师三千，造哨船百余艘，招降海盗，散其羽翼。又言成功父芝龙不宜徙宁古塔，其地近海，恐乘间遁归，为患滋大。世祖悉用其言。以破定国功，进世职一等。考满，加少保。十五年，招抚成功将唐邦杰、林翀、叶禄等，降者数万人。十五年，成功攻温州，陷平阳、瑞安，率泰调江宁满洲兵助剿，成功败走。是年，诏分闽浙总督为二：以都统赵国祚督浙江，驻温州；而以率泰专督福建，驻福州。未几，成功据南安岭窥福州，其党陈斌既降复叛，率

众据罗星塔。率泰檄兵燔其巨舰千余，成功遁。斌复降，奏诛之。十六年，坐事夺世职，任总督如故。

康熙元年，率泰以漳州为福建门户，奏增设水师二千。寻与靖南王耿继茂击走定海小埕诸寇，复与提督马得功平万安所，击走成功将杨宣。是年成功死，其子锦拒命如故，部下渐携贰。于是率泰复招降其将林俊奇、陈辉、何义、魏明等三百余人，兵二千有奇。统建宁、延平、邵武三路士卒剿内地山寇，获其渠王铁佛，斩之。既，锦率其将周全斌以五百余人自梁山内犯，率泰遣总兵王进加、参将折光秋夹击，大破之；复与靖南王耿继茂统舟师捣厦门，取浯屿、金门二岛，锦宵遁。三年，降其将林国梁，进兵八尺门，降其翁求多；夜半渡海拔铜山，斩级三千有奇，其将黄廷等率兵民三万余人来降，获敌舰、军械无算。锦仅以数十艘遁入台湾。叙功，加秩正一品。

寻以病累疏乞休，诏辄慰留。五年，卒官。遗疏言："海贼远窜台湾，奉旨撤兵，与民休息。第将众兵繁，撤之骤，易致惊疑；迟，又恐贻患。今当安反侧之心，后须防难制之势。红毛夹板船虽已回国，然往来频仍，异时恐生衅。至数年以来，令沿海居民迁移内地，失其故业。宜略宽界限，俾获耕渔，庶苏残喘。"上闻，优诏褒恤，赠兵部尚书，复世职，谥忠襄。

赵廷臣，字君邻，汉军镶黄旗人。顺治二年，自贡生授江苏山阳知县，迁江宁同知，有政声。坐催征逾限，免。十年，大学士洪承畴经略湖广，荐廷臣清干，题授下湖南道副使，屡平冤狱。十三年，调督粮道。

十五年，从定贵州，遂擢授巡抚。甫至官，察民间疾苦，定赋蠲赈，惩贪横，禁吏卒驿骚。疏言："贵州古称鬼方，自城市外，四顾皆苗。其贵阳以东，苗为夥，而铜苗、九股为悍；其次为革老，曰羊黄、曰八番子、曰土人、曰侗人、曰蛮人、曰冉家蛮，皆黔东苗属也。自贵阳以西，罗罗为夥，而黑罗为悍；其次曰仲家、曰米家、曰蔡家、曰龙家、曰白罗，皆黔西苗属也。专事斗杀，驭之甚难。臣以为教化无不可施之地。请自后应袭土官年十三以上者，令入学习礼，由儒学起送承袭。其族属子弟愿入学读书者，亦许其仕进，则儒教日兴而悍俗渐变。土官私袭，支系不明，争夺易起，酿成变乱，令岁终录其世次籍于布政司达部。有争袭者，按籍立辨，豫杜衅端。"并下部议行。

十六年，擢云贵总督。土寇冯天裕陷湄潭，犯瓮安，调兵击却之。疏请改马乃、曹滴诸土司为流官。又言："贵州屡被寇，改卫为府，改所为县，法令纷更，民苦重役，今应复旧制。云南田土荒芜，当招民开垦。冲路州县，请以顺治十七年秋粮贷为春种资。"并下部议行。吴三桂贡象五，世祖命免送京，廷臣因乞概停边贡，允之。十八年，以平土酋龙吉兆功，加兵部尚书。是年调浙江。叙云南垦荒劳，加太子少保。

康熙二年，疏言："浙江遗赋不清，由征解繁杂，请以一条鞭法令各州县随征随解，布政司察明注册，至为简易。"又疏言："征粮之法不一，苟能寓抚字于催科，即百

姓受其福。急公好义,人情皆然。有司止以棰楚为能,民安得不重利借债,减价卖产?钱粮完,地方坏矣。苟能得廉有司,禁革火耗,天平不欺天,法马不违法,又禁绝差扰,一酒一饭无不为民节省,民未有不交纳恐后者。征粮之能,在人不在法,然不得其人而循法行之,亦得半之道也。实征册籍立实在户名,以杜诡卸;流水红簿送本府印发,以防侵蚀;易知由单晓散穷山深谷,以绝横索。臣于浙属立法通行,催征得法之吏,请敕部酌议,许题请奖励。"又疏请移海岛投诚官兵分插内地,杜其煽诱;定水师提镇各营兵制,以备水战。杭、嘉、湖三郡毗连太湖,易藏奸宄,请增造快号船,拨兵巡哨。诏并从之。时郑成功死,廷臣招明鲁王所署将军阮美、都督郑殷、侍郎蔡昌登等,皆率众来降;惟张煌言散兵居定海山中,执而杀之。

四年,疏请崇节俭,维风俗。又言用人宜宽小眚,请敕部分别罣误降革人员,量才录用。又言民人鬓身旗下,宜令有司给与印契,并晓谕邻里,后或逃归,有容留者,乃可坐以窝逃。并议行。时钱滞不行,疏请令外省收铜开铸,准宝泉、宝源两局法式,去各省分铸之名,以天下之钱供天下之用。上命复各省二十四监铸钱。浙东初平,叛狱屡起,廷臣平情谳鞫,全活甚众。时海滨尚多余孽,闻廷臣宽大,多解甲来归。六年,以病乞休,诏慰留之。八年,巡海自福建还,至奉化,病卒,谥清献。

廷臣为政宽静而善折狱。有詟者入屠者室,攫其篆中钱,屠者逐之,则曰:"欺吾聋,夺吾钱。"廷臣令投钱水中,见浮脂,以钱还屠者。有杀人狱已诬服,廷臣察伤枪,曰:"伤寸而刃尺,必冤也!"更求之,得真杀人者。旱,山中人言魈见,入人家辄失财物。廷臣曰:"盗也!"令吏捕治之。

袁懋功,字九叙,顺天香河人。顺治二年进士,授礼科给事中。疏请慎简学官,磨勘文体,厘定礼制。又以前明废官援恩诏踵至,请敕吏部会都察院严核才品。累擢户部侍郎。十七年,世祖谕懋功才品敏练,授云南巡抚。时云南初定,懋功令降卒入籍归农,垦无主之田。编保甲,以时稽察。奏减屯田粮额,请停派部员履勘田亩。抚云南九载,政绩大著。以父忧去。服除,起山东巡抚。康熙十年,济南五十六州县卫新垦地被淹,懋功疏请展限一年起科,部格不行,上特允之。调浙江,未行,卒,谥清献。

徐旭龄,字元文,浙江钱塘人。顺治十二年进士,除刑部主事,再迁礼部郎中。康熙六年,授云南道御史。裁缺,改湖广道。迭疏请汰额外衙役,核州县赎锾,降调官百姓保留敕督抚核实,皆下部议行。命偕御史席特纳巡视两淮盐政,疏陈积弊,请严禁斥重不得逾额,部议如所请勒石。又疏请停止豫征盐课,部议不允。迁太常寺少卿,累擢左佥都御史,请裁军兴以后增设道员。二十二年,授山东巡抚。二十三年,迁工部侍郎。复出为漕运总督,疏请厘三害,筹三便,革随漕增、裁运耗二项,及民间帮贴盘费脚价,各省给军款项,改由州县径发运丁,行月粮改入现运项下拨给,并合并漕船帮次,皆下九卿议行。二十六年,卒,亦谥清献。

郎廷佐,字一柱,汉军镶黄旗人,世籍广宁。父熙载,明诸生。太祖克广宁,熙载来归,授防御,以军功予世职游击。崇德元年卒,长子廷辅嗣。廷佐,其次子也。自官学生授内院笔帖式,擢国史院侍读。顺治三年,从肃亲王豪格徇四川,平张献忠。六年,从英亲王阿济格讨叛将姜瓖。迁秘书院学士。

十一年,授江西巡抚。江西自明末洊遭兵乱,逋赋巨万。廷佐累疏请蠲缓苏民困,诏允行。土寇洪国柱等掠饶州、广信,遣兵剿平之。十二年,擢江南江西总督。江南逋赋至四百余万,廷佐核赋籍,曰:"此非尽民困不能输也,必有官吏侵蚀而诡称民逋者。民困可矜,官吏弊不可不革。"乃籍之为三:曰官侵,曰吏蚀,曰民逋。责右布政使按籍严催,而令左布政使稽征新赋,以除新旧牵混之弊。并疏请官吏征赋未完者,令戴罪留任催征,于是宿弊顿革。师行取估舶以济,商民交困。廷佐疏请视江西例,发帑造船备用,上嘉其言,命议行。

十六年,巡阅江海,因密疏言:"郑成功屯聚海岛,将犯江南。江南汛兵无多,水师舟楫未备,请调发邻省劲兵防御。"事格不行。未几,成功陷镇江,袭瓜洲,遂窥江宁,城守单弱。会梅勒额真噶楚哈、玛尔赛自贵州旋师,廷佐与驻防总管喀喀木邀入城共御敌,挫其前锋,得舟二十余。成功兵大至,战舰蔽江,廷佐登埤固守。提督管效忠、总兵梁化凤等水陆夹击,焚敌舰五百余,擒斩无算,成功遁入海。捷闻,诏嘉奖。十八年,分江南江西总督为二,以廷佐专督江南。康熙四年,复旧制,仍兼江西。七年,以疾解任。致仕大学士金之俊家居,得匿名书帖,诋其曾降李自成,之俊诉廷佐,令有司穷治。上闻,虑株连无辜,责之俊违例妄诉,廷佐俟病痊起用,镌二秩。

十三年,耿精忠反,授廷佐福建总督。廷佐奏言:"臣孙为耿氏婿,臣与精忠有连。然誓不与贼俱生,愿力疾前驱,歼除叛寇。"上嘉之,赐鞍马、甲胄以宠其行。廷佐至浙江,从大将军康亲王杰书治军,驻金华。疏陈精忠句结海寇,宜剿抚兼施。上曰:"海寇当抚,精忠当用剿,或用间。"廷佐颇有规画,未及行,十五年,卒于军,赐祭葬。江南、江西俱祀名宦。

弟廷相,字钧衡。初授钦天监笔帖式。累官四川左布政使。四川屡经兵燹,廷相莅任,百废俱兴,民不知扰。康熙八年,授河南巡抚。廷佐卒,上即擢廷相为福建总督。会精忠降,余党纪朝佐、张八等尚抗拒,廷相剿抚兼用,旬月悉平。郑锦及山寇朱寅屡犯郡县,遣兵分剿,屡却之,擒斩甚众。十七年,锦窥漳州,据玉州等寨,分扰石码、江东桥。廷相请援,诏康亲王督兵协剿。时寇势甚张,上责廷相庸懦不能殄贼,命解任。二十七年,卒。

郎永清,字定庵。初授礼部笔帖式。出知山西浑源州,招民开垦,豁通赋万余。姜瓖党高山等窜伏山谷间为盗,永清简丁壮,亲率捕捕,多斩获。事平,擢江西赣州知府,平反冤狱,居官有声。师讨李定国,议牧马赣州,民哗言兵且入城,争窜避。永清度城外地为牧场,区画八旗驻营,具刍茭,兵不入城,赣民安堵。即还,征民夫数千挽舟,滩水湍激,永清虑民夫无食且逃,以大舰载米尾其后,军从子廷佐巡抚江西，永清例回避，调山西汾州。迁山东东昌道副使，转湖广下荆南道。李自成党踞房、竹间，官军分路会剿，馈饷俱取给郧、襄，陆路挽运，议征民夫数万。永清疏水道，仿古转搬法，安塘递送，军得无匮。累迁湖南布政使。衡、永、宝三郡苦食粤盐，滩险道远，商民交病。永清申请改食淮盐，民便之。康熙十二年，调河南。师讨吴三桂，议养马南阳，永清请移牧湖广。河南协济湖广军米十万石，申巡抚题请改于江南、江西采运。在官十二年，课最。二十五年，擢山东巡抚。未几，卒官，祀湖南名宦。永清子廷极、廷栋。

廷极，字紫衡。初授江宁府同知，迁云南顺宁知府，有政声。累擢江西巡抚。江西多山，州县运粮盘兑，民间津贴夫船耗米五斗三升，载《赋役全书》，岁分给如法。户部初议驳减，总督范承勋力请，得如故。至是户部复议停给，并追前已给者，廷极累疏争之。寻兼理两江总督。五十一年，擢漕运总督。卒，谥温勤。廷栋，字朴齐。官湖南按察使。

佟凤彩，字高冈，汉军正蓝旗人，养性从孙也。初授国史院副理事官。外改顺天香河知县，内擢山西道御史，出视河东盐政。顺治七年，巡按湖南。八年，外转湖广武昌道参议，迁广西右布政使。时师征云南，道广西，供亿浩繁，凤彩筹办无匮。调江西左布政使。十七年，擢四川巡抚。四川受张献忠乱，城邑残破，劝官吏捐输，修筑成都府城，葺治学宫，浚都江大堰。以祖母忧去官。

康熙六年，起贵州巡抚。疏言："驿站累民，而贵州尤苦。层山峻岭，俗言'地无三里平'。行一站，马则蹄瘤脊烂，夫则足破肩穿。应于重安江、杨老堡、黄丝铺、盘江坡、江西坡、软轿坡等六处增置腰站，设夫马如额。"复言："黔省田土多奇零，国初隶版图，州县卫所等官不谙赋役，任意牒报。户部以明季《赋役全书》发黔订正，原报多者不复更改，少者照数增添。臣莅任，酌定繇单规式，饬所司填给花户，以杜私派。嗣各属造报，此多彼缩，不能照则填给。且田地名色甚多，钱粮轻重不一。现饬所司清厘，更正《赋役全书》，以垂永久。"诏并允行。丁母忧。

十一年，起河南巡抚。彰德旧有万金渠，康熙七、八年水患三至，凤彩奏请修浚，以弭民害。寻疏言："豫省岁修黄河，用夫多或至万余，俱按亩起派，雇直年需三四十万，小民重困。请改为官雇，按通省地亩等则派银，刊明繇单。若遇意外大工，再具题请旨。"上以派银雇夫仍属累民，命并免之。十二年，凤彩疏言："均平里甲，直省通行。河南虽有里甲之名，其实多者每里或五六百顷，少者止一二百顷，或寥寥数顷。有司止知照例编差，里小田少，难以承役，愈增苦累。今饬州县按征粮地亩册，如一州县有地一千顷，原分为十里者，每里均分一百顷；一里之中各分十甲，每甲均分十顷。遇有差徭，按里甲分当，则豪强无计规避，贫弱不致偏枯。"又言："豫省民间栽柳供河工采办，岁需百余万束。自康熙七年以后，协济江南河工已二百七十余万束。去岁阳武险工，无柳可用，将民间桃、李、梨、杏尽行斫伐，方事堵御。是修防本省河工尚属不敷，实难协济外省。且黄河流船装柳止二三百束，至无船之地，官吏束手，若非亟图变通，必至误运。向例本省河工运柳，每束给银五分，今远运江南千里之外，止给银四分五厘，民安得不赔累？乞敕河臣于江南雇船到豫，使民止备柳束挽运江干。嗣后就江南邻近无河患处，酌派协济。留河南有余不尽之柳，以备本省河患，庶百姓稍得苏息，大工不致迟误。"疏入，并下九卿科道议行。河南民称均里甲、蠲夫柳为利民二大疏。

吴三桂反，河南当通衢，凤彩悉心调度，民不知扰。十三年，以疾乞休，许之，士民赴阙吁留。左都御史姚文然疏言，凤彩抚豫数载，民所爱戴，宜令力疾视事，命仍留任。十六年，卒官，谥勤僖。河南、四川、贵州并祀名宦。

麻勒吉，瓜尔佳氏，满洲正黄旗人。先世居苏完，有达邦阿者，当太祖时来归，麻勒吉其曾孙也。顺治九年，满、汉分榜，麻勒吉以繙译举人举会试第一，殿试一甲第一，授修撰，世祖器之。十年，谕麻勒吉兼通满、汉文，气度老成，擢弘文院侍讲学士。十一年，擢学士，充日讲官，教习庶吉士，编纂《太祖、太宗圣训》副总裁，经筵讲官。

明将孙可望诣经略洪承畴军降，封义王，命麻勒吉为使，学士胡兆龙、奇彻伯副之，赍敕印授之，即偕诣京师。麻勒吉初与直隶总督张玄锡同官学士，使还，玄锡迎于顺德，麻勒吉诃辱之，玄锡愤，自到不殊。巡抚董天机以玄锡手书遗疏上闻，上遣学士折库纳、侍郎霍达往按。玄锡复疏言："麻勒吉于迎候时面斥失仪，又责以前此南行不出迎，且云：'在南方洪经略日有馈遗，何等尽礼！'奇彻伯又索臣骡驼。臣因贿赂干禁，不与。"上责麻勒吉等逼迫大臣，任意妄行，下九卿会勘。玄锡，直隶清苑人，明庶吉士。顺治初授原官，自检讨累迁至学士。上称其勤敏，擢宣大总督，移督直隶、河南、山东。至是，以听勘诣京师，居僧寺，自缢。九卿议麻勒吉等当夺官籍没，上宽之，削加级、夺诰敕而已。

十六年，以云南初定，发帑金三十万，命麻勒吉偕尚书伊图、左都御史能图往赈，并按大将军贝勒尚善纵兵扰民状，麻勒吉为奏辨。寻安亲王岳乐覆勘，尚善兵入永昌掠民妇事实，麻勒吉坐徇庇，夺官。十八年，命以原衔入直。上大渐，召麻勒吉与学士王熙撰拟遗诏，付内廷侍卫贾卜嘉进奏。上命麻勒吉怀诏草，俟上更衣毕，与贾卜嘉奏知皇太后，宣示诸王贝勒。是夕上崩，麻勒吉遵旨将事。旋授秘书院学士。

康熙五年，擢刑部侍郎。七年，授江南江西总督。时苏州、松江频遭水患，布政使慕天颜议浚吴淞江、刘河口，麻勒吉因与巡抚玛祜疏请以各府漕折银十四万充工费。淮、扬被水坍没田地，请永免岁赋。诏并允行。镇江驻防兵评将军李显贵、知府刘元辅侵冒钱粮，遣学士折尔肯等往按得实，麻勒吉坐不先举发，并械系至京听勘。给事中姚文然疏言麻勒吉罪状未定，宜宽锁系，上然之。寻命复任。十二年，大计，左迁兵部督捕理事官。

吴三桂反，定南王孔有德婿孙延龄及提督马雄以广西叛应之。十六年，命赴简亲王喇布军，招抚延龄。比至桂林，延龄已为三桂所杀，其部将刘彦明等率众降。十八年，诏麻勒吉赴广西护诸军，时雄已死，其子承荫降，授招义将军，封伯爵。已，部兵以饷匮哗，麻勒吉上言："承荫与黄明、叶秉忠皆贼帅归诚，今承荫授高爵，而明、秉忠未授官，故阴嗾兵士为变。秉忠年老无异志，惟明强悍，为柳州官兵所慑服，若不调用他所，终恐为害。"乃授明总兵官。明复叛，诏麻勒吉与偏沅巡抚韩世琦会剿，寻报为苗人所杀。十九年，巡抚傅弘烈剿贼至柳州，承荫复叛，弘烈遇害，命麻勒吉兼摄巡抚事。时柳州再变，民多逃窜，田荒赋消，麻勒吉招抚流亡，令归故业，葺学宫，振兴文教，颇著治绩。二十一年，撤故定南王所部，分隶八旗汉军，麻勒吉率以还京。

二十三年，授步军统领。二十八年，卒。三十七年，兵部奏黄明为贵州参将上官斌等所擒，麻勒吉追坐妄报，夺官。江南民为麻勒吉立碑雨花台纪绩，祀名宦。

阿席熙，瓜尔佳氏，满洲镶红旗人。自兵部笔帖式四迁光禄寺卿。考满，辅政大臣鳌拜等令解任，随旗行走，复坐事夺官。圣祖亲政，鉴其无罪，命以郎中用。七年，超擢陕西布政使。举卓异，擢巡抚。康熙十二年，迁江南江西总督。耿精忠叛，窥江西，阿席熙发兵赴剿，并檄援浙江。未几，精忠陷广信、建昌、饶州，参将陈九杰等应之。阿席熙遣兵防徽州，贼陷绩溪、婺源，扰及徽州，迭克之。简亲王喇布率师至江宁，以阿席熙参赞军务。十七年，疏报江南清出隐漏田地一万四千余顷、山八百余里，加兵部尚书。寻坐瞻徇巡抚慕天颜奏销浮冒，罢任。卒。阿席熙居官廉洁，江南士民德之，祀名宦。

玛祜，哲柏氏，满洲镶红旗人。顺治九年繙译进士。授佐领，兼刑部员外郎。迁钦天监监正。康熙八年，江宁巡抚缺，命议政大臣等会推满洲郎中以上、学士以下通汉文有才能者备擢用，举奏皆不当上意，特以命玛祜。九年夏，淮安、扬州二府久雨，田庐多淹，诏发帑赈济。玛祜疏请蠲免桃源等八县积欠赋银，及六、七两年未完漕米。部议漕米无蠲免例，上特允其请，并蠲减苏、松、常三府被灾岁赋。

十年，疏言："苏、松二府额赋最重，由明洪武初以张士诚窃据其地，迁怒于民，取豪户收租籍，付有司定赋额，较宋多七倍、元多三倍，是以民力困竭，积逋遂多。自康熙元年至八年，民欠二百余万，催征稍急，逃亡接踵，旧欠仍悬，新逋复积。请敕部核减二府浮粮，以期岁赋清完。"疏下部议，以科则久定，报寝。时布政使慕天颜请浚吴淞江、刘河，玛祜与总督麻勒吉请以漕折十四万充费。给事中柯耸疏言，东南水利宜乘此兴工，尽疏各支河。下玛祜覆勘。玛祜言各州县支河皆已疏通，吴江县长桥乃太湖泄水要道，应令开浚。未几，以京口将军李显贵等侵饷事觉，坐不先举发，罣吏议，当左迁，命留任。十二年，黄、淮水涨，清水潭石堤决，高邮等十八州县卫所被灾，

玛祜奏请发帑赈济。十五年，霪雨久不霁，以忧卒。遗疏极陈水灾民困，无一语及私。诏褒惜，谥清恪。

施维翰，字及甫，江南华亭人。顺治九年进士，授江西临江推官，清漕弊，善折狱，奸顽敛迹。巡抚郎廷佐奏其治行，举卓异，内擢兵部主事。改山东道御史，疏言："察吏首重惩贪，尤宜先严大吏。各督抚按露章弹劾，宜及监司，勿仅以州县塞责。"又言："纠举之法，密于文，疏于武。镇帅拥重兵，有庸碌衰惫、缓急难恃者，有纵恣婪赃、肆虐军民者，督抚按徇隐弗纠，事发同罪。"诏并议行。十七年，出按陕西。圣祖即位，裁巡按，维翰乞假归。

康熙三年，复授江南道御史，疏言："直省钱粮，每委府佐协征，所至铺设供给，不免扰民。甚或纵容胥役，横肆诛求。请概行禁止，以专责成、杜扰害。"下部饬禁。巡盐河东，征课如额。八年，疏劾偏沅巡抚周召南徇庇贪吏。十一年，疏劾福建总督刘斗徇情题建故靖南王耿继茂祠。召南、斗并坐遣。十二年，内升，以四品服俸仍留御史任。疏言："设登闻鼓，原以伸士民冤抑，故使科道共与其事。然每收诉状，必待科道六十余员集议，辄致稽延。请用满、汉科道各一员司之，半年更易。"从之。

迁鸿胪寺少卿，累迁左副都御史。浙江巡抚陈秉直荐举学道陈汝璞，为左都御史魏象枢所劾，秉直应降调，以加级抵销。维翰言："秉直与汝璞见闻最近，乃徇情妄举，非寻常违误可比。请敕部定义，凡保举非人坐降调者，不许抵销。"上然之，因著为例。给事中李宗孔继劾秉直，坐左迁。

十八年，授山东巡抚。会岁祲，民多流亡，维翰疏请赈恤，并截留漕米五万石发济南仓存贮，散给饥民。又疏言："青、莱等府距临清仓远，办解甚艰。请永行改折，以息转输。"民大悦服。二十一年，代李之芳为浙江总督。之芳按治军士鼓噪，系累二百余人。维翰至，即日定谳，多平反。二十二年冬，调福建，未上官，二十三年春，卒，谥清惠。

论曰："李率泰镇福建，御郑成功父子，赵廷臣督浙江，执张煌言，有功于戡定。郎廷佐厘逋赋，佟凤彩均里甲、蠲夫柳，为民祛害。麻勒吉初奉使追张玄锡至死，圣祖谕斥其纵恣，然于江南有惠政，阿席熙、玛祜清望尤过之。施维翰在台敢言，出持疆节，措置得大体。皆康熙初贤大吏也。恺悌君子，屏藩王国，厥绩懋矣！

卷二百七十四　　　列传六十一

杨雍建　姚缔虞　朱弘祚子纲
王骘　宋荦　陈诜

杨雍建，字自西，浙江海宁人。顺治十二年进士，授

广东高要知县。时方用兵，总督驻高要。师行征民夫，吏虑其逃，絷之官廨。当除夕，雍建命徙廊庑，撤肴馔畀之。师中索榕树枝制绳以燃炮，军吏檄征，语不逊，雍建笞之。总督王国光以是称雍建方刚，特疏荐。莅官甫一年，擢兵科给事中。

十六年春，世祖幸南苑，雍建疏言："昨因圣体违和，传谕孟春飨太庙，遣官致祭。至期皇躬康豫，仍亲庙祀，此敬修祀典之盛心也。乃回宫未几，复幸南苑，寒威未释，陟历郊原，恐不足以慎起居。且古者蒐苗狝狩，各有其时。设使兽起于前，马逸于后，惊属车之清尘，岂能无万一之虑？"疏入，上甚怒，宣雍建入，谕以阅兵习武之意。雍建奏对不失常度，上意亦解。

时平南王尚可喜、靖南王耿继茂并镇广东，雍建疏陈广东害民之政八：委吏太滥，杂派太繁，里役无定例，用夫无定制，盐埠日横，私税日盈，伐薪采木，大肆流毒，均宜亟为革除。且两藩并建，供亿维繁。今川、贵底定，请移一藩镇抚其地，俾粤民苏息。上寻命继茂移镇福建，雍建发之也。十七年，疏言："朋党之患，酿于草野。欲塞其源，宜严禁盟社，请饬学臣查禁。"从之。转吏科给事中。圣祖即位，辅臣秉政，奏事者入见，皆长跪，雍建独立语。比退，辅臣目之曰："此南苑上书谏猎者也。"自是奏事者见辅臣皆不跪。

康熙三年，彗星见。雍建奏言："天心仁爱，垂象示警。乞斋心修省，广求直言，详询利病，并饬内外臣工，涤虑洗心，共修职业。"上优旨褒答。四年，疏言："治化未醇，由于臣职未尽。比者部臣以推诿为卸责，明为本部应议之事，或请咨别部，或请饬督抚，致一案之处分，因一人之口供未到而更待另议；一事之行止，因一时文卷小误而重俟行查；至地方利弊所关，惮于厘正，辄云已经题定，无庸再议。如此，则一二胥吏执定例以驳之足矣，不知满、汉堂司各官所司为何事也。督抚以蒙蔽为苟安，民苦于差徭，而额外之私征，未闻建长策以除积困；吏横于贪暴，而有司之搂克，不过摘薄罪以引轻条。向日行考满之法，则题报者皆称职，曾无三等以下之劣员；平时上弹劾之章，则特纠者仅末僚，不及道府以上之大吏。凡此推诿蒙蔽之习，请严饬内外臣工各图报称，傥仍蹈故辙，立予罢斥，以儆官常。"疏入，报闻。寻自刑科右给事中累擢左副都御史。

十八年，典会试，授贵州巡抚。疏请立营制，减徭役，招集流亡，禁革私派。土司谒巡抚，故事，必鸣鼓角，交戟于门，俾拜其下。雍建悉屏去，引至座前问疾苦，予以酒食，土司咸输服。始，贵阳斗米值钱五千，雍建请转饷以给。既，令民剪荒茅，教以耕种。比三年，稻田日辟，民食以裕。二十三年，召授兵部侍郎。寻以亲老乞终养，许之。四十三年，卒，赐祭葬。子中讷，进士，官右中允。

姚缔虞，字历升，湖广黄陂人。顺治十五年进士，授四川成都府推官。四川残民多聚为盗，互告讦，酿大狱。缔虞平恕谳鞫，辄得其情，审释叛案株连狱囚十七人。总督苗澄、巡抚张德地荐廉能，举卓异，会裁缺，改陕西安化知县。行取，康熙十五年，授礼科给事中。疏请严选庶吉士，考核翰林，报闻。十七年，典试江西，还，奏："江西被贼残破州县在丁缺田荒案内者，请敕督抚酌量轻重，限三年或五年劝垦，以渐升科。全省逋赋二百二十万，历年追比，仅报完三万。此二百十余万，虽敲骨吸髓，势必不能复完。请早予蠲免，俾小民得免死亡。"

十八年，地震，求言。缔虞上疏曰"科道乃朝廷耳目之官，原期知无不言，有闻则告。自故宪臣艾元征请禁风闻条奏，自此言路气靡，中外多所顾忌。臣请皇上省览世祖朝诸臣奏议，如何謇谔；今者相率以条陈为事，软熟成风。盖平时无以作其敢言之气，一旦欲其慷慨直陈，难矣。乞敕廷臣会议。嗣后有矢志忠诚、指斥奸佞者，即少差谬，亦赐矜全。如或快意恩仇，受人指使，章奉钞传，众目难掩，纵令弹劾得实，亦难免于徇私之罪。如此，则言官有所顾忌，不敢妄言；中外诸臣有所顾忌，不敢妄为。"疏下九卿科道会议。越日，召廷臣等集中左门，上问："缔虞疏如何定议？"吏部尚书郝惟讷等暨给事中李宗孔等俱言风闻之例，不宜复开。上问："缔虞，尔意如何？"缔虞对曰："皇上明圣，从未谴罪言官。但有处分条例在，言官皆生畏惧。"上曰："如汝言，条例便当废耶？"缔虞对曰："科条虽设，当辨公私诚伪。"上意稍解。谕言："官宜敷陈国家大事，如有大奸大贪，纠劾得实，法在必行，决不姑贷。且魏象枢弹奏程汝璞，亦是风闻，已鞫问得实，原未尝有风闻之禁也。"上宣缔虞前，指内阁所呈世祖时章奏示之曰："汝以朕为未阅此乎？"缔虞对曰："惟久经圣览，臣故不惮尽言。"上命以所言宣付史馆。次日，复命缔虞入起居注，授笔札记之。寻转工科掌印给事中。上考察科道，黜孙绪极、傅廷俊、和盐鼎三人，而嘉缔虞与王曰温、李迥称职。二十一年，疏论外吏积习，视事偷惰，公务沉阁，文移迟缓；僚属宴会，游客酬酢，废时糜费。请敕部禁饬。累擢左佥都御史。

二十四年，授四川巡抚。缔虞先为推官有声，百姓喜其来。缔虞至，榜上谕于厅事，严约束，禁私征杂派，杜绝馈遗，属吏惮之。疏言："四川迭经兵火，荒残已极。官户乡绅，多流寓外省，虽令子弟复业，迨入学乡举登仕版后，仍弃本籍他往。百姓见其如此，亦裹足不归。若招回乡宦一家，可抵百姓数户。绅宦既归，百姓亦不招而自至。今察明各属流寓外省绅衿，请敕部移行，饬令复业。"从之。蜀人困于采木，缔虞陛辞，首陈其害，会松威道王骘入觐，亦举是以奏，诏特免之。复请免运白蜡，停解铁税，皆获施行。二十七年，卒官，赐祭葬。

朱弘祚，字徽荫，山东高唐人，昌祚弟。弘祚自举人授江南盱眙知县，有惠政，举卓异。康熙十四年，行取御史，以昌祚子绂官大理寺卿回避，改刑部主事。再迁兵部督捕郎中，出为直隶天津道佥事，调直隶守道参议。

二十六年，超擢广东巡抚。入见，奏对称旨，赐帑金千，及内厩鞍马。过庾岭，察知夫役苦累，首禁革之。复檄兵部，凡使者过境，有驿站供亿，不得更有所役。广东军兴后，无艺之征，浮于正供，悉罢免。劾墨吏尤者数人，余悉奉法。盐法为藩下奸民所乱,据引地莫敢谁诃。弘祚疏陈整饬盐政数事,如议行。

高州属县吴川,琼州属县临高、澄迈,户少田芜,积逋十二万两有奇,疏请豁免。卫所屯田岁输粮三斗,额重多逃亡。弘祚言:"民粮重,则每亩八升八合起科,今屯田浮三之二,非恤兵之道,当比例裁减。"事皆允行。逆乱方定,奸民告讦无已,疏请严妄首株连之例,略谓:"当定南分镇,闻风投冒倚藉声势者,实繁有徒。迨经平定,藩下人应归旗者,悉已簿录解京;籍内无名者,释放为民。嗣有旨:'藩下官兵、奴仆及贸易人等,除实系辽东旧人及价买人外,逐一清查,发出为民。'臣寻绎诏意,原以诸人皆朝廷赤子,不忍株累。且十余年来,或补伍,或归农,或死亡迁徙,无籍可稽。乃奸宄之徒,蔓引株连,或在部呈首,或向有司告讦;及事了省释,而官民之被累已深,请敕部严议。"从之。

三十一年,擢福建浙江总督。值大计,弘祚疏言"福建地瘠民佻",上责弘祚失言,谓:"贤才不择地而生。四川巡抚张德地署延绥巡抚,言'延绥边地,无可举博学鸿词者';少詹事邵远平奏'南方人轻浮不可用'。朕心甚不惬,因皆罢斥。今弘祚又以谬言陈奏,下部议降调。"三十九年,命修高家堰河工,病卒。

子绛,官至广东布政使;纲,初授兵部主事,累官湖南布政使,雍正间,擢云南巡抚,疏劾署巡抚杨名时徇隐废弛,藩库借支未清款项至十九万有奇,名时坐是得罪。寻调抚福建,卒,谥勤恪。

王骘,字辰岳,山东福山人。顺治十二年进士,授户部主事。康熙五年,典试广东。历刑部郎中。十九年,出为四川松威道。时征云南,骘督运军粮,覆舟坠马,屡经险阻,师赖以济。二十四年,垒溪大定堡山后生番出掠,巡抚韩世琦檄来追剿,令骘驻茂州,与总兵高鼎议剿抚。骘赴堡开谕,番族据巴猪寨,阳就抚,负嵎如故。骘招抚附近诸寨,遣兵自庙山进,围寨,斩获无算。追至黑水江,贼渠挖子被焚死,山后番众降服。调直隶口北道,未行。

时以太和殿工,命采蜀中楠木。骘入觐,疏言"四川大半环山巉岩,惟成都稍平衍。巨材所生,必于深林穷壑,人迹罕到,斧斤难施,所以久存。民夫入山采木,足胝履穿,攀藤侧立,施工既难;而运路自山抵江,或百余里,或七八十里,深涧急滩,溪流纡折,经时历月,始至其地。木在溪间,必待暴水而出,故陆运必于春冬,水运必于夏秋,非可一径而行,计日而至,其艰如此。且四川祸变相踵,荒烟百里。臣当年运粮行间,满目疮痍。自荡平以后,休养生息,然计通省户口,仍不过一万八千余丁,不及他省一县之众。就中抽拨五千入山采木,衣粮器具,盈千累百,遣发民夫,远至千里,近亦数百里,耕作全废,国赋何征?请敕下抚臣,亲诣采楠处察勘,量材取用,其必不能采运者,奏请上裁。"疏入,上谕曰:"四川屡经兵火,困苦已极,采木累民。塞外松木,取充殿材,足支数百年,何必楠木?令免采运。"未几,吏部循例疏请司道内擢京堂,骘未与,特命内升。寻授光禄寺少卿,累迁太常寺卿。

二十六年,授江西巡抚。陛辞,上谕曰:"大吏以操

守为要,大法则小廉,百姓蒙福。"骘对曰:"臣向在四川,不取民间粒米束草,日费取给于家。"上曰:"身为大臣,日费必取给于家,势有所不能。但操守廉洁,念念爱民,便为良吏,且亦须安静。贪污属吏,先当训诫;不悛,则纠劾。"濒行,赐帑金千。二十七年,擢闽浙总督。疏言:"江西自荡平后,积年蠲免银米二百万有奇,民生渐裕。然征收之弊,尚为民累,钱粮明加火耗,暗加重戥,部院司道府皆有解费。臣入境之初,火耗已减,解费尚存,即揭示剔除积弊,尽革官役上下大小杂费。南昌、新建二县漕粮尚仍民兑,俱行革除,漕运积年陋规,搜剔无遗。但在民则省费,在官则失利。恐臣去后,空言无用,乞天语严禁,不致前弊复生。"下所司知之。

时湖广叛卒夏逢龙据武昌,陷黄州。骘次邵武,闻警,恐蔓及江西,奏拨福建兵协剿。自海禁既弛,奸民杂入商贩,出洋劫掠。骘既上官,即檄温州总兵蒋懋勋、黄岩总兵林本植、定海总兵董大本以舟师出洋搜捕。懋勋、本植得贼舟七,大本于白沙湾获巨舰一,斩盗渠杨仕玉等十六辈,释被掳难民百十一人。二十八年,上幸江宁,赐骘御用冠服。谕曰:"尔任总督,实心任事,浙、闽黎庶称尔清廉,故特加优赉。"未几,召拜户部尚书,以老病累疏乞休,诏辄慰留。

三十三年,召大学士、九卿及河督于成龙入对,上责成龙排陷靳辅,并及骘与左都御史董讷、内阁学士李应荐附和成龙,骘等具疏引罪,讷、应荐并夺官,骘原品休致。三十四年,卒于家,赐祭葬。

宋荦,字牧仲,河南商丘人,权子。顺治四年,荦年十四,应诏以大臣子列侍卫。逾岁,试授通判。康熙三年,授湖广黄州通判。以母忧去。十六年,授理藩院院判,迁刑部员外郎,榷赣关,还迁郎中。二十二年,授直隶通水道。二十六年,迁山东按察使。再迁江苏布政使,察司库亏三十六万有奇,荦揭报督抚,责前布政使刘鼎、章钦文分偿。户部采铜铸钱,定值斤六分五厘,荦以江苏不产铜,采自他省,值昂过半,牒巡抚田雯,疏请停采。下部议,改视各关例,斤一钱。

二十七年,擢江西巡抚。湖广叛卒夏逢龙为乱,征江西兵赴剿,次九江,挟饷缺几哗变。荦行次彭泽,闻报,檄发湖口库帑充行粮,兵乃进。至南昌受事,旧裁督标兵李美玉、袁大相纠三千余人,谋劫仓库,应逢龙以叛。荦诇知之,捕得美玉、大相,众恟恟。荦令即斩以徇,谕众受煽惑者皆贷不问,众乃定。

江西采竹木,饶州供紫竹,南康、九江供檀、楠诸木,通省派供猫竹,名虽官捐,实为民累,荦疏请动支正帑采买。上命岁终巡按视察布政司库,荦疏请粮驿道库,布政使察核;府库,道员察核。汉军文武官吏受代,家属例当还旗,经过州县,点验取结。荦曰:"是以罪人待之也。"疏请自赃私斥革并侵挪帑项解部比追外,止给到京定限咨文,俾示区别。皆下部议行。

三十一年,调江苏巡抚。苏州滨海各县遇飓,上元、六合诸县发山水,淮、扬、徐属县河溢,疏请视被灾轻重,

躅减如例。发江宁、凤阳仓储米麦散赈。别疏请除太湖傍坍地赋额，户部以地逾千亩，令详察。荦再疏上陈，上特允之。

荦在江苏，三遇上南巡，嘉荦居官安静，迭蒙赏赉，以荦年逾七十，书"福"、"寿"字以赐。四十四年，擢吏部尚书。四十七年，以老乞罢，濒行，赐以诗。五十三年，诣京师祝圣寿，加太子少师，复赐以诗，还里。卒，年八十，赐祭葬。

陈诜，字叔大，浙江海宁人。康熙十一年举人，授中书科中书舍人。二十八年，考授吏科给事中，乞养归。三十六年，起补原官。转刑科掌印给事中。疏言："淮、黄自古不两行。迩者修归仁堤，开胡家沟，出睢湖之水；闭六坝，加筑高家堰，出洪泽湖之水。此借淮敌黄不易之理。然淮水入运者多，则敌黄仍弱。旧设天妃闸，自淮、黄交会处至清江浦，凡为五闸，重运到时，更迭启闭，过即下板锁断，是以全淮注黄。其引入运河者，不过暂济运。自改建草坝，淮、黄尽趋运河，清江浦民居可危。宜复天妃闸旧制，使淮易敌黄，有裨大工。"疏下河督张鹏翮议行。寻疏劾山东蒲台知县俞宏声以赦前细故，拘系监生王观成，迫令自杀；巡抚王国昌仅以杖责解役结案，玩视民命。命侍郎吴涵偕诜往按，宏声坐夺官，国昌等议处。授鸿胪寺卿，再迁左副都御史。

四十三年，授贵州巡抚。疏言："贵州田地俱在层冈峻岭间，土性寒凉，收成歉薄，人牛种藝维艰。前抚臣王藝因合属田地荒芜十之四五，减轻旧则，招徕开垦成熟，六年后起科。有续报者亦如之。"疏下部，如所请。四十七年，调湖北。疏劾布政使王毓贤亏帑，命解任。寻以盘验已完，奏免其罪。五十年，擢工部尚书。五十二年，调礼部。五十八年，乞休，命致仕。六十一年，卒，赐祭葬，谥清恪。子世倌，自有传。

论曰：当三藩乱时，云、贵、闽、粤，其发难地也；蹂躏所及，湖南北、江西、四川，受害最甚。伊辟、王继文抚云南，从师而南，参与军画，其事已别见；雍建于贵州，缔虞于四川，弘祚于广东，鹭于江西，荦承鹭，诜遥继雍建，兵后抚绥甚勤。大乱方定，起衰救弊，出水火，登衽席，伟哉诸人之功欤。

卷二百七十五　　列传六十二

格尔古德金世德　**赵士麟**　**郭世隆**
傅腊塔　**马如龙**

格尔古德，字宜亭，钮祜禄氏，满洲镶蓝旗人。自笔帖式授内院副理事官。康熙三年，从定西将军图海平湖广茅麓山李自成余部。师还，迁弘文院侍读，进翰林院侍读学士，充日讲起居注官。十三年，从安亲王岳乐讨吴三桂，三桂将林兴珠降，上策请分水师，泊君山，断常德道；泊香炉夹扁山，断长沙、衡州道；则三桂将坐困。安亲王令格尔吉德驰奏，并以兴珠语闻，上密谕驻岳州诸将议行。师还，擢詹事，迁内阁学士。

二十一年，授直隶巡抚。上谕之曰："金世德、于成龙为巡抚有声，尔承其后，得名甚难。若急于求名，或致偾事，尔其懔诸！直隶旗下庄头与民杂处，倚恃声势，每为民害。尔其严察惩创，即皇庄亦毋宽宥。"八旗圈地属于王公大臣者，辄置庄，设庄头，主征租，遂以病民，上深知之，故以谕格尔古德。格尔古德寻疏言："自鬻投旗之人，或作奸犯科，冀逃法网；或游手好闲，规避差徭。本主听其仍居本籍，放债牟利，则讳旗而称民；窝逃构讼，遇官长访闻，又舍民而称旗。诈害良善，官不敢问。应责成本主，止留农户在庄，余俱收回服役。有徇纵者议处。"下所司饬禁，并谕户部："凡鬻身之人，先经犯罪，投旗冀幸免者，与知情之本主，并从重治罪。"时大学士明珠所属佐领下人户指圈民间冢地，民诉于户部，事下巡抚，令宛平县察勘。知县王养濂言无碍民冢，格尔古德疏劾圈占冢地属实，养濂寘吏议。诏嗣后有如此者，严惩不贷。自康熙初，鳌拜柄政，总督朱昌祚等以圈地获罪，由是无敢讼言其失者。至奸民窜入旗下，寻仇倾陷，狡桀莫能制。独格尔古德承上指，执法严惩，时称为"铁面"。

二十三年，上幸五台山，格尔古德迎驾，询地方贤吏，以灵寿知县陆陇其对。寻疏荐井陉道李基和、卢龙知县卫立鼎与陇其廉能，下部擢用。顷之，以疾乞休，优诏慰留。会诏廷臣公举清廉官，首以格尔古德列奏。上念其赢疾，遣御医诊视。未几，卒，赐恤加等，谥文清。

格尔古德清介，布衣蔬食，却馈遗，纤毫不以自污。上尝责漕运总督硕干居官无状，硕干言："臣为众所忌，故未能致声誉。"上曰："格尔古德为巡抚，没后人犹思慕称颂。居官苟善，岂有不致声誉者？"为上所重如此。祀直隶名宦。

金世德，字孟求，汉军正黄旗人，兵部侍郎维城子。淹贯经史，精国书。以荫生授内院博士，累擢左副都御史。康熙七年，授直隶巡抚。是时尚循明制，直隶不置两司，世德请设守道理钱谷，巡道理刑名，如外省布政、按察二司。由是始有专司。畿北诸郡，旗、民杂处，易于容奸，请立屯长以治之。唐县等三十七州县，田一千六百余顷，河流沙拥，民不能耕。岁输银二万有奇、谷三百九十石，历年责原户纳赋为民害，世德为奏请除额。地震通州等九州县，复请赈恤，并躅免钱粮。皆如所请行。师南征，供亿繁急，世德单骑行营中，躬料凶粮，军无横索，吏无侵渔，市肆晏然。十九年，卒，谥清惠。

赵士麟，字麟伯，云南河阳人。康熙三年进士，授贵州平远推官。改直隶容城知县，缉盗卫民，创正学书院，与诸生讲学。行取，授吏部主事。历郎中，擢光禄寺少卿，三迁至左副都御史。疏请台湾改郡县比内地，设总兵镇守，省沿海之戍卒，诏报可。

二十三年，授浙江巡抚。杭州民贷于驻防旗兵，名为

"印子钱"，取息重，至鬻妻孥卖田舍；不偿，则鬨于官。营兵马化龙殴官，成大狱。士麟移会将军掣缴券约，捐资代偿。将军令减子归母，母复减十之六。事遂解，民大称颂。诏裁浙江总督，总督驻衢州，督标三千被汰，乏食哗掠，民罢市。士麟仍济以饷，因奏设副将一，定额兵八百余，留拨各营缺额。众乃定。浙中豪右衙蠹，骄悍不法，为民害。士麟廉得其状，悉置之法，强暴敛迹。省城河道久淤，督役疏浚，半载讫工，民以为便。复缮城隍，修学校，亲莅书院，与诸生讲论经史及濂、洛、关、闽之学，士风大振。禁革规费，积弊一清。二十五年，移抚江苏。浙人怀之，绘图以志去思，并于西湖敬一书院肖像祀之。寻召为兵部督捕侍郎，调吏部，皆能举其职。三十七年，卒。祀浙江名宦。

士麟潜心正学，以朱子为归。躬行实践，施于政事，士悫民恬，所至皆有声绩。

郭世隆，字昌伯，汉军镶红旗人。父洪臣，原籍汾州。顺治二年，英亲王阿济格下九江，洪臣随明将左梦庚来降，入旗，授佐领，分辖降众。累官湖广道州总兵。康熙四年，世隆袭管佐领，授礼部员外郎，改御史。二十七年，盛京福陵守兵讦其兄冤死，命世隆往按，得诬良刑逼自缢状，原审侍郎阿礼瑚等坐失实夺官。顷之，超擢内阁学士。圣祖谒孝陵，经通州，山西礼县民讦知县万世纬及知府纪元蘷索状，命世隆会督抚按治。世纬坐贪婪、科派、杖毙无罪人，元坐受赇荐世纬卓异，皆论死。

二十九年，代于成龙为直隶巡抚。先是，署任安溪知县孙镛告福建巡抚张仲举、布政使张永茂侵蚀库帑，遣郎中吴尔泰会总督勘讯，至即拘讯知府六人，连引州县官数十人。上闻疑之，命世隆往按，发仲举与前布政使张汧讆改赋册，侵隐已征额银捏作民欠，又汧迁湖广巡抚亏福建库帑三十余万，仲举前任湖南布政亦亏帑，相约互抵；嗣仲举闻汧以赃败，而福建库尚未完，伤属代为弥缝，左证悉合。仲举、永茂俱论罪如律。

世隆之任，帝谕曰："于成龙居官甚善，继之不易，尔当勤慎任事。"顺天、保定、真定、永平诸府旱，世隆奉命履勘，疏言："被灾者七十四州县，请蠲本年及来年额赋。霸、文安等十四州县灾尤重，请治赈。"迭疏筹积贮，并以奉天岁丰，请饬山海关暂听民间转粜，仍限肩挑驮负，不得以大车装载，皆如所请。又疏言："真定地当冲要，所属赞皇县，西有大峪曰子午套，素为盗薮，请移紫荆关副将驻真定；调马、步兵二千分防赣州。"子牙河决，淹没田亩，请修筑大城等县堤岸，并浚王家口、黑龙港诸支流堙塞者，皆报可。

三十四年，擢闽浙总督。岁歉，率闭粜居奇。世隆疏请蠲赋，并发帑二十万，乞籴江、浙，海运平粜，诏俞之。先是浙省奏请鼓铸，官吏射利，请减其分数。由是私铸者众，每钱不及七八分，壅滞不行。三十八年，上南巡，世隆迎驾，至杭州，民拥舆赴诉。乃停官炉，发帑收毁私钱，钱得流布。上闻，为褒美。鄞县沿海田，被水冲决一千七十余亩，请永免额赋。

四十一年，调两广总督。广东海疆二千余里，守汛辽阔，盗贼出没无常。世隆疏定营制，增设兵船巡哨，迭击败海盗，沉其舟四十五。疏报擒海阳巨盗蔡玉也等五人。上遣刑部侍郎常绶往勘，因议世隆平时禁贼不严，盗发，朦胧掩饰，坐夺官。

四十六年，起湖广总督。疏陈防守红苗，请沿边安设塘汛，禁内地民与苗往来，并勿与为婚姻。未几，召为刑部尚书。五十年，以山西流匪陈四等潜入湖广，鸠党劫掠，世隆前任总督坐失察，夺官。五十二年，万寿，复原品。居三年，卒。直隶、福建、浙江、两广、湖广皆祀名宦。

傅腊塔，伊尔根觉罗氏，满洲镶黄旗人。自笔帖式授内阁中书，迁侍读。康熙十九年，授山东道御史，有声台中。二十五年，出为陕西布政使。二十六年，擢左副都御史，迁工部侍郎。二十七年，偕侍郎多奇往云南按提督万正色与总兵王珍互讦事。谳实，正色、珍俱论罪有差。调吏部，授两江总督。陛辞，上谕曰："尔当洁己奉公，督两江无如于成龙者，尔效之可矣！"傅腊塔至官，清弊政，斥贪墨，谳狱尤明慎。赣县民诉知县刘瀚芳私征银米十余万，并蠹役不法。傅腊塔因劾布政使多弘安、按察使吴延贵、赣南道钟有德于吏役婪赇不速勘，复从轻拟，曲为庇护，弘安、延贵、有德并坐罢。

二十八年，上南巡，阅运河，命傅腊塔会河道总督王新命勘仪真河闸。疏言："闸外为北新洲，北新洲外又有涨沙平铺江中。应疏北新洲支河，直通四闸。粮艘循涨沙尾入新河口，可以通行。"别疏言："江宁廛税累民，内输房税，外输廊钞，更外输棚租，请予蠲免。"皆如所请。二十九年，淮、徐饥，发常平仓谷赈恤，灾民赖焉。芦洲丈量，例委佐贰，民苦需索。傅腊塔定五年一行，悉以印官理其事。历年逋赋，量为带征，由是积困顿苏。是年，监临江南乡试，疏称士子应试者万有余人，请广科举额，下部议，增广额四十名。疏劾大学士徐元文、原任尚书徐乾学纵子弟招权罔利，巡抚洪之杰徇私袒庇。诏毋深究，予元文休致。沭阳民周廷鉴叩阍讼降调侍郎胡简敬居乡不法，并之杰瞻徇状，命傅腊塔按治，得实，简敬及其子弟并治罪，之杰夺官。

三十二年，广东巡抚江有良与巡盐太常少卿沙拜互讦。傅腊塔往按，有良、沙拜并坐受赇，夺官。三十三年，疏言："淮、扬所属多版荒，巡抚宋荦曾请缓征，格于部议。臣履亩详勘，盐城、高邮等州县因遇水灾，业户逃亡者众。今田有涸出之名，人无耕种之实，小民积困。熟田额粮尚多悬欠，何能代偿盈万之荒赋？请恩赐蠲除，庶逃户怀归，安居乐业。"疏入，下部议，不许，上特命免征。旋卒于官。上闻，谕廷臣曰："傅腊塔和而不流，不畏权势，爱惜军民。两江总督居官善者，于成龙而后，惟傅腊塔。"遣太仆寺卿杨舒赴江宁致祭，赠太子太保，谥清端，予骑都尉世职。士民怀之，为建祠江宁。四十四年，上南巡，经雨花台，赐祠额曰"两江遗爱"。雍正中，入祀贤良祠。

马如龙，字见五，陕西绥德州人。康熙十一年举人。十四年，陕西提督王辅臣据宁羌叛，其党朱龙寇绥德，陷之。如龙纠乡勇倚山立寨，寇至，屡击却之。辅臣诱以伪札，斩其使。会平逆将军毕力克图兵至，如龙渡河迎，呈伪札，并陈贼虚实，因率所部为前锋，克绥德。毕力克图以闻，即便宜令摄州事。总督哈占亦疏言如龙倡义拒贼状，请优叙。

十六年，授直隶滦州知州。州民猾而多盗，如龙锄暴安良，豪右敛迹。州有民杀人而埋其尸，四十年矣；如龙宿逆旅，得白骨，问之，曰："此屋十易主矣。"絷最初一人至，钩其情得实，置诸法。昌平有杀人狱不得其主名，使如龙按之。阅状，则民父子杀于僧寺，并及僧五，而民居旁二姓皆与民有连，问之，谢不知。使迹之，二人相与语曰："孰谓马公察，易欺耳。"执讯之，乃服。自是民颂如龙能折狱。十九年，以察出民间隐地，叙劳，入为户部员外郎，历刑部郎中，榷浙江北新关税务。

二十四年，迁杭州知府。杭州民贷于旗营，息重不能偿，质及子女。如龙请于将军，核子母，以公使钱代偿。杭州民咸颂如龙。二十八年，上南巡，闻其治行，超擢按察使。平反庶狱，多所全活。海贼杨士玉窜迹岛屿，勾土贼胡茂等剽掠商船，如龙设策擒之，尽歼其首从，巡抚张鹏翮以闻。二十九年，迁布政使，属吏有岁馈，悉禁绝之。是年，绍兴大水，库储绌，无可救济。如龙檄十一郡合输米二万余石，按户赈给，告属吏曰："是逾于岁馈多矣。"

三十一年，授江西巡抚。整饬常平仓，春以羡米出贷，秋收还仓。饬州县广积储，备凶荒。仿白鹿洞遗法，建书院以教士。严溺女之禁。疏请罢追转漕脚耗。三十八年，入觐，赐御书"老成清望"榜。时淮、扬荐饥，如龙以江西连岁丰稔，率僚属捐米十万赈之。以老病累疏乞休，诏辄慰留。四十年，卒，赐祭葬。

论曰：守成世为大臣者，以仁心行仁政，培养元气，其先务也。兵革初息，疮痍未复，格尔古德等任封疆之重，拊循安辑，与民休息，政绩卓卓在耳目。廷褒老成，野留遗爱，有以哉！

卷二百七十六　　列传六十三

石琳兄子文晟　**徐潮**子杞　**贝和诺**子马喇　陶岱　**博霁**觉罗华显　**蒋陈锡**子涟　洵　**刘荫枢**　**音泰**　**鄂海**　**卫既齐**

石琳，汉军正白旗人，石廷柱第四子。初授佐领，兼礼部郎中。康熙元年，出为山东按察使。二年，以忧去官。寻即起江南按察使，以在山东追入官房地迟延，坐降调。六年，授浙江盐运使。十二年，转湖广下荆南道。十三年，襄阳总兵杨来嘉、副将洪福以南漳叛应吴三桂，据房县、保康、竹山。琳偕总兵刘成龙率师讨之，抚定各峒寨。十

五年，迁河南按察使。禁旅南征，牧马开封，当麦秋，琳与统兵诸将帅约，令兵毋驿骚，坐帐中四十余日。及去，民得获麦。

二十年，迁浙江布政使。时耿精忠初平，衢州被兵尤甚，户口逃亡，丁赋皆责之里甲。琳核实，请免之。师行供亿浩繁，民多逋负，琳悉为厘定，裁革陋规，禁加耗尤严。尝曰："革一分火耗，可增一分正供。"二十三年，擢湖北巡抚。工部以修建太和殿，檄各省采楠、杉诸木。琳言楠产万山中，挽运甚艰，请宽其程限。部议不许，特诏允之。

二十五年，调云南。疏言："详核《赋役全书》，应更改者八事。云南自明初置镇设卫，以田养军曰屯田。又有给指挥等官为俸，听其招佃者曰官田。其租入较民赋十数倍，犹佃民之纳租于田主。国初吴三桂留镇，以租额为赋额，相沿至今，积逋愈多，官民交困。宜改依民赋上则起科。云南盐井有九，以各井行盐之多寡为每岁征课之重轻。琅井盐斤征课六厘，白井八厘，至黑井则倍。明末加征，较明初原额不啻数倍。今请减黑、白二井之课如琅井例。开化民田亩科粮二斗六升三合，较未设府以前加至十倍。通省民粮，惟河阳最重，今当减半，与河阳一例。元江由土改流，三桂于额粮外别立名色：曰田地讲银，曰茶商税银，曰普洱无耗秋米，曰浪妈等六寨地租。加赋倍征，民不堪命，应请各减其半。通海六寨地粮较民赋重几三倍，当改依新定民赋科则。䃅嘉每粮一石，征条银四两有奇，亦为偏重。今既归南安州附征，应与州赋一律，每粮一石，征银一两四分。丽江界连土番，古称荒服。三桂叛后，割金沙江以内喇普地与蒙番，地去而粮存，当删除。建水自明申设参将，岁派村寨陋规银三百有奇，粮八十余石，三桂遂编入正额，当裁革。新平之银场，易门之铜厂，矿断山空，宜尽豁课税。"疏入，下所司议，刊入《全书》颁行。

二十八年，擢两广总督。琼州总兵吴启爵奏琼属黎地，请设州县，筑城垣，增兵防守。命琳勘奏，力陈其非要，上从之。四十一年，连州瑶作乱，遣都统嵩祝等会剿，平之。琳规画善后，定官吏管辖，拨兵移防，悉协机宜。未几，卒官。

兄子文晟，初授蓟州同知，历云南开化、山西平阳知府。康熙三十三年，上嘉其居官有声，超擢贵州布政使。是岁，即迁云南巡抚。为政务举大纲。云南屯赋科重民田数倍，琳官巡抚时，奏减而未议行；文晟复疏请，特允减旧额十之六。安南国王黎维正疏告国内牛羊、蝴蝶、普园三地为邻界土司侵占，乞敕谕归还。会文晟入觐，上问文晟，奏言："此地明时即内属，非安南地。妄言擅奏，不宜允。"乃降诏切责之。四十三年，调广东。四十四年，擢湖广总督。坐劾容美土司田舜年憯妄淫虐非实，部议当降调，上命留任。文晟以疾乞退，上谕大学士曰："文晟粗鄙，若为土司事而罢，未似得体。今既引疾，可允其请。"罢归。五十九年，卒。

徐潮，字青来，浙江钱塘人。康熙十二年进士，选庶

吉士，授检讨，累擢少詹事。潮学问淹通，在翰林，应奉文字，多出其手。圣祖尝御门召讲《易》、《论语》，敷陈明晰，为之倾听。三迁至工部侍郎，督理钱局，清介不苟随俗。局官冒滥事发，潮独无所连染。三十三年，典会试。以母忧归，服阕，起刑部侍郎。

三十九年，授河南巡抚，上谕之曰："河南火耗最重，州县多亏欠，尔当筹画禁止。"潮上官，令火耗无过一分，州县私派，悉皆禁革。南阳承解黑铅，卫辉办兑漕米，向皆假手胥吏，恣为侵渔。潮悉心区画，宿弊悉除。开封五府饥，疏请漕粮暂征改折，以平市直。归德属永城、虞城、夏邑三县被灾地亩至一万七千余顷，出粜常平、义、社仓谷，借给贫民牛种，全活甚众。四十一年，上巡幸畿甸，问巡抚李光地邻省督抚贤否，光地举潮对。上褒美，以潮与光地、张鹏翮、彭鹏、郭琇并称。四十二年，上南巡，潮迎驾泰安，赐冠服及御书榜额。其冬，西巡，复迎驾，赏赉有加。上念汾、渭皆入河，议于河南储谷，遇山、陕岁歉，自水道移粟，便于陆运。命潮会陕西、山西督抚勘议。潮与川陕总督博霁会勘三门砥柱。语见《博霁传》。又别疏言："汴水通淮，一自中牟东经祥符至宿迁，湮塞已久；一自中牟东南经尉氏至太和，今名贾鲁河，尚可通流：请量加疏浚。郑州北别有支河，旧迹尚存，若于此建闸，使汴与洛通，尤为民便。"上从之。

四十三年，擢户部尚书，充经筵讲官，兼翰林院掌院学士，教习庶吉士。四十四年，扈从南巡，命赴河南按事。时上以高邮、宝应诸州县频年被水患，由洪泽湖无所宣泄，宜于高堰二坝筑堤束水入河，又于下河筑堤束水入海。会潮按事还，上询河壩形势，因指授方略，命往董其役。四十五年，监修高家堰滚水坝、高邮车逻中坝，并浚文华寺减河。四十六年，监修武家坝、天然坝、蒋家坝及诸堤闸，先后毕工。四十七年，调吏部。四十九年，以病乞休，许以原官致仕。五十四年，卒，赐祭葬。

潮居官平易，不事矫饰，所至民咸称颂。乾隆初，追谥文敬。子本，自有传。

杞，字集功。康熙五十一年进士，官编修。由甘肃布政使巡抚陕西，入为宗人府府丞。予休致，卒。

贝和诺，富察氏，满洲正黄旗人，济席哈孙。自工部笔帖式授户部主事，历郎中，兼佐领，累迁大理寺卿。康熙三十五年，命往山东经理闸河。漕运总督桑额奏漕船尽过济宁，较往岁早一月。上以遣官经理，于漕运便，命以为常。迁左副都御史，擢户部侍郎。三十七年，朝鲜岁祲，国王李焞乞开市义州中江贸谷。诏发三万石与为市，令贝和诺及侍郎陶岱监视。事已，焞上表谢"八道生灵，赖以全活"。是年，授陕西巡抚。疏报："陕西开事例，积贮米麦，应存一百七十七万石有奇，今实存仅十七万。"上命尚书傅腊塔、张鹏翮往按。寻疏言长安、永寿、华阴等籴补三十八万有奇，余皆欠自捐生，请令补完。

三十九年，调四川。疏言："打箭炉、木鸦等处番、民一万九千余户归顺，请增设安抚使五、副使五、土百户四十五，以专管辖。边民运茶赴炉贸易，给官引五千六百道，

定额征课。川省行盐，潼川、中江山路崎岖，难于陆运，额运壅滞。惟冰江小溪可通水运，请增给水引，商民交便。"贝和诺治事精详，尚书张鹏翮按事还，于上前亟称之。四十二年，召授兵部侍郎。

四十四年，擢云贵总督，捕治富民盗李天极、王枝叶等。天极广通诸生，与临安朱六非造为符谶，师宗州枝叶，人素无行，天极等诱之，诡托明桂王孙，纠党谋不轨。僭称文兴三年，散播印札，图劫掠广南、开化，自蒙自窜入会城。贝和诺标兵诇得状，诛六人，流其余党。四十九年，召拜礼部尚书。以太原流匪陈四等六十余人诡称赴云南垦地，贝和诺得布政使牒报不察究，坐降调，授盛京工部侍郎。五十七年，复召为礼部尚书，以老乞休，诏慰留。六十年，卒官。

子马喇，袭管佐领，兼护军参领，累擢正红旗满洲副都统。雍正五年，西藏阿尔布巴等与贝子康济鼐不睦，命马喇往驻西藏。既，阿尔布巴戕害康济鼐，后藏颇罗鼐率兵报仇，执阿尔布巴等。遣尚书查郎阿等谳其罪，磔之。诏颇罗鼐总管前后藏事，移达赖喇嘛于里塘。七年，命马喇驻里塘守护，赐帑金二千，总藏事。擢护军统领。还京，迁工部尚书，坐免。十一年，复以副都统衔往西藏办事。卒官。

陶岱，瓜尔佳氏，满洲正蓝旗人。由主事历户部郎中，累擢吏部侍郎。朝鲜告饥，乞开市贸谷，命陶岱与贝和诺运米给籴，御制《海运朝鲜记》纪其事。康熙三十八年，署两江总督。寻授仓场侍郎，以漕运迟误，降五秩，随旗行走。寻卒。

博霁，巴雅拉氏，满洲镶白旗人。自护卫授銮仪使，擢镶白旗都统。康熙二十四年，授江宁将军，调西安。三十五年，抚远大将军费扬古率师西剿噶尔丹，命博霁率满洲兵自宁夏会师，大败噶尔丹于昭莫多。叙功，授世职拖沙喇哈番。圣祖尝谕大学士等曰："博霁自江宁赴西安，军民攀留泣送，直至浦口。非有善政，何能如此？诚可谓将军矣！"四十二年，上幸西安阅兵，谕曰："西安官兵皆娴礼节，重和睦，尚廉耻，且人才壮健，骑射精练。朕巡幸江南、浙江、盛京、乌喇等处阅兵，未有能及之者，深可嘉尚！"赉博霁御用鞶鞬、弓矢。

四十三年，授四川陕西总督。上以山、陕屡岁祲，欲于河南储粟备赈，溯黄河挽运，虑三门砥柱水急，舟不得上，命博霁偕山、陕、河南巡抚会勘。寻合疏言："三门滩多水激，挽运险阻，仍以陆运为便。"从之。四十七年，卒，赐祭葬。

觉罗华显，满洲正红旗人。初授宗人府主事，迁户部理事官。康熙三十七年，授翰林院侍讲学士，累迁内阁学士。三十九年，授甘肃巡抚，未上官，调陕西。四十年，擢川陕总督。甘肃流民数千人就赈西安，华显与巡抚鄂海出俸为有司倡，集资计口授粮，并拨荒地为业。上幸西安阅兵，与博霁、鄂海同受赐。陕民困重敛，华显有司禁私征，屏绝馈遗，军民称颂。四十二年，卒官，加太子太保，赠兵部尚书，谥文襄。祀陕西名宦。

蒋陈锡，字雨亭，江南常熟人。父伊，康熙十二年进士，迁庶吉士，授御史。疏陈民间疾苦，绘十图以进。累官河南提学道副使，卒官。

陈锡，康熙二十四年进士，授陕西富平知县。岁饥，米斛直数千，发仓赈济，不给，斥家资佐之，全活甚众。行取，擢礼部主事。监督海运仓，革粮艘篷席例银。迁员外郎。河道总督张鹏翮荐佐两淮河务。四十一年，授直隶天津道，迁河南按察使，谳决平恕。豫省有老瓜贼为害行旅，陈锡廉得其巢穴，悉擒治之。

四十七年，迁山东布政使。未几，擢任巡抚。疏请缓征二十三州、县、卫被灾逋赋，广乡试解额，增给买补营马直，免累及所司。条陈海防三事，言战船当更番修葺，水手当召募熟谙水道之人，沿海村庄当举行围练，互相接应；并以御史陈汝咸条议海疆弭盗，疏请渔舟编甲，闽、粤鸟船不许携炮械，令捕盗舟火药军器，必究所从来。部议悉从之。长芦巡盐御史希禄请增东省盐引，临清关请增设济宁等五州县口岸，陈锡皆言其不便，并得请。

五十五年，擢云贵总督。禄劝州土酋常应运诱沿江土夷攻卓干寨，陈锡檄师会剿，平之，拨兵弁驻守其地。石羊绪矿厂硐老山空，课额不足，疏请嗣后硐衰即止，勿制定额。镇远至省三十二驿，山路崎岖，驿夫苦累，下令非有符合，毋滥应夫马。都统武格、将军噶尔弼率师入西藏，以云南粮运艰难，欲自四川运粮济给。四川总督年羹尧奏言滇、蜀俱进兵，蜀粮不足兼供。乃命陈锡与巡抚甘国璧速运。五十九年，诏责其筹济不力误军机，与国璧并夺职，令自备资斧运米入藏。明年，卒于途。雍正元年，山东巡抚黄炳言陈锡在巡抚任，侵蚀捐谷羡余银二百余万，部议督追。弟廷锡与陈始末，诏减偿其半。子溇、泂。

溇，字檀人。进士，官编修，终太仆寺卿。

泂，字恺思。进士，历工部郎中，出为云南提学道。西陲用兵，命从军，授甘肃凉庄道。西徼多卜藏、玛嘉诸部与谢勒苏、额勒布两部逃人倚石门寺为巢，往来劫掠。泂料简精锐，会凉州镇官兵，分五路进剿，转战棋子山，歼贼之半。时罗卜藏丹津逼西宁，复檄兵捍御，罗卜藏丹津遁走。大将军年羹尧上其功，迁山西按察使，进布政使。上嘉泂实心供职，免其父追偿。雍正十年，加侍郎衔，往肃州经理军营屯田。在事二年，辟镇番柳林湖田十三万亩，得粮三万石。筑河堤，扩二大渠，分浚支渠，并建仓储粮，公私饶裕。副都御史二格协理军需，劾泂侵帑误公，逮治论死，下狱追赃。总督查郎阿等交章雪其诬，泂已病卒。

刘荫枢，字乔南，陕西韩城人。康熙十五年进士，授河南兰阳知县，有政声。行取，擢吏科给事中，以忧归，服阕，除刑科给事中。疏言："廉吏必节俭。迩来居官竞尚侈靡，不特车马、衣服、饮食、器用，僭制逾等；抑且交结、奔走、馈送、贪缘，弃如泥沙，用如流水。俸不给则贷于人，玷官箴，伤国体。请敕申斥，以厉廉戒贪。"又疏言："京师放债，六七当十，半年不偿，即行转票，以子为母。数年之间，累万盈千。是朝廷职官，竟为债主厮养。乞敕严立科条，照实贷银数三分起息。"并下部议行。寻调户科。三十六年，诏求直言，荫枢疏请肃纪纲，核名实，开言路，报可。

三十七年，外转江西赣南道。赣俗健讼，荫枢昼夜平决，惩妄诉者，讼渐稀。将吏私征门税，荫枢令革之。米市有牙课，牙人藉以婪索。荫枢以其钱置田，征租代课，除民累。置按察使，忤总督阿山，以谳狱前后辞互异，劾罢。四十二年，圣祖西巡，荫枢迎驾潼关，上识之，召封称旨，复授云南按察使。四十五年，迁广东布政使。总督贝和诺称其清廉勤慎，士民爱戴，云南布政使缺员，请以荫枢调补，上从之。荫枢督浚昆明湖，筑六河岸闸。会夏旱，发粟平粜，祷于五华山，得雨，民大悦。

四十七年，擢贵州巡抚。贵州苗、仲杂处，号难治。荫枢至，绝馈遗，省徭役，务以安静为治。疏请广乡试解额，设南笼厅学，以振人文。先后请改石阡、丹川、西堡、宁谷、平州、大华诸土司，设流官。开驿道，自云南坡至蕉溪二千余里。又疏言贵州钱粮课税仅十余万，邻省岁协饷二十余万，稍愆期，军士悬额待饷。请豫拨二十万储布政使库。部议持不可，疏三上，诏特允之。其后红苗叛，饷赖以无绌。乌蒙、威宁两土司相仇杀，四川巡抚年羹尧遣吏勘问，土酋匿不出，疏闻，命四川、云、贵督抚按治。荫枢先至，遣使招谕，威宁土酋听命，乌蒙土酋亦自缚出就质，咸愿伏罪释仇，苗以无事。

五十四年，准噶尔策妄阿喇布坦侵哈密，诏备兵进讨。荫枢累疏请缓师，略云："小丑不足烦大兵。愿皇上息怒，重内治，轻远略。"上责其妄奏，命驰驿赴军前周阅详议。荫枢抵巴里坤，上疏数千言，请屯兵哈密，以逸待劳。旋称病还甘肃，疏乞休，严旨谯让，仍令回巡抚任。荫枢疏报病愈，上斥荫枢："令诣军前即称病，令回任病顿愈，情伪显然。"命解任诣京师。部议阻挠军务，坐绞，上宥之，遣赴喀尔喀material。年已八十二，居戍三年，释还，复故官。六十一年，与千叟宴。世宗御极，召见，赐金归里。寻卒，年八十七。

音泰，瓜尔佳氏，满洲镶红旗人。初为西安驻防兵。康熙十三年，副都统佛尼勒讨吴三桂将谭弘、吴之茂、王屏藩等，音泰隶麾下。师自汉中进克阳平朝天关，驻守梅岭关，贼夜劫营，音泰力御，中枪折齿，得上赏。明年，佛尼埒攻王辅臣秦州，临壕列围，贼突骑出犯，音泰射殪三人，贼骇遁。复进攻西和，屡败之茂等于盐关岐山堡。十七年，进攻四川，克保宁、叙州。叙功，授骁骑校，迁防御。

三十五年，署参领，从西安将军博霁会大将军费扬古征噶尔丹，出西路。五月，上亲征，出中路，至克鲁伦河。值积雨，运粮滞，贼预焚草地，我军纡道秣马。音泰言于博霁曰："圣驾亲征，宜倍道前进。"乃急趋昭莫多，大军继进，噶尔丹败遁。叙功，予云骑尉世职。四十一年，迁佐领。四十二年，上巡西安，令官兵校射，音泰蒙赉与赐宴，寻授协领。

四十三年，擢西安副都统。四十四年，授西宁总兵官。上知其贫，诏陕西督抚助练兵犒赍之资。四十六年谕："音泰久居西陲，谙习兵事，外藩蒙古及内地军民交口称誉。"命擢甘肃提督。四十八年，授川陕总督。入觐，赏花翎及冠服、鞍马，并御书"揽辔澄清"榜赐之。

四十九年，千伟番蛮罗都等掠宁云卫，戕冕山营游击周玉麟，命四川巡抚年羹尧偕提督岳升龙往剿。羹尧至，升龙已擒罗都等三人械送勘问。既定谳，遂先还。升龙偕建昌总兵郝弘勋王会盐招降，番蛮诸酋愿率众十万贡纳粮马。音泰疏请以降酋为土司，分领其众。因劾羹尧违旨先还，诏夺羹尧职，留任效力。未几，升龙以疾解任，羹尧知其曾假帑金，议率属捐俸代偿，音泰不从。羹尧遂入告，上允行，并谕音泰宜与巡抚和衷。寻褒其洁清不瞻徇，实心任事。会奉诏申禁游民越境，令严劾纵容官吏。邠州诸属拘系者四十余案，每案至数十人。音泰疏言诸人皆藉技营生，无不法状，应递解原籍编管；如纵出境，议处所司，上韪之。

以病疏乞休，上曰："朕前幸西安，知音泰义勇，洊擢至总督。宽严并用，军民无不感戴。朕甚爱惜之，可令在任调摄。"五十二年，复请，许解任还京师，给第宅田亩，以旌其廉。并谕群臣曰："朕初用音泰，人不知其善，后乃称朕有知人之明也。"五十三年，卒，赐祭葬，谥清端。初授云骑尉世职，特命世袭罔替。

鄂海，温都氏，满洲镶白旗人。自笔帖式授内阁中书，历宗人府郎中，兼佐领。康熙三十二年，圣祖亲征噶尔丹，命鄂海赴宁夏储备牲畜。陕西按察使员缺，上以命鄂海，且谕之曰："初任外僚，每言洁其身以图报。及莅任，辄背其言。朕于数十从臣中简尔为按察使，尔当益励素行也。"三十七年，迁布政使。四十年，擢巡抚。

四十九年，授湖广总督。镇筸边外红苗为乱，令总兵张谷贞等召苗目宣谕，毛都塘等五十二寨、盘塘等八十三寨，先后剃发归化，上嘉之。五十二年，移督川、陕。疏报甘肃洮、岷边外大山生番请归化，上以洮、岷边外无生番，或为蒙古属部，命详察。鄂海奏大山在洮州东南土司杨汝松界外，非蒙古属部，宜令汝松兼辖；复疏报四川会川营界外凉山番目阿木哨请归化，岁贡马，请给番目职衔，令辖所属番、民；并从之。甘肃靖远、固原、会宁岁歉饥，民乏食，疏给口粮资本，抚辑流移。

五十七年，大将军贝子允禵等率师讨策妄阿喇布坦，驻兵西宁、甘州、庄浪诸处。鄂海请发西安库帑四十万，并拨平凉、巩昌、宁夏仓谷十万，充饷；以陕西葭州、甘肃宁夏等二十八处转输军需，请豁丁粮，纾民力。五十八年，复请豁甘肃通欠钱粮草束，俾民得尽力输纳本年粮草以佐军，户部格不行，特旨允之。六十年，诏解任专治粮饷，以四川巡抚年羹尧代之。未几，命往吐鲁番种地效力。雍正元年，予原品休致，效力如故。寻卒。

卫既齐，字伯严，山西猗氏人。父绍芳，字犹箴，顺治三年进士，授河南尉氏知县。兵后修复城郭、学校，勤劝课，广积储，禁暴戢奸，尉氏民颂焉。行取兵部主事，累迁贵州提学道佥事、浙江巡海道副使。

既齐，康熙三年进士，改庶吉士，散馆授检讨。讲学志当世之务，上疏言时事，语戆直。会遭祖母丧，假归。居久之，诣京师补官。上命以对品调外，授直隶霸州州判。既齐召民之秀良者曹试而教诲之，俾各有所就。民贷于旗丁，子钱过倍，横索无已。既齐力禁戢之，无敢逞。迁署固安、永清、平谷知县，所至辄有惠政。巡抚于成龙疏荐，会既齐以母忧去，继复遭父丧。一日，上御门，举既齐咨于九卿，佥曰贤，命复授检讨。二十七年，服阕，诣京师补官。上知既齐讲学负清望，超擢山东布政使。既齐感激，益自奋勉为清廉，令府县输款封还平余。门悬钲，吏民白事得自通。建历山书院，仿经义、治事之例，设奎、壁二斋课士。护巡抚印者再。清庶狱，结八十余案，株累数百人尽释去。在官三年，有声绩。三十年，授顺天府尹，疏请按行所部，黜陟属吏贤不肖。上以为无益，不许。寻擢副都御史，闻山、陕蝗见，平阳以南尤甚，疏请赈恤，上责其悬揣。

旋授贵州巡抚。绍芳为提学，士民祠焉。既齐至贵州，谒父祠受事。黎平知府张潓、副将侯奇嵩报古州高洞苗金涛匿罪人杀吏，请发兵进剿，既齐疏闻，即遣兵捕治；潓、奇嵩复报兵至斩苗一千一百一十八人，既齐复以闻。旋察知潓、奇嵩妄报，疏实陈，请夺潓、奇嵩官勘治。上责既齐轻率虚妄，遣尚书库勒纳、内阁学士温保往按。旋命逮既齐至京师，上令九卿诘责。既齐引罪请死，九卿议当斩，上命贷之，遣戍黑龙江。明年，赦还。家居，立社课士，斥家资供膏火。三十八年，上命承修永定河工。三十九年，又命督培高家堰，卒工次。

论曰：康熙中叶后，天下乂安，封疆大吏多尚廉能，奉职循理。若石琳改赋役，徐潮革火耗，博霁、华显、音泰整饬武备，安不忘危，皆能举其职者。刘荫枢志在休民，未知应兵之不容已，蒋陈锡、鄂海又以督饷稽迟蒙谴，卫既齐遭际殊异，而不获以功名终，其治行皆有可称，膏泽及于民，无深浅远近，要为不沫矣。

卷二百七十七　　列传六十四

于成龙孙准　**彭鹏**　**陈瑸**　**陈鹏年**　**施世纶**

于成龙，字北溟，山西永宁人。明崇祯间副榜贡生。顺治十八年，谒选，授广西罗城知县，年四十五矣。罗城居万山中，盛瘴疠，瑶、僮犷悍，初隶牂牁。方兵后，遍地榛莽，县中居民仅六家，无城郭廨舍。成龙到官，召吏民拊循之，申明保甲。盗发即捕治，请于上官，谳实即处决，民安其居。邻瑶岁来杀掠，成龙集乡兵将捣其巢，瑶惧，誓不敢犯罗山境。民益得尽力耕耨。居罗山七年，与民相爱如家人父子。牒上官请宽徭役,疏龃引,建学宫,创设养济院,凡所当兴罢者,次第举行,县大治。总督卢兴祖等荐卓异。

康熙六年,迁四川合州知州。四川大乱后,州中遗民裁百余,正赋仅十五两,而供役繁重。成龙请革宿弊,招民垦田,贷以牛种,期月户增至千。迁湖广黄冈同知,驻岐亭。岐亭故多盗,白昼行劫,莫敢谁何。成龙抚其渠彭百龄,贳罪,令捕盗自赎。尝察知盗所在,伪为丐者,入其巢,与杂处十余日,尽得其平时行劫状。乃出呼役械诸盗,具狱辞,骈缚坑之,他盗皆远窜。尝微行村堡,周访闾里情伪,遇盗及他疑狱,辄踪迹得之,民惊服。巡抚张朝珍举卓异。

十三年,署武昌知府。吴三桂犯湖南,师方攻岳州,檄成龙造浮桥济师,甫成,山水发,桥圮,坐夺官。三桂散伪札遍湖北州县,麻城、大冶、黄冈、黄安诸盗,皆倚山结寨应三桂。妖人黄金龙匿兴宁山中,谋内乱。刘君孚者,尝为成龙役,善捕盗,亦受三桂札,与金龙等结大盗周铁爪,据曹家河以叛。朝珍以成龙旧治得民心,檄往招抚。成龙诇知君孚虽反,众未合,犹豫持两端。兼程趋贼寨,距十里许止宿,榜示自首者免罪,来者日千计,皆贷之。先遣乡约谕君孚,降者待以不死。乃策黑骡往,从者二,张盖鸣钲,径入贼舍。呼君孚出见,叩头受抚,降其众数千,分立区保,籍其勇力者,督令进讨。金龙走纸棚河,与其渠邹君申往保山寨,成龙擒斩之。朝珍以闻,请复官,即擢黄州知府,上允之。

诸盗何士荣反永宁乡,陈鼎业反阳逻,刘启业反石陂,周铁爪、鲍世庸反泉畈,各有众数千,号东山贼,遥与湖口、宁州诸盗合,将趋黄州。时诸镇兵皆从师徇湖南,州中吏民裁数百,议退保麻城。成龙曰:"黄州,七郡门户,我师屯荆、岳,转运取道于此。弃此不守,荆、岳且瓦解。"誓死不去。遂集乡勇得二千人,遣黄冈知县李经政攻阳逻,得鼎业诛之。士荣率贼数犯,自牧马崖分两路来犯。成龙遣千总罗登云以千人当东路,而自当西路。令千总吴之兰攻左,武举张尚圣攻右,成龙力冲其中坚。战合,之兰中枪死,师少却;成龙策马冒矢石径前,顾千总李茂升曰:"我死,汝归报巡抚!"茂升战甚力,尚圣自右出贼后,贼大败,生致士荣,槛送朝珍,遂进克泉畈。凡二十四日,东山贼悉平。十五年,岁饥,讹言复起。成龙修治赤壁亭檄,日与僚吏觞咏其中,民心大定。会丁继母忧,总督蔡毓荣奏请夺情视事。十六年,增设江防道,驻黄州,即以命成龙。

十七年,迁福建按察使。时郑成功迭犯泉、漳诸郡,民以通海获罪,株连数千人,狱成,当骈戮。成龙白康亲王杰书,言所连引多平民,宜省释。王素重成龙,悉从其请。遇疑狱,辄令讯鞫。判决明允,狱无淹滞。军中多掠良民子女没为奴婢,成龙集资赎归之。巡抚吴兴祚疏荐廉能第一,迁布政使。师驻福建,月征荤夫数万,累民,成龙白王罢之。

十九年,擢直隶巡抚,莅任,戒州县私加火耗馈遗上官。令既行,道府劾州县,州县即讦道府不得馈遗挟嫌,

疏请严定处分,下部议行。宣化所属东西二城与怀安、蔚州二卫旧有水冲沙压地千八百顷,前政金世德请除粮,未行,为民累;成龙复疏请,从之。又以其地夏秋屡被灾,请治赈。别疏劾青县知县赵履谦贪墨,论如律。二十年,入觐,召对,上褒为"清官第一",因问剿抚州土贼状,成龙对:"臣惟宣布上威德,未有他能。"问:"属吏中亦有清廉否?"成龙以知县谢锡衮、同知何如玉、罗京对。复谕劾赵履谦甚当,成龙奏:"履谦过而不改,臣不得已劾之。"上曰:"为政当知大体,小聪小察不足尚。人贵始终一节,尔其勉旃!"旋赐帑金千、亲乘良马一,制诗褒宠,并命户部遣官助成龙赈济宣化等处饥民。成龙复疏请缓真定府属五县房租,并全蠲霸州本年钱粮,均报可。是年冬,乞假丧母,优诏许之。

未几,迁江南江西总督。成龙先后疏荐直隶守道董秉忠、阜城知县王燮、南路通判陈天栋。濒行,复荐通州知州于成龙等。会江宁知府缺,命即以通州知州于成龙擢补。成龙至江南,进属吏诰诫之。革加派,剔积弊,治事尝至达旦。好微行,察知民间疾苦、属吏贤不肖。自奉简陋,日惟以粗粝蔬食自给。江南俗侈丽,相率易布衣。士大夫家为减舆从、毁丹垩,婚嫁不用音乐,豪猾率家远避。居数月,政化大行。势家惧其不利,构蜚语。明珠秉政,尤与忤。二十二年,副都御史马世济督造漕船还京,劾成龙年衰,为中军副将田万侯所欺蔽。命成龙回奏,成龙引咎乞严谴,诏留任,万侯降调。二十三年,江苏巡抚余国柱入为左都御史,安徽巡抚涂国相迁湖广总督,命成龙兼摄两巡抚事。未几,卒于官。

成龙历官未尝携家属,卒时,将军、都统及僚吏入视,惟笥中绨袍一袭、床头盐豉数器而已。民罢市聚哭,家绘像祀之。赐祭葬,谥清端。内阁学士锡住勘海疆还,上询成龙在官状,锡住奏甚清廉,但因轻信,或为属员欺罔。上曰:"于成龙督江南,或言其变更素行,及卒后,始知其始终廉洁,为百姓所称。殆因素性鲠直,不肖挟仇谗害,造为此言耳。居官如成龙,能有几耶?"是年冬,上南巡至江宁,谕知府于成龙曰:"尔务效前总督于成龙正直洁清,乃为不负。"又谕大学士等曰:"朕博采舆评,咸称于成龙实天下廉吏第一。"加赠太子太保,荫一子入监,复制诗褒之。雍正中,祀贤良祠。

孙准,字子绳。自荫生授山东临清知州,有清操。举卓异,入为刑部员外郎,迁户部郎中。出为江南驿盐道,再迁浙江按察使,居成龙丧归,起四川布政使。康熙四十三年,授贵州巡抚。饬州县立义学,令土司子弟及苗民俊秀者悉入肄业,送督学考试。调江苏,岁饥,请发帑赈济上元等十五县及太仓、镇海二卫。滨江海田亩被潮汐冲击,多坍没,疏请豁免钱粮,诏允行。以布政使宜思恭为总督噶礼所劾,准坐失察,罢归。雍正三年,复职衔。寻卒。

彭鹏,字奋斯,福建莆田人。幼慧,有与其父仇,欲杀鹏,走匿得免。顺治十七年,举乡试。耿精忠叛,迫就伪职,鹏阳狂示疾,椎齿出血,坚拒不从。事平,谒选,

康熙二十三年，授三河知县。三河当冲要，旗、民杂居，号难治。鹏拊循惩劝，不畏强御。有妄称御前放鹰者，至县索伕牵，鹏察其诈，絷而鞭之。治狱，摘发如神。邻县有疑狱，檄鹏往鞫，辄白其冤。二十七年，圣祖巡畿甸，召问鹏居官及拒精忠伪命状，赐帑金三百，谕曰："知尔清正不受民钱，以此养尔廉，胜民间数万多矣！"寻顺天府尹许三礼劾鹏匿报控案，命巡抚于成龙察之。成龙奏："鹏讯无左验，方缉凶，非不报也。"吏议夺官，诏镌级留任。嗣以缉盗不获，累被议，积至降十三级，俱从宽留任。

二十九年，诏举廉能吏，用尚书李天馥荐，鹏与邵嗣尧、陆陇其、赵苍璧并行取，擢为科道。寻乞假归，明年，即家起工科给事中。三十二年，陕西西安、凤翔，山西平阳灾，发帑赈之。又命运河南米十万石畀陕西散饥民。鹏疏论陕西、山西、河南三省有司不恤民状，语甚切，下所司，并令鹏指实以闻。鹏因奏泾阳知县刘桂克扣籽粒，猗氏知县李澍杖杀灾民，磁州知州陈成郊滥派运价，夏邑知县尚崇震派银包运，南阳知府朱璘暧昧分肥，并及闻喜、夏县匿灾不报状。诏三省巡抚察审，事不皆实，鹏例当谴，上贷之。

三十三年，疏劾顺天乡试中式举人李仙湄闱墨删改过多，杨文铎文谬妄，给事中马士芳磨勘通贿。下九卿等察议，以鹏奏涉虚，因摘疏语有"臣言如妄，请劈臣头，半悬国门，半悬顺天府学"，以为狂妄不敬，应夺官。命鹏回奏，鹏疏言："会议诸臣，徇试官徐倬、彭殿元欺饰，反以臣为妄，乞赐罪斥。"上不问，而予倬、殿元休致。

是年，顺天学政侍郎李光地遭母丧，上命在任守制，光地乞假九月。鹏劾光地贪恋禄位，不请终制，应将光地解任，留京守制，上从之。会廷臣集议，鹏追论杨文铎文谬妄，与廷臣忿争，事闻，命解职，以原品效力江南河工。三十六年，召授刑科给事中。三十七年，出为贵州按察使。

三十八年，擢广西巡抚。湖广总督郭琇请除学政积弊，给事中慕琛、满晋，御史郑惟孜等亦疏列顺天乡试事。上以李光地、张鹏翮、郭琇与鹏俱清廉，命各抒所见。鹏疏言："琇请严督抚处分，学政贪赃，提问督抚，需索陋规，视贪赃治罪，久有定例，请敕榜示律条。维孜请令各省监生回籍乡试，九卿虑成均空虚，应责成祭酒司业，就坐监读书者讲习考课，各省学政择诸生有文行者送入成均，何虑空虚？琛、晋请察封坐号以防换卷，臣谓换卷多在入门暗约出号交卷时，请严稽行此。"又言："文官子弟请皇上亲试，臣谓当另立考场，去取听睿裁。"与光地等疏皆下九卿详议。互详光地等传。时河南巡抚徐潮之任，上谕曰："尔能如李光地、张鹏翮、郭琇、彭鹏，不但为今之名臣，亦重于后世矣。"鹏在官省刑布德，减税轻徭。广西旧供鱼胶、铁叶，非其土物，赴广东采运，鹏疏请免之。

寻移抚广东，濒行，疏言："广西州县借端私派，名曰均平。臣到任，劾罢贺县、荔浦、怀集、武缘诸贪吏。前此诸州县大者派至三千两，其次一二千两。不肖官吏，往往先征均平而后正课，甚者均平入己，遇事复行苛派。其不派均平者，又取盈于火耗。且均平所入，费于公者十之二三，费于馈遗者十之六七。欲去旧弊、苏民困，必先养州县之廉。请于征粮之内，明加火耗一分。其余陋规，概行禁止。"疏入，下部议，谓火耗不可行，但严禁加派。广西旧未设武科，鹏奏请行之。时与萧永藻互调，上勉永藻效鹏，又谕大学士曰："彭鹏人才壮健，前知三河，闻有贼，即佩刀乘马驰捕，朕所知也。"御史王度昭劾鹏在广西知布政使教化新亏帑，不即纠举，迨离任始奏闻，又掩护其半。广西粮道张天觉改征兵米浮销九十余万，部勒追完，而鹏反以天觉署布政使。兵米之案，必由藩司审详，是直以天觉察天觉也。命鹏回奏，鹏疏辨，并评度昭。上以其辞忿激，降旨严饬。

广东因借兵饷，改额赋征银为征米，较估报时值浮多，户部屡饬追完。鹏至官，是年岁稔米价低，以米计银少七万三千有奇，疏请令经管各官扣追存库，并议嗣后额赋仍依原则征银，采购兵米；其按年应追完之银，实因丰歉不同，米价无定，乞免重追；诏允行。鹏视事勤敏，遇墨吏纠劾无少徇。岁旱，步祷日中，诣狱虑囚，开仓平粜，旋得雨，民大称颂。四十三年，卒官，年六十八，上深悼惜，称其勤劳，赐祭葬。寻祀广东名宦。

陈璸，字眉川，广东海康人。康熙三十三年进士，授福建古田知县。古田多山，丁田淆错，赋役轻重不均，民逋逃迁徙，黠者去为盗。璸请平赋役，民以苏息。调台湾，台湾初隶版图，民骁悍不驯。璸兴学广教，在县五年，民知礼让。四十二年，行取，授刑部主事，历郎中，出为四川提学道佥事。清介公慎，杜绝苞苴。上以四川官吏加派厉民，诏戒饬，特срывиньлям起璸廉。未几，用福建巡抚张伯行荐，调台湾厦门道。新学宫建朱子祠于学右，以正学厉俗，镇以廉静，番、民帖然。在官应得公使钱，悉屏不取。

五十三年，超擢偏沅巡抚。莅任，劾湘潭知县王爱溱纵役累民，长沙知府薛琳声徇庇不纠劾，降黜有差。寻条奏禁加耗，除酷刑，粜积谷，置社仓，崇节俭，禁馈送，先起运，兴书院，饬武备，停开采，凡十事。诏嘉勉，谕以躬行实践，勿骛虚名。旋入觐，奏言："官吏妄取一钱，即与百千万金无异。人所以贪取，皆为用不足。臣初任知县，即不至穷苦，不取一钱，亦自足用。"比退，上目之曰："此苦行老僧也！"

寻调抚福建，上谕廷臣曰："朕见璸，察其举止言论，实为清官。璸生长海滨，非世家大族，无门生故旧，而天下皆称其清。非有实行，岂能如此？国家得此等人，实为祥瑞。宜加优异，以厉清操。"陛辞，上问："福建有加耗否？"璸奏："台湾三县无之。"上曰："火耗尽禁，州县无以办公，恐别生弊端。"又曰："清官诚善，惟以清而不刻为尚。"璸为治，举大纲，不尚烦苛。修建考亭书院及建阳、尤溪朱子祠，疏请御书榜额，并允之。复疏言："防海贼与山贼异，山贼啸聚有所，而海贼则出没靡常。台湾、金、厦防海贼，又与沿海边境不同，沿海边境患在突犯内境，而台、厦患在剽掠海中。欲防台、厦海贼，当令提标及台、澎水师定期会哨，以交旗为验。商船出海，令台、厦两汛拨哨船护送。又令商船连环具结，遇贼首尾相救，不救以通同行劫论罪。"下部议，以为繁琐，上韪其言，命九卿再议，允行。

是年冬，兼摄闽浙总督。奉命巡海，自赍行粮，屏绝供亿。捐谷应交巡抚公费，奏请允饷。上曰："督抚有以公费请充饷者，朕皆未之允。盖恐准令充饷，即同正项钱粮，不肖者又于此外婪取，重为民累。"令瑛遇本省需款拨用。瑛又请以司库余平赏赉兵役，命遵前旨。广东雷州东洋塘堤岸，海潮冲激，侵损民田，瑛奏请修筑，即移所贮公项及俸钱助工费。堤岸自是永固，乡人蒙其利。五十七年，以病乞休，诏慰留之。未几，卒于官。遗疏以所贮公项余银一万三千有奇充西师之费。命以一万佐饷，余给其子为葬具。寻谕大学士曰："陈瑛居官甚优，操守极清，朕所罕见，恐古人中亦不多得也。"追授礼部尚书，荫一子入监读书，谥清端。

瑛服御俭素，自奉惟草具粗粝。居止皆于厅事，昧爽治事，夜分始休。在福建置学田，增书院学舍，聘主讲，人文日盛。雍正中，入祀贤良祠。乾隆初，赐其孙子良举人；子恭员外郎，官至知府。

陈鹏年，字沧洲，湖广湘潭人。康熙三十年进士。授浙江西安知县，当兵后，户口流亡，豪强率占田自殖。鹏年履亩按验，复业者数千户。烈妇余冤死十年，鹏年雪其枉，得罪人置诸法。禁溺女，民感之，女欲弃复育者，皆以陈为姓。河道总督张鹏翮荐调赴江南河工，授江南山阳知县，迁海州知州。四十二年，圣祖南巡阅河，以山东饥，诏截漕四万石，令鹏翮选贤干吏运兖州分赈，以鹏年董其事，全活数万人。上回銮，召见济宁舟次，赋诗称旨，赐御书。

寻擢江宁知府。四十四年，上复南巡，总督阿山召属吏议增地丁耗羡为巡幸供亿，鹏年力持不可，事得寝。阿山嗛之，令主办龙潭行宫，侍从征馈遗，悉勿应，忌者中以蜚语。会致仕大学士张英入对，上问江南廉吏，举鹏年，复询居官状，英言："吏畏威而不怨，民怀德而不玩，士式教而不欺，廉其末也。"上意乃释。幸京口阅水师，先一日，阿山檄鹏年于江干叠石为步，江流急，施工困难，胥徒惶遽。鹏年率士民亲运土石，诘旦工成。顾阿山憾不已，疏劾鹏年受盐、典各商年规，侵蚀龙江关税银，又无故枷责关役，坐夺职，系江宁狱。命桑额、张鹏翮与阿山会鞫。江宁民呼号罢市，诸生千余建幡将叩阍。鹏年尝就南市楼故址建乡约讲堂，月朔宣讲圣谕，并为之榜曰"天语丁宁"。南市楼者故狭邪地也，因坐以大不敬，论大辟。上与大学士李光地论阿山居官，光地言阿山任事廉干，独劾陈鹏年犯清议，上颔之。谳上，鹏年坐夺官免死，征入武英殿修书。

四十七年，复出为苏州知府。禁革奢俗，清滞狱，听断称神。值岁饥，疫甚，周历村墟，询民疾苦，请赈贷，全活甚众。四十八年，署布政使。巡抚张伯行雅重鹏年，事无巨细，倚以裁决。总督噶礼与伯行忤，并忌鹏年。已，劾布政使宜思恭、粮道贾朴，因坐鹏年核报不实，吏议夺官，遣戍黑龙江，上宽之，命仍来京修书。噶礼复密奏鹏年虎丘诗，以为怨望，欲文致其罪，上不报。俄，噶礼与伯行互讦，屡遣大臣按治，议夺伯行职。上以伯行清廉，命九卿改议，并谕曰："噶礼曾奏陈鹏年诗语悖谬，宵人伎俩，大率如此。朕岂受若辈欺耶？"因出其诗畀阁臣共阅。五十六年，出署霸昌道，仍回京修书。

六十年，命随尚书张鹏翮勘山东、河南运河，时河决武陟县马营口，自长垣直注张秋，命河督赵世显塞之。议久不决，鹏年疏言："黄河老堤冲决八九里，大溜直趋溢口，宜于对岸上流广武山下别开引河，更于决口稍东亦开引河，引溜仍归正河，方可堵筑。"奏入称旨。世显罢，即命鹏年署河道总督。六十一年，马营口既塞复决，鹏年谓："地势低洼，虽有引河，流不能畅。惟有分疏上下，杀其悍怒。请于沁、黄交汇对岸王家沟开引河，使水东南行，入荥泽正河，然后堤工可成。"诏如议行。先是，马营决口因桃汛流激，难以程工；副都御史牛钮奉命阅河，奏于上流秦家厂堵筑，工甫竟，而南坝尾旋决一百二十余丈，入马营东下。鹏年与巡抚杨宗义谋合之。既，北坝尾复溃百余丈，鹏年乃建此议。世宗即位，命真除。时南北坝尾合而复溃者四，至是以次合龙，而马营口尚未塞。鹏年止宿河堧，寝食俱废，寝羸惫。雍正元年，疾笃，遣御医诊视。寻卒，上闻，谕曰："鹏年积劳成疾，没于公所。闻其家有八旬老母，室如悬磬。此真鞠躬尽瘁，死而后已之臣。"褒锡甚至。赐帑金二千，锡其母封诰，视一品例荫子，谥恪勤。祀河南、江宁名宦。

子树芝、树萱。圣祖时，以诸生召见，令随鹏年校书内廷。树芝官至平越知府，树萱官至户部侍郎。

施世纶，字文贤，汉军镶黄旗人，琅仲子。康熙二十四年，以荫生授江南泰州知州。世纶廉惠勤民，州大治。二十七年，淮安被水，上遣使督堤工，从者数十辈，驿骚扰民，世纶白其不法者治之。湖北兵变，官兵赴援出州境，世纶具刍粮，而使吏人执梃列而待，兵有扰民，立捕治，兵皆敛手去。二十八年，以承修京口沙船迟误，部议降调。总督傅腊塔疏陈世纶清廉公直，上允留任。擢扬州知府。扬州民好游荡，世纶力禁之，俗为变。三十年八月，海潮骤涨，泰州范公堤圮，世纶请捐修。三十二年，移江宁知府。三十五年，琅卒，总督范成勋疏以世纶舆情爱戴，请在任守制；御史胡德迈疏论，世纶乃得去官，复居母丧。岁余，授苏州知府，仍请终制，辞不赴。三十八年，既终制，授江南淮徐道。

四十年，湖南按察使员缺，九卿举世纶，大学士伊桑阿入奏，圣祖谕曰："朕深知世纶廉，但遇事偏执，民与诸生讼，彼必祖民；诸生与搢绅讼，彼必祖诸生。处事惟求得中，岂可偏执？如世纶者，委以钱谷之事，则相宜耳。"是岁授湖南布政使。湖南田赋丁银有徭费，漕米有京费。世纶至，尽革徭费，减京费四之一，民立石颂之。四十三年，移安徽布政使。

四十四年，迁太仆寺卿。四十五年，坐湖南任内失察营兵掠当铺，罢职。三月，授顺天府府尹，疏请禁司坊擅理词讼、奸徒包揽捐纳、牙行霸占货物、流娼歌舞饮宴，饬部议，定为令。四十八年，授左副都御史，兼管府尹事。四十九年，迁户部侍郎，督理钱法。寻调总督仓场。五十四年，授云南巡抚，未行，调漕运总督。世纶察运漕积弊，革羡金，劾贪弁，除蠹役，以严明为治。岁督漕船，应限全完，无稍愆误。

时西陲用兵，转输馈运，自河南达陕西。陕西旱饥，五十九年，上命世纶诣陕西佐总督鄂海督军饷，并令道中勘河南府至西安黄河挽运路径，并察陕西现存谷石数目陈奏。世纶乃溯河西上，疏言："河南府孟津县至陕西太阳渡，大小数十余滩，纤道高低不等，或在河南，或在河北。渑池以下，舟下水可载粮三百余石，上水载及其半；渑池以上，河流高迅，仅可数十石。自砥柱至神门无纤道，惟路旁石往往有方眼，又有石鼻，从前挽运，其迹犹存。自陕州至西安府，河水平稳，俱有挽运路径。谨绘图以闻。"又言："河南府至陕州三门，今乃无舟。请自太阳渡以下改车运，太阳渡至西安府党家马头舟行为便。党家马头入仓复改车运，谷二十万石都银十万三千两有奇。但运谷二十万，止得米十万。请令河南以二谷易一米，则运价可省其半。若虑米难久贮，请照例出陈易新。"奏入，上念陕西灾，发帑金五十万，并令酌发常平仓谷；又以地方官吏大半在军前，令选郎院司官诣陕西，命世纶总其事。世纶令分十二路察贫民，按口分给，远近皆遍。六十年春，得雨，灾渐瘳。上命世纶还理漕事。六十一年四月，以病乞休，温旨慰留，令其子廷祥驰驿省视。五月，卒。遗疏请随父琅葬福建，上允之，诏奖其清慎勤劳，予祭葬。

世纶当官聪强果决，摧抑豪猾，禁戢胥吏。所至有惠政，民号曰"青天"。在江宁以忧归，民乞留者逾万。既不得请，人出一钱建两亭府署前，号一文亭。官府尹，步军统领托合齐方贵幸，出必拥驺从。世纶与相值，拱立道旁俟。托合齐下舆惊问，世纶抗声曰："国制，诸王始具驺从。吾以为诸王至，拱立以俟，不意于汝也！"将疏劾，托合齐谢之乃已。赈陕西，陕西积储多虚耗，将疏劾。鄂海以廷祥知会宁，语微及之，世纶曰："吾自入官，身且不顾，何有于子？"卒疏言之。鄂海坐罢去。

论曰：于成龙秉刚正之性，苦节自厉，始终不渝，所至民怀其德。彭鹏拒伪命，立身不苟，在官亦以正直称。陈瑸起自海滨，一介不取，行能践言。陈鹏年、施世纶廉明爱人，不畏强御。之五人者，皆自牧令起，以清节闻于时。成龙、世纶名尤盛，闾巷诵其绩，久而弗渝。康熙间吏治清明，廉吏接踵起，圣祖所以保全诸臣，其效大矣。

卷二百七十八　　列传六十五

慕天颜　阿山　噶礼

慕天颜，字拱极，甘肃静宁人。顺治十二年进士，授浙江钱塘知县。迁广西南宁同知，再迁福建兴化知府。康熙九年，擢湖广上荆南道。总督刘兆麒疏言天颜习边海诸事，请调福建兴泉道。寻擢江苏布政使。十二年，丧母。总督麻勒吉、巡抚玛祜疏言："天颜廉明勤敏，清积年逋赋，厘剔挪移，事未竟，请令在官守制。"十三年，入觐，疏言："江南田地钱粮有隐占、诡寄诸弊，臣饬州县通计田额，均分里甲，又因科则不等，立征收截票之法，每户实征钱粮分十限，于开征日给限票，依限完纳截票。逾限未截，按数追比，吏不能欺民。"下部，著为令。

十五年，擢江宁巡抚。疏进钱粮交代册，上嘉其清晰，命布政使交代当以此为式。寻以节减驿站钱粮，加兵部侍郎。师征吴三桂，大将军贝勒尚善请造船济师，下天颜督造送岳州。叙劳，加太子少保、兵部尚书，仍兼右副都御史。时诸道兵应征发，舳舻蔽江，夫投牵挽，动以千万计。天颜疏言："纤夫募诸民间，夫给银一钱。民争逃匿，计里均派，先期拘集，饥寒踣顿。及兵既到，计船给夫，兵与船户横索财物，鞭挞死伤。臣拟军赴前敌，仍给纤夫；其凯旋还京，并各省调遣归标官兵，每船应夫若干，以其直给船户，令雇水手。"上从之，命下直省，著为令。

江南水道交错，天颜为布政使时，请于巡抚玛祜，浚吴淞江、刘河淤道。十九年，江南困霪雨，疏言："附近吴淞江、刘河诸州县水道通畅，旋溢旋消。宜兴、常熟、武进、江阴、金坛诸县水无出路，或要口湮塞，致积雨成壑。常熟白茆港为长洲、昆山、无锡诸水出海要道，武进孟渎河为丹阳、宜兴、金坛诸水归江要道，请动帑疏浚。"上从之。于是浚白茆港四十三里达海，浚孟渎河四十八里达江，皆建闸以时启闭，费帑九万有奇。又尝疏请减浮粮，除版荒、坍没公占田地，部议坍没许豁除，版荒令覆勘。二十年，疏请募民垦版荒，六年后起科。

扬州知府高德贵亏帑数万，既劾罢，旋卒，天颜疏销草豆价，户部核减七千有奇，天颜檄追德贵家属。京口防御高腾龙，德贵族也，与参领马崇骏以天颜奏销浮冒讦于将军杨凤翔，凤翔格不行。总督阿席熙劾崇骏、腾龙挟取，上遣郎中图尔宸、钟有德会天颜勘治。崇骏、腾龙叩阍讼天颜奏销浮冒，恶其讦告构罪状，唆总督劾奏。上命图尔宸、钟有德具狱，崇骏、腾龙挟取罪至死，天颜以草豆价户部核减诿罪德贵，当左迁。得旨，如议。

天颜将去官，疏列成劳，且言："夙夜冰兢精白，不意遭诬评，蒙鉴宥不加严谴。"上以天颜未闻有廉名，乃自言"冰兢精白"，非是，命严饬。二十三年，起湖北巡抚，复谕之曰："尔前为巡抚，未能洁己率属。今宜痛改前非，廉谨自持，以副任使。"旋移贵州。

二十六年，授漕运总督，疏言："京口至瓜洲，漕船往来，风涛最险。请仿民间渡生船，官设十船，导引护防。"部议非例，不允。上曰："朕南巡见京口、瓜洲往来人众，备船过渡，有益于民。其如所请行。"天颜疏陈江南、江西累年未完漕项银米请恩贷，上命尽免康熙十七年以前积逋。江南扬州、淮安所属运河东濒海诸州县地卑下，谓之下河，频岁被水。上先用汤斌议，遣侍郎孙在丰疏浚下河。河道总督靳辅议起翟家坝迄高家堰筑重堤，束堤堰溢出之水北出清口，谓疏浚无益。天颜仍主疏浚，并修筑高家堰，与不协。上遣尚书佛伦、熊一潇，给事中达奇纳、赵吉士会勘，佛伦等主用辅议，天颜、在丰议与辅异。天颜密疏力争，辅疏劾天颜与在丰有连，欲在丰建功，故坚阻上游筑堤。下部议，夺天颜职，而辅亦为御史郭琇、陆祖修，给事中刘楷交章劾罢。初，辅请于仲家庄建闸，引骆马湖水，别凿中河，俾漕船避黄河之险，天颜亦议为无益。上命学士开音布、侍卫马武往视，还奏天颜令漕船毋入中河，上以责天颜，逮下狱。天颜反复申辨，副都御史噶尔图举天颜诉辞先后互异，坐奏事上书不以实论罪，上追录天颜造舟济师，特宽之。三十五年，卒。

天颜历官有惠绩，尝疏请有司亏帑虽逾限，于发遣前清偿，仍贯其罪。狱囚因逸犯株连，待质已三年者，于秋审时开释；狱囚无亲属馈食，月给米三斗：皆恤下之政。在江南，兴水利，蠲积逋，而请免纤夫，苏一时之困，江南民尤颂之。独劾嘉定知县陆陇其不协于舆论，左都御史魏象枢疏言：“天颜劾陇其，称其操守绝一尘，德有余而才不足。今之有司，惟操守为难；既知之矣，何不留以长养百姓？请严饬诸督抚大破积习，勿使廉吏灰心，贪风日长。”会诏举清廉，象枢遂以陇其应，语具《陇其传》。

阿山，伊拉哩氏，满洲镶蓝旗人。初自吏部笔帖式历刑部主事、户部员外郎。康熙十八年，授翰林院侍讲，七迁至户部侍郎。三十年，命治赈西安、凤翔二府，明年还京。上闻流民有至襄阳者，以问阿山。阿山言正月已得雪，民无流亡。上曰：“正月虽雪，二、三月雨不时，麦收未可望。流民至襄阳甚多，汝未之知耳。”坐奉使不尽心，左授郎中。三十三年，擢左副都御史。三十五年，上亲征噶尔丹，阿山从。授阿密达为将军，逐噶尔丹，阿山为参赞。师还，授盛京礼部侍郎。三十六年，授翰林院掌院学士。

三十九年，授江南江西总督。安徽布政使张四教以忧去官，巡抚高永爵劾四教擅动库帑，下阿山察奏。阿山言四教动库帑为公用，请免议，上复命具实状以闻。阿山乃言：“三十八年上南巡，四教发库帑十一万供办，议令各官扣俸抵补。各官皆自承，臣不敢隐。”上责阿山徇情沽誉，命漕运总督桑额鞫四教，论如律。阿山当夺职，上宽之，命留任。

四十三年，阿山劾江西巡抚张志栋大计不公，志栋及布政使李兴祖、按察使刘廷玑、道员韩象起等皆夺职。阿山又言大计志栋主之，请复兴祖等官。给事中许志进劾阿山恩威自擅，阿山疏辩，且诋志进为淮安漕标营卒子，素行不端，为志栋报复。志进亦追论阿山庇张四教，并收属吏贿赂，盗仓谷不问，贪淫恶迹，纵妾父生事。疏并下部议，部议皆夺职。上复宽阿山，命留任如故。四十四年，疏劾江宁知府陈鹏年贪酷，并以妓楼改建讲堂，渎圣谕，大不敬。命会桑额及河道总督张鹏翮集谳，坐鹏年罪至斩，上特命来京，事具《鹏年传》。

阿山与桑额、鹏翮议自泗州开河筑堤，引淮水至黄家堰，入张福口，会出清口，是为溜淮套，疏请上临视。四十五年，授刑部尚书。四十六年，上南巡，临视溜淮套，谕曰：“阿山等奏溜淮套别开一河，分泄淮水，绘图进呈。朕策骑自清口至曹家庙，见地势甚高，虽成河，不能直达清口，与所进图不同。且所立标竿多在民家上，朕何忍发此无限枯骨耶？”命鹏翮罢其事。下九卿议，阿山及桑额、鹏翮皆夺职；上以阿山主其议，命但坐阿山，遂夺职。五十一年，江苏布政使宜思恭以亏帑坐谴，因列诉总督噶礼等频向需索，阿山亦受节馈，下部议，上以阿山老，宽之。五十二年，万寿，复原品。逾年，卒。

阿山故精察，上尝问大学士李光地：“阿山在官何若？”光地奏：“臣尝与同僚，廉干，果于任事。其失民心，独劾陈鹏年一事耳。”上领之。

噶礼，栋鄂氏，满洲正红旗人，何和哩四世孙也。自荫生授吏部主事，再迁郎中。康熙三十五年，上亲征噶尔丹，次克鲁伦河。噶礼从左都御史于成龙督运中路兵粮，首达行在，召对，当上意。寻擢盛京户部理事官。岁余三迁，授内阁学士。三十八年，授山西巡抚。噶礼当官勤敏能治事，然贪甚，纵吏虐民。抚山西数年，山西民不能堪。会潞安知府缺员，噶礼疏荐霍州知州李绍祖，绍祖使酒自刎，噶礼匿不以奏。上闻之，下九卿议罪，拟夺噶礼职，上宽之。御史刘若鼐疏论噶礼贪，得赃无虑数十万，太原知府赵凤诏为其腹心，专用酷刑以济贪壑事。下噶礼复奏，得辨释。

平遥民郭明奇等以噶礼庇贪婪知县王绶，走京师诣巡城御史袁桥列诉。桥疏闻，并言"噶礼通省钱粮加火耗十之二，分补大同、临汾等县亏帑，余并入己，得四十余万；指修解州祠宇，用巡抚印簿勒捐；令家伶赴平阳、汾州、潞安三府迫富民馈遗；又以讼得临汾、介休富民亢时鼎、梁湄金；纵汾州同知马遴；庇洪洞知县杜连登，皆贪吏；隐平定雹灾"，凡七事。上命噶礼复奏，山西学政邹士璁代太原士民疏留噶礼。御史蔡珍疏劾士璁"职在衡文，乃与巡抚朋比。且袁桥疏得旨二日后，太原士民即具呈，显为诬伪。噶礼与士璁同城，委为不知，是昏愦也；知而不阻，是幸恩也。请并敕部议处。"寻噶礼复奏，以明奇等屡坐事走京师诬告，并辨桥、珍所言皆无据。下九卿察奏，明奇等下刑部治罪，桥、珍坐诬谴罢。

四十八年，迁户部侍郎，旋擢江南江西总督。噶礼至江南，益恣肆，累疏劾江苏巡抚于准、布政使宜思恭、按察使焦映汉，皆坐罢。知府陈鹏年初为总督阿山劾罢，上复命守苏州；及宜思恭罢，署布政使。鹏年素忼直，忤噶礼。噶礼续劾宜思恭亏帑，又论粮道贾朴建关开河皆有所侵蚀，遂及鹏年核报不实，鹏年复坐罢。噶礼复密疏鹏年虎丘诗怨望，上不为动。

巡抚张伯行有廉声，至则又与噶礼忤。五十年，伯行疏言本科江南乡试取士不协舆论、正考官副都御史左必蕃亦检举同考官知县王曰俞、方名所荐士有不通文字者。上命尚书张鹏翮如扬州会噶礼及伯行察审。鹏翮至，会谳，既得副考官编修赵晋及曰俞、名诸交通状，伯行欲穷其狱。噶礼盛怒，刑证人，遂罢谳。伯行乃劾噶礼，谓舆论盛传总督与监临提调交通鬻举人；及事发，又传总督索银五十万,许不竟其事;请敕解任就谳。噶礼亦劾伯行,谓:"方会谳时,臣正鞫囚,伯行谓臣言不当,臣恐争论失礼,缄口结舌。伯行遂阴谋诬陷,以鬻举人得银五十万污臣,臣不能与俱生。"因及伯行专事著书,猜忌糊涂,不能清理案牍。时方有戴名世之狱,又言:"《南山集》刻板在苏州印行,伯行岂得不知?进士方苞以作序连坐,伯行凤与友,不肯捕治。"并罗列伯行不职数事。

疏入,上并命解任,令鹏翮会漕运总督赫寿察奏。狱具,晋、曰俞、名及所取士交通得贿,当科场舞弊律论罪;噶礼劾伯行不能清理案牍事实,余皆督抚会衔题咨旧事,苞为伯行递送刑部,《南山集》刻板在江宁,皆免议;伯行妄奏噶礼鬻举人,当夺职。上切责鹏翮、赫寿瞻徇,又命尚书穆和伦、张廷枢覆谳,仍如鹏翮等议。上谕曰:"噶礼才有余,治事敏练,而性喜生事,屡疏劾伯行。朕以伯行操守为天下第一,手批不准。此议是非颠倒!"下九卿、詹事、科道察奏,复谕曰:"噶礼操守,朕不能信;若无张伯行,江南必受其朘削且半矣。即如陈鹏年稍有声誉,噶礼欲害之,摘虎丘诗有悖谬语,朕阅其诗,初无他意。又劾中军副将李麟骑射皆劣。麟比来迎驾,朕试以骑射,俱优。若令噶礼与较,定不能及。朕于是心疑噶礼矣。互劾之案,遣大臣往谳,为噶礼所制。尔等皆能体朕保全廉吏之心,使正人无所疑惧,则海宇蒙升平之福矣。九卿等议噶礼与伯行同任封疆,互劾失大臣体,皆夺职;上命留伯行任,噶礼如议夺职。

五十三年,噶礼母叩阍,言噶礼与弟色勒奇、子干都置毒食物中谋弑母,噶礼妻以别户子干泰为子,纵令纠众毁屋。下刑部鞫得实,拟噶礼当极刑,妻论绞,色勒奇、干都皆斩,干泰发黑龙江,家产没入官。上令噶礼自尽,妻从死,余如部议。

论曰:廉吏往往不获于上,岂长官皆不肖,抑其强项固有所不可堪欤?陇其之廉,天颜知之而不能容。鹏年初扼于阿山,继挫于噶礼,皆欲中以危法,抑又甚矣。伯行与噶礼互劾,再谳不得直。幸赖圣祖仁明,陇其复起,鹏年致大用,伯行亦终获全。二三正人诎而得申,人心风气震荡洋溢,所被至远。噶礼不足以语此,盖天颜、阿山亦弗能喻也。

卷二百七十九　　列传六十六

杨方兴　朱之锡 崔维雅 **靳辅** 陈潢
宋文运　董讷　熊一潇　**于成龙** 孙在丰
开音布　**张鹏翮**

杨方兴,字浡然,汉军镶白旗人。初为广宁诸生。天命七年,太祖取广宁,方兴来归。太宗命直内院,与修《太祖实录》。崇德元年,试中举人,授牛录额真衔,擢内秘书院学士。性嗜酒,尝醉后犯跸,论死,上贳之,命断

酒。

顺治元年,从入关。七月,授河道总督。李自成决河灌开封,其后屡决屡塞,贼势浸张,土寇群起,两岸防守久废。伏秋汛发,北岸小宋口、曹家寨堤溃,河水漫曹、单、金乡、鱼台四县,自兰阳入运河,田产尽没。方兴至官,遣兵捕治土寇,扫穴擒渠,乃疏请修筑。二年七月,河决流通集,分两道入运河,运河受河水淀浊淤塞,下流徐、邳、淮、扬亦多冲决。方兴以防护无功自劾,上谕以殚力河防,不必引咎。旋疏荐补管河道方大猷等。四年,流通集决口将合,河下注湍激,又决汶上入独山湖。方兴请修筑通济闸上下堤岸,并淮安东北苏淤、马罗等堤,又筑江都、高邮诸石堤,流通集合口。进兵部尚书衔。

七年,加太子少保。八月,河决荆隆口,南岸出单家寨,北岸出朱源寨。南岸先合,河全注北岸,张秋以下堤尽溃,自大清河东入海。方兴用大猷议,于上游筑长缕堤遏其势,复筑小长堤塞决口,期半年蒇事。九年,方兴复乞休,不许。大猷擢江南按察使,方兴请以新衔管河务。九年,荆隆口工竟,方兴疏言:"清口、淮、黄交汇,黄强淮弱,岁需疏浚。请于清江、通济二闸适中处修复福兴闸,启一闭二,以时蓄泄。"从之。

给事中许作梅,御史杨世学、陈棐交章请勘九河故道,导河北流入海。方兴言:"河古今同患,而治河古今异宜。宋以前治河,但令赴海有路,可南亦可北。元、明迄我清,东南漕运,自清口迄董家口二百余里,藉河为转输,河可南必不可北。若欲寻禹旧迹,导河北行,无论漕运不通,恐决出之水东西奔荡,不可收拾。势须别筑数千里长堤,较之增卑培薄,难易显然。且河挟沙以行,束之为一,则水急沙流;播之为九,则水缓沙壅。数年后河仍他徙,何以济运?臣愚以为河不能无决,决而不筑,司河者之罪;河不能无淤,淤而不浚,亦司河者之罪。若欲保其不决不淤,谁敢任之?请敕下廷议,定画一之规,屏二三之说,俾有所遵守。"疏入,上嘉纳焉。

十年,河决大王庙,距朱源寨口不远。给事中周体观劾方兴治河罔效,方兴疏辨,因请罢斥,温诏慰留。十一年,给事中林起龙复劾方兴侵蚀工需,累民捐费至六十余万;并劾大猷等奸贪不法。上解方兴任,命入都质对,起龙以诬谴,方兴复任。既,直隶总督李荫祖复劾大猷贪婪误工,方兴亦劾大猷,上以其不先举发,切责之。给事中董笃行又劾方兴徇庇,降级留任。

十四年,乞休,上念其劳,以原官加太子太保致仕。方兴还京师,所居仅蔽风雨,布衣疏食,四壁萧然。康熙四年,卒,赐祭葬。

朱之锡,字孟九,浙江义乌人。顺治三年进士,改庶吉士,授编修。十一年七月,擢弘文院侍读学士,四迁至吏部侍郎。十四年,杨方兴乞休,上特擢之锡,以兵部尚书衔,总督河道,驻济宁。十五年十月,河决山阳柴沟,建义、马逻诸堤并溢。之锡驰赴清江浦筑戗堤,塞决口。宿迁董家口为沙所淤,就旧渠迤东别开河四百丈通运道。十六年,条上治河诸事,言:"河南岁修夫役,近屡经奏

减，宜存旧额。明制，淮工兼用民修，宜复旧例。扬属运道与高、宝诸湖相通，淮属运道为黄、淮交会，旧有各堤闸，宜择要修葺。应用柳料，宜令濒河州县预为筹备。奸豪包占夫役，卖富贫金，工需各物，私弊百出，宜责司、道、府、厅查报，徇隐者以溺职论。额设水夫，阴雨不赴工，所扣工食，谓之旷尽，宜令管河厅道严核。河员升调降用，宜令候代始行离任。河员有专责，不宜别有差委。岁终察核举劾，并宜复旧例。"皆下部议行。之锡丁母忧，命在任守制，疏请归葬，优诏给假治丧。十七年，还任。以捐金赈淮、扬、徐三府灾，加太子少保。

康熙元年，河决原武、祥符、兰阳县境，东溢曹县，复决石香炉村。之锡檄济宁道方兆及董曹县役，而赴河南督塞西阎寨、单家寨、时利驿、蔡家楼、策家寨诸决口。四年二月，疏言："南旺为运河之脊，北至临清，南至台庄，四十余闸，全赖启闭得宜。濒河春常少雨，伏秋雨多，东省久旱，山泉小者多枯，大者已弱。若官船经闸，应闭者强之使开，泄水下注，则重运之在上者阻；应开者强之使闭，留水待船，则重运之在下者又阻。乞饬各遵例禁。"得旨，非奉极要差遣，擅行启闭者，准参奏。八月，疏言："部议停差北河、中河、南河、南旺、夏镇、通惠诸分司，归并地方官。臣维河势变幻，工料纷繁，天时不齐，非水则旱，或绸缪几先，或补葺事后，或张皇于风雨仓遽之际，或调剂于左右方圆之间。北河所辖三千余里，其间三十余闸；中河所辖黄、运两河，董口尤运道咽喉，清黄交接，浊流易灌；南河所辖在淮、黄、江、湖之间，相距辽远；南旺、泉源三百余处，近者或出道隅，远者偏藏僻壤；夏镇地属两省，凿石通漕，形势陡绝，节宣闸座，尤费经营；通惠浮沙易浅，峻水易冲，塞决之役，岁岁有之。若云归并府佐，则职微权轻，上下掣肘。至于地方监司，责以终年累月奔驰驻守，揆之事势，万万不能。分司与各道界壤迥不相同，应合而分：一闸座也，上流以为应闭，下流以为应开；一额夫也，在此则欲求多，在彼又复患少。不但纷竞日多，必致牵制误事。应请仍循旧制。"得旨允行。五年二月，卒。

直隶山东河南总督朱昌祚疏言："之锡治河十载，绸缪旱溢，则尽瘁旰宵，疏浚渠渎，则驰驱南北。受事之初，河库贮银十余万；频年撙节，现今贮库四十六万有奇。核其官守，可谓公忠。及至积劳樱疾，以河事孔亟，不敢请告。北往临清，南至邳、宿，疢病日增，遂以不起。年止四十有四，未有子嗣。吁请恩恤，赐祭葬。"徐、兖、淮、扬间颂之锡惠政，相传死为河神。十二年，河道总督王光裕请锡封号，部议不行。乾隆四十五年，高宗南巡视河工，始允大学士阿桂等请，封助顺永宁侯，春秋祠祭。嗣加号曰"佑安"，民称之曰朱大王。

崔维雅，字大醇，直隶大名人。顺治三年举人，授浚县教谕，迁河南仪封知县。仪封濒河，岁苦泛滥，北岸三家庄当水冲，十四年，水势北注，岸崩五里余。维雅于上游故流疏使东行，北岸得安。复与塞封丘大王庙决口，之锡疏荐，擢开封南河同知。

康熙元年五月，曹县石香炉村河决，士民求速塞，维雅持不可。工将成复溃，至冬乃塞，如维雅言。迁浙江宁波知府，光裕疏荐，擢河南河道副使。时沿河千余里，险工迭出，维雅常预为之备，得无事。阳武潭口寺堤直河冲，水势迅急，下埽辄蛰。维雅预于上流疏引河，埽定，堤得固。虞城距河堤仅数里，堤没入河，北岸引河冲刷不利。维雅预迎河溜挑浚，及秋水归新河，旧河为平陆。桃源七里沟河屡塞屡决，光裕檄维雅往勘，维雅言引河浅狭，流缓沙停，激荡无力，宜令河头加宽阔，使足禽受全河；又待河水突涨，乃使开放，建瓴直下。又言下游数十里已成平陆，而引河仅百丈，节短势蹙，力不能刷淤，当接挑二百丈阔，损十之八而深半之。又言开放当在河头西北，留近埽五丈勿开，则河流入口有倒泻之势，埽亦迎底下。光裕悉用其议。复迁河南按察使，湖南、广西布政使，内召为大理寺卿。卒。

维雅治河主疏导引河，使水有所归，故屡有功而后不为患。当靳辅兴大工时，维雅奏上所著《河防刍议》、《两河治略》，并诋诶辅所行诸法，列二十四事难之。辅疏辨，谓维雅说不可行，寝其议。

靳辅，字紫垣，汉军镶黄旗人。顺治九年，以官学生考授国史馆编修，改内阁中书，迁兵部员外郎。康熙初，自郎中四迁内阁学士。十年，授安徽巡抚。疏请行沟田法，以十亩为一畖，二十畖为一沟。沟土累为道，道高沟低，涝则泄水，旱以灌田。会三藩乱起，不果行。部议裁驿站经费，辅请禁差员横索、骚扰驿递，岁终节存驿站、扛脚等项二十四万有奇。上奖辅实心任事，加兵部尚书衔。

十六年，授河道总督。时河道久不治，归仁堤、王家营、邢家口、古沟、翟家坝等处先后溃溢，高家堰决三十余处，淮水全入运河，黄水逆上至清水潭，浸淫四出。砀山以东两岸决口数十处，下河七州县淹为大泽，清口涸为陆地。辅到官，周度形势，博采舆论，为八疏同日上之：首议疏下流，自清江浦至云梯关，于河身两旁离水三丈，各挑引河一道，俟黄、淮下注，新旧河合为一，即以所挑土筑两岸大堤，南始白洋河，北至清河县，并东至云梯关。云梯关至海口百里，近海二十里，潮大土湿，不能施工，余八十里亦宜量加疏浚，筑堤以束之，限二百日毕工，日用夫十二万三千有奇。次议治上流淤垫，洪泽湖下流自高家堰西至清口，为全淮会黄之所。当于小河两旁离水二十丈，各挑引河一道，分头冲洗。次议培修七里墩、武家墩、高家墩、高良涧至周桥闸临湖残缺堤岸，下筑坦坡，使水至平漫而上，顺缩而下，不至怒激崩冲。堤一尺，坦坡五尺，夯杵坚实，种草其上。次议塞黄、淮各处决口，例用埽，费巨且不耐久；求筑土御水之法，宜密下排桩，多加板榄，用蒲包裹土，麻绳缚而填之，费省而工固。次议闭通济闸坝，浚清口至清水潭运河二百三十里，以所挑之土倾东西两堤之外，西堤筑为坦坡，东堤加培坚厚。次议规画经费，都计需银二百十四万八千有奇。宜令直隶、江南、浙江、山东、江西、湖北各州县预征康熙二十年钱粮十之一，约二百万。工成后，令淮、扬被水田亩纳三钱至一钱；

运河经过，商货米豆石纳二分，他货物斤四分；并开武生纳监事例，如数补还。次议裁并冗员，明定职守，并严河工处分，讳决视讳盗；兼请调用官吏，工成，与原属河厅官吏并得优叙。次议工竣后，设河兵守堤，里设兵六名至二名，都计五千八百六十名。疏入，下廷议，以方军兴，复举大工，役夫每日至十二万余，召募扰民，应先择要修筑。上命辅熟筹。

十七年，辅疏言："以驴运土，可减募夫之半；初拟二百日毕工，今改为四百日，又可减募夫之半。"河工故事，大堤谓之"遥堤"，堤内复为堤逼水，谓之"缕堤"，两堤间为横堤，谓之"格堤"。辅疏请就原估土方加筑缕堤，有余量增格堤，南自白洋河，北自清河，上至徐州，视此兴筑。余并如前议。疏入，复下廷议，允行。

上谕以治河大事，当动正项钱粮。辅疏言："前议黄河两岸分筑遥、缕二堤，勘有旧堤贴近河身，拟作为缕堤，其外更筑遥堤。前议用驴运土，今议改车运。前议离河三十丈内不许取土，今因宿迁、桃源等县人弱工多，改令二十丈外取土。前议河身两旁各挑引河一道，今以工费浩繁，除清河北岸浅工必须挑浚。余俱用铁扫帚浚深河底。"下部议，从之。

是岁吴三桂死，上趣诸将帅进兵，辅欲节帑佐军，又以兴工后需费溢出原估，均颇改前议，先开清口引河四道，塞高家堰、王家冈、武家墩诸决口，筑堤束水。如所议施行。顾下流未大治，伏秋盛涨，水溢出堤上，复决砀山石将军庙、萧县九里沟。辅乃议设减水坝，于萧、砀、宿迁、桃源、清河诸县河南北两岸为坝十三，坝七洞，水盛藉以宣泄。辅复察清口淮、黄交会，黄涨侵灌运河，乃自新庄闸西南开新河至太平坝；又自文华寺开新河至七里闸，复折向西南，亦至太平坝；改以七里闸为运口，由武家墩烂泥浅转入黄河。运口距黄、淮交会处约十里，自此无淤垫之患。疏报，并议行。辅勘清水潭决口屡塞屡冲，乃弃深就浅，筑东西长堤二道，并挑新河八百四十丈，疏积水。山阳、高邮等七州县民田，至是皆出水可耕。

十八年，辅疏报，并请名新河曰永安河，报闻。翟家坝淮河决口成支河九道，辅饬淮扬道副使刘国靖等督堵塞，至是工竟，辅诣勘疏报，并言："山阳、宝应、高邮、江都四县潴水诸湖，逐渐涸出。臣今广为招垦，俾增赋足民，上下均利。"屯田之议自此起。

漕船自七里闸出口，行骆马湖达窑湾。夏秋盛涨，冬春水涸，重运多阻。辅议浚湖旁皁河故道，上接泇河通运。疏入，下廷议，上问诸臣意若何，左都御史魏象枢曰："辅请大修黄河，上发帑二百五十一万，计一劳永逸。前奏坝已筑十之七，今又欲别开河道，所谓一劳永逸者安在？臣等虑漕运有阻，故议从其请。"上曰："象枢言良是。河虽开，必上流浩瀚，方免淤滞。今雨少水涸，恐未必有济。即已成诸工，亦以旱易修，岂得恃为永固耶？"十九年五月，辅丁忧，命在任守制。秋，河复决，辅疏请处分，上趣辅修筑。二十年三月，辅疏言："臣前请大修黄河，限三年水归故道。今限满，水未归故道，请处分。"下部议，当夺官，上命戴罪督修。

二十一年五月，上遣尚书伊桑阿、侍郎宋文运、给事中王曰温、御史伊喇喀勘工。候补布政使崔维雅奏上所著书，议尽罢辅所行减水坝诸法，大兴工，日役夫四十万，筑堤以十二丈为率。上命以伊桑阿等往与辅议之。伊桑阿等遍勘诸工，至徐州，令辅与维雅议，辅疏言："河道全局已成十八九。萧家渡虽有决口，而海口大辟，下流疏通，腹心之害已除。断不宜有所更张，隳成功，酿后患。"伊桑阿等还京师，下廷议，工部尚书萨穆哈等请以萧家渡决口责辅赔修，上以赔修非辅所能任，未允；又议维雅条奏，伊桑阿请召辅询之。十一月，辅入对，言萧家渡工来岁正月当竟，维雅所议日用夫四十万、筑堤以十二丈为率，皆不可行。维雅议乃寝。上命塞决口，仍动正项钱粮。二十二年四月，辅疏报萧家渡合龙，河归故道，大溜直下，七里沟等四十余处险汛日加，并天妃坝、王公堤及运河闸座，均应修筑。别疏请饬河南巡抚修筑开封、归德两府境河堤，防上流疏失。上均如所请。十二月，命复辅官。

二十三年十月，上南巡，阅淮北岸诸工，谕辅曰："萧家渡堤坝当培薄增卑，随时修筑。减水坝原用以泄水，遇泛溢横流，安知今日减水坝不为他年之决口？且减水旁流，浸灌民田，朕心深不忍。当筹画措置。"上见堤夫作苦，驻跸慰劳久之，谕辅戒官役侵蚀工食。复视天妃闸，谕辅宜改草坝，并另设七里、太平二闸杀水势。舟过高邮，见田庐在水中，恻然愍念。遣尚书伊桑阿、萨穆哈察视海口。还跸，复阅高家堰，至清口，阅黄河南岸诸工，谕辅运口当添建闸座，防黄水倒灌；复召辅入行宫慰谕，书《阅河堤诗》赐之。

辅以上念减水淹民，因议于宿迁、桃源、清河三县黄河北岸堤内开新河，谓之中河。于清河西仲家庄建闸，引拦马河减水坝所泄水入中河。漕船初出清口浮于河，至张庄运口，中河成，得自清口截流，经渡北岸，度仲家庄闸，免黄河一百八十里之险。伊桑阿等还奏，议疏浚车路、串场诸河至白驹、丁溪、草堰诸口，引高邮等处减水坝所泄水入海。上命安徽按察使于成龙董其事，仍受辅节制，奏事由辅疏报。

二十四年正月，辅疏请徐州迤上毛城铺、王家山诸处增建减水闸，下廷议。上谕减水闸益河工无益百姓，不可不熟计，命遣官与辅详议，若分水不致多损民田，即令兴工。九月，辅疏报赴河南勘黄河两岸，请筑考城、仪封、封丘、荥泽堤埽，下部议行。成龙议疏海口泄积水，辅谓下河地卑于海五尺，疏海口引潮内侵，害滋大；议自高邮东车逻镇筑堤，历兴化白驹场，束所泄水入海，堤内涸出田亩，丈量还民，余招民屯垦，取田价偿工费。疏闻，上谓取田价恐累民，未即许。

寻召辅、成龙驰驿诣京师廷议，成龙议开海口故道，辅仍主筑长堤高一丈五尺，束水敌海潮。大学士、九卿从辅议，通政使参议成其范、给事中王又旦、御史钱珏从成龙议，议不决。上命宣问下河诸州县人官京师者，侍读宝应乔莱等乃言："从成龙议，工易成，百姓有利无害；从辅议，工难成，百姓田庐坟墓多伤损，且堤高一丈五尺，束水至一丈，高于民居，伏秋溃决，为害不可胜言。"上颇右成龙,遣尚书萨穆哈、学士穆称额诣淮安会漕督徐旭龄、巡抚汤斌详勘。二十五年正月,萨穆哈等还奏,谓民间皆言浚海口无益。寻授成龙直隶巡抚,罢浚海口议。四月,召斌为尚书,入对,上复举其事以问,斌言浚海口必有益于民。上责萨穆哈、穆称额还京时不以实奏,夺官。召大学士九卿及莱等定议浚海口,发帑二十万,命侍郎孙在丰董其役。

工部劾辅治河已九年,无成功。上曰:"河务甚难,而辅易视之。若遽议处,后任者益难为力,今姑宽之,仍责令督修。"二十六年,辅疏言:"运堤减水以下河为壑,东即大海,浚海口似可纾水患;惟泰州安丰、东台、盐城诸县地势甚卑,形如釜底,若止就此挑浚,徒增其深。淮流甚涨,高家堰洩水汹涌而来,仍不能救民田之淹没。臣以为杜患于流,不若杜患于源。高家堰堤外直东为下河,东北为清口,当自翟家坝起至高家堰筑重堤万六千丈,束减水北出清口,则洪泽湖不复东淹下河。下河十余万顷皆成沃产,而高、宝诸湖涸出田亩,可招民屯垦,以裕河库。"上使以辅疏示成龙,成龙力言下河宜开,重堤不宜筑。上遣尚书佛伦,侍郎熊一潇,给事中达奇纳、赵吉士与总督董讷,总漕慕天颜会勘。佛伦等皆欲附辅议,天颜、在丰与相左。佛伦等还奏,下廷议,会太皇太后崩,议未上。

二十七年春,给事中刘楷,御史郭琇、陆祖修交章论辅,琇辞连辅幕客陈潢,祖修请罢辅,至以舜殛鲧为比;天颜、在丰亦疏论屯田累民,及辅阻挠开浚下河状。琇旋劾大学士明珠等,语复及辅。辅入觐,亦疏讦成龙、天颜、在丰等朋比谋陷害。上曰:"辅为总河,挑河筑堤,漕运无误,不可谓无功;但屯田、下河二事,亦难逃罪。近因被劾,论其过者甚多。人穷则呼天,辅若不陈辨朕前,复何所控告耶?"三月,上御乾清门,召辅与成龙、琇等廷辩,辅、成龙各持所见不相下。琇言辅屯田害民,辅言属吏奉行不善致民怨,因引咎,坐罢,以王新命代、佛伦、讷、在丰、达奇纳皆左迁,天颜、吉士并夺官,陈潢亦坐谴。

时中河工初竣,上遣学士开音布、侍卫马武往勘,还奏中河商贾舟楫不绝。上谕廷臣曰:"前者于成龙奏河道为靳辅所坏,今开音布等还奏,数年未尝冲决,漕运亦无误。若谓辅治河全无所裨,微特辅不服,即朕亦不惬。"因遣尚书张玉书、图纳,左都御史马齐,侍郎成其范、徐廷玺阅工,遍察辅所缮治,孰为当改,孰为不当改,详勘具奏。玉书等还言河身渐次刷深,黄水泛溜入海,两岸闸坝有应循旧者,有应移改者,多守辅旧规。

十一月,上遣尚书苏赫等阅通州运河,命辅偕往,请于沙河建闸蓄水,通州下流筑堤束水,从之。二十八年正月,上南巡阅河,辅扈行。阅中河,上虑逼近黄河,水涨堤溃;辅对若加筑遥堤即无患。还京师,谕奖辅所缮治河深堤固,命还旧秩。二十九年,漕运总督董讷以北运河水浅,拟尽引浑旺河水北流;仓场侍郎开音布复疏请浚北运河,上谘辅,言南旺河水尽北流,南河必水浅,惟从北河两旁下埽束水,自可济运。上命偕开音布董理。

三十一年,王新命坐事罢,上曰:"朕听政后,以三藩及河务、漕运为三大事,书宫中柱上。河务不得其人,必误漕运。及辅未甚老而用之,亦得纾数年之虑。"令仍为河道总督,辅以衰弱辞,命顺天府丞徐廷玺为协理。会陕西西安、凤翔灾,上命留江北漕粮二十万石,自黄河运蒲州。辅疏言水道止可至孟津,亲诣督运,上嘉之。辅疏请就高家堰运料小河培堤使高广,中河加筑遥堤,并增建四闸,堵塞张庄旧运口,皆前此缮治所未竟者。别疏请复陈潢官,并起用熊一潇、达奇纳、赵吉士。辅病剧,再疏乞解任,命内大臣明珠往视,传谕调治。十一月,卒,赐祭葬,谥文襄。三十五年,允江南士民请,建祠河干。四十六年,追赠太子太保,予拜他喇布勒哈番世职。雍正五年,复加工部尚书。

子治豫,袭职。世宗以其侍父在官,知河务,命自副参领加工部侍郎衔,协理江南河工。

陈潢,字天一,浙江钱塘人。负才久不遇,过邯郸吕祖祠,题诗壁间,语豪迈。辅见而异焉,踪迹得之,引为幕客,甚相得。凡辅所建白,多自潢发之。康熙二十三年,上巡河,问辅:"孰为汝佐?"以潢对。二十六年,辅疏言潢十年佐治勤劳,下部议,授潢佥事道衔。二十七年,郭琇劾辅,辞连潢。辅罢,潢削职衔,逮京师,未入狱,以病卒。辅复起,疏请复潢官,部议以潢已卒,寝其奏。

潢佐治河,主顺河性而利导之,有所患必推其致患之由:工主核实,料主豫备,而估计不当过省,省则速败,所费较所省尤大;慎固堤防,主潘季驯束水刷沙之说,尤以减水坝为要务;有溃决,先固两旁,不使日扩,乃修复故道,而疏引河以注之;河流今昔形势不同,无一劳永逸之策,在时时谨小慎微,而尤重在河员之久任。张霭生采潢所论,次为《治河述言》十二篇。高宗以霭生《河图》能得真源,命采其书入《四库》,与辅《治河奏绩》并列。

宋文运,字开之,直隶南宫人。顺治六年进士,授山东滋阳知县,行取刑部主事。再迁吏部郎中,掌选政,清直守正。以魏象枢荐,擢鸿胪寺少卿,累官刑部侍郎。命佐伊桑阿行河,上特谕之曰:"尔有所见,当坚持详议,毋以伊桑阿为尚书而阿其意也。"以病乞休,加太子少保,致仕。卒,谥端悫。久之,上犹谓文选司事要,文运操守声名,无能及之者。

董讷,字兹重,山东平原人。康熙六年一甲三名进士,授编修。累擢至江南总督。为政持大体,有惠于民。左迁去,江南民为立生祠。二十八年,上南巡,民执香跪讷生祠前,求复官讷江南。上还跸,笑谓讷曰:"汝官江南惠及民,民为汝建小庙。"旋以侍读学士复出为漕运总督。卒。

熊一潇,字蔚怀,江西南昌人。康熙三年进士,改庶吉士,授浙江道监察御史。请罢投诚武官改授文官例,并议裁并各关,皆下部议行。累官工部尚书,坐夺官。以辅遗疏荐,起太常寺卿,复至工部尚书。致仕,卒。孙学鹏,进士,官广东巡抚。

于成龙,字振甲,汉军镶黄旗人。康熙七年,自荫生授直隶乐亭知县。八年,署滦州知州。以逸囚当降调,乐亭民列善政，两叩阍吁留，下巡抚金世德勘实，得复任。十三年，以缉盗逾限未获，又当降调，世德疏请留，上特许之。十八年，迁通州知州。

二十年，直隶巡抚于成龙迁两江总督，疏荐可大用；会江宁府缺员，疏请敕廷臣推清操久著与相类者，上即以命成龙。二十三年，上南巡至江宁，嘉成龙廉洁，亲书手卷赐之。超擢安徽按察使。上还京师，赐其父参领得水貂裘，并谕八旗诸大臣有子弟为外吏者，各贻书训勉，视得水之教成龙。上以江南下河诸州县久被水，敕议疏濬，命成龙分理，仍听河道总督靳辅节制。辅请于上流筑堤束水；成龙拟疏海口，濬下河水道，持异议。上遣尚书萨穆哈、学士穆称额往谘于民，萨穆哈等还奏，言众谓濬海无益，乃命缓兴工。

二十五年二月，授成龙直隶巡抚。入对，上问："治畿辅利弊应兴革者宜何先？"成龙对："弭盗为先。奸宄倚旗下为渊薮，有司莫敢谁何，臣当执法治之。"濒行，赐白金千、表里二十端。上官，疏言："弭盗当力行保甲，旗下庄屯不属于州县，本旗统领远在京师，仅有拨什库在屯，未能约束。应令旗人与民户同编保甲，拨什库、乡长互相稽察，盗发，无问所劫为旗为民，协力救护。得盗，赏；藏盗、纵盗，罚。"又疏言："燕山六卫，所辖辽阔，与州县不相统属，盗发止责汛弁捕治，而卫官置不问。请以卫地属所近州县同编保甲，并于通州、卢沟桥、黄村、沙河各设捕盗同知，守备以下分汛、墩、台及旗下庄屯，悉归稽察。"并下部议行。先后捕治旗丁沈颠、太监张进升及大盗司九、张破楼子等，置于法。二十六年，上奖成龙廉能，加太子少保。幸霸州，成龙朝行在，赐白金千、马具黄鞍辔。湖广巡抚张汧以贪被劾，命与副都御史开音布、山西巡抚马齐往按，得实，论如律。

初，成龙分理下河，未兴工而罢。上又以汤斌言，复命濬治，以侍郎孙在丰董其役。辅仍主重堤束水，并议开中河，疏拦马河减水坝所泄水。上命学士禅布以疏示成龙，成龙力主濬下河，罢筑重堤，并谓中河虽开无益。辅诣京师，疏言在丰及总漕慕天颜附和成龙，朋谋陷害。成龙自湖广还，上命诸臣廷辨之。辅言濬海口虑倒灌，成龙言高家堰筑堤，纵上流水不来，而秋雨时至，天长、六合诸水泄归何处，故海口仍当濬。上罢辅，代以王新命。及中河工竟，遣学士开音布、侍卫马武阅视，还奏天颜令漕船退出中河。上逮问天颜，天颜发成龙私书，嘱毋附辅。下廷臣议，削太子少保，降调，命留任。二十九年，迁左都御史，兼镶黄旗汉军都统。

三十一年，新命罢，辅复为河督，旋卒，上以命成龙。辅领帑购柳束，工部驳减，成龙核无虚冒。辅筑高家堰重堤，募夫远方，预给银安家，工中止，未扣抵。新命题销，格部议，成龙复以请，上并与豁免。三十三年，召诣京师，疏言运河自通州至峄县，黄河自荥泽至砀山，堤卑薄者皆宜加筑高厚，并高家堰诸处改石工，毛城铺诸处疏引河，及清江浦迤下并江都、高邮诸堤工，策大举修治。别疏请设道员以下各官，又计工费，请开捐例，减成核收；并推广休革各员，上至布政使，皆得捐复。上召成龙入，问：

"开捐例得无累民？"成龙言："无累。"请益力，上廷折之，成龙乃请罢。上因问："尔尝短靳辅，谓减水坝不宜开，今果何如？"成龙曰："臣彼时妄言，今亦视辅而行。"廷臣议成龙怀私妄奏，当夺官，上命留任。仍兴举简要各工，乃请先将高家堰土堤改筑石工。

三十四年，命复官。旋丁父忧，还京师，以董安国代。上亲征噶尔丹，再出塞，命成龙以左都御史衔督饷，噶尔丹窜死，予拜他喇布勒哈番世职。三十七年，命以总督衔管直隶巡抚，请修永清、固安浑河堤，并加以浚治，上为改河名曰永定。旋疏请设南北岸分司。董安国罢，复授河道总督。三十八年，上南巡，临阅高家堰、归仁堤诸处，谕以增筑疏浚诸事。寻以病乞假，命在任调治，遣医往视。三十九年，卒，赐祭葬，谥襄勤。

孙在丰，字屺瞻，浙江德清人。康熙九年一甲二名进士，授编修。直起居注，充日讲官，进讲屡称旨。累迁工部侍郎，仍兼翰林院学士。二十六年，命率郎中鄂素等赴淮、扬浚海口，铸监修下河工部印授之。在丰疏言开新不如循旧，筑高不如就低，迤远不如取近。施工以冈门镇为最先，次白驹场，次丁溪场，次草堰。上悉从之，并以在丰请，令辅闭高家堰及高邮诸减水坝。辅仍主筑堤束水。上令辅会总督董讷、总漕慕天颜及在丰集议，遂会疏用辅议。在丰监修海口冈门镇、白驹工已毕，丁溪、草堰工俱停。上以谘成龙，成龙言："上遣在丰监修下河，万民欢颂。今冈门、白驹诸工将竣，而辅又以为无益，欲于高家堰等处筑堤。在丰先经履勘，始行兴工；若果无益，何待开浚年余又会议请停？此实臣所不能解也。"二十七年，在丰疏劾辅阻挠下河，辅亦劾在丰与天颜结婚姻，附和成龙。下廷臣议，辅罢，成龙坐镌秩，责在丰前后言不仇，降调。上命仍以翰林任用，俄授侍读学士。二十八年，迁内阁学士。卒。

开音布，西林觉罗氏，满洲正白旗人。自笔帖式授内阁中书，累迁至左副都御史。康熙二十六年，偕成龙按湖广巡抚张汧，论罪如律。二十七年，擢户部侍郎，命监理高邮、宝应下河工程。二十八年，上南巡，成龙扈行，命与侍郎徐廷玺阅视下河，还奏丁溪至白驹，水三道入海，上流冯家坝引河当仍开浚，余工悉可停。乃召开音布还，授正白旗满洲副都统。寻擢步军统领，迁兵部尚书，授镶白旗满洲都统。三十八年，命专管步军统领。四十一年，卒，谥肃敏。

张鹏翮，字运青，四川遂宁人。康熙九年进士，选庶吉士。改刑部主事，累迁礼部郎中。十九年，授江南苏州知府，丁母忧。除山东兖州知府，举卓异，擢河东盐运使，内迁通政司参议，转兵部督捕副理事官。从内大臣索额图等勘定俄罗斯界，还擢大理寺少卿。二十八年，授浙江巡抚。疏言绅民愿㤙捐谷四合，力不能者听。旋以杭州、嘉兴等府秋收歉薄，请暂免输谷。上曰："昨岁浙江被灾，循例蠲赋，并豁免钱粮，岂可强令捐输？鹏翮原题力不能者听，自相矛盾。"下部议，夺官，上宽之。寻授兵部侍郎，督江南学政。三十六年，迁左都御史。三十七年，迁刑部尚书，授江南江西总督。三十八年，上南巡，命鹏翮扈从入京，赐朝服、鞍马、弓矢。

初，陕西巡抚布喀劾四川陕西总督吴赫等侵蚀贫民籽粒银两，命鹏翮与傅腊塔往按。还奏未称旨，命鹏翮与傅腊塔复往陕西详审。三十九年春，还奏布喀、吴赫及知州兰佳选、知县张鸣远等侵蚀挪用，各拟罪如律。上谕大学士曰："鹏翮往陕西，朕留心访察，一介不取，天下廉吏无出其右。"

寻授河道总督，入辞，上谕令毁拦黄坝通下流，浚芒稻河、人字河引湖入江。鹏翮到官，请撤协理徐廷玺及河工随带人员，并乞敕工部毋以不应查驳之事阻挠，并从之。寻疏言："臣过云梯关，见拦黄坝巍然如山，下流不畅，无怪上流之溃决。应拆拦黄坝，挑浚河身，与上流一律宽深。"又言清口淤垫，应于张福口开引河，引清水入运敌黄，建闸以时启闭。又言人字河至芒稻山分二派，又名芒稻河，应浚使畅流；并浚凤凰桥引河及双桥、湾头二河，皆汇芒稻河入江。俱下部议行。寻以拦黄坝既撤，河身开浚深通，畅流入海，疏请赐名大通口。上嘉鹏翮章奏词简意明，治事精详，遣员外郎拖抗拖和、中书张古礼驰驿令鹏翮举所规画入奏。鹏翮疏陈并浚引河、运口，培修河岸堤坝诸事，并下部速议行。寻又疏陈河工诸弊，并请河员承挑引河，偶致淤垫，免其赔修；夫役劳苦，工成日请给印票免杂徭。上嘉其陈奏切要周备。寻又请于归仁堤五堡建矶心石闸，并于三义坝旧中河筑堤，改入新中河，合为一河，便粮艘通行。上谓所议甚当，并如所请。

上倚鹏翮治河，谓鹏翮得治河秘要，谕大学士曰："鹏翮自到河工，日乘马巡视堤岸，不惮劳苦。居官如鹏翮，更有何议？"鹏翮以修治事状遣郎中王进楷入奏，上谕进楷归语鹏翮，加意防守高家堰。鹏翮乃增筑月堤及旁近诸堤坝。洪泽湖溢，泗州、盱眙被灾，上询修治策，鹏翮言："泗州、盱眙屡被灾，即开六坝亦不能免。"上怒曰："塞六坝乃于成龙题请，不自鹏翮始。顷因泗州、盱眙灾，令与阿山议修治，非欲开六坝救泗州、盱眙而令淮、扬罹水患也。鹏翮何昏愦乃尔！"四十一年，鹏翮疏请加筑清河县黄河南北岸戗堤，天妃闸改筑运口，草坝建石坝，改下家庄土堤为石堤，皆议行。又以桃源城西烟墩黄水大涨，请加筑卫城月堤，并于邵家庄、颜家庄开引河，上虑部议迟延，特允之。四十二年，上南巡视河，制《河臣箴》、《淮黄告成诗》以赐，并书榜赉鹏翮父烺。

山东泰安、沂州等州饥，上命截漕二万石交鹏翮往赈。鹏翮令河员动常平仓谷二十八万余石散赈，疏请以山东各官俸工补还。上责鹏翮河员发仓谷邀誉，乃令山东官补还，鹏翮谢罪，仍以"殚心宣力、清洁自持"，加太子太保。

河决时家马头，数年未堵塞。鹏翮以淮安道王谦言劾山安同知佟世禄冒帑误工，夺官追偿。世禄再叩阍，上令尚书徐潮按治，鹏翮、谦坐诬劾当遣，上特宽鹏翮。工部侍郎赵世芳又劾鹏翮浮销十三万有奇，请逮治。上曰："河工钱粮原不限数，水大所需多，水小所需少。如谓鹏翮以十三万入已，必无之事。河工惟用人，鹏翮用人不胜

事，故至此耳。"因还世芳疏。上南巡，阅清口，见黄水倒灌，诘鹏翮，鹏翮不能对。上曰："汝为王谦辈所欺，流于刻薄。大儒持身如光风霁月，况大臣为国，若徒自表廉洁，于事何益？"上舟渡河阅九里冈，嘉鹏翮修治如法，御制诗书扇以赐。及秋，淮、黄并涨，古沟、清水沟、韩家庄并溢，廷臣议夺官，上命仍留任。寻督塞诸处漫口。

四十五年，疏请开鲍家营引河，寻用通判徐光启言，拟开引河出张福口，分洪泽湖异涨，即为高家堰保障，谓为溜淮套。鹏翮与总督阿山、总漕桑额合疏请上莅视。四十六年，上南巡，阅所拟引河道，谕曰："朕自清口至曹家庙，见地势甚高，标竿错杂。依此开河，不惟坏田产，抑且毁冢墓。鹏翮读书人，乃为此残忍事，读书何为？"诘责鹏翮，鹏翮谢罪。上议以为阿山所主，非鹏翮意，削太子太保，夺官，仍留任。四十七年，以黄、运、湖、河修防平稳，命复官，并免应追帑银。寻迁刑部尚书。四十八年，调户部。

五十一年，江南总督噶礼与巡抚张伯行互劾，命鹏翮与总漕赫寿往按。鹏翮等右噶礼，请罢伯行。五十二年，调吏部。伯行劾布政使牟钦元，赫寿时为总督，与异议。五十三年，命鹏翮与副都御史阿锡鼐往按，复请雪钦元，议伯行罪斩。事互详《伯行传》。寻丁父忧，以原官回籍守制，服阕还朝。

六十年，汶水旱涸阻运，命往勘。请疏浚坎河、鸡爪诸泉分注南旺，而于彭口筑堤，障沙水入微山湖。河决开州，横流至山东张秋，阻运，命往勘。请筑南旺、马场等湖堤，蓄水济运；并陈引沁入运利害，谓地势西北高于东南，若沁水从高直下，而河蹑其后，害且叵测。

六十一年，世宗即位，加太子太傅。雍正元年，授武英殿大学士。河决马营口，久未塞，命往勘。议并塞詹家店四口，浚治黄、沁合流处积沙，从之。三年，卒，加少保，命于定例外加祭，汉堂上官、科道皆会赐葬，谥文端。

论曰：明治河诸臣，推靳季驯为最，盖借黄以济运，又借淮以刷黄，固非束水攻沙不可也。方兴、之锡皆守其成法，而辅尤以是底绩。辅八疏以浚下流为第一，节费不得已而议减水。成龙主治海口，及躬其任，仍不废减水策。鹏翮承上指，大通口工成，入海道始畅。然终不能用辅初议，大举浚治。世以开中河、培高家堰为辅功，孰知辅言固未尽用也。

卷二百八十　　列传六十七

郎坦　朋春　萨布素　玛拉

郎坦，瓜尔佳氏，满洲正白旗人，内大臣吴拜子。年十四，授三等侍卫。顺治六年，进二等。从端重亲王博洛讨叛将姜瓖，次浑源，围城。贼渡濠来犯，郎坦射其酋，

贯心，殪，遂败贼。师还，进一等。八年，以吴拜附和内大臣洛什等获罪，并夺郎坦官。寻复之。康熙二年，代吴拜管佐领，迁护军参领。从定西将军图海讨李自成余党李来亨等于茅麓山，深入贼巢，获所置官十一。四年，袭一等精奇尼哈番。十二年，京师有陈三道者，设坛以邪教惑众，命郎坦与诸侍卫捕治。十三年，命行边，获逋盗张飞腿等。擢正白旗蒙古副都统，调本旗满洲。

顺治中，俄罗斯东部人犯黑龙江边境，时称为罗刹。九年，驻防宁古塔章京海塞遣捕牲翼长希福率兵与战，师败绩。世祖命诛海塞，鞭希福百，仍驻宁古塔。十一年，固山额真明安达里率师讨之，败敌黑龙江。罗刹未大创，复侵入精奇里江诸处。上命大理寺卿明爱等谕令撤回，迁延不即去，据雅克萨城，于其旁耕种渔猎；又过牛满、恒滚、侵扰索伦、赫哲、飞牙喀、奇勒尔诸部。

二十一年秋，遣郎坦及副都统朋春等率兵往索伦。比行，谕曰："罗刹犯我境，恃雅克萨城为巢穴，历年已久，杀掠不已。尔等与达呼尔、索伦，遣人往谕以来捕鹿。因详视陆路远近，沿黑龙江行围，径薄雅克萨城，勘其形势。度罗刹不敢出战，如出战，姑勿交锋，但率众引退。朕别有区画。"赐御用裘服、弓矢以行。及冬，郎坦等还京师，疏言：罗刹久踞雅克萨，恃有木城。若发兵三千，与红衣炮二十，即可攻取。陆行自兴安岭以往，林木丛杂，冬雪坚冰，夏雨泥淖，惟轻装可行。自雅克萨还至爱浑城，于黑龙江顺流行船，仅须半月，逆流行船，约须三月，倍于陆行，期于运粮饷、军器、辎重为便。现有大船四十、小船二十六，宜增造小船五十余应用。"上谕曰："郎坦等奏攻取罗刹甚易，朕亦以为然。第兵非善事，宜暂停攻取。调乌拉、宁古塔兵千五百人，并制造船舰，发红衣炮、鸟枪教之演习。于爱浑、呼玛尔二地建木城，与之对垒，相机举行。所需军粮，取诸科尔沁十旗及锡伯、乌拉官屯，约得一万二千石，可支三年。爱浑城距索伦五宿可至，其间设一驿。俟我兵将至精奇里乌拉，令索伦供牛羊。如此，则罗刹不得纳我遁逃，而彼之遁逃且络绎来归，自不能久存矣。"寻擢郎坦前锋统领。

二十二年，命与黑龙江将军萨布素会议，驻兵额苏哩。事还，奏额苏哩七月即经霜雪，宜乘春和，以宁古塔兵分为三班，更番戍守。上以更番戍守非久长策，不允。二十三年，甄别八旗管兵官，罢郎坦前锋统领，以世职随旗行走。二十四年，命总统朋春率师征罗刹，郎坦以副都统衔随征。师薄雅克萨城，罗刹酋额里克舍请降，郎坦宣诏宥其罪，引众徙去，毁木城。是冬罗刹复来，踞雅克萨筑城。二十五年，命郎坦偕副都统班达尔沙携红衣炮，率藤牌兵百人，往会将军萨布素进兵。上以郎坦谙悉地势，即令参赞军务。六月，薄其城，凿壕筑垒，贼出拒，击败之，斩额里克舍。寻，俄罗斯察罕汗上书请释雅克萨围，上许之，令郎坦撤军，还驻宁古塔。寻擢正白旗蒙古都统。二十八年，上遣内大臣索额图等与俄罗斯使人费耀多罗等会于尼布楚，立约定界，命郎坦与议，乃毁所筑城徙去。

二十九年，古北口外盗起，命郎坦偕侍卫赫济尔亨等督兵捕剿，尽歼之。三十一年，噶尔丹侵喀尔喀部，扰及边境，授郎坦安北将军，率师驻大同。疏请出边驻喀喇穆伦侦寇，诏暂驻归化城。寻擢领侍卫内大臣，兼火器营总管，列议政大臣。三十二年，授昭武将军，率师驻甘州。三十三年，移驻宁夏，与甘肃提督孙思克分道侦寇。上闻噶尔丹将逼图拉，命郎坦移兵御剿，以图拉无警，引还。仍任领侍卫内大臣，列议政如故。三十四年，往盛京巡阅边隘，还入塞，疾剧，遣太医驰驿往视。寻卒，赐祭葬。

朋春，栋鄂氏，满洲正红旗人，何和礼四世孙。何和礼子和硕图，进爵三等公；子何尔本、哲尔本、苏布递袭，至衰布，以恩诏进一等。朋春，哲尔本子也，顺治九年，袭封。康熙十五年，加太子太保，授正红旗蒙古副都统，调本旗满洲。

二十一年，偕郎坦率兵至黑龙江觇罗刹形势，赐御用裘服、弓矢。与郎坦上奏，上命宁古塔将军巴海、副都统萨布素，建木城于黑龙江、呼玛尔，调取所部兵一千五百人往驻焉。又命尚书伊桑阿赴宁古塔督造战船。寻擢朋春正红旗满洲副都统。二十四年，诏选八旗及安置山东、河南、山西三省福建投诚藤牌兵，付之都督何祐率赴盛京，命朋春统之，进剿罗刹，以副都统班达尔沙、副都统衔玛拉、銮仪使建义侯林兴珠、护军统领佟宝参赞军务，祐、兴珠皆郑氏将来降者也。师既行，上遣侍卫关保至黑龙江传谕曰："兵凶战危，朕以仁治天下，素不嗜杀。以我兵马精强，器械坚利，罗刹势不能敌，必献地归诚。尔时勿杀一人，俾还故土，宣朕柔远至意。"五月，师薄雅克萨城，遣人谕降，不从。分水陆兵为两路，列营夹攻，复移红衣炮于前，积薪城下，示将焚焉。罗刹头目额里克舍诣军前乞降，乃宥其罪，释还俘虏，额里克舍引六百余人徙去，毁木城，以归附巴什里等四十五户及被掠索伦、达呼尔百余户安插内地。

二十九年，厄鲁特与喀尔喀构衅，命裕亲王福全为抚远大将军，出边剿噶尔丹，以朋春与都统苏努参赞军务。苏努率左翼，朋春率右翼，至乌阑布通。噶尔丹依山列阵，朋春所部为泥淖所阻，苏努督兵冲击，大破之。噶尔丹伪乞和，夜自大碛山遁走。部议朋春坐夺官，上命宽之，降级留任。三十一年，命解职赴西路军前管队。三十五年，复授正红旗蒙古都统。旋以费扬古为抚远大将军，朋春仍参赞军务，出西路，破噶尔丹于昭莫多。师还，以本队护军骁骑十八人战死未收其骸，下部议。以师有功，免罪，仍录战绩，增注敕书。三十八年，因病解职。寻卒。子增寿，改袭三等公。

萨布素，富察氏，满洲镶黄旗人。四世祖充顺巴本，以勇力闻，世为岳克通鄂城长。太祖时，其后人哈木都率所部来归，屯吉林，遂家焉。萨布素自领催授骁骑校，迁协领。康熙十六年，圣祖遣内大臣觉罗武默讷等瞻礼长白山，至吉林，欲得识路者导引。宁古塔将军巴海令萨布素率兵二百，携三月粮以从。水陆行，至长白山麓，成礼而还，事具《武默讷传》。

十七年，授萨布素宁古塔副都统。罗刹据雅克萨，二十一年,诏率兵偕郎坦等勘视雅克萨城形势,并往视自额苏哩至黑龙江及通宁古塔水陆道。寻郎坦还奏罗刹可图状,命建木城于黑龙江、呼玛尔两地,以巴海与萨布素统宁古塔兵千五百人往驻,造船备炮。二十二年,疏言:"黑龙江、呼玛尔距雅克萨尚远,若发兵两处,则势分道阻,且过雅克萨有尼布楚等城。罗刹倘水陆运粮,增兵救援,更难为计。宜乘其积贮未备,速行征剿。俟造船毕,度七月初旬能抵雅克萨,即统兵直薄城下。"疏下王大臣议,如所请,上不许。寻命巴海留守吉林,以萨布素偕宁古塔副都统瓦礼祜率兵驻额苏哩。额苏哩在黑龙江、呼玛尔之间,为进攻雅克萨要地,有田陇旧迹。萨布素因移达呼尔防兵五百人赴其地耕种,并请调宁古塔兵三千更番戍守。上念兵丁更戍劳苦,命在黑龙江建城,备攻具,设斥堠,计程置驿,运粮积贮,设将军、副都统领之。擢萨布素为黑龙江将军,招抚罗刹降人,授以官职,更令转相招抚。

上命都统瓦山、侍郎果丕与萨布素议师期,萨布素请以来年四月水陆并进,攻雅克萨城,不克,则刈其田禾。上谓达罗刹当期必克,倘谋事草率,将益肆猖狂。二十四年,以朋春等统兵进攻,萨布素会师,克雅克萨城,乃命萨布素移驻墨尔根,建城防御。二十五年,疏言罗刹复踞雅克萨,请督修战舰,俟冰泮进剿。上遣郎中满丕往侦得实,乃命萨布素暂停墨尔根兵丁迁移家口,速修战舰,率宁古塔兵二千人往攻。又命郎坦、班达尔沙会师,抵雅克萨城。城西濒江,萨布素令于城三面掘壕筑垒为长围,对江驻水师,未冰时泊舟东西岸,截尼布楚援兵,冰时藏舟上流汊港内;马有疲羸者,分发墨尔根、黑龙江饲秣,计持久。上因荷兰贡使以书谕俄罗斯察罕汗,答书请遣使画界,先释雅克萨围,上允之,命撤围。二十八年,俄罗斯使臣费耀多罗等至尼布楚,命内大臣索额图等会news,令发黑龙江兵千五百人为卫。寻以大兴安岭及格尔必齐河为界,毁雅克萨城,徙其人去。二十九年,萨布素入觐,赐赉优厚,命坐内大臣班。寻命总管索伦等部贡物,疏陈各部生计土俗采捕之事,拟为则例以上,上悉允行。

三十一年,奏建齐齐哈尔及白都讷城,以科尔沁部献进锡伯、卦尔察、达呼尔壮丁万四千有奇分驻二城,编佐领,隶上三旗,并设防守尉、防御等官。噶尔丹入犯,疏陈进兵事宜,略言:"兴安岭北形胜地,以索约尔济山为最。已遣谙练官兵自盛京、吉林、墨尔根审度至山远近,分置驿站,其无水处,掘井以待。山之东北呼伦贝尔等处有警,与臣驻军地近,即率墨尔根兵先进,吉林、盛京继之;山之西乌勒辉等处有警,则盛京兵先进,臣率部下及吉林兵继之:皆会于索约尔济山。"上可其奏。三十五年,上亲征噶尔丹,自独石口出中路,大将军费扬古自归化城出西路,命萨布素扼其东路,督盛京、宁古塔、科尔沁兵,自索约尔济山克期进剿。四月,上次克鲁伦河,噶尔丹西窜,为费扬古所败。诏分萨布素所部兵五百人隶费扬古军。三十六年,召至京师,寻命回任。

初,边境有墨尔哲勒屯长,累世输贡。康熙初,屯长扎努喀布克托请率众内移,宁古塔将军巴海安辑于墨尔根,编四十佐领,号新满洲。萨布素奏于墨尔根两翼立学,设助教,选新满洲及锡伯、索伦、达呼尔每佐领下幼童一,教习书义。是为黑龙江建学之始。三十七年,上幸吉林,褒其勤劳,予一等阿达哈哈番世职,并御用冠服,于众前宣谕赐之。寻疏言黑龙江屯堡因灾荒积欠米石,请俟年丰交仓。上以萨布素曾奏革任总督蔡毓荣经理十二堡,著有成效;嗣因官堡荒弃,请停止屯种,将壮丁改归驿站,存贮仓米,支放无余,致驻防兵饷匮乏,责令回奏。萨布素具疏引罪,请以齐齐哈尔、墨尔根驻防兵每年轮派五百人往锡伯等处耕种官田,获谷运齐齐哈尔交仓。诏侍郎满丕等往按,以萨布素将荒废地妄报成效,并浮支谷石,应斩,命罢任,夺世职,在佐领上行走。寻授散秩大臣。

三十九年,卒。乾隆间,敕修《盛京通志》,列《名宦》,且称萨布素谙练明敏,得军民心,其平罗刹及黑龙江兴学,有文武干济才云。

玛拉,那喇氏,满洲镶白旗人,尚书尼堪从子。尼堪卒,无子,玛拉与叔阿穆尔图、阿锡图及弟兆资分袭尼堪世职,玛拉袭三等阿达哈哈番。初任理藩院笔贴式。顺治五年,英亲王阿济格征叛将姜瓖,围大同,令玛拉调蒙古兵以从。累迁理藩院副理事官。康熙十四年,察哈尔布尔尼叛,圣祖命信郡王鄂扎帅师讨之。玛拉自陈久任理藩院习知蒙古状,愿赴军前效力,遂命与员外郎色棱赴科尔沁诸部调选兵马协剿。师还,擢通政使,迁礼部侍郎。十六年,擢工部尚书。偕内大臣喀岱往科尔沁诸外藩宣谕禁令。玛拉初受任,上诫以工部积弊,宜殚心厘剔。十九年,坐不能清积弊,议降五秩,诏从宽留任。复以飨殿器用修造疏忽,夺尚书,仍留世职。

二十二年,上以俄罗斯数犯边,扰及索伦、飞牙喀诸部,命集兵黑龙江,将进讨,遣玛拉往索伦储军实。寻疏言:"索伦总管博克所获俄罗斯人及军前招者,皆迫于军威,不宜久留索伦,应移之内地。"诏允行。复言:"雅克萨、尼布楚二城久为罗刹所据,臣密询雅克萨惟耕种自给,尼布楚岁捕貂与喀尔喀贸易资养赡。请饬喀尔喀车臣汗禁所部与尼布楚贸易,并饬黑龙江将军水陆并进,示将攻取雅克萨,因刈其田禾,则俄罗斯将不战自困。"上然之,即以玛拉所奏檄示喀尔喀。二十四年,遣都统朋春等师往黑龙江议进兵,授玛拉副都统衔,参赞军务。遣蒙古兵三十诇雅克萨城,生擒罗刹七人,得城中设备及乞援各部状。是年夏,朋春等攻罗刹克之,逐其人。玛拉在事有功。二十五年,黑龙江佐领鄂色以耕牛多毙,农器损坏,奏请储备,命玛拉往黑龙江督理农务。谕曰:"农事关军饷,令严督合力播种。"值岁丰,收获甚稔。二十七年,授护军统领。

二十九年,噶尔丹侵掠喀尔喀,命玛拉偕都统额赫纳、前锋统领硕鼐等率兵往讨之,赐内厩马以行。未几,噶尔丹掠乌珠穆沁,命裕亲王福全等分统大军出塞击之,噶尔丹败遁。师旋,三十年,复来犯,至阿尔哈赉,无所掠而遁。时土谢图汗、车臣汗率所部来归,上幸塞外抚辑,玛拉扈从。旋命偕都统瓦岱等率兵赴图拉侦噶尔丹,抵克鲁伦河，闻其远窜，乃还。授西安将军。

三十二年，准噶尔和硕特部台吉巴图尔额尔克济农来降，上以其人未可信，命玛拉徙入内地，毋令复逸。玛拉疏言："巴图尔额尔克济农率所属二千余口，穷乏来归，揆其情状，当不复逸。"遂遣官护送，并其子台吉云木春来朝，优赉遣之。未几，玛拉卒于官，赐祭葬，谥敏恪。

论曰：俄罗斯之为罗刹，译言缓急异耳，非必东部别有是名也。初遣兵诇敌，郎坦主其事；取雅克萨城，朋春、萨布素迭为将，而郎坦与玛拉实佐之。尼布楚盟定，开市库伦，是为我国与他国定约互市之始。用兵当期必克，我苟草率，彼益猖狂，圣祖谕萨布素数言，得驭夷之要矣。

卷二百八十一　　　列传六十八

费扬古 满丕　硕岱　素丹　**马斯喀**
佟国纲 迈图　格斯泰　**阿南达** 子阿喇纳
吉勒塔布　**殷化行**　**潘育龙** 孙绍周
从孙之善　**额伦特** 康泰　泰弟海

费扬古，栋鄂氏，满洲正白旗人，内大臣三等伯鄂硕子。状貌魁异。年十四，袭爵。

康熙十三年，从安亲王岳乐率兵徇江西讨吴三桂。三桂将黄乃忠纠众万余自长沙犯袁州，费扬古与副都统沃赫、总兵赵应奎击败之，克万载。十五年，击走夏国相于萍乡，进围长沙，累战皆捷。十八年，复败吴国贵于武冈。师还，擢领侍卫内大臣，列议政大臣。

噶尔丹劫掠喀尔喀，遣使谕罢兵，不从，数扰边境。二十九年，授裕亲王福全为抚远大将军，率师讨之，命费扬古往科尔沁征兵，参赞军事。秋，击败噶尔丹于乌阑布通。三十二年，归化城增戍兵，以费扬古为安北将军驻焉。三十三年，噶尔丹遣使至，请入贡。费扬古发兵迎护，侦其众男妇千五百有奇，留之归化城。疏闻，上察噶尔丹意叵测，阳为修好，潜遣入内地窥探，命侍郎满丕谕责其使，遣之还。七月，闻噶尔丹将窥图拉，诏费扬古偕右卫将军希福率军往御。希福请益兵，上责其疑沮，令勿偕往。寻以图拉无警，虑噶尔丹将趋归化城，诏费扬古旋师。三十四年，噶尔丹至哈密，费扬古往御，乃自图拉河西窜。寻授右卫将军，仍兼摄归化城将军事。疏言："闻噶尔丹据巴颜乌阑，距归化城约二千里，宜集兵运粮，于来年二月进剿。"诏授费扬古抚远大将军，以都统伊勒慎、护军统领宗室费扬固、瓦尔达，副都统硕岱，将军舒恕参赞军事。寻召入觐，授以方略。

三十五年二月，诏亲征，三路出师，以黑龙江将军萨布素出东路，费扬古出西路，振武将军孙思克、西安将军博霁自陕西出镇彝并进，上亲督诸军自独石口出中路。上

与费扬古期四月会师图拉。费扬古师自翁金口进次乌阑厄尔几，再进次察罕河朔，与孙思克师会，而上已循克鲁伦河深入。五月，费扬古师至图拉，疏言："西路有草之地为贼所焚，我军每迂道秣马，又遇雨，粮运迟滞，师行七十余日，人马疲困，乞上缓军以待。"上进次西巴尔台，再进次察罕德尼拖洛海。噶尔丹屯克鲁伦河，闻上亲督师至，升孟纳尔山遥望，见御营，大惊，尽弃其庐帐、器械遁去。上命马思喀为平北大将军，逐噶尔丹，并密谕费扬古要击，亲督大军蹑其后。次中拖陵，费扬古侦知噶尔丹走特勒尔济，遣前锋统领硕岱、副都统阿南达、阿迪等率兵先往挑战，且战且却，诱至昭莫多。昭莫多者，蒙古语"大林"也，在肯特岭之南、土腊河之北。费扬古分兵三队，东则京城、西安诸军及察哈尔蒙古兵，屯山上；西则右卫、大同诸军及喀尔喀蒙古兵，沿河列阵；孙思克率绿旗兵居其中。并遵上方略，令官兵皆步战，俟敌却，乃上马冲击。噶尔丹众犹有万余人，冒死鏖斗，自未至酉，战甚力。费扬古遥望噶尔丹后阵不动，知为妇女、驼畜所在，麾精骑袭其辎重，敌大乱，乘夜逐北三十余里，至特勒尔济口，斩级三千余，俘数百人，获驼马、牛羊、庐帐、器械无算。噶尔丹妻阿奴喀屯素悍，能战，亦殪于阵。噶尔丹引数骑远窜，费扬古令阿南达诣御营奏捷。上乃班师，令费扬古驻守科图。

寻命移驻喀尔喀郡王善巴游牧地，诇噶尔丹所往。甫至，噶尔丹潜使台吉丹济拉率千五百人入掠喀尔喀牲畜、糗粮，遣副都统祖良璧御却之，追至翁金河，丹济拉败遁。寻以马疲，请移军驻喀喇穆伦。会噶尔丹使其宰桑格垒沽英等来请纳款，上再幸塞外，驻跸东斯垓。召费扬古至行在入对，上褒其功，奏曰："军中机务，皆遵皇上指授，并未有效力。况西路粮匮马乏，不能前进。及闻驾至克鲁伦，官兵无不奋发，不俟督责，力战破敌。奈臣庸劣，皇上穷追困蹙之寇，臣不能生擒以献，实臣罪也。"上曰："噶尔丹穷蹙，朕不忍悉加诛戮，不如抚而活之。"对曰："此天地好生之仁，非臣等所能测也。"赐御佩橐鞬、弓矢，命还军。

三十六年春正月，阿南达自肃州奏哈密回人擒献噶尔丹子塞卜腾巴尔珠尔等，上以其疏录示费扬古，并赐胙肉、鹿尾、关东鱼，谕曰："时当上元令节，众蒙古及投诚厄鲁特等齐集畅春园，适阿南达疏至，众皆喜悦。尔独居边塞，不得在朕左右，故以疏示，并问尔无恙，即如与尔相见也。"

二月，上复亲征，自榆林出塞，诏费扬古密筹进剿。费扬古以去岁未生擒噶尔丹，请解大将军任，上不允，令便宜调遣军马。费扬古进次萨奇尔巴尔哈孙，丹济拉使来，言噶尔丹为阿察阿穆塔台饮药自杀，欲携其尸及其女钟齐海率三百户来归。费扬古以闻，上乃班师，令费扬古驻察罕诸尔以待。六月，丹济拉至哈密。费扬古有疾，诏昭武将军马思喀代领其军。还京师，仍领侍卫内大臣，进一等公，仍以未生擒噶尔丹疏辞，不允，因谕曰："昔朕欲亲征噶尔丹，众皆谏止，惟费扬古与朕意合，遂统兵西进。道路辽远，兼乏水草，乃全无顾虑，直抵昭莫多，俾

奸狡积寇挫衄大败。累年统兵诸将，未有能过之者。"又曰："屡出征，知为将甚难。费扬古相机调遣，缓急得宜，是以济事。"

四十年，从幸索约勒济，中途疾作，上驻跸一日，亲临视疾，赐御帐、蟒缎、鞍马、帑银五千，遣大臣护之还京师。寻卒，赐祭葬，谥襄壮。以子辰泰袭一等侯、兼拖沙喇哈番。

费扬古朴直有远虑。昭莫多破贼，费扬古令幕府具疏减斩馘之数，备言："师行迷道绝粮，皆臣失算，赖圣主威福，徼幸成功，非意料所及。"幕府或咎其失体，费扬古曰："今天子亲御六师，如见策勋，易启穷兵黩武之渐，非国家福也。"及还京师，上尝命大臣校射，费扬古以臂痛辞。出语人云："我尝为大将军，一矢不中，为外藩笑，损国家威重，故不敢与角耳。"

满丕，伊尔根觉罗氏，满洲正蓝旗人。世管佐领，自赞礼郎累迁御史，兼管佐领。以事夺官。从都统郎坦赴尼布楚与俄罗斯使臣议界，还擢理藩院郎中。

二十九年，偕员外郎鄂齐尔赍敕宣示噶尔丹。时大将军裕亲王福全统师往乌阑布通，上亲临边指授方略，满丕以噶尔丹奏书至，因言贼距大军仅百里，请往击之。上许之，遂赴乌阑布通督火器营，击败噶尔丹，得头等功牌。累擢理藩院侍郎。三十三年，费扬古进军图拉，尚书阿喇尼率蒙古兵为前哨，命满丕协同经理驿站。三十四年，命往归化城协理军务。三十五年，上亲征，命将两蓝旗兵赴费扬古军，自翁金趋图拉，破贼昭莫多。奉诏还归化城，察视凯旋官兵行粮，及抚辑降人。旋仍赴费扬古军，移驻喀尔喀游牧界外塔拉布拉克，侦防噶尔丹，收降其部人札木素等。未几，噶尔丹窜死，召还京，列议政大臣，予拖沙喇哈番世职。

三十九年，命往四川勘抚番、蛮，同提督唐希顺攻复打箭炉。于是雅陇江滨瞻对、喇衮、革布什咱、绰斯甲布诸土目各率所属户口投诚。奏请授五品安抚司，其副为六品土百户，从之。擢正蓝旗蒙古都统，以疾乞罢，寻卒。

硕岱，喜塔喇氏，满洲正白旗人。先世居尼雅满山，有昂郭都哩巴颜者，归太祖，硕岱其五世孙也。初授二等侍卫，兼甲喇额真。世祖幸南苑，硕岱与一等伯巴什泰及蒙古侍卫索尼并从。索尼猝拔刀杀巴什泰，硕岱即举所执长枪击索尼，立仆，擒之，置诸法。上嘉其勇敢，予世职拜他喇布勒哈番兼拖沙喇哈番。授巴牙喇甲喇章京。

从将军卓布泰南征，渡盘江，击败李成蛟。复进攻李定国，度磨盘山遇伏，力战破之。又从将军济席哈讨定山东土寇于七。康熙初，擢前锋统领。吴三桂反，命率兵先诸军发，驻守荆州。寻命参赞顺承郡王勒尔锦军务。未几，罢参赞，从将军穆占等攻长沙。三桂使马宝、胡国柱等犯永兴，硕岱往援失利，弃营入城。穆占劾之，还京师，罢官，夺世职。

二十九年，起为正白旗满洲副都统，从定北将军瓦岱征噶尔丹，至克鲁伦河，侦贼远遁，遂还。寻偕都统噶尔玛率兵驻大同。三十五年，大将军费扬古出师西路，命硕岱署前锋统领，率大同护军二百八十人为前锋。噶尔丹遁往西路，命费扬古要击，侦贼至特勒尔济口，令硕岱率前锋挑战，诱至昭莫多，合围奋击，斩获无算。师还，擢内大臣，复世职，进三等阿达哈哈番。五十一年，卒。子海绶，于雍正七年以护军校随大将军傅尔丹征准噶尔，击贼和通呼尔哈诺尔，阵没，议恤，予世职拖沙喇哈番。

素丹，富察氏，满洲正黄旗人，费雅思哈子。袭世职，授护军参领。从裕亲王击噶尔丹，战乌阑布通，中箭伤。擢护军统领，命帅师驻大同。康熙三十五年，上亲征噶尔丹，命素丹发兵与费扬古刻期并进。寻召赴行在，统前锋兵为导。上次克鲁伦河，素丹请俟费扬古军至夹击。师还，赐内厩马，改授前锋统领。以疾解任。

雍正初，命大将军年羹尧征青海，起素丹参赞军务。西宁郭隆寺喇嘛助乱，素丹与提督岳钟琪平之。授正黄旗蒙古都统，署固原提督。寻改正红旗满洲都统，列议政大臣，仍驻守陕西。七年，师征准噶尔，命素丹将西安满洲兵出凉州，卒于军，赐祭葬，谥勤僖。

马斯喀，富察氏，满洲镶黄旗人，米思翰长子。初授侍卫兼佐领。康熙二十七年，自护军参领授武备院卿。二十八年，迁镶黄旗满洲副都统。寻擢内务府总管、领侍卫内大臣，兼管火器营。

三十五年，上亲征噶尔丹，马斯喀率镶黄旗鸟枪兵以从，先期命与诸大臣议定出征营阵队伍序次。上驻郭和苏台，命阅留牧马群，议分马群为七，择水草佳处为牧地。上进驻西巴尔台，距克鲁伦河已近，而费扬古军未至图拉，谕王大臣集行营议。信郡王鄂扎请驻师以待，马斯喀与内大臣苏勒达、明珠请进薄敌营，上从之。复进次克鲁伦河，噶尔丹望见御营严整，遂惊遁。上亲统师逐之，至拖诺山。授马斯喀平北大将军，率师进至巴颜乌阑。噶尔丹败于昭莫多，北走，所部丹巴哈什哈等诣马斯喀军降。马斯喀与费扬古师会，收集降人，遣兵卫送至张家口外，乃还师。列议政大臣。复从上出塞，率师驻大同。

三十六年春，授昭武将军，移师驻宁夏，都统巴浑德、齐世，将军萨布素，都统兼前锋统领硕鼐，护军统领嵩祝，总兵王化行并参赞军务。寻命与费扬古会师，马斯喀以将军参赞费扬古军务。初，伊拉古克三胡图克图盗马归噶尔丹，及噶尔丹死，复投策妄阿拉布坦。费扬古令马斯喀率师追之，次摩该图，不能及，引师还。上遣侍郎常绶等谕策妄阿拉布坦，得伊拉古克三胡图克图以归，诛之。马斯喀坐追剿迟缓，当夺官，上命留内务府总管及佐领。

四十一年，授镶白旗蒙古都统。四十三年，卒，赐白金千，遣内大臣奠茶酒；发引，命皇子往送。赐祭葬，谥襄贞。

佟国纲，佟佳氏，满洲镶黄旗人，佟图赖子。初隶汉军，领牛录额真，授侍卫。康熙元年，袭三等精奇尼哈番，授内大臣。十四年，察哈尔布尔尼为乱，授安北将军，率师驻宣府。布尔尼乱定，引还。十六年，推孝康章皇后外家恩，赠佟图赖一等公，仍以国纲袭。二十年，授镶黄旗汉军都统。疏陈世系，请改入满洲，下部议，许以本支改入满洲。二十八年，命与内大臣索额图等如尼布楚，与俄罗斯使臣费耀多罗等议立约定界。

二十九年，大将军裕亲王福全率师讨噶尔丹，以国纲参赞军务。八月己未朔，师次乌阑布通，噶尔丹屯林中，卧驼于前，而兵伏其后。国纲奋勇督兵进击，中乌枪，没于阵。丧还，命皇子迎奠。将葬，上欲亲临，国纲弟国维及诸大臣力阻，乃命诸皇子及诸大臣皆会，赐祭四坛，谥忠勇。上以翰林院撰进碑文不当意，乃自为制文，有曰："尔以肺腑之亲，心膂之寄，乃义存奋激，甘蹈艰危。人尽如斯，寇奚足殄？惟忠生勇，尔实兼之！"雍正初，加赠太傅。

迈图，亦佟佳氏，满洲正白旗人。父乌进，国初自哈达来归。迈图初授侍卫，从信郡王多尼下贵州，破明桂王将李成蛟于凉水井，李定国于双河口、于鲁噶。从康亲王杰书徇福建，讨耿精忠，授行营总兵，战黄岩，克建阳。从将军拉哈达破郑锦将何祐于太平山，复兴化，拔泉州。从将军赉塔破锦将刘国轩、吴淑于蜈蚣山，复长泰。皆有功。康熙二十五年，授正白旗蒙古副都统兼佐领。寻署前锋统领，从征厄鲁特，战乌阑布通，阵没，谥忠毅，进世职三等阿达哈哈番。

格斯泰，瓜尔佳氏，满洲镶白旗人，先世居瓦尔喀。父赫勒，归太祖。从伐明，攻献县，先登。入关，西讨李自成，破潼关。下江南，徇浙江，破明兵嘉兴城下。以牛录额真授拜他喇布勒哈番。

格斯泰初为睿亲王护卫，从大将军伊尔德克舟山；从都统玛奇下云南，破贼石口坎、黄草坝，克云南会城；皆有功。累擢前锋参领兼管佐领。从国纲战乌阑布通，国纲战没，格斯泰直入贼营，左右冲击，出而复入者再。乘胜追贼至河岸，阻于淖，贼麇集，格斯泰力战，与迈图等皆殁于阵。师将发，上赐之马，格斯泰请自选，得白鼻。或言白鼻古所忌，格斯泰曰："效命疆场，吾夙愿也！何忌？"师还，裕亲王奏："方战时，亲见一将乘白鼻马三入敌阵，众皆识为格斯泰也。"赐祭葬，视副都统，予世职拜他喇布勒哈番。

阿南达，乌弥氏，蒙古正黄旗人。祖巴赖都尔莽奈，初事察哈尔林丹汗。林丹汗败走，率所部二百三十余户保哈屯河。逾岁，归太宗，授一等梅勒章京。从攻宁远，败明兵。复从攻锦州，战死，赠三等昂邦章京。

父哈岱，年十七，从父攻宁远，敌矢殪父马且踣，哈岱不遑甲，驰入阵，下马掖其父超乘，步从击敌，与俱还。太宗嘉其勇，厚赉之。父死，袭世职。屡从伐明，败明兵。入关定江南，徇浙江，击腾机思，讨姜瓖，取舟山，皆在行间。康熙间，授内大臣。讨吴三桂，命与侍卫阿喇尼征喀喇沁、翁牛特、苏尼特诸部兵，分驻大同、河南、兖州，备调发。卒，谥勤壮。

阿南达，哈岱次子也，以一等侍卫兼佐领。康熙八年，鳌拜败，坐党附罪斩，圣祖特宥之。

二十七年，噶尔丹侵掠喀尔喀诸部，命偕喇嘛商南多尔济赍敕谕罢兵。噶尔丹遣使入朝，而侵掠如故。二十九年，命往会喀尔喀诸部兵讨噶尔丹，以尚书阿喇尼、都统额赫讷等先后率师出塞。阿南达还奏，言："噶尔丹为拖多额尔德尼击败，侦卒还报，有二人共一骑者，有削木为兵者，状至穷蹙。请发兵讨之。"上命选察哈尔兵六百，率以赴图拉，益额赫讷军。寻喇尼请移西路军会剿，阿南达率兵渡瀚海，会大将军裕亲王福全，败贼于乌阑布通。三十一年，命赴宁夏招和硕特部台吉巴图尔额尔克济农来降，擢正黄旗蒙古都统。三十二年，闻噶尔丹将取粮哈密，授郎坦为昭武将军，召阿南达还。

三十五年，上亲征噶尔丹，命阿南达如喀尔喀诸部求习塞外途径者二十人为导。上次克鲁伦河，噶尔丹将走还特勒尼济，阿南达方从费扬古自图拉向昭莫多。费扬古令阿南达等先击噶尔丹，伪败以致敌，至昭莫多，纵击败敌，事具《费扬古传》。阿南达赴行在奏捷，上召询战状，对曰："噶尔丹闻上亲征，惶骇窜走。不虞我兵绝其归路，突然交战，擒斩过半，死伤枕藉。属下人多怨怼，降者甚众，噶尔丹深以为悔。费扬古虑涉矜张，疏报捷，寥约略言之。"上乃班师，命阿南达驻守肃州。寻移军边境，诇噶尔丹踪迹。阿南达遣兵分驻昆都伦、额、济内诸处。复与提督李林隆移炮赴布隆吉尔，度要隘留军策应，乃还肃州。上以其章示议政诸臣，奖阿南达防边能称职也。

噶尔丹自昭莫多败后，部众多离散。噶尔丹多尔济者，其妻弟也，阴持两端。阿南达至布隆吉尔，获其逻卒，纵归招之降，遂遣使通款。阿南达因其使橄哈密回部："噶尔丹且至，当擒献。"即传语噶尔丹多尔济："噶尔丹至哈密，哈密且擒献，当为哈密助。"未几，噶尔丹遣族子顾孟多尔济等与达赖喇嘛、青海诸台吉通声闻。阿南达复至布隆吉尔侦知之，率兵追及于索尔河，擒其使人，以其书十四函驰奏。

三十六年，哈密回部擒噶尔丹子色卜腾巴尔珠尔及其从者徹特和硕齐等，送阿南达。继又获厄鲁特土克齐哈什哈。土克齐哈什哈实戕我使巨马迪，至是始就擒。先后槛送京师。寻复疏言厄鲁特晋巴彻尔贝来降，询知噶尔丹穷促状。是岁上复亲征，命与林隆率甘州兵二千出布隆吉尔。次塔尔河，闻噶尔丹已死，所部台吉丹济拉将窜巴里坤依噶尔丹从子策妄阿喇布坦，因往追之，未及，上命还驻布隆吉尔。丹济拉诣哈密乞降，阿南达护使谒上行在。叙昭莫多功，予拖沙喇哈番世职。寻奉命率兵驻西宁。四十年，卒，赐祭葬。雍正二年，追谥恪敏。

阿喇纳，阿南达长子。少袭其祖哈岱世职，授三等侍卫，累进散秩大臣。策妄阿喇布坦继噶尔丹为寇，侵哈密。康熙五十四年，上命尚书富宁安视师，屯巴尔库尔。五十五年，授阿喇纳参赞大臣，选八旗察哈尔劲卒及尝从阿南达出塞者，得四百人，率之以行。五十六年，授富宁安靖逆大将军，令阿喇纳将一千三百人，自乌阑乌苏深入乌鲁木齐。至通俄巴锡搜山，俘一百数十人，收驼马牛羊，蹂其稼乃还。五十九年，师入西藏，富宁安复令率四千人自吐鲁番出边，至齐克塔木，破贼敌垒。进至皮禅，回民三百余以城降，师遂会富宁安于乌阑乌苏，引还。

六十年，上命率师进取吐鲁番，因留驻其地。策妄阿喇布坦来犯，阿喇纳行与遇。令分兵为三，突入阵，策妄阿喇布坦败入林中，弃马步战，我师发枪击杀准噶尔兵百余，乃败走，逐北数十里，俘获甚众。授协理将军，筑城屯垦，为持久计。阿喇纳久居边塞，悉敌情，疏请进兵伊犂。下议政大臣议，以贼已远窜，暂缓进兵。雍正元年，擢镶红旗蒙古副都统。师征青海，命率兵二千驻布隆吉尔。贼酋阿喇布坦苏巴泰来袭，遣师追至推默尔，大败之。未几，卒于军。遗疏为父请谥，上特许之。赐白金千，遣官护丧归，谥僖恪，加拜他喇布勒哈番，以其子伍弥泰兼袭，合为三等伯。乾隆间，定封号曰诚毅。伍弥泰自有传。

吉勒塔布，李佳氏，满洲正红旗人，觉善第三子。初授侍卫兼前锋参领。康熙十一年，授正红旗蒙古副都统。

十三年，耿精忠叛，命偕副都统拉哈率师驻江宁。寻令援浙江。从将军贝子傅喇塔攻嵊县，与精忠将曾养性等战于黄瑞山，督兵乘夜分两翼冲击；又遣兵循山麓疾上，以鸟枪旁击之，养性败溃，克仙居。十四年，养性与叛将祖弘勋犯台州，吉勒塔布与都统沃申赴援，战于平山岭，殪贼四千余；夺梁蓬隘道，遇贼伏，尽歼之。直趋黄岩，副都统穆赫林督兵夹击，养性夜走温州。克黄岩，复战于上塘岭。攻温州，久未下。十五年，养性复以四万余人来犯，吉勒塔布遣兵分道逆击。进剿处州，过三角岭，循江度师。养性以百余舟屯江上，陆兵屯得胜山下，据险拒我师。吉勒塔布与总兵陈世凯分道拔贼垒，又以炮击贼舟，沉诸江。师次温溪渡口，击败精忠将马成龙等，斩千余级，遂与康亲王师会衢州。偕都统赉塔等击精忠将马九玉，战于大溪滩。吉勒塔布督兵逾三濠，入焚木城，克江山，九玉败遁。遂度仙霞岭，进克浦城、建阳诸县。从康亲王进次福州，精忠降。

十六年，击郑锦同安。十八年，与锦将刘国轩战于下坑、于欧溪头、于郭坑，皆胜，斩二千余级，收海澄。与沃申驻师漳州。二十一年，师还，累擢护军统领、正红旗蒙古副都统。二十七年，授兵部尚书，列议政大臣。

噶尔丹侵喀尔喀，上命吉勒塔布与都统巴海等征科尔沁诸部兵备边。寻命往苏尼特，度水草佳处为喀尔喀牧地。二十九年，命与尚书阿喇尼出塞，自归化至图拉置台站，率师会喀尔喀诸部，自洮濑河进攻噶尔丹。噶尔丹掠乌珠穆秦部，至乌勒辉河，我师与遇，分兵乘夜挑战。喀尔喀兵违节度，乱阵，战失利。吉勒塔布当夺官，命留佐领，率兵驻呼鲁固尔河。旋命与内大臣阿密达同驻克勒，待裕亲王师至，分三队以进。吉勒塔布为第一队，大败噶尔丹于乌阑布通。三十年，诏移喀尔喀土谢图、车臣两部归附人牧近边。上出塞抚绥，令吉勒塔布与尚书马齐、班第等，先期集归附人于上都河、额尔屯河以待。上虑巴图尔额尔克济农掠喀尔喀，命吉勒塔布督喀尔喀诸部兵为备。三十一年，巴图尔额尔克济农降，罢兵归。三十五年，擢都统。三十六年，卒，赐祭葬。

殷化行，字熙如，陕西咸阳人。初以王姓成康熙九年武进士。十三年，从经略莫洛讨吴三桂，授守备。会王辅臣叛，莫洛遇害，化行被胁羁秦州，称病不为贼用。逾年，自拔归，总督哈占奏复原职，补火器营守备。从振武将军佛尼勒战牛头山，攻克上、下岭。三桂将王屏藩据汉中，以二万人犯宝鸡。大将军图海檄化行赴援，破敌，解西山堡围。复自大泥峪取两河关，复兴安州城。十九年，佛尼勒援永宁，化行为前锋，败敌托川，击走三桂将胡国柱于安宁桥。调援叙州，与西宁总兵李芳述守城，贼分三路来攻，击却之。图海、哈占合疏陈化行奋战状，特擢汉中城守营副将。二十年，逐国柱，迭战安边、叙马、连峰、石盘关诸处，屡克要隘，复马湖府城。

二十二年，追议辅臣叛时被胁，坐夺官。哈占以化行未为辅臣用，从征有劳，奏复原职，授直隶三屯营副将。二十三年，叙功加一等，授都司金书，兼管副将事。二十五年，上幸畿东，化行扈从行围，赐上用佩刀。二十六年，擢福建台湾总兵，赐貂裘、白金。时议城台湾，化行言地皆浮沙，难以巩固，令部下人致树一，植为城，数日而成。诸部亦各植木城，缮治甲兵，防御以固。三十年，移襄阳。陕西旱，米价腾贵，民多流移。诏发襄阳米二万石水运至商州，改陆运至西安。命内阁学士德珠与化行及总督丁思孔往督水陆挽运，并护流民还里。三十二年，移登州。复移宁夏。

三十五年，上亲征噶尔丹，三路出师，发陕西兵当西路，遣刑部尚书图纳会将军、督、抚及河西提、镇议进兵事。化行陈方略，诏报可。时绿旗兵统于振武将军孙思克，率凉州总兵董大成、肃州总兵潘育龙及化行自宁夏出塞，会大将军费扬古进剿。化行领所部兵三千至翁金河，简精卒前进，遇敌昭莫多。山崖峻削，其南渐陁，有小山横亘，化行急据其巅，麾军士毕登。敌猝至山腹，发炮击之，噶尔丹率众死斗，锋甚锐。化行使告费扬古曰："贼阵坚，宜遣一军冲其胁，贼妇女辎重俱在后阵，劫之必乱。"费扬古从之。化行望山下两军将薄阵，鼓行而下，敌披靡，死伤枕藉。噶尔丹败遁，诏班师。是役化行功最。

三十六年，疏请率兵二千至郭多里巴尔哈孙侦擒噶尔丹。会上西巡，将幸宁夏，化行迎谒，奏请行围花马池观军容。上曰："师行赖马力。今噶尔丹未灭，宁夏兵至花马池，往来七八日，马必疲。猎细事耳，罢猎而休马，以猎噶尔丹何如？"乃令化行率所部兵五百人从昭武将军马思喀复出塞。寻命化行参赞军务，谕谓绿旗总兵官未有授参赞者，并赐孔雀翎。师次郭多里哈孙，会大将军费扬古兵。进至洪郭罗阿济尔罕，噶尔丹死，诏班师。化行还宁夏。

三十七年，请复本姓。叙昭莫多功，予拖沙喇哈番世职。擢广东提督。三十九年，琼州营游击詹伯多等扰黎人，黎人王镇邦为乱，以化行约束不严，降级留任。四十年，连阳瑶为乱，里人峒、油岭二排尤凶横。化行率总兵刘虎驻师里人峒，遣副将林芳入排，使执为乱者以献。瑶人戕芳及所从役。上命尚书嵩祝为将军，令化行及广西、湖南提督各发兵讨之。四十一年夏，会师连州，分扼要隘，瑶人惧，缚献为乱者李贵、邓二等，置诸法，余悉就抚。寻追按芳被戕，化行、虎不能救，虎夺官，化行休致。四十二年，上幸西安，化行迎谒，授其子纯四等侍卫。四十九年，卒。

潘育龙，字飞天，甘肃靖远人。初入伍，从征李来亨等于茅麓山，有功。康熙十四年，王辅臣叛，育龙从副将偏图攻三水、淳化，复从扬威将军阿密达战泾州。宁夏道梗，大将军董额使育龙赴提督陈福军，自红河川、白马城诸要隘转战七昼夜，达宁夏。驻灵州，招抚散卒。总督哈占调援山阳，败贼于甘沟口。十五年，从抚远大将军图海夺平凉城北虎山墩。累擢守备。十七年，吴三桂兵犯牛头山、香泉，育龙从总兵王好问等出间道击破之。十八年，克梁河关，斩三桂将李景才、景文略等，薄兴安，三桂将谢泗、王永世以城降。叙功，擢都司佥书。叛将谭弘据川东，育龙从哈占进剿，复大竹、渠县。迁游击。

二十七年，以总督噶毕泰荐，擢甘州副将。学士达瑚等自西藏使旋，至嘉峪关外，为西海阿奇罗卜藏所掠。将军孙思克使育龙偕游击韩成等捣其巢，斩级四百有奇，阿奇罗卜藏遁。事闻，诏嘉奖。三十年，赴宁夏防剿噶尔丹。时改肃州协为镇，即以育龙为总兵。三十一年，降番罕笃与罗卜藏额林臣、奇齐克等复叛，育龙追至库列亘岭，斩四十余级，获百二十人。三十四年，噶尔丹属回塔什兰和卓等五百余人入犯，渡三岔河，育龙击擒之。三十五年，从征噶尔丹，遇贼昭莫多，飞炮中育龙右颐，益力战，贼败遁。师还，召至京师，上抚视其创，命御医诊视，赐衣一袭。移镇天津。叙功，予拖沙喇哈番世职。

四十年，擢陕西提督，赐孔雀翎。四十二年，上西巡，育龙迎谒山西，赐御书榜。驻跸渭南，阅固原卒校射，顾大学士马齐等曰："朕巡历诸省，绿旗无如潘育龙兵者。"命加秩。寻特授镇绥将军，领提督如故。四十九年，上幸五台，育龙迎谒，赏赉优渥，亲制诗章宠之。时有陈四等率妻子游行鬻技，走马上竿，踏索算卦，俗名曰卦子。人既众，遂为盗。育龙捕得五百九十余人。有司献鞫，因疏请饬各省督抚责所属乡村堡寨，遇今改业，编户为民，给荒地开垦，马骡牲畜变为牛种，载入《赋役全书》。下部议行。寻以病累疏乞休，诏辄慰留。五十八年，卒，赠太子少保，赐祭葬，谥襄勇。

孙绍周，改籍陕西西安。袭世职，授二等侍卫。累迁广西庆远协副将。雍正初，总督鄂尔泰奏开古州、都江河道，以定旦、来牛二寨苗梗路，檄绍周统广西兵赴古州诸葛营，与贵州副将赵文英会剿，尽乎贼寨。擢云南提督，赐花翎。调古北口，以病解任。乾隆十八年，卒。高宗追念育龙军功，特予恩骑尉世职，以绍周子忱嗣。

之善，育龙从孙，仍籍甘肃靖远。初从育龙征噶尔丹。昭莫多之役，力战中枪，诏来京师医治。四十二年，上幸西安，之善迎谒临潼，授蓝翎侍卫，赐孔雀翎。补肃州镇标游击。策妄阿喇布坦以二千人侵哈密，之善率兵二百击败之。上嘉其勇，超擢陕西潼关副将。从靖逆将军富宁安击准噶尔于乌鲁木齐，多俘获。雍正初，青海台吉罗卜藏丹津叛，侵布隆吉尔，与参将孙继宗引兵夹击，斩获无算。擢四川川北总兵，移镇陕西西安。之善以边外辽阔，当设卡路杜窥伺，乃遣兵于沙州西路伊逊察罕齐老图及察罕乌苏诸尔分路侦御。并以住牧熟夷数百户，分置诸要隘，调敌情，督修西安城及沙州五堡，以二千四百户屯田沙州，筹牛种，建房舍。疏闻，上深嘉之，命署固原提督。谕曰："此军乃汝叔祖潘育龙所整理，为天下第一营伍，流风余韵，至今可观。若不能企及，何颜以对朕耶？"寻以目眚解任。十一年，卒。

额伦特，科奇哩氏，满洲镶红旗人，佛尼埒子也。佛尼埒卒官，家贫不能还京。四川总督哈占请留额伦特西安效力，部议不许，上特允之。康熙二十三年，授西安驻防佐领。三十年，从将军尼雅翰逐厄鲁特巴图尔额尔克济农，又从将军郎坦赴克锡图额，皆有劳。三十五年，上亲征噶尔丹，从大将军费扬古出西路，破敌昭莫多。以功授世职拖沙喇哈番，擢协领。四十三年，上幸西安阅武，设宴，特命额伦特近御座，亲赐之饮。谕曰："尔父宣力行间，尔亦入伍能效力，故赐尔饮。"寻迁西安副都统。调荆州副都统。四十九年，擢湖广提督。五十二年，授湖广总督。寻命履勘湖南诸州县荒壤，得四万六千余顷。疏请听民开垦，六年后以下则起科。五十四年，命往按太原知府赵凤诏贪墨状，论罪如律。

厄鲁特策妄阿拉布坦犯哈密，上遣尚书富宁安等率师讨之。五十五年，命额伦特署西安将军，主军饷。策妄阿喇布坦自噶顺汛山后道沙拉侵青海，执台吉罗卜藏丹济布以去，命额伦特率师驻西宁，为青海诸部应援。五十六年，策妄阿拉布坦遣其将策凌敦多布侵西藏。命额伦特移军青海，与青海王台吉等议屯军形胜地。额伦特疏言西宁入藏道有三，库库赛尔岭、拜都岭道皆宽广，请与侍卫色楞分道进兵。五十七年，策凌敦多布入西藏，破布达拉城，戕拉藏汗，执其子苏尔咱，遂据有其地。六月，额伦特与色楞分道进兵，额伦特出库库赛尔岭。七月，至齐诺郭勒，策凌敦多布遣兵夜来侵，击之退。次日复至，额伦特亲督兵缘山接战，贼溃遁，追击十余里，多所斩获。疏入，上深嘉其勇。俄，策凌敦多布遣兵潜出喀喇乌苏，额伦特率所部疾趋渡河，扼狼拉岭，据险御敌。比至喀喇乌苏，色楞以兵来会，合力击贼。贼数万环攻，额伦特督兵与战，被重创，战益力。相持者数月。九月，复房兵进战，射杀贼甚众。矢尽，持刀麾兵斫贼，贼益兵合围，额伦特中伤，犹力战，遂没于阵。五十八年，丧还，上命诸王以下迎城外，内大臣、侍卫至其家奠茶酒。世宗即位，进世职三等阿达哈哈番，赐祭葬，谥忠勇。

额伦特与川陕总督音泰皆自行伍中为上所识拔。额伦特以廉洁著，上尝与张伯行并称，谓在督抚中操守最优也。

康泰，甘肃张掖人。初入伍，累擢至游击。从将军孙思克击噶尔丹，以功授世职拖沙喇哈番。四迁四川提督。额伦特驻西宁，泰率松潘兵千余出黄胜关为应援。兵哗，夺官，命自具鞍马从军。从额伦特入藏，战喀喇乌苏，跃马杀贼，矢集于臂，叱其子拔矢，裹臂复战，阵没。赠都督同知，谥壮勇。

弟海，陕西凉州总兵。将所部从额伦特，同时战死。赠世职拖沙喇哈番。

论曰：厄鲁特亦出于蒙古，析为四卫拉特，其一曰绰罗斯，牧伊犁。噶尔丹戕兄子自立，乃号准噶尔，移帐阿尔泰山，兼有四卫拉特。北侵喀尔喀，南侵卫藏。圣祖再亲征，乃摧败以死。乌阑布通之役，噶尔丹败遁，我军亦重衄。佟国纲以元舅死绥。及战昭莫多，费扬古麾饥疲之众，当困斗之寇，蹈瑕以破坚，则谋勇胜也。马斯喀、阿南达、吉勒塔布、化行、育龙先后在事有劳。额伦特孤军殉寇，青海之师，准部之灭，皆于是乎起。谨书之以著其本末。

卷二百八十二　　列传六十九

姜希辙　余缙　德格勒　陈紫芝
笪重光　**任弘嘉　高层云**
沈恺曾　龚翔麟　高遐昌

姜希辙，字二滨，浙江会稽人。明崇祯间举人。顺治初，除温州教授。五年，以瑞安知县缺员，令暂摄。郑成功兵来犯，攻城，希辙督民守，遇事立应。援至，破成功兵齐云江上。九年，迁直隶元城知县。畿北饥，流民至者日以万计。逃人令方严，民虑溷入为累，辄拒不予食。希辙令察非逃人，使垦县中荒田，田辟，饥民以活。善决狱，民称之。

十五年，授工科给事中。吏得盗，自列义王孙可望家人，为买马，镶白旗丁为之因缘。希辙疏言："可望来归本朝，湔涤不暇，尚敢收亡命相关通？身为旗丁，岂复应桀骜冒法网？夫盗有根柢，有党羽，臣请收义王家人及旗丁穷治之。"上下其疏，罪人皆抵法。国初考功法，获逃人、辟荒田、督运漕粮，皆踳等升擢。希辙疏争非政体，不当开幸进。上方严罪贪吏，吏往往曲法罚锾。希辙疏言："例赎杖分有力无力，所轻重不过铢两间。今乃倍五倍十，不拘成数，不应则敲朴随之。是昔以罚省刑，今以罚济刑也。"命仍如定例。

十七年，上诏求言，希辙疏言："臣闻君臣一德，原未尝以忧劳之任独归之君父，为人臣诿卸责地也。臣观今日积习病根，大要有二：巧于卸肩者，假详慎以行推诿；畏于任事者，饰持重以蹈委靡。请进一德之箴，为中外诸臣诫。"师自江西下广东，州县供亿繁重。南赣巡抚报曲江、始兴两知县同时自戕。希辙疏言："大兵所集，米豆、草束、槽籭、釜镬，自所必需。然先时传檄，使之预备，供亿虽艰，何至捐偾？行兵不严，责在总督；立法不预，责在巡抚：二者必居一于是。请饬察究。"寻更历兵、礼二科。时会计法严，钱粮完欠，每项各限十分定考成，条例繁赜，有司救过不给。希辙疏请："总归十分，以一岁之征收，计一岁之款项，起讫既清，稽核亦便。"自此部计稍纾，有司得任用。

康熙元年，考满，内升，回籍待缺。九年，诣京师，复授户科都给事中。具三疏：请增科员；请令巡抚得辖兵，防地方窃发；请缓奏销之期，使催科不迫。迁顺天府丞。遭父丧归。十七年，授奉天府丞。乞养母归。三十七年，卒于家。

余缙，字仲绅，浙江诸暨人。顺治九年进士，授河南封丘知县。兵后流亡未复，弃地弥望，朝议兴屯，设道、厅董之。民田征赋，屯田征租，租视赋为重，民弃屯不耕。府县吏急考成，以屯租散入田赋，民失业。总督李荫祖行部至县，缙导观民间困苦状，荫祖疏闻，兴屯道、厅悉罢。十七年，行取授山西道御史，乞养归。起河南道御史。

康熙初，郑成功已死，其子锦屯厦门。有议弃舟山者，缙上疏争之，略谓："浙江三面环海，宁波尤孤悬海隅，以舟山为外藩。不知行间诸臣何所见而倡捐弃之议？江海门户，敛手委之逆竖。夫闽海只一厦门，数万之众，环而攻之，穷年不能下。奈何以已克之舟山增其巢穴？"福建总督李率泰议迁海滨居民，缙复疏争之。略谓："海滨之民，与贼狎处。一二冥顽贪狡，嗜厚利，通消息，以相接济者，固未必无之。但据所称排头、方田诸处，民为盗牧马，或缚穷民潜送厦门。当此两军相望，巡徼严密，虽有奸宄，安能飞渡？是其号令不肃，已可概见。"又云："派拨舵工、水手，公然不应。海上舵工名曰'老大'，其人必少长海舟内，外洋岛屿径路，靡不熟历，而后驾风使舵，操纵自如。奈何责之素不练习之民，视同里役，横加名派？彼即勉强应役，技既不精，心复叵测。万一变从中起，将置数十万奋戈持满之士于何地？"两疏语皆切至。

圣祖亲政，顺治间建言诸臣坐迁谪者，次第赦还，惟议及逃人不在赦例。居数年，诏宽逃人禁。缙疏请敕部察当日建言被谪诸臣，存者召还录用，殁者归葬赠恤。寻命巡视长芦盐政。以改葬乞归。二十八年，卒于家。

缙廉而能，治事尤持正。妖人朱方旦言祸福，朝士多信之。缙曰："此妄男子耳，于法当诛。"方旦卒坐死。

德格勒，满洲镶蓝旗人。康熙九年进士，选庶吉士，授编修。累擢侍读学士，充日讲起居注官、掌院学士。李光地亟称其贤。圣祖时，召见讲论经史，尝扈从巡行。大学士明珠柄政，务结纳士大夫，将馈金为治装。德格勒以装具，固辞不受。会久旱，上命德格勒筮，遇夬。问其占，曰："泽上于天，将降矣！而卦义五阳决一阴。小人居鼎铉，故天屯其膏。决去之，即雨。"上愕然，曰："安有是？"德格勒遂以明珠对。明珠闻，大恶之，时以蜚语上闻，谓德格勒与侍讲徐元梦互相标榜。徐元梦亦不附明珠者也，故并嫉之。二十六年，光地乞假归，入辞，面奏德格勒、徐元梦学博文优。逾月，上召尚书陈廷敬、汤斌等及德格勒、徐元梦试于乾清宫。阅卷毕，谕曰："朕政暇好读书，然不轻评论古人。评论古人犹易，评论时人更难。如德格勒每评论时人，朕心不谓然，故召尔等面试。妍媸优劣，今已判然。学问自有分量，毋徒肆议论为也。"二十七年，明珠罢。

未几,掌院学士库勒讷劾德格勒私抹起居注,并与徐元梦互相标榜,下刑部论罪。故事,起居注数易稿然后登籍,德格勒所删易者,实未定稿也。谳上论斩,命改监候秋后处决,徐元梦亦坐遣。语详《徐元梦传》。光地还京师,上命尚书张玉书等以德格勒试卷示九卿,并诘光地。于是玉书等奏称德格勒文实鄙陋,光地亦以妄奏引罪,命从宽免究。德格勒寻遇赦,释归本旗。卒。

陈紫芝,字非园,浙江鄞县人。康熙十八年进士,选庶吉士。改陕西道御史,力持风纪,绝外僚馈遗。巡视南城,捕大猾邓二置诸法。疏言:"朝章国典宜画一,民间冠昏丧祭未有定制,请编纂礼书,颁行天下。"又请裁屯卫:"以屯务属州县,则田赋可核,逃盗可清。"诏并允行。

时督、抚、监司皆由廷臣保举。湖广巡抚张汧,大学士明珠所私也,恃势贪暴,言路莫敢摘发。二十六年,紫芝上疏劾之,言:"汧莅任未久,黩货多端,凡地方盐引、钱局、船埠,靡不搜括,甚至汉口市肆招牌,亦按数派钱。当日保举之人,必有贿嘱情弊,请一并敕部论罪。"上命夺汧官,遣直隶巡抚于成龙、山西巡抚马齐、副都御史开音布往按治。复谕廷臣,谓汧贪婪无人敢言,紫芝独能弹劾,即予内升。成龙等按得汧以前官福建布政使亏帑令属吏弥补,又派令盐商银九万,上荆南道祖泽深婪取于民又八万,谳上,论绞。保举汧为巡抚者,侍郎王遵训、学士卢琦、大理寺丞任辰旦,皆坐夺官。擢紫芝大理少卿。每谳狱,稍涉矜疑,即为驳正,多所平反。

紫芝以峭直受上知,同朝多侧目。无何,卒。或传紫芝一日诣朝房,明珠延坐进茗,饮之,归遂暴卒云。

笪重光,字在辛,江南句容人。顺治九年进士。自刑部郎中考选御史。巡按江西,与明珠忤,罢归。初,郑成功犯镇江,重光缒城乞援。事平,赐御书榜。卒,祀乡贤。

任弘嘉,字葵尊,江南宜兴人。初以举人官行人。康熙十五年,成进士。十八年,考选江南道御史。巡南城,疏言:"各州县宜有讲堂书院,庶人知向学。"又言:"学道不惟受制藩司,抑且受制知府。盖府道阶级不甚悬,无以资表率。部郎声望不甚重,又无由达封章。求其公明,实不可得,乞重其选。"改巡北城,疏陈五城应行事,谓:"盗风未靖,由保甲不行。稽察未清,由旗、民杂处。司坊未洁,由劝惩不当。"又言:"州县昏夜比较,乡民托宿无地,饥寒受杖,往往殒命。又或因分厘火耗之轻,受金役横索之累。"又言:"朝读清丈,所以为民,而藩府驳册,上下动费累百。津梁有关,所以御暴,今小港皆设巡拦,旱路亦行堵截,检索至负担,税课遍鸡豕。"所言皆痛切。弘嘉一日巡城,有锦衣骏马突其前,诃叱之。隶卒白曰:"此王府优也。"弘嘉趋王府,索优出,杖之四十。上闻,直弘嘉。由是贵戚敛迹,毋敢玩法。

寻掌山东道,兼江南道如故。上十渐疏:"一曰,朋党交结之渐。始因交际为馈遗,渐以爱憎成水火。二曰,奢侈僭逾之渐。物力既殚,等威亦紊。三曰,文武评讪之渐。督、抚、提、镇挟私互讦,小吏效尤,何以使民无讼?四曰,绅士吹求之渐。有司视如仇仇,奸民以为鱼肉。五曰,上下奉违之渐。国家良法美意,奉行者徒有虚文,过当者反成弊政。六曰,名器混淆之渐。为生养万民计,守令宜用正途。七曰,常平侵渔之渐。贮谷久易涸损,又难盘察,不若听民输钱,数易稽而无朽蠹。八曰,河工兴建之渐。从古无不徙之河,治河惟去其太甚,不必议开议塞,借一劳永逸之辞,为逐利幸功之术。九曰,情罪过当之渐。如逃人止于鞭刺,过宿反至窜流,轻重不平,枉诬尤甚。十曰,积习胶固之渐。升迁则赶缺压缺,处分则忽重忽轻,视为故常,营竞特甚。"复疏论铨政不平,并下部议行。三十三年,迁奉天府府丞,兼学政。转通政司参议,署通政使。丁母忧归。服阕,病目,卒于家。

弘嘉素慎,疏上言过直,辄战栗。或曰:"子意若此,何不言也?"曰:"弘嘉之战栗,气不足也。然知其当言,不敢欺吾心,尤不敢负吾君耳。"

高层云,字二鲍,江南华亭人。康熙十五年进士。授大理寺评事。二十五年,授吏科给事中。二十六年,太皇太后崩,诏王大臣集永康左门外议丧礼。大学士王熙等向诸王白所议,跪移时,李之芳年老,起而踣。层云曰:"是非国体也。"即日疏言谓:"天潢贵胄,大臣礼当致敬。独集议国政,无弗列坐,所以重君命、尊朝廷也。况永康左门乃禁门重地,太皇太后在殡,至尊居庐,天威咫尺,非大臣致敬诸王之地。大学士为辅弼大臣,固当自重,诸王亦宜加以礼节,不可骄恣倨慢,坐受其跪,失藩臣体。"疏入,上曰:"朕召大臣议事,如时久,每赐垫坐语。今大臣为诸王跪,于礼不合。"下宗人府、吏、礼二部议,嗣后大臣与诸工会议,不得引身长跪,著为令。

二十八年,京师旱,诏求言。层云疏论江、淮间行屯田扰民,请急停苏民困,上嘉纳之。迁通政司参议。二十九年,迁太常寺少卿,卒官。

沈恺曾,字乐存,浙江归安人。康熙二十六年进士,选庶吉士。三十年,改山东道御史。喀尔喀率属内附,上亲出塞拊循。恺曾疏言:"巡行口外,为蒙古诸臣定赏罚,编户口,安插新附。但圣躬远出,间关崎岖,乘舆劳顿于外,群臣晏息于家,臣心何安?宜遣部院大臣经理,令逐一奏闻,仍与皇上亲行无异。乞传旨暂缓此行。"疏入,不报。上还京师,召恺曾入对,赐宴。三十五年,上亲征噶尔丹,岁暮,以余孽未靖,复出塞。恺曾复上疏请回銮,语甚剀切。

顺天学政侍郎李光地有母丧,命夺情视事,光地请给假九月,言路大哗。恺曾疏言:"学臣关系名教,表率士子。使衰绖者衣锦论文,其何以训?宜令终丧,以隆孝治。阁臣职司票拟,理应委曲奏请,始不当有在任守制之票,既不当有仍遵前旨之拟。科臣职司封驳,阁臣票拟不当,科臣缴旨覆奏,固其职也。乃亦复默然,不知其所谓封驳者何在也?臣不敢以妄拟阁臣为嫌,劾奏同列为咎。"疏入,下九卿议,寻用彭鹏言,令解任在京守制。陕西提督孙思克请令富民纳粟佐军,恺曾论奏乞敕部停止,上是之。
　　入台七年，疏数十上，伉直敢言。历掌山西、江南、浙江、河南道事，管登闻院。三十八年，巡两广盐课，多惠政，商民德之。报满，留任一年。还京，复掌山西道。丁父忧，以广东运使罣误事连坐，罢官。四十四年，上南巡，召试行在称旨，赐御书。寻卒。
　　龚翔麟，字蘅圃，浙江仁和人。父佳育，字祖锡。自龙骧卫经历出知安定县，又自兵部郎中出为分巡通永道佥事，擢江南布政使，所至有声绩。入授光禄寺卿。命修《赋役简明书》，未竟。卒。
　　翔麟自副贡生授兵部主事，出榷广东关税。沿海诸税口，远者去省二千里，吏役苛索，商民重困。翔麟严其禁，并移行府县察究。康熙三十三年，考选陕西道御史，遂疏请以诸税口交府县征收，著为令。
　　寻命巡视西城。大学士熊赐履以误拟旨罢，复起为吏部尚书。翔麟疏劾："赐履窃讲学虚声，前因票拟错误，嚼毁草签，卸过同官。皇上从宽，放归田里。旋赐起用，晋位冢宰，毫无报称。其弟赐瓒包揽捐纳，奉旨传问，赐履不求请处分，犹泰然踞六卿之上。乞赐罢斥。"右通政张云翮，故靖逆侯勇子。勇妻李卒，云翮不居丧。翔麟疏劾："云翮纵非李出，嫡母、继母并制三年，岂可视为陌路？乞严加议处，以儆败类。"云贵总督赵良栋讨吴三桂，定云南，以叙功未允，为部下乞恩，屡有称请。翔麟疏劾："良栋效力行间，悉由皇上指授方略。荡平后叙功，即经廷议，重以睿裁，轻重无不允当。事阅十年，而良栋犹哓哓不已，妄肆荐扬，市恩于众，借矜己功。且越例求赐庄田、房屋，言词狂悖，大不敬。乞下所司定罪。"赐履雅负清望，良栋功臣，云翮功臣子，翔麟论列无所避，以是得直声。俄又劾赐履及侍郎赵士麟乱铨政，条列以上。
　　官御史十年，乞归，贫至不能举火，萧然不改恒度。寻卒。
　　高遐昌，字振声，河南淇县人。康熙十五年进士，授湖南龙阳知县。以屯赋重，请减与民田同额。父忧去。服阕，补广东东莞知县，历茂名、信宜，护高州知府，皆有声。行取，擢刑部主事，累迁户部郎中。
　　四十六年，授户科给事中。时提督九门步军统领托合齐恃权不法，给事中王懿德列款疏劾。上方幸热河，遐昌诣行在继劾之。略言："托合齐欺罔不法，经懿德纠参，臣又何敢置喙？伏念其所以横恣，皆缘握权太过。自督捕城，而所辖三营改归提督，悍将骄兵，毫无忌惮。请仍归兵部择司官督率，考勤惰，禁勒索，营务防汛，昼夜巡逻，即有奸匪，不得妄牵无辜，私刑酷讯。提督干预词讼，奸民构弁兵，择人而噬，民不聊生。请仍归大、宛二县，五城司坊、巡城御史以及府、尹、治。逃盗命案，归于刑部，一秉国法。提督管理街道，纵其兵丁肆为贪噬，势压官民。请五城分治，仍归司坊。每年工部保置司官督理，庶法官守制，无复轶越。此皆本朝旧例，当归所司，防微杜渐，不致成积重之势。"疏上，上以巡捕三营并步军统领，非自托合齐始。司坊管街道，畏惧显要，止知勒索铺户，故亦归并步军统领。

今既累商民，即以遐昌兼管，期一年责以肃清。遐昌既任事，革除陋规，街道沟渠次第平治，兵民以安。两届报满，仍命接管。
　　托合齐阴图报复，欲伺隙中伤。五十年，上自畅春园还，见内城街道被侵占甚窄，召托合齐诘责之。托合齐奏外城尤窄。命尚书赫硕色等察勘，托合齐故引视僻巷，民居占官街得三百余间，谓皆遐昌任内所造，逮下刑部狱。尚书齐世武，托合齐党也，将刑讯，主事蒋晟持不可。乃议遐昌以官街邀民誉，应发奉天安置。托合齐党复哗，言遐昌受赂。严讯家属，定爰书，谓据供虽未受赂，但风闻街道旧规，铺户修房，每间与胥役钱二三百，以此例之，房三百余间，计钱七百五十千，当枉法赃律处绞。朝审，具冤状。尚书王掞、李天馥谓遐昌廉能为上知，宜从宽典，富宁安赞之，狱乃缓。会托合齐以病乞假，隆科多摄其职，因言托合齐罔上行私，横恣贪婪，及诬陷遐昌状。上命释遐昌，都人争赴狱异之出，拥赴阙谢。及出都，送者填溢，醵金完悬赃。遐昌归，未几卒。
　　论曰：康熙间以直言著者，魏象枢、郝浴、杨素蕴、彭鹏、赵申乔辈，扬历中外，卓然为名臣。希辙、缙，自世祖朝已在谏垣，有献替。弘嘉论十渐，层云争国体，陈义皆甚高。若德格勒、紫芝、重光忭明珠，恺曾弹李光地，翔麟论熊赐履、赵良栋，遐昌抗托合齐，虽所纠绳贤不肖不同，謇謇匪躬，不为名慑，不为势挠，谥为"遗直"，殆无愧欤？

卷二百八十三　　　列传七十

觉罗武默讷　舒兰拉锡　**拉锡子旺札尔**
旺札尔子博灵阿　**图理琛　何国宗**

　　觉罗武默讷，正黄旗人，景祖第三兄索长阿四世孙也。顺治四年，授世职拖沙喇哈番，累进三等阿达哈哈番，擢一等侍卫。康熙六年，授内大臣，管佐领。
　　十六年，命偕侍卫费耀色、塞护礼，索蕀瞻礼长白山，谕曰："长白山祖宗发祥之地，尔等赴吉林，选识路之人，瞻视行礼，并巡视宁古塔诸处，于大暑前驰驿速往。"五月己卯，武默讷等发京师；己丑，至盛京，东行；戊戌，至吉林。询土人，无知长白山路者。得旧居额赫讷殷猎户岱穆布鲁，言其父曾猎长白山麓，负鹿归，道经三宿，似去额赫讷殷不远。自吉林至额赫讷殷，陆行十日，舟行几倍之。宁古塔将军巴海令运米十七艘诣额赫讷殷，先发，并令协领萨布素护武默讷等行。六月丁未，武默讷等携三月粮，陆行经温德亨河、库埒讷岭、奇尔萨河、布尔堪河、纳丹弗埒城、辉发江、法河、卓隆鄂河，抵讷殷江干，米亦至。乃乘小舟，与萨布素分道行，溯讷殷江逆流上。
　　丙寅，会于额赫讷殷。一望深林无路，萨布素率众前行，伐木开道。遣人还告：行三十里，得一山，升其巅，缘木而望，长白山乃在百余里外，片片白光如积玉，视之甚晰。戊辰，武默讷前行。己巳，遇萨布素于林中。壬申黎明，大雾，莫辨山所向。闻鹤唳，寻声往，遇麂蹊，循行至山麓，见周遭密林，中间平迤圆绕，有草无木。前临小林，尽处有白桦木，整若栽植，及旋行林外，仍弥漫无所见。跪诵敕旨，拜毕，雾开，峰峦历历在目，登陟有路。遥望之，山修而崀，既近，则堂平而宇圜，向所睹积玉光，冰雪所凝也。山峻约百余里，巅有池，环以五峰，其四峰临水拱峙，正南一峰稍低，分列双阙。池广袤约三四十里，夹山涧水喷注，自左流者为松花江，右流者为大小讷殷河，绕山皆平林。武默讷瞻拜而下。峰巅群鹿奔逸，仆其七，坠武默讷等前。时登山者正七人，方乏食，谢山灵赐。却行未里许，欻然雾合。癸酉，还至前望处，终不复见山光。七月庚辰，至恰库河，马疲甚。甲申，自恰库河乘舟还，经色克腾、图伯赫、噶尔汉、噶达浑、萨穆、萨克锡、法克什、多珲诸河，至松花江。八月丁未，还吉林，巡视宁古塔诸处。乙丑，还京师。

疏闻，诏封长白山之神，秩祀如五岳。十七年，命武默讷赍敕往封，岁时望祭如典礼。十九年，召入养心殿，命工绘其像以赐。谕曰："以此像俾尔子孙世世供享，以昭恩宠。"二十九年，卒，赐祭葬。

舒兰，纳喇氏，满洲正红旗人。父敦多哩，官刑部侍郎，兼佐领。坐鞫总督蔡毓荣罪，附和尚书希福从轻比，夺官，戍黑龙江。

舒兰自理藩院笔帖式迁主事。康熙三十八年，从侍郎满丕、都统乌达禅等，招降巴尔瑚三千余人，安置察哈尔游牧地，编隶佐领。未几，巴尔瑚佐领额克图叛，戕察哈尔副总管阿必达、骁骑校班第，掠马驼以遁。上命喀尔喀公锡卜推哈坦等率蒙古兵追剿，舒兰持檄传示蒙古诸贝勒台吉，并征察哈尔、厄鲁特兵，从乌达禅会剿，擒其渠。迁内阁侍读。

四十年，命偕侍卫拉锡往探河源，谕曰："河源虽名古尔班索里玛勒，其发源处人迹罕到。尔等务穷其源，察视河流自何处入雪山边内。凡经流诸处，宜详阅之。"四月辛酉，舒兰等发京师。五月己亥，至青海。庚子，至库库布拉克。贝勒色卜腾扎勒与偕行。

六月癸亥，至鄂稜诺尔。甲子，西行至扎稜诺尔。鄂稜周二百余里，扎稜周三百余里，二诺尔距三十里许。乙丑，至星宿海，蒙古名"鄂敦塔拉"。星宿海之源，小泉万亿，历历如星，众山环之。南有山曰古尔班图勒哈，西南有山曰布瑚珠勒赫，西有山曰巴尔布哈，北有山曰阿克塔齐勒，东北有山曰乌阑都什，蒙古总名曰"库尔坤"，即昆仑也。山泉出自古尔班图勒哈者，为噶尔玛瑭；出自巴尔布哈者，为噶尔玛楚木朗；出自阿克塔齐勒者，为噶尔玛沁尼。三山之泉，溢为三支河，即古尔班索里玛勒也。三河东流入扎稜诺尔，扎稜一支入鄂稜诺尔，黄河自鄂稜出。其他山泉与平地水泉，渊沦萦绕，不可胜数，悉归黄河东下。

丁卯，舒兰等自星宿海还，舍故道，循河流东南行。己巳，登哈尔吉山，见黄河折而东，至库库陀罗山，又南绕萨楚克山，复北流，经巴尔陀罗海山之南。庚午，达阿木尼玛勒占穆逊山，山最高，云雾蔽之，不可端倪。蒙古人言长三百余里，有九高峰，积冰终古不消。常雨雪，一月得晴仅三四日。舒兰等自此返。壬申，至锡喇库特勒，又南过僧库尔高岭，更百余里，至黄河岸。见黄河自巴尔陀罗海山东北流，经归德堡北、达喀山南两山峡中，流入兰州。自京师至星宿海，七千七百余里。宁夏西自松山至星宿海，天气渐低，地势渐高，人气闭塞，行多喘息。九月，还京师，具疏述所经，并绘图以进。

上谕廷臣曰："朕于古今山川名号，虽在边徼遐荒，必详考图籍，广询方言，务得其正。故遣使至昆仑，目击详求，载入舆图。即如黄河源出西塞外库尔坤山之东，众泉涣散，灿如列星，蒙古谓之'鄂敦塔拉'，西番谓之'索里玛勒'，中华谓之'星宿海'，是为河源。汇为扎稜、鄂稜二泽。东南行，折北，复东行，由归德堡、积石关入兰州，其原委可得而缕晰也。"

舒兰累擢内阁学士。四十五年，命往西藏封拉藏为翊法恭顺汗。回京得风疾，遣太医诊视。越二年，疾复发，乞休，许解任调治。五十二年，疾愈，起故官。是年以万寿恩典，复其父敦多哩故秩。寻迁工部侍郎。未几，坐事，降三秩调用。五十九年，卒。

拉锡，图伯特氏，蒙古正白旗人。自亲军校三迁二等侍卫，偕舒兰穷河源，进一等。雍正初，累擢本旗都统。以治事明敏，予拜他喇布勒哈番世职，授议政大臣。拉锡谙习旗务，奏事辄称旨，累被褒嘉，加授拖沙喇哈番。四年，以隐匿乌梁海事，尽削官职，降授一等侍卫，管太仆寺卿。寻仍擢镶白旗满洲都统，迭署江宁将军、天津满洲水师营都统，授领侍卫内大臣。卒。

子旺札尔，初授侍卫，袭世职。使从侍郎阿克敦与噶尔丹定界。如苏州、如浙江按事。累迁镶白旗满洲都统、理藩院侍郎、御前大臣。命赴金川察沿途驿站。金川平，擢领侍卫内大臣。卒，谥恪慎。

孙博灵阿，袭世职。初授侍卫，累迁正蓝旗蒙古副都统。从征金川，攻当噶尔拉，扑碉受创，卒。赠都统衔，进世职一等轻车都尉，图形紫光阁。

乾隆四十七年，高宗命侍卫阿弥达诣西宁祭河神，再穷河源。还奏："星宿海西南有水名阿勒坦郭勒，更西有巨石高数丈，名阿勒坦噶达素齐老。蒙古语'阿勒坦'为黄金，'噶达素'为北极星，'郭勒'为河，'齐老'石也。崖壁黄金色，上有池，池中泉喷涌，酾为百道，皆黄金色。入阿勒坦郭勒，回旋三百余里，入星宿海，为黄河真源。"高宗命四库馆诸臣辑《河源纪略》识其事。阿弥达更名阿必达。大学士阿桂子，附见《阿桂传》。

图理琛，阿颜觉罗氏，满洲正黄旗人。以国子生考授内阁中书，迁侍读。坐事，夺职。康熙五十一年，特命复职，出使土尔扈特。

初，土尔扈特汗阿玉奇从子阿喇布珠尔，假道准噶尔赴西藏谒达赖喇嘛。准噶尔台吉策妄阿喇布坦与阿玉奇构怨，阿喇布珠尔不得归，款关乞内属，诏封贝子，赐牧嘉峪关外党色尔腾。嗣阿玉奇遣使入贡，上欲归阿喇布珠尔。命图理琛偕侍读学士殷扎纳、郎中纳颜赍敕谕阿玉奇，假道鄂罗斯。

五月，图理琛等自京师启行，七月，至鄂罗斯境楚库柏兴。以假道故，待其国察罕汗进止。五十二年正月，许假道，乃行。还乌的柏兴，越柏海尔湖而北，抵厄尔库。鄂罗斯托波尔噶噶林遣其属博尔科尼来迎。噶噶林者，彼国所称总管也。图理琛等欲行，博尔科尼言噶噶林令天使当自水路行，而昂噶拉河冰未泮，请稍驻俟之。三月，自昂噶拉河乘舟抵伊聂谢柏兴，登陆。五月，抵麻科斯科，复乘舟自揭的河顺流行，经那里穆柏兴、苏尔呼特柏兴、萨玛尔斯科、狄穆演斯科诸地。七月，至托波尔。其地噶噶林名马提飞费多里鱼赤，迎至廨，留八日。仍遣博尔科尼护之行，抵鸦班沁登陆。自费耶尔和土尔斯科越佛落克岭，抵索里喀穆斯科，以路泞，守冻十日。复行，经改郭罗多、黑林诸付、喀山、西穆必尔斯科诸地。十一月，至萨拉托付，是为鄂罗斯与土尔扈特界。水自东北来，折而南，鄂罗斯号为佛尔格，土尔扈特号为额济勒。阿玉奇汗驻牧地曰玛努托海，距此十日程，以雪盛不能行。

五十三年四月，阿玉奇遣台吉祥伟征等来迎。五月，图理琛等渡额济勒河，阿喇布珠尔之父纳扎尔玛穆特遣献马，却之。六月朔，至玛努托海，阿玉奇择日听宣敕。图理琛等以上意谕之曰："阿喇布珠尔已赐爵优养，欲遣归尔牧地，以策妄阿喇布坦方与尔交恶，恐为所戕。尔若欲令阿喇布珠尔归，当自鄂罗斯来迎。"阿玉奇曰："我虽外夷，然冠服与中国同。鄂罗斯乃嗜欲不同、言语不通之国也，天使归当察其情状。鄂罗斯若以往来数故不假道，则我无由入贡矣。阿喇布珠尔荷厚恩，与归土尔扈特同，复何疑虑？"阿玉奇及纳扎尔玛穆特等各赠马及方物，图理琛等以越境无私交，却不受。阿玉奇待之有隆礼，留十四日，筵宴不绝。复附表奏谢。图理琛等遂行，由旧路归，鄂罗斯遣护如初。五十四年三月，还京师。

是役也，往返三载余，经行数万里。盖土尔扈特为鄂罗斯所隔，远阻声教，而鄂罗斯又故導我使纡道行。图理琛奉使无辱命，既归国，入对，述往还事状，并撰《异域录》，首冠舆图，次为行记，呈上览。上嘉悦，寻授兵部员外郎。阿喇布珠尔亦遂留牧党色尔腾不复遣，再传至其子丹忠，雍正中，迁牧额济内河。

图理琛迁郎中。世宗即位，命赴广东察藩库，就擢广东布政使。调陕西。三年，擢巡抚。五年，召为兵部侍郎，调吏部。偕喀尔喀郡王额驸策凌等往定喀尔喀与鄂罗斯界。仍调兵部。六年，追议前定界时，与鄂罗斯使臣萨瓦鸣炮谢天，私立木牌，并擅纳鄂罗斯贸易人入界，又前任陕西巡抚时，将天下兵数缮折私给将军延信，逮问论斩。诏宥免，遣筑扎克拜达里克城。高宗即位，授内阁学士，迁工部侍郎。乾隆元年，以老解侍郎任，仍为内阁学士。二年，引疾去。五年，卒。

何国宗，字翰如，顺天大兴人。康熙五十一年进士，改庶吉士，命直内廷学算法。五十二年，命编辑《律历渊源》。未散馆，授编修。三迁至庶子。雍正初，授侍读学士，再迁至内阁学士。

三年，命视黄、运河道，奏请增筑戴村石坝，疏浚东昌城南七里河、城北魏家湾及德州城南减河；又以汶、泗泉源纤远，请专设管泉通判；又请修高家堰石堤。上皆允其请，并以高家堰石堤工冲要，命发帑兴修。复奏言："运河自临清以上，赖卫水以济。卫水发源百泉，益以丹、洹二水，其流始盛。请疏百泉为三渠，洹河亦筑坝开渠引水，一分灌田，三分济运。"上从其议。旋以山东巡抚塞楞额奏言国宗等奉使所经州县，供亿白金七千六百有奇。上责国宗不惜物力，负任使，坐降调。五年，授大理寺卿。六年，复擢内阁学士，迁工部侍郎。八年，命与侍郎牛钮督修北运河减水坝，并浚引河。国宗等议捍护河西务北堤及耍儿渡鱼鳞坝，别开塌河淀下流贾家沽泄水河，建筑三里浅、筐儿港、张家庄诸处挑水坝。上命如议速行。九年，兼河东河道总督。田文镜奏戴村河初建玲珑、乱石、滚水三坝，汶水盛涨，自坝面流入盐河归海。国宗为增筑石坝，水不能过，濒河连年被患。请毁石坝，复为乱石、滚水坝。上责国宗勘工错误，贻害民间，夺官。

乾隆初，起充算学馆、律吕馆总裁。九年，赐秩视三品。寻授左副都御史。十年，兼领钦天监正。十三年，迁工部侍郎。

康熙间，圣祖命制《皇舆全览图》，以天度定准望，一度当二百里，遣使如奉天，循行混同、鸭绿二江，至朝鲜分界处，测绘为图。以鸭绿、图门二江间未详晰，五十年，命乌喇总管穆克登偕按事部员复往详察。国宗弟国栋亦以通历法直内廷。五十三年，命国栋等周历江以南诸行省，测北极高度及日景。五十八年，图成，为全图一，离合凡三十二帧，别为分省图，省各一帧。命蒋廷锡示群臣，谕曰："朕费三十余年心力，始得告成。山脉水道，俱与《禹贡》合。尔以此与九卿详阅，如有不合处，九卿有知者，举出奏明。"乃镌以铜版，藏内府。

高宗既定准噶尔，乾隆二十一年，命国宗偕侍卫努克三、哈清阿率钦天监西洋人往伊犁，自巴里坤分西北两路，测天度绘图。既还报，命署左都御史。二十二年，授礼部尚书。以京察举弟国栋，坐徇庇，夺官。寻授编修，直上书房。二十八年，复授内阁学士。是岁，上以诸回部悉定，复遣尚书明安图等往测天度绘图，是为《乾隆内府皇舆图》。二十六年，迁礼部侍郎。二十七年，以老休致。三十一年，卒。

论曰：国家抚有疆宇，谓之版图，版言乎其有民，图言乎其有地。圣祖东访长白山，西探河源，北抚土尔扈特，武默讷、舒兰、图理琛奉使称职。观所还奏，曲折详尽，历历如绘。国宗以明算事圣祖，又幸老寿，追高宗朝，诣新疆测绘。康熙、乾隆两《内府图》皆躬与编摹。揆之于古，其裴秀、贾耽之伦欤？

卷二百八十四　　列传七十一

觉罗满保 陈策　**施世骠**　**蓝廷珍** 族弟鼎元
林亮 何勉　陈伦炯　**欧阳凯** 罗万仓　游崇功

觉罗满保，字凫山，满洲正黄旗人。康熙三十三年进士，选庶吉士，授检讨。累迁国子监祭酒，擢内阁学士，直经筵。

五十年，授福建巡抚。疏言福州、兴化、泉、漳等属十六州县皆濒海要地，请拣选直省卓异官除授。御史璩廷祜论其不可，部议以为然。诏下九卿等再议，卒从满保言。五十四年，擢福建浙江总督，命巡海。议自乍浦至南澳，沿海五千余里，建台、寨百二十七所，炮位千一百七十有八。别疏言："鹿耳门为台湾咽喉，澎湖为厦门藩卫，安平镇为水师三营重地，及海洋各口岸宜分极冲、次冲，筑墩、台，设汛巡守；并严察海舶出入，禁渔船私载米粮、军器。"又言："淡水、鸡笼山为台湾北界，其澳港可泊巨舰百余。更进为肩豆门，沃野百里，番社交据。请增置淡水营，设官驻防为后蔽。"皆报可。

六十年，凤山民朱一贵为乱。台湾知府王珍苛税滥刑，凤山民黄殿、李勇、吴外等集数百人谋变，一贵素贩鸭，托明裔以为渠。劫冈山塘、槟榔林二汛，掠军器，众益聚，遂破县城，进陷台湾。总兵欧阳凯等率兵御贼，师败绩，死之。台厦道梁文煊等走澎湖。满保疏闻，督兵趋厦门，值淫雨，乘竹兜从数骑行泥淖中。比至，籍丁壮剽悍能杀贼者悉充伍，严申军令，禁舟师毋登陆，民不扰。淡水营守备陈策诣厦门乞援，满保会巡抚吕犹龙，遣兵自闽安渡淡水。未几，南澳镇总兵蓝廷珍率舟师至，满保命统水陆军，会提督施世骠于澎湖，克期进剿。六月，世骠、廷珍攻鹿耳门，败贼安平镇，遂克台湾。上以台湾民附乱非本意，敕满保招抚。寻诸罗民杨旭等约壮丁六百人，擒一贵及其党十二人，献世骠军前，槛送京师，磔于市。是役，自出师讫事平凡七日。上嘉满保调度有方，加兵部尚书。寻疏言："贼起，惟守备陈策鼓励兵民，坚守汛地，待大兵进援，奋力效忠。"命擢台湾总兵。复疏劾珍纵役需索，致一贵乘机倡乱；文煊及所属官吏一无备御，退回澎湖，应夺官逮问，从之，文煊等论罪如律。秋，台湾飓作，满保以闻，谕："台湾有司平日贪残激变，及大兵进剿，杀戮之气上干天和，令速行赈恤。"

上杭民温上贵往台湾从一贵得伪元帅札、印，还上杭，煽乡人从贼。闻一贵诛，走江西，结棚匪数百，谋掠万载。知县施昭庭集营汛剿捕，擒上贵及其党十数人，并伏法。大学士白潢等条奏禁戢棚匪，满保疏言："闽、浙两省棚民，以种麻靛、造纸、烧灰为业，良莠不一。令邻坊保结，棚长若有容庇匪类，依律连坐。有司于农隙遍履各棚，严加稽察。浙江鄞、奉化等二十七县，福建闽、龙岩等四十州县，皆有棚民，宜如沿海州县例，拣员题补。"诏从之。

雍正三年，卒官。遗疏言："新任巡抚毛文铨未至，总督印信交福州将军宜兆熊署理，并留解任巡抚黄国材暂缓起程，如旧办事。"诏嘉其得体，下部议恤；时尚书隆科多获罪鞫讯，得满保馈金交通状，世宗谕责满保诡隆科多、年羹尧，命毋赐恤予谥。

策，字钟侯，福建晋江人。由铜山守备调淡水。一贵陷台湾，策孤军力守一隅。奸人苑景文入境煽诱，擒诛之。师下台湾，满保檄剿北路，复南嵌、竹堑、中港、后垄、吞霄、大甲诸社。以功擢台湾总兵，加左都督。卒。

施世骠，字文秉，靖海侯琅第六子。康熙二十二年，世骠年十五，从琅下台湾，委署守备。台湾既定，以功加左都督衔，授山东济南城守参将。三十五年，圣祖亲征噶尔丹，天津总兵岳升龙荐世骠从军。召试骑射，命护粮运至奎素，从大将军马斯喀追贼至巴颜乌阑。师还，假归葬。上褒世骠勤劳，命事毕仍还任。累迁浙江定海总兵。四十二年，上南巡，赐御书"彰信敦礼"榜。时海中多盗，世骠屡出洋巡缉，先遣裨将假商船饵盗，擒获甚众，斩盗渠江仓。四十六年，上南巡，询及擒斩海盗事，温谕嘉奖，赐孔雀翎。四十七年，擢广东提督。五十一年，调福建水师提督。

六十年，朱一贵为乱，陷台湾。世骠闻报，即率所部进扼澎湖，总督满保檄南澳总兵蓝廷珍等以师会。众议三路进攻。世骠谓南路打狗港在台湾正南，南风盛，不可泊；北路清风隙去府百余里，运饷艰；度贼必屯聚中路，宜直捣鹿耳门。时台地诸将吏皆退次澎湖，惟淡水守备陈策坚守汛地。世骠遣游击张骥等赴援，自统师出中路。选劲卒，乘小舟，载旗帜，分伏南北港。六月，抵鹿耳门。贼踞炮台以拒。世骠登楼船督战，发炮中敌贮火药器，火大炽，贼惊溃。众军齐进，两港悉树我军帜。贼不敢犯，扬帆直渡鲲身。鲲身者海沙也，水浅，大舟不能过。是日海水骤涨八尺余，舟乘风疾上，遂克安平镇。翌日，战，破贼。贼悉众来犯，世骠遣守备林亮等进西港，游击朱文等越七鲲身，自盐埕、大井头分道登陆趋台湾。世骠督将士指挥布阵击贼，贼溃，遂复台湾。一贵走诸罗，诸罗民缚以献，贼党擒斩略尽。台湾南北两路悉平。诏优叙，赐世骠东珠帽、黄带、四团龙补服。未几，以疾卒于军。遗疏乞从父琅葬福建，留妻子守墓，上悉许之。赠太子太保，谥勇果。雍正元年，世宗命予一等阿达哈哈番世职，以其子廷専嗣。

世骠和易谦雅，治军严明。与琅先后平台湾，皆以六月乘海潮异涨渡师，遂以成功。

蓝廷珍，字荆璞，福建漳浦人。少习骑射，从祖理器之。入伍，自定海营把总累迁温州镇标左营游击。巡外洋，屡获盗，盗皆畏避。以是为诸将所忌，谮于总督满保，将劾之。会关东大盗孙森等窃辽阳巨炮、战舰逸入海。圣祖震怒，责沿海疆吏严缉。廷珍出巡海，至黑水外洋与遇，力战，尽获森等九十余人，及其船舰、炮械。满保按部至温州，廷珍迎谒以告。满保叹曰："几失良将！"召入舟，厚抚之，亟疏荐，超擢福建澎湖副将。未几，迁南澳总兵。

六十年，朱一贵为乱，廷珍上书满保策破贼状，满保令统战船四百、将弁一百二十、官兵一万二千，会提督施世骠于澎湖，克期进剿。廷珍至澎湖，言于世骠曰："贼皆乌合，不足忧，惟胁从至三十万人，请檄示止歼渠魁，余勿问。则人人有生之乐，无死之心，可不血刃平也。"世骠从之。师至鹿耳门，贼扼险拒守，诸将林亮、董芳当前锋，殊死战，廷珍率大队继之，连战皆捷。贼大溃，退保府治。世骠遣亮等自西港仔暗度，廷珍以大军蹑其后。贼在苏厝甲，与亮等决战，廷珍分兵驰赴之。贼望见旗帜，战稍却，乘胜追逐，遂大溃。夜驻犁头标，设伏以待，贼果至，四面突击，贼大乱，自相攻杀。追败之木栅仔，复败之茑松溪，遂入府城，秋毫无所犯，民大悦。一贵及其党李勇、吴外等皆就擒。分遣诸将复南北二路，署台湾总兵。秋，南路阿猴林余孽复起，讨平之。招降陈福寿等十数人，皆渠魁也。未几，世骠卒，廷珍摄提督。余贼黄殿等以次擒灭。

六十一年，授台湾总兵。雍正元年，擢福建水师提督，加左都督，赐孔雀翎，予三等阿达哈哈番世职。世宗褒廷珍忠赤，惟屡勉以操守。二年，入觐，命赴马兰峪谒景陵，赏赉稠叠。七年，病闻，遣医诊视。寻卒，赠太子少保，谥襄毅。子日宠，嗣世职，官铜山营参将。孙元枚，自有传。

族弟鼎元，字玉霖，力学负才。廷珍统师入台湾，鼎元参军事，著《平台纪略》。雍正元年，诏举文行兼优之士，贡入太学，有司以鼎元荐，大学士朱轼器之，用荐得召见。上书陈时政，上嘉纳。授广东普宁知县。居官有惠政，长于断狱。性忼直，坐事劾罢。总督鄂弥达白其诬，召诣京师。旋署广州知府。甫一月，卒。鼎元尝论台湾善后策，谓诸罗宜画地更设一县，总兵不可移驻澎湖。后诸罗析县曰彰化，更设北路三营，总兵官仍驻台湾，皆如鼎元言。

林亮，字汉侯，福建漳浦人。少习骑射击刺。生长海滨，岛澳险夷，舟航利钝，靡不讲求。初授台湾水师把总，累迁澎湖协守备。朱一贵陷台湾，官吏渡澎湖，居民汹惧。将吏以孤岛难守，佥议撤归厦门，各遣家属登舟。亮按剑厉声曰："朝廷疆土，尺寸不可弃！今锋刃未血，相率委去，纵避贼刃，能逃国法乎？请整兵配船，守御要害，贼至，决死战！战不捷，亮死，君等去未迟。"乃驰赴海口，申号令，驱将吏家属登岸，令敢言退厦门者斩。时粮绝饷匮，亮输赀买谷，碾米给军，制战攻器械，俟师至。提督施世骠、总兵蓝廷珍以亮忠勇，令当前锋，领舟师五百七十人抵鹿耳门。一贵党苏无威据炮台以拒，亮率六舰直进，发炮中敌，火起，毙贼无算。乘胜进安平镇，亮先登树帜，贼溃走。翌日，鏖战鲲身，驾舟横冲贼阵，复大败之。贼退至府城，世骠令亮分兵自西港仔暗度抖其背，廷珍以军继进，大战，贼死伤遍野，遂克府治。亮功最，迁台湾参将。雍正元年，叙平台湾功，加都督同知，予一

等阿达哈哈番世职。是年秋，入京，上深嘉之，擢水师副将，赐孔雀翎。

二年，授台湾镇总兵。亮以台湾初被兵，加意抚绥，整水陆兵防。又招抚生番一百八社、男妇一万八百余人。亮因番嗜色布、盐、糖，遣吏历各社赍赐之，因宣布德意，群番悦服。五年，移浙江定海，卒于官，赐祭葬。

何勉，字尚敏，福建侯官人。初授督标把总。康熙五十八年，薛彦文等聚后洋山为匪，勉奉檄捕擒之。六十年，从提督施世骠讨朱一贵，勉攻南路，擒其党杜会三、苏清等；又于北路获黄潜等二十六人。明年，迁台湾镇标千总。时一贵余党王忠等出没内山，巡视台湾御史吴达礼督捕治，总兵蓝廷珍檄勉侦缉。遣降卒为导，入凤山深箐中，获贼党刘富生，思拒捕，立擒之。擢北路营参将，予拖沙喇哈番世职。雍正四年，水连沙等社叛番蠢动，总督高其倬檄从台湾道吴昌祚按治。勉攻北港，番请降，水连沙二十五社悉平。

迁湖广洞庭协副将。十年，贵州九股苗作乱，诏发湖广兵二千协剿。提督张正兴檄勉领兵五百赴贵州，进攻交汪寨。勉乘雾夹击，苗败遁，复据莲花峰筑屯。时贵州提督哈元生自台拱移军至，令勉攻其东。勉先登夺垒，贼窜走，掩击之，阵斩其渠，余众就擒。擢云南鹤丽镇总兵，调临元，复调广东左翼。五年，调台湾，寻又移南澳，署福建水师提督。乾隆十年，以疾乞休，诏解任回籍调治。寻召诣京师，以笃老，命原品休致。十七年，卒，赐祭葬。子思和，嗣世职。二十七年，复官台湾总兵。

陈伦炯，字次安，福建同安人。父昂，字英士，弱冠贾海上，习岛屿形势、风潮险易。施琅征台湾，征从军，有功，授游击。累迁至碣石总兵，擢广东右翼副都统。尝上疏言："西洋治历法者宜定员，毋多留，留者勿使布教。"又以沿海居民困于海禁，将疏请弛之。会疾作，命伦炯以遗疏进，诏报可。

伦炯初以荫生授三等侍卫。雍正初，授台湾总兵，调广东高廉。坐事降台湾副将。复授总兵，历江南苏松、狼山诸镇。擢浙江提督。卒。

昂疏并言："臣详察海上诸国，东海日本为大，次则琉球。西则暹罗为最。东南番族文莱等数十小国，惟噶罗吧、吕宋最强。噶罗吧为红毛一种，中有英圭黎、干丝蜡、和兰西、荷兰、大小西洋各国。和兰西最凶狠，与澳门种人同派，习广东情事。请敕督、抚、关差诸臣防备，于未入港之先，取其火炮。另设所关束，每年不许多船并集。"下兵部，但令沿海将吏昼夜防卫，寝昂议。伦炯为侍卫时，圣祖尝召询互市诸国事，对悉与图籍合。时互市诸国奉约束惟谨，独昂、伦炯父子有远虑，忧之最早云。

欧阳凯，福建漳浦人。起行伍，累官江南苏松水师营总兵。康熙五十七年，调福建台湾镇，以功加左都督。六十年，朱一贵作乱，官军遇贼于赤山，千总陈元战死。贼进攻凤山，把总林富战死，守备马定国自杀。凯率所部守备胡忠义、千总蒋子龙、把总林彦御之春牛埔；参将罗万仓，游击孙文元，城守游击许云，守备游崇功，千总赵奇

奉、林文煌，把总李茂吉率水师来会，力战破贼。次日，贼大至，凯力战，与忠义子龙彦俱没于阵，贼截凯首去。云、崇功、奇奉、文煌同日战死。茂吉被执，不屈，死。贼陷府治，万仓战死，文元奔鹿耳门投海死。同死者游击王九人、守备吴泰嵩。又有把总石琳，自汀州被檄至台湾，遇变被围，死之。六月，师克台湾。一贵既诛，获其党黄殿等，械送福州狱。雍正元年二月，贼破械斩关出，至下渡尾，都司阎威、守备杨土虎逐捕，杀数贼，被创死。先后议恤，凯赠太子少保，荫守备；云以下皆赠官、予世职有差。

罗万仓，甘肃宁夏人。官北路参将。凯战死，贼攻府城，万仓督将卒登埤，发大炮击贼，仆贼旗。贼大至，万仓出城与战，逾沟坠马，贼以竹篙刺其喉，犹挥刀杀贼乃死。妾蒋闻报，自经殉。

游崇功，字仲嘉，福建漳浦人。材力雄健。从总兵蔡元镇襄阳。补右营把总，累迁福建长福营守备，分防长乐县。滨海有磁澳，贼艘所出没。崇功廉得状，以兵二百伏隘口，入澳捕之。贼弃舟登岸，伏发，擒十七人。自是岛澳肃清。长乐水灾，崇功谒巡抚满保，请发粟平粜，民食以济。调台湾北路营守备，巡缉外洋，擒海贼陈阿尾等六十余人。迁水师游击。一贵作乱，崇功方出洋巡哨，闻报，率兵还赴安平，至则贼已炽，崇功急登岸赴敌。其婿蔡章琦叩马请一过家门区处眷属，崇功不顾，跃马挥众，杀贼甚众。五月朔，贼数万战于春牛埔，凯战死，崇功突围冲击，马被创，遂殁于阵。章琦，国子监生。闻崇功战没，赴海死。

论曰：国家承平久，禁网疏阔，官吏缘为奸，掊克聚敛，以取怨于民。台湾悬海外，一夫发难，郡县皆不守，镇将战死。满保闻乱，投袂即行。世骠、廷珍皆名将，能尽其材，遂以成功，有将将之略焉。世骠上承琅，廷珍下启元枚，并为将门，致果克敌，谋勇兼之。亮以裨佐效死不去，系民望；勉入险擒渠：先后继廷珍后当干城之任，厥绩懋哉！

卷二百八十五　　列传七十二

王紫绶　袁州佐　黎士弘　多弘安佟国聘
王缵田呈瑞　**张孟球**

王紫绶，字金章，河南祥符人。顺治三年进士，选庶吉士。散馆，授编修。乞养归，侨寓苏门山中，从孙奇逢讲学。居十有七年，母殁，服阕，康熙十二年，授江西赣南道副使。

吴三桂反，赣南总兵刘进宝有谋略，紫绶推诚结纳，预筹防御。既而江西降众屯垦者相继叛，惟赣南尚未动。紫绶与进宝谋：「闽、粤反已见端，赣南扼其间，应援前朝故事，设巡抚以资镇摄。」申疆吏上请，允之。十四年，贼势益炽，山寇蜂起，镇兵疲于奔命，乃练乡勇以辅之，

屡杀贼有功。十五年，巡抚白色纯及进宝先后卒官，参将周球领镇兵。三桂将高得捷、韩大任据吉安，饷道绝，属县相继陷。大任屡致书劝降，送伪署巡抚札，紫绶斩其使。球以乏饷为难，紫绶集士商劝输间架税，得白金四万畀球，饷以无缺。镇南将军觉罗舒恕率禁旅下广东，为尚之信将严自明所败，兵退，距赣州三十里。自明约得捷由吉安会师夹击。紫绶荐降将许盛率所部漳州水兵五百人益师，夜泗江斫贼营，禁旅继之，击败自明。得捷等势孤，不敢复窥赣。镇兵出剿土寇，掠村民，紫绶曰：「乡民胁从，若并以贼论，赣南二府十六县将无孑遗。」戒镇将毋妄发兵，饬有司招抚，分别留遣，赈济难民，境内稍安。乃规复万安、泰和两县。自螺山间道达墨潭，可登舟，于是南昌道始通，运饷银十万至。又发附近仓谷赡军，人心大定。巡抚佟国祯亦自间道至，始知紫绶已擢浙江督粮道参政。赣南久不通驿报，大学士李霨言于朝曰：「紫绶死守危疆，三年于兹。为国惜才，援而出之，犹可大用。」故有是擢。紫绶闻命泣下。

十六年，上官，察积弊，叹曰：「粮官不可为也！漕截减而军困，白折浮而民困，吾安忍竭东南之泽而渔之？」一月即引疾去。迨开博学鸿词科，魏象枢以紫绶与汤斌荐入试。放还。卒。

袁州佐，字左之，山东济宁人。顺治十二年进士，授陕西乾州知州。入为工部员外郎，迁郎中。有清直声，胥吏不敢牟利。时山陵工巨，经费浩穰，州佐曰：「民困极矣，寸缣尺缕，皆间阎膏血！」力清乾没，司焚帛，省金钱巨万。出为陕西甘山道佥事。青海蒙古诸部觊得大草滩为牧地。康熙九年，偕提督张勇度地画界，坚拒，寝其议。自后青海蒙古诸部人不敢复窥边。岁协西宁馈运，负载千里，甘州民苦之，州佐力请得罢。甘州驻兵数千，待饷急，力为筹备，军得宿饱。十年，迁直隶口北道参议。地确民贫，逋课积累，仓储历岁侵渔，耗蚀无算。州佐请按籍核实，清宿蠹。大吏惧以失察得罪，阳韪而阴沮之。州佐擘画盘错，致疾乞休，未去官，卒。

州佐在甘州久，言边境要害战守状，原委靳然。谓边地民稀，宜用开中法，分河东盐引三之一输粟河西资军食；又宜简练乡勇，拔置卒伍，不待召募，可坐收精锐。时诏简监司其才望者入为卿贰，州佐在选，会卒，未及用。

黎士弘，字愧曾，福建长汀人。少读书山中二十年，笃于孝友。顺治十一年，举顺天乡试，授江西广信府推官。锄强纠贪，奸宄敛戢。理谳牍，脱无罪数百人，时为语曰：「遇黎则生。」署玉山县事。兵后城中草三尺，不辨街巷，居民才三十二家。士弘立учение建治，招集流亡，垦田定赋，民复旧业。裁缺，改授永新知县。政清狱简，与民休息。旧例，二月开征，五月解其半。士弘陈于上官曰：「县小民穷，二月写租十石，贷银一两，三月可减至六石，四月则三石。请以四月开征，五月解，展两月之征，已为穷民留数万之粮。」布政使刘楗素宽仁，即允之。

甲诉乙悔婚。乡俗婚书各装为卷，书男女生辰。两造

固邻旧，女生辰所素悉，伪为卷为证。士弘先问媒证："乙得甲聘礼若干？行聘时有何客？"媒证出不意，妄举以对。复问甲，所对各异。擘视卷轴，竹犹青，笑诘之曰："若订婚三载，卷轴竹色犹新，此非临讼伪造者乎？"甲乃服罪。县吏本梅伯有叔富而无子，梅伯纠贼劫杀之，获贼而梅伯逃。士弘抵任，叔妻哭诉，阴迹梅伯匿安福势宦家，故缓词曰："此旧事。前官不了，余安能按之？"数月，梅伯归，叔妻复诉，置不问。梅伯且出收叔遗产，叔妻号于庭曰："公号廉明，今宽杀人者罪，且占寡妇田，何得为廉明！"阳怒，批其牒曰："止问田土，不问人命。"梅伯益自得，赴县诉理，乃笑谓曰："候汝三载矣！"批其牒曰："止问人命，不问田土。"梅伯遂伏法。其善断狱多类此。考最，擢陕西甘州同知。复考最，擢江南常州知府。

吴三桂乱起，关陇震动，大吏疏请擢洮西道副使，未到官而洮、岷陷。边外群番乘乱内犯，肆剽掠，调署甘山道。王辅臣叛，河东失守。士弘以兵集当谋帅，言于巡抚，谓："恢复河东，非用河西兵不可；用河西兵，非责之提督张勇不可。"疏入，授勇靖逆将军，节制诸镇。复兰州，士弘赞画功为多。署甘肃按察使，按失守官吏罪，务平允。宁夏兵叛，杀提督陈福，调宁夏道。严守御，安反侧，免卫所遗粮七万五千石。康熙十六年，寇平，以功进布政使参议。母老乞归，家居几三十年。卒，年八十。

士弘备兵甘山时，取晋辛宪英语："军旅之间可以济者，惟仁与恕。"因以名其堂。

多弘安，字君修，直隶阜城人。顺治五年，选拔贡生。康熙初，授广东灵山知县。兵后荒残，居无衙舍。弘安请免积年逋赋，招抚流移，捐给牛种，民得安耕凿。葺城垣，创学宫，缮官廨，捕除盗贼，灵山大治，士民刊石纪其绩。七年，迁奉天天德知县。旗、民抗法者，送部惩治，皆慑服。十年，擢陕西延安靖边同知。十六年，补江南淮安山盱河务同知。时高堰长堤溃决，淮水注宝应、高邮，不复出清口敌黄。黄水直注里河，运道淤浅，复随淮入堰，无由会清口下云梯关入海，近海口尽淤垫。弘安与河督靳辅筹策筑高堰，束淮敌黄，治烂泥浅诸故道，导清水入里河，运道乃通。修筑两岸及河口清江大闸，与淮工相表里。清河达云梯关数百里，葭苇榛芜，壅塞故道。用以水攻沙法，塞周桥、高涧诸闸，使清淮无旁泄，蓄全力攻积沙。十七年，大雨，淮盛涨，与黄并入海。治淮、治黄、治运，并收成效。十九年，擢淮安府。二十年，擢淮扬道。二十四年，擢安徽按察使。时方议浚下河、治高堰。弘安入觐，疏陈："高堰宜急治，无论下河开浚与否。治堰法，砌石先安地钉，湖底水深，费帑甚繁。如用板若扫，水势荡掣，尤易摧残。惟密钉排桩，内实以碎石，庶可敌风浪，省金钱。十余年后，黄河刷深，则湖、河水俱卑，高堰既固，下河亦渐就理。"二十八年，迁江西布政使，乞归。后值黄、运两河溃溢，起用弘安。会病卒，祀灵山名宦。

佟国聘，字君莘，奉天人。以荫生补吏部笔帖式。康熙十年，授江南砀山知县，县当黄河冲，研求治河方略。擢归仁堤同知，调宿桃同知。擢贵州平远知府，河督靳辅疏留任，十余年倚如左右手。塞杨家庄、萧家渡决口，建朱家堂、温家庙二石坝，浚白洋引河九道，筑黄河南、北两岸堤，浚中河，靡役不从。久之，擢山东粮宁道副使。道地为漕运枢纽，恤夫役，减苛税，除冗费，能举其职。复调监督高堰工程。三十八年，卒于官。

王缵，字慎夫，河南睢州人。少学于汤斌。康熙二十五年，以岁贡生授直隶东明知县。粮赋多欺隐，易甲长，大户使族长督之，飞洒不行，流亡来归。民间养官马为累，力除之。抚盗魁，责以缉捕，盗绝迹。逃人诬攀良民，雪之。民有继妻素淫，欲并乱前妻女，不从，戕之死。缵谓母道绝，当故杀妻前夫子律论斩，报可，因著为例。母忧去，服阕，补获鹿。治驿有法，民不累于供亿。内迁户部员外郎，擢郎中。三十八年，出为江南粮储道。道旧有仓规银巨万，缵一摈勿取。将征漕，扁舟行县，惩其滥收者。至宜兴，宜兴民曰："吾民四十年不见粮道，今飞来耶？"号曰"飞粮道"。道库岁收银八十五万两，为修船及弁丁运费。运丁预支行粮，例扣月息，丁益困，缵悉罢之。

四十年，擢江苏按察使。治狱仁恕，多所平反。宿州生携妻子出客授，妻兄女来视，居数日，妻子并中毒死，妻兄素有隙，疑其女置毒，告官，被刑诬服。缵疑之，问其室来往复何人，得十二岁学徒畏师严置碪食中状，事乃白。无锡民殴攻皮匠，匠死，僧与民仇，证为斗殴杀。缵察斗殴日月在保辜限外，诘曰："伤重何不医？"出医方，则匠死于伤寒，僧乃服。上南巡，入觐，顾宋荦曰："朕闻缵督粮时官声甚好。"时缵已病，遣御医视之，赐德里雅噶药一器，温旨慰谕，复赐御书。缵曰："按察任大责重，卧治即幸恩。"引疾归，年甫五十。久之，卒于家。

田呈瑞，字介璞，山西汾阳人。康熙中，仕为中书舍人。出襄南河事。有堤当水冲，曰："此堤一坏，万家其鱼矣！土堤易修易败，宜更以石。"家素丰，出私钱成之。以功擢大名道，未之任，调陕西临洮道。遇饥治赈，策马行郡县山谷间，豪右胥吏不敢为奸弊。呈瑞念救荒无善策，于兰州西石佛湾凿渠，教民造水车，引以溉田，岁增粟十余万石，民为建生祠。调浙江金衢严道，署粮储道，征漕积弊尽洗涤之。值旱，冒暑省荒，感疾，乞归不得。五十九年，卒于官。

张孟球，字夒石，江南长洲人。康熙二十四年进士，授山东昌乐知县。入为工部主事。累迁礼部郎中。出督云南学政，父忧去，服阕，补福建粮驿道。驻防军食取给于漕。上游四郡阻滩险。故事，征解折色，官为采置，辄抑勒病商。孟球于延、建产米地平价购米，僦民船运省城，不假吏胥，诸弊尽绝。地多山岭，官吏滥ибо驿夫，孟球禁革私冒。遇大徭，预期发廪值，终其任无扰驿者。

调河南粮储道。河南漕粮，就卫辉水次收兑。旧无仓廒，又无额役，运船调之他省。天寒水涸，粮不时至，宿河干以待，遇雨雪则米湿霉变，又患盗窃。孟球始以羡余建仓。署布政使。

西藏用兵，调河南马骡万，凡骡马三需一夫，克期两月。孟球止宿郊外，躬自检阅，西路近陕诸郡遣吏往督之，尽除需索留难诸弊。凡五十四日,马驴如数遣赴军,而民不扰。擢按察使。兰阳民朱复业附白连教,自作明斋,煽惑数县。孟球檄杞县知县宁君佐驰往捕治,尽获其党。上命尚书张廷枢往按,从孟球议,诛其与逆谋者,愚民被诱悉释之。浙川营兵博,知县崔锡执而罪之,兵哗,执南阳知府沈渊,众辱之,总兵高成不能治。时巡抚张圣佐坐谴,孟球护巡抚,曰:"南阳地连襄、郧,急则铤而走险,事未可知。"密令附近诸县严守御,谕:"止诛首恶,自首免罪。"得倡乱者七人诛之,不数日而事定。

康熙末,乞归,不复出。乾隆初,卒,年八十。

论曰:官监司卓卓有名氏,即平进至督抚,易耳。如紫绶等皆早退,遂以监司终。紫绶崎岖兵间,捍偏隅为民保障;州佐、士弘勤勤重民事;弘安赞治河;繻善断狱;孟球能应变:使得为督抚,其绩效当有大于是者。时方承平,仕得行其意,知止知足,必有说以自处矣。

卷二百八十六　　　列传七十三

王掞子奕清　奕鸿　**劳之辨　朱天保**
陶彝任坪　范长发　邹图云　陈嘉猷　王允晋
李允符　范允锡　高玢　高怡　赵成穗
孙绍曾　邵璿

王掞,字藻儒,江南太仓人,明大学士锡爵孙。康熙九年进士,选庶吉士,授编修,为掌院学士熊赐履所器。迁左赞善,充日讲起居注官。以病告八年,起右赞善。提督浙江学政,严剔积弊,所拔多宿学寒畯。龙泉知县茅国玺以印揭荐武童,掞疏劾,国玺坐谴,别疏陈剔除积弊,报闻。累迁侍读学士。三十年,超擢内阁学士。三十三年,迁户部侍郎,直经筵。三十八年,调吏部,禁革临选驳查、临掣买签诸弊,铨政以肃。偕尚书范承勋、王鸿绪督修高家堰河工。

四十三年,擢刑部尚书。刑部奏谳无汉字供状,掞言:"本朝官制,兼设满、汉,欲其彼此参详。今狱词不录汉语,是非曲直,汉司官何由知之?若随声画诺,几成虚设。嗣后定谳,当满、汉稿并具。"诏报可,著为令。累历工、兵、礼诸部,务总纪纲,持大体。五十一年,授文渊阁大学士,兼礼部尚书,直经筵如故。五十二年,典会试。其冬,以疾疏辞阁务,温旨慰留。越年春,疾愈,仍入直。孝惠章皇后祔太庙,议者欲祔于孝康章皇后之次,掞曰:"孝康章皇后虽母以子贵,然孝惠章皇后,章皇帝嫡配也,上圣孝格天,曩者太皇太后祔庙时,不以跻孝端文皇后之上,今肯以孝康章皇后跻孝惠章皇后上乎?"礼部不从,上果以为非,令改正。

时上春秋高,皇太子允礽既废,储位未定。掞年七十余,自念受恩深,又以其祖锡爵在明神宗朝,以建储事受恶名,欲干其蛊。五十六年,密奏请建储,疏入,留中。

是年冬,御史陈嘉猷等八人复以为言,上不悦,遂并发掞疏,命内阁议处。忌掞者欲置重典,掞止宫门外不敢入。上顾左右,问:"王掞何在?"李光地奏掞待罪宫门。上曰:"王掞言甚是,但不宜令御史同奏,蹈明季恶习。汝等票拟处分太重,可速召其来。"掞闻命趋入,免冠谢罪。上招掞跪御榻前,语良久,秘,人不能知。

六十年春,群臣请贺万寿,上勿许。掞复疏前事,请释二阿哥,语加激切。既而御史陶彝等十二人连名入奏,上疑出掞意,大怒,召诸王大臣,降旨责掞植党希荣,且谓:"锡爵在明神宗时,力奏建储,泰昌在位,未及数月,天启庸懦,天下大乱,至愍帝而不能守。明之亡,锡爵不能辞其罪。掞以朕为神宗乎?朕初无诛大臣之意,大臣自取其死,朕亦无如何。"令王大臣传旨诘掞,令回奏。时举朝失色,无敢与笔砚者。掞就宫门阶石上裂纸,以唾濡墨,奏言:"臣伏见宋仁宗为一代贤君,而晚年立储犹豫,其时名臣如范镇、包拯等,皆交章切谏,须发为白。臣愚,信书太笃,妄思效法古人,实未尝妄嗾台臣共为此奏。"奏上,越五日,诏缓议罪,与诸御史俱赴西陲军前效力。因掞年老,责其子奕清代往,为父赎罪。先是,掞尝密奏请减苏、松浮粮,言至剀切,疏久留中。至是忤旨,乃与建储奏疏一并掷还。是年冬,上自热河还京师。掞迎驾石槽,上望见,遣内侍劳问。六十一年元旦,诸大臣表贺,未列掞名,上发表命列名以进。翌日,赐宴太和殿,再召见西煖阁,赐坐,慰谕有加。寻起原官,视事如故。

雍正元年,以老乞休,世宗降旨褒嘉,以原官致仕,仍留京师备顾问。三年,上谕阁臣云:"王掞向人言,曾在圣祖前奏免苏、松浮粮,未蒙允行。朕查阅宫中并无此奏。"因责掞藉事沽名,并涉其子奕清、奕鸿谄附年羹尧,目为奸巧,乃遣奕鸿与奕清同在军前效力。六年,掞卒,年八十四。乾隆二年,奕清始请恤于朝,赐祭葬如制。

奕清,字幼芬。康熙三十年进士,选庶吉士。历官詹事。代父赴军,历驻843斯、阿达拖罗海。奕清体羸善病,处之晏然。雍正四年,命赴阿尔泰坐台。又十年,乾隆元年,召还,仍以詹事管少詹事。乞假葬父,寻卒。

奕鸿,字树先。康熙四十八年进士,授户部主事。历湖南驿盐、粮储道。奕清赴军,奕鸿尽斥其产与俱。后命赴乌里雅苏台效力。居边十年,与奕清同释还,官四川川东道。引疾归,卒。

劳之辨,字书升,浙江石门人。康熙三年进士,选庶吉士,授户部主事,迁礼部郎中。出为山东提学道佥事,报满,左都御史魏象枢特疏荐之,迁贵州粮驿道参议。师方下云南,羽书旁午,之辨安设驿马以利塘报;复以军米运之湖南,苦累夫役,白大府停运,就地采购,供亿无匮。二十四年,擢通政使参议,迁兵部督捕理事官。连遭亲丧。服阕,起故官。洊擢左副都御史,数有建白。

四十七年,皇太子允礽既废,上日夕忧戁。既,有复储意,王大臣合疏保奏,命留中。旋谕廷臣:"俟废太子疾瘳,教养有成,朕自有旨,诸王大臣不得多渎。"十二月,之辨密奏曰:"皇上之于皇太子,分则君臣,亲则父子。皇太子初以疾获戾，今疾已平复。孝友之本怀，固由至性；肃雍之仪表，久系群心。乞速涣新纶，收回成诏，敕部择吉早正东宫，布告中外，俾天下晓然知圣人举动，仁至义尽，大公无私。事莫有重于此者。今八荒清晏，一统车书，值星纪初周，光华复旦，七庙将行大袷，万国于以朝正。皇上以孝慈治天下，方且称寿母万年之觞，集麟趾繁昌之庆；而顾使前星虚位，震子未宁，圣心得无有遗憾乎？臣年已七十，报主之日无多，知无不言，统望乾断速行。自此以往，皇上待皇太子与诸皇子，尤愿均之以恩，范之以礼，则宜君宜王之美，不难上媲成周，远超百代。至万不得已而裁之以法，则非臣之所敢言也。"疏入，上不怿，斥为奸诡，命夺官，逮赴刑部笞四十，逐回原籍。

五十二年，赴京祝万寿，复原秩。逾年，卒于家。

朱天保，字九如，满洲镶白旗人，兵部侍郎朱都讷子。康熙五十二年进士，选庶吉士，授检讨。五十六年，典山东乡试。

五十七年正月，疏请复立二阿哥允礽为皇太子。时允礽废已久，储位未定，贝勒允禵觊得立，揆叙、王鸿绪等左右之，欲阴害允礽。朱天保忧之，具疏上，略曰："二阿哥虽以疾废，然其过失良由习于骄抗，左右小人诱导之故。若遣硕儒名臣为之羽翼，左右佞幸尽皆屏斥，则潜德日彰，犹可复问安侍膳之欢。储位重大，未可移置如棋，恐有藩臣傍为觊觎，则天家骨肉之祸，有不可胜言者。"疏成，以父在，虑同祸，徘徊未即上。朱都讷察其情，趣之入告。时上方幸汤山，朱天保早出德胜门，群鸦阻马前，朱天保挥之去。疏上，上欷歔久之。阿灵阿、允禵党也，媒孽之曰："朱天保为异日希宠地。"上怒，于行宫御门召问曰："尔云二阿哥仁孝，何由知之？"朱天保以闻父语对。上曰："尔父在官时，二阿哥本无疾，学问弓马皆可观。后得疯疾，举动乖张，尝立朕前辱骂徐元梦。于伯叔之子往往以不可道之言肆詈，尔知之乎？尔又云二阿哥圣而益圣，贤而益贤，尔从何而知？"朱天保亦以父闻之守者对。诘其姓名，不能答。上曰："朕以尔陈奏此大事，遣人传问，或将尔言遗漏，故亲讯尔。尔无知稚子，数语即穷，必有同谋者。"朱天保对父与婿戴保同谋，遂逮朱都讷、戴保。

上复御门召问曰："二阿哥因病拘禁，朕犹望其痊愈，故复释放，父子相见。教训不悛，始复拘禁。二阿哥以矾水作书与普奇，属其保举为大将军，并谓齐世、札拉克图皆当为将军。朕遣内侍往询，自承为亲笔。此事尔知之否？"朱都讷自称妄奏，应万死。上曰："尔奏引戾太子为比。戾太子父子间隔，朕于二阿哥常遣内监往视，赐食赐物。今二阿哥颜貌丰满，其子七八人，朕常留养宫中，何得比戾太子？尔又称二阿哥为费扬古陷害。费扬古乃功臣，病笃时，朕亲临视，没后遣二阿哥往奠。尔何得妄言？尔希倖取大富贵，以朕有疾，必不亲讯。今尔始知当死乎？"辞连朱都讷婿常贵及金宝、齐世、萃泰等，并逮讯议罪。朱天保、戴保皆坐斩。朱都讷与常贵、金宝皆免死荷校，齐世拘禁，萃泰夺官。

陶彝，顺天大兴人。康熙三十九年进士，授户部主事。再迁郎中。考选广西道御史，巡视两浙盐政。

六十年三月，彝与同官任坪、范长发、邹图云、陈嘉猷、王允晋、李允符、范允铸、高玢、高怡、赵成穗、孙绍曾合疏奏曰："皇上深恩厚德，浃洽人心。兹逢六十年，景运方新，普天率土，欢欣鼓舞，而建储一事，尤为巨典。恳独断宸衷，早定储位。"疏入，下内阁。时大学士王掞正密疏请建储。后数日，彝等疏又上，上震怒，斥掞植党希荣。于是王大臣奏请夺掞及诸御史官，从重治罪。越日，谕廷臣曰："王掞及御史陶彝等妄行陈奏，俱称为国为君。今西陲用兵，为人臣者，正宜灭此朝食。可暂缓议罚，如八旗满洲文官例，俱委署额外章京，遣往军前效力赎罪。"雍正四年，世宗以诸御史不谙国体，心本无他，诏释归，以原职休致还籍。

坪，字坦公，山东高密人。康熙三十年进士。自刑部郎中考选山西道御史，转掌陕西道。赴军，驻弋斯河。大漠荒寒，盛夏冰雪，坪处之怡然。及归，闭户读书，终老于家。

长发，字廷舒，浙江秀水人。康熙三十三年进士，授南城知县。行取礼部主事，考选广西道御史，转掌浙江道。遣戍，予额外主事衔，随都统图腊赴征西将军营。还，驻归化城。后命赴察汉新台。归，以原职休致。

图云，字伟南，江西南城人。康熙三十六年进士，授大竹知县。行取礼部主事，考选河南道御史，转掌山东道，巡视东城。

嘉猷，字切叔，江南溧阳人。康熙三十九年进士。自吏部员外郎考选山西道御史。五十六年，王掞密请建储。未几，嘉猷与同官八人亦合疏陈请，上疑之，掞几获罪，事具《掞传》。至是，嘉猷复与彝等申请，获咎。

允晋，直隶清苑人。康熙四十五年进士。自户部员外郎考选陕西道御史。

允符，字揆山，浙江嘉善人。康熙二十六年举人，授什邡知县。行取江西道御史。

允铸，字用宾，浙江钱塘人。康熙三十九年进士，授安平知县。行取工部主事，考选山东道御史。

玢，字荆襄，河南柘城人。康熙二十七年进士。自礼部郎中考选广东道御史，巡视东城。谪戍弋斯军营，运粮西藏。居塞上六年，著《出塞集》，备言屯戍之苦。释归，终于家于。

怡，字仲友，浙江武康人。康熙二十七年进士，授长洲知县。善听讼，吏胥惮之。尚书韩菼，怡师也，其姻党系狱，以菼故请怒，怡怒杖之。迁鄜州知州，行取工部主事。考选山东道御史。谪戍时，年逾六十。以原职释归。

成穗，字德培，江南吴县人。康熙四十七年举人，授内阁中书。累迁兵部郎中，考选福建道御史。

绍曾，字二乾，浙江山阴人。康熙二十五年举人，授开县知县。行取户部主事，授四川道御史。赴军，驻归化城，地当孔道。故事，徭役供张，取给于戍员。绍曾清介无余资，困甚。追释还，卒于途。又有邵璿，亦以疏请建储获罪。

璹，字玑亭，江南无锡人。自拔贡生授芮城知县。行取工部主事，授江南道御史，掌登闻院，巡视北城。六十年，遣戍军前。时同谪者十三人，图云、允符、成穗、璹皆死于塞外，而给事中刘棠，御史柴谦、吴镐、程穗续以言事谪，同时释还，仍为十三人，世称"十三言官"。棠，彭泽人。谦，仁和人。镐，汉阳人。穗，钱塘人。

论曰：理密亲王在储位久，未闻显有失德，而终遭废黜，圣祖手诏，若有深痛巨愿至不可言者。夫以圣祖之仁明，而不克全监抚之重，终父子之恩，逸人罔极，靡所不至，甚矣！揆力主复故，圣祖虽深罪之，固谅其无他心。劳之辨谏于初废，大臣拜杖，已非故事；朱天保争于再黜，遂以诛死，罪及其亲。一则但责其沽名，一则深疑其受指，故谴有重轻欤？彝等但坐谪戍，已为宽典，拳拳效忠，固人臣之义也。

卷二百八十七　　列传七十四

佟国维　马齐子富良　马齐弟马武
马武子保祝　　**阿灵阿**子阿尔松阿　揆叙
鄂伦岱

佟国维，满洲镶黄旗人，佟国赖次子，孝康章皇后幼弟，孝懿仁皇后父也。顺治间，授一等侍卫。康熙九年，授内大臣。吴三桂反，子应熊以额驸居京师，谋为乱，以红帽为号。国维发其事，命率侍卫三十人捕治，获十余人，械送刑部诛之。二十一年，授领侍卫内大臣、议政大臣。二十八年，推孝懿仁皇后恩，封一等公。

二十九年，师征噶尔丹，命参赞大将军裕亲王军务，次乌阑布通，与兄都统国纲并率左翼兵进战。国纲战殁，国维自山腰出贼后击之，溃遁。师还，以未穷追，部议当夺官，命罢议政大臣，镌四级留任。三十五年，从上征噶尔丹，出独石口，以驼运稽迟请罪，上贳之。三十六年，复从上征噶尔丹，噶尔丹窜死。叙功，还所镌级。四十三年，以老解任。

四十七年，皇太子允礽以病废幽禁，上郁怒成疾。国维奏："皇上治事精明，断无错误。此事于圣躬关系甚大，请度日后若易于措置，祈速赐睿断；若难于措置，亦祈速赐睿断。总之，将原定意指熟虑施行为是。"上命诸大臣保奏诸皇子中孰可为皇太子者，诸大臣举皇子允禩，上愈不怿。旋以皇太子病愈，命释之。四十八年正月，召诸大臣诘孰先举允禩，实出大学士马齐。上召国维，举国维前奏语，问："尔既解任，事与尔无与。乃先众陈奏，何意乎？"国维对："臣虽解任，蒙皇上命为国舅，冀圣躬速愈，故请速定其事。"上曰："将来措置难易，至时自知之。人其可怀私而妄言乎？"次日，复谕曰："尔每言祝天求佛，愿皇上万岁。嗣后惟深念朕躬，谓诸皇子皆吾君之子，不有

所依附而陷害其余，是即俾朕易于措置也。"阅月，上已定复立允礽为皇太子，又谕曰："尔乃国舅，又为大臣。皇太子前染疯疾，朕为国家计，安可不行拘执？后知为人镇魇，调治全愈，又安可不行释放？朕拘执皇太子时，并无他意。不知尔肆出大言，激烈陈奏，果何心也？诸大臣闻尔言，众皆恐惧，遂欲立允禩为皇太子，列名保奏。朕临御已久，安享太平，并无所谓难措置者，臣庶亦各安逸得所。今因尔言，群小复肆为妄语，诸臣俱终日忧虑，若无生路。此事关系甚重，尔既有此奏，必有确见，其何以令朕及皇太子、诸皇子不致殷忧，众心亦可定？其明白陈奏。"国维引罪请诛戮。上复谕曰："朕特为安抚群臣，非欲有所诛戮。尔初陈奏，众方赞尔，谓如此方可谓国家大臣。今尔情状毕露，人将谓尔为何如人？朕断不加尔诛戮，尔其无惧，但不可卸责于朕。观尔言迷妄，其亦为人镇魇欤？"

五十八年，卒，赐祭葬。雍正元年，赠太傅，谥端纯。世宗手书"仁孝勤恪"榜，命表于墓道。子隆科多，自有传。

马齐，富察氏，满洲镶黄旗人，米斯翰子。由荫生授工部员外郎。历郎中，迁内阁侍读学士。康熙二十四年，出为山西布政使，擢巡抚。马齐入觐，上褒其居官勤慎，勉以始终如一。久之，上命九卿举督抚清廉如于成龙者，以马齐及范成勋、姚缔虞对。寻命偕成龙、开音布往按湖广巡抚张汧贪黩状。初命侍郎色楞额往按上荆南道祖泽深，并令察汧，色楞额曲庇，不以实陈。马齐与成龙覆按，具得汧、泽深贪墨状，并色楞额论罪如律。

二十七年，迁左都御史。时俄罗斯遣使请定界，诏遣大臣往议。马齐疏言："俄罗斯侵据疆土，我师困之于雅克萨城，本可立时剿灭，皇上宽容，不忍加诛。今悔罪求和，特遣大臣往议，垂之史册，关系甚巨。其档案宜兼书汉字，使臣并参用汉员。"诏如议行。寻命偕尚书张玉书等勘阅河工。二十九年，列议政大臣。都御史与议政，自马齐始。寻迁兵部尚书。时喀尔喀诸部避噶尔丹侵掠，举族内向。诏沿边安插，命马齐偕侍郎布图等先期檄左右翼部长至上都河、额尔屯河两界以待。上出塞，喀尔喀诸部朝行在，定诸王、贝子、公等爵秩牧地。乌珠穆沁台吉车根等叛附噶尔丹，命马齐往按，置诸法。调户部尚书。三十五年，上亲征噶尔丹，命马齐檄乌喇沁、翁牛特兵备战。还京师，兼理藩院尚书。噶尔丹旋败遁，诏来春复亲出塞，命先期往宁夏安置驿站。三十八年，授武英殿大学士，赐御书"永世翼戴"榜。

四十七年冬，皇太子允礽既废，储位未定，佟国维奏请速断。上召满、汉文武大臣集畅春园议诸皇子中孰可为皇太子者。上意在复立皇太子，而诸皇子中贝勒允禩觊为皇太子最力，诸大臣揆叙、王鸿绪及佟国纲子鄂伦岱等为之羽翼。集议日，马齐先至，张玉书后入，问："众意谁属？"马齐言众有欲举八阿哥者。俄，上命马齐毋预议，马齐避去。阿灵阿等书"八"字密示诸大臣，诸大臣遂以允禩名上，上不怿。明年正月，召诸大臣问其日先举允禩

者为谁，群臣莫敢对。上严诘，群指都统巴珲岱。上曰："是必佟国维、马齐意也。"马齐奏辩。巴珲岱言汉大臣先举。上以问大学士张玉书，玉书乃直举马语以对。上曰："马齐素谬乱。如此大事，尚怀私意，谋立允禩，岂非为异日恣肆专行计耶？"马齐复力辩，辞穷，先出。翌日，上谕廷臣曰："马齐效用久，朕意欲保全之。昨乃拂袖而出，人臣作威福如此，罪不可赦！"遂执马齐及其弟马武、李荣保下狱。王大臣议马齐斩，马武、李荣保坐罪有差，尽夺其族人官，上不忍诛，命以马齐付允禩严锢，李荣保、马武并夺官。

四十九年，俄罗斯来互市，上念马齐习边事，令董其事，李荣保、马武皆复起。寻命马齐署内务府总管。五十五年，复授武英殿大学士。

世宗即位，降敕褒谕，予一等阿达哈哈番，寻命袭其祖哈什屯一等阿思哈尼哈番，进二等伯，加太子太保。雍正元年，改保和殿，进太保。三年，复降诏褒其忠诚，加拜他喇布勒哈番，以其子富良袭。十三年，引疾乞罢，许致仕。乾隆四年，病笃，高宗谕谓马齐历相三朝，年逾大耋，举朝大臣未有及者，命和亲王及皇长子视疾。寻卒，年八十八，赠太傅，谥文穆。子富兴，袭爵，坐事黜，以富良袭，进一等伯。十五年，加封号曰敦惠。

富良，自散秩大臣授銮仪卫銮仪使，累迁西安将军，兼领侍卫内大臣。卒，谥恭勤。

马武，马齐弟。初授侍卫，兼管佐领。累擢镶白旗汉军副都统。因马齐得罪夺官。旋授内务府总管，迁镶白旗蒙古都统。世宗即位，授领侍卫内大臣。雍正四年，卒，命视伯爵赐恤，授三等阿达哈哈番，赐祭葬，谥勤恪。

马武子保祝，初授侍卫。累迁直隶提督，以病解任，起正红旗蒙古都统。卒，谥恭简。

阿灵阿，钮祜禄氏，满洲镶黄旗人，遏必隆第五子。初任侍卫，兼佐领。康熙二十五年，袭一等公，授散秩大臣，擢镶黄旗满洲都统。阿灵阿女兄，上册为贵妃。贵妃薨，殡朝阳门外，阿灵阿举家在殡所持丧。与兄法喀素不睦，欲致之死，乃播蜚语诬法喀。法喀以闻，上震怒，夺阿灵阿职，仍留公爵。寻授一等侍卫，累迁正蓝旗蒙古都统，擢领侍卫内大臣、理藩院尚书。四十七年，与揆叙、王鸿绪等密议举允禩为皇太子。上以马齐示意诸大臣，予严谴，不复穷治兴大狱。五十五年，卒。

子阿尔松阿，降袭二等公，擢领侍卫内大臣、刑部尚书。雍正二年，世宗召诸大臣谕曰："本朝大臣中，居心奸险，结党营私，惟阿灵阿、揆叙为甚。当年二阿哥之废，断自圣衷。岂因臣下蜚语遂行废立？乃阿灵阿、揆叙攘为己力，要结允禩等，造作无稽之言，转相传播，致皇考愤懑，莫可究诘。阿灵阿子阿尔松阿柔奸狡猾，甚于其父。令夺官，遣往奉天守其祖墓；并将阿灵阿墓碑改镌'不臣不弟暴悍贪庸阿灵阿之墓'，以正其罪。"四年，命诛阿尔松阿，妻子没入官。乾隆元年，以阿灵阿墓碑立祖茔前，墓已迁而碑尚存，命去之。妻子释令归旗。

揆叙，字凯功，纳喇氏，满洲正黄旗人，大学士明珠子。康熙三十五年，自二等侍卫授翰林院侍读，充日讲起居注官。累擢翰林院掌院学士，兼礼部侍郎。奉使册封朝鲜王妃。寻充经筵讲官，教习庶吉士。迁工部侍郎。

初，明珠柄政，势焰薰灼。大治园亭，宾客满门下。揆叙交游既广，尤工结纳，素与允禩相结。皇太子既废，揆叙与阿灵阿等播蜚语，言皇太子诸失德状，杜其复立。四十七年冬，上召满、汉大臣问诸皇子中孰可为皇太子者，揆叙及阿灵阿、鄂伦岱、王鸿绪等私与诸大臣通消息，诸大臣遂举允禩。事具《马齐传》。

五十一年，迁左都御史，仍掌翰林院事。疏言："近闻外省塘报，故摭拾大小事件，名曰'小报'，骇人耳目。请饬严禁，庶好事不端之人，知所儆惧。"诏允行。五十六年，卒，谥文端。雍正二年，发揆叙及阿灵阿罪状，追夺揆叙官，削谥。墓碑改镌"不忠不孝阴险柔佞揆叙之墓"。

鄂伦岱，满洲镶黄旗人，佟国纲长子。初任一等侍卫。出为广州驻防副都统。康熙二十九年，擢镶黄旗汉军都统，袭一等公。三十五年，上亲征噶尔丹，鄂伦岱领汉军两旗火器营，出古北口。尾跸北巡塞外。三十六年，擢领侍卫内大臣。坐事降一等侍卫。寻授散秩大臣。四十六年，复授领侍卫内大臣。五十九年，命出管蒙古驿站。世宗立，召还，授正蓝旗汉军都统。

雍正三年，谕曰："鄂伦岱与阿灵阿皆党于允禩。当日允禩得罪，皇考时方驻跸遥亭，命执允禩门下宦者刑讯，具言鄂伦岱等党附状。鄂伦岱等色变，不敢置辩。四十九年春，皇考自霸州回銮，途中责鄂伦岱等结党，鄂伦岱悍然不顾。又从幸热河，皇考不豫，鄂伦岱日率乾清门侍卫较射游戏。皇考于行围时数其罪，命侍卫鞭挞之。鄂伦岱顽悍怨望，虽置极典，不足蔽辜。朕念为皇祖妣、皇妣之戚，父又阵亡，不忍加诛。令往奉天与阿尔松阿同居。"四年，与阿尔松阿并诛，仍谕不籍其家，不没其妻子。

子补熙，自荫生授理藩院员外郎，袭国纲拜他喇布勒哈番世职，官至绥远城将军。卒，谥温僖。

论曰：理密亲王既废，自诸皇子允禟、允䄉辈及诸大臣多谋拥允禩，圣祖终不许。诚以储位至重，非可以觊觎攘夺而致也。佟国维陈奏激切，意若不利于故皇太子，语不及允禩，而意有所在，马齐遂示意诸大臣。然二人者，皆非出本心，圣祖谅之，世宗亦谅之，故能恩礼勿替，赏延于后嗣。若阿灵阿父子、揆叙、鄂伦岱、王鸿绪固拥允禩最力者，世宗既谴允禩，诸臣生者被重诛，死者蒙恶名，将安所逃罪？鸿绪又坐与徐乾学等比，被论。事别见，故不著于此篇。

卷二百八十八　　列传七十五

鄂尔泰 弟鄂尔奇　子鄂弼　鄂宁　**张廷玉**
子若霭　若澄　若淳　从子若淮

鄂尔泰，字毅庵，西林觉罗氏，满洲镶蓝旗人，世居汪钦。国初有屯泰者，以七村附太祖，授牛录额真。子图扪，事太宗，从战大凌河，击明将张理，阵没，授备御世职。雍正初，祀昭忠祠。

鄂尔泰，其曾孙也。康熙三十八年举人。四十二年，袭佐领，授三等侍卫。从圣祖猎，和诗称旨。五十五年，迁内务府员外郎。世宗在藩邸，偶有所嘱，鄂尔泰拒之。世宗即位，召曰："汝为郎官拒皇子，其执法甚坚。"深慰谕之。雍正元年，充云南乡试考官，特擢江苏布政使。于廨中建春风亭，礼致能文士，录其诗文为《南邦黎献集》。以应得公使银买谷三万三千四百石有奇，分贮苏、松、常三府备赈贷。察太湖水利，拟疏下游吴淞、白茆，役未举。

三年，迁广西巡抚，甫上官，调云南，以巡抚治总督事。贵州仲家苗为乱二十余年，巡抚石礼哈、提督马会伯请用兵，上未即许。巡抚何世璂讹言仲家苗药箭铦利，地势险阻，用兵不易，上即命世璂招抚，久未定，诏谘鄂尔泰。四年春，疏言："云、贵大患无如苗、蛮。欲安民必制夷，欲制夷必改土归流。而苗疆多与邻省相错，即如东川、乌蒙、镇雄，皆四川土府，东川距云南四百余里。去冬乌蒙攻掠东川，滇兵击退，而川省令箭方至。乌蒙距云南省城亦仅六百余里，钱粮不过三百余两，取于下者百倍。一年四小派，三年一大派，小派计钱，大派计两。土司娶子妇，土民三载不敢婚。土民被杀，亲族尚出垫刀数十金，终身不见天日。东川虽已改流，尚为土目盘据，文武长寓省城，膏腴四百里无人敢垦。若改隶云南，俾臣得相机改流，可设三府、一镇。此事连四川者也。广西土府、州、县、峒、寨等一百五十余员，分隶南宁、太平、思恩、庆远四府。其为边患，自泗城土府外，皆土目横于土司。黔、粤以牂牁江为界，而粤属西隆州与黔属普安州越江互相斗入。苗寨寥阔，将吏推诿。应以江北归黔，江南归粤，增州设营，形格势禁。此事连广西者也。滇边西南界以澜沧江，江外为车里、缅甸、老挝诸境，其江内镇沅、威远、元江、新平、普洱、茶山诸夷，巢穴深邃，出没鲁魁、哀牢间，无事近患腹心，有事远通外国。论者谓江外宜土不宜流，江内宜流不宜土。此云南宜治之边夷也。贵州土司向无钳束群苗之责，苗患甚于土司。苗疆四围几三千余里，千三百余寨，古州踞其中，群寨环其外。左有清江可北达楚，右有都江可南通粤，蟠据梗隔，遂成化外。如欲开江路通黔、粤，非勒兵深入遍加剿抚不可。此贵州宜治之边夷也。臣思前明流、土之分，原因烟瘴新疆，未习风土，故因地制宜，使之向导弹压。今历数百载，以夷治夷，即以盗治盗，苗、猓无追赃抵命之忧，土司无革职削地之

罚。直至事上闻，行贿详结，上司亦不深求，以为镇静，边民无所控诉。若不铲蔓塞源，从兵刑财赋事事整理，皆非治本。改流之法：计擒为上，兵剿次之；令其自首为上，勒献次之。惟剿夷必练兵，练兵必选将。诚能赏罚严明，将士用命，先治内，后攘外，实边防百世之利。"疏入，上深然之。

会石礼哈疏报遣兵击破谷隆、长寨、者贡、羊城坚诸隘，擒其渠阿革、阿给及诸苗之从为乱者，上命交鄂尔泰按谳。五月，鄂尔泰遣兵三道入：一自谷隆，一自焦山，一自马落孔。破三十六寨，降二十一寨，抚苗民五百余户、二千余口，察出荒熟田地三万亩。又以镇远土知府刁浣、沾益土知州安於藩素凶诈，计擒之；者乐甸土司刁联斗乞免死，改土归流。鄂尔泰疏报仲家苗悉定。上嘉其成功速，令议叙。旋条上经理仲苗诸事，报可。十月，真除云贵总督。

四川乌蒙土司禄万钟为乱，侵东川。鄂尔泰请以东川改隶云南，上从之。仍命会四川总督岳钟琪按治，招其渠禄鼎坤出降。鄂尔泰令鼎坤招万钟，数往不就抚，乃檄总兵刘起元率师讨之，破其所居寨。万钟走匿镇雄土司陇庆侯所。五年，万钟诣钟琪降，庆侯亦诣钟琪改土归流。上命钟琪以万钟、庆侯交鄂尔泰按谳。叙功，授世职拜他喇布勒哈番。三月，镇沅猓子如珍等戕官焚掠，遣兵讨平之，获如珍。泗城土知府岑映宸纵其众出掠，又发兵屯其相，立七营。鄂尔泰疏劾，令诸道兵候檄进讨，映宸乞免死存祀，改土归流。鄂尔泰请映宸送浙江原籍，留其弟映翰奉祀。七月，发兵与湖北师会讨定谬冲花苗，获其渠，降其余众。威远猓札铁匠等、新平僳李百叠等应如珍为乱。九月，鄂尔泰檄临元总兵孙宏本率师讨之，获札铁匠，降李百叠。威远、新平皆定。十一月，招降长寨后路苗百八十四寨，编户口，定额赋。得旨嘉奖，进世职一等阿达哈哈番。十二月，攻破云南猓窝泥种，取八茶山地千余里，划界建城，置官吏。

云南南徼地与安南接，前总督高其倬疏言安南国界应属内地者百二十里，请以赌咒河为界。安南国王黎维祹奏辩，上命鄂尔泰清察。鄂尔泰请与地八十里，于铅厂山下小河内四十里立界，上从之，敕谕安南。六年，维祹表谢，上嘉其知礼，命复与四十里。旋讨擒东川法戛土目禄天佑、刖补土目禄世豪；按治米贴土目禄永孝，论斩。永孝妻陆氏结猓猡为乱，檄总兵张耀祖讨之，攻克门坎山。师入，获陆氏。米贴平。广西八达寨侬彦光色等为乱，提督田畯不能讨。鄂尔泰遣兵往，侬杀光色以降。上命鄂尔泰总督云、贵、广西三省，发帑十万犒师。旋又抚贵州拜克猛、长寨、古羊等生苗百四十五寨。十月，万寿节，云南卿云见，鄂尔泰疏闻。

七年正月，命超授三等阿思哈尼哈番，云、贵两省巡抚、提督、总兵，文知县、武千总以上，皆加级。三月，令按察使张广泗率师攻贵州丹江鸡沟生苗，破其寨，种人悉降。上下九股、清水江、古州诸地以次定。下部议叙，鄂尔泰疏辞，而乞予曾祖图扪封典，俾昭忠祠位得改书赠官，列大臣之末，上允其请，仍命议叙。七月，招安顺、

高耀等寨生苗及伱、仲诸种人内附。十月，云南赵州醴泉出，鄂尔泰疏闻。上褒鄂尔泰化民成俗，格天致瑞，寻加少保。八年五月，招黎平、都匀等寨生苗内附。鄂尔泰既讨定群苗为乱者，诸土司慑军威纳土，疆理其地，置郡县，设营汛，重定三省及四川界域，而诸土司世守其地，一旦归版籍，其渠诛夷、迁徙皆无幸。

属苗内愤欢，乌蒙倮最狡悍，总兵刘起元移镇其地，恣为贪虐。六月，禄鼎坤及其族人鼎新、万福遂纠众攻城，劫杀起元及游击江仁、知县赛枝大等，尽戕其孥。鄂尔泰疏闻，请罢斥，上慰谕之。乌蒙既陷，江外凉山、下方、阿驴，江内巧家营、者家海诸寨及东川禄氏诸土目皆起而应之，又令则补、以址诸寨要截江路，以则、以擢诸寨窥伺城邑，东川境内兮泥、矣氏、歹补、阿汪诸寨，东川境外急罗箐、施鲁、古牛、毕古诸寨，及武定、寻甸、威宁、镇雄所属诸夷，远近响应，杀塘兵，劫粮运，堵要隘，毁桥梁，所在屯聚为乱。鄂尔泰集官兵万数千人，土兵半之，分三路进攻：令总兵魏翥国攻东川；哈元生攻威宁，副将徐成贞副之；参将韩勋攻镇雄。翥国师行，土目禄鼎明遣行刺，被创，以总兵官禄代师。师进，焚苗寨十三。遣游击何元攻急罗箐，杀三百余，降一百三十余。游击纪龙攻者家海，破寨，尽歼其众。勋与苗兵遇于莫都，战一昼夜，破寨四，杀数百人。进攻奎乡，战三日，杀二千余。元生、成贞自威宁攻乌蒙，射杀其渠黑寡，暮末，连破寨八十余，击败其众数万，遂克乌蒙。鄂尔泰檄提督张耀祖督诸军分道穷搜屠杀，剖肠截胫，分悬崖树间，群苗慑憟。上奖鄂尔泰及诸将，以元生、成贞、勋为功首，发帑犒师。陇庆侯庶母二禄氏、四川沙马土妇沙氏以不从乱，给诰命，赉银币。于是苗疆复定。鄂尔泰令云、贵界上筑桥，命曰庚戌桥，以年纪其绩也。

是岁，永昌边外孟连土司请岁纳厂课六百，鹤庆边外悠子请岁贡土物；鄂尔泰疏闻。上以边野夷向化，命减孟连厂课之半。悠子入贡，犒以盐三百斤。九年，疏请重定乌蒙、镇远、东川、威宁营汛。别疏请兴云南水利，浚嵩明州杨林海，开垦周围草塘，疏宜良、寻甸诸水，耕东川城北漫海，筑浪穹羽河诸堤，修临安诸处工，暨通粤河道，皆下部议行。十年，召拜保和殿大学士，兼兵部尚书，办理军机事务。叙定苗疆功，部议进世职一等精奇尼哈番，上特命授一等伯爵，世袭。

师讨准噶尔，六月，命鄂尔泰督巡陕、甘，经略军务。九月，师破敌额尔德尼昭。鄂尔泰檄大将军张广泗遣兵截寰塔马哈戈壁，断敌北遁道。寻疏请屯田。十一年六月，还京师。入对，言准部未可骤灭，用兵久，敝中国，无益，上颇然之。

十三年，台拱苗复叛。上命设办理苗疆事务处，以果亲王、宝亲王、和亲王、鄂尔泰及大学士张廷玉等董其事。苗患日炽，焚掠黄平、施秉诸地。鄂尔泰以从前布置未协，引咎请罢斥，并削去伯爵。上曰："国家锡命之恩，有功则受，无功则辞，古今通义。"允其请，予休沐，仍食俸。寻命留三等阿思哈尼哈番。

八月，世宗疾大渐，鄂尔泰仍以大学士与庄亲王允禄，果亲王允礼，大学士张廷玉，内大臣丰盛额、讷亲、海望同被顾命。鄂尔泰与廷玉捧御笔密诏，命高宗为皇太子。俄，皇太子传旨命鄂尔泰等辅政。世宗崩，宣遗诏以鄂尔泰志秉忠贞，才优经济，命他日配享太庙。高宗即位，命总理事务，进一等精奇尼哈番。乾隆二年十一月，辞总理事务，授军机大臣；又辞兼管兵部，上不许，加拜他喇布勒哈番，合为三等伯，赐号襄勤。迭主会试，充领侍卫内大臣、议政大臣、经筵讲官。

四年，南河河道总督高斌请开新运口，河东河道总督白钟山请复漳河故道，命鄂尔泰按视。寻加太保。七年，副都御史仲永檀以密奏留中事告鄂尔泰长子鄂容安，命王大臣会鞠，请夺鄂尔泰官逮问，上不许。十年，以疾乞解任。上慰留，加太傅。卒，命遵遗诏配享太庙，并祀贤良祠，赐祭葬，谥文端。二十年，内阁学士胡中藻以诗辞悖逆获罪，中藻出鄂尔泰门下，鄂尔泰从子甘肃巡抚鄂昌与唱和，并坐遣。上追咎鄂尔泰植党，命撤出贤良祠。

鄂尔泰弟鄂尔奇，康熙五十一年进士，改庶吉士，散馆授编修。雍正中，四迁至侍郎，历工、礼二部，署兵部。五年，擢户部尚书，兼步军统领。十一年，直隶总督李卫论劾壤法营私、紊制扰民诸状，鞫实，当治罪，上推鄂尔泰恩，宥之。十三年，卒。

鄂尔泰子鄂容安，鄂实，鄂弼，鄂宁，鄂圻，鄂谟。鄂容安自有传。鄂实与高天喜同传。

鄂弼初授三等侍卫，迁正红旗汉军副都统。出为山西巡抚，调陕西，署西安将军。擢四川总督，未上官，卒，赐祭葬，谥勤肃。

鄂宁，举人，初授户部笔帖式。屡以员外郎署副都统，复自郎中擢礼部侍郎。出为湖北巡抚，调湖南，再调云南。师征缅甸，云南总督杨应琚战失利，鄂宁为以实疏闻。明端代应琚，深入战死。鄂宁劾参赞额勒登额、提督谭五格逗遛失机。上奖鄂宁，加内大臣衔，即命代明瑞为云贵总督。寻以与参赞舒赫德合疏议抚失上指，夺内大臣衔，左授福建巡抚，迭降蓝翎侍卫。卒。

张廷玉，字衡臣，安徽桐城人，大学士英次子。康熙三十九年进士，改庶吉士。散馆授检讨，直南书房，以忧归。服除，迁洗马，历庶子、侍讲学士、内阁学士。五十九年，授刑部侍郎。山东盐贩王美公等纠众倡邪教，巡抚李树德令捕治，得百五十余人。上命廷玉与都统托赖、学士登德会勘，戮七人，戍三十五人而谳定。旋调吏部。

世宗即位，命与翰林院学士阿克敦、励廷仪迎奉几筵祭告文字，赐荫生视一品，擢礼部尚书。雍正元年，复命直南书房。偕左都御史朱轼充顺天乡试考官，上嘉其公慎，加太子太保。寻兼翰林院掌院学士，调户部。疏言："浙江衢州，江西广信、赣州，毗连闽、粤，无藉之徒流徙失业，入山种麻，结棚以居，号曰'棚民'。岁月既久，生息日繁。其强悍者，辄出剽掠。请敕督抚慎选廉能州县，严加约束。其有读书向学，奋力投勇，察明考验录用，庶生聚教训，初无歧视。"下督抚议行。命署大学士事。四年，授文渊阁大学士，仍兼户部尚书、翰林院掌院学士。

五年，进文华殿大学士。六年，进保和殿大学士，兼吏部尚书。七年，加少保。

八年，上以西北用兵，命设军机房隆宗门内，以怡亲王允祥、廷玉及大学士蒋廷锡领其事。嗣改称办理军机处。廷玉定规制：诸臣陈奏，常事用疏，自通政司上，下内阁拟旨；要事用折，自奏事处上，下军机处拟旨，亲御朱笔批发。自是内阁权移于军机处，大学士必充军机大臣，始得预政事，日必召入对，承旨，平章政事，参与机密。

廷玉周敏勤慎，尤为上所倚。上偶有疾，奖廷玉等翊赞功，各予一等阿达哈番，世袭。廷玉请以子编修若霭承袭。十一年，疏言：“诸行省例，凡罪人重者收禁，轻者取保。独刑部不论事大小、人首从，皆收禁，累无辜。请如诸行省例，得分别取保。刑部引律例，往往删截，但用数语，即承以所断罪；甚有求其仿佛，比照定议者：高下其手，率由此起。请敕都察院、大理寺驳正；扶同革率，并予处分。”命九卿行议。大学士英祀京师贤良祠，复即本籍谕祭，命廷玉归行礼，并令子若霭从；弟廷璐督江苏学政，亦命乘会。发帑金万为英建祠，并赐冠带、衣裘及貂皮、人参、内府书籍五十二种。十二月，廷玉疏言：“行经直隶，被水诸县已予赈，尚有积潦不能种麦，请敕加赈一月。”并议以工代赈。得旨允行。十二年二月，还京师，上遣内大臣、侍郎海望迎劳卢沟桥，赐酒膳。十三年，世宗疾大渐，与大学士鄂尔泰等同被顾命。遗诏以廷玉器量纯全，抒诚供职，命他日配享太庙。高宗即位，命总理事务，予世职一等阿达哈番，合为三等子，仍以若霭袭。

乾隆元年，《明史》成，表进，命仍兼管翰林院事。二年十一月，辞总理事务，加拜他喇布勒哈番，特命与鄂尔泰同进三等伯，赐号勤宣，仍以若霭袭。四年，加太保。寻谕：“本朝文臣无爵至侯伯者，廷玉为例外，命自兼，不必令若霭袭。”又谕：“廷玉年已过七十，不必向早入朝，炎暑风雪无强入。”十一年，若霭卒。上以廷玉入内廷须扶掖，命次子庶吉士若澄直南书房。十三年，以老病乞休。上谕曰：“卿受两朝厚恩，且奉皇考遗命配享太庙，岂有从祀元臣归田终老？”廷玉言：“宋、明配享诸臣亦有乞休得请者。且七十悬车，古今通义。”上曰：“不然。《易》称见几而作，非所论于国家关休戚、视君臣为一体者。使七十必令悬车，何以尚有八十杖朝之典？武侯鞠躬尽瘁，又何为耶？”廷玉又言：“亮受任军旅，臣幸得优游太平，未可同日而语。”上曰：“是又不然。皋、夔、龙、比易地皆然。既以身任天下之重，则不以艰巨自诿，亦岂得以承平自逸？朕为卿思之，不独受皇祖、皇考优渥之恩，不可言去；即以朕十余年眷待，亦不当言去。朕且不忍令卿去，卿顾能辞朕去耶？朕谓致仕之义，必古人遭逢不偶，不得已之苦衷。为人臣者，设预存此心，必将漠视一切，泛泛如秦、越，年至则奉身以退，谁复出力为国家治事？是不可不辨。”因命举所谕宣告朝列，并允廷玉解兼管吏部。廷玉自是不敢言去。然廷玉实老病，十四年正月，命如宋文彦博十日一至都堂议事，四五日一入内廷备顾问。是

冬，廷玉乞休沐养疴，上命解所兼领监修、总裁诸职，且令军机大臣往省。廷玉言：“受上恩不敢言去，私意愿得暂归。后年，上南巡，当于江宁迎驾。”上乃许廷玉致仕，命待来春冰泮，舟行归里。亲制诗三章以赐，廷玉入谢，奏言：“蒙世宗遗命配享太庙，上年奉恩谕，从祀元臣不宜归田终老，恐身后不获更蒙大典。免冠叩首，乞上一言为券。”上意不怿，然犹为颁手诏，申世宗成命，并制诗示意，以明刘基乞休后仍配享为例。次日，遣子若澄入谢。上以廷玉不亲至，遂发怒，命降旨诘责。军机大臣傅恒、汪由敦承旨，由敦为乞恩，旨未下。又次日，廷玉入谢，上责由敦漏言，降旨切责。廷臣请夺廷玉官爵，罢配享。上命削伯爵，以大学士原衔休致，仍许配享。十五年二月，皇长子定安亲王薨，方初祭，廷玉即请南还，上愈怒，命以太庙配享诸臣名示廷玉，命自审应否配享。廷玉惶惧，疏请罢配享治罪。上用大学士九卿议，罢廷玉配享，仍免治罪。又以四川学政编修朱荃坐罪，荃为廷玉姻家，尝荐举，上以责廷玉，命尽缴历年颁赐诸物。二十年三月，卒，命仍遵世宗遗诏，配享太庙，赐祭葬，谥文和。

乾隆三年，上将临雍视学，举古礼三老五更，谘鄂尔泰及廷玉。廷玉谓无足当此者，撰议以为不可行。四十三年，上撰《三老五更说》，辟古说踳驳，命勒碑辟雍。五十年，复见廷玉议，以所论与上同，命勒碑其次，并题其后，谓"廷玉有此卓识，乃未见及。朕必遵皇考遗旨，令其配享。古所谓老而戒得，朕以廷玉之戒为戒，且为廷玉惜之。"终清世，汉大臣配享太庙，惟廷玉一人而已。

子若霭，字晴岚。雍正十一年进士。廷试，世宗亲定一甲三名。拆卷知为廷玉子，遣内侍就直庐宣谕。廷玉坚辞，乃改二甲一名，授编修，直南书房，充军机章京。乾隆间，屡迁至内阁学士。若霭工书画，内直御府所藏，令题品鉴别，诣益进。十一年，扈上西巡，感疾，归卒。

若澄，字镜壑。乾隆十年进士，改庶吉士，直南书房，累迁至内阁学士。卒。若澄亦工画，亚若霭。

若淳，字圣泉。入赀授刑部主事，充军机章京，再迁郎中。出为云南澂江知府、四川建昌道。内擢太仆少卿，五迁至侍郎，历工、刑、户诸部。嘉庆五年，授兵部尚书，调刑部。七年，卒，赠太子少保，赐祭葬，谥勤恪。

从子若淮，字树谷。雍正八年进士，授兵部主事。考选江西道御史。擢鸿胪寺少卿，六迁刑部侍郎，擢左都御史。上命旌恤胜朝殉节诸臣，若淮请遍行采访。下大学士、九卿议，以为《明史》外兼采各省通志，专谥、通谥已至千五六百人，不必更行采访。若淮以老乞休。上南巡，屡迎谒。五十年，与千叟宴，御书榜以赐。归，又二年，卒。

论曰：世宗初即位，擢鄂尔泰于郎署，不数年至总督。廷玉已贰礼部，内直称旨，不数年遂大拜。军机处初设，职制皆廷玉所定。鄂尔泰稍后，委寄与相埒。庶政修举，宇内乂安，遂乃受遗命，侑大烝，可谓极心膂股肱之重矣。顾以在政地久，两家子弟宾客，渐且竞权势、角门户，高宗烛几摧萌，不使成朋党之祸，非二臣之幸欤？

卷二百八十九　　列传七十六

朱轼　徐元梦　蒋廷锡子溥　**迈柱**白潢
赵国麟　**田从典**子懋　高其位　逊柱
尹泰陈元龙

朱轼，字若瞻，江西高安人。康熙三十二年，举乡试第一。三十三年，成进士，改庶吉士，散馆授湖北潜江知县。潜江俗敝赋繁，轼令免耗羡，用法必持平。有斗殴杀人狱，上官改故杀，轼力争之，卒莫能夺。四十四年，行取，授刑部主事，累迁郎中。四十八年，出督陕西学政。修横渠张子之教，以知礼成性、变化气质训士。故事，试册报部科，当有公使钱。轼独无，坐迟误被劾，士论为不平。会有以其事闻上者，上命轼毕试事。五十二年，擢光禄寺少卿。历奉天府尹、通政使。

五十六年，授浙江巡抚。五十七年，疏请修筑海塘：北岸海宁老盐仓千三百四十丈，南岸上虞夏盖山千七百九十丈；并议中亹淤沙，复江海故道。又疏言：“海宁沿塘皆浮沙，虽长桩巨石，难期保固。当用水柜法，以松、杉木为柜，实碎石，用为塘根，上施巨石为塘身。附塘为坦坡，亦用水柜，外砌巨石二三重，高及塘之半，用护塘址。塘内为河，名曰备塘河。居民筑坝积淤，应去坝浚河，即以其土培岸。”俱下部议行。杭州南、北两关税，例由巡抚监收。轼以税口五十余，稽察匪易，请委员兼理。部议以杭州捕盗同知监收，仍令巡抚统辖。五十八年，疏劾巡盐御史哈尔金索商人贿，上命尚书张廷枢、学士德音按治，论如律。五十九年，擢左都御史。六十年，遭父丧，命在任守制，疏辞，上不许，请从军自效。

上以山、陕旱灾，发帑五十万，命轼与光禄寺卿卢询分往劝粜治赈。轼往山西，疏请令被劾司道以下出资赡饥民，富民与商人出资于南省籴米，暂停淮安、凤阳等关米税；饥民流徙，令所在地方官安置，能出资以赡者得题荐；饥民群聚，易生疠疫，设厂医治。又疏言：“仓庾积贮，有司平日侵蚀，遇灾复假平粜、借贷、煮粥为名，以少报多，有名无实。请敕详察亏空，少则勒限补还，多则严究治罪。至因赈动仓谷，辄称捐俸抵补，俸银有限，仓谷甚多。借非实借，还非实还，宜并清核。”皆从所议行。别疏请令山西各县建社仓，引泉溉田。上谓："社仓始于朱子，仅可行于小县乡村。若奏为定例，官吏奉行，久之，与民无益。山、陕山多水少，间有泉源，亦不能畅引溉田。轼既以为请，即令久驻山西，鼓励试行。”轼自承冒昧，乞寝其议，上不许。未几，川陕总督年羹尧劾西安知府徐容、凤翔知府甘文煊亏帑，请特简亲信大臣会鞫。上命轼往勘，得实，论如律。六十一年，乞假葬父，归。

世宗即位，召诣京师，充《圣祖实录》总裁，赐第。雍正元年，命直南书房。予其母冷氏封。加吏部尚书衔，寻复加太子太保。充顺天乡试考官，嘉其公慎，进太子太

傅。二年，兼吏部尚书。命勘江、浙海塘。三年，还，奏："浙江馀姚浒山镇西至临山卫，旧土塘三道，本为民灶修筑。今民灶无力，应动帑兴修。自临山卫经上虞乌盆村至会稽沥海所，土塘七千丈，应以石为基，就石累土。又海宁陈文港至尖山，土塘七百六十六丈，应就塘加宽，覆条石于巅，塘外以乱石为子塘，护塘址当修砌完固。至子塘处，依式兴筑。海盐秦驻山至演武场石塘，圮八十丈，溃七十丈，均补筑。都计工需十五万有奇。江南金山卫城北至上海华家角，土塘六千二百余丈，内三千八百丈当改为石塘。上海汛头塘至嘉定二千四百丈，水势稍缓，土塘加筑高厚，足资捍御。都计工需十九万有奇。"下部议行。拜文华殿大学士，兼吏部尚书。

上命怡亲王胤祥总理畿辅水利营田，以轼副之。四年，请分设四局，各以道员领其事。二月，轼遭母丧，命驰驿回籍，谕曰："轼事母至孝，但每年八十余，禄养显扬，俱无余憾。当节哀抑恸，护惜此身，为国家出力。"赐内帑治丧，敕江西巡抚俟轼至家赐祭。轼奏谢，乞终制，上允解任，仍领水利营田，期八月诣京师。九月，轼将至，遣学士何国宗、副都统永福迎劳，许素服终丧。上以浙江风俗浇漓，特设观风整俗使，轼疏言："风俗浇漓，莫甚于争讼。臣巡抚浙江，知杭、嘉、湖、绍四府民最好讼。请增设杭嘉湖巡道，而以绍兴属宁台道。民间词讼冤抑，准巡道申理。"上从其请。六年，以病乞解任，上手诏留之。八年，怡亲王薨，命轼总理水利营田。寻兼兵部尚书，署翰林院掌院学士。十三年，议筑浙江海塘，轼请往董其役，上俞之，敕督抚及管理塘工诸大臣咸听节制。

高宗即位，召还，命协同总理事务，予拜他喇布勒哈番世职。时治狱尚刻深，各省争言开垦为民累，轼疏言："四川丈量，多就熟田增加钱粮；广西报部垦田数万亩，其实多系虚无。因请通行丈量，冀求熟田弓口之余，以补报垦无著之数。大行皇帝洞烛其弊，饬停止丈量；而前此虚报升科，入册输粮，小民不免苦累。河南报垦亦多不实。州县田地间有未能耕种之处，或因山区硗确，旋垦旋荒，或因江岸河滨，东坍西涨。是以荒者未尽开垦，垦者未尽升科。至已熟之田，或粮额甚轻，亦由土壤硗瘠，数亩不敌腴田一亩，非欺隐者比。不但丈量不可行，即令据实首报，小民惟恐察出治罪，勉强报升，将来完纳不前，仍归荒废。请停止丈量，饬禁首报，详察现在报垦之田，有不实者，题请开除。"又疏言："法吏以严刻为能，不问是非曲直，刻意株连，惟逞锻炼之长，希著明察之号。请敕督抚谕有司，讞狱务盡公详慎，原情酌理，协于中正。刑具悉遵定制，不得擅用夹棍、大枷。"上深嘉纳之。

乾隆元年，充《世宗实录》总裁。九月，病笃，上亲临视疾。轼力疾服朝服，令其子扶掖，迎拜户外。翌日，卒。遗疏略言："万事根本君心，用人理财，尤宜慎重。君子小人，公私邪正，判在几微，当审察其心迹而进退之。至国家经费，本自有余，异日倘有言利之臣，倡加赋之税，伏祈圣心乾断，永斥浮言，实四海苍生之福。"上震悼辍朝，复亲临致奠，发帑治丧。赠太傅，赐祭葬，谥文端。

轼朴诚事主，纯修清德，负一时重望。高宗初典学，

世宗命为师傅,设席懋勤殿,行拜师礼。輓以经训进讲,亟称贾、董、宋五子之学。高宗深重之,《怀旧诗》称可亭朱先生,可亭,輓号也。子必阶,以荫生官至大理寺卿;瑊,进士,官至左庶子;必坦,举人,袭骑都尉。

徐元梦,字善长,舒穆禄氏,满洲正白旗人。康熙十二年进士,改庶吉士,散馆授户部主事。二十二年,迁中允,充日讲起居注官。寻复迁侍讲。徐元梦以讲学负声誉,大学士明珠欲罗致之,其迁词曹直讲筵,明珠尝荐于上。徐元梦以明珠方擅政,不一至其门,而掌院学士李光地亦好讲学,贤徐元梦及侍讲学士德格勒,亟称于上前,二人者每于上前相推奖;明珠党蜚语谓与光地为党。二十六年夏,上御乾清宫,召陈廷敬、汤斌、徐乾学、耿介、高士奇、孟亮揆、徐潮、徐嘉炎、熊赐瓒、励杜讷及二人入试,题为《理学真伪论》。方属草,有旨诘二人,德格勒于文后申辩,徐元梦卷未竟。上阅毕,于德格勒及赐瓒有所谯让,命同试者互校,斌仍称徐元梦文为是。

是时斌被命辅导皇太子,寻亦命徐元梦授诸皇子读。秋,上御瀛台,教诸皇子射,徐元梦不能挽强,上不怿,责徐元梦。徐元梦奏辩,上益怒,命扑之,创,遂籍其家,戍其父母。其夜,上意解,令医为治创。翌日,命授诸皇子读如故。徐元梦乞赦其父母,已就道,使追还。冬,掌院学士库勒纳奏劾德格勒私抹起居注,并言与徐元梦互相标榜,夺官逮下狱。二十七年春,狱上,当德格勒立斩,徐元梦绞。上命贷徐元梦死,荷校三月,鞭百,入辛者库。上徐察徐元梦忠诚,三十二年,命直上书房,仍授诸皇子读。寻授内务府会计司员外郎。四十一年,充顺天乡试考官。五十年,谕曰:"徐元梦繙译,现今无能过之。"授额外内阁侍读学士。五十一年,充会试考官。五十二年,擢内阁学士,归原旗。

五十三年,授浙江巡抚,上谕之曰:"浙江驻防满洲兵,尔当与将军协同训练。钱粮有亏空,尔宜清理,无累百姓。至于用人,当随材器使,不可求全。"赐《御制诗文集》及鞍马以行。五十四年,疏言:"杭州、绍兴等七府旱潦成灾,已蒙蠲赈,并截漕平粜。未完额赋,尚有十三万余两,请秋成后征半,余俟来岁。"上允之。又疏陈修复万松岭书院,上赐"浙水敷文"榜,因请以敷文名书院。

五十六年,左都御史及翰林院掌院学士缺员,吏部以请。上曰:"是当以不畏人兼学问优者任之。"以命徐元梦。上谕科场积习未除,命甄别任满学政及考官不称职者,皆劾罢之。五十七年,迁工部尚书,仍兼学院学士。六十年,上赐以诗,谓:"徐元梦乃同学旧翰林,康熙十六年以前进士只此一人。"

世宗即位,复命直上书房,授读皇子读。雍正元年,命与大学士张鹏翮等甄别詹翰詹各官不称职者,勒令解退回籍。大学士富宁安出视师,命徐元梦署大学士。寻复命兼署左都御史,充《明史》总裁,调户部尚书。四年,以繙译本章错误夺官,命在内阁学士之列效力行走,仍司繙译。八年,复坐前在浙江失察吕留良逆书,命同繙译中书行走。十三年,充繙译乡试考官。

高宗即位,命直南书房,寻授内阁学士。擢刑部侍郎,以衰老不能理刑名,疏辞,调礼部。充《世宗实录》副总裁。诏辑《八旗满洲氏族通谱》,命与鄂尔泰、福敏董其事。复命直上书房,课皇子读。乾隆元年,乞休,命解侍郎任,加尚书衔食俸,仍在内廷行走,领诸馆事。二年,上临雍,疏请以有子升堂配享,改宰我、冉求两庑,而进南宫适、虙不齐升配。下大学士九卿议,以有子升祀位次子夏,余寝未行。复乞休,上曰:"徐元梦年虽逾八十,未甚衰惫,可量力供职。"四年正月,召同诸大臣赋柏梁体诗。寻加太子少保。

六年秋,疾作,遣太医诊视,赐参药。冬十一月,疾剧,上谕曰:"徐元梦践履笃实,言行相符。历事三朝,出入禁近,小心谨慎,数十年如一日。寿逾大耋,洵属完人。"命皇长子视疾。疾革,复遣使问所欲言。徐元梦伏枕流涕曰:"臣受恩重,心所欲言,口不能尽!"使出,呼曾孙取《论语》检视良久。翌日遂卒,年八十七。上复命和亲王及皇长子奠茶酒,发帑治丧。赠太傅,赐祭葬,谥文定。孙舒赫德,自有传。

蒋廷锡,字扬孙,江南常熟人,云贵总督陈锡弟。初以举人供奉内廷。康熙四十二年,赐进士,改庶吉士。四十三年,未散馆即授编修。屡迁转至内阁学士。雍正元年,擢礼部侍郎,世宗赐诗贤之。廷锡疏言:"国家广黉序,设廪膳,以兴文教,乃生员经年未尝一至学宫。请敕学臣通饬府、州、县、卫教官,凡所管生员,务立程课,面加考校,讲究经史。学臣于岁、科考时,以文艺优劣定教职贤否。《会典》载顺治九年定乡设社学,以冒滥停止。请敕督抚令所属州、县、乡、堡立社学,择生员学优行端者充社师,量给廪饩。乡民子弟年十二以上、二十以下有志者得入学。"下部议,从之。二年,奏请续纂《大清会典》,即命为副总裁。调户部。

三年,命与内务府总管来保察阅京仓。寻疏言:"漕运全资水利,宜通源节流,以济运道。山东漕河,取资汶、济、洸、泗四水,而四水又赖诸泉助成巨流。山东一省,得泉百有八十,其派有五,分水、天井、鲁桥、新河、沂水是也。五派合为一水,是名泉河,旧设管泉通判。今虽裁汰,仍设泉夫。请饬有泉州县,督率疏浚。济南、兖州二府为济水伏流之地,若广为浚导,则散洇沙砾间者,随地涌见。应立法泉夫浚出新泉,优赉银米,岁终册报,为州县课最。诸泉所汇,为湖十五,各设斗门为减水闸,以时启闭。漕溢则减漕入湖,漕涸则启湖济漕,号诸湖为水柜。其后居民壅水占耕,坝圩闸塞,低处多生菱草,高处积沙与漕河堤并。请察勘未耕之地,就低处挑深,即以挑出之土筑堤,复水柜之制。诸湖开支河,以承诸泉之入,益漕河之流,建闸以时减放。旧制,运河于每岁十月筑坝,分泄诸湖,来春三月冰泮,开坝受水。法久玩生,筑坝每至十一月,则失之迟;开坝在正月初旬,又失之早。请饬所司筑必十月望前,开必二月朔后,以循旧制。汶水分流南北,运道攸赖。明宣德间,筑戴村坝于汶水南,以遏汶水入洸；建坎河坝于汶水北，以节汶水归海。嘉靖时，复堆积石滩，水溢纵使归海，水平留之入湖。岁久颓废，万一汶水北注，挟湖泉尽归大清河，四百余里运道所关非小。请饬总河相度形势，修复旧石滩，改建滚水石坝，以为蓄泄。"上命内阁学士何国宗等携仪器舆图，会总河齐苏勒、巡抚陈世倌履勘，请如廷锡奏。下九卿议行。

四年，迁户部尚书，充顺天乡试考官。既入闱，谕曰："廷锡佐怡亲王董理户部诸事，秉公执正，胥吏嫉妒怀怨。今廷锡典试，或乘此造作浮言，妄加谤议。令步军统领、顺天府尹、五城御史察访捕治。"寻命兼领兵部尚书。遭母丧，遣大臣奠茶酒，予其母封诰，发帑治丧。命廷锡奉母丧还里，葬毕还京，在任守制。六年，拜文华殿大学士，仍兼领户部，充《圣祖实录》总裁。七年，加太子太傅。命与果亲王允礼总理三库，予世职一等阿达哈哈番。九年，廷锡病，上遣医疗治。十年夏，病复作，上命日二次以病状奏。闰五月，卒，上为辍朝，遣大臣奠茶酒，赐祭葬，谥文肃。

廷锡工诗善画，事圣祖内直二十余年。世宗朝累迁擢，明练恪谨，被恩礼始终。

子溥，字质甫，雍正七年，赐举人。八年，进士，改庶吉士，直南书房，袭世职。廷锡卒，溥奉丧归，命葬毕即还京供职。十一年，授编修。四迁内阁学士。乾隆五年，授吏部侍郎。疏言："凡条奏发九卿会议，主稿衙门酌定准驳。会议曰，书吏诵稿以待商度，其中原委曲折，一时难尽。请于会议前二日将议稿传钞，俾得详勘畅言。至命、盗案，刑部例不先定稿，俟议时平决；不关命、盗案，亦宜先期传知，庶为审慎。"下部议，如所请。

八年，授湖南巡抚。九年，疏言："永顺及永绥、乾州、凤凰诸处苗民贪暴之习未除，城步、绥宁尤多狡恶。臣整饬武备，渐知守法。"谕曰："驭苗以不扰为要，次则使知苗威不敢犯。此奏得之。"旋劾按察使明德不详鞫盗案，夺官；驿盐道谢济世老病，休致。给事中明定奏请湖南滨湖荒土，劝民修筑开垦，令溥察议。溥奏言："近年湖滨淤地，筑垦殆遍。奔湍束为细流，洲渚悉加堵截，常有冲决之虑。沅江万子湖、湘阴文洲围，士民请修筑开垦。臣亲往履勘，文洲围倚山面江，四围俱有旧堤，已议举行。万子湖广袤八十余里，四面受水，费大难筑，并于上下游水利有碍。臣以为湖地垦筑已多，当防湖患，不可有意劝垦。"上韪之。

十年，授吏部侍郎，军机处行走。十三年，擢户部尚书，命专治部事。十五年，加太子少保。十八年，命协办大学士，兼礼部尚书，掌翰林院事。二十年，兼署吏部尚书。二十四年，授东阁大学士，兼领户部。二十六年，溥病，上亲临视。及卒，复亲临奠。赠太子太保，发帑治丧，赐祭葬，谥文恪。

子楠，进士。自编修累迁兵部侍郎；赐荣，初授云南楚雄知府，再至户部侍郎。并坐事夺官，左授光禄寺卿。复夺官，以世职守护裕陵。

迈柱，喜塔拉氏，满洲镶蓝旗人。初授笔帖式，三迁户部员外郎，授御史。康熙五十五年，巡视福建盐课。雍正元年，巡视宁古塔。三年，命如荆州会将军武纳哈籍前任将军阿鲁家，偿侵蚀兵饷。议荆州近县民有愿鬻地者，官购俾兵耕种，或招佃征租，兵婚丧量依之。下部议行。

擢工部侍郎，调吏部。命如江西按治德安知县萧彬，武宁知县廖科龄亏帑，并命察通省钱粮积弊。寻命署巡抚。疏请以江西额征丁银摊入地粮，从之。五年，授湖广总督，命俟江西事毕赴任。迈柱疏陈："江西仓谷亏缺，弊在无谷无银，虚报存贮，及至交代，又虚报民间借领，后任征追，悉归无著。又或出粜仓谷得价侵用，及至交代，以二钱一石折价，后任不敷籴补。又或因不敷之故，并此折价而亦侵用，及至交代，复称民欠，多方掩饰。皆因前任巡抚裴㒞度，布政使陈安策、张楷徇庇所误。"上为夺㒞度等官，察究追完。又言："江西通省公用需款，请视河南、湖广诸省例，提州、县耗羡二分充用，另提充各员养廉，多至一分五厘，少至四厘，余仍留州县养赡。巡抚及司道，亦于所提一分五厘内量行支用。"又言："江西被灾州县，设厂煮赈，米价石至一两三四钱。请于未被灾州县发银预购平粜。"又言："南安、赣州，闽、广交界，及鄱阳湖滨，最易藏奸。万载、宁州等地，棚民聚集，素好多事。已饬严整塘汛，操练标兵，豫为之备。"得旨，嘉其条画详晰，令新任巡抚照行。寻谳定彬等俱论斩。并请令徇庇之上官分偿亏帑，上命自雍正六年起著为例。奖迈柱秉公持正，下部议叙，乃赴湖广任。

湖广濒江州县频年被水，迈柱令民间按粮派夫，修筑江堤，议定确估土方夫数及加修尺寸，并岁修抢险诸例。疏闻，上发帑六万，命视工多寡分给。镇筸苗最悍，屡入内地剽掠。迈柱疏言："臣闻云南提督张国正先任镇筸总兵，以雕剿法治苗。闻有警，诃为何种苗，所属何寨，即携兵驰往，围寨搜擒。如雕之捕鸟，取其速而鸟可必得。臣今与总兵周一德循行此法，但期得罪人而止，不敢多为杀戮。"居数年，又疏言："收缴六里镇筸土司所藏鸟枪，完整者俾兵充用，余改造农具，给土苗耕作。土苗所用环刀、标枪，亦令给价收缴。"上谕曰："所奏深得卖刀买犊之意。环刀、标枪，自当收缴，可顺其愿，不宜强迫。"疏定苗与民为市，于分界地设市，一月以三日为期，不得越界出入。民以物往市，预报地方官，知会塘汛查验。苗疆州县立苗长，选良苗充民壮，备差遣访缉。鄂尔泰督云、贵，建策改土归流，迈柱亦行之湖广，收永顺、保靖、桑植三土司。永顺设府县，仍其名，又于府西北设县曰龙山。保靖、桑植各设县，仍其名。收容美土司设州，曰鹤峰，所属五峰新设县曰长乐。并改彝陵州为府，曰宜昌，领新设州县。收第冈土司，改永定卫为县，以其地属焉。

上命通察湖广积欠钱粮，都计银三十余万，令与巡抚马会伯、王国栋同董其事。逾年，报湖南已完六万有奇，湖北已完八万有奇。寻察出沔阳积欠内为官侵役蚀包揽未完者三万有奇，其实欠在民者三万二千有奇。上以沔阳常被水，民欠命予豁除。七年，迈柱疏请以湖广额征丁银摊入地粮，从之。迈柱督湖广数年，声绩显著。他所区画，如以汉阳通判移汉口，荆州通判移沙市。又裁施州、大田二卫所，合为县曰恩施，复请改为府，曰施南，设县四，曰宣恩、来凤、咸丰、利川。宜昌既为府，设附郭县曰东湖，又以归州及所领长阳、兴山、巴东诸县隶焉。道州及宁远、永明、江华诸县邻广西，请以永州同知移江华，并分设游击、守备，调驻兵千五百，与广西桂临营月三次会哨。永顺、保靖、桑植三营新立，月饷给米折，永顺石折一两，保靖、桑植石折八钱，以苗疆米贵，不与他营同。上悉如所请。

十三年，召拜武英殿大学士，兼吏部尚书。乾隆元年，兼管工部。二年，以病乞解任。三年，卒，赐祭葬，谥文恭。

同时督抚入为大学士者，又有白潢、赵国麟。

潢，字近微，汉军镶白旗人。初授笔帖式，考授内阁中书，迁侍读。授福建粮驿道佥事，以父忧去官。服阕，除山东登莱青道佥事，迁贵州贵东道参议。以巡抚刘荫枢荐，就迁按察使。潢操守廉洁，闻于圣祖，擢湖南布政使。未上官，会荫枢以请缓西师，命诣军前察视，潢护贵州巡抚。贵州山多田少，诸镇营兵饷米，于征米诸州县支发。以运道艰阻，改征折色，迟至次年春夏，米值昂不足以余。诸驿例设夫百、马四十五，而巡抚以下私函付驿，谓之便牌，役夫至数百。潢奏请兵米于藩库借支，州县征解归项，并檄诸驿禁便牌。兵民困皆苏。又以贵州僻远，官于外，商于外，皆不肯归，潢奏请勒限回籍。贵州民初以为不便，久之文物渐盛，乃思潢惠焉。

荫枢还贵州，调潢江西。入觐，至热河谒上，即擢江西巡抚。潢革诸州县漕节陋例，并令火耗限加一，旧加至三四者，悉罢除之，不率者奏劾。湖口关地险港窄，潢度关右武曲港山势开阔，可容千艘，乃浚江口，建草坝，使估舟得聚泊。建亭颂潢德。会城西南有袁、赣二江，至临江合流，旧有堤久圮，春夏水发，往往坏田庐。潢奏请重建，九阅月而成。民自是无水患，号为白公堤。五十九年，奏请补京职，授户部侍郎。擢兵部尚书。六十一年，世宗即位，命协办大学士。寻授文华殿大学士。疏辞，不许。充《圣祖实录》总裁。雍正三年，以疾乞解任，许之。

潢抚江西时，南昌、吉安、抚州、饶州四府旧有落地税千三百两有奇，设大使征收。潢以官役苛征，令停收。巡抚、司道公捐代纳，伪编纳税人名册报部，王企靖、裴㤚度代为巡抚，皆如潢例。及汪漋至，以其事闻，且请裁大使。上曰："国家经制钱粮，岂可意为增减？若此税不当收，潢当请豁免，何得以公捐代纳，沽名邀誉？"下部议，夺潢官。漋亦坐迁，税如旧例征收。乾隆二年，潢卒，命还大学士衔。

国麟，字仁圃，山东泰安人。祖瑗，手书《春秋》内外传，《史》《汉》蒙文授之。笃志于学，以程、朱为宗。康熙四十五年进士。五十八年，授直隶长垣知县。当官清峻，以礼导民，民戴如父母。世宗闻其贤，雍正二年，擢永平知府。三迁福建布政使，调河南。擢福建巡抚，调安徽。御史蒋炳奏请州县征收钱粮，依部颁定额，刊印由单，申布政使核发。国麟以安徽通省数百万由单由司核发，恐误征收，疏请停止。内阁学士方苞疏言："常平仓谷原定每年存七粜三，南省地卑湿，应令因地制宜。"下督抚详核。国麟疏言："安徽所属州县滨江湖者，当改粜半存半，他州县仍循旧例。"并下部议行。乾隆三年，擢刑部尚书，调礼部，兼领国子监。四年，授文华殿大学士，兼礼部尚书。

六年，御史仲永檀疏劾内阁学士许王猷邀九卿至京师民俞长庚家吊丧，国麟亦亲往，下王大臣勘不实。国麟乞引退，上留之。俄，给事中卢秉纯复论国麟当上举永檀疏面诘，阳若不知，出告其戚光禄寺卿刘藩长，藩长被命休致；国麟又告上以为侍郎蒋炳所劾。上命大学士鄂尔泰、张廷玉召国麟及藩长相质，藩长力辩。上命毋深究，令鄂尔泰、张廷玉谕国麟引退。国麟疏未即上，上降诏诘责，左授礼部侍郎。七年，擢尚书。国麟乞引退，不许。逾数月，复以请，上不悦，命夺官，在咸安宫效力。八年，乃许其还里。十五年，诣京师祝上寿，赐礼部尚书衔。明年，卒。

田从典，字克五，山西阳城人。父雨时，明诸生。寇乱，挈子及兄之孤徙避，度不能兼顾，弃子负兄子以走。贼退，求得子草间，即从典也。

从典笃学，以宋五子为宗。康熙二十七年，成进士。旋居父丧，事必遵《家礼》。服终，就选。三十四年，授广东英德知县。县地瘠，赋籍不可稽，诡寄逋逃，民重困。陋例两加至八九钱，名曰"均平"。从典尽革之，清其籍。

四十二年，行取，四十三年，授云南道御史。疏言："督抚不拘成例，请调州县，有秉公者，即有徇私者。州县求调，其弊有三：图优缺，避冲繁，预为卓荐地。督抚滥调，其弊亦有三：徇请托，得贿赂，引用其私人。名为整顿地方，简拔贤良，实乃巧开捷径。屡经败露，有骇听闻。嗣后请除江、浙等省一百一十余县钱粮难征，及边远烟瘴地，仍旧例调补，其他不准滥调。"又疏言："京官考选科道，令部院堂官保送，恐平日之交结，临时之营谋，在所难免。请敕吏部，遇考选科道，凡正途部属，及自知县升任中、行、评、博，与翰林一体论俸开列，听候考选。"均下部议行。巡视西城，罢铺垫费。察通州仓储，儗神祠以居，庙祝不受值，不入也。

四十九年，擢通政司参议。屡迁转授光禄寺卿。寺故有买办人，亏户部帑至四十一万余，从典请限年带销。迁左副都御史，再迁兵部侍郎，并命兼领光禄寺。五十八年，迁左都御史。两江总督常鼐疏言安徽布政使年希尧、凤阳知府蒋国正婪取，为属吏所评。命从典与副都御史屠沂往按，国正坐斩，希尧夺官。五十九年，擢户部尚书。雍正元年，调吏部。二年，协办大学士。三年，授文华殿大学士，兼吏部尚书。六年三月，乞休，优诏褒许，加太子太师致仕。赐宴于居第，令部院堂官并集，发帑治装，行日，百官祖饯，驰驿归里，驿道二十里内有司送迎。入辞，赐御榜联并冠服、朝珠。四月乃行，甫一舍，次良乡，病大作，遂卒，年七十八。上闻，以从典子懋幼，遣内阁学士一、侍读学士一为治丧，散秩大臣一、侍卫六奠茶酒，并命地方官送其丧归里。赐祭葬，谥文端。

懋，自荫生授刑部员外郎，世宗命改吏部，迁郎中，授贵州道御史。乾隆初，迁礼科给事中。疏言河南秋审宽纵，巡抚尹会一、按察使隋人鹏下吏议。又劾工部尚书赵弘恩受贿，夺官，戍军台。迁鸿胪寺少卿。高宗奖懋敢言，超擢副都御史。迁刑部侍郎，调吏部。十一年，上责懋奏事每漏言，且嗜酒务博，命解任归里读书。十四年，召授吏部侍郎。以仆从斗殴伤人，责懋旧习未悛，仍命归里读书。家居二十年，卒。

高其位，字宜之，汉军镶黄旗人。父天爵，语在《忠义传》。其位初隶镶白旗，自笔帖式管佐领。康熙间，以署参领从军驻襄阳。叛将杨来嘉、王会等以二万人出掠，将攻南漳，其位率二十骑觇敌，与遇，越敌队入南漳，与共守，敌围攻不能下。叛将谭弘以三万人犯郧阳，其位将百人扼杨溪铺，与相持七十余日。粮尽，煮马鞯以食。副都统李麟隆援至，合击，大败之。寻追论御敌縠城失利，夺官。久之，授火器营操练校尉，袭其祖尚义二等阿达哈哈番。从大将军裕亲王福全讨噶尔丹，战于乌阑布通，破骆驼营，擢参领。授甘肃永昌副将。明法令，筑堡塞，边境肃清。迁湖广襄阳总兵。擢提督，赐孔雀翎、鞶韡、鞍马，调江南。两江总督常鼐有疾，上命其位署理。世宗即位，召入觐，旋命回提督任。奏请保护圣躬，上褒其有爱君之心，温诏嘉许。雍正二年秋，奏飞鸦食蝗，秋禾丰茂。上以蝗不成灾，传示王大臣，赐诗褒之。冬，奏进黄浦渔人网得双夔龙纽未刻玉印，上赐以四团龙补服。三年，授文渊阁大学士，兼礼部尚书，加太子少傅。以衰老辞，不许。改隶镶黄旗。赐寿，赍榜联及白金千。屡乞休，乃命以原官致仕。五年，卒，赐祭葬，谥文恪。

子高起，以荫生授四川茂州知州。累迁兵部尚书，坐事夺官逮治。乾隆初，戍军台，释回。卒。

逊柱，栋鄂氏，满洲镶红旗人。曾祖郎色，太祖时，从其兄郎格来归。逊柱初授笔帖式，擢工部主事。再迁户部郎中，授御史。历翰林院侍读学士、内阁学士、盛京工部侍郎。召改吏部，擢兵部尚书。雍正五年，署大学士，旋授文渊阁大学士，仍兼兵部尚书。逊柱长兵部十六年，屡陈奏部政，多所考核厘正。十年，以老，命不必兼兵部。十一年，致仕，卒，年八十四，谕褒逊柱"醇厚和平"，赐祭葬。

尹泰，章佳氏，满洲镶黄旗人。初授翰林院笔帖式，再迁内阁侍读。康熙二十七年，授翰林院侍讲，充日讲起居注官。三十四年，授国子监祭酒。三十七年，改锦州佐领。五十二年，以病罢，遂居锦州。世宗在藩邸，奉命诣奉天谒陵，过锦州宿焉，与语奇之，见其子尹继善。雍正元年，召授内阁学士。迁工部侍郎，再迁左都御史。疏言："六科书吏，贿通提塘，造为小钞、晚帖，内开口传谕旨，或误翻清文，甚至伪造上有赐予及与诸臣问对，应请禁止。"二年，充《会典》总裁。三年，命以原品署盛京侍郎，兼领奉天府尹。疏言："承德等九州县原征豆米，多贮无用。请自雍正四年始，停征黑豆，按亩征米，按丁征银，而以原贮米豆视时价出粜。"又言："关东风高土燥，请掘地窖藏存谷，以节建仓工费。"

四年，山海关总管多索礼疏言应交庄头余地，尹泰不即派官丈收。命侍郎查郎阿往按，坐解府尹任，仍以左都御史协理奉天将军。将军噶尔弼议设外海水师，尹泰以为旅顺、天津俱有水师，锦、复、盖诸州亦可更番巡察，增设需费浩繁，于巡察无益。别疏以闻。下议政王大臣议，如尹泰言。六年，坐遗漏入官财产，夺官。寻命复官。七年正月，与尚书陈元龙同授额外大学士。寻授东阁大学士，兼兵部尚书。十三年，高宗即位，充《世宗实录》总裁。乾隆元年，以老病乞罢，上留之。尹继善自两江总督入觐，授刑部尚书，俾使朝夕侍养。三年，复乞罢，命以原官致仕。寻卒，赐祭葬，谥文恪。尹继善自有传。

陈元龙，字广陵，浙江海宁人。康熙二十四年一甲二名进士，授编修，直南书房。郭琇劾高士奇，辞连元龙，谓与士奇结为叔侄，招纳贿赂，命与士奇等并休致。语互详《士奇》传。元龙奏辩，谓："臣宗本出自高，谱牒炳然。若果臣交结士奇，何以士奇反称臣为叔？"事得白，命复任。累迁侍读学士。元龙工书，为圣祖所赏，尝命就御前作书，深被奖许。上御便殿书赐内直翰林，谕曰："尔等家中各有堂名，不妨自言，当书以赐。"元龙奏臣父之闾年逾八十，家有爱日堂，御书榜赐之。四十二年，再迁詹事。以父病乞养归，赐参。时正编《赋汇》，令携归校对增益。上南巡，元龙迎谒，御书榜赐之闾及元龙母陆之闾卒，丧终，召元龙授翰林院掌院学士。

五十年，迁吏部侍郎。授广西巡抚。值广东岁歉，广西米价高，元龙遣官诣湖南采米平粜。五十四年，修筑兴安陡河闸，护两广运道。并于省城扩养济院，立义学，创育婴堂，建仓贮谷。五十七年，擢工部尚书。六十年，调礼部。世宗即位，命守护景陵。七年，与左都御史尹泰同授额外大学士，寻授文渊阁大学士，兼礼部尚书。元龙在广西，请开例民捐谷得入监。李绂为巡抚，请以捐谷为开垦费。上责元龙借名支销，命元龙诣广西清理。绂旋奏："元龙分得羡余十一万有奇，除在广西捐公费九万，又助军需十万。今仓谷尚有亏空，应令分偿。"及授大学士，命免之。十一年，以老乞休，加太子太傅致仕，令其子编修邦直归侍养。行日，赐酒膳，令六部满、汉堂官饯送，沿途将吏送迎。乾隆元年，命在籍食俸。寻卒，赐祭葬，谥文简。

论曰：轼以德望尊，徐元梦以忠謇重。世宗谴允禩、允禟，徐元梦言："二人罪当诛，愿上念手足情缓其死。"二人者既死，吏议奴其子，轼言："二人子实为圣祖孙，孰敢奴之？"世宗皆为动容。谅哉，古大臣不是过也。廷锡直内廷领户部，迈柱等领疆节，卓然有绩效。从典、尹泰皆以端谨奉职。古所谓大人长者，殆近之矣。

卷二百九十　　　列传七十七

杨名时　黄叔琳子登贤　**方苞**
王兰生留保　**胡煦　魏廷珍**任兰枝
蔡世远　沈近思　雷𬭎

杨名时，字宾实，江南江阴人。康熙三十年进士，改庶吉士。李光地为考官，深器之，从受经学。散馆，授检讨。四十一年，督顺天学政，用光地荐也。寻迁侍读。四十二年，上西巡，肥乡武生李正朝病狂，冲突仪仗。光地时为直隶巡抚，请罪正朝，因劾名时。上斥名时学有意弃富录贫，不问学业文字，但不受贿嘱，从宽贷宥。四十四年，任满，命河工效力。旋遭父母丧，以忧归。五十一年，服除，侯补。五十三年，命直南书房。名时不投牒吏部，因不得补官，上特命充陕西考官。五十六年，授直隶巡道。时沿明制，直隶不设两司，以巡道任按察使事。政剧，吏为奸，名时革宿弊殆尽。五十八年，迁贵州布政使。

五十九年，擢云南巡抚。师征西藏，留驻云南，名时为营馆舍，明约束，无敢叫嚣。名时疏言："云南兵粮岁需十四万九千余石，俱就近支放。兵多米少，诸州县例四年折征一次，请改每年给本色三季，折色一季。"部议如所请行。雍正元年，名时奏请安，世宗谕曰："尔向日居官有声。兹当加勉，莫移初志。"寻疏言："云南巡抚一切规礼，臣一无所取。惟盐规五万二千两，除留充恤灶、修井诸用，余四万六千两。累年供应在藏官兵军需赏赉，拨补银厂缺课，及公私所用，皆取于此。藏兵撤后，请仍留臣署若干，余悉充公用。"上谕曰："督抚羡余，岂可限以规则？取所当取，用所当用，全在尔等揆情度理而行，无烦章奏也。"名时迭疏请调剂盐井，改行社仓，皆下部议行。云南自乱后田赋淆乱，往往户绝田去而丁未除，至有一人当数十丁者，累代相仍，名曰"子孙丁"。名时疏请照直隶例，将通省丁额摊入田粮完纳。云南旧例，地方应办事，皆取诸民间，谓之"公件"。胥役科敛，指一派十，重为民累。名时议核实州县需款，酌定数目征收，不得再有加派。檄行所属诸州县，核数开报。

三年，擢兵部尚书，改授云贵总督，仍管巡抚事。时上令诸督抚常事疏题，要事折奏。名时泄密折，上令悉用题本，名时乞遇事仍得折奏，许之。四年，转吏部尚书，仍以总督管巡抚。名时具题本，误将密谕载入，上严责，命解任，以朱纲代为巡抚。未至，仍令名时暂署。俄，纲上官，劾名时在任七载，徇隐废弛，库帑仓谷，借欠亏空。上命名时自陈，纲代名时奏谢罪，上责其巧诈，谕总督鄂尔泰严讯。名时自承沽名邀誉，断不敢巧诈。谳上，部议以名时始终掩护，朦胧引咎，无人臣事君礼，坐挟诈欺公，当斩。上命宽免，复遣侍郎黄炳会纲按治。炳等欲刑讯，鄂尔泰持不可，乃坐名时得盐规八万，除捐补银厂缺课，应追五万八千余两。上令名时留云南待后命。

高宗即位，召诣京师。乾隆元年，名时至，赐礼部尚书衔，兼领国子监祭酒，兼直上书房、南书房。名时以前在云南令诸州县核实需款定数征收，去公件之弊，事未竟而去，奏请下督抚勘定。总督尹继善、巡抚张允随奏请以额编条粮重轻，与原定公件多寡，两相比并，就中摊减，下部议行。视未定议前取诸民者去十之七，云南民困以苏。

苗疆用兵久，名时疏言："御夷之道，贵在羁縻，未有怨毒猜嫌而能长久宁帖者。贵州境内多与苗疆相接，生苗在南，汉人在北，而熟苗居中，受雇直为汉人佣，相安已久。生苗所居深山密箐，有熟苗为之限，常声内地兵威以慑之，故亦罔敢窥伺。自议开拓苗疆，生苗界上常屯官兵，干戈相寻，而生苗始不安其所。至熟苗无事则供力役，用兵则为向导，军民待之若奴隶，生苗疾之若寇仇。官兵胜，则生苗乘间抄杀以泄忿；官兵败，又或屠戮以冒功。由是熟苗怨恨，反结生苗为乱。如台拱本在化外，有司迎合要功，辄谓苗民献地。上官不察，竟议驻师。遂致生苗煽乱，屡陷官兵，蹂躏内地；间有就抚熟苗，又为武臣残杀，卖其妻女。是以贼志益坚，人怀必死。为今日计，惟有弃苗疆而不取，撤重兵还驻内地，要害筑城，俾民有依，兵有可守。来则御之，去则舍之。明悬赏格，有能擒首恶及率众归顺者，给与土官世袭，分管其地。更加意抚绥熟苗，使勿为生苗所劫掠，官兵所侵陵，庶有俯首向化之日。不然，臣恐兵端不能遽息也。"二年，卒，赠太子太傅，赐祭葬，谥文定。

黄叔琳，字昆圃，顺天大兴县人。康熙三十年一甲三名进士，授编修，累迁侍讲。丁父忧，服除，起原官，迁鸿胪寺少卿。五迁刑部侍郎。雍正元年，调吏部。命偕两淮盐政谢赐履赴湖广，与总督杨宗仁议盐价，革除陋规，从所请。疏言："各省支拨兵粮，布政使、粮道为政，先期请托，方拨近营。否则拨远汛，加运费，民既重累输挽，兵亦苦时待饷。请敕督抚察兵数，先拨本州县卫、所，不敷，于附近州县拨运。"下部议行。旋授浙江巡抚。时御史钱廷献请浚浙江东西湖，蓄水灌田，命叔琳会总督满保勘议。叔琳等奏言："西湖居会城西，周三十余里，南北山泉入湖处，旧皆设闸以阻浮沙，水得畅流；又有东湖为之停蓄，湖水分出上下塘河，农田资以灌溉。自闸废土淤，民占为田，筑埂围荡，栽荷畜鱼。请照旧址清厘，去埂建闸，浚城内河道，并疏治上塘河各支港，及自会城至江南吴江界运河港汊坝堰。"部议从之。

叔琳疏荐人才，有廷臣尝言于上者，上疑叔琳请托先容，谕戒郑重。会有言叔琳赴湖广时，得盐商赆，俾充总商，及为巡抚，庇海宁陈氏仆；其弟御史叔璥巡视台湾，过杭州，仆鬨于市，叔琳皆以罪商，有死者，商为罢市。上命解叔琳任，遣侍郎李周望与将军安泰分案按治。安泰等奏叔琳以陈氏仆与商争殴，逮商杖毙，事实，无与叔璥事，亦未尝罢市。周望等奏叔琳贷金盐商，非行贿，上命毋穷究。三年，命赴海塘效力。

乾隆元年，授山东按察使。疏言："旧例州县命案，印官公出，由邻封相验。嗣广西巡抚金鉷奏请改委佐杂，贪缘贿嘱，难成信谳。"又言："审案旧有定限，逾限议处。嗣河东总督田文镜题定分立解府、州、司、院限期，虽意在清厘，适启通融挪改之弊，请皆仍旧为便。"从之。二年，迁布政使。四年，丁母忧。服除，授詹事。以在山东误揭属吏讳盗，夺官。叔琳登第甫二十，十六年，重遇登第岁，命给侍郎衔。二十一年，卒，年八十三。

叔琳富藏书，与方苞友。苞治诸经，叔琳皆与商榷。

子登贤，字笃盟。乾隆元年进士，授户部主事。累迁左副都御史，督山东学政。康熙间，叔琳来督学，立三贤祠，祀胡瑗、孙复、石介，以式诸士。后六十年，登贤继之，训士遴才，皆循叔琳训。四十九年，卒。

方苞，字灵皋，江南桐城人。父仲舒，寄籍上元，善为诗，苞其次子也。笃学修内行，治古文，自为诸生，已有声于时。康熙三十八年，举人。四十五年，会试中式，将应殿试，闻母病，归侍。五十年，副都御史赵申乔劾编修戴名世所著《南山集》、《孑遗录》有悖逆语，辞连苞族祖孝标。名世与苞同县，亦工为古文，苞为序其集，并逮下狱。五十二年，狱成，名世坐斩。孝标已前死，戍其子登峄等。苞及诸与是狱有干连者，皆免罪入旗。圣祖夙知苞文学，大学士李光地亦荐苞，乃召苞直南书房。未几，改直蒙养斋，编校《御制乐律》、《算法》诸书。六十一年，命充武英殿修书总裁。世宗即位，赦苞及其族人入旗者归原籍。

雍正二年，苞乞归里葬母。三年，还京师，入直如故。居数年，特授左中允。三迁内阁学士。苞以足疾辞，上命专领修书，不必诣内阁治事。寻命教习庶吉士，充《一统志》总裁、《皇清文颖》副总裁。乾隆元年，充《三礼义疏》副总裁。命再直南书房，擢礼部侍郎，仍以足疾辞，上留之，命免随班行走。复命教习庶吉士，坚请解侍郎任，许之，仍以原衔食俸。苞自蒙圣祖恩宥，奋欲以学术见诸政事。光地及左都御史徐元梦雅重苞。苞见朝政得失，有所论列，既，命专事编辑，终圣祖朝，未尝授以官。世宗赦出旗，召入对，慰谕之，并曰："先帝执法，朕原情。汝老学，当知此义。"乃特除清要，驯致通显。

苞屡上疏言事，尝论："常平仓谷例定存七粜三。南省卑湿，存粜多寡，应因地制宜，不必囿成例。年饥米贵，有司请于大吏，定值开粜，未奉檄不敢擅。自后各州县遇谷贵，应即令定值开粜，仍详报大吏。谷存仓有鼠耗，盘量有折减，移动有运费，粜籴守局有人工食用。春粜值有余，即留充诸费。廉能之吏，遇秋籴值贱，得谷较多，应令详明别贮，备歉岁发赈。"下部议行。又言民生日匮，请禁烧酒，禁种烟草，禁米谷出洋，并议令佐贰官督民树畜，士绅相度浚水道。又请矫积习，兴人才，谓："上当以时延见廷臣，别邪正，示好恶。内九卿、外督抚，深信其忠诚无私意者，命各举所知。先试以事，破瞻徇，绳赃私，厚俸而久任著声绩者，赐金帛，进爵秩。尤以六部各有其职，必慎简卿贰，使训厉其僚属，以时进退之，则中材咸自矜奋。"乾隆初，疏谓："救荒宜豫。夏末秋初，水旱丰歉，十已见八九。旧例报灾必待八九月后，灾民朝不待夕，上奏得旨，动经旬月。请自后遇水旱，五六月即以实奏报。"并言："古者城必有池，周设司险、掌固二官，恃沟树以守，请饬及时修举。通川可开支河，沮洳可兴大圩，及诸塘堰宜创宜修，若镇集宜开沟渠、筑垣堡者，皆造册具报，待岁歉兴作，以工代赈。"下部议，以五六月报灾虑浮冒，不可行；沟树塘堰诸事，令各督抚筹议。

高宗命苞选录有明及本朝诸大家时艺，加以批评，示学子准绳，书成，命为《钦定四书文》。苞欲仿朱子学校贡举议立科目程式，及充教习庶吉士，奏请改定馆课及散馆则例，议格不行。苞老多病，上怜之，屡命御医往视。

苞以事忤河道总督高斌，高斌疏发苞请托私书，上稍不直苞。苞与尚书魏廷珍善，廷珍守护泰陵，苞居其第。上召苞入对，苞请起廷珍。居无何，上召廷珍为左都御史，命未下，苞移居城外。或以讦苞，谓苞漏奏对语，以是示意。庶吉士散馆，已奏闻定试期，吴乔龄后至，复补请与试。或又以讦苞，谓苞移居乔龄宅，受请托。上乃降旨诘责，削侍郎衔，仍命修《三礼义疏》。苞年已将八十，病日深，大学士等代奏，赐专讲衔，许还里。十四年，卒，年八十二。苞既罢，祭酒缺员，上曰："此官可使方苞为之。"旁无应者。

苞为学宗程、朱，尤究心《春秋》、《三礼》，笃于伦纪。既家居，建宗祠，定祭礼，设义田。其为文，自唐、宋诸大家上通《太史公书》，务以扶道教、裨风化为任。尤严于义法，为古文正宗，号"桐城派"。

苞兄舟，字百川，诸生，与苞同负文誉。尝语苞，当兄弟同葬，不得以妻祔。苞病革，命从舟遗言；并以弟林早卒未视敛，敛袒右臂以自罚。

王兰生，字振声，直隶交河人。少颖异。李光地督顺天学政，补县学生，及为直隶巡抚，录入保阳书院肄业，教以治经，并通乐律、历算、音韵之学。光地入为大学士，荐兰生直内廷，编纂《律吕正义》、《音韵阐微》诸书。康熙五十二年，赐举人，以父忧归。服除，仍直内廷。六十年，应会试，未第。上以兰生内直久，精熟性理，学问亦优，赐进士，殿试二甲一名，改庶吉士。雍正元年，散馆授编修。三年，署国子监司业。四年，真除，督浙江学政。五年，迁侍讲。六年，转侍读。时查嗣庭、汪景祺以诽谤得罪，停浙江士子乡会试。兰生奏言："诸生当立品奉公，如有潜通胥役，欺隐钱粮，察出黜惩。臣按察所至，严加晓谕，并令地方官开报，必使输粮乃得入试。"上深嘉之，命浙江士子准照旧乡会试。七年，擢侍读学士，督安徽学政。九年，迁内阁学士，仍留学政。十年，命再留任三年。寻充江南乡试考官，调陕西学政。十三年，以所举士得罪，左授少詹事。高宗即位，召入都，复授内阁学士。乾隆元年，迁刑部侍郎，兼署礼部侍郎。二年春二月，上奉世宗葬泰陵，兰生扈行。次良乡，发，病遽作，卒于肩舆中。赉白金五百，治丧涿州，待家人奔赴，赐祭葬如例。

兰生为学原本程、朱，光地授以乐律，与共校朱子

《琴律图说》，刻本多谬误，以意详正，遂可推据。既入直，圣祖授以律管、风琴诸解，本明道程子说，以人之中声定黄钟之管，积黍以验之，展转生十二律，皆与古法相应；又至郊坛亲验乐器，推覈土丝竹诸音与黄钟相应之理，其说与《管子》、《淮南子》相合。音韵亦授自光地，谓邵子《经世》详等而略韵，顾炎武《音学五书》详韵而略等，兼取其长，以国书五字类为声韵之元以定韵，又用连音为纽均之法以定等，皆发前人所未及。圣祖深赏之，禁中夜读书，惟兰生侍左右，巡幸必以从，亟称其贤。

留保，字松裔，完颜氏，满洲正白旗人。祖阿什坦，字金龙，顺治初，授内院六品他敕哈哈番，翻译《大学》、《中庸》、《孝经》、《通鉴总论》诸书；九年，成进士，授刑科给事中。留保，康熙五十三年举人。六十年，与兰生同赐进士，改庶吉士。雍正元年，散馆授检讨。累迁通政使。六年，广东巡抚杨文乾劾总督阿尔敦侵蚀粤海关火耗，并令家人索逼罗米船规礼诸事，上命总督孔毓珣及文乾按治。寻文乾卒，改命留保及郎中喀尔吉善会毓珣按治。毓珣以上怒，将刑讯，留保争之，乃免。谳定，阿克敦罪当死，寻起获，语详《阿克敦传》。留保迁侍郎，历礼、吏、工三部。乾隆初，乞病，致仕。卒，年七十七。

胡煦，字沧晓，河南光山人。初以举人官安阳教谕。治《周易》，有所撰述。康熙五十一年，成进士，散馆授检讨。圣祖闻煦通《易》理，召对乾清宫，问《河》、《洛》理数及卦爻中疑义。煦绘图进讲，圣祖赏之，曰："真苦心读书人也。"五十三年，命直南书房。上方纂《周易折中》，大学士李光地为总裁，命煦分纂。寻命直蒙养斋，与修《卜筮精蕴》。五十七年，迁洗马，与修《卜筮汇义》。转鸿胪寺少卿。六十一年，迁光禄寺少卿，再迁鸿胪寺卿。雍正元年，擢内阁学士，命与刑部侍郎马晋泰如盛京按鞫私刨人参，录囚百五十八人，论罪如律。煦还奏："刨参俱贫民，羁候按鞫，自春夏至九、十月，往往瘐毙。请归盛京刑部及将军、府尹，以时定谳。"上如所请，命嗣后停遣部院堂官按鞫。五年，擢兵部侍郎，兼署户部。时诸部院每于员外增置佐正员治事，煦协理副都御史，又协办礼部侍郎。八年，命直上书房，充《明史》总裁。九年，授礼部侍郎。旋以衰老夺官。十年，河东总督田文镜劾煦长子孟基本邱氏子，冒姓，以官卷得乡举，下部议黜。乾隆元年，煦诣阙召见，命还原衔，复孟基举人，赐其幼子季堂荫生。煦疾作，卒于京师，赍银五百治丧，赐祭葬。

煦正值忠厚，所建白必归本于教化。尝奏："请敕州县岁举孝子悌弟，督抚旌其门，免徭役，见长官如诸生。其有慈惠廉节，笃于交友，下逮仆婢，行有可称，皆得申请奖劝，庶化行俗美，人知自爱。"又请敕州县劝农桑，或别设农官以专其任。又言："督抚于命、盗重案，每用'自行招认'四字，援以定罪。夫民奸黠者抵死不服，愚懦者畏刑自诬。请嗣后必证据确然，然后付法司阅实。一有不当，旋即驳正，庶得慎刑之意。"他所陈奏，如广言路，裕积储，汰浮粮，省冗官，平权量，多切于世务。乾隆间，高宗诏求遗书，征煦著述。时季堂官江苏按察使，以煦著《周易函书》进。五十九年，特命追谥，谥文良。季堂自有传。

魏廷珍，字君璧，直隶景州人。李光地督学，招入幕阅卷。旋以举人荐直内廷，与王兰生、梅瑴成校《乐律渊源》。五十二年，成一甲三名进士，授编修。五十四年，迁侍讲，直南书房。五十六年，转侍读。五十九年，转擢詹事，复迁内阁学士。六十一年，命领两淮盐政。

雍正元年，授偏沅巡抚。世宗谕曰："尔清正和平，但不肯任劳怨。今为巡抚，宜刚果严厉，不宜因循退缩。"二年，以辰溪诸生黄先文故杀人，谳斗杀拟绞，遇赦请免；会同民谭子寿等因奸毙三命，拟斩候，皆失出；又以拨绿旗兵饷未具题：部议降调。上谕："廷珍学问操守胜人，乃料理刑名钱谷，非过则不及。"召回京，授盛京工部侍郎。三年，授安徽巡抚，又以按治泾县吏王时瑞等假印征赋，宽徇，为部驳，上戒其毋姑息。廷珍疏言："清厘钱粮，官吏侵蚀，往往匿民欠中，不易清察。请视民欠多少，多限一年，少限半年，分别详察。官吏侵蚀，循例责偿，如实欠在民，督征催解，州县有逋赋，继任受代，许以时察报。"诏如所请行。嗣以清察限促，敕部更定。广东总督孔毓珣入对，言道经宿州灵壁，积潦妨稼，上责廷珍怠玩，令出俸疏浚。廷珍乞内补，上不许。八年，调湖北。九年，召回京，授礼部尚书。十年，授漕运总督，署两江总督。十二年，授兵部尚书。十三年，仍调礼部。

高宗即位，命以尚书衔守护泰陵。乾隆三年，授左都御史。四年，迁工部尚书。五年，以老病乞休。上以："廷珍在世宗朝服官中外，不克举其职，屡奉申诫，今以老病乞休，似此因循懈怠、持禄保身之习，断不可长。"命夺官。时方苦旱，太常寺卿陶正靖谢上入对，上问："今苦旱，用人行政或有阙失，宜直言。"正靖因奏："廷珍负清望，无大过。近日放还，天语峻厉，非所以优老臣。"上霁颜听之。后数日，上以语礼部尚书任兰枝，兰枝言正靖其门生也。上知兰枝与廷珍为同年进士，因不怿，谕："朝臣师友门生援引标榜，其端不可开。"命兰枝书上谕戒正靖，兰枝书上谕，言："上问正靖，知为兰枝门生。"上诘兰枝，兰枝对"年老耳聋，一时误听。"上愈怒，责兰枝诈伪，对称"老"，以旧臣自居，下吏议，兰枝、正靖皆夺官。上命留兰枝，正靖降调。

十三年，上东巡，过景州，廷珍迎谒，命还原衔，赐以诗，有句曰："皇祖栽培士，于今剩几人？"并书"林泉耆硕"榜赉之。十六年，又赐诗，予其子锡麟荫生。二十一年，复东巡，廷珍迎谒，年已将九十，又赐诗，予锡麟员外郎衔。寻卒，赐祭葬，谥文简。

任兰枝，字香谷，江苏溧阳人。康熙五十二年一甲二名进士，授编修。雍正元年，命直南书房。累迁内阁学士。五年，与安南定界，偕左副都御史杭奕禄赍诏宣谕，语详《杭奕禄传》。使还，迁兵部侍郎。命如江西按南昌总兵陈玉章侵饷。调吏部。高宗即位，命充《世宗实录》总裁。擢礼部尚书，历户、兵、工部，复调礼部。十年，以老致蔡世远,字闻之,福建漳浦人。父璧,拔贡生,官罗源训导,有学行,巡抚张伯行延主鳌峰书院,招世远入使院校订先儒遗书。

世远,康熙四十八年进士,改庶吉士。大学士李光地以宋五子之书倡后进,得世远,深器之。四十九年,乞假省亲。五十年,遭父丧,服除,赴京师。以假逾期,于例当休致,世远不欲以父丧自列。会上命纂《性理精义》,光地充总裁,荐世远分修,书成,世远不欲以编辑叙劳,辞归。巡抚吕犹龙延主鳌峰书院,以正学教士。居久之,雍正元年,特召授编修,直上书房,侍诸皇子读。寻迁侍讲。四年,迁右庶子,再迁侍讲学士。五年,迁少詹事,再迁内阁学士。六年,迁礼部侍郎。

七年,上将设福建观风整俗使,谘世远,命与同籍京朝官议之。佥谓:"福建自海疆平定后,泉、漳将吏因功骤擢通显,子弟骄悍,无所惮畏。皇上饬官方,兴民俗,上年学政程元章奏以泉、漳风俗未醇,责成巡道整饬,自此益加儆戒。但人有贤愚,士或鄙劣薄行,民又多因怒互争,未必洗心涤虑。应请设观风整俗使,防微化导,于风俗人心有益。"得旨允行。八年,福建总督高其倬劾世远长子长汉违例私给船照,上以疏示世远。世远奏言:"臣子长汉现在京邸。此所给照,不知何人所为。但有臣官衔图书,非臣族姓,即臣戚属,请敕鞫治。"部议坐失察,降调。十年,特旨复原职。十二年,卒。

世远侍诸皇子读,讲《四子》、《五经》及宋五子书,必引而近之,发言处事,所宜设诚而致行者;于诸史及他载籍,则即兴亡治乱,君子小人消长,心迹异同,反覆陈列。十余年来,寒暑无或间。十三年,高宗即位,赠礼部尚书,谥文勤。所著《二希堂集》,御制《序》弁首。"二希"者,谓功业不敢望诸葛武侯,庶几范希文;道德不敢望朱子,庶几真希元。上制《怀旧诗》,称为闻之蔡先生。六十年,上将归政,释奠于先师,礼成,推恩旧学,加赠太傅。

子长沄,诸生。乾隆三年,以学行兼优荐,发江南以知县用。历甘泉、石埭、句容、无锡诸县。两江总督德沛称其廉明,再迁江宁知府。调庐州、松江诸府,迁四川按察使。二十七年,特擢兵部侍郎。逾年,卒。上屡念世远旧劳,推恩其诸子,观澜、长汭及孙本崇皆赐举人。

沈近思,字位山,浙江钱塘人。康熙三十九年进士。四十五年,授河南临颍知县。颍水经许州东入临颍,许州孔家口下距临颍境仅百余里,堤屡圮,水入临颍,害禾稼。近思请筑堤,临颍任夫十之七,士民争输谷。日役千三百人,人谷二升,二十日而堤成。水至不为患,岁大熟。近思立紫阳书院,教士以正学。县西葛冈村俗最恶,近思为置塾,课村童,立书程簿,躬教督之。化行于其乡,俗大驯。五十二年,巡抚鹿祐荐卓异,迁广西南宁同知。病,告归。

五十九年,以浙江巡抚朱轼荐,敕部调取引见,命监督本裕仓。浙江福建总督满保奏请以知府拣发福建,檄署台湾知府。近思议析置数县,道镇弹压,府治驻兵三千,分布营汛,收材勇入行伍,严加操练,以渐移充内地各标。流民至者,必审籍贯、稽家口,方授以田土,否则悉驱过洋。议未即行,雍正元年,召授吏部文选司郎中,赐第,赉帑金四百。寻授太仆寺卿,仍兼领文选司事。二年,超授吏部侍郎,命与尚书阿尔松阿如河南按治诸生王逊等纠众罢考,论如律。

四年,充江南乡试考官。例以《乡试录》进呈,上嘉近思命题正大,策问发挥性理,谕奖之。时侍郎查嗣庭、举人汪景祺以诽谤获罪,停浙江人乡会试。近思疏言:"浙省乃有如嗣庭、景祺者,越水增羞,吴山蒙耻!"因条列整饬风俗,约束士子,凡十事。上曰:"浙省有近思,不为习俗所移,足为越水、吴山洗其羞耻!"所陈委曲详尽,下巡抚李卫、观风整俗使王国栋,如议施行。五年,擢左都御史,仍兼领吏部事。卒,命平郡王福彭往奠,加礼部尚书、太子少傅。以其子方幼,令吏部遣司官为治丧,赐祭葬,谥端恪。

近思少孤贫,为僧灵隐寺。世宗通佛理,尝以问近思,近思对曰:"臣少年潦倒时,尝逃于此。幸得通籍,方留心经世事以报国家。亦知皇上圣明天纵,早悟大乘,然万几为重,臣愿皇上为尧、舜,不愿皇上为释迦。即有所记,安敢妄言以分睿虑?"上为改容。及耗羡归公议起,上意在必行,近思独争之,言:"耗羡归公,即为正项,今日正项之外加正项,他日必至耗羡之外加耗羡。臣尝为县令,故知其必不可行。"上一再诘之,近思陈对侃侃,虽终不用其言,亦不以为忤也。

子玉琏,世宗命地方官加意抚养成立。乾隆中,授广西桂林同知。

雷铉,字贯一,福建宁化人。为诸生,究心性理。庶吉士蔡世远主鳌峰书院,从问学。雍正元年,举于乡。世远时为侍郎,荐授国子监学正。十一年,成进士,改庶吉士,乞假归。十三年,高宗即位,召来京,命直上书房。乾隆元年,散馆,以病未入试,特授编修。二年,大考二等一名,赐笔、墨、砚、葛纱。同直编修余栋以忧归,端慧皇太子丧,入临,上欲留之。铉疏言:"侍学之臣,当明大义,笃人伦。使栋讲书至'宰我问三年丧',何以出诸口?"杨名时亦诤之,事遂寝。四年,迁谕德。寻以父忧归。九年,召来京,仍直上书房,赏额外谕德食俸。

十年,三迁通政使。上以言事者多沽直名,自规便利,诏训饬。铉疏言:"皇上裁成激劝,俾以古纯臣为法,意至深厚。然台谏所得者名,政事所得者实。论臣子之分,不惟不可计利,并不可好名;而在朝廷乐闻谠言,不必疑其好名,并不必疑其计利。孔子称舜大知曰隐恶扬善,则知当时进言者不皆有善无恶,惟舜隐之扬之,所以嘉言罔攸伏,成执两用中之治。"得旨嘉奖。十四年,乞假省母。十五年,还京,命督浙江学政。十六年,上南巡,赐以诗,谓:"浙江近福建,为汝便养母也。"寻调江苏。十八年,擢左副都御史,仍留督学。复调浙江。杭州、嘉兴灾,致书巡抚周人骥议蠲赈。人骥以时已隆冬，例不得补报，难之。铉遂疏闻，上命蠲赈。二十一年，乞养母归。二十二年，上南巡，铉迎谒，上书榜赐其母。二十四年，丁母忧。二十五年，铉未终丧，卒，年六十四。

铉和易诚笃，论学宗程、朱。督学政，以《小学》及陆陇其《年谱》教士。与方苞友，为文简约冲夷得体要。

论曰：圣祖以朱子之学倡天下，命大学士李光地参订《性理》诸书，承学之士，闻而兴起。苞与光地谊在师友间，名时、兰生、廷珍、世远皆出光地门。熙亦佐光地修书，得受裁成于圣祖。叔琳，苞友，铉又出世远门，渊源有自。独近思未与光地等游，而学术亦无异，雍正初，与世远、苞先后蒙特擢。寿考作人，成一时之盛，圣祖之泽远矣。

卷二百九十一　　列传七十八

海望 三和　莽鹄立　杭奕禄　傅鼐
陈仪　刘师恕 焦祈年　李徽
王国栋 许容　蔡仕舢

海望，乌雅氏，满洲正黄旗人。初授护军校。雍正元年，擢内务府主事。累迁郎中，充崇文门监督。八年，擢总管内务府大臣，兼管户部三库，赐二品顶戴。九年，迁户部侍郎，仍兼管内务府，授内大臣。十一年，命偕直隶总督李卫勘浙江海塘，与卫议奏在海宁尖、塔两山间建石坝，使海潮外趋，并在仁和、海宁两县境改建大石塘。上命浙江总督程元章相度遵行。又奏请设专官总辖，令驻防将军、副都统协同监修，及议叙在工人员工价以银米兼发，并从之。十三年，振武将军傅尔丹虐兵婪索事发，命海望赴北路军营逮治。寻命办理军机事务。

世宗疾大渐，召同受顾命。是时办理军机事务鄂尔泰、张廷玉、讷亲、班第、索柱、丰盛额、莽鹄立、纳延泰及海望凡九人。高宗即位，命尚书徐本入直。旋设总理事务处，命鄂尔泰、廷玉总理，本、讷亲及海望协办，班第、纳延泰、索柱差委办事。寻命海望署户部尚书。海望还自军前，奏言："鄂尔坤发遣罪人种地无实效，且恐生事，当改发他处。"世宗谓："鄂尔坤方驻兵，当可弹压，海望奏非是。"高宗以海望奏下总理事务处议，议上，上谕曰："海望奏，前奉皇考申饬。朕推皇考之意，盖以发遣罪人，皆身获重罪，今令军前种地，乃所以保全之。其中若有冤抑，自应声明具奏宽释。如但以不善开垦，遂尔改发内地，此曹既获重罪，又不肯急公趋事，转得遂其侥幸之心；且如以兵代之，兵若以不能力田为辞，则将移内地之民耕边塞之地乎？此事之断不可行者。海望心地纯良，但识见平常，所奏岂可尽以为是？议覆观望游移，后当以此为戒。"

乾隆二年，泰陵工成，授拖沙喇哈番世职。寻罢总理事务处，复设办理军机处，海望仍为办理军机大臣。叙劳，复加拖沙喇哈番世职。四年，加太子少保。初，上命停捐例，廷臣议但留收谷捐监，俾各省积谷备荒。六年，御史赵青藜请并停之，复下廷臣议，请仍其旧。海望奏："外省收捐繁难，原议各省捐贮谷数三千余万石，今报部者仅二百五十余万石，不足十之一。不若停各省谷，令在部交银，转拨各省买谷，俟仓贮充盈，请旨停止。"上命在部交银，在外交谷，听士民之便。谕谓："地方积谷不厌其多，赈恤加恩，亦所时有，正未易言仓贮充盈也。"

海望久充崇文门监督，御史胡定奏言："崇文门征税，有挂锤、顶秤诸名，百斤作百四五十斤。税额虽未增，实已加数倍。杂物自各门入，恣意需索，更数倍于税额。外省各关，如杭州北新关，自南而北十余里，稽察乃有七处，留难苛索，百倍于物价。盖由官吏务欲税课浮于旧额，吏胥藉得恣睢无忌，请敕严禁。"上曰："海望领崇文门税务，尽收尽解，尽行入官，因而见其独多。如定所奏，种种苛索，朕信其必无。外省关课，应令督抚严察。"海望旋调礼部尚书。

十年，上以海望精力渐衰，罢办理军机。十四年，复调户部尚书。十七年，以建筑两郊坛宇发帑过多，与侍郎三和等自行奏请严议，当夺官，上宽之。二十年，卒，遣散秩大臣博尔木查奠茶酒，赐祭葬，谥勤恪。

三和，纳喇氏，满洲镶白旗人。初授军校，累迁一等侍卫。乾隆六年，授总管内务府大臣，迁户部侍郎，调工部，复调还户部。十四年，擢工部尚书。寻降授侍郎，调户部，复调还工部。三十二年，授内大臣。三十八年，卒，赐祭葬，谥诚毅。

莽鹄立，字树本，伊尔根觉罗氏，满洲镶黄旗人。曾祖富拉塔，居叶赫，天聪时来归，隶蒙古正蓝旗。祖莽吉图，从睿亲王伐明，徇山东，围锦州，击败洪承畴援兵；入关逐李自成至庆都；又从下云南。累擢正蓝旗满洲梅勒额真，授世职三等阿达哈哈番。

莽鹄立，事圣祖，初授理藩院笔贴式。累迁员外郎，迭充右翼监督、浒墅关监督。世宗即位，命协办理藩院侍郎，旋擢御史。莽鹄立精绘事，令恭绘圣祖御容。雍正元年，改入满洲，以本族别编佐领，俾莽鹄立世管。

出巡长芦盐政，疏言："长芦诸商行盐地，有额引不能销者，有额外多销者。请通融运销，量增引目。"从之。二年，疏请元年积引宽限分销，部议不允，再疏请，特许之。又疏言："山东加增引目，州县多寡不均。请减多增寡，以苏商困。"又疏言："增复引目，视现办商人按名均分。"上允之。三年，疏言："山东灶丁，遵康熙五十二年恩诏，审丁不加赋。"下部议行。又疏请清察灶地，敕直隶、山东督抚遣员清丈。迁大理寺卿，再迁兵部侍郎，领盐政如故。天津改卫为州，初议隶河间府，莽鹄立请改为直隶州，以武清、静海、青县属焉。并丁入地议起，莽鹄立以山东灶丁丁多地少，请以其半入地，其半仍按丁征赋。下部议，从之。四年，以御史顾琮巡视盐政，仍命莽鹄立监理。寻调礼部，令与顾琮监造天津水师营房，工久未竣，上以责莽鹄立，调刑部，召还京。五年，复调礼部，仍署长芦盐政。

授甘肃巡抚。六年，师入西藏，谕莽鹄立赴西宁料理。西宁道刘之珍等误军兴，总督岳钟琪疏劾，上以责莽鹄立，解巡抚，召还京。署正蓝旗满洲副都统，兼管理藩院侍郎。七年，擢正蓝旗蒙古都统。八年，命协同办理直隶水利营田。十年，调镶白旗满洲都统。十三年，与都统袭英诚公丰盛额并命办理军机事务。高宗即位，改设总理事务处，莽鹄立与丰盛额罢直回本任。寻署工部尚书，又调正蓝旗满洲都统。乾隆元年，卒，赐祭葬，谥勤敏。

杭奕禄，完颜氏，满洲镶红旗人。初授中书。雍正元年，授额外员外郎。未几，补御史，即迁光禄寺少卿。三年，迁光禄寺卿。上蠲苏州、松江田赋四十五万，杭奕禄疏言："此为未有殊恩。有田纳赋，既邀蠲免；无田而佃种人田者，纳租业主，亦宜酌减，俾贫富均沾实惠。"上谓此奏甚公，下廷臣议，定业户免额一钱，佃户免租谷三升。上命如议速行。擢左副都御史，仍兼管光禄寺。

五年，命与内阁学士任兰枝使安南宣谕。初，云南总督高其倬奏安南国界有百二十里旧属内地，应以赌咒河为界，安南国王黎维裪奏辩。上命云贵总督鄂尔泰覆核，予地八十里，以铅厂山下小河内四十里为界，维裪复奏辩。上敕维裪毋以侵占内地为嫌，疑惧申辩。至是，复命杭奕禄等往谕意，未至，维裪上表谢罪。六年，命鄂尔泰以铅厂山下地四十里予安南，别颁敕命杭奕禄等赍往宣谕。杭奕禄至镇南关，维裪使出关迎。进次貂瑶营，维裪复使迎劳，请仪注，议行其国礼，五拜三叩。杭奕禄等持不可，乃请听命。渡富良江至长安门，维裪跪迎。杭奕禄等捧敕入自中门，维裪率将吏等听宣敕，敕曰："朕前令守土各官清理疆界，未及于安南也。总督高其倬职任封疆，考志乘，访舆论，知开化府与安南分界当在逢春里之赌咒河，乃奏闻设汛。王疏陈，复命总督鄂尔泰秉公办理。鄂尔泰体朕怀远之心，定界于铅厂山下小河，缩地八十里。诚为仁至义尽，此皆地方大臣职分所当为。朕统驭寰区，凡属臣服之邦，皆隶版籍。安南既列藩封，尺地莫非吾土，何必较论此区区四十里之地？若王以至情呈求，朕何难开恩赐与？祇以两督臣定界地，王激切奏请，过于觖望，失事上之礼，朕亦无从施惠。顷鄂尔泰以王本章呈奏，词意虔恭。王既如尽礼，朕自可加恩，将此地仍赐王世守，并遣大臣前往宣谕。王其知朕意！"宣毕，维裪行三跪九叩礼。杭奕禄等复宣谕恩德，维裪誓世子孙永矢臣节。杭奕禄等使竣，维裪送至长安门，馈赆杭奕禄等，不受。至镇南关，维裪使赍谢表请转奏。杭奕禄等还京师，疏闻，请宣付史馆，允之。授刑部侍郎，署吏部尚书。

六年，湖南靖州诸生曾静遣其徒张熙变姓名投书川陕总督岳钟琪，略言清为金裔，钟琪乃鄂王后，劝令复金、宋之仇，同谋举事。钟琪大骇，鞫熙，熙不肯言其实；乃置熙密室，阳与誓，将迎其师与谋，始得熙及静姓名，奏闻。上命杭奕禄及副都统觉罗海兰如湖南，会巡抚王国栋捕静严鞫。静言因读吕留良评选时文论夷、夏语激烈，遣熙求得留良遗书，与留良子毅中，及其弟子严鸿逵，鸿逵弟子沈在宽等往还，沉溺其说，妄生异心。留良，浙江石门诸生，康熙初讲学负盛名，时已前死。上命逮静、熙、毅中、鸿逵、在宽等至京师。静至，廷鞫，自承迁妄，为留良所误，手书供辞，盛称上恩德。上命编次为《大义觉迷录》，令杭奕禄以静至江宁、杭州、苏州宣讲。事毕，命并熙释勿诛，戮留良尸，诛毅中并鸿逵、在宽等，戍留良诸子孙。高宗即位，乃命诛静、熙。

七年，授杭奕禄镶红旗满洲副都统。八年，命解部事，寻复补礼部侍郎，署前锋统领。上命杭奕禄偕侍郎众佛保宣谕准噶尔。九年，师征准噶尔，上虑陕、甘民或以用兵为累，命杭奕禄与左都御史史贻直、署内务府总管郑浑宝，率庶吉士、六部学习主事、国子监肄业拔贡生等宣谕化导。寻命杭奕禄协办军需。十年，命署西安将军，授钦差大臣，察阅甘、凉及山西近边营伍。十一年，谕责杭奕禄骄奢放纵，扰累兵民，夺官，在肃州荷校。

乾隆元年，召至京师，授额外内阁学士，补工部侍郎，充《世宗实录》副总裁。遣驻西藏办事。四年，奏言："西藏西南三千里外巴尔布国有三汗：一曰库库木，一曰颜布，一曰叶楞，雍正十一年尝通贡。近三汗交恶，贝勒颇罗鼐宣谕罢兵，三汗听命，使呈进部落户口数，并贡金银、丝缎、珊瑚、念珠诸物。"报闻。寻召还，调刑部。五年，擢左都御史，列议政大臣。十年，以老乞休，谕留之。十一年，上察其老惫，命致仕。十三年，卒。

傅鼐，字阁峰，富察氏，满洲镶白旗人。初授侍卫。雍正二年，授镶黄旗汉军副都统、兵部侍郎。三年，调盛京户部侍郎。世宗在潜邸，夙知傅鼐好事，既即位，令隆科多察其为人。隆科多称傅鼐安静。傅鼐在上前尝言隆科多子岳兴阿甚怨其父，谓"我家受恩深，当将生平行事据实奏闻，若稍有隐饰，罪更不可逭"。及隆科多被谴追赃，岳兴阿隐其父财产。上以与傅鼐言不符，疑傅鼐与隆科多交结，虑且败，预为岳兴阿地。会傅鼐任侍卫时，浙江粮道江国英被劾，为关说，得银万余。事发，上命夺官，械系逮诣京师，下刑部按治。谳上，免死，发遣黑龙江。

九年，召还，赴大将军马尔赛军营效力。寻予侍郎衔，授参赞大臣。十年，准噶尔台吉噶尔丹策零入寇，额驸策凌御之额尔德尼昭，噶尔丹策零大败，自推归窜走。时马尔赛驻拜里城，有兵万三千。策凌檄速发兵断噶尔丹策零归路，马尔赛不能用。傅鼐进曰："贼败亡之余，可唾手取也！请发轻骑数千，俾率以战，事成，功归大将军；事败，愿独受其罪。"马尔赛默然，再三言不应，至长跪以请，终不许。傅鼐愤甚，将所部出城逐敌。噶尔丹策零已遁走，得辎重、牛羊万计。事闻，上诛马尔赛，赉傅鼐花翎。

平郡王福彭代为大将军，傅鼐参赞如故。噶尔丹策零既大创，不敢深入，师亦未能远征。上召策凌及大将军查郎阿诣京师廷议，庄亲王允禄及策凌等主进讨，大学士张廷玉等言不若先抚之，不顺则进讨。两议上，上问傅鼐，傅鼐赞抚议。降旨罢兵，遣傅鼐偕内阁学士阿克敦、副都统罗密谕噶尔丹策零。噶尔丹策零欲得阿尔泰山故地，傅鼐力折之。十三年，使还，予都统衔，食俸。

高宗即位，命署兵部尚书，寻授刑部尚书，仍兼理兵部。乾隆元年，疏言："刑罚世轻世重。我朝律例，颁布于顺治三年，酌议于康熙十八年，重刊于雍正三年。臣伏读世宗遗诏曰：'凡诸条例，或前本严而朕改从宽，此乃昔时部臣定议未协，朕与廷臣悉心斟酌而后更定，应照更定之例行；若前本宽而朕改从严，此以整饬人心风俗，暂行一时，此后遇事斟酌，若应照旧例者，仍旧例行。'臣思圣心惓惓于此，盖必有所轸念而未及更正者也。皇上以世宗之心为心，每遇奏谳，斟酌详慎。臣见《大清律集解附例》一书，现今不行之例犹载其中，恐刑官援引舛错，吏胥因缘为奸。请简熟悉律例大臣，详加核议。律文律注，当仍其旧。所载条例，有今已斟酌改定者，应从改定；有应斟酌而未逮者，悉照旧章：务归于平允，逐条缮折，恭请钦定篆辑颁布。"得旨允行。又疏言："断狱引用律例，宜审全文。若摘引律语，入人重罪，是为深文周内。律载：'官吏怀挟私仇，故勘平人致死者，斩监候。'又载：'若因公事干连在官，事须问鞫，依法拷讯，邂逅致死者，勿论。'律意本极平允。数年来，各督抚遇属员误将在官人犯拷讯致死，辄摘引'故勘平人'一语，拟斩监候。尚书张照又奏准：'如将笞杖人犯故意夹拷致死二命以上，及徒流人犯四命以上，俱以故勘平人论。'不思既非怀挟私仇，于故勘之义何居？若谓在官之人本属无罪，则必有诬告之人，应照律抵罪；若谓轻罪不应夹讯，命盗等案，当首从未分，安能预定为笞杖为徒流？若谓拷讯不依法，自有'决罚不如法'律在，致死二人、四人以上，当议以加等。请敕法司酌改平允。"下部议行。

是秋，以勒借商银，回奏不实，夺官。寻命暂署兵部尚书。二年，授正蓝旗满洲都统。三年，坐违例发俸，发往军台效力。寻卒。

陈仪，字子翙，顺天文安人。康熙五十四年进士，改庶吉士，散馆授编修。为古文辞，治经世学，大学士朱轼器之。雍正三年，直隶大水，诸河泛滥，坏田庐。世宗命怡亲王允祥偕轼相度浚治。王求谙习畿辅水利者，轼以仪对。延见，谘治河所宜先，仪曰："朱子言治河先低处。天津为古渤海逆河之会，百川之尾闾。今南北二运河、东西两淀盛涨，争趋三岔口，而强潮复来拒之，牴牾洄漩而不时下，下壅则上溢，其势宜然。故欲治河，莫如先扩达海之口。欲扩海口，莫如先减入口之水。入口之水减，则达海之口宽。北永定，南子牙，中七十二沽，皆得沛然入三岔口而东注矣。"四年春，从王行视水利，教令章奏皆出仪手。轼以忧归，王荐于朝，命以侍讲署天津同知。转侍读，擢庶子，仍署同知如故。

五年，王奏设水利营田四局，仪领天津局，兼督文安、大城堤工。二县地卑下，积潦不消。是秋复大水，堤内外皆巨浸。仪购秫秸十余万束，立表下楗以御水。堤本民工，仪言于王，请发帑兴修，招民就工代赈，堤得完固。南运河长屯堤地隶静海，吏舞法，岁调发霸州、文安、大城民协修，百里裹粮，咸以为苦，仪为除其籍。畿辅大小诸河七十余，疏故浚新，仪所勘定殆十六七云。

八年，擢侍讲学士。时议设营田观察使二员，分辖京东西，以督率州县。命仪以金都御史充京东营田观察使，营田于天津。仿明汪应蛟遗制，筑十字围，三面开渠，与海河通。潮来渠满，闭渠蓄水以供灌溉，白塘、葛沽间斥卤尽变膏腴。丰润、玉田地多沮洳，仪教之开渠筑圩，皆成良田。十一年，大雨，山水暴发，没田庐。仪疏闻，谕筹赈，即命仪董其事，凡赈三十四万余口。十二年，转侍读学士。寻罢观察使，还京师。

仪笃于内行，先世遗田数百亩，悉推以让兄。既仕，分禄畀昆弟，周诸故旧。有故人子贫甚，嘱门生为谋生业，事为人所讦，吏议当降调。乾隆二年，授鸿胪寺少卿。仪以老乞归。七年，卒，年七十三。子玉友，雍正八年进士，官台湾知府。勤其官，有惠政。

刘师恕，字艾堂，江南宝应人。父国黻，康熙二十一年进士，改庶吉士，授户科给事中，历督捕理事官。在户科，建言民田亩有大小，地有上中下，请具载《简明赋役全书》，明示天下。在督捕，详考则例刊布之。往时以逃人为根，以一累百十，以逃案为市。取所历州县官职名待劾，弊不胜诘，皆剔除之，乃裁并兵部。改授鸿胪寺卿。

师恕，三十九年进士，选庶吉士，授检讨。累迁国子监祭酒。雍正元年，授贵州布政使。四年，迁通政使，转左副都御史，擢工部侍郎。上以宜兆熊署直隶总督，调师恕礼部，协理总督事。五年，奏获交河妖民孙守礼，严鞫治罪。上奖其遇事直达，不稍隐讳。师恕与兆熊议裁学政陋规，学政孙嘉淦言："学政旧规，日得五十五两，今减半即足用。"师恕言："减至一两亦不可行，当另奏拨解公费。"师恕与兆熊奏已与嘉淦会商裁革，嘉淦以实奏。上谕曰："孙嘉淦非骚扰贪饕者比，尔等何量不及此？可仍循旧例而行。嘉淦，端士也，宜作成之。"初夏，保定诸府少雨，上以为忧。师恕等言："今岁遇闰，此后得雨不迟。"上责其怠忽。寻奏裁驿站夫马工料羡余银，上谕曰："陋规自应裁，第当量情酌理为之，毋过刻，令后来地方诸事难于措办也。"调吏部，仍留协理。大名诸生窦相向诉知府曾逢圣贪劣，布政使张适杖杀之，以狱毙报，兆熊、师恕匿不以闻。上命尚书福敏等按治得实，兆熊坐降调，上宽师恕，谕责其徇隐，命何世璂署直隶总督，仍令师恕协理。

七年，命师恕以内阁学士充福建观风整俗使。八年，疏言："海澄公旧以辖兵给印，后兵裁而印未缴。今海澄公黄应缵滥行印文，非所宜，当令缴销。"并言外省世袭武职，年及二十，当令咨部引见，分京外学习。部议从之。十一年，师恕以病告，省观风整俗使不复设。乾隆七年，宝应灾，治赈，非贫民例不给。师恕族人诸生洞哗不得赈者，哄堂罢市。上责师恕不能约束，夺官。南巡迎谒，赐侍读学士衔。二十一年，卒。

是时广东、湖南皆置观风整俗使。焦祈年，字毂贻，山东章丘人。雍正元年进士，改庶吉士，授编修。考选云南道御史，擢顺天府丞，权府尹，迁右通政。八年，命充广东观风整俗使，修建十府、二州书院，延通人为之师。滨海多盗，设策钩捕，得剧盗百余置诸法，盗渐熄。奸民以符札惑众，擒治之，赦其株连者。西洋人置天主堂，使徒归澳门。简阅营伍，军政以肃。擢光禄寺卿，召为顺天府尹，旋调奉天。行次山海关，疾作，乞归，卒于里。

李徽，字元纶，山西崞县人。康熙五十二年，乡试举第一。雍正元年进士，改庶吉士，散馆刑部主事。寻复授检讨。考选浙江道御史。是时遣御史巡察顺天直隶诸府，顺天、永平、宣化为一员，保定、正定、河间为一员，顺德、广平、大名为一员，徽巡察顺德、广平、大名三府。曾静、张熙事起，上虑湖南士民为所惑，议遣使循行训迪。以大学士朱轼荐，遣徽劝谕化导。寻授佥都御史，充湖南观风整俗使。徽在官四年，察吏安民，能称其职。坐事，降授仓监督。高宗即位，命复官，遽卒。

广西学政卫昌绩请设观风整俗使，御史陈宏谋继请。上谕宏谋等曰："广西通籍者本少，乃已有狂悖如谢济世、陆生楠者，风俗薄劣可见。尔等不能端本澄源，躬先表率，而望秉铎司教之官，家喻户晓，易俗移风，所谓逐末而忘其本也。"议寝未行。

王国栋，字左吾，汉军镶红旗人。康熙五十二年进士，改庶吉士，授检讨。累迁光禄寺卿。雍正初，查嗣庭、汪景祺坐文字谤讪见法。上谓浙江士习浇漓，四年，设浙江观风整俗使，以授国栋。国栋至官，巡行宣谕，清逋赋，惩唆讼，饬营伍，严保甲，次第疏闻，上温谕奖之。迁宗人府府丞。五年，上以浙江被水，米贵，命国栋同巡抚李卫发库帑四万，于杭州、嘉兴、湖州三府修城、浚河、筑堤，俾饥民就佣食力。国栋奏："杭州至海宁塘河淤，当浚治。太湖堤闸及嘉兴石塘多倾圮，当修理。冬春雨雪，工作多费，请俟九、十月水落兴工。"上韪之。

寻擢湖南巡抚，以许容代为浙江观风整俗使。上谕国栋曰："初欲令尔在浙整饬数年，俾收成效。但湖南废弛久，今以命尔，尔其勉之！"上命湖广总督迈柱修两省堤工。国栋疏言："湘阴、巴陵、华容、安乡、澧、武陵、龙阳、沅江、益阳九州县环绕洞庭，居民筑堤堵水而耕。地势卑下，江涨反灌入湖，堤岸冲决，现有四百余处。正饬刻期完筑，务加高培厚，工程坚固。"金都御史申大成奏贵州屯田，民间贱价顶种，易启纷争。请仿民田买卖，亩纳税五钱，给照为业，并推行各省。国栋疏言："湖南屯田瘠薄，应分别差等，微价顶种，令完税五钱，给照如时价平买。未过户者，视屯粮石税五钱，已过户者二钱。龙阳、武陵、长靖诸屯赋重，按券值两税三分。"均下部议行。

曾静、张熙事起，上令侍郎杭奕禄至湖南会鞫。国栋听静自列，未穷究党羽，允禩、允禟门下太监以罪徙广西，流言于路，直隶、河南督抚俱疏上闻。国栋奏言："湖南监送兵役未闻一语。"又茶陵民陈蒂西传播流言，敕国栋按鞫，亦不得实证，坐是失上指，夺官，召还京。八年，命治刑部侍郎事，署山东巡抚。九年，河南祥符、封丘等县水灾，命往治赈。迭署江苏、浙江巡抚。十年，仍还刑部。十二年，以议福建民蓝厚正杀兄狱失当，吏议降调。十三年，复命署刑部侍郎。卒。

许容，河南虞城人。康熙五十年举人，授陕西府谷知县。内迁工部员外郎，考选广西道御史。雍正元年，改会考府郎中，仍兼御史。出为直隶口北道，迁陕西按察使。劾河东巡盐御史马喀以积盐变价入己，上夺马喀官，命兼管河东巡盐御史，按治。寻闻容刑逼商人，解容任，令总督岳钟琪覆按。钟琪言容无刑逼商人事，上擢浙江布政使。五年，代国栋为浙江观风整俗使。寻偕广东巡抚杨文乾清察福建仓库。六年，遭母丧，给假治丧毕，命仍还浙江。旋擢甘肃巡抚，以蔡仕舢代为浙江观风整俗使。容疏议更正律例，出赃过付人宜视完赃减二等，得赃者完赃减一等，倍完方减二等，连毙二命宜加等。上皆谓不当，责容愚妄。

八年，师征噶尔丹，上以容治军需多推诿，命尚书查弼纳赴陕西为之董理。及事竟，上谕容曰："此次军需，朕为挽将覆之辙，回已颓之波，救汝身家性命。较自御史五年内擢至巡抚之恩大矣！汝当知之。"上闻容追逋赋抵兵饷，限一年全完，民以大扰。谕曰："朕念甘肃自军兴以来，挽运转输，资于民力，特将雍正八年额征钱粮蠲免。容何得于蠲免之年行督催征之举？今即停止。"九年，复以容查核钱粮过刻，谕毋累民。十二年，疏劾丁忧知府李绮亏空军需，绮，卫兄也。上知容与卫有怨，戒容毋迁怒报复。容旋奏檄绮赴兰州，亏空七千有奇，限半年回籍措缴。上谕曰："所亏既有田房可抵，但当速遣回籍折变完补，何须勒限逼迫？"

乾隆元年，固原、环二县歉收，容请借给贫民三月口粮，大口日三合，小口日二合。高宗谕曰："政莫先于爱民。甘肃用兵以来，百姓急公踊跃。今值歉收，当加恩赈恤。汝治事实心，而理财过刻。国家救济贫民，非较量锱铢时也。"寻，专骕军储大臣刘於义奏请加赈两月，上责容褊狭卑庸，命解任。於义及陕西总督查郎阿劾容匿灾殃民，夺官逮诣京师论罪，赦免。二年，署山西布政使。三年，调江苏，署巡抚。四年，遭父丧，去官。

五年，命署湖南巡抚。请终丧，不许。服阕，真除。八年，以劾粮道谢济世狂纵营私失实，夺官，发顺义城工效力。事互详《济世传》。九年，复命署湖北巡抚。御史陈大玠等疏诤，谓容既以欺罔得罪，不当复用，上命罢之。十五年，上巡中岳，迎谒，复原衔。寻授内阁学士。以病乞归，卒。

蔡仕舢，福建南安人。康熙三十二年举人。五十八年，自刑部主事考选御史，出为浙江粮道。雍正六年，授金都御史，充浙江观风整俗使。七年，署巡抚。八年，坐事降调。上谕曰："浙江风俗已渐改移，又有总督李卫善于训导，不必再遣观风整俗使。"仕舢旋卒。

论曰：海望、莽鹄立皆逮事圣祖，雍正、乾隆间参与政事。海望闻世宗末命，在军机处较久，虽建树未宏，要为当时亲信大臣。杭奕禄使安南，傅鼐谕噶尔丹策零，皆不辱君命，傅鼐尤知兵。仪领屯田，有惠于乡州。师恕、国栋等使车问俗，与民为安静。以皆世宗特置之官，特谨而书之。杭奕禄又与史贻直宣谕陕西，非专官，贻直相高宗，故不著于斯篇。

卷二百九十二　　列传七十九

高其倬（金铁）　**杨宗仁**（子文乾）　**孔毓珣**
斐㑊度（子宗锡）　**唐执玉**　**杨永斌**

　　高其倬，字章之，汉军镶黄旗人。父荫爵，官口北道。其倬，康熙三十三年进士，改庶吉士，散馆授检讨。寻兼佐领。五迁内阁学士。五十八年，河南南阳镇兵挟忿围辱知府沈渊，命偕尚书张廷枢按治，诛首事者，总兵高成等论罪有差。
　　五十九年，授广西巡抚。邓横苗叛，其倬亲抚之降。六十一年，世宗即位，擢云贵总督。疏言："土司承袭，向有陋规，已严行禁革。咨部文册，如无大舛错，请免驳换。"得旨嘉奖。青海台吉罗卜藏丹津叛侵西藏，其倬以中甸为入藏要道，檄诸将刘宗魁、刘国侯等严为备。并遵上指，令提督郝玉麟率二千人自中甸进驻察木多，副将孙宏本将五百人赴中甸为声援。雍正二年，师定青海，中甸喇嘛、番酋等率三千五百户纳土请降。上嘉其倬能，予世职拜他喇布勒哈番。其倬规画安抚中甸，疏"请设同知以下官：番酋营官外，又有神翁、列宾诸号，听堪布、喇嘛指挥，请改授守备、千把总札付，听将吏统辖。僧寺喇嘛以三百为限，收兵械入官。沿江数百里及山谷旷土，招民开垦。旧行滇茶，视打箭炉例，设引收课"。鲁魁山者，自国初为盗薮，夷、倮杂处，推杨、方、普、李四姓为渠。有方景明者，挟倮、夷掠元江。其倬遣兵击破之，擒景明，歼倮、夷数百，疏请于其地驻兵，号普威营。参将驻普洱，守备驻威远、茶山，改威远归流，设同知以下官。土官刁光焕及其孥移置会城，而以新开二盐井充新设兵饷。设义塾，教夷人子弟。劝夷人垦田，旱田十年后、水田六年后升科。贵州仲家苗酋阿近及其弟阿卧为乱，其倬使抚定傍近诸苗寨。阿近等失援，遣兵擒戮之，并按治定番、广顺诸苗酋不顺命者。疏请改设定广协，分置营汛，防定番、广顺及西孟、青藤、断杉树、长寨、遮贡、羊城堑诸地。又移都匀守备驻独山，改湖广五开卫为县，移隶黎平。并言贵州地连川、楚，奸人掠贩贫家子女为民害，请饬地方官捕治，岁计人数为课最。贵州民间陋俗，被人劫杀，力不能报，则掠质他家人畜，令转为报仇；不应则索赎，谓之"拿白放黑"。请加等治罪。土司贫困，田赋令属苗代纳，请清察，责执业者完赋。土司下设权目人等，请令报有司，有罪并惩。诏悉如所请。

　　三年，进兵部尚书衔，加太子少傅，调福建浙江总督。濒行，疏言："邓川、嵩明、腾越、太和、浪穹诸州县土军丁银，起明嘉靖、万历间，遣民防夷，立太和、凤梧二所，丁征赋一两。是于本贯已完民赋，请豁除军粮。"诏从之。四年，疏言："福、兴、漳、泉、汀五府地狭人稠，无田可耕，民且去而为盗。出海贸易，富者为船主、为商人，贫者为头舵、为水手，一舟养百人，且得余利归赡家属。曩者设禁例，如虑盗米出洋，则外洋皆产米地；如虑漏消息，今广东估舟许出外国，何独严于福建？如虑私贩船料，中国船小，外国得之不足资其用。臣愚请弛禁便。"下怡亲王会同大学士九卿议行。五年，台湾水连社番为乱，其倬遣兵讨之，擒其渠骨宗等，诸社悉降。寻以李卫为浙江总督，命其倬专督福建。迭疏请整饬盐政，改造水师战船，厘定营汛，并下部议行。入觐，加太子太保。
　　上以其倬通堪舆术，命诣福陵相度。其倬还奏："陵前左畔水法，因溢流更故道，弓抱之势微觉外张。当顺导河流，方为尽善。"下大学士等，如所议修浚。八年，调江南江西总督。复召至京师，令从怡亲王勘定太平峪万年吉地，进世职三等阿思哈尼哈番。命署云贵广西总督。十一年，普洱属思茅土把总刁国兴纠苦葱蛮及元江夷为乱，攻普洱，通关大寨儸夷复附苦葱蛮，渡阿墨河攻他郎。其倬檄提督蔡成贵等分道捕治，擒其酋并所属五百余，乱乃定。是岁春，命其倬回两江总督。秋，命以总督衔领江苏巡抚。十二年，坐徇知县赵昆理偿海塘工款，部议降调，即授江苏巡抚。
　　乾隆元年，召还京师，复授湖北巡抚，调湖南。讨平城步、绥宁二县瑶乱。三年，擢工部尚书，调户部。其倬诣京师，过宝应，疾作，卒于舟次，赐祭葬，谥文良。

　　金铁，字震方，汉军镶白旗人，世居登州。父延祚，从世祖入关，官至工部侍郎。铁初自监生授江西广昌知县，洊升山西太原知府。雍正五年，擢广西按察使，寻迁布政使。六年，就擢巡抚。讨平西隆州八达寨叛苗。以汛兵少，粤土芜不治，奏开屯田，与民牛，招之耕，教以技勇。每名给水田十亩，一亩为公田；旱田二十亩，二亩为公田。存公田租于社仓。行之数年，辟田数万亩，仓廪亦实。又奏请召商开桂林属诸矿，及采梧州金砂供鼓铸。乾隆元年，提督霍升劾铁言躁气浮，失封疆大臣之体，高宗召入京，授刑部侍郎。铁濒行，装不治，以印券嘱苍梧道黄岳牧借铜务充公银千二百，巡抚杨超曾论劾，夺官，交刑部严讯。上以非正项钱粮，铁以印券支借，岳牧以印册申解，非侵蚀比，命免罪，毋追所借银。五年，授河南布政使，而铁已卒。
　　铁才通敏。自太原入觐，方议耗羡归公，铁奏曰："财在上不如在下。州县亲民官，宁使国其有余，养廉不能胥足，一遇公事，动致俯张。上意岂不曰凡是官办，皆许开支正供？但从司院按核以至户部，层层隔阂，报销甚难，从此州县恐多苟且之政。上意在必行，臣请养廉外多增公费，或存县，或存司，庶于事有济。"上乃敕直省核定公费。及为广西布政使，奏请州县分冲、繁、疲、难四项，许督抚量才奏补，上嘉纳之。州县缺分四项自此始。

杨宗仁，字天爵，汉军正白旗人。监生。康熙三十五年，授湖广慈利知县。苗酋虐，其众走县境，苗酋求之，不与，上官檄与之，宗仁持不可，乃止。调蓝山。八排苗为乱，巡抚赵申乔遣兵讨之，将不恤兵，兵将为变，宗仁单骑抚定之。举卓异，四迁甘肃西宁道。五十三年，授浙江按察使，丁父忧归。五十七年，起广西按察使，署巡抚。旋擢广东巡抚。圣祖以各直省钱粮多亏空，谕督抚清理。宗仁疏言："广东亏空现正严饬追完。至防杜将来，惟有督抚、司道、府厅交相砥砺，勿藉事勒索。州县正杂钱粮，当责知府不时察核，毋许亏缺。倘敢徇纵，本官治罪，上司从重议处，庶上下皆知儆惕。地方有不得已事，当以督抚等所得公项抵补。不敷，则济以公捐，必不使课帑虚悬。"下部议，如所请。

六十一年，世宗即位，授湖广总督。雍正元年，丁母忧，命在任守制。宗仁疏停本身封荫，为父болоtok求谕祭，许之，仍给封荫。寻赐孔雀翎。疏言："湖广旧习，文武大吏收受所属规礼，致州县横征私派，将弁虚糜冒饷，兵民挟比逗利，不敢过问。臣今概行禁革，庶骄兵玩吏锢习潜消。各官贪得盐规，盐价增长，民间嗟怨，总督盐规渐次加至四万。臣亦行禁革，令商平价以惠穷民。"上深嘉之。又疏言："官有俸，役有工，朝制也。湖广州县以上，俸工报捐已十余年，官役枵腹，安能禁其不扰民？请自雍正元年起，俸工如额编支。从前有公事，令州县分捐，实皆转派于民。令州县于加一耗羡内，节省二分，交藩库充用，此外丝毫不得派捐。"上谕曰："所言皆是。勉之！"寻荐广东南海知县宋玮擢湖南宝庆知府，广州左卫守备范宗尧改湖北汉阳知县，上允之，命后勿蹈行。

宗仁病作，请以子榆林道文乾自侍，上加文乾按察使衔，驰驿速往，并遣御医诊视。宗仁力疾视事，饬诸州县编保甲，立社仓，罢荆州关私设口岸百五十处。三年，加太子少傅。寻卒，赠少保，予拜他喇布勒哈番世职，赐祭葬，谥清端。

宗仁砥节矢公，始终一节，上为制像赞，谓"廉洁如冰，耿介如石"。尝言："士当审其所当为，严其所不可为。"其驭属吏宽平忠厚，务安上全下，使各称其职而止。

文乾，字元统。以监生效力永定河工。康熙五十三年，授山东曹州知州，迁东昌知府。举卓异，迁陕西榆林道。雍正元年，加按察使衔，命侍宗仁任所。三年，宗仁病有间，入谢。上问湖广四镇营制及设镇始末，文乾具以对，上嘉其详审，擢河南布政使。未几，迁广东巡抚，入谢，赐孔雀翎、冠服、鞍马。宗仁卒，命在任守制。

广东省城多盗，文乾令编保甲，以满洲兵与民连居，会将军编察，疏闻，上嘉之。广东岁歉米贵，文乾令吏诣广西买谷平粜。满洲兵阎尚义等群聚掠谷，文乾令捕治。将军李枚庇兵，文乾请遣大臣按治。上命侍郎塞楞额、阿克敦往勘，枚及尚义等论罪如律。文乾莅政精勤，多所厘正。疏言："广东民纳粮多用老户，臣令改立的名，杜诡寄、飞洒诸弊，民以为便。丁银随粮办者十四五，余令布政使确核，尽归地粮。"得旨嘉奖。又疏言："广东地狭人众，现存仓谷一百六十余万石，为民食久远计，应加贮二百余万石，择地建仓贮谷。"下廷议，令于海阳、潮阳、程乡、饶平、海丰、琼山加贮谷三十四万石，从之。又疏言："广东公使银岁六七万，取诸火耗。臣为裁省，岁计需四万余，拟以民间置产推粮易户例纳公费及屯粮陋规两项充用。州县火耗，每两加一，实计一钱三四分有奇，十之五六留充州县养廉，十之七八为督抚以下各官养廉。"上谕之曰："但务得中为是。民不可令骄慢，属吏亦不可令窘乏。天下事惟贵平，当彻始终筹画，慎毋轻举。"

五年，乞假葬父。福建巡抚常赉劾文乾征粤海关税，设专行六，得银二十余万；又疏劾文乾匿粤海关羡余银五万余，纵绸缎出洋，得银万余，番银加一扣收，得银四万余，选洋船奇巧之物入署，令专行代偿，又银二万余，又以银交盐商营运。上严谕文乾，令愧悔痛改。寻以福建仓库亏空，命文乾与浙江观风整俗使许容署往按，而移常赉署广东巡抚。文乾令分路察核官亏民欠，分别追纳，不敷，责前巡抚毛文铨偿补。上奖文乾秉公无瞻顾。文乾疏言："福建府、州、县各官都计八十员，前后劾罢五十余员。新补各官，守仓库有余，理繁剧不足。请选熟谙民事者，诣福建补繁要州县。"上为敕各督抚各选谨慎敏练之吏咨送福建。

文乾强干善折狱。初知曹州，有妇告夫为人杀者。文乾视其腰白，问曰："若夫死，若预知之乎？"曰："今旦乃知之。"曰："然则汝何办白腰之屦也？"妇人服以奸杀夫。五人者同宿，其一失金，讼其四，文乾令坐于庭，视久之，曰："吾已得盗金者，非盗听去。"一人欲起，执之，果盗金者。曹民有伪称朱六太子者，挟妖术惑愚民，朝命侍郎勒什布、汤右曾按治。檄至，文乾秘之，密捕得送京师。在东昌，请运粮馈军出西宁，先期至，以是受知于世宗。

然颇与同官多龃龉。赴广东，途中疏劾布政使朱绂倚总督孔毓珣有连，亏帑三万余。毓珣疏先入，上命文乾毋听属吏离间。既上官，疏言盗案尘积，请概为速结。上谕曰："孔毓珣缉捕盗贼甚尽力。彼擒之，汝纵之，恐汝不能当此论。纵虎归山，岂为仁政？宜加意斟酌。"在福建，毓珣入觐，上命侍郎阿克敦署两广总督。文乾疏言盗劫龙门营军器，阿克敦令从宽结案；将军标兵窝盗，将军石礼哈祖兵，谓告者诬良。既，上命常赉还福建，而以阿克敦署广东巡抚。六年，文乾还广东，劾阿克敦勒索暹罗商船规礼，布政使官达纵幕客纳贿，皆夺官。命文乾与毓珣会鞫，未及讯，文乾卒，赐祭葬。子应琚，自有传。

孔毓珣，字东美，山东曲阜人，孔子六十六世孙。父恩洪，福建按察使。康熙二十三年，上幸曲阜释奠，毓珣以诸生陪祀，赐恩贡生。二十九年，授湖广武昌通判。举卓异，迁江南徐州知州。徐州民敝于丁赋，毓珣在官七年，拊循多惠政。三十九年，河道总督张鹏翮以毓珣熟于河务，荐授邳睢同知。四十三年，迁山西平阳知府，未上，改云南顺宁。四十六年，调开化，以母忧去官。五十年，服终，除四川龙安。毓珣历守边郡，皆因俗为治，弊去其太甚,边民安之。再举卓异。五十五年,迁湖广上荆南道。筑堤捍江,民号曰孔公堤。

五十六年,迁广西按察使。广西地瘠民悍,瑶、僮为民害。灵川僮酋廖三屡出焚掠,毓珣白巡抚陈元龙,遣兵捕得置诸法,诸苗慑服。五十七年,授四川布政使。西藏方用兵,毓珣转饷出察木多,不以劳民。重筑灌江口堰,四川民尤德之。六十一年,擢广西巡抚。雍正元年,加授总督。广西提镇标空粮,毓珣饬募补。疏言:"各官俸不足自赡,请定例外量加亲丁名粮。"上命酌中为之。广西诸州县旧有常平仓,毓珣议:"春耕借于民,秋收还仓,年丰加息,歉免息,荒缓至次年还本。日久谷多,分贮四乡,建社仓,择里中信实者为司出入。"又言:"地多盗,瑶、僮杂处,保甲不能遍立。诸乡多有团练,令选诚干者充乡勇,得盗者赏,怠惰者罚。"又言:"广西边远,盐商多滞运,民忧淡食。请发藩库银六万,官为运销。行有赢余,本还藩库,并可量减盐价。"并从之。柳州僮莫贵凤出掠平乐、柳城、永福诸县,毓珣遣兵捕治,毁其寨,置贵凤于法。来宾僮覃扶成等出掠,未伤人,毓珣令于杖荷校,满日,充抚标兵,散其党类。疏闻,上嘉其宽严两得。

二年,授两广总督。上谕之曰:"广东武备废弛,劫掠公行,举劾官吏,百无一公,尔当尽心料理。"毓珣疏请厘定盐政,灶丁盐价、船户水脚增十之一,并免埠商羡余;设潮州运同、盐运司经历。大金、蕉木两山产矿砂,东隶开建、连山,西隶贺县、怀集。旧制,怀集汛属浔州协,毓珣请改属梧州协,贺县、开建、连山并增兵设汛。广东香山澳西洋商舶,毓珣请以二十五艘为限。皆下部议行。潮州田少米贵,民赖常平仓谷以济。毓珣请提镇各营贮谷借兵,散饷时买还,概免加息,上特允之。三年,加兵部尚书衔。

四年,毓珣请入觐,上以毓珣习河事,令详勘黄、运诸河水势,协同齐苏勒酌议。毓珣疏言:"宿迁县西,黄河与中河相近,旧有汰黄坝。运河水大,引清水刷黄,黄河水大,引黄水济运。旧时黄水入中河不过十之一二,今河南岸沙涨,逼水北行,水流甚急。齐苏勒议收小汰黄坝以束水势。臣详勘南岸涨沙曲处,宜浚引河以避此险。仍俟齐苏勒相度定议。"又陈江南水利,言:"吴淞、刘河、七浦、白茆诸闸,宜令管闸官役随潮启闭。江苏地形四高中下,宜令力劝筑区立圩。滨河诸地民占为田庐,其无甚害者,姑从民便,余宜严禁。支河小港,宜令于农隙深浚,即取土培圩。"并敕部议行。又言:"道经宿州灵壁,见沟洫不通,积雨成潦,请饬安徽巡抚疏浚。"上嘉毓珣实陈。

五年,还广东,巡抚杨文乾劾署巡抚阿克敦、布政使官达,上命通政使留保等往按。毓珣失察,当下吏议,上命宽之。寻调江南河道总督。上以天然坝泄水,虑溢浸民田,命毓珣相度筑堤束水归湖。毓珣疏言:"天然南、北二坝分泄水势,年年开放,堤口残缺。当如上指筑堤束水,请于南岸王家庵至赵家庄筑新堤一道。旧堤尾距湖尚二十余里,请于南岸马家圩至应家集、北岸周家圩至李民桥,各筑新堤一道,并将南北旧堤加培高广,庶两堤夹束湍流,无患旁溢。"上又以高家堰为蓄清敌黄关键,发帑百万,命毓珣筹画。毓珣疏言:"高家堰石堤,自武家墩至黄庄,地高工固,惟侯二门等四坝,及小黄庄至山盱古沟东坝,当一律加高。"又言:"各堤加培高广,宜视地势缓急、旧堤厚薄,分年修增,期三年而毕。嗣后仍按年以次加培。"又请修筑宿迁钞关前、桃源沈家庄河堤,瓜洲由闸上游浚越河一道,并建草坝束水。诸疏入,并报可。毓珣积瘁遘疾,上赐以药饵,命其子刑部郎中传熹偕御医驰驿往视。未至,毓珣卒,赐祭葬,谥温僖。

裴㴶度,字晋武,山西曲沃人。少为诸生,工诗,能书画。入赀为主事。康熙三十五年,授刑部主事。洊擢户部郎中。四十九年,授云南澄江知府,调广南。以大计入觐,圣祖闻其能诗,命题应制,称旨。五十五年,迁河东盐运使,寻改两浙。海宁筑塘,巡抚徐元度檄㴶度董其事。潮大至,撼塘,塘欲裂,㴶度据地坐督役力护,久之乃定。㴶度自是中湿,病重腿,终其身。五十九年,迁湖北按察使。六十年,迁贵州布政使。

雍正元年,擢江西巡抚。九江旧设关榷权,后徙湖口。湖口当江、湖冲,水急,商舟时覆溺。㴶度疏言:"九江旧关,上有龙开河、官牌夹,下有老鹳塘、白水港,地势宽平,泊舟安稳。离湖四十里曰大姑塘,为商舟所必经,水涨则有女儿港、张家套,皆可泊舟;水落则平湖一线,夹岸泥沙,无风涛礁石之险。请仍移关九江,而于大姑塘设口分抽。"上令会同总督查弼纳料理。南昌、袁州、瑞州三府赋额,明沿陈友谅之旧,视他府偏重。顺治间,减袁、瑞二府赋额,而南昌未及。㴶度疏言:"常赋未易屡更,同省实难歧视。请将南昌赋额视袁、瑞二府同予核减。"下部议减南昌浮额七万五千五百两有奇。

福建、广东流民入江西,就山结棚以居,薙靛叶、烟草,谓之"棚民",往往出为盗。万载温上贵、宁州刘允公等,皆以棚民为乱,㴶度捕治论如律。上令编保甲,㴶度疏言:"棚民良莠淆杂,去留无定,或散居山箐,或为土民佣工垦地。臣饬属严察,凡万五千余户,编甲造册,按年入籍。"上奖勉之。上闻江西里长催征累民,民多尚邪教,谕㴶度禁革。㴶度疏言:"臣察知里长累民,已勒石永禁,令粮户自封投柜。距城较远畸零小户,愿轮雇交纳者听其便,仍严防不得干累。邪教自当捕治,医卜星相往往假其术以惑民,虽非邪教,亦当以时严惩。"上深嘉之。

总督查弼纳议开广信封禁山,谕㴶度酌度。㴶度疏言:"封禁山旧名铜塘山,相传产铜,然有名无实,故自明封禁至今。顺治间有议采木者,郡县力陈不便,勒碑永禁。臣揆查弼纳意,或以棚民巢穴在此山中,故为破巢捣穴之计。此山荆榛充塞,秽毒滋藏,并非有梗化顽民盘踞在内。臣详度此山开则扰累,封则安宁,成案俱存,确有可据。"谕曰:"当开则不得因循,当禁则不宜依违。但不存贪功之念,实心为地方兴利除害,何事不可为?在卿等秉公相度时宜而酌定之。"仍封禁如初。

四年,迁户部侍郎,擢左都御史。上遣侍郎迈柱勘江西诸州县仓谷,命㴶度留任。迈柱疏言:"仓谷亏空甚多,例定谷一石折银二钱，州县交代，按此数接收，不敷籴补。"上夺倬度及历任布政使张楷、陈安策官，命以所存折价买谷还仓。十年，事毕，释还里。乾隆五年，卒。

子宗锡，入赀为同知。十五年，授山东济南同知，屡迁转。二十八年，授直隶霸昌道，迁直隶按察使。疏言："古北口外山场产菠萝树，此即橡树，叶可饲蚕。臣在济东，饬属通栽，颇有成效。请令用东省养蚕法，广栽试养。"命交总督方观承试行。三十二年，以母忧去官。宗锡在任，误应驿站车马，部议当降调。总督杨廷璋咨部，言宗锡当自行检举。上谕曰："宗锡，朕知其为人，颇可造就。按察使管理驿站，偶有一二误应，原属公过。令已丁忧，安得自行检举？廷璋乃令作此趋避，爱之适以害之也。"三十五年，宗锡服将阕，仍授直隶按察使。

俄擢安徽布政使，就迁巡抚。疏言："安庆濒江旧有漳葭港，上通潜山、太湖、望江三县，下达江，漕艘商舶往来停泊，淤久渐成平陆。前巡抚张楷于上游别开新河，地高水急，重载逆上，遇风每虞覆溺。请仍浚漳葭港故道。"命总督高晋履勘，如宗锡议行。又疏言："凤、泗所属州县，高地宜多作池塘，低地宜厚筑圩围，以备灌溉、资捍御。凤阳地多高冈旷野，不宜五谷，令视土宜种树。"谕奖其留心本务。

四十年，调云南。旋命署贵州，疏言："贵州地处边圉，请敕部拨银三十万贮司库。"从之。又疏请增设镇远税口，上严斥不许。又疏言："贵州额输京师及湖广白铅岁七百余万斤，铅厂仅三处，年久产绌。臣察知松桃厅巴坝山、遵义县新寨产铅，近水次，已饬设厂，岁各得铅百余万斤。分拨京师、湖广，岁节省运费银四万三千有奇。"得旨嘉允。又疏言："贵州古州有牛皮大箐，亘数百里，列屯置军，应将箐内平旷之土开垦成田，寓防于屯，安屯养军。丹江雷公院地平衍，可垦四五百亩，欧收、甬荒高箐二地畸零，可垦三四百亩，应令附近威堡屯军派拨试垦，并于丹江营移拨千总一、兵五十，入箐设卡驻守。"时上已命宗锡还云南，命後政图思德如所议行。四十四年，以病乞解任。旋卒，赐祭葬。

唐执玉，字益功，江南武进人。康熙四十二年进士，授浙江德清知县。德清盛科第，多巨室，执玉执法无所挠。将编审，吏以例馈金，执玉却之，而罪其吏。召县民亲勘，有田无粮者令自首，有粮无田者除之，富无隐粮，贫无赔累。行取工部主事，考选户科给事中。五十八年，疏言："户部钱粮款项最易作弊，当先驱除作弊之人。乃有所谓'缺主'者，或一人占一司，或数人共一省，占为世业，句通内外书吏，舞文弄法，当严行查禁。"因劾山西司缺主沈天生包揽捐马事例，下九卿议，逮治。六十年，迁鸿胪寺卿。历授天府府丞、大理寺少卿。雍正二年，岁三迁礼部侍郎。五年，擢左都御史。

七年，命署直隶总督。执玉治事勤，州县稍歇收，必筹画赈恤。隆平报产瑞禾三十三本，执玉于报秋成折附奏，上嘉之。适贡荔支至，命以赐执玉，方有疾，治事如常。时宗人府府丞冀栋以医进，上命视执玉疾，赐人参，

谕令："爱养精神，量力治事。若欲栋料量方药，保定咫尺，可再命之来也。"热河征落地税，司其事者议增岁额，并于榜什营等地设口征税。下执玉议，执玉言："商税多寡，视岁收丰歉，故止能折中定额。榜什营距一百八十余里，已收落地税，又抽沿路钞银，恐商贾不前，正税反缺，请如旧便。"议乃寝。长芦巡盐御史郑禅宝以商人亏帑，请增盐价，上以询执玉。执玉言："上于商民无歧视。诸商不谨身节用，先公後私，乃至亏帑。欲增盐价厉民，臣以为非宜。"亦罢不行。

八月春，入觐。滦、卢龙、迁安、抚宁、昌黎、乐亭诸州县米贮喜峰口仓，亏二千五百余石，执玉请视通州中、西二仓例免追偿。部议不许，上特允之。密云城临白河，旧筑土木堤坝尽圮，仅存石堤。上游有积土斜出，激水使怒，俗谓之"土嘴"。执玉疏请疏治，使水得畅流；仍筑土堤，务坚厚，用榆囤载石为基，使辅石堤护县城。上褒其妥协，命于夏月水涨前竟工。迁兵部尚书，仍署总督。是岁秋，积雨，永定、潭沱诸水皆盛涨。执玉疏报灾，上命侍郎牧可登、副都统阿鲁等分住治赈。执玉奏言："诸州县被水，消长不一。有上谕所及，而水消未成灾者；有上谕所未及，而水大成灾，田庐被淹，急须拯恤者：请饬治赈诸臣勘实。"上特允之。

国初以民地予满洲将士，谓之"圈地"。民地既圈，以邻近州县地拨补，粮额从旧贯，于是有寄粮；佃租户移新地，于是有寄庄。历年既久，百弊丛起。上令执玉勘察，更除改正，并举怀安、宣化、万全、宝坻、丰润、三河诸县为例。执玉奏言："此外所在皆有，如晋州武丘村、孔目庄，赵州马圈村粮有在赞皇者；蔚县夹道沟、细贤庄粮有在宣化者；宣化井头庄粮有在西宁者；官苦追呼，民劳跋涉。凡地在此处，粮寄彼处，皆令从地所在，粮随产转，此收彼除，不使有交错之病，亦无庸存代征之名，经界各正，田赋悉清。"直隶驿马一，每岁杂支大率至十两。执玉奏定马一每岁杂支三两六钱。昌平、延庆、宣化诸驿事烦，拨僻地马协济，而牧养仍责原驿。执玉奏请改隶受协州县牧养。皆下部议行。

直隶耗羡归公，自雍正三年始。部议元、二年耗羡在三年补纳者，州县充公用，仍当追偿。霸、文安等七州县民借仓谷，逋米二万一千石、谷一万六千石各有奇，部议责州县追偿。执玉言："元、二年耗羡在未著令归公以前，前督臣许州县充公用。今欲追偿，是为小费而失大言。"又言："仓谷民欠历年已久，人产胥绝。今欲追偿，此数十年官州县者无虑百数，悉逮其子孙而加以追比，于情可悯。"上并如执玉议，宽之。

九年，以病甚乞解任，许之。十年，病少瘳，命领刑部尚书。十一年春，复命署直隶总督，力辞，上勉之行。三月，卒于官，赐祭葬。

执玉重民事，每请从宽大，疏入辄报可。执玉尝曰："吾才拙，政事不如人，可自力者勤耳。勤必自俭始。"养廉岁用十三四，余归之司库。

杨永斌，字寿廷，云南昆明人。康熙三十八年举人。

以知县发广西，补临桂知县，以廉能闻。遭丧去，服除，授直隶阜平知县，署平山，调大城，皆有惠政。以捕治内监陈永忠未即获，夺官。大城民乞巡抚疏留，会世宗即位，知永斌贤，许复官。迁涿州知州。

雍正三年，特谕永斌才守俱优，授贵州威宁知府。威宁界滇、蜀，诸土司虐使其众，时出掠境外。乌蒙禄万钟、镇雄陇庆侯尤强悍。永斌被檄定界，单骑入谕其渠，阴使人伪为商贾，分道图地形。鄂尔泰督云、贵，永斌以图上，且曰："二酋不惩，终为边患。万钟幼，诸土司未附。今四川总督劾万钟不职，请发兵压境，召万钟出就质。不出，以兵入。乌蒙平，镇雄势孤，亦且降。"鄂尔泰从之，召万钟不至，令游击哈元生与永斌督兵入。万钟走镇远，与庆侯同诣四川降。凡三十三日而事定。米贴土妇陆氏为乱，鄂尔泰遣兵讨之，永斌语元生曰："贼以冕山、巴补为后路，事急则渡金沙江而逸。以重兵扼其前，奇兵越江攻之，贼可歼也。"元生用其策，克米贴。

鄂尔泰疏荐永斌可大用，擢贵东道，旋调粮驿道，署按察使。朝议加税军田亩五钱，永斌议曰："军田粮以屯租为准，已数倍于民田。且今转相授受，与民田交易无异。名为军屯，实皆民产，而亩税之，是重科也，民必不服。当多事之秋，增剥肤之患，驱之为乱耳。"鄂尔泰以闻，事乃寝。七年，迁湖南布政使。湖南方议清察军田计亩，未定，永斌援贵州议以请，亦得免。

九年，调广东。十年春，命署巡抚，是秋真除。广东生齿繁，民不勤稼穑，米值高。永斌伤诸州县劝垦，高亢不宜禾，令艺豆麦，诸山坡麓栽所宜木。又以惠、潮两府民最悍，招垦官田，租入充粤秀书院膏火。奏闻，嘉奖，命勘明垦地亩数。寻又奏言："勘明可垦地六千八百余顷，此外或山深箐密，或夹沙带卤，体察民情，恐硗地薄收，粮赋无出。臣思瘠田产谷虽少，若多垦数十万亩，年丰可得数十万石，即歉岁亦必稍有所获，事益于民。察通省粮额，新宁斥卤，轻则亩征银四厘有奇、米四合有奇。拟请凡承垦硗瘠之地，概准此例，十年起科。"下部议行，於是垦田至百十八万余亩。

乾隆元年，兼署两广总督。上命除落地税，因请并免渔课、埠税，革粤海关赢余陋例未尽汰者，上悉从之。永斌在广东数年，坦秉虚己，泽厉诸将吏。获剧盗余猊、陈美伦数十辈置之法，收曲江乳源诸峒瑶归化。西洋估舶互市至者，悉令寄椗澳门，不得泊会城下。粤民颂其绩。二年，调湖北，兼署湖广总督。令严堡甲，缮城保，课农桑，实社仓，兴学校，诸政毕举。

未几，调江苏。按行奉贤、南汇、上海、宝山四县海塘，以筑塘取土成渠，塘根浸损，议于塘内开河，南接华亭运河，北达宝山高桥。又察华亭金山嘴、倪家路，宝山杨家嘴地当冲要，议视地所宜，或增筑石坝，或就旧塘加筑宽厚，或改筑石塘。又请于宝山建海神庙。并从之。三年，以老病乞休，召诣京师，署礼部侍郎。寻授吏部。四年，致仕。五年，卒。孙汉，荫生，初授主事，官至江苏按察使。

论曰：其倬、宗仁、毓珣，皆圣祖所擢用，丕著勋勚；世宗畀以兼圻，忠诚靡懈，恩礼始终，宜矣！倖度居官不扰民，执玉、永斌尤勤勤施惠，文乾、宗锡能济其美。世宗治尚明肃，诸臣皆以开敏精勤称上指，为政持大体，与夫急功近名，流于黯刻，重为世诟病者，固大异矣。

卷二百九十三　　列传八十

李绂　蔡珽　谢济世 陈学海

李绂，字巨来，江西临川人。少孤贫，好学，读书经目成诵。康熙四十八年，成进士，改庶吉士，散馆授编修。累迁侍讲学士。五十九年，擢内阁学士，寻迁左副都御史，仍兼学士。六十年，充会试副考官。出榜日，黄雾风霾，上语大学士等曰："此榜或有私臣贼子，否亦当有读书积学之士不得中式，怨气所致。"命磨勘试卷，劣者停殿试。又赐满洲举人留保、直隶举人王兰生进士。下第举子群聚绂门，投瓦石喧哄。御史舒库疏劾，下部议，责绂匿不奏，夺官，发永定河工效力。雍正元年，特命复官，署吏部侍郎，赴山东催漕。寻授兵部侍郎。上令截留湖南等省漕粮于天津收贮，旋又命估价出粜。

二年四月，授广西巡抚。奏言："广西贺县大金、蕉木二山产矿砂，五十里外为广东梅峒汛，又数里为宿塘寨，矿徒盘据，时时窃发。臣方拟严禁，闻总督孔毓珣条陈开采，因而中止。将来或恐滋事。"毓珣奏同时至，廷议寝其事。上命以谕毓珣者示绂，令协力禁止。绂疏陈练兵，列举严赏罚、演阵法、习用枪炮、豫备帐房锣锅诸事，上嘉其留心武备。康熙中，巡抚陈元龙奏请开捐，都计收谷百十七万石有奇，石折银一两一钱，而发州县买谷石止三钱，不足以余。至绂上官，尚亏四万余石，绂奏请限一月补足。会提督韩良辅条奏垦荒，下绂议，绂请以桂林、柳州、梧州，南宁四府收贮捐谷动支为开垦费。上曰："朕观绂意，不过借开垦以销捐谷。当时陈元龙等首尾不清，朕知之甚详。应令元龙等往广西料理。"并谕绂详察，毋隐讳瞻徇，自承亏空。寻绂奏察出督抚、司道、府厅分得羡余银八十二万有奇，勒限分偿，上嘉绂秉公执正。绂在吏部时，年羹尧子富等捐造营房，下部议叙，不肯从优，为羹尧所嫉；及上命天津截漕估粜盈余银五千交守道桑成鼎贮库，绂至广西，成鼎使赍以畀绂。绂具折送直隶巡抚李维钧会奏。维钧匿不上，绂乃奏闻。先是，羹尧朝京师，入对，举此讦绂，谓绂乾没。上以问维钧，维钧言绂取数百金治装，余尚贮库。绂奏至，上谓维钧与羹尧比，欲陷绂。谕奖绂，命留充公用。

三年六月，绂奏言："太平、思恩府界流言安南内乱。有潘腾龙者，自言为莫姓后，其党黄把势、陈乱弹等煽诱为乱。严饬将吏捕治。"上谕曰："封疆之内，宜整理振作。至于安边柔远，最忌贪利图功，当慎之又慎！"九月，奏："瑶、僮顽梗，修仁十排、天河三瞳为尤甚，常出劫掠。臣遣吏入十排，捕得其渠。三疃阻万山中，所种田在隘外。臣发兵守隘，断其收获。其渠今亦出自归。"上奖其办理得宜。

旋授直隶总督。四年，绂入觐。初，左都御史蔡珽荐起其故吏知县黄振国授河南信阳知州，忤巡抚田文镜。文镜驭吏严，尤恶科目，劾振国贪劣。绂过河南，诘文镜胡为有意蹂践士人。入对，因极言文镜贪虐，且谓文镜所劾属吏，如振国及邵言纶、汪诫皆枉，振国已死狱中。文镜因绂语，先密疏闻，谓绂与振国同年祖护。绂疏辨，上不直绂，而振国实未死，逮至京师，上更谓绂妄语。良辅奏云南、广西所属土司与贵州接壤者，皆改归贵州安笼镇节制，命绂往与云贵总督高其倬会勘，疏请循旧制，从之。

绂还直隶，时上遣责诸弟允䄉、允䄔等，更允䄔名塞思黑，幽诸西宁，复移置保定，命胡什礼监送。绂语胡什礼："塞思黑至，当便宜行事。"胡什礼以闻，上以为不可，命谕绂，绂奏初无此语。塞思黑至保定，未几，绂以病闻，寻遂死。是冬，御史谢济世劾文镜贪虐，仍及诬劾振国等。上夺济世官，下大学士九卿会鞫，戍济世阿尔泰军前。上以济世奏与绂语同，疑绂与为党，召绂授工部侍郎。绂在广西捕乱苗莫东旺置天河县狱，狱未竟，绂移督直隶去。久之，蛮、僮集众破狱，劫东旺去。五年春，良辅署广西巡抚，奏闻。上以诘绂，下部察议。会都察院奏广西州判程旦诣院诉土官罗文刚掠村落抗官兵，上责绂与继任巡抚甘汝来逡巡贻事，命绂与汝来至广西捕治，不获，当重遣。绂至广西，东旺闻而自归，文刚亦捕得。直隶总督宜兆熊劾知府曾逢圣、知县王游亏空钱粮，上以逢圣、游皆绂所荐，命诘绂。户部议覆，绂在直隶奏报怀来仓圮，咎为小民窃食，当下直隶总督详察。上曰："谷至六千余石，岂能窃食至尽？明系徇市恩，为县吏脱罪。当责绂偿补，以成其市恩。"兆熊又劾知县李先枝私派累民，上以先枝亦绂所荐，责绂欺罔，夺官；下刑部、议政大臣等会鞫，绂罪凡二十一事，当斩。上谕曰："绂既知悔过，情词垦切，且其学问尚优，命免死，纂修《八旗通志》效力。"

七年，又以顺承郡王锡保奏济世在阿尔泰供言劾文镜实受绂及珽指，下绂等刑部。会曾静、张熙狱起，上召王大臣宣谕，并命绂入，谕曰："朕在藩邸，初不知珽、绂姓名。有马尔济哈者，能医。朕问'更有能医者否？'以珽对。召珽来见，珽谓不当与诸王往来，辞不至，以是朕重之。年羹尧来京，亟称珽，朕告以尝招之不来，羹尧以语珽，珽复辞不至，以是朕益重之。及出为四川巡抚，诣热河行在，始与相见，为朕言李绂。朕知绂自此始。既即位，延访人才，起绂原官。旋自侍郎出抚广西，至于直隶总督，徇私废公，沽名邀誉，致吏治废弛，人心玩愒。又如塞思黑自大通调回，令暂住保定。未几，绂奏言遘病，不数日即死。奸党遂谓朕授意与绂，使之戕害。今绂在此，试问朕尝授意否乎？塞思黑罪本无可救，岂料其遽死。绂不将其病死明白于众，致生疑议，绂能辞其过乎？田文镜公忠，而绂与珽极力陷害，使济世诬劾，必欲遂其私怨。此风何可长也？"复下绂刑部严鞫，狱上，请治罪，上宽之。

高宗即位，赐侍郎衔，管户部三库，寻授户部侍郎。乾隆元年，方讲博学鸿辞科，绂所举已众，又以所知嘱副都御史孙国玺荐举，事闻上，上诘绂，绂自承妄言，上谓"绂乃妄举，非止妄言，避重就轻"。降授詹事。二年，以母忧归。六年，补光禄寺卿，迁内阁学士。

绂伟岸自喜。其论学大指，谓朱子道问学，陆九渊尊德性，不可偏废，上闻而题之。八年，以病致仕，入辞，上问："有欲所陈否？"绂以慎终如始对，赐诗奖及之。十五年，卒。

孙友棠，乾隆十年进士，自编修累迁至工部侍郎。新昌举人王锡侯撰《字贯》，坐悖逆死。友棠有题诗，并夺官，赐三品卿衔。卒。

蔡珽，字若璞，汉军正白旗人，云贵总督毓荣子。康熙三十六年进士，改庶吉士，散馆授检讨。洊擢少詹事，进翰林院掌院学士，兼礼部侍郎。时世宗在潜邸，闻其能医，欲见之，珽谢不往。六十年，四川巡抚年羹尧入觐，世宗命达意，仍坚辞。六十一年，羹尧授川陕总督，以珽代为四川巡抚，觐圣祖热河行在，世宗方扈从，乃诣谒而去。雍正二年，羹尧请川、陕开采鼓铸，珽疏言四川不产铅，开采非便，羹尧劾珽阻挠，下部议，当夺官。珽辱重庆知府蒋兴仁，愤自杀，珽以病卒闻，羹尧劾之，上诘责再三，始自承。下部议，拟斩，诏速至京师，召入见，具言羹尧贪暴及所以抗拒羹尧状，上谕曰："珽罪应如律，然劾之者羹尧，人将谓朕以羹尧故杀珽，是羹尧得操威福柄也。其免珽罪。"特授左都御史，兼正白旗汉军都统。寻进兵部尚书，仍兼左都御史。会羹尧得罪，直隶总督李维钧隐其财产，上命珽偕内大臣马尔赛往按，得实，夺维钧官，以珽署总督。

直隶方被水，议蠲赈，复发帑修河间、静海诸城，俾饥民就佣受食。珽奏言省会米贵，令按察使浦文焯至天津运截留漕米二万石，以万石运保定平粜，留万石赈经过诸地，上如所请，敕再运通仓米十万石往天津，加赈一月。珽奏："请察地方官侵冒，惩胥役虚报，访衿棍挟制，贫民户给印券，每村给村名纸旗，以次给领。赈满，续修城工，即以赈时所给印券交验受佣。"从之。调补吏部尚书，仍兼领兵部、都察院及都统事。四年，以珽所领事多，先后解左都御史、都统、吏部尚书，专任兵部尚书。旋以在直隶时徇庇昌平营参将杨云栋，坐夺官，上命降授奉天府尹。

初，上以岳钟琪代年羹尧为川陕总督，珽入对，言钟琪叵测。钟琪入觐，过保定，珽方署直隶总督，造蜚语，冀以撼钟琪。事闻，上严旨诘责。五年，召回京按讯，上阅羹尧幕客举人汪景祺所著书，载珽抚四川时得夔州府知府程如丝贿，保治行第一。如丝守夔州，鬻私盐，而捕湖广民鬻私盐者得辄杀之，为羹尧劾罢。珽入对，言其冤。上命免如丝罪，且擢为四川按察使。至是，上颇疑景祺言。会巡抚马会伯劾如丝营私网利疏至，命侍郎黄炳如四川按其事，以珽偕炳还奏，事实，下法司汇谳。寻议珽挟诈怀私，受夔关税银、富顺县盐规，冒销库帑，并得如丝银六万六千、金九百，谗毁钟琪，交结查嗣庭，凡十八事，应斩决，妻子入辛者库，财产没入官，命改斩监候。

六年，管理正白旗信郡王德昭又奏珽家藏朱批奏折三件未缴进，大不敬，应立斩，诏逮至京师。初，珽故吏知县黄振国坐事夺官，珽荐起河南信阳知州，巡抚田文镜劾贪劣不法。李绂自广西巡抚迁直隶总督，入对，力陈振国无罪，御史谢济世劾文镜亦及之，言与绂合。上疑绂与济世为党，召绂还京师，戍济世。及珽至，谕暴珽等结党欺罔、倾陷文镜诸罪状，命斩振国，珽仍改斩监候，下狱。十三年，高宗即位，赦免。乾隆八年，卒。

谢济世，字石霖，广西全州人。康熙四十七年，举乡试第一。五十一年，成进士，改庶吉士，授检讨。雍正四年，考选浙江道御史。未浃旬，疏劾河南巡抚田文镜营私负国，贪虐不法，列举十罪。上方倚文镜，意不怿，命还济世奏，济世坚持不可。上谕曰："文镜秉公持正，实心治事，为督抚中所罕见者，贪赃坏法，朕保其必无，而济世于督抚中独劾文镜，朕不知其何心？朕训诫科道至再至三，诚以科道无私，方能弹劾人之有私者。若自恃为言官，听人指使，颠倒是非，扰乱国政，为国法所不容。朕岂不知诛戮谏官史书所戒？然诛戮谏官之过小，酿成人心世道之害大。礼义不愆，何恤于人言，朕岂恤此区区小节哉？"夺济世官，下大学士、九卿、科道会鞫，济世辨甚力。刑部尚书励杜讷问："指使何人？"对曰："孔、孟。"问："何故？"曰："读孔、孟书，当忠谏。见奸弗击，非忠也！"谳上，以济世所言风闻无据，显系听人指使，要结朋党，拟斩。

文镜劾属吏黄振国、邵言纶、汪诚等，李绂讼言其枉，并谓河南诸吏张球最劣，文镜纵弗纠。入对，具为上言之。上先入文镜言，不直绂，而济世罪状文镜又及枉振国、言纶、诚庇球诸事。上召大学士、九卿、科道等入见，举前事，谓："济世言与绂奏一一吻合，今诘济世劾文镜诸事，济世皆茫无凭据，俯首无词，是其受人指使，情弊显见。"命夺济世官，往阿尔泰军前效力赎罪。济世至军，大将军平郡王福彭颇敬礼之，济世讲学著书不稍辍。七年，振武将军顺承郡王锡保以济世撰《古本大学注》毁谤程、朱，疏劾，请治罪。上摘"见贤而不能举"两节注，有"拒谏饰非，拂人之性"语，责济世怨望讪上，下九卿、翰詹、科道议罪。有陆生楠者，自举人选授江南吴县知县，引见，上有所诘问，不能对，改授工部主事。复引见，上见其傲慢，以其广西人，疑与济世为党，命夺官发军前，令与济世同效力。生楠撰《通鉴论》十七篇，锡保以为非议时政，别疏论劾。上并下九卿、翰詹、科道议罪，寻议济世讪讪怨望，怙恶不悛，生楠愤懑猖狂，悖逆恣肆，皆于军前正法。上密谕锡保诛生楠，缚济世使视，生楠既就刑，宣旨释之。

济世在戍九年，高宗即位，诏开言路，为建勋将军钦拜草奏，请责成科道严不言之罚，恕妄言之罪，上嘉纳焉。旋召济世还京师，复补江南道御史。济世以所撰《大学注》、《中庸疏》进上，略言："《大学注》中，九卿、科道所议讽刺三语，臣已改删，惟分章释义，遵古本不遵程、朱，习举业者有成规，讲道学者无厉禁。千虑一得，乞舍其瑕而取其瑜。"得旨严饬，还其书。乾隆二年，济世疏曰："臣今所言者有二：一曰去邪勿疑，一曰出令勿贰。有罪而复用，如程元章、哈元生者，舆论犹有怨词；至于隆升，国人皆曰不可，犹未罢斥。不惟不罢斥隆升而已，如王士俊以加赋为垦荒，肆毒中州，又请为田文镜立贤良祠。皇上既深恶之，乃调回而仍用，逮勘而复赦，乃者清问及之，议者谓将用为藩臬。藩臬总一省刑名钱谷，岂辜恩负罪之督抚所能胜任乎？《易》言涣汗，《礼》称纶绰，信而已矣。今则元年谕旨，二年即废格或改易矣；特谕停止在任守制，近日督抚又渐次请行。天下之大，何患无才？《记》曰'金革无辟'，又曰'君子不夺人之亲'，安用此食禄忘亲者为哉？特谕监生准入场不准考职。昨世宗升祔恩诏，监生仍准考职。考职者入仕之门，既准捐监，又准考职，复开捐例之张本也。即止给虚衔，不准实授，而后命前命相违，亦不宜如此。臣闻不退不远，《大学》所讥，世间君子少、小人多，已败露者不行放流，未败露者益无忌惮。若发号施令，小人得以摇夺，君子无所适从，国事未有不隳者也。"

三年，疏言："母蒋年七十一，行动艰难，耳目昏愦。臣欲归养，则贫不能供甘旨；欲迎养，则老不能任舟车；欲归省，则往返动经半年。在家不过数月，乍逢又别，既别难逢，慈母之涕泪相添，游子之方寸终乱。臣才不称道府，例又从无自请迁转。乞敕部以州县降授湖南、广东，量予近地，臣得母子聚首，无任哀恳。"上特授济世湖南粮储道。

八年，济世闻衡阳知县李澎征赋纵丁役索浮费，易服伪为乡民纳赋者以往，察得实。善化知县樊德贻与同弊，济世详劾。巡抚许容庇德贻等，以济世荡检逾闲列状入告。上命解任，交总督孙嘉淦会鞫，济世捕衡阳丁役下长沙知府张琳，谳得征收浮费有据。容令岳常澧道仓德代济世，布政使张璨附容指，贻书仓德，令更易长沙府详牒。仓德初官给事中，尝劾济世奏事失仪，至是不直璨所为，发其书上嘉淦及漕运总督顾琮，嘉淦庇容，寝其事。谕仓德委曲善处，琮咨都察院奏闻。御史胡定纠容挟私诬劾，采湖南民谣，斥容与璨等朋谋倾济世。上命侍郎阿里衮如湖南会嘉淦莅治，而仓德以嘉淦寝其事，复揭都察院奏闻。上责嘉淦草率扶同，召还京师，解容、璨任，夺琳、德贻、澎官。阿里衮寻奏济世被诬劾，请复官，容、璨及按察使王玠馆坐夺官，上命并罢嘉淦，而奖仓德及定，调济世驿盐道。

蒋溥代为巡抚，嗛济世密进所著书，斥为离经畔道，上曰："朕不以语言文字罪人。"置不问。未几，复言其老病，乃命休致。归家居十二年，卒，年六十有八。

陈学海，字志澄，江西永丰人。康熙五十二年进士，改庶吉士。与济世友，授山东恩县知县，行取刑部主事，迁员外郎。文镜劾振国等，上遣侍郎海寿、史贻直往按，请以学海从，得文镜欺罔状，将以实入告，继乃反之，学海争不得。使还，擢御史，尝以语济世，济世用是劾文镜。既谴，学海不自安，次年，以病告。都察院劾伪病，并及与济世交关状，夺官，命与济世同效力军前。雍正七年，召还，授检讨。十一年，卒。

论曰：田文镜与鄂尔泰、李卫同为世宗所激赏。高宗谓三人者文镜为最下，允哉！文镜驭属吏苛急，待士尤虐。绂固以好士得时誉，宜其恶之深，而所争以为枉者，为斑所荐吏。济世又继以为言，世宗疑斑使绂入告，不纳；又嗾济世露章论劾，互相结，务欲倾文镜。狱遂不可解，然终未即诛死。高宗嗣服，诸人皆得渝被，绂复起，济世亦见用。孰谓世宗严？不肯戮谏臣，固明言之矣。

卷二百九十四　　列传八十一

李卫　田文镜　宪德　诺岷
陈时夏　王士俊

李卫，字又玠，江南铜山人。入赀为员外郎，补兵部。康熙五十八年，迁户部郎中。世宗即位，授直隶驿传道，未赴，改云南盐驿道。雍正二年，就迁布政使，命仍管盐务。三年，擢浙江巡抚。四年，命兼理两浙盐政。疏言："浙江户口繁多，米不敷食。请拨盐政归公银十万，委员赴四川采运减粜，款归司库；有余，以修理城垣。"卫整理盐政，疏言："诸场有给丁滩荡者，以丁入地，计亩征收；无给丁滩荡者，暂令各丁如旧输纳。"又言："浙省私贩出没，以海宁长安镇为适中孔道，请设兵巡缉。"又言："江南苏、松、常、镇四府例食浙盐，镇江接壤，淮盐偷渡。请敕常镇道及京口将军标副将、城守参将等督饬将吏水陆巡缉。"五年，奏修海宁、海盐、萧山、钱塘、仁和诸县境海塘。

寻授浙江总督，管巡抚事。六年，奏言："江、浙界上盗贼藏匿，浙省究出从盗，咨江南震泽县捕治，竟以替身起解。案中诸盗，江南督臣范时绎留以待谳。今察出有举人金士吉等徇庇，当请褫夺，并提江南所留诸盗穷究党羽，剪除巢穴。"得旨嘉奖。温、台接壤，濒海有玉环山，港噐平衍，土性肥饶。前总督满保因地隔海汊，禁民开垦。卫遣吏按行其地，奏请设同知，置水陆营汛。招民垦田、于本年起科；设灶煎盐，官为收卖；渔舟入海，给牌察验；鱼盐征税，充诸项公用。卫经画浙东诸县水利：鄞县大嵩港溉田数万亩，岁久淤浅，卫令疏浚，筑塘建闸，开支河溉田。镇海灵岩、大丘二乡有浦口通海，旧有闸已圮，卫令修筑。定海多旷土，卫令察丈清理。上虞濒海潮汐没民田，卫为奏请除额；县有夏盖湖，积淤多已成田，卫令察丈，许民承业升科。

上以江南多盗，时绎及巡抚陈时夏非戢盗之才，命苏、松等七府五州盗案，令卫兼领，将吏听节制。时议增筑松江海塘，并以旧塘改土为石，上复以时绎未能董理，

令卫勘议。卫诣勘，奏言："松江海塘已筑二千四百余丈，未筑者当令仿效海盐旧塘，石塘后附筑土塘，宜一例高厚，岁派员修治。"上从之，仍令卫会时绎、时夏董理。上以卫留心营务，江南军政举劾，复命卫会同考核。寻遣侍郎彭维新等如江南清察诸州县积欠钱粮，亦令卫与闻。七年，加兵部尚书。入觐，遭母丧，命回任守制。寻复加太子少傅。江宁有张云如者，以符咒惑民，卫遣诇察，得其党甘凤池、陆同庵、蔡思济、范龙友等私相煽诱状。八年，卫令游击马空北往捕，时绎故与云如往还，与按察使马世烆庇不遣，贿空北还禀卫。卫疏劾，上遣尚书李永升会鞫，时绎夺官，世烆、空北皆坐遣，云如等论斩。九年，疏请改定苏州府营制。

卫在浙江五年，莅政开敏，令行禁止。上以查嗣庭、汪景祺之狱，停浙江人乡会试，卫以文告严督。逾年，与观风整俗使王国栋疏言两浙士子感恩悔过，士风丕变，乃命照旧乡会试。上督责各直省清厘仓库亏空、钱粮逋欠，卫召属吏喻意，簿书、期会、吏事皆中程，民间亦无扰。

十年，召署刑部尚书，授直隶总督，命提督以下并受节制。十一年，疏劾步军统领鄂尔奇坏法营私，紊制扰民。上为夺鄂尔奇官，命果亲王及侍郎莽鹄立、海望按治，得实，请罪鄂尔奇。上以鄂尔奇为鄂尔泰弟，曲宥之；奖卫，命议叙。乾隆元年，命兼管直隶总河，裁营田观察使，敕卫核议。卫请以营田交诸州县收管，分辖通永、霸易、天津、清河、大名五道，统率经理。下部如所议。二年，疏发诚亲王府护卫库克与安州民争淤池，赴州嘱托。上保治库克罪，嘉卫执法秉公，赐四团龙补服。三年，疏劾总河朱藻贪劣，藻弟蘅挟制地方官，干预赈事。上命尚书讷亲、孙嘉淦按治，夺藻官，并罪蘅如律。

卫在直隶六年，莅政如在浙江时。屡奏请审正府县疆界，改定营汛，增置将吏。卫尤长于治盗。盗匿山泽间，诇得其踪迹，遣将吏捕治，必尽得乃止。以是所部乃无盗。病作，乞解任，遣御医诊视。卒，赐祭葬，谥敏达。

世宗在藩邸，知卫才，眷遇至厚，然察卫尚气，屡教诫之。其在云南，或有馈于卫，卫又令制"钦用"牌入仪仗。上谕之曰："闻汝恃能放纵，操守亦不纯。川马骨董，俱当检点。又制'钦用'牌，是不可以已乎？尔其谨慎，毋忽！"卫奏言："受恩重，当不避嫌怨。"上又谕之曰："不避嫌怨，与使气凌人、骄慢无礼，判然两途。汝宜勤修涵养，勉为全人，方不负知遇。"及赴浙江，时河决朱家海，上命中途与河道总督齐苏勒议施工。卫见齐苏勒，决口已合龙，议颇不相协。卫录问答语以闻。会卫族弟怀谨等居乡放纵，卫令淮徐道捕送拘禁，族人腾谤。卫疏言："臣开罪范时绎，又与齐苏勒不无芥蒂，皆臣本籍大吏，恐因家事心迹难明。"上谕之曰："时绎不足论，齐苏勒与有芥蒂，或汝礼貌疏慢所致，咎不在齐苏勒。凡审事辨公私最为不易，向日于邻里乡党间先存嫌怨，则又当别论。朕每言公中私、私中公，枢机正在于此。"及在直隶，上复谕之曰："近有人谓卿任性使气，动辄肆詈。丈夫立身行己，此等小节不能操持，尚何进德修业之可期？当时自检点，从容涵养。"

高宗南巡，见西湖花神庙卫自范像并及其妻妾，号"湖山神位"，谕曰："卫仰借皇考恩眷，任性骄纵，初非公正纯臣。托名立庙，甚为可异！"命撤像毁之。

田文镜，汉军正黄旗人。康熙二十二年，以监生授福建长乐县丞，迁山西宁乡知县，再迁直隶易州知州。内擢吏部员外郎，历郎中，授御史。五十五年，命巡视长芦盐政，疏言："长芦盐引缺额五万七千余道，商人愿先输课，增复原引。自五十六年为始，在长清等县运行。"得旨："加引虽可增课，恐于商无益。"下九卿议行。山东巡抚核定题覆如所议。寻擢内阁侍读学士。雍正元年，命祭告华岳。是岁山西灾，年羹尧入觐，请赈。上谘巡抚德音，德音言无灾。及文镜还，入对，备言山西荒歉状。上嘉其直言无隐，令往山西赈平定等诸州县，即命署山西布政使。

文镜故有吏才，清厘积牍，剔除宿弊，吏治为一新。自是遂受世宗眷遇。二年，调河南，旋命署巡抚。疏请以陈、许、禹、郑、陕、光六州升直隶州。寻命真除。文镜希上指，以严厉刻深为治，督诸州县清通赋，辟荒田，期会促迫。诸州县稍不中程，谴谪立至。尤恶科目儒缓，小忤意，辄劾罢。疏劾知州黄振国，知县汪諴、邵言纶、关濒等。上遣侍郎海寿、史贻直往按，谴黜如文镜奏。四年，李绂自广西巡抚召授直隶总督，道开封，文镜出迓。绂责文镜不当有意蹂躏读书人，文镜密以闻，并谓绂与振国为同岁生，将为振国报复。绂入对，言振国、言纶、諴被论皆冤抑，知县张球居官最劣，文镜反纵不纠。文镜言，置不问。球先以盗案下部议，文镜引咎论劾。是冬，御史谢济世劾文镜营私负国、贪虐不法，凡十事，仍及枉振国、言纶、諴，庇球诸事，与绂言悉合。上谓济世与绂为党，有意倾文镜，下诏严诘，夺济世官，遣从军，振国、諴论死，戍言纶、濒于边。振国故蔡珽属吏，既罢官，以珽荐复起。及珽得罪，上益责绂、珽、济世勾结党援，扰国政，诬大臣，命斩振国。

文镜疏请以河南丁银均入地粮，绅衿富户，不分等则，一例输将，以雍正五年始。部议从之。五年，疏言黄河盛涨，险工迭出。宜暂用民力，每岁夏至后，将距堤一二里内村庄按户出夫，工急抢护，事竟则散。若非计日可竣者，按名给工食。下部议行。寻授河南总督，加兵部尚书。文镜初隶正蓝旗，命抬入正黄旗。六年，上褒文镜公正廉明，授河南山东总督，谕谓此特因人设官，不为定例。文镜疏言："两省交界地易藏匪类，捕役越界，奸徒夺犯，每因拒劫，致成人命，彼界有司仍复徇庇。请嗣后越界捕盗，有纵夺徇庇者，许本省督抚移咨会劾。"上从之。文镜先以河南漕船在卫辉水次受兑，道经直隶大名属浚、滑、内黄三县，隔省呼应不灵。请以三县改归河南。既，又以河南征漕旧例，河北三府起运本色，余皆折征，在三府采买，偏重累民。请以仪封、考城及新改归河南浚、滑、内黄等五县增运本色。距水次最远灵宝、阌乡二县，减办米数，归五县征输。南阳、汝宁诸府，光、汝诸州，永宁、嵩、庐氏诸县，皆以路远停运，分拨五县协济，按道路远近，石加五分至二钱三分各有差。又疏言："山东仓库亏空，挪新掩旧。请如河南交代例，知府、直隶州离任，所辖州县仓库，令接任官稽察，如有亏空，责偿其半，方得赴新任。道员离任，所辖府、直隶州仓库亦视此例。"又疏言："山东钱粮积亏二百余万，雍正六年钱粮应届全完之限，完不及五分，由于火耗太重、私派太多。请敕山东巡抚、布政使协同臣清察，期以半年参追禁革，毋瞻徇，毋容隐。"上皆用其议。七年，请设青州满洲驻防兵，屯府北东阳城址，下议政王大臣议行。寻加太子太保。疏请以高唐、濮、东平、莒四州升直隶州，改济宁直隶降隶兖州府。

旋命兼北河总督。是岁山东水灾，河南亦被水，上命蠲免钱粮。文镜奏今年河南被水州县，收成虽不等，实未成灾，士民踊跃输将，特恩蠲免钱粮，请仍照额完兑。部议应如所请，上仍命文镜确察歉收分数，照例蠲免，现兑正粮，作下年正供。九年，谕曰："上年山东有水患，河南亦有数县被水，朕以田文镜自能料理，未别遣员治赈。近闻祥符、封丘等州县民有鬻子女者。文镜年老多病，为属吏欺诳，不能抚绥安集，而但禁其鬻子女，是绝其生路也。岂为民父母者所忍言乎？"并令侍郎王国栋如河南治赈。文镜以病乞休，命解任还京师。病瘳，仍命回任。十年，复以病乞休，允之。旋卒，赐祭葬，谥端肃。命河南省城立专祠。又以河道总督王士俊疏请，祀河南贤良祠。

高宗即位，尚书史贻直奏言士俊督开垦，开捐输，累民滋甚。上谕曰："河南自田文镜为督抚，苛刻搜求，属吏竞为剥削，河南民重受其困。即如前年匿灾不报，百姓流离，蒙皇考严饬，遣官赈恤，始得安全，此中外所共知者。"并命解士俊任，语详《士俊传》。乾隆五年，河南巡抚雅尔图奏河南民怨丑文镜，不当入河南贤良祠。上谕曰："鄂尔泰、田文镜、李卫皆皇考所最称许者，其实文镜不及卫，卫又不及鄂尔泰，而彼时三人素不相合。雅尔图见朕以卫祀贤良，借文镜之应撤，明卫之不应入。当日王士俊奏请，奉皇考允行，今若撤出，是翻前案矣！"寝雅尔图奏不行。

宪德，西鲁特氏，尚书明安达礼孙也。父善，官头等侍卫。宪德初以荫生授理藩院主事，再迁刑部郎中。雍正四年，授湖北按察使。时布政使张圣弼坐亏空论罪，宪德上官，圣弼诣谒，宪德下诸狱。疏闻，上奖其能执法。寻就迁巡抚。

五年，调四川。张献忠之乱，四川民几尽。乱初定，吴三桂叛，其将吴之茂、王屏藩等入川，与我师久相持，民受其害，土旷人稀。康熙间，休养久，垦辟渐广，经界未正，田粮多不实。巡抚马会伯奏请清丈，已调湖北未行，上以谘宪德。宪德奏："四川昔年人民稀少，田地荒芜。及至底定，归复祖业，从未经勘丈，故多所隐匿。历年既久，人丁繁衍。奸猾之徒，以界畔无据，遂相争讼。川省词讼，为田土者十居七八，亦非勘丈无以判其曲直。"上复谘川陕总督岳钟琪，奏与宪德略同，乃下九卿议行。遣给事中高维新、马维翰、御史吴鸣虞、吴涛如四川，会同松茂、建昌、川东、永宁四道分往诸州县丈量；维新永宁道，维翰建昌道,鸣虞松茂道,涛川东道。鸣虞先期示复明旧额,宪德阻止之。他道凡民间屋基、坟墓、界埂、水沟、园林皆不入勘丈,鸣虞独不然,民惊扰,又需索丈费。宪德疏请罢鸣虞,维新事先竟,上令续勘松茂道。涛治事迂钝,维翰事亦竟,宪德请以佐涛。万县民诉涛丈量不公,悬旗聚众,垫江、忠州民亦以为言。维新松茂道事又竟,宪德又疏请罢涛,以维新、维翰勘川东道。七年十一月,通省勘丈毕。旧册载上、中、下田地都计二十三万余顷,丈得四十四万余顷,增出殆及半;而诸土司地纳粮以石计,亦次第具报,视原额加增。户部奏请视丈出田地照则征粮,上谕曰:"从前隐瞒,科则止据实更定,毋追咎。至额粮稍重诸州县,即比照就近适中科则核减,俾纾民力。"宪德奏:"各属征粮科则,轻重悬殊。原重通江诸县,吁请减轻;原轻郫、灌、温江三县,亦据实呈请愿增。臣等拟原重田地,令与接壤地方相等比照科算;原轻田地,亦应按则加增,不致小民偏枯委曲。"于是成都、华阳、新津、郫、温江、长寿诸县俱增上则,灌县增中则,绵州、绥宁改分上、中、下三则,江油增下则,潼川、屏山、雅州、名山、荣经、芦山、峨眉、夹江、通江赋偏重,均视邻县量减,巴县赋最轻,上田不及一分,以地瘠不增,他州县皆仍旧则。其有丈见田少粮多,经原户声请,皆予开除。上命招他省民入川开垦丈增田亩,宪德奏请以丈增地亩分科则编字号,计数均分,户给水田三十亩,或旱地五十亩;有余丁,增水田十五亩或旱地二十五亩。丁多不能养赡,临时酌增。或有多余三五亩,亦一并给垦。畸零不成丘段者,酌量安置,给以照票,并牛种口粮,分年升科。皆下部如所议行。

八年,垫江、忠州民杨成勋等群聚为乱,署川陕总督查郎阿遣兵捕治,成勋自经死。获其徒陈文魁、杨成禄等,得所为怨白,言祸起戊申年奉旨清丈,科派需索累民。查郎阿疏闻,谕曰:"四川清丈之议,始于马会伯,而成于宪德。朕慎选科臣前往料理,诚以剔除积弊,安插善良,并非为加增赋税而起。勘丈造册,各官供应,皆令动帑支给,不使几微烦扰我民。今年事竟,宪德具本代川民谢恩,谓通省士民,咸称清理疆界,使强无兼并,弱无屈抑;又将田不敷粮之户,悉予开除。疆界既已分明,额赋尤为公溥,朕以为经理得宜矣,岂意奸民啸聚,竟以清丈苛虐为言?怨白称奉旨清丈,岂宪德等但以清丈称为奉旨,于前者奏请未晓谕于众耶?陈文魁诉状,如称颂川省上司,是必宪德等沽誉干名,何不将朕德意宣播,而乃蒙混含糊,使奸民得以藉口耶?宪德既称通省士民欢呼感戴,何以尚有陈文魁等暗结邪党,肆行诽谤?可见平日化导未周,董戒不力,令宪德将朕此旨刊布晓谕。"

宪德抚四川七年,屡请更定州县疆界,有所省置,收天全土司改流设州,并升雅州为府隶焉。宪德议开紫古矿厂,会儿斯堡生番入边杀掠商民,上令封闭。宪德以川省米贵,请暂停商贩。逾年得稔,上令弛禁毋遏籴。初上官,以四川驿、盐、茶三政皆属按察使兼领,未足司稽核,请增设驿盐道专司其事,从之。及清丈事将竟,奏言盐、茶积弊,请令清查地亩科道诸员兼司搜查。上谕曰:"川省盐、茶既特设道员,自有责成,如不能胜任,当予参劾,别择贤能。盐、茶积弊,相沿已久,应从容清理,安可如此严急?奏请搜查,更属谬妄。汝诸事料理过于促迫,不肯实心任事,于此奏毕见,后当深戒。"十一年,宪德奏盐道曹源邠混发引目累商,谕曰:"盐课引务,汝有督率之责。曹源邠果不法,当列款纠参。若止改拨不当,何难商酌更正。今但请敕部察议,将盬政视如无涉,诚不知汝何意?朕甚鄙汝玷督抚统辖训饬之任也!"

寻召还京,授工部尚书。十二年,调刑部,仍兼工部,署正红旗满洲都统。乾隆元年,命赴泰陵督工。五年,卒。子梦麟,自有传。

诺岷,纳喇氏,满洲正蓝旗人。先世居辉发。祖恩国泰,习汉书,天聪八年举人,直秘书院,授礼部理事官,洊擢尚书。父那敏,官镶黄旗满洲都统。

诺岷,自笔帖式授户部主事,再迁郎中。雍正元年,擢内阁学士,授山西巡抚。各直省征赋,正供外旧有耗羡,数多寡无定。州县以此供上官,给地方公用而私其余;上官亦往往藉公用,檄州县提解因以自私。康熙间,有议归公者,圣祖虑官俸薄,有司失耗羡,虐取于民,地方公用无从取办,寝其议不行。诺岷至山西,值岁屡歉,仓库多亏空。诺岷察诸州县亏空尤甚者,疏劾夺官,离任勒追;余州县通行调任,互察仓库;并虑州县不得其人,请敕部选贤能官发山西补用。二年,诺岷疏请将通省一岁所得耗银提存司库,以二十万两留补无著亏空,余分给各官养廉。各官俸外复有养廉自此起。

布政使高成龄奏言:"直省钱粮向有耗羡,百姓既以奉公,即属朝廷财赋。臣愚以为州县耗羡银两,自当提解司库,凭大吏酌量分给,均得养廉。且通省遇有不得已例外之费,即以是支应。至留补亏空,抚臣诺岷先经奏明,臣请敕下各直省督抚,俱如诺岷所奏,将通省一岁所得耗银约计数目先行奏明,岁终将给发养廉、支应公费、留补亏空各若干一一陈奏,则不肖上司不得借名提解,自便其私。"上命总理事务王大臣九卿集议,议略谓提解火耗,非经常可久之道,请先于山西试行。上谕曰:"州县火耗原非应有之项,因通省公费、各官养廉不得不取给于此。朕非不愿天下州县丝毫不取于民,而势有所不能。州县征收火耗分送上司,州县藉口而肆贪婪,上司瞻徇而为容隐,此从来之积弊所当削除者也。与其州县存火耗以养上司,何如上司拨火耗以养州县。至请先于山西试行,此言尤非。天下事惟有可行不可行两端。譬如治病,漫以药试之,鲜有能愈者。今以山西为试,朕不忍也。提解火耗,原一时权宜之计;将来亏空清楚,府库充裕,有司皆知自好,各省火耗自渐轻以至于尽革,此朕之深愿。各省能行者听,不行者亦不强也。"自后各直省督抚以次奏请视山西成例提解耗羡,上以诺岷首发议,谕奖其通权达变,于国计民生均有裨益。上屡饬各省督察有司,耗羡既归公,不得巧立名目,复有所取于民。给养廉,资公用,尚有所余,当留备地方公事。河南耗羡余款最多,特免地丁钱粮四十万,即以所余抵补。上谕谓此项出自民间,若公用充裕,仍当加恩本地官民，不令归入公帑也。三年，诺岷以病乞假，命回旗调理。

初，贝子允䄉以罪徙西宁，道出平定，太监李大成殴诸生，诺岷按谳，以大成方病，置未深究。上责诺岷瞻徇，命继任巡抚伊都立覆谳，罪大成，夺诺岷官。十二年，卒。

陈时夏，字建长，云南元谋人。康熙四十五年进士，考授内阁中书。三迁工部郎中，考选广西道御史。雍正元年，授河南开归道，仍带御史衔。寻奏河北连年歉收，请发帑治赈，蠲免钱粮，上嘉允之。二年，迁湖北按察使，以在开归道任封丘生员罢考，坐不能弹压，夺官。三年，授直隶正定知府。四年，迁长芦盐运使，加布政使衔，署江苏巡抚。疏陈苏、松水利，请发帑兴工。命副都统李淑德、原任山东巡抚陈世倌会勘，议先浚娄江、常熟福山塘、昭文白茆河、太仓七浦河、上海嘉定吴淞江、武进孟渎、德胜新河、丹阳九曲河次第疏治。时复疏言江南钱粮，请视直隶、河南正耗统解布政使，督抚以下各给养廉，地方公事用耗银报销，从之。上知时夏有老母，命云南督抚赠资斧，护至苏州，复赐人参。

六年，江苏布政使张坦麟调山东，时夏以坦麟任内钱粮未清，疏请停赴新任；坦麟亦奏时夏令新任布政使赵向奎勒掯交代。上责时夏褊浅，才识不足，不能胜巡抚，命改署山东布政使，即以坦麟署江苏巡抚。是时江苏巡抚所属七府五州，自康熙五十一年至雍正四年，积欠地丁钱粮至八百十三万有奇，巡抚张楷请分年带征。及时夏至江苏，催追促迫，民艰于输纳，事久未竟，上命时夏留江苏会办亏空。时夏请以旧欠均派新粮，分年征收，上谕曰：“旧欠自有本人，舍此不追而均派新粮，是刁民因积欠而得利，良民因无输而倍征。从此人人效尤，谁复输供正赋？且旧欠派入新粮，必致旧欠未完，新粮又欠。时夏因朕留之于苏，乃欲藉此草率完结。命暂停征比，交新任巡抚尹继善清察。”上又遣侍郎彭维新等佐尹继善察出积欠实一千万有奇，上命以其中侵蚀、包揽四百数十万分十年带征，民欠五百数十万分二十年带征，并令视直隶、河南诸省已行例，每岁带征若干，次年免正赋若干。谕谓“蠲逋赋使顽户偏蒙其泽，不若免新征使众民普受其惠也”。

七年，尹继善劾时夏所举知县蔡益仁贪黩不职，下部议，降调。八年，以母忧归。十二年，诣京师，命以金都御史衔授霸州营田观察使。奏文安、大城两县界内修筑横堤，请于堤东南尚家村建闸，堤内浚河，引子牙河水溉田，仍于北岸多用涵洞，俾水得宣泄。乾隆二年，奏请用区田法，选属吏租民地试行。皆从之。授内阁学士。三年，卒。

王士俊，字灼三，贵州平越人。康熙六十年进士，改庶吉士。雍正元年，上特命以知州发河南待缺，除许州。田文镜为巡抚，恶以科第起家者，有意督过之，士俊惧将及。文镜增硃地税，民不堪，士俊具牒争，冀以是劾罢邀名。布政使杨文乾奇士俊，曲护之。三年，文乾迁广东巡抚，奏以士俊从。四年，题授肇高廉罗道。五年，署巡抚阿克敦察士俊所辖黄江厂税亏税银千余，疏劾。上谕之曰：“王士俊尚有用，小过犹可谅。当严饬令悛改。”寻召士俊诣京师。士俊发黄江厂库官为布政使官达索规礼，阿克敦即令官达按鞫。士俊请改员严讯，阿克敦令按察使方愿瑛会鞫。士俊即以阿克敦、官达、方愿瑛朋谋徇私，揭吏部奏闻。会文乾亦以他事劾阿克敦、官达，上命解官达、愿瑛任，令总督孔毓珣及文乾会鞫，并令士俊署布政使。士俊行至曲江，闻命，还广东上官。会文乾卒，上命傅泰署巡抚，复遣通政使留保等如广东会鞫，阿克敦等皆坐遣。六年，实授广东布政使。九年，擢湖北巡抚。

十年，文镜解任还京师，擢士俊河东总督，兼河南巡抚。十一年，疏劾学政俞鸿图纳贿行私，命侍郎陈树萱按鞫，得实，鸿图坐斩。文镜在河南督州县开垦，士俊承其后，督促益加严，又令州县劝民间捐输。高宗即位，户部尚书史贻直奏言："河南地势平衍，沃野千里，民性纯朴，勤于稼穑，自来无土不耕，其不耕者大都斥卤沙碛之区。臣闻河南各属广行开垦，一县中有报开十顷、十数顷至数十顷者，积算无虑数千顷，安得荒田如许之多？推求其故，不过督臣授意地方官多报开垦，属吏迎合，指称某处隙地若干、某处旷土若干，造册申报。督臣据其册籍，报多者超迁议叙，报少者严批申饬，或别寻事故，挂之弹章。地方官畏其权势，冀得欢心，讵恤后日官民受累，以致报垦者纷纷。其实所报之地，非河滩沙砾之区，即山凹萃确之地；甚至坟墓之侧，河堤所在，搜剔靡遗。目下行之，不过枉费民力，其害犹小；数年后按亩升科，指斥卤为膏腴，勘石田以上税，小民将有鬻儿卖女以应输将者。又如劝捐，乃不得已之策，今则郡县官长，驱车郭门，手持簿籍，不论盐当绅民，慰以好言，令其登写，旋索赍镪。地方官一年数换，则籍簿一年数更，不惟大拂民心，亦且有损国体。请敕廉明公正大臣前往清察。"上谕曰："田文镜为总督，苛削严厉，河南民重受其困。士俊接任，不能意惠养，借垦地之虚名，成累民之实害。河南民风淳朴，竭蹶以从，甚属可嘉。然先后遭苛政，其情亦至可悯矣！河南仍如旧例，止设巡抚。"以傅德代士俊。士俊至京师，命署兵部侍郎。

乾隆元年，复命署四川巡抚。士俊在河南，上蔡知县贵金马奉檄开垦，迫县民加报地亩钱粮，武生王作孚等诣县辨诉。贵金马以聚众哄堂揭士俊，士俊谕定谳毋及开垦，妄坐作孚等勒减盐价，拟斩。傅德疏劾，下部议，士俊当夺官，上命仍留任。

士俊密疏陈时政，略言："近日条陈，惟在翻驳前案，甚有对众扬言，只须将世宗时事翻案，即系夕条陈。传之天下，甚骇听闻。"又言大学士不宜兼部，又言各部治事，私揣某省督抚正在褒嘉，其事宜准；某省督抚方被诘责，其事宜驳。不论事理当否，专以逢合为心。又言廷臣保举，率多徇情，甚或藉以索贿。上览奏，怒甚，发王大臣公阅。御史舒赫德因劾："士俊奸顽刻薄，中外共知。其为河南总督，勒令州县虚报垦荒，苦累小民。近日巡抚傅德论劾，外间传说士俊已命逮治，皇上犹冀其改恶向善，曲赐矜全。乃士俊丧心病狂，妄发悖论，请明正其罪。"上召王、大臣、九卿等谕之曰："从来为政之道，损益随时，宽猛互济。《记》曰：'张而不弛，文武弗能；弛而不张，文武弗为。'尧因四岳之言而用鲧，鲧治水九载，绩用弗成；至舜而后殛鲧。当日用鲧者尧，诛鲧者舜，岂得谓舜翻尧案乎？皇考即位之初，承圣祖深仁厚泽，休养生息，物炽而丰；皇考加意振饬，俾纪纲整齐，此因势利导之方，正继志述事之善。迨雍正九年以来，人心已知法度，吏治已渐澄清，又未尝不敢崇宽简，相安乐易。朕缵承丕绪，泣奉遗诏，向后政务应从宽者悉从宽。凡用人行政，兢兢焉以皇考诚民育物之心为心，以皇考执两用中之政为政。盖皇祖、皇考与朕之心初无丝毫间别。今王士俊訾为翻驳前案，是诚何心？朕躬有阙失，惟恐诸臣不肯尽言；至事关皇考，而妄指前猷，谓有意更张，实朕所不忍闻。至谓大学士不宜兼部，大学士兼部正皇考成宪，士俊欲朕改之，是又导朕以翻案也，彼不过为大学士鄂尔泰而发。士俊河南垦荒，市兴利之善名，行剥民之虐政，使败露于皇考时，岂能宽宥？彼欲掩饰从前之罪，且中伤与己不合之人，其机诈不可胜诘。至谓部件题驳，怀挟私心，保举徇情，贪缘贿嘱，诸臣有则痛自湔除，无则益加黾勉，毋为士俊所讪笑，以全朕委任简用之体可也。"解士俊任，逮下刑部，王大臣等会鞫，请用大不敬律拟斩立决，命改监候。二年，释为民，遣还里。

六年，以争占瓮安县民罗氏墓地，纵仆殴民，民自经死，民子走京师叩阍。命副都御史仲永檀如贵州，会总督张广泗鞫，得实，论罪如律。二十一年，卒。

论曰：世宗以综核名实督天下，肃吏治，严盗课，实仓库，清逋赋，行勘丈，垦荒土，提耗羡，此其大端也。卫、文镜受上眷最厚，卫以敏集事，文镜以骄府怨；然当时谓卫、文镜所部无盗贼，斯亦甚难能矣。勘丈激乱，四川为最著；耗羡归公，山西为最先；田赋悬逋，江苏为最巨；开垦害民，河南为最剧。世宗亲决庶政，不归罪臣下，故诸ယ蒙褒，而宪德不尸其咎；时夏才短，事未究竟，亦不深责也。士俊及高宗初政，绌而犹用，乃创翻案之说，欲以荧主听，箝朝议。心险而术浅，其得遣宜哉。

卷二百九十五　　列传八十二

隆科多　年羹尧 胡期恒

　　隆科多，佟佳氏，满洲镶黄旗人，一等公佟国维子，孝懿仁皇后弟也。康熙二十七年，授一等侍卫，擢銮仪使，兼正蓝旗蒙古副都统。四十四年，以所属人违法，上责隆科多不实心任事，罢副都统、銮仪使，在一等侍卫上行走。五十年，授步军统领。五十九年，擢理藩院尚书，仍管步军统领。六十一年十一月，圣祖大渐，召受顾命。世宗即位，命与大学士马齐总理事务，袭一等公，授吏部尚书。旋以总理事务劳，加一等阿达哈哈番，以其长子岳兴阿袭。次子玉柱，自侍卫授銮仪使。雍正元年，与川陕总督年羹尧同加太保。二年，兼领理藩院事。纂修《圣祖实录》、《大清会典》并充总裁，监修《明史》。复与羹尧同赐双眼花翎、四团龙补服、黄带、紫辔。

　　三年，解步军统领。玉柱以行止甚劣，夺官，交隆科多管束。羹尧得罪，上以都统时捷疏劾欺罔贪婪诸状，及妄劾道员金南瑛等，并下吏部议处。上谕曰："前以隆科多、年羹尧颇著勤劳，予以异数，乃交结专擅，诸事欺隐。"命缴上所赐四团龙补服，并不得复用双眼花翎、黄带、紫辔。及议上，以时捷劾，请罢羹尧任；以妄劾南瑛，请严加治罪。上以前议徇庇，后议复过当，责隆科多有意扰乱，削太保及一等阿达哈哈番世职，命往阿兰善等处修城垦地，谕曰："朕御极之初，隆科多、年羹尧皆倚为心腹，毫无猜防。孰知朕视为一德，彼竟有二心，招权纳贿，擅作威福，欺罔悖负，朕岂能姑息养奸耶？向日明珠、索额图结党行私，圣祖解其要职，置之闲散，何尝更加信用？隆科多、年羹尧若不知恐惧，痛改前非，欲如明珠等，万不能也！殊典不可再邀，覆辙不可屡蹈，各宜警惧，毋自干诛灭。"四年，隆科多家仆牛伦挟势索赇，事发，逮下法司，鞫得隆科多受羹尧及总督赵世显、满保，巡抚甘国璧、苏克济贿。谳上，上命斩伦，罢隆科多尚书，令料理阿尔泰等路边疆事务。寻命勘议俄罗斯边界。

　　初，隆科多与阿灵阿、揆叙相党附，既又与羹尧交结。至是，上尽发阿灵阿、揆叙及羹尧罪状，宣示中外。又侍郎查嗣庭为隆科多所荐，坐悖逆诛死，上诘隆科多，隆科多不以实对。五年，宗人府复奏劾辅国公阿布兰以玉牒畀隆科多藏于家，阿布兰坐夺爵幽禁。上命夺隆科多爵，召还京，命王大臣会鞫。以圣祖升遐，隆科多未在上前，妄言身藏匕首以防不测；又自拟诸葛亮，奏称"白帝城受命之日，即死期将至之时"；上躬祀坛庙，妄谓防刺客，令于案下搜查；上谒陵，妄奏"诸王心变"。具狱辞：大不敬之罪五，欺罔之罪四，紊乱朝政之罪三，党奸之罪六，不法之罪七，贪婪之罪十六，凡四十一款，当斩，妻子入辛者库，财产入官。上谕曰："隆科多罪不容诛，但皇考升遐，大臣承旨者惟隆科多一人。今以罪诛，朕心有所不忍，可免其正法，于畅春园外筑屋三楹，永远禁锢；妻子免入辛者库，岳兴阿夺官，玉柱发黑龙江。"六年六月，隆科多死于禁所，赐金治丧。

　　年羹尧，字亮工，汉军镶黄旗人。父遐龄，自笔帖式授兵部主事，再迁刑部郎中。康熙二十二年，授河南道御史。四迁工部侍郎，出为湖广巡抚。湖北武昌等七府岁征匠役班价银千余，户绝额缺，为官民累。遐龄请归地丁征收，下部议，从之。疏劾黄梅知县李锦亏赋，夺官。锦清廉得民，民争完逋赋，诸生吴士光等聚众闭城留锦。事闻，上命调锦直隶，士光等发奉天，遐龄与总督郭琇俱降级留任。四十三年，遐龄以病乞休。

　　羹尧，康熙三十九年进士，改庶吉士，授检讨。迭充四川、广东乡试考官，累迁内阁学士。四十八年，擢四川巡抚。四十九年，斡伟生番罗都等掠宁番卫，戕游击周玉麟。上命年羹尧与提督岳升龙剿抚。升龙率兵讨之，擒罗都，羹尧至平番卫，闻罗都已擒，引还。川陕总督音泰疏劾，部议当夺官，上命留任。五十六年，越嶲卫属番与普雄土千户那交等为乱，羹尧遣游击张玉剿平之。

是岁，策妄阿喇布坦遣其将策凌敦多卜袭西藏，戕拉藏汗。四川提督康泰率兵出黄胜关，兵哗，引还。羹尧遣参将杨尽信抚谕之，密奏泰失兵心，不可用，请亲赴松潘协理军务。上嘉其实心任事，遣都统法喇率兵赴四川助剿。五十七年，羹尧令护军统领温普进驻裏塘，增设打箭炉至裏塘驿站，寻请增设四川驻防兵，皆允之。上嘉羹尧治事明敏，巡抚无督兵责，特授四川总督，兼管巡抚事。五十八年，羹尧以敌情叵测，请赴藏为备。廷议以松潘诸路军事重要，令羹尧毋率兵出边，檄法喇进师。法喇率副将岳钟琪抚定里塘、巴塘。羹尧亦遣知府迟维德招降乍丫、察木多、察哇诸番目，因请召法喇师还，从之。

五十九年，上命平逆将军延信率兵自青海入西藏，授羹尧定西将军印，自拉里会师，并谘羹尧孰可署总督者。羹尧言一时不得其人，请以将军印畀护军统领噶尔弼，而移法喇军驻打箭炉，上用其议。巴塘、里塘本云南丽江土府属地，既抚定，云贵总督蒋陈锡请仍隶丽江土知府木兴；羹尧言二地为入藏运粮要路，宜属四川，从之。兴率兵往收地，至喇皮，击杀番酋巴桑，羹尧疏劾。上命逮兴，囚云南省城。八月，噶尔弼、延信两军先后入西藏，策凌敦多卜败走，西藏平。上谕羹尧护凯旋诸军入边，召法喇还京师。

羹尧寻遣兵抚定里塘属上下牙色、上下雅尼，巴塘属桑阿坝、林卡石诸生番。六十年，入觐，命兼理四川陕西总督，辞，还镇，赐弓矢。上命噶尔弼率兵驻守西藏，行次泸定桥，噶尔弼病不能行，羹尧以闻。上命公策旺诺尔布署将军，额驸阿宝、都统武格参赞军务，驻西藏。青海索罗木之西有郭罗克上中下三部，为唐古特种人，屡出肆掠。阿宝以闻，上令羹尧与钟琪度形势，策进讨。羹尧疏言："郭罗克有隘口三，悉险峻，宜步不宜骑。若多调兵，塞上传闻，使贼得为备，不如以番攻番。臣素知瓦斯、杂谷诸土司亦憾郭罗克肆恶，愿出兵助剿。臣已移钟琪令速赴松潘，出塞督士兵进剿。"寻，钟琪督兵击败郭罗克，下番寨四十余，获其渠，余众悉降。

六十一年，羹尧密疏言："西藏喇嘛楚尔齐木臧布及知府石如金呈策旺诺尔布委靡，副都统常龄、侍读学士满都、员外郎巴特玛等任意生事，致在藏官兵不睦。"因请撤驻藏官兵。下廷臣议，以羹尧擅议撤兵，请下部严议，上原之，命召满都、巴特玛、石如金、楚尔齐木臧布等来京师，遣四川巡抚色尔图、陕西布政使塔琳赴西藏，佐策旺诺尔布驻守。

自军兴，陕西州县馈运供亿，库帑多亏缺。羹尧累疏论劾州县吏，严督追偿。陕西巡抚噶什图密奏亏项不能速完，又与羹尧请加征火耗垫补。上谕曰："各省钱粮皆有亏空，陕西尤甚。盖自用兵以来，师所经行，资助马匹、盘费、衣服、食物，仓卒无可措办，势必挪用库帑。及撤兵时亦然。即如自藏回京，将军以至士卒，途中所得，反多于正项。各官费用，动至万金，但知取用，不问其出自何项也。羹尧等欲追亏项以充兵饷，追比不得，又议加征火耗。火耗止可议减，岂可加增？朕在位六十一年，从未加征火耗。今若听其加派，必致与正项一例催征，肆无忌惮矣。著传旨申饬。"命发帑银五十万送陕西资饷。

世宗既位，召抚远大将军允禵还京师，命羹尧管理大将军印务。雍正元年，授羹尧二等阿达哈哈番世职，并加遐龄尚书衔。寻又加羹尧太保。诏撤西藏驻防官军。羹尧疏陈边防诸事，请于打箭炉边外中渡河口筑土城，移岚州守备驻守；大河南保县，移威茂营千总驻守；越嶲卫地方寥阔，蛮、倮出没，改设游击，增兵驻守；松潘边外诸番，阿树为最要，给长官司职衔；大金川土目莎罗奔从征羊峒有功，给安抚司职衔；乌蒙蛮目达木等凶暴，土舍禄鼎坤等请擒献，俟其至，给土职，分辖其地。下部议，从之。论平西藏功，以羹尧运粮守隘，封三等公，世袭。

青海台吉罗卜藏丹津为顾实汗孙，纠诸台吉吹拉克诺木齐、阿尔布坦温布、藏巴札布等，劫亲王察罕丹津叛，掠青海诸部。上命羹尧进讨，谕抚远大将军延信及防边理饷诸大臣，四川、陕西、云南督、抚、提、镇，军事皆告羹尧。十月，羹尧率师自甘州至西宁，改延信平逆将军，解抚远大将军印授羹尧，尽护诸军。羹尧请以前锋统领素丹、提督岳钟琪为参赞大臣，从之。论平郭罗克功，进公爵二等。

羹尧初至西宁，师未集，罗卜藏丹津伺知之，乃入寇，悉破傍城诸堡，移兵向城。羹尧率左右数十人坐城楼不动，罗卜藏丹津稍引退，围南堡。羹尧令兵斫贼垒，敌知兵少，不为备，驱桌子山土番当前队；炮发，土番死者无算。钟琪兵至，直攻敌营，罗卜藏丹津败奔，师从之，大溃，仅率百人遁走。羹尧乃部署诸军，令总兵官周瑛率兵截敌走西藏路，都统穆森驻吐鲁番，副将军阿喇纳出噶斯，暂驻布隆吉尔，又遣参将孙继宗将二千人与阿喇纳师会。敌侵镇海堡，都统武格赴援，敌围堡，战六昼夜，参将宋可进等赴援，敌败走，斩六百余级，获多巴囊素阿旺丹津。罗卜藏丹津攻西宁南川口，师保申中堡。敌围堡，堡内囊素与敌通，欲凿墙面入。守备马有仁等力御，可进等赴援，夹击，敌败走，诸囊素助敌者皆杀之。羹尧先后疏闻，并请副都统花色等将鄂尔多斯兵，副都统查克丹等将归化土默特兵，总兵马魏伯将大同镇兵，会甘州助战，从之。

西宁北川、上下北塔蒙回诸众将起应罗卜藏丹津，羹尧遣千总马忠孝抚定下北塔三十余庄。上北塔未服，忠孝率兵往剿，擒戮其渠，余众悉降。察罕丹津走河州，罗卜藏丹津欲纳以去。羹尧令移察罕丹津及其族属入居兰州。青海台吉索诺木达什为罗卜藏丹津诱擒，脱出来归，羹尧奏闻，命封贝子，令羹尧抚慰。敌掠新城堡，羹尧令西宁总兵黄喜林等往剿，斩千五百余级，擒其渠七，得器械、驼马、牛羊无算。以天寒，羹尧令引师还西宁。

寻策来岁进兵，疏："请选陕西督标西安、固原、宁夏、四川、大同、榆林绿旗兵及蒙古兵万九千人，令钟琪等分将，出西宁、松潘、甘州、布隆吉尔四道进讨，分兵留守西宁、甘州、布隆吉尔，并驻防永昌、巴塘、里塘、黄胜关、察木多诸隘。军中马不足，请发太仆寺上都打布孙脑儿孳生马三千，巴尔库尔驼一千，仍于甘、凉增买千五百。粮米，臣已在西安预买六万石。军中重火器，请发景山所制火药一百驼，驼以一百八十斤计。"下廷议，悉如所请，马加发千，火药加发倍所请。

察罕丹津属部杀罗卜藏丹津守者来归，羹尧宣上指，安置四川边外。墨尔根戴青拉查卜与罗卜藏丹津合力劫察罕丹津，其子察罕喇卜坦等来归，羹尧令招拉查卜内附。又有堪布诺门汗，察罕丹津从子也，为塔儿寺喇嘛，叛从敌，纠众拒战，至是亦来归。羹尧数其罪，斩之。罗止藏丹津侵布隆吉尔，继宗与副将潘之善击败之。西宁南川塞外郭密九部屡出为盗，羹尧招三部内附。余部行掠如故，呈库、沃尔贾二部尤暴戾。羹尧令钟琪率瓦斯、杂谷二土司至归德堡，抚定上下寺东策布，督兵进歼呈库部众，擒戮沃尔贾部首，余并乞降。

二年，上以罗卜藏丹津负国，叛不可宥，授钟琪奋威将军，趣羹尧进兵。西宁东北郭隆寺喇嘛应罗卜藏丹津为乱，羹尧令钟琪及素丹等督兵讨之，贼屯哈拉直沟以拒。师奋入，度岭三，毁寨十。可进、喜林及总兵武正安皆有斩馘，复毁寨七，焚所居室。至寺外，贼伏山谷间，聚薪纵火，贼歼焉，杀贼六千余，毁寺，诛其渠。青海贝勒罗卜藏察罕、贝子济克济札布、台吉滚布色卜腾纳汉将母妻诣羹尧请内属，羹尧予以茶叶、大麦，令分居边上。羹尧遣钟琪、正安、喜林、可进及侍卫达鼐，副将王嵩、纪成斌将六千人深入，留素丹西宁佐治事。

二月，钟琪师进次伊克喀尔吉，搜山，获阿尔布坦温布，喜林亦得其酋巴珠尔阿喇布坦等。师复进，羹尧诇知阿冈都番助敌，别遣凉庄道蒋洞等督兵攻之，戮其囊素。复击破石门寺喇嘛，杀六百余人，焚其寺。钟琪师复进次席尔哈罗色，遣兵克噶斯，逐吹拉克诺木齐。三月，钟琪师复进次布尔哈屯。罗卜藏丹津所居地曰额母讷布隆吉，钟琪督兵直入，分兵北防柴旦木，断往噶斯道。罗卜藏丹津走乌兰穆和儿，复走柴旦木，师从之，获其母阿尔太哈屯及其戚属等，并男妇、牛羊、驼马无算。分兵攻乌兰白克，获吹拉克诺木齐及助乱八台吉。时藏巴扎布已先就擒，罗卜藏丹津以二百余人遁走。青海部落悉平。论功，进羹尧一等，别授精奇尼哈番，令其子斌袭，封遐龄如羹尧爵，加太傅，并授素丹、可进三等阿达哈哈番，喜林二等阿达哈哈番，按察使王景灏及达鼐、瑛、嵩、成斌拜他喇布勒哈番，提督郝玉麟及正安拖沙喇哈番。

阿拉布坦苏巴泰等截路行劫，羹尧令继宗往剿，逐至推墨尔，阿拉布坦苏巴泰将妻子遁走。成斌等搜戮余贼至梭罗木，击斩堪布夹木灿垂扎木素。羹尧遣达鼐及成斌攻布哈色布苏，获台吉阿布济车陈；又遣副将岳超龙讨平河州塞外铁布等七十八寨，杀二千一百余人，得人口、牲畜无算。羹尧执吹拉克诺木齐、阿尔布坦温布、藏巴扎布栏送京师。上祭告庙、社、景陵，御午门受俘。羹尧策防边诸事，以策妄阿喇布坦遣使乞降，请罢北征师，分驻巴里坤、吐鲁番、哈密城、布隆吉尔驻兵守焉，辖以总兵，每营拨余丁屯赤金卫、柳沟所垦田；设同知理民事，卫守备理屯粮，游牧蒙古令分居布隆吉尔迤南山中。宁夏边外阿拉善以满洲兵驻防。上悉从所请。

庄浪边外谢尔苏部土番据桌子、棋子二山为巢，皆穴地而居，官军驻其地，奴使之；兵或纵掠，番御之，尽歼，置不问，番始横。凉州南崇寺沙马拉木扎木巴等掠新城张义诸堡。又有郭隆寺逸出喇嘛，与西宁纳朱公寺、朝天堂、加尔多寺诸番相结，纠谢尔苏部土番谋为乱。羹尧遣钟琪等督兵讨之，纳朱公寺喇嘛降。师进次朝天堂，遣成斌、喜林及副将张玉等四道攻加尔多寺，杀数百人，余众多入水死，焚其寺。游击马忠孝、王大勋战和石沟，王序吉、范世雄战石门口，洞战喜逢堡，苏丹师次旁伯拉夏口，土番伪降，诇之，方置伏，纵兵击之，所杀伤甚众。洞搜剿棋子山，逐贼巴洞沟，土司鲁华龄逐贼天王沟，先密寺喇嘛缚其渠阿旺策凌以献。师入，转战五十余日，杀土番殆尽。羹尧以先密寺喇嘛反覆不常，并焚其寺，徙其众加尔多寺外桌子山；余众降，羹尧令隶华龄受约束。

条上青海善后诸事，请以青海诸部编置佐领。三年一入贡，开市那拉萨拉。陕西、云南、四川三省边外诸番，增设卫所抚治。诸庙不得过二百楹，喇嘛不得过三百。西宁北川边外筑边墙，建城堡。大通河设总兵，盐池、保安堡及打箭炉外木雅吉达、巴塘、里塘诸路皆设兵。发直隶、山西、河南、山东、陕西五省军罪当遣者，往大通河、布隆吉尔屯田；而令钟琪四千人驻西宁，抚绥诸番。下王大臣议行。十月，羹尧入觐，赐双眼花翎、四团龙补服、黄带、紫辔、金币。叙功，加一等阿思哈尼哈番世职，令其子富袭。

羹尧才气凌厉，恃上眷遇，师出屡有功，骄纵。行文诸督抚，书官斥姓名。请发侍卫从军，使为前后导引，执鞭坠镫。入觐，令总督李维钧、巡抚范时捷跪道送迎。至京师，行绝驰道。王大臣郊迎，不为礼。在边，蒙古诸王公见必跪，额驸阿宝入谒亦如之。尝荐陕西布政使胡期恒及景灏可大用，劾四川巡抚蔡珽逮治，上即以授景灏，又擢期恒甘肃巡抚。羹尧仆桑成鼎、魏之耀皆以从军屡擢，成鼎布政使，之耀副将。羹尧请发将吏数十从军，上许之。觐还，即劾罢驿道金南瑛等，而请以从军主事丁松署粮道。上责羹尧题奏错误，命期恒率所劾官吏诣京师。三年正月，珽逮至，上召入见，备言羹尧暴贪诬陷状，上特宥珽罪。

二月庚午，日月合璧，五星联珠，羹尧疏贺，用"夕惕朝乾"语，上怒，责羹尧有意倒置，谕曰："羹尧不以朝乾夕惕许朕，则羹尧青海之功，亦在朕许不许之间而未定也。"会期恒至，入见，上以奏对悖谬，夺官。上命更定打箭炉外增汰官兵诸事，不用羹尧议。四月，上谕曰："羹尧举劾失当，遣将士筑城南坪，不惜番民，致惊惶生事，反以降番叛叛具奏。青海蒙古饥馑，匿不上闻。怠玩昏愦，不可复任总督，改授杭州将军。"而以钟琪署总督，命上抚远大将军印。羹尧既受代，疏言："臣不敢久居陕西，亦不敢遽赴浙江，今于仪征水陆交通之处候旨。"上益怒，促羹尧赴任。山西巡抚伊都立、都统前山西巡抚范时捷、川陕总督岳钟琪、河南巡抚田文镜、侍郎黄炳、鸿胪少卿单畴书、原任直隶巡抚赵之垣交章发羹尧罪状，侍郎史贻直、高其佩赴山西按时捷劾羹尧遣兵围郃阳民堡杀戮无辜，亦以谳辞入奏，上命分案议罪。罢羹尧将军，授闲散章京，自二等公递降至拜他喇布勒哈番，乃尽削羹尧职。

十二月，逮至京师，下议政大臣、三法司、九卿会鞫。是月甲戌，具狱辞：羹尧大逆之罪五，欺罔之罪九，僭越之罪十六，狂悖之罪十三，专擅之罪六，忌刻之罪六，残忍之罪四，贪黩之罪十八，侵蚀之罪十五，凡九十二款，当大辟，亲属缘坐。上谕曰："羹尧谋逆虽实，而事迹未著，朕念青海之功，不忍加极刑。"遣领侍卫内大臣马尔赛、步军统领阿齐图赍诏谕羹尧狱中令自裁。遐龄及羹尧兄希尧夺官，免其罪；斩其子富；诸子年十五以上皆戍极边。羹尧幕客邹鲁、汪景祺先后皆坐斩，亲属给披甲为奴。又有静一道人者，四川巡抚宪德捕送京师，亦诛死。五年，赦羹尧诸子，交遐龄管束。遐龄旋卒，还原职，赐祭。

希尧，初自笔帖式累擢工部侍郎。既，夺官，复起内务府总管，命榷税淮安，加左都御史。十三年，为江苏巡抚高其倬劾罢。乾隆三年，卒。

胡期恒，字元方，湖广武陵人。祖统虞，明崇祯末进士。国初授检讨，官至秘书院学士。父献征，自荫生授都察院经历，官至湖北布政使。期恒，康熙四十四年举人。献征与遐龄支，欢若弟昆，期恒少从羹尧游。上南巡，献诗，授翰林院典籍。出为夔州通判，有恩信，民为建生祠。羹尧为巡抚，荐期恒，迁夔州知府，再迁川东道。羹尧兼督陕西，复荐迁陕西布政使。期恒通晓朝章国故，才敏，善理繁剧，羹尧深倚之。羹尧挟贵而骄，惟期恒能以微言救其失。羹尧奴辱咸阳知县，期恒执而杖之，自是诸奴稍敛戢。尝讽羹尧善持盈，羹尧勿能用。及羹尧败，诸为羹尧引进者，争劾羹尧以自解；期恒惟引咎，终不言羹尧，乃下狱颂系。至高宗即位，始得释。侨居江南，久之，卒。

论曰：雍正初，隆科多以贵戚，年羹尧以战多，内外夹辅为重臣。乃不旋踵，幽囚诛夷，亡也忽诸。当其贵盛侈汰，隆科多恃元舅之亲，受顾命之重；羹尧自代允禵为大将军，师所向有功。方且凭借权势，无复顾忌，即于覆灭而不自怵。臣罔作威福，古圣所诫，可不谨欤！

卷二百九十六　　列传八十三

岳钟琪 季父超龙　超龙子钟璜　钟琪子浚
策棱 子成衮扎布　车布登扎布

岳钟琪，字东美，四川成都人。父升龙，初入伍，授永泰营千总。康熙十二年，吴三桂反，永泰营游击许忠臣受三桂札。升龙使诣提督张勇告变，密结兵民，执忠臣杀之。十四年，从西宁总兵王进宝克兰州，先登被创，迁庄浪守备；从克临洮，平关陇，加都督佥事衔。累擢天津总兵。三十五年，上亲征噶尔丹，升龙将三百骑护粮。上命升龙及马进良、白斌，副将以次有违令退怯者，得斩之乃闻。昭莫多之捷，授拖沙喇哈番，擢四川提督。初，西藏营官入驻打箭炉，上使勘界。四川巡抚于养志言营官司贸易，不与地方事。居数年，营官喋吧昌侧集烈发兵据泸河东诸堡，升龙以五百人防化林营。养志反劾升龙擅发兵，升龙亦讦养志。上使勘谳，养志坐斩，升龙亦夺官。喋吧昌侧集烈击杀明正土司蛇蜡喳吧，伤官兵，提督唐希顺讨之，上命升龙从军。事定，希顺以病解任，仍授升龙提督。四十九年，乞休。升龙本贯甘肃临洮，以母年逾九十，乞入籍四川，许之。逾二年，卒。雍正四年，追谥敏肃。

钟琪，初入赀为同知。从军，请改武职，上命以游击发四川，旋授松潘镇中军游击。再迁四川永宁协副将。五十八年，准噶尔策妄阿喇布坦遣其将策凌敦多卜袭西藏，都统法喇督兵出打箭炉，抚定里塘、巴塘。檄钟琪前驱，至里塘，第巴不受命，诛之。巴塘第巴惧，献户籍。乍丫、察木多、察哇诸首目皆顺命。五十九年，定西将军噶尔弼师自拉里入，仍令钟琪前驱。钟琪次察木多，选军中通西藏语者三十人，更衣间行至洛隆宗，斩准噶尔使人，番众惊，请降。噶尔弼至军，用钟琪策，招西藏公布，以二千人出降。钟琪遂督兵渡江，直薄拉萨，大破西藏兵，擒喇嘛为内应者四百余人。策凌敦多卜败走，西藏平。六十年，师还，授左都督，擢四川提督，赐孔雀翎。命讨郭罗克番部，钟琪率师并督瓦斯、杂谷诸土司兵自松潘出边。郭罗克番兵千余出拒，钟琪击破之，取下郭罗克吉宜卡等二十一寨，歼其众。乘夜督兵进至中郭罗克纳务寨，番兵出拒，钟琪奋击，未终日，连克十九寨，斩三百余级，获其渠骏他尔哗索布六戈。复督兵进攻上郭罗克押六寨，番目旦增缚首恶假磕等二十二人以降。郭罗克三部悉定，予拜他喇布勒哈番世职。六十一年，讨平羊峒番，于其地设南坪营。

雍正元年，师讨青海，抚远大将军年羹尧请以钟琪参赞军事。钟琪将六千人出归德堡，抚定上寺东策卜、下寺东策卜诸番部。南川塞外郭密九部屡盗边，而呈库、活尔贾二部尤横。钟琪移师深入捣其巢，尽平之。二年，授奋威将军，趣进兵。郭隆寺喇嘛应罗卜藏丹津为乱，钟琪会诸军合击，歼其众，毁寺，擒戮其渠达克玛胡土史图。罗卜藏丹津居额穆纳布萨吉尔，其大酋阿尔布坦温布、吹拉克诺木齐分屯诸隘，钟琪与诸将分道入。钟琪及侍卫达鼐出南路，总兵武正安出北路，黄喜林、宋可进出中路，副将王嵩、纪成斌搜山。师进至哈喇乌苏，方黎明，番众未起，即纵击，斩千余人，番众惊走，逐之，一昼夜至伊克喀尔吉，获阿尔布坦温布。复进次席尔哈罗色，遣兵攻噶斯；复进次布尔哈屯，薄额穆纳布隆吉尔，罗卜藏丹津西窜，钟琪逐之，一昼夜驰三百里。其酋彭错等来降，钟琪令守备刘廷言监以前驱，钟琪继其后。其酋吹因来降，言罗卜藏丹津所在距师百五六十里。钟琪令暂休，薄暮复进，黎明至其地。罗卜藏丹津之众方散就水草，即纵击，大破之,擒诸台吉,并罗卜藏丹津母阿尔泰哈屯及女弟阿宝。罗卜藏丹津易妇人服以遁。廷言等亦得吹拉克诺木齐等。钟琪复进至桑驼海,不见虏乃还。出师十五日,斩八万余级。大酋助罗卜藏丹津为乱者皆就擒。青海平,上授钟琪三等公,赐黄带。

庄浪边外谢卜苏部土番据桌子、棋子二山为乱,纳朱公寺、朝天堂、加尔多寺诸番与相纠合。羹尧遣钟琪等督兵分十一路进剿,凡五十余日,悉讨平之。命兼甘肃提督。三年,复命兼甘肃巡抚。四月,解羹尧兵柄,改授杭州将军,命钟琪亦上奋威将军印,署川陕总督,尽护诸军。河州、松潘旧为青海蒙古互市地,羹尧奏移于那喇萨喇。钟琪奏言青海部长察罕丹津等部落居黄河东,请仍于河州、松潘互市。额尔德尼额尔克托克托鼐等部落居黄河西,请移市西宁塞外丹噶尔寺。蒙古生业,全资牲畜,请六月后不时交易。四川杂谷、金川、沃日诸土司争界,羹尧令金川割美同等寨畀沃日,致仇杀不已。钟琪奏请还金川,而以龙堡三歌地予沃日,上皆许之。

寻真除川陕总督。疏言:"土司承袭,文武吏往往索费,封其印数年不与,致番目专恣仇杀。请定限半年,仍令应袭者先行署理。土司有外支循谨能治事者,许土官详督抚给职衔,分辖其地,多三之一,少五之一,使势相维、情相安。"入观,加兵部尚书衔。疏言:"察木多外鲁隆宗察哇、坐尔刚、桑噶、吹宗、衮卓诸部,距打箭炉远,不便遥制。请宣谕达赖喇嘛,令辖其地。中甸、里塘、巴塘及得尔格特、瓦舒霍耳诸地,并归内地土司。"又言:"巴塘隶四川,中甸隶云南,而巴塘所属木咱尔、祁宗、拉普、维西诸地逼近中甸,总会于阿墩子,实中甸门户。请改隶云南,与四川里塘、打箭炉互为犄角。"下王大臣议,如所请。四年春,请选西安满洲兵千人驻潼关。冬,请以陕、甘两省丁银摊入地亩征收,自雍正五年始,著为定例。逾年,复疏言甘肃河东粮轻丁多,河西粮多丁少,请将二属各自均派;河东丁随粮办,河西粮照丁摊。下部议行。四川乌蒙土知府禄万钟扰云南东川,镇雄土知府陇庆侯及建昌属冕山、凉山诸苗助为乱。上命钟琪与云贵总督鄂尔泰会师讨之。五年春,擒万钟,庆侯亦降。乌蒙、镇雄皆改土归流。冕山、凉山亦以次底定。

钟琪督三省天下劲兵处,疑忌众。成都讹言钟琪将反,钟琪疏闻,上谕曰:"数年以来,逸钟琪者不止谤书一箧,甚且谓钟琪为岳飞裔,欲报宋、金之仇。钟琪懋著勋劳,朕故任以要地,付之重兵。川、陕军民,受圣祖六十余年厚泽,尊君亲上,众共闻知。今此造言之人,不但谤大臣,并诬川、陕军民以大逆。命巡抚黄炳、提督黄廷桂严鞫。"寻奏湖广人庐宗寄居四川,因私事造蜚语,无主使者,论斩。

六年,疏请以建昌属河西、宁番两土司及阿都、阿史、纽结、歪溪诸地改土归流,河东宣慰司以其地之半改隶流官,升建昌为府,领三县,并厘定营汛职制,及善后诸事。下部议,如所请。定新设府曰宁远,县曰西昌、冕宁、盐源,又请改岷州两土司归流。寻分疏请升四川达州、陕西秦、阶二县为直隶州。七年,又分疏请升甘肃肃州为直隶

州,陕西子午谷隘口增防守官兵,里塘、巴塘诸地,置宣抚、安抚诸司至千百户,视流官例题补。俱议行。雷波土司为乱,遣兵讨平之。

靖州诸生曾静遣其徒张熙投书钟琪,劝使反。钟琪与设誓,具得静始末,疏闻。上褒钟琪忠,遣侍郎杭奕禄等至湖南逮鞫治,语详《杭奕禄传》。

罗卜藏丹津之败也,走投准噶尔,其酋策妄阿喇布坦纳之。策妄阿喇布坦死,子噶尔丹策零立,数侵掠喀尔喀诸部。上命傅尔丹为靖边大将军,屯阿尔泰山,出北路;钟琪为宁远大将军,屯巴里坤,出西路:讨之。加钟琪少保,以四川提督纪成斌等参赞军务。钟琪率师至巴里坤,筑东西二城备储胥,简卒伍为深入计。八年五月,召钟琪及傅尔丹诣京师授方略,钟琪请以成斌护大将军印。科舍图岭者,界巴密、巴里坤间,钟琪设牧厂于此。准噶尔闻钟琪方入觐,乘间以二万余人入犯,尽驱牧马去。成斌使副参领查廪以万人护牧厂,寇至不能御,走过总兵曹勷垒呼救;勷以轻骑往赴,战败亦走。总兵樊廷及副将冶大雄等将二千人转战七昼夜。总兵张元佐督所部夹击,拔出两卡伦官兵,还所掠驼马强半。成斌欲罪查廪,既而释之,以捷闻。上已遣钟琪还镇,上谓当于卡伦外筑城驻兵,出游兵击敌,俾不敢深入,令钟琪详议。寻谕奖廷、大雄、元佐功,赐金予世职,遣内务府总管鄂善赍银十万犒师。立祠安西,祀阵亡将士。上以酒三爵遥酹,亦俾鄂善赍往设祭。

九年春,钟琪请移兵驻吐鲁番、巴尔库尔,为深入计。上谕曰:"钟琪前既轻言长驱直入,又为敌盗驼马,既耻且愤,必欲进剿,直捣巢穴,能必胜乎?"九年正月,钟琪部兵有自敌中脱归者,言噶尔丹策零将驻哈喇沙尔,以大队赴西路,而令其将小策零敦多卜犯北路。钟琪以闻,并言敌将自吐鲁番侵哈密,扰安西、肃州边界。我军众寡莫敌,当持重坚壁固守,告北路遣兵应援,并调兵自无克克岭三面夹击。上谕曰:"前以钟琪军寡,谕令持重坚守,今已有二万九千人。樊廷马步二千,敌彼二万,转战七昼夜,犹足相当。乃以二万九千人而云众寡莫敌,何懦怯至此?且前欲直捣伊犁,岂有贼数百里内转坚壁而不出乎?贼果至巴尔库尔,即败逃,亦从科舍图直走伊尔布尔和邵而遁。无克克岭相去二三百里,安所得夹击?钟琪于地势军机,茫然不知,朕实为烦忧。"

三月,准噶尔二千余犯吐鲁番,成斌遣廷将四千人赴援,敌引退。四月,又以千余人犯吐鲁番,别以二百余人犯陶赖卡伦。六月,又以二千余人围鲁谷庆城。吐鲁番回目额敏和卓等率所部奋击,杀二百余人。钟琪议令元佐、勷及张存孝率三千人赴援。提督颜清如将二千人屯塔库,成斌将四千人防陶赖,俟我军进击乌鲁木齐,移回民入内地。上谕钟琪:"今年秋间袭击,是第一善策。援吐鲁番,乃不得已之举。若但筹画应援,而不计及袭击,是舍本而逐末也。"

鲁谷庆城围四十余日不下,准噶尔移攻哈喇火州城,以梯登,回民击杀三百余人。元佐等兵将至,敌引退。七月,准噶尔大举犯北路,傅尔丹之师大败于和通脑儿,钟

琪请乘虚袭击乌鲁木齐。上谕钟琪："贼既得志于北路，今冬仍往西路，且增添贼众，更多于侵犯北路，俱未可知。当先事图维，临时权变，勿贪功前进，勿坐失机宜。"并令略行袭击，即撤兵回营。钟琪自巴尔库尔经伊尔布尔和邵至阿察河，遇敌，击败之。逐至厄尔穆河，敌踞山梁以距。钟琪令元佐将步兵为右翼，成斌将马兵为左翼，勋及总兵王绪级自中路上山，参将黄正信率精锐自北山攻敌后，诸军奋进，夺所踞山梁，敌败走。谍言乌鲁木齐敌帐尽徙，乃引兵还。疏闻，上奖钟琪进退迟速俱合机宜。

十二月，上追举科舍图之役，责成斌怠忽，降沙州副将。十年正月，镜儿泉逻卒遇敌，杀其二，掠其一以去。钟琪劾副将马顺，上并以钟琪下部察议。俄，准噶尔三千余人犯哈密，钟琪令勋、成斌将五千人自回落兔大坂，总兵纪豹将二千人自科舍图岭，分道赴援。又令副将军石云倬、常赉，镇安将军卓鼐分地设伏，待敌占天生圈山口，颜清如屯塔尔那沁，遣参将米彪、副将陈经纶分道御战，敌引去。勋等将至二堡，遇准噶尔五千余人，即纵兵奋战一昼夜。敌登山，勋督兵围山，力战至午，敌溃遁。勋自二堡至柳树泉，与经纶及副将焦景竑军会，乘夜袭剿。钟琪使告云倬等，遣兵至无克克岭待敌，疏闻，上奖慰之。钟琪议城穆垒驻军，并命乘胜兴工。云倬等至无克克岭，钟琪令速赴梯子泉阻敌归路，卓鼐继其后。云倬迟发一日，敌自陶赖大坂西越向纳库山遁去。师至敌驻军处，余火犹未息，云倬又令毋追袭。钟琪劾云倬偾事，夺官，逮京师治罪，以张广泗代为副将军。上谕曰："岳钟琪素谙军旅，本非庸才，但以怀游移之见，致战守乖宜。前车之鉴，非止一端。嗣后当痛自省惕，壹号令，示威信，朕犹深望之！"大学士鄂尔泰等劾钟琪专制边疆，智不能料敌，勇不能歼敌。降三等侯，削少保，仍留总督衔，护大将军印。六月，钟琪疏报移军穆垒。寻召钟琪还京师，以广泗护印。广泗劾钟琪调兵筹饷、统驭将士，种种失宜。穆垒形如釜底，不可驻军。议分驻科舍图、乌兰乌苏诸地。上命还军巴尔库尔，尽夺钟琪官爵，交兵部拘禁。

十一年，以查郎阿署大将军，又论钟琪骄蹇不法，且劾成斌、元佐疏防，上命斩成斌，元佐降调。又劾勋纵贼，上命斩勋。十二年，大学士等奏拟钟琪斩决，上改监候。乾隆二年，释归。十三年，师征大金川，久无功。三月，高宗命起钟琪，予总兵衔。至军，即授四川提督，赐孔雀翎。时经略大学士讷亲视师，而广泗以四川总督主军事。大金川酋莎罗奔居勒乌围，其兄子郎卡居噶拉依。钟琪至军，讷亲令攻党坝。上以军事谘钟琪，钟琪疏言："党坝为大金川门户，碉卡严密，汉、土官兵止七千余。臣商诸广泗，请益兵三千，广泗不应。广泗专主自昔岭、卡撒进攻。此二处中隔噶拉依，距勒乌围尚百余里。党坝至勒乌围仅五六十里，若破康八达，即直捣其巢。臣商诸广泗，广泗不谓然，而广泗信用土舍良尔吉及汉奸王秋等，恐生他虞。"讷亲亦劾广泗老师糜饷，诏逮治；亦罢讷亲大学士，傅恒代为经略。钟琪奏请选精兵三万五千，万人出党坝及泸河，水陆并进；万人自甲索攻马牙冈，乃当两沟，与党坝军合，直攻勒乌围；卡撒留兵八千，俟克勒乌围，前后夹攻噶拉依；党坝留兵二千护粮，正地留兵千防泸河，余四千往来策应。期一年擒莎罗奔及郎卡。臣虽老，请肩斯任。"命傅恒筹议，傅恒用其策。

钟琪自党坝攻康八达山梁，大破贼。师进战塔高山梁，复屡破贼。钟琪初佐年羹尧定西藏，莎罗奔以土目从军；及为总督，以羹尧所割金川属寨还莎罗奔，且奏给印信、号纸，莎罗奔以是德钟琪。师入，莎罗奔惧，遣使诣钟琪乞降。钟琪请于傅恒，以十三骑从入勒乌围开谕。莎罗奔请奉约束，顶经立誓，次日，率郎卡从钟琪乘皮船出诣军前奏。上谕奖钟琪，加太子少保，复封三等公，赐号曰威信。入觐，命紫禁城骑马，免西征追偿银七十余万，官其子洉、浈侍卫，赐诗褒之。寻命还镇。十五年，西藏珠尔默特为乱，钟琪出驻打箭炉，事旋定。十七年，杂谷土司苍旺为乱，钟琪遣兵讨擒之。十九年，重庆民陈琨为乱，钟琪力疾亲往捕治，还，卒于资州，赐祭葬，谥襄勤。上以所封公爵不世袭，予一等轻车都尉，令其子濬袭。

钟琪沈毅多智略，御士卒严，而与同甘苦，人乐为用。世宗屡奖其忠诚，遂命专征。终清世，汉大臣拜大将军，满洲士卒隶麾下受节制，钟琪一人而已。既废复起，大金川之役，傅恒倚以成功。高宗《御制怀旧诗》，列五功臣中，称为"三朝武臣巨擘"云。

超龙，升龙弟，初冒刘姓，名曰傑。入伍，屡迁建昌左营守备。引见，圣祖垂询，乃复本姓名，超擢东川营游击。以避钟琪，改西宁左营。雍正二年，授河州协副将，剿定铁布等寨乱番。又以避钟琪，改张家口协。六年，迁天津总兵。八年，擢湖广提督。乌蒙乱，超龙令总兵苏大有率副将何勉、参将毋椿龄讨平之。寻遣兵分防贵州界，上以深合机宜嘉之。十年，卒。

钟璜，超龙子。雍正七年，以钟琪奏赴西路军效力，授蓝翎侍卫，除銮仪卫治仪正。乾隆初，擢四川威茂营参将。再迁总兵，历建宁、南赣、开化、昭通诸镇。擢广西提督，钟琪卒，代为四川提督。疏言："松潘总兵例出塞化番，三年一度。番性多猜，调集守候，彼此互防，甚非所愿。又见小道远费巨，托病不至，惟附近土司领赏，有名无实。请停止，以节劳费。"上从之。金川土舍郎卡侵革布什咱土司，革布什咱合九土司兵攻金川，相持数年未决，郎卡乞令罢兵。钟璜率兵出塞，至拉必斯满安营，召郎卡出，令还所侵地及所掠穆尔津冈诸土司番民。九土司之兵悉罢。旋卒，赐祭葬，谥庄恪。

濬，钟琪子。以二品荫生授西安同知，擢口北道，再擢山东布政使。雍正六年，调山西，署山东巡抚。钟琪出师，命濬送至肃州。八年，召钟琪诣京师，命濬就省。乾隆元年，请免郯城、兰山诸县水冲地应征丁米。寻调江西。三年，请免南昌府属浮粮三万七千余两，复疏请发帑修筑丰城江堤，浚江关河口，议行社仓，皆允所请。两江总督杨超曾劾濬与属吏朋比纳贿，坐夺官。六年，授光禄寺卿，出为福建按察使。再迁广东巡抚，调云南。两广总督陈大受劾濬误举粮道明福以婪赃败，又采木修堤，任属吏弊，召还京师。十八年，授鸿胪寺少卿，转通政使参议，卒。濬在巡抚任亏库项，钟琪请以公俸按年扣还，上特命免之。

策棱，博尔济吉特氏，蒙古喀尔喀部人。元太祖十八世孙图蒙肯，号班珠尔，兴黄教，西藏达赖喇嘛贤之，号曰赛音诺颜。其第八子丹津生纳木扎勒，纳木扎勒生策棱。康熙三十一年，丹津妻格垒勒哈屯自塔密尔携策棱及其弟恭格喇布坦来归，圣祖授策棱三等阿达哈哈番，赐居京师，命入内廷教养。四十五年，尚圣祖女和硕纯悫公主，授和硕额驸。寻赐贝子品级，诏携所属归牧塔密尔。五十四年，命赴推河从军，出北路防御策妄阿喇布坦。五十九年，师征准噶尔，策棱从振武将军傅尔丹出布拉罕，至格尔额尔格，屡破准噶尔，获其宰桑贝坤等百余人，俘馘甚众。战乌兰呼济尔，焚敌粮。师还，道遇准噶尔援兵，复击败之，授扎萨克。

策棱生长漠外，从军久，习知山川险易。愤喀尔喀为准噶尔凌藉，锐自磨厉，练猛士千，隶帐下为亲兵。又以敌善驰突而喀尔喀无纪律节制，每游猎及止而驻军，皆以兵法部勒之，居常钦钦如临大敌。由是赛音诺颜一军雄漠北。

雍正元年，世宗特诏封多罗郡王。二年，入觐，命偕同族亲王丹津多尔济驻阿尔泰，并授副将军，诏策棱用正黄旗纛。五年，偕内大臣四格等赴楚库河，与俄罗斯使萨瓦立石定界，事毕，陈兵鸣炮谢天，议罪当削爵，上命改罚俸。九年，从靖边大将军顺承郡王锡保讨噶尔丹策零，侦贼自和通呼尔哈诺尔窥图垒、茂海、奎素诸У，偕翁牛特部贝子罗卜藏等分兵击却之。准噶尔诸酋有大策零敦多卜、小策零敦多卜，皆噶尔丹策零同族，最用事。噶尔丹策零遣大策零敦多卜将三万人入掠喀尔喀，闻锡保驻察罕廋尔，振武将军傅尔丹军科布多，乃遣其将海伦曼济等将六千人取道阿尔泰迤东，分扰克鲁伦及鄂尔海喀喇乌苏，留余众于苏尼阿勒达呼为声援。策棱偕丹津多尔济迎击，至鄂登楚勒，遣台吉巴海将六百人宵入敌营，诱之出追，伏兵突击，斩其骁将，余众惊溃，大策零敦多卜及海伦曼济等遁去。诏进封和硕亲王，赐白金万。寻授喀尔喀大扎萨克。

十年六月，噶尔丹策零遣小策零敦多卜将三万人自奇兰至额尔德毕喇色钦，策棱偕将军塔尔岱青御于本博图山。未至，准噶尔掠克尔森齐老，分兵袭塔密尔，掠策棱二子及牲畜以去。策棱不及援，侍郎绰尔铎以转饷至，语策棱曰："王速率兵遏敌归路，当大破敌。"策棱还军驰击，距敌二日程。初，招丹津多尔济赴援，不至。准噶尔兵趋额尔德尼昭，八月，策棱率兵追敌，十余战，敌屡败。小策零敦多卜据杭爱山麓，副鄂尔坤河而阵；策棱令满洲兵阵河南，而率万人伏山侧，蒙古诸军阵河北，遂战。敌见满洲兵背水阵，兵甚弱，意轻之，越险进。满洲兵却走，准噶尔兵逐之，策棱伏起自山下，如风雨至，斩万余级，谷中尸为满，获牲畜、器械无算。小策零敦多卜以余众渡河，蒙古兵待其半渡击之，多入水死，河流尽赤。锡保驰疏告捷，首表策棱功，上嘉悦，赐号超勇，锡黄带。谕："此次军功非寻常劳绩可比，随征兵弁，著从优加倍议

叙。"上以策棱牧地被寇，费马二千、牛千、羊五千、白金五万，赈所属失业者，并命城塔密尔，建第居之。十二月，进固伦额驸，时纯悫公主已薨，追赠固伦长公主。

十一年，定边大将军平郡王福彭统军驻乌里雅苏台，诏策棱佩定边左副将军印，进屯科布多，寻授盟长。十二年五月，召来京谘军务。六月，移军察罕廋尔。十三年，准噶尔乞和，请以哲尔格西喇呼鲁苏为喀尔喀游牧界，上谘策棱。策棱谓："向者喀尔喀游牧尚未至哲尔格西喇呼鲁苏，此议可许。惟准噶尔游牧，必以阿尔泰山为界，空其中为瓯脱。"准噶尔不从。乾隆元年，师还，命策棱将喀尔喀兵千五百人驻乌里雅苏台，分防鄂尔坤。上以策棱母居京师，策棱在军久，不得朝夕定省，命送归游牧，并赐白金五千治装。二年，噶尔丹策零贻书策棱，称为车臣汗，申前请。策棱以闻，上命策棱以己意为报书，书曰："阿尔泰为天定边界。尔父珲台吉时，阿尔泰迤西初无厄鲁特游牧。自灭噶尔丹，我来建城，驻兵其地，众所共知。其不令尔游牧者，原欲以此为隙地，两不相及，以息争端。今台吉反云难以让给，试思阿尔泰为谁地，谁能让给？尔诚遵上指定议，我必不为祸始，亦不复居科布多。又谓我等哨兵逼近阿尔泰，宜向内撤。哨兵乃圣祖时旧例，即定界，岂能不设？台吉其思之！"冬，准噶尔使达什博尔济奉表至，命策棱偕诣京师。

三年春，至京师。噶尔丹策零表请喀尔喀与准噶尔各照现在驻牧。上召达什博尔济入见，谕曰："蒙古游牧，冬夏随时迁徙。必指定山河为界，彼此毋得逾越。"遣侍郎阿克敦等使准噶尔，与达什博尔济偕往。冬，噶尔丹策零复使哈柳从阿克敦等奉表至，请循布延图河，南以博尔济昂吉勒图、无克克岭噶克察诸地为界，北以逊多尔库奎、多尔多辉库奎至哈尔奇喇布木、喀喇巴斯楚克诸地为界，准噶尔人不越阿尔泰山，蒙古居山前，亦止在扎卜堪诸地，两不相接。并乞移托尔和、布延图二卡伦入内地。上以所议准噶尔不越阿尔泰山定界已就范，惟移托尔和、布延图二卡伦不可许。四年春，赐敕遣还。哈柳诣策棱，哈柳曰："额驸游牧部属在喀尔喀，何弗居彼？"策棱答曰："我主居此，予惟随主居。喀尔喀特予游牧耳！"哈柳又曰："额驸有子在准噶尔，何不令来京？"答曰："予蒙恩尚公主，公主所出乃予子，他子无与也。即尔送还，予必请于上诛之。"冬，噶尔丹策零使哈柳复奉表至，始定议准噶尔不过阿尔泰山梁，不复言徙卡伦事。自雍正间与准噶尔议界，策棱三诣京师，准噶尔惮其威重，卒如上指。上奖策棱忠，子陷准噶尔，不复以为念，乃用宗室亲王例，封其子成衮扎布世子。五年，命勘定喀尔喀游牧，毋越扎布堪、齐克慎、哈萨克图、库克岭诸地，与准噶尔各守定界。六年，上以策棱老，命移军驻塔密尔。初，喀尔喀凡三部；及是，土谢图汗十七旗滋息至三十八旗，乃分二十旗与策棱，为赛音诺颜部。以鄂尔昆河西北乌里雅苏河为游牧，为三部屏蔽。自此喀尔喀为四部。十五年，病笃，上遣其次子车布登扎布还侍，使侍卫德山等往存问。寻卒，遗言请与纯悫公主合葬。丧至京师，上亲临奠，命配享太庙，谥曰襄，御制诗挽之。

子八，最著者长子成衮扎布，次子车布登扎布。

成衮扎布，初授一等台吉。乾隆元年，封固山贝子。四年，封世子，赐杏黄辔。十五年，袭扎萨克亲王兼盟长，授定边左副将军。十七年，入觐。十八年，杜尔伯特台吉车凌等内附，成衮扎布遣兵赴乌里雅苏台防准噶尔追兵。准噶尔宰桑冯木特以二百人追入边，上命毋纵使还。冯木特遁去，诏以责成衮扎布。十九年，命移军乌里雅苏台。寻罢定边左副将军，命赴额尔齐斯督屯田。二十年，师定伊犁，屯田兵撤还，仍驻乌里雅苏台。二十一年，和托辉特青衮咱卜谋为乱，成衮扎布发其谋。八月，乱作，仍授定边左副将军，率师讨之，赐三眼孔雀翎。十二月，获青衮咱卜，赐杏黄带。二十二年，辉特巴雅尔为乱，正月，授定边将军，率师赴巴里坤捕治。十二月，入觐，复授定边左副将军，驻乌里雅苏台。二十六年，以准噶尔及回部悉平，请展喀尔喀汛界，下军机大臣议，以附近乌鲁木齐四汛，令索伦、绿旗兵驻防；自苏伯昂阿至乌拉克沁伯勒齐尔十一汛，令成衮扎布督理。二十八年，入觐。二十九年，以乌里雅苏台城圮，请筑城，旧址外立木栅，内实以土，引水环之，报闻。三十六年，卒。

子七，获青衮咱卜，封其第四子占楚布多尔济为世子，代掌扎萨克。卒，命其长子辅国公额尔克沙喇代掌扎萨克。卒，命次子辅国公伊什扎卜楚代掌扎萨克。及成衮扎布卒，以第七子拉旺多尔济袭扎萨克亲王。拉旺多尔济，尚高宗女固伦和静公主，授固伦额驸。从征临清、石峰堡有功。嘉庆八年闰二月，仁宗乘舆入顺贞门，有陈德者伏门侧突出，侍卫丹巴多尔济御之，被三创，拉旺多尔济拨其腕，乃获而诛之，赐御用补褂，封其子巴彦济尔噶勒辅国公。

车布登扎布，初授一等台吉。额尔德尼昭之役，力战被创，封辅国公，赐双眼孔雀翎。十七年，成衮扎布请析所部授车布登扎布自为一旗，上允之，别授扎萨克。十九年，督兵剿抚乌梁海，获准噶尔宰桑，赐贝子品级。二十年，师征伊犁，车布登扎布将三百骑自察罕呼济尔疾驰至集赛，擒宰桑齐巴汉，侦达瓦齐所在，夺舟渡伊犁河，逐达瓦齐，封多罗贝勒。阿睦尔撒纳谋以伊犁叛，车布登扎布首发其奸，密以告将军班第。师还，命招降乌梁海部落，即以隶焉。二十一年，乌梁海酋郭勒卓辉讹言哈萨克汗阿布赉与阿睦尔撒纳连合，上命率师讨之。有宰桑固尔班和卓者，携千余户赴乌梁海谋偕道，车布登扎布麾兵捕治，歼其众。遂进兵哈萨克界，会尚书阿里衮自伊什勒诺尔转战至汗扎尔会，斩获无算，封多罗郡王。

成衮扎布讨青衮咱卜，诏车布登扎布还乌里雅苏台为佐。二十二年，代成衮扎布署定边左副将军。寻命兆惠代成衮扎布为定边将军，而以车布登扎布为之副。二十三年正月，授定边右副将军，从兆惠出巴里坤，遣兵赴哈什崆格斯搜逸寇。寻命赴博罗塔拉，捕布库察罕、哈萨克锡喇等。哈萨克部人擒布库察罕，哈萨克锡喇与宰桑鄂哲特等走附落霍斯，车布登扎布督兵逐之，哈萨克锡喇度不得脱，悉众据高冈拒战。部将以兵寡，请待其走击之，车布登扎布持不可，麾兵急进，擒鄂哲特，哈萨克锡喇仅以

身免，诏以其父超勇号赐之。鄂哲特械至京师，言车布登扎布身先士卒，所向无前，上益嘉欢，赐金黄带。

车布登扎布进次阿布勒噶尔，哈萨克缚布库察罕以献，因请赴阿克苏与将军兆惠会。上命还伊犁，进亲王品级。寻以在军久，令归游牧休息。二十四年，令佐将军兆惠进叶尔羌讨霍集占，旋复命还伊犁。二十七年，使西藏。三十六年，代成衮扎布为定边左副将军，授盟长。以牟利被讦，罢左副将军，擅请展牧界，削亲王品级，命以郡王兼扎萨克世袭。四十七年，卒。子三丕勒多尔济，袭。

论曰：世传钟琪长身赪面，隆准而骈胁。临阵挟二铜锤，重百余斤，指麾严肃不可犯。军西陲久，番部皆慑其名。其受莎罗奔降也，傅恒升幄坐，钟琪戎服佩刀侍。莎罗奔出语人曰："我曹仰岳公如天人，乃傅公俨然踞其上，天朝大人诚不可测也！"策楞白皙微髭，善用兵，所部多奇士。有脱克浑者，日行千里，登高张两手，若雕鼓翼，调敌，敌不之察。事定，策楞欲官之，辞，贲以千金，酌酒劳之。脱克浑请出侍姬舞，起而歌，慷慨，策楞大悦，即以姬及所乘马赐之。载籍言名将，往往举其状貌及其轶事，使读者慕焉。钟琪忠而毅，策楞忠而勇，班诸卫、霍、郭、李之伦，毋谓古今人不相及也。

卷二百九十七　　列传八十四

查郎阿　傅尔丹　马尔赛 李林
庆复 李质粹 **张广泗**

查郎阿，字松庄，纳喇氏，满洲镶白旗人。曾祖章泰，以军功授拖沙喇哈番。祖查尔海，复以军功进一等阿达哈哈番。父色思特，死乌阑布通之战。查郎阿袭世职，兼佐领，迁参领。雍正元年，授吏部郎中。二年，超擢侍郎，署镶黄旗满洲都统。五年，迁左都御史，仍治吏部事。是岁冬，西藏噶布伦阿尔布巴等为乱，戕总理藏务贝子康济鼐，扎萨克台吉颇罗鼐驰闻，上命查郎阿偕副都统迈禄率兵入藏。六年，擢尚书。秋，师至藏，驻藏副都统马喇等已擒阿尔布巴，即按诛之，并歼其余党。查郎阿奏移达赖喇嘛暂居里塘，留兵二千交驻藏大臣调遣；又奏请以颇罗鼐总理后藏，而前藏达赖喇嘛未还，毕昭新授噶布伦，虑未妥协，并令颇罗鼐兼领：皆从之。

七年，命查郎阿至西安，留佐川陕总督岳钟琪，专理军需。钟琪授大将军，出师，令署川陕总督兼西安将军，加太子少保。八年，命往肃州专理军需。九年，析置四川、陕西两总督，查郎阿改署陕西总督。十年，召钟琪还京师，以查郎阿署宁远大将军，命大学士鄂尔泰驰驿往肃州授方略，并赐白金万。十一年，疏劾副将纪成斌防廋集、总兵张元佐防无克克岭，敌入掠粮车，漫无侦察。上命斩成斌，元佐坐降调。又劾总兵曹勷防哈密，纵贼妄报，上命斩勷。又劾副都统阿克山、观音保牧马多死，玩误军事，

下部议当斩。查郎阿复奏阿克山、观音保所部兵久居南方，不知牧马法，视退缩窃换者有间，请暂免死，令于通衢荷校，遍示诸军。

十三年，噶尔丹策凌乞和，命查郎阿撤兵。奏请留兵戍哈密及三堡沙枣尔、塔勒纳沁诸城，并于南山大坂、无克克岭、塔勒纳沁河源分设斥堠，又奏于安西及赤金、靖逆、柳沟、布隆吉尔、桥湾五处分兵驻防，部议如所请。授文华殿大学士，兼兵部尚书，仍改陕西总督为川陕总督。乾隆元年，疏言甘肃地瘠，请拨陕西仓粮预筹协济，命会巡抚刘於义确议。寻请拨陕西仓粮八万石运贮庆阳、泾州、静宁、固原诸处，从之。疏劾甘肃巡抚许容匿灾营私，上命夺容官逮治。秋，入觐，谕速回任。奏言："军中马驼被窃，当责大将军偿补。雍正十年以前，岳钟琪任之；十一年，臣任之。唯鄂尔多斯牧厂所失及历年马驼多毙，请免追偿。"上许之。三年，奏劾肃州道黄文炜、军需道沈青崖等侵帑，并及於义徇庇，遣左都御史马尔泰会鞫论罪。

章嘉呼图克图请以里塘、巴塘畀达赖喇嘛，查郎阿奏："圣祖时克西藏、收里塘、巴塘内属。章嘉呼图克图以日用不敷为辞，藏中大小庙千余，常住喇嘛四十余万，需用良巨。请视里塘、巴塘诸地每岁征收数目，以打箭炉商税拨予达赖喇嘛，地仍内属如故。"上嘉纳之。宁夏地震，查郎阿驰往赈抚。五年，命还京入阁治事，加太子太保。六年，命与侍郎阿里衮清察黑龙江、吉林乌喇开垦地亩。十二年，以衰病，命致仕。寻卒。

傅尔丹，瓜尔佳氏，满洲镶黄旗人，费英东曾孙，倭黑子也。康熙二十年，袭三等公，兼佐领，授散秩大臣。四十三年，上西巡，驻跸祁县郑家庄，于行宫前阅太原城守兵骑射。有卒马惊逸近御仗，傅尔丹直前勒止之，捽其人下。上悦，谕奖傅尔丹，赐貂皮裘。寻授正白旗蒙古都统。四十八年，授领侍卫内大臣。五十四年，以托疾未入直，罢领侍卫内大臣。命率土默特兵千赴乌兰固木等处屯田。五十六年，复授领侍卫内大臣。

师讨噶尔丹，授富宁安靖逆将军，出西路；傅尔丹振武将军，出北路；驻军阿尔泰。五十七年，疏请与富宁安分路进兵，谕定师期。傅尔丹请与征西将军祁里德将万二千人，以七月出布鲁尔，直抵额尔齐斯河。会策妄阿喇布坦使来乞和，令暂停进取，缮兵防守。上欲于乌兰固木、科布多筑城卫喀尔喀游牧，命傅尔丹相度具奏。五十八年春，傅尔丹疏请筑城鄂勒齐图郭勒，上以鄂勒齐图郭勒距师远，命更于科布多筑城。傅尔丹复疏言："科布多阻大河，材木难致。请筑城察罕廋尔，距鄂勒齐图郭勒千里，中设十一站。"上从之。五十九年，将八千人自布拉罕进次格尔额尔格，准噶尔兵溃，击斩二百余级，擒宰桑等百余，尽降其众。又焚乌兰呼济尔敌粮，引还。雍正元年，命兼统祁里德军，分兵驻巴里坤。三年，召还，授内大臣。四年，授黑龙江将军。六年，授吏部尚书，赐双眼孔雀翎。

初，青海罗卜藏丹津败走，准噶尔策妄阿喇布坦纳之。上屡遣使索献，策妄阿喇布坦亦遣使请和，上罢两路兵，久之议未决。策妄阿喇布坦死，子噶尔丹策零嗣，屡犯边。七年二月，上命廷臣集议。大学士朱轼、左都御史沈近思皆言天时未至，副都统达福亦言不可，惟大学士张廷玉赞用兵，上意乃决，复出师。命傅尔丹为靖边大将军，出北路；发京师八旗兵六千、车骑营兵九千、奉天等处兵八千八百，以巴赛为副将军，顺承郡王锡保掌振武将军印，陈泰、衮泰、石礼哈、岱豪、达福、觉罗海兰为参赞。定寿将前锋，魏麟、闪文绣将车骑营，纳秦将奉天兵，塔尔岱、西弥赖将索伦兵，费雅思哈将宁古塔兵，阿三将右卫兵，素图将宁夏兵，承保、常禄将察哈尔兵，马尔齐、衮布将土默特兵，丹巴、沙津达赖将喀喇沁、土默特兵，法敏、伊都立、巴泰、西琳、傅德理徇，永国护印。上祭告太庙，幸南苑阅车骑营兵，御太和殿行授钺礼，赐傅尔丹御用朝珠、黄带、紫辔、白金五千，加少保。出驻阿尔泰。八年，噶尔丹策零表请执罗卜藏丹津以献，上命缓进兵。寻召与岳钟琪同诣京师议军事，遣还军。九年，疏言科布多为进兵孔道，请仍于此筑城，下廷议，如所请。

五月，傅尔丹移军科布多，噶尔丹策零遣所部喀苏尔海丹巴为间，为守卡侍卫所获，诘之，曰："噶尔丹策零发兵三万，使大策零敦多卜、小策零敦多卜分将犯北路。小策零敦多卜已至察罕哈达，大策零敦多卜以事宿留未至。"傅尔丹信其语，计及其未集击之。令选兵万人，循科布多河西以进，素图、岱豪为前锋，定寿等领第一队，马尔萨等领第二队，傅尔丹举大兵继其后，令衮泰护筑城，陈泰屯科布多河东，断奇言道。六月庚子，师发科布多，定寿等进次扎克赛河，获准噶尔逻卒，言距察罕哈达止三日程，准噶尔兵不过千人，未立营。傅尔丹命乘夜速进，行数日不见敌。戊申，获谍，言准噶尔兵二千屯博克托岭。傅尔丹遣素图、岱豪将三千人往击之。敌出羸兵诱师，而伏二万人谷中。己酉，定寿师次库列图岭，遇敌，斩四百余级，敌驱驼马逾岭遁。

庚戌，傅尔丹师至，素图、定寿皆会。辛亥，逐敌入谷，伏发，据高阜冲击。傅尔丹督战，杀敌千余，塔尔岱、马尔齐督兵夺西山，敌据险，师攻之不能克。壬子，傅尔丹令移军和通呼尔哈诺尔，定寿、素图、觉罗海兰、常禄、西弥赖据山梁东，塔尔岱、马尔齐据其西，承保居中，马尔萨出其东，达福、岱豪当前，舒楞额、沙津达赖等护后。师甫移，敌力攻山梁东西二军，定寿等奋战。大风雨雹，师为敌所围。傅尔丹遣兵援塔尔岱出，又令承保援定寿，日暮，围未解。癸丑，海兰突围出，定寿、素图、马尔齐皆自杀；西弥赖令索伦兵赴援，兵溃，亦自杀。甲寅，敌环攻大营，傅尔丹督兵御之，杀敌五百余。科尔沁兵溃，沙津达赖奋战入敌阵，师望见其纛，曰："土默特兵陷贼矣！"遂大溃。乙卯，永国、海兰、岱豪皆自杀。傅尔丹杂士伍中以出。敌大集，查弼纳、巴赛、达福、马尔萨、舒楞额皆战死。傅尔丹率残兵渡哈尔噶纳河，敌追至，击杀五百余人。七月壬戌朔，还至科布多，收余兵仅存二千余。

方战，科尔沁蒙古兵先败，傅尔丹闻人言，谓先败者土默特兵也。劾沙津达赖，论斩。归化城土默特副都统衮布降敌，戮其孥。傅尔丹疏请罪，上谕曰："损兵诚有罪，朕因尔等竭蹶力战，特宽恕之。痛恻难忍，不觉泪下！解朕亲束带赐傅尔丹。尔等毋妄动，敌至能坚守，即尔等之功。科布多不能守，可还军察罕廋尔。"傅尔丹复疏请罪，上谕曰："轻信贼言，冒险深入，中贼诡计，是尔之罪。至不肯轻生自杀，力战全归，此尔能辨别轻重。事定，朕自有处置。"寻命以锡保为靖边大将军，傅尔丹掌振武将军印，协办军务。十年七月，准噶尔侵乌逊珠勒，锡保令傅尔丹将三千人御之，败绩。锡保疏劾，罢领侍卫内大臣、振武将军，削公爵。十一年，锡保再疏劾傅尔丹，上察傅尔丹兵寡，原其罪，命留军效力。

十三年，伊都立等侵军饷事发，辞连傅尔丹，命侍郎海望逮诣京师下狱，并追论和通呼尔哈诺尔及乌逊珠勒失机罪，王大臣等依律拟斩。命未下，世宗崩，高宗即位，命改监候。乾隆四年，与岳钟琪并释出狱。十三年，师讨大金川未下，授内大臣、护军统领，赴军，寻命署川陕总督，与钟琪治军事。大学士傅恒出为经略，奏傅尔丹衰老，惟熟于管理满洲兵，请专治营垒诸事。十四年，命为参赞。大金川师罢，授黑龙江将军。十七年，卒，赐祭葬，谥温悫。子兆德，袭爵；哈达哈，自有传。

傅尔丹颀然岳立，面微赪，美须髯。其为大将军，廷玉实荐之。钟琪尝过其帐，见壁上刀槊森然，问："安用此？"傅尔丹曰："此吾所素习者，悬以励众。"钟琪出曰："为大将，不恃谋而恃勇，败矣！"

马尔赛，马佳氏，满洲正黄旗人，大学士、三等公图海孙。马尔赛，袭爵。康熙间，迭授护军统领、镶黄旗蒙古都统、领侍卫内大臣、掌銮仪卫事。雍正二年，加赠图海一等公，号曰忠达，仍以马尔赛袭。调镶蓝旗满洲。六年，授武英殿大学士，兼吏部尚书。八年，命与大学士张廷玉、蒋廷锡详议军行事宜。寻以翊赞机务，加一等阿达哈哈番世职。

九年，靖边大将军傅尔丹讨噶尔丹策零，师败绩。授抚远大将军，调西路副将军觉罗伊礼布为参赞，率师驻图拉。马尔赛师行，闻准噶尔将犯科布多，奏请暂驻第十五台。俄闻准噶尔兵屯科布多近处，又奏请进驻察罕廋尔；既又闻准噶尔兵至奎素，复奏请调蒙、汉兵七千人赴推河。上责马尔赛辗转不定，命驻第十四台待命。旋命将蒙、汉兵五千人驻翁衮。上解傅尔丹靖边大将军印付顺承郡王锡保，谕马尔赛，蒙古诸扎萨克俱遵靖边大将军调遣，不得以抚远大将军印有所征发。寻改授抚远大将军，驻扎克拜达里克。

十年秋，准噶尔大举内犯，掠喀尔喀诸部。喀尔喀亲王策棱与战额尔德尼昭，大破之，余众循鄂尔昆河源走推河。锡保札马尔赛，令与建勋将军达尔济合军截击，喀尔喀亲王丹津多尔济亦驰报，促马尔赛发兵。马尔赛集诸议，诺尔珲曰："我等当速发兵迎截，迟且将不及。"诸将皆和之，独都统李杕以为但当守城，马尔赛以杕言为然。诺尔珲、博尔屯等力请，傅鼐至跪求，马尔赛持不可。达尔济遣使约会师，马尔赛终不应。士卒登城见敌过，奋欲出击，参赞胡琳、傅鼐不待马尔赛令，将所部以出，马尔赛乃与偕行。至博木喀拉，令钦拜将七百人逐敌，马尔赛引还。准噶尔兵去已远，钦拜等亦无所获而返。胡琳、钦拜、博尔屯、诺尔珲等先后疏报，上命夺马尔赛官爵治罪，锡保等请诛马尔赛及杕，部议当贻误军机律斩。十二月，遣副都统索林赴扎克拜达里克，斩马尔赛。

李杕，汉军镶蓝旗人，李国翰四世孙。降袭三等伯，累擢至广州将军。坐驻防兵哄巡抚官廨，逮京师论斩，上贷之，复授都统，仍令袭爵。至是，责其一言偾事，罪与马尔赛等，夺官爵，论斩。

庆复，字瑞园，佟佳氏，满洲镶黄旗人，佟国维第六子。雍正五年，袭一等公，授散秩大臣。迁銮仪使，兼领武备院事。七年，授正白旗汉军副都统。八年，迁正蓝旗汉军都统。九年，列议政大臣。十一年，授工部尚书，署刑部，调户部。十二年，授领侍卫内大臣。十三年，高宗即位，命代平郡王福彭为定边大将军，出北路。乾隆元年，准噶尔乞和，罢兵。庆复请沿边设卡伦，以侍卫或护军一专管，喀尔喀台吉一协理；发土谢图、赛因诺颜、扎萨克图、车臣四部兵合三千人，岁六月集鄂尔坤出巡，九月罢归牧：诏如所请。召还京，署吏部尚书，兼户部，寻真除刑部。二年，授两江总督。劾江西巡抚俞兆岳贪鄙营私，夺官，论如律。疏言苏、常、扬、镇、通、泰诸属例征麦二万余石，请改征米，从之。

移督云、贵。四年，加太子少保。五年，疏言："云南府属县引南汁等六河溉田，山溪箐涧水发不常，沙石壅遏，堤埂易决。请以时修治。"上嘉之。又言："滇、黔、粤、蜀四省接壤，瑶、苗杂处，往往争界构讼，积案莫结。如广西镇安属小镇安土州与云南广南属土目争剥头、者赖二村，臣令详勘，以村入广西境应归广西；而广西又议以小镇安土州归云南，画昭阳关为界。云南、四川于金沙江分界，云南属江驿、七戛、则补、晋毛诸地越在江外，两省驻汛分防，犬牙互制，而四川又欲划江分界。现在民、夷宁帖，应仍旧贯，不必纷更。其或田在彼境，粮在此境，当以粮从田，俾免牵混。"下军机大臣议行。又疏言钱价日昂，请省城增十炉，临安增五炉，发饷银七钱三。下部议行。又分疏请开姚州盐井，南安州属礈嘉、大小猛光、回子门诸地招垦，浚治金沙江。

旋移督两广，疏劾粤海关监督郑伍赛需索侵蚀，拟罪如律。又疏言："琼州四面环海，中有五指山，黎人所居。请设义学，俾子弟就学应试，别编'黎'字，州县额取一名。"八年，又疏言："广西东兰州自雍正初改土为流，置兵二百戍守。水土毒恶，山路崎岖，民病于运粮。请以其半改驻三旺。"均从之。

复移督川、陕。郭罗克土番处青海界上，地寒不能畜牧，屡出为"夹坝"，夹坝，华言盗也。庆复令捕其酋林噶架立诛之，番众顶经誓奉约束。庆复令贫番三百余户授地课耕，岁五六月许出猎，限一次，寨限十五人。要隘设汛置兵，松潘镇总兵岁出巡，驻叩坝。番人讼不决，诣总兵剖晰。上中下三部置土千户一、土百户二，种人为盗，责三土目捕治。疏闻，下军机大臣议行。又有瞻对土司在打箭炉边外，处万山中，恃险肆劫，掠及台站兵，有司捕治。上瞻对土目四朗、下瞻对土目班滚匿罪人不出。

十年，庆复偕巡抚纪山、提督李质粹疏请发兵进剿，上命宜妥协周详，毋少疏忽。庆复遂发兵，质粹进驻东俄洛，扼两瞻对总隘；夔州副将马良柱出里塘为南路，松潘总兵宋宗璋出甘孜为北路，建昌总兵袁士弼出沙晋隆为中路，刻期并发，四朗诣宗璋军降。士弼自扩城顶趋纳尔格，与番人战加社丫卡诸地，屡胜。良柱攻嚓吗所，焚其寨三，地雷发，番人死甚众。上下瞻对夹江而居，四朗居江西地，曰撒墩，其从子肯朱居江东地，曰孺耳，班滚亦居江西地，曰如郎。江东木鲁工为要隘。四朗既降，宗璋兵越撒墩驻阿赛，去如郎数十里，良柱亦逼进如郎，质粹发兵往应，班滚力拒。宗璋分兵自然多会士弼，克腊盖，破底朱。良柱亦抚定番寨四十六。班滚请降，庆复不许。疏入，上命毋恃胜轻敌。寻授庆复文华殿大学士，仍留总督。

十一年春，庆复进驻东俄洛，奏言："前克底朱，班滚母率头人至军前请降，质粹遣令归。臣咨询质粹，令速进兵。"上责质粹失机，庆复又疏劾士弼意主招降，请夺官，仍戴罪效力。寻自东俄洛进驻灵雀，以明正土司汪结及降人骚达邦、俄木丁等为导，自茹色以皮船渡，破十余卡，逼如郎，攻泥日寨，围之数日，焚碉。质粹咨庆复，言班滚已焚死，又言焚碉时，火光中望见番酋悬縏。庆复询于众，俄木丁于烬中得鸟枪铜挽，谓班滚物也，遂以班滚焚毙疏闻。上察庆复师逼如郎时，尝奏班滚走沙加邦河，土目姜错太迎入寨，未言至泥日；谕庆复，班滚渠魁断不可漏网，毋留遗孽，毋堕狡计。寻加庆复太子太保。庆复又劾士弼怯懦乖张，夺官，逮下刑部论罪。

十二年，大金川土酋莎罗奔为乱，上授张广泗川陕总督，召庆复入阁治事，命兼管兵部。寻广泗奏言讯土司汪结，言班滚尚匿如郎未死，庆复得班滚子沙加七立，为更名德昌喇嘛，令仍居班滚大碉，冒称经堂。上责庆复欺罔，夺官待罪。钦差大臣尚书班第奏言师克如郎，班滚已逃，仅得空寨。上逮质粹下刑部狱，召宗璋与质。质粹言："曩报班滚焚毙，实未亲见；后闻藏匿山洞，亦未告庆复追捕。"上命下庆复刑部狱，令军机大臣会讯，按律定拟，坐贻误军机律论斩。十四年九月，赐自尽。

李质粹，汉军正白旗人，雍正初，自把总擢蓝翎侍卫。尝从年羹尧出师，累擢陕西、固原提督。丁忧，命署四川提督。附和庆复妄言班滚死，庆复死之明年，斩质粹。

张广泗，汉军镶红旗人。以监生入赀授知府。康熙六十一年，选贵州思州。雍正四年，调云南楚雄。云贵总督鄂尔泰讨乱苗，以广泗佐其事，奏改调黎平。五年，擢贵州按察使。六年，广泗率兵赴都匀、黎平、镇远、清平诸地化导群苗，相机剿抚，超授巡抚。清平属丹江苗最悍，广泗遣兵分道攻克小丹江、大丹江及鸡沟等寨。镇远属上九股诸寨与接壤，亦次第降。下九股、清水江、古州诸苗悉定。疏闻，上命与鄂尔泰详议善后诸事，语详《鄂尔泰传》。十年，广泗疏言："清水江及都江为黔、楚、粤三省通流，当设哨船联络声势。古州应贮米，责成同知以下董理。译人分别勤惰予粮，并授土官札付，宣布条约，化导苗民。"下部议行。叙功，授拜他喇布勒哈番世职。

准噶尔扰边，宁远大将军岳钟琪率师出西路。上授广泗副将军，召诣京师授方略。广泗至军，钟琪方自巴尔库尔移军穆垒。广泗将四千人出鄂隆吉，与钟琪会于科舍图，至穆垒。上召钟琪还京师，命广泗护大将军印。广泗疏言："穆垒地处两山间，筑城其中，形如釜底，非屯兵进取之地。今筑城未竣，臣与副将军常赉两营当要冲，兵止二三百，即钟琪营亦仅数百，遇警何以抵御？准噶尔专用马，我兵必马步兼用，而钟琪立意用车，沙碛殊非所宜。至马步兵弓箭、鸟枪之外，止携木梃，全无刀戟，官兵莫不窃议。穆垒又无牧地，钟琪留马二千余，悉就牧乌兰乌苏、科舍图两地，敌人窥伺可虞。驻兵数万人，粮运最要。地多丛山大岭，车驼分运，必绕出沙碛。钟琪闻寇至，辄令停运，以此迟缓。钟琪张皇刚愎，号令不明。题奏奉到谕旨，临时宣传，莫辨诚伪。"上夺钟琪官，命广泗还军巴尔库尔。广泗奏军还巴尔库尔，分兵防洮赉、无克克岭，断敌南走道，防廋集寨罕、哈马尔、断敌西来道；巴尔库尔北为镜儿泉、噶顺、乌卜图克勒克诸地，东北为图古里克、特尔库勒诸地，敌自沙碛来，处处可通，皆置兵守之。他诸要隘并设卡伦，巡护牧厂，哈密、塔勒纳沁皆增兵为备。寻以查郎阿为大将军，授广泗正红旗汉军都统，留军。十一年，广泗将万余人分驻北山。十二年，诇寇至乌尔图河，檄副都统班第达什、降调总兵张元佐及提督樊廷逐捕，越噶顺至鄂隆吉大坂，击破之，斩四百余人，获三十六人。捷闻，命议叙。十三年，准噶尔乞和，师还。授湖广总督。

自鄂尔泰定苗疆，至是九股苗复为乱。尚书张照偕将军哈元生、副将军董芳率兵讨之，久无功。高宗即位，授广泗经略，赴贵州，将军以下听节制。广泗疏劾照阻挠军机，征集兵数万，元生沿途分布，用以攻剿者不过三千，顾此失彼。芳驻守八弓，仅事招抚。巡抚元展成治赈，条款纷错，官民并困。上为夺照、芳、展成等官，命广泗兼领贵州巡抚；罢元生将军，以提督听广泗驱策。十二月，广泗至凯里，分兵三道进剿；副将长寿出空稗，总兵王无党出台营，广泗督乐出清江地曰鸡摆尾，刻期并进。破上九股卦丁等寨，毁其巢，余苗走入牛皮大箐。乾隆元年正月，广泗令诸军合围，获其渠包利等，斩万余级，诸苗悉定。授广泗云贵总督，兼领巡抚，进三等阿达哈哈番世职。奏定镇远、安顺、大定、平远诸营制，增贵州兵额，都计二千九百有奇。三年，复请浚治清水江、都江，增炉铸钱。皆下部议行。五年，请入觐，会湖广城步横岭等寨红苗纠粤瑶为乱，命广泗往勘。九月，授钦差大臣，楚、粤提镇以下受节制。十一月，乱定。六年正月，至京师，乞归葬，赐其父母祭。贵州黎平黑苗复纠粤瑶为乱，命广泗还贵州按治，获苗酋石金元等置之法。十年，加太子少保。

十一年，大金川土司莎罗奔为乱，调川陕总督。广泗至军，小金川土司泽旺土舍良尔吉来降。八月，遣总兵宋宗璋、许应虎分道攻勒乌围，副将马良柱攻噶拉依，副将张兴、参将买国良继进。山险碉坚，转战逾二年，师无功。十三年，疏劾良柱自丹噶撤军失炮械，命逮诣京师。上授大学士讷亲经略，出视师，并起岳钟琪赴军，诏责广泗师老气怯，调度失机宜。广泗奏报攻克戎布寨五十余碉，谕曰："此亦小小攻克耳。佇待捷音，以慰西顾。"讷亲初至，督攻碉，师败绩。总兵任举为骁将，战没。乃议令官军筑碉，谓与贼共险。上以为非策，责广泗附和推诿，严谕诘难。讷亲劾广泗分十道进兵，兵力微弱，老师糜饷；钟琪亦劾广泗玩兵养寇，信用良尔吉及汉奸王秋，泄军事于敌。上责广泗贻误军机，夺官，逮至京师，上御瀛台亲鞫。广泗极言其枉，命用刑，辨不已。上谕曰："金川用兵，张广泗、讷亲前后贻误。广泗初至军，妄为大言，既久无成效，则诿过于部将。及讷亲往，乃复观望推诿，见讷亲种种失宜，无一语相告。见其必败，讪笑非议，备极险忮。盖恐此时奏闻，犹可谴责，不若坐视决裂为得计也。朕详悉推勘，如见肺肝。讷亲且在其术中而不觉矣。广泗熟娴军旅，与讷亲并为练达政事之大臣，乃自逞其私，罔恤国事。今朕明正其罪，以彰国宪。"下军机大臣会刑部议罪，当失误军机律斩。十二月，斩广泗。后十日，谕并诛讷亲。

论曰：为三军择将，岂易言哉？查郎阿临边未遇敌，按杀成斌、勋。世谓与查弼有连为修怨，甚矣其枉也！傅尔丹中敌间，师徒挠败，世宗特宽之；高宗时复起，至与岳钟琪同视，何其幸欤！若马尔赛之畏缩，庆复之欺诳，谴当其罪。广泗倾钟琪，劾照，知讷亲不可撼，乃坐视其败，以忮杀其身，虽有劳不能逭。吁，可畏哉！

卷二百九十八　　列传八十五

噶尔弼法喇　**查克丹**钦拜　**常赉**　**哈元生**
子尚德　**董芳**　**查弼纳**达福　**定寿**　**素图**

噶尔弼，纳喇氏，满洲镶红旗人。父额尔德赫，为敬谨亲王尼堪长史，屡从征伐。顺治十六年，署护军统领。偕安南将军达素等师下厦门，击郑成功。额尔德赫将右翼，获其将周序。命署镇海将军。康熙元年，还京，寻卒。雍正间，以噶尔弼疏乞补谥，谥果毅。

噶尔弼，初授前锋参领，累迁镶红旗护军统领。准噶尔策妄阿喇布坦遣策零敦多卜袭据西藏。康熙五十八年，命噶尔弼驰赴四川佐总督年羹尧治军事。噶尔弼诇知策零敦多卜与其副三济不睦，谓其隙可乘，疏请招策零敦多卜降。五十九年二月，上命平逆将军延信自青海入西藏，而授噶尔弼定西将军，偕都统武格将四川、云南兵出拉里。策零敦多卜自将拒延信，而遣其党春丕勒宰桑将二千六百人自章米尔戎拒噶尔弼。噶尔弼取间道至莫珠贡喀，集皮船渡河，直趋西藏，八月，克之。噶尔弼集西藏大小第巴、头目及诸寺喇嘛宣上指安抚，封达赖喇嘛仓库，遣

兵守隘，截准噶尔粮道，擒斩策零敦多卜所署置总管喇嘛五。策零敦多卜为延信所破，遁走。西藏平。

捷闻，上谕曰："噶尔弼等遵朕指行师绝域，各自奋励，抚定唐古特人民，命优叙。"延信留驻西藏，六十年，以病召还，命噶尔弼佩定西将军往代。寻授镶蓝旗蒙古都统。行至泸定桥，托病不行。年羹尧以闻，命夺官；逗遛不敢诣京师，论斩。雍正元年，世宗贳其罪，赐副统衔从军。迭署固原提督、布隆吉尔副将军，授镶红旗汉军都统。三年，擢奉天将军。五年，疏言："奉天金、银、铜、铅诸矿，虽开采有禁，而窃掘尚多。惟盃犀湖产铁，为民间农器所需。辽阳黄波罗峪、开原打金厂，请照锦州大悲岭例，永禁开采。"下部议行。旋卒。

法喇，那木都鲁氏，满洲正白旗人。父敦泰，从达素击郑成功，战死。母喜塔腊氏，守节抚孤。法喇，初授笔帖式。康熙十三年，以护军从讨吴三桂，自广东下云南。三十五年，以署骁骑参领从征噶尔丹，累擢镶白旗蒙古都统、护军统领。

准噶尔策妄阿喇布坦遣其族兄策零敦多卜攻西藏，四川提督康泰率师次黄胜关，兵哗溃。上命法喇驰赴四川佐年羹尧治军事，并按提督标兵哗溃状。法喇察知泰偏信守备汪文藻克饷，请斩文藻及倡乱兵以徇，上从之，并夺泰官。五十七年，策零敦多卜戕拉藏汗，幽达赖喇嘛，遂据有其地。法喇遣员外郎巴特玛等赴里塘传谕，又令前锋参领伍林葩、化林协副将赵宏基将满、汉兵五百与之偕。疏言："西藏资茶养生，应令松潘禁茶出口。里塘、巴塘番寨所需，当开具户口，定数买运。"下所司议行。五十八年，命法喇出驻打箭炉，令副将岳钟琪率师徇里塘，番酋达瓦喇扎木巴、第巴塞卜腾阿珠不从命，缚送法喇军，斩以徇。进次巴塘，第巴喀木布等请降，命法喇进驻巴塘。五十九年，年羹尧请授噶尔弼定西将军，率师入西藏，令法喇还驻打箭炉。

六十年，还京师。寻以护军有自戕者，不以实奏，坐夺官。六十一年，与千叟宴，赐复原衔。雍正十三年，卒。

查克丹，博尔济吉特氏，满洲正黄旗人，奉义公恩格德尔曾孙。自官学生袭三等阿达哈哈番，授头等侍卫。累迁正黄旗护军统领、镶蓝旗蒙古都统。雍正三年，署甘州将军。准噶尔使至，守备马德仁等供应失时，查克丹疏劾，并陈花马池至甘州驿马疲羸状，命总督年羹尧严察。四年，还京师，授正黄旗满洲都统。五年，命率代兵出北路。九年，振武将军顺承郡王锡保出北路讨准噶尔，命查克丹参赞军务，授内大臣。十年，准噶尔将小策零敦多卜入边，掠喀尔喀诸部。查克丹偕额驸策棱等赴奔博图山，敌越察罕廋尔入掠杭爱山，师逐之，至额尔德尼昭，大战破敌。查克丹督兵奋击，敌自推河遁走；复追至察罕托辉，斩馘殆尽。以功进二等阿达哈哈番。锡保代傅尔丹为靖边大将军，仍以查克丹参赞军务。十三年，还京师，调正红旗蒙古都统。乾隆四年，以病再疏乞休，命致仕。十一年，卒，赐祭葬，谥敏恪。

钦拜，瓜尔佳氏，满洲镶红旗人。曾祖罗璧，劳萨弟

也，偕来归。有功，授一等阿达哈哈番，以兼袭兄子程尼世职，合为一等公。钦拜改袭一等伯，授头等侍卫。累迁正黄旗蒙古副都统。雍正元年，授兵部侍郎。四年，以引见失仪，上诘责，巧辩，夺官，戍军台。九年，召还，复官。抚远大将军马尔赛出北路讨噶尔丹，命钦拜将右卫兵以从，参赞军务，授内大臣，驻扎克拜达里克。十年，振武将军顺承郡王锡保驻察罕廋尔，奏请移钦拜相佐。上谕曰："马尔赛治事甚不惬朕意，扎克拜达里克军中恃钦拜一人，当仍留北路。"准噶尔将小策零敦多卜等自推河走，钦拜等力请追击，马尔赛听敌过，师乃出。既至博木喀喇，令钦拜将七百人进，不及敌而还。钦拜等疏闻，上诛马尔赛。寻署绥远将军。十一年，复署建勋将军。平郡王福彭代为定边大将军，命军事咨于钦拜。乾隆元年，还京师。出为青州将军。还，在内大臣上行走。十二年，卒，赐祭葬，谥肃敏。

常赉，纳喇氏，满洲镶白旗人，镇安将军玛奇子。事世宗雍邸。雍正元年，授工部员外郎，迁郎中。二年，调户部。三年，授广东布政使。四年，擢福建巡抚。广东巡抚杨文乾言福建仓库亏空，上命文乾清理，即移常赉署广东巡抚。疏言："广东地卑苦，夏秋潦涨，广州、肇庆二府尤甚。请以广州通判管南海、三水堤工，肇庆通判管高要、高明、四会堤工，岁冬督堤长修筑，定保固赏罚。水涨护防，仍以鸭埠、鱼梁诸税充用。"寻还福建。六年，调云南。

常赉在广东，盗窃奏折匣锁钥，令工私制；将军标兵匿盗，徇不治；电白、从化盗发，隐不奏；又与将军石礼哈等讦文乾。上谕曰："常赉朕藩邸微员，以其谨慎，擢至巡抚。乃盗失折匣钥匿不奏，尚得谓无欺乎？且与石礼哈等党同伐异，其罪不可贷！夺官，赴广东待鞫。"论斩，上推玛奇下云南旧功，特赦之，令从尚书查弼纳往陕西治饷。八年，授刑部侍郎，署宁夏将军。九年，授镇安将军，将肃、甘、凉三州兵五千人自为一队，备声援。寻授西路副将军。

十年，准噶尔侵哈密，常赉与都统良敦、总兵张存孝将满、汉兵三千二百，驻无克克岭御之。旋授内大臣。从大将军岳钟琪移军穆垒，复从护大将军张广泗移军巴尔库尔。十一年冬，署大将军查郎阿奏方冬雪深，请分兵驻防，广泗将万人驻北山，常赉将九千人驻南山。十三年，命统绿旗兵万人驻巴尔库尔，提督颜清如、尚书马会伯为副。准噶尔乞和，乾隆元年，率兵还京师。五年，以疾致仕，予半俸。十一年，卒，赐祭葬。

哈元生，直隶河间人。康熙间入伍，授把总。累迁建昌路都司。坐失察私木过关，夺官。雍正二年，命引见，发直隶以守备用，补抚标右营守备。贵州威宁总兵石礼哈请以元生从剿仲家苗，有劳，三年，补威宁镇中军游击。乌蒙土知府禄万钟侵东川，镇雄土知府陇庆侯助为乱。鄂尔泰檄元生会四川兵讨贼，贼据险拒战，元生冒矢石奋攻克之。鄂尔泰上其功，上奖元生取仲家苗、克乌蒙能效力，命以副将、参将题用，寻授寻沽营参将。

六年，米贴苗妇陆氏为乱，鄂尔泰令元生往剿，破险设伏，捣其巢，获陆氏。率师赴阿驴，破雷波土司，以其助陆氏劫粮也。赉白金四千。迁元江副将。师还，阿驴夷目从，坐事，元生鞭之，其人大噪，围元生。元生率游击卜万年等与战两昼夜，贼败却，元生督兵夺据赤白台。鹤丽总兵张耀祖赴援，元生出小溜筒江，搜斩余贼，阿驴人空寨遁。拉金、者呢诸寨助为乱，并讨平之。鄂尔泰具以闻，上谕曰："野夷性反覆，即无鞭责事，亦未必帖然。元生效力多，功过相当。置不议。"

七年，调黎平правил将，擢安笼总兵。八年，乌蒙复为乱，鄂尔泰令元生督兵出威宁，破贼数万，射殪其渠黑寡，暮末，连蹦贼垒八十里，遂克乌蒙。赐孔雀翎及冠服，赉白金万。九年，擢云南提督。上以元生母逾八十，予封诰。寻调贵州。十年，召诣京师，入对，解御衣以赐，命在办理军机处行走。旋令回籍省亲。

贵州九股苗为乱，命还贵州督剿。遭母丧，赐祭，令在任守制。率兵攻九股苗，获悍苗百余，俘斩甚众，余悉请降。十二月，进《新辟苗疆图志》，命巡抚元展或勘订。十三年，古州苗为乱，扰黄平，元生遣兵击之，总督尹继善奏调湖广、广西兵会剿。上授元生为扬威将军，统兵进讨，而以湖广提督董芳为之副。寻遣尚书张照为抚定苗疆大臣，元生与之忤。乃议划施秉以上为上游，用云南、贵州兵，隶元生；施秉以下为下游，用湖广、广西兵，隶芳。元生与芳议界，详述村庄道路，文移辨论，日久师无功。经略张广泗至，劾元生徒事招抚，夺官逮京师，坐贻误军机论斩。乾隆元年，上命贷其死，赐副将衔，赴西路军营效力。三年，卒，上深惜之，加总兵衔，赐祭葬。

子尚德，初从元生至云南，入伍，授千总。乌蒙既克，赉疏奏捷，上命以游击题补，补云南鹤丽右营游击，迁奇兵营参将。乾隆元年，广泗奏尚德奉檄从征，因父获谴，黾勉自效。擢贵州清江协副将，调定广协。三年，讨平定番州属姑卢寨苗。以父忧归，起湖南辰州副将。迁总兵，历宜昌、凉州、临元、古州诸镇。十三年，讨大金川，命从军。寻为总督张允随劾抚民虐兵，坐夺官。二十二年，赐副将衔，赴西路军营效力。以送羊赴军多毙，夺官责偿，遣回籍。卒。

董芳，陕西咸宁人。初入伍，隶督标。中式武举，补千总。雍正二年，师征青海，从副都统达鼐等追获丹津珲台吉及其孥，并罗卜藏丹津女兄。四年，超授三等侍卫，出为直隶正定镇标游击，累迁云南临元镇总兵。十一年，思茅土酋刁兴国等为乱，芳与提督蔡成贵等率师讨之，擒兴国及助乱土目杨昌禄等，斩三千六百余人，降四万二千六百余人。总督高其倬留芳搜余党，悉平之。十二年，擢湖广提督。

十三年，贵州九股苗为乱，授云南提督哈元生扬威将军，芳副将军，率师讨之。寻命尚书张照总理抚定苗疆，乱未定，高宗即位，授张广泗为经略，视师。广泗劾芳驻军八弓，依附张照，与元生互讦，师集数月，剿抚初无端绪。夺芳官，逮京师。乾隆元年，王大臣会鞠，拟发边远充军，上命宽之，以副将发云南。遭父忧，服除，署剑川协副将。擢总兵，历楚姚、昭通二镇。遭母忧，十三年，召赴京师，赐孔雀翎。

命从征大金川，即授四川重庆总兵。经略讷亲檄芳助总兵莽库纳等攻克普瞻左梁及阿利山梁碉卡。又从提督岳钟琪攻木耳金冈，夺土卡三、水卡一。十四年，大金川事定，芳赴镇，疏陈考察营汛，修补器械，并以地当黔、楚要冲，密访啯噜邪教，复发存库米折借济贫兵，上命诸事尽心料理。寻调建昌镇。叙平大金川功，加左都督。十五年，西藏朱尔墨特、那木札尔谋叛，既诛，其党罗布藏扎什等为乱，总督策楞、提督岳钟琪师入藏，命芳督兵策应。十九年，调松潘镇，擢贵州提督。二十二年，卒。

查弼纳，完颜氏，满洲正黄旗人。祖爱音布，事世祖为户部理事官，考满，授拖沙喇哈番。以其孙观音保袭，恩诏进三等阿达哈哈番。查弼纳，观音保弟也，袭世职，管佐领。康熙四十七年，授吏部郎中，三迁兵部侍郎。六十一年，授江南江西总督。雍正元年，台湾朱一贵余党温上贵纠江西棚民掠万载、新昌。乱定，大学士白潢、尚书张廷玉并疏议安辑棚民，下查弼纳详议。查弼纳奏："江西界连福建、湖广、广东诸省，地旷山深，民无力开垦，招流民艺麻种靛。以其棚居，名曰'棚民'。安业日久，驱令回籍，必且生事。当编保甲，千户以上，驻将吏稽察。编册后，续到流移，不得容隐。其读书向学及有膂力者，得入籍应试。"下部议行。二年，奏言私盐责所在州县严捕，停驻防兵巡缉。又奏言太湖跨数郡为盗薮，请移参将驻洞庭东山，周村、钦桥、鲇鱼口、马迹山、鼋山、东山、凤山、吴溇设汛驻兵。又奏言江南赋重事繁，请改六安、太仓、颍、泗、庐、邠、海、通诸州为直隶州，苏、松、常三府增设元和、震泽、昭文、新阳、宝山、镇洋、奉贤、金山、福泉、南汇、阳湖、金匮、荆溪诸县。

上既遣廉亲王允禩，以贝勒苏努、尚书隆科多等结党乱政，询查弼纳。诏八至，查弼纳不以实奏。四年，召诣京师，上亲诘之，犹坚执不肯言。命夺官，下王大臣会鞠，乃具言苏努与阿灵阿、揆叙、鄂伦岱、阿尔松阿结党，欲戴允禩致大位，及隆科多交结揆叙、阿灵阿状。王大臣拟查弼纳罪斩，上谕曰："查弼纳本后进，畏附权势。朕昨言及圣祖，查弼纳痛哭不止，尚有良心，可免其罪。"寻授内务府总管、镶红旗汉军都统，擢吏部尚书，协理兵部。五年，以滥保郎中舒伸，降级。旋授兵部尚书。

七年，师征噶尔，靖边大将军傅尔丹出北路，宁远大将军岳钟琪出西路，查弼纳赴肃州督西路军需。八年，召入觐，授副将军，佐傅尔丹出北路。九年六月，噶尔丹策零大举入犯，傅尔丹中敌间，欲乘敌未集先发，查弼纳亦颇信之。师进，查弼纳偕傅尔丹督兵继之，至库列图岭，入谷遇敌伏，师败绩。移军和通呼尔哈诺尔，师大溃。查弼纳与傅尔丹及副将军巴赛收余兵四千，设营护辎重，且战且行。渡哈尔噶纳河，敌追至，查弼纳跃马舞刀溃围出，与傅尔丹相失，虑以陷帅得罪，曰："吾罪当死，蒙恩幸得生。颁白之年，岂可复对狱吏？"遂复入阵，死。巴赛亦求傅尔丹不得，趋敌力战死。巴赛，郑亲王济尔哈朗孙也，敌旌其黄带以示师。参赞马尔萨至红石岩遇敌，中枪死。

达福，瓜尔佳氏，满洲镶黄旗人，鳌拜孙也。康熙五十二年，圣祖追录鳌拜战功，赐一等阿思哈尼哈番。达福袭职，管佐领。累擢正蓝旗满洲副都统。雍正五年，世宗以鳌拜功多，复一等公，仍以达福袭，授散秩大臣、前锋统领。七年，师将出，上召廷臣议，达福力谏。上问故，达福曰："噶尔丹策零狡黠，能得诸酋心为捍御。主少则谏易，将强则制专。我数千里转饷，攻彼效死之士，臣未见其可。"辞益坚，上曰："今使汝副傅尔丹以行，汝尚敢辞？"达福乃叩首出。师至边，傅尔丹令达福将二千人驻库卜克尔。九年，傅尔丹出师，使达福偕定寿领第一队，及移军和通呼尔哈诺尔，昼夜力战，杀敌千余。敌益大集，军方移，达福殿，敌三万余环攻之，力战，复杀敌千余，没于阵。

定寿，赫舍里氏，满洲正黄旗人。初袭三等阿达哈哈番世职，授三等侍卫。累迁正黄旗蒙古副都统。康熙五十六年，以傅尔丹为振武将军，出阿尔泰讨策妄阿喇布坦，定寿将盛京、吉林兵千人当前锋，屡破贼博罗布尔哈苏、乌鲁木齐。雍正二年，授镶黄旗蒙古都统。策妄阿喇布坦使乞和，定寿率兵还驻巴尔库尔。部议阿尔泰当驻军，授定寿阿尔泰驻防将军。寻改命穆克登，而令定寿以都统衔参赞军务。四年，率兵往扎布罕，召偕穆克登还京师。定寿奏留察罕薁勒军中自效。七年，大将军傅尔丹自北路出师，命定寿仍以都统衔为军营前锋统领。八年，傅尔丹令定寿以二千人驻伊克斯诺尔，护阿济必济卡伦。九年，傅尔丹将出师，集诸将议，定寿曰："噶尔丹策零闻我师至，敛兵观变，是有谋也。不可信俘言轻进。"傅尔丹责其懦，侍郎永国、副都统觉罗海兰皆持不可，弗听，师遂行。以定寿领第一队，至扎克赛河，获准噶尔兵二千余；及至库列图岭，攻不克，将移军和通呼尔哈诺尔。呼尔哈诺尔，华言大泽也。定寿诘傅尔丹曰："违众陷师，谁执其咎？"傅尔丹默不语，定寿曰："言在先，敢辞死乎？"军甫移，敌大至，定寿督兵奋击，所向披靡，乘胜入敌阵，风骤起，雨雹并至，师大败。敌围定寿数重，定寿中鸟枪，犹力战，相持竟夜。敌欲生致之，拔刀自刎，死于阵。副都统西尔赖令索伦兵赴援，兵溃，亦自杀。

素图，富察氏，满洲正黄旗人，费雅斯哈孙，素丹子也。素图初名福列，袭二等阿达哈番，改名。授护军参领。康熙五十四年，策妄阿喇布坦侵哈密，素图与都统新泰率乌拉兵屯阿尔泰。五十九年，从征西将军祁里德出布勒罕，深入，斩敌伏四百余。次铿尔河，其宰桑色布腾据山拒，素图督兵奋击，大破之，色布腾以二千人降。六十年，移军巴尔库尔，赴吐鲁番督筑城屯田。雍正元年，从副将军阿喇纳赴布隆吉尔。二年，准噶尔犯边，偕总兵孙继宗击之，敌败走，乃城布隆吉尔。复从副都统达鼐逐罗卜藏丹津至花海子，获台吉丹津及其妻子，并招降台吉噶斯等。上以方冬冰冻草枯，师奋勇远征，下诏褒勉。擢宁夏左翼副都统。时素丹为宁夏将军，年已老，上命素图协理将军。寻命率西安满洲兵二千从傅尔丹出北路，授参赞大臣。及库尔图岭之战，素图与副都统岱豪杀敌四百余。移军和通呼尔哈诺尔，素图与定寿及副都统常禄等据山梁之东，敌大至，素图、常禄与归化城副都统马尔齐力御之，没于阵。侍郎永国、副都统觉罗海兰、岱豪帐中自经死。

时诸将惟副都统德禄、承保从傅尔丹得出。伯都讷副都统塔尔岱中枪穿胫，蒙古医蒙以羊皮，三日始苏。上令还伯都讷，塔尔岱言："愿从军剿贼雪耻。若负罪而还，何颜见七十有七之老母？"上深嘉之，并赐塔尔岱及其母各白金千。参赞都统陈泰屯科布多河岸，闻敌至，退驻扎布韩，上命斩之。议恤查弼纳、马尔萨、素图、觉罗海兰，皆授拜他喇布勒哈番兼拖沙喇哈番；达福、岱豪、西弥赖、常禄、定寿、永国授拜他喇布勒哈番；余并授拖沙喇哈番。查弼纳、达福、定寿、素图旧有世职，查弼纳合为三等阿达哈哈番，定寿、素图皆合为三等阿思哈尼哈番，达福以其孙别袭巴赛，追封简亲王，见《郑亲王济尔哈朗传》。

论曰：西藏之师，噶尔弼深入奋战，而功独归主将，番代远戍，怏怏不欲行，殆以此欤？查克丹与额尔德尼昭之战，常赉佐巴尔库尔之师，元生、芳屡定乱苗，而元生尤著，卒以牵制坐使迁延。查弼纳扬历日久，晚乃从军，和通脑儿之败，一军尽覆，而主将独蒙重诛，抑又何也？

卷二百九十九　　列传八十六

马会伯 从兄际伯　际伯弟见伯　规伯　**路振扬**
韩良辅 弟良卿　子勋　**杨天纵**　**王郡**　**宋爱**

马会伯，陕西宁夏人。康熙三十九年一甲一名武进士，授头等侍卫。四十五年，授直隶昌平参将，累迁云南永北总兵。五十九年，师入西藏，命会伯与总兵赵坤率绿旗兵会都统法喇从征。西藏定，叙功，加左都督。雍正元年，入觐，世宗书榜赉焉，曰"有儒将风"，并赐貂冠、孔雀翎。其从弟规伯，以山西大同总兵率师驻山丹卫，命会伯代镇，赐白金五百。二年，还镇永北。

三年，擢贵州提督，疏言："贵州土瘠兵贫，臣捐谷千石，所属四营将备捐千石，贮以济兵。来岁续捐增贮。"上善之。初，广顺属长寨仲苗最悍，总督高其倬奏移兵设汛。是岁，建营房，仲苗出阻。会伯会总兵石礼哈率兵捕治，得其酋阿革、阿纪及川贩为主谋者李奇，悉诛之，余众诣军前听命。会伯复赴宗角、者贡、谷隆关、羊城塞诸地督建营房，得旨嘉奖。

四年，调甘肃，未至，又调署四川，旋授四川巡抚。五年，疏劾按察使程如丝营私网利，遣侍郎黄炳按鞫得实，论罪如律。会伯疏言："四川巡抚旧有税规耗银三万九千有奇，令并入正项。富顺盐规一万有奇，令改增引课。

仍留丁粮、盐、茶耗规等一万七千有奇，为巡抚养廉及犒赏之用。"报闻。又疏请清察隐粮，争控田地，按名丈量。四川清丈自此起。

调湖北，疏请整饬庶狱，重校刻《洗冤录》，颁发州县，议如所请。七年，命往肃州督西路军需，并权肃州总兵。上谕之曰："此任朕屡经斟酌，用满员，恐与岳钟琪掣肘；用文吏，则能谙军机实心任事者甚少。委托于汝，慎毋负任用！"寻擢兵部尚书，仍督兵需，并领肃州总兵如故。八年，上责会伯贻误，夺职，仍署总兵效力。乾隆元年，卒。

际伯，会伯从兄。初入伍，从勇略将军赵良栋讨吴三桂，复略阳，败敌阳平关。下四川，夺小关山，克建昌，遂定云南。叙功，授千总，累加参将衔。又从振武将军孙思克征噶尔丹，破敌昭莫多。叙功，加副将衔。康熙三十六年，授宁夏镇标前营游击。从总兵殷化行击噶尔丹，至洪敦罗阿济尔罕。累迁四川建昌总兵。遭母丧，巡抚能泰请留任，上命在任守制。四十六年，入觐，调西宁，赐孔雀翎、鞍马。五十年，授四川提督。卒，赠右都督，赐祭葬，谥襄毅。

见伯，际伯弟。康熙三十年武进士。洪敦罗阿济尔罕之役，见伯在行。叙功，授守备。累迁山西太原总兵。上西巡，赐貂褂、蟒袍。母丧，并命在任守制。上复西巡，赐孔雀翎。上命弁兵内通晓文义者得应武乡会试，见伯疏言《武经七书》注解互异，请敕儒臣选定。下部议驳，上谕曰："见伯此奏亦是。《武经七书》文义驳杂，朕曾躬历行间，知用兵之道，七书所言，安可尽用耶？"命再议，乃议武试论二：一以《论语》、《孟子》命题，一以《孙子》、《吴子》、《司马法》命题。见伯并祭孔子，副将以下皆陪祭，上特允之。旋调天津。五十八年，擢陕西固原提督。五十九年，上命贝子延信为平逆将军，率兵定西藏，以见伯参赞军务，屡破敌。师还，次打箭炉，卒，赐祭葬。

规伯，见伯弟。康熙四十二年武进士，选三等侍卫，授巡捕南营参将。累迁大同总兵。策妄阿喇布坦侵哈密，规伯率师出驻推河。雍正元年，入觐，赐孔雀翎。命移军驻山丹卫。二年，还镇。三年，上谕之曰："尔前入见，朕命尔受巡抚诺岷教导。近闻尔等俱听年羹尧指挥，此甚非是。嗣后诸事，当商诸署巡抚伊都立。"寻追议在军时因事与将军争竞，夺官，命辖鄂尔坤、图拉屯田。五年，献瑞麦，一茎十五穗。上谕曰："今岁各省产嘉禾，规伯复献瑞麦。帝王本不以祥瑞为尚，恐有司借端粉饰，致旱潦不以上闻。雍正五年以后，各省产嘉禾，停其进献。"乾隆元年，卒。

路振扬，陕西长安人。初入伍，拔补把总。累迁汉中副将。康熙五十一年，擢四川松潘总兵。五十六年，策妄阿喇布坦侵西藏，命四川提督康泰率兵往青海御之。至黄胜关柏木桥，兵哗溃，振扬往镇抚。事定，以振扬署提督。疏言："松潘迤南杂谷土司种繁俗悍，土司良尔吉子班第尔吉，臣密令防隘，颇称勤顺，请袭职，并予赏赉。又加渴瓦寺安抚土司桑郎温恺募众运粮，漳腊营辖旗命上下包坐司土兵习战斗、谙边情，臣令备兵候调，咸知踊跃，亦请予赏赍。"皆如所请。雍正元年，调重庆总兵。

四年，迁陕西固原提督。疏言："国家设禄以养廉，立法以惩贪。例定以财行贿，及说事过钱人，审实计赃同科。罪未发而自首者免罪，犹征正赃。窃思官吏营私，彼此容隐，不易败露，或有告发，犹必互相掩饰。臣请开自首之路，凡上司保题属吏，并大计军政卓异，荐举人员，以财行贿，彼此皆应治罪。如受者自首，免追赃及应得之罪。如与者自首，则照原赃倍追给主，亦免应得之罪。或说事过钱人自首，免罪给赏。如是，庶彼此皆存顾虑，未事则畏惧不敢为，既事则争首惟恐后。是或除贪之一法。"奏入，上嘉之，曰："向闻振扬操守廉洁，今览此奏，非一尘不染者不敢言也。"下部议行，并命优叙。

六年，上念振扬老，召诣京师，授兵部尚书。振扬以病固辞，上疑其恋外任、怀怨望，命停俸，旋改銮仪使。八年，署直隶古北口提督。九年，上以古北口、宣化、大同沿边要地当增兵，独石口西至杀虎口当增兵，并修边墙。敕御史舒喜、天津总兵补熙会振扬详勘。振扬等奏请改设副将以下官，增兵千四百名有奇，于各镇营抽拨；边墙倾圮，用木栅鹿角堵塞：从之。乾隆元年，回銮仪使任。旋卒，赐祭葬。

韩良辅，字翼公，陕西甘州人。父成，字君辅，康熙中官重庆总兵。在任十七年，有威惠，民德之。卒，祀名宦祠，葬合州，遂入籍重庆。

良辅，多力有胆气，年十五，即随父杀贼。补县学生员，弃去肄武。康熙二十九年，中式武举第一。三十年，成一甲三名武进士，选二等侍卫。出为陕西延绥游击，迁宜君参将。境多盗，有为之主者，捕得必连坐。又多虎，造虎枪，教士卒刺虎法，杀虎百余，患遂息。迁神木副将，调直隶大名，又移石匣。五十九年，率古北口兵五百赴西宁军前听调遣。雍正元年，迁天津总兵，赐孔雀翎。

授广西提督。广西多山林，宜藤牌挑刀。良辅令步兵弓箭软弱者皆改肄牌刀，并增制军械，买马以壮易羸。二年，署广西巡抚。奏言："广西土旷人稀，多弃地，其故有六：山溪险峻，瑶、僮杂处，田距村远，谷熟虑盗割，一也；民朴愚，但取滨江及山水自然之利，不知陂渠塘堰可资蓄泄，二也；不得高卑宜植粮种，三也；不知耕耨，四也；所出只米谷，纳赋必用银，且徭随粮起，恐贻后累，五也；良懦垦熟，豪猾势占，六也。宜选大员督守令，度地居民，立茅舍，贷牛种，兴陂渠塘堰，严置占之禁，宽催科之期，使民知有利无害，皆奋兴从事，边徼可成乐土。"上命李绂为巡抚，令良辅协同料理。三年，良辅以天河三瞳瑶、僮时出劫掠，檄柳庆副将孙士魁率兵捕治，并晓以利害，上瞳莫旺东等、中瞳贾贵翁、下瞳覃明甲等皆出降。师还，复抚定宜山属那隘、三岔诸寨。

四年，复署巡抚。遭嫡母丧，命在任守制。五年，实授巡抚。疏言："广西抚、提、镇三标岁需兵粮七万六千石有奇，各属额征粮数，有无多寡不同。拨运供支，有司既苦繁费，兵士又虞乏食。请酌水道远近，粮额多少，匀给拨运；并多征折色，以给舟楫不通之地。"下部议行。上命绂以侍郎奉使，与良辅赴贵州安笼，与总督鄂尔泰议分界，事毕，还广西。坐前官提督时奉议土民罗文刚抗阻设汛，未早捕治，夺官。七年，卒。

良辅既以兵略显，子弟多肄武。季弟良卿、长子勋尤知名。

良卿，字省月。康熙五十一年武进士，授侍卫。出为陕西西宁守备，再迁庄浪参将。师讨谢尔苏部土番，从凉州总兵杨忍信击敌棋子山，功多，赐孔雀翎，赍白金千。累迁宁夏中卫副将、广西碣石总兵，移肃州。乾隆五年，擢甘肃提督。卒，赐祭葬，谥勤毅。

勋，字建侯。年十九，中式武举。康熙五十六年，祖成请效力，命在内廷行走。五十九年，师征西藏，勋随良辅赴噶斯应援。雍正元年，授三等侍卫。出为贵州威宁游击，未赴，改镇远。五年，从提督杨天纵击仲苗，迁云南镇雄参将。八年，乌蒙猓为乱，扰镇雄、永善。总督鄂尔泰令分兵三道进攻，令提督张耀祖、总兵哈元生各出一路，而以勋将四百人出镇雄奎乡，进次莫都都，猓数千出拒，力战一昼夜，杀二百余，破寨四。翌日，猓复犯奎乡，勋击之。战三日，杀二千余，尽焚其寨。时元生已克乌蒙，猓屯鲁甸，拒大关少守。耀祖军次东川不进，鄂尔泰复檄勋自镇雄夹攻，循途搜斩，破寨百余。克发乌关，至黄水河，环攻敌垒，大破之，克大关、小关。镇雄、永善相继下。捷闻，上谕曰："参将韩勋，领兵四百，破贼数千。以寡敌众，鼓三军之气，丧贼人之胆，较诸路为独先。"命优叙。超擢贵州安笼总兵。

九年，移古州，讨定槁平苗。十三年，疏言："古州苗寨接壤郡县，请视湖广例，得与内地兵、民联姻。庶彼此感喻，习知礼义，可底善良。"从之。清江诸苗犯王岭汛，勋率兵击之，苗退踞台拱，势犹炽，率副将王涛截击，破乌公、八妹诸寨，进屯朗洞。乾隆元年，从经略张广泗进攻牛皮大箐，自朗洞旋师，途毁二十余寨。三年，按治定番州姑卢等寨苗。四年，疏言："古州西北地名滚纵，临容江，接牛皮大箐，实为要隘，当设兵防守。"允其请。六年，粤瑶挟黎平黑洞苗入境焚劫，击走之，擒其首恶石金元等，置之法。擢贵州提督。八年，卒，赠右都督，赐祭葬，谥果壮。

杨天纵，字景圣，陕西渭南人。年十七，父母相继没，遂入伍。尝从勇略将军赵良栋下云南，冒矢石，负重创。补四川提标把总，迁峨边营千总。康熙三十九年，打箭炉西藏营官喋吧昌侧集烈为乱，天纵从提督唐希顺讨之，易服入敌中数往返，希顺用其言为攻取计。四十年，攻二道水、磨冈、磨西面诸地，争先推敌，克打箭炉。叙功，加游击衔，授浙江处州都司。三迁署山东沂州副将。

五十七年，授贵州定广副将，入觐，上命加总兵衔，留沂州任。山东盐枭势张甚，天纵按行各汛，行至费县，闻有声自远至，势且数百人。正夕，天纵令从骑伏路旁，俟其近，骤出击之，皆惊溃。逐之，及于柱子村，擒其渠，俘数百。又击之于蒙阴、于泰安，余众悉解散。五十九年，调广东雷州副将，山东巡抚李树德以沂州险要，请仍留任，许之，加都督佥事。

雍正元年，迁云南临元总兵。鲁魁倮夷方景明等恃众据险，恒出掠。天纵偕布政使李卫率兵捕治，悉歼焉。四年，授贵州提督。五年，疏言："各省考察军政，所劾多千总、把总，至一二十员不等。千把总虽微员，有防汛、护饷、解逃、捕盗之责，如有偷惰，应不时斥革，何待此时？盖缘提镇以是塞责，且有所劾即有所擢，只图可得锱铢。上负君恩，下屈末弁。请敕提镇，嗣后千把总有劣员，即时斥革。"上韪之，谕兵部著为令。

总督鄂尔泰讨平长寨仲苗，环其地东西南皆生苗，犷悍不受约束，内地仲苗以为逋逃薮。天纵从鄂尔泰招抚，遣参将刘成谟率熟苗头人推诚劝谕，生苗有求见，令剃发，予以衣冠酒食，使转相化导。受抚者百四十八寨，五千六百余口。叙功，予拖沙喇哈番世职。

巡抚张广泗清理苗疆，丹江苗纠众抗拒，天纵遣兵助剿，疏言："旧存大炮过重，余炮力不及远，臣以己意制炮，大者曰靖蛮大炮，能及数里；小者曰过山鸟，攻远便捷。选兵送广泗行营听用，并调安笼、安南、大定、黔西、长寨诸营兵携炮赴凯里一路，分布进攻。"上嘉天纵料理合宜。七年，疏劾前署巡抚祖秉圭"不谙事机，广泗未至日，在教场阅操，言将尽剿诸苗，以致顽苗抗拒，劳师动众。臣不敢隐讳"。上谕曰："生苗必经此惩创，方可久安。朕以祖秉圭不胜任，已予罢退。此类情事，焉能逃朕鉴察耶？"九年，以老致仕，加太子太保。十年，请改籍四川成都。旋卒，赐祭葬，谥襄壮。

王郡，陕西乾州人。康熙三十年，陕西饥，就食福建，以李姓入伍，补台湾镇标把总，迁延平城守千总。六十年，台湾民朱一贵为乱，总督满保檄郡赴援。自厦门渡海，一昼夜至淡水，佐守备陈策固守，与策安集民、番。师至诸罗，往会，从克台湾。二岁中四迁。雍正元年，擢浙江严州副将，奏复姓。寻又迁江西南赣总兵。六年，调台湾。九年，上以郡在台湾，三年任满，例当调内地，命总督刘世明迭代郡者。世明举海坛总兵吕瑞麟，令赴台湾就郡谘度兵民风土，乃调都潮州。

十年，擢福建提督。台湾北路社番为乱，瑞麟与台湾道刘象恺往剿，郡赴台湾镇抚。南路乱渠吴福生等窃发，郡率兵于虎头山、赤山、碑头诸地逐捕，擒福生，余党悉平，加都督同知。寻北路大甲西、沙辘、牛骂诸社番杀掠兵民，郡自鹿仔港侦知阿束一社有北仑、西仑、东仑、恶马诸地，为乱番所聚，令游击郭有章、李科等攻西仑，参将李荫槻、游击林黄彩等攻东仑、恶马，而游击黄贵，守备蔡彬、蔡荣等攻北仑。乱番设伏拒我师，督兵奋击，悉讨平之，加左都督。

十一年，调水师提督。十二年，疏言："厦门环海，地少人多，需米不赀。加以营兵赴汛，难免匮乏。水师提督公廨旧有官房，鱼池赁于民，岁得息五千余。请买谷贷于兵，俟谷熟买补，数年内可得数万石。孤岛兵民，庶无虞艰食。"上谕曰："郡将应得租息筹济兵食，甚可嘉也。"命

议叙。寻入觐，途次遘疾，遣太医诊视，赐药饵。二子：守乾、守坤随侍，召入见，赐守乾守备衔，守坤户部主事。乾隆元年，复入觐，赐鞍马、弓矢。时部议许民间得制鸟枪防盗，郡言："台湾远在海表，番、汉杂处。禁例一开，恐火器充斥。小则侵界扰番，大则偶遇水旱，群不逞藉以为乱。台湾民居多平衍，山箐中皆生番，各险要皆置兵戍守。民间不需鸟枪，垦仍旧例禁止。"从之。十一年，请老，加太子少保，食全俸。二十一年，卒于家，赐祭葬，谥勤悫。守乾官至南昌总兵。

宋爱，字体仁，陕西靖远人。父可进，雍正初，以京营参将从抚远大将军年羹尧讨罗卜藏丹津。敌攻镇海堡，遣赴援，击杀六百余人，敌败走。敌又攻西宁南川口，围申中堡，复遣赴援，堡兵出夹击，敌败走，擢副将。从提督岳钟琪攻郭隆寺，毁寨七，焚其屋宇七十余所。旋与钟琪分道深入，定青海。擢凉州总兵，授三等阿达哈哈番世职。复从钟琪攻谢尔苏土番，战桌子山，围之七昼夜，一日数接战。可进受重创，奋进破其巢，遂讨平之，擢甘州提督。

爱，雍正元年武进士，授三等侍卫。二年，命省可进军中。桌子山之战，爱从可进奋战有功。河南河北镇总兵纪成斌请以爱授河南开封都司，上疑成斌受羹尧指，允其请，即令爱传谕诘成斌。成斌奏："开封都司，省会重地，去年剿桌子山，亲见爱奋不顾身，极有胆气。且代可进料理营务，颇有才干。知其能胜任，故冒昧陈请。臣实未受何人嘱托，即可进亦不过同在军中相识，素无交情。"上谕之曰："朕原不过揣度之辞。近年年羹尧握兵柄，若尔等蔑国恩，重私谊，甚非朕保全功臣之意。今既无别故，意在为地得人，朕甚嘉赏。"再迁浙江绍兴副将，命署总兵，历南阳、永州、天津、定海诸镇。

乾隆六年，擢襄阳总兵。七年，调安笼。十年，贵州总督张广泗奏言："古州系新辟苗疆，诸镇中惟爱详慎周密，年力正壮，请以调补。"上从之。丁母忧，命暂署，服阕后真除。十八年，擢贵州提督。前提督丁士杰奏言古州苗因公役使不从，恐激成骄抗，谕将吏弹压。爱奏："古州苗于应备夫役，一呼即至，初未见迟延。所属新疆苗民，亦不至骄抗。苗性难驯，惟在有司善于约束。平时不烦苛，有事不姑息。务使怀德，兼知畏法。"上褒勉之。十九年，总督硕色劾奏马政废弛，又为故镇远总兵吴三杰匄资治丧。会爱卒，寝其奏。

论曰：雍正间文武多通用，高其位以提督径授大学士为最著。会伯、振扬皆长兵部，然会伯未上官，振扬不久改右班，其绩仍在专阃。良辅为疆吏，卓卓有建白，家世出将，与会伯略同。天纵、郡、爱等弭乱绥氓，因事有功。年羹尧部将如宋可进、黄喜林、武正安、周瑛、王嵩、马忠孝，岳钟琪部将如纪成斌、曹勷、张元佐，皆相从转战，惟可进以有子爱，名字犹可见，他皆不具始末。成斌、勷且以微罪死，是亦重可哀已！

卷三百　　　　　列传八十七

沈起元　何师俭　唐继祖　马维翰
余甸　王叶滋　刘而位

沈起元，字子大，江南太仓人。康熙六十年进士，选庶吉士，改吏部主事。擢员外郎，以知府发福建用。总督高其倬令权福州，调兴化。时世宗闻福建仓谷亏空，遣广东巡抚杨文乾等往按，被劾者半，受代者争为烦苛，起元独持平。莆田民因讼互斗，其倬恐酿乱，令捕治。起元责两人而释其余，报曰："罪在主者，余不足问也。"寻摄海关，裁陋规万余金。巡抚常安有奴在关，以索费困商舶。起元闻，立督收税如额，令商舶行，自常安斥奴。自是人皆奉法。其倬奏开南洋，报可。已，复令商出洋者，必戚里具状，限期返，逾者连坐。起元曰："人之生死，货之利钝，皆无常，戚里岂能预料？且始不听出洋则已，今听之，商造船集货费不赀，奈何忽挠以结状？若令商自具状，过三年不归，勿听回籍，不犹愈乎？"其倬从之。

调台湾。台湾田一甲准十一亩有奇，赋三则：上则一甲谷八石，中则六石，下则四石，视内地数倍。然多隐占，民不甚困。时方清丈，占者不得匿。其倬欲使台湾赋悉视内地下则，恐不及额致部诘。起元令著籍者仍旧额，丈出者视内地下则。俟隐占既清，更减旧额重者均于新额，赋不亏而民无累。起元在福州，以辨冤狱忤按察使潘体丰，体丰中以他事，镌四级，遂告归。

高宗即位，起江西驿盐道副使。乾隆二年，擢河南按察使。会久雨，被灾者四十余县，饥民四走，或议禁之。起元谓："民饥且死，奈何止其他徙？"令安置未被水诸县，给以粮，遂无出河南境者。巡抚雅尔图檄府县修书院，以起元总其事，乃教群士省身克己之学。立章善坊，书孝子、悌弟、义夫、贞妇名，采访事实，为《章善录》版行，一时风动。

七年，迁直隶布政使。大旱议赈，总督高斌欲十一月始行，起元力请先普赈一月，俟户口查竣，再分别加赈。有倡言赈户不赈口者，起元曰："一户数口，止赈一二，是且杀七八人矣！"檄各属似此者罪。户部尚书海望奏清理直隶旗地，有司违限，旨饬责。斌将劾数州县应命，起元不可，曰："旗地非旦夕可清，州县方赈灾，何暇及此？独劾起元可也！"乃止。九年，内转光禄寺卿。十三年，移疾归。

起元自少敦厉廉耻，晚岁杜门诵先儒书。临没，言："平生学无真得。年来静中自检，仰不愧，俯不怍，或庶几焉！"

何师俭，字桐叔，浙江山阴人。以纳赀，于康熙六十年选授兵部员外郎。奉职勤恳，常数月不出署。雍正元年，迁广西右江道金事，部请留任一年，世宗命以升衔留任。赐人参、貂皮。师俭以执法却重贿，忤要人，因诬以避瘴故留部。侍郎李绂昌言曰："今部曹不名一钱，才者尤劳瘁，苟得郡，争趋之，况监司耶？"期满，复请留，加按察司副使衔。司疏奏皆出其手，他司事难治者亦时委之。

三年，出为江南驿盐道副使，上召对，勉以操守，复赐人参、貂皮，许上疏言事。四年，调广东粮驿道副使。岁大祲，师俭以存留米五万石给饷，饬所属缓征。或疑专擅获咎，师俭曰："请而后行，民已苦棰楚矣！"总督孔毓珣与巡抚杨文乾不相能，以师俭署盐法道，欲引以为助。文乾疑为毓珣党，令买铜，将以赔累困之。明年，文乾入觐，上示以毓珣弹事，亦及师俭，乃知师俭非阿毓珣者。令署按察使，毓珣又疑师俭昵文乾。及文乾卒，劾师俭违禁开矿，侵蚀铜价。逾年，署巡抚傅泰会鞫，事始白。上知其无罪，命往陕西佐治军需。

师俭在兵部，谙悉诸边形势扼塞、战守机宜、刍饷缓急。至凉州，每集议，指画如素习，总督查郎阿深重之。署凉庄道参政。师过凉州，檄至肃州支饷。两路遥远，师俭即以凉州所蓄给之，师行无乏。一日羽书数过，师俭策必调取生兵，峙帐以待。已而果然。肃州师将行，飞檄令截取公私骡马，官民皇皇。师俭曰："在道官商皆赴肃者，若官顿于途，货弃于地，非军前所宜。进剿未有定期，何如听其至肃，释所载而后供役？军前得人与货，亦省刍茭解送之烦，是获两利也。檄虽严，吾自当之。"于是官商皆安，军事亦无误。

寻调补西安盐驿道副使。关中旱，诏以湖广米十万石自商州龙驹寨运陕西。师俭董其役，未半，大雨溪涨，骡马少，不足供转输。商於山中无顿积所，水次隘，运艘不齐。师俭以秋谷将登，请止运，民亦不饥。军中马缺，檄取驿马。师俭谓："置邮传命，如人身血脉，不能一日废。"拒不可，事竟寝。

擢按察使，数平疑狱。吏有故入人罪者，必按如法，虽贵势贤亲不徇纵。十三年，以目疾乞休。高宗即位，敕诏至，时目已失明，令吏诵案牍，谛听，得邀赦典者，出之而后上陈。留两月，毕其事始归。后卒于家，陕西祀名宦。

唐继祖，字序皇，江南江都人。康熙六十年进士，选庶吉士。雍正元年，散馆，授编修，转礼部员外郎。五年，考选浙江道御史。七年，授工科给事中。命察八旗亏帑，律侵挪皆不赦，犯者贫，羁狱二三十年不结。继祖为核减开除，奏请豁免，积牍一清。命巡西城，回民聚居，顽犷不法，严治之，有犯必惩，悉敛戢。建仓东便门外，多冢墓，毁祠宇，继祖陈其不便，改地营建，冢墓祠宇并修复。南漕愆期，命赴淮安巡视。继祖驰至，不更张成法，惟选干吏催督，惩其疲惰。两阅月，粮艘悉抵通州。条具漕务利病，下部议行。

七年，命往湖南谳狱，并巡察湖南、湖北两省，裹粮出，有馈觞酒豆肉，皆却之，令行禁止。与巡抚赵申乔同按永顺苗变狱，群情帖服，苗疆以安。湖南捕役多通盗，奏请捕役为盗，加重治罪，报可，入新例。八年，擢通政司参议。九年，擢鸿胪寺卿。寻命以本衔署河南按察使，旋授湖北按察使。继祖在两湖久，熟知吏民情伪。楚俗刁健，黠吏与奸豪通，伺官喜怒，讼益难治。继祖闭诸胥于一室，不令与外通，讼风衰减。雪监利女子冤狱，按钟祥民变，皆为时所称。世宗驭吏严，内外大僚凛凛，救过不暇。继祖一意展舒，所陈奏无不允。上欲大用之，出巡察，赐以摺匣，许奏事，曰："朕于督抚贤者始赐摺匣，汝宜好为之！"调江西，未之任，以疾乞归。病愈将出，遽卒。

马维翰，字墨麟，浙江海盐人。康熙六十年进士。雍正元年，授吏部主事。甫视事，杖奸胥，铨政清肃。转员外郎，考选陕西道御史，迁工科给事中，监督仓场，所至有声。六年，命赴四川清丈田亩，时同奉使者四。维翰分赴建昌道属，具有条理，粮浮于田者必请减，逾年事竣。御史吴涛在川东丈田不实，以维翰助之。至则发其弊，遂以维翰代任。巡抚宪德荐可大用。八年，留补建昌道副使，疏陈二事：四川俗好讼，州县断狱苟简，案牍不具，奸民辄翻控，淆乱是非，请设幕职以襄治理，又民鲜土著，多结草屋，轻于迁徙，焚劫辄致灾，请发官款造砖甓，劝民多建瓦屋。上斥其非政要，以其疏示宪德，谓："汝荐可大用者若此！"然维翰勇于任事，相度要害，改黎州千户所设清溪县。乌蒙苗乱，出师会剿，维翰治军需，供糇粮刍茭，凿雪通道，与厮卒同甘苦。论剿抚悉中机宜，事乃定。凉山地震数百里，勘灾散赈，民感之。矿厂扰蛮，起为乱，方进剿。维翰力陈营兵不戢及各厂病蛮状，请罢厂撤兵，抚各番，止诛其魁。

在川七年，不阿上官。旋被构，维翰揭部请解职赴质。时亲王总部事，特威重，捽使免冠。维翰以手按冠抗声曰："奉旨不免冠！"谯问故，则又抗声曰："旨解职，非革职也！"部乃疏请夺官。事旋白。乾隆二年，起授江南常镇道参议。丁父忧，归，卒于家。

余甸，字田生，福建福清人。康熙四十五年进士。居乡励名节，巡抚张伯行重之，延主鳌峰书院。授四川江津知县，民投牒者，片言立决遣，讼为之简。日与诸生诵说文艺，疏解性理。所征赋即储库，不入私室。时青海用兵，巡抚年羹尧督饷，多额外急征，檄再三至，甸不应。乃使仆持檄告谕，自朝至晡，甸不出，使者咥。甸坐堂皇，命反接，将杖之，丞簿力为请，久之乃释其缚。越日，使者索檄，甸曰："汝还报，我闭门待劾，檄已达京师矣。"羹尧亦置之。行取吏部主事，时尚书张鹏翮、侍郎汤右曾皆以干济名，甸遇当争辩者，侃侃无所挠。主选三年，权要富人请托多格不行。将告归，条文书已驳议未奏者十余事，曰："此皆作奸巧法易为所蒙，必上闻，吾乃去。"父忧免丧，犹庐墓。

以河道总督陈鹏年疏荐，擢山东兖宁道。厘工剔弊，一祛积习，甚得士民心。鹏年卒，齐苏勒为河督，以工事劾甸，行河至济宁，士民群聚乞还甸。齐苏勒疏陈，召入见。雍正二年四月，授山东按察使。携二仆，买驴之官，务崇礼教，轻刑罚，政化大行。十一月，召诣京师。三年，擢顺天府丞。

甸历官尽革陋规，为按察使，愍囚不能自衣食，取盐商岁馈三之一以资给之。兼完囹圄，修学官、书院，委有司出入注籍。既去官，上命内阁学士缪沅清察山东盐政诸弊，举是劾甸，夺官，归。甸用唐人诗语为人书楹帖，其人有怨家，讦于有司，以为怨望。有司以甸所书也，并下甸于狱。事白，遽卒。

王叶滋，字槐青，江南华亭人。弱冠，补诸生。浙江巡抚朱轼辟佐幕，器其才。雍正元年，重开明史馆，轼荐之，引见称旨，命入馆纂修。举顺天乡试。福敏督湖广，世宗命叶滋往赞其幕。五年，应礼部试，甫毕，上召见，问湖广吏治、民生利弊，奏对甚悉，趣驰传还湖广。榜发中式，未与殿试，赐二甲进士，即授常德知府。常德例，知府至，行户更新照，规费四千金，叶兹革其例。境数被水灾，请帑增筑花猫新陂堤堰，豁被水荒田额粮，民德之。辰州关木税为利薮，时议移关常德，叶滋恐累民，拒之，请仍旧制。行法不避豪贵，兴学造士，荐举优行诸生陈悌为武平知县，贲金马为上蔡知县，刘樵为清平知县，并为良吏。

署岳州、辰州二府，摄岳常道副使。久之，授辰沅靖道副使。时苗疆初辟，清林箐，增汛堠，规模肃然。所属绥宁、城步与黔疆犬牙错。尝率数骑，持酒肉盐烟，循行苗寨。群苗迎拜，谓"上官亲我"。召诸头人集校场，赐花红银牌，宣上德意，劝以礼义。因偕总兵阎兵耀军容，群苗帖服。署按察使，调粮储道，旧有漕费，悉归公用。值贵州苗乱，师进剿，叶滋驻辰州治军需，克期办。绥宁苗蠢动，为贵州苗应。叶滋条上剿抚事，悉中窾要。大吏令驻绥宁指挥，积劳疾作，卒于山中。

叶滋初以文学受知，及官于外，所至有声绩。卒时年仅五十五，世咸惜之。

刘而位，字尔爵，山西汾阳人。康熙五十二年举人，授河南安阳知县。有兄弟争产构讼十余年者，为据理剖解，至泪下，皆叩头求罢，案牍遂稀。雍正中，迁福建泉州知府，再迁兴泉道参议。盐政窳敝，商居奇索高直，民苦淡食，不获已，增价以市。既而盐不足，民恶其垄断，聚而殴之。海舶私枭动逾千百，往捕则持械拒，大狱迭兴，罗织牵连，数岁不息。而位创议裁引革商，岁额课税归灶完纳，如农完赋，任人转运，听其所之，则诸弊可革而国赋不乏。巡抚赵国麟心韪之，格于例不行。未几，引疾归。乾隆三年，起官四川盐茶道副使。蜀盐产于井，课由井纳，民便之。雍正中有请设引招商增课者，四川盐政自此坏。商无余赀，运不足额，民持钱不得盐，而井盐滞积不售，因以致讧。而位欲事厘剔，大吏畏难不可，力争，愈嫉之。改松茂道，调永宁道参议。居常郁郁，不得行其志，惟与诸生讲学。寻卒于官。

而位生平服膺王守仁，曰："尊所闻，行所知，须不流于弊。尊阳明而不知其流弊，非善学阳明；尊朱子而不知其流弊，亦非善学朱子。"盖谓王氏高明，弊在躐等；朱子格物，弊恐拘而不化。著《省克引》、《刘氏家训》，为学者所称。

论曰：起元深于经术，当朝政尚严，能持以平恕。师俭以勤敏，继祖以明肃，并见重于时。维翰有干局，甸尤能泽以儒效。叶滋抚循苗疆，未竟其用。而位议变盐法，亦不得申其志，而但以学术名。国家重视监司，所以扩循良之绩，储封疆之选，若诸人者，可谓无忝矣。

卷三百一　　列传八十八

讷亲　傅恒子福灵安　福隆安
福隆安子丰绅济伦　福长安

讷亲，钮祜禄氏，满洲镶黄旗人，额亦都曾孙。父尹德，附见其父《遏必隆传》，讷亲其次子。雍正五年，袭公爵，授散秩大臣。十年，授銮仪使。十一年十二月，命在办理军机处行走。十三年，世宗疾大渐，讷亲预顾命。高宗即位，庄亲王允禄、果亲王允礼、鄂尔泰、张廷玉辅政，号"总理王大臣"。授讷亲镶白旗满洲都统、领侍卫内大臣，协办总理事务。十二月，敕奖讷亲勤慎，因推孝昭仁皇后外家恩，进一等公。乾隆元年，迁镶黄旗满洲都统。二年，迁兵部尚书。十一月，庄亲王等请罢总理事务，讷亲授军机大臣。叙劳，加拖沙喇哈番世职。三年二月，领户部三库。九月，命协办户部。直隶总督李卫劾总河朱藻诈欺贪虐，命讷亲与尚书孙嘉淦勘谳，藻坐流。讷亲因与嘉淦条上永定河南北岸建筑闸坝诸事。十二月，迁吏部尚书。四年五月，加太子太保。

讷亲贵戚勋旧，少侍禁近，受世宗知，以为可大用。迨高宗，恩眷尤厚。讷亲勤敏当上意，尤以廉介自敕，人不敢干以私。其居第巨槷缚扉侧，绝无车马迹。然以早贵，意气骄溢，治事务刻深。左都御史刘统勋疏论讷亲领事过多，任事过锐。上谕曰："讷亲为尚书，模棱推诿，固所不可，但治事未当，亦所不免，朕时时戒毋自满。今见此奏，益当自勉。"语详《统勋传》。

九年正月，命讷亲阅河南、江南、山东诸省营伍，并勘海塘、河工。时直隶天津、河间二府方以灾治赈，令顺道先往察核。疏请展赈一月，从之。讷亲使事既蒇，分疏上陈，其勘诸省营伍，言："遍阅三省督抚、河漕、提镇为标者十七，优绌互见。惟河南南阳、江南苏松水师二镇最劣。请下部核赏罚。"其勘江、浙海塘，言："旧日浙江潮自蜀山中小亹出入，近海宁为北大亹，近萧山为南大亹，涨沙宽阔，为杭州、绍兴二府保障。迨中小亹渐湮，潮趋蜀山北，震荡为患。若浚中小亹故道，减大亹潮力，上下塘工悉可安堵；即中小亹未可遽复，则当择险要多为坦坡，木石戗坝，俾撤水积淤资以御潮。至诸处柴塘，停沙阻水，无烦议改石工。入江南境，地平而潮缓，华亭旧塘坚固，宝山新塘尺度参差，工作又不中程。金山、奉贤、南汇、上海皆土塘，距海稍远，所司守护如法，当无他虞。"

其勘洪泽湖，请浚盐河俾通江，疏串场河俾达海，并停天然二坝、高堰下游二堤。其勘南旺湖，请以湖中涸地贷贫民耕稼。别疏言："各直省政事，督抚下司道，司道下州县，州县官惟以簿书钱谷为事，户口贫富、土地肥瘠、物产丰啬、民情向背、风俗美恶、以及山川原隰、桥梁道路，皆漫置不省。官但有条教，民惟责纳赋，浮文常多，实意殊少。请敕各直省督抚，令州县官遍历境内，何事当兴举，何事当整饬，行之有无治效，以实报长官，长官即是为殿最，以实达朝廷。似亦崇实效、去虚文、饬吏治、厚民生之一端也。"皆下部议行。

十年三月，协办大学士。五月，授保和殿大学士，仍兼吏部尚书。十二年四月，命如山西会巡抚爱必达谳万全民张世禄、安邑民张远等挟众抗官状，论如律。爱必达及总兵罗俊、蒲州知府朱发等皆坐遣黜。十三年正月，命如浙江会大学士高斌覆勘巡抚常安贪婪状，未至，高斌鞫得常安实受赇，讷亲与共奏，论如律。三月，复命如山东会巡抚阿里衮治赈。

时大金川土司莎罗奔攻革布什咱土司犯边，上命川陕总督张广泗讨之。大金川地绝险，阻山为石垒，名曰碉，师进攻弗克。四月，召讷亲还京师，授经略大臣，率禁旅出视师。六月，讷亲至军，下令期三日克噶拉依，噶拉依者，莎罗奔结寨地也。师循色尔力石梁而下，攻碉未即克，署总兵任举勇敢善战，为诸军先，没于阵。讷亲为气夺，乃议督诸军筑碉，与敌共险以持久。疏入，上重失任举，又以筑碉非计，手诏戒讷亲，因时度势，以为进止。讷亲与广泗合疏言："天时地利皆贼得其长，我兵无机可乘。冬春间当减兵驻守，明岁加调精锐三万，于四月进剿，足以成功，至迟亦不逾秋令。"讷亲又别疏言："来岁增兵，计需费数百万。若俟二三年后有机可乘，亦未可定。"疏入，上谕曰："卿等身在戎行，目击情状，不能确有成算，游移两可。朕于数千里外，何从遥度？我师至四万，彼比三千余，何以彼应我则有余，我攻彼则不足？卿等当审定应攻应罢，毋为两歧语。"上知讷亲不足办敌，谕军机大臣议召讷亲还；又念大金川非大敌，重臣视师，无功而还，伤国体，为四夷姗笑。密以谕讷亲，冀激奋克敌。居数月，师虽有小胜，卒未得尺寸地。讷亲惟请还京面对，乃召讷亲及广泗诣京师，以岳钟琪摄经略，傅尔丹摄川陕总督，复遣尚书班第同治军事。寻夺讷亲官，令自具鞍马，从讨噶尔丹赎罪，逮广泗。

九月，命大学士傅恒代为经略，别遣侍卫富成逮讷亲，责置对，并令富成录讷亲举止言语以闻。上前后手诏罪讷亲恒数千百言，略谓："讷亲受命总戎，乖张畏缩。疏言军夜攻碉，自帐中望见火光，知未尝临敌。又言督军攻阿利山，既回营，我军数十人各鸟兽散。知偶临敌，又先士卒退。富成疏讷亲语'金川事大难，不可轻举，此言不敢入奏'。讷亲受恩久，何事不可言？如固不能克，当实陈请罢兵。乃事败欲以不可轻举归之朝廷，狡诈出意外。又值续调兵过，辄言'此皆我罪，令如何许满洲兵受苦'。满洲兵闻调，鼓舞振跃，志切同仇。讷亲以为受苦，实嫉他人成功，摇众心，不顾国事。孤恩蔑法，罪不可逭。"

十月，谕"讷亲先世以军功封二等公，为孝昭仁皇后戚属，供职勤慎，进一等公。获罪，应仍以二等公俾其兄策楞袭爵"。讷亲恃上恩，尚冀入见上自解，上复迭降手诏，谓："军旅事重，平日治事详慎，操守洁清，举不足言。"又谓："讷亲小心谨密，而方寸一坏，天夺其魄，虽欲幸免而不能。"十二月，广泗既诛，上封遏必隆遗刀授侍卫鄂实，监讷亲还军，诛以警众。十四年正月，上命傅恒班师，复谕鄂实即途中行法。是月戊寅，鄂实监讷亲行至班拦山，闻后命，遂诛讷亲。

傅恒，字春和，富察氏，满洲镶黄旗人，孝贤纯皇后弟也。父李荣保，附见其父《米思翰传》。傅恒自侍卫洊擢户部侍郎。乾隆十年六月，命在军机处行走。十二年，擢户部尚书。十三年三月，孝贤纯皇后从上南巡，还至德州崩，傅恒扈行，典丧仪。四月，敕奖其勤恪，加太子太保。时讷亲视师金川，解尚书阿克敦协办大学士以授傅恒，并兼领吏部。讷亲既无功，九月，命傅恒暂管川陕总督，经略军务。寻授保和殿大学士，发京师及诸行省满、汉兵三万五千，以部库及诸行省银四百万供军储，又出内帑十万备犒赏。十一月，师行，上诣堂子告祭，遣皇子及大学士来保等送至良乡。傅恒既行，上日降手诏褒勉。傅恒道陕西，言驿政不修误军兴，上命协办大学士尚书尹继善摄陕西总督，主馈运。入四川境，马不给，上又命尹继善往来川、陕督察。旋以傅恒师行甚速，纪律严明，命议叙，部议加太子太傅，特命加太保。固辞，不允，发京师及山西、湖北马七千佐军。傅恒发成都，经天赦山，雪后道险，步行七十里至驿。上闻，赐双眼孔雀翎，复固辞。

初，小金川土舍良尔吉间其兄泽旺于莎罗奔，夺其印，即烝于嫂阿扣。莎罗奔之犯边也，良尔吉实从之，后诈降为贼谍。张广泗为奸民王秋言，使领蛮兵，我师举动，贼辄知之。傅恒途中疏请诛良尔吉等，将至军，使副将马良柱招良尔吉来迎，至邦噶山，正其罪，并阿扣、王秋悉诛之。事闻，上褒傅恒明断，命拜前赐双眼孔雀翎，毋更固辞。

十月，至卡撒，以屯军地狭隘，与贼相望，且杂处番民市肆中，乃相度移旧垒前，令总兵冶大雄监营垒。十四年正月，上疏言："臣至军，察用兵始末：当纪山进讨之始，马良柱转战而前，逾沃日收小金川直抵丹噶，其锋甚锐。彼时张广泗若速进师，贼备未严，殄灭尚易；乃坐失事机，宋宗璋宿留于杂谷，许应虎败衄于的郊，贼得尽据险要，增碉备御。讷亲初至，督战甚急，任举败没，锐挫气索，军无斗志，一以军事委张广泗。广泗又为奸人所愚，专主攻碉。先后杀伤数千人，匿不以闻。臣惟攻碉最为下策，枪炮不能洞坚壁，于贼无所伤。贼不过数人，自暗击明，枪不虚发。是我惟攻石，而贼实攻人。贼于碉外为濠，兵不能越，贼伏其中，自下击上。其碉锐立，高于浮屠，建作甚捷，数日可成，旋缺旋补。且众心甚固，碉尽碎而不去，炮方过而复起。客主劳佚，形势回殊，攻一碉难于克一城。即臣所驻卡撒，左右山巅三百余碉，计日以攻，非数年不能尽。且得一碉辄伤十数人，得不偿失。兵法攻坚则瑕者坚，攻瑕则坚者瑕。惟使贼失所恃，我兵乃可用其所长。拟俟诸军大集，分道而进。别选锐师，旁探间道，裹粮直入，逾碉勿攻，绕出其后。番众不多，外备既密，内守必虚。我兵既自捷径深入，守者各怀内顾，人无固志，均可不攻自溃。卡撒为进噶拉依正道，岭高沟窄，臣当亲任其难。党坝隘险，亦几同卡撒，酌益新军。两道并进，直捣巢穴，取其渠魁。期四月间奏捷。"上以金川非大敌，劳师两载，诛大臣，失良将，内不怿。及是闻其地险难下，益不欲竟其事，遂以孝圣宪皇后谕命班师，而傅恒方督总兵哈攀龙、哈尚德等攻下数碉。上以金川水土恶，赐傅恒人参三斤，并及诸将有差，屡诏召傅恒还。又以孝圣宪皇后谕前封一等忠勇公，赐宝石顶、四团龙补服。傅恒奏言："金川事一误，今复轻率戒事，贼焰愈张。众土司皆罹其毒，边宇将无宁日。审度形势，贼碉非尽当道，其巢皆老弱，我兵且战且前，自昔岭中峰直抵噶拉依，破竹建瓴，功在垂成，弃之可惜。且臣受诏出师，若不扫穴擒渠，何颜返命？"并力辞封赏，上不允，手诏谓："匈奴未灭，无以家为，乃骠姚武人锐往之概。大学士抒诚赞化，岂与兜鍪阃帅争一日之绩？"反复累数千言，复赐诗喻指。

时傅恒及提督岳钟琪决策深入，莎罗奔遣头人乞降，傅恒令自缚诣军门。莎罗奔复介绰斯甲等诣钟琪乞贷死，钟琪亲入勒乌围，挈莎罗奔及其子郎卡诣军门。语详《钟琪传》。傅恒遂受莎罗奔父子降，莎罗奔等焚香作乐，誓六事：无犯邻比诸番，反其侵地，供役视诸土司，执献诸酋抗我师者，还所掠内地民马，纳军械枪炮，乃承制赦其罪。莎罗奔献佛像一、白金万，傅恒却其金，莎罗奔请以金为傅恒建祠。翌日，傅恒率师还。上优诏嘉奖，命用扬古利故事，赐豹尾枪二杆、亲军二名。三月，师至京师，命皇长子及裕亲王等郊迎。上御殿受贺，行饮玉礼。傅恒疏辞四团龙补服，上命服以入朝，复命用额亦都、佟国维故事，建宗祠，祀曾祖哈什屯以下，并追予李荣保谥，赐第东安门内，以诗落其成。

十九年，准噶尔内乱，诸部台吉多内附。上将用兵，咨廷臣，惟傅恒赞其议。二十年，师克伊犁，俘达瓦齐以归，谕再封一等公，傅恒固辞，至泣下，乃允之。寻图功臣像紫光阁，上亲制赞，仍以为冠，举萧何不战居首功为比。二十一年四月，将军策楞追捕阿睦尔撒纳未获，上命傅恒出视师，赴额林哈毕尔噶，集蒙古诸台吉饬军事。傅恒行日，策楞疏至，已率兵深入，复召傅恒还。

三十三年，将军明瑞征缅甸败绩。二月，授傅恒经略，出督师。时阿里衮以副将军主军事，上并授阿桂副将军、舒赫德参赞大臣，命舒赫德先赴云南，与阿里衮筹画进军。三十四年二月，傅恒师行，发京师及满、蒙兵一万三千六百人从征，上御太和殿赐敕，赉御用甲胄。四月，至腾越，傅恒决策，师循戛鸠江而进，大兵出江西，取道猛拱、猛养，直捣木梳，水师沿江顺流下，水陆相应。偏师出江东取猛密，夹击老官屯。往岁以避瘴，九月后进兵，缅甸得为备。傅恒议先数十日出不意，攻其未备，水师当具舟。上初命阿里衮造舟济师，阿里衮等言崖险涧窄不宜舟，傍江亦无造舟所。上又命三泰、傅显往视，言与阿里衮等同。及傅恒至军，谘土司头人，知蛮暮有山曰翁古多木，旁有地曰野牛坝，野人所居，凉爽无瘴。即地伐木造舟，野人乐受值，执役甚谨。傅恒即使傅显往莅事。舟成，督满、汉兵并从行奴仆，更番转搬。又得茂隆厂附近炮工，令范铜为炮。状闻，辄降旨嘉奖，为赋《造舟行》焉。

傅恒初议自将九千三百人渡戛鸠而西，师未集，七月，将四千人发腾越。上以经略自将师寡，促诸军速集如初议。八月，傅恒自南蚌趋戛鸠。奏至，上方行围木兰，入围获麀，畀福隆安以赐傅恒。傅恒道南底坝至允帽，临戛鸠江，时猛拱大头人脱猛乌猛、头人贺丙等，诣傅恒请降。师至，脱猛乌猛将次夹江诸夷寨头人来迎，与贺丙具舟。傅恒命分兵徐济，夹江上寨猛拱后土司浑觉亦请降，献驯象四。上赉三眼孔雀翎，傅恒疏辞。师复进，取猛养，破寨四，诛头人拉匿拉赛。设台站，令珊尔起以七百人驻守。遂至南董干，攻南准寨，获头人木波猛等三十五人。进次暮腊，再进次新街。

傅恒自渡戛鸠江，未尝与缅甸兵战，刈禾为粮，行二千里不血刃，而士马触暑雨多疾病。会阿桂将万余人自虎踞关出野牛坝，造舟毕成，征广东、福建水师亦至，乃合军并进。哈国兴将水师，阿桂、阿里衮将陆师，阿桂出江东，阿里衮出江西。缅兵垒金沙江两岸，又以舟师扼江口。阿桂先与缅兵遇，麾步兵发铳矢，又以骑兵陷阵，缅兵溃。哈国兴督舟师乘风蹴敌，缅兵舟相击，死者数千。阿里衮亦破西岸缅兵，傅恒以所获馘进。上复为赋诗，阿里衮感瘴而病，改将水师，旋卒。十一月，傅恒复进攻老官屯，老官屯在金沙江东，东猛密，西猛墅，北猛拱、猛养，南缅都阿瓦，为水陆通衢。缅兵伐木立寨甚固，哈国兴督诸军力攻，未即克。师破东南木寨，缅兵夜自水寨出，傅恒令海兰察御之，又令伊勒图督舟师掩击，复获船蠮。缅兵潜至江岸筑垒，又自林箐中出，海兰察击之，屡有斩馘。

师久攻坚，士卒染瘴多物故，水陆军三万一千，至是仅存一万三千。傅恒以入告，上命罢兵，召傅恒还京。傅恒俄亦病，阿桂以闻。上令即驰驿还，而以军事付阿桂。会缅甸酋懵驳遣头人诺尔塔赍蒲叶书乞罢兵，傅恒奏入，上许其行成。傅恒附疏言："用兵之始，众以为难。臣执意请行，负委任，请从重治罪。"上手诏谓："用兵非得已，如以为非是，朕当首任其过。皇祖时，吴三桂请撤藩，谘于群臣，议撤者惟米思翰、明珠数人。及三桂反，众请诛议撤诸臣，皇祖深辟其非。朕仰绍祖训，傅恒此事，可援以相比。傅恒收猛拱，当赐三眼孔雀翎，疏辞，俟功成拜赐。今既未克贼巢，当缴进赐翎，以称其请罪之意。"懵驳遣头人诣军献方物。十月，傅恒还驻虎踞关，上命傅恒会云贵总督彰宝议减云南总兵、知府员缺，厘正州县旧制。三十四年二月，班师。三月，上幸天津，傅恒朝行在。既而缅甸酋谢罪表久不至，上谓傅恒方病，不忍治其罪。七月，卒，上亲临其第酹酒，命丧葬视宗室镇国公，谥文忠。又命入祀前所建宗祠。其后上复幸天津，念傅恒于此复命，又经傅恒墓赐奠，皆纪以诗。及赋《怀旧诗》，许为"社稷臣"。嘉庆元年，以福康安平苗功，赠贝子。福康安卒，推恩赠郡王衔，旋并命配享太庙。

傅恒直军机处二十三年，日侍左右，以勤慎得上眷。故事，军机处诸臣不同入见，乾隆初，惟讷亲承旨。追傅恒自陈不能多识，乞诸大臣同入见。上晚膳后有所谘访，又召傅恒独对，时谓之"晚面"。又军机处诸大臣既承旨，退自属草，至傅恒始命章京具稿以进。上倚傅恒为重臣，然偶有小节疏失，即加以戒约。傅恒益谦下，治事不敢专擅。敬礼士大夫，翼后进使尽其才。行军与士卒同甘苦。卒时未五十，上尤惜之。

子福灵安、福隆安、福康安、福长安。福康安自有传。

福灵安，多罗额驸，授侍卫。准噶尔之役，从将军兆惠战于叶尔羌，有功，予云骑尉世职。三十二年，授正白旗满洲副都统。署云南永北镇总兵。卒。

福隆安，尚高宗女和嘉公主，授和硕额驸、御前侍卫。三十三年，擢兵部尚书、军机处行走，移工部尚书。三十五年，袭一等忠勇公。三十六年，用兵金川，总兵宋元俊劾四川总督桂林，命福隆安往谳。福隆安曲桂林，抵元俊罪。四十一年，复授兵部尚书，仍领工部。金川平，画像紫光阁。四十九年，卒，谥勤恪。

子丰绅济伦，初以公主子，命视和硕额驸品秩，授镶蓝旗汉军副都统、奉宸苑卿。四十九年，袭爵。累迁兵部尚书，领銮仪卫。嘉庆间，再坐事，官终盛京兵部侍郎。十二年，卒。子富勒浑翁珠，袭爵。

福长安，自蓝翎侍卫累迁至正红旗满洲副都统、武备院卿，领内务府。乾隆四十五年，命在军机处学习行走。累迁户部尚书。五十三年，台湾平。五十七年，廓尔喀平。诸功臣画像紫光阁，福长安皆与焉。嘉庆三年，俘王三槐，福长安以直军机处得侯。四年，高宗崩，大学士和珅得罪，仁宗以福长安阿附，逮下狱，夺爵，籍其家。诸大臣议用朋党律坐立斩，上命改监候，而赐和珅死，使监福长安诣和珅死所跪视。旋遣往裕陵充茶拜唐阿，就迁员外郎。六年，以请还京，夺职，发盛京披甲。旋自骁骑校屡迁：再为围场总管，一为马兰镇总兵，再署古北口提督。屡坐事谴谪。二十一年，授正黄旗满洲副都统。二十二年，卒。

论曰：高宗初政，宽大而清明，举国熙熙，乐见太平。是时鄂尔泰、张廷玉负夹辅之重，然居中用事为天子喉舌，厥惟讷亲，继之者傅恒也。高宗手诏谓当鄂尔泰在朝，培养陶成，得一讷亲；讷亲在朝，培养陶成，得一傅恒。又谓讷亲受恩第一，次则傅恒。讷亲视师失上指，坐诛，终不没其勤廉；傅恒再以受降还师，德心孚契，自以其谨慎，非徒藉贵戚功阀重也。

卷三百二　　　列传八十九

徐本　汪由敦子承霈　**来保　刘纶**子跃云
刘统勋子墉　孙镮之

徐本，字立人，浙江钱塘人，尚书潮子。本，康熙五十七年进士，改庶吉士，授编修。雍正五年，提督贵州学政，授赞善，迁侍读。七年，擢贵州按察使。八年，调江苏，迁湖北布政使。十年，擢安庆巡抚。奏定比缉盗贼章程，窃案责府州，盗案责臬司。案多而未获，巡抚亲提。比立限，定劝惩。上嘉之。十一年，疏言："云、贵、广西改流土司安置内地，例十人给官房五楹，地五十亩。安庆置二十一人，地远在来安。请变价别购，俾耕以食。"又疏言："州县征粮，例由府道封柜，请改州县自封。完粮十截串票改仍用三连由票，零户银以下以十钱当一分。"又疏言："寿州滨淮，盗聚族而居，假捕鱼为业，每出劫掠，已次第捕治，令渔船编甲。孙、平、焦、邓诸姓设族正，有盗不时举发。"皆下部议行。

召授左都御史。十二年，迁工部尚书、协办大学士。浙江衢州民王益善邪教惑众，命本会总督程元章按治，请改设衢州总兵、金衢严巡道以下官，并更定营制，下部议行。十三年五月，命同宝亲王，果亲王，大学士鄂尔泰、张廷玉等办理苗疆事务。高宗即位，命在办理军机处行走，调刑部尚书。寻命协办总理事务。

乾隆元年，授东阁大学士兼礼部尚书，充《世宗实录》总裁。二年，直南书房。以协办总理事务，予拖沙喇哈番世职。三年，授办理军机大臣。四年，加太子太保。七年，兼管户部尚书。九年六月，以病乞休，加太子太傅致仕。遣御前侍卫永兴赍赐御用衣冠、内府文绮貂皮，上亲临其第慰问赐诗。命其子侍讲学士以烜送归里，在籍食俸。明年，上念本归将一载，复赐诗。十二年，本卒，加少傅，发白金千治丧。浙江巡抚顾琮往祭，谥文穆。上南巡，所经郡县遣祭旧臣，礼部奏请未及本，上特命遣祭。祀京师贤良祠。

以烜，进士，官至礼部侍郎。

汪由敦，字师茗，浙江钱塘人，原籍安徽休宁。雍正二年进士，选庶吉士。遭父丧，以纂修《明史》，命在馆守制。丧终，三迁内阁学士，直上书房。乾隆二年，廷臣妄传除目，为言官执奏，语连由敦，未得旨，由敦具疏辨。上诘由敦何以先知，足见有为之耳目者，其人必不谨。左授侍读学士。累迁工部尚书，调刑部，兼署左都御史。十一年，命在军机处行走。十四年，金川平，加太子少师。是岁命协办大学士。由敦出大学士张廷玉门，其直军机处，廷玉荐也。时军机处诸大臣，鄂尔泰已卒，廷玉为班首，而讷亲被上眷，日入承旨，出令由敦属草，虑不当上意，辄令易稿，至三四不已，傅恒为不平。及讷亲诛，傅恒自金川还朝，引诸大臣共承旨以为常。廷玉致仕将归，以世宗遗诏许配享太庙，乞上一言为券，谢恩未亲至。传旨诘责，傅恒与由敦承旨，由敦免冠叩首，言廷玉蒙恩体恤，乞终始矜全，若明旨诘责，则廷玉罪无可逭。次日，廷玉早入朝，上责由敦漏言，徇师生私恩，不顾公议。解协办大学士，并罢尚书，仍在尚书任赎罪。十五年，命复任。

上阅永定河工，令由敦同大学士傅恒、总督方观承会勘南岸建坝，请于张仙务、双营葺旧坝二，马家铺及冰窖以东增新坝亦二，如所议。四川学政朱荃以匿丧黩贿得罪，由敦所荐举，吏议夺职。上以由敦谨慎，长于学问，命降授兵部侍郎。俄，永定河堤决，复命赴固安监塞口。有请别开新河者，由敦主仍浚旧河，亦如所议。十六年，调户部侍郎。命同大学士高斌勘天津等处河工，请浚永定河下流，疏王庆坨引河，增凤河堤坝，培东岸堤障东淀。十七年，授工部尚书。十九年，加太子太傅，兼刑部尚书。二十年，准噶尔平，军机大臣得议叙。二十一年，调工部尚书。二十二年，授吏部尚书。二十三年，卒，上亲临赐奠，赠太子太师，谥文端。

由敦笃内行，记诵尤淹博，文章典重有体。内直几三十年，以恭谨受上知。乾隆间，大臣初入直军机处，上以日所制诗用丹笔作草，或口授令移录，谓之"诗片"。久无误，乃使撰拟谕旨。由敦能强识，当上意。上出谒陵及巡幸必从，入承旨，耳受心识，出即传写，不遗一字。其卒也，谕称其"老诚端恪，敏慎安详，学问渊深，文辞雅正"，并赋诗悼之。又以由敦善书，命馆臣排次上石，曰《时晴斋法帖》。上赋《怀旧诗》，列五词臣中，称其书比张照云。

子承沆、承霈、承霱。

承霈，字春农。由敦既卒，丧终，承霈以赐祭葬入谢。傅恒为言承霈书类由敦，授兵部主事，充军机处章京。累迁郎中，除福建邵武知府。时母年八十，请军机大臣为陈情，留京供职，复补户部郎中。三十六年，师讨小金川，上命户部侍郎桂林出督饷，以承霈从。三十七年，阿尔泰、宋元俊劾桂林以金与土酋赎所掠军士，辞连承霈，命逮治。俄，事白，仍以郎中充军机处章京。累迁工部右侍郎。甘肃冒赈事发，部议凡在甘肃纳捐监生，应禁革毋许应试，及自别途出身。承霈奏人数甚多，乞开自新之路，令纳金如例，许考试及自别途出身，得旨俞允。四十年，上校射，承霈连发中的，赏花翎。调户部右侍郎。五十四年，坐监临顺天乡试失察，左迁通政使。累迁复至侍郎。嘉庆五年，授左都御史，迁兵部尚书，兼领顺天府尹。六年，永定河水溢，上命治赈，得旨奖叙。七年，上将幸木兰，承霈请罢停围，不许。寻改左都御史，署兵部尚书。北城盗发，上责承霈不称职，以二品冠服致仕。十年，卒，诏视尚书例议恤。

来保，字学圃，喜塔腊氏，满洲正白旗人。初隶内务府。康熙中，自库使授侍卫，再夺职。五十七年，复授三等侍卫。雍正初，擢内务府总管。坐内务府披甲裁额，众哄廉亲王允禧第,来保等奏不实,复夺职。起景陵掌关防郎中,再迁复为内务府总管,署工部尚书。疏言:"满洲骑射较优,沿边古北口诸处提镇以下,请兼用满洲,资控制。"从之。乾隆元年十二月,大学士管浙江总督嵇曾筠、江苏巡抚邵基疏请停办戊午铜运,下部议。来保奏:"积欠数盈六百万,应停办一年,以清旧欠。但己未以后,仍招商采买,行之数年,积欠复多,又当停办。请敕部并下各直省督抚晓谕,听商具资本出洋采买,不必先给价值,随到即收,不拘多寡,但不得克扣抑勒,重滋商累。"总理王大臣议覆允行。

二年六月,上以运河水浅,粮船至临清以北,尤多阻滞,由于卫河上游各渠口居民私泄过多。敕直隶、河南督抚等照前河臣靳辅题准定例,稽查严禁。来保奏言:"水浅运阻,查禁不得不严。但卫水发源河南,至临清五百余里。沿河居民不知几千万家,待溉之地不知几千百顷。今秋成在望,已非灌溉之期,所虑者有司奉行过当。后虽运河未至浅阻,而一入五月,渠口尽行堵塞,坐使有用之利置之无用,恐不无废时失业者,不称仁育万民之意。当使漕运不致浅阻,民田亦得灌溉,或暂禁于浅阻之年,而不禁于深通之岁。应令督抚、河道诸臣悉心调剂,以期两便。"疏入,上命侍郎赵殿最、侍卫安宁会同督抚查勘,请于漕船将抵临清,视运河水盈缩,定渠闸启闭。十二月,授工部尚书,兼议政大臣。四年,病,请解任,上不许。十二月,授内大臣,赐紫禁城内骑马。五年,调刑部尚书。

上以来保奉职勤,命改隶正白旗满洲,所立佐领准世袭。六月,御史沈世枫奏来保诚悫有余,习练不足,不胜刑部繁要之任。谕曰:"来保人实可信,然世枫所言,颇中其病。倘因此自知省惕,则心志虚公,而才识亦将日进。此闻过而喜,所以称贤也。"九年,命如奉天按将军额洛图侵饷纳贿状,谳如律。十年,调礼部尚书,加太子太保,授领侍卫内大臣。寻授吏部尚书,协办大学士。十二月,授武英殿大学士。十三年九月,命为军机大臣。十四年,金川凯旋,进太子太傅,兼管兵部、刑部事。十五年三月,来保年七十,上制诗贲之。十六年,兼管吏部事。二十五年,来保年八十,复赐御制诗。二十六年,兼管礼部事。二十九年,卒,年八十四,赠太保,祀贤良祠,谥文端。四十四年,御制《怀旧诗》,列五阁臣中。

来保能知人。舒赫德官乌里雅苏台将军,疏请徙阿睦尔撒纳眷属于边。上以其伤众人心,震怒,遣使封刀斩之。来保争甚力,以为才可大用。上亦悔,第曰:"已降旨!"来保曰:"即上有恩命,臣子成麟善骑,遣追前使还。"上允之。归召成麟,使赍诏追前使还。成麟日夜驰三百余里,先前使三日到,舒赫德赖以免。来保善相马,上尝为《相马歌》赐之。

刘纶,字眘涵,江苏武进人。少隽颖,六岁,能缀文,长工为古文辞。乾隆元年,以廪生举博学鸿词,试第一,授编修。预修《世宗实录》,迁侍讲,进太常寺少卿。四迁,擢内阁学士。十二月,扈跸木兰,奏《秋郊大猎》、《哨鹿》二赋,称旨。十四年,直南书房,授礼部侍郎,调工部。十五年,命军机处行走。十六年,土默特贝子哈木噶巴雅斯朗图不按原议年限驱种地流民,命纶偕侍读学士麒麟保往勘。六月,疏言:"出口民价典旗地,应遵原议三年、五年限外撤还原主。其领地耕种为佃户,受雇勒作为佣工,皆浮寄谋生,初无占地意,应许力耕糊口。至领地垦荒,积累辛勤,始得成熟,不同价典,年满先还原主。所需自种地有赢,仍给种以偿前劳。木头城、三座塔居人稠密,许照常居住。设三座塔巡检一,资弹压。"诏从其议。父忧归。服阕,十八年,除户部侍郎。

十九年,兼顺天府尹。故事,顺天府公牍,治中、通判不署名。纶请以钱谷属治中,狱讼属通判,先署牍呈尹可否之。大军西征准噶尔,师行,役车供偫,壹切办治无误。二十年,准噶尔平,予奖叙。浙江按察使富勒浑劾抚鄂乐舜授意布政使同德勒派商银,命纶如浙江偕两江总督尹继善等会讯。二十一年,覆奏鄂乐舜受银属实,拟绞候;同德未知情;富勒浑诬劾,拟杖流。上以富勒浑参款已实,不应议罪,责纶等失当。部议夺官,有旨从宽留任,罢直军机处。二十二年,命仍入直。二十四年六月,奏蓟州、宝坻等县蝻子萌动,州县官事繁,督捕未能周遍,饬千总、外委同佐杂分捕,参将偕监司巡察勤惰,报可。进左都御史。二十五年,偕侍郎伊禄顺赴西安勘将军嵩阿礼克兵粮、勒馈送等款,得实,论如律。二十六年,进兵部尚书。二十八年,调户部,协办大学士,加太子太保。三十年,母忧归。甫除丧,诏起吏部尚书,仍协办大学士。三十六年,授文渊阁大学士,兼工部尚书。三十八年,卒,命皇子临其丧,赠太子太傅,祀贤良祠,谥文定。

纶性至孝,亲丧三年不御酒肉。直军机处十年,与大学士刘统勋同辅政,有"南刘东刘"之称。器度端凝,不见有喜愠色。出入殿门,进止有恒处。自工部侍郎归,买宅数楹。后服官二十年,未尝益一椽半甓。衣履垢敝不改作,朝必盛服,曰:"不敢亵朝章也!"侍郎王昶充军机处章京,尝严冬有急奏具草,夜半诣纶,纶起燃烛,操笔点定。寒甚,呼家人具酒脯,而厨傅已空,仅得白枣十数枚侑酒。其清俭类此。校士尤矜慎,尝曰:"衡文始难在取,继难在去。文佳劣相近,一去取间于我甚易,独不为士子计乎?"较量分寸,辄至夜分不倦。为文法六朝,根柢汉、魏;于诗喜明高启,谓能入唐人门阃。

子跃云,字服先。乾隆三十一年进士及第,授编修。累迁礼部侍郎。六十年,充会试副考官,以校阅失当下吏议,左迁奉天府丞,罢归。嘉庆四年,召为大理寺少卿,迁工部侍郎。上御门,跃云误班未至,左迁内阁学士。复授兵部侍郎。休致,卒。殿试例糊名,跃云对策,高宗亲置上第,喜曰:"此刘纶子,不意朕竟得之!"及视学江西,有清名。高宗意向用,以忤和珅,主会试,坐浮言,黜。仁宗召起,老矣,终不竟其用。子逢禄,见《儒林传》。

刘统勋,字延清,山东诸城人。父棨,官四川布政使。统勋,雍正二年进士,选庶吉士,授编修。先后直南书房、上书房,四迁至詹事。乾隆元年,擢内阁学士。命从大学士嵇曾筠赴浙江学习海塘工程。二年,授刑部侍郎,留浙江。三年，还朝。四年，母忧归。六年，授刑部侍郎。服阕，诣京师。

擢左都御史。疏言："大学士张廷玉历事三朝，遭逢极盛，然晚节当慎，责备恒多。窃闻舆论，动云'张、姚二姓占半部缙绅'，张氏登仕版者，有张廷璐等十九人，姚氏与张氏世婚，仕宦者姚孔钺等十人。二姓本桐城巨族，其得官或自科目荐举，或起袭荫议叙，日增月益。今未能遽议裁汰，惟稍抑其迁除之路，使之戒满引嫌，即所以保全而造就之也。请自今三年内，非特旨擢用，概停升转。"又言："尚书公讷亲年未强仕，综理吏、户两部。典宿卫，赞中枢，兼以出纳王言，时蒙召对。属官奔走恐后，同僚亦争避其锋。部中议覆事件，或辗转驳诘，或过目不留，出一言而势在必行，定一稿而限逾积日，殆非怀谦集益之道。请加训示，俾知省改。其所司事，或量行裁减，免旷废之虞。"两疏入，上谕曰："朕思张廷玉、讷亲若果擅作威福，刘统勋必不敢为此奏。今既有此奏，则二臣并无声势能箝制僚寀可知，此国家之祥也。大臣任大责重，原不能免人指摘。闻过则喜，古人所尚。若有几微芥蒂于胸臆间，则非大臣之度矣。大学士张廷玉亲族甚众，因而登仕籍者亦多。今一经察议，人知谨饬，转于廷玉有益。讷亲为尚书，固不当模棱推诿，但治事或有未协，朕时加教诲，诚令毋自满足。今见此奏，益当自勉。至职掌太多，如有可减，候朕裁定。"寻命以统勋疏宣示廷臣。

命勘海塘。十一年，署漕运总督。还京。十三年，命同大学士高斌按山东赈务，并勘河道。时运河盛涨，统勋请浚聊城引河，分运河水注海。德州哨马营、东平戴村二坝，皆改令低，沂州江枫口二坝，俟秋后培高，俾水有所泄。迁工部尚书，兼翰林院掌院学士，改刑部尚书。十七年，命军机处行走。十八年，以江南邵伯湖减水二闸及高邮车逻坝决，命偕署尚书策楞往按。合疏言河员亏帑误工，诏夺河督高斌、协办河务巡抚张师载职，穷治侵帑诸吏。九月，铜山小店汛河决，统勋疏论同知李焞、守备张宾呈报稽误。上以焞、宾平日侵蚀，闻且穷治，自知罪重，河涨任其冲决，立命诛之，并縻斌、师载令视行刑。统勋驻铜山督塞河，十二月，工成。统勋偕策楞疏陈稽察工料诸事，诏如所议行。大学士陈世倌疏言黄河入海，套柜增多，致壅塞，命统勋往勘。统勋疏言："海口旧在云梯关，今海退河淤，增长百余里，柜套均在七曲港上，河流无所阻遏。"上又命清察江南河工未结诸案，统勋疏言未结款一百一十一万有奇，请定限核报。又以河道总督顾琮请于祥符、荥泽诸县建坝，并浚引河，命统勋往勘。统勋议择地培堤坝，引河上无来源，中经沙地，易淤垫，当罢，上从之。

十九年，加太子太傅。五月，命协办陕甘总督，赐孔雀翎。时方用兵准噶尔，统勋请自神木至巴里坤设站一百二十五，并筹度易马、运粮诸事，命如所议速行。二十年，廷议驻兵巴里坤、哈密，命察勘。统勋至巴里坤，阿睦尔撒纳叛，攻伊犁，伊犁将军班第死事，未得报。定西将军永常自木垒引师退，统勋疏请还守哈密。上责其附和永常，置班第于不问，命并永常革职，逮治。其子埙亦夺职，

与在京诸子皆下刑部狱，籍其家。旋上怒解，谕："统勋所司者粮饷马驼，军行进止，将军责也。设令模棱之人缄默不言，转可不至获罪。是其言虽谬，心尚可原。永常尚不知死绥，何怪于统勋？统勋在汉大臣中尚奋往任事，从宽免罪，发往军营交班第等令治军需赎罪。"释其诸子。

二十一年六月，授刑部尚书。寻命勘铜山县孙家集漫工，解总河富勒赫任，即命统勋暂摄。是冬，工竟。二十二年，命赴徐州督修近城石坝，加太子太保。二十三年，调吏部尚书。二十四年，命协办大学士。二十六年，拜东阁大学士，兼管礼部、兵部。八月，偕协办大学士兆惠查勘河南杨桥漫工。十二月，工竟。二十七年，上南巡，复命偕兆惠勘高、宝河湖入江路，疏请开引河，择地筑闸坝。上谕谓："所议甚合朕意。"又以直隶景州被水，命勘德州运河，疏请移吏董理四女寺、哨马营两引河，毋使淤阏。二十八年，充上书房总师傅，兼管刑部，教习庶吉士。三十三年，命往江南酌定清口疏浚事宜。三十四年，复勘疏运河。

三十八年十一月，卒。是日夜漏尽，入朝，至东华门外，舆微侧，启帷则已瞑。上闻，遣尚书福隆安赍药驰视，已无及。赠太傅，祀贤良祠，谥文正。上临其丧，见其俭素，为之恸。回跸至乾清门，流涕谓诸臣曰："朕失一股肱！"既而曰："如统勋乃不愧真宰相。"

统勋岁出按事，如广东按粮驿道明福违禁折收，如云南按总督恒文、巡抚郭一裕假上贡抑属吏贱值市金，如山西按布政使蒋洲抑属吏补亏帑，如陕西按西安将军都赉侵饷，如归化城按将军保德等侵帑，如苏州按布政使苏崇阿误讯书吏侵帑，如江西按巡抚阿思哈受赇，皆论如律。其视杨桥漫工也，河吏以刍茭不给为辞，月余事未集。统勋微服，见大小车载刍茭凡数百辆，皆弛装困卧。有泣者，问之，则主者索贿未遂，置而不收也。即令缚主者至，数其罪，将斩之。巡抚以下为固请，乃杖而荷校以徇，薪刍一夕收立尽。逾月工遂竟。方金川用兵，统勋屡议撤兵，及木果木军覆，上方驻热河，统勋留京治事，天暑甚，以兼上书房总师傅，检视诸皇子日课。廷寄急召，比入对，上曰："昨军报至，木果木军覆，温福死绥。朕烦懑无计，用兵乎，抑撤兵乎？"统勋对曰："日前兵可撤，今则断不可撤。"复问谁可任者，统勋顿首曰："臣料阿桂必能了此事。"上曰："朕正欲专任阿桂，特召卿决之。卿意与合，事必济矣。"即日令还京师。户部疏论诸行省州县仓库多空缺，上欲尽罢州县吏不职者，而以笔帖式等官代之。召统勋谕意，且曰："朕思之三日矣，汝意云何？"统勋默不言。上诘责，统勋徐曰："圣聪思至三日，臣昏耄，诚不敢遽对，容退而熟审之。"翌日入对，顿首言曰："州县治百姓者也，当使身为百姓者为之。"语未竟，上曰："然。"事遂寝。上为《怀旧诗》，列五阁臣中，称其"神敏刚劲，终身不失其正"云。子二：埙、堪。

埙，字崇如，乾隆十六年进士，自编修再迁侍讲。二十年，统勋得罪，并夺埙官下狱，事解，赏编修，督安徽学政。疏请州县约束贡监，责令察优劣。督江苏学政，疏言府县吏自瞻顾，畏刁民，畏生监，兼畏吏胥，阘冘怠玩。

上嘉其知政体，饬两江总督尹继善等淬厉除旧习。授山西太原知府，擢冀宁道。以官知府时失察僚属侵帑，发军台效力。逾年释还，命在修书处行走。旋推统勋恩，命仍以知府用，授江苏江宁知府，有清名。再迁陕西按察使。丁父忧，服阕，授内阁学士，直南书房。迁户部、吏部侍郎。授湖南巡抚，迁左都御史，仍直南书房。命偕尚书和珅如山东按巡抚国泰贪纵状，得实，授工部尚书，充上书房总师傅。署直隶总督，授协办大学士。五十四年，以诸皇子师傅久不入书房，降为侍郎衔。寻授内阁学士，三迁吏部尚书。嘉庆二年，授体仁阁大学士。命偕尚书庆桂如山东谳狱，并按行河决，疏请宽浚下游。四年，加太子少保。疏陈漕政，金丁不慎，途中盗米，致有凿舟自沉，或饔及橹舵，舟存而不可用，请饬各行省金丁宜求殷实，皆如所议行。九年，卒，年八十五，赠太子太保，祀贤良祠，谥文清。埔工书，有名于时。

镶之，统勋次子堪之子也。乾隆四十四年进士。自检讨累迁至户部尚书，兼领顺天府府尹。嘉庆二十二年，上自热河还京师，镶之入见。上以顺天府奏事稀、捕教匪不时得诘，镶之不能对，但言方旱灾不敢急捕贼。上又问赈灾当设粥厂几所、需米若干，镶之又不能对。上降旨责其玩愒，命以侍郎候补。复累迁吏部尚书，加太子少保。道光元年，卒，谥文恭。

论曰：明内阁主旨拟，承旨撰敕，其在唐、宋，特知制诰之职。以王命所出入，密勿献替，遂号为宰相。军机处制与类相。世谓大学士非兼军机处，不得为真宰相。胜此任者，非以其慎密，则以其通敏。慎密则不泄，通敏则不滞，不滞不泄，枢机之责尽矣。本，世宗旧臣，由敦、来保、纶、统勋次第入直。由敦左迁而未罢直，统勋罢而复入，尤以决疑定计见契于高宗，许为有古大臣风，亮哉！

卷三百三　　列传九十

**福敏　陈世倌　史贻直
阿克敦　孙嘉淦　梁诗正**

福敏，字龙翰，富察氏，满洲镶白旗人。康熙三十六年进士，选庶吉士，散馆，以知县待铨。时世宗在藩邸，高宗初就傅，命福敏侍读。及世宗即位，擢内阁学士，兼礼部侍郎。雍正三年，迁吏部侍郎。出署浙江巡抚。四年，擢左都御史，兼翰林院掌学士。复出署湖广总督。沔阳、潜江等十州县水灾，疏请发常平仓谷治赈。谬冲花苗叛，福敏檄贵州兵截后路，以湖广兵捣其巢，讨平之。安陆、荆州被水，疏请老弱妇女治赈如常，而以丁壮修堤，俾民得食而堤亦完。上眷福敏厚，尝手诏谕曰："朕令尔暂摄总督，苟得其人，即命往替。近日廊庙中颇乏才，皇子左右亦待尔辅翼。留尔湖广非得已，宜体朕意勉为之。"

五年，召还京，授吏部尚书。六年，以巡抚浙江时徇布政使佟吉图动库银，夺职。八年，命协理兵部侍郎，迁左都御史。十年，署工部尚书，协办大学士，旋署刑部尚书。乾隆三年，擢武英殿大学士，兼工部尚书、翰林院掌院学士。四年，加太保。六年七月，高宗初幸木兰行围，福敏疏言："行围边外，内外章奏按期驰送，较宫廷清穆劳逸迥殊。宜朝乾夕惕，清明在躬，从容应之。留京百官，必因事警察，勿使偷惰者得行其私。巡行之日，言路宜举大利害，不当琐细渎陈伤政体。圣祖于猎地平易险阻无不了然，故周旋中度，驰射如神。愿皇上筹度于先。弁兵布围，未必无参差，乞少加从容，俾龟勉从事。弁兵行日久，资斧不继，量加恩泽，费无多而惠无穷。"上谕曰："览大学士所奏，老成忠恳，补衮陈善，朕皆嘉纳焉。"八年，疏陈时政，言："河防事重，请如灾民请赈例，便宜处置，以时上闻。灾民流移，情非得已。若有司不善拊循，徒禁越境，致辗转沟壑，宜加以玩视罪。江南、湖广偏灾，请留南漕赈济。定数多寡，当出上裁。庶上不亏储，下足济食。"疏入，从之。

十年，以疾乞解任，温诏如所请，加太傅。二十二年，卒，年八十四。福敏尝有疾，上临视，及闻其卒，复亲奠。赐祭葬，祀贤良祠，谥文端。

福敏性刚正，廓然无城府。直内廷与蔡世远、雷铉善，尤服膺朱轼。既乞休，语铉曰："此位岂易称？我浮沉其间，君不我嗤耶？"四十四年，上制《怀旧诗》，于旧学诸臣皆称先生，字而不名，言于轼得学之体，于世远得学之用，于福敏得学之基。六十年二月上丁，释奠礼成，赠福敏太师，诏言："冲龄就傅时，启迪之力多也。"

陈世倌，字秉之，浙江海宁人。父诜，自有传。世倌，康熙四十二年进士，改庶吉士。自编修累迁侍读学士，督顺天学政。父忧归，起督江西学政，疏乞终制，得请。雍正二年，服阕，擢内阁学士，出为山东巡抚。时山东境旱蝗，粮运浅阻，世倌单车周历，密察灾轻重、吏能否，乃视事。趣捕蝗略尽，并疏治运道，世宗书扇以赐。世倌疏言："社仓通有无、济丰歉，古今可行。宜令各乡劝富民输谷，不限多寡，量予奖劝。举公正乡约三人司其出入，官为稽核。贫民春贷秋偿，石纳息二斗，歉则减之，十年后纳息一斗。请饬诸行省先就数州县行之。俟有成效，然后推广。"下所司议行。又疏请禁回教，上以回教本来已久，限于种人，非蔓延难量。无故欲禁革，徒纷扰，非治理，罢其议。又疏上沿海防卫五事，报可。四年，母忧归。命治江南水利，坐迟误夺职，并命赴曲阜督修孔子庙。

高宗即位，起为副都御史。乾隆二年，授仓场侍郎，再迁工部尚书。六年，授文渊阁大学士。是年秋，淮、徐、凤、泗等处被水，上命侍郎周学健会总督高斌庀工役。世倌屡疏陈行水恤灾诸事，上即命乘传往会学健等察勘。世倌言水势高下必当亲勘，请以通测量术者偕往，从之。十二月，偕学健等疏陈筹画工役，请待来岁二三月水涸施工。上曰："世倌临行奏言岁内可疏，积水尽消，今疏言仍待来岁二三月，其所筹画皆不过就高斌、周学健所定规模而润色之，别无奇谋硕画，何必多此往返乎？"

九年，予假回籍，请致仕，不许。疏言："道经山东，闻有剧盗就逮。因案关数省，迁延待质。剧盗既鞫得实，宜速诛。请饬山东巡抚定谳，毋使久稽显戮。"上韪其言。假满还职，加太子太保。云南巡抚勒属吏，例当令总督覆谳。世倌拟旨误，下吏议夺职，上斥世倌卑琐不称大学士，宜如议夺职。又别敕略谓："朕斥世倌卑琐，即如世倌与孔氏有连，乃于兖州私营田宅，冀分其余润。此岂大臣所为？今既夺职，下山东巡抚毋令居兖州。"十五年，入京祝嘏，赏原衔。十六年，命入阁办事，兼管礼部事。二十二年，以老病乞休，诏从其请，加太子太傅。二十三年春，陛辞，御制诗赐之，谓"皇祖朝旧无几也"。赉银五千两，在家食俸。未行，卒，谥文勤。

世倌治宋五子之学，廉俭纯笃。入对及民间水旱疾苦，必反覆具陈，或继以泣。上辄霁颜听之，曰："陈世倌又来为百姓哭矣！"虽中被谴诃，终亮其端谨。其后南巡，犹遣官祭其墓云。

史贻直，字儆弦，江苏溧阳人。父夔，康熙二十一年进士，官至詹事。贻直少娴掌故。三十九年，成进士，年十九。自检讨五迁侍读学士。雍正初，命在南书房行走，再迁吏部侍郎，历工部、户部。命如河南按总督田文镜劾信阳知州黄振国等，定谳入告。上蔡知县张球，文镜所尝荐，贻直等发其讳盗。下吏议，文镜疏自劾。复命如山西按前总督年羹尧领河东盐政，私其子挠盐法。七年，复命如福建按巡抚朱纲劾按察使乔学尹等，并论如律。上奖其公当，命署福建总督。福建水师巡海，挟市易物蚀关税，贻直为申禁。福州、兴化、泉州、漳州四府以米少，仓谷不如例粜易，贻直请以台湾应输兵米易谷运四府，以次粜旧存新；内地兵戍台湾，往还抚番社，贻直请下台湾总兵，戍兵往还，遣裨将检押：皆如所议行。

八年，调署两江总督，以本籍疏辞，勿许。授左都御史，仍留两江。九年，召还。时师征准噶尔，陕西、甘肃当师行道，任馈饷。命偕侍郎杭奕禄等宣谕化导，旋命协理陕西巡抚，擢兵部尚书，仍留陕西。十年，署巡抚。廷议禁烧锅，下诸行省。贻直疏言："年丰粮羡；烧锅亦民间谋生之一事。当视年事丰歉，审民力盈虚，加以董劝。"上许为得因时制宜之意。湖广总督迈柱请疏湖广荆子关至陕西龙驹寨水道，便转饷。贻直疏言："荆子关至龙驹寨，旧有丹河，行两山间，纡折三百七十里。夏秋间民引以溉田，筑堰蓄流，涓滴必争。雨后山水骤至，纤路辄断，实不宜于挽运。臣察湖广转饷艰难，当于河南府陕州傍河诸州县积谷，行转搬之策。浚治丹河，宜若可缓。"上韪贻直言，格迈柱议不行。旋授户部尚书，总理陕西巡抚。

十三年七月，召还。八月，世宗崩，高宗即位，贻直入对，高宗出世宗遗念衣赐贻直，勖以始终如一。贻直泣，上亦泣不止。贻直疏言："科道及吏、礼二部宜循旧制用科目；官吏迁擢，捐弃阶资，幸进者不以为公，沉滞者不胜其怨，宜亦循旧制存阶级；河南各州县报垦砂砾山冈，按亩升科，小民鬻儿女以应输将，州县官劝捐，有损国体，请简廉明公正大臣抚绥其地，则情弊立见。"事下总理事务王大臣议行。

寻命署湖广总督。乾隆元年，疏言："旧制州县亏仓谷，议罪：谷一石当银一两，时值实不及。诸杂粮皆视谷，尤失平。"部议米一石当银一两，谷及诸杂粮皆当银五钱，著为令。武昌城西南当江、汉合流处，旧有长堤。贻直令所司履勘重筑，自王惠桥至土城矶，堤千三百余丈，期三岁而毕。湖广为两淮行盐地，而地错入川、粤，凡巴东、归州、道州、宁远等九州县民私食川、粤盐，两淮盐政尹会一以为言。贻直言湖广两淮盐岁七十余万引，诸州县僻远，两淮盐不至，强而行之，官商且交困。部议如贻直奏。湖南城步等县苗酋蒲寅山、凤老一等为乱，贻直与巡抚高其倬等讨平之，上嘉其劳。召还，历工、刑、兵、吏诸部尚书。七年，命署直隶总督。复召还，协办大学士。九年，授文渊阁大学士。十一年，加太子太保。

贻直子奕昂，官山东运河道，以巡抚鄂昌荐，命署甘肃布政使。二十年，鄂昌坐事赐没，得贻直请托状，上念贻直勤慎，不深罪，令致仕回籍，召奕昂还京。二十二年，上南巡，贻直迎驾沂州，令在家食俸。寻召还，仍授大学士。途中病作，遣御医就视。至京，命领工部，加太子太傅。二十五年，上以贻直成进士已六十年，赐诗奖为"人瑞"。寻命遇祀典不必随班行礼，以肩舆入直。二十七年，贻直乞致仕，命不必兼摄工部，岁加俸五百金。二十八年，卒，年八十二，赠太保，祀贤良祠，谥文靖。

贻直为政持大体，不苟为异同。性强记，饬举止，善为辞令。年羹尧既诛，世宗问贻直："汝亦羹尧荐耶？"贻直免冠对曰："荐臣者羹尧，用臣者皇上。"及事高宗，耄矣，尝奏事，拜起舒迟。高宗问："卿老惫乎？"贻直对曰："皇上到臣年，当自知之。"高宗为霁颜。

子奕簪，乾隆十年进士，官左春坊左赞善；奕昂，以举人授刑部员外郎，自署甘肃布政使召还京，旋授福建按察使，再迁兵部侍郎，以口语罢；奕瑰，官山西潞安知府，高宗命留京侍贻直，授四品京堂。

阿克敦，字仲和，章佳氏，满洲正蓝旗人。康熙四十八年进士，改庶吉士，授编修。五十二年，充河南乡试考官。五十三年，上以阿克敦学问优，典试有声名，特擢侍讲学士。五十五年，转侍读学士。五十六年，朝鲜国王李焞病目，使求空青，命阿克敦赍赐之。迁詹事。五十七年，擢内阁学士。六十一年，朝鲜国王李昀请立其弟昑为世弟，命阿克敦偕侍卫佛伦充使册封。擢兵部侍郎。世宗即位，兼翰林院掌院学士，充《圣祖实录》副总裁。雍正元年，命专管翰林院掌院学士，充《国史》、《会典》副总裁。复偕散秩大臣舒鲁册封朝鲜国王李昑。三年，授礼部侍郎，兼兵部。四年，调兵部，兼国子监祭酒。

两广总督孔毓珣入觐，命阿克敦署总督，兼广州将军。奏劾碣石总兵陈良弼索渔船陋规、左翼总兵蓝奉以二子冒补把总，倚势累兵。上嘉阿克敦实奏，命择胜任之人，具本题参。高要、高明、四会、三水、南海等五县民濒江筑圩，开窦建闸，引水溉田，谓之"围基"。江涨多溃决，巡抚杨文乾奏请以最冲改石工，次冲改桩埽，计费数十万，借帑修筑，且议以开捐补款，阿克敦意与相左。五年，疏言："高要等县沿江围基，俱系土工，岁十一月后，有司督率乡民按亩分工，加卑培薄，民不为苦，官无所费。江涨不免冲决。但水性不猛，非必石工、桩埽方能抵御。请仍循旧法，令有司于农隙督民修补，倘江水盛涨，遣吏巡行防冲决，无烦改筑费努。"上为寝文乾议。寻与毓珣合疏请遣广南韶道、肇高廉罗道督诸县围基，报闻。苍梧芋荚山矿民群聚窃发，阿克敦令捕其渠，上谕嘉之。

调吏部，署广东巡抚。劾肇高廉罗道王士俊侵税羡，上以士俊尚可用，命训饬迁改。改署广西巡抚。文乾劾阿克敦闻盗不严缉，新会县得盗，授意改讞，以窃贼详结，侵粤海关耗银，令家人索遏罗米船规礼。毓珣亦劾侵太平关耗银。六年，命夺阿克敦官，下毓珣、文乾会鞫，文乾卒，上遣通政使留保、郎中鄂尔吉善会毓珣及署广东巡抚傅泰严鞫，以讳盗、侵耗轻罪，不议坐；令家人索遏罗米船，拟绞。士俊复揭告阿克敦庇布政使官达娄赃，加拟斩监候。七年，山东巡抚费金吾以疏浚江南徐州、沛县及济宁、嘉祥诸县水道，请派员督修。上命释阿克敦往江南河工效力自赎。

九年，上命抚远大将军马尔赛率师讨准噶尔，授阿克敦内阁额外学士，协办军务。十一年，命驻扎克拜达里克督饷。十二年，召还。命偕侍郎傅鼐、副都统罗密使准噶尔，宣谕噶尔丹策零，议罢兵息民。喀尔喀与准噶尔以阿尔泰山梁分界，噶尔丹策零欲以杭爱为界，收阿尔泰山为游牧地。阿克敦与议三日不决，噶尔丹策零遣使吹那木喀从阿克敦等诣京师，请以哲尔格西喇呼鲁乌苏为喀尔喀游牧地界。十三年，阿克敦等至京师。上以阿克敦等奏及地图密寄北路副将军策棱，令熟筹定议。策棱言准噶尔游牧不得令过阿尔泰山。议中辍。命阿克敦署镶蓝旗满洲副都统、工部侍郎。高宗即位，命守护泰陵。

乾隆三年，复命阿克敦使准噶尔，以侍卫旺扎尔、台吉额默根为副，赍敕谕噶尔丹策零议界。噶尔丹策零使哈柳从阿克敦等诣京师，请准噶尔游牧不越阿尔泰山，而乞移布延图、托尔和二卡伦入内地。上谓游牧不越阿尔泰山，已可定议，而移二卡伦不可许。命哈柳赍敕还。

授阿克敦工部侍郎。五年，调刑部，复调吏部。八年，授镶蓝旗满洲都统。十年，兼翰林院掌院学士。十一年，授刑部尚书。十三年，命协办大学士。寻解小授傅恒。四月，翰林院进孝贤皇后册文，清文译"皇妣"为"先太后"，上以为大误，召阿克敦询之。阿克敦未候旨已退，上怒，谓阿克敦以解协办大学士故怨望，夺官，下刑部，当大不敬律，拟斩监候。六月，命在内阁学士上行走，署工部侍郎。七月，擢署刑部尚书，授镶白旗汉军都统。十月，兼翰林院掌院学士。十二月，复命协办大学士。十四年，金川平，加太子少保。连岁上幸木兰、幸河南、幸盛京，皆命留京办事，迭署左都御史、步军统领。二十年，以目疾乞假，上遣医视疾。屡乞休，命致仕。二十一年，卒，赐祭葬，谥文勤。子阿桂，自有传。

阿克敦居刑部十余年，平恕易简，未尝有所瞻顾。一日，阿桂侍，阿克敦曰："朝廷用汝为刑官，治狱宜何如？"阿桂曰："行法必当其罪，罪一分与一分法，罪十分与十分法。"阿克敦怒，索杖，阿桂惶恐求教。阿克敦曰："如汝言，天下无完人矣！罪十分，治之五六，已不能堪，而可尽耶？且一分罪尚足问耶？"阿桂长刑部，屡举以告僚属云。

孙嘉淦，字锡公，山西兴县人。嘉淦故家贫，耕且读。康熙五十二年，成进士，改庶吉士，授检讨。世宗初即位，命诸臣皆得上封事。嘉淦上疏陈三事：请亲骨肉，停捐纳，罢西兵。上召诸大臣示之，且曰："翰林院乃容此狂生耶？"大学士朱轼侍，徐对曰："嘉淦诚狂，然臣服其胆。"上良久笑曰："朕亦且服其胆。"擢国子监司业。雍正四年，迁祭酒，命在南书房行走。六年正月，署顺天府府尹。丁父忧，服未阕，召还京，仍授府尹。进工部侍郎，仍兼府尹、祭酒。十年，调刑部侍郎，寻兼署吏部侍郎。

嘉淦为祭酒，荐其弟扬淦为国子监丞。教习宋镐、方从仁等期满引见，嘉淦言镐等皆可用；上诘之，又言从仁实不堪用。上乃大怒，斥嘉淦及覆欺罔，夺职，交刑部治罪，当挟诈欺公律拟斩。上语诸大臣曰："孙嘉淦太戆，然不爱钱。"命免罪，在户部银库效力行走。嘉淦出狱，径诣库。果亲王允礼时领户部，疑嘉淦故大臣，被黜，不屑会计事；又闻蜚语谓嘉淦沽名，收银皆不足。乃苛视。嘉淦方持衡称量，与吏卒杂坐均劳苦。询所收银，则别置一所，覆之，无丝毫赢绌。事上闻，上愈重嘉淦。十二年，命署河东盐政。

十三年八月，高宗即位，召嘉淦来京，以侍郎候补。九月，授吏部侍郎。十一月，迁都察院左都御史，仍兼吏部。嘉淦以上初政，春秋方盛，上疏言："臣本至愚，荷蒙皇上圣恩，畀以风纪重任。日夜悚惶，思竭一得之虑；而每月以来，捧读圣训，剀切周详，仁政固已举行，臣愚更无可言。所欲言者，皇上之心而已。皇上之心，仁孝诚敬，明恕精一，岂复尚有可议？而臣犹欲有言者，正于心无不纯、政无不善之中，窃鳃鳃私忧过计而欲预防之也。治乱之循环，如同阴阳之运行。阴极盛而阳生，阳极盛而阴姤。事当极盛之地，必有阴伏之机。其机藏于至微，人不能觉；及其既著，积重而不可返。此其间有三习焉，不可不慎戒也。主德清则臣心服而颂，仁政行则民身受而感，出一言而盈廷称圣，发一令而四海讴歌，在臣民本非献谀，然而人主之耳则熟于此矣。耳与誉化，非誉则逆，始而匡拂者拒，继而木讷者厌，久而颂扬之不工者亦绌矣。是谓耳习于所闻，则喜谀而恶直。上愈智则下愈愚，上愈能则下愈畏，趋跄谄胁，顾盼叩皆然，免冠叩首，应声而即是。此在臣工以为尽礼，然而人主之目则熟于此矣。目与媚化，非媚则触，故始而倨野者斥，继而严惮者疏，久而便辟之不巧者亦忤矣。是谓目习于所见，则喜柔而恶刚。敬求天下之事，见之多而以为无足奇也，则高己而卑人；慎辨天下之务，阅之久而以为无难也，则雄才而易事；质之人而不闻其所短，返之己而不见其所失。于是乎意之所欲，信以为不逾，令之所发，概期于必行矣。是谓心习于所是，则喜从而恶违。三习既成，乃生一弊。何谓一弊？

喜小人而厌君子是也。今夫进君子而退小人,岂独三代以上知之哉?虽叔季之君,孰不思用君子?且自智之君,各贤其臣,孰不以为吾所用者必君子而决非小人?乃卒之小人进而君子退者,无他,用才而不用德故也。德者君子之所独,才则君子小人共之,而且小人胜焉。语言奏对,君子讷而小人佞谀,则与耳习投矣。奔走周旋,君子拙而小人便辟,则与目习投矣。即课事考劳,君子孤行其意而耻于言功,小人巧于迎合而工于显勤,则与心习又投矣。小人挟其所长以善投,人主溺于所习而不觉,审听之而其言入耳,谛观之而其颜悦目,历试之而其才称乎心也,于是乎小人不约而自合,君子不逐而自离。夫至于小人合而君子离,其患可胜言哉?而揆厥所由,皆三习为之蔽焉。治乱之机,千古一辙,可考而知也。我皇上圣明临御,如日中天,岂惟并无此弊,抑且并无此习。然臣正及其未习也而言之,设其习既成,则或有知之而不敢言,抑或言之而不见听者矣。今欲预除三习,永杜一弊,不在乎外,惟在乎心,故臣愿告皇上之心也。语曰:'人非圣人,孰能无过?'此浅言也。夫圣人岂无过哉?惟圣人而后能知过,惟圣人而后能改过。孔子谓五十学易,可无大过。文王视民如伤,望道如未之见。是故贤人之过,贤人知之,庸人不知也。圣人之过,圣人知之,贤人不知也。欲望人绳愆纠谬而及于其所不知,难已。故望皇上圣心自懔之也。反己真知其不足,验之世实见其未能,故常歉然不敢自是。此不敢自是之意,流贯于用人行政之间,夫而后知谏争切磋,爱我良深,而谀悦为容者,愚己而陷之阱也;夫而后知严惮匡拂,益我良多,而顺从不违者,推己而坠之渊也。耳目之习除,取舍之极定,夫而后众正盈朝,太平可睹矣。不然,自是之根不拔,则虽敛心为慎,慎之久而觉其无过,则谓可以少宽;厉志为勤,勤之久而觉其有功,则谓可以少慰。此念一转,初亦似乎天下无害,而不知嗜欲燕安功利之说,渐入耳而不烦,而便辟善柔便佞者,亦熟视而不见其可憎。久而习焉,或不自知而为其所中,则黑白可以转色,而东西可以易位。所谓机伏于至微而势成于不可返者,此之谓也。《大学》言'见贤而不能举,见不贤而不能退',至于好恶拂人之性;而推所由失,皆因于骄泰,骄泰即自是之谓也。由此观之,治乱之机,转于君子小人之进退;进退之机,握于人主之一心;能知非则心不期敬而自敬,不见过则心不期肆而自肆。敬者君子之招而治之本也,肆者小人之媒而乱之阶也。然则沿流溯源,约言蔽义,惟望我皇上时时事事常守此不敢自是之心,而天德王道举不外乎此矣。"疏上,上嘉纳,宣示。迁刑部尚书,总理国子监事。河南郑州有疑狱,命使者往勘,仍不得实。上命嘉淦往讯,得其冤状十余人尽脱之。乾隆三年四月,迁吏部尚书,仍兼管刑部事。九月,直隶总督李卫劾总河朱藻贪劣误工,命偕尚书讷亲往鞫,得实,论如律。

十月,授直隶总督。时畿辅酒禁甚严,罹法者众。嘉淦疏言:"前督李卫任内,一年中获私酿三百六十四案,犯者千四百余名。臣抵任一月,获私酿七十八案,犯者三百五十余名。此特申报者耳,府、厅、州、县自结之案,尚复不知凡几。吏役兵丁已获而贿纵者,更不知凡几。此特犯者之正身耳,其乡保邻甲、沿途店肆、负贩之属牵连受累者,又复不知凡几。一省如是,他省可知。皇上好生恤刑,命盗案自犯重辟,尚再三酌议,求一线可原之路。今以日用饮食之故,官吏兵役以私酿为利薮,百姓弱者失业,强者犯令,盐枭未靖,酒枭复起,天下骚然,殊非政体。臣前言酒禁宜于歉岁,不宜于丰年,犹属书生谬论。躬莅其事,乃知夺民之贤财而狼藉之,毁民之肌肤而敲扑之,取民之生计而禁锢之。饥馑之余,民无固志,失业既重,何事不为?歉岁之不可禁,乃更甚于丰穰。《周礼·荒政》,舍禁去讥,有由然也。且也酒禁之行,无论适以扰民,而实终不能禁。借令禁之不扰,且能永禁,而于贫民生计,米谷盖藏,不惟无益,抑且有损。夫作酒以糜谷,此为黄酒言也,其曲必用小麦,其米则需糯粳,皆五谷之最精。若烧酒则用高粱,佐以豆皮、黍壳、谷糠,曲以大麦为之,本非朝夕所食,而豆皮、黍壳、谷糠之属,原属弃物,杂而成酒,可以得价,其糟可饲六畜。化无用为有用,非作无益害有益也。今欲禁烧酒而并禁黄酒,则无以供祭祀、宾客、养老之用。若不禁黄酒止禁烧酒,省大麦、高粱之粗且贱者,而倍费小麦、糯粳之精且贵者,臣所谓无益于盖藏也。百工所为,皆需易之以粟,太贵则病末,太贱则伤农,得其中而后农末俱利。故农有歉荒,亦有熟荒,十年以内,歉岁三而丰岁七,则粟宜有所泄,非但积之不用而已。今北地不种高粱,则无以为薪、席、屋墙之用,种之而用其秸秆,则其颗粒宜有所储。烧锅既禁,富民不买高粱,贫民获高粱,虽贱价而不售。高粱不售,而酒又为必需之物,则必卖米谷以买黄酒。向者一岁之内,八口之家,卖高粱之价,可得七八两,今止二三两矣;而买黄酒之价,则需费七八两。所入少而所出多,又加以秕糠等物堆积而不能易钱,自然之利皆失。日用所需,惟粜米麦。粜而售,则家无盖藏;粜而不售,则百用皆绌。臣所谓有损于生计者此也。小民趋利,如水就下。利所不在,虽赏不为。利之所在,虽禁弥甚。烧锅禁则酒必少,酒少则价必贵,价贵而私烧之利什倍于昔。什倍之利所在,民必性命争焉。孟子曰'君子不以所养人者害人',本为民生计,而滋扰乃至此,则立法不可不慎也。"疏上,诏弛禁。

民王宰谋得诸生马承宗产,贿太监刘金玉等投献贝勒允祐门下,嘉淦疏请交刑部具谳,上嘉其能执法。民焦韬被诬坐邪教,株连者数百人,嘉淦白其枉。民纪怀让食料豆汁染衣,会村有贼杀人,侦者以为血,诬服。决有日,正定知府陈浩廉得冤状,嘉淦亲鞫,雪怀让。

寻命兼管直隶河工,嘉淦议治永定河。初至官,即请于金门闸上下多建草坝,使河流渐复故道。四年正月,复疏请于金门闸下增设草坝一,引永定河归故道,自中亭、玉带达天津归海。得旨,偕总河顾琮悉心经理。嘉淦复疏言:"天津南北运河与淀河会于西沽以入于海河。南运河水浊,久必淤垫,况通省之水皆汇于此,秋潦时至,宣泄不及。大学士鄂尔泰曾奏准于静海独流疏引河,实下游治水之关键。但开河易,达海难,设中途梗阻,必更漫溢为患。且海口开深,又恐潮水倒灌。臣等现勘通省水道,凡众河交会及入淀、入海之路，有急宜修浚者，即于今夏兴修。"报闻。五月，晋太子少保。

五年九月，疏言："直隶经流之大者，永定、子牙、南运、北运四河，与东西两淀。治永定河，拟于叶淀之东疏引河，由西沽北入海；治子牙河，拟浚新河，引上游诸水入淀，开旧河东堤，使渐由西沽南入海；治北运河，两岸去沙裁直，浚减河，培堤岸；治南运河，两岸筑遥堤，浚河使行正溜，安陵镇建闸，浚减河三十余里，入老河口达于海；治西淀，拟开白沟河故道以入中亭，九桥南别疏一河，并浚南门河别派分流，下游已畅达，复将金门闸西引河改由东道，于苑家口叠道建木桥五，使沥水通行；治东淀，拟浚上游三岔河令宽深，杨家河、卞家河洼诸处疏引河，并行而东会于西沽，庶使四河顺轨，两淀畅泄。"又引永定河改归故道，各工俱全，上嘉之。时江南总督高斌入都，上命会同嘉淦议河务，十月，合疏言："永定河当于固安南、霸州北顺流东下，接东淀达西沽入海，则上游涨水自消。霸州北当筑堤护城，保定县西新庄至城东路疃村堤根逼溜，应加宽厚，其路疃村东至艾头村接营田围埝约五十余里，拟筑月堤作重障。"嘉淦方锐意引永定河归故道，河溢，傍河诸州县被水。六年正月，谕曰："朕闻永定河经理未善，固安、良乡、涿州、雄县、霸州诸州县田亩往往被淹，孙嘉淦不能辞其责也。"于是命大学士鄂尔泰莅勘，请暂塞金门闸上游放水口，嘉淦奏："旋开旋筑，实与放水本意相左，将来泥沙壅入玉带，恐为患更大。"谕曰："此奏固是，然鄂尔泰慎重，欲筹万全，卿不必固执己见。卿此事自任甚力，而料理未善，朕不能为卿讳。然朕终以卿为是者，不似顾琮为游移巧诈之计耳。"其后上巡天津，阅中亭河工，赋诗纪事，犹病嘉淦之失计也。

是年八月，调湖广总督。七年五月，疏言："内地武弁不得干预民事。苗疆独不然，文员不敢轻入峒寨，但令差役催科，持票滋扰而已。争讼劫杀之案，皆委之于武弁，威权所及，摊派随之。于是因公科敛，文武各行其令；因事需索，兵役竞逞其能；甚至没其家赀，辱及妇女。苗民不胜其忿，与之并命，而嫌衅遂成。为大吏者，或剿或抚，竟见各殊。行文查勘，动经数月。苗得闻风预备，四处句连，饮血酒，传木刻，乱起甚易，戡定实难。幸就削平，而后之人仍蹈前辙，搜捕株连，滋扰益甚。苗、瑶无所告诉，乘隙复动，惟力是视。历来治苗之官，既无爱养之道，又乏约束之方。无事恣其侵渔，有事止于剿杀。剿杀之后，仍事侵渔。侵渔既久，势必至剿杀。长此循环，伊于胡底。语曰：'善为政者，因其势而利导之。'苗人散居，各有头人。凡作奸窝匪之处，兵役侦之而不得者，头人能知之；斗争劫杀之事，官法绳之而不解者，头人能调之。故治苗在治头人，令各寨用头人为寨长。一峒之中，取头人所信服者为峒长，使约约束寨长而听于县令。众苗有事，寨长处之不能，以告峒长；又不能，以告县令。如是，则于苗疆有提纲挈领之方，于有司自收令行禁止之效。且峒长数见牧令，有争讼可告官区处，而无仇杀之举。牧令数见峒长，有条教可面饬遵行，而无吏役荧蔽之患。扰累既杜，则心志易乎？所谓立法简易，因其俗而利导者也。"

八年正月，命署福建巡抚，未赴，湖南粮道谢济世劾善化知县樊德贻、衡阳知县李澎浮收漕米，巡抚许容庇德贻等，疏劾济世，下嘉淦察谳。长沙知府张琳按衡阳丁役，得浮收状，申署粮道仓德，布政使张璨致书仓德，请易府牒。仓德持不可，以其实揭报嘉淦及漕运总督顾琮。嘉淦欲寝其事，而顾琮以上闻。御史胡定复讼劾仓德，又揭都察院，上遣侍郎阿里衮往按，直济世。上责嘉淦徇庇，夺官，责修顺义城工。

九年，授宗人府府丞。十年，迁左副都御史。十二年，以老乞休，许之。十四年，召来京，直上书房。十五年正月，授兵部侍郎。八月，擢工部尚书，署翰林院掌院学士。十七年，进吏部尚书、协办大学士。十八年十二月，卒，年七十有一，谥文定。

嘉淦居官为八约，曰："事君笃而不显，与人共而不骄，势避其所争，功藏于无名，事止于能去，言删其无用，以守独避人，以清费廉取。"用以自戒。既以直谏有声，乾隆初，疏匡主德，尤为时所慕。四年，京师市井传嘉淦疏稿论劾大学士鄂尔泰、张廷玉等，高宗谕步军统领、巡城御史严禁。十六年，或又传嘉淦疏稿斥言上失德有五不解、十大过，云贵总督硕色以闻。命求所从来，遣使者督谳。转相连染，历六省，更三岁，乃坐江西卫千总卢鲁生伪为，罪至死。高宗知无与嘉淦事，眷不替，嘉淦益自抑。尝著书述《春秋》义，自以为不足，毁之。

子孝愉，以荫生授刑部主事，官至直隶按察使。

梁诗正，字养仲，浙江钱塘人。雍正八年进士及第，授编修。累迁侍讲学士。十三年，以母忧归。高宗即位，召南书房行走。乾隆三年，补侍读学士。累迁户部侍郎。诗正疏言："八旗除各省驻防与近京五百里俱听屯种，余并随旗驻京。皇上为旗人资生计者，委曲备至，而旗人仍不免穷之。盖生齿日繁，若不使自为养，而常欲官养之，势有不能。臣谓非屯田不可。今内地无闲田，兴、盛二京膏腴未尽辟。世宗时，欲将黑龙江、宁古塔等处分驻旗人耕种，已有成议，未及举行。今不早为之所，数百年后，旗户十倍于今。以有数之钱粮，赡无穷之生齿，使取给于额饷之内，则兵弁之关支，不足供闲散之坐食；使取给于额饷之外，则民赋不能加，国用不能缺。户口日繁，待食者众，无余财给之，京师亦无余地处之。惟有酌派户口，散列边屯，使世享耕牧之利，以时讲武，亦以实边。诸行省绿营马步兵饷，较康熙年间渐增至五六百万。在各标营、镇协每处浮数十百名，不觉其多；在朝廷合计兵饷，则冗额岁不下数十百万。各省钱粮，大半留充兵饷，其不敷者，邻省协拨，而解部之项日少。向来各营多空粮，自雍正元年清查，此弊尽除。是近年兵额但依旧制，已比前有虚实之别。况直省要害之地，多满洲驻防，与各标营、镇协声势联络，其增设兵额可以裁汰者，宜令酌定数目，遇开除空缺，即停止募补。庶将来营制渐有节省，而现在兵丁无苦裁汰。"

十年，擢户部尚书，诗正疏言："每岁天下租赋，以供官兵俸饷各项经费，惟余二百余万，实不足备水旱兵戈之用。今虽府库充盈，皇上宜以节俭为要，勿兴土木之工、黩武之师，庶以持盈保泰。"十三年，调兵部尚书。十四年，加太子少师，兼刑部尚书、翰林院掌院学士、协办大学士。

十五年，调吏部尚书。御史欧堪善疏劾诗正徇庇行私，上召诸大臣及堪善廷诘。所劾皆无据，惟翰林院轮班引见，偶有越次。上谕曰："梁诗正职在内廷，不过文学供奉，朕何如主，而谓诸臣能恣行其胸臆乎？至小小瞻徇私情，则不独诗正，诸大臣恐俱未能尽绝。如张廷玉掌院三十年，引见越次，不知凡几，何以未闻论劾？诗正有此一二可议，即被论劾，得以知所儆省，未始非福。堪善之言，当以为感，不当以为怨也。"会御史储麟趾劾四川学政朱荃匿丧，上询诗正，诗正对失指，下吏议，当夺职，命留任。

十六年，从上南巡，诗正父文濂年八十，予封典。十七年，疏乞终养。二十三年，丁父忧，召署工部尚书。二十四年，调署兵部尚书。二十五年，服阕，真除，仍命协办大学士，兼翰林院掌院学士。二十八年，授东阁大学士，加太子太傅。寻卒，谥文庄。

子同书，举人，赐进士，官至翰林院侍读；敦书，官至兵部右侍郎。

论曰：福敏以谨厚为高宗师。世倌、贻直立朝有风节，虽坐谴，皆近私，大德不逾，卒不以相掩。阿克敦惇大而清介。嘉淦谔谔，陈善闭邪，一朝推名疏。诗正论八旗当行边屯，绿营当停募补，掌国计虽岁有余，惓惓惟惧不足，其虑远矣。

卷三百四　　　列传九十一

张照　甘汝来　陈德华　王安国　刘吴龙
杨汝榖　张泰开　秦蕙田　彭启丰　梦麟

张照，字得天，江南娄人。康熙四十八年进士，改庶吉士，授检讨，南书房行走。雍正初，累迁侍讲学士。圣祖训士民二十四条，世宗为之注，题曰《圣谕广训》，照疏请下学官，令学童诵之。复三迁刑部侍郎。十一年，授左都御史，迁刑部尚书，疏请更定律例数事。

大学士鄂尔泰初为云贵总督，定乱苗，稍收其地，置流官。既而苗复叛，扬威将军哈元生、副将军董芳讨之，不以时定。上责鄂尔泰措置不当，照素忤鄂尔泰，因请行。十三年五月，上命照为抚定苗疆大臣。照至贵州，议划施秉以上为上游，用云南、贵州兵，专属元生；以下为下游，用湖广、广东兵，专属芳；令诸军互易地就所划。元生、芳遂议村落道路皆别上下界，文移辨难。照致书元生等，令劾鄂尔泰。会高宗即位，召照还，以湖广总督张广泗往代。上怒照挟私误军兴，广泗复劾照谬妄，元生等并发照致书令劾鄂尔泰事，遂夺职逮下狱。乾隆元年，廷议当斩，上特命免死释出狱，令在武英殿修书处行走。

二年，起内阁学士，南书房行走。五年，复授刑部侍郎。照言："律例新有更定，校刻颁行诸行省，期以一年。旧轻新重者，待新书至日遵行，不必驳改；旧重新轻者，刑部即引新书更正。庶一年内薄海内外早被恩光。"特旨允行。上以朝会乐章句读不协节奏，虑坛庙乐章亦复如是，命庄亲王允禄及照遵圣祖所定《律吕正义》，考察原委。寻合疏言："《律吕正义》编摩未备，请续纂《后编》。坛庙朝会乐章，考定宫商字谱，备载于篇，使律吕克谐，寻考易晓。民间俗乐，亦宜一体厘正。"下部议行。七年，疏请矜恤军流罪人妻孥，罪人发各边镇给旗丁为奴，其在籍子孙到配所省视，旗丁不得并没为奴。

寻擢刑部尚书，兼领乐部。民间贷钱征息，子母互相权，谓之"印子钱"。雍正间，八旗佐领等有以印子钱胺所部旗丁者，世宗谕禁革。都统李禧因请贷钱者得自陈，免其偿，并治贷者罪。至是，照言印子钱宜禁，如止重利放债，依违禁取利本律治罪，禧所议宜罢不用，从之。九年十二月，父汇卒于家，照方有疾，十年正月，奔丧，上勉令节哀，毋致毁瘠。至徐州，卒，加太子太保、吏部尚书，谥文敏。

照敏于学，富文藻，尤工书。其以苗疆得罪，高宗知照为鄂尔泰所恶，不欲深罪照，滋门户恩怨。重惜照才，复显用。及照卒，见照狱中所题白云亭诗意怨望，又指照集愤嫉语，谕诸大臣以照已死不追罪。后数年，《一统志》奏进，录国朝松江府人物不及照，上复命补入，谓："照虽不醇，而资学明敏，书法精工，为海内所共推，瑕瑜不掩，其文采风流不当泯没也。"

甘汝来，字耕道，江西奉新人。康熙五十二年进士，以教习授知县，补直隶涞水知县。涞水旗丁与民杂居，汝来至，请罢杂派，以火耗补之。禁庄田无故增租易佃。旗丁例不得行答，汝来请以柳梃约束。三等侍卫毕里克调鹰至涞水，居民家，仆撞民氓，诉于汝来。毕里克率其仆哄于县庭，汝来逮毕里克，械其仆于狱。事闻，下刑部议，夺汝来职，毕里克罚俸，圣祖命夺毕里克职，汝来无罪。汝来自是负循吏名。移知新安县，凿白杨淀埂，溉田数千顷。又移知雄县，惩奸吏，复请罢杂派。雍正初，授吏部主事，擢广西太平府知府，三迁至广西巡抚。五年，迁都察院左副都御史。

汝来为按察使时，李绂为巡抚，奉议州土司罗文刚纠众阻塘汛，吏请兵捕治，绂与汝来持不许。事闻，世宗命绂、汝来如广西捕文刚。广西巡抚韩良辅如云南，与总督鄂尔泰计事，上令汝来署巡抚。泗城府土司岑映宸所部民相仇，汝来与鄂尔泰、良辅、绂设谋縶映宸，隶其土流官。汝来请于镇安土府置学官，上以非苗疆急务，责其沽名。又以汝来谢恩疏言曲赐宽容，上诘之曰："人君持国法，当行直道，曲则不直，汝来语何意？"召还京。六年，良辅获文刚，汝来坐疏纵夺职，在咸安宫官学行走。山东巡抚费金吾议浚济宁、嘉祥、沛县等处水道，命汝来效力。九年，起直隶霸昌道。丁母忧，令在任守制。

再迁礼部侍郎。高宗即位，议行三年丧，咨于诸大臣，汝来曰："三年之丧，无贵贱，一也。皇上法尧、舜之道，宜行周、孔之礼，立万年彝伦之极。"或言二十七月中朝祭大典若有所妨，汝来曰："墨缞视事，越绋以祭，礼固言之，夫何疑？"乃考载籍，上仪制，援古证今，具有条理。

迁兵部尚书，疏言："广东海滨微露滩形，民间谓之'水坦'。渐生青草，谓之'草坦'。徐成耕壤，谓之'沙坦'。坦初见，沿海民报围筑者，当先令立标定四至，毋于围筑后争控。民有田十顷以上，毋许围筑，以杜豪占。即贫民围筑，限五顷。其出工本牛种助他人围筑量取租息者，听。陆地开垦例六年升科，海田浮脆，当宽至十年。潮大至坦没，蠲一岁粮。围毁则免升科原额。"疏入，敕广东督抚议行。复疏言："海滨居民单桅船采捕鱼虾，例不输税。近闻各海关监督与双桅船同令领牌纳钞，又闽、广间贫民有置簄取鱼者，有就埠育鸭者，吏或按簄按埠私征税，请通行严禁。"从之。乾隆三年，调吏部尚书，仍兼领兵部，加太子少保。

四年七月，汝来方诣廨治事，疾作，遂卒。大学士讷亲领吏部，与共治事，亲送其丧还第。至门，讷亲先入，妪缝衣于庭，讷亲谓曰："传语夫人，尚书暴薨于廨矣！"妪愕曰："汝谁也？"讷亲具以告，妪汪然而泣，始知即汝来妻也。讷亲因问有余赀否，妪曰："有。"持囊出所余俸金，讷亲为感泣。奏上，上奖其寒素，赐银千两，命吏经纪其丧，谥庄恪。

嘉庆间，汝来曾孙绍烈应顺天乡试，以怀挟得罪，仁宗犹念汝来居官持正，宥绍烈，命仍得原名应试。

陈德华，字云倬，直隶安州人。雍正二年一甲一名进士，授修撰，再迁侍读学士。提督广东肇高学政，旋调广韶学政。遭母丧归，未终制，召充一统志馆副总裁官。乾隆元年，迁詹事，上书房行走，再迁刑部侍郎。四年，迁户部尚书。七年，调兵部尚书。八年，以弟德正为陕西按察使，谳狱用酷刑，为巡抚塞楞额所劾。德正具密摺拟揭部科，为书告德华，德华沮之，未奏闻。上以德华既知德正事非是，当奏闻，乃为隐匿，非大臣体，且曰："父为子隐，子为父隐，直在其中。朕非不知以此风天下。然君臣之伦，实在弟兄之上。"下部议夺职，命左迁兵部侍郎。十二年，以议处江西总兵高琦武备废弛，违例邀誉，夺职。十四年，起为左副都御史，上书房行走。以督诸皇子课急，屡诘责夺俸。二十二年，迁工部侍郎。二十三年，迁礼部尚书。二十九年，致仕。三十六年，皇太后万寿，诏绘《九老图》，以德华入致仕九老中。四十四年，卒，年八十三。

德华性笃俭，缊袍蔬食，萧然如寒素。立身循礼法，而不自居道学。尝谓："士大夫之患，莫大于近名。求以立德名，则必有迂怪不情之举而实行荒；求以立言名，则必有异同胜负之论而正理晦；求以立功名，则必务见所长，纷更旧制。立一法反生一弊，而实行无所裨。"方为尚书时，京师富民俞民弼死，诸大臣皆往吊。上闻，察未往者，德华与焉。

王安国，字春圃，江南高邮人。雍正二年一甲二名进士，授编修，再迁侍讲。提督广东肇高学政，复再迁左佥都御史。乾隆二年，疏请禁官吏居丧诣省会谒大吏，下部议行。复三迁左都御史。五年，两江总督马尔泰论广东巡抚王谟徇纵，命安国往按，即命以左都御史领广东巡抚。安国曰："吾奉命勘事而即得其位，古所讥蹊田夺牛者非欤？"疏力辞，上不许。广东俗奢靡，安国事事整肃，仓有余粟。故事，自总督以下皆有分，安国独以非制，止之。九年正月，就迁兵部尚书，寻遭父丧。广州将军策楞疏言安国孤介廉洁，归葬无赀，与护理巡抚托庸等具赗归之，报闻。

十年，召为兵部尚书，调礼部。安国疏乞终丧，居庐营葬。服阕，乃入朝。十四年六月，安国入对，言诸行省方科试，诸学臣尚有未除积弊。上令具疏陈，安国疏言："上科乡试后，颇闻诸学臣因录科例严，转开侥幸。或于省会书院博暂抚之欢，或于所属义学徇州县之请，或市恩于朝臣故旧，或纵容子弟家人乘机作弊，致取录不甚公明。"上召安国询所论诸学臣姓名，安国举尹会一、陈其凝、孙人龙、邓钊等。上以会一、钊已物故，其凝、人龙皆坐事黜，因责安国瞻徇，手诏诘难。二十年，迁吏部尚书。二十一年，疏乞假为父改葬。上以来年当南巡，谕俟期扈行。冬，病作，予假治疾。二十二年春，卒，赐白金五百治丧，谥文肃。

安国初登第，谒大学士朱轼，轼戒之曰："学人通籍后，惟留得本来面目为难。"安国诵其语终身。至显仕，衣食器用不改于旧。深研经籍，子念孙，孙引之，承其绪，成一家之学，语在《儒林传》。

刘吴龙，字绍闻，江西南昌人。雍正元年进士，授庶吉士。二年，以朱轼荐，改吏部主事。六迁至光禄寺少卿。尝视谳牍，有以欲劫行舟定罪者，吴龙曰："欲劫二字，岂可置人于死？"论释之。十一年，出为安徽按察使。十三年，内迁光禄寺卿，命管理北路军需。乾隆元年，召还，疏言："北路军需，有输送科布多截留察汉廋尔诸处，应就车驼户追缴脚价。尚有遗负，请量于豁除。"上从其议。三迁左都御史，疏言："步军统领衙门番役，私用白役，生事害民，宜令具册考核，有所追捕，官畀差票，诣有司呈验。步军统领鞫囚，旗人会本旗都统，民人会顺天府尹、巡城御史，互相觉察。"疏入，议行。又疏言诸行省州县董理讼狱，其有舛误，小民无所申诉，宜令督抚遣监司按行稽考，以申民隐。旋劾罢浙江巡抚卢焯，论如律。迁刑部尚书。七年，卒，赐白金五百治丧，谥清悫。

吴龙简重，不苟言笑。为政慎密持重，得大体。督学直隶、江苏，士循其教。乾隆初，杨汝榖、张泰开与吴龙先后为左都御史，皆以笃谨被上眷。

杨汝榖，字令贻，江南怀宁人。康熙三十九年进士，授浙江浦江县知县。行取，授礼部主事。三迁监察御史。河南南阳镇标兵以知府沈渊禁博，劫渊，围诸教场三日。汝榖论劾，上遣尚书张廷枢等往按，遣总兵高成诛标兵之首事者。别疏言："选人待缺，辄言出为人后，或值远缺，报治丧，冀更选。请饬选人具三代，已选，复称出为人后，报治丧，以不孝论。"下部议行。六迁兵部侍郎，兼署左副都御史。疏言直隶被水灾，请运关东米十万石至天津，留南漕十万石存河间、保定适中地，分贮备赈。下部议行。高宗即位，调户部侍郎，疏言："河南荥泽地滨黄河，康熙三十六年河势南侵，县地多倾陷。民困虚粮，流亡远徙。"上命河南巡抚察议，删赋额。寻迁左都御史。乾隆三年，以老乞休，命本省布政使给俸。五年，卒，年七十六，谥勤恪。

张泰开，字履安，江南金匮人。乾隆七年进士，改庶吉士，命上书房行走。旋自编修五迁礼部侍郎。十九年，国子监学录缺员，泰开举同部侍郎邹一桂子志伊。上责其瞻徇，部议夺职，予编修，仍在上书房行走。二十年，内阁学士胡中藻为诗谤朝政，坐诛，泰开为诗序，授刻，部议夺官治罪，上特宥之，仍在上书房行走。寻复授编修。二十二年，擢通政使。三迁左都御史。三十一年，授礼部尚书。三十二年，复授左都御史。三十三年，以老乞休，上奖其勤慎，加太子少傅，赋诗饯其行。三十九年，卒，年八十六，谥文恪。

秦蕙田，字树峰，江南金匮人。祖松龄，顺治十二年进士，官左春坊左谕德。本生父道然，康熙四十八年进士，官礼部给事中，与贝子允禟善，为其府总管。允禟得罪，逮下狱，蕙田往来省视。世宗贷道然死，而狱未解。乾隆元年一甲三名进士，授编修，南书房行走。乃上疏言："臣本生父道然身罹重罪，蒙恩曲宥；以追银未完，系狱九年，年已八十，衰朽不堪。本年五六月间，浸染暑湿，疟疠时作，奄奄一息，几至瘐毙。情关骨肉，痛楚难忍。臣虽备官禁近，还顾臣父，老病拘幽，既无完解之期，更无生存之望，方寸昏迷，不能自主。诚不忍怀心窃禄，内惭名教。伏惟皇上矜慎庶狱，一线可原，概予宽释。当此圣明孝治天下，惟有乞恩，丐臣父八十垂死之年，得以终老牖下。臣愿夺职效奔走以赎父罪。"高宗命宥道然，并免所追银。

蕙田累迁礼部侍郎，丁本生父忧，服将阕，命仍起礼部侍郎。二十二年，迁工部尚书，署刑部尚书。二十三年，调刑部尚书，仍兼领工部，加太子太保。疏请诸行省流丐递籍编甲收管，上谕曰："蕙田所奏甚是，为清狱讼、弭盗贼之良法。但此辈辗转流徙，城市村落，所在皆有。必一一收捕传送，令原籍保甲监察，事理繁琐，不若就所在地察禁。当令有司遇流丐悍不法，即时捕治。"二十九年，以病乞休，上不允。再请，上命南还谒医，不必解任。九月，卒于途，谥文恭。明年，上南巡，幸无锡，赋诗犹及蕙田。

蕙田通经能文章，尤精于《三礼》，撰《五礼通考》，首采经史，次及诸家传说儒先所未能决者，疏通证明，使后儒有所折衷。以乐律附吉礼，以天文历法、方舆疆里附嘉礼。博大闳远，条贯赅备。又好治《易》及音韵、律吕、算数之学，皆有著述。

子泰钧，乾隆十九年进士，翰林院编修。

彭启丰，字翰文，江南长洲人。祖定求，康熙十五年，会试、殿试皆第一，官至翰林院侍讲。启丰，雍正五年会试第一，殿试置一甲第三，世宗亲拔第一。授翰林院修撰，南书房行走。三迁右庶子。乾隆六年，充江西乡试副考官，再迁左佥都御史。疏言："臣驿路经宿州，宿州方被水，蒙恩赈恤。知州许朝栋任甲长胥吏索费，饥民户籍登记不以实。凤阳知府梅毓健不亲诣察核。"下两江总督那苏图严察。七年，迁通政使，督浙江学政。三迁刑部侍郎，疏言："浙省吏民占官湖为田，余杭南湖发源天目，下注苕溪，溉杭、嘉、湖三郡。自巡抚朱轼浚治，今已沙淤。其他会稽、余姚、慈溪等湖，皆仅存其名，请敕次第开浚。江南漕米，每石收钱五十四，半给运丁，半归州县为公使钱。杭、嘉、湖运丁有漕截，而州县无漕费，石米私加一二升至五六升，请敕如江南例，石米收钱二十四，为州县修仓铺垫费，而禁其浮收。浙江额设均平夫银供差徭，差简可以敷用，差繁每苦赔垫，本省官吏往来，任意多索，请敕部按官吏尊卑、差役繁简，定人夫名额，俾为成例。浙省黄岩、太平地多斥卤，民家稍有余盐，兵弁藉以婪索。婪索不遂，指为私盐，甚或以数家数人之盐合并诬报，请敕文武大臣申禁。"下部议行。寻以忧去。

十五年，授吏部侍郎。十八年，调兵部侍郎。二十年，疏乞养母，允之。二十六年，复授吏部侍郎。二十七年，以京察注考，吏部郎中阿敏尔图诸尚书、侍郎皆列一等，启丰独列二等，上责其示异于名。旋迁左都御史。二十八年，迁兵部尚书。三十一年，上以史奕昂为侍郎，入对，谕加意部事。奕昂遂自恣，面斥启丰，不称尚书，侍郎期成额以是讦奕昂。上诘启丰，启丰力言无之。询侍郎钟音，钟音对如期成额。启丰语乃塞。上为罢奕昂，因谓："启丰学问尚优，治事非所长。今乃罢悁模棱，奏对不以实，失大臣体。"即降侍郎。三十三年，命原品休致。四十一年，上东巡，迎驾，予尚书衔。四十九年，卒，年八十四。

子绍升，语在《文苑传》。孙希濂，乾隆四十九年进士，官至刑部右侍郎，左迁福建按察使。曾孙蕴章，自有传。

梦麟，字文子，西鲁特氏，蒙古正白旗人，尚书宪德子。乾隆十年进士，改庶吉士，授检讨。十五年，迁侍讲学士，再迁祭酒，提督河南学政。十六年，授内阁学士。十七年，湖北罗田民据天堂寨谋乱，梦麟以河南商城邻罗田，驰往捕治，上嘉之。疏言："商城界江、楚，峻岭深岩，易藏奸宄，请增兵巡察。"下河南巡抚议，移驻守备，增兵百。十八年，署户部侍郎，充江南乡试考官，即命提督江苏学政。二十年，授工部侍郎，代还，调署兵部，兼镶白旗蒙古副都统。二十一年，命在军机处学习行走。大臣在军机处，资望少浅者曰"学习行走"，自梦麟始。

是岁，河决孙家集。二十二年，河道总督白钟山奏请开荆山桥河，命梦麟驰勘，趣即兴工，工竟，议叙。上南巡阅河，以六塘河以下积潦，桃源、宿迁、清河诸县卑成浸，令梦麟勘治。寻奏："六塘河上承骆马湖，至清河分两派,由武障、义泽等河汇潮河入海,长三百余里,中间淤浅数十处,已令速疏浚南北两堰。并去年水坏宿迁堰工,及诸缺口,俱加修筑。诸县积水,开沟十五,设涵洞五,建闸四,俾得宣泄。"工既竟,又奏:"荆山桥河道经铜、沛、邳、睢四州县,分设四汛;黄水自丁家楼汇入苏家闸,荆山桥正当其冲,应令堵筑。微山湖至荆山桥河下游王母山,纡长湾曲,每岁霜降后应令疏浚。居民就湾筑堰坝捕鱼,渡口叠石为步,皆阻河道,应令严禁。"上命如所议行。

山东巡抚鹤年奏金乡、鱼台、济宁诸州县水患,命侍郎裘曰修偕梦麟驰往相度,合疏言:"诸县久为微山湖水所浸,当筹分泄之路。韩庄闸南伊家河至江南梁旺城入运,今已久淤,当开浚引积水东注。"从之。两江总督尹继善以沂水入运为害,奏建湖口闸,命梦麟与在工诸臣分任其责。合疏言:"沂水自卢口傍泄,淹民田,阻运河。当筑坝堵截,使不得入运,毋碍微山诸湖入河归海之路。六塘河在骆马湖下游,为沂水疏泄要道,宿迁、桃源诸水自沭入涟归海,并宜疏治宣通。兼浚六塘河出口,使无浅阻。此治沂水之概要也。夏邑、永城诸水,自睢河下注洪泽湖,出清口会黄入海。近岁河道多淤,董家沟诸地尤宜急治,兼浚洪泽湖出口。清口束水二坝,遵旨撤除。各闸口门亦宜加宽。此治睢河之概要也。"疏入,上许为颇得要领。调户部。冬,工竟,还京师。二十三年,复调工部,署翰林院掌院学士。卒,赐祭葬。

论曰:照绌于盘错,而优于词翰,高宗知之审矣。汝来以清节著,德华等以文学庸,而安国博辨群书,好学深思,自为家法。蕙田治礼,综历代政事学术,贯串会通,体大思精,尤彬彬名世之大业也。梦麟早岁负清望,参大政,方驾遽殁,惜哉!

卷三百五　　　　列传九十二

钱陈群子汝诚　孙臻　**沈德潜**　**金德瑛**钱载
齐召南陈兆仑　兆仑孙桂生　**董邦达**钱维城
邹一桂　**谢墉**金甡　庄存与　刘星炜　**王昶**

钱陈群,字主敬,浙江嘉兴人。父纶光,早卒。母陈、翼诸孤以长,语在《列女传》。康熙四十四年,圣祖南巡,陈群迎驾吴江,献诗。上命俟回跸召试,以母陈病不赴。六十年,成进士,引见,上谕及前事。改庶吉士,授编修。雍正七年,世宗命从史贻直、杭奕禄赴陕西宣谕化导,陈群周历诸府县,集诸生就公廨讲经,反覆深切,有闻而流涕者。使还,上谕奖为"安分读书人"。五迁右通政,督顺天学政。乾隆元年,以母丧去官。服除,高宗命仍督顺天学政,除原官。陈群以母陈《夜纺授经图》奏上,上为题词。疏请增顺天乡试中额,上以官制有定,取者多,用者益远,国家不能收科目取人之效,寝其议。

三迁内阁学士。陈群屡有建白:尝疏请严治匿名揭帖,无论事巨细,非据实首告而编造歌谣诗词,匿名粘贴闾巷街衢,当下刑部依律治罪。疏请广劝种植树木,官地令官种,州郡吏种至千本以上,予记录;受代时具册,备地方公用。民地令民种,至五六百本者,予扁额奖赏,成材后听取用。疏请偏灾蠲免分数,分别贫富,富者按例定分数蠲免,贫者被灾几分即蠲免几分,使之相等。及敕询州县耗羡,疏言:"康熙间,州县官额征钱粮,收耗羡一二钱不等。陆陇其知嘉定县止收四分,清如陇其,亦未闻全去耗羡也。议者以康熙间无耗羡,非无耗羡也,特无耗羡之名耳。世宗出自独断,通计外吏大小员数,酌定养廉,而以所入耗羡按季支领。吏治肃清,民亦安业。特以有征报支收之令,不知者或以为加赋。皇上询及盈廷,臣请稍为变通,凡耗羡所入,仍归藩库,各官养廉及各州县公项,如旧支给。其续增公用,名色不能画一,多寡亦有不同,应令直省督抚明察,某件应动正项,某件应入公用,分别报销。各省州县自酌定养廉,荣悴不一,其有支绌者,应令督抚确察量增,俾稍宽裕。仍饬勿得耗外加耗,以致累民。则既无加赋之名,并无全用耗羡办公之事,州县各有赢余,益知鼓励。至于施从其厚,敛从其薄,古之制也。及此仓庾充裕、民安物阜之时,大臣悉心调剂,使养廉之入,不为素餐,元气培扶,帑藏盈溢,然后以三十年之通制国用。宋太祖能罢羡余,臣固知皇上之圣,不必廷臣更白如张全操其人者,而德音自下也。"

七年,擢刑部侍郎。上令廷臣议州县常平仓应行诸事,诸臣皆议歉岁减价。陈群疏言:"成熟之年,出陈易新,仓米必不及市米,而民以米值纳仓,银色当高于市易。拟令石减一钱二分,还仓时加谷四五升,以为出入耗费。"

十七年,患反谷疾,连疏乞解职,许之。命其子编修汝诚侍行,且赐诗以宽其意。陈群进途中所诗,上为答和。时有伪为孙嘉淦疏稿语谤上,上令穷治,陈群自家密疏请省株连,上严饬之,而事渐解。二十二年,上南巡,令在籍食俸。二十五年,上为《桥梓图》寄赐陈群。二十六年,偕江南在籍侍郎沈德潜诣京师祝皇太后七十寿,命与香山九老会,加尚书衔。上谕:"明岁南巡,诸臣今年已赴阙,毋更远迎。"二十七年,南巡,陈群偕德潜迎驾常州,上赐诗称为"大老"。三十年,南巡,复迎驾。是岁陈群年八十,加太子太傅。赐其子汝器举人,汝诚扈跸,命从还省视。

三十一年,陈群复进其母画册,册有纶光题句。上题诗以赵孟頫、管道升为比。三十五年,上六十万寿,命德潜至嘉兴询陈群母诣京师,陈群献竹根如意,上批札云:"未颁僧绍之赐,恰致公远之贡,文而有节,把玩良怡!今赐卿木兰所获鹿,服食延年,以俟清晤。"三十六年,上东巡,陈群迎驾平原,进《登岱祝釐颂》。是冬,复诣京师祝皇太后八十万寿,命紫禁城骑马,赐人参,再与香山九老会。陈群进和诗有句云"鹿驯岩畔当童扶",上赏其超逸,复为图赐之。南归,以诗钱。

陈群里居,每岁上录寄诗百余篇,陈群必赓和,亲书册以进,体兼行草,屡蒙奖许。三十九年,卒,年八十九。

上谕谓："儒臣老辈中能以诗文结恩遇、备商榷者，沈德潜卒后惟陈群。"加太傅，祀贤良祠，谥文端。四十四年，上制《怀旧诗》，列五词臣中。

子汝诚，字立之。乾隆十三年进士，改庶吉士，授编修，命南书房行走。四迁至侍郎，历兵、刑、户诸部。再典试江南，上命寄谕尹继善，招陈群游摄山，父子可相见。汝诚试毕，迎陈群入试院，居数日乃还。三十年，乞养归。四十一年，父丧终，授刑部侍郎，仍在南书房行走。四十四年，卒。

汝诚子臻，字润斋。自兵马司副指挥授河南邓州知州，累迁江西粮道。左授山西平阳知府，复累迁直隶布政使。嘉庆二十一年，授江西巡抚。江西南昌诸府食淮盐，而与福建、浙江、广东三省毗连，私贩侵引额。臻议疏纲额、缉私贩。寻移山东巡抚。兖、曹、沂诸府民素悍，染邪教，盗甚炽。臻请就诸府增设参将以下官，上皆采其议。入觐，以衰老左授湖南布政使，休致。道光十九年，卒。

陈群诗纯悫朴厚，如其为人。赓唱既久，亦颇熟御制诗体。贰刑部十年，慎于庶狱，虚衷详鞫。高宗尝以为定国期之。汝诚继贰刑部，奉陈群之教，持法明允。臻亦善治狱。在平阳，介休民被盗杀其母，攫钏去。民言姻家尝贷钏，佣或窃钏逃，邻家子左右之。县捕三人，榜掠诬服。他日获盗得钏，民乃言非其母物。狱不能决。臻微服访得实。抚山东，清庶狱，雪非罪二十余人，擒教讼者置于法。

沈德潜，字确士，江南长洲人。乾隆元年，举博学鸿词，试未入选。四年，成进士，改庶吉士，年六十七矣。七年，散馆，日晡，高宗荏视，问孰为德潜者，称以"江南老名士"，授编修。出御制诗令赓和，称旨。八年，即擢中允，五迁内阁学士。乞假还葬，命不必开缺。德潜入辞，乞封父母，上命予三代封典，赋诗饯之。十二年，命在上书房行走，迁礼部侍郎。是岁，上谕诸臣曰："沈德潜诚实谨厚，且怜其晚遇，是以稠叠加恩，以励老成积学之士，初不因进诗而优擢也。"

十三年，德潜以齿衰病嚏乞休，命以原衔食俸，仍在上书房行走。十四年，复乞归，命原品休致，仍令校《御制诗集》毕乃行。谕曰："朕于德潜，以诗始，以诗终。"且令有所著作，许寄京呈览。赐以人参，赋诗宠其行。德潜归，进所著《归愚集》，上亲为制序，称其诗伯仲高、王，高、王者谓高启、王士禛也。十六年，上南巡，命在籍食俸。是冬，德潜诣京师祝皇太后六十万寿。十七年正月，上召赐曲宴，赋《雪狮》与联句。又以德潜年八十，赐额曰"鹤性松身"，并赉藏佛、冠服。德潜归，复进《西湖志纂》，上题三绝句代序。二十二年，复南巡，加礼部尚书衔。二十六年，复诣京师祝皇太后七十万寿，进《历代圣母图册》。入朝赐杖，上命集文武大臣七十以上者为九老，凡三班，德潜为致仕九老首。命游香山，图形内府。

德潜进所编《国朝诗别裁集》请序，上览其书以钱谦益为冠，因谕："谦益诸人为明朝达官，而复事本朝，草昧缔构，一时权宜。要其人不得为忠孝，其诗自在，听之可也。选以冠本朝诸人则不可。钱名世者，皇考所谓'名教罪人'，更不宜入选。慎郡王，朕之叔父也，朕尚不忍名之。德潜岂宜直书其名？至世次前后倒置，益不可枚举。"命内廷翰林重为校定。二十七年，南巡，德潜及钱陈群迎驾常州，上赐诗，并称为"大老"。三十年，复南巡，仍迎驾常州，加太子太傅，赐其孙维熙举人。三十四年，卒，年九十七。赠太子太师，祀贤良祠，谥文悫。御制诗为挽。是时上命毁钱谦益诗集，下两江总督高晋令察德潜家如有谦益诗文集，遵旨缴出。会德潜卒，高晋奏德潜家并未藏谦益诗文集，事乃已。四十三年，东台县民讦举人徐述夔《一柱楼集》有悖逆语，上览集前有德潜所为传，称其品行文章皆可为法，上不怿。下大学士九卿议，夺德潜赠官，罢祠削谥，仆其墓碑。四十四年，御制《怀旧诗》，仍列德潜五词臣末。

德潜少受诗法于吴江叶燮，自盛唐上追汉、魏，论次唐以后列朝诗为《别裁集》，以规矩示人。承学者效之，自成宗派。

金德瑛，字汝白，浙江仁和人。乾隆元年进士，廷对初置第六，高宗亲擢第一，授修撰。是岁举博学鸿词科，德瑛以荐征，既入翰林，不更试。旋命南书房行走，充江南乡试考官。德瑛以原籍休宁辞，不许。再迁右庶子。督江西学政。任满，上特谕"德瑛甚有操守，取士公明"，命留任。德瑛疏言："翰林为储才地，庶吉士宜求学有根柢，器量明达，庶可备他日任使。每科命大臣教习，大臣政事甚繁，但能总大纲。旧有分教例，但由掌院选任，时设时止。乞令掌院于翰詹中择品学优赡、资俸较深者引见，简畀分教。"得旨俞允。复四迁太常寺卿，命祭告山西诸行省帝王陵寝。疏言："女娲氏陵寝殿塑女像，旁侍嫔御，民间奉为求嗣之神，实为亵黩。请毁像立主。"下部议行。督山东学政。十九年，岁饥，上发帑治赈，而邹、滕诸县灾尤重。有司格于例限，不敢以请。德瑛任满还京师，入对，具言状，上特命展赈。迁内阁学士。二十一年，迁礼部侍郎。充江西乡试考官。使还，经徐州，时河决孙家集，微山湖暴涨，入运河，江南、山东连壤诸州县被水。德瑛谘访形势，入陈于上前，上嘉德瑛诚实不欺。旋命尚书刘统勋董治疏筑。二十三年，督顺天学政，疏言："八旗诸生遇岁试，辄称病诿避，甚至病者多于与试者，请下八旗都统考核。"

二十六年，擢左都御史，疏言："秋审旧例，凡已经秋审者谓之'旧事'，现入秋审者谓之'新事'。当九卿、詹事、科道集议时，书吏宣唱名册，繁重淹滞。其实商榷轻重，多在新事。积年缓决之案，自按察使上巡抚，更三法司，初狱已致慎矣；况三审缓决，久成信谳。诸囚偷生囹圄，幸待十年庆典，得蒙恩赦。然亦裁自圣心，诸臣无与焉。旧事名册宜罢宣唱。陈案既省，近事得以从容往复，尽心详审。九卿兼有余晷治其本职。"上韪其言，下大学士会刑部议，请如德瑛言。十二月，命稽核通州仓储，中寒病作，二十七年正月，卒。

德瑛端平简直，无有偏党，为上所知。方为少詹事，入对，上曰："汝元年状元，尚作四品官耶？"数日擢太常寺卿。及病，上每见廷臣问状，且曰："德瑛辛巳生，长朕十岁。"及病革，上方出巡幸，将启跸，犹曰："德瑛久不入值，病必重。"德瑛即以其日卒。三十一年，德瑛子洁成进士，引见，上曰："汝金德瑛子耶？"德瑛卒已将十年，上犹惓惓如是。

钱载，字坤一，浙江秀水人。雍正十年，副榜贡生，举博学鸿词、举经学，试试皆未入选。乾隆十七年，成进士，改庶吉士，授编修。七迁内阁学士，直上书房。四十一年，督山东学政。四十五年，命祭告陕西、四川岳渎及帝王陵寝。寻擢礼部侍郎，充江南乡试考官，举顾问为第一，《四书》文纯用排偶，上以乖文体，命议处。

《吕氏春秋》尧葬谷林，《史记》不书其地。乾隆元年，以山东巡抚岳浚奏，自东平改祀濮州。四十一年，大理寺卿尹嘉铨疏言当在平阳，下部议驳。载督学山东，谒濮州尧陵，自四川还道平阳，得尧陵州东北；及江南典试归，又至东平求旧时所祭尧陵，参互考订，以为在平阳者是。《史记》汤、武皆未著葬地，盖都于是葬于是则不书，尧亦其例。因请厘定。下大学士、九卿议驳，载奏辨；复议，仍寝不行。上谕曰："经生论古，反覆辨证，原所不禁。但既陈之奏牍，并经廷臣集议，即不当再执成见。载斥吕不韦门下客浮说，不韦即不足取，亦尚不可以人废言。况其门下客所著书，所谓'悬之国门，不易一字'，岂能谓不足为据？其时去古未远，或尚有所承述。乃欲在数千年后虚揣翻驳，有是理乎？载本晚达，且其事只是考古，是以不加深问。若遇朝廷政治，亦似此晓晓不已，朕必重治其罪。"命传旨申饬。载疏累数千言，语有未明，复为自注，时谓非章奏体，上亦未深诘也。

四十八年，休致。五十八年，卒，年八十有五。

子世锡，入翰林。时侍郎英廉及载充教习庶吉士，英廉语世锡曰："君家仍世入翰林，而上命父教其子，当勉为壤、颈以报上恩。"世锡子宝甫，初名昌龄，避仁宗陵，以字行。亦以编修官至云南布政使。

德瑛论诗宗黄庭坚，谓当辞必己出，不主故常。载初与订交，晚登第，乃为门下门生；诗亦宗庭坚，险入横出，崭然成一家。同县王又曾、万光泰辈相与唱酬，号秀水派。语互详《文苑传》。载又为陈群族孙，从陈群母陈受画法，苍秀高劲，亦如其诗。

齐召南，字次风，浙江天台人。幼而颖敏，乡里称神童。雍正十一年，命举博学鸿词，召南以副榜贡生被荐。乾隆元年，廷试二等，改庶吉士，散馆授检讨。八年，御试翰詹各官，擢中允，迁侍读。九年，以父丧去官。时方校刻经史，召南分撰《礼记》、《汉书考证》，命即家撰进。服除，起原官。十二年，迁侍读学士。十三年，复试翰詹各官，以召南列首，擢内阁学士，命上书房行走。迁礼部侍郎。上于宁古塔得古镜，问召南，召南辨其款识，具陈原委。上顾左右曰："是不愧博学鸿词矣！"上西苑射，发十九矢皆中的，顾尚书蒋溥及召南曰："不可无诗！"召南进诗，上和以赐。十四年夏，召南散直堕马，触大石，颅几裂。上闻，遣蒙古医就视，赐以药。语皇子宏曕："汝师傅病如何？当频使存问！"幸木兰，使赐鹿脯十五束。及冬，入谢，上慰劳，召南因乞归，固请乃许。及行，赐纱、葛各二端。

上南巡，屡迎驾，辄问病状，出御制诗命和。上尝询天台、雁宕两山景物，召南对未尝游览。上问："名胜在乡里间，何以不往？"召南对："山峻溪深，臣有老母，怵古人登高临深之诫，是以未敢往。"上深嘉之。既而，以族人周华为书讪上，逮诣京师，吏议坐隐匿，当流，籍其家，上命夺职放归，还其产十三四。召南归，遂卒。

召南易直子谅，文辞清雅。著《水道提纲》，具详源委脉络；《历代帝王年表》，举诸史纲要：并行于世。

陈兆仑，字星斋，浙江钱塘人。亦幼慧。雍正八年进士，福建即用知县。举博学鸿词，诣京师试，授内阁中书，充军机章京。乾隆元年，廷试二等，授检讨。十七年，上御经筵，以撰进讲义称旨，擢左中允。御试翰詹各官，复擢侍讲学士。再迁顺天府府尹。值大水，兆仑心计指画，抚绥安集，无不得所。畿辅役繁，旧设官车疲敝，议金富户应役，兆仑奏罢之。时方西征，发禁旅，兆仑经画宿顿储蓄，井井有绪，军民晏然。二十一年，迁太常寺卿。上谒陵，以同官迎驾失仪，左授太仆寺少卿。再迁太仆寺卿。三十六年，卒。

兆仑精六书之学，尤长经义，于《易》、《书》、《礼》均有论述。为诗文澹泊清远。

孙桂生，字坚木。嘉庆初，自优贡生授知县，拣发湖北。时教匪为乱，桂生从广州将军明亮击贼，破孝感，歼鲁惟志；战归州，御齐王氏：屡有功。授大冶知县，再迁安陆知府。九年，遭母丧，湖北巡抚章煦疏请留军。丧终，除荆州知府。三迁，再转为江宁布政使，署江苏巡抚。初彭龄劾桂生征赋不力，夺职；复劾察库帑不实，上命大学士托津、户部尚书景安按治，疏言："桂生察库帑无弊，征赋亦逾十之七。"召诣京师，旋授甘肃布政使。再转，复迁江苏巡抚。上六十万寿，蠲各行省民间逋赋。桂生疏言："旷典殊施，当令泽及于民。请自嘉庆元年起至二十二年，详察民间逋赋，毋令官吏因缘为奸。二十二年漕项，例至二十四年奏销，民逋请并蠲除。"又言："民间逋赋有由州县移他款代纳者，今既蠲逋，当令现任州县期十年偿所移款。"皆议行。命署苏州织造，兼领浒墅关，兼署两江总督。宣宗即位，召诣京师，以三品京堂待缺，旋命休致。道光二十年，卒。桂生子宪曾，进士，官至詹事。

董邦达，字孚存，浙江富阳人。雍正元年，选拔贡生。以尚书励廷仪荐，命在户部七品小京官上行走。十一年，成进士，改庶吉士，授编修。乾隆三年，充陕西乡试考官，疏言官卷数少，以民卷补中，报闻。授中允，再迁侍读学士。十二年，命直南书房，擢内阁学士，以母忧归。逾年，召诣京师，命视梁诗正例，入直食俸。十五年，补原官，迁侍郎，历户、工、吏诸部。二十七年，迁左都御史，擢工部尚书。二十九年，调礼部。三十一年，调还工部。三十二年，仍调还礼部。三十四年，以老病乞解任，上谕曰："邦达年逾七十，衰病乞休，自合引年之例。惟邦达移家京师，不能即还里。礼部事不繁，给假安心调治，不必解任。"寻卒。赐祭葬，谥文恪。

邦达工山水，苍逸古厚。论者谓三董相承，为画家正轨，目源、其昌与邦达也。子诰，自有传。

钱维城，字宗盘，江南武进人。乾隆十年一甲一名进士，授修撰。功令，初入翰林，分习清、汉文。维城习清文，散馆列三等。上不怿，曰："维城岂谓清文不足习耶？"傅恒为之解。命再试汉文，上谓诗有疵，赋尚通顺，仍留修撰。是岁即迁右中允，命南书房行走。三迁，再转为刑部侍郎。疏请申明律例："事主杀盗贼移尸，有司辄置勿论。本律科移尸罪，反至流徒。请凡杀人律得勿论者，虽移尸仍用本律。杀奸之狱，奸夫拒捕，有司辄用斗杀律定谳。杀奸杀拒捕者，反重于杀不拒捕者。请用杀拒捕罪人律勿论。"下部议行。三十四年，命偕内阁学士富察善如贵州会湖广总督吴达善按治威宁州知州刘标亏帑，巡抚良卿、前巡抚方世儁等皆坐谴。三十五年，古州苗香要为乱，复命偕吴达善及巡抚宫兆麟督剿。香要多力而狡，苗女迫根为羽翼，煽旁寨出掠。维城如古州，督总兵程国相破乌牛、佳居诸寨，获迫根。维城乃自乌牛如佳居宣谕，解胁从。督兵破朋论大箐，香要独身跳去。乃令先撤兵，遣调香要，卒擒之歼。乱定，谕议叙。三十六年，云南龙陵戍卒四十名伍走，既就获，大吏请悉诛之。维城入对，言："伊犁戍卒荷校一月，今用法过重。且戮于获所，边兵何由知？不如械至龙陵，倍其罚，荷校三月，足以儆众。"上从之。三十七年，丁父忧，归，以毁卒。谥文敏。

维城工文翰，画山水幽深沈厚。钱陈群谓维城通籍后画益工，盖得益于邦达云。

邹一桂，字原褒，江南武进人。祖忠倚，顺治九年一甲一名进士，官修撰。一桂，雍正五年二甲一名进士，改庶吉士，授编修。十年，授云南道监察御史，疏禁官媒蓄妇女为奸利。乾隆七年，转礼科给事中，疏言："刑部诸囚已结入北监，未结羁南所。今察视监所，已未结杂收，请如例分禁。"又言："奉命下部议诸事，科道辄于部议未上之先，挽越渎陈，请申饬。"上韪其言。湖南巡抚许容坐诬劾粮道谢济世罢，复命署湖北巡抚。一桂与给事中陈大玠具疏论列，谓："容狡诈欺公，仅予夺职，已邀宽典；今复任封疆，何以训天下？乞降旨宣示臣民，俾晓然于黜陟之所以然，斯国法昭而吏治有所率循。"上为罢容。十年，迁太常寺少卿，疏言："律载狱具全图，铁索钮镣，俱有定式。狱官以防范为辞，匣床以束其身，铁箄以直其项，观音圈以挛其手足。部议禁非刑，日久复创新制，令诸囚排头仰卧，横穿长木，压其手足，与匣床无异，请敕严禁。"从之。四迁为礼部侍郎。同部侍郎张泰开举一桂子志伊为国子监学正，又坐徇尚书王安国、左都御史杨锡绂祀其父乡贤，屡下部议，二十一年，左授内阁学士。二十三年，乞致仕。三十六年，诣京师祝上寿，加礼部侍郎衔，在籍食俸。三十七年，归，卒于东昌道中。加尚书衔。

一桂画工花卉，承恽格后为专家。尝作《百花卷》，花题一诗，进上，上深赏之，为题百绝句。晚被薄谴，归犹赋诗忮之云。

谢墉，字昆城，浙江嘉善人。乾隆十六年，上南巡，墉以优贡生召试，赐举人，授内阁中书。十七年，成进士，改庶吉士，授编修。坐撰闽浙总督喀尔吉善碑文语失当，下部议，降调。二十四年，回部平，墉拟《铙歌》上，上命复官，直上书房。五迁工部侍郎，督江苏学政。四十三年，调礼部。四十五年，调吏部。广西全州知州彭日龙坐纵革役复充，夺官，诣部请捐复。大学士阿桂领吏部，将许之，墉以为不可。时有山东商河教谕侯华捐复，方议驳，墉援以例曰龙。阿桂疑墉为华地，奏闻。上命讯，华力言无嘱托，乃用墉议，不许曰龙捐复。四十八年，复督江苏学政。五十一年，任满，还京师。上问洪泽湖运河水势，墉奏："洪泽湖渐高，民间传说'昔如釜，今如盘'，请加疏浚。"五十二年，上以总督李世杰奏洪泽湖水注清口畅流，命墉往与世杰勘湖水浅深。寻奏湖水深至十丈，浅亦在一二丈间，墉自请议处。上以湖水前年较浅，墉得自传闻，据以入告，兹既已勘明，免其议处。

墉两任江苏学政，士有不得志者，以偶语讥诮。阿桂偶以闻，上命巡抚闵鹗元访察。鹗元言墉初任声名平常，后任颇为谨饬。上命降授内阁学士。五十四年，上察直上书房诸臣多旷班，墉七日未入直，复降编修，在修书处效力。五十六年，复命直上书房。六十年，休致。寻卒。

墉在上书房久，仁宗方典学，肄习诗文，高宗命墉讲授。嘉庆五年，加恩旧学，赠三品卿衔，赐祭葬。子恭铭，进士，改庶吉士，散馆归班，是岁授内阁中书。墉以督学蒙谤，然江南称其得士，尤赏江都汪中，尝字之曰："予上容甫，爵也；若以学，予于容甫北面矣！"乾隆中直上书房诸臣以学行称者，又有金甡、庄存与、刘星炜。

甡，字雨叔，浙江钱塘人。初以举人授国子监学正。乾隆七年，举礼部试第一，廷试复第一，授修撰。三迁侍讲学士。二十二年，直上书房，擢詹事，再迁礼部侍郎。三十八年，上幸热河，从，方入直，遘疾遽仆。大学士刘统勋以闻，命予假。甡乞休，允之。明年秋，疾间，乃得归。四十七年，卒，年八十有一。

甡在上书房十七年，直谅诚敬，所陈说必正义法言，诸皇子皇孙皆爱重之。

存与，字方耕，江南武进人。乾隆十年一甲二名进士，授编修。四迁内阁学士。二十一年，督直隶学政。按试满洲、蒙古童生，严，不得传递，群哄。御史汤世昌论劾，命夺存与官。上恶满洲、蒙古童生纵恣，亲覆试，搜得怀挟文字。临鞫，童生海成最狡黠，言："何不杀之？"上怒，立命诛之。哄堂附和者三人，发拉林种地；四十人令在旗披甲；不得更赴试。并以存与督试严密，仍命留任。擢礼部侍郎。遭父丧。服除，补内阁学士，仍授原官，直上书房。遭母丧。服除，补原官。五十一年，以衰老休致。五十三年，卒。

存与廉鲠。典浙江试，巡抚馈金不受，遗以二品冠，受之。及涂，从者以告曰："冠顶真珊瑚，直千金！"存与使千余里返之。为讲官，上御文华殿，进讲礼毕，存与奏："讲章有舛误，臣意不谓尔。"奉书进，复讲，尽其旨，上为留听之。

弟培因，字本淳，乾隆十五年一甲一名进士，官至内阁学士。

刘星炜，字映榆，江南武进人。乾隆十三年进士，改庶吉士，授编修。迁侍讲，督广东学政。疏言："鹤山立县初，有广州民一百五户请修城入籍，缘是开冒考之弊，请以有庐墓、田粮在县者为限。"丁母丧，去。服阕，补原官。督安徽学政，请童生兼试五言六韵诗。童试有诗自此始。累迁侍读学士。二十九年，直上书房，再迁礼部侍郎。卒。

王昶，字德甫，江苏青浦人。乾隆十九年进士。南巡，召试，授内阁中书，充军机章京。三迁刑部郎中。三十二年，察治两淮运盐提引，前盐运使卢见曾坐得罪，昶尝客授见曾所，至是坐漏言夺职。云贵总督阿桂帅师讨缅甸，疏请发军前自效。上命大学士傅恒出视师，嗣为理藩院尚书温福代阿桂，皆以昶佐幕府。温福移师讨金川，昶实从，疏请叙昶劳，授吏部主事。既，复从阿桂定两金川，再迁郎中。刑部侍郎袁守侗按事四川，上命察军中事，还奏言昶治军书有劳。四十一年，师凯还，擢昶鸿胪寺卿，仍充军机章京。三迁左副都御史，外授江西按察使。数月，以忧归。起直隶按察使，未上，移陕西按察使。

在陕西凡十年，值回田五为乱，军兴，昶缮守具，佐治军需，疏请清厘保甲，禁民间蓄军器。迁云南布政使。河南伊阳民戕知县，窜匿陕西境未获，昶如商州督捕，上命俟得贼诣京师觐见。昶既得贼，入谒上，自陈疲惫，乞改京职，上温旨慰遣，乃上官。以云南铜政事重，撰《铜政全书》，求调剂补救之法。旋调江西布政使。五十四年，内迁刑部侍郎。屡命如江南、湖北谳狱。五十八年，以老乞罢，上许之，方岁暮，谕俟来岁春融归里。昶归，遂以"春融"名其堂。嘉庆元年，诣京师贺内禅，与千叟宴。四年，复诣京师谒高宗梓宫。十一年，卒。

昶工诗古文辞，通经。读朱子书，兼及薛瑄、王守仁诸家之学。蒐采金石，平选诗文词，著述传于世。

论曰：国家全盛日，文学侍从之臣，雍容揄扬，润色鸿业。人主以其闲暇，偶与赓和，一时称盛事。未有弥岁经时，往复酬答，君臣若师友，如高宗之于陈群、德潜。呜呼，懿矣！当时以儒臣被知遇，或以文辞，或以书画，录其尤著者。视陈群、德潜恩礼虽未逮，文采要足与相映，不其盛欤！

卷三百六 列传九十三

曹一士　李慎修李元直　**陈法　胡定
仲永檀　柴潮生　储麟趾**

曹一士，字谔廷，江苏上海人。雍正七年进士，改庶吉士，散馆授编修。十三年，考选云南道监察御史。高宗即位，谕群臣更番入对。一士疏言："敬读谕旨，曰'百姓安则朕躬安'，大哉王言，闻者皆感涕。臣愚以为欲百姓之安，其要莫先于慎择督抚。督抚者守令之倡。顾其中皆有贤者、有能者，贤能兼者上也，贤而不足于能者次之，能有余而贤不足者又其次也。督抚之为贤为能，视其所举而瞭如。今督抚举守令，约有数端：曰年力富强，曰治事勤慎，曰不避嫌怨。征其实迹，则钱粮无欠，开垦多方，善捕盗贼。果如所言，洵所谓能吏也。乃未几而或以赃污著，或以残刻闻，举所谓贪吏、酷吏者，无一不出于能吏之中，彼诚有才以济其恶耳。夫吏之贤者，悃愊无华，恻怛爱人，事上不为诡随，吏民同声谓之不烦。度今世亦不少其人，而督抚荐剡曾未及此，毋亦轻视贤而重视能之故耶？抑以能吏即贤吏耶？臣恐所谓能者非真能也，以趋走便利而谓之能，则老成者为迟钝矣；以应对捷给而谓之能，则木讷者为迂疏矣；以逞才喜事而谓之能，则镇静者为怠缓矣；以武健严酷、不恤人言而谓之能，则劳于抚字、拙于锻炼者谓之沽名钓誉、才力不及，而摭拾细故以罢黜之矣。至于所取者溃败决裂，则曰臣不合误举，听部议而已。夫有误举必有误劾，误举如此，则误劾者何如？误举者犹可议其罪，误劾者将何从问乎？臣以为今之督抚，明作有功之意多，而惇大成裕之道少；损下益上之事多，而损上益下之义省：此治体所关也。皇上于凡丈量开垦、割裂州县、改调牧令，一切纷更烦扰，皆行罢革。为督抚者，度无不承流宣化，所虑者，彼或执其成心，饰非自护；意为迎合，姑息偷安。臣敢请皇上特颁谕旨，剖析开导，俾于精明严肃之中，布优游宽大之政。所属守令，敕于保题荐举时，分列贤员、能员，然后条疏实事于下。能员有败行，许自行检举；贤员著劣迹，则从重处分。倘所举皆能而无贤，则非大吏乏正己率属之方，即贤者有壅于上闻之患。督抚之贤否，视所举而瞭如矣。"疏入，上为通谕诸督抚。

"一士又请宽比附妖言之狱，并禁挟仇诬告，疏言："古者太史采诗以观民风，藉以知列邦政治之得失、风俗之美恶，即《虞书》在治忽以出纳五言之意，使下情之上达也。降及周季，子产犹不禁乡校之议。惟是行僻而坚，言伪而辨，虽属闻人，圣人亦必有两观之诛，诚恐其惑众也。往者造作语言，显有悖逆之迹，如罪人戴名世、汪景祺等，圣祖、世宗因其自蹈大逆而诛之，非得已也。若夫赋诗作文，语涉疑似，如陈鹏年任苏州知府，游虎丘作诗，有密奏其大逆不道者,圣祖明示九卿,以为'古来诬陷善类,大率如此'。如神之哲,洞察隐微,可为万世法。比年以来,小人不识两朝所以诛殛大憝之故,往往挟睚眦之怨,借影响之词,攻讦诗文,指摘字句。有司见事风生,多方穷鞫,或致波累师生,株连亲故,破家亡命,甚可悯也。臣愚以为井田封建,不过迂儒之常谈,不可以为生今反古;述怀吟史,不过词人之习态,不可以为援古刺今。即有序跋偶遗纪年,亦或草茅一时失检,非必果怀悖逆,敢于明布篇章。使以此类悉皆比附妖言,罪当不赦,将使天下告讦不休,士子以文为戒,殊非国家义以正法、仁以包蒙之意。伏读皇上谕旨,凡奏疏中从前避忌,一概扫除。仰见圣明廓然大度,即古敷奏采风之盛。臣窃谓大廷之章奏尚捐忌讳,则在野之笔札焉用吹求?请敕下直省大吏,察从前有无此等狱案、现在不准援赦者,条列上请,以俟明旨钦定。嗣后凡有举首文字者,苟无的确踪迹,以所告之罪依律反坐,以为挟仇诬告者戒。庶文字之累可蠲,告讦之风可息矣。"上亦如其议。

雍正间督各省开垦,督抚以是为州县课最,颇用以厉民。一士疏言:"开垦者所以慎重旷土,劝相农夫,本非为国家益赋起见也。臣闻各省开垦,奉行未善,其流弊有二:一曰以熟作荒。州县承上司意旨,并未勘实荒地若干,预报亩数,邀急公之名。逮明知荒地不足,即责之现在熟田,以符报额。小民畏官,俯首而从之,咸曰:此即新垦之荒地而已。一曰以荒作熟。荒地在河堧者,地低水溢,即成沮洳;在山麓者,上土下石,坚不可掘:州县悉入报垦之数。民贫乏食,止贪官给牛种草舍,糊旦夕之口,不顾地之不可垦也。十年之后,民不得不报熟,官不得不升科。幸而薄收,完官不足。稍遇岁歉,卒岁无资,逃亡失业之患从此起矣。然且赋额一定,州县不敢悬欠,督抚不敢开除,飞洒均摊诸弊,又将以熟田当之。是名为开垦,有垦之名无垦之实也。兹二弊者,缘有司但求地利,罔惜贻害;大吏惟知虑始,不暇图终:是以仁民之政,反启累民之阶。臣请敕下直省督抚,凡开垦地亩,无论已未升科,俱令州县官覆勘,内有熟田混报开垦,举首除额,免其处分;如实为新垦,具印结存案,少有虚伪,发觉从重治罪:则以熟作荒之弊可免矣。新垦应升科,督抚遴员覆勘,硗确瘠薄,即与免赋,倘因报垦在先,必令起赋,以贻民累,发觉从重治罪:则以荒作熟之弊亦可免矣。"

乾隆元年,迁工科给事中。故事,御史迁给事中,较资俸深浅。一士入台仅六月,出上特擢。寻疏劾原任河东河道总督王士俊,疏末下,语闻于外。上疑一士自泄之,召对诘责,下吏议,当左迁,仍命宽之。一士复疏请复六科旧职,专司封驳,巡视城仓、漕盐等差,皆不当与。又疏论各省工程报销诸弊,请敕凡有营造开浚,以所须物料工匠遵例估价,榜示工作地方。又疏论州县官讞狱,胥吏上下其手,窜改狱词,请饬申禁。又疏论盐政诸弊,请毋令商人公捐,禁司盐吏与商人交结;小民肩挑背负,戒毋苛捕;大商以便盐船阻通行水道,戒毋堵截。皆下部议行。一士病哽噎,即以是年卒。

一士晚达,在言官未一岁,而所建白皆有益于民生世道,朝野传诵。闻其卒,皆重惜之。

李慎修,字思永,山东章丘人。康熙五十一年进士,授内阁中书。迁主事,出为浙江杭州知府。雍正五年,入为刑部郎中,历十余年,治狱多所平反。有侵帑狱,初议以挪移从末减,慎修执不可;或讽以上意,亦不为动。乾隆初,出为河南南汝光道,移湖北武汉黄德道,以忧去。服除,授江南驿盐道。引见,高宗曰:"李慎修老成直爽,宜言官。"特除江西道监察御史。疏论户部变乱钱法,苛急烦碎。历举前代利害,并言钱值将腾贵,穷极其弊。上元夜,赐诸王大臣观烟火,慎修上疏谏,以为玩物丧志。上喜为诗,尝召对,问能诗否,因进言:"皇上一日万几,恐以文翰妨政治,祈不以此劳圣虑。"上题之,载其言于诗。尝谓慎修曰:"是何眇小丈夫,乃能直言若此?"慎修对曰:"臣面陋而心善。"上为大笑。复出为湖南衡郴永道。十二年,乞病归,卒。

高密李元直为御史在其前,以刚直著。慎修与齐名,为"山东二李"。京师称元直"戆李",慎修"短李"。

元直,字象山。康熙五十二年进士,改庶吉士,散馆授编修。雍正七年,考选四川道监察御史,八阅月,章数十上。尝历诋用事诸大臣,谓:"朝廷都俞多,吁咈少,有尧、舜,无皋、夔。"上不怿,召所论列诸大臣大学士朱轼、张廷玉辈并及元直,诘之曰:"有是君必有是臣。果如汝所言无皋、夔,朕又安得为尧、舜乎?"元直抗论不挠,上谓诸大臣曰:"彼言虽野,心乃无他。"次日,复召入,奖其敢言。会广东贡荔枝至,以数枚赐之。未几,命巡视台湾,疏请增养廉、绝馈遗,并条上番民利病数十事。台湾居海外,巡视御史至,每自视如客,事一听于道府。元直悉反所为,时下所属句民疾苦。欲有所施措,督抚劾其侵官,遂镌级去。家居二十余年,卒。世宗尝曰:"元直可保其不爱钱,但虑任事过急。"又尝谕诸大臣曰:"甚矣才之难得!元直岂非真任事人?乃刚气逼人太甚。"元直晚年言及知遇,辄泣下。初在翰林,与孙嘉淦、谢济世、陈法交,以古义相勖,时称四君子。及嘉淦总督湖广,治济世狱,徇巡抚许容意,为时论所不直,元直遂与疏焉。

法,字定齐,贵州安平人。康熙五十二年进士,自检讨官至直隶大名道。讲学宗朱子,著《明辨录》,辨陆、王之失。莅政以教养为先,手治文告,辞意恳挚。既久,人犹诵之。

胡定,字登贤,广东保昌人。雍正十一年进士,改庶吉士,授检讨。乾隆五年,考选陕西道监察御史。七年,湖南巡抚许容劾粮道谢济世,下湖广总督孙嘉淦按治,将坐济世罪,八年二月,定疏陈容陷济世、嘉淦袒容状,录湖南民揭帖,谓布政使张璨、按察使王玠、长沙知府张琳、衡州通判方国宝、善化知县樊德贻承容指,朋谋倾陷;并述京师民谚,目容为媪,谓其妒贤嫉能如妇人之阴毒。疏入,上命户部侍郎阿里衮如湖南会嘉淦覆勘,并令定从往。会湖南岳常道仓德密揭都察院,发璨请托私改文牍状,阿里衮至湖南,雪济世枉。上夺嘉淦、容等职,谕谓:

"定为言官，言事不实，自有应得之罪谴。今既实矣，若止为济世白冤抑，其事尚小；因此察出督抚等挟私诬陷，徇隐扶同，使人人知所儆戒，此则有裨于政治，为益良多。至诸行省督抚举劾必悉秉公心，方为不负委任，若以爱憎为举劾，如嘉淦、容居心行事，岂不抱愧大廷，负惭夙夜？诸督抚当深自儆省，以嘉淦、容为戒。"定于是负敢言名。

转兵科给事中，巡视西城。求居民善恶著称者，皆榜姓名于衢。民有讼者，即时传讯判结。西山卧佛寺被窃，同官误以僧自盗奏，定廉得真盗，僧得雪。旋以母老乞归养。服除，复授福建道御史。疏论内务府郎中某朘民为私利，按治事不实，夺职下刑部，久之谳定，罢归。二十二年，上南巡，定迎驾杭州，复原衔。卒，年七十九。著有《双柏庐文集》。

仲永檀，字襄西，山东济宁人。乾隆元年进士，改庶吉士，授检讨。五年，考选陕西道监察御史。疏请酌减上元灯火声乐，略言："人君一日万几，一有暇逸之心，即启怠荒之渐。每岁上元前后，灯火声乐，日有进御。愿酌量裁减，豫养清明之体。"上降旨，谓："《书》云'不役耳目'，《诗》云'好乐无荒'，古圣贤垂训，朕所夙夜兢兢而不敢忽者。惟是岁时宴赏，庆典自古有之，况元正献岁，外藩蒙古朝觐有不可缺之典礼。朕踵旧制而行之，未尝有所增益。至于国家政事，朕仍如常综理，并未略有稽迟。永檀胸有所见，直陈无隐，是其可嘉处，朕亦知之。"

京师民俞君弼者，为工部凿匠，富无子。既死，其戚许秉义谋争产。内阁学士许王猷与同族，嘱招九卿会其丧，示声气，且首君弼有藏锾。步军统领鄂善闻之，诏严鞫，秉义论罪如律，并夺王猷职，旨戒饬九卿。六年，永檀奏："风闻鄂善受命俞氏贿万金，礼部侍郎吴家驹赴吊得其赍；又闻赴吊不仅九卿，大学士张廷玉以柬往，徐本、赵国麟俱亲会，詹事陈浩为奔走，谨据实密奏，备访查。"又言："密奏留中事，外间旋得消息，此必有私通左右暗为宣泄者。权要有耳目，朝廷将不复有耳目矣。"疏入，上疑永檀妄言，命怡亲王，和亲王，大学士鄂尔泰、张廷玉、徐本，尚书讷亲、来保按治，摘永檀奏宣泄密奏留中果何事，又谓权要私通左右，此时无可私通之左右，亦无能私通左右之权要，诘何所见，命直陈。鄂善仆及居间纳赇者，皆承鄂善得俞氏贿，和亲王等以闻。上召和亲王、鄂尔泰、讷亲、来保同鄂善入见，上温谕导其言，鄂善乃承得白金千。上谕鄂善曰："汝罪于律当绞。汝尝为大臣，不忍弃诸市。然汝亦何颜复立于人世乎？汝宜有以自处。"既又下和亲王等会大学士张廷玉、福敏、徐本，尚书海望，侍郎舒赫德详议，如上谕。乃命讷亲、来保持王大臣奏示鄂善，鄂善乃言未尝受贿。上因怒责鄂善欺罔，夺职下刑部，又命福敏、海望、舒赫德会鞫，论绞，上仍令赐死。家驹、浩并夺职。永檀答上询宣泄留中事，举吴士功密劾御史贻直以对。和亲王等谘察大学士赵国麟等赴俞氏会丧虽无其事，然语有所自来。上乃奖永檀摘奸发伏，直陈无隐，擢佥都御史。

国麟独奏辨，言："永檀风闻言事，以蒙恩坐论之崇班，而被以跪拜细人之丑行。事有流弊，宜防其渐。数年

往复，当保其终。明季言路与政府各分门户，互相挤排，纲纪寖以大坏。在今日权无旁挠，言无偏听，宁为未然之虑，不弛将至之防。乞特降谕旨，明示天下，以超擢永檀为奖其果敢，宥其冒昧。嗣后凡诋斥大臣按之无实者，别有处分。则功过不相掩，而赏罚无偏曲。如以臣言过戆，乞赐罢斥，或容解退，以全初心。"上手诏谓："超擢永檀，亦善善欲长、恶恶欲短之意，大学士所云，老成远虑，朕甚嘉纳。其入阁视事，毋违朕意。"而国麟求去益力，给事中卢秉纯劾国麟，谓："上询国麟尝会俞氏丧否，出以告其戚休致光禄寺卿刘藩长，语无状。"上召藩长，令鄂尔泰、张廷玉、徐本、讷亲、来保按其事，因谓藩长市井小人，国麟与论姻，又尝奏荐，事非是。遣鄂尔泰等谕意，令请退。居数日，国麟疏不至，乃特诏左迁，留京师待缺。秉纯语过当，藩长刺探何缘被谴，不谨，皆夺职。

又擢永檀左副都御史。贵州瓮安民罗尚珍诣都察院诉家居原任四川巡抚王士俊侵其墓地，命永檀如贵州会总督张广泗按治，士俊论罪如律。河南巡抚雅尔图劾永檀自贵州还京师，道南阳，纵其仆挞村民，下部议罚俸。七年十二月，命如江南会巡抚周学健治赈，未行，永檀以密奏留中事告大学士鄂尔泰子鄂容安。上命夺职，下内务府慎刑司，令庄亲王，履亲王，和亲王，平郡王，大学士张廷玉、徐本，尚书讷亲、来保、哈达哈按其事。鄂容安、永檀自承未奏前商谋，既奏后照会。王大臣等用泄漏机密事务律论罪，上责其结党营私，用律不合，令会三法司覆谳。王大臣等因请刑讯，并夺大学士鄂尔泰职逮问，上谓鄂尔泰受遗大臣，不忍深究，下吏议，示薄罚。永檀、鄂容安亦不必刑讯，永檀受恩特擢，乃依附师门，有所论劾，无不豫先商酌，暗结党援，排挤异己，罪重大；鄂容安罪亦无可逭，但较永檀当未减。命定拟具奏，奏未上，永檀卒于狱。鄂容安论戍，上宽之，语在《鄂容安传》。

柴潮生，字禹门，浙江仁和人。雍正二年举人，授内阁中书，充军机处章京。累迁工部主事。乾隆七年，考选山西道监察御史。是岁旱，上降诏求言。潮生疏言："君咨臣儆，治世之休风；益谦亏盈，检身之至理。臣伏读上谕有云：'尔九卿中能责难于君者何人？陈善闭邪者何事？'此诚我皇上虚怀若谷、从谏弗咈之盛心也。今岁入春以来，近京雨泽未经沾足，宵旰焦劳，无时或释。惟是天时雨旸，难以窥测；而人事修省，不妨过为责难。修省于事为者，一动一言，纯杂易见；修省于隐微者，不闻不见，朕兆难窥。君心为万化之源，普天率土，百司万姓，皆于此托命焉。皇上万几余暇，岂无陶情适兴之时？但恐一念偶动，其端甚微，而自便自恕之机，或乘于不及觉，遂致潜滋暗长而莫可遏。则俄顷间之出入，即为皇功疏密所关。伏乞皇上于百尔臣工所不及见，左右近习所不及窥，朝夕愈加勘惩，岂特随时修省以致感召之休征已哉？"

八年，天津、河间二府大旱。九年，潮生复疏言："河间、天津二府经流之大河三：曰卫河，曰滹沱河，曰漳河。其余河间分水之支河十有一，潴水之淀泊十有七，蓄水之渠三；天津分水之支河十有三，潴水之淀泊十有

四,受水之沽六:水道至多。向若河渠深广,蓄泄有方,旱岁不能全收灌溉之功,亦可得半。即不然,而平日之蓄积,亦可支持数月,以需大泽之至。何至抛田弃宅,挈子携妻,流离道路哉?水利之废,即此可知矣。甘霖一日不足,则赈费固不可已。臣窃以为徒费之于赈恤,不如大发帑金,遴遣大臣经理畿辅水利,俾以济饥民、消旱潦,且转贫乏之区为富饶。救时之急务,筹国之远谟,莫以易此。臣考汉张堪为渔阳太守,于狐奴开稻田八千顷,狐奴今昌平也。北齐裴延儁为幽州刺史,修古督亢陂,溉田万余顷,督亢今涿州也。宋何承矩为河北制置使,于雄、鄚、霸州兴堰六百里灌田。明汪应蛟为天津巡抚,捐俸开二千亩,亩收四五石。今东西二淀,即承矩之塘泺,天津十字围,即应蛟水田之遗址。国朝李光地为巡抚,请兴河间水田,言涿州水占之地,每亩售钱二百,开成水田亩易银十两。上年总督高斌请开永定河灌田,亦云查勘所至,众情欣悦。臣闻石景山有庄头修姓,自引浑河灌田,比常农亩收数倍。蠡县亦有富户自行凿井,旱岁能收其利。霸州知州朱一蜚劝民开井二十余口,民颇赖之。证之近事,复确有据,则水利之可兴也决矣。今请特遣大臣赍帑金数十万两,往河间、天津二府,督同道府牧令,分委佐贰杂职,除运道所关,及滹沱正流水性暴急,慎勿轻动,其余河渠淀泊,凡有故迹可寻者,皆重加疏浚。又于河渠淀泊之旁,各开小河;小河之旁,各开大沟;皆务深广,度水力不及则止。节次建立水门,递相灌注。旱则引水入沟以溉田,潦则放闸归河以泄水。其离水辽远之处,每田一顷,掘井一口,十顷掘大塘一口,亦足供用。其中有侵及民田,并古陂废堰为民业已久者,皆计亩均分拨还,即将现在受赈饥民及外来流民,停其赈给,按地分段,就工给值,酌予口粮,宁厚无减。一人在役,停其家赈粮二口;三人在役,停其家赈粮四口。其余口及一户皆不能执役者,仍如例给赈。其疏浚之处,有可耕种,即借予工本,分年征还。更请别简大臣,赍帑金分巡直隶各府,一如河间、天津二府,次第举行。或曰:‘北土高燥,不宜稻种,土性沙碱,水入即渗,挖掘民地,易起怨声。前朝徐贞明行之而立败,怡贤亲王与大学士朱轼之经理亦垂成而坐废,可为明鉴。’臣按九土之种异宜,未闻稻非冀州之产,玉田、丰润粳稻油油。且今第为之兴水利耳,固不必强之为水田也。或疏或浚,则用官资,可稻可禾,听从民便。此不疑者一也。土性沙碱,是诚有之,不过数处耳,岂遍地皆沙碱乎?且即使沙碱,而多一行水之道,比听其冲溢者不犹愈于已乎?此不疑者二也。若以沟渠为捐地,尤非知农事者。凡力田者,务尽力而不贵多垦。今使十亩之地,捐一亩以蓄水,而九亩倍收,较十亩皆薄入孰利?况捐者又予拨还。此不疑者三也。至前人屡行屡罢,此亦有由,贞明所言百世之利,其时御史王之栋参劾,出于奄人勋戚之意。其疏亦第言滹沱不可开,未尝言水田不可行也。但其募南人开垦,即以地予之,又许占籍。左光斗之屯学亦然。是夺北人之田,又塞其功名之路,其致人言也宜矣。至营田四局,成绩具在。当日效力差员,不无举行未善,遂过而废之,非深识长算者之所出也。非常

原,黎民所惧,所贵持久,乃可有功。秦开郑、白之渠,利及百世,而当时至欲杀水工郑国。汉河东太守番系引汾水灌田,河渠数徙,田者不能偿种。至唐长孙恕复凿之,亩收十石。凡始事难,成事易。赓续以终之则是,中道而弃之则非。此不疑者四也。至水利既兴,招募农师,造作水器,逐年作何经理,俾永无湮塞,应听在事大臣详加筹画。皇上视民如子,凡有赈恤,千万帑金亦无可惜。即如开通京师沟道,估费二十余万,以视兴修一省水利,轻重较然。况此举乃以阜财,非以费财。天灾国家代有,荒政未有百全,何如挪百万于水滨,而立收国富民安之效?纵有尧灾汤旱,亦可挹彼注兹,是谓无弊之赈恤。连年米价屡廑圣怀,尽停采买,岂可久行?捐监输仓,亦非上策。若小民收获紫裕,自然二甫有资。臣访问直隶士民,皆云:‘有水之田较无水之田,相去不啻再倍。’是谓不竭之常平。近畿多八旗庄地,直隶亦京兆股肱,皆宜致之富饶,始可居重驭轻。汉武帝徙豪民于关中,明成祖迁富家于帝里,固非王政,不失深谋。若水利既兴,自然军民两利,是谓无形之帑藏。且雨者水土之气所上腾而下泽也,土气太甚,则水气受制。直隶近年以来,闵雨者屡矣。但使水土均调,自可雨旸时若,是谓有验之调燮。且水性分之则利,合之则害;用之则利,弃之则害。故周用有言:‘人人皆治田之人,即人人皆治水之人。’张伯行亦主此论。陆陇其为灵寿令,督民浚卫河。其始颇有怨言,谓开无水之河以病民;既而水潦大至,独灵寿有宣导,岁竟有秋。货殖者旱则врmотvi舟,为国者备斯无患,是谓隐寓之河防。今生齿日繁,民食渐绌。臣愚以为尽兴西北之水田,辟东南之荒地,则米价自然平减。但事体至大,请先以直隶为端,行之有效,次第举行。乐利万年,庶其在此!”

十年,疏陈理财三策,言:“治天下要务,惟用人、理财两大事。承平日久,供亿浩繁,损上益下,日廑宸衷,而量入为出,似尚未筹至计。《礼》曰:‘财用足故百志成。’若少有窘乏,则蠲征平赋、恤灾厚下之大政俱不得施。迟之又久,则一切苟且之法随之以起。此非天下之小故也。顷见台臣请定会计疏,言每年所入三千六百万,出亦三千六百万。就今日计之,所入仅供所出。就异日计之,所入殆不足供所出。以皇上之仁明,国家之闲暇,而不筹一开源节流之法,为万世无弊之方,是为失时。臣等荷恩,备官台省,不能少竭涓埃,协赞远谟,是为负国。以臣之计,一曰开边外之屯田以养闲散,一曰给数年之俸饷散遣汉军,一曰改捐监之款项以充公费,三者行而后良法美意可得而举也。满洲、蒙古、汉军各有八旗,丁口蕃昌,视顺治时盖一衍为十;而生计艰难,视康熙时已十不及五,而且仰给于官而不已。局于五百里之内而不使出,则将来上之弊必如北宋之养兵,下之弊必如有明之宗室,此不可不筹通变者也。臣闻奉天沿边诸地,水泉肥美,请遣干略大臣,分道经理。视可屯之处,发帑建堡墩,起屋庐,置耕牛农具,令各旗满洲除正身披甲在京当差,其次丁、余丁能耕者前往居住。所耕之田,即付为永业,分年扣完工本,更不升科。惟令农隙操演,数年之后皆成劲卒。逐年发往军台之人,令其分地捐赀效力,此后有愿往者,令

其陆续前往。此安顿满洲闲散之法也。汉军八旗已奉听其出旗之旨，以定例太拘，故散遣寥寥。今请不论出仕与否，概许出旗。其家现任居官者给三年俸饷，无居官者给六年俸饷。其家产许之随带，任其自便。则贫富各不失所，而五年以后国帑节省无穷。即一时不能尽给，分作数年以次散遣，都统以下、章京以上各官，改补绿旗提镇将弁。此安顿汉军之法也。臣又按耗羡归公，天下之大利也，亦天下之大弊也。康熙间，法制宽略，州县于地丁外私征火耗，其陋规匿税亦未尽厘别。自耗羡归公，一切弊窦悉涤而清之，是为大利。然向者本出私征，非同经费，其端介有司，不肯妄取，上司亦不敢强，贤且能者则以地方之财治地方之事，故康熙间循吏多实绩可纪，而财用亦得流通。自耗羡归公，输纳比于正供，出入操于内部，地丁公费，除官吏养廉无余剩；官吏养廉，除分给幕客家丁修脯工资，及事上接下之应酬，舆马蔬薪之繁费，亦无余剩。地方有应行之事，应兴之役，一丝一忽悉取公帑，有司上畏户、工二部之驳诘，下畏身家之赔累，但取其事之美观而无实济者，日奔走之以为勤。故曰天下之大弊也。夫生民之利有穷，故圣人之法必改。今耗羡归公之法势无可改，惟有为地方别立一公项，俾任事者无财用窘乏之患，而后可课以治效之成。臣请将常平仓储仍照旧例办理，捐监一项留充各省公用，除官俸兵饷动用正项，余若灾伤当拯恤，孤贫当养赡，河渠水利当兴修，贫民开垦当借给工本，坛庙、祠宇、桥梁、公廨当修治，采买仓谷价值不敷，皆于此动给，以地方之财，治地方之事。如有大役大费，则督抚合全省而通融之；又有不足，则移邻省而协济之。稽察属司道，核减属督抚，内部不必重加切核，则经费充裕，节目疏阔，而地方之实政皆可举行。设官分职，付以人民，只可立法以惩贪，不可因噎而废食。唐人减刘晏之船料，而漕运不继；明人以周忱之耗米归为正项，致逋负百出，路多饥殍。大国不可以小道治，善理财者，固不如此。此捐监之宜充公费也。三法既行，则度支有定，经费有资，当今要务，无急于此者。伏乞皇上深留睿虑，敕公忠有识大臣，详议施行。"

寻迁兵科给事中，巡视北城。乞归侍母，孝养肫至。贫，以医自给。久之，卒。

储麟趾，字履醇，江南荆溪人。乾隆四年进士，改庶吉士，授编修。进讲经讲义，援据儒先，责难陈善，辞旨醇美。十四年，考选贵州道监察御史。编修朱荃与大学士张廷玉有连，督四川学政，母死发丧缓。麟趾疏劾，语不避廷玉，高宗以是知其伉直。

尝大旱，麟趾应诏上疏，略言："臣闻天道若持衡然。故雨旸寒燠，无时不得其平；而气化偶偏，必于亢阳伏阴示其象。然往来推行，久而必复其常者，天道之无私也。君道法天，亦若持衡然。故喜怒刑赏，无事不得其平；而意见偶偏，必用人行政露其机。然斟酌损益，终必归于大中至正者，君德之极盛也。汉臣董仲舒曰：'善言天者，必有验于人，天人相应，捷于桴鼓。《春秋》所以详书灾异也。'皇上至圣极明，岂复有纤芥之事足以召裂而致灾者？但愚臣蠡测管窥，以为自古人主患不明，惟皇上患明之太过；自古人主患不断，惟皇上患断之太速。即如擢一官、点一差，往往出人意表，为拟议所不及。此则皇上意见之稍偏，而愚臣所谓圣明英断之太过者也。史臣之赞尧曰：'乃圣乃神。'宋儒朱子曰：'圣人，神明不测之号。'夫所贵乎不测者，错综参伍，与时偕行，而非于彼于此不可思议之谓也。此虽不足上累圣德万分之一，然臣尤愿皇上开诚布公，太和翔洽，要使天下服皇上用人之至当，不必徒使天下惊皇上用人之甚奇。若云防微杜渐，不得不尔，则国法具在，试问诸臣行事邪正，又谁能欺皇上之洞鉴者？抑臣又闻之，唐臣韩愈曰：'独阴为旱，独阳为水。君阳臣阴，有君无臣，是以久旱。'今皇上宵衣旰食，焦劳于法宫之中，而王公大臣拱手备位，不闻出其谋画，上赞主德，辅宣圣化。是君劳于上，臣逸于下，天道下济而地道不能上行。其于致旱，理或宜然。臣区区之忱，愿皇上虚中无我，一切用人行政，不改鉴空衡平之体。又于一二纯诚忧国之大臣，时赐召对，清宴之余，资其辅益。必能时雨时风，消弭旱灾矣。"

麟趾累迁太仆寺卿，移宗人府府丞。引疾归，家居十余年。卒，年八十二。

论曰：谏臣之益人国，最上匡君德，次则绸缪军国，洞百年之利害。若夫击邪遂患，岳岳不避权要，固亦有不易言者。高宗嗣服，虚己纳谏。一士、慎修、潮生、麟趾，其所献替，合陈善责难之谊。潮生所论理财三策尤闳远，惜不能用也。定劾许容，永檀弹鄂善，皆能举其职者。永檀乃以漏言败，异哉！

卷三百七　　　　列传九十四

尹继善　刘於义　陈大受
张允随　陈宏谋

尹继善，字元长，章佳氏，满洲镶黄旗人，大学士尹泰子。雍正元年进士，改庶吉士，授编修。五年，迁侍讲，寻署户部郎中。上遣通政使留保等如广东按布政使官达、按察使方愿瑛受赇状，以尹继善偕。鞫实，即以尹继善署按察使。六年，授内阁侍读学士，协理江南河务。是秋，署江苏巡抚，七年，真除。疏奏收漕规费，定石米费六分，半给旗丁，半给州县，使无不足，然后裁以法。平粜盈余，非公家之利，应存县库，常平仓捐谷听民乐输，不得随漕勒征。命如议行。又疏请崇明增设巡道，兼辖太仓、通州。并厘定永兴、牛羊、大安诸沙分防将吏。福山增隶沙船，与京口、狼山诸汛会哨。又请移按察使驻苏州，苏松道驻上海。皆从之。旋署河道总督。九年，署两江总督。十年，协办江宁将军，兼理两淮盐政。疏言："镇江水兵驻高资港，江宁水兵驻省会，各增置将吏。狼山复设赶缯大船，与镇江、江宁水兵每月出巡察，庶长江数千里声势联络。"

上嘉之。尹继善请清察江苏积欠田赋，上遣侍郎彭维新等助为料理，又命浙江总督李卫与其事。察出康熙五十一年至雍正四年都计积亏一千十一万，上命分别吏蚀、民欠，逐年带征。尹继善等并议叙。又请改三江营同知为盐务道，并增设缉私将吏。

十一年，调云贵广西总督。思茅土酋刁兴国为乱，总督高其倬发兵讨之，擒兴国，余党未解。尹继善至，谘于其倬，得綮要，檄总兵杨国华、董芳督兵深入，斩其酋三，及从乱者百余。元江、临安悉定。分兵进攻攸乐、思茅，东道抚定攸乐三十六寨，西道攻六囤，破十五寨，降八十余寨。疏闻，上谕曰："剿抚名虽二事，恩威用岂两端？当抚者不妨明示优容，当剿者亦宜显施斩馘，俾知顺则利，逆则害。今此攻心之师，即寓将来善后之举，是乃仁术也。识之！"十二年，奏定新辟苗疆诸事，请移清江镇总兵于台拱，并移设同知以下官，增兵设汛，从之。又奏云南浚土黄河，自土黄至百色，袤七百四十余里。得旨嘉奖。寻诏广西仍隶广东总督。十三年，奏定贵州安笼等营制。贵州苗复乱，尹继善发云南兵，并征湖广、广西兵策应。遣副将纪龙剿清平，参将哈尚德收新旧黄平二城，合兵徇重安。副将周仪等复余庆，获苗酋罗万象等。总兵王无党、韩勋剿八寨，总兵谭行义剿镇远。又令无党合广西、湖南兵与行义会，破苗寨，斩千余级，获苗酋阿九清等，苗乱乃定。乾隆元年，贵州别设总督，命尹继善专督云南。二年，奏豁云南军丁银万二千二百有奇。入觐，以父尹泰老，乞留京侍养。授刑部尚书，兼管兵部。三年，丁父忧。四年，加太子少保。五年，授川陕总督。郭罗克部番复为乱，尹继善檄谕番酋执为盗者以献，事旋定。六年，奏陈郭罗克善后诸事，请设土目，打牲予号片，宽积案，撤戍兵，上皆许之。七年，丁母忧。

八年，署两江总督，协理河务。疏言："毛城铺天然坝，高邮三坝，皆宜仍旧。"上谕令斟酌，因时制宜。九年，卫入觐，还，上命传旨开天然坝；且曰："卫奏河水小，坝宜开。"尹继善覆奏，略言："卫不问河身深浅，但问河水大小，非知河者也。河浅坝开，宣流太过。湖弱不敌黄强，为害滋甚。"上卒用尹继善议。十年，实授两江总督。十二年，疏言："阜宁、高、宝诸地圩岸分年修治，务令圩外取土，挑浚成沟，量留涵洞，使旱涝有备。凤、颍、泗三属频遭水患，河渠次第开浚，而田间圩塍实与为表里，亦陆续兴修。俟有成效，推行远近。"上谕曰："此诚务本之图，实力为之。"

十三年，入觐，调两广，未行，授户部尚书、协办大学士、军机处行走，兼正蓝旗满洲都统。未几，复出署川陕总督。嗣以四川别设总督，命专督陕、甘。大学士傅恒经略金川，师经陕西，上奖尹继善料理台站、马匹诸事，调度得宜。十四年，命参赞军务，加太子太保。十五年，西藏不靖，四川总督策楞统兵入藏，命兼管川陕总督。

十六年，复调两江。十七年，尹继善以上江频被水，疏请浚宿州睢河、彭家沟，泗州谢家沟，虹县汴河上游，筑宿州符离桥，灵璧新马桥，砂礓河尾黄瞳桥、翟家桥、

诏如所请。罗田民马朝柱为乱，檄总兵牧光宗捕治，并亲赴天堂寨，获朝柱家属、徒党，得旨嘉奖，召诣京师。十八年，复调署陕甘总督。雍正间，开哈密蔡伯什湖屯田，乾隆初，以畀回民。贝子玉素富心屡欷收请罢。尹继善奏言："从前开渠引水，几费经营。回民不谙耕作，频岁歉收。万亩屯田，弃之可惜。请选西安兵丁子弟，或招各卫民承种。"上题其言。

调江南河道总督。十九年，疏言："河水挟沙而行，停滞成滩。有滩则水射对岸，即成险工。铜、沛、邳、睢、宿、虹诸地河道多滩，宜遵圣祖谕，于曲处取直，开引河，导溜归中央，借水刷沙。河堤岁令加高，务使稳固，而青黄不接，亦寓赈于工。"诏如议行。命署两江总督，兼江苏巡抚。二十一年，疏请浚洪泽湖入江道，开石羊沟，引东西湾两坝所减之水，疏芒稻闸达董家沟引河，引金湾闸坝所减之水，加宽廖家沟河口，引璧虎、凤凰两桥所减之水，并浚各河道上游，修天妃、青龙、白驹诸闸，从之。实授两江总督。二十二年，疏言："沛县地最卑，昭阳、微山诸湖环之，济、泗、汶、滕诸水奔注。请于荆山桥外增建闸坝，使湖水畅流入运。又沂水自山东南入骆马湖，出卢口入运，阻荆山桥出水。当相度堵修。"上以所言中形势，嘉之。旋与侍郎梦麟等会督疏治淮、扬、徐、海支干各河暨高、宝各工，是冬事竟，议叙。二十五年，上命增设布政使，尹继善请分设江宁、苏州二布政使，而移安徽布政使驻安庆。二十七年，上南巡，命为御前大臣。二十九年，授文华殿大学士，仍留总督任。三十年，上南巡，尹继善年七十，御书榜以赐。召入阁，兼领兵部事，充上书房总师傅。三十四年，兼翰林院掌院学士。三十六年，上东巡，命留京治事。四月，卒，赠太保，发帑五千治丧。令皇八子永璇奠醑，永璇，尹继善婿也。赐祭葬，谥文端。

尹继善释褐五年，即任封疆，年才三十余。莅政明敏，遇纠纷盘错，纡徐料量，靡不妥贴。一督云、贵，三督川、陕，四督两江。在江南前后三十年，最久，民德之亦最深。世宗最赏李卫、鄂尔泰、田文镜，尝谕尹继善，谓当学此三人。尹继善奏曰："李卫，臣学其勇，不学其粗。田文镜，臣学其勤，不学其刻。鄂尔泰，宜学处多，然臣亦不学其愎。"世宗不以为忤。高宗尝谓："我朝百余年来，满洲科目中惟鄂尔泰与尹继善为真知学者。"御制《怀旧诗》复及之。子庆桂，自有传。

刘於义，字喻旃，江苏武进人。康熙五十一年进士，改庶吉士，授编修。在翰林文誉甚著，凡有撰拟，辄称旨。雍正元年，命直南书房，迁中允。再迁侍讲，督山西学政。三年，迁庶子，上谕以留心民事。岁饥，无积贮，奏请岁以耗羡四万于太原、平阳、潞安、大同买米贮仓，春粜秋补，上命巡抚伊都立酌量举行。四年，一岁四迁，擢仓场侍郎。仓吏积习，驳正米以购筛飏耗米抵额。於义严出入，稽余米定数，宿弊一清。七年，命察核西宁军需。八年，迁吏部侍郎。命与侍郎牧可登如山东察赈，并按按察史唐绥祖劾济南知府金允彝祖邹平县袁舜裔亏空，论如律。

九年，授直隶河道总督。奏天津截留漕粮，省津贴诸

费，但给地方官耗米百之一。又奏青龙湾诸地，侍郎何国宗议建兆心闸十四阻水，当停。并请展坝面，使无碍水道。均如议行。擢刑部尚书，仍理河务。寻署直隶总督。直隶盗犯，依律不分首从皆斩。大名劫盗十余案，每案数十人。於义以凶器只田具，赃物仅米谷，乃饥民借粮争夺，非盗，奏请得末减。直隶盗案视各省分首从自此始。

十年，署陕西总督。十一年，授吏部尚书，仍署总督。累疏言甘、凉为军需总汇，粮草价昂，兵饷不敷养赡。请酌借籽粮农器，于瓜州诸地开垦屯种，耕犁以马代牛，并募耕夫二百，教回民农事。又于赤金、靖逆之北洴带湖及塔儿湾筑台堡为保障，安家窝铺口别开渠供灌溉。又疏请甘、凉设马厂，牧长、牧副，视太仆寺条例，岁十一月，察马匹孳生多寡，为弁兵升降赏罚。均如所请行。十三年，命大学士查郎阿代於义领陕西总督，予於义钦差大臣关防，留肃州专管军储。乾隆元年，奏言："兰州浮桥始于前明，用二十四艘，两埠铁缆百二十丈。自有司递减四舟，缆仅七十丈，于是埠基础入河心，水益湍急，冲溃屡见。请动用公帑改复原式。庶河宽水缓，以便行旅。"得旨允行。

查郎阿入觐，於义仍署陕西总督。二年，召还京。三年，查郎阿劾承办军需道沈青崖等私运侵帑，辞连於义。上遣侍郎马尔泰会查郎阿按治，於义坐夺官，并责偿麦稞价银三万余两。甘肃自康熙末至雍正初，亏帑金一百六十余万，文书散缺。於义奉命察核，逮任总督，部署西师往返，凡四年，屯田筑堡，安集流移，输送军粮战马，其劳最多。以簿领过繁，得过亦由此。

五年，起署直隶布政使。七年，授福建巡抚，疏请裁减闽盐课外加派。漳州民陈作谋、台湾民王永兴等谋为乱，遣檄吏捕治。八年，调山西，召补户部尚书。九年，调吏部尚书、协办大学士。御史柴潮生请修治直隶水利，命同直隶总督高斌勘察。议浚牤牛河；开白沟河支流，西淀亦开支河，东淀河道裁湾取直，子牙河疏河口，筑堤界，别清浑；疏凤河；浚塌河淀；引唐河入保定河；浚正定诸泉，引以溉田；并修复营田旧渠闸。是为初次应举各工。十年，署直隶总督，加太子太保。是冬，报初次工竣。复议还乡河裁湾取直，筑运蓟河西堤；挑张青口支河、新安新河；拓广利渠，望都至安肃开沟；并裁永定河兜湾。是为二次应举各工。引塌河淀涨水入蓟运河；疏天津贾家口、静海芦北口诸河；及庆云马颊河、盐山宣惠河。是为三次应举各工。又令署直隶河道总督，疏请减庆云赋额。上命减地丁十之三，著为令。十二年夏，报二、三次工竣。召还。

十三年二月，奏事养心殿，跪久致仆，遂卒。赐祭葬，谥文恪。

陈大受，字占咸，湖南祁阳人。幼沉敏，初授《内则》，即退习其仪。既长，家贫，躬耕山麓。同舍渔者夜出捕鱼，为候门，读书不辍。雍正十一年，成进士，选庶吉士。乾隆元年，授编修。二年，大考翰詹诸臣，日午，上御座以待。大受卷先奏，列第一，超擢侍读。五迁吏部侍郎。四年，授安徽巡抚。初视事，决疑狱，老吏骇其精敏。庐、凤、颖诸府时多盗，有司多讳匿，大受定限严缉，月获盗五十辈，得旨褒美。淮南、北洊饥，发仓谷赈之。谷且尽，继以麦。又告籴江南、广东，且发且储。时频岁饥民掠米麦以食，有司以盗论。哀其情，奏原六十余人。麦熟，禁踹曲造酒及大商囤积。又以高阜斜陂不宜稻麦，福建安溪有旱稻名畲粟，不须溉灌，前总督郝玉麟得其种，教民试艺有获。因令有司多购，分给各州县，俾民因地种植。事闻，上谕曰："诸凡如此留心，甚慰朕怀。"

是年，调江苏，疏请饬粮道较定各州县漕斛，及先冬令民搜蝻子。屡谕嘉奖，并以搜蝻子法令直隶总督高斌仿行。常州、镇江、太仓三府州被水灾，发仓治赈。江南旧多借堰圩塘，或有久废者，被水后尤多溃败，工巨费重，民力不能胜。大受出官粟借之，召民兴筑，计时而成。于江浦缮三合、永丰、北城诸圩，于句容复郭西塘黄堰，苏州、太仓疏刘家河，灌溉潴泄，诸工毕举。七年秋，黄河决古沟、石林，高、宝、兴、泰、徐诸州县罹其患，大受驰视以闻。上命截漕米协济，大受乃命多具舟，候水至分载四出，舳舻数百里，一日而遍。丹阳运河口藉湖水灌输，淤沙需疏浚，大受奏定六年大修，每年小修。后高宗南巡，御制《反李白丁都护歌》曰："岂无疏浚方，天工在人补。轮年大小修，往来通商贾。"盖嘉其奏定岁修法利于漕运也。

十年，有旨蠲明年天下钱粮，大受疏请核准漕项科则，晓谕周知；汇核地丁耗羡，同漕项并完；酌定业户减租分数，通饬遵行。得旨嘉奖。户部议禁商人贮米，大受谓："商人贮米，得少利即散，贮不过一岁，民且利焉。请弛禁便。"又言："城工核减，意在节用。用省而工恶，再修且倍之。"上皆韪其言。常州俗崇佛，家设静堂，自立名教。江宁、松江、太仓渐染其习。大受疏请饬有司防禁，移佛入庙；堂内人田屋产，量为处置。上谕曰："此等事须实力，不可欲速。不然，则所谓好事不如无也。"

十一年，加太子少保，调福建。十二年，疏言："近海商民，例许往暹罗造船贩米。内渡时若有船无米，应倍税示罚。"部议从之。疏言："巡台御史巡南北二路，台湾、凤山、诸罗、彰化四县具厨传犒赏，往往滥准词讼。又于额设胥役外，俾奸民注籍，恃符生事。"上命自乾隆五年起，巡台御史均下部严议。又疏言："台湾番民生业艰难，向汉民重息称贷。子女田产，每被益折。请拨台谷二万石分贮诸罗、彰化、淡水诸县，视凤山例接济。其不愿借者听。"报可。台湾民、番杂处，土音非译不通。有奸民杀人贿通事，移坐番罪，疑之，再鞫，竟得白。或言海上有岛十四，为田万余亩，可开垦，前政以入告。大受以岛地久在禁令，一旦开禁，聚人既多，生奸尤易。设兵弹压，为费弥甚，利不敌害，辄奏罢之。召授兵部尚书。十三年，调吏部，协办大学士、军机处行走。十四年，金川平，晋太子太傅。秋，署直隶总督。十五年，授两广总督。陛辞请训，上曰："汝直军机处两年，万几之事，皆目所击，即朕训也。何赘辞？惟中外一心足矣。"寻命协理粤海关。两粤去京师远，吏偷民嚣，大受以猛治之，累劾不法吏，政令大行。十六年，以病乞解任，温诏慰留。未几，卒，赐祭葬，谥文肃，祀贤良祠。

大受眉目皆上起，丰髯有威。清节推海内。以微时极贫，禄不逮亲养，自奉如布衣时。子辉祖，自有传。

张允随，字觐臣，汉军镶黄旗人。祖一魁，福建邵武知府，有政绩，祀名宦。允随入赀为光禄寺典簿，迁江南宁国同知，擢云南楚雄知府。雍正元年，调广南。丁母忧，总督鄂尔泰等请留司铜厂。二年，授曲靖知府，擢粮储道。鄂尔泰复荐可大任，上召入见。五年，擢按察使。未几，迁布政使。云南产铜供铸钱，宝源、宝泉二局需铜急，责委员领帑采洋铜，洋铜不时至。允随综铜厂事，察知旧厂产尚富，增其值。民乐于开采，旧厂复盛。又开大龙、汤丹诸新厂，岁得铜八九百万斤供用。乃停采洋铜，国帑省，官累亦除。八年，调贵州。未几，授云南巡抚。允随官云南久，熟知郡国利病，山川险要，苗、夷情状。十一年，思茅土酋刁兴国纠徼外苦葱蛮等为乱，蔓延数州县。允随与总督高其倬遣兵讨之，思茅围解。乱苗遁攸乐，知县章纶以事诣会城，至蟆蜂村，遇寇死。允随趣兵进，擒兴国。余众走临安，复击破之。允随疏以镇沅、思乐府县皆新改土为流，请立学，设教职，定学额。又疏以云南各府州或兵少米多，请以额征秋米石折银一两；或兵多米少，请以额征条银两收米一石。十二年，疏请于广西府开炉鼓铸。皆下部议行。十三年，疏报蒙化垦田二十六顷有奇。

乾隆二年，署云南总督。疏言："云南水利与他省不同，水自山出，势若建瓴。大率水高田低，自上而下，当浚沟渠，使盘旋曲折，承以木枧、石槽，引使溉田。偶有田高水低，则宜车戽。又或雨后水急，则宜塘蓄。低道小港水阻恐傍溢，则宜疏水口使得畅流。山多沙碛，水发嫌迅激，则宜筑堤埝，俾护田亩。臣令有司勘修，工小，令于农隙按田出夫，督率兴作；工稍大者，出夫外，应需工料，令集士民公议需费多寡。有田用水者，按田定银数，借库帑兴工。工毕，分年还款。工大非民力能胜，详情覆勘，以官庄变价，留充工费。"报闻。

三年，请停铸钱运京。是冬，入觐。四年，正岁，上宴廷臣，赋柏梁体诗，允随与焉。五年，疏言："云南盐不敷民食，安宁得洪源井，试煎，年获二十一万余斤。丽江得老姆井，试煎，年获十八万余斤。分地行销，定为年额。"上奖为有益之事。署贵州总督。六年，广东妖民黄顺等遁匿贵州境，有司捕告奏闻。上谕曰："汝不以五日京兆自居，尽心治事可嘉。"

复署云南总督。兵部议各省有增设兵额，量加裁减。允随奏："云南昭通、普洱二镇有增设兵额，地处边要，未可裁减。惟有通核合省标、镇、营、协，按额均减，分计则兵裁无几，合计则饷省已多。标、镇、营、协应裁兵一千一百六十，先裁余丁四百四十八。余俟缺出停补。"从之。允随请浚金沙江，上命都统新柱、四川总督尹继善会勘。疏言："金沙江发源西域，入云南，经丽江、鹤庆、永北、姚安、武定、东川、昭通七府，至叙州入川江。东川府以下，南岸隶云南，北岸隶四川。营汛分布，田庐相望。

至大井坝以上，南岸尚有田庐，北岸皆高山。山后沙马、阿都两土司地，从前舟楫所不至。自乌蒙改流设镇，云南兵米，每岁籴自四川，皆自叙州新开滩至永嘉黄草坪五百八十里，溯流而上。更上自黄草坪至金沙厂六十里，商舶往来。臣等相度，内有大汉漕、凹崖、三腔、锣锅耳诸滩险恶，应行修理。更上自金沙厂至滥田坝二百二十七里，十二滩，滥田坝最险，次则小溜筒。臣等相度开凿子河。更上自双佛滩至蜈蚣岭，十五滩相接，石巨工艰。臣等令改修陆路，以避其险。云南地处极边，民无盖藏，设遇水旱，米价增昂。今开通川道，有备无患。"上谕曰："既可开通，妥协为之，以成此善举。"允随主办其役，计程千三百余里，费帑十余万，经年而工成。

八年，疏言："大理洱海发源鹤庆泝沮河，至大理，合苍山十八溪，汇而成海。下自波罗甸出天生桥，趋澜沧江。海袤百二十里，广二十余里；而天生桥海口宽不及丈，每致倒流，淹浸滨海田庐。臣饬将海口疏治宽深，自波罗甸下达天生桥，分段开浚，叠石为堤，外栽茨柳，为近水州县祛漫溢之患。海口涸出田万余亩，令附近居民承垦，即责垦户五年一大修，按田出夫，合力疏浚。"授云南总督，兼管巡抚。九年，疏报东川阿坝租得铜矿，试煎，月得铜四万余斤。十年，加太子少保。

十二年，授云贵总督。疏言："苗、猓种类虽殊，皆具人心。如果抚驭得宜，自不至激成事变。臣严饬苗疆文武，毋许私收滥派，并禁胥役滋扰。至苗民为乱，往往由汉奸勾结。臣饬有司稽察捕治。"又疏言："贵州思州诸府与湖南相接，今有辰、沅饥民百余入贵州境采蕨而食。臣已饬贵州布政使、粮驿道以公使银赈济。如有续至，一体散给安置。"诸疏上，并嘉奖。十五年，入觐，授东阁大学士，兼礼部尚书，加太子太保。十六年，卒，赐祭葬，谥文和。

陈宏谋，字汝咨，广西临桂人。为诸生，即留心时事，闻有邸报至，必借观之。自题座右，谓"必为世上不可少之人，为世人不能作之事"。雍正元年恩科，世所谓春秋会。宏谋举乡试第一，成进士，改庶吉士，授检讨。四年，授吏部郎中。七年，考选浙江道御史，仍兼郎中。监生旧有考职，多以人代。世宗知其弊，令自首，而州县吏藉察访为民扰。宏谋疏请禁将来，宽既往。召见，征诘再三，申论甚晰，乃允其奏，以是知其能。授扬州知府，仍带御史衔，得便宜奏事。丁父忧，上官留之，辞，不许。迁江南驿盐道，仍带御史衔，摄安徽布政使。又丁母忧，命留任，因乞假归葬。

十一年，擢云南布政使。初，广西巡抚金𫓧奏令废员垦田报部，以额税抵银得复官，报垦三十余万亩。宏谋奏言："此曹急于复官，止就各州县求有余熟田，量给工本，即作新垦。田不增而赋日重，民甚病之，请罢前例。"上命云南广西总督尹继善察实，尹继善请将虚垦地亩冒领工本核实追缴。乾隆元年，部议再敕两广总督鄂弥达会𫓧详勘。宏谋劾𫓧欺公累民，开捐报垦不下二十余万亩，实未垦成一亩，请尽数豁除。时𫓧内迁刑部侍郎，具疏辨。

上命鄂弥达会巡抚杨超曾确勘。二年，宏谋复密疏极论其事。高宗责"宏谋不待议覆，又以为是渎奏。粤人屡陈粤事，恐启乡绅挟持朝议之渐"。交部议，降调。寻鄂弥达等会奏，报垦田亩多不实，请分别减豁。䂓以下降黜有差。

三年，授宏谋直隶天津道。五年，迁江苏按察使。六年，迁江宁布政使，甫到官，擢甘肃巡抚，未行，调江西。九年，调陕西。十一年，复调回江西。寻又调湖北。十二年，川陕总督庆复刻宏谋在陕西爱憎任情，好自作聪明，不持政体。部议夺官，上命留任。未几，复调陕西。上谕曰："此汝驾轻就熟之地，当秉公持重，毋立异，毋沽名。能去此结习，尚可造就也。"署陕甘总督。十五年，加兵部侍郎。其冬，河决阳武。调河南巡抚。十七年，调福建。十九年，复调陕西。二十年，调甘肃。再调湖南，疏劾布政使杨灏侵扣谷价。上嘉其不瞻徇，论灏罪如律。二十一年，又调陕西。

二十二年，调江苏。入觐，上询及各省水灾，奏言皆因上游为众水所汇，而下游无所归宿，当通局筹办。上以所言中肯綮，命自河南赴江苏循途察勘。十二月，迁两广总督，谕曰："宏谋籍广西，但久任封疆，朕所深信。且总督节制两省，专驻广东，不必回避。"二十三年，命以总督衔仍管江苏巡抚，加太子少傅。二十四年，坐督两广时请增发盐商帑本，上责"宏谋市恩沽名，痼习未改"。下部议夺官，命仍留任。又以督属捕蝗不力，夺总督衔，仍留巡抚任。二十六年，又以失察浒墅关侵渔舞弊，议罢任，诏原之，谕责"宏谋模棱之习，一成不变"。调抚湖南。二十八年，迁兵部尚书，署湖广总督，仍兼巡抚。召入京，授吏部尚书，加太子太保。

宏谋外任三十余年，历行省十有二，历任二十有一。茌官无久暂，必究人心风俗之得失，及民间利病当兴革者，分条钩考，次第举行。诸州县村庄河道，绘图悬于壁，环复审视，兴作皆就理。察吏甚严，然所劾必择其尤不肖者一二人，使足怵众而止。学以不欺为本，与人言政，辄引之于学，谓："仕即学也，尽吾心焉而已。"故所施各当，人咸安之。

在扬州值水灾，奏请遣送饥民回籍，官给口粮，得补入赈册，报可。盐政令淮商于税额外岁输银助国用，自雍正元年始，积数千万，率以空数报部。及部檄移取，始追征，实阴亏正课，宏谋奏停之。

在云南，方用兵倮夷，运粮苦道远，改转搬递运，民便之。增铜厂工本，听民得鬻余铜，民争趋之。更凿新矿，铜日盛，遂罢购洋铜。立义学七百余所，令苗民得就学，教之书。刻《孝经》、《小学》及所辑《纲鉴》、《大学衍义》，分布各属。其后边人及苗民多能读书取科第，宏谋之教也。

在天津，屡乘小舟咨访水利，得放淤法，水涨挟沙行，导之从堤左入，堤右出。如是者数四，沙沉土高，沧、景诸州悉成沃壤。按察江苏，设弭盗之法，重诬良之令，严禁淹亲柩及火葬者。

在江西，岁饥，告籴于湖广。发帑缮城垣，筑堰埭，修圩堤闸坝，以工代赈。南昌城南罗丝港为赣水所趋，善

冲突，建石堤捍之。左蠡朱矶当众水之冲，亦筑堤百丈，水患以平。又以钱贵，奏请俟云南铜解京过九江，留五十五万五千斤，开炉鼓铸；并以旧设炉六，请增炉四：诏并许之。又以仓储多亏缺，请令民捐监，于本省收谷，以一年为限。限满，上命再收一年。又以民俗尚气好讦讼，请令各道按行所属州县，察有司，自理词讼，毋使延阁滋累。上命实力督率，毋徒为具文。

在陕西，募江、浙善育蚕者导民蚕，久之利渐著。高原恒苦旱，劝民种山薯及杂树，凿井二万八千有奇，造水车，教民用以灌溉。陕西无水道，惟商州龙驹寨通汉江，滩险仅行小舟。宏谋令疏凿，行旅便之。又以陕西各属常平仓多空廠，亦令以捐监纳谷。并请开炉铸钱，如江西例。户部拨运洋铜，铸罄，采云南铜应用，钱价以平。请修文、武、成、康四王及周公、太公陵墓，即以陵墓外余地召租得息，岁葺治。皆下部议行。

在河南，请修太行堤。又以归德地洼下，议疏商丘丰乐河、古宋河，夏邑响河，永城巴沟河，民力不胜，请发帑浚治。

既至福建，岁歉米贵，内地仰食台湾，而商舶载米有定额，奏弛其禁以便民。又疏言福建民器竞多讼，立限月为稽核，以已未结案件多寡，课州县吏勤惰。又言福建地狭民稠，多出海为商，年久例不准回籍。请令察实内地良民或已死而妻妾子女愿还里者，不论年例，许其回籍，从之。

在湖南，禁洞庭滨湖民壅水为田，以宽湖流，使水不为患，岁大熟。江南灾，奏运仓谷二十万石济之，仍买民谷还仓。

再至陕西，闻甘肃军需缺钱，拨局钱二百万贯济饷，上嘉其得大臣任事体。疏请兴关外水利，浚赤金、靖逆、柳沟、安西、沙州诸地泉源，上命后政议行。又以准噶尔既内附，请定互市地，以茶易马充军用，诏从之。

其治南河，大要因其故道，开通淤浅，俾畅流入海。督民治沟洫，引水由支达干，时其蓄泄。徐、海诸州多弃地，遇雨辄淫溢，课民开沟，即以土筑圩，多设涵洞为旱潦备；低地则令种芦苇，薄其赋。其在江苏，尤专意水利，疏丁家沟，展金湾坝，浚徐六泾白茆口，泄太湖水，筑崇明土塘御海潮，开各属城河。又疏言："苏州向设普济、育婴、广仁、锡类诸堂，收养茕独老病，并及弃婴。请将通州、崇明滨海淤滩，除附近民业著听升科，余拨入堂。又通州、崇明界新涨玉心洲，两地民互争，请并拨入，以息争竞。"上谕曰："不但一举而数善备，汝亦因此得名也。"

及督湖广，疏言："洞庭湖滨居民多筑围垦田，与水争地，请多掘水口，使私围尽成废壤，自不敢再筑。"上谕曰："宏谋此举，不为煦妪小惠，得封疆之体。"

逮入长吏部，疏言："文武官弁，均有捕盗之责。乃州县捕役，平时豢盗，营兵捕得，就瘗时任其狡展，或且为之开脱。嗣后应令原获营员会讯。"上嘉其所见切中事理。又疏言："河工办料，应令管河各道亲验加结。失事例应文武分偿，而参游例不及，应酌改画一。"下河督议行。又言："匿名揭帖，循例当抵罪，所告款内有无虚实，

仍应按治。则宵小不得逞奸,有司亦知所警。"上亦韪之。

二十九年,命协办大学士。三十二年,授东阁大学士,兼工部尚书。三十四年,以病请告,迭谕慰留。三十六年春,病甚,允致仕,加太子太傅,食俸如故。赐御用冠服,命其孙刑部主事兰森侍归。诏所经处有司在二十里内料理护行。上东巡,觐天津行在,赐诗宠其行。六月,行至兖州韩庄,卒于舟次,年七十六。命祀贤良祠,赐祭葬,谥文恭。

宏谋早岁刻苦自励,治宋五子之学,宗薛瑄、高攀龙,内行修饬。及入仕,本所学以为设施。莅政必计久远,规模宏大,措置审详。尝言:"是非度之于己,毁誉听之于人,得失安之于数。"辑古今嘉言懿行,为《五种遗规》,尚名教,厚风俗,亲切而详备。奏疏文檄,亦多为世所诵。曾孙继昌,字莲史。嘉庆二十四年乡试、二十五年会试、廷试,俱第一,授修撰。历官至江西布政使。

论曰:乾隆间论疆史之贤者,尹继善与陈宏谋其最也。尹继善宽和敏达,临事恒若有余;宏谋劳心焦思,不遑夙夜,而民感之则同。宏谋学尤醇,所至惓惓民生风俗,古所谓大儒之效也。於义督军储、策水利,皆秩秩有条理。大受刚正,属吏惮之若神明,然论政重大体,非苟为苛察者比。允随镇南疆久,泽民之尤大者,航金沙江障洱海,去后民思,与江南之怀尹继善、陈宏谋略相等,懿哉!

卷三百八　　列传九十五

那苏图　杨超曾　徐士林 邵基
王师　尹会一　王恕　方显 子桂　冯光裕
杨锡绂　潘思榘　胡宝瑔

那苏图,戴佳氏,字羲文,满洲镶黄旗人。康熙五十年,袭拖沙喇哈番世职,授蓝翎侍卫。雍正初,四迁兵部侍郎。四年,出为黑龙江将军。八年,调奉天将军。乾隆元年,擢兵部尚书。二年,调刑部,授两江总督。协办吏部尚书顾琮请江、浙沿海设塘堡,复卫所,下督抚详议。三年,那苏图奏:"明沿海卫、所武事废弛,我朝裁卫改营,江南有金山、柘林、青村、南汇、川沙、吴淞、刘河诸营,提督驻松江控制。崇明、狼山二镇对峙海口,塘汛声势连络,无庸复设卫、所。濒海炮台,应改建者一,华亭漴缺墩;应增建者二:柘林南门、福山挑山嘴;应移建者一,吴淞王家嘴;应修者一,刘河北七丫口。"并请改旧制,撤墙设垛,置木盖,留贮药之屋;并请城茜泾,设兵崇明西南二条监河、顾四房沟、堂沙头港诸地。下部议行。江南旱,上命拨福建仓谷三十万石治赈。那苏图奏言:"江、广诸省买米,次第运至,无灾州县,本年漕粮全数截留,两江不患无米。福建海疆重地,且不产米,请留十万石分拨灾区,以二十万石运还福建。"上嘉其得封疆大臣之度。四年,诏免两江地丁钱粮。奏言:"向例蠲免不分贫富,但富户遇歉,未伤元气;贫民素乏盖藏,多免一分,即受一分之惠。请以各州县实征册为据,额根五钱以下者全蠲,五钱以上者酌量蠲免,五两以上者无庸议蠲。"上谕曰:"卿能如此酌议,如此担当,诚为可嘉。古人云'有治人无治法',当访察胥役,毋令因事扰民,则全美矣。"以忧去。

五年,授刑部尚书。旋出署湖广总督。六年,调两江。七年,调闽浙。疏裁阖省盐场浮费,场员受年节规礼,以不枉法赃论罪。八年,疏言:"温、台二洋,渔船汛兵,向有陋规。总督李卫奏改涂税,嵇曾筠又请减半征收。渔船出洋,海关征梁头税,有司征渔课,不当复加涂税。"命永远革除。九年,疏言:"台湾孤悬海外,漳、泉、潮、惠流民聚居,巡台御史熊学鹏议令开荒。臣思旷土久封,遽行召垦,恐匪徒滋事,已令中止。"报闻。

旋调两广。十年,条奏:"两广盐政,请以商欠盐价羡余分年带征。商已承替,令承替者偿;官或侵渔,令侵渔者偿。埠商占引地,逋成本,斥逐另募。盐课外加二五加一,并属私派,悉行禁革。"又调直隶。十一年,条奏八旗屯田章程。十二年,上东巡,那苏图从至通州,赉白金万。条奏稽察山海关诸事,并如所奏议行。加太子少傅。十三年,加太子太保,授领侍卫内大臣,仍留总督任。那苏图请赴金川军前佐班第治事,上不许。十四年,命暂署河道总督。卒,赐祭葬,谥恪勤。

杨超曾,字孟班,湖南武陵人。康熙五十四年进士,改庶吉士,授编修。雍正四年,直南书房。时湖南北甫分闱,命充湖北乡试考官。旋督陕西学政。再迁左庶子。六年,疏陈:"镇安、山阳、商南、平利、紫阳、石泉、白河诸县士风衰落,西安、汉中各属冒考,号为寄籍,诸弊丛生。请就本籍量取,宁缺无滥。并改寄籍者归本籍,廪增俱作附生。"议行。调顺天学政。迁侍读学士。九年,擢奉天府尹。疏言:"奉天各属科派多于正供,造册有费,考试有费,修廨宇、治保甲有费。长官取之州县,州县取之民间,衔蠹里胥,指一派十,婴害尤剧。已严檄所属檄镌石禁。"上韪之,下其奏永为例。十年,疏言:"秋收稍歉,明春米谷势必腾贵,请停商运。"下部议行。十一年,疏言:"州县所收加一耗羡,自锦州、宁远外,俱留充州县养廉。府尹以下养廉,以中江等税羡支给。"部议即以是年始,著为令。内务府准御史八十条奏,增锦州庄头百户拨民种退圈地亩。超曾奏:"地给民种,立业已久。今增庄头百户,户给六百五十晌,晌六亩,都计三十九万亩。民间万户,无地可耕,一时断难安辑。且正值春耕,清丈动需时日,旧户新庄俱不能播种,本年赋必两悬。请缓俟秋收查丈。"事遂寝。迁仓场侍郎。十二年,擢刑部额外侍郎,仍督仓场如故。旋授刑部侍郎。

乾隆元年,署广西巡抚,二年,实授。疏请豁除桂林等府县各墟及贺县花麻地租杂税。初,巡抚金鉷奏令废员官生垦荒报捐,有司因以为利,搜民间有余熟田,量给工本,即作新垦。云南布政使陈宏谋疏陈其弊,下总督鄂弥达及超曾核覆。会疏陈捐垦不实田亩、应减应豁及官生短给工本诸事,上命豁加赋虚田凡数万亩,铣及布政使张钺皆夺官。三年,召授兵部尚书。

五年夏,署两江总督。秋,授吏部尚书,仍署总督。疏劾江西巡抚岳濬及知府董文伟、刘永锡徇情纳贿,遣侍郎阿里衮会江南河道总督高斌按治,濬等坐谴。六年,疏请裁太通道、扬州盐务道,以通州隶常镇道辖,余如旧,可其奏。兼署安徽巡抚。秋,大风雨,滨江、海诸州县皆被水。超曾令先以本州县所存银米抚恤,并发司库银八万,未被水诸州县仓米十万,赈上江各州县;又发司库银十万、各县谷百余万,赈下江各州县。疏入,上谕曰:"料理赈恤,颇为得宜。当以至诚恻怛为之,庶可稍救灾黎也。"通州盐河亦已水发辍工,督治水利大理寺卿汪漋、副都御史德尔敏令开唐家闸泄水。民虑淹及麦田,纷集欲罢市。侍郎杨嗣璟疏劾,命超曾按其事。超曾奏:"民无挟制阻挠情状,似可无事深究。"上从之。复疏荐江苏巡抚徐士林处己俭约,安徽巡抚陈大受虚中无滞,江西巡抚包括性情和平,惟吏玩民刁,鲜所整顿。上谕曰:"此至当至公之论,与朕见同也。"寻内召视部事,以父忧归,籍稿丧次。病作,七年,卒,赐祭葬,谥文敏。

徐士林,字式儒,山东文登人。父农也,士林幼闻邻塾读书声,慕之,跪母前曰:"愿送儿入塾。"乃奋志励学。康熙五十二年,成进士,授内阁中书。再迁礼部员外郎。雍正五年,授江南安庆知府。十年,擢江苏按察使。坐在安庆失察私铸,左迁福建汀漳道。漳州俗好斗,杀人,捕之,辄聚众据山拒。或请用兵,士林不可。命壮丁分扼要隘,三日,度其食且尽,遣人深入,好语曰:"垂手出山者免!"如其言,果逐队出。伏其仇于旁,仇举为首者,擒以徇,众惊散。自此捕杀人者,无敢据山拒。乾隆元年,迁河南布政使。以父病乞归侍,旋居父丧。命署江苏布政使,士林以母病、父未葬,辞。四年,命以布政使护江苏巡抚,复奏母病笃不能行。是年夏,诣京师,高宗召对,问:"道所经山东、直隶,麦收若何?"曰:"旱且萎。"问:"得雨如何?"曰:"虽雨无益。"问:"何以用人?"曰:"工献纳者,虽敏非才;昧是非者,虽廉实蠹。"上深然之。真除江苏布政使。五年,湖广遣山东流民还里,道经江南,恃其众扰民。士林疏言:"真确灾民,或有田可耕,或无田而佃,素皆力穑。时值春融,自当资送复业。至若游惰无业,漂泊日久,彼固非能耕之人,亦不尽被灾之民,应请停资送。或谓无籍穷民,恐流而为匪,终年搜查递送不得休。臣未闻不为匪于本籍,独为匪于邻封者;亦未闻真为匪者递回本籍,即能本力田而不复潜至邻封者也。安分则抚之,犯法则惩之,在地方官处置得宜而已。"上是其言,下九卿议行。

秋,授江苏巡抚。湖北巡抚崔纪以湖广食淮盐,自雍正元年定值,递年加增,为民累,疏请核减,命士林会盐政准泰核议。士林奏:"盐为民食所资,贵固累民,贱亦累商。今确核成本,每引贱价以五两三钱余为率,贵价以五两七钱余为率。商人计子母,若令按本出售,恐商力日绌,转运不前,民亦所未便。请每引酌给余息二三钱。"疏下户部议,成本如所定,至余息已在成本内,无庸酌给。士林奏:"商人牟利,运盐不时至,市值即因之而长。盐政三保原议每引戥至六两三钱余,贵至六两五钱余,是实有余息。今臣所议已将余息减除,仅加息二三钱。计售于民,每斤增不过以毫计,利已至薄。只以商本饶裕,常年通算,积少成多。今不给余息,商情必生退阻。倘汉口运盐不继,恐淮商困而楚民亦病也。"上特从之。是岁徐、海水灾,士林疏请治赈。六年春,复疏请酌借贫民谷麦。沛县灾最重,请发藩库余平银籴米续赈。别疏言:"江苏社谷积贮无多,去年秋成,惟徐、海被灾,余俱丰稔。臣饬诸州县劝捐十余万石,仍戒勿强派,勿限数,勿差役滋扰。"上深嘉之。寻以病请告,温旨慰留,遣医诊视。又疏言:"淮北被水,二麦无收,急宜抚恤。臣不敢泥成例,已先饬发库帑赈济,俟察实成灾分数具题。"上谕曰:"如此料理,甚副朕视民如伤之念。"

及秋,病益甚,疏请乞假,且言:"母年八十三,未能迎养,暌违两载,寝食靡宁。"上允之。行至淮安,卒。遗疏入,上谕曰:"士林忠孝性成,以母老远离,不受妻孥之养,鞠躬尽瘁,遂致沉疴。及得假后,力疾旋里,以图侍母。临终无一语及私,劝朕以忧盛危明之心为长治久安之计。此等良臣,方资倚任。乃今溘逝,朕实切切含悲不能自已者也!"命祀京师贤良祠,赐祭葬。遗疏言:"故父之淮,母鞠氏,孝养祖父母,侍病二十余年,历久不懈。恳赐表扬。"命予旌如例。

士林善治狱。为巡抚,守令来谒,辄具狱命拟判,每诫之曰:"深文伤和,姑息养奸。夫律例犹《本草》,其情事万端,如病者之经络虚实,不善用药者杀人,不善用律者亦如之。"凡谳定必先摘大略牌示,始发缮文册,吏不得因缘为奸。日治官文书,至夜坐白木榻,一灯荧然,手批目览,虽除夕、元辰弗辍。爱民忧国,惟日不足。江南民尤德之。九年,请祀苏州名宦祠。鄞县邵基、临汾王师与士林先后抚江苏,有清名。

基,字学础。康熙六十年进士,改庶吉士。雍正三年,授编修。考选福建道御史。巡中城,止司坊官馈遗商市月桩钱,厘积案,奸究惕息。巡直隶顺德、大名、广平三府,以廉勤饬使事。迁户科给事中,命在上书房行走。四迁国子监祭酒,立教术五条,勉生徒以正学。历有通政、左金都御史,仍兼祭酒。十二年,迁右副都御史,擢吏部侍郎。疏言:"强梗属员,以上官将予参劾,辄先发制人。往往参本未到,揭帖已至。质讯虚诬,按律治罪,上官已被其累。请嗣后上官恃势,属员受屈,仍许直揭部科;其有诬揭者,于本罪外加重科断。"议行。寻兼翰林院掌院学士。

乾隆元年,充博学鸿词阅卷官。出为江苏巡抚。二年,疏言:"江苏各属,江、海交错,全资水利。运道、官河及湖海巨工,自当发帑官修。其支河汊港,蓄水灌田,向皆民力疏浚。近悉请官帑,似非执中无弊。请将运河及江、河、湖、海专资通泄之处,仍发库帑估修;其余河港圩岸,令有司劝民以时疏浚修筑,庶公私两益。"下部议,从之。

时以治赈收捐，基疏争，略言："天下传皇上新政，首罢捐例。今为乐善好施之例，是开捐而巧更其名也。《周官》荒政十二，未闻乞灵于赀郎。"上命停止，户部持不可，卒行之。上以基题补按察使戴永椿，知府王乔林、石杰皆同乡，道员李梅宾、卢见曾皆同年，不知避嫌，严旨诘责。基旋卒。子铎，官检讨，早卒。孙洪，赐举人，官至礼部侍郎，亦有清名。

师，字贞甫。雍正八年进士，以知县发直隶。十一年，授元城知县。王胜曈芜田数百亩，岁有征，请除其累。导民树藜，沙壤成沃，岁祲不待请而赈。调清苑，迁冀州知州。州民被诬为杀人，已定谳，民所聘女誓同死。廉得实，覆鞫，雪其枉，俾完娶。累迁清河道，从大学士高斌等规画直隶水利，周历保定、河间、天津、正定诸地，所擘画多被采用。擢直隶按察使。乾隆十一年，迁浙江布政使，调江苏，巡抚安宁劾，解任。又以按察使任内失察邪教，降补天津道。再授浙江布政使。十五年，擢江苏巡抚，免沛县昭阳湖淹地老荒麻地征课。寻卒。子亶望，自有传。

尹会一，字元孚，直隶博野人。雍正二年进士，分工部学习，授主事，迁员外郎。五年，出为襄阳知府。汉水暴涨，坏护城石堤。会一督修建，分植巡功，民忘其劳。创八蜡庙，表诸葛亮所居山，复为茅庐其上。署荆州，石首饥民聚众，扬言将劫仓谷。会一单骑往谕，击其强悍者，发仓谷次第散之，众悦服。九年，调江南扬州知府，浚新旧城市河通舟楫，浚城西蜀冈下河灌田畴。十一年，迁两淮盐运使。新安定书院，士兴于学。高宗即位，就加金都御史衔，擢两淮盐政。

乾隆二年，入觐，命署广东巡抚，以母老辞。调署河南巡抚。河南方闵雨，疏请缓征，并发仓平粜，不拘存七粜三旧例，视缓急为多寡，上从之。寻疏言："力田贵乘天时。河南民时宜播种，尚未举耜；时宜耘耔，始行播种。臣拟分析种植先后，刊谕老农，督率劝勉。如工本不敷，许借仓分，秋后补还。北方地阔，一夫所耕，自七八十亩至百余亩，力散工匮。臣劝谕田主，授田以三十亩为率。分多种之田给无田之人，则游民亦少。河南多咸碱沙地，犁去三尺，则咸少而润泽。臣责成乡保就隙地植所宜木，则地无旷土。河南产木棉，而商贾贩于江南，民家有机杼者百不得一。拟动公项制造给领。广劝妇女，互相仿效。"上谕之曰："酌量而行，不可欲速，不可终怠。若民不乐从，尤不可绳以法也。"旋命实授。三年，上以河南岁稔，敕筹备仓谷。会一疏言："河南岁丰，直隶、江南岁歉，商贩纷集，米价日昂。臣饬有司，本地价高，于邻县买补；邻县价高，报明不数银，在各属盈余款内均拨。河南民食麦为上，高粱、荞麦、豆次之。臣并令参酌籴贮，来春先尽粜借。"上嘉之。

四年，黄河、沁水共涨，濒河四十七州县成灾。会一定赈恤规条十六，无食者予一月之粮，无居者予茸屋之资，缓征减粜，留漕运贷仓米，米不足，移他郡之粟助之，富民周济；并假余屋以栖贫媪，建棚舍，安流亡，免米税，兴工代赈，种蔓菁助民食，助籽种，施药饵，延诸生稽察；又令离乡求食者，有司随在廪给，开以作业，俟改岁东作资送还乡。御史宫焕文劾会一本年报盗百六十余案，秋审招册驳改至三十余案，疲玩贻误，上以会一忠厚谨慎，非有心误公，召授左副都御史。疏陈："人主一言，天下属耳目。今方甄别年老不胜任之员，而饶州知府张钟以年老改部属，旬日间前后顿殊，群下无所法守。"上嘉纳之。

会一母年七十余，疏请终养。上知会一孝母，母李先以节孝旌，有贤名，赐诗褒之。会一在官有善政，必归美于母。家居设义仓，置义田，兴义学，谓皆出母意。母卒，会一年已逾五十，居丧一遵古礼。十一年，服阕，召授工部侍郎，督江苏学政。

十二年，上敕各省学政按试时，以御纂四经取与旧说别异处发问，答不失指者，童入学，生补廪。会一请令生童册报考试经解，别期发问，不在册报者，不概补经解。下部议行。会一以江南文胜，风以质行。尝谒东林道南祠，刻《小学》颁示士子。处士是镜庐墓隐舜山，亲访之，荐于朝。侍郎方苞屏居清凉山，徒步造访，执弟子礼。校文详慎，士林悦服。十三年，转吏部，仍留学政任。力疾按试，至松江，卒。遗疏请任贤纳谏。巡抚雅尔哈善奏准入名宦祠。

子嘉铨，自举人授刑部主事，再迁郎中。授山东济东道，再迁甘肃布政使。改大理寺卿，休致。乾隆四十六年，上巡幸保定，嘉铨遣其子赍奏，为会一乞谥；又请以汤斌、范文程、李光地、顾八代、张伯行及会一从祀孔子庙。上责其谬妄，逮至京师亲鞫之，坐极刑，改绞死。上以嘉铨自著《年谱》，载与刑部签商缓决，并称大学士为"相国"，又编《本朝名臣言行录》，屡降旨深斥之。

王恕，字中安，四川铜梁人。康熙六十年进士，改庶吉士。雍正元年，吏部以员外郎缺员，请以庶吉士拣补，恕与焉。旋自员外郎迁郎中。考选广西道御史。转兵科给事中。出为江南江安粮道，再迁广东布政使。乾隆五年，署福建巡抚。上谕之曰："勉力务实，勿粉饰外观。封疆大吏不可徒自立无过之地，遂谓可保禄全身也。"旋奏："臣到任数月，官方民俗，积储兵防，已得其大略。漳、泉素刁悍，已严谕有司勤为听断，力行整刷。民俗尚华靡，督臣德沛以俭朴化民，臣更当倡导为助。合省常平仓谷，至四年岁终，共存一百三十四万，又收捐监谷十五万，委道府切实察核。"报闻。六年，奏言："台湾各县最称难治。于繁缺知县内拣选调补，多以处分被驳。请嗣后调台官员，虽有经征承追各案，准予题调。"上谕曰："用此定例则不可，随本奏请则可。"又奏："各乡社谷向俱借存寺庙，请于四乡村镇适中处分建仓房，工费即以社谷拨充，俟将来续收补项。"又奏免崇安无田浮赋一千二百五十一顷，及闽县加征无著学租。又奏："福建多山田，零星合计成亩。嗣后民间开垦不及一亩，与虽及一亩而地角山头不相毗连者，免其升科。"均从之。实授巡抚。

江苏布政使安凝条奏赈务，上发各督抚察阅。恕疏言："救灾之法有三：曰赈，曰粜，曰借。此三者，实心办理则益民，奉行不善则害政。以赈而论，地方有司于仓猝查报时，分极贫、次贫。一有差等，便启弊端。里甲于此酬恩怨，胥役于此得上下，而民之冀幸而生觊望者，更不待言。盖贫富易辨，极次难分。如以有田为次贫，无田为极贫，一遇旱涝，颗粒皆无，有田与无田等也。如以有家为次贫，无家为极贫，则无从得食，相忍守饥，完聚与茕独同也。与其仓猝分别开争竞之门，莫如一视同仁绝觊觎之望。臣愚以为初赈似应一律散给，加赈再行分别，庶杜争端。以粜而论，定例石减时价一钱，俾小民升斗具求，牙商居奇无望，诚接济良法。乃有司每多请过减，倘轻听准行，势必希图多粜，规利者云集喧嚣。且米价太贱，商贩不前。臣请嗣后平粜，仍照定例斟酌办理，使灾民实沾升斗之惠，而棍徒囤户难行冒滥之奸。以借而论，动公家之银，为百姓谋有无、通匮乏，此《周官》恤贫遗法也。然使办理未协，则官民交累。假如荒年田土无力耕种，有司借给籽种，犹可获时即偿。若告贷银米以给口食，则必计其能还而后与之，狡黠之流遂谓官有偏私，不免造谤生事。有司不得已略为变通，而无力还官，差拘征比，民无安息。是始则借不能遍，因争哄而被刑；继则还不能清，迫追呼而更困。名为利民，实为病民。且年久不清，蒙恩豁免，帑项终归无著。臣以为与其借而无偿，莫如赈而不借。此皆当先事而熟筹者也。"报闻。旋以官按察使时删改囚供，下吏部，召诣京师。上以恕居官贤否询闽浙总督策楞，又命新任巡抚刘於义考察。策楞言"恕操守廉洁，老成持重，惟识力不能坚定"；於义亦言"恕廉洁，百姓俱称安静和平，绝无扰累。惟不能振作"。上谓两奏皆至公之论。寻补浙江布政使。旋卒。

恕治事不苟。初授湖北粮道，押运赴淮，以船户挟私盐，自请总督纠劾。任江安粮道，整饬漕务尤有声。充福建乡试监临，武生邱鹏飞以《五经》举第一，士论不平，奏请覆试。寻察出实使其弟代作，吏议降调，上特宽之。

子汝璧，字镇之。乾隆三十一年进士，授吏部主事。累迁郎中。出为直隶顺德知府，调保定。因承审建昌盗马十未亲鞫，夺官戍军台。寻准赎罪，降授同知，署直隶宣化府同知。累擢大名道。嘉庆四年，擢山东按察使。五年，迁江苏布政使。六年，护理巡抚。旋授安徽巡抚。七年，请增设颍州督捕同知。湖广总督吴熊光等奏湖广需兵米，请于安徽籴十万石。上以安徽方缺雨，令酌量。汝璧奏："湖广军需事要，当如数拨运。请视嘉庆二年例，先运六万石。"如所请。寻奏太湖续报成灾，请缓征，并劾府县勘报迟延。上以督抚查办次赈，于奏报后续行查出灾区，往往回护属吏，将小民疾苦置之不问。汝璧独据实参奏，因深嘉之。八年，召授内阁学士，擢礼部侍郎。旋复授安徽巡抚。九年，召授兵部侍郎，调刑部。因病，请解任。十一年，卒。

汝璧兄汝嘉，后汝璧六年成进士，官检讨。

方显，字周谟，湖南巴陵人。自岁贡生授湘乡教谕，稍迁广西恭城知县。雍正四年，诏诸行省举贤能吏，布政使黄叔琬以显应，超擢贵州镇远知府。值岁饥，捐俸煮粥食饥民，民颂之。总督鄂尔泰议开苗疆，改土归流，云南东川、乌蒙、镇雄诸土府既内属，贵州苗未服。贵州苗大者，南曰古州、曰八寨，西南曰丹江，东北曰九股、曰清水江。九股、清水江界镇远，丹江界凯里，八寨界都匀，古州界黎平，参错万山中，地方三千里，众数十万，恒出剽掠。鄂尔泰召显问状，显力言宜如云南例改土归流。问剿与抚宜孰施，对曰："二者宜并施。第先抚后剿，既剿则仍归于抚耳。"因条上十六事，曰：别良顽，审先后，禁骚扰，耐繁难，防窥截，戒姑息，宥胁从，除汉奸，缴军器，编户口，轻钱粮，简条约，设重兵，建城垣，分塘汛，疏河道，各为之说甚备，鄂尔泰韪之。檄按察使张广泗招抚古州、丹江、八寨诸苗，而以九股、清水江诸苗属显。

六年，显自梁上进次挨磨、者磨，再进次柏枝坪，宣谕诸苗，抚定清水江生苗十六寨、九股属台拱生苗数寨。冬，广泗已戡定丹江，显续招清水江生苗七寨、九股属陶赖生苗十三寨。施秉有盗匿台拱农二寨，副将张尚谟捕不得，欲屠之。苗惧，逃林谷，将为变。显闻之，曰："如此则诸苗人人自危。"独驰入苗寨，寨空无人，显则宿寨中。翌旦，张盖出，令从者绕林谷呼苗出，抚谕之曰："汝曹速归寨即良民，天子必不杀良民。"苗感泣，相率归寨。显益宿寨中三日，苗缚施秉盗以献。七年三月，广泗以清水江南岸诸寨尚怀观望，檄显与尚谟率兵循北岸徼巡。次柳罗，南岸公鹅、柳利、鸡摆尾诸寨渡江来攻，显督兵御之，杀数十人。苗众师寡，尚谟欲引退，显不可，固守待援。广泗师至，围乃解。广泗用显议，散诸寨，专攻公鹅，破之，诸寨皆听命。鄂尔泰奏置贵东道，即以命显，仍驻兵清江。显申军令，誓将士毋掠，毋淫，毋践田谷，苗民有来诉者，为处其曲直；乃益筑城郭，建官廨，治炮台营房，苗民竞来助役。九年，诸工竟。显巡行视塘汛、黔、楚商船上下相接，苗民皆悦服。事粗定，寻授显按察使。

台拱者，苗中扼要地也，鄂尔泰议置营于此。十年，巡抚张广泗奏请显董其事。秋，羊翁、乌罗、桃赖诸寨苗为乱，九股诸苗附之，攻台拱。显与总兵赵文英严为备，击走之。进破羊翁寨。苗夜至，显以兵少，令人爇两炷香手之为火绳状以怖苗，苗走，退踞排略。排略者台拱隘，我师饷道所必经。台拱师仅二千五百人，苗数万，援兵再败。自贼始攻，或欲弃之走，显拒之。及围久粮尽，宰马以食，迫冬寒，众汹汹不自保，议溃围退保下秉。显曰："台拱失，古州、清江诸寨皆煽动。苟免，失臣节；挠败，捐国威。事急，死此耳。"众感奋，会总兵霍升援至。苗夺我后山，樵路绝，显夜出兵夺以还。苗攻益急，显怒马击之，众殊死战，苗败走。乘胜拔乌孟、井底二寨，取米谷饷军。升兵亦克大关入，显率兵出夹击，苗大溃。凡坚守六十九日而围解。提督哈元生师继至，破莲花垒悍苗。九股皆复定。自鄂尔泰议开贵州苗疆，事发于广泗，而策决于显，卒终始其事，崎岖前后七年而事集。

乾隆元年，丁母忧，去官。三年，服除，授四川布政使。四年，署巡抚。大小金川、杂谷、梭磨、沃日、革布什咱诸土司相仇杀，显遣人谕之，事稍解。议者欲乘此视云南、贵州例，令改土归流。显疏言："杂谷、梭磨，吐番后裔，其巢穴在唐为维州，户口十余万。金川与接壤，户口不过数万。杂谷惮金川之强，金川则畏杂谷之众，彼此钳制，边境乂安。固不可任其争竞，亦不可强其和协。沿边生番，留之可为内地捍卫。从前川省调用土兵，亦供征发。至其同类操戈，原未扰及内地。前经化诲，亦尚凛遵。设欲改土归流，非惟弹丸土司无裨尺寸，且所给印信号纸，一经追取，即成无统属之生番。稍有违抗，又费经营。"奏入，上以所见甚是，褒之，寝前议未行。旋与总督鄂弥达、提督郑文焕疏言小金川与杂谷、梭磨画界，以所侵必色多六寨归杂谷、梭磨；又与沃日画界，以陇堡等三寨隶沃日，美因等二寨隶小金川。大金川与革布什咱二土司构争，檄建昌道李学裕开谕，革布什咱建转经楼诅大金川，今即毁除，大金川亦归所侵盖古地。边外诸土司乱悉平。

郭罗克番为乱，走匿色利沟，遣兵围捕，土酋蒙柯纵使走。显令总兵潘绍周按治，奏闻，上谕曰："此等事汝固应就近料理，亦当与总督熟商。"总督，黄廷桂也。四川乱民号啯噜子，为民害。显疏言："四川自明末兵燹，屠戮殆尽。我朝戡定后，各省移民来者多失业之民，奸顽丛集。有所谓啯噜子，结连党羽，暗藏刀斧，昼夜盗劫。臣严谕捕治，并令编保甲，整塘汛，以清其源。"得旨："实力奉行，毋视为虚文。"

五年，授广西巡抚。时显方病目，闻命赴新任，上嘉其急公。旋请回籍调理，上慰留之。六年，显病目未愈，命太医院选眼科驰往医治。寻以疾亟，请告回里。卒。

显莅政明而恕。文焕尝奏显"爽直坦白，政治勤敏，遇事彼此悉心商榷，推诚共济"。上嘉文焕论甚正。显尝奏荐学裕，因及夔州知府崔景俊"赋性巧滑，以其梭改，姑从宽恕"。上谕曰："似此考察属吏，且宥过录长，得用人之要矣。"

桂，显子，字友兰。从显平贵州苗有功，议叙。父丧终，以知县发广东，补英德，调潮阳。以善折狱名。举卓异，擢云南昆阳知州，署安宁。乾隆二十年，擢临安知府，署澂江。调东川，丁母忧。服除，授甘肃巩昌知府。巩昌及平凉、庆阳三府饥，诏发西安藩库银六十万治赈，大吏檄桂任其事。至平凉，饥民待食急，适部拨城工银三十万先至，桂以便宜留治赈，饥民赖以全。三十三年，迁浙江宁绍台道。故事，定海战舰九岁更造，则移至宁波船厂，取其值输之官，名曰"折变"。奉檄裁战舰，桂请视时值倍之，部驳坐短估，戍伊犁。三十七年，放还。卒。

冯光裕，字叔益，山西代州人。康熙五十年举人。雍正元年，以荐授云南大姚知县。大姚赋少而耗重，积逋数万。光裕不取耗，视负尤多者薄责之，逋赋悉清。民以耗重故，辄寄大户造伪券占田，吏毁其籍。光裕检毁未尽者藏之，按牒辨其伪，归田故主，民尤颂之。迁贵州铜仁同知，赴阙引见。时古州苗方乱，世宗询及之，光裕对苗不可尽杀，宜随机化导，令归版图，上韪其言。既行，擢思州知府，未任，改云南永北。永北介金沙江外，与四川连界，苗、猓窟其中，有事则两界相诿。总督鄂尔泰命往勘，光裕轻骑往，猓从谷中出，挺刃相向。光裕策马前，谕以利害，猓罗拜听命，各散去。鄂尔泰疏请改知丽江，仍兼理永北事。未几，擢驿盐道。八年，东川、乌蒙俱叛，鄂尔泰檄光裕会镇将讨平之，擢按察使。乌蒙俘七千人，语不可通，译者面谩莫能诘。光裕集群译于使院，分室居之，讯一人，经数译乃得其情。猓姓名多同，为编次年貌，验决无误，省释者甚众。广西州民李天保以邪教聚众殆千人，檄光裕按治。光裕曰："愚民茹蔬奉佛，非有异志。"薄其罪，焚籍，置不问。

十一年，擢贵州布政使。十三年，古州苗叛，都江、清江、八寨、丹江、台拱诸新附苗皆应。师讨之，光裕督饷，令民应役，厚与直，行得持械自卫。募熟苗为助，畀以木符，戒官兵无妄杀，皆踊跃应募。师集十余万，皆得宿饱。军罢，民被兵者无所栖止，给草舍居之，赋以衣食，复业者二十余万户。贵州赋银八万八千、米十五万五千，光裕奏请蠲免。高宗即位，命被兵地停征三年。又奏："古州、丹江诸苗剿除殆尽，荒田空寨，远近相望。当募民居苗寨，垦苗田，设屯置卫，行保甲法，授降苗所纳军器，俾农隙讲肆，以壮声援、省馈饷。"得旨允行。

乾隆四年，擢湖南巡抚。镇筸红苗叛，光裕督兵捕治，不三月而平。疾，乞假，闻城步、绥宁苗复勾结粤瑶为乱，密咨两广总督筹会捕。寻卒，遗疏犹言："二县困于兵，请免今年租。"上从其请。

子祁，乾隆二年进士，官编修。孙廷丞，举人，以荫生授光禄寺署正，官至湖北按察使。

杨锡绂，字方来，江西清江人。雍正五年进士，授吏部主事。累迁郎中。考选贵州道御史。十年，授广东肇罗道。肇庆濒海，藉围基卫田。岁亲莅修筑，终任无水患。乾隆元年，署广西布政使，寻实授。请禁州县以土产馈上官。六年，授广西巡抚。贵州土苗石金元为乱，焚永从县治。会贵州、湖广兵剿擒之。既而迁江土苗复为乱，谋犯思恩府。檄兵往捕，得其渠李尚彩及其党八十余。七年，奏言："广西未行保甲。苗、僮虽殊种，多聚族而居，原有头人，略谙事体。请因其旧制，寓以稽核。苗、瑶、伶、僮各就其俗为变通。"诏嘉之。寻又奏言："设兵以卫民，乃反以累民：城守兵欺凌负贩，攫取薪蔬，塘汛兵驱役村庄，恣为饮博。臣于抚标访察惩治，请敕封疆大臣共相厘剔。"得旨允行。八年，梧州知府戴肇名馈人参，诡其名曰"长生果"，却之，具以闻，上谕曰："汝可谓不愧四知矣。"广西民有逃入安南者，捕得下诸狱，疏闻，上命重处，锡绂即杖杀之。上谕曰："朕前批示，令其具谳明正典刑。乃锡绂误会，即毙杖下。此皆当死罪人，设使不应死者死，则死者不可复生矣。"下部议处。九年，授礼部侍郎。

十年，授湖南巡抚。奏言："《周礼》：遂人治野，百里之间，为浍者一，为洫者百，为沟者万，捐膏腴之地以为沟洫。诚以蓄泄有时，则旱潦不为患，所弃小、所利大也。后世阡陌既开，沟洫虽废，然陂泽池塘尚与田亩相依，近水则腴，远水则瘠。湖南滨临洞庭，愚民昧于远计，往往废水利而图田工。甚至数亩之塘，培土改田；一湾之涧，绝流种蓺。彼徒狃于雨旸时若，以为无害；不知偶值旱涝，得不偿失。且溪涧之水，远近所资，若截垦为田，则上溢下漫，无不受累。官吏以改则升科为劝垦之功，亦复贪利忘害，沟洫遂致尽废。臣以为关系水利，当以土地予水而后水不为害，田亦受益。请敕各省督抚，凡有池塘陂泽处所，严禁改垦。"上以各省米价腾贵，谕各督抚体察陈奏，锡绂疏言："米贵由于积渐。上谕谓处处积贮，年年采买，民间所出，半入仓庾，此为米贵之一端。臣生长乡村，世勤耕作，见康熙间石不过二三钱，雍正间需四五钱，今则五六钱。户口多则需谷多，价亦逐渐加增。国初人经离乱，俗尚朴醇。数十年后，渐习奢靡，揭借为常，力田不给。甫届冬春，农夕干市，谷乃愈乏。承平既久，地值日高，贫民卖田。既卖无力复买，田归富户十之五六。富户谷不轻售，市者多而售者寡，其值安得不增？臣以为生齿滋繁，无可议者。田归富户，非均田不可，今难以施行。风俗奢靡，止可徐徐化导，不能遽收其效。至常平积贮，当以足敷赈济而止，不必过多。目今养民之政，尤宜专意讲求水利，使蓄泄有备，偏灾不能为患。以期产谷之多，未必非补救米贵之一道也。"疏入，上均嘉纳焉。丁父忧，服阕，十五年，授刑部侍郎，仍授湖南巡抚。丁母忧，服阕，十八年，仍授湖南巡抚。擢左都御史。十九年，署吏部尚书。礼部侍郎张泰开保同部侍郎邹一桂子志伊为国子监学录，下吏部议处，议未当，责锡绂曲庇，下都察院，议夺官，命留任。二十年，复署湖南巡抚，授礼部尚书。二十一年，署山东巡抚。

二十二年，授漕运总督，疏请豁兴武、江淮二卫旗丁欠缴漕项，上责其沽名，命以养廉代偿。二十三年，疏言："屯田取赎，宜宽年限。价百金以上，许三年交价，价足田即归船。旗丁交兑不足，名曰'挂欠'。应由坐粮厅限追惩治，督运官以下有一丁挂欠，即停其议叙，旗丁改金。新丁但交篷桅杠索价值；旧丁公私欠项，不得勒新丁接受。水次兑漕，令仓役执斛，旗丁执概。江淮、兴武二卫运丁运粮，快丁驾船。应循例并金，不得避运就快。"上谕曰："此奏确有所见。"下部议，从之。二十五年，疏言："自开中河，漕艘得避黄河之险。独江北、长淮等帮，以在徐州交兑，不能避险。请令改泊旱河，弁丁诣徐州受兑。州县代雇剥船转运过坝。"上从之。寻以锡绂实心治事，命免以养廉代偿漕项。二十六年，疏言："运蓟州粮船自宁河转入宝坻，由白龙港、刘家庄达蓟州。水道淤浅，请责成官为疏浚。"又疏言："板闸、临清、天津三关，尚沿明制，漕艘给发限单，应请裁革。州县收漕如有搀杂潮润，粮道察出，本管知府视徇庇劣员例议处。军丁兼充弁役，一体句金。头舵水手受雇，领费辄复潜逃，请发边远充军。"上谕曰："所奏俱可行。"从之。加太子少师。二十八年，加太子太保。二十九年，疏言："军、民户籍各分，既隶军籍，即应听金办运。乃宦家富户百计图避，所金皆无力穷民，情理未得其平。嗣后如金报后辨诉审虚，参劾治罪。"上谕曰："锡绂此奏，破瞻徇之习。如所议行。"并下部议叙。又疏言："粮艘例禁私盐。道经扬州，总督、盐政及臣各专委督察。乃又有淮扬道、扬州游击、守备、江都、甘泉两县，各差兵役搜查，粮艘因之羁阻。如江广帮

为通漕殿后，过扬州已在冬令，尤为苦累。臣思事权宜归于一，请专听总督、盐政委员督察，余悉停止。"上谕曰："所奏是。"下部议行。三十年，疏言："骆马湖蓄水，相传专济江广重运。今岁帮船阻滞，先开柳园堤口，运河水长，江浙帮遂得遄行。次开王家沟口，江广帮至，湖水未尝告竭。每岁沂水自湖而下，为海州、沭阳水患。若于四五月间引湖济运，亦减海州、沭阳水患，一举两利。"从之。三十三年，卒，赐祭葬，谥勤恪。

锡绂官漕督十二年，编辑《漕运全书》，黄登贤代为漕督，表上之。自后任漕政者，上辄命遵锡绂旧章。

潘思榘，字絜方，江南阳湖人。雍正二年进士，改庶吉士。三年，分刑部学习。六年，补主事。累迁郎中。八年，授广东南雄知府。骤雨水溢，郊野成巨浸，露宿于野。督吏卒治筏拯溺，出金瘗死赒生，活民无算。十三年，迁海南道。浚琼州西湖。深入五指山，安辑黎众，劾守将之残黎民者。调粮驿道。乾隆四年，迁按察使。惩贪锄猾，理冤狱尤多。民以旱纠众入市掠夺，思榘方被疾，强起坐堂皇，立捕数十人杖以徇，事乃定。疏言："广东有俍、瑶、黎三种：俍世居茂名，今附民籍，读书应试如平民。瑶亦输税归诚，设瑶童义学为训课。惟黎僻处海南，崖、儋、万、陵水、昌化、感恩、定安七州县为最多。生黎居深山，熟黎错居民间相往来，语言相习，请于此七州县视瑶童例设义学，择师教诲，能通文义者许应试。"部议从之。

七年，迁浙江布政使。八年，疏言："常平仓谷春发秋敛。但收成有迟早，俗所谓青黄不接。有司不揆缓急，甫春开粜，牙行囤积，吏胥侵渔。民未沾实惠，而谷已出逾额，且减价过多。追秋成买补，非存价观望，冀省耗折；即抑派争买，致昂市价。请定浙东诸府以四月、浙西诸府以六月发粜，价平即止。"上以因时制宜，许之。又疏言："浙江土狭民稠，全资溪湖容蓄灌溉，乃民间占垦甚多。如余杭南湖，会稽鉴湖，上虞夏盖湖，余姚汝仇湖，慈溪慈湖，向称巨浸，今已弥望田畴，殊妨水利。嗣后报垦田地，当责有司亲勘，果非官湖，方准升科；查勘不实，严定处分。"下廷臣议行。秋，金、衢、严三府被水，旁溢杭、湖、绍三府，漂流人畜无算。思榘出临江干，处分赈事。萧山民汹汹欲渡江，思榘曰："民饥当哺，哄则乱民耳。"严治之，自是无敢哗者。思榘再疏闻，上谕曰："今岁浙江灾，巡抚常安有讳灾之意，汝为其难矣。"

十一年，授安徽巡抚。河决凤阳，颍、泗诸府州灾尤重。思榘请加赈，按行督察，犯风渡洪泽，舟几覆。十二年，疏请调济灾区，略言："凤、颍民习惰窳。臣上年遍历查勘，方冬水落，二麦已播种，而民不知耰锄培壅。所过村落，林木甚稀，蔬圃亦少。臣令有司审察桑麻、蔬蓏，凡可佐小民日食之用者，随宜试种。凤、颍地分三等，冈地最高，湖地稍低，湾地最下。湾地连大河，水发难施人力。湖地则外仰中低，积潦为湖，下流疏泄，即可涸出栽种。冈地水虽不及，而绝少沟地，交秋缺雨，即患暵乾。间有傍山麓而为陂塘，如寿州安丰塘、怀远郭陂塘、凤阳六塘，均应及时修筑。与其因灾动帑巨万，何如平时酌动

数百金陆续培治。民间减荒歉，多收成，朝廷亦省帑金。纵遇偏灾，亦可以工代赈。凤、颍民好转徙，丰年秋成事毕，二麦已种，辄携家外出，春熟方归。遇灾留一二人在家领赈，余又潜往邻境。俗谓在家领赈为大粮，在外留养为小粮，沿途资送为行粮，至有一家领三粮者。本业抛荒，人无固志。应令有司严察，流民过境，实系被灾，方准资送；藉端生事者究惩。"奏入，上谕曰："此乃固本之事，历来无有言及此者。朕甚嘉悦焉！"

寻调福建巡抚。未行，疏请安徽学田、囚田、义田三项，视江苏免学租例，予以蠲免。下军机大臣察议，以江苏无免学租例，上责思榘沽名干誉，博去后之思，命出资修涿州城工示罚。十三年，疏言："福建自乾隆元年至十一年积欠钱粮，正设法清厘。民间田业授受，往往不及推粮过割。粮从田出，既有赔粮之户；即有无粮之田，岂可使得业者任其脱漏，无业者代其追比？当饬有司察覈，务使粮归于田。"十四年，复疏言："臣清察积欠，一在屯田户名不清，一在寺田租赋不一。自顺治间裁并卫所，名虽军户，实系民耕，乃粮册仍列故军姓名，致难催比，应令核实更正。寺田始自明季，僧、民相杂，辄称寺废僧逃，藉词逋赋，应令分析寺已废者，官为经理。"上命实力为之。别疏言："福州城外西湖为东晋郡守严高所开，周二十余里，蓄水溉田，年久淤垫。臣劝导疏浚，并筑堤建闸。又福清郎官港、法海埔俱有海滩淤地，臣令筑堤招垦，得地二千一百余亩。"上奖之。

思榘莅政精勤，昼见官属，夜披案牍。旱潦必抚恤。民犷，以斗讼相尚，多去为盗，廉得主名，饬有司捕治。又以农隙巡行海防，周阅战舰。朔望入书院与诸生讲说经艺，如是者以为常。积劳疾作不少止。十七年，卒。上命用江苏巡抚徐士林例，祀京师贤良祠。予恤视一品，赐祭葬，谥敏惠。

胡宝瑔，字泰舒，江南歙县人。父廷对，尝官娄县训导，因居青浦。宝瑔，雍正元年举人。乾隆二年，考授内阁中书，充军机处章京。六年，大学士查郎阿、侍郎阿里衮清察黑龙江、吉林乌喇开垦地亩，以宝瑔从。八年，迁侍读，考选福建道御史。是岁直隶旱，上命治赈。宝瑔疏言："直隶被旱，民多流亡，请敕总督宣示上意，使民静以待赈。流民愿归耕而无力得归者，资送还里，俾及时艺麦，于来岁民食有益。"九年，上命大学士讷亲阅河南、山东、江南诸省营伍，宝瑔疏言："营伍弁玩，器械坚脆，粮马盈亏，各处不一。势必闻风修整买补，不肖营员或藉端苛派，或坐扣月粮，请敕督抚提镇严饬查察。"十年，山东、江南水灾，宝瑔疏言："方冬水涸，应劝谕农民引流赴壑，俾田不久浸，以便春耕，尤当预防蝻子。"诸疏皆议行。十一年，转户科给事中，迁顺天府府丞。大学士傅恒视师金川，以宝瑔从。授府尹，历宗人府丞、左副都御史。擢兵部侍郎，兼府尹如故。河南民傅毓俊告张天重谋逆，遣宝瑔按治，毓俊服诬，论如律。

十七年，署山西巡抚，十八年，实授。抚饥民，理冤狱，劾贪吏，整关隘堤防，诸政并举。寻调湖南。十九年，奏言："郴、桂二州铜铅矿委员董理，一年而代。矿为弊薮，代者必数月乃能明察。此数月中，欺蒙隐漏，已自不少。请仿台湾、琼州例，令新旧协办数月。"得旨允行。

二十年，调江西。二十一年，疏言："广信铜塘山勘明无可垦之地，无可用之材，无可煎之矿，请永行封禁。"二十二年，疏言："丰城堤工最要，石堤官修，土堤民修，向设里夫，行之已久。黠者避役，贫者误工，复改为折征。请按田均堤，附漕粮征收。有田始有粮，有粮始有夫。圩长无从侵冒，工程乃可永固。"均如所请行。

复调河南。河屡决，山东、河南、安徽诸州县多积水。上遣侍郎裘曰修会诸省督抚疏治。宝瑔与曰修会勘，言："河南干河有四：贾鲁、惠济、涡河、巴沟。巴沟在商丘为丰乐河，在夏邑为响河，在永城为巴河。今拟疏浚加宽深，以最低处为率。惠济上游在中牟、祥符诸县，下游在柘城、鹿邑诸县，今亦拟加宽深，以六七丈为率。贾鲁自中牟以下有惠济分流，自朱仙镇以下，截沙湾，塞决口，拓旧堤。涡河自通许青冈为燕城河，上游应加宽，下游应加深。鹿邑以下本已宽深，当增筑月堤。支河应浚者，商丘北沙、洪沟二河为支河之干，余大小支河，分要工、次工、缓工，次第兴修。"二十三年，上谕曰："河南灾区积困，宝瑔不辞劳瘁，能体朕意，尽力调剂，以苏穷民，甚可嘉也！"寻加太子少傅。诸工皆竟，上御制《中州治河碑》，褒宝瑔、曰修，语并见《曰修传》。

二十五年，疏言："河北诸水，卫河为大。雍正间，河督嵇曾筠于汲、淇、浚、汤阴、内黄诸县建草坝二十六，今已渐次淤垫。臣相度疏筑，俾一律深通。请定为三年一小修、五年一大修。"上可其奏。是冬，调江西。二十六年，河决杨桥。复调还河南。疏言："贾鲁、惠济二河在中牟境内，逼近杨桥。贾鲁受黄水南徙，至祥符时家冈仍入故道，今已成河。当将分者截之使合，浅者疏之使深，两岸多挑渠港，增筑堤堰，自成河道。惠济自两闸至冈头桥已淤断，而冈头桥至十里坡贾鲁河不过四五里。即于十里坡建滚水坝，导由冈头桥入惠济，以分贾鲁之势，而惠济亦复故道。"上褒为事半功倍。

二十七年，宝瑔疾作，请解任。上谕曰："此奏甚非朕之所望，安心静摄，以慰廑念。"遣医驰驿诊视。疏言："沟渠与河道相为表里，臣于二十三年河工告竣，即督令州县经理沟洫，每一州县中开沟自十数道至百数十道，长自里许至数十里，宽自数尺至数丈，皆以足资蓄泄为度。驿路通衢，并就道傍开浚，虽道里绵亘，而分户承挑，民易为力。自是每岁或春融，或农隙，随时加浚宽深。"上深嘉之，并令直隶总督方观承仿行。二十八年，卒，加太子太保、兵部尚书，赐祭葬，谥恪靖。遗疏请入籍青浦，许之。

论曰：那苏图、士林、恕、思榘皆以清节著，而超曾、宝瑔又济之以勤敏。恕论救灾，宝瑔善行水，皆以民事为急。显佐定苗疆，有拊循之绩。锡绂督漕运，所修举似若琐细，然皆当官之急务也。会一泽以道学，但微近名，遂贻后嗣之祸，恫哉！

卷三百九　　列传九十六

崔纪　喀尔吉善 子定长 孙鄂云布
雅尔图　晏斯盛　瑚宝　卫哲治
苏昌　鹤年　吴达善　崔应阶
王检　吴士功

崔纪，初名珺，字南有，山西永济人。年幼丧母，哀毁如成人。事父及后母孝。康熙五十七年，成进士，改庶吉士，授编修。迁国子监司业，以母忧归。服阕，补故官。三迁祭酒。乾隆元年，提督顺天学政。雍正间，采安徽学政李凤翥、河南学政习寯、浙江学政王兰生条议：每岁令诸生五人互结，无抗粮揽讼；诸生有事告州县，当先以呈词赴学挂号；为人作证及冒认命盗案，先革后审；诸生殴杀人及代写词状，加常罪一等；已斥诸生不许出境；诸生欠粮，必全完乃收考。纪疏请罢之。又定诸生月课三次不到，详革，纪请改一年；诸生完粮，上户限十月，中、下户限八月，纪请改岁底。下部议行。迁詹事，再迁仓场侍郎，署甘肃巡抚。

二年，移署陕西巡抚。疏言："陕属平原八百余里，农率待泽于天，旱则束手。惟凿井灌田，实可补雨泽之缺。臣居蒲州，习见其利。陕属延安、榆林、邠、鄜、绥德各府州，地高土厚，不能凿井。此外西安、同州、凤翔、汉中四府并渭南九州县最低，渭北二十余州县地较高，掘地一二丈至六七丈，皆可得水。劝谕凿井，贫民实难勉强。恳准将地丁羡银借给充费，分三年缴完。民力况瘁，与河泉自然水利不同。请免以水田升科。"上谕曰："此极应行之美举，当徐徐化导，实力奉行，自不能视水田升科也。"擢吏部侍郎，仍留巡抚，寻实授。纪疏言："陕西水利，莫如龙洞渠，上承泾水，中受诸泉。自雍正间总督岳钟琪发帑修浚，泾阳、醴泉、三原、高陵诸县资以灌溉。惟未定岁修法，泾涨入渠，泥沙淀阏，泉泛出渠，石罅渗漏。拟于龙洞高筑石堤，以纳众泉，不使入泾。水磨桥、大王桥诸泉亦筑坝其旁，收入渠内。并额定水工，司启闭。"均从之。陕西民惮兴作，訁公纪烦扰。上令详勘地势，俯顺舆情。三年，命与湖北巡抚张楷互调，时报新开井七万余，上令楷察勘。楷言民间食其利者三万二千余，遇旱，并效乃见。民益私凿井，岁岁增广矣。

纪至湖北，自陈不职，部议降调。上谕曰："纪在陕西凿井灌田，料理未善，致反贻民累。惟其本意为民，命从宽留任。"五年，总督德沛劾纪以公使钱畀护粮道崔乃镛，上又闻纪以淮盐贸迟，令民间暂食私盐，谕纪自列，纪疏辨，下部议，降调。六年，再授祭酒。九年，督江苏学政。以父忧归。十四年，起授山东布政使。以东省贫民借官谷累百万石，请视部定价石六钱，收折色，纾民力。十五年，命以副都御史衔再督江苏学政，力疾按试。旋卒。

纪潜心理学，上亦闻之，再任祭酒，召见，命作《太极图说》。历官所至，以教养为先。遇事有不可，辄艴然曰："士君子当引君当道，奈何若是？"

喀尔吉善，字澹园，伊尔根觉罗氏，满洲正黄旗人。先世居瓦尔喀，有赫臣者，当太祖创业时来归，授牛录额真。使叶赫，叶赫部长金台石使人戕之。太祖灭叶赫，令其子克宜福手刃其仇以祭。克宜福从军有功，世职至三阿达哈哈番。克宜福子喀齐兰，官至正黄旗副都统；孙凯里布，官至吏部尚书：皆袭世职。

喀尔吉善降袭拜他喇布勒哈番，授上驷院员外部。历工部郎中，兼袭世管佐领。雍正六年，命偕通政使留保如广东按署巡抚阿克敦等被劾状。八年，擢兵部额外侍郎。九年，授侍郎。十三年，以验马不实夺官，令往盛京收粮。乾隆元年，起废籍，命管圆明园八旗兵丁。复往盛京收粮，奏禁八旗台站官兵与朝鲜贸易。上谕曰："官兵不暇贸易，亦不谙贸易。当令商民与互市，务均平交易，毋抑价，毋强索。"三年，擢内阁学士。迁户部侍郎，协理步军统领刑名事务。调吏部，四年，命兼管三库。

五年，授山西巡抚。上闻山西布政使萨哈谅、学政哈尔钦皆贪婪，询喀尔吉善。喀尔吉善疏劾，命侍郎杨嗣璟会鞫，论如律。上以喀尔吉善不即劾，下部议，夺官，命宽之。又劾河东盐政白起图贪婪，白起图疏辨，命副都统塞楞额往鞫，论如律。七年，调安徽。

八年，复调山东。疏言："山东岁饥，民多流亡，而邻省贫民亦有转入山东觅食者，请饬官吏劝各回故土以待治赈。"上谕曰："所见甚得体。各省督抚当于平居无事时委曲开导，使知敦本务实，力田逢年；若轻弃其乡，本业既荒，无所依倚。即国家收养资送，亦不得已之举，非可恃为长策也。"又以济南、武定、东昌三府遇旱，济南、东昌府仓存谷缓急可相通；武定无仓，请拨登、莱二府仓谷以济民食。九年，疏言："方春粮价踊贵，贫民艰食，请酌量减粜。"又言："山东兵米，本折兼支，春季价昂支抖色，秋季价减支本色，请春秋二季本折更换。"又请修德州、海丰、惠民、乐陵城工以代赈。复以济南、武定诸属县麦复不登，令于曹、沂诸府丰收之区采买接济。上皆允之。直隶藁城知县高特请开临淄、即墨、平阴、泰安、沂、费、滕、峄诸县银、铜、铅、铁各矿，事下喀尔吉善勘奏，奏言："东省拱卫神京，地跨四府八县，形势联属。矿洞久经封禁，未便开采。利之所在，众必共趋。恐济、武沂区，沂、曹盗薮，别生事端，应仍封禁。"上亦如其请。

十一年，迁闽浙总督。台湾生番为乱，遣兵讨之。奏言："台湾流民日多，匪类肆窃，甚或恣行不法，民间谓为闽棍。请令窃案再犯及闽棍治罪后，并逐回内地。"请在台人民迎取眷属，限一年给照过台。浙江处州总兵苗国琮请于官山种树，储战船桅木之用，下喀尔吉善勘奏。奏言："今有司种树，须先糜帑，且必百十年后始中绳墨，日久稽察非易。不若许民自种，在官不费经营，而巨材可获实用。"从之。疏劾浙江巡抚常安贪婪，命大学士讷亲往鞫得实，论如律。诏嘉其公直，加太子少保。疏言："宁海东湖旧与海通，宋后失修，饬府县察形势土性，导士民输资筑堤，拨为世业，定限升科。"上谕曰："劝课农桑，兴修水利，务本之图也。欣悦览之！"十五年，加兵部尚书衔。

十六年，上南巡，蠲江南积逋二百余万，浙省无通赋，亦特蠲本年正赋三十万，制诗褒之。十七年，以年老乞休，温诏慰留。疏言："闽省产米少，本岁丰稔，宜为储备。请现存仓谷不及半者，令购足数；已及半而本地谷贱，亦以原存籴价买补。"上是之。漳州民蔡荣祖谋乱，事泄，捕获，置之法，予议叙。十九年，加太子太保。上以八旗生齿日繁，许在京汉车改入民籍，推行于各省。喀尔吉善与福州将军新柱疏言："汉军愿为民，无问世族、闲散，许入民籍。如别无生计，坐补绿营粮缺。所遗马、步甲，以满洲兵坐补。"二十二年秋，病疡，遣医偕其子定敏驰视，赐人参。未几，卒，赐祭葬，谥庄恪。

定长，喀尔吉善子。初授内阁中书，迁侍读。擢江南徐州知府。四迁至巡抚，历安徽、广西、山西、贵州诸省。乾隆十八年，湖广总督永常奏请于邻省会哨，定长奏："贵州与邻省联界，苗、夷环处。遽行会哨，苗性多猜，或滋事变。请停止。"从之。二十年，题请原任黔西知州黄秉忠入祀名宦，上以秉忠为总督廷桂父，瞻徇市恩，降旨严斥。二十二年，上南巡，请入觐，命便道省喀尔吉善，赐诗褒宠。寻命与尚书刘统勋按云贵总督恒文贪婪状，即命署云贵总督。调山西巡抚，未之任，丁父忧。旋授副都统衔，往西路军营督屯田事。补兵部侍郎，授福建巡抚，迁湖广总督。三十三年，卒，谕部议恤。寻罢总督高晋劾荆州副都统石亮衰庸，上责定长徇庇，罢恤典。

鄂云布，喀尔吉善孙。初授笔帖式。三迁工科给事中。嘉庆元年，授陕西汉中知府。上以鄂云布喀尔吉善孙，家风具在，即擢甘肃西宁道。再迁江苏布政使，护安徽巡抚。旋以秋审诸案原拟缓决，刑部多改情实，责鄂云布宽纵，下吏部议降调，命留任。寻迁贵州巡抚，年老召还，鄂云布闻命即行。上闻之，不怿，下吏部议，夺官，授笔帖式，赏蓝翎侍卫，充叶尔羌办事大臣。旋卒。

雅尔图，蒙古镶黄旗人。雍正四年，自笔帖式入赀授主事，分工部。再迁郎中。十三年，授镶蓝旗满洲副都统。乾隆元年，疏言："京员无养廉，请将户部余平银给部院办事官。八旗参佐等员视步军营例，予空粮。"如所议。师征准噶尔，授参赞大臣。三年，命暂管定边副将军印。四年，召授左副都御史，迁兵部侍郎。

河南新乡民与伊阳教匪为乱，命往按治，就授河南巡抚。疏言："河南多益，不逞之民阴为之主，俗谓'窝家'。保甲、甲长等畏窝家甚于官法。大河以南，深山邃谷。民以防鸟兽为名，皆有刀械。惑于邪教，怀私角斗，何所不为。如梁朝凤、梁周、张位等辈，党类甚多，愚民易遭煽惑。与其发觉后尽置诸法，何如于未发觉前设法销散。文武会遣兵役搜查，仍令自首免罪。"又言："各省提镇以下官皆有伴挡兵丁及各色工匠，一营有数名虚粮，即少数名额兵。请照官级核定数目，不得虚占兵额。"俱下部议行。

五年，奏报捕得女教匪首一枝花，命议叙。寻谕河南止设河北、南阳二镇，与巡抚不相统属，视山西例兼提督衔。疏陈整饬营务：足兵额，勤差操，明赏罚，练技艺，整军械，重兵食，验马匹，谨守望，严约束；并请以州县民壮之半交驻防汛弁操练；并戒兵民和衷，不得偏袒，平时试习骑射，期于娴熟：俱如所请行。三月，疏言："河南上年霪雨，省城多积水。臣令浅处浚深，窄处开宽。为合城受水之区通沟建闸，时其蓄泄。养鱼植木，以利民用。"又言："河南上年被水，奉命浚省城乾河涯及淮、颍、汝、蔡各水。目前二麦成熟，农务正殷，余请概停开浚。"上从之。又奏言："现获盗百余，多系邻省人，臣迭饬员弁分路访捕。出省捕盗，例须赴地方官挂号，盗闻而潜逃，请得径行往捕。"上命勉为之。

六年，又奏言："河南界连五省，西南伏牛、嵩山、桐柏等山，支干交错，地多林木，易于藏盗。请每岁秋冬，与联界各省文武订期巡察。"上命如所请行。七年，奏言开、归等处积水，无妨田亩，上责其掩饰。寻又奏："河南地平土松，水利诚不如东南之通达。开、归等处地当下游，夏秋大雨，涧水汇注。积水未消，多系邻近黄河州县。历来豁免钱粮，于民生并无妨碍。且土性咸卤，难以种植。未便一律疏泄，以损田庐。"上谕曰："实难宣泄，朕不怪汝。若避而为饰辞则不可。"八年，自陈"戆直致被人言"。上谕曰："汝必欲以丰年为政效，水旱漠不关心。此奏殊属客气。"命来京，改授镶蓝旗满洲副都统。授刑部侍郎，调吏部。

十二年，命往山西按治安邑、万泉民乱，中途称病，上责其逗遛，命解任。寻起授内阁侍读学士，复擢兵部侍郎。十三年，调仓场侍郎，兼正红旗满洲副都统。迭署户部侍郎、步军统领。十八年，因疾解任。三十二年，卒。

晏斯盛，字虞际，江西新喻人。康熙五十九年，举乡试第一。六十年，成进士，改庶吉士。雍正元年，授检讨。五年，考选山西道御史。镶红旗巡役，以斯盛从骑惊突，拘辱之。斯盛以闻，命治罪。疏言："各州县立社仓，原以通济丰歉。贫民借谷，石收息十升。如遇歉，当不取其息。"从之。九年，督贵州学政。迁鸿胪寺少卿。乾隆元年，擢安徽布政使。奏言："各省水旱灾，督抚题报，应即遴员发仓谷治赈，仍于四十五日限内题明应否加赈。其当免钱粮，将丁银核入地粮核算，限两月题报。或分年带征，或按分蠲免，请旨遵行。"三年，疏言："安徽被灾州县，仓储不敷赈粜，请留未被灾州县漕米备赈。"四年，奏言："江北向多游食之人，每遇歉岁，轻去其乡。惟寓赈于工，人必争趋。凤阳、颍州以睢水为经，庐州以巢湖为纬，六安、滁、泗旧有堤堰，请援淮、扬水利例，动帑修浚。"皆从之。

七年，擢山东巡抚。山东有老瓜贼，巡抚朱定元令汛兵巡大道。斯盛疏言："贼情狡狯，大道巡严，必潜移僻路；或假僧道技流，伏匿村落。应令州县督佐杂分地巡察。"又奏："邪教惑民，莫如创立教会，阳修善事。此倡彼和，日传日广，大为风教之害。尽法深求，株连蔓延，恐生事端。请将创教授徒为首者如法捕治，被诱者薄惩，出首者免究。"上从其请。寻以莱州被水，请暂禁米出海。上谕曰："此不过属吏为一郡一邑之说，汝等封疆大吏，不可存遏籴之心。若无米可贩，百姓自不运，何待汝等禁乎？"又言衮、沂等府州被水，而江南饥民复至，疏请无灾州县留养限五百人，有灾州县限二三百人，上命实力料理。八年，调湖北巡抚。九年，迁户部侍郎，仍留任。

斯盛究心民事，屡陈救济民食诸疏，以社仓保甲相为经纬，因言："《周礼》族师、遂人之法，稽其实则井田为之经。盖就相生相养之地，而行政教法令于其中。是以习其事而不觉，久于其道而不变。周衰，管子作轨里连乡，小治而未大效。秦、汉、隋、唐，庞杂无纪。宋熙宁中，编闾里之户为保甲，事本近古，然亦第相保相受，而未得其相生相养之经。臣前奏推广社仓之法，请按堡设仓，使人有所恃，安土重迁，保甲联比，相为经纬。顾欲各堡一仓，仓积谷三千，一时既有难行；而入谷之数，则变通于额赋之中，别分本折，稍觉纷更。虽然，社仓保甲，原有相通之理，亦有兼及之势。求备诚难，试行或易。加意仓储，既虑贵籴妨民，停止采买，又虑积贮无资。详加酌剂，拟请停户部捐银之例，令各省捐监于本地交纳本色，以本地之谷实本地之仓，备本地之用。不采买而仓储自充，诚为兼济之道。窃谓常平之积便于城，未甚便于乡。城积多，则责之也专，而无能之吏或以为累；乡积多，则守之者众，而当社之民可以分劳。且社仓未有实际，以仓费无所出也。名有社仓，而仓不在社，社实无仓，往往然矣。今捐谷多在于乡，而例又议有仓费。拟请将此项捐纳移入社仓，捐多则仓亦多。取乡保谷数而约举之，大州县八十堡，四堡一仓，仓一千二百五十石，总二万五千石，中小州县，以此类推。储蓄之方，莫便于此。方今治平日久，一甲中不少良善，四堡之仓，轮推甲长递管，互相稽核，年清年款。则社长累弊自除，而官考其成，隐然有上下相维之势矣。"奏入，上嘉纳之。

十年，进《喜雨诗》四章，用其韵赐答。京师钱贵，上令廷臣议平市值，下各督抚仿行。斯盛疏请视京师例，禁民间铜铺毁钱；又令州县每岁秋以平粜钱市谷。时设局令商民以银平易，又疏请捕私钱，并禁民私剪钱缘，兼限民间用银二三两以上，粜米二三石以上，皆不得以钱准银，下廷臣议行。寻以母老请终养回籍。十七年，卒。

斯盛著《楚蒙山房易经解》，唐鉴称其"不废象数而无技术曲说，不废义理而无心性空谈，在近日《易》家犹为笃实近理"云。

瑚宝，伊尔库勒氏，满洲镶白旗人。雍正五年武进士，授三等侍卫。补陕西永兴堡守备。八年，准噶尔二万余犯科什图卡伦，从总兵樊廷进剿，遇于尖山，获驼九十。又进败之于北山，又遇于乌素达阪，击之退。翌日，分七队迎战，瑚宝督兵奋击，自辰至申，至科什图，毙敌无算。敌围峨仑矶，瑚宝赴援，乘夜来袭，领先锋转战雪中七昼夜，夺波罗砖并白墩、红山、镜儿泉诸地，得其渠六，敌溃遁。九年，准噶尔复犯吐鲁番，瑚宝从廷进剿，以劳赐白金三百。累迁肃州镇右营游击。

高宗即位，复累迁山西大同总兵，赐孔雀翎。乾隆十二年，迁固原提督。上谕之曰："固原兵骄纵，犯上不法。瑚宝当加意整饬，使兵知畏法，渐次转移。"又谕之曰："固原城内外兵多民少，回民过半，私立掌教等名。应时时体访，期杜衅端。回人充标兵，应留意分别，豪悍者惩黜，怯弱者淘汰，使营伍肃清。"旋疏请营兵具互结，以弓箭、鸟枪、技艺三项轮操；冬季借支春饷，次年四季扣除。下部议行。师征金川，调固原步兵二千。瑚宝请驮载军装，以二骡代三马，可省费三分一，从之。

十三年，署甘肃巡抚，兼办总督。奏言："陕西歉收，师行采买草料为难。将甘肃仓贮豆石拨用，俟兵过照买还仓。"上以通融协济，有益军需，温谕嘉勉。召授兵部尚书。寻署陕甘总督，调湖广。又改授漕运总督。坐失察卢鲁生伪造奏稿事，夺官，仍留任。寻卒，谥恭恪。

卫哲治，字我愚，河南济源人。雍正七年，以拔贡廷试优等，发江南委用。初署赣榆知县，调盐城。值蝗灾，设六条拊循：优礼德望，馈饷高年，旌奖孝义，经理茕独，讥警游惰，约束过犯。县北有司河，汇上游七县水入海。夏旱水弱，海潮至，咸苦不可食，甚乃浸溢民田；秋水盛，又患河宽流缓，入海不速。哲治建闸立斗门，蓄泄有备。斥卤化膏腴，岁有涸出地，给无业民承耕。田沉没而粮未除者，悉请豁免。循海筑土墩九十余，潮大，渔者得就墩逃溺，号"救命墩"。乾隆二年，补长洲，兼摄吴县。请豁坍荒逋赋十余万。八年，迁海州知州。岁歉治赈，全活二十万人，流民有自山东就食者。擢淮安知府。十年，河决陈家堡，漂溺男女、田庐无算。哲治遣小舟载饼饵救之，躬涉风涛，往来存问。山东复灾，流民南下。哲治捐俸，益以劝募，葺草屋，自清江浦箝鱼沟以北，衔接二百余里，所在给粥糜、衣、药。十三年，山东又灾，两江总督尹继善令哲治运赈米至台庄。上闻哲治善治赈，调山东登莱青道。居数月，擢布政使。

十四年，授安徽巡抚。奏言："歙县马田地在休宁，折征充饷。"又言："广德催粮，每图有单头，数图有经催。前巡抚潘思榘改行顺庄，转有未便，请得仍旧。"皆下部议行。旋召诣京师。十五年，令回任，上谕之曰："汝不满朕意。以一时无人，故仍留汝。宜奋勉改过。"调广西。入觐，哲治具言亲老不便迎养，命仍留安徽。寻丁忧。十八年，服阕，署兵部侍郎，暂管户部事。复授安徽巡抚。疏建歙县惠济仓。再调广西。二十年，内擢工部尚书。因病乞回籍。二十一年，卒。

苏昌，伊尔根觉罗氏，满洲正蓝旗人，满丕孙。康熙五十九年，自监生考取内阁中书，迁侍读。考选浙江道御史。乾隆元年，命巡察吉林。奏言："船厂、宁古塔、三姓、白都讷、阿尔楚喀等处满官不知律例，讼案稽延累民，请自京师遣官往理。"三年，转礼科给事中。屡擢至奉天府尹。十一年，奉天被水，苏昌请设厂四乡，增办赈官吏公费；又请禁止游民往来奉天等处。

十四年，擢广东巡抚。十六年，署两广总督。广西巡抚舒辂请于思陵土州沿边种筎竹，杜私越；土目因以侵夷地致衅。苏昌奏："镇安、太平、南宁等沿边二千余里，无论种竹难遍。料理稍疏，事端转启，请更正。"上责舒辂轻率，寝其事。苏昌奏："琼州海外瘠区，贫民生计艰难，有可垦荒地二百五十余顷，请招民开垦，免其升科。"从之。召来京。十九年，授吏部侍郎。

二十四年，署工部尚书，授湖广总督。在籍御史孙绍基称与按察使沈作朋旧为同官，因以取嫌。苏昌劾奏抵罪，并请定回籍之员与有司交结处分。苏昌劾湖北巡抚周琬乖张掩饰，上调苏昌两广，命继任总督爱必达察琬。爱必达发琬匿灾徇劣吏状，夺官，戍巴里坤。苏昌至广东，又劾碣石总兵王陈荣贪黩，夺官，论如律。加苏昌太子太保。二十九年，奏言："广东产米不敷民食，宜多贮社谷，以补常平不足。请嗣后息谷统存州县备赈，免其变价。"从之。

调闽浙总督。在两广févr盐运使王概，概以赃败，下吏议。御史罗暹春因劾苏昌瞻徇糊涂，不堪节制海疆。上曰："苏昌不能辞失察之咎。节制海疆，乃朕所简用，非御史所宜言。"苏昌别疏劾知县刘绍汜，下刑部。上以暹春与绍汜同为江西人，疑暹春劾苏昌为绍汜地，诘责暹春，改主事；命苏昌留任。三十年，台湾淡水生番为乱，焚獒壳庄，民死者五十余。苏昌檄按察使余文仪会台湾总兵督兵讨平之。三十三年，入觐。卒，谥恪勤。子富纲，官云贵总督。

苏昌在两广，有巨室横毙人母，诬其子，狱久具，勾决本已下。苏昌疑其冤，亲鞫之，得实，疏自劾，上奖谕之，置知县于法，时论称焉。

鹤年，字芝仙，伊尔根觉罗氏，满洲镶蓝旗人。父春山，康熙五十一年进士，选庶吉士，官至盛京兵部侍郎。

鹤年，乾隆元年进士，选庶吉士，授检讨，兼公中佐领。三迁内阁学士。十五年，擢仓场侍郎。以京师米贵，疏请京、通俸饷米先半月支放。十八年，劾坐粮厅郎中绰克托刚愎自用，迟延徇纵，绰克托坐夺官。又奏："通州南仓建自明天顺间，后并入中仓。雍正间，复分为二，与西仓分贮漕白米。臣见中西仓足敷收贮，请裁南仓归并中西仓。"从之。

十九年，授广东巡抚。奏陈平米价，严保甲，缉窃盗案，禁私铸、私雕诸事。上谕曰："诸凡行之以实，持之以久。勉之！"寻复疏请以化州石城官租谷碾给海安营兵米。又奏海阳蔡家园土堤改筑灰墙，出俸倡修。二十一年，奏言："番禺、花、阳春诸县征收兵米，有所谓厨房米、官眷米，相传起于明代藩府。后为旗营武职俸米，凡万二千余石，必细长洁白，产少价昂，甚为民累，应请禁革。"上嘉之。

调山东巡抚。奏言济宁、鱼台、金乡、滕、峄诸州县积水为灾，上命加意赈恤。二十二年，上南巡，迎跸。奏言："海丰地处海滨，东北乡尤低下，易罹水患。积年逋赋请豁免，乾隆十一年至二十年旧欠并改用下则。"复奏济宁等五州县积水尚未尽涸。上以江南宿虹、灵璧，河南永城、夏邑，皆有积水，命侍郎裘曰修会诸督抚筹度疏消。

七月，擢两广总督。奏："东省水患频仍，正与裘曰修商度，拟浚伊家河，泄微山湖水。河自韩庄迤西至江南梁旺城入运河，计程七十里，需银十三四万，一切正须经理。又与河臣张师载商浚运河，并及建堤。事不容已，恳留任督办。"上谕曰："览奏，具见良心。然朕以无人，不得不用汝。汝仍遵前命。"

十月，复命以总督衔管山东巡抚事，综理工程。奏言："浚运河必先浚伊家河以泄积水，使久淹地亩渐次涸出，然后履勘估修，庶工实费省。请俟春暖鸠工，不致有误新运。"又偕师载疏言："运河淤垫日甚，寻常修浚，非经久之策。应自济宁石佛闸起北至临清闸，逐一探底，以深八尺为度，俾河身一体平坦。"上韪其言。十二月，伊家河工竣。又奏言："运河浅浅处分段筑坝，测量纤路，多民居。草土屋愿售，给价拆除；瓦屋不愿售，量将纤路加宽。被水民田速为疏消，俾为种麦；应修桥梁，察有解江余石应用，不使估报买采。"上以"实心经理，不负任使"嘉之。寻卒，赠太子太保、兵部尚书衔，祀贤良祠，赐祭葬，谥文勤。子桂林，自有传。

吴达善，字雨民，瓜尔佳氏，满洲正红旗人，陕西驻防。乾隆元年进士，授户部主事。累擢至工部侍郎、镶红旗满洲副都统。二十年，授甘肃巡抚。赴巴里坤督理军需，以劳赐孔雀翎。二十二年，疏言："军粮自肃州运哈密至军，石需费十二、三两。凯旋官兵枭口粮制衣履，请改二成本色，八成折价。既得随时支用，亦可稍省运费。"从之。加太子少保。

二十四年，代黄廷桂为陕甘总督，寻复以命杨应琚，改总督衔管巡抚事。奏言："宁夏横城堡河涨城圮。相度水势，分别添筑草坝，俾大溜北注，化险为平。"旋以总督衔调河南巡抚。奏改延津、封丘，胙城、荥泽、卢氏、灵宝诸县营制，议行。

授云贵总督。二十七年，奏言："云南、贵州各镇协营每兵千设藤牌兵百，少不适用。请以七成改习鸟枪，三成改习弓箭。"从之。寻兼署云南巡抚。二十九年，奏改都匀、铜仁二协营制。调湖广总督，兼署湖北巡抚。巴陵民熊正朝伪称县人巡抚方显子，居省城与绅士交结，乘间盗窃，捕得置诸法。

三十一年，调陕甘总督，奏言："木垒地广土沃。请将招集户民编里分甲，里选里长，百户选渠长，乡约保正。讼狱，守备审理；命盗案，守备验讯。巴里坤同知审解。"从之。三十三年，复调湖广总督，兼署荆州将军。命赴贵州，偕内阁学士富察善、侍郎钱维城按巡抚良卿、按察使高积营私骩法，论如律。三十五年，兼署湖南巡抚。

三十六年，复调陕甘总督，值土尔扈特部内附，上命分赉羊及皮衣。吴达善料理周妥，上嘉其能。以病乞解任。寻卒，赠太子太保，祀贤良祠，赐祭葬，谥勤毅。

崔应阶，字吉升，湖北江夏人。父相国，官浙江处州镇总兵。应阶，荫生。初授顺天府通判，迁西路同知。雍正中，擢山西汾州知府。乾隆十五年，授河南驿盐道。擢安徽按察使。丁母忧，服阕，补贵州按察使。二十一年，擢湖南布政使，署巡抚。总督硕色劾应阶子甘肃东乐知县琇附驿寄家书，应阶不检举，上特命降调。二十二年，补江南常镇扬道。再迁山东布政使。

二十八年，迁贵州巡抚，调山东。疏请浚荆山桥旧河，泄积水。二十九年，疏言："武城运河东岸牛蹄窝、祝官屯，西岸蔡河陂水汇注，俱为堤隔，浸灌民田，请各建闸启闭。"均如所议。三十一年，疏言："各州县民壮有名无实，饬属汰老弱，选精壮，改习鸟枪，与营伍无二。不增粮饷，省得精壮三千三百余名。"得旨嘉奖。三十二年，疏言："武定滨海，屡有水患：一在徒骇尾闾不畅，一在钩盘淤塞未开。徒骇上游宽百余丈，至沾化入海处仅十余丈，纡回曲折，归海迟延。徒骇旧有漫口，径二十五里，宽至四五十丈，水涨赖以宣泄。若就此开浚，庶归海得以迅速。又有八方泊为众水所汇，伏秋霖雨，下游阻滞，淹及民田。泊东北为古钩盘河，经一百三十余里，久成湮废。若就此开浚，引水入海，则上游不致停蓄，积水亦可顺流而下。"皆如所请。

调福建，三十三年，擢闽浙总督，加太子太保。三十四年，劾兴泉永道蔡琛贪酷，论如律。调漕运总督，奏粮道专司漕务，无地方之责，令亲押赴淮，不得转委丞倅。召授刑部尚书，调左都御史。四十五年，以原品休致。寻卒。

王检，字思及，山东福山人。父䎖，官太常寺卿。检，雍正十一年进士，改庶吉士。乾隆元年，授编修。大考四等，休致。十三年，上幸阙里，召试，复授编修。十四年，授直隶间知府，迁甘肃凉庄道。以官河间有政声，即调直隶霸昌道。累擢安徽按察使。奏："外任官员眷属外，定例州县家人二十名，府道以上递加十名，违者降级。定额本宽，近则州县一署几至百人，毋论招摇滋弊，即养廉亦不足供，请申明定例，违数详参。"又奏："皖城濒临大江，岁多劫案，请加重沿江乘危抢夺旧例，边海有犯视此。"均得旨允行。调直隶，又调山西。二十八年，迁广西布政使，调甘肃。奏："各省大计举劾，例由藩司主稿。请嗣后藩司新任，得援督抚例展限三月，以重考核。"

二十九年，擢湖北巡抚，署湖广总督。以前巡抚爱必达请于沔阳新堤设文泉县治，地处低洼，城仓库狱俱未兴工，且于民情未便，奏请裁撤，移沔阳州同驻新堤，下部议行。

调广东巡抚。秋审，刑部进湖广招册，检所定拟，多自缓决改情实，或改可矜。上核刑部九卿所改皆允，谕检"秋谳大典，宜详慎持平，失出失入，厥过维均"，传旨申饬。三十一年，奏："凡盗出洋肆劫，夥党、器械、招买皆自内地。如果保甲严查，岂能藏匿？请嗣后洋盗案发，询明由某地出口，将专管及兼辖、统辖之员，照保甲不实力例议处。"从之。广东有名竹洲艇者，其制上宽下锐，行驶极速。海盗用以行劫，追捕为难。检令凡船皆改平底。琼州地悬海外，黎人那隆等劫商氃法，为诸盗最。检亲督剿捕，决遣如律。又以民多聚族而居，置祭田名曰"尝租"，租谷饶裕，每用以纠众械斗。奏请"尝租自百亩以上者，留供每年祭祀，余田归本人。其以租利所置，按支均派，俾贫民有田以资生，凶徒无财以滋事"。上谕曰："所奏意在惩凶息讼，惟恐有司奉行不善，族户贤否不齐，难免侵渔攘夺。嗣后因恃祠产丰厚，纠众械斗，按律惩治。即以祠田如检所请分给族人，俾凶徒知所警惧，而守分善良仍得保其世业。"三十二年，因病请假，有诏慰问。旋卒。

子启绪，自编修官河南开归陈许道；燕绪，自编修官侍讲；孙庆长，内阁中书，官福建按察使。

吴士功，字惟亮，河南光州人。雍正十一年进士，选庶吉士，改吏部主事。累迁郎中，考选御史。奏言："部院大臣简用督抚，调所属司员以道府题补，恐滋偏听、交结诸弊，请照雍正旧例停止。"从之。御史仲永檀言密奏留中，近多泄漏。敕王大臣诘问，举士功劾尚书史贻直疏以对。上出士功疏，戒以不梭改，当重谴。乾隆七年，授山东济东泰武道，丁忧，服阕，调直隶大名道。改山东兖沂曹道，属县饥，上南巡，迎驾，召对，以闻。为截留粮米六十万石赈之，命士功董其事。旱蝗为灾，督吏捕治，昼夜巡阅，未及旬，蝗尽。调湖南粮道，巡抚阿克敦疏留，调山东粮道。再迁湖北按察使。二十二年，护巡抚。河南饥，敕湖北发毗连州县仓米运河南，即留本年应运漕粮归仓。士功奏湖北地卑湿，米难久贮，请以一米改收二谷还仓，报闻。

迁陕西布政使，护巡抚。疏言："宜君、榆林、葭州、怀远、府谷、神木、靖边、宁远诸州县先旱后潦。拨宁夏米麦五万石分赈怀远、靖边诸县，中阻黄河，河冰即难挽运，臣饬先期速运；拨绥德等四州县米二万石协济榆林、葭州，山路崎岖，臣饬雇骡骆驼速运，俾民早沾实惠。"谕令竭力妥为之。调直隶，奏请："抚藩离任，将库项有无亏空奏明。新任抚藩亦于交代限内另摺奏闻，仍照例出结保题，以除挪借积弊。"上以所奏简而易行，命著为例。二十三年，复调陕西，护巡抚。疏言："延安府兵米，各县运府仓。弁兵赴府支领，路远费倍，耗损过半。请甘泉、宜川、延川、延长四县本县征收支给。"又奏："陇州汧阳县跬步皆山，岁征屯豆，请改折色解司充饷。"俱从之。

擢福建巡抚。二十四年，奏请捕私铸，按钱数多寡治罪。又奏获南洲盗八十余人，与总督杨廷璋疏请改定南洲塘汛。又奏："福建九府二州，常平缺额谷三十一万石有奇；台湾积年平粜未买谷十五万石有奇：皆令补足。浙西歉收，请拨台湾谷十万石听浙商贩运。风汛不便，先发内地沿海府县仓谷拨给，俟台湾谷运到还仓。一转移间，不妨于闽，有益于浙。"上嘉之。二十五年，奏："寄居台湾皆闽、粤滨海之民，乾隆十二年复禁止移眷，民多冒险偷渡，内外人民皆朝廷赤子。向之在台湾为匪者，均只身无赖。若既报垦立业，必顾惜身家，各思保聚。有的属在内地者，请许报官给照，迁徙完葬。"又条奏稽查滨海渔船，令取船主、澳甲保结；出口逾期不还，责成澳甲、船主查报；稽察携带多货，帆樯编字号，书姓名，免匪舟溷迹：均从之。寻以福建民多械斗，由大族欺凌小族，疏请大户恃强纠众拟情实，小户被欺抵御拟缓决。刑部驳，上谕曰："福建械斗最为恶俗。士功乃欲以族大族小分立科条，是使械斗者得以趋避其词，司谳者因而高下其手。士功夙习沽名，宜刻自提撕，勿自贻伊戚！"

二十六年，廷璋劾提督马龙图挪用存营公项，命士功严谳。会奏龙图借用公项，已于盘查时归补，援自首例减等拟徒。上以龙图败露后始行归补，且将登记数簿焚毁，又增舞文之罪，不得以自首论，因究诘出何人意，寻覆奏士功主政。上夺士功官，发巴里坤效力自赎。二十七年，廷璋奏闽县民杨魁等假造敕书承袭世职，投抚标效力。上命巴里坤办事大臣诘责士功，并令自揣应得处分，赎罪自效。士功输银赎罪，命释回。旋卒。

子玉纶，二十六年进士，自检讨累迁兵部侍郎，督福建学政，复降授检讨。

论曰：疆政首重宜民。纪督凿井，反贻怨谤。喀尔吉善遂阻开矿、种树之议，兴利诚不易言也。雅尔图、应阶治水，斯盛治社仓，晢治治赈，才有洪纤，效有巨细，要皆有益于民。苏昌勃大吏，颇见风力，琊宝等亦各有建树。自古未有不尽心民事而可以称善治者也。

卷三百十　　列传九十七

齐苏勒　嵇曾筠子璜　**高斌**从子高晋
完颜伟　顾琮　白钟山

齐苏勒，字笃之，纳喇氏，满洲正白旗人。自官学选天文生为钦天监博士，迁灵台郎。擢内务府主事，授永定河分司。康熙四十二年，圣祖南巡阅河，齐苏勒扈跸至淮安，上谕黄河险要处应下挑水埧，命往烟墩、九里冈、龙窝修筑。齐苏勒于回銮前毕工，上嘉之。洊擢翰林院侍讲、国子监祭酒，仍领永定河分司事。河决武陟，奉命同副都御史牛钮监修堤工。疏言："自沁河堤头至荥泽大堤十八里，择平衍处筑遥堤。使河水趋一道，专力刷深，不致旁溢。"六十一年，世宗即位，擢山东按察使，兼理运河事。命先往河南筹办黄河堤工。时河南巡抚杨宗义请于马营口南旧有河形处浚引河。齐苏勒同河道总督陈鹏年疏言："河不两行，此泄则彼淤。马营口堤甫成，若开引河，虑旁泄侵堤。"事乃寝。

雍正元年，授河道总督。既上官，疏言："治河之道，若瀕危而后图，则一丈之险顿成百丈，千金之费糜至万金。惟先时豫防，庶力省而功易就。"又言："各堤坝岁久多倾圮，弊在河员废弛，冒销帑金。宜严立定章示惩劝。"

并允行。乃周历黄河、运河，凡堤形高卑阔狭，水势浅深缓急，皆计里测量。总河私费，旧取给属官，岁一万三千余金，及年节馈遗，行部供张，齐苏勒裁革殆尽。举劾必当其能否，人皆懔懔奉法。

阳武、祥符、商丘三县界黄河，北岸有支流三，逼堤绕行五十余里；南岸青佛寺有支流一，逼堤绕行四十余里。齐苏勒虑刷损大堤，令筑坝堵御，并接筑子堤九千二百八十八丈，隔堤七百八十丈。又以洪泽湖水弱，虑黄水倒灌，奏筑清口两岸大坝，中留水门，束高清水以抵黄流。及淮水畅下，坝在波涛中，又虑坝为水蚀，遣员弁驻工，湖涨下埽防坝，黄涨则用混江龙、铁篦子诸器，驾小舟往来疏浚，不使沙停，水患始缓。诏豫筹山东诸湖蓄泄以利漕运，疏言："兖州、济宁境内，如南旺、马踏、蜀山、安山、马场、昭阳、独山、微山、稀山等湖，皆以道资以蓄泄，昔人谓之'水柜'。民乘涸占种，湖身渐狭。宜乘水落，除已垦熟田，丈量立界，禁侵越。谨洊蓄：当运河盛涨，引水使与湖平，即筑堰截堵；如遇水浅，则引之从高下注诸湖。或宜堤，或宜树，或宜建闸启闭，令诸州县量事程功，则湖水深广，漕艘无阻矣。"

二年，广西巡抚李绂入对，上谕及淮、扬运河淤垫年久，水高于城，危险可虑。绂请于运河西别浚新河，以其土筑西堤；而以旧河身作东堤，东岸当不至溃决。上命与齐苏勒商度，齐苏勒奏言："淮河上接洪泽，下通江口。西岸临白马、宝应、界首诸湖，水势汪洋无际。若别挑新河，筑西堤于湖水中，不惟糜费巨金，抑且大工难就。"上是其言。是秋飓风作，海潮腾踊丈余。黄河入海之路，二水冲激，历三昼夜，而滨海堤岸屹然。上嘉其修筑坚固，赐孔雀翎，并予拜他喇布勒哈番世职。

三年，副总河嵇曾筠奏于祥符县回回寨浚引河，事将竣，齐苏勒奉命借总督田文镜察视。齐苏勒奏言："浚引河必上口正对顶冲，而下口有建瓴之势，乃能吸大溜入新河，借其水力涤刷宽深。今所浚引河，与现在水向不甚相对。当移上三十余丈，对冲迎溜。复于对岸建挑水坝，挑溜顺行，以对引河之口。俟水涨时相机开放，庶河流东注，而南岸堤根可保无虞。"上命内阁学士何国宗等以仪器测量，命齐苏勒会勘。齐苏勒奏言："仪器测度地势，于河工高下之宜甚有准则。今洪泽湖滚水坝旧立门槛太高，不便于泄水。请敕诸臣绕至湖口，用仪器测定，将门槛改低，庶宣防有赖。"又奏言："治河物料用苇、柳，而柳尤适宜。今饬属于空闲地种柳，沮洳地种苇。应请凡种柳八千株、苇二顷者，予纪录一次，著为例。"均称旨。寻又奏言："供应节礼，并已裁革。河标四营旧有坐粮，岁千余金，以之修造墩台，制换衣甲、器械，盐商陋规岁二千金，为出操ского兵赏功犒劳之用。每年往来勘估，伏秋两汛，出驻工次，车马舟楫，日用所需，拮据实甚。河库道收额解钱粮，向有随平余银五千余，除道署日用工食，请恩准支销。"上允之。四年，以堵筑睢宁朱家口决口，加兵部尚书、太子太傅。五年，疏言："黄河斗岸常患冲激，应改斜坡，俾水随坡溜，坡上悬密柳抵之。既久溜入中泓，柳枝沾泥，并成沙滩，则易险为平。"从其请。是年，齐苏勒有疾，上遣医往视。寻入觐,命岁支养廉万金。

六年,两江总督范时绎、江苏巡抚陈时夏浚吴淞江,上命齐苏勒料理。筑坝陈家渡,松江知府周中鋐、千总陆章乘舟督工下埽,潮回坝陷,溺焉。齐苏勒往视察,下为土埂,中有停沙,因督令疏浚,坝工乃竟。复偕曾筠会勘河南雷家寺支河,是秋事毕。于是黄河自砀山至海口,运河自邳州至江口,纵横绵亘三千余里,两岸堤防崇广若一,河工益完整。

七年春,疾甚,上复遣医往视。寻卒,赐银三千两为归榇资,进世职三等阿达哈哈番,赐祭葬,谥勤恪。上又以靳辅、齐苏勒实能为国宣劳,有功民社,命尹继善等择地,令有司春秋致祭。

齐苏勒久任河督,世宗深器之,尝谕曰:"尔清勤不待言,而独立不倚,从未闻贪缘结交,尤属可嘉。"又曰:"隆科多、年羹尧作威福,揽权势。隆科多于朕前谓尔操守难信,年羹尧前岁数诋尔不学无术,朕以此知尔独立也。"又曰:"齐苏勒历练老成,清慎勤三字均属无愧。"八年,京师贤良祠成,复命与靳辅同入祀。

嵇曾筠,字松友,江南长洲人。父永仁,诸生,从福建总督范承谟死事。母杨守节,抚曾筠成立:事分见《忠义》、《列女传》中。

曾筠,康熙四十五年进士,选庶吉士,授编修。累迁侍讲。雍正元年,直南书房,兼上书房。擢左佥都御史,署河南巡抚,即充乡试考官。迁兵部侍郎。河决中牟刘家庄、十里店诸地。诏往督筑,逾数月,工竟。二年春,奏言:"黄、沁并涨,漫溢铫期营、秦家厂、马营口诸堤。循流审视,穷致患之由。见北岸长沙滩,逼水南趋,至仓头口,绕广武山根,透迤屈曲而下。官庄峪又有山嘴外伸,河流由西南直注东北,秦家厂诸地顶冲受险。请于仓头口对面横滩开引河,俾水势由西北而东南,毋令激射东北,并培钉船帮大坝,更于上下增筑减水坝,秦家厂诸地险势可减。"又与河督齐苏勒会奏培两岸堤,北起荥泽,至山东曹县;南亦起荥泽,至江南砀山:都计十二万三千余丈。皆从之。

授河南副总河,驻武陟。疏言:"郑州大堤石家桥迤东大溜南趋,应下埽签桩,复于埽湾建矶嘴坝一。中牟拉牌寨黄流逼射,应下埽护岸,建矶嘴挑水坝二。穆家楼堤工坐冲,亦应下埽加镶。阳武北岸祥符珠水、牛赵二处堤工,近因中牟迤下,新长淤滩,大溜北趋成冲,应顺埽加镶。"又言:"小丹河自辛句口至河内清化镇水口二千余里。昔人建闸开渠,定三日放水济漕,一日塞口灌田。日久闸夫卖水阻运,请严饬。仍用官三民一之法,违治其罪。"又言祥符南岸回回寨对面淤滩直出河心,致河势南趋逼省城。请于北岸旧河身浚引河,导水直行。上谕齐苏勒用曾筠议。四年,奏卫河水盛,请于汲、汤阴、内黄、大名诸县筑草坝二十七。又请培郑州薛家集诸处埽坝。

五年,命兼管山东黄河堤工。寻转吏部侍郎,仍留副总河任。六年,疏言:"仪封北岸因水势冲急,雷家寺上首滩崖刷成支河。请将旧堤加帮,接筑土坝,跨断支河,以防掣溜侵堤。青龙冈水势紫纡,将上湾淘作深兜,与下湾相对。请乘势开引河,导水东行。"寻擢兵部尚书,调吏部,仍管副总河事。奏请培兰阳耿家寨北堤,下埽签桩筑坝。

七年,授河南山东河道总督,疏请开荆隆口引河。八年,署江南河道总督,疏言:"山水异涨,汇归骆马湖,溢运浮黄,河、湖合一。请于山盱周桥以南开坝泄水,并启高、宝诸堰,分水入江海。高堰山盱石工寮有桩腐石欹,顺砌卑矮者,应筑月坝,加高培实。其年久倾圮者,全行改筑。兴工之际,筑坝拦水,留旧石工为障。俟新基筑定,再除旧石,仍留旧底二层,以御风浪。"又奏:"禹王台坝工为江南下游保障。沭水源长性猛,坝工受冲。请于现有竹络坝二十七丈外,依顶冲形势,建石工六百余丈。接连冈阜,仍筑土堤,并浚沭河口门,使循故道直趋入海。"十年,奏扬州芒稻河闸商工草率,改归官辖,并增设闸官。十二月,加太子太保。十一年四月,授文华殿大学士,兼吏部尚书,仍总督江南河道,予一品封典。十二月,丁母忧,命在任守制。曾筠奏恳回籍终制,温谕许之。以高斌暂署,仍谕曾筠本籍距淮安不远,明岁工程,就近协同经理。十二年四月,同高斌奏增筑海口辛家荡堤闸。同副总河白钟山奏修清江龙王闸,浚通凤阳厂引河。十三年,谕曾筠葬母事毕赴工。高宗御极,命总理浙江海塘工程。

乾隆元年,兼浙江巡抚。寻命改为总督,兼管盐政。曾筠条奏盐政,请改商捕为官役,严缉私贩,定缉私赏罚。地方有抢盐奸徒,官吏用盗案例参处。又疏请于海宁筑尖山坝,建鱼鳞石塘七千四百余丈。入觐,加太子太傅。二年,疏请筑淳安淳河石礶。三年,疏请修宋清滨海堤;又疏请发省城义仓运温、台诸县平粜:并从之。寻召入阁治事,以疾请回籍调治。上令其子璜归省,又遣医诊视。卒,赠少保,赐祭葬,谥文敏,祀浙江贤良祠。又命视靳辅、齐苏勒例,一体祠祀。

曾筠在官,视国事如家事。知人善任,恭慎廉明,治河尤著绩。用引河杀险法,前后省库帑甚巨。第三子璜,亦由治河有功,官大学士,继其武。

璜,字尚佐。幼读《禹贡》,曰:"禹治水皆自下而上。盖下游宣通,水自顺流而下。"长老咸惊异。雍正七年,赐举人。八年,成进士,选庶吉士,年裁二十。授编修,再迁谕德。乾隆元年,命直南书房。三年,丁父忧,服阕,擢庶子。两岁四迁左佥都御史。九年,奏:"督抚阅兵,祗就趋走应对定将弁能否。请近省命大臣,边省命将军、副都统,简阅行伍。"是岁令大学士讷亲阅河南、山东、江南三省行伍,璜此奏发之也。

璜侍曾筠行河,习工事。奏河工疏诸事:请浚毛城铺坝下引河,并于顺集诸地开河引溜,修筑黄河岸,留新黄河、韩家堂诸地旧口,泄盛涨,议行。授大理寺卿。累迁户部侍郎。十八年十月,黄、淮并涨。璜疏请浚铜山以下、清口以上河身,并仿明刘天和制平底方船,用铁耙疏沙,修补高堰石工,归仁堤闸,酌复江南境内减水闸坝。尚书舒赫德等被命视河,奏请派熟谙工程大员董理堤防,因令璜偕工部侍郎德尔敏督修。璜奏："高堰工程有砖石之殊，年分有新旧之异。今当修砌石工，堤外筑拦水坝，并将旧有砖工尽改石工。石较砖重，桩木应培增。旧修石堤用石二进，石后用砖二进，砖与土不相融结，久经风浪，根空基圮，令于砖石后加筑灰土三尺，以御冲刷。"又奏："串场河为诸水总汇。请自石礶闸南更建闸二，并就旧河道疏浚，直达海口。"十九年，奏："高堰、高涧、龙门、古沟四处深塘兜湾，请修复草坝。"皆从之。是年堤工竟，议叙，转吏部。二十年，以母病，乞假归。

二十二年春，上以璜母病愈，授南河副总河，并谕曰："璜侍父曾筠久任河工，见闻所及，谙练非难。母虽年近八十，常、淮带水，尽可轻舟迎养，固无异在家侍奉也。"四月，上南巡，临视高堰、清口及徐州诸工。以伏汛将至，近河诸地岁频歉，贫民诸多，谕疏筑诸工同时并举，以工代赈。因璜前奏请于昭关增滚坝、浚支河，南关旧坝改建滚水石坝，即命璜董其事。璜奏："运河东堤减水入下河，经刘庄、伍祐、新兴诸场，分注斗龙、新洋二港归海。但刘庄大团闸至新兴石礶闸相距较远，请于伍祐沿洼口、蔡家港各增建石闸，引水出新洋港。并疏射阳港口，使之径直。浚串场河以西孔家沟、冈沟河、皮家河支流凡三。此皆下河归海之路也。湖河诸水，归海纡回，归江径直。多一分入江，即少一分入海。应挑河筑坝，使湖河水势相平，乃将各坝开放。则湖水既减，可为容纳来水地。伏秋水盛，泄高邮湖引入运河，出车逻、南关二坝，则归海水少，下河田庐可无虑矣。"上谕曰："璜此奏分别缓急，因势利导，会全局而熟筹之。改纡为直，移远为近，浚浅为深，具有条理。即令尹继善、白钟山等会璜次第兴举。"十一月，高邮运河东堤新建石坝工成，奏请酌定水则，车逻、南关二坝过水至三尺五寸，开五里中闸；至五尺，开新建石坝。又奏："车逻、南关坝脊高于高邮湖面二尺七寸。芒稻闸为湖水归江第一尾闾，请常年启放，俾江、湖脉贯通。"上深嘉之，从所请，并降旨命勒石闸畔。

二十三年正月，擢工部尚书。五月，上下江诸工皆竣。九月，调礼部。二十四年四月，请在籍终养。二十五年，诣京师祝上寿。归至清江浦，奏言："归江之路，尚有应筹。请于金湾坝下开引河，并浚董家沟。又以廖家沟、石羊沟、董家沟三坝改低三尺，使与芒稻闸相准。"上命交尹继善等勘议。二十九年，丁母忧。三十二年，服阕，署礼部尚书，旋实授。七月，授河东河道总督，奏："杨桥大坝为河南第一要工，虽已堵闭，时辄渗漏。而北岸河滩顺直，既不能挑引河分溜，大坝迤东又遍地飞沙，不能建越堤。请将坝身裹戗培厚，用资完固。"璜每巡河，不避艰险，身先属吏。一夕闻虞城工险，驰往。天甫晓，雨雹交下，下埽岌岌欲崩，从者失色，劝璜姑退。璜立堤上叱曰："埽去我与俱去！"雨雹息，堤卒无恙。

三十三年九月，召授工部尚书，罢直南书房。寻以在河督任未甄别佐杂，左迁左副都御史。三十六年，迁工部侍郎。三十八年，擢尚书，调兵部。四十年，复调工部。四十四年，调吏部，协办大学士。初，璜议挽黄河北流仍归山东故道，入对尝之。是岁河决青龙冈，大学士阿桂

视工。上以璜议诰阿桂及河督李奉翰，金谓地北高南低，水性就下；欲导河北注，揣时度势，断不能行。上复命廷臣集议，仍谓黄河南徙已久，不可轻议改道，寝其事。

四十七年，加太子太保，在上书房总师傅上行走。并以璜年老，谕冬令日出后入朝，赐玄狐端罩。五十年正月，与千叟宴，为汉大臣领班。五十一年，以老乞休，赐诗慰留。上幸避暑山庄，命留京办事。五十五年四月，以璜成进士逾六十年，重与恩荣宴。璜年八十，与高宗同岁生，生日在六月，奏改万寿节后。上嘉其知礼，代定八月十九日，赐诗及联榜、上方珍玩宠之。五十六年，复赐肩舆入直。五十九年七月，卒，年八十有四，命皇八子奠醊，赠太子太师，赐祭葬，谥文恭。

子八，长承谦，进士，官至侍读，先璜卒。族子承恩，举人，累官至河东河道总督。

高斌，字右文，高佳氏，满洲镶黄旗人，初隶内务府。雍正元年，授内务府主事。再迁郎中，管苏州织造。六年，授广东布政使，调浙江、江苏、河南诸省。九年，迁河东副总河。十年，调两淮盐政，兼署江宁织造。十一年，署江南河道总督。十二年，回盐政任。复署河道总督，培范公堤六万四千余丈。十三年，回盐政任。旋授江南河道总督。

乾隆元年，疏请河工抢修工段需用土方，令河兵挑运十之四，用民工十之六。又请苇荡营采柴均归厂运。又请各州县河工外解各项悉归河库道。河南永城、江南萧县频年被河患，上命高斌会两江总督赵弘恩、河南巡抚富德筹疏通之策。高斌等奏："黄河南岸砀山毛城铺向有减水石坝一，萧县王家山有天然减水石闸一，睢宁县峰山有减水闸四，建自康熙间，诚分黄导淮以水治水之善策。年久淤浅，水发为患。毛城铺旧有洪沟、巴河二河，为减泄黄水故道。闸下地势，东北偏高，水向南行，漫入祝家口。请俟水涸疏浚二河，并于二河上游开蒋沟河，筑祝家口、潘家口二坝。漳水南流，使尽入蒋沟、洪沟、巴河分流下注，永城、砀山诸县当无水患。王家山天然闸减水会入徐溪口，旧有引河，间有淤浅；峰山减水闸，历年既久，引河亦有淤浅；均应疏浚。"又奏："淮扬运河自清口至瓜洲三百余里，其源为分洪泽湖水入天妃闸，建瓴而下，经淮安、宝应、高邮、扬州以达于江，惟借东西漕堤为障。请于天妃、正越两闸之下，相距百余丈，各建草坝三。坝下建正石闸二，越河石闸二。又于所建二闸尾各建草坝三。重重关锁，层层收蓄，则水平溜缓，可御洪泽湖异涨，亦可减运河水势。湖水三分入运，七分会黄。山旴尾间天然南北二坝，非洪泽湖异涨不可轻开，使清水全力御黄；而高、宝诸湖所受之水，循轨入口，不至泛溢下河。则高、宝、兴、盐诸县民田可免洪湖泄水之患。"疏入，均议行。

御史夏之芳等疏言："毛城铺引河一开，则高堰危，淮、扬运道民生可虑。"命高斌会大学士嵇曾筠、副总河刘永澄等详度。安徽布政使嵇斯盛、广东学政王安国复请浚海口，又命高斌与宏恩及江苏巡抚邵基会勘。二年三月，高斌请入觐。赵弘恩内擢户部尚书，亦诣京师。上命

王大臣集议，并召之芳等皆与。高斌言："毛城铺减水坝康熙十七年靳辅所建，减水归洪泽湖，助清刷黄。六十年来，河道民生，均受其益。现浚毛城铺，乃因坝下旧河量加挑浚，使水有所归，并非开坝。况减下之水，纡回曲折六百余里，经徐、萧、睢、宿、灵、虹诸州县，有杨瞳等五湖为之渟蓄。入湖时即已澄清，无挟沙入湖之患，亦无湖不能容之虑。"之芳等仍执所见，议未决，御史甄之璜奏："毛城铺开河，淮、扬百万之众，忧虑惶恐。"钟衡条奏亦及之。上卒用高斌议，斥之璜、衡、之芳等。

高斌复请别开新运口，堵塞旧运口，以避黄河倒灌。三年正月，淮、扬运河工竟，有旨嘉奖。四年，上闻时论议高斌所改新运口离黄稍远，而上游水势遇黄河异涨，仍不见倒灌，命大学士鄂尔泰乘驿往勘。鄂尔泰仍主开新运口，如高斌议。八月，高斌入觐，命便道与直隶总督孙嘉淦、总河顾琮会勘直隶河道。六年，奏言："黄河自宿迁下至清河，河流湍急，内逼运河，唇齿相依。请培运河南岸缕堤，作为黄河北岸遥堤。"又言："江都瓜河地势卑下，请量改口门，别浚越河，以减淮水入瓜河分数。"又言镇江南岸埽工宜改砖工。均下部议行。

调直隶总督，兼管总河。奏言："永定河惟在尾闾通畅，请于三角淀旁开引河，下接大清河老河头，上接郑家楼水口。挑去积土，即于北岸圈筑坡埝，以防北轶。南岸亦量为接筑，以遏南溜。下口河唇，随时疏通。至上游应筹分泄，请于南岸双营，北岸胡林店、小惠家庄各增建三合土滚坝一；并减堤高，使卑于坝。南岸郭家堤旧草坝应一律修筑如式。"七年，淮、扬水灾，上命高斌及侍郎周学健会总督德沛等治赈。事毕，还直隶，复奏言："永定河上游为桑乾河，自山西大同至直隶西宁，两岸可各开渠灌田。自西宁石闸村入山，经宣化黑龙湾、怀来和合堡、宛平沿河口，两山夹峙，一线中趋。若于山口取巨石错落堆叠，仿竹络坝之意，为玲珑水坝，以杀其汹涌，则下游河患可减。"疏上，均议行。十年三月，加太子太保。五月，授吏部尚书，仍管直隶水利、河道工程。十二月，命协办大学士、军机处行走。

十一年，御史杨开鼎劾南河道总督白钟山河决匿灾不报，命高斌往江南会总督尹继善按治，白钟山坐夺官。疏言："淮、黄二渎，每年伏秋水涨，以老坝口水志为准则。乾隆七年最大，水志连底水一丈四尺七寸，当以此较量每年水势。各处闸坝开闭，应以就近石工水涨尺寸为度。"运河水涨，又命高斌往勘。疏陈培六塘河谢家庄、龙沟口诸处堤堰，浚中墩河、项家冲东门河；又疏请豁免海州、沭阳、赣榆诸县逋赋，及板浦、徐渎、中正、莞渎、临洪、兴庄诸场折价带征银；并从之。高斌尝谓黄水宜合不宜分，清水宜蓄不宜泄，惟规度湖河水势，视其缩盈以定蓄泄，方不至泛溢阻碍为民害。诸所筹画，皆可循守。十二年三月，授文渊阁大学士。四月，命往江南同河道总督周学健督理防汛。五月，直隶水利工竟。

十三年，命偕左都御史刘统勋如山东治赈。又命偕总督顾琮如浙江按巡抚常安委贿状，高斌等颇不欲穷治。上又遣大学士讷亲往按，责高斌模棱，下吏议，夺官，命留任。闰七月，周学健得罪，命兼管江南河道总督。寻以籍学健家产徇私瞻顾，夺大学士，仍留河道总督。十六年三月，上南巡，命仍以大学士衔管河道总督事。闰五月，暂管两江总督。八月，盱眙河北武漫工未合龙，诏往相度修筑，命未下，高斌奏请驰赴协办。上奖其急公任事，得大臣体。十一月，工竟，命同侍郎汪由敦勘天津诸处河工。十七年，年七十，赐诗。

十八年，洪泽湖溢，邵伯运河二闸冲决，高邮、宝应诸县被水，下部严议。学习河务布政使富勒赫奏劾南河亏帑，命署尚书策楞、尚书刘统勋往按。策楞等疏发外河同知陈克济、海防同知王德宣亏帑状；并及洪泽湖水溢，通判周冕未为备，水至不能御，不即奏劾状。上责高斌徇纵，与协办河务张师载并夺官，留工效力赎罪。九月，黄河决铜山张家路，南注灵、虹诸县，归洪泽湖，夺淮而下。上以秋汛已过，何至冲漫河堤，责高斌命往铜山勒限堵塞。策楞寻奏同知李燉、守备张宾侵帑误工状，上命斩燉、宾，絷高斌、张师载使视行刑，仍传旨释之。二十年三月，卒于工次。予内大臣衔，发内库银一千治丧。

二十二年，上南巡，谕曰："原任大学士、内大臣高斌，任河道总督时颇著劳绩。即如毛城铺所以分泄黄流，高斌设立徐州水志，至七尺方开。后人不用其法，遂致黄弱沙淤，隐贻河患。其于黄河两岸汕刷支河，每岁冬季必率厅汛填筑。近年工员疏忽，因有孙家集夺溜之事。至三滚坝泄洪湖盛涨，高斌坚持堵闭，下游州县屡获丰收。功在民生，自不可没。癸酉张家路及运河闸之决，则其果于自信，抑且年迈自满之失。在本朝河臣中，即不能如靳辅，较齐苏勒、嵇曾筠有过无不及。可与靳辅、齐苏勒、嵇曾筠同祀，使后之司河务者知所激劝。"二十三年，赐谥文定。《御制怀旧诗》，列五督臣中。命祀贤良祠。

子高恒，高恒子高朴，皆坐事获谴，自有传。上复录高斌孙高杞授内务府郎中。从子高晋。

高晋，字昭德。父述明，凉州总兵。高晋初授山东泗水知县，累迁安徽布政使，兼江宁织造。乾隆二十年，擢安徽巡抚。二十二年，上南巡视河，命高晋协办徐州黄河两岸堤工。高晋奏言："凤、颍灾区诸工并举，米价日昂，动工程银三万两购米，尚虑不敷。上念淮徐海道诸工，截漕二十万石平粜。请分五万济上江各工。"从之。工竟，加太子少傅。

二十六年，迁江南河道总督。奏言："高、宝、兴、泰积年被水，上命封闭南关、车逻等坝，于金湾坝下浚引河，泄水归江，使洪泽湖、运河之水不致漫吸东注。下河各县支河汊港及田间积水，均汇入串场河，北至盐城石砬、天妃等闸，出新洋港。又自兴化白驹、青龙、八社、大团等闸出斗龙港，分二道归海。惟下河形如釜底，积涝骤难消涸。请浚兴化迤南丁溪、小梅二闸引河使出王家港，兴化迤北上冈、北草堰、陈家冲三闸引河，使汇射阳湖，增二道归海，俾数州县积水节节流通，沮洳渐成沃壤。"从之。二十七年，授内大臣。奏言："运河归江，邵伯以下旧设六闸。自盐河分流下注，请将六闸金门量为展宽。又盐河旧设中、南、北各二闸，应留北二闸以济盐、运。南、中二闸过水迟滞,应添建石坝,接长土堤,酌挑引河,俾高、宝湖水归江益畅。"二十八年,加太子太傅。二十九年,奏言:"清口以上桃、宿等厅,专受黄水;清口东坝以下,淮、黄合流,至云梯关迤东归海。北岸五套、南岸陈家浦顶冲入溜,议培筑旧堤。臣以云梯关外近海,与其筑堤束水,不若于旧堤上首作斜长子堰,使水汇正河入海。"上均是之。

三十年,迁两江总督,仍统理南河事务。三十一年,按苏州同知段成功纵仆扰民,高晋以成功方病,拟宽之,上责其袒庇。三十三年,署湖广总督,兼摄荆州将军事。三十四年,回任,兼署江苏巡抚。上命采洋铜铸钱,高晋请收小钱,并运云南铜供铸,费省于洋铜,上用其议。三十六年,兼署漕运总督,授文华殿大学士,兼礼部尚书,仍任总督如故。寻命同侍郎裘曰修、总督杨廷璋筹勘永定河工。事竟,还江南。

四十年,河东河道总督姚立德奏请以蜀山湖收蓄伏秋汛水,工部以旧例蜀山湖于十月后收蓄汶河清水议驳,上命高晋会勘。寻奏:"蜀山湖周六十五里,在汶河南、运河东,为第一水柜。向定蓄水限九尺七八寸,请改以一丈一尺为率,兼蓄伏秋汛水。"从之。四十一年,河督吴嗣爵奏黄河淤高,命高晋与总督萨载筹议,请浚清口以内引河停淤,使清水畅出,与黄河汇流东注,并力剔沙,则黄河不浚自深,海口不疏自治。"上谕曰:"此奏甚合机宜形势,为治淮、黄一大关键。届时妥为之。"是冬,入觐,上以高晋年七十,书榜以赐。

四十三年,命赴浙江会巡抚王亶望相度海塘,又命赴河南堵筑仪封漫口。秋,河决时和驿,高晋议处,命宽之。冬,时和驿工竟。仪封新修埽工垫陷,部议夺官,仍命留任。十二月,卒,赐祭葬,谥文端。《怀旧诗》并列五督臣中。子书麟、广兴,自有传。

完颜伟,完颜即其氏,满洲镶黄旗人。雍正间,自内务府笔帖式累迁户部员外郎。命往江南学习河务。乾隆二年,授浙江海防道。调江南河务道,寻擢浙江按察使。方建尖山坝工,巡抚卢焯奏以伟督工,岁赉银五百。六年,命为江南副总河,就擢河道总督。高邮南关、五里、车逻三坝,值河、湖盛涨,泄水辄浸下河州县民田。上命闭洪泽湖天然坝及三坝,不使水入下河。知州沈光曾以上河滨湖滩地被水,议以济运余水由三坝减泄,并易芒稻河闸为坝,疏宝应、高邮、甘泉诸湖南注之路。伟劾其扰乱河工,光曾坐夺官。

初,上以黄河大溜逼清口,命循康熙旧迹,开陶庄引河,导使北注。大学士鄂尔泰与河道总督高斌合勘,甫定议,会暴汛积淤,工遂停。高斌亦去任,复命伟相度。伟议自清口迤西黄河南岸设木龙挑溜,使渐趋而北。七年,疏言:"淮源上游雨多水发,贾鲁河盛涨,由涡达淮,汇于洪泽湖。三石滚坝减归高、宝、邵伯等湖,而古沟、东坝漫刷过水又自白马湖来会,水势益大。臣督筑子堰捍御,并将高邮老土坝及南关等三坝,水势始定。"上嘉之。

是岁黄河亦盛涨,石林口减水过多,沛县及山东鱼台、滕、峄诸县皆被水。伟具疏请罪。御史吴炜劾伟用人不得当,伟疏辨,上不深责,调河东河道总督。九年,奏言:"山东历年被水,由于上游散漫,下游梗阻。运河东接汶、泗、沂、济诸水,泄入微山、蜀山、南旺、马踏诸湖;北接漳、卫二水,泄入盐河、徒骇、马颊、钩盘诸河。遇伏秋异涨,宣泄不及,应于运河内增闸坝以分其势,疏下河以畅其流。其经由各州县,凡沟渠淤狭者浚之,堤堰残缺者修之。"报可。十年,以母老乞回京,有旨慰留。十三年,授左副都御史。旋卒。

顾琮,字用方,伊尔根觉罗氏,满洲镶黄旗人,尚书顾八代孙。父顾俨,历官副都统。顾琮,以监生录入算学馆,修《算法》诸书,书成议叙。康熙六十一年,授吏部员外郎。雍正三年,授户部郎中,迁御史。四年,巡视长芦盐政。八年,迁太仆寺卿。九年,授霸州营田使。十一年,协理直隶总河,迁太常寺卿,署直隶总督。寻授直隶河道总督。十二年,奏报:"永定河口深通,上流始得畅注入淀。近因淤,议浚引河,自然开刷,不劳民力,号为天赐引河。"上令报祀。疏请更定管河厅汛,增设员缺,下部议行。

乾隆元年,署江苏巡抚。丁父忧回旗。二年,命协办吏部尚书事。永定河决,命偕总督李卫督修。旋署河道总督。三年正月,改授朱藻,命协同办理。奏畿辅西南诸水汇于东西两淀,淤垫漫溢为患。请设堡船捞泥,以三角淀通判、清河同知司其事。藻罢去,复授河道总督。五年,浚青县兴济、沧州捷地两减河,疏陈善后诸事,请疏海口,筑遥堤,多设涵洞。六年,请改定子牙河管河官制。寻以裁缺回京。是年,授漕运总督。七年,奏言:"清江以上,运河两岸,向来只知束水济运,未知借水灌田,坐听万顷源泉,未收涓滴之利。同此田亩,淮南、淮北,腴瘠相悬。或疑运河泄水,于济运有妨。不知漕艘道经淮、徐,五月上旬即可过竣。稻田须水,正在夏秋间。若屈时始行宣导,是只借闭蓄之水为灌溉之资,于漕运初无所妨。况清江左右所建涵洞,成效彰彰。推此仿行,万无疑虑。请特遣大臣总理相度,会同督、抚、河臣详酌兴工。"议未及行。八年,以督运诣京师。入对,请行限田,上斥其扰民。

十年六月,疏请于马庄集、曹家店各建石闸,束上游之水,并将骆马湖入运处改在阜河以上鼋车头,建闸挑渠,引水济运。十字河竹络坝开放后,黄水湍激,横截运河,粮艘提溜为难。当于竹溪坝下束黄坝迤东接堤堵截,别于苏家闸南浚河越黄入运,从之。十一年,署江南河道总督。十二年,命偕大学士高斌按浙江巡抚常安贪婪状。坐未穷治,夺官,命留任。寻调河东河道总督。十七年,疏言:"运河堤未设堡房。请视黄河例,每二里建堡房,都计四百余座。"十九年,坐江南总河任内浮费工银,夺官。旋卒。

顾琮内行严正,尝入对,值旱多风,世宗以为忧。顾琮引《洪范》谓"蒙恒风若,忠臣或蔽君",上为之动容。世宗崩,顾琮方丧偶,逾三年乃续娶。方苞以为合礼。

白钟山，字毓秀，汉军正蓝旗人。雍正初，自户部笔帖式迁江南山清裏河同知。累擢江苏布政使。奏："狼山、苏松二镇驻地距苏州俱远，军糈挽运维艰，请就所驻及附近州县配给。崇明孤悬海外，地不产米，请由江、广采运，拨万石贮崇明仓，备平粜。海滨涨出沙洲，民人占居，当筑土墩以避潮患。"从之。十二年，授南河副总河，旋擢河东河道总督。

乾隆元年，奏："河标兵驻济宁，无仓储，每称贷贵籴。请以生息银二千七百有奇买谷四千石，设仓存贮，春借秋收。"又奏："豫东河防，水落时，当堵塞支河。伏秋水涨，购料募夫，每虑不及。请发河南、山东司库银分存郑州及武陟、封丘、曹、单诸县，永远贮备。"皆从之。四年，疏言："漳水旧自直隶入海，康熙四十五年，引漳入卫济运，故道渐淤，全归卫河，势难容受。嗣于德州哨马营建滚水坝，开引河泄卫水，由钩盘河达乞黄河入海。然漳、卫二水随时淤塞，虚縻帑金。漳水旧有正河、支河，应择易浚者复其故道。于馆陶建闸，卫水大，听漳入海以防涨；卫水小，分漳入卫以济运。"奏入，命大学士鄂尔泰详议，议在丘县东和尔寨村承漳河北折之势，接开十余里，至漳洞村入旧河；因于新河东流入卫处建闸，以时启闭，上从之。时漕运总督补熙请造十丈大船，运河当以水深四尺为则。白钟山谓："闸中无源之水，雨至而后泉旺，泉旺而后河盈。上闸闭、下闸启，则下闸倍深，上闸倍浅。各闸相距远近不均，水近者深，则远者必浅。以人役水，以水送舟，必不能均深四尺。"侍郎赵殿最又请于馆陶、临清各立卫河水则，白钟山谓："尺寸不足，将卫辉民田渠闸尽闭，致妨灌溉，事既难行，尺寸既足，将官渠官闸尽闭，来源顿息。下流已逝，运河之水亦立见消涸。二者均属非计。"议并寝。

八年，调江南河道总督，疏言："石林口堵筑坚固，大溜直趋下流。黄村、韩家塘等处新筑子堰，恐不足抵御，于对岸浚引河，导溜南注，并加厚子堰，派兵驻防。"又奏言："苇荡左右两营，岁输柴二百二十五万束。积久生弊，轮运不齐。请禁兵民杂采，定采苇限期，浚运柴沟渠，编柴船帮号。"皆允行。

十一年，御史杨开鼎劾："白钟山出纳悭吝，任情驳减，用捐工偷，纵仆役婪索。陈家浦决七百余丈，止称二十余丈。兴筑延缓，阜宁、盐城二县受其害。"命高斌会尹继善按治，以开鼎从。寻覆奏驳减、婪索无实据，惟陈家浦漫口冲刷，贻害累民。上召白钟山诣京师，夺官，效力河工。总河顾琮复论白钟山措处失当，上命籍其赀逾十万以偿。

十五年，授永定河道。十八年，河决张家路，命从尚书舒赫德往勘。旋命以按察使衔协办南河事。十九年，复授河东河道总督。二十年，署山东巡抚。请罢孔氏世袭曲阜知县，上命改授世袭六品官。寻奏济宁以南积水未消，请缓开汶河大坝，疏浚下游河道。上命白钟山往勘南河，文武各官听调遣。

二十二年，调江南河道总督，疏言："自河决张家路，沙停河淤，下流不畅，南高北洼。追孙家集复决，河底益

高。黄河受病，率由水势侧注北岸，冲刷沟槽。惟有南北分筹，南宜疏，北宜筑。筑则支河不致夺溜，疏则稍分有余之水势，庶徐州得以少安。臣与河臣张师载商榷，以为南岸长滩较北岸更险，必于横亘处浚引河，导溜归中，岸堤益加高厚。北岸无堤，漫水如梁家马路、徐家庄等处支河数十道，及黄家庄、郭家堂等处漫槽矮滩，宜筑土坝。水平则收束以刷正河，水涨则平漫开消，不至冲槽夺溜。并于孙家集培堤增坝，以为重障。骆马湖北受蒙阴山水，西受微山湖水，其尾闾在六塘河。上游湖堤在在残缺，亟应修补捍防。"皆从之。

荆山桥工竟，议叙。奏言："宁夏上游河水陡涨，急报下游防范。正阳关为淮水上下关键，应仿宁夏水报法，派员专司其事。"又奏："上江诸水皆归安河以达洪泽湖。安河间段淤浅，连年水患由此。宜多募渔船，伐芦捞泥，俾尾闾一通，上游皆有去路。又归仁堤下旧有涵洞，穿鲍家河以达安河，久经湮塞。拟开浚分林子河一支，则安河进水之地亦有所分，患可渐减。"报闻。二十三年，加太子少保。二十六年，卒，赠太子太保，赐祭葬，谥庄恪。

论曰：自靳辅治河、淮，继其后者，疏浚修筑，守成法惟谨。世宗朝，齐苏勒最著，嵇曾筠、高斌皆仍世继业，与靳辅同视河上，有功德于民，克应祭法。完颜伟、顾琮、白钟山随事补苴，不负当官之责。高斌任事二十年，疏毛家铺引河，排众议行之，民蒙其利。夺淮之役，缚赴工次待决。雷霆不测之威，赫矣哉！

卷三百十一　　　　列传九十八

哈攀龙 子国兴　**任举**　**冶大雄**
马良柱　**本进忠**　**刘顺**

哈攀龙，直隶河间人，其先出回部。乾隆二年一甲一名武进士，授头等侍卫。以副将发福建，除兴化城守副将。迁总兵，历河南南阳，福建海坛、漳州诸镇。以母丧去官。十三年，高宗东巡，攀龙迎銮，命往金川，隶总督张广泗军，署松潘镇总兵。出美诺沟，取撒卧山、大松林、噶达诸寨。分兵出马沟右梁，察形势，得其险要，搜截松林，贼蔽松设卡。毁其二，径左梁山沟，炮毙贼数十。进克渴足寨，焚碉寨四、水城一，杀贼二十余。寻与署重庆镇总兵任举合兵攻色尔力石城，举没于阵。攀龙入林，殪贼三十余，夺举尸回。复偕都统班第、署重庆镇总兵段起贤、侍卫富成分道夜袭色尔力，焚木卡三，杀贼五十余。进破石梁、双沟诸垒。经略讷亲、总督张广泗劾攀龙攻色尔力不能下，兵部议左迁。上责攀龙自陈，攀龙言屡克卡杀贼报广泗，广泗不以上闻。会讷亲、广泗皆得罪去，上知攀龙枉，命罢议。寻从经略大学士傅恒夜攻色尔力，先登，拔石卡，殪贼数十。十四年，金川事定，命署固原提督。十六年，移湖广提督，陈整饬弁兵诸事，上嘉勉之。寻命

真除。复移贵州提督。入陛见，病留京师，卒。

子国兴，乾隆十七年武进士，授三等侍卫。出为云南督标右营游击，迁东川营参将。缅甸头人召散据孟艮为乱。总督杨应琚檄国兴佐军，战楞木，进克猛卯，督战被枪，创右辅及臂。应琚以闻，赐孔雀翎。寻署腾越营副将。时副将赵宏榜以偏师深入，与缅人战于新街，师败绩。国兴师至蛮暮，诇新街无备，督兵潜入，缅人乃引退。从将军明瑞进克木邦，战于蛮暮，大破之。复偕侍卫莽克察击斩守隘贼六十余。擢楚姚镇总兵。入陛见，命在乾清门行走，赉银币。还军，移普洱镇总兵，迁贵州提督。经略傅恒议用水师，令国兴赴铜壁关外野人山督造船。移云南提督，加太子少保。船成，从傅恒出猛拱、孟养、南丰、猛烈、猛坝，次老官屯。缅人水陆备甚固，攻之不下。头人诺尔塔以其酋槽驳命，遣使得鲁蕴诣军乞解兵。傅恒令国兴出见，晓以利害，令具约十年一贡，毋更扰边，归所掠内地人。缅人誓奉约。时傅恒方病，将军阿桂召从征诸大臣议，皆言许之便，遂与定约解兵。既而贡弗至，总督彰宝遣都司苏尔相谕意，留不遣，扬言国兴许以木邦、猛拱、蛮暮三土司予缅人，请如议。彰宝劾国兴与缅人议具约不以实，上召国兴至京师，诘国兴，国兴自陈未尝有此议。上责国兴迁就毕事，夺太子少保，左授贵州古州镇总兵。移云南临元镇。后二年，得鲁蕴复至老官屯，请如前誓三事。

时师征金川，上命国兴从将军温福进讨。三十七年，迁西安提督，命尽护陕西、甘肃从征诸军。寻令偕总兵董天弼自曾头沟取底木达、布朗郭宗。温福以国兴能军，令自策卜丹径取美诺当一面。国兴自阿喀木雅山沟纡道径玛尔迪克山寨，察策卜丹地势，林深径狭，不宜于行师，乃将二千人佐海兰察攻玛尔迪克。温福再疏闻上。金川贼千余屯贡噶山左，谋劫粮，国兴驰击，贼败匿。师还，经玛尔迪克，贼自林中出，复击败之，上赉荷包四。进攻贡噶山，设伏，斩贼百余，搜箐夺碉卡。九月，金川酋索诺木使诣国兴，请献鄂克什地以降。国兴令并割南北两山美美卡、木兰坝及玛尔迪克。越日，贼尽撤诸栅。国兴以兵入鄂克什旧寨，贼退守路顶宗。十月，使归墨垄沟师败时所掠外委臧儒，且言尝劝僧格桑同降。温福以闻，上令国兴檄谕索诺木声其罪。时国兴及海兰察将五千人屯贡噶山，谋攻策卜丹，阻冰雪未进。上命还师攻路顶宗。路顶宗山麓有巨沟，沟源出南山。海兰察纡道出山后，侍卫额森特自小径为应，国兴前越沟攻碉。师继进，遂克路顶宗，破卡五十余、碉三百余，俘获甚众。复自喀木色尔北山攻穆拉斯郭大寨，进据兜乌山巅，与总兵马彪军合，夺附近碉卡，克额尔奔木栅。复将千人渡水，自南山鄂尔济仰攻，克诸寨，与大军会，进攻明郭宗。别以兵袭击公雅山，克木尔古鲁寨，并夺据嘉巴山麓。廷议既定小金川，分命将帅三道进讨金川。上曰："国兴虽绿营汉员，熟军事；又尝为乾清门侍卫，与满洲大臣无异。"授参赞大臣，佐副将军丰升额。是月克明郭宗，焚念经楼。整兵进取日果尔乌谷山麓，攻美诺。上嘉国兴功，官其子文虎守备。攻克布朗郭宗，僧格桑遁金川。我军直抵底木达，僧格桑父泽旺出降。小金川平。

国兴卒于军，赐白金千，存恤其家，加赠太子太保，谥壮武。祀昭忠祠，图形紫光阁。文虎授陕西提标右营守备，从军攻木果木，阵没，从祀昭忠祠。复官次子文彪千总。

任举，山西大同人。雍正二年武进士。以守备发陕西。累迁固原提标左营游击，署城守营参将。乾隆十一年十二月，固原兵变，夜攻提督许仕盛，毁辕门将入。举闻乱，单骑诣鼓楼鸣角，招营兵未变者才五十人，部勒使成列。变兵惧，退掠市廛。举追及，手刃十余人，擒四十余人。变兵出城南门，还攻东西二门。举守东门，右营游击铁保守西门，御战，变兵溃。事定，总督庆复以闻，擢中军参将。

十二年，命征金川，隶总督张广泗军。寻授西凤协副将。举至军，与总兵许应虎、副将高宗瑾、参将买国良攻色底贼碉，击以炮二百余发，碉一角圮，堙道孔发炮，密如鳞比。举度我军炮小不能下，将移军退守，贼出战，再设伏败之。十三年，上谕谓："在军诸将狃于瞻对之役，庸懦欺蒙，已成风习。今别用举等，皆未从征瞻对，无所掣肘，宜鼓励勇往。"广泗亦奏在川镇将，忠诚勇干无出举右者，令率汉、土兵三千取道攻昔岭。寻又奏令署重庆镇总兵。

举与参将王恺自牛厂至素可尼山。时五月，遇大雪，辟道以行。经撒乌山，至昔岭山梁，山北曰木冈，孤峰当道，贼置城卡守隘。举督兵攻卡，凭高发炮洞其垣，令土兵缘沟潜进，毁贼碉。师循出山腰，克贼卡，遂陟中峰，以千人驻守，进攻木冈。时总兵哈攀龙师至马沟右梁，阻松林不得进。广泗令自纳喇沟出昔岭右，与举合攻木冈贼所置城卡，力战未即下。举察昔岭左有道通卡撒，中经得思东、木达沟，贼皆置碉焉。总兵冶大雄方自卡撒进，举与合军，焚木达沟诸碉，围得思东，断其汲道，督兵挟斧斫贼，贼堕岩遁，得大小碉三。进攻色尔力石城，分兵为三道：举督兵直攻石城，攀龙出其右，副将唐开中及国良出其左。越沟度林，攻贼所置木城，国良战死。六月己巳，举与攀龙、开中合攻石城，城坚甚。我师方力攻，贼三百余自西南林内出，举督兵与战，被创；战益力，枪复中要害，遂卒。攀龙入林杀贼，以其尸还。

时上方命举真除，经略大学士讷亲以举死事闻，上阅疏为泣下，并谕："举忠愤激发，甘死如饴，而朕以小丑跳梁，用良臣于危地，思之深恻！"命视提督例赐恤，加都督同知，谥勇烈，祀昭忠祠，官其子承恩都司，承绪千总。承恩丧较入谢，上以尚幼，命传谕其母善教之。二十四年，授三等侍卫。累迁福建陆路提督。五十二年，台湾林爽文为乱，承恩请往讨之，师无功，逮诣京师，罪当死，上宽之。五十三年，赦出狱。五十五年，复授巡捕营参将，迁副将。卒。承绪官巡捕营游击，市中火，赴救被创，卒。上之赦承恩，谓其未有子，承绪又死勤事，不可使举无嗣也。

冶大雄，四川成都人。康熙季年入伍，从征西藏，克里塘、巴塘，降结敦落笼宗、说板多打笼宗诸寨，获为乱喇嘛五。雍正初，从军出松潘黄胜关，剿抚热当十二部落。攻郭隆寺，攻岭三，破寨十五，追斩康布喇嘛于西海。又从征桌子山、棋子山，戮头人。追剿罗卜藏丹津，擒丹津珲台吉。川陕总督岳钟琪疏荐，引见，特授蓝翎侍卫。累迁陕西庄浪营参将。加副将衔，赐孔雀翎，命赴巴里坤军，檄署川陕督标中军副将。

准噶尔犯克什图、峨仑矶诸卡伦。大雄偕总兵樊廷以二千人当贼二万，转战七昼夜，拔守卡伦兵以出。与总兵张元佐等师会，力战杀贼。赐拜他喇布勒哈番世职，赉白金五千。寻授湖北彝陵镇总兵。上言：「彝陵距省千余里，兵饷岁以四季支给，请改夏秋、冬春二次汇支。」下督抚议行。寻调署山西大同镇总兵。与前任总兵李如柏互劾，均夺职。乾隆元年，以副将发湖广，寻授衡州协副将。城绥苗、瑶为乱，大雄驻长安堡，焚贼寨，戮其渠，余相率就抚。擢镇筸镇总兵。总督孙嘉淦劾大雄贪纵，夺职。湖南巡抚蒋溥言谳无贪纵迹，引见，复授云南昭通镇总兵。叙剿苗功，加都督佥事衔。

十三年，从征金川，至卡撒，统云南、贵州诸军进攻色底、光多诸寨。引兵出昔岭中峰之西，与署总兵哈攀龙、任举师会，克大小碉十、石城一，堕碉百三十。同攻克昔岭沟底石城水卡。经略大学士傅恒奏大雄历经战阵，令总理营垒，措置妥协，赐孔雀翎。金川头人莎罗奔等乞降，师还。授云南提督，加左都督衔。入觐，官其子继钧蓝翎侍卫，命送大雄上官。疏言：「西藏喀拉乌苏诸地与准噶尔连界，盗窃纷扰，是其故习。今藏北邸即我边地，防边自可弭盗。请驻藏大臣仍设重兵，循大道置台站，以资防守。」上嘉其留心。

继钧至常德迎家，中途假回民金，大雄以闻。上以大雄知事不可拚乃始奏劾，左授哈密总兵。命署安西提督，赴巴里坤验马驼，疏报四千余。会总兵方观承核参将钟世杰等至巴里坤领马千九百余，途中马多死，论罪。上以大雄疏不实，下部议；总督黄廷桂复劾大雄，命夺官，逮京师治罪。二十一年四月，行至西安，卒。三十二年，上以绿营世职不得世袭罔替，下兵部察诸将有功者，俟袭次毕，赐恩骑尉世袭罔替，大雄与焉。

马良柱，甘肃张掖人，其先本回部。康熙季年，从军征吐鲁番；雍正初，将军阿尔那檄赴插汉麦里干讨贼：皆有功。复从安西镇总兵孙继宗攻罗卜藏丹津，降台吉三十三。战于哈马儿打布罕噶斯，擒其渠，授蓝翎侍卫，赐白金百，迁三等侍卫。外授四川提标游击，赐貂皮、数珠。命将兵屯西藏。旋以兵扰民，左降，听四川巡抚、提督调遣。

八年，瞻对土司为乱，提督黄廷桂檄良柱讨之。贼坚守石碉，督兵仰仗，枪殪所乘马，易马进，再殪，乃步行督战。碉上投石如雨，伤面，搏贼益奋，火其碉，并焚擦马、擦牙诸寨，歼贼无算。侧冷邦诸头人皆降。复授松潘镇左营游击。三迁夔州协副将。

乾隆十年，师复征瞻对，破直达、松多诸寨，夺碉七十余。进取下密左山梁，获头人噶笼丹坪。再进克下密等百余寨，获头人塔巴四交。渡丫鲁河，遂破瞻对，焚其寨。其渠姜错太死于火。十二年，大金川酋莎罗奔攻革布什咱土司，并掠明正土司所属鲁密、章谷诸地。巡抚纪山移良柱威茂协副将，督兵防御。莎罗奔纠小金川土司泽旺侵沃日各寨，都司马光祖赴援，贼大至，光祖困于热笼。良柱率轻骑驰救，败贼巴纳山，进克石卡二百二十三。光祖出应，贼溃，围解。泽旺降，并还所侵沃日三寨。诏嘉其奋勇，迁重庆镇总兵。再进复孙宗官寨，攻江卡，战屡胜，克大小碉寨百余，降二十余寨。进克丹噶山，分兵袭撒笼等七寨，噶固等寨先后降。贼守石达大碉，良柱冒雨进，数十战，贼乘夜来扑营，设伏，歼焉。马邦头人思错已降，总兵许应虎驭之不以道，复叛，围应虎于的交，良柱驰救。贼退入戎布寨，攻之未下。旋复犯马邦，副将张兴被围。良柱请移戎布师赴援，总督张广泗不许，兴陷于贼。侵噶固，守兵叛附贼，夺卡伦七。广泗令良柱往攻，力战，贼未却。值大雪二十余日，粮匮，煮铠弩以食。力不支，广泗檄班师。仓卒移营，炮械为贼得。

广泗劾之，命逮诣京师，良柱陈粮绝状，上特原之。命在香山教禁军云梯，亲临观之。良柱起舞鞭，称旨，赐大缎、荷包。命仍赴金川军，以副将、参将等官量委用。寻授泰宁协副将，大学士傅恒视师，檄良柱攻昔岭，克之。莎罗奔请降，良柱以十余骑入其营宣谕。授建昌镇总兵，赐孔雀翎。母忧去官。召入京师，仍令教禁军习云梯。服阕，授松潘镇总兵。杂谷土司苍旺为乱，偕提督岳钟琪讨平之。寻请老，改籍四川华阳。卒，年八十一。

良柱额薩然，大目虬髯，边人畏之，号为狮子头。善战，临阵手铁鞭一，马上旋转如飞。其攻噶固，广泗不为策应，饷又不时至，上知广泗忌其成功，故特轻其罚云。子应诏，官直隶河间副将。孙瑜，自有传。

本进忠，甘肃西宁人。初入伍，冒姓名曰张元吉，寻请复姓名。雍正中，从扬武将军张广泗援吐鲁番，屯鲁克沁。准噶尔来侵，邀击，擒贼七。复追败之哈喇和卓。乾隆十三年，檄赴金川，从征囊得山梁。攻碉先登，夺矛，中石，伤。从攻普沾，掷火弹入碉，焚碉十三，夺木城。进战于乐利噶尔堤克，殪贼。攻碉，右股中枪，伤。录功，擢四川威茂协右营都司。引见，赐大缎。杂谷土司苍旺为乱，提督岳钟琪檄进忠讨之，夺铜炮一，斩馘数十，生擒二十五，降茶堡番民二千余。自角木角沟入杂谷，获仓旺。累擢永宁协副将。

三十年，从将军明瑞征缅甸，进攻蛮结，克木卡十六，殪贼三，伤额，明日，仍裹创出战。事闻，赐孔雀翎，号法式善巴图鲁。擢云南临元镇总兵。明瑞兴将五千人屯龙陵关备调遣。召诣热河行在，入见，命乾清门行走，赐貂皮、银币，令还军。旋移普洱镇总兵，擢云南提督。卒，加太子太保，谥勤毅。

刘顺，顺天人。雍正五年武进士，授蓝翎侍卫。以守备发陕西。累迁至金塔协副将。乾隆十三年，令将千五百人赴金川，偕副将高雄自甲索攻囊磦，道松林。贼百余出战，击之遁，毁carved碉。从大军自卡撒左山梁进，诸碉以次皆下。惟普瞻双、单二碉守甚坚。日暮，将收兵，顺潜率所部逼单碉，纵火攻之，贼溃，并夺双碉。师继进，遂克色底。普瞻西有山曰阿利，贼碉林立。顺冒雨奋攻，夺山梁木卡，破碉。发炮，殪贼数十，复破大碉一、石卡四。经略讷亲屡奏顺奋勇。金川平，擢贵州威宁镇总兵。上以顺熟边情，移甘肃西宁镇总兵。入见，赐孔雀翎。擢安西提督。病，乞罢。卒，加太子太保，谥壮靖。

论曰：初征金川，攀龙、举、大雄皆以勇略著。举尤骁桀为军锋，讷亲、张广泗督战急，鼓锐攻坚，遂以身殉，伤已！良柱善战，又以广泗牵制，不能尽其材。进忠、顺力战破坚碉，亦攀龙辈之亚也。

卷三百十二　　列传九十九

傅清　拉布敦　班第子巴禄
鄂容安　纳穆札尔　三泰

傅清，富察氏，满洲镶黄旗人，李荣保次子，傅恒弟也。雍正间，授侍卫。乾隆初，累迁至直隶天津镇总兵。康熙中定西藏，留兵镇抚，以大臣驻藏办事，为员二，嗣省其一。是时驻藏副都统索拜当代，命傅清以副都统往。十一年，疏言："西藏处徼外，西北界准噶尔，北通青海，为四川西南外郭。自雍正十二年设塘汛，不特传送官文书，且以联络声气。上年索拜以节费议撤汛，使藏人任邮递，谓之番塘。未几辄被盗。今准噶尔当入藏熬茶，番塘恐滋误。请自打箭炉至藏复置塘汛，酌冲僻远近，当得兵千人以内。"议如所请。

十二年，西藏郡王颇罗鼐卒。颇罗鼐爱其次子珠尔默特那木札勒，请以为嗣，遂袭爵为郡王。上谕傅清曰："颇罗鼐更事多，黾勉事中国。珠尔默特那木札勒幼，傅清宜留意。如珠尔默特那木札勒思虑所未至，当为指示。"傅清疏言："颇罗鼐在时，长子公珠尔默特策布登出驻阿里克夏，当令珠尔默特那木札勒帅师出驻腾格里诺尔、喀喇乌苏诸处。今仍遣珠尔默特策布登驻阿里克夏，令别遣宰桑驻腾格里诺尔、喀喇乌苏诸处。"又以准噶尔入藏熬茶，请增兵分路防护。上命与珠尔默特那木札勒商榷，毋涉张皇。十三年，命以提督拉布敦代，傅清还。复授天津镇总兵，迁古北口、固原提督。珠尔默特那木札勒请撤留藏兵，上从之。旋以副都统纪山代拉布敦。

十四年，纪山疏言珠尔默特那木札勒与达赖喇嘛有隙，请移达赖喇嘛置泰宁。上知珠尔默特那木札勒乖戾且为乱，命驻藏大臣复旧置二员，予傅清都统衔，自固原复往。纪山复疏谓珠尔默特那木札勒言其兄珠尔默特策布登将举兵相攻，上命傅清途中诇虚实。傅清疏言："珠尔默特策布登未尝构兵，特珠尔默特那木札勒妄言，藉以夺其兄分地。臣至藏，即将珠尔默特那木札勒惩治。"是时上已遣侍郎拉布敦代纪山，因谕傅清，珠尔默特那木札勒乖戾且为乱，令熟计密奏。

十五年，傅清与拉布敦先后至藏。珠尔默特那木札勒迫其兄珠尔默特策布登至死，遂逐其子，遣使通准噶尔，叛迹有迹。上命副都统班第赴西藏，与傅清、拉布敦密谋取进止，仍诏傅清、拉布敦毋轻发，并密谕四川总督策楞勒兵为备。珠尔默特那木札勒谋愈急，绝塘汛，军书不得达。傅清与拉布敦未得上诏，计以为："珠尔默特那木札勒且叛，徒为所屠。乱既成，吾军不得即进，是弃两藏也。不如先发，虽亦死，乱乃易定。"

十月壬午，召珠尔默特那木札勒至通司冈驻藏大臣署，言有诏，使登楼，预去其梯，若将宣诏。珠尔默特那木札勒方拜跪，傅清自后挥刀断其首。于是其党罗卜藏札什始率众围楼数重，发枪炮，纵火，傅清中三创，度不免，自刭死。拉布敦死楼下。主事策塔尔、参将黄元龙皆自杀。通判常明中矢石死。从死者千总二、兵四十九、商民七十七。事闻，上轸悼，宣示始末，谓其"揆几审势，决计定谋，心苦而功大。"傅清追封一等伯，谥襄烈，旋命立祠通司冈。丧还，上临奠。其子孙以一等子世袭，赐白金万。

班第至藏，戮罗卜藏札什等，疏陈珠尔默特那木札勒自立名号，通款准噶尔，称策旺多尔济那木札勒为汗，请其发兵至拉达克为声援。上复降诏褒傅清、拉布敦，建祠京师，命曰双忠。子明仁，以侍卫袭子爵。从征金川，卒于军。

拉布敦，栋鄂氏，满洲镶红旗人。其先对齐巴颜，于太祖时率所部来归，语见阿兰珠、朗格诸传。父锡勒达事圣祖，自赞礼郎累迁吏部尚书。出署川陕总督，还京师。以镇筸苗为乱，命偕副都统图斯海、徐九如帅师讨之，降三百一寨，剿十五寨。锡勒达与荆州副都统珠满、湖广提督俞益谟所裁定者，天星寨、龙椒洞、排六梁等三寨。乱定，与总督于成龙、巡抚赵申乔议立营汛，增设官吏为抚绥，复还京师。卒。

拉布敦，其第六子也。生有力，能弯十力弓，左右射。工诗文，习外国语言。康熙间，袭叔祖勒尔图三等阿达哈哈番世职。雍正朝，从傅尔丹讨准噶尔，战于和通呼尔哈诺尔；又从策凌讨准噶尔，战于额尔德尼昭；皆有所斩馘，授世管佐领。上命军中举骁勇之士，拉布敦与焉，赐孔雀翎。乾隆初，累迁正红旗满洲副都统。八年，复讨准噶尔，授参赞大臣，出北路。九年，授定边左副将军。其冬，疏言："厄鲁特宰桑额勒慎等内牧布尔吉推河，乌梁海得木齐札木禅内牧布延图河源。布尔吉推河在阿尔台山梁外，布延图河源在阿尔台山梁内，距卡伦不远，已札坐卡侍卫等严防。"十年冬，疏言："乌梁海得木齐乌尔巴齐等避雪，内牧黄加书鲁克，距卡伦不远。托尔和乌兰、布延图、哈玛尔沙海诸卡伦外，皆有准噶尔人踪迹，仍札坐卡侍卫等严防。"寻召还京师，授正白旗满洲副都统。复出署古北口提督。

十三年，驻藏副都统傅清当代，命拉布敦往。十四年，召还，以纪山代，授工部侍郎。未终岁，上征纪山还，复命赴藏。十五年，授左都御史。寻与傅清谋诛珠尔默特那木札勒，其党罗卜藏札什围楼，拉布敦挟刃跃下楼，击杀数十人，自剖其腹死。上闻，赠爵、赐金、立祠如傅清。命以拉布敦之族升隶正黄旗，谥壮果。子隆保，以侍卫袭子爵。误班夺官，爵除。

班第，博尔济吉特氏，蒙古镶黄旗人。康熙间，自官学生授内阁中书。五迁，雍正初至内阁学士。四川、云南徼外与西藏定界，命偕副都统鄂齐如西藏宣谕。迁理藩院侍郎。坐事左迁，在内阁学士上行走。十一年，命在军机处行走。乾隆三年，授兵部侍郎。外擢湖广总督。剿镇篁、永绥乱苗，两阅月而毕，上嘉焉。五年，以忧还京师。六年，命仍在军机处行走，授兵部尚书。

十三年，师征金川，授内大臣，出督军饷，加太子少保。寻按四川巡抚纪山加征累民状，命即署巡抚。时讷亲、张广泗师久无功，上谘班第，但言广泗罪状，语不及讷亲。上谕曰："班第虽职饷，然为本兵军机大臣，军事及将弁功罪，皆职掌所在，不得以督饷，一切置不问。"左迁兵部侍郎。

十四年，予副都统衔赴青海办事。西藏郡王珠尔默特那木札勒有叛迹，驻藏办事大臣傅清、拉布敦疏闻。上移班第代拉布敦，未至，珠尔默特那木札勒谋益急，傅清、拉布敦召至廨，诛之。其徒卓呢、罗卜藏札什等遂叛，傅清、拉布敦死。公班第达执卓呢、罗卜藏札什等，班第至，按讯，又得其党德什奈等凡二十七人，悉诛之。上以藏酋授王爵名位过重，命班第达以公爵管格隆事，令班第宣谕。班第又疏陈珠尔默特那木札勒与准噶尔通书谋叛状，上命诛珠尔默特那木札勒妻子。四川总督策楞等以师至，会议西藏善后诸事。西藏大定。十六年，授都统衔。十七年，还京师，仍在军机处行走，授正红旗汉军都统。出署两广总督。

十九年，师征准噶尔，复授兵部尚书，署定边左副将军，出北路。准噶尔内乱，辉特台吉阿睦尔撒纳来降。诏以明岁进兵，谕班第筹画。班第以军中驼马牛羊宜牧地，得扎布堪、呢圭诸处，冬令暖，富水草，令喀尔喀亲王额琳沁多尔济等往择牧。遣兵擒乌梁海宰桑车根、赤伦等，收其众数千户。复令参赞大臣萨喇尔将兵擒准噶尔宰桑库克新玛木特、通玛木特，收其众，得牲畜无算。上奖班第奋勇果断，予子爵，世授正黄旗领侍卫内大臣，赐白金千。十二月，授定北将军，召来京示方略。

二十年正月，大举讨准噶尔，班第出北路，阿睦尔撒纳授定边左副将军为副；永常以定西将军出西路，萨喇尔授定边右副将军为副。班第与阿睦尔撒纳等议以二月出师。阿睦尔撒纳将六千人先行，班第将二千人继其后。班第至齐齐克淖尔，以马不给，令千五百人先，留五百人待马再进。至喇托辉，与阿睦尔撒纳军合。上以阿睦尔撒纳为准噶尔人所知，令其前行易招抚，戒班第仍令阿睦尔撒纳先行毋合军。班第至额尔得里克，复令阿睦尔撒纳先行。四月，师至博罗塔拉，得达瓦齐所遣征兵使者，知伊犁无备。班第谋约西路军锐进。五月，遂克伊犁。达瓦齐以万人保格登山，侍卫阿玉锡以二十余骑击之，惊走。上奖班第功，封一等诚勇公，赐宝石顶、四团龙补服、金黄绦朝珠。班第以伊犁厄鲁特生计甚艰，不足供大兵，六月，疏请留察哈尔兵三百、喀尔喀兵二百移驻伊犁河北尼楚衮治事。诸军次第遣还。是月，获达瓦齐，献俘京师。

军初出，上察阿睦尔撒纳有异志，令班第严约束。及伊犁既定，上令和硕特四部部置汗，将以阿睦尔撒纳为辉特汗。阿睦尔撒纳觊总统四部，意不慊，置副将军印不用，用故准噶尔台吉噶尔丹策凌菊形小印檄诸部，讳其降，言以中国兵定乱，叛迹渐著。上召阿睦尔撒纳，以九月至热河行在，行饮至礼，与他部汗同受封。参赞大臣色布腾巴尔珠尔率遣还诸军以归。阿睦尔撒纳乞代奏，冀总统四部，期七月俟命。色布腾巴尔珠尔归，不敢闻。以班第趣阿睦尔撒纳诣热河，令参赞大臣额林沁多尔济与俱。阿睦尔撒纳怏怏就道，而上念阿睦尔撒纳终且叛，谕班第宜乘其未发讨之，毋濡忍贻后患。谕至，阿睦尔撒纳已行。上又命鄂容安等擒治。

八月，阿睦尔撒纳行至乌陇古，解副将军印还额林沁多尔济，走额尔齐斯，遂叛。伊犁道梗。阿睦尔撒纳之党克什木、巴朗、敦克多曼集、乌克图等作乱，班第与鄂容安以五百人拒战，自固勒札赴空格斯，转战至乌兰库图勒，贼大至，围合。班第拔剑自刭，鄂容安同殉。上初闻班第等陷贼，令参赞大臣策楞自巴里坤间使传谕毋以身殉。策楞闻讹传班第等自贼中出，以闻，上解所佩荷包为赐。既闻班第等死事状，降诏谓："班第、鄂容安见危授命，固为可悯；然于事无补，非傅清、拉布敦为国除凶者比。"二十一年，师复定伊犁。丧还，上亲临奠，并令执克什木、巴朗等，馘耳以祭。又以萨喇尔同陷贼不能死，令监往旁视。寻以班第义烈，仍如傅清、拉布敦故事，京师建祠，亦曰双忠。旋复命图形紫光阁。

子巴禄，初以察哈尔总管从军，袭一等诚勇公，授镶红旗蒙古都统，从定伊犁。师讨霍集占，授参赞大臣，授将军兆惠有功，命驻军和阗。战伊西洱库尔淖尔，屡败霍集占。师还，加云骑尉世职，图形紫光阁，为后五十功臣首。出为凉州、绥远城将军、察哈尔都统。卒。

鄂容安，字休如，西林觉罗氏，满洲镶蓝旗人，大学士鄂尔泰长子。雍正十一年进士，改庶吉士。世宗命充军机处章京。乾隆元年，授编修，南书房行走。再迁，五年，授詹事府詹事。鄂尔泰承旨固辞，上曰："鄂容安与张廷玉子若霭，皇考命在军机处行走，本欲造就成材。朕兹使用，鄂尔泰毋以己意辞。"是时直军机处大臣与章京皆行走，无异辞也。寻又命上书房行走。七年，以与闻左都御史仲永檀密奏留中事，夺职，语在《永檀传》。八年，命仍在上书房行走，授国子监祭酒。十年，袭三等伯爵，后五年加号襄勤。十二年，授兵部侍郎。

十三年，出为河南巡抚，赐孔雀翎。河南境伏牛山界陕西、湖北二省，袤延八百余里，鄂容安行部入山亲勘。又以界上诸关通大道，易藏奸宄，饬行保甲，入奏，上嘉焉。卫辉参将阮玉堂督操，鞭所部兵，兵哗。鄂容安疏请先治哗兵罪，然后罢玉堂，毋令兵骄，亦当上指。鄂容安又令籴补诸府、州、县常平仓谷都二十九万石有奇，浚治开封、归德、陈州三府干枝诸水，以慎蓄泄、广灌溉。上奖其留心本务。

十五年，上巡幸河南，鄂容安疏言河南士民乐输银五十八万七千有奇，上曰："朕巡幸方岳，从不以丝毫累民，曾何藉于输将？且省方问俗，勤恤民隐，尚虑助之弗周，岂容供用转资于下？鄂容安此奏失政体。其以输银还之士民。"鄂容安疏请罪，又言："士民输银出本愿，还之恐不免胥吏中饱，仍请允其奏。"上意终不怿。还幸保定，鄂容安入见，不引谢，上诘责，令痛自改悔，不得有丝毫糜费粉饰，为补过之地。

十六年，移山东巡抚。济南被水，米贵。鄂容安请用乾隆十三年例，暂弛海禁，招商往奉天籴运。旋与东河总督顾琮规塞张秋挂剑台河决，筑运河堤，自台儿庄至德州千有余里，循堤建堡房。塞太行堤涵洞，以纾宁阳等县水患。十七年，疏陈山东州县吏交代库银仓谷多有亏缺，下各府考核。又移江西巡抚。

十八年，授两江总督。十九年，疏言："江南地广事繁，胥役弊滋甚。淮安等府藉赈为弊，苏州等府藉漕为弊，徐州府藉应徭为弊，当严核惩治。令各属胥吏遵经制原额，禁伪冒及额外无名白役。"是年考绩，加太子少傅。

上将用兵准噶尔取达瓦齐，以鄂容安年力方盛，勇壮晓畅，召授参赞大臣。二十年，永常以定西将军出西路，萨喇尔以定边右副将军为副，鄂容安实从。谕曰："汉西域塞外地甚广，唐初都护开府扩地及西北，今遗址久湮。鄂容安在军，凡准噶尔所属及回部诸地，有与汉、唐史传相合可援据者，并汉、唐所未至处，当一一谘询记载。"旋偕萨喇尔入告，途中抚降诸部落，并檄谕达瓦齐，赍荷包、鼻烟壶。

及师定伊犁，值胡中藻以赋诗讪上诛。中藻为鄂尔泰门生，鄂尔泰从子鄂昌与唱和，连坐。上责鄂容安不为陈奏，行赏独不及。命与班第驻守伊犁。

阿睦尔撒纳叛迹渐著，鄂容安入告。上令与萨喇尔率师至塔尔巴哈台相机抽捕。阿睦尔撒纳入觐，中途遂叛，伊犁诸宰桑应之。鄂容安与班第力战不支，相顾曰："今日徒死，于事无济，负上付托矣！"班第自到。鄂容安腕弱不能下，命其仆割刃于腹，乃死。故事，大臣予谥者，内阁拟二谥请上裁，以翰林起家者例谥"文"，至是拟"文刚"、"文烈"，上抹二"文"字，谥刚烈。图形紫光阁，上亲为赞，有曰："用违其才，实予之失。"盖重惜之也。以次子鄂津袭爵，官至伊犁领队大臣，坐事夺官；以鄂容安长子鄂岳袭爵。

纳穆札尔，图伯特氏，蒙古正白旗人，都统拉锡子。纳穆札尔自闲散授蓝翎侍卫。累迁工部侍郎、镶蓝旗满洲副都统。乾隆十五年，西藏珠尔默特那木札勒之乱既定，命偕班第驻西藏。议增设噶卜伦，皆予扎萨克衔。自喀喇乌苏至库车增台八，设兵。准噶尔通藏，凡阿里、那克桑、腾格里淖尔、阿哈雅克四路，各于隘口设卡伦。又有勒底雅路，为准噶尔犯藏时间道，亦驻兵防守。迭疏陈请，皆如议行。

十九年，杜尔伯特诸部来降，命赴北路料理游牧。偕喀尔喀亲王得亲扎布规画安置辉特、和硕特十三旗于固尔班舒鲁克，杜尔伯特十旗于鄂尔海西喇乌苏，分界驻牧，设卡伦防范。纳穆札尔抚降人颇至，当夏，虑赴京领饷不耐炎暑，请遣使转饷至张家口散给；及秋，杜尔伯特诸旗遇霜雪损畜，入告，予米五百石赈抚。辉特、和硕特诸旗生计绌，奏济以粮畜。

阿睦尔撒纳叛，命驻乌里雅苏台。旋移户部侍郎。二十一年，和托辉特台吉青滚杂卜亦叛，纳穆札尔虑喀尔喀诸部为所动，传檄谕以利害。上嘉之，授参赞大臣，从将军成衮扎布率索伦兵追捕青滚杂卜。十一月，师至杭哈奖噶斯，已近俄罗斯境，捕得青滚杂卜，槛送京师。上奖纳穆札尔勇往，封一等伯，世袭，号曰勤襄。二十二年，授工部尚书、正红旗满洲都统，命驻科布多。旋又命移驻布延图。十月，署定边左副将军。二十三年，议乌梁海降人酋曰察达克所属鄂拓克置得木齐、收楞额，治庶事。请以得木齐改佐领，收楞额改骁骑校，岁贡貂皮送乌里雅苏台，赉以缎布。疏入，如所议。

师讨霍集占，复授参赞大臣，出西路。寻授靖逆将军，会雅尔哈善攻库车。及兆惠代雅尔哈善，将师自阿克苏进逼叶尔羌，至喀喇乌苏，为霍集占所围。纳穆札尔及参赞大臣三泰先奉命帅师济兆惠军，兆惠遣副都统爱隆阿、侍卫奎玛岱来迎。纳穆札尔道遣爱隆阿先还，而与三泰、奎玛岱将二百骑夜进，遇贼三千余，围数重，力战矢尽，遂没于阵。上闻，追封三等义烈公，谥武毅。祀昭忠祠。回部平，图形紫光阁。

子保宁，自有传。保泰，自拜唐阿累迁察哈尔都统，与雅满泰同为驻藏大臣。廓尔喀侵藏，保泰坐请达赖喇嘛、班禅额尔德尼避兵，又匿廓尔喀未构兵前表贡方物，及遣使有所请不以入奏，上改其名曰俘习浑，与雅满泰同夺职荷校，先后予杖者四。藏事定，戍俘习浑黑龙江。赦还。雅满泰复授侍卫。

三泰，石氏，汉军正白旗人，都统石文炳孙也。父观音保，官至都统。三泰，自蓝翎侍卫累迁正红旗汉军副都统、吏部侍郎。乾隆二十三年，命军机处行走，调户部侍郎。命以参赞大臣行走从纳穆札尔出西路。七月，命纳穆札尔、三泰率健锐营及索伦、察哈尔兵应兆惠。夜进，期以黎明至兆惠军。遇贼，众寡势不敌，力战，三泰坠马，徒步击贼，中创死。三等侍卫彰武、蓝翎侍卫班泰、管站四品花翎西拉布、护军校委署章京齐旺扎布及兆惠所遣迎师三等侍卫奎玛岱，皆死。上闻，追封三等子，谥果勇。

石廷柱之裔，本以散秩大臣世袭，至是，别授其兄祥泰散秩大臣。回部平，图形紫光阁。上追悼纳穆札尔、三泰死事，为赋《双义诗》，以傅清、拉布敦殉西藏，班第、鄂容安死伊犁相拟。谓"此六大者，事异心同，皆与国休戚之荩臣也"。子佛柱，袭子爵、散秩大臣，官阿克苏领队大臣。

论曰：高宗朝徼外诸叛，霍集占最桀骜耐战，方其困兆惠保叶尔羌，非师武臣力，几不能克。阿睦尔撒纳既叛，师未接，辄远窜，非霍集占比也。珠尔默特那木札尔欲背中国，乃汗准噶尔，尤愚妄，殆不足数。六臣所遇异，故其效亦殊。大诛既加，罪人斯得，咸廪廪称义烈矣。

卷三百十三　　　　列传一百

兆惠　阿里衮 子丰升额　布彦达赉　舒赫德 子舒常

兆惠，字和甫，吴雅氏，满洲正黄旗人，孝恭仁皇后族孙。父佛标，官至都统。兆惠，以笔帖式直军机处。七迁至刑部侍郎、正黄旗满洲副都统、镶红旗护军统领。乾隆十三年，命兼领户部侍郎。赴金川督粮运，疏论粮运事，并言诸将惟乌尔登、哈攀龙勇往，并及诸行省遣兵多不实。上命告经略傅恒核实。师还，命核军需。调户部侍郎。赴山东按传钞尚书孙嘉淦伪疏稿，暂署巡抚。十八年，命赴西藏防准噶尔。十九年，议用兵，命协理北路军务，并督粮运。二十年，命驻乌里雅苏台。准噶尔台吉噶勒藏多尔济降，命兆惠畀以牲畜。是岁阿睦尔撒纳叛，陷伊犁。命兆惠移驻巴里坤，兼督额林哈毕尔噶台站。二十一年，师收复伊犁。上以定西将军策楞不胜任，召兆惠还京授方略，未行，命逮策楞，并解扎拉丰阿定边右副将军以授兆惠。

时阿睦尔撒纳北遁哈萨克，定西将军达尔党阿逐捕未得，上命还师。厄鲁特诸宰桑从军者谋为乱，绰罗斯汗噶勒藏多尔济告兆惠，巴雅尔入掠其牧地。兆惠令宁夏将军和起将百人征厄鲁特兵往御，而噶勒藏多尔济从子扎那噶尔布及宰桑呢吗、哈萨克锡喇、达什策零等阴通巴雅尔，中途变作，和起死之。

兆惠自伊犁将五百人逐捕，经济尔哈朗至鄂垒扎拉图，与达什策零战，大败之。逐贼战于库图齐，再战于达勒奇，杀贼数千。二十二年正月，至乌鲁木齐。噶勒藏多尔济、扎那噶尔布等诸贼皆会，日数十战，马且尽。师步行冰雪中，至特讷格尔，遂被围。巴里坤办事大臣雅尔哈善先遣侍卫图伦楚将兵八百益兆惠军。会兆惠遣军校云多克德楞彻自围中出，诣雅尔哈善言转战状，事闻，上嘉兆惠奋勇，封一等武毅伯，授户部尚书、镶白旗汉军都统、领侍卫内大臣。

及图伦楚兵至，围解，兆惠得新兵，复逐捕巴雅尔至穆垒河源。巴雅尔已徙牧他处，乃还师巴里坤。上以兆惠远道旋师，逐贼不急，赍御用玉牒、荷包、鼻烟壶，命同

定边将军成衮扎布分路剪除厄鲁特。兆惠旋偕参赞大臣鄂实等自额林哈毕尔噶进剿。时扎那噶尔布已杀噶勒藏多尔济。会阿睦尔撒纳自哈萨克盗马窜还伊犁，掠扎那噶尔布牧地。

兆惠察回部头人布拉呢敦、霍集占叛有迹，令参赞大臣富德逐捕阿睦尔撒纳，而驻师济尔哈朗以待。上责兆惠与成衮扎布急回部、缓阿睦尔撒纳，失轻重。兆惠乃率师继富德以北，遣使宣谕左右哈萨克，师复进次额密勒西岸。富德师至塔尔巴哈台，获逃渠巴雅尔及其孥，槛送京师，语详《富德传》。哈萨克汗阿布赉使献马，并具表请入觐，上降敕宣谕。阿布赉使言阿睦尔撒纳以二十骑来投，约诘朝相见，令先收其马并及牛羊。阿睦尔撒纳惊走，获其从子达什车凌、宰桑齐巴罕，缚送兆惠，兆惠以闻，命槛车致京师。兆惠分遣诸将图伦楚、三达保、爱隆阿击败阿睦尔撒纳属众，降其渠纳木齐父子，送京师。兆惠复进，与富德军合，诇阿睦尔撒纳已入俄罗斯。上命还师。

旋授兆惠定边将军，讨布拉呢敦、霍集占。兆惠奏请屯田乌鲁木齐，以来春进讨，倘不能即入回部，则且积谷市马为持重，上责其怯懦。二十三年正月，兆惠以厄鲁特人在沙喇伯勒尚万户，当先剿除，乃专力回部。上授雅尔哈善靖逆将军，趣进师；命兆惠剿厄鲁特事竟，别道合攻。并谕兆惠："厄鲁特性反覆，往往自残杀。毋以其乌合稍众，过疑虑。"兆惠与副将军车布登扎布等分四道进剿：兆惠趋博罗布尔噶苏，车布登扎布趋博罗塔拉，副都统瑚尔起等趋尼勒喀，侍卫达礼善等趋齐格特，皆会于伊犁。厄鲁特众纷纭溃窜，遂尽歼焉。

上以贼渠哈萨克锡喇、鄂哲特等十余人皆未获，命兆惠等加意奋勉。四月，兆惠获鄂哲特送京师，疏言："准噶尔事将蒇，请自伊犁移师合攻回部。"上仍责兆惠俘哈萨克锡喇等。既又令赴库车察军事，还京师，诏未至而兆惠师已发，会雅尔哈善围库车，霍集占突围走。上逮雅尔哈善，以兆惠代将。兆惠中途疏言："将八百人赴库车，当与雅尔哈善协力剿贼，不愿觇颜遽还。"上奖其胍诚勇往，赐双眼孔雀翎。

既至军，诇霍集占自库车出入叶尔羌城守，乃帅师往捕。道阿克苏，头人颇拉特降。和阗头人霍集斯故擒达瓦齐有功，至是亦来附，并招乌什头人俱降，遂薄叶尔羌。兆惠止此四百，自乌什至此千五百里，马行乏，择要隘屯兵。霍集占出战，三败，保城不复出。兆惠遣副都统爱隆阿以八百人扼喀什噶尔来路阻贼援，而率师临葱岭南河为阵。葱岭南河者即喀喇乌苏，译言黑水，故时谓兆惠军为黑水营。

兆惠念兵寡而城大，不任攻，谍言贼牧群在城南英峨奇盘山，乃帅轻骑躏其牧地，且致贼为野战。渡黑水才四百骑而桥圮，霍集占挟数千骑出，师且战且涉水，士卒殊死战，五昼夜杀贼数千人。诸将高天喜、鄂实、三格、特通额皆战死。兆惠马再踣，面及胫皆伤，乃收兵筑垒掘濠以为卫，贼亦筑垒与我师相持。布拉呢敦自喀什噶尔至，助霍集占困我师。靖逆将军纳穆札尔等帅师赴援，中途遇

回兵，力战，皆死之。上先事发索伦、察哈尔、健锐营及陕、甘绿旗兵济兆惠师；闻兆惠被围，促富德赴援，又命阿里衮选战马三千送军前。兆惠发阿克苏，令舒赫德驻守。至是遣使令以被围状入奏，上奖兆惠统军深入，忠诚勇敢，进封武毅谋勇一等公，并赐红宝石帽顶、四团龙补服。

霍集占既逼我师为长围，相持数月。贼自上游引水谋灌我师垒，我师于下游沟而泄之。我师垒迫深林，贼发枪弹著林木中，我师伐为薪，得弹，用以击贼，常不匮。水不给，贼引水，反得饮，又掘井恒得泉。发地得藏粟一百六十窖，掠野得马驼千余。迨岁暮，围合已三月，军中粮渐尽，士卒煮鞍革，甚或掠回民以食。布拉呢敦、霍集占以围久不下，会布鲁特掠英吉沙尔，而兆惠即以是日率师焚贼垒，所杀伤过当，疑兆惠与布鲁特相约，因遣使入我师请和。兆惠因其使射书谕以纳款当入觐，二酋亦射书请撤围相见。兆惠置不更答，而二酋自此攻缓。

二十四年正月，富德帅师至呼尔璊，遇回兵，转战五昼夜。阿里衮送马至，合军复战。布拉呢敦出战，中弹伤，还喀什噶尔。师至叶尔羌河岸，阿里衮与爱隆阿合军为右翼，富德及舒赫德为左翼，逐贼，以次徐进。兆惠自围中望见火光十余里，马驼群蒙尘上，知援集，乃率余军破垒出，与诸军相合，引还阿克苏。上为赋《黑水行》纪其事。兆惠疏辞进封及章服，谕毋辞，并以其母老，时遣人存问。

霍集占之党攻和阗，上以兆惠、富德既合军急引还，谓富德不得以援兆惠为毕事，兆惠为帅被围待援，尤不当遽引师退。谕趣富德援和阗，兆惠当就现在兵力加意奋勉，以竟全功。兆惠督诸将分道进攻，布拉呢敦弃喀什噶尔，霍集占亦弃叶尔羌同遁。兆惠师至喀什噶尔，抚定余众，富德收叶尔羌，为画疆界，定贡赋，铸泉币，并分屯满、汉兵驻守。富德师复进，追及霍集占，战于阿勒楚尔，再战于伊西洱库尔淖尔。布拉呢敦、霍集占窜入巴达克山，师从之。巴达克山汗素勒坦沙初言霍集占中弹死，生获布拉呢敦；复言两酋已皆死，献霍集占首。上加兆惠宗室公品级、鞍辔，并授其子侍卫。兆惠复抚定霍罕额尔德尼伯克所属四城，并齐哩克布鲁特、额德格纳布鲁特、阿济毕部众，请留兵分驻叶尔羌、喀什噶尔诸城。复定各城伯克更番入觐例。二十五年二月，师还，上幸良乡，于城南行郊劳礼。兆惠入谒，赐朝珠及马，从上还京。饮至，赉银币。图形紫光阁。

二十六年七月，命协办大学士，兼领刑部。旋令偕大学士刘统勋按杨桥河决。二十七年，复偕统勋勘江南运河。二十八年，直隶水灾，命勘海口，疏天津、静海诸县水道。复命偕两江总督尹继善筹浚荆山桥河道。二十九年十一月，卒。上临其丧，赠太保，谥文襄。嘉庆元年十一月，命配享太庙。

子扎兰泰，尚高宗女和硕和恪公主，袭爵，授额驸。

阿里衮，字松崖，钮祜禄氏，满洲正白旗人，尹德第四子，而讷亲弟也。乾隆初，自二等侍卫历总管内务府大臣。迁侍郎，历兵、户二部。五年，命与金都御史朱必阶如山东勘巡抚硕色报歉收失实状。疏言："兰山、郯城被水最甚，请缓征新、旧赋，而以官帑市谷补社仓。"复命与江南河道总督高斌如江西勘巡抚岳浚等徇情纳贿状，鞫实，浚坐黜。

六年，侍郎梁诗正奏八旗兵丁当分置边屯，复命与大学士查郎阿如奉天相度地势。上言："地宜耕者，吉林乌拉东北拉林、阿尔楚克，阿尔楚哈东飞克图，齐齐哈尔东南呼兰，西南黑尔苏站、刷烟站，白都讷东八家子至登额尔者库，皆沃壤；呼兰东佛忒喜素素富林木，惟地高下各异。墨尔根寒暑早，齐齐哈尔砂碛，吉林乌拉无余地，宁古塔山深，乌苏里产参，皆不宜耕。"议政王大臣用其议，移屯自拉林、阿尔楚哈始。

八年，命如湖南勘巡抚许容劾粮道谢济世狂纵状，白济世枉。命即署巡抚，历河南、山西、山东诸省。十四年，讷亲诛，令分任讷亲偿帑。旋以兄弟不相及，命免之。上将巡五台，阿里衮疏请于台怀建行宫，太原就巡抚署增建群室，上不许。阿里衮别疏荐参将傅谦，大学士傅恒弟也，上责其不当，诏切责。十五年，授湖广总督。湖北巡抚唐绥祖为前总督永兴劾罢，阿里衮白绥祖无受赇状，永兴坐黜。十六年，移两广总督。东莞民莫信丰谋为乱，讨平之。寻居母忧，还京师。授户部侍郎，擢尚书，历刑、工、户三部，兼镶白旗汉军都统。

二十一年四月，命军机处行走。时上方责诸将逐捕阿睦尔撒纳，定西将军达尔党阿出西路。五月，命阿里衮佐达尔党阿，在领队大臣上行走。九月，师至雅尔拉，遇贼再胜。十月，命与达尔党阿还京师。二十二年正月，上以成衮扎布为定边左副将军，会师巴里坤，阿里衮仍在领队大臣上行走。二月，达尔党阿以失阿睦尔撒纳削爵，阿里衮亦坐降户部侍郎，旋兼正白旗蒙古副都统。

时回部大和卓木布拉呢敦、小和卓木霍集占分据叶尔羌、喀什噶尔为乱，于是沙拉斯、玛呼斯诸部游牧与相应。九月，阿里衮与都统满福自阿斯罕布拉克、和什特呼克取道于哈喇沙尔，搜山杀敌。复进至塔本顺和尔、纳木噶，俘男妇二百余。十二月，满福为郭多克哈什哈诱戕，沙拉斯、玛呼斯遁库车诸处。阿里衮复进次哈喇沙尔西南库尔勒。二十三年正月，复进逐敌至呼尔塔克山，获玛呼斯得木齐额默根等。四月，阿里衮自鲁克察还师，驻巴里坤。上先得伯克素费玛奏，阿里衮方搜捕玛哈沁将还师，与阿里衮疏言师向呼尔塔克山不相应，上因责阿里衮中途迁延，罢侍郎，以副都统革职留任。

六月，靖逆将军雅尔哈善攻库车，霍集占赴援，入城守，已，复走还叶尔羌。上为罢雅尔哈善，而督定边将军兆惠攻阿克苏，遂进逼叶尔羌。十一月，命阿里衮选马三千、驼七百益兆惠军。兆惠攻叶尔羌不克，濒黑水结寨，霍集占为长围困之。上闻，授富德定边右将军、阿里衮参赞大臣，援兆惠。是月命袭封二等公。十二月，授兵部尚书、正红旗蒙古都统。二十四年正月，富德师至呼尔璊，霍集占出战，五日四夜未决。阿里衮以驼马至，乘夜分师为两翼斫阵，斩千余级。布拉呢敦中创，与霍集占并败走。援兆惠全师以还。上以阿里衮送马济军，如期集事，且杀贼多，加云骑尉世职，例进一等公。七月，霍集占走巴达克山部，阿里衮与富德等帅师从之，降其众万二千有奇。阿里衮以五百人驻伊西勒库尔淖尔西截隘，复分兵出其南，遇敌，夺其家属辎重，降二千有奇。复将选兵二百逾岭逐敌。巴达克山部旋纳款，以霍集占首献。行赏，赐阿里衮双眼孔雀翎。

二十五年，召还京师。六月，自喀什噶尔行次叶尔羌，会雅木扎尔回酋迈喇木煽讹谓阿睦尔撒纳复入阿克苏，群起为乱。乃复还喀什噶尔，率八百人以出，至伯什克勒木，迈喇木等以千余人拒战，阿里衮督所部击破之。贼入城坚守，麾兵合围，夜四鼓，城人呼号乞降，迈喇木遁去。上奖阿里衮应机立办，授其子拜唐阿丰升额蓝翎侍卫。阿里衮旋捕迈喇木等送京师，复进丰升额三等侍卫，授其次子倭兴额蓝翎侍卫。十月，阿里衮还京师，授领侍卫内大臣，图形紫光阁。二十八年，加太子太保。二十九年，授户部尚书、协办大学士。

时缅甸乱，南徼兵连数岁。三十一年春，将军明瑞深入，上授阿里衮参赞大臣，驰传至军。二月，明瑞战死猛腊，大学士傅恒出为经略，授阿里衮及阿桂为副将军，并令暂领云贵总督，率师驻永昌。朝议：“明年进兵。今岁秋夏瘴退，先收普洱、思茅边外诸小部落。”阿里衮疏言：“边外十三板纳皆内属不为乱，惟召散、整贝、猛勇三部附缅甸。”当用兵时，刑部尚书舒赫德在军，与云南巡抚鄂宁密疏议抚。六月，缅甸使头人请款，阿里衮拒之，以闻。上命置毋答，并遣舒赫德等。七月，阿里衮疏请绝缅甸贸易，并治云南省城至永昌道，抚慰沿边诸土司，借帑俾市籽种牛具，皆得俞旨。十二月，阿桂兵至，共发兵出边，未深入而还。

三十四年二月，上摘云贵总督明德疏语，以军中马羸责阿里衮等，下部议夺职，命宽之。三月，傅恒至军，与阿里衮等议进兵渡戛鸠江，西攻猛拱、猛养两土司，向阿瓦。阿瓦，缅甸都也。偏师至猛密，夹江而下，造舟蛮暮通往来。七月，师行。初，阿里衮病疡，上遣医就视良愈，至是复大作。傅恒令留永昌治疾，阿里衮坚请行。师进，缅甸兵不出。十月，傅恒还师蛮暮，复进攻老官屯，驻戛鸠江口。缅甸兵水陆并至，傅恒、阿桂军江东，阿里衮军江西，迎战。敌结寨自固，阿里衮率兵七百攻之，敌百余弃寨走。把总姚卓杀敌，夺其旗，师锐进，敌四百余亦遁。复战，会日暮，敌不能坚守，皆引去。凡破寨三，杀敌五百余。傅恒亦遘疾，诸将议毋更进兵，阿里衮曰：“老官屯贼寨，前岁额尔登额攻未克。距此仅一舍，不破之何以报命？”策马行，傅恒以下皆从之，寨坚，攻不克。阿里衮疾甚，犹强起督攻，视枪炮最多处辄身当之。傅恒虑其伤，令将舟师，毋更与攻寨。十二月，卒于军，谥襄壮，祀贤良祠。以丰升额金川功，追加封号为果毅继勇公。子丰升额、倭兴额、色克精额、布彦达赉。

丰升额，自三等侍卫袭封一等公，擢领侍卫内大臣，署兵部尚书、镶蓝旗蒙古都统。三十五年八月，命在军机处行走。金川再用兵，定边左副将军温福为帅，劾参赞大臣伍岱乖谬。上命丰升额往勘，因授丰升额参赞大臣。五月，丰升额攻东玛寨，伪退以诱敌，令章京佛伦泰、富尔赛突起逼寨，侍卫伸达苏发巨炮，敌惊却，多坠崖死，遂克东玛。六月，攻固卜济山梁。师至色尔渠，令乌什哈达、巴三泰等左右进攻。丰升额出中路，发炮堕碉。乌什哈达等引兵出岩下，丰升额自山径策应鏖战，敌大奔。七月，复克色尔渠大碉及卡房百余。卡房，敌所置堠也。旋与温福大军合，十月，克路顶宗、喀木色尔诸寨。复进克兜乌山梁及附近诸寨。十一月，克博尔根山，夺玛觉乌大寨。再进克明郭宗，下碉卡九十余。克嘉巴山，焚经楼。语详《温福传》。十二月，授丰升额副将军。

三十八年正月，与将军温福、副将军阿桂议分道并进，温福自功噶尔拉进攻噶尔萨尔，阿桂自僧格宗经纳围纳扎木，至当噶尔拉，待温福军至，与合攻噶拉依。丰升额自章谷、吉地经绰斯甲布，温福分遣参赞大臣舒常驻军于此，与合攻勒乌围。丰升额驻军宜喜，于其地设粮台，规进取。四月，考绩，加太子少保。温福师锐进，六月，次木果木。阿桂亦克当噶尔拉。上令丰升额攻大板昭，命未至，木果木师溃，温福死之。上闻败，命丰升额引兵自党坝、三杂谷至巴朗拉为阿桂声援。既闻阿桂自当噶尔拉全师而出，屯翁古尔垄，谕丰升额仍驻宜喜为犄角。

丰升额初未移军，分兵驻智固山，防后路。阿桂以定西将军为帅，十一月，收小金川全境。丰升额自宜喜攻沙坝山梁碉卡，分敌势。十二月，阿桂定策自取谷噶，而令丰升额攻凯立叶，进兵。上命丰升额以五千人往攻，三十九年正月，师次萨尔赤鄂罗山，占其南雪山，又分兵占孟拜拉山梁。阿桂遣纳木扎等将二千人与合军。二月晦夜半，丰升额帅师自达尔扎克北山涧越石蹋雪以进。次日黎明，至凯立叶山麓。山绝险，凡大峰各置碉，见我师至是近，枪石并发。丰升额督师直前冲击，与侍卫彰霭、明仁取第二峰，玛尔占、伊达里取第三峰，令领队大臣五岱营第三峰下。捷闻，上以碉据峰巅，仰攻不易克，命留五岱于此，而移军谷噶，与阿桂合军攻勒乌围。

阿桂遣谍告丰升额：“达尔扎克面当莫尔敏山，山旁地曰迪噶拉穆扎。师得此，绕出凯立叶后，夹攻易为力。”丰升额即遣兵占莫尔敏山，敌力争，绝我师前后不相属，卒败敌，取迪噶拉穆扎。丰升额寻从上命移军谷噶。六月，克色绷普，破碉十一。七月，克该布达什诺大碉。十月，自间道克墨格尔陂曰尔巴当噶西峰，破碉寨二百余，得凯立叶山梁之半。命议叙，赉玄狐帽、貂马褂。十一月，攻格鲁古丫口，通党坝，遂进逼勒乌围。四十年正月，克甲尔纳堪布卓沿河诸碉寨。四月，破噶尔丹寺及噶朗噶木碉十七。五月，克丫口石碉八、木城四。再进，尽隳逊克尔宗诸碉寨。敕奖其奋勉，命封号加"继勇"字。七月，师至章噶，碉甚坚，碉外为壕三重，壕外立木栅。海兰察攻其中，丰升额督官达色、仁和等攻其左右，毁栅覆壕以度师，缘碉侧直上，自其巅俯攻，遂克之，并得其旁木城。八月，与阿桂合克勒乌围。九月，复进向噶拉依。十二月，克格隆古科布曲山梁。四十一年正月，克玛尔古当噶山梁。金川全部悉定。师围噶拉依，上命加丰升额一等子，以其弟布彦达赉袭爵。寻移户部尚书，赐双眼孔雀翎。二月，金川酋索诺木出降，致京师。

四月，师还，赉御厩马具鞍辔，图形紫光阁。四十二年十月，卒，赠太子太保，谥诚武。

布彦达赉，自三等侍卫累迁武备院卿。嘉庆间，授户部尚书、正白旗满洲都统、步军左翼总兵署统领。五年，卒，赠太子太保，谥恭勤。布彦达赉女为宣宗元妃，道光元年，册谥孝穆皇后，礼成，追封三等公。

舒赫德，字伯容，舒穆鲁氏，满洲正白旗人，徐元梦孙也。舒赫德，自笔帖式授内阁中书，累迁御史，充军机处章京。乾隆二年，疏言："八旗生齿日繁。盛京、黑龙江、宁古塔三省土沃可耕。请将闲散移屯。并条议设公库，以各省税务专属旗员，赎旗地典于民者，以官界地界无地旗丁。以十年为期，次第施行。"上以税务专属旗员为非是，谕曰："舒赫德此议，但知旗人生计艰难，不知国家设关，欲稽察奸宄，非为收税之员身家计也。朕日以砥砺廉隅勉臣工，尚恐其不能遵奉，而可以谋利导之乎？况各省税务本未分满、汉，旗员有廉洁者，何尝不可派委。大抵为上者施逮下之仁，惟有励以忠勤，示以节俭；为下者皆当早作夜思，宣力供职，以永受国家惠养。方可谓之计长久。盖厚其生计，不可不思，而长贪以为惠下，则未见其利，而且贻害，非所以教旗员，亦非所以爱旗员也。"初，雍正间，京师设官米局，收旗丁饷米存储平粜。舒赫德疏请复设，从之。五迁至兵部尚书，移户部尚书。

十三年，命从经略大学士傅恒征金川，授参赞，加太子太保。十四年，师还，留办军需奏销。命往云南、湖广、河南查阅营伍，并勘云南金沙江运铜水道。舒赫德疏言金沙江下游铜运无阻，上游四十余滩多峻险，仍当陆运。总督张允随言上下游皆疏通，语不实。古州总兵哈尚德因古州被水，请移城，上令舒赫德相度。舒赫德请城内外疏积水，无待移建。十月，复移兵部尚书。十五年，疏言："定例额兵百人缺二，谓之'名粮'，为军中公使钱。惟缮治军器、巡防路费，每不给于用。马兵不宜于东南，其在西北，十居其八，亦可量减。籐牌兵全无实用。拟于马兵、籐牌兵内加额名粮，以备公用。"廷议允行。十二月，命如浙江勘海塘。十六年，命勘永定河工。又命如浙江按杭州将军觉罗额尔登受赇状。

十七年，命偕侍郎玉保赴北路军防准噶尔。十八年，以准噶尔内乱，撤防，召还。命如江南塞铜山张家马路河决。时准噶尔达瓦齐复为台吉，所部杜尔伯特台吉车凌等来降。准噶尔宰桑玛木特，乌梁海得木齐扎木参、瑚图克等追车凌，先后阑入北路卡伦。上命舒赫德如鄂尔坤治军事，而令侍郎玉保、前锋统领努三、散秩大臣萨喇尔佐定边左副将军成衮扎布。十九年春，舒赫德至军，参赞大臣达清阿诱致玛木特，将槛送京师，疏闻，上以玛木特闻召即至，命释使还。既，萨喇尔、努三帅师出边，获扎木参、瑚图克，舒赫德等复疏请槛送京师。上以玛木特诱致，扎木参等乃逐捕所得，事不同，责舒赫德谬误，命以扎木参等囚置军中。军中方传达瓦齐遣其将大努噶尔布以五千人犯边。成衮扎布等书达瓦齐，言玛木特、扎木参等入边被捕本末。上以为太惮，谕舒赫德等。上方以准噶尔内讧，将乘时收乌梁海，以萨喇尔本蒙古头人，习边事，

将倚以招致。舒赫德等疏言达瓦齐复为台吉，乌梁海等未易招致，令萨喇尔驻军卓克索待后举。上责舒赫德畏怯，使萨喇尔掣肘。蒙古贝勒额琳沁、公格勒克巴木丕勒以赴军迁延得罪，舒赫德等疏言其至军后奋勉，请赎罪。上下诏责其舛谬，并及行文达瓦齐事，下部议夺官，得旨宽免。上幸热河，召舒赫德诣行在示方略。旋解成衮扎布将军以授策楞。

七月，辉特台吉阿睦尔撒纳来降。舒赫德与策楞议留阿睦尔撒纳及诸头人军中待命，以其孥移置苏尼特。阿睦尔撒纳有兄为玛木特所获，乞赍以行粮俾赴援，舒赫德不许。是时上方欲倚阿睦尔撒纳擒达瓦齐，事闻，上盛怒，诏罪状策楞、舒赫德，略谓："阿睦尔撒纳初来降，乃以其眷属移置戈壁南，相距数千里，使其父母妻子分析离居，失远人归附心。准噶尔内乱，所部叩关内附，正可示以怀柔，永绥边境。策楞、舒赫德颠倒舛谬，至于此极！"皆夺职，以闲散在参赞大臣上效力赎罪，并籍其家，罪及诸子。二十年正月，上命阿睦尔撒纳佐班第帅师讨达瓦齐。阿睦尔撒纳请移游牧于乌里雅苏台，上许之。命领队大臣兆惠驻军于此，予舒赫德章京衔佐兆惠。六月，师已定伊犁，谕曰："策楞、舒赫德军前效力，今大功已成，本欲施恩，开其自效。策楞已予都统衔，驻军巴里坤。检舒赫德笔札，虽无怨望语，乃效汉人习，日必记事作诗。嗣宜痛自改悔，令仍以章京留乌里雅苏台。"上分准噶尔故地，本众建诸侯意，四卫拉特各为汗。阿睦尔撒纳求为总统，上不许，遂叛。其妻子在乌里雅苏台，舒赫德偕兆惠收送京师。二十一年，喀尔喀台吉青衮杂卜叛，驿道中梗。会察哈尔兵数百送羊至，命赫德留之，分布诸台站，军报乃通。行边至努兑木伦，护厄鲁特人。掠马者乌梁海人入边，窜匿俄罗斯，驰檄往索。上嘉其治事尚协机宜，召还，授正黄旗汉军副都统。

二十二年正月，上命成衮扎布为定边将军，逐捕阿睦尔撒纳，授舒赫德参赞大臣。寻擢兵部尚书，兼镶黄旗汉军都统。三月，以舒赫德在军独具疏奏事，责其放纵，罢尚书。七月，疏请防范沙喇斯游牧内移，上斥其藉作归计，严谕申戒。十二月，上以成衮扎布师久无功，诏罪状舒赫德，略言："舒赫德起自废籍，初赴军授方略，令传谕成衮扎布，并戒其毋更悚怯。乃至军后，诸事皆失机宜。即如招服克呼特、乌鲁特等游牧，当收其马以佐军；乃任令屯驻山中，致兵过复叛。及朕有旨诘责，始乐遽西露，往来道途，疲马力于无用之地。举此一端，可见诸事皆无成算。此实舒赫德未将朕旨宣示成衮扎布之所致也。舒赫德罪不胜诛，朕念成衮扎布去年擒青衮杂卜之功，贷舒赫德以不死。令夺职为兵，从军赎罪。"

二十三年，予头等侍卫衔，驻阿克苏。十月，将军兆惠逐捕霍集占，深入被围。命定边右副将军富德往援，授舒赫德参赞大臣，会于巴尔楚克。舒赫德以阿克苏通叶尔羌、喀什噶尔要隘，当设卡伦。上嘉之，擢吏部侍郎，迁工部尚书、镶红旗满洲都统，赐孔雀翎。十二月，简阿克苏锐卒、诸路兵先至者驰援兆惠。二十四年正月，与富德合军解兆惠围，予云骑尉世职。七月，命移驻叶尔羌，旋

命仍驻阿克苏。先后奏定回城赋税，台站酌设伯克，阿克苏铸腾格，以四存公、六界回人。阿克苏、库车、哈喇沙尔、乌什、和阗置文武吏。皆得旨议行。寻以回部平，图形紫光阁。二十八年，加太子太保。

二十九年，命如福建按提督黄仕简劾厦门洋行陋规，总督杨廷璋以下皆得罪，语详《廷璋传》。三十一年，署陕甘总督，旋署户部尚书。三十二年，如湖南北谳狱。三十三年，将军明瑞征缅甸，败绩，死之。上命大学士傅恒为经略，授舒赫德参赞大臣，先赴云南筹画进军。舒赫德密疏议巡，忤上旨。下部议夺官，并削云骑尉世职，命以都统衔参赞大臣，出驻乌什。

三十六年，土尔扈特汗渥巴锡等自俄罗斯来归，众疑其伪降，舒赫德力白无他志，命如伊犁宣抚，寻授伊犁将军。十一月，授户部尚书。三十八年，加太子太保，授武英殿大学士。九月，命如江南监黄河老坝口堤工。寿张民王伦叛，破临清，命督师进剿，克之，伦自燔死。赐双眼孔雀翎，复于云骑尉世职，赉貂冠、黑狐褂。四十一年，金川平，图形紫光阁。初，舒赫德为伊犁将军，子舒宁在京杖毙二奴，得罪，上命发伊犁交舒赫德约束。及是，又以争煤矿为山东民所讼，舒赫德缚舒宁送刑部，疏请罪。下部议夺官，命宽之。四十二年四月，卒，赠太保，谥文襄，祀贤良祠。

子舒常，始为侍卫。舒赫德议移置阿睦尔撒纳妻子得罪，舒常亦夺官，发黑龙江披甲。及舒赫德召还为副都统，授舒常三等侍卫。舒赫德以佐成衮扎布无功再得罪，舒常复发黑龙江。乾隆二十三年二月，命释还。累迁至镶蓝旗护军统领。三十七年，将军温福征金川，授参赞大臣。金川平，图形紫光阁，与舒赫德父子并列前五十功臣。舒赫德卒，令还京治丧，授工部侍郎。出为贵州巡抚，迁湖广、两广总督。入为工部尚书。复出署江西巡抚，复为湖广总督。荆州汉水决，夺官，授一等侍卫。擢都察院左都御史，改镶黄旗蒙古都统。嘉庆初，署刑、兵二部尚书。卒，谥恪靖。

论曰：兆惠再就围中受爵，得援师克竟其功；而为之援者，前则雅尔哈善，后则富德，顾坐法不克有终。讷亲之诛也，高宗谓策楞、达尔党阿皆愧奋，阿里衮独内疑，遇事畏葸。然策楞、达尔党阿先后偾事夺封，阿里衮以战阀承世祚，丰升额继之，庆延于后嗣。舒赫德初为御史有直声，后出视军，高宗屡言其懦，再被谴谪，终致台司。功名始终之际，盖亦有天焉。然其要必归于忠谨，兹非彰彰可睹者欤？

卷三百十四　　列传一百一

策楞 子特通额　特清额　特成额　玉保
达尔党阿　哈达哈 子哈宁阿　永常
觉罗雅尔哈善　富德　萨赖尔

策楞，钮祜禄氏，满洲镶黄旗人，尹德长子。乾隆初，为御前侍卫。二年秋，永定河决，上出帑命策楞如卢沟桥赈灾民。累迁为广州将军，授两广总督。广东巡抚托庸劾布政使唐绥祖赃私，下策楞勘谳。策楞雪绥祖枉，上嘉其秉公。寻加太子少傅，移两江总督。其弟讷亲承父爵进为一等公，以征金川失律坐遣。十三年十月，命策楞袭爵，仍为二等公，复移川陕总督。旋以川、陕辖地广，析置二督，策楞专辖四川。时大学士傅恒代讷亲为经略，命策楞参赞军务。傅恒受金川降，班师行赏，策楞加太子太保。

西藏郡王珠尔默特那木札勒狡暴，谋为乱，上命策楞戒备。十五年冬，驻藏大臣傅清、拉布敦诛珠尔默特那木札勒，为其党所戕，西藏乱，上命策楞及提督岳钟琪督师戡难。时西藏公班第达获逆渠卓呢、罗卜藏扎布，戢兵待命。策楞以闻，请率八百人以往，留军驻打箭炉待征发。策楞至西藏，与钟琪及侍郎兆惠、驻藏大臣纳穆札尔、班第等审定规制，为西藏善后章程，语详《西藏传》。

杂谷土司苍旺侵梭磨、卓克基二土司为乱，策楞与钟琪发兵讨之。上以川兵弱，当瞻对、金川用兵后，元气未复，诫慎重。师战胜，获苍旺，收其地内属。策楞丁母忧，解官还京师。江南淮、扬水灾，命偕尚书刘统勋往勘。因疏河工积习，总督高斌以下皆坐黜，即令策楞署南河总督。河决铜山张家马路，上以河工非所习，改授两广总督。时准噶尔酋达瓦齐庸懦，所部内讧。上锐意用兵，十九年二月，召策楞，命出视师，授定边左副将军。阿睦尔撒纳之降也，尚书舒赫德在军察其狙诈，虑且复叛，策楞与共议，以所携部族遣戈壁南，而留阿睦尔撒纳及诸头人丁壮胜兵者从军。上闻阿睦尔撒纳降，将倚以取达瓦齐，得策楞等疏，怒甚，命削职，以闲散在参赞上效力赎罪，发诸子各行省驻防披甲。上遂用阿睦尔撒纳为定边左副将军，导我师讨达瓦齐。二十年五月，师定伊犁，上降诏犹责策楞、舒赫德恇怯乖张，几偾事。旋以师有功，予策楞副都统衔，令率偏师戍巴里坤。

九月，阿睦尔撒纳叛去，上以永常为定西将军，命策楞参赞大臣上行走。既，闻当阿睦尔撒纳叛时，永常引师自穆垒左次巴里坤，罢永常将军，以命策楞。旋诏逮永常，授扎拉丰阿为将军。策楞疏言待军士器械，随将军进兵。诏并逮策楞，谓惩其懦也。寻以罪在永常，贷策楞，令属扎拉丰阿督饷。会准噶尔宰桑克什木等陷伊犁，定北将军班第等死事。策楞驰疏闻，请合兵进讨。上复授策楞副都统衔参赞大臣，扎拉丰阿未至，摄将军。策楞与喀尔喀诸部贝勒合兵击败准噶尔部落，授内大臣，真除定西将军。上督诸将逐捕阿睦尔撒纳甚急。二十一年二月，策楞闻台吉诺尔布等已得阿睦尔撒纳，腾章奏捷，上告于陵庙。进策楞一等公，赐双眼孔雀翎、宝石帽顶、四团龙补服。三月，策楞复疏言前奏非实，上命停封赏，严促进兵逐捕。是月，复克伊犁，阿睦尔撒纳走哈萨克。四月，命大学士傅恒视师，逮策楞及参赞大臣玉保。旋得策楞奏，方督兵压哈萨克境，令擒阿睦尔撒纳以献。上乃令傅恒还京师。时达尔党阿出西路，哈达哈出北路，与策楞合军以进，师久次，不得阿睦尔撒纳踪迹。九月，达尔党阿、哈达哈引兵还屯哈萨拉克。十一月，复命逮策楞、玉保槛送京师，途遇准噶尔兵，为所戕。

子特通额，初发黑龙江披甲。二十三年，以侍卫从将军兆惠讨霍集占，战黑水，与总兵高天喜等同战死。图形紫光阁，列后五十功臣。

特清额，初发杭州披甲。自上虞备用处拜唐阿，十一迁，至嘉庆间，授成都将军。尝两摄四川总督。会有为《蜀都赋》评长吏者，给事中胡大成以闻。仁宗命工部尚书托津、光禄寺少卿卢荫溥诣勘，特清额坐徇隐，降三级留任。未几，卒。

特成额，初发西安披甲。自黏竿处拜唐阿，再迁三等侍卫。师讨大金川酋索诺木，高宗命特成额从征。转战两年，自资理北山下克美美卡诸地；攻荣噶尔博最高峰，夺康萨尔山半石碉；破密拉噶拉木山梁木城：特成额皆有功，授贵州威宁镇总兵。乾隆四十二年，上以勋旧世家有世为领侍卫内大臣，因以丰升额遗缺授特成额。三迁授礼部尚书，为成都将军，三摄总督。寻除湖广总督。五十年，岁旱，湖北、江苏、浙江皆饥，特成额疏请发湖南仓谷赈湖北。有余平值以粜，使商自四川贩米至者，见湖北谷值低，得输以济江、浙。上奖其不分畛域，得大臣体。寻移云贵总督，以李侍尧代督湖广。侍尧疏发上年旱饥，孝感民无食，掠富家储谷，诸生梅调元者，纠众与抗，生瘗二十三人。上震怒，逮特成额，籍其家。旋予副都统衔，充乌什办事大臣。又坐在湖广失察酷吏侵帑、案牍壅积，屡被谴责。及荆州堤决，复逮下狱论绞，久之，赦。授头等侍卫、乌鲁木齐办事大臣。嘉庆初，自科布多参赞大臣授兵部侍郎，未上，卒。

玉保，乌朗罕济勒门氏，蒙古镶白旗人。自理藩院笔帖式三迁郎中。乾隆三年，擢侍郎。八年，率准噶尔使者入藏熬茶，赐孔雀翎。十二年，复率准噶尔使者入藏熬茶，疏言："前次入藏，自巴延喀喇纳木齐图穆伦至穆鲁乌苏渡口，道甚险，时方秋冬间少雪，行旅尚便。今冬令大雪，拟改道逾哈什哈岭左巴延喀喇巴山后，自布鲁尔仍至穆鲁乌苏渡口。"报可。十六年，迁正黄旗蒙古都统。十七年，达瓦齐为乱，命偕尚书舒赫德赴北路防边。十八年，杜尔伯特台吉策凌等来降，命驰赴犒劳。上以玉保习准噶尔事，命以参赞大臣佐军事。十九年，辉特台吉阿睦尔撒纳来降，复命驰赴犒劳，率以入觐。

二十年，阿睦尔撒纳叛，命仍以侍郎、参赞大臣出北路。师次哈齐克，遣兵至鄂什默纳河，收阿睦尔撒纳所属三百余户。搜山，获阿睦尔撒纳党代木齐班咱等。进次安集雅哈，歼阿巴噶齐所属三百余户，围班杂游牧。寻从逆喇嘛达什藏布，并收其妻子。擢内大臣。二十一年，策楞疏报已获阿睦尔撒纳，行赏，封玉保三等男世袭。玉保获从贼达永阿，言阿睦尔撒纳相距仅一日，玉保执送策楞。又得从贼乌逊，言阿睦尔撒纳方出痘，所部尚有厄鲁特兵八千、哈萨克兵三千，亦执送策楞。上责玉保退缩，玉保师复进。遣诸将乌尔登等追至库陇癸岭，得从贼额林沁，言阿睦尔撒纳已逾岭入哈萨克境，引还，次固勒扎。上怒策楞、玉保不得阿睦尔撒纳。策楞又疏言玉保驰檄谓阿睦尔撒纳即日就擒，无烦大军深入，因是勒兵未进，遂命并逮诣京师，旋命姑宽之。玉保疏辨未尝驰檄阻策楞进兵，上谓："玉保即未阻策楞进兵，阿睦尔撒纳脱于谁手？"因斥其畏葸欺饰，削男爵，夺参赞大臣，改授领队大臣。玉保疏言阿睦尔撒纳仅余从贼二三人，投哈萨克汗阿布赉，正督兵往索。上以玉保明知叛贼子身无助，始直前追逐，斥其取巧。命尚书阿里衮讨军逮策楞，并谕："玉保已率兵向哈萨克，免其罪，妄行则并逮。"寻达尔党阿疏报玉保师已临哈萨克，命复头等侍卫。旋以师久次不得阿睦尔撒纳，命仍逮治，与策楞同送京师。道死。

达尔党阿，钮祜禄氏，满洲镶黄旗人，理藩院尚书阿灵阿次子。初袭曾祖额亦都一等子爵，累官吏部尚书。讷亲得罪，请从军。师还，加太子少保。乾隆十九年，出为黑龙江将军。策楞得罪，命袭封二等公。是年十二月，上用阿睦尔撒纳讨达瓦齐，以班第为定北将军，授达尔党阿参赞大臣。二十年正月，命将索伦、巴尔呼兵诣军。五月，定伊犁。师还，命协办大学士。

及阿睦尔撒纳叛，授定边左副将军，偕参赞大臣哈达哈，出北路，率师逐捕。十月，改授右副将军，出西路，而以哈达哈当北路。十二月，复以将印授扎拉丰阿，达尔党阿仍为参赞大臣。二十一年正月，又以鄂勒哲依、萨赖尔同掌将印。达尔党阿帅师至珠勒都斯迎萨赖尔。及策楞报获阿睦尔撒纳，达尔党阿亦赐双眼孔雀翎。寻自特讷格尔赴安集海，分兵略唐古特游牧。旋以阿睦尔撒纳窜入哈萨克，上命西路专任达尔党阿，北路专任哈达哈，督兵压哈萨克境，使擒阿睦尔撒纳以献。五月，复授右副将军。时策楞驻登努勒台，令达尔党阿还师。达尔党阿不从，上即解策楞定西将军以命达尔党阿。

八月，师次雅尔拉，哈萨克汗阿布赉遣头人和集博尔根率四千骑分二队从阿睦尔撒纳走鲁腊，而自率千余骑西行，会于毫阿腊克山下。达尔党阿师至，遇和集博尔根前队，自山谷中诱使出，突其中坚，斩五百七十余级，获头人楚鲁克。逐敌至努喇，遇和集博尔根后队，复战陷阵，得其蠹，斩三百四十余级。阿睦尔撒纳部宰桑言阿睦尔撒纳易蓝蠹以战，战败，易服遁。哈达哈亦击破阿布赉军，获头人昭华什。两军合，遣楚鲁克、昭华什还谕其渠。时阿睦尔撒纳走不过一二里许，遇楚鲁克等，使还报伪为哈萨克头人语，待其汗阿布赉至，且执阿睦尔撒纳以献。达尔党阿信之，按兵以待。阿睦尔撒纳从容捆载去。上闻不得阿睦尔撒纳，命缴双眼翎，召还京师，罢协办大学士。二十二年二月，夺爵，左授正白旗满洲副都统。八月，军中俘阿睦尔撒纳从子达什，槛致京师。上始闻达尔党阿、哈达哈缓追逸贼状，俱夺官，发热河披甲。二十三年，授三等侍卫，率西安驻防兵赴军，师有功，进二等侍卫。卒。

哈达哈，瓜尔佳氏，满洲镶蓝旗人，黑龙江将军傅尔丹子。傅尔丹初袭曾祖费英东二等信勇公，乾隆元年，追论失律罪，黜，以哈达哈袭。是时哈达哈已自侍卫累迁领侍卫内大臣，兼勋旧佐领。既，袭爵，复迁镶红旗满洲都统、工部尚书，加太子少保，署兵部尚书、步军统领。

十九年，师讨达瓦齐，授参赞大臣，佐定北将军班第出北路。寻改领队大臣。二十年，达瓦齐就俘。再出师讨阿睦尔撒纳，复授参赞大臣，佐定边左副将军达尔党阿出北路。哈达哈请将索伦、喀尔喀兵为前锋，上奖其奋勉。寻命代达尔党阿为定边左副将军当北路，移军布延图。南自伊克斯淖尔，北至乌哈尔喀硕及乌里雅苏台、札卜堪诸形胜地，皆分兵列戍。二十一年，命自阿尔泰进兵，诏以北路专任哈达哈。特楞古特宰桑敦多克、固尔班和卓等与我师遇，伪请降。哈达哈察其诈，斩敦多克，絷固尔班和卓等，殪其众。上嘉其勇，再授领侍卫内大臣，赐双眼孔雀翎。

师至嵩哈萨拉克山，遇哈萨克汗阿布赉拥众自巴颜山西行，与战，败之。复遣诸将瑚尔起、鄂博什、奇彻布等追击，斩百余级，获马二百。哈达哈不知阿布赉在军，未穷追；而达尔党阿与阿睦尔撒纳遇，战既胜，纵使脱去。两军合，引还。夺双眼孔雀翎，命以参赞大臣屯科布多。寻论失阿布赉罪，夺爵，罢领侍卫内大臣，左授兵部侍郎。旋就进尚书，徙屯乌里雅苏台。二十二年八月，诏罪状达尔党阿、哈达哈，谓："二臣皆勋旧子孙，袭爵专阃，而因循观望，坐失军机若此。"尽夺其官，发热河披甲。二十三年，与达尔党阿同授三等侍卫从军，同进二等侍卫。

子哈宁阿，自蓝翎侍卫累迁宁夏副都统。哈达哈为定边左副将军，哈宁阿为领队大臣。寻命以参赞大臣佐定西将军达尔党阿出西路。旋令诣伊犁佐定边右副将军兆惠。兆惠困济尔哈朗，力战突围出，哈宁阿与焉，予三等轻车都尉世职。又从兆惠击巴雅尔，功最，赐玉鞢、荷包、鼻烟壶。哈达哈夺爵，以哈宁阿袭，擢镶黄旗汉军都统。乾隆二十三年，复授参赞大臣，佐靖逆将军雅尔哈善讨霍集占。围库车，霍集占脱去，与雅尔哈善同逮送京师。二十四年正月，雅尔哈善弃市。上以哈宁阿为参赞，责薄于将军，又念济尔哈朗力战待劳，命系狱待秋决。十一月，富德师至巴达克山，遣使纟累缚送霍集占。上以达尔党阿、哈达哈皆在军，不自奋请行，诏诘责，因言："哈宁阿秋谳本当决，哈达哈稍有事效，尚当宽宥，今岂可曲贷？重念费英东勋劳，不忍刑诸市。"命赐自尽，且令驰谕哈达哈，哈达哈已先以十月卒于军。

永常，董鄂氏，满洲正白旗人。自三等侍卫累迁镶红旗满洲都统。乾隆五年，命如安西按事，即授安西提督，屯哈密，赐孔雀翎、红绒结顶冠。十五年，授湖广总督。罗田民马潮柱为乱，讨平之。十八年，上将征准噶尔，命为钦差大臣，驻安西。旋移陕甘总督，加太子少保。

辉特台吉阿睦尔撒纳来降，言达瓦齐昏暴。上决策用兵，召永常诣京师，谕行军机宜，遂以内大臣授定西将军。时上倚阿睦尔撒纳及来降宰桑萨赖尔取达瓦齐，以阿睦尔撒纳副定北将军班第出北路，以萨赖尔副永常出西路，仍谕阿睦尔撒纳、萨赖尔为军锋，敕永常督军锋先发。永常令诸道军兼程并进，上责其误。永常师次巴里坤，命还肃州。永常还督饷，有所计画，上皆不谓然。师定伊犁，俘达瓦齐，诏责："永常但知师行粮随，沾沾议接济。今功已成，何虑粮不足？因粮于敌，从来胜算。如永常奏，辗转挽运，动逾数十日，庸有济乎？"因左授吏部侍郎。

阿睦尔撒纳叛，犯伊犁，永常师左次，上责其怯懦，罢内大臣、定西将军，以副都统衔为参赞。厄鲁特诸台吉有不从阿睦尔撒纳叛者，宰桑扎木参拿率数千人诣永常请附屯。永常疑其诈，挟宰桑为质，兼程却走，恐贼蹑其后，征策楞赴援，并檄阿敏道引还，同驻巴里坤。上命夺官逮京师，行至临潼，道卒。仍籍其家，戍其子拉林。

觉罗雅尔哈善，字蔚文，满洲正红旗人。雍正三年繙译举人，自内阁中书四迁，乾隆三年，授通政使。御史邱玖华疏论九卿议事不公，别疏请录用贤良祠大臣子孙。雅尔哈善劾玖华为原任侍郎励宗万门生，宗万祖杜讷为贤良祠大臣，玖华劾九卿议事不公，示刚正，实为起宗万地。上谓："录用贤良祠大臣子孙，不过虚衔微秩，视其材可用然后用之。岂有尝为侍郎获罪因贤良祠大臣子孙而辄起者？励宗万愚昧，计不出此。玖华所论九卿议事不公，切中时弊。诸臣见之，宜深自儆省。若迁怒建言者，是为不知耻！"命解雅尔哈善任。令庄亲王允禄、平郡王福彭会大学士以下严鞫，雅尔哈善言语得之右通政陈履平，因请皆夺官。上责王大臣议不当，命夺雅尔哈善官，履平下吏议。四年，特起四川龙安知府。五年，以忧去。六年，授江南松江知府，移苏州知府。九年，迁福建汀漳道。雅尔哈善在松江、苏州皆有声绩，其去，民思之。十三年，以福建按察使署江苏巡抚。上元民毁制钱，雅尔哈善论如律，复言数少乞原，上责其宽纵，命夺职留任。十五年，雅尔哈善议经征未完不及一分知县许惟枚等，皆劾罢。总督黄廷桂劾不当下吏议，当夺官，仍命留任。寻入为户部侍郎。十六年，复出为浙江巡抚。十九年，复入为户部侍郎，命军机处行走，旋授兵部侍郎。

二十年，师讨阿睦尔撒纳，授参赞大臣，出北路。二十一年，命改赴西路，令驻巴里坤办事。疏请徙布库努特降人于乌兰乌苏，与前降噶勒杂特人同牧。未几，绰罗斯汗噶勒藏多尔济叛，噶勒杂特人哈萨克锡喇等与为响应，回部降人莽噶里克亦从之。雅尔哈善擒其党并其子白和卓。十二月，上奖雅尔哈善实心治军事，加内大臣衔。和硕特降酋沙克都尔曼吉不与阿睦尔撒纳之乱，率所部徙巴里坤附城为牧地以居。噶勒藏多尔济巴雅尔之叛，上奇谕雅尔哈善，令密察沙克都尔曼吉踪迹。雅尔哈善方内疑，又以饷不时至，沙克都尔曼吉请粮不能给，乃使裨将阎相师将五百人入其垒，若迷途借宿者。夜大雪，相师吹笳，督兵袭其庐。沙克都尔曼吉惊起，其妻与相抱持，至死不释，其众四千余人歼焉。雅尔哈善疏报沙克都尔曼吉与绰罗斯叛党扎那噶尔布相通，戮以杜后患。又遣兵赴鲁克察克剿莽噶里克，上嘉其奋往。

二十二年春，定边右副将军兆惠自伊犂率师逐捕噶勒藏多尔济等，雅尔哈善遣侍卫图伦楚将八百人益兆惠军。提督傅魁师至盐池，遇莽噶里克率三十二人入塞探白和卓消息，傅魁执而杀之，雅尔哈善疏闻。上以莽噶里克为叛首，当谳定行诛，命逮傅魁送京师。兆惠师自济尔哈朗至特纳勒尔，为敌围，得图伦楚援乃解。寻召雅尔哈善还京师，调户部侍郎。四月，复授参赞大臣，令驻济尔哈朗。九月，擢兵部尚书。十二月，令移驻鲁克察克，总理屯田。

二十三年二月，命为靖逆将军，帅师讨霍集占。五月，师至库车，霍集占所属头人阿卜都克勒木城守。雅尔哈善督师合围，断其水草，城贼出战，屡败之。六月，败援贼于托木罗克。霍集占自将八千人，具最精巴拉乌枪，行阿克苏戈壁来援。雅尔哈善督兵战库车南，斩千余级。霍集占负伤入库车，获其纛。库车依冈为城，以柳枝、沙土密筑甚坚，炮攻不能入。提督马得胜策穴地入城，距城北一里为隧，已及城。雅尔哈善督之急，我兵夜秉烛入穴。城贼见火光，于城内为横沟，水入隧，我兵皆没。头人鄂对告雅尔哈善曰："库车食且尽，霍集占必出走。城西鄂根河水浅可涉，北山通戈壁走阿克苏。宜分兵屯此二隘，霍集占可擒也。"雅尔哈善以鄂对新降，不可信。越八日，霍集占乘夜引四百骑启西门，涉鄂根河遁。又数日，阿卜都克勒木复夜遁。余头人阿拉难尔等率老弱出城降。雅尔哈善杂讯城人，谓沙呢雅斯等五人为阿卜都克勒木死党，因杀之。

疏入，上闻不得霍集占，盛怒，夺雅尔哈善官。雅尔哈善劾副都统顺德讷疏纵，又劾马得胜失机。上曰："雅尔哈善始劾顺德讷，继劾马得胜，无一语引罪。不思身任元戎，指麾诸将者谁之责欤？此而不置之法，国宪安在？"命兆惠至军斩顺德讷以徇，逮雅尔哈善及得胜送京师。二十四年正月，逮至，命王公大臣会鞫，以雅尔哈善老师糜饷失机事，论斩，遂见法。后二日，并斩得胜。自雅尔哈善死，高宗知沙克都尔曼吉无叛状，赋诗尽其杀降。

富德，瓜尔佳氏，满洲正黄旗人，驻防吉林。乾隆初，自护军擢至三等侍卫。十三年，从经略大学士傅恒征金川，擒贼党阿扣，迁二等侍卫。师还，累迁副都统。二十年，师征准噶尔，命送绰罗斯台吉噶勒藏多尔济等赴军。擢参赞大臣，督西路台站。阿睦尔撒纳所属唐古忒部见阿睦尔撒纳入伊犂，谋遁去。二十一年，富德帅师至鄂塔穆和尔，遇唐古忒众千余营树林蒲苇中，击杀二十余人，追至色白口山内。贼据险分队抵御，夺隘六，斩获无算。唐古忒部遁伊犂，追至察罕鄂博，复遇哈萨克兵千人与唐古忒队合。富德奋勇冲击，斩百余级，夺回被掠集赛噶杂特三十余户，擒台吉恩克巴雅尔等四十余人。上奖富德奋

勉，授正黄旗蒙古都统。

二十二年，定边将军成衮扎布赴巴里坤，以富德为参赞大臣。定边右副将军兆惠疏报与成衮扎布分道进兵，命富德从兆惠行。阿睦尔撒纳还掠扎那噶尔布游牧，富德追剿，收复巴尔达穆特名鄂拓克。得叛酋巴雅尔踪迹，遂深入逐捕，夺隘五。至爱登苏，哈萨克汗阿布赉遣使降。阿睦尔撒纳逃入俄罗斯，寻死。叛酋哈萨克锡喇、布库察罕未获，命富德逐捕。二十三年，招右部哈萨克图里拜及塔什罕回人图尔占俱来降，遣使入觐。上以富德在军久，招抚西哈萨克有劳，予云骑尉世职。

是时雅尔哈善讨霍集占无功，兆惠代将，师锐进，被围，命富德为定边右副将军赴援。二十四年正月，军次呼尔璊，遇贼骑五千，转战五日四夜。会参赞大臣阿里衮送马至，分翼驰突，贼众大溃，杀巴尔图十五人、大伯克数十人、贼千余。酋布拉呢敦中枪伤剧，舁入城，旋遁喀什噶尔。兆惠解围出，以功封三等伯。师进次叶尔羌河岸，复战败贼，进封一等成勇伯。霍集占党侵扣闻，富德赴援，破贼。进攻叶尔羌，霍集占兄弟弃城遁，追败之于阿勒楚尔，又败之于伊西洱库尔淖尔，窜巴达克山。军从之，令擒献，巴达克山汗素勒坦沙献霍集占首。师还，进封一等靖远成勇侯，赐双眼孔雀翎，官其子侍卫，授领侍卫大臣。二十五年，复授御前大臣，图形紫光阁，命军机处行走。寻授理藩院尚书、正黄旗蒙古都统。副都统老格盗官驼事发，鞫实，言寄马富德牧厂，有牲畜数千。上以富德暴贵，安得有牧厂，命都统巴尔品勘验，旋奏富德家产拥赀至三万余。命和亲王掌会鞫，得富德出兵时留官马，索蒙古王公牲畜，并携缎、布、烟、茶牟利状，下狱，吏议当斩，上命改监候。二十八年，赦，授散秩大臣。三十三年，将军明瑞征缅甸死绥，参赞大臣额勒登额坐逗遛得罪。额勒登额亦吉林驻防，与富德有连，富德坐误举，罢散秩大臣，下狱，吏议当斩，上命入缓决。三十六年，赦，授三等侍卫。

三十八年，将军温福征金川，军溃木果木。发健锐火器两营益阿桂军，授富德头等侍卫，为领队大臣，从副将军明亮出南路。富德自真登、梅列旧卡进兵，克得布甲喇嘛寺、得里两面山梁、日寨、策尔丹色木诸隘，复进克僧格宗、马奈、绒布寨、卡卡角诸隘，授副都统，待缺。复进克沙锡理穆当噶尔碉卡、羊圈河桥。四十四年，请拨兵三千往宜喜助明亮，允之。攻噶咱普得娄，夺卡五；攻布咱尔尼山梁，夺沿河卡五；攻庚额特山梁，夺大碉三、卡八；攻噶咱普得窝，贼弃碉窜，追至马尔邦，乞降。富德从军二年，未能大有摧破，屡下诏敦责之，至是，命下部叙功。

金川平，阿桂劾富德滥赏，侵土兵盐菜银两弥不足，下桂林核实，复命袁守侗如川会阿桂具狱。富德密上清字疏评阿桂，上命槛送京师。廷讯，乃具服滥赏，并以银六铤入己；又受知府曾承谟馈金五十两，并劾副将广著，不待命即令其充兵，广著自戕死。清字疏复称"阿桂手持黄带，语不逊"，坐诬告大逆，例当斩，遂见法。

萨赖尔，蒙古正黄旗人。本厄鲁特头人，隶准噶尔台吉达什达瓦为宰桑。乾隆十五年，准噶尔内乱，萨赖尔率所属四十七户降，安置察哈尔。命入旗，授散秩大臣。准噶尔台吉喇嘛达尔扎请遣萨赖尔归，不许。授参赞大臣，出北路。十九年，乌梁海得木齐扎木参入边，萨赖尔以五百人御之，擒扎木参，而遣收凌、朔岱、讷库勒等十人还。事闻，授内大臣。既，遣还诸人来告宰桑雅尔都、得木齐阿茂海欲来归，乞驻牧乌兰固木、克木克木齐克。萨赖尔言雅尔都等亲至，许驻特斯河，否则驱之阿尔台山外；并请发厄鲁特兵听调。尚书舒赫德以为未便，上谕萨赖尔相机而行。命舒赫德会同萨赖尔及车凌等选台吉、宰桑可信任者将兵二百人，并令侍卫永柱会总管阿敏道选察哈尔八旗兵五百，交萨赖尔为招谕驱逐之用。

　　萨赖尔兵至卓克索，乌梁海宰桑雅尔都、车根、赤伦、察达克、图布慎、玛济岱各鄂拓克窜徙阿尔台山外。萨赖尔奏："乌梁海等已远遁，但贪恋故土，必仍回牧。彼时整兵速出，易于收服。请暂撤兵还。"允之。辉特台吉阿睦尔撒纳来降，命萨赖尔迎劳颁赏。旋偕喀尔喀贝子车木楚克扎布等以千八百人击雅尔都、车根、赤伦、察达克四宰桑于察罕乌苏，败之，获牛马无算。初，有扎哈沁宰桑库克新玛木特者犯卡伦，追之弗获，达青阿诱执之。上责其不武，令纵之去。玛木特移牧布拉罕托辉，不即降。道遇蒙古玛木特，被擒，絷之诺海克卜特勒。萨赖尔诇知之，自乌兰山后掩擒通玛木特，并护库克新玛木特送军营，安置其户畜于库卜克尔克勒。上嘉之，授子爵世袭，迁正白旗领侍卫内大臣。

　　时定议征达瓦齐，命萨赖尔为定边右副将军。二十年正月，率师偕参赞大臣鄂容安等出西路。师行，厄鲁特降者于途中肆劫。上戒鄂容安，以己意喻萨赖尔使自敛戢。阿睦尔撒纳请移牧乌里雅苏台，招辉特部众。上察其叵测，谕萨赖尔令防范，并促其进兵。萨赖尔等疏报扎哈沁得木齐巴哈曼集以三百余户，宰桑敦多克以千余户来降。复遣侍卫瑚集图招谕达瓦齐同族台吉噶勒藏多尔济，寻率台吉诺海奇齐等三十余人来降，诏封为绰罗斯汗。上谕奖萨赖尔，解所佩荷包以赐，并赐双眼孔雀翎。三月，萨赖尔与诸将和起、齐努浑自罗克伦督兵赴博罗塔拉，与北路班第等军合。疏言："招抚绰罗斯台吉衮布扎卜等，皆率所属来降，凡四千余户。叶尔羌、喀什噶尔和卓木献玉盘请降，令各回原牧；降人请与地耕牧，令往吐鲁番、莽阿里克处受地。阿睦尔撒纳属人二百余及额林哈毕尔噶穷夷八百余户，令附扎哈沁宰桑，有牲畜者，畀籽种，令其耕牧。并自罗克伦启行，驰檄达瓦齐，晓谕利害。"上奖其筹画妥协，以御用宝石朝珠赐之。

　　萨赖尔兵至登努勒台，将军班第等亦至尼楚衮，两军合。达瓦齐居伊犁河西格登，不设备。五月，西路军自固勒扎渡口越推墨尔里克岭直抵格登，达瓦齐惊遁，未几就擒。伊犁平，诏封萨赖尔一等超勇公，赐宝石顶、四团龙服。六月，军还。征阿睦尔撒纳入觐，萨赖尔同班第、鄂容安驻守伊犁，留兵五百为卫。七月，阿睦尔撒纳谋叛，逗遛途中。班第等屡疏入告，萨赖尔亦以为言。上密谕诸

臣擒治，弗能决，阿睦尔撒纳遂遁。其徒克什木等为乱，班第、鄂容安死之，萨赖尔更衣降。十二月，萨赖尔遣使诣巴里坤办事大臣和起，以阿睦尔撒纳踪迹告，请发兵往击。和起以闻，上令将军策楞传谕慰劳，赉荷包、鼻烟壶，俟其至赐之。又命理藩院员外郎唐喀禄董其游牧。

　　二十一年正月，萨赖尔脱出，至吐鲁番。巴里坤参赞大臣达尔党阿率兵会之。萨赖尔疏请罪，上令驻特讷格尔，仍授定边右副将军。三月，策楞疏言："侍卫巴宁阿自伊犁归，言克什木之乱，将军班第等自固勒扎赴岭格斯御之。贼甫至，萨赖尔欲奔。鄂容安曰：'贼来当战，胡急走？'萨赖尔答言：'尔何知？'遂策马去，众从之。班第等仅余司员侍卫及卫卒六十人。夜贼至，班第等遂自杀。"上命逮萨赖尔入都，鞫实，以萨赖尔降人，贷其死，命锢之狱。班第等丧还，执克什木馘以祭，令萨赖尔观之。寻以叛党渐次就擒，释出狱。二十四年，授散秩大臣、镶白旗蒙古副都统、乾清门行走。旋擢内大臣，复封二等超勇伯。卒。图形紫光阁。

　　论曰：国重有世臣，然承平久，富贵宴安，恒不足任使；出任军旅，兵未接，将已内怯，几何不偾事耶？策楞辈拥兵玩寇，其病正坐此。雅尔哈善文墨吏，其杀降亦以内怯。富德族微，力战致通显，有功而不善居，卒以遘祸。萨赖尔反覆，迹甚著，独以降人蒙宽典，幸矣！

卷三百十五　　　　列传一百二

高天喜 郭实　三格　**和起**　**唐喀禄**
阿敏道　**满福**　**豆斌**　**端济布**
诺尔本

　　高天喜，甘肃西宁人。天喜本准噶尔人，雍正中为我师所俘。高氏抚为子，因从其族籍。从军，累擢保宁堡守备。乾隆二十二年，副将军兆惠击伊犁，天喜从参将迈斯汉赴援。遇噶勒杂特贼百余，击杀之，获其驼马。既，闻兆惠被困济尔哈朗，议驰救，迈斯汉怯不进。巴里坤办事大臣雅尔哈善以闻，上即夺迈斯汉官以命天喜。寻迁金塔协副将。再迁西宁镇总兵，授领队大臣。二十三年十月，师攻叶尔羌，兆惠议出间道袭取贼辎重，渡黑水。天喜督兵修桥渡师，未及半，贼大至。天喜闻兆惠陷贼阵，舍桥亟赴之，奋与贼战，与鄂实、三格、特通额俱没于阵。上赋诗惜之。谥果义，又赐其家白金千。

　　鄂实，西林觉罗氏，满洲镶蓝旗人，大学士鄂尔泰第二子。出为叔父鄂礼后。自荫生授三等侍卫。累迁本旗副都统、左翼前锋统领。兄鄂容安死阿睦尔撒纳之乱，鄂实请从军，授参赞大臣，佐定边将军成衮扎布，出西路。二十二年夏，成衮扎布令逐捕扎那噶尔布，鄂实以地险马疲，中道引还。上手诏诘责曰："若谓地险，贼何以能行？若谓马疲，贼马何独能壮健？"左授蓝翎侍卫。是冬，鄂

实逐扎哈沁贼，斩一百四十余级，获牲械。上谓："今当大雪，马力应疲乏，尚能剿贼。彼时鄂实为参赞大臣，有事但诿诸将军。兹以负罪，乃直前剿贼，朕知其隐矣。"累迁三等侍卫。死事，上令仍视前锋统领赐恤，谥果壮。

三格，栋鄂氏，满洲正白旗人。自诸生授蓝翎侍卫。累迁黑龙江副都统。命将索伦、巴尔呼兵三千，佐参赞大臣策楞出西路，为领队大臣。策楞以怯懦逮，三格亦坐夺官。旋复授正白旗蒙古副都统。攻呼尔璊台吉赛音伯勒克等，再战，掠其牧地，予三等轻车都尉世职。二十二年春，定边将军成衮扎布令逐捕扎那噶尔布，未得。秋，师至博罗和罗，遇叛党额林沁达瓦等百余户，三格与战。会布鲁古特台吉珲齐、呼尔璊台吉达瓦斩扎那噶尔布伪请降，并请招额林沁达瓦，三格信之，遽引师还，珲齐等旋遁去。坐夺官，并削世职，以兵伍自效。死事，上命仍视副都统赐恤，谥刚勇。

天喜、鄂实、三格并祀昭忠祠，予骑都尉兼云骑尉世职。回部平；图形紫光阁。特通额，策楞子也，附见《策楞传》。

和起，马佳氏，满洲镶蓝旗人。其先世阿音布，国初以军功授拜他喇布勒哈番世职。和起袭职，授盛京协领。累擢宁夏副都统。乾隆十九年，命与侍卫海福将千人佐定西将军永常讨达瓦齐，迁宁夏将军。永常劾和起兵不及额，而和起先疏言将九百人以往，留百人护辎重，上得永常疏，不之罪也。寻又命偕提督豆斌为巴里坤办事大臣，策楞代永常为定西将军，又劾和起送兵马迟误，当夺官，留任。旋复官，授钦差大臣关防，召诣京师谘军事。达什达瓦所属宰桑讷默库、曼集、乌达瑚们都等在军私还游牧，命和起严鞫得实，以降人请予宽典，上不许，命正军法。

二十一年十一月，辉特台吉巴雅尔叛，掠扎哈沁五百余户。定边右副将军兆惠令和起将索伦兵百人往按，橄吐鲁番伯克莽阿里克等集辟展，而噶勒杂特宰桑哈萨克锡喇、布鲁特台吉尼玛阴应巴雅尔，诡以兵五百会。和起望兵至，疑之。令莽阿里克诇之，给告曰："我兵也！"逾时，尼玛等操戈前，莽阿里克自后噪，贼众蜂集。和起所将兵仅百人，负重创，手刃数贼，股中枪，徒步转战，至夜力尽。和起垂死，命索伦侍卫努古德、彰金布突围出，以所戴孔雀翎为识报兆惠，遂死之。谥武烈，追封一等伯，以一等子世袭，祀贤良、昭忠二祠。二十三年，师还，获尼玛及其子槛送京师，命戮于和起墓前。子和隆武，自有传。

唐喀禄，他塔喇氏，蒙古正蓝旗人。自笔帖式再迁理藩院员外郎。乾隆十九年，赐副都统衔，命赴北路军董理新降辉特台吉阿睦尔撒纳、班珠尔等游牧地。唐喀禄疏言："班珠尔所属多老稚不能耕，虑饥馁。"上以距耕时尚远，责其琐屑，命撤还。扎萨克林丕勒多尔济初命同董理游牧，将军别有指挥，唐喀禄疏请留。上责其不当，左迁理藩院笔帖式。寻复授员外郎，命送济隆呼图克图自巴林赴伊犁，董理定边右副将军萨喇尔游牧。复赐副都统衔，授领队大臣，将驻防扎布堪兵千人，从定边右副将军哈达哈赴哈萨克，逐捕阿睦尔撒纳。贼渠固尔班和卓遁入乌梁海，唐喀禄报哈达哈督兵擒之，赐孔雀翎。阿睦尔撒纳令其徒达瓦藏布入掠，唐喀禄令索伦总管鄂博什将五百人御之，降其众三百。寻命屯科布多。授理藩院侍郎、镶蓝旗蒙古副都统。

唐喀禄行按诸部，辉特降人屯扎克赛，每自相劫夺，请移屯呼伦贝尔、齐齐哈尔诸地；喀尔喀俘获扎哈沁、特楞古特、奇尔吉斯、乌尔罕济兰诸部人万余，请以扎哈沁人移驻卡伦内；特楞古特、奇尔吉斯、乌尔罕济兰人给东三省兵丁为奴；杜尔伯特游牧请移乌兰固木：上并从其请。师出西路击哈萨克锡喇，命唐喀禄将额尔齐斯为声援。阿睦尔撒纳败走，唐喀禄诇知杜尔伯特贝勒巴图博罗特、台吉阿喇善等潜与相结；遣兵攻之辉巴朗山，擒阿喇善等，并戮乌梁海五十余户，遂赴塔尔巴哈台逐捕阿睦尔撒纳及哈萨克锡喇，赐御用荷包、鼻烟壶。师至塔尔巴哈台，粮罄马乏，唐喀禄引师退，疏言遵旨撤兵，上怒，左授蓝领侍卫，佐定边左副将军纳穆扎尔出北路。降人和硕齐，上擢用至散秩大臣，至是令护哈萨克来使入边，上命纳穆扎尔遣唐喀禄将二百人迎之。阿睦尔撒纳窜俄罗斯，上命唐喀禄偕和硕齐驻额尔齐斯侦御。

二十三年三月，土尔扈特舍棱等谋走俄罗斯，上命偕和硕齐逐捕。四月，师次布固图河，获舍棱弟劳章扎卜。劳章扎卜诡为兄乞降，唐喀禄未敢信，和硕齐遽纵之还。越日，舍棱诡约降，献酒，和硕齐饮之，邀唐喀禄过其营，贼噪而起。唐喀禄及侍卫富锡尔、穆伦保、佛尔庆额力战，均遇害，和硕齐更衣降。事闻，赐骑都尉世职，祀昭忠祠。富锡尔、佛尔庆额，皆满洲镶黄旗人；穆伦保，满洲正白旗人：皆赐云骑尉世职。

阿敏道，图尔格期氏，蒙古镶红旗人，世居察哈尔。父阿吉斯，康熙间讨噶尔丹，以员外郎从军，中道粮匮，兵苦饥。阿吉斯言于众曰："我等官兵世受国恩，甘毙道路。誓竭力前进。"众皆诺。于是有取莫多之胜。圣祖嘉其能，予拖沙喇哈番世职。卒。

阿敏道，袭职，雍正初，累迁二等侍卫。九年，命将巴里呼兵百人自固尔班塞堪赴巴尔坤佐军，又命偕侍读学士查克丹调喀尔喀兵三千率之往。寻复偕护军统领费雅思哈赴乌尔辉音扎罕练兵。乾隆元年，准噶尔乞和，撤军，阿敏道还京，授镶蓝旗察哈尔总管。十九年，师收乌梁海，将察哈尔兵以从，加副都统衔。二十年，迁所获乌尔沁人等于齐拉罕。师定伊犁，定北将军班第奏以阿敏道督台站。是年，阿睦尔撒纳叛，班第陷贼。阿巴噶斯、哈丹附逆肆掠，台站中断。阿敏道辄督兵巡徼，使驿递恒得相续。会定西将军永常自木垒退驻乌尔图布拉克，撤阿敏道还。上夺永常官，以策楞代将。命阿敏道将精骑诣伊犁求班第消息。策楞不即遣，上诘责之。寻将千人捕阿巴噶斯、哈丹贼众。

二十一年，授镶蓝旗蒙古副都统。时回酋布拉呢敦、霍集占有异志，定边右副将军兆惠诇知之，遣阿敏道将索伦兵百、厄鲁特兵三千赴叶尔羌、喀什噶尔慰抚，且使致二渠。至库车，霍集占在焉，闭城拒我师。阿敏道斩游骑四十余，围之。城人诡言曰："厄鲁特吾仇，虑为害。撤还即纳降。"阿敏道遂命厄鲁特兵退，仅留索伦兵百。或虑有变，阿敏道曰："吾招抚回众，惟期于国有济，何暇他虑？"遂入，为霍集占所执。

二十二年，上谕诸将檄霍集占送阿敏道还，不从，谋加害。库车伯克呼岱巴尔以告，阿敏道谋脱归，不克，死之。二等男署察哈尔营总旺扎勒及诸裨将绷科、耨金吹、扎木苏七、巴克萨拾，并索伦兵百人，皆从死。事平，诸有功者图形紫光阁，阿敏道列后五十功臣，加世职为骑都尉兼一云骑尉，祀昭忠祠。旺扎勒加云骑尉，绷科等皆于云骑尉世职。

满福，瓜尔佳氏，满洲镶蓝旗人。自世管佐领累擢拉林副都统。乾隆二十二年，迁都统，驻巴里坤。命将吉林兵千人屯吐鲁番，寻授领队大臣。定边将军成衮扎布出珠勒都斯，令满福将三百人巡视阿勒辉至乌纳哈特十三台站，搜剿吗哈沁。沙拉斯、吗唬斯既降复叛，掠台站，上命满福自阿勒辉往剿，又令巴里坤办事大臣阿里衮帅师与会。阿里衮未至，满福师次肯色岭，与贼遇，击之，贼败走，伪遣人乞降，且言贼渠已就缚，请除道迎。满福信之，行次哈喇和落，径险林密，下临深沟。满福悟为贼所绐，急麾前队返。贼千余突自林中出，围我师。满福厉声督兵力战，被创坠沟，死之。上以满福虽为贼所愚，愍其捐躯，命如阵亡例议恤，谥武毅，祀昭忠祠，图形紫光阁。

豆斌，陕西固原人。初以马兵入提标，累迁肃州镇标中营守备。雍正间，从征准噶尔，力战受创，赐白金四百。迁川陕督标前营游击。准噶尔犯科舍图，率兵击走之。乾隆初，累迁提督，自广东移广西。疏言："各营鸟枪，旧式大小参差，坐卧倚伏，不能应手；又质薄易热，难收实用。请照陕西威字号缠丝枪式改制。"下两广总督议行。俄，调还固原。又命以提督衔领湖北宜昌镇总兵事。寻复历甘肃、安西提督。命讨准噶尔，帅将标兵出驻巴里坤，以输军马后时，下吏议。旋乞病，罢。

居月余，复授安西提督，仍令赴巴里坤兆惠师。师攻霍集占于库车，命斌将所部从，充领队大臣，徼巡鲁克察克、辟展、库车诸地驿路。兆惠被围黑水，斌从副将军富德自阿克苏兼程赴援。师次呼尔璊，霍集占以五千人迎战，我师分两翼，贼据高冈，斌率中军火器进攻。贼知我师马力乏，拥众相逼。阿里衮解马至，斌偕众将夹击，胁中创，仍力战，贼大败。创甚遂卒，谥壮节，祀昭忠祠，予骑都尉兼云骑尉。上制诗惜之。回部平，图形紫光阁。孙霱，袭世职，官至山东登州镇总兵。

端济布，瓜尔佳氏，满洲镶黄旗人。自前锋累迁头等侍卫、镶黄旗察哈尔总管。乾隆二十二年，上令选兵千佐定边将军兆惠出西路。自朱尔图斯赴玛纳斯，获得木齐鄂罗斯，并所部三百人、马驼牛羊二千余。扎哈沁头人巴哈曼集叛走，端济布偕侍卫奎玛岱追捕，至小卫和勒津，降所部二百户，又得掠台站贼札木布。师捕治厄鲁特头人噶尔藏多尔济、扎那噶尔布等，布鲁古特台吉珲齐、呼尔璊台吉达瓦斩扎那噶尔布，诣端济布军请降。端济布遽引师还，珲齐、达瓦复叛去。上惩端济布惟事姑息，命靖逆将军雅尔哈善按治。师至罗克伦孟古图岭，获噶尔藏多尔济宰桑罗卜札尼玛、得木齐敦多克，槛送巴里坤。上闻，命贷端济布罪。

扎哈沁得木齐哈勒拜等谋掠台站，参赞大臣哈宁阿檄端济布往捕，至玛纳斯，得间谍十余。渡河至美罗托山，贼遁，收其游牧牲畜。师围库车，端济布将吉林、厄鲁特兵以从。霍集占将三千人自赛里木来援，屯高阜。端济布偕侍卫顺德纳等奋击，斩二千余级。师攻叶尔羌，霍集占筑台城东北。端济布及侍卫诺尔本将右翼后队攻之，贼拒战，复斩二千余级。兆惠被围于黑水，端济布从定边左副将军富德赴援，十余战，至呼尔璊，与兆惠军会，赐三等轻车都尉世职，授镶红旗满洲副都统。

师逐贼，战于阿尔楚尔，再战于伊西洱库尔淖尔，端济布将二百人截贼逃路。侦山有贼寨，越岭攻之，被创，赐号塔什巴图鲁。师还，图形紫光阁，列前五十功臣。卒，赠都统，谥壮节，祀昭忠祠。谕以"端济布力战受伤，与阵亡者无异也"。

诺尔本，吴机格式氏，满洲正蓝旗人。以前锋从军。富德获宰桑乌巴什，遣诺尔本送兆惠军。道遇贼，力战，赐号克筹巴图鲁。师围库车，霍集占来援。诺尔本偕公衮楚克，侍卫齐凌札卜、齐努浑等击贼右翼，贼败走，逐之六十余里，至鄂根河口，斩获甚众；贼逃入苏巴什山，复偕齐努浑入山搜觅。温诏嘉焉。师攻叶尔羌，偕端济布战城东，败贼。师还，命在乾清门行走，赍银帛，赐骑都尉加一云骑尉世职，图形紫光阁。擢头等侍卫，从明瑞征缅甸，击贼被创。寻令将兵屯腾越。还京，擢围场总管，加副都统衔。卒。

论曰：高天喜骁勇善战，与鄂实、三格奋斗破阵，死事为最烈。和起等仓卒为贼陷，慷慨授命。斌与端济布以力战受创，得与战死者同其血食。旌勇励忠，当如是也。

卷三百十六　　列传一百三

瑚尔起　爱隆阿 弟巴灵阿　舒明
福禄　齐里克齐　阎相师　伊柱
努三 乌勒登

瑚尔起，瓜尔佳氏，满洲镶蓝旗人。自笔帖式累迁协领。乾隆十三年，从征金川。迁呼伦贝尔总管。二十年，从征准噶尔，加副都统衔。二十一年，从参赞大臣达尔党阿自珠尔都斯逐捕阿睦尔撒纳，诇知阿睦尔撒纳窜哈萨克，从定边左副将军哈达哈以师临之。哈萨克汗阿布赉拒战，击败之，斩百余级，得马二百余。获其头人，言阿睦尔撒纳方在泥雅斯图山，檄阿布赉擒献。杜尔默特贝勒巴图、伯罗特等潜通阿睦尔撒纳，瑚尔起与战辉巴朗山，执伯罗特，尽歼其部众，及阿睦尔撒纳所留乌梁海五十余户。

沙喇斯、玛呼斯既降复叛，掠台站，而布鲁古特台吉珲齐等戕察哈尔总管巴宁阿以叛。上命瑚尔起偕鄂实、三格副哈宁阿，将千人驻济尔哈朗、巴里坤适中地，捕珲齐及沙喇斯、玛呼斯部众。瑚尔起偕鄂实追剿扎哈沁逃贼，又偕副都统巴图济尔噶勒自呼斯坦至尼勒喀河，侦珲齐等百余户游牧，突击，执之。

寻从师自伊犁逐剿诸回部，至善塔斯巅，招降布鲁特头人图鲁启拜、鄂库及其部众，搜捕阿里玛图河逸贼。上以索伦兵从征久，召瑚尔起及副都统鄂博什率以还，瑚尔起等仍请从军。将军兆惠攻霍集占于叶尔羌，被围，定边右副将军富德檄瑚尔起及巴图济尔噶勒率索伦兵自伊拉里克赴援，以马驼未至，负粮械步行戈壁中。上奖谕，即授正白旗蒙古副都统。师至巴尔楚克，兆惠围已解，与富德军合。霍集占之徒阿卜都克勒木等侵和阗，攻哈拉哈什，侍卫齐凌扎卜请援，兆惠令瑚尔起与巴图济尔噶勒督兵赴援。齐凌扎卜驰告，夜行至伊立齐，贼闻兵至，引退。诇知贼骑七百余屯博尔齐，天大雾，瑚尔起督兵突击，贼溃走，退至皂洼勒河，斩百余级，收回人四千余户，和阗遂平。上赋《博罗行》纪事，赐瑚尔起云骑尉世职。

师自喀喇乌苏逐捕霍集占，至阿尔楚尔。贼设伏两山间，我军张两翼击之，贼败走三十里，负山而屯。瑚尔起等自山麓横冲入阵，师夹击，贼大败，越山遁，师从之，至伊西洱库尔淖尔。瑚尔起等为伏东山，侧击，贼复大败，霍集占窜入巴达克山。巴达克山汗素勒坦沙献霍集占首。瑚尔起将索伦兵还，赉银币，图形紫光阁，列前五十功臣。瑚尔起疏言："呼伦贝尔多水泉，可耕。请选塔里雅沁降回百户往耕。"上命瑚尔起以副都统为呼伦贝尔总管，董其事。移黑龙江副都统。从征缅甸，收猛拱、猛养诸地。卒于军。赐骑都尉，并前世职为一等轻车都尉，祀昭忠祠。

爱隆阿，觉尔察氏，满洲正黄旗人。自前锋侍卫累迁齐齐哈尔副都统。乾隆二十一年，授领队大臣，赴巴里坤军营。偕参赞大臣富德逐捕巴雅尔，至爱登苏，遇阿布赉部众突出，数与战，却之。自巴尔楚克至济尔哈朗望台站，逐贼沙喇博和什岭，遇都尔伯特纳木奇游牧，乞降，旋遁去，爱隆阿追及之，杀千余人，纳木奇逐纳款。师至察罕乌苏，收厄鲁特宰桑乌鲁木游牧百余户。师屯济尔哈朗，命爱隆阿驻守济尔哈朗、巴里坤适中地。寻从靖逆将军雅尔哈善讨霍集占。先是爱登苏之战，侍卫奇彻布战没，至是爱隆阿上言："前擒巴雅尔，夺还奇彻布尸，富德未及疏列。"定边将军兆惠疏言："爱隆阿原报所无，事后追论，显为争功，请严议。"诏原之。

师围库车，贼来援，爱隆阿等与战于戈壁，歼贼甚众。霍集占将五千人续至，爱隆阿等率吉林及索伦兵千骑逐贼至鄂根河侧，与战，迫贼入水，死者三千余人，拔其蠹，驿致京师。上为赋《回蠹行》，奖其能战。旋从将军兆惠至叶尔羌，与霍集占部众战，当左翼。兆惠被困，靖逆将军纳穆札尔赴援，爱隆阿将兵截喀什噶尔贼援路。徼巡台站，至托罕塔尔，遇贼，剿杀百余人。上授爱隆阿参赞大臣，令与定边右副将军富德援兆惠。爱隆阿战呼尔璊，再战叶尔羌河，遂与兆惠军合。寻引兵驻乌什，兼防喀什噶尔，予云骑尉世职。复从富德逐霍集占，战于伊西洱库尔淖尔。徼巡台站，值吗唬斯、宾巴等谋劫察罕乌苏台站，以兵追袭，斩获殆尽，进骑都尉世职。师还，授正白旗护军统领，兼镶白旗蒙古副都统。图形紫光阁，列前五十功臣。再进一等轻车都尉兼一云骑尉世职。授伊犁参赞大臣。卒。

弟巴灵阿，自亲军校累迁二等侍卫，授察哈尔总管。赐坤都尔巴图鲁名号，授领队大臣。在博罗齐搜捕厄鲁特部众，遇伏战死，赐云骑尉世职，图形紫光阁，列后五十功臣。

舒明，乌梁海济勒莫特氏，蒙古正黄旗人。自二等侍卫累迁都察院左副都御史、正黄旗护军统领。命赴北路军，为诸部降人董理游牧。旋授吏部侍郎。诇知降人讷默库戕台站侍卫，谋以所部叛，驰奏。敕参赞大臣阿兰泰往捕治，阿兰泰请益兵，上责其纷扰。讷默库就擒，上以舒明筹策得宜，而阿兰泰推诿迟误，夺阿兰泰三等男爵畀舒明。

舒明在边，诸部降人至者，为之拊循。噶勒杂特宰桑桑根敦降，上授佐领，使与丹毕游牧同处。都尔伯特台吉伯什阿噶什、乌巴什降，上授伯什阿噶什亲王、乌巴什贝子，游牧额尔齐斯。舒明为陈请留屯哈沁青吉勒。达什达瓦部降，编为三旗，移阿尔台；其续至者，使处扎哈沁旧游牧地。策凌乌巴什、巴图博罗特及达玛林等部众贫甚，疏请赈，上为发米六百石。上闻和托辉特青衮杂卜将叛，命舒明诇之。舒明言叛已著，命会将军成衮札布等捕治。授参赞大臣，成衮札布令将科布多兵二百以往。上命侍卫巴宁阿勒泰将三百人为舒明佐。旋命偕成衮札布驻乌里雅苏台。授理藩部侍郎。再迁绥远城将军，兼领归化城都统。

二十七年，卒。

子雅满泰，袭三等男。累迁正白旗蒙古副都统。坐事左授头等侍卫。与保泰同充驻藏大臣。廓尔喀侵后藏，与保泰同得罪，荷校被杖。复起至头等侍卫。卒。

福禄，旺察氏，蒙古正白旗人。自护军校累迁福建建宁镇总兵。内授正蓝旗蒙古副都统。外授直隶宣化、广东右翼诸镇总兵。又内移正红旗汉军副都统。乾隆二十三年，授参赞大臣，驻乌里雅苏台。旋命将索伦兵二千人赴巴里坤。时定边左副将军成衮扎布与参赞大臣阿桂会讨舍楞，福禄请具三月粮，自科布多输送，从之。至海拉尔，与御前侍卫敦察会师进。旋佐将军兆惠定霍集占，偕定边右副将军富德帅师次呼尔璊。霍集占以五千余人来犯，福禄偕领队大臣永庆率索伦、察哈尔兵击之，自巳至申，与贼战十余次，贼溃去。进次叶尔羌河岸，城贼突围出，富德与福禄等领中军自右进，追贼渡河，贼屡败。兆惠自叶尔羌出，至阿尔吉什，侦鄂斯璊方侵和阗，疏请富德、福禄帅师来应。上命福禄偕策布登扎布以兵堵霍集占窜俄罗斯路。旋命驻军和阗，于云骑尉世职。迁杭州将军。准噶尔平，图形紫光阁。上巡浙江，福禄督驻防兵肄武，制《阅武诗》奖之。调西安将军。授领侍卫内大臣。以老乞休。卒。

齐里克齐，蒙古镶黄旗人。初为额鲁特人，以地为氏。乾隆二十年，师征准噶尔，来降。准噶尔平，从定边将军兆惠击霍集占，战于霍尔果斯。霍集占败走，降头人图鲁启拜等，授蓝翎侍卫。护哈萨克使臣诣京师，迁三等侍卫。复从定边右副将军富德击霍集占，至色勒库尔，敌踞山以拒。齐里克齐偕前锋参领喀木齐布督健锐营兵自山阴攀登仰击，霍集占败遁。降所部二千余人，获军器、驼骡，赐布哈尔图鲁勇号。师还，命在乾清门行走，图形紫光阁。再迁头等侍卫，予云骑尉世职。三十二年，从将军明瑞征缅甸，遇贼于底麻，败之。赐副都统衔。召回京，再迁镶黄旗蒙古副都统。三十七年，师征金川，命督健锐营从参赞大臣阿桂出南路。授领队大臣，攻美诺，克之。金川平，师还，领健锐营。

嘉庆初，教匪起，送察哈尔马如湖北军，事竟即还。上以未请从军，诏诘责，夺官，削世职。寻授镶黄旗蒙古副都统。卒。

阎相师，字渭阳，陕西高台人。入伍。累迁安西前营游击。雅尔哈善谋诛厄鲁特人沙克都尔曼吉。天大雪，相师将五百人，伪为失道，求寄宿其垒。夜分，鸣笳骤起，杀沙克都尔曼吉，歼其部众四千余人。寻偕副将丑达将千人赴鲁克察克同额敏和卓逐回酋莽阿里克。录功，迁金塔寺营副将。屯田吐鲁番。擢甘肃肃州镇总兵，赐花翎。从雅尔哈善讨霍集占，授领队大臣。围库车，力战被创。师克阿克苏，以相师驻守。已，复随剿霍集占于叶尔羌。授安西提督，驻喀什噶尔。未几，改甘肃提督，移驻库车。上命屯田乌鲁木齐。凯旋，入觐，赉银币，图形紫光阁。

引疾罢，予食全俸。旋卒，赠太子太保，谥桓肃。

相师躯干伟伟，有至性。既贵，念亲不逮养，每食泣下。得俸与兄弟，不问出入。所居镇夷堡地万亩，为浚渠灌溉，数百家利赖之。

伊柱，萨克达氏，满洲正白旗人。父塔勒马善，雍正间，以副都统将归化城兵从征噶尔丹策凌。将军达尔济驻伯格尔，世宗命塔勒马善参赞军务。署前锋统领，逐贼至额得尔河源，驻军乌里雅苏台。乾隆初，权定边左副将军，召还。师复征准噶尔，命赴额尔齐斯屯田。二十一年，授北路参赞大臣。复召还，授护军统领。卒。

伊柱，自佐领再迁索伦总管。偕副都统济福、侍卫德尔森保赴喀尔喀车臣部捕盗，得遘贼。二十四年，从将军兆惠讨霍集占。霍集占之弃叶尔羌走也，副将军富德等逐之，至阿尔楚尔。贼设伏两山间，师分三队奋击，伊柱领右翼，战自辰至午，贼大溃。翌日，至巴达克山界伊西洱库尔淖尔，贼据险守。师分道进攻，树白纛，降贼万余。伊柱偕巴图济尔噶勒等堵山后策应。富德遣侍卫赛音第等谕巴达克山汗，使擒霍集占以献。伊柱驻兵卡伦为声援。瓦罕伯克率所部降。寻，巴达克山汗素勒坦沙函献霍集占首。回部平。伊柱将千人驻喀什噶尔，护诸降人屯田伊犁。师还，上御丰泽园宴劳，赐伊柱缎十二、白金五百。伊柱复出领屯田，为置台守望，疏渠灌溉，农隙督佃伐木作屋以居，上谕令加意开拓。迁镶蓝旗蒙古副都统。从将军明瑞征缅甸，击贼老官屯。卒于军，进三等轻车都尉世职。

努三，瓜尔佳氏，吉林满洲正黄旗人。自前锋再迁头等侍卫、御前行走。乾隆十一年，四川总督庆复剿下瞻对头人班滚，命努三如庆复军。庆复疏报班滚焚死，罢兵。张广泗代庆复，言班滚现在。庆复坐得罪，努三罢御前行走。寻授镶白旗蒙古副都统、正蓝旗护军统领。十八年，师征准噶尔，命从湖广总督永常筹军事。旋帅师驻鄂尔坤。准噶尔宰桑玛木特阑入卡伦。授参赞大臣，命会将军成衮扎布逐捕。努三与参赞大臣萨赖尔、护军统领乌勒登合军，军不戢，杂取牲畜。努三获逃人特赫拜哈都，未闻上。乌勒登收乌梁海，纵逃人巴朗。上诘责努三、乌勒登，下定北将军班第等按治。努三、乌勒登自陈收牲畜匿以自私事始萨赖尔，上以萨赖尔新降，不知法度，责努三等不得以此诿过。寻谳上，坐失巴朗，罪当斩。诏录其前劳，恕死，留军，仍籍其家。

旋授蓝翎侍卫。再迁头等侍卫，命与左都御史何国宗赴伊犁，测天度，绘地图。送兵诣巴里坤，请回京。左授蓝翎侍卫，留巴里坤差遣。招抚巴尔达穆特各鄂拓克有劳，三迁镶蓝旗护军统领，督巴里坤屯田。兆惠被围黑水，努三从定边副将军富德往援，至呼尔璊，分两翼击贼，与兆惠军会，赐骑都尉世职。师还，赐银币。累迁领侍卫内大臣、正蓝旗满洲都统。卒，谥恪靖。

乌勒登，乌礼苏氏，满洲正白旗人。自前锋累迁镶黄旗蒙古副都统、护军统领。乾隆十三年，从征金川。经略大学士傅恒至军，令驻军马奈。十八年，师征准噶尔，授参赞大臣，驻乌里雅苏台。扎哈沁宰桑玛木特等阑入卡伦，乌勒登偕喀尔喀副都统策登扎卜将五百人，与参赞大臣努三分道捕治。参赞大臣萨赖尔收乌梁海，乌勒登自索郭克策应，俘获甚众。寻坐纵逃人巴朗，并与努三匿所获乌梁海牲畜，罪当斩，贷死从军。寻授头等侍卫，命选厄鲁特宰桑厄勒锥音等兵赴伊犁讨贼。加副都统衔，授领队大臣，进剿阿巴噶斯、哈丹等游牧。

阿睦尔撒纳窜哈萨克，定西将军策楞遣乌勒登将千人从参赞大臣玉保逐捕，玉保中道引还。乌勒登师至库陇癸岭，阿睦尔撒纳脱走。逮诣京师，廷鞫，言："初闻阿睦尔撒纳遁，请发兵速追之。策楞、玉保俱不允。后从玉保往，复请追击。玉保止发兵五十，至库陇癸岭，仅余二十人，驼复乏。阿睦尔撒纳于师行日已过岭窜哈萨克。"上以其言实，贷死，授三等侍卫，在乾清门行走。寻仍遣赴军。定边将军兆惠招降布勒特部头目图鲁启拜，令乌勒登自珠木罕至图固斯塔老宣诏，护降人入觐。擢头等侍卫，授参赞大臣。令捕玛哈沁，并截霍集占逃路。寻以捕玛哈沁不力，令在领队大臣上行走。师还，累迁镶黄旗蒙古都统、左翼前锋统领。卒。

谕曰：从兆惠、富德讨霍集占有功诸将校，若瑚尔起、爱隆阿歼敌塞旗，见于咏歌，厥绩懋焉。舒明逐叛扑降，以劳受爵。福禄、努三与呼尔璊之役，齐里克齐佐色勒库尔之战，相师助库车之围，伊柱收伊西洱之降，录功皆居最，抑亦其次也。

卷三百十七　　列传一百四

王无党　吴进义　谭行义<small>李勋</small>　
樊廷　武进升　<small>马负书</small>　**范毓馪**

王无党，直隶万全人。康熙五十一年武进士，授蓝翎侍卫。累迁广西梧州协副将。贵州台拱九股苗为乱，无党率师讨定之，擢左江镇总兵。九股苗复为乱，无党驰抵古州，分兵赴八寨督剿。经略张广泗檄无党分攻台拱大台雄，克之。平交上等三十余寨，擒其渠巴利，会收牛皮大箐。乾隆元年，署贵州提督。从广泗抚定上下九股诸苗从为乱者。二年，奏除。疏陈黔省急务，请筹积贮，筑城垣，整墩台塘房，禁掠卖人口，下部议行。定番州属姑卢寨苗恃险强肆，广泗与无党遣汉、土官兵三千余，分道毁寨搜箐，擒其渠老排，十余日而定，上褒其妥协。四年，陛见，赐孔雀翎。

六年，移湖广提督。黑峒苗为乱，大学士鄂尔泰以无党在贵州久，熟苗事，留使裁定乃上官。八年，上以湖广军政废弛，无党至官未有所整理，下诏诘责。十三年，坐提标兵救火攘衣物，兵部论无党徇庇，当夺官，命诣京师引见，左授湖南沅州协副将。迁云南楚姚镇总兵。内擢銮

仪使。复外授福建漳州镇总兵。迁浙江提督。以目疾乞罢。卒，谥壮悫。

吴进义，字子恒，陕西宁朔人。父圻，康熙二十七年一甲三名武进士，官至云南元江副将。进义入伍，从振武将军孙思克征噶尔丹，札署守备，发江南借补千总。累迁江南寿春镇总兵。擢江南提督。疏言："太湖界江、浙，渔船奸良难辨。请照海洋例巡哨，支河小汛，饬两省陆路兵巡查，则声势联络，奸宄敛迹。"有旨嘉奖。久之，移浙江，再移福建，复还浙江。时有伪为孙嘉淦疏稿语讦上，进义与浙闽总督喀尔吉善以闻。上令究所从来，语连提督廨胥吏，喀尔吉善劾进义隐讳，命解官听谳。进义力辨未尝隐讳，其幕客证进义已见稿。浙江巡抚雅尔哈善论进义当重辟，上愍其老，命贯罪。复以疏稿未得作伪主名，令江苏巡抚庄有恭会鞫。有恭疏陈进义实未见稿，浙江承审诸吏牵合附会。事下军机大臣覆讯，得实。上以进义无辜废斥，召来京，命以提督衔署直隶宣化镇总兵。未几，授古北口提督。进义请限操演火药，增设河屯协弓兵，皆允行。二十三年，加太子少保。二十七年，卒，年八十四，加太子太保，谥壮悫。

进义家世多武功，从祖坤，贵州永北总兵，尝征四川苗及金川有功。坤子开增，自武举官至浙江温州总兵。

谭行义，四川三台人。康熙时，以武举授陕西西宁卫千总。雍正初，从军平青海，再迁河南城守营参将。河东总督田文镜劾行义送陕西军马疲瘦，夺官，上令来京引见，召对称旨，赐编刻《上谕》、貂皮、香珠，复原官。再迁广东高雷廉总兵。总督鄂弥达檄行义将五千人协剿贵州乱苗，进击滚纵、高表诸寨。经略张广泗令赴援上江，攻乌婆、摆吊诸险要地，搜牛皮大箐，获其魁。历福建漳州、湖南镇筸诸镇。

乾隆四年，授广西提督，帅师会讨楚、粤乱苗。宜山县土蛮恃险劫掠，行义与总督马尔泰、署巡抚安图令游击杨刚讨之。破白土、丘索二村，执其渠，斩以徇。忻城土县外八堡有剧盗曰蓝明星，恃险焚劫。行义檄副将毕映捕治，明星遁入山，搜捕得之。有黄顺者，匿湖北、广东错壤处，谋为乱。贵州人黎阿兰与相应，散旗印，将起事。行义伺知之，督兵攻克贼巢，擒斩首从七十余，事乃定。柳州兵皆居草舍，患火。行义请发白金四千贷兵建瓦屋，分三年还帑，从之。又有李彩者，纠众聚迁江石版村谋犯县城，行义既捕治，请城北设汛。寻以擅发仓谷贷于兵，左授登州镇总兵。十一年，迁江南提督。十四年，移浙江提督。十六年，再移福建陆路提督。十八年，卒，谥恭悫。

李勋，贵州镇远人。入伍，稍迁守备。从征台拱九股生苗，广泗檄同剿吊吊、洞里、羊色诸地，搜牛皮大箐，勋亦在行间。累迁湖广提督。缅甸乱，移云南提督。疏请自普洱驰往孟艮捕治乱渠召散，上以其老，不胜瘴疠，命还普洱。勋已至孟艮，督总兵刘德成、华封等葺堡寨，防要隘，得召散兄猛养等。勋还，卒于途。加太子太保，谥庄毅。

樊廷，陕西武威人。初入伍，更姓名王刚。从征乌蒙、青海、西藏，积功累迁甘肃肃州镇总兵。自陈复姓名，改籍四川潼川县。准噶尔犯科舍图卡伦，盗驼马，其众二万余。廷率副将冶大雄等将二千人御之，转战七昼夜，与总兵张元佐等军合，杀贼无算，尽还所盗。时提督纪成斌护宁远大将军印，闻上，诏褒廷以寡敌众，忠勇冠军，赐白金万，一等轻车都尉世职。授陕西固原提督、都督佥事。入觐，请从军，命从署宁远大将军查郎阿出师屯南山。副将军张广泗侦贼伏乌尔图水，檄廷将千五百人自硷泉子进剿，至哈洮遇贼，夺据山梁，连败之。越噶顺抵鄂隆吉大坂，杀贼四百，擒三十六，收其粮械。

乾隆初，上从查郎阿请，发甘、凉诸镇兵五千人驻哈密，置总统提督，以授廷。廷至军，疏言：「乌尔克为极西第一要隘，兵出侦洮赖大坂北芦草沟、噶顺沟东乱山子及乌尔图水，夜辄有火光。守隘兵寡，请量增。」又疏言：「哈密兵在山南烟墩沟诸地牧驼马，请分山北防朵巡护。」皆用其议。在边二年，以病乞罢，命还固原治疾，遣医往诊。寻卒于哈密。遗疏论防边事甚切，上深悯之。命查郎阿经纪其丧，归葬凉州。赠都督同知，谥勇毅。

子经文，官至广东右翼总兵。经文子继祖，官湖北副将。继祖子从典，请改籍湖北恩施。从典子燮，官湖南永州镇总兵，同治中，坐事罢。

武进升，山西宁乡人，其后改籍江南江宁。初以张姓入伍。稍迁浙江温州镇标守备。雍正初，闽浙总督满保疏荐，引见，授三等侍卫，属怡亲王允祥。寻外授江宁游击。累迁福建陆路提督。言：「闽省不习骑射，加意督率，弓力渐增。马兵出马收马较前改观。」高宗谕以「如此方不负任使，然亦不可欲速，尤贵为之以实，要之以久」。进升与总督喀尔吉善忤，疏言：「喀尔吉善外似和平，心实刚愎。令臣密察水师提督张天骏营伍，臣辞以水师非所辖。督臣正言厉色，必令臣密察。及察知水师陋规，告之督臣，督臣置不问，反与天骏契合。臣察漳州营马值，总兵马负书为督臣旧部，巧为徇私。令臣无地自容。」又疏言喀尔吉善衰惫状，上斥进升支离狂率。喀尔吉善亦劾进升徇所属，纵兵行窃。因左授江南狼山镇总兵，进升疏谢，谕曰：「汝无他过，只好胜多事，故左授示薄惩。若不知改，或遂委靡，一切姑息，皆不可也。」居数月，擢江南提督，以老罢。再起，终浙江提督。卒，年八十余，谥良毅。

马负书，汉军镶黄旗人。乾隆元年一甲一名武进士，授头等侍卫。累迁福建漳州镇总兵。疏言：「漳州民好斗，有所谓『闯棍』，结党肆行，土豪养为牙爪，请严治之。」上下其章喀尔吉善，令体察惩治。历琼州、金门、台湾、狼山诸镇。署古北口提督，疏言：「兵习阵法，无济实用。应于秋冬收获后，择地成列，为仰攻旁击势。分合进退，以金鼓为节。常月教场演习，仍依营制。」得旨允行。授福建陆路提督。卒，谥昭毅。

范毓馪，山西介休人。范氏故巨富。康熙中，师征准噶尔，输米馈军，率以百二十金致一石。六十年，再出师，毓馪兄毓馥请以家财转饷，受运值视官运三之一。雍正间，师出西北二路，怡亲王允祥荐毓馪主饷，计谷多寡，程道路远近，以次受值，凡石米自十一两五钱至二十五两有差，累年运米百余万石。世宗特赐太仆寺卿衔，章服同二品。寇犯北路，失米十三万余石，毓馪斥私财补运，凡白金百四十四万。师既罢，米转运近地，户部按近值核销，故所受远值，责毓馥追缴，凡白金二百六十二万，复出私财采参，市铜供铸钱以偿。

毓馪以武举授卫千总，以驼佐军，擢守备。累迁直隶天津镇总兵。自河南河北镇移广东潮州，疏请令潮州营伍如河北例，兼习长枪、短棍、连接棍诸艺。世宗命与总兵鄂弥达、提督张溥酌榷。鄂弥达等上言：「广东山海交错，军械惟鸟枪最宜，次则弓箭、藤牌、挑刀、大炮。毓馪所议与广东不甚宜。」上匙鄂弥达等议，仍谕毓馪初至，当嘉其肯言。嘉应、潮阳遇飓，海岸决。毓馪以闻，命加意抚绥。乾隆初，署广东提督。故事，市舶至，诣海关纳税。或遇风未至所往地，中道暂泊，亦论税如例。毓馪虑民避屡税，遇风不敢泊，致倾覆，疏请商舟寄泊，非即地市易不征税，上命待审察。毓馪以忧归，服终，授直隶正定总兵。湖广总督阿尔赛请移任苗疆，上不允，谕以「毓馪富家子弟，谨慎无过。苗疆事重，不能胜也」。上巡五台，毓馪言兄毓馥子清注具羊千、马十备赏赉，上却之。寻以老罢。卒。

论曰：提镇虽专阃，然受制余督抚，所辖兵散处诸营汛，都试肄武，虚存其制耳。无党、进义皆能勤其官者，行义捕盗，廷屡从战，皆有劳。进升断断不欲旷其职。毓馪与其兄出私财助军兴，几倾其家而不悔，求诸往史，所未有也。

卷三百十八　　列传一百五

阿桂 子阿迪斯　阿必达

阿桂，字广庭，章佳氏。初为满洲正蓝旗人，以阿桂平回部驻伊犁治事有劳，改隶正白旗。父大学士阿克敦，自有传。

阿桂，乾隆三年举人。初以父荫授大理寺丞，累迁吏部员外郎，充军机处章京。十三年，从兵部尚书班第参金川军事。讷亲、张广泗以无功被罪，岳钟琪劾阿桂结张广泗蔽讷亲，逮问。十四年，上以阿克敦年老，无次子，治事勤勉；阿桂罪与贻误军事不同，特旨宥之。寻复官，擢江西按察使，召补内阁侍读学士。二十年，擢内阁学士。时方征准噶尔，命阿桂赴乌里雅苏台督台站。逾年，父殁还京。旋复遣赴军，授参赞大臣，命驻科布多，授镶红旗蒙古副都统。二十二年秋，授工部侍郎。辉特头人舍楞约降，唐喀禄以兵往会，为所袭，阿桂率兵策应，上嘉之，赐花翎。上命阿桂与策布登li布合军击舍楞，毋使逃入俄罗斯。阿桂言："得降贼，谓舍楞将逃土尔扈特；或不达，且复回准噶尔。邀之中路，可擒献。"上责其观望，召还京。是年准部平，复命赴西路，与副将军富德追捕余贼。

霍集占叛，二十四年，命赴霍斯库鲁克从富德进讨。八月，逐贼至阿勒楚尔，又至伊西洱库尔淖尔，回众降。霍集占走拔达克山。是年回部平。上以阿克苏新附，为回部要地，命阿桂驻军绥抚。二十五年，移驻伊犁。阿桂上言伊犁屯田、阿克苏调兵诸事。上嘉其勇往，命专司耕作营造，务使军士、回民皆乐于从事。时西域初定，地方万余里，伏莽尚众，与俄罗斯邻。上诏统兵诸大臣议，咸谓沙漠辽远，牲畜凋耗，难驻守。阿桂疏言："守边以驻兵为先，驻兵以军食为要。伊犁河以南海努克等处，水土沃衍，宜屯田。请增遣回民娴耕作者往屯；增派官兵驻防，协同耕种；次第建置城邑；预筹马驼，置台站；运沿边米赴伊犁；简各省流人娴工艺者，发备任使。"又奏定山川、土谷诸祀典，上用其议。阿桂造农器，督诸屯耕获，岁大丰。

二十六年，疏言："伊犁牧群蕃息，请停内地购马驼。增招叶尔羌、喀什噶尔、阿克苏、乌什回民诣伊犁，广屯田。"皆称旨。迭授内大臣、工部尚书、镶蓝旗汉军都统，仍驻伊犁。奏玛纳斯库尔、喀喇乌苏、晶河三地屯田，人授十五亩。二十七年，疏定约束章程，建绥定、安远二城，兵居、民房次第立，一如内地，数千里行旅晏然，予骑都尉世职。召还，赐紫禁城骑马，命军机处行走。调正红旗满洲都统，加太子太保。二十九年，命署伊犁将军。寻调署四川总督。时金川土司郎卡与绰斯甲布等九土司构衅，阿桂巡边，尽得郎卡狡狠怙恶状，并悉其山川形势，入奏。是冬，召还京。三十年，上南巡，命留京治事。

乌什回赖黑木图拉作乱，诏驰赴乌什与将军明瑞攻之，赖黑木图拉中矢死，众伯克复推额色木图拉抗我师，自三月至八月，攻城不下。明瑞军其北，阿桂军其南，作长围困之，绝其水道。贼粮尽，内讧，沙布勒者擒额色木图拉以献，乌什平。上责其迟延，示怯损威，部议夺官，命留任，驻雅尔城。旋复夺尚书，命还伊犁助明瑞治事。阿桂疏请移雅尔城于楚呼楚，从之。三十二年，授伊犁将军。请自楚呼楚至乌尔图布拉克设三台，以通雅尔，下部行。

缅甸扰边，总督刘藻、杨应琚先后得罪去，上命明瑞率师讨之，至猛育，粮尽，战没。大学士傅恒自请行，三十三年，以傅恒为经略，阿桂及阿里衮为副将军，仍授阿桂兵部尚书、云贵总督。三十四年，以明德为总督，令阿桂专治军事。阿桂请由铜壁关抵蛮暮，伐木造舟，俟经略至军，进攻老官屯，且言军粮不给。上以为畏怯，罢副将军，改授参赞大臣。九月，舟成，傅恒亦至，分三路进：傅恒出万仞关，由大金沙江西经猛拱、暮鲁至老官屯；阿里衮率舟师循江下；阿桂率蛮暮新舟出江会之，先伏兵甘立寨。缅人从猛戛来拒，寨兵出击，沉三舟，舟师噪应之，缅人大溃，歼其渠，遂与西岸军合。老官屯守御坚，军士多病瘴，阿里衮卒于军，复授阿桂副将军。傅恒亦病，上命班师，而缅酋懵驳亦惩甘立寨之败，遣使议受约束，乃召傅恒还。命阿桂留办善后，授礼部尚书。

三十五年，兼镶红旗汉军都统。命赴腾越待缅人入贡。遣都司苏尔相赍檄至老官屯，缅人拘之，索还木邦等三土司。疏入，上命罢尚书、都统，以内大臣留办副将军事。三十六年，疏请大举征缅，入觐陈机密。上手诏诘责，命夺官留军效力。是时金川酋郎卡已死，其子索诺木及小金川酋泽旺子僧格桑扰边，四川总督阿尔泰征之无功，上命阿桂随副将军、尚书温福进讨。十二月，署四川提督，克巴朗拉、达木、巴宗各寨。三十七年二月，克资哩山，进克阿喀木雅。松潘总兵宋元俊亦复革布什咱。两金川势日蹙，合谋抗我师。上命温福等三路进讨，阿桂出西路阿喀木雅攻喇卜楚克，克之，夺普尔玛寨，进逼美美卡。泽旺为子谢罪，索诺木亦代僧格桑请还侵地，上不许。时侍郎桂林代阿尔泰为总督，并领其众，至墨陇沟，失利，副将薛琮死之，阿尔泰劾罢桂林。上授阿桂参赞大臣，命赴南路接剿。僧格宗者，小金川门户也。甲木木山梁为僧格宗要径。阿桂乘贼怠，潜趋墨陇沟，夜半大雾，袭据之，进逼僧格宗，突入毁其碉，歼贼无算。上授温福定边将军，丰升额、阿桂俱授副将军，分道取美诺。阿桂克美都喇嘛寺，俯瞰美诺。僧格桑遁布朗郭宗，而温福亦克西路来会，进剿布朗郭宗。僧格桑送孥金川而遁底木达，求见父泽旺，泽旺不纳，渡河走金川。泽旺降，械送京师，小金川平。于是议讨金川，金川贼巢二：曰噶拉依，曰勒乌围。温福由功噶尔拉，阿桂由当噶尔拉，合攻噶拉依；丰升额由绰斯甲布径攻勒乌围。复授礼部尚书。

三十八年正月朔，冒大雪，进夺当功噶尔拉诸碉，而温福至木果木，索诺木诱降番叛袭军后，断登春粮道，我师溃，温福死之。小金川与美诺等相继陷。阿桂悉收降番械，毁碉寨，分置其人章谷、打箭炉，斩其桀骜者，亲殿军退驻达河。事闻，上怒甚，命发健锐、火器两营，黑龙江、吉林、伊犁额鲁特兵五千，授阿桂定西将军，明亮、丰升额副将军，舒常参赞大臣，整师再出。十月，攻下资哩。用番人木塔尔策，分师由中、南两路进，潜军登北山巅，遂取美诺，明亮等亦克僧格宗来会，凡七日，小金川平。

三十九年正月朔，阿桂抵布朗郭宗，人裹十日粮，分三队进，转战以前，克喇穆左右二山，赞巴拉克山、色依谷山。二月，克罗博瓦山，勒乌围门户也。贼退守喇穆山。部将海兰察从间道破色濮普寨，绕出山后，贼退守萨甲山岭。海兰察夺其峭壁大碉，诸寨夺气，同时下，乘胜临逊克尔宗。僧格桑死于金川，金川酋献其尸，而死守逊克尔宗。十月，阿桂用策先克默格尔山及凯立叶，于是日尔巴当噶诸碉反在我师后，遂悉平之。贼退守康萨尔山。时丰升额出北路，师至凯立叶，望见烟火，以师来会；而明亮出南路，阻于庚额山；阿桂令移军，冒雨破宜喜，与明亮军隔河相望。十一月，克格鲁克古丫口，金川东北之贼殆尽。

四十年正月，克康萨尔山梁。二月，克沿河斯莫思达寨。四月，克木思工噶克丫口。五月，克下巴木通及勒吉尔博山梁，进据得式梯，复克噶尔丹寺、噶明噶等寨。进攻巴占，屡攻不下。分兵从舍图柱卡绕击，牵贼势。七月，克昆色尔及果克多山，进克拉梏寺，薔则大海山梁，旋克章噶。八月，克隆斯得寨，遂克勒乌围。捷闻，上遣阿桂子阿必达赍红宝石顶赐之。九月，克当噶克底诸寨。十月，克达木噶。十一月，克西里山雅玛朋寨。十二月，克萨尔歪诸寨，进据噶占。四十一年正月，克玛尔古当噶碉寨五百余，遂围噶拉依。索诺木母先赴河西集余众，大兵合围，与其子绝，遂降。阿桂令作书招索诺木，而其头目降者相继，索诺木乃率众降。金川平，安置降番，设副将、同知分驻其地。诏封一等诚谋英勇公，进协办大学士、吏部尚书、军机处行走。四月，班师。上幸良乡城南行郊劳礼，赐御用鞍马。还京献俘，御紫光阁，行饮至礼，赐紫缰、四开禊袍。

初，阿桂左云南，缅甸遣使议入贡，械送京师下狱。至是诛索诺木母子头人，上命释缅使令观，译告以故，纵之归，冀以威武风动之。四十二年，署云贵总督图思德奏："懵驳已死，子赘角牙立，输诚纳贡，愿归中国人。请开关通市。"上以事重，当有重臣相度受成，命阿桂往莅。五月，授武英殿大学士，管理吏部，兼正红旗满洲都统。缅甸使不至，遣苏尔相等归，遂召阿桂还。未几，缅甸内乱。又十余年，国王孟陨具表祝上八旬圣寿，定十年一贡。南徼始安。

四十四年，河决仪封、兰阳，奉命往按。阿桂令开郭家庄引河，筑拦黄坝；又於下流王家庄，筑顺黄坝；蓄水势，逼溜直入引河。四十五年三月，堤工藏，还京。兼翰林院掌院学士。旋命勘浙江海塘，筑鱼鳞石塘、柴塘，及范公塘。四十六年，工成，命顺道勘清江陶庄河道高堰石工。

甘肃撒拉尔新教苏四十三与老教仇杀，戕官吏。总督勒尔谨捕教首马明心下狱，同教回民二千余夜济洮河犯兰州，噪索明心。布政使王廷赞诛明心，贼愈炽。上命阿桂视师，时阿桂犹在工。命和珅往督战，失利。贼据龙虎、华林诸山，道险隘。阿桂至，设围绝其水道，进攻之，贼大溃。歼苏四十三，余党奔华林寺，焚之，无一降者。甘肃冒赈事发，命按治，尽得大小官吏舞弊分赃状，谳定，疏请增设仓厫，广储粮石，以济民食。

秋，河决河南青龙冈，命自甘肃赴河南会河道总督李奉翰督塞河。故事，河决，当决处两端筑坝，渐近渐合，谓之"合龙"。十二月，两坝将合，副将李荣吉请水势盛，宜缓，阿桂督之急。既合，属吏入贺，荣吉独不至，召之，则对使者曰："为荣吉谢相公，坝不可恃，不敢离也。"越二日，果复决，阿桂驰视。荣吉已堕水，悬千金赏救之起，解御赐黑狐端罩覆之。因上疏自劾，请别简大臣董其役，上诏答，略曰："近年诸臣中能胜治河任者，舍阿桂岂复有人？惟当安心静镇，别求善策。"四十七年，奏请于下游疏引河，上游筑大堤，并于北岸建坝，迫溜南趋。四十八年，工始竟，诣热河行在，复命仍赴工次，审定章程。

浙江布政使盛住疏论总督陈辉祖籍王亶望家有所私，命阿桂如浙江按治。还，又命勘江南盐河水道，又命勘河南兰阳十二堡堤工，并于戴村建闸。四十九年，甘肃盐茶厅回民张阿浑据石峰堡以叛。上遣福康安、海兰察等讨之，复命阿桂视师。两月余，破堡，戮张阿浑等，加一等轻车都尉世职。又命督河南睢州堤工。五十年，举千叟宴，阿桂领班。又命勘河南睢州河工，并察洪泽湖、清口形势。五十一年，又命勘清口堤工，并如浙江按仓库亏缺，勘海塘；又命勘江南桃源、安东河决。再如浙江按治平阳知县黄梅重征，论如律。

五十二年，又命督塞睢州十三堡河决。时台湾民林爽文叛，上命福康安讨之，谘阿桂军事。阿桂疏论师当扼要害，分道并进，先谴诸罗道，廓清后路，自大甲溪进兵。谕曰："所见与朕略同，已谕福康安奉方略。"睢州工竟，又命勘江南临湖砖石堤工。五十三年，又命按湖北荆州水灾。请疏窖金洲以导水，修万城堤以护城。五十四年，命再勘荆州堤工。嘉庆元年，高宗内禅，阿桂奉册宝。再举千叟宴，仍领班，于是阿桂年八十矣，疏辞兵部。二年八月，卒，仁宗临其丧。赠太保，祀贤良祠，谥文成。

阿桂屡将大军，知人善任使。诸将有战绩，奖以数语，或赉酒食，其人辄感激效死终其身。临敌，夜对酒，深念得策，辄持酒以起，且必有所号令。定温福败，受命代将。一日日欲暮，率十数骑升高阜觇贼寨。贼望见，犷骑数百环阜上。阿桂令从骑皆下马，解衣裂悬林木，乃令上马徐下阜。贼迫阜，从落日中睹旂帜，疑我师众，方遣骑出侦，阿桂已还军矣。师薄噶拉依，索诺木约以明日降，城栅尽毁。日暮，诸将谒阿桂，谓："今日必生致索诺木，不然，虑有他。"阿桂不答，入帐卧。明旦，索诺木自缚诣帐下。阿桂谓诸将曰："诸君昨日语，盖虑索诺木他窜，或且死。我已得险要，窜安之？且能死，岂至今日？故吾以为无虑。"诸将皆谢服。及执政，尤识大体。康熙中，诸行省提镇以次即有空名坐粮，雍正八年著为例。乾隆四十七年诏补实额，别给养廉。阿桂疏言："国家经费骤加不觉其多，岁支则难为继。此新增之饷，岁近三百万，二十余年即需七千万。请除边省外，无庸概增。"上不从。是时帑藏盈溢，其后渐至虚匮。此其一端也。乾隆末，和珅势渐张，阿桂遇之不稍假借。不与同直庐，朝夕入直，必离立数十武。和珅就与语，漫应之，终不移一步。阿桂内念位将相，受恩遇无与比，乃坐视其乱政，徒以高宗春秋高，不敢遽言，遂未竟其志。

高宗图功臣于紫光阁，前后凡四举，列于前者亲为之赞。

定伊犁回部五十人：大学士傅恒，将军兆惠、班第、纳木札尔，副将军策布登扎布、富德、萨拉尔，大学士总督黄廷桂，参赞大臣亲王色布腾巴尔珠尔，贝子扎拉丰阿，郡王罗卜藏多尔济、额敏和卓，尚书舒赫德、阿里衮，总督鄂容安，侍郎明瑞、阿桂、三泰、鄂实，领队大臣内大臣博尔奔察，提督豆斌、高天喜，副都统端济布，护军统领爱隆阿，前锋统领玛瑺，副都统巴图济尔噶尔，散秩大臣齐凌扎布、噶布舒，郡王霍集斯，贝子鄂对，内大臣鄂齐尔，散秩大臣阿玉锡、达什策凌，副都统鄂博什、温布、由屯、三格，侍卫奇彻布、老格、达克、塔纳、萨穆坦、璊绰尔图、塔玛鼐、富锡尔、海兰察、富绅、扎奇图、阿尔丹察、五十保。

定金川五十人：将军阿桂，副将军丰升额、明亮，大学士舒赫德、于敏中，尚书福隆安，参赞大臣亲王色布腾巴尔珠尔，都统海兰察，护军统领额森特、舒常，领队大臣都统奎林、和隆武、福康安，副都统普尔普，荆州将军兴兆，参赞大臣提督哈国兴，领队大臣提督马彪、马全、书麟，副都统三保、乌什哈达、瑚尼尔图、珠尔格德、阿尔都、阿尔萨朗、舒亮、科玛、伊june保、佛伦泰、富兴、德赫布、莽喀察，总兵海禄、敖成、官达色、成德、钦保、曹顺、保宁、特成额、乌尔纳，总兵敦柱，侍卫额尔特、托尔托保、泰斐英阿、柏凌、达兰泰、萨尔吉岱，佐领特尔惇澈，副将兴奎。

定台湾二十人：大学士阿桂、和珅、王杰，协办大学士福康安，领侍卫内大臣海兰察，尚书福长安、董诰，总督李侍尧、孙士毅，巡抚徐嗣曾，成都将军鄂辉，护军统领舒亮、普尔普，提督蔡攀龙、梁朝柱、许世亨，总兵穆克登阿、张芝元、普吉保，散秩大臣穆塔尔。

定廓尔喀十五人：大学士福康安、阿桂、和珅、王杰、孙士毅，领侍卫内大臣海兰察，尚书福长安、董诰、庆桂、和琳，总督惠龄，护军统领台斐英阿、额勒登保，副都统阿满泰、成德。

功稍次者列于后，儒臣为之赞，惟阿桂与海兰察四次皆前列。阿桂定金川元功，定台湾首辅，皆第一；定廓尔喀以爵复第一，让于福康安。道光三年二月，宣宗命配飨太庙。子阿迪斯、阿必达。

阿迪斯，初以三等侍卫坐阿桂征缅甸无功，夺职，发遣广西右江镇。逾年赦复官。累迁兵部侍郎，袭一等公。复累迁成都将军。以川西盗发，逮问，发遣伊犁。赦归。卒。

阿必达，初名阿弥达，高宗命更名。阿桂得罪，夺蓝翎侍卫，发遣广东雷琼镇。赦归，复官。擢二等侍卫，命赴西宁祭告河神，探黄河真源，上命辑入《河源纪略》。累迁工部侍郎。卒。阿必达子那彦宝，官至成都将军；那彦成，自有传。

论曰：将者国之辅，智信仁勇，合群策群力治而用之，是之谓大将。由是道也，佐天子辨章国政，岂有二术哉？乾隆间，国军屡出，熊罴之士，因事而有功；然此诚布公，谋定而后动，负士民司命之重，固无如阿桂者。还领枢密，决疑定计，瞻言百里，非同时诸大臣所能及，岂不伟欤！

卷三百十九　　列传一百六

于敏中　和珅弟**和琳　苏凌阿**

于敏中，字叔子，江苏金坛人。乾隆三年一甲一名进士，授翰林院修撰。以文翰受高宗知，直懋勤殿，敕书

《华严》、《楞严》两经。累迁侍讲，典山西乡试，督山东、浙江学政。十五年，直上书房。累迁内阁学士。十八年，复督山东学政。擢兵部侍郎。二十一年，丁本生父忧，归宗持服。逾年，起署刑部侍郎。二十三年，嗣父枋殁，回籍治丧。未几，丁本生母忧，未以上闻。御史朱嵇疏劾敏中"两次亲丧，蒙混为一，恝然赴官"。并言："部臣与疆臣异，不宜夺情任事。"诏原之。寻实授。调户部，管钱法堂事。二十五年，命为军机大臣。敏中敏捷过人，承旨得上意。三十年，擢户部尚书。子齐贤，乡试未中式。诏以敏中久直内廷，仅一子年已及壮，加恩依尚书品级予荫生。又以敏中正室前卒，特封其妾张为淑人。三十三年，加太子太保。三十六年，协办大学士。

三十八年，晋文华殿大学士，兼户部尚书如故。时下诏征遗书，安徽学政朱筠请开局搜辑《永乐大典》中古书。大学士刘统勋谓非政要，欲寝其议。敏中善筠奏，与统勋力争，于是特开四库全书馆，命敏中为正总裁，主其事。又充国史馆、三通馆正总裁。屡典会试，命为上书房总师傅，兼翰林院掌院学士。

敏中为军机大臣久，颇接外吏，通声气。三十九年，内监高云从漏泄朱批道府记载，下廷臣鞫治。云从言敏中尝向询问记载，及云从地涉讼，尝乞敏中嘱托府尹蒋赐棨。上面诘，敏中引罪，诏切责之曰："内廷诸臣与内监交涉，一言及私，即当据实奏闻。朕方嘉其持正，重治若辈之罪，岂肯转瞻徇者？于敏中侍朕左右有年，岂尚不知朕而为此隐忍耶？于敏中日蒙召对，朕何所不言？何至转向内监探询消息？自川省用兵以来，敏中承旨有劳。大功告竣，朕欲如张廷玉例，领以世职。今事垂成，敏中乃有此事，是其福泽有限，不能受朕深恩，宁不痛自愧悔？免其治罪，严加议处。"部议革职，诏从宽留任。四十一年，金川平，诏嘉其劳勋，过失可原，仍列功臣，给一等轻车都尉，世袭罔替。四十四年，病喘，遣医视，赐人参。卒，优诏赐恤，祭葬如例，祀贤良祠，谥文襄。

子齐贤，前卒。孙德裕，袭世职，以主事用。敏中从侄时和，拥其赀回籍，德裕讼之。江苏巡抚吴坛察治，罪时和，戍伊犁。所侵夺者，还德裕三万两，余充金坛开河用。

苏松粮道章攀桂为敏中营造花园，事觉，褫攀桂职。敏中受地方官逢迎，以已卒置不论。既而浙江巡抚王亶望以贪败，上追咎敏中。五十一年，诏曰："朕几余咏物，有嘉靖年间器皿，念及严嵩专权炀蔽，以致国是日非，朝多秕政。取阅《严嵩传》，见其贿赂公行，生死予夺，潜窃威柄，实为前明奸佞之尤。本朝家法相承，纲纪整肃，太阿从不下移，本无大臣专权之事。原任大学士于敏中因任用日久，恩眷优优。无识之徒，心存依附，敏中亦遂时相招引，潜受苞苴。其时军机大臣中无老成更事之人，福康安年轻，未能历练，以致敏中声势略张。究之亦止侍直承旨，不特非前朝严嵩可比，并不能如康熙年间明珠、徐乾学、高士奇等；即宠眷亦尚不及鄂尔泰、张廷玉，安能于朕前窃弄威福，淆乱是非耶？朕因其宣力年久，身故仍加恩饰终，准入贤良祠。追四十六年甘肃捐监折收之事败

露，王亶望等侵欺贪黩，罪不容诛。因忆此事前经舒赫德奏请停止，于敏中于朕前力言甘肃捐监应开，部中免拨解之烦，闾阎有粜贩之利，一举两得，是以准行。讵知勒尔谨为王亶望所愚，通同一气，肥橐殃民。非于敏中为之主持，勒尔谨岂敢遽行奏请？王亶望岂敢肆无忌惮？于敏中拥有厚赀，必出王亶望等贿求酬谢。使于敏中尚在，朕必严加惩治。今不将其子孙治罪，已为从宽；贤良祠为国家风励有位盛典，岂可以不慎廉隅之人滥行列入？朕久有此心，因览《严嵩传》，触动鉴戒。恐无知之人，将以明世宗比朕，朕不受也。于敏中著撤出贤良祠，以昭儆戒。"六十年，国史馆进呈《敏中列传》，诏曰："于敏中简任纶扉，不自检束，既向宦寺交接，复与外省官吏贪缘舞弊。即此二节，实属辜恩，非大臣所应有。若仍令滥邀世职，何以示惩？其孙于德裕现官直隶知府，已属格外恩施，所袭轻车都尉世职即撤革，以为大臣营私玷职者戒。"

和珅，字致斋，钮祜禄氏，满洲正红旗人。少贫无藉，为文生员。乾隆三十四年，承袭三等轻车都尉。寻授三等侍卫，挑补黏杆处。四十年，直乾清门，擢御前侍卫，兼副都统。次年，遂授户部侍郎，命为军机大臣，兼内务府大臣，骎骎向用。又兼步军统领，充崇文门税务临督，总理行营事务。四十五年，命偕侍郎喀凝阿往云南按总督李侍尧贪私事。侍尧号才臣，帝所倚任。和珅至，鞫其仆，得侍尧婪索状，论重辟，奏云南吏治废弛，府州县多亏帑，亟宜清厘。上欲用和珅为总督，嫌于事出所按劾，乃以福康安代之。命回京，未至，擢户部尚书、议政大臣。及复命，面陈云南盐务、钱法、边事，多称上意，并允行。授御前大臣兼都统。赐婚其子丰绅殷德为和孝公主额驸，待年行婚礼。又授领侍卫内大臣，充四库全书馆正总裁，兼理藩院尚书事，宠任冠朝列矣。

四十六年，甘肃撒拉尔番回苏四十三等叛，逼兰州，额驸拉旺多尔济、领侍卫内大臣海兰察、护军额森特等率兵讨之。命和珅为钦差大臣，偕大学士阿桂往督师。阿桂有疾，促和珅兼程先进。至则海兰察等已击贼胜之，即督诸将分四路进兵，海兰察逼贼山梁，歼其伏。贼掘沟坎深数丈，并断小道，不能度。总兵图钦保阵亡。后数日，阿桂至，和珅委过诸将不听调遣。阿桂曰："是宜诛！"明日，同部署战事，阿桂所指挥，辄应如响。乃曰："诸将殊不见其慢，当谁诛？"和珅恚甚。上微察之，诏斥和珅匿图钦保死事不上闻，赴师迟延，而劾海兰察、额森特先战颠倒是非；又谓自阿桂至军，措置始有条理，一人足办贼，和珅在军事不归一，海兰察等久随阿桂，易节制，命和珅速回京。和珅用是衔阿桂，终身与之龃龉。寻兼署兵部尚书，管理户部三库。

四十七年，御史钱沣劾山东巡抚国泰、布政使于易简贪纵营私，命和珅偕都御史刘墉按鞫，沣从往。和珅阴祖国泰，既至，盘库，令抽视银数十封无缺，即起还行馆。沣请封库，明日尽发视库银，得借市银充抵状，国泰等罪皆鞫实。会加恩中外大臣，加太子太保，充经筵讲官。四十八年，赐双眼花翎，充国史馆正总裁、文渊阁提举阁事、

清字经馆总裁。甘肃石峰堡回匪平，以承旨论功，再予轻车都尉世职，并前职授一等男爵。调吏部尚书、协办大学士，管理户部如故。

五十一年，御史曹锡宝劾和珅家奴刘全奢僭，造屋逾制，帝察其欲劾和珅，不敢明言，故以家人为由。命王大臣会同都察院传问锡宝，使直陈和珅私弊，卒不能指实。和珅亦预使刘全毁屋更造，察勘不得直，锡宝因获谴。逾月，授和珅文华殿大学士。诏以其管崇文门监督已阅八年，大学士不宜兼权务，且锡宝劾其家人，未必不因此，遂罢其监督。部员湛露擢广信知府，上见其年幼，不胜方面，斥和珅滥保。又两广总督富勒浑纵容家人婪索，和珅请调回富勒浑，不兴大狱。京师米贵，和珅请禁囤积，逾五十石者交厂减粜，商民为之不便。廷臣迁就原议，上并切责之。五十三年，以台湾逆匪林爽文平，晋封三等忠襄伯，赐紫缰。五十五年，赐黄带、四开禊袍。上八旬万寿，命和珅偕尚书金简专司庆典事。内阁学士尹壮图疏论各省库藏空虚，上为动色，和珅请即命壮图往勘各省库，以侍郎庆成监之。庆成每至一省辄掣肘，待挪移既足，然后启椟，迄无亏绌，壮图以妄言坐黜。

五十六年，刻《石经》于辟雍，命为正总裁。时总裁八人，尚书彭元瑞独任校勘，敕编《石经考文提要》，事竣，元瑞被优赉。和珅嫉之，毁元瑞所编不善，且言非天子不考文。上曰："书为御定，何得目为私书耶？"和珅乃使人撰《考文提要举正》以攻之，冒为己作进上，尝《提要》不便士子，请销毁，上不许。馆臣疏请颁行，为和珅所阻，中止，复私使人磨碑字，凡从古者尽改之。

五十七年，廓尔喀平，予议叙，兼翰林院掌院学士。六十年，充殿试读卷官，教习庶吉士。时朝审停勾。情重者请旨裁定。和珅管理藩院，于蒙古重狱置未奏，镌级留任。又廷试武举发策，上命检《实录》。故事，《实录》不载武试策问，和珅率对不以实，诏斥护过饰非，革职留任。先是京察屡邀议叙，是年特停罢之。嘉庆二年，调管刑部。寻以军需报销，仍兼管户部。三年，教匪王三槐就擒，以襄赞功晋公爵。

和珅柄政久，善伺高宗意，因以弄窃作威福，不附己者，伺隙激上怒陷之；纳贿者则为周旋，或故缓其事，以俟上怒之霁。大僚恃为奥援，剥削其下以供所欲。盐政、河工素利薮，以征求无厌日益敝。川、楚匪乱，因激变而起，将帅多倚和珅，糜饷奢侈，久无功。阿桂以勋臣为首辅，素不相能，被其梗轧。入直治事，不与同止直庐。阿桂卒，益无顾忌，于军机寅谕独署己衔。同列稽璜年老，以逭数被斥责。王杰持正，恒与忤，亦不能制。朱珪旧为仁宗傅，在两广总督任，高宗欲召为大学士，和珅忌其进用，密取仁宗贺诗白高宗，指为市恩。高宗大怒，赖董诰谏免；寻以他事降珪安徽巡抚，屏不得内召。言官惟钱沣劾其党国泰得直，后论和珅与阿桂入直不同止直庐，奉命监察，以劳瘁死。曹锡宝、尹壮图皆获谴，无敢言其罪者。高宗虽遇事裁抑，和珅巧弥缝，不俊益恣。仁宗自在潜邸知其奸，及即位，以高宗春秋高，不欲遽发，仍优容之。

四年正月，高宗崩，给事中王念孙首劾其不法状，仁宗即以宣遗诏日传旨逮治，命王大臣会鞫，俱得实。诏宣布和珅罪状，略曰："朕于乾隆六十年九月初三日，蒙皇考册封皇太子，尚未宣布，和珅于初二日在朕前先递如意，以拥戴自居，大罪一。骑马直进圆明园左门，过正大光明殿，至寿山口，大罪二。乘椅桥入大内，肩舆直入神武门，大罪三。取出宫女子为次妻，大罪四。于各路军报任意压搁，有心欺蔽，大罪五。皇考圣躬不豫，和珅毫无忧戚，谈笑如常，大罪六。皇考力疾批答章奏，字迹间有未真，和珅辄谓不如撕去另拟，大罪七。兼管户部报销，竟将户部事务一人把持，变更成例，不许部臣参议，大罪八。上年奎舒奏循化、贵德二厅贼番肆劫青海，和珅驳回原摺，隐匿不办，大罪九。皇考升遐后，朕谕蒙古王公未出痘者不必来京，和珅擅令已，未出痘者俱不必来，大罪十。大学士苏凌阿重听衰迈，因与其弟和琳姻亲，隐匿不奏；侍郎吴省兰、李潢，太仆寺卿李光云在其家教读，保列卿阶，兼任学政，大罪十一。军机处记名人员任意撤去，大罪十二。所钞家产，楠木房屋僭侈逾制，仿照宁寿宫制度，园寓点缀与圆明园蓬岛、瑶台无异，大罪十三。蓟州坟茔设享殿，置隧道，居民称和陵，大罪十四。所藏珍珠手串二百余，多于大内数倍，大珠大于御用冠顶，大罪十五。宝石顶非所应用，乃有数十，整块大宝石不计其数，胜于大内，大罪十六。藏银、衣服数逾千万，大罪十七。夹墙藏金二万六千余两，私库藏金六千余两，地窖埋银三百余万两，大罪十八。通州、蓟州当铺、钱店赀本十余万，与民争利，大罪十九。家奴刘全家产至二十余万，并有大珍珠手串，大罪二十。"内外诸臣疏言和珅罪当以大逆论，上犹以和珅尝任首辅，不忍令肆市，赐自尽。

诸劾和珅者比于操、莽。直隶布政使吴熊光旧直军机，上因其入觐，问曰："人言和珅有异志，有诸？"熊光曰："凡怀不轨者，必收人心，和珅则满、汉几无归附者，即使中怀不轨，谁肯从之？"上曰："然则治之得无太急？"熊光曰："不速治其罪，无识之徒观望贪缘，别滋事端。发之速，是义之尽；收之速，是仁之至。"上既诛和珅，宣谕廷臣："凡为和珅荐举及奔走其门者，悉不深究，勉其悛改，咸与自新。"有言和珅家产尚有隐匿者，亦斥不问。和珅在位时，令奏事者副本送军机处；呈进方物，必先关白，擅自准驳，遇不全纳者悉入私家。步军统领巡捕营在和珅私宅供役者千余人，又令各部以年老平庸之员保送御史。至是，悉革其弊。吏、户两部成例为和珅所变更者，诸臣奏请次第修正。初，乾隆中命和珅改入正黄旗，及得罪，仍隶正红旗。

子丰绅殷德，尚固伦和孝公主，累擢都统兼护军统领、内务府大臣。和珅伏法，廷臣议夺爵职。诏以公主故，留袭伯爵。寻以籍没家产，正珠朝珠非臣下所应有，鞫家人，言和珅时于灯下悬挂，临镜自语。仁宗怒，褫丰绅殷德伯爵，仍袭旧职三等轻车都尉。嘉庆七年，川、楚、陕教匪平，推恩给民公品级，授散秩大臣。未几，公主府长史奎福讦丰绅殷德演习武艺，谋为不轨，欲害公主。廷臣会鞫，得诬告状。诏以丰绅殷德与公主素和睦，所作《青

蝇赋》，忧谗畏讥，无怨望违悖；惟坐国服内侍妾生女罪，褫公衔，罢职在家圈禁。十一年，授头等侍卫，擢副都统，赐伯爵衔。十五年，病，乞解任，赐公爵衔。寻卒。无子，以和琳子丰绅伊绵袭轻车都尉。

和珅伏法后越十五年，国史馆以列传上。仁宗以事迹疏略，高宗数加谴责，阙而未载，无信今传后，褫编修席煜职，特诏申戒焉。

弟和琳，自笔帖式累迁湖广道御史。劾湖北按察使李天培私交粮艘带运木植，鞫得两广总督福康安寄书索购状，帝嘉和琳伉直，下部议叙，由是遂见擢用。自吏部给事中超擢内阁学士，兼礼部侍郎衔。寻授兵部侍郎、正蓝旗汉军副都统。廓尔喀扰后藏，将军福康安剿，帝命和琳督办前藏以东台站乌拉等事。寻命与鄂辉更番照料粮饷，擢工部尚书。疏陈贼酋拉特纳巴都尔悔罪状，诏令福康安受降，偕和琳妥筹善后。未几，授镶白旗汉军都统。命偕孙士毅、惠龄核办察木多以西销算事，仍理藏务。乾隆五十八年，予云骑尉世职。五十九年，授四川总督。六十年，贵州苗石柳邓叛，扰正大、嗅脑、松桃，湖南苗吴半生、石三保应之，围永绥，帝命云贵总督福康安往剿。和琳时方入京，至卯州，松桃匪已阑入秀山境。和琳闻警驰往，督将领张志林、都司马瑜击走之；后复败贼晏农，进攻炮木山黄陂，通道松桃；赏双眼花翎。时福康安已解正大、嗅脑、松桃围，攻石柳邓于大塘汛，和琳率兵会之，遂命参赞军事；克虾蟆碉、乌龙岩，降七十余寨，封一等宣勇伯。复攻下岩碧山，赏上服貂褂。又以降吴半生功，赏黄带。龙角碉、鸭保、天星诸寨大捷，加太子太保，赏玄狐端罩。嘉庆元年，克结石冈、廖家冲、连峰坳诸隘，赏用紫缰。福康安卒，命和琳督办军务。时石三保已就获，石柳邓尚据平陇。夺尖云山炮台，复乾州，赏三眼花翎。八月，进围平陇，卒于军。晋赠一等公，谥忠壮，赐祭葬，命配飨太庙，祀昭忠、贤良等祠，准其家建专祠。四年，和珅诛，廷臣论和琳诸势邀功，上亦追咎其会剿苗匪，牵掣福康安，师无功，命撤出太庙，毁专祠，夺其子丰绅伊绵公爵，改袭三等轻车都尉。

苏凌阿，满洲正白旗人。乾隆六年繙译举人。自内阁中书累迁江西广饶九南道。左迁。五十年，自吏部员外郎超擢，历兵、工、户三部侍郎。迁户部尚书。出为两江总督。嘉庆二年，授东阁大学士，兼署刑部尚书。和珅诛，休致，守护裕陵。卒。

论曰：高宗英毅，大臣有过失，不稍假借。世传敏中以高云从事失上意，有疾，令休沐，遽赐陀罗尼经被，遂以不起闻。观罢祠之诏，至引严嵩为类，传闻有无未可知矣。和珅继用事，值高宗倦勤，怙宠贪恣，卒以是败。仁宗尝论唐代宗杀李辅国，谓："代宗为太子，不为辅国所谗者几希。及即帝位，正其罪而诛之，一狱吏已办。"盖即为和珅发也。

卷三百二十　　列传一百七

三宝　永贵　蔡新 程景伊　梁国治
英廉　彭元瑞　纪昀 陆锡熊　陆费墀

三宝，伊尔根觉罗氏，满洲正红旗人。乾隆四年繙译进士，授内阁中书。袭世管佐领。迁内阁侍读。出为湖北驿盐道。入补户部郎中。师征准噶尔，命赴北路董达什达瓦游牧。擢直隶布政使。二十六年，上幸热河，坐跸路不修，命以道衔驻哈密。二十九年，起四川布政使，更湖北、湖南、贵州诸省。三十七年，擢山西巡抚。明年，移浙江。四十二年，擢湖广总督。阅兵，衡州协副将海福、沅州协副将洪昌运皆衰老，三宝请以海福内授旗员，昌运令休致。上以偏护满洲，显分轩轾，拒不允。四十四年，授东阁大学士，兼礼部尚书，督湖广如故。

旋移闽浙总督。浙江海塘自老盐仓以上皆柴塘，上南巡，谕改筑石塘。三宝疏言：「时方大汛，未宜更动。当于柴塘内下桩筑石，而以柴塘为外护。」会上亦降旨令留柴塘为重关保障，与三宝议合。旋命入阁治事。巡抚王亶望以赃败，三宝坐未举劾，部议当夺职，上命留任。寻复令在上书房总师傅上行走。四十九年，扈跸热河，以疾还京师。卒，谥文敬。

三宝喜读宋诸儒书，大节不苟。为直隶布政使时，高宗幸热河，至密云，值大霖雨，水盛涨。上欲策骑乱流渡，三宝谏曰：「千金之子，坐不垂堂。今以万乘轻狎波涛，使御驷有失，臣等虽万殳，何可追悔？」上曰：「满洲旧俗宜亲习劳勩，顾不可耶？」三宝复曰：「上方奉太后乘舆同临幸，即上渡河安便，不识奉太后何所？」上动容，为之回辔。其为上书房总师傅，辑古今储贰事曰《春华日览》，授诸皇子，论者谓其得师保之体云。

永贵，字心斋，拜都氏，满洲正白旗人。父布兰泰，自云骑尉世职授理藩院员外郎。雍正间，为江西巡抚，治严刻，世宗召还京师面诘之，对曰：「臣治事从严，待上改正，俾恩出自上。」世宗不怿，夺职。寻复起，至古北口提督。卒，谥悫僖。

永贵，自笔帖式授户部主事。乾隆初，累迁郎中。出为湖南发沅永靖道。擢云南布政使。移浙江，署巡抚。前总督李卫领盐政，发帑收余盐，名曰「帑盐」；令求职任缉私，其制未善。永贵条上八事，俾文武互任其责，下部议行。居三年，命真除。温、台诸县旱，永贵令知府金洪铨治赈，不称职。永贵论劾，请休致。总督喀尔吉善再劾，上为夺洪铨职。御史范廷楷因劾永贵瞻徇，上难其代，命宽之。永贵请留本省及江苏漕八十万，借拨江苏等省米五十五万，又请开事例，补仓储。上责其张皇，既又闻永贵陈灾状有所讳饰，乃命夺职，赴北路军董理粮饷。居三年，赐按察使衔，署甘肃临洮道，仍赴巴里坤主饷。

二十一年，加副都统衔，兼参赞大臣。是岁冬，厄鲁特宰桑达什策凌等为乱，定边右副将军兆惠驻伊犁办贼。永贵既抵巴里坤，具以军事上闻，上嘉其奋勉，予三等轻车都尉世职，令从兆惠自额林沁毕尔罕进兵。命署西安巡抚，未之任，令赴鲁克察克屯田。二十三年，以侍郎衔留军，因授刑部侍郎，董屯田。乌鲁木齐、辟展、托克三、哈喇沙尔、昌吉、罗克伦皆驻兵营垦，秋获其谷三万五千八百余石。是时兆惠兵次叶尔羌，命永贵驻阿克苏主馈军。

二十四年，还至库车，布政使德舒为吗哈沁所戕。永贵与护军统领努三协歼逆众，回部平。移仓场侍郎。擢左都御史。二十六年，命赴克什噶尔办事。旋授礼部尚书、镶红旗汉军都统，仍驻克什噶尔。疏请疏沟渠，兴耕稼，议自赫色勒河东南浚渠四十余里，引水入赫色勒布伊，材托庸河湍急，宜增堤坝，凿山石，弱水势。召还京师。

三十年，乌什回人为乱，复命赴哈什哈尔。事平，移驻乌什。三十三年，署伊犁将军。移吏部，再移礼部。坐厄鲁特兵盗哈萨克马转诬哈萨克，办事大臣巴尔品断狱未得其实，永贵论劾，语有所掩饰。又以凉州、庄浪满州兵损马当偿，误扣热河兵饷，召还京师，命授左都御史，命不得用翎顶。旋移礼部尚书，得用顶带，仍不得戴翎。四十二年，命署大学士，题孝圣宪皇后神主。寻补吏部尚书，在阿哥总谙达处行走，赐花翎。初，山东民王伦为乱，给事中李漱芳陈奏饥民酿衅，坐妄言，左授礼部主事。及是，吏部请以漱芳升授员外郎。上责永贵市恩，削职夺花翎，令以三品顶带赴乌什办事。诏诘责甚至，且言：「永贵回乌什，如不实心任事，必在彼处正法。」先是叶尔羌办事大臣侍郎高朴役回民采玉，并婪取金珠，为诸伯克所讼。永贵如叶尔羌，讯得实，闻上。上为诛高朴，手诏嘉永贵持正，并谓：「永贵罪不至贬。今命西行，适以发高朴之奸，潜销祸萌，此天启朕衷也！」仍授吏部尚书，赐花翎。寻授参赞大臣。四十四年，召还京师，授镶蓝旗满洲都统。四十五年，协办大学士。四十八年，卒，谥文勤。

永贵端谨。初直军机处，与阿桂齐名，时称「二贵」。其抚浙江，有廉声。

子伊江阿，官至山东巡抚。高宗崩，伊江阿因奏事附书和珅劝节哀。和珅已下狱，仁宗得其书，诏诘责，夺职。既，又追论在山东日佞佛宽盗，命戍伊犁。寻授蓝翎侍卫、古城领队大臣。卒。

蔡新，字次明，福建漳浦人，赠尚书世远族子。乾隆元年进士，进庶吉士，授编修。入直上书房。试御史第一，辞，授侍讲。累迁工部侍郎，移刑部。十八年，以母老归省，赐其母貂缎；旋乞终养，允之。即家命为上书房总师傅，辞，高宗谕之曰：「非令汝即来供职，待后日耳。」二十五年，上五十寿，入京师祝嘏。二十六年，南巡，觐行在。母丧终，授刑部侍郎。三十二年，擢工部尚书。三十八年，移礼部。四十五年，命以吏部尚书协办大学士。

四十六年，乞假修墓。四十八年，还朝。拜文华殿大学士，兼吏部尚书。五十年，与千叟宴。上临雍讲学，新以大学士领国子监，讲《易》"天行健，君子以自强不息"，赐茶并文绮。

新操履端谨，言行必衷于礼法。上眷之厚，赋《临雍诗》，注谓："今群臣孰可当三老五更？独新长朕四岁，或可居兄事。然恐其局促勿敢当，举王导对晋元帝语以谢耳。"新上疏乞致仕，语切至，上许其归，加太子太师，三赋诗以饯。既归，上每制文，屡以寄新，且曰："在朝无可与言古文者。不可阿好徒称颂。"五十五年，上八十寿，诣京师祝嘏，赐宴同乐园，赐人参一斤。及归，命归途所经，有司具舟车护行。上仍以诗文寄新，谕将以验学诣，戒诗毋和韵。五十七年，重赴鹿鸣宴。六十年，上御极六十载，谕新不必入贺。新奏言上九旬万寿，冀再诣阙祝嘏。上谕之曰："览奏，字字出诚心，我君臣共勉之。若天恩得符所愿，佳话也！"嘉庆元年，新年九十，赐额曰"绿野恒春"，侑以诸珍物。四年，高宗崩，奔赴，至福州，病不能进。巡抚汪志伊以闻，温诏止其行。是冬，卒，赠太傅，谥文端。

新学以求仁为宗，以不动心为要。尝辑先儒操心、养心、存心、求放心诸语，曰《事心录》。直上书房四十二年，培养启迪，动必称儒先。高宗以新究心根柢，守世远家法，深敬礼之。既归，福建督抚坐贪黩、亏仓库得重谴，上责"新知而不言，自比寒蝉，无体国公忠之意"。新上疏请下吏议，卒以笃老宽之。嘉庆初，海盗方肆，新子本俊官京师，御史宋树疏言新家书及海盗事，不以闻。上为诘本俊，本俊言新不具疏令眷真入奏，上亦不之责，仍谕新毋畏。新家居谦慎，遇丞尉执礼必恭。或问之，曰："欲使乡人知位至宰相，亦必敬本籍官吏，庶心有所不敢，犯法者鲜耳。"著有《缉斋诗文集》。

程景伊，字聘三，江南武进人。乾隆四年进士，改庶吉士，授编修。再迁侍读学士，命在上书房行走。复三迁兵部侍郎。景伊致人书，言："承乏中枢，晨夕内廷多旷废。今秋未与木兰之役，稍得专心职业。"为上闻，责其耽逸，解上书房行走。历礼、工诸部。三十四年，擢工部尚书，历刑、吏诸部。三十八年，协办大学士。四十一年，上东巡回銮，驻跸黄新庄。景伊与在京王大臣迎驾，未召见即退班，命夺职，仍留任。四十四年，授文渊阁大学士。四十五年，上南巡，命景伊留京治事。上还京师，入对，以景伊病后衰弱，命安心调理，勿勉强行走。七月，卒，谥文恭。

梁国治，字阶平，浙江会稽人。乾隆十三年一甲一名进士，授修撰。迁国子监司业。充广东乡试正考官。复命，奏对称旨，命以道员发广东待缺。旋除惠嘉潮道，移署粮驿道。卓异引见，擢署左副都御史。迁吏部侍郎。广东总督杨廷璋等追论国治署粮驿道时失察家人舞弊，谳实，夺职。起授山西冀宁道。三迁湖北巡抚。三十四年，命署湖广总督，兼荆州将军。时湖北频岁水旱，治赈，缺仓谷四十八万余石。国治议发司库白金二十万，俟秋获易谷，来岁春夏间出粜，石溢银一钱。行之数年，仓谷得无缺。三十六年，移湖南巡抚。师征金川，治军械，造药弹，费不给。国治请以司库储备军兴白金十余万，照一年应扣各粮通行借给，仍分三年扣还归款。国治又以出征将弁，例军中升用，本营缺出，仍系照常拔补。循资按格者，转得坐致升迁；冒敌冲锋者，专待军营缺出，无以鼓励戎行。请嗣后本营缺出，与出征将弁一体论升。皆从其请。三十八年，召还京师，命在军机处行走，并直南书房。三十九年，授户部右侍郎。四十二年，迁尚书。四十七年，加太子少傅。四十八年，命协办大学士。五十年，晋授东阁大学士，兼户部尚书。五十一年，卒，加太子太保，谥文定。

国治父文标，官刑部司狱，恤囚有惠政。国治笃孝友，与兄孪生，兄蚤卒，终生不称寿，事嫂如母。治事敬慎缜密。生平无疾言遽色，然不可以私干。门下士有求入按察使幕主刑名者，戒之曰："心术不可不慎！"其人请改治钱谷，则曰："刑名不慎，不过杀一人，所杀必有数，且为人所共知。钱谷厉人，十倍刑名，当时不觉。近数十年，远或数百年，流毒至于无穷，且未有已！"卒不许。著有《敬思堂集》。

英廉，字计六，冯氏，内务府汉军镶黄旗人。雍正十年举人。自笔帖式授内务府主事。乾隆初，命往江南河工学习，补淮安府外河同知。累迁永定河道。河决，总督方观承劾英廉淤沟镶埽，冲陷水上月堤，匿不以闻，遂误要工。夺职，逮治，英廉抗辨。逾年谳未决，观承请遣大臣莅其事。上命尚书舒赫德会鞫，言英廉申报不以实，且未将淤沟先事预防，堵筑经费，当责出私财以偿。上谕言："英廉上官未及两月，淤沟失防，咎实在前政。然观承以总督劾属吏，不敢率意入罪，谳逾年未定，请遣大臣莅其事。是其心有所警畏，亦朕明慎庶政之效。仍从其请。"未几，命在高梁桥迤西稻田厂效力。寻复自笔帖式授内务府主事。累迁内务府正黄旗护军统领。外授江宁布政使，兼织造。英廉以父老，乞留京师，赐二品衔，授内务府大臣、户部侍郎。

三十四年，征缅甸，师行，命与尚书托庸等董其事。迁刑部尚书，仍兼户部侍郎、正黄旗满洲都统。三十九年，侍郎高朴劾左都御史观保、侍郎申保、倪承宽、吴坛交内监高云从，泄道府记载。上问英廉，英廉谢不知。诏诘责，命夺职，从宽留任。京师商人投呈皇六子，有所陈请，事下内务府。上召内务府诸大臣，问："收呈者谁也？"英廉、金简皆谢不知。迈拉逊乃言"六阿哥收呈"。上责英廉、金简隐讳，下部议，命宽之，仍注册。

四十二年，协办大学士。四十四年，暂署直隶总督。四十五年，大学士于敏中卒，上以英廉本汉军，协办有年，特授汉大学士。汉军授汉大学士自英廉始。寻授东阁大学士，仍领户部。四十六年，复署直隶总督，疏请清州县亏帑。四十七年，加太子太保。复署直隶总督。直隶治灾，疏请以截存漕米补各仓储谷，又疏请豁未完耗羡三万余两，皆从其请。寻以病乞罢，命以大学士还京师养疴。卒，赐白金五千治丧，祀贤良祠，谥文肃。

彭元瑞，字芸楣，江西南昌人。乾隆二十二年进士，改庶吉士。散馆授编修，直懋勤殿。大考，以内直不与。迁侍讲。擢詹事府少詹事。直南书房。迁侍郎，历工、户、兵、吏诸部。高宗六十寿，次《圣教序》为赞以进，上嘉之。上制《全韵诗》，元瑞重次周兴嗣《千字文》为跋。上手诏奖谕，称为"异想逸材"，赐貂裘、砚、墨。敕撰宁寿宫、皇极殿镫联，称旨，赐以诗。辟雍成，释奠讲学，又继以耕耤。上《三大礼赋》。擢尚书，历礼、兵、吏三部。五十五年，上八十寿，以岁阳在庚，进《八庚全韵诗》。上以庚韵字数奇，易首句用韵去一联，末句乃谐律，亲为裁定。寻加太子少保、协办大学士。五十六年，以从孙冒入官，御史初彭龄论劾，左授礼部侍郎，命仍直南书房。寻复授工部尚书。嘉庆四年，高宗奉安礼成，元瑞撰祝文，仁宗嘉其得体，加太子太保。元瑞子翼蒙，官江南盐巡道，坐事免，元瑞自劾，又坐误举编修缪晋，下吏议，上皆宽之。修《高宗实录》，命充总裁。八年，以疾乞罢，慰留，久之乃许。命仍领《实录》总裁。旋卒，赠协办大学士，谥文勤。

元瑞以文学被知遇。内廷著录藏书及书画、彝鼎，辑《秘殿珠林》、《石渠宝笈》、《西清古鉴》、《宁寿鉴古》、《天禄琳琅》诸书，元瑞无役不与。和章献颂，屡荷褒嘉。所著有《经进稿》、《知圣道斋跋尾》诸书。《高宗实录》成，推恩赐祭，并祀贤良祠，官翼蒙员外郎。

纪昀，字晓岚，直隶献县人。乾隆十九年进士，改庶吉士。散馆授编修。再迁左春坊左庶子。京察，授贵州都匀府知府。高宗以昀学问优，加四品衔，留庶子。寻擢翰林院侍读学士。前两淮盐运使卢见曾得罪，昀为姻家，漏言夺职，戍乌鲁木齐。释还，上幸热河，迎銮密云。试诗，以土尔扈特全部归顺为题，称旨，复授编修。三十八年，开四库全书馆，大学士刘统勋举昀及郎中陆锡熊为总纂。从《永乐大典》中搜辑散逸，尽读诸行省所进书，论次为《提要》上之，擢侍读。上复命辑《简明书目》。坐子汝传积逋被讼，下吏议，上宽之。旋迁翰林院侍读学士。建文渊阁藏书，命充直阁事。累迁兵部侍郎。《四库全书》成，表上。上曰："表必出昀手！"命加赉。迁左都御史。再迁礼部尚书。复为左都御史。畿辅灾，饥民多就食京师。故事，五城设饭厂，自十月至三月。昀疏请自六月中旬始，厂日煮米三石，十月加煮米二石，仍以三月止，从之。复迁礼部尚书，仍署左都御史。疏请乡会试《春秋》罢胡安国传，以《左传》本事为文，参用《公》、《谷》，从之。嘉庆元年，移兵部尚书。复移左都御史。二年，复迁礼部尚书。疏请妇女遇强暴，虽受污，仍量予旌表。十年，协办大学士，加太子少保。卒，赐白金五百治丧，谥文达。

昀学问渊通。撰《四库全书提要》，进退百家，钩深摘隐，各得其要指，始终条理，蔚为巨观。惩明季讲学之习，宋五子书功令所重，不敢显立异同；而于南宋以后诸儒，深文诋諆，不无门户出入之见云。

陆锡熊，字健男，江苏上海人。乾隆二十六年进士。召试，授内阁中书。累迁刑部郎中。与昀同司总纂，旋并授翰林院侍读。五迁左副都御史。旋以书有讹谬，令重为校正，写官所费，责锡熊与昀分任。又令诣奉天校正文溯阁藏书，卒于奉天。

陆费墀，字丹叔，浙江桐乡人。陆费为复姓。墀，乾隆三十一年进士，改庶吉士，授编修。充四库全书馆总校，用昀、锡熊例，擢侍读。累迁礼部侍郎。书有讹谬，上谓昀、锡熊、墀专司其事，而墀咎尤重。文澜、文汇、文宗三阁书面叶木匣，责墀出资装治。仍下吏议，夺职。旋卒。上命籍墀家，留千金赡其孥，余充三阁装治之用。

论曰：乾隆中年后，多以武功致台鼎。若三宝、永贵、国治、英廉，皆先陟外台，扬历著声绩。国治直枢廷十余年，先后与于敏中、和珅未尝有所阿。新、元瑞、昀起侍从，文学负时望。新谨厚承世远之教。昀校定《四库书》，成一代文治，允哉，称其位矣！

卷三百二十一　　列传一百八

裘曰修　吴绍诗 子垣　坦　阎循琦
　王际华　曹秀先　周煌 子兴岱
曹文埴　杜玉林　王士棻　金简 子缊布

裘曰修，字叔度，江西新建人。乾隆四年进士，改庶吉士。自编修五迁至侍郎，历兵、吏、户诸部。胡中藻以赋诗讪上罪殊死，事未发，曰修漏言于乡人。上诘曰修，不敢承，逮所与言者质实，上谓"曰修面欺"。二十年五月，下部议夺职，左授右中允。十二月，擢吏部侍郎。二十一年，令在军机处行走。师讨准噶尔，命如巴里坤董军储。二十二年，疏言："西陲回民数十部落，厄鲁特人介其中。当策妄阿喇布坦时恣杀掠，回民久切齿。请敕伯克额敏和卓，厄鲁特窜入境当擒戮，予赏赉，勿被煽生疑惧。"寻还京师。

河屡决山东、河南、安徽境，积水久不去。是岁上南巡莅视，既返跸，命曰修会山东、河南、安徽诸巡抚周行积水诸州县，画疏浚之策。曰修至安徽，偕巡抚高晋疏言："安徽宿、灵璧、虹三州县频年被水，上承河南虞城、夏邑、商丘、永城四县积水，下注毕汇于宿州。宿州有睢河、虹县有潼河，泗洲与宿迁、桃源接壤处有安河，皆境内水，与灵璧、虹县诸支港当次第疏浚，俾入洪泽湖。洪泽以清口为出路，上令去草坝使畅流，江南之民，仰颂圣明。宜令每岁应期开放。"

曰修至河南，偕巡抚胡宝瑔疏陈："黄河南岸，自荥泽以下诸水，东入睢，东南入淮，皆浅阻不能宣泄。东流干河，在商丘为丰乐河，在夏邑为响河，在永城为巴河，实即一水，次则贾鲁河，又次则惠济河、涡河，皆当疏浚。自永城至汝宁府支河当施工者凡十二，导积水自支河入于干河。其不能达者，或多作沟渠，或渟为薮泽，潢污野潦，有所约束而不为民害。"

曰修至山东，偕巡抚鹤年疏请培馆陶、临清滨运河诸州县民埝，官给夫米，令实力修补。复偕巡抚蒋洲疏言："山东当疏浚诸水，以兖州为要，曹州次之。兖州宜治者九水，曹州西南境当浚顺堤河，东北境当于八里庙建坝，俾沙河、赵王河水入运，赖以节宣。"曰修诸议皆称上意，命及时修筑。

曰修复至安徽，议浚颍州府境与河南连界者六水，在府境者四水，加疏宿州境睢河，并宽留清口坝口门。上奖所议甚合机宜。还河南，诸干河工竣，以绩浚商丘、遂平、上蔡、新蔡诸支河凡五水，并筑诸堤堰。调户部侍郎。二十三年，诸水毕治，御制诗褒之。疏言："诸行省偏灾，米豆例免税。但以免税故，稽查繁冗。欲通商而商反以为累，却顾不前。请如常收税。"下九卿议行。京师平粜，曰修言粜价过减，适令商家乘机居积，请石减百钱，数日后市价稍平，以次渐减。会天津民讼盐商牛兆泰，兆泰与曰修有连，曰修尝寄书，上命不必在军机处行走。二十五年，授仓场侍郎。

二十六年，河决杨桥，命如河南勘灾赈，并议疏泄。曰修请广设粥厂，饥民便就食；量增料价，料易集，工可速蒇：上皆可其奏。上遣大学士刘统勋、兆惠督塞河。曰修勘下游，疏言："黄水悉入贾鲁、惠济二河，二河倘不能容，为患滋大。宜察堤埝为河水所从入，悉地御，俾中流不至复决。"曰修还杨桥，疏言河流逼北岸，当挽行中道；又请培补沁水堤，并赈流民：得旨嘉允。曰修子编修麟，卒于京师。上念曰修所领事将竟，有子丧、母老，召还京师。工竣，上制《中州治河碑》，褒曰修及宝琮不惜工、不爱帑、不劳民、上源下流，以次就治。旋居母丧，归。

二十八年，上以直隶连年被水，曰修服将除，召来京督直隶水利，署吏部侍郎。河渠工毕，曰修请迎生母就养。上令会高晋筹浚睢河，曰修言当厚蓄清水以刷淤泥，秋冬水弱，南北筑坝堵截，至四月水涨，启坝分泄，上采其议。二十九年，福建提督黄仕简疏论总督、巡抚得厦门洋行岁馈，命曰修偕尚书舒赫德往按，并命曰修暂署福建巡抚。谳定，还京师，署仓场侍郎。三十年，授户部侍郎。

三十一年，上以江南淮、徐诸河堤前令曰修等经营修筑，为时已久；复命曰修及高恒往勘山东、河南毗连处，并令巡视。曰修等疏言："诸水自二十二年大治后，岁于农隙疏浚，堤岸亦以时培补，现无淤垫残缺。"报闻。迁尚书，历礼、工、刑三部。三十三年，丁生母忧，归。三十四年，召授刑部尚书。初，江南、山东蝗起，命曰修捕治。是岁畿南蝗，复命捕治。曰修至武清，令顺天府尹窦光鼐行求蝗起处。上责曰修不亲勘，左授顺天府尹。寻迁工部侍郎。

三十六年，命如沧州勘运河，疏请改低坝基杀水势，疏下流引河，移捷地闸，裁曲就直，疏减河使顺流达海，上从之。迁工部尚书，命南书房行走。命督浚北运河。三十七年，又命督浚永定、北运诸河，疏言："治河不外疏筑，而筑不如疏。直省近水居民与水争地，水退即占耕，升科筑埝。有司见不及远，以为粮地自当防护，逼水为堤埝，水乃横决为灾。请敕所司，淀泊毋得报垦升科，横加堤埝，使水有所归。"上降旨严禁。

三十八年四月，曰修病喧乞归，上以"钱陈群尝病此，以老许其归；今曰修方六十，不当如陈群之引退。"赐诗慰之，屡遣存问，御医视疾。旋加太子少傅。卒，谥文达。子行简，自有传。

吴绍诗，字二南，山东海丰人。诸生。雍正二年，世宗命京官主事以上、外官知县以上，举品行才猷备任使，即亲戚子弟不必引避。时绍诗世父象宽官湖北黄梅知县，遂以绍诗应诏，引见，分刑部学习。十二年，授七品小京官。乾隆初，累迁至郎中。外擢甘肃巩昌知府，迁陕西督粮道。总督永常劾绍诗采兵米侵帑，夺职，下巡抚钟音鞫治。绍诗以市米贵贱不齐，为中价具报，非侵帑。状闻，发军台效力，以母病许赎。

二十二年，高宗南巡，绍诗迎跸。起贵州督粮道。迁云南按察使。调甘肃按察使，就迁布政使。疏请宁夏驻防将军以下官禄应给粳米，请改征诸民应纳粟米石者，改交粳米七斗，上命宁夏驻防官禄如凉州、庄浪例，改折价。又疏镇番县柳林湖招垦地，请如安西瓜州屯田例，升科纳赋，较前此征租岁计有盈，且民户世业，俾可尽心耕耨，下总督杨应琚等议行。甘、凉诸县旱，绍诗复疏言张掖、永昌、镇番、碾伯、高台五县旧无城，抚彝厅、隆德、泾州城已损坏，请以时修筑，使饥民就工授食，下巡抚常钧议行。旋以忧归，三十一年，服除，擢刑部侍郎。

出为江西巡抚。以南昌、九江二卫屯田租过重，赣州、袁州、铅山三卫所租重而田缺，疏请减租，下总督高晋详勘量减。上犹产铁砂，民争取滋事，疏请募民淘采，募商设厂收熔，为之条例。九江关监督舒善、建昌府知府黄肇隆皆以不职为上闻，责绍诗不先事论劾，部议夺职，命宽之。三十四年，召为刑部尚书，未上，调礼部尚书。是岁南昌等县被水，十月，绍诗将受代，始奏请缓征。上谕曰："灾地收薄，小民岂能复事输将？绍诗迁延不问，直至开征将及一月，始以一奏塞责。现虽传谕停缓，急公者纳粮不免拮据，疲窭者徒受催科之累。此皆绍诗全不知以民事为重有以误之也。绍诗累经部议降革，从从宽留任。此则玩视民瘼，难复曲贷。"因命夺职。

三十五年，起刑部郎中，三十六年，擢侍郎。皇太后八十万寿，列香山九老，赐以宴赉。三十七年，调吏部侍郎。三十九年，乞致仕。四十一年，上东巡，迎跸，加尚书衔。卒，年七十八，谥恭定。子垣、坛。

垣，自举人入赀授兵部郎中，三十五年，特命调刑部。三十六年，绍诗为侍郎，上以垣本特调，命毋回避。三十七年，弟坛为侍郎，乃调吏部。迁监察御史，以忧归。服除，补原官。迁给事中。以弟坛为巡抚，例不为言官，署吏部郎中。坛卒，复为给事中。五迁为吏部侍郎。四十九年，外授广西巡抚。五十年，入觐，与千叟宴。调湖北巡抚。江夏等州县旱，疏请缓征平粜，募商赴四川买米。五十一年，卒，上赐恤，犹奖其实心治灾赈也。

坛，二十六年进士，授刑部主事，再迁郎中。三十一年，绍诗为侍郎，上以坛治事明敏，毋回避。三十二年，超授江苏按察使，就迁布政使。江宁、苏州两布政所属，互支官俸兵米，坛疏请更定；江苏赋重甲诸行省，每遇奏销，款目繁复，坛疏请分别总案、专案，以便察核：皆议行。三十七年，内擢刑部侍郎。三十九年，太监高云从以泄道府记载诛，京朝诸臣从问消息者皆夺职，坛亦与。上谓："不意坛竟至于此！念其练习刑名，废弃可惜。左授刑部主事。"迁郎中。四十四年，授江南河库道，迁江苏布政使。四十五年，擢巡抚。疏言："吴县旧有公田万二千五百亩，银漕外岁纳租息佐转漕，逋租甚巨。以非正赋，遇蠲免不得与。请并予豁除，灾歉随赋蠲缓。"又疏言："江、河险处设救生船五十六，今裁存二十八。请增募四十，分泊京口、瓜州、金山诸处。"并从之。旋卒。

绍诗父子明习法律，为高宗所器。绍诗两为侍郎，垣、坛先后在郎署，特命毋相避。及绍诗移贰吏部，以坛继其后。父子相代，尤异数。乾隆初，重修《大清律例》，绍诗充纂修官，《纲目》二卷，实所厘定。坛复著《大清律例通考》三十九卷。

阎循琦，字景韩，山东昌乐人。乾隆七年进士，改庶吉士。散馆，授工部主事。三迁广东道御史，仍兼工部行走。疏言："江南诸行省水灾治赈，应照户口秤定银封。主其事者有假手胥吏，不能无扣减，甚或私用轻戥。宜令督抚派专员监封，仍令道府以时抽验。贫民以银易钱买米，当禁奸民剥削。富家积钱，亦应令其散易，以平市价。"上曰："循琦所言，颇中情弊。但若明降谕旨，不肖者未必畏惮；本无此弊者，或转因此启其舞弊。当抄循琦奏寄诸行省督抚，令加意体察。"又疏言八旗义学教习多不实心督课，请岁派大臣会礼部堂官严察，上为罢八旗义学，令董理各官学大臣尽心教育。迁转吏科掌印给事中。

三十四年，特命兼吏部文选司郎中。迁内阁侍读学士，仍兼吏部行走。京西门头沟煤窑岁久淤塞，有议他处营采者，因缘为利，命循琦会勘。谓旧窑产煤本旺，凿沟隧，疏积水，淤去则煤畅；他处有可采，当以时招商。议上，大学士傅恒覆奏如循琦言。三十六年，超擢工部侍郎。会试知贡举，事毕入对，上问："诸臣知贡举每有条奏，汝独无，何也？"循琦对："《科场条例》已甚详备；诸臣实力奉行自足，不敢毛举一二端自谓晓事也。"上曰："汝言是。凡事皆当如此，非独知贡举而已。"三十八年，迁工部尚书。四十年，卒，赠太子太保，谥恭定。

王际华，字秋瑞，浙江钱塘人。乾隆十年一甲三名进士，授编修。十三年，大考翰詹，擢侍读学士、上书房行走。广东旧设两学政，十五年，以侍读程岩督广韶学政，际华督肇高学政，旋用岩议裁并，以忧归。服除，起原官。三迁至侍郎，历工、刑、兵、户、吏诸部。在兵部，疏言："武乡会试旧例，外场挑双好、单好，合式三类入内场，双、单好列东号，合式列西号。不肖者见列西号，知不能幸中，纷纷求出。即有归号，终日喧哗。请嗣后武乡会试，但挑双、单好，毋更挑合式。"在吏部，疏请在京文武官吏议处，及各部会议外省文武官吏议处，当分别定限，皆如所议。三十四年，迁礼部尚书。三十八年，加太子少傅，调户部尚书。四十一年，卒，赠太子太保，谥文庄。赐其子朝梧内阁中书，官至山东兖沂曹道。

程岩，字巨山，江西铅山人。以检讨督广东肇高学政，移督广韶学政。建议裁并，即以命岩。官至礼部侍郎。

曹秀先，字恒所，江西新建人。乾隆元年，举博学鸿词，未试，成进士，改庶吉士，授编修。十年，迁浙江道御史。十七年八月，举恩科会试，秀先从子咏祖坐关节诛，秀先当夺职，上以秀先初不与知，但失察，命宽之。十八年，近畿蝗，秀先请御制文以祭，举蜡礼；州县募捕蝗，毋藉吏胥。上曰："蝗害稼，惟实力捕治，此人事所可尽。若欲假文辞以期感格，如韩愈祭鳄鱼，鳄鱼远徙与否，究亦无稽。朕非有泰山北斗之文笔，好名无实，深所弗取。"下部议，罢蜡礼，余如所请。七迁至侍郎，历工、户、吏诸部。三十九年，迁礼部尚书、上书房行走，命为总师傅。四十六年，礼部议四十七年祀祈谷坛日用次辛。上曰："朕御极以来，遇正月上辛在初三日前，当隔旬斋戒，改用次辛。其有初四日上辛亦改次辛者，以为圣母皇太后祝釐，朕率王公大臣拜贺东朝，礼不可阙。至明岁正月上辛，则非向年可比矣。如谓不敢轻易朝正令典，亦当备稽往例，具奏请旨。乃遽行题达，何昧昧至此！"礼部堂官悉下部议，秀先当夺职，复命宽之。四十七年，罢上书房总师傅。四十九年，卒，赠太子太傅，谥文恪。

秀先少孤，事母胡孝，尝为吮疽。母卒，庶母龚为携持，事如母。学于兄茂先，事之如严师。既贵，收宗族，弭乡里水患。莅政勤慎廉俭，挂吏议数四，辄命减免。秀先颜其堂曰"知恩"，纪上眷也。

子师曾，自兵部郎中屡迁至侍郎，历礼、兵二部。嘉庆二十五年，以兵部失行在印，左授太常寺少卿。道光初，再迁太常寺卿。请修墓，归。卒。

周煌，字景垣，四川涪州人。乾隆二年进士，改庶吉士，散馆授编修。二十年，命偕侍讲全魁册封琉球国王尚穆。寻迁右中允，再迁侍讲。二十二年，使还，奏上《琉球国志略》，命以武英殿聚珍板印行。以从兵在琉球失约束，下吏议，当夺官，上以煌远使，且在姑米山遇风险，命宽之，仍留任。二十三年，大考二等，开复。寻迁左庶子，命上书房行走。累迁兵部侍郎。三十八年五月，命四川按璧山民讼武生勒派；十月，复命如四川按蓬溪诸生讼县吏勒派：俱鞫虚，罪如律。四十四年，擢工部尚书。四十五年，调兵部尚书。四十六年，上幸热河，煌诣行在入对。四川方多盗，号为啯噜子。总督文绶疏报，遣将吏捕治。上以诰煌，煌对："啯噜子所在多有，县辄百十人，其渠号'朋头'。白日劫掠，将吏置不问。甚且州县胥役亦为之，大竹县役子为盗渠，号一只虎。"上为罢文绶，调福康安督四川，命防护煌原居村。四十七年，命为上书房总师傅，未逾年，以煌不胜总师傅，罢之。四十九年，调左都御史。五十年，以病乞休，诏以兵部尚书加太子少傅致仕。寻卒，进太子太傅，赐祭葬，谥文恭。

子兴岱，字冠三。乾隆三十六年进士，改庶吉士，散馆授编修。累迁侍讲学士。超授内阁学士。擢侍郎，历礼、吏、户诸部。命在南书房行走。嘉庆四年，祭告川、陕岳渎。川、楚教匪乱方急，上命兴岱经被寇州县宣谕慰恤，并传诏招抚；复以军中诸将勇怯谘兴岱。兴岱奏："臣行次广元，民言总兵朱射斗在高院场战败，总督魁伦未遣兵应援，又不严守潼关。贼夜掠太和镇，焚杀甚酷。行次梓潼，贼正扰县境，民纷纷徙避。臣在县督率严防，驻二日乃行，途中宣上指慰谕。民言川军逐贼，德楞泰最奋勇，且能于临阵广布德意，解散胁从。但贼势方张，一人不能兼顾。请敕督兵诸大臣同心协力。"上夺魁伦官，逮诣成都，命兴岱会勒保按鞫。事毕，还京师。煌尝两使四川按事，兴岱复继之，时以为荣。六年，充江西考官，坐受馈，并索取衣裘，命退出南书房，左授侍读学士。八年，大考，以老乞休，上从之。旋复授编修，迁侍讲。擢内阁学士，复再迁左都御史。十四年，卒。

曹文埴，字竹虚，安徽歙县人。乾隆二十五年二甲一名进士，改庶吉士，授编修。直懋勤殿，四迁翰林院侍读学士，命在南书房行走。再迁詹事府詹事。居父丧，归。四十二年，诣京师，谒孝圣宪皇后梓宫。丧终，仍在南书房行走。授左副都御史。迁侍郎，历刑、兵、工、户诸部，兼管顺天府府尹。军机章京、员外郎海升殴杀其妻，以自缢报，其妻弟贵宁争非是。命左都御史纪昀等验尸，仍以自缢具狱。贵宁复争言："海升与大学士阿桂有连，验不实。"更命文埴与侍郎伊龄阿覆验，得殴杀状，以闻。上奖文埴等不徇隐，公正得大臣体。阿桂以尝奏及语袒海升，坐罚俸，昀下吏议，刑部侍郎景禄、杜玉林及郎中王士棻等皆谴戍。擢文埴户部尚书。复命与伊龄阿如通州督漕政，漕船回空较早，命议叙。

五十一年，命如浙江察仓库亏缺。旋复命阿桂会文埴董理。浙江滨海建石塘，外积柴为障，是为柴塘。外又累土为坡以护，是为坦水。巡抚福崧疏请筹岁修，命文埴并按。文埴言："柴塘日受潮汐，往来汕刷，势不能无蹲踏。今既为坦水，若不以时补修，不足当潮势而为石塘之保障。"得旨，如所议。文埴还京师。上以阿桂及文埴鞫平阳知县黄梅未得实，下部议，降二级，命宽之。

五十二年，文埴以母老乞归养，俞其请，加太子太保，御书赐其母。五十四年，上以明年八十万寿，命文埴母诣京师。文埴疏言："母健在，明年当诣京师祝嘏。至时如未能远离，当自审度。上体圣意，下顺亲心，诸事皆从实。"得旨："卿能来，朕诚喜，但毋稍勉强。"五十五年，文埴诣京师祝嘏，上赐文埴母大缎、貂皮。五十六年，御试翰詹，文埴子编修振镛列三等。上以才可造，以为文埴子，擢侍讲。寄赐文埴御制文勒石拓本。六十年，以上御极周甲子，文埴诣京师贺，上复赐文埴母御书、文绮、貂皮。嘉庆三年，卒。高宗方有疾，恤典未行。五年，仁宗命予恤，谥文敏，并赐文埴母大缎、人参。

乾隆之季，和珅专政，嫉阿桂功高位其上。海升妻之狱，辞连阿桂。和珅妄谓文埴能立异同，欲引以为重。文埴特持正，故非阿和珅，母老决引退，恩礼弗替。子振镛，自有传。

杜玉林，字凝台，江苏金匮人。乾隆十九年进士，授刑部主事，再迁郎中。外授江西南康知府，三迁四川布政使。四十四年，内擢刑部侍郎。四十五年，命如四川按会理州沙金凤诉其兄土司金龙占田狱。谳定，金凤复诣京师呈诉，覆谳如玉林议分田，惟狱情未尽，又知州徐士勋当劾，玉林以同乡置不问。吏议当左迁，上授玉林工部侍郎，仍领刑部事。旋复还刑部，迭使湖南北、江南谳狱。尚书福隆安仆笞杀役夫，贿他人自代，玉林不能察，降三品冠服。旋命复本秩。五十年，坐海升妻狱，戍伊犁。明年，召还。授刑部郎中。行至泾州，卒。

玉林善治狱，尝曰："刑一成而不变。治律例犹善医，贵不泥于方书，而察其受病之实。不如是无以临民。"

王士棻，字兰圃，陕西华州人。乾隆十九年进士，改庶吉士，授刑部主事。再迁郎中。和珅为步军统领，宠其役，役占通州车行。州民诉刑部，士棻为定谳，戍其役黑龙江。上诣碧云寺礼佛，讶池涸，问其故。僧寺后开煤矿，引水别流。上怒，逮主事者下刑部，则和珅奴也。诸曹惮和珅，不欲竟其狱，士棻复为定谳。上责和珅而诛其奴。五十年四月，海升妻之狱，刑部侍郎杜玉林坐验尸不以实，当谴。上欲以士棻代，而士棻亦佐验。上谕曰："王士棻在刑部年久，前因召对，观其人尚有才，方欲量加擢用。乃覆验回护，逢迎阿桂，罪无可道。"遂与玉林戍伊犁。明年，召还。授刑部员外郎。五十二年六月，特擢江苏按察使。五十五年，高邮州吏以伪印征赋，事发，巡抚闵鹗元以下皆坐重谴。上以按察使得奏事，士棻见巡抚以下互相徇隐，置若罔闻，士棻本起废籍，尤负恩，命夺职；总督书麟等请遣戍，上许纳赎。寻复授刑部员外郎。五十七年，以病乞归。嘉庆元年，卒。

士棻治狱，虚公周密，每有所平反。章丘民辛存义索逋于屠者，死于途，旁置屠刀。县吏坐屠杀人。士棻奉命诣谳，躬访于村女，别得罪人，屠乃雪。旗丁有兄弟异母而同居者，兄鳏，弟有妇，夜为人戕，母诉长子奸杀。士棻苞视，长子伏地哭，无一语。在侧指画者，母之侄也。士棻审视良久，叱其侄曰："杀人者汝也！"侄股栗具伏。泰安鏊颜氏富而子幼，夫弟强之嫁，走诉郡。或馈士棻白金五千，士棻拒之，卒论如律。邠州民有舅讼甥者，谓其发母墓，罪殊死。士棻疑之，为覆谳。盖甥为前母子，舅则后母兄。后母憎长子，舅诳之曰："汝母墓有蛇迹。"甥与其妻往视，舅伺丛墓间，执乃县。士棻得其情，白长子枉。士棻尝曰："刑官之弊，莫大于成见。听讼有成见，强人从我，不能尽其情，是客气也。断罪有成见，或偏于严明，因求能折狱名；或偏于宽厚，自以为阴德：皆私心也。"高宗知其才，屡坐谴，终不使废弃，仍俾为刑官。世传其再起复欲用为侍郎，和珅实尼之云。

金简，赐姓金佳氏，满洲正黄旗人，初隶内务府汉军。

父三保,武备院卿。金简,乾隆中授内务府笔帖式,累迁奉宸院卿。三十七年,授总管内务府大臣。监武英殿刻书,充《四库全书》副总裁,专司考核督催。三十九年,授户部侍郎,管钱法堂,镶黄旗汉军副都统,赐孔雀翎。四十年,奏:"京局鼓铸,每年七十五卯,钱九十二万七千三百五十千。岁余二万余千,加以节年余存,遇闰尽可抵放。请裁去闰月四卯。"从之。四十三年,命纂《四库荟要》,署工部尚书。命赴盛京察平允库项亏短,关防拉萨礼等治罪如律。奏定盛京银库章程,下部议行。四十六年,命总理工部。四十八年,擢工部尚书、镶黄旗汉军都统。四十九年,请疏浚卢沟桥中泓五孔水道,并请定三、四年疏浚一次。五十年,与千叟宴。《四库全书》成,议叙。命修茸明陵,请加筑思陵月台,并拓享殿、宫门。五十六年,故安南国王黎维祁听所属黄益晓、黎光霁等禀请归国,命金简察治,益晓、光霁等并发遣。五十七年,调吏部尚书。五十九年,卒,令皇孙绵勤奠醊,赐祭葬,谥勤恪。金简女弟为高宗贵妃。嘉庆初,仁宗命其族改入满洲,赐姓。

缊布,金简子。初授拜唐阿,擢蓝翎侍卫。乾隆四十八年,授泰宁镇总兵。六十年,召授总管内务府大臣。嘉庆三年,授镶红旗汉军副都统。四年,授工部侍郎,赐孔雀翎。奏请增设内务府养育兵,上斥其例外乞恩,意在沽名。俄以清字摺误书孝圣宪皇后徽号,夺官,予四品顶带,留佐领。旋复授正红旗蒙古副都统、总管内务府大臣。五年,授兵部侍郎。六年,擢工部尚书、镶红旗汉军都统。九年,署户部尚书。十四年,卒。

论曰:曰修奉使治水,利泽施于生民;绍诗疏律义,尚平恕:皆有子克承厥绪。循琦、际华、秀先回翔台省,以笃谨被主知;文埴眷尤厚,不阿时相,洁其身以去:皆彬彬平世令仆才也。乾隆之季,民穷盗起,煌父子言乡里民间疾苦,高宗不以为忤。金简起戚畹,所论铸钱、茸明陵,及黎维祁乞归国,并关国故,故比而次之。

卷三百二十二　　列传一百九

窦光鼐　**李漱芳** 范宜宾　**曹锡宝** 谢振定
钱沣　**尹壮图**

窦光鼐,字元调,山东诸城人。乾隆七年进士,选庶吉士,散馆授编修。大考四等,罚俸。高宗旋知光鼐,居数月,擢左中允。累迁内阁学士。二十年,授左副都御史。督浙江学政。上南巡,临海县训导章知邺将献诗,光鼐以诗拙阻之。知邺欲讦光鼐,光鼐以闻。上召知邺试以诗,诗甚拙,且自愿从军。上斥其妄,命夺职戍辟疆。后数年,上欲赦知邺还,而知邺妄为悖逆语,欲以陷光鼐,上乃诛之。

光鼐学政任满,还京师。秋谳,光鼐以广西囚陈父悔守田禾杀贼,不宜入情实;贵州囚罗阿扛逼凶杀人,不宜入缓决;持异议,签商刑部,语忿激。刑部遽以闻,上命大学士来保、史贻直,协办大学士梁诗正覆核,请如刑部议,且言光鼐先已画题,何得又请改拟。上诘光鼐,光鼐言:"两案异议,本属签商,并非固执。因会议时言词过激,刑部遽将签出未定之稿先行密奏。臣未能降心抑气,与刑部婉言,咎实难辞,请交部严加议处。"上以"会谳大典,光鼐意气自用,甚至纷呶谩骂而不自知。设将来议者尤而效之,于国宪朝章不可为训"。命下部严议,当左迁,仍命留任。光鼐疏言:"事主杀窃盗,律止杖徒。近来各省多以窃盗拒捕而被杀,比罪人不拒捕而擅杀,皆以斗论,宽窃盗而严事主,非禁暴之意。应请遵本律。"议行。

二十七年,上以光鼐迂拙,不胜副都御史,命署内阁学士。授顺天府府尹。坐属县蝗不以时捕,左迁四品京堂,仍留任。旋赴三河、怀柔督捕蝗,疏言:"近京州县多旗地,嗣后捕蝗,民为旗地佃,当一体拨夫应用。"上从所请,以谕直隶总督杨廷璋。廷璋言自方观承始设护田夫,旗、民均役。上复以诘光鼐,召还京师,令从军机大臣入见。问:"民为旗地佃,不肯拨夫应用,属何人庄业?"光鼐不能对,请征东北二路同知及三河、顺义知县质证。退又疏请罢护田夫,别定派夫捕蝗事例。上以光鼐所见迂鄙纰缪,下部议,夺职。

居数月,谕光鼐但拘钝无能,无大过,左授通政司副使。再迁宗人府府丞。复督浙江学政,擢吏部侍郎。浙江州县仓库多亏缺,上命察核。光鼐疏言:"前总督陈辉祖、巡抚王亶望贪墨败露,总督富勒浑未严察。臣闻嘉兴、海盐、平阳诸县亏数皆逾十万,当察核分别定拟。"上嘉其持正,命尚书曹文埴、侍郎姜晟往会巡抚伊龄阿及光鼐察核。

旋疏劾永嘉知县席世维借诸生谷输仓;平阳知县黄梅假弥亏苛敛,且于母死日演剧;仙居知县徐延翰毙临海诸生马寅于狱;并及布政使盛住上年诣京师,携赀过丰,召物议;总督富勒浑经嘉兴,供应浩烦,馈阇役数至千百。上命大学士阿桂如浙江按治。阿桂疏言盛住诣京师,附ещ应解参价银三万九千余,非私赆;平阳知县黄梅母九十生日演剧,即以其夕死;仙居诸生马寅诬寺僧博,复与斗殴,因下狱死。光鼐语皆不仇。光鼐再疏论梅事,言阿桂遣属吏诣平阳谘访,未得实,躬赴平阳覆察。伊龄阿再疏劾光鼐赴平阳刑追求佐证诸状,上责光鼐乖张督乱,命夺职,逮下刑部。光鼐寻奏:"亲赴平阳,士民呈梅派捐单票,田一亩捐大钱五十;又勒捐富户数至千百贯;每岁采买仓谷不予值。梅在县八年,所侵谷值及捐钱不下二十万。母民不欲发丧,特令演剧。"上以光鼐呈单票有据,时阿桂已还京师,令复如浙江秉公按治,并命江苏巡抚闵鹗元会谳,以光鼐质证。阿桂、鹗元疏言梅婪索事实,论如律。上以光鼐所奏非妄,命署光禄寺卿,阿桂、文埴、晟、伊龄阿皆下部议。旋擢光鼐宗人府府丞。迁礼部侍郎。复督浙江学政。再迁左都御史。

六十年,充会试正考官,榜发,首归安王以铻,次王以衔，兄弟联名高第。大学士和珅素嫉光鼐，言于上，谓光鼐迭为浙江学政，事有私。上命解任听部议，及廷试，和珅为读卷官，以衔复以第一人及第，事乃解。命予四品衔休致。卒。

李漱芳，字艺圃，四川渠县人。乾隆二十二年进士，授吏部主事。再迁郎中。三十三年，授河南道监察御史。巡视中城，尚书福隆安家奴蓝大恃势纵恣，挟无赖酗酒，横行市肆间。漱芳捕治，论奏，高宗深嘉之，命戍蓝大，以福隆安下吏议。寻擢工科给事中。三十九年，寿张民王伦为乱。漱芳疏陈奸民聚众滋事，为饥寒所迫；又言近畿亦有流民扶老携幼，迁徙逃亡，有司监卢沟桥，阻不使北行。给事中范宜宾亦以为言，请增设粥厂。上命侍郎高朴、袁守侗率宜宾、漱芳往卢沟桥及近畿诸城镇省视，初无流民。伦乱定，俘其徒槛致京师廷鞫，命漱芳旁视，无言为饥寒迫者。问岁事，对秋收尚及半。上责漱芳妄言，代奸民解说，心术不可问，不宜复居言路，为世道人心害，宥罪，降礼部主事。四十三年，礼部请以漱芳升授员外郎。故事，郎中、员外郎员缺，应升授者，拟正、陪上请。至是，独以漱芳请。上不怿，责尚书永贵擅专邀誉，涉明季党援朋比之习，夺其职。漱芳久之乃迁员外郎。卒。

范宜宾，汉军镶黄旗人，大学士文程后也。以荫生官户部郎中，历御史给事中，累迁太常寺少卿。出为安徽布政使，与巡抚胡文伯不相能，两江总督高晋以闻。上召宜宾还，授左副都御史。宜宾奏言属县蝗见，屡请捕治，文伯执不可。上为黜文伯，而宜宾亦以捕蝗不力下吏议，当左迁。上以宜宾旧为御史尚龟勉，命仍为御史。宜宾疏言藩臬有所陈奏，辄呈稿督宪，当禁饬。上以整饬吏治，要在朝廷纲纪肃清，自无扶同蒙蔽之事，不在设法峻防，置其议不行。及与漱芳同被谴，上以宜宾汉军世仆，乃敢妄言干誉，特重其罚，夺职，戍新疆。

曹锡宝，字鸿书，一字剑亭，江南上海人。乾隆初，以举人考授内阁中书，充军机处章京。资深当擢侍读，锡宝辞。大学士傅恒知其欲以甲科进，乃不为请迁。二十二年，成进士，改庶吉士。以母忧归，病疡，数年乃愈。三十一年，散馆，改刑部主事。再迁郎中。授山东粮道。卫千总宁廷言子惠以索逋杀千总张继渠，锡宝下部议。上巡山东，召见，命来京以部属用。以大学士阿桂奏，令入四库全书馆自效。书成，以国子监司业升用。

居三年，上以锡宝补司业无期，特授陕西道监察御史。时协办大学士和珅执政，其奴刘全恃势营私，衣服、车马、居室皆逾制。锡宝将论劾，侍郎南汇吴省钦与锡宝同乡里，闻其事，和珅方上热河行在，驰以告和珅，令全毁其室，衣服、车马有逾制，皆匿无迹。锡宝疏至，上诘和珅。和珅言平时戒约严，或虑从日久渐生事，乞严察重惩。乃命留京办事王大臣召锡宝问状，又令步军统领遣官从锡宝至全家察视，无迹，锡宝自承冒昧。上召锡宝诣行在面诘，锡宝奏全恃势营私，未有实迹，第为和珅"杜渐防微"，乃有此奏。复谕军机大臣、大学士梁国治等覆询，锡宝又承"杜渐防微"语失当，请治罪。下部议，当左迁。上手诏略言："平时用人行政，不肯存逆诈亿不信之见。若委用臣工不能推诚布公，而猜疑防范，据一时无根之谈，遽入人以罪，使天下重足而立、侧目而视，断无此政体。锡宝未察虚实，以书生拘迂之见，托为正言陈奏。姑宽其罚，改革职留任。"五十七年，卒。

仁宗亲政，诛和珅，并籍全家，乃追思锡宝直言，谕曰："故御史曹锡宝。尝劾和珅奴刘全倚势营私，家资丰厚。彼时和珅声势薰灼，举朝无一人敢于纠劾，而锡宝独能抗辞执奏，不愧诤臣。今和珅治罪后，并籍全家，资产至二十余万。是锡宝所劾不虚，宜加优奖，以旌直言。锡宝赠副都御史，其子江视赠官予荫。"锡宝，一士从子，再世居台省，敢言名家，家有瓮，焚谏草，江尝乞诸能文者为诗歌，传一时云。

谢振定，字一斋，一字芗泉，湖南湘乡人。乾隆四十五年进士，改庶吉士，散馆授编修。五十九年，考选江南道监察御史。巡视南漕，漕艘阻瓜洲，振定祷于神，风转顺漕艘，人称"谢公风"。六十年，迁兵科给事中。巡视东城，有乘违制车骋于衢者，执而讯之，则和珅妾弟也，语不逊，振定命痛笞之，遂焚其车。曰："此车岂复堪宰相坐耶？"居数日，给事中王钟健希和珅意，假他事劾振定，夺职。和珅败，嘉庆五年，起授礼部主事。迁员外郎，充坐粮厅，监收漕粮，裁革陋规，兑运肃然。十四年，卒。

道光中，振定子兴峣，官河南裕州知州。以卓荐引见，循例奏姓名、里贯。宣宗问："尔湖南人，乃能为京师语，何也？"兴峣对言："臣父振定官御史，臣生长京师。"上曰："尔乃烧车御史子耶？"因褒勉甚至。明日，语军机大臣："朕少闻烧车御史事，昨乃见其子。"命擢兴峣叙州知府。

钱沣，字东注，云南昆明人。乾隆三十六年进士，改庶吉士，散馆授检讨。四十六年，考选江南道监察御史。甘肃冒赈折捐事发，主其事者为甘肃布政使王亶望，时已迁浙江巡抚，坐诛，总督勒尔谨及诸府县吏死者数十人，事具《亶望传》。陕西巡抚毕沅尝两署陕甘总督，独置不问。沣疏言："冒赈折捐，固由亶望轨法，但亶望为布政使时，沅两署总督，近在同城，岂无闻见？使沅早发其奸，则播恶不至如此之甚；即陷于刑辟者，亦不至如此之多。臣不敢谓其利令智昏，甘受所饵，惟是瞻徇回护，不肯举发，甚非大臣居心之道。请比捏结各员治罪。"上为诘责沅，降秩视三品，事具《沅传》。

四十七年，沣疏劾山东巡抚国泰、布政使于易简吏治废弛，贪婪无餍，各州县库皆亏缺，上命大学士和珅、左都御史刘墉率沣往按。和珅庇国泰，忮沣，沣不为挠。至山东，发历城县库验帑银。故事，帑银以五十两为一铤，市银则否。国泰闻使者将至，假市银补库。沣按问得其状，召商还所假，库为之空。复按章丘、东平、益都三州县库，皆亏缺如沣言。国泰、易简罪至死，和珅不能护也。上旌沣直言，擢通政司参议。四十八年，迁太常寺少卿。再迁通政司副使。出督湖南学政，沣持正，得士为盛。五十一年,任满,命留任。湖北荆州水坏城郭,孝感土豪杀饥民。上责沣在邻省何以不闻,下部议。诸生或匿丧赴试,又有上违禁书籍者。沣按治未竟,闻亲丧去官,以事属巡抚浦霖。霖遂并劾沣,坐夺职。上命左授六部主事。

五十八年,沣服除,诣京师,授户部主事。引见,即擢员外郎。复除湖广道监察御史。时和珅愈专政,大学士阿桂、王杰,尚书董诰、福长安与同为军机大臣,不相能,入直恒异处。沣疏言:"我朝设立军机处,大臣与其职者,皆萃止其中,庸以集思广益,仰赞高深。地一则势无所分,居同则情可共见。即各司咨事画稿,亦有定所。近日惟阿桂每日入止军机处;和珅或止内右门内直庐,或止隆宗门外近造办处直庐;王杰、董诰则止于南书房;福长安则止于造办处。每日召对,联行而入,退即各还所处。虽亦有时暂至军机处,而事过辄起。各司咨事画稿,趋步多歧。皇上乾行之健,离照之明,大小臣工戴德怀刑,浃于肌髓,决不至因此遂启朋党角立之渐。然世宗宪皇帝以来,及皇上御极之久,军机大臣萃止无涣,未尝纤芥有他。由前律后,不应听其轻更。内右门内切近禁寝,向因有养心殿带领引见事,须先一两刻预备。恩加大臣,不令与各官露立,是以设庐许得暂止。不应于未辨色之前,一大臣入止,而随从军机司员亦复入更出。为日既久,不能不与内监相狎。万一有无知如高云从者,虽立正刑辟,而所牵已多,杜渐宜早。至南书房备几暇顾问,俟军机事毕,入直未迟;若隆宗门外直庐及造办处,则各色应差皆得觇听于外,大臣于中治事,亦属过亵。请敕诸大臣仍照旧规同止军机处,庶匪懈之忱,各申五夜;协恭之雅,共励一堂。其圆明园治事,和珅、福长安止于如意门外南顺墙东向直庐,王杰、董诰止于南书房直庐,并请敕更正。"上为申诫诸大臣,并命沣稽察军机处。

和珅素恶沣,至是尤深嗛之。上凤许其持正,度未可遽倾,凡遇劳苦事多委之。沣贫,衣裘薄,宵兴晡散,遂得疾。六十年,卒。或谓沣将劾和珅,和珅实酖之。

尹壮图,字楚珍,云南昆明人。乾隆三十一年进士,改庶吉士。散馆,授礼部主事。再迁郎中。三十九年,考选江南道监察御史,转京畿道。三迁至内阁学士,兼礼部侍郎。

高宗季年,督抚坐谴,或令缴罚项贷罪,壮图以为非政体。五十五年,上疏言:"督抚自蹈愆尤,圣恩不即罢斥,罚银若干万充公,亦有督抚自请认罚若干万者。在桀骜者藉口以快其饕餮之私,即清廉者亦不得不望属员之佽助。日后遇有亏空营私重案,不容不曲为庇护。是罚银虽严,不惟无以动其愧惧之心,且潜生其玩易之念,请永停此例。如才具平常者,或即罢斥,或用京职,毋许再膺外任。"上谕曰:"壮图请停罚银例,不为无见。朕以督抚一时不能得人,弃瑕录用,酌示薄惩。但督抚等或有昧良负恩,以措办官项为辞,需索属员;而属员亦藉此敛派逢迎,此亦不能保其必无。壮图既为此奏,自必确有见闻,令指实覆奏。"壮图覆奏:"各督抚声名狼藉,吏治废弛。臣经过地方,体察官吏贤否,商民半皆蹙额兴叹。各省风气,大抵皆然。请旨简派满洲大臣同臣往各省密查亏空。"上复谕曰:"壮图覆奏,并未指实。至称经过诸省商民蹙额兴叹,竟似居今之世,民不堪命。此闻自何人,见于何处,仍令指实覆奏。"壮图再覆奏,自承措词过当,请治罪。上命户部侍郎庆成偕壮图赴山西察仓库,始大同府库,次山西布政使库,皆无亏。壮图请还京治罪。上命庆成偕壮图再赴直隶、山东、江南诸省。庆成所至,辄游宴数日,乃发仓库校核,历直隶布政使及正定、兰山、山阳诸府县,皆无亏。上寄谕壮图,问途中见商民蹙额兴叹状否。壮图覆奏,言目见商民乐业,绝无蹙额兴叹情事。上又令庆成偕侦,令其指实二三人,毋更含糊支饰。壮图自承虚诳,奏请治罪。寻复察苏州布政使库,亦无亏。还京,下刑部治罪,此挟诈欺公、妄生异议律,坐斩决。上谓壮图逞臆妄言,亦不妨以谤为规,不必遽加重罪,命左授内阁侍读。继又以侍读缺少,改礼部主事。

壮图以母老乞归。嘉庆四年,仁宗亲政,召诣京师。壮图仍以母老乞归,上赐其母大缎两端,加壮图给事中衔,赐奏事摺匣,命得上章言事。壮图未行,复上疏请清核各省陋规,明定科条,上以为不可行。既归,疏请拔真才,储实用,大要谓:"保举未定处分,当下吏部严立科条;科场或通关节,当将房考落卷送主司搜阅。其尤要者,谓六部满洲司员稿案,文义多未晓畅,当严督令习经书通文理;乡会试加广名额,司员先尽科甲挑补。"下军机大臣议,奏谓惟房考落卷送主司搜阅,事近可行,补入《科场条例》。

云南巡抚初彭龄乞养归,壮图疏请留,上不允。别疏复申前议,谓满洲子弟十五六岁前专责习经书通文理,再习骑射繙译。上谓:"壮图以前尝驳饬之事复行渎陈,更张本朝成法。下云南巡抚伊桑阿传旨申饬。"八年,疏言:"天下万几,皆皇上独理。内外诸臣不过浮沉旅进旅退之中,无能匡扶弼亮。请于内之卿贰、翰詹、科道,外之藩、臬、道、府,慎选二十人,轮直内廷。每日奏章谕旨,尽心检校,有疏忽偏倚之处,许就近详辨可否。"上责:"壮图言旨皆迂阔纰谬,断不可行。若如所奏,直于军机大臣外复设内军机,成何政体?"因及云南布政使陈孝升、道员萨荣安力以冒销军需被罪,令巡抚那彦宝诘壮图,何无一言奏及。壮图言以不得孝升等确据,未敢入告,仍请议处,上命宽之。十三年,卒。

论曰:高宗中年后,遇有言事者,遣大臣按治,辄命其参与。光鼐既将坐谴,卒得自白,阿桂之贤也。沣劾国泰发库藏掩覆,论者谓刘墉密与沣商榷,盖亦有力焉。漱芳、锡宝、壮图皆不能实其言,大臣怙宠乱政,民迫于饥寒,卒成祸乱。呜呼,古昔圣王兢兢,重畏民嵒,良有以也!

卷三百二十三　　列传一百十

黄廷桂　鄂弥达　杨廷璋　庄有恭
李侍尧 弟奉尧　**伍弥泰** 官保

黄廷桂，字丹崖，汉军镶红旗人。父秉中，官福建巡抚。廷桂，初袭曾祖宪章拖沙喇哈番世职。康熙五十二年，授三等侍卫，迁参领。圣祖幸热河，屡扈从。世宗在潜邸，知其才，雍正三年，授直隶宣化总兵。五年，擢四川提督。疏言："四川三面环夷。军械多敝缺，现饬修补。川马本不高大，又日系槽，多羸毙。令在丰乐场后荒山督牧。士卒骄奢，饬服用毋僭官制。岁十月，番入内地佣工，名曰'下坝'，次年夏初始归，以禁携妇女，致成群肆恶，饬携家属方许就雇。成都属德阳、仁寿二县，南北距数百里，驻一把总；永宁协驻贵州永宁城，中隔河，东隶黔，西隶蜀，兵民歧视，应更定汛守。"命会总督岳钟琪议行。又奏请严捕窃贼及博奕之具，上谕曰："禁令弗行，咎在不公不明，不在不严。法犹药也，取攻疾而已。过峻厉则伤元气，徒猛不足贵也。"又奏严治建昌降番勾掠，又奏省城设防火堆棚，营置救火兵二十，上并嘉之。六年，请于提标及城守等营各设义塾，上谕曰："文武不可偏重。少年聪颖，稍通文墨，势必流为怯懦，不愿为兵。则营伍所余，皆鲁钝一流。是非兴文，实乃废武。邀虚名而无实益，将焉用之？"

乌蒙米贴苗妇陆氏为乱，发永宁、遵义兵援剿。四川雷波土司杨明义阴助陆氏，诱附近结觉、阿路、阿照、平底诸苗劫粮。陆氏既擒，请剿明义，令廷桂率总兵张耀祖率兵往。军至拉密，擒明义，并获造谋人卑租及结觉酋双尺、阿路酋鲁佩及阿不罗酋觉逼，斩馘近万。上谕曰："览奏，斩馘何啻猎人弋兽！傥兵退仍复如故，岂有尽行杀戮之理？当详思善于措置之道。"师复进攻确里密、阿都、阿驴诸苗，炮毙确里密酋利耶。阿都苗擒其酋阿必以献，阿驴苗降。七年，奏军事竟，上以效忠奋勇嘉之。寻疏陈苗疆地方事宜，上命筹善后。复奏湖北容美土司田旻如在四川界征花丝银，咨湖北察究。上谕曰："楚、蜀诸土司容美最富强，越分僭礼。应晓以大义，渐令革除。"又奏筹剿瞻对土司，上谕曰："瞻对虽微，亦不可轻视。凡事概以敬慎出之。"奏请开采黄螂等处铜铅，以资鼓铸。上谕曰："黄螂、雷波与新抚凉山诸夷错壤，第宜示以静镇，胡可兴起利端？若听民开采，流亡无藉之徒必群相趋赴，酿生事故。速会同巡抚宪德将金竹坪、白蜡山诸地铜铅矿厂概行封禁。脱至纷纭，黄廷桂、宪德之身家性命不足赎其辜也！"廷桂奏引罪，复以详慎申戒之。

寻奏捕得妖言罪人杨大铭等，言其渠杨七匿酉阳土司所，已檄令擒献。上谕曰："此事尤宜详慎！朕料酉阳土司未必为此事。"八年，奏于杨隘嘴获杨七，非酉阳境内。上谕曰："朕非有过人技，但较汝等克诚克公耳。人有利害是非之心，遇事接物，非过即不及。惟公与诚为对证之药。"十二月，发兵攻克金锁关、黑铁关、黄草坪诸地，恢复永善。得旨奖许。上尝谕宪德，令密陈廷桂为人，奏称"多疑偏听，好胜矜人，是其病痛"。上终以实心任事嘉之。

九年，师讨噶尔丹策零，分设四川总督，即以命廷桂，仍兼领提督。奏请将四川常平仓捐谷改银，上谕曰："四川本产米地，积贮尚易。遽请开捐，误矣。且欲改谷作银，又将银买谷，更转辗滋弊，当另议增贮。"十年六月，奏建昌镇辖竹核，当凉山之中，为苗疆腹心要地，请于附近各险隘增兵设镇，上命大学士鄂尔泰详议。寻议兵力宜合不宜分，蛮巢宜远不宜近，但使我势联络，不必随处设防。请于竹核设兵三千，分驻吽姑、格落、鱼红、大赤口、阿都、沙马、普雄诸地。敕下廷桂行之。

八月，儿斯番为乱，奏遣总兵赵儒剿捕，上责廷桂从前未料理妥协。十月，廷桂奏言："雍正五年儿斯番为乱，臣檄副将王刚按治。时臣甫到川，地利夷情尚未谙习。今凶锋既肆，由臣抚驭无方，已遵旨谕诫赵儒凛遵料理。"十二月，擒儿斯酋，并剿定河东各寨勾结诸番。复奏言："王刚前所惩创，不过儿斯一堡。今仰蒙指示，赵儒督励将士，一切险巢重地，深林石穴，悉行荡平。"上深奖之。

十三年，奏："贵州古州苗乱，四川建昌、永宁俱与连界，已饬将吏加意抚辑。"上谕以"不动声色，静镇慎密"。乾隆元年，裁总督缺，廷桂仍为提督。十二月，召诣京师。二年，授銮仪使。寻授天津总兵。五年，迁古北口提督。六年，上幸热河，道古北口，阅兵，营伍整肃，赐廷桂马，并上用缎。寻授甘肃巡抚。十二年，署陕甘总督。

十三年，授两江总督。疏言："江西俗悍，有司因循姑息，动辄喧哄，饬严捕究治。"又言："南方晴少雨多，各营操练闲旷，令于阴雨时择公所或宽敞寺宇操练。"上谕曰："汝至江南，整饬振作，但不可欲速，要之以久可也。"十五年，加太子少保。疏劾"江苏巡抚雅尔哈善以奏销钱粮，奉旨训饬；知县许惟枚等经征未完，不及一分，例止罚俸。忽奏请夺官。人必以为出自上意，居心巧诈"。雅尔哈善下吏议。

十六年，调陕甘总督。时四川复分设总督，十八年，仍以命廷桂。奏四川岁丰谷贱，上命转输二十万石赈淮、扬被水州县，御制诗纪其事。进吏部尚书，留总督任。四川滨江诸县引江水溉田。余多山田，每苦旱。廷桂奏饬通省勘修塘堤，新都、芦山等十州县及青神莲花坝、乐山江乡、三台南明镇次第修举，悉成腴壤。二十年，奏请增炉铸钱，为通省修城。上命："有益地方之事，详妥为之。"授武英殿大学士，仍领总督任。打箭炉徼外孔撒、麻书两土司构衅，金川、绰斯甲布祖麻书，革布什咱、德尔格忒祖孔撒，互攻杀。廷桂偕提督岳钟琪饬谕解散。

六月，复调陕甘总督。师讨阿睦尔撒纳，陕、甘当转输孔道。廷桂途次以军中调取营马，并令州县采买马驼，即饬各驿马十调五六，得马数千匹佐军。寻奏军中文报，责成沿边提镇料理，诏如所请。二十一年四月，命驻肃州督办军需。奏言："各处调解军马，口外严寒，自安西至哈密，经戈壁十余站，饲饮不时，每致疲毙。现派专官分站料理，将积贮草豆、经过匹数、住歇时刻、行走膘分，按日呈报。"又奏："山西解驼，先留安西牧放。陕西解马，亦先调甘肃饲养。陆续前运，以济实用。"先后送军前驼马七万余。又言："西北两路军营向通商贩，后因撤兵禁止。巴里坤军营应用牛羊诸物，专自肃州贩往，路远价昂，难资接济，请照旧通商。"上命筹济库车、阿克苏粮运。廷桂奏："夹山一路，可自哈密直趋辟展、吐鲁番，其间骡驼通行，水草饶裕，较绕行巴里坤为近。拟即运粮赴吐鲁番，转运军营，往返更加迅速。"又发银二十万，解阿克苏买回城米，运粮十万储巴里坤。凡所经画，屡合上指。十二月，上谕曰："廷桂于西陲用兵，虽未身历行阵，而筹办军需，每有朕旨未到，旋即奏至，与所规画不约而同。体国奉公，精详妥协，而又毫不累民，内地若无兵事，其功最大。"积功自太子太保进少保，自骑都尉进三等忠勤伯，先后赐双眼孔雀翎、红宝石帽顶、四团龙补服、白金二万。二十四年正月，驻凉州，以病剧闻。命额驸福隆安率御医诊视，甫行，廷桂卒。上即命福隆安奠醊，御制诗挽之，赐祭葬，谥文襄。丧还，上复亲临奠醊。二十五年，凯宴成功将士，追念廷桂，复赋诗惜之。寻命图形紫光阁，御制《怀旧诗》，列廷桂五督臣首。

孙检，官副都统。乾隆四十九年，以刻廷桂《奏疏》，载两朝批答，被严旨申饬。曾孙文煜，自侍卫累擢副都统，调马兰镇总兵。

鄂弥达，鄂济氏，满洲正白旗人。初授户部笔帖式。雍正元年，授吏部主事。累迁郎中。五年，命同广东巡抚杨文乾等如福建察仓库。六年，擢贵州布政使。八年，迁广东巡抚。疏言："鸟枪例有禁，琼州民恃枪御盗，请户得藏一，多者罪之。"梧州民陈美伦等谋乱，捕治如法。十年，署广东总督。疏言："总督旧驻肇庆，所以控制两粤。今专督广东，应请移驻广州。"饶平武举余猊等谋乱，捕治如法。寻实授总督。安南民邓文武等遇风入铜鼓角海面，鄂弥达界以资，送归国，国王以伽南、沉香诸物为谢，却之，疏闻，上奖其得体。先后疏请移设将吏。又疏请于三水西南镇建仓贮谷，并以米贵，会城设局平粜。又请升程乡县为直隶州，名曰嘉应。皆报可。十三年，命兼辖广西，仍驻肇庆。贵州台拱苗乱，鄂弥达发兵令左江总兵王无党率以赴援，复发兵驻黔、粤界，上谕奖之。

乾隆元年，高宗命近盐场贫民贩盐毋禁。鄂弥达疏言："广东按察使白映棠未遵旨分别，老幼男妇发票，称四十斤以下不许缉捕，致奸徒借口，成群贩私。"上奖鄂弥达洞悉政体，解映棠任。寻奏："广东盐由场配运省河及潮州广济桥转兑各埠，请令到埠先完饷银，开仓后缴盐价。"下部议行。御史薛蕴条奏广西团练乡勇，并设瑶童义学，下鄂弥达议。二年，奏言："团练乡勇，不若训练土司兵，于边疆有益。瑶童义学，韶、连等属已有成效，应如蕴所奏。"寻又疏言："惠、潮、嘉应三府州民多请州

县给票，移家入川。臣饬州县不得滥给，并遣吏于界上察验。"又疏言："贵州新辟苗疆，总督张广泗奏设屯军垦田。臣以今苗畏威安贴，将来生齿渐繁，地少人多，必致生怨。又恐屯军虐苗激变，请撤屯军于附近防守，其田仍给苗民。"上谕曰："所见甚正。广泗首尾承办此事，持之甚力，朕则以为终非长策也。"

四年，调川陕总督。疏言："榆林边民岁往鄂尔多斯种地，牛具、籽种、日用皆贷于鄂尔多斯。秋收余粮，易牛羊皮入内地变价，重息还债。请于出口时视种地多寡，借以官银，秋收以粮抵，俾免借贷折耗之苦，仓储亦可渐充。"上从之。又请发司库银十万买谷分贮沿边，又请修宁夏渠道，并加筑沿河长堤。又奏："安西镇远兵驻防哈密，承种屯田，在城兵仅数百。年来商民日增，请视凉州柳林湖例，募流民及营兵子弟垦田，撤兵回城差操。"均如议行。

五年，两广总督马尔泰劾知府袁安煜放债病民，并及鄂弥达纵仆占煤山事。上解鄂弥达任，召诣京师。寻授兵部侍郎。六年，授宁古塔将军，调荆州。九年，授湖广总督。疏言："武、汉滨江城郭民田，赖有堤为障。请于武昌荞麦湾增筑大堤，安陆沙洋大堤增筑月堤，襄阳老龙石堤加备岁修银。"十一年，上以鄂弥达不称封疆，召诣京师。十五年，授吏部侍郎。十六年，授镶蓝旗汉军都统。二十年，授刑部尚书，署直隶总督。二十一年，兼管吏部尚书、协办大学士。二十二年，加太子太保。二十六年，卒，予白金二千治丧，赐祭葬，谥文恭。

杨廷璋，字奉峨，汉军镶黄旗人。世袭佐领。雍正七年，自笔帖式授工部主事。再迁郎中。授广西桂林知府。乾隆二年，擢左江道。十五年，擢按察使。二十年，迁湖南布政使。二十一年，授浙江巡抚。上南巡，谕曰："西湖水民间藉以溉田。今闻沿湖多占垦，湖身渐壅，田亩虞涸竭。已开垦成熟者，免其清出，不许再侵占。"廷璋因奏："此类田地多碍水道，请概令开浚归湖。沿岸栽柳，俾根株盘结，亦可固堤。"又请疏浚湖州七十二溇，泄水入太湖，免田地被淹。又奏："仁和、钱塘、萧山三县江塘视海塘例，以二十丈为准，按段编号立石。仁、钱二县江塘民房，堤岸外余二十余里，视海塘例，每里设堡夫一，建堡分防。"均从之。又请开台州黄岩场沿海地，近场归灶，近县归民。户以百亩为率，分限起科，得腴产十万亩。奏入，嘉许。

二十四年，授闽浙总督。请改设螺洲、大头崎、乌龙江诸地塘汛。又奏内地商船出洋，核给船照。又奏台湾谷贱，内地歉收，民每偷渡就食。请酌宽米禁，往来台、厦横洋船准运米二百石，塘船六十石。自鹿耳门出至厦门入，皆给照察验。台湾与生番接壤，前总督杨应琚饬属勘界，挑沟筑土牛以杜私垦。至是，廷璋议彰化、淡水与生番接壤，依山傍溪，挑沟筑土牛为界；并于沿边设隘寮，分兵驻守。二十六年，同福建巡抚吴士功奏劾提督马龙图借用公使钱，并以龙图已归款，请用自首例减等。上责其错谬，下吏议夺官，士功戍巴里坤，廷璋留任。二十八年，

加太子太保。旋授体仁阁大学士，留总督任。二十九年，廷璋入觐。福建水师提督黄仕简奏厦门商舶出入，官署受陋规。上命尚书舒赫德、侍郎裘曰修往按。具得廷璋令历任厦门同知代市人参、珊瑚、珍珠未发价状，命解任。下吏议夺官，上以廷璋平时尚能任事，授散秩大臣。未几，授正红旗汉军都统、工部尚书。

三十年，命署两广总督。三十一年，安南捕盗，窜入小镇安土司怕怀隘，官兵捕得。廷璋照会安南遣头人视行诛。安南复报其国隘口盗发，请遣兵堵截。廷璋遣兵守隘。事上闻，具言防边宜镇静。上戒以"边地夷情，当审度事理，因时制宜。若专务持重，养痈贻害，弊不可胜言也。"夏，崖州安岐黎为乱，扰客民，廷璋檄镇道捕治。并奏："客民编保甲，禁放债。黎民市易设墟场，熟黎令剃发。民出入黎峒必讥，以杜后患。"上从之。又奏："小镇安改设通判。南界接安南，于那波、者赖、者欣三村，建卡设兵。怕怀隘为小镇安门户，设兵巡缉。打面梁与云南界，建卡防守。"下部议行。师征缅甸，云贵总督杨应琚以疾闻，上令廷璋赴永昌佐应琚治军。三十二年，疏报应琚病愈，仍回广东任。寻召授刑部尚书。

三十三年，授直隶总督，加太子少保。秋，潭沱水盛涨。廷璋请于正定西南筑堤，藁城西北筑埽，并以护城。又奏勘任丘滨淀诸地，以杨各庄诸地最低，请改种稻田；文安洼修筑堤埝，并于龙潭湾诸地开堤泄水，并从之。三十四年，请拨通仓米十二万运各灾区平粜。又奏："乾隆二十四年潭沱南徙，旧河淤垫。上年大涨，河行故道。束鹿木丘、倾井诸村遂成巨浸。请裁湾取直，并修筑护城堤埝。"报闻。三十六年，复召授刑部尚书。预香山九老会。十二月，卒，年八十四，赠太子太保，赐祭葬，谥勤悫。

庄有恭，字容可，广东番禺人。乾隆四年一甲一名进士，授修撰，直上书房。后三年，弟有信成进士，引见，有恭以起居注侍直，上问及之，有信选庶吉士。兄弟同请告省亲。有恭累迁侍讲学士，擢光禄寺卿。以父忧归，服除，擢内阁学士。迁户部侍郎。督江苏学政。充江南乡试考官，复督江苏学政。十六年，授江苏巡抚。十七年，署两江总督。疏言："太仓、镇洋沿海田庐，赖海塘保障。前巡抚高其倬议自宝山湖口港至昭文福山港筑土塘三万四千七百余丈，仅筑湖口港至刘河南岸土、石塘。今年秋令风潮，刘河南赖以无恙。其北颇致损伤，士民自请挑筑。惟恐一时难集，工不速竟。应筑土塘九千丈有奇，请借库银一万六千两，令自募夫役，于伏汛前毕工。按亩扣输，二年清款。"如所请行。有恭督学政时，浙人丁文彬献所著《文武记》、《太公望传》等。有恭以为病狂，置不问。至是，文彬以书上衍圣公孔昭焕，昭焕告巡抚杨应琚以闻。有恭疏请罪，坐罚学政养廉银十倍。

十九年，御史杨开鼎条奏江南收漕诸弊，敕有恭覆奏。寻疏言："江南收漕诸弊，以苏、常、松、镇、太五属为尤甚。已酌定条例，勒石漕仓，遇收漕，饬粮道以下官周巡察访。开鼎言需索不遂，借词米不如式，勒令晒晾筛扬。漕粮上供天庾，自应乾圆洁净。倘不如式，不堪久

贮，必致贻误仓储。粮户良顽不等，每次青腰、白脐、潮嫩、杂碎诸米强交；如令更易，即造作浮言挟制。自应分别察究，不得但责官吏，取悦刁民。"上奖其言公正。

二十一年，丁母忧，命令假百日回籍治丧，于伏汛前至淮安，署江南河道总督。泰兴县有朱晫者，坐主使杀人罪至绞，乞赎罪，有恭许之，临行疏闻。上责其专擅，令家居待罪。总督尹继善又言有恭监临乡试，察出有贿谋联号者，复有以斗蟋蟀致讼者，皆令罚锾，未奏闻。上命夺有恭官，逮诣京师，下大学士九卿论罪，当绞。上以赃不入己，贷之，令护母丧回籍后赴军台效力。方诣谪所，命戴罪署湖北巡抚。

二十四年，调浙江。二十五年，劾杭州将军伊领阿、副都统刘扬达违例乘轿。上夺伊领阿等官，奖有恭，命议叙。三月，疏言："绍兴南塘、嘉兴乍浦塘并属要工。臣赴山阴勘得宋家楼为三江、曹娥二水交会，又适当潮汐之冲，为南塘首险，已改建石塘巩固。复至萧山龛、长等山，越南大亹至海宁中小亹、登文堂、葛嶴诸山，勘海宁南门外，西过戴家石桥，东至陈文港，工长五千丈有奇，根址坚实，不须重建。其必当修复者千六百余丈，内七百七十余丈残缺过甚，作为要工，余次第兴修。自陈文港东至尖山，下有韩家池柴塘四百丈有奇，亦应重筑。复循海而北，自海盐至平湖，遍历乍浦塘。海盐东临大海，南有台驻，北有乍浦诸山，山趾角张。县城以一面当潮汐，城外石塘，最为险要，间有冲损，已令随时修补。"六月，又疏言："四塘、胡家兜至海宁南门外，潮退沙涨，长十八里。前请办戴家石桥要工，既有新沙外护，应先就迤东工段趱办。再审量沙势，分别缓急。"九月，又疏言："缓修各工，陈文港十丈，改用鱼鳞式逐层整砌。圆通庵前十丈，仍如式坚筑。廿里亭西二十五丈，修整坦面，加用排桩，令紧贴塘身。"二十六年十二月，又奏言："海宁西塘、老盐仓诸地，经霉、伏两汛，老沙汕刷，宜先事预防，先后拆镶二百丈。自霜降后，臣往来察勘，见柴、石两塘交接处水已临塘，自此迤西，老沙仍多坍卸。请将接连前工七十丈，从速镶办。"均从之。

二十七年，上南巡，临视老盐仓、尖山诸地，令修筑柴塘，并设竹篓、坦水诸工。九月，疏报海宁塘工竣，上嘉有恭能尽心，命议叙。是秋多雨水涨，有恭以嘉、湖两府水归太湖，河道多淤，下流尤壅阏；因请浚乌程、长兴境内七十二溇，并遣吏至江南按行三江故道。十月，调江苏巡抚。上命浙江海塘工程仍责成有恭司其事，并免学政任内应罚银。二十九年，擢刑部尚书，留巡抚任。

有恭疏请大修三江水利，略言："太湖北受荆溪百渎，南受天目诸山之水，为吴中巨浸，而分流之大干，以三江为要。三江者，吴淞江、娄江、东江也。东江自宋已湮，明永乐间，别开黄浦，宽广足当三江之一，今亦谓之东江。三江分流，经吴江、震泽、吴、元和、昆山、新阳、青浦、华亭、上海、太仓、镇洋、嘉定十二州县境，其间港浦纵横，湖荡参错。大概观之，无处不可分泄。然百节之通，不敌一节之塞。太湖出水口，不特宝带桥一处，如吴江十八港、十七桥，吴县鲇鱼口、大缺口，为湖水穿运河入江

要道，今不无浅阻。又如入吴淞之庞山湖、大斜港、九里湖、淀山湖、溆浦，向来宽深，近以小民贪利，遍植茭芦，圈筑鱼荡，亦多侵占。刘河，古娄江也。今河形大非昔比，舟楫来往，必俟舟待潮。昆山外濠为娄江正道，浅狭特甚。苏州娄门外江面仅宽四五丈，偶遇秋霖，众水汇集。江身浅窄，先为潦水所占，俟其稍退，然后湖水得出，为之传送，而上游已漫淹矣。东南财赋重地，水利民生大计，若及早为之，事半功倍。今筹治法，当于运河西凡太湖出水之口，皆为清厘占塞，俾分流无阻。其运河东三江故道，惟黄浦现在深通，但于泖西挑去新涨芦墩，足资宣泄。吴淞江自庞山湖以下，娄江自娄门以下，凡有浅狭阻滞之处，宜浚治宽深，令上流所泄之数，足相容纳。其江身所有植芦插簖及冒占之区，尽数铲除，嗣后仍严为之禁。则水之停蓄有所，传送以时，并即以挑河之土加培圩岸。现在闸座去海太近，难于启闭者，酌量改移，庶浑潮不入，清水盛强，而海口之淤，亦将不挑而自去。总计所需虽觉浩繁，然散在十二州县，通力合作，实亦无多。民间闻有此举，咸乐趋事，愿以民力为之。但分段督修，仍须官董其成；且工费繁多，若待鸠财而后兴工，稍稽时日。恳发帑兴工，仍于各州县分年按亩征还，则民力既纾，工可速集。"奏入，报可。于是选绅耆，赋工役，先疏桥港，次及河身。茭芦鱼荡之圈占者，除之；城市民居之不可毁者，别开月河以导之。工始于二十八年十二月，至二十九年三月告竣，用公帑二十二万有奇。

三十年正月，命协办大学士，仍暂留巡抚任。南巡，复赐诗褒勉。八月，召诣京师。有恭劾苏州同知段成功纵役累民，夺官，谳未定。巡抚明德察成功实受赇，诈称病；按察使朱奎扬、知府孔传柯皆知之，不以言。上命夺奎扬等官，逮讯。三十一年正月，罢有恭协办大学士。又遣侍郎四达按治，得有恭意奎扬等有意从宽状，并夺有恭官，下刑部狱。军机大臣会鞫，并追缴学政任内应罚银。二月，军机大臣等谳上，有恭罪应斩，谕改监候。八月，命原之。授福建巡抚。三十二年，卒。仍免追缴学政任内应罚银。

李侍尧，字钦斋，汉军镶黄旗人，二等伯李永芳四世孙也。父元亮，官户部尚书，谥勤恪。侍尧，乾隆初以荫生授印务章京，见知高宗。累迁至正蓝旗汉军副都统。十七年，调热河副都统。二十年，擢工部侍郎，调户部。署广州将军。劾前将军锡特库废弛马政，锡特库下吏议。奏定广州满洲、汉军驻防官制额缺。二十一年，署两广总督。奏："广东各属买补仓谷，兼杂上、中、下三等，而报以上价。应碾米，用上谷；应借粜，用中、下谷。"上谕以所言洞悉情弊，谕各省督抚严饬州县买补当碾试，务得上谷。又请禁广东制钱搀和古钱，并吴三桂伪号钱事。上谕以"前代钱仍听行用。吴三桂利用伪号钱，令民间检出，官为收换，供鼓铸之用"。又奏广州驻防出旗汉军官兵旷米，平粜便民，上从之。二十三年，守备张彬佐禁村民演剧被殴，奏请饬谳。上谓："未得惩创恶习之意。应先治刁民，后议劣弁，庶刁悍之徒知畏惧。"

二十四年，实授总督。奏："广东各国商舶所集，请饬销货后依期回国，不得住久；商馆毋许私行交易；毋许贷与内地行商赀本；毋许雇内地厮役。"二十五年，又奏："粤海关各国商舶出入，例于正税船钞外有各种规礼，应请删除名色，并为归公银若干。各口仆役饭食、舟车诸费，于此核销。"并下部议行。广西巡抚鄂宝以贵县僮民韦志刚不法，知县石崇光察报，避重就轻，请夺官。上以事由崇光察报，命毋夺官；侍尧奏先经面谕崇光体勘，始行察报，上令逮崇光按鞫。又奏志刚实无不法事，崇光猜疑妄报，仍夺崇光官。上以侍尧与鄂宝各怀意见，饬以"秉虚公，除习气。"

二十六年，召授户部尚书、正红旗汉军都统，袭勋旧佐领。二十八年，授湖广总督。奏："湖广行销淮盐，抬价病民，请酌中定价。"命两淮盐政高恒赴湖广会议，奏请按淮商成本，酌加余息，明定限制，从之。加太子太保。

二十九年，调两广总督。右江镇总兵李星垣坐婪贿得罪，命侍尧按鞫，拟绞。上以侍尧尝荐星垣，今拟罪轻纵，责侍尧回护，坐降调。以忧还京师。署工部尚书。三十一年，调署刑部。三十二年，回两广总督任。袭二等昭信伯。三十四年，师征缅甸，命侍尧传檄暹罗。时暹罗方为甘恩敕所据，侍尧以为不宜传檄；以己意宣谕暹罗各夷目，密侦缅甸，苟入境，令擒以献，上韪之。丰顺民朱阿姜谋乱，督吏捕治。

三十八年，授武英殿大学士，仍留总督任。安南内乱，令广西镇、道严防。入觐，赐黑狐端罩。四十年，兵部以广东民纠党结盟，不数月至五起，当追论武职弛纵罪。侍尧奏言："武职既协缉，复追论弛纵罪，则规免处分，必致暗为消弭，凶徒转得漏网，请宽之。"上从其请，并谕曰："侍尧此奏，意在挽回积习。然亦惟侍尧向不姑息属僚，朕所深信，始可有此言。若他人，未可轻为仿效也。"

四十二年，云贵总督图思德奏缅甸投诚，吁请纳贡。上命大学士阿桂往莅其事，并调侍尧云贵总督。缅甸头人孟干谒侍尧，请缓贡。侍尧偕阿桂云："孟干等语反覆，遵旨断接济，绝侦探，示以威德，不予迁就。"上召阿桂还。缅甸归所留守备苏尔相，侍尧遣诣京师。缅甸乞遣孟干等还，侍尧谕令归所留按察使衔杨重英，上嘉其合机宜。四十三年，奏获缅甸道腾越州民入关为谍，送京师。寻奏："永昌、普洱界连缅甸，拟每岁派兵五千五百，在张凤街、三台山、九龙口诸地防守。"上谕以"揆度边情，不值如此办理"。侍尧复请于杉木陇设大汛，拨腾越兵五百；千崖设小汛，拨南甸兵二百，轮驻巡防；并分守虎踞、铜壁等关。从之。四十五年，云南粮储道海宁诉侍尧贪纵营私状，命尚书和珅、侍郎喀宁阿按治。侍尧自承得道府以下馈赂，不讳，上震怒，谕曰："侍尧身为大学士，历任总督，负恩婪索，朕梦想所不到！"夺官，逮诣京师。和珅等奏拟斩监候，夺爵，以授其弟奉尧。又下大学士九卿议，改斩决，上心欲宽之，复下各直省督抚议。各督抚多请照初议定罪，独江苏巡抚闵鹗元迎上意，奏："侍尧历任封疆，干力有为。请用议勤议能之例，宽其一线。"上乃下诏，谓："罪疑惟轻，朕不为已甚。"改斩监候。

四十六年，甘肃撒拉尔回苏四十三为乱，上遣大学士阿桂视师。特旨予侍尧三品顶戴、孔雀翎，赴甘肃治军事。甘肃冒赈事发，总督勒尔谨得罪，命侍尧领总督事，会阿桂按治。勒尔谨及前布政使王亶望、布政使王廷赞、兰州知府蒋全迪皆坐斩。上命诸州县侵冒二万以上拟斩决，一万以下斩候，于是皋兰知县程栋等二十人皆坐斩。四十七年，奏："皋兰等三十四厅、州、县亏库帑八十八万有奇、仓粮七十四万有奇，请于现任总督以下各官养廉扣抵归补。"上命宽免。又请豁免节年民欠三十万两。旋命予现任品级顶带，加太子太保。四十九年，广东盐商谭达元诉侍尧任两广时，总商沈冀州敛派公费馈送，上命尚书福康安按鞫，请罪侍尧。上责侍尧偿缴公费，免其罪。

苏四十三乱既定，上屡谕侍尧密察新教回民。至是，盐茶厅回田五等复为乱，侍尧会固原提督刚塔捕田五。田五自戕，得其孥诛之。无何，田五之徒复攻靖远。侍尧驻靖远，令刚塔督兵往，乱久未定。上命大学士阿桂、尚书福康安视师。渭城陷，西安副都统明善战死，贼据石峰堡。上责侍尧玩延怯懦，夺官，仍在军效力督饷。侍尧旋遣兵赴伏羌。福康安至军，发侍尧玩愒贻误诸罪状。逮热河行在，王大臣按鞫，拟斩决。上仍令从宽改监候。五十年，谕释之。署正黄旗汉军都统。署户部尚书。

湖北江陵民诉知县孔毓檀侵赈，命侍尧往按。奏言毓檀未侵赈，但治赈迟缓，坐夺官。命署湖广总督。奏上年孝感被灾饥民刘金立等掠谷，生员梅调元纠众殴杀金立，并生瘗二十三人。上逮前总督特成额及知县秦朴等治其罪。未几，实授。

五十二年，入觐。台湾民林爽文为乱，调侍尧闽浙总督，驻蚶江。时前总督常青督兵渡台湾，侍尧以兵力不足，调广东、浙江兵济师。又虑贼据笨港劫粮械，拨艍船分防鹿耳门、鹿仔港。上奖以筹济有方。乱久未定，上以常青非将才，命福康安为将军督师；并寄谕常青全师以归，待福康安至，再筹进取。侍尧恐常青宣露上旨，人心惶惑，节录发寄，并具疏请罪。上大悦，奖以"深合机宜，得大臣体"。赐双眼孔雀翎。福康安劾提督柴大纪，上责侍尧徇隐。五十三年，侍尧亦奏大纪贪劣诸状，自请治罪，上宽之。台湾平，命仍袭伯爵。建福康安等生祠于台湾，命侍尧居福康安、海兰察之次。复命图形紫光阁，列前二十功臣。

侍尧短小精敏，过目成诵。见属僚，数语即辨其才否。拥几高坐，语所治肥瘠利害，或及其阴事，若亲见。人皆悚惧。屡以贪黩坐法，上终怜其才，为之曲赦。十月，疾闻，命其子侍卫毓秀往省。旋卒，谥恭毅。

弟奉尧，自官学生袭励旧佐领，授蓝翎侍卫。累迁江南提督。四十五年，袭伯爵。四十六年，调福建陆路提督。以漳、泉累有械斗，左授马兰镇总兵。五十二年，署直隶提督。山东学政刘权之移家，舟经静海被盗，下吏议。上以署事未久，且随扈热河，宽之。五十三年，侍尧还袭伯爵，加奉尧提督衔。五十四年，卒，谥慎简。子毓文，乾隆六十年，侍尧督云、贵与局员通同偷减钱法事发，夺毓秀伯爵，命毓文承袭。

伍弥泰，伍弥氏，蒙古正黄旗人，副将军三等伯阿喇纳子。伍弥泰以雍正二年袭爵。授公中佐领，擢散秩大臣，迁镶白旗蒙古副都统。乾隆十五年，赐伯号曰诚毅。二十年，授凉州将军。旋命以将军衔驻西藏办事，二十四年，代还，授正蓝旗蒙古都统。出为江宁将军。二十七年，上以伍弥泰不胜任，召还，仍为散秩大臣。命协办伊犁事务。哈萨克越境游牧，师逐之出塞。上以伍弥泰不谙军务，令随行学习。二十八年，命往乌鲁木齐办事。筑精河屯堡，上赐名曰绥来。三十一年，代还，署镶黄蒙古、正白汉军两旗都统。授内大臣。三十五年，命往西宁办事。郭罗克土番劫洞库尔种人行李，伍弥泰遣兵逐捕，得行李以还。奏闻，上以未痛剿，责伍弥泰怠忽。三十八年，改驻西藏办事。四十一年，代还，擢理藩院尚书，兼镶白旗汉军都统。出为绥远城将军，调西安。四十三年，伊犁将军伊勒图请以屯田无眷属之兵次第撤回，下伍弥泰议。选陕、甘绿营兵三千携眷属以往。四十五年，班禅额尔德尼诣京师，命伍弥泰护行，仍还西安。

四十六年，撒拉尔回苏四十三等为乱，陷河州。上命伍弥泰选兵千人备征发。伍弥泰奏提督马彪已率兵赴河州，拟选满洲兵千继往。上以所奏与谕旨合，深嘉之。上命大学士阿桂视师，督军攻华林山梁，命伍弥泰驻龙尾山为声援。回乱旋定，捕得阿浑五。有海潮宗者，尝出降，彪遣往开谕，遂留从乱。上责伍弥泰等不先奏闻，下吏议夺官，上宽之。

四十八年，授吏部尚书、协办大学士、镶白旗蒙古都统，充上书房总谙达。四十九年，上巡江、浙，命留京办事，授东阁大学士。上以伍弥泰年逾七十，命与大学士嵇璜、蔡新俱日出后入朝，风雪沍寒，免其入直。五十年，预千叟宴。五十一年，卒，赠太子太保，赐祭葬，谥文端。

伍弥泰治事知大体。班禅额尔德尼至京师，王大臣多和南称弟子。伍弥泰护行，与抗礼。

官保，乌雅氏，满洲正黄旗人。初授刑部笔帖式，擢堂主事。累迁郎中。乾隆七年，授江南江宁府。十一年，总督尹继善奏官保不宜外任，复授刑部员外郎。转郎中，改御史。擢刑科给事中，巡视台湾。二十二年，擢镶黄旗汉军副都统，往西藏办事。二十六年，授刑部侍郎。三十年，调工部。三十二年，复往西藏办事，察知粮务通判吴元澄以库银贸易。上以官保初至藏即察奏，嘉其急公，谳实，论斩。历正红旗蒙古、满洲都统，理藩院，刑、礼、户诸部尚书。三十四年，协办大学士。上幸热河，命留京办事。三十八年，调吏部。四十一年，以年逾八十乞休，命致仕。卒，赐祭葬，谥文勤。

论曰：廷桂尝言："事英主有法。若先有市惠、好名、党援诸病，上所知，便一事不可行。"其言深中高宗之隐，被眷遇宜矣。侍尧眷遇尤厚，屡坐赃败，屡屈法贷之。盖特怜其才，非以其工进献也。阿弥达、廷璋皆以不谨闻，亦未竟其罪。有恭抚江、浙，治海塘，重水利，有惠于民。其被谴尚非有所私，视侍尧辈故当胜。伍弥泰虽未尝领疆

卷三百二十四　　列传一百十一

方观承　　富明安　　周元理 李湖
李瀚　　李世杰　　袁守侗 郑大进　　**刘峨**
陆耀　　管干贞 蒋兆奎　　**胡季堂**

方观承，字遐谷，安徽桐城人。祖登峰，官工部主事。父式济，康熙四十八年进士，官内阁中书。侨居江宁，坐戴名世《南山集》狱，并戍黑龙江。观承尚少，寄食清凉山寺。岁与兄观永徒步之塞外营养，往来南北，枵腹重趼。数年，祖与父皆没，益困。然因是具知南北阨塞及民情土俗所宜，厉志勤学，为平郡王福彭所知。雍正十年，福彭以定边大将军率师讨准噶尔，奏为记室。世宗召入对，赐中书衔。师还，授内阁中书。乾隆二年，充军机处章京。累迁吏部郎中。七年，授直隶清河道。署总督史贻直奏勘永定河工，上谕之曰："方观承不穿凿而有条理，可与详酌。"八年，迁按察使。九年，命大学士讷亲勘浙江海塘及山东、江南河道，以观承从。寻擢布政使。十一年，署山东巡抚。十二年，回布政使任。十三年，迁浙江巡抚。十四年，擢直隶总督，兼理河道。十五年，加太子少保。二十年，加太子太保，署陕甘总督。二十一年，回直隶任。

观承抚山东时，议以安山湖界民承垦升科，奏言："湖中尚有积水，但二麦布种于水已涸之后，收获于水未发之先。故虽有水患，民愿承垦升科。升科后，官征民纳，例重秋收。秋禾被水，请蠲、请赈、请豁，徒致纷繁。即如南旺湖，亦经台臣条奏界民承垦。臣从讷亲履勘，见卑处水涸，高处如屋如岩，意谓水不能及。臣至山东，方知夏秋间运河及汶水暴涨，赖以分减，运道得保无虞。凡大川所经，众水所注，其宣泄潴蓄之区，恒阅数年、数十年，有若闲置，一旦实得其用，未可以目前忘久远。安山湖亦运河泄水地，应视南旺湖例，夏麦秋禾，分季收租。除去升科名目，应征、应免，悉从其宜。国利而民亦不病。"又奏："义仓与社仓同为积贮，但社仓例惟借种，义仓则借与赈兼行，而尤重在赈。设仓宜在乡不宜在城，积谷宜在民不宜在官，秋获告丰，劝导输纳，岁终将谷数奏明，不必开具管收除在。则其数不在官。法可行久。"

抚浙江，海塘引河出中小亹安流，北大亹沙涨成陆。观承履勘，丈出地三十五万余亩，畀民承垦。又以引河既出中小亹，民间失地，以附近村地二万余亩拨补。复察各地咸气未除，民不能即耕，令灶户以未种地交民户佃，使灶户得租，贫民得地。分疏以闻，上嘉之。

督直隶二十年，治绩彰显。以兼理河道，治水尤著劳勘。直隶五大河，永定河浑流最难治。观承初上官，即疏言："永定河自六工以下，河形高仰，请就旧有北大堤，改移下口，庶水行地中，畅下无阻。"上谕以"改移下口不可轻言"。明年春，上临视永定河堤，御制诗示观承，大指谓河堤但可培厚，不可加高；略移下口，取易于趋下，亦补偏救弊之策。是夏，永定河南岸三工污沟夺溜。上以江南河道总督高斌《豆瓣集漫口图》示观承，观承奏："豆瓣集为中河余水漫溢，故可于水缓处施工。永定河若但堵月堤，溢水无归路。仍塞漫口，逼溜入引河，复故道。"上题之。又明年春，疏言："永定河下口掣溜出冰窖坝口。请即于坦坡埝尾东北斜穿三角淀，开引河入叶淀，自凤河转入大清河。"廷议以时初过凌汛，虑盛涨挟沙淤淀，令观承覆奏。奏言："冰窖坝口掣溜，在上七工尾，低于正河丈二三尺。南距南坦坡，北距大埝，有漫衍而无冲溢，此地势之顺也。水由坝出，非冲决亦非开放，民情不怨，此人事之顺也。凌汛改移，经理有暇，此天时之顺也。今日必应改移，不复稍存歧见。至虑盛涨挟沙淤淀，浑水至三十里外，水涣沙停，当无此虑。且臣亦尝计及，故不使东循龙尾直入凤河，而引入叶淀，迂其途而广其地，更可经久无患。"上命尚书舒赫德、河东总督顾琮会勘，如观承议。自是永定河下口出冰窖。

居二年，复疏言："永定河下口渐淤。请于北岸六工尾开堤放水，至五道口，导归沙家淀，仍自凤河入大清河。"廷议以甫改冰窖下口，何以又请于北岸六工开堤放水，令观承覆奏。奏言："冰窖改口后，水势畅顺。上年盛涨，下口十里内淤阻。今请于北岸六工放水，循南埝而行，仍以凤河为尾闾，实于现在情形为便。"自是永定河下口又改自北岸六工入凤河。旋请以凤河东堤及韩家埝隶永定河道，又请于下口北埝外更作遥埝，为匀沙散水之用，并加筑凤河东堤，与遥埝相接。观承治永定河凡再改下口，相时决机，从之辄利。

河决长垣、东明，命观承往勘。疏言："二县以太行堤为卫，其地南高北下。河南阳武诸县水北注，赖此堤捍之。康熙六十年后，屡被冲决。请于堤西开新引河，导水入旧引河东注，即以所起土别筑新堤。"命如所议。观承疏请治子牙河，自杨家口至阎儿庄，改支河为正河。复于阎儿庄北循堤浚新引河接黑港旧引河，俱于子牙桥北入正河。疏请治漳沱河，自晋州张岔山口改流，南出宁晋入滏阳河，当顺新道。疏请治漳河，自临漳东南改流趋大名，分支：一出城北，一流入间河。当于河口筑坝，断水南流。疏浚浚河，引水归故道。皆如议行。又疏浚易州安国河，开渠灌田，赐名曰安河。上以河南巡抚胡宝瑔督民间缮治道路沟洫，令观承仿行。观承方令诸州县以工代赈，修堤埝，浚减河，筑叠道，凡三十二州县。既奉命，奏言："正定、顺德、广平、大名等地民力易集，近年漳、漆、滏、洺诸水疏通。他处亦先后开工。要使沥水有归，农田杜患。"逾年，疏报自大兴、宛平东至抚宁，西至易、涿，西南至望都，东南至阜城；复循运河自武清至吴桥，凡二十二州县，筑叠道，开沟渠，诸工皆竣。

直隶北境东自热河，西至宣化，皆接蒙古界，流民出塞耕蒙古地。永定河改道冰窖之岁，土默特贝子哈木噶巴牙斯呼郎图议驱民收地。观承疏言："贫民无家可归，即甘爱驱逐，而数万男妇，内地亦难于安置，请简大臣按治。"上遣侍郎刘纶等往勘，议仍用原定年限，语详《纶传》。是岁，理藩院尚书纳延泰议撤多伦诺尔铺司，毋占蒙古游牧。观承奏："多伦诺尔自设铺司，文移资送邮，解饷得栖止，行旅亦堪投宿，并无碍于游牧。今于南茶棚、上渡、转山子、水泉子诸地量留屋宇，如或藏匿匪类，责所司究治。"

观承复请热河编立烟户，令有司稽察。附近敖汉、奈曼、翁牛特、土默特诸部，副都统岁周巡。理藩院议商人领票赴恰克图、库伦贸易，不得往喀尔喀各旗私与为市，并禁张家口设肆。观承疏言："禁张家口设肆，商人赴恰克图、库伦者日少。内地资蒙古马羊皮革，蒙古亦需内地茶布，有无不能相通，未见其益。请令商人领票赴恰克图、库伦，仍许经过喀尔喀各旗相为交易，但不得久居放债，碍蒙古生计。"御史七十五请于多伦诺尔收税，观承奏："内地茶布自张家口往，毋庸重征。惟恰克图、库伦等地互市，及克什克腾木植，当于多伦诺尔征税。"

右卫兵移驻张家口，观承疏言："岁支米粟不敷一万四千余石。请以宣化、怀来、怀安、蔚、西宁五州县征豆改粟米出粜，至张家口粜米，可得八千余石。又以领催、前锋、马兵岁米五之一改折加给，俾兵食有资，而转输可省。"兵部议以张家口副将隶察哈尔都统，观承疏请将边外七汛隶都统，左卫、怀安仍隶宣化镇。

漕船自清江至通州，天津为南北运河枢键。二十二年，漕船迟至，上命观承督民船起剥。观承于北仓设席囤贮米，令交兑船泊北仓南，起剥船泊北仓北，皆傍东岸。一帮限二里，同时起米不相妨。西岸行空船，计日毕事。疏请发库帑给脚价，明岁新漕归款。二十四年，上以北运河水浅，截先到漕艘留米四十万石贮北仓。观承疏言："前帮截留，后帮继进，为日无多。请以剥为截，令先到各帮每船剥若干，使得轻便，余米仍抵通州交兑。应截五六百船全米，匀为千船半米。俟河水涨发，继进之船，浮送无阻。"谕奖其妥协。上以各省钱贵，用山东布政使李渭议，禁富民积钱，家限五十串。观承奏："富民积钱，势不能按户而察之。与其限所积不能稽所入，请令交易在三十两以下者许用钱，过是即用银，违者收以官价。富民积钱，谕令易银，违者处以十之二入官。至寻常出入，应各从其便。"上问："成效若何？"观承言："富户钱渐出，市值亦平减。"廷议各省粜米，商人往往藉口昂值，下观承核议。观承疏："请需米省分具款交产米省分，令有司代购。则牙侩不敢抗拒地方官教令，操纵自如。"疏并下部议行。

观承督陕、甘，董理储糌，送驼马，运粮茶，上敕以妥速为要。方冬，疏言哈密至巴里坤大坂积雪，遣兵铲除，请日加面四两。在陕、甘四阅月，即返直隶。观承莅政精密，畿辅事繁重，乘舆岁临幸，往来供张。值西征师行，具营幕刍粮，未尝少乏，军兴而于民无扰。尤勤于民事，尝请以永定河淤滩，堤内外留十丈，备栽柳取土，余畀守堤贫民领耕输租。又请以永定河苇地改艺秋禾，又以麦田牧羊，奏请申禁。又举木棉事十六则，为《图说》以进，

上为题诗。沟渠叠道工竟，又请将栾城、柏乡、内丘、定兴、安肃、望都诸县改筑砖城。涿洲拒马河桥圮，令改建石桥。又重建衡水县西桥，请赐名安济。政无巨细，皆殚心力赴之。

二十八年，上命勘天津等处积水，责观承玩误，下部议夺官，命宽之。御史吉梦熊、朱续经交章劾观承，上谕曰："观承在直久，存息事宁人之见。前以天津等处积水未消，予以惩儆，而言者动以为归过之地。直隶事务殷繁，又值灾歉，措置不无竭蹶。言易行难，持论者易地以处，恐未必能如观承之勉力支持也。"三十年，上南巡，赐诗。三十三年，病疟，遣医诊视。八月，卒，赐祭葬，谥恪敏。御制《怀旧诗》，入五督臣中。子维甸，自有传。

富明安，富察氏，满洲镶红旗人。初授笔帖式。累迁户部郎中。乾隆十一年，授广东惠潮嘉道，历广东高廉、粮驿，广西苍梧诸道，福建、广西按察使。二十六年，迁江西布政使。请以南昌同知、通判二员定一员为满缺，专司翻译清文。上以江西无驻防满洲兵，不允。二十八年，命往巴里坤办事。三十二年，广东巡抚明山劾富明安官粮驿道浮收仓米，夺官，逮京师鞫治。事白，复官。命署山西布政使。三十三年，护巡抚。劾雁平道时廷霭纵仆扰民，坐夺官。

擢山东巡抚。疏言："高密百脉湖受五龙河、胶河诸水，夏秋常苦泛溢。请浚引河，引胶河北入胶、莱运河，涸出新地得四百余顷。"上嘉之。太仆寺少卿范宜宾奏请裁减东省闭坝后驿夫工食，富明安疏言："水驿夫役终岁在驿，闭坝多在十一月，开坝有早至正月者，中间相距两月余，而铜、铅诸船守冻，尚须守护。节省无多，窒碍转甚，非政体所宜。"从之。

三十五年，疏言："小清河行章丘、邹平、长山、新城、高苑、博兴、乐安七县六百余里。源出章丘，东至新城、高苑间分支，北为支脉沟；又东至博兴分支，南为豫备河。至乐安入淄水归海。比年湖泊淤塞，春夏水涨，民田常被其害。现就乐安境内挑淤培堤，并疏浚南、北支渠，使支干通流，建瓴而下。博兴、乐安可复膏腴。章丘、邹平、长山、新城、高苑诸县附近湖泊涸出，有益于民。民咸愿出力兴工，毋庸动帑。"谕曰："有利于民，事在应为，但不可滋弊耳。"

三十六年，又奏："济宁西北当运河西岸，受上游曹州境内诸水。以运河势高，不能泄水入运，遂至间段停积。饬浚旧有五渠，使南汇昭阳湖，并同时修治沂水、洓水、墨河、响水诸渠二十余处，及运河东岸徒骇、马颊诸河，泄涨水入海。"上以"知勤民之本"嘉之。三十八年，授闽浙总督，调湖广。三十九年，京山民严金龙父子为乱，捕得置诸法。卒，赠太子太保，谥恭恪。

周元理，字秉中，浙江仁和人。乾隆三年举人。十一年，以知县拣发直隶，补蠡县。调清苑。以总督方观承荐，擢广东万州知州，改霸州。以修城未竣，留清苑。会有部胥持伪札驰传者，察其奸，诘问具服，事上闻，上才之。

调易州，擢宣化知府。母忧归。上屡出巡幸，畿辅当其冲，宫馆、驿传、车马、刍牧诸役，主办非其人，往往为民厉，奏起元理董其事。服阕，补广平，调天津，又调保定。擢清河道，迁按察使，再迁布政使。三十六年，命从尚书裘曰修、总督杨廷璋勘青县、沧州减河。用元理议，请撤闸改用滚水坝，并定每岁测量疏浚，从之。旋授山东巡抚。奏："小清河发源章丘长白山，至乐安溜河门入海。章丘至博兴，有浒山、清河诸泊为纳水之区。请先将二泊浚深开广，遇水发时，有所停蓄，然后听其入河分注归海。并于每年农隙，疏浚下游各河。"未半载，擢直隶总督。

三十七年，疏言："直隶雨多河涨，行潦无归，行旅多滞。民间堤埝冲决，田庐受患。请用以工作赈例，勘修冲途诸州县叠堤，并浚良乡茨尾雅河、新城、雄县卢僧河；修新城、清河、雄、任丘、献诸县堤埝。"上遣尚书裘曰修按行直隶河工，元理与合疏言："直隶诸水，千支万派。总由三汊河为入海之道，全资西岸叠道，置桥穿泾，而东汇入海河。出口西岸旧有桥十一，今拟添建桥九，俾无壅遏，上游不至受害。格淀堤自当城以下改为叠道，酌添涵洞，使行水畅顺。子牙河下游澄清，不使清河受淤。"诏如所请。雄县民诉知县胡锡瑛私鬻仓谷，上遣曰修及侍郎英廉按治得实，论罪。上谕曰："直隶治赈，周元理奏言有司料理妥实。今有雄县事，所称妥实者安在？"下吏议，夺官，命留任。三十八年，加太子少保。

三十九年八月，山东寿张民王伦为乱，破寿张、堂邑、阳谷，犯东昌及临清，夺粮艘为浮桥，欲渡运河。上以畿南地相接，敕守要害。元理驰至故城，令布政使杨景素、总兵万朝兴、副将玛尔清阿以兵千二百驻临清西岸遏其冲。大学士舒赫德率禁旅讨贼，贼渡西岸犯我师，玛尔清阿击败之。贼溃复合，又为我师所败，进夺浮桥。贼退保临清旧城，元理令朝兴督兵助攻，伦自焚死，乱旋定。寻与侍郎兼顺天府尹蒋赐棨勘八旗在官荒地，请招佃承垦，八年后起租，沮洳庳下之区，并为开沟泄水；下部议行。四十年，元理年七十，召至京，御书榜赐之。四十一年，与学政罗源汪师热河增建学校。四十三年，上命改热河为承德府，令元理筹画。疏请改设州一县五，增置官吏如制。并请开附近潘家口汛煤窑。四十四年，坐井陉知县周尚亲勒派累民，民上诉，元理请罪民。上命尚书福隆安按治，责元理袒护，夺官，予三品衔，令修正定隆兴寺自赎。寻授左副都御史，仍署直隶总督。四十五年，迁兵部左侍郎，擢工部尚书。四十六年，引疾归。四十七年，卒。令江苏布政使致祭。

元理为治举大体，泛爱兼容。时以有长者行重之，为方观承所识拔。时同入荐剡者曰李湖，亦有名。

湖，字又川，江西南昌人。乾隆四年进士。初授山东武城知县，调郯城。累迁直隶通永道，调清河道。迁直隶按察使，再迁江苏布政使。三十六年，擢贵州巡抚，三十七年，调云南。四十年，总督彰宝以贪婪得罪，责湖隐忍缄默不先劾奏，夺官，予布政使衔，往四川军营会办军需奏销。四十三年，授湖南巡抚，四十五年，调广东。湖敏于当官，在贵州规画铅运，在云南厘剔铜政，均如议行。

所至以清严为政。其莅广东，以广东夙多盗，番禺沙湾、茭塘近海为盗薮，密调姓名、居址及出入径途，知群盗以七月望归设祀，饬文武吏围捕。旬日间诛为首者二百有奇，而释其胁从，盗风以息。旋条奏申明员弁，责成编船移汛，设施甚备，令行法立，民咸颂之。卒，赠尚书衔，谥恭毅，祀贤良祠。

李瀚，字文澜，汉军镶黄旗人。少孤，母苦节食贫，抚以成立。瀚选入咸安宫肄业。雍正十年举人，充景山官学教习。乾隆十三年，授山东荣城知县。二十三年，迁胶州知州。在官八年，民颂其惠，筑堤曰李堤，立石纪焉。三十一年，擢武定知府。大水，乘小舟勘赈，几溺，卒竟其事。徒骇河久塞，请发帑疏治，自是连岁无水患。三十四年，擢兖沂曹道。核防河诸费，岁节以万计，而堤益坚。三十六年，擢江西布政使。奏请停编审，上谕曰："丁银既摊入地粮，滋生人丁，遵康熙五十二年圣祖恩旨，永不加赋。各省民谷细数，督抚年终奏报。五年编审，不过沿袭虚文，应永行停止。"护巡抚。户部用湖南布政使吴虎炳议，禁小钱，并及古钱。瀚奏："收买小钱二千四百余斤，古钱仅四十余斤，前代流传，销磨殆尽。应援两江总督高晋奏准例，听民间行使。如有私铸古钱，仍与小钱一例查禁。"从之。又奏言："《时宪书》按省刊载太阳出入、昼夜、节气时刻。今江南分江苏、安徽，湖广分湖北、湖南，陕西分甘肃，请添注省名，分晰开载。"如所请行。四十年，授云南巡抚。行至贵州，道卒。

李世杰，字汉三，贵州黔西人。少倜傥，喜骑射。年二十余，折节改行。乾隆九年，入资为江苏常熟黄泗浦巡检。知县李永书引与同堂听讼，县人称其平。总督尹继善、巡抚庄有恭荐卓异，迁金匮主簿。有恭檄充巡捕官，为入资以知县留江苏。二十二年，除泰州知州。始至，讼未结者四百余案，昼夜据案视事，不五月报竣。巡抚陈宏谋荐堪胜知府。二十七年，擢镇江知府。上命裁京口驻防汉军，世杰捐廉集资，人予饷三月、衣一袭，裁者三千人，皆分界职役。三十年，擢安徽宁池太广道。丁父忧，服阕，三十六年，授四川盐驿道。未几，擢按察使。

师征金川，总督桂林檄世杰驻打箭炉，督约咱路军需。木果木之败，副将军阿桂全师暂退，军中饷银数万巨锭，募运还，无应者。世杰令曰："委于贼，宁散于民！"从军贸易者数万人，争取立尽。世杰军队护其后，密檄关吏，见持饷银入口者皆令还官，铤酬以给银五两，豁获全。师复进，铸炮缺炭，檄世杰营办。世杰令伐树札木城卡卫，掘地为大窑数十，复伐树而薪焉。不旬月，炭足供铸。守御僧格宗发敌伏，俘十六人以还。阿桂以闻，赐孔雀翎。四十年，擢湖北布政使，仍留军督饷。四十二年，金川平，乃上官。四十四年，擢广西巡抚。丁母忧。四十六年，命署湖南巡抚，服阕真除。四十七年，调河南。大学士阿桂督塞青龙冈决口，疏引河，上命占用民田当安顿调济。世杰寻奏请以北岸涸出地亩，划给南岸占用民田。四十八年，奏引河新筑南堤，捐廉种柳，别疏厘定防护新河将吏官制。

迁四川总督。四川自军兴后，征调赋敛无艺，仓库如洗。世杰洁己率属，休养生息，俾渐复旧观，上尝举世杰功风厉诸省。世杰疏劾酉阳知州吴申，州民入湖广界为盗，不即捕治。上谕曰："四川盗匪，前此大加惩创，地方安静，乃复有焚杀抢劫之事，皆世杰因循玩愒所酿成。"传旨申饬。甘肃回复乱，世杰奏遣川北总兵富禄率兵赴援，建昌总兵魁麟防昭化、广元。上以回乱渐定，谕世杰镇静。

五十年，世杰年七十，入觐，与千叟宴。州县捕金川逃兵不力，例夺官，仍留任，准调不准升。世杰奏请准令捐复，上严斥之，下吏议。旋又允陕西巡抚何裕城请，命世杰免议。湖广饥，告籴于四川，世杰请以近水次诸州县常平仓谷碾米三十万石。既，浙江亦告籴，世杰以浙江视湖广远，运米济赈，缓且不及；又请以备应湖籴米，拨十万石先济浙江。上嘉世杰得封疆大臣体，命议叙。

五十一年，调江南总督。世杰遘疾，乞解任，上不许。秋大雨，河决司家庄。偕安徽巡抚书麟、河道总督李奉翰筹工费，请开捐例。上谕之曰："户部库银尚存七千余万，帑藏充盈，足敷供亿。世杰何必为此鳃鳃言利之举？捐纳未尝无人才，而庸流因之并进博朊仕。一二年后，得廉俸过于所出，国家并无实济，铨政官方，两无裨益。此奏不可行。"寻复命大学士阿桂莅工，及冬，工乃竟。五十二年，狼山镇陈杰疏言各营火药短少，上命察核。世杰奏："镇属盐城等五营硝磺缺额，磺产山西，例二年一次采运。近因运使岁需烟盒，磺银催解不前，不能如例，以致支绌。"上谕曰："硝磺军火要需，向俱采办足额。以两江而论，安徽据奏足额，何独江苏短缺？两淮年例，岁不过烟盒七架、大小爆竹一万，所需能几？有司采运迟延，以此卸罪。世杰以此率涉支饰，令两淮盐政徵瑞会同料理。"世杰寻劾江宁布政使袁鉴于各属磺价尚未解齐，误将运使烟盒价牵叙，下吏议。又以河督题报苇荡营新淤滩地产柴数与案不符，责世杰未察核；世杰复偕徵瑞奏言硝磺缺额，由采运稽迟，请将历任布政使议处。上谕曰："世杰等本当治罪，但以事涉上供，从宽降鉴江宁知府，停世杰养廉三年。"并罢两淮例进烟盒、爆竹。

复调四川总督。五十三年，巴勒布夷为乱，据西藏属聂拉木、济咙。上命世杰拨驻防绿营及明正、巴塘、里塘、德尔革尔诸土司兵赴西藏；而世杰得驻藏大臣庆林牒，已发驻防绿营兵及屯练降番合三千人，令提督成德等率以行。奏入，上命毋发明正、巴塘、里塘、德尔革尔诸土司兵。世杰奏："奉谕已令诸土司发兵，诸土司近尚安静。既调复停，恐番性生疑，仍令备调。"上嘉世杰枢机妥办，不拘泥遵旨，解御佩大小荷包赐之。世杰又奏发米二万三千三百石运四藏，足敷兵食。上褒世杰尽心，命移驻打箭炉。迭疏报成都将军鄂辉率兵千二百入藏，副将那苏图率屯练五百驻打箭炉。寻以巴勒布夷远遁，谕世杰还成都。五十四年，秋审，四川原定缓决、刑部改情实者凡七案。上责世杰宽纵，以其老，且平日治事核实，免议。世杰荐川北道明安，引见，上以其年衰，改主事，世杰下吏议。世杰以病请解任，上令侍卫庆成偕医诊视，赐人参，并令自审病轻则来京，重则回籍。五十五年三月，入觐，授兵部尚书，赐紫禁城乘肩舆。江苏句容吏侵蚀钱粮漕米，上责世杰在两江未觉察，命以原品休致回籍。五十九年，卒，年七十九，赐祭葬，谥恭勤。

世杰仕而后学，摘发钩距，必得要领。上每言其不通文理，然屡褒其能事，礼遇优厚。世杰长子漳州知府华国早卒，上降诏慰勉。其孙举人再瀛，会试未中式，令一体殿试，授礼部主事。及世杰入为尚书，再瀛病卒，召其次子知州华封授员外郎，俾奉侍。华封官至两广盐运使。

袁守侗，字执冲，山东长山人，乾隆九年举人，入赀授内阁中书，充军机处章京。迁侍读。再迁吏部郎中。考选江西道御史，授浙江盐驿道。二十八年，迁广西按察使。奏言："烟瘴充军人皆凶悍，请分拨泗城、镇安、宁明、东兰诸地；解役疏脱斩绞重囚，短解问徒，长解问流；各署书役贴匀帮差，滥收滋弊，请量定多寡，分别汰留。"又言："卓异官，藩、臬、道、府甫到任未三月，停止出结。"部议均从之。三十四年，丁父忧，服阕，命以三品京堂仍充军机章京，补太仆寺卿。迁吏部侍郎，调刑部。命如云南按布政使钱度贪婪状，论如律。三十八年，兼署礼部，命在军机大臣上学习行走，兼管顺天府尹。复命如云南按保山知县王锡供给总督彰宝亏空矣粮，论如律。调吏部。又命如贵州按总督图思德劾镇远知府苏墡贪婪状，罪至死。暂署贵州巡抚。又如四川按松冈站员冀谷勋侵蚀军米，论如律。四十一年，迁户部尚书。复命如四川按富德滥用犒军银，即监谘京师，赐黑狐端罩。

四十二年，调刑部。命如甘肃勘验捐收监粮。复命偕两江总督高晋筹堵仪封漫口。四十四年，奏言遵兜袖法筑两坝，以期回溜分入引河。又与高晋会奏引河头去口门稍远，开引沟三百余丈，直达引河，绘图奏闻。上以所拟引河向南，恐纡回不能得势，于图内朱笔标识，令向北改直。寻奏坝工蛰陷，两坝镶筑兇收。遵谕将引河头西首淤滩切去，俾沟口向西北，开宽，引溜下注。是年四月，授河东河道总督。调直隶总督。四十五年，疏请修筑北运河筐儿港减水石坝。四十六年，甘肃监粮舞弊成大狱，上以守侗勘验不实，下吏议，夺官，命留任。丁母忧，去官。

四十七年，谕勘浚伊家河，疏山东积水。守侗诣勘，奏请自善桥以北抵杨家楼，长七千余丈，展宽浚深，堵筑缺口，拆改降水桥座，谕速行办理。寻复授直隶总督。四十八年，卒，赠太子太保，赐祭葬，谥清悫。

郑大进，字退谷，广东揭阳人。乾隆元年进士。授直隶肥乡知县。累迁山东济东道。二十九年，山东淫雨，高唐、茌平诸县水涨阻道。大进相度宣泄，水不为患。巡抚崔应阶荐其能，迁两淮盐运使。三十六年，丁父忧，去官。服除，上召至热河，命署浙江按察使。寻授湖南按察使。四十年，迁贵州布政使。四十三年，授河南巡抚。四十四年，调湖北。旋署湖广总督。奏："安陆、荆州二府滨临江、汉，以堤为卫。今夏涨发，钟祥、潜江、荆门、江陵堤决，已一律修复，惟潜江长一垸地洼沙积，筑堤难固，应择地势较高处筑月堤。钟祥、永兴、保安诸垸地当冲，亦应筑月堤，俾水发江宽，不致出险。又有刘家巷堤应并修筑。"四十五年，奏："武昌滨江上游，诸水汇流，绕城而东。江涨冲刷，堤根虚悬。现修武昌城毕，请并修堤，毋使水啮城。"均从之。又奏言："湖广邪教为害，总督班第奏请枷责发落，俾免株连。牧令遂视为自理词讼，率不通详。请自今以后，据实呈院司核办，讳匿徇纵者劾之。"上题其言。

四十六年，授直隶总督。命勘永定河工。奏言："六工以下河身内旧有民居，乾隆十五年给价迁移。又以下口改流，奏令暂回缴原给房价，减粮田亩，依旧征收。今勘南、北两岸，自头工至六工，村落已尽迁移。六工以下，水势迁徙靡常，累将北埝改筑展宽。南、北两堤遥隔五十余里，其中居民五十余村，水涨以船为家，应令迁移。永清柳坨诸村、东安孙家坨诸村旗、民二百八户，已勘定地址，令陆续移居。河身较远之村，仍准暂住。禁筑坝修房，以杜占居。"报闻。四十七年二月，赐孔雀翎、黄马褂。五月，奏保定九龙河经清苑、安州至任丘入淀，年久积淤。请旧有望都向闸、殷家营、高岭村三闸外，于望都樊村建石闸一，清苑冉村、邓村、营头建石闸三。并修整诸旧闸，开浚安州、新安、任丘诸县河。皆称旨，加太子少傅。卒，赐祭葬，谥勤恪。

刘峨，字先资，山东单县人。入赀授知县。乾隆二十三年，选直隶曲阳知县。调宛平。卢沟桥有逆旅，多阴戕过客没其财，峨发其奸。西山煤矿多藏匿亡命，峨散其党与，先后捕治置诸法。三迁通永道，以母忧归。起天津道，仍调通永道，以父忧归。未一年，上命署清河道，服阕真除。四十五年，迁湖北按察使。石首有寡妇，兄公谋其产，诬之，死于狱。峨治书吏发其枉，逮其兄公至，亲鞫，论如律。四十六年，迁安徽布政使，调山西。四十八年，擢广西巡抚。甫两月，迁直隶总督。辅国公弘殷遣仆至静海冒占入官地，事闻，上谕峨："遇王公以下私遣人干有司，无问是非曲直，即据实奏闻。"长芦盐政微瑞奏漕艘至杨村，以民船剥运，盐运迟误。上谓非特盐运迟误，且恐商货壅滞，令峨赴天津与微瑞议民船编号轮雇，照例发价，并定赴通回空限期，下部议行。分疏劾中仓监督赵元摺嗾殴民至死，三河知县王治歧挪用旗租，并论如律。谒避暑山庄祝嘏，赐孔雀翎、黄马褂。南宫民魏玉凯诉县人李存仁习邪教，上遣侍郎姜晟会鞫。存仁坐诛，玉凯妄及无辜，论戍。四十九年，上遣尚书金简会勘卢沟桥下游沙淤，请于中泓五孔抽淘三道。上以抽淘水缓，命中泓五孔全行疏浚。微瑞请捐银三十万造剥船济运，上以直隶木材少，命湖广、江西二省分造。峨奏言："北仓存漕四十余万，俟新造剥船到齐，先行运通。"上许之。

五十一年七月，广平民段文经、元城民徐克展为乱，夜入大名，戕大名道熊恩绂。峨奏闻，即督兵驰往捕治，得从乱者王国柱等，自列尝习八卦教，及文经、克展蓄谋为乱状。上令峨捕文经、克展，久之未获，累降旨诘责。十月，河南巡抚毕沅奏于亳州获克展，槛送京师，而文经终未能得。五十二年，命停峨本年廉俸。山东学政刘权之迎眷属赴官，途遇盗，峨坐夺官，命留任。

五十三年，命偕山东巡抚长麟等勘议粮艘在德州剥运。五十五年，巡城御史穆克登额等获建昌盗，自列尝劫建昌钱铺，有同为盗者，系清苑狱二年未决。上责峨废弛，遣侍卫庆成逮清苑知县米复松诣京师，下刑部论罪；夺峨孔雀翎、黄马褂，降调兵部侍郎。未几，擢尚书。五十六年，命如河南按虞城民诉县役事，又如江西按广丰武弁包漕、崇义民发冢弃骸事，并讯明，论如律。峨至崇义，入深山中勘冢地，江西民称之。五十七年，从上幸热河，赐还孔雀翎、黄马褂。六十年，以疾乞解任，加太子少保，原品休致。卒，赐祭葬，谥恪简。

陆耀，字青来，江南吴江人。乾隆十七年举人。十九年，考授内阁中书，充军机处章京。奉职勤慎，有急务立办，大学士傅恒深器之。上出巡幸，俱令扈从。累迁户部郎中。三十五年，出为云南大理知府，以亲老请改补近省，调山东登州府。三十六年，调济南府。上书巡抚徐绩，请留南漕广积贮。三十七年，授甘肃西宁道。耀乞续代奏，乞假送母居京师，上命改授运河道。上书河道总督姚立德，言："兖州、泰安二府泉四百七十八，当浚渠导泉，俾由高趋下，其流不绝。"又言："运河例岁冬闭坝，春挑浚，天寒暑短，民役俱惫。宜修复南旺、济宁、临清月河，并于彭口南岸亦开月河。岁九、十月漕艘商舶皆从此行，以其时疏浚运河。"皆用其议。又请修《河渠志》，成《运河备考》。

三十九年，寿张民王伦为乱，去济宁二百里，有欲闭城者，耀不可，曰："寇未至闭城，示之怯也。且何忍拒吾民使散逸被贼害且胁诱耶？"乃募乡兵助守，坐城闉任稽察，事旋定。四十年，擢按察使，耀议以流犯罪轻，请免其解司；四十三年，擢布政使，耀议流外壅积，请停分发：皆从之。耀母老，病狂疾，奏乞解任终养，上许之。四十六年，丁母忧。运河筑堤，上以耀习河务，命往山东会运河道沈启震董其役。四十八年，命署布政使，服阕真除。

四十九年，擢湖南巡抚。湖南盐商例有馈，峻却之，命平盐价如其数。疏请增岳麓、城南二书院膏火，又疏请申亲老告养例，请敕各督抚不论现任、试用，通饬呈明终养。又奏："湖南社仓前巡抚刘墉令湘阴等四十五州县劝捐，得谷十二万；勒限严催，仅耒阳等十五州县交齐，余未足数者十七县，全未交者十三县。如湘阴、巴陵、武陵诸县滨临江湖，地多硗瘠，桂阳、泸溪、辰谿诸县介在山僻，民鲜盖藏；若执前捐数目，责令全完，民间未沾借贷之益，转受追呼之扰。请凡现在未收者停止催缴。"上允其奏。耀以病请解任。旋卒。

耀自幼立志以古人自期，学廉体用。居官廉俭。入觐，门吏留装物索赀；耀乃置衣被城外而假于友，觐已还之。初至长沙，总督特升额以阅兵至，见耀方午食，惟菽乳蔬菜，讶之。耀曰："天不雨，方斋，故所食止此。"特升额怒其奴曰："吾馆舍酒肉臭，何不以祈雨告？"还馆舍，命悉撤去。

管干贞，字松崖，江南阳湖人。乾隆三十一年进士，改庶吉士，授编修。考选贵州道御史。巡视西城，讼牒皆亲判；周行郊内外，捕治诸不法者。先后命巡漕天津、瓜、仪，凡十二年。累迁至光禄寺卿。干贞以漕船回空，多守冻打冰，令先通下游，免上游冰下注，益增坚厚，后遂守其法。疏言："运河以诸湖为水柜，诚使节节流通，虽遇旱涝，可以节宣。否则雨少无筹济之方，雨多无容水之地。至引黄入运，系一时权宜。苟疏浚得宜，黄河全力下注，运河自不致停沙。"又奏请治骆马湖，使运河水有所蓄泄，并得旨议行。迁内阁学士。五十三年，擢工部侍郎。

五十四年，授漕运总督。粮艘至天津杨村，每以水浅须起拨，运丁不能给舟值，例由长芦盐运使以鬻盐钱贷运丁，借直隶藩库银归款，运丁分年缴纳。其后议停，运丁多不便，干贞请如旧例。又疏陈江西军丁疲敝，请筹款增补，行、月二粮折价；借官银代偿积逋，令分年输纳；宽限清厘屯田，俾藉以调剂。并从之。五十五年，赐孔雀翎、黄马褂。疏言："漕艘百余帮，役夫数万人，最易藏奸生事。上年新漕，饬严立规条，行必按伍，止则支更。亲行督察，乃知别有奸人随运潜行。督饬捕治数十人，交州县确拟严惩。"得旨嘉奖。五十八年，疏言："苏州太仓押运官，例抵准后改委赴通。中途分更，互相推诿。请自水次抵通，始终其事，庶官有专司。"又请河南豁免缓征，停运减存船只，就近赴山东受雇拨运。又请各帮水手短纤，责成头舵工丁以素识诚实之人充补，免聚众窃盗诸累。皆报可。各省开兑，多至春初，又在在逗遛，遇水浅或河溢，有在河北度岁者。干贞严饬弁丁修艃受兑，复冬兑春开旧制。粮艘起运，每策马督催，风雨不避。或不归所乘舟，支帐露宿。微弁出力，必亲慰劳。运丁舟人不用命，立予惩罚。当时或苦其苛急，及回空省费，无丝毫派累，咸大悦服。高宗尝召见褒其能，谓可亚杨锡绂。五十九年，以疾乞假，命两江总督书麟摄其事。疾愈，任事如故。

干贞成进士时，礼部改"贞"为"珍"，六十年，命仍原名。嘉庆元年，户部议江、浙白粮全运京仓，以羡米为耗，浙江运丁如议交运。干贞以江南余米较少，执议不行，交部严议，夺官。三年，卒。子通群，官浙江巡抚。

蒋兆奎，字聚五，陕西渭南人。自副贡生补甘肃张掖县教谕。乾隆三十一年，成进士。三十三年，教谕俸满，授四川合江知县。调灌县，丁忧。师征小金川，攻热耳，总督富勒浑奏留兆奎从军，驻达乌围治饷。既破热耳，移饷往。俄，大金川助乱，兆奎知热耳不足守，复移粮达乌围。已而，他所粮悉被焚。将军阿桂才兆奎，使驻日隆治饷，兼司令炮局。旋调署华阳，加知州衔。四川盗号咽噜子，扰尤溪。兆奎捕得盗渠，获首犯。服阕，迁山西泽州同知。擢太原知府。以巡抚农起荐，擢河东盐运使。五十四年，迁按察使，仍兼理盐务。寻迁甘肃布政使。五十六年，高宗八旬万寿，兆奎入祝畿。时河东商困，兆奎议改盐课归地丁，上命如山西同巡抚冯光熊勘议。旋议山西、陕西、河南三省应纳正杂课四十八万余两，均入三省行盐完课纳税百七十二厅州县地丁，两加九分有奇，下部议行。五十七年，上以河东盐价减，销畅，两三月内，发贩盐数倍于往年，商民交便。褒兆奎始终承办，收效甚速，赐孔雀翎。

旋授山西巡抚。五十九年，迎跸，赐黄马褂。六十年，以山西钱贱，请停宝晋局铸钱，从之。嘉庆元年，诏与千叟宴。寻命毋诣京师，仍加恩赏。奏劾汾州知府张力行挟讼事婪索，冀宁道邓希曾等廻护同官。夺力行官，命兆奎按鞫。又发力行侵帑状，坐斩。二年，以病乞解任，归。

四年，高宗崩，兆奎入临，即授漕运总督。固辞，不许。旋奏言："整顿漕运，要在恤丁。今陋规尽革，旗丁自可节费；而生齿日繁，诸物昂贵，旗丁应得之项，实不敷用，急须调剂。前读上谕：'有漕州县，无不浮收，江、浙尤甚，每石加至七八斗。'历来交纳，视为固然。今若划出一斗津贴旗丁，余悉革除。所出有限，所省已多。不特千万旗丁藉资济运，即交粮亿万花户皆沾恩无穷。"疏入，上嫌事近加赋，饬与有漕省分各督抚别议调剂。兆奎疏言："各督抚所议调剂，有名无实。两江费淳所奏，不敷运费；江苏拟四升七合，安徽拟二升，焉能有济？"因力请罢斥。上责兆奎粗率，并谕："加赋断不可行。此外如何设筹善后，令再核议。"兆奎奏请："每船借给银百两，于各粮道库支领，分三年，以旗丁应领之项扣还。山东、河南两省路途较近，减借五十两；有漕各省本有轻赍，原应征米，斗折银五分。请仍征本色，按照旗丁米数，分给白粮。无轻赍，请通融匀给。"上以"所拟损民益丁，巧避加赋之名，仍存加赋之实"，遣侍郎铁保会淳详察。兆奎又奏："旗丁运费本有应得之项，惟定在数十年之前。今物价数倍，费用不敷。近年旗丁尚可支持者，以州县浮收，向索兑费，并折收行月等米，以之贴补一切经费。今革除漕弊，浮费可省，兑费不能减。臣才识短浅，惟恐贻误，求上别简贤良，原从小心敬畏而来，不敢气质用事。"上即命铁保代兆奎，召授工部侍郎。

寻授山东巡抚。御前侍卫明安泰山进香，还京师，奏山东有司私馈银八百，并及途中营汛墩房坍塌。上以诘兆奎，兆奎复奏辩，且称老病，求去。上怒其忿激，念廉名素著，降三品卿衔休致。七年，卒。

胡季堂，河南光山人，侍郎煦子。初以荫生授顺天府通判，改刑部员外郎，迁郎中。出为甘肃庆阳知府，再迁甘肃按察使，调江苏。江苏按察使移驻苏州，而狱犹在江宁，季堂请更置，报可。乾隆三十九年，擢刑部侍郎，四十四年，迁尚书。季堂屡奉使谳诸省谳狱，直隶、吉林、江苏皆一至，山东四至，河南再至。察得唆讼者严治之；有诬诉，论如律，不稍贷。初使河南按商丘狱，上谕之曰："季堂河南人，按本省事尤当秉公持正。勿以事涉大吏，虑将来报复，稍为瞻顾。"商丘民汤秉五迫孀妇刘为妻，刘绝食死。其狱已题旌，刘父犹陈诉，并及顺刀神拳会民事，察得唆讼者罪之。使山东按平度狱，州民罗有良与人斗，误踢其母死。莱州知府徐大榕原勘无误，乃坐是夺官，当平反，得旨嘉奖。再使山东，暂署巡抚。山东灾，请截本省漕米治赈。还京师，加太子少保，再兼署兵部尚书。

嘉庆三年，授直隶总督，赐孔雀翎。四年，仁宗亲政，季堂疏发和珅罪状。寻请以籍没其仆呼什图米麦万余石，分借文安、大城被水村民。长新店盗发，上责季堂废弛，削太子太保，夺孔雀翎。下吏部议，夺官，去顶带留任。河南内黄知县陶象柄获长新店首盗，季堂奏闻。上嘉季堂不邀功，还顶带；又获从犯，还孔雀翎。是时川、楚、陕教匪为乱，五年，季堂奏："教匪稽诛，臣闻经略额勒登保、参赞德楞泰等由川而楚而陕而甘，数千百里穷追，接战辄胜。是教匪所恃，不在势众而在得间能逃也。川、楚、陕连界，崇山峻岭，断涧深沟，在在险阻。教匪窜匿其间，劫掠而食，不烦裹粮；迫民前驱，不烦招集。官兵至，辄翻山越涧而逃。官兵必先运粮，又须探路，诸费周章。即道路可通，糇粮可继，而日夜追蹑奔走，其势必疲。是教匪逸而兵劳也。臣愚以为当先严守要隘，俾教匪无路可奔；乃宣上德意，散其胁从，然后临之以兵，分道进剿。教匪途穷食尽，计日可平。闻陕省有团练乡勇，或一二村，或数村，联合筑堡为声援。川、楚可推而行之，令各守本境，俾自护其田庐妇子。则教匪虽多，骤难肆扰。官兵剿抚兼施，无顾此失彼之虑。"上谕曰："所论极是。总之能堵方能剿，能剿方能抚，大端不外乎此。"

寻以病乞解任，还太子太保。卒，赠太子太傅，遣御前侍卫丰绅济伦奠醊，谥庄敏。子钰，进士，直隶清河道；镳，湖南盐法道。

论曰：牧民于平世，自庶而求富，修水利，饬农功，其先务也。观承殚心力于是，政行畿甸。富明安、元理、瀚皆以此为急，各著绩效。干贞筹运道，尤重行水。世杰起下僚，介而能恕。耀以学为政，所施未尽其蕴。季堂论治教匪，后来坚壁清野之议，已发其端。我有先正，言明且清，诸臣所论列，足当之矣。

卷三百二十五　　列传一百十二

李清时 姚立德　**李宏** 子奉翰 孙亨特
何焞 子裕城　**吴嗣爵**　**萨载**　**兰第锡**　**韩鑅**

李清时，字授侯，福建安溪人，大学士光地从孙。乾隆七年进士，选庶吉士，授编修。十四年，授浙江嘉兴知府。上南巡，或议自嘉兴至杭州别辟道行民舟，清时于官塘外求得水道相属，上通吴江平望，下达杭州坝子门，号为副河。丁父忧，去官。服除，授山东兖州知府。二十二年，擢运河道。

二十六年，河决孙家集，运河由夏镇至南阳两堤俱溃，清时督修筑。议者或拟用桩埽，费以六十万计；或拟建石堤，费以三百万计。清时少时行濒海间，见筑堤捍海为田者，掷碎石积水中，潮退则以木拦之，填土其上，坚筑成堤；因参用其法，以河东、西两岸皆水，得土难，令以石垒两旁，积葑其中，水涸，募夫起土置积葑上，费帑十四万有奇，而两堤成。曹县溢，水泻入微山湖，出韩庄

湖口，闸隘，水不得泄，令于闸北毁石堤，掘地深之以泄水。事上闻，上命于其地建滚水坝，高一丈二尺余。清时请减低为一丈，令湖水落至丈，乃闭闸蓄水。泗水经兖州西流入府河，济宁城东旧有杨家坝，遏水使入马场湖，蓄以济运，遇伏秋水涨不能泄，淹民田，令改坝为闸，视水盛衰为启闭。汶水分流入蜀山、马踏两湖，旧制引水使南行少北行多，后乃反之，漕船经衮口、靳口，浅涩不能进。清时规分水口，令南坝加长，北坝收短，以为节宣，并减低何家坝，使汶水南弱而北增。蜀山湖出口为利运、金线二闸，旧制开金线资南运。清时令移金线在利运北，使蜀山湖水先济北运。寿张境有沙、赵二水，阻运河不得入海。旧于运河东岸建三空五孔桥，又于八里庙建平水三闸，使二水盛涨有所泄。清时议减低三空五孔桥，又于八里庙增建滚水坝，使涨未盛即泄，不为范、濮、寿张、东阿诸县民田害。总督方观承行河，用其议，二水始宣畅。卫水自馆陶至临清与汶会，旧有闸，盛涨不能御。清时令于闸南当汶、卫交流处筑坝，仍岁加高厚；又议拓四女寺滚水坝。尚书裘曰修行河，用其议，卫河得安流。

二十九年，调江南淮徐道。三十年，擢河东河道总督，赐其母大缎、貂皮。清时以河堤岁修，司其事者每不度形势，过高糜帑，而卑薄者不能大有增益，乃饬所司当水涨各具堤高水面尺寸呈报，择堤最薄者培之。迨伏秋水发，耿家寨称十四堡，水及旧堤上，赖豫增新筑以免。清厘河工征料诸弊，岁减派料至千余万斤。三十一年，运河东岸漫口，自请议处，原之。三十二年七月，授山东巡抚。高苑、博兴、乐安三县被水，清时谓小清河下流隘，故上游溢，檄所司勘验。遽疾作，乞解任，不许。三十三年，卒。

清时治水善相度情形，穷源竟委。每乘小舟出入荒陂丛泽、支流断港中，或徒步按行谘访，必得要领，乃见诸建置。

姚立德，字次功，浙江仁和人。祖三辰，官吏部侍郎。立德以荫生授主事。乾隆十二年，外授江宁通判，迁知直隶景州。州俗，有人市鬻奴婢，牵就牙侩估其值，如牲畜然；亲死三日，祭城隍庙狱曰"哭庙"：立德谕禁之，陋俗以革。累迁山东按察使，署河东河道总督。按行工次，见阳武汛十七堡诸地土松浮，疏请筑半戗，培堤使坚。山东运河两岸蜀山、南旺、马场、昭阳、微山诸湖，每伏秋盛涨，水不能容，为豫筹蓄泄，坝开塞、闸启闭惟其时。三十九年，实授，加兵部尚书衔。高丕龙者，内监高云从弟也，立德从云言，荐之临清州为僚从，坐逮，依结交近侍律论斩，命夺官，仍留任。阳谷民王伦为乱，立德分守东昌，城圮难守，引运河水绕城壕，恃以为固；檄伦先墓，磔其尸。四十四年，仪封河决，屡筑屡冲，命夺官，仍留工效力自赎。四十五年，责令回籍。旋发往南河，补淮安里河同知。四十八年，卒。

李宏，字济夫，汉军正蓝旗人。监生，入赀授同知。效力河工，授山阳县外河县丞。累迁宿虹同知。乾隆十六年，授河库道。尚书刘统勋劾河员亏帑，事连宏，解职。

事白，留工。二十二年，发直隶以河务同知用，总督尹继善疏请留南河。侍郎梦麟勘治六塘河以下，以宏从。寻复补河库道，丁父忧，命在任守制。二十七年，调淮徐道。二十九年，擢河东河道总督。奏言："山东运河资湖水接济。今秋雨少，饬早河临运各闸。"又言："微山湖蓄水济运。韩庄湖口闸水深，与滚水坝脊相平，空船足敷浮送，即应堵闭。泗河会合诸泉，收入独山湖，仅济南运。应请于兖州府金口坝截筑土堰，俾达马场湖，俾济宁上、下河道开资其益。蜀山、马踏二湖专济北运，亦须筑坝收蓄。"又请增募夫役挑浚沙、赵、漳、卫、汶、泗、韩、马诸水，均报闻。又奏："黄河北岸耿家寨埽工为豫东第一险要，自乾隆九年下埽修防，岁费帑料。去冬于对岸引渠，冀分溜势。今秋全河畅分入渠，险工淤闭。"得旨嘉奖。

三十年，调江南河道总督。上以宏初自监司擢用，道厅以下多同官，虑有瞻徇，命高晋统理南河，留宏协理河东总河。奏言："黄河至河南武陟、荥泽始有堤防，丹、沁二水自武陟木栾店汇入，伊、洛、瀍、涧四水自巩县洛口汇入，诸水并涨，两岸节节均须防守。臣咨饬陕州于黄河出口处，巩县于伊、洛、瀍、涧入河处，黄沁同知于沁水入河处，各立水志，自桃汛迄霜降，长落尺寸，逐日登记具报；如遇陡涨，飞报江南总河，严督修防。大丹河至河内县丹谷口，旧筑拦河石坝，令由小丹河归卫济运，请不时察验疏令畅达卫河。辉县百泉为卫河之源，苏门山下汇为巨浸。南建三斗门，中为官渠济运，东西为民渠灌田。向例重运抵临清，闭民渠，使泉流尽入官渠。五月后插秧，一日济运，一日灌田。惟民渠石坝失修，泉水旁泄，应令修砌坚实。"均如议行。上以清口节宣未畅，下河田庐易湮，特定高堰五坝水志水高一尺，清口坝拆展十丈。三十一年三月，宏奏言："清口水门因上年霜降后湖水大消，只留十四丈。桃汛将届，应将东坝拆展，使口门宽二十丈，俾洪湖及早腾空，预留容纳之地。"上嘉之。夏秋间湖水盛涨，续展至五十三丈。八月，河溢徐州韩家塘。宏与高晋分驻两坝堵筑，逾月工竟。奏言："平时大展清口，腾空湖面，乃得藏工迅速。"冬，以湖水渐落，请接筑东、西坝，仍留口门二十丈，酌量收束，蓄清抵黄。三十三年，河溢王家田头，下吏议降调，宽之。三十四年，奏言："洪泽湖水大，将清口东、西坝递展宣泄。适黄水骤长，灌入清口。随闭惠济、通济、福兴三闸，俾并力敌黄，黄水消退。"报闻。三十六年，卒。

宏尝以明汶上老人白英立祠戴村，子孙向有荫袭，请旨仍给八品世职，上从之。

李奉翰，宏子。入赀授县丞，补沂水。累迁江苏苏松太道，坐事罢。复入赀还原官，发江南河工效力，奏署河库道。上以奉翰宏子，习河事，命真除。四十四年，署江南河道总督。四十五年二月，授河东河道总督。河溢考城芝麻庄、张家油房，奉翰督吏塞芝麻庄，工竟。上谕曰："勉为之，莫以水弱而弛其敬谨！"旋命仍署江南河道总督。奉翰奏："张家油房工未竟，较南河睢宁工为要。请留河东，俾蒇其役。"报可。九月，张家油房工亦竟，上为欣慰。四十六年正月，调江南河道总督。二月，奏请重定南河汛员额缺，酌增河兵；移改运河闸官、运河汛员，视缺繁简，更定品秩，下大学士九卿议行。七月，河决青龙冈，命偕大学士阿桂驰赴河南会河东河道总督韩鑅督办东、西两坝下埽。甫合龙，坝蛰陷，乃与阿桂筹议宽浚青龙冈迤下至孔家庄、荣华寺、杨家堂诸地引河，并于黄河下游北岸疏潘家屯、张家庄二引河，苏家山水线河、宿迁十字河、桃源顾家庄引河，五道泄水。四十八年春，青龙冈工竟。方坝陷，奉翰督吏抢护，堕入金门，格于缆，伤焉，河工谓两坝间为金门，缆所以引埽者，事闻上。四十九年，上南巡，奉翰觐行在，上奖其勤劳，赐骑都尉世职。五十年，坐清口东、西两坝不早收束，致运道浅阻，降三品顶带。寻命复之。秋，河水大至，奉翰督吏昼夜填筑，塞李家庄、烟墩头、司家庄、汤家庄诸漫口。五十四年，调河东河道总督。五十八年，命赴浙江会巡抚吉庆会勘海塘。奏请以范公塘及海宁石坝改筑柴盘头，并于石塘前修衬坦水，三官塘柴工后加培土戗，从之。五十九年，漳水溢，临漳三台涨发，命驰往勘察。奏："漳河两岸沙土浮松，水势骤长骤落，向无堤堰。上年大雨漫溢，应将下游淤垫处疏浚深通，再将三台坝基填筑，俾归故道。"上从其议。嘉庆二年正月，加太子太保，授两江总督，兼领南河事。三年，河决睢宁。四年正月，与河道总督康基田督塞睢州决口，工竟。二月，卒。

李亨特，奉翰次子。入赀授布政司理问，发河东委用，补兖州通判。累迁云南迤西道。嘉庆初，佐平苗、倮，赐孔雀翎，加按察使衔。累迁调授江苏按察使。九年，擢河东河道总督。十一年，河南巡抚马慧裕劾亨特索属吏赇不得，迫令告养похcontinue状，上命侍郎托津等往按，夺官，发伊犁。十三年，释还，令至南河候差委。十四年，以河决荷花塘，追咎亨特不善料理，复发热河效力。未几，复释还，授主事。十五年，选户部主事，擢直隶永定河道。未几，复授河东河道总督。十六年，奏南粮到通州剥运不能迅速，请在杨村全数起剥，下仓场侍郎玉宁、戴均元等议驳。上责亨特冒昧，下吏议降调，命留任。十八年秋，河溢睢宁。坐夺官，命留工效力。十九年，河道总督吴璥奏微山湖存水仅一二尺，南阳、昭阳、独山诸湖淤成平陆，无水可导。上责亨特在官不能预筹，又闻亨特既夺官居济宁，仍用总河仪制，斥亨特玩误纵态，命逮下刑部治罪，籍其家，刑部议发新疆。上命在郎荷校半年，发黑龙江效力。二十年，卒于戍所。

何煟，谦之，浙江山阴人，先世籍湖南靖州。雍正中，入赀授州同，效力江南河工。从大学士河道总督嵇曾筠修浙江尖山海塘，请补杭州东塘同知，避本籍，仍发江南河工。乾隆初，权丰砀通判，授桃源同知。十五年，擢河库道。十六年，迁两淮盐运使，特敕兼管河务，以母忧去官。十九年，尚书刘统勋等奏论河库帑项不清，夺煟官，拟徒，追偿，拘留工次，久乃缴完免罪。二十二年，仍发南河以同知用。从侍郎梦麟疏浚荆山桥河工。从副总河嵇璜治淮、扬河务，超擢淮扬道。二十三年，丁父忧，总督尹继善奏留在任守制，许之。

二十六年，以郎中内调。会河决中弁杨桥，上命大学士刘统勋等莅工，以熠从。工竟，留熠驻工防护。旋授开归陈许道，调山东运河道。三十年，调河南河北道，擢按察使。上以熠习河事，命兼领河工。熠信浮屠说，谳狱辄从轻比，睢州民刘玉树谋杀人，鞫实，拟斩候，刑部改立决。上责熠宽纵，谘巡抚阿思哈，阿思哈称其能胜任。其冬，擢布政使，仍兼理河务。两权巡抚。三十六年，授巡抚，兼河务如故。寻又命兼领山东河道。三十七年，淅川、内乡被水，正阳、确山风灾，疏请抚恤缓征，上赐诗，褒以"爱民知政"。

三十八年，上巡天津，阅永定河工，熠迎驾，赐孔雀翎、黄马褂。寻命与工部尚书裴曰修、直隶总督周元理勘永定河上游，疏言："永定河挟沙而行，散漫无定。水性就下，本无不同；而地有高卑，沙有通塞，情因时而或异。永定河迁徙不定，其情也，非其性也。察其情，导其性，先宣后防，千古极则，虽起神禹，无以易之。永定河下口，蒙皇上指示疏导，既不阻下达之势，更可免浸润之虞，其法固当常守。所虑数十年后，妄生异论，别骋新奇，势且变乱旧章，贻河防巨患。请将圣谕并议言条款勒碑垂久远。"报闻。

三十九年，疏请各州县常平仓溢额以四千石为限，余循例变价。又奏河南漕谷七十九万，蓟米二十九万，分存各州县界。邻省安阳等五州县限二万石、近水次祥符等三十五州县限一万石。均如所拟。加总督衔，仍领河南巡抚，又进兵部尚书衔。其秋，会剿王伦，事平，道内黄，病作，遣医往视，未至，卒。熠赠太子太保，祀贤良祠，赐祭葬，谥恭惠。

裕城，熠子，字福天。自贡生入赀授道员。乾隆四十二年，除山东督粮道。调河南河北道。河溢仪封，大学士高晋莅工，以裕城从。仪封埽工垫陷，坐夺官，命留任。四十六年，调江南河库道。裕城侍熠治河，尝著《全河指要》，谓："治河当节宣并用，不当泥河不两行之说，偏于节束。"并上书当事，指陈南北岸诸险工。未几，河决青龙冈，注微山湖，冲运河。四十七年七月，河东河道总督韩镠丁忧，青龙冈工未竟，上特命裕城署理。大学士阿桂视工曲家楼，请自兰阳至商丘别筑新堤。裕城奏："兰阳新开引河，其上游素称险要，必须内有重障，外有挑护。大堤后旧有越堤，相去远，恐不足恃。请向东添筑格堤，临河近溜处加筑挑水坝。"上从之。又奏兖州伊家河在运河八闸之西，以分泄运河及濒湖诸水，应挑展宽深，上命速兴工。又奏伊家河兴工后，即往河南勘验引水子沟；仍往来山东、河南督察：上嘉之；并谕曰："汝若能不自满而加以勤学，或可继汝父也。"伊家河工竟，四十八年，赐孔雀翎。是年，青龙冈工竟，请修浚运河堤岸，诣济宁勘估，奏需帑六十四万有奇，得旨允行。授河南巡抚。以秋审多失出，降三品顶带，停支养廉。四十九年，运河堤岸工竟，命议叙。师讨石峰堡乱回，道河南，裕城佐军兴，复顶带、养廉。五十年，调陕西巡抚。朝邑被水，上谕裕城就被水处将淤积泥沙建筑河堤。寻奏创建护城堤，下部议行。调江西巡抚，五十二年，奏江西河路二千四百余里，请以所获盗舟改设巡船，上嘉之。又奏丰城镇平堤中段水势冲激，不足捍御，请改建石堤，从之。五十五年，调安徽巡抚。命来京祝八旬万寿，行次合肥，卒。

吴嗣爵，字树屏，浙江钱塘人。八岁而孤，母钱督之严，雍正八年成进士。授礼部主事，大学士张廷玉奏改吏部。再迁郎中。嗣爵强识，娴故事。乾隆六年，授常州知府，再授保宁，皆奏留部。旋命视学湖北，调福建。十三年，授淮安知府，迁淮扬道。洪泽湖盛涨，例当开天然坝。嗣爵曰："开坝减暴涨，如下河州县生灵何？"持之力，卒无恙。十六年，调两淮盐运使。十八年，复授淮扬道，遭母忧，上谕曰："防河官吏丛弊，故特由运使调用。河工与地方官吏不同，畀假两月治丧，毕，在任守制。"

擢江苏按察使。迁布政使，调湖南，未行，奏江宁等三十五州县积欠应征口粮，请特旨缓征。上谘巡抚托恩多，托恩多奏江宁等州县年丰，不当再请缓征。上责嗣爵藉缓征卸过，并为有司催征不力地，命发江南河工，以同知用。二十五年，补宿虹同知，仍授淮扬道，移淮徐道。黄河盛涨，逼徐家庄缕堤。嗣爵督吏抢护，命署理河东河道总督。旋坐官运使时商人侵蚀提引公费，坐降调，命夺官，仍留任。三十四年，奏请修补丁庙、六里、南旺、荆门、戴村诸闸坝，并言："运河两岸土工，临清以北为民堰，南旺以南为官堤，自临清至南旺，官堤、民堰交错。请凡民堰卑薄残缺处，督令修筑，官堤的缓急次第培修。"上嘉之。署河南巡抚。三十五年，奏："南旺湖北高南下，在运河西岸，值分水口之冲。伏秋汶水发，自关家、常鸣等斗门灌入，只能收水入湖，不能出水济运。请于南旺下游土地庙前增建石闸一，以时启闭。"

三十六年，迁江南河道总督。四十年，奏："丁家集黄河自北趋南，北岸新滩插入河心，致冲漫南岸民堰五百余丈。毛城铺进水较大，下流亦不能容。今收正河头，测量河唇，浚引渠，筑子坝，于北岸旁黄河故道浚引河，来春相机开放，俾河改由北岸东下，不使旁注丁家集诸地。"又奏："里河厅运口本设惠济、通济、福兴三闸，惠济尤为淮水入运关键，请俟春融修筑。"四十一年，又奏清口通湖引河凡五，为洪泽湖尾闾，并分别筹浚，运道以济。寻奏五引河中张家庄、裴家场二河水泄，应浚使宽深，从之。是年，上东巡，嗣爵觐行在，入对，不能兴，左右掖以出。改吏部侍郎，四十二年，乞罢，归。四十四年，卒，年七十有三。子璥，自有传。

萨载，伊尔根觉罗氏，满洲正黄旗人。父萨哈岱，官镶蓝旗满洲副都统。萨载，繙译举人，授理藩院笔帖式。累迁江苏苏松太道，管苏州织造。果亲王弘瞻短价令制绣缎朝衣，事发，夺官。召还京，予主事衔。寻授萨哈岱苏州织造，命萨载侍行为佐。逾年，改提普福，命交两江总督差委。旋授松江知府。乾隆三十年，加道衔，复署苏州织造。三十四年，擢江苏布政使，仍兼织造。三十五年，署巡抚。巡抚永德请以华亭、宝山土塘改建条石，萨载言条石易倾圮。按察使吴坛请裁巡检弓兵，增州县捕役，萨载言不便，皆寝其议。三十六年，与总督高晋奏浚海州河道，又奏江苏社谷积至三十七万六千余石，请察验，报闻。

三十七年，真除江苏巡抚。上命察屯田，萨载奏江安粮道属江淮、兴武等六卫，苏州粮道属苏州、太仓等四卫，令清厘册报，循新例四年一编审；加给江淮、兴武二卫屯丁垦田，运丁快了终岁挽输，请加给津贴；太仓、镇海二卫田不随船，私相售典，循旧例借项赎回：从之。三十九年，河溢外河厅老坝口，偕河道总督吴嗣爵董工事，未两旬工竟，议叙。

四十一年，上东巡，觐行在，授江南河道总督。命与高晋察黄河海口淤沙。萨载先至，奏："海口前在王家港，自雍正时疰涌淤滩，长四十余里；南岸为新淤尖、为尖头洋，北岸为二泓、三泓、四泓。二泓、四泓宽二十余丈，潮至深二三丈；三泓宽四十余丈，潮至深三四丈。河底有高低，河唇又渐远，淤积已久，难以施工。"上谕曰："此海口自然之势，难以人力胜之。"寻与高晋请以清口东、西坝移建平城台，于陶庄迤上别开引河。是夏，运河及骆马湖水涨，萨载督定防护，上嘉其妥协。寻开陶庄引河，四十二年二月，工竟。上谕曰："朕屡次南巡，临阅清、黄交汇处，虑其倒灌，思引河陶庄北流。历任河臣未有能任此者。昨岁萨载奏请施工，与朕意合。据奏工竟，自此黄河离清口较远，既免黄河倒灌之虞，并收清水刷沙之益，实为全河一大关键。视齐苏勒例，予骑都尉世职。"入觐，上命于拦黄坝迤上加筑坝为重门保障，并于旧有木龙三架迤上增设木龙。萨载回任，奏遵上指料理，上嘉之。冬，复奏："新河面首尾宽窄不同，请于北滩顺水势抽槽，酌留土格。俟来年水涨放溜冲刷，使河面首尾宽阔相若。"绘图以进，上览图中北岸有新淤，因虑北淤则溜必南趋，识以朱笔，命萨载疏治。四十三年，奏："高家马头新淤已刷动宽深，彭家马头新淤前作柴枕土坝。兹于滩面抽槽，候水涨冲刷。"旋署两江总督。四十四年，奏拦黄坝外旧河露淤滩，请于滩面筑束水堤为新河保障。寻实授两江总督。先是，高晋奏中河口门淤阻，议移下游李家庄，上命萨载勘奏。萨载请将清口东、西坝移建惠济祠前，上从之。

四十五年，大学士阿桂奏："陶庄引河首尾宽而中窄，河身虽已刷深，水势尚嫌束缚。伏秋汛涨，恐宣泄不及。"命偕萨载勘覆。寻请河宽六十余丈处展十余丈，河宽不及六十丈处展二十余丈。又奏："云梯关外二套以下河流现行之道，道远而水浅，请于四泓以下增设月坝；二套上迤西马港河旧堤残缺，应行修复；并于旧无堤处补筑新堤，下接北潮河西堰。"上从之。

夏，河溢郭家渡，命萨载与河道总督陈辉祖督护。是岁河水盛涨，初开毛城铺、苏家山、峰山头诸闸，次将清口东西坝全行拆展。萨载奏诸州县被水，睢宁、泗州为重，邳州、宿迁、灵璧、五河次之，现在抚恤宁贴。上谕曰："实在无善策，只可尽力抚恤，以期补过。"复命引河水入陶庄新河。寻奏丰、砀、铜、沛险工俱次第抢护，下游洪泽、高宝诸湖亦俱平定，俟水落堵筑。得旨："览奏深慰。"先是，上临高堰阅洪泽湖砖石诸工，谕萨载石工卑者增高，砖工悉改用石。萨载奏请酌量缓急，分三年修筑。八月，丁父忧，命百日满后仍署两江总督。四十六年，奏自李家庄至临河集北浚引河，上命速为之。

六月，河溢魏家庄，水大至。萨载奏："全河奔注，归入洪泽湖。清口展宽至八十丈，山盱五坝已开智、义二坝；而高堰诸地水势未消，盈堤推岸。未开三坝及车逻、昭关二坝，或坚守，或酌开，俟察勘后续奏。"上命坚守。寻续奏洪泽湖浪涌山盱五坝，所存仁、礼二坝掣通过水，续开车逻、昭关二坝。上以各闸坝俱开，下河民田被淹，令察灾状速奏。八月，魏家庄工竟。山东巡抚国泰奏运河积淤，水不能畅行，议于刘老涧坝旁开水口分泄，上命萨载往勘。萨载奏："运河泄水宣畅，已开驼车头竹篓坝泄水入骆马湖，刘老涧九孔石闸亦过水。若议别开水口，不便使无水之区再受水患。"上韪其言。又奏："微山湖东南两面水色澄清，沂河及骆马湖水不使涓滴入运，为运河腾空去路。永济桥孔亦无横坝拦截，水势畅消。"上称为有条理，命国泰听其指授，毋持己见。

十二月，兼署安徽巡抚。四十七年，奏请浚泗州谢家沟，泄睢河及杨疃诸河水入洪泽湖；又承上命浚铜山潘家屯引河。四月，河南青龙冈漫口既堵复蛰，大溜下注。上命宽浚潘家屯、刘老涧诸河，泄水归海。萨载请开张家庄引河与潘家屯引河分流，使湖泄入黄又多一路。上谕曰："筹泄水之路，为今日急务，宜妥为之。"加太子少保。江苏巡抚吴坛议开金坛漕河，自丹徒穿句容境分水脊达江宁。萨载奏："分水脊即茅山之麓，地峻土坚，势不能开凿。请浚七里桥至巷口桥河道，与上、下河道宽深一律。"又请自镇江钱家港至江宁龙潭浚辟新河，及修浚金山对渡瓜洲城河，上嘉之。又奏请浚涟河，展骆马湖六塘河、盐河口门，均如议行。

四十八年正月，服阕，实授两江总督。河南青龙冈工竟，萨载奏黄河归故道，入江南境流行迅速，得旨："欣慰览之！"上命移建沛县城。萨载奏移旧城西南戚山，并修夏镇文武官署，丰、沛二县漕仓。四十九年，江西巡抚郝硕坐婪赃得罪，责萨载未奏劾，下吏议，夺官，命留任，罚养廉三年。五十年，漕艘北行，以运中河浅阻，至天津误期。上责萨载开运中河不知建闸，水势一泄无余；又清口东、西坝不能及早收束预为蓄水，致运道浅阻。降三品顶带。五十一年，足疾，请解任。遣医往视，命复原品。寻卒，赠太子太保，赐祭葬，谥诚恪，祀贤良祠。

子萨腾安，袭骑都尉，官至广西按察使。萨云安，官云南迤西道，坐事戍军台。

兰第锡，山西吉州人。乾隆十五年举人，授凤台教谕。擢顺天大兴知县。三十四年，总督杨廷璋请以第锡升补永定河北岸同知，吏部以大兴非沿河州县，议驳，再请，上特许之。再迁永定河道。四十八年，署河东道总督。奏请河堤分界栽柳，并禁近凎取土；又奏仪封六堡、三堡滩面浅狭，水力较悍，请于新堤南筑月堤为障：皆从之。四十九年，奏："河工绸缪防护，全在平时。堤有深浅，水有变迁，及车马践踏，獾鼠洞穴，必朝夕在堤，始能目睹亲切。至冬末凌汛，春初桃汛，尤应昼夜巡逻。应令驻工各员移至堤顶，禁勿私下；如有旷误，文武得互举。令以堤为家，庶不至疏防。"均如所请行。五十年，奏："北岸黄沁等厅、南岸上南等厅旧堤，及兰仪等厅新堤，各增卑培薄；并加筑旧坝，添作挑水。"上命速行。五十二年，上以第锡署任三年，勤奋妥协，命实授。旋兼兵部侍郎。

河溢睢州十三堡，疏请罪，上以其地原无埽工，原之。工竟，议叙。五十四年，调江南河道总督。河溢睢宁周家楼，疏请罪，上以河水异涨，原之。工竟，议叙。五十六年，奏勘毛城铺滚水坝、王平庄新挑引河，上奖第锡察验各工不草率。五十七年，请自淮安移驻清江浦，改建衙署，允之。五十九年，奏丰北汛接筑土坝过多，上游水势不能畅达，有碍曹、单河流去路，自请下吏议夺官，上命留任。嘉庆元年，河溢丰北汛，疏请罪，谕俟工竣核功过。工竟，赐黄韂荷包，仍不能先事预防停甄叙。二年，卒。

三年，第锡以河溢当偿帑二十万余两。上以第锡尚廉洁，虑不能胜，谘山西巡抚伯麟，伯麟奏第锡遗田舍仅值一百四十余两。上奖第锡清慎，谕道、厅以上及曾任总河各员分别代偿。

韩鑅，顺天大兴人，原籍贵州毕节。入赀授通判，拣发山东，授上河通判。累擢江南淮徐道。乾隆四十六年，授河东河道总督。奏言："山东运河，赖汶、泗来源及各湖接济。汶河上游东平戴村等处民堰，对岸沙淤，应凿滩抽沟，以展河势。泗河下游即为府河，自安居、十里二斗门入运，河浅堰卑，亦当疏治。蜀山、马踏、马场、南旺诸湖，现当济运泄水，堰根显露，正可取土培堤。"七月，河决祥符焦桥，疏请罪，上原之。工竟，命优叙。未几，河又决仪封曲家楼、青龙冈、大李家庄、孔家庄，凡溢四口。上令江南河道总督李奉翰赴工会督。水全出青龙冈，而孔家庄等三口皆塞。又命大学士阿桂履勘，又令山东巡抚国泰赴工会督。工垂竟，坝埽复溃。大学士嵇璜议引河北流复故道，上以谘阿桂、李奉翰及鑅。鑅疏言："青龙冈始漫，势甚汹涌，是以倒漾北行，分入沙、赵二河，穿运归海。未久旋即断流，仍行南注。地势北高南下，若于南岸建堤堵截，欲回狂澜使之北注，诚如圣谕必不能行。水性就下，未便轻议更张。"阿桂等所奏略同，乃寝璜议，惟以河水北行既已断流，责鑅何不即时具奏。

四十七年正月，坝埽复蛰。上闻运道河以南深通，河以北多淤垫，命鑅往微山湖北运河察勘。二月，赴济宁，会国泰及巡漕御史毓奇察勘，请自济宁在城闸至峄县黄林庄，筑土堰、柴坝、桩埽、桥梁，设水站，置绞关；鑅并请察勘毕，还青龙冈工次。上命鑅往来督察，复勘伊家河、荆山桥诸地水势，请浚铜山潘家屯引河益使宽深，并浚骆马湖、六塘河及济宁南北徒骇、马颊、伊家等河。时青龙冈坝屡筑屡蛰，鑅遵上指迅筹宣泄，使黄水渐消。复还青龙冈工次，会阿桂等于兰阳三堡改筑大堤，浚渠导水出商丘七堡入正河故道。鑅旋以父忧去。四十八年三月，青龙冈工始竟。四十九年，服阕，授工部侍郎。部议鑅任河督时应偿帑十四万余两，诏免十之七。五十四年，命会勘通惠、温榆二河，及朝阳门外护城河。调户部。五十五年，命往江南会同江南河道总督兰第锡督防汛。嘉庆三年，调兵部。四年三月，命守护裕陵。六年，以年老休致。九年，卒。

论曰：世业尚矣，于河事尤可征。前乎此者，嵇曾筠有子璜，高斌有从子高晋。若李氏、何氏、吴氏皆继之而起，宏及子奉翰、熥及子裕渊并有名乾隆朝，嗣爵子璥则下逮嘉庆，奉翰子亨特，贪侈陨绩，忝祖父矣。清时以诚笃名，第锡以廉洁著。青龙冈塞河决，历两载工始竟，阿桂主之，萨载、韩鑅佐之。详具其始末，见成功之难也。

卷三百二十六　　列传一百十三

开泰　阿尔泰　桂林　温福

开泰，乌雅氏，满洲正黄旗人。雍正二年进士，改庶吉士，授编修。九年，迁侍讲。上御门；开泰未入侍班，黜令乾清门行走。十三年，复编修。乾隆元年，迁国子监司业。八年，任祭酒。督江苏学政。再迁内阁学士。三迁兵部侍郎，仍留学政任。十年，授湖北巡抚。疏言："社仓较常平尤近于民，而弊亦易滋。湖北社仓谷麦五十二万石有奇，散在诸乡，恐多亏缺。应饬道府按部所至，便宜抽验。"调江西。十三年，又调湖南。疏言："户部咨各省常平仓谷，以雍正旧额为准。湖南溢额谷五十五万余石，令巣价储库。臣维雍正旧额七十余万石。湖南夙称产米，乾隆二年至八年，诸省赴湖南购米，先后计百七十五万有奇。中间又拨运福建、江苏。若尽巣溢额之谷，遇本省需用或邻疆告籴，必致仓储缺额，买补不易。"疏上，以留心积贮嘉之。十五年，有寿抢元者，自言南河同知，赴湖南采木，布政使孙灏谕永州府为料理。寻得其诈伪状，开泰入闻，但言灏殊为未谙。上以灏瞻徇，何得但言未谙，知为开泰门生，斥其徇庇，下吏部严议，议夺官，命留任。寻调贵州。十八年，疏言："古州募军屯田，户上田六亩，中田八亩，下田十亩。今食指日多，生计艰难，请准屯户入伍充兵。"许之。擢湖广总督，加太子少傅。

二十年，调四川。金川土司莎罗奔与革布什咱土司色楞敦多布初为婚媾，继乃相怨构兵。旁此绰斯甲布、鄂克什、杂谷、巴旺、丹坝、明正、章谷、小金川诸土司皆不直莎罗奔。二十三年，莎罗奔攻吉地。吉地，色楞敦多布所居寨也。开泰与提督岳钟琪檄游击青春、都司夏尚德等率兵分屯章谷、泰宁，令鄂克什、杂谷援革布什咱，攻金川，莎罗奔引退。寻复攻破吉地，色楞敦多布走泰宁求援，开泰复檄诸土司出兵助之，调杂谷土练千人分屯丹坝、章谷、泰宁，发黎、雅、峨边兵屯打箭炉，谕郎卡撤兵。郎卡，莎罗奔从子，为副酋，主兵事者也。事闻，上谓："番目相攻，于打箭炉何与？"疑郎卡扰边，命开泰具实覆奏。开泰寻疏报章谷、巴旺土兵击败金川，莎罗奔焚吉地走，尽复革布什咱境，留绰斯甲布、明正两土司兵分守之，使色楞敦多布归寨。上谕曰："番民挟仇攻击，不必绳以内地官法。宜以番攻番，处以静镇。"旋加太子太保。二十四年，松潘镇总兵杨朝栋入觐，开泰与钟琪奏朝栋衰老，难期胜任。上责开泰何以不先奏，下吏部议，夺官，命仍留任。

二十七年，莎罗奔死，郎卡应袭。例，土司承袭，邻封诸土司具结。开泰以郎卡与诸土司皆不协，令毋取结，疏闻，上许之，命严谕郎卡知恩守法。未几，郎卡侵丹坝，取所属玛让，开泰檄绰斯甲布往援，使守备温钦等赴金川诘责。上谕曰："郎卡狼子野心，即使诘责伏罪，岂肯永守约束？诸土司援兵既集，能协力剿除，分据其地，转可相安；若诸部不能并力剿除，而郎卡狠恶不悛，亦非开泰、岳钟琪四川绿营兵能任其事，应临时奏请进止。"二十八年六月，开泰奏九土司大举击破金川。上闻郎卡使人诣成都，开泰许进谒，抚慰之，而阴令九土司进兵，谕曰："郎卡于绰斯甲布等屡肆欺凌，众土司合力报复。开泰既闻其事，惟应明白宣示，谕令悉锐往攻；而于郎卡来人严为拒绝，且谕以尔结怨邻境，谁肯甘心？断不能曲为庇护。如此，则郎卡既不敢逞强，绰斯甲布等亦可泄忿。乃既用诲以笼络郎卡，又隐为各土司援助，郎卡素狡黠，岂能掩其耳目？殊非驾驭边夷之道。"命夺官，以头等侍卫赴伊犁办事。寻卒。

阿尔泰，伊尔根觉罗氏，满洲正黄旗人。雍正间，以副榜贡生授宗人府笔帖式。乾隆中，屡迁至山东巡抚。以山东产山绸，疏请令民间就山坡隙地广植柞椴，免其升科。岁大水，阿尔泰先后浚兖州、沂州支渠三十有九，曹州、单县顺堤河二百余里；培南旺、蜀山湖民埝；导章丘珍珠、麻塘二泉，新城五龙沟溉民田；并及高苑、博兴、惠民诸县近水地，皆令蓺稻。筑洸河堤至于马场湖，以卫济宁州城，析白马湖引入独山湖以疏泗水，开汶上稻田数百顷。济东诸州县濒徒骇、马颊两河，支流相贯注，及哨马营、四女寺支河，皆次第疏治。浚卫河自德州至于馆陶凡三百余里。泄寿张积水自沙、赵二河入运，泄东平积水入会泉、大清诸河，泄济南、东昌诸州县积水。开支河三十余，循官道为壕，引水自壕入支河，自支河入徒骇、大清诸河。漳、汶合流，开引河，增子埝，以防盛涨。阿尔泰抚山东七年，治水利有绩，擢四川总督，加太子太保。

阿尔泰至四川，议平治道路：陆道北讫元，西达松潘，东抵夔州，护其倾敧，补其缺陷，兼葺大渡河泸定桥；水道自万县入湖广境，凿治险滩凡一百有奇。议以牧厂余地招佃为田。议置义仓，捐谷千余石以倡。议开南川金佛山磺矿。议筑都江大堰。议松潘、杂谷、打箭炉三厅置仓储麦稞，备边储。上皆从其请。

初，征金川，以头人郎卡出降，罢兵。三十一年，复为乱，掠丹坝、巴旺。阿尔泰策以番攻番，令旁近绰斯甲布诸土司攻之。秋出行边，至杂谷脑。郎卡使请还所侵丹坝碉卡。复与提督董天弼进至康巴达，郎卡出谒，阿尔泰许如所请，并畀以新印。疏闻，上戒毋迁就苟安。三十五年，小金川头人僧格桑掠鄂克什，阿尔泰赴达木巴宗，僧格桑出谒，还侵地。寻授武英殿大学士，仍领总督。三十六年，召还京，入阁治事。既，复令出领总督。金川头人索诺木攻革布什咱，僧格桑亦围达木巴宗，侵明正土司。阿尔泰疏言："两金川相比，如议出师，需兵既多，糜饷亦巨。兹令董天弼临之以兵，仍使游击宋元俊宣谕索诺木。"上责阿尔泰议非是，决策用兵，令定边右副将军温福视师，佐以侍郎桂林，谕斥阿尔泰掩饰偷安，夺大学士、总督，留军治饷，以桂林代为总督。师克约咱，上以阿尔泰铸大炮利军行，予散秩大臣衔。

三十七年，与总兵宋元俊劾桂林覆军讳败，上为罢桂林，即命阿尔泰摄总督。俄移督湖广。阿尔泰疏言："各路转饷，当招商承运。西路去内地近，南路山险途长，商不肯应募，当增运值。火药已运罄，当令云南、陕西协助。"上谓："阿尔泰专领转饷，何不早筹画？今福隆安、阿桂皆至南路，始以一奏塞责。"命毋往湖广，仍以散秩大臣留军督饷。未几，阿桂疏言军至卡丫，无五日之粮；又言绰斯甲布转饷将一月犹未至。阿尔泰亦自陈请夺职从军。上责其倚老负恩，始终不肯以国事为念，命逮问。

阿尔泰初至四川，上以天坛立灯竿，下四川求楠木。阿尔泰附运木材以进，言出养廉采献。既乃私语人，谓他日且以此负累。语闻上，上心慊之。至是，诏罪状阿尔泰，犹及此事，斥为昧良饰诈。川东道托隆入见，发阿尔泰赃私，下继任总督富勒浑严鞫。三十八年，狱具，拟斩，上命赐自尽。

桂林，伊尔根觉罗氏，满洲镶蓝旗人，两广总督鹤年子。桂林自廪生入赀为工部主事。累迁山西按察使。乾隆三十六年三月，擢户部侍郎、军机处行走。九月，命佐定边右副将军温福讨金川。十一月，授四川总督。小金川头人在卡外投文馈土宜，桂林却不受，檄罪状其酋僧桔桑。旋督兵收约咱，进克其东山梁大小碉五、石卡二十余。疏请添调黔、陕兵五千益师，上许益陕、甘兵三千。桂林旋督总兵宋元俊攻卡丫，进据墨尔多山梁。上嘉其措置合宜，手诏谓："无意中用汝，竟能得力。亦赖在军机处半年，日聆朕训也。"

三十七年，克卡丫，复破克郭松、甲木、噶尔金。进克噶尔金后山梁，分兵攻本山梁，袭阿仰，自墨垄沟进取达乌围。是时大金川酋索诺木攻陷革布什咱，屯兵其地。桂林议乘索诺木兵力未备，革布什咱人心未定，与元俊分兵五道并进，并约将军温福合击，密令革布什咱降酋旺勒丹等约其戚加晖尔为内应，遂收革布什咱寨落七十余里。旋令元俊及守备陈定国率绰斯甲布土兵屯甲尔垄坝，进攻默资沟、吉地，断其水道，进攻丹东。上奖桂林甚合机宜，促元俊乘胜深入取索诺木。

桂林遣裨将自东山梁墨垄沟越岭进攻，别遣兵出间道，自札哇寨山梁缒崖设伏师。既度东山梁墨垄沟，札哇寨伏兵亦起，贼败窜，克大碉一、石卡二十一。别遣参将常泰环攻党哩，都司李天贵等攻沙冲，革布什咱头人为内应，贼尽歼。党哩、沙冲地并复。总兵英泰等复攻克达乌官寨。上嘉基功，赐御用玉蝶。再进攻克格乌巴桑及那隆山岭。元俊别攻克丹东及觉拉喇嘛寺，诛贼渠三百、番众百三十余。革布什咱地尽复，桂林檄定国将所调绰斯甲布兵驻界上听调。上以革布什咱既复，正当乘胜进剿金川，攻其无备，责桂林失算。

桂林复督兵攻达乌东岸山梁，参将薛琮战没，琮骁将，深入粮尽。桂林既失期不会师，又不以时遣援，军尽覆，疏请治罪，述战状不敢尽。元俊与散秩大臣阿尔泰劾其虚诳，并言桂林在卡丫建屋宇以居，迫属僚供应，与副都统铁保、提督汪腾龙等终日酣饮，诸将罕得见，密令腾龙畀总兵王万邦白金五百，赎被掠官兵，希图掩饰。上夺桂林职，命额驸、尚书、公福隆安驰往按治，寻奏所劾皆虚，惟官兵伤损不即察奏属实；至赎被掠官兵，乃在军户部郎中汪承霈闻巴旺、布拉克底土兵归失道，官兵告桂林，发白金五百交腾龙备赏，事为元俊构陷，请分别治罪。上以桂林在军日亲曲蘖，止图安逸，不能与士卒同甘苦，致北山梁伤损多兵，不得为无罪，命戍伊犁。三十八年七月，予三等侍卫衔，仍诣军前督粮运。四十年，授头等侍卫。寻授四川提督，迁两广总督。卒，加太子太保衔，谥壮敏。

温福，字履绥，费莫氏，满洲镶红旗人，文华殿大学士温达孙也。自繙译举人授兵部笔帖式。乾隆初，累迁户部郎中。外擢湖南布政使，历四年；移贵州布政使，亦四年。坐平远民哄讼庭、按治草率，夺职，戍乌里雅苏台。二十三年，起内阁侍读学士。从定边将军兆惠讨霍集占，战叶尔羌，枪伤颧。擢内阁学士，迁仓场侍郎，予云骑尉世职。外授福建巡抚，内迁吏部侍郎、军机处行走，进理藩院尚书。

三十六年，师征金川，授定边右副将军，以侍郎桂林佐之，共讨贼。温福自汶川出西路，桂林自打箭炉出南路。时小金川头人泽旺子僧格桑割地乞援于大金川头人索诺木，索诺木潜遣兵助之。上命先剿小金川，且勿声大金川罪。温福至打箭炉，分兵三道入：温福出巴朗拉，提督董天弼自甲金达拨达木巴宗，总督阿尔泰自约咱攻僧格桑。十一月，擢武英殿大学士。十二月，至巴朗拉，战三昼夜，贼败去。三十七年正月，取达木巴宗。进攻斯底叶安，而分军出别斯满、玛尔瓦尔济，两路夹击，进克资哩。再进克东玛，再进克路顶宗及喀木色尔，取诸碉寨。再进得博尔根山梁，并克得玛觉乌寨落，攻公雅山。十二月，授定边将军，以阿桂、丰升额副之。进克明郭宗，再进克底木达。底木达者，僧格桑父泽旺所居寨也。师至，俘泽旺，槛致京师，诛之于市，而僧格桑奔大金川。温福檄索诺木令缚献僧格桑，不应。

上将进讨大金川，温福等疏言："前此张广泗征金川，十路、七路分合不常，实只有六路，皆以抵勒乌围、噶尔依为主。一为卡撒正路，自美诺至噶尔依，约五程，为傅恒进兵路；一为丹坝，自维州桥经番地抵勒乌围，约二十余程，中有穆津冈天险，为岳钟琪进兵路；一地名僧格桑，自美诺抵噶尔依，六七程，即总兵马良柱所行路；一为革布什咱，一为马尔邦，皆距噶尔依六七程，险狭难行；一为绰斯甲布寨至勒乌围三程，至噶尔依亦三程，均隔大河，碉寨林立，难攻。此外又有俄坡一路，从绰斯甲布寨至勒乌围，仅二程，路较平。今当由卡撒正路进兵，其俄坡一路，既有绰斯甲布土司愿出兵复其侵地，可为犄角。其余各路，分兵牵制，使不能兼顾。"于是温福自功噶尔拉入，阿桂自当噶尔拉入，丰升额自绰斯甲布入。温福性刚愎，不广咨方略，惟袭讷亲、张广泗故事，以碉卡攻碉卡，修筑千计。所将兵二万余，强半散在各碉卡。每逾数日当奏事，即督兵攻碉。士卒多伤亡，咨怨无斗志。温福日置酒高会，参赞伍岱叹曰："焉有为帅若此而能制胜者？"因密疏闻上，温福亦疏劾伍岱。上命丰升额及额驸色布腾巴勒珠尔按治。温福又言色布腾巴勒珠尔朋比倾陷，上为夺伍岱职，令色布腾巴勒珠尔逮诣热河行在，狱成，戍伍岱伊犁。

三十八年春，温福师至功噶尔拉，贼阻险，不得进，别取道攻昔岭，驻军木果木；令提督董天弼分军屯底木达。木果木、底木达皆故小金川地，索诺木阴使小金川头人煽诸降番使复叛。诸降番用久顿不进，遂蜂起应之。先攻底木达，天弼死之，次劫粮台，潜袭木果木。温福不严备山后要隘，贼突薄大营，夺炮局，断汲道。时大营兵尚万余，运粮役数千，争避入大营，温福坚闭垒门不纳，轰而溃，声如坏堤，于是军心益震。贼四面蹂入，温福中枪死，各卡兵望风溃散。参赞海兰察闻警赴援，殿余兵自间道出。小金川地尽陷。上初闻温福死，诏予一等伯爵，世袭罔替，祀昭忠祠。既，刘秉恬、海兰察、富勒浑各疏言温福偾事状，命夺伯爵，予三等轻车都尉世职。四十一年，命并罢之。子勒保、永保，皆有传。

论曰：金川再乱，开泰、阿尔泰皆主以番攻番，迟回坐误。桂林有宋元俊不能用，反龃龉之，拥兵不进。阿尔泰与元俊劾桂林，此其意以军国为重，不屑屑阿贵近、疏卑远，宜若可成功，乃坐蜚语败。温福锐进，似胜开泰辈，乃又刚愎，有董天弼不能用，予兵至少，令僻处军后，卒致偾溃，徒以身殉，岂不惜哉？

卷三百二十七　　列传一百十四

刘藻　杨应琚子重英　**苏尔相　明瑞**

刘藻，字素存，山东菏泽人。初名玉麟，以举人授观城教谕，乾隆元年，荐举博学鸿词，试一等，授检讨，更名。累迁左佥都御史。圆明园工兴，疏言："园工不过少加补葺，视前代饰台榭之观者度越何啻万万？臣愚以为奢靡之渐，不可稍开。乞皇上慎始虑终，为天地惜物力，为国家培元气，来岁诸工酌量停减。"上嘉纳。迁通政使。六年，擢内阁学士。督江苏学政。寻以高邮诸生求赈而哄，左授彦人府府丞。藻居扬州候代，有吴之黼者，以文求教，藻行，馈糟鱼，受之，中途发视，得白金四百，藻畀两淮运使朱续晫还之黼。上闻，谕曰："如此方不愧四知！"旋乞养归。孝贤皇后及长皇子定安亲王丧，藻诣阙入见。会大学士张廷玉乞归失上指，因奖藻，谓其知君臣休戚相关大义，以愧廷玉，加藻内阁学士衔，赐人参二斤，命归养母。母丧终，二十一年，授陕西布政使。

二十二年，擢云南巡抚。加太子少保，兼领贵州巡抚。二十九年，例行大计，巡抚图尔炳阿未至，藻疏请先期举行，上嘉之，旋授云贵总督。三十年，疏言："年来木梳野匪与缅甸所属木邦构衅，又与耿马土司毗连。自木邦至滚弄江，应设卡防守，请于各土司就近派拨。"诏如所请。

三十一年，移湖广总督，未行，寻奏："副将赵宏榜等赴孟连、耿马剿逐莽匪，镇臣乌尔登额赴滚弄江口。臣于普洱、思茅各隘调度。"又奏言："由小猛仑进攻九龙江、橄榄坝诸寨，多斩获。惟参将何琼诏、游击明浩派赴整控江防御，冒昧渡江，遇贼败没。"寻奏琼诏等未死，请治贪功轻进之罪，上以"琼诏、明浩等遇贼败逃，又复妄言败没。此法所难宥，藻反称冒昧贪功轻进，何愦愦乃尔"？诏言："藻本书生，军行机宜，非其所习，朕不责以所不能。至调度赏罚，并可力为筹办，乃舛谬若此，岂堪复胜总督之任？"因左授湖北巡抚，命杨应琚往代。复谕："应琚未至，藻当实力经理。若自以为五日京兆，致误事机，必重治其罪！"部议夺职，留云南效力。藻闻上怒，惶迫自杀，巡抚常钧疏报。上令应琚至普洱，为求医治疗，伤平，传旨逮问。常钧旋奏藻死，上复诏责其张皇畏葸，旋槥归葬，不得听其家立碑书历官事实。

三十二年，巡抚鄂宁奏言："缅甸本莽瑞体之后。乾隆十八年，木梳头目瓮籍牙逐其酋莽打喇而自立。夷人遂呼缅甸为木梳，或呼缅，或呼莽，非二种也。"

杨应琚，字佩之，汉军正白旗人，广东巡抚文乾子。应琚起家任子。乾隆初，自员外郎出为河东道，调西宁道。巡抚黄廷桂荐其才，高宗曰："若能进于诚而扩充之，正未可量也。"累迁至两广总督。先后疏请练水师，筹军食，修漓水，陡河堤坝，贮柳、桂、庆、梧余盐，皆如所请行。暹罗贡使殴伤通事，其国王鞠实，拟罚镪，遣使牒礼部。应琚曰："属国陪臣无上交。"好语谕遣之，称旨。二十二年，移闽浙总督。二十三年，加太子太保。

二十四年，移陕甘总督。疏言伊犁底定，宜先屯田，留兵五千墨特诺果尔、长吉、罗克伦。复以陕、甘一督能治，请更西安总督为川陕总督，四川总督为巡抚，甘肃巡抚为总督，上遂命应琚督甘肃，陕西提镇受节制，进太子太师。尝募巴尔楚克回户治多兰沟渠，垦喀喇沙尔以西各台，又增置兵备道、总兵，分驻阿克苏、叶尔羌二城，遂为重镇。应琚奏办屯垦，遣兵购畜，部署纷烦；至是，疏自言其非，请因利乘便规久远。帝嘉纳，下其疏示中外。二十九年，移驻肃州，拜东阁大学士。

三十一年，缅甸大入边，滇事棘。缅酋莽达拉自为木梳长所篡，击败贵家木邦，贵酋宫里雁奔孟连。时应琚子重谷为永昌知府，诱杀之，木酋亦走。缅益横，入犯思茅，上移应琚云贵总督视师。应琚至楚雄，缅人渐退，师乘间

收复。应琚往孟艮、整卖正经界，集流亡，厘户口，定赋税，而令召丙、叭先俸分据之，请赏给三品指挥使。上以为能，赐珍物，官其孙茂龄蓝翎侍卫。又使人诱致孟密、孟养、蛮暮令献地，实则地悬缅境，内附特空言。诸将希应琚指，争谓缅势孤，易攻取。应琚初犹弗听，曰："吾官至一品，年逾七十，复何所求，而以贪功开边衅乎？"副将赵宏榜怂恿之，遂下道、镇、府、州合议，亦谓寇势大，边衅不可开，总兵乌尔登额阻尤力，应琚滋不怿。

永昌知府陈大吕惧更初议，应琚乃往永昌受降，并为文檄缅，侈言水陆军五十万陈境上，不降即进讨。缅遂大发兵溯金沙江而上。其时宏榜顿新街，却走。应琚闻警即遄疾，上命杨廷璋往代，遣侍卫福灵安携御医往诊；并谕其子江苏按察使重英、宝庆知府重谷省视。比廷璋至而疾已愈，乃令诸军进击，总兵朱仑出铁壁关，攻楞木，不克，寇势益张。提督李时升告急，应琚不报。缅阳议款，遂以楞木大捷入告，而缅已渐入户腊撒。

时总兵刘德成拥兵干崖，饮酒高会，时升屡趣厚应。应琚遣缅宁通判富森持令箭督战，德成始抵盏达。缅惧击其后，潜引去，应琚仍以捷闻。缅甸复入猛卯，参将哈国兴等引还，炮械多遗失，应琚又报捷；并传令朱仑兼剿抚，阴示以和崴事，缅果累乞和。逾岁，奏言："缅甸酋弟卜坑率聂渺遮乞款附，恳予蛮暮、新街互市。"上察其伪，数诃责。嗣木邦告警，国兴军抵蛮暮，寇猋退，应琚又以复新街奏。上视所进地图，疑寇既屡败，何以尚据内地土司境，降旨驳诘。会福灵安先被命ober军事，具言宏榜诸人失守状，应琚亦劾德成等迟留不进，于是俱逮问，而以杨宁为提督，且以应琚不胜任，召明瑞统代其军。明瑞至，首发其欺罔罪，谓误木缅别为一事尤妄诞，鄂宁亦纠其掩败为胜。应琚恐，乃上言大举征缅，调湖广、川、滇军五万，五路并进，请敕暹罗夹攻，朝论皆斥之。未几，诏逮问，赐死。重谷亦坐笞杀人，弃市。

重英初至云南，隐以监军自居。嗣为鄂宁所劾，命以知府从军。明年，军士患饥，缅嘄诈媾和，参赞珠鲁讷遣重英往报，被执。上以重英且降缅，下其子长龄狱。已，缅归俘卒，赍贝叶书，附重英书乞罢兵，拒弗纳。四十一年，缅出都司苏尔相议和，仍弗许。五十三年，缅闻暹罗受封，乃款关求贡，并还重英。重英陷缅后，独居佛寺逾二十年，未改中国衣冠。上大悦，进道员，释长龄出狱，比以苏武之节，御制《苏杨论》旌之。俄，病卒。

苏尔相，甘肃灵州人。自行伍从征缅甸、金川有劳，累迁云南奇兵营都司。三十五年，云贵总督彰宝以缅甸表贡久不至，遣尔相赍檄往谕，被留，迫使上书阿桂申表贡之议。上谓尔相且降缅，命甘肃疆吏执尔相妻孥致京师，子一、女二死于狱，妻死于道。四十一年，缅始送尔相还。上命阿桂传谕，令其诣京师，引见，授游击，赐诗亦比以苏武。累迁腾越镇总兵，兼署云南提督。卒。

明瑞，字筠亭，富察氏，满洲镶黄旗人，承恩公富文子。自官学生袭爵。乾隆二十一年，师征阿睦尔撒纳，明瑞以副都统衔授领队大臣，有功，擢户部侍郎，授参赞大

臣,于公爵加"毅勇"字,号承恩毅勇公。二十四年,师征霍集占,复有功,赐双眼花翎,加云骑尉世职。师还,图形紫光阁,擢正白旗汉军都统。二十七年,出为伊犁将军,进加骑都尉世职。

三十年二月,乌什回为乱,驻乌什副都统素诚自戕,乱回推小伯克赖黑木图拉为渠,拒守。明瑞遣副都统观音保往讨,而帅师继其后。乌什回二千余出御,明瑞与观音保力战破之,夺炮台七。贼入城,师合围。明瑞疏陈素诚狂纵激变,及参赞纳世通虐回民,阻援师,副都统弁塔哈掩败妄奏诸状,上令尚书阿桂至军,按诛纳世通、弁塔哈。贼夜袭我军,我军调知之,预为备,射赖黑木图拉殪,贼拥其父额色木图拉为渠。明瑞以兵六百余夜携云梯薄其城,不克,则毁其堞,且断汲道。贼待阿富汗援不至,乃缚献额色木图拉等四十二人降,明瑞悉斩之,其胁从及妇稚万余送伊犁。乌什平。上以明瑞得渠魁,未详鞫为乱状,乱回至围急始缚献首恶,不可轻宥,所措置皆不当,与阿桂同下部议,夺职,命留任。旋条上善后事,如所请。

是时缅甸为乱犯边,总督刘藻战屡败,自杀。大学士杨应琚代为总督,师久无功,赐死。三十二年二月,命明瑞以云贵总督兼兵部尚书,经略军务。明瑞议大军出永昌、腾越攻宛顶、木邦为正兵,遣参赞额尔登额出北路,自猛密攻老官屯,会于阿瓦。十一月,至宛顶,进攻木邦,贼遁,留参赞珠鲁讷、按察使杨重英守之,率兵万余渡锡箔江攻蛮结。寇二万,立十六寨,寨外浚沟,沟外又环以木栅,列象阵为伏兵。明瑞统兵居中,领队大臣扎拉丰阿、李全据东山梁,观音保、长青据西山梁。贼突阵西出,观音保、长青力战,明瑞督中军进,杀贼二百余,贼退保栅。明瑞令分兵为十二队,身先陷阵,目伤,犹指挥不少挫。贼阵中群象反奔,我兵毁栅进,无一当百。有贵州兵王连者,舞籘牌跃入阵,众从之,纵横击杀,馘二十余,俘三十有四,贼遁走。捷闻,上大悦,封一等诚嘉毅勇公,赐黄带、宝石顶、四团龙补服,原袭承恩公畀其弟奎林。扎拉丰阿、观音保劝明瑞乘胜罢兵,明瑞不可。

师复进,十二月,次革龙,地逼天生桥渡口,贼踞山巅立栅。明瑞令别军出大道,若将夺渡口,而督军从间道绕至天生桥上游,乘雾径渡,进据山梁。贼惊溃,俘馘二千余。复进至象孔,粮垂罄,欲退,虑额尔登额已入,闻猛笼土司粮富,且地近猛密,冀通北路军消息,乃移军猛笼。贼尾我军后,至章子坝,我军且战且行。明瑞及观音保等殿,日行不三十里,至猛笼已岁除,土司避匿,发窖粟二万余石。驻三日,复引军趋猛密,人持数升粟,焚其余积。贼蹑我军行,至夕驻营,初相距十余里。贼诇我军饥疲,经蛮化,我军屯山巅,贼即营山半。明瑞谓诸将曰:"贼轻我甚,不一死战,无噍类矣!贼识我军号。明旦我军传号,若将起行,则尽出营伏甍待针。"明旦贼闻声,蚁附上山。我军突出发枪炮,贼反走,乘之,斩四千有奇。自此每夜遥屯二十里外,明瑞令休兵六日。贼栅于要道,我军攻之不能拔,得波龙人引自桂家银厂旧址出。上闻明瑞深入,命全师速出。诏未达,三十三年正月,攻次木邦,副都统珠鲁讷师溃自戕,执重英以去。额尔登额出猛密阻于老官屯,月余引还。绕从小陇川缓行,巡抚鄂宁檄援,不应,于是明瑞军援绝,而贼自木邦、老官屯两道并集。二月,至小猛育,贼麕聚五万余。我军食罄,杀马骡以食;火药亦竭,枪炮不能发。明瑞令诸将达兴阿、本进忠分队溃围出,而自为殿,血战万寇中。扎拉丰阿、观音保皆死。明瑞负创行二十余里,手截辫发授其仆归报,而缢于树下,其仆以木叶掩尸去。

事闻,上震悼,赐祭葬,谥果烈。建旌勇祠京师,诸将死事者扎拉丰阿、观音保、李全、王廷玉,命并祀,鲁讷以自戕不与。额尔登额及提督谭五格坐失机陷帅,逮诣京师,上廷鞫,用大逆律磔额尔登额,囚其父及女,并族属戍新疆;谭五格亦辜市,而以其明日祭明瑞及扎拉丰阿、观音保,上亲临奠。

明瑞无子,以奎林子惠伦为嗣,袭爵。自侍卫累迁奉宸院卿。嘉庆初,剿教匪湖北,自荆门、宜城逐贼入南漳山中,赐玉搬指、荷包;复逐贼至长坪,射贼渠,殪,余贼竞集,中枪死,赐白金三千。

论曰:藻起词科,以廉被主知,陟历中外。应琚持节临边,著声绩。要皆不习军旅,措注失条理,事败身殉。明瑞深入,度敌不可胜,遣诸军徐出,而躬自血战,誓死不反顾,功虽不成,忠义凛烈,足以慑敌矣!

卷三百二十八　　列传一百十五

常青　蓝元枚　蔡攀龙（梁朝桂　普吉保）
丁朝雄　鄂辉　舒亮

常青,佟佳氏,满洲正蓝旗人。父安图,官至江西巡抚。常青自宁郡王府长史累迁察哈尔都统,杭州、福州将军。乾隆五十一年,署闽浙总督。诸罗县民杨光勋与其弟争家业,纠众立会,县吏捕治不服,常青令按察使李永祺往按。上以台湾在海外,不可轻纵,谕勿使蔓延疏脱。寻实授闽浙总督。十二月,林爽文乱起,陷彰化,知县俞峻死之。常青檄水师提督黄仕简自鹿耳门进,副将丁朝雄从海坛镇总兵郝壮猷自淡水进,都司马元勋屯鹿仔港,分道部署;复如泉州会陆路提督任承恩调度,令金门镇总兵罗英笈诣厦门弹压。寻复令承恩自鹿耳门继进。五十二年,奏贼陷诸罗。台湾镇总兵柴大纪堵剿,贼势稍沮。爽文漳州人,其徒率漳籍。移会两广督臣防范,上责其张皇。授李侍尧闽浙总督,而移常青湖广。

既又命常青渡台视师,四月,至台湾。劢仕简、承恩迁延观望,拥兵自卫;壮猷守凤山,贼至,弃城走。谕逮承恩,罢仕简候命,而诛壮猷,遂授常青为将军。贼攻府城,常青督诸军御战,有所俘馘;贼攻桶盘栈,令游击蔡攀龙等分驻力御。奏入,上以常青年逾七十,能如此勇往督战,手诏嘉奖,授其子刑部笔帖式喜明三等侍卫,驰驿往省，并赐御用搬指。旋奏爽文还大里杙旧巢，其徒庄大田等万余人分扰南路，拟先南剿大田，乃北取爽文。上韪之，下部优叙。旋奏剿贼南潭，歼贼六百余。爽文之徒庄锡舍出降，擒伪军师番妇金娘，请槛车送京师，上命授锡舍守备。又奏进剿凤山，出城未十里，贼三面并进，官兵奋勇击退；贼势蔓延，请厚集兵力，遣大臣督战。上命陕甘总督福康安往视师。旋奏："贼犯府城，为丁朝雄击退。官军攻庄大田于南潭，杀贼二百余。大营距府城未远，势相犄角，无后顾之虞。"得旨嘉奖，赐双眼孔雀翎。旋迭奏盐水港、笨港均为贼据，粮道既断，诸罗势甚危；令总兵魏大斌赴援，战贼失利，又令游击田蓝玉援大斌。上以兵分力薄，伤常青调度失当。又谕："常青驻军桶盘栈，距南潭不过五里，不将贼目庄大田先行剿除，乃结营自守。肘腋之间，任其逼处。"

八月，命福康安为将军，督诸将海兰察、普尔普等大出师讨爽文。谕常青，谓："非责其师无功，特以年已七十，军旅非所素习。福康安未至，仍当相机进剿。"旋奏："贼自南潭来攻，侍卫乌什哈达等击败之。因雨后路滑，收兵；又进攻南潭，焚草寮数百门，以天晚，山径逼仄，不便深入。"寮谓贼所居草屋也。上以其屡称遇雨路仄收兵，传旨严饬。上又闻贼诇知军中暑湿多病，常青机事不密，又不督兵深入，屡诘责。旋奏总兵梁朝桂剿贼多斩获，提督柴大纪报诸罗围急，令副将蔡攀龙赴援。上谕令亲亟大纪，待福康安至，合军进攻。旋奏同江宁将军永庆等在竹篙厝等处歼贼甚众；山猪毛社义民尤趫捷，获炮一，生擒贼目张招。又奏总兵普吉保克月眉庄，距诸罗五里，令与大纪并力固守；又令诸生刘宗荣等给番社土目札谕防贼窜匿。屡得旨嘉许。

福康安渡台湾。上授常青福州将军，留办善后，令从将军职戴单眼孔雀翎。福康安劾大纪贪劣状，上责常青徇隐，夺职，交福康安严鞫。福康安旋以常青自承徇隐，请交部治罪，上特宥之。召诣京师，署镶红旗蒙古都统。五十四年，授礼部尚书、镶蓝旗汉军都统。五十八年，卒，谥恭简。子喜明，官至徐州镇总兵。

常青初视师，福州将军恒瑞，水陆二提督任承恩、黄仕简皆在行，战无功。承恩、仕简以误军机坐斩，台湾平，赦出狱。仕简至狼山镇总兵，承恩亦至副将，恒瑞自有传。

蓝元枚，字简侯，福建漳浦人，提督廷珍孙。父日宠，官福建铜山营水师参将。元枚袭三等轻车都尉世职。乾隆三十一年，命发广东，以外海水师参将用，补海门营参将。累迁总兵，历台湾、金门、苏松三镇。四十九年，授江南提督。五十二年正月，台湾民林爽文为乱，命元枚驰驿往泉州，署福建陆路提督，驻蚶江策应。至福州，奏言："师渡台湾，乱民溃散，窜入内山与生番勾结。"上谕令速捕治，俾尽根株。水师提督黄仕简率兵讨爽文，坐逗留夺官，以命元枚，并赐孔雀翎，授参赞，趣率兵渡鹿仔港、会总督常青进讨。六月，元枚率兵次鹿仔港，与总兵普吉保师会，即夜，师分道自柴坑仔、大武陇入，杀贼甚众。上嘉之，赐双眼孔雀翎。

元枚所将止浙江兵二千，奏请益师，上命总督李侍尧发福建兵二千、广东兵三千益元枚。时总兵柴大纪坚守诸罗，元枚使告大纪，期会兵攻斗六门。战阿栋社，战坤头庄、大肚溪，屡杀贼。复进攻西螺，焚条圳塘、中浦厝诸地贼庄。元枚族人启能等七十九人自贼中出，使为导。元枚奏闻，并言如察出启能等已从贼，当立诛。上嘉其公当，赐绛丝蟒袍、上佩荷包，并谕："启能等既来归，前此已否从贼，不须追诘。"诸罗被围已两月，大纪屡就告急，上屡趣元枚赴援，谕："廷珍平朱一贵，七日而事定。元枚当效法其祖，毋负委任。"七月，元枚病作。八月，贼自竹子脚、大肚溪、柴坑仔三道来攻。元枚力疾出战，病益剧，越十日，卒于军。赠太子太保，发白金千两治丧，赐祭葬，谥襄毅。元枚谥同廷珍，时称小襄毅以别之。

蔡攀龙，福建同安人。自行伍屡迁至福建澎湖右营游击。乾隆五十一年，林爽文为乱，巡抚徐嗣曾檄诣军。五十二年，贼破凤山，总兵柴大纪令督兵捕治。贼攻台湾府城，攀龙出战，屡破贼。贼屯西园庄，攀龙率诸将瑚图里、丁朝雄分道攻之，杀贼三百。贼复攻府城，总督常青令攀龙率诸将孙全谋、黄象新等御战。贼乘东、南二门，攀龙等力战，杀贼数百，夺九节炮。论功，擢北路协副将，赐孔雀翎。贼复至，攀龙督战，复杀贼三百馀，予强胜巴图鲁名号。七月，常青令攀龙援柴大纪诸罗，上命授海坛镇总兵。攀龙师至盐水港，分八队以进。雨大至，贼乘雨合围，诸将贵林、杨起麟、杭富皆战死。会大纪以师来迎，攀龙及全谋兵不及千人，偕运饷民三千人入诸罗，复出城杀贼。总督李侍尧闻攀龙兵达诸罗，未知贵林等战死状，谓诸罗围已解，入告。上擢攀龙陆路提督，参赞军务，贵林、起麟、全谋并迁官。俄，侍尧复疏陈，上命恤战死诸将。

福康安既解嘉义围，疏劾大纪，因言攀龙军嘉义西门外，并无出城杀贼事，自请夺职，拟请令还海坛本任。上谓攀龙屡战有功，其过尚可宽。五十三年，逮大纪治罪，移攀龙水师提督。师攻大武陇，令攀龙驻湾里溪。爽文既擒，其弟勇及贼渠庄大田犹窥伺府城，攻湾里溪，图断府城道。福康安遣攀龙分道进攻，颇有斩获。事平，图形紫光阁，列前二十功臣，上自为赞，许为台湾战将中巨擘。师还，诸将言攀龙平庸，福康安亦言才未能胜任，左迁江南狼山镇总兵。嘉庆三年，卒。

梁朝桂，甘肃中卫人。乾隆三十七年，以中卫营外委从征金川，先后攻克路顶谷、布朗郭宗及功噶尔拉、丫口、昔岭、阿喀木雅。三十九年，克㳽普，进攻喇穆喇穆山梁，夺日丫口。四十年，剿勒吉尔博寨，先登被创。四月，攻木思工噶克山，潜师入，尽克其城碉，据康萨尔至丫口山。十月，克西里山。录功，赐孔雀翎。累擢陕西潼关协副将。金川平，列五十功臣，图形紫光阁。累迁甘肃肃州镇总兵，坐事罢。复起，自福建福宁镇移广东高廉镇。

五十二年，台湾林爽文为乱，庄大田应之，别为南路贼。朝桂率兵败大田於笃松，斩馘二百馀。贼众数千犯大营，击却之，毙贼三百。将军常青虑南路贼北扰诸罗，檄朝桂堵御，连败之南潭、中洲、十三里庄，歼数百人。九月,常青移师北路剿爽文,以朝桂守台湾府城,贼来犯,击走之。其冬,**授参赞恒瑞于盐水港**,毁贼寨,赐号奋勇巴图鲁;复同恒瑞自鹿仔草进剿镇平庄,受创,力战败贼。时提督柴大纪被围诸罗急,朝桂欲驰援,恒瑞不听,大纪以闻,帝令将军福康安察奏。会福康安抵鹿仔港,檄朝桂仍驻守盐水港及鹿仔草。

五十三年春,就擢福建陆路提督。檄剿麻豆庄、大武陇屯贼,通郡城要道。大田时据大武陇拒守,朝桂自茅港尾绕至阿里港迎截;复赴打狗、竹仔各港口截其走路。大田力不支,自牛庄窜极南之郎峤,负山阻海。福康安自凤港进至柴城,分六队直逼海岸,与朝桂环攻之,大田及他贼目四十余悉就擒。台湾平,再图形紫光阁。金门巡洋舰被劫,以朝桂不能戢盗,移广西。再移湖广。卒。

普吉保,札库塔氏,满洲正黄旗人。乾隆三十年,以蓝翎侍卫从军征乌什,有功,补三等侍卫。三十七年,从参赞大臣舒常攻日旁,有功。三十九年,从副将军丰升额攻凯立叶山,进抵迪噶拉穆札山。贼分三队,**普吉保偕侍卫玛尔占等夹攻**,毙贼无算,赐冲捷巴图鲁名号。四十年,攻噶尔丹寺诸地,连破木城、石碉。上奖普吉保勇往,累擢福建汀州镇总兵。林爽文为乱,总督常青檄普吉保会剿,五十二年,率水师渡台湾,迭破贼鹿仔港、八卦山,上嘉其奋勉。爽文见师至,退守斗六门、大里杙。普吉保以师进,爽文攻诸罗,赴援,抵笨港,率游击海亮等歼贼数百,毁贼庄七,得旨嘉奖,赐玉搬指、荷包、蟒袍。笨港溃贼纠众截我兵,普吉保击斩甚众。嗣为驻兵元长庄、月眉庄不进,旨严饬。寻攻大埔林,收复斗六门。爽文窜内山,普吉保从诸将徒步陟山搜捕。五十三年,以兵扼科仔坑口,合围,俘爽文。南路庄大田亦就擒。台湾平,图形紫光阁。普吉保初克鹿仔港,以福康安疏荐,授台湾总兵。明年,上念台湾初定,虑普吉保不能胜,命解任。寻授广西左江镇,坐责把总黎振乾投水死,戍伊犁。卒。

丁朝雄,字伯宜,江苏通州人。自行伍累擢福建台湾水师副将。乾隆五十一年,以任满赴部引见,至省城,闻林爽文乱起。朝雄策东港与凤山犄角,爽文所必争,白总督常青,请兵屯东港,断其粮道。常青不能用,遣朝雄还台湾,佐海坛镇总兵郝壮猷讨爽文。

五十二年春,壮猷偕朝雄率兵二千余击贼,馘三百,俘二十五。日将暮,贼复来攻,朝雄复杀贼百余,贼始去。攻凤山,朝雄乘东门,首诸军入,凤山遂复。黄仕简檄朝雄守安平海口。贼攻府城,朝雄偕知府杨廷桦督兵民力御。贼攻桶盘栈,朝雄为前锋,出战,台湾道永福、同知杨廷理率兵民继,复杀贼百余,贼败走。冬,朝雄偕游击倪宾率兵千二百、义民二千余攻东港。东港贼数万,其渠吴豹以海岸浅,度舟不能至,不为备。朝雄遣谍以水注贼炮,乘雨至水涨,遣兵民分道登岸杀贼,俘数十。以兵寡不能克,报常青请益兵。常青令驻港口护饷道。既,令攻竹仔港,毁贼舟。

五十三年春,复攻东港,仍遣谍以水注贼炮,督兵攻渡口,贼惊窜,逐三十余里,乃倚山而军。贼夜来犯,朝雄戒勿动;及晓,贼倦,掩击,大破之。爽文遣其徒来援,朝雄筑垒困之。贼溃围出,设伏断其归路,而自将追之,大破贼,遂复东港。福康安上其功,授海坛镇总兵。既,福康安劾柴大纪受陋规,言朝雄为安平协副将时亦有此,当夺职戍军台,上以朝雄攻东港战有功,命留任。林霸舵、林明灼者,海盗渠也,五十四年,朝雄巡洋至氾澳,破盗巢,得霸舵等;而明灼拒杀参将张殿魁。上责总督伍拉纳,伍拉纳以属朝雄,督舟师出海,遇诸大麦洋,俟其近,发大炮,毙数酋,明灼穷蹙,跃入海,官军钩致,俘以归。

五十五年,追论朝雄在台湾失察天地会邪教,当夺职;上谘伍拉纳朝雄在官状,伍拉纳言朝雄水师捕盗有劳,命还任。五十八年,摄水师提督。五十九年,入觐,至清江浦,病笃。乞罢归,卒于上海舟中。

鄂辉,碧鲁氏,满洲正白旗人。自前锋分发四川试用守备。七迁建昌镇总兵。从大学士阿桂定兰州回乱,予法什尚阿巴图鲁名号。再迁成都将军。乾隆五十二年,署四川总督。将军福康安讨台湾乱民林爽文,上命鄂辉率四川屯练降番济师。寻授参赞,从渡海援嘉义。鄂辉屯东庄溪桥,攻克牛稠山竹栅,嘉义围解。逐贼至大排竹,歼之。师攻斗六门,贼自山下扑,鄂辉督兵冲截,贼奔逸,攻克大埔林、大埔尾二庄,贼溃。爽文自所居大里杙奔内山番界,鄂辉逐之至集埔。五十三年春,诇知爽文所匿地曰东势角,福康安督鄂辉及舒亮追捕,自归仔头至麻薯社,分军,鄂辉自扑仔离东山路进,舒亮直取东势角。是役遂俘爽文,乱乃定。上命台湾嘉义立诸将帅生祠,鄂辉与焉。师还,图形紫光阁,赐双眼孔雀翎、云骑尉世职。鄂辉朝热河行在。

廓尔喀侵西藏,据济陇、聂拉木诸地。上促鄂辉还四川,与提督成德帅师赴援,又命侍郎巴忠往按。巴忠先尝为驻藏大臣,习藏事,示意噶布伦,令赂廓尔喀返侵地。鄂辉等遂与议和,疏陈善后事。寻授四川总督。五十六年,廓尔喀渝盟,复侵济陇、聂拉木诸地。上命将军福康安督师讨廓尔喀,责鄂辉误用巴忠议致复生事,夺官,予副都统衔驻藏,听福康安指挥,福康安令督饷。工部尚书和琳劾鄂辉得廓尔喀贡表不以上闻,命夺副都统衔,逮赴前藏荷校示罚。五十八年,命还京师,授拜唐阿。加员外郎衔,还热河总管。

嘉庆初,命以侍卫诣荆州从剿教匪,战有功,以都统衔加太子少保,授湖南提督。屡破贼,与额勒登保等攻克石隆山,斩贼渠石柳邓,封三等男。二年,擢云贵总督。三年,卒,谥恪靖,祀贤良祠。四年,追论在湖北军中受馈白金四千,罢祀。

舒亮,苏佳氏,满洲正白旗人。自前锋累迁参领。师征金川,舒亮从副都统齐里克齐率健锐营为裨将。攻穆谷,舒亮伏山下待贼,杀贼甚众。攻卡角,贼匿山沟,舒亮于密箐中望见火光,以火器就击之,贼惊溃。以功,累迁镶黄旗满洲副都统。从克噶拉依,赐穆腾额巴图鲁名号。师还,图形紫光阁。乾隆四十六年,大学士阿桂讨撒拉尔乱回苏四十三，舒亮从。初至，破贼华林山。贼掘濠设卡以自固。阿桂令海兰察自山西攻贼卡，舒亮自南山进，当贼锋，贼竞山，射舒亮，伤左股，舒亮拔箭裹创，复战，夺贼卡四，杀贼百余。又与海兰察诇贼不备，以土囊填濠渡军，歼守濠贼，复夺十余卡。苏四十三既诛，复剿华林寺余匪。事平，还京师。

林爽文之乱，福康安出视师，舒亮以正黄旗护军统领为领队大臣。至台湾，福康安军道笨港救嘉义，令舒亮出别道分贼势。贼方据北大肚山拒我，舒亮迎击，败之，连破南大肚、王田、濑湄、半山、坑子诸庄，遂克乌日庄。会福康安军夹击，解嘉义围。五十三年，爽文窜匿东势角，福康安督舒亮等追逮，令舒亮直取东势角，山径峻险，将卒皆步上，杀贼二千余。爽文复走老衢崎，舒亮督诸军急进，获之，乱遂定。

上以台湾远在海外，主客民杂处，风俗素悍，命于府城及嘉义立诸将帅生祠，示威德。祠成，命并及在事疆吏，首福康安，次海兰察、李侍尧、普尔普、鄂辉、徐嗣曾，而以舒亮殿焉。寻授镶红旗蒙古都统。师还，命监爽文及其徒赖大等生致京师。赖大道病，舒亮令诛之，不称上意，命仍为护军统领。叙功，予云骑尉世职，再图形紫光阁。出为荆州、黑龙江将军。在黑龙江，坐私市貂皮，夺官，削世职。

川、陕、楚教匪起，命以三等侍卫从军。嘉庆元年，战襄阳，再战刘家集，屡俘斩贼渠。攻当阳，先登，额中枪，奋进，杀贼千余，获其酋，遂克当阳，赐孔雀翎，授镶蓝旗汉军副都统。贼自钟祥分窜唐、邓，设伏吕堰驿，西窜贼歼焉；乃合兵逐东窜贼，战草店，复中枪，赉银丝盒、荷包。旋以纵贼渡滚河，夺孔雀翎、巴图鲁。二年，坐贼渡汉江，降三品顶戴。三年，复以总督勒保劾剿贼不力，夺官，以兵丁留军。寻卒。

论曰：林爽文乱起，常青及福州将军恒瑞并水陆二提督，躬率师东渡，徘徊坐误。高宗爵柴大纪，诛郝壮猷，欲以激励诸将；继以元枚代，功未竟而卒，终烦禁旅，始克底定。承平久，水陆诸军不足用，不得独为大纪罪也。鄂辉、舒亮从福康安师，与攀龙、朝雄皆有战绩；然大纪力保危城，当时声誉远出诸将上。功名之际，有幸有不幸，固如是夫！

卷三百二十九　　列传一百十六

宋元俊薛琮　张芝元　**董天弼　柴大纪**

宋元俊，字甸芳，江南怀远人。以武进士授四川成都营守备，迁怀远营都司。乾隆二十年，孔撒、麻书两土司构衅，金川、绰斯甲布两土司乘隙为乱，元俊为抚定，集孔撒、麻书、金川、绰斯甲布、革布什咱、绰沃、白立、章谷、瞻对诸土司断曲直，使顶经立誓。累迁阜和营游击。

二十九年，金川土司郎卡侵丹坝、绰斯甲布两土司，诸土司请兵，署总督阿桂、提督岳钟琪奏令元俊偕署副将长清谕各土司合兵进剿。移漳腊营参将，坐事左迁。三十五年，小金川土司泽旺之子僧格桑掠鄂克什，阿桂檄元俊宣谕僧格桑还侵地及所掠番民。复补阜和营游击。三十六年，革布什咱头人结郎卡子索诺木据革布什咱官寨，戕土司策楞多布丹，总督阿尔泰复令元俊往宣谕。小金川围鄂克什、达木巴宗，侵明正土司，据纳顶寨，元俊与参将薛琮、都司李天佑率兵讨之，收纳顶寨，进攻索布大寨。琮率兵自山梁潜渡，元俊与天佑渡河夹击，获石卡十八，屡战皆捷，明正土司碉寨七百余尽复。

师入小金川境，取噶中拉、莫如纳、扎功拉等地，进克纳咱。阿尔泰及侍郎桂林以闻，擢松潘镇总兵。师攻甲木，贼据喇嘛寺为固。元俊及守备陈定国攻破之，尽收所属城、卡、碉、寨，据墨尔多山梁。师复进，天佑、定国攻西山梁，元俊同侍卫六十一、参将巴克坦布等自喇嘛寺绕攻郭松，参领普宁自西山麓沿河攻甲木，侍卫哈青阿及琮自东山麓攻卡丫。师行以夜半，战自卯至巳，卡丫、郭松、甲木皆克。赐元俊孔雀翎。

三十七年，师攻革布什咱，元俊请于桂林，分兵为五道：一自郭宗济野宗攻木巴拉博租；一自章谷渡河夹攻，俾贼前后受敌，两军既合，先据默资沟，截金川来路，进取吉地官寨；一自巴旺之高石、嘉举嵩山，分道攻萨玛多监藏布觉，取吉地；一自茂纽攻沙冲；一自喀勒塔尔攻党哩，会兵取丹东。策定，元俊及游击吴锦江等自章谷渡河据格藏桥，哈青阿、天佑出郭宗济野宗，两队军夹攻，贼惊溃，遂克木巴拉博租、萨玛多监藏布觉诸地。进克吉地官寨及默资沟。参将常泰等克党哩，都司李天贵等克沙冲，元俊复克丹东。复革布什咱地三百余里，民户二千余。

桂林遣陈定国调绰斯甲布兵驻军界上，备调遣。上责桂林不令元俊乘胜取金川。元俊旋与散秩大臣阿尔泰劾桂林欺诳及诸罪状，上为夺桂林职，令阿尔泰署四川总督，命额驸、尚书、公福隆安按治。未至，诏元俊督兵赴绰斯甲布率土兵进攻金川。元俊奏："自战失利，士气消沮，现在兵力不足并按两金川。请敕调湖南、湖北、山西、甘肃兵二万，分三道进军，计两月可竟事。"上以元俊请益师，未免张皇，令福隆安会阿尔泰、阿桂与元俊详悉核计。上谕军机大臣，谓："元俊能治事，熟番情；但其人似狡猾好事，当留意驾驭。"

寻，福隆安疏陈所劾桂林状不实，上以方进兵，元俊熟番情，诸事不必穷究；惟言："桂林以白金畀金川赎被掠官兵罪最重，今汪承霈自承出其意。承霈以曹司从军，不当与其事。当诘汪腾龙，成信谳。"福隆安复疏言："腾龙以金嘱王万邦待巴旺、布拉底克归递道官兵予金为赏，元俊诱万邦令具札言桂林使赎被掠官兵。事为元俊陷。"上乃怒，责元俊奸狡负恩，命夺职逮问，籍其家。参赞阿桂疏言："元俊在川日久，熟番情，为近边土司所信服。诸将能驭番无出其右。臣遇事多与询商，冀收指臂之效。乞恩仍留军中，倘奋勉出力，使诈使贪，原所不废；如刚愎逞私，即据实劾勅。"上命留总兵，还所籍财产。元俊同副都统永平、博灵阿等潜赴墨垄沟，进至郡峥。乘月督军登山薄贼卡，正大雾，我师腾跃入卡，克山梁三道、碉卡二十有四，进克格鲁克石。金川酋图占丹坝官寨，绰斯甲布土司发兵往助，阿桂奏令元俊增兵割剿，未行，卒于军。

元俊在边久，善驭诸土司。往时赍诸土司缯帛辄窳敝，元俊必以善者，诸土司皆喜。元俊出行边，诸土司率妻子出谒，畀以茶、烟、簪珥，视若家人。稍不循法度，即诃谴，皆悚息听命。打箭炉徼外夹坝出没，元俊至，无敢犯行李者。诸番小有动静，争来告，以故元俊诸所措置皆中窾要。其得罪，上亦知其枉。既卒，其子犹戍边。四十一年，金川平。元俊部将张芝元请于阿桂，谓元俊有功无罪，徒以忤专阃被罗织，语甚切。阿桂为疏请，赦其子还。

薛琮，陕西咸宁人。父翼凤，河南南阳镇总兵。琮以荫生入巡捕营。累迁四川漳腊营参将。阿尔泰讨金川，以琮从。克纳顶、边谷诸碉寨。温福代阿尔泰视师，攻巴朗拉，琮战最力。又克卡丫，取通甲木。攻阿仰东山，总督桂林与都统铁保、提督汪腾龙将兵取墨垄沟，令琮将三千人自甲木、噶尔金后绕山道应大军夹击。桂林中道引还卡丫，又檄铁保、腾龙令退。琮深入，粮尽，待桂林不至。桂林令都司广著赴援。贼据高峰曰博六古通，险阻，广著师不得度。琮督兵直进，毁栅十余，夺碉七十余。贼力拒，琮督兵仰攻，中枪，没于阵，军尽覆，同死者都司张清士、陈定国等二十五人。阿桂破翁古尔垄，立祠战地祀琮等。

琮在诸将中号能战，元俊与最厚。尝与期旦日会师，执后至当斩。琮至后二刻，元俊遣骑持刀呼取薛参将头。琮望见笑曰："琮头当与贼，不与公也！"奋前夺数碉反。元俊犹为琮请罪，以功论赎乃已。及桂林误琮战没，元俊愤激论劾，卒以是得罪。

张芝元，四川清溪人。以千总从副将军明亮征金川有功，积官至越巂营参将。金川酋与番僧诇军事，芝元言于明亮曰："军事每为贼知，非去其谍，灭贼无日矣。"会大风雪，明亮命芝元率数十人伪若以他事出者，宿番僧寺中。芝元故通番语，与僧饮甚欢，僧醉眠，芝元出寺聚柴焚之，僧皆死。贼谍断，因招降其众。寻从成都将军特成额驻兵江卡，捕夹坝，围本肯贼寨，焚其碉，毙贼甚众，擢懋功协副将。台湾林爽文为乱，芝元率屯练降番佐军。参赞海兰察等分攻大埔林、中林、大埔尾三庄，芝元为策应。贼据小半天山，将军福康安等自前山进，芝元与领队大臣普尔普领兵别为一队，夜半先发，绕大山夹攻贼后。黎明，诸军同抵山麓，攀援上，贼力拒，芝元先登，拔其栅，斩获无算，并堵贼去路。未几，爽文就擒。台湾平，擢建昌镇总兵，图形紫光阁，列前二十功臣。寻调松潘镇总兵。廓尔喀掠西藏济咙、聂拉木，上命芝元率屯练降番往讨之。芝元至，值大雪，山谷皆满。芝元手大刀指挥，士卒皆感激用命，贼败走。廓尔喀再叛，芝元偕提督成德督兵攻聂拉木，守拍甲岭隘口断贼援，聂拉木遂下；乘胜攻济咙，复克之，贼惧，乞降。未几，卒。五十八年，论平定廓尔喀功，再图形紫光阁，列后十五功臣。

芝元少以小校事元俊，后乃雪元俊枉。人以是多芝元，亦益贤元俊能知人也。

董天弼，字霖苍，顺天大兴人。自武进士授四川提标前营守备。乾隆初，师征金川，天弼在军有功。累迁维州协副将。金川酋郎卡攻丹坝土司，天弼偕游击宋元俊谕郎卡归所掠，毁所筑碉，兵罢，迁松潘镇总兵。旋擢四川提督。郭罗克部劫西藏入贡喇嘛，上命天弼按治，未得其渠，诏责其苟且。三十五年，小金川土司泽旺子僧格桑为乱，攻鄂克什土司色达克拉；围其寨。天弼督兵驻达木巴宗，檄僧格桑敛兵退色达克拉，以其寨粮尽，乞徙达木巴宗。天弼与总督阿尔泰议留兵戍焉。

三十六年，僧格桑复围达木巴宗，并略木耳宗、巴朗拉诸地。天弼自打箭炉出边，征省标及松潘、维州诸镇协兵，行至眠龙冈，贼已得巴朗拉，筑碉卡为久守计，且断我兵路。天弼议袭山神沟以解达木巴宗围，寻将四百人自山神沟至德尔密，克碉七，贼窜走；再进取毕旺拉，贼乘雾来犯，土兵惊溃，德尔密、毕旺拉皆陷。天弼疏请罪，上以天弼所将兵本少，总督阿尔泰不预策应援，宥其罪，谕以"当奋勉。再不努力，获罪滋重矣"。天弼复将五百人自木坪陟尧碛，顺山攻甲金达对面山梁，取碉二。天弼以鄂克什牛厂当要道，分兵戍守厂贼，驻军其地；乘胜上下截击，木坪、鄂克什诸土司错壤，要隘皆为我军有。未几，贼复袭据牛厂。上以阿尔泰师久无功，夺官。因责："天弼始终贻误，与阿尔泰同罪，夺官，留军中充伍。如更退缩，正军法。"寻命下成都狱。诏未至，天弼以甲金达山峻不可上，求间道，得沟在两崖间。会大风雪，天弼率兵自沟中潜度，遂至达木巴宗，击僧格桑色达克拉；溃围出，并克木耳宗，迎温福师与会。上闻，命贷死，留军中。阿桂令天弼监火药军械。三十七年，师克资哩，阿桂令天弼将五百人驻焉。寻予副将衔，授重庆镇总兵。命督兵赴墨头沟，进至梭磨，梭磨土妇请以千人从。事闻，赐花翎。天弼督兵攻堪卓沟，自间道出纳云达，深入贼境五十余里，克山梁三，破碉卡三十余、木城三。迎温福师会于布朗郭宗，克大板昭、木丫寨，得碉三十六、卡十六。上以温福已得布朗郭宗进克底木达，天弼所克不过空寨，疏语颇铺张，手敕戒之。寻授领队大臣。

三十八年，复为四川提督。时小金川已定，温福督师进讨大金川，令天弼以五百人守底木达。温福进驻木果木，号大营；底木达当贼来路，为要隘。温福檄三百人益大营，又去其后援。时温福以军屡胜，不以贼为意。金川头人七图葛拉尔思甲布等以千余人诈降，温福使与厮养杂处，因诱诸降人为变，谍底木达天弼无后援，六月乙丑朔，潜自山后拥众攻底木达，天弼率所部二百人抽刀力战，至夜半，贼以鸟枪数百环击，杀之。越九日，劫大营，温福亦死焉。上先命天弼驻坝旺，旋命移驻布朗郭宗，军中传贼来犯。时天弼方屯美诺，上命夺官逮治。总督刘秉恬疏言："天弼自美诺驰赴底木达，途遇贼，右胁中枪死。"仍以贻误军事籍其家，戍其子举人联鏊伊犁。

金川既平，获七图葛拉尔思甲布，传送热河行在，廷讯，具言天弼死事时力战状，乃赦联毂还，授内阁中书。

柴大纪，浙江江山人。自武进士授福建守备。累擢至海坛镇总兵，移台湾镇。乾隆五十一年十一月，林爽文乱起。爽文漳州人，徙彰化，所居村曰大里杙。时奸民相聚，号天地会，漳州人庄烟为之魁，爽文与相结，谋为变。台湾知府孙景燧驰诣彰化，督知县俞峻、副将赫生额、游击耿世文捕治，焚数小村以怵之。爽文因民怨，夜纠其徒来袭，赫生额等皆战死。明日，遂破彰化，景燧亦殉焉。傍攻诸罗、凤山，皆陷。大纪时以总兵守府城，贼分道来攻，大纪出驻盐埕桥御之，击沉贼舟数十，馘千余。

五十二年春，水师提督黄仕简、陆路提督任承恩先后赴援。大纪出攻诸罗，克之，即移军守诸罗。旋以守府城功，赐花翎。上以仕简、承恩师久无功，授总督常青将军，渡台湾视师。爽文攻诸罗，自二月至四月凡十至，大纪督游击焦起麟、守备邱能成等出战，杀贼数千。爽文之徒张慎徽伪降，大纪察其诈，置诸法。台湾诸府县皆编竹为城，不耐攻，大纪以忠义率兵民誓坚守。上嘉大纪劳，赐荷包、奶饼，下部议叙。六月，授福建陆路提督，仍兼领台湾总兵。盐水港者，诸罗通府城粮道也，贼来攻，大纪力御之。上促常青赴援，予大纪壮健巴图鲁名号，参赞军务。八月，上以常青衰老不能办贼，命福康安为将军，仍令大纪参赞；而常青令总兵魏大斌援诸罗，贼邀诸途，退驻鹿仔草；复令总兵蔡攀龙援诸罗，大纪出战，迎入城共守。上移大纪水师提督，而以陆路提督授攀龙。十一月，加大纪太子少保。上以诸罗被围久，县民困守，奋力向义，更县名为嘉义。贼攻城益急，上密谕大纪："不必坚执与城存亡，如遇事急，可率兵力战，出城再图进取。"大纪疏言："诸罗居台湾南北之中，县城四周积土植竹，环以深壕，壕上为短垣，置炮，防卫坚固。一旦弃之而去，为贼所得，虑贼势益张，盐水港运道亦不能守。且城厢内外居民及各庄避难入城者共四万余人，助饷协力，以至于今。不忍将此数万生灵付逆贼毒手！惟有竭力保守，以待援兵。"上手诏谓："所奏忠肝义胆，披览为之堕泪！大纪被围日久，心志益坚，勉励兵民，忍饥固守，惟知以国事民生为重。古之名将，何以加之？"因封为一等义勇伯，世袭罔替，并命浙江巡抚琅玕于其家白金万，促福康安赴援。

十二月，福康安师至，嘉义围解，大纪出迎，自以功高拜爵赏，又在围城中，惫惰不具囊鞬礼，福康安衔之，遂劾大纪诡诈，深染绿营习气，不可倚任。上谕谓："大纪驻守嘉义，贼百计攻围，督率兵民，力为捍卫。朕谕以力不能支，不妨全师而出。大纪坚持定见，竭力固守，不忍以数万生灵委之于贼。朕阅其疏，为之堕泪。福康安乃不能以朕之心为心乎？大纪尝奏贼以车载枪炮攻城，今福康安言得贼攻城大车，又委弃枪炮，为我军所得，足见大纪前奏不虚。大纪又奏县城食尽，地瓜、花生俱罄，以油粃充食。当时义民助饷，未必遽至于此。但大纪望援心急，以食油粃为词。普吉保、恒瑞两军尚复观望不进，若云犹有余粟，则两路赴援更缓。此时县城存亡未可知，安怪大

纪过甚其词耶？大纪屡荷褒嘉，在福康安前礼节或有不谨，致为所憎，直揭其短。福康安当体朕心，略短取长，方得公忠体国之道。"侍郎德成自浙江奉使还，受福康安指，讦大纪。上命福康安、李侍尧、徐嗣曾、琅玕按治，福康安临致书军机大臣，言："大纪纵兵激民为变，其守嘉义，皆义民之力。大纪闻命，欲引兵以退，义民不令出城，乃罢。"事闻，上谕谓："守诸罗一事，朕不忍以为大纪罪，至其他声名狼藉、纵兵激变诸状，自当按治。"命夺大纪职，逮问。福康安寻以大纪纵弛贪黩、贻误军机，议斩，送京师。上命军机大臣覆谳，大纪诉冤苦，并言德成有意周内，迫嘉义民证其罪，下廷讯，大纪犹力辩。五十三年七月辛巳，命如福康安议弃市，其子发伊犁为奴。

论曰：元俊、天弼在边久，熟情伪，习形势，诸番仰其威惠。元俊陷于桂林，激而欲自白，不得直；微阿桂右之，罪且不测。天弼又见嫉于温福，驱无寡之兵以投方张之寇。既死犹尚以为罪。若大纪有功无罪，为福康安所不容。高宗申谕，可谓曲折而详尽矣，乃终不能贷其死。军旅之际，捐肝脑，冒锋刃，求尺寸之效，困于媢嫉，功不成而死于敌，若功成矣，而又死于法。呜呼，可哀也已！

卷三百三十　　列传一百十七

福康安　孙士毅　明亮

福康安，字瑶林，富察氏，满洲镶黄旗人，大学士傅恒子也。初以云骑尉世职授三等侍卫。再迁头等侍卫。擢户部侍郎、镶黄旗满洲副都统。

师征金川，以温福为定边将军，阿桂、丰升额为副将军，高宗命福康安赍印往授之，即授领队大臣。乾隆三十八年夏，至军，阿桂方攻当噶尔拉山，留福康安自佐。木果木师败，温福死事，复命阿桂为定西将军，分道再举。攻喇穆喇穆，福康安督兵克其西各碉，与海兰察合军，克罗博瓦山；北攻，克得斯东寨。贼夜乘雪陟山，袭副将常禄保营，福康安闻枪声，督兵赴援，击之退。贼屯山麓，乘雨筑两碉，福康安夜率兵八百冒雨逾碉入，杀贼，毁其碉，上手诏嘉其勇。进克色溽普山，破坚碉数十，歼贼数百。又与额森特、海兰察合军，攻下色溽普山南贼碉，遂尽破喇穆喇穆诸碉卡，并取日则丫口。再进克嘉德古碉，攻逊克尔宗西北寨。贼潜袭我军后，福康安击之退。贼以距勒乌围近，屡夜出击我师，福康安与战屡胜。

阿桂虑贼守隘不时下，改道自日尔巴当噶路入；撤福康安攻下达尔扎克山诸碉。再进，攻格鲁克古，率兵裹粮，夜逾沟攀崖，自山隙入当噶海寨，克陡乌当噶大碉、桑噶斯玛特木城石卡。再进，克勒吉尔博寨。阿桂令福康安将千人从海兰察赴宜喜，自甲索进攻得楞山，焚萨克萨古大小寨数百，渡河取斯年木咱尔、斯聂斯罗市二寨。再进，

次荣噶尔博山。擢内大臣，赐号嘉勇巴图鲁。再进，至章噶。福康安偕额森特攻巴木图，登直古脑山，拔木城、碉寨五十，焚冷角寺，遂克勒乌围。

阿桂令取道达乌围进攻噶拉依，分其军为七队，福康安率第一队，夺达沙布果碉、当噶克底，绰尔丹诸寨为木栅，断科思果木走雅玛朋道。进克达噶木碉二，阿穰曲前峰碉木城各二十。焚奔布鲁木护起寨。取舍勒图租鲁傍碉一、寨二，格什格章寨一、萨尔歪碉寨三、阿结占寨二。陟科曲山梁，尽得科布曲诸寨。四十一年春，再进，克舍齐、雍中二寺。自拉古尔河出噶拉依之右，移炮击其寨。噶拉依既下，金川平。论功，封福康安三等嘉勇男。师还，郊劳，赐御用鞍辔马一。饮至，赐缎十二端、白金五百。图形紫光阁，赐双眼花翎。授正白旗满洲都统，出为吉林、盛京将军。

授云贵总督。南掌贡象，自陈为交阯所侵，乞以余象易炮。福康安谕以国家法制有定，还其象，不予炮。疏入，上深韪之。移四川总督，兼署成都将军。四川秀民为寇盗，号啯匪，命福康安捕治。逾年，福康安疏言盗已徐戢，陈善后诸事。擢御前大臣，加太子太保。召还京，署工部尚书。授兵部尚书、总管内务府大臣。

四十九年，甘肃回田五等立新教，纠众为乱。授参赞大臣，从将军阿桂讨贼。旋授陕甘总督。师至隆德，田五之徒马文熹出降。攻双岘贼卡，贼拒战，阿桂令海兰察设伏，福康安往来督战，歼贼数千，遂破石峰堡，擒其渠。以功，进封嘉勇侯。转户、吏二部尚书，协办大学士。

五十二年，台湾林爽文为乱，命福康安为将军，而以海兰察为参赞大臣，督师讨之。时诸罗被围久，福建水师提督柴大纪坚守。上褒大纪，改诸罗为嘉义，以旌其功。陆路提督蔡攀龙督兵赴援，围未解。福康安师至，道新埤，援嘉义，与贼战仑仔顶，克俾长等十余庄。会日暮，雨大至，福康安令驻师土山巅，贼经山下，昏黑无所见，发铳仰击。福康安戒诸军士毋动。既曙，雨霁，海兰察已自他道入，师与会，围解。进一等嘉勇公，赐红宝石帽顶、四团龙补服。

大纪以方在围中，谒福康安未具櫜鞬礼，福康安衔之，疏论大纪馈法、牟利乖罪状，并及攀龙陈战状不实。上以大纪困危城久，攀龙亦有劳，意右之，诏谓"二人或稍涉自满，在福康安前礼节不谨，为所憎，遂直揭其短"，戒福康安宜存大臣体。然大纪卒以是坐死。时论冤大纪，亦深非福康安嫉能，不若傅恒远也。福康安复劾攀龙，左迁；而福州将军恒瑞师逗遛不进，福康安与有连，力庇之，诏亦斥其私。

福康安既解嘉义围，令海兰察督兵追捕爽文，槛致京师；复得副贼庄大田。台湾平，赐黄腰带、紫缰、金黄辫珊瑚朝珠。命台湾、嘉义皆建生祠塑像，再图形紫光阁。疏请募熟番补屯丁，并陈善后诸事，要在习戎事，除奸民，清吏治，肃邮政，上悉从之。旋授闽浙总督。

五十四年，安南阮惠攻黎城，孙士毅师退。上移福康安两广总督，诏未至，福康安疏请往莅其事。上奖福康安忠，谓："大臣视国如家，休戚相关，当若此也。"惠更名光平，乞输款，福康安为疏陈，请罢兵，上允之。御史和琳劾湖北按察使李天培为福康安致木材，令湖广粮船运京师，福康安疏请罪。上手诏谓阮光平方入朝，特宽之；命夺职留任，仍罚总督俸三年、公俸十年。五十五年，福康安率光平朝京师，以获盗免罚总督俸。

五十六年，廓尔喀侵后藏，命福康安为将军，仍以海兰察为参赞大臣，督师讨之，免罚公俸。五十七年三月，福康安师出青海，初春草未盛，马瘠，粮不给，督诸军速进。行四十日，至前藏，自第理浪古如绒辖、聂拉木，察地势，疾行向宗喀，至辖布基。诸道兵未集，督所部分六队，趋擦木，潜登山，夺贼前后二碉，歼贼渠三、贼二百余，擒十余。进攻玛噶尔辖尔甲山梁，贼渠手红旗，拥众登，令设伏诱贼进，至山半，伏起横击，搴旗贼尽殪。进攻济陇，济陇当贼要隘，大碉负险，旁列诸碉卡，相与为犄角；乃分兵先鏖其旁诸碉卡，并力攻大碉，缚大木为梯，督兵附碉登，毁垒。战自辰至亥，克其寨，斩六百，擒二百。捷闻，上为赋《志喜诗》书扇，并解御用佩囊以赐。

六月，自济陇入廓尔喀境，进克索勒拉山。度热索桥，东越峨绿山，自上游潜渡。越密里山，攻旺噶尔，克作木古拉巴载山梁。攻噶勒拉、堆补木诸山，破甲尔古拉、集木集两要寨。转战深入七百余里，六战皆捷。上诏褒福康安劳，授武英殿大学士。福康安恃胜，军稍息，督兵冒雨进；贼为伏以待，台斐英阿战死。廓尔喀使请和，福康安允之。廓尔喀归所掠后藏金瓦宝器，令大头人噶木第马达特塔巴等赍表进象、马及乐工一部，上许受其降。师还，加赐福康安一等轻车都尉袭其子德麟，授领侍卫内大臣，视王公亲军校例，置六品顶戴蓝翎三缺，官其僚从。复图形紫光阁，大学士阿桂让福康安居首。

福康安初征金川，与海兰察合军讨乱回，同为参赞；及征台湾、定廓尔喀，皆专将，海兰察为参赞，师有功，受殊赏。上手诏谓："福康安能克阳布，俘拉特纳巴都尔、巴都尔萨，当酬以王爵。今以受降班师，不克副初愿。然福康安孝贤皇后侄，大学士傅恒子，进封为王，天下或议朕厚于后族，富察氏亦虑过盛无益。今如此藏事，较荡平廓尔喀倍为欣慰。"阳布，廓尔喀都城；拉特纳巴都尔等，其渠名也。五十八年，疏陈西藏善后十八事，诏从之。

安南国王阮光平卒，上虑其国且乱，命福康安如广西。福康安母卒于京师，令在任守制。福康安途中病，命御医往视。福康安疏言："安南无事，乞还京师，冀得庐墓数日。"诏许之，加封嘉勇忠锐公。移四川总督。旋又率金川土司入觐。恒秀时为吉林将军，以采参亏库帑累民，命福康安莅谳，拟罪轻，上责福康安徇戚谊。复移云贵总督。方寒，赐御服黑狐大腿褂。

六十年，贵州苗石柳邓，湖南苗吴半生、石三保等为乱，命福康安讨之。柳邓围正大营、嗅脑营、松桃厅三城，福康安师至，力战，次第解三城围，赐三眼花翎。福康安率贵州兵破老虎岩贼寨，诇得柳邓踪迹。和琳时为四川总督，将四川兵来会，攻满华寨，焚贼寨四十。柳邓入湖北，投三保，三保方围永绥厅，福康安督兵赴援。师当渡，贼筑卡拒守。分兵出上流，缚筏，纵民牧牛，设伏；待贼至掠牛,伏起,夺贼船,所缚筏亦顺流至,师尽济。攻石花寨,越得拉山战,杀贼甚众,令总兵花连布间道援永绥,师从之,战三日,围解。

进次竹子山,贼屯兰草坪西北崖,以板为寨,树旗东南山阙;乃设伏对山,仍督兵若将自山阙入。贼来战,伏兵发炮,贼溃,退保瑯木陀山;再进,克之。山西为登高坡,与黄瓜山对,分兵出五道,冒风雨克黄瓜山,焚寨五十六;攻葐麻寨,夺大小喇耳山,焚寨四十。半生、三保悉众拒战,分兵攻雷公山,阻其援兵,击破西梁上中下三寨。再进至大乌草河,循河克沙兜寨、盘基坳山;战于板登塞,再战于雷公滩,贼屡败。取右哨营,渡河,于群山中越险,进克马蝗冲等大小寨五十。至狗脑坡,山益险,兵皆附葛藤,冒矢石,行陟其巅,破贼寨;再进,克虾蟆峒、乌龙岩。攻茶它,降者七十余寨。上移福康安闽浙总督,进封贝子。

再进,克岩碧山,焚巴沟等二十余寨。再进攻麾手寨山,总兵花连布将广西兵克苗寨四十,赐貂尾褂。围高多寨,吴半生穷蹙迎降。上官福康安子德麟副都统,在御前侍卫上行走。再进攻鸭保寨,鸭保右天星寨,为贼中奇险处,督兵自雪中求道,进取木城七、石卡五,克垂藤、董罗诸寨,赐御服黄里玄狐端罩。旋克大小天星寨。进攻㩦木营,乘风雪夜进,拔地良、八荆、桃花诸寨。自平陇复乾州,尽克擒头坡、骡马峒诸隘,焚其寨三百。嘉庆元年,再进,克吉吉寨、大陇峒等寨。战于高吉陀,再战于两岔溪,屡败贼。贼袭㩦木营,攻擒头坡,皆以有备败走。克结石冈,焚牧牛坪等大小寨七十。进克官道溪,再进攻大麻营石城,至廖家冲,夺山巅石卡。夜间,道出连峰坳,夺山梁七。上褒福康安,命赠傅恒贝子。

福康安染瘴病作,犹督兵进,五月,卒于军。仁宗制诗以诔,命加郡王衔,从傅恒配太庙,谥文襄。子德麟,袭贝勒,递降至未入八分公,世袭罔替。

福康安受高宗殊宠,师有功。在军中习奢佚,犒军金币辄巨万,治饷吏承意旨,靡滥滋甚。仁宗既亲政,屡下诏戒诸将帅毋滥赏,必斥福康安。德麟迎丧归,将吏具赗四万有奇,责令输八万。德麟旋坐雩坛视牲误班,降贝子。

孙士毅,字智冶,一字补山,浙江仁和人。少颖异,力学。乾隆二十六年进士,以知县归班待铨。二十七年,高宗南巡,召试,授内阁中书,充军机章京。迁侍读。大学士傅恒督师讨缅甸,以士毅典章奏。叙劳,迁户部郎中。擢大理寺少卿。出为广西布政使。擢云南巡抚。总督李侍尧以赃败,士毅坐不先举劾,夺职,遣戍伊犁,录其家,不名一钱。上嘉其廉,命纂校《四库全书》,授翰林院编修。书成,擢太常寺少卿。复出为出布政使。擢广西巡抚,移广东。初上官,疏言:"广东海洋交错,奸宄易藏。惟有洁以持身,严以察吏,不敢因循讳饰。"上谕以勉效李湖,湖为广东巡抚,以风厉有声为上所深赏也。

寻署两广总督。陕甘总督福康安议练兵,诏下云、贵、四川、两广、福建诸行省令仿行。士毅疏请广东练水陆兵二万八千五百三十二人,广西练兵一万一千二百九十六人,选人材精壮、技艺娴习,责督、抚、提、镇实心训练;请严立科条,以惩积习。上谕曰:"此可徐徐为之,而必以实。"寻还巡抚任。广东民悍,多逋赋,州县吏当上计,或以私财应,冀课最,民益延抗为得计。士毅详核积逋,遣干按治逋赋最多诸州县,自乾隆四十年后,具册督追。州县吏以私财应计政者,察无他私弊,以督追所得偿之。上奖其能,惟谓:"州县吏职催科,乃以不能振作,民多逋赋。以私财应计政,不罪其诳已为宽典;若以督追所得偿之,将何以示惩?令续征逋赋当悉入官。"萎塘者,群盗所聚,拒捕伤官。士毅擒其渠,戮以徇。上复嘉其能,赐花翎。两广总督富勒浑纵其仆受赇,事闻,下士毅按治得实,富勒浑坐遣。上以士毅持正,即迁两广总督。富勒浑疏论广东醝政,请增运艘,按季征饷价,复三十九埠运商清积逋。士毅受事,疏言:"增运艘,当去封押之扰,定经久之规,俾新旧商户皆各乐从;按季征饷价,当复旧例,岁终奏销;三十九埠运商以逋课黜,中铅山、南康、上犹、英德四埠当先复,请积逋当自三十九埠始。"皆下部议行。

五十二年,台湾林爽文为乱,士毅诣潮州戒备。师行,遣兵助剿,刍茭、器械皆立办,加太子太保,赐双眼翎、一等轻车都尉世职。五十三年,台湾平,图形紫光阁。会安南国王黎维祁为其臣阮惠所逐,其母、妻叩关告变。士毅以闻,督兵诣龙州防镇南关,帝嘉其识轻重、知大体,命自广西入安南,别遣云南提督乌大经自蒙自进。阮惠遣将拒于寿昌江,又分兵屯嘉观。士毅师至,击破惠所遣将,渡寿昌江,再进至市球江,惠守备甚设。士毅令阳于下游为浮桥,若将渡;密遣总兵张朝龙自上游渡,出贼后,贼恒扰。士毅勒兵乘筏渡,贼弃寨走;纵击,贼自投江中死,尸蔽江。游击张纯等水击破惠屯嘉观军,副将庆成等设伏擒惠将。师再进至富江,江南即黎城,惠令尽收战舰泊南岸拒守。士毅缚筏载兵,令提督许世亨将二百人夜过江,掠小舟数十,更番渡兵。黎明,兵渡者二千余。惠军以舟逼,张纯追及之,分焚其舟,尽歼之,遂复黎城,阮惠走富春。维祁至军中,士毅承旨封为安南国王。捷闻,封一等谋勇公,赐红宝石顶。士毅辞,不许。命班师,士毅犹豫未即行。

五十四年春正月,阮惠率其徒攻黎城,维祁亦挈其孥潜遁。士毅引兵退,渡市球江,驻江北。惠军追至,总兵李化龙殿,度浮桥,堕水死;浮桥断,提督许世亨等皆战死。士毅还入镇南关,维祁与母子偕至,置诸南宁。上以士毅不遵诏班师,有此挫折,罢封爵,并撤红宝石顶、双眼花翎,解总督任,以福康安代之。方惠追我师至富良江,士毅欲复渡江与决战,世亨力谏,谓损大臣、伤国体,令千总薛忠挽其缰而退。至是具疏自劾,令驻镇南关治事。惠寻遣使求内附,福康安至,与士毅严斥之。既,以黎氏暋乱,不堪复立国,遂偕奏安南不用兵状,帝从其议。寻召士毅还京师,授兵部尚书,充军机大臣,直南书房。是年冬,命署四川总督,逾岁真除。未几,两江总督书麟坐高邮书吏伪印冒征被谴,以士毅代之,谕以江南吏治废弛久,当黾勉整饬,毋徇隐。徐州王平庄河决,筑毛城铺堤堰,赈被水诸州县,俱称旨。五十六年,召授吏部尚书、协办大学士。

廓尔喀用兵，命摄四川总督，督饷。士毅自打箭炉出驻察木多，师已入后藏，复驰诣前藏，馈运无匮。以劳，复赐双眼花翎。五十七年，廓尔喀平，再图形紫光阁。旋授文渊阁大学士，兼礼部尚书。偕福康安、和琳驻前藏谋善后。福康安率金川土司入觐，命士毅再权四川总督。福康安移云贵总督，以和琳代之。上令士毅留四川董理讨廓尔喀之役军需奏销，士毅乞留福康安、和琳会核，上不许。

六十年春，湖南苗为乱，入四川秀山境，士毅督兵驻守击贼。嘉庆元年，湖北教匪为乱，侵四川酉阳境。士毅移军来凤，战屡胜，封三等男。贼屯茶园溪，大雨旬日，谓无备。夜击贼，人持短兵垒涌入，千总张超执长矛先登，斩其魁，追奔四十余里。贼退据旗鼓寨，士毅移军从之。六月，卒于军中，赠公爵，谥文靖。以其孙均袭伯爵。

士毅故善和珅，病笃，遗书请入旗，高宗特许之，命均入汉军正白旗，授散秩大臣。寻以幼罢。十一年，自陈废疾，请令同祖弟玉墀袭爵，仁宗谕曰："士毅克黎城，皇考命班师。士毅意在贪功，迟延失事，兵溃入关。所奏多有虚饰。朕体皇考遗意，未予追求。今均既病废，士毅原授伯爵当裁撤，并令均出旗归原籍。"

明亮，富察氏，满洲镶黄旗人，都统广成子，亦孝贤高皇后侄也。初以诸生尚履亲王允祹女，为多罗额驸，授整仪尉。累迁銮仪卫銮仪使。乾隆三十年，授伊犁领队大臣，从征乌什乱回。再移宁古塔副都统。从征缅甸，有功。

三十六年，两金川为乱，命以护军统领佐四川总督桂林出师。明年，桂林师出墨垄沟，败绩，明亮未与闻，上责其隐，夺职，旋授头等侍卫衔，令从军自效。时阿桂以参赞大臣代将，令明亮仍出墨垄沟，潜袭甲尔木，夺第一山梁。地高寒，不俟令引还，阿桂奏劾，降二等侍卫衔。复攻甲尔木，乘雪陟其中峰，克所筑碉卡，授二等侍卫。寻攻真登梅列，断贼粮道，迁头等侍卫，加副都统衔。复自春恭进破噶察、丹嘉诸寨，与阿桂会于僧格宗。阿桂授副将军，命明亮为领队大臣。再进，自僧格宗渡河，东攻美诺，令侍卫德赫布等为前队，明亮继，逐贼至美都喇嘛寺，围美诺，战一昼夜，克之。小金川悉定。

进讨大金川，温福出西路，丰升额出北路，而阿桂出南路，明亮为参赞。三十八年正月，师次当噶尔拉山，亘二十余里，贼筑十四碉拒守。明亮攻克第五、第四两碉。居数月，温福师败，僧格宗、美诺皆陷。从阿桂敛师退驻翁古尔垄，擢广州将军。十月，师再举，阿桂出西路，授明亮定边右副将军，出南路，当一面。自思纽顺河取得里、得木甲诸寨，袭破宅垄，复取僧格宗，与阿桂会美诺。小金川复定，赐御用黑狐冠。三十九年正月，与阿桂策定进军道，明亮自巴旺、布拉克底土司进次马奈。马奈山峻险，河南有地曰斯第，为贼寨障。明亮夜攻马奈，遣参赞大臣富德自骆驼沟出寨后夹攻，战二日，克之。再进，次绒布寨。分兵授领队大臣奎林，以皮船渡河，取斯第山梁木城二。再进攻卡卡角，其前地曰庾额特，山负河而立，危峰护其右，势绝险，山腰径隘，贼夹以巨碉。屡攻不能下，

于其右筑五碉卫饷道。攻穆谷诸寨，贼拒守益力，而奎林军以乏水移驻深嘉卜。明亮诇得泉，使富德、奎林移军就之。分道攻斯第，贼前后并至，断我军为数部，战甚力，侍卫阿尔都陟险焚贼卡，乃破围出。明亮策攻正地，深入不遇贼，虑阻险设伏，未即进。阿桂令改出北路，与参赞大臣舒常合军攻宜喜，进克达尔图山梁。贼筑十八碉，选战克其十五，复自木克什进次带石，东取谷尔提，西攻沙坝山，焚碉卡二百余。贼据隘断我军道，别得道出。

四十年四月，阿桂令参赞大臣海兰察助攻宜喜，分兵十余道攻贼碉。明亮与海兰察、舒常巡行督战，克萨克萨谷山梁，达尔图、得楞、沙坝山诸贼皆溃，并得日旁诸寨，授内大臣。再进克基木斯丹当噶山，海兰察还佐阿桂。明亮军进次扎乌古，攻碉未即下，令奎林以炮击贼，破石真噶，北取琅ács，移师驻其地。阿桂已克勒乌围，进攻噶拉依，令明亮攻碾占。未即下，明亮疏请简精锐佐阿桂并力出西路。上不谓然，诏切责，乃自琅谷进攻纳木迪。阿桂遣驻美诺兵千余助明亮。明亮策贼守纳木迪、扎乌古备必疏，遣奎林出间道袭破之。自日斯满至阿尔古山梁，上下二十余里，诸碉卡尽下，纳木迪贼焚寨走。再进攻日斯满先取得耳谷，断贼后路；令和隆武等夹击，大破贼，还攻碾占。碾占为乃当山巅，其北曰阿尔占，其南曰甲杂。明亮袭破阿尔占，夜督兵缒下峭壁，陟山梁，尽破诸碉寨，遂攻乃当，贼溃遁。围甲杂，缺一面当水，贼走，师乘之，皆堕水死。阿桂军临噶拉依，明亮取独松趋正地，降马尔邦，令奎林等军于巴布朗谷。督兵与阿桂军会，偕阿桂疏报噶拉依围合。四十一年春，命封一等襄勇伯，赐双眼翎。师克噶拉依，金川平。时议以成都将军驻雅州总边政，以授明亮。明亮以雅州地瘠，请还驻成都，陈善后诸事，皆从之。夏，师还，上郊劳，赐银币、鞍马。冬，复率诸土司入觐，命在军机处行走。四十三年，改授四川提督。四十五年，复率诸土司入觐。

四十六年，甘肃撒拉尔回乱，攻兰州。明亮将四川兵自巩昌入甘肃，合军讨贼。上幸木兰，觐行在，改授乌鲁木齐都统。员外郎开泰罪谴，命永远枷号；明亮徇协领富通请释之，未以闻。四十八年，移伊犁将军，而富通当引见，开泰惧失庇，投水死。事闻，上逮明亮诣京师，狱成，罪绞待决。四十九年，甘肃固原回复乱，大学士阿桂出视师，命释明亮，赐蓝翎侍卫从军。乱定，授头等侍卫。累迁镶红旗蒙古都统。五十五年，授刑部尚书。五十六年，出为黑龙江将军。五十八年，移伊犁将军。六十年，复入为正红旗汉军都统。坐在黑龙江令兵输貂予贱值，夺职，留乌鲁木齐自效。

贵州苗石柳邓、湖北苗石三保等为乱，嘉庆元年，命明亮出佐湖南军，授头等侍卫，旋以副都统衔署广州将军。贼久据孝感，署湖广总督永保讨之未克，明亮将三千五百人以往，至潼川铺，贼出战，分兵伏黄金庙，攻贼垒，伏起，贼炮裂，敛入城。明亮令积柴城门外纵火，贼突出，皆堕壕，三日火始烬，城遂破，赐轻车都尉世职。攻钟祥，得贼渠张家瑞等。战于双沟、屯昌堰，贼至，击败之。再进攻平陇，破养牛塘、刚息冲诸隘。围石隆，奋战，斩石

柳邓，获其孥，封二等襄勇伯，赐双眼花翎。

是时教匪起，延及四川、陕西、湖北三省，命明亮督兵赴四川，与总督宜绵合军讨贼。二年，明亮自永绥至四川，与宜绵军合。转战，焚金峨寺，破重石子、香炉坪，克分水岭、火石岭诸卡。贼渠王三槐出战，大破之，三槐中枪逸，贼死者万余人。复战精忠寺，俘三槐母。襄阳贼渠姚之富、齐王氏等窜四川，与三槐及达州贼渠徐添德合，势复张。之富等据开县南天洞，明亮击破之，逐贼，战于大凉山。云阳贼渠高名贵应贼，明亮与宜绵策擒名贵，歼其从。贼攻白帝城，明亮循江下宜昌，贼来犯，击破之。逐贼至独树，会湖广总督景安师至，合击，逼贼入南漳山中。度贼且渡汉北入河南境，令总兵长春屯毂城为备；督兵出隆中，贼北走，击之溃，赐紫缰。

贼屡败，不能北渡，乃自房县入陕西境。明亮逐贼，屡战皆捷，先后杀六千余人。贼走紫阳，明亮师次白河峡，之富等与诸贼渠张汉潮、高均德分道窜走，明亮逐汉潮、均德入汉中。上责明亮不当置群盗而但逐汉潮、均德，夺爵及双眼花翎、紫缰。之富等亦渡江与均德合走汉阴，其徒入城固、南郑，乃夺职，逮诣京师。旋以军事急，命留军自效。督兵逐之富、齐王氏自山阳至郧西，急击之，之富、齐王氏皆投崖死，赐副都统衔、花翎。命捕治均德。

师进次西乡，汉潮与诸贼渠詹世爵、李槐合万余人，自竹溪至平利、太平，明亮追及于池子山，战，馘世爵、槐；而汉潮还走南乡，复攻陷西乡、石泉，命夺花翎。汉潮入河南境，攻卢氏，明亮赴援，汉潮复走陕西，攻五郎厅。四年，上授勒保经略大臣，授明亮副都统、参赞大臣，逐汉潮入汉中。勒保弟永保先以孝感、钟祥剿贼无功坐谴，嫉明亮；至是起署陕西巡抚，与明亮不相能，汉潮往来奔窜，不以师应。上征勒保还，命明亮代将，迁正红旗汉军都统。明亮劾永保军久驻不进，永保言明亮有手札尼其移军。上为夺明亮职，逮诣京师，明亮方追贼入子午谷，战于张家坪，歼汉潮。师还，就逮，罪斩待决。

五年，上追录前功，以领催诣湖北从陕甘总督松筠讨贼，旋授蓝翎侍卫、领队大臣。败贼石花街，迁二等侍卫。再败贼斑竹园、远安镇，命以五品衔授宜昌镇总兵。贼窥荆、襄，明亮与战败之。贼欲西走陕，明亮守七星关，贼复折而东，战于朱家嘴，大破贼，进秩视三品。贼复入陕西境，明亮与巡抚倭什布合击之，贼还南窜。上命赴四川讨贼，明亮以陕西贼渠高二、马五等将至竹溪，驰赴迎击。上责明亮不即赴四川，复左授蓝翎侍卫。明亮已击破高二、马五，复擢三等侍卫，领队大臣。还师湖北，战于寿阳坪，破贼渠徐添德，战于狮子岩、佘家河，破贼渠苟文明，复授宜昌镇总兵。时湖北贼渐定，上念明亮老，召还，授二等侍卫。

七年，自副都统外授乌鲁木齐都统。三省教匪平，行赏，封一等男。九年，内授都统，迁兵部尚书。十年，进一等子。十四年，加太子少保，进三等伯。十五年，赐双眼花翎，命协办大学士。十六年，以舆夫聚博，上闻，不以实奏，左授副都统。十七年，出为西安将军。十八年，内授都统，左都御史。十九年，复授兵部尚书、协办大学士。二十二年，授武英殿大学士，进太子太保。二十四年，进三等侯。道光元年，致仕，食全俸。二年，卒，年八十七。宣宗亲临奠，赐陀罗经被。谥文襄，祀贤良祠。

论曰：福康安起戚里，然亦自知兵。征廓尔喀，贼守隘，命前军更番与战，而设伏隘侧，前军败退，贼逐出隘，伏起，贼骇走，我军蹙之入隘。福康安策骑督战，诸军悉度隘，遂夷贼屯。其才略多类此。士毅入安南，度重险，寡入其庭。是时诸将多骄侈，士毅独廉，盖亦有不可没者。明亮知兵过福康安，廉侔士毅，师屡有功，辄有龁之者，未能竟其绩。立朝既久，躬享上寿，进受封拜，非幸致也！

卷三百三十一　　列传一百十八

海兰察子安禄　**奎林**珠勒格德
和隆武　额森特　普尔普

海兰察，多拉尔氏，满洲镶黄旗人，世居黑龙江。乾隆二十年，以索伦马甲从征准噶尔。辉特台吉巴雅尔既降，复从阿睦尔撒纳叛，师索之急，遁入塔尔巴哈台山中，海兰察力追及之，射坠马，生获以归，叙功，赐号额尔克巴图鲁。累擢头等侍卫，予骑都尉兼云骑尉世职，图形紫光阁。三十二年，以记名副都统从征缅甸，师出虎踞关，海兰察率轻骑先驱，至罕塔，遇贼，殪三人，俘七人，遂攻老官屯，馘二百；设伏，歼贼四百，贼自猛密出袭我师，援击却之。三十三年，再出师，度万仞关，败贼戛鸠江，毁江岸贼居，授镶黄旗蒙古副都统。师薄老官屯，攻贼于锡箔，毁其木栅，贼来攻，急击之，追戮其强半，缚二人以归。既还师，命留军防边。移镶白旗蒙古副都统。

三十六年，师征金川，命自云南赴四川与师会。三十七年六月，参赞大臣丰升额攻美美寨，贼御战甚力。海兰察师至，合力奋击，克之；乘胜毁贼寨十三，克木城，师屯其旁山冈，筑卡以守。七月，败贼策卜丹。八月，贼出贡噶山左，谋截粮，海兰察设四伏，斩级百余。十月，进攻路顶宗及喀木色尔，破碉卡三百余，歼贼数百，诏嘉奖，擢正红旗蒙古都统。十一月，进至格实迪，自色木僧格山后取玛觉乌大寨，仰攻布喇克及扎喀尔寨，得碉卡九十。十二月，进攻明郭宗，突入寨门，焚转轻楼，直捣美诺。

小金川既定，进讨大金川，授参赞大臣，从将军温福出西路，自功噶尔拉入。三十八年二月，趋昔岭，道经苏克奈，夺卡二，据木果木后山，与领队大臣额森特军合战，得碉卡五，凿冰开道，一日而至固木卜尔山。山接昔岭麓，昔岭多贼碉，当道碉凡十，我师遇贼碉，若山峰纵横并列，往往为之次第，便指目。海兰察与额森特计分兵为六队，力攻第九、第十二碉，先下，进取第七、第八两碉，力战冰雪中。及暮，阳撤兵，贼下追，伏起，殪二百人。第五碉尤坚厚,海兰察运炮轰击,昼夜无稍休,碉乃破。移军攻达扎克角山梁,夺获得斯东寨。上按地图示诸将形势,海兰察复移军攻功噶尔拉山口。五月,还攻昔岭,造炮台高与山齐,痛歼守贼。六月,后路贼攻陷底木达,进据登春。海兰察还御,战正力,俄闻木果木大营有警,疾驰。次日大营陷,将军温福殁于阵。海兰察令领队大臣富兴整兵出,而为之殿。夜半,至功噶尔拉总兵牛天畀营,度功噶尔拉亦不可守,合军引退,令额森特等为前导,与富兴、普尔普及天界殿。是日暮,屯崇德。次日至美诺,与领队博清额、五岱、和隆武合军,驰奏请罪。上谕以"镇静,鼓士气,图恢复"。与五岱共守美诺,贼屡来攻,均战退。

时当新败,绿营兵多溃散。海兰察请遣回怯卒,毋使摇乱新兵,上从其请。寻诇知阿桂方驻军当噶尔拉,乃分兵千人,令额森特自南山往迎;又令普尔普将三百人巡鄂克什诸隘口。七月,贼大至,美诺、明郭宗俱失守,海兰察退保日隆。上责其不能御贼,命阿桂按治。阿桂至日隆,奏:"海兰察当兵溃时,前后拦截,未与懦卒同溃。惟平日不能申明军律,咎不能辞。"命左授领队大臣,停俸。十月,命以阿桂为定西将军,谋再举,海兰察偕领队常清等将八千人自达木巴宗北山取道分三路进,夺别斯满大小十余寨。复与富兴等攻取帛噶尔角克、底木达、布朗郭宗诸寨,师复克美诺。上嘉海兰察奋勉,命支俸。

三十九年正月,阿桂令海兰察将五千人自明郭宗进谷噶山击贼,又令与保宁将二千人自喇穆喇穆横梁绕八十余里,攻登古山。登古山诸山最峻,罗博瓦山与对峙,亦贼中奇险处。二月,令普尔普顺山梁进,海兰察出山后,自石鳟跃登,搏贼酣战;额森特、保宁至,合力击贼,贼少却;复分队冒死冲突,射之,殪数十人,余贼负矢遁。乃还取罗博瓦前山,攻第三、第四峰,而额森特攻第二峰,普尔普攻第一峰,俱克。上谕罗博瓦为贼险要门户,海兰察力攻最功,授内大臣。

三月,从第四峰下,进攻得斯东寨,克之。四月,贼乘雾雨于山坡立两碉,海兰察率兵毁之。五月,于喇穆喇穆山后筑栅,贼屡自林中来犯,与额森特合击,贼披靡走。六月,攻色溯普冈,贼设大碉六,互相应。额森特克左两碉,乌什哈达克右一碉,海兰察独克中三碉及附近卡寨。七月,抵色溯普,南崖石壁陡滑,督兵手足攀援上,歼东西峰守碉贼殆尽。又自喇穆喇穆山麓乘胜攻日则丫口,取碉卡百余,贼坚守该布达什诺木城。师循山沟,海兰察出其左,额森特出其右,官达色出中路,三道并进,遂逼逊克尔宗。上嘉海兰察为诸将倡,屡克险要,赐号绰尔和罗科巴图鲁,并赉白金三百。

八月,偕额森特自逊克尔宗峰脊分左右翼仰攻,登碉顶,纵火毁碉卡二百余;又旁出逊克尔宗西,逼贼寨,督兵踊跃进。贼穴地匿,不敢出。九月,取逊克尔宗水碉,断贼汲道。乘胜攻官寨,贼枪石如雨,督兵奋进,额森特取其右第一寨;海兰察左颊伤,裹创力战,克第二寨。军中目贼渠所居大寨为"官寨",亦曰"正寨",示与他碉卡别也。上以海兰察伤甫平,即督兵攻夺坚碉,手敕嘉奖。十月,克默格尔山梁及密拉噶拉木,得大寨一、石碉四、

山后凯立叶官寨亦下,复授参赞大臣。又自默格尔西进攻布拉克森及格思巴尔,焚寨落数百,于是凯立叶附近碉卡皆尽。命在御前侍卫上行走。

十一月,夜度山沟,进格鲁克古丫口,崖磴壁立,督兵揉登,天明,登者六百人,贼并力拒,夺二碉,循山梁下攻桑噶斯玛特;别遣兵自陡乌当噶山进克沙木拉渠什尔德诸寨,复督兵攻克革什戎冈及作固顶。贼寨横越诸山,下沟上梁,鼓勇径度,尽克诸碉寨,与丹坝军合。十二月,抵桑噶斯玛特山,贼于碉外设木城为护。师自栅隙发矢,或拔栅木撞之,城立毁。四十年正月,自康萨尔分路进剿,据山沟碉寨。二月,克甲尔纳沿河诸寨。进攻吉尔博寨,海兰察克山麓碉二。贼自噶尔丹寺来援,击败之。四月,将军阿桂令往宜喜,会明亮调兵入道,约期合攻。上赐缎二端。

寻分兵千人偕福康安赴宜喜,先取甲索贼碉,进攻楞山冈,皆下,焚萨克萨谷大小寨落数百,西北两路兵合。五月,攻上、下巴木通大碉,并克色尔外、安吉、达佳布诸寨,焚噶尔丹寺。六月,自荣噶尔博山梁攻巴占寨落,贼恃险拒攻,未下;纡道绕舍图柱卡以入。海兰察督兵进据昆色尔山梁,贼果克多碉,进至拉枯喇嘛寺。再进经畜则大海,又攻章噶上下十余寨,尽克之。合诸路兵逼勒乌围,海兰察自托古鲁逾沟直上山梁。八月,取隆斯得寨三,分地设伏,遂克勒乌围。

九月,整军进攻噶拉依。初自达思里正路入,虑贼防密,改自达乌达围进。海兰察绕至莫鲁古上,连夺噶克底、绰尔丹诸寨,又克西里山梁并科布曲诸碉。十月,攻达噶,自中路入,分兵张两翼出旁径,克两坚碉,下攻雅玛朋寨。闰十月,据黄草坪,筑栅断贼援。贼起木城,海兰察督兵陟山,自上压下,克之。十一月,分道攻奔布鲁木,夜迫山下,焚贼木城,遂据西里正寨。又克舍勒固租鲁寨四。进攻雅玛朋正寨,从中路设伏,偕普尔普等尽克附近寨落。十二月,克勒限勒木通石碉,筑栅乏科布曲。海兰察冒枪石进,乘胜克索隆古、得木巴尔、们都斯诸寨。贼又于布哈尔下积木设伏诋师,海兰察分兵三道并进,立时攻破,遂取奇石矶;又遣兵悉收库尔纳、额木里多诸寨,及巴斯科官寨。四十一年正月,克舍齐、雍中两寺。海兰察屯兵噶拉依河岸,扼要隘。寻偕福康安、普尔普等截噶拉依右路,克大石卡,移炮进击扎木什克寨。二月,大金川酋索诺木就缚,金川平,封海兰察一等超勇侯,赐双眼花翎。师还,郊劳,赐御用鞍辔马一。饮至,赐缎二十端、白金千。图形紫光阁,列前五十功臣。授领侍卫内大臣。补公中佐领。

四十六年三月,甘肃撒拉尔回苏四十三争立新教为乱,破河州,据华林山。命大学士阿桂视师,疏请以海兰察自佐。上已命为领队,驰驿诣军前。四月,抵兰州,督兵攻龙尾山,贼伏穴中守。阿桂至,令海兰察尽护诸军。五月,偕明亮、额森特等分左右翼陟山杀贼。复逾水磨沟,猝上华林山,贼骇,倾穴出;师阳退,贼来逐,还兵击之,歼贼甚众。贼被创巨,望见海兰察乘马出阵,辄先惊窜。闰五月,将阿拉山马兵绕出华林山江南潜伏,候贼至,突

出壕杀贼；又督屯练兵取贼卡四，步战中枪伤。上悯其劳，谕阿桂抚慰。贼据大卡负隅，海兰察单骑至五泉山审度，还向华林山暂伏壕中，诇贼还，急起猛攻，遂克之。入贼营，焚所居板屋。贼退保华林寺，督兵逼寺立碉，歼贼众，緘渠传示各回民。贼平，上谕奖海兰察功，官其子安禄三等侍卫。四十九年四月，甘肃回复私起新教，聚众滋事。命尚书福康安视师，授海兰察参赞大臣。贼屯静宁底店，海兰察督巴图鲁侍卫等进逼贼巢，设伏痛歼之，遂破石峰堡，擒贼渠张文庆等。擢安禄二等侍卫，予骑都尉世职。

五十二年，台湾林爽文为乱，命将军福康安视师，仍授海兰察参赞大臣。十月，渡鹿仔港，登岸后三日，率巴图鲁二十人至彰化八卦山察地势。贼方于山上筑卡，海兰察跃马登，贼拥至，发箭殪数贼，余惊遁。上以其能用少击众，谕奖之。十一月，自笨港开道，同福康安援嘉义，分队五，沿途搜剿，自仑仔顶、仑仔尾暨山至牛稠山，贼万余阻溪守。海兰察越溪径上山梁，攻克贼栅，贼遁，追至大排竹，尽焚贼寨，嘉义围解。上嘉海兰察身先士卒，勇略过人，进二等超勇公，赐红宝石顶、四团龙补褂。

十二月，剿城西大仑庄及海岸贼，又焚城东兴化店、员林贼庄，督兵直剿北路。时贼屯中林，尤剽悍，海兰察冒枪石驰剿，克之。大埔林、大埔尾诸庄贼俱溃。收斗六门，抵水沙连，贼已遁。寻踪搜捕，见贼渠方乘马执帜，射坠马，获以归。进攻大里杙，林爽文起事地也，歼贼目数十、贼党二百。林爽文逃入番社，即自内山平寨仔逐贼至集集埔。贼寨前阻大溪，海兰察策马径渡，尽歼寨中贼，追十余里，至浩淮角，焚草寮千。进剿小半天山寨，海兰察遍历东势角山峰狮子头、打铁寮、鰕骨、合欢诸社，至极北炭窑，捕治余贼。五十三年正月，得爽文于老衢崎，槛送京师。上念海兰察功，解佩囊赐之。二月，还兵至南路，自弯里社至极南琅峤，执贼渠庄大田，磔于市。台湾平，赐紫缰、金黄辫珊瑚朝珠，再图形紫光阁。

五十六年，廓尔喀侵后藏，仍以福康安为将军，海兰察为参赞大臣，率巴图鲁侍卫及索伦兵千人往讨。出西宁，明年三月，抵后藏。闰四月，抵第哩浪古。与福康安分往绒辖、聂拉木察地势，定策自济咙进兵。海兰察偕阿满泰出中路，贼两碉前后相峙，师夺前碉，贼守后碉不出；督兵毁旁垣入，短兵接，杀贼目三、贼兵二百，进屯擦木。乘胜克玛噶尔辖尔甲山梁，贼渠率众陟山，我兵暂伏，贼至山半，横击之，贼且战且退，海兰察疾驰下击贼，斩贼渠七、贼二百余，俘三十。海兰察马足中枪，上闻，戒以"接仗时宜持重，毋轻冒险"。

师进攻济咙官寨，海兰察与台斐英阿督索伦兵往来冲击，自丑至亥，克之，斩贼六百，俘二百。自济咙进至索喇拉山，山下有石卡。师直攻之，贼弃卡奔。逐至热索桥，贼撤桥，攻之不及。海兰察密令阿满泰等东越峨绿山，自上流潜渡，贼骇奔，坠河者甚众。师悉渡，遂据热索桥，进至密哩顶，越崇山数重，抵旺噶尔，深入八百七十里，不见贼。旺噶尔西南有大川横亘，北曰旺堆，南曰协布鲁，迤东为堆寨，贼各筑卡以守。师至旺堆，贼拒河抵御，不得渡，乃留兵牵贼；密从上游缚木以济，出贼不意，直

薄克堆寨，大败之。六月，督兵自协布鲁进，由噶多东南越雅尔赛拉山，昼夜行，至博尔东拉前山。贼筑木城三、石卡七，据要隘，乃转从山巅下临贼卡，与阿满泰上下夹击，诸城卡尽下；乘胜逐贼至玛木拉，杀伏贼百余人。师屯雍雅山，廓尔喀乞降，拒不许。七月，进攻噶勒拉山，三道皆胜。逐贼至堆补木山，夺其卡。山下为帕朗古横河，贼扼桥以拒。官兵夺桥渡，驰上甲尔古拉山；别兵从上游潜渡，抵集木集山，合军。贼来侵，往来迎击，战两日夜，越大山二，克木城四、大小石卡十一，戮贼目十三，毙贼六百，俘十七。廓尔喀渠畏惧，力请降，诏许之，进海兰察一等公。

五十八年三月，卒，谥武壮。复图形紫光阁，甫成，上制赞嗟惜，谕曰："海兰察以病卒，例不入昭忠祠。念其在军奋勉，尝受多伤，加恩入祀。"

子安禄，袭公爵，授头等侍卫。嘉庆四年，佐经略勒保征四川教匪，战屡有功。贼渠苟文明等窥开县，安禄与总兵朱射斗合军逐剿，贼不敢东窜。十一月，与射斗逐贼枯草坪，乘雨登汪家山杀贼，贼多坠崖死。安禄望见数十贼匿山沟，率数骑逐之，贼溃散，独策马从其后，数贼自林中出，安禄仓卒中矛死。谥壮毅，赐白金千治丧，加骑都尉世职，合前赐骑都尉为三等轻车骑尉。是时奎林子惠伦亦战没。上以二人皆名将子，与乌合乱民战，没于行阵，深致惜焉。

奎林，字直方，富察氏，满洲镶黄旗人，承恩公傅文子也。自拜唐阿袭云骑尉，擢云麾使，袭承恩公爵，授御前侍卫。累迁镶白旗护军统领，管理健锐营。

乾隆三十七年，授领队大臣，从副将军阿桂征金川，与侍卫和隆武攻纳围山梁，攻当噶尔拉。木果木师溃，命阿桂为定西将军，召奎林入咨军事。旋命佐副将军明亮出南路，自墨垄沟进攻得里。贼筑碉山岭，奎林率兵昼伏夜行，至其侧，突击之。攻打约，夜渡河，鼓噪，克贼垒，遂抵僧格宗，连破石碉，获军粮火药。时阿桂复美诺，明亮遣奎林往会师。复从明亮攻斯第，奎林率第一队兵先占班得古水泉，与贼持两昼夜，涉险鏖战，飞石伤脊。两贼握利刃突前，侍卫珠勒格德射之，殪，余贼惊逸。上谕嘉奎林勇猛。攻达尔图，贼碉绵亘数里，奎林冒雨先登，立拔第一碉。官军乘势疾击，克碉十五，俘贼目八，获粮械无算。复自木克什山梁进克贼碉一，中枪伤顶，上谕曰："奎林平日战甚力，今顶伤中要害。"时富德军于马尔那，令奎林代防，即以富德佐明亮击贼。旋授镶红旗汉军都统。

伤愈，复从明亮攻宜喜。阿桂遣领侍卫内大臣海兰察会奎林度地势，约两军隔河夹击，直捣勒乌围。勒乌围、噶拉依，两金川渠所居地也。奎林分攻甲索，又自萨克萨谷攻得楞，贼弃碉窜，乘胜追蹑，堕崖死者相枕籍。攻基木斯丹当噶，夺碉二、卡九，又夺茹寨麦田十余里，赐绷武巴图鲁名号。复趋噶西喇嘛寺，拔沙尔尼沟碉卡。阿桂破勒乌围，奎林偕明亮、和隆武等攻扎乌古山，未克，请益兵。上谕奎林、和隆武："毋以勇往好胜，愧激轻进。虽

云'不入虎穴，焉得虎子'；亦当审度机要，权利害而行，不可冒昧。"旋自什扎古进兵，偕和隆武自山沟潜行，登其巅，碉内贼无一脱者。上谕明亮、奎林、和隆武："宜黾勉立勋，毋让西路专美！但当度利害，不可但知轻进。"进克扎乌古山梁。再进纳木迪、斯底叶安，夺三十余寨。又自耳得谷下击贼碉卡，毙贼百余。复自碾占进攻，达撒谷，拔碉卡三十，毙贼百，趋独古木思得，贼溃，平山上下八十余寨。师经八当，降其渠。攻甲杂，俘贼酋，降其众千余。克卡拉尔，抵舍斯满，贼出降。奎林绕山巅行三百里，至底角河沿，抚定寨落数百，遂与阿桂军合围噶拉依。上加奎林一等男，命其子崇伦承袭，并赐双眼花翎。遂俘金川酋索诺木。师还，凯旋，上郊劳，赐文绮十二、银五百、御用鞍辔马一。图形紫光阁，列前五十功臣。授右翼前锋统领，擢理藩院尚书。

四十五年，出为乌鲁木齐都统。骁骑校常福杖毙披甲多罗，奎林论劾，上以多罗不孝，罪当死，责奎林误劾。改授乌里雅苏台将军。坐在乌鲁木齐失察各州县浮报粮值，命以公爵畀其叔傅玉承袭。复授乌鲁木齐都统。迁伊犁将军。

奎林贵戚有军功，嗜酒躁急。五十二年，参赞海禄疏劾，上命乌鲁木齐都统永铎勘奏。逮至京师，命诸皇子、军机大臣会刑部按治，狱成，奎林坐擅杀罪人，拟杖；海禄所劾不尽实，亦有罪，坐诬告，死罪，未决，拟流；帝以奎林孝贤皇后侄，而海禄所论劾不尽虚，拟罪乃反重，失平，命俱夺职，在上虞备用处拜唐阿上效力。旋授奎林蓝翎侍卫，再迁台湾镇总兵。时林爽文乱甫平，多盗，为民害。上欲严惩之，谕奎林："勿拘泥，勿姑息，有犯必惩。"奎林屡捕治剧盗，复论诛裨将坐赃及营兵之为盗者，称上旨，加提督衔。五十六年，擢福建水师提督。师征廓尔喀，改授成都将军、参赞大臣，帅师入藏。五十七年，行至江卡，疽发于顶，遂卒，谥武毅。

珠勒格德，钮祜禄氏，满洲正白旗人。以三等侍卫从军。其救奎林也，上命擢一等侍卫，赐号扎克博巴图鲁。战于木克什，据水卡，断贼汲道，设伏以待。贼乘雾分道来犯，守碉兵御之，伏起；贼复自山下援，珠勒格德突入阵，刃三人，大败之，遂克木克什山下碉。复与都统和隆武等袭取日旁山后碉十余，日旁近勒乌围，贼碉寨相望，后路必争地也。授正红旗蒙古副都统。奎林攻什扎古，珠勒格德与和隆武设伏琅谷，奎林兵至，夹击，破木城；进攻扎乌古，克贼碉四、卡八。自日新满至巴扎木，贼碉林立，珠勒格德与和隆武分兵进，连克贼碉十七。金川平，图形紫光阁，御制赞犹及救奎林事。寻卒。

和隆武，马佳氏，满洲正黄旗人，宁夏将军和起子也。初隶镶蓝旗，以和隆武功，高宗命以本佐领抬入正黄旗。凡抬旗，或以功，或以恩，或以佐领，或以族，或以支，皆出特命。和隆武袭一等子爵，授三等侍卫。

乾隆三十七年，从护军统领明亮征金川，自墨垒沟攻甲尔木山梁。师分道而进，和隆武为领队侍卫，明亮攻美诺喇嘛寺，和隆武傍水夹攻，贼溃而复聚，尽歼之，夜克

美诺诸碉寨，复分攻纳囤正面山梁，败贼于鸠寨，夺碉五十余，迁镶蓝旗蒙古副都统。旋收僧格宗。从富德攻克绒布寨北沃什山、摩格、孟格、里格、穆图德宗，进攻卡角。从奎林等取斯第，贼迎战，和隆武摩众荡决，矢尽，以矛斗，被创，赐玉搬指、荷包。进攻克木克什第一碉，赐黄马褂。师攻日旁，和隆武自周叟绕出其后，突入碉，贼惊溃，枪石不及施，短刃相搏，循山逐贼碉十余，隳二百余，日旁贼歼焉。复偕珠勒格德攻谷尔堤诸地碉寨，尽克之。上屡诏嘉奖，授正蓝旗蒙古都统。进攻得楞以南碉卡，又进攻额尔替山梁，杀贼甚众。贼据石真噶，和隆武与奎林乘胜运炮，军甚嚣，分队突出攻据之，贼奔溃。四十年七月，阿桂师逼勒乌围，而和隆武与明亮、奎林合军出北路，自扎乌古山进。语已具《奎林传》。

四十一年，金川平，进和隆武三等果勇侯，赐双眼花翎。师还，赐御用鞍辔马一，并赉银币。图形紫光阁，列前五十功臣。出为宁夏将军，移吉林将军。卒，谥壮毅。

额森特，台褚勒氏，满洲正白旗人。以前锋马甲从征伊犁。右部哈萨克与塔什罕相攻，参赞大臣富德使额森特谕哈萨克内附，使入觐，额森特护至京师。擢蓝翎侍卫。迁二等侍卫。乾隆三十四年，从经略大学士傅恒征缅甸，攻老官屯，贼出战，额森特率索伦兵击败之。

三十六年，从定边右副将军温福征小金川，攻巴朗拉，夺其东山峰，毁碉，赐号丹巴巴图鲁。师取达木巴宗，额森特由别道出山北，连破碉卡。至资哩，合师，夺北山。贼乘夜筑卡，将兵邀击，贼数百踵至，三却三进，额森特中枪，力击败之，遂克资哩。复策发普尔玛寨。攻东玛，连战败贼，擢头等侍卫。贼分两道出战，伏兵逆击，贼大败；薄其碉，身被创，大呼杀贼，遂克东玛。进克美美卡，拔路顶宗山碉，授镶黄旗蒙古副都统。至博尔根，夺山巅大寨。夜渡水，仰攻纳拉觉山，克碉十二、卡十五。击格实迪，破公雅山。逾木尔古山麓，取沟内寨卡，据嘉巴山，授领队大臣。

小金川平，复从将军温福至功噶尔拉山。功噶尔拉者两金川接壤要隘也，峰陡绝，积雪封径，贼碉扼险。额森特督兵直上，副都统乌什哈达继之，渐克旁碉，战于固木卜尔山，败贼。从温福移营木果木，会攻昔岭，贼碉密布，与海兰察合攻，冰雪中相持数十日，木果木军溃。副将军阿桂在当噶尔拉，全师撤驻翁古尔垄。上命阿桂为定边将军，再进，额森特与总兵海禄夺北山桥卡。总兵成德至，三路合攻阿喀木雅山，乘胜取木兰坝，平鄂克什官寨。师至路顶宗，额森特越山蹀牒跃入，刃贼数十，堕崖死。进攻明郭宗，遂复美诺，授正红旗护军统领，赐御用黑狐冠。

偕海兰察至谷噶山下，有横梁曰喇穆喇穆，峰势峻险。海兰察与侍卫公保宁从旁进，额森特当其前，夜乘雪影穿箐越险，直前奋击，转战至黎明，已二十余里，始见高峰列大碉九，缭石墙。俄雪又作，乘晦抵碉趾，贼不敢出，乃攻取其左、右山梁及附近偿巴拉克山峰。夜击梁东色依谷山，与海兰察兵合。海兰察据登古山，与罗博瓦山相对，险特甚。共率兵由石礔跃登，林中炮石如雨，及第

三峰麓，贼数百分队迎击，卒败之，攻克第二峰碉。上奖其奋勉，授散秩大臣。进剿得斯东寨，斫寨门，纵火，贼出，杀之。雪夜，贼劫副将常禄保营，额森特闻枪声赴援，贼败走。贼乘雨雾建二碉于罗博瓦山，额森特与海兰察率兵八百，夜雨中薄碉，毁墙入，贼惊窜，平其碉。贼夜劫乌什哈达营，追击败之。

贼于罗博瓦峰下色溯普大冈置大碉六，左右相应援。海兰察克其中三碉，额森特克其左二，乌什哈达克其右一，山寨皆平，上嘉之，制诗纪事。额森特于大雨中攻色溯普左偏，砍栅进，克二木城，遥见该布达什诺各寨烟起，知海兰察兵至，遂乘机夺笔郎纳克、该笔达乌诸寨，改墨尔根巴图鲁，赐白金二百。

师围逊克尔宗，额森特与海兰察毁平房、碉卡二百余。克水碉，攻官寨，自丛木中骤逼寨墙，贼死战，额森特伤鼻及足；扑第三寨，贼举枪折其弓弭，伤指，易弓，连毙数贼。上以额森特被伤能易弓射敌，手诏嘉奖，赐貂冠、猞猁孙袿。攻默格尔山，与海兰察共攻克密拉噶拉木碉及凯立叶官寨。败勒乌围援贼，馘百余，授参赞大臣。乘胜取布拉克森及格斯巴尔二山，毁山下罗卜克鄂博沟口七碉，于是凯立叶上下及附近寨落皆平。上奖其奋勉超群，命在乾清门行走。

复与海兰察分队乘月黑度山沟，入格普古丫口，得碉卡十二。抵桑噶斯玛特，破石城、木栅，夺擦庸、群尼二寨。攻上下巴木通，克之。下寨落百余，贼不敢复拒。至直古脑山顶，与福康安兵合，直趋勒乌围贼巢。贼负高阻深，力战克之。额森特负伤不能乘几，上命驻守勒乌围。额森特隔河见明亮兵攻阿尔古，发炮助之。上闻，曰："额森特不分畛域，无愧为参赞！"额森特望见攻西里官兵得捷，率保宁、常禄保等攻西里山麓，克其木城。勒乌围前山曰克尔古什拉斯者，取噶拉依正道也。贼于山上城碉密布，额森特攻克之。乘胜取格隆古。师将逼贼巢，贼恃布哈尔、则朗噶克为门户，斫木塞道。额森特率诸将攻乌尔纳、那木扎、彰霭等进攻，贼伏积木中，发枪如雨。额森特乘栅以登，设伏兵夹击，贼遂惊溃。进克喀尔巴山后，毁附近寨落，遂薄噶拉依。上嘉额森特勇，封一等娴勇男，世袭。金川平，赐御用鞍马、缎二十端、白金千。图形紫光阁，列前五十功臣。

四十六年，循化回苏四十三因争立新教为乱，破河州，命从大学士阿桂讨之，额森特与海兰察、明亮等分攻华林山，力战被伤。贼平，进三等子。四十七年，卒。

普尔普，额尔特肯氏，蒙古正黄旗人。父巴图济尔噶尔，本额鲁特杜尔伯特部宰桑。来降，隶蒙古正黄旗。从征准噶尔，讨霍集占，皆有功。官至内大臣，赐骑都尉世职，图形紫光阁。

普尔普自闲散再迁三等侍卫。从征缅甸，擢御前侍卫，授公中佐领。乾隆三十七年，命率领噶什特兵诣金川，从定边右将军温福进讨。师攻达玉苏，普尔普夺贼卡，断贼来路。从参赞大臣丰升额攻明郭宗，命为领队侍卫，偕巴雅尔取明郭宗南寨，加副都统衔。进攻噶尔拉，经丫口，

尽得贼卡寨。偕副都统海兰察攻昔岭，克要路碉二。普尔普与海兰察、额森特、巴雅尔、乌什哈达、马全、阿尔纳素战尤力。复与诸将攻斯达克拉、阿噶尔布里、硕藏噶尔山梁，克之。进攻色布色尔山梁，得贼碉十余。罗博瓦者，金川渠所恃为门户者也，师进，悉据其诸峰，授散秩大臣。贼劫副将常禄保，援击败之。与海兰察合攻喇穆喇穆，射杀红衣贼渠。又拔该布达什诺木城二，赐御用黑狐冠。贼劫我军所置卡，与乌什哈达赴援，贼溃。攻逊克尔宗，中创，复攻舍图旺，断逊克尔宗去路。偕台斐英阿等攻章噶，得贼寨二十余。又克隆斯得寨，贼贮铅丸火药处也，遂偕台斐英阿等克勒乌围，赐什勒玛咳巴图鲁名号。进攻阿穰曲强达巴，克大碉三、木城四。仰攻西里山峰，贼越碉窜，普尔普遂捕，所杀伤过当。攻舍勒图租鲁，得碉一；攻开布智章，得寨一。又克萨尔歪，阿结占贼寨，据勒限勒木通、科布曲山梁，斩获甚众。四十一年正月，合诸军围噶拉依，普尔普出其右，与海兰察筑垒逼贼巢，遂克之。金川平，封三等奋勇男，世袭。图形紫光阁，列前五十功臣。

师还，上郊劳，赐御用鞍鞯马一。授正红旗护军统领，正白旗满洲副都统，赐双眼花翎。四十三年，扈跸谒泰东陵。离营住宿，坐夺双眼花翎。林爽文之乱，授领队大臣，命从将军福康安赴台湾援嘉义，解围，克大里杙。爽文逃小半天山顶，同海兰察进攻，贼拒战，山路险恶，普尔普率广东兵及屯练降番攀木栅先登，贼溃，遂擒爽文。进军琅峤，追剿贼目庄大田，贼来劫营，普尔普在大武垅隘口冲杀，败之。谕于台湾嘉义建生祠。事见《福康安传》。大田就擒，台湾平，再图形紫光阁，晋封二等男，袭一次，以三等男世袭。五十五年，卒。

论曰：海兰察勇而有智略。每战，微服策马观敌，察其瑕，集兵攻之，辄胜。平生惟服阿桂知兵，福康安礼先焉，乃为尽力，师所向有功。奎林亦孝贤皇后诸侄，刚而不挠，勋名与群从并。和隆武、额森特、普尔普皆以克敌功最受封爵。乾隆中多将材，此尤其魁杰也。

卷三百三十二　　列传一百十九

富勒浑文绶　**刘秉恬**查礼　**鄂宝**颜希深
徐绩　**觉罗图思德**彰宝　**徐嗣曾**
陈步瀛　**孙永清**　**郭世勋**　**毕沅**

富勒浑，章佳氏。初自举人授内阁中书。累迁户部郎中。乾隆二十八年，授山西冀宁道。迁山东按察使。以在冀宁道失察阳曲知县段成功亏帑，左授山西雁平道。再迁浙江布政使。三十五年，署巡抚。奏劾总督崔应阶仆诬指钱塘民为贼，擅刑致毙，论罪如律。三十七年，调陕西。寻擢湖广总督，入觐，赐孔雀翎。四川总督阿尔泰坐贪黩玩纵得罪，上命富勒浑如四川，会总督文绶按治。阿尔泰

纵子明德布与布政使刘益相结受贿,明德布在京师,上令军机大臣传讯,自承,富勒浑奏论益立斩。上以为过重,改监候,狱连署布政使李本,富勒浑奏本罪当夺职,枷示不足蔽辜,请留军效力。上责其名重实宽,意存取巧,命枷示期满,留军效力。

三十八年,师征金川,四川总督刘秉恬出驻美诺,命富勒浑留署四川总督,总理各路军需。秉恬奏:"拣发往川省各员视军营为畏途,惟恐出口办差不通闻问。"上以责富勒浑,富勒浑奏陈:"司道公议,新到各员出口办差,未免竭蹶。请以现任各员调赴,而令新到者分别署理。"上责富勒浑玩公沽誉,令劾倡议者,富勒浑奏司道公议,并无倡始。上益不怿,谓:"富勒浑竟敢以罚不及众吓朕!"下部议,夺官,命宽之。

木果木师溃,底木达被陷。富勒浑率新至贵州兵驰赴蒙固桥防守,事闻,上嘉之。旋夺秉恬官,即以富勒浑实授,令驻美诺,以钦差大臣关防befor饷。时美诺亦被陷,富勒浑屯明郭宗河口,据山梁设卡防守,复发兵分驻路顶宗、巴朗拉。将军阿桂进攻小金川,上命富勒浑与提督王进泰统兵策应。师克美诺,上令富勒浑、进泰严守美诺,并分兵驻僧格宗、明郭宗。阿桂奏富勒浑、王进泰通慎而意,于山川形势、行军机要均未能悉,请令副都统成果、云南提督常青驻守后路,上从之,谕戒富勒浑等勿存畛域。奏新开楸底至色利沟运道,军粮归此路运送。玛尔当、明郭宗诸地存米,借防兵一月粮,余俱运军前,请撤前设台站;又奏分兵驻防大板昭及梭格泊古诸地。四十年,奏阿桂等督兵进捣贼巢,应用粮饷、军火、铜片、炮料、储备充裕,并造皮船济师;又奏调梭格泊古、玛尔当兵分防沙坝、三松坪,以护运道:皆称旨。上命富勒浑驻布朗郭宗,富勒浑奏阿桂、明亮合攻甲索山梁,布朗郭宗距军五百余里,虑难于策应。上谕曰:"阿桂进攻勒乌围,自应随军督饷。兵事移步换形,不必泥前旨也。"师克勒乌围,奏请撤前设卓克采一路台站。四十一年,复授湖广总督,命师还上官。金川平,议叙。

四十二年,授礼部尚书。四十三年,调工部。授镶蓝旗蒙古都统。四十四年,复授湖广总督。四十五年,调闽浙,上南巡,迎谒。时李侍尧以贪纵得罪,富勒浑入对,上谕及之。富勒浑对:"侍尧实心体国,为督抚中所罕见。"及上命各督抚议罪,又请行诛,上责其前后歧异。浙江巡抚王亶望丁忧,留办塘工,携家居杭州。亶望得罪,上又责富勒浑未劾。大学士阿桂赴浙江阅海塘,疏劾杭嘉湖道王燧,又责富勒浑徇庇。夺孔雀翎,降三品顶带,授河南巡抚。河溢万锦滩,富勒浑亲赴防护;又溢青龙冈,四十七年,工竟,还现任顶带。

复授闽浙总督。台湾漳、泉民械斗,劾总兵金蟾桂、知府苏泰等,并夺官。五十年三月,入京,与千叟宴。调两广。粤海关监督穆腾额入觐,上询富勒浑操守,对:"未敢深信。"及命军机大臣诘之,又发富勒浑纵仆殷士俊纳赇状,下巡抚孙士毅按治。士俊素熟人,并令江苏织造四德等籍其家资累万;士毅奏亦发富勒浑与士俊等关通

纳贿事实,上夺富勒浑官,遣尚书舒常如广东会讯。大学士阿桂方按事浙江,又命士毅逮富勒浑监送阿桂鞫治,论斩,下刑部狱。五十二年,诏释之。五十三年,坐在闽浙失察总兵柴大纪贪劣,复下刑部论绞,仍释之。五十四年,罗源盗发,上追谕富勒浑废弛玩误,戍伊犁。五十五年,释回。六十一年,又发热河,是年即释回。卒。

文绶,富察氏,满洲镶白旗人。雍正十三年,自监生授内阁中书。再迁礼部员外郎,改内阁侍读。乾隆十一年,授甘肃凉州知府。累迁转山西布政使。三十一年,坐迎合巡抚和其衷徇阳曲知县段成功亏帑,夺官,戍军台。旋授道衔,往哈密办事。三十三年,授河南巡抚,未上官,调陕西。三十六年,署陕甘总督。土尔扈特内附,命赴齐齐哈尔犒劳。授四川总督,未行,仍调授陕甘。

师征金川,奏陕、甘发兵三千,延绥镇总兵书明阿以千人赴维州,兴汉总兵张大经以二千人入四川从征,文绶如巩昌、安定视师行。三十七年,疏言:"巴里坤、乌鲁木齐年来日繁盛。招民垦地,户给三十亩,并农具籽种,视新疆例,六年升科。玛纳斯城南可二万余亩,瑚图璧城西北可六千余亩,巴里坤城外及傍近诸地五千九百余亩,玉门、酒泉、敦煌三县可五千余亩。往时嘉峪关恒闭,过者候讥察,今关外已同内地,请令辰开酉闭;兼开乌鲁木齐城南七达色巴山梁以利行旅。"又酌定收捐监粮,筹备巴里坤移驻满洲兵粮料;并于巴里坤山湾设厂牧羊,令满洲兵子弟取乳剪毛,以广生计。均如所请行。

三十七年,调四川总督。前政阿尔泰坐误军兴,又纵其子明德布婪索,得罪,上命文绶察明德布婪索状。文绶言:"明德布侍阿尔泰日久,与属吏往还,尚无婪索事。"而明德布在京师,上命军机大臣按鞫,具服,乃责文绶祖护,夺官,往伊犁效力。三十八年,木果木师溃,总督富勒浑奏报金川酋攻明郭宗河口,上授文绶头等侍卫,佐富勒浑治事。未几,授湖广总督,仍署四川总督。偕富勒浑奏言:"增兵需饷,请令商民愿自湖广运粮入四川者,视乾隆十三年范毓馪助饷加衔例,谷一石当银九钱,授以贡监职衔。"并议行。四十一年,实授。四十四年,入觐。子国泰,官山东巡抚,召诣京师相见。四十五年,疏言:"云南昭通、东川诸属改食川盐,应于川、滇交界隘口设稽察。"上可其奏,并谕云贵总督福康安一律严防。四十六年,诏停打箭炉收税部员,由总督委员管理,因条奏裁改诸事,从之。四川多盗,民间号啯噜子,阑入邻近诸省。湖广总督舒常、湖南巡抚刘墉、贵州巡抚李本先后疏言盗自四川入境,遣将吏捕治。文绶奏后入,上责其玩纵,降三品顶带。尚书阿煌复陈盗为民害,将吏置不问,甚或州县吏胥身为盗扰民,上以文绶因循贻患,夺官,往伊犁效力。四十八年,释回。四十九年,卒。子国泰,自有传。

刘秉恬,字德引,山西洪洞人。乾隆二十一年举人。二十六年,明通榜,授内阁中书,充军机处章京。再迁郎中。三十二年,考选福建道御史,转吏科给事中。大学士傅恒督师讨缅甸,以秉恬从,擢鸿胪寺少卿。师还,超擢

左副都御史。迁刑部侍郎，调工部，再调仓场。

三十七年，师征金川，大学士温福出西路，总督桂林出南路，授秉恬钦差大臣，督西路粮运。寻以南路径僻站长，挽运尤艰，命改赴南路。秉恬以西路需饷急，请暂留料理，上趣之。又奏："南路运粮，人俱畏其难。臣非敢言易，然天下无必不可办之事。"上谕令勉为之。寻奏："师自甲尔木进攻小金川，道路险阻，唯羊可陟。乃招蛮民贩羊至军，以六羊当米一石。"又奏："师攻克僧格宗，距达乌围六十余里。臣往勘，拟于策尔丹色木设站。其地有喇嘛寺，粮至即贮寺，以蔽风雨。"旋赴美诺督运。上嘉秉恬不辞劳瘁，赐孔雀翎，授四川总督，仍留美诺督运。

三十八年，师克小金川，温福督兵进攻昔岭。上命秉恬将美卧沟、曾头沟两路酌量形势，分别驻守，赴木果木及功噶尔拉两地察勘。秉恬奏至，与上谕正合，深嘉之，谕谓："勤劳军务，与统兵督战无异。命交部照军功叙叙。"秉恬途中得绰斯甲布土司遭头人投禀，讦绰斯甲布与金川亲昵，虽从征未尝尽力，并请归金川所侵噶尔玛六宗诸地。秉恬谕："师讨金川，断不中止。噶尔玛六宗诸地，事平后当有公断。尔土司从征未得一地，且纵金川人在境内为盗，所谓尽力者安在？"头人语塞，奉檄而去。疏闻，上嘉秉恬甚合机宜。秉恬至木果木，复奏："臣自崇德抵功噶尔拉，地气极寒，四山皆雪，甫经设站，以笇席支棚，使人畜暂有栖止。至族拉角克为布朗郭宗运粮要道，两口东西相距六七十里，开修土路，通至木波，即合帛噶尔角克碉及布朗郭宗大道。又自功噶尔拉至木果木，路陡雪滑，已饬修路凿冰，不致少误粮道。"报闻，加太子少保。木果木师溃，以提督董天弼失守底木达、布朗郭宗责秉恬不先奏劾，夺官，予按察使衔留军。旋并削衔，命佐按察使郝硕督西路运粮。

三十九年，奏面视米易取携，已由四川采办十数万斤；又奏修整楸坻至日尔拉萨拉驿道，并与总督富勒浑议以北路军饷归西路递运；上并嘉纳。四十年，以督运无误，授兵部郎中，仍赐孔雀翎，以钦差关防督饷。未几，擢吏部侍郎。以母病召还京师，旋丁忧。未几，起署陕西巡抚。四十五年，召入觐，调云南巡抚。

四十六年，署云贵总督。安南国王以内地人民出边居住，胁制土民欠税，且动称内地差委，征索租赋，大为民扰，咨请防禁。秉恬拟照会，略谓："内地百姓缘尔国需用货物，特准开关通市，为尔国利赖。本非在外垦田种地，无应纳租赋，焉有胁制土民欠税之理？如滋生事端，惟有责令尔国察出送回内地究治。"奏闻，上嘉其得体，仍令军机大臣删改，寄秉恬具答。累年以运铜妥速，议叙。五十一年，召授兵部侍郎。五十二年，调仓场。嘉庆四年，复调兵部。五年，卒。

查礼，字恂叔，顺天宛平人。少劬学。乾隆元年，应博学鸿词科，报罢。入赀授户部主事，拣发广西，补庆远同知。举卓异，上命督抚举堪任知府者。巡抚定长、李锡秦先后以礼荐。十八年，擢太平知府，母忧去。服阕，补四川宁远。三十三年，擢川北道。三十四年，调松茂道。

小金川用兵，总督阿尔泰檄礼治饷；将军温福师进巴朗阿，大营以礼从，令修建汶川桃关索桥，逾月工竟，上嘉之，命专司运西路粮饷。三杂谷土司为小金川煽惑，颇怀疑惧。礼谕以利害，众感服。时温福出杂谷脑，遣提督天弼分兵自间道出曾头沟。军需局以储米半运杂谷脑，曾头沟军粮不足，礼坐管，仍留军效力。师克美诺，温福令礼与天弼清察人口地粮，总兵五福自美诺移军丹坝。总督刘秉恬奏礼虽文员，颇强干，谙番情，命署松茂道，代五福驻美诺抚降番。

三十八年，木果木师溃，礼偕游击穆克登阿赴援，至蒙固桥，闻喇嘛寺粮站陷，士卒狼顾，会松茂总兵福昌至，遂复进，遇伏，礼率督兵击之，擒寨首，余寇惊遁。美诺已陷贼，阿桂驰援，以达困垂陷，檄礼驻守，寻命事除。三十九年，阿桂师再进，令礼专任卧龙关路粮饷。阿桂秉上旨，以南路阴翳，设疑兵牵缀，奇兵自北山入。礼请自楸坻至萨拉站开日尔拉山，山高五十里，冰雪六七尺，故无行径。礼登高度，以火融积冻，凿石为磴，不匝月通路二百余里。自楸坻达西北两路军营，视故道皆近十余站，省运费月以巨万计，特旨嘉奖。

郭罗克掠蒙古军牲畜，杀青海公里塔尔，富勒浑令礼及游击龚学圣捕治，得盗二，还牛马五百余，盗渠未获。富勒浑以礼行后粮运渐迟误，奏促礼还。四十一年，金川平，礼曾办兵屯，拊循降番，叙功，赐孔雀翎。上遣理藩院郎中阿林、知府倭什布、参将李天贵出黄胜关捕郭罗克盗渠，未得，皆坐夺官；仍令礼往捕，礼调三杂谷土兵四千，先令裹粮疾进。礼至，宣布上意，郭罗克酋玛克苏尔衮布来谒，问盗渠所在，诿不知；礼执送内地，责其弟索朗勒尔务捕盗。四十三年，玛克苏尔衮布病死，上责礼失抚驭番夷之道。四十四年，擢按察使。瞻对番劫里塘热寨喇嘛寺，礼往按，得盗，置于法。

四十五年，迁布政使。寻擢湖南巡抚。入觐，四十六年，卒于京师。子淳，大理寺少卿。

鄂宝，鄂谟托氏，满洲镶黄旗人。父西柱，官西安将军。鄂宝自官学生授内阁中书。再迁户部员外郎。乾隆十六年，授奉天府尹。二十年，署广西巡抚。二十六年，总督李侍尧劾陆川知县应斯鸣等纵贼害民，鄂宝奏前后相歧，夺官，以三品衔往库车办事。三十一年，召还，署左副都御史。仍授巡抚，历湖北、贵州、福建、广西、山西诸省。内迁刑部侍郎。

金川用兵，三十七年七月，命侍郎刘秉恬及鄂宝督饷，秉恬主西路，鄂宝及散秩大臣阿尔泰主南路，寻令改主西路。鄂宝议人负米五斗，日行一站，骡负米石，日行可二三站，改以骡运，军糈得无缺，赐孔雀翎。三十八年，仍授山西巡抚，督饷如故。温福师自功噶尔拉入，阿桂自当噶尔拉入，丰升额自绰斯甲布入。鄂宝驻大板昭主馈温福军，秉恬驻底木达主馈阿桂军；而丰升额军出绰斯甲布，南路自打箭炉往，秉恬兼主之，西路自三杂谷、丹坝往，鄂宝兼任之。木果木师溃，底木达、大板昭皆陷贼。上命阿桂整兵复进，鄂宝仍驻觉木交督饷。旋进翁古尔垄，疏调副将董果护后路。上又命原任江西布政使颜希深驰驿往佐之。副将军明亮等又请令鄂宝驻丹东，上念鄂宝兵少，命以湖广续调兵千人属鄂宝。阿桂又疏请桂林率李世杰主南路，令鄂宝主西路。丹坝至绰斯甲布粮运，鄂宝请以丹东属桂林兼领。旋诣丹坝置台站，副将军丰升额自凯立叶进兵。鄂宝请自三杂谷、梭磨、卓克采转输凯立叶，较丹坝道为近。丰升额进攻谷噶，鄂宝请自梭落柏古转输色木多，凯立叶留少兵，即裁站夫，省縻费。会明亮自宜喜进兵，既克达尔图，两路军合师沙坝，克勒乌围。鄂宝请将西路台站以次裁撤。

四十一年，金川平，军功加一级。七月，调湖南巡抚，仍留办军需奏销。十月，授漕运总督。四十四年，大学士于敏中等议报销四川军费不符，请令鄂宝等分偿，得旨豁免。四十八年，授盛京户部侍郎，兼奉天府尹。五十二年，卒。子文通，官内阁侍读学士，兼公中佐领。

颜希深，字若愚，广东连平人。入赀授山西太原同知。累迁山东泰安知府。建考棚、书院，清察征漕浮收诸弊。高宗东巡，召对，褒以"他时可大用"。乾隆二十七年，授四川按察使，入觐，上以希深母老，尚欲随任，希深亦不敢奏请改补近地，母子知大义，命调希深江西。二十八年，迁福建布政使。三十二年，调江西，丁母忧去。三十四年，仍授江西布政使，又丁父忧去。三十八年，诣京师，命赴金川军佐鄂宝治饷，授河南布政使，仍留军。疏言："粮台设木池，因限于山，与军营相隔，将山地开平安营。臣与黄岩总兵李时扩督兵防护，时令将弁操演，不但技艺熟练，而枪声远近相闻，亦可牵缀贼势。"又言："觉木交深林密箐，贼易以藏身。臣督兵斩伐林木，使附近贼碉有径可通处，绝无遮蔽，藉免窃发。"皆称旨，赐孔雀翎。木池站焚毁火药，希深请与时扩分偿。师深入，山重雪积，希深催督拊循，terminate终夜露宿。四十二年，擢湖南巡抚。旋入为兵部侍郎。四十五年，复出署贵州巡抚，调云南。卒。

徐绩，汉军正蓝旗人。乾隆十二年举人。入赀授山东兖州泉河通判。累迁山东济东泰武道。三十四年，擢按察使，丁父忧，命以按察使衔往哈密办事，赐孔雀翎。三十五年，擢工部侍郎、乌鲁木齐办事大臣。三十六年，奏："玛纳斯在伊犁、塔尔巴哈台之间，请驻兵，使声势联络。"从之。授山东巡抚。三十八年，上幸天津，迎谒，赐黄马褂。

三十九年，寿张民王伦为乱，绩率兵捕治，次临清城南，为伦所围，总兵惟一赴援，战败。上遣左都御史阿思哈率兵援绩，并令大学士舒赫德视师。谕曰："绩为巡抚，地方有此奸民，不早觉察，不为无罪；但以民乱将巡抚治罪，适足长其刁顽，事定，功过自不能掩。"寻事定，命解任，责捕伦余党，捕得伦弟柱、林等二十余人。上嘉绩黾勉，授河南巡抚，仍缴进孔雀翎示儆。四十二年，奏按察使赵铨健忘，上责绩于铨应否去留不置一辞，下吏议，夺官，命宽之。召授礼部侍郎。四十七年，坐雩祭礼器误，夺官，以三品顶带往和阗办事。召授正黄旗汉军副都统，迁正红旗汉军都统。六十年，上询前政弘旴在官事迹，奏不实，夺官，以六品顶带往和阗办事。

嘉庆元年，授三等侍卫、乌什办事大臣。召授大理寺少卿，还孔雀翎。再迁宗人府丞。十年，以病乞休。十二年，重与鹿鸣宴，赐二品衔。十六年，绩子锟，授建宁总兵，入觐，上以绩年逾八十，调锟直隶正定总兵，俾就养。卒，锟官至直隶提督。

觉罗图思德，满洲镶黄旗人。初自诸生授光禄寺笔帖式。累迁户部员外郎。外授江南常镇道。再迁贵州布政使。乾隆三十七年，擢巡抚。疏言："贵州威宁玛姑柞子厂，水城福集厂产黑、白铅，岁供京局及各省鼓铸。厂员营私滞运，请立条款，严处分。"并下部议行。三十九年，署云贵总督。上令出驻永昌，并谕以防边事重，视前政彰宝旧日章程益加奋勉。抵任后，疏言："清厘彰宝移交文牍，永昌军需造销牵混，应请各归各款，以清眉目。造解京箭，各镇协称现多损坏，与彰宝原奏不符；又有批准保山等厅县添买仓谷，亦滋疑义。"寻劾保山知县王锡、永平知县沈文亨侵亏仓谷，请夺官鞫治。上命侍郎袁守侗驰驿往按，锡言彰宝勒索供应四万余，致亏短粮饷，上震怒，逮彰宝治罪。图思德以箭二十万解四川军营，上嘉之。十一月，兼署云南巡抚。

自傅恒征缅甸还师，缅甸贡使久不至，闭关绝市年久。图思德奏言："侦知缅民亟盼开关，缅酋亦窘迫有投诚意。惟风闻难信，但当简练军实，使闻风生畏。"上韪之。及兼署巡抚，自永昌还会城，令提督锦山等董理边防，疏报，佛上意，严旨促仍赴永昌督办边防。四十一年，复奏："侦知缅酋懵驳已死，子赘角牙嗣立，方幼，头人得鲁蕴将遣使叩关纳贡。"上以缅初无悔罪输诚之意，谕勿轻听。寻奏："得鲁蕴遣使投禀，愿送还内地官人，贡象，乞开关。已饬龙州将吏与以回文。"上以图思德示缅甸有迁就结案之意，斥为大谬。四十二年，又奏得鲁蕴欲将所留杨重英、苏尔相、多朝相等送还，并叩关纳贡。上念受降事重，图思德不能胜其任，命大学士阿桂赴云南主持，调李侍尧云贵总督，图思德回贵州巡抚任。四十四年，擢湖广总督。卒，赐祭葬，谥恭悫。

彰宝，鄂谟托氏，满洲镶黄旗人。乾隆十三年，自繙译举人授内阁中书。十八年，授江苏淮安海防同知。累迁江宁布政使。三十年，授山西巡抚。阳曲知县段成功亏帑事发，具得巡抚和其衷畀银五百为弥补及布政使文绶等知情状，奏闻。上遣侍郎四达会鞫得实，其衷、成功论斩，文绶等戍军台。安邑知县冯兆观揭河东盐政达色累商及受贽礼、门包，又遣四达会鞫，并得河东运使吴云从因被四达纠参，嗾兆观揭发状，达色论死，云从、兆观治罪如律。三十二年，调江苏。两淮盐政尤拔世奏缴本年提引征银，上以此项历年均未奏明，自乾隆十一年起，应有千余万，命彰宝会同详察。前任盐政高恒、普福、运使卢见曾均坐是得罪；又发前任监掣同知杨守英诈取商银：并论如律。

三十四年，命驰驿往云南署巡抚。师征缅甸，署云贵总督，命出驻老官屯督饷，加太子太保。三十五年，奏：

永昌沿边千余里，山深径僻，应于曩宋关、缅箐山、陇川、龙陵、姚关及顺宁笕笆桥设卡驻兵。"上令实力督率。又奏："贵州调至兵间有老弱，现加甄汰。"上责："彰宝现为总督，两省皆所辖，何不劾奏？"三十七年，劾云南巡抚诺木亲才识不能胜任，召还；又奏车里宣慰土司刀维屏逃匿，请裁土缺设专营，上从其议，定营名曰普安。寻实授云贵总督。三十九年，以病请解任。王锡事发，夺官，逮京师论斩。四十二年，卒于狱。

徐嗣曾，字宛东，实杨氏，出为徐氏后，浙江海宁人。乾隆二十八年进士，授户部主事。再迁郎中。四十年，授云南迤东道。累迁福建布政使。五十年，擢巡抚。五十二年，台湾民林爽文为乱，调浙江兵，经延平吉溪塘，兵有溺者，嗣曾坐不能督察，下吏议。乱既定，五十三年，命赴台湾勘建城垣，因命偕福康安、李侍尧按柴大纪贪劣状，上责嗣曾平日缄默不言。寻直言大纪废弛行伍，贪婪营私，事迹昭著。又奏："抚恤被难流民，给银折米，福建旧例，石准银二两；今以米贵，请改为三两。"上以福康安奏晴雨及时，岁可丰收，仍令视旧例。偕福康安等奏清察积弊，筹酌善后诸事，均得旨允行。尝以台湾吏治废弛，不能早行觉察，自劾，上原之。命台湾建福康安、海兰察生祠，以嗣曾并列。寻奏台湾海疆刁悍，治乱用严，民为盗及杀人者，役姨民，兵冒粮，及助战守义民或挟嫌害良，皆立置典刑，以是称上旨，嘉嗣曾不负使。事粗定，命内渡，寻又命俟总兵奎林至乃行。庄大田者，与爽文同乱，坐诛，嗣曾捕得其子天畏及用事者黄天养送京师，又得海盗，立诛之。五十四年，赐孔雀翎、大小荷包。图像紫光阁。

请入觐，未行，安南阮光平据黎城，福康安督兵赴广西，嗣曾署总督。福康安濒行，奏福建文武废弛，宜大加惩创，上谕嗣曾振刷整顿。嗣曾奏许琉球市大黄，限三五百斤，谕不可因噎废食。又奏："福建民多聚族而居，有为盗，责族正举首，教约有方，给顶带；盗但附从行劫未杀人拒捕，自首，拟斩监候，三年发遣，免死。"上谕曰："捕盗责在将吏。令族正举首，设将吏何用？族正皆土豪，假以事权，将何所不为？福建多盗，当严治。若行劫后尚许自首免死，何以示惩？二条俱属错谬。"

五十五年，高宗八旬万寿，台湾生番头人请赴京祝嘏，嗣曾以闻，命率诣热河行在瞻觐。十一月，回任，次山东台庄，病作，遂卒。

陈步瀛，字麟洲，江南江宁人。乾隆二十六年会试第一，选庶吉士，改兵部主事。累擢郎中，外授河南陈州知府。再迁山西按察使。寻以山西狱讼繁多，改命长麟，仍留步瀛兰州道。旋授甘肃按察使。

萨拉尔回苏四十三乱既定，四十九年，盐茶厅回田五复据石峰堡为乱，总督李侍尧率兵讨之，以步瀛从，捕治诸乱回家属。旋奏令赴安定、会宁督饷，行次隆德，闻副都统明善战死高庙山，步瀛以静宁、隆德、平凉诸州县当下陇要冲，静宁驻兵三百，请益兵。步瀛调固原兵五百赴平凉、隆德守，为犄角；复往静宁收明善余兵守隘，上奖许之，寻谕："步瀛兵事径行陈奏，不必拘体制。"步瀛奏："臣收明善余兵，尚存九百有奇。石峰堡回越隆德犯静宁，平凉知府王立柱督兵民击之，回退据翠屏山。静宁距省五百余里，中间会宁、安定为粮运要道。虑回自静宁南窜袭我师之后，已禀督臣发重兵防护。"旋疏报静宁围解，并筹济南、西二路官军粮饷药弹，称上旨。上命大学士阿桂视师，以福康安代侍尧为总督。上谕以军事谘步瀛，擢布政使。福康安奏："步瀛明白诚实，督饷甚力，但才具不如浦霖。"命调安徽布政使。事定论功，赐孔雀翎。

江、淮大饥，民胁众劫夺。步瀛行县，督吏赈恤，而捕治其不法者，自夏迄秋，事渐定。步瀛以劳瘁致疾，五十四年，擢贵州巡抚，疾大作，卒。

孙永清，字宏度，江南金匮人。乾隆三十三年举人，授内阁中书。永清未入官，尝佐广东布政使胡文伯幕。土司以争袭相讦，验文牒皆明印，大吏欲以私造符信罪之。永清具稿请文伯力陈，得免者二百余人。旋充军机处章京，撰拟精当，事至辄倚以办。迁侍读。四十二年，云南总督图思德奏缅甸将遣使入贡，上遣大学士阿桂往莅，以永清从。缅甸使不至，阿桂令永清撰檄谕之，送所留守备苏尔相还。四十四年，授刑部郎中。考选江西道监察御史。四十五年，超授左副都御史。授贵州布政使。奏言柞子厂产黑铅，课余三十余万斤，请以十万斤运广。四十九年，署巡抚。又奏："柞子厂黑铅，例于四川永宁设局收发，课余三百万斤，请岁以五十万运存永宁。"

五十年，擢广西巡抚。劾新宁知州金垧等逋税，按察使杜琮、盐道周延俊等并坐夺官。五十二年，台湾民林爽文为乱，征广西兵，永清奏："兵出征，在例马兵赏、借银各十两，步兵赏、借银各六两，请于借银留三两为制衣。"命议叙。五十三年，藤县狱系盗梁美焕谋穴墙逃，捕得，永清令立诛之，奏闻，上谕曰："狱囚反狱狱当立诛，若钻穴越墙，祗求苟免，不得与此同科。今之督抚皆好杀弄权，永清失之太过。"

安南阮惠为乱，国王黎维祁出亡，其臣阮辉宿护维祁母、妻、宗族至龙州，永清及总督孙士毅疏闻。士毅寻发兵讨惠，永清出驻南宁，奏太平设军需局，以福建延建邵道陆有仁、桂林知府查淳董其事。五十四年，维祁复国，使迎其母、妻、宗族，永清为具行李，并传上旨赉锦缎、绸、布及白金四百。谕奖永清自驻南宁，弹压边关，筹办饷糈，措置得宜，赐孔雀翎。

士毅师败还，福康安代为总督。永清与福康安奏："安南用兵，关内外支放银百万、米八万余，逐款详核，例可用而未用，或用不及数者，以实用之数具报。如有军行紧急，略有变通。与例不符者，仍如例核减。"上谕令以实为之。秋，以广西秋审册自缓决改情实凡三案，谕责永清宽纵。东兰州安置台湾降人郑管、陈廷乘舟走，追捕，以溺水报。上命夺知州黄图等官逮讯，永清坐降调，命留任。

是时阮惠更名光平，上封为安南国王，请以来年诣京师祝万寿，使阮宏匡等叩关入贡。永清令在太平候旨，疏闻。上令光平使臣于来年灯节前至京师，与外藩蒙古等一体入宴，责永清拘泥。永清旋奏光平使臣自桂林北行。上察广西学政潘曾起不称职，以谘永清，永清言曾起性情褊急，未惬士心。上责永清不先奏劾，以方料理安南内附，光平将入觐，不遽易人，罚养廉二年。五十五年春，光平又以新赐印并御制诗使臣叩关入贡，永清疏以应否令光平使诣京师请旨。上谕曰："光平遣使陈贡，自应令诣京师，何必奏请？"永清又奏太平、南宁、镇安三府与安南接壤，请屯兵防隘，立栅开壕，分隶龙凭、馗蠹二营管辖，报闻。四月，光平入关，以其子光垂、臣吴文楚从，奏闻，上嘉之。寻卒。

弟藩，监生。以四库馆议叙，授中书科中书。官至安徽布政使。子尔准，自有传。

郭世勋，汉军正红旗人。初自笔帖式擢吏部主事。选福建龙岩知州。五迁湖南布政使。乾隆五十四年，擢贵州巡抚，调广东。上谕曰："广东有洋商盐务，为腥膻之地。世勋操守廉洁，治事勤笃，务慎持象履。"监临乡试，奏额送科举多取数百名，经费由督抚捐赀备办，谕国家无此政体，不允。奏禁大黄出洋，西洋各国岁不过五百斤，琼州、台湾亦如之；暹罗、安南贡船至，亦五百斤。五十五年，总督福康安入觐，命世勋署两广总督。劾雷琼镇总兵叶至刚误民为匪，左江镇总兵普吉保滥刑毙命，皆论军如律。参将钱邦彦巡洋崖州，遇盗被戕，上以福康安诣京师后，世勋不能整饬，严斥之。

暹罗国王郑华咨："乾隆三十一年被乌图构兵围城，国君被陷。其父昭克复旧基，十仅五六。旧有丹著氏、麻叨、涂坯三城，仍被占据。请代奏令乌图割还三城。"乌图即缅甸。世勋以其非礼妄干，留其使广东，奏闻。上命军机大臣拟檄，略谓："故缅甸酋懵驳与暹罗诏氏构兵，非今国王孟陨事。暹罗又系异姓继立，不宜追问诏氏已失疆土。天朝抚驭万国，缅甸固新封，暹罗亦至华嗣掌国始加封爵，宜释嫌修好，共沐宠荣，不得以非分干求，妄行琐渎。"命世勋与福康安联衔照会，并告来使，但云："札商福康安，未经代奏。"

五十六年，世勋奏洋船准携炮，内地商船不准携炮。上谕之曰："商船出洋，携炮御盗。不特各国来船未便禁止，即内地商船遇盗不能御，岂有束手待毙之理？祗令海口将吏察验，不可因噎废食。"上以广东多械斗，谕世勋稽察化导。有步文斌者，以罪配德庆州，传习邪教，世勋捕得四十余人送京师。上谕以其渠送京师，余令世勋系狱，候刑部拟罪。

五十七年，安南国王阮光平咨言："国境嵩岭等七州毗连云南开化，莫氏旧人黄公瓒父子据守，贪缘内附，吁恳代奏详察。"使至龙州，龙州通判王抚棠以所请非分，发书驳还。世勋奏闻，上嘉抚棠，赐大缎奖之。光平又以黎维祁弟维祗结土酋农福缙为乱，遣兵剿灭，具表献捷。表内并言："维祗为乱，因维祁人丁迋衡等为维祁通消息，请按治维祁罪。"世勋以光平所言臆度无凭，对扬失体，照会令将表文删节，缮正奏闻。上已先得巡抚陈用敷奏，令

谕光平具确据，并通消息者何人，送京师按治，命世勋遵前旨照会光平。五十八年，暹罗、安南贡使至，世勋遣吏伴送诣京师。上以所派职卑才庸，虑为外藩所轻，降旨申饬。潮州总兵托尔欢请觐，例具清字摺，朱批令来见。世勋奏委署总兵，译汉文为俚语，上赐荷包惶愧。

英吉利遣使入贡，请遣人留京居住，上不许，虑英吉利贡使还经广东复多所陈乞，时已授长麟两广总督，命与世勋和衷商榷。寻奏英吉利贡使请在黄埔盖房居住，已严行拒绝，并禁内地奸民指引勾结，上赐荷包奖之。五十九年，入觐，途次病作，至京师卒，赐祭葬。

毕沅，字缵蘅，江南镇洋人。乾隆十八年举人，授内阁中书，充军机处章京。二十五年一甲一名进士，授修撰。再迁庶子。三十一年，授甘肃巩秦阶道。从总督明山出关勘屯田，调安肃道。擢陕西按察使。上东巡，觐行在，备言甘肃旱。谕治赈，并免通赋四百万。擢布政使，屡护巡抚。师征金川，遣沅督饷，军无匮，授巡抚。河、洛、渭并涨，朝邑被水。治赈，全活甚众。募民垦兴平、盩屋、扶风、武功荒地，得田八十余顷。浚泾阳龙洞渠，溉民田。嘉峪关外镇西、迪化士子赴乡会试者，奏请给驿马。置姬氏《五经》博士，奉祀文、武、成、康四王及周公陵墓。修华岳庙暨汉、唐以来名迹，收碑碣储学宫。屡署总督。四十一年，赐孔雀翎。四十四年，丁母忧，去官。四十五年，陕西巡抚缺员，谕："沅在西安久，守制将一年。命往署理，非开在任守制例也。"

四十六年，甘肃撒拉尔回苏四十三为乱，沅会西安将军伍弥泰、提督马彪发兵讨之。事平论功，赐一品顶带。甘肃冒赈事发，御史钱沣劾沅瞻徇，降三品顶戴。四十八年，复还原品，寻实授巡抚。四十九年，甘肃盐茶厅回田五复乱，沅遣兵分道搜剿。上命大学士阿桂视师，沅治军需及驿传供亿，屡得旨奖励。

沅先后抚陕西十年，尝奏："足民之要，农田为上。关右大川，如泾、渭、灞、浐、沣、滈、潦、潏、河、洛、漆、沮、汧、汭诸水，流长源远。若能就近疏引，筑堰开渠，以时蓄泄，自无水旱之虞。古来云中、北地、五原、上郡诸处畜牧，为天下饶，若酌筹闲款，市牛羊驼马，为畀民试牧；俟有孳生，交还官项，余则其人以为资本。耕作与畜牧相兼，实为边土无穷之利。"议未行。

五十年，调河南巡抚。奏："河北诸府患旱，各属仓储，蠲缓赈恤，所存无多，请留漕粮二十万备赈。"既请缓征民欠钱粮，并展赈，上温谕嘉之。命诣胎簪山求淮水真源，御制《淮源记》以赐。五十一年，赐黄马褂。授湖广总督。伊阳盗秦国栋戕官，上责沅捕治未得，命仍回巡抚。五十三年，复授湖广总督。江决荆州，发帑百万治工。沅奏："江自松滋下至荆州万城堤，折而东北流，南逼窖金，荆水至无所宣泄。请筑对岸杨林洲土坝、鸡嘴石坝，逼溜南趋，刷洲沙无致壅遏。"又请修襄阳老龙堤、常德石柜堤、潜江仙人堤，凿四川、湖北大江险滩，便云南铜运。

五十九年，陕西安康、四川大宁邪教并起，称传自湖

北,沅赴襄阳、郧阳按治,降授山东巡抚。上以明年归政,令督抚察民欠钱粮蠲免。奏蠲山东积逋四百八十七万、常平社仓米谷五十万四千余石。六十年,仍授湖广总督。

湖南苗石三保等为乱,命赴荆州、常德督饷,以运输周妥,赐孔雀翎。嘉庆元年,枝江民聂人杰等挟邪教为乱,破保康、来凤、竹山,围襄阳,沅自辰州至枝江捕治。当阳又陷,复移驻荆州,上命解沅总督。旋克当阳,获乱渠张正谟等,复命沅为总督如故,予二等轻车都尉世职。寻奏乱渠石三保、吴半生、吴八月等皆就获,惟石柳邓未获,请撤各省兵,留二三万分驻苗疆要隘。上谕曰:"撤兵朕所愿,但平陇未克,石柳邓未获,岂能遽议及此?"寻获石柳邓。上命沅驰赴湖南镇抚。疏言:"樊城为汉南一都会,请建砖城,以工代赈。"二年,请以提督移辰州,增设总兵驻花园汛。寻报疾作,手足不仁,赐活络丸。旋卒,赠太子太保。四年,追论沅教匪初起失察贻误,滥用军需帑项,夺世职,籍其家。

沅以文学起,爱才下士,职事修举;然不长于治军,又易为属吏所蔽,功名遂不终。

论曰:"富勒浑、秉恬、鄂宝恽金川之军,绩当临清之乱,图思德招缅甸之使,步瀛御石峰堡之变,嗣曾肃台湾之政,永清受安南之降,世勋屡却暹罗、安南干请。若英吉利入贡,中外交涉,于此萌芽。川、楚教匪,沅当其始,久而后定。诸人者皆身膺疆寄,与兵事相表里,功罪不同,赏罚或异;欲求其事始末,固不可略焉,故类而录之。

卷三百三十三　　列传一百二十

五岱　五福　海禄　成德　马彪
常青　官达色 乌什哈达　瑚尼勒图
敖成　图钦保　木塔尔　岱森保
翁果尔海　珠尔杭阿　哲森保

五岱,瓜尔佳氏,黑龙江人。乾隆十八年,命隶满洲正黄旗。初以前锋从征准噶尔,授三等侍卫,赐墨尔根巴图鲁名号。战叶尔羌,复迁二等侍卫。霍罕使者至,命往宣谕,授正黄旗汉军副都统,赐骑都尉世职。三十六年,从将军温福讨金川,授参赞大臣。攻巴朗拉,克之,授正黄旗蒙古都统。

京旗目吉林、黑龙江诸部人为乌拉齐,鄙之不与为伍,温福以是轻五岱。五岱密疏言:"温福在军好安逸,不亲督战,自以为是,寒将士之心。"温福亦劾:"五岱刚愎自用,自成都至军,途中夺驿马骚扰;方攻巴朗拉,绿营兵惊退,五岱不能禁,诈言被创昏晕。"上命丰升额、色布腾巴勒珠尔诣军中按治。色布腾巴勒珠尔等疏言鞫五岱俱不承,请夺其职,留军前效,上责色布腾巴勒珠尔

等所论列不得要领;复疏言温福轻五岱,致起衅。温福疏辨,谓五岱与色布腾巴勒珠尔朋比谋倾陷,上命色布腾巴勒珠尔等逮五岱诣热河行在。是时尚书福隆安奉使如四川,疏言五岱无夺驿马及攻巴朗拉诈言被创事,色布腾巴勒珠尔亦未尝袒五岱。五岱至热河,军机大臣廷鞫,咸伊犁。居数月,授蓝翎侍卫,命从阿桂出南路听差遣。阿桂令率土兵赴美诺、明郭宗诸地,相机夹击。寻授头等侍卫。

木果木师溃,阿桂驻宜喜。命五岱为领队侍卫,率贵州兵防后路。阿桂为定西将军,授五岱正蓝旗蒙古副都统,复为参赞大臣。从副将军丰升额自丹坝进攻凯立叶,山峻,未深入。上命丰升额佐阿桂合军进,而以五岱驻凯立叶牵贼势,贼屡来攻,屡击败之。五岱疏言军中护军校等缺,当择应升入员,请上命。上以参赞佐将军治军事,不得自专,责五岱非是。阿桂、丰升额自日尔巴当噶进攻,五岱自凯立叶督兵夹击,进逼勒鸟围。阿桂令五岱移驻日则丫口。寻率兵协攻珠寨及噶朗噶各寨。师攻勒鸟围,五岱率所部自东北入,合攻克之。金川平,图形紫光阁,列后五十功臣。

出为塔尔巴哈台领队大臣。四十九年,自塔尔巴哈台诣京师,至兰州,闻石峰堡回为乱,请从军。上谕陕甘总督李侍尧,以五岱尝从征金川,知军事,令率兵进攻。侍尧令偕副都统永安、提督刚塔讨贼,自马家堡逐贼至鹿鹿山,大雾,驻军数日,诇贼出后山,分军捕治,命署固原提督。战伏羌城外,杀贼三百余,贼遁入山,遣兵搜捕,俘二百三十余。复逐贼至秦安县,拟进攻底店。上令尚书福康安视师,五岱从,克底店;进攻石峰堡,率兵搜捕黑砭塔、白杨岭余匪,毁床子滩礼拜寺,回乱平。上以五岱自塔尔巴哈台班满还京,道闻回乱,自请从军;福康安未至,转战击贼,奋勉,予骑都尉世职。寻擢镶蓝旗蒙古都统,充上书房总谙达,授领侍卫内大臣。卒。

五福,富察氏,满洲镶白旗人。自世袭佐领累迁四川维州协副将。乾隆三十五年,小金川土司泽旺与鄂克什土司色达克拉构兵,五福请于总督阿尔泰,檄泽旺责使服罪。泽旺子僧格桑尤桀骜,渐侵明正土司,乃令五福将五百人屯梭磨界朴头,擢松潘镇总兵,如美诺护粮道。小金川平,偕松茂道查礼按行边徼屯练,及新附汗卡十四寨。

时僧格桑窜大金川,大金川土司索诺木与同为乱。上虑两酋逃往鄂罗克,命五福驻丹坝。丹坝,往鄂罗克道所必经也。贼袭攻底木达及大板昭,师自登春入,五福自后路会攻。寻请以副将西德布率兵还丹坝,而躬迫梭磨,土妇卓尔玛初附,加以驾驭。上命五福事毕仍还屯丹坝。五福旋自丹坝进攻穆尔津山,再战陟其冈,毁贼碉,败援贼。师进攻,五福以三百六十人为应,令官兵作攻扑状缀贼,土兵伏作固顶水卡旁。贼至,伏发,殪其头人,遂进攻山半贼碉,五福督兵斫碉门杀贼。将军阿桂等师克格鲁克古丫口,将达丹坝,五福隔山见师至,即督兵攻普笼、玛让诸碉,同时尽毁,于作固顶以下傍水设营卡。

师进攻勒乌围,五福自陟乌当噶夹攻,毙贼甚众,进攻荣噶尔博,毁贼碉一。师屯巴克图仰木山巅,五福克萨木卡尔山下诸碉卡,与大军会。自达乌达围进攻,五福同总兵常禄保等为应。既克黄草坪,贼自山后出,五福夹击败之。师自奔布鲁木进攻,为三队,五福与副都统乌什哈达率第三队,围贼碉。贼越碉窜,与第一、二队合,至西里正寨,贼溃遁。分攻瓦尔占、舍勒固租鲁,夜移炮轰毁之。进攻萨尔歪贼寨,复为三队,五福与都统海兰察自中路进,贼弃寨窜;复绕出寨后,歼贼甚众,贼寨皆下。金川平,图形紫光阁,列后五十功臣。师既还,以两金川地势寥阔,命五福将三千人屯美诺。寻擢广西提督。卒。

海禄,齐普齐特氏,蒙古正蓝旗人。以前锋从征伊犁,定边右副将军兆惠屯济尔哈朗,副将军富德攻叶尔羌,攻伊西洱库尔淖尔,海禄皆在军中,赐花翎,并号噶卜什海巴图鲁。又以边功,擢二等侍卫。温福讨金川,海禄将四百人攻斑斓山及斯当安,攻日耳、东玛、美美诸寨,及固卜济山梁,又克路顶宗、喀木色尔诸寨,破明郭宗沟内碉卡。自前锋参领摄陕西固原镇总兵。温福师败绩,海禄自美诺退巴朗拉,定西将军阿桂论劾,当夺职,命宽之。师自资哩南山入,得阿喀木雅山上碉一。至路顶宗,山陡峻,夜半潜入贼垒,歼贼三十余,坠崖死者相枕藉,遂拔路顶宗,即督兵进攻明郭宗,克之。直抵美诺,贼惊溃,获大炮十余、米粮百余石,擢固原镇总兵。

从阿桂自萨尔赤鄂罗山攻克登古碉卡。复自喇穆喇穆迤西进,得石卡一。攻得斯东寨、色溺普、喇穆喇穆山梁,屯日则丫口要路。又攻该布达什诺木城,连克碉寨。攻逊克尔宗,贼出伏兵,击之溃,旋偕副都统富兴进至达尔沙朗,克大碉五,并克伊格尔玛迪等碉卡。再进,偕副都统乌什哈达夺罗卜克鄂博沟内碉寨,攻克格鲁克古山梁。再进攻康萨尔,督兵跃壕入,贼窜。再进,攻克勒吉尔博山梁,乘胜沿河逐贼,大破之。师攻木思工噶克丫口,海禄以兵应,歼贼甚众。攻克迈过尔山梁,复偕乌什哈达攻丫口左木城、石碉,拔之。又自舍图柱卡分攻巴占,攀藤扶石,自山腰斜上,遂夺据毗色尔,进攻章噶大碉,克之,并夺木城一。偕襄阳镇总兵官达色攻黄草坪,占其地。移直隶天津镇总兵。旋偕土兵夺兜窝碉卡,复夺取莎罗奔甲尔瓦沃杂尔所居之拉布咱占。又偕副都统书麟等攻则朗噶克,焚噶尔噶木、勒乌、果木得克、聂乌诸贼寨。金川平,图形紫光阁,赐骑都尉世职,擢云南提督。

四十六年,入觐。至湖南,闻萨拉尔回苏四十三叛,请从军。贼占华林山,海禄从海兰察攻之,多所斩获。旋进至华林寺,毁贼巢,歼焉。授乌鲁木齐都统。

海禄刻核吏事。在边,禁古城迤北瑚图斯金厂。重定新疆屯田征租功过,视旧例为苛。追论文武吏士剥下营私状,领队大臣图思义、提督彭廷栋以下皆坐谴。又请裁汰经费,视内地编保甲;台湾民坐械斗戍边,入乌鲁木齐铁厂输作,予巴里坤诸地兵为奴:皆议行。复疏请自哈密至精河设台车三百五十,乌鲁木齐设台车一百五十,定值视雇商车减三之二。乌什办事大臣绰克托、塔尔巴哈台办事大臣惠龄、陕甘总督福康安皆言车值过薄,福康安并力陈设台车不若雇商车便。上为罢海禄议,造台车糜帑,令责偿。伊犁将军伊勒图又疏请罢海禄所议屯田征租功过及成丁入铁厂例,左授伊犁额鲁特领队大臣。

五十三年,剿将军奎林毁佛像,辱职官,折罪人手足掷水中,得遣戍罪人赃,又于哈萨克以羊易布,私其羡金。上夺奎林职,令海禄并诣京师,命诸皇子、军机大臣会刑部廷鞫。奎林承毁佛像、杀罪人,余事皆无据。上命并夺海禄职,在上虞备用处拜唐阿上效力行走。寻授蓝翎侍卫,累迁至福建陆路提督。卒。

成德,钮祜禄氏,满洲正红旗人。初入健锐营充前锋。从征准噶尔、叶尔羌,俱有功。征缅甸,从将军明瑞自锡箔进兵,攻贼旧小蒲坡,中枪伤,战猛拜、天生桥、猛城诸地。从副将军阿里衮攻顿拐,毁其寨。从经略大学士傅恒渡戛鸠江,自猛拱、猛养进兵,败贼于新街。定边右副将军温福征小金川,成德从攻斯当安,裹创力战,进攻巴朗拉。再进,克资哩、古布济、八角寨诸地,复被创;自空卡、昔岭进兵,屡捷,累迁四川川北镇总兵。木果木大营陷,温福死之,成德时将别军驻美诺,亦陷于贼,命夺官,仍留任。将军阿桂令自南山攻取阿喀木雅,会领队大臣额森特、总兵海禄三道并进,击东沟贼碉,歼贼甚众。路顶宗、明郭宗诸营卡皆下,复美诺,赐黑狐冠。小金川平,复官。

师自谷噶入大金川,抵罗博瓦山,成德偕总兵特成额等分兵缀敌。复会克色溺普山,夺坚碉数十。进攻喇穆喇穆东面山碉,贼分两路袭师后,击败之。偕散秩大臣普尔普等夺石碉四,又偕总兵官达色攻克该布达什诺木城,会内大臣海兰察进围逊克尔宗,赐号赛尚阿巴图鲁。进攻甲尔纳寨,围急,贼潜以皮船渡,成德击破之。贼据赤布寨,其北为得思古寨,循沟下有噶朗噶、噶尔噶诸寺,碉寨繁密。师循沟进,破最东水碉。成德乘胜夺大碉五、木城二,直抵濒河噶尔丹寺,贼奔溃,师克舍图柱卡。成德潜师至日则丫口,与游击普吉保上下合击,破石碉八、木城四,遂克逊克尔宗,贼退勒乌围,复进,会师破之。进克甘都瓦尔、黄草坪等处,遂克噶拉依。金川平,图形紫光阁,列前五十功臣。署四川提督。三暗巴番渠安错煽乱,督兵捕治,命真除。

五十三年,廓尔喀侵后藏,命成德为参赞大臣,督兵偕总督鄂辉、驻藏大臣侍郎巴忠会剿。巴忠授意噶布伦丹津旺珠尔与廓尔喀议岁费、还侵地,成德争不获,即以此议入奏。师还,授成都将军。后藏不如约,靳岁费不与,廓尔喀复来犯,巴忠自经死。上命鄂辉、成德督兵定藏自赎;复以濡滞失机,夺将军,予副都统衔,以领队大臣属将军福康安调遣。攻聂拉木,与穆克登阿夜督兵进。成德攻寨西北,穆克登阿出西南,掷火弹杀贼,破寨,尽歼守寨贼,无一得脱者。福康安自济咙进兵,令成德等分道进屯德亲鼎山,攻敌卡,自俄玛措山进,迭克果果萨喇嘛寺,乘夜取札木铁索桥。又自江各波迈山梁趋陇冈,与彦吉保会;逐贼至利底,与福康安师会,所向克捷。廓尔喀乞降,师还，命成德以副都统衔充驻藏帮办大臣。图形紫光阁，前十五功臣，以成德为殿。寻命署杭州将军。

仁宗即位，移署荆州将军。教匪起，成德偕总督惠龄攻贼宜都灌湾脑山，擒贼首张正谟。寻以纵贼窜逸，夺勇号。四年，致仕，卒。以曾孙女配宣宗为孝全皇后，追封三等承恩公，谥威恪。子穆克登布，自有传。

马彪，甘肃西宁人。以行伍从军，累迁至四川川北镇总兵。高台县丞邱天宠私伐巴彦济鲁萨林木，贝勒罗卜藏达尔札诉于上，词连彪，夺职。寻赐游击衔，驻雅尔。复起，除云南昭通镇总兵。

乾隆三十六年，师征金川，将军温福以彪屡出师勇往，令将贵州兵三千以从，克巴朗拉碉卡，赐花翎。师自达木巴宗分三道趋资哩，彪偕侍卫额森特等自北山进，夺贼碉卡，斩馘百余，与师会。彪以贵州兵二千驻资哩北山梁，东西距三十余里。贼夜犯都司黄壮略、守备王廷玉营，彪与侍卫巴三泰驰援，败贼，失炮三。上以彪战甚力，不之罪。嗣都司徐大勇等守色布色尔，贼屯十里外高峰。参赞五岱檄彪赴援，未至，副将色伦泰战没。五岱劾彪逗遛，当夺职，上命留任。寻自硕藏噶尔进驻色布色尔，阿桂军次喇卜楚克山麓，逼木阑坝；令彪伏兵东崖下，克其水碉。进攻色尔渠，彪从参赞丰升额等击东玛寨，克。乘胜攻哲木克郭罗郭罗美罗喇嘛寺诸寨，皆下，夺碉五，俘馘数十。攻美美卡，彪率二百人自山梁小径入。贼来援，力战破之。美美卡至日喀尔桥，有小径曰兜乌。贼毁桥筑卡以拒，彪伐木为桥济兵，贼弃卡走。又与提督哈国兴合克喀木色尔穆拉斯郭寨，遂据兜乌。寻自达乌苏山后攻明郭宗，彪将千人自格实迪下攻，贼弃碉durch，授西安提督。复偕侍卫乌尔图纳逊攻达尔图大碉，毙窜贼甚多。遂偕领队大臣华善等以六千人驻宜喜，贼来犯，击之，斩贼三十余人。以三千五百人攻达尔图碉，未下。贼自沙坝三道袭宜喜军，又别遣贼夜扑达尔图军，击走之。师克乃当，至独松，彪与贼战中巴布里、下巴布里及玛雅冈角木，贼皆弃寨遁。旋与副将钦保克尔玛及扎乌古山梁，与总兵敦成克甲索。

金川平，赴西安任。图形紫光阁，列前五十功臣。移湖广提督。卒，赠太子太保，谥勤襄，予云骑尉世职。

常青，苏木克氏，满洲镶白旗人。自前锋累迁护军参领。外擢云南曲寻镇总兵。从将军明瑞讨缅甸，战于蛮结。明瑞将中军，常青与领队大臣观音保踞西山梁。贼突至，常青等奋击，馘二百余；贼败窜，又馘二千余，俘三十四。再战天生桥、宋寨、黄土冈诸地，屡败贼。明瑞军败绩，上召常青入对，命仍还云南，从副将军阿里衮出万仞关。经略大学士傅恒令诣野牛坝督造战船，率兵赴新街，杀贼夺寨，获敌舟及粮械。旋自新街进攻老官屯，克毛西寨。师还，授云南提督。

乾隆三十八年，师征金川，令率云南兵二千赴打箭炉佐将军阿桂出西路。偕都统海兰察攻斯达克拉、阿噶尔布里、硕藏噶尔诸山梁，克之，留屯美诺。师攻布朗郭宗，

阿桂奏请常青策应。常青遣游击福敏泰驻木波，游击保宁驻噶鲁什呢，守备张启贵驻美卧沟，而与副都统富兴率兵为布朗郭宗声援。西藏语谓为盗曰"放夹坝"，常青与富兴督绿营兵捕盗，焚其林。阿桂师进攻勒乌围，常青与富勒浑护饷道，自明郭宗至大板昭，兵卒巡视，分守小沙坝、沙坝、三松坪诸地，自间道出功噶尔拉击贼。上嘉之，谕以此路官军久未进攻，今自间道出奇，足以缀贼；惟地势险峻，仍戒其轻举。金川平，图形紫光阁，列后五十功臣。

移古北口提督，而以海禄代之。疏言缅甸方议抚，请暂留张凤街，与海禄相机筹办。上以夷性多疑，文檄仍用常青旧衔，俟事定赴新任。历浙江、江南、直隶、福建陆路提督，又继海禄为乌鲁木齐都统，移西安将军。卒，谥庄毅。

官达色，瓜尔佳氏，满洲正黄旗人。以前锋从征准噶尔。将军兆惠自鄂垒扎拉图转战至特讷格尔，上方南巡，遣官达色及副护军校兆坦赍疏诣行在，召对，授蓝翎侍卫。准噶尔平，予云骑尉世职。迭迁副参领，外擢云南顺云营参将。自陈不通汉文，乞还京师，经略大学士傅恒讨缅甸，以官达色监铸炮，令从军。旋授健锐营前锋参领。

乾隆三十六年，将军温福征金川，令将成都驻防兵四百人从攻巴朗拉山梁，与乌什哈达督兵自山右登，夺卡六。再战，官达色发炮毁贼碉，战三昼夜，克之，赐号巴尔丹巴图鲁，畀白金百。师逾达木巴宗至斯底叶安，贼力拒，官达色发炮隳其碉楼，命署四川松潘镇总兵。师乘雪击贼，贼引退。官达色逐贼，贼乱流渡，窜阿喀木雅。移军逼贼寨，官达色发炮击之，寨垂破，贼夜遁。温福督师攻南山，官达色与总兵牛天昇合军，天昇取第二碉，官达色取第三碉，复命署湖北襄阳镇总兵。

师攻达尔图，贼蔽碉为固，官达色发炮击之，日毙贼数十。师进，破碉二，拔栅，歼贼甚众。副将军丰升额攻谷噶，官达色与侍卫普济保等以四千人往会。旋以将军阿桂檄，从参赞海兰察攻喇穆喇穆，夺卡三，逼碉下掷火弹，以雨不燃，暂引退。复以六百人直陟高峰，峰有大碉二，夜半，援石壁蚁附登，伏碉旁，黎明突起，遂破二碉。进攻该布达什诺，贼为大碉倚壕，辅以木城。官达色督兵冒枪石跃壕以度，铲碉址成，遂援以上。贼退保木城，阿桂令海兰察出城后，官达色当其前，力战克之。再进，攻默格尔山梁，官达色与额森特等合军取碉三。旋与海兰察、额森特分道裹粮深入，攻格鲁克古丫口，克当噶海寨及陡乌当噶大碉，焚沙木拉渠寨。循格鲁克古山梁以下，贼傍箐置卡，督兵攻之下。真除襄阳镇总兵。

再进，攻勒吉尔博，战于山麓，破贼碉；再进，攻荣克尔博，克其麓木城。督兵陟山巅，与普尔普逾沟拔木栅二十六。自舍图柱卡循昆色尔山梁，攻据雅木则碉，取果克山诸碉寨，围拉枯喇嘛寺，尽歼之。再进，与海兰察等同攻章噶，贼缘碉凿深沟，设栅其上，官达色督兵拔栅以覆沟，援附至碉巅下攻，贼惊窜，遂克之。与海兰察合军向勒乌围，分攻隆斯得，其地有三寨，克其二，遂潜破后寨，寨内蓄铅子，积地二尺许，火药百余篓，悉收以佐军，

设炮台,逼转经楼,与保宁、彰霭合军克之,勒乌围亦下。与海兰察等攻达乌,连破诸碉寨。进攻西里,贼四出力御,官达色逾岗与战,贼穿林逃。攻黄草坪,海兰察当其前,官达色与海禄拔沟北栅为应。攻奔布鲁木峰木城,亦与海兰察偕。攻瓦喇占,发炮破其碉。循瓦喇占而下曰萨尔歪,有寨三,海兰察当其前,官达色与乌什哈达左右合击,贼弃寨走,邀殪之。攻科布曲木城,又与海兰察偕,官达色冒枪石先登。攻朗阿古,海兰察自山腰险径度兵,官达色与乌什哈达出其左。攻雍中喇嘛寺,官达色与普尔普等右入,皆力战杀贼,遂破噶拉依。金川平,图形紫光阁,列前五十功臣,予一等轻车都尉世职。移山西大同镇总兵,再移直隶宣化总镇兵。卒。

乌什哈达,吉林满洲正黄旗人。师征缅甸,以前锋校从,有功,赐号法福哩巴图鲁。师征金川,以三等侍卫从,其与官达色同克巴朗拉也,贼攻据所驻山,复力战破贼,夺其山还。事闻,上以功过足相当,宥之。战屡有功,累擢正蓝旗蒙古副都统。师还,图形紫光阁,列前五十功臣,予骑都尉兼云骑尉世职。外授和阗领队大臣,讦办事大臣德风受赂,按治不尽实,夺职。师征台湾,以头等侍卫从,与普尔普自茅港转战,通嘉义道。寻获水师至琅峤,获庄大田,还前所赐勇号。再图形紫光阁,列后三十功臣。师征廓尔喀,以镶红旗蒙古副都统从,先行治道,蹶而伤。师还,赏不及,入见、以为言。上责其巧佞,夺职,戍伊犁。嘉庆初,赦还。师征川、楚教匪,以头等侍卫从,贼渠王三槐拥众渡江,乌什哈达与战,死之,予轻车都尉世职。

瑚尼勒图,鄂讷氏,黑龙江人。以护军入满洲镶黄旗。累迁护军参领。从征金川,亦与巴朗拉之役,赐号多卜丹巴图鲁。攻资哩南山,战自喇卜楚宗山梁,绕登高峰,夺贼卡二,遂陟其巅,又夺贼卡二。复从海兰察等攻罗博瓦前山,贼二百余自其右缘山梁斜上,瑚尼勒图击杀十余人,贼遁走,进攻该布达什诺,克之,加副都统衔。复进攻逊克尔宗,焚贼寨十余,贼来援,却之。师攻勒乌围,遣瑚尼勒图夺据默格尔山,进占日尔巴当噶尔之西。危峰突起,海兰察等更出其西,自密拉噶拉木山巅下击,遂克凯立叶,谕嘉奖。乘胜攻克日尔巴当噶山阳左右五碉。又从海兰察等攻取桑噶斯玛特山寨。与福康安兵将出箐,见贼碉二,奋勇跃入杀贼,贼溃,擢镶蓝旗蒙古副都统。师攻达佳布、安吉诸碉,督兵自山腰贼碉间攀越而过,先入碉,皆克之。进攻木思工噶克,令瑚尼勒图攻丫口。潜师而入,游击梁朝桂等为继,丫口峰左右碉十有四,同时皆破。师次荣噶尔博,有山梁曰巴占,为勒乌围门户,贼守御甚力。诸将议自舍图柱卡间道入,而使瑚尼勒图屯巴占分贼势。师克章噶,瑚尼勒图亦取巴占。分攻隆斯得寨,以斧破寨门,获所储铅药,遂攻下勒乌围。复攻西里山梁,瑚尼勒图与乌什哈达督兵径陟,克大碉三、木城四。师攻西里正寨,与福康安以火攻破寨;又与海兰察取朗阿古,攻克得拉古碉卡;复自巴萨沙进,取奇什矶官寨,与福康安等克雍中喇嘛寺。金川平,图形紫光阁,列前五十功臣,转镶红旗蒙古副都统。寻授散秩大臣,管理健锐营。卒。

敖成,字丹九,陕西长安人。入伍,从征瞻对、金川、库车,战喀喇乌苏河,攻叶尔羌,俱有功。乾隆三十八年,师再征金川,成以广西右江镇总兵入觐,上询知成尝出师瞻对、金川,赐花翎,并赍白金百,给驿诣军前。旋移甘肃宁夏镇,以将军阿桂请,复移贵州镇远镇。师三道进,副将军明亮出南路,请以成驻僧格宗防后路。上虑成未足当一面,命从明亮军进讨。桂林疏言:"南路当自塔克撒至宜喜诸地设防。成自萨穆果穆渡河,经美诺至塔克撒驻军。"明亮移军宜喜,攻达尔图山梁,使咨偕副都统舒景安率师攻日旁,夺贼卡二,破碉寨四百余,歼贼甚众。诸军攻宜喜,围合,诇甲索守贼皆老弱,当攻其瑕。成偕副将常泰等率土、汉兵二千五百分三道进,破其要隘,先后夺碉十一。上嘉其勇,赐号僧格巴图鲁。复自达尔图山梁进攻噶尔丹,直薄巴布里山脊。值夜大雪,潜师出碉后奋击,连克防隘碉卡四。守碉贼惊溃,追斩无算。复偕常泰攻克碾占,偕提督马彪率师至甲杂官寨,贼弃寨遁窜。师三路毕会,遂克噶喇依。金川平,图形紫光阁,列前五十功臣。御制赞,以乘雪取巴布里比诸李愬之入蔡州。擢贵州提督,入觐,赐黄马褂。卒,赠太子太保,谥勇慤,予云骑尉世职。

图钦保,瓜勒佳氏,满洲镶黄旗人。以前锋校从将军明瑞征缅甸,有功,授三等侍卫,赐号法福礼巴图鲁。迁健锐营副前锋参领。乾隆三十七年,从将军阿桂征金川,以皮船济师,袭达乌西山碉卡。图钦保与总兵王万邦自其左进,攻克其碉。复与侍卫三宝等合兵,至邦甲山梁,缘沟以登,尽取诸碉卡,自山下夹攻,贼溃。师至纳围纳札木,副将军明亮等分兵三道并进,图钦保与游击谷生炎攻山坡碉卡,贼力拒。复与侍卫德赫布三面合围,垒石卡逼贼,贼弃碉夜遁。师进至僧格宗,图钦保自河西科多渡桥攻河东,至喀咱木笼山梁,抵奢垄,贼奔美诺。复与参领拉布栋阿以五百人取马奈。擢湖南长沙协副将。师复进,至萨克萨谷,其北曰茹寨,麦方熟,贼设碉以卫,图钦保力攻克之,焚沿河各寨,贼窜出,中矢被枪及坠河死者无算,麦田十余里,皆为我兵所据。事闻,上手诏奖勉。复攻石真噶山下木城,毁贼寨,再进,攻扎乌古山梁,功最,擢陕西固原镇总兵。事定,图形紫光阁,与德赫布并列前五十功臣。四十六年,撒拉尔回叛,图钦保将五百人助战。贼退踞八蜡庙、水磨沟诸地,图钦保从都统海兰察率兵越水磨沟自山梁进逼贼巢。贼自山坡逆上,图钦保持刀奋战,马蹶,坠山下,被创,卒,赐白金七百。

木塔尔,小金川人。乾隆三十七年,小金川头人僧格桑为乱,拒我师,木塔尔率亲属及所部降。将军温福令从军,即率土兵夺八角碉,降千余人,复官寨。攻木果木,面中石伤。克达响谷山梁,枪伤额。累擢三等侍卫,赐孔雀翎。僧格桑窜大金川,大金川头人索诺木匿之,与同乱。将军阿桂令木塔尔侦路,约内应,遂克阿不里,招其叔朗纳降。金川山径歧互,阿桂令木塔尔指画,绘图呈览;又以功噶尔拉贼守坚，谘木塔尔。木塔尔言："谷噶山路崎岖，树木深密。若密遣精兵昼伏夜行，出贼不意，亦一策也。"从之。战有功。官兵护台站，遇贼稍却。阿桂令木塔尔偕降人赓噶率土兵截击，擒头人穆工阿鲁库。攻噶鲁什尼后山及登春诸地，擒头人拉尔甲，创僧格尔结，以功赐缎。贼遣刘斯满尼僧布薄伪降，私询木塔尔军事，木塔尔密以闻。上嘉其诚，累擢头等侍卫。师攻噶拉依，索诺木等出降，赐号赞巴巴图鲁。图形紫光阁，列后五十功臣。授八角碉屯守备，督帛噶尔角克及萨纳木雅诸地降人屯田。

四十六年，甘肃撒拉尔回苏四十三攻陷兰州，上命领侍卫内大臣海兰察军讨之，木塔尔从，中枪伤，赐银缎。复攻华林寺，再受伤，赐二品衔，以四川管理降番副将题补。四十九年，甘肃固原回田五等余党踞石峰堡，上命成都将军保宁讨之，木塔尔从，力疾赴调，赐散秩大臣衔。至石峰堡，屡有斩获，被石伤。

五十三年，从征台湾，偕侍卫博斌等生擒首逆庄大田于琅峤。台湾平，复图形紫光阁，列前二十功臣。

五十六年，廓尔喀为乱，攻陷聂拉木。木塔尔从成德守木萨桥，获头人格咧达喀叽哈等，加副都统衔。师攻济咙，木塔尔偕侍卫哲森保先攻克东南山梁，移兵逐贼，复济咙，歼贼数百，殪贼目七。师攻雅尔赛拉、博尔东拉，木塔尔率兵自噶多普纤道渡河，夺石卡、木城。廓尔喀平，再图形紫光阁，列后十五功臣。上特召慰劳，赐酒、赍银缎。

六十年，从征苗匪。贼居下石花、土空等处，循沿河山坡筑城卡，阻我师。总督福康安遣木塔尔于下游河岸设伏，贼出卡抢掠，突出击之，夺其渡船。师进迫之，贼不能御，连克城卡。进攻土空，偕总兵花连布等连战三昼夜，破之，赐荷包。以病还师，至资阳，道卒，赐白金百。

岱森保，库雅拉阔绰里氏，满洲正红旗人。以粘竿处拜唐阿从征缅甸。移师征金川，与文路顶宗、喀木色尔、授蓝翎侍卫。战于昔岭，贼乘高而下，以火器奋击，贼溃，授三等侍卫。战于罗博瓦，歼贼数十，复夺取喀木喇玛山碉，擢二等侍卫，赐号布隆巴图鲁。攻勒吉尔博山梁，拔鹿角，跃壕，以火弹掷碉巅，破之。从将军阿桂攻勒乌围，发炮断其桥，隧以入栅，克木城，与诸军合攻，勒乌围遂下，授头等侍卫。师还，图形紫光阁，列后五十功臣。

乾隆四十四年，以护军参领从征台湾。与侍卫乌什哈达等击贼沙嵌，进至莴松，歼贼二百余。击贼中洲，发巨炮杀贼，进击贼南潭，贼溃，焚贼寨数百。再进，击贼三坎店，夺贼中炮械。寻从闽浙总督常青等援诸罗，出盐水港，战贼屡胜，赐副都统衔。福康安视师，岱森保攻贼牛庄，贼阻溪为固，督兵逾溪击之，俘斩甚众，乘锐抵南潭，遂俘庄大田等。师旋，再图形紫光阁，列后三十功臣。擢正黄旗蒙古副都统。出为伊犁领队大臣。

廓尔喀为乱，上命岱森保将索伦、达呼尔兵千人，偕参赞大臣海兰察自京师道青海入西藏，佐福康安等讨之。既至，福康安令偕成都将军成德将三千人向聂拉木缀贼。分兵自措克沙木间道入，自率兵趋亲鼎山，破贼卡，贼败窜。旋偕侍卫永德道哈那滚木山，克扎木。复偕成德败贼多洛卡，追蹑至俄赖巴，分兵两路深入，廓尔喀酋降。复图形紫光阁，列后十五功臣。

嘉庆初，教匪起，命岱森保讨贼陕、甘。张汉潮侵五郎，自鳌屋出大建沟扰洵阳，偕总兵长春、副都统纶布春随所在御之。上责肃清甘肃境，与西安巡抚台布选能战兵四千有奇，逐贼转战，屡有克捷。五年秋，击贼洵县，以兵寡未获穷追，还军驻长寨。疾作，行至汉中，卒。

翁果尔海，噶巴喀氏，满洲镶黄旗人。初充亲军，迁蓝翎侍卫。乾隆五十二年，从福康安征台湾，击贼八卦山，斩馘无算，赐号额腾额巴图鲁。累迁二等侍卫。林爽文遁老衢峙，义民高振以告。翁果尔海与追击，获之。台湾平，予骑都尉世职。

五十六年，廓尔喀侵后藏，从将军福康安、参赞海兰察往讨之。贼据擦木，其地两山夹峙，惟一径可通。夜雨，翁果尔海分兵潜进，越山直上山梁，与师会，薄贼寨，逾墙入，歼贼数百，克其碉。贼夺据济咙官寨，师围之。翁果尔海直攻东南山梁，贼恃碉拒师；督乘缘碉上，歼贼六百余，擢头等侍卫。贼据热索桥，师自摆马奈撒入，与夹河相持。翁果尔海自峨绿山纤道出上游，斫木编筏潜济，自间道疾驰攻贼寨，师悉渡，赐副都统衔。贼窜协布鲁，负水筑卡为守，师不得即渡，暮雨，伏兵林中，夜将半，援木涉水进击。师绕出对山，并力下攻，贼溃走，追斩三百余，焚寨五；遂进攻东觉，道噶多。翁果尔海从海兰察为前锋，纤道出雅尔赛拉、博尔东拉，穿林越箐，潜师步行。贼为木城三、石卡七，守甚坚。翁果尔海督兵逾险攻之，右臂创甚剧，援兵至，奋勇转战，殪头人二、余贼二百有奇，贼乃遁，悉隳其城卡，赐白金五十。廓尔喀平，图形紫光阁，列后十五功臣。授镶黄旗蒙古副都统。嘉庆初，卒。

珠尔杭阿，颜扎氏，满洲正黄旗人。自前锋累擢二等侍卫。从征甘肃石峰堡乱回，赐号锡利巴图鲁。乾隆五十六年，廓尔喀侵后藏。上命鄂辉、成德讨之，命珠尔杭阿佐军，鄂辉以第理浪古、窝浪卡两地当冲要，令珠尔杭阿察形势，督兵屯守。寻偕侍卫永德攻克聂拉木寨，赐大缎。复偕将军福康安自宗喀攻擦木，与参赞大臣海兰察合军，自正路攻贼寨，克之，赐大小荷包。复同头等侍卫阿满泰等克济咙，迁头等侍卫。复从海兰察攻雅尔赛拉、博尔东拉，毁木城、石卡，歼贼其众。又破贼于玛木拉，加副都统衔。进攻噶勒拉堆补木大山，分兵三路，珠尔杭阿偕三等侍卫阿哈保等自右路夹击，焚贼卡。复自横冈上游修桥渡，攻集木集，克之，寻命为领队。廓尔喀头人拉特纳巴都尔降。福康安令珠尔杭阿护贡使诣京师。图形紫光阁，列后十五功臣。累迁御前侍卫、正白旗护军统领。神武门获为逆者陈德，赐骑都尉世职，授镶蓝旗满洲副都统。卒。

哲森保，萨克达氏，满洲镶蓝旗人。初充吉林乌拉马甲。征缅甸，偕侍卫阿尔苏拉击贼新街，从副都统明亮击贼老官屯。从讨王伦，侍卫音济图擒贼，将就缚，突有贼持械出拒，哲森保射杀之。从讨苏四十三，攻华林山，枪殪贼渠，哲森保亦被创，赐号法福里巴图鲁。累擢二等侍卫、乾清门行走。再出讨石峰堡乱回，中石伤，擢头等侍卫，授公中佐领。从征廓尔喀，攻擦木。哲森保与翁果尔海各将一队，自东、西两山分进，克之。攻济咙，首夺东南山梁；师继进，遂克济咙官寨。贼断热索桥，哲森保与阿满泰出间道，越峨绿山，自上游砍树结筏潜渡，骤攻贼卡，贼骇愕奔窜，师得济，赐副都统衔。至博尔东拉，与贼力战，左膝中枪，赐白金百，令还济咙休养。至协布鲁，创发，卒。廓尔喀平，图形紫光阁，列后十五功臣，祀昭忠祠，赐骑都尉世职。

子富永，亦在军，以战功累擢三等侍卫，袭职。官至镶黄旗蒙古副都统。卒。

论曰：金川地小而险，悬崖绝壁，垒石为碉，师至不能下。高宗读《太宗实录》，知其时攻城用云梯，命敩制，督八旗子弟习焉。师再出攻碉，赖是以济。诸将有劳者，五福将四川兵，彪将贵州兵，常青将云南兵，成将绿营，木塔尔将土兵，余皆率禁旅；而官达色督炮兵，图钦保佐健锐营，尤专主攻碉，摧坚决险，非豫不为功。成德、岱森保及木塔尔复从征廓尔喀有功。翁果尔海等未与金川之役，而屡从征伐，转战立勋名，亦禆佐之良也。

卷三百三十四 列传一百二十一

马全 牛天畀　阿尔素纳　张大经　**曹顺** 敦住
乌尔纳 **科玛** 佛伦泰 达兰泰 萨尔吉岱
常禄保 玛尔占　库勒德　穆哈纳　国兴
巴西萨　**扎拉丰阿** 观音保　李全　王玉廷
珠鲁讷　**许世亨** 子文谟　尚维升　张朝龙
李化龙　邢敦行　**台斐英阿** 阿满泰
花连布 明安图

马全，字具堂，山西阳曲人，初名瑺。乾隆十七年一甲三名武进士。自二等侍卫出为福建抚标右营游击，与同官争言，夺职。更名，寄籍大兴。二十五年，会试再中式，上御紫光阁校阅，见全识之，问曰："尔马瑺耶？"全叩头谢罪，遂成一甲一名武进士，授头等侍卫。二十七年，扈上南巡，命署江西南昌镇总兵，赐孔雀翎。疏陈校阅各营操练，赴禁山隘口巡查，防奸民阑入。上褒其奋勉，授江苏苏松镇总兵，擢江南提督。请改归原籍。调甘肃提督，陛见，赐黑狐裘。

三十八年，命从征金川，为领队大臣。将军温福驻军木果木，全偕都统海兰察分攻昔岭，夺碉二，贼大至，鏖战冰雪中一昼夜，卒败贼。会日暮撤兵。贼后尾追，为伏击败之。搜山麓逸贼，建栅数十为声援。木果木大营溃，

全殿后，战竟夜，死之，事闻，上曰："提督马全乃国家出力有用之人，今力战死事，实堪轸惜！"谥壮节，予骑都尉兼云骑尉世职。同时死事诸将有战绩者，牛天畀、阿尔素纳、张大经。

天畀，山西太谷人。以武进士授蓝翎侍卫，累迁四川川北镇总兵。征金川，天畀率兵赴木坪，佐提督董天弼进剿。师自达木巴宗分三道趋资哩，天畀偕侍卫阿尔素纳击贼于玛尔瓦尔济山巅，战三昼夜，克卡十，与大军会，赐孔雀翎。师围资哩，天畀攻南山，参赞五岱攻北山，未下。上以阿喀木雅地当孔道，得此可破资哩，手敕谕诸将。天畀偕侍卫乌什哈达将四百人觅路，伏箐中，诱阿喀木雅守贼出寨，击之，贼败匿。天畀列山麓截贼援，贼四百余突出寨，援贼二百自得尔苏山至，天畀击之，斩五十余级。参赞大臣阿桂代五岱攻北山，贼不支，天畀自南山夹击，遂克资哩，阿喀木雅、得尔苏贼皆溃。天畀捕治余贼，岩洞箐林，搜裒殆尽，自得尔苏山巅下至河岸讫北山麓，皆属我师。攻喇卜楚克山巅，贼守甚密。副都统富勒浑出山后，夺卡四；天畀自前登，夺卡一。贼自林中出，天畀督兵冒枪石，纵火焚贼卡；又偕章京德保等进攻布朗郭宗，取德木达碉寨三、石卡七，与大军会，遂克之。进取底达，俘泽旺。三十八年，师攻功噶尔拉，天畀与副都统乌什哈达、总兵张大经冒雪陟山前二峰，夺其碉，贼自山后至，击之走。定边将军温福疏陈天畀战功，请署贵州提督。木果木大营溃，天畀力战死之，谥毅节，予骑都尉兼云骑尉世职。子敬一，自陈文生不习弓马，赐举人。

阿尔素纳，禄叶勒氏，吉林满洲镶黄旗人。乾隆时，以前锋随征西域、缅甸，累迁二等侍卫，赐号额腾伊巴图鲁。金川叛，从征，攻巴朗拉，与侍卫额森特先登；攻资哩、阿喀木雅、美美卡、兜乌诸地，均有功，擢一等侍卫，加副都统衔，授领队大臣。随大军移营木果木，屡克碉卡，授镶白旗蒙古副都统。大营陷，率满洲兵退，行至大坝沟，遇贼，力战死，赠都统衔，予骑都尉兼云骑尉世职。

大经，山西凤台人。乾隆时，由武进士历官陕西兴汉镇总兵。三十六年，率西宁、陕西兵各千人从征金川。师围资哩，大经出中路，进攻兜乌。大经以兵千驻阿喀木雅，旋移驻木阑坝鄂克什旧寨，从攻明郭宗，克之。复从攻底木达，俘泽旺。三十八年，温福进驻木果木，大经将五百人分驻簇拉角克。上以其地在功噶尔拉丫口之北，形势险要，谕增兵协防。四月，偕乌什哈达等攻达扎克角山，击败伏箐贼；沿山下攻得斯东寨，贼弃寨遁。木果木大营溃，参赞大臣海兰察檄大经撤兵出，遇贼于乾海子，路险不能骑，徒步力战，死，予骑都尉世职。

诸将死事皆祀昭忠祠，全、天畀、阿尔素纳并图形紫光阁：全列前五十功臣，天畀、阿尔素纳皆列后五十功臣。

曹顺，四川阆中人。入伍。从将军温福征金川。师攻固卜济山梁，贼为栅阻木阑坝路，匿栅内发枪石，其渠启栅门出，顺斩之；夺门入，焚栅，歼栅内贼，赐孔雀翎。

从攻明郭宗，自木雅山至木尔古鲁山麓，夺贼寨卡，进克嘉巴，赐号扎亲巴图鲁。顺与头等侍卫乌什哈达督兵至功噶尔拉，攻昔岭；又与司䕫托尔托保率瓦寺鄂克什土兵先逼卡，杀贼数十，赐缎二匹。攻昔岭第五碉，与副都统巴朗、普尔普等分兵攀登，沟内伏贼起，迎击，斩其渠，顺面中石伤。先后叙功，迁湖南衡州协副将。阿桂策督诸军攻宜喜，先攻木思工噶克及得式梯，缀贼使不相应，令书麟等攻丫口碉卡，贼赴援，顺攻峰右碉，克之。师自康萨尔进据丫口山峰，贼悉力拒，退复进者七，顺与侍卫穆哈纳等迎击，群贼悉歼，遂克擦庸碉寨。师分道断贼后路，顺督土兵纵火，与参赞大臣丰升额为犄角，并进，贼不能支，穴寨后窜，顺奋击，迫贼坠箐死，取石碉十二，遂克逊克尔宗，擢甘肃肃州镇总兵。四十年闰十月，攻西里山麓黄草坪，顺跨木栅指麾，贼于暗中发枪，被创，没于阵。金川平，与福建建宁镇总兵敦住、陕西延绥镇总兵乌尔纳并祀昭忠祠，图形紫光阁，同列前五十功臣。

敦住，瓜尔佳氏，满洲正黄旗人，昭勋公图赖四世孙。图赖曾孙马尔萨事圣祖，自佐领擢至本旗都统。雍正初，授内大臣，佐靖边大将军傅尔丹驻于通呼尔。哈诺尔贼来犯，马尔萨力战，杀千余人，大风雨，渡哈尔噶河，战没，予骑都尉兼云骑尉世职。敦住，其从子也。乾隆初袭职，累迁头等侍卫。从征金川，三十九年，令署总兵。攻宜喜，冒雨克达尔图、俄坡诸碉。十一月，攻日旁，自木克什进，短兵搏战，没于阵。

乌尔纳，纳喇氏，满洲镶蓝旗人。自护军累迁至甘肃兰州城守营参将。从征金川，克沙坝山，赐孔雀翎。攻逊克尔宗，攻甲尔纳，皆力战，中枪；攻荣噶尔博，败援贼；再迁总兵。复克迈过尔，进屯凯立叶。从攻木思工噶克、勒吉尔博、得式梯诸地，累有功。师攻勒乌围，乌尔纳从攻转经楼，尽下诸城寨。师征大金川、攻西里，乌尔纳督兵造甲尔日磋浮桥，贼至，击败之；力战至科布曲，率前队渡河，克其第四碉。四十一年，从攻噶喇依。二月，噶喇依既克，喇嘛寺火起，延及火药房。乌尔纳往救，药轰石跃，中伤死。上以乌尔纳转战甚力，功成身殒，深嗟惜焉。议恤，顺予世职骑都尉兼云骑尉，敦住进世职三等轻车都尉，乌尔纳官其子都司。

科玛，敖拉氏，满洲正黄旗人。以三等侍卫从征金川。师攻克邦甲山梁，科玛自剥克尔垄力战至美诺，夺碉寨，赐号纳亲巴图鲁。攻当噶尔拉山梁，科玛督兵斧斫栅，逼碉，毁其垣以入，杀贼。从克美诺、拉约，将六百人取卡卡角，绕出山后仰攻，歼守贼。副将军明亮攻斯第，科玛将三百人陟西冈；又克达尔图第六碉。累擢头等侍卫，授领队大臣。将六百人攻谷尔提，获头人索尔甲、木达尔甲等。督兵攻沙坝，掷火弹爇贼寨二百余，加副都统衔。乾隆四十年四月，自得楞力战至基木斯丹当噶，深入贼阵，中枪死。

佛伦泰，库雅拉氏，满洲正白旗人。亦以三等侍卫从师克巴朗拉，赐号扎勒丹巴图鲁。攻资哩，冲入石卡，杀贼四十余，俘十二，遂克之，将五百人取咱赞及沟东诸寨。攻美美卡，佛伦泰自西山下，多斩获。从攻路顶宗、底木达、达尔图、日旁、凯立叶，皆有功。攻逊克尔宗，两目受石伤。攻康萨尔，克其碉，加副都统衔，授领队大臣。四十年四月，师攻基木斯丹当噶，科玛战死，佛伦泰自萨克萨谷进至荣噶尔博，力战，亦没于阵。

达兰泰，萨克达氏，满洲镶蓝旗人。以护军从征缅甸，战新街、老官屯，有劳。征金川，命选年壮得力将士，达兰泰与焉。攻明郭宗、昔岭夺据达扎克角泉水。师攻罗博瓦山，贼来援，达兰泰迎击，贼溃；督兵杀贼，上驻军山峰，赐号额依巴尔图鲁，累擢二等侍卫。攻甲尔纳来珠寨，贼出我军后，自山梁下；达兰泰设伏射贼，贼负创遁。四十年五月，击贼达撒谷，被数创，卒。

萨尔吉岱，博和尔氏，齐齐哈尔镶红旗人。以蓝翎侍卫从克马奈、日旁；再进，攻该布达什诺、色溯普，萨尔吉岱冲入贼阵，力战，尽其碉卡，赐号善巴巴图鲁。从克默格尔、凯立叶，授三等侍卫。攻格鲁克古丫口，贼负险据寨，枪石并发；萨尔吉岱奋登丫口，射贼殪，贼引退，我师从之，越山沟五，夺碉五十、寨卡三百余。攻达玛噶朗，陟山梁，克其碉。师临勒乌围，分道攻转经楼，贼来援，萨尔吉岱伏兵横击，贼溃。师自达乌达围向当噶克底，萨尔吉岱为前锋，冒雨拔栅以登，击守碉贼尽殪。四十年闰十月，击贼阿穰曲，麾士卒倚栅射贼，中枪死。

金川平，科玛、佛伦泰、达兰泰、萨尔吉岱并图形紫光阁，列前五十功臣。

常禄保，赫舍哩氏，满洲镶蓝旗人。其先有德禄者，以军功予骑都尉世职。常禄保袭职，自三等侍卫屡迁四川提标左营游击。从征金川，擢成都城守营参将。副都统海兰察等攻得拉密色钦山梁，贼潜伏林内，常禄保往来搜击，进攻明郭宗，取旁沿山梁。师进攻路顶宗所属喀木色尔寨，常禄保从海兰察自南山大涧潜越山顶，克之；复进取博尔根山，仰攻，克木城，受石伤。温福等上其功，赐孔雀翎。又从副都统阿尔素纳等分路进攻昔岭大碉，贼百余从旁冲出，常禄保督兵横击败之，进驻日垄。旋擢甘肃河州协副将。定西将军阿桂等攻克罗博瓦，常禄保驻山巅，贼九百余乘雪夜分两队劫营，四面环攻，势甚迫，常禄保督兵力战御之，被枪石伤，贼窜入卡内者皆歼焉。副都统乌什哈达等先后赴援，常禄保督兵夹攻，贼败窜，赐号西尔努恩巴图鲁、白金百。寻擢广东高廉镇总兵。分攻崮则大海诸碉，贼掘壕，排松，签鹿角，备御甚严。常禄保分兵出贼后，合攻各碉卡，同时皆下。又偕总兵官达色合攻雅木贼碉，克之。乾隆三十八年十一月，师攻科布曲山梁，贼死拒，枪石交下，常禄保被创，殁于阵。

事平，录死事诸将，图形紫光阁，功稍次者为后五十功臣，常禄保及侍卫玛尔占、库勒德、穆哈纳，参将国兴，佐领巴西萨皆与焉。

玛尔占，巴尔汗氏，察哈尔正白旗人。自准噶尔来降。以三等侍卫从军，攻日旁，马蹶，伤，仍请从军。擢二等侍卫，命创愈仍从军。攻凯立叶，力战，赐号拉布巴尔巴图鲁，迁头等侍卫，授领队大臣。攻克该布达什诺木城及色溯普前碉，先登，又被创，予副都统衔。三十九年，攻康萨尔大碉，战没。

库勒德，沃埒氏，满洲正蓝旗人。以蓝翎侍卫从军，攻昔岭及达扎克角木栅，累迁二等侍卫。攻克默格尔山梁，赐号朗亲巴图鲁。攻逊克尔宗、康萨尔，被创。四十年四月，攻木思工噶克，战死。

穆哈纳，瓜尔佳氏。以护军校从军，攻克默格尔山梁及凯立叶碉寨，迁三等侍卫。攻木思工噶克丫口，直前夺其碉，贼溃；攻巴木通，正浓雾，督兵分道击贼，贼伏深箐中，皆歼焉，尽克其碉卡；赐号巴尔丹巴图鲁。四十年八月，攻勒乌围，力战死。

国兴，贵州大定人。以千总从贵州威宁镇总兵王万邦征金川，攻巴朗拉。温福疏言贵州绿营将士功多。攻资哩北山，兴为前锋。进攻墨垄沟、甲尔木，再进攻东玛，我师为木卡，兴将三百人为守。贼夜至，兴灭火以待；贼逼卡，发枪炮，贼尽殪。又从阿桂攻勒乌围，赐孔雀翎，号图多布巴图鲁。累迁朗营参将。四十年四月，攻木思工噶克，兴持斧斫木城，率众拥入，克其碉。贼来攻，兴督兵射贼，贼散复聚者七，卒不能陷。兴负创，越日卒。

巴西萨，布拉穆氏，索伦正红旗人。以佐领从军，攻罗博瓦山，山甚峻，巴西萨督兵攀登，射贼殪，遂取山梁，诸碉卡皆下，赐孔雀翎，号塔尔济巴图鲁。四十年，攻康萨尔，攻碉迫悬崖，贼无路，殊死战，巴西萨死焉。

扎拉丰阿，赫舍里氏，满洲正黄旗人，前锋统领定寿孙。袭二等轻车都尉，授三等侍卫，累迁御前侍卫。从讨霍集占，师次阳阿里克，扎拉丰阿将五百人捉生，俘三十余。师还，赐西朗阿巴图鲁名号，进一等轻车都尉，图形紫光阁，擢正白旗汉军副都统。出为乌里雅苏台参赞大臣，旋令赴科布多经理屯田。定边左副将军成衮扎布入觐，令署将军印。召还京，以正白旗护军统领从明瑞出师，授领队大臣。次蛮结，战破贼，加都统衔。贼围小猛育，中枪死，谥昭节，进封一等男。子春宁袭爵，官至绥远城将军。

观音保，瓜尔佳氏，满洲正黄旗人。初授健锐营前锋蓝翎长，再迁前锋参领。从副将军兆惠战济尔哈朗，从参赞大臣雅尔哈善攻库车，战甚力，擢正白旗蒙古副都统予骑都尉世职，图形紫光阁。出为伊犁领队大臣。从明瑞攻乌什，负创奋进，克其城，赐卓里克图巴图鲁名号。迁镶蓝旗护军统领，署云南楚雄镇总兵。从明瑞出师，为领队大臣，战于蛮结，日映大雾，贼出林中。扎拉丰阿率众薄贼垒，观音保当贼冲，杀贼二百余，乘雾深入，破木寨。师至小猛育，贼围急，观音保发数矢，辄殪贼，箙仅余一矢，欲复射，骤策马向草深处，以其镞射喉死，予二等轻车都尉。

李全，山西曲人。自行伍拔山西抚标把总，累迁云南永昌镇总兵。从征、战蛮结，与扎拉丰阿据东山梁，张犄角，破象阵；至天生桥，乘雾破贼垒。至蛮化，贼大至，中枪，数日卒。

王玉廷，甘肃武威人。自行伍累迁云南临元镇总兵。从征，攻老官屯，贼据木城拒守，玉廷亲发炮乘雾督攻，中枪伤股，战益力。贼败，匿不出；复自力督战，创发卒，谥勤义。玉廷初从讨达瓦齐，授将军兆惠黑水营之围；佐雅尔哈善围库车；又从兆惠攻喀什噶尔：皆有战功。至是，与全同予骑都尉又一云骑尉世职。

珠鲁讷，那尔氏，满洲镶白旗人。繙译举人，授笔帖式，充军机处章京。再迁户部颜料库员外郎。出为荆州副都统，入授礼部侍郎，调工部，兼署兵部。明瑞出师，授参赞大臣，驻雅尔。移军木邦，土司瓮团降，请于清水河招商复业，遣兵监焉。摆夷环歇等五十辈伪降，斩以徇。奏设木邦至阿瓦台站凡五，分兵防卫，上嘉之。缅甸兵自东、西二山来犯，遣裨将分御。俄，贼焚游击福珠营，夜围珠鲁讷，珠鲁讷具遗奏，遣笔帖式福禄突围出，遂自戕。上责珠鲁讷怯懦，以其情亦可悯，赐祭葬，祀昭忠祠。

许世亨，四川新都人，先世出回部。初为骑兵。从征金川、西藏，并有劳。旋以武举授把总，累迁守备。复从征金川，从四川总督阿尔泰攻约咱东、西山梁，进攻扎口、阿仰、格藏、达乌诸地，连拔碉寨。复攻甲尔木山梁及岳鲁、登达诸地，拔木城、石卡，又克多功山坡及日木城碉寨。进击古鲁碉，贼夜劫营，世亨率兵百余御战，至曙，度贼且去，开壁奋呼追击，杀贼无算，遂克古鲁碉寨，赐孔雀翎，加劲勇巴图鲁。寻累擢参将。从参赞大臣、副都统明亮攻当噶尔拉山梁，拔第五碉。又从参赞大臣富德自墨垄沟进兵，克甲尔木、日赤尔丹思、僧格宗诸寨。又从定边将军明亮自底旺至马奈，克拉窠、绒布、根扎葛木、卡卡角、思底、喀咱普诸碉寨。又从明亮自宜喜攻达尔图山梁，擒头人丹巴阿太，夺俄坡、木克什、格木勾诸碉卡。又从领队大臣奎林攻木克什西南山寨。又从副都统三宝攻西郭洛，进驻得尔巴克山梁。又从明亮攻得楞山梁，拔数碉，进击基木思丹当噶及萨谷诸山梁，毁其碉，俘馘无算。克额尔替第一碉，杀贼四十余，又克第二碉；又克石真噶、沙尔尼、琅谷、乌岳、斯当安诸碉寨。凡七战，皆胜。进攻扎乌古，时贼踞山巅，碉卡连亘。世亨冒石矢率兵直上，拔数碉卡；又克碾占山、阿尔古山及平坝诸寨。又克达撒谷大山梁，毁其碉寨。又克独古木上、下寨，进踞布吉鲁达那两道山梁。又克甲饰官寨独松隘口。夺获大小寨落数十，并获贼渠雍中旺尔结。遂西至噶拉依，与南路马尔邦军会。乾隆四十一年，金川平，擢云南腾越镇总兵。

四十九年，甘肃回乱，世亨奉命往安定捕逸回，获二百余。事竣，补贵州威宁镇总兵。

五十二年，台湾林爽文叛，世亨率黔兵二千余赴剿，攻克集集堡，俘斩甚众，获伪印、器械、旗帜。进攻小半天，贼奔溃，追袭至老衢峙，俘爽文，并头人何有志。又从参赞成都将军鄂辉自大武陇进攻南路水底寮，手杀头人一。时庄大田等败窜琅峤，众尚数千，世亨率黔兵与诸军分队，水陆合攻，擒大田并诸贼目。台湾平，改赐坚勇巴图鲁名号，图形紫光阁，列前二十功臣。

五十三年二月，擢浙江提督，未至，调广西提督。安南有大酋曰阮惠，攻其国都，逐其君黎维祁。两广总督孙士毅主用兵，世亨谏不听。师行，将两广绿旗兵八千人，与总兵尚维升、张朝龙等从出关入安南境，至其国都，有大川三：北曰寿昌江，南曰市球江，又南曰富良江。十一月辛未，师渡寿昌江。甲戌，师次市球江。惠兵据南岸山守甚固。朝龙兵自上游渡，世亨亦力战，杀贼数千，赐御用玉搬指、大小荷包。越三日丁丑，黎明，师次富良江，南岸即黎城，黎城者安南国都，以王姓名其城也。惠兵尽伐滨江竹木，敛舟泊对岸。循江岸得小舟，载兵百余，夜分至江心夺惠军舟，世亨等亲率二百余人先渡，复掠小舟三十余，更番渡兵，分捣惠军，惠军溃，焚其舟十余，俘其将数十。戊寅旦，师毕济，黎氏宗族及安南民出迎，世亨从士毅入城安抚。求维祁，承制立为王。捷闻，封一等子，疏辞，弗许。

阮惠有分地曰广南，去黎城二千余里。方议进讨，请益兵筹饷。上欲罢兵，世亨亦谓士毅曰："我兵深入重地，惠未战遽退，事叵测。及时振旅入关，上计也。"士毅不纳。五十四年正月戊午朔，士毅召诸将置酒高会。已未，维祁告惠兵至，士毅仓皇夺围出，渡富良江，浮桥断，世亨与维升、朝龙率数百人战桥南，阵没。士毅初奏言："惠兵至，臣与世亨督兵决战；贼众围合，臣与世亨不相见，乃夺围出。"上犹冀世亨全师而还；既闻其战死，命予恤。副将广成自军中还，见上，言："当惠兵攻黎城，士毅与世亨退据富良江拒惠。士毅欲渡江与惠战，不利，以身殉。世亨力谏，以大臣系国重轻，不可轻入，令庆成护士毅出师。又命千总薛忠挽士毅马以退。世亨督诸将渡江陷阵，力战死。"上愍世亨知大体，进封三等壮烈伯，祀昭忠祠，谥昭毅。福康安师至，惠更名光平，乞降。立祠黎城祀死事诸将，世亨居首列。

子文谟，自武举袭爵，命在头等侍卫上行走。期满，以湖广参将用，并赐孔雀翎。嘉庆元年，枝江教匪聂人杰为乱，湖北巡抚惠龄令文谟捕治，有劳，赐继勇巴图鲁名号，擢副将。贼党邓之学诈降，诇知其，俟其入垒将半，文谟突起擒斩。从总兵庆溥防贼黄柏山，又从副都统德楞泰冉文俦等大神山，迁四川建昌镇总兵。又与总兵德龄、副将褚大荣击贼陈家场，德龄战败，文谟驰救，杀贼二百余；又战大竹、梁山、忠州，屡败贼，擒其渠陈陇光等四十余，防嘉陵江，遏贼不令渡：加提督衔。复督兵捕治川北余匪，擢广东提督。寻调福建水师提督。海盗蔡牵为乱，文谟渡海讨之，并焚毁竹园尾、太史宫庄诸贼巢，再调浙江提督。卒，谥壮勇。

尚维升，汉军镶蓝旗人，平南王可喜四世孙。自官学生授銮仪卫整仪尉，五迁广西右江镇总兵。五十三年，随两广总督孙士毅出师，十一月辛未，维升与副将庆成以兵千余至寿昌江，阮惠军保南岸，我兵乘之，浮桥断，皆超筏直上，惠军雾中自相格杀，我兵遂尽渡，大破贼，渡市球江，乘筏夺桥，奋勇直进，赐孔雀翎。渡富良江，斩获甚众，从士毅入黎城，士毅败退，维升战死，谥直烈。

张朝龙，山西大同人，寄籍贵州。以马兵从征缅甸，战老官屯，枪伤左额。又从征金川，攻阿喀尔布里、布朗郭宗。又从参赞大臣海兰察自大板昭进剿，克喇穆喇穆、色溯普，朝龙先登。攻逊克尔宗，复先登，被枪伤。攻康萨尔山，战勒吉尔博，攻达佳布唵吉，皆有功。又从攻勒乌围，克之，赐蓝翎。攻西里、阿穰曲，克木城十余。又攻雅玛朋、格隆古、索隆古诸地碉寨，克之。金川平，叙功，赐孔雀翎。累擢广东抚标中军参将。五十二年，台湾林爽文为乱，朝龙率广东兵进剿，多所斩获，赐诚勇巴图鲁名号。进攻大里杙，枪伤右肩，爽文就擒。朝龙复与诸军合攻庄大田于瑯峤，擒之。台湾平，图形紫光阁，列后三十功臣。擢福建南澳镇总兵。五十三年，从讨安南，师渡寿昌江。朝龙以别军破阮惠军于柱石，进临市球江，江宽，南岸群山绵亘，惠军据险列炮，我师不能结筏。诸将督兵阳运竹木造浮桥示且渡，而朝龙以兵二千循上游二十里，求得流缓处，小舟宵济。诸将乘筏薄南岸，方与惠军相持，朝龙自上游绕出惠军后，乘高下击，惠军溃。复进薄富良江，夺舰渡河，入黎城。士毅败退，朝龙战死，谥壮果。

李化龙，山东齐东人。自武进士授蓝翎侍卫，擢贵州铜仁协都司。从大学士傅恒讨缅甸，师次老官屯，化龙以大炮杀贼。乾隆三十七年，又从将军温福讨金川，克固卜济、玛尔迪宣诸碉卡。嗣进攻路顶宗、明郭宗等处，化龙皆力战有功。明年三月，师次昔岭，化龙射贼渠殪。征小金川，克阿噶尔布里、别斯满诸地。从都统海兰察克兜乌山梁，复连克路顶宗、明郭宗诸地，旋收美诺。征大金川，从海兰察攻克喇穆喇穆诸地，被石伤，赐绵甲。先后攻克逊克尔宗、格鲁古、群尼、木思工噶克诸地山梁，被枪伤，赐孔雀翎。金川平，累迁广东左翼总兵。林爽文为乱，率广东兵赴剿，至鹿仔港，总兵普吉保令化龙留守。爽文攻诸罗急，化龙密令游击穆腾额率兵自番仔沟至大肚溪为疑兵，而亲率游击裴起鳌等自八卦山抵柴坑，贼聚拒，化龙督兵力战，贼溃。五十三年，从讨安南，师渡市球江，阮惠军拒战，化龙督兵发炮击贼，造浮桥，与张朝龙等率兵径渡，入黎城。士毅败退，至市球江，令化龙先渡，渡浮桥，落水死。

邢敦行，直隶安州人。乾隆四十三年一甲一名武进士。自头等侍卫累迁广东三江口协副将。阮惠攻黎城，战死。敦行事母孝，将出战，解衣付其仆，使归告母。

予恤，维升、朝龙三等轻车都尉，化龙、敦行骑都尉。诸裨将同时死者二十一人。师还，经富良江，惠军追至，战死者九人。又有参将邓永亮、都司卢文魁，以出师时战死。

台斐英阿，库雅拉氏，满洲正白旗人。自护军补司辔长，授乾清门蓝翎侍卫。乾隆三十九年，从征金川，命为领队。与内大臣海兰察等攻喇穆喇穆山梁，破碉，毁木城，复循山梁逐贼至其麓。进攻该布达什诺，夺贼碉；再进，围逊克尔宗，毁碉二百余；再进，克默格尔以西及凯立叶前山梁诸碉卡。擢三等侍卫。复自罗卜克鄂博逾沟攻格鲁克古丫口，破沙木拉渠革什式图诸寨；复从领队大臣福康安攻勒吉尔博山脊，克两碉，进攻萨克萨谷山梁及舍图柱卡，再进攻克觉拉喇嘛寺，及所属卦尔沙巴等寨；赐号拉布凯巴图鲁。又偕海兰察攻章噶山峰，进攻托古鲁，潜师自山岭涉险攀援而上，尽破之。再进，遂克勒乌围。师自达乌达图攻达思里，海兰察分兵七队，台斐英阿领其一，自悬崖下，夜半抵达乌达围，夺碉一。及旦，至当噶克底，乘雾薄碉，贼众皆就戮。从攻阿穰曲，克大碉、木城各二。进攻布鲁木山峰，连克舍勒固租鲁、瓦喇占、萨尔克尔、古什拉斯等诸寨。又从福康安攻雍中喇嘛寺，尽降其喇嘛，擢二等侍卫。金川平，图形紫光阁，列前五十功臣。

四十六年，从剿撒拉尔叛回，败贼龙尾山梁；登华林山，歼贼无算。贼平，擢头等侍卫。从剿甘肃石峰堡叛回，以功加副都统衔，补公中佐领，擢御前侍卫。旋授正蓝旗满洲副都统，擢正红旗护军统领，调镶黄旗。

五十六年，征廓尔喀，从福康安分攻擦木，克之。进攻济咙，率索伦劲骑冲击，转战至东觉山，克贼寨十一，炮殪贼目二，俘七十有六。加都统衔，授散秩大臣。进逼甲尔古拉山，贼三道来犯，台斐英阿射毙红衣贼目二，突中枪，卒于阵，谥果肃，赐白金千。廓尔喀平，再图形紫光阁，列前十五功臣，予骑都尉又一云骑尉世职。

阿满泰，郭佳氏，满洲正白旗人，本黑龙江达呼尔披甲。从征回疆，攻喀什噶尔城，逐贼自阿拉楚尔至巴达克山，获其渠，令入旗充护军。乾隆三十八年，授蓝翎侍卫，从征金川，攻当噶尔拉山梁，贼自庚额特山出，阿满泰与前锋参领巴克坦布据险要殪贼。攻达尔旺山梁，克之。攻格木勺，截甲索贼来路。与侍卫阿兰保等攻科拉木达，扑碉，胜援贼。擢三等侍卫。赐号扎努恩巴图鲁。攻扎乌孤山梁、加杂肚、绒布、巴鲁坦诸处，皆有功。金川平，图形紫光阁，列后五十功臣，擢副护军参领。兰州回为乱，从军攻华林山，歼贼百余，身被创，擢护军参领。攻石峰堡，侦贼底店，夺卡，擢头等侍卫。从征廓尔喀，自中路破擦木隘口，出济咙，破其官寨；进破贼热索桥，渡河至雅尔寨，登博尔东拉山巅，破木城三、石卡七；授镶红旗蒙古副都统。进至堆补木，自帕朗古攻横河大桥，我师临北岸，贼据南岸御。阿满泰先登，师为之惊。渡桥，阿满泰中枪，落水死，水深，战方急，求其尸不可得。赐骑都尉世职，祀昭忠祠。廓尔喀平，再图形紫光阁，列前十五功臣。

花连布，额尔德特氏，蒙古镶黄旗人。性质直。少读书，习《论语》、《左传》。充健锐营前锋，累迁火器营委署鸟枪护军参领。以参将发湖广，授武昌城守营参将，累迁贵州安笼镇总兵。乾隆六十年，福康安征贵州乱苗，令将精兵三千为前驱，通松桃、铜仁两路饷道，援永绥，释正大营围；赐孔雀翎。军自哑喇塘经阿寨营、安静关转战而入，经岩板桥，收诸碉寨。又经上下麻洲、高陂塘、上下长坪，自嗅脑至松桃，平缘道苗卡，填坑谷过大军。上以花连布奋勇，赐号刚安巴图鲁，赉白金百。又战卡落塘，击梁帽寨，且战且前。时永绥被围已八十余日，花连布军至，方战，围始解。苗皆乌合，未见大敌，相惊为神兵。花连布著豹皮战裙督战，因呼为花老虎。又击贼小排吾，

攻巴茅汛、鸭酉、黄瓜诸寨。自滚牛坡循崖下攻腊夷寨，枪伤左腋。上手诏奖其勇，问创已愈未。复自葫芦坪攻党槽、三家庙诸寨，焚上下竹排。再进破杆子坳，屯军古哨营山梁。上录花连布功，授贵州提督。

福康安军至，令结垒大营前，悉以兵事属之，日置酒高会。苗诇知福康安持重不战，一日数至，花连布力御之，昼夜徼循，苗屡败，颇畏惮。福康安益易视之，苗益掠焚无忌。头人吴半生集群苗拒战，花连布与额勒登保会总兵那丹珠等合军攻爆木林，克苗寨十余。深入，自成光寨至上下狗脑坡，山峻险，冒矢石，援藤葛，直陟山巅，苗渐却。分兵下攻，福康安焚别坡诸苗寨；花连布督兵伐竹木，薰窒大小岩峒，死者枕藉。又自猫头进克茶林碉、上下麻冲诸寨。下黄毛山坡，遇苗兵数千，额勒登保迎战，花连布出贼后夹击，大破之。再进，克马脑、猪革、杀苗坪、竹子诸寨。分兵攻岩板井、瀼水沱、溪头、绿树冲、关镶坪诸隘，皆下。吴半生亡匿高多寨，与诸军分道入，环攻之，生得半生。又有头人吴八月据平陇，自称吴三桂后，纠党转盛。福康安令花连布引兵攻鹅洛等二十四寨，皆下。进攻龙角峒，奋战，自辰至酉，乃克之。附近诸苗寨皆降。又克大坡脑等三十余卡。攻鸭保，去平陇七十里。时已昏，风大作，山木动摇，崖高沟窄。花连布督兵攀越，纵火痛击，破木城七、石卡五。旁收垂藤、董罗诸寨，遂擒八月。其子廷礼、廷义犹据险，乘胜克小、中、大三天星寨。再进，取黄冲口等十三寨，得盘、木营两山梁。岁暮雨雪，进围地良坡，收八荆、桃花诸寨。转战经连云山、猴子山、蛇退岭、壁多山、高吉陀，下贵道岭等四十余卡，抵长吉山，围石城，未至平陇三十里所。

诏责复乾州厅。时福康安感瘴卒，和琳代将，令花连布率兵攻全壁岭，自马鞍山入，山蔽厅城，下瞰大河。将济，惧苗涉水相袭，花连布分兵剿旁近诸寨翼大军，遂复乾州。会和琳亦卒，上谕湖南巡抚姜晟以军事谘花连布。贵州清溪民高承德以邪术纠众为乱，戕县吏，花连布督军捕治，克傀花坪四寨。进攻小竹山，破其寨，歼承德及戕县吏贼；再进攻大小鬼岩，戮余贼。嘉庆元年九月丁卯日加已，贼攻夏家冲，花连布令副将海格、参将施缙张两翼击贼，贼数千拒战。花连布出其中逐贼，贼见攻急，据坡掷石，花连布方上坡，中石，自岩堕深涧，骂贼，贼欲钩出之；自力转入岩下，颈折死。诸将争杀贼，贼却，出花连布尸，颅骨寸折，失一臂。上悯其死事烈，加太子少保，赐骑都尉兼云骑尉世职，赉白金八百，谥壮节。

明安图，博尔济吉特氏，蒙古正红旗人。以云骑尉授三等侍卫，累迁湖南保靖营游击。从征金川，大小战五十有四，叙功，累迁镇筸镇总兵。贵州、湖北苗石柳邓、石三保等纠众为乱，明安图督兵御战，永绥协副将伊萨纳赴援，同战死。苗攻滚牛坡，劫我军馈运，云南鹤丽镇中营游击永舒、四川阜和协左营都司班第共击之，没于阵。

论曰：师再征金川，历四年，大小数百战，将士夷伤众矣。全、顺等平时力战功最，死事尤凛凛。扎拉丰阿等死缅甸，与明瑞并烈。世亨等死安南，以全孙士毅，赏尤

厚。台斐英阿死廓尔喀，福康安因以受降还师。花连布善战，死，不欲为群苗得，糜躯矢节，其状视诸死事者尤惨，烈矣哉！

卷三百三十五 列传一百二十二

富僧阿　伊勒图　胡贵
俞金鳌（尹德禧）　**刚塔**

　　富僧阿，舒穆禄氏，满洲正黄旗人。雍正初，授拜唐阿，累迁头等侍卫。出为副都统，历成都、三姓、宁古塔诸地。擢将军，自荆州移黑龙江。黑龙江北邻俄罗斯，康熙二十九年，与定界。岁久，将吏惮行边，道里不能详。富僧阿遣副都统瑚尔起等分探水源，皆至兴堪山还报。乃上疏言："副都统瑚尔起探格尔毕齐河源，自黑龙江至格尔毕齐河口，水程一千六百九十七里；自河口行陆路二百四十七里，至兴堪山：其间无人迹。协领纳林布探精奇哩江源，自黑龙江入精奇哩江，北行至托克河口，水程一千五百八十七里；自河口行陆路二百四十里至兴堪山：地苦寒，无水草禽兽。协领伟保探西里木第河源，自黑龙江经精奇哩江入西里木第河口，复过英肯河，水程一千三百五里；自英肯河口行陆路一百八十里至兴堪山：地苦寒，无水草禽兽。协领阿迪木保探钮曼河源，自黑龙江入钮曼河，复经西里木第河口入乌默勒河口，水程一千六百十五里；自河口行陆路四百五十六里至兴堪山。诸地俱无俄罗斯偷越。臣按呼伦贝尔有额尔古讷河，西为俄罗斯界，东属我国。自此至珠尔特，处处设卡。今复自珠尔特至莫哩勒克河口，设卡二，索博尔罕增立鄂博，逐日巡查。俄罗斯、萧玛尔断难偷越。黑龙江与俄罗斯接壤，兴堪山延亘至海。嗣后请饬打牲总管每岁六月遣章京、骁骑校、兵丁，自水路与捕貂人同至托克、英肯两河口，及鄂勒希、西里木第两河间，巡察还报；三年遣副总管、佐领、骁骑校于冰解后，自水路至兴堪山巡察还报；黑龙江官兵每岁巡察格尔毕齐河口，三年亦至兴堪山巡察还报；岁终报部。"上从之。

　　富僧阿治事严，尝疏请罪人予官兵为奴，并其妻子皆令为奴；又以遣犯脱走，出巡并将校笞索，皆请逮送刑部：上不许。移西安将军，西安、宁夏移驻满洲兵，复分驻巴里坤，富僧阿议定规制，皆如所请。乾隆四十年三月，卒，官。

　　伊勒图，纳喇氏，满洲正白旗人。乾隆初，以世管佐领授三等侍卫，累迁镶红旗蒙古副都统。出驻乌鲁木齐，移阿克苏。三十二年，授伊犁参赞大臣，移喀什噶尔。内擢理藩院尚书，外授伊犁将军。三十四年，师征缅甸，授副将军，从经略大学士傅恒分道进军，缅甸人拒戛鸠江，筑寨。伊勒图偕参赞大臣阿里衮与战，夺寨三，杀贼五千

余。师还，授兵部尚书。复外授伊犁将军。土尔扈特汗渥巴锡、台吉策伯克多尔济等率所部三万余户来归，先期使至伊犁，具书通款。伊勒图以闻，高宗命加意抚绥，俾得所。于是土尔扈特部悉内附，哈萨克、布鲁特两部厄鲁特降者日众。伊勒图请增置佐领，俾领其众，从之。三十六年，左授参赞大臣，驻乌什，移塔尔巴哈台。三十八年，复授伊犁将军。兵部议禁鸟枪，伊勒图以土尔扈特部新归附，牧马御豺虎恃鸟枪，不当一体收禁。四十八年，加太子太保，赐双眼花翎。五十年七月，卒，谥襄武，封一等伯，祀贤良祠。发帑金千，遣侍卫丰伸济伦如伊犁赐奠。

　　伊勒图在边二十余年，诸所经画，缜密886远。其在塔尔巴哈台受代去，上谕继任参赞大臣庆桂循其规制。镇伊犁尤久，伊犁屯田，请兵得携妻子。于塔尔奇沟口外乌可尔博苏克、东察罕乌苏、霍尔果斯、巴彦岱诸地筑城堡，水足地厚，俾得久屯。设宝伊局铸钱，采哈尔哈图铜矿，三年得九千余斤，令加铸，于乌什铸普尔。乌什及库车、哈喇沙尔诸城与伊犁钱并用，普尔，回钱名也。又于腔郭罗鄂博诸地采煤，听商人充窑户，征其税。都统海禄请令遣犯皆入铁厂，与罪人昇官兵为奴者同例。伊勒图请仍如旧制，使遣犯与为奴者有别。其卒，上称其镇静妥协，各部落皆心服，封恤特厚。

　　胡贵，字尔恒，福建同安人。少有智略。入伍，稍迁水师提标右营千总。雍正六年，赍奏入都，世宗召入见。再迁后营游击。监修舰船，出巡海，坐误工，吏议当左授，上特宥之。累迁江南苏松镇总兵。督运漕粮十万转海赈福建，道温州凤凰洋，飓作，损米五百余，请出私财以偿。高宗谕曰："冒险已可嘉，岂有复令出私财偿米之理？"命罢勿偿。旋坐废弛当夺职，复特宥之。疏言："本镇春、秋两哨，中营游击司粮饷，奇兵营游击职城守，例不出巡。惟既任水师，当知海道，应从众出巡。陆路将士愿改水师者，先令出海演试，如有胆略，量为改补。"并从所请。崇明海涨，没民庐。召吏议赈，吏言当待请。贵曰："民死在顷刻，岂能俟报？有谴吾任之。"即发仓以赈，令所属为助，众有难色，贵曰："设官非以卫民乎？赈不周，生它变，岂能免患？"疏请发帑金十八万，仓谷二十八万，并留漕米续赈，上深嘉之。历广东潮州、琼州诸镇，擢提督。增城民王亮臣为乱，贵勒兵驰赴，分遣所属防隘，扼贼走路。总督阿里衮军亦至，分道捕治，诸贼皆就擒。以失察自劾，贷勿问，仍叙劳。入觐，赐花翎。移福建水师提督，复自浙江还广东。乾隆二十五年，卒，谥勤悫。子振声，附《李长庚传》。

　　俞金鳌，字厚庵，直隶天津人。乾隆七年武进士，授蓝翎侍卫。以守备往山东，累迁甘肃肃州镇总兵。命如伊犁董理屯田，岁丰，伊犁将军伊勒图奏绿营兵二千二百名，人获米二十八石有奇。得旨，叙劳。移巴里坤总兵，擢乌鲁木齐提督，仍领屯田事。奏请移沙州副将驻安西，巴里坤迤西至玛纳斯，择有水草地设墩塘，皆议行。时令移军戍乌鲁木齐及玛纳斯，得挈妻子以往，谓之"眷兵"。

金鳌请具一岁粮，亦从其请。历江南、福建、甘肃诸省提督。固原回李化玉与河州回田五纠众为乱，攻靖远，金鳌与凉州副都统图桑阿合军讨之，逐贼马营街，固原提督刚塔亦以师来会，多所斩获。土司杨宗业以土兵助战，贼凭山设拒，土兵败走，金鳌击贼退。贼夜走石峰堡，纠会宁诸回，势复张，副都统明善战死。金鳌进次乌家坪，击贼，毙头人三，擒二十有九。转战至秦安土鼓山，贼败窜莲花城，师从之，至于双岘，从总督李侍尧自中路进攻，败之。福康安督兵剿石峰堡，令金鳌防底店护运道。

回乱定，移湖广。复移直隶，未行，凤凰厅苗石满宜纠众为乱，金鳌闻报驰赴，令镇筸镇总兵尹德禧督军破贼寨，生致其渠。上以金鳌习苗疆事，命仍留湖广。台湾林爽文为乱，命德禧将湖北兵二千以往，金鳌出驻凤凰厅镇苗疆。旋入觐，命在乾清门行走，赐紫禁城骑马。引疾乞罢，上以金鳌有劳，下总督毕沅察病状，乃加左都督，允解官归。旋卒。

金鳌尝预千叟宴，高宗赐之酒，命赋诗纪事，金鳌辞不能诗。上顾笑曰："汝为香树妻弟，又从受业，岂不能诗者?"香树，钱陈群字也。官湖广，和珅已柄政，欲纳交焉，金鳌谢不可。

尹德禧，镶黄旗包衣人，初名色喀通额。以领催从征伊犁，迁至防御。开户出旗，更姓名，改籍直隶密云县。从征金川，复六迁至总兵。石满宜据句捕寨为乱，德禧破寨获满宜，赐花翎。上诘德禧："当苗乱，何不专摺奏?"德禧请罪，命贷之。搜捕满宜余党，苗疆悉定。其出师台湾，师至，爽文已就俘，福康安令德禧屯竹仔港防贼逸。台湾定，召入见，令署湖南提督。卒，遗言请还旗籍，复隶镶黄旗包衣。

刚塔，乌济克忒氏，满洲正蓝旗人。初充前锋，从征准噶尔，授云骑尉世职。三迁直隶泰宁镇中营游击。从克临清，山东巡抚杨景素奏留山东。四迁直隶提督，兼领马兰镇总兵。移陕西固原提督。乾隆四十九年，盐茶厅小山回田五纠众为乱，攻破安西州，刚塔督兵逐贼，杀贼数十，射殪乘马贼渠，赐上用玉𬭤、大小荷包。复逐贼至浪山，田五战被创，自杀。其徒窜据马家堡，刚塔督兵合围，贼夜出堡逾山道，环垒树木杆，悬衣帽其上，绐官军。官军逼垒，乃知贼已走。刚塔督兵逐贼，战于马家湾，刚塔中矢。复进至马营街，杀贼数十，得级二十五。贼攻陷通渭，其徒分据石峰堡。西安副都统明善攻之，没于阵。上以师无功，令大学士阿桂、尚书福康安出视师。上谓马营街、石峰堡皆通渭地，刚塔方逐贼马营街，通渭陷不赴援，明善又以攻石峰堡战死，诏诘责。刚塔疏言："获贼言将自通渭道伏羌、秦州攻潼关。"上责刚塔信贼妄语摇军心，令福康安传谕，夺刚塔职，速送京师。上方幸热河，留京王大臣等谳当斩，上以刚塔歼贼渠田五，战马家湾身被创，贷死，戍伊犁。卒。

论曰：富僧阿镇黑龙江，察国界，定巡徼之制。伊勒图镇伊犁，徕属部，著拊循之绩。建威销萌，边帅之职举

矣。贵定增城，金鳌、刚塔攻石峰堡，名位显晦殊，要不可谓无功也，故类次焉。

卷三百三十六 列传一百二十三

叶士宽 陈梦说 **介锡周　方浩**
金溶　张维寅　顾光旭　沈善富
方昂　唐侍陛 张冲之

叶士宽，字映庭，江苏吴县人。康熙五十九年举人，授山西定襄知县。求民隐，涤烦苛，不假胥吏，事办而民不扰。雍正八年，擢沁州知州，署潞安知府。除无名诸税，复四门集以便商民。历署平阳、太原，治行为山西最。十二年，举卓异，擢浙江绍兴知府。有惰民格杀士人，众哗，将罢试，士宽方勘三江闸，驰归，数言谕解之。风潮陷海塘，躬任堵筑，三月而工完。乾隆初，调金华。东阳饥民求赈者以万计，士宽曰："按册施赈，是赈册非赈民也。"乃召饥者前注名于册，而斥二人，众乃定。二人者：一妇人，曾以讼至官，服华服，至是易敝衣乞赈，士宽识之，令褫其敝衣，内华服如故；一男子，容甚泽，令饮痈荄汁，呕出酒肉。众惊服，冒赈潜散去。在金华三年，多善政，郡人为立生祠。擢杭嘉湖道，调金衢严道。衢州地高，西安、龙游诸县，素筑坝蓄水溉田。木商入山者，私开坝，水日涸，士宽严禁之，民皆称便。八年，调宁绍台道。绍兴大水，萧山、诸暨民多挟众诣求求食，巡抚恶之，不议赈。士宽曰："某来时，民饥几欲死。何忍坐视其悉填沟壑耶?"继以泣请，乃得上闻给赈。士宽以待饥而赈常不及，议浚绍兴之鉴湖、宁波之广德湖，会去官，未果。著《浙东水利书》，冀后有行之者。父忧归，遂不出。

陈梦说，字晓岩，山西绛县人。乾隆十三年进士，授刑部主事。谳决，执法不阿上官；兼捷牢，役不能为奸。累迁礼部郎中。出为浙江宁绍台道。台州素犷悍，宁海梅村民拒捕，提督将以兵往，旁村皆惊窜。梦说轻骑临县，县令已缧系窜者数十人，尽释之，曰："吾来捕梅姓数人而已。"获诛拒捕者，而释其少子一人。台人感之，谣其事为《存孤记》。修鄞县钱湖闸。值上南巡，召见，素知其在刑部有能名，赐绮貂。寻以失察属吏不职罣议，仍以道员用。授督粮道，却馈金，漕政肃然。时讹言妖人剪发，萧山捕僧了凡等四人，诬服，梦说平反之。后或言事由浙见，解章讯治无验，抵妄捕者罪，以梦说轻比，降秩。修馀杭南湖堤。署嘉兴、严州、处州、湖州诸府，复原官。梦说官浙十二年，所至有声。寻乞归。

介锡周，字鼎卜，山西解州人。康熙六十年进士。雍正初，授贵州毕节知县。乌蒙土司叛，督运军粮，遇逆苗，徒役欲弃粮走，锡周厉声曰："失粮法当死，犯苗亦死。死法毋宁死贼!"策马径前，千夫拥粮而进，逆苗眙愕，鸟兽散。迁平远知州。乌蒙倮夷复叛，川、滇苗、倮应之。锡周先往抚大定苗，平远得无患。十三年，擢大定知府。

古州苗乱，陷黄平、清平，驿路俱梗。塘兵妄报土酋安国贤通古州苗，克期犯贵阳。大吏发川兵将至，国贤辖地九百里，众惶骇。锡周甫莅郡，立召国贤至，谕以祸福。国贤伏地陈无交通古州状，锡周曰："汝率众苗就抚，我以百口保汝不死，且止川兵。"时丹江亦被围，乃请以川兵往援，丹江围解而大定安堵。

南笼民王祖先素无藉，以书符惑众，播为逆词。又粤西侬人王阿耳为寨长王文甲所执，窜入苗寨，诬文甲将纠合册亨诸寨叛。二狱同时起，株连千余人，南笼狱不能容。滇、粤错壤，寨苗多逃。锡周奉檄往会鞫，蔽罪悉当，释文甲及系累者，逃亡并归，边境以靖。摄贵东道，管粮运。时军兴，岁馈饷金二百四十余万两、米八十余万石，调马三千、夫五千，麇集镇远，漫无纪，夫糜廪食，马累里户；复于上游南笼诸府役民夫加运九站，下游铜仁诸府则增雇调二千人助役。锡周画三策：以马设台站，运凯里、丹江诸路；夫按期日运台拱诸路，楚、粤米皆由水运；分清江及古州、都江两路，挽输迅速，粮乃集。上游之加运，下游之调夫，皆止之，省帑数十万，民间亦减劳费之累。补贵西道，调粮道。兵米折色，不收余羡，兵民交颂之。乾隆中，擢按察使。

锡周在黔中久，吏治、风土、民苗疾苦皆熟习，莅之以诚，慎刑狱，兴教化。性素耿介，不谐于时，以老乞休。上念其劳勋，召入觐，授太仆寺少卿。阅三年，告归。

方浩，字孟亭，安徽桐城人。雍正八年进士，授山西太原知县。尝知隰、平定二州。隰民有茹素号为大乘教者，浩召至庭，啖以酒肉，人莫知其故。其后逮捕大乘教人连数郡，而隰民独免。平定旱，奸民煽哄呶求粜，捕渠魁一人置之法，余悉不问。迁潞安知府。会上西巡，取道泽、潞，吏平道，及道旁民田。浩以銮舆未出而民废耕作，非上爱民之意，令耕如平时。民得收获，而事亦治。擢江西广饶九南道按察副使，兼摄九江府事。岁旱，米商未至，他郡县乏食，大吏檄运仓粮往济。浩以郡民咸待食，而移粟他往，恐生事，请独输九江仓，而属县停运，违大吏意。未几，安仁以阻运成大狱，大吏以此重浩。旋调吉南赣道。奸民据险为乱，驰诣捕缉。比大吏至，谋主已就擒，其敏捷如此。坐事罢，循例复职。方需次吏部，以疾卒。

金溶，字广蕴，顺天大兴人。雍正八年进士，以刑部员外郎擢山东道监察御史。高宗即位，诏求直言，溶上疏言安民五事：一曰开垦之地缓其升科；二曰带征之项宜加豁免；三曰岁税正额之外免报盈余；四曰州县最首重民事，不以办差为能；五曰巡狩之地崇尚朴素，不以纷华取媚。当是时，上命翰詹科道各进经史摺子，溶又上疏曰："头会箕敛以裕囊槖者，匹夫之富也；轻徭薄税使四海咸宁者，天子之富也。《易》卦：损下益上，上益矣而反名《损》；损上益下，上损矣而反名《益》。盖谓百姓足君孰与不足，百姓不足君孰与足，圣人制并之意可深长思也。"乾隆九年，湖广总督孙嘉淦因徇巡抚许容夺职，命修顺义城。溶上疏论曰："赏罚者，人主御世之大权。臣工有罪，有罚锾一例，因其素非廉吏，使天下晓然知所得者终不能为子孙计留也。孙嘉淦操守不苟，久在圣明洞鉴之中，而罚令出赀效力，恐天下督抚闻之，谓以嘉淦之操守，尚不免于议罚，或一不得当，而罚即相随，势必隳廉隅预为受罚之地。是罚行而贪风起，不可不慎也。臣为嘉淦所取士，不敢避师生之嫌而隐默不言。"奏上，部议夺职。

未几，特起为福建漳州知府。漳俗强悍，胥吏千余交结大吏家奴，势力出长官上。有吴成者，设局诱博，擒治之，民称快。华葑村距县治二百里，康熙时尝议设县丞，以不便于胥吏，格不行。溶复以请，布政使文不下府而直行县，溶大怒，严讯县胥，得其交通状，乃详请治罪而设官。其父老叹曰："微金公，吾侪奔驰道路死矣！"十三年春，闽省旱，斗米千钱，大府檄籴平粜。溶劝富家出粜，给印纸令商人赴籴；又请宽台湾米入内地之禁：民情帖然。其他修文庙乐器，增书院膏火，皆次第举行。迁台湾道。补陕西盐驿道，署布、按两司事。调浙江粮道，与巡抚陈学鹏牴牾，学鹏论溶迁缓不任事，原品休致。卒，年七十三。

张维寅，字子畏，直隶南皮人。乾隆元年进士，授户部江南司主事。江南赋役甲天下，支销留解，端绪毛栉。维寅综核精密，猾吏不能欺。迁吏部员外郎，考选监察御史，补掌贵州道。劾奏闽督诱人受赇而坐之罪，失政体，上是之，为通行饬戒。简云南迤东道，至，改补驿盐。滇盐无成法，维寅一一调之，使井官、煎户、运夫、铺商无偏累，滇人称便。岁节缩归公银七千两。以前官累，左迁知府。于时东川官设牛马站，通百色，铜往盐返，谓可省费。既奏行，而路险阻，车推折，牛马多死，铜盐耗失。维寅奉勘得实，以事不可已，请夷路用车，险雇夫役，赀出炉息，无溢费，且不扰民，从之，获济。署鹤庆、永北，补临安，调首郡，兼楚雄。值地震为灾，躬勘鹤庆、剑川、浪穹、丽江、昌门赈，活灾氓无数万计。迁督粮道，整顿铜厂，代偿前官亏帑，待罪得脱。调浙江盐道，未数月，调福建汀漳龙道。闽俗犷悍，痛惩以法，擒巨猾，散伙党，健讼斗狠之风为息。察冤决疑，人称神明。举卓异，入觐，上奖慰甚至，复之官，病卒。

顾光旭，字晴沙，江苏无锡人。乾隆十八年进士，授户部主事。晋员外郎，主盐策，两淮解银，辄挂欠百之十五。光旭谓："各省库平皆部较颁，何独两淮历久如是？是银库多索也。"白于长官除免之。擢御史。二十四年，直隶、山东大水。次年春，疏曰："上年两省灾，截漕发帑加赈。近见流民扶老携幼入京，春来尤甚。五城米厂饭厂人倍增，询之，近京数百里，毁屋伐树，卖男鬻女，老弱蹭顿，不可胜计。耳目所及如此，其外可知。伏思救荒无奇策，惟督抚及有司亲民之官实心实力方克有济。各州县未尝不施赈，或委任佐贰，或假手胥吏，或设厂远离村镇，穷民奔走待食，或得或不得。良法美意，一入俗吏之手，沾实惠者十不及五。一二贤有司抚循周至，则他境流民闻风毕集，转难措手。此督抚不能真实爱民，下亦以应付塞责，一切皆属具文。请敕下随地抚绥，毋致流移失所。疏导积水，以工代赈，借给牛种，以资耕作。有流民有旷土，即重治督抚州县之罪。来京饥民，已领厂赈。一年之计，在于东作。无力自回者给赀遣送，其本籍无倚赖者归大兴、宛平安辑，勿令栖流无著。又每遇水旱，司、道、府亲勘，先以供应烦州县，所委佐贰，亦滋扰累，请严参重处。"奏入，上善之。命赴京畿察勘，疏消文安、大城积水。乐亭民拥哄县门，抚定之，驰章请加赈。历宝坻、滦州、卢龙，两月竣事。迁给事中。

寻出为甘肃宁夏知府，调平凉。三十五年，大旱，请赈，初为上官所格。光旭亲察灾户，亟发银米，煮粥以赈，邻县饥者率就之。时灾黎鬻妻子，道殣鸠形鹄面人。"又曰："产破妻孥贱，肠枯草木甘。"诵者感动。自夏至次年三月始雨。平凉、隆德、固原、静宁各设粥厂二，饥民日增。虑入夏疫作，给每口两月粮，遣使归耕。时已擢凉庄道，总督文绶任以河东赈事，一切钱粮听支取，知府以下听调遣。分八路比户清勘，刊发三连票备考核。发奸摘伏，官吏慑息。竟事无中饱，民获更生。

三十七年，金川用兵，文绶调四川总督，疏清光旭随往，司三路馈饷，署按察使。蜀民失业无赖者，多习拳勇，嗜饮博，寖至劫杀，号为啯噜子，至是益众。严捕治之，改悔者发为运丁，颇收其用。以秋审失出，罢职，留治粮饷。四十年，金川平，驻西路卧龙关经理凯旋兵十余万，帖然无扰。事竣，乞病归，年未五十。

里居遇灾，助赈一如在官时。主东林书院数十年，聚生徒讲论道义，继其乡顾宪成、高攀龙之绪。著《响泉集》。

沈善富，字既堂，江苏高邮人。乾隆十九年进士，选庶吉士，授编修。典江西、山西乡试。撰制诰，办院事，纂修《国史》、《续文献通考》，勤于其职。出为安徽太平知府，在官十有六年，尤尽心灾赈。三十四年，大水，坐浴盆经行村落，得赈者五十万口。当涂官圩决，密劝富家出粟，禁转掠，使各村自保。有告某家不粜者，笞之，曰："汝奉何明令使富家出粟耶？"民乃定。三十六年，泗州水，大吏檄善富往赈之，厘户口之弊，民受其惠。值大疫，设局施药施瘗，绝斋祈禳。前后课属县种柳数百万株，官路成阴。埋暴露十余万棺。时传妖人割发，搜捕令下，诸郡骚然，独太平不妄捕一人。兄弟讼，察其词出一手，杖主讼者。兄弟悔悟如初。师弟互讦阴事，取案前文卷盈尺火之。曰："尔词必有稿，可上控郡守焚案，不汝靳。"两造皆泣，讼乃息。贵池有争地讼于部者，视旧牒，得成化二十一年闰四月官契，念愚民安知闰，检《明史七卿表》，得是年闰四月文，据以定谳。

四十六年，擢河东盐运使。盐池受淡水，歉产，商运蒙古盐多劳费。及盐产复盛，弊多商困。善富曰："盐池自古为利，不当废革。若听民自贩，必致蒙盐内侵。商人之力，不患寡，患不均。其弊有三：奸商弃瘠据肥，一也；费浮地远，伙攫其利，二也；金代之期，贫富倒置，三也。"乃总三省引地为三等均之。复以道路远近顺配为五十六路，阄分签擎之，于是豁绝弊清。后乾隆末废商运，蒙盐果内侵，至嘉庆十一年，仍复旧制，皆如所预计。所至兴学爱士，人文蔚起。以母老乞终养，居乡多善举。著《味镫斋诗文集》。

方昂，字坳堂，山东历城人。乾隆三十六年进士，授刑部主事，累晋郎中。会秋谳更新例，凡金刃杀人，概以情实。昂分别其轻重，固争不得，后高宗特旨改正。坐是为同僚所忌，淹滞十年。又数上书与长官争，长官愠之，卒重其人。以荐出为江西饶州知府。安南阮光平入觐，驿传所经，多饰供帐。昂曰："国家以威德服四夷，非夸之靡丽。"戒所属勿与。擢江苏苏松道，已受代将行，营弁缉盐，波及良善，众汹汹不平。营将以民变告，且征兵；昂曰："新守与民未习，民勿信。"自出晓谕，捕倡首者法，申请上官襃营弁职，事即定。至任，有尼之者，遂谢病去官。

病痊，复出署松太道。闽、广洋盗窜入吴淞，总督、巡抚、提督会师于宝山。昂建议曰："衢山与大小羊山，江、浙之分界，港汊丛杂，盗船随处可寄椗。一得风潮之便，倐忽出没，猝不及防。当其乘风而来，迎击之时，彼顺而我逆；及其趁潮而退，追击之，则我后而彼先：是使盗常凭胜势也。请于要隘多设伏，俟其至，则纵使过，而蹑其后；遇其退，则扼不使前，以待后队之追剿。盗虽黠，无能为也。"从其议，盗果大摧。补江宁盐巡道。缉讼师，剔菊蠹，戢强暴，弭盗贼，尤以砥砺风俗为先，屏绝酬酢。同官闻其风采，咸重之。嘉庆三年，擢贵州按察使，八阅月，迁江宁布政使。未久，以病乞归。

昂刚劲勤职。其归也，上曰："此人可惜！"寻卒。

唐侍陞，字赞宸，江苏江都人，巡抚绥祖孙。乾隆中，以荫生授南河山盱通判。历任宿虹、铜沛、里河、外河同知。以治河绩最，擢湖北郧阳知府，母忧去官。四十七年，服阕，会河决青龙冈，屡筑屡圮，大学士阿桂督治，以侍陞习河事，疏调赴工。阿桂方与总河议改河之策，决计于侍陞，侍陞曰："今全河下注，非土埽所能当；欲逆挽归正道，难矣。但于南岸上游百里外开引河，则不与急流争，其全势易挚。以逸待劳，此上策也。"于是定计于兰阳引河，至商丘归正河，以侍陞总其事。工成，被诏嘉奖。

擢开归道。时新引河堤初成，溜逼甚险，复于仪封廿六堡增开引河。夏汛水至，果分为二派：一由新引河，一由仪封旧城之南达所增引河。又于毛家寨增筑月堤，睢汛七堡建挑水坝，水势乃畅下，无溃决。五十三年，署彰卫怀道。测河势将有变，请于铜瓦厢大堤后增筑遥堤，总河兰锡第以无故兴大工难之，固请乃可。次年夏，铜瓦工上塌，势岌岌。总河李奉翰新至，视河，曰："奈何？"侍陞曰："待其塌多，必大决。今当于堤之下口新筑撑堤内掘开数丈，使水回溜而入。入必淤，淤则大堤撑堤合为一。河直注之力已杀，堤乃可保。"从之，堤合险平。锡第曰：

"君之出奇制胜者，在前之预筑撑堤也。"

侍陛前官铜沛时，亦用放淤平险之法；又在宿虹时，夏家马路黄、运交遥，里河淤浅，水将没堤，效黄河清水龙法，疏其淤而堤安；于徐州城外增筑石工，石矶嘴增烂石，城乃无患。卫河水弱，漕艘不利，掘地引沁挟济以助卫。其应变弭患多类此。尝论治河之道曰："河行挟沙，治法宜激之使怒而直以畅其势，曲以杀其威。无废工而不可逼，无争土而不可让。守此岸则虑彼岸，治上游则虑下游。"世以为名言。寻补山东运河道，调兖沂曹济道。以失察，左迁。遂乞病归。

侍陛历官皆有声，有功于河、淮者为多。先是南汝光道张冲之亦以治河著。

冲之，字道渊，顺天宛平人。雍正初，以诸生举孝廉方正，授工部主事。遇事奋厉，于总理果亲王前持议无避忌。各行省奏造亏帑积数千万，庋无实，请分别核免之。寻以事被谪。乾隆初，复原官，改刑部。累迁户部郎中。治事平剀。二十六年，擢河南南汝光道。是年秋，河决杨桥，大学士刘统勋、兆惠奉命往塞之，调冲之襄河事。时征稁秸，价腾至一茎两钱，既大集，河员犹以多备请，官吏在事者群附和之。冲之曰："计工需料若干万，今已赢矣。灾民搜括脂髓来供用，忍复乘以为利耶？"亟白使臣，请及时楗塞，期以某日合龙，当有余料若干万，力持其议。卒听冲之减征秋秸六千万、麻六百万，即责冲之董其役，果如期合龙，仍有余料，弹数给还，以纾民力。巡抚胡宝瑔喜曰："吾为国家得一良总河矣！"在官三年，治罗山狱，活诬服者四人；修城工务核实，有司不得缘为蠹；民德之。以商城狱坐徇庇，夺职，效力军台。逾年放归。

论曰：诸道本以佐布政、按察二使分领郡、县；乾隆中，罢参政、参议、副使、佥事，道始为专官。士宽等皆觥觥能举其职，侍陛尤以治河著。观其所设施，益于国，泽于民，虽古循吏，不是过也。

卷三百三十七　列传一百二十四

**卢焯　图尔炳阿　阿思哈
宫兆麟　杨景素　闵鹗元**

卢焯，字光植，汉军镶黄旗人。入赀授直隶武邑知县。县旧有均徭钱供差费，遇差仍按里派夫，焯革除之，又归火耗于公，捕盗尤力。雍正六年，解饷诣京师，世宗特召对。迁江南亳州知州，禁械斗。再迁山东东昌知府，总督田文镜遣官弁四出访事，东昌民逮下狱甚众，焯至，悉判遣之。会有水灾，焯疏运河，筑护城长堤，动帑赈恤。上遣大臣阅视，独东昌得完。九年，迁督粮道，移河南南汝道。十年，授按察使。十一年，迁布政使。

十二年，擢福建巡抚，赐孔雀翎。十三年，高宗即位，焯疏言被水州县不成灾，上谕曰："被水虽不成灾，仍须加意赈恤，毋使小民失所。"乾隆元年，请查丈建阳民田，上谕曰："小民畏查丈如水火。汝初为加赋起见，今又以豁除掩非，一存观望之心，所谓无一而可也。"寻奏减邵武永安所、霞浦福宁卫屯田征米科则，豁闽、侯官诸县额缺田地。又以平和、永安、清流诸县田少丁多，请减免摊余丁银。又奏教民蚕绩，疏浚省会城河。

三年，调浙江巡抚，兼盐政。奏请停仁和、海宁二县草塘岁修银，减嘉兴属七县银米十之二。又奏陈盐政诸事：请禁商人短秤；饬州县捕私盐毋扰民；毋捕挑小贩；盐场征课不得刑比。上谕曰："所奏各条皆是。汝先过刻，兹乃事事以宽沽名。过犹不及，汝其识之！"寻请裁盐场协办盐大使，改海宁草塘为石塘。既，又请浚备塘河运石。五年，上谕曰："卢焯至浙江，沽名邀誉，举乡贤名宦，络绎不绝。海塘外已涨沙数十里，焯既请停草塘岁修，又请改建石塘。心无定见，惟事揣摩，已彰明较著矣。"六年，左都御史刘吴龙劾焯营私受贿，上解焯任，命总督德沛、副都统旺扎尔按治，事皆实，请夺官刑讯。事连嘉湖道吕守曾、嘉兴知府杨景震。守曾已擢山西布政使，逮至浙江，自杀。杭州民数百为焯讼冤，毁副都统厅前鼓亭。德沛等以闻，上谕责办理不妥。七年，谳上，焯、景震皆坐不枉法赃，拟绞。八年，焯以完赃减等，戍军台。十六年，上南巡，阅海塘，念焯劳，召还。

二十年，授鸿胪寺少卿，署陕西西安巡抚。二十一年，调署湖北，以陈宏谋代焯。宏谋未至，上命发归化城米运金川馈军，急驿谕宏谋。焯发视，奏言："归化城虽产米，路远费重；西安有贮米，先发以馈军。仍请擅行罪。"上嘉焯知大体，合机宜，实授湖北巡抚。二十二年，西安布政使刘藻入觐，言焯在西安入贡方物，但量给薄值；及调任湖北，欲借库帑，未应付。上责焯负恩，夺官，戍巴里坤。二十六年，召还。三十二年，卒。

图尔炳阿，佟佳氏，满洲正白旗人。初授吏部笔帖式，累迁郎中。乾隆三年，授陕西甘肃道。累迁云南布政使。十二年，擢巡抚。十五年，永靖知县杨茂亏银米，图尔炳阿令后政弥补结案。总督硕色论劾，上责图尔炳阿欺隐徇庇，夺官，逮京师，下刑部治罪，坐监守自盗，拟斩监候。十七年，上以图尔炳阿赃未入己，释出狱。授吏部员外郎。未几，授河南布政使，调山东，又复还河南。

二十年，擢巡抚。二十二年，上南巡，江苏布政使夏邑彭家屏以病告家居，觐徐州行在，入对，言乡县被水。上谕图尔炳阿，图尔炳阿奏收成至九分，上责图尔炳阿文过。图尔炳阿又奏"去岁被水尚未成灾"，上斥为怙恶不悛。遣员外郎观音保密察灾状得实，上夺图尔炳阿官，发乌里雅苏台效力。上发徐州，夏邑民张钦、刘元德诣行在诉知县孙默诲灾及治赈不实，上亲鞫，元德言诸生段昌绪指使。上复遣侍卫成林会图尔炳阿至夏邑按治，于昌绪家得传钞吴三桂檄。上谕曰："图尔炳阿察出逆檄，缉邪之功大，讳灾之罪小。且以如此梗不知化之民，而治其司牧者以罪，是不益长浇风乎？免图尔炳阿罪，仍留巡抚任治赈。图尔炳阿若因有前此罪斥之旨，心存成见，或不释然于灾民，则是自取罪戾，亦不能逃朕洞鉴。"寻家屏亦以藏禁书罪至死，图尔炳阿仍以匿灾下饬议，夺官，命留任。逾数月，召诣京师，命往乌里雅苏台治饷。

二十八年，授贵州巡抚，二十九年，调湖南。三十年，病作，遣医往视。卒。

阿思哈，萨克达氏，满洲正黄旗人。自官学生考授内阁中书，累迁刑部郎中，充军机处章京。乾隆十年，擢甘肃布政使。十四年，擢江西巡抚。疏言："各营操演枪炮，须实子弹。营马应令骑兵自饲。技艺以纯熟得用为要，步法、架势不必朝更夕改。"上嘉其言得要。旋调山西。十六年，平阳旱，未亲往抚恤，诏责之。十七年，蒲、解等处复灾，请以平阳富民捐款解河东道库加赈。上谕之曰："赈济阙缓，重者数百万，少亦数十万，悉动正帑，从无顾惜。富户所捐几何，贮库助赈，殊非体制。此端一开，则偏灾之地，贫民既苦艰食，富户又令出赀。国家抚恤灾黎，何忍出此？"责阿思哈卑鄙错谬，不胜巡抚任，召还，夺官。寻授吏部员外郎。二十年，命以布政使衔往准噶尔军前经理粮运。擢内阁学士。

二十二年，命署江西巡抚，莅任，清理屯田，寻真除。学政谢溶生劾阿思哈婪贿派累，命尚书刘统勋、侍郎常钧等按鞫，得实，拟绞。二十六年，诏免罪，以三品顶戴发乌鲁木齐效力。二十八年，命往伊犁协同办事。

二十九年，授广东巡抚，调河南。三十年，疏言："卫河运道浅阻，浚县三官庙、老鹳嘴诸地砂礓挺据河心，重载尤艰浮送。向于上、下游浅处建筑草坝以束水势。详考河形，夏秋水盛，无须草坝；冬令源涩，草坝亦属无益。不如于上游先期蓄水，临时开放。饬府县督河员于九月望后起，至漕船出境止，暂闭外河以上民渠，使水归官渠，重运自可疏通。凿去砂礓，并集夫疏浚浮沙，以利漕运。"又请借司库闲款，委员分购河工料物，以除沿河州县按亩派累，均报闻。

三十四年，擢云贵总督。师征缅甸，阿思哈出铜壁关至蛮暮军中，奏军中粮马不敷。上责其畏难，解任，以副都统衔在领队大臣上行走。旋调为吏部侍郎，入对失上指，夺官，戍伊犁。三十九年，释回，仍充军机章京。擢左都御史。大学士舒赫德师讨王伦，命阿思哈偕额驸拉旺多尔济率健锐、火器两营以往。事定，拉旺多尔济言城北搜剿王伦余党，阿思哈未同往，下吏议，夺官，命留任。四十一年，署吏部尚书，旋授漕运总督。卒，赐祭葬，谥庄恪。

阿思哈初抚江西，上眷之独厚。广西巡抚卫哲治入觐，上问各省督抚孰为最劣，哲治引罪，上谓："姑置汝！"哲治举阿思哈对，时以为难能。

宫兆麟，字伯厚，江南怀远人。自贡生授湖北安陆通判，累迁至山东粮道。乾隆三十一年，授湖南按察使。桂阳州民侯七郎殴杀从兄岳添，贿其兄学添自承。知州张宏燧谳上，巡抚李因培疑之，令兆麟详鞫得实。因培调福建去，巡抚常钧庇宏燧，以七郎呼冤劾兆麟，兆麟亦入奏。上遣侍郎期成额会总督定长按治，如兆麟谳；兆麟又发宏燧买金行贿状，期成额等奏闻，逮讯，买金非行贿，乃迎合因培及湖北布政使赫升额意指，代武陵知县冯其柘补亏空。因培、赫升额、常钧、宏燧皆坐谴。

三十二年，兆麟调云南按察使。三十三年，迁布政使，擢广西巡抚。云南军营需硝，敕兆麟筹画，兆麟以广西旧存硝七万七千余斤运剥隘，复拨通省营贮火药二十万斤继运，得旨嘉许。调湖南。

三十五年，又调贵州。桐梓县民为乱，命速赴任，会湖广总督吴达善捕治。乱定，古州党堆寨苗香要等为乱，复偕吴达善督兵捕诛之。兆麟奏党堆寨苗老响当以阻香要乱被杀，令即寨立庙以祀良苗，并将死义被掳及香要等叛逆伏诛状，译苗语榜庙门，俾令警戒；并请移驻将吏，建下江营土城，驻兵镇抚。是夏，兆麟奏请于邻省湖南、四川、广西买米运贵州来济。至秋，丰收，复奏请停运。上斥其冒昧，勗令详慎。兆麟复奏请简发知府三员赴贵州，上以"此端一开，各省效尤，妨吏部选法；且开幸进之门"，下旨严饬。会贵州布政使观音保入觐，评兆麟粗率喜自夸，口给便捷，人号为"铁嘴"。上曰："观音保已粗率，今尚以兆麟为粗率，则粗率更甚可知。"谕兆麟猛省痛改。寻诏诣京师，降补甘肃按察使。三十六年，坐贵州任内失察厂员亏欠铅斤，夺官。四十一年，东巡，兆麟迎驾，诏与三品衔。四十六年，卒。

杨景素，字朴园，江南甘泉人，提督捷孙。父铸，古北口总兵。景素屡弱，不好章句，贫不能自给。入赀授县丞，发直隶河工效力。乾隆三年，补蠡县县丞，累保定知府。十八年，授福建汀漳龙道。漳浦民蔡荣祖欲为乱，景素率营卒擒斩之。调台湾道。厘定汉民垦种地，并生熟番界址。革游民为通译而不法者，代以熟番。又禁入山采木，借修造战船材料为名，累诸番。三十三年，授河南按察使。三十五年，擢甘肃布政使，调直隶。命从尚书裘曰修勘察堤埝各工。坐失察雄县知县胡锡瑛侵蚀灾赈，下吏议，夺官，命留任，俟八年无过，方准开复。

三十九年，寿张民王伦为乱，大学士舒赫德督兵讨之。上命景素具车马济师，令分守河西。贼以粮艘结浮桥欲渡，景素与总兵万朝兴、副将玛尔当阿等督御之，董劝回民助师。夜焚桥，贼不得渡。事旋定，擢山东巡抚。疏请编查保甲。四十年，疏请选京师健锐、火器营裨佐发山东，司营伍教演。四十一年，上东巡，临视临清毁桥断道及乱民窜据所在，景素述当时战状，上嘉其劳，赐黄马褂。汶上宋家洼旧渠淤垫，潴水淹民田。四十二年，景素奏请浚旧渠，并开支河二，令仍趋南阳、昭阳二湖，下部议行。

擢两广总督，四十三年，调闽浙。疏言："浙西歉收，总督杨廷璋请拨台湾仓谷十万接济。北风盛发，未能即到。请于福州、福宁、兴化、泉州四府属拨仓谷十万，听商运赴嘉、湖出粜；仍饬台湾运归四府补仓。"得旨嘉奖。四十四年，调直隶。荐于易简为布政使，上以易简为大学士敏中弟，责景素。十二月，卒，赠太子太保，赐恤如例。

四十五年，两广总督巴延三奏景素操守不谨，并发官兵得贓纵盗状。两江总督萨载勘有河堤城垣工程，罚景素家属承修。福康安又奏景素在两广婪索商捐六万余，责景素子炤限年缴还。五十四年，以福建吏治废弛，追咎景素，戍炤伊犁。五十九年，释回。

　　闵鹗元，字少仪，浙江归安人。乾隆十年进士，授刑部主事。再迁郎中，督山东学政。二十七年，自学政授山东按察使，调安徽。迁湖北布政使，调广西、江宁。四十一年，迁安徽巡抚。四十四年，云贵总督李侍尧以贓败，罪至斩，下大学士、九卿议，请从重立决；复下各省督抚议，咸请如大学士九卿议。鹗元窥上指欲宽侍尧，独奏言："侍尧历任封疆，勤干有为，中外推服。请用议勤、议能例，稍宽一线。"上从之，侍尧得复起。

　　四十五年，调江苏。四十六年，甘肃布政使王亶望坐伪灾冒賑得罪，事连鹗元弟同知鹓元。上责鹗元隐忍瞻徇，知其事而不举，降三品顶戴，停廉俸。四十八年，还原品顶戴，支廉俸如故。五十年，江南旱。五月，鹗元奏淮、徐、海三府如得雨二三寸，犹可种杂粮。上谕曰："得雨二三寸未为沾足，焉能种杂粮？地方雨水，民瘼攸关。鹗元何得含混入告？"寻奏请截漕十万石，淮、徐、海三府州被灾较重，碾米治賑，如所议行。

　　五十五年，高邮巡检陈倚道察知书吏伪印重征，知州吴琬置不问；牒上，鹗元亦置不问，揭报户部。上诘鹗元，鹗元犹庇琬不以实陈，乃遣尚书庆桂、侍郎王昶按治；责鹗元欺罔，夺官，逮鹗元等下刑部治罪。巡抚福崧劾鹗元得句容知县王光陛牒发粮书侵挪银粮，但令江宁府察核。上责鹗元玩视民瘼，徇情執法，命置重典。狱具，拟斩立决，命改监候。五十六年，释还里。嘉庆二年，卒。

　　论曰：法者所以持天下之平。人君驭群臣，既知其不肖，乃以一日之爱憎喜怒，屈法以从之，此非细故也。焯、阿思哈、景素坐赃皆勘实，犹尚复起；图尔炳阿匿灾至面谩，反诛告者；兆麟口给，鹗元迎上指，至不胜疆政而始去之。高宗常谓："朕非甚懦弱姑息之主，不能执法。"执法固难，自克其爱憎喜怒，尤不易言也。

卷三百三十八　列传一百二十五

塞楞额 周学健　**鄂昌** 鄂乐舜　**彭家屏**
李因培　**常安**　**福崧**

　　塞楞额，瓜尔佳氏，满洲正白旗人。康熙四十八年进士，授内阁中书，擢翰林院侍讲。四迁至侍郎，历刑、兵、礼诸部。雍正二年，出署山东巡抚，入为户部侍郎。如广东按将军李秉纵部兵毁米厂，哄巡抚署，事竟，仍署山东巡抚。疏请以东平州安山湖官地分界穷民栽柳捕鱼为业，上许之，并令发耗羡备用银为建屋制船；又疏请浚柳长河，开引河二，疏积水。复入为工部侍郎，缘事夺官。乾隆元年，赐副都统衔，如索伦、巴尔虎练兵。寻授镶蓝旗汉军副都统。出为陕西巡抚，移江西。疏请筑丰城石堤，封广信府铜塘山，均许之。再移山东。十一年，擢湖广总督。

　　十三年，孝贤皇后崩，故事，遇国恤，诸臣当于百日后剃发。锦州知府金文醇违制被劾，逮下刑部，拟斩候。上以为不当，责尚书盛安沽誉，予重谴。江苏巡抚安宁举江南河南总督周学健剃发如文醇，上并命逮治。因诏诸直省察属吏中有违制剃发者，不必治其罪，但令以名闻。是时塞楞额亦剃发，湖北巡抚彭树葵、湖南巡抚杨锡绂及诸属吏皆从之。得诏，塞楞额具疏自陈，上命还京师待罪。谕谓："文醇已拟斩决，岂知督抚中有周学健，则无怪于文醇；岂知满洲大臣中有塞楞额，又无怪于学健。"因释文醇，宽学健，皆发直隶，以修城自赎。树葵、锡绂误从塞楞额，锡绂并劝塞楞额检举，皆贷罪；令树葵分任修城，示薄罚。塞楞额至刑部，论斩决。上谓："祖宗定制，君臣大义，而违蔑至此，万无可恕！以尚为旧臣，令宣谕赐自尽。"

　　学健，江西新健人。雍正元年进士，改庶吉士，散馆授编修。五迁至户部侍郎。命如山东按事，两诣上下江会督抚治灾賑、水利，出署福建巡抚、浙闽总督。加太子少保，授江南河道总督，坐违制剃发，夺官，命江西巡抚开泰籍其家。开泰发其往来私书，中有丁忧兖沂曹道吴同仁行贿学健，乞举以自代。上为罢陈举自代例，诏曰："朕令大臣举可以自代之人，凡以拔茅茹、显俊乂之意也。今同仁嘱学健以两千，朕不解焉。问之钱陈群，始知为贿。夫考绩黜陟，何可为苞苴之门，岂朕若渴之诚尚未喻于二三大臣邪？朕甚恶焉！其罢之。"别诏又谓："学健卞急刚愎，不料其不励名检竟至于此！"下两江总督策楞覆勘，具得学健营私受贓、纵戚属奴仆执法状，刑部引塞楞额及前步军统领鄂善例论斩决。上谓学健违制罪已贯，婪赃骫破荐举事视鄂善尤重，赐自尽。

　　鄂昌，西林觉罗氏，满洲镶蓝旗人，大学士鄂尔泰从子也。雍正六年，以举人授户部主事。七年，超擢陕西宁夏道。十年，迁甘肃布政使。十一年，署陕西巡抚，旋授四川巡抚。酉阳州土司冉元龄老病，子广旸袭，土民苦其贪暴，鄂昌奏请改土归流。十三年，总督黄廷桂劾鄂昌贪纵，命夺职，以杨馝代之。遣刑部侍郎申珠浑会馝按治，得鄂昌枷毙罪人及受贪吏银瓶诸状，命逮下刑部，论杖徒，遇赦免。乾隆元年，令在批本处行走。二年，授直隶口北道，迁甘肃按察使。山西民梁玥等在高台遇盗死，知县伍升堂捕良民锻炼论罪，鄂昌雪其冤，得真盗证之法。巡抚黄廷桂疏陈鄂昌平反状，旨嘉奖。九年，迁广西布政使。十一年，署广西巡抚。疏请以鄂尔泰祀广西名宦，上责其私，不许。十二年，疏自陈举布政使李锡泰自代，上复责其朋比。因命督抚不得举本省藩臬自代，著为例。迭移江苏、四川、甘肃诸省，署甘肃提督、陕甘总督。复移江西巡抚。时传播尚书孙嘉淦疏稿有诬谤语,命诸行省究所从来。鄂昌以坐广饶九南道施廷翰子奕度逮下刑部,鞫无据,雪其枉,召鄂昌诣京师待命。狱定,诛千总卢鲁生。责鄂昌误谳,下刑部,论杖徒,命贷罪,发往军台效力。十九年闰四月,命以甘肃贮官茶发北路军备用,命鄂昌董其事。旋授甘肃巡抚,理军需。

内阁学士胡中藻著《坚磨生集》,文辞险怪,上指诗中语讪上,坐悖逆诛。中藻故鄂尔泰门人,鄂昌与唱和。上命夺职,逮至京师下狱。大学士九卿会鞫,籍其家,得所著《塞上吟》,语怨望;又闻鄂容安从军,辄云"奈何奈何",上责以失满洲踊跃行师旧俗。又得与大学士史贻直书稿,知贻直为其子奕簪请托,上为罢贻直。谕:"鄂昌负恩党逆,罪当肆市。但尚能知罪,又于贻直请托状直承无讳,朕得以明正官常,从宽赐自尽。"

中藻,江西新建人。乾隆元年进士。上举其诗有曰"又降一世",曰"亦天之子",曰"与一世争在丑夷",无虑数十事,语悖慢;又有"西林第一门"语,斥其攀援门户,恬不知耻。因及鄂尔泰及张廷玉秉政,各有引援,朋分角立。谓:"如鄂尔泰犹在,当治其植党之罪。"命罢贤良祠祀。

鄂乐舜亦鄂尔泰从子,初名鄂敏。雍正八年进士,改庶吉士,授编修。秋谳侍班,刑部侍郎王国栋放纵愆仪。上命之退,鄂敏未引去。因以责鄂敏,夺官。逾年,复编修。出为江西瑞州知府,累迁湖北布政使。命更名鄂乐舜。迁甘肃巡抚,疏请茶引各安西五卫积贮;移浙江,修海塘;皆议行。寻移安徽,又移山东。未行,浙江按察使富勒浑密劾鄂乐舜在浙江时,布政使同德为婪索盐商银八千,命侍郎刘纶、闽浙总督喀尔吉善按治。纶等言鄂乐舜实假公使银。上又命两江总督尹继善会鞫,得婪索盐商状,如富勒浑言,但无与同德事,鄂乐舜论绞,富勒浑亦坐诬治罪。上以定拟失当,擢富勒浑布政使,逮鄂乐舜至京师,赐自尽。时后鄂昌死未一年也。

彭家屏,字乐君,河南夏邑人。康熙六十年进士,授刑部主事,累迁郎中。考选山西道御史,外授直隶清河道。三迁江西布政使。移云南,再移江苏。以病乞罢。乾隆二十二年春,高宗南巡,家屏迎谒。上询岁事,家屏奏:"夏邑及邻县永城上年被水灾独重。"河南巡抚图尔炳阿朝行在,上以家屏语诘之,犹言水未为灾,上命偕家屏往勘;又以问河东河道总督张师载,师载奏如家屏言,上谓师载笃实,语当不诳,饬图尔炳阿秉公勘奏,毋更回护。上幸徐州,见饥民困苦状,念夏邑、永城壤相接,被灾状亦当同;密令步军统领衙门员外郎观音保微服往视。上北还,发徐州,夏邑民张钦遮道言县吏讳灾,上申命图尔炳阿详勘。次邹县,夏邑民刘元德复诉县吏施赈不实,上不怿,诘主使;元德举诸生段昌绪,命侍卫成林监元德还夏邑按其事;而观音保还奏夏邑、永城、虞城、商丘四县灾甚重,积水久,田不可耕;灾民鬻子女,人不过钱二三百,观音保收灾民子二,以其券呈上。上为动容,诏举其事,谓:"为吾赤子,而使骨肉不相顾至此,事不忍言。"因夺图尔炳阿职,戍乌里雅苏台,诸县吏皆坐罪。

成林至夏邑,与知县孙默召昌绪不至,捕诸家,于卧室得传钞吴三桂檄,以闻上。上遂怒,贷图尔炳阿遣戍及诸县吏罪,令直隶总督方观承覆按。召家屏诣京师,问其家有无三桂传钞檄及他禁书。家屏言有明季野史数种,未尝检阅,上责其辞遁,命夺职下刑部,使侍卫三泰按验。家屏子传笏惧得罪,焚其书,命逮昌绪、传笏下刑部,诛昌绪,家屏、传笏亦坐斩,籍其家,分田予贫民。图尔炳阿又以家屏族谱上,谱号《大彭统记》,御名皆直书不缺笔。上益怒,责家屏狂悖无君,即狱中赐自尽。秋谳,刑部入传笏情实,上以子为父隐,贷其死。上既遣家屏等,召图尔炳阿还京师,逮默下刑部,命观音保以通判知夏邑。手诏戒敕,谓:"刁顽既除,良懦可悯。当善为抚绥,毋俾灾民失所也。"

李因培,云南晋宁人。乾隆十年进士,改庶吉士,散馆授编修。十三年,特擢翰林院侍讲学士,督山东学政。十四年,再擢内阁学士。十八年,署刑部侍郎,兼顺天府尹。蝗起,因培劾通永道王楷等不力捕,皆夺职;又劾涿州知州李钟伸亏仓谷,论罪如律。衡水知县刘士玉,因培乡人也,以贿败,为直隶总督方观承论劾。冀州知州夸喀谒因培,因培称士玉冤,夸喀因为申布政、按察两司。十九年,直隶布政使玉麟以其事闻,因培坐夺职。甫三月,起光禄寺卿。复督山东学政。二十一年,移江苏。二十四年,迁内阁学士。学政任满,移浙江。二十七年,任又满,复移江苏。上南巡,赋诗以赐。二十八年,授礼部侍郎,寻改仓场侍郎,皆留督学。

二十九年,授湖北巡抚。上谕湖广总督吴达善曰:"因培能治事,学问亦优,但未免恃才,好居人上。今初任民事,汝当留意,治事有不当,善规之;不听,即以闻。朕久未擢用,亦欲折炼其气质。今似胜于前,但恐志满易盈,负朕造就耳。"旋移湖南。三十一年,又移福建,将行,常德被水。上令速予灾民一月粮,诏未至,因培令秋后勘灾如故事。上责因培"以将受代,五日京兆,不恤民瘼",下部议,当降调。甫两月,授四川按察使。

因培在湖南日,常德知府锡尔达发武陵知县冯其柘亏库帑二万余。时因培报通省仓谷无亏,虑以歧误得罪,示意布政使赫升额,令桂阳知州张宏燧代其柘偿万余,不足,仍疏劾。会宏燧谳县民侯岳添被杀,误指罪人,为按察使宫兆麟所纠。因培及继任巡抚常钧覆谳不能决,上命侍郎期成额即讯,因得宏燧营私亏帑,及承因培指代其柘偿金诸状,以闻。上命夺因培官,逮送湖北对簿,具服。谕曰:"诸直省仓库亏缺,最为锢弊。昔皇考严加重戒,朱批谕旨,不啻三令五申,人亦不敢轻犯。朕御极三十余年,有犯必惩,乃近年营私執法,屡有发觉。岂因稽查稍疏,故态复作?朕自愧诚不能感人,若再不能执法,则朕亦非甚懦弱姑息之主也。"期成额奏至,因培下刑部论斩决,上命改监候。秋谳入情实,赐自尽。

常安,字履坦,纳喇氏,满洲镶红旗人。以诸生授笔帖式,自刑部改隶山西巡抚署。雍正初,擢太原理事通判。世宗时,庶僚皆得上章言事。常安疏请裁驿站馆夫及诸官署镫夫,省科派,从之。寻擢冀宁道。迁广西按察使,移云南。就迁布政使,移贵州。疏言:"苗疆多事,由于兵役扰累。嗣后有抗累事,罪该管文武官。"下云贵广西总督议行。迁江西巡抚。十三年,以母丧去官。

乾隆元年,还京师,舟经仲家浅,其仆迫闸官非时启闸越渡,高宗闻之,谕谓:"皇考临御时所未尝有!徒以初政崇尚宽大,常安封疆大吏,乃为此市井跛扈之举,目无功令。"下东河总督白钟山按治,夺官,下刑部论罪,当枷号鞭责,命贷之,往北路军营董粮饷。四年,授盛京兵部侍郎。内移刑部侍郎,外授漕运总督。内阁学士雅尔呼达请增遣满洲兵驻防口外,直隶总督孙嘉淦疏请于独石口、张家口外择可耕地屯兵招垦。常安以为侵蒙古游牧地,疏请寝其事。

六年,移浙江巡抚,谢上,因言:"属吏贤否视上司为表率,惟有身先砥砺,共励清操。"上谕曰:"廉固人臣之本,然封疆大臣非仅廉所能胜任。为国家计安全,为生民谋衣食,其事正多。观汝有终身诵廉之意则非矣。"上念浙江海塘为民保障,诏询近时状,并命闽浙总督那苏图、杭州将军傅森会常安详勘。常安等议:"海宁至仁和原有柴塘,塘外临水,仿河工络坝之法,用竹篓盛碎石,层层排筑,外捍潮汐,内护塘基。水去沙停,渐有淤滩,再用左都御史刘统勋议,改建石塘。"别疏又言:"塘工可大可小,大则终年兴工,亦难保其无虞;小则应兴则兴,应停则停,惟期免于冲决。是在因时损益,不宜惜费,亦不宜糜费。乾隆四五年间所修石塘,竭力督催,明岁可望全完。各塘不无阔狭高低,必须整齐坚固。臣谕督塘兵培补镶垫,俾塘有坚工,兵无闲旷。海宁塘后旧有土塘以备泛溢,令民间栽柳,根株盘结塘身,枝干藉资工用。"八年,石工乃成。

常安在浙江久,有惠政:尝用保甲法编太湖渔舟,清盗源;厘两浙鹾政诸弊,苏商困;以温、处二府贫瘠鲜盖藏,招商转江苏米自海道至,佐民食。江苏巡抚陈大受疏论常安轻开海禁,常安疏辨,谓:"苏视温、处彼此虽殊,两地皆皇上赤子,大受不当过分畛域。"上谕曰:"汝等以此而矛盾,皆为民耳,出于不得已。以后丰年可不须,若需谷孔亟,当视此行耳。"常安 巡视宁波沿海诸地,泛海至镇海,又至定海,疏陈内外洋诸岛屿状,谓内洋宜招民广垦,外洋宜封禁。上嘉其冲冒风涛,勤于王事。嘉、湖二府奸民迷诱民间子女,常安督吏捕治,悉获诸民。上令视采生折割例从重定拟,饬常安宽纵。寻上疏言:"州县亲民吏,必于辖境事无繁简、地无远近莫不深知,而后有实政以及于民。应饬于斋戒停刑暇日亲历乡村,以次而遍。引其父老,询以疾苦,于地方利弊了然胸中,且籍以周知户口。如遇灾赈,董理易为力。"上深然之。钱塘江入海处近萧山为南大亹,近海宁为北大亹,蜀山南别有中小亹。旧为江海汇流处,渐淤塞,水趋南大亹,逼海宁。九年,尚书讷亲莅视,议复中小亹故道。常安令就沙嘴为沟四,引潮刷沙,历数年,沙渐去。十一年,疏言:"春伏两汛已过,南沙坍卸殆尽,蜀山已在水中。倘秋汛不复涌沙,大溜竟行中小亹矣。"上谕曰:"此言岂可轻出?亦俟三五年后如何耳。如能全行中小亹,果可喜事也。"

十二年,闽浙总督喀尔吉善劾常安多得属吏金,婪索及于盐政承差、海关胥吏,纵仆取市肆珍贵物不予值,凡十数事。上命解任,以顾琮代之,令大学士高斌会顾琮按治。常安亦疏劾布政使唐绥祖徇私狂悖,上为下高斌等并按。高斌等按常安婪赃纳贿状皆不实,惟纵仆得赇;常安劾绥祖事尽虚,疏请夺常安官。上命大学士讷亲覆按,未至,高斌等又言常安岁易盐政承差,有婪索状;讷亲至,又言常安尝以公使钱自私,按律拟绞,下刑部,卒于狱。

常安少受业于尚书韩菼,工文辞,有所论著,多讥切时事。其坐谴多举细故,遽从重此。时论疑其中蜚语以死,非其罪也。

福崧,乌雅氏,满洲正黄旗人,湖广总督硕色孙也。乾隆中,授内阁中书,迁侍读。外授四川川北道,迁甘肃按察使。再迁福建布政使,未行,苏四十三乱作,从总督勒尔谨讨贼,即移甘肃。事定,赐花翎。勒尔谨坐冒赈得罪,命福崧从总督李侍尧察通省仓库,亏银八十八万、粮七十四万有奇,立例清偿,无力者以责上官。福崧亦应分偿,上特免之。

四十七年,迁浙江巡抚。上以王亶望、陈辉祖相继抚浙江,皆贪吏,复命察通省仓库,亏银一百三十万有奇,立例清偿如甘肃。桐乡县征漕不如律,民聚哄,福崧令捕治,因疏陈严除漕弊,条四事,下部议行。四十九年,上南巡,两浙盐商输银六十万,以海宁范公塘改柴为石,福崧为请,上允之。五十一年,福崧以诸属吏清偿仓库亏银未能如期,疏请展限;并言于正岁集司道以下等官设誓,共砥廉隅。上以期已三四年,乃复请展限,非是,且设誓亦非政体,命尚书曹文埴,侍郎姜晟、伊龄阿如浙江按治。会福崧请筹柴塘修费,上疑新建石塘无益,劳民伤财,令文埴等并按,召福崧还京师待命。文埴等疏陈浙江仓库实亏数,为定善后章程;别疏言柴塘坦水为石塘保障,宜有岁修。上允其请,察福崧无败检事,失但在柔懦,命署山西巡抚。

旋以浙江学政窦光鼐劾平阳知县黄梅贪黩,论如律,责福崧未能发,左授二等侍卫,充和阗帮办大臣。五十二年,移阿克苏办事大臣。五十四年,再移叶尔羌参赞大臣。五十五年,授江苏巡抚,署两江总督。还授浙江巡抚。五十七年,疏请补修海塘石工,与前巡抚琅玕改筑柴坝异议,上命江苏巡抚长麟往按,请如福崧议。浙江盐道柴桢迁两淮盐运使,亏帑,私移两淮盐课二十二万补之。两淮盐政全德疏劾,上以福崧领两浙盐政,虑有染,夺官,以长麟代之。命尚书庆桂会鞫,谓福崧尝索桢赇十一万,又侵公使钱六万有奇。狱具,论斩,逮致京师,寻命即途中行法。福崧饮酖卒。

福崧为巡抚,治事明决,御属吏有法度,民颂其治行。其得罪死,颇谓其忤和珅,为所陷。尤虑至京师廷鞫,或发其阴私,故以蜚语激上怒,迫之死云。

论曰：居丧不沐浴，百日剃发，亦其遗意也。塞楞额坐是中危法，学健虽以他事诛，然得罪仍在初狱。鄂昌以门户生恩怨，家屏以搢绅言利病，皆足以掇祸。罗织文字，其借焉者也。因培起边远，受峻擢，屡踬屡起，乃以欺罔傅重比。常安、福崧死于赇，然封疆有政声。论者以为冤，事或然欤？

卷三百三十九　列传一百二十六

恒文 郭一裕　蒋洲　杨灏　**高恒** 子高朴
王亶望 勒尔谨　陈辉祖　郑源璹　**国泰**
郝硕　**良卿** 方世俊　**钱度**　**觉罗伍拉纳**
浦霖

恒文，乌佳氏，满洲正黄旗人。雍正初，以诸生授笔帖式，四迁兵科给事中。外授甘肃平庆道，再迁贵州布政使。乾隆初，方用兵金川，恒文奏言："兵贵神速。臣官甘肃平庆道时，见提督以下诸营，或三之一，或四之一，择勇健者，名为援剿兵将，备预定旗帜器械，及奖赉诸项亦预存。贵州乃无此例。本年四川调兵二千，迟至六日方得起程。请仿甘肃例预为计，提督驻安顺，设重兵，请于府库贮银五千待用。"既又疏上行军诸节目。上嘉其能治事，移直隶。十六年，擢湖北巡抚。疏请采汉铜广鼓铸，请增筑武昌近城石堤，请停估变省城道仓空厫、备贮协济邻省米石，均得旨允行。十八年，署湖广总督，移山西巡抚。

二十一年，擢云贵总督。二十二年三月，疏劾贵州粮道沈迁婪索属吏，鞫实论斩。恒文与云南巡抚郭一裕议制金炉上贡，恒文令属吏市金，减其值，吏民怨咨。一裕乃疏劾恒文贪污败检，列款以上。上命刑部尚书刘统勋会贵州巡抚定长即讯，得恒文令属吏市金减金值，及巡察营伍纵仆婪索诸事，逮送京师。上责恒文："为大臣，以进献为名，私饱己橐，簠簋不饬，负恩罪大。"遣待卫三泰、扎拉丰阿乘传就恒文所至，宣谕赐自尽。

郭一裕，湖北汉阳人。雍正初，入赀为知县，除江南清河知县。稍迁山西太原知府。乾隆中，累擢云南巡抚。恒文对簿，具言贡金炉议发自一裕。统勋等察知一裕亦令属吏市金，见恒文以减值敛怨，乃先发为掩覆计。事闻，上谓："一裕本庸鄙，前为山东巡抚，尝请进万金上供。在官惟以殖产营运为事，但尚不至如恒文之狼藉。"命夺职，发军台效力。手诏谓："恒文及一裕罪轻重一归允当，毋谓一裕以汉吏劾满洲终两败也。"一裕至部请输金赎罪，会蒋洲、杨灏皆以婪索属吏坐诛，洲狱具，得同官朋比状。上因谓："恒文事发自一裕，尚彼胜于此。"特许其纳赎。居数年，予三品衔，授河南按察使。以老罢。卒。

蒋洲，江南常熟人，大学士廷锡子。自主事累擢至山西布政使。二十二年，就迁巡抚，旋移山东，以塔永宁代。塔永宁劾洲贪纵，亏库帑巨万。将行，令冀宁道杨龙文、太原知府七赉札诸属吏纳赇弥所亏。统勋自云南还，上命驰往会塔永宁按治。解洲任，逮送山西严鞫，得实，诛洲，并及龙文、七赉论绞候。诸属吏亏帑，文职知州朱廷扬等、武职守备武珲等，皆论罪如律。陕西巡抚明德，以前官山西尝取洲及诸属吏赇，亦论绞候。上命发甘肃交黄廷桂听差遣。

杨灏，直隶曲阳人。乾隆中，官湖南布政使。时以湖南仓谷济江南当籴补，灏发谷值百取一二，得金三千有奇。巡抚陈宏谋疏劾，谳实，坐斩。二十二年，秋谳，巡抚蒋炳以灏限内完赃，拟入缓决，上怒，命诛灏，夺炳官，逮京师，论罪坐斩。上以炳意在沽誉，尚未尝受贿，改戍军台。按察使奭舒亦坐是夺职。

高恒，字立斋，满洲镶黄旗人，大学士高斌子也。乾隆初，以荫生授户部主事，再迁郎中。出监山海关、淮安、张安口榷税，署长芦盐政、天津总兵。二十二年，授两淮盐政。江苏巡抚陈宏谋疏言："海州产盐盛，请令河东买运配引赴陕西引地行销。淮北盐贱，并令淮南商买运适中之地，作常平仓盐备缺额补配。"命高恒会两江总督尹继善覆议，寻疏陈："海洲产盐盛衰，视天时晴雨，难定成数。距陕西三千余里，黄河逆流而上，断难挽运。自海州出场，经淮、徐、海各属，皆淮北食盐口岸；徐州以上，又系长芦引地。恐沿途挟私，淮南额引多，盐场广，有盈无绌。即淮北盐价稍贱，加以脚费折耗亦相等。若令淮南销淮北余盐，尤非商情所便。纵发官帑与之收买，亦难溢其领运。"疏入，上从之。湖广总督李侍尧疏言湖北盐骤贵，请饬淮商减价。命高恒赴湖北会议。定湖北盐价，视淮商成本每包以二钱三分一厘为制。二十九年，授上驷院卿，仍领两淮盐政。三十年，以从兄高晋为两江总督，当回避，召署户部侍郎。疏陈整顿纲课，定分季运清奖励之制，命以告后政普福。寻授总管内务府大臣。三十二年，署吏部侍郎。是时上屡南巡，两淮盐商迎跸，治行宫扬州，上临幸，辄留数日乃去，费不赀，频岁上贡稍华侈。

高恒为盐政，陈请预提纲引岁二十万至四十万，得旨允行。复令诸商每引输银三两为公使钱，因以自私，事皆未报部。三十三年，两淮盐政尤拔世发其弊，上夺高恒官，命江苏巡抚彰宝会尤拔世按治。诸盐商具言频岁上贡及备南巡差共用银四百六十七万余，诸盐政虽在官久，尚无寄商生息事。上责其未详尽，下刑部鞫实，高恒尝受盐商金，坐诛。普福及盐运使卢见曾等罪有差。

子高朴，初授武备院员外郎。累迁给事中，巡山东漕政。三十七年，超擢都察院左副都御史。值月食，救护未至，上谕谓："高朴年少奋勉，是以加恩擢用，非他人比。乃在朕前有意见长，退后辄图安逸，岂足副朕造就裁成之意？"吏议夺职，命宽之。迁兵部右侍郎。上录诸直省道府姓名，密记治行优绌，谓之《道府记载》，太监高云从偶泄于外廷。左都御史观保，侍郎蒋赐棨、吴坛、倪承宽尝因侍班私论其事，高朴闻，具疏劾，上怒，下刑部鞫治。

寻命诛云从，贷观保等，不竟其事。诏谓："云从以贱役无忌惮，岂可不亟为整饬以肃纪纲？但不屑因此兴大狱，故不复穷治。诸大臣岂无见闻，独高朴为之陈奏，内省应自惭。若因此图倾高朴，则是自取其死。高朴若沾沾自喜，不知谨懔，转致妄为，则高云从即其前车，朕亦不能曲贷也。"四十一年，命往叶尔羌办事。距叶尔羌四百余里，有密尔岱山，产玉，旧封禁。高朴疏请开采，岁一次。四十三年，阿奇木伯克色提巴勒底诉高朴役回民三千采玉，婪索金宝，并盗鬻官玉。乌什办事大臣永贵以闻，上命夺官严鞠，籍其家，得寄还金玉；永贵又言叶尔羌存银一万六千余、金五百余。高朴坐诛。

方上诛高恒，大学士傅恒从容言乞推慧贤皇贵妃恩贷其死，上曰："如皇后兄弟犯法，当奈何？"傅恒战栗不敢言。至是，谕曰："高朴贪婪无忌，罔顾法纪，较其父高恒尤甚，不能念为慧贤皇贵妃侄而稍矜宥也。"

王亶望，山西临汾人，江苏巡抚师子。自举人捐纳知县，发甘肃，知山丹、皋兰诸县。选授云南武定知府，引见，命仍往甘肃待缺，除宁夏知府。累迁浙江布政使，暂署巡抚。乾隆三十八年，上幸天津，亶望贡方物，范金为如意，饰以珠，上拒弗纳。三十九年，移甘肃布政使。甘肃旧例，令民输豆麦，予国子监生，得应试入官，谓之"监粮"，上令罢之。既，复令肃州、安西收捐如旧例。亶望至，申总督勒尔谨，以内地仓储未实为辞，为疏请诸州县皆得收捐；既，又请于勒尔谨，令民改输银。岁虚报旱灾，妄言以粟治赈，而私其银，自总督以下皆有分，亶望多取焉。议初行，方半载，亶望疏报收捐一万九千名，得豆麦八十二万。上谓："甘肃民贫地瘠，安得有二万人捐监？又安得有如许余粮？今半年已得八十二万，年复一年，经久陈红，又将安用？即云每岁借给民间，何如留于闾阎，听其自为流转？"因发"四不可解"诘勒尔谨，勒尔谨饰辞具覆。上谕曰："尔等既身任其事，勉力妥为之可也。"

四十二年，擢浙江巡抚。四十五年，上南巡，亶望治供张甚侈。上谓："省方问俗，非为游观计。今乃添建屋宇，点缀镫彩，华缛繁费，朕实所不取。"戒毋更如是。亶望旋居母丧，疏请治丧百日后，留塘工自效，上许之。浙江巡抚李质颖入觐，奏陈海塘事，因及亶望意见不相合，遂言亶望不遣妻孥还里行丧。上降旨责其忘亲越礼，夺官，仍留塘工自效。

四十六年，命大学士阿桂如浙江勘工。阿桂疏发杭嘉湖道王燧贪纵、故嘉兴知府陈虞盛浮冒状，上谕曰："朕上年南巡，入浙江境，即见其侈靡，诘亶望，言虞盛所为。今燧以借大差为名，贪纵浮冒，必亶望为之庇护。"命逮燧严鞫。会河州回苏四十三为乱，勒尔谨师屡败，亦被逮。大学士阿桂出视师，未即至，命尚书和珅先焉，和珅疏言入境即遇雨，阿桂报师行亦屡言雨。上因疑甘肃频岁报旱不实，谕阿桂及总督李侍尧令具实以闻。阿桂、侍尧疏发亶望等令监粮改输银及虚销赈粟自私诸状，上怒甚，遣侍郎杨魁如浙江会巡抚陈辉祖召亶望严鞫，籍其家，得金银逾百万。上幸热河，逮亶望、勒尔谨及甘肃布政使王廷赞赴行在，令诸大臣会鞫。亶望具服发议监粮改输银，令兰州知府蒋全迪示意诸州伪报旱灾，迫所辖道府具结申转；在官尚奢侈，皋兰知县程栋为支应，诸州县馈赂率以千万计。狱定，上命斩亶望，赐勒尔谨自裁，廷赞论绞，并命即兰州斩全迪；遂令阿桂按治诸州县，冒赈至二万以上皆死，于是坐斩者栋等二十二人，余谴黜有差。上谓："此二十二人之死，皆亶望导之使陷于法，与亶望杀之何异？"令夺亶望子袭等官，发伊犁，幼子逮下刑部狱，年至十二，即次第遣发，逃者斩。陕甘总督李侍尧续发得赇诸吏，又诛闵鹓元等十一人，罪董熙等六人。

五十九年，上将归政，国史馆进《师传》。上览其治绩，乃赦亶望子还，幼者罢勿遣，谓"勿令师绝嗣也"。

勒尔谨，宜特墨氏，满洲镶白旗人。乾隆初，以繙译进士授刑部主事，迁员外郎。外授直隶天津道。累迁陕甘总督。四十二年，河州回黄国其、王伏林为乱，驰往捕治，诛国其、伏林及其徒四百余人。四十六年，循化回苏四十三复起，勒尔谨令兰州知府杨士玑、河州协副将新柱率二百人往捕，为所戕，遂破河州。勒尔谨赴援，闻贼将自小道径攻兰州，引还城守。上责勒尔谨观望失机，夺官；下刑部论斩，上命改监候，卒坐亶望狱死。陈辉祖又以籍亶望家匿金玉器，谴诛。

辉祖，湖南祁阳人，两广总督大受子也。以荫生授户部员外郎，迁郎中。外授河南陈州知府。累迁闽浙总督，兼领浙江巡抚。亶望狱起，辉祖弟严祖为甘肃知县，狱辞连染。上以辉祖当知状，诘之，不敢言，诏严切，乃具平日实有所闻，惧严祖且得罪，隐忍未闻上，因请罪，降三品顶戴留任。时安徽巡抚闵鹗元亦坐其弟鹓元，与辉祖同谴。既，布政使盛柱疏言检校亶望家入官物与原册有异同，命大学士阿桂按治，具得辉祖隐匿私易状，论斩。上曰："辉祖罪固无可道，然与亶望较，终不同。《传》云：'与其有聚敛之臣，宁有盗臣。'辉祖盗臣耳。亦命改监候。"四十七年，浙江巡抚福崧奏桐乡民因征漕聚众哄县庭，辉祖宽其罪，次年乃复哄。闽浙总督富勒浑奏两省诸州县亏仓谷，福建水师提督黄仕简奏台湾民互斗，于是上罪辉祖牟利营私，两省庶政皆废弛贻误，罪无异亶望，赐自裁。五十三年，又以湖北吏治阘茸，弊始辉祖为巡抚时，戍其子伊犁。

乾隆季年，诸贪吏首亶望，次则郑源璹。

源璹，直隶丰润人。以贡生授户部主事，累迁湖南布政使。仁宗既诛和珅，有言源璹贪黩状，下巡抚姜晟按治。源璹具服收发库项，加扣平余，数逾八万，署内眷属几三百人，自蓄优伶，服官奢侈。上宣示源璹罪状，因言："诸直省大吏宴会酒食，率以嘱首县，首县复敛于诸州县。率皆朘小民之脂膏，供大吏之娱乐，展转苛派，受害仍在吾民。通谕诸直省，令悛改积习。"寻命斩源璹。

国泰，富察氏，满洲镶白旗人，四川总督文绶子也。国泰初授刑部主事，再迁郎中。外擢山东按察使，迁布政使。乾隆三十八年，文绶官陕甘总督，奉命按前四川总督阿尔泰纵子明德布婪索属吏，徇不以实陈，戍伊犁。国泰具疏谢，请从父戍所赎父罪。上谕曰："汝无罪，何必惶惧?"四十二年，迁巡抚。

国泰纨袴子，早贵，遇属吏不以礼，小不当意，辄呵斥。布政使于易简事之诣，至长跪白事。易简，江苏金坛人，大学士敏中弟也。大学士阿桂等以国泰乖张，请改京朝官。四十六年，上为召易简诣京师问状，易简为国泰力辨。上降旨戒国泰驭属吏当宽严得中，令警惕改悔。会文绶复官四川总督，以啯匪为乱，再戍伊犁，国泰未具疏谢。居月余，疏谢赐鹿肉，上诘责。国泰请纳养廉为父赎，并乞治罪，上宽之。

四十七年，御史钱沣劾国泰及易简贪纵营私，征赂诸州县，诸州县仓库皆亏缺。上命尚书和珅、左都御史刘墉按治，并令沣与俱。和珅故袒国泰；墉持正，以国泰虐其乡，右沣。验历城库银银色不一，得借市充库状。语互详《沣传》。国泰具袭索诸属吏，数辄至千万。易简谄国泰，上诘不敢以实对。狱定，皆论斩，上命改监候，逮系刑部狱。巡抚明兴疏言通察诸州县仓库，亏二百万有奇，皆国泰、易简在官时事。上命即狱中诘国泰等，国泰等言因王伦乱，诸州县以公使钱佐军兴，乃亏及仓库。上以"王伦乱起灭不过一月，即谓军兴事急，何多至二百万?即有之，当具疏以实闻。国泰、易简罔上行私，视诸属吏亏帑恝置不问，罪与王亶望等均"。命即狱中赐自裁。

郝硕，汉军镶黄旗人。父郝玉麟，官两江总督。郝硕袭骑都尉世职，授户部员外郎，直军机处，迁郎中。外授山东登莱青道，三迁江西巡抚。将朝京师，以行李不具，征属吏纳赇。四十九年，两江总督萨载论劾，逮京师鞫实。上谓："郝硕罪同国泰，国泰小有才，地方事尚知料理。郝硕尝朝行在，问以地方事，不知所对。不意复贪婪若是！且郝硕托辞求赂，正国泰事败时，乃甘知故蹈，无复忌惮。即视国泰例赐自裁。"因通谕诸直省督抚，当持名节，畏宪典，以国泰、郝硕为戒。

良卿，富察氏，满洲正白旗人。乾隆七年进士，授户部主事，迁郎中。外授直隶通永道，累迁贵州布政使。三十二年，命署巡抚。

师征缅甸，良卿董台站。上谕良卿："师行供顿有资民力者，核实奏闻。"良卿疏言："此项多乡保措办，银数多寡参差，无从核算。"上谓："师行供顿有资民力，亦当官为检核。若以乡保措办遂置不问，民瘼何所仰赖？且吏役因以为奸，又何所不至耶？良卿以布政使署巡抚，何得诿为不知？"下吏议，当降调，命改夺官，仍留任。既，上发帑佐军需，良卿请确查散给，上诘良卿："既言无从核算，何能确查散给？"命留任续发官军。良卿又疏陈贵州兵极能走险耐瘴，请募五千人习枪炮、藤牌备征发。上嘉其尽心，赐孔雀翎。寻移广东，以募兵事未竟，仍留贵州。贵州产铅，岁采运供铸钱，以粮道主其事。三十四年，良卿疏劾威宁知州刘标运铅不如额，并亏工本运值，夺标职，令良卿详谳。良卿疏陈标亏项，并劾粮道永泰，请简大臣会鞫，上为遣内阁学士富察善如贵州会良卿按治。永泰揭户部陈标亏项由长官婪索，因及良卿及按察使高积

贪黩状，上解良卿职，复命刑部侍郎钱维城、湖广总督吴达善即讯。故事，奏摺置黄木匣，外护以黄绫袱，至御前始启。上发副将军阿桂军中奏，于袱内得普安州吴佟诉官吏、土目私派累民状，命吴达善密勘；而刘标亦遣人诣户部诉上官婪索，呈簿记，上申命吴达善严鞫。

吴达善先后疏言标积年亏帑至二十四万有奇。良卿意在弥补掩覆，见事不可掩，乃以访闻奏劾；及追缴银六千有奇，令留抵私填公项，不入查封，始终隐饰。又及高积蠹储库水银，良卿有袒庇状。良卿长支养廉，为前布政使张逢尧及积署布政使时支放。普安州民吴国治诉知州陈昶籍军兴私派累民，良卿即令昶会鞫，不竟其事，乃致佟贿驿吏附奏事达御前。上乃责良卿负恩欺罔，罪不止于執法婪赃，命即贵州省城处斩，销旗籍，以其子富多、富永发伊犁，畀厄鲁特为奴。积、逢尧、标皆坐遣。

方世俊，字毓川，安徽桐城人。乾隆四年进士，授户部主事。累迁太仆寺少卿，外授陕西布政使。二十九年，擢贵州巡抚。三十二年，调湖南巡抚。刘标讦发上官婪索，言世俊得银六千有奇，上命夺官，逮送贵州，其仆承世俊得银千。狱成，械致刑部，论绞决，上命改监候。秋谳入情实，伏法。

钱度，字希裴，江南武进人。乾隆元年进士，授吏部主事，累迁广西道监察御史。外授安徽徽州知府，累擢至方面。其为江安督粮道、河库道，皆再任，历十余年。上嘉其久任奋勉。二十九年，授云南布政使。三十三年，迁广东巡抚。师方征缅甸，度主馈军，命以巡抚衔领布政使。未岁，移广西巡抚，乃之官，贺县囚越狱，度请宽知县郑之翀罪。上命夺之翀职，责度宽纵。学政梅立本按试郁林，索供应，民聚哄。上命度定学政供应夫船事例，度拟从宽备，失上指，仍左授云南布政使。三十七年，监铜厂。宜良知县朱一深揭户部，告度贪婪，勒属吏市金玉，上命刑部侍郎袁守侗如云南会总督彰宝、巡抚李湖按治。贵州巡抚图思德奏获度仆持金玉诸器，自京师将往云南，值银五千以上；江西巡抚海明奏获度仆携银二万九千有奇，自云南将往江南，并得度寄存鄱书，令为复壁藏金，为永久计；两江总督高晋籍度家，得窨藏银二万七千，又寄顿金二千。守侗等讯得度刻扣铜本平余，及勒属吏市金玉得值，具服，逮送京师。命军机大臣会刑部覆谳，以度侵欺勒索赃私具实，罪当斩，命即行法。子鄱亦论绞，上为改缓决。寻遇赦，仍不令应试出仕。嘉庆五年，弛其禁。

觉罗伍拉纳，满洲正黄旗人。初授户部笔帖式，外除张家口理事同知，累迁福建布政使。林爽文之乱，伍拉纳主馈军，往来蚶江、厦门，事定，赐花翎，迁河南巡抚。乾隆五十四年，授闽浙总督。上以福建民情犷悍，戒伍拉纳当与巡抚徐嗣曾面权整饬。伍拉纳督吏捕盗，先后所诛杀百数十人。以内地民多渡海至台湾，疏请海口设渡，便稽察。时定往台湾者出蚶江，民舟或自厦门渡，并令至蚶江报验，疏请罢其例，俾得径出厦门。言者以海中岛屿多，流民散处为盗薮，当毁其庐，徙其民，毋使滋蔓。

下滨海诸直省议，伍拉纳疏言："福建海中诸岛屿，流民散处，凡已编甲输粮者，当不在例中。"上命诸岛屿非例当封禁，皆任其居住。浙江嘉善县民诉县吏征漕浮收，下伍拉纳按治，论如律。

伍拉纳治尚严，疏劾金门镇总兵罗英笈巡洋兵船遇盗不以实报，英笈坐谴；又论邵武营守备余朝武等侵饷，营吏黄国材等冒饷，黄岩右营守备叶起发属兵遇盗不以实报，外委陈学明避盗伪为被创，营兵柯大斌诬告营官，皆傅重比。五十七年，同安民陈苏老、晋江民陈滋等为乱，设龖䨷会。"龖䨷"字妄造，以代"天地"。伍拉纳率按察使戚蓼生赴泉州捕得苏老等，诛一百五十八人，戍六十九人。五十九年，义乌民何世来、宣平民王元、楼德新等为乱，立邪教。伍拉纳率按察使钱受椿赴金华。浙江巡抚吉庆已捕诛世来、德新，伍拉纳覆谳诸胁从，复诛鲍茂山、吴阿成等，还福建至浦城，捕得元，诛之。

六十年，台湾盗陈周全为乱，陷彰化。伍拉纳出驻泉州，发兵令署陆路提督乌兰保、海坛镇总兵特克什布赴剿，彰化民杨仲舍等击破周全，乱已定。是岁，漳、泉被水，饥。伍拉纳至，民哄集乞赈，未以闻。上促伍拉纳赴台湾，累诏诘责，伍拉纳自泉州往。福州将军魁伦疏言："伍拉纳性急，按察使钱受椿等迎合，治狱多未协。漳、泉被水，米值昂，民贫，巡抚浦霖等不为之所，多入海为盗。虎门近在省会，亦有盗舟出没。"上为罢伍拉纳、浦霖，命两广总督觉罗长麟署总督，魁伦署巡抚。

伍拉纳至台湾，劾鹿仔港巡检朱继功以丧去官，贼起，即携眷内渡，请夺官戍新疆。上谕曰："伍拉纳为总督，台湾贼起，陷城戕官，朕屡旨严饬始行。继功丁忧巡检，转责其携眷内渡，加以远戍。伍拉纳畏罪迁延，乃欲以此自掩，何其不知耻也！"伍拉纳、浦霖贪纵、婪索诸属吏，州县仓库多亏缺。伍拉纳尝疏陈清查诸州县仓库，亏谷六十四万有奇、银三十六万有奇，限三年责诸主者偿纳。至是，魁伦疏论诸州县仓库亏缺，伍拉纳所奏非实数。上命伍拉纳、浦霖及布政使伊辙布、按察使钱受椿皆夺官，交长麟、魁伦按谳。

长麟、魁伦勘布政司库吏周经侵库帑八万有奇，具狱辞以上。上疑长麟等意将归狱于经，斥其徇隐。长麟等疏发伍拉纳受盐商贿十五万，霖亦受二万，别疏发受椿谳长秦械斗狱，狱毙至十人，得赇销案。籍伍拉纳家，得银四十万有奇、如意至一百余柄，上比之元载胡椒八百斛；籍霖家，得窖藏金七百、银二十八万，田舍值六万有奇，他服物称是：速京师，廷鞫服罪，命立斩。

伊辙布亦逮京师，道死。受椿槛送还福建，夹二次，重笞四十，乃集在省官吏处斩；又以长麟宽贷，夺官召还，以魁伦代之，遂兴大狱，诸州县亏帑一万以上皆斩，诛李堂等十人，余谴黜有差。

霖，浙江嘉善人。乾隆三十一年进士，授户部主事，再迁郎中。外授湖北安襄郧道。累迁福建巡抚，移湖南，复迁福建。及得罪，上谓："伍拉纳未尝学问，或不知洁己奉公之义。霖以科目进，起自寒素，擢任封疆，乃贪黩无厌，罔顾廉耻，尚得谓有人心者乎？"霖及伍拉纳、伊辙布、受椿诸子皆用王亶望例戍伊犁。嘉庆四年，赦还。

论曰：高宗谴诸贪吏，身大辟，家籍没，僇及于子孙。凡所连染，穷治不稍贷，可谓严矣！乃营私戢法，前后相望，岂以执政者尚贪侈，源浊流不能清欤！抑以坐苞苴败者，亦或论才宥罪，执法未尝无挠枉？然观其所诛殛，要可以鉴矣！

卷三百四十　　列传一百二十七

王杰　董诰　朱珪

王杰，字伟人，陕西韩城人。以拔贡考铨蓝田教谕，未任，遭父丧，贫甚，为书记以养母。历佐两江总督尹继善、江苏巡抚陈宏谋幕，皆重之。初从武功孙景烈游，讲濂、洛、关、闽之学；及见宏谋，学益进，自谓生平行己居官得力于此。

乾隆二十六年，成进士，殿试进呈卷列第三。高宗熟视字体如素识，以昔为尹继善缮疏，曾邀宸赏，询知人品，即拔置第一。及引见，风度凝然，上益喜。又以陕人入本朝百余年无大魁者，时值西陲戡定，魁选适得西人，御制诗以纪其事。寻直南书房，屡司文柄。五迁至内阁学士。三十九年，授刑部侍郎，调吏部，擢左都御史。四十八年，丁母忧，即家擢兵部尚书。车驾南巡，杰赴行在谢，上曰："汝来甚好。君臣久别，应知朕念汝。然汝儒者，不欲夺汝情，归终制可也。"服阕，还朝。五十一年，命为军机大臣、上书房总师傅。次年，拜东阁大学士，管理礼部。台湾、廓尔喀先后平，两次图形紫光阁，加太子太保。

杰在枢廷十余年，事有可否，未尝不委曲陈奏。和珅势方赫，事多擅决，同列隐忍不言，杰遇有不可，辄力争。上知之深，和珅虽厌之而不能去。杰每议政毕，默然独坐。一日，和珅执其手戏曰："何柔荑乃尔！"杰正色曰："王杰手虽好，但不能要钱耳！"和珅赧然。嘉庆元年，以足疾乞免军机、书房及管理部事，允之。有大事，上必谘询，杰亦不时入告。

时教匪方炽，杰疏言："贼匪剿灭稽迟，由被贼灾民穷无倚赖，地方官不能劳来安辑，以致胁从日众，兵力日单而贼焰日炽。此时当安良民以解从贼之心，抚官兵以励行间之气。三年之内，川、楚、秦、豫四省杀伤不下数百万，其幸存而不从贼者，亦皆锋镝之余，男不暇耕，女不暇织。若再计亩征输，甚至分外加派，胥吏因缘勒索，艰苦情形无由上达圣主之前。祈将被贼地方钱粮蠲免，不令官吏舞弊重征。有来归者概勿穷治，贼势或可渐孤矣。至于用兵三载未即成功，实由将帅有所依恃，息玩因循，非尽士卒之不用命也。乞颁发谕旨，曲加邻恤，有骄惰不驯者，令经略概行撤回，或就近更调召募，申明纪律，鼓行励戎，庶几人有挟纩之欢，众有成城之志。"又言："教匪之蔓延，其弊有二：一由统领之有名无实。勒保虽为统领，而统兵大员名位相等，人人得专摺奏事，于是贼至则畏避不前，贼去则捏称得胜。即如前岁贼窜兴安，领兵大员有'匪已渡江五日，地方官并不禀报'之奏，此其畏避情形显而易见。又如去岁贼扰西安城南，杀伤数万，官兵既不近贼，抚臣一无设施；探知贼去已远，然后虚张声势，名为追贼，实未见贼。近闻张汉潮蔓延商、雒，高均德屯据洋县，往来冲突，如入无人之境。秦省如此，川省可知。实由统领不专、赏罚不明之所致也。一由领兵大员专恃乡勇。乡勇阵亡，无庸报部，人数可以虚捏；藉乡勇为前阵，既可免官兵之伤亡，又可为异日之开销，此所以耗国帑而无可稽核也。臣以为军务紧要，莫急于去乡勇之名而为召募之实，盖有五利：一，民穷无依，多半从贼，苟延性命，募而为兵，即有口粮，多一为兵之人，即少一从贼之人；一，隔省征调，旷日持久，就近召募，则旬日可得；一，征兵远来，筋力已疲，召募之人，不须跋涉；一，隔省之兵，水土不习，路径不谙，就近之人，则不虑此；一，乡勇势不能敌，则逃散无从惩治，召募之兵退避，则有军法。具此五利，何不增募，一鼓而歼贼？如谓兵多费多，独不思一万兵食十月之粮，与十万兵食一月之粮，其费相等而功可早奏也。"疏入，并被采用。

二年，复召直军机，随扈热河。未几，因腿疾，诏毋庸入直，先行回京。三年秋，川匪王三槐就擒，封赏枢臣，诏："杰现虽未直军机，军兴曾有赞画功，并予优叙。"

洎仁宗亲政，杰为首辅，遇事持大体，竭诚进谏，上优礼之。五年，以衰病乞休，温诏慰留，许扶杖入朝。七年，固请致仕，晋太子太傅，在籍食俸。八年春，濒行上疏，略谓："各省亏空之弊，起于乾隆四十年以后，州县营求馈送，以国帑为贪缘，上司受其挟制，弥补无期。至嘉庆四年以后，大吏知尚廉节，州县仍形拮据，由于苦乐不均，贤否不分，宜求整饬之法。又，旧制，驿丞专司驿部，无可诛求。自裁归州县，滥支苛派，官民俱病。宜先清驿站，以杜亏空。今当军务告竣，朝廷勤求治理，无大于此二者。请睿裁独断，以挽积重之势。"所言切中时弊，上嘉纳之。陛辞日，赐高宗御用玉鸠杖、御制诗二章，以宠其行，有云："直道一身立廊庙，清风两袖返韩城。"时论谓足尽其生平。既归，岁时颁赏不绝，每有陈奏，上辄亲批答，语如家人。

九年，杰与妻程并年八十，命巡抚方维甸赍御制诗、额、珍物，于生日就赐其家。杰诣阙谢，明年正月，卒于京邸。上悼惜，赐金治丧，赠太子太师，祀贤良祠，谥文端。

杰体不逾中人，和霭近情，而持守刚正，历事两朝，以忠直结主知。当致仕未行，会有陈德于禁城惊犯乘舆，急趋朝请对曰："德庖厨贱役，安敢妄蓄逆谋？此必有元奸大憝主使行明张差之事，当除肘腋之患。"至十八年林清逆党之变，上思其言，特赐祭焉。

孙笃，道光二年进士，历编修、御史，出为汀州知府、广东督粮道，署盐运使。时林则徐为按察使，治海防，甚倚之。募广州游手精壮者备守御，以机敏称。擢山东布政使，署巡抚。失察家人、属官受赂，连降罢职归，襄理西安城工。卒，赠布政使衔。

董诰，字蔗林，浙江富阳人，尚书邦达子。乾隆二十八年进士，殿试进呈卷列第三，高宗因大臣子，改二甲第一。选庶吉士，即预修国史、《三通》、《皇朝礼器图》。散馆，授编修。三十二年，命入懋勤殿写金字经为皇太后祝嘏。次年，大考翰詹，因写经未与试，特加一级。寻擢中允，丁父忧。三十六年，服阕，入直南书房。初，邦达善画，受高宗知。诰承家学，继为侍从，书画亦被宸赏，尤以奉职恪勤为上所眷注。累迁内阁学士。四十年，擢工部侍郎，调户部，历署吏、刑两部侍郎，兼管乐部。充四库馆副总裁，接办《全书荟要》，命辑《满洲源流考》。四十四年，命为军机大臣。五十二年，加太子少保，擢户部尚书。台湾、廓尔喀先后底定，并列功臣，图形紫光阁。

嘉庆元年，授受礼成，诏朱珪来京，将畀以阁务，仁宗贺以诗。属稿未竟，和珅执白高宗曰："嗣皇帝欲市恩于师傅。"高宗色动，顾诰曰："汝在军机、刑部久，是于律意云何？"诰叩头曰："圣主无过言。"高宗默然良久，曰："汝大臣也，善为朕辅导之。"乃以他事罢珪之召。时大学士悬缺久，难其人。高宗谓刘墉、纪昀、彭元瑞三人皆资深，墉遇事模棱，元瑞不检获谴，昀读书多而不明理，惟诰在直勤勉，超拜东阁大学士，明诏宣示，俾三人加愧励焉。命总理礼部，仍兼管户部事。二年，丁生母忧，特赐《陀罗经》被，遣御前侍卫、额驸丰绅殷德莫醊。

诰既以丧归，川、楚兵事方亟，高宗欲召之，每见大臣，数问："董诰何时来？"逾年，葬事毕，诰京师，和珅遏不上闻。会驾出，诰于道旁谢恩，高宗见之，喜甚，命暂署刑部尚书，素服视事，不预典礼，专办秋谳及军营纪略，且曰："诰守制已逾小祥，不得已用人之苦心，众当共谅。"寻以王三槐就擒，与军机大臣同被议叙。四年春，高宗崩，和珅伏诛，命诰复直军机，晋太子太保。既，服阕，授文华殿大学士，兼刑部尚书如故。高宗山陵礼成，命题神主，晋太子太傅。七年，三省教匪平，予骑都尉世职。十二年，《高宗实录》告成，诏以诰在馆八年，始终其事，特加优奖，赐其父邦达入祀贤良祠。十四年，万寿庆典，晋太子太师。充上书房总师傅。十七年，晋太保。

十八年，扈从秋狝。林清逆党突入禁城，时回銮，中途闻变，有议俟调大兵成列而后进者，诰曰："是滋乱也，献俘者行至矣！"即日扈驾进次，人心乃定。穷治邪教，诰谓："烧香祈福，愚民无知，率所常有。惟从逆者不可贷。"凡论上，皆以是定谳。林清既诛，滑县逆匪寻平，论功，迭被优叙，赐子淳为郎中。二十年，因病请致政，温诏慰留，改管兵部。未几，复命管刑部。二十三年，再疏乞休，许致仕食全俸。是年十月，卒，赠太傅。上亲奠，入祀贤良祠，赐金治丧，御制诗挽之，嘉其父子历事三朝，未尝增置一亩之田、一椽之屋，命刻诗于墓，以彰忠荩。谥文恭。

诰直军机先后四十年，熟于朝章故事，有以诰者，无不悉。凡所献纳皆面陈，未尝用奏牍。当和珅用事，与王杰楮柱其间，独居深念，行处几失常度，卒赞仁宗歼除大憨。及林清之变，独持镇定，尤为时称云。

朱珪，字石君，顺天大兴人。先世居萧山，自父文炳始迁籍。文炳官赘屋知县，曾受经于大学士朱轼。珪少传轼学，与兄筠同乡举，并负时誉。乾隆十三年成进士，年甫十八，选庶吉士，散馆授编修。数遇典礼，撰进文册。高宗重其学行，累迁侍读学士。二十五年，出为福建粮驿道。擢按察使，治狱平恕，以父忧去。三十二年，补湖北按察使。会缅甸用兵，以部署驿务详慎，被褒奖。

调山西，就迁布政使，署巡抚。疏请归化、绥远二城谷二万余石搭放兵粮，以省采买、免红朽；又免土默特蒙古私垦罪，以所垦牧地三千余顷，许附近兵民认耕纳租，岁六千余两，增官兵公费；又太仆寺牧地苦寒，改征折色，以便民除弊：皆下部议行。珪方正，为同僚所不便，按察使黄检奏劾读书废事。

四十年，召入觐，改授侍讲学士，直上书房，侍仁宗学。四十四年，典福建乡试。次年，督福建学政。濒行，上五箴于仁宗：曰养心，曰敬身，曰勤业，曰虚己，曰致诚。仁宗力行之，后亲政，尝置左右。五十一年，擢礼部侍郎，典江南乡试，督浙江学政。还朝，调兵部。五十五年，典会试。出为安徽巡抚。皖北水灾，驰驿往赈，携小数人，与村民同舟渡，赈宿州、泗州、砀山、灵壁、五河、盱眙余灾，轻者贷以粮种。筑决堤，展春赈，并躬莅其事，民无流亡。五十九年，调广东。寻署两广总督，授左都御史、兵部尚书，仍留巡抚任。嘉庆元年，授总督，兼署巡抚。珪初以文学受知，洎出任疆寄，负时望，将大用。和珅忌之，授受礼成，珪进颂册，因加指摘，高宗曰："陈善纳诲，师傅之职宜尔，非汝所知也。"会大学士缺，诏召珪，卒为和珅所沮。以广东艇匪扰劫闽、浙，责珪不能缉捕，寝前命，左迁安徽巡抚。皖北复灾，亲治赈，官吏无侵蚀。三省教匪起，安徽亦多伏莽。珪曰："疑而索之，是激之变。"亲驻界上筹防御，遍莅颍、亳所属，集乡老教诫之，民感化，境内迄无事。明年，授兵部尚书，调吏部，仍留巡抚任。

四年正月，高宗崩，仁宗即驰驿召珪，闻命奔赴。途中上疏，略曰："天子之孝，以继志述事为大。亲政伊始，远听近瞻，默运乾纲，霈施涣号。阳刚之气，如日重光，恻怛之仁，无幽不浃。修身则严诚欺之界，观人则辨义利之防。君心正而四维张，朝廷清而九牧肃。身先节俭，崇奖清廉，自然盗贼不足平，财用不足阜。惟愿皇上无忘尧、舜自任之心，臣敢不勉行义事君之道。"至京哭临，上执珪手哭失声。命直南书房，管户部三库，加太子少保，赐第西华门外。时召独对，用人行政悉以谘之。珪造膝密陈，不关白军机大臣，不沽恩市直，上倾心一听，初政之美，多出赞助。

寻充上书房总师傅，调户部尚书。诏清漕政，禁浮收。疆吏以丁苦累，仰给州县，州县不得不取诸民，于是安徽加赠银，江苏加耗米。珪谓小民未见清漕之益，先受其害，力争罢之，令曹司凡事近加赋者皆议驳。长芦盐政请加增盐价，驳曰："芦东因钱价贱，已三加价矣。且免积欠三百六十万两，余欠展三年，商力已宽，无庸再议加价。"广东请滨海沙地升赋，驳曰："海沙淤地，坍涨靡常，故照下则减半赋之。今视上、中田增赋，是与民计微利，非政体。且民苦加赋，别有涨地，将不敢报垦，不可行。"仓场请预纳钱粮四五十倍，准作义监生，驳曰："国家正供有常经，名实关体要。于名不正，实必伤，断不可行。"凡驳议每自属稿，奏上，皆趣之。五年，兼署吏部尚书。

先是彭元瑞于西华门内坠马，珪呼其舆入昇之，为御史周拭所劾。寻有珪舆人殴伤禁门兵，忌者嗾护军统领讦之。诏："珪素恪谨，造次不检，特申戒。"坐褫宫衔，解三库事，镌级留任。七年，协办大学士，复太子少保。寻兼翰林院掌院学士，晋太子少傅。九年，上幸翰林院，联句赐宴，御书"天禄储才"额刻悬院中，以墨书赐珪家。十年，拜体仁阁大学士，管理工部。上以是命遵高宗谕，遣诣裕陵谢。逾岁，年七十六，以老乞休，温诏慰留，赐玉鸠杖；命天寒，间二三日入直。

未几，召对乾清宫，眩晕，扶归第，数日卒。上亲奠，哭之恸。赠太傅，祀贤良祠，赐金治丧。诏："珪自为师傅，凡所陈说，无非唐、虞、三代之言，稍涉时趋者不出诸口，启沃至多。揆诸谥法，足当'正'字而无愧，特谥文正。又见其门庭卑隘，清寒之况，不减儒素。"命内府备筵，遣皇子加奠。启殡日，遣庆郡王永璘祖奠目送。逾年，上谒西陵，璘墓近跸路，遣官赐奠。《高宗实录》成，特赐祭，擢长子锡经为四品京堂。二十年，复因谒陵回銮，亲奠其墓，恩礼始终无与比。

珪文章奥博，取士重经策，锐意求才。嘉庆四年典会试，阮元佐之，一时名流搜拔殆尽，为士林宗仰者数十年。学无不通，亦喜道家，尝曰："朱子注《参同契》，非空言也。"

论曰："君子小人消长之机，国运系焉。王杰、董诰、朱珪皆高宗拔擢信任之臣，和珅一再间沮，卒不屈挠。一旦共、骥伏法，众正盈朝，摅其忠诚，启沃新主，殄寇息民，苞桑永固。天留数人，弼成仁宗初政之盛，可谓大臣矣。

卷三百四十一 列传一百二十八

庆桂　刘权之　戴衢亨　戴均元
托津　章煦　卢荫溥

庆桂，字树斋，章佳氏，满洲镶黄旗人，大学士尹继善子。以荫生授户部员外郎，充军机章京，超擢内阁学士。

乾隆三十二年，充库伦办事大臣，迁理藩院侍郎。三十六年，授军机大臣。居二载，出为伊犁参赞大臣，调塔尔巴哈台。哈萨克巴布克诡称阿布勒毕斯授为哈拉克齐，偕阿布勒毕斯之子博普来贡马。庆桂以博普未至,巴布克狡诈不可信,斥之。上嘉其有识,曰:"尹继善之子能如此,朕又得一能事大臣矣!"四十二年,授吏部侍郎。调乌里雅苏台将军,授正黄旗汉军都统,以病回京。逾年,授盛京将军,调吉林,再调福州。四十九年,入觐,授工部尚书,仍直军机,调兵部。逾年,署黑龙江将军。时陕甘总督福康安赴阿克苏安辑回众,上以庆桂练边事,命带钦差关防,驰往甘肃,暂署总督。寻授塔尔巴哈台参赞大臣。五十一年,召授兵部尚书,历署盛京、吉林、乌里雅苏台将军。五十七年,廓尔喀平,予议叙,图形紫光阁,上亲制赞。

两淮盐运使柴桢私挪课银弥补浙江盐道库藏,命偕长麟赴浙按治,得巡抚福崧婪索侵蚀状,谳上,福崧、桢俱伏法。寻授荆州将军。逾年,召授正红旗蒙古都统,命勘南河高家堰石工。嘉庆四年,授刑部尚书、协办大学士,复直军机。授内大臣,监修《高宗实录》,加太子太保。拜文渊阁大学士,总理刑部。裕陵奉安礼成,晋太子太傅,管理吏部、理藩院、户部三库事。七年,三省教匪平,以赞画功,予骑都尉世职,赐双眼花翎。九年,授领侍卫内大臣。《高宗实录》成,赏紫缰,晋太子太师。十六年,扈跸热河,以腿疾免从行围,予假回京。十七年,晋太保。上念其年老,罢直军机处,仍授内大臣。

庆桂性和平,居枢廷数十年,初无过失,举趾不离跬寸,时咸称其风度。逾年,命以原品休致,给予全俸。二十一年,卒,谥文恪。

刘权之,字云房,湖南长沙人。乾隆二十五年进士,选庶吉士,授编修,累擢司经局洗马。四十三年,督安徽学政。预修《四库全书》,在事最久,及《总目提要》告成,以劳擢侍讲。五十年,大考二等。逾年,擢大理寺卿,迁左副都御史。疏言:"大挑举人多贪缘,请于事前一日简派王大臣,闻命即宿朝房,以杜弊窦。"于是命在午门茇事,御史监视,护军巡察,步军、五城一体严查,著为令。寻督山东学政。五十六年,擢礼部侍郎。六十年,典江南乡试,留学政。嘉庆二年,调吏部。

四年,擢左都御史,典会试。疏言:"买补仓谷,地方官奉行不善,在本境采买,不论市价长贱,发银四五钱。花户不愿纳谷,惟求缴还原银,加倍交价。富户贿吏飞洒零户,转得少派。善良农民深受其累。官以折价入己,仍无存米。遇协济邻省,令米商仓猝购办,发价克扣,起运勒掯。请饬遇应买补,向丰稔邻县公平采办,不得于本县苛派,严禁胥吏舞弊。"又言:"社仓大半借端挪移,管理首事与胥吏从中侵盗,至歉岁颗粒无存,以致殷实之户不乐捐输,老成之士不愿承办,请一律查禁。"诏韪之,饬各直省严禁,民得免累,湖、湘间尤称颂焉。

编修洪亮吉上书王大臣言事戆直,成亲王径以上达,权之与朱珪未即呈奏,有旨诘问,自请严议。上以权之人品端正,平时陈奏不欺,宽其处分。寻迁吏部尚书。五年,典顺天乡试。六年,命为军机大臣。越一岁,会川、楚、陕教匪戡定,权之入直未久,上嘉其素日陈奏时有所见,

叠予褒叙。在吏部久,疏通淹滞,铨政号平。九年,失察书吏虚选舞弊,因兼直枢廷,薄谴之,调兵部。十年,以礼部尚书、协办大学士,加太子少保。军机章京、中书袁煦者,故大学士纪昀女夫也,入直已邀恩叙,权之于昀有旧恩,至是复欲以袁煦列荐。同官英和议不合,已中止,英和密请宴见,面劾权之瞻徇。上不悦,两人同罢直,下廷议革职,念权之前劳,降编修。未几,擢侍读,迁光禄寺卿,历迁兵部尚书。

十五年,协办大学士,典顺天乡试。是年,帝以秋狝幸热河,明年,幸五台,并命留京办事,拜体仁阁大学士,管理工部,复加太子少保。十八年,目疾乞假,遣御医诊视。会逆匪林清为变,事定,朝臣衰病者多罢退,诏以原品休致回籍,给半俸。二十三年,卒于家,年八十,谥文恪。

戴衢亨,字莲士,江西大庾人。父第元,由编修官太仆寺卿。衢亨年十七,举于乡。乾隆四十一年,召试,授内阁中书,充军机章京。四十三年,成一甲一名进士,授翰林院修撰,典试湖北。叔父均元、兄心亨并居馆职,选任文衡,称"西江四戴"。寻命仍直军机。秋狝扈跸,射麂以献,高宗赐诗美之。累典江南、湖南乡试,督山西、广东学政,历迁侍讲学士。

嘉庆元年,授受礼成。凡大典撰拟文字,皆出其手。二年,命随军机大臣学习行走,以秩卑,特加三品卿衔。累迁礼部侍郎,调户部。四年,仁宗始亲政。衢亨以病乞假;假满,兼署吏部侍郎。六年,擢兵部尚书,兼管顺天府尹、户部三库。川、楚、陕教匪以次削平,以赞画功,屡荷优褒。七年,大功戡定,诏嘉其知无不言,言无不尽,克尽忠悃,加太子少保,予云骑尉世职。九年,失察顺天府书吏盗印,罢兼尹。十年,调户部,兼直南书房,典会试。十二年,协办大学士,兼翰林院掌院学士,典顺天乡试。十三年,偕大学士长麟视南河。时河事日敝,帝锐意整顿,中外臣工议不一,特命查勘筹议。衢亨叔均元方以总河谢病家居,许便道省视,遂与长麟三疏陈治河要义,斟酌缓急,停修毛城铺滚水坝,复天然闸东山罅闸坝,以减黄济运;于王营减坝西,增筑滚坝、石坝,普培沿河大堤,以淮、扬境内为尤急。云梯关外八滩以上,接筑雁翅堤以束水势。高堰、山盱石堤加筑后戗土堤,为暂救目前之计,徐办碎石坦坡以护石工。智、礼二坝加高石基四尺,以制宣泄。疏上,帝深韪之,命嗣后考核河工以为标准。十四年,万寿庆典,晋太子少师。

衢亨性清通,无声色之好。朝退延接士大夫,言人人殊,不置可否,而朝廷设施,有见之数月数年之后者。枢政既久,仁宗推心任之。给事中花杰疏论长芦欠课,衢亨方管户部,议下盐政核办。杰乃劾衢亨与盐商查有圻姻亲,馈送往来,助营第宅,不免徇庇;又廷试阅卷,授洪莹为一甲一名,有交通情状,荐周系英、王以衔、席煜姚元之入南书房,与英和阴附结党。衢亨疏辨,下廷臣询,命二阿哥监视洪莹覆写试策,无误,迭诏为衢亨湔雪,惟斥其令部员刘承澍在园寓具稿,致招物议,予薄谴,镌

级留任；坐杰污蔑，承澍漏泄，降黜有差。因调衢亨工部。复以凡部臣有直军机者，遇交议，同官每向探意旨，事后辄相推诿，特谕申儆焉。十五年，拜体仁阁大学士，管理工部，兼掌翰林院如故。

十六年春，扈跸五台，至正定病，先回京。寻卒，年五十有七。温诏优恤，称其谨饬清慎，实为国家得力大臣，亲临赐奠，赠太子太师，入祀贤良祠，谥文端。子嘉端，年甫十一，赐举人，袭云骑尉。

戴均元，字修原。乾隆四十年进士，选庶吉士，授编修。迁御史，迭典江南、湖北乡试，督四川、安徽学政。嘉庆三年，由安徽任满还京，兄子衢亨先已超授军机大臣，故事，大臣亲属任科道者，对品回避，均元例改六部员外郎，特命以鸿胪寺少卿候补。累擢工部侍郎。

八年，偕侍郎贡楚克扎布察视张秋运河及衡家楼决口工程。历户部、吏部侍郎。十年，南河黄流夺运，高堰石工坏，特命驰视筹度。明年，诏以湖、河异涨，高堰堤工赖先筑子堰，保卫无虞，清水畅注，河口积淤刷涤，已复三分入运、七分入黄旧制，为河事一大转机，嘉均元尽心宣防，特复正、副总河旧制，授南河总督，以旧习徐端副之。在任三年，堵合黄河周家堡、郭家坊、王营减坝、陈家浦，及运河二堡、壮原墩，筑高堰义字坝，拆修惠济闸，以减坝合龙，加太子少保。病，乞解任，寻愈，因事降三品京堂，授左副都御史，督顺天学政。未几，迁仓场侍郎。十八年秋，河决睢州，出为东河总督。诏以均元曾任南河，许便宜调用工员，责速堵合。明年春，以吏部侍郎内召，途次擢左都御史。寻迁礼部尚书，调吏部。二十年，协办大学士。逾年，授军机大臣，充上书房总师傅。二十三年，拜文渊阁大学士，晋太子太保，管理刑部。二十四年，河决武陟马营坝，自秋徂冬尚未启工，奉命驰视，还报购料未集，诏严斥在事诸臣以示儆。

二十五年七月，扈从热河，甫驻跸，帝不豫，向夕大渐。均元与大学士托津督内侍检御箧，得小金盒，启镝，宣示御书立宣宗为皇太子，奉嗣尊位，然后发丧。洎还京，因撰拟遗诏有"高宗降生于避暑山庄"之语，误引御制诗注，枢臣皆被谴镌级，均元与托津并罢直。道光二年，裕陵隆恩殿柱蠹朽，距修建甫二十年，承办工员俱获罪。均元以在事未久，从宽罢管部务，夺宫衔，责同赔修，工毕复之。漳水北徙，命均元驰视。次年，因漳水下流溃直隶元城红花堤，塞之则元城北境水无所泄，不塞则山东馆陶受其害，复命均元往视。议展宽旧有引河，俾积水穿堤入卫水，别就堤下新刷水沟挑成河道，分流泄入馆陶境，筑堤防溢。复偕巡抚程祖洛勘上游，议："漳水自乾隆五十一年南徙合洹水后，卫水为所格阻，频年冲决，由于合则为患。今漳水北徙，与洹水分流入卫，当因势利导，各完堤防，使漳、洹不再合。"疏上，诏从之。四年，予告回籍，食全俸。

先是建万年吉地于宝华峪，均元相度选定。帝敦崇俭朴，命偕庄亲王绵课、协办大学士英和监修，面戒规制一从节减。追七年，孝穆皇后梓宫奉安，帝亲视，嘉其工程坚固，晋均元太子太师。及是，地宫有浸水，上震怒，严谴在事诸臣，褫均元职，逮京治罪，拟重辟，念其耄老，免罪释归。

均元历官五十余年，叔侄继为枢相，家门鼎盛。自在翰林，数司文柄，及跻卿贰，典顺天乡试一，典会试三。晚岁获咎家居，世犹推为耆宿。二十年，卒，年九十有五。

托津，字知亭，富察氏，满洲镶黄旗人，尚书博清额子。乾隆中，授都察院笔帖式，充军机章京，累迁银库郎中。改御史，迁给事中。嘉庆元年，命解饷银赴达州。五年，授副都统，留治四川军需。疏请军饷先一月预拨，忤旨召回。及至京，于饷数、军事无所陈告，褫职，予头等侍卫，充叶尔羌办事大臣。七年，调喀什噶尔参赞大臣，复授副都统。八年，召为仓场侍郎。

十年，调吏部，命在军机大臣上行走。偕直隶总督吴熊光往湖北，按讯盐法道失察岸商抬价，及钱局鼓铸偷减，治如律。时总督百龄被评在广东索供应、造非刑，命托津偕总督瑚图礼治其狱，请褫百龄职。十一年，调户部，偕侍郎广兴按东河总督李亨特勒派厅员，夺亨特职，遣戍。十二年，偕侍郎英和按讯热河副都统庆杰贪婪，褫职遣戍。

十三年，偕尚书吴璥勘南河。先是，云梯关外陈家浦漫决，由射阳湖旁趋海口，疆臣、河臣请改河道径由射阳湖入海。托津等疏言："马港口、张家庄漫水西漾数十里，始折归北潮河。如果地势建瓴，何以转向西流？北潮河已汇流数月，水未消涸，显见去路不畅，改道断不可行。请仍修故道，接筑云梯关外大堤，收束水势，较为得力。"又言："河口高堰各工，因运河西岸堵筑漫缺，头、二坝口门较宽，不能挚托畅注，请速补筑。"皆如所议行。

十四年，往江南谳狱。金山寺僧志学与王兆良争垦沙地械斗，毙多人，依律治罪。请以蒋家沙洲归公佃种，岁给宝晋书院及金山寺租银各千两。仓场书吏高添凤舞弊，通州中、西二仓亏缺，命偕福庆勘讯，坐以奸吏鞫法罪。既而，部鞫添凤，复得私出黑档领米状，托津亦以久任仓场，谴责分赔。浙江学政刘凤诰代办乡试监临，有联号弊，偕侍郎周兆基、少卿卢荫溥往按覆实，论凤诰遣戍。山西署布政使�刘大观劾前任巡抚初彭龄任性乖张，偕侍郎穆克登额往按，彭龄、大观俱被严议。十五年，擢工部尚书，调户部，兼都统。偕卢荫溥往四川按事，总督勒保寝匿名揭帖，据实上闻，罢勒保大学士职。又偕府尹初彭龄往南河清查工帑。十六年春，两江总督松筠调任，命托津暂代。寻回京，加太子少保，兼内大臣。

十八年，扈跸热河，教匪林清逆党阑入禁城，命托津回京察治。林清就获，诏优奖，授协办大学士。时匪党李文成据河南滑县，山东、直隶皆震动。那彦成督师，迁延未进，托津往代。既而那彦成连战皆捷，命托津赴开州、大名督率提督马瑜剿匪。十九年，授正白旗领侍卫内大臣，拜东阁大学士，管理户部，晋太子太保。侍郎初彭龄劾两江总督百龄、江苏巡抚张师诚受馈送，布政使陈桂生册报蒙混，命偕尚书景安往按。彭龄坐劾未实，被谴。二十一年,那彦成前在陕甘总督任与布政使陈祁挪赈事觉,命托津往按,那彦成逮京,即代署直隶总督,寻回京。

仁宗综核庶政,知托津朴诚,于行省有重事大狱,率以任之,无一岁不奉使命。二十二年,管理藩院。二十四年,万寿庆典,赐双眼花翎、紫缰。二十五年,仁宗崩于热河避暑山庄,事出仓猝,托津偕大学士戴均元手启宝盒,奉宣宗即位。寻因遗诏引事舛误,诏切责,托津、均元并以年老罢军机大臣,降四级留任。道光元年,命题仁宗神主,晋太子太傅。二年,与玉澜堂十五老臣宴,绘像,御制诗有"立朝正色"之褒。调管刑部。以子妇乘轿入神武门中门,坐治家不严,夺紫缰、双眼花翎,寻复之。十一年,致仕,食全俸。十五年,卒,年八十有一。帝亲奠,赐金治丧,赠太子太师,祀贤良祠,谥文定。

章煦,字曜青,浙江钱塘人。乾隆三十七年进士,授内阁中书,充军机章京,累迁刑部员外郎。屡典乡试,督陕甘学政,任满仍留刑部,改御史。嘉庆六年,擢太仆寺少卿。诏以军事方殷,煦习机务,仍留直。七年,三省教匪平,始罢直供本职。偕侍郎那彦宝往云南按布政使陈孝升等冒销军需,治如律。历太仆寺卿、顺天府尹。十年,出为湖北布政使。逾年,擢巡抚。十三年,召为刑部侍郎。偕侍郎穆克登额往云南按事。贡生任澍字诬评官吏冒销军需不实,论反坐。授贵州巡抚,未至,调云南,署云贵总督。十四年,调江苏巡抚,署两江总督。时议行海运,下煦筹议,疏陈不便,寝之。十七年,入觐,乞改京秩,授刑部侍郎,偕侍郎景安往直隶谳狱。十八年,河南教匪起,直隶总督温承惠赴剿,命煦代摄。寻擢工部尚书,调吏部,仍留署职。捕教匪冯克善械送京师,加太子少保。

十九年,回京,典会试。山东金乡窃贼聚众拒捕,巡抚同兴以邪教余党闻。煦偕那彦宝往鞫,得状,依律论罪。知州袁洁诬报,褫其职。上知山东吏治废弛,命煦等严察以闻,遂劾同兴玩泄,以致地方凋敝,仓库空虚,及布政使朱锡爵徇私废公状,并褫职,命煦署巡抚,清查亏空。寻以陈大文调任,同治其事,责煦议定章程。疏言:"嘉庆十四年清查,原奏亏银一百七十九万有奇。今查十四年以前实亏三百四十一万有奇,十四年以后又续亏三百三十四万有奇。拟请清厘藩库,严交代,定征解分数,以杜新亏;立追缴及分赔限期,催征民欠,以惩延宕;核减提款,确查无著之亏,以示体恤;核摊捐案,据估变流抵产物扣抵,先尽正项仓库一律算补,军需垫解,查明方许列抵,以防朦混。"凡十四条,下部议行。

二十年,偕侍郎熙昌往湖北、广东、江苏、安徽谳狱:襄阳人吴焕章诬告易成元、易登朝等勾结谋逆,反坐论罪;襄阳知县周以焯滥押毙命,遣戍。雷州府经历李棠诬评两广总督蒋攸铦,遣戍;雷琼道朝大成苛派属员,褫职;贵县知县吴遇坤刊书诋毁上官,遣戍;洋商卢观恒滥祀乡贤,黜之;江苏知县王保澄诬评上官讳匿邪书,遣戍;阜阳捻匪纠抢杀人,论如律。

二十一年,调礼部尚书,授军机大臣。调刑部,管理礼部。二十二年,病免。寻授兵部尚书、协办大学士,兼管顺天府尹事。二十三年,拜东阁大学士,管理刑部。万寿庆典,晋太子太保。二十五年,以足疾累疏乞休,予告致仕,食全俸。居家久之,道光四年,卒,谥文简。

煦久任枢曹,练习政事,扬历中外,数治大狱。晚始参枢务,未久病去,再起管部。以尽心刑事,京察特被奖叙焉。

卢荫溥,字南石,山东德州人。祖见曾,康熙六十年进士,官至两淮盐运使。父谦,汉黄德道。

见曾起家知县,历官有声。为两淮盐运使,以罪遣戍,复起至原官。当乾隆中叶,淮鹾方盛。见曾擅吏才,爱古好事,延接文士,风流文采,世谓继王士禛。在扬州时,屡值南巡大典,历年就盐商提引,支销冒滥,官商并有侵蚀。至三十三年,事发,自盐政以下多罹大辟。见曾已去官,逮问论绞,死于狱中。籍没家产,子孙连坐,谦谪戍军台。荫溥甫九岁,贫困,随母归依妇翁,读书长山。越三年,大学士刘统勋为见曾剖雪,乞恩赦谦归,授广平府同知。荫溥刻苦励学,至是始得应科举。

乾隆四十六年,成进士,选庶吉士,授编修。阿桂为掌院,激赏其才。五十六年,大考,降礼部主事。阿桂言荫溥能事,改部可惜。帝曰:"使为曹部,正以治事也。"累司文柄,典山西乡试,督河南学政。嘉庆五年,充军机章京,川、楚军事,多所赞画。八年,孝淑睿皇后奉安山陵,故事,皇后葬礼无成式,礼臣所议未当。荫溥回直仪曹,考定礼文,草撰大仪,奏上,如议行。数随大臣赴各省按事,累擢光禄寺少卿。十六年,大学士戴衢亨卒,仁宗以荫溥谙习枢务,数奉使有劳,加四品卿衔,命在军机大臣上行走。历通政司副使、光禄寺卿、内阁学士。十八年,擢兵部侍郎,调户部。扈从热河,会教匪起,滑县林清入犯禁城,夜半闻报,至行在面进机宜,越日从驾还京。事平,优叙,赐子本举人。

二十二年,擢礼部尚书,调兵部。上以荫溥实心任事,特加太子少保。寻调户部,兼署刑、吏两部尚书。二十三年,馆臣撰进《明鉴》,未合上意,命荫溥偕托津、章煦、英和、和瑛为总裁,遴择翰林才识兼长者,重加核改,书成,诏褒之。工部主事潘恭辰监督琉璃窑,不受漏规,驭吏严,吏诬讦侵冒,下狱。恭辰贫而无援,文书证据不得直,罪且不测,舆论愤之。上微闻,命荫溥详鞫,得其状,释恭辰,置吏于法。后恭辰至云南布政使,以清操名。二十五年,典会试,会元陈继昌,故大学士宏谋玄孙也,乡试、殿试皆第一。有清一代科举得三元者,惟乾隆中钱棨及继昌两人。上制诗,命荫溥等赓和,以纪盛事。是年秋,帝崩,因撰拟遗诏不慎,降五级留任。寻调工部。

道光元年,调吏部,兼管顺天府尹,罢军机大臣。次年,犹以直军机久,调任后亦能尽心,加恩予优叙。七年,协办大学士。十年,拜体仁阁大学士,管理刑部。十三年,以疾乞休,加太子太保,食全俸。十九年,重宴鹿鸣,晋太子太傅。寻卒,年八十,赠太子太师,谥文肃。

论曰:仁宗综核名实,枢臣中戴衢亨最被信用,衢亨亦竭诚赞襄，时号贤相，晚遭弹劾，而眷注不移。均元继之，卒以顾命嫌疑，不安于位。岂盈满之不易居耶？庆桂、刘权之并以老成雍容密勿，托津、章煦、卢荫溥则奉使出入，数按事决狱，寄股肱耳目之任。因人倚畀，盖各有所专焉。

卷三百四十二　列传一百二十九

保宁　松筠子熙昌　**富俊**窦心传　**博启图**

保宁，图伯特氏，蒙古正白旗人，靖逆将军纳穆札勒子。乾隆中，纳穆札勒殉节回疆，锡封三等公。

保宁由亲军袭爵，授乾清门侍卫。从征金川，力战，迭克要隘，将军阿桂荐其才，擢陕西兴汉镇总兵。金川平，绘像紫光阁，御制赞，褒其胆勇持重，少年如宿将。寻调河南南阳镇、直隶马兰镇，兼总管内务府大臣。擢江南提督。

四十九年，授成都将军。甘肃石峰堡回叛，命选屯练番兵赴巩昌、安定助剿，平之。五十一年，授四川总督。保宁谨慎有操守，尽心边事。边夷上下孟董、九子等寨生齿日繁，请增设营员，以屯练有劳绩者拔补；改修打箭炉城，扼要筑卡，驻兵捍卫；改黄梁、大定、白鸡、白鹿等八寨熟苗编入民户：并协机宜。

次年，调伊犁将军；兼内大臣，筹备仓储。疏言："伊犁一年支粮十六万六千余石，不敷二万三千石，历就旧储五十余万石内填补。现剩三十余万石，虽尚可敷十余年之用，地处极边，若不补筹余粮，偶遇歉收，或有需粮之事，虑难接济。请拨兵丁七百名，增开七屯，自来年耕种，岁可收粮一万九千余石，永远备贮。"从之。又奏添设惠远城鸟枪步甲四百名。五十五年，入觐，途次命赴四川暂署总督事。次年，回任，加太子少保，授御前大臣。惠远城创立三十余年，户口日繁，于城东展筑，扩旧城四分之一。伊犁无通晓俄罗斯语言者，请于京师俄馆选派一人来教习官兵子弟，五年期满，试最优者充笔帖式。俄属乌梁海潜往哈屯河外汗山地方游牧，帝虑其滋事，命保宁察视，疏言："乌梁海居住甚安戢，不必驱逐，饬边卡防范，无庸添兵。"察哈尔兵丁及土尔扈特私窃哈萨克马匹，缉获，置之法。帝嘉保宁无偏袒，得外藩心，予议叙。

六十年，召授吏部尚书，兼镶黄旗汉军都统，甫数月，复出为伊犁将军。嘉庆二年，协办大学士，寻拜武英殿大学士，加太子太保，任边事如故。土尔扈特家奴三吉污主母孀妇白克木库殒命，特诏予伯克木库旌表。保宁疏陈驻防孀妇守节，未举旌表之典，请照内地一体办理。于是采访各城，请旌者凡七十人，后著为令。七年，召还京，授领侍卫内大臣，管理兵部，兼管三库。八年，因孝淑皇后山陵典礼会疏措词不经，褫衔镌级留任。

保宁两镇伊犁，历十余年，西陲无事，藩部悦服。既

去任，朝廷遇边疆兴革，每谘决焉。十一年，以疾乞休，命在家食公爵全俸。逾两年，卒，赐金优恤，谥文端，祠祀伊犁。

子庆祥嗣爵，殉回疆之难，自有传。次子庆惠，由荫生授侍卫，历官侍郎，三以罪黜复起。道光中，官至热河都统，以疾归，卒，谥勤僖。

松筠，字湘浦，玛拉特氏，蒙古正蓝旗人。繙译生员，考授理藩院笔帖式，充军机章京，能任事，为高宗所知。累迁银库员外郎。乾隆四十八年，超擢内阁学士，兼副都统。

五十年，命往库伦治俄罗斯贸易事。先是，俄属布哩雅特人劫掠库伦商货，俄官不依例交犯，仅罚偿，流之远地，檄问未听命，诏停恰克图贸易。松筠至，寻充办事大臣。闭关后，边禁严而不扰，遇俄人皆开诚待之。擢户部侍郎。俄罗斯以贸易久停，有悔意，撤旧官，屡请开市，未许。卡伦兵出巡，复为布哩雅特人所杀。松筠曰："旧事未了，又生旁支，然亦了事之机也。"檄俄官缚送三人，亲讯于界上，斩其二，流其一，请两案并结。诏斥专擅，褫职，仍留库伦效力。会西路土尔扈特喇嘛萨迈林者，迷路入哈萨克，归携书信，讹言俄人诱致土尔扈特谋乱，下松筠察状。疏言俄罗斯实恭顺，无可疑。俄人亦自陈证萨迈林书信出伪造。诏置萨迈林于法，许复开市。五十七年，召俄官会议定约，亲莅俄帐宴饮，谕以恩信，大悦服。事历八年然后定。召还京，授御前侍卫、内务府大臣、军机大臣。命护送英吉利贡使回广东，凡所要索皆严拒。

五十九年，署吉林将军。寻命往荆州察税务，道出卫辉，大水环城，率守令开仓赈恤。诏嘉奖，授工部尚书兼都统。充驻藏大臣，抚番多惠政。和珅用事，松筠不为屈，遂久留边地。在藏凡五年。

嘉庆四年春，召为户部尚书。寻授陕甘总督，加太子少保。时教匪张汉潮及蓝号、白号诸党扰陕、甘。松筠至，驻汉中，治粮饷给诸军。自军兴，给陕西饷银一千一百万两，至是续拨一百五十万，设局清厘，按旬咨部。命陈诸将优劣，密疏言："明亮知兵而困实效，恒瑞前战湖北功最，年近六旬，精力大减；庆成有勇无谋；永保无谋无勇，不能治兵，并不能治民；惟额勒登保、德楞泰能办贼。"仁宗深嘉纳之。明亮劾永保、庆成避贼，下松筠逮治。永保亦与荆州将军兴肇讦明亮诳报军功，诏并褫职，遣尚书那彦成赴陕会鞫。会明亮已击毙张汉潮，松筠请缓其狱，又请留撒拉尔回兵，令庆成率以协剿，帝不允。既而那彦成劾恒瑞弃蓝号垂尽之贼，折回陕西，由松筠所误。诏褫松筠宫衔、侍卫，仍留总督任。川匪犯南郑，复分犯西乡、沔县、略阳。松筠素谓匪多胁从，可谕降，欲单骑赴之。副将韩嘉业固谏曰："谕之不从而丧总督，大损国威，为天下笑。请先往。"嘉业果被害。贼窜徽县、两当。五年春，额勒登保、那彦成会剿，乃分路蒐。于是命长麟代为陕甘总督，授松筠伊犁将军，未之任，暂署湖广总督。自请入觐面陈军事，先在陕上疏言："贼不患不平，而患在

将平之时。既平之后，请弛私盐、私铸之禁，俾余匪散勇有所谋生。"帝以其言迂阔，置之。至京，复以为请，忤旨，降副都统衔，充伊犁领队大臣。

七年，擢伊犁将军。乾隆中屡诏伊犁屯田，皆以灌溉乏水未大兴，松筠力任其事，预计安插官兵。惠远城需八万亩，惠宁城需四万亩，乃于伊犁河北引水开渠，逶迤数十里，又于城西北导水泉。凡两城有水之地皆开渠，授田为世业，给谷种、田器、马牛。然旗人多骄逸，或杀食所给牛，鬻田器弃不耕，反覆晓谕始听命。比去任，凡垦田六万四千亩。宁远叛兵蒲大芳等遣戍塔尔巴哈台，其党马友元等分戍南路诸城。十三年冬，大芳复谋逆，捕其党五十余人诛之。次年，檄调马友元等百余人赴伊犁种地，悉斩于途。诏斥未鞫而杀，失政体，降喀什噶尔参赞大臣。复授陕甘总督。

调两江总督。南河自马港口垫陷，黄水倒漾，淤运阻漕。偕河督吴璥察勘海口，请复故道。制疏沙器具，试之河口果验；又造挖船千艘，改小运船，亲驻河干督趱，渡黄回空皆迅速，迭疏论河务，宜引沁入卫，可利漕运。又谓吴璥于黄泥嘴、俞家滩逢湾取直，以致停淤，为璥等论驳。复密陈吴璥、徐端所论不实，工程虚捏，自请调任总河察其弊，又荐蒋攸铦、孙玉庭可任。帝以松筠忠实，治河非所长，用攸铦为河督，责令相助为理。寻兼署河督事。十六年，调两广总督，协办大学士，兼内大臣。召为吏部尚书。

十七年，命往盛京会勘陵工，兼筹移驻宗室事，疏请小东门外建屋七十所，居闲散宗室七十户，户给田三十六亩。又言："西厂大凌河东有可耕地三千顷，可移驻二千余户。东厂周数百里，地多积水，其水自北山柳条边来，若相地开河，可涸出沃壤；又东柳河沟亦多积水，若自北山东横开大渠，可得沃壤数千顷。""续勘彰武台边门外迤西牧厂闲地，横三四十里，纵六七十里，并可移驻。请于大凌河西厂东界先试垦种。"诏并允行。而试垦事为将军晋昌奏罢，论者惜之。回京，授军机大臣。未几罢，改授御前大臣。

十八年，复出为伊犁将军，拜东阁大学士，改武英殿大学士。以平定滑县教匪，叙功，加太子太保。诏偕参赞长龄通筹新疆南北诸城出纳，量减内地馈运。疏言："北路塔尔巴哈台岁需内地银四万数千两，南路回疆八城岁需内地银五万数千两，地方贡赋皆入经费之内，无庸议减。伊犁岁需内地经费银六十万两，可撙节者无几。惟乌鲁木齐为新疆腹地，岁需银一百一十余万两，宜裁减。请复屯田，广垦芦滩荒地，开采铜铅各矿，抽收迪化州、吐鲁番木税。"又议绿营粮饷，凡仓储充裕处，改给银米各半，并复乾隆四十六年以前捐监之例，使戍地就近纳粟。所议或行或不行，于内地岁输卒未大减。

喀什噶尔阿奇木伯克玉努斯听其妻色奇纳言，多不法，私与浩罕酋爱玛尔交通。爱玛尔欲使尊为汗，遣使请自设哈子伯克，用浩罕税例征安集延商。十九年，松筠巡视回疆，诛色奇纳，械玉努斯，禁锢伊犁；拒浩罕之请，斥去其使。二十年，喀什噶尔回人仔牙敦作乱，亲往治之。

仔牙敦就获，与布鲁特比图尔第迈莫特并置极刑。诏斥松筠不待命，削宫衔，召还京。松筠初任时，筑四堡于伊犁河北，议移置八旗散丁，事未竟而去。再至，乃筑室堡中，堡置百户，户授田三四十亩，三时务农，冬则肄武。规画粗备，以属代者，而代者不置意，田遂荒。

二十二年，诏来年幸盛京，抗疏谏阻，罢大学士，出为察哈尔都统，署绥远城将军。逾年，子熙昌殁，帝怜之，召还为正白旗汉军都统。寻授礼部尚书，调兵部，复御前兼职。未几，出为盛京将军。松筠素以忠谅见重，在朝时，凡燕游执御之事，乘间直言无避。既屡忤旨，二十五年，以兵部遗失行印，追论，降山海关副都统。复以事，迭降为骁骑校。是年秋，仁宗崩于热河，梓宫回京，宣宗步行于班僚中见之，扶而哭，翌日授左副都御史，擢左都御史。其复起也，甚负时望，然卒不安于位，未一月，出为热河都统。

道光元年，召授兵部尚书，调吏部，复为军机大臣。二年，暂署直隶总督。以代改理藩院奏稿，忤尚书禧恩，被劾，降六部员外郎。寻授光禄寺卿，迁左都御史。又出为盛京将军，调吉林。数年之中，两召还朝，为左都御史、礼部尚书；迭出署乌里雅苏台将军、热河都统、直隶总督。九年，调兵部尚书，往科布多鞫狱。十年，往山西按巡抚徐炘被控事。回疆方用兵，密疏有所论列，诏令陈善后方略，多被采纳。是年秋，自以衰病请罢，数日复请任使，诏斥进退自由，负优礼大臣之意。又以前赴科布多嘱道员徐寅代购什物，罢职，予三品顶戴休致。

至十二年，浩罕遣使进表，松筠曾言浩罕通商，边境可靖，帝思其言，复头品顶戴，署正黄旗汉军副都统。命赴归化城勘达尔汉、茂明安、土默特三部争地，据乾隆朝图记判定，三部皆悦服。还，授理藩院侍郎，调工部，进正蓝旗蒙古都统。十四年，以都统衔休致。逾年，卒，年八十有二，赠太子太保，依尚书例赐恤，谥文清，祀伊犁名宦祠。

松筠廉直坦易，脱略文法，不随时俯仰，屡起屡踬。晚年益多挫折，刚果不克如前，实心为国，未尝改也。服膺宋儒，亦喜谈禅。尤施惠贫民，名满海内，要以治功最多。

子熙昌，以荫生官至刑、工两部侍郎，署热河都统兼护军统领。数奉使赴各省按事，亦被信用。嘉庆二十三年，卒于长沙，帝深惜之，赠都统，谥敬慎。

富俊，字松岩，卓特氏，蒙古正黄旗人。繙译进士，授礼部主事，历郎中。累迁内阁蒙古侍读学士、内阁学士，兼副都统。嘉庆元年，擢兵部侍郎，充科布多参赞大臣。四年，授乌鲁木齐都统，调喀什噶尔参赞大臣。历叶尔羌办事大臣、乌里雅苏台参赞大臣。召署镶红旗汉军都统、兵部侍郎。

八年，出为吉林将军，调盛京。清治民典旗地，限年首官，不首者治罪，追典价租息入官。富俊疏言："一年之内，一千六百余案，应追缴者不下万人，年久转典，株连繁多。旗、民多穷苦，既获罪，又迫追呼，情实可悯，请悉宽免。"允之。十二年，考核军政，以洁己奉公，边陲安辑，特诏褒美，予议叙。十五年，因采参搀杂，受属员蔽，褫职，遣往吉林效力。既而言官论关东三省赌博风炽，仁宗念富俊在官时曾严禁，即起授盛京工部侍郎，兼管奉天府尹及六边门事务。十八年，授黑龙江将军，疏请内外臣工三年更调，及禁奢、讲武数事，诏以更调非可限年，余并嘉纳。又以东三省官兵技艺优娴，每届五年挑送京营，著为令。

十九年，调吉林将军。先是，议筹八旗生计，诏勘吉林荒地开垦，移驻京旗，将军赛冲阿言拉林近地闲荒可垦，未有规画。富俊至，疏言："乾隆中移驻京旗，建屋垦地，多藉吉林兵力，垦而不种，酌留数人教耕，一年后裁汰。京旗苏拉不能耕作，始而雇觅流民，久之田为民有，殊失国家爱育旗人之意。今筹试垦，莫若先办屯田。请发吉林闲散旗人一千名为屯丁，每丁给银二十五两、籽种二石，官置牛具，人给荒地三十晌。垦种二十晌，留荒十晌，四年征粮，每晌一石。十年后移驻京旗，人给熟地十五晌，荒五晌，余十晌荒、熟各半，给原驻屯丁为恒产，免征其租。因利而利，縻帑无多，将来京旗移到，得种熟地，与本处旗屯犬牙相错，学耕夥种，实为有益。"并详列屯垦、出纳、设官、经理事宜，诏如议行。

二十年，富俊亲驻双城子，地在拉林河西北，横一百三十里，纵七十余里，沃衍宜耕。遣员履丈，分拨伐木于拉林河上游，建立屯屋。分五屯，设协领一、佐领二，分左右翼统治之，即名屯地曰双城堡，于二十一年一律开垦。是年霜早歉收，屯丁仅足糊口，又挈妻子者不敷居住，间有逃亡。乃展缓征粮一年，添盖窝棚，借给籽种，心始安。二十二年，调盛京。疏陈双城堡余荒尚多，续发盛京、吉林旗丁各千名往垦，分左、右二屯，旧屯名为中屯，遂复调富俊吉林，任其事。二十四年，先到屯丁千名，盛京旗人多有亲族偕来，自顾入屯，惟隶宁古塔者，因近地亦可耕荒，不愿轻离乡土，听其还，以空额二百名改拨盛京。二十五年，复续到千名。富俊巡历三屯，疏陈："比屋环居，安土乐业，有井田遗风。中屯开垦在先，麦苗畅发，男耕妇馌，俱极勤劳。"仁宗大悦，报曰："满洲故里，佃田宅宅，洵善事也。"续议三屯应增事宜，诏嘉实心任事，予议叙。道光元年，疏言："三屯开垦九万数千晌，已著成效，可移驻京旗三千户。请自道光四年始，每岁移驻二百户，给资装车马，分起送屯，官给房屋牛具。"报可。二年，召授理藩院尚书，与玉澜堂十五老臣宴，御制诗有"勤劳三省，不凋松柏"之褒。

四年，复出为吉林将军。方双城堡之兴屯也，富俊欲推其法于伯都讷围场，以旗户往往赖帮丁助耕，不如径招民屯。前后疏六七上，为廷议所格。至是，复言伯都讷围场荒地二十余万晌，募民屯垦，较双城堡费半功倍，始允之。五年，丈地分屯，申画经界，名曰新城屯。分八旗为两翼，每翼初立二十五屯，后定为十五屯。每屯三十户，以"治本于农务滋稼穑"八字为号。以次拨地，同时并垦。至七年，陆续认佃三千六百户，总为一百二十屯，与双城堡相为表里。初议京旗每岁二百户移驻双城堡，至六年，仅陆续移到二百七十户；七年，续移八十五户：而地利顿兴，自此双城堡、伯都讷两地号边方繁庶之区焉。

垦事既定，复召为理藩院尚书，协办大学士，兼镶黄旗汉军都统。次年，京察，以在吉林宣劳，予议叙。疏言："京、外竞尚浮奢，官民服饰及冠婚、丧祭，任意逾制，有关风俗人心。请依《会典》仪制，刊布规条，宣谕民间。"诏下有司议行。时富俊年逾八十，渥被优礼，遇常朝免其入直。迭谳狱盛京、吉林，俱称旨。十年，调工部，拜东阁大学士，管理理藩院。十二年，复请禁僭用服色，犯者拿捕，诏斥徒滋扰累，寝其议。寻以天时亢旱，自称奉职无状，引年乞罢，不许。授内大臣。疏言："科举保荐，并认师生，馈遗关通，成为陋习。请严禁，以端仕进。"诏嘉纳，申诫臣工务除积习。十四年，卒。帝悼惜，称其"清慎公勤，克尽厥职"，赠太子太傅，亲临奠醊，谥文诚，入祀贤良祠。

富俊尚廉节，好礼贤士。在吉林时，请调黑龙江戍员马瑞辰掌教白山书院，且被严斥。其治屯垦，专任窦心传，卒以成功。

心传，山西人。以进士官奉天宁海知县，坐东巡治御道有误，罢职。富俊知其才，辟佐垦务，规画悉出手定，始终在事，以劳复官。世比诸陈潢之佐靳辅治河。

博启图，一等诚嘉毅勇公明瑞孙。嘉庆初袭爵，授头等侍卫。历兵部侍郎、察哈尔都统。道光七年，调吉林将军，继富俊之后，守其成规。治边有法，富俊请以屯垦专任之。时京旗以边地早寒，又助耕乏人，愿往者少。博启图疏请减户增田，许其买仆代耕，统居中屯，改建住屋，俾便御寒；虽得请，寻召授工部尚书兼领侍卫内大臣，继任者不果行其议，故移驻卒未如额。十四年，卒，赠太子太保，谥敬僖。

论曰：保宁、松筠、富俊并出自藩族，久膺边寄，晋纶扉，称名相，伊犁、吉林屯田，利在百世；然限于事势，收效未尽如所规画，甚矣缔造之艰也！松筠在吉林，请开小绥芬屯垦，当时以不急之务沮之；至咸、同间，其地竟划归俄界。苟早经营，奚致轻弃？实边之计，顾可忽哉！

卷三百四十三　　列传一百三十

书麟 弟广厚　**觉罗吉庆**　**觉罗长麟**
费淳　**百龄**　**伯麟**

书麟，字绂斋，高佳氏，满洲镶黄旗人，大学士高晋子。初授銮仪卫整仪尉，累迁冠军使，擢西安副都统。乾隆三十八年，大军征金川，命为领队大臣，从参赞大臣丰升额，力战辄先登，克坚碉数十，功最。金川平，加等议叙，图形紫光阁。授广西巡抚，以父忧去。起，署兵部侍郎。

四十九年，出为安徽巡抚，岁旱，请留漕粮五万石、关税银三十五万两赈之。阜阳有荒地六千余顷，疏请宽限清厘，民间交易用官弓丈量，以杜欺隐，期于渐复旧额。帝以书麟尽心民瘼，予优叙。黄、运两河漫溢，帝因两江总督李世杰未谙河工，命书麟佐之。与世杰及河督李奉翰议，漫口有四，惟司家庄、汤家庄两处分溜，急兴工堵筑；又奏："桃源境内河流因顺黄坝生有淤滩，水势纡折不畅。于玉皇阁下挑引河，俾黄流东注会清，以资宣泄。"

五十二年，擢两江总督。书麟素行清谨，出巡属邑，轻骑减从，民不扰累，特诏嘉之。和珅柄政，书麟与之忤。未几，有高邮巡检陈倚道揭报书吏假印重征事，遣重臣鞫实，坐书麟瞻徇，下部严议，又失察句容书吏侵用钱粮，褫职，遣戍伊犁。寻起为山西巡抚。内阁学士尹壮图论州县亏空由于派累，疆臣中惟李世杰、书麟独善其身，和珅尤忌之，命壮图赴各省清查仓库，自山西始，壮图因获谴。五十六年，仍授两江总督。两淮盐政巴宁阿交结商人，坐书麟徇庇，复夺职，予三等侍卫，赴新疆效力。

嘉庆四年，和珅败，召授吏部尚书，兼正红旗汉军都统，加太子少保。寻协办大学士，授闽浙总督。弟广兴，以首发和珅奸擢官，既得官，多所弹击，书麟不善所为，尝于帝前言之。至是，广兴以掌四川军需获咎，书麟请严治，且自引罪，诏宥之。调云贵，鞫前督富纲，得其贪婪状，论如律，又按问云南巡抚江兰讳灾，得实，褫江兰职。时僳夷不靖，疏陈江兰所奏不实，办理草率，帝嘉其公正。遂亲赴黄草坝督兵分路进剿，擒贼首李文明等，遗降保入箐招谕，晓以利害，夷众五十二寨悔罪输诚；以土司苛派扰夷，立牌申禁；优诏褒奖，加太子太保。

五年，调湖广，督师剿青、蓝、黄三号教匪。会长龄等已败贼瓦房口，书麟以东川、保丰为粮运要路，亲往截剿。帝念其年逾七旬，奔驰山谷间，贼情诡诈，戒毋冒险轻试。六年，由竹山、房县进剿徐天德，擒斩甚众。疏言："剿贼之法，以固民心、培民气为要。抚辑得宜，贼即是民；任其失所，民即是贼。"帝俞之。川匪苟文明等由陕西平利越老林入窜房县，偕长龄、明亮进击，遇贼狮子崖，大败之；复分兵伏佘家沟、高尖山，天德等来袭，却之。疏请于襄阳添设提督，移协镇于郧阳、竹山二处。天德等屯聚茅伦山，令孙清元等分队破之。因病乞解职，遣侍卫率御医驰视。未几，卒于军，帝深惜之，赠太子太傅，封一等男爵，以子吉郎阿嗣，谥文勤。寻以倭什布治饷迟误，诏斥书麟知而不举，念其清廉公正，治军成劳，奠醊恩礼仍有加焉。

弟广厚，乾隆四十三年进士。由工部主事历御史，出为江西吉南赣宁道，迁甘肃按察使。嘉庆初，偕总兵吉兰泰击教匪张映祥、杨天柱于巩昌、泰州，进蹙诸白水江，歼焉。迁江西布政使，调甘肃。贼出没于岷州、礼县间，广厚督兵由岷州遮羊铺遏其冲，保完善之地，境内乂安。调广东，坐与总督那彦成游宴，解职，予三等侍卫，为库车办事大臣，调哈喇沙尔。官至安徽、湖南巡抚。卒。

觉罗吉庆，隶正白旗。父万福，骑都尉，官江宁将军，兼散秩大臣。吉庆由官学生补内阁中书，迁侍读，历御史。乾隆五十年，嗣世职。擢镶白旗蒙古副都统，累迁兵部侍郎。命赴山东、湖南、湖北、河南谳狱，均称旨，调户部。

五十六年，出为山东巡抚，岁侵，截留漕米三十万石，拨豫、东军船运米赈饥。调浙江，闽海渔船赴浙洋剽掠，吉庆于岛墺编保甲，禁米出洋，严缉代卖盗赃；兼署提督，获海盗陈言等，及临海邪匪李鹤皋，置之法。盐政岳谦执拗病民，劾罢之，遂兼盐政。

嘉庆元年，擢两广总督，劾水师提督路超吉不胜任，贬超吉秩。二年，广西西隆亚稿寨苗匪勾结贵州仲苗，窜踞八渡，率提督彭承尧进剿，克其要隘。黔苗潜渡百乐窥泗城，令副将德昌等分路攻扑，毁苗寨十有九；进攻亚稿，至戛雄遇贼，大败之。永丰、百乐等苗目渡江降，给酒食，令回寨招抚。亚稿山路陡峻，选精卒由间道潜袭，克其巢，斩首千级，以功加太子太保，赐双眼花翎。亚稿之捷，投诚者十余寨，惟附近那地、小河、广平、蒙里等寨犹恃险抗拒，会云南兵至，会剿，尽克之。贼首龙登连父子乞降，粤境悉平。六年，命协办大学士、总督如故。

吉庆居官廉而察吏疏，博罗县重犯越狱，司府徇隐；又通省赃罚银按县派征，为臬司漏规。事并上闻，诏斥其因循。陈烂屣四者，于博罗山中纠众为添弟会，知府伊秉绶请发兵往捕，吉庆为提督孙全谋所蔽，未许。七年，陈烂屣四果剽掠作乱，扰及数县，遣师擒斩之。余党曾鬼六复勾结永安诸贼相继起，吉庆驰往擒捕，请调江西兵二千为助。诏斥其张皇，始疑之。寻败贼于义容墟，曾清浩率众四千余人缴械降。全谋擒贼渠薛文胜，暨匪众四百余，悉诛之。事闻，帝以吉庆奏报前后不符，措置失当，罢协办大学士，留总督任，命那彦成往按。

吉庆复奏永安降匪多，请留兵防范，诏斥颟顸结局，解任听勘。巡抚瑚图礼素与有隙，既奉密谕诇察，遂疏劾其疲软不职，那彦成犹未至，独鞫之，据高坐，设囚具，隶卒故加诃辱。古庆恚曰："某虽不肖，曾备位政府，不可受辱伤国体！"因自戕。帝闻，命那彦成陈状，寻以吉庆素廉洁，治匪有功，无故轻生，诏免追论。

子寿喜，仍袭世职，坐事黜，以常喜嗣。

觉罗长麟，字牧庵，隶正蓝旗。乾隆四十年进士，授刑部主事。貌奇伟，明敏有口辩，居曹有声。历郎中，出为福建兴泉永道，累迁江苏布政使。五十一年，召授刑部侍郎。

五十二年，授山东巡抚，责所属浚河道，修四十一州县城工；捕巨蠹，汶上剧盗田玉堂等，置之法：诏嘉奖。劾莱州知府徐大榕治平度州民罗有良狱，误拟，大榕诉于京，刑部尚书胡季堂等往鞫，不直长麟。帝以防河有劳，特宽之。复以审拟滨州举人薛对元罪失实，褫职，留修城工。未几，授江苏巡抚。尝私行市井间访察民隐，擒治强暴，禁革奢俗，清漕政，斥贪吏，为时所称。

五十七年，调山西。入觐时，有市人董二诬告逆匪王伦潜匿山西某家，和珅于宫门前言，务坐以逆案。长麟至官，访悉某实董仇家，故倾陷，慨然曰："吾发垂白，奈何灭人族以媚权相?"终反坐董二,和珅大忤。

调浙江,擢两广总督,加太子少保。整顿水师,擒获海盗。六十年,调署闽浙。会将军魁伦劾总督伍拉纳、巡抚浦霖贪纵,并闽省库藏亏绌事,命长麟按治,未得实,诏切责,乃奏娄索纳贿状。伍拉纳故和珅姻戚,帝疑长麟瞻徇,并斥其平日沽名取巧,夺职,予副都统衔,赴叶尔羌办事。寻授库尔喀拉乌苏领队大臣,调喀什噶尔参赞大臣。奏减回子王公年班进京行李,以恤驿站。罢回民土贡。有边警,请调兵堵剿,诏以张皇斥之。

嘉庆四年,授云贵总督,调闽浙。五年,调陕甘。时教匪未靖,劝民筑堡团练,令川、陕、豫、楚交界处,一体仿行,募精壮难民入伍。督师败伍金柱于唐家河,又击于傅家镇。将军富成来援,战殁。复偕固原提督庆成击贼于沔阳乾沟河。六年,迭败高天德、马学礼于铁炉川、旧州铺、纲厂、武关,擒襄阳贼首马应祥,诏嘉奖。寻以副将萧福禄捕沔阳悄悄会匪,滥杀邀功,仁宗疑之,诇察得实,斥长麟徇庇,停其议叙。又以傅家镇之战,漫无筹措,致富成阵亡。七年,召回京,降署吏部侍郎,迁礼部尚书,兼都统。复命督两广,以母老留京。

八年,授兵部尚书,调刑部,兼管户部三库。十年,兼翰林院掌院学士,寻协办大学士。十三年,命偕尚书戴衢亨察视南河。长麟至清江浦,闻安徽诸生包世臣习河事,亲访之,同视海口,实不高仰,用其说罢改道之议。与衢亨通筹河工,具得要领,帝嘉之。复偕衢亨清查两淮盐务,责盐政每年杂费悉报部核销,以息浮议。

十五年,以目眚久在告,特诏解职。逾年,卒,谥文敏。

费淳,字筠浦,浙江钱塘人。乾隆二十八年进士,授刑部主事。历郎中,充军机章京。出为江苏常州知府,父忧去。服阕,补山西太原,擢冀宁道。累迁云南布政使,有惠政。以母老乞终养,丧除,起故官。六十年,擢安徽巡抚,调江苏。嘉庆二年,疏言:"淮、徐、扬三府属被水洼地,责州县劝植芦苇,以收地利。应纳钱粮,即照芦课改折征输。"诏议行。调福建,复还江苏。四年,擢两江总督。

淳历官廉谨,为帝所重,两淮盐政征瑞与淳为姻家,免其回避。时南河比岁漫溢,淳以江督事繁,自陈未谙河务,乞免兼管,允之。命淳与总督详议河务工程,应分办事具闻,帝复询漕督蒋兆奎等优劣,谕曰:"安民首在任贤,除弊必先去贪。汝操守虽优,察吏过宽。去一贪吏,万姓蒙福;进一贤臣,一方受惠。其悉心访闻,慎勿迎合朕意,颠倒是非。"淳具以实闻。有匿名讦告常州知府胡观澜者,下淳按治,疏纠观澜与江阴知县杨世绶勒派累民,得实,请严谴。诏斥不先劾,以平日廉洁,覆奏无徇隐,宽之。寻劾盐巡道彭翼蒙奢侈糜费,褫翼蒙职。复劾漕运总督富纲私受卫弁馈银,时富纲已调云贵总督,命吉庆严鞫。置诸法。漕运旗丁苦累,屡议加征调剂,偕漕督铁保疏陈:"原征随漕项下有款可拨,以裨运丁;又旗丁月米,令州县改给折色,应领运费,责粮道放给,以免层剥削。"如所请行。

五年,邵家坝河工合龙,加太子少保。六年,以足疾乞归医治,允之,命毋解职。寻称足疾已瘳,若遵旨回藉,转涉欺蒙,诏嘉其得大臣体,赐内府药饵。七年,宿州土匪王潮名纠众戕官,檄镇将剿捕。事定,请于宿之南平集设抚民同知。裁宁国府同知,移驻其地,并调设营汛,从之。八年,召授兵部尚书。时河决河南衡家楼,横溢张秋以南,由盐河入海,有妨漕运,命淳往勘治,于张秋西岸加宽裹头,东岸加高长堤,以防溜势北掣,南口趁汶水北注之势,引归河身;北口自大溜迤北,分导余流,以资挽运;并仿南河刷沙法,制混江龙铁篦船以疏淤。明年,粮运过张秋无阻,降诏褒贲。调吏部尚书、协办大学士。十一年,偕尚书长麟按问直隶藩司书吏侵冒钱粮狱,鞫实,论如律。

十二年,拜体仁阁大学士,管理工部,兼管户部三库。十四年,以库银被窃,镌秩留任。已,复坐失察工部书吏冒领三库银,诏切责,削宫衔,左迁侍郎,调兵部。逾年,复授工部尚书。十六年,卒,复大学士,谥文恪,祀云南名宦。

百龄,字菊溪,张氏,汉军正黄旗人。乾隆三十七年进士,选庶吉士,授编修。掌院阿桂重之,曰:"公辅器也!"督山西学政,改御史,历奉天、顺天府丞。百龄负才自守,不干进,適问闲职十余年。

仁宗亲政后,始加拔擢。嘉庆五年,出为湖南按察使,调浙江,历贵州、云南布政使。八年,擢广西巡抚。武缘县有冤狱,诸生黄万镠等为知县孙廷标诬拟大辟,百龄下车,劾廷标逮问,帝嘉之,赐花翎;洎定谳,特加太子少保。十年,调广东。南海、番禺两县蠹役私设班馆,羁留无辜,为民害,重惩之;劾罢纵容之知县王轼、赵兴武,严申禁令;诏予优叙。寻擢湖广总督。两湖多盗,下令擒捕,行以便宜,江、湖晏然。未几,王轼讦百龄在粤用非刑毙命,逼勒供应,临行用运夫二千余名。总督那彦成疏劾,并及到湖北后,截留广东会奏批摺。命吴熊光等按鞫,议褫职遣戍,帝原之,命效力实录馆。寻予六品顶戴,赴福建治粮饷,事竣,授汀漳龙道。擢湖南按察使,调江苏,以病归。病瘳,授鸿胪寺卿,历山东按察使,就擢巡抚。

十四年,擢两广总督。粤洋久不靖,巨寇张保株众数万,势甚张。百龄至,撤沿海商船,改盐运由陆,禁销赃、接济水米诸弊。筹饷练水师,惩贪去懦,水师提孙全谋失机,劾逮治罪。每一檄下,耳目震新。巡哨周严,遇盗辄击之沉海,群魁夺气,始有投诚意。张保妻郑尤黠悍,遣朱尔赓额、温承志往谕以利害,遂劝保降,要制府亲临乃听命。百龄曰:"粤人苦盗久矣!不坦怀待之,海氛何由息?"遂单舸出虎门,从者十数人,保率舰数百,轰炮如雷,环船跪迓,立抚其众,许奏乞贷死。旬日解散二万余人,缴炮船四百余号,复令诱乌石二至雷州斩之,释其余党,粤洋肃清。帝愈嘉异之,复太子少保,赐双眼花翎,予轻车都尉世职。

十六年,再乞病,回京,授刑部尚书,改左都御史,兼都统。未几，授两江总督。时河决王家营，上游绵拐山、李家楼并漫溢，论者谓河患在云梯关海口不畅，多主改由马港新河入海。百龄亲勘下游，疏言："海口无高仰形迹，亦无拦门沙堤。其受病在上年挑河二段内积淤三千余丈。又亲下马港口以下，见淤沙挑费更巨，入海路窄。二者相较，仍以修浚正河为便。并请加挑灶工尾以下河身，两岸接筑新堤，于七套增建减水坝，修复王营减坝，重建磨盘埽。"诏如议。百龄年逾六旬始生子，值帝万寿日，闻之，赐名扎拉芬以示宠异，勉其尽心治河。次年春，诸工先后竣，漕运渡黄较早，迭加优赉，赐其子六品荫生。洪湖连年水涨，五坝坏其四，诏责急修。百龄以礼坝之决，由于河督陈凤翔急开迟闭，以致棘手，奏劾之。凤翔被严谴，诉道厅请开礼坝时，百龄同批允；又讦淮扬道朱尔赓额为百龄所倚，司苇荡营有弊。言官吴云、马履泰并论其举劾失当，命松筠、初彭龄往按。帝意方向用，议上，专坐朱尔赓额罪，以塞众谤。十八年，命协办大学士，总督如故。

十九年，初彭龄奉命赴江苏同查亏帑，议不合。彭龄为所掣，恚甚，遂劾百龄受盐场税关馈遗，按之未得实，彭龄坐诬被谴。会盐运使廖寅捕逆犯刘第五，部鞫为伪。百龄亦坐失入，褫宫衔，罢协办大学士。江南莠民散布逆词，连及百龄，严诏责捕。二十年，获首、从方荣升等五十人，并抵法，复宫衔，封三等男爵，兼署安徽巡抚。是年冬，病甚，命松筠往代，卒于江宁。帝闻，悼惜，诏复协办大学士，遣侍卫赐奠，许柩入城治丧。将遣皇子奠醊，既而以江北灾民未能抚恤，停其奠醊，仍赐祭葬如例，谥文敏。子扎拉芬，袭男爵。

伯麟，字玉亭，瑚锡哈哩氏，满洲正黄旗人。由繙译举人授兵部笔贴式，擢右春坊右赞善，累迁内阁学士。乾隆五十七年，授盛京兵部侍郎，寻授山西巡抚。

嘉庆九年，擢云贵总督。十年，缅甸与逼罗夷夏于腊构衅，求助于孟连土司刀派功，往援遇害，失其印。伯麟以刀派功祸由自取，惟责逼罗缴所得印。十一年，缅甸请预期纳贡。伯麟知其与逼罗构兵，为求助地，却之。后缅甸为夏于腊所败，果来乞援，伯麟拒勿应，夏于腊旋亦败走。缅兵次车里土司界，严兵守边，移檄训戒，缅兵遂退。迤南江外猓匪入边劫掠，遣普洱镇总兵那林泰剿平之。十三年，缅甸四大万头目来请十三板纳地，伯麟责其冒昧，谕以十三板纳为九龙江土司所辖，俱属内地，毋生觊觎，诏嘉其得体。十四年，入觐，赐花翎。

十七年，腾越边外野寨头目拉干出扰，遣兵擒之。缅宁、腾越要隘旧设土练一千六百名，久废，规复其制，给旷土耕种。僧铜金从猓夷李文明为乱，已悔罪投诚，更姓名为张辅国，充南兴土目；至是复勾结猓众侵扰，伯麟赴缅宁督土司会剿。十八年正月，进逼南兴，破其巢，辅国就戮，边境肃清。增设腾越镇马鹿塘、大坝二汛。

二十二年，临安边外夷人高罗衣自称窝泥王，伪署官职，纠众万余，攻杀土目龙定国，扰瓦渣、溪处两土司境，渡江窥伺内地，伯麟亲往剿平之。议定善后条规，使各土司绥靖夷民，以安反侧。叙功，加太子少保。寻命协办大学士，仍留总督任。二十三年，罗衣从侄高老五窜藤条江外复为乱，扰及郡城。督师剿擒之，余党悉歼。增设临安江内东、西两路要隘塘汛官兵，以江外烟瘴最盛，降夷就抚，裁撤团防兵练。二十五年，召授兵部尚书，兼都统。复疏陈滇、黔边务六事，如议行。

道光元年，拜体仁阁大学士，管理兵部。寻以年老休致，仍充实录馆总裁。三年，万寿节，与十五老臣宴。逾年，卒，谥文慎。

伯麟任边圻凡十六年，廉洁爱民，士林尤感戴之。还朝后，以旗人生计为忧，疏陈调剂事宜，深中利弊。论者谓有名臣风。

论曰："仁宗倚畀疆臣，膺重寄者，多参揆席。书麟、吉庆并勤劳军事，而尽瘁辱身，有幸不幸焉。长麟、费淳先后治吴，一严一宽，才德互有优绌。百龄号能臣之冠，机牙锋锐，凌轹一时，晚节乃招物议。如伯麟之安边坐镇，遗爱不湮，识量岂易及哉？

卷三百四十四　列传一百三十一

勒保　额勒登保 胡时显　德楞泰

勒保，字宜轩，费莫氏，满洲镶红旗人，大学士温福子。由中书科笔帖式充军机章京。乾隆三十四年，出为归化城理事同知。坐事当褫职，高宗以温福方征金川，特原之。授兵部主事，仍直军机处。累迁郎中，出为江西赣南道，调安徽庐凤道。以母忧去官，命为库伦办事章京。四十五年，充办事大臣。累擢兵部侍郎，仍留库伦。五十年，内召。未几，授山西巡抚。五十二年，署陕甘总督，寻实授。五十六年，大军征廓尔喀，治西路驼马、装粮、台站，加太子太保。

初，安徽奸民刘松以习混元教成甘肃，复倡白莲教，与其党湖北樊学明、齐林，陕西韩龙，四川谢添绣等谋不轨。五十九年，勒保捕刘松诛之，而松党刘之协、宋之清传教于河南、安徽。以鹿邑王氏子曰发生者，诡明裔朱姓，煽动愚民，事觉被捕。诏诛首恶，赦余党，发生以童幼免死，戍新疆。之协远扬不获，各省大索，官吏奉行不善，颇为民扰。武昌府同知常丹葵在荆州、宜昌株连数千人，川、楚民以苗事困军兴，无赖者又因禁私盐、私铸失业，益仇官，乱机四伏矣。

六十年，勒保调云贵总督。湖南、贵州苗疆不靖，福康安督师进讨，勒保赴军，安抚正大、铜仁、镇远降苗，并治军需。云南威远猓匪扰边，勒保将赴剿，会猓匪即平，福康安、和琳相继卒于军，命偕明亮、鄂辉接办军务，未至，而湖北教匪炽，蔓延川、陕。林之华、覃加耀踞长阳黄柏山，福宁攻之不克，勒保往会剿，嘉庆二年春，连战败之。方乘胜薄其巢，而贵州南笼仲苗王囊仙等叛，诏勒保督师讨之。王襄仙者，洞洒寨苗妇，当丈寨韦七绺须，以襄仙有幻术，推为首。分遣其党大王公、李阿六、王抱羊围南笼府，及府属之永丰、黄草坝、捧鲊、新城、册亨，安顺府属之永宁、归化诸城。册亨陷，滇、黔道梗。三月，勒保至，令总兵德英额、札郎阿、袁敏分守东、西、北三路。其南际滇、粤，咨两广总督吉庆、云南巡抚江兰防之；自率按察使常明、副将施缙，进克关岭。抵永宁，副将巴图什里已解其围，都司周廷翰援归化，围亦解。会提督珠隆阿击永丰，自率总兵张玉龙、七格，解新城围，进至南笼，围始解。诏嘉南笼固守，赐名兴义。遣常明、施缙解黄草坝围。贼悉众围捧鲊、永丰益急，分兵援之，先解捧鲊围，自率常明、施缙攻洞洒、当丈贼巢。贼纵火自焚，都司王宏信、千总洪保玉冒烈焰入，擒王襄仙、韦七绺须，旋解永丰围。吉庆亦自广西至，复册亨。六月，仲苗平，诏改永丰曰贞丰，锡封勒保一等侯爵，号曰威勤。

九月，调湖广总督。时川、楚贼氛愈炽，立青、黄、蓝、白、线等号，又设掌柜、元帅、先锋、总兵等伪称。先命永保总统诸军，易号以惠龄，又易以宜绵，皆不办；至是宜绵荐勒保以自代，允之。三年正月，至四川梁山，贼曾柳起石坝山，而白号王三槐、青号徐天德、蓝号林亮工诸贼聚开县。勒保先破石坝山，斩曾柳，诏嘉为入川第一功。调授四川总督。三槐走达州，与蓝号冉文俦合，惟亮工仍在开县之开州坪，勒保令副都统六十七、总兵富森布剿之；亲追三槐，九战皆捷。贼走巴州，掠阆中、苍溪而西，追之急，复东入仪陇。勒保以贼踪麋定，所至裹胁，乃画坚壁清野策，令民依山险扎寨屯粮，团练乡勇自卫。贼由仪陇趋孙家梁，欲与白号罗大清合。偕惠龄、恒瑞截剿，三槐南窜渠县，文俦遁入其清寨。勒保留惠龄、恒瑞剿孙家梁，仍亲蹑三槐。五月，三槐犯大竹，分窜梁山、垫江、新宁，东奔开县，亮工出为犄角，击走之，斩其党林定相。天德来援，败之，擒其党张洪钧，天德奔新宁。三槐与冷天禄踞云阳安乐坪，进围之。七月，诱三槐降，擒之，械送京师，诏晋封公爵。

天禄尽有三槐之众，负岬抗拒，围攻久不下；黄号龙绍周、龚建、樊人杰来援，击却之。十月，天禄粮尽，诡请降，夜突营，大为所挫，寻走新宁。四年正月，天德为额勒登保所败，亦窜新宁仁市铺，与黄号王光祖合。偕额勒登保夹击，天德走垫江，天禄走忠州。勒保令额勒登保截击天德，总兵百祥追天禄，自率大军策应。仁宗以前此诸军事权不一，特授勒保经略大臣，节制川、楚、陕、甘、豫五省军务，明亮、额勒登保为参赞。勒保以贼势重在四川，请暂驻梁山、大竹等处督师。寻破天德，天禄分窜邻水、长寿，复败之，天禄为额勒登保所歼。二月，移驻达州。疏言扎寨团练，行之四川有效，请通行于湖北、陕西、河南；又言安民即以散贼，请各省被贼之区，蠲免今岁应征钱粮；并如议行。四月，追剿天德、绍周、建、人杰及张子聪等，贼遁开县东乡。旋分窜竹峪关、渡口场，意图入陕。五月，子聪勾合蓝号冉天元北窜，遣额勒登保兜击，逼回川境。子聪遁通江，蓝号包正洪窜云阳，青号王登廷窜东乡，天德、绍周、建、人杰及线号龚文玉、白号张天

伦窜大宁老林，勒保檄调诸军分剿。六月，总兵朱射斗歼正洪于云阳；七月，德楞泰擒文玉于大宁；八月，提督七十五擒建、人杰于开县；贼势寖衰矣。

会治饷大臣福宁劾勒保月饷十二万两，视他路为多，所办贼有增无减；而天德复由大宁阑入湖北境，总督倭什布飞章告警。诏褫职，命尚书魁伦赴川勘问，以额勒登保代为经略。勒保能得军心，而八旗兵素骄，稍裁抑之，遂腾蜚语，及就逮，所部将士为之讼冤。魁伦窥帝怒不测，未以上闻，稍为申辨糜饷纵贼罪，卒坐以明亮、恒瑞不听调度；副都统讷音兵哗哄，不据实参奏；又贼犯楚境不即驰报，玩视军务，论大辟。帝念前功，改为斩监候，解部监禁。

五年春，额勒登保等剿勦贼陕西，魁伦专任川事，而将士不用命。天元、子聪合黄号徐万富、青号汪瀛、线号陈得俸，渡嘉陵江，魁伦退守潼河，事闻，起勒保赴川。三月至，贼已越潼河，赴中江截剿，连败之，诏逮魁伦，授勒保四川提督，兼署总督。时德楞泰已大破贼于马蹄冈，冉天元、陈得俸、雷世旺先后殄灭；合剿汪瀛于嘉陵江口，擒之。四月，击败高天升、马学礼，贼遁甘肃番境，五月，复犯龙安，罢提督，专任总督。六月，贼北走甘肃，遣副都统阿哈保追之，自率兵剿川东、川北诸贼。七月，与德楞泰合击白号苟文明、鲜大川于岳池新场，败之，大川走死，实授总督。

八月，白号贼与青号赵麻花合，进击，歼其党汤思举。麻花复合王珊向陕境，欲迎天德入川。勒保截之于江口，毙麻花，珊亦为德楞泰所诛。十二月，蓝号李彬、白号杨开第、黄号齐国谟自巴州窜仪陇，德楞泰击毙国谟，勒保亦斩开第，独彬遁走。六年正月，移师川东，败蓝号杨步青于大宁，而樊人杰、徐万富合蓝号王士虎、冉天士扰广元、苍溪。遣阿哈保往援，贼伪向仪陇，阴沿嘉陵江南下，欲潜渡；驰至南部与阿哈保合击，歼万富。二月，蓝号张士龙窜巴州，遣七十五击斩之；自击蓝号陈朝观、白号魏学盛，败之巫山、云阳间。贼北窜入陕、楚界，追至竹山。六月，贼回窜东乡，击败之，擒青号何子魁、歼蓝号苟文明、鲜俸先。七月，又擒徐天寿、王登高。八月，白号高见奇合魏学盛窜广元，邀击之，追至通江。适蓝号冉学胜自老林至与合，乘夜攻之，擒学胜。诏封三等男。九月，见奇、学盛分窜南江及陕西西乡。勒保抵南江，闻李彬方掠巴州、苍溪，恐逾嘉陵江，亟往，贼已东窜通江；乃移兵大竹，剿汤思蚊、刘朝选，追至太平，擒其党萧焜。

是冬，偕额勒登保、德楞泰疏言："剿匪大局已定，请酌撤官兵。"诏以"臣贼未尽除，遽思将就了事"，严斥之。七年正月，复疏言："川省自筑寨练团，贼势十去其九。拟分段驻兵，率团协力搜捕余匪；遣熟谙军事之道、府、正、佐各员，分专责成。兵力所不到，民力助之；民力所不支，兵力助之；庶贼无所匿。"诏如议行。是月，擒青号何赞于忠州。二月，李彬窜南江，为建昌道刘清所擒。三月，张天伦、魏学盛扰川北，遣总兵田朝贵往剿，不利；亲率罗思举等继进，大败贼于巴州，天伦、学盛并就歼。五月，遣罗声皋、达斯呼勒岱剿擒白号庹向瑶；总兵张绩剿青

号,擒徐天培;田朝贵剿蓝号,歼杨步青。七月,刘朝选纠青、蓝、黄号残匪窜大宁,勒保遣将击之,罗思举擒朝选,达斯呼勒岱歼赖飞陇,诏晋一等男。十月,罗思举擒张简,而汤思蛟败窜亦就获。十一月,思举擒黄号唐明万。时川中著名逆首率就擒歼;余匪窜老林,不复成股。在陕、楚者亦多为额勒登保、德楞泰所歼。十二月,合疏驰奏蔵功,晋封一等伯爵,仍以"威勤"为号。

八年,搜捕余匪,擒白号苟文富、宋国品、张顺,青号王青,招降黄号王国贤,偕额勒登保、德楞泰会奏肃清。未几,陕西南山余孽复起,至九年八月始平。十年,入觐,诏曰:"自嘉庆四年,勒保在川省令乡民分结寨落,匪始无由焚劫,且助官军击贼。其后陕、楚仿行,贼势乃促。今三省间闾安堵,实得力此策为多。加太子太保、双眼花翎,回镇四川,与民休息。"时解散乡勇,令入伍为安。

十一年秋,陕西宁陕镇新兵倡乱,遣总兵唐文淑往援剿,叛将浦大芳缚首逆乞降,德楞泰受之。勒保奏劾:"叛兵罪重于逆匪,率以纳降。不知畏威,安能悔罪?他兵从而生心,益骄难制。"帝韪其言,命赴陕西会治善后事宜。寻闻四川绥定新兵亦叛,桂涵捕擒首逆,磔之,余党并论如律。十三年,凉山夷匪扰马边厅,剿平之。十四年,拜武英殿大学士,仍留总督任。

十五年,召来京供职。坐在四川隐匿名揭帖未奏,降授工部尚书,调刑部。十六年,出为两江总督。寻内召,复授武英殿大学士,管理吏部,改兵部,授领侍卫内大臣。十八年,充军机大臣,兼管理藩院。十九年,以病乞休,食威勤伯全俸。二十四年,卒,诏赠一等侯,谥文襄。

勒保短小精悍,多智数。知其父金川之役以刚愎败,一反所为,寄心膂于诸将帅,优礼寮属,俾各尽其长,卒成大功。晚入阁,益敛锋芒,结同朝之欢,而内分泾、渭。既罢相,帝眷注不衰,命皇四子端亲王娶其女,以恩礼终。

子九,长英惠,科布多参赞大臣,袭三等威勤侯,卒;孙文厚,嗣爵。第四子英绶,工部侍郎;孙文俊,江西巡抚。

额勒登保,字珠轩,瓜尔佳氏,满洲正黄旗人。世为吉林珠户,隶打牲总管。乾隆中,以马甲从征缅甸大小金川,累擢三等侍卫,赐号和隆阿巴图鲁,乾清门行走。四十九年,剿甘肃石峰堡回匪。五十二年,平台湾。叠迁御前侍卫。五十六年,从福康安征廓尔喀,摄驻藏大臣。攻克擦木贼寨,七战七胜,抵帕朗古河,班师殿后,加副都统衔。论台湾、廓尔喀功,两次图形紫光阁。寻授副都统兼护军统领,擢都统。

六十年,贵州松桃苗石柳邓、湖南永绥苗石三保相继叛,陷乾州。福康安视师,请额勒登保偕护军统领德楞泰率巴图鲁侍卫赴军。至则松桃围已解,石柳邓逸入石三保黄瓜寨中。额勒登保由松桃进攻,解永绥围,克黄瓜寨。攻贼首吴半生于苏麻寨,克西梁;半生遁高多寨,擒之;授内大臣。又获乾州贼目吴八月,余党据平陇,进抵长吉山,败之。嘉庆元年,福康安卒,和琳代。时石三保就擒,石柳邓在平陇,乃进兵复乾州,赐花翎,署领侍卫内大臣。

秋,和琳卒于军,统兵者惟额勒登保、德楞泰及湖南巡抚姜晟三人。诏将军明亮、提督鄂辉往会剿。十月,克平陇,石柳邓遁踞养牛塘山梁,分兵克之。十二月,斩石柳邓,苗缚吴八月子廷义以献。军事告竣,诏嘉其功最,锡封威勇侯,赐双眼花翎。

二年,移师剿湖北教匪。时林之华、覃加耀踞长阳黄柏山,地险粮足,总督福宁攻之久不下。三月,额勒登保至,克四方台。贼遁鹤峰芭叶山,其险隘曰大垅口,六月克之。贼窜宣恩、建始,分兵三路进,十月,毙之华于大茅田,而加耀遁施南山中,寻窜长乐朱里寨,三面悬崖,惟东南一径。十二月,遣死士缒登,掘地窖火药轰之,贼争走,坠崖,坑谷皆满。惟加耀偕贼二百遁,踞归州终报寨。诏斥额勒登保纵贼,降三等伯爵。三年春,加耀始就擒,仍以蔵事缓,夺爵职、花翎,予副都统衔,命赴陕西协剿襄匪高均德、姚之富、齐王氏等。会李全自慧屋至蓝田,欲与诸贼合,击走之。姚之富、齐王氏失援,遂为明亮、德楞泰所歼。进剿均德于两岔河,贼分窜商州、镇安。四月,赴荆州会剿张汉潮,败之竹山,蹑追,由陕西入四川。九月,击汉潮于广元,擒其子正潈。与德楞泰等合剿川匪罗其清。其清踞营山之箕山,已为德楞泰所破,窜大鹏寨。额勒登保与德楞泰、惠龄、恒瑞四路进攻,十月合围。其清突走青观山,树栅距险。额勒登保鉴于黄柏山、芭叶山顿兵之失,议主急攻,亲逼栅前,席地坐,令杨遇春督兵囊土立营,且战且筑,诸军继之,攻击七昼夜。贼不支,窜渡巴河,踞逐风寨废堡。德楞泰同至,围之数重,势垂克,薄暮,忽传令撤围。贼倾巢夜溃,迟至黎明始驰追,贼四路逃窜,至方山坪已散尽,获其清于石穴,逸匪数日内并为民兵擒献。是役,贼趋绝地,无外援,开网纵之,饥疲就缚,士卒不损,竟成功焉,复花翎。十二月,追徐天德、冷天禄于合州。

四年春,诏以勒保为经略大臣,额勒登保与明亮同授副都统为参赞。三月,追冷天禄于大竹,闻萧占国、张长庚由阆州窜营山,回军迎击。贼踞黄土坪,临江负山,令总兵朱射斗绕出鸡猴寨,截其西;自率杨遇春由东袭攻城隍庙,贼西走,为射斗所扼,夹击,歼其半,越山窜走尚数千。乘夜围击于谭家山,陨崖死及生擒几尽,斩占国、长庚。有冒难民逃出者,投冷天禄,述兵威,天禄曰:"我曾于安乐坪破经略兵数万,何惧此乎?"时踞岳池,距大军不远,天禄遣大队先行,自率悍党八百殿后。额勒登保冒雨由间道进至广安,令穆克登布据石头堰以待,杨遇春潜出贼后;自将索伦劲骑冲之,贼死斗,天禄毙于箭。次日,追其大队于石笋河,斩溺过半,先渡者追歼之。旬日间连殄三剧贼,叠诏嘉贲,先封二等男爵,晋一等。四月,追剿白号张子聪于云阳,子聪纠合黄号樊人杰、线号萧焜、卜三聘等,叠败之寒水坝,贼稍散。五月,子聪复合冉天元窥陕境,扼御之。子聪窜通江,追败之于苟家坪,又败天元于木老坝。七月,天元窜镇龙关,欲与王登廷合,登廷屯马鞍寨,击走之。穷追至大竹、东乡,援贼鼙至,分兵进击,擒斩甚众,仍蹑登廷。

额勒登保战绩为诸军最,湖北道员胡齐仑治饷馈送诸将，事发，独无所受，诏嘉其"忠勇公清，为东三省人杰"。八月，勒保以罪逮，命代为经略，授领侍卫内大臣，补都统。疏陈军事曰："臣前数年止领一路偏帅，今任经略，当筹全局。教匪本属编氓，宜招抚以散其众，然必能剿而后可抚，必能堵而后可剿。从前湖北教匪多，胁从少；四川教匪少，胁从多。今楚贼尽逼入川，其与川东巫山、大宁接壤者，有界岭可扼，是湖北重在堵而不在剿。川、陕交界，自广元至太平，千余里随处可通，陕攻急则入川，川攻急则入陕，是汉江南北剿堵并重。川东、川北有嘉陵江以限其西南，余皆崇山峻岭，居民近皆扼险筑寨，团练守御；而川北形势更便于川东，若能驱各路之贼逼川北，必可聚而歼旃；是四川重在剿而不在堵。但使所至堡寨罗布，兵随其后，遇贼迎截夹击，以堵为剿，事半功倍，此则三省所同。臣已行知陕、楚，晓谕修筑，并定赏格，以期兵民同心剿贼。至从征官兵，日行百十里，旬月尚可耐劳，若阅四五年之久，骡马尚且踣毙，何况于人？续调新募者，不习劳苦，更不如旧兵。臣一军尚能得力者，以兵士所到之处，亦臣所到之处；兵士不得食息，臣亦不得食息。自将弁以及士卒，无不一心一力，而各路不能尽然。近日不得已，将臣兵与各提镇互相更调，以期人人精锐。"又言："军中出力人员，应随时鼓励，令各路领兵大员，自行保奏，以免咨送迟延。"帝并题之。

时教天德败于湖北，折回川东，渐衰弱；而王登廷与冉天元、苟文明合阮正澎窜广元，贼势重在川北。九月，率杨遇春歼正澎于云雾山。十一月，登廷、天德、天元及樊人杰会合抗拒，叠战于巴州何家院、东君坝，擒贼目贾正举、王国安，追至苍溪猫儿垭。额勒登保以天元善战，令杨遇春、穆克登布合左右翼力击。穆克登布轻进，为天元所乘，伤亡甚众；贼萃攻经略中营，血战竟夜，贼始退，次日，登廷在南江为乡团所擒。额勒登保以实闻，诏嘉其不讳败，不攘功，不愧大臣。天元窜开县，额勒登保病留太平，遣杨遇春、穆克登布追之。将与德楞泰夹击，而杨开甲、辛聪、王廷诏、高天升、马学礼诸贼以川北守御严，无所掠，乘间由老林窜陕西城固、南郑，提督王文雄不能御，前路贼且入甘肃。额勒登保疏请以川事付魁伦、德楞泰，自力疾赴陕，而德楞泰先已西行赴援，不及回军。

五年春，天元纠胁日众，乘魁伦初受事，遂夺渡嘉陵江，朱射斗战死。未几，潼河复失守，川中震动。诏逮魁伦，起勒保与德楞泰同办川贼，责额勒登保与那彦成专剿陕贼。时那彦成破南山余贼于陇中、伏羌，德楞泰逼王廷诏、杨开甲于成县。额勒登保亦至，乃令德楞泰回川西，自与那彦成分三路，遏贼入川及北窜之路。杨遇春、穆克登布破张天伦于岷州，庆成等破张世龙于洮河。廷诏、开甲合犯大营，击走之，分兵追擒。大军移剿高天升、马学礼，迭败之，贼逾渭北窜，寻要之于巩昌，又要廷诏、开甲于岷州。诸贼并逼回渭南，而张世龙等走秦州，将趋北栈。留那彦成追高、马二贼，自率杨遇春、岱森保回陕，令王文雄及总兵索费英阿等分扼南北栈。张汉潮已为明亮所歼，余党留陕者纠合复众。张世龙、张天伦为大兵所驱，窜滇安，皆注汉北山中，东向商、雒，贼复蔓延。严诏诘责，召那彦成回京。闰四月，额勒登保率杨遇春连败贼于商、雒、两岔河，令遇春扼龙驹寨，使不得犯河南。贼乃回窜，留后队缀官军，连破之洵阳大、小、中溪，设伏溪口，擒斩三千余，毙蓝号刘允恭、刘开玉，于是汉潮余党略尽，晋封三等子。杨开甲、辛聪、张世龙、张天伦、伍金柱、戴仕杰等皆西窜。五月，令杨遇春等追击金柱等于汉阴手扳崖，阵毙贼目庞洪胜等。进攻杨开甲等于洋县茅坪，贼踞山巅，诱之出战，伏兵绕贼后夹击，阵斩开甲。六月，贼窜甘肃徽县、两当，蓝号陈杰偷越栈道，擒之。八月，遇春斩伍金柱于成县，毙宋麻子于两当，贼复回窜陕境。疏陈军事，略谓："贼踪飘忽，时分时合，随杀随增，东西回窜，官军受其牵缀，稍不慎即堕术中，堵剿均无速效，自请治罪。"又言："地广兵单，请将防兵悉为剿兵，防堵责乡勇，促筑陕、楚寨堡以绝掳掠。"温诏慰劳，以剿捕责诸将，防堵责疆吏，分专其任。会贼逼武关，截击走之。

六年春，奏设宁陕镇为南山屏障，如议行。二月，杨遇春擒王廷诏于川、陕交界鞍子沟，擒高天德、马学礼于宁羌龙洞溪，三贼皆最悍。诏晋二等子，复双眼花翎。时贼之著者，陕西冉学胜、伍怀志，湖北徐天德、苟文明，四川樊人杰、冉天泗、王士虎等，尚不下十余股。四月，剿学胜于渭河南岸，又蹙之于汉南，贼遁平利。张天伦纠合五路屯洵阳高塘岭、刘家河，令杨遇春击走之。五月，穆克登布擒伍怀志于秦岭。七月，遇春擒冉天泗、王士虎于通江报晓垭，徐天德、冉学胜并为他师所歼；而姚之富子馨佐及白号高见奇、辛斗等方扰宁羌，督诸将进剿，逼入川北。九月，总兵杨芳等擒辛斗于通江。十月，丰伸、桑吉斯塔尔擒高见奇于达州。于是贼首李元受、老教首阎天明等各率众降，贼势穷蹙。条上搜捕事宜，诏嘉奖，晋封三等伯。十一月，苟文明合各路残匪窜阶州，裹胁复众，回窜广元、通江。十二月，败之于瓦山溪，文明窜开县大宁。七年正月，斩黄号辛聪于南江，文明由西乡偷渡汉江。额勒登保自请罪，隆一等男，诏以川匪责德楞泰、勒保等，额勒登保兼西安将军，仍专办陕贼。二月，文明窜入南山，与宋应伏、刘永受合，督师入山搜剿。六月，歼其众于龚家湾，文明仅以身免，刘永受潜遁，为乡民所歼。七月，歼文明于宁陕花石岩，晋一等伯。疏陈军事将竣，请撤东三省及直隶、两广兵，远地乡勇分别遣留。遂穷搜南山余匪，八月，擒苟文齐，毙张芳。赴平利与德楞泰会剿楚匪，五战，擒斩过半。十月，毙青号熊方青于达州，尽歼竹溪股匪。十一月，令穆克登布追贼通江铁镫台，擒景英、蒲添香、赖大祥，及湖北老教首崔连乐，晋三等侯。著名匪首率就歼，零匪散窜老林。十二月，疏告蒇功，诏嘉额勒登保："运筹决策，悉中机宜，躬亲行阵，与士卒同甘苦，厥功最伟。"晋封一等侯，世袭罔替，授御前大臣，加太子太保，赐用紫缰。余论封行赏有差。

八年春，留陕搜捕，擒姚馨佐、陈文海、宋应伏等于紫阳。穆克登布遇伏战殁。六月，移师入川，擒熊老八、赵金友于大宁，熊老八即戕穆克登布者。疏陈善后事宜："各省酌留本省兵勇：四川一万二千，湖北一万，陕西一万五千，分布要地。随征乡勇有业归籍，无业补兵，分驻大员统率。"七月，驰奏肃清，命暂留四川经理善后。编阅陕、楚营卡事竣，振旅还京。十二月，至，行抱见礼于养心殿，奖赉有加，命谒裕陵。

九年春，因前遭母忧不获守制，补持服。寻命赴四川偕德楞泰歼余擘。十年，回京，总理行营，充方略馆总裁。八月，上幸盛京，额勒登保以病不克从，谒陵礼成，特诏加恩晋三等公爵。是月，卒于京师，年五十八。上闻震悼，回銮亲奠，御制《述悲诗》一章。于地安门外建专祠，曰褒忠，谥忠毅，命吉林将军修其祖墓之碑焉。

额勒登保初隶海兰察部下，海兰察谓曰："子将才，宜略知古兵法。"以清文《三国演义》授之，由是晓畅战事。天性严毅，诸将白事，莫敢仰视。然有功必拊循，战胜亲饷酒肉，赏巨万不吝，人乐为用。尝谓诸将曰："兵条条生路，惟舍命进战是一死路；贼条条死路，惟舍命进战是一生路。惟有出其不意，攻其不备之一法。追贼必穷所向，不使休息。师行整伍，仓卒遇贼，即击。每宿，四路侦探；临敌，矢石从眉耳过，勿动。"于同列不忌功，亦不伐己功，尤严操守。凯旋过卢沟桥，他将辎重累累，独行李萧然，数骑而已。殁时，子谟尔赓额生甫数月，帝临奠，抱置膝上，命袭侯爵，寻殇，以侄哈郎阿嗣，承袭一等威勇侯，自有传。

额勒登保不识汉文，军中章奏文牍，悉倚胡时显。时显，字行偕，江苏武进人。少困科举。乾隆中，侍郎刘秉恬治金川粮饷，从司文牍独勤。荐授兵部主事，充军机章京，累迁郎中。和珅用事，数与抗，出为广东雷州知府，以亲老乞留。寻从福康安征苗有功，赐花翎。洎额勒登保剿教匪，从赞军务，刚直无所徇，额勒登保能容之。每日跨马与诸将偕，或有逗留，辄叱之。遇贼冬当其冲，诸将无敢却者。回营后，凡战地曲折夷险，粮运断续，器仗敝坏，兵卒劳饥，及贼出没情状，诸将功过，一一言之。军中敬畏时显与经略等。陈奏战事必以实，上嘉经略，并嘉时显。猫儿垭之战，及擒王登廷，章奉不欺，特赐三品卿衔。在军凡五年，累擢内阁侍读学士、鸿胪寺卿。以劳卒于兴安军次，赠光禄寺卿，赐祭葬。

德楞泰，字惇堂，伍弥特氏，正黄旗蒙古人。乾隆中，以前锋、蓝翎长从征金川、石峰堡、台湾，皆有功，累迁参领，赐号继勇巴图鲁。五十七年，从福康安征廓尔喀，冒雨涉险，攻克热索桥贼寨。加副都统衔，图形紫光阁。寻授副都统，迁护军统领。

六十年，率巴图鲁侍卫从福康安征湖南苗，与额勒登保并为军锋。福康安既解松桃、永绥围，高宗悦，将待以不次之赏，于是德楞泰建议深入苗地为犁庭扫穴计。苗酋吴半生踞大乌草河以抗，大兵连克沿河诸寨，渡河抵盛华哨。苗于山半立木城，坚甚，断其汲路，火攻克之，又克古丈坪，进攻摩手寨，由间道出寨后，夺据石城，遂偕额勒登保擒半生，授内大臣。进攻鸭保寨，克木城、石卡三十余，又克天星寨木城七，石卡五，擒贼目吴八月。

嘉庆元年，福康安、和琳相继卒于军，先克乾州，又从将军明亮克平陇，擢御前侍卫，署领侍卫内大臣。克险隘养牛塘山梁，贼首石柳邓就歼，苗疆略定，锡封二等子爵，赐双眼花翎。二年，命偕明亮移军四川剿教匪。时贼首徐天德、王三槐踞重石子、香炉坪，南曰分水岭，北曰火石岭，贼卡林立，进战，夺岭，三槐扑营受创逸。五月，破重石子，明亮亦破香炉坪，追歼教首孙士凤。会襄阳贼齐王氏、姚之富、樊人杰等窜入四川，与徐、王二匪合屯开县南天洞，击破之，贼分走云阳、万县。云阳教首高名贵欲与天德合，以计擒之，尽歼其众于陈家山。七月，齐王氏等由奉节、巫山东走湖北，与明亮绕出宜昌迎剿，贼南趋，留明亮屯宜昌；自赴荆州解远安围。八月，贼犯荆门、宜城，往援之，会总督景安以索伦劲骑至，合剿大捷，二城得全。贼欲北窜河南，扼要隘，斩贼目袁万相等，截回湖北，赐紫缰。九月，歼贼于房县、竹溪、竹山，贼走陕西平利，图入川东，败之树河口。贼北走紫阳，又合白号高均德，西走汉中。十一月，贼窥渡汉江，令副都统乌尔图纳逊突击于江滨，窜入川境。

三年正月，均德复扰陕西褒城，与明亮夹击，连败之于洋县、城固、洵阳。齐王氏、姚之富方窜广元宁羌山中，乘虚由石泉渡汉，与均德合，东走汉阴。诏斥明亮战不力，褫其职，嘉德楞泰有战在前，责速剿。三月，与明亮追齐、姚二匪，由山阳至郧西，日行百七十里，连破之于石河、甘沟，乡勇遏其前，贼无去路，踞三岔河左右，两山尽锐，围攻悉歼之。齐王氏、姚之富投崖死，传首三省。均德由镇安窜雉南，败之两岔河，余贼与李全、张天伦合。五月，又败之五郎庙，均德走宁羌、广元，合龙绍周、冉文俦踞渠县大神山，有众二万。诏斥纵贼，夺爵职，留副都统衔。七月，偕惠龄、恒瑞攻大神山，贼窜营山，蹙之黄渡河。均德中枪，逸入箕山坪，与罗天清合。箕山围径百余里，三面陡绝，惟东南有路可通。徐天德、王登廷、樊人杰踞凤凰寺，阻粮道，与为犄角。八月，克凤凰寺，贼奔箕山，负固不下。十月，分三路进攻，克之。其清退踞大鹏寨，额勒登保自阆中来会剿。十一月，贼被攻急，乘夜雨扑营，德楞泰侦知之，潜伏贼寨南门，梯而登，火其寨；额勒登保等亦袭破西门，歼其清父从国；合兵穷追，擒天清于巴州方山坪，复花翎。冉文俦窜踞东乡麻坝，乘除夕大破之于通江。

四年元旦，生擒文俦，尽歼其众，予一等轻车都尉。经略勒保疏陈诸将惟额勒登保、德楞泰尤知兵，得士心，诏德楞泰专剿徐天德。天德与冷天禄窜涪州，冒难民入鹤田寨，击走之，又败之于开县。三月，天德自大宁北趋，追于于太平；又遇龙绍周、唐大信等，迭击之，贼不得犯陕境。既而天德入大宁老林，与绍周、大信及樊人杰、龚建、卜三聘、张天伦、辛聪等合，牵缀大军。天德、建窜太平山箐，令赛冲阿分兵击之；自击人杰、绍周、大信、天伦于安康、紫阳，连破之，驱入川东，遂犯湖北。七月，线号龚文玉亦自夔州至，分兵追剿，擒文玉、三聘于竹溪，加予骑都尉世职。八月，命额勒登保为经略，德楞泰为参赞，赴兴山截击天德，逼回川东；蹑追天伦及聪等入陕。十月，高均德改名郝以智，率贼万，踞高家营，欲由白河窥渡汉。绍周及冉天元窜放马场，欲趋紫阳。率赛冲阿、温春回援，先破放马场，进攻高家营，擒均德，槛送京师，晋封二等男爵。十一月，进兵川北，歼白号张金魁于通江，擒其党符曰明等于广元。十二月，追鲜大川、苟文明至川东，贼眴大兵俱在川境，遂先后窜陕、甘。

五年正月，偕额勒登保分路抵秦州，而冉天元纠合徐万富、汪瀜、陈得俸、张子聪、雷世旺众五万，遽乘间渡嘉陵江，分扰南部、西充，魁伦不能制，诏促德楞泰回援。二月，天元踞江油新店子，乃由间道进剿。贼分四路迎战，锐甚，赛冲阿、温春深入被围；自驰援，夹击竟日，杀伤相当，擒得俸，斩冉天恒，皆悍贼也。转战连夺险隘。三月，天元屯马蹄冈，伏万人火石垭后。德楞泰令赛冲阿攻包家沟，阿哈保攻火石垭，温春攻龙子观，自率大队趋马蹄冈，过贼伏数重始觉。俄伏起，八路来攻，人持束行、湿絮御箭铳，鏖斗三昼夜，贼更番迭进，数路皆挫败。德楞泰率亲兵数十，下马据山巅，誓必死。天元督众登山，直取德楞泰，德楞泰单骑冲贼中坚，将士随之，大呼奋击，天元马中矢蹶，擒之，贼遂瓦解。乡勇亦自山后至，逐北二十余里，擒斩无算。天元雄黠冠川贼，专用伏以陷官军，至是五日四战，致死决胜负，血战破之，群贼夺气，诏晋三等子。是月，复大破贼于剑州，又破张子聪、雷世旺于蓬溪，斩世旺，晋二等子，授成都将军。

魁伦以失守潼河逮问，起勒保代为总督，与德楞泰合兵剿贼。四月，贼分扰遂宁、安岳，逼中江，欲趋成都。与勒保夹击，连破之，邀击于嘉陵江口，俘斩溺毙者数千；余贼渡江，为达州乡勇所败，擒汪瀜：潼河两岸肃清。自此德楞泰威震川中，诸将往往假其旗帜，贼望见辄走。闰四月，追贼至达州、新宁，歼刘君聘、苟文富；而白号苟文明、鲜大川、樊人杰等复入陕入川。五月，移师川北，贼走营山、渠县，六月，败之恩阳河；又与勒保合击，歼苟文礼于岳池。七月，大川为民寨诱斩，文明遁。八月，追剿白号贼于东乡，歼汤思举，余贼与赵麻花、王珊合。九月，与勒保夹击于云阳，麻花、珊先后毙。十月，湖北黄、白、蓝、线四号贼合犯夔、巫。龙绍周由太平、通江北窜，兵至贼去，兵去贼至；樊人杰、冉学胜、王士虎遂由川入陕，徐天德由陕入楚。诏斥德楞泰堵剿不力，降一等男。十二月，李彬、杨开第、齐国谟合窥嘉陵江。与勒保合击，连败之于渠县安仁溪、仪陇观音河，毙开第、国谟，晋三等子。

六年正月，白号高天升自洵阳偷渡汉江，图窜河南，追及于山阳乾沟，破之，追歼之于野猪坪，复一等子。二月，击龙绍周于兴安，逼入川境，连败之于大宁长坝、二郎坝。绍周窜湖北竹山、房县，复败之，走太平，复双眼花翎。四月，徐天德、樊人杰合曾芝秀、陈朝观窜陕西白河，分扰民寨。遣兵直攻其巢，擒朝观。五月，大破贼于西乡，天德窜紫阳。率赛冲阿、温春蹙之仁和新滩。大雨水涨，天德溺毙。绍周乘虚阑入房县、竹谿，截击之，复回太平，擒其党陈文明。八月，追至巫山、巴东，擒王鹏、李天栋。九月，绍周遁平利，令赛冲阿等追歼之，晋封二等继勇伯，仍用巴图鲁旧号也。十二月，苟文明西扰宁羌，与额勒登保夹击。贼窜川北，大败之于通江，走开县，遣兵追之。自率轻骑赴大宁，断其入楚之路。

七年正月，文明复入陕北，窜老林，至秋，乃为陕军所歼。川东零匪犹四扰，诏德楞泰仍专办川贼。二月，破线号余匪于奉节，又破白号张长青于云阳。时樊人杰及崔宗和、胡明远、戴仕杰、蒲天宝等麕聚湖北境。四月，率精兵间道抵东湖，绕出贼前，夹攻鸡公山贼巢。天宝别屯当阳河，五月，冒雨进击，天宝负创走，又败之于穆家沟，分兵留剿；自移师东趋，直取人杰，冒雨入马鹿坪山中，出贼不意，痛歼之。人杰窜竹山，投水死。人杰倡乱最久，诸贼听指挥，与冉天元埒，至是伏诛，晋三等侯。七月，天宝乘间夺踞兴山、房县交界鲍家山，死守抗拒。以大军缀其前，令总兵色尔袞、蒲尚佐率精兵出深箐攻贼巢，截其去路，擒斩殆尽。天宝遁，至竹谿坠崖死。

时巴东、兴山尚有余匪，皆百战之余，悉官军号令及老林路径，屡围屡溃，辄乘雾溜崖突窜。分军遇之则不利，大队趋之则兔脱，所余无几，而三省不能解严。与额勒登保、吴熊光会于竹溪议搜剿，额勒登保专任陕境，德楞泰专任楚境，先后歼戴仕杰、赵鉴、崔连洛、崔宗和、陈仕学、熊翠诸贼，迨十一月，捕斩略尽，优诏，晋封一等侯，加太子太保，命其子苏冲阿赍珍赉至军宣慰。八年，驻巫山、大宁，捕逸匪曾芝秀、冉瑶、张士虎、赵聪等，先后擒歼。至冬事竣，入觐热河行在，帝大悦，御制诗赐之，恩赉优渥。寻以陕西南山余孽扰及川境，命回镇成都。遣将招降，数为贼害，坐降二等侯。九年，偕额勒登保穷搜老林，斩首逆苟文润，余匪悉平，复一等侯。十年，召授领侍卫内大臣，充方略馆总裁，总理行营事务，管理兵部。

十一年，宁陕镇新兵陈达顺、陈先伦等作乱，命驰往剿治。叛将蒲大芳等乞降，缚献达顺等，磔之。大芳等遣戍回疆。议以降众归伍，诏斥宽纵，夺职。寻授西安将军。十三年，剿定瓦石坪叛匪。十四年，晋三等公。寻卒，柩至京师，帝亲莫，御制诗挽之，谥壮果。诏四川建立专祠，入祀京师昭忠祠。

德楞泰英勇超伦，战必身先陷阵，名与额勒登保相亚。马蹄冈之战，转败为胜，时称奇绩。既卒，奉诏褒恤，特举是役保障川西数十万生灵，厥功最伟。在军俘获，必详讯省释，未尝妄杀良民妇女，保全甚众，蜀民尤感颂焉。

子苏冲阿，一品荫生，授侍卫。每德楞泰战胜，辄擢其官，累迁至盛京副都统，署黑龙江将军，袭一等侯。孙倭什讷，杭州将军；曾孙希元，吉林将军：并嗣爵。次孙花沙纳，官至吏部尚书，自有传。

论曰：仁宗亲政，以三省久未定，卜于宫中，繇曰："三人同心，乃奏肤功。"后事平，叙劳：额勒登保第一，德楞泰次之，勒保又次之。论战绩，勒保未足与二人比，然当德楞泰偕明亮由楚入陕，见民苦虏掠，陈坚壁清野策，廷议以筑堡重劳，未之许也；勒保至四川，始力行之，推之三省，贼竟由是破灭。三人者相得益彰，未容有所优劣：勒保宽能容众，额勒登保忠廉忘私，德楞泰仁及俘虏，识量并有过人。为国方、召，延世侯封，岂偶然哉！

卷三百四十五　列传一百三十二

永保　惠龄　宜绵子瑚素通阿
英善　福宁　景安　秦承恩

永保，费莫氏，满洲镶红旗人，勒保之弟也。以官学生考授内阁中书，充军机章京，迁侍读。乾隆三十七年，父温福征金川，永保赍送定边将军印，遂随军。明年，温福战殁木果木，永保冒矢石夺回父尸，袭轻车都尉，迁吏部郎中。洎金川平，追论木果木之败，咎在温福，夺世职，仍留永保原官。出为直隶口北道，历霸昌、清河两道。迁布政使，调江苏。四十九年，擢贵州巡抚，历江西、陕西。五十一年，署陕甘总督。寻授塔尔巴哈台参赞大臣。五十六年，哈萨克汗斡里素勒坦遣子入觐，诏嘉永保抚绥有方，授内大臣，赏双眼花翎。五十八年，调喀什噶尔参赞大臣，授户部侍郎，留驻新疆。六十年，调乌鲁木齐都统。

嘉庆元年春，湖北教匪起，永保奉诏入京，行抵西安，命偕将军恒瑞率驻防兵二千，调陕西、广西、山东兵五千会剿。三月，至湖北，总督毕沅疏陈各路剿杀不下数万，而贼起益炽。诏分专责成：永保、恒瑞任竹山、保康一路；毕沅、舒亮任当阳、远安、东湖一路；惠龄、富志那任枝江一路；鄂辉任襄阳、穀城、均州、光化一路；孙士毅任酉阳、来凤一路。永保偕恒瑞复竹山，进房县，擒贼首祁中耀；余贼遁保康白云寺山，复败之，擒贼目曾世兴等。永保疏言："襄阳贼数万，最猖獗，贼首姚之富、齐王氏、刘之协皆在其中，为四方诸贼领袖，破之则流贼自瓦解。宜俟诸军大集，合力分攻。"帝韪之。五月，永保等驰赴襄阳，自樊城进取邓桃湖，会军吕堰。贼退屯双沟，分军五路夹击，歼贼二千余，贼分窜孝感，距汉阳百余里，幸为潦阻，武昌戒严。时毕沅围当阳数月不下，惠龄剿枝江贼亦无功，诏命永保总统湖北诸军，先靖襄阳，而后分攻孝感、当阳两路。参将傅成明等击孝感贼，遇伏败殁；永保令明亮驰救，复请调苗疆防兵助剿。六月，永保渡滚河，破梁家冈、张家珰贼营二十余座，贼窜枣阳，潜踞随州之梓山、青潭，连破之。复偕恒瑞、庆成破贼于红土山，擒贼渠黄玉贵。于是襄阳、吕堰迤东百数十里，及枣阳、随州、宜城无贼氛。孝感之贼，亦为明亮所歼。诏嘉永保调度协宜，加太子太保。

先是命署湖广总督，及毕沅复当阳，永保请寝前命，允之。八月，移剿钟祥，明亮以师来会。贼自温峡口至千弓珰，依山结营，亘数十里。永保率大军由西北进击，绘图陈奏。帝方以东南空虚，虑贼逃窜，适明亮疏言："钟祥为贼剿穴，宜四面夹攻，以防漏网。今永保以九千余兵由西北追压，而东南要截之兵仅三千余，地阔兵单，难杜窜逸。"帝以永保拥众自卫，切责之。明亮败贼土门冲，永保不能夹击，贼转而北，永保偕明亮追至襄阳双755。贼分两路窜河南：东由枣阳趋唐县，西由吕堰趋邓州。官军蹑西路，败诸吕堰，获姚之富母、媳及孙，而东路贼已入唐县潭沱镇。疏言："追贼经月，兵力疲惫，难以痛歼，请增兵助剿。"诏斥其无能，调山东、直隶兵四千，复简健锐、火器营各军赴之。十一月，新兵既至，攻破唐县贼屯十一。姚之富已遁，犯枣阳，复渡滚河而西，蹂吕堰，向光化、穀城。围景安于邓州魏家集，越二日，援兵始至。帝怒永保拥劲旅万余，徒尾追不迎击，致贼东西横鹜无忌，褫职逮京，下狱，籍其家，并褫其子侍卫宁志、宁怡职，发往热河。

三年，以兄勒保擒川贼王三槐功，推恩宥释。勒保请将永保发军营效力，不许。四年，勒保为经略大臣，予永保蓝翎侍卫，赍经略印赴军。寻擢头等侍卫，署陕西巡抚。与明亮会剿张汉潮于终南华林山中，遇伏败绩；复与明亮不协，互攻讦。诏逮问，并坐前在湖北动用军需受馈遗事，论大辟，诏原之，免罪，予八品领催，自备资斧赴乌里雅苏台办事。六年，充参赞大臣。

七年，授云南巡抚。八年，威远、思茅㑩匪扰边，永保赴普洱，偕提督乌大经进讨。肇乱土弁刁永和闻风遁，威远㑩匪亦退，擒思茅㑩酋扎安波赛闷，余匪奔逸。南兴土司张辅国屡与孟连土司争界构衅，至是勘定之。永保疏陈善后事："内地杂居夷人不法，按律惩治；土司夷境滋事，但遣兵防范，不使内窜。"诏嘉得大体，弭边衅，赏花翎。

十三年，兼署贵州巡抚，调广东。寻擢两广总督，未至，卒于途。赠内大臣，诏念前劳，曾籍没，家无余赀，赐银千两治丧，谥恪敏。孙文庆，咸丰中官大学士，自有传。

惠龄，字椿亭，萨尔图克氏，蒙古正白旗人。父纳延泰，乾隆中，官理藩院尚书、军机大臣，加太子少保。因喀尔喀台吉沁多尔济规避军事，不劾奏，罢职，复起用，终于理藩院侍郎。

惠龄由繙译官补户部笔帖式，充军机章京。累迁员外郎，缘事夺职。起户部主事，仍直军机，乾隆四十年，予副都统衔，充西宁办事大臣，调伊犁领队大臣。擢工部侍郎，调吏部。充塔尔巴哈台参赞大臣。五十年，回京，署正黄旗满洲副都统。授湖北巡抚，调山东。五十六年，擢四川总督。征廓尔喀，命为参赞，赴西藏会剿，督治粮运。事平，图形紫光阁，列前十五功臣中。五十八年，授山东巡抚，调湖北，再调安徽。六十年，授户部侍郎，苗疆用兵，留署湖北巡抚，治粮饷。

嘉庆元年正月，教匪聂杰人、张正谟等倡乱于枝江、宜都，率师往剿，总兵富志那擒首逆聂杰人，而襄、郧、宜、施诸郡贼并起。命惠龄专剿枝江、宜都一路，自春徂夏无功，以大雨为解，严诏切责。八月，克灌脑湾贼寨，擒张正谟等，加太子少保，署工部尚书，予二等轻车都尉世职。进攻凉山，捣其巢，擒首逆覃士潮，宜都、枝江悉平，移军长阳黄柏山会剿。十一月，襄阳贼姚之富自黄龙珰偷渡滚河，窜河南，黜总统永保，以惠龄代之，驰赴襄阳。疏言："襄、邓平衍，无险可扼。贼习地势，必不自趋绝地。惟有严防汉江潜渡，并堰唐河、白河，移难民于河西，守岸团练以蹙贼。"会之富折回湖北境，惠龄迎击，遏其西轶，败之茅茨畈，分兵五路兜剿。二年二月，败贼于鲍家畈，擒贼首刘起荣，复败贼于曾家店，鏖战于郑家河，歼获甚众，赏双眼花翎，擢理藩院尚书，兼镶白旗蒙古都统。惠龄偕恒瑞、庆成剿襄阳贼，屡破之，余众仅数千，势甚蹙，分路窜河南境，官军疲于尾追，不易得一战，先后并入陕西，遂复猖獗。五月，李全、王廷诏、姚之富合为一路，由紫阳白马石窟渡汉江；后五日，惠龄始至，夺宫衔、世职、花翎，易宜绵总统军务，降惠龄为领队，听节制。

贼既分窜入川，十月，王廷诏、高均德复北犯，窥渡汉江，惠龄邀击败之，斩贼二千。诏嘉其仅兵二千当贼二万，以少击众，复双眼花翎。十一月，齐王氏、张汉潮、姚之富、高均德合入汉中南山，自黄官岭至新集，连营二十里，欲渡汉。惠龄军北岸，蹙其半济，贼走宁羌，追败之，折窜汉中。因移兵扼汉南，贼不得北窜，复分道入川，惠龄绕由西乡、太平赴大宁、夔州兜剿。时川匪王三槐、徐天德窜梁山，罗其清、冉文俦分屯营山、仪陇。三年，陕、襄诸贼在川境者俱会于文俦，而三槐、天德自太平走与合，势张甚。诏总统勒保会诸将，分路进剿，惠龄与德楞泰为一路，夹攻罗、冉二贼。五月，击文俦于仪陇，其清及阮正通先后来援，皆败之。贼屯大神山，连营数十里，六月，与德楞泰合攻，破之，斩贼甚众。文俦走箕山龙凤坪，与其清相犄角，阮正通又与之合。帝以首逆稽诛，屡诏严责，于是德楞泰破贼箕山，其清奔天鹏寨，惠龄分路进攻，十二月，其清就擒，槛送京师。四年正月，文俦就擒，予一等轻车都尉世职。丁母忧，会其清谰词称惠龄一军较弱，帝斥其为贼所轻，命回京守制，降兵部侍郎。寻授山东巡抚。六年，擢陕甘总督，专剿南山余匪。复以剿贼迟缓，降二品顶戴。七年，教匪平，复头品顶戴、花翎。九年，卒，赠太子少保，封二等男，谥勤襄。子桂斌，官和阗帮办大臣。

宜绵，初名尚安，鄂济氏，满洲正白旗人。由兵部笔帖式充军机章京，累迁员外郎。从征金川，进郎中。乾隆四十三年，出为直隶口北道，擢陕西布政使。四十七年，擢广东巡抚，以盐商沈翼川狱瞻徇，褫职，戍新疆。寻予四品衔，充吐鲁番领队大臣。石峰堡回乱，驻守平凉。历库车、喀什噶尔办事大臣，乌鲁木齐都统。五十九年，入觐，道经固关，值水灾，饬官吏赈抚，高宗嘉之，命改名宜绵。六十年，授陕甘总督。

嘉庆元年，教匪起，湖北、陕西戒严。宜绵驻军商州，令副将百祥剿郧阳、郧西贼，克孤山大寨，贼首全礼伏诛，汉江以北安堵，加太子太保，赏双眼花翎。甘肃岁祲，命宜绵回兰洲赈抚。是年冬，四川教匪起，由太平入陕境，扰安康、平利、紫阳诸县，宜绵督军驰剿，贼逼兴安，分踞城南安岭、城北将军山，进攻克之，擒其渠王可秀、冯得士等。复歼汉江北岸大小米溪贼。偕提督柯藩、总兵索费英阿移攻汉南洞河、汝河诸贼，贼并五云寨，乘雪夜火其寨，歼馘甚众，诏宜绵进剿达州。二年春，攻太平贼于通天观、高家寨、南津关，连败之。川匪最悍者，达州徐天德，东乡王三槐、冷天禄，巴州罗其清，通江冉文俦。天德、三槐等合陷东乡，踞张家观；其清踞方山坪，文俦窜王家寨，图据周家河，梗运道，且乘间与张家观合。宜绵遣兵攻王家寨，分袭张家观，自率队夜焚曾家山贼栅，天德分援两路，遂乘虚下张家观，复东乡；余贼奔清溪场、金峨寺，据险抗拒，四月，官军分五路进克之。天德等窜重石子、香炉坪，将与巴州贼合。宜绵潜攻王家寨，贼走方山坪，天德来援，败之。知县刘清素得民心，令招谕诸贼，三槐率众诡降，阴图袭营，宜绵觉其诈，设伏击退。五月，达州贼倾巢出犯，有备不得逞。宜绵驻军大成寨，遣将袭三槐于毛坪，三槐中枪跳免。

时襄贼由汉江北渡入陕，署总督陆有仁以罪逮，乃调英善督陕甘，黜惠龄总统，命宜绵代之，兼摄四川总督。于是令明亮攻重石子，德楞泰与乡勇罗思举夹击败之，分二路窜，追歼孙士凤于磨子坪。士凤为四川教首，三槐等皆其徒也，至是为德楞泰所诛。余贼西走徐家山，乘雾夜遁。其方山坪贼为百祥所截，舒亮围贼林亮工于巴州白崖山，观成、刘君辅破大宁贼，围之于老木园，川贼渐蹙；而襄阳贼李全、王廷诏、姚之富等由陕分道入川，与之响应，势复炽。云阳贼伏陈家山，与襄贼约犯官军，为罗思举所歼。李全等踞开县南天洞、火焰坝，旋奔云安场，开、万诸匪应之，谋犯夔州，附近贼蜂起，诏责宜绵专剿。七月，驻军窦山关，开县、东乡交界地也。

川贼分立名号：罗其清称白号，冉文俦称蓝号，踞方山坪；王三槐称白号，徐天德称青号，踞尖山坪。刘清率乡勇与百祥、朱射斗会剿方山坪，贼溃围窜通江、巴州，与天德合。既而天德等窜青杠渡，围巴州，其清、文俦欲从仪陇、南部分犯保宁，夺官军饷道，百祥扼其前，退走黄渡河，旁掠仪陇；宜绵扼之官渡口，三槐等窜渠县，其清、文俦走巴州。三槐复分攻邻水，陷长寿，东趋重庆。时齐王氏、姚之富已窜湖北，李全、高均德先后分窜陕西。宜绵疏言："惠龄、恒瑞、明亮、德楞泰皆入陕，惟臣一人在川。诸贼齐扰川东北道通，嘉陵江防孔亟，欲亲赴保宁，则川东千里无人调度。请别简总督治理地方，而己亲督师专一办贼。"帝亦以宜绵年老，十月，命勒保总统军务，宜绵以总督兼理军需。又疏言："军兴以来，四川调兵一万九千有奇，陕、甘合调二万有奇，两湖更无余兵可调。各省募补者难备攻剿；州县团勇，各卫村庄，尤难责其长驱赴敌。目前贼势，明亮、德楞泰至襄阳，则郧贼窜兴安，宜昌贼回夔、巫；况云阳、奉节伏莽尚多，兵力日分日薄。请敕添练备战之兵，四川、陕甘、湖北各五千。至随营乡勇，费与兵等，赏过则骄，威过则散，究非纪律之师。不若选充营伍，贼平即补营额，费不虚縻，而骁悍有所约束。"诏行之。

三年春，调勒保四川总督，宜绵回任陕甘，驻陕境办贼。未几，高均德、齐王氏窜汉阴，褫明亮职，命宜绵赴军督剿；而齐王氏、姚之富已为德楞泰、明亮所歼，阮正通、张汉潮先后犯陕境，川贼刘成栋走与合。宜绵自镇安分路截剿，汉潮折向通江、巴州，正通窜城固，李全与高均德合屯五郎、镇安、山阳间。宜绵偕明亮要之雒南，鏖战两河口，均德窜秦岭，正通折入川。五月，贼分股北出凤县，掠两当，阑入甘境，诏斥宜绵疏防。既而明亮败贼于略阳，成栋、汉潮复由竹谿窜平利。命宜绵与额勒登保为一路，专剿平利之贼，寻败之于孟石岭，贼遁入川，责宜绵严遏回窜。八月，徐天德、冉文俦、高均德由仪陇窜广元，汉潮北入南江，欲还湖北，官军蹙之上游不得渡。宜绵檄兵扼宁羌、沔县，汉潮窜太平。于是川、楚匪多流入陕境，其魁樊人杰、龙绍周、李澍、阮元瀗各拥众数千，迭扰安康、平利、紫阳诸县。

四年，汉潮窜五郎，诏斥宜绵畏葸避贼，命解任来京，在散秩大臣上行走。既至，复斥其辨饰，降三等侍卫，赴乌里雅苏台办事。五年，追论军需冒滥，褫职，遣戍伊犁，罚银二万两助饷，逾两年释回。及三省教匪平，以员外郎用。后帝阅方略，宜绵曾论乡勇，切中时弊，追念前劳。擢大理寺卿。病免。十七年，卒。

子瑚素通阿，初名瑚图昆阿。乾隆五十二年进士。由刑部员外郎改翰林院侍讲，累迁左副都御史。嘉庆初，疏陈关税、盐课积弊，又请却贡献，停损纳。居官有声，擢盛京刑部侍郎。宜绵遣戍，瑚素通阿以交老请代行，未允。在盛京，劾将军琳宁宽纵番役及私参、官吏分肥事，侍郎宝源查办不实，宝源、琳宁并黜罢。，内调刑部侍郎，赴河南谳狱，漏泄密封。降笔帖式。后起用，终刑部侍郎。

英善，萨哈尔察氏，满洲镶黄旗人。由亲军补侍卫处笔帖式，累迁刑部郎中。改御史，除甘肃兰州道，以亲老留京职。乾隆五十年，出为直隶按察使，迁湖南布政使，调江苏，丁母忧归。命署广西布政使，调补四川，五十六年，护理总督。寻擢贵州巡抚，调湖北，以治西藏军需，未之任。嘉庆元年，调广东。旋召授刑部侍郎，而四川教匪起，仍留摄总督。

初，四川自金川木果木之败，逃兵与失业夫役、无赖游民散匿剽掠，号为啯匪。官捕急，则入白莲教为逋逃薮。及湖北襄阳败匪窜入川，一旦揭竿，战斗如素习。至是，达州奸民徐天德等激于胥役之虐，与太平、东乡贼王三槐、冷天禄等并起。英善率兵五百驰剿，复调成都驻防兵，副都统勒礼善、佛住率以往，连破贼剿，擒贼目何三元等。贼窜横山子，据险负嵎，遣总兵袁国璜、何元卿分路进攻，战三日，国璜、元卿并殁于阵。寻克马鞍山贼寨，擒贼首徐天富；而王三槐、徐天德等合陷东乡，佛住战死，贼炽兵单，诏责英善固守毋轻进，命宜绵赴达州督师。二年二月，宜绵至，英善连破贼于贯子山、罗江口、通周家河运路；偕宜绵克张家观，复东乡。五月，命赴甘肃摄总督。王三槐等由通江、巴州分犯保宁，英善赴广元迎剿，偕总兵富尔赛、朱射斗击之于仪陇，阆中，多所斩获。贼逼苍溪，设伏败之，遂遁。

三年，命与福宁赴达州治四川粮运。四年，调兵部侍郎，充驻藏大臣，调吏部，驻藏如故。五年，帝以教匪久未平，追论始事诸臣玩寇罪，褫职，以四品顶戴仍留驻藏。七年，召授头等侍卫。擢刑部侍郎，迁左都御史，兼正黄

旗汉军都统。十一年，以驻藏时于福宁私挪库款，徇隐未举，降太常寺卿。十四年，卒。

福宁，伊尔根觉罗氏。初隶贝子永固包衣。由兵部笔帖式洊擢工部郎中。乾隆三十三年，出为甘肃平庆道，累迁陕西布政使。五十五年，擢湖北巡抚，抬入镶蓝旗满洲。调山东，治卫河运务，称旨。五十九年，漳、卫二河溢，疏消积水，抚恤灾黎。曹、单漫水，下流为丰、砀坝堰所阻，驰往会勘，酌开坝堰以泄水，并协机宜。调河南，寻擢湖广总督，驻襄阳，捕治教匪，获首逆宋之清等置诸法。

六十年，调两江。会黔苗石柳邓勾结楚苗石三保焚掠辰州，命留湖北会剿，福宁至镇筸防后路。嘉庆元年，湖北教匪攻来凤甚急，福宁驰抵龙山，击败之。贼屯旗鼓寨，偕四川总督孙士毅合剿，士毅卒于军，福宁代之。偕将军观成、总兵诸神保进攻，破其寨，擒贼首胡正中，余众穷促乞降，诱入龙山城，骈诛二千余人，以临阵歼戮奏，加太子少保。移军剿林之华、覃加耀于长阳、巴东，贼窜黄柏山；偕观成、惠龄会剿未下，惠龄赴襄阳，观成入川。二年，命额勒登保移师黄柏山，福宁以失隶之。地形天险，围攻数月，贼窜鹤峰芭叶山，继窜大墉口，又窜建始、宣恩；十一月，始歼之华于长阳，加耀遁归别，以剿贼不力，夺官衔。三年，擒加耀于终报寨，帝犹斥诸将迁延贻误，福宁有地方之责，咎尤重，褫职，罚银四万两充饷，予副都统衔，偕英善驻达州，治四川军需。

四年，英善调驻西藏，福宁遂专任其事。时军营支用冒滥，统兵大员奢糜无度，兵勇口粮屡多迟延，几致枵腹，四川饷数更多于湖北数倍，屡诏训戒，福宁不能综核，以奏报浮泛被诘。又奏贼数有增无减，勒保疏辨；命魁伦赴达州察视，覆陈贼数实减，而大股分为小股，贼名反多，得福宁理饷含混状，诏褫副都统衔，留达州候命。寻以旗鼓寨杀降事觉，帝方以剿抚责诸路，而川贼高均德被擒，言贼党恐投降仍遭诛戮，故多观望。诏怀福宁此举失人心而伤天理，逮治论罪，遣戍新疆，寻原之，命赴额勒登保军前效力。会贼窜渡嘉陵江，由于福宁裁撤乡勇所致，仍戍伊犁。五年，予三等侍卫，赴西藏办事。九年，召还，授正白旗蒙古都统。十一年，以三品衔休致。十九年，追论在西藏擅借库帑，及湖广任内滥用军需，久不完缴，下狱。寻卒。

景安，钮祜禄氏，满州镶红旗人，和珅族孙也。由官学生授内阁中书，洊擢户部郎中。出为山西河东道，累迁甘肃、河南按察使，河南、山西、甘肃布政使。乾隆五十六年，征廓尔喀，命治西宁至藏台站，留藏督饷运。事平，以亲老归。未几，擢工部侍郎，历仓场、户部。六十年，授河南巡抚。

嘉庆元年，湖北教匪北犯，景安驻军南阳，以筹济恒瑞军饷，加太子少保。十二月，姚之富犯邓州，围景安于魏家集，恒瑞援至始解。二年，淅川教匪王佐臣谋应贼，布政使完颜岱捕斩之。景安欲攘功，蹂兵戮难民，以捷闻，赏双眼花翎，封三等伯。时襄阳贼屡为惠龄、庆成等所破，

窥北面可乘，遂分三路犯河南：王廷诏出北路，窜叶县，焚保安驿，围官军于裕州，总兵王文雄兵至，乃引去，景安尾追至南召，闻桐柏有警，驰回防御；李全出西路，窜信阳、确山、罗山、淅川，趋卢氏，出武关，庆成追之；姚之富、齐王氏出中路，窜南阳，掠嵩县、山阳，惠龄追之。贼入河南后，胁从日众，不迎战，不走平原，忽合忽分，以牵兵势，先后并入陕西复合。景安顿兵内乡，贼入陕后二十余日，始追至卢氏，贼尤轻之，号为"迎送伯"。三年春，擢湖广总督。四月，率师次荆门州，刘成栋来犯，与布政使高杞分路击走之。六月，贼由竹谿窜入陕，诏切责。四年，张汉潮扰陕西五郎、洋县，景安屯洵阳，遣总兵王凯扼郧西。汉潮已分路自安康折窜镇安，景安疏称赴郧西迎剿，诏斥其不实。时仁宗初亲政，以景安堵剿不力，抚治失当，解职，命治四川军罪。寻夺伯爵，戍伊犁。

是年冬，帝召见惠龄，论其恇怯纵寇及淅川冒功事，逮京谳，拟大辟，缓刑，禁锢。七年，教匪平，得释，发热河充披甲。逾年，宥还，以六部笔帖式用，效力河南河工。衡家楼工竣，晋秩员外郎，授直隶承德知府。擢山西按察使、陕西布政使。十一年，授江西巡抚，调湖南。召为内阁学士，累迁户部尚书，加太子少保。二十五年，授领侍卫内大臣，守护昌陵。道光二年，休致。寻卒。

景安初附和珅，憒于军事，然居官廉。当其逮京，值朱珪入见，帝曰："景安至矣！军事久不定，欲去一人以警众，如何？"珪曰："臣闻景安不要钱。"帝曰："若乃知操守耶？"竟以是获免。后复用之。

秦承恩，字芝轩，江苏江宁人。乾隆二十六年进士，选庶吉士，授编修，擢侍讲。出为江西广饶九南道，累迁直隶布政使。五十四年，擢陕西巡抚。

嘉庆元年，教匪起荆、襄，承恩率师赴兴安筹防。至冬，四川达州教匪自太平入陕犯兴安，承恩偕总督宜绵迭击败之。十二月，会剿洵河、汝河诸贼。二年正月，击安康贼于光头山，首逆王刘氏伏诛，陕境略平。宜绵进剿川匪，承恩专任陕防。三月，襄匪由河南卢氏窜南南，勾结陕匪，纷起应之。承恩移军商州，偕恒瑞歼山阳西牛槽贼。雒南石板沟奸民起，总兵富尔赛捕斩之。姚之富由商州犯孝义，窥西安，承恩扼之于秦岭。惠龄等追击，贼走镇安，与李全、王廷诏合掠洵阳、安康。时陕西兵力仅有乡勇万余人，提督柯藩守兴安府城，兵止二百，无力攻剿。惠龄、恒瑞合击贼于黄龙铺，贼分窜复合，六月，由汉阴至紫阳渡汉江。诏斥承恩疏防，夺翎顶。贼走汉南，与川匪合，八月，复入陕，窜白河石槽沟。承恩率乡勇扼安康要隘，贼分路来犯，御之于平利金堂寺。既而贼逼兴安，偕惠龄击走之，以功复翎顶。

三年春，丁母忧，军事方亟，夺情视事。二月，高均德、齐王氏合窜汉阴观音河，纠李全、王廷诏分道由城固、南郑北出宝鸡，合攻郿县，掠鳌屋，将犯西安，承恩恇惧，率师回防。总兵王文雄力战，败贼于焦家镇、圪子村，大创之，贼复分窜。三月，文雄复破李全余众于翔峪、澧峪，

四月，李全纠阮正通折回镇安，西扰汉阴、石泉，高均德逾秦岭走老林，承恩与文雄扼子午峪。既而均德、全与张天伦合为一路，正通由石泉、洋县西窜，均德等寻窜入川。承恩进兵汉中。八月，川匪徐天德、冉文俦、樊人杰，襄匪张汉潮先后并入陕境。

承恩师久无功，四年，命解职回籍守制。会剿张汉潮于凤翔，承恩遣游击苏维龙扼东路，战失利，汉潮突围遁，褫承恩职，逮京论大辟。诏以承恩书生，未娴军事，宥归。寻遣戍伊犁，七年，释还。起主事，纂修《会典》。出为直隶通永道，擢江西巡抚，迁左都御史，仍署巡抚事。十一年，召授工部尚书，调刑部，署直隶总督。十三年，以治宗室敏学狱瞻徇，降编修，效力文颖馆。迁司经局洗马，晋秩三品卿。十四年，卒。

论曰：方教匪之初起也，苗疆军事未藏，楚、蜀空虚，草泽幺麿，燎原莫制。永保、惠龄号曰总统，局于襄阳一隅。景安，秦承恩不谙军旅，贼遂蹈瑕，蔓延豫、陕。宜绵受事，仅顾蜀疆，及劲兵移陕，束手求退矣。英善、福宁并皆庸材，三年之中，防剿无要领，如治丝而益纷。仁宗亲政，赫然震怒，诸臣相继罢谴，士气一新，事机乃转。庙堂战胜，固有其本哉！

卷三百四十六　列传一百三十三

恒瑞　庆成　七十五　富志那亮禄

恒瑞，宗室，隶正白旗，吉林将军萨喇善子。乾隆中，授侍卫，赴西藏办事，擢热河都统，迁福州将军。五十二年，台湾林爽文作乱，命率驻防兵往剿，参赞军务，偕总督常青赴南路。凤山贼势方炽，高宗知常青、恒瑞不可恃，命福康安督师。贼围总兵柴大纪于诸罗，恒瑞驻军盐水港，逗留不进，诏解任。福康安至，屡为疏陈战绩，帝益怒，斥其徇护，逮恒瑞论罪。事平，减死戍伊犁。寻予副都统衔，充伊犁参赞大臣。历定边左副将军、绥远城将军，调西安。

嘉庆元年，命率驻防兵三千，偕都统永保会剿湖北教匪。三月，与总兵文图破贼竹山。永保至，合师由房县进剿，文图分剿三里坪、喇叭洞诸贼悉尽；而恒瑞追贼至保康，未大创之。贼首姚之富踞襄阳，势甚炽，命恒瑞进剿。五月，偕明亮进次吕堰，击贼岳家沟、刘家集，擒斩二千余。贼围枣阳，设伏王家冈，诱贼败之；又败之于蒋家瑒、曲家湾，枣阳围解。贼伪降，潜袭官军后路；急以后队为前队，击退之。贼走丫儿山，与张家玎贼相犄角，奋击一昼夜，破贼营十余，歼贼甚众，被奖赍。七月，破贼随州龙门山，与永保会攻钟祥贼巢，连破之邓家河、黑沙河、双沟。贼乃分窜唐县、吕堰，追至潭沱镇，复窜仓台。寻，之富渡滚河，围景安于邓州。诏斥诸将玩误，逮永保，责

恒瑞戴罪立功。

二年正月，偕惠龄等剿襄阳贼，贼首刘起荣就擒；又与庆成败贼郑家河，擒贼目李潮；进剿泰山寺、龙凤沟，擒贼目姚爽等；赐花翎。于是贼分窜，由河南入陕，恒瑞追贼至山阳，遇王廷诏、李全等，击走之。五月，追贼陕南，与惠龄夹攻于黄龙垱，歼贼三千余。廷诏、全复与贼之富合趋紫阳，渡汉江，恒瑞坐纵贼，夺花翎。贼遂分路入川，廷诏窜开县、云阳、万县，犯夔州，西与大宁贼响应，恒瑞追及，连败之，乃窜太平。八月，当阳逸匪掠白河、洵阳，命驰赴兴安扼剿，偕庆成击贼于张家滩，由牛蹄岭绕出贼前，夺贼营九。廷诏等奔紫阳，与惠龄夹击败之。恒瑞率师还汉中，败贼西乡，又败之襄城黄沙铺。十一月，之富等西奔，将渡汉北窜。偕庆成蹙诸半渡，贼西趋宁、沔。师进，遇高均德于桑树湾，乃议四面设伏，恒瑞令撒拉尔回兵假乡勇旗帜诱之，自由山梁驰下，庆成等分路夹击，俘斩甚众。捷闻，被优赉。十二月，破王廷诏于保宁，进解营山围。

三年，川匪罗其清犯顺庆，偕庆成往援，因贼势蔓延，请勒保、宜绵遣兵会剿。贼窜蓬州，潜结冉文俦扰仪陇，恒瑞扼磨盘寨，与惠龄等合击之，文俦败走，陕匪龙绍周与合，败之杨家寨。六月，与德楞泰夹击高均德于石人河，复偕惠龄攻老林场贼卡，进逼大神山，均德、文俦踞险死拒，分路进攻，贼奔箕山；而徐天德、樊人杰为将军富成追击，穷蹙，亦入焉。惠龄、德楞泰攻其前，恒瑞攻其后，尽破山寨，先后斩馘近万。其清、李全、王廷诏奔大鹏山，进围，十一月，克之。命赴陕与宜绵等会剿张汉潮。未几，李全、樊人杰窜西乡。帝以恒瑞未迎击，严斥之。

四年，署陕甘总督，赴宁羌击蓝、白两号贼。张应祥等窜秦州、两当，又击走张汉潮、冉学胜股匪。五月，解署任，剿白号贼于白马关，地与川西龙安接壤，遣将冒雨掩击，贼窜西和、礼县；令布政使广厚，总兵吉兰泰截剿，自趋贾家店，黑马关抄击蓝号贼，败之于老柏树，复花翎。贼窜川北，至秋，折回陕境，击走之。乃赴城固、洋县，会明亮剿张汉潮，破之东西叉河，贼从马垭道通老林，要之于清水沟，复乘雾雨徐渡三渡水。帝疑诸将纵贼，又以恒瑞前剿蓝号贼垂尽，舍之回陕，下尚书胡彦成察劾。那彦成，恒瑞之婿也，覆陈回师出总督松筠意，得免罪。寻明亮歼汉潮，恒瑞自五郎追击，余党李得士等由大建沟入老林，趋秦岭，与那彦成会剿冉学胜等，贼奔涝谷，扼两岔河，追击于山阳东沟，败之。

五年，川匪二万余由略阳寇两当、徽县，恒瑞自襄城入栈。贼窜陇州、清水、秦安，偕那彦成追至汪家山，大败之。总兵凝德战殁秦安，恒瑞赴援，复偕那彦成败贼于龙泉沟、深都堡，总兵多尔济、札普战殁洵阳。诏促恒瑞赴镇安、五郎剿贼，三月，抵唐藏。杨开甲、高均德方扰南星，留总兵观祥驻守，自赴商州。帝疑其趋避，累诏诘责，乃赴镇安剿冉文胜等，败之于大中溪。会额勒登保破开甲于辉岭，恒瑞自龙驹寨抄截；开甲逸走，围副将李天林于漫川关，驰援，斩贼目罗贵等，贼乃分路西窜。叙功，予云骑尉世职。六月，率总兵德忠驻守太渠、唐藏。时伍金柱、高天德、马学礼犯西乡，提督王文雄战殁，乃进兵大石川，贼奔滩口，为杨遇春所破。

恒瑞自教匪起，久在行间，以偏师数临大敌，至是老病，久无显功。帝虑其不任战，询额勒登保，上其状，命回镇西安。逾年卒。

庆成，孙氏，汉军正白旗人，提督思克曾孙，都统五福孙也。由銮仪卫整仪尉，累迁广东督标副将。乾隆五十三年，从总督孙士毅征安南，屡擒敌有功，赐花翎、锡郎阿巴图鲁勇号。内擢正白旗汉军副都统、户部侍郎、御前侍卫、正红旗护军统领。五十七年，出为古北口提督。

嘉庆元年，率兵赴南阳、襄阳剿教匪，偕恒瑞迭败姚之富、刘之协于双沟、张家集。贼屯枣阳丫儿山，分踞张家垱，连营十余里，遮官军，庆成先进，袭其寨，大破之，擒宋廷贵、陈正五，追败余匪于红土山，擒黄玉贵，加子少保。之富窜钟祥，合刘起荣、张富国等众五六万，偕永保等冒雨攻克之，晋太子太保。贼遁双沟，扰唐县漳沱镇。庆成等以久战兵疲，不能围剿，诏严斥之。贼窜枣阳太平镇，四路合攻，斩数千级，庆成受矛伤，被优赉。十一月，贼潜渡滚河北窜，与永保等并被严谴，尽夺宫衔、花翎、勇号，易惠龄为总统。寻偕惠龄连破贼于王家城、梓山。二年正月，大战兴隆集，斩二千余级。分路追贼，庆成射中贼首刘起荣，擒之，在诸将中战最力。高宗以庆成为五福孙，不次擢用；自纵贼滚河，虑其少年自用，不能服众，命惠龄察奏，至是诏免前罪。二月，击贼曾家店，胸中矛，裹创而战。贼败窜河南境，分路路，庆成追李全，连破之确山五里川、卢氏火焰沟。四月，李全、王廷诏合陷郧西，驰复其城，贼不战分遁。未几，之富窜渡汉江，降二品顶戴，暂留提督任。襄匪窜开州，偕惠龄追败之南天峒、火焰坝，复花翎。贼趋大宁，与川匪合，庆成与川军会剿。九月，偕恒瑞截击湖北回窜之贼于洵阳，而李全、王廷诏沿汉东走，庆成登舟下汉以要其前；惠龄、恒瑞从陆蹑其后，至紫阳夹攻，贼窜兴安，庆成一昼夜追及，大破之司渡河。

川匪王三槐扰保宁，罗其清、冉文俦分掠川东，命移兵赴川，与宜绵合剿。三年，截击其清，腿中枪，创甚，解任回旗就医。四年，创愈，仍在御前侍卫行走。寻授成都将军，命赴陕西与永保协剿张汉潮。会明亮讦奏永保、庆成失机，命那彦成、松筠按治，褫职逮问；又以在湖北受军需馈遗，籍其家。汉潮既歼，宥罪戍伊犁，未行，五年正月，命仍赴陕军效力。额勒登保檄剿高天德、马学礼，连败之礼辛镇、何家衢，擒斩数千，予三等侍卫。协剿伍金柱、曾柳，授陕安镇总兵。七月，金柱与冉学胜、张天伦合犯陕，扼之渭河，贼分窜；追天伦于教场坝、麻池沟，歼其党宋麻子，又败金柱余党曾芝秀于南山；兼署固原提督。时经略赴川，陕、甘兵三万余皆归庆成节制，川匪天元、冉学胜、樊人杰先后渡汉江，诏斥庆成疏防，责戴罪立功。六年，徐天德、樊人杰复至江岸，欲偷渡郧西，击却之，实授提督。击杨开甲余匪于广元，获其子麟生，加头品顶戴。苟文明潜入甘肃境，击走之，复勇号。追川匪辛聪等于宁泗，擒其党曾显章、张添潮。七年，败张天伦余党于凤县、两当，擒张喜、魏洪升，贼窜紫柏山老林，裹粮入捕，悉歼其众，复太子太保。

先是庆成父殁，军事方亟，不得去；至是南山匪渐少，乃许回旗守制。寻署湖北提督，服阕实授，迁成都将军。十一年，入觐，帝眷其劳，问：「曾戴双眼花翎否？」庆成对：「征安南蒙赐，和珅禁勿用；获刘起荣，先帝欲赐，复为和珅所阻。」命军机处检档无之，遂以欺罔褫职，戍黑龙江。逾年，授围场总管，历马兰镇总兵、湖北提督、福州将军。十七年，卒，谥襄恪。

七十五，瓜尔佳氏，满洲正黄旗人。乾隆中，以护军从征缅甸，继赴金川，战辄力，累迁护军参领，授贵州大定协副将。总督福康安荐其才，四十九年，擢宜昌镇总兵。父忧去官，坐事降秩，起为健锐营前锋统领。五十七年，从征廓尔喀，克济咙，又克热索桥，追贼东觉山、雍雅山，攻甲尔古拉，并有功，擢翼长。

嘉庆元年，赴湖北剿教匪，二年四月，追贼入陕，败之山阳周家河，授西安右翼副都统，兼领健锐营。其冬，王三槐回窜四川，追击于达州崖峰尖，伤右臂；逾日，贼复至，裹创力战，斩获甚众。三年，擢四川提督，败贼巴州。七月，战广木山，克险隘，受伤，被优赉。九月，击冷天禄于木瓜坪，右股中枪，创甚，就夔州疗治，四年，始瘳。六月，连破贼于宝塔、莲花池，扼其入楚之路。会卜三鹏窜大宁，追败之。八月，擒龚建于开县火峰寨。十月，与穆克登布夹击樊人杰于通江、巴州界上，贼走太平，他贼自湖北回窜，偕朱射斗迎击于云阳，遂追贼川东。

时贼聚川北，而东路久无军报，适侍郎广兴疏言七十五驻兵夔州，仁宗疑其逗留，下经略察状，七十五方以攻麂子坪受重伤，额勒登保为疏辩，得白。五年二月，鲜大川扰蚂蝗坪，创发，不能骑，舁至军前督战。冉天元拥众渡嘉陵江，重庆戒严，魁伦檄令回守，病不能军，遣李绍祖率兵赴川西，自就医顺庆。帝疑其饰辞，诏解任，命松筠、勒保察验得实，以提督衔留营差遣。五月，高天德、马学礼由陕犯川，折入番地，偕阿哈保夹击于旧关摩天岭，克新寨，进围铁炉寨。贼乘雨宵遁，追击之，贼弃牲畜、仗械，惊窜山谷，由草泥土司地走岷州，又走秦州。七月，兵经新宁，侦马驿沟有贼，设伏，败之，仍授四川提督。贼势趋重川境，德楞泰、勒保方进剿，七十五分击之。至冬，诸贼相继窥汉江，德楞泰议出之南岸，而以七十五出广元三家坝攻其西北。七十五不听调，曰：「兵深入，将逼贼入陕，非计也。」帝闻，切责之。

六年正月，率子武隆阿由广元趋南江，击张世龙于三台山、后河岭、北溪河，阵斩世龙，擒其党赵建功、李大维；又追贼至太平华尖山，擒邱天富、周一洪：被优叙。三月，攻竹园坪。五月，贼分窜陕、楚，七十五追冉天士至平利大渝河，间道据后山，逼其出隘，伏起邀击，擒斩二千余，特诏嘉赉。乘胜追贼入湖北境，六月，破汤思蛟、刘朝选于羊耳河；又败之于保康，歼贼首王镇贤，遂与德楞泰追龙绍周入川。七月，偕李绍祖败樊人杰于邻水，追

至开县，复遇思蛟、朝选，连败之于马家亭、桑树坪，由通城进剿苟文怀，擒之。余贼与苟文明合，将窜陕，八月，击之于大宁山，歼擒及半，文明仅身免，俘其家属。

是年冬，留防川北，败贼于南江；又与德楞泰合击于广元、苍溪，进搜老林，贼多散匿，百十为群，时有斩获。十二月，苟文明纠各路余匪二千余人，乘间西奔。七十五与勒保不和，追贼入山，饷半载不至，兵饥疲，就粮太平，六日，贼已渡嘉陵江上游，直趋阶州，亟偕庆成驰击。额勒登保、德楞泰先后劾其顿兵纵寇，未几，贼复自广元渡江入甘肃，帝益怒，严诏褫职逮问。

七十五故宿将，勇而讷，临阵辄死斗，身被重创十五次。将弁畏其苦战，不乐相随。自领偏师当艰险，数以军报后时遭谴；至是，复失机就逮，一军皆恸哭。额勒登保等为疏陈战状，乞恩，许留营自赎。七年，剿张长庚、陈自得残匪于夔州，留防川东。旧创发，予护军校，还京。逾年，卒，赠副都统衔，赐恤如例。子武隆阿，自有传。

富志那，赫舍哩氏，满洲正红旗人。起健锐营前锋，从征叶尔羌、缅甸、金川，授前锋参领，出为湖南永绥协副将。乾隆六十年，苗叛，驻守永绥。苗踞张坪、亚保阻粮运，悉众来犯，富志那击走之。追至狮子山，谍知有伏，预为戒备，夹攻，多所斩获。越日，苗复以数千人扑营，殊死战，简精锐迎击，大败之，赐花翎。永绥被围久，粮刍且尽，居民随官军昼夜登陴，城赖以固。大军至，围乃解。从福康安克高多寨，吴半生就擒。福康安荐其老成明干，苗民感畏，擢总兵。迭攻高斗山、擒头坡、吉吉寨，皆捷，赐蟒衣一袭。

嘉庆元年，湖北教匪聂杰人、张正谟于枝江、宜都倡乱，巡抚惠龄驻军太和山，富志那驰赴之，进击凤凰山，擒杰人。余贼乘雨扑营，击却之，又败之于杨白堰。正谟踞灌湾脑，四面环山，富志那自蔡家坡进，冒雨夺卡，而伏队于深箐，贼至，左右夹击，多坠岩涧死；山前设疑兵，别由径道深入，出不意击之，大捷：赐号法福礼巴图鲁。迭克鸡公山、王母峒，进攻筲箕垱；正谟势蹙，四出求救，富志那与副都统成德分路设伏，伪树白帜为援兵，诱贼出，大破之，遂克筲箕垱；乘胜取灌湾脑，擒正谟。枝江、宜都悉平。

命回苗疆治善后。二年，议辟永绥北路，留兵二万分防黔、楚，授富志那为总兵，驻镇筸，与提督分领其军。苗疆自同知傅鼐筑碉屯田，边备渐严，而苗未遽服，构众抗阻，大吏诿过于鼐，将劾之，富志那力争乃止。移军需助其建设，后屯田利兴，苗患遂息。人称鼐功，兼颂富志那不置云。五年，镇筸晒金塘黑苗出掠，与鼐并力御击；又要击苗党于狗巹岩，焚其寨，苗惧，乞降。八年，永绥苗龙六生扰动，擒之。署湖南提督，调授贵州提督，军政肃然，时称名将。十五年，卒于官。

亮禄，伊尔根觉罗氏，满洲正红旗人。袭轻车都尉世职，授密云协领。嘉庆初，以参将发河南，署游击。三年，教匪窥河南，巡抚吴熊光驻防卢氏，兵多他调。宝丰、郏县贼起，掠汝州。布政使马慧裕不娴军事，亮禄曰：「兵

贵神速。今贼初起，乌合易灭，请兼程往剿。"贼屯宝丰翟家集，东阳大沟，恃险不退，亮禄声言京兵且至，树八旗大纛，鞭马腹，俾腾踔嘶号，声震数里，贼惧，夜吹角而进，跃马逾壕，火其寨，一鼓歼之，擒其渠李岳等。奏入，仁宗大悦，立擢副将。累迁云南开化镇总兵。七年，卒，帝甚惜之。

论曰：恒瑞、庆成戮力襄阳，剿匪最久，后皆独当一面，功过不掩，故仁宗始终保全。七十五孤军苦战，徒以失欢群帅，未奏显功，论者惜之。富志那独平枝江、宜都一路，移镇苗疆，与傅鼐和衷弭乱，有足称焉。

卷三百四十七 列传一百三十四

杨遇春 子国桢　吴廷刚　祝廷彪　游栋云
罗思举 桂涵　包相卿

杨遇春，字时斋，四川崇庆人。以武举效用督标，为福康安所识拔。从征甘肃石峰堡、台湾、廓尔喀，咸有功，累擢守备。

乾隆六十年，调赴苗疆，力战解嗅脑围，进援松桃，独取道樟桂溪，山险寨密，率敢死四十人为前锋，由间道纵马入贼屯，呼曰："大兵至矣！降者免死。"贼相顾错愕；复呼曰："降者跪！"于是跪者数千人，直抵城下，围遂解，赐花翎。复解永绥围，赐号劲勇巴图鲁。首逆吴半生就擒，擢游击。额勒登保攻茶山，为贼所围；遇春率壮士冲击，夺据对山，纵横决荡，当者辄靡。福康望之惊叹，立擢参将。复乾州，擢广东罗定协副将。

苗平而教匪起，嘉庆二年，从额勒登保赴湖北剿覃加耀、林之华，破芭叶山，连败之长阳、宜恩、建始、恩施。加耀窜终报寨，峭岩陡绝，夜缒而登，擒加耀及其党张正潮。三年，从额勒登保赴陕，败李全于蓝田，又败高均德于紫溪岭。五月，还湖北。张汉潮窜穀城，兜击，大败之，又败之竹山菩提河，追蹑入陕，败之于平利孟石岭。九月，败高均德、李全于广元吴家河。丁父忧，赐金治丧，命墨绖随征。迭破罗其清于观音坪、大鹏寨、青观山，其清就擒，擢甘肃西宁镇总兵。四年，从额勒登保斩萧占国、张长庚，获王光祖，毙冷天禄，功皆最，威震川、陕，妇孺皆知其名。追剿张子聪，自夏徂秋，迭败之于梁山、云阳、太平、开县、通江间。子聪被追急，数与樊人杰、龚建、冉天元合，最后欲合王登廷。登廷踞马鞍寨，进攻克之，蹑追迭击，擒其党靳有年于土丫子，斩阮正溦于广元云雾山。

至冬，登廷由陕入川，与冉天元合。额勒登保率遇春与穆克登布会击之于苍溪猫儿垭。穆克登布违约，先期进，挫败，遇春据废垒力拒，燃草炬掷山下，战彻夜，幸得全师，迭击皆获胜。登廷子身至蒲江，为乡团擒献，斩之。五年，擢甘州提督，偕穆克登布破张天伦于两当，又从额勒登保追杨开甲于商、雒，扼龙驹寨，歼张汉潮余党刘允恭、刘开玉，予云骑尉世职。

遇春与穆克登布为经略左、右翼长，议每不合，自苏溪战后，益不相能。额勒登保等疏言："诸将中惟遇春谋勇兼优，可当一面。请益所部兵，与经略、参赞分路剿贼。"遂以提督别领偏师，沿渭西上，剿汧、陇之贼。五月，击伍金柱于汉阴手板岩及铜钱窖，战方酣，杨开甲从间道突至，腹背受敌，自午至酉，围愈急，有白袍贼手大旗，直犯遇春，相去咫尺，忽坠马，则为后队护枪所毙，乃金柱悍党庞洪胜也。贼惊溃，额勒登保兵亦会，追贼至洋县茅坪，斩开甲，又擒陈杰于大石坂。八月，斩金柱于成县峡沟，斩宋麻子于凤县潘家沟。六年，破冉学胜于石泉石塔寺。高天德、马学礼、王廷诏为大军所驱，窜五郎坝。遇春方追学胜，侦知之，乘夜掩击，天德等分窜，乃由斜峪关蹙击，阻其入甘肃之路，复破贼于钢铺厂，一昼夜驰四百里，追及廷诏于川、陕界鞍子沟擒之，天德、学礼窜禅家岩。遇春料贼由宁羌奔逸，急由斜谷趋二郎坝，设伏龙洞溪，贼果至，俘斩殆尽，二贼就擒，晋骑都尉世职。是役，释降众健者八百人，编为一队，皆愿效死。会经略檄合剿冉学胜，获谍，得贼虚实，谓降众曰："汝等立功赎罪，此其时矣！"至紫阳天池山，贼于伏莽中突起，八百人力战，冲贼为数段，遂大捷。张天伦纠五路贼聚洵阳，学胜复与合，大破之于孙家坡。追贼入川，擒冉天泗、王士虎于通江报晓垭。士虎故剧盗，专劫寨峒避大军。遇春夜往捕，适贼由他路袭营，遇春不回救，伏巢外候贼归，擒斩无遗。贼中有名者剿除几尽，余匪以老林为薮。遇春专任搜剿，以迟缓，严诏切责。七年秋，歼苟文明，调固原提督。寻以大功戡定，诏遇春功尤著，歼首逆独多，晋二等轻车都尉。

八年，丁母忧，赐金，给假四十日。苟文明余党苟文润集千余人，皆犷悍，踩躏汉江左右，诸军久役不振。遇春至，乃奋，连战红山寺、平溪河，歼之，贼氛渐清。十年，凯撤，诏许回籍补持母服百日，假满入觐。会宁陕镇兵变。镇兵新设，入伍者多乡勇、降贼，不易制。总兵杨芳赴固原摄提督，因停给盐米银，发包谷充粮，遂戕副将、游击，劫库狱以叛。遇春行至西安，闻变，偕巡抚方维甸驰往。诏德楞泰赴陕治其事，命遇春扼方柴关，贼锐甚，兵交数失利。贼首蒲大芳望见遇春，下马遥跪，哭诉营官蚀饷状，遇春晓以顺逆，知可以义动，与杨芳谋，同主抚。诸帅尚犹豫，遇春按兵缓攻，令芳单骑入贼营谕之。越数日，大芳竟缚倡逆之陈达顺、陈先伦诣遇春降。遂率大邀击余贼于江口，斩其渠朱先贵。德楞泰疏叛兵穷蹙乞命，请释归伍，诏斥纵叛废法。降遇春宁陕镇总兵，大芳等二百余人皆戍新疆。十三年，入觐，命兼乾清门侍卫，仍授固原提督。

十八年，天理教匪李文成踞滑县，命陕甘总督那彦成讨之，以遇春为参赞。贼萃精锐道口镇，遇春率亲兵八十人，沿运河西进觇之，遇贼数千，即突击，贼辟易，追渡河，擒斩二百；收队少二人，复冲入贼阵，夺二尸还，贼为丧气，遂断浮桥，焚渡船，进攻，贼望见辄靡。寻克道口，复击走桃源、辉县援贼，合围滑城，用地隧轰破之，文成自焚死。十二月，滑县平，封二等男爵，赐黄马褂。

陕西南山贼万五倡乱，十九年正月，移师往讨，斩万五及其党，凡两越月蒇事，晋一等男。陛见，仁宗慰劳有加，命至膝前，执其手曰："朕与卿同岁，年力尚强，将来如有军务，卿须为朕独当一面。"手赐珍物，见遇春长髯，称美者再。时遇春弟逢春为曹州镇总兵。命绕道视所练兵，宣宗即位，加太子少保，赐双眼花翎。道光五年，署陕甘总督。

六年，回酋张格尔叛，诏遇春率陕、甘兵五千驰赴哈密。寻命大学士长龄为扬威将军，遇春为参赞，会兵阿克苏进剿。七年二月，连败贼于洋阿尔巴特、沙布都尔、阿瓦巴特，擒斩数万，追至浑河，距喀什噶尔十余里，贼悉众抗拒，列阵二十余里。会大风霾，前队迷道，未即至，将军欲退屯十余里，须霁而进，遇春不可，曰："天赞我也，贼不知我兵多少，又虞我即渡，时不可失！且客军利速战，难持久。"乃遣千骑绕趋下游牵贼势，自率大兵乘晦雾骤渡上游，炮声与风沙相并，乘势冲入贼阵，贼大奔。三月朔，遂复喀什噶尔，甫旬日，英吉沙尔、叶尔羌、和阗以次复，加太子太保。张格尔远遁，诏遇春先入关。八年正月，杨芳擒张格尔于铁盖山，遇春入觐，捷音适至，帝大悦，赐紫缰，实授陕甘总督，图形紫光阁。遇春坐镇陕、甘凡十年，务持大体，不轻更张，讨蒇军实，镇驭边疆，皆有法。十五年，以老乞归，召至京，陛辞，晋封一等昭勇侯，食全俸，御制诗书扇赐之。十七年，卒于家，赠太子太傅、兵部尚书，赐金治丧，入祀贤良祠、乡贤祠，谥忠武。

遇春结发从戎，大小数百战，皆陷阵冒矢石，未尝受毫发伤。仁宗询及，叹为"福将"。治军善于训练，疲卒归部下即胆壮，或精锐改隶他人，仍不用命。将战，步伐从容，虽猝遇伏，不至失措。俘虏必入贼三月以外始诛，老稚皆赦免。驭降众有恩，尤得其死力。操守廉洁，治家严整，子弟皆谨守其家风。

弟逢春，久随军中，积功授重庆镇标游击。后从赛冲阿平陕西洋县匪，累擢山东曹州镇总兵，调兖州镇。

子国佐，四川茂州营都司，加副将衔。

国桢，字海梁。以举人入赀为户部郎中，出任颍州知府，累擢河南布政使。洎回疆底定，宣宗推恩，就擢巡抚，疏请留其父部将训练河南兵。武臣父子同时膺疆寄，与赵良栋、岳钟琪两家比盛焉。遇春殁，袭侯爵，服阕，授山西巡抚，历官皆有声。道光二十一年，擢闽浙总督。寻以腿疾乞归，在籍食俸，数年卒。

遇春尤知人，奖拔如不及。识杨芳于卒伍中，力荐之，卒为大将，勋名与之埒，天下称"二杨"，自有传。部曲多淠至专阃，著者曰吴廷刚、祝廷彪、游栋云。

廷刚，四川成都人。由行伍征苗，擢守备。从遇春剿教匪，善侦敌。嘉庆四年，破王登廷于青龙坪，擢都司。五年，剿杨开甲、辛聪于龙驹寨，倍道掩袭，败贼辉塔洞寨。伍金柱踞手板岩，轻骑往探，获贼谍，驰报，得大捷。追张天伦至马桑坝，高天升、戴仕杰由箭杆山突出，迎击，大败之，擢游击。六年，孙家坡之战，分追余贼至关垭，夺据山顶，贼多坠崖死，擢参将。追高见奇、姚馨佐至通江，山径纡险，弃马行，见贼数十人，夺路走，擒其酋，乃辛斗也。通江贼李彬夜窜熊家湾，廷刚先至，横冲贼为二，后贼回窜，与大军夹击，大破之，擒魏中均、苟朝万、王士元。七年，迭击辛聪、刘永受于老君岭、菜子坪、太平峒、燕子岩，贼四窜；偕祝廷彪徒步入山，追贼田峪，将归队，过桃川沙坝，见山树红旗，疑之，侦知贼首苟文明冒官军，奋击败之，分路要截，擒斩数百。文明将入川，追至花石岩，见山上炊烟起，麾兵仰攻，文明知不能脱，掷跳岩下，就斩之；又擒歼苟七麻子、吴廷诏、张芳等。八年，搜剿南山余匪，往来老林。九年，贼聚川、陕边界，廷刚至桃木坪，贼乘雾冲扑，受矛伤，穷追越楚境，迭败之石渣河、亢喜坡。进攻马鞍山，贼伏陡崖，径驰上，擒贾灿华、苟文华、王振、谢尚玉等。贼遁老山，偕祝廷彪选健卒持乾糒轻骑蹑剿，遍历险僻。至十年，擒斩殆尽，擢甘肃凉州镇总兵，调汉中镇。十八年，剿三才峡匪万五，别贼起古子沟，分兵乞之。万五乘间连据峒寨，败之于袁家庄、平木山梁，分兵抄袭，设伏沙坝，擒其党周在庭、周之顺。万五穷蹙，窜鼇屋山中，为他军所擒。进剿余党，擒尹朝贵、刘功。十九年，事平，诏廷刚首先进剿，功最，加提督衔。寻擢广东陆路提督，未至，卒。诏念前劳，予优恤，谥壮勤。

廷彪，四川双流人。由行伍征苗，擢守备。嘉庆五年，从遇春歼刘元恭、刘开玉，擢都司。六年，擒王廷诏，擢游击。七年，剿贼平安寨，设伏长沟，乘夜掩击，中矛伤，裹创力战，毙苟文清于阵，偕吴廷刚歼苟文明于花石岩，擒苟文齐于鳖锅山；擢参将。又破张世云于北沟口。八年，迭击贼于老林、小岔沟、白果园，擒冉瑶。九年，偕罗思举追贼入界岭老林，攻望都观贼巢。从遇春击贼凤凰寨、坝口、马鞍山，并多斩获。十一年，擢汉中协副将。值宁陕兵变，赴南山截剿。甫定，瓦石坪周士贵复起，偕罗思举合击擒之，赐号迅勇巴图鲁。十四年，擢甘肃宁夏镇总兵，调陕西西安镇。十九年，剿三才峡匪万五余党，偕吴廷刚擒尹朝贵于木瓜园。分路剿贼黄草坪，毁其巢，追入手板岩老林，贼诡降，设伏，擒其渠陈四，擢湖南提督。道光三年，内召，授头等侍卫，仍兼提督衔。以熟悉南山情形，未几，复授西安镇总兵。在任凡十年，擢贵州提督，调浙江提督。二十年，英吉利兵陷定海，守拓宝山，吏议褫职，诏留任。寻以年老休致，归，卒于家。

廷彪果敢力战，善抚士卒，当时降众多事，所部帖然，世称之。

栋云，四川巫山人，寄籍华阳。以武举补把总，从征廓尔喀、苗疆，积功累擢宁羌营游击。从额勒登保剿教匪，与遇春偕，后乃为其部将。攻终报寨先登，功最。嘉庆三年，从遇春追张汉潮、詹世爵、李槐等，由汉中入川境。诸军合剿于隘口，栋云据高俯击，断槐手，箭贯世爵胸，皆毙。汉潮窜梅子关，迎击，败之；又连败之巴东及陕境两河关。设伏王家河，贼至，痛歼之，穷追至河南卢氏，汉潮通。四年春，败贼凉沁河，兵仅五百，斩获三百余级。贼走龙驹寨，屯康家河，栋云蹑之，忽山坳突出悍贼，中矛伤，战愈力，射殪执旗者，贼乃却。事闻，特诏嘉奖。四月，汉潮踞红门寺，冒雨出间道击走之，扼之黑龙口，与明亮、兴肇为犄角。溪水涨，潜涉上游袭击，贼大溃，又冒雨克栾家河。八月，败贼犁泽坪，窜石峡子，栋云设伏野鸡沟，与大兵夹击，汉潮穷蹙入老林；分路追剿，擒李潮于张家坪，而汉潮已为明亮击毙，至是获其尸：擢甘肃提标参将。五年，擢安庆协副将。败冉学胜于沔阳，连击高天德、马学礼于狮子梁、樱桃垭；六年春，复破之于五郎坪、凤凰山。天德、学礼为遇春所擒。余党踞八斗坪，栋云分队袭之，擒罗凤友；又破伍金柱余党于三岔坪。至七年春，所部凯撤，擢狼山镇总兵，父忧去官。十一年，授河州镇。西宁番族出扰，栋云专剿贵德一路，破贼甘坝山，连败之六哈图河、什尖里、斡汪科合山，遂克沙卜浪贼巢，进至红露井。番僧昂贤率十二族降，焚其巢，番境悉平。以母忧去，起补陕安镇，调宁夏镇。十八年，从遇春剿南山匪，数战于陇州、沔阳，擒贼渠。二十三年，标弁江芝诬讦栋云侵饷，下总督察治，得白，抵芝罪。栋云坐私役兵丁，褫职，诏赴遇春军委用。道光初，署盐茶都司，乞病归，卒。

罗思举，字天鹏，四川东乡人。少有胆略，骄捷，逾屋如飞。贫困，为盗秦、豫、川、楚间。结客报仇，数杀不义者。遭厄，幸不死，久之自悔。教匪起，充乡勇，誓杀贼立功名。

王三槐踞东乡丰城为巢，众数万，官军莫敢击，出掠罗家坝，团勇不习战。思举见贼前锋数百，诡呼曰："数十人耳！"众气倍，击走之。游击罗定国使侦丰城，还报："请率死士夜擣之，官兵外应，可一举灭。"定国以为狂。思举愤，独携火药往，乘烈风燔之。贼黑夜相蹂杀，走巅岩，踣死无算，遂奔南坝场。是役，一夫走贼数万，声震川东，总督英善给七品军功，隶副都统佛住。川贼以罗其清、冉文俦、徐天德、王三槐为最强，徐、王二贼合窥东乡。思举请佛住严备，勿听。乃为知县刘清说其清降，知其诈，驰归，则贼已陷东乡，戕佛住，清亦拔营去。时嘉庆二年正月也。调苗疆凯旋兵犹未至，总兵索费音阿率甘肃兵来援，用思举策，扎营大团堡，开壕树栅，埋火药，诱贼入，轰之，遂夺金峨寺贼巢，复东乡。贼窜重石子、香炉坪，德楞泰、明亮并以兵会，思举请仍如破丰城事，德楞泰壮之。只身夜入贼营，会大雨，火药不燃，贼觉，惧而遁。自是常将乡勇，分路为奇兵，与官军犄角，或为前锋，歼孙士凤于净土庵，又败贼于峨城山，皆以火攻劫营获捷。

时川贼与襄阳贼齐王氏等合，云阳教党亦起应。获谍，知王三槐将赴陈家山，即假所获贼旗，夜驰に，声言白号贼至，贼下山迎，悉诱歼之，擒贼首高名贵，其党张长庚觉而奔，追斩甚众，擢千总。三年，总督勒保诱擒三槐，其党冷天禄踞安乐坪，环攻不下；召思举往，夜率死士焚其巢。将明，贼旅出，大呼曰："我丰城劫寨罗思举

也！"贼胆落，溃围走。思举战绩至是始上闻，擢守备。

德楞泰围罗其清等于箕山，复召思举问计。思举相地势，曰："贼各隘皆垒石守，惟山后悬削数十丈，必恃险乏备。若官军攻于前，使不暇他顾；我率勇敢者梯而上，可擣也。"如其言，夹击，大破之，余贼四逸。思举料其必走方山坪，率乡勇先往，伏坪后，越数日，贼为官军追击，果至，擒斩几尽，遂获其清。四年，其清余党踞东乡四季坪，从提督七十五破之。秋，败贼巴州豆真坡，又援田朝贵于铁炉山。五年春，德楞泰剿冉天元于川西，檄思举率乡勇三千赴军。战青龙口，贼踞山险，选精锐九十人夜薄贼巢，破之。贼分趋农安，将入陕，思举献计，请致书额勒登保，约守阳平关，易装潜入贼卡，杀二贼，众追捕，乃弃所赍书逸出。贼果不敢前，回窜江油。思举先驱深入，伏起，奋斗，而贼以挡牌御矢铳，因德楞泰于马蹄冈；急趋救，使乡勇人取石乱击，毁挡牌。会冉天元马蹶就擒，贼瓦解。假贼旗追逐余匪，斩雷士玉。攻鲜大川于天寨子，山险不能上，德楞泰遣箭手五百助之，令伏岩下，先以乡勇诱贼，俟擂石且尽，仰射，箭落如雨，贼退避，遂克，思举手擒贼六十余人。德楞泰诃其轻生，声色俱厉；思举跪谢，良久出，则冠上已换花翎，由是深感德楞泰，乐为尽力。

寻从勒保防嘉陵江，七十五以桂涵新败，调思举代领所部乡勇，擢都司。六年，歼张世龙于铁溪河，击援贼陈天奇，阵斩之，赐号苏勒芳阿巴图鲁，擢游击。自是转战老林，饷不时至，煮马鞯，啖贼肉以追贼。七十五下急，屡为贼所窘，辄赖思举援救得捷。既而七十五坐事逮，德楞泰攻苟文明于瓦山溪，贼踞楠木坪，三战不克。召思举率乡勇至，皆衣狗皮，蹑草履，人笑为丐兵，夜越后山伏，一战破之，歼苟明献、苟文举。众诧曰："丐兵破贼矣！"始补给饷，制衣履，擢参将。七年，迭败庹向瑶于凤硐子、万古楼，破齐国点于通江，歼张天伦、魏学盛于巴州。秋，击刘朝选于仙女溪，遁鞋底山，擒之。又偕罗声皋擒张简、罗道荣于巴州。冬，唐明万窜大宁，追至石柱坪，贼方食，奋击，大溃，擒明万。仁宗以明万剧贼久稽诛，特诏嘉贲。诸贼渐就歼除，搜捕南山余孽，两年始清，擢太平协副将。十年，德楞泰剿宁陕叛兵，檄思举赴军，寻就抚，尽释归伍。思举曰："兵变，杀将陷城破官军，乱无大于此者。反赏，是劝叛也！何以惩后？请诛首逆，以申国法。"诸将不可。后川、陕兵果数叛。十一年，思举攻西乡叛兵，斩首逆于阵，风稍息。署川北镇，擢凉州镇总兵，未之任，调重庆镇。

二十年，中瞻对番酋洛布七力叛，夹河筑碉。总兵罗声皋不能克，许其降，以专擅遣戍。命思举进剿，克四寨，洛布七力就歼，请分其地以赏上下瞻对诸出力头目，事乃定。道光元年，擢贵州提督，历四川、云南、湖北提督。

十二年，湖南江华锦田寨瑶赵金龙为乱，与长宁赵福才纠合九冲瑶肆掠，提督海凌阿战死，势益炽。诏总督卢坤偕思举讨之，至永州，议遏贼南窜，断其西道州、零陵、祁阳山径，进兵兜击。于是驱诸瑶出山，皆东窜常宁洋泉镇，檄各路进逼合围，四月，大破之，金龙中枪死，擒其

妻子及死党数十，赐双眼花翎，予一等轻车都尉世职。时命尚书禧恩督师，未至军，先三日奏捷。禧恩方贵宠用事，怒其不待，盛气陵之。思举曰："诸公贵人多顾忌。思举一无赖，受国厚恩至提督，惟以死报，不知其他！"禧恩无如何，则诘金龙死状虚实，思举获其尸及所佩印、剑、木偶为证，乃止。二十年，卒于官，赐太子太保，谥壮勇。子本镇，袭世职。

思举既贵，尝与人言少时事，不少讳。檄川、陕、湖北各州县云："所捕盗罗思举，今为国宣劳，可销案矣。"再入觐，仁宗问："何省兵精？"曰："将良兵自精。"宣宗问："赏罚何由明？"曰："进一步，赏；退一步，罚。"皆称旨。晚年自述年谱。川中殄诸剧寇，多赖其力，功为人掩，军中与二杨并称。杨芳于诸将少许可，独至思举，以为"烈丈夫"。尝酒酣袒身示人，战创斑斑，为父母刲股痕凡七，其忠孝盖出天性云。

同时起乡勇者，桂涵名与之亚，包相卿较后出，亦至专阃。

涵，亦东乡人。少恃勇，横行乡里，亡命出走。继归，与思举同应募为乡勇。父天聪，聚族党屯罐子山。贼数为涵所窘，欲报之，万众来攻。涵率壮士伏隘，诱贼入空寨，痛歼之。嘉庆二年，从朱射斗攻金峨寺，贼突出，围涵于山峒，火熏水灌皆不伤，反多毙贼，贼乃走。寻战净土庵，偕思举陷阵，大破之，徐天德众几尽歼。同里闻其屡捷，争来投效，德楞泰、明亮特编涵字营，使涵领之，擢千总，由是知名。

三年，大军围安乐坪，冷天禄诈降出走，涵侦知之，伏兵于方家坝、鱼鳞口，贼至伏发，擒斩甚众，擢守备。四年，从德楞泰追贼入陕，每由间道出贼前，与官军夹击，数捷。又从朱射斗歼包正洪于云阳芦花岭。从七十五破龚建于开县火峰寨，手擒建以献，擢都司。五年，复从射斗破贼云阳，擒其渠李甲，纵归，招出党众数百人，自是降者日至。

既而改隶勒保军，始与思举分路，转战川东西，所至有功，累擢游击。六年，从阿哈保追汤思蛟于垫江，贼夜走，涵谓："穷寇且死斗，请先伏魏家沟。"俟其至，突击，大破之。又从薛大烈追李彬、冉天士于通江，至小中河，大雪，贼不为备，涵率乡勇夜半薄贼垒，与官军四面乘之，贼奔旷野，劲骑冲踏，尽歼焉。彬遁，未几，为刘清所获。自七年后，复偕思举遍历老林，搜剿匿匪，累迁夔州协副将。九年秋，从经略、参赞围余匪于太平火烧梁山，峻无路。涵议："守此相持，虽月月无如贼何。山下小溪通民峒。贼久困，必出劫峒粮，请以步卒伏山后。"贼果以骁锐千余潜出，诸将皆死战，半日歼之，前山自溃。遂殄灭净尽，川、陕肃清。

十一年冬，绥安兵叛，涵在梁山闻变，虑本部兵与通，单骑驰入郡城，声言越四日出兵；密令弟吉出募乡勇旧部为一队，约期合攻。时贼踞景市庙，将往麻柳场。涵至，令急赴景市庙，中途改趋麻柳场，距贼数里止队，入深箐，谍报贼逾千，且至，叱曰："安得有此众？"戒母轻进，毋

漏言涵至。既而贼自山冲下，三进三退，乃突起击贼；而弟吉已率五百人据山顶，贼大溃，擒首逆王德先。叛兵起事甫五日，一鼓平之，赐号健勇巴图鲁。十三年，署重庆镇，寻授川北镇总兵。十九年，击三才峡匪党吴抓抓等于洧县，走之。川北获安。道光二年，擢四川提督。果洛克番匪劫西藏堪布贡物，命剿擒首逆曲俊父子，被优赉。在任十载，遇番、夷蠢动，兵至辄定。十三年，讨越嶲夷匪，连战皆捷。忽遘疾，卒于军。优恤，赠太子太保，谥壮勇。子三人，并晋官秩。

相卿，邻水人。嘉庆六年，以乡勇隶松潘镇标。尝从思举击陈朝观于通江龙凤垭，追贼受矛伤，裹创力战。七年，破张天伦于巴州金子寺，相卿斩天伦毂子山下，给蓝翎、八品顶戴。又歼张简、唐明万，功皆最。十年，思举侦襄贼王世贵、谢应洪匿太平老林，檄相卿蹑捕，歼之，授千总。十二年，剿瓦石坪叛兵，擢守备。累迁广元营游击。十三年，调征台湾。会峨边越嶲保夷叛，命回川从提督杨芳赴剿，攻克啯噜崖。夷踞曲乌乌斯坡，相卿梯绝壁，牵挽负炮而上，破之，进毁巴姑贼寨，擢参将。十五年，倮夷复叛，攻克峨边十三支夷巢，破越嶲沈喳夷，抵滥田坝，两厅叛夷悉降，累迁懋功协副将。剿马边夷，擒其渠，加总兵衔。再署建昌镇总兵，总督鄂山、宝兴皆以边事倚之。十九年，病归，卒。

论曰：川、楚之役，竭宇内之兵力而后定之。材武骁猛，萃于行间，然战无不胜，攻无不取者，厥惟二杨及罗思举为之冠。遇春谋勇俱绝，剧寇半为所歼。思举习于贼情、地势、险厄，强梁非其莫克。至于忠诚忘私，身名俱泰，遇春际遇之隆，固为稀觏；而思举以数泽枭杰，终保令名，焕于旂常矣。乡兵出平巨寇，亦自其为始云。

卷三百四十八　列传一百三十五

赛冲阿 温春　色尔滚　苏尔慎　阿哈保
纶布春 格布舍　**札克塔尔** 桑吉斯塔尔
马瑜 蒲尚佐　**薛大烈** 罗声皋　薛升

赛冲阿，赫舍里氏，满洲正黄旗人。袭云骑尉世职，充十五善射，授健锐营参领。征台湾力战，赐号斐灵额巴图鲁，图形紫光阁。历吉林、三姓副都统。

嘉庆二年，率吉林兵赴四川，始终隶德楞泰麾下。张汉潮等窜平利，败之澍河口，又败之大宁黑虎庙。追齐王氏、姚之富入宁羌山中，要之罗村坝，以劲骑横冲贼阵，往来击射，大破之。三年春，破高均德于洋县金水铺，蹑追至安子沟。贼夜突营，偕总兵达音泰跃垒而出，斩贼千余。齐、姚二贼复与均德合扰安康。师次判官岭，贼隐深林，遣数百人诱战，赛冲阿鼓勇先入，败之。贼走山阳，截击于坝店，遂与明亮、德楞泰三路进逼，大破之于郧西三岔河，齐、姚二贼投崖死。叙功，被珍赉。四月，分剿

均德于华州,连败之洋县茅坪、关西沟。均德合诸贼奔渠县大神山,会诸军克之。自秋徂冬,迭克箕山、大鹏寨、青观山,遂擒罗其清、冉文俦,功皆最。

四年夏,败徐天德于开县旗杆山,败张天伦于太平修溪坝。秋,龚文玉踞夔州八石坪。从德楞泰进攻,破贼寨,追败之竹豁大禾田,擒文玉。冬,击高均德于大市川,遂破高家营,擒均德。进兵川北,歼张金魁于通江空水河,擒符曰明等于广元野人村。复移军川北,迭败苟文明、鲜大川于猫儿梁、马家营。

五年春,从德楞泰由陕回川西,击冉天元于江油新店子,又大战马蹄冈,并深入遇伏,先挫后胜,天元就擒。详《德楞泰传》。乘胜破贼剑州李家坪、石门寨。俄而张子聪、雷世旺犯蓬溪,围成谷、太和、仁和、仁义四寨。偕温春往援,斩世旺。破冉天泗、王士虎于南江长池坝,破鲜大川、苟文明于岳池新场,擢固原提督。命赴陕专剿高天德,马学礼诸贼,德楞泰素倚吉林马队,赛冲阿尤得众心,士卒闻其将去,环跪乞留,累疏陈状,请权缓急,暂留川,允之。秋,从德楞泰击赵麻花、王册于云阳寒池坝、滥泥沟,并歼之。冬,败杨开第、李彬、齐国谟于观音河。

六年春,破高天升于镇安野鸡坪,歼之;又破唐明万等于和冈溪,进至黄花庙,贼夜犯营,奋击,溃走。夏,从德楞泰击徐天德、樊人杰等于白河黄石坡,擒陈朝观,偕温春破天德于宁陕两河口,蹙之于紫阳仁和、新滩,天德赴水死,授西安将军。

谍报龙绍周由川入楚,率劲骑蹑击,先俘其妻子,复歼其兄绍华、弟绍海;至平利岳家坪,冒雨雪纵兵冲踏,阵斩绍周,并萧四余匪尽歼之,予骑都尉世职。冬,迭破刘朝选于东乡土黄坝,奉节、大宁边境。七年春,又大破之潘家槽,擒斩殆尽,朝选仅以千余人逸;败宋国品于梁山柏林槽,擒席尚文于东乡袁家坝;与勒保部将夹击陈自得于大竹、邻水,大破之;调宁夏将军。

夏,从德楞泰赴楚剿樊人杰,人杰与蒲天宝相犄角,迭败人杰于鸡公山、谭家庙,又克天宝于大垭口。人杰窜平口河脑,自黄茅垭进逼之,无去路,人杰投河死。额勒登保檄赴陕,驻太平河,截剿川、楚窜匪。是冬,大功戡定,诏论诸将战绩,以赛冲阿与杨遇春居最,予轻车都尉世职。九年,调西安将军,命偕德楞泰检捕南山残匪,随同奏事。寻以迟延降骑都尉。贼平,还旧职,调广州将军。

十一年春,海盗蔡牵犯台湾,命副德楞泰往讨,会牵为李长庚击走,乃专任赛冲阿为钦差大臣,提督以下受节制。寻责专办陆路,至则凤山已复,南北两路仅余零匪,请停调两粤,福州驻防兵,水师责成李长庚,陆路责成许文谟。诏嘉其晓事,调福州将军。秋,牵复入鹿耳门,檄镇将击沉贼舰十一,获船十,擒贼目林略等。十二年,蔡牵、朱濆皆穷蹙,乃赴本官。

十四年,调西安,寻调吉林。十六年,入觐,途见岫岩、复州流民,奏下副都统松筠安抚。会松筠疏请驱逐流民出境,诏斥其误,命如赛冲阿所议行。十八年,调成都将军。二十年,剿陕西南山匪,连破之木竹坝、太阳滩,进薄汉北,凡两月肃清,封二等男爵,赐双眼花翎。二十一年,廓尔喀与披楞构兵,互请援,命赛冲阿行边防之而已。误会上旨,驰檄谕诘,复请越境胁以兵威,诏斥贪功构衅,夺双眼花翎,降二品顶戴。寻以两国言和,复之。二十二年,召为正白旗汉军都统、御前大臣、领侍卫内大臣。寻授盛京将军。二十四年,复召为理藩院尚书,兼御前诸职如故。宣宗即位,加太子少保,赐紫缰,管理咸安宫蒙古、唐古忒,托忒诸学。

道光元年,出为西安将军。三年,入祝万寿,赐宴玉澜堂,列十五老臣,绘像,御制诗褒之。四年,召授内大臣、镶蓝旗蒙古都统,充总谙达。六年,以疾乞休。寻卒,赠太子太师,命皇子赐奠,谥襄勤。子额图浑,三等侍卫。孙特克慎,袭男爵,坐事除名。曾孙清福,袭官四等侍卫。

温春,默尔丹氏,满洲正黄旗人。由拜唐阿累擢三等侍卫。从征廓尔喀。乾隆五十九年,高宗幸南苑行围,以杀虎超擢头等侍卫。明年,从征苗疆,连克苏麻寨、大乌草河,赐号克酬巴图鲁。大战尖云山,与总兵达音泰分为左右军,昼夜鏖斗,遂复乾州。苗平,从德楞泰赴四川。嘉庆二年,败贼东乡马耳沟,又败齐王氏、姚之富于夔州白帝城,加副都统衔,充领队大臣,驻守竹豁、平利,贼来犯,并却之。李潮、张世虎余党走渡汉,率索伦骑兵蹴之于中流,歼贼千。

三年,破高均德,歼齐王氏、姚之富,破罗其清、冉文俦。四年,破张天伦,擒龚文玉,擒高均德。诸役皆与赛冲阿同为军锋,名绩相埒。方高家营之未破也,贼扼大市川,倚险抗拒,鼓勇先登,马蹶,易骑而上,杀贼独多,诏特嘉之。五年,授正红旗蒙古副都统。江油新店子及马蹄冈之战,并分当一路,濒危,克捷。冉天元余党与张子聪、庹向瑶等合窜潼河西岸,追及渡口,歼其后队千余,迭败贼于蓬溪、中江。秋,偕赛冲阿击鲜大川于新场,偕薛大烈击汤思蛟于倒流水,从勒保击庹向瑶于长坝,皆捷。六年,偕赛冲阿获徐天德。其秋,击龙绍周于湖北境,绍周合众万余,已进和冈溪,后队攻天平寨诱战,而伏千贼截官军后,赛冲阿击攻寨者,温春扼溪口以要伏贼,遂入峡攻其中坚,大败之,追斩绍周于岳家坪,予云骑尉世职。七年,偕赛冲阿败刘朝选于土黄坝,分兵破庹文正于潘家槽,擒之;又偕赛冲阿破樊人杰于平河口脑,阵斩其弟人礼及二子,人杰走死。是年功蒇,被优赉。凯旋,授虎枪长、正红旗护军统领。

十一年,宁陕兵变,赴陕协剿。十五年,充乌里雅苏台参赞大臣,行抵乌兰博木图,病卒,帝悯之,命其子护丧归,予祭葬。子乌凝袭世职,官至护军参领。

色尔滚,莫尔丹氏,黑龙江正黄旗人。由打牲兵袭佐领。从征廓尔喀,以功赐号托默欢武巴图鲁,迁副总管。嘉庆二年,从德楞泰剿教匪。三年,歼齐王氏、姚之富于郧西,受枪伤,擢协领。合攻箕山,破贼于顺水寺、郭家庙、廖家碥,及贼由青观山败窜,要击于濛子滩,擒罗其清,又败冉文俦于麻坝寨。四年春,擢总管。从德楞泰入陕,破高均德于大市川,擒之,色尔滚战功居最。五年,从战马蹄冈,冉天元负创逸,追至包家沟,天元就擒,又败贼于石门寨、风如井、铁山关,加副都统衔。夏,截击刘朝选于东乡茨竹林,蹑击张子聪等于九亭场,进捣通江长池坝冉天士贼巢,皆败之。秋,剿鲜大川、苟文明于巴州元口镇,沿江兜截,与大军合击,斩贼渠吴耀国、鲜文炳,擒苟文礼。又击汤思蛟、赵麻花于茅坪、倒流水。冬,歼戴仕杰于大禾田,被奖叙。

六年,从德楞泰入陕,擒龚如一、高天升;合击龙绍周、徐天德,先后擒歼。冬,击苟文明于槽子沟,陷阵被创。七年,从德楞泰追樊人杰入楚,驰三百里绕其前;又偕蒲尚佐破蒲大宝于鲍家山,徒步入贼巢,天宝走死。诏嘉其奋勇,命在乾清门侍卫行走。又歼戴仕杰于兴山施家沟。八年,搜剿馀匪,肃清,被优叙。历阿勒楚克副都统、伊犁领队大臣。

十四年,叛兵蒲大芳等在戍所煽乱,将军松筠令色尔滚往诛之,诏嘉所使得人,召来京,授镶蓝旗蒙古副都统。历伯都讷、阿勒楚克副都统。十八年,命协剿滑县教匪李文成,遇,设伏白土冈败之。贼固守司寨,毁垣入,登楼杀贼,文成自焚死,加都统衔,予云骑尉世职。历黑龙江副都统、呼伦贝尔办事大臣。道光七年,乞病,给全俸。十三年,卒,赐金治丧,谥壮勇。子明晋,孙济克扎布,袭佐领兼云骑尉。

苏尔慎,苏都里氏,满洲正黄旗人,黑龙江马甲。从征廓尔喀。嘉庆初,从德楞泰剿教匪,积功授三等侍卫,改隶京旗。五年,马骑冈之战,初不利。德楞泰憩山上,贼至,驰下奋击,苏尔慎射冉天元马,应弦倒,天元就擒,贼遂大溃。论功最,擢二等侍卫、乾清门行走。其冬,攻大垭口,陷阵被创,赐号西林巴图鲁。六年,战红花垛、鲫鱼垭,追贼至陕境黄石坂,首先跃马冲入贼阵,擒贼渠庞士应、方文魁,寻歼徐天德、樊人杰、苟朝献,战皆力。七年,破凤皇山、鸡公梁、桂林坪,先登夺隘,军中号为勇敢。凯旋,擢头等侍卫。

十八年,林清党犯禁城,闻警入,首先杀贼,加副都统衔,命为领队大臣,率巴图鲁侍卫赴山东剿教匪。诏称其材武出众,可当百人,爱惜之,戒勿步战。破曹州、武定贼巢十一,复偕提督马瑜破贼于滑县潘章村,擒贼目郭明山。事定回京,授镶红旗蒙古副都统,充上书房谙达。二十四年,上幸热河,乘马蹶,苏尔慎控止之,擢镶蓝旗蒙古都统。道光元年,随扈昌陵,马逸,突乘舆,降蓝翎侍卫。逾年,以二等侍卫休致。未几,卒,赠副都统衔。

阿哈保,鄂拉氏,满洲正黄旗人。由司磬护军授侍卫。从征台湾,解诸罗围,擒林爽文,赐号锡特洪阿巴图鲁,图形紫光阁。继从征廓尔喀,擢二等侍卫。苗疆事起,转战最力,论功居上等,迭擢头等侍卫、正黄旗蒙古副都统。嘉庆二年,命率吉林兵赴襄阳,偕景安剿教匪,击贼于独树塘、枫树垭,擒斩甚众。三年,追贼入川,合攻大神山,分克插旗山贼卡,尽歼之。四年,合击徐天德于渠河,又破之于谭家坝,贼大溃。冬,设伏白水碥,歼贼千馀,被奖叙。

五年,冉天元等犯川西,御之场院,失利,责领新到贵州兵戴罪立功。从德楞泰击天元,独当火石垭一路,先败后胜。冬,偕薛大烈击杨开第于安仁溪山梁,追越大山数重,至两台山,所过贼寨皆下,开第伏诛,被优赉,擢御前侍卫。六年秋,复偕大烈击青、黄、蓝三号贼于巴州石矍山,分路设伏,夜袭之,歼戮二千馀,授正白旗护军统领,并赐其子阿颜托克托为蓝翎侍卫。搜剿老林,擒老教首邓金祥,予云骑尉世职。寻合击高见奇等于大茅坪,因病赴达州医疗。七年,召回京。逾岁,以扈驾神武门,陈德突御舆,失于防护,褫职,予副都统衔,在乾清门行走。历正白旗蒙古副都统、正红旗护军统领。十年,病,加都统衔,遂卒,依都统例赐恤。子阿颜托克托袭世职,兼三等侍卫。

纶布春,罗佳氏,满洲镶白旗人。以黑龙江学围驻京,授司磬。从征廓尔喀、苗疆,赐号色默尔亨巴图鲁。累擢二等侍卫。嘉庆元年,襄创克骡马冈险隘,加副都统衔。平陇贼寨尤固,纶布春从狮子坡入,襄土填壕,毁墙栅,出间道抚其背,大军进薄石隆,遂擒石柳邓。

二年,苗平,从额勒登保剿湖北教匪,破林之华于芭叶山,追贼红土溪、铁矿坡、罗锅圈,迭败之,授镶蓝旗蒙古副都统。三年,擒覃加耀于终报寨,移军入川,败高均德于野猪坪,击李全等于紫泥岭。贼走湖北,额勒登保自汉江下襄阳,令纶布春将骑兵由陆出平利。遇张汉潮于南漳,败之于菩提河、孟石岭,歼贼数千。寻,汉潮与詹世爵、李槐合,众可二万,偕明亮扼之清池子山口,汉潮先遁,世爵、槐于隘口抗拒,纶布春以劲骑截击,木石并发,贼窘,多触崖死,世爵、槐并歼焉。秋,从额勒登保击高均德于吴家河口;贼自林中出,矛伤左胁,力战败之。进攻张公桥,擒汉潮子正潙及刘朝佐等。

四年春,械送诸贼至京,命偕侍卫十八人解饷回川,坐报侍卫等患病失实,降黜。未几,败汉潮于黄牛铺,诸军合击之张家坪,汉潮就歼,纶布春获其尸,擢乾清门侍卫。迭破馀贼于教场坝、药坝、茨沟、板房子,那彦成疏陈战绩超众,屡诏褒赉。

五年,随那彦成出宝鸡,遏白号贼北犯,破之于龙山镇,授镶黄旗蒙古副都统。黄号贼分屯,连营十馀里,纶布春潜师先破八里湾,回击牛蹄岭,贼傍秀金山列队以拒,径冲入阵,手刃数贼,遽却;进攻卡狼寨,扼石峡口夹击,大败之。夏,偕穆克登布击杨开甲于七盘沟,而高天德、马学礼犯汉中,提督玉文雄战死,诏责纶布春专剿,败之于白溪。俄,冉学胜渡汉北,将与伍怀志合,偕总兵汪启邀击于留坝,又会诸军败之于太吉河、鱼洞河。

六年春,以追剿学胜久无功,被劾褫职,以马甲留营效力,从穆克登布击伍怀志于五郎铁锁桥,率三十人先驱冲敌,杀贼数十。贼据山拒战,跃登横击,贼众披靡,追击于红水河,徒步奋战,夺山梁。诏嘉其愧奋,授蓝翎侍卫。复偕穆克登布蹑贼,侦知潜匿老林一层密,地险绝,督兵猱升而上。怀志与党六七人惶急投崖下,为纶布春所获,授二等侍卫,复巴图鲁。其冬,病卒于汉中,依头等侍卫议恤。

格布舍,钮祜禄氏,满洲正白旗人。父萨克丹布,以吉林新满州留京为前锋。乾隆中，从海兰察征石峰堡、台湾有功，累擢三等侍卫，赐号伯奇特巴图鲁，图形紫光阁。又从额勒登保征苗疆，擢二等侍卫。遂从剿教匪，破芭叶山，其大金坪、抱窝山两战尤力。以病解军事，久之始卒。临殁，仁宗念前劳，加副都统衔。

格布舍亦起前锋，累迁三等侍卫。随父赴苗疆，平陇之役，从额勒登保克岩人坡、大坝角诸寨，赐号库奇特巴图鲁。及赴湖北黄柏山，战频有功，又歼逃贼于巫山。嘉庆四年，歼冷天禄。奏诸将功，格布舍第一。上夙知其将门子，善用鸟枪，特嘉经略所列公允，加副都统衔。五年，偕杨芳夹击杨开甲于两岔河，陷阵，被创坠马，跃上再战，追斩甚众，予恩骑尉世职。又偕杨遇春歼伍金柱、宋国富，六年，擒王廷诏及高天德、马学礼，功皆最，晋云骑尉世职。其冬，击辛斗于黑龙洞。七年，从额勒登保追剿苟文明，冒雨深入老林，文明就歼。留川、陕边界检捕残匪。凯旋，授正黄旗汉军副都统、乾清门行走。十二年，出为伊犁领队大臣，寻授宁夏副都统。召还，授镶红旗汉军副都统。

十八年，命往河南剿教匪，将行，值匪犯禁城，急入捕贼，被优奖，命充领队大臣，率火器营赴军。迭败贼于道口，进围滑县，败援贼于城北，掘东门隧道，为贼觉，复踞西南隅，穴成火发，格布舍仍攻东门，以云梯先登，获贼目徐安国于地窖，擢御前侍卫，予骑都尉世职，迁正蓝旗护军统领。坐失察部下私携俘获子女，议褫职，帝曰："格布舍出兵时，闻警，由德胜门奔赴大内，朕不忍负之。"改留任，予副都统衔、头等侍卫，在大门行走。既而直乾清门，帝阅步射，中三矢，赏黄马褂，擢宁夏将军。道光初，回疆军事起，命驻哈密为声援，调乌里雅苏台将军，移师守吐鲁番。八年，召为正白旗蒙古都统，复出为宁夏将军。十年，卒，谥昭武。子秀伦，袭骑都尉。

札克塔尔，张氏，满洲正黄旗人，初金川土番也。父为索诺木所杀。年未二十，密献入番路径于将军阿桂，随征，洊擢守备。高宗怜之，命隶内务府旗籍，擢二等侍卫、乾清门行走，兼正白旗蒙古副都统。

嘉庆四年，从尚书那彦成赴陕军，击高天德、马学礼于灰峪林，又击川匪于龙草坪。五年，偕纶布春夹击白号贼于秦安龙山镇，擒贼渠余礼等，赐号瑚尔察巴图鲁。偕击王廷诏、杨开甲于牛蹄镇，由山梁驰下，马蹶，复起力战，大破之，迁镶白旗护军统领。那彦成破张天伦于岷州林家铺，转战巩昌、文县，贼据河岸，且击且济，逼贼郭家山，自中路仰攻，擒高天德子狗儿；又偕纶布春破伍金柱、杨开甲于分水岭。

是年夏，召那彦成还京，札克塔尔留听额勒登保节制。每战猛锐无前，军中号曰"苗张"。杨开甲等窜湖北，间道邀击于郧西黄莺铺，擒斩千余，予恩骑尉世职。偕杨遇春破伍金柱于手扳崖、铜钱窖，歼杨开甲于茅坪。诏以是役得其分击之力，优予赍叙。诸贼循渭东窜，札克塔尔邀击于宽滩，乃折趋栈道。帝虑陕事急，趣其还军，乃偕庆成驻褒城、西乡，兼顾川、楚。窜匪高天德、马学礼窥渡汉，从额勒登保钞截，屡败之。

六年元旦，破贼五郎坪，蹑伍怀志余党于瓦子沟，擒教首彭九豪，遇贼南郑狼渡碛，跃马冲贼为二，擒其渠王凌高。夏，追冉学胜于栈东，夜袭黄安坝贼营，破之。偕杨遇春夹击于天池山，突占山梁，擒其党陈学文，追败之竹谿、草鞋峡，贼窜陕。又偕遇春夹击姚馨佐、曾芝秀于南唐岭、刘家河口。诸贼寻与学胜合，又败之孙家坡、渭子池，与遇春同被褒赍。

七年，从额勒登保追剿苟文明，贼匿太白山老林，瞭于山巅，军至即遁。札克塔尔以围捕非计，撤辛峪口兵诱之，果出，昼夜追奔，扼其三面，偕杨遇春夹击于镇安石门沟，贼复窜老林，屡出屡入，诏斥旷日持久，褫职留任。历数月，获文明妻子，始复之。

八年，凯旋，充奏事处领班。扈驾回宫，入神武门，有男子陈德突犯御舆，札克塔尔手擒之，封三等男爵。十一年，宁陕兵变，从德楞泰往剿，战于方柴关，不利。既叛兵就抚，德楞泰以震慑乞降奏。上召札克塔尔询状，斥其隐饰，褫职留男爵，回四川，以副将用。寻予副都统衔，充科布多参赞大臣。十三年，召还，授护军统领，兼武备院卿。十七年，卒，赐金治丧。子常安，袭爵。

桑吉斯塔尔，满洲正黄旗人，亦四川土番。应募征金川，历石峰堡、廓尔喀之役，赐号察尔丹巴图鲁。累擢头等侍卫，改隶内务府满洲。嘉庆四年，与札克塔尔同赴陕军，迭败张汉潮于黄牛铺、二郎坝、洵阳坝。追汉潮就歼，加副都统衔，连击教场坝、大坝、韭菜坪，并下之。五年，陇山镇、林江铺、郭家山诸战，皆与札克塔尔俱，又歼刘允恭于陕境大中溪，败伍金柱于镇安手扳崖，被优叙。寻，金柱为杨遇春所歼，其余党西走，要其去路，蹑追，自文县、宁羌至龙安击之，贼窜打箭炉寨，山径险狭，弃马徒步，及于窄口子，痛歼之。分兵击木兰沟伏贼，仅存二百余人，遁三岔河，与冉学胜合。诏斥迟留，额勒登保为疏辩，得白。六年，偕札克塔尔迭败贼于狼渡碛、天池山、孙家坡。贼自孙家坡败窜，桑古斯塔尔设伏杨柏坡以待，擒斩几尽，高见奇就诛，被奖叙。是冬，召回京。

八年，偕札克塔尔捕陈德，予骑都尉世职。十一年，率巴图鲁侍卫赴宁陕剿叛兵。及还，坐召对迟到，降头等侍卫。寻授正蓝旗汉军副都统。十八年，率火器营赴滑县剿贼，以火攻，克城先登，复在御前行走。坐军中携俘童当黜，原之；又坐事褫副都统，仍以头等侍卫乾清门行走。二十三年，卒，赐金优恤。子策楞讷尔，三等侍卫，袭骑都尉，请葬父于近京，允之，赐葬赍焉。

马瑜，甘肃张掖人。祖良柱，官四川松潘镇总兵，遂寄籍华阳。瑜少以武生入伍，从征廓尔喀、苗疆，累迁游击。嘉庆元年，赴达州剿教匪，战大园堡、安子坪，数有功，赐号达春巴图鲁。三年，从德楞泰歼齐王氏、姚之富于郧西，瑜间谍功居多，擢参将。击高均德于雒南铁钉坪，贼奔就冉文传，合踞大神山，诸军合击，瑜攻其东，克之。及攻大鹏寨，瑜冒雨毁其南门。四年春，文传就擒，授四川督标副将。从德楞泰入楚，擒高均德，寻赴援陕、甘。

五年春，复从德楞泰回川西，击冉天元，战江油新店子，进攻重华堰，深入火石垭，瑜分路助击有功。追贼石门寨、开封庙，至嘉陵江岸，迭败之。又设伏败蓝号匪于七孔溪，克长池坝贼巢，擢贵州安义镇总兵，调重庆镇。瑜祖故温福部将，勒保与有旧，甚倚之，又久从德楞泰为翼长，军事多所赞画。八月，白号庹向瑶窜长坝，将渡河，瑜率步骑掩至，蹙之，向瑶赴水逸。
　六年春，徐天德自洵阳北窜，留后队于峪河口，前队夺渡汉江，追及乾沟，擒斩千余，贼奔镇安，雪夜间道出野猪坪要之。时龙绍周分党入太平老林，自率大队赴楚，次与天德合，蹙之竹山官渡河，夜闻追骑声，争赴水，漂弱泰半。夏，从德楞泰追天德，破之黄石坂，进逼毗河铺，贼势瓦解，天德毙死河滩。遂偕赛冲阿等追绍周入川，战菜子垭、云雾溪，皆捷，贼西趋陕。冬，歼绍周于平利岳家坪，于是黄号略尽。又败贼于通江刘家坝，俘获甚众。
　七年春，师次巫山十二峰，检捕线号残匪。夏，击樊人杰等于东湖鸡公山梁，又败蒲景于大垭口，人杰走死。冬，追贼老山施家沟，山径险狭，徒步而入，擒其渠赵鉴，歼余匪于中子洋。侦巴、巫界上有匿匪，月夜捣其巢，悉歼之，被奖赉。时贼势穷蹙，瑜自巫山向北搜剿。八年，擒王三魁于马家坝，三槐之弟也。会楚匪娄逼入川，偕色尔滚破之镫盏窝，余匪殆尽。三省设防，瑜驻川界徐家坝，击陕境逸匪，歼之。九年，擢江南提督，调云南，皆未之任，留办善后。歼湖北窜匪苟文华等，被优赉。寻坐添紫城疏防，夺巴图鲁、花翎。率兵二千入老林追贼，攻克凤凰寨，擒斩数百。既而苟文润就歼，复花翎、勇号。
　十年，赴本官，历江南、直隶提督。十八年，从车驾幸热河，校射，中三矢，赐黄马褂。其秋，滑县贼起，命偕总督温承惠进剿，破南湖、北湖贼，进击道口。寻赴开州搜捕，毁潘章、李家庄、袁家庄诸贼巢。事平，优叙。十九年，调江南。坐事左迁徐州镇总兵，调兖州镇。二十四年，复任江南提督。未几，卒，以前劳优恤，谥壮勤。
　蒲尚佐，四川松潘人。由行伍拔补千总，从征苗疆，累擢游击。嘉庆三年，从德楞泰歼齐王氏、姚之富于郧西，赐号劲勇巴图鲁。克箕山有功，擢参将。五年，偕马瑜合击蓝号贼于陡坎子山，大破之，擢四川维州协副将。围赵麻花于石虎林，贼夜突围者三，皆击却，次日尽歼焉，被奖叙。
　六年，从德楞泰破高天升于洵阳江岸，追至二峪河，雪夜出山径进攻，天升就诛，擢云南鹤丽镇总兵。败龙绍周于茅坝，迭败徐天德于庙坪、黄石坂，又追击于川、陕境上。每战辄歼数百，数蹑入楚，沿路搜剿，及绍周为赛冲阿等所歼，其余党窜竹山，围剿歼戮无遗。
　七年，从德楞泰转战川、楚，谍知樊人杰屯杉木岭，蒲天宝屯代峰，别有贼屯鸡公山为声援，先破之。人杰走雾露河，尚佐迎击，转战七昼夜，斩获无算。天宝走当阳，偕色尔滚侦踪追击，贼收残众屯兴山桂连坪，袭破之。贼走踞鲍家山，德楞泰冲其前，尚佐等攀崖，绕出贼巢上，甫歼之，余贼狂奔出山，仅数百人，窜入老林。天宝被追急，坠崖死，被优赉，兼乾清门侍卫。又偕副都统富僧德

歼戴仕杰于兴山，擒崔连乐、崔宗和于房县，斩陈仕学于巴东。
　八年，青号刘渣胡子与黄号陈大贵踞老鸦寨，尚佐乘雾雨袭之，贼弃寨循当阳河走，遇富僧德伏兵，争赴水死，擒大贵。驻巫山，搜捕余匪，贼氛遂净。十三年，擢湖南提督，调甘肃。二十年，以病解职，归，卒。
　薛大烈，甘肃皋兰人。由行伍从征台湾、廓尔喀，累迁都司。嘉庆二年，从总督宜绵剿教匪，由陕入川，数有功，擢游击。三年，迭克贼于白沙河、兰场。时王三槐踞东乡安乐坪，勒保令刘清招降。清遣刘星渠偕二武员往，留为质。三槐偕至大营，星渠密请擒之。大烈争曰："舍守备、千总二员易一贼，亵国体，失军心。"乃止。越数日，三槐复自来，遂羁留，而以阵擒上闻，勒保受上赏，大烈亦赐号健勇巴图鲁，擢参将。未几，擢四川提标副将，充翼长。善伺勒保意，预诸将黜陟，军中属目焉。
　五年，擢川北镇总兵。勒保以罪逮，魁伦代之，诸将不用命，贼益猖，遂连渡嘉陵江、潼河，大烈偕阿哈保等御之。寻复起勒保督师，从剿贼于保宁。别贼自开封庙截大军后路，大烈击却之。偕阿哈保扼嘉陵江，贼不得渡，被奖叙。夏，连败白号贼于龙安铁笼堡、竹子山，遂从勒保击苟文明，解高寺寨围。追贼循嘉陵江至石板坨，德楞泰蹑其后，勒保绕其前，贼分道。大烈掩击余匪于飞龙场，尽歼之。九月，败贼下八庙，进扼倒流水。会赛冲阿、温春兵至，夹击，大破之，歼汤思举。冬，偕阿哈保破杨开第于渠县安仁溪，追奔百余里，至巴州两台山，擒斩二千余。开第逸入营山柏林场，乱予毙之。
　六年春，剿杨步青于大宁金竹坪，乘雪进攻，连败之白马庙、大盖顶，樊人杰、徐万富屯仪陇碑寺寨，偕阿哈保夜袭之，歼万富，贼奔川东，追之，人杰跳崖遁，散窜老林。大烈进剿杨开第、张汉潮余党，拔九杵寨，追击于沙箕湾，擒贼目李尊贤。蓝号曹世伦窜南江九岭子，偕田朝贵合击歼之。夏，青、蓝两号贼窜东乡，犯仁和、永兴二寨，师分三路入，大烈由右，蹙之华尖坝河滨，歼苟文通、鲜俸先，又击贼巴州石硇山，遣兵伏龙凤垭，自与阿哈保奋击，擒贼渠徐天寿、王登高等，诏奖赉，授其子千总。白号高见奇、魏学盛合窜栈道，大烈要之于大茅坪山半，偕阿哈保夹击，勒保督诸将自山顶下压，贼大溃。见奇窜空山坝，与冉学胜合，屯南江卢家湾，乘不备击之，擒学胜，予雪骑尉世职。冬，败白号贼于达州卢硐寺，又追败之开县，擒黎朝顺，贼窜西乡渔渡坝。大烈裹粮追蹑，由陕入川，败之于通江罗村，复偕罗声皋等尾击之。师次八台山，别贼围赵家坪袁峒，掩击败之。又歼黄号余贼于太平邀仙崖，乘胜破八卦山，殪贼渠李显林。
　七年，搜剿老林，连败苟文明于双河口、圆岭山，擒其党姚青云。额勒登保檄回剿川贼，大烈乞病，解职回籍。九年，病瘳，命在乾清门行走。扈从坠马，遣蒙古医疗治，给头等侍卫岁俸。寻授天津镇总兵，擢直隶提督，赏黄马褂。十一年，从德楞泰赴宁陕剿抚叛兵，调固原提督。明年，偕杨遇春平瓦石坪之乱，予优叙。调江南，复调直隶。

坐为子娶所属守备女，降天津镇总兵。寻授广东提督。复坐动用马乾银，再降汉中镇总兵，调河北镇。二十年，以睢工出力，加提督衔。卒于官，录前劳，依提督例赐卹，谥襄恪。

罗声皋，四川双流人。由行伍授把总。从孙士毅赴湖北剿匪，克旗鼓寨、芭叶山，擢守备。嘉庆三年，勒保调回四川。四年，从额勒登保破徐天德、冷天禄，累擢游击。五年，授提标中军参将，破冉天士于南江长池坝，赐花翎。六年，偕薛大烈歼曹世伦，追汤思蛟、刘朝选入楚，败之于竹山柳林店。青、蓝号贼扰东乡，偕大烈败之，又偕击贼石㲼山，徐天寿就擒，赐号济特库勒特依巴图鲁。遂合击高见奇，擒冉学胜。冬，偕张绩擒萧焜于太平。黄号余贼屯茨竹沟，声皋自花角园进攻，大军继之，擒葛士宽等。

七年，迁督标中军副将，充翼长。张简与汤思蛟合扰东乡，败之于老生园、杨家坝，偕田朝贵兵合击，蹙之河滨，贼争赴水，擒思蛟弟思武，追擒汪贵于太平梧桐坪。庹向瑶窜东乡凤凰山，偕达思呼勒岱合围，歼其众，擒向瑶。川匪渐清。楚匪被剿急，多窜川境。偕达思呼勒岱合击，歼赖飞龙于云阴阎王碥；又偕罗思举追贼巴州，分两路逼，思举擒简，声皋获思蛟于东乡村店。八年，搜剿余匪，擒青号张朝陇、李明学。军事大定，赴达州办理凯撤兵勇事宜。十三年，从勒保剿马边凉山彝匪，克曲曲乌彝寨，擢重庆镇总兵，调松潘镇。二十年，剿中瞻对叛番，克沧龙沟。番酋洛布七力守险，未大创，乞降，受之，以专擅视职，戍伊犁。逾三年赦归，卒于家。

薛升，贵州毕节人。以乡勇剿仲苗，授把总。嘉庆三年，从勒保赴四川军，偕罗思举攻安乐坪，攀援绝壁入贼营，斩馘多，进攻祖师观，夜伏手把岩下，拔栅而登，又从薛大烈设伏，破扑营贼，常为军锋，擢守备。四年，歼龚文玉、包正洪，升皆从战有功，赐花翎。五年，兜剿川东窜匪，升率兵分驻黄草坝，寻击贼八石坪，追至东乡南坝场，败之。军驻芦花岭，贼夜扑营，先伏兵山洞伺击，贼大溃，擢都司。偕桂涵破猴儿岩贼巢，擒唐大魁。六年，从薛大烈击贼巴州石㲼山，分路要截，多有斩获，擒徐天寿于王家坪，擢游击。七年，从勒保歼张天伦，遂从田朝贵防川、陕边界，擒徐天培于徐罗坝，歼杨吕清于白岩峒。八年，入山搜捕，击走苟朝九股匪于八百豀，擢云南新嶍营参将。军事蒇，赴本官，历东川、寻沾参将。十八年，调剿滑县教匪，攻克南门，擢副将，寻回云南。二十三年，从剿临安夷匪，授永昌协副将。道光元年，剿大姚夷匪，擢鹤丽镇总兵。历陕西河州镇、直隶大名镇，擢直隶提督，调湖南。十六年，新宁瑶生蓝正樽寻教拒捕，犯武冈城，镇筸兵滋事戕官，事曾旋定，吏议镌级留任。升年已七十，总督林则徐疏论其老于军事而无振作。未几，以杨芳代之，调升广西提督。二十二年，英吉利犯广东，赴浔梧治防。因病乞假归，寻休致，以旧劳予食全俸。咸丰元年，卒，谥勤勇。

论曰：额勒登保以杨遇春、穆克登布为翼长，德楞泰以赛冲阿、马瑜为翼长，勒保以薛大烈、罗声皋为翼长，观偏裨之人材，其成功可知矣。是诸人者，其后多膺军寄，二杨而外，亦无赫赫功，岂非材器有所限哉？勒保部将差弱，盖赖罗思举、桂涵等乡勇之力为多焉。

卷三百四十九　列传一百三十六

王文雄　**朱射斗**子树　**穆克登布**
富成穆维　**施缙**李绍祖　宋延清　**袁国璜**
何元卿　诸神保　达三彝　德龄　保兴　凝德
多尔济扎布　王凯　王懋赏　**惠伦**安禄　佛住
西津泰　丰伸布　阿尔萨朗　乌什哈达
和兴额

王文雄，字叔师，贵州玉屏人。由行伍从征缅甸、金川，擢至游击，洊升直隶通州协副将。嘉庆元年，调剿襄阳教匪，从庆成战刘家集、梁家冈、张家珰，赐号法佛礼巴图鲁。秋，贼围钟祥，进击破之，擢南阳镇总兵。冬，贼分窜河南，命率兵二千回境防御。二年春，败贼禹山，又败之郑家河；追剿至裕州四里店，值他军与贼战，夹击败之。夏，息县奸民张云路倡乱，驰剿即平。秋，仍赴襄阳。时姚之富等逼南漳，文雄驻军五盘山，扼其冲，击贼于白虎头、峡口。闻贼窜陆坪，分兵击之，追至羊角山，斩其渠。贼乃以数百人缀官军，潜趋南漳城，文雄伏兵百步梯，火之，贼多坠崖死，遂赴陕西、河南界御贼，且驻兴安江岸。

三年春，高均德自宁羌渡汉，齐王氏、姚之富乘官军往剿，偕李全自西乡、洋县分道踵渡，掠郿县、盩屋，西安戒严。文雄驰援，败贼焦家镇，追至屺子村，猝遇贼万余。文雄兵不满二千，张两翼待。贼亦号左右来犯，为火器击退；复分四路至，又败之，遂悉马步围官军数重，文雄为圆阵外向，贼以千余骑猛扑，令藤牌兵大呼跃出，贼马惊，返奔，追杀数千人，毙其党王士奇。自是贼不敢北犯，省城获安。诏以文雄当数倍之贼，五战，所杀过当，深嘉之，立擢固原提督。追败贼于尹家冲，其分窜翔峪、澧峪者尽歼焉。夏，败高均德于盩屋，又败阮正通于南郑。秋，张汉潮由南郑东南窜，文雄冒雨弛驰两昼夜，追及于廉水堐，贼踞山，以炮仰击之，乃分马步队潜来钞截，三路迎击，毙贼千余。正通窜西乡西流河，而设伏于铜厂山梁，文雄分兵破其伏，自攻中坚，擒张金等。

四年，命与恒瑞分领总督宜绵所部兵，专剿陕境窜匪。秋，败苟文明于倒水洞，连败冉天元于沙田坝、景山坪、皮货铺，川贼龙绍周窜黛池坝，欲应天元，扼之贯子山。别贼冒齐家营者来犯，悉歼之。黄号伍义兰、蓝号曾六儿踞老鹰崖，分兵进击，擒其党李智花等，余贼遁入川。冬，樊人杰、唐大信窜四乡。文雄积劳呕血，力疾督战，温诏慰劳。寻，黄号诸贼复自川入陕，令游击梁焕击之，遇伏几殆，驰救，解其围。疾复作，而贼之匿老林者，潜出犯南郑、沔县、略阳，欲渡嘉陵江，诏斥疏防，当治罪，以病原之。

五年夏，败杨开甲于土门关。唐大信踞西乡节草坝、大祥坝，夜袭之。龙绍周与大信合，败之魏家寨，又连败之黑山万曲湾、火石垭、山王庙，贼遁入川。未几，高天德、马学礼及戴家营贼窜西乡堰口，窥县城，迎击败之。侦贼众潜屯法宝山，夜偕副将鲍贵等分三路进，贼掷石以拒，文雄督众仰攻，突有骑贼从沟中出，截其后，山上贼出间道扑鲍贵队，急趋救，贼乘势悉众下山，鏖战至午，围益急，文雄被创十余，犹力斗，左臂断，坠马，伏地北向呼曰："不能仰报君恩矣！"遂卒。仁宗震悼，封三等子爵，祀昭忠祠，谥壮节，谕慰其母，赐银千两。逾年，获戕文雄之贼马应祥，传首就其家致祭。子开云，袭子爵，官至山东盐运使。

朱射斗，字文光，贵州贵筑人。幼读书。入伍，从征缅甸、金川，功多，累擢至都司。果毅善战，为将军阿桂所激赏，洊升贵州平远协副将。乾隆五十年，擢湖南镇筸镇总兵，调云南普洱镇，民、苗杂处，绥抚得宜，边氓畲服。从征廓尔喀，历福建福宁镇、四川川北镇。苗疆事起，率本镇兵赴剿，迭克险隘。平陇之战，潜师袭后山贯鱼坡，贼乃溃。偕额勒登保攻石隆寨，伏沟下蓦入，断其要路，贼来争，奋击尽歼，遂斩贼魁石柳邓，赐号干勇巴图鲁。

嘉庆二年春，凯撒回川北，王三槐踞金峨寺，合攻克之，连破王家寨、茨茹梁、富成寨，要击于黄家山，三槐中枪，坠马跳免。合攻重石子、香炉坪贼巢，击秋波梁窜匪，歼之。偕总兵百祥攻罗其清、冉文俦于方山坪，败走巴州。射斗驻保宁，诏以本镇辖地，责严守。三槐扑天华山营，力战却之。又合徐天德分扑风门铺、角山、茶店，驰击，贼遁走。三年，其清窜仪陇双路场，偕穆克登布追剿，斩七百余级。其清等踞大鹏寨，诸军合攻，射斗与恒瑞当其北，贼冒雨突营，出其后夹击，贼窜伏深沟，悉擒之。及贼由青观山逸出，追至方山坪，奋击大溃，其清旋就擒。

四年春，从德楞泰破贼麻坝寨，获文俦。既而萧占国、张长庚窜营山，额勒登保迎击黄土坪，令射斗扼其西，占国、长庚就歼。夏，包正洪潜匿邻水，连败之唐家坪、赵家场，追至开县九龙山，痛歼之；穷追及毛坪，贼踞山，以火枪仰击，毙正洪，予骑都尉世职。秋，破卜三聘于八石坪，又截击高天德、马学礼，擒其党潘受荣。

五年春，张世龙窜南江，迭败之竹坝、草庙。会额勒登保、德楞泰先后赴陕，冉天元纠群贼乘虚入川。总督魁伦初任军事，诸将中惟射斗忠勇可恃，所部兵仅二千，至达州，贼已渡嘉陵江，乃自顺庆渡河，迎击于西充文井场，歼贼后队；乘胜至蓬溪高院场，贼踞山下扑，众数倍官军，遂被围。魁伦初约自率兵继进而不至，射斗力战，队伍冲断，手刃十余人，遇坎坠马，殁于阵。仁宗悼惜，晋二等轻车都尉世职，依提督例赐恤，谥勇烈，入祀昭忠祠。后获贼李自刚戕射斗者，诏磔之，设射斗灵致祭，复传首祭墓。

射斗从军三十四年，受高宗知，仁宗尤以宿将重之。额勒登保入川数大捷，皆倚射斗及杨遇春如左右手，贼畏之，号曰"朱虎"。在军得士心，尤恤难民，前后拯济不下万人。殁后兵民胥流涕。贼既退，收遗骸，遗左足，川民于战处得之，瘗于潼川凤皇山仙人掌，建祠以祀。

子树，袭世职，授户部主事。道光中，累官漕运总督，休致归。咸丰中，命治本籍团练捐输事宜。同治初，卒。

穆克登布，钮祜禄氏，满洲正红旗人，将军成德子。乾隆中，成德驻西藏，入觐，高宗询知穆克登布曾从征金川，授蓝翎侍卫。累擢直隶提标游击。嘉庆元年，从剿湖北教匪，以功赏花翎。迁山东参将，遂转战川、陕。四年春，从惠龄克麻坝寨，加总兵衔，擢贵州清江协副将。从额勒登保歼阆中贼萧占国、张长庚，乘胜进剿冷天禄于岳池。令穆克登布先据人头堰，与杨遇春夹击，大破贼众，歼天禄，赐号济特库勒特依巴图鲁。于是额勒登保军威大振，遂任经略，穆克登布与杨遇春为左右翼长，常为军锋。冬，与七十五夹击樊人杰于通江，败之，擢山西太原镇总兵。

时川贼徐天德、王登廷、冉天元合挠官军，阻饷道。额勒登保以贼皆劲悍，集师合击于苍溪猫儿垭，议与穆克登布、杨遇春分三路进攻。穆克登布恃勇，先期往，为贼所乘，腹背受敌，伤亡副将以下二十四人，士卒数百。及遇春至，据险与贼相持，经略中军亦被攻，血战竟夜，黎明贼始却，登廷旋就擒。偕遇春追天元至开县，与德楞泰会师夹击，贼势乃蹙。

五年，从经略入陕。夏，与杨遇春合击伍金柱于手扳崖、铜钱窖，追歼杨开甲于茅坪。秋，要击张天伦于两当剪子岩，追杀数十里。贼折奔阶州，遇于佛堂寺，击败之，斩其渠曾印。六年春，冉学胜怀入陕，雪夜率劲骑冲之，贼溃，又败伍怀志于五郎江口，擢乾清门侍卫。夏，伍怀志纠党由汉北东窜，分兵昼夜穷追，及之于秦岭，擒怀志，余党尽歼，予云骑尉世职。七年，调湖南永州镇，擢甘肃提督。驰剿川东、湖北窜匪，破王国贤于平利，追入川，迭败贼于青冈坪、太平坡，擒景英。是年，军事将蒇，录诸将功，擢御前侍卫，晋骑都尉世职。

八年春，搜捕余匪，由巴峪关深入，擒宋应伏，又擒姚馨佐等于南江。应伏最悍，馨佐乃之富子，皆贼之著名者。应伏党尚存冯天保、余佐斌、熊老八，并百战猾贼。熊老八年二十余，死党百余，皆壮悍矫捷，所用矛长数丈，出没老林，伤将士甚众。至是，诱官军入林，设伏狙伺。穆克登布急轻敌，劲卒又为他将分调，仓猝中矛，殁于阵，加予轻车都尉世职，并为二等男爵，谥刚烈。严诏捕熊老八，期必获。武弁陈弼贿降俘取贼尸，伪冒以献，立擢弼参将，传首祭穆克登布墓。逾年，罗思举始捕得老八，磔之，军中不敢上闻。

子颐龄，袭爵，二等侍卫，孝全成皇后之父也。道光十四年，册立皇后礼成，追封一等承恩侯，抬入镶黄旗，谥荣僖，以孙瑚图哩兼袭两爵。三十年，文宗即位，晋封三等承恩公，以长子文寿袭，次子文瑞袭男爵。

富成，石莫勒氏，满洲镶黄旗人。起健锐营前锋，从征乌什、大小金川，积劳至参领，历火器营营总。出为广西、直隶副将，擢山西太原镇总兵。坐失察盗马贼入边，降京营游击。复擢山东兖州镇总兵。嘉庆元年，教匪起，率本镇兵赴河南协剿。先清邓州贼氛，进剿吕堰驿、随州红土山，黄玉书就擒，叙功，以提督升用。又连败贼于钟祥邓家冈、香花园、南线畈。命兼领直隶、吉林新调兵。

二年，进攻梁家集，总统惠龄与贼战槐树冈，富成闻炮声，驰往夹击，大败之。偕庆成合击刘起荣，又败贼于温峡口。襄匪由河南窜入陕境，总督宜绵疏调富成赴西安，率甘肃兵二千、回兵二千助剿。夏，分兵五路围贼于大凉山下，歼贼千余，擒其渠李天德等，又连败贼于双河口、清庄坪、放牛坡、大石川，擢江南提督。赴汉中宁羌，扼川贼入窜之路，循汉南而西，与明亮夹攻，贼距江近，佯引兵入山，图潜渡，富成绕出贼后兜击之，斩获甚众，被奖赉。

三年春，赴达州击退犯城贼，通新宁运道，又连败贼于窦山关、木竹坪、白山寺，擢成都将军。命剿徐天德，屡诏责战甚急。冬，战清凉寺，歼贼数百。四年，张映祥窜广元、宁羌，击之毛家山，又与恒瑞夹击于略阳、阶州。经略勒保疏言其兵力不足，未能制贼，褫职逮问。会富成连败贼于黄家坪、大水沟、党家坪、蒋家坪，诏免治罪，以披甲留营效力，驻镇安防剿。五年夏，总督长麟追剿冉学胜、伍金柱等，而高天德、马学礼亦来犯，富成驰援徽县。贼袭长麟营，官军败缭于架子山，富成力战被重创，遂殁于阵。上初以剿张映祥久无功，故加重谴，至是惜之，命入祀昭忠祠，予云骑尉世职，子三等侍卫普亮袭。

时军事久不定，兵多，或事剽掠，乡勇尤甚，人目为"红莲教"。富成与总兵穆维驭下较严，为时所称云。

维，直隶清苑人。隶督标。乾隆中，山东王伦倡乱，以阵斩贼渠杨垒功，擢千总。贼闻京兵南下，掠粮艘造浮桥，图西窜，维直搏获贼炮二，焚其桥，赐号奋勇巴图鲁。累擢胶州协副将。嘉庆元年，偕富成赴襄阳。恒瑞攻刘家集，维率骑兵横贯贼营，大军蹑其后，获大捷。师次滚河，贼屯对岸董家冈、梁家坳，维偕王文雄选精兵夜潜渡，破贼营。二年，擢登州镇总兵。冬，高均德、王廷诏分扰班鸠关，窥渡汉江，偕副都统六十七连败之双河塘、土门垭，被优奖。三年春，赴四川，从勒保败王三槐、徐天德于石坝山，偕富成夺贼竹峪关、洪口诸隘，又败冉文俦于黑马山。夏，贼出李家山西逸，要之大完山，以炮俯击，贼退，他将乘势追击。维直捣李华寺，破贼巢，劳甚致疾，卒于军，诏视阵亡例赐恤。

施缙，陕西定边人。由行伍从征缅甸，累擢云贵督标都司。苗疆事起，应调随征，屡有功，赐号毅勇巴图鲁。累擢湖南参将。嘉庆二年，从总督勒保剿贵州仲苗。三月，连克关岭、巴陇诸要隘，进逼永宁，克下山塘贼寨，解新

城围。五月，与总兵张玉龙分两翼，进克望城坡、碧峰山贼寨，攻羊肠山，追贼至新店，擒其渠梁阿站等，擢副将。六月，从勒保攻克水烟坪，偕按察使常明设伏八角洞坡，进攻阿捧，毁寨十一。大军进卡子河，缙分克纳赖坡、鸡湾寨，攻普坪，渡河解南笼围；进攻九头山，擒贼渠陆宝贵，焚其巢，克马鞭田山寨。七月，破韦七绺须于普磨，擒其孥，围阿召山梁李景寨，设伏破援贼，擢临元镇总兵。偕常明攻安有大寨，率勇士攀藤上，克之，擒贼渠贺阿豆、吴阿降。九月，从勒保克洞洒贼巢，擒首逆韦七绺须。十一月，搜剿上下罗障，直达关岭，前后克寨二十。调贵州安义镇。十二月，偕总兵七格等搜剿各路，乘胜击坝郁、嵝峒诸寨。自捧鲊至黄草坝，贼皆净尽。松林、红岩、石门坎、香炉箐诸苗，尚负固抗拒，要击破之，焚寨十九，特诏嘉奖，予优叙。三年，复从总督鄂辉进剿两薛岩、师赵屯诸苗，克寨五十，苗境遂平。

五年春，四川教匪复炽，起用勒保，会贵州巡抚常明荐缙率贵州兵往协剿，仁宗知缙剿仲苗奋勇冠军，为勒保旧部，兵将相习，命所领自为一军；又虑地利贼情未悉，听德楞泰节制。三月，至潼川，连破贼于大双墩、潼河岸。四月，高天德、马学礼由甘肃窜农安，从勒保迎击盘龙驿、漩河口，败之，偕阿哈保迎击于黄连垭。白号、蓝号众窜合江口，夺渡嘉陵江，偕阿哈保分四路进击，大败之。诏以嘉陵江西肃清，贵州兵新到屡捷，特予褒叙。时高、马二贼欲与蓝、白诸号合屯竹子山，勒保以龙安西北两面俱通番地，议分三路兜剿，自率一军出东北，一军出西北，而以缙军由南进。甫抵山南，贼乘高下压，缙挥军迎击，奋力急战；贼来益众，猝受矛伤，殒于阵。缙最为勒保所倚，至川以不习地势致败，优诏依提督例赐恤，称为骁将，予骑都尉兼云骑尉世职。子登科，袭骑都尉；占科，袭云骑尉。

李绍祖，顺天大兴人。以武进士授三等侍卫。出为山东武定营游击，累迁临清协副将。嘉庆元年，赴襄阳，击贼有功，赏花翎。二年，从恒瑞赴四川，迭败贼于田家坝、大宁山梁、金子梁。三年，擢甘肃巴里坤总兵。秋，合攻打石坡、插旗山、古战坪，皆捷。冬，从惠龄克马鞍山贼巢。四年夏，从德楞泰击贼于王家坝、川垭子。秋，偕七十五破樊人杰于开县，又败之临江市。五年春，冉天元等渡嘉陵江，总督魁伦调七十五往援，会其病，以兵付绍祖，率赴川西，进击盐亭、南部。德楞泰击贼于江油白家坝，檄绍祖驰赴，贼踞箐林口，宵犯绍祖营，击却之。贼谍诡称难民，诣营献计，诱官军往，德楞泰知其诈，率绍祖掩击之，大捷，追败之包家沟，进战火石垭。以功被优叙。诏以川西略定，命绍祖率贵州兵赴陕，额勒登保疏请仍留川，遂从德楞泰击张子聪于中江黄鹿山、朱家坪，擒斩甚众。调四川松潘镇，旋调广东高廉镇，仍留军。夏，败张子聪、向向瑶于达州土河，又击刘朝选于七孔溪山，大破之。追余匪至大竹，遇苟文明屡夜来扑营，击却之。八月，徐万富窜房县，追败之两河口。贼窜木瓜铺，逼近远安县城，绍祖扼之牛鹿坡。贼分二队，一犯县城，一薄绍祖营。绍祖力拒，贼佯败走，匹马追之，遇伏被害。

依提督例赐恤，谥果壮，予骑都尉兼云骑尉世职，子霖袭。

宋延清，山东招远人。乾隆四十六年武进士，授蓝翎侍卫。出为贵州都司，迁游击。从征苗疆，迭克峒寨。从额勒登保攻鸭保山，率健卒夺贼卡，夜大风，攀崖纵火，克之，赐号跻勇巴图鲁，擢参将。仲苗之役，勒保调回贵州，率兵为左翼，克关岭、碧峰山诸隘，破洞洒、当丈贼巢。论功居最，擢大定协副将。嘉庆三年，从勒保赴四川，击贼董豁口、大元山，皆力战，斩馘多。乘胜追贼至杨家坝，中枪，殁于阵。延清骁勇出众，勒保常置左右。剿仲苗时，每战归，持刀负首级累累，衣尽赤，勒保辄手酌酒慰劳。至川未逾月即战殁，深惜之，加等赐恤，予骑都尉世职。

袁国璜，四川成都人。由行伍从征金川，屡克坚碉，擢守备。复革布什咱全境及达尔图，功皆最，洊升游击。金川平，擢江南狼山镇总兵。乾隆五十三年，从征台湾，克大埔尾、斗六门、水沙连、大里杙，赐号博济巴图鲁。及林爽文窜匿东势角，山径深隘，徒步搜捕，生擒于老衢崎，被优叙。病归，起署四川建昌镇，寻擢重庆镇总兵。从征廓尔喀，克象巴宗山、甲尔古拉卡。台湾、廓尔喀两次论功，再图像紫光阁。六十年，从总督孙士毅由川境进剿苗疆，数有功，被褒赏。

嘉庆元年，四川教匪蜂起，蔓延数县。川兵多赴苗疆，署总督英善仓猝偕副都统勒礼善、佛住驰往，兵仅数千，檄国璜及总兵何元卿进剿达州。贼屯天星桥，国璜奋击，斩戮千余。贼窜横山子，偕元卿焚其卡，夺据山梁。贼自东乡纠党数千来犯，炮击之退，次日复聚，迎击，毙贼数百，而来者愈众。国璜苦战三日，力竭阵亡，依提督例赐恤，予骑都尉兼云骑尉世职，子起袭。

何元卿，四川华阳人。从征金川、廓尔喀、苗疆，积劳擢副将。嘉庆元年，从福宁克旗鼓寨，擢陕西兴汉镇总兵。达州横山子之战，与国璜同遇害，予骑都尉兼云骑尉世职。孙胜先袭，官至湖南沅州协副将。

诸神保，马佳氏，满州正红旗人。起护军校，出为四川游击，驻西藏，累擢重庆镇总兵。廓尔喀之役，守绒辖要隘，赏花翎。调建昌镇，从征苗疆。嘉庆元年，赴湖北剿教匪，从福宁破贼来凤，克旗鼓寨，赐号喀勒春巴图鲁。二年，从额勒登保围攻芭叶山，贼夜突营，由诸神保汛地逸出，坐褫职，留营自赎。寻击贼红土溪，被创坠马阵亡，依参将例赐恤，予云骑尉世职。

达三泰，原名达音泰，呢玛奇氏，满洲镶黄旗人。由鸟枪蓝翎长累迁副护军参领。从征石峰堡，授陕西循化营参将。历甘肃永固协副将，署西宁镇。从征廓尔喀有功，赐号常勇巴图鲁，授四川松潘镇总兵。乾隆六十年，湖南苗犯酉阳，率屯土击之，克炮木山、石花诸寨。偕提督花连布进攻永绥围，又偕阿哈保、塞灵额攻纳共山，攀缒而上，斩获甚众。克贵道岭、马鞍山，追贼黄土坡，被创力战，大捷，特赐蟒服。又破贯鱼坡，苗疆平。嘉庆二年，移军湖北剿教匪，遂赴四川。齐王氏、姚之富趋达州，欲与王三槐等合，达三泰先据白帝城，连战却之，进援巫山、

巴东、要击之小河口，又追败之均州、竹溪。贼复由陕入川，与明亮合击于黄坝驿。三年，从大军逼贼三岔河，齐、王二贼就歼，被优赉。寻击高均德于山阳，合围大神山，设伏诱贼，败之静边寺，擒斩甚众。会诸军克箕山，擢甘肃提督。勒保调赴川东助剿冷天禄，攻手把岩，夺鱼鳞口贼卡，遇伏被害。优恤，谥壮节，予骑都尉兼云骑尉世职，子呢玛善袭。

呢玛善从父军中，以战功授蓝翎侍卫。父殁，转战三省，累擢头等侍卫，授河北镇总兵，历郧、衢州、南阳诸镇。道光初，擢成都将军，平果洛克番匪。卒，谥勤襄。

德龄，纳喇氏，满洲镶白旗人。由拜唐阿累擢銮舆卫冠军使。出为直隶副将，擢山西太原镇总兵。调赴襄阳剿教匪，从庆成等转战，以功赐花翎。嘉庆二年，驻夔州。三年，偕观成合攻老木园。贼既歼，剿铁瓦寺余匪。四年秋，击张金魁于岳池场、安家山，败之。追至万县陈家坡，后队为贼所袭，驰马回战，殁于阵，予骑都尉世职。

保兴，承吉氏，满洲镶白旗人。鸟枪护军队长。从征缅甸、金川，累迁参领。出为陕西神木协副将，丁忧回旗。甘肃撒拉尔叛，起署河州协。兵事初定，抚绥有法，军民安之。调督标中军，擢直隶宣化镇总兵，历陕西兴汉镇、甘肃河州镇。嘉庆二年，赴川、陕剿教匪，偕朱射斗击贼营山，又败之小垭口。王三槐扰大竹、广安，要击之。邻水被围，知县杨为龙坚守，驰援，贼始退，被优赉。偕朱射斗破贼天华山，乘胜连夺要隘。三年，攻弹子坝，歼贼渠。时王三槐犯开县，罗其清、冉文俦合踞东乡后河，将窥陕。保兴绕出贼前，与杨秀夹击，败贼于固军坝，赏花翎。贼自陕回扰达州，保兴要击于龙凤垭。又战石梯坎，径路纷歧，会大风雨，贼压而阵，遂遇害。予骑都尉世职，河州民为立祠。

凝德，乌雅氏，满洲正黄旗人，尚书官保子。授蓝翎侍卫，历銮舆卫治仪正、冠军使。出为直隶独石口副将，调督标中军。嘉庆元年，赴湖北军，从破黄玉贵于红土山，赏花翎。二年，赴孤山冲防剿，寻入川。王三槐扰渠县，扼守红春坝。四年，擢甘肃巴里坤总兵。从恒瑞剿贼甘肃，驻守三曹河。贼北走，追败之老柏树、牟家坝、两河口。五年，辛聪余党窜秦安，讹言伏羌被围，凝德率兵四百赴援，未至四十里遇贼，众寡不敌，拒战被害。予骑都尉世职。

多尔济扎布，巴鲁特氏，蒙古镶黄旗人。由蓝翎侍卫累擢湖北郧阳参将。从剿镇筸苗，迁副将。嘉庆元年，檄防竹山、竹黔。三年，署宜昌镇总兵。从击张汉潮于山中，蹑踪穷追，被嘉奖。五年，授广东碣石镇总兵。二月，剿陕匪于洵阳三岔山，乘胜深入，贼分队绕袭后路，四面受敌，挥军杀贼百余，日暮力尽，被害。予骑都尉世职。

王凯，贵州贵筑人。从征金川，积劳至游击，累擢浙江定海镇总兵。嘉庆二年，以不谙水师降副将，命赴贵州从勒保剿仲苗，补都匀协。三年，授宜昌镇总兵，驻守郧县，败贼于黄龙滩。率兵二千，分守郧西、巴州，防张汉潮。四年，贼窜房县，击走之。五年，复来犯，大败其众，又破贼于东湖。夏，徐天德窥襄、郧兵单，犯当阳、远安，

踞马鞍山，合诸军环攻，凯傍左麓进，贼走马家营。师分三路入，贼张左右翼拒战，别遣步队钞截后路，凯奋击，贼稍却，兵进遇伏，贼自林中出，猝被害。优恤，谥勇壮，予骑都尉世职。

王懋赏，山东福山人。乾隆四十一年一甲一名武进士，授头等侍卫。出为云南景蒙营游击，累迁广西浔州协副将。从征苗疆，克结石冈，破尖云山，复乾州，皆有功。嘉庆二年，以剿西隆匪，回广西。五年，调赴湖北军。六年，败贼佘家河、茅伦山、赏花翎。攻鹅坪坡、秦家坪，擢湖南永州镇总兵，驻守兴州、房县、大竹、防川、陕窜贼。七年，曾家秀等窜保康，倍道穷追，贼踞马鬃岭拒战，懋赏先登，中矛，殁于阵。予骑都尉世职。

惠伦，富察氏，满洲镶黄旗人，一等承恩公奎林子。出嗣伯父一等诚嘉毅勇公明瑞，袭爵，擢头等侍卫、尚茶正、镶蓝旗护军统领，授奉宸苑卿。嘉庆二年，命偕副都统阿哈保率东三省兵赴湖北剿教匪，时贼氛方炽，诏惠伦迅往襄阳，如明亮、德楞泰犹在贼后，即会同王文雄攻剿，听景安调度。惠伦至襄阳，击贼小河口，偕阿哈保追杀二十余里。大兵适自荆州至，乘机夹击，贼大败，窜入南漳山中，优诏奖赉。又偕德楞泰击贼耗子沟，贼众猛扑，达三泰连射贼，惠伦挥军突进，冲入贼阵，会明亮自枫树垭夹攻，斩获甚多。贼窜花石岭，总兵长春诱之下山，达三泰设伏山半，惠伦以劲骑横击。贼败窜黄龙滩，欲分走郧阳斗河，无船可渡。追及草甸，贼五路迎拒，官军亦分五队，明亮等据山梁，贼上扑，击败之。别贼突出援，惠伦等又败之。乃奔陈家山梁，乘雾图遁。惠伦渡涧追击，见一贼执旗指挥，知为渠魁，追至长坪，射之，应弦倒；余贼竞集，连射毙数贼，猝中枪，殁于阵。仁宗震悼，诏惠伦父子效命疆场，实为可悯，从优议恤，赐内帑三千两治丧，以子博启图袭公爵，在御前侍卫行走。博启图自有传。

安禄，多拉尔氏，满洲镶黄旗人，一等超勇公海兰察子。以海兰察平石峰堡功，推恩授二等侍卫、乾清门行走，并予骑都尉世职。从征廓尔喀，赐号哈什巴图鲁。乾隆五十八年，承袭公爵，擢头等侍卫。嘉庆四年，命解饷赴四川，遂从额勒登保军。时徐天德败窜鸡公梁，额勒登保乘夜追之，黎明，贼复拒战，安禄偕格布舍以左翼冲贼阵，贼窜城隍庙，右翼杨遇春伏起，前后夹击，歼戮无算。又败王登廷，追至西乡鱼渡坝。王登明与齐家营股匪合踞青冈岭，安禄等三路竞进，贼大溃。鲜大川、苟文明窥开县，偕朱射斗败之于枯草坡，乘雾夺汪家山，余贼数千奔下山沟，安禄率五六骑大呼驰击，贼众披靡，突林中数矛攒刺，遂殁于阵。事闻，优恤，赐内帑一千两，谥壮毅，加予骑都尉世职。仁宗深惜之，诏以惠伦、安禄皆名将子，膺五等之封，为莠民所戕，国威大损，戒统兵大臣以满洲、东三省兵自为一队，及锋而用，勿致疏虞。子恩特贺莫札拉芬，袭公爵，兼骑都尉。寻议又加骑都尉，并为三等轻车都尉，以安禄弟安成袭。

佛住，瓜尔佳氏，满洲正白旗人，侍郎三泰子。三泰殉难叶尔羌，封三等伯，佛住袭爵，为散秩大臣、世管佐领，充阿克苏领队大臣，授成都副都统。嘉庆元年，充哈密办事大臣，行抵西安，闻达州教匪起，自请偕英善往剿，允之。时贼扑东山庙，与丰城贼合，佛住与副都统勒礼善分路进攻，冒雪由山路破贼卡，扼东山隘口。贼由大东山潜渡河，率协领塔克慎、知县刘清隔岸炮击之。又偕英善、勒礼善擒徐天富，被优赉。二年正月，丰城贼倾巢出，游击范楸、守备杨成阵亡，贼遂逼东乡，别贼复与张家观来犯，佛住率众力战，殁于阵。诏："佛住已调哈密，自请回川剿贼。今在东乡捐躯，其父三泰亦系阵亡，尤为可悯，从优议恤。应给世职，并为一等子爵，加一云骑尉。"子瑞龄袭。

西津泰，和色里氏，满洲镶黄旗人。前锋侍卫。从征台湾，累战皆捷，赐号法尔沙台巴图鲁，图像紫光阁，擢护军参领。从征苗疆，克榔木陀山、大坪山、雷公滩、大乌草河，围高多寨，复连破贼于大坡脑、得胜山，克垂藤、董罗诸寨，焚大小天星寨，进克马鞍山，擢头等侍卫，加副都统衔。从额勒登保克石隆贼巢，石柳邓就歼，予优叙。嘉庆二年，赴四川，破王三槐于冉家垭、金峨寺，从宜绵击贼于花潭子，又克香炉坪贼巢，迭被优赉。进击安子坪，贼退精忠寺，围之，倾剿出犯，西津泰冲入贼阵，手刃十余贼，身受重创，阵亡。予骑都尉兼云骑尉世职。

丰伸布，唐古忒氏，蒙古镶红旗人，福州驻防。由马甲累擢协领。从征台湾，擢西安右翼副都统。嘉庆元年，率军驻兴安，防湖北教匪。二年，移防商、雒要隘。贼犯双树卡，又间道攻县城，连却之，赏花翎。进驻竹溪，遏贼入陕。贼掠近地，屡击走。高天升大股踞石槽沟，率兵千自竹山进剿。关庙河，要隘也，冒雨进扼之，贼来争，丰伸布先据山梁，贼分两路猛扑，杀伤相当，而贼益坌集，短兵相接，丰伸布受创甚，至暮大雨，息军山巅，以伤殒。优恤，谥壮勇，予骑都尉兼云骑尉世职。六年，高天升就擒，传首冢墓。无子，以侄阿克当阿袭职。

阿尔萨明，赖奇忒氏，蒙古镶白旗人。以副前锋参领从征金川，迭克山寨坚碉，破扎古功尤著。战达撒谷受创，特诏慰问。累擢正红旗蒙古副都统，赐号阿尔杭阿巴图鲁。金川平，图像紫光阁。历喀什噶尔、伊犁领队大臣，召回京，会甘肃石峰堡回叛，自请从剿，连破贼于云雾山、田家山，进围石峰堡，攻其西北，以火攻克之，斩房特多，授护军统领，调正蓝旗满洲副都统。嘉庆元年，率健锐、火器营从永保剿教匪，转战河南、湖北，屡破贼。二年五月，驻兵王家坪，营垒未定，贼自山沟出袭，阿尔萨朗力战，猝中枪，殁于阵。赐恤，予骑都尉世职。及高天升传首京师，命祭其墓。

乌什哈达，伊尔根觉罗氏，满洲正黄旗人。以前锋从征缅甸有功，赐号法福哩巴图鲁，授三等侍卫。从征金川，屡克坚碉，擢二等侍卫、正白旗蒙古副都统，予骑都尉加一云骑尉世职。充和阗领队大臣，坐与办事大臣德凤互讦，褫职，效力乌什边卡。寻复起授头等侍卫、虎枪营参长、健锐营翼长。从征台湾，率水师擒贼渠庄大田于琅峤，复勇号、世职。授吉林副都统，调镶红旗蒙古副都统。从征廓尔喀，乌什哈达临阵勇敢，论功辄最，三次图像紫光阁。召对，自伐战绩，高宗恶之，褫职戍伊犁。嘉庆元年，赦归，请赴湖北军剿匪自效，偕副都统鄂辉败贼襄阳，进战钟祥。二年，驻守宜城西岸，贼窥古河口，击走之。移防四川石砫，攻白岩山，克贼卡。三年，王三槐由梁山、垫江窜渠口，与白岩山贼潜结，引之渡江。乌什哈达兵少不敌，力战遇害。予轻车都尉世职，子图尔弼善袭。

和兴额，葛济勒氏，满洲镶白旗人。以鸟枪护军从征缅甸、金川、撒拉尔、石峰堡，赐号佛尔钦巴图鲁，累擢广州右翼副都统。坐事降调，授头等侍卫，充巴里坤领队大臣，复授广州左翼副都统。嘉庆二年，仲苗扰及广西西隆，从总督吉庆赴剿，败贼于戛雄。苗屯亚稿，设伏山径，由深菁绕出夹击，歼之。进攻那地，西隆肃清。围岩场寨，连败之红水江、板蟒、板阶，解册亨围。仲苗平，调甘肃凉州副都统。五年，赴陕西防剿。冉学胜等由辛峪窜出，和兴额不能御，夺勇号、花翎，降为防御，随营效力。寻破贼河县乾沟河，授佐领。六年，樊人杰由黑河西窜，和兴额扼之于五丁关，擒斩甚众，擢协领。冉学胜屯大坝，偕总兵杨奎猷击之，和兴额先进，遇伏，殁于阵，依副都统例赐恤，予骑都尉兼云骑尉世职，子福格袭。

论曰：教匪之役，首尾十年，《国史·忠义传》所载副参以下战殁至四百余员，其专阃提镇及羽林宿卫阶列一二品者，且二十余人。王文雄、朱射斗，一时名将；穆克登布、施缙，亦号骁勇；惠伦、安禄，并贵胄英才。仓猝摧仆，三军气熸，当宁为之震恻，旌恤特示优异；余虽功过相参，要皆竭忠行间，殒身不顾。呜呼，烈已！当日岩疆悍寇，军事艰难，盖可见云。

卷三百五十　列传一百三十七

李长庚 子廷钰　胡振声　**王得禄**
邱良功 陈步云　**许松年　黄标** 林国良　许廷桂

李长庚，字西岩，福建同安人。乾隆三十六年武进士，授蓝翎侍卫。出为浙江衢州营都司，累迁乐清协副将。五十二年，署福建海坛镇总兵。邻海有盗，误指所辖界，坐褫职。罄家财募乡勇，捕获巨盗，起用，补海坛游击，迁铜山参将。自乾隆季年，安南内乱，招澜海亡命劫内洋，以济饷为患，粤东土盗凤尾、水澳两帮附之，遂益肆扰。五十九年，夷艇始犯福建三澎，长庚击走之。

嘉庆二年，迁澎湖协副将，擢浙江定海镇总兵。三年，迭击洋匪于衢港及普陀。四年，凤尾帮引夷艇入温州洋，败之，赐花翎。五年夏，夷艇合水澳、凤尾百余艘萃于浙洋，逼台州。巡抚阮元奏以长庚总统三镇水师击之，会师海门。贼泊松门山下相持，飓风大作，覆溺几尽，其泊岸及附败舟者皆就俘，获安南伪侯伦贵利等四总兵，磔之，以敕印掷还其国。是年，擢福建水师提督，寻调浙江。安

南乌艚船百余号，总兵十二人，分前中后三队，所获四总兵，其后队也。

未几，安南新阮内附，受封守约束，艇匪无所巢穴。其在闽者，皆为漳盗蔡牵所并，有艇百余，粤盗朱濆亦得数十艘。牵，同安人，奸猾善用众，既得夷艇，凡水澳、凤尾诸党悉归之，遂猖獗。阮元与长庚议夷艇高大，水师战舰不能制，乃集捐十余万金付长庚，赴闽造大舰三十，名曰霆船，铸大炮四百余配之。连败牵等于海上，军威大振。

八年，牵窜定海，进香普陀山，长庚掩至，牵仅以身免，穷追至闽洋，贼船粮尽帆坏，伪乞降于总督玉德，遣兴泉永道庆徕赴三沙招抚，玉德遽檄浙师收港，牵得以其间修船扬帆去。浙师追击于三沙及温州，毁其船六。牵畏霆船，贿闽商造大艇，高于霆船，出洋以被劫报，牵得之，渡横洋，劫台湾米以饷朱濆，遂与之合。

九年夏，连艅八十余入闽，戕总兵胡振声，诏治闽将不援罪，长庚总统两省水师。秋，牵、濆共犯浙，长庚合诸镇兵击之于定海北洋，冲散为二，自当牵，急击，逐至尽山。牵以大艇得遁，委敕朱濆，濆怒，于是复分。十年夏，调福建提督。牵闻长庚至，遂窜浙，追败之青龙港，又败之于台州斗米洋。复调浙江提督。

十一年正月，牵合百余艘犯台湾，结土匪万余攻府城，自号镇海王，沉舟鹿耳门阻援兵。长庚至，不得入，谍知南汕、北汕、大港门可通小舟，遣总兵许松年、副将王得禄绕道入，攻洲仔尾，连败之。二月，松年登洲仔尾，焚其寮，牵反救，长庚遣兵出南汕，与松年夹击，大败之。牵无去路，困守北汕。会风潮骤涨，沉舟漂起，乃夺鹿耳门逸去，诏夺花翎、顶戴。四月，蔡牵、朱濆同犯福宁外洋，击败之，追至台州斗米洋，擒其党李按等。

长庚疏言："蔡逆未能歼擒者，实由兵船不得力，接济未断绝所致。臣所乘之船，较各镇为最大，及逼近牵船，尚低五六尺。曾与三镇总兵愿预支养廉，捐造大船十五号，而督臣以造船需数月之久，借帑四五万之多，不肯具奏。且海贼无两年不修之船，亦无一年不坏之杠料。桅柁折则船为虚器，风篷烂则寸步难行。乃逆贼在鹿耳门窜出，仅余船三十，篷朽硝缺；一回闽地，装篷煇洗，焕然一新，粮药充足，贼何日可灭？"诏逮治玉德，以阿林保代。既至福建，诸文武吏以未协剿、未断岸奸接济，惧得罪，交谮长庚。阿林保密劾其逗留，章三上，诏密询浙江巡抚清安泰。清安泰疏言："长庚熟海岛形势、风云沙线，每战自持柁，老于操舟者不及。两年在军，过门不入。以捐造船械，倾其家赀。所俘获尽以赏功，士争效死。八月中战渔山，围攻蔡逆，火器瓦石雨下，身受多创，将士伤百四十人，鏖战不退。贼中语：'不畏千万兵，只畏李长庚。'实水师诸将之冠。"且备陈海战之难，非两省合力不能成功状。时同战诸镇，亦交章言长庚实非逗留。仁宗震怒，切责阿林保，谓："朕若轻信其言，岂不自失良将？嗣后剿贼专倚长庚，倘阿林保从中掣肘，玉德即前车之鉴！"并饬造大同安梭船三十，未成以前，先雇商船备剿。长庚

闻之，益感奋。是年秋，击贼于渔山，受伤，事闻，复还翎顶。

十二年春，击败牵于粤洋大星屿。十一月，又击败于闽洋浮鹰山。十二月，遂偕福建提督张见升追牵入澳，穷其所向，至黑水洋。牵仅存三艇，皆百战之寇，以死拒。长庚自以火攻船挂其艇尾，欲跃登，忽炮中喉，移时而殒。时战舰数十倍于贼，见升庸懦，遥见总统船乱，遽退，牵乃遁入安南外洋。上震悼，褒恤，初拟俟寇平锡以伯爵，乃追封三等壮烈伯，谥忠毅，于原籍建专祠。

长庚治军严，信赏必罚，自偏裨下至队长水手，耳目心志如一，人人皆可用。与阮元同心整厉水师，数建功，为玉德所忌。及阿林保之至闽也，置酒款长庚，谓曰："大海捕鱼，何时入网？海外事无左证，公但斩一酋，以牵首报，我飞章告捷，以余贼归善后办理。公受上赏，我亦邀次功，孰与穷年冒风涛侥幸万一哉？"长庚谢曰："吾何能及此？久视海船如庐舍，誓与贼同死，不与同生！"阿林保不怿。既屡劾不得逞，则飞檄趣战。长庚缄所落齿寄其妻，志以身殉国。既殁，诏将王得禄、邱良功嗣任，勉以同心敌忾，为长庚雪仇。二人遵其部勒，卒灭蔡牵，竟全功焉。

长庚无子，养同姓子廷钰为嗣，袭伯爵，授二等侍卫。道光中，出为南昌副将，累擢浙江提督。因病不能巡洋，夺职家居。咸丰初，治本籍团练，迭克厦门、金岛、仙游，授福建提督。寻以误报军情解任，仍会办团练。十一年，卒，孙经宝袭爵。

胡振声，亦同安人，提督贵子。起行伍，累擢至温州镇总兵。从长庚大破夷艇于台州松门洋，自是屡从长庚击贼海上。嘉庆九年六月，率二十六艘运舟材赴福建，至浮鹰洋，遇贼，与总兵孙大刚夹攻，歼贼甚众，而舟为炮焚，闽师不能救，遂被害。优恤，谥武壮，予骑都尉兼云骑尉世职。

王得禄，字玉峰，福建嘉义人。林爽文倡乱，陷县城。得禄家素丰，捐赀募乡勇，助官军复之，授把总。明年，贼复围城，从总兵柴大纪固守。及围解，率乡勇搜捕大坪顶等处余匪，焚琅峤贼巢，贼渠庄大田就擒。台湾平，赐花翎、五品顶戴，迁千总。嘉庆元年，巡洋至獭窟，遇贼，得禄先登，擒吴兴信等。历年出洋捕海盗，号勇敢，累擢金门营游击。七年，从李长庚击蔡牵于东沪洋，擒贼目徐业等百余人，又擒吕送于崇武洋，被奖叙。九年，从总兵罗仁太击贼于虎头山洋面，获船械甚多。十年，击蔡牵于虎井洋，败之，署澎湖协副将。九月，遇牵于水澳，焚其舟，擒歼列等百余人。十一年春，牵入台湾，围府城。李长庚令得禄与许松年驾小舟自安平港入侦之，帆樯弥望，夜纵火焚贼舟，遂入屯柴头港。明日，贼自洲仔尾攻府城北门，得禄率兵蹑其后，大呼以前，贼惊却。城内军出夹攻，大败之，乘胜至洲仔尾，破其营，贼乃遁。五月，牵复窜鹿耳门，得禄首先冲击，获船十，沉船十一。叙功，加总兵衔。寻擢福宁镇总兵。

十二年，调南澳镇。七月，败朱濆于鸡笼洋，获船十四。十一月，又败其党于古雷洋，射殪贼目朱金，擒张祈，被奖叙。未几，李长庚战殁，命得禄与邱良功继任军事。十三年，擢浙江提督。既而调福建，邱良功代之。时阮元再任浙江巡抚，张师诚为福建巡抚，两省合力，得禄与良功同心灭贼。十四年八月，同击蔡牵于定海渔山，败之。牵东南走，追至黑水洋，合击累日，良功以浙江骈列贼舟东，得禄率闽舟列浙舟东，战酣，良功舟伤暂退，得禄舟进，附牵舟，诸贼党隔不得援。牵铅丸尽，以番银代，得禄额腕皆伤，掷火焚牵舟尾楼，复冲断其柂。牵知不免，举炮自裂其舟沉于海。诏以牵肆逆十有四年，渠魁就歼，厥功甚伟，锡封得禄二等子爵，赐双眼花翎。余党千二百人，后皆降，海盗遂息。

得禄为福建提督历十载，屡疏陈缉捕事宜，改定水师船制，皆如议行。二十五年，调浙江提督。道光元年，乞病归。十二年，台湾张丙作乱，得禄率家属擒贼目张红头等，加太子少保。十八年，台匪沈和肆掠，输粮助守，晋太子太保。二十一年，英吉利犯厦门，命驻守澎湖。次年，卒，赠伯爵，谥果毅。次子朝纶袭子爵，官户部员外郎。

邱良功，福建同安人。起行伍，屡以获功勋，洊擢闽安协副将。嘉庆十年，偕许松年会剿蔡牵，追至小琉球，见台湾师船二为贼围，赴援，松年举旗招之，未至。以违调遣被劾，褫职逮讯。得白，复原官，署台湾副将。十一年春，从李长庚击蔡牵，破洲仔尾贼巢，牵乘间逸，夺顶戴。五月，破牵于鹿耳门，赐花翎。十二年，朱濆犯淡水，偕王得禄追至鸡笼洋，连败之，擒歼其众，被优叙。十三年，擢浙江定海镇总兵。十四年，擢浙江提督。偕王得禄合击蔡牵于渔山外洋，乘上风逼之，夜半浪急，不得进。明日，复鼍截环攻，牵且战且走，傍午逾黑水洋，见绿水。良功恐日暮贼遁，大呼突进，以己舟逼牵舟，两篷相结。贼以桅冲船，陷入死斗。良功腓被矛伤，毁贼桅，得脱出。闽师继之，牵遂裂舟自沉。谕功，锡封三等男爵，次于王得禄。或为之不平，良功曰："海疆肃清，已为快事，名位轩轾何足计乎？"二十二年，入觐，卒于途，赐恤，谥刚勇。子联恩袭男爵，官直隶河间协副将。

陈步云，浙江瑞安人。入伍隶水师，数获盗，以勇力称，授温州营把总。从良功追蔡牵，步云以四十人驾舟径逼牵舰鏖斗，舟小不相当，见两提督至，亟投火罐焚贼舰，以长戟钩舷，率数卒跃登，短兵相搏，歼牵妻及其党。贼舰已坏，牵犹持利刃踞舵楼，顾欲取之。良功隔船疾呼，船与水平，速去，放长绳水中援之起，而牵船没矣。步云身被十数创，两提督皆临慰视。事闻，赐奖武银牌，擢千总。累迁闽安副将。总督孙尔准欲裁减师船，步云言李提督所造船高大坚致，其利远胜同安夹板、快驹诸船，裁之缉匪无具，有事不能制敌，议乃寝。尔准荐其才可胜专阃，入觐，宣宗曰："汝即随邱、王两提督攻沉蔡牵之陈步云耶？"询战功甚悉。遂授定海镇总兵，历琼州、福宁、金门、海坛诸镇。道光十九年，以伤发，乞解职。三十年，卒。

许松年，字蓉舫，浙江瑞安人。以武举效力水师，从李长庚积功至提标参将。嘉庆十年，护理金门镇总兵。击蔡牵于小琉球；又击朱濆、乌石二于宫仔洋，从李长庚追败之于闽粤交界甲子洋。又迭击牵于青龙港、斗米洋十一年，偕王得禄败牵于台湾洲仔尾，趾海水而登，焚溺无算。是年夏，李长庚攻牵于鹿耳门，松年扼张坑、返埕洋面，获贼船一，沉船三，又于水澳擒蔡三来等。李长庚论水师将材，举松年可独当一面，总督阿林保力疏闻。十二年，从长庚击蔡牵于大星屿、浮鹰洋，松年跃入贼船获之，被优叙。十三年，朱濆潜匿东涌外洋，命松年蹙剿，遂移师入粤。追至长山尾，瞭见贼船四十余，知其最臣者为濆所乘，并力围攻，濆受炮伤，未几毙。诏嘉松年奋勇，克歼渠魁，赐花翎，予云骑尉世职。粤匪张保仔窜闽洋金门、厦门，松年遣渔船诱之，以舟师围击，获船七，沉船六，被优叙。十五年，伤发回籍，寻丁母忧。十九年，授甘肃西宁镇总兵，历延绥、漳州、天津、碣石诸镇。道光元年，擢广东陆路提督，调福建水师提督。六年，台湾械斗，松年方偶兵，弹压解散，总督孙尔准与之不协，寻以治理轻纵，被议褫职，留台效力。乞病归，卒于家。子锡麟，袭世职。

黄标，字殿豪，广东潮州人。由行伍拔补千总，擢守备。乾隆五十五年，艇匪肆掠，总督福康安议练水师，募奇才异能者领之。标技勇过人，生长海壖，习知水道险易，能久伏水底，视物历历可数，特被识拔。以捕获龙门洋盗及狗头山匪功，擢都司，署游击。

嘉庆元年，剿匪于南澎外洋，获李超胜等三十余名。仁宗素知其名，诏嘉缉捕勤能，擢参将。二年，俘洋盗胡三胜等，复击毙安南匪首，尽获其众，被优叙。三年，迁澄海副将。未几，擢广东左翼镇总兵，命总统巡洋水师，责以肃清海盗。四年，剿匪大放鸡山及双鱼桅、夹门外洋，歼获甚众，赐花翎，命绘像以进。寻以盗劫盐艘被劾，诏原之。六年，复击贼于南澎外洋，获田亚猛等。七年，偕提督孙全谋剿博罗会匪，连破羊矢坑、罗溪营要隘，捣其巢。事平优叙，并被珍赉。自将水师，饮食寝处与士卒共，先后获匪六百余名，粤海倚为保障。八年，偕孙全谋出海捕贼，贼遁广州湾。标议合兵守隘，俟贼粮尽可尽歼。全谋虑持久有风涛患，乃分兵，贼得突围逸出。标叹曰："此机一失，海警未已！"愤懑成疾。寻坐师久无功，吏议夺职留任。未几，卒。

自安南夷艇散后，余党留粤者分五帮：曰林阿发、曰总兵保、曰郭学显、曰乌石二、曰郑乙。提督钱梦虎、孙全谋皆庸材，不能办贼。标殁后，益无良将，惟林国良、许廷桂以死事闻。

国良，福建海澄人。世袭骑都尉，授广东碣石镇标游击，累迁海澄副将，继标为左翼镇总兵。十三年，追剿乌石二于丫洲洋，击沉数艘，贼舰续至益多。国良以伤殒，优恤，谥果壮。

廷桂，广东归善人。由行伍擢千总。乾隆中，从征台湾，累迁海门营参将。国良殁，护理左翼镇总兵。十四年，击歼匪首总兵保于外洋，围其余党。张保仔率大队来援，众寡不敌，廷桂死之。赐恤，予云骑尉世职。

洎蔡牵既灭，惟粤匪存，于是百龄为两广总督，乃断接济，整军纪，越一年，剿抚以次定。东南海氛始靖。

论曰：东南海寇之扰，始末十有余年。惟浙师李长庚一人能办贼，以闽帅牵掣而阻成功，然长庚忠诚勇略闻于海内，上结主知，庙算既孚，乃专倚畀。洎闽、浙合力，贼势寝衰，不幸长庚中殒，而王得禄、邱良功等以部将承其遗志，卒歼渠魁。粤将惟黄标可用，而未尽其才。百龄乘闽、浙殄贼之后，剿抚兼施，遂如摧枯拉朽。要之海战惟恃船坚炮利，与断接济而已，循之则胜，违之则败。得失之林，故无幸哉！

卷三百五十一 列传一百三十八

沈初　金士松　邹炳泰　戴联奎
王懿修_{子宗诚}　黄钺

沈初，字景初，浙江平湖人。少有异禀，读书目数行下，同郡钱陈群称为异才。乾隆二十七年，南巡，召试，赐举人，授内阁中书。明年，成一甲第三名进士，授编修。三十二年，直懋勤殿，命写经为皇太后祝厘。逾年，大考翰詹，以直内廷未与试，诏褒初学问优美，特晋一秩，擢侍讲。三十六年，直南书房，督河南学政，未赴任，丁祖母承重忧。服阕，迁右庶子。累擢礼部侍郎，督福建学政。遭本生父忧，服阕，起兵部侍郎。寻以母病乞归终养。后起故官，督顺天学政，调江苏。任满回京，调吏部，又督江西学政。

初以文学受知，历充四库全书馆、三通馆副总裁，续编《石渠宝笈》、《秘殿珠林》，校勘太学《石经》。嘉庆元年，与千叟宴，充会试知贡举。擢左都御史，授军机大臣，迁兵部尚书，历吏、户二部。四年，以老罢枢务，免直内廷，充实录馆副总裁。未几卒，谥文恪，祀贤良祠。

金士松，字亭立，江苏吴江人，寄籍宛平。举顺天乡试，改归原籍。乾隆二十五年，成进士，选庶吉士，授编修。迁侍读，直懋勤殿写经。典福建乡试，督广东学政。直南书房，累迁詹事，以生母忧归。服阕，会高宗南巡，迎銮道左，回京督顺天学政。以寄籍辞，诏免回避，联任凡七年。累擢礼部侍郎，调兵部。五十年，帝御乾清宫，赐千叟宴。士松年五十七，未得与，特命试诗，赏赉同一品。调吏部，直讲经筵，校勘《石经》，迁左都御史。嘉庆元年，再与千叟宴，迁礼部尚书。二年，调兵部，罢直书房。五年，扈跸谒裕陵，途次婴疾，遣御医诊视。还京，卒，谥文简，祀贤良祠。

邹炳泰，字仲文，江苏无锡人。乾隆三十七年进士，选庶吉士，授编修，纂修《四库全书》，迁国子监司业。国学因元、明旧，未立辟雍，炳泰援古制疏请。四十八年，高宗释奠礼成，因下诏增建辟雍。逾两年，始举临雍礼，称盛典焉。寻超擢炳泰为祭酒。累迁内阁学士，历山东、江西学政。嘉庆四年，授礼部侍郎，调仓场，剔除积弊。坐粮厅颜培天不职，劾去之。六年，京察，特予议叙。军船交粮挂欠，已许抵补，后至者复然。炳泰虑年年积欠，与同官达庆意不合，自具疏奏，诏斥其偏执使气，镌级留任。又奏监督轮值宿仓，仓役出入滋弊，宜令于仓外官房居住，从之。十年，擢左都御史，迁兵部尚书，兼署工部，管理户部三库。十一年，兼管顺天府尹事。十二年，调吏部。十四年，加太子少保。仓吏高添凤盗米事觉，坐久任仓场无所觉察，褫宫衔，降二品顶戴，革职留任，久乃复之。十六年，署户部尚书。寻以吏部尚书协办大学士。

炳泰在吏部久，尤慎铨政。十八年，铨选兵部主事有误，同官瑚图礼徇司员议，回护坚执。炳泰力争曰："吾年已衰，何恋恋禄位？不可使朝廷法自我坏！"自具疏白其故，上韪其言，卒罢瑚图礼。既而有降革官捐复者二人，准驳不当，侍郎初彭龄论与不合，疏闻，上斥炳泰无定见，镌级留任。又盗劫兵部主事姚坤于昌平八仙庄，诏以地近京畿，官吏阘茸，不能治盗，罢炳泰兼管府尹事。及教匪林清变起，逆党多居固安及黄村，追论炳泰在官不能觉察，以中允、赞善降补。寻休致，归。二十五年，卒。

炳泰自初登第，不登权要之门，浮沉馆职，久之始跻卿贰。屡掌文衡，称得士。立朝不苟，仁宗重之，而终黜。

戴联奎，字紫垣，江苏如皋人。乾隆四十年进士，选庶吉士，授编修。联奎少从邵晋涵受经学，既通籍，以清节自厉，在翰林久不迁。大学士嵇璜掌院事，将保送御史，列联奎名，满掌院学士曰："吾未识其人，何以论其才否？"璜以语联奎，使往见，联奎漫应之，不往。及京察举一等，又列联奎名，复言如前，终不得与，璜乃益重之。和珅为掌院，访时望傅其子丰绅殷德，或荐晋涵及联奎，晋涵移病归，联奎亦坚辞。循资累迁至内阁学士。嘉庆九年，迁兵部侍郎，历礼部、兵部、吏部。二十一年，擢左都御史。逾年，擢礼部尚书，调兵部。二十五年，失行印，坐降三品京堂，补太常寺卿，督浙江学政。道光元年，擢礼部侍郎，又擢兵部尚书。召还京，未至，卒。

王懿修，字仲美，安徽青阳人。乾隆三十一年进士，选庶吉士，授编修。入直上书房，授庆郡王永璘读。典陕西、广东、江西乡试，督广西、湖北学政，洊擢少詹事。五十四年，引病归，终父母丧始出，复乞病在告。嘉庆元年，举行千叟宴，懿修与焉，被御制诗刻、玉鸠杖、文绮之赐。七年，起授通政司副使，历光禄寺卿、内阁学士。八年，擢礼部侍郎，督顺天学政。十年，擢左都御史，回京供职。寻擢礼部尚书，管户部三库事。十二年，充上书房总师傅。十四年，万寿庆典，加太子少保，典会试。

懿修持躬端谨，制作雅正，甚被仁宗眷遇。十八年，以老致仕。逾二年，年八十，赐寿，诣宫门谢，逢上出御经筵，亲解佩囊赐之。二十一年，卒。谥文僖。

子宗诚，字廉甫。乾隆五十五年一甲三名进士，授编修。嘉庆中，历典云南、四川、陕西乡试，督河南、山东、江西学政，洊擢礼部侍郎，历工部、兵部，典会试。道光二年，擢兵部尚书，历署礼部、工部尚书，兼管顺天府尹。当懿修为侍郎时，宗诚已官学士，寻随父扈跸东巡，侍宴翰林院，父子同席。《高宗实录》成，赐宴礼部，懿修以尚书主席。懿修致仕后，宗诚继直上书房，海内推为荣遇。上亦以其两世官禁近，皆能清慎，特优睐焉。道光十七年，卒。

黄钺，字左田，安徽当涂人。乾隆五十五年进士，授户部主事。时和珅管部务，钺不欲趋附，乞假归，不出。嘉庆四年，仁宗亲政，朱珪荐之，召来京。入见，上曰："朕居藩邸时，知汝名久矣，何以假归不出？"钺以实对，荷温谕，寻直懋勤殿。九年，改赞善，入直南书房，未补官，命与考试差，典山东乡试。十年，督山西学政，累迁庶子。十五年，差满，仍直南书房，迁侍讲学士。十八年，复典山东乡试，留学政，擢内阁学士。是年，滑县教匪起，蔓延山东，劾罢失察武生习教之菏泽训导宋璇，请恤击匪阵歿之曹州学录孔毓俊、生员孔毓仲，奖励手擒贼渠之金乡生员李九标。十九年，召回京，仍内直，擢户部侍郎，寻调礼部。充《秘殿珠林》、《石渠宝笈续编》总阅、全唐文馆总裁，书成，并邀赏赉。复调户部。二十四年，擢礼部尚书，加太子少保。二十五年，命为军机大臣，寻调户部尚书。

钺受仁宣特达之知，久直内廷，书画并被宸赏。习于掌故，持议详慎。宣宗即位，始畀枢务，甚优礼之。道光四年，以年老罢直军机。累疏乞休，六年，始许致仕，在籍食半俸。二十一年，卒，年九十二，赠太子太保，谥勤敏。

论曰：国家优礼词臣，回翔禁近，坐致公卿。沈初、金士松，高宗旧臣，获恩礼终。王懿修父子同朝，尤称盛事。黄钺以不附和珅，特邀殊遇，改授馆职，驯参机务。邹炳泰、戴联奎皆有耿介之操，晚节枯菀乃殊，要不失为端人焉。

卷三百五十二　列传一百三十九

姜晟　金光悌　祖之望　韩崶

姜晟，字光宇，江苏元和人。乾隆三十一年进士，授刑部主事，累迁郎中。擢光禄寺少卿，转太仆寺，仍兼刑部行走。四十四年，出为江西按察使。逾年，超擢刑部侍郎，屡命赴各省按事谳狱。五十二年，授湖北巡抚。时大军征台湾，晟运米十万石济饷需，上嘉之，予议叙。五十三年，荆州江堤溃，命大学士阿桂等往勘，以晟未能疏浚上游涨沙，并坐属吏婪索淮盐匦费，褫顶带。寻召授刑部侍郎。

五十六年，复出为湖南巡抚。芷江境失饷鞘久不获，晟捕首犯置之法。洞庭湖盗董舒友等积年为商旅害，逻获之，传宫湖干，盗风以靖。六十年，黔苗石柳邓叛，永绥苗石三保应之，晟偕总督毕沅往剿。寻云贵总督福康安来督师，晟驻辰州治军需，分兵屯诸要隘，缉获奸匪百户杨国安父子解京，诏嘉其治军镇静，下部议叙。三月，赴镇筸查缉边备，并抚难民，上以辰州要冲，命仍回驻。首逆吴半生就获，予优叙。

嘉庆元年，湖北枝江、来凤邪匪起，遣副将庆溥击贼于龙山，走之，湖南境内获安。是年，福康安、和琳先后卒于军，晟偕额勒登保、德楞泰等剿抚，加总督衔。苗疆渐平，驻辰州治善后事宜。二年，兼署总督。三年，京察，予议叙。布政使郑源璹附和珅，以贪著，需索属吏，必多金始得赴任。属吏籍胥役为爪办，纵令吓诈浮收，苦累百姓。四年，和珅败，为言官论劾。诏'晟平日居官犹能自守，因畏和珅不敢参劾，尚非通同舞弊'，命逮讯源璹，籍其赀财，澈底根究，具得源璹加扣平余、蓄养优伶、眷属多至三百人诸罪状，论大辟；晟坐失察，当革职留任，上特宽之。冬，镇筸苗吴陈受倡乱，晟督师守隘，同知傅鼐以计擒斩之，加太子少保。五年，实授总督，寻调直隶。六年，畿辅久雨，永定河决。坐奏报迟延，褫职逮问，发河工效力。工竣，予主事衔，刑部行走。七年，授刑部侍郎。

晟自为曹郎，以治狱明慎受知高宗，扬历中外，至是凡三入佐刑部。仁宗尤重刑事，晟谳鞫务得其平，多平反者。江西巡抚张诚基剿义宁州匪，饰称自率兵临阵，为属吏所讦。命晟往按，得实，逮诚基，遂暂署巡抚。寻回京。九年，兼署户部侍郎，命赴南河查勘清口运道，疏言河身淤垫，黄水增高，致清水不能畅注，宜启祥符五瑞等闸以减黄，增运口盖坝以蓄清，如议行。擢刑部尚书。十一年，以老疾乞休，温诏慰留。以刑部事繁，特调工部。章再上，乃命解职在京养疴。寻以前在直隶失察藩库虚收事，降四品京堂。归，卒于家。

金光悌，字兰畦，安徽英山人。由举人授内阁中书。乾隆四十五年，成进士，转贡人府主事。迁刑部员外郎，历郎中。截取京察，并当外任，仍留部。五十五年，部臣奏请以四品京堂用，允之。江西举人彭良异为子贿买吏员执照，光悌与为姻亲，御史初彭龄劾光悌瞻徇，坐降调，仍补刑部员外郎，留部核办秋审。御史张鹏展复劾之，诏："光悌在部久，平日毁多誉少，停其兼部。"寻兼内阁侍读学士。

嘉庆七年，授山东按察使，晋布政使。十年，召授刑部侍郎，数奉使赴山东、直隶、天津、热河勘狱，并得实以报。十一年，授江西巡抚。疏言江西积案繁多，请设局清厘。十四年，擢刑部尚书。

光悌自居郎曹，为长官所倚，至是益自力。以当时谳狱多以宽厚为福，往往稍减罪状上之，部臣悬千里推鞫，苟引律当毋更议。故遇事必持律，不得减比。人咸以光悌用法严，然亦有从宽者。旧例，坚守自盗限内完赃者减等，乾隆二十六年改重不减等，光悌奏复旧例。后阿克苏钱局章京盗官钱，计赃五百两以上，主者引平人窃盗律，当绞情实。光悌曰："盗官钱当拟斩监追，不决，绞情实则决矣。不得引窃盗律。"奏平之。仁宗览奏曰："官盗较私盗反薄耶？"对曰："与其有聚敛之臣，宁有盗臣。律意如是。"卒如其议。光悌练习律例，议必坚执，同列无以夺之。然屡被弹劾，时论亦不尽以为平允。十七年，卒于官，诏依尚书例赐恤。

祖之望，字舫斋，福建浦城人。乾隆四十三年进士，选庶吉士，散馆授刑部主事，洊升郎中。俸满当截取外任，以谙悉部务留之。京察一等，以四五品京堂用。历通政司参议、太常寺少卿，仍兼部务。五十八年，出为山西按察使。摘律例民间易犯罪名条列之，曰《三尺须知录》，刊布于众，俾民无误罹法。六十年，迁云南布政使。上以之望亲老，调湖北，俾便迎养。

嘉庆元年，教匪起荆、襄，蔓延郧、宜、施南诸郡。总督巡抚皆统师出，之望一人留武昌治事，讹言数作，时获贼谍，伪檄遍通衢。之望静定不惊，防御要隘，城乡市镇设保甲互稽，民心帖然。贼犯孝感，调荆剪灭，下游五郡皆安堵。诏以之望虽未与贼战，坐镇根本，武、汉无虞，嘉其功，赐花翎。二年，丁父忧，命留任素服治事。四年，安襄郧道胡齐仑侵饷事发，命之望察治，齐仑侵蚀馈送，辇辂猝不易究，上切责之，命解任来京。及谳定，之望坐徇庇降调。上知之望无染指，居官有声，素谙刑名，以按察使降补。逾月，授刑部侍郎，予假葬父母。

五年，授湖南巡抚。镇筸黑苗由峒焚掠，蔓延三厅，遣兵击平之。亲勘常德堤围私垦洲地百数十处，造册立案，永息争端。寻复召为刑部侍郎。至京，面陈永绥厅孤悬苗境，不足资控制，请移厅治花园，移协营茶洞，沿边遍设碉卡，以永绥旧城为汛地，使苗弁驻札，约束诸苗寨，下所司议行。六年，偕侍郎那彦宝勘近畿水灾，又偕侍郎高杞监疏长辛店河道。

七年，命赴山东按皂役之孙冒考，巡抚和瑛诬断事，和瑛谴罢，即授之望巡抚。寻调陕西。大军剿南山余孽，之望筹备军食，安插乡勇，抚恤灾黎，偕总督惠龄奏筹善后事宜甚悉。调广东，乞假省亲。九年，仍授刑部侍郎。逾一年，以母老乞养归。十四年，仁宗五旬万寿，之望入都祝嘏。其母年八十有三，上垂问褒嘉，赉予有加。寻丁母忧，服阕，擢刑部尚书。十八年，以病解职，寻卒。

韩崶，字桂舲，江苏元和人。父是升，客游京师，授经诸王邸，以名德称。崶少慧能文，由拔贡授刑部七品小京官，累擢郎中。乾隆五十四年，出为河南彰德知府，迁广东高廉道。坐失察吴川知县庇纵私盐事，降刑部主事，复洊迁郎中。

嘉庆六年，授湖南岳常澧道，迁按察使，调福建，署布政使。蔡牵方扰台湾，海疆多事，对筹军备杜接济甚力，迁湖南布政使。十一年，召为刑部侍郎。十二年，命赴荆州按将军积拉堪与知府交结事，又命勘南河。十三年，宗室敏学恃势不法，谳拟轻比，诏斥部臣屈法纵奸，谴责有差。对方奉使河间谳狱，未与画诺，上以对先于召对面陈，意存开脱，且部事素由对先核定，迹近专擅，降授广东按察使。未几，擢巡抚。

时英吉利兵船占澳门炮台，入黄埔，久之始退。总督吴熊光不即遣兵驱逐，以罪罢，命对兼署总督。十四年，对查阅澳门夷民安堵，因疏陈："西洋人于其地旧设炮台六，请自伽思兰炮台迤南，加筑女墙二百余丈，于前山寨驻专营，莲花茎增关闸石垣，新涌山口筑炮台，填蕉门海口，以资控制。"如议行。又密陈粤海形势："沿海村落，处处可通，外洋盗匪，易生窥伺。必先固内而后可御外。凡属扼要炮台，宜简练精锐，严密防守。并令沿海绅耆董，督率丁壮，互相捍护，自卫身家，较为得力。"百龄继为总督，会奏："华、洋交易章程，外国兵船停泊外洋，澳内华、洋人分别稽核。各国商贾，止许暂留司事之人，经理债务，余俱饬依期回国，不得在澳逗留。洋船引水人，责令澳门同知给发牌照。买办等华人，责成地方有司慎选承充，随时稽察。洋船起货时，不许洋商私自分拨。"下军机大臣采择议行。

逾年，海盗张保仔就抚，乌石二、东海霸以次诛降，赐花翎。十六年，复署总督。疏请免米税，以通商贩、裕民食。又疏陈："潮州多械斗，而营员无协缉之责，请令文武会拿；距省远，请军流以下就近由巡道覆核。"又言："惩治悍匪，请如四川例：初犯械系，限一年改行；积两限如故，即治以棍徒屡次滋扰律。"皆允行。十八年，入觐，授刑部尚书。对父是升年八十，给假三月归为寿。二十一年，丁父忧，服阕，以一品衔署刑部侍郎，寻补刑部尚书。

道光四年，平反山西榆次县民阎思虎狱，被议叙。初，思虎强奸赵二姑，知县吕锡龄受贿，逼认和奸，赵二姑忿而自尽，亲属京控。命巡抚亲鞫，仍以和奸拟结。御史梁中靖疏劾，提解刑部，审得实情是强非和，并原审各官贿嘱、徇纵、回护诸弊状，思虎论斩，赵二姑旌表，巡抚邱树棠、按察使卢元伟及府县各官，降革遣戍有差。诏嘉刑部堂司各官秉公申雪，并予议叙。梁中靖参奏得实，亦加四品衔。会有官犯侯际清拟流，呈请赎罪，部议因际清犯罪情重，仍以可否并请。诏斥含混取巧，命大学士托津等查讯，侍郎恩铭、常英、司员恩德等皆有贿嘱情事，对亦解任处质，坐失察司员得贿，嗣子知情，亲属撞骗，议夺职遣戍，因年老，从宽，命效力万年吉地工程处。逾岁，召署刑部侍郎。六年，以病乞归。十四年，卒。

论曰：有清一代，于刑部用人最慎。凡总办秋审，必择司员明慎习故事者为之。或出为监司数年，稍回翔疆圻，入掌邦宪，辄终其身，故多能尽职。仁宗尤留意刑狱，往往亲裁，所用部臣，斯其选也。姜晟、祖之望，扬历中外，并有政绩。金光悌、韩崶，皆管部务最久，光悌治事

尤厉锋锷，号刻深云。

卷三百五十三　　列传一百四十

达椿 子萨彬图　**铁保** 弟玉保　**和瑛**
觉罗桂芳

达椿，字香圃，乌苏氏，满洲镶白旗人。乾隆二十五年进士，选庶吉士，散馆授户部主事，迁员外郎。历翰林院侍讲、侍读、国子监祭酒、詹事府詹事、大理寺卿。二十九年，入直上书房，充《四库全书》总阅，累擢礼部侍郎，兼副都统。四十五年，坐会同四译馆屋坏，毙朝鲜使臣，革职留任。五十四年，左迁内阁学士。达椿直内廷，不附和珅，数媒蘖其短，以旷直褫职，仍留上书房效力行走。寻授翰林院侍讲学士，复迭以大考降黜授检讨。仁宗知其屈抑，至嘉庆四年，诏："达椿因旷班被谴，其过轻，当时刘墉亦缘此降官；今刘墉已为大学士，达椿尚未迁擢，加恩补授内阁学士兼副都统。"子萨彬图，时亦同官，命达椿班次列萨彬图之前。历礼部、吏部侍郎，兼翰林院学院学士，擢左都御史兼都统，迁礼部尚书。六年，典会试。七年，卒。

萨彬图，乾隆四十五年进士，授户部主事，迁员外郎。典贵州乡试，改历翰詹，累迁内阁学士兼副都统。和珅既伏法，仁宗不欲株连兴狱，而萨彬图屡疏言和珅财产多寄顿隐匿，有尝管金银使女四名，请独至慎刑司讯鞫。诏严斥之，命从王大臣讯，不得实，议革职，予七品笔帖式，效力万年吉地。寻以其父年老，召还京，授户部主事，累擢仓场侍郎。十二年，出为漕运总督。逾三岁，京仓亏缺事觉，降光禄寺卿。迁盛京户部侍郎，十六年，坐奉天灾民流徙出边，褫职。寻卒。

铁保，字冶亭，栋鄂氏，满洲正黄旗人。先世姓觉罗，称为赵宋之裔，后改今氏。父诚泰，泰宁镇总兵，世为将家。铁保折节读书，年二十一，成乾隆三十七年进士，授吏部主事，袭恩骑尉世职。于曹司中介然孤立，意有不可，争辩勿挠。大学士阿桂屡荐之，迁郎中，擢少詹事，因事罢。寻补户部员外郎，调吏部。擢翰林院侍讲学士，仍兼吏部行走，历侍读学士、内阁学士。五十四年，迁礼部侍郎，兼副都统。校射中的，赐花翎。调吏部。

嘉庆四年，奏劾司员，帝责其过当，左迁内阁学士，转盛京兵部、刑部侍郎，兼奉天府尹。寻复召为吏部侍郎，出为漕运总督。五年，值车驾将幸盛京，疏请御道因旧址，勿辟新道；裁革馈送扈从官员土仪；禁从官拿车马：上嘉纳之。七年，迁广东巡抚，调山东。河决衡家楼，诏预筹运道。九年三月，漕运迅速，加太子少保。寻以水浅船迟，革职留任。十年，擢两江总督，命覆鞫安徽寿州武举张大有妒奸毒毙族侄狱，苏州知府周锷受贿轻纵，及初彭

龄为安徽巡抚，勘实署法。铁保坐失察，褫宫衔，降二品顶戴，寻复之。

十二年，疏请八旗兵米酌给二成折色，诏斥妄改旧章，革职留任。先后疏论治河，请改建王营减坝，培筑高堰、山盱堤后土坡及河岸大堤，修复云梯关外海口，遣大臣勘议，并采其说施行。十四年，运河屡坏堤，荷花塘决口合而复溃，镌级留任。山阳知县王伸汉冒赈，酖杀委员李毓昌，至是事觉，诏斥铁保偏听固执，河工日坏，吏治日弛，酿成重狱，褫职，遣戍乌鲁木齐。逾年，给三等侍卫，充叶尔羌办事大臣。寻授翰林院侍讲学士，调喀什噶尔参赞大臣。授浙江巡抚，未之任，改吏部侍郎。擢礼部尚书，调吏部。请芟吏、兵两部苛例，条陈时政，多见施行。林清之变，召对，极言内监通贼有据，因穷治逆党，内监多衔恨，遍腾谤言。会伊犁将军松筠劾铁保前在喀什噶尔治叛裔玉素普之狱，误听人言，枉杀回民毛拉素皮等四人，上怒，追念江南李毓昌之狱，斥其屡蹈重咎，褫职，发往吉林效力。二十三年，召为司经局洗马。道光初，以疾乞休，赐三品卿衔。四年，卒。

铁保慷慨论事，高宗谓其有大臣风。及居外任，自欲有所表见，倨傲，意为爱憎，屡以措施失当被黜。然优于文学，词翰并美。两典礼闱及山东、顺天乡试，皆得人。留心文献，为《八旗通志》总裁。多得开国以来满洲、蒙古、汉军遗集，先成《白山诗介》五十卷，复增辑改编，得一百三十四卷，进御，仁宗制序，赐名《熙朝雅颂集》。自著曰《怀清斋集》。

弟玉保，字阆峰。乾隆四十六年进士，入翰林，有才名。高宗亲试八旗翰詹，与兄铁保并被擢，时比以郊、祁、轼、辙。官至兵部侍郎，究心兵家言。川、楚教匪起，尝愿自效行间。会上欲用为巡抚，为和珅所阻，郁郁卒，年甫四十。

和瑛，原名和宁，避宣宗讳改，字太庵，额勒德特氏，蒙古镶黄旗人。乾隆三十六年进士，授户部主事，历员外郎。出为安徽太平知府，调颍州。五十二年，擢庐凤道，历四川按察使，安徽、四川、陕西布政使。五十八年，予副都统衔，充西藏办事大臣。寻授内阁学士，仍留藏办事。和瑛在藏八年，著《西藏赋》，博采地形、民俗、物产，自为之注。

嘉庆五年，召为理藩院侍郎，历工部、户部，出为山东巡抚。七年，金乡皂役之孙张敬礼冒考被控，知县汪廷楷置不问，学政刘凤诰以闻，下和瑛按鞫，误听济南知府德生言诬断，为给事中汪镛所纠。上以和瑛日事文墨，废弛政务，即解职，命镛从侍郎祖之望往按，得实，褫和瑛职，又以匿蝗灾事觉，遣戍乌鲁木齐。寻予蓝翎侍卫，充叶尔羌帮办大臣，调喀什噶尔参赞大臣。

九年，授理藩院侍郎，仍留边任。疏言："喀什噶尔、英吉沙尔仓储足供军食，请减运伊犁布疋，改征杂粮四千石，减价出粜，且请嗣后折收制钱，以免运费。"允之。劾喀喇沙尔历任办事大臣私以库款贷与军民，及土尔扈特、回子取息钱入己，降革治罪有差。十一年，召还京为吏部侍郎，调仓场。未几，复出为乌鲁木齐都统。十三年，塔尔巴哈台参赞大臣爱星阿欲调玛纳斯戍兵四百人番上屯田，和瑛谓玛纳斯处极边，戍兵专事操防，不谙耕作，咨驳以闻，上韪之。

十四年，授陕甘总督。坐前在仓场失察盗米，降大理寺少卿。十六年，迁盛京刑部侍郎。复州、宁海、岫岩饥，将军观明以匿灾罢免，授和瑛为将军，廉得边门章京塔清阿等承观明意，讳灾不报，降革有差。寻以误捕屯民张建谟为盗，锻炼成狱，刑部覆讯雪其冤，议革和瑛职，诏宽之，留任。调热河都统，未上，召为礼部尚书，调兵部。坐失察盛京宗室裕瑞强娶有夫民妇为妾，降盛京副都统，迁热河都统。二十一年，授工部尚书。命赴甘肃按仓库亏缺，得总督先福徇庇及贪纵状，治如律。二十二年，调兵部，加太子少保，历礼部、兵部。二十三年，授军机大臣、领侍卫内大臣，充上书房总谙达、文颖馆总裁。逾一岁，调刑部，罢内直。道光元年，卒，赠太子太保，谥简勤。

和瑛娴习掌故，优于文学，著书多不传。久任边职，有惠政。后其子璧昌治回疆，回部犹归心焉。璧昌自有传。

觉罗桂芳，字香东，隶镶蓝旗，总督图思德孙。嘉庆四年进士，选庶吉士，授检讨。尝召对，仁宗曰："奇才也！"不数年，累擢内阁学士。十一年，入直上书房，迁礼部侍郎，历吏部、户部侍郎，兼副都统、总管内务府大臣、翰林院掌院学士。迭典顺天、江南乡试，兼直南书房。桂芳家素贫，有门生馈纳，曰："执贽礼甚古。某忝佐司农，俸入粗给，无藉乎此。"封还之。大学士禄康奥夫聚博，命偕侍郎英和按治，无所徇。上嘉其不避嫌怨。

十八年，教匪林清逆党阑入禁城，桂芳方直内廷，偕诸王大臣率兵歼捕，叙劳，加二级。上遇变修省，训诫臣工，颁御制文七篇，示内廷诸臣，命各抒所见，书以进御。桂芳书《罪己诏》后曰："皇上临御以来，承列圣深仁厚泽，日以爱民为政，四海之内，莫不闻睹。今兹事变，岂不怪异？而臣窃以为此未足为圣德之累。昔孔子论仁至于济众，论敬至于安百姓，皆曰：'尧、舜其犹病诸。'岂真以尧、舜之圣为未至哉？夫天下之大，万民之众，而决其无一夫之梗者，盖自古其难也。然而揆之人事，则实有未尽者。夫林清先以习教被系，既释归，转益煽乱。数年之间，往来纠结于曹、卫、齐、鲁之间，其党至数千人。阉寺职官，竟有与其谋者，而未事之先，曾无一人抉发，是吏无政也。藏利刃，怀白帜，度越门关，饮于都市，无诇而知者，是逻者、门者无禁也。禁兵千计，贼不及百，阖门而击之，俄顷可尽，乃两日一夜始悉擒毙，是军无律也。夫吏惰卒骄，文武弛而法制禁令为虚器，则事之可忧，岂独在贼？我皇上观微知著，洞悉天下之故，诏曰'方今大弊在因循息玩'，至哉言乎！臣敬绎之，盖因循息玩，亦有所由。无才与识，则有因循而已；无志与气，则有息玩而已。是故得人而任之，则因循息玩之习不患不除。傥非其人，微独不能除其习而已；就令除之，不因循而且为烦苛，不息玩而且为躁竞，其无裨于治则均耳。是在皇上询事考言，循名责实，器使之以奏其能，专任之以收其效，因小失而崇丕业，在陛下一旋转间耳。"

书《行实政论》后曰："实心者何？忠是也。忠者一于为国，而不汲汲于求上之知。其所以急于公者如急于己，一政而便于民，其行之而恐不及也；一政而不便于民，其去之恐不速也。不以避疑谤而易其是非之公，不以处疏逖而违其夙夜之志。故其于政也，筹之至审，而不为旦夕之谋；行之务当，而不揣诏旨之合；惟力是视，不必其事之谅于人；惟善之从，不必其谋之出于己。若是者谓之实政。夫为臣之道，畴不当忠，然而忠之实盖如此。非然者，初无寸劳，而已为见功之地；未必加谴，而已存巧避之心。取容于唯诺，而不以国事为忧；快意于爱憎，而不以人才为惜。如斯人者，虽我皇上日讨而训之，尚望其能行实政乎？夫政者，上所以治天下之具。然而行之以实，乃能有功，不则文具而已。官无实政，民乃不治，非细故也。皇上震动恪恭，求贤纳谏，敕中外诸臣，改虑易志。稍有人心者，畴敢不勉；而臣所欲言者，则又在陛下之心矣。臣昨岁恭录乾隆朝臣孙嘉淦《三习一弊疏》于《御制养心殿记》册末，伏愿万几之暇，时赐观览。用其说以考诸臣之政，因以识诸臣之心，则贤才不患其不思奋，庶绩不患其不咸熙。较臣管蠡之见，似更有助于高深焉。"

又论致变之源，由于民穷，民穷由于币轻，币轻则国与民交病。论刑用重典而不得其平，则不能格奸定乱。论民惑邪教，由士大夫好言因果利益有以导之。因事纳规，所言多切中时弊。于是复条陈时事，或见之，谓其未必尽合上意。桂芳慨然曰："此何时，尚以迎合为言耶？"及上，嘉纳之，命暂在军机处学习行走。未几，授军机大臣。

十九年，军事竣，以赞画功赐桂芳子炳奎七品小京官。寻命往广西按事，授漕运总督。未至广西，于武昌途次病疫，卒。上以桂芳明慎直爽，方向用，至是优诏褒恤，叹为"良才难得"，赠太子少保，加尚书衔；复以曾授三阿哥读书，丧至京师，命三阿哥往奠，御制诗悼之，谥文敏。著有《经进稿》、《敬仪堂诗存》，才华丰赡，为时所称。

论曰：承平既久，八旗人士起甲科、列侍从者，亦多以文字被恩眷。达椿怙权相，晚乃见用，其守正有足称。铁保、和瑛并器识渊雅，述作斐然。桂芳通达政体，建言谔谔，最为一时隽才，年命不永，未竟其用，惜哉！

卷三百五十四　列传一百四十一

**万承风　周系英　钱樾　秦瀛
李宗瀚　韩鼎晋　朱方增**

万承风，字和圃，江西义宁人。乾隆四十六年进士，选庶吉士，授检讨。直上书房，侍宣宗读。六十年，典试云南。时仁宗在潜邸，赐诗宠行。累迁翰林院侍读。嘉庆三年，大考，降检讨。四年，督广东学政。琼州海寇猝发，承风以闻，命总督吉庆按治，总兵西密扬阿等以佨怯置吏议。累迁侍讲学士，任满还京，直上书房，擢詹事。督山东学政，整厉士习，扶持善类。洊擢礼部侍郎，命还京。

十二年，督学江苏。以清江浦、荷花塘河工取势太直，屡筑屡圮，奏请复旧，诏如议行。调兵部。十四年，上五旬万寿，陈请解任还京祝嘏，诏严斥，左迁内阁学士。调安徽学政。定远士子与凤阳胥役有隙，至试期辄修怨，当事者庇胥役，士益愤，承风疏请下巡抚严治胥役，置诸法。擢兵部侍郎，还京，仍直上书房，充经筵讲官。十七年，引疾归，寻卒，入祀乡贤祠。宣宗即位，追念旧学，赠礼部尚书衔，谥文恪。道光十二年，晋赠太傅，子方楙等加恩有差。

周系英，字孟才，湖南湘潭人。乾隆五十八年进士，选庶吉士，授编修，累迁侍讲。嘉庆十年，督四川学政。十四年，入直南书房，擢太常寺卿。寻改直上书房，授三阿哥读。上谕："不但授读讲习诗文，当教阿哥为人居心以忠厚为本。"系英请加授《资治通鉴》，以知古今治乱兴衰之故，悉民间疾苦，上韪之。转光禄寺卿，督山西学政。任满回京，仍直上书房。十九年，擢兵部右侍郎，母忧去，服阕，补吏部侍郎。

二十四年，湘潭民与江西客民哄，相杀伤，巡抚吴邦庆亦籍江西，陈奏偏袒。系英询赍奏人，得事始末，于召对时面陈，乃调邦庆福建，诏以狱事畀总督察治。系英素以朴直被眷遇，邦庆初与善，约地方事有见闻必告，至是手书言其曲直；系英子汝桢亦致书在籍给事中石承藻询狱事；书并为邦庆得，先后以两书上闻。上怒系英庇乡人，部议革职，犹命以编修用。继以汝桢致书事，褫职回籍。

道光初，以四品京堂召用，历翰林院侍读学士、内阁学士。二年，迁工部侍郎，督江西学政，寻调江苏，许密摺言地方利病，人才臧否。会濒江大水，学政驻江阴，系英目击灾状，贻书督抚，留官吏素得民者治赈务，假库帑三万两购米平粜，民感之。四年，调户部左侍郎，卒于任。

钱樾，字黼棠，浙江嘉善人。乾隆三十七年进士，选庶吉士，授编修。典陕西乡试，督四川学政。直上书房。两典江西乡试，督广西学政，累擢少詹事。嘉庆四年，还京，仍入直。骤迁内阁学士、礼部侍郎，督江苏学政。时吴县令甄辅廷治诸生纠控罪过当，学政平恕曲徇所请，斥革生员二十五人。上闻之，解平恕任，以樾代，至则先复诸生名，仅坐首事者三人，士民称庆。方其赴任，途中见行船有大书"内廷南府"者，因上疏劾奸吏诡托，上累圣明，诏饬关津禁绝，严罪所司。

时南河邵坝决口，瓜、仪私枭充斥，为间阎害，命密访以闻。疏陈："黄河自豫东界至桃、宿以上，水缓沙停，致河高堤浅，所在防溃。请于霜降后鸠工疏正河，并增筑堤防，先务所急。又以私枭为患，皆由官盐价贵，民利食私，若稍平盐价，则私枭自绝。"疏入，俱报可。寻调吏部，任满回京，调户部，兼管钱法堂事务。奏请申禁改漕折色，以清弊端。复调吏部，九年，坐失察书吏舞弊，以告病治中赵曰濂虚选同，降内阁学士，榀上疏置辩，议革职，加恩赐编修。十年，擢鸿胪寺少卿，督山东学政。累迁大理寺少卿、内阁学士。母忧归，服阕，引疾不出。二十年，卒。

秦瀛，字凌沧，江苏无锡人，谕德松龄玄孙也。乾隆四十一年，以举人召试山东行在，授内阁中书，充军机章京，洊迁郎中。五十八年，出为浙江温处道，有惠政。嘉庆五年，擢按察使。宁、绍、台三府水灾，有司匿不报，瀛力言于巡抚，乃得赈。调湖南，衡州岁歉，有司匿不报，方议派济陕西兵米，瀛复力言于巡抚，留米平粜。七年，以病归。逾两年，起授广东按察使，督郡县治盗，擒著盗梁修平、吴蝦喜置诸法。抚琼州黎匪，严禁赌博白鸽票。

十年，迁浙江布政使，入觐，乞内用，授光禄寺卿，转太常寺卿。疏陈广东治盗事宜，略曰："海盗始在高、廉，近则阑入广州。大股如郑一、乌石二、总兵宝、朱溃等，声势甚张。内地顺德、香山、新会三县，连有肆劫，以马观、李英芳为之魁，与海盗勾结，捕急则遁入海中。统将出海，藉词迁延，不能尽力。黜提督孙全谋，而魏大斌即为之续。臣愚以为剿捕之法：一曰讨军实。水师废弛，则帑饷虚糜。洋商、盐商捐输宽裕，经手之员尚有侵渔，遣委之将仍复骄惰，非立法痛惩，徒资耗费。一曰树声威。盗善侦探，非先声慑人，盗已轻我。兵行之日，督抚宜举觞欢饮；有功而归，开轩行赏，不用命者，杀无赦。一曰戒虚饰。擒盗岂能皆真，一念邀功，谳多失实，偶有平反，不复深咎。嗣后总ием弋获真盗，毋纵毋枉。至守御之法，尤宜急讲。炮台防守口岸，口岸多而汛兵少，盗船乘间直入；巡船复少，不能御盗，且为盗资。保甲仅属虚名，纵役讹索，反成厉政。欲行保甲团练，先须百姓服从。臣以为严防守必先澄清吏治，澄吏治必先固民心。一曰清狱讼。粤民好讼，大小案件，谕旨严饬，尚多沉搁。殆由案之初起，迟延不办，士棍讼师，从而把持，遂至供情屡易，莫可穷究。惟有督饬州县，有一案即清一案，务洗慵惰偏私之习。一曰抑冗滥。六计尚廉，近海州县有绳捕解犯之责，尤宜撙节，庶不亏仓库而累闾阎。一令到任，幕友长随，多人坐食，势不能复为廉吏。杂职武弁，惟利是图，稍授以权，即挟制文吏。杂职差委过多，亦滋扰累。一曰惩蠹役。胥役熟习地方情形，串同官亲家属，肆为民害。广东胥役，每有暗通盗匪，收受陋规，此尤不可不严行惩创也。三者既举而吏治澄，吏治澄而民心固，于以举行保甲团练，无不可使之民，即无不可行之法矣。"疏上，诏下疆吏采行。迁顺天府尹。

十二年，擢刑部侍郎。以宗室敏学狱会拟轻纵，议褫职，诏原之，左迁光禄寺卿。历左副都御史、仓场侍郎。诏整顿仓场，虑瀛齿衰，以二品顶戴调左副都御史。寻授兵部侍郎，复调刑部。瀛治狱平慎，在浙辨定海难民十二人非盗。及海盗诬攀族人，已入告，卒更正省释。在部治运丁盗米，讦者谓以药置米中立溢，试之不验，仁宗亲试
明其枉，尤为时称。十五年，以病解任。道光元年，卒。

瀛工文章，与姚鼐相推重，体亦相近云。

李宗瀚，字春湖，江西临川人。乾隆五十八年进士，选庶吉士，授编修。嘉庆三年，大考二等，擢左赞善。累迁侍讲学士，充日讲起居注官。五年，典福建乡试，母忧归，服阕，补原官，转侍读学士。九年，督湖南学政，历太仆寺卿、宗人府丞、左副都御史。二十年，丁本生母忧，服阕，在籍奏请终生祖母养，允之。道光三年，遭祖母丧。先是礼臣建议，为父后者为生祖母终三年丧，宗瀚幸奉功令，既而部议仍改期服，宗瀚本生父秉礼已老，而有子四人，以出继不得终养。五年，入都，召见，询家世官资甚悉。宗瀚具陈终养始末，宣宗为之嗟叹，遂补原官。八年，擢工部侍郎，典浙江乡试，留学政。十一年，丁本生父忧，哀毁，扶病奔丧，卒于衢州，以衰服殓，年六十三。

宗瀚孝谨恬退，中岁以养亲居林下十年，书法尤为世重。

韩鼎晋，字树屏，四川长寿人。乾隆六十年进士，选庶吉士，授检讨。嘉庆九年，改御史。疏言天主教流传之害，请申禁以绝根株，从之。以母老请终养，十六年，服阕，补原官。疏陈四川积弊六事，曰：禁科派以安闾阎，除啯匪以防积渐，查卡房以全民命，禁拐骗以警贪顽，严摊捐以养廉洁，核戎政以归实效。又言京师膊风大炽，多属王公大臣与夫设局，倚势执法，帝命指实，下诏严治。逾日，获赌案三，大学士、步军统领禄康舆夫为之魁。亲贵近臣，莫不悚息。

巡视山东漕务，转工科给事中、光禄寺少卿，督陕甘学政。疏言："榆、绥诸州县仓贮空虚，宜设法筹补，其地资蒙古粮食接济。今腹里边外俱荒，当分别安置抚恤。"又言："南山善后事宜，宜行坚壁清野之法。山内流民杂处，最为奸薮，当严行保甲，使奸宄无所匿。军中掳胁难民子女，请严禁。南山附近及豫东并经兵燹，宜慎选牧令，以苏民气。川北荒歉，与陕、甘毗连，盐枭啯匪多出其中，请先事豫防。"并下疆吏如所请行。历鸿胪寺卿、通政司副使、太常寺卿、左副都御史。

二十四年，命察视近畿水灾，督黄村赈务。督福建学政，疏言："闽中吏治久疵，请不限资格，用廉干吏补汀、漳、泉三郡望紧要缺，久其任以专责成。漳、泉营伍通盗，请责提镇立予重典，勿稍徇庇。"道光六年，迁仓场侍郎，以病罢。起补工部侍郎，京察，原品休致。卒于家，祀乡贤祠。

朱方增，字虹舫，浙江海盐人。嘉庆六年进士，选庶吉士，授编修。典云南乡试，迁国子监司业。十八年，教匪之变，方增劾直隶总督温承惠贻误地方，黜之。

应诏陈言，论用人理财，略曰："近今大臣中，罕有以进贤为务者。盖荐举之事，易于徇私，党援交结，不得不防，而大臣亦遂引嫌徇避。夫大臣避徇私之名，而忘以人事君之责，所谓因噎废食，非公忠体国者所宜有也。至

于任用之方，则无过于考言询事。皇上博访周谘，徐为印证。于召对时，各就所长，谕使面陈，果能洞悉原委，又当试之以事，以观其能践与否。如或敷奏并无条理，则其人固不足用，而大臣之识见优绌，心地公私，亦可见矣。抑臣思臣工居职，苟非闒茸醒醍者流，孰不思自效？况蒙皇上训饬至再至三，而犹故习相仍，骤难振拔者，良有数端：条例过繁，文案琐屑，虽有强敏之吏，而精神疲于具文，其实关于政治民生，转致不能详核。一也。差务络绎，公私赔累，身家之恤不遑，民物之怀渐恝。二也。讦告之风，至今益甚。尝有以田土、斗殴细故而叩阍京控者，有司畏其挟制，不得不姑息委蛇。虽有急公自好者，其寻常琐屑之事，岂皆一一可达圣聪？甚至匿名揭帖，无主名之可指。蠹吏猾胥，奸民恶仆，求谋不遂，惩治过严，皆可造作飞语，讦及阴私。足使任事之心，不寒而栗，委曲隐忍。奸宄横行，大都由此。三也。今皇上欲整饬因循积习，臣愚以为必先除此三者之弊，庶廓然无所疑畏，而得专精实政矣。经国之方，理财尤要。古者以三十年之通制国用，斟酌盈虚，量入为出，用能经常不匮。今户部岁入岁出，年一汇奏。惟中外未合为一，条绪繁赜，极难厘剔。且凡拨解即谓之出，并未实计所用。新旧牵溷，淆杂益甚，而出纳诸款，又因有无定之款，盈朒参差。以故一岁之中，所出几何，核之所入，嬴余若干，不能得其实数。请旨敕下户部，岁入岁出，宜合中外为一。核计嬴余总数，仍取前一二岁所嬴余，确实比较，然后审其轻重缓急，举一切例内例外诸用款，有可裁酌停缓者，酌加撙节。庶合于古人通年制用之法，而度支充裕矣。"

二十年，入直懋勤殿，编纂《石渠宝笈》、《秘殿珠林》。寻督广西学政，累迁翰林院侍读学士。道光四年，大考第一，擢内阁学士。典山东乡试。七年，督江苏学政。十年，卒。

方增熟谙朝章典故，辑国史名臣事迹，为《从政观法录》，行于世。

论曰：万承风、周系英、钱樾以侍从之臣，䡞车所至，建白卓然。秦瀛之治绩，李宗瀚之孝行，非仅以文藻称。韩鼎晋、朱方增侃侃献纳，言有体要，皆风采著于朝列矣。

卷三百五十五 列传一百四十二

魁伦 广兴 初彭龄

魁伦，完颜氏，满洲正黄旗人，副将军查弼纳孙也。袭世管佐领，兼轻车都尉，授四川漳腊营参将，累擢建昌镇总兵。尝入觐，高宗询家世，魁伦陈战功甚悉。乾隆五十三年，擢福州将军。喜声伎，制行不谨，总督伍拉纳欲劾之。伍拉纳故贪，逼勒属吏财贿，复纵洋盗，盗艇集五虎门外不问。魁伦遂叠疏劾闽省吏治废弛，伍拉纳及巡抚浦霖溺职，按察使钱受椿等迎合助虐。上怒，褫伍拉纳等职逮问，命长麟署总督，偕魁伦鞫讯，得伍拉纳等贪婪及库藏亏绌状，俱伏法。伍拉纳为和珅姻戚，当按治时，上切责长麟瞻徇，罢去，以事由魁伦举发，特宽之，代署总督，严捕海盗，屡获其魁。

嘉庆元年，实授总督。三年，巨盗林发枝投首，海患稍戢。以母忧归。自治闽狱，以伉直闻于时，仁宗尤眷之。四年，起署吏部尚书。魁伦屡于上前自称昔治四川啯匪功，谓贼不难办，请赴军前，时上督责诸将平贼甚急，经略勒保未称帝意，命魁伦赴四川，逮勒保治罪，即代署总督，驻达州治军饷。勒保获谴出萤语，既就逮，所部诉其冤，乞代奏，魁伦稍为置辩，终以玩误军务谳拟重辟，军心因之涣散，不为用。额勒登保继为经略，与德楞泰先后赴甘肃剿窜匪，魁伦专任四川军事。

五年春，冉天元纠数路残匪潜匿大竹，魁伦逡巡未发，贼胁众数万由定远渡嘉陵江，图扰川西，魁伦绕道邻水，自顺庆追剿，檄总兵七十五还守重庆。上以数年来贼氛皆在川东北，惟川西完善，地为军饷所出，斥魁伦疏防，革职留任。贼寻渡江掠蓬溪，诸将独总兵朱射斗力战而兵少，魁伦约为接应复不至，射斗战死。魁伦退屯潼川，降三品顶戴，诏责严守潼河，曰："此尔生死关头也！"复起勒保为四川提督，偕德楞泰进剿川西、川北。四月，贼伺川西备严，乘间窜渡潼河，焚太和，逼成都，上怒魁伦屡失机纵贼，褫职逮问，命勒保代署总督。侍郎周兴岱往谳，寻逮京赐死，子扎拉芬戍伊犁。

魁伦居官廉，自为尚书时，诏宽减闽关赔缴银六千两，至是罄家产不足偿，上益怜之，给还宅一区，俾其妻有所栖止；又因其孙幼稚，命扎拉芬到戍三年释归，宣谕廷臣，使知法戒焉。

广兴，字赓虞，满洲镶黄旗人，大学士高晋第十二子。入赘为主事，补官礼部。敏于任事，背诵案牍如泻水，大学士王杰器其才。累迁给事中。嘉庆四年，首劾和珅罪状，擢副都御史。命赴四川治军需，综核精严，月节糜费数十万金，为时所忌，以骚扰驿传被劾，上优容之。复屡与总督魁伦互劾，召还，左迁通政副使。九年，擢兵部侍郎，兼副都统、总管内务府大臣，署刑部侍郎。同僚轻其于刑名非索习，广兴引证律例，屡正误谳，众乃服。十一年，奏劾御前大臣定亲王绵恩拣选官缺专擅违例，廷臣察询，不直所言，降三品京堂，罢兼职。寻补奉宸苑卿，擢刑部侍郎，复兼内务府大臣。上方倚任，广兴亦慷慨直言，召对每逾晷刻。上曰："汝与初彭龄皆朕信任之人，何外廷怨恨乃尔？"广兴俯首谢。数奉使赴山东、河南按事，益作威福，中外侧目。

内监鄂罗哩者，自乾隆中充近侍，年七十余，尝至朝廊与广兴坐语，以长者自居。广兴艴然曰："汝辈阉人，当敬谨侍立，安得与大臣论世谊乎？"鄂罗哩恨次骨，思以中之。十三年冬，内库给宫中绸段不如数，且窳败，鄂罗哩言由广兴克减，上即命传谕，出而漫言之，广兴不知为上旨，坐而与辩。鄂罗哩入奏其坐听谕旨，上怒，一日，面诘广兴,广兴言总管太监孙进忠与库官勾通,欲交外省织造,藉遂需索规费之计。上以其不能指实库官何人,挟诈面欺,下廷臣议罪,寻宽之。罢职家居,于是与广兴不协者,蜂起媒蘖其短。上密谕山东、河南两省巡抚察奏,遂交章劾其奉使时任意作威,苛求供顿,收纳馈遗诸罪状,下狱议绞。上亲廷讯,尚欲缓其狱,广兴未省上意,抗辩无引罪语,而赃私有实据,上益怒,遂置之法,籍其家,子蕴秀戍吉林,并罪两省官吏及山东言官各有差。

广兴伉爽无城府,疾恶严,喜讦人阴私。既得志,骄奢日甚,纵情声色,不能约束奴仆,终及于祸。

初彭龄,字颐园,山东莱阳人。乾隆三十六年,巡幸山东,召试,赐举人。四十五年,成进士,选庶吉士,授编修。五十四年,迁江南道御史。劾协办大学士彭元瑞徇私为婿年营事,元瑞被黜;又江西巡抚陈淮以贪著,劾罢之,风采振一时。累迁兵部侍郎。

嘉庆四年,出为云南巡抚。时总督富纲请罢官盐,改归民运民销,诏下彭龄议。疏上,略曰:"滇盐向例官督灶煎,分井定额,按月完纳省仓。行销之法,按州县户口多寡定额,地方官备价运销交课。其始灶户所领官给薪本敷裕,交足额盐之外,尚有余盐;官售额盐,扣还脚价之外,尚有余课。行之日久,不肖州县勾通井官,私买额外余盐,行销肥已。灶户利于卖私,益滋偷漏。前巡抚刘秉恬遂令州县额销十万斤者加销一二万,以资办公。灶户薪本不核,无力加煎,搀和灰土,州县滞销,因有派累之事。乾隆五十六年,盐道蒋继勋以官银尽买安宁等井私煎之盐,并发州县销售,欲以弥缝亏空。额盐积压愈多,于是州县又有计口授盐、短秤加课之弊。烟户无论男女老幼,皆应交课,穷困已极。迤西一带,遂至聚众抗官,毙差焚屋。前年威远猓夷滋扰,即有此等奸民。禄丰一案,亦由盐务起衅,江兰并匿情不奏。富纲到滇,实见有不得不改章以苏民困者。窃思滇盐官运官销,积弊难返,应如督臣所奏,改为就井收课,听民自便。"于是损益原奏,令灶户自煎自卖,商贩领照,听其所之,试行二三年,再定各井岁额,下部议行。又筹置堡田,免徭役加派,滇民感之。劾前抚江兰抱母、恩耕二井水灾不奏,兰因黜罢。

六年,自陈亲老,乞改京职,允之,以贵州巡抚伊桑阿代。途次劾伊桑阿骄奢乖庚,苛派属员,剿石岘苗饰词冒功。遣使勘实,置伊桑阿于法。回京,授刑部侍郎。七年,偕副都统富尼善往贵州按事,劾巡抚常明铅厂之弊,褫职治罪,即代署巡抚。寻调署云南巡抚,劾布政使陈孝升、迤西道萨荣安以维西军务冒帑,治如律。八年,偕侍郎额勒布清查陕西军需,自巡抚秦承恩以下,黜罚有差。调工部侍郎,又调户部。

九年,误听湖北巡抚高杞言,劾湖广总督吴熊光受贿,不得实,后复以独对时密谕私告杞,事觉,下廷臣议罪,以大辟上。仁宗知彭龄无他,不欲因言事加重谴,诏斥诸臣所拟过当,有意杜言事者之口;又念彭龄亲老,免远谪,罢职家居。逾年,起授右庶子,骤迁内阁学士。

十一年,偕侍郎英和往陕西谳狱,途经山西,命察议河东盐务。寻授安徽巡抚。寿州武举张大有因妒奸毒毙族侄张伦及雇工人,总督铁保徇苏州知府周锷以自中蛇毒定谳,彭龄推鞫得实,诏嘉之,特予议叙,铁保等降黜有差。父忧归。

十四年,夺情授贵州巡抚,固辞不起。服阕,署山西巡抚,遂实授。劾前巡抚成龄需索供应,又劾布政使刘清、署按察使张曾献及府州县多人,寻调陕西。河东道刘大观揭劾初彭龄任性乖张,命回山西听勘,以怒斥前抚金应琦及瞻徇知府朱锡庚,部议革职,诏宽之,降补鸿胪寺卿。迁顺天府尹。

十六年,偕尚书托津清查南河工帑,劾罢厅营四十八员,复偕尚书崇禄往福建谳狱。迁工部侍郎,署浙江巡抚。寻命往两湖按讯湖北按察使周季堂及湖南学政徐松,季堂无贪迹,惟徇庇属员,褫职,免治罪;松需索陋规,出题割裂圣经,褫职遣戍。

十七年,调户部侍郎。时两江总督百龄劾南河总督陈凤翔误启智、礼两坝,凤翔已被谴,自诉辩,又讦百龄信任盐巡道朱尔赓额督办苇荡失当,命彭龄、松筠往按。百龄于启坝时实同画诺,遂请薄惩百龄,而朱尔赓额被重谴,语详百龄等传。署南河总督,寻调仓场侍郎。

十九年,命往广西按讯巡抚成林,以恣意声色,用度侈靡,褫成林职,籍其家。擢兵部尚书,特命署江苏巡抚,清查亏空,疏言:"亏空应立时惩办,而各省督抚往往密奏,仅使分限完缴。始则属官玩法,任意侵欺;继则上司市恩,设法掩盖。是以清查为续亏出路,密奏为缓办良图,请伤禁。"帝韪之。劾江宁布政使陈桂生、江苏布政使常格催征不力,并褫职。寻巡抚张师诚回任,仍命彭龄会同清查。彭龄与百龄、师诚意不合,各拟章程,上诏斥其不能和衷。既而疏劾百龄、师诚受关道盐员馈银,又劾陈桂生弊混,命大学士托津、尚书景安往按,至则百龄、师诚唆属员多方沮格,所劾并不得实。上以彭龄性褊急,嫉恶过严,斥其轻躁,降内阁学士,召回京。茅豫者,以部员随赴广西,因留江苏佐理,改知府。至是彭龄疏陈豫两耳重听,代为乞假。诏斥越职专擅,再降,以翰林院侍读、侍讲候补。百龄复劾彭龄沉湎于酒,事一委茅豫,文致陈桂生之罪,私拆批摺,挟怨诬参;且豫实非耳聋,亦徇欺。上怒,褫彭龄职,停其母九旬恩赉,令闭门思过。

二十一年,起为工部主事。丁母忧,未归,请改注籍顺天,服阕,以员外郎用。道光元年,授礼部侍郎,寻擢兵部尚书。三年,万寿节,与十五老臣宴,绘图于万寿山玉澜堂,御制诗称其耿介,优赍珍物。四年,以年老休致,食半俸。五年,卒,诏优恤。

论曰:甚矣直臣之不易为也!赤心为国,犯颜批鳞,而人主谅之。苟有排异己市盛名之心,借径梯荣,众矢集焉;况身罹负乘,或加之贪婪乎?魁伦、广兴之所以不得其死也。初彭龄虽亦褊躁,然实政清操,蹶而复起,克保令名,宜哉!

卷三百五十六 列传一百四十三

洪亮吉 管世铭　**谷际岐**　**李仲昭**
石承藻

洪亮吉，字稚存，江苏阳湖人。少孤贫，力学，孝事寡母。初佐安徽学政朱筠校文，继入陕西巡抚毕沅幕，为校刊古书。词章考据，著于一时，尤精研舆地。乾隆五十五年，成一甲第二名进士，授翰林院编修，年已四十有五。长身火色，性豪迈，喜论当世事。未散馆，分校顺天乡试。督贵州学政，以古学教士，地僻无书籍，购经、史、《通典》、《文选》置各府书院，黔士始治经史。为诗古文有法。任满还京，入直上书房，授皇曾孙奕纯读。嘉庆三年，大考翰詹，试《征邪教疏》，亮吉力陈内外弊政数千言，为时所忌。以弟丧陈情归。

四年，高宗崩，仁宗始亲政。大学士朱珪书起之，供职，与修《高宗实录》，第一次稿本成，意有不乐。将告归，上书军机王大臣言事，略曰："今天子求治之心急矣，天下望治之心孔迫矣，而机局未转者，推原其故，盖有数端。亮吉以为励精图治，当一法祖宗初政之勤，而尚未尽法也。用人行政，当一改权臣当国之时，而尚未尽改也。风俗则日趋卑下，赏罚则似不严明，言路则似通而未通，吏治则欲肃而未肃。何以言励精图治尚未尽法也？自三四月以来，视朝稍晏，窃恐退朝之后，俳优近习之人，荧惑圣听者不少。此亲臣大臣启沃君心者之过也。盖犯颜极谏，虽非亲臣大臣之事，然不可使国家无严惮之人。乾隆初年，纯皇帝宵旰不遑，勤求至治，其时如鄂文端、朱文端、张文和、孙文定等，皆侃侃以老成师傅自居。亮吉恭修实录，见一日中朱笔细书，折成方寸，或询张、鄂，或询孙、朱，曰某人贤否，某事当否，日或十余次。诸臣亦皆随时随事奏片，质语直陈，是上下无隐情。纯皇帝固圣不可及，而亦众正盈朝，前后左右皆严惮之人故也。今一则处事太缓，自乾隆五十五年以后，权私蒙蔽，事事不得其平者，不知凡几矣。千百中无有一二能上达者，即能上达，未必即能见之施行也。如江南洋盗一案，参将杨天相有功骈戮，洋盗某漏网安居，皆由署总督苏凌阿昏愦糊涂，贪赃玩法，举世知其冤，而洋盗公然上岸无所顾忌，皆此一事酿成。况苏凌阿权相私人，朝廷必无所顾惜，而至今尚拥臣赀，厚自颐养。江南查办此案，始则有心为承审官开释，继则并闻以不冤覆奏。夫以圣天子赫然独断，欲平反一事而尚如此，则此外沉冤何自而雪乎？一则集思广益之法未备。尧、舜之主，亦必询四岳，询群牧。盖恐一人之聪明有限，必博收众采，庶无失事。请自今凡召见大小臣工，必询问人材，询问利弊。所言可采，则存档册以记之。倘所举非人，所言失实，则治其失言之罪。然寄耳目于左右近习，不可也；询人之功过于其党类，亦不可

也。盖人材至今日，销磨殆尽矣。以模棱为晓事，以软弱为良图，以钻营为取进之阶，以苟且为服官之计。由此道者，无不各得其所欲而去，衣钵相承，牢结而不可解。夫此模棱、软弱、钻营、苟且之人，国家无事，以之备班列可也；适有缓急，而欲望其奋身为国，不顾利害，不计夷险，不瞻徇情面，不顾惜身家，不可得也。至于利弊之不讲，又非一日。在内部院诸臣，事本不多，而常若猝猝不暇，汲汲顾影，皆云多一事不如少一事。在外督抚诸臣，其贤者斤斤自守，不肖者亟亟营私。国计民生，非所计也，救目前而已；官方吏治，非所急也，保本任而已。虑久远者，以为过忧；事兴革者，以为生事。此又岂国家求治之本意乎？二则进贤退不肖尚似尚游移。夫邪教之起，由于激变。原任达州知州戴如煌，罪不容逭矣。幸有一众口交誉之刘清，百姓服之，教匪亦服之。此时正当用明效大验之人。闻刘清尚为州牧，仅以司道之后办事，似不足尽其长矣。亮吉以为川省多事，经略纵极严明，剿贼匪用之，抚难民用之，整饬官方办理地方之事又用之，此不能分身者也。何如择此方贤吏如刘清者，崇其官爵，假以事权，使之一意招徕抚绥，以分督抚之权，以蒇国家之事。有明中叶以来，郧阳多事，则别设郧阳巡抚；偏沅多事，则别设偏沅巡抚。事竣则撤之，此不可拘拘于成例者也。夫设官以待贤能，人果贤能，似不必过循资格。如刘清者，进而尚未进也。戴如煌虽以别案解任，然尚安处川中。闻教匪甘心欲食其肉，知其所在，即极力焚劫。是以数月必移一处，教匪亦必随而迹之。近在川东与一道员联姻，恃以无恐。是救一有罪之人，反杀千百无罪之人，其理尚可恕乎？纯皇帝大事之时，即明发谕旨数和珅之罪，并一一指其私人，天下快心。乃未几而又起吴省兰矣，召见之时，又闻其为吴省钦辨冤矣。夫二吴之为和珅私人，与之交通货贿，人人所知。故曹锡宝之纠和珅家人刘全也，以同乡素好，先以摺稿示二吴，二吴即袖其稿走权门，藉为进身之地。今二吴可雪，不几与褒赠曹锡宝之明旨相戾乎？夫吴省钦之倾险，秉文衡，尹京兆，无不声名狼藉，则革职不足蔽辜矣。吴省兰先为和珅教习师，后反称和珅为老师，大考则第一矣，视学典试不绝矣，非和珅之力而谁力乎？则降官亦不足蔽辜矣。是退而尚未退也。何以言用人行政未尽改也？盖其人虽已致法，而十余年来，其更变祖宗成例，汲引一己私人，犹未尝平心讨论。内阁、六部各衙门，何为国家之成法，何为和珅所更张，谁为国家自用之人，谁为和珅所引进，以及随同受贿舞弊之人，皇上纵极仁慈，纵欲宽胁从，又因人数甚广，不能一切屏除。然窃以为实有真知灼见者，自不究其从前，亦当藉其姓名，于升迁调补之时，微示以善恶劝惩之法，使人人知圣天子虽不为已甚，而是非邪正之辨，未尝不洞悉，未尝不区别。如是而夙昔之为私人者，尚可革面革心而为国家之人。否则，朝廷常若今日清明可也，万一他日复有效权阴所为者，而诸臣又群起而集其门矣。何以言风俗日趋卑下也？士大夫渐不顾廉耻，百姓则不顾纲常。然此不当责之百姓，仍当责之士大夫也。以亮吉所见，十余年来，有尚书、侍郎甘为宰相屈膝者矣；有大学士、七卿之长，且年长以

倍，而求拜门生，求为私人者矣；有交宰相之僮隶，并乐与抗礼者矣。太学三馆，风气之所由出也。今则有昏夜乞怜，以求署祭酒者矣；有人前长跪，以求讲官者矣。翰林大考，国家所据以升黜词臣者也。今则有先走军机章京之门，求认师生，以探取御制诗韵者矣；行贿于门阑侍卫，以求传递代倩，藏卷而去，制就而入者矣。及人人各得所欲，则居然自以为得计。夫大考如此，何以责乡会试之怀挟替人？士大夫之行如此，何以责小民之夸诈贪缘？辇毂之下如此，何以责四海九州之营私舞弊？纯皇帝因内阁学士许玉猷为同姓石工护丧，谕廷臣曰：'诸臣纵不自爱，如国体何？'是知国体之尊，在诸臣各知廉耻。夫下之化上，犹影响也。士气必待在上者振作之，风节必待在上者奖成之。举一廉朴之吏，则贪欺者庶可自愧矣；进一恬退之流，则奔竞者庶可稍改矣；拔一特立独行，敦品励节之士，则如脂如韦、依附朋比之风或可渐革矣。而亮吉更有所虑者，前之所言，皆士大夫之不务名节者耳。幸有矫矫自好者，类皆惑于因果，遁入虚无，以蔬食为家规，以谈禅为国政。一二人倡于前，千百人和于后。甚有出则官服，入则僧衣。惑智惊愚，骇人观听。亮吉前在内廷，执事曾告之曰：'某等亲王十人，施斋戒杀者已十居六七，羊豕鹅鸭皆不入门。'及此回入都，而士大夫持斋戒杀又十居六七矣。深恐西晋祖尚玄虚之习复见于今，则所关世道人心非小也。何以言赏罚仍不严明也？自征苗匪、教匪以来，福康安、和琳、孙士毅则蒙蔽欺妄于前，宜绵、惠龄、福宁则丧师失律于后于又益以景安、秦承恩之因循畏葸，而川、陕、楚、豫之民，遭劫者不知几百万矣。已死诸臣姑置勿论，其现在者未尝不议罪也。然重者不过新疆换班，轻者不过大营转饷；甚至拿解来京之秦承恩，则又给还家产，有意复用矣；屡奉严旨之惠龄，则又起补侍郎。夫蒙蔽欺妄之杀人，与丧师失律以及因循畏葸之杀人无异也，而犹邀宽典异数，亦从前所未有也。故近日经略以下、领队以上，类皆不以贼匪之多寡、地方之蹂躏挂怀。彼其心未始不自计曰：'即使万不可解，而新疆换班，大营转饷，亦尚有成例可援，退步可守。'国法之宽，及诸臣之不畏国法，未有如今日之甚者。纯皇帝之用兵金川、缅甸，讷亲偾事，则杀讷亲；额尔登额偾事，则杀额尔登额；将军、提、镇之类，伏失律之诛者，不知凡几。是以万里之外，得一廷寄，皆震惧失色，则驭军之道得也。今自乙卯以迄己未，首尾五年，偾事者屡矣。提、镇、副都统、偏裨之将，有一膺失律之诛者乎？而欲诸臣之不玩寇、不殃民得乎？夫以纯皇帝之圣武，又岂见不及此？盖以归政在即，欲留待皇上莅政之初，神武独断，一新天下之耳目耳。倘荡平尚无期日，而国帑日见销磨，万一支绌偶形，司农告匮。言念及此，可为寒心，此尤宜急加之意者也。何以言言路似通而未通也？九卿台谏之臣，类皆毛举细故，不切政要。否则发人之阴私，快己之恩怨。十件之中，幸有一二可行者，发部议矣，而部臣与建言诸臣，又各存意见，无不议驳，并无不通驳，则又岂国家询及刍荛、询及瞽史之初意乎？然或因其所言琐碎，或轻重失伦，或虚实不审，而一概留中，则又不可。其法莫如随阅随发，面谕廷臣，或特颁谕旨，皆随其事之可行不可行，明白晓示之。即或弹劾不避权贵，在诸臣一心为国，本不必避嫌怨。以近事论，钱沣、初彭龄皆常弹及大僚矣，未闻大僚敢与之为仇也。若其不知国体、不识政要，冒昧立言，或攻发人之阴私，则亦不妨使众共知之，以著其非而惩其后。盖诸臣既敢挟私而不为国，更可无烦君上之回护矣。何以言吏治欲肃而未肃也？夫欲吏治之肃，则督、抚、藩、臬其标准矣。十余年来，督、抚、藩、臬之贪欺害政，比比皆是。幸而皇上亲政以来，李奉翰已自毙，郑元琦已被纠，富纲已遭忧，江兰已内改。此外，官大省、据方面者如故也，出巡则有站规、有门包，常时则有节礼、生日礼，按年则又有帮费。升迁调补之私相馈谢者，尚未在此数也。以上诸项，无不取之于州县，州县则无不取之于民。钱粮漕米，前数年尚不过加倍，近则加倍不止。督、抚、藩、臬以及所属之道、府，无不明知故纵，否则门包、站规、节礼、生日礼、帮费无所出也。州县明言于人曰：'我之所以加倍加数倍者，实层层衙门用度，日甚一日，年甚一年。'究之州县，亦恃督、抚、藩、臬、道、府之威势以取于民，上司得其半，州县之入己者亦半。初行尚有畏忌，至一年二年，则成为旧例，牢不可破矣。诉之督、抚、藩、臬、道、府，皆不问也。千万人中，或有不甘冤抑，赴京控告者，不过发督抚审究而已，派钦差就讯而已。试思百姓告官之案，千百中有一二得直者乎？即钦差上司稍有良心者，不过设为调停之法，使两无所大损而已。若钦差一出，则又必派及通省，派及百姓，必使之满载而归而心始安，而可以无后患。是以州县亦熟知百姓之技俩不过如此，百姓亦习知上控必不能自直，是以往往至于激变。湖北之当阳，四川之达州，其明效大验也。亮吉以为今日皇上当法宪皇帝之严明，使吏治肃而民乐生；然后法仁皇帝之宽仁，以转移风俗，则文武一张一弛之道也。"

书达成亲王，以上闻，上怒其语戆，落职下廷臣会鞫，而谕勿加刑，亮吉感泣引罪，拟大辟，免死遣戍伊犁。明年，京师旱，上祷雨未应，命清狱囚，释久戍。未及期，诏曰："罪亮吉后，言事者日少。即有，亦论官吏常事，于君德民隐休戚相关之实，绝无言者。岂非因亮吉获罪，钳口不复敢言？朕不闻过，下情复壅，为害甚巨。亮吉所论，实足启沃朕心，故铭诸座右，时常观览，勤政远佞，警省朕躬。今特宣示亮吉原书，使内外诸臣，知朕非拒谏饰非之主，实为可言之君。诸臣遇可与言之君而不与言，负朕求治苦心。"即传谕伊犁将军，释亮吉回籍。诏下而雨，御制诗纪事，注谓："本日亲书谕旨，夜子时甘霖大沛。天鉴捷于呼吸，益可感畏。"亮吉至戍甫百日而赦还，自号更生居士。后十年，卒于家。所著书多行世。

管世铭，字缄若，与亮吉同里。乾隆四十三年进士，授户部主事。累迁郎中，充军机章京。深通律令，凡谳牍多世铭主奏。屡从大臣赴浙江、湖北、吉林、山东按事，大学士阿桂尤善之，倚如左右手。时和珅用事，世铭忧愤，与同官论前代辅臣贤否，语讥切无所避。会迁御史，则大喜，夜起徬徨，草疏将劾之，诏仍留军机处。故事，御史留直者，仅注仍视郎官，不得专达封事。世铭自言愧负此官,阿桂慰之曰:"报称有日,何必急以言自见。"盖留直阿桂所请,隐全之,使有待。嘉庆三年,卒。

谷际岐,字西阿,云南赵州人。乾隆四十年进士,选庶吉士,授编修,与校《四库全书》。充会试同考官,所拔多知名士。乞养归,主讲五华书院,教士有法。连丁父母忧,服阕,起原官。

嘉庆三年,迁御史。时教匪扰数省,师久无功,际岐遍访人士来京者,具得其状。四年春,上疏,略曰:"窃见三年以来,先帝颁师征讨邪教,川、陕责之总督宜绵、巡抚惠龄、秦承恩;楚北责之总督毕沅、巡抚汪新。诸臣酿衅于先,藏身于后,止以重兵自卫,褌弁奋勇者,无调度接应,由是兵无斗志。川、楚传言云:'贼来不见官兵面,贼去官兵才出现。'又云:'贼去兵无影,兵来贼没踪。可怜兵与贼,何日得相逢?'前年总督勒保至川,大张告示,痛责前任之失,是其明证。毕沅、汪新相继殂逝,景安继为总督。今宜绵、惠龄、秦承恩纵慢于左,景安怯玩于右,勒保纵能实力剿捕,陕、楚贼多,起灭无时,则勒保终将掣肘。钦惟先帝昔征缅甸,见杨应琚挑拨掩覆之罪,立予拿问。今宜绵等旷师三年之久,幸荷宽典,而转益怀安,任贼越入河南卢氏、鲁山等县。景安虽无吞饷声名,而闇昧自甘,近亦有贼焚掠襄、光各境,均为法所不容。况今军营副封私札,商同军机大臣改压军报。供据已破,虽由内臣声势,而彼等掩覆偾事,情更显然。请旨惩究,另选能臣,与勒保会同各清本境,则军令风行,贼必授首。比年发饷至数千万,军中子女玉帛奇宝错陈,而兵食反致有亏。载赃而归,风盈道路,嘲之者有'与其请饷,不如书会票'之语。先帝严究军需局,察出四川汉州知州与德楞泰互争报销,及湖北道员胡齐仑侵饷数十万,一则追赔,一则拿究。他属类此者必多,尤宜急易新手清厘。则侵盗之迹,必能破露,不但兵饷与善后事宜均得充裕,销算亦不敢牵混矣。"

间又上疏曰:"教匪滋扰,始于湖北宜都聂杰人,实自武昌府同知常丹葵苛虐逼迫而起。当教匪齐麟等正法于襄阳,匪徒各皆敛戢。常丹葵素以虐民喜事为能,乾隆六十年,委查宜都县境,吓诈富家无算,赤贫者按名取结,纳钱释放。少得供据,立与惨刑,至以铁钉钉人壁上,或铁锤排击多人。情介疑似,则解省城,每船载一二百人,饥寒就毙,浮尸于江。殁狱中者,亦无棺殓。聂杰人号首富,屡索不厌,村党结连拒捕。宜昌镇总兵突入遇害,由是宜都、枝江两县同变。襄阳之齐王氏、姚之富,长阳之覃加耀、张正谟等,闻风并起,遂延及河南、陕西。此臣所闻官逼民反之最先最甚者也。臣思教匪之在今日,自应尽党枭磔。而其始犹是百数十年安居乐业人民,何求何憾,甘心弃身家、捐性命,铤而走险耶?臣闻贼当流窜时,犹哭念皇帝天恩,殊无一言怨及朝廷。向使地方官仰体皇仁,察教于平日,抚驭于临时,何至如此?臣为此奏,固为官吏指事声罪,亦欲使万祀子孙知我朝无叛民,而后见恩德入人,天道人心,协应长久,昭昭不爽也。常丹葵逞虐一时,上厪圣仁,下殃良善,罪岂容诛?应请饬经略勒

保严察奏办。又现奉恩旨,凡受抚来归者,令勒保传唤同知刘清,同川省素有清名之州县,妥议安插。楚地曾经滋扰者,亦应安集。臣闻被抚州县,逃散各户之田庐归女,多归官吏压卖分肥。是始不顾其反,终不愿其归。不知民何负于官,而效尤觑觎至于此极?若得惩一儆众,自可群知洗濯。宣奉德意,所关于国家苞桑之计匪细也。"两疏上,仁宗并嘉纳施行。寻迁给事中,稽察南新仓,巡视中城。

云南盐法,官运官销,日久因缘为奸,按口比销,民不堪命;又威远调取民夫,按名折银,折后又征实夫。迤西道属数十州县,同时哄变,解散后不以实闻,官吏执实如故。际岐上疏痛陈其害,下云南督抚察治。总督富纲请改盐法以便民,巡抚江兰方内召,欲沮其事,际岐复疏争。初彭龄继为巡抚,际岐门下士也,熟闻其事,始疏请盐由灶煎灶卖,民运民销,一祛积弊,民大便。语详《盐法志》。

蔡永清者,总督陈辉祖家奴,拥厚赀居京师,以助赈叙五品职衔,出入舆马,揖让公卿间。际岐疏劾,自大学士庆桂、朱珪以下,多所指斥,下刑部鞫讯,褫永清职衔,际岐坐论奏未尽实,降授刑部主事。累迁郎中。以老乞休,贫不能归,主讲扬州孝廉堂垂十年,卒。

自乾隆末,云南之官于朝以直言著者,尹壮图、钱沣,时以际岐并称焉。

李仲昭,字次卿,广东嘉应人。嘉庆七年进士,选庶吉士,授编修,迁御史。长芦盐商伪造加重法马,每引浮百斤,损课滞销,商人查有坼家巨富,交通朝贵。自给事中花杰劾芦盐加价,连及大学士戴衢亨,不得直,且被谴,遂无敢言者。仲昭疏劾之,户部犹袒商,或腾蜚语,谓仲昭索贿不遂。仁宗方幸热河,命留京王大臣同鞫,得舞弊状,有圻论如律,在事降革有差,人咸侧目。仲昭又劾吏部京察不公,亦鞫实。既而赴户部点卯,杖责书吏,户部摭其事奏劾,下吏部议。群欲上倾仲昭,侍郎初彭龄号刚正,以妻丧在告,语人曰:"诸人欲报怨,加以莫须有之罪。李御史有言胆,台中何可无此人?"部员闻彭龄言,遂议降四级,甫两日而奏上,仲昭竟黜。

石承藻,字黼庭,湖南湘潭人。嘉庆十三年一甲三名进士,授编修。迁御史、给事中,敢言有声。王树勋者,江都人,乾隆末入京应试不售,乃于广慧寺为僧,名曰明心。开堂说法,假扶乩卜筮,探刺士大夫阴私,扬言于外,人益崇信。达官显宦,每有皈依受戒为弟子者。朱珪正人负重望,亦与交接。时和珅为步军统领,访捕治罪,以贿得末减,勒令还俗,遂游荡江湖。值川、楚匪乱,投效松筠军中,以谈禅投所好,使易装入贼寨说降,奖予七品官衔,洊擢襄阳知府。数年,入觐京师,不改故态。刑部尚书金光悌延医子病,怵以祸福,光悌长跪请命,为时所噱。嘉庆二十年,承藻疏请澄清流品,劾树勋,下刑部鞫实,褫职,枷号两月,发黑龙江充当苦差。仁宗奖承藻曰:"真御史也!"诏斥被惑诸臣,有玷官箴。其已故者免议,

侍郎蒋予蒲、宋鎔以下，黜降有差。

二十四年，湘潭有土、客械斗之狱，侍郎周系英与巡抚吴邦庆互劾。承藻适在藉，系英子汝桢致书承藻询其事，为邦庆所发，承藻牵连降秩。久之不复迁，终光禄寺署正。

论曰：仁宗诏求直言，下至末吏平民，皆得封章上达，言路大开。科道中竭诚献纳，如卫谋论福康安婪，不宜配享太庙。马履泰论景安畏缩偷安，老师糜饷，及教匪宜除，难民宜抚；又论百龄举劾失当。张鹏展论金光悌专擅刑部，恋司职不去。周棨论疆臣参劾属员，不举劣迹，恐悒悒无华者以失欢被劾；又论朱珪以肩舆擅入禁门，无无君之心，而有无君之迹。沈琨论宜兴庇护属员，致兴株系诸生大狱；又谏阻东巡。萧芝论端正风俗，宜崇醇朴。王宁炜论用人宜习其素，不可因保举遽加升用；又论督抚壅蔽之习，及士民捐输之累，州县折收之患。游光绎论大臣未尽和衷，武备未尽整饬，愿效魏元成《十思疏》以裨治化。诸人所言，虽有用有不用，当时皆推说直。又龚鏸当松筠因谏东巡获罪，密疏复陈，自庇身后事而后上，卒蒙宽宥。其章疏多不传，稽之史牒，旁见纪载，謇谔盈廷，称盛事焉。洪亮吉诸人身虽遭黜，言多见采，可以无憾。或犹以时方清明，目亮吉之效痛哭流涕者为多事，过矣。

卷三百五十七　列传一百四十四

**吴熊光　汪志伊　陈大文　熊枚
裘行简　方维甸　董教增**

吴熊光，字槐江，江苏昭文人。举顺天乡试，乾隆三十七年，登中正榜，授内阁中书，充军机章京。累迁刑部郎中，改御史。当罢直，大学士阿桂素倚之，请留直如故。阿桂屡奉使出剿匪、治河、阅海塘、谳狱，熊光辄从。累迁通政司参议。

嘉庆二年，高宗幸热河，夜宣军机大臣，未至，命召章京，熊光入对称旨，欲擢任军机大臣。和珅称熊光官五品，不符体制，因荐学士戴衢亨，官四品，在军机久，用熊光不用衢亨，诏同加三品卿衔入直。居政府六阅月，和珅忌之，出为直隶布政使。四年，高宗崩，仁宗亲政，和珅伏诛。熊光言和珅管理各部日久，多变旧章以营私，大憝虽除，猾吏仍可因缘为奸，亟宜更正，上韪之。

擢河南巡抚。教匪逼境，熊光驻防卢氏，张汉潮窜商州，分掠蓝田，疏请截留山东兵赴明亮军协剿；复以张天伦窜近郧阳江岸，谋犯豫南，调直隶正定标兵备剿。上以所见与合，诏嘉奖。寻汉潮趋雒南，遣总兵张文奇、田永桐击走之。令南汝光道陈钟琛扼襄河要隘，粮道完颜岱率满营兵协防。拨寿春镇兵五百驻樊城。请召募练兵五千，并以开封练勇千名改为抚标新兵，从之。

五年，楚匪自均州、郧县窥渡襄河，赖预防击退。上念河南兵单，命直隶、山西遣兵赴援，又命添募乡勇，熊光疏言："河南卢、淅一带，原有乡勇万余，而贼窜自如。凡游民应募，贼至先逃，反摇兵心。是以上年撤勇添兵，贼未敢肆，此兵胜于勇之明验。今有直隶等省官兵，择要驻守，已足策应，无庸募勇。"七月，歼宝丰、郏县溃匪于彭山，教首刘之协遁叶县就擒，予议叙。

六年，擢湖广总督。途遇协防陕西兵二百余人，逃回本营，廉得其缺饷状，杖首谋者二人，余释不问。房县乡勇纠抢民寨，缚送三十余人，立诛之。提督长龄、巡抚全保率师防剿，迭败汤思蛟、刘朝选等。川匪扰兴山、竹谿、房县，分兵追剿，歼获甚众。平樊人杰余匪，俘贼首崔宗和。上以熊光调度供支，迭诏褒奖。新设湖北提督，改移郧阳镇协，添兵三千五百名，即以无业乡勇充之。又奏定稽查寨勇章程，略言："寨勇习于战斗，轻视官兵，流弊不可不虑。今将寨堡户口、器械逐一登记，阳资其力以助此日之军威，默挈其纲以弭将来之民患。"上韪其言。七年，三省匪平，加太子少保。遣撤乡勇，以叛产变价给赏，诏嘉其撙节。

九年，劾湖南巡抚高杞违例调补知县，杞坐降调。未几，侍郎初彭龄劾熊光受沔阳知州秦泰金，及两淮匦费，上诘彭龄。以得自高杞对。命巡抚全保按验无迹，彭龄、杞俱获谴。传谕熊光返躬自省，平心办事，戒勿躁妄。

十年，调直隶。时两广总督那彦成与湖广总督百龄互讦，命偕侍郎托津赴湖北按之。百龄被讦，事有迹。方鞫治，未定谳，那彦成亦以倡抚洋盗逮京，调熊光两广总督。会直隶官吏勾通侵帑事发，历任总督藩司俱获谴。上以熊光任藩司无虚收，任总督无失察，特诏嘉之。

十三年八月，英吉利兵船十三艘泊香山鸡颈洋，其酋率兵三百擅入澳门，占踞炮台，兵舰驶进黄埔。熊光以英人志在贸易，其兵费出于商税，惟封关足以制其死命；若轻率用兵，彼船炮胜我数倍，战必不敌，而东南沿海将受其害，意主持重。逾月始闻，言已令停止开舱，俟退出澳门，方准贸易。上以熊光未即调兵，故示弱，严诏切责。洋舶迁延至十月始陆续去。下吏议，褫职，效力南河。百龄代其任，疏言熊光葸懦，上益怒，遣戍伊犁。逾年，召还，授兵部主事，引疾归。道光八年，重与鹿鸣宴，加四品卿衔。十三年，卒于家，年八十四。

熊光尝曰："刑赏者，圣主之大权，而以其柄寄于封圻大吏。若以有司援案比例，求免驳斥之术处之，舛矣。刑一人，赏一人，而有益于世道人心，虽不符于例，所必及也。不得请，必再三争，乃为不负。若忧嫌畏讥，随波逐流，其咎不止溺职而已。"当调直隶，入觐，上曰："教匪净尽，天下自此太平。"熊光曰："督抚率郡县加意抚循，提镇率将弁加意训练，百姓有恩可怀，有威可畏，太平自不难致。若稍懈，则伏戎于莽，吴起所谓舟中皆敌国也。"及东巡返，迎驾夷齐庙，与董诰、戴衢亨同对。上曰："道路风景甚佳！"熊光越次言曰："皇上此行，欲稽祖宗创业艰难之迹，为万世子孙法，风景何足言耶？"上有顷又曰："汝苏州人，朕少扈跸过之，其风景诚无匹。"熊光曰：“皇上所见，乃剪彩为花。苏州惟虎丘称名胜，实一坟堆之大者！城中河道逼仄，粪船拥挤，何足言风景？”上又曰：“如汝言，皇考何为六度至彼？”熊光叩头曰：“皇上至孝，臣从前侍皇上谒太上皇帝，蒙谕'朕临御六十年，并无失德。惟六次南巡，劳民伤财，作无益害有益。将来皇帝如南巡，而汝不阻止，必无以对朕'。仁圣之所悔，言犹在耳。”同列皆震悚，壮其敢言。后熊光告人，"坟堆"、"粪船"两语，乃乾隆初故相讷亲奏疏所言，重述之耳。

熊光晚年著《伊江别录》、《春明补录》、《蓻溪笔录》三书，纪所闻名臣言行，多可法云。

汪志伊，字稼门，安徽桐城人。乾隆三十六年举人，充四库馆校对，议叙，授山西灵石知县。除征粮扰累，刻木为皂隶书里分粮数，以次传递，民遵输纳。调榆次，迁霍州直隶州知州。代州民孟木成杀人，已定谳情实，其弟代呼冤，巡抚勒保檄志伊往按，平反之。承审官护前失，不决，命大臣临鞫，重违众议，志伊坚执与争，孟木竟得免死。志伊以此负强项名。

擢江苏镇江府，调苏州，连擢苏松粮道、按察使。五十八年，迁甘肃布政使，调浙江。江、浙漕重积弊，由官吏规费多。志伊历任，皆先除规费之在官者，然后以次裁革，严设科条。嘉庆元年，以杭州、乍浦节防营养赡钱三月未放，被劾，议降二级调用，诏以志伊平日操守尚好，加恩授江西按察使。二年，迁福建布政使，未数月，就擢巡抚。

时海盗方张，仁宗于闽事特加意。志伊屡疏陈水师人材难得，请宽疏防处分，变通选补章程，副参以上，兼用本省之人；以下，两省通融拨用。又州县征粮处分过严，升调要缺难得合例，请人地相需者，不拘俸满参用。皆允行。诏饬严惩会匪及械斗恶习。

五年，疏报漳、泉一带，匪徒节经剿捕，均知敛迹。谕曰："滋事不法，有犯必惩，不可无事滋扰。责以镇静，不可姑息养奸，亦不可持之太蹙。"寻奏龙溪、诏安、马港、海澄四厅县，遴员治理，民不械斗。谕曰："一经良有司整饬，改除积习，是小民不难化导，要在亲民之官得人。当于平日遴选贤员，俾实心任事，为正本清源之道。"志伊荐闽县知县王绍兰，上素知其人，诏嘉志伊能留心察吏。既而偕总督玉德，疏请泉州知府钱学彬改京职，上斥疏语矛盾。寻究得学彬任听家人舞弊婪赃事，坐察吏不明，议革任，特宽之。六年，病，请解职。

八年，起署副都御史、刑部侍郎，授江苏巡抚。给事中萧芝请就产米之乡采买，由海运京，下议，志伊言其不便，罢之。九年，清江浦淤浅，粮船停滞。上虑京仓缺米，诏志伊预筹，请碾常平仓谷三千石备拨。以新糟减运，命酌量采买，志伊疏言："安徽民田有一岁两收者，各令七月完纳漕粮，九十月可运通。江西、湖广亦如之。"上以一岁两征近加赋，且来岁仍属短绌，斥为迂谬。寻奏采米十二万石搭运，报闻。时江北淮、扬水灾，徐、海苦旱。志伊手编《荒政辑要》，颁属吏为赈济之法。苏州人文荟萃，增设正谊书院课士。奏请颁《御制诗文集》于江南各书院，上勿许，曰："朕之政治即文章，何必以文字炫长耶？"

十一年，擢工部尚书。未几，授湖广总督。川、楚余匪散匿洞庭湖，环湖数府州多盗。志伊多选干吏侦访，檄下分捕，盗无所匿。滨江地自乾隆末大水湮没，民田未复。亲驾小舟，历勘疏塞，建二闸于第江口、福田寺，以时启闭。

十六年，调闽浙总督。先是湖北应山民喻春谋杀人，其母以刑求诬服，控于京，命志伊提鞫。同知刘曜唐等诱供翻案，以无辜之叶秀承凶，而无左证。巡抚同兴为之平反，奏劾。至是入觐召对，为刘曜唐等剖辩，愿代认处分。上斥其偏执，严议革职，改留任。捕诛海盗黄治，其党吴属乞降。时降盗多授官，志伊曰："是奖盗也！"仍依律遣戍。

旧有天地等会匪熊毛者，创立仁义会，授张显鲁传煽。事觉，显鲁伏诛，毛遁，募宁化生员李玉衡捕杀之，奏赐玉衡举人。布政使李赓芸，廉吏也，为志伊所荐举至监司。会龙溪知县朱履中以不职劾，因讦赓芸婪索，遽劾讯。履中已自承诬告，志伊固执驳诘，福州知府涂以辀迎合逼供，赓芸自经死，舆论大哗。二十二年，命侍郎熙昌、副都御史王引之往按，得其状，诏斥志伊衰迈谬误，褫职永不叙用。逾年，卒。

志伊矫廉好名，自峻崖岸。仁宗初甚向用，时论毁誉参半焉。卒以偏执获咎。

陈大文，河南杞县人，原籍浙江会稽。乾隆三十七年进士，授吏部主事。典广东乡试，累迁郎中。四十八年，出为广西南宁知府，擢云南迤东道。历贵州、安徽按察使，江宁布政使，皆有声。父忧归，服阕，补广东布政使。总督朱珪荐大文操守廉洁，化其偏僻，可倚用，诏人才难得，命珪加以劝迪，俾成有用才。

嘉庆二年，擢巡抚。海盗方炽，大文以运盐为名，集商船载乡勇出洋，击沉盗船六，斩获二百余人，赐花翎；属县不职者，列案劾治。诏嘉其捕盗察吏皆有实心，予议叙。寻兼署总督。

四年，调山东巡抚。济、曹两府水灾，兴工代赈，州县玩视者立劾；有拙于催科而舆情爱戴者，疏请留任；禁漕帮旗丁陋规。五年，丁母忧。自乾隆末，山东大吏多不得人，吏治日弛。大文性深严，见属吏温颜相对，使尽言，然后正色戒之曰："汝某事贿若干，吾悉知。不速改，弹章已具草矣！"人莫不畏之。尤锐剔漕弊，杜浮收，官吏被告及劾治者三十余人。及去任时，其摘印在系未经奏劾者，尚七八人。事上闻，诏布政使分别省释。

六年，畿辅大水。大文服将阕，特召署直隶总督。疏请大赈提早一月，以救灾黎。劾查灾开赈迟缓之县令二人，以儆其余。逾年，因病自乞京职，历署吏部侍郎、工部尚书。八年，授两江总督。劾按察使朱隆阿喜事株累，士民多怨，调朱隆阿内用。江苏昭文浮收漕粮，江西乐平勒折重征，县民并走诉于京，先后下大文鞫实，劾府县官，褫职究治。诏嘉大文秉公，不徇庇属员，使小民含冤得白，奸胥猾吏不致幸逃法网,训责各督抚力改积习。

九年,召授左都御史,未至,擢兵部尚书。大文赴京,病于途,诏遣侍卫率医往视,久不瘥,赐尚书衔回籍。既而因在直隶失察属吏侵挪,部议革职,诏俟病痊以四品京堂用,遂不出。二十年,卒于家。

熊枚,字存甫,江西铅山人。乾隆三十五年,举乡试第一,次年,成进士,授刑部主事。断狱平。左翼护军给饷误用白片,惧责,私补印,其长当以盗印罪;枚谓知误更正,与盗用异,改缓。宜城县吏殴毙社长,贿改病死,拟缓:枚谓斗殴情轻,舞文情重,改实。在部八年,多所持议,迁员外郎。尚书英廉荐其才,出为甘肃平凉知府,母忧去,服阕,补河南汝宁府。汝阳有杀人狱,已得实,控不止,枚讯鞫时,忽熟视旁吏曰:"此汝所教也!"吏色变,刑之,则称尝嫁祸某富家,咸以为神。丁生母忧,代者未至,米价腾涨,枚于丧次谕县令治邑奇者,运米接济,民乃安。服阕,补直隶顺德府,擢山东泰武临道。

五十八年,迁江苏按察使。逮治博徒马修章及竹堂寺僧恒一,皆稔恶狃法者。吴江太湖滨淫祠三郎神,奸民所祀,其党结胥吏扰民。枚廉知,值赛祠,舟集鸳胠湖,密捕得三十八人,或以诬良诉,尾其舟,得盗赃,并逮剧盗九人,毁三郎像火之,盗遂息。教匪刘之协传弥勒教,入教者给命根钱。安徽民任梓家供弥勒像,有簿记六十人奉钱数,官吏捕得,指为匪,巡抚已上闻,逮至江南,枚亲讯,六十人皆任梓械友贺婚嫁者,乃得释。六十年,迁云南布政使,以治沁河工未竣,留署江苏布政使。开苏州城河,集银六万两,择郡绅董其役,不使县令与工事。嘉庆二年,调安徽,寻擢刑部侍郎。

六年,直隶大水,总督姜晟以办赈延缓免,命枚署总督。截留漕粮六十万石储天津北仓,枚请分储郑家口、泊头诸水次,便灾区挽运。条上赈恤事宜,灾户仿保甲造册,省覆查,杜刁控,酌量变通赈期,捐赈者分别旌赏,各学贫生给口粮,绿营兵丁给修房价,饬灾县监狱,以工代赈,并如议行。偕侍郎那彦宝筑永定河决口,既而调陈大文为总督,诏枚受代后专任查赈,巡阅数十州县,举者五人,劾四人。玉田令倪为德清而戆,枚初至,怒之,明日诘赈事,指画悉中,即首荐。上嘉枚勤事,擢左都御史。时有劾枚扰驿需索供应者,命陈大文察访,白其诬,且言枚尽心赈务,特诏褒之。

七年,回京典会试,复署直隶总督,授刑部尚书。调左都御史,管理三库。十年,授工部尚书,复命署直隶总督,率布政使裘行简清查亏空。部议各省贩铁,官为定额,疏上。枚面陈铁为民间日用所需,不能预定多寡,官为查办,恐滋流弊。上俞其说,而斥枚随同画诺,召以忽有异词,年老重听,不宜部务,复调左都御史。未几,有山东民妇京控上奏,枚意未决,左副都御史陈嗣龙劾枚模棱,且言枚声名平常,诏斥嗣龙见枚左迁,揣测妄劾,终以枚不能和衷,镌级留任。直隶藩司书吏伪印虚收库银事觉,枚坐失察,议褫职,诏以四品京堂用,补顺天府丞。次年,充乡试提调官,册券迟误,降五品职衔休致。十三年,卒。

裘行简,字敬之,江西新建人,尚书曰修子。乾隆四十年,赐举人,授内阁中书,充军机章京,迁侍读。四十九年,从大学士阿桂剿甘肃石峰堡回匪,复从察治河南睢州河工。五十年,出为山西宁武知府,调平阳,因亲老,自请改京秩,补户部员外郎,仍直军机。累迁太仆寺少卿。

嘉庆六年,命赴陕西犒军,时经略额勒登保驻略阳,行简疏言:"川、陕兵宜扼冲严守,使陕匪不入川,川匪不入陕,然后逼使东窜,经略以大兵蹙之,可计日枭缚。"又言自宝鸡至褒城,栈道卡兵宜复设。且于要害设大营,隔贼路,通粮运。又以额勒登保引嫌,自请举劾止于麾下,行简疏请五路将士皆听举劾,移书川督勒保、陈廉、蔺相下之义,两帅大和。途次,进太仆寺卿,赐花翎。寻出为河南布政使,丁母忧,服阕,补福建布政使。

自乾隆末授受礼成,恩免废员,各州县钱谷出入,益滋纠葛,行简锐意清厘,司册目十有一,创增子目,支解毫黍皆见,吏不能欺。九年,入觐,会仁宗欲清厘直隶仓库,嘉其成效,特以调任。行简澈底清核,逐条覆奏,略曰:"直隶州县,动以皇差为名,藉口赔累。自乾隆十五年至三十年,四举南巡,两幸五台,六次差务,何以并无亏空?四十五年至五十七年,两举南巡,三幸五台,差务较少,而亏空日增。由于地方大吏,贪黩营私,结交馈送,非差务之踵事增华,实上司之借端需索。近年一不加察,任其藉词影射,相习成风。试令州县扪心自问,其捐官肥己之钱,究从何出?此臣不敢代为宽解者也。分年弥补,则有二难:直隶驿务繁多,所有优缺,祇可调剂冲途,又别无陋规可提,此为难一也。现任亏空,革留额限,彼必爱惜官职,卖田鬻产,亦思全完。若责以代前任按年弥补,焉肯解囊,势必取给仓库。前欠未清,后亏复至,此为难二也。州县亏项无著,例应道府分赔;道府赔项无著,例应院司摊赔。今直隶未中明定例,请于两次清查应行监追者,再限一年。如财产实属尽绝,著落上司分别赔缴。嘉庆十年以后,交代亏缺,惟有执法从事,不得混入清查,致有宽纵。"疏入,上嘉其明晰,下部议行。寻命以兵部侍郎衔署直隶总督。

十一年,察出藩司书吏假印虚收解款二十八万有奇,遣使按讯,历任总督、布政使议谴有差。行简任内虚收之数少,诏以事由行简立法清查,始得发觉,宽之。是年秋,赴永定河勘工,途次感疾,卒。上深惜之,优诏赐恤依一品例,谥恭勤,赐子元善举人。

方维甸,字南耦,安徽桐城人,总督观承子。观承年逾六十,始生维甸。高宗命抱至御前,解佩囊赐之。乾隆四十一年,帝巡幸山东,维甸以贡生迎驾,授内阁中书,充军机章京。四十六年,成进士,授吏部主事,历郎中。五十二年,从福康安征台湾,赐花翎。迁御史,累擢太常寺少卿。又从福康安征廓尔喀。历光禄寺卿、太常寺卿,授长芦盐政。嘉庆元年,坐事夺职。廷议遣戍军台,诏宽免,降刑部员外郎,仍直军机。迁内阁侍读学士。从尚书那彦成治陕西军务。

五年，授山东按察使，迁河南布政使。时川、楚教匪未靖，维甸率兵六千防守江岸。疏言："大功将蒇，裁撤乡勇，最为要务。宜在撤兵之前，预为筹议。俟陕西余匪殄尽，酌移河南防兵以易勇，可节省勇粮。"上韪之。

八年，调陕西，就擢巡抚。督捕南山零匪，筹撤乡勇，核治粮饷，并协机宜，复赐花翎。十一年，宁陕新兵叛，维甸亟令总兵杨芳驰回，偕提督杨遇春进山督剿。会德楞泰奉命视师，贼窜两河，将趋石泉，维甸遣总兵王兆梦击之，劝民修寨自卫，贼无所掠。未几，叛兵乞降，德楞泰请以蒲大芳等二百余人仍归原伍。上责其宽纵，命维甸按治，疏陈善后六事，如议行。

十四年，擢闽浙总督。蔡牵甫歼，朱渥乞降，遣散余众。台湾嘉义、彰化二县械斗，命往按治，获犯林聪等，论如律。疏言："台湾屯务废弛，派员查勘，恤番丁苦累，申明班兵旧制，及归并营汛地，以便操防；约束台民械斗，设约长、族长，令管本庄、本族，严禁隶役党护把持；又商船贸易口岸，牌照不符，定三口通行章程，杜丁役勾串舞弊。"诏皆允行。以台俗民悍，命总督、将军每二年亲赴巡查一次，著为例。

十五年，入觐，以母老乞终养，允之。会浙江巡抚蒋攸铦疏劾盐政弊混，命维甸按治。明年，召授军机大臣。维甸疏陈母病，请寝前命，允其留籍侍养。十八年，丁母忧，遣江宁将军奠酹。未几，教匪林清谋逆，李文成据滑县，夺情起署直隶总督，维甸自请驰赴军营剿贼，会那彦成督师奏捷，允维甸回籍守制。二十年，卒于家。上以维甸忠诚清慎，深惜之，赠太子少保，谥勤襄，赐其子传穆进士。

董教增，字益甫，江苏上元人。乾隆四十五年，南巡，召试举人，授内阁中书。五十一年，成一甲三名进士，授编修，散馆改吏部主事，累迁郎中。嘉庆四年，以道员发四川，明年，授按察使。峨眉、雷波二厅铜铅各厂，毗连夷地。奸民与争界，焚夷巢，裸夷纠凉山生番为变，教增率兵往，议者多主剿，教增不可，廉得汉奸构衅者十一人，夷匪首事者六人，集众诛之，夷情帖然。仁宗以教增不烦兵力，而远夷心服，逾奖有加。寻调贵州。九年，迁四川布政使。

十二年，擢安徽巡抚。宁国、池州、广德各属，旧有棚民，植杂粮为业。户部虑妨民田，议遣回籍。教增言："棚民既立室家，难复迁徙。且所种多隙壤，于田民无损，于民食有益，第约束之而已。"从之。又言："徽、宁等府巨室，向有世仆，出户已久，告讦频仍，请严杜妄讼，凡世仆以现在是否服役为断；其出户百年者，虽有据亦开豁为良。"得旨允行，著为例。

十五年，调陕西。兴安七属，旧食河东引盐。乾隆间，课摊地丁，其后复归商运。地介川、楚，土盐侵碍，运艰费重，引课多亏。教增请循凤翔例，改食花马池盐，引归民运，课按丁摊，以恤商力。又榆林、绥德、吴堡、米脂四州县，向食土盐，官给票销售。前抚方维甸请用部引，以二百斤为率，凡万一千三百余引，民力难胜。教增规复其旧，由州县颁发小票，每票五十斤，民皆便之。时南山善后倚汉中知府严如熤，能尽其才，不拘文法，岁歉请赈，逾限破例，上陈得允。

十八年，调广东。先是百龄锐意灭海寇，曾贻教增诗云："岭南一事君堪羡，杀贼归来啖荔支。"既而张保仔就抚，教增报书曰："诗应改一字为'降'贼归来也。"百龄愧之；至是承其后，诸降人桀骜，为闾阎害，惩治甚力，然未尝妄杀。广州府有死囚，值赦减等改军而逃，获之，论重辟，按察使持之坚，教增以律不当死，断断与辩，此囚卒免死。

二十二年，擢闽浙总督。先是海寇未平，禁商民造船高不得逾一丈八尺，小不任重载，难涉风涛，沿海多失业。教增以寇平已久，请免立禁限，以从民便，允之。福清武生林弥高者，健讼包粮，阻众不纳，邑令躬绳，为其党邀夺，官役并伤，令文武往捕获，弥高嗾其党劫持，通县抗征。教增亲鞫得弥高罪状，立斩以徇，诸郡慑惧，强宗悍族抗欠者，皆输纳如额。奏入，诏嘉其能。临海民纠众殴差，致酿大狱。巡抚杨頀坐褫职，命教增兼权浙抚，鞫治之。漳、泉两郡多械斗杀人，官吏往往不能制。龙溪令姚莹捕渠魁五人，杖毙之。巡抚疑其违制，教增曰："刑乱国宜用重典。"优容之，悍俗稍戢。张保仔就抚后，改名宝，官至澎湖副将，时论犹指斥。教增责令捕盗，奔走海上，盗平而宝亦死。二十五年，入觐，乞病未允，道光元年，乃得请归。二年，卒，赐恤，谥文恪。

教增有识量，强毅不阿。官四川时，力矫豪奢，崇节俭，宴集不设剧。总督勒保以春酒召，闻乐而返，亟撤乐，乃至，尽欢。尝言："刻于己为俭，俭于人为刻"，时叹为名言。

论曰：吴熊光忠谠任重，有大臣风。汪志伊、陈大文矜尚廉厉，或矫或偏。熊枚勤于民事，晚诮模棱。名位虽皆不终，要为当时佼佼。袭行简、方维甸，名父之子，特被恩知。董教增有为有守，建树闳达，盖无间然。

卷三百五十八　列传一百四十五

**冯光熊　陆有仁　觉罗琅玕乌大经
清安泰　常明　温承惠　颜检**

冯光熊，字太占，浙江嘉兴人。乾隆十二年举人，考授中书，充军机章京。累擢户部郎中。三十二年，从明瑞赴云南，授盐驿道，母忧归，坐失察属吏科派，夺职。服阕，以员外郎起用，仍官户部，直军机，迁郎中。从尚书福隆安赴金川军，授广西右江道，署按察使兼盐驿道。历江西按察使、甘肃布政使。四十九年，石峰堡回民作乱，筹画战守，储设饷需具备。以前江西巡抚郝硕迫索属吏事觉，同官多获谴，光熊亦缘坐夺官，留营效力。事平，用福康安荐，起为安徽按察使。洊擢湖南巡抚，调山西。

时议河东盐课改归地丁，光熊疏言："河东盐行山、陕、河南三省，商力积疲，易商加价，俱无所济。若课归地丁，听民贩运，无官课杂费、兵役盘诘、关津留难，较为便宜。山西州县半领引行盐，半食土盐、蒙古盐，仍纳引税。其间或引多而地丁少，或引少而地丁多，征之三省皆然。请将课额四十八万馀两通计均摊。"允之。五十七年，上幸五台，各疆吏先后奏陈，自盐课改革后，价顿减落，民便安之。诏嘉光熊调剂得宜，赐花翎、黄马褂，署工部侍郎。未几，授贵州巡抚，调云南。五十九年，署云南总督。明年，大塘苗石柳邓叛扰铜仁，光熊赴松桃防御，以思州田坝坪、镇远四十八溪、思南大坪，密迩楚苗，且扼铜仁后路，分兵屯守。苗匪急攻松桃、正大，不得逞。旋赴铜仁治饷需，偕总督福康安治军设防，规画称旨，命留贵州巡抚任。

嘉庆二年，事平，奏请铜仁、正大改建石城，以资捍卫，从之。会仲苗又起，偕总督勒保督率镇将，联合滇、黔、楚、粤诸军剿抚，事具《勒保传》。光熊分檄将吏，解归化厅围，肃清播东、播西两路，降安顺、广顺所属苗寨。仲苗平，偕勒保奏上善后四事，请随征武举、武生及乡勇，就近补充弁兵馀丁，给难民栖止、牛具费用，储粮备兵民就食，清厘田亩，靖苗、汉之争。自军兴以来，凡所措置，多邀嘉许。勒保移师入川，善后专任光熊。三年春，复疏请申禁汉民典买苗田，及重债盘剥，驱役苗佃；禁客民差役居摄苗寨；酌裁把事土舍亭长，定夫碾工价，以利穷苗；酌设苗弁，以资管束：悉报可。五年，诏光熊治理有声，年近八旬，召授兵部侍郎，寻擢左都御史。六年，卒，上念前劳，赐祭一坛。

陆有仁，浙江钱塘人。乾隆三十四年进士，授刑部主事，累迁郎中。四十六年，出为广西梧州知府，调太平。五十二年，安南内讧，夷眷来奔，有仁处置得宜。会擢福建延建邵道，总督孙士毅请留边。寻调督粮道，历山东按察使、直隶布政使。五十七年，坐在山东谳狱草率，降甘肃按察使。

嘉庆元年，擢刑部侍郎，留治甘肃赈务，宜绵赴陕剿教匪，命摄陕甘总督。二年，匪由河南窜朱阳关，逼雒南。疏请偕西宁镇总兵富尔赛驰赴潼、商，又调甘凉镇兵会剿，诏宜务责巡抚，有仁应驻甘肃，亲身赴陕，迹涉张皇，命回兰州，停止所调镇兵。时宜绵檄调撒拉尔回兵二千赴兴安，有仁并令暂停，上以汉中兵单，待回兵截剿，乃教匪窜汉阴而回兵尚滞循化，斥有仁一经申饬，于应援之兵，亦屡催罔顾，诏褫职鞫讯，寻原之，发四川效力。授陕西按察使，迁布政使。三年，襄阳贼高均德犯陕西，叙防堵功，赐花翎。四年，擢广东巡抚。

五年，召为工部侍郎，调刑部。授陕西巡抚。先是那彦成在陕，劝民筑寨堡，计蓝田、郿、鄠、宝鸡、商州、镇安、商南、孝义、五郎共五百四十一处；台布为巡抚，复议汉中二栈为军饷要道，于宝鸡、凤县、留坝、褒城、宁羌各驿筑堡，以周三里为度，徙民屯粮。至是尚未尽实行，严诏切责。有仁疏言："川、陕情形不同，四川地居天险，如大成寨、大团包、方山坪等寨，每处可容数万人，小者亦数千人。贼据之可抗官兵，民守之亦可拒贼。如南山内层峦叠嶂，无宽敞环抱之所，止能于陡险山巅，就势结构，每寨止容数百人至千余人。蜀山多膏腴稻田，民居稠密，其势易合。陕西老林，惟棚民流寓，零星垦种，隔十里数十里，始有民居十数户。若纠合数村共筑一堡，则南村之人欲近南，北村之人欲近北，惟秦陇以西，人皆土著，无不踊跃兴工。秋间贼入西栈，每约彼此各不相犯，而寨民必乘间截其尾队，夺其牲畜，不使晏然空过。其西安、同州、凤翔三府，与汉南附近川省之区，皆多土著，审利害，每邑结有堡寨，或百余或数百。其汉北山内近亦一律兴工，又恐结寨后民丁但知守寨，而于贼出入要隘转无堵御；复令于寨堡之外，每寨拨数百数十人合力守卡，以杜窥伺。请分区责成各道，刻期完竣。"疏入，报闻。有仁与额勒登保规画筑堡团练，著有成效。抚辑难民无归者，以安康、白河等处叛产，及南山客民荒田，量给安插。六年，分拨兵勇防守总要隘口，奏请于五郎、孝义等处专派大员团练堵剿，以专责成。川匪逼黑河，遣总兵齐郎阿、通判雒昂截击，余匪东窜牛尾河，副将韩自昌歼之，被优叙。

有仁治陕三年，经理饷需，先事绸缪，撙节不滥，搜捕余匪甚力，屡诏褒嘉。七年，卒，优恤，官其子继祖主事。

觉罗琅玕，隶正蓝旗。捐纳笔帖式，累迁刑部郎中。超擢内阁学士，出为江苏按察使。乾隆五十年，召授刑部侍郎。逾年，授浙江巡抚。五十二年，大兵剿台湾林爽文，琅玕储谷二十万石于乍浦、宁波、温州，由海道输运，高宗嘉之。坐审拟海盗失当，吏议当革职，诏宽免，自请罚银三万两。嘉善县吏浮收，按问得实，上以浙漕积弊，琅玕不胜任，命解职，予头等侍卫，赴哈密办事。五十六年，坐监修浙江海塘工程损坏，琅玕在任未亲勘，诏责赔修，应银二十二万七千有奇，免其半。历叶尔羌办事大臣、喀什噶尔参赞大臣。坐家人贩玉，解任回京。寻予郎中衔，为热河避暑山庄总管。

嘉庆二年，以三等侍卫充古城领队大臣，召授刑部侍郎。五年，授贵州巡抚。剿擒广顺等苗苗杨文泰等，诏嘉奖，加总督衔。未几，就擢云贵总督。六年，贵州石岘苗叛，巡抚伊桑阿赴铜仁剿治，未即平，诏琅玕往督师，而调伊桑阿云南。伊桑阿因按察使常明攻克石岘有所擒获，遂谎奏亲往督战，苗皆归伏，军事已竣。及琅玕至，难民拥道诉其诬，遂督兵进剿，攻克上潮、下潮诸寨，始肃清。会初彭龄劾伊桑阿贪劣，下琅玕鞫实，上尤罪其欺罔，诛之。诏斥琅玕于伊桑阿未亲往石岘，避嫌瞻徇，降二品顶带。

七年，维西夷恒乍绷与其党腊者布作乱，秃树、出亨附之。琅玕率总兵张玉龙入山剿捕，克阿喃多贼寨，进攻诸别古山，获秃树。玉龙克小维西夷人，缚腊者布献军前磔之。进攻康普，恒乍绷遁澜沧江外，获其孥。分兵攻吉尾、树苗，琅玗驻剑川，断贼后路，败之于通甸、小川，克回龙厂。寻围剿上江山箐贼，歼其渠，余众乞降。琅玗以恒乍绷势蹙，疏请撤兵，提督乌大经率兵二千驻防。贼谍官军已退，乘水涸潜渡，纠江内降俅，复肆劫掠。琅玗驰抵剑川，恒乍绷遁走。八年，上以首逆未获，命永保接办军务。琅玗已擒斩汉奸张有斌，临江扎筏，声言渡兵江外，俅俅震悚，诣军门乞降，琅玗令诱导诸寨擒贼自效。九月，恒乍绷潜匿山箐，官军搜获之，余党尽歼。事平，予议叙。

琅玗以维西僻处边隅，各夷杂居江内外，稽察难周，疏请于维西、丽江等五路设头人，给顶带，约束夷众。又以维西南北路及鹤丽镇、剑川诸汛皆要地，请裁马为步，添兵八百，分布要隘，边境遂安。九年，卒，谥恪勤。

乌大经，陕西长安人。由武进士授三等侍卫，出为山东德州营参将。乾隆三十九年，王伦倡乱，大经助守临清，力战保危城，功最多，高宗特奖之，立擢临清副将。历江西南赣镇、贵州古州镇总兵、广西提督，调云南。五十三年冬，率云南兵从孙士毅征安南，至则士毅已克其都城。明年春，大军为阮惠所袭，败绩，大经所部得向导，全师而返。寻母忧去职，起为甘肃提督，复调云南。嘉庆四年，僧铜金与孟连土司构难，勾结野俅，蔓延孟猛及缅宁内地，大经偕总兵苏尔相进剿，克缅属南柯、三节石、昔木、腊南、那招、雾笼、上中下宁安、腊东、困赛等地，破南洒河贼卡，肃清缅边。署按察使屠述濂由猛猛一路会剿，连克大蚌山、南元寨。五年春，总督书麟视师，用大经计，分两路进攻猛白山箐，大经由南路，连战渡黑河，焚贼寨，首逆寻就擒，夷众受抚。七年春，入觐。会维西事起，命大经驰回，从琅玗进剿，大经偕总兵书成先清威远俅匪，乃会兵维西，克康普。上意不欲穷兵，命大经留防。及匪复肆掠，进剿独村坪及康普、小维西，连克之。八年春，与琅玗分驻石鼓、桥头，沿江督剿，至十月，恒乍绷就擒，乃班师。九年，卒。

清安泰，费莫氏，满洲镶黄旗人。乾隆四十六年进士，授刑部主事，擢员外郎。出为甘肃凉州知府，调署兰州，擢湖南衡永郴桂道。六十年，苗疆事起，奉檄赴保靖抚辑降苗，以治饷功，赐花翎。

嘉庆元年，械送首逆吴半生、石三保至京，擢按察使，迁广西布政使。七年，署巡抚。八年，调浙江布政使。十年，擢江西巡抚，调浙江。

十一年，海寇蔡牵犯浙洋，赴温、台防剿，严杜接济，贼樵汲俱穷，窜去，诏褒之。总督阿林保劾提督李长庚因循玩寇，下清安泰密察，疏言："长庚忠勇冠诸将，身先士卒，屡冒危险，为贼所畏。惟海艘越两三旬若不挥洗，则苔黏蟹结，驾驶不灵，其收港非逗留。且海中剿贼，全凭风力，风势不顺，虽隔数十里犹数千里，旬日尚不能到。是故海上之兵，无风不战，大风不战，大雨不战，逆风逆潮不战，阴云雾雾不战，日晚夜黑不战，飓期将至，沙路不熟，贼众我寡，前无泊地，皆不战。及其战也，勇力无所施，全以大炮轰击，船身簸荡，中者几何？我顺风而逐，贼亦顺风而逃，无伏可设，无险可扼，必以钩镰去其皮网，以大炮坏其舵身篷胎，使船伤行迟，我师环而攻之，贼穷投海，然后获其一二船，而余船已飘然远矣。贼往来三省数千里，皆沿海内洋。其外洋灏瀚，则无船可掠，无聚可依，从不敢往，惟遇剿急时始间为逋逃之地。倘日色西沉，贼直窜外洋，我师冒险无益，势必回帆收港，而贼又逭诛矣。且船在大海之中，浪起如升天，落如坠地，一物不固，即有覆溺之虞。每遇大风，一舟折舵，全军失色，虽贼在垂获，亦必舍而收。洎易桅竣工，贼已远遁。数日追及，桅坏复然，故常屡月不获一战。夫船者，官兵之城郭、营垒、车马也。船诚得力，以战则勇，以守则固，以追则速，以冲则坚。今浙省兵船皆长庚督造，颇能如式。惟兵船有定制，而闽省商船无定制，一报被劫，则商船即为贼船，愈高大多炮多粮，则愈足资寇。近日长庚剿贼，使诸镇之兵隔断贼党之船。但以隔断为功，不以擒获为功。而长庚自以己兵专注蔡逆坐船围攻，贼行与行，贼止与止。无如贼船愈多大炮愈多，是以兵士明知盗船货财充积，而不能为擒贼擒王之计。且水陆兵饷，例止发三月。海洋路远，往返稽时，而事机之来，间不容发，迟之一日，虽劳费经年，不足追其前效。此皆已往之积弊也。非尽豚从前之失，不能收将来之效；非使贼尽失其所长，亦无由攻其所短。则岸奸济贼之禁，必宜两省合力，乃可期效。"奏上，诏嘉其公正。由是益向用长庚，清安泰之力也。

寻又条上防海事宜："沿海居民，编造保甲。稽核商贩，以断米粮出口；禁制火爆，防火药透漏；断绝采捕，以杜奸宄湮迹。"并如议行。十二年冬，蔡牵子至普陀寺，未获，被谴责。寻以阮元代之，调河南巡抚。十四年，卒。

常明，佟佳氏，满洲镶红旗人。由笔帖式授步军统领主事，出为湖南桂阳知州，擢云南曲靖知府。乾隆六十年，从总督福康安征苗疆，率兵屡克贼巢，赐花翎。镇筸苗吴半生据苏麻寨，自构皮寨进击败之，复破西梁贼寨，擢贵州贵东道。掩击半生于板登寨，获其弟吴老正等，半生复来犯，设伏大破之，乘胜夺贼卡五；寻自西梁进攻，毁其寨，贼纠夯柳苗为援，歼戮甚众，乞降，拒不受，复大挫之；擢按察使，赐号智勇巴图鲁。诏以苗匪每遇败乞降，叵测难信，饬各路将领以常明为法。进剿老乌厂，斩贼目陇老香，与兵珠隆阿合剿大乌草河迤西苗，连克鱼井、豆田三十余寨。会大军于古丈坪，半生适至，常明冒雨进攻，歼贼千余；分兵克乌龙岩、茶它山诸寨卡，进围高多寨，半生降，乘锐克鸭保寨。

嘉庆元年，剿下平陇苗于葫芦坪，母忧，留营，偕副将海格破小竹山贼于堕河坡，俘贼目杨通等。上嘉常明奋勉，仍命署按察使。二年春，贵州仲苗起，从总督勒保讨之，与施缙并为军锋，同破贼关岭，复夹攻，连拔贼寨八，解新城围，再败之望城坡。贼匿岩洞以拒，设伏，毙贼千余，环攻于卡子河，贼大溃，解南笼围，加布政使衔。时黄草坝被围久，滇、黔道梗，常明援之，克九头山，获伪将军陆宝贵，毁马鞭田贼栅，俘李阿六等，连战皆捷，围乃解。寻克马鞍山，绕击洞洒贼巢，连攻三昼夜，擒贼酋吴抱仙于三陇口，授布政使。进克安有山，捣当丈贼巢，获逆首韦七绺须，又擒贼目黄阿金、梁国珍等于补衲山。三年，连拔雨薛岩等十八寨，苗境悉平。服阕，始莅布政使任。

是年冬，署巡抚，疏荐总兵施缙率贵州兵赴四川剿教匪。五年，因缙战殁，贵州兵不能救，常明坐褫翎顶。秋，入觐，诏念前劳，予三品顶带，留巡抚署任。题销军需，诏诘贵阳贼踪未至，募乡勇多至五万余名，用银十九万余两，命总督琅玕察核。寻奏常明虽无冒帑，处置失宜，责赔缴赏恤银九万余两。六年，石岘苗与湖南苗勾结为乱，巡抚伊桑阿檄常明率师攻之，复原衔、花翎，寻授巡抚。七年，以挪用铅厂帑银，及失察幕僚私售铅丸，抽匿案卷事，褫职，籍没家产。既而予蓝翎侍卫，充伊犁领队大臣，调库车办事大臣。

十年，授湖北盐法道，累迁湖北巡抚。上念常明久于军事，以四川民、夷杂处，控制不易，十五年，特擢为总督，诏勉其尽职，减免赔项银万五千两。宁远府属夷地，多募汉人充佃，自教匪之乱，川民避入者增至数十万人，争端渐起。十七年，常明疏请："汉民移居夷地及佃种者，编查入册，不追既往。此后严禁夷人招佃与汉民转佃，并编保甲以资约束，增文员以便弹压，移营汛以利控制。"报可。又请川省盐课改归地丁，听民兴贩，诏斥其妨碍淮纲，不顾邻省利害，降二级留任。

十八年，署成都将军。二十年，中瞻对番酋洛布七力为乱，偕提督多隆河、总兵罗思举往剿，自里塘进攻，破之，捣热笼贼巢，洛布七力举家焚毙。诏以未生得逆首，不予议叙。二十一年，成都革兵谋变，悉捕之置于法，诏嘉其镇静。二十二年，宁越夷扰边，遣将平之。寻卒，赠太子少保，优恤，谥襄恪。

温承惠，字景侨，山西太谷人。乾隆四十二年拔贡，朝考首擢，除七品小京官，分吏部。拔贡内用自是始。累迁郎中。五十四年，出为陕西督粮道，母忧归。高宗巡幸五台，迎銮召对，嘉其才。服阕，补延榆绥道。

嘉庆元年，川、陕、楚军事急，承惠奉檄治兴安、汉中团防。遭父忧，留军，仍摄道事。贼犯平利，承惠驰剿，山水猝涨，坠水，遇救得免。趋扼险隘，获捷。服阕，命以按察使衔仍补原官。五年，擢陕西按察使。疏言："贼扰陕境，已历数年。兵为牵缀，运饷往往不及。则驻兵以待，贼得乘间远逸。三省边境绵长，宜扼要驻兵，以逸待劳。"上韪之。奸匪首王金柱于安康，复破贼洵阳，赈抚流亡，民心渐定。迁布政使，仍留防。贼屡犯境，辄击却之。守御兴、汉先后凡六年，事定优叙。八年，调河南，修伊、洛旧渠。十年，擢江西巡抚。

十一年，调福建，兼署总督。海寇蔡牵犯台湾鹿耳门，檄总兵许松年赴海坛、竿塘与提督李长庚会剿，三沙为蔡牵乡里，增兵驻守，禁沿海接济，诏嘉之。寻调署直隶总督。

十二年，上阅古北口兵，奖其娴整，命实授。浚黑龙、温榆、北运、滏阳诸河。十三年，上幸天津，赏黄马褂。寻以巡幸点景科派，为肥乡令所揭，褫花翎、黄马褂，旋复之。十七年正月，以岁除得雪，加太子少保。巨鹿县民孙维俭等传习大乘教，滦州民童怀信传习金丹、八卦教，先后发觉，失察轻纵，褫宫衔、花翎、黄马褂，革职留任。复以他事数被谴责。

十八年，河南滑县教匪起，命偕提督马瑜往剿，数战滑县近地，破贼于道口。寻命陕甘总督那彦成总统军务，承惠为参赞。时匪首林清在京师起事，扰及宫禁，诏以林清传教八年，承惠不能先事查缉，及剿匪逗留罪，褫职，留治粮饷。十九年，命以员外郎赴河南睢工效力，工竣，迁郎中，随尚书戴均元襄理永定河工。

二十三年，授山东按察使。承惠前官畿辅，不孚众望，及复起，颇思晚盖。山东故多盗，侦知东平人广平知府王兆奎三世窝盗，密捕治之，期年积案一清。掊击贪酷，苏困起敝，吏治为之一变，特诏褒奖，然卒不安其位。先是盗夜劫泰安富民徐文诰家，戕其佣柏永柱，县以误杀为文诰罪，实疑狱也。按察使程国仁入其言，锻炼定谳，承惠至，固疑不实，于他狱盗供得其情，锐意平反。巡抚和舜武惑于浮言，尼之。及侦获盗首王壮于吉林，具承枪杀永柱状。时国仁已擢巡抚，旧与承惠有嫌，且护前，不欲承惠竟是狱，檄勘堤工，承惠辞，乃劾承惠自以曾官总督，横肆不受节制，褫职，荐前兖沂道童槐继为按察使。槐复劾承惠滥禁无辜，以罪人充抵民，谴戍伊犁，其去也，国仁送于候馆，居民汹汹詈之，不及送而归。既而文诰诉于京，命尚书文孚往鞫，未至，槐仓卒定谳，释文诰。二十五年，起承惠为湖北布政使。逾年，以衰老降户部郎中。寻引疾归，卒于家。

颜检，字惺甫，广东连平人，巡抚希深子。拔贡，乾隆四十二年，授礼部七品小京官，洊升郎中。五十八年，出为江西吉安知府，擢云南盐法道，调迤南。嘉庆二年，剿威远保匪，擒匪首札杜。擢江西按察使，历河南、直隶布政使。

五年，护直隶总督。东明县民李车因奸砍伤七岁幼童，从重拟绞决。永年县民梁自新勒毙继妻及媳，讯因继妻虐待前妻子有幅，纵媳与人通奸，同谋毒毙有幅，自新忿，将妻媳致死，从轻拟杖流。两狱并为仁宗嘉许，特旨依议。梁自新加恩，再减枝徒。先是直隶回赎旗地租银，积欠至十三万两，前总督胡季堂、汪承霈屡议调剂，未有善策，检疏请复旗租原额以纾民力，积欠得全减免焉。

六年，擢河南巡抚。七年，诏检前护直督有治绩，命以兵部侍郎衔署理直隶总督。寻实授，赐黄马褂。九年，京察，予议叙。检历官畿辅，颇为仁宗所信任。寻以束鹿县民王洪中与张文观斗殴被伤，上控，承审官偏听，王洪中受责自缢，狱经部鞫，诏斥检玩视重案，下部议革职，改调任。又因他狱屡被诘责，检具疏陈谢，谕曰："方今中外吏治，贪墨者少，疲玩者多。因循观望，大臣不肯实心，惟恐朕斥其专擅。小官从而效尤，仅知自保身家。此实国家之隐忧，不可不加整顿。卿系朕腹心之臣，其勉之。"

十年，坐易州知州陈溇亏空逾十万，查办不力，降调革任，予主事衔，效力吉地工程处。会永定河堤坏，责随筑赔修。又以刑部秋审，直隶省由缓改实者十四起，革主事衔，仍留工次，事竣，予五品衔，发南河委用。未几，复因直隶官吏勾通侵帑事觉，革职，遣戍乌鲁木齐。十三年，释回。

十四年，命以主事充西仓及大通桥监督。十五年，授湖南岳常澧道，迁云南按察使。十六年，擢贵州巡抚，寻召来京。坐前在直隶失察滦州民董怀信等传习邪教，降二级，以京员用。又坐涿州知州徐用书交代朦混，降补工部郎中。十九年，授山东盐运使，命以三品顶戴为浙江巡抚，奏浚西湖兴水利。上素称检操守才干，而病其不能猛以济宽，屡加训戒。二十年，武平民刘奎养听纠入添弟会传习徒众论斩，诏斥检未究编造逆书之人，下部议；复因西湖厝棺被盗，言官劾其谳拟轻纵，命侍郎成格等往按，坐正犯由贿嘱诬认，诏切责，褫职。二十四年，祝嘏，予官，补刑部员外郎，逾年授福建巡抚。

道光元年，疏陈岁进荔支树、素心兰采运艰难，诏永远停贡，并嘉检之直。二年，复擢直隶总督。先是藩司屠之申奏请直隶差徭，每地一亩摊征银一分，以示公平，诏俟检到任定议；检力言其不可行，请仍旧制。三年，以年老内召，授户部侍郎，调仓场。复出为漕运总督。五年，坐河淤滞运，降三品衔休致。寻复以疏请截留漕粮忤旨，降五品衔。十二年，卒。

论曰：冯光熊治苗疆善后，陆有仁兴陕境寨堡团练，琅玕定石岘苗、维西夷，清安泰保全良将李长庚、常明佐勒保平仲苗，晚任蜀疆，镇抚番夷，皆一时疆臣之能举其职者。温承惠治畿辅无异绩，陈臬山东，则治盗清狱有声，卒以平反冤狱遭倾陷，可谓能晚盖矣。颜检明于吏事，治尚安静，而屡以宽纵获谴焉。

卷三百五十九　列传一百四十六

**岳起　荆道乾　谢启昆　李殿图
张师诚**王绍兰**　李奕畴　钱楷　和舜武**

岳起，鄂济氏，满洲镶白旗人。乾隆三十六年举人，议叙，授笔帖式。累擢户部员外郎、翰林院侍讲学士、詹事府少詹事。五十六年，迁奉天府尹。前官贪黩，岳起至，屋宇器用遍洗涤之，曰："勿染其污迹也！"与将军忤。逾年，擢内阁学士，寻出为江西布政使。殚心民事，值水灾，行勘圩堤，落水致疾。诏嘉其勤，许假养疴。

嘉庆四年，特起授山东布政使。未几，擢江苏巡抚。清介自矢，僮仆仅数人，出屏驺从，禁游船声伎，无事不许宴宾演剧。吴下奢俗为之一变。疏陈漕弊，略曰："京漕积习相因，惟弊是营。米数之盈绌，米色之纯杂，竟置不问。旗丁领运，无处不以米为挟制，即无处不以贿为通融。推原其故，沿途之抑勒，由旗丁之有帮费；旗丁之索帮费，由州县之浮收。除弊当绝其源，严禁浮收，实绝弊源之首。请下有漕各省，列款指明，严行禁革，俾旗丁及漕运仓场，无从更生观望冀幸之心。"诏嘉其实心除弊。常州知府胡观澜结交盐政征瑞长随高柏林，派捐修葺江阴广福寺。岳起疏言观澜、柏林虽罢逐，尚不足服众心，请将钱二万余串责二人分偿，以修苏州官塘桥路。丹徒知县黎诞登讽士绅胪其政绩保留，实不职，劾罢之。

五年，署两江总督。劾南河工员庄刚、刘普等侵渔舞弊，莫汘于任所设店肆运货至工居奇网利，并治如律。扬州关溢额税银不入私，尽以报解；核减两藩司耗羡闲款，实存银数报部；并下部议行。六年，疏请浚筑毛城铺以下河道堤岸、上游永城洪河、下游萧、砀境内河堰，并借帑举工，分五年计亩征还，允之。

八年，入觐，以疾留京，署礼部侍郎。会孝淑皇后奉移山陵，坐会筛谱语不经，革职留任。寻命解署职，遂卒。帝深惜之，赠太子少保，赐恤如例。

无子，诏问其家产，仅屋四间、田七十六亩。故事，旗员殁无嗣者产入官。以岳起家清贫，留赡其妻；妻殁，官为管业，以为祭扫修坟之资。异数也。妻亦严正，岳起为巡抚时，一日亲往籍毕沅家。暮归，饮酒微醺。妻正色曰："毕公耽于酒色，不保其家，君方畏戒之不暇，乃复效彼耶？"岳起谢之。及至京，居无邸舍，病殁于僧寺，妻纺绩以终。吴民尤思其德，呼曰岳青天，演为歌谣，谓可继汤斌云。

荆道乾，字健中，山西临晋人。乾隆二十四年举人，大挑知县，官湖南，历麻阳、龙山、东安、永顺、慈利、靖州。所至有惠政，屏陋规，平冤狱。在靖州赈饥，尤多全活，屡膺上考。四十七年，迁甘肃宁夏同知，入觐，大学士刘墉曾官湖南巡抚，称之曰："第一清官也。"名始著。寻署石峰堡同知，时方用兵，治事不废，修复水利，复荐卓异记名。五十四年，擢安徽池州知府，屡署徽宁池太道，管芜湖关，赢余不入己，以充赈恤。调安庆，朱珪为巡抚，尤信任之，疏荐，擢山东登莱青道，摄布政使。以激浊扬清为己任，荐廉吏崔映淮、李知珩等，而劾不饬者。

嘉庆二年，迁按察使。四年，迁江苏布政使。先是州县存留俸薪役食及驿站经费，改解藩库，俟奏销后请支，始则防吏侵挪，久之解有浮费，发有短平。或勒抵前官亏空，佐杂教官不能得俸，驿传领于臬司；或苛驳案牍，因索馈遗，邮政日弛废。道乾入觐时，面陈其弊，请悉依定章，于州县征收时开支，省解领之繁。仁宗俞可；至是疏上施行，天下便之。上方欲整饬漕政，以巡抚岳起及道乾皆有清名，责其肃清诸弊。到官三阅月，擢安徽巡抚，疏请禁征漕浮收旧耗米一斗，给运丁五升，加给二升。运丁所得，有据可考；其所用沿途浮费，采访知之，应禁革。诏下所奏于有漕各省永禁。又言："屯田所以赡运，每丁派田若干及应得租籽，新金旗丁不能了然。令粮道刊刻木榜，俾金丁认田收租。运船领款，刻易知单，由丁正身亲领，以杜包领欺压之弊。田册归粮道收管，另造副册发各卫以备查验。"并允行。宿州、灵壁、泗州水灾，道乾亲往监视赈厂。六年，以病乞罢，诏许解任调理，俟病痊来京候简。次年三月，诏询道乾病状，已先卒于安庆，帝悼惜，赐祭，赐其孙炆举人。

道乾由监司不三年擢至巡抚，求治益急，不避嫌怨，自处刻苦。临殁，呼旧僚至寝所，指床下金示之曰："吾受重恩，积养廉数千两，足以归丧。诸君素爱我，勿为敛赙。"又呼其兄曰："兄仁弱，勿听人怂恿受赙，违吾意。"兄如其言。

谢启昆，字蕴山，江西南康人。乾隆二十六年进士，朝考第一，选庶吉士，授编修。典河南乡试，分校礼闱，均得士。三十七年，出为江苏镇江知府，调扬州。明于吏事，所持坚正，上官异意不为夺。治东台徐述夔诗词悖逆狱迟缓，褫职戍军台。寻捐复原官，留江南。父忧，夺情署安徽宁国知府；复遭母忧，服阕，称病久不出。五十五年，特擢江南河库道，迁浙江按察使。六十年，迁山西布政使。州县仓库积亏八十余万，不一岁悉补完。高宗异其才，以浙江财赋地亏尤多，特调任。历三岁，亦弥补十之五。

嘉庆四年，擢广西巡抚。上疏，略曰："各省仓库积弊有三变。始则大吏贪婪者利州县之馈赂，偾事者资州县之摊赔。州县匿其私橐，以公帑应之，离任则亏空累累。大吏既饵其资助，不得不抑勒后任接收。此亏空之缘起也。继则大吏庸暗者任其欺蒙，姑息者又惧兴大狱，以敢接空为能员，以禀揭亏空为多事。州县且有藉多亏挟制上司升迁美缺者。此亏空之滥觞也。近年不职督抚相继败露，诸大吏共相濯磨，州县亦争先弥补。但弥补之法，宽则生玩，胥吏因缘为奸；急则张皇，百姓先受其累。各省贫富不同，难易迥别，一法立即一弊生，惟在因地制宜。率定章程，又多窒碍。请饬下各省先查实亏之数、原亏之人，如律论治。其无著者，详记档案，使猾吏无可影射。多分年限，使后任量力补苴，不必展转株求，亦不必程功旦夕。责成督抚裁陋规以清其源，倡节俭以绝其流，讲求爱民之术以培元气，奖擢清廉之员以励官常。日计不足，月计有余。不数年间，休养生息，不徒仓库充盈，吏治民生亦蒸蒸日上。广西自孙士毅经营安南，军需供亿，所费不赀，米银装械，废弃关外，令州县分赔，遂致通省皆亏。本非州县侵蚀，且人已去任，接收者正在补苴，一经再通，难保不劾捐派累。惟率司、道、府、州省衣节食，革去一切陋规，俾州县从容弥补，进廉去贪，无累百姓，计三年之内，库项必可补足。惟是数十人补之而不足，一二人败之而有余。是又在知人善任，大法小廉，不爱逢迎，不存姑息，庶不致后有续亏之患。"又言："弥补亏空，初不为一身免累之计，乃有实际。臣前历山西、浙江，皆未咨部，亦未咨追原籍。盖当日之员，大半死亡遣戍，子孙贫乏者多，咨追徒滋纷扰，如数完缴者实无二三，现任反置身事外。广西库项未完者三十九州县，核其廉数多寡，分限三年，按月交库，于交代时有不足者，即以亏空论劾。"疏入，仁宗嘉纳焉。时诏买补仓谷，取诸丰稔邻县，禁于本境采买。启昆言广西跬步皆山，转运不减于谷价，恐不肖者因采买之难，或为勒派，请仍听本境买补便，诏如所议。

广西土司四十有六，生计日绌，贷于客民，辄以田产准折。启昆请禁重利盘剥，违者治罪。田产给还土司，其无力回赎者，俟收田租满一本一利，田归原主，五年为断；其不禁客民入苗地者，廉土民驯愚，物产稀少，藉贩运以通有无也。仿浙江海塘竹篓囊石之法，修筑兴安陡河石堤，以除水患。河流深通，旧铜船过陡河必一月，至是三日而毕。七年，卒于官，诏嘉其廉洁，于所节省浔、梧两关盈余项下赐银三千两治丧。广西士民请祀名宦祠。

启昆少以文学名，博闻强识，尤善为诗。著《树经堂集》、《西魏书》、《小学考》，晚成《广西通志》，为世所称。

李殿图，字桓符，直隶高阳人。乾隆三十一年进士，选庶吉士，授编修。典湖南乡试，迁御史。督广西学政，迁给事中。

四十九年，甘肃回乱，从阿桂、福康安赴军治粮饷、台站，授巩秦阶道。军事初竣，民、回相仇，焚掠报复，讹言时起。殿图处以镇静，叛党缘坐，妇稚量情释宥；罹害户口，随宜赈恤，流亡渐安。卓泥土司与四川松潘、漳腊番争噶噶固山界，殿图轻骑履勘，历小洮河、丈八岭、鹦哥口，皆人迹罕到，群番导行，片语判决，立石达鱼山顶而还。高宗几余考泾、渭清浊源流，命殿图亲勘，自秦州溯流至鸟鼠、崆峒，绘图附说以进，诏嘉其详实。

六十年，迁福建按察使，嘉庆三年，就迁布政使。疏言："乾隆中，业农家必畜骡马三四以任耕种，嗣后官吏借用应差，渐形滋扰，应严行革除。狱讼必速为审结，开释无辜，小民始得安业。常平仓谷积久弊生，民未受益，官仓已受其亏。无灾之年，不宜贷假。吏役例有定额，近则人思托足，藉免役徭。关津税口，官署长随，呼朋引类，并为奸蠹，宜并禁止。"诏下直省一体察禁。闽俗售田，田面田根，纠缠不决。蠹吏影射，佃户顽抗，钱粮日多脱欠，征收不敷，每以虚出通关而致亏缺，殿图奏请严治。在任逾年，库储大增。

擢安徽巡抚，七年，调福建。有林、陈、蓝、胡诸大姓纠众械斗，治如律。治海盗三脚虎及蔡牵羽党，请祀海洋阵亡官兵，缉匪死事者一体入祀，从之。十一年，蔡牵久未平，仁宗以台湾剿捕事殷，殿图操守尚好，军务未娴，调江西巡抚。寻诏斥殿图于军事无所陈奏，又不能禁止海口偷漏水米火药，降四五品京堂；又以所属久羁案犯，以中允、赞善降补。寻迁翰林院侍讲，引病归。十七年，卒。光绪初，闽浙总督文煜疏陈殿图前任福建政绩昭著，谥文肃。

张师诚，字兰渚，浙江归安人。乾隆中，南巡，召试赐举人，授内阁中书，充军机章京。迁吏部主事，忤和珅，缘事降中书。得应会试，五十五年，成进士，改庶吉士，授编修。嘉庆元年，出为山西蒲州知府，历雁平道，河南、江苏按察使，迁山西布政使。州县仓库多亏，师诚知清查有名无实,特严于交代之际,有亏必完,在任三年,库储充裕。十一年,擢江西巡抚,以兼提督赐花翎,遂著为令。寻调福建,清治淹牍,疏陈整顿积弊事宜,诏嘉勉。

时海盗蔡牵、朱渍方猖獗,总督玉德废弛黜去,阿林保继任,复与提督李长庚不协。师诚至,始严防海口,杜岸奸接济,筹备船械,长庚得尽力剿捕。是年冬,长庚追蔡牵于粤洋,以伤殒。牵犯台湾后山噶仔兰,为生番击退,请收其地入版籍,免为贼踞。十三年,朱渍与牵有隙,独窜闽洋,总兵许松年击毙之。其弟渥,势蹙思投首,会道员德华由台湾内渡,遇牵党围劫,渥救之,藉以通款,寻复拒敌粤师不果降。十四年,阿林保调两江,师诚暂署总督。闻蔡牵窜浙洋,亲驻厦门,提督王得禄、邱良功合剿,毁盗舟,牵堕海死。朱渥寻率三千余人归诚,赦其罪,海疆以安,闽人刊石乌石山以纪功。海寇稽诛久,由闽、浙不能合力,自师诚治闽,而阮元复莅浙,始告成功。仁宗嘉其严断接济,为殄寇之本。京察特予奖叙。

十九年,调江苏。百龄为总督,诸巡抚皆承望风旨,师诚独举其职。初彭龄奉命同查亏帑,意与百龄、师诚不合,遂劾两人皆受馈遗,而不得实,诏原之。会百龄穷治逆书狱,间阎悚息,巡抚所主五府州得无扰。川沙民有烧香传徒者,有司密捕解江宁,师诚遣标弁要于途,交按察司依律鞫治,免辜磔者数十人,时以称之。二十一年,父病笃,不俟代回籍,被严议褫职。寻予编修,服阕,迁中允。历江西、安徽布政使。道光元年,擢广东巡抚,调安徽,继母忧去官。复历山西、江苏巡抚。六年,召授仓场侍郎。以病乞归,卒于家。

师诚警敏综核,在当时疆吏中有能名,治福建最著,继之者为王绍兰。

绍兰,字南陔,浙江萧山人。乾隆五十八年进士,授福建南屏知县,调闽县。巡抚汪志伊荐其治行,仁宗曰:"王绍兰好官,朕早闻其名。"召入见,以知州用,擢泉州知府。漳、泉两郡多械斗,自绍兰治泉州,民俗渐驯,而漳州守令以械斗狱获罪,诏举绍兰以为法。擢兴泉永道,捕获蔡牵养子蔡三及其党蔡昌等,予议叙。迁按察使,母忧去,服阕,起故官,就迁布政使。嘉庆十九年,擢巡抚,始终未出福建。寻汪志伊为总督,与布政使李赓芸不合,因讦告受赂,劾治,属吏希指罗织,赓芸愤自缢。志伊获谴,绍兰坐不能匡正,牵连罢职。

少嗜学,究经史大义。去官后,一意著述,以许慎、郑康成为宗,于《仪礼》、《说文》致力尤深,著书皆可传。

李奕畴,字书年,河南夏邑人。乾隆四十五年进士,选庶吉士,授检讨。大考改礼部主事,典贵州乡试,洊迁郎中。五十七年,出为山西宁武知府,调平阳,有政声。历江苏粮道、山东按察使。嘉庆十一年,坐巡抚保荐属吏违例,牵连被议,左迁江南河库道。

十三年,迁安徽按察使,治狱明慎,多平反。霍丘民范受之者,赘于顾氏,与妻反目,外出久不归。县令误听讹言,谓其妻私于邻杨三,锻炼成狱,当顾氏、杨三谋杀罪,其母与弟及佣工某加功,实无左证,五人者不胜刑,皆诬服。奕畴阅供词,疑之,骤诘曰:"尔曹言骨已被焚,然尚有赃腑肠胃,弃之何所?"囚不能对,惟伏地哭。奕畴慨然曰:"是有冤!"使干吏侦之,至陈姓家,言正月十五夜受之曾过宿,而讹被杀在十三日,乃缓系诸囚,严缉受之。久之,受之忽自归,则以负博远避,不敢使家人知所在,今始闻大狱起,乃归投案也。事得白。奕畴故无子,狱既解,乃生子铭皖。民间传颂,至演为剧曲。就迁布政使。

十八年,擢浙江巡抚。时近畿教匪未靖,或言严、衢两郡匪徒传习天罡会,诏奕畴严治。奕畴逮讯叶机、姚汉楫等,实止愚民相聚诵经祈福,无逆迹,坐罪首犯数人,株连皆省释。安徽、江西游民来浙租山垦种者人众,言官请禁。奕畴疏陈势虽遽逐,请分年遣令回籍。上悟曰:"兹事不易言。游民皆无恒产,驱之此省,又转徙他省,断不能复归乡里。"命徐谋教养,俾流亡者变为土著,乃得安。

寻授漕运总督,在任五年,运务无误。奕畴固长者,待下宽,坐滥委运弁降四级,命以吏、礼二部郎中用。复以运弁纵容帮丁冒费,被劾,降主事。二十五年,宣宗即位,命奕畴以尚书守护昌陵。道光二年,原品休致。十九年,重宴鹿鸣,加太子少保。明年,会榜重逢,子铭皖适登第,同与恩荣宴,称盛事焉。二十四年,卒,年九十有一。

钱楷,字裴山,浙江嘉兴人。乾隆五十四年进士,选翰林院庶吉士,散馆改户部主事,充军机章京。嘉庆三年,典四川乡试,督广西学政,回京,仍直军机。迁礼部郎中,调刑部,甚被眷遇。截取京察当外用,予升衔留任。十一年,诏嘉楷久直勤勉,以四五品京堂用。历太常寺少卿、光禄寺卿。十二年,京师旱,疏请循《汉书》求雨闭阳纵阴之说,停止正阳门外石路工程,诏"修省在实政,无事傅会五行",罢其奏。迭命往河南、山西鞫狱,次皆奏结,无枉纵。授河南布政使,十四年,护理巡抚,暂署河东道总督。擢授广西巡抚,寻调湖北。

十六年,疏言:"外洋鸦片烟入中国,奸商巧为夹带。凡粤东西两省匪紫纠结,多由于此,以致盗风益炽。请饬闽、粤各关监督并近海督抚,严督关员盘检,按律加等究办。内地货卖一经发觉,穷究买自何人,来从何处,不得含糊搪塞,将失察偷漏监督委员及地方官一体参处,务使来踪尽绝,流弊自除,乃清理匪源之一端也。"诏下沿海督抚认真察办。授户部侍郎,兼管钱法堂事。奏陈湖北地方事宜应酌剂者四端:请附近荆州粮米供支满营兵食,不俱改归北漕;沿江契买洲地,准其耕种纳粮,无契者作为官地,召佃承种;新设提督,移驻襄阳府城;楚北均食淮盐,襄阳、宜昌等府筹议减价。下所司会议,惟沿江洲地一事照行,余以窒碍置之。

复出署河南巡抚。匪徒王胯子句结南阳饥民滋事,成大狱。楷至任,疏言:"前任巡抚恩长于南阳匪徒一案,前后具奏情节与原报不符,办事过当。府、州、县等缉犯并未废弛,平日声名尚好,现拟绞监候之二十余犯,明年秋审，均应情实，不敢知而不言。"诏以"句决与否，临时自有权衡，非臣下所可豫定。地方官咎有应得，岂能开复？"斥楷敷陈未当，近于喜事。调补工部侍郎。寻授安徽巡抚。以歙县监生张良璧采生毙命，命楷亲讯，谳拟未依凌迟律，失于轻比，部议降一级调用，改降二级留任。十七年，卒。诏以"楷直枢曹久，有劳，自简封圻，治理安静。母程年逾七旬，嗣子尚幼，深悯之，特赐恤。"

和舜武，伊拉里氏，满洲镶蓝旗人。官学生，考授太常寺笔帖式。累迁步军统领衙门员外郎。以治狱明获议叙，迁兵部郎中，兼公中佐领。嘉庆十五年，出为江苏盐法道。累迁山东布政使，整饬吏治，舆论归之。二十二年，擢山西巡抚，调河南。会布政使吴邦庆疏请于漳、衡合流之处建闸坝，和舜武谓："漳河盛涨湍悍，非一闸所可御，越闸旁趋，且停蓄泥沙，塞卫水宣泄之路。"疏请罢之，仍旧章每年挑浚宴公河以资盐运，如所议行之。逾年，调山东。仁宗闻其前为布政使有声，故有此授。山东民俗好讼，又近畿，辄走诉京师。和舜武再莅，讼顿减，特诏褒勉。疏请清理京控积案，责巡抚、藩、臬分提鞫讯，月定课程，各自陈奏；又请酌改窃盗窝匪条例，加重定拟，俟盗风稍戢，复旧。并从之。至年终，审结积案千余起，予优叙。京察复予议叙。二十四年，卒，上甚惜之，优诏赐恤，赠总督衔，谥恭慎。

论曰：仁宗初政，特重廉吏。岳起、荆道乾清操实政为之冠；谢启昆、张师诚矽猷建树，卓越一时：并专圻硕望矣。李殿图、李奕畴、钱楷亦各以明慎慈惠见称，和舜武课最簿书，遂邀易名旷典；王绍兰一眚坐废，晚成经学：殆有幸有不幸哉？

卷三百六十　　列传一百四十七

司马𫘦　王秉韬 嵇承志　康基田
吴璥　徐端　陈凤翔　黎世序

司马𫘦，字云皋，江苏江宁人。乾隆中，大学士高晋为两江总督，辟佐幕司章奏。习河事，以从九品留工效用，授山阳主簿。累迁淮安同知，仍兼幕职。从晋塞河，屡有功。萨载继任总督，亦倚之。五十年，奏擢江南河库道。道库岁修六十万，溢额则俟上闻，遇险工，厅员借帑，久辄因缘为弊，𫘦从容筹补，公私具举。五十五年，迁江西按察使，在官七年，巡抚篚篹不饬，被劾多所牵连，𫘦以谨慎获免。嘉庆元年，迁山西布政使。二年，调山东，兼管河务。是年秋，曹州河溢，命𫘦偕两江总督李奉翰、南河总督康基田、前山东巡抚伊江阿同任堵塞。冬，擢河东河道总督。曹工寻合龙。三年春，西坝蛰，革职留任。疏言豫东两岸堤工卑薄，请择要增高，以御汛涨。诏以下游不能深通，徒事加堤，斥其不揣本而齐末，曹工之蛰，由

于堵筑不坚，罚𫘦等赔修，夺翎顶，所议工事仍允行。九月，睢州河溢，诏免治罪，责速塞。四年正月，工竣，复顶戴，议叙，免其代赔帑银。寻卒于工次，赐恤。

王秉韬，字含溪，汉军镶红旗人。由举人授陕西三原知县，累迁河南光州直隶州知州。缘事降浙江按察司经历，改云南知县。累迁山西保德知州，有政声。乾隆五十五年，擢安徽颍州府知府，因谳狱迟延罢职，诏以原官发江苏，补淮安。嘉庆二年，复调颍州。会教匪犯河南，去颍州甚近。秉韬慨然曰："同为守土臣，岂可以畛域遗害乎？"与寿春镇总兵定柱团结乡勇数千，励以忠义，助粮饷，战于境上，破贼走之。时大学士朱珪为安徽巡抚，器其才。未几，擢广西左江道。复以在颍州失察逸犯，罣议，镌级去官，留治江南丰、砀河工。寻署庐凤道。洎仁宗亲政，朱珪荐之，擢奉天府尹，迁河南布政使。五年，擢河东河道总督。

秉韬老于吏事，治河主节费。堤埽单薄者择要修筑，不以不急之工扰民。河北道罗正墀信用劣幕舞弊，曹考通判徐骝张皇糜费，并劾治之。薪料如额采买，河员滥报辄驳斥，使多积土以备异涨，于是浮冒者不便其所为，言官遽论劾，诏慰勉，戒勿偏于节省。七年，防汛，卒于工次。

秉韬性方正，不沽名。时疆吏中长麟、汪志伊并以廉著，秉韬不惬其为人，尝曰："长三、汪六皆名过其实，奚足贵？"继其任者为嵇承志。

承志，大学士璜子。由举人官内阁中书，累迁长芦盐运使。乾隆五十九年，天津海河溢，筑堤守御。高宗以承志无守土责，能尽力，特诏嘉之。寻病归。嘉庆六年，从侍郎那彦宝治永定河，复授长芦盐运使。七年，署河东河道总督。承志年已老，上特以其家世习河事，故任之。八年，河决封丘衡家楼，次年，塞决工竣。召还京，授大理寺少卿。十年，迁顺天府尹。寻卒。

康基田，字茂园，山西兴县人。乾隆二十二年进士，授江苏新阳知县，调昭文。为令几十年，迁广东潮州通判。以获盗功，晋秩同知。累迁河南河北道，调江南淮徐道，治河有声。五十二年，擢江苏按察使。命每年大汛赴淮、徐襄河务。六月，河南睢州河溢，基田奉檄驰往堵筑。次年，迁江宁布政使，兼河务如故。五十四年，署江南河道总督，寻回任。六月，基田防汛睢南，值周家楼河溢，上游魏家庄大埽翻陷，基田压焉，援救得生。诏嘉其奋勉，特加恩赉。五十五年，护理安徽巡抚。以高邮粮贾伪造印串，巡抚闵鹗元被严谴，褫基田顶戴。复以陈奏不实，革职逮问，遣戍伊犁。寻许赎罪，以南河同知用。五十六年，仍授淮徐道。五十九年，力守丰汛曲家庄堤，特诏褒奖。擢江苏按察使，调山东，仍兼黄、运两河事。

嘉庆元年，南河丰汛河溢，基田赴工襄治，迁布政使。命回山东，疏消漫水，抚恤灾民，基田遂往来其间。次年春，丰工竣，赐花翎。擢江苏巡抚。秋，河溢砀山杨家坝，命驰视。山东曹县河亦溢，复命往襄同堵筑。授河东河道

总督,寻调南河。三年,曹工合而复蛰,部议革职,诏宽免。疏言:"口门深逾十丈,拟就二坝前河势湾处开引河,别筑一坝,即以旧西坝改作挑水坝,俟秋后兴工。"诏责其延玩,褫翎顶。寻命专任下游挑河事。九月,河南睢州河复溢,水入涡、濉诸河,正河断流。大工旋合。次年春,睢工亦竣,河归故道,引河通畅,复翎顶。时有条奏治海口及复旧制混江龙者,基田疏言:"治河之法,首在束水攻沙。自曹工漫溢,溜或旁趋,遂致正河淤垫。因上决而下淤,非先淤而后决。今睢工、曹工既竣,连年黄水漫衍,所在停沙,比至清江会淮,已成清水。海口刷深宽三百数十丈,毋庸疏浚。混江龙助水之力甚微,不若束水攻沙、以水治水之力大而功倍。"仁宗嘉纳之。

秋,河溢邵家坝。十二月,堵合未旬日,坝复蛰,渗水,责基田赔帑。五年正月,坝工失火,积料尽焚,革职,留工效力。基田驭下素严,督率将卒守堤,动以军法从事,稽延者杖枷不贷,人多怨之。又官吏积弊惧揭,阴纵火以掩其迹。帝亦知基田性刚守洁,惟责其苛ırd,仍命随办要工,欲复用之。及邵家坝工竣,以知州用,补江苏太仓直隶州。逾年,擢广东布政使,调江西,又调江宁。十一年,因贵州铅船迟滞,降调,授户部郎中。

十三年,从协办大学士长麟、戴衢亨察视南河,基田请修复天然闸迤东十八里屯二石闸,靳辅所建也,足以减黄济运,且山石夹峙,无夺溜冲决之患,据以入告。帝嘉其留心河务,加道衔,赐花翎。寻予太仆寺少卿职衔,稽核南河要工钱粮。十六年,以年逾八旬,乞休,允之,命来京就养,以示优恤。后议改建山盱五坝,特命与议。基田疏陈:"旧制尽善,不宜轻改。今仁、义、礼三坝石底损坏,跌成深塘,不得已为变通之计。请将仁、义二坝先改其一,俟大汛果见顺利,再议添所建。拟礼坝先筑草坝,非湖水大涨,不可轻放。"奏入,报闻。十八年,乡举重逢,赐三品卿衔,与鹿鸣宴。寻卒。

吴璥,字式如,浙江钱塘人,吏部侍郎嗣爵子。乾隆四十三年进士,选庶吉士,授编修。大考擢侍讲学士,典陕西乡试。五十四年,督安徽学政。召见,高宗因其父曾为总河,询以河务,所对称旨,即日授河南开归陈许道。累迁布政使。五十九年,巡抚出视赈,璥充乡试监临,闻河水暴涨,即出闸驰防,帝嘉之。六十年,署巡抚。

嘉庆二年,楚匪齐王氏犯河南,击走之。复剿息县匪,赐花翎。母忧留任。四年,署河东河道总督,寻实授。请增河工料价,仍地粮摊征,诏斥其病民,革职留任。五年,调南河,堵合邵家坝漫口,加太子少保。八年秋,河决衡家楼,命豫筹来年漕运,请疏邳州、宿迁诸闸,于宿迁、桃源交界筑束水草坝,浚淤浅,依议行。又言徐州一带河水宽深而未消落,乃海口壅塞所致,诏相度治之。寻疏陈:"云梯关海口暗滩,尚非全被阻遏。请于黄泥嘴开引河,并挑吉家浦、于家港、倪家滩、宋家尖诸滩。"允之。九年秋,洪湖水涨未消,请缓筑仁、智两坝,以保堰、盱堤工。时东河衡工甫合,清江浦河口水浅阻粮船,上谓清水力弱,由启放仁、智等坝所致,命侍郎姜晟往会筹蓄黄济运。

璥与合疏请堵二坝及惠济闸之钳口坝,使湖水全力东注,刷通河口,并启李工口门,减掣黄水,从之。上终以璥多病,治河不力,虽宥其罪,命解职。十年,授兵部侍郎,调仓场侍郎。

十一年,复授河东河道总督。因料物例价不敷,请依南河按时价折销,允之。复请岁料帮价归地粮摊征,被严斥,革职留任。寻又以堤堰工需并入衡工善后题销,上切责之。十三年,召回京,授刑部尚书。命偕侍郎托津赴江苏鞫狱,并勘议海口改道,请仍复故道,接筑云梯关外大堤,从之。复授江南河道总督。十四年,疏陈:"海口应浚,而大堤不坚,旁泄必淤;蓄清为要,而堤坝不复,遇涨必溃。今闸坝无减黄之路,五坝无节宣之方,皆宜急为救治。"诏题之,令尽心经理。是冬,以海口挑复正河,费用浩繁,不及于次年桃汛前举工,请权宜仍浚北潮河以通去路。十五年春,偕两江总督松筠合疏请修复正河,诏允行;而斥璥无定见,前后矛盾,责其认真整治,不得以事由松筠主持为推诿之地。寻因病乞假,诏解职,俟病痊以六部尚书用。

璥既去任,松筠疏论河工积弊,谓璥与徐端治理失宜,用人不当,垫款九十余万,恐有冒捏。又两淮盐政阿克当阿劾扬河通判缪元淳浮冒工款,称:"璥路过扬州,与言厅员营弃不肖者多,往往虚报工程,且有无工借支。前在任六七年,用帑一千余万,今此数年,竟至三四千万。"诏斥璥知而不奏,命尚书托津等往南河按之,劾璥失察误工;又浚淮北盐河,未经奏陈,浚后复淤,切诋责,降四级调用,与徐端分赔盐河工款,命璥赴南河襄办王营减坝及李家楼漫口。十七年,补光禄寺卿,累迁工部侍郎。

十八年,睢州河溢,命赴南河察勘湖河。十九年,授河东河道总督,督治睢工。次年,迁兵部尚书,工竣回京,历刑部、吏部,协办大学士。上以璥练习河务,无岁不奉使出勘河。二十一年,协防东河秋汛。二十二年,勘睢工及山东运河,南河萧南民堰、清江浦御黄、束清诸坝。二十三年,筑沁河漫口。二十四年,筑河南兰阳、仪封及武陟马营坝决口。二十五年,勘河南束清、御黄诸坝及泄水事宜。其间再署河南巡抚,一署河东河道总督。道光元年,以病免。二年,因侍郎那彦宝治河不职降黜,追论璥与同罪,虽已致仕家居,褫其翎顶。寻卒。

徐端,字肇之,浙江德清人。父振甲,官江苏清河知县。端少随任,习于河事。入赀为通判。乾隆中,河决青龙冈。振甲知涉县,分挑引河,端佐役,大学士阿桂督工,见而器之,留东河任用,授兰仪通判。寻升缺为同知,调睢宁,又调开封下南河。

嘉庆三年,署山东沂曹道。睢州河决,端预筑曹州堤,得无害。四年,擢江西饶州知府,未之任,调江苏淮安。七年,擢淮徐道,丁父忧,与假治丧,仍回任。九年,加三品顶戴,护理东河河道总督。时衡家楼甫塞决,诏以前官王秉韬惜费,嵇承志年衰,修防多疏,责端通筹全河为未雨绸缪之计。端疏陈临河埽工固紧要,无工之地尤须慎防，仁宗韪之。冬，清口水浅阻漕船，端偕尚书姜晟等往视，请展引河，启祥符五瑞坝，分河水入洪湖助清敌黄，清口乃通。寻授江南河道总督。十年，请疏治云梯关沙淤，培筑桃源以下堤工；又请移建河口束清坝于迤南湖水汇出之处，以资节制；挑涵坝外筑束清东坝，对岸张家庄增筑西坝，留闸门二十丈，视湖水大小为束展：诏允行。秋，筑义坝。时命侍郎戴均元会筹蓄黄济运，端与合疏请浚王营减坝以下盐河，遇盛涨，相机启放，庶黄减淮强，湖水畅出，堰工亦免著重，从之。

十一年，洪湖异涨，高堰赖新筑子堰抵御，不为害。俄黄水并涨，决盐河民堰，运河东岸荷花塘亦决。以功过相抵，免议。旧制，南河设正副总河，后裁其副；至是授戴均元为河道总督，端副之。秋，河决周家楼，上游郭家房堤蛰，命端专治郭家房堵口，四阅月工竣。时黄水由减坝六塘河入海，正河断流，群议改道，上颁示《御制黄河改道记》，命端视察海口。寻以六塘河下游水势散漫，难施工作，复颁示《御制治旧河记》，命端专驻减坝督工。十二年春，工竣，河循故道，加太子少保。秋，海潮上漾，河由陈家浦旁溢入射阳湖归海，请于黄泥嘴建坝，择要疏浚，俾仍故道。

十三年，署正总河。先是端屡言河淤由于海口流缓，宜接筑云梯关外长堤，束水攻沙，未之举。至是两江总督铁保疏申前议，并请培高堰土坡，修补智、礼二坝，以备湖涨；复毛城铺石堤、王营减坝，以节宣黄水：端赞其议。命协办大学士长麟、戴衢亨察视，惟辍毛城铺坝工，改建徐州十八里屯双闸，余依原议行。夏，湖水涨，端启智、信二坝，不敷宣泄，坏砖工百余丈，褫翎顶，降三级留任。寻堵合，复之。时黄水由马港口分流，经灌河口归海，命尚书吴璥、侍郎托津会勘，以荷花塘坝工垂成复蛰，降端为副总河。十五年，复授河道总督，裁副总河。端始终主复旧海口堵马港，命尚书马慧裕会同督治。两江总督松筠劾端于河流逢湾取直，以致停淤，上不直其奏，端辨，诏松筠无预河务，责端与慧裕速施工，勿游移。寻以洪湖风汛，坏高堰、山盱两厅工甚巨，革职留任。松筠复密陈端祗知工程，不晓机宜，糜帑千万，迄无成功，且恐有浮冒之弊。诏斥端不胜河督之任，革职留工，专任堵筑坝义坝。十六年，命以通判用，复命治李家楼引河。十七年，工甫竣，病卒。

端治南河七年，熟谙工作。苇柳积堤，一过测其多少。与夫役同劳苦，廉不妄取。河工积弊，端知之，惮于轻发，欲入觐面陈而终不得，以至于败。继之者为陈凤翔，河事遂益敝。

陈凤翔，字竹香，江西崇仁人。拔录，议叙授县丞，发直隶河工，累迁永定河道。嘉庆六年，畿辅大水，河决者四，凤翔从侍郎那彦宝塞决，为仁宗所知。逾年，丁父忧，赐金治丧。后复授永定河道。

十四年，擢河东河道总督，逾年，调南河。时南河敝坏已久，河湖受病日深，诏以蓄清敌黄为急务，其要在修复高堰之堤，责凤翔克期程工，尤以借黄济运为戒。十六年，疏陈急治河口及运河各工，高堰二堤亦次第兴办。寻偕两江总督勒保奏报堵合御黄、钳口两坝，疏末微言："海口北岸无人烟之地，面面皆水，俟秋间水落，相机办理。"上以上年堵筑马港，两岸皆新堤，北岸地势尤高，明是新决讳饰，责令据实奏闻。适王营减坝土埝又决，诏切责，革职留任。寻奏："王营减坝旁注，由海口逼紧，水无他路，致有漫溢。请俟水落，修筑减坝海口，但保南岸，勿筑北岸，以免水逼。"援引高宗谕旨云梯关外勿与水争地，诏以"从前濒海沙滩无居民，今则马港口外现有村落，非昔可比。且水势散漫，河缓沙停，弊不胜言。又凤翔等所绘海口图无村落地名，与十三年吴璥所呈图说不同，河形曲直亦异。"斥凤翔意存朦混，恃才妄作："前称云梯关外溜势畅达，未挑处刷深至十余丈，可见海口非高仰；凤翔既未身历其境，今因北岸漫溢，束手无策，反言从前挑筑皆属非计，以相抵塞。"特简百龄为两江总督，与凤翔同勘海口。凤翔谓海口不能畅，下壅故上溃，诿为淮海道黎世序所言；而世序实谓下壅在倪家滩新堤上下，非在海口。及百龄至，亲勘海口深通，惟中段涸成平陆，乃去岁挑河积土河滩，春水漫刷，仍归河内。又拦潮坝放水时，坝根起除未净，阻水停淤，世序屡请筹办，凤翔视为缓图，诏斥因循贻误。会上游绵拐山、李家楼两处漫口，革职留任。

十七年春，礼坝又决，百龄劾："凤翔急开迟闭，坝下冲劫，不早亲勘堵筑，用帑二十七万两有奇；而坝工未竣，清水大泄，下河成灾。"严诏斥凤翔贻误，革职，罚赔银十万两，荷校两月，遣戍乌鲁木齐。寻凤翔诉辨，命大学士松筠、府尹初彭龄按讯，得百龄与凤翔同时批准开坝状；凤翔又讦百龄信任盐巡道朱尔赓额督办苇荡柴料，捏报邀功：谴百龄等，凤翔免枷，仍赴戍，未行，病殁。

黎世序，初名承惠，字湛溪，河南罗山人。嘉庆元年进士，授江西星子知县，调南昌。擢江苏镇江知府。十六年，迁淮海道。与河督陈凤翔争堵倪家滩漫口，由是知名。

十七年，调淮阳道。寻凤翔黜，诏加世序三品顶戴，署南河河道总督，俟三年后果称职，始实授。疏言："自上年大浚，千里长河，王营减坝及李家楼漫口堵合，云梯关外水深二三丈至四五丈，为近年所未有。而清江浦至云梯关一带，较之河底深通时尚高八九尺。此非人力所能猝办，计惟竭力收蓄湖水，以期畅出。敌黄蓄清之法，在堰、盱二堤，有旨缓办；今年礼坝跌损，宣泄路少，二堤尤应急筑，以资捍卫。"允之。

十八年，以仁、义、礼三坝基坏，请于蒋家坝附近山冈移建三坝，挑引河三道，诏令详议，并饬填实旧坝。寻如议行。因全漕渡黄较早，议叙。疏请加高徐州护城石工，添筑越堤，于清江浦汰黄堤外加重堤，又于骆马湖尾闾五坝迤下添碎石滚坝，并允之。先是百龄拟于清江浦石马头筑圈堤，其湾处对王营，上起御黄坝，下属贴心坝，河宽千余丈，至此陡束为二百丈，论者以为不便，得不行；世序卒成之。是年秋，睢南薛家楼、桃北丁家庄漫水坏堤，世序跃入河者再。会上游河南睢州决口夺溜，河水陡落，睢、桃两工得补筑无事，诏以世序不能先事预防，降一级留任。睢州决口久未合，黄水全入洪湖。世序力筹宣泄，浚顺清河于清口淤窄处，自束清坝起至御黄坝止，挑引河三，束清、钳口各坝一律辟展，智、仁两坝及蒋坝以南，新挑仁、义两坝引河，并为分减之路。至十九年霜降，安澜，诏嘉世序修防得宜，加二品顶戴。

二十年，疏言："徐州十八里屯旧有东西两闸，金门宽三丈五尺，不足减水。其西南虎山腰两山对峙，凹处宽二十余丈，山根石脚相连，可作天然滚坝。北面临河，即十八里屯，山冈淤于土中，剥平山顶，改作临河滚坝。以虎山腰为重门擎托，可期稳固。"允之。夏，洪湖盛涨，拆展束清、御黄两坝，启山盱引河滚坝，清水畅出，会黄东注，刷河益深，特诏嘉奖，赐花翎。

世序治河，力举束水对坝，课种柳株，验土埽，稽垛牛，减漕规例价。行之既久，滩柳茂密，土料如林，工修河畅。南河岁修三百万两为率，每年必节省二三十万。碎石坦坡，自靳辅始用之于高堰，后兰第锡、吴璥、徐端偶一用之；世序始用之于通工，谤言四起，世序力持，卒获其效。二十一年，京察，议叙。二十二年，因御黄坝刷深不能施工，束清坝掣溜太急，亦难稳立，请于旧二坝水浅处添筑重坝，又于束清坝外添建一坝，以为重门钳束，于是比岁安澜，奏减料价一成。

道光元年，入觐，宣宗嘉其劳勚，加太子少保，开复一切处分，赐诗以宠之。二年，京察，复予议叙。四年，卒于官，优诏褒恤，加尚书衔，赠太子太保，谥襄勤，入祀贤良祠。江南请祀名宦建专祠，帝追念前劳，御制诗一章，命勒石于墓。赐其子学淳，主事；学渊，举人；学澄，副榜贡生。

自乾隆季年，河官习为奢侈，帑多中饱，浸至无岁不决；又以漕运牵掣，当事者，无不蹶败。世序澹泊宁静，一洒靡俗。任事十三年，独以恩礼终焉，幕僚邹汝翼，无锡人，世序倚如左右手，欲援陈潢故事，荐之于朝，力辞而止。泾县包世臣号知河事，世序多用其说，惟筑圈堰一事论不合。及创虎山腰滚坝，世臣阻之曰："河以无溜为至险，攻大埽不与焉。湖以淤底为至险，掣石工不与焉。公谓减黄入湖，为化险为平。黄缓湖高，吾坐见其积平成险也。两险交至，其祸甚烈。公意在及身，然以忧患贻后世已。"世序初奏亦谓坝成遇不得已乃启，然后实无岁不启。洎嘉庆二十五年，上游河南睢州马营两口既合，阅岁大汛至，清河、安东、阜宁三县境内河水常平堤，而中泓无溜。世序心知其害，忧瘁而卒。后数月，高堰竟决。

论曰："仁宗锐意治河，用人甚慎。然承积弊之后，求治愈殷，窟穴于弊者转益诪张以为尝试。海口改道之说起，纷纭数载而后定。康基田、徐端等皆谙习河事，程功亦仅。至黎世序宣勤久任，南河乃安；而减黄病湖，遂遗隐患。得失之故，具于斯焉。

卷三百六十一　列传一百四十八

刘清　傅鼐　严如煜 子正基

刘清，字天一，贵州广顺人。由拔贡议叙，授四川冕宁县丞，擢南充知县，政声为一省之冠。

嘉庆元年，教匪起，清得民心，募乡勇五百人击贼，人乐为用。贼自为民时知其名，遇辄避之。继从总督英善剿达州匪徐天德，数捷，率乡勇罗思举赴贼营谕降罗其清，未得要领；而徐天德与王三槐、冷天禄合陷东乡，二年春，始复之，遂署东乡。进克清溪场，擒贼党王学礼，天德之舅也，言天德与王三槐皆有归顺意。总督宜绵令清往招三槐，遍历诸贼垒，迎送奉酒食甚谨，宣示招抚，皆听命，夜宿其帐中。三槐随至大营，约期率所部出降，然实藉觇虚实，非真意。届期，三槐诡称于双庙投降，伏匪为掩袭计，官军预设备，击败之。时罗其清、冉文俦并聚方山坪，清偕总兵百祥夺多福山贼垒，会诸路兵攻方山坪，克之。贼窜通江、巴州，与徐天德、王三槐合，清所部乡勇增至千余人，桂涵、李子青等皆骁勇善战，偕诸军击贼，叠有歼获，罗、冉二匪渐蹙。

三年，署广元县事。总督勒保攻王三槐于安乐坪，未下，复令清往招抚。三槐恃前此出入大营无忌，留随人刘星渠等为质，三槐遂诣军门，勒保奏报大捷，俘三槐至京。廷讯时，言："官逼民反。"仁宗诘之曰："四川一省官皆不善耶？"对曰："惟有刘青天一人。"刘青天者，川民以呼清也。帝深嘉之，特谕曰："朕闻刘清官声甚好，每率众御敌，贼以其廉吏，往往退避引去。如果始终奋勇，民情爱戴，著勒保据实保奏。"寻以清治绩战功奏上，晋秩同知直隶州，赐花翎。于是刘青天之名闻天下。

四年，补忠州，加知府衔。参赞额勒登保破冉天元、张子聪于竹峪关，令清于通江、巴州招抚余匪。自王三槐被诱，诸贼首皆疑惮不敢出；然感清无他，不忍加害，每至贼营，必留宿尽礼，其胁从者先后投出二万余人，遣散归农，以功加道衔。命随副都御史广兴驻达州治军饷，擢建昌道。五年，冉天元等合诸路贼渡嘉陵江，总督魁伦退守盐亭凤凰山，令清集民团守潼河，上下三百余里，多浅滩，尽撤防兵；清争之，不可。贼果于太和镇上游王家嘴偷渡，委罪于清。夺职，命以知县用，留营效力。既而德楞泰破贼，天元伏诛，诸路窜贼旁皇通、巴之间，勒保以清去岁招降成效，责奏安抚。时川匪父子兄弟一家中不尽习教为贼，而奔窜往来，过乡里辄视视。清屯要隘，且剿且抚，遣人存问贼首家属有归诚之意者，潜令图之，展转相引，贼遂瓦解。蓝号鲜大川，巴州人，号为狡悍。其族人文炳、路保及党杨似山，清皆厚恤其家，感恩愿效死，乃使文炳劝大川降，不可，且与似山谋杀文炳。似山乘间杀大川，与文炳、路保同降。巴州匪遂灭。六年，以功复原官,仍授建昌道。七年春,破贼于南江五方坪,擒贼首李彬及辛文等,加按察使衔,寻授四川按察使。败蓝号齐国典余匪于两河口,追擒其党葛成胜。诸匪以次平,大功告蒇,下部议叙。

清在军七年,先后招降三万余人。有业者归乡里,无业及有业愿从者为乡勇,后立战功者三十余人。其中苟崇勋、苟文耀、李彬、辛文、李世玉、赵文相,皆贼魁也。崇勋即苟文通,已奏报歼毙而改名。及军事竣,当遣,清以诸人田庐焚荡,骤散将复为贼,临行重犒之。自向富室巨商贷金,人感其诚,多响应。事毕,积逋沉至十万。

八年,陕西余匪自南山窜出栈道,清驰扼广元,遣卒招抚被戕,诏斥轻信纵贼,以前功免罪,命理粮饷及搜捕余匪、裁撤乡勇。十年,事竣入觐,赐御制诗,有曰:"循吏清名遐迩传,蜀民何幸见青天!诚心到处能和众,本性从来不爱钱。"时以异数荣之。丁继母忧,去官,服阕,授山西按察使,迁布政使。忤巡抚初彭龄,劾其袒护属吏,降四级,以从四品京堂用。清亦自陈不胜藩司之任,诏斥冒昧,降补刑部员外郎。热河新设理刑司员,以清往,边方草创,多持大体,断狱平允,蒙民亦以青天呼之。

十七年,授山东盐运使。十八年,河南教匪起,山东贼党朱成良等应之,陷定陶、曹县,巡抚同兴悝惧,清自请将兵。承平久,兵习晏安,清蹙草舁先之,以五百人败贼于髳山,复定陶,又败之于韩家庙,殪贼二千,进攻扈家集,纵火焚栅,贼突出皆死,诛贼首朱成良、王奇山,自滑县奔至者并歼焉,两阅月而事平。贼初起时,煽惑众,清先解散其胁从,成良势孤不得逞,故得速平。上嘉其以文职身先士卒,特诏褒奖,加布政使衔。寻授云南布政使,仍留旧任。

清性坦率,厌苛礼,不合于上官,又不耐簿书钱谷,遂乞病,上亦知之,改授山东登州镇总兵,调曹州镇。道光二年,以老休致,命在籍食全俸。八年,卒,赐祭葬,祀山东名宦,官其孙炽昌为兵部主事;莹,举人。

傅鼐,字重庵,顺天宛平人,原籍浙江山阴。由吏员入赀为府经历,发云南,擢宁洱知县。乾隆末,福康安征苗疆,调赴湖南军营司饷运,晋秩同知直隶州,赐花翎。

嘉庆元年,授凤凰厅同知。治当苗冲,会大军移征湖北教匪,降苗要求苗地归苗,当事议允之。鼐知愈抚且愈骄,乃招流亡,团丁壮,于要害筑碉堡,防苗出没。苗以死力来攻,且战且修,阅三年而碉堡成。有哨台以守望,炮台以御敌,边墙相接百余里。每警,哨台举铳角,妇女、牲畜立归堡,环数十里皆戒严。四年,擒苗酋吴陈受,加知府衔。巡抚姜晟疏荐鼐能胜艰巨,方治镇筸一带荒田,均给丁壮,请俟事竣送部。时镇筸左、右营黑苗最为边患,五年,晒金塘苗出掠泸溪,偕总兵富志那夜分三路捣其巢,伏兵隘路苟瞥岩要击,痛歼之,毙首逆吴尚保,苗始夺气。诏嘉奖,命在任食知府俸。

六年,贵州苗复乱,湖南环苗地东、南、北三面七百余里,其西二百余里接贵州,未设备。石岘苗煽十四寨纠湖南苗叛,鼐率乡勇千五百驰赴铜仁。贵州巡抚伊桑阿以招抚戡定上闻,各寨实尚沸然,枪械未缴。总督琅玕至,急檄鼐会剿崖屯沟,黔兵攻其前,鼐夜由山径入,连破五巢。上下湖山峡尤险,夜分兵围攻,至次日克之,火其寨。三日中尽破诸寨,歼苗二千有奇。仿湖南法,建碉堡守之。伊桑阿因冒功误边伏法,录鼐功,加道衔,总理边务,并命以苗疆道员用。七年,丁父忧,诏鼐办理边防善后,民、苗悦服,难易生手,命留任。初,鼐建议迁永绥城于花园,副将营于茶洞,而贵州方藉永绥为声援,尼其事。至是诏琅玕察奏,乃赴铜仁面陈永绥孤悬苗中,形如釜底,有二难、三可虑;并请移湖南守备于贵州边境螺蛳堡,以为犄角,乃决议移之。既而群苗率众来争,鼐率乡勇深入,苗大集,环之数重,以奇计突围出。寻议勒缴枪械,苗酋石崇四等抗命,并阻丈田,十年,与其党石贵银纠众数千来犯,败之夯都河,追至孟阳冈,歼贼甚众,生擒石崇四、石贵银。是役因贼戕良苗,故得用苗兵深入,战月余,破寨十六,余皆乞降,永绥苗遂平。厅属高都、两头羊二寨皆震慑,无敢抗。事闻,予优叙,擢辰沅永靖道。

鼐治苗专用雕剿法,大小百战,所用仅乡勇数千。苗人于穿山峭壁蓦越如平地,无部伍行列,伏箐中从暗击明,铳锐且长,随山起伏,多命中。鼐因苗地用苗技训练士卒,囊沙轻走,习藤牌闪跃,狭路则用短兵。每战后辄严汰,数年始得精卒千,号"飞队",风雨不乱行列,遗资道路无反顾,甘苦与共,是以能致死。

先是议兴屯田,上书巡抚高杞曰:"防边之道,兵民相辅。湖南苗疆,环以凤凰、永绥、乾州、古丈坪、保靖五厅县,犬牙相错,营汛相距各数里。元年班师后苗扰如故,鼐竭心筹之,制胜无如碉堡。募丁壮数千,与苗从事。来则痛击,去则修边,前戈矛,后邪许。得险即守,寸步而前,然后苗锐挫望绝。湖南自乙卯二载用兵,耗帑七百余万。国家经费有常,顽苗叛服无定。募勇不得不散,则碉堡不得不虚;后患不得不虑,则自图不得不亟。通力合作,且耕且战,所以招亡拯患也。均田屯丁,自养自卫,所以一劳永逸也。相其距苗远近、碉堡疏密,为屯田多少:凤凰厅碉堡八百,需丁四千轮守,并留千人备战,需田三万余亩;乾州厅碉堡九十余,守丁八百,屯田三千余亩;保靖县碉堡四十余,守丁三百,屯田千五百余亩;古丈坪厅苗驯,止设碉堡十余,守丁百,屯田五百余亩;永绥厅新建碉堡百余,留丁二千,亦屯田万亩:而后边无余隙,环苗以成圈围之势,峻国防、省国计也。异族逼处,非碉堡无以固,碉堡非勇丁无以守,勇丁非屯田无以赡。边民濒近锋镝,固愿割世业而保身家;后路同室屏蔽,亦乐捐有余以补不足。所募土丁,非其子弟即其亲族。距边稍远者,仍佃本户输租,视古来屯戍以客卒杂处,势燕越矣。与其一旦散数千骁健无业子弟流为盗贼,何如收驾轻就熟之用而不费大帑一钱?惟执事图之!"于是收叛产分给无业穷苗佃种。

自擒石崇四,余匪愿返侵地,永绥得万余亩,乾州、凤凰二厅次之,乃续垦沿边隙地二万亩,曰"官垦田",赎苗质民田万余亩,曰"官赎田"。以廉屯官授屯长,给老幼,筹补助,备犒赏,暨岁修城堡、神祠、学校、育婴、养济诸费。复以兵威勒交苗占民田三万五千余亩,苗自献田七千余亩。其经费田则佃租变价,屯丁田则附碉躬耕,训练讲武,设屯田守备掌之,辖于兵备道。屯政举,使兵农为一以相卫,民、苗为二以相安。与官及兵民约曰:"毋擅入苗寨,毋稍役苗夫。"与苗约曰:"毋巫鬼椎牛群饮以糜财,毋挟枪矛寻睚眦酿衅。"请乾、凤、永、保四厅编立边字号,广乡试中额一名;苗生编立田字号,加中额一名,苗益感奋。十三年,屯务竣,入觐,诏曰:"傅鼐任苗疆十余年,锄莠安良,兴利除弊,建碉堡千有余所,屯田十二万余亩,收恤难民十余万户,练兵八千人,收缴苗寨兵器四万余件;又多方化导,设书院六,义学百,近日苗民向学,革面革心。朕久闻其任劳任怨,不顾身家。今召见,果安详谙练,明白诚实,洵为杰出之才,堪为岩疆保障。其加按察使衔,以风有位。"

十四年,擢湖南按察使。苗人吁留,命每年秋一赴苗疆抚慰边人。鼐在苗疆,设木匦于门,诉者投牒其中,夜出阅之,黎明起视事,剖决立尽。兵民白事,直至榻前。及为按察使,一如同知时。下无壅情,事无不举。十五年,兼署布政使。十六年,卒于官,仁宗深悼惜,诏谓:"倚畀方隆,正欲简任疆寄。加恩赠巡抚衔,照赠官赐恤,赐祭一坛。"苗疆建专祠,祀湖南名宦。光绪中,追谥壮肃。

初,鼐排众议以事攻剿,为大吏所甚,将中以开边衅罪。监司阿意,旁掣其肘,镇筸总兵富志那独保全之。富志那从征金川,习知山碉设险之利,鼐实从受之,卒以成功。鼐殁后,二妾寡居,饘粥不给,其廉操尤著云。

严如熤,字炳文,湖南溆浦人。年十三,补诸生,举优贡。研究舆图、兵法、星卜之书,尤留心兵事。

乾隆六十年,贵州苗乱,湖南巡抚姜晟辟佐幕,上平苗议十二事,言宜急复乾州,进永绥,与保靖、松桃、镇筸声势可通。攻乾州道泸溪,必先得大小章。大小章者,故土司遗民,名曰亿佬,骁健,与苗共仇。如熤募能亿佬语者往,开示利害,挟其酋六人出,推诚与同卧起,乃送质,率其属阳投乾州为内应,约一举破贼,因黔师牵掣未果。次年,卒赖其众,救两镇兵于河溪。后复平陇,战花园,皆为军锋。大小章于大府檄或不受,必得如熤手书始行云。

嘉庆五年,举孝廉方正。廷试平定川、楚、陕三省方略策,如熤对几万言,略谓:"军兴数载,师老财匮。以数万罢惫之众,与猾贼追逐数千里长林深谷中。投诚之贼,无地安置,则已降复乱;流离之民,生活无资,则良亦从乱。乡勇戍卒,多游手募充。虑一旦兵撤饷停,则反思延乱。如此,则乱何由弭?臣愚以为莫若仿古屯田之法。三省自遭蹂躏,叛亡各产不下亿万亩,举流民降贼之无归、乡勇戍卒之无业者,悉编入屯,团练捍卫,计可养胜兵数十万。饷省而兵增,化盗为民,计无逾此。"仁宗亲擢第一。次日,召诣军机处问屯政,复条上十二事。召见,以知县发陕西。下其疏于三省大吏,令采行。

六年,补洵阳,县在万山中,与湖北边界相错,兵贼往来如织。时方厉行坚壁清野,如熤于筑堡练团,措置尤力。贼至无可掠,去则抄其尾。又择坚寨当冲者,储粮供给官军。徐天德、樊人杰败于张家坪,因马鞍寨阻其前,故不得窜。杨遇春破张天伦,亦赖太平寨夹击之力。以功加知州衔,赐花翎。八年,击湖北逸匪于蜀河口,斩王祥,擒方孝德,晋秩同知直隶州。新设定远厅,即以如熤补授。九年,建新城,复于西南百余里黎坝、渔渡坝筑二石城为犄角。治团如洵阳,贼至辄歼,先后擒陈心元、冯世周。丁母忧,大吏议留任,辞不可,服阕,十三年,补潼关厅。寻擢汉中知府。兵燹后,民困兵骄,散勇逸匪,心犹未革。如熤联营伍,立保甲,治堡寨,问民疾苦。兴劝农事,行区田法,教纺织,使务本计。修复褒城山河堰及城固五门、杨填二堰,各灌田数万亩,他小堰百余,皆履勘浚治,水利普兴。复汉中书院,亲临讲授。于华州渭南开谕悍回,缚献亡命数十人;于宁羌解散湖北流民;于城固擒教首陈恒义:皆治渠魁,宽胁从。令行禁止,人心帖服,南山遂大定。

道光元年,擢陕安道。会廷议川、楚、陕边防建设事宜,下三省会勘,以如熤任其事,周历相度,析官移治,增营改汛,建城口、白河、砖坪、太平、佛坪五厅,移设文武。奏上,报可。如熤尝言:"山内州县县距省远,多推诿牵掣。宜仿古梁州自为一道及明郧阳巡抚之制,专设大员镇抚,割三省州县以附益之,庶势专权一,可百世无患。"以更张重大,未竟其议。三年,宣宗以如熤在陕年久,熟于南山情形,任事以来,地方安靖,特诏嘉奖,加按察使衔,以示旌异。巡抚卢坤重之,采其议增厅治于整屋、洋县界,增营汛于商州及略阳;檄勘全秦水利,于沣、泾、浐、渭诸川,郑白、龙首诸渠,规画俱备。社仓、义学,亦以次推行。五年,擢贵州按察使,未到官。六年,入觐,仍调陕西,抵任数日而卒,赠布政使。陕民请比朱邑桐乡故事,留葬南山,勿得,乃请祀名宦。湖南亦祀乡贤。

如熤自为县令至臬司,皆出特擢。在汉中十余年不调,得成其镇抚南山之功。宣宗每论疆吏才,必首及之。将大用,已不及待。为人性豪迈,去边幅,泊荣利,视之如田夫野老。于舆地险要,如聚米画沙。所规画常在数十年外,措施略见所著书。尝佐那彦成筹海寇,有《洋防备览》;佐姜晟筹苗疆,有《苗防备览》;佐傅鼐筹屯田,有《屯防书》。又有《三省边防备览》,汉江南北、三省山内各图,《汉中府志》及《乐园诗文集》。

子正基,原名芝,字山舫。副贡生。少随父练习吏事。道光中,官河南知县,有声。擢郑州知州。治贾鲁河,息水患。河决开封,正基佐守护。治河兵狱,雪其冤,得河兵死力,城赖以完。母忧归,服阕,补奉天复州。兴屯练,捕盗有法,民杀盗者勿论。奉天治吏紊弛,府尹下所属,以正基为法。盗风为戢。引疾去。江南大吏疏调,擢授常州知府。二十九年,大水,勘灾勤至,郡人感之,输钱二十余万助赈,全活甚众。累署淮扬道、按察使。咸丰初,侍郎曾国藩、吕贤基交章荐之,命赴广西治军需,授右江道。擢河南布政使,留广西。时粤匪披猖,将帅龃龉,师久无功。正基曲为调和,疏论其事,谓:"师克在和,事期共济。统兵大帅与地方大吏，宜定纷更不齐之势，联疏阔难合之情。布德信以服人心，明功罪以扬士气。勿因贼盛而生推诿，勿因兵单而务自救，勿以小忿而不为应援，勿以偶挫而坐观成败。庶逆氛可殄，大功可成。"时以为谠言。二年，桂林围解，赐花翎。寻随大军赴湖北，时武昌初复，命驰往抚恤难民，署湖北布政使。调广东，复赴广西清核军需。内召授通政副使，迁政使。七年，引疾归，卒。

论曰：乱之所由起与乱之所由平，亦在民之能治否耳。教匪起于官逼民叛，其间独一得民心之刘清，卒赖以招抚，助诛剿之成功。征苗频烦大兵，而未杜乱源，傅鼐乃以一厅一道之力，剿抚兼施，岩疆绥定。南山善后，严如熤始终其事，化榛莽为桑麻。此其功皆在一时节钺之上，光于史策矣。

卷三百六十二　列传一百四十九

方积　朱尔汉　杨𬤊　廖寅
陈昌齐　朱尔赓额　查崇华

方积，字有堂，安徽定远人。拔贡生。以州判发四川，补闻中知县，署梁山。达州东乡贼起，梁山当其冲，贼犯县境，营白兔山守兵溃。积以一百人据小山为疑兵，贼不敢进。筑寨二百余所，令人自为守。他县流民依集者三十余万人，贼至无所掠食，屡出奇兵击走之。坚壁清野之法，盖自梁山始。既而万县宝灵寺贼起，越境剿平之，又助大兵歼伍文相于石坝山，却林亮功于望牛垭，毙亮功弟廷相，赐花翎。擢宁远知府，仍留驻梁山，凡四年。至嘉庆六年，诸路贼渐平，调夔州，继刘清为建昌道。凉山生番叛，率师讨平之。未几，里塘正土司索诺木根登杀副土司，夺其印，副将德宁兵为所困。积单骑往，密授旧头目希拉工布方略，以其众破之。历川北道、盐茶道，擢按察使。马边、峨眉岭诸夷结梁山生番盗边，积偕提督丰绅由马边三河口凿山深入，克六拨夷巢，遂出赤夷间道，进攻岭夷十二地。浃旬之间，每战皆捷。曲曲乌助逆死拒，潜师出其后，殄之。迁布政使。

积官四川二十余年，驰驱殆遍，山川风土，瞭然于胸，用兵辄独当一面。及任藩司，僚属多故交，一无瞻徇。清节自励，尤为时称。卒于官，祀名宦。

朱尔汉，字丽江，顺天大兴人。少为户部吏。乾隆中，官甘肃靖远典史，母忧去官。服阕待次，时平凉回酋田五作乱，尔汉与通判吴廷芳、知县黄家驹守靖远城，贼来攻。靖远回豪哈得成等期夜半为内应，尔汉得其情，令守者悉登城不得下，至哈得成家，阳科其谷饷军，因拘之；分遣人诱擒城下贼，贼之杂守者在城上已数十人，县役铁光保

最为剧贼，猝擒之。角声起，扼城上贼无脱者，外贼觉，遂引去。由是以知兵闻，擢隆德知县。徙底店寨降回，擢泾州直隶州知州。擒教匪刘松，擢巩昌府知府。

嘉庆元年，教匪起，蔓延三省。二年，四川贼尤炽，总统宜绵驻达州，檄尔汉参军事。是时王三槐踞方山坪、白岩山者，地险固，贼渠林亮功、樊人杰屯山上，与方山坪为声援。将军舒亮、提督穆克登布屯山前之韩彭坳，尔汉兵三百、乡勇三千屯山后之排亚口。排亚口之上曰金凤观，曰草店，曰鸭坪，一日尽攻克之。复进，有木栅当隘，不见贼，惟以犬守。兵跃攀栅，贼自崖旁斫伤之，鸣锣掣旗，左右贼大至，尔汉虑断后路，退师。先是与韩彭坳诸师为期，中道而止，贼得专力山后，故不克。既而奉节贼千余来援，败之，擒贼渠邱广福。岩贼久困欲走，倾巢来犯，战一昼夜不得路，仍退。尔汉攻之三阅月，搏战被创，乃回巩昌。

三年，运麦十万石饷军，行至成县，贼渠高均德来夺，败之于格楼坝，擒其党李德胜。四年，张汉潮犯秦州，尔汉赴成县会剿。巩昌警至，驰还，贼已据城东鸳鸯河，夜掠贼卡而入，城守始固，以功擢巩秦阶道。生番铁布者，居西倾山中，众十余万，乘教匪猖獗，时出盗内地。尔汉以铁布未叛乱，且地险，一构兵非数年不能平。铁布奉回教，乃召其阿浑谕之，于是来首者踵至。一日书姓名一纸，曰：此铁布党也。又出一图，曰：盗巢及要隘尽于此。分遣百余人捕之，悉就擒，铁布遂定。六年，川、楚、陕贼渐蹙，余贼多窜甘肃，率兵扼剿，凡数十战皆捷。八年，甘肃匪平，上功最，赐花翎。

尔汉有识断，能得人死力，奴客悉以兵法部之。自出仕即在行间，后遂与教匪相终始。用兵有法，所用乡勇侯达海，侍卫李荣华，武举刘养鹏，千总邹坤、桂攀桂皆操刺勇健善战，故所至有功。寻调广东肇罗道，擢广西按察使，署布政使。十二年，卒于官。

杨𬤊，字迈功，江西金谿人。乾隆四十九年进士，授刑部主事。总办秋审，执法平。内监讼其弟妻，𬤊按律杖赎守夫墓。和珅方总刑部，意有所徇，驳诘之，𬤊面争。珅叱曰："司员敢尔！"𬤊厉声曰："司员主稿，知为刑狱得其平耳！何叱为？"和珅不能夺。及𬤊败，擢员外郎。仁宗召见，嘉其有守，命解饷四十万两赴四川济军。川、陕大吏交章论荐，授陕西延榆绥道。时三省清厘叛产，抚恤难民，事方殷，诏责疆吏慎选公正大员如𬤊及刘清者任其事。𬤊周历田野，综核不苟，民渐复业。巡抚秦承恩檄府县募民补伍，𬤊曰："农工商贾各有其业，若预选送营，旷日失业，与抽丁何殊？"议乃寝。调甘肃平庆泾固盐法道。

嘉庆九年，擢安徽按察使，捕六安州匪刘成巨置诸法。十三年，迁江宁布政使。淮、扬大水，乘舴艋历灾区访问疾苦，渡湖几覆，灾黎感之。寻以失察山阳知县王仲汉冒赈，坐褫职。诏𬤊查赈认真，平日实心办事，留河工效力。复起用，历淮海道、浙江按察使、江苏布政使。二十二年，擢浙江巡抚。未几，坐临海民殴差酿大狱，降四品京堂；复不俟代而任，降礼部郎中。引疾归。道光五年，

重宴鹿鸣，加四品卿衔。卒，年八十五。

廖寅，字亮工，四川邻水人。乾隆四十四年举人。家贫，不能常试礼部，十二年中，仅再至都。以大挑知县官河南，署叶县。时教匪方炽，叶当冲，寅抚民不扰。民有从逆者，捕其魁乃定。长子思芳有武略，省父至叶，任以守卫事。诏捕教首刘之协，久不获。一日，思芳巡历近郊，见二人絷马坐树下语，异之，归戒门者伺状。俄二人入城饮肆中，有识之者，其一即之协。寅趣思芳往与杂坐，出不意缚之，鞫得实，械至都伏法。特擢江苏镇江知府。浚丹阳九曲河，筑闸，以时启闭，民便之。擢江西吉南赣道、兼管关榷，正税外无多取，吏胥奉法。会南昌煽乱，捕首恶置法。安远复乱，单骑往谕，解散党与，令民等缚其魁以献，事遂平。历署布政使、按察使。嘉庆十六年，迁两淮盐运使。恤灶丁，治私枭，盐课渐增。河北滑县教匪起，总督百龄檄寅往徐州协守御。会捕逆匪刘第五，误系同姓名者，坐失察降调，上念其擒刘之协功，许捐复原职。以老病归，遂卒。

思芳少时居乡治团练，从军数有功，官至江苏候补道。在叶手擒刘之协，名闻天下。后以捕刘第五获罪下狱，寻赦之。

陈昌齐，字宾臣，广东海康人。乾隆三十六年进士，选庶吉士，授编修，累迁中允。大学士和珅欲罗致之，昌齐以非掌院，无晋谒礼，不往。大考，左迁编修。寻授御史，迁给事中。

昌齐生海邦，习洋盗情状。上疏论剿捕事，略曰："洋匪上岸，率不过一二百人，陆居会匪助凶行劫。沿海居民皆采捕为生，习拳勇，谙水势，匪以利诱，往往从匪。可以为盗，即可用以捕盗。宜令地方官明示，有能出洋剿捕，或遇匪上岸，歼擒送官验实者，船物一概充赏。被诱从匪者，能擒盗连船投首，免罪。则兵力所未及，丁壮亦必图赏力捕。仍令地方各官稽户口，编保甲，以清其源。于各埠访拿济匪粮物，各市镇严缉代匪销赃，俾绝水陆勾通之路。庶几洋面肃清，地方宁谧。"

嘉庆九年，出为浙江温处道。时海寇蔡牵肆扰，昌齐修战舰，简军伍，募人出海绘浙、闽海洋全图，纤悉备具。每牒报贼情及道里远近稍有虚妄，必指斥之。与提督李长庚深相结纳，俾无掣肘，鞫海盗必详尽得其情。德楞泰奉命按阅闽、浙，议申海禁，谓不数月盗可尽毙。昌齐曰："环海居民耕而食者十之五，余皆捕鱼为业。若禁其下海，数万渔户无以为生，激变之咎谁任之？"德楞泰改容称善。在任五年，以鞫狱迕廷，部议镌级。江南、福建大吏辟调，皆不往。归里，主雷阳粤秀讲席。修通志，考据详核，著书终老焉。

朱尔赓额，原名友桂，字白泉，汉军正红旗人，裔出明代。王父孝纯，工诗古文，有异才，由四川知县历官至两淮盐运使。

朱尔赓额纳赀为兵部主事，充军机章京，累迁郎中，出为江安粮道。两江总督苏凌阿阍人为和珅旧奴，恣睢用事，廉得其状，白而逐之。从总督赴安徽察治刘之协逆党，株连数百人，多所省释。署安徽布政使，引疾归。以母老乞改京秩，授户部郎中。和珅奴刘全之婿号槟榔蒋者，倚势夺民产，讼于部，刑责不稍贷。西贾利旗产，嗾言官疏陈，使得与汉民通售买，下部议，啖以重贿，却之，持不可。大学士朱珪管部，闻而重之。故事，自告改京官，不外用。珪荐其才守可大受，复出为广东潮州知府。海盗方张，朱尔赓尤黠悍，乃亲历海壖，治乡团，调镇兵千守沿海，断内奸接济。溃粮绝，屡败走台湾，潮盗胆落，因其穷蹙解散。盗魁黄茂高、许云湘、王腾魁、杨胜广、黄德东、关兆奎受抚，选其强干者编入练勇。会匪李崇玉踞惠、潮山谷中，时游弋海上，使降人招之自首，朱尔赓部众亦有来投者。会以母忧去，未竟其事，服阕，补云南曲靖。

嘉庆十四年，百龄为两广总督，疏请调朱尔赓额广东，擢高廉道，署督粮道，剿匪事一以倚之。勘海口炮台旧在山上，发炮辄从桅顶过，悉改建于山麓，屡碎盗舰，挫其锋。暂改运盐由陆，撤红单船入内港，以杜接济。戒并海郡县严断水米，如在潮州时。匪势渐蹙，用旧降人招郭学显就抚。未几，郑一妻与张保仔率众逾万泊虎门，要总督亲至海口面议，文武慑莫敢决，朱尔赓额独进曰："保仔自知罪大，众多无粮，拂其请，将死斗。请撤兵卫，单舟径诣，谕以恩威，必可集事。"先遣南海、番禺两令往传命，使熟筹而志坚。翌晨，从百龄登舟，行四十里，见列舰数百，夹水如衢，举炮迎，声震城中。请总督过舟，叱之曰："保仔当泥首乞命，如仍骄肆迟疑，无死所矣！"追晡，保仔登舟，请留三千人招西路贼乌石二，不听则之以自赎，许之，给米千石慰遣。保仔乃使余众登岸受抚，自起桅出洋。群谓其所散皆罢弱，自留精锐，得米将不可制，笑应之曰："此不必以口舌争。"至期，保仔果诱乌石二至高州，诛之。海盗悉平，以功获优叙，赐花翎。寻调署南韶道。

十六年，河决李家楼，特命百龄为两江总督治河事，调朱尔赓额为江南盐巡道。至则佐百龄定计，接筑洪泽湖口束清坝，逼溜刷深太平河，使水有所归。次年，李家楼决口合龙，新筑格堤遏水与大堤平。初，当事主守格堤，奉严旨，失守者从军法。至是见事危急，请改守大堤，听河溜穿格堤而下，免旁泄之险。又新筑减坝受水攻，展侧上游筑斜坝挑水，数日坝根挂淤乃稳固。所筹措工事悉合机宜。苇荡营久为弊薮，樵兵空额无人，营员领赏，临时雇募，弁目专其利。又为滩棍所持，荡料归滩棍十五六，归弁目者十二三，归工用者十一二，岁仅得苇十数万束。百龄檄朱尔赓额治其事，乃请以荡地不产柴者给樵兵，人四十亩，给牛具籽种，建棚厂以居，荡始有兵。浚沟渠便筏出入，采运始及远，建衙署俾营员常年驻荡，民挟制偷窃者有禁，荡始有官。受事之年，采足正额二百四十万束。于是滩棍之利尽失，厅员得料抵价，少所沾润，皆不便之。适有船兵中途改束，斤重不敷，八厅藉欲撼摇全局。百龄悉其奸，偕河督察讯，朱尔赓额往勘定十七年新苇，每束箍口以二尺八寸为率，增旧三寸，估右营得苇八百万束；会署江宁布政使，未及佶左营。时河督陈凤翔为百龄所劾，自诉于朝，命尚书松筠、侍郎初彭龄按讯，牵及苇荡事。厅员荧说，嗾验尾帮，舟载余苇九百束，据其重率，以衡已收三百万束之数，斥为不足，遂被劾虚糜钱粮，苦累樵兵，遣戍伊犁。时论冤之。

朱尔赓额因百龄前劾凤翔词不尽实，狱无结正，愿以身任，遂不辩。在戍六年，放还，久之，卒。

查崇华，字九峰，安徽泾县人。少孤，游福建佣书。久之，福州将军魁伦辟佐幕，甚见信任。魁伦劾总督伍拉纳、巡抚浦霖，即命署总督，治其狱。闽地瘠苦，历任大吏责供张无艺，所属罗织大户勒赇，民不堪命，至是贪酷之吏悉伏辜。崇华名闻于时。纳赀为通判，留福建。

嘉庆十四年，海盗蔡牵平，以功赐花翎。朱渥欲归诚，未决，崇华只身至海舶，谕以祸福，遂受降。十七年，署台湾淡水同知。高妈达妖言惑众，捕获，讯得刘林、祝现谋以次年闰八月望在京师举事，四方起应之。崇华牒请奏闻，大吏以其语不经，置之，仅以传教罪诛高妈达。至十八年九月十五日，果有林清、祝现之变，刘林者即林清别名也。自高妈达伏法，福建匪党已解散，得无事。寻以道员谒选，授河南南汝光道。教匪巨魁刘松久在逃，悬缉十余载，侦知潜匿安徽宿州传教，捕获之。母忧去官。

道光二年，补陕西凤邠道。值大军征张格尔，调驻嘉峪关治军需。自川、楚军兴，将吏习于糜费，崇华一主核实，以内地马驼出关不耐寒苦，关外有台站应付，长雇徒糜刍秣，悉罢之，节帑甚巨。凡三署按察使，治狱明慎。以老乞归，卒。

论曰：剿平教匪，不独赖将帅戮力，一时守土之吏，与有劳焉。最显者为四川刘清，而方积亦倡行坚壁清野，保障一方，后复屡定番乱，蜀人与清并称。他如朱尔汉之保巩昌，杨馥之清叛产、抚难民，廖寅之擒刘之协，皆卓有建树。陈昌齐、朱尔赓额于治海寇并其谋略，而朱尔赓额功尤显矣。查崇华预发林清逆谋，为疆臣所格；及管西征军需，以撙节称，故同著于篇。

卷三百六十三　　列传一百五十

曹振镛　文孚　英和　王鼎
穆彰阿　潘世恩

曹振镛，字俪笙，安徽歙县人，尚书文埴子。乾隆四十六年进士，选庶吉士，授编修。大考三等，高宗以振镛大臣子，才可用，特擢侍讲。累迁侍读学士。嘉庆三年，大考二等，迁少詹事。父忧归，服阕，授通政使。历内阁学士，工部、吏部侍郎。十一年，擢工部尚书。《高宗实录》成，加太子少保。调户部，兼翰林院掌院学士。十八年，调吏部尚书、协办大学士。寻拜体仁阁大学士，管理工部，晋太子太保。二十五年，仁宗崩，枢臣撰遗诏，称高宗诞生于避暑山庄，编修刘凤诰知其误，告振镛，振镛召对陈之，宣宗怒，遣罢枢臣。寻命振镛为军机大臣。宣宗治尚恭俭，振镛小心谨慎，一守文法，最被倚任。

道光元年，晋太子太傅、武英殿大学士。三年，万寿节，幸万寿山玉澜堂，赐宴十五老臣，振镛年齿居末，特命与宴绘像。四年，充上书房总师傅。六年，入直南书房。七年，回疆平，晋太子太师。八年，张格尔就擒，晋太傅，赐紫缰，图形紫光阁，列功臣中。振镛具疏固辞，诏凡军机大臣别绘一图，以遂让功之心，而彰辅弼之效。御制赞曰："亲政之始，先进正人。密勿之地，心腹之臣。问学渊博，献替精醇。克勤克慎，首掌丝纶。"亲书以赐之。十一年，以万寿庆典赐双眼花翎。

十五年，卒，年八十有一。自缮遗疏，附摺至十余事。上震悼，诏曰："大学士曹振镛，人品端方。自授军机大臣以来，靖恭正直，历久不渝。凡所陈奏，务得大体。前大学士刘统勋、朱珪，于乾隆、嘉庆中蒙皇祖、皇考鉴其品节，赐谥文正。曹振镛实心任事，外貌讷然，而献替不避嫌怨，朕深倚赖而人不知。揆诸谥法，足以当'正'字而无愧。其于谥文正。"人祀贤良祠。擢次子恩溥四品卿。

振镛历事三朝，凡为学政者三，典乡会试者各四。衡文惟遵功令，不取淹博才华之士。殿廷御试，必预校阅，严于疵累忌讳，遂成风气。凡纂修《会典》、两朝《实录》、《河工方略》、《明鉴》、《皇朝文颖》、《全唐文》，皆为总裁。驾谒诸陵及秋狝木兰，每命留京办事。临雍视学，命充直讲。恩眷之隆，时无与比。数请停罢不急工程，撙节糜费。世以盐策起家，及改行淮北票盐，旧商受损，振镛曰："焉有饿死之宰相家？"卒赞成，世特以称之。

文孚，字秋潭，博尔济吉特氏，满洲镶黄旗人。由监生考授内阁中书，充军机章京。嘉庆四年，从那彦成赴陕西治军需。八年，随扈秋狝，校射中四矢，赐花翎。十一年，以在直勤，擢四五品京堂，授内阁侍读学士。历鸿胪寺卿、通政司副使。命履勘绥远城浑津、黑河碱地改征，及大青山牧厂余地招垦事。十三年，予副都统衔，充西宁办事大臣。疏言："青海蒙、番，重利轻命。自来命盗诸案，一经罚服，怨仇消释。若必按律惩办，不第犯事之家仇隙相寻，被害者心反触望，相习成风，不可化诲。溯蒙、番内附以来，雍正十一年大学士鄂尔泰等议纂番例颁行，声明俟五年后始依内地律例办理。乾隆年间叠经展限，兹复奉命详议。臣以为番、民纠结滋扰，或情同叛逆，或关系边陲大局，自应从严惩办。若其自相残杀及盗窃之案，向以罚服完结，相安已久。必绳以内地法律，转恐愚昧野番，群疑滋惧，非绥服边氓之道。"疏入，下军机大臣议行。

十六年，召回京，授镶白旗满洲副都统。偕内阁学士阮元勘议山西盐务，疏请停止吉兰泰盐官运，改并潞商引额，以潞引之有余，补吉课之不足，吉盐许民捞贩，限制水运至皇甫川而止，下部议行。寻授内阁学士，迁刑部侍郎。十八年，缘事降调，予二等侍卫，命赴山东治军需。

复授内阁学士，历山海关副都统、马兰镇总兵、锦州副都统。二十年，召授刑部侍郎。二十四年，命在军机大臣上学习行走。偕侍郎帅承瀛赴山东鞫狱，并勘兰仪决口，督浚引河。次年春，竣工，予议叙。调户部，又调工部，擢左都御史。宣宗即位，以枢臣撰拟遗诏不慎，先后罢直，文孚独留。道光二年，命往陕西按鞫渭南县民柳全璧殴毙人命狱，论知县徐润受人嘱托、疏脱正凶、事后得赃，枷号两月，遣戍伊犁；升任西安知府邓廷桢偏执枉纵，讯无贪酷，革职免发遣；巡抚朱勋失察，议革职，降四五品京堂。四年，《仁宗实录》成，加太子太保。

南河阻运，诏责减黄蓄清；至十一月洪湖水多，启坝而高堰、山盱石工溃决，命文孚偕尚书汪廷珍驰往按治，奏劾河督张文浩于御黄坝应闭不闭，五坝应开不开，湖水过多，致石工掣塌万余丈，请遣戍伊犁；两江总督孙玉庭徇隐回护，交部严议。议于御黄坝外添建三坝，钳束黄流。坝内外及束清、运口各坝两岸筑纤道，多作土坝，挑浚长河，帮培堤身，以利漕行。速挑引河，引清入运；堵闭束清坝，杜黄入湖；又议侍郎朱士彦条陈五事，由河臣勘办。疏上，并依议行。命文孚等回京，责严烺、魏元煜办理，而引黄济运仍不得要领，河、漕交困。

八年，回疆底定，首逆就擒，晋太子太傅，赐紫缰，绘像紫光阁，御制赞有"和而不同，公正以清"之褒。十一年，以吏部尚书协办大学士。十四年，拜东阁大学士，管理吏部。十五年，转文渊阁大学士。以疾请解职，优诏慰谕，许罢直军机。十六年，致仕。二十一年，卒，赠太保，谥文敬。

英和，字煦斋，索绰络氏，满洲正白旗人，尚书德保子。少有隽才，和珅欲妻以女，德保不可。乾隆五十八年，成进士，选庶吉士，授编修，累迁侍读。嘉庆三年，大考二等，擢侍读学士。洎仁宗亲政，知其拒婚事，嘉焉，遂向用。累迁内阁学士。五年，授礼部侍郎，兼副都统。六年，充内务府大臣，调户部。以不到旗署为仪亲王所纠，罢副都统。七年，直南书房。扈跸木兰，射鹿以献，赐黄马褂。授翰林院掌院学士。九年，帝幸翰林院，赐一品服，加太子少保，命在军机大臣上学习行走。时诏稽巡幸五台典礼，英和疏言教匪甫平，民未苏息，请俟数年后再议，上嘉纳之。寻自请独对，论大学士刘权之徇情欲保荐军机章京袁煦，上不悦，两斥之。遂罢直书房、军机，降太仆寺卿。历内阁学士，理潘院、工部侍郎。

数奉使出按事，河东盐课归入地丁，而蒙古盐侵越内地，命偕内阁学士初彭龄往会巡按察议。疏言："非禁水运不能限制蒙盐，非设官商不能杜绝私贩。请阿拉善盐祗由陆路行销，河东盐仍改商运。吉兰泰盐池所产亦招商运办。"事详《盐法志》。兼左翼总兵，复为内务府大臣。十二年，偕侍郎蒋予蒲查南河料物加价，议准增添，仍示限制，从之。复直南书房。十三年，命暂在军机大臣上行走，调户部、武英殿。进《高宗圣训》庙号有误，坐降调内阁学士。寻迁礼部侍郎。十八年，随扈热河，会林清逆党为变，命先回京署步军统领。擒林清于黄村西宋家庄，实授步军统领、工部尚书。滑县平，复太子少保。

十九年，将开捐例，廷议不一。偕大学士曹振镛等覆议，独上疏曰："理财之道，不外开源节流。大捐为权宜之计，本朝屡经举行。但观前事，即如此次未必大效。窃以开捐不如节用，开捐暂时取给，节用岁有所余。请嗣后谒陵，或三年五年一举行，民力可纾。木兰秋狝，为我朝家法，然蒙古迥非昔比，亦惟间岁一行，于外藩生计所全实大。各处工程奉旨停止，每岁可省数十万至百余万不等。天下无名之费甚多，苟于国体无伤，不得任其糜费。即如裁撤武职名粮，未必能禁武官不役兵丁，而骤增养廉百余万，应请敕下部臣详查正项经费外，历年增出各款，可裁则裁，可减则减，积久行之，国计日裕。至开源之计，不得以事涉言利，概行斥驳。新疆岁支兵饷百数十万，为内地之累，其地金银矿久经封闭，开之而矿苗旺盛，足敷兵饷；各省矿厂，亦应详查兴办。又户部入官地亩，请严催升科，于国用亦有裨益。"疏入，诏以名粮已饬核办，开矿流弊滋多，仍依众议，豫工事例遂开。是岁调吏部，复命暂在军机大臣上行走。

二十五年，宣宗即位，命为军机大臣，调户部。宣宗方锐意求治，英和竭诚献替。面陈各省府、州、县养廉不敷办公，莫不取给陋规，请查明分别存革，示以限制。上采其言，下疆吏详议，而中外臣工多言其不可，诏停其议，遂罢直军机，专任部务。道光二年，以户部尚书协办大学士，兼翰林院掌院学士。四年，《仁宗实录》成，加太子太保。五年，洪泽湖决，阻运道，河、漕交敝，诏筹海运，疆臣率拘牵成例，以为不可。英和奏陈海运、折漕二事为救时之计，越日复上疏，略谓："河、漕不能兼顾，惟有暂停河运以治河，雇募海船以利运，而任事诸臣未敢议行者，一则虑商船到津，难以交御；一则虑海运既行，漕运员弁、旗丁、水手难以安插。"因陈防弊处置之策甚悉。诏下各省妥议，仍多诿为未便，惟江苏巡抚陶澍力行之，拨苏、松、常、镇、太五属漕米，以河船分次海运。六年八月，悉数抵天津，上大悦，诏嘉英和创议，予议叙，特赐紫缰以旌异之。

张格尔犯回疆，英和疏陈进兵方略，筹备军需，并举长龄、武隆阿可任事，多被采用。七年，奏商人请于易州开采银矿，诏斥其冒昧。调理藩院，罢南书房、内务府大臣。未几，坐家人逼租扰累，出为热河都统。八年，命勘南河工程。回疆平，复太子少保。授宁夏将军，以病请解职，允之。

初，营万年吉地于宝华峪，命英和监修，尝从容言汉文帝薄葬事，上称善，议于旧制有所裁省，工竣，孝穆皇后奉安，优予将叙。至是地宫浸水，谴责在事诸臣。诏以英和始终其事，责尤重，夺职，籍其家。逮讯，得开工时见有石母滴水，仅以土垫，议设龙须沟出水，英和未允状，谳拟大辟，会太后于上言不欲以家事诛大臣，乃解发黑龙江充当苦差，子孙并褫职。十一年，释回，复予子孙官。二十年，卒，赠三品卿衔。

英和通达政体，遇事有为，而数以罪黜。屡掌文衡，爱才好士。自其父及两子一孙，皆以词林起家，为八旗士族之冠。子奎照，嘉庆十九年进士，历官至礼部尚书、军机大臣，缘事夺职，复起为左都御史；奎耀，嘉庆十六年进士，官至通政使，后为南河同知。奎照子锡祉，道光十五年进士，历翰林院侍讲学士，后官长芦盐运使。

王鼎，字定九，陕西蒲城人。少贫，力学，尚气节。赴礼部试至京，大学士王杰与同族，欲致之，不就。杰曰："观子品概，他日名位必继吾已。"嘉庆元年，成进士，选庶吉士。丁母忧，服除，授编修。两以大考升擢，累迁内阁学士。十九年，授工部侍郎。仁宗谕曰："朕向不知汝，亦无人保荐。因阅大考考差文字，知汝学问。屡次召见奏对，知汝品行。汝是朕特达之知。"调吏部，兼署户部、刑部。二十三年，兼管顺天府尹事，复谕曰："朕初意授汝督抚，今管顺天府尹，犹外任也。且留汝在京，以备差往各省查办事件。"自是数奉使出按事鞫狱。二十四年，调刑部，又调户部。

道光二年，河南仪工奏销不实，解巡抚姚祖同任，命鼎偕侍郎玉麟往按，暂署巡抚。疏陈："仪工用款至办奏销，与部例成规不符。乃以历办物料、土方价值，合之豫省成规，互相增减，于秸料、引河等款增销一百三十万，夫工、麻斤各款减销一百三十万，虽有通融，银数仍归实用。惟八字钱一款，以银易钱，多于旧价，每两提八十文充入经费，而于各员应缴之银，一并扣算，实违定制。"疏入，命核实报销，而薄谴祖同。是年，擢左都御史，父忧归。五年，服阕，以一品衔署户部侍郎，授军机大臣。

浙江德清徐倪氏因奸谋毙徐蔡氏狱三年不决，按察使王维询因自尽，巡抚程含章与按察使祁墡鞫之，甫得情而犯妇在监自缢。宣宗特命典乡试，就治其狱，廉得徐故富家，以狱破其产，官吏多受赇，勾结朦庇，致狱情诡幻。悉发其覆，置之法，浙人称颂焉。六年，授户部尚书。八年，回疆平，以赞画功，加太子太保，绘像紫光阁。

芦盐积疲，商累日重，命鼎偕侍郎敬征察办。议以："盐务首重年清年款，先将节年带征厘剔，现年正款不难按数清完。道光二年以前未完银九百余万为旧欠，三年以后未完银为新欠，缓旧征新。请以堰工加价二文，半解部充公，半抵完商欠。新欠抵完，续抵旧欠。芦商生息帑本内，直隶水利、赵北口两项非经费岁需，请停利三年。限满加一倍利，本息同征。旧有拨缴水利帑本一百十七万两，请停征三年。自道光十一年起，岁征十万两，五万完旧本，五万完新本，以恤商力。近年商力疲乏，不能预买生盐，存坨新盐多涵耗。请每包加盐十三斤，俾资贴补。从此款目既清，庶经久可行。"又请免缴嘉庆十七年加价交官半文未完银一百八十四万余两。疏入，并允行。十年，芦商呈请调剂，复命鼎及侍郎宝兴往按。鼎以前次清查，传集各商详询定议，皆称可免亏累积压，虽因银价渐昂，尚不致遽形亏折，遂议驳。时淮盐尤敝，两江总督陶澍疏陈积弊情形，命鼎偕宝兴会同筹议。中外论盐事者，多主就场征税。疏言："详核淮纲全局，若改课归场灶，尚多窒碍。惟有就旧章大加厘剔，使射利者无可借端，欠课者无可藉口，似较有往辙可循。拟定章程十五条，曰：裁浮费，减窝价，删繁文，慎出纳，裁商总，核滞销，缓积欠，恤灶丁，给船价，究淹销，疏运道，添岸店，散轮规，饬纪纲，收灶盐。"又请裁撤两淮盐政，改归总督办理，以一事权。并诏允行。陶澍得锐意兴革，淮纲自此渐振，鼎之力也。十一年，署直隶总督。十二年，管理刑部事务。十五年，协办大学士，仍管刑部，直上书房。十八年，拜东阁大学士。二十年，加太子太保。

二十一年夏，河决祥符，命偕侍郎慧成往治之，寻署河督。议者以水势方涨，不宜遽塞，请迁省城以避其冲，鼎持不可，疏言："河灌归德、陈州及安徽亳、颍，合淮东注洪泽湖，湖底日受淤。万一宣泄不及，高堰危，淮、扬成巨浸，民其鱼矣！无论舍旧址、筑新堤数千里，工费不赀，且自古无任黄水横流之理。请饬户部速具帑，期以冬春之交集事。不效，愿执其咎。"具陈民情安土重迁、省垣可守状。初至汴城，四面皆水，且夕且圮，躬率吏卒巡护，获无恙。洎工兴，亲驻工次，倦则寝肩舆中。次年二月，工竣，用帑六百万有奇。前此马营工用一千二百余万，仪封工用四百七十五万，原议以仪工为率。及蒇事，加增百余万，然事艰于前，微鼎用节工速，不能如是。叙功，晋太子太师。积劳成疾，命缓程回京。

自禁烟事起，英吉利兵犯沿海，鼎力主战。至和议将成，林则徐以罪遣，鼎愤甚，还朝争之力，宣宗慰劳之，命休沐养疴。越数日，自草遗疏，劾大学士穆彰阿误国，闭户自缢，冀以尸谏。军机章京陈孚恩，穆彰阿党也，灭其疏，别具以闻。上疑其卒暴，命取原稿不得，于是优诏悯惜，赠太保，谥文恪，祀贤良祠。后陕西巡抚请祀乡贤，特诏允之。

鼎清操绝俗，生平不受请托，亦不请托于人。卒之日，家无余赀。子沆，道光二十年进士，翰林院编修。

穆彰阿，字鹤舫，郭佳氏，满洲镶蓝旗人。父广泰，嘉庆中，官内阁学士，迁右翼总兵。坐自请兼兵部侍郎衔，夺职。

穆彰阿，嘉庆十年进士，选庶吉士，授检讨。大考，擢少詹事。累迁礼部侍郎。二十年，署刑部侍郎。因一日进立决本二十余件，诏斥囚循积压，堂司各员并下严议，降光禄寺卿。历兵部、刑部、工部、户部侍郎。道光初，充内务府大臣，擢左都御史、理藩院尚书。以漕船滞运，两次命署漕运总督。召授工部尚书，偕大学士蒋攸铦查勘南河。洎试行海运，命赴天津监收漕粮，予优叙。七年，命在军机大臣上学习行走。逾年，张格尔就擒，加太子少保。授军机大臣，罢内务府大臣，直南书房。寻兼翰林院掌院学士，历兵部、户部尚书。十四年，协办大学士。承修龙泉峪万年吉地，工竣，晋太子太保，赐紫缰。十六年，充上书房总师傅，拜武英殿大学士，管理工部。

十八年，晋文华殿大学士。时禁烟议起，宣宗意锐甚，特命林则徐为钦差大臣，赴广东查办。英吉利领事义律初不听约束，继因停止贸易，始缴烟，尽焚之，责永不贩运入境，强令具结，不从，兵衅遂开。则徐防御严，不得逞于广东，改犯闽、浙，沿海骚然。英舰抵天津，投书总督琦善，言由则徐启衅。穆彰阿窥帝意移，乃赞和议，罢则徐，以琦善代之。琦善一徇敌意，不设备，所要求者亦不尽得请，兵衅复起。先后命奕山、奕经督师，广东、浙江皆挫败。英兵且由海入江，林则徐及闽浙总督邓廷桢、台湾总兵达洪阿、台湾道姚莹以战守为敌所忌，并被严谴，命伊里布、耆英、牛鉴议款。二十二年，和议成，偿币通商，各国相继立约。国威既损，更丧国权，外患自此始。

穆彰阿当国，主和议，为海内所丛诟。上既厌兵，从其策，终道光朝，恩眷不衰。自嘉庆以来，典乡试三，典会试五。凡覆试、殿试、朝考、教习庶吉士散馆考差、大考翰詹，无岁不与衡文之役。国史、玉牒、实录诸馆，皆为总裁。门生故吏遍于中外，知名之士多被援引，一时号曰"穆党"。文宗自在潜邸深恶之，既即位十阅月，特诏数其罪曰："穆彰阿身任大学士，受累朝知遇之恩，保位贪荣，妨贤病国。小忠小信，阴柔以售其奸；伪学伪才，揣摩以逢主意。从前夷务之兴，倾排异己，深堪痛恨！如达洪阿、姚莹之尽忠尽力，有碍于己，必欲陷之；耆英之无耻丧良，同恶相济，尽力全之。固宠窃权，不可枚举。我皇考大公至正，惟以诚心待人，穆彰阿得肆行无忌。若使圣明早烛其奸，必置重典，断不姑容。穆彰阿恃恩益纵，始终不悛。自朕亲政之初，遇事模棱，缄口不言。迨数月后，渐施其伎俩。英船至天津，犹欲引耆英为腹心以遂其谋，欲使天下群黎复遭荼毒。其心阴险，实不可问！潘世恩等保林则徐，屡言其'柔弱病躯，不堪录用'；及命林则徐赴粤西剿匪，又言'未知能去否'。伪言荧惑，使朕不知外事，罪实在此。若不立申国法，何以肃纲纪而正人心？又何以不负皇考付托之重？第念三朝旧臣，一旦置之重法，朕心实有不忍，从宽革职永不叙用。其罔上行私，天下共见，朕不为已甚，姑不深问。朕熟思审处，计之久矣，不得已之苦衷，诸臣其共谅之！"诏下，天下称快。咸丰三年，捐军饷，予五品顶戴。六年，卒。

子萨廉，光绪五年进士，由翰林官至礼部侍郎。

潘世恩，字芝轩，江苏吴县人。乾隆五十八年一甲一名进士，授修撰。嘉庆二年，大考一等，擢侍读。和珅以其青年上第有才望，欲招致之，世恩谢不与通。以次当迁，和珅抑躯本六阅月不上。仁宗亲政，乃擢侍讲学士。一岁三迁至内阁学士，历礼部、兵部、户部、吏部侍郎，督云南、浙江、江西学政。十七年，擢工部尚书，调户部。母忧归，服除，以父老乞养，会其子登乡举，具疏谢，坐未亲诣京，降侍郎。帝鉴其孝思，仍允终养，居家十载。

道光七年，父丧服阕，补吏部侍郎，迁左都御史。再授工部尚书，调吏部。十三年，超拜体仁阁大学士，管理户部。寻命为军机大臣，兼翰林院掌学士。晋东阁大学士，调管工部。充上书房总师傅，加太子太保。十八年，晋武英殿大学士。二十八年，以八十寿晋太傅，赐紫缰。其明年，引疾，迭疏乞休，温诏慰留，仅解机务。三十年，文宗即位，复三疏，始得予告，食全俸，留其子京邸。咸丰二年，乡举重逢，诏就近与顺天鹿鸣宴。次年，复与恩荣宴。四年，卒，遣亲王奠醊，入祀贤良祠，谥文恭。

世恩历事四朝，迭掌文衡，备叨恩遇。管部务，安静持大体。黑龙江将军请增都尔特六屯，议地当游牧，开垦非计，不可许。言官奏山东盐课请归地丁，议山东场灶半毗连淮境，一归地丁，听民自运自销，必为两淮引课之累，不可行。

在枢廷凡十七年，益慎密，有所论列，终不告人。海疆事起，林则徐所论奏，廷议多赞之；及穆彰阿主抚，世恩心以为非，不能显与立异。追咸丰初诏举人才，世恩已在告，疏言林则徐历任封疆，有体有用，请征召来京备用，并荐前任台湾道姚莹，文宗韪之，于罪穆彰阿时犹举其言。次子曾莹，道光二十一年进士，由编修官至吏部侍郎。孙祖荫，自有传。

论曰：守成之世，治尚综核，而振敝举衰，非拘守绳墨者所克任也。况运会平陂相乘，非常之变，往往当承平既久，萌蘖蠢兆于其间，驭之无术，措置张皇，而庸佞之辈，转以弥缝迎合售其欺，其召乱可幸免哉？宣宗初政，一倚曹振镛，兢兢文法；及穆彰阿柄用，和战游移，遂成外患。一代安危，斯其关键已。英和才不竟用，王鼎忠贞致身，文孚、潘世恩皆恪恭保位者耳。

卷三百六十四　列传一百五十一

阮元　汪廷珍　汤金钊

阮元，字伯元，江苏仪征人。祖玉堂，官湖南参将，从征苗，活降苗数千人，有阴德。

元，乾隆五十四年进士，选庶吉士，散馆第一，授编修。逾年大考，高宗亲擢第一，超擢少詹事。召对，上喜曰："不意朕八旬外复得一人！"直南书房、懋勤殿，迁詹事。五十八年，督山东学政，任满，调浙江。历兵部、礼部、户部侍郎。

嘉庆四年，署浙江巡抚，寻实授。海寇扰浙历数年，安南夷艇最强，凤尾、水澳、箸黄诸帮附之，沿海土匪勾结为患。元征集群议为弭盗之策，造船炮，练陆师，杜接济。五年春，令黄岩镇总兵岳玺击箸黄帮，灭之。夏，寇大至，元赴台州督剿，请以定海镇总兵李长庚总统三镇水师，并调粤、闽兵会剿。六月，夷艇纠凤尾、水澳等贼共百余艘，屯松门山下。遣谍间水澳贼先退，会飓风大作，盗艇覆溺无算，余众登山，檄陆师搜捕，擒八百余人。安南四总兵溺毙者三，黄岩知县孙凤鸣获其一，曰伦贵利，磔之。九月，总兵岳玺、胡振声会击水澳帮，擒歼殆尽。土匪亦次第歼抚。浙洋渐清，而余盗为蔡牵所并，闽师不能制，势益炽，复时犯浙。李长庚已擢提督，元集赀为造霆船成，配巨炮，数破牵于海上。八年，奏建昭忠祠，以历年捕海盗伤亡将士从祀。盗首黄葵集舟数十，号新兴帮，令总兵岳玺、张成等追剿，逾年乃平之。借总督玉德奏请以李长庚总督两省水师，数逐蔡牵几获，而玉德遇事仍掣肘。十年，元丁父忧去职，长庚益无助，复与总督阿林保不协，久无成功，遂战殁。

十一年，诏起元署福建巡抚，以病辞。十二年，服阕，署户部侍郎，赴河南按事。授兵部侍郎，复命为浙江巡抚，暂署河南巡抚。十三年，乃至浙，诏责其防海疎寇。秋，蔡牵、朱濆合犯定海，亲驻宁波督三镇击走之，牵复遁闽洋。时用长庚部将王得禄、邱良功为两省提督，协力剿贼，元议海战分兵隔贼船之策，专攻蔡牵。十四年秋，合击于渔山外洋，竟殄牵，详得禄等传。元两治浙，多惠政，平寇功尤著云。

方督师宁波时，奏请学政刘凤诰代办乡试监临，有联号弊，为言官论劾，遣使鞫实，诏斥徇庇，褫职，予编修，在文颖馆行走。累迁内阁学士。命赴山西、河南按事，迁工部侍郎，出为漕运总督。十九年，调江西巡抚。以捕治逆匪胡秉耀，加太子少保，赐花翎。二十一年，调河南，擢湖广总督。修武昌江堤，建江陵范家堤、沔阳龙王庙石闸。

二十二年，调两广总督。先一年，英吉利贡使入京，未成礼而回，遂渐跋扈。元增建大黄滘、大虎山两炮台，分兵驻守。迭疏陈预防夷患，略曰："英吉利恃强桀骜，性复贪利。宜镇以威，不可尽以德绥。彼之船坚炮利，技长于水短于陆。定例外国货船不许擅入内洋，傥违例禁，即宜随机应变，量加惩创。各国知彼犯我禁，非我轻启衅也。"诏勖以德威相济，勿孟浪，勿意愞。道光元年，兼署粤海关监督。洋船夹带鸦片烟，劾褫行商顶带。二年，英吉利护货兵船泊伶仃外洋，与民斗，互有伤毙，严伤交犯，英人扬言粤市归国，即停其贸易。久之折阅多，托言兵船已归，俟复来如命。乃暂许贸易，与约船来不交犯乃停止。终元任，兵船不至。元在粤九年，兼署巡抚凡六次。

六年，调云贵总督。滇盐久敝，岁绌课十余万，元劾罢蠹吏，力杜漏私；盐井衰旺不齐，调剂抵补，逾年课有溢销，酌拨边用。腾越边外野人时入内地劫掠，而保山等处北境夷曰傈僳，以垦山射猎为生，可用，乃募傈僳三百户屯种山地，以御野人，即以溢课充费，岁有扩充。野人畏威，渐有降附者。十二年，协办大学士，仍留总督任。车里土司刀绳武与叔大康争斗，协官求助，檄镇道击走之，另择承袭乃安。越南保乐州土官农文云内哄，严边防勿使窜入，亦不越境生事，寻文云走死。诏嘉其镇静得大体。十五年，召拜体仁阁大学士，管理刑部，调兵部。十八年，以老病请致仕，许之，给半俸，颁行，加太子太保。二十六年，乡举重逢，晋太傅，与鹿鸣宴。二十九年，卒，年八十有六，优诏赐恤，谥文达。入祀乡贤祠、浙江名宦祠。

元博学淹通，早被知遇。敕编《石渠宝笈》，校勘《石经》。再入翰林，创编《国史·儒林》、《文苑传》，至为浙江巡抚，始手成之。集《四库》未收书一百七十二种，撰提要进御，补中秘之阙。嘉庆四年，偕大学士朱珪典会试，一时朴学高才搜罗殆尽。道光十三年，由云南入觐，特命典试，时称异数。与大学士曹振镛共事意不合，元歉然。以前次得人之盛不可复继，历官所至，振兴文教。在浙江立诂经精舍，祀许慎、郑康成，选高才肄业；在粤立学海堂亦如之，并延揽通儒：造士有家法，人才蔚起。撰《十三经校勘记》、《经籍籑诂》、《皇清经解》百八十余种，专宗汉学，治经者奉为科律。集清代天文、律算诸家作《畴人传》，以章绝学。重修《浙江通志》、《广东通志》，编辑《山左金石志》、《两浙金石志》、《积古斋钟鼎款识》、《两浙辖轩录》、《淮海英灵集》，刊当代名宿著述数十家为《文选楼丛书》。自著曰《揅经室集》。他纪事、谈艺诸编，并为世重。身历乾、嘉文物鼎盛之时，主持风会数十年，海内学者奉为山斗焉。

汪廷珍，字瑟庵，江苏山阳人。少孤，母程抚之成立。家中落，岁凶，饘粥或不给，不令人知。母曰："吾非耻贫，耻言贫，疑有求于人也。"力学，困诸生十年，始举于乡。成乾隆五十四年一甲二名进士，授编修。大考，擢侍读。未几，迁祭酒。六十年，以事忤旨，降侍讲。嘉庆元年，直上书房。大考，擢侍讲学士。母忧归，服阕，补原官。七年，督安徽学政。任满，复督江西学政。累迁侍读学士、太仆寺卿、内阁学士，皆留任。

廷珍学有根底，初为祭酒，以师道自居。选《成均课士录》，教学者立言以义法，力戒摹拟剽窃之习。及官学政，为《学约》五则以训士：曰辨涂，曰端本，曰敬业，曰裁伪，曰自立。与士语，谆谆如父兄之于子弟。所刻试牍，取《易》修辞之旨曰《立诚编》。士风为之一变。万载棚民入籍，旧分学额，后裁之，土客讦讼久不决；廷珍请复分额，争端乃息。十六年，授礼部侍郎。复直上书房，侍宣宗学。十八年，典浙江乡试，留学政，任满回京。二十二年，署翰林院掌院学士，擢左都御史，充上书房总师傅。二十三年，迁礼部尚书。二十四年，仁宗六旬万寿，庆贺期内遇孝慈高皇后忌辰，部臣未援故事疏请服色，坐率忽，降侍郎。逾年，复授礼部尚书。

道光二年，典会试，教习庶吉士。车驾谒陵，命留京办事。三年，宣宗释奠文庙礼成，临幸辟雍，诏曰："礼部尚书汪廷珍蒙皇考简用上书房师傅，与朕朝夕讲论，非法不道，使朕通经义，辨邪正，受益良多。朕亲政后，畀以尚书之任，尽心厥职，于师道、臣道可谓兼备。今值临雍，眷怀旧学，加太子太保。子报原，以员外郎即补用，示崇儒重道之意。"四年，《仁宗实录》成，赐子报闰主事，孙承佑举人。南河高堰溃决阻运，上以廷珍生长淮、扬，命偕尚书文孚往勘，劾河督张文浩、总督孙玉庭，谴黜有差。疏筹修浚事宜，交河督办理。五年，回京，协办大学士。七年，卒，上震悼，优诏赐恤，赠太子太师，入祀贤良祠，命大阿哥赐奠，赐银千两治丧，谥文端。江苏请祀乡贤，特诏允之。

廷珍风裁严峻，立朝无所亲附。出入内廷，寮宷见之，莫不肃然。自言生平力戒刻薄，凡贪冒谄谀有不忍为，皆守母教。大学士阮元服其多闻渊博，劝著书，廷珍曰："六经之奥，昔人先我言之，更何以长语相溷？读书所以析义，要归于中有所主而已。"服用朴俭，或以公孙弘拟之，笑曰："大丈夫不以曲学阿世为耻，而徒畏布被之讥乎?"后进以文谒,言不宗道,曰:"异日恐丧所守。"属官有例送御史者,持不可,曰:"斯人华而不实,何以立朝?"后皆如所言,人服其精鉴。

汤金钊,字敦甫,浙江萧山人。嘉庆四年进士,选庶吉士,授编修。十三年,入直上书房。金钊端谨自持,宣宗在潜邸,甚敬礼之。母忧服阕,擢侍讲,督湖南学政。累迁内阁学士。二十一年,复直上书房。典江南乡试,留学政,诏勉以训士不患无才,务培德,经学为本,才藻次之。金钊阐扬诏旨,通诫士子。会匪以祸福煽惑乡愚,金钊著《福善辨》,刊发晓谕。徐州俗悍,武生不驯者,绳之以法。迁礼部侍郎,任满,仍直上书房。

宣宗即位,调吏部,益向用。时用尚书英和议,命各省查州县陋规,明定限制。金钊疏言:"陋规皆出于民,地方官未敢公然苛索者,畏上知之治其罪也。今若明定章程,即为例所应得,势必明目张胆,求多于例外,虽有严旨,不能禁矣。况名目碎杂,所在不同,检察难得真确,转滋纷扰。无论不当明定章程,亦不能妥立章程也。吏治贵在得人,得其人,虽取于民而民爱戴之,不害其为清;非其人,虽不取于民而民嫉仇之,何论其为清?有治人无治法,惟在督抚举措公明,而非立法所能限制。"会中外大臣亦多言其不便,金钊疏入,上手批答曰:"朝有诤臣,使朕胸中黑白分明,无伤于政体,不胜欣悦!"予议叙。

道光元年,兼署户部侍郎。两江总督孙玉庭以南漕浮收不能尽去,议请八折征收,学政姚文田、御史王家相皆奏言不可。金钊既同部臣议覆,复疏争曰:"康熙中奉永不加赋之明诏,此大清亿万年培养国脉之至计也。前有议加耗米及公费银者,户部以事近加赋议驳。今淮大略有浮收,不肖者益无顾忌,而浮收且多于往日,虽告以收逾八折即予严参,然前此逾额者何尝不干严谴,卒不闻为之减少,独于新定之额,恪遵而不敢逾,此臣之所不敢信也。在督抚奏定之后,不虑控告浮收;在州县纵有发觉,又将巧脱其罪。是限制仍同虚设,徒为盛朝开加赋之端,臣窃惜之!"疏入,下江、浙督抚妥议,事乃寝。寻以吏部事繁,罢直上书房。典江南乡试,道经铜山,见运河支渠为黄流淤塞,岁苦潦,回京奏请疏浚,如议行。二年,典会试,调户部,父忧归。六年,服阕,署礼、工二部及仓场侍郎,仍直上书房,授皇长子奕纬读。实授户部侍郎。七年,连擢左都御史、礼部尚书,上方倚畀,迭命赴山西、直隶、四川、湖北、福建鞫狱按事,四年之中,凡奉使五次。所至持法明慎,悉当上意。充上书房总师傅,调吏部尚书。十一年,皇长子遘疾不起,忌者因以激上怒,罢总师傅,降兵部侍郎。逾两年,复自左都御史授工部尚书,转吏部。连典江南、顺天乡试。十六年,陕西巡抚杨名飏被劾,命偕侍郎文庆往按,暂署巡抚;又往四川按事,名飏复与臬司互讦,得其冒工庇属状,劾罢。会京察,以奉使公明,予议叙。又赴张家口、太原鞫狱。十八年,以户部尚书协办大学士,仍调吏部。

十九年,命按事安徽、江苏、浙江。自禁烟议起,海疆久不靖。林则徐既罢,琦善主抚,复不得要领。金钊素不附和议,与穆彰阿等意龃龉。一日召对,上从容问广东事可付诸何人,金钊以林则徐对,上不悦。至二十一年,事且益棘,诏予则徐四品卿衔赴浙江军营,亦未果用之。未几,有吏部司员陈起诗规避仓差,金钊还其呈牒禁勿递,为所讦,坐降四级调用。逾年,授光禄寺卿。以衰老乞罢,住京养疴,许以二品顶戴致仕。久之,上仍眷念,二十九年,皇太后之丧,具疏上慰,赐头品顶戴。咸丰四年,重宴鹿鸣,加太子太保。六年,卒,诏以尚书例赐恤,谥文端。

金钊自为翰林,布衣脱粟,后常不改。当官廉察,负一时清望,虽被排挤,卒以恩礼终。子修,通政司副使。

论曰:阮元由词臣出膺疆寄,竟殄海寇;开府粤、滇,绥边之绩,并有足称;晚登宰辅,与枢臣曹振镛异趣,惟以文学裁成后进,世推耆硕。汪廷珍、汤金钊正色立朝,清节并著;金钊虽以直言被摈,宣宗终鉴其忠诚,易名曰"端",胥无愧焉。

卷三百六十五 列传一百五十二

**觉罗宝兴　宗室敬征　宗室禧恩
陈官俊　卓秉恬**

觉罗宝兴,字献山,隶镶黄旗。嘉庆十五年进士,选庶吉士,授编修。累迁少詹事,入直上书房。十八年,仁宗幸热河,林清逆党突入禁城,宝兴散直,至东华门与贼遇,急入告警。宣宗方在上书房,闻警戒备,贼不得逞。上还京,擢宝兴内阁学士。十九年,授礼部侍郎。以事忤旨,诏斥宝兴不学,降大理寺卿,罢直书房。复坐部刊《科场条例》误"高宗"为"高祖",降二级调用。寻予三等侍卫,充吐鲁番领队大臣。

道光二年,召为大理寺少卿。复因事降通政司参议,历左副都御史、兵部侍郎,出为泰宁镇总兵。八年,授理藩院侍郎,调兵部。迭命偕户部尚书王鼎察治长芦、两淮盐务,筹议整顿,详《王鼎传》。十年,出为吉林将军,疏言:"松花江西岸、辉发河北岸旧例封禁,其余闲旷山场均设卡伦,惟许兵丁打捕牲畜,以备贡品。民人无照,私出挖参斫木者,查拿治罪。"又言:"伯都讷珠尔山荒田先后开垦五千二百六十二晌,其租息请自道光十五年为始,以其半分赏兵丁,半存备报修工程。此外尚有可垦荒地五万六千余晌,作为官荒,将来奏请招佃征租。乌拉凉水泉已垦七万三千九百余晌,请拨二道河东二万晌,以七成给乌拉总管衙门,三成给协领衙门,资为津贴。余未垦地五万三千余晌,亦作官荒。"并从之。调盛京,又调成都。

十七年,署四川总督,逾年实授。时马边、越嶲边外夷匪数出为患。十九年,疏言:"御边之策,不外剿、抚、防三者。抚之道,在施于平时,断无失利之后转而就抚之理。比来劳师糜饷，迄无成功。为今计者，以修边防为急务，陈防边五事：一、增兵额，请于马边增兵千二百，雷波、普安、阜安、越巂、宁越各增兵八百，峨边、屏山各增兵四百；一、改营制，请以绥定协副将移驻马边厅城，游击、都司以下各增设移驻有差；一、筑碉堡，饬各厅县因地制宜，多修堡寨，责令各集团练，官给抬炮，督率教演，择要临筑炮台，增设大炮；一、定期巡阅，岁春夏之交，建昌道赴越巂、峨边，永宁道赴马边、雷波、屏山，周历巡阅各一次，秋冬责成提督与建昌总兵分赴巡行察勘边陲；一、优奖边吏，马边、越巂两厅同知，请三年俸满，以题调选缺知府升补。"疏下议行。言官论奏四川提督应如湖南例，半年驻越巂等处。宝兴议："马边、越巂相距辽远，请于春秋夷匪出没之时，提督往驻马边、峨边、雷波三厅，建昌总兵往驻越巂、宁越。"又言："越巂边防以大路为重，麦子营、利济站均应驻弁兵，乾沟诸汛应酌量移撤，分设于马日杠诸处。越巂、宁越两营相距颇远，声势不能相及。前请以建昌左营游击移驻大菩萨地，远在宁越之东，而越巂营参将复与游击不相统属。请越巂、宁越适中之界牌楼，以建昌镇右营都司移驻，专管麦子营、利济站两汛。"并从之。

先是宝兴以马边诸厅县增设防兵，筹议边防经费，请按粮津贴，计可征银百万两，以三十万为初设防兵之需。每岁经费，即以余银七十万两生息，置田供支。上以津贴病民，拨部帑银百万。翰林院侍读学士王炳瀛奏："四川前买义田，遍及百余州县，若更以数十万帑银于各州县买田收租，膏腴将尽归公产。请限于四厅近边地收买，安置屯防。"下宝兴妥议，疏言："边防告竣，用银二十二万两有奇，以三十七万发盐茶各商，岁得息三万七千余两，足敷增练勇饷械之需。余银四十万，听部拨别用。"遂罢买田议。二十一年，拜文渊阁大学士，留四川总督任。时大学士琦善、协办大学士伊里布相继罢，在朝满洲大臣鲜当上意，故有是授。二十六年，入觐，命留京管理刑部，充上书房总师傅，兼翰林院掌院学士。二十八年元旦，加恩年老诸臣，加太保。十月，卒，年七十二，谥文庄。

宗室敬征，隶镶白旗，肃亲王永锡子。嘉庆十年，封辅国公，授头等侍卫，兼委散秩大臣、副都统。十九年，授内阁学士，兼銮仪使，充总族长。二十二年，失察宗室海康等习红阳教，褫职，谪居盛京。寻予四等侍卫，乾清门行走。道光初，累迁工部侍郎，授内务府大臣，调户部。八年，偕尚书王鼎察治长芦盐务，奏定归补岸课章程，详《王鼎传》。十二年，南河奸民陈堂等盗决于湾summary堤，命偕尚书朱士彦往勘。疏陈："诸口已合，坝下尚未闭气，间有蛰陷。陈堂等听从逸犯陈端纠众，以为从同厉拟，疏防各官遣戍。通判张懋祖赔修坝工不实，罚赔枷号。覆勘湖河各工，请择要兴修，高堰、山盱卑矮石工，分年改砌碎石；信坝补还石工，智坝、仁河、义河坝改修石底；里河福兴闸塌卸，急筑；扬河西岸加高砖工，改抛碎石。"并从之。又会同两江总督陶澍议定淮盐票引兼行，言官所论官票运私、侵碍畅岸、争占马头三者皆可无虑，诏如原议行。

十四年，授左都御史。偕侍郎吴椿勘浙江海塘，疏言："念里亭至尖山柴工尚资御溜，石塘仍当修整，镇海及戴家桥汛议改竹篓，块石不如条石坦水旧法为坚实。乌龙庙以东，冬工暂缓。"回京，擢兵部尚书，调工部。十五年，以孝穆皇后、孝慎皇后梓宫奉安龙泉峪，诹日不慎，罢尚书、都统，仍充内务府大臣。十六年，署户部侍郎，累迁工部尚书，兼都统。东河总督栗毓美多用砖工，御史李莼言其不便，命敬征偕莼往勘。疏陈："已办砖工尚属整齐，舆论谓保滩护崖可资其力。水深溜急之处，不及埽工巩固，抢办险工，未可深恃。请停止烧砖，改办碎石。"从之。十八年，调户部。

二十二年，南河扬河漫口，水由灌河入海。有议即改新河，河督麟庆以河流未定，遽难决议，命敬征偕尚书廖鸿荃往勘。疏言："改河之议，在因势利导。今查灌河海口至萧庄仅门三百六十余里。新河正溜，由六塘出达灌口，其下游东北一百七十里，滔滔直注。惟当潮涨时，黄水相逼，壅阏不前，而上游自仅门至响水口二百余里，支流忽分忽合，必须两岸筑堤束水，方免泛滥。计工长三百余里，经费难筹。且中河运道为黄流横截，不得不移塘灌运。清水本弱，仍恃借黄以济。空船引转需时，重运更形艰滞。是移塘乃权宜之计，常年行之，恐妨运道。旧黄河自萧庄迄旧海口四百二十余里，尾闾宽畅。自漫口断流，河身益淤。若挽归故道，堵口挑河，共费五六百万，较改筑河堤搏节实多。请定明岁春融兴工，俟军船回空后筑坝合龙。"诏如议行。寻以户部尚书协办大学士。

二十三年，偕侍郎何汝霖赴南河勘工，又赴河南察视中河厅漫口。疏陈筑坝挑河工费需银五百十八万两，较祥符工费为节省，允之。二十五年，奏："河南下北河厅庙工，乃北岸七厅适中之所，河臣宜常年驻此，便于控制。"诏河督每于伏汛前移驻庙工，立冬后仍回济宁。寻坐滥保驻藏大臣孟保，降内阁学士。未几，复授工部尚书。又坐滥保科布多参赞大臣果勒明阿，褫职。三十年，署正白旗满洲副都统。咸丰元年，卒，诏念前劳，予一品衔，依尚书例赐恤，谥文恪。子恒恩，左副都御史；孙盛昱，自有传。

宗室禧恩，字仲蕃，隶正蓝旗，睿亲王淳颖子。嘉庆六年，赐头品顶戴，授头等侍卫，乾清门行走。十年，晋御前侍卫，兼副都统、銮仪使、上驷院卿，转奉宸院卿，迁内阁学士。十八年，擢理藩院侍郎。二十年，授内务府大臣，调户部侍郎。二十五年，仁宗崩于热河避暑山庄，事出仓猝，禧恩以内廷扈从，建议宣宗有定乱勋，当继位。枢臣托津、戴均元等犹豫，禧恩抗论，众不能夺。会得秘匮朱谕，乃偕诸臣奉宣宗即位，命在御前大臣、领侍卫大臣上行走。

道光二年，擢理藩院尚书。时哈萨克部众潜聚乌梁海，议迁徙安置，增设卡伦。吏部尚书松筠谙习边事，上每垂询，禧恩因以谘之。松筠素坦率，遂代删改疏稿。禧恩怒，以上闻，松筠坐越职干预被谴。寻调工部，仍兼署理藩院尚书。六年，调户部。八年，加太子少保，署吏部尚书。九年，随扈盛京，诏念睿亲王多尔衮数定大勋，加恩后裔，赐禧恩双眼花翎。

十二年，湖南江华瑶赵金龙作乱，命禧恩偕盛京将军瑚松额督师，未至，总督卢坤、提督罗思举已平之，歼金龙。禧恩素贵倨，奉命视师，意气甚盛，嗛诸将不待而告捷，谓金龙死未可信。思举以金龙焚骸及佩物为证，议始息。广东瑶匪赵仔青窜入湖南，率提督余步云、总兵曾胜追剿之；偕巡抚吴荣光疏陈善后事。湖南既定，而两广总督李鸿宾剿连山瑶，阅半年，军屡挫。诏逮鸿宾，以禧恩署总督，由湖南进兵。遣步云、胜等先后破贼，擒首逆邓三、盘文理，毁其巢。甫一月，诸瑶乞降。诏嘉其奏功迅速，赐三眼花翎，封不入八分辅国公。班师，途次丁母忧，温谕慰之。

十三年，孝慎皇后薨，命理丧仪，坐议礼征引违制，褫御前大臣、户部尚书、内务府大臣。寻复授理藩院尚书。以生日受属员馈送，为御史赵敦诗所劾，疏辩得直，敦诗坐谴。十四年，因相度龙泉峪万年吉地，加太子太保。调兵部尚书，兼署礼部户部。十八年，诏以南苑牲畜不蕃，禧恩久管奉宸苑，废弛疏懒，罢其兼领。寻得员司积弊状，尽罢诸兼职，降内阁学士。二十二年，署盛京将军，授理藩院侍郎，留将军署任。英吉利内犯，海疆戒严，命治盛京防务。既而和议成，疏陈善后十事，并巡洋章程，如议行。

二十五年，以病解职。坐失察内地民人越朝鲜界垦地，削公爵，降二等辅国将军。三十年，起署马兰镇总兵、密云副都统。咸丰元年，召授户部侍郎。二年，擢户部尚书，协办大学士，管理藩院事。寻卒，赠太子太保，谥文庄。

禧恩自道光初被恩眷，及孝全皇后被选入宫，家故寒素，赖其资助，遂益用事。遍膺禁近要职，兼摄诸部，凌轹同列，人皆侧目。后晚宠衰，禧恩亦数获谴罢斥。文宗即位，乃复起，不两年登协揆焉。

陈官俊，字伟堂，山东潍县人。嘉庆十三年进士，选庶吉士，授编修，迁赞善。二十一年，入直上书房。大考二等，擢洗马，累迁右庶子。典陕西乡试，督山西学政。道光元年，命各省明定陋规，中外臣工多言窒碍，官俊亦疏陈不可行，诏嘉之，予议叙。会密谕留心察访官吏贤否、政治得失，官俊恃曾直内廷为宣宗所眷，意气甚张。寻迁侍讲学士，命回京，仍直上书房。山西巡抚成格追劾官俊在学政任殴差买妾，妄作威福，大开奔竞。上以官俊于殴差买妾已自承不讳，曾荐举魏元烺、邱鸣泰，人材尚不缪；惟所述太监往河东查访盐务控案，事出无稽，解职就质，命长龄道出山西，传旨面诘成格，亦以不能指实引咎，遂两斥之。

官俊降编修，罢直上书房。连典贵州、江西乡试，历中允、祭酒、侍讲学士、内阁学士。十六年，授礼部侍郎，调吏部。十九年，擢工部尚书。东陵郎中庆玉侵冒籍没，主事全孚预告，多所顿顿。事觉，语由官俊闲谈漏泄，回奏复讳饰，诏斥失大臣体，褫职。二十一年，起为通政使，历户部、吏部侍郎，管理三库。擢礼部尚书，调工部。二十四年，以吏部尚书协办大学士。

官俊再起，历典乡会试、殿廷御试，每与衡校。充上书房总师傅。编修童福承素无行，直上书房授皇子读。事中陈坛劾之，语及福承为官俊妻作祭文，措词过当。福承谴黜，诏斥官俊容隐不奏，罢总师傅，议降三级调用，从宽留任。二十九年，卒，优诏赐恤，称其心田坦白，赠太子太保，入祀贤良祠，谥文悫。赐其孙厚钟、厚滋并为举人。

官俊初直上书房，授宣宗长子奕纬读，宣宗嘉其训迪有方。后皇长子逾冠而薨，上深以为恫，故遇官俊特厚，屡获咎而恩礼始终不衰。

子介祺，道光二十五年进士，官编修。咸丰中，助军饷，加侍讲学士衔。后在籍治团练，守城，赈饥，赐二品顶戴。介祺绩学好古，所藏钟鼎、彝器、金石为近代之冠。

卓秉恬，字静远，四川华阳人。嘉庆七年进士，选庶吉士，年甫逾冠，授检讨。典陕西乡试。十八年，改御史，历给事中，章疏凡数十上。论盗风未息，由捕役与盗贼因缘为奸，捕役藉盗贼以渔利，盗贼仗捕役为护符，民间控告，官不为理，盗贼结恨，又召荼毒；直隶之大名、沧州，河南之卫辉、陈州，山东之曹州、东昌、武定，江苏之徐州最甚，请饬实力禁惩。巡漕山东，履勘泰安、兖州各属，探浚新泉四十三处，定名勒石。历鸿胪寺少卿、顺天府丞。

二十五年，疏言："由陕西略阳迄东至湖北郧西，谓之南山老林；由陕西宁羌迄南而东，经四川境至湖北保康，谓之巴山老林。地皆硗瘠，粮稻极微。无业游民，给地主钱数千，即租种数沟数岭。岁薄不收则徙去，谓之棚民。良莠莫辨，攘夺时闻。一遇旱涝，一二奸民为之倡，即蚁附蜂起。州县以地方辽阔，莫能追捕，遂至互相容隐。追酿成大案，即加参劾，事已无济。且事连三省，大吏往返咨商，州县奉文办理，恒在数月之后。与其即一隅而谋之，何如合三省而共议之。请于扼要之地，专设大员控制。"宣宗深韪之，诏下三省会议，未果行，仅将边境文武酌就要地改驻添设。

道光四年，调奉天府丞，丁父忧去。服阕，历太仆寺、大理寺少卿，太仆寺卿，宗人府丞，内阁学士，典江南乡试。十五年，迁礼部侍郎，调吏部。督浙江学政。擢左副御史，召还京，兼管顺天府尹事。历兵部、户部、吏部尚书、协办大学士。二十四年，拜文渊阁大学士，晋武英殿。历管兵部、户部、工部，赐花翎。咸丰五年，卒，年七十四，赠太子太保，谥文端。

秉恬兼管京尹最久，凡十有八年。时九卿会议，一二王公柄相主之，余率占位画诺；秉恬在列，时有辩论，不为用事者所喜。子枟，道光二十年进士，官至吏部侍郎。

论曰：自设军机处，阁臣不预枢务。始犹取名德较著者表望中朝，继则旅进旅退之流，且以年资眷睐，驯跻鼎铉矣。宝兴号娴吏事，而蒙簠簋不饬之声。敬徵视河工，差著劳勚；禧恩、陈官俊并恃恩私，崛而复起；卓秉恬以言官进，视缄默自安者稍表异焉。

卷三百六十六 列传一百五十三

孙玉庭　蒋攸铦　李鸿宾

孙玉庭，字寄圃，山东济宁人。乾隆四十年进士，选庶吉士，授检讨。五十一年，出为山西河东道，父忧去，服阕，补广西盐法道。嘉庆初，就迁按察使，历湖南、安徽、湖北布政使，举发道员胡齐仑侵冒军需，诏嘉之。

七年，擢广西巡抚，调广东。安南国王阮光缵为农耐、阮福映所逼，叩关乞内避，命玉庭驰赴广西察办。福映已灭光缵，遣使纳款，玉庭疏陈其恭顺，请受之。寻福映请改国名曰南越，仁宗疑之。玉庭言："不可以语言文字阻外夷向化之心。其先有古越裳地，继并安南。若改号越南，亦与中国南粤旧名有别。"乃报可。广东海盗日横，玉庭议防急于剿，请增兵严守口岸，禁淡水米粮出海以制之。寻调广西，十年，复调广东。时总督那彦成专意招抚，玉庭意不合，疏陈其弊，谓："盗非悍匪，特为贪利而来。官吏贪功，不惜重金为市。阳避盗名，阴樱盗实。废法敛怨，莫此为尤。"上韪其言，那彦成由是获罪。

十三年，英吉利兵船入澳门，总督吴熊光但停贸易，未遣兵驱逐，上斥畏葸，罢熊光，调玉庭贵州。寻百龄至粤，追论熊光，且劾玉庭不以实入告，坐罢归。已而予官编修，在文颖馆行走。十五年，授云南巡抚，兼署云贵总督。调浙江。二十年，英吉利贡使不愿行跪拜礼，廷议以其倨强，遣之。会玉庭入觐，面奏驭夷之道："妄有干求，当折以天朝之法度；归心悟顺，不责以中国之仪文。"反覆开陈，上意乃解。

二十一年，擢湖广总督。未几，调两江。漕、盐、河为江南要政，日臻疲累。玉庭久任封圻，治尚安静，整顿江西、湖北引岸缉私，筹款生息，津贴屯丁，减省漕委，随事为补苴之计，稍稍相安。宣宗即位，特加太子少保衔。时用尚书英和言，清查直省陋规，立以限制，下疆臣议久远之法。玉庭疏言："自古有治人无治法。果督抚两司皆得人，则大法小廉，自不虞所属苛取病民；非然者，虽立限制，仍同虚设，弊且滋甚。各省陋规，本干例禁。语云：'作法于凉，其弊犹贪。'禁人之取犹不能不取；若许之取，势必益无顾忌。迨发觉治罪，民已大受其累。府、厅、州、县禄入无多，向来不能不藉陋规为办公之需，然未闻准其加取于民垂为令甲者，诚以自古无此术禄之经也。伏乞停止查办，天下幸甚。"疏入，诏褒其不愧大臣之言。

道光元年，授协办大学士，仍留总督任。是年入觐，与玉澜堂十五老臣宴。帝询淮盐疏销之策，玉庭言："汉口为淮南售盐总岸，向来船到随时交易，是以畅销。自乾隆中立封轮法，挨次轮售，私盐乘间侵越。"因胪陈六害，请复旧章，从之。又言漕粮浮收不能禁革，不如明与八折

为便。御史王家相奏言事类加赋，侍郎姚文田、汤金钊亦论之，事遂寝。然州县困于丁费，浮收仍难禁绝，胥吏上下其手，专累良懦，因玉庭议不行，疆臣不敢复请；至同治初，始定漕耗，卒如玉庭议。

四年，拜体仁阁大学士，留任如故。会高家堰决，河督张文浩遣戍，部议玉庭革职，诏念前劳，宽之，留任。寻复以借黄济运无效，褫职，予编修休致。户部复劾其不行海运，而河病运阻，责偿滞漕剥运费十之七，命留浚运河。工竣，回籍。十四年，重宴鹿鸣，加四品顶戴。寻卒，年八十有三。

子善宝，以举人荫生授刑部员外郎，官至江苏巡抚；瑞珍，道光三年进士，由翰林官至户部尚书，谥文定。孙毓淮，道光二十四年一甲一名进士，官至浙江按察使；毓汶亦以一甲二名进士，官至兵部尚书，自有传。曾孙楫，咸丰二年进士，翰林院庶吉士，官至顺天府尹。四世并历清要，家门之盛，北方士族无与埒焉。

蒋攸铦，字砺堂，汉军镶红旗人。先世由浙江迁辽东，从入关，居宝坻。乾隆四十九年，成进士，年甫十九，选庶吉士，授编修。嘉庆初，迁御史，敢言有声，受仁宗知。五年，出为江西吉南赣道，署按察使。八年，广昌斋匪廖干用作乱，攸铦率兵平之。疆臣上其功，会丁母忧去。十年，特起署广东惠潮嘉道，历江西按察使、云南布政使。十四年，调江苏，就擢巡抚。调浙江，擢江南河道总督，以不谙河务辞，诏回原任。

十六年，擢两广总督。严于治盗，遴勤干文武大员驻广、肇、韶、连诸郡居中之地，分路搜截，饬州县官赴乡劝导耆老，使境内不得藏奸，举劾严明，吏皆用命。历擒匪盗七百余名，自首者许自新，特诏褒奖。十八年，应诏陈言，略曰："我朝累代功德在民，而乱民愍不畏法，变出意外，此皆由于吏治不修所致。臣观近日道、府、州、县，贪酷者少而委靡者多。夫闒冗之酿患，与贪酷等。窃以为方今急务，莫先于察吏，而欲振积习，必用破格之劝惩。凡贪酷者固应严参，平庸者亦随时勒休改用，勿俟大计始行核办。其有勤能者，即请旨优奖。果道、府、州、县得人，则祸乱之萌自息。"次年，又上疏曰："道府由牧令起家者十之二三，由部员外擢者十之七八。闻近来司员少卓著之才，由于满洲之荫生太易，汉员之捐班太多。请饬部臣随时考核，其不宜于部务者，以同知、通判分发各省，使练民事，部曹亦可疏通。今之人才沉于下位者多矣，请饬大臣荐达，择其名实相副者擢用。抑臣更有请者，任事之与专擅，有义利之分，若任事而以专擅罪之，人皆推诿以自全矣。协恭之与党援，有公私之别，如协恭而以党援目之，人且立异以远嫌矣。此近今之积习，为大臣者当力除之。至翰林儒臣，务在崇正学，黜浮华，养成明体达用之才，不必以文章课殿最。科道为耳目之官，敷陈能否得体，纠劾是否为公，询事考言，难逃洞鉴。其有卓越清正者，当由京堂而擢卿贰，与翰詹参用。用人之道，因才因地因时，臣下无可市之恩，君上有特操之鉴。人无求备，政在集思，此之谓也。"疏入，上嘉纳之。

英吉利兵船入内洋，攸铦饬停贸易，乃听命引去。请禁民人为洋人服役，洋行不许建洋式房屋，铺商不得用洋字店号，清查商欠，不准无身家者滥充洋商，及内地人私往洋馆，并如议行。商人负遏罗国货价，以官钱代偿，既而贡使来缴还。攸铦以奉旨颁给，乃示怀柔，不得复收回，却之，诏嘉其得体。

二十二年，调四川总督。四川兵故骄纵，一裁以法。民多带刀剑，禁乡村设炉制兵刃。城市编牌取结，有犯连坐。以义仓租息助灌县都江堰岁修，禁派捐累民。重修文翁石室，兴学造士。言官请禁非刑，饬属销毁违法刑具，而严戒纵匪，不得博宽厚虚名，贻闾阎实害。二十四年，率土司头目入都祝嘏，赏赉有加。时因庆典，普免天下积欠钱粮，独四川无欠可免，诏嘉其抚绥有方，予优叙。二十五年，仁宗崩，入谒梓宫，宣宗谕褒为守兼优，加太子少保。

道光二年，召授刑部尚书。寻授直隶总督。值水灾，请截南漕四十万石，赈款先后二百万两，逾年赈事竣。时方治畿辅水利，命侍郎张文浩莅其事，寻以程含章代之，攸铦与合疏言东西两淀，大清、永定、子牙、南北运五河，及天津海口、千里堤，不可缓之工，请部拨银一百二十万两；又疏陈千里堤章程，规复两淀坯船汊夫，移改管河员弁驻所，添建巡防堡房。并如议行。命协办大学士，仍留总督任。五年，拜体仁阁大学士，充军机大臣，管理刑部。以回疆平，加太子太保。

七年，授两江总督。疏言总督于河务非专责，与河臣同治，徒掣其肘，请毋庸driver清江浦，从之。时清水不能敌黄，漕运屡阻。攸铦初在浙，不主海运，至是见河、漕交困，试行海运便利，遂继行，并预储银六十万两，备河运盘坝之用。廷议方主倒塘济运法，且疑其畏难便私，不许。攸铦疏辩，极言倒塘之不足恃，上终不以为然，姑许海运，而禁言盘坝。未几，海运亦罢。以张格尔就擒，追论赞画功，晋太子太傅。

黄玉林者，盐枭巨魁，以仪征老虎颈为窟穴，长江千里，呼吸皆通，诏责严捕，玉林投首，乞捕私自效。十年，攸铦病，乞假，假满，召回京供职，而玉林复图贩私，攸铦疏请严治，发遣新疆，寻复虑其潜回滋事，密请处绞。诏诛玉林，切责攸铦苟且从事，严议褫职，加恩降兵部侍郎。未至京，卒于途，优诏轸惜，依尚书例赐恤。

攸铦精敏强识，与人一面一言，阅数十年记忆不爽。勇於任事，不唯阿。尤长于察吏，荐贤如不及，所举后多以事功名著。子爵远，官至贵州巡抚，自有传。

李鸿宾，字鹿苹，江西德化人。嘉庆六年进士，选庶吉士，授检讨。迁御史、给事中。十八年，巡视东漕。会林清之变，数疏陈时政利弊；又以山东、河南、直隶毗连之地，频年遭兵，条上善后事，始受仁宗知。命偕河督吴璥、巡抚同兴按河督李亨特贪劣不职状，得实以闻。

十九年，超授东河副总河。时微山湖蓄水尽涸，运河淤塞。鸿宾自巡漕时讲求疏泉济运之策，至是疏瀹上游，湖水通畅，潴蓄充盈，漕运无阻，被褒奖，命赴睢工，会同吴璥塞河。二十年，擢河东河道总督。由谏官不三年而

膺方面，为时所罕。寻丁母忧，赐金治丧，予谕祭，异数也。服阕，署礼部、兵部侍郎，命赴河南、山东谳狱，并察黄河、运河、湖水情形。二十三年，署广东巡抚。二十四年，授漕运总督，复调河东河道总督。河决兰阳、仪封，命偕尚书吴璥治之，鸿宾专驻仪封。会北岸马营坝复决，合疏言马营土质沙松，河溜尚劲，未能遽定坝基，被诘责，遂自陈不胜河督之任。诏斥其见吴璥办工迟缓，虑同获咎，预为地步，褫职，予郎中衔，留河南专司大工钱粮。二十五年，命营山东运河事务，兼署山东巡抚，专驻张秋，筹备趱运事。寻授安徽巡抚。道光元年，调漕运总督。

二年，擢湖广总督。初，湖广行销淮盐，用封轮法，大商垄断，小商向隅，甫改开轮，又有跌价争售之害。鸿宾请设公司，签商经理，无论盐船到岸先后，小商随到随售，大商按所到各家计引均销。试行两月后，贩运踊跃，著为令。时议折漕以资治河，鸿宾疏言征收折色，弊窦丛生，莫若令民间完交本色，由州县卖米易银，转解河工，诏以易启抑勒捏价、加收平色诸弊，未允行。

调两广总督。广东通商久，号为利薮。自嘉庆以来，英吉利国势日强，渐跋扈。故事，十三行洋商有缺，十二家联保承充，亏帑则摊偿。英领事颠地知洋行获利厚，欲以洋斯容阿华充商，诸商不允，乃贿鸿宾得之。颠地曰：“吾以为总督若何严重，讵消数万金便营私耶！”于是始轻中国官吏。容阿华寻以淫侈耗赀逃，勿获，官帑无著，不能责诸商代偿，乃以抽分法以弥补，众商藉以渔利，夷情不服，日益多事。鸦片流行日广，漏银外洋，鸿宾屡疏陈查禁之法及禁种罂粟，并增筑虎门大角炮台，以资控御，而奉行具文，未有实效。十年，协办大学士，仍留总督任。

十一年，崖州黎匪乱，鸿宾驻雷州，令提督刘荣庆、总兵孙得发剿平之。给事中刘光三广奏广东匪徒立会滋扰，鸿宾疏陈：“无三点会名目，惟抢劫打单，勒索民财，根株未绝。随时访拿，准自首免罪。请广、潮、肇、嘉诸府州山场荒地，令无业游民报垦，永不升科，庶衣食有资，免流匪僻。”如议行，入觐，赐花翎。十二年春，湖南瑶赵金龙倡乱，广东连州瑶闻风蠢动，遣兵防剿。五月，鸿宾赴连州，三路进兵，虽有斩获，兵弁伤亡多，疏请俟湖南事竣进剿，诏斥任贼蔓延；提督刘荣庆衰庸，不早纠劾，严议革职，改留任。命尚书禧恩等由湖南移师赴粤剿办，禧恩言：“粤兵多食鸦片，不耐山险，鸿宾陈奏不实。”褫职逮治，遣戍乌鲁木齐。十四年，释还，予编修。家居久之，二十年，卒。

论曰：宣宗初政，励精求治。孙玉庭、蒋攸铦并以老成膺分陕之寄，大事多以谘决。其时盐、河、漕皆积困，玉庭持重，晚稍模棱。攸铦直行己意，眷注遂衰，然其汲引人才，识量远矣。李鸿宾初以建言骤起，后乃箧篋不饬，贻海疆隐患。三人皆不能以功名终，公私之殊，不可概论也。

卷三百六十七　列传一百五十四

长龄　那彦成子容安　容照**玉麟**特依顺保

　　长龄，字懋亭，萨尔图克氏，蒙古正白旗人，尚书纳延泰子，惠龄之弟也。乾隆中，由繙译生员补工部笔贴式，充军机章京，擢理藩院主事。从征甘肃、台湾、廓尔喀，累擢内阁学士，兼副都统。嘉庆四年，授右翼总兵。五年，赴湖北剿教匪，为领队大臣，数败高天升、马学礼于川、楚交界，授宜昌镇总兵。又败徐天德、苟文明等。六年，擢湖北提督，署总督。七年，败樊人杰、曾芝秀等，予云骑尉世职。以病回京，历左翼总兵，出为古北口提督。九年，授安徽巡抚，擒蒙城教匪余连。十年，调山东。十二年，擢陕甘总督，讨平西宁叛番。十三年，坐在山东供应钦差侍郎广兴动用库帑，褫职，戍伊犂。寻予蓝翎侍卫，充科布多参赞大臣。十六年，授河南巡抚。十八年，复授陕甘总督，剿擒南山匪首万五等，晋骑都尉世职。

　　二十一年，予都统衔，充伊犂参赞大臣，命察治回匪图尔迈善狱，劾罢将军松筠，遂代之。二十二年，复授陕甘总督。道光元年，加太子少保，协办大学士，留总督任。二年，署直隶总督。会青海野番滋事，命回陕甘，遣总兵穆尔泰、马腾龙讨平之，赐双眼花翎，拜文华殿大学士，管理藩院事，召还京。寻以青海奏凯后，野番复渡河劫掠，夺双眼花翎。三年，授军机大臣，管理户部三库，充总谙达。四年，出为云贵总督，五年，调陕甘，改授伊犂将军。

　　初，回疆自乾隆中戡定后，岁征贡税颇约。旋惩于乌什之乱，由办事大臣纵肆激变，益慎选边臣，回民赖以休息。久之，法浙弛，苴其任者，往往苛索伯克，伯克又敛之回民。嘉庆末，参赞大臣斌静尤淫虐，失众心。张格尔者，回酋大和卓木博罗尼都之孙也。博罗尼都当乾隆中以叛诛，至是张格尔因众怨纠安集延、布鲁特寇边。道光二年，逮治斌静，代以永芹，亦未能抚驭。四年秋、五年夏两次犯边，领队大臣巴彦图败绩，遂益猖獗。

　　六年六月，张格尔大举入卡，陷喀什噶尔、英吉沙尔、叶尔羌、和阗四城，命陕甘总督杨遇春驻哈密，督兵进剿。长龄疏言："逆首已踞巢穴，全局蠢动。喀城距阿克苏二千里，四面回村，中多戈壁，非伊犂、乌鲁木齐六千援兵所能克。请速发大兵四万，以万五千分护粮台，以二万五千进战。"诏授长龄扬威将军，遇春及山东巡抚武隆阿为参赞，率诸军讨之。十月，师抵阿克苏。时提督达凌阿等已败贼浑巴什河。张格尔以众三千踞柯尔坪，令提督杨芳袭破之。大雪封山，兵止未进，疏言："前奉旨兵分二路，正兵由中路台站、奇兵由乌什草地，绕出喀城，断其窜遁。惟乌什卡伦外直抵巴尔昌，山沟险狭，戈壁数百里，所经布鲁特部落，半为贼煽，未可孤军深入。且留防阿克苏、乌什、库车兵八千余，其延、绥、四川兵尚未到。进剿之步骑止二万二千，两路相距二十余站，声息不通。喀城贼众不下数十万，非全军直捣，反正为奇，难期无失。喀城边外凡十卡，皆接外夷，恐贼败遁，已谕黑回约众邀截。"

　　七年二月，师至巴尔楚军台，为喀、叶二城分道处，复留兵三千以防袭。进次大河拐，贼屯洋阿尔巴特，夜来犯营，却之。遂由中路进，歼贼万余，擒五千。越三日，张格尔拒战于沙布都尔，多树苇，决水成沮洳，贼数万临渠横列。乃令步卒越渠鏖斗，骑兵绕左右横截入阵，贼溃，追逾浑水河，擒斩万计。又越二日，进剿阿瓦巴特，分三路掩杀，俘斩二万有奇。追至洋达玛河，距喀城仅十余里，贼悉众十余万背城阻河而阵，亘二十余里，选死士夜扰其营。会大风霾，用杨遇春策，遣索伦千骑绕趋下游牵贼势，大兵骤渡上游鏖之，贼阵乱，乃大奔，乘胜抵喀什噶尔，克之。时三月朔日也。张格尔已先遁，获其侄与甥，及安集延酋推立汗、萨木汗。分兵令遇春下英吉沙尔、叶尔羌，芳下和阗，于是四城皆复。

　　上以元恶漏网，严诏诘责，限速捕获。六月，遇春、芳率兵八千出塞穷追，遇春屯色勒库，芳屯ві柯赖，谕各部落擒献。浩罕遣谍诱官军入伏，鏖战几殆，仅得出险。诏斥诸将老师糜饷，留兵八千，余命遇春率兵入关，芳代为参赞。当大军之出，密诏询将军、参赞：事平后，西四城可否仿土司分封。至是，长龄疏言："愚回崇信和卓，犹西番崇信达赖，即使张逆就擒，尚有兄弟之子在浩罕，终留后患。八千留防之兵难制百万犬羊之众。博罗尼都之子阿布都哈里尚羁在京师，惟有赦归，令总辖西四城，可以服内夷、制外患。"武隆阿亦以为言。上切责其请释逆裔之谬，并革职留任，命那彦成为钦差大臣，代长龄筹善后。

　　张格尔传食诸部落，日穷蹙。长龄等遣黑回诱之，率步骑五百，欲乘岁除袭喀城。芳严兵以待，贼觉而奔，追至喀尔铁盖山，击斩殆尽。张格尔仅余三十人，弃骑登山，副将胡超、都司段永福等擒之。八年正月，捷闻，上大悦，锡封长龄二等威勇公，世袭罔替，赐宝石顶、四团龙补服、紫缰，授御前大臣，诸将封赏有差。五月，槛送张格尔于京师，上御午门受俘，磔于市。晋长龄太保，赐三眼花翎，图形紫光阁。寻回京，命亲王大臣迎劳，行抱见礼于勤政殿。授阅兵大臣，管理藩院及户部三库，正大光明殿赐凯宴，赐银币，授领侍卫内大臣。恩礼优渥，并用乾隆朝故事，时称盛焉。

　　十年秋，浩罕以内地安集延被驱逐，赀产皆钞没，积怨愤，遂挟张格尔之兄玉素普及其党博巴克等复入边，围喀什噶尔、英吉沙尔二城，且犯叶尔羌。复命长龄为扬威将军，往督师。会叶尔羌办事大臣璧昌连破贼，长龄令参赞哈哴阿、提督胡超分路进援喀、英二城，贼闻风解围遁出塞。于是偕伊犂将军玉麟合疏陈善后事，略曰："此次入寇，与张格尔不同，不过乌合夷众，挟驱逐钞没之憾，虏掠取偿，无志于土地人民。各白回畏贼骚掠，助顺守御，亦非上年甘心从逆之比。此时兵缓而守急。惟兵未至而贼已先逃，兵久驻而贼无一获，战守俱无长策。诸臣条奏增兵广屯，以省征调，言之似易，行之实难，即收效亦在数十年之后。若仿土司以西四城付阿奇木伯克，回性懦弱，非浩罕敌；苟无官兵守御，贼至必加入无人之境。臣等再四筹商，统兵之人宜立不败之地，斯能制人而不为人制，惟有移参赞大臣于叶尔羌，其地本回疆都会，距喀什噶尔六站，在不远不近之间。再移和阗领队大臣备调遣。喀什噶尔留换防总兵一，与英吉沙尔领队为犄角。巴尔楚克驻守总兵一，为树窝子咽喉锁钥。六城相距均不过数百里。于西四城额兵六千之外，留伊犁骑兵三千，陕甘绿营兵四千，量分驻守，而以重兵随参赞居中调度。新兵粮饷，请于各省绿营兵额内裁百分之二，岁省三十余万，以为回疆兵饷。俟屯田有效，即以回疆兵食守回疆，仍撤回内地饷额。"又疏请招民开垦西四城闲地以供兵糈。又请添设同知二、巡检五，由陕、甘选勤能之员任之。并下廷议，往复再三，罢设文员，减汉、汉兵二千五百名，新增饷需不过十万两，各城额征粮科可敷供支，乃允行。以璧昌为参赞大臣，各城听节制。其办事、领队各大臣，命长龄等保奏任用。

浩罕惧大军出讨，乞援俄罗斯，俄人拒之，乃遣头人诣军求通商。长龄责缚献贼目；释还兵民，来报愿还俘虏，复乞免税，并给还所没赀财。上方欲示以宽大，且谓献犯亦不足信，一切允之。浩罕喜过望，进表纳贡通商如故，边境乃安。

长龄驻回疆凡两载，十二年，回京，晋太傅，管理兵部，调户部，赐四开禊袍。十七年，以病乞休，上亲视其疾，温诏慰留。以八十寿，晋一等公爵。次年，卒，上震悼，亲奠，赐金治丧，入祀贤良祠、伊犁名宦祠，谥文襄。十九年，命每次谒陵后，赐奠其墓。子桂轮，袭公爵，官至乌里雅苏台、杭州将军，谥恪慎。孙麟兴，袭爵，亦官乌里雅苏台将军。

那彦成，字绎堂，章佳氏，满洲正白旗人，大学士阿桂孙。乾隆五十四年进士，选庶吉士，授编修，直南书房。四迁为内阁学士。嘉庆三年，命在军机大臣上行走。迁工部侍郎，调户部，兼翰林院掌院学士。擢工部尚书，兼都统、内务府大臣。那彦成三岁而孤，母那拉氏，守志，抚之成立，至是三十载，仁宗御书"励节教忠"额表其门。

时教匪张汉潮久扰陕西，参赞大臣明亮及将军庆成、巡抚永保同剿之，互有隙，师行不相顾。是年秋，命那彦成为钦差大臣，督明亮军，褫庆成、永保职，逮治。那彦成以枢臣出膺本寄，意锐甚。明亮闻其将至，急击贼败之，汉潮伏诛。帝嘉其先声夺人，特诏褒美。汉潮党冉学胜亦狡悍，犹在陕。冬，败之五郎。窜秦岭老林，又迭败之高关岭、夹岭、凤皇山。贼乘间逸入湖北、河南境。五年春，进兵汉中，遂从栈剿川匪，追出栈，大破之陇州陇山镇，俘斩甚众，授参赞大臣。会经略额勒登保病，以那彦成陇山捷后，军威已振，命兼督各路兵。高天升、马学礼陷文县，踞卡郎寨。乘夜渡河破之，贼南窜，趋松潘、岷州。额勒登保病起，合击败之，余贼将窜川境，即阴入平入蜀道也。那彦成以地险不利骑兵，檄总兵百祥迎击于农安，自率师回陕。初，那彦成西行，以南山余贼付巡抚台布。继

而川贼五家营至与合，欲东犯，台布遣将拒之。贼趋镇安，张世龙、张天伦为经略大兵所驱，亦奔镇安，群贼皆注汉北山内。额勒登保追入老林，贼向商、雒，为杨遇春所破，始不敢东。那彦成与会师镇安。商、雒贼折犯楚境。上以军事不得要领，召回京面询方略，而高、马二贼入川后益张，总兵施缙战殁，诏斥那彦成纵贼，罢军机、书房一切差使。及至，召对，忤旨，再斥在陕漫无布置，面询兵事饷事，惟逡诸数未尽，且有忌额勒登保战功意，褫尚书、讲官、花翎，降翰林院侍讲。历少詹事、内阁学士。

七年，赴江西按巡抚张诚基被劾事，未定谳，两广总督吉庆以剿会匪被谴自戕，命往鞫。八年，率提督孙全谋平会匪，条上善后，署吏部侍郎。擢礼部尚书。九年，复授军机大臣，赴河南鞫狱，未毕，命署陕甘总督，治搜捕余匪善后事宜，手诏戒之曰："汝诚柱石之臣，有为有守。惟自恃聪明，不求谋议，务资兼听并观之益，勿存五日京兆之见。"未几，调授两广总督。广东土匪勾结海寇为患，久不靖。那彦成以兵不足用，乃招抚盗首黄正嵩、李崇玉，先后降者五千余人，奖以千总外委衔及银币有差。巡抚孙玉庭劾其赏盗，降蓝翎侍卫，充伊犁领队大臣。既而李崇玉槛送京师，讯得与正嵩皆受四品衔守备扎，褫职戍伊犁。十二年，复予二等侍卫，充领队，调喀喇沙尔办事大臣，又调西宁，平叛番，擢南河副总河。以荷花塘漫口合而复决，降二等侍卫。历喀喇沙尔、叶尔羌办事大臣，喀什噶尔参赞大臣。十四年，复授陕甘总督。

十八年，河南天理会教匪李文成等倡乱，陷滑县，直隶、山东皆响应。林清纠党犯禁门。初，命总督温承惠往剿，清既诛，乃发京兵，授那彦成钦差大臣，加都统衔，督师率杨遇春、杨芳等讨之，迭诏责战甚急。那彦成以小丑不足平，惟虑遁入太行，势且蔓延，十月，至卫辉，合师而后进。贼踞桃源集、道口，与滑县为犄角，连败之于新镇、丁栾集。遇春击破道口，歼贼万余，焚其巢；寻破桃源集，追道口余贼，抵滑县。文成遁辉县司寨，杨芳、德英阿追破之，文成自焚死。亲督遇春等围滑城数旬，以地雷攻拔之，获首庸二万余。山东贼亦平。捷闻，加太子少保，封三等子爵，赐双眼花翎，授直隶总督，赐祭其祖阿桂墓。

二十一年，坐前在陕甘移赈银津贴脚价，褫职逮问，论大辟；缴完赔银，改戍伊犁。会丁母忧，诏援滑县功，免发遣。二十三年，授翰林院侍讲。历理藩院、吏部、刑部尚书，授内大臣。道光二年，青海野番甫定复扰，命那彦成往按，遂授陕甘总督。驱私住河北番族回河南原牧，严定约束，缉治汉奸，乃渐平。五年，调直隶。七年，回疆四城既复，命为钦差大臣，往治善后事。先后奏定章程，革各城积弊。诸领队、办事大臣岁终受考核于参赞大臣，又总考核于伊犁将军，互相纠察；增其廉俸，许其携眷，久其任期。印房章京由京拣选，不用驻防。除伯克贿补之弊，严制资格，保举回避。五城叛产归官收租，岁粮五万六千余石，支兵饷外，余万八千石为酌增各官养廉盐米银之用，有余则变价解阿克苏采买储仓。改建城垣，增卡堡，练戍兵。浩罕为逋逃薮，所属八城，安集延即其一。严禁

茶叶、大黄出卡。尽逐内地流夷，收抚各布鲁特，待其款关求贡，然后抚之。诏悉允行。张格尔既诛，加太子太保，赐紫缰、双眼花翎，绘像紫光阁，列功臣之末。

浩罕匿张格尔妻孥，诈使人投书伺隙。那彦成禁不使与内地交接，绝其贸易。九年，使人出卡搜求逆属，上虑其邀功生事，召还京，仍回直隶总督任。未及两岁，西陲复不靖。论者谓那彦成驱内地安集延，没赀产、绝贸易所致。十一年，诏斥误国肇衅，褫职。十三年，卒，宣宗追念平教匪功，赐尚书衔，依例赐恤，谥文毅。

那彦成遇事有为，工文翰，好士，虽屡起屡踬，中外想望风采。子容安、容照。

容安，荫户部主事，袭子爵。历侍卫、副都统。从长龄征回疆有功，历伊犁参赞大臣。乱事再起，容安率兵四千五百赴援，抵阿克苏，迁延不进。由和阗绕道，又分兵乌什，致喀、英二城围久不解。褫职逮治，谳大辟。寻以二城未失，从宽改监候，罚缴和阗军需，贷死戍吉林。父丧，释还。数年卒。

容照，以大臣子予侍卫。累擢内阁学士。亦从征回疆，随父治善后。擢理藩院侍郎。容安既获谴，袭子爵。继因那彦成被谴，同褫职。起，历马兰镇总兵。治狱失入，复褫爵职。以侍卫从扬威将军奕经防广东。充库伦办事大臣，复为马兰镇总兵。咸丰中，从尚书恩华剿捻匪有功，加副都统衔。以疾回京，卒，赐恤。孙鄂素，袭爵。

玉麟，字子振，哈达纳喇氏，满洲正黄旗人。乾隆六十年进士，选庶吉士，授编修。嘉庆初，三迁为祭酒。历詹事、内阁学士。纂修《实录》久，特诏充总纂，奏事列名总裁后。入直上书房。历礼部、吏部侍郎，典会试。奉使鞫安徽寿州狱，及湖北官银匠侵亏钱粮事，大吏并被严谴。后历赴湖南、江西、直隶、河南按事，时称公正。十二年，督安徽学政，调江苏。十六年，兼右翼总兵。坐吏部铨序有误，夺职。未几，授内阁学士，兼护军统领、左翼总兵，迁户部侍郎。十八年八月，车驾自热河回跸，迎至白涧，先还京。会林清逆党犯禁门，率所部击捕；坐门禁懈弛，褫职。十九年，予三等侍卫，赴叶尔羌办事。二十二年，加副都统衔，充驻藏大臣。历左翼总兵、镶白旗汉军副都统，迁左都御史，礼部、吏部、兵部尚书。

道光四年，命在军机大臣上行走。六年，回疆乱起，西四城皆陷。阿克苏办事大臣长清独能固守却贼，先由玉麟论荐，诏特嘉之，赐花翎。七年，兼翰林院掌院学士，充上书房总师傅，加太子少保。八年，回疆既定，晋太子太保，绘像紫光阁。

上方厪顾西陲，以玉麟悉边务，九年，特命出为伊犁将军。疏言："浩罕将作不靖，请缓南路换防。阿坦台、汰劣克屡请投顺，包藏祸心，添巡边兵以备御。伊萨克忠勇能事，责令乘机谋之。近夷布呼等爱曼恭顺，重赏以固其心，则卡外动静俱悉。"诏如议行，并令喀什噶尔参赞大臣札隆阿为之备。札隆阿误信汰劣克等，不之疑也。十年秋，安集延果引浩罕内犯，喀什噶尔帮办大臣塔斯哈率兵出御，遇伏陷殁。札隆阿将弃城退守阿克苏，玉麟急疏闻，请责长清等速筹粮储，哈丰阿速进攻，发伊犁兵四千五百名，令容安率之赴援。容安至阿克苏，与长清议，中途有朵兰回子梗阻，令哈丰阿、孝顺岱由和阗草地进兵。玉麟疏劾曰："喀、英两城被困两月，贼势尚单，易于援剿，由大路直赴叶尔羌，二城之围自解。迂道和阗，须一月方至，贼势渐厚，哈丰阿军未必得力。阿克苏现集兵不下万人，仅以三千人绕路进发，留兵坐縻饷粮，实属非计。札催十数次，该大臣等始以粮运迁延，后又称蒙兵、民遣皆不足恃。计程裹粮二十日足用，后路转运已源源而来。前年克复四城，民遣得力，浑巴什河之捷，土尔扈特出力较多。近日璧昌以少胜众，岂沿边零匪转不能就地歼除？请将长清等严行申饬。"上韪其言，仍促哈丰阿进兵。及长龄督杨芳、胡超等大兵至喀、英二城，贼已远遁。玉麟疏言："贼势涣散，现调官兵不止四万，月需粮万五千石，运费十余万两。请停止续调四川、陕、甘兵，并饬回疆各城采买粮饷，较之戈壁转输，节省不止倍蓰。"从之。

初张格尔之就擒也，回子郡王衔贝子伊萨克实诱致，诸夷忌之，乱起，兵民谋劫掠，事泄，诛首犯，逐流民。怨者讹言伊萨克通贼，遂围劫其家，并杀避乱回众二百余人。札隆阿不能制，反附和囚之。玉麟以伊萨克身膺王封，助乱得不偿失，子孙在阿克苏，家业在库车，岂无顾虑？疏陈其可疑，命偕长龄会鞫，得札隆阿惧罪欲杀之以掩迹，及委员章京等捏奏迎合诬证状，札隆阿以下坐罪有差，复伊萨克爵职，回众大服。

时诸臣议回疆事宜，玉麟上疏曰："阅固原提督杨芳添兵招佃奏稿，称四川总督鄂山有请西四城改照土司之议。伏思回疆自入版图，设官驻兵，不惟西四城为东道藩篱，南八城为西陲保障，即前后藏及西北沿边蒙古、番子部落，皆赖以巩固。若西四城不设官兵，仅令回人守土，诚恐回性无恒，又最畏布鲁特逞横，转瞬即为外夷所有，则阿克苏又将为极边矣。其迤东之库车、喀喇沙尔、吐鲁番、哈密等城，必至渐不安堵。以形势论，唇亡则齿寒；以地利论，喀什噶尔、叶尔羌、和阗三处为回疆殷实之区。舍沃壤而守瘠土，是藉寇兵而赍盗粮也。杨芳所谓守善于弃，实不易之论。至请将喀什噶尔参赞移迁阿克苏，殊非善计。该处幅员狭隘，不足为重镇。且距喀城二千里，有鞭长不及之患。其所陈招佃通商各条，则为治边良法，请用之。"于是诏发长龄密陈十条及中外奏议，交玉麟悉心筹画。十一年，偕长龄会疏，上定以参赞大臣移驻叶尔羌，暨善后诸政，具详《长龄传》。十二年，事定，回伊犁，调剂番戍官兵以均劳逸。惠远城南濒河，定岁修之例；以待种之地租给回民，收租充兵食，并为赡孤寡备差操诸用。拓敬业官学学舍，创建文庙。宣宗特颁扁额以重其事，边徼士风渐蒸蒸焉。十三年，命回京，以特依顺保代之。行至陕西，卒于途次。上闻震悼，优诏赐恤，赠太保，入祀贤良祠。柩至京，亲临赐奠，谥文恭。伊犁请祠祀，允之。

特依顺保，钮祜禄氏，满洲正白旗人。由吉林前锋长从征廓尔喀，有功。嘉庆中，从长龄剿教匪，屡破高天升、马学礼，赐号安成额巴图鲁。累擢甘肃西宁镇总兵。十八年，从那彦成讨滑县教匪，力战，数破贼，克司寨，歼首逆李文成，克滑县，执贼渠，予云骑尉世职。移剿陕西三才峡匪。事平，擢黑龙江将军。调乌里雅苏台将军、塔尔巴哈台参赞大臣、叶尔羌办事大臣。召授正白旗蒙古都统。张格尔之乱，命赴阿克苏。寻署甘肃提督，兼西宁办事大臣。历绥远城、黑龙江、宁夏、西安将军。调伊犁，承玉麟之后，休息边氓，抚驭夷部。巴尔楚克诸地屯田渐兴，酌撤防兵。在任五年，边疆无事。道光十八年，入觐，诏嘉其治边措施悉当，加太子太保，授内大臣，留京供职。寻授领侍卫内大臣。二十年，病，请解职。未几，卒，赐恤如例。

论曰：回疆之役，削平易而善后难。长龄持重于始，老成之谋。那彦成力袪积弊，善矣，而操切肇衅，未竟厥功。玉麟以枢臣自请治边，补救绸缪，西陲乃得义安无事。紫阁铭勋，盖非幸已。

卷三百六十八 列传一百五十五

杨芳 胡超 齐慎 郭继昌 段永福 **武隆阿** 哈哴阿 巴哈布 长清 达凌阿 哈丰阿 **庆祥** 舒尔哈善 乌凌阿 穆克登布 多隆武 **壁昌** 恒敬

杨芳，字诚斋，贵州松桃人。少有干略，读书通大义。应试不售，入伍，充书识。杨遇春一见奇之，荐补把总。从征苗疆，战辄摧锋。洊擢台拱营守备。

嘉庆二年，从额勒登保剿教匪，败张汉潮于南漳，赐花翎。转战川、陕，常充侦骑，深入得贼情地势，额勒登保连破剧寇，赖其向导之力。四年，歼冷天禄于人头堰。大军追余贼，芳以九骑前行，至石笋河，见贼数千争渡，后逼陡崖，左右无路，芳遣二骑回报，自将七骑大呼驰下，贼惊溃，陷浅洲中，其先渡者无由回救。五舟离岸，群贼蚁附，舟重，每发一矢覆一舟，五发五覆。俄，杨遇春、穆克登布至，浮马渡，追击贼尽，军中称为奇捷。连擢平远营都司、下江营游击、两广督标参将。

五年，杨开甲、张天伦趋雏南，芳以千骑扼东路，绕出贼前。贼折而西，黎明追及，见马迹中积水犹溃，急驰之。甫转山湾，见贼拥塞平川，芳率数十骑冲突，后骑至，乘势蹂躏，贼仓卒奔溃，擒斩无算。赐号诚勇巴图鲁，擢广西新泰协副将。寻从穆克登布击伍怀志，连败之成县、阶州。贼渡白水河窥四川龙安，旁入老林，冒雨追击，及之于磨刀石，手刃十余贼，伤足坠马，徒步杀贼，复伤臂，射伤伍怀志，大军乘之，大破贼众。仁宗闻而嘉之，诏问伤状。六年，冉学胜趋甘肃，偕札克塔尔要击于固原，贼反奔，芳轻骑擢其后队，又败之于汉江南岸，贼由平利走洵阳。时张天伦踞高唐岭，芳破之，余贼与学胜合，东出杨柏坡，芳先至，设伏败之，而李彬、苟文明、高见奇、

姚馨佐合窜平利。彬走南江，天伦随之，见奇、馨佐入宁羌。额勒登保自追之，嘱芳以南江之贼，击天伦，擒其党张良祖、马德清、刘奇；复破见奇、馨佐于桂门关，追及黑洞沟，擒其党辛斗；擢陕西宁陕镇总兵。又败李彬于太平，贼弃老弱逃，获彬妻及其悍党冉天瓚。七年，苟文明犯宁陕，其党刘永受、宋应伏分布秦岭北。芳由五郎口进，歼应伏之众过半，永受遁，为寨民所杀，文明寻亦授首。额勒登保入楚，檄芳剿陕境余匪，先后擒郭士嘉、苟文学等，贼党溃散。

八年，总督惠龄檄芳还剿南山贼，芳由洵阳坝深入，冒雨扪崖攀葛，狝薙无遗，遂大搜秦岭南北，陕西贼垂尽。忽有李彪者，自太白山突出，合苟文润抚洋县。芳截剿勿及，坐夺翎顶。贼逼川境，德楞泰至，令芳归防山内。苟文明余党自竹谿窜陕，芳严守汉江，却之，复翎顶。是年秋，三省悉平，凯撤诸军。

宁陕镇标皆选乡勇精锐充伍，凡五千人，号新兵，芳驭之素宽。十一年，芳代杨遇春署固原提督，去镇，副将杨之震摄。以包谷充粮，又盐米银未时给，众鼓噪，营卒陈达顺、陈先伦遂倡乱，戕之震，其党蒲大芳护芳家属出而复从贼。芳闻变，驰赴石泉，诏德楞泰率杨遇春等讨之。秋，贼大掠洋县、留坝，胁众盈万，推大芳为魁。攻孝义，窥子午谷，围鄠县急。芳驰救，鏖战终夜，伤臂。旦日，贼辨为芳，自引去。遇春督诸军战于方柴关，不利。芳与遇春计，贼尚感旧恩，可劝谕，单骑入贼，晓以顺逆利害，犹倔强，与语数年共生死情，声泪俱下，众感泣愿降，遂宿贼垒。大芳缚达顺、先伦以献；复率大芳追斩不听命者朱贵等数百人，乃定。德楞泰疏请降贼归伍，被谴责，大芳等二百余人免死戍伊犁。芳坐驭兵姑息，亦褫职议戍。明年，释还，以守备、千总用。十五年，授广东右翼镇总兵，调陕西西安镇。母忧，去官。

十八年，服阕，入都，至河南，会教匪李文成踞滑县，总统那彦成留之剿贼，授河北镇总兵。偕杨遇春克道口，进薄滑县。巡抚高杞有兵六千，与总统不协，战不力，芳说杞，尽领其众。文成走踞辉县司寨，偕特依顺保追击之，贼死斗，芳手刃退卒，大捷，以火攻破碉楼，文成自焚死，予云骑尉世职。大兵隧地攻滑城，贼多方御之，历四十日不得下。芳复于西南隅穿穴深入，九日而成。地雷发，城圮，殄贼二万余。藏功优叙，调西安镇。移师剿平三才峡匪，复勇号，调汉中镇。二十年，擢甘肃提督。

道光初，历直隶、湖南、固原提督。六年，回疆军急，芳自请从征，许之。十月，会军阿克苏。柯尔坪为要冲，芳先进，一鼓破之，焚回庄，斩贼酋伊瞒及安集延伪帅约勒达什，大军无阻。七年二月，偕参赞杨遇春、武隆阿进师，三战皆捷，抵喀什噶尔浑河北，合击大破之，遂复其城；率兵六千趋和阗，三月，战于毗拉满，分军绕城后夹击，擒贼酋喀尔勒，复和阗；加骑都尉世职，授乾清门侍卫。张格尔已遁，命杨遇春偕芳出卡掩捕，芳军阿赖，檄诸夷部缚献。芳言贼遁愈远，道险饷艰，诸夷贪赏妄称不足信，至秋，诏班师。会芳追博巴克之众，入险遇伏，

数战始拔全军出,协领都凌阿死之。遇春先入关,芳代为参赞,遣黑回用间言大兵全退。张格尔俟岁将除,率五百骑来袭,中途觉而反奔。芳急驰一昼夜,追及于喀尔铁盖山,歼其从骑殆尽。余贼拥张格尔登山,弃骑走,芳率胡超、段永福等擒之,锡封三等果勇侯,赐紫缰、双眼花翎,晋御前侍卫,赐其子承注举人。张格尔械京伏诛,加太子太保。九年,入觐,晋二等侯,加太子少傅。十年,浩罕、安集延复扰喀什噶尔、叶尔羌等城,偕长龄往剿,仍为参赞。兵至,贼已遁。疏言移城屯田事,下长龄等议行。寻回镇。

十三年,四川清溪、越嶲、峨边诸夷叛,提督桂涵卒于军,以芳代之。至则清溪、越嶲皆平,进攻峨边贼巢,斩其酋,十二姓熟夷皆降,山内倮夷亦就抚。与按察使花杰筹治善后,晋一等侯,逾年,诸夷复时出扰,降二等侯,褫御前侍卫,以甘肃总兵候补。引疾归。十六年,起为湖南镇筸总兵,抚定变兵。历广西、湖南提督。

二十年,海疆事起,定海既陷,琦善赴广东议抚,英吉利要挟,攻夺炮台。二十一年春,命奕山为靖逆将军,芳及隆文为参赞,率师防剿。奕山等不知兵,惟倚芳。先至广州,英兵入犯虎门、乌涌,提督关天培战死。敌兵逼省城,严备守御。芳见兵不可恃,而洋商久停贸易,亦愿休战,美利坚商人居间,请通商,诏不许;又偕巡抚怡良疏请准港脚商船贸易,诏斥有意阻挠,怠慢军心,严议夺职,改留任。奕山至,战亦不利。四月,英舰退,收复炮台,奕山等遂请班师。芳以老病乞解职,温谕慰之,命回湖南本任。二十三年,许致仕,在籍食全俸。二十六年,卒于家,诏念前劳,赐金治丧,依例赐恤,予其诸孙官有差,谥勤勇。子承注先卒,孙恩科袭侯爵。

芳自剿三省教匪,勋名亚于杨遇春。至回疆之役,以生擒首逆,先封侯,绘像紫光阁,论功超列遇春上。汉臣同列者凡九人;署固原提督胡超,贵州提督余步云,直隶提督齐慎,安徽寿春镇总兵郭继昌,陕西西固营都司段永福,陕西马兵升甘肃宁远堡守备杨发,陕西马兵升抚标左营守备田大武。发、大武并从擒张格尔,以伍卒跻列,异数也。

胡超,四川长寿人。初读书应试不售,入伍,从征苗疆有功。嘉庆中,川、楚、陕教匪起,率乡勇转战,屡歼悍贼,以勇健名。累擢都司,坐事夺职。入都,考充国史馆供事。十八年,林清党犯禁城,手杀数贼,大学士勒保荐赴河南军营。从杨遇春剿贼,单骑入贼垒,与数十贼搏战,歼其二,夺旗而出;又败贼于中市,率劲骑前驱,克道口,复原官。克滑城,擒贼首,上功居最。十九年,从遇春平三才峡匪,殪贼目麻大旗、刘二,擒龚贵等,赐号劲勇巴图鲁。累擢陕西循化营参将。

道光元年,从征叛番,战博洛托亥、乌兰哈达皆捷,夜袭冻雪岭贼帐,擢甘肃永昌协副将,驻防西宁。六年,回疆事起,杨遇春檄赴军。从杨芳攻柯尔坪,先破贼于和色尔淖,次日攻北庄,持矛步战,杀贼过半,阵斩贼首伊瞒,加总兵衔。七年,连战皆捷,抵浑河,贼夜来袭,击败之,遂渡河薄贼垒,贼大溃。四城既复,追和阗逸贼,出卡至玛杂败之,截击于新地沟,尽歼其众,擢四川重庆镇总兵。是年冬,追张格尔至喀尔铁盖山,舍骑步蹑山巅,张格尔穷蹙欲自刭,超与段永福夺其刀,生缚之,予骑都尉世职,授乾清门侍卫。与功臣宴,御制赞有"雄勇超群,名实克称"之褒。历署京北口、固原提督,授甘肃提督。

十年,浩罕、安集延复犯边,超率兵四千驰剿,至英吉沙尔,贼已遁,遂解喀什噶尔围。分兵追萨汉庄窜匪,俘戮殆尽。凯旋,调固原提督。十六年,入觐,命在御前行走。二十一年,命率兵二千赴山海关驻防。寻以浙江海防急,授参赞大臣赴援,未行,留防天津。从郡王僧格林沁视直隶、山东海口防务,逾年撤防归伍。寻调甘肃提督。二十六年,以西宁番叛,调援不力,褫职,仍留骑都尉。乞病归,食半俸。二十九年,卒。

齐慎,河南新野人。以武生率乡团击教匪入伍,隶庆成部下,转战三省,以勇闻。比教匪平,洊擢至陕安镇右营游击,杨遇春甚器之。嘉庆十八年,滑县乱,檄慎从征。贼踞道口,遇春初至,直前搏战,慎从之,贼气夺,入巢。明日,慎独破贼于卫河西岸。贼掠中市,率骑断其归路,夹击,毁浮桥,遂克道口,破桃源集擒贼。进薄滑县,驻营未定,贼万余由西北门出来犯,力战,相持竟夜;迟明,城贼二千余复出,慎跃马冲贼阵中断,乃大溃。又破贼新乡市,首逆李文成走踞司寨,慎由淇县大庙山右进,鏖战白土冈,会攻司寨,克之。自道口至此凡十三战,叙功最,赐号健勇巴图鲁。克滑城,先登受伤,擢副将,遂从遇春平三才峡匪,授神木协副将。历西安、陕安两镇总兵。

道光元年,擢甘肃提督。二年,西宁插帐番扰河北,慎率本标兵迭战于乌兰哈达、哈锡山、落它滩,擒斩数百,番众乞降,放还河南。诏褒奖,被珍赉。六年,从征回疆,长龄令充翼长,驻守阿克苏。父丧,留军。特奇里克爱曼布鲁特助剿扰乌什,慎战屡捷,擒其酋库图鲁克。七年,出哈兰德卡伦,驻倭胡素鲁,遏贼内犯。事平,调古北口提督,改号强谦巴图鲁。十二年,病归。起署甘肃提督,调四川。十七年,平雷波叛夷,调云南,复调四川。

二十一年,命率川兵五百赴广东参赞靖逆将军奕山军务,守佛山镇。杨芳病,移守省城,会罢战。二十二年,赴湖北剿崇阳乱民,未至已定,命赴浙江会办扬威将军奕经军务,驻上虞,扼曹娥江。移防江苏镇江。英兵来犯,力战却敌。城卒陷,退守新丰。奕山、奕经先后被谴,慎夺职留任,回四川。二十四年,出阅伍,卒于马边,赠太子太保,谥勇毅。

郭继昌,直隶正定人。以行伍从庆成剿教匪于襄阳,继从恒瑞入川,击罗其清、冉文俦等于龙凤坪,歼冉文富于马鞍山,功皆最。又赴陕、甘剿张汉潮,擢龙固营都司。累迁陕西宜君营参将。道光元年,赴喀什噶尔换防,授定边协副将,调安西协。六年,换防叶尔羌,抵阿克苏,值乱起,驻守托什罕,击败渡河贼。协领都伦布被围,继昌兵少不能救,借调额尔古伦骑队三百,夜率驰往,突贼营,歼其酋库尔班素皮,追及河上,擒斩千余,擢总兵,赐号干勇巴图鲁。七年,从大军战大河拐,夜袭贼营,破之。

从复喀什噶尔城，追贼至塔里克达坡，分兵绕山后狙击，贼惊溃，授寿春镇总兵。调陕西延榆绥镇。十年，再赴喀什噶尔剿余孽，还署固原提督。十七年，调广东陆路提督。洎海防急，往来广、惠间筹守御。二十一年，以劳卒。

段永福，陕西长安人，原籍四川。以乡勇从征教匪，积功至千总。嘉庆十八年，滑县教匪起，从杨遇春转战直隶、河南，克道口、司寨，复滑县，皆有功。复从遇春剿陕西郿县贼，率骑兵追至柏杨岭，歼贼目麻大旗、刘二于阵。累擢甘肃张义营都司。道光七年，从杨芳征回疆，洋阿尔巴特、沙布都尔、阿瓦巴特三战皆力，赐号利勇巴图鲁。张格尔就擒于喀尔铁盖山，永福从胡超步上山岭，直前夺其刀，手缚之，予骑都尉世职。擢参将，历甘肃永固协副将，陕西宁夏镇总兵，调贵州安义镇。二十年，命赴广东防海，英吉利兵舰初至，永福扼虎门，炮击退之。二十二年，命当浙江佐扬威将军奕经军，宁波、镇海已陷，令永福分路往攻，漏师期，他路先挫，永福师不得进，遂无功。擢广西提督，未赴，调浙江。未几，卒，谥勇毅。

武隆阿，瓜尔佳氏，满洲正黄旗人，提督七十五子。嘉庆初，以健锐营前锋从征湖北教匪，后随父剿贼四川，功多，累擢副都统。七十五以病去，武隆阿代领所部留川，为勒保所忌，父丧，乃还京。十年，授广州潮州镇总兵。时海盗充斥，仁宗以武隆阿勇敢，故使治之。既而总督那彦成招降盗首李崇玉，予四品衔守备札，而以武隆阿捕获闻。事觉，坐降二等侍卫，赴台湾军营效力。十一年，偕王得禄等击蔡牵于鹿耳门，败之，迁头等侍卫，授台湾镇总兵。二十五年，母忧，回旗。寻充喀什噶尔参赞大臣。道光元年，疏陈八旗生计，请以绿营兵半为旗额，由驻防子弟挑补，诏斥素言乱政，降二等侍卫，调西宁办事大臣。三年，召还，授内阁学士。出为直隶提督，授江西巡抚，调山东。

六年，台湾奸民张丙作乱，诏武隆阿往督师，未行而回疆乱急，授钦差大臣，与杨遇春同参扬威将军长龄军务，率吉林、黑龙江骑兵三千出关。七年二月，战于洋阿尔巴特，武隆阿将右军，扼其前，贼败走，追至排子巴特，又败之，进克沙布都尔回庄，乘胜至浑水河，悍贼数千来援，迎击破之，斩其酋色提巴尔第等。进次阿瓦巴特，贼伏精锐以待，遣赢师挑战，佯败，武隆阿整队进，以连环枪聚击，别遣藤牌军由山谷间道冲出，贼马惊却走，伏贼自林中出，不复成列，纵击之，殪贼万余，斩其首阿瓦子迈玛底、那尔巴特阿浑等。捷闻，加太子少保。贼垒踞浑河南岸，列大炮山穴，死守以拒，武隆阿军至不得进。日暮，偕杨遇春乘风潜渡上游袭贼后，贼数道退，卒不支，始溃走，遂复喀什噶尔城。

张格尔闻败先遁，诏斥将军、参赞不能生致首逆，并被谴，夺武隆阿宫衔，责擒张格尔以自赎。武隆阿病留喀城，授喀什噶尔参赞大臣。诏询善后方略，长龄请以逆裔阿布都哈里管西四城回部事。武隆阿亦疏言："留兵少则不敷战守，留兵多则难继屡支。前此大兵进剿，幸克捷迅速，奸谋始息。臣以为西四城环逼外夷，处处受敌，地不足守，人不足臣，非如东四城为中路不可少之保障。与其糜有用兵饷于无用之地，不如并东四城，省兵费之半，即可巩如金瓯，似无需更守此漏卮。"诏切责其附和长龄。会谍报张格尔潜居达尔瓦，武隆阿率师往击之，侍卫色克精额等殁于阵，上愈怒，议革职，从宽留任。寻以病亟请解职，允之，命在喀城调理，病愈仍署原官。八年，张格尔就擒，免前后吏议。寻实授喀什噶尔参赞大臣，奏招抚归顺部落额提格讷布鲁特，安置依劣克达坂地。诏以"受降易，安抚难"勉之。召回京。

九年，陕、甘兵凯撤，给盐粮银依内地防军旧例，军士意不满，哗噪。那彦成疏言："武隆阿战阵勇敢，而多疑少断，未洽人心。陕军器争，实其意存节省、拘泥成例所致，虑不胜参赞任。"及至京召对，语复掩饰，降头等侍卫。寻充和阗办事大臣。十年，召还。逾年，卒。

武隆阿回疆战功与二杨相埒，以言弃地获谴，未膺优赏。宣宗念前劳，仍列功臣，绘像紫光阁。八旗诸将同列者：都统威勇侯哈哴阿，护军统领阿勒罕保，库尔乌苏领队大臣副都统巴哈布，副都统苏清阿，阿克苏办事大臣副都统长清，塔尔巴哈台参赞大臣达凌阿，察哈尔都统安福，头等侍卫巴清德，吉林副都统吉勒通阿，喀什噶尔帮办大臣副都统衔额尔古伦，头等侍卫塔尔巴哈台办事大臣德勒格尔桑，头等侍卫华山泰，宁夏副都统伊勒通阿，吉林协领寿昌，黑龙江协领鄂尔克彦、全凌阿，黑龙江总管副都统衔舒凌阿，伊犁察哈尔总管乌齐拉尔，三等侍卫得胜额，吉林佐领乌凌额、德成额，黑龙江佐领占布、阿勒吉讷，伊犁锡伯佐领德克精阿，伊犁索伦副总管哈丹保，伊犁锡伯马甲防御衔骁骑校讷松阿、舒兴阿，而回子郡王伊萨克亦与焉。

哈哴阿，瓜尔佳氏，满洲正黄旗人。由世袭云骑尉为伯父额勒登保嗣，袭一等威勇侯，授头等侍卫、乾清门行走。嘉庆十八年，从剿滑县教匪有功，赐号继勇巴图鲁。二十一年，晋御前侍卫，兼副都统、武备院卿，历护军前锋统领。

道光六年，从长龄赴回疆，充领队大臣，将骑兵。连战洋阿尔巴特、沙布都尔、阿瓦巴特，擒安集延头目阿瓦子迈玛底等，复喀什噶尔，擒逆属及从逆伯克阿布都拉、安集延头目推立汗。从杨芳破玉努斯于毗拉满，复和阗，擢镶红旗蒙古都统。八年，槛送张格尔至京，献俘阙下，礼成，赐蟒袍、大缎。十年，喀什噶尔复被围，授参赞大臣，从长龄视师，至则贼已遁，命偕杨芳察各城战守及回众助逆者，捕诛百余人，被胁免罪，奖赏有功，并如议行。留回疆驻守，训练屯兵。十二年，浩罕遣使进表，送还所掠回民，率贸易人进卡，哈哴阿受之，宣示通商免税恩诏，赐予筵宴，事毕还京。

台湾匪起，授参赞大臣，偕将军瑚松额往剿，未至，事平，旋师。十五年，命赴山、陕阅兵，擢领侍卫内大臣。寻以阅兵不慎，降二等侍卫。累迁都统。二十一年，海疆戒严，驻防山海关，复授参赞大臣，偕奕经赴浙江防剿。未几，仍回山海关防守。和议成，回京，授领侍卫内大臣。二十五年，以病请解职，食侯爵全俸。二十九年，卒，赠太子少保，谥刚恪。子那铭，孙荣全，袭爵。荣全官至副都统，自有传。

巴哈布，伍弥特氏，蒙古正黄旗人。以健锐营前锋、蓝翎长从征教匪，又赴台湾剿贼，累迁前锋参领。以克滑县功，授右翼翼长，擢镶蓝旗蒙古副都统。道光五年，出为哈喇沙尔办事大臣。六年，率土尔扈特、和硕特、蒙古兵援阿克苏，贼潜渡浑巴什河犯阿城，迎击，歼其渠库尔班素皮，被优叙。偕提督达淩河援乌什，败贼于沙坡树窝。寻撤蒙古兵，自请留军前。七年，和阗回众缚贼酋乞降，往抚之。洋阿尔巴特之战，偕哈哴阿率劲骑进击，所向披靡。沙布都尔、阿瓦巴特连战皆力，署叶尔羌帮办大臣。凯旋，予云骑尉世职。九年，授塔尔巴哈台参赞大臣。十二年，召还京。寻擢江宁将军，治军有声。十七年，卒于官，优恤，谥勤勇。

长清，钮祜禄氏，满洲镶红旗人，内大臣策楞孙，副都统特成额子也。以荫生入赀，铨授兵部主事。累迁郎中。嘉庆二十四年，出为广西左江道。母忧去官。仍为兵部郎中。道光五年，加副都统衔，充阿克苏办事大臣。六年，张格尔入寇，西四城相继陷。长清截留各城换防，又发铜厂钱局官兵，扼浑巴什河。参将王鸿仪战殁于都齐特，贼纠众五六千自叶尔羌来犯，屡扑渡，皆击退。踞城百余里，波斯图拉、哈尔塔两地多朵兰回庄，附逆抗拒，分兵进剿。贼复由托什罕渡河，逼城二十里，长清令数十骑驰骋扬尘，鼓噪东来，贼疑大军至，退走河南。乃进军，渡河结营，贼来攻，连败之，擒斩千余，贼始不敢窥河北。阿克苏城小，扩关厢，埤壕筑垒为外郭，民、回安堵。遣兵五百助守乌什为犄角，东四城恃以无恐。宣宗初虑长清未谙军事，命特依顺保往领其职而长清副之，犹未至，至是诏嘉长清防剿深合机宜，赐花翎，予优叙，遂寝前命。大军进讨，满、汉兵三万数千皆集阿克苏，长清置局供支运输，铸钱增驿，规画甚备，授镶白旗蒙古副都统，仍留任。七年，四城复，诏：“长清于大军未到，力捍孤城，厥功甚伟，予云骑尉世职，擢其子富春为主事。”八年，疏言：“长龄议于阿克苏添兵一千，柯尔坪添兵五百。柯尔坪距阿城三百里，回众数万，兵少无益，请归并阿克苏，练成劲旅，可以总治两路所属。乃塔尔达巴罕及阿尔通霍什皆有小路可通伊犁，请并封禁。”从之。张格尔就擒，械送至京。予优叙。

十年，喀什噶尔诸城复告警，容安率伊犁兵赴援，命至阿克苏与长清会商进兵。疏请分兵和阗、乌什，待哈丰阿、胡超两路兵至进剿，诏斥容安畏葸，长清并下严议。寻原之，降二等侍卫，仍留任。十二年，加提督衔，充叶尔羌办事大臣，驭夷开屯，措施并称职。十四年，授乌鲁木齐都统。逾年，召回京。寻授福州将军，加太子太保。十七年，卒，晋太子太傅，赐金治丧，谥勤毅。

达淩阿，佟佳氏，满洲镶黄旗人。以健锐营前锋从永保剿湖北教匪，继随杨遇春战川、陕，数有功。累擢静宁协将，署西安镇总兵。三才峡匪起，率兵四百御之涝峪、八里坪，大败其众。追尤九余党至黑水峪，攻克之，又败之傅家河；击万五于辛峪口，连败之，万五率残卒遁，寻就擒；加总兵衔，擢巴里坤总兵，调西安镇。

道光二年，擢乌鲁木齐提督。六年，率兵四千援阿克苏，军次库车，遣锡伯兵扼柯尔坪，分守库车、乌什。九月，与贼夹浑巴什河而军，持数日，贼分走乌什，偕巴哈布迎击，败之于阿拉尔，追至沙坡树窝，破伏贼。其自托什罕渡河者，方围协领都伦布营，遏副将郭继昌援路。达淩阿还军驰救，夺击败之，贼争渡，死者相藉，河水为之不流。迨长龄至，河北已无贼，被优叙。七年，从大军三战复喀城，驻守叶尔羌，署办事大臣，予云骑尉世职。是年秋，闻边警，调防乌什，张格尔就擒，回本镇。历塔尔巴哈台参赞大臣、西安将军。十年，卒，优恤，谥武壮。

哈丰阿，富察氏，满洲镶黄旗人。嘉庆初，以健锐营前锋从剿襄阳教匪，转战川、陕，累迁前锋侍卫。搜捕南山余匪甚力，事平，授贵州定广协副将。擢威宁镇总兵，历浙江处州，陕甘凉州、汉中诸镇。道光八年，擢乌鲁木齐提督。十年，回疆复警，命驰赴阿克苏，偕长清防剿。十一月，进攻叶尔羌城贼，贼溃，潜伏哈拉布扎什军台，分道要击，破之。进围黑色尔，擒其酋巴拉特，乘胜至英吉沙尔，喀什噶尔围亦解，予云骑尉世职，赐号进勇巴图鲁。初诏哈丰阿倍道驰援叶尔羌，听容安计，绕道和阗，失期，议夺职，原之，责偿军费十之二，仍留任。

擢广州将军。疏请铸巨炮百，选精锐五百人，严守望以重海防。十四年，英吉利兵船二，号称护商，入广州海口，纵炮击之。船停黄埔，调兵建闸，制其出入，英酋谢罪，事乃解。调黑龙江将军，举发御前大臣高乙鼐嘱托私书，诏奖其持正，授内大臣，加太子少保。请添练马队，增置官吏，补助布特哈生计，并允行。调西安将军。二十年，卒，谥悫勤。

庆祥，图博特氏，蒙古正白旗人，大学士保宁子。授蓝翎侍卫。嘉庆十三年，袭三等公爵，授散秩大臣、镶白旗蒙古副都统，兼正蓝旗护军参领。寻理藩院侍郎、调工部。十八年，率京营兵从那彦成剿滑县教匪，凯旋，擢正黄旗汉军都统，历热河、乌鲁木齐都统。二十五年，授伊犁将军。八月，逆回张格尔扰喀什噶尔，官军剿捕，乃引去。参赞大臣斌静不闻，不言衅由，宣宗疑之，命庆祥往勘，得斌静纵容家奴凌辱伯克、交通奸商状，褫逮论罪。疏陈善后六事，又密请羁縻浩罕部落，许遣使入觐，以安夷心，诏俞之。

道光五年夏，张格尔复扰边，内地回户多与通。帮办大臣巴彦巴图率兵出塞掩之，不遇，即纵杀游牧布鲁特而还。其酋汰列克追覆官军于山谷，庆遂猖獗，褫参赞大臣永芹职，命庆祥代之。庆祥至，误信奸回阿布都拉，反为贼耳目。六年夏，张格尔遣其党赫尔巴什潜赴绰勒萨雅克爱曼，纠合夷众，复令奇比勒迪至巴雅尔开渠占地，遣兵擒斩之。张格尔率众五百由开齐山路突至回城，拜其先和卓木之墓，回人所谓"玛杂"也。庆祥令帮办大臣舒尔哈善及领队大臣乌凌阿往剿，夜雷雨，张格尔溃围走，白帽回众纷起应之。张格尔复由大河沿合众万数进犯喀城，庆祥尽调各营卡兵为三营，令乌凌阿、穆克登布分率之，迎战,先后没于阵。先是张格尔求助于浩罕,约四城破,分所掠,且割喀城以报。及见官军无援,悔欲背约,浩罕酋怒,自以所部攻城未下,寻引去;张格尔追击之,收其降众数千,遂益强。八月,围喀城凡七十日,城陷,庆祥自经死。事闻,赠太子太保,晋封一等公,兼云骑尉世职,以子文烽嗣,谥壮直,祀昭忠祠。逾年,回疆平,诏于喀什噶尔建昭忠祠祀之,舒尔哈善、乌凌阿、穆克登布俱从祀,御制《悯忠诗》勒诸石。八年,张格尔伏诛,命其子文烽看视行刑,摘心于墓前致祭。

舒尔哈善,葛哲勒氏,满洲镶白旗人。以骁骑校从征川、陕教匪有功,予巴图鲁勇号。累擢布特哈乌拉协领。克滑县,加副都统衔。坐事褫职。道光初,予三等侍卫,充库尔喀喇乌苏领队大臣。六年,张格尔入犯,调喀什噶尔帮办大臣。与贼战,身先士卒,受枪伤,仍麾兵前进,杀数百人。城陷,被戕,予骑都尉世职。

乌凌阿,瓜尔佳氏,满洲镶白旗人。由前锋从征教匪,累擢头等侍卫。道光三年,授伊犁领队大臣、正红旗蒙古副都统。六年,贼逼喀城,庆祥檄令回援,遇贼于浑河,力战至晡,没于阵。赠都统衔,谥壮武,予骑都尉兼云骑尉世职。

穆克登布,季氏,满洲镶红旗人,伊犁驻防。由委前锋校累擢协领。道光元年,庆祥密令诱捕张格尔于托山内,获其党蒙达拉克等,予议叙。二年,充库尔喀喇乌苏领队大臣,调伊犁。五年,率兵至喀什噶尔,驻防图舒克塔什卡伦。张格尔犯喀城,撤兵回战于七里河,死之。赠都统衔,谥壮节,予骑都尉兼云骑尉世职。

多隆武,乌素尔氏,满洲镶白旗人。由笔帖式补骁骑校,累擢协领。道光四年,加副都统衔,充叶尔羌帮办大臣。六年,喀什噶尔被围急,遣兵赴援。贼由阿色尔布依岳坡尔湖而南,分兵防御。奸回阿布都拉等潜通贼,多隆武尽诛之,喀、英两城相继陷,贼趋叶尔羌,参将吴亨佑扼单板桥,战殁;遂由黑子铺入,防师尽燔,回兵半为贼胁。伊犁道梗不能救,叶城乃陷,多隆武死之。依都统例赐恤,于叶尔羌建专祠,予骑都尉兼云骑尉世职。

叶尔羌办事大臣印登、英吉沙尔领队大臣苏伦保、和阗领队大臣奕湄、帮办大臣桂斌同殉难,追论死事诸臣,并赠恤有差,惟喀什噶尔帮办大臣巴彦巴图坐滥杀陷师,夺其恤典。

壁昌,字东垣,额勒德特氏,蒙古镶黄旗人,尚书和瑛子。由工部笔帖式铨选河南阳武知县,改直隶枣强,擢大名知府。道光七年,从那彦成赴回疆,佐理善后。壁昌有吏才,以父久官西陲,熟谙情势,事多倚办。九年,擢头等侍卫,充叶尔羌办事大臣。壁昌至官,于奏定事宜复有变通,清出私垦地亩新粮万九千余石,改征折色,拨补阿克苏、乌什、喀喇沙尔俸饷,余留叶城充经费,以存仓二万石定为额贮,岁出陈易新,于是仓库两益。叶尔羌喀拉布札什军台西至英吉沙尔察木伦军台,中隔戈壁百数十里,相地改驿,于黑色热巴特增建军台,开渠水,种苜蓿,士马大便。所属塔塔尔及和沙瓦特两地新垦荒田,皆回户承种,奏免第一年田赋,以恤穷氓。新建汉城,始与回城隔别,百货辐辏,倍于往时。以回城官房易新城南门外旷土,葺屋设肆,商民便之。访问疾苦,联络汉、回,人心益定。

十年八月,浩罕纠诸部寇边,围喀什噶尔、英吉沙尔两城,遂犯叶尔羌。容安率援师迁延不至,壁昌抚谕回酋,同心守御,分扼科热巴特、亮噶尔诸要隘。贼万余扑城,迎战于东门外,击破之,贼宵遁,诏嘉其援师未至之先即获全胜,加副都统衔,寻授镶黄旗汉军副都统。自九月至十一月,贼复三次来犯,迭击败走之。最后贼攻城,相持五日,而哈丰阿援兵至,贼望风遁,追破之于哈拉布札什。越数日,进兵英吉沙尔,而喀什噶尔之贼已饱飏出塞,大军至,则无贼矣。壁昌素得回众心,是役尤得阿奇木伯克阿布都满之助,赖以成守。事定,奏请仍袭其祖郡王封爵。长龄、玉麟奉命会筹善后事,尽咨于壁昌。

十一年,擢参赞大臣,改驻叶尔羌,遂专回疆全局。兴喀拉赫依屯田,招练民户五百人,修渠筑坝,以牌博为界,不侵回地,凡垦屯地二万二百四十亩。十二年,和阗回民塔瓦克戕伯克多拉特、依斯玛伊勒等为乱,捕其党尽置诸法。疏言:"长龄等奏增南路防兵三千屯巴尔楚克,因其地筑城未竣,遂以二千人分屯叶、喀二城。二城形胜较巴尔楚克尤要,请以暂时分兵之数永为定额。喀城更增绿营兵三千五百,分屯七里河为犄角,叶城增乌鲁木齐满洲兵五百、绿营兵一千。"诏从之。十三年,召还京。十四年,复出为乌什办事大臣。历凉州副都统、阿克苏办事大臣、察哈尔都统。缘事降调,充伊犁参赞大臣。授陕西巡抚,擢福州将军。

二十三年,署两江总督,寻实授。英吉利和议初成,壁昌奏设福山镇水师总兵,沿江形势,扼险设防,请于五龙、北固两山及圌山关、鹅鼻嘴修筑炮台炮堤,是为筹江防之始。言官请团练乡兵,以窒碍无益,奏寝其议。淮北已改票盐,御史刘良驹疏请推广于淮南试行。疏言其不便,略谓:"淮南地引多,价昂课重,行销之不齐,堵缉之难易,与淮北迥别。灶户成本不能骤减至三四倍,民贩更非一时可集,而课项皆常年要需。如改票议行,应纳课银孰肯再缴?应追积欠亦当豁除。此后摊带钱粮亦将尽停,利犹未见,害已先形。为今之计,但能肃清场灶以杜偷漏之源,整饬口岸以广行销之路,严禁浮滥以除在官之蠹,顾惜成本以冀商力之纾,庶淮鹾渐有起色。"疏入,如所请。二十七年,入觐,留京授内大臣,复出为福州将军。数月,以疾请回旗。咸丰三年,粤匪北犯,逼近畿,命为巡防大臣。四年,卒,赠太子太保,谥勤襄。子恒福,直隶总督。孙锡珍,同治七年进士,由翰林院编修历官吏部尚书。

当壁昌初莅叶尔羌,实继恒敬之后。恒敬原名恒敏,伊尔根觉罗氏,满洲正蓝旗人。嘉庆初,为四川打箭炉同知。治军需粮饷有功,擢绥定知府。累迁江宁布政使。道光初,授光禄寺卿,充哈密办事大臣。大军征张格尔,命督办转运,铸钱购粮,增设台站,供军无缺。七年,调乌什办事大臣。命赴喀什噶尔帮办善后,授叶尔羌办事大臣。迁建新城于罕那里克，勘垦官荒田，岁增粮供防兵二千口食，复于西北隅晒荒地一百余里，水土坚脆，疏请试垦。壁昌至，始垦成。八年，乞病归。寻授正白旗汉军副都统，出为西宁办事大臣。十二年，卒。

论曰：平定回疆，多用川、楚、陕旧将，百战之余，以临犬羊乌合，摧枯拉朽，旬月而告功成，何其易哉！及后海疆事起，授钺分麾，莫能御侮，盖所当坚脆不同，而胜之不可以狃也。杨芳一时名将之冠，差知彼己，晚伍庸帅，依违召讥，其以恩礼终，犹为幸焉。庆祥心知危局，身殉孤城，壁昌力捍寇氛，卒安边徼，回疆安危之所系也，并著于篇。

卷三百六十九　列传一百五十六

林则徐　邓廷桢 达洪阿

林则徐，字少穆，福建侯官人。少警敏，有异才。年二十，举乡试。巡抚张师诚辟佐幕。嘉庆十六年进士，选庶吉士，授编修。历典江西、云南乡试，分校会试。迁御史，疏论福建闽安副将张宝以海盗投诚，宜示裁抑，以防骄蹇，被嘉纳。未几，出为杭嘉湖道，修海塘，兴水利。道光元年，闻父病，引疾归。二年，起署淮海道，未之任，署浙江盐运使。迁江苏按察使，治狱严明。四年，大水，署布政使，治赈。寻丁母忧，命赴南河修高家堰工，事竣回籍。六年，命署两淮盐政，以未终制辞，服阕，补陕西按察使。迁江宁布政使，父忧归。十年，补湖北布政使，调河南，又调江宁。十一年，擢河东河道总督。疏陈秸料为河工第一弊薮，亲赴各厅察验；又言碎石实足为埽工之辅，应随宜施用。十二年，调江苏巡抚。吴中洊饥，奏免通赋，筹抚恤。前在藩司任，议定赈务章程，行之有效，至是仍其法，宿弊一清。赈竣，乃筹积谷备荒。清厘交代，尽结京控诸狱。考核属吏，疏言："察吏莫先于自察，必将各属大小政务，逐一求尽于心，然后能以验群吏之尽心与否。如大吏之心先未贯彻，何从察其情伪？臣惟持此不敢不尽之心，事事与僚属求实际。"诏嘉之，勉以力行。

先是总督陶澍奏浚三江，则徐方为臬司，综理其事，旋以忧去。至是黄浦、吴淞工已竣，则徐力任未竟者，刘河工最要，拨帑十六万五千有奇，白茆次要，官绅集捐十一万两，同时开浚，以工代赈。两河旧皆通海，易淤，且凿河工巨，改为清水长河，与黄浦、吴淞交汇通流。各于近海修闸建坝，潮汐泥沙不能壅入，内河涨，则由坝泄出归海。复就原河逢湾取直，节省工费三万余两，用浚附近刘河之七浦河，及附近白茆之徐六泾、东西护塘诸河。又浚丹徒、丹阳运河，宝带桥柳淀诸工，以次兴举，为吴中数十年之利。两署两江总督。

十七年，擢湖广总督。荆、襄岁罹水灾，大修堤工，其患遂弭。整顿盐课，以减价敌私无成效，专严缉私之禁，销数大增。湖南镇筸兵悍，数肇衅，巡阅抚驭，密荐总兵杨芳，擢为提督，移驻辰州，慎固苗疆屯防。

十八年，鸿胪寺卿黄爵滋请禁鸦片烟，下中外大臣议。则徐请用重典，言："此祸不除，十年之后，不惟无可筹之饷，且无可用之兵。"宣宗深韪之，命入觐，召对十九次。授钦差大臣，赴广东查办，十九年春，至。总督邓廷桢已严申禁令，捕拿烟犯，洋商查顿先避回国。则徐知水师提督关天培忠勇可用，令整兵严备。檄谕英国领事义律查缴烟土，驱逐趸船，呈出烟土二万余箱，亲莅虎门验收，焚于海滨，四十余日始尽。请定洋商夹带鸦片罪名，依化外有犯之例，人即正法，货物入官，责具甘结。他国皆听命，独义律枝梧未从。于是阅视沿海炮台，以虎门为第一门户，横档山、武山为第二门户，大小虎山为第三门户。海道至横档分为二支，右多暗沙，左经武山前，水深，洋船由之出入。关天培创议于此设木排铁练二重，又增筑虎门之河角炮台，英国商船后至者不敢入。义律请令赴澳门载货，冀囤烟私贩，严斥拒之，潜泊尖沙嘴外洋。

会有英人殴毙华民，抗不交犯，遂断其食物，撤买办、工人以困之。七月，义律藉索食为名，以货船载兵犯九龙山炮台，参将赖恩爵击走之。疏闻，帝喜悦，报曰："既有此举，不可再示柔弱。不患卿等孟浪，但戒卿等畏葸。"御史步际桐言出结徒虚文，则徐以彼国重然诺，不肯出结，愈不能不向索取，持之益坚。寻义律浼澳门洋酋转圜，愿令载烟之船回国，货船听官查验。九月，商船已具结进口，义律遣兵船阻之，开炮来攻，关天培率游击麦廷章奋击败之。十月，又犯虎门官涌，官军分五路进攻，六战皆捷。诏停止贸易，宣示罪状，饬福建、浙江、江苏严防海口。先已授则徐两江总督，至是调补两广。府尹曾望颜请罢各国通商，禁渔船出洋。则徐疏言："自断英国贸易，他国喜，此盈彼绌，可以夷制夷。如概与之绝，转恐联为一气。粤民以海为生，概禁出洋，其势不可终日。"时英船寄椗外洋，以利诱奸民接济销烟。二十年春，令关天培密装炮械，雇渔船疍户出洋设伏，候夜顺风纵火，焚毁附夷匪船，接济始断。五月，再焚夷船于磨刀洋。谍知新来敌船扬帆北向，疏请沿海各省戒严。又言夷情诡谲，若径赴天津求通贸易，请优示怀柔，依嘉庆年间成例，将递词人由内地送粤。

六月，英船至厦门，为闽浙总督邓廷桢所拒。其犯浙者陷定海，掠宁波。则徐上疏自请治罪，密陈兵事不可中止，略曰："英夷所憾在粤而滋扰于浙，虽变动出于意外，其穷蹙实在意中。惟其虚憍性成，愈穷蹙时，愈欲显其桀骜，试其恫喝，甚且别生秘计，冀售其奸；一切不得行，仍必帖耳俯伏。第恐议者以为内地船炮非外夷之敌，与其旷日持久，不如设法羁縻。抑知夷情无厌，得步进步，威不能克，患无已时。他国纷纷效尤，不可不虑。"因请戴罪赴浙，随营自效。七月，义律至天津，投书总督琦善，言广东烧烟之衅，起自则徐及邓廷桢二人，索价不与，又遭诟逐，故越境呈诉。琦善据以上闻，上意始动。

时英船在粤窥伺，复连败之莲花峰下及龙穴洲。捷书未上。九月,诏曰:"鸦片流毒内地,特遣林则徐会同邓廷桢查办,原期肃清内地,断绝来源,随地随时,妥为办理。乃自查办以来,内而奸民犯法不能净尽,外而兴贩来源并未断绝,沿海各省纷纷征调,縻饷劳师,皆林则徐等办理不善之所致。"下则徐等严议,饬即来京,以琦善代之。寻议革职,命仍回广东备查问差委。琦善至,义律要求赔偿烟价,厦门、福州开埠通商,上怒,复命备战。二十一年春,予则徐四品卿衔,赴浙江镇海协防。时琦善虽以擅与香港逮治,和战仍无定局。五月,诏斥则徐在粤不能德威并用,褫卿衔,遣戍伊犁。会河决开封,中途奉命襄办塞决,二十二年,工竣,仍赴戍,而浙江、江南师屡败。是年秋,和议遂成。

二十四年,新疆兴治屯田,将军布彦泰请以则徐综其事。周历南八城,浚水源,辟沟渠,垦田三万七千余顷,请给回民耕种,改屯兵为操防,如议行。二十五年,召还,以四五品京堂候补。寻署陕甘总督。二十六年,授陕西巡抚,留甘肃,偕布彦泰治叛番,擒其酋。

二十七年,授云贵总督。云南汉、回互斗焚杀,历十数年。会保山回民控于京,汉民夺犯,毁官署,拆澜沧江桥以拒,镇道不能制。则徐主止分良莠,不分汉、回。二十八年,亲督师往剿,途中闻弥渡客回滋乱,移兵破其巢,歼匪数百。保山民闻风股栗,缚犯迎师,诛其首要,散其胁从,召汉、回父老谕以恩信。遂搜捕永昌、顺宁、云州、姚州历年戕官诸重犯,威德震洽,边境乃安。加太子太保,赐花翎。二十九年,腾越边外野夷滋扰,遣兵平之。以病乞归,逾年,文宗嗣位,叠诏宣召,未至,以广西逆首洪秀全稔乱,授钦差大臣,督师进剿,并署广西巡抚。行次潮州,病卒。则徐威惠久著南服,贼闻其出,皆震悚,中道遽殁,天下惜之。遗疏上,优诏赐恤,赠太子太傅,谥文忠。云南、江苏并祀名宦,陕西请建专祠。

则徐才识过人,而待下虚衷,人乐为用,所莅治绩皆卓越。道光之季,东南困于漕运,宣宗密询利弊,疏陈补救本原诸策,上《畿辅水利议》,文宗欲命筹办而未果。海疆事起,时以英吉利最强为忧,则徐独曰:"为中国患者,其俄罗斯乎!"后其言果验。

邓廷桢,字嶰筠,江苏江宁人。嘉庆六年进士,选庶吉士,授编修。屡分校乡、会试,称得士。十五年,授台湾遗缺知府,浙江巡抚蒋攸铦请留浙,补宁波。母忧归,服阕,补陕西延安府,历榆林、西安,以善折狱称。平反韩城、南郑冤狱,又全川州鳌妇母子,陕民歌颂,传播京师。二十五年,超擢湖北按察使,权布政使。沿江民田历年沉没,而赋额仍在,为民累,悉请免之。道光元年,迁江西布政使。以前在西安失察渭南令故出县民柳全璧杀人罪,罣误,夺职。议戍军台,宣宗知其无私,特免遣戍,予七品衔,发直隶委用。寻授通永道。四年,擢陕西按察使,迁布政使。

六年,擢安徽巡抚。自嘉庆时,安徽多大狱,凤、颍两郡俗尤悍,常以兵定,责缴兵械,私藏尚多。廷桢乃立限,责成保长,逾限及私造者置之法。任吏皆得人,刁悍之风稍戢。旧例,颍州属三人以上凶器伤人者,极边烟瘴充军,妻发配。廷桢疏言:"悍俗诚宜重惩,妇女顾名节,多自残求免,或自尽伤生,情在可矜,请停其例。"遇水灾,亲乘舟勘赈。修复安丰塘、芍陂水门,浚凤阳沫涧,加筑堤闸。严缉捕,屡获剧盗。以获南河掘堤首犯陈端,诏嘉奖。治皖十载,政尚安静,境内大和。

十五年,擢两广总督。鸦片烟方盛行,漏银出洋为大患。十六年,英吉利商人以趸船载烟,廷桢禁止不许进口,犹泊外洋,严旨驱逐。沿海奸民勾结,禁令猝难断绝。廷桢与提督关天培整备海防,迭于大屿山口、急水洋获蟹艇,载银巨万,尽数充赏,破获囤烟私贩。十八年,英船载属番男妇五百余人赴澳门居住,驱令回国。诏下禁烟议,疏言:"法行于豪贵,则小民易从;令严于中土,则外货自绝。"十九年,林则徐奉命至广东,廷桢与之同心协力,尽获趸船积烟,焚之,严私贩之罪;临以兵威,屡战皆捷,事详《则徐传》。奸民因失业,遍腾蜚语。廷桢疏陈,略曰:"臣缉惩鸦片,三载于兹。豪猾之徒,刑僇遁逃,身家既失,怨蕴遂兴。查检为希旨,掩捕为贪功,侦伺为诡谋,推鞫为酷罚。诬以纳贿,目以营私,讥建议为急于理财,訾新例为轻于改律,狂悖纷荧,无非为烟匪泄愤。"诏慰勉之。

调两江、云贵,皆未赴,闽防方急,遂调闽浙总督。购洋炮十四运闽,以闽洋无内港,炮台建于海滩,沙浮不固,奏改为炮墩,囊沙堆筑,外护以船。募水勇饰商船出洋巡缉。二十年三月,英船窥厦门,遣提督程恩高等迎敌于梅林澳,击走之。奸民勾通出洋运烟,分责水陆师严缉,遇即攻击,迭有歼擒。六月,敌船驶入厦门,求通贸易,阻之,遂开炮,来扑炮台,参将陈胜元、守备陈光福奋击,毙其前队数人,发炮伤敌甚众,乃遁。其分犯浙洋者,陷定海,廷桢率师赴剿,行次清风岭,诏以闽防紧要,止其赴浙,遂驻兵泉州,招募练勇。疏言:"英船二十余艘聚泊定海,内地师船恐难骤近,必改造坚大之船,多配炮火,间道而进,方能制胜。"

九月,诏以廷桢等在粤办理不善,转滋事端,与林则徐同夺职。二十一年,琦善撤沿海兵备,虎门失守,复追论廷桢久任两广,废弛营务,与则徐同戍伊犁。二十三年,释还。寻予三品顶戴,授甘肃布政使。议清查荒地,亲往历勘,由银州东尽洮、陇,西极酒泉,得田一万九千四百余顷,又番贡地一千五百余顷,宁夏马厂地归公一百顷,熟地升科,荒者招垦,诏嘉其勤,复二品顶戴。二十五年,擢陕西巡抚,署陕甘总督。番匪扰蒙部,遣兵邀击于硫磺沟,平之。寻回任。二十六年,卒于官。

廷桢治行早为时称,屡踬屡起,宣宗知之深,故卒用之。绩学好士,幕府多名流,论学不辍。尤精于音韵之学,所著笔记、诗、词并行世。子尔恒,亦官至陕西巡抚,自有传。

当廷桢之去福建也,逾年,英兵复至,陷厦门,遂窥台湾。总兵达洪阿偕台湾道姚莹屡却之。及和议成,同获谴。

达洪阿,字厚庵,富察氏,满洲镶黄旗人。由护军浙擢总兵。道光十五年，调台湾镇。十八年，剿嘉义县匪沈和等，赐花翎，加提督衔。二十一年八月，英兵船至鸡笼海口，达洪阿与姚莹督兵御之。副将邱镇功燃巨炮折其桅，敌船冲礁破碎，擒斩甚众，赐双眼花翎。九月，敌船再至鸡笼三沙湾，复却之。剿平嘉义、凤山土匪，子骑都尉世职。二十二年，敌船犯淡水、彰化间之大安港，欲入口。达洪阿谋于姚莹，莹曰："此未可与海上争锋，必以计歼之。"乃募渔舟投敌任乡导，诱令从土地公港入，搁浅中流，伏发，大破之。落水死者无算，其窜入渔舟者，击斩殆尽。诏嘉台湾三次破敌，达洪阿等智勇兼施，大扬国威，赐号阿克达春巴图鲁，加太子太保衔。敌船游弈外洋，乘间掩击，迭有俘获，遂不复至。

既而英师再陷定海，浙江、江苏军屡挫，乃议和。英将濮鼎查诉称台湾所戮皆遭风难民，达洪阿等冒功捏奏，命总督怡良赴台湾查办。至即传旨革职逮问，兵民不服，势汹汹，达洪阿等抚慰乃散。至京，下刑部狱，寻释之，予三等侍卫，充哈密办事大臣。历伊犁参赞大臣、西宁办事大臣。二十六年，偕陕甘总督布彦泰剿平黑错寺番匪。三十年，授副都统。

咸丰元年，从大学士赛尚阿剿贼广西，破紫金山西南炮台。以病回京。三年，粤匪犯畿辅，率八旗兵赴临洺关进剿。从钦差大臣胜保击贼静海，四战皆捷，追至下西河，副都统佟鉴、天津知县谢子澄阵亡。诏斥达洪阿先退，革职，留营效力。四年，败贼献县，复原官。寻追贼阜城，受伤，卒于军。赠统衔，予骑都尉兼一云骑尉世职，谥壮武。姚莹自有传。

论曰：林则徐才略冠时，禁烟一役，承宣宗严切之旨，操之过急；及敌氛蹈瑕他犯，遂遭谴屏斥。论者谓粤事始终倚之，加之操纵，溃裂当不致此。则徐濒谪，疏陈："自道光元年以来，粤关征银三千余万两，收其利必防其害。使以关税十分之一制炮造船，制夷已可裕如。"诚为谠论。惟当时内治废弛，外情隔膜，言和言战，皆昧机宜，其祸岂能幸免哉？邓廷桢与则徐同心御侮，克保岩疆。若达洪阿、姚莹却敌台湾，固由守御有方，亦因敌非专注，朝廷皆不得已而罪之，诸人卒皆复起，而名节播宇内，焕史册矣。

卷三百七十　　列传一百五十七

琦善　伊里布　宗室耆英

琦善，安静庵，博尔济吉特氏，满洲正黄旗人。父成德，热河都统，以先世格得理尔率属归附，世袭一等侯爵。

琦善由荫生授刑部员外郎，累迁通政司副使。嘉庆十九年，出为河南按察使，历江宁、河南布政使。二十四年，擢河南巡抚。河决马营坝，偕尚书吴璥督工，甫塞而仪封南岸又决，夺职，予主事衔留工。寻授河南按察使，调山东。道光元年，就擢巡抚。父忧，夺情任事，袭侯爵。捕治临清教匪马进忠，又筹济高家堰工费八十万。

五年，京察，诏嘉其明干有为，能任劳怨，加总督衔。寻擢两江总督，兼署漕运总督，时高堰屡决，淤运阻漕。琦善请用盘运法，并暂行海运，如议行。七年，议启王家营旧减坝，大浚正河，寻以减坝堵合，黄水倒漾，复闭御黄坝，漕船倒塘灌放，诏斥失机，议革职，宽之，降授内阁学士。寻复授山东巡抚。九年，擢四川总督。十一年，调直隶。十六年，协办大学士。十八年，拜文渊阁大学士，仍留总督任。

琦善久膺疆寄，为宣宗所倚任。二十年，海疆事急，驻天津筹办防务。八月，英兵船至海口，投书乞通商，诉林则徐、邓廷桢等烧烟启衅。琦善招宴英领事义律及兵官，许以代奏。遂入觐面陈；授钦差大臣，赴广东查办。论沿海疆吏但防要隘，遇英船毋开炮，义律乃率船回粤。寻罢则徐、廷桢，命琦善署两广总督兼粤海关监督。密疏胪陈粤事，略曰："林则徐示令缴烟，许以赏犒，洋人颇存奢望。迨后每烟一箱，仅给茶叶五斤，所得不及本银百分之一；又勒具'再贩船货入官、人即正法'甘结，迄未遵依。此衅所由起也。当义律具禀缴烟，距撤退买办五日，非出情愿。时义律仅止孤身，设有党援，未必降心俯首。英吉利国王无给林则徐文书之事，惟吕宋国王曾有来文，或因此误传。林则徐称定海阴湿，洋人病死甚多。咨查洋人米谷牲畜尚充，疫疠病毙者多水手舵工，头目死者不过数人。从前外洋未信，祇言贸易。自林则徐欲悉外情，多方购求渔利之人，造作播传，真伪互见，此时纷纷查探，适堕术中。林则徐奏各国愤英人阻其贸易，美利坚、法兰西将遣船来与理论。访闻各国曾有此说，然迄未见兵船来粤。前有美国二船，乘英人不备，进口，至今未敢驶出。畏葸如斯，纵力足颉颃，恐未肯伤其同类。虎门烧烟时，洋人观者撰文数千言纪事，事诚有之，语多含讥刺，非心服。林则徐称串结之后，查验他国来船，绝无鸦片。如指上年而言，事属以往，船货无凭；若指本年而言，来船尚未进口，不能知其有，亦安能信其无？"并言将军阿精阿请团练水勇，及林则徐请鼓励员弁，俟事定再议。疏入，报闻，则徐以是获罪。

时广东撤水师归营，猝被敌袭击，掠去米艇兵丁，巡抚怡良以闻。琦善又陈："英人回粤，词气傲慢，义律托疾将回国，且兵船日增。"得旨，仍暂停贸易，一面与议，一面筹防。义律坚持索还烟价，并增厦门、福州通商，严旨拒不许。十二月，义律见防御渐撤，数遣挑战，琦善谕止之。义律曰："战后再议，未为迟也。"乃犯虎门外沙角、大角两炮台，副将陈连升力战死，遂陷。提督关天培守靖远炮台，总兵李廷钰守威远炮台，并请援，琦善不敢明发兵，夜遣二百人往。二十一年正月，事闻，上震怒，下琦善严议，命御前大臣贝子奕山为靖逆将军，户部尚书隆文、湖南提督杨芳副之，率师赴粤协剿。

义律数索香港，志在必得，琦善当事急，佯许之而不敢上闻。至是，义律献出所踞炮台，并愿缴还定海以易香港全岛，别议通商章程。琦善亲与相见莲花城定议，往返传语，由差遣之鲍鹏将事，同城将军、巡抚皆不预知。及英人占踞香港，出示安民，巡抚怡良奏闻，琦善方疏陈："地势无可掘，军械无可恃，兵力不固，民情不坚，如与交锋，实无把握，不如暂事羁縻。"上益怒，诏斥琦善擅予香港，擅许通商之罪，褫职逮治，籍没家产。英兵遂夺虎门靖远炮台，提督关天培死之。

奕山等至，战复不利，广州危急，许以烟价六百万两，围始解，而福建、浙江复被扰。琦善逮京，谳论大辟，寻释之，命赴浙江军营效力，未至，改发军台。二十二年，浙师复败，吴淞不守，英兵遂入江，江宁戒严，于是耆英、伊里布等定和议，海内莫不以罢战言和归咎于琦善为作俑之始矣。是年秋，予四等侍卫，充叶尔羌帮办大臣。

二十三年，以三品顶戴授热河都统。御史陈庆镛疏论偾事诸臣罪状，上重违清议，再褫琦善职，意仍向用，未几，予三等侍卫，充驻藏大臣。二十六年，授四川总督。二十八年，**诏嘉其治蜀于吏治营伍实心整顿**，复头品顶戴。寻协办大学士，留总督任。以平瞻对野番功被议叙。二十九年，调陕甘总督，兼署青海办事大臣，剿雍沙番及黑城撒拉回匪。既而言官劾其妄杀，命都统萨迎阿往按，革职逮问。咸丰二年，定谳发吉林效力赎罪，寻释回。

时粤匪已犯湖南，势日炽，屡易帅皆不能制。起琦善署河南巡抚，驻防楚、豫界上。以捐饷加都统衔，授钦差大臣，专办防务。湖北省城失守，观望不能救。三年春，贼遂连陷安徽、江宁省城，分扰镇江、扬州，命琦善偕直隶提督陈金绶防江北。三月，**连败贼于浦口雷塘**，进剿扬州，分屯宝塔山、司徒庙，五战皆捷。秋，破浦口援贼，合围扬州。十二月，贼突围出窜瓜洲，以收复扬州入告，诏斥勇溃纵贼，责令进剿瓜洲、仪征，仪征克复。四年夏，连战金山、瓜洲、三汊河，屡奏斩获。自琦善与向荣分主大江南北军事，攻战年余，镇江、瓜洲迄未克复，无得力水师，不能扼贼，琦善虽议增水师，亦未果。是年秋，卒于军，赠太子太保、协办大学士，依总督例赐恤，谥文勤。

子恭镗，黑龙江将军。孙瑞洵，乌里雅苏台参赞大臣；瑞澂，两湖总督。瑞澂自有传。

伊里布，字莘农，镶黄旗红带子。嘉庆六年进士，授国子监学正，改补典簿。出为云南府南关通判，署澂江知府，迁腾越知州。二十四年，总督伯麟荐其熟练边务，能驭土司，治缅匪有功，以应升用。道光元年，从总督庆保剿平永北大姚夷匪，赐花翎，署永昌知府。擢安徽太平知府。历山西冀宁道，浙江按察使，湖北、浙江布政使。五年，擢陕西巡抚，调山东。丁父忧，署云南巡抚。服阕，乃实授。时阮元为总督，伊里布和而廉，有政声。回疆兵事起，自请从军，诏斥不谙回情，妄行陈奏，夺职留任，寻复之。十三年，擢云贵总督。京察，以久任边疆，镇抚得宜，被议叙。十八年，协办大学士，留总督任。四川綦江奸民穆继贤仇杀贵州仁怀武生赵应彩，遂纠众踞方家沟为乱，伊里布率提督余步云、布政使庆禄等破其巢，斩获千余，诛贼首穆继贤、谢法真等，余匪悉平，赐双眼花翎。

十九年，调两江总督。二十年秋，英兵陷定海，命为钦差大臣，赴浙江查办。时已有论致寇由断绝贸易烧烟起衅者，密谕察访确情毋回护。寻以琦善代741林则徐，命沿海遇敌勿击。伊里布初至浙，驻镇海筹防，疏报击沉敌船，有所擒获，命慰谕英人攻击出于误会，促令退兵交地，俘虏侯敌退释还。伊里布遣家丁张喜偕员弁赴定海犒师，英人亦答馈，奏闻，谕却毋受。请增调安徽、两湖兵，允之。

裕谦方代署两江总督，疏言："各省皆可议守，独浙江必应速战。"且言："定海西境岑港为第一险要，应以精兵先据之。"下伊里布体察办理。既而琦善在粤议款不得要领，兵端又开，二十一年正月，诏促伊里布进兵规复定海。二月，义律既踞香港，尽调英船赴粤，以交还定海告。诏斥附和琦善，以兵炮未集，藉词缓攻，致敌船遁去，褫协办大学士、双眼花翎，暂留两江总督任，以裕谦代为钦差大臣督师师。裕谦论劾伊里布遣家丁赴敌船事，命解任，带张喜来京，下刑部讯鞫，褫职，遣戍军台。未几，定海、镇海、宁波相继陷，裕谦殉之。

二十二年春，扬威将军奕经援浙，复挫败。巡抚刘韵珂疏陈浙事危急，荐伊里布无急功近名之心，为一时仅见，请发军营效力赎罪。于是予七品顶戴，随杭州将军耆英赴浙，密谕相机办理。及英兵犯乍浦，耆英遣往设计退兵。五月，署乍浦副都统，复令张喜传语，英兵遂去乍浦，犯吴淞，由海入江，镇江失守。伊里布奉命偕耆英赴江宁议和，事详《耆英传》。和议既成，英兵退，约于广东议税则，命偕耆英详慎酌商，授广州将军、钦差大臣，办理善后事宜。二十三年，至粤，见民心不服，夷情狡横，忧悴。逾月病卒，赠太子太保，谥文敏。

宗室耆英，字介春，隶正蓝旗。父禄康，嘉庆间官东阁大学士。耆英以荫生授宗人府主事，迁理事官。累擢内阁学士，兼副都统、护军统领。道光二年，迁藩院侍郎，调兵部。四年，送宗室闲散移驻双城堡。五年，授内务府大臣，历工部、户部。七年，授步军统领。九年，擢礼部尚书，管理太常寺、鸿胪寺、太医院，兼都统。十二年，畿辅旱，疏请察吏省刑，嘉纳之，授内大臣。十四年，以管理步军统领勤事，被议叙。历工部、户部尚书。十五年，以相度龙泉峪万年吉地，加太子少保。命赴广东、江西按事。十七年，内监张道忠犯赌博，耆英瞻徇释放，事觉，降兵部侍郎。寻出为热河都统。十八年，授盛京将军。诏严禁鸦片，无论宗室、觉罗，按律惩治。疏请旗民十家联保，以凭稽察。二十年，海疆戒严，疏请旅顺口为水路冲衢，当扼要筹备。英船入奉天洋面，先后游弋山海关、秦皇岛等处，锦州、山海关皆设防。

二十二年正月，粤事急，琦善既黜，调耆英广州将军，授钦差大臣，督办浙江洋务。因御史苏廷魁奏英吉利为邻国所破，诏促耆英赴广州本任，乘机进剿，寻知其讹传，仍留浙江。五月，吴淞失守，命偕伊里布赴江苏相机筹办。英兵已入江，越圌山关，陷镇江，踞瓜洲，耆英与扬威将军奕经先后奏请羁縻招抚。七月，英兵薄江宁下关，伊里布先至,英人索烟价、商欠、战费共二千一百万两,广州、福州、厦门、宁波、上海五港通商,英官与中国官员用平行礼,及划抵关税、释放汉奸等款。越三日,耆英至,稍稍驳诘之。英兵突张红旗,置炮钟山上临城,急止之,遣侍卫咸龄、江宁布政使恩彤、宁绍台道鹿泽良,偕伊里布家丁张喜,诣英舟,许据情奏闻。宣宗愤甚,大学士穆彰阿以糜饷劳师无效,剿与抚费亦相等为言,乃允之。耆英等与英将濮鼎查、马利逊会盟于仪凤门外静海寺,同签条约,先予六百万,余分三年给,和议遂成。九月,英兵尽数驶出吴淞,授两江总督,命筹办通商及浙江、福建因地制宜之策。

二十三年,授钦差大臣,赴广东议通商章程,就粤海关税则分别增减,各口按新例一体开关,胪列整顿税务条款,下廷议施行。又奏美利坚、法兰西等国一体通商,允之。美国请入京瞻觐,却不许。二十四年,调授两广总督,兼办通商事宜。二十五年,协办大学士,留总督任。比利时、丹麦等国请通商,命体察约束。二十六年,京察,以弹心竭虑坐镇海疆,被议叙。疏上练兵事宜,缮呈唐臣陆贽《守备事宜状》,请下各将军督抚置诸座右。英国请于西藏定界通商,谕耆英坚守成约,毋为摇惑。

故事,广东洋商居住澳门,贸易有定界,赴洋行发货,不得擅入省城。自江宁和议有省城设立栈房及领事入城之约,粤民犹持旧例,诉于大吏,不省,乃举团练,众议汹汹,不受官吏约束。二十三年,濮鼎查将入城,粤民不可,遂巡去。二十五年,英船复至,耆英遣广州知府余保纯诣南,粤民鼓噪,安抚乃罢。英人以登岸每遭窘辱,贻书大吏诮让,群情愤激,不可晓谕。至二十七年,英船突入省河,要求益坚,耆英漫许两年后践约,始退,自请议处。谕严为防备,务出万全。耆英知终必有衅。

二十八年,请入觐,留京供职,赐双眼花翎,管理礼部、兵部、兼都统。寻赋文渊阁大学士,命赴山东查办盐务,校阅浙江营伍。三十年,文宗即位,应诏陈言,略曰:"求治莫先于用人、理财、行政诸大端。用人之道,明试以功。人有刚柔,才有长短。用违其才,君子亦恐误事;用得其当,小人亦能济事。设官分职,非为众人藏身之地。实心任事者,虽小人当保全;不肯任怨者,虽君子当委置。行政在于得人,迂腐之说,无裨时务,泥古之论,难合机宜,财非人不理。今赋额四千余万,支用有余,不能如额,以致短绌。致绌之由,非探本穷源,不能通盘清厘。与其正赋外别费经营,不如于正赋中核实筹画。"疏入,特谕曰:"身为端揆,一言一动,举朝所矜式。耆英率意敷陈,持论过偏,显违古训,流弊曷可胜言。"传旨申饬。耆英不自安,屡称病。是年十月,上手诏揭示穆彰阿及耆英罪状,斥"耆英在广东抑民奉夷,漫许入城,几致不测之变。数面陈夷情可畏,应事周旋,但图常保禄位。穆彰阿暗而难明,耆英显而易见,贻害国家,其罪则一"。犹念其迫于时势,从宽降为部属。寻补工部员外郎。

咸丰三年,粤匪北犯,耆英子马兰镇总兵庆锡奏请父子兄弟同赴军前,命耆英随巡防王大臣效力,以捐饷予四品顶戴。五年,庆锡向属员借贷被劾,耆英坐私告,革职

圈禁。

八年,英人纠合法、美、俄诸国兵船犯天津,争改条约,命大学士桂良、尚书花沙纳驰往查办。巡防王大臣荐耆英熟悉情形,召对,自陈愿力任其难,予侍郎衔,赴天津协议。初耆英之在广东也,五口通商事多由裁决,一意迁就。七年冬,广州陷,档案为英人所得,译出耆英章奏,多掩饰不实,深恶之。及至天津,英人拒见,惶恐求去,不候旨,回通州,于是欺谩之迹益彰,为王大臣论劾,严诏逮治,赐自尽。

论曰:罢战言和,始发于琦善,去备媚敌,致败之由。伊里布有忍辱负重之心,无安危定倾之略,且庙谟未定,廷议纷纭,至江宁城下之盟,乃与耆英结束和议,捐威丧权,贻害莫挽。耆英独任善后,留广州入城之隙,兵衅再开,寖致庚申之祸。三人者同受恶名,而耆英不保其身命,宜哉。

卷三百七十一　列传一百五十八

颜伯焘　怡良　祁𡎴黄恩彤**　刘韵珂　牛鉴**

颜伯焘,字鲁舆,广东连平人,巡抚希深孙,总督检子。嘉庆十九年进士,选庶吉士,授编修。道光二年,出为陕西延榆绥道、督粮道。历陕西按察使,甘肃、直隶布政使。大军征回疆,以转运劳,赐花翎。署陕西巡抚。十七年,授云南巡抚,改建滇池石闸,农田赖之。兼署云贵总督。伯焘累世膺疆寄,娴习吏治,所至有声。

二十年,擢闽浙总督。时定海已陷,伯焘至,劾水师提督陈阶平于英兵前次攻厦门告病规避,又论琦善主款偾事,及林则徐守粤功绪。二十二年,奏请饷银二百万,造船募新兵及水勇八千,以备出洋御敌。复疏陈广东兵事,略曰:"闽、粤互为唇齿,呼吸相通。自正月虎门不守,粤事几不可问。四月内夷船驶泊省西泥湾,防勇望风溃逋,兵船被焚,炮台弃去。当事者以洋银六百万元令知府余保纯重赂敌人,始允罢战,犹报胜仗,指为就抚,以欺朝廷。夫抚非不可,然必痛剿之后,始能帖伏。今逆势方张,资之库藏,何不以养士卒?如谓曲徇商民所请,何不于誓师之始,申效死之义,与之同守?粤民非不可用,前有萧关、三元里等乡数千人围困义律,乃余保纯出城弹压,始渐散去。保纯以议抚之后,不应妄生枝节,是谓六百万之资可以求安也。奕山、隆文已远避数十里,杨芳、齐慎亦退入城。奕山、隆文等阅历未深,杨芳年老耳聋,皆不足当重任。斯时惟有特简亲信重臣,督造船炮,用本省之人,作本省之兵,悬以重赏,未有不堪一用者。臣移驻厦门,督修战具,但使船炮稍备,即当奋力攻击,不敢老师糜饷,以取咎戾。"又荐裕谦、林则徐可任粤事。

伯燾主戰甚力、欲一當敵。七月，英兵三十餘艘犯廈門，投書索為外埠，即駛入攻擊，接戰，毀敵輪船一、兵艇五，敵遂聚攻炮台，總兵江繼芸、游擊淩志、都司張然、守備王世俊皆死之。伯燾所募水勇，以節餉議遣，未有安置。當戰時，呼噪應敵，英兵登岸，以台炮回擊，廈門官署街市並毀，伯燾退保同安。英人得廈門不之守，越數日，移船赴浙洋，惟留數艘泊鼓浪嶼。詔斥不能豫防，倉猝失事，以廈門收復，免其治罪，議革職，從寬降三品頂戴留任。尋命侍郎端華至閩察勘，坐未能進剿罷職，時論仍右之。咸豐三年，召來京，將起用，道梗不得至，尋病卒。子鍾驥，宣統初，官至浙江布政使。

怡良，瓜爾佳氏，滿洲正紅旗人。刑部筆帖式，洊升員外郎。道光八年，出為廣東高州知府，調廣西南寧。歷雲南鹽法道，山東鹽運使，安徽、江蘇按察使，江西、江蘇布政使。

十八年，擢廣東巡撫。禁煙事起，林則徐、鄧廷楨主之，怡良偕預其事。二十年，兼署粵海關監督。及琦善至，撤防議撫，疏請暫示羈縻，怡良及將軍阿精阿皆不列銜。二十一年正月，沙角、大角炮台既失，琦善私許通商，並給香港，義律行文大鵬協撤回營汛。怡良疏陳曰："自琦善到粵以後，辦理洋務，未經知會。忽聞傳說義律已在香港出示，令民人歸順彼國。提臣移咨副將鈔呈偽示，臣不勝駭異。大西洋自前明寄居澳門，相沿已久，均歸中國同知、縣丞管轄，議者猶以為非計。今英人竟占踞全島，去虎門甚近，片帆可到。沿海之地，防不勝防，犯法之徒，必以為藏納之藪。地方因之不靖，法律有所不行。更恐洋情反覆，要求不遂之時，仍以非禮相向，雖欲追悔，其何可及！聖慮周詳，無遠不照，何待臣鰓鰓過計。但忽聞海疆要地，外人公然主掌，天朝百姓，稱為英國之民，臣實不勝憤恨。一切駕馭機宜，臣無從悉其顛末。惟上年十二月二十八日欽奉諭旨，調集兵丁，預備進剿，並令琦善同林則徐、鄧廷楨妥辦，均經宣示。臣等請添募兵勇，固守虎門，防堵要隘。今英人窺伺多端，實有措手莫及之勢。不敢緘默，謹以上聞。"於是詔斥琦善之罪，褫職逮治，怡良兼署總督。英兵尋陷虎門，命怡良會同參贊大臣楊芳進剿，合疏請許英屬港腳商船貿易，詔斥怠慢軍心，奪職留任。

是年秋，授欽差大臣，會辦福建軍務，署閩浙總督，尋實授。時英兵已去廈門，其留泊鼓浪嶼者僅數艘。及和議成，福州、廈門皆開口岸，命偕巡撫劉鴻翱議善後事宜，籌辦通商，兼署福州將軍。先是臺灣鎮、道禦敵，迭有擒斬，英人追訴其妄殺冒功，命怡良渡臺灣查辦，總兵達洪阿、道員姚瑩逮京。當和議初定，怡良不能為之剖雪，為時論所訕。二十三年，乞病歸。

咸豐二年，起授福州將軍，偕協辦大學士杜受田治山東賑務。三年，授兩江總督。江寧、鎮江已陷，暫駐常州。粵匪方熾，兵事由欽差大臣琦善、向榮主之，分駐大江南北。上海逆匪劉麗川踞城，連陷川沙、青浦、南匯、嘉定、寶山。麗川，粵人，商於滬。初起，冒用洋行公司鈐記出示，眾論洶洶，疑有通洋情事。怡良疏請閩、浙、江西絲茶暫行停運，使洋商失自然之利，急望克復，自能嚴斷濟賊。巡撫吉爾杭阿率兵進剿，逾年乃平。時各國因在廣東爭入城，與總督葉名琛齟齬，每赴上海有所陳議，諭怡良隨時妥辦，勿徇要求。

五年，粵匪攻金壇，遣總兵傅振邦、虎嵩林會西安將軍福興、漳州鎮總兵張國梁進剿，連捷，解圍。國梁進克東壩，福興與之不洽，詔怡良密察以聞。奏言："國梁勇戰，福興所不及，人皆重張輕福。因有芥蒂，請分調以免貽誤。"尋命福興赴江西剿賊。大軍圍江寧，久無功，賊勢益蔓。七年，以病請解，允之。同治六年，卒。

祁𡎴，字竹軒，山西高平人。嘉慶元年進士，授刑部主事，遷員外郎。督廣西學政，任滿補原官。以承審宗室敏學獄不實，褫職。尋予刑部七品小京官，累遷郎中。道光四年，出為河南糧鹽道。遷浙江按察使，覆檢德清徐倪氏獄，得官吏受賄蒙蔽狀，尚書王鼎覆訊，如𡎴議。遷貴州布政使。九年，召授刑部侍郎。尋出為廣西巡撫。十二年，湖南、廣東瑤匪並起，𡎴遣兵防富川、恭城、賀縣，搜捕窜匪，追擊於芳林渡，斬擒千餘。瑤平，加太子少保。疏陳善后策，扼要移駐文武，稽查化導，如所議行。十三年，調廣東巡撫。時盧坤為總督，和衷推馭，籌修海防。十五年，代坤兼署總督。十八年，召為刑部尚書。宣宗知𡎴習練法律，故有此授。京察，被議敘。

二十一年，靖逆將軍奕山督師廣東，命𡎴往治餉。琦善既黜，授兩廣總督。時英兵踞虎門，省城遷避過半，𡎴示以鎮靜，稍稍安集。參贊大臣楊芳主持重勿浪戰，奕山為其下所恣恿，商之𡎴。𡎴以敵方恣啕喝，大軍新至，乘銳而用，冀挫其焰，未阻止，遂突攻英艦于省河，敵猝未備，義律夜遁。遲明，英兵大至，逼炮台，守兵潰，英兵進踞城北耆定台，高瞰城中。𡎴與巡撫怡良亟守西兩門，城外市屋盡毀，客兵皆撤入城。商民知兵不足恃，環請為目前計，款議遂決，予洋銀六百萬元。英艦退出虎門，而耆定台兵未去，船泊泥城，登岸侵擾，其兵目伯麥闖入三元里，民憤，磔之。義律馳救，受圍，遣廣州知府余保純護之出，令率眾盡退虎門外。於是鄉團日盛，紳士黃培芳、余廷槐等合南海、番禺諸鄉立七社，萬人一呼而集儲谷十餘萬石，不動官帑。𡎴用林則徐堵塞省河之法，以資守禦。

是年夏，英人交還虎門炮台，偕奕山疏陳："現練水陸義勇三萬六千餘名，並各鄉丁壯，分成團練。前調各省官兵，遵旨陸續分撤。"詔促規復香港，責𡎴與奕山各所見。𡎴奏："欲收復香港，必先修虎門炮台，然非設險省河，虎門亦難興工。先于獅子洋、蚺蛇洞諸要隘築堡守戍。"疏上，報聞。是時粵師實無力進剿，英人既得賂而去，兵勢趨重江、浙，得以苟安。奕山屢被嚴詰，麾下招誘海盜，獻計襲攻敵艦，奕山又為所動，𡎴勸寢其議。

二十二年，和議成，英商開市益驕，民怨益深，焚其館，擲貨于衢，濮鼎查責言，𡎴撫慰之，得無事。二十三年，虎門炮台工竣，疏言："舊式炮台僅可禦海盜，今仿洋法，以三合土築人字形，炮牆量宜增移改建。"又請就海壖围沙成田一百六十余顷,可给屯丁二千人,且耕且守防要隘。并陈粤民义奋、团练可用状,谕责事期经久,俾济实用。以病乞休,累疏乃得请。二十四年,卒,优诏依尚书例赐恤,谥文恪。

黄恩彤,字石琴,山东宁阳人。道光六年进士,授刑部主事,治狱数有平反。充提牢,以疏防越狱降调,寻复之。充热河理刑司员,却翁牛特蒙古公贿,黜其爵。累迁郎中。二十年,出为江南盐巡道,迁按察使,署江宁布政使。英兵犯江宁,耆英、伊里布令恩彤偕侍卫咸龄赴敌舰议款,随同定约。事竣,复随伊里布赴广东,筹议通商。改番舶互市归官办,增减税则,稽查偷漏,悉由恩彤与粤海关监督文丰商定。调广东按察使,迁布政使。美利坚人顾盛请入京,恩彤赴澳门辩折,止其行,赐花翎。

二十五年,就擢巡抚。恩彤疏陈洋务,略曰:"欲靖外侮,先防内变。粤民性情剽悍,难与争锋,亦难与持久。未可因三元里一战,遽信为民足御侮也。该夷现虽释怨就抚,而一切驾驭之方与防备之具,不可一日不讲。但当示以恩信,妥为羁縻,一面慎固海防,简练军实。尤必抚柔我民,所欲与聚,所恶勿施,以固人心而维邦本。庶在我有隐然之威,因以折彼嚣凌之气。"疏入,上韪之。寻届京察,与耆英并被议叙。筹备海防,裁虎门屯丁,以沙田租税充战船炮台岁修之费。二十六年,英人争入城,议久不决,粤民愤不可谕,恩彤前疏不为时论所与,被劾。会监临文武乡试,疏请年老武生给予武职虚衔,诏斥其违例,褫职,交耆英差遣。寻以同知铨选。

二十九年,告养归。咸丰初,在籍治团练。天津议和,命随耆英往,恩彤至,则款议已定,仍请终养。同治中,以御捻匪功,予三品封典。光绪七年,乡举重逢,加二品衔。寻卒。

刘韵珂,字玉坡,山东汶上人。由拔贡授刑部七品小京官,洊迁郎中。道光八年,出为安徽徽州知府,调安庆。历云南盐法道、浙江、广西按察使,四川布政使。二十年,擢浙江巡抚。定海已陷,韵珂于宁波收抚难民。沿海设防,钦差大臣伊里布驻镇海督师,琦善方议以香港易还定海,韵珂疏言:"定海为通洋适中之地,英人已筑炮台、开河道,经营一切。彼或饵降,盗为羽翼,其患非小。浙江为财赋之区,宁波又为浙省菁华所在,宜预杜觊觎。"寻诏斥伊里布附和琦善,罢去,以裕谦代之。命韵珂偕提督余步云治镇海防务。二十一年,英兵退出定海,仍游奕浙洋,裕谦督师赴剿。定海再陷,镇海、宁波相继失守,裕谦死之。韵珂檄在籍布政使郑祖琛率师扼曹娥江,总兵李廷扬、按察使蒋文庆、道员鹿泽良驻防绍兴,募勇二万人守省城,庀守具,清内奸,抚沙匪十麻子投诚效用,人心为安。英舰窥钱塘江,寻遁去。扬威将军奕经援浙。

二十二年春,规复宁波,不克,扰及奉化、慈谿,战数不利,命韵珂偕钦差大臣耆英筹办防务。韵珂疏言:"浙事有十可虑,皆必然之患,无可解之忧,若不早为筹画,国家大事岂容屡误?现在奕经赴海宁查看海口,文蔚留驻绍兴调置前路防守,究竟此后作何筹办,奕经等亦无定见。臣若不直陈,后日倘省垣不守,粉身碎骨,难盖前愆。伏乞俯念浙省危急,独操乾断,饬令将军等随机应变,俾浙省危而复安,天下胥受其福。"又力荐伊里布"不贪功、不好名,为洋人所感戴。其家人张喜亦可用。倘令来浙,或英兵不复内犯。"疏入,上颇采其言,命伊里布随耆英赴浙,相机办理。

四月,乍浦陷,伊里布往说英人退兵,于是改犯吴淞,入大江,乃于江宁定和议。韵珂贻书耆英、伊里布等曰:"抚局既定,后患颇多,有不能不鳃鳃过虑者。英船散处粤、闽、浙、苏较多,其中有他国纠约前来者,粤东又有新到。倘退兵之后,或有他出效尤,或即英人托名复出,别肆要求,变幻莫测。此不可不虑者一也。洋人在粤,曾经就抚,追给银后,滋扰不休,反覆性成,前车可鉴。或复称国主之言,谓马、郭办理不善,撤回本国,别生枝节。此不可不虑者二也。上所获之郭逆义子陈禄,皆云虽给银割地,决不肯不往天津,而现索马头不及天津,殊为可疑。能杜其北上之心,方免事后之悔。此不可不虑者三也。通商既定,自必明立章程,各省关口应输税课,万一洋人仍向商船拦阻,势不能听其病商攫课,一经阻止,又启衅端。此不可不虑者四也。民人与洋人狱讼,应听有司讯断,万一抗不交犯,又如粤东林如美之案,何以戢外暴而定民心?此不可不虑者五也。罢兵之后,各处海口仍须设防,修造战船炮台,添设兵伍营卡,倘洋人猜疑阻扰,以致海防不能整顿。此不可不虑者六也。今日汉奸尽为彼用,一经通商,须治奸民。内地民人投往者,应令全数交出,听候安插。否则介夫洋汉之间,势必恃洋犯法,不逞之徒,又将投入,官法难施,必寻衅隙。此不可不虑者七也。既定马头,除通商地面不容泊岸,倘有任意闯入,取掠牲畜妇女,民人不平,纠合抗拒,彼必归咎于官,而兴问罪之师。此不可不虑者八也。名曰通商,本非割地,而定海拆毁城垣,建造洋楼,挈眷居住,倘各省均如此,恐非通商体制,腹内之地,举以畀人,转瞬即非我有。此不可不虑者九也。中国凋敝,由于漏银出洋。令各省有洋船,漏银更甚,大利之源,势将立竭。会子、交子之弊政将行,国用、民用之生计已绝。此不可不虑者十也。至于议给之款,各省分拨。浙省自军兴以来,商民捐饷赈灾,宁波菁华为洋人搜括,岁事歉收,责以赂敌之款,势必不应。若如四川之增粮赋,江、浙万不能行。故剿敌之款可捐,赂敌之款不可捐,他省完善之地可捐,浙省残破之余不可捐。惟亮察之!"所言并切利害。

韵珂机警多智,数见浙兵不可恃,以战事委之裕谦、奕经,专固省防,浙人德之。及事急,再创调停之说,而虑成议于浙,为天下诟,移祸于江苏。然世多讥其巧于趋避。二十三年,擢闽浙总督。疏言:"浙江旧未与外洋交易,与广东情事不同。应于耆英等所议章程稍加变通,先申要约。"又筹海疆善后事宜二十四则,下议行。二十四年,疏报厦门开市,鼓浪屿尚有英兵栖止,恐久假不归,请谕禁,与领事面订预杜偷漏稽查洋众条款。又奏天主教流弊,请稽查传教之地,不令藏奸;或有藉端滋事,据事惩办,不牵及习教,俾无藉口。

二十五年，英人始至福州，请于南台及城内乌石山建洋楼，韵珂难之。士绅见广东争议久不决，亦援以拒。英人诉诸耆英，谓不践原约，则鼓浪屿且不退还，往复辩论，卒不能阻，而闽人归咎于韵珂。三十年，文宗即位，以病乞假，特旨罢职回籍。咸丰二年，坐泉州经历何士邠犯赃逃逸，追论宽纵，褫职。同治初，召来京，以三品京堂候补。复乞病归，卒于家。

牛鉴，字镜堂，甘肃武威人。嘉庆十九年进士，选庶吉士，授编修。迁御史、给事中。道光十一年，出为云南粮储道。历山东按察使、顺天府尹、陕西布政使，与巡抚不合，乞病归。十八年，起授江苏布政使，署巡抚。

十九年，擢河南巡抚。整顿吏治，停分发，止摊捐：筹银二十万两，津贴瘠累十五县；筑沁河堤，浚卫河：甚有政声。二十一年六月，河决祥符，水围省城。鉴率吏民葺城以守，规地势泄水，赈抚灾黎。时水分二流，一环城西南，一由东南行，均注归德、陈川，入江南境。鉴以正河断流，决口难遽塞，议急卫省城。水涨不已，西北隅尤当冲，城垣坍陷十余处，抛砖石成坝，絙巨舟以御之。奇险迭出，昼夜临陴，民感其诚，同心守护，有不受雇值者。当事急，河督文沖奏省城卑湿不可复居，请择地迁移。鉴疏言："一月以来，困守危城，幸保无虞者，实由人心维系。若一闻迁徙，各自逃生，谁与防守？恐迁徙未及，水已灌城，变生俄顷，奸民乘机抢掠，法令不行，情状不堪设想。节交白露，水将渐消，惟有殚竭血诚，坚忍守御，但得料物应手，自可化险为平。"命大学士王鼎、侍郎慧成往勘。鉴与合疏言省城可守不可迁，决口可堵不可漫，并劾文沖漠视延误状，于是褫文沖职。秸料大集，缮治堤坝，水亦渐退，守城凡六十余日而卒完。命偕王鼎等兴工塞决。

会英兵犯浙江，裕谦殉于宁波，命鉴代署两江总督，寻实授。十月，至苏州受事，阅海口，偕提督陈化成治防，缮台增炮，沿海以土塘为蔽，驻四营居中策应。二十二年四月，英兵既陷乍浦，遂窥吴淞口。五月，敌舰七十余艘来攻，鉴偕化成力战，击沉贼船三，西炮台与战舰皆被毁。敌以小舟载兵由小沙背登陆，徐州镇总兵王志元兵先溃，化成死之。鉴退嘉定，而宝山、上海相继陷。又退昆山，收集溃兵。寿春镇总兵尤渤守松江，敌两次来犯，皆击却之。英舰聚泊吴淞口外，扬言将北犯天津。六月，突入江，乘潮上驶，直越圌山关，鉴由京口退保江宁。提督齐慎、刘允孝迎战京口，不利，退守新丰。镇江陷，副都统海龄死之。敌舰分趋瓜洲，扬州震动，盐运使但明伦听商人江寿民计，赂以六十万金，遂犯江宁，舰泊下关。

鉴初专防海口，倚陈化成，沿江鹅鼻嘴、圌山关诸要隘仓猝调military，益无足恃。化成既死事，鉴知不能复战，连疏请议抚。耆英、伊里布先后奉命至，英人索五处通商及偿款，诸臣未敢遽允；敌兵遂登岸，置大炮临城，乃悉许之。合疏以保全民命为请，略曰："江宁危急，呼吸可虞，根本一摧，邻近皖、赣、鄂、湘皆可航溯。彼所请虽无厌，而通市外无他图。与其结兵祸而毒生灵，曷若捐巨帑以全

大局？厦门敌军虽退，尚未收复。香港、鼓浪屿、定海、招宝山仍未退还，使任其久踞逡巡，不如归我土地。既愿循例输税，即为悔祸向风。此后彼因自护租岸，我即以捍蔽海疆，未始非国家之福。所请平礼虚文，不妨假借。事定之后，亦应释俘囚以坚和好，宽胁从以安反侧。"并附详条目以闻。八月，和议成，英兵悉退出海洋。

寻以贻误封疆罪，褫职逮问，谳大辟，二十四年，释之，命赴河南中牟河工效力。工竣，予七品顶戴，以六部主事用，回籍。咸丰三年，粤匪北扰，予五品顶戴，署南按察使。四年，命到任，劝捐募勇，赴陈州，偕徐广缙剿捻匪，破颍州贼李士林于阜阳方家集，焚其巢，加按察使衔。五年，又破之于霍丘三河，士林寻为湖北就抚。鉴深得河南民心，前劝捐中牟大工，得钱二百万缗，至是集军饷复及百万。叙功，加二品顶戴。以病乞归。八年，卒。

论曰：颜伯焘怀抱忠愤，而无克敌致果之具。怡良不附和琦善。亦无建树。祁𡏇依违和战之间，苟全而已。刘韵珂以术驭人，阴主和议。牛鉴以循吏处边疆，身败名裂。要之筹边大计，朝廷无成算，则膺封圻之寄者为益难，况人事之未尽乎？呜呼！论世者当观其微也。

卷三百七十二　列传一百五十九

裕谦 谢朝恩　重祥 **关天培** 陈连升　祥福
江继芸　**陈化成** 海龄 **葛云飞** 王锡朋
郑国鸿　朱贵

裕谦，原名裕泰，字鲁山，博罗忒氏，蒙古镶黄旗人，一等诚勇公班第曾孙，绥远城将军巴禄孙。父庆麟，京口副都统。

裕谦，嘉庆二十二年进士，选庶吉士。散馆改礼部主事，迁员外郎。道光六年，出为湖北荆州知府，始改今名。调武昌，历荆宜施道、江苏按察使。十九年，就迁布政使，署巡抚，寻实授。

二十年，英兵陷定海，伊里布奉命往剿，裕谦代署两江总督。时英舰游奕海门外洋，江南戒严。裕谦赴宝山、上海筹防，檄徐州镇总兵王志元，佐提督陈化成防海口。疏陈规复定海之策，可无虑者四，难缓待者六，谓各省省可言守，浙江必应议战，且应速战。又疏劾琦善五罪，略曰："英人至天津，仅五船耳，琦善大张其事，遽称：'畿疆、辽、沈处处可虞，后来之舰尚多，势将遍扰南北。'冀耸听闻，以掩其武备废弛之咎。张皇欺饰，其罪一。英酋回粤以来，骄桀日甚，琦善惟责兵将谢过，别未设筹，士解体，军心沮丧。彼军乘敝，遂觑我师。我船炮纵不如彼，兵数何啻十倍。琦善不防后路，事败委过前人。试思琦善未至粤时，未闻失机，其又何说？弛备损威，其罪

二。沙角、大角炮台既失，自应迅驻虎门，乃其奏中不及剿堵事，惟以覆书缓兵为词，且嘱浙省勿进兵。旋以给香港、即日通商定议，不俟交还定海后奏允奉行。违例擅权，其罪三。既界香港换出定海，而英人仍欲通商宁波，销售鸦片。何以不在粤剪断葛藤？将就苟且，其罪四。义律仅外商首领，向来呈牍，自称远商远职。上年在天津、浙江僭称公使大臣，琦善不之详，假以称号。失体招衅，其罪五。琦善已为英人貌玩，各国轻视，不宜久于其任。"疏上，宣宗愤琦善受绐，斥伊里布附和，信裕谦忠直可恃。二十一年春，罢伊里布，以裕谦代之。

裕谦至镇海，英舰已去定海，渡海往治善后事宜。寻实授两江总督，以浙事付巡抚刘韵珂、提督余步云，自回江南部署防务。初，英兵在定海，残虐人民，既退，犹四出游奕。裕谦捕获头目，剥皮抽筋而悬之，又掘敌尸焚于通衢。英人遂藉口复仇，大举再犯浙洋，裕谦率江宁驻防及徐州镇兵千，驰至镇海督战，令总兵葛云飞、郑国鸿、王锡朋率兵五千守定海，手缄密谕，付临阵启视，退者立斩。

八月，敌舰二十九艘，兵三万来攻，分三路并进，血战六昼夜，三镇并死之，定海陷。越数日，敌由蛟门岛进犯镇海，招宝山为要冲，余步云守之，别遣总兵谢朝恩守金鸡岭为犄角。裕谦疑步云怀两端，乃集将士祭关帝、天后，与众约："毋以退守为词，离城一步；亦毋以保全民命为词，受洋人片纸。不用命者，明正典刑，幽遭神殛！"步云知其意，不预盟誓。及战，裕谦登城，手援枹鼓，步云诣遣外委陈志刚赴敌舰，暂示羁縻，裕谦不许。有顷，敌登招宝山，步云不战而退。敌复分兵攻金鸡岭，谢朝恩中炮殒，两山同陷，镇海守兵望风而溃。裕谦先誓必死，一日经学宫前，见泮池石镌"流芳"二字，曰："他日于此收吾尸也！吾曾祖于乾隆二十一年八月殉难，今值道光二十一年八月，非佳兆。"预检朱批寄谕、奏稿送嘉兴行馆，处分家事甚悉。临战，挥幕客先去，曰："胜，为我草露布；败，则代办后事。"至是果投泮池，副将丰伸泰等拯之出，舁至府城，昏瞀不省人事。敌且至，以小舟载往馀姚，卒于途，遂至西兴，刘韵珂等视其敛。事闻，赠太子太保，予骑都尉兼一云骑尉世职，附祀京师昭忠祠，于镇海建立专祠，谥靖节。柩至京，遣成郡王载锐奠醊。

当初败，余步云疏报镇海大营先溃，裕谦不知所往。韵珂等奏至，上始释疑，予优恤，幕客陈若木从兵间代裕谦妻草状，诣阙讼冤，逮步云论治伏法。嗣子德峻袭世职，以主事用，官至山东候补知府。

谢朝恩，四川华阳人。由行伍从将军德楞泰剿教匪积功至都司。累擢闽浙督标副将，从平台湾张丙乱。道光十四年，擢狼山镇总兵。从伊里布防镇海，充翼长。裕谦令守金鸡岭，力战御敌。敌别出一队由沙蟹岭绕出山后夹攻，遥见招宝山威远城已为敌踞，兵遂溃。朝恩扼炮台，中敌炮，堕海，尸不获。浙人有亲见其死者，歌咏传其事，与葛云飞等同称四镇云。赐恤，予骑都尉世职。

重祥，张氏，汉军正黄旗人。世袭一等轻车都尉，金华协副将。从葛云飞战定海受伤，复佐守金鸡岭，力战死之。处州营游击托云保，卞氏，亦汉军旗人，偕重祥同殒于阵，并予云骑尉世职。

关天培，字滋圃，江南山阳人。由行伍洊升太湖营水师副将。道光六年，初行海运，督护百四十余艘抵天津，被优叙。七年，擢苏松镇总兵。十三年，署江南提督。十四年，授广东水师提督。时英吉利通商渐萌跋扈，兵船阑入内河，前提督李增阶不疏防黜，天培代之。至则亲历海洋扼塞，增修虎门、南山、横档诸炮台，铸六千斤大炮四十座，请筹操练犒赏经费。十八年，英人马他伦至澳门，托言稽察商务，投函不如制，天培却之。禁烟事起，偕总督邓廷桢侦辑甚力。

十九年，林则徐莅广东，檄天培勒冦船缴烟二万余箱焚之，于是严海防，横档山前海面较狭可扼，铸巨铁练横系之二重，阻敌舟不能径过，炮台乃得以伺击。则徐倚天培如左右手，常驻沙角，督本标及阳江、碣石两镇师船排日操练。七月，英舰突犯九龙山口，为参将赖恩爵击退。九月，二舰至穿鼻洋，阻商船进口，挑战。天培身立桅前，拔刀督阵，退者立斩。有击中敌船一炮者，立予重赏，发炮破敌船头鼻，敌纷纷落海，乃遁。

敌舰久泊尖沙嘴，踞为巢穴。迤北山梁曰官涌，俯视聚泊之所，攻击最便，天培增炮驻营，敌屡乘隙来争，不得逞。十月，敌以大舰正面来攻，小舟载兵从侧乘潮扑岸，歼之于山冈；复于迤东胡椒角窥伺，炮击走之。乃调集水陆兵守山梁，参将陈连升、赖恩爵、张斌，游击伍通标、德连等为五路，合同进攻。敌乘夜来犯，五路大炮齐击，敌舟自撞，灯火皆灭。侵晓瞭望，逃者过半，仅存十余舟远泊。次日，复有二敌舰潜进，随者十数，复诸路合击，毁其头船，遂散泊外洋。捷闻，诏嘉奖，赐号法福灵阿巴图鲁。二十年春，英舰虽不敢复进，犹招奸民分路载烟私售。天培沿海搜捕，一日数起，复饬渔船蟹艇乘间焚毁敌舟，英人始改计他犯。

及林则徐罢，琦善代之，一意主抚，至粤，先撤沿海防御，仅留水师兵丁三分之一，募勇尽散，而英人要索甚奢，久无定议，战衅复起。十二月，英船攻虎门外沙角炮台，副将陈连升死之，大角炮台随陷，并为敌踞，虎门危急。天培与总兵李廷钰分守靖远、威远两炮台，请援，琦善仅遣兵二百。二十一年正月，敌进攻，守台兵仅数百，遣将恸哭请益师，无应者。天培度众寡不敌，乃决以死守，出私财饷将士，率游击麦廷章昼夜督战。敌入三门口，冲断桩练，奋击甫退，南风大作，敌船大队围横档、永安两炮台，遂陷。进攻虎门，自巳至酉，杀伤相当，而炮门透水不得发，敌自台后攒击，身被数十创。事急，以印投仆孙长庆，令去，行未远，回顾天培已殒绝于地，廷章亦同死，炮台遂陷。长庆缒崖出，缴印于总督，复往寻天培尸，半体焦焉，负以出。优恤，予骑都尉兼一云骑尉世职，谥忠节，入祀昭忠祠，建立专祠。母吴年逾八十，命地方官存问，给银米以养余年。子从龙袭世职，官安徽候补同知。

陈连升，湖北鹤峰人。由行伍从征川、楚、陕教匪，湖南、广东逆瑶，数有功。累擢增城营参将。道光十九年，破英兵于官涌，擢三江协副将，调守沙角炮台。及英舰来犯，连升率子武举长鹏以兵六百当敌数千，发地雷扛炮毙敌数百，卒无援，殁于阵，长鹏赴水死。敌以连升战最猛，脔其尸。事闻，诏嘉其父子忠孝两全，入祀昭忠祠，并建专祠，加等依总兵例赐恤，予骑都尉世职，子展鹏袭，起鹏赐举人。

祥福，玛佳氏，满洲正黄旗人。由亲军累擢冠军使。出为湖南宝庆协副将。从提督罗思举平江华瑶有功。历绥靖、宁夏、镇筸诸镇总兵。二十年，率本镇兵援广东。二十一年，守乌涌炮台，与虎门同时陷，祥福死之，予骑都尉世职，祀昭忠祠。寻诏与关天培同建专祠。子喜瀛，袭世职。

天培等皆以琦善不欲战，无援，故败，海内伤之，而福建总兵江继芸又以颜伯焘促战而亡。

继芸，福建福清人。由行伍拔补千总。道光六年，台湾张丙之乱，战枋树窝、小鸡笼，以擒贼功擢守备。累迁台湾副将。二十年，署南澳镇总兵。总督邓廷桢荐其才，寻擢海坛镇总兵，调金门镇，从颜伯焘守厦门。二十一年，广东方议款，英舰游奕闽洋。伯焘素主战，庀船炮备出击，而新裁水勇未散，军心不坚，继芸以为言，伯焘不听。七月，英舰泊鼓浪屿，集水陆师御诸屿口，炮毁敌舟，而敌已扑炮台登岸，陆师先溃，继芸急赴援，中炮落海死。护理延平协副将凌志、淮口都司王世俊同殉。凌志，富察氏，满洲镶黄旗人。

陈化成，字莲峰，福建同安人。由行伍授水师把总。嘉庆中，从提督李长庚击蔡牵，数有功，以勇闻。累擢烽火门参将。总督董教增荐其久历闽、粤水师，手擒巨盗四百八十余人，勤劳最著，请补澎湖副将，以籍隶本省，格不行。迁瑞安协副将。道光元年，乃调澎湖。历碣石、金门两镇总兵。十年，擢福建水师提督。十二年，英吉利船驶入闽、浙、江南、山东洋面，命化成督师巡逻，以备不虞。同安潘涂、宜浔、柏头诸乡素为盗薮，掩捕悉平之。

二十年，英舰犯闽，化成率师船击之于梅林洋，寻退去。调江南提督。江南水师素怯懦，化成选闽中亲军教练，士气稍振。筹备吴淞防务，修台铸炮，沿海塘筑二十六堡。化成枕戈海上凡二年，与士卒同劳苦，风雨寒暑不避，总督裕谦、牛鉴皆倚为长城。当定海三总兵战殁，裕谦亦殉，化成哭之恸，谓所部曰："武臣死于疆场，幸也。汝曹勉之！"吴淞口以东西炮台为犄角，化成率参将周世荣守西台，参将崔吉瑞、游击董永清守东台，而徐州镇王志元守小沙背，以防绕袭。

二十二年五月，敌来犯，泊外洋，以汽舟二，列木人两舷，绕小沙背向西台，欲试我炮力。化成知之，不发，敌舟旋去，以水牌浮书约战。牛鉴方驻宝山，虑敌锋不可当。化成曰："吾经历海洋四十余年，在炮弹中入死出生，难以数计。今见敌勿击，是畏敌也。奉命讨贼，有进无退。扼险可胜，公勿怖！"鉴乃以化成心如铁石，士卒用命，民情固结上告，诏特嘉之。越数日，敌舰衔尾进，化成麾旗发炮，毁敌舰三，歼毙甚众。鉴闻师得力，亲至校场督战，

敌以桅炮注击，毁演武厅，鉴遽退。敌攻坏土塘，由小沙背登岸，徐州兵先奔，东台亦溃，萃攻西台，部将守备韦印福，千总钱金玉、许攀桂，外委徐大华等皆战死。尸积于前，化成犹掬子药亲发炮，俄中弹，喷血而殒。炮台既失，宝山、上海相继陷。越八日，乡民始负其尸出，殓于嘉定。事闻，宣宗震悼，特诏优恤，赐银一千两治丧，予骑都尉兼一云骑尉世职，谥忠愍，于殉难处所及原籍并建专祠。子廷芳，袭世职；廷棻，赐举人。

海龄，郭洛罗氏，满洲镶白旗人。由骁骑校授张家口守备。累擢大名、正定两镇总兵。以事降二等侍卫，充古城领队大臣。历西安、江宁、京口副都统。英兵既陷吴淞，由海入江，六月，犯镇江，提督齐慎、刘承孝败退，遂攻城，海龄率驻防兵死守二日，敌以云梯入城屠旗、民，海龄与全家殉焉。予骑都尉兼一云骑尉世职，谥昭节，入祀昭忠祠，并建祠镇江，妻及次孙附祀。当城破时，海龄禁居民不得出，常镇道周顼弃城走，事后讦海龄妄杀良民，为众所戕，言官亦论奏，下疆吏究勘得白，诏以阖门死难，大节无亏，仍照都统例赐恤，治顼罪如律。子宜兰泰，袭世职。

葛云飞，字雨田，浙江山阴人。道光三年武进士，授守备，隶浙江水师。勤于缉捕，常微服巡洋，屡获剧盗，有名。洊擢瑞安协副将。十一年，署定海镇总兵，寻实授。以父忧归。

二十年，英兵犯定海，总兵张朝发战败失守，巡抚乌尔恭额、提督祝廷彪强起云飞墨絰从军，总督邓廷桢荐其可倚，署定海镇。云飞议先守后战，扼捏宝、金鸡两山，列炮江岸，筑土城，集失伍旧兵训练，军气始振。英人突欲得出测量形势，以计擒之，敌始有戒心。云飞乘机图恢复，未果。二十一年，广东议款，以香港易定海，钦差大臣伊里布令云飞率所部渡海收地，然后释俘，以二帅偕往。二镇者，寿春镇王锡朋、处州镇郑国鸿也。既而裕谦代伊里布，改议战守，云飞以定海三面皆山，前临海无蔽，请于葡头筑土城，竹山、晓峰岭增炮台，而葡头南五奎山、吉祥门、毛港悉置防为犄角。裕谦以费巨未尽许，则请借三年廉俸兴筑，益忤裕谦。寻至定海，见云飞青布帕首、短衣草履，奔走烈日中；又闻其巡洋捕盗伤臂，夺盗刃刺之，始服其忠果。追英兵复来犯，炮击敌舰于竹山门、东港浦，迭却之，加提督衔。于是云飞屯葡头土城，锡朋、国鸿分防晓峰、竹山。云飞独当东冲，敌连樯进突，登五奎山，炮击红衣夷目，乃退。次日，敌蔽山后发炮仰击，亦隔山应之。夜，敌乘雾至，直逼土城，炮中载药船，轰歼甚众。越日，乃肉博来夺晓峰岭，分攻竹山门，锡朋、国鸿皆战殁，县城遂陷。敌萃攻土城，云飞知不可为，出敕印付营弁，率亲兵二百，持刀步入敌中，转斗二里许，格杀无算。至竹山麓，头面右手被斫，犹血战，身受四十余创，炮洞胸背，植立崖石而死。定海义勇徐保夜负其尸，浮舟渡海。是役连战六昼夜，毙敌千余，卒以众寡不敌，三镇同殉。事闻，宣宗挥泪下诏，赐金治丧，恤典依提督例，予骑都尉兼一云骑尉世职，谥壮节。赐两子

文武举人,以简袭世职,官至甘肃阶州知州;以敦官守备。

云飞兼能文,著有《名将录》、《制械制药要言》、《水师缉捕管见》、《浙海险要图说》及诗文集。事母孝,母亦知大义,丧归,一恸而止,曰:"吾有子矣!"

锡朋,字樵庸,顺天宁河人。以武举授兵部差官,迁固原游击。从陕甘总督杨遇春征回疆,大河拐、洋阿尔巴特、沙布都尔、浑河诸战并有功,赐花翎,擢湖南临武营参将。十二年,从剿江华瑶赵金龙,赐号锐勇巴图鲁,擢宝庆协副将。又平广东连州瑶,功最。擢汀州镇总兵,以忧归。十八年,起授寿春镇总兵。

二十年,偕提督陈化成防吴淞,伊里布调援宁波。寻偕葛云飞等守定海。敌至,锡朋初守竹山门,为诸军应援,数获胜。及敌乘雾登晓峰岭,以无巨炮不能御,率兵奋击,并分援竹山,所部裨弁朱汇源、吕林环、刘桂五、夏敏忠、张魁甲先后阵殁,众且尽,锡朋手刃数人,遂遇害。久之始得其尸,面如生,耳际有创。巡抚刘韵珂验实,为改殓,恤典加等,予骑都尉兼一云骑尉世职,谥刚节。子承泗、承瀚,并赐文举人,承泗袭世职,官山西温州知州;承瀚工部主事。

国鸿,字雪堂,湖南凤凰厅人。父朝桂,贵州副将。伯父廷松,镇筸千总,殉苗难,无子,以国鸿嗣,袭云骑尉。从傅鼐剿苗,授永绥屯守备,洊擢宝庆副将。

道光二十年,擢处州镇总兵,调防镇海,充翼长。定海既还,移兵分守要隘。敌舰初犯竹山门,国鸿发巨炮断其桅,遂以竹山为分汛地。战连日,久雨,往来泥淖。及敌分三路同时来扑,国鸿奋击,枪炮皆热不可用,短兵拒战,而土寇导敌夺晓峰岭,险要尽失,国鸿单骑冲阵,被数十创而殒,依总兵赐恤,予骑都尉世职,追谥忠节。子鼎声已殁,赐其孙锷、铦并为举人,锷袭骑都尉,七品小京官;铦袭云骑尉。出继之子鼎臣,批验大使,从军中,扬威将军奕经分募水勇攻敌海山港,赐花翎、四品顶戴。三镇死事最烈,并入昭忠祠。定海收复,建立专祠,合祀云飞、锡朋,并许原籍各建专祠。

当定海之初陷也,总兵张朝发战于港口,兵败,身受炮伤,知县姚怀祥、典史全福皆死之。时咎朝发不专守陆路,巡抚乌尔恭额疏劾逮治。朝发以伤殒,恤典不及焉。浙中战事以定海为最力。后扬威将军奕经督师,将帅多闒茸,战事如儿戏,惟金华协副将朱贵称忠勇。

贵,字黻堂,甘肃河州人。以武生入伍,从征川、陕教匪,剿蓝号贼于卢家湾。贼渠冉学胜伏密箐中,以长矛刺伤主将,贵夺其矛而擒之,勇冠军中。滑县、三才峡诸役,皆在事有功,累擢凉州守备。道光初,从杨遇春战回疆,擢游击,历陕西西安参将、署察汉托洛亥副将。二十一年,擢浙江金华协副将。扬威将军奕经督师,贵率陕甘兵九百以从。时兵多新募,惟贵所部最号劲旅。

二十二年春,奕经规复宁波、镇海,令贵当镇海一路,行未至,宁波已失利,止勿进,调赴长豁岭大营,遂屯慈豁城西大宝山。敌乘胜以二千人自大西坝登岸,贵率所部迎击,毙敌四百余人。再却再进,自辰至申,军中不得食,犹酣战。乡勇忽乱队,敌由山后钞袭,增者几倍。又三舰自丈亭江直逼山下,长豁大营惊溃。贵腹背被攻,怒马斫阵,中枪马倒,跃起夺戈奋斗,伤要害,乃踣。子武生昭南,以身障父,同时阵亡。部下游击黄泰,守备徐宣、陈芝兰,浙江候补知县颜履敬等,兵卒三百余人,同死。诏嘉其忠勇,依总兵例赐恤,予骑都尉世职,子廷瑞袭。昭南予云骑尉世职,子纲甫四岁,命及岁袭职。

阿木穰,世袭土司,大金河千总,加副将衔、巴图鲁勇号。哈克里,瓦寺土守备,率金川屯练赴军,皆趫捷奋勇,战辄争先。冠虎形,奕经占有虎头之兆,令赴前敌,从提督段永福攻宁波。敌已为备,至则城门不闭。阿木穰率土司兵先入,中地雷同殁。哈克里攻夺招宝山,猱升而上,抢入威远城。敌舰自金鸡山蓟江至,用炮仰击,遂不支而退,后亦殉难,浙人哀之。自朱贵大宝山之战,敌受创甚巨,遂戒深入,慈豁县城获完。士民思其功,为建祠报赛,阿木穰、哈克里亦附祀焉。

论曰:海疆战事起,既绌于兵械,又昧于敌情,又牵掣于和战之无定,畏葸者败,忠勇者亦败。专阃之臣,忘身殉国,义不返踵,亦各求其心之所安耳。呜呼,烈已!偏裨授命者,附著于篇。

卷三百七十三　　列传一百六十

宗室奕山 隆文　**宗室奕经** 文蔚　特依顺　余步云

宗室奕山,恂郡王允禵四世孙,隶镶蓝旗。授乾清门侍卫。道光七年,从征喀什噶尔,擢头等侍卫、御前行走。历伊犁领队大臣、参赞大臣。十八年,授伊犁将军。二十年,偕副都统关福赴塔什图毕治垦务,辟田十六万四千余亩,奏请置回千户及五品伯克以下官。召授正白旗领侍卫内大臣、御前大臣。

二十一年,命为靖逆将军,督师广东,尚书隆文、提督杨芳为参赞副之。时英兵已陷虎门,杨芳先至,听美利坚人居间,乞许通商,被严斥,促奕山速赴军。三月,抵广州。英舰横亘省河,奕山问计于林则徐,则徐议先遣洋商设法羁縻,俾英舰暂退;塞河道,积沙囊于岸以御炮,然后以守为攻。奕山不能用,且自琦善撤防,旧储木桩巨石皆为敌移去,时以杉板小船游弋以诱我师。杨芳主持重,以募勇未集,不欲浪战。奕山初亦然之,既而惑于左右言,欲侥幸一试,芳止之不可。夜进兵,乘风毁七艘,报捷,诘旦乃知误焚民舟,而英兵大至,连舟抵城下,御于河南,互有杀伤,遂闭城。

敌以轮船袭泥城,副将岱昌等闻炮先遁,毁师船六十有奇,城外东西炮台并陷。英兵进踞后山四方炮台,奕山居贡院,炮火及焉,军民惶惧,乃遣广州知府余保纯出城见义律议息兵。义律索烟价千二百万,美商居间减其半,并许给香港全岛，英兵乃退。奕山偕隆文先退，屯距城六十里小金山，讳败为胜。疏言："义律穷蹙乞抚，照旧通商，改偿费为追究商欠，由粤海关及藩运两库给之。"宣宗览奏，以夷情恭顺，诏如所请。闽浙总督颜伯焘迭疏劾其欺罔，下广西巡抚梁章巨察奏，乃得其状，报闻。

英人既得赂于粤，移兵犯闽、浙。奕山等始收回大黄滘、猎德、虎门诸炮台，填塞省河。乡民于义律未退时，困之三元里，余保纯趋救始得出。于是团练日盛，中外皆言粤民可用，遂撤客军，改募练勇。迭诏趣奕山等规复香港，实不能战，惟屡疏陈飓风漂没敌船，毁香港蓬蒙，藉修炮台未竣、造船未就为词，以塞严诏。二十二年，英人撤义律回国，以濮鼎查代之，大举犯浙江、江苏。诏斥奕山陈奏欺诈，严议褫御前大臣、领侍卫内大臣、左都御史，仍留汉军都统任。及和议定，追论援粤失机，褫职治罪，论大辟，圈禁宗人府空室。

二十三年，释之，予二等侍卫，充和阗办事大臣，调伊犁参赞大臣，署将军。二十七年，调叶尔羌参赞大臣。安集延荷鲁特、回匪入边，围喀什噶尔、英吉沙尔，命陕甘总督布彦泰督师讨之，奕山为副，连破贼于科科热依瓦特及苏噶特布拉克，贼遁走。论功，封二等镇国将军，赐双眼花翎。寻授内阁学士，调伊犁参赞大臣，兼镶黄旗蒙古都统。二十九年，授伊犁将军。俄罗斯遣使至伊犁，请于伊犁、塔尔巴哈台、喀什噶尔三处通商，诏允其二，惟喀什噶尔不许。咸丰元年，俄人复固请，仍拒之，偕参赞布彦泰与定《伊塔通商章程》十七条。祭酒胜保疏论当仿恰克图通商旧例，限以时日、人数。奕山议："抚驭外夷以信为主，既已议定章程，旋改必有藉口。"如所请行。累授内大臣、御前大臣，仍留将军任。

五年，调黑龙江将军。时俄罗斯以分界为名，欲得黑龙江、松花江左岸地，遣舰入精奇里江，建屋于霍尔托库、图勒密、布雅里。奕山疏陈阳抚阴防之策。七年，俄使请入京，拒不许。八年，俄人借英、法、美三国合兵犯天津。三国窥商利，而俄志在边地，于是俄使木里裴岳幅至爱珲，坚请画界，奕山允自额尔古纳河口循黑龙江至松花江左岸之地尽属之俄。俄使知奕山昧于地势，驻兵黑龙江口，复索绥芬河、乌苏里江地，奕山慑其兵威，勿能抗，疏称未许，然已告俄使可比照海口等处办理。逾年，与俄使会于爱珲，定约三条，镌满、蒙、汉三体字为界碑。大理寺少卿殷兆镛劾奕山："以边地五千余里，藉称闲旷，不候谕旨，拱手授人，始既轻诺，继复受人所制，无能转圜。"诏切责之，革职留任，又以纵俄舰往黑龙江不之阻，褫御前大臣，召回京。

十一年，联军在京定约，因奕山前议，自乌苏里江口而南逾兴凯湖，至绥芬河、瑚布图河口，复沿珲春河达图们江口，以东尽与俄人，语具《邦交志》。寻复御前大臣，补正红旗蒙古都统。同治中，封一等镇国将军，授内大臣。以疾罢。光绪四年，卒，谥庄简。子载鸾，理藩院侍郎。载鸾子溥瀚，镶黄旗蒙古副都统；孙毓照，一等奉国将军。

隆文，伊尔根觉罗氏，满洲正红旗人。嘉庆十三年进士，选庶吉士，散馆改刑部主事。坐事罢职，捐复，授翰林院侍讲。累擢内阁学士。道光中，充驻藏大臣。历吏部、户部侍郎，左都御史，刑部、兵部尚书，军机大臣。屡奉使出谳狱。偕奕山督师广东，意不相合，甫至，病，忧愤而卒，谥端毅。

宗室奕经，成亲王永瑆孙，贝勒绵懿子，承继循郡王允璋后，隶镶红旗。授乾清门侍卫，历奉宸院卿、内阁学士，兼副都统、护军统领。道光三年，坐失察惇亲王肩舆擅入神武中门，褫兼职，留内阁学士任。五年，迁兵部侍郎。十年，从征喀什噶尔回匪，事平回京，历吏部、户部侍郎。十四年，出为黑龙江将军。十六年，召授吏部尚书，兼步军统领。二十一年，协办大学士。

英兵犯浙江，定海、镇海及宁波府城相继陷，裕谦死事，命为扬威将军，督师往剿，都统哈哏阿、提督胡超为参赞，寻易侍郎文蔚、都统特依顺副之。陛辞日，宣宗御勤政殿，训示方略，特诏："申明军纪，凡失守各城逃将逃兵，军法从事。"发交内库花翎等件，有功者立予懋赏，勉以恩威并用，整饬戎行。大学士穆彰阿奏请释琦善出狱，随赴军前效力，奕经却之。

奕经分属懿亲，素谨厚，为上所倚重，奉命专征，颇欲有为而不更事，尤昧兵略。奏调陕甘、川、黔兵一万人，请拨部饷一万两，仓猝未集，驻苏州以待。上以诸将少可恃者，命凡文武员弁及士民商贾有奇材异能一艺可取者，许诣军前投效。奕经渡江后，于营门设木甄，纳名即延见，且许密陈得失。于是献策者四百余人，投效者一百四十余人，而军中所辟僚佐，多闒冗京员，投效者亦无异才。惟宿迁举人臧纡青自负气节，为言议抚徒损国威，始决以战；又劝劾斩失律提督余步云以立威望，疏具而旋寝。以浙兵屡溃，不堪临阵，召募山东、河南、安徽义勇。

浙事日亟，巡抚刘韵珂促援，迟不至，遂相恶。久驻江苏，以供应之累，官吏亦厌之，饷需文报，皆延搁不时应。十二月，始抵杭州。前泗州知州张应云献策规复宁波，奕经、文蔚皆然之，遂令总理前敌营务。应云以重赏购宁波府吏陆心兰为内应，日报机密多虚诳。奕经祷于西湖关庙，占得"虎头"之兆，乃议于二十二年正月寅日寅时进兵，屡遣谍，为敌所获，漏师期。初，英兵踞府城仅二三百人，舰泊定海。至是，濮鼎查率十九艘兵二千散泊江岸，早为之备矣。奕经由绍兴进曹娥江，而慈谿敌兵退。应云请急进，遂驻慈谿东关，文蔚分屯长谿岭，令提督段永福、余步云等趋宁波，游击刘天保趋镇海，副将朱贵驻大宝山，而应云率所募义勇驻骆驼桥，为诸军策应，约于正月晦数路并举。而敌已勾结应云部勇，势且生变，不及待期，先二日轻军分袭，不携枪炮。永福等入宁波南门，中地雷，天保甫及镇海城下，为敌炮击退，皆大败。越日，应云所具火攻船为敌所焚，军中自惊，奔大宝山。朱贵收集溃图进攻，敌兵已至，力战竟日，杀伤相当，无援，贵死之。文蔚闻败亦退，军资器械弃失殆尽。奕经留军绍兴，回驻杭州，自请严议，诏原之。英舰乘胜由海窥钱塘江，以尖山海口浅阻，寻退去。

郑鼎臣者，殉难总兵国鸿子，曾从父军。奕经予二十四万金，令募水勇规复定海，闻宁镇之败，遂巡海上。奕经督之严，乃报三月三日败敌于定海十六门洋面，毁船数十，歼毙数百。刘韵珂以为欺罔，奕经遣侍卫容照等出洋查勘，得焚毁船木及坏械回报，乃疏闻，赐奕经双眼花翎，鼎臣亦被奖。时宁波英兵忽退，留舰招宝山海口，改犯乍浦，陷之。奕经不能赴援，而以收复宁波奏，诏斥不先事预防，革职留任。既而英兵犯江南，陷镇江，逼江宁，命奕经赴援，寻命驻王江泾防御。奕经自宁波、慈谿之败，军心涣散，不能复用，益为刘韵珂所挪揄，议守议抚，一不使闻。及和议成，撤师，诏布奕经等劳师糜饷、误国殃民罪状，逮京论大辟。

圈禁逾年，与琦善同起用，予四等侍卫，充叶尔羌帮办大臣。为御史陈庆镛论劾，仍褫职。未几，复了二等侍卫，充叶尔羌参赞大臣，调伊犁领队大臣。坐审鞫英吉沙尔领队大臣斋清额诬捕良回狱不当，褫职发黑龙江。三十年，释回。咸丰初，历伊犁、英吉沙尔领队大臣。二年，召授工部侍郎，调刑部，兼副都统。三年，命率密云驻防赴山东防粤匪，卒于徐州军次，依侍郎例赐恤。

文蔚，费莫氏，满洲正蓝旗人。嘉庆二年进士，授翰林院检讨。累擢至兵部、工部侍郎，兼副都统、内务府大臣。方其驻长谿岭也，闻诸路军皆不利，欲移营走。敌杂难民溃兵猝至，焚毁营帐，乃奔曹娥江，收集溃兵，退保绍兴。欲渡钱塘江，为刘韵珂所阻。寻以定海报捷，加头品顶戴。军事竣，追论失机，褫职下狱。逾年，释出，予三等侍卫，充古城领队大臣，复褫职。咸丰初，历喀喇沙尔、哈密办事大臣，驻藏大臣，奉天府尹。五年，卒。

特依顺，他塔喇氏，满洲正蓝旗人，福州驻防。累迁协领。道光十三年，从平台湾张丙乱，擢荆州副都统。历腾越镇总兵、密云副都统、宁夏将军。二十一年，予都统衔，授参赞大臣，督师广东。寻命改赴浙江办理军务，驻守省城，署杭州将军，遂实授。乍浦陷，坐革职留任。和议成，命筹办浙江善后事宜。二十六年，调乌里雅苏台将军。二十九年，卒。

余步云，四川广安人。嘉庆中，以乡勇从剿教匪，积功为游击。平瞻对叛番，累擢重庆镇总兵。道光七年，率本镇兵从杨遇春征回疆，破贼洋阿尔巴特庄；偕杨芳击贼于毗拉满，大败之，复和阗，追擒贼酋玉努斯，授乾清门侍卫，擢贵州提督。调湖南。十二年，率贵州兵剿江华瑶赵金龙，偕提督罗思举破贼巢，金龙就歼，加太子少保。复破粤瑶于永州蓝山，擒其渠。从尚书禧恩赴广东剿连州瑶，平之，赐双眼花翎，予一等轻车都尉世职。历四川、云南提督，复调贵州。十八年，擒仁怀匪首谢法真，加太子太保，调福建提督。

二十年，英兵初陷定海，率师赴援，调浙江提督。二十一年，定海既收还，步云驻防镇海。裕谦来督师，疏言步云不可恃，未及易而英兵猝至，复陷定海，三镇战殁。步云屯招宝山，总兵谢朝恩分守金鸡岭。步云号宿将，实巧猾无战志，又嗛裕谦刚愎，将战，裕谦召与盟神誓师，托疾不赴，且献缓敌之策。敌攻其前，而以小舟载兵由石洞攀援登后山，步云遽弃炮台走，敌乃据招宝山俯击镇海城，金鸡岭及县城先后陷。步云退宁波，敌掩至，坠马伤足，仅免，府城遂陷。步云疏闻，委败于裕谦。裕谦既殁，其妻赴京讼之。二十二年，从奕经规复宁波，不克，褫步云职，逮京，命军机大臣会刑部讯鞫。廷臣争劾其罪，亦有原之者，狱久延，尚书李振祜坚持，谳乃定。诏曰："余步云膺海疆重寄，未阵获一贼，身受一伤，首先退缩，以致将士效尤，奔溃弃城，直同儿戏。倪不置之法，不惟无以肃军政而振人心，且何以慰死节诸臣于地下？"步云遂弃市。

论曰：奕山、奕经，天潢贵胄，不谙军旅，先后弃师，如出一辙，事乃益不可为。其人皆庸暗不足责，当时廷臣不能预计，疆吏不能匡救，可谓国无人焉。奕山后复弃东北边地，其贻患尤深。余步云庸懦巧猾，卒膺显戮。宣宗于偾事诸人，皆从宽典，伸军律者，仅步云一人耳。

卷三百七十四　列传一百六十一

**姚文田　戴敦元　朱士彦　何淩汉
李振祜　宗室恩桂**

姚文田，字秋农，浙江归安人。乾隆五十九年，高宗幸天津，召试第一，授内阁中书，充军机章京。嘉庆四年一甲一名进士，授修撰。迭典广东、福建乡试，督广东、河南学政，累迁祭酒。

十八年，入直南书房。会因林清之变，下诏求言，文田疏陈，略谓："尧、舜、三代之治，不越教养两端：为民正趋向之路，知有长上，自不干左道之诛；为民广衣食之源，各保身家，自不致有为恶之意。近日南方患赋重，北方患徭多，民困官贫，急宜省事。久督抚任期，则州县供亿少，宽州县例议，则人才保全多。"次年复上疏，言："上之于下，不患其不畏，而患其不爱。汉文吏治蒸蒸，不至于奸，爱故也。秦颛法律，衡石程书，一夫夜呼，乱者四起，畏故也。自数年来，开上控之端，刁民得逞其奸；大吏畏其京控，遇案亲提，讦诉不过一人，牵涉常至数十，农商废业，中道奔波，受胥吏折辱，甚至瘐死道毙。国家慎刑之意，亦曰有冤抑耳。从前马谭氏一案，至今未有正凶，无辜致毙者累累。是一冤未雪，而含冤者且数十人。承审官刑挞横加，以期得实，其中冤抑，正复不少。欲召天和，其可得乎？顷者林清构逆，搜捕四出，至今未已。小人意图见长，不能无株及无辜，奉旨严禁，仰见皇上如天之仁。臣以为事愈多则扰愈众，莠民易逞机谋，良善惟增苦累。应令大小官吏，可结速结，无多株引，庶上下相爱，暴乱不作矣。至所谓养民之政，不外于农桑本务。大江以南，地不如中原之广，每岁漕储正供，为京畿所仰给者，无他，人力尽也。兖州以北，古称沃衍；河南一省，皆殷、周畿内；燕、赵之间，亦夙称富国。今则地成旷土，人尽惰民,安得不穷困而为盗贼?岁一歉收,先请缓征,稍甚则加蠲贷,又其甚则截漕发粟以赈之,所以耗国帑者何可算也。运河屡淤,东南漕未可恃,设有意外,何以处此?臣见历来保荐州县,必首列劝课农桑,其实尽属虚谈,从无过问。大吏奏报粮价,有市价至四五千钱,仅报二两内外,其于收成,又虚加分数,相习成风。但使董劝有方,行之一方而收利,自然争起相效,田野皆辟,水旱有资,岂必尽资官帑,善政乃行哉?民之犯刑,由于不率教;其不率教,由于衣食缺乏而廉耻不兴。其次第如此,故养民为首务也。"奏入,仁宗嘉纳之,特诏饬各省以劝课农桑为亟,速清讼狱,严惩诬枉。

二十年,擢兵部侍郎,历户部、礼部。二十二年,典会试。二十四年,督江苏学政。道光元年,江、浙督抚孙玉庭等议禁漕务浮收,明定八折,实许其加二。文田疏陈积弊曰:"乾隆三十年以前,并无所谓浮收。厥后生齿日繁,物价踊贵,官民交困,然犹止就斛面浮取而已。未几而有折扣之举,始每石不过折耗数升,继乃至五折、六折不等。小民终岁勤动,事畜不赡,势必与官抗。官即从而制之,所举以为民罪者三:曰抗粮,曰包完,曰挝交丑米。民间零星小户、贫苦之家,拖欠势所必有。若家有数十百亩之产,竟置官赋于不问,实事所绝无。今之所谓抗粮者,如业户应完若干石,多赍一二成以备折收,书吏等先以淋尖、踢脚、洒散多方糜耗,是已不敷;再以折扣计算,如准作七折,便须再加三四成,业户必至争执。间有原米送回,州县即指为抗欠,此其由也。包完者,寡弱之户,转交有力者代为输纳。然官吏果甚公正,何庸托人?可不烦言而自破。民间运米进仓,男妇老幼进城守待,阴雨湿露,犹百计保护,恐米色变伤。谓其特以丑米挝交,殆非人情。惟年岁不齐,米色不能画一,亦间有之。然官吏非执此三者,不能相制,生监暂革,齐民拘禁,俟其补交,然后请释。不知此皆良民,非莠民也。此小民不能上达之实情也。然州县亦有不能不尔者,自开仓讫兑运,修整仓廒芦席、竹木、绳索、油烛百需,幕丁胥役修饭工食,加以运丁需索津贴滋甚,至其平日廉俸公项不能敷用。无论大小公事,一到即须出钱料理。即如办一徒罪之犯,自初详至结案,约须百数十金。案愈巨则费愈多。递解人犯、运送粮鞘,事事皆需费用。若不取之于民,谨厚者奉身而退,贪婪者非倒词讼生发不可,吏治更不可问。彼思他弊获咎愈重,不若浮收为上下咸知,故甘受民怨而不惜。其藉以自肥者固多,而迫于不获已者盖亦不少。言事者动称'不肖州县',州县亦人耳,何至一行作吏,便行同苟贱?此又州县不能上达之实情也。州县受搭克之名,而运丁阴受其益,然亦有不能不然者。昔时运道深通,运丁或藉来往携货售卖以赡用;后因黄河屡经倒灌,运道受害,虑其船重难行,严禁多带货物。又从前回空带盐,不甚搜查,近因盐商力绌,未免算及琐屑,而各自出息遂尽。加以运道日浅,反多添夫拨浅之费。此费不出之州县,更无所出。此又运丁不能上达之实情也。数年前因津贴日增,于是定例只准给三百两。运丁实不济用,则重船不能开,州县必获咎戾,不免私自增给,是所谓三百两者虚名耳。顷又浮收过甚,严禁收漕不得过八折。州县入不敷出,则强者不敢与较,弱者仍肆朘削,是所谓八折者亦虚名耳。然民间执词抗官,官必设法箝制,而事端因以滋生,皆出于民心之不服。若将此不靖之民尽法惩处,则既困浮收,复陷法网,民心恐愈不平。若一味姑容隐忍,则小民开犯上之风,将致不必收漕,而亦目无官长。其于纪纲法度,所关实为匪细。"疏入,下部议。时在廷诸臣多以为言,文田持议切中时弊,最得其平。诏禁浮收,裁革运丁陋规,八折之议遂寝。

四年,擢左都御史。七年,迁礼部尚书。寻卒,依尚书例赐恤,谥文僖。

文田持己方严,数督学政,革除陋例,斥伪体,拔真才,典试号得士。论学尊宋儒,所著书则宗汉学。博综群籍,兼谙天文占验。林清之变未起,奏入紫微垣;道光初,彗见南斗下,主外夷兵事;文田皆先事言之。

戴敦元,字金溪,浙江开化人。幼有异禀,过外家,一月尽读其室中书。十岁举神童,学政彭元瑞试以文,如老宿;面问经义,答如流。叹曰:"子异日必为国器!"年十五,举乡试。乾隆五十五年,成进士,选庶吉士,散馆改礼部主事,铨授刑部主事,典山西乡试。累迁郎中。嘉庆二十四年,出为广东高廉道。道光元年,擢江西按察使。

敦元初外任,以情形非素习,苏州多粤商,过访风土利弊,久之始去,尽得要领。至江西,无幕客,延荡吏谙刑名者以助,数月清积牍四千余事。二年,迁山西布政使,单车之任,舆夫馆人莫知为达官。藩署有陋规曰厘头银,上下取给,敦元革之,曰:"官有养廉,仆御官所豢,何赢余之有?"调湖南,护理巡抚。三年,召授刑部侍郎,自此历十年,未迁他部,专治刑狱,剖析律意,于条例有罅漏,及因时制宜者,数奏请更定。每日部事毕,归坐一室,谢绝宾客。十二年,擢刑部尚书,典会试。十四年,卒,优诏赐恤,称其清介自持,克尽职守,赠太子太保,谥简恪。

敦元博闻强识,目近视,观书与面相磨,过辄不忘。每至一官,积牍览一过,他日吏偶误,辄摘正之,无敢欺者。奏对有所咨询,援引律例,诵故牍一字无舛误,宣宗深重之。至老,或问僻事;指某书某卷,百不一爽。尝曰:"书籍浩如烟海,人生岂能尽阅?天下惟此义理,古今人所谈,往往雷同。当世人以为独得者,大抵昔人唾余。"罕自为文,仅传诗数卷。喜天文、律算,讨论有年,亦未自立一说。卒之日,箧无余衣,囷无余粟,庀其赀不及百金,廉洁盖性成云。

朱士彦,字修承,江苏宝应人。父彬,绩学通经,见《儒林传》。士彦承家学。成嘉庆七年一甲三名进士,授编修。纂《国史·河渠志》,谙习河事。大考擢赞善,督湖北学政。累迁侍读学士,入直上书房。历少詹事、内阁学士。道光二年,擢兵部侍郎。四年,以南河高堰坏,疏陈河工事宜,论:"高堰石工宜切实估修;堰内二堤宜培补;黄河盛涨,宜两岸分泄;山盱五坝宜相机开放;黄河下游无堤之处宜接筑。"下勘河大臣文孚筹议酌行。寻督浙江学政。奏禁诸生包漕闹漕，以端士习。御史钱仪吉劾士彦任性，诏嘉士彦能任劳怨；惟斥其父彬就养阅卷，及命题割裂，薄谴之。九年，典会试，督安徽学政，寻擢左都御史，召还京。

十一年，迁工部尚书。是秋，江苏大水，河、淮、湖同时涨溢，命偕尚书穆彰阿往勘。穆彰阿先回京，遂偕左都御史白镕察视江苏、安徽水灾赈务。疏言："扬河厅掣卸石工，及纤堤耳闸，应令工员赔修；又以淮、扬地方官多调署，情形未熟，请饬江宁布政使林则徐、常镇通海道张岳崧总司江北赈务，从之。寻奏："续查下河积潦之区，被灾尤重，浮开户口，为办赈积弊。应令委员查明后，即于本乡榜示，放赈时，州县官据委员原查总发一榜，总查抽查，凭以核办。"又奏："山盱厅属添建滚水石坝，本年启放过水，现已无从查验。工员面称启放时石底间有冲裂，坝下灰土亦损，请俟水落责修完固。堰、盱两厅淮、湖石工掣卸二百余丈，固限未满，应令赔修。其石后砖工灰工间有残缺，应令补筑。又盱堰大堤，加帮土工间有蛰低浮松之处，应培补，责成河兵种柳护堤。其已估未办之高堰头、二两堡，未估之智、信两坝，应即兴办。此项与黄河险要不同，向来保固一年。请嗣后各厅土堤及运河堤岸，均改保固三年。运河埽工于经历一年后，再加保固二年，验明坚整，始准埽汛修防。""安徽无为州江坝及铜陵县坝工程紧要，均应借款兴修。"并下所司议行。又劾盐城、宿松、青阳等县报灾迟延遗漏，请惩处；捐赈绅民应给议叙；禁胥吏蒙索挑剔：并从之。

十二年，事竣回京。南河于家湾奸民陈端等盗挖官堤，掣动河流，复偕穆彰阿往勘。疏言："九月初旬，清口出水二尺有余，高堰长水二丈一尺，势至危险。其时吴城七堡未开，洪湖吃重。此时既开放，湖水分减，现交冬令，一月后即难兴工，湖多积水，风烈堪虞，请加紧赶办。"寻命复偕侍郎敬征往勘。十三年，奏于家湾正坝虽合龙，请989加镶追压，以免出险。覆讯挖堤诸犯，治如律。又偕敬征覆勘河、湖各工，请分别缓急，以次办理。父忧归。

十六年，服阕，署吏部尚书，偕尚书耆英赴广东、江西鞫狱。十七年，授兵部尚书。查勘浙江海塘，遂赴南河验料垛工程，盘查仓库。以库存与卷册不符，劾河库道李湘莚，褫职。又赴安徽、河南按事，疏陈常平仓粜买章程，"请各省囚粮递粮作正开销，毋动仓谷；平粜必市价在八钱以上始准出粜；采买须俟年丰谷贱，且必在出粜二三年后，以纾民力而祛宿弊"。如议行，十八年，兼管顺天府尹事，典会试，调吏部尚书。士彦以综核为宣宗所知，奉使按事皆称旨。寻卒，诏嘉其性情直爽，办事公正，赠太子太保，赐其四子举人、副榜贡生有差，谥文定。

何凌汉，字仙槎，湖南道州人。拔贡，考授吏部七品小京官。嘉庆十年一甲三名进士，授编修。大考二等，擢司业。累迁右庶子。典广东、福建乡试，留福建学政。令诸生自注诵习何经，据以考校，所取皆多朴学。道光六年，授顺天府尹。京畿狱讼繁多，自立簿籍，每月按簿催结，无留狱。迁大理寺卿，仍署府尹。在任凡五年，历左副都御史、工部侍郎。典浙江乡试，留学政。命偕总督程祖洛按讯山阴、会稽绅幕书役勾结舞弊，鞫实，请褫在籍按察使李运职，余犯军流有差。任未满，调吏部侍郎，召回京，兼管顺天府尹事。调户部，复调吏部，仍兼署户部侍郎。

御史那斯洪阿条陈地方官有钱粮处分，不准升调，及变通杂税，下部议。凌汉兼吏、户两部，驳之，谓："理烦治剧，每难其人，若格以因公处分，必至以中平无过者迁就升调。且吏治与催科本非两事，未有因循良而帑藏空虚者，亦未有因贪浊而仓库充盈者，是在督抚为缺择人，不为人择缺，正不必徒事更张，转滋窒碍。"又谓："地方各税，有落地杂税，及房屋典当等税，已极周密；至京师九门外有铺税，天津、新疆沿壕铺面有房租，因系官地、官房也。今欲尽天下之府、厅、州、县仿照定税，则布帛菽粟民生日用所需，市侩特加价而取诸民以输官，水脚火耗，官又将取之于民；且间歇无常，税额难定，有敛怨之名，无裕国之实。"前议遂寝。

十四年，擢左都御史，迁工部尚书，仍兼管府尹如故。累署吏部尚书。十七年，吏部因京察一等人员有先由御史改官者议驳。凌汉以不胜御史，非不胜外任者比，如此苛绳，有妨言路。御史改部之员，例准截取。至京察虽无明文，从前有御史降调保送员外郎者，援以请旨。因面奏现任大员花杰、吴荣光，皆曾由御史改降，遂奉俞允。

十九年，调户部尚书。四川总督宝兴请发粮津贴防边经费，议驳之，略谓："川省地丁额征六十六万，田赋之轻，甲于天下。现议按粮一两加津帖二两，百亩之家，不过出银三两，即得百万两，小民未必即苦输将。然较原课几增两倍，非藏富于民之义，军需藉资民力，尤不可率以为常。请于各省秋拨项下借拨百万两，以三十万为初设边防经费，余或发商，或置田，所获息以四万为常年经费，二万提还借款，于防边恤民两有裨益。"诏允行。是年，典顺天乡试。子绍基亦典试福建，父子同持文柄，时人荣之。二十年，卒，赠太子太保，谥文安。绍基官编修，见《文苑传》。

李振祜，字锡名，安徽太湖人。嘉庆六年进士，授内阁中书。典广西、云南乡试，迁宗人府主事。调兵部，迁员外郎，典陕甘乡试，改御史、给事中。巡视淮安漕务，劾户部郎中钱学彬系不胜外任之员，违例截取知府，诏谴吏、户二部堂官，予振祜议叙，又劾都察院京察给事中色成额先经列入六法，自赴公堂辩论，干求改列三等，反覆视若儿戏，都御史被严议，色成额仍列有疾。

累迁内阁侍读学士，督山东学政。应诏密陈山东积弊四事，略曰："吏事丛脞，莫甚于官民不相安也。词讼之繁，始由于官吏不办，今又变而不敢办。欲结一案，辄虑翻控；欲用一刑，辄虑反噬。鞫案之时，有倚老逞刁者，有恃妇女肆泼者，有当堂愤起者，有抗不画供者，总由官吏恩信不结于平时，明决不著于临事，以畏葸之才识，治刁悍之民风，殆于凿枘不相入矣。案牍壅滞，半由外府不办事也。各府州案件，动辄提省，委交首府，其中有不必提而轻提者，亦有各府州畏难而禀请提省者。济南府统辖十六州县，自治不暇，而舍己耘人，势必两废。各府州畏难之事，辄以一禀提省卸责，转得遂其取巧偷安之计。且疑难案件，本地闻见较真，远提至省，则茫无头绪，必致讼师盘踞省城，遇事挑唆，一事株连数十人，一案压搁一二载，是欲办案而转以延案，欲弭讼而适以滋讼矣。缉捕无策，则盗贼充斥也。东省盗贼，结党剽掠，处处有之。护赃行强，虽小窃而情同大盗；分肥蔑法，虽士类亦甘作窝家。劫去马牛，定价鸬赎，明目张胆，毫不畏官。总缘捕役悉与勾连，平日分赃，临时送信。甚至失事者以诉恳官捕为累，以备价私赎为便。州县既吝养捕之资，又不讲练捕之法；既无获盗之赏，又不严通盗之诛。兼以自顾处分，动思讳饰，化大为小，咸所不免。缉捕之弊如此。钱粮不清，则亏空难杜也。东省州县正杂钱粮，新旧挪掩，习为故常。其弊由于交代不清，自三四任以至十余任，缪葛不清者，比比皆是。官亏而外，更有书亏。查书房情弊，或串通幕丁，朦混本官，私雕假印，伪造串票。有满其私橐而远飏者，有挟制本官而自供不讳者。州县回护处分，隐忍代认，而奸书遂益以侵蚀为得计。钱粮之弊如此。"疏入，上嘉纳之。又劾泰安知府延璐、东昌知府熊方受讯，饬交抚臣查察严参；又劾东昌知府王果陵辱生员，褫王果职；又察出假印试卷、勾结舞弊之人，奏请惩办。

道光二年，迁太仆寺少卿。父忧去官，服阕，补顺天府丞。历通政司副使、光禄寺卿、太常寺卿、宗人府丞。十五年，署顺天府尹。累迁内阁学士。十八年，授工部侍郎，调吏部，兼署仓场侍郎。二十一年，擢刑部尚书。浙江提督余步云海疆偾事，逮问治罪。廷臣犹有为议轻比者，振祜坚持，得伸法。二十八年元旦，加恩年老诸臣，加太子太保。二十九年，因病乞休，许之。三十年，卒，年七十四，谥庄肃。

宗室恩桂，字小山，隶镶蓝旗。道光二年进士，选庶吉士，授编修。九迁至内阁学士，兼副都统。十五年，授盛京工部侍郎，寻召为兵部侍郎，调吏部。因旷文职六班，降内阁学士。历工部、吏部侍郎，管理国子监事，兼护军统领、左右翼总兵。十九年，典顺天乡试，偕大理寺卿何汝霖往浙江按学政李国杞被劾事，遂至勘南河、东河料垛，奏劾虚缺浮用者，议谴有差。二十年，充内务府大臣，管理上驷院。议增圆明园丁四百名，命偕尚书赛尚阿督率训练。

二十一年，授理藩院尚书，兼署左都御史。劾太常寺丞丰伸及查仓御史广祜不职，并罢之。署步军统领。奏言："京城巡捕五营枪兵一千名，不足以资捍卫，增设一千。裁撤藤牌弓箭等兵，改为枪兵；不敷者，于各营兵丁内拣选足额。轮派二百名打靶，操演阵式。"诏议行。二十二年，调礼部尚书，又调吏部，实授步军统领。上御阅武楼，亲阅圆明园兵丁枪操，步式整齐，施放有准，嘉恩桂督率有方，赐花翎。时议节冗费，恩桂先已奏裁上驷院马六百余

匹。又奏言南苑六圈，请裁其二，并裁各圈及京圈马二百余匹。上驷院、司鞍、司辔、蒙古医生旧支马乾银，均减半给，如议行。以兼摄事繁，罢管内务府，二十五年，复之。

恩桂在吏部，严杜冒滥。兼步军统领衙门最久，先后逾十年，综核整顿，厘定章程，训练兵卒，皆有实效，宣宗甚倚之。二十六年，京察，特予议叙。又幸南苑，见草木牲畜蕃盛，嘉恩桂经理得宜，加一秩。迭奉命治仓胥舞弊，及户部捐纳房书吏赇充司员、收受陋规诸狱，并持正不挠法。二十八年，卒于官，上深悼惜，称其任劳任怨，殚竭血诚，赠太保，赐金治丧，谥文肃。

论曰：姚文田建言切中时弊，戴敦元清介干事，其风概越流俗矣。朱士彦之治河，何凌汉之掌计，李振祜之执法，并号称职。恩桂奏绩金吾，肃清輂毂，一时称矫矫焉。

卷三百七十五 列传 一百六十二

白镕 孙桓　**史致俨**　**那清安**　**升寅**
李宗昉　**姚元之**　**何汝霖**　**季芝昌**

白镕，字小山，顺天通州人。嘉庆四年进士，选庶吉士，授编修，典福建乡试。十八年，大考二等，擢赞善。督安徽学政，诏密询地方利弊，疏言："安徽钱粮，惟凤阳、泗州遭湖、河之害，积逋较巨。遇丰稔之年，循例带征旧额。在小民以一年而输数年之赋，虽乐岁不免拮据；而官吏惧谴，规避多方，积重难返。与其存征之名，致小民日受追呼，国计依然无补，何如核征之实，使官吏从容措理，旧额尚可渐清。请嗣后二属钱粮，每年祇带征一年，傥遇歉收，再行递缓，民力渐纾，催科者自顾考成，行之必有效。"诏允行。

青阳有孝子曰徐守仁，幼孤，事母孝。母没，庐墓三年，镕造庐赠赙，题请旌表。访求明臣左光斗遗裔，取列县庠。按试所至，集士人讲学，以正人心厚风俗为本。累迁少詹事。道光元年，督广东学政。历詹事、内阁学士。七年，擢工部侍郎，调吏部。九年，偕尚书松筠赴直隶按外委白勤被诬冤毙狱，护理总督屠之申以下降黜有差。督江苏学政。寻偕侍郎宝兴勘视南河坝料，举实以闻。十一年，擢左都御史，召还京，未至，命查勘江南灾赈。时尚书穆彰阿、朱士彦亦奉命勘湖、河泛溢状，穆彰阿先回京，镕遂偕士彦履勘沿河闸坝工程，与总督陶澍定议以工代赈。赴安徽，周历太平、宁国、池州、安庆、庐州各郡，先后疏劾饰灾侵赈诸弊。次年，回京，署翰林院掌学士，典顺天乡试。十三年，擢工部尚书，典武会试。故事，武闱双好不足额，始取单好。是科双好不尽取中，坐降大理寺卿。十九年，乞病归，卒于家，年七十四。

镕事母孝，教子弟严。宣宗尝嘉其家法之善，以勉朝

孙桓，字建侯。同治二年进士，授吏部主事。累迁郎中。掌选，清严慎密，吏不能欺，为时所称。光绪中，洊擢兵部侍郎，综核一如为司官时。十七年，因病乞休，寻卒。

史致俨，字容庄，江苏江都人。家酷贫，甫冠，为诸生，学政谢墉器其才，给膏火，居尊经阁读书。荐预召试，未与选。嘉庆四年，成进士，选庶吉士，授编修。督四川学政。累迁右庶子。二十一年，督河南学政。自滑县匪平，犹有伏莽，密诏侦察。疏陈彰、卫二郡民间习邪教犹众，州县编查保甲，有名无实，撰《敦俗篇》，刊布以化导之。商丘廪生陈忠锦以不滥保被殴，知府、经历受赇，反加斥责，忿而自经。疏劾，遣罪有差。

道光元年，典湖北乡试。累迁内阁学士。三年，擢刑部侍郎，调礼部。五年，督福建学政。奏分台湾举人中额，增所属四县学额。漳、泉诸郡习械斗，诸生与者，屏不与试，悍风稍息。九年，偕侍郎钟昌赴山西鞫狱，平定知州故出人罪，鞫实，论凶犯如律，褫知州恒杰职。调刑部，历左都御史，迁礼部尚书。两典顺天乡试。调工部，又调刑部。勤于其职，竟日坐堂上阅案牍，擘析论难，视司员如弟子。任刑部凡四年，京察，以刑名详慎，被议叙。十八年，乞解职。寻卒，年七十九，赠太子太保，祀乡贤及名宦祠。

那清安，字竹汀，叶赫纳喇氏，满洲正白旗人。嘉庆十年进士，授户部主事，迁翰林院侍讲。累迁内阁学士。二十四年，授礼部侍郎，历刑部、工部。道光元年，命赴直隶谳狱，擢左都御史，管光禄寺事，兼都统。寻迁兵部尚书，调刑部。四年，出为热河都统，偕左都御史松筠等赴土默特鞫狱，事竣，疏言："蒙古恶习，常有移尸讹诈，为害滋甚。《蒙古律例》，凡军流徒犯，罪止折枷，情重法轻。请嗣后遇有假捏人命诈财者，所拟军流徒罪即行实发，不准折枷，以惩刁恶。"下所司议行。六年，召授左都御史。逾年，复任热河都统，召对，询知其母年老，命仍还左都御史任。十一年，复授兵部尚书，典顺天乡试及会试。十四年，以疾乞解职，允之。寻卒，赠太子太保，谥恭勤。

那清安工为馆体应制诗，时皆诵习。因与穆彰阿同榜成进士，晚乃受宣宗知，迭秉文衡。既卒，会兵部以庆廉送武会试有残疾，为监试御史所劾。先是那清安为监射大臣，曾以庆廉残疾扣除，上追念其持正，予其子全庆加二级。全庆，光绪初官大学士，自有传。

升寅，字宾旭，马佳氏，满洲镶黄旗人。拔贡，考授礼部七品小京官。举嘉庆五年乡试。累迁员外郎，改御史。疏言学校为人才根本，请严课程，务实用，戒奢靡；又疏陈防禁考试八旗生怀挟冒替诸弊：从之。改右庶子，累迁副都御史。二十一年，授盛京礼部侍郎，署盛京将军。调刑部，召为工部侍郎，又调刑部。道光六年，出为热河都

统。以蒙古各旗招内地游民开采煤矿，往往生事械斗，疏请谕禁，从之。八年，命赴甘肃偕总督鄂山按宁夏将军庆山、副都统噶普唐阿互劾事，罢庆山，即以升寅代之。历成都、绥远城将军。命鞫鄂尔多斯京控狱，奏言："蒙古京控日繁，请自后各部落封禁地树立界牌，以杜私垦；蒙古阿勒巴图禁止馈赠，以息争端；扎萨克王、贝勒等毋用内地书吏，以免教唆；各旗协理台吉，会同盟长选举，以昭慎重；盟长会盟需用乌拉，应明定限制，以免浮索：庶积弊清而狱讼息。"

十一年，召授左都御史，兼都统。十二年，署工部尚书。京畿旱，疏请发米，设十厂煮粥以济灾民，从之。十三年，偕侍郎鄂顺安按西安将军徐锟贪纵，得实，议褫职。十四年，命阅兵山东、河南，就鞫桐柏知县宁飞滨故出人罪，治如律。命赴广东、湖南按事，授礼部尚书，未至，卒于途。优诏赐恤，称其老成清介，赠太子太保，谥勤直。

子宝琳，直隶保定知府，浚定州滹泽，有治绩；宝珣，同治中，官兵部侍郎、山海关副都统。孙诏祺，咸丰六年进士，由编修官至理藩院尚书；绍诚，光绪中，山西布政使，从治郑州河工，终驻藏大臣；绍英，宣统初，度支部侍郎，内务府大臣。

李宗昉，字芝龄，江苏山阳人。嘉庆七年一甲二名进士，授编修，典陕甘乡试。大考二等，擢赞善。督贵州学政，累迁侍读学士，督浙江学政。历詹事、内阁学士。道光元年，授礼部侍郎。次年，典会试，又典江西乡试，留学政。值大水，岁饥，与巡抚筹赈务，多所全活。调户部侍郎。初，宗昉督学贵州时，巡抚议丈全省田为增赋计，民情惶骇，会檄学官征集图书，得御史包承祚奏疏，乾隆初，学政邹一桂请丈田，而承祚奏驳之，极言黔中山多平地少，民每虚占不毛之地，胥吏高下其手，以丈高下不可准之田，赋未必增，民受其害。部议停止。宗昉持以示巡抚曰："此事学臣尝奏之，被驳。今必解其所驳乃可。"巡抚亦悟，事得寝。至是，官户部，署巡抚麟庆因复奏上其事，部援故事详覆之，乃定议不行。历工部、吏部侍郎，兼管国子监、顺天府尹事。自七年至十年，典顺天乡试二、会试一、浙江乡试一，得士称盛。擢左都御史、礼部尚书。二十四年，以疾乞休。二十六年，卒，依例赐恤。

姚元之，字伯昂，安徽桐城人。嘉庆十年进士，选庶吉士，授编修，典陕甘乡试。入直南书房。给事中花杰劾戴衢亨、英和援引，诏元之文字本佳，斥杰诋讦，寻亦罢元之入直。十七年，大考一等，擢侍讲。复以武英殿刊刻《圣训》有误，仍降编修。十九年，督河南学政，疏禁坊刻《类典》等书以杜剿袭；又密陈河南与安徽、湖北交界地多捻匪，陈州、汝宁盐运迥殊，土匪把持：并嘉纳之。累迁内阁学士。

道光十三年，授工部侍郎。疏陈台湾营务积弊，窝娼聚赌，械斗杀人，操演雇人替代，诏下闽督严察整顿。调户部，又调刑部。迭典顺天、江西乡试。督浙江学政，未满，十八年，擢左都御史，召回京。寻以南昌知府张寅为

江西巡抚裕泰劾罢，元之为寅疏辩，胪陈政绩，请查办，诏斥冒昧，降二级调用。二十一年，海防方亟，疏陈广东形势，豫筹战守，下靖逆将军奕山等采行。授内阁学士。二十三年，京察，以年衰休致。

元之学于族祖鼐，文章尔雅，书画并工。习于掌故，馆阁推为祭酒。爱士好事，穆彰阿素重之。后以论洋务不合，乃被黜。咸丰二年，卒。

何汝霖，字雨人，江苏江宁人。拔贡，考授工部七品小京官。中式道光五年举人，充军机章京，累迁郎中。历内阁侍读学士、大理寺少卿。偕侍郎恩桂按事浙江，查勘南河料垛。命在军机大臣上行走，历宗人府丞、副都御史。二十二年，授兵部侍郎，调户部。偕大学士敬征勘东河工程。二十五年，擢兵部尚书。值太后七旬万寿，汝霖母丁年九十，五世同堂，赐御书扁额，寻以母忧归。江苏大水，命在籍襄治赈务。先是，总督陶澍于江宁立丰备仓以备荒，县令亏挪谷价。大吏许以他款抵。汝霖曰：“仓谷以备凶。今荒象如此，汝霖不敢欺朝廷，当各为奏上。”乃以给赈用。服阕，命以一品顶戴署礼部侍郎，寻署户部尚书，仍直军机处，授礼部尚书。

汝霖久襄枢务，资劳已深，尚书陈孚恩由章京跻大臣，骎用事，厌汝霖居其前。汝霖年逾七十，一日在直，触火炉几仆。孚恩笑曰：“人当避炉，炉岂能避人？”汝霖知其讽己，咸丰二年，以足疾乞罢直，许之。未几，卒，谥恪慎，祀乡贤。子兆瀛，浙江盐运使。

季芝昌，字仙九，江苏江阴人。父麟，直隶巨鹿知县，居官慈惠。嘉庆十八年，捕邪教，焚其籍，免株连数千人。坐捕匪不力，戍伊犁。

芝昌年逾四十，成道光十二年一甲三名进士，授编修，散馆第一。未几，大考第三，擢侍读，督山东学政。十九年，大考复第三，擢少詹事，晋詹事，典江西乡试，督浙江学政。母忧归，服阕，擢内阁学士。二十三年，授礼部侍郎，督安徽学政，调吏部，又调仓场。二十八年，命偕定郡王载铨筹办长芦盐务，清查天津仓库，疏陈：“芦盐积累，各商惮于承运，悬岸至四十余处。请将河南二十四州县仿淮南例改票盐，先课后引。直隶二十四州县限半年招商招贩，无商贩即责成州县领运，或由盐政遴员官运。支销浮费及官役陋规，永远裁汰。每年应完ת利，摊及通纲额引，与正课一律征收。其协济补欠充公等项加价名目，概行革除。并于各引盐加斤免课，每斤准其减价敌私。”诏依议行。

二十九年，偕大学士耆英赴浙江阅兵，并清查仓库，筹办盐务。途经东河、南河，查询节浮费、裁冗员事宜，奏减东河正款二十万两，裁泉河通判、归河通判，南河每年用款以三百万两为率，减省五六十万两，并扬运通判于江防厅，改为江运同知，裁丹阳县丞、灵壁主簿、吕梁洪巡检，从之。耆英病留清江浦，芝昌独赴浙江，疏陈变通盐务章程七事：杭、嘉、绍三所引盐，分别加斤，止令完交正课；松所引盐，酌裁科则；虚悬口岸，选商接办，并筹款收盐；缉私责成官商，由运司审核；缉获私盐，分别充赏，及补课作正配销；禁革引地陋规；核裁巡验浮费。寻查州县仓库，统计实亏之数，多至三百九十余万，请亏数最多之员，革职，勒追；不足，则由原任上司按成分赔，或由本省各官分成提补；其有欠在胥吏者，尤严补追，毋任幸免；并从之。

授山西巡抚，未一月，召署吏部侍郎，命在军机大臣上行走。寻授户部侍郎。三十年，擢左都御史。咸丰元年，出为闽浙总督。艇匪在浙洋劫掠山东兵船，被剿遁闽洋，遣水师截击，贼众畏罪投诚，分别安置。二年，兼署福州将军。疏请停罢捐纳举人、附生之例；又奏禁盐商代销官运，以杜取巧；并从之。寻以疾乞休。

芝昌以文字受宣宗特达之知，尝曰：“汝为文，行所无事，譬之于射，五矢一失。”及查办长芦、两浙盐务称旨，遂骤进膺枢务。甫数月，宣宗崩，文宗犹欲用之，畀以外任。未一岁，谢职归。久之，卒于家，未予恤典。光绪初，署闽浙总督文煜奏陈政绩，追谥文敏。子念诒，道光三十年进士，官编修。孙邦桢，同治十二年进士，官至福建布政使。

论曰：承平，士大夫平进而致列卿，或以恪谨称，或以文学显，固不能尽有所建树；或余泽延世，子孙复继簪缨，若白镕、那清安、升寅诸人是也。季芝昌晚遭殊遇，已值宣宗倦勤之年，暂任兼圻，奉身而退，其见几知止者耶？

卷三百七十六　列传一百六十三

**辛从益　张鳞　顾皋　沈维鐈
朱为弼　程恩泽　吴杰**

辛从益，字谦受，江西万载人。乾隆五十五年进士，选庶吉士，授编修。迁御史，以母老陈请终养。嘉庆十七年，起复补原官。会京畿多雨，诏发廪平粜，从益在事，厘剔弊端，实惠及民，时称之。疏请饬督抚详慎甄别以澄吏治，略曰：“外省甄别，与京员不同。京师耳目甚密，稍有徇私，难逃圣明洞鉴。外省督抚权势既尊，操纵甚易，岂知州县有当切责之处，亦有当体恤之处，偏私则是非倒置，刻核则下情不通。臣以为大吏必持廉法之大纲，略趋承之末节；务干事之勤能，责安民之实效；揣时势之难易，量才分之优绌；而又常存敬畏之心，然后能爱惜人才，澄清吏治。”迁给事中。

十八年，滑县匪平，军中多携养难民子女，从益疏请遣送归家，如议行，并谴领兵大员。又面奏："正教昌明，邪说自息，小民不识大义，故易为邪教煽惑。而选人得官，不问风俗淳浇，祇计缺分肥瘠，何以教民？欲厚风俗，宜先责成牧令。"历光禄寺少卿、通政司参议、内阁侍读学士、光禄寺卿、太常寺卿。道光初，山西学政陈官俊镌级回京，仍直上书房。从益疏劾曰："上书房为教胄谕德之地，视学政为尤重，宜慎选德行敦厚、器识宏达之儒臣，使皇子有所观法，薰陶养其德性。陈官俊在学政任，不能远色避嫌，惩忿窒欲，性行之驳，器识之褊，不宜仍居授读之任。"

二年，迁内阁学士。宣宗温谕曰："尔甚朴忠，无所希冀，亦无所揣摩。有所闻见，直言无隐，朕无忌讳也。"命偕尚书文孚赴陕西谳狱。渭南富民柳全璧杀其庸朱锡林，贿知县徐润得免死，巡抚朱勋庇之，狱久不决。从益等鞫得其状，论如法。覆命，陈陕西马政之害，地方官春秋计里买马，实则民不得直，而官亦不需马，第指马索赇以为民病，请禁革。三年，擢礼部侍郎，督江苏学政。于是巡抚陶澍奏禁绅衿包漕，横索漕规，下学政稽查惩治。从益上疏曰："江苏漕额本重，岂堪浮收无节？州县自应调剂，闾阎尤宜体恤。久悬定额，尚肆苛求；明语浮收，必滋流弊。抚臣之意，谓控漕之人即包漕之人，臣以为未必尽然。官之收漕，必用吏役，吏役贪狠，必图肥己。官既浮收，吏又朘削，不特小民受害，即循谨生监，亦被其累，激而上控，此中固有不得已者。抚臣又称生监需索漕规，地方官费无所出，乃取偿于纯谨小民。臣伏思吏役贪得无厌，纵生监悉循循守法，而小民追呼征比之烦，亦断不能为之少减。吏役倚官府为城社，倘违例浮收，无人控诉，将何术以治之？夫劣衿律所不宥，苛政亦法所必裁。矫枉势必过正，创法宜防流弊。管见所及，不敢不以上闻。"

从益廉静坦白，遇非理必争，不为权要诎。八年，卒于学政任所。著有《奏疏》、《诗文内外集》、《公孙龙子注》。

张鳞，字小轩，浙江长兴人。嘉庆四年进士，选庶吉士。习国书，授检讨。仁宗临幸翰林院，鳞献诗册，被恩赉。十七年，大考二等，迁赞善。历侍讲、庶子。二十年，选翰林官入直懋勤殿，纂辑《秘殿珠林》、《石渠宝笈》，鳞与焉。历侍讲学士、国子监祭酒。二十四年，典江西乡试。寻以斋戒未至斋所，降授太常寺少卿。迁通政使司副使、太仆寺卿。道光元年，命偕太常寺少卿明安泰赴杨村挑验剥船，遂赴东光、卢龙两县讯鞫京控狱，各论如律；并劾承审官滥刑，巡道徇庇，褫黜有差。三年，转太常寺卿，督安徽学政，擢内阁学士。七年，以继母忧归，服阕，补原官。擢兵部侍郎，督福建学政。十三年，补户部，又调吏部。福建县丞秦师韩控讦总督程祖洛，侍郎赵盛奎偕鳞同案鞫，白其诬，师韩遣戍。

鳞清廉俭素，杜绝干谒。两为学政，却陋规，拔寒畯，闽人尤颂之。衡文力矫通榜之习。十五年，典会试，以校阅劳致疾，出闱，卒。福建士民请祀名宦祠。

顾皋，字欷斋，江苏无锡人。嘉庆六年一甲一名进士，授修撰。九年，督贵州学政，厘剔弊窦，奏改黎平、开泰学额，士林颂之。超擢国子监司业。二十一年，直懋勤殿，编辑《秘殿珠林》、《石渠宝笈》。历翰林院侍读、左右庶子、侍讲学士、侍读学士。典陕甘乡试。二十四年，入直上书房，甚被仁宗眷注。二十五年，扈跸热河。上升遐之日，御笔擢皋詹事。次日，宣宗即位，执皋手大恸。道光元年，迁内阁学士，擢工部侍郎，兼管钱法堂。二年，调户部。连典顺天、浙江乡试，管理国子监事务。

皋在户部，不为激亢之行，考核利病，慎稽出纳，不可干以私。尝曰："学期见诸实用。吾久回翔于文学侍从。及任经世理物之责，未能壹志专虑，以求称职，为自愧耳。"八年，以病乞归。十一年，卒。

沈维鐈，字子彝，浙江嘉兴人。嘉庆七年进士，选庶吉士，授编修。历司业、洗马。与修《全唐文》、《西巡盛典》、《一统志》，入直懋勤殿，纂辑《秘殿珠林》、《石渠宝笈》。二十一年，督湖北学政，禁习邪教，以端士风。累迁侍读学士。道光二年，典福建乡试，留学政。疏陈州县私设班馆之弊，请饬严禁，并禁监生充绳捕、催科诸役。四年，迁大理寺少卿。八年，督顺天学政，转太仆寺卿。任满，迁宗人府丞，署副都御史，寻实授。十二年，督安徽学政，奏请增建寿州考棚，与凤阳分试。濒江水灾，偕疆吏会筹赈抚，士民颂之。维鐈居官廉，屡视学，所至弊绝风清，振拔多知名士，宣宗知之，期满连任。擢工部侍郎。十七年，请回籍营葬，诏予假三月，毋庸开缺，事竣回京。十八年，以耳疾许免职，命病痊以闻。逾年，卒于家。

维鐈学以宋儒为归，谓典章制度与夫声音训诂当宗汉人，而道理则备于程、朱，务为身心有用之学。校刊宋儒诸书以教士，时称其醇谨焉。祀乡贤祠。

朱为弼，字右甫，浙江平湖人。嘉庆十年进士，授兵部主事，迁员外郎。道光元年，授御史，迁给事中。疏请整顿京师缉捕，劾仓场覆奏海运仓豆石霉变情形不实，命大臣按鞫，侍郎和桂、张映汉并被谴。又疏陈江苏海口壅塞，浙江上游均受其害，请疏浚太湖下游刘河、吴淞诸水，为一劳永逸之计，如所议行。四年，擢顺天府府丞，迁府尹。有蝗孽，单骑驰视，却属官供张，曰："吾为蝗来，乃以我为蝗耶？"六年，复降授府丞。历通政司副使、太常寺卿、宗人府府丞、都察院左副都御史。十三年，擢兵部侍郎，权仓场侍郎，寻实授。

十四年，出为漕运总督。时漕船水手恣横，庐州帮在东昌械斗，伤毙多命，下为弼查办，疏言："漕官例随帮尾，在前者无从遥制。请责成押运官弁会同地方官拿办。"并定头柁十家联保，举发徇隐赏惩之法，奏陈剔弊速漕章程八事，下所司议行。十五年，以病乞免，允之。二十年，卒。

为弼精研金石之学，佐阮元纂《钟鼎彝器款识》，所著有《蕉声馆诗文集》。

程恩泽，字春海，安徽歙县人。父昌期，乾隆四十五年一甲三名进士，累官至侍讲学士，直上书房。恩泽勤学嗜奇，受经于江都凌廷堪，廷堪勖之曰："学必天人并至，博而能精，所成乃大。"嘉庆十六年，成进士，选庶吉士，授编修。道光元年，入直南书房，宣宗曰："汝父兰翘先生昔年在上书房，朕敬其品学。汝之声名，亦所深悉，宜更守素行。"典试四川。三年，督贵州学政，劝民育粟蚕，其利大行。重刊岳珂《五经》以训士。郑珍有异才，特优异之，饷以学，卒为硕儒。六年，调湖南学政。任满回京，浒擢国子监祭酒。命充《春秋左传》纂修官，推本贾、服，不守杜氏一家之言。母忧归。十一年，服阕，仍直南书房。未补官，特命典试广东。知南海曾钊名，冀得之。钊未与试，榜发，大失望。所得多知名士。改直上书房，授惠亲王读。迁内阁学士。十四年，授工部侍郎，调户部。以部务繁，罢直书房。十七年，卒，上甚惜之，优诏赐恤，赐其子德威举人。

恩泽博闻强识，于六艺九流皆深思心知其意，天象、地舆、壬遁、太乙、《脉经》莫不穷究。谓近人治算，由《九章》以通四元，可谓发明绝学，而仪器则罕传，欲修复古仪器而未果。诗古文辞皆深雅。时乾、嘉宿儒多徂谢，惟大学士阮元为士林尊仰，恩泽名位亚于元，为足继之。所欲著书多未成，惟《国策地名考》二十卷、《诗文集》十卷传于世。

吴杰，字梅梁，浙江会稽人。少能文，为阮元所知。以拔贡生应天津召试，二等，充文颖馆誊录，书成，授昌化教谕。嘉庆十九年，成进士，选庶吉士，授编修，迁御史。道光二年，督四川学政，疏请以唐陆贽从祀文庙，下部议行。迁给事中，出为湖南岳常澧道，历贵州按察使、顺天府丞。

十三年，川南叛夷犯边，师久无功，杰疏言："川夷作乱，提督桂涵连战克捷，生擒首逆，清溪近边遂无夷踪。杨芳继任，用兵之区仅峨边一处，夷寇不过数部落，当易获胜。惟夷巢跬步皆山，夏令河水盛涨，徒涉尤难。杨芳自抵峨边，顿兵三月。臣思其故，必逆夷退伏老巢，水潦既降，不易深入。杨芳不敢以军情入告，但称督兵进剿，实皆游移观望之辞。旷日持久，边事所关非细，请敕总督鄂山体察确奏，毋得徇隐。"

又疏言："驭夷长策，当先剿后抚。未剿遽抚，良莠不分。兵至，相率归诚；兵退，复出焚掠。层峦叠嶂，我师转运为艰。夷族因利伺隙，倏起倏伏，使我猝不及防。国家既厚集兵力，自当扫穴犁庭，除恶务尽，使诸夷望风震慑，一劳永逸。自古驭夷之法，讨伐易而安抚难。善后之举，至要者二：一曰除内奸。游手无业之徒，潜居夷地，为之谋主，教以掠人勒赎，聚众焚杀，及避火器敌官军之策。夷悍而愚，得之乃如虎傅翼，必应名捕，尽法惩治。良民亦驱使回籍，毋任逗留异域；宣谕土司，不得容留汉民；营伍逻诘，绝其潜入之路，则奸人无繇构衅矣。一曰分疆界。夷族愚惰，不谙农事，汉民租地，耕作有年，既渐辟硗卤为膏腴，群夷涎其收获，复思夺归，构衅之原，不外于此。今当勘丈清厘，凡汉民屯种夷地，强占者勒令退还，佃种者悉令赎归。无主之田，垦荒已久，聚成村落，未便迁移，画为汉界，禁其再行侵占，庶争端永息。"又

奏："越巂厅设抚民通判，止治汉民，而熟夷皆受治土司，通判无专责，且营伍非其所辖，呼应不灵，每以细故酿为大衅。请改为抚夷通判，千把总以下皆受节制。"疏上，下鄂山议行。

迁内阁学士。十五年，擢工部侍郎，连典顺天乡试及会试。十六年，卒。

论曰：宣宗最重文学廉谨之臣，辛从益直言献纳，张鳞廉介绝俗，沈维鐈服膺理学，程恩泽博物冠时，皆负清望。顾莼、朱为弼、吴杰并以雅材回翔卿贰，亦足纪焉。

卷三百七十七　列传一百六十四

鲍桂星　顾莼　吴孝铭　陈鸿　鄂木顺额　徐法绩

鲍桂星，字双五，安徽歙县人。嘉庆四年进士，选庶吉士，授编修，迁中允。九年，典试河南，留学政。十三年，典试江西。十五年，督湖北学政。累迁至内阁学士。十八年，任满，既受代，闻林清之变，疏陈十事，急驰至京，仁宗嘉之，曰："汝所奏已次第施行矣。"擢工部侍郎，充武英殿总裁。桂星性质直，勇于任事。十九年，疏陈刊书及校勘事宜。又劾提调刘荣黼等不职，命王大臣按之。荣黼面讦桂星曼言满总裁熙昌所校，不过偏旁点画，修改徒延时日；且言近日有旨，旗人不足恃，故督抚多用汉人。上闻之，怒，命传询。桂星对闻自侍郎周兆基，且言在部与满员共事，多有徇私背公，而兆基不承；又指同官熙昌及庆溥嘱托部事，两人亦不承。以任性妄言，下部严议，诏斥桂星指讦庆溥、熙昌嘱托无据，其咎小；妄言朝廷轻满洲重汉人，乱政之大者：革职，不准回籍，令在京闭门思过，责五城御史严察；如私著诗文有怨望诽谤之词，从重治罪。越五年，上意解，复官编修。宣宗即位，召对，谕曰："汝昔所劾，今已罢斥。"擢侍讲，又擢通政司副使，意颇向用。道光四年，擢詹事。未几，卒。

桂星少从同县吴定学，后师姚鼐，诗古文并有法，著有进奉文及诗集，又尝用司空图说辑《唐诗品》。

顾莼，字南雅，江苏吴县人。嘉庆七年进士，选庶吉士，授编修。十七年，大考一等，擢侍读。督云南学政，道经河南，见吏多贪墨，奸民充斥，密疏陈谓不早根治，恐酿巨患。仁宗问枢臣，枢臣微其事，不以为意，明年遂有滑县之乱。在云南，课士严而有恩，以正心术端行谊为首，次治经史、辨文体。按试所至，闻贤士必礼遇之，士风丕振。任满，充日讲官。二十五年，迁侍讲学士。值宗初政，疏请停捐例。再疏陈崇君德、正人心、饬官方三事。上召对，嘉纳其言。故事，大臣子弟不得充军机章京，时值考选，许一体与试。莼谓贵介不宜与闻枢要，请收回

左都御史松筠出为热河都统，莼上疏，谓松筠正人，宜留置左右，失上意，降编修，九岁不调。先是嘉庆中莼在史馆，撰《和珅传》，及进御，经他人窜改，和珅曾数因事被高宗诘责，并未载入传。仁宗怒其失实，严诏诘问。大臣以莼原稿进，仁宗深是之，而夺窜改者官。宣宗一日阅《实录》至此事，嘉莼直笔，因言前保留松筠，必非阿私，特擢莼右中允。未一岁，复侍讲学士原职。

时回疆张格尔乱甫定，莼疏：「请于喀什噶尔沿边增重兵，以控制安集延，杜回人窥伺；又其地密迩英吉沙尔、叶尔羌、和阗，皆有水草可耕牧，宜募民屯田，为战守备。更请慎选大臣，无分满、汉，务得读书知大体有方略者任之，而以廉静明信能拊循民、回者为之佐，庶可永永无事。」

道光十一年，迁通政司副使。湖南北、江南、江西、浙江大水，莼疏言：「饥民与盐枭纠合易生事，盐枭不尽去，终为巨患。缓治之则养祸深，急治之则召祸速，欲禁其妄行，必先谋其生路。现两淮盐场漂没，三江、两湖势必仰给芦、粤之盐，宜听民往贩，随时纳课，收课后，不问所之，俟盐产疑，丁力纾，即令课归丁，不限疆域。」事下所司，格未行。

莼性严正，尚气节，晚益负时盛，从游者众，类能砥砺自立，滇士尤归之，其秀异者至京师多就问业焉。十三年，卒。

吴孝铭，字伯新，江苏阳湖人。嘉庆十四年进士，选庶吉士，散馆授工部主事，充军机章京。十八年，林清之乱甫定，大军会攻滑县，孝铭从大臣行，参军事。累迁郎中。道光中，回疆用兵，首逆张格尔潜遁未获，议者欲以克复四城，分封回部首长。孝铭密言于枢臣曰：「是可行于乾隆时，不可行于今日，行之边患且益甚。」议中止。张格尔旋就俘，赐花翎。

濒年大水，江、浙、两湖被灾尤数，承回疆兵事后，度支大绌。户部拟议，宗室日以蕃衍，衣食悉仰之官，耗财之大者，请自系出世祖以上子孙皆改为觉罗，为觉罗者以次递革。孝铭曰：「兹事当密陈，不宜显言。法当缓更，不宜骤易。宗室久受豢养，一旦降爵减粮令下即大困，因而呼吁，朝廷不得已，将必复之，是良法美意终于不行也。」部臣是其言，即使草奏上之。历鸿胪寺少卿、光禄寺少卿、通政司参议、顺天府丞，仍留直军机处。十四年，擢太仆寺卿，再迁宗人府丞。

孝铭前后在枢廷二十余年，练于掌故，持议悉合机宜；屡膺文衡，有公明称。母忧，以毁致疾，服阕，至京。寻乞病归，卒于家。

陈鸿，字午桥，浙江钱塘人。嘉庆十四年进士，选庶吉士，授编修。迁御史，刚直有声。典试山西还，力陈驿站烦扰，请申定例，肃邮政。二十五年，疏陈浙江水利，略曰：「杭城地当省会，用上下两塘之水，溉仁和、钱塘、海宁之田数万余顷。源出西湖，近废不治。水淤葑积，塘河津耗，夏旱少雨，上塘枯涸，畜害尤剧。海宁长安镇号产米之乡，许村黄湾场为产盐之地，杭、嘉、湖、宁、绍诸郡赖是挽运。拟请仿江苏浚吴淞例，归民间按亩出赀，并饬疆臣躬履属境，凡堤塘闸坝，悉复旧制，俾农田旱潦有备。」又请：「北省多辟水田，兼收粳稻之利，庶使畿辅为沃野，无凶年。」皆被采纳。道光初年，疏陈浙藩不纲，请裁盐政，归巡抚兼理，令整顿缉私，严禁掣规重斤科派供应诸弊，如议行。纠劾工部弊窦最多，不避权贵。迁给事中。

二年，奉命稽察银库，其妻固贤明，曰：「今而后可送妾辈归矣！」惊问之，曰：「银库美差也，苟为所染，昵君者麇之。祸且不测，妾不忍见君菜市也。」鸿指天自誓，禁绝赂遗。中庭已列花数盆，急挥去，堕地盆碎，中有藏锟，益耸惧。遂奏库衡年久铁陷，请敕工部选精铁易之。送库日，责成管库大臣率科道库员较验，然后启用。禁挪压饷银、空白出纳及劈鞘诸弊。库吏百计饴之，不动。复请户部逐月移送收银总簿，别立放银簿，钤用印信，以资考核，先是御史赵佩湘驳吏严，其死也，论者疑其中毒。鸿莅库，勺水不敢饮。出督云南学政，奏革陋规，严束书吏，弊风顿革。迁通政司参议，卒于官。

鄂木顺额，字复亭，钮祜禄氏，满洲正蓝旗人。父明安泰，江苏按察使。鄂木顺额，嘉庆二十五年进士，选庶吉士，授编修，累迁右庶子。道光四年，大考一等，擢翰林院侍讲学士，迁少詹事。扈从东巡，命分视御道，内监前驱者多率意驰践，鄂木顺额执而鞭之，则诉于御前。召问，鄂木顺额对曰：「关外地与关内异，先驱躁践则路坏，虑惊乘舆。且御道非大驾不得行，臣不敢不执法。」上韪之。命为湖南学政，以在母忧，引礼力辞。服阕，督安徽学政，迁光禄寺卿。十一年，大雨江溢，学政驻当涂，鄂木顺额捐廉以赈，督守令劝捐，士民踊跃。知县赵汝和尽心民事，而戆直忤大吏，调为乡试同考官。鄂木顺额坚留治赈，事得办，后上闻。宣宗以为贤，期满留任，迁大理寺卿。十二年，乡试，往江宁考录遗才，卒于试院。

鄂木顺额以气节自励，在满洲京僚中称最。大学士松筠尤重之，曰：「君光明挺直，行且大用，愿自爱。」为英和门下士，在翰林，非有故不通谒。及英和谪戍，独送至数十里外。英和太息曰：「吾愧不知人，平日何曾好待君耶？」尝谒掌院学士玉麟，阍人弗为通，怒叱曰：「英相国获罪，即若曹为之，奈何犹不知儆！」翼日，玉麟自往谢。

徐法绩，字熙庵，陕西泾阳人。嘉庆二十二年进士，选庶吉士，授编修。以亲老归养，家居十年。道光九年，迁御史，谓谏臣当识大体，不宜毛举细故渎上听，致久寝生厌。疏陈求人才、捐文法、重守令、绳贪墨四事。会直隶、河南地震成灾，劾罢监司不职者二人。迁给事中，稽察银库，无所染。十二年，分校会试，同官与吏乘隙为奸，匿云南饷银，法绩出闱亟按之，谋始沮。典试湖南，其副病殁，独专校阅，遍搜遗卷，拔取多知名士，而得于遗卷者六人，大学士左宗棠其首也。以荐赴东河，学习河工，周历两岸，详询利弊，著录为《东河要略》一篇。十四年，迁太常寺少卿。寻以病乞归，逾二年卒。

论曰：鲍桂星、顾莼以鲠直获谴，卒见谅于明主，莼之建白，尤卓卓矣。吴孝铭通达政体，鄂木顺额朴诚持正，陈鸿、徐法绩清操相继，冀挽颓风，而库藏大狱，卒发于十数年之间，甚矣实心除弊之罕觏其人也！

卷三百七十八　列传一百六十五

黄爵滋　金应麟　陈庆镛　苏廷魁　朱琦

黄爵滋，字树斋，江西宜黄人。道光三年进士，选庶吉士，授编修，迁御史、给事中。以直谏负时望，遇事锋发，无所回避，言屡被采纳。十五年，擢鸿胪寺卿。诏以爵滋及科道中冯赞勋、金应麟、曾望颜诸人均敢言，故特加擢任，风励言官，开忠谏之路，勉其勿因骤得升阶，即图保位，并以谄诚臣为戒。寻疏陈察天道，广言路，储将才，制匪民，整饬京城营卫，申严外夷防禁六事，又陈漕、河积弊，均下议行。

时英吉利船舰屡至闽、浙、江南、山东洋面游奕，测绘山川地图。爵滋疏言："外国不可尽以恩抚，而沿海无备可危。"十八年，上禁烟议疏曰："窃见近年银价递增，每银一两，易制钱一千六百有零，非耗银於内地，实漏银于外洋也。盖自鸦片流入中国，道光三年以前，每岁漏银数百万两，其初不过纨袴子弟习为浮靡。嗣后上自官府搢绅，下至工商优隶，以及妇女僧道，随在吸食。粤省奸商勾通兵弁，用扒龙、快蟹等船，运银出洋，运烟入口。故自道光三年至十一年，岁漏银一千七八百万两；十一年至十四年，岁漏银二千余万两；十四年至今，渐漏至三千万之多；福建、浙江、山东、天津各海口合之亦数千万两。以中土有用之财，填海外无穷之壑，易此害人之物，渐成病国之忧，年复一年，不知伊于胡底。各省州县地丁钱粮，征钱为多，及办奏销，以钱为银，前此多有赢余，今则无不赔贴。各省盐商卖盐得钱，交课用银，昔之争为利薮者，今则视为畏途。若再数年，银价愈贵，奏销如何能办？积课如何能清？设有不测之用，又如何能支？今天下皆知漏卮在鸦片，而未知所以禁也。夫耗银之多，由于贩烟之盛；贩烟之盛，由于食烟之众。无吸食自无兴贩，无兴贩则外洋之烟自不来矣。宜先董治吸食，臣请皇上准给一年期限戒烟，虽至深之瘾，未有不能断绝者。至一年仍然吸食，是不奉法之乱民，加之重刑不足恤。旧例吸烟罪止枷杖，其不指出兴贩者，罪止杖一百、徒三年，俱系活罪。断瘾之苦，甚于枷杖与徒，故不肯断绝。若罪以死论，临刑之惨急，苦于断瘾之苟延，臣知其愿死于家而不愿死于市。况我皇上雷霆之威，赫然震怒，虽愚顽沉溺之久，自足以发聋振聩。皇上之旨严，则奉法之吏肃，犯法之人畏。一

年之内，尚未用刑，十已戒其八九。已食者藉国法以保余生，未食者因烟戒以全身命，止辟之大权，即好生之盛德也。伏请饬谕各督抚严行清查保甲，初先晓谕，定于一年后取具五家互结，准令举发，给予优奖。倘有容隐，本犯照新例处死，互结之家照例治罪。通都大邑，往来客商，责成店铺，如有容留食烟之人，照窝藏匪类治罪。文武大小各官，照常人加等，子孙不准考试。官亲幕友家丁，除本犯治罪外，本管官严加议处。满、汉官兵，照地方官保甲办理；管辖失察之人，照地方官办理。庶几军民一体，上下肃清，漏卮可塞，银价不至昂贵，然后讲求理财之方，诚天下万世臣民之福也。"疏上，上深韪之，下疆臣各抒所见，速议章程。

先是，太常寺少卿许乃济疏言，烟禁虽严，闭关不可，徒法不行，请仍用旧制纳税，以货易货，不得用银购买，吸食罪名，专重官员、士子、兵丁，时皆谓非政体。爵滋劾乃济，罢其职，连擢爵滋大理寺少卿、通政使、礼部侍郎，调刑部。十九年，廷臣议定贩烟、吸烟罪名新例，略如爵滋所请。

林则徐至粤，尽焚趸船存烟，议外国人贩烟罪。英领事义律不就约束，兵衅遂开。二十年，命爵滋偕左都御史祁寯藻赴福建查办禁烟，与总督邓廷桢筹备海防。洎英兵来犯，廷桢屡挫敌于厦门，上疑之。爵滋与寯藻方至浙江按事，复命赴福建察奏。疏陈："廷桢所奏不诬；定海不可不速复；水师有专门之技，宜破格用人。"具言战守方略。又言浙江为闽、粤之心腹，与江苏为唇齿，请饬伊里布不可偏听琦善，信敌必退。及回京，复极言英人劳师袭远不足虑，宜竟与绝市，募兵节饷，为持久计，以《海防图》进。既而琦善在粤议抚不得要领，连岁命将出师，广东、浙江皆不利。二十二年，英兵由海入江，乃定和议于江宁，烟禁自此弛矣。寻丁父忧去官。

爵滋为御史时，稽察户部银库，尝疏言库丁轻收亏帑之弊。二十三年，银库亏空九百万两事发，追论管库、查库诸臣，罪皆褫职责赔，赔既足，次第予官。爵滋以员外郎候补，病足家居，上犹时问其何在。三十年，至京，会上崩，遂不出。逾三年，卒。

爵滋以诗名，喜交游，每夜闭阁草奏，日骑出，遍视诸故人名士，饮酒赋诗，意气豪甚。及创议禁烟，始终主战，一时以为清流眉目。所著《奏议》、《诗文集》行于世。

金应麟，字亚伯，浙江钱塘人。以举人入赀为中书，道光六年，成进士，授刑部主事，总办秋审，先后从大臣谳狱四川、湖北、山西。累擢郎中，改御史，迁给事中。疏请修改刑例，于斗殴、报盗、劫囚、诬告、私铸、服舍违式、断罪引律、奴婢殴主、故禁故勘平人、应捕人追捕罪人、犯罪存留养亲、官司出入人罪、徒流迁徙地方、外省驻防逃人，逐条论列，多被采取改定；又论铜船恣横不法及驿站扰累诸弊，并下各省督抚禁革。先后封事数十上，劾疆臣琦善、河臣吴邦庆尤为时称。宣宗嘉其敢言，擢太常寺少卿。遭忧归，服阕，授鸿胪寺卿。疏论水师废弛，漕政颓紊。十九年，出为直隶按察使，鞫护理长芦盐

运使杨成业等得赃狱，论遣戍，前运使陈崇礼等并置议。寻召为大理寺少卿。

二十二年，疏言："海疆诸臣欺罔，其故由于爵禄之念重，而趋避之计工。欲破其欺，是在乾断。资格不可拘，嫌疑不必避，旧过不妨宥，重赏不宜惜。近顷长江海口镇兵足守，而敌船深入，逃溃时闻。竭亿万氓庶之脂膏，保一二庸臣之躯命。议者诿谓无人无兵无饷无械。窃以无人当求，无兵当练，无饷械亦当计度固有，多则持重，少则用谋，作三军之气，定边疆之危，在皇上假以事权，与任事者运用一心而已。"复疏进《预计度支图》、《火器图》、《筹海战方略》甚悉。二十三年，以亲老乞归省，不复出。著有《鸢华堂奏议》及《骈体文》。

陈庆镛，字颂南，福建晋江人。道光十二年进士，选庶吉士，散馆授户部主事，迁员外郎，授御史。二十三年，海疆偾事，获罪诸臣寖复起用。

庆镛上疏论刑赏失措，曰："行政之要，莫大于刑赏。刑赏之权，操之于君，喻之于民，所以示天下之大公也。《大学》论平天下之道，在于絜矩。矩者何，民之好恶是已。海疆多事以来，自总督、将军以至州县丞倅，禽骇兽奔。皇上赫然震怒，失律之罪，法有莫逭。于是辱国之将军奕山、奕经、参赞文蔚、总督牛鉴、提督余步云，先后就逮，步云伏法。血气之伦，罔不拊手称快，谓国法前虽未伸于琦善，今犹伸于余步云。乃未几起琦善为叶尔羌帮办大臣。邸报既传，人情震骇，犹解之曰：'古圣王之待罪人，有投四裔以御魑魅者。'皇上之于琦善，殆其类是，而今且以三品顶戴用为热河都统矣，且用奕经为叶尔羌帮办大臣，文蔚为古城领队大臣矣。琦善于战事方始，首先示弱，以惰军心，海内糜烂，至于此极。既罢斥终身不齿，犹恐不足餍民心而作士气。奕经之罪，虽较琦善稍减，文蔚之罪，较奕经又减。然皇上命将出师，若何慎重。奕经顿兵半载，曾未身历行间，骋其虚憍之气，自诡一鼓而复三城；卒之机事不密，贻笑敌人，覆军杀将，一败不支。此不待别科骚扰供亿、招权纳贿之罪，而已不可胜诛。臣亦知奕经为高宗纯皇帝之裔，皇上亲亲睦族，不忍遽加显戮。然即幸邀宽典，亦当禁锢终身，无为天潢宗室羞，岂图收禁未及三月，辄复弃瑕录用？且此数人者，皇上特未知其见恶于民之深耳。倘俯采舆论，孰不切齿琦善为罪魁，谁不疾首于奕山、奕经、牛鉴、文蔚，而以为投畀之不容缓？此非臣一人之私言也。侧闻琦善意侈体汰，跋扈如常，叶尔羌之行，本属怏怏；今果未及出关，即蒙召还。热河密迩神京，有识无识，莫不抚膺太息，以为皇上向用琦善之意，尚不止此。万一有事，则荧惑圣聪者，必仍系斯人。履霜坚冰，深可懔惧。顷者御试翰詹，以'烹阿封即墨'命题，而今兹刑赏顾如此，臣未知皇上所谓阿者何人？即墨者何人？假如圣意高深，偶或差忒，而以即墨为阿，阿为即墨，将毋誉之毁之者有以淆乱是非耶？所望皇上立奋天威，收回成命，体《大学》絜矩之旨，鉴盈廷毁誉之真，国法稍伸，民心可慰。"疏上，宣宗嘉之，谕曰："朕无知人之明，以致琦善、奕经、文蔚诸人丧师失律，惟有反躬自责，不欲诿罪臣工。今该御史请收回成命，朕非文过饰非之君，岂肯回护？"复革琦善等职，令闭门思过。于是直声震海内。

二十五年，迁给事中，巡视东城，以事忤其议，左迁光禄寺署正。二十六年，乞归。文宗即位，以大学士朱凤标荐，复授御史。蹶而再起，气不少挠，叠上疏多关大计。自粤匪起，福建群盗蠢动，蔓延泉、漳、兴、永诸郡。咸丰三年，庆镛疏陈利害，命回籍治团练。惠安妖妇邱氏煽乱，侦获置诸法，赐花翎。俄以病请开缺。七年，逆匪林俊纠莆阳、仙游、永春、南安群贼犯泉州，庆镛激厉士民固守，贼攻围数日而退。论功，以道员候选。八年，卒于泉州，赠光禄寺卿，赐祭葬，荫一子知县，祀乡贤祠。

庆镛精研汉学，而制行则服膺宋儒，文辞朴茂，著有《籀经堂文集》、《三家诗考》、《说文释》、《古籀考》等书。

苏廷魁，字赓堂，广东高要人。道光十五年进士，选庶吉士，授编修。二十二年，迁御史。海疆兵事方亟，迭上疏论列，请修筑虎门炮台及燕塘墟、大沙河、龟冈诸要隘，以防敌回扰粤，既而和议成。二十三年春，有白气自天西南隅直扫入旗，因灾异上疏数千言，极论时政乖迕，归罪枢臣穆彰阿等，请立罢黜；并下罪己诏，开直谏之路：语多指斥。宣宗览奏动容，嘉其切直，朝野倾望丰采。遭忧去官，服阕，迁给事中。

咸丰元年，上谨始疏，请求宏济之道，执劳谦之义，防骄泰之萌，推诚任贤，慎始图治，选择翰詹为讲官，严取孝廉方正备采用，文宗嘉纳之。赛尚阿出督师，援引内阁侍读穆荫擢五品京堂，在军机大臣上学习行走。廷魁疏劾其坏旧制，用私亲，超擢太骤，易启幸进之门，请俟赛尚阿还，令回章京本任，诏斥擅预黜陟，犹以素行端方，不之罪。上先隐其名，出疏示赛尚阿，赛尚阿退，饮台垣酒，问："谁实弹我？"廷魁出席曰："公负国，某不敢负公。"再以忧归。四年，广东红巾匪起，将犯省城。或献议借外兵，以铺捐为饷糈，力争，罢其议。

八年，英法联军踞广州，廷魁与侍郎罗惇衍等倡设团防局，严清野，绝汉奸，招募东莞及三元里、佛山练勇得数万人，声言戒期攻城，敌师出，击斩百余级。敌始有戒心，稍戢，连舰北犯，既而天津议和，广东敌兵未退，民益愤，廷魁等请留战局以防土寇。敌谓既媾和何复募勇，且以悬金购领事巴夏礼为责言。议和大臣桂良虑挠成议，奏请撤局。初，艇匪扰广宁，围四会、肇庆，兵疲粮罄，或劝之去，廷魁曰："予团防大臣也，誓与城为存亡！"会提督昆寿克梧州，以兵来援，城得完。疆臣屡欲上其功，皆固辞。

同治初，以中外大臣荐，授河南开归陈许道，历布政使，擢东河总督。七年，河决荥泽，未夺溜，革职留任，阅三月工竣，复之。逾年，内召，去官，称疾归。光绪四年，卒。

朱琦，字伯韩，广西临桂人。父凤森，嘉庆六年进士，官河南浚县知县，有政声。滑县教匪起，率团练御之，屡破贼,城守卒完。迁河南府通判。殁,祀名宦。

琦,举乡试第一。道光十五年,成进士,选庶吉士,授偏修。慕同里陈宏谋之为人,以气节自励。迁御史,值海疆事定,祸机四伏,而上下复习委靡,言路多容默,深以为忧。著《名实说》,略曰:"天下有乡曲之行,有大人之行。乡曲、大人,其名也,考之其行,而察其有用与否,其实也。世之称者,曰谨厚,曰廉静,曰退让,三者名之至美也,而不知此乡曲之行也,非所谓大人者也。大人之职,在于经国家、安社稷,有刚毅之大节,为人主畏惮;有深谋远虑,为天下长计。合则留,不合以义去。身之便安,不暇计也;世之指摘,不敢逃也。今也不然。曰:吾为天下长计,则天下之衅必集于我;吾为人主畏惮,则不能久于其位;不如谨厚、廉静、退让,此三者可以安坐而无患,而名又至美也。夫无患而可久于其位,又有天下美名,士何惮而不争趋于此?故近世所称公卿之贤者,此三者为多矣。当其峨冠襜裾,从容安步,趋于廊庙之间,上之人不疑,而非议不加,其沉深不可测也。一旦过大利害,抢攘无措,钳口拒舌而莫敢言,而所谓谨厚、廉静、退让,至此举无可用,于是始思向之为人主畏惮而有深谋远虑者,不可得矣。且谨厚、廉静、退让三者,非果无用也。古有负盖世之功而思持其后,挟震主之威而唯恐不终,未尝不斤斤于此,故又于镇薄俗、保晚节。后世无其才而冒其位,安其乐而避其患,假于名之至美,恬然自以为足。是藏身之固,莫便此三者。孔子之所谓鄙夫也,其究乡愿也。是张禹、胡广、赵戒之类也,甚矣其耻也!"于是数上疏切论时务,皆留中不报。时咸推其抗直,称为名御史。

琦以言既不见用,二十六年,告归。越数年,广西群贼蜂起,其言皆验。家居治团练,助守御。贼中枭杰张家祥者,悔罪投诚,当事犹疑之。琦知其忠勇可用,以全家保之,乃受降,改名国梁,卒为名将。琦以守城劳议叙,以道员候选。咸丰六年,再至京师。居两岁,从钦差大臣桂良至江苏,无所遇,王有龄独重之,有龄抚浙,辟赞军事。十一年,粤匪犯杭州,总理团练局。守清波门,城陷,死之。赠太常寺卿,予骑都尉世职,祀昭忠祠。

琦学宗程、朱,诗古文皆有法,著有《怡志堂集》、《台垣奏议》。

论曰:禁烟之议,创自黄爵滋,行之操切,而边衅遂开,继之游移而国威愈堕,诚不可以此归咎始议之人。然谋国万全,决胜千里,非恃意气为也。行固维艰,言亦岂易易哉?金应麟同被拔擢,亦始终主战。陈庆镛、苏廷魁、朱琦时称"三直",合之应麟,又称"四虎"。所言有用有不用,凛凛然有生气,要足以砭顽振懦矣。

卷三百七十九 列传一百六十六

赵慎畛 卢坤(曾胜) 陶澍

赵慎畛,字笛楼,湖南武陵人。为诸生时,学政钱沣器之,曰:"人英也!"嘉庆元年,成进士,选庶吉士,授编修。迁御史、给事中。条上川、楚善后屯田保甲事宜。巡通州漕,革陋规,廉得杨村通判科索剥船,奏褫其职。湖南学政徐松矜愎失士心,欲附慎畛自固,常列其弟子优等,慎畛列款纠劾罢之。两广总督蒋攸铦荐其才可大用。

十七年,出为广东惠潮嘉道。严治械斗,捕南澳、澄海、潮阳盗甚众;沿海民寮居为逋逃薮,悉编入保甲。逾年,擢广西按察使。天地会匪结党构乱,胁有赀者入其中,慎畛惟严罪匪首,被胁者不坐。广东洋匪投诚后,渐入广西为盗。设水路巡船以护商旅,督守令以捕盗多少为殿最。远郡招解重囚烦费,吏因讳盗,省文法,严举劾,缉捕始力。二十年,迁广东布政使。州县多积亏,展转相承,悉心钩稽,除其纠轇,库储顿增。南海、高要濒河堤防多圮,民苦水患,筹款生息资岁修,屯田五千余顷。赋重为累,请减粮额,摊抵于沙坦轻则之地。粤俗奢靡,刊发陈宏谋《行政训俗遗规》,躬行节俭以示劝。

二十三年,擢广西巡抚。习知粤西地势如建瓴,旬日不雨即旱竭,劝民修堤塘,造龙骨车,开荫井,设井筒架,皆颁式俾仿行。地连黔、楚,群盗出没,宜山会匪廖五桂、蓝耀青分踞新、旧两墟,纠众分党,伪立名目,勒索殷户,争利相扰,亲往捕诛之。饬属行保甲,置望楼,练民壮互相守望,县建卡房数十座,府各督属会营巡辑。柳州至省千余里,设水汛四十三所,终任凡获盗千七百余人。盗多出于流匪,编客民籍,驱其单身游荡者,矿厂榨佣丁皆立册,有保者留,否则逐。故事,梧、浔二关,巡抚例得动用盈余。慎畛曰:"吾家衣食粗足,身为大臣,取盈将安用之?当为国家布仁泽耳。"乃于桂林设预备仓,增设书院,柳州、庆远、思恩三府皆创设之;缮城浚河,广置栖流所,并取给焉。

道光二年,入觐,宣宗嘉其诚实不欺,温谕褒勉,擢闽浙总督。严申军律,课诸镇营汛勤训练。浙江提督沈添华玩纵,劾罢之。责水师缉海盗,盗多就擒。上游四府多山,客民租山立厂,游匪群聚,遣兵搜山,捕诛其魁。闽安所辖有琅琦岛,居民多为奸利,擒治之,移驻水师,建炮台,遂为省城门户。台湾自来多乱,动烦大兵,慎畛尤以为虑,尽选贤能以治。凤山莠民杨良斌煽众起事,檄巡道孔昭虔、知府孔传穟剿治,未一月而定,不烦一兵渡海。璞玛兰初设治,部议赋则较重,奏减之。民入山伐木,岁供道厂船料,匠首苛敛激变,捕诛首乱,更定采木章程,乃相安。戍兵万四千,更代时皆赴厦门,由提督点验,远者千里,改由各提镇分验,兵困以苏。台湾产米,漳、泉数郡仰给商运，江、浙、天津民无盖藏，米贵辄生乱，于海口稽米船出数，酌丰歉为限制，常留有余。疏请漳浦明儒黄道周从祀文庙，下廷臣议行。侯官谢金銮、德化郑兼才皆以学行著，素所敬礼，殁而举祀乡贤。又旌表义烈，以振风俗。

五年，调云贵总督。铜矿、盐务积疲，疏陈变通整顿之法。以边防莫便于屯田，方考访形势利便，未及议行而疾作。病中拜疏劾贪黩不职者数十人。未几，遂卒。代者急递追回原疏，滇人惜之。遗疏上，优诏赐恤，赠太子少保，谥文恪，祀名宦、乡贤祠。

慎畛服膺儒先，凡有益身心可致用者，皆身体力行。好善嫉恶，体恤属僚，训戒恳切，如师之于弟子。所至于文武官吏，常能识别其才否，人亦乐为之用。所著《奏议》、《从征录》、《载年录》、《读书日记》、《惜日笔记》等书及《诗文集》凡数十卷。

卢坤，字厚山，顺天涿州人。嘉庆四年进士，选庶吉士，散馆授兵部主事，洊迁郎中。扈随木兰，校射，赐花翎。十八年，出为湖南粮储道，丁本生父母忧，服阕。历广东惠潮嘉道、山东兖沂曹济道、湖北按察使、甘肃布政使。道光元年，护理陕西巡抚。二年，擢广东巡抚，未之任，调陕西。议者谓南山老林易薮奸，不宜开垦。坤历陈汉、蜀、唐、宋史事，及汉李翕《郙阁颂》，以征垦治之利；专任严如熤，假以便宜，垦务大兴。勘修南山各属城工，汉江堤岸，筑坝浚淤，审度形势，移驻文武，增改官制。又修复咸宁、长安、泾阳、鳌屋、岐山、宝鸡、华州、榆林河渠水利，筹补榆林、绥德两属常平仓谷，劝民捐建社仓。疏陈："察吏之要，不独亲民，官贪廉为民身家所系，其勤惰、明昧、宽严，皆关民生休戚。"宣宗深韪之。五年，以母忧去官。

六年，回疆用兵，特起驻肃州，偕总督鄂山治转饷。以托古逊为运粮首站，自乌鲁木齐至阿克苏，置三十二站，大兵五万余，日需粮五百石，每站备驼五百有奇，由山西、陕西采购；又蒙古阿拉善部进驼千，乌里雅苏台调拨官驼四千。疏请军需从宽筹备；兵丁量增口粮；给皮衣皮帽，以御寒；出口驼马刍秣；时给买补缺额营马，预备续调；监造军械务期坚实；拨运陕省制钱，平市价；添设台站夫马，雇用车辆，定例价；招募护台民丁；后路粮台亦添兵守护；凡十一事，并如议行。回疆平，加太子少保。及张格尔就擒，赐头品顶戴。服阕，授山东巡抚，调山西。八年，裁撤肃州军局。始抵任，寻调广东巡抚。

十年，又调江苏，未至，擢湖广总督。两湖鹾务，狃于封轮之例，道光初议散轮，七年复因加价，仍改封轮，引滞商疲。坤至，疏请实行散轮，建盐仓于汉岸，俾商船源源揽运。寻量减售价，以销楚岸积盐。设塘角总卡，按船编号，以杜内私外私之弊。复湖南永兴粤盐定额，以保淮纲。湖北水灾，请免米税，借帑十万两，购川米平粜。疏调前两淮盐运使王凤生综理水利，择要疏浚河道，修筑堤堰，皆以次举行。

十二年，湖南江华瑶赵金龙作乱，粤瑶应之，湖南提督海凌阿及副将、游击等皆战殁，坤亲往督师，密陈湖北提督罗思举能办贼。时桂阳、常德诸瑶蜂起应贼，常德水师、荆州驻防兵皆不习山战，坤至，悉罢之，改调镇筸苗疆兵，分屯要隘，坚壁清野，与贼相持。俟两湖兵大集，贵州提督余步云、云南副将曾胜亦率军至，乘雷雨袭击洋泉街。罗思举督诸将昼夜环攻，毙贼数千，破其巢，擒金龙子女及头目数百人。金龙乘间逸，为乱军所歼，获其尸及剑印木偶诸物。捷闻，赐双眼花翎，世袭一等轻车都尉。尚书禧恩、将军瑚松额方奉命视师，未至，贼已平。粤瑶赵青仔纠众数千入楚界，声言为金龙复仇，连败之于濠江、银江，擒青仔磔于市。广东连山黄瓜寨练瑶犹猖獗，两广总督李鸿宾剿治不力，以罪逮，调坤代之。偕禧恩等先后往督诸将进剿，瑶疆悉平。合疏陈两省善后事宜，改移文武官制驻所，并允行。

十三年，越南盗陈加海结边地游民啸聚狗头山，潜入内洋，遣水师击沉八船，擒加海诛之。寻越南内讧，慎固边防，拒其请兵，诏嘉得大体。

英吉利兵船擅入海口，要乞推广通商，坤依故事停其贸易。领事律劳卑挟二船入虎门，炮击不退，且以炮拒，进泊黄埔。坤设方略扼其归路，断其接济，集水陆师临以兵威，律劳卑穷蹙，引罪求去。澳门洋商代请命，坤持之良久，乃驱之出口。疏闻，诏嘉奖，先夺宫衔、花翎并复之。于是严海防，勤训练，自南山至大虎分三段，与沙角、大角相联络。省河中流沙地增建炮台，以资保障，夷情敛慑。坤久任封圻，所莅皆有名绩，宣宗深倚之。十五年，卒，赠太子太师、兵部尚书，从优恤，谥文肃。子端黼，袭世职。

曾胜，广西马平人。以行伍从剿湖南苗匪、川、楚教匪，积功至都司。累迁云南参将，以计擒枭渠徐黑二及宣威小梁山匪首，为时称。迁维西协副将。瑶匪赵金龙之乱，率师会剿。擢湖南永州镇总兵，歼金龙，及擒粤瑶赵青仔，战皆力。寻赴广东剿连山瑶，迭战大拱桥、分水岭、炮台山、火烧坪、军僚里、大厓冲、上坵园。瑶平，论功最，加提督衔，赐号瑚尔察图巴图鲁，予云骑尉世职。调南韶连镇，擢广东陆路提督。当英吉利兵船入内河，水师提督李增堦不能阻，胜献策，以巨船载石沉塞海口老洲冈隘道，聚草船数百横内河，备火攻，胜率兵临之，英领事律劳卑慑惧听命，事乃定。十七年，卒于官，谥勤勇。

陶澍，字云汀，湖南安化人。嘉庆七年进士，选庶吉士，授编修，迁御史、给事中。疏劾吏部重签，河工冒滥，及外省吏治积弊。巡中城，决滞狱八百有奇。巡南漕，革陋规，请浚京口运河。二十四年，出为川东道，日坐堂皇，剖决狱讼如流。请减盐价，私绝课增。总督蒋攸铦荐其治行为四川第一。历山西按察使、安徽布政使。

道光三年，就擢巡抚。安徽库款，五次清查，未得要领。澍自为藩司时，钩核档案，分别应勒、应偿、应豁，于是三十余年之纠轕，豁然一清。严交代，禁流摊，裁捐款，至是奏定章程，俾有司释累，得专力治民。濒江水灾，购米十万石，劝捐数十万金，赈务核实，灾民赖之无失所。

治寿州城西湖、凤台蕉冈湖、凤阳花源湖；又怀远新涨沙洲阻水，并开引河，导之入淮。淮水所经，劝民修堤束水，保障农田。各县设丰备仓于乡村，令民秋收后量力分捐，不经吏役，不减粜，不出易，不假贷，岁歉备赈，乐岁再捐，略如社仓法而去其弊。创辑《安徽通志》，旌表忠孝节烈以励风俗。

五年，调江苏。先是洪泽湖决，漕运梗阻，协办大学士英和陈海运策，而中外纷议挠之。澍毅然以身任，奏请苏、松、常、镇、太五府州漕粮百六十余万石归海运，亲赴上海，筹雇商船，体恤商艰，群情踊跃。六年春，开兑，至夏全抵天津，无一漂损者，验米色率莹洁，过河运数倍。商船回空，载豆而南，两次得值船余耗米十余万石，发部帑收买，由漕项协济天津、通仓之用，及调剂旗丁，尚节省银米各十余万。事竣，优诏褒美，赐花翎。明年，遂偕总督蒋攸铦合疏陈海运章程八条，冀垂令甲，永纾漕累，格于部议，未果行。又以绅衿包完漕米，横索陋规，为漕务之害，奏请惩办。学政辛从益意不合，争之。澍复疏言："陋规日增，势必取偿小民。若预计有司不减浮收，置陋规于不问，非釜底抽薪之计。"仍执前议，治伉从严焉。

江苏频遭水患，由太湖水泄不畅。疏言："太湖尾闾在吴淞江及刘河、白茆河，而以吴淞江为最要。治吴淞以通海口为最要。"于是以海运节省银二十余万兴工，择贤任事，至八年工竣。又以江以南运道，徒阳运河最易淤阻，而练湖为其上源，孟渎为其旁支。澍自巡漕时，条奏利害，至是先浚徒阳河，将以次举刘河、白茆、练湖、孟渎诸工。后在总督任，与巡抚林则徐合力悉加疏浚，吴中称为数十年之利，语详《则徐传》。

十年，以捕获户部私造假照要犯，加太子少保衔，署两江总督，寻实授。时淮盐败坏，商困课绌，岌岌不可终日。澍疏陈积弊，请大删浮费，以为补救。议者多主改法课归场灶，命尚书王鼎、侍郎宝兴赴江南查议。澍谓除弊即以兴利，无事轻改旧制，偕鼎等合疏胪陈利害，条上十五事。鼎等复请裁盐政归总督管理，报可。澍受事，缴还盐政养廉五千两，裁减衙门陋规十六万两有奇，凡淮南之窝价、淮北之坝杠，两淮之岸费，分别减除，岁计数百万，分设内外二库，正款贮内库，杂项贮外库，杜绝挪垫。革总商以除把持，散轮规以免淹滞，禁粮船回空带芦盐，及商船借行私，令行禁止，弊肃风清。淮北尤疲累，先借款官帑商运，继仿山东、浙江票引兼行之法，于海州所属中正、板浦、临兴三场择要酌设局给票，注明斤数运地，无票越境以私论。仍留畅销之岸，江运八州县，湖运十一州县，归商运。十二年，奏淮开办，越半岁，溢销逾额，复推广于江运、湖运各岸，减价裁费，商贩争趋，而窝商蠹吏、坝夫岸胥一旦尽失其中饱需索之利，群议沸腾。言官摭浮言，屡事弹劾，赖宣宗鉴其忠诚，倚畀愈专。屡请复盐政专职，皆不许，澍益感奋，力排众议，毅然持之，卒获成效。道光元年至十年，淮南行六纲，淮北仅行三纲。澍承极弊之后，自十一年至十七年，淮南已完六纲有余，淮北率一岁行两纲之盐，尽完从前滞欠，且割淮南悬引，两淮共完正杂银二千六百四十余万两，库贮实存三百余

万两。两届京察，并被褒奖优叙。晚年将推淮北之法于淮南，已病风痹，未竟其施，然天下皆知票盐减价敌私，为正本清源之计。后咸丰中乃卒行之。十九年，卒。遗疏上，优诏轸惜，称其"实心任事，不避嫌怨"，晋赠太子太保，依尚书例赐恤，赐其子桄主事，谥文毅。祀名宦祠，于海州建专祠。

澍见义勇为，胸无城府。用人能尽其长，所拔取多至方面节钺有名。在江南治河、治漕、治盐，并赖王凤生、俞德源、姚莹、黄冕诸人之力。左宗棠、胡林翼皆识之未遇，结为婚姻，后俱为名臣。所著《奏议》、《诗文集》、《蜀輶日记》、《陶桓公年谱》、《陶渊明诗辑注》并行世。

论曰：赵慎畛学有本源，察吏治民，严而能恕，所至政无不举。卢坤治回疆军需，平湖南瑶，驭广东夷商，皆有殊绩。陶澍治水利、漕运、盐政，垂百年之利，为屏为翰，庶无愧焉。道光中年后，海内多事，诸臣并已徂谢，遂无以纾朝廷南顾之忧。人之云亡，邦国殄瘁，其信然哉！

卷三百八十　　列传一百六十七

陈若霖　戴三锡　孙尔准　程祖洛
马济胜　裕泰　贺长龄

陈若霖，字宗观，福建闽县人。乾隆五十二年进士，选庶吉士，散馆授刑部主事，累迁郎中。束鹿县民王洪中为人聚殴，讼不得直，自经死。若霖鞫得其实，被议叙。秩满当外用，仍留部。数从大臣赴各省谳狱，以宽恕称。嘉庆十三年，出为四川盐茶道，擢山东按察使。调广东，署布政使，以佐总督百龄平海盗，赐花翎。调湖北，复调四川，就迁布政使。二十年，擢云南巡抚。水尾土州目黄金珠结内地奸民，杀副州目李文政，掠其家，鞫实，置于法。

历广东、河南、浙江巡抚。浙省南北新关科罚无度，限以半正额为止，恤商而课裕。修萧山新庙堤，建盘头以御潮。次年，新林塘圮，亲往勘，疏言："新林塘旧为险工，今距海日远，塘以外为灶地，外复为牧地，中有马塘，足为新林屏蔽，宜补筑以遏潮汐。疏通灶地各沟洫，引入牧地之莫家等湾以排泄之，即以灶地之土培护新林堤基。西筑横塘以御江水。责令灶牧各户及萧山、山阴、会稽三县，分别修筑。"又奏修会稽、上虞等县塘堤，并如议行。二十四年，擢湖广总督。湖南凤凰等厅屯丁额多为官占，失业者众，悉清厘发还征租。官入苗寨多婪索，或冒名诈财，严禁之。又以屯地硗瘠租额重，为奏减苗租二万余石，免通赋七万余石，苗民感之。

道光二年，调四川。中江罩万典、犍为道士萧来修假神惑众，捕诛首犯，不坐株连。九姓长官司不谙吏治，奏请考试，狱讼别由泸州及州判兼理。四年，召授工部尚

书，调刑部，兼管顺天府尹事。文安县地形如釜底，自道光初堤防冲决，积水不能耕种，议请急行修筑。七年，命勘湖北京山黄家陵堤工，疏言："下游灾民吁请修治溃堤，上游居民谓口门下游乃襄河故道，复请废之。河流经行二百余年，舍此不由，而别寻二百年以前故道，其说殊谬。潜江、天门、汉川俱属下游，而天门、汉川尤当冲要，何忍委之巨浸？惟有开通江流，堵合口门，因势利导。胡家湾沙洲当下游之冲，以四十余丈之地束全江之水，下壅上溃，理有必然。今洲已冲溃，乘势挑浚新滩，展宽水道，使江流无冲突之患，然后增筑京山、钟祥口门堤坝，再于溃口筑石坝二，以护堤攻沙，庶可经久。"报可。十二年，乞休归，卒于途，赐恤。

戴三锡，顺天大兴人，原籍江苏丹徒。乾隆五十八年进士，授山西临县知县。连丁父母忧，嘉庆六年，服阕，发四川，补南充。历马边、峨边两厅通判，署资州、眉州、邛州，并有政声。邛州民黄子贤以治病为名，倡立鸿钧教，捕治之。事闻，仁宗命送部引见，擢茂州直隶州知州。历宁远知府、建昌道、四川按察使。道光二年，迁江宁布政使，回避本籍，仍调四川。三年，署总督，五年，实授，兼署成都将军。

三锡自牧令洊陟封疆，二十余年，未离蜀地。尽心民事，兴复通省书院，增设义学三千余所。四川旧有义田，积储备赈，谷多则变价添置良田。三锡以岁久将膏腴多成官产，留谷太多，又虞霉变亏挪，差定三千至万石为额。溢额者出粜，价存司库，以备凶岁赈恤之用。又以蜀地惟成都附近俱平畴沃野，余多山谷硗瘠，遇水冲塞，膏腴转为砂石，因地制宜，多设渠堰，以资捍卫宣泄。新都奸民杨守一倡立邪教，造妖书惑众，擒诛之。越嶲生番劫夺商旅，掠汉民妇女，捕驵黠者数十人置之法，救出被掠男妇，给赀安抚。屡被诏褒奖。九年，因年老召来京，署工部侍郎。寻致仕，未几，卒。诏嘉其"宣力有年，官声素好"，赠尚书衔，依赠衔赐恤。

孙尔准，字平叔，江苏金匮人，广西巡抚永清子。嘉庆十年进士，选庶吉士，授编修。十九年，出为福建汀州知府。宁化民敛钱集会，大吏将治以叛逆。尔准讯无他状，论诛首要，鲜所株连。历盐法道、江西按察使，调福建，就迁布政使。道光元年，调广东布政使，擢安徽巡抚。河南邪匪邢名章等纠众窜颍州，檄按察使惠显率兵驰剿，格杀名章，歼其余党。蠲缓被灾各属，灾甚者赈恤之。先是有言赈务积弊，毋得以银折钱，尔准疏其弗便，仍循旧章。

三年，调福建巡抚。延、建各属山径丛错，多盗劫，以万金为缉捕费，连获贼首置之法，盗风衰息。巡阅台湾，疏言："台湾南北袤延千余里，初抵鹿耳门，可行舟楫。嗣增设鹿仔港，而浅狭多沙，内山溪水赴海，别开港在嘉彰间，曰五条港，颇利商船。又噶玛兰山峻路险，负戴难行，其地有乌石港、加礼远港，可通五六百石小舟，皆宜设为正口。"

五年，擢闽浙总督。奏请噶玛兰收入版籍，设官治理。

彰化匪徒械斗焚劫，旁近蜂起，全台震动，檄水师提督许松年剿捕，副将邵永福等趋艋舺，阻其北窜；总兵陈化成以兵渡鹿仔，防其入海。尔准亲驻厦门，遣副将佟枢等分往彰化、淡水，搜山围捕，调知贼党煽诱日众，移陆路提督马济胜守厦门，自渡海驻彰化督剿，贼首李通逋，捕得伏诛。令各庄举首事，缉余匪，闽人捕闽人，粤人捕粤人，以免诬累。

台人有与生番贸易遂娶番妇者，俗名"番割"，其魁黄斗乃等久踞三湾，潜出为盗。当乱起时，诱生番出山助斗，遣参将黄其汉等分路侦击。番窜后山，土卒攀藤蹑葛而登，擒黄斗乃等二十一人，斩以徇。尔准疏陈匪徒起事，由于造谣焚掠，非叛逆，当以强盗论；淡水以北分党报复，当以械斗论；焚杀有据者始坐辟，余俱末减。其胁从旋解散者，多所保全。又奏台湾北路至艋舺几五百里，仅有守备一员，巡防难周。调南路游击一员驻竹堑，并于大甲、铜锣湾、斗换坪诸处添驻营汛，改建淡水土城。头道溪为生番出入总路，亦建土城，以屯丁驻守。事平，加太子少保。七年，入觐，宣宗嘉其治台湾匪乱悉合机宜，迅速蒇功，赐其子慧翼官主事。

木兰陂者，创自宋熙宁间，溉民田四十万亩，筑石堤千一百余丈以御海潮，岁久倾坏，尔准道经莆田，亲勘修复。工蒇，以宋长乐室女钱创陂实功首，建祠列入祀典。尔准治闽最久，谙悉其风土人情，吏民皆相习，政从宽大，闽人安之。九年，坐失察家仆收贿，镌二级留任。十一年，以病乞休。逾年，卒，赠太子太师，赐子慧惇进士，慧翼员外郎，谥文靖，祀福建名宦及乡贤祠。

程祖洛，安徽歙县人。嘉庆四年进士，授刑部主事，洊迁郎中。谙练刑名，为仁宗所知。京察记名道府，久未外简，以截取铨授甘肃平凉知府。部臣请留，诏斥规避边远，撤销记名，留部永不外用。久之，擢内阁学士。寻授江西按察使，迁湖南布政使，调山东。

道光二年，擢陕西巡抚，调河南。教匪朱麻子由新蔡窜安徽阜阳，捕获置之法。与直隶、山东、安徽、湖北毗连诸县素多盗，拨库帑五万两生息，为缉捕经费。漳水决安阳樊马坊，河流北徙，命大学士戴均元往会勘。祖洛周历上下游，合疏言："漳水自乾隆五十九年南徙合洹以来，卫水为所遏，每致溃溢。今河流既分，不可使复合。议于樊马坊上下距洹水最近处，及南岸冲决成沟，并筑土坝，使二河分流，冀减漫溢之势。"至四年春，积水消涸，地形显露。田市之北，漫水与沟隔断，不能引归正河。乃就其上游龙家庄洼地抽沟启放，复于内黄马家洼开引河，添筑田家营大坝，使溜势南趋。自是漳、卫合并之患遂息。虞城横河、惠民沟，夏邑巴清河，永城减水沟，旧为豫东宣泄潦水要区，迭经黄河漫淤，滨河连岁被灾，并疏浚之。初，河南、安徽治捻匪从重典，嗣部议有所减改。祖洛疏言："匪徒结捻，倡劫党众，一呼而集，其豫谋早在结捻之时。新例以是否豫谋分别轻重，诸多窒碍，请复旧例。"并论匪徒拒捕及捕人治罪各条。又言："获盗究出旧案，免究从前失察处分。请遵嘉庆间谕旨，俾除瞻顾。"并从之。

七年，丁母忧，服阕，署工部侍郎。寻署湖南巡抚，调江苏。十二年，擢闽浙总督。命查办浙江盐务，严定裁汰浮费章程，下部议行。台湾奸民张丙、陈办等倡乱，命将军瑚松额督兵进剿，祖洛专治后路军需。十三年，提督马济胜破贼，张丙等就擒，赴台湾筹办善后事宜，劾战守不力之都司周进龙等，褫黜有差。改营制，增防守。优叙，赐花翎。疏陈福建吏治，略曰："安民必先惩蠹，不可以回护瞻顾而曲纵奸恶。闽省吏治无子惠之政，而务宽大之名，始因官之庸劣，酿成顽梗之风，今又因民之诇张，遂有疲难之势。官曰民刁，民曰吏虐，互相传播，渐失其真。官不执法，幕不守法，因而愚民犯法，书役弄法，棍徒玩法。必先惩不执法之官，然后能治犯法、弄法、玩法之人。"于是连劾官吏不职者，略无假贷，吏治始肃。已革县丞秦师韩京控提督马济胜蒙奏邀功，并评祖洛偏祖欺蒙，命侍郎赵盛奎偕学政张鳞按鞫，白其诬，师韩遣戍新疆。十五年，疏陈闽洋形势，以漳州之南澳、铜山为藩篱，泉之厦门、金门为门户，兴化之海坛为右翼，闽安为省会咽喉，福宁之铜山为后户。巡缉守御，全资寨城炮台。就最要者四十四处，由官民捐赀修筑。十六年，丁父忧去官，服阕，引疾不出。二十八年，卒，宣宗甚惜之，赠太子太保，谥简敬。

马济胜，山东菏泽人。以武生入伍，从剿川、陕教匪，积功累擢江苏抚标参将。嘉庆十八年，会剿山东教匪，擢河北镇总兵。道光初，擢浙江提督，调福建陆路提督。张丙等倡乱嘉义，台湾镇总兵刘廷斌困守孤城。济胜率兵二千渡海赴援，战于嘉义城下，大破贼，追至苹港尾，擒斩甚众；进屯盐水港，分兵搜剿，张丙及其悍党先后就擒。时命将军瑚松额督师犹未至，诏褒成功迅速，赐双眼花翎。余匪万余复来犯，俟其息，击之大溃，擒头目赖满等，追剿尽毁其剿，贼遂平。宣宗深嘉其谋勇，锡封二等男爵。又以驭兵安靖，御书"忠勇廉明"四字赐之。召入觐，年逾七旬，犹壮健，温诏褒奖，晋二等子爵，在御前侍卫上行走。十六年，卒于官，赠太子太保，谥昭武，四子皆予官。

裕泰，满洲正红旗人。由官学生考授内阁中书，迁侍读。嘉庆末，出为四川成绵龙茂道，历四川、湖南、安徽按察使，湖南、陕西、安徽布政使。道光十一年，擢盛京刑部侍郎，调工部，兼管奉天府尹事。查勘科尔沁蒙旗荒地，奏禁私垦。十三年，召授刑部侍郎，寻出为贵州巡抚。十六年，古州、黎平土匪起，擒其渠徐玉贵等诛之。

调湖南巡抚。镇筸标兵滋事，劾总兵向遵化、辰沅道常庆不职，罢之。疏言："苗疆屯田，嘉庆中道员傅鼐所经营，寓兵于农，筹边良策。治安日久，诸弊丛生。今镇筸标兵因借饷倡乱，苗人遂生观望。重以苗官苛刻，屯长侵欺，后患堪虞。急应清厘损益，妥定章程，俾将弁兵练咸知经费有常，绝其觊觎，仍责成镇道实力整饬，恩威并行。"寻议定苗疆兵勇不准客民充补，预借银谷限以定制，拔补备弁屯长，严绝苞苴。辰沅道缺，以湖南知府题升。并如所议行。十七年，调江西，复调湖南。

二十年，擢湖广总督。二十一年，湖北崇阳逆匪钟人杰作乱，踞县城，陷通城。裕泰驰驻咸宁，檄按察使郭熊飞率都司玉贵等进剿。崇阳在万山中，贼尽塞孔道，筑寨抗拒，选精锐出贼后夹攻，分股犯蒲圻，连为官军所败，踞崇阳西岭为负嵎计。提督刘允孝迭败之石盘山、黑桥，进毁其巢，擒人杰及其党陈宝铭、汪敦族等。寻复通城，尽俘其孥。事平，加太子太保，赐双眼花翎。时英吉利兵由海入江，诏募兵习水战。裕泰仿粤艇造大船六、快船四，简汉阳水师，每船百人，按旬操练。裁旧有巡船，以节经费。荆州驻防每出营滋事，奏请饬地方官拘拿，报将军秉公严惩。乾州苗窜扰，剿抚解散。

二十九年，李沅发倡乱新宁，踞地戕官。巡抚冯德馨、提督英俊往剿，复县城。妄传沅发已死，而贼窜山中，勾结黔、粤交界伏莽，势益蔓延。冯德馨逮治，专任裕泰往督师，与黔、粤诸军合击，数捷。三十年春，搜剿山内，擒奸名盗。贼窜永福草鞋塘，四面抄围，渐穷蹙。裕泰度贼不南趋广西全州，即从新宁瑶峒，令提督向荣由武冈进屯广西怀远，遇贼击破之。贼退踞金峰岭，分三路进击于深箐陡石间，斩获殆尽，沅发就擒，晋太子太傅。寻调闽浙总督。咸丰元年，调陕甘，入觐，卒，优诏以尚书例赐恤，谥庄毅。子长善，广州将军；长叙，侍郎。

贺长龄，字耦耕，湖南善化人，原籍浙江会稽。高祖上振，官湖南司狱，恤囚有隐德，贫未能归，遂家湖南。

长龄，嘉庆十三年进士，选庶吉士，授编修，迁赞善。道光元年，出为江西南昌知府。历山东兖沂曹济道、江苏按察使，就迁布政使，佐巡抚陶澍创行海运。调山东。七年，署巡抚。临清州教匪马进忠为逆伏诛，复有揭帖伪立名号，刻期举事，胪列旁州县民名数百。长龄曰："谋不轨讵以姓名月日告？此移祸也。"调如果出邀功者，欲藉兴大狱，遂置不问。调江宁布政使，乞归养亲。十五年，母丧服阕，补福建布政使，调直隶。

十六年，擢贵州巡抚。黔民苦讼累而多盗，以听断缉捕课吏，设旬报为考核。十八年，仁怀奸民穆继贤纠四川綦江匪肆劫，遣兵与川军会剿，焚其巢，首从并就歼擒。郎岱、普安、清镇诸县多种罂粟，按except申禁，劝民种木棉，玉屏、婺川皆有成效。黔省安置流犯三千余人，与苗民错处，衅隙易生，疏请改发新疆；又以镇远、黎平、都匀、古州苗俗桀骜，以盗为生，州县差役缉捕难周，疏请绿营每百名内精选数名，分隶府、厅、州、县文员管辖，勤加训练，专司捕盗：并下部议行。

长龄治黔九载，振兴文教，贵阳、铜仁、安顺、石阡四府，普安、八寨、郎岱、松桃四厅，黄平、普定、天柱、永从、瓮安、清平、兴义、普安诸州县，皆建书院义学，省会书院分上内外三舍，亲试考核，刊刻经籍，颁行州县。

二十五年，擢云贵总督，兼署云南巡抚。汉、回连岁互斗，永昌回变败退后，复图攻城，城回谋内应，迤西道罗天池悉捕诛之。长龄亲往督剿，击走叛回，以肃清入告。二十六年，回众藉口善良不别，复叛，自请议处，撤销奖叙，赴大理、永昌督剿。匪寻窜散，请免投诚张富罪，军犯王芝异团练出力，亦请释回。诏斥其庸懦，降补河南布政使。二十七年，乞病归。滇回复扰云州，多属永昌遗孽，且得蜀天池滥杀状，追论长龄，褫职。逾年，卒。

论曰：陈若霖、戴三锡尽心民事，而三锡久任蜀疆，治效较多。孙尔准、程祖洛先后治闽有声，宽严殊途，其相济之道乎？裕泰两疹楚冠，勋施烂然。贺长龄儒而不武，不足以奠岩疆也。

卷三百八十一　列传一百六十八

帅承瀛 孙远烨　弟承瀚　**左辅　姚祖同**
程含章　康绍镛　朱桂桢　陈銮
吴其濬　张澧中　张日晸

帅承瀛，字仙舟，湖北黄梅人。嘉庆元年一甲三名进士，授编修，累迁国子监祭酒。先后督广西、山东学政，历太仆寺卿、通政使、副都御史，署仓场侍郎。授礼部侍郎，调工部、吏部。丁母忧，服阕，补原官，调刑部。论劾郎中宝龄婪贿状，仁宗以承瀛到官浃月，厘剔宿弊，予议叙。奉命按山西雁平道福海、陕甘总督先福，罢之。又按山东徐文诰冤狱，得平反，劾承审官吏，降黜有差。

十五年，授浙江巡抚。浙盐疲敝，议裁浙江盐政，归巡抚兼理，诏责承瀛整顿，疏言："浙江运库尚无亏挪，惟多移垫。拟以报存余价追补，须足额后拨解。至收支数目，务划清纲款，即有急务，不再以内款垫支。每年加价，应许停输。向例洒带盐引，豫占年额，愈积愈多，请并停止，以纾商力。"又酌改章程十事：定盐务官制，裁盐政养廉，革掣规供应，灶课由场征解，销引先正后余，引目通融行销，收支力杜弊混，枭私商私并禁，掣验改复两季，甲商酌裁节费，下部议行。浙鹾自此渐有起色。宁波、温、台诸府滨海，土盗出没，令兵船巡缉以遏其外，严词口岸以防其内，洋面渐安。

两江总督孙玉庭上八折收漕之议，廷臣多言其不可，下疆臣覆议。承瀛疏言："漕弊始由州县浮收，以致帮丁需索，而帮丁沿途用费亦因之渐增。迨帮丁用费愈大，需索愈多，州县迫于帮费，有难循旧例征收之势，其究耗费归之小民。由此包户侵渔，刁衿挟制，积弊不可回。八折之议，原以去其太甚，补救目前。无如因弊立法，而弊即因法以生。诚有如廷臣所议，惟严禁官役需索，沿途之规费除，即帮丁之用费省，而州县浮收勒折之弊，亦力绝其萌，庶爱民恤丁两有裨益。"疏上，前议遂寝。清厘仓库亏缺，奏请先就现任各官次第弥补；又以浙西频遭水患，应与江苏合力疏浚，察勘形势，偕孙玉庭等疏陈两省水道原委，其实一流，请专任大员综揽全局：诏趣之。寻去官。后陶澍至江苏，乃先治吴淞江焉。

承瀛治浙数年，以廉勤著。陆名扬者，归安乡民，以抗浮收得一乡心，久为官吏所嫉，请兵掩捕，乡民集众抗拒，而名扬逸。巡抚陈若霖遽以入告，遣兵往治，久之名扬始就获。承瀛初至浙，诛名扬，后乃知由于官吏之酿变，深悔之。道光四年，丁父艰，服阕，至京，以目疾久不愈，乃乞归。二十一年，卒于家。优诏轸惜，依总督例加恤，赐其孙远烨举人，寻祀浙江名宦祠。

远烨，成道光二十七年进士，官编修。咸丰初，上书言军事。纳赀为道员，奏留江西劝办捐输。七年，总兵李定为粤匪困于东乡，远烨募勇往援。战殁，予骑都尉世职，建专祠，谥文毅。

承瀛弟承瀚，嘉庆十年进士，由翰林院检讨历官至副都御史，方正负时誉，名亚于承瀛。殁，祀乡贤。

左辅，字仲甫，江苏阳湖人。乾隆五十八年进士，授安徽南陵知县，调霍丘。勤政爱民，坐催科不力免官，嘉庆四年，复之，补合肥，复以缉私役为盐贩殴毙狱坐夺职。寻初彭龄为安徽巡抚，荐辅人才可用，仁宗亦素知辅循名，能得民心，送部引见，复职，仍发安徽，补怀宁，迁泗州直隶州知州。河决，州境被灾，辅躬亲赈抚，民无失所。总督百龄疏保洁己奉公，政声为一时最，以应升升用，擢颍州知府。十八年，盱眙民孙国柱诬周永泰谋逆，疆吏以闻。诏那彦成俟滑县匪平，移师会剿，檄辅先率兵往。辅力言泗州属县无邪教，单骑往按之，得国柱诬告状，大狱以息。寻捕诛阜阳教匪李珠、王三保等，予议叙。擢广东雷琼道，迁浙江按察使、湖南布政使。二十五年，就擢巡抚。

苗疆税重，又苦官役苛扰，侍郎张映汉陈其弊，命辅偕总督陈若霖察治。奏减租谷二万余石，筹款买补仓储六万余石，免民、苗积逋租谷七万余石。复挑补兵勇，裁撤委员，禁差役不得入苗寨，听苗食川盐，民、苗便之。长沙妙高峰有宋儒张栻城南书院旧址，康熙中移建城内，已圮，规复重建，课通省士子，疏请御书扁额，以示嘉惠士林，诏嘉许焉。

辅官安徽最久，时称循吏。晚被拔擢，数年中至封圻，年已老。道光三年，召来京，原品休致。十三年，卒于家。

姚祖同，字亮甫，浙江钱塘人。乾隆四十九年，南巡，召试，赐举人，授内阁中书，充军机章京，累迁兵部郎中。以纂辑《剿平教匪方略》，擢四五品京堂，补鸿胪寺少卿。历通政司议、内阁侍读学士、鸿胪寺卿。二十年，出为河南布政使。请限制河工提款，清厘州县交代，库储顿充。

二十一年，调山西，又调直隶。严查亏空，令州县自报亏数，凡新任不得私受前任旧亏，其新亏者，勒停升补。仓谷自经饥馑，兼军需支领，荡然无余。祖同饬各属馀补数十万石。雄县、安州、高阳诸县水道淤阻，连年漫溢，并遴员治理，相机疏浚。二十二年，畿辅旱灾，重者二十有九州县。先令停征，截漕备赈；遍历灾区，劾属吏办赈不实者；发米贾囤积数十万石，责令平粜，民赖以济。二十三年，仁宗东巡，滦河涨溢，祖同督造桥工成，赐花翎。面谕曰："是非为桥工，因汝能实心办事耳。"

二十四年，擢安徽巡抚。会河南大水，灌入涡河，下游诸县被灾，祖同乘小舟巡视赈恤。二十五年，调河南。时仪封大工未竣，黄、沁并涨，漫及马营工坝尾，祖同相机堵御。疏陈政务虽多，河工为重；学习河务，以履勘为先。宣宗初即位，命祖同每届旬以大工进占丈尺奏闻。及冬，口门渐狭，而大河冰坚，祖同亲乘小舟督工凿冰，岁杪大工始告蒇。道光元年，祖同疏陈河南情形，略曰："河工之敝坏显而易见，民生之凋瘵隐而难治。河工加价，自常赋三百六十余万外，逾额摊征。衡工未已，睢工继之；睢工未已，马工、仪工又相继接征。此外复有各处提工随时摊征之款，民力其何以堪？请概停缓三年，以纾积困。"从之。开封护城大堤，河溢时半圮，请缮完以资保障。

二年，河督严烺奏请马营坝工抛护碎石，已奉俞允，复命祖同筹度。祖同言时当大堤放淤，遏其奔冲，既非顺水之性，伏秋盛涨，坝西水势加高，上游堤埝愈险，则河北可虞，且虑拦沁转致拦黄，于实事为未便。乃下烺覆议，卒如祖同言。初，仪工经费，自祖同严核弊窦，省帑金甚巨。迨工员报销，截长补短，黥合成例，言官以浮冒入奏。是年，命左都御史玉麟、王鼎按之，事得白，而以八子钱五万六千余缗责祖同偿补。八子钱者，工员以杂用不敷，议以银易钱，银一两加扣八十文，祖同置弗问，卒以呈议，降补太常寺少卿。

五年，授陕西按察使。请建流芳祠以祀关中士女之死节义者。六年，诏来京另候简用。七年，授广东按察使。寻偕尚书陈若霖赴湖北察勘京山王家营堤工。未几，召授通政司副使，累迁左副都御史。十八年，以年老重听，原品休致。二十二年，卒。

程含章，云南景东人。其先佐官吏捕杀土寇，惧祸，改姓罗。乾隆五十七年举人。嘉庆初，大挑知县，分广东，署封川。坐回护前令讳盗，革职，投效海疆，屡歼获剧盗，擢知州，署雷州府同知，率乡勇破海盗乌石大，迁南雄直隶州；又坐失察属县亏空，革职，寻复官。以勘丈南雄州属田亩，总督蒋攸铦疏荐，擢知府，补惠州。历山东兖沂曹道、按察使、河南布政使。道光二年，疏言："欲治河南，必以治河为先务。正本清源之道，在河员大法小廉，实心修筑，加意堤防，自能久安长治。"宣宗题其言，命每届汛期，赴工稽查工料及工员可否。擢广东巡抚，入觐，面奏请复姓，许之。调山东，又调江西。修筑德化诸县被水圩堤，设义仓，行平粜。

四年，召署工部侍郎，治直隶水利，上疏略曰："雍正、乾隆间四次兴大工，皆历数年蒇事，费帑数百万，自此畿内无水患者数十年。迨嘉庆六年后，河道渐淤。道光二三两年淫雨，被水者多至百余州县。治水如治病，必先明病之源流，急则治标，缓则治本。循古人经验之良方，参今时变迁之证候，然后疾可得而治也。天津为众水出海孔道，诸减河皆所以泄水入海。东淀回环数百里，大清、子牙、永定、南运、北运五大川流贯其中。西淀容纳顺天、保定、河间三府二十余河之水，南北两泊容纳正定、顺德、广平三十余河之水，各有河道为传送之区。今则消泄之尾间无不阻塞，停蓄之腹部无不浅溢，流贯之肠无不壅滞，收纳之脾胃无不平浅，传送之机轴无不淤积，吐纳之咽喉无不填阏，流通之血脉无不凝滞，加以堤埝、闸坝、桥梁无不残缺，霪潦一至，辄虞泛溢。此畿辅水道受病之情形也。伏思直隶河渠淀泊，前代不闻大患。自康熙三十九年以后，乃恒苦水潦，则永定、子牙二浊河筑堤之所致耳。孙嘉淦有言，永定、子牙向皆无堤，泥涂得流行田间，而水不淤淀。自永定筑堤束水，而胜芳、三角淀皆淤；自子牙筑堤束水，而台头等淀亦淤。淀口既淤，河身日高，则田水入河之道阻，于是淀病而全局皆病。即永定一河，亦已不胜其弊，总因浊水入淀，溜散泥沉，以致斯疾。此又畿辅水道致病之根原也。永定河自筑堤以来，于今百有余年。河身高出平地一丈有余，既不能挑之使平，又不能废堤不用，明知痼疾所在，无术可治。亦惟见病治病，多开闸坝以分其势，高筑堤埝以御其冲，使不致溃决为害而已。至通省全局工段繁多，自不能同时并举。惟有用治标之法，先将各河淀挑凭宽深，取出之土即以筑堤，使注水悉得下注，然后廓清中部。俟大端就理，乃用治本之策，诸州县支港沟渠，逐一疏通，俾民间灌溉有资，旱潦有备，三五年后，元气渐复。此又办理之先后次第也。造端宏大，倍于乾隆时，与其缓办费多，不如速办费少，计非一二百万所能成事。请饬部宽筹经费，庶不致有始无终。"又疏陈应修各工，略谓："治水在一'导'字。欲治上游，先治下游；欲治旁流，先治中流。挑贾家口以泄永定、子牙、北运、大清四河之水，挑西堤头引河以泄塌水淀之水，挑邢家坨以泄七里海之水。另开北岸一河以分讝口之势，修复减河以宣白、榆之源；挑浚三河头水道，添建草坝，为东淀之扼要；挑浚马道河、赵北口水道，为西淀之扼要。十二连桥横亘淀中，亟应兴修以利往来。修复增河，分白沟上游之势，修复窑河，分白沟下游之势，则水得就下之性，支派旁流，乃可次第导引。"疏上，并被嘉纳。实授工部侍郎。寻调仓场侍郎。

五年，授浙江巡抚。六年，以病辞职，上以含章精力未衰，不许。调山东。七年，因浙江巡抚刘彬士治盐操切，密疏劾其不职，命总督孙尔准按治不实，诏斥含章听不根之言，无端入告，解职严议。彬士亦劾含章提用商纲银，额外滥支，漏追余款等事。含章疏辨，命总督琦善、学政朱士彦按之。诏以提用纲银，归还捐垫，仅属见小，而先发妄奏之咎重，念其居官尚好，降补刑部员外郎。八年，授福建布政使，以病乞归。十二年，卒。

康绍镛，字兰皋，山西兴县人，江西广信知府基渊子。嘉庆四年进士，授兵部主事，充军机章京。累迁郎中，擢鸿胪寺少卿。十八年，滑县教匪起，绍镛随扈，以畿辅、山东、河南地形险易，将帅贤否，各镇兵籍，列册进御，受仁宗知。会有大名民人司敬武等十余人佣工热河、锦州，闻畿南寇起，驰归，过山海关，关吏执之，诬其预同逆谋，命绍镛偕内阁学士文孚往鞫，白其诬，释之。劾副都统以下，论如律。历通政司参议、大理寺少卿。

十九年，出为安徽布政使。值大水，被灾者四十余州县，仓谷缺乏，库储不给，劝绅商输赀各恤其乡，与官赈并举，灾民赖之。二十三年，就擢巡抚。宿州、灵壁以睢河堤堰崩圮，比年患水，绍镛亲往相视，奏请修复；又筑无为州黄丝滩临江堤千二百余丈。先后捕获凤、颍等府土匪五十余人，置诸法。二十四年，调广东巡抚。

道光元年，诏令直省清查陋规杂税，绍镛疏陈，略曰："广东州县所资办公，专在兵米折价。因产谷少，民间皆愿折纳，相沿已久。在驯谨良民，向依旧规完纳，而刁生劣监，不能无抗欠。有于正数之内丝毫无余者，更有于正赋之内收不足数者，州县往往以赢补绌，自行偿补。今若定为折收额数，则所浮之价，悉以应输之额，其挂欠代偿，恐较前益甚。况贪官污吏，视所加者为分内应得之数，以所未加者为设法巧取之数。雍正时将地丁火耗酌给养廉，议者谓正赋之外又加正赋，将来恐耗羡之外又加耗羡。八九十年以来，钱粮火耗，视昔有加，不出前人所虑。兵米折价，与之事实相近。即能明察暗访，坚持于数年之间，断难远虑周防，遥制于数十年之后。至杂税及舟车、行户、盐当、规礼等款，名目不一，或此有而彼无，或此多而彼寡，愿者减其数以求悦，黠者浮其数以取赢。究之浮者即浮，数已定而难改；减者非减，事甫过而仍加。此时毫发未尽之遗，即将来积重难返之渐。其中更有强狡之徒，向不完纳平余，致馈规礼。今以案经奏定，在有司视为当然，在小民视为非旧，两相胁制，互为告讦。既不能指为官吏分外婪索，予以纠弹，又不能因民间不缴陋规，惩以官法：宽严两穷。是杂税诸项之难于清厘，较兵米折价尤甚。且各项所入，既名陋规，逐款胪列，上渎圣听，于国家体制，亦殊未协。事有窒碍，不敢不据实密陈。"疏入，与两江总督孙玉庭所议同，其事遂寝。

二年，召署礼部侍郎。丁母忧归，服阕，授广西巡抚。禁土司科派扰累，惩土民刁讼者，绳治逸匪，边境稍安。五年，调湖南，编查洞庭渔船，以军法部伍之，盗无所容。澧州诸湖，上承涔水，下泄洞庭，两岸悉圩田，地低下，泄水不畅，檄道府率属履勘疏浚，得可耕田万四千余亩，奏蠲淤田赋万一千余亩，从之。九年，入觐，面陈苗疆设立苗弁额数过多，倚势虐使苗人，易激事端，请酌其可并省者，缺出不补，总督意不合，格不行。十年，召授光禄寺卿。寻值京察，以在湖南任内废弛，降四品顶戴，休致。十四年，卒。

朱桂桢，字干臣，江苏上元人。嘉庆四年进士，授吏部主事。累擢郎中，迁御史。二十一年，出为贵州镇远知府。镇远民、苗杂居，无纺绩之利，募工教织，于是始有苗布。大旱，民饥，急发库藏平粜施粥，郡无殍人。事毕，自请擅动库币之罪，民感其惠。次年，岁稔，争酿金还库。黄平州有盗，或告变，单骑临之，呼众缚为首者出，不戮一人，戍五人而已。兴义苗哄，大吏已勒兵，桂桢曰："此苗愈民欺，保不为变。"使人开谕，果服。在任三年，治行称最，擢陕西潼商道。历浙江按察使，甘肃、山东布政使。

道光三年，擢山西巡抚。丁父忧，服阕，署礼部侍郎，

授仓场侍郎，严治花户侵渔。初行海运，奏定漕粮到天津起卸拨运收贮章程，清核于到坝之先，慎重于入仓之后，著为令。九年，迁漕运总督。疏言："漕政之艰困，由于旗丁疲累，而水手多系无业游民，性成强悍，无以恤其力而服其心，宽猛皆无当，欲其不滋事甚难。惟密诇于未然，而重绳其既往。请责成督运官弁，遇有滋事者，立时拿办者免议；日久无获者重处。"时漕弊已深，桂桢力加整顿，必究弊源，不为苛刻，群情翕服。

十一年，调广东巡抚，却洋行陋规，遇事执法，外商独严惮之。每月勾捕，不动声色，临事集官弁，曰往某所，闾里不扰，莠民敛迹。以俭素率属，一日微服勘灾归。至西关，见千总舆从甚盛，叱止之，千总叩头请罪乃已。惠、潮两郡多械斗，数兴大狱，痛绳以法，稍戢。创议诸郡山场荒地，援雷、琼例，给照听民垦种。设乡约义塾，教养兼施，以弭匪僻。诫僚属慎刑狱，治民以无冤滥始，每届秋谳，多所平反。十三年，以病乞归，宣宗时时询其病状，冀其出。二十年，卒，诏嘉"居官清正，勤政爱民"，依总督例优恤，赐其子镇举人，谥庄恪，祀镇远名宦祠。

陈銮，字芝楣，湖北江夏人。嘉庆二十五年一甲三名进士，授编修。道光五年，出为江苏松江知府。创行海运，銮驻上海，多所赞助。署江宁，值下河诸县水灾，流民劫掠，预设防禁。设赈厂郊外，议宜散不宜聚，分各县留养，大县二千人，小县千人，赈毕资遣，竟事无哗。调苏州，历苏松太道、江西粮道、苏松粮道、广东盐运使、浙江按察使，署布政使。水灾治赈，亲勘灾湖州，谘访土人，知湖高于田，溇港宣泄不畅，规建堤防，修筑塥岸，以保田畴。十二年，迁江西布政使，调江苏，护理巡抚。

銮自为诸生时，两江总督百龄辟佐幕，历官江苏最久，周知利病。会陶澍、林则徐先后为督抚，百废俱举，凡治漕，治运，浚吴淞江、刘河、白茆河，修宝山、华亭海塘，銮并在事，、澍、则徐皆倚如左右手。十六年，擢江西巡抚。明年，复调江苏。十九年，陶澍以病解职，代署两江总督。方严烟禁，筹海防，甚被倚畀。疏言："自嘉庆以来，乡曲细民多受邪教诱胁，为风俗人心之害，由于正教不明。请敕儒臣阐明《圣谕广训》，黜异端之旨，撰为韵言，布之乡塾，俾士民童年诵习，以收潜移默化之效。"特诏允之。是年冬，卒于官，赠太子少保，依尚书例优恤。赐其子庆涵举人，庆滋，光绪中官至江西按察使。

吴其濬，字瀹斋，河南固始人。父烜，兄其彦，并由翰林官至侍郎，屡司文柄。其濬初以举人纳赀为内阁中书。嘉庆二十二年，成一甲一名进士，授修撰。二十四年，典试广东，其彦亦督顺天学政，词林称盛事。道光初，直南书房，督湖北学政，历洗马、鸿胪寺卿、通政司副使，超迁内阁学士。十八年，擢兵部侍郎，督江西学政，调户部。二十年，偕侍郎麟魁赴湖北按事，总督周天爵嫉恶严，用候补知县楚镛充督署谳员，制非刑逼供，囚多死，为言官论劾，大冶知县孔广义列状讦之，讯鞫皆实，复得楚镛榷盐税贪酷，及天爵子光岳援引外委韩云邦为巡捕事，天

爵论褫职戍伊犁,革光岳举人,镛荷校,期满发乌鲁木齐充苦役,巡抚伍长华以下降黜有差。命其濬署湖广总督,寻授湖南巡抚。

二十二年,崇阳逆匪钟人杰作乱,进窥巴陵,其濬偕署提督台涌赴岳州防剿,檄镇篸兵分布临湘、平江诸隘,其濬移驻湘阴,贼袭平江,击却之。及人杰就擒,余党窜湖南者以次捕诛,被优叙。部议裁冗兵,其濬疏言:"湖南地逼苗疆,人情易扰。裁者无多,徒生骄卒之疑,而启苗、瑶之衅。"总督裕泰寻定议苗疆近地并仍旧额。二十三年,调浙江,未行,武冈匪徒聚众阻米出境,戕知州,捕治如律。奏请于洪崖洞设巡卡,编保甲,以靖祸萌。寻调云南巡抚,署云贵总督。二十五年,调福建,又调山西,兼管盐政。奏裁公费一万两,严捕烟贩,时称其清勤。二十六年,乞病归。寻卒,赠太子太保,照例赐恤。寻复以其濬在山西裁革盐规,洁己奉公,特加恩子孙以彰清节:子元禧主簿,崇恩知县,荣禧通判,皆即选;又赐其子承恩、洪恩及孙樽让举人。

张澧中,字兰沚,陕西潼关人。嘉庆二十二年进士,授刑部主事,充提牢厅,累迁郎中。执法明允,数从大臣谳狱黑龙江、奉天、江南、山东。道光十二年,出为直隶大顺广道。奸民倡无生教惑众,澧中率兵役探其巢穴,得图卷及名册,悉焚之,归正者概不株连。署按察使,迁福建按察使。署布政使,授直隶布政使,未之任,调山西,署巡抚。二十年,擢云南巡抚,于刑狱尤矜慎。二十三年,召署刑部侍郎,寻实授。

二十七年,河南洊饥,颁库帑百万,命澧中偕尚书文庆治赈务。至,即饬查造丁口,按册抽查户口,调取藩库戥抽查赈银;令州县按旬具报钱价,以备考核;劾冒赈之考城令及造报舛错各员。

寻授山东巡抚。清查交代,定追赔章程,考察镇道等官失察盗案多寡,分别劾议。严责捕盗,先后获匪盗七百余名,治如律。疏言:"山东地广民稠,一遇歉岁,曹州之捻匪,沂州之掖匪、幅匪,武定、临清属之枭匪,聚众每至百余人,随地裹胁,蔓延不已。群匪多起于曹、沂,而兖、济受害为尤甚。地方官辄转稽延,不能即正典刑,匪徒遂无顾忌。惟官不以盗为事,民始敢与盗通声气。奸厥渠魁,胁从自散。即牧令中亦非无长于缉捕勇敢任事之员,惟大法则小廉,人存则政举。凶匪之横行,咎在牧令;牧令之不职,责在上司。"诏嘉勉之。寻卒,依侍郎例赐恤。

张日晸,贵州贵筑人。嘉庆二十二年进士,选庶吉士,授编修。道光九年,出为四川叙州知府,调成都。日晸勤于吏职,刻《树桑百益书》以劝民蚕,创"励节堂"以赡节妇贞女之无依者。政暇,招诸生于署,讲析经义、语录。郡属马边、屏山等厅县,毗连猓夷,令附近民建修碉堡,编联保甲,民赖以安。擢建昌道。十九年,越巂、峨边夷匪滋事,偕总兵包相卿督兵平之。招复逃亡,编集练勇,修筑碉堡,于要隘建城,以资保障。迁浙江盐运使,再迁

湖北按察使,调四川。治狱平恕,不以平反矜能,遇有疑窦,饬另缉改办,告戒属吏以哀矜为重。迁河南布政使。河决中牟,值祥符工甫竣,两次灾区二十五州县,附省灾尤重。每驰诣赈所监视,于郊外隙地捐俸构屋,安戢灾黎,遂成村聚。二十六年,擢云南巡抚,未之任,丁母忧。服阕,仍授云南巡抚。勤于察吏,免铜厂民欠工本银六千余两。在任一年卒,祀四川、云南名宦祠及乡贤祠。

论曰:宣宗以恭俭为治,一时疆臣多清勤之选。帅承瀛等或由卿寺受知,或以守令拔擢,虽间有旋倔旋起、晚置闲散者,其猷为要并可观焉。朱桂桢实心实政,治绩称最,独膺易名之典,盖非幸云。

卷三百八十二 列传一百六十九

瑚松额　布彦泰　萨迎阿

瑚松额,巴岳忒氏,满洲正黄旗人,西安驻防。嘉庆初,以前锋从将军恒瑞剿湖北教匪,后隶那彦成、德楞泰部下,积功擢协领。十八年,滑县教匪起,瑚松额率马队从副都统富僧德战道口及滑县城下,屡有功,赐花翎。二十三年,擢福州副都统,署福州将军。

道光三年,授察哈尔都统。五年,擢成都将军。乾隆中,西宁玉舒巴彦襄谦千户分三百户与其弟索诺木旺尔吉为小襄谦,由德尔格忒土司居间调处,办事大臣断定。既而索诺木旺尔吉之子诺尔布不能服其属户,大襄谦欲兼并之,诺尔布诉于德尔格忒土司;大襄谦复以土司有欺凌小襄谦情事,互控不已,下瑚松额按之。奏请仍遵原断,大襄谦不得觊觎属户,德尔格忒土司亦毋预邻封事,以杜争端,事乃定。七年,署四川总督。九年,调吉林将军。会宣宗东巡,扈跸,校射,中三矢,赐黄马褂。十年,母忧回旗。寻署盛京将军。

十二年,命偕尚书禧恩督师剿湖南瑶匪赵金龙,至则金龙已就戮,其党赵青仔率余匪窜广东、湖北境,督兵剿平之。广东连山排瑶亦叛,率提督余步云等进剿,擒匪首邓三、盘文理等,瑶众投诚,全境肃清,赐双眼花翎,予一等轻车都尉世职。命署福州将军,台湾土匪张丙等作乱,授为钦差大臣,偕参赞哈哴阿赴剿。及抵福建,提督马济胜已擒匪首,台湾略定。十三年春,命仍渡台搜捕余党,擒各路匪首二十余人,贼党三百余人,分别置之法,械送张丙、陈办、詹通、陈连至京诛之,加太子太保,复调成都将军。十四年,峨边、马边夷匪勾结焚掠,提督杨芳击毙夷目,以肃清入奏。既而夷复滋扰,瑚松额以芳办理未善,劾罢之,自请议处,降一级留任。

十五年,授陕甘总督。疏陈兵丁骄纵,应加意训练驾驭;又密陈吏治情形,优诏嘉纳。十七年,京察,诏嘉其不露锋芒,细心任事,予议叙。西藏堪布入贡,为四川番

匪劫掠。瑚松额捕贼数十人,得赃物;奏请贡道改由柴达木,由青海大臣遣兵护送。又以野马川地连野番,请于大通河北岸立栅,山岩筑设墩卡,派兵防守;提标前后二营厂马合并,以厚兵力:并允行。二十一年,因病请开缺,寻致仕,许食全俸。二十七年,卒,赠太子太傅,赐恤,谥果毅。

布彦泰,彦扎氏,满洲正黄旗人。父珠尔杭阿,嘉庆初,官镶黄旗满洲副都统,以军功予骑都尉世职。布彦泰由荫生授蓝翎侍卫,袭世职,洊升二等侍卫。二十三年,充伊犁领队大臣。道光初,擢头等侍卫。历喀什噶尔参赞大臣、办事大臣,伊犁领队大臣,乌什办事大臣。九年,授喀什噶尔总兵,病归。十年,予副都统衔、乾清门行走,充哈密办事大臣,调西宁办事大臣。将军玉麟荐其习边事,调伊犁参赞大臣,再调塔尔巴哈台参赞大臣。十四年,复以病归。十八年,署正蓝旗汉军副都统,擢察哈尔都统。

二十年,授伊犁将军,入觐,命在御前行走。及赴任,授镶黄旗蒙古都统。二十二年,疏陈开垦事宜,略言:"惠远城三棵树地方可垦地三万余亩,请就本地民户承种输粮。阿勒卜斯地方可垦十七万余亩,请责成阿奇木伯克等筹计户口,酌量匀拨。"至二十四年,疏报塔什图毕等处开垦叠著成效,诏嘉其"忠诚为国,督率有方",加太子太保。又命会勘乌鲁木齐未垦之地,及各城旷地,一律兴办。寻疏言:"惠远城东阿齐乌苏废地,前任将军松筠奏拨八旗余丁耕种,因乏水,不久废弃。今欲垦复,必逐渐开渠,极东且须引哈什河水,方可用之不竭。经营浩费,较前次各案不啻数倍。现委员勘估,又以伊犁历届捐垦成案,皆系收工而非收银。盖办工以工为主,计银不如计工之直捷,亦不如计工之核实。此次用夫匠五十三万四千工,实垦得地三棵树、红柳湾三万三千三百五十亩,阿勒卜斯十六万一千余亩。荒地之开垦成田,由于渠工之开通水利,故不能划出某顷某亩为某员所捐办者,仍请免其造册报销。"从之,时前两广总督林则徐在戍所,布彦泰于垦事一以谘之,阿齐乌苏即由则徐捐办。事既上闻,命布彦泰传谕则徐赴南路阿克苏、乌什、和阗周勘。布彦泰疏留喀喇沙尔办事大臣全庆暂缓更换,与则徐会勘。凡历两年,得田六十余万亩,事具《全庆传》。

二十五年,授陕甘总督。青海番匪连年肆扰,自二十三年总督富呢扬阿奏报进剿,驱回河南,实仅邀番僧贵抚,约不北犯。次年,复扰河北,掠凉州营马匹,戕守备。富呢扬阿诿称匪乃四川果克黑番,大雪封山难剿,而西宁镇总兵庆和出口会哨,又遇贼被戕。惠吉继任总督,檄提督胡超进剿。肃州兵不听调,哗噪,胡超不能制。惠吉筹办未有绪,殁于任,乃以布彦泰代之,未至,命林则徐先署总督,并授达洪阿西宁办事大臣,同治其事。二十六年,布彦泰抵任,奏劾胡超畏葸,罢之;又论总兵站住攻剿不力,褫职遣戍。达洪阿率兵剿平番庄,惟黑错寺匪众抗拒,攻下之。又破果岔贼剿,拉布楞等寺僧收合四沟散番乞降,事乃定。布彦泰以调度有方,被优叙。亲巡边隘,疏陈西宁地势因河为固,扼险设备,请于哈拉库图尔之南山根、南川营之青石坡,移建营堡,黄河北岸头岱、东信、忙多各渡口设卡;又奏复防河旧章,安置营汛:并如议行。

二十七年,安集延布鲁特纠合回子围喀什噶尔、英吉沙尔,诏布彦泰率兵赴肃州,授为定西将军,奕山为参赞大臣,将大举出师。会奕山率边兵战捷,贼退,二城解围,军事告竣,布彦泰回任。二十九年,因病请罢,许之。时为固原知州徐采饶等所讦,命协办大学士祁寯藻往会总督琦善按之,坐关防不密、清查歧误,及失察家人,议降调革任。寻予二等侍卫,充叶尔羌帮办大臣,调伊犁参赞大臣,偕将军奕山会议俄罗斯通商事宜,语详《奕山传》。咸丰二年,授正白旗汉军副都统,仍留边任。四年,回京,命赴王庆坨军营,以疾未行,请开缺。光绪六年,卒,年九十。诏念前劳,依都统例赐恤。

萨迎阿,字湘林,钮祜禄氏,满洲镶黄旗人。嘉庆十三年举人,授兵部笔帖式。擢礼部主事,洊升郎中。道光三年,出为湖南永州知府,调长沙。历山东兖沂曹道、甘肃兰州道。七年,就迁按察使。以治回疆军需,赐花翎。六年,擢河南布政使,未任,予副都统衔,充哈密办事大臣。调喀喇沙尔办事大臣。十年,安集延扰喀什噶尔边卡,萨迎阿赴土尔扈特、霍硕特召兵赴援,又襄治南路粮运。授盛京工部侍郎,兼管奉天府尹事。十一年,留京署镶白旗汉军副都统,充乌什办事大臣。历哈密办事大臣、叶尔羌帮办大臣,仍调哈密办事大臣。十五年,授盛京礼部侍郎,兼管府尹事,调户部。二十年,召授礼部侍郎,兼镶红旗汉军副都统,调户部,兼管钱法堂。二十三年,擢热河都统。

二十五年,授伊犁将军。乌鲁木齐兴办喀喇沙尔渠道堤坝,下萨迎阿筹议。疏言:"喀喇沙尔城西开都河,道光十七年,筑护堤,有屯田头工、二工两渠,自裁屯安户后,又于上游大河开一大渠,嗣头二工又各添新渠,共有五渠。上年大水,各渠口冲塌,护堤亦坏。今拟挑浚北大渠,接长二千三百丈,共长九千丈;修筑龙口石工,外设木闸,自龙口至坡心滩嘴,筑碎石长坝四十余丈,中设泄水闸,随时启闭;接长旧堤三十余里,至北大渠口为止;其余诸渠挑浚深通,庶期经久。"又言:"吐鲁番掘井取泉,由地中连环导引,浇灌高田,以备渠水所不及,名曰闸井,旧有三十余处。现因伊拉里克户民无力,饬属捐钱筹办,可得六十余处,共成百处。"寻以开垦挑渠办有成效,萨迎阿履勘,筹议招种升科。疏言:"垦地在渠水充盈,用有余裕,升科不必求急,期实有神益,行之久长。新疆水利,泉水少而雪水多,雪水之迟早无定,收获之丰歉难齐,请援镇、迪旧例,减半升科。"下部议行。英吉沙尔领队大臣齐清额误听听伯克言,诬指回子胡完为张格尔逆裔,萨迎阿平反之,诏嘉其详慎。

二十七年,安集延布鲁特回众入卡,围喀什噶尔、英吉沙尔二城,萨迎阿檄调诸城兵往剿,叶尔羌参赞大臣奕山率诸军由巴尔楚克进,三战皆捷。萨迎阿别遣兵扼树窝子,二城围寻解。时方命陕甘总督布彦泰督师,未出关而事平。咸丰元年,召授正白旗满洲都统,会陕甘总督琦善剿青海番匪，言官劾其妄杀，命萨迎阿赴西宁按之。奏调刑部司员梁熙、奎椿、武汝清随同鞫讯，得番子十四名无辜诬服状。疏陈琦善剿办黑城撒拉回子及黄喀洼番贼，尚非无故兴师，惟将雍沙番族杀毙多名，实系妄加诛戮，并及文武妄拏、刑求逼供，诏褫琦善职，逮京汛治，命萨迎阿暂署陕甘总督。

甘肃营务废弛，虽议整顿，而番匪时复出扰。新授福建巡抚王懿德途经金县，士民呈控，奏下萨迎阿察治，屡被诘责。二年，解任回京。自琦善之逮治也，刑部尚书恒春以萨迎阿论劾不当，欲令原讯司员对簿，独侍郎曾国藩持不可。及廷臣会讯谳上，琦善遣戍吉林，司道以下文武论罪有差，被诬番子免罪，略如原谳。萨迎阿坐未取应议各员供词，遽行拟罪，又因子书绅与司员同坐问供，下部议，书绅降三级调用，萨迎阿降四级留任。历署镶蓝旗、正红旗蒙古都统。六年，出署西安将军。逾岁卒，诏念回疆军务曾著劳绩，赐恤，谥恪僖。

论曰：瑚松额川、陕旧将，屡任专征，虽无赫赫功，尚持大体。晚膺疆寄，称厥职焉。布彦泰新疆开垦，西宁平番，胥赖林则徐之擘画。萨迎阿平反番狱，持正不阿，而治番亦无良策。盖番族生计无资，营伍废弛已久，议剿议抚，补苴一时。林则徐谓治番自古无一劳永逸之计，亦慨乎其言之也。

卷三百八十三　　列传一百七十

张文浩　严烺　张井　吴邦庆
栗毓美　麟庆　潘锡恩　子骏文

张文浩，顺天大兴人。入赀为布政司经历，投效东河，工竣，发南河。嘉庆十年，授山清外河同知，屡以河溢夺职，寻复之，补外河南岸同知。十九年，河督吴璥奏调赴睢工委用，擢署淮海道。二十四年，河溢仪封，复决武陟马营坝，调办马营坝工，工竣，赐花翎。仪封决口犹未塞，仁宗以吴璥年老，命文浩署河东河道总督，专驻工次。疏陈筑坝挑河估银四百五十万，报可。工竣，晋二品顶戴，兼兵部侍郎衔。道光元年春，钦天监奏彗星出东壁，分野在卫地，占主大水，敕文浩防范。侍郎吴烜请加高河堤，文浩疏言：“河滩高下不齐，长堤千余里，未能一律增高，请加子堰二三尺。”从之，实授河道总督。三年，丁母忧，服未阕，以畿辅连年水患，召署工部侍郎，偕三品卿继昌勘南北运河及永定河漫溢。诏继昌还，文浩驻工会办。工竣，与总督蒋攸铦合疏陈：“直隶河道漫水未涸，无从查勘，考询各处堤埝，无不堙塞残废。每年二月方可动工，五月即须停止，工繁时促，断难同时兴作。请于来岁春融，周历履勘，分别缓急估办。”又言：“永定河为患，固由下口不能畅流，亦由上游无所宣泄。请修筑重门闸，添设减水坝。又近年河流每多侧注北岸，宜添筑越堤以为重

障。”

四年春，授江南河道总督。其秋，粮艘回空，黄河高于清水，停阻河北者数月，诏切责，降三品顶戴，命设法蓄清以资浮送。十一月，始全数渡黄。会洪泽湖涨水未消，高堰十三堡提溃万一千余丈，山盱、周桥、悉浪庵亦过水八九尺，各坝漫溢。宣宗怒，褫文浩职，命尚书文孚、汪廷珍驰勘，劾文浩御黄坝应闭不闭，五坝应开不开，蓄清过旺，以致溃决。命于工次枷号一月，遣戍新疆。回疆军事起，随营效力，事平，请释回，不许。十六年，卒于戍所。

严烺，字小农，浙江仁和人。嘉庆中，入赀为通判，发南河，累擢徐州道，丁母忧。道光元年，服阕，授河南河北道。寻命以三品顶戴署河东河道总督，三汛安澜，乃实授。汶水漫决既塞，疏言：“运河北路以蓄汶敌卫为最要机宜，必使汶水层层抬高，然后能敌卫水。请加高临清口砖闸资收蓄。”从之。初，黎世序治南河多用碎石，乃奏请敕东河仿行，烺取其说，请于马营北岸挑埝，仿南河抛护碎石，估工需银十万两。布政使程含章、巡抚姚祖同先后言其不便，而马营既放淤，坝前水势已缓，烺仍请于坝尾沁水灌注之所抛护碎石，从之。

四年，南河高家堰溃决，调烺江南河道总督。五年，与尚书文孚、汪廷珍合疏陈：“蓄清敌黄为河务第一关键。蓄清全赖湖堤，堤溃则清水泄枯，重运经临，无以资浮送。拟遵古人成法，借黄济运。所虑运河窄小，黄流湍悍，多则不能容纳，少则必致胶浅。议于御黄坝外建坝三道，钳束黄流，俾有节制。又添筑纤道，以资束水行纤。里、扬两厅长河挑挖淤浅，帮培堤身，并豫储料物，随时筑坝，逼溜刷淤。御黄坝未启，则先挑高堰引河，导清水入运；将启，则严堵束清，杜黄水入湖。至修复湖堤，必乘天寒水涸，取土较易。拟就近采料，限大汛前砌高十层，备湖水渐长。共需帑银三百万。”又议覆侍郎朱士彦条上南河事宜，大要：“拆修高家堰坝工，先筑越坝以便工作，并于石堤外抛碎石坦坡，可期永无堤卸。又于王家坝减坝内盐河加筑堤埽，及仁、义、礼旧坝处所添建石滚坝，以防异涨。”并如议行。于是偕孙玉庭等会办重运。至五月御黄坝启放后，河道仍浅滞，漕船不能通行，就近盘坝，剥运难继，玉庭被重谴，烺亦镌级留任。

烺既因济运事不敢擅离，不能巡河勘工，两江总督琦善以为言，乃命烺周历履勘，仍谕蓄足清水，为来年敌黄济运之计。烺疏言：“从前黄河底深，湖水收至数尺，即可外注，堤身不甚吃重。今则湖水必蓄至二丈，始可建瓴而刷黄。以四百里浩翰之湖水，恃一线单堤为之护，西风冲击，势必溃决。拟仿成法，于堤外筑碎石坦坡，护堤既固，则湖水可蓄。”又偕琦善奏陈：“刷黄必须湖水收至二丈。上年湖水丈七尺余，即致失事。刻下清水万难蓄足，惟有蓄清减黄二法并行。碎石护堤，所以蓄清；改移海口，所以减黄。”诏妥筹具奏。寻又会陈：“由王营减坝至灌河口，可导黄入海。查灌河口外海滩高仰，转无把握，惟抛碎石坦坡，可渐收蓄清刷黄之益，需费六百余万，应分年

办理。"

六年，洪湖石工既竣，烺知工未坚固，实不足恃，遂坚主碎石之工，每年抛石三十万方，八年始能告成。宣宗怒斥："烺调任以来，一筹莫展。御黄坝至今不能启放，办理不善。念在东河修守尚无贻误，降三品顶戴。"署河东河道总督；七年，实授，复二品顶戴。以兰阳柴坝西北顶冲，前抛碎石已著成效，遇伏秋汛涨，仍形吃重，请加宽坦坡。八年，请续抛下北、兰仪两厅碎石，并于中河、祥河险工储石备防。十一年，命侍郎钟昌等抽查东河料垛，祥河、曹考两厅料垛虚松残朽，烺坐失察，降三品顶戴，镌四级留任。寻以病请开缺。

十三年，病痊到京，疏陈浙江海塘事宜。十四年，命偕侍郎赵盛奎往勘，请分别缓急，改修柴埽，以护塘根，岁拨银五万备修费，从之。寻命毋庸在工督办。复以病乞归。十五年，河东河道总督吴邦庆劾烺虚抛碎石，并收受红封盘费，以运同降补。二十年，卒。

张井，字芥航，陕西肤施人。嘉庆六年进士，以内阁中书用，改知县，铨授广东乐会。引见，特命改河南正阳，调祥符，迁许州直隶州知州。襄办马营坝大工，加知府衔，署汝宁知府。道光四年，擢开归陈许道。寻以三品顶戴署河东河道总督。五年，秋汛安澜，乃实授。增培黄河两岸堤工，并修泉河堤，浚各湖斗门引渠，疏陈河工久远大计，略曰："今日之黄河，有防无治，每遇伏秋大汛，司河各官奔走抢救，竭蹶情形，惟日不足。及至水落霜清，则以目前可保无虞，不复求疏刷河身之策。渐致河底垫高，清水不能畅出，并误漕运。又增盘坝起剥及海运等费，皆数十年来斤斤于筑堤镶埽，以防为治，而未深求治之之要有以致之也。当此河底未能疏浚之时，惟仍守旧规，以堤束水，而水不能攻沙，河身日形淤垫，必得有刷深之方，始可遂就下之性。"宣宗韪其言，命偕两江总督琦善、南河总督严烺、河南巡抚程祖洛筹议，遂赴南河会勘。

六年，疏言："黄河病在中满，淤垫过甚，自应因势利导。拟仿前大学士阿桂改河避险之法，导使绕越高淤，于安东东门之北别筑新堤，以北堤改作南堤，中间抽挑引河，傍旧河而行。至丝网滨以下，仍归海口，无淤滩阻隔，似可畅顺东趋。去路既畅，上淤必擎深，得黄与清平，立启御黄坝，挑逼清水畅出刷黄，自有建瓴之势。"诏嘉其有识，调江南河道总督，与总督琦善及副总河潘锡恩会议。以改河避淤，口门有碎石阻遏，诸多窒碍，请开放王营减坝，以期减落黄水，刷涤河身，从之。既而给事中杨熳奏"启放减坝，黄流湍急，盐河势难容纳，恐滋流弊"，援嘉庆间减坝两次漫口情形为证。复下详议，井言："熳稽考成案，于今昔情形似未周知。昔年开坝漫口时在五月，本年启放定在霜后，来源无虑续涨。惟现据委员廪称，去路未见通畅，是熳所奏不为无见。因思旧坝时水势或可畅达，堵合后全河仍必抬高，恐徒深四邑之灾，无补全河之病。请仍改河避淤。"上斥井持论游移，不许。是秋，开放减坝，如期堵合，被褒叙。七年，春汛，黄水倒漾，仍高于清水，御坝骤难启放，漕船倒塘灌运，自请治罪，降三品顶戴。命大学士蒋攸铦、尚书穆彰阿往勘。会黄水低落，启御坝，运船幸得全渡。诏斥井急于求功，泥于师古，革职留任，以观后效。

八年，疏陈要工四事：黄河接筑海口长堤，并于下游多筑埽坝以资刷擎；洪泽湖添建滚坝，加宽湖堤；南运河移建昭关坝，加帮两岸纤堤；北运河修复刘老涧石滚坝，补还南岸纤堤。命都统英和会同蒋攸铦查勘，以添筑埽坝不能疏通积淤，海口筑堤可从缓办，余如议行。九年，以两届安澜，复二品顶戴，谕相机规复河湖旧制。疏言："南河利害，全系清江，必清水畅出，助黄刷淤，则河与漕两治。惟黄水积淤，必清高于黄数尺，又必启坝时多、闭坝时少，乃能畅出涤刷。现在清水能出，仅免倒灌，不误漕行，殊未易收刷涤之效。"十二年，桃源县民聚众私掘官堤擎溜，致成决口，革职，暂留任效力。御史鲍文淳、宗人府府丞潘锡恩并言黄水入湖，恐妨运道，命穆彰阿、陶澍会勘筹议。疏陈："黄水入湖后，即由吴城七堡仍入黄河，仅淤沿堤，不及湖中，未入束清坝，不致病及运河。正河干涸，正可将桃南、桃北两厅间大加挑浚，除去中满之患。"十三年，于家湾合龙，予四品顶戴。寻引疾归。十五年，卒于家。

井任两河凡十年，初治南河，锐意任事，泊兴大工，糜帑三百余万而无成效，仍为补苴之计，用灌塘法，较胜借黄之险。勤于修守，世称其亚于黎世序云。

吴邦庆，字霁峰，顺天霸州人。以拔贡官昌黎训导。嘉庆元年，成进士，选庶吉士，授编修，迁御史。巡视东漕，奏请重浚运河，并复山东春兑春开旧制。数论河漕事，多被采用。十九年，擢鸿胪寺少卿，命偕内阁学士穆彰阿督浚北运河。累迁内阁侍读学士。二十年，出为山西布政使，调河南，护理巡抚。二十三年，擢湖南巡抚，调福建，未之任，湘潭土客民群斗，死伤甚众。侍郎周系英面陈与邦庆疏奏有异，命总督庆保往按。邦庆亦发系英私书，系英获谴；邦庆镌级，以三品京堂用，补通政使。二十五年，擢兵部侍郎，调刑部，寻授安徽巡抚。

黄水注淮，凤、颍被灾，而皖南苦旱，亲赴灾区赈抚。泾县民徐飞泷伤毙，邦庆误听承审官谓由于徐孝芳捏伤图赖，奏捕之，激众拒捕。命两江总督孙玉庭鞫治，得其状，诏斥邦庆几酿冤狱，部议革职，予编修。累迁少詹事。道光十年，授贵州按察使，未之任，予三品卿衔，署漕运总督，寻实授。禁粮船装载芦盐，请缉拿沿河窝顿。十一年，调江西巡抚。

十二年，授河东河道总督，以不谙河务辞，不许。初，严烺在东河，多用碎石抛护，历年岁料未有节省，诏饬核减。邦庆疏请："酌改旧章，每年防料经费四成办秸，六成办石。兰仪、商虞、下北三厅现工险要，仍专案请办碎石。所以六成之石，积储数年，使各厅皆存二千，方缓急可恃，则专案之石亦可逐年递减。"从之。武陟拦黄堰民筑民修，嗣归厅管，工段岁增。十三年，奏定画界立石，官民分守，如有新生埽工，先借帑办理，按河北三府摊征归款。以山东运河全赖泉源灌注，请复设泉河通判，以专责成。寿东汛滚水坝外旧有土堰，为蓄汶敌卫，以利漕运，大水乡民私开酿事，奏立志桩。济运之水以七尺为度，重运过竣，启堰以利农田，如议行。

初，邦庆著《畿辅水利丛书》，后在官，考河南通省志乘所载有水田处，胪列其水之衰旺，溉田多寡之数，为《渠田说》。修防之暇，率道厅捐赀造水车，就马营坝北及蔡家楼大洼积水地七千余亩试行垦治。先是，邦庆因碎石工劾严烺，罢之。既而给事中金应麟亦劾邦庆保举过滥，动拨过多，十五年，命大学士文孚、山东巡抚钟祥按之，坐违例调地方人员改归河工，及以属员为幕僚，厅员馈银不奏参，褫职。诏复斥其参劾严烺迟至三年之久，亦属取巧，念在任三届安澜，加恩复予编修。年已七十，遂告归。二十八年，卒。

栗毓美，字朴园，山西浑源人。嘉庆中，以拔贡考授知县，发河南。历署温、孟、安阳、河内、西华，补宁陵，所至著绩。父忧归，道光初，服阕，补武陟。迁光州直隶州知州，擢汝宁知府，调开封。历粮盐道、开归陈许道、湖北按察使、河南布政使，护理巡抚。十五年，擢河东河道总督。

毓美自为令时，于黄、沁堤工，马营坝工皆亲其事，勤求河务。时串沟久为河患，串沟者，在堤河之间，始仅断港积水，久而沟首受河，又久而沟尾入河，于是串沟遂成支河，而远堤十余里之河变为切近堤身，往往溃堤。毓美莅任，乘小舟周历南北两岸，时北岸原武汛串沟受水已三百丈，行四十余里，至阳武，沟尾复灌入大河；又合沁河及武陟、荥泽诸滩水毕注堤下。两汛素无工无秸，石堤南北皆水，不能取土筑坝。毓美乃收买民砖，抛成砖坝数十所。工甫就而风雨大至，支河首尾皆决数十丈而堤不伤，于是始知砖之可用。疏陈办理情形，以图说进。

寻又疏言：“王屋庄进水之口，较前更宽百余丈，由中泓大滩益向南淤，溜势南缓而北紧。南股正河成为迁道，北股之溜势转建瓴。其故由广武山前老滩坍千余丈，溜趋山根，为山所遏，折回东北，中泓挺生于滩。水口既日见刷宽，从省估计，约需银十余万两。至原阳两岸堤根，因沿陂试抛砖块，深资偎护。月石坝堵合，加高帮宽，迤下杨村、封丘二汛，滩水已停淤，坝下七十余村庄居民安堵。惟串沟分溜，关系北岸全局，不能缓至来年兴工，已借拨银两估办。”允之，是役支河危险，赖砖工化险为平。

寻偕巡抚桂良勘奏：“老河分溜已有六分，王屋庄口宽势顺，砖土各坝未可深恃。原武十六堡当其顶冲，并有秦家厂、盐店庄各滩水串沟分注，十七堡当支河尾周皆险要，请购料豫防。”如议行。十六年，择要挑浚修筑鱼台汛堤岸，改民堰归运河厅。十八年，旱，漕艘阻滞。浚泉源及各湖进水渠道，严诸闸启闭。又浚曹州、济宁河渠。十九年，奏定微山湖收纳运水章程，但计水存丈三尺以内，即筑坝蓄水，加高戴村坝以防旁泄。

初，毓美以砖工屡著成效，奏请许设窑烧造。御史李莼疏言其不便，命尚书敬徵往勘，仍请改办碎石，停止设窑。毓美上疏争之曰：“豫省历次失事，皆在无工处所。堤长千里，未能处处筹备。一旦河势变迁，骤遇风雨，辄仓皇失措。幸而抢护平稳，埽工费已不赀。镶埽引溜生工，久为河工所戒，昧者转谓非此别无良策。查北岸为运道所关，往者原阳分溜，几掣动全河，若非用砖抛护，费何可数计？今祥符下讯、陈留一汛滩水串注，堤根形势，正与北岸同。滨河士民多有呈请用砖者，诚有见于砖工得力，为保田庐情至切也。夫事之有利于民者，断无不利于国。特事近于创，难免浮言。前南河用石之始，众议纷如，良由工程平稳，用料减少，贩户不能居奇。工简务闲，游幕友不能帮办谋生，是以妄生浮议，赖圣明独断，敕下东河试办，至今永庆平成。惟自用碎石，请银几七十余万，嗣改办六成碎石，然因购石不易，埽段愈深愈多，经费仍未能节省。自试办砖坝，三年未生一新工，较前三年节省银三十六万。盖豫省情形与江南不同，产石衹济源、巩县，采运维艰。砖则沿河民窑不下数十座，随地随时无悮事机。且石性滑，入水流转，砖性涩，入土即黏，卸成坦坡，自能挑溜。每方砖块直六两，石价则五六两至十余两不等。碎石大小不一，堆垛半属空虚。尺砖千块为一方，平铺计数，堆垛均实。每方石重五六千斤，而砖重九千余斤，是一方石价购砖两方，而抛砖一方可当石两方之用也。或谓砖块入土易损裂，不知砖得水更坚，抛成砖坝，一经淤泥，即已凝结；或谓抛筑砖坝，近于与水争地，不知堤前之地，尺寸在所必争。自来镶埽之法，堤前必先筑土坝数十丈，然后埽镶，设砖坝则无须乎埽。师土坝之意，不泥其法，抛作坦坡，大溜自然外移，未有可筑土坝而不可筑砖坝者。上年盛涨，较二年及十二年尤猛迅，砖坝均屹立不移。仪睢、中河两厅，河水下卸，塌滩汇坝，抢镶埽段，旋即走失，用砖抛护，均能稳定。是用砖抢办埽工，较镶埽更为便捷。昔衡工失事，因滩陷不能镶埽；马工失事，因补堤不能得碎石。使知用埽不如用砖，运砖易于运石，则费省而工已固。现在各厅无工之处，串沟隐患，必应未雨绸缪。若于黄、沁下南豫储砖块，则可有备无患。应储之砖，仍令向民间采买，不必厅员烧造，此外别无流弊。”卒如所议行。遂请以四成办秸之款改办砖块。

又疏言：“从前治河用卷埽法，并有竹络、木囷、砖石、柳苇。自用料镶埽，以秸料为正宗，而险无定所，亦无一劳永逸之计。缘镶埽陡立，易激水怒。其始水深不过数尺，镶埽数段，引溜愈深，动辄数丈，无工变为险工。溜势上提，必须添镶；溜势下坐，必须接镶。片段愈长，防守愈难。新工既生，益形劳费。埽工无法减少，不得已而减土工，少购碎石，皆为苟且因循之计。自试抛砖坝，或用以杜新工，或用以护旧工，无不著有成效。且砖工不特资经久，而堆储亦无风火堪虞。从此工固澜安，益复培增土工，专用力于根本之地，既可免漫溢之患，亦保无冲决之虞。”宣宗深嘉纳之。巡抚牛鉴入觐，谕以毓美治河得手，遇事毋掣其肘。二十年，京察，特予议叙。寻卒，优诏褒惜，赠太子太保，依总督例赐恤，赐其子耀进士，谥恭勤，祀名宦祠。

毓美治河，风雨危险必躬亲，河道曲折高下向背，皆所隐度。每曰：“水将抵某所，急备之。”或以为迂且劳费，毓美曰："能知费之为省，乃真能费者也。"水至，乃大服。在任五年，河不为患。殁后吏民思慕，庙祀以为神，数著灵应，加封号，列入祀典。

麟庆，字见亭，完颜氏，满洲镶黄旗人。嘉庆十四年进士，授内阁中书，迁兵部主事，改中允。道光三年，出为安徽徽州知府，调颍州，擢河南开归陈许道。历河南按察使、贵州布政使，护理巡抚。十三年，擢湖北巡抚。寻授江南河道总督，丁母忧，改署理，服阕，乃实授。疏陈筹办南河情形，略曰："近年河湖交敝，欲复旧制，不外蓄清刷黄。古人引导清水，三分济运，七分刷黄，得力在磨盘埽。自废弃后，河务渐坏，拟规复磨盘埽旧制。洪泽湖水甚宽，高家堰工绝险，各坝多封柴土蓄水，盛涨启放，辄坏坝底，糜费不赀。应仿滚水坝成法，抬高石底，至蓄水尺寸为度。山圩五坝暨下游杨家境内车逻等坝，一遵奏定丈尺启放，水定即行堵合。至黄河各工，当体察平险，节可缓之埽段，办紧要之土工。一切疏浚器具，祇备运河挑挖。若黄河底淤，非人力所能强制，惟储备料工，遇险即抢，以防为治，而其要全在得人。又以芦苇为工程必需，右营荡地荒废，产芦不足，请筑圩蓄水以资灌溉。"疏入，诏嘉其言正当，勖慎勉从事。

十四年，以洪泽湖老子山西北挑砌石坝，东西沙路加筑碎石，高出湖面，以便水师巡哨及商民停泊，疏请淮海、常镇等道另案用银。诏以南河连岁安澜，而工用日增，切责之。十九年，修惠济正闸、福兴越闸。会河湖并涨，险工叠生，请例外拨银五十万，诏允之，戒嗣后不得援例。署两江总督。二十一年，河决祥符，黄水汇注洪泽湖，南河无事，诏嘉其化险为夷，予议叙。二十二年，英吉利兵舰入江，命筹淮、扬防务以保漕道，请以盐运使但明伦备防扬州，以清江为后路策应，捕内匪陈三虎等诛之。秋，河决桃北崔镇汛，值漕船回空，改由中河灌塘，通行无误，诏念防务及济运劳，革职，免罪。二十三年，发东河中牟工效力，工竣，以四品京堂候补。寻予二等侍卫，充库伦办事大臣，乞病未行。病瘥，仍改四品京堂。寻卒。著有《黄运河口古今图说》、《河工器具图说》。子崇实、崇厚，并自有传。

潘锡恩，字芸阁，安徽泾县人。嘉庆十六年进士，选庶吉士，授编修。大考第一，超擢侍读。道光四年，复大考一等，擢侍读学士。时河患急，锡恩上陈条疏河务，略曰："蓄清敌黄，为相传成法。大汛将至，急堵御黄坝，使黄水全力东趋。今年漕艘早渡，因御黄坝迟堵，以致倒灌停淤，酿成大患。且欲筹减泄，当在下游，乃辄开祥符闸，减黄入湖。坝口已灌于下，闸口复灌于上，黄水俱无出路，湖底淤垫极高。若更引水入运，河道淤满，处处壅溢，恐有决口之患。"宣宗嘉其议。五年，命以道员发往南河，补淮扬道。六年，加三品顶戴，授南河副总河。九年，母忧去官，服阕，授光禄寺卿，督顺天学政。擢兵部侍郎，调吏部，仍留学政。十九年，内监狱文学以甥考试被黜，至锡恩私宅言所取录多出请托，挟制讹诈，锡恩疏闻，特诏论文学大辟。二十二年，疏言："黄河自桃北崔镇汛、萧家庄北决口穿运河，坏遥堤，归入六塘河东注。正河自扬工以下断流，去清口约有六七十里之远，回空漕船，阻于宿迁以上。臣前任淮扬道时，详辨垺水通船之法，行之十余年，幸无贻误。今若于中河西口外筑箝口坝，添设草闸，以为黄水启闭之用，即将杨家坝作拦清堰，以为清水启闭之用。就中河运道为一大塘，道里长则容船众，两次启闭，漕船可以全渡。惟黄水先已灌入运河，中泓淤垫，两岸纤堤亦恐有冲缺，赶紧修浚，计需费亦不甚多。此时果可回空，来年即可出重，则萧庄决口不妨从缓堵筑。倘此法赶办不及，祇有竟用引黄济运之法。其临黄箝口坝草闸照式筑作，引黄水入坝送船，沿途多筑对头小坝，以逼溜刷深，庶免淤滞之患。迨出杨庄，汇入清河之水，即可牵挽南行。盖南岸不可借黄者，恐其淤湖淤运。今所引黄水，一出杨庄口，仍归旧河，自可用清口之水以刷涤之，应无流弊。"并以图说进，下河督麟庆议行。麟庆亦主用灌塘法，与锡恩言合，寻代麟庆为江南河道总督。

时扬工漫溢，尚书敬徵拳查勘，堵筑决口，开挖引河，接挑长河淤垫，估银五百七十万两有奇。御史雷以諴奏决口无庸堵合，祇须改旧河为支河，以通运道而节縻费，下锡恩会议。锡恩奏覆："灌口非可行河之地，北岸无可改河之理，请仍堵筑决口。漕船回空，仍由中河灌塘。"命侍郎成刚、府尹李僡赴工会同锡恩督办。二十三年，夫工以下挑河四万一百九十余丈，工竣，启除界坝，放水通畅。会河南中牟河决，黄水注湖，请放山盱各坝宜泄湖水，并将夫工导出湖水，引入中河，暂资盐柴转运。复以上游河水陡落，间有淤垫，请改估萧工以下未挑之工，并挑筑大堤单薄卑矮处。是秋，湖水接长，掣卸高堰石工四千余丈，抢护未决。二十四年，黄流未复故道，急筹泄运，并宜泄湖水，请启放外南厅顺清河，导引入河归海。军船抵坝，即由其处放泄，并于外南之北拦黄坝址筑钳口土坝，以资停蓄。寻奏："黄河上游六月间陡长水丈余，山盱林家西坝、旧义河直坝、及仁义河中间拦堰，间有挚塌，补修完密。里、河、扬三厅承受洪湖之水，两岸纤堤旧有护埽者，致多刷蛰，亦择要加镶。"二十五年，中牟工始合龙，南河连年无险。

二十八年，以病乞归。咸丰中，命在籍治捐输团练。八年，前江西巡抚张芾劾其劝捐无状，褫职。同治三年，捐京仓米折，复原衔，命赴安徽庐州会办劝捐守御事。五年，乡举重逢，加太子少保。六年，卒。漕运总督张之万疏陈锡恩治绩，赐祭葬，谥文慎，入祀乡贤祠。

子骏文，入赀为刑部郎中，改山东知府。咸丰末，捻匪犯省城，骏文率兵团迎击于段家店，却之。署青州，平淄川凤皇山土匪，擢道员。同治中，巡抚阎敬铭、丁宝桢皆倚之。从宝桢会剿捻匪，塞河侯家林，功尤多，授兖沂曹道。光绪中，迁按察使。坐事降调，以谙习河事，仍留山东。历治上下游要工，调河南郑工，专任西坝，以合龙愆期，革职留工，工竣，复原官。授山西按察使，护理巡抚，迁福建布政使。十九年，卒于官。山东士民以其治河论曰：河患至道光朝而愈亟，南河为漕运所累，愈治愈坏。自张文浩蓄清肇祸，高堰决而运道阻。严烺畏首畏尾，湖河并不能治。张井创议改河，而不敢执咎，迄于无成，灌塘济运，赖以弥缝。麟庆、潘锡恩循其成法，幸无大败而已。吴邦庆讲求水利，而治河未有显绩。栗毓美实心实力，卓为当时河臣之冠，不独砖工创法为可纪也。东河自毓美后，朱襄、钟祥、文冲继之，祥符、中牟迭决，东河遂益棘矣。

卷三百八十四　　列传一百七一

林培厚 李象鹍　**李宗传**　**王凤生** 黄冕
俞德渊　**姚莹**

　　林培厚，字敏斋，浙江瑞安人。嘉庆十三年进士，选庶吉士，授编修。出为四川重庆知府。啯匪带刀异常制，禁锻者毋制卖，有犯则坐。沿江渡船为盗资，籍而稽其出入，刻姓名船侧，盗为衰息。民习天主教，搜其书，批抉缪妄，闻者多悔悟。署川东道，所属雷波厅民、夷忿争，或觊觎邀功，请发兵，培厚不应，立缚治其魁，余悉贷遣。总督蒋攸铦器之，称为蜀中良吏之最。母忧归，服阕，授直隶天津府。畿辅大水，天津地洼下，灾尤剧，培厚遍行属县，赈活饥民七万有奇。奉天、台湾商米先后抵海口，议以官钱收买，委曲剂量，商民交利，而官不费。时蒋攸铦移督直隶，诏举贤吏，遂荐之，不旬日，擢大顺广道。畿南涝后，大兴水利。培厚先在天津治淀河，至大名治新卫河、洺河，浚筑悉中程度。培厚数以时事利病、属吏贤否语攸铦，为布政使屠之申所忌。及攸铦入相，那彦成代之，坐河北旱荒施赈不如法，解培厚任，宣宗夙知其能，改授湖北粮储道。时河患浅涸，漕舟数阻。攸铦以大学士出督两江，期八省漕以首夏毕渡河，乘清水盛涨，浮渡逦利。培厚所部尤速达，为嘉庆以来数十年所未有，攸铦特疏陈给叙。历三运无误，上意方向用，以劳卒于通州运次。

　　李象鹍，字云皋，湖南长沙人。嘉庆十六年进士，选庶吉士，授编修。道光二年，出为直隶宣化知府。岁饥，禁奸贩，安屯户，煮粥以赈，民无失所。课士有法，一变边郡弇陋之习。调正定，再调保定。蒋攸铦、那彦成先后为总督，皆倚如左右手。象鹍持正不挠，擢通永道，调河南盐粮道。治漕严，弁丁懔懔，禁役藉雇剥船扰民，请潞盐仍归商运，民便之。丁父艰归，服阕，补江西吉南赣宁道。辖境与粤东犬牙相错，多伏莽，属县僻瘠，几不可治，象鹍扫除积弊，境内秩然。擢江苏按察使，署江宁布政使。时陶澍为总督，赖其佐理焉。调贵州按察使。仁怀奸民为乱，株连众，治之无枉纵。擢布政使，禁汉奸盘剥苗民，多惠政。二十四年，以假去职。洎入觐，诏以三品京堂候补。未几，乞归。

　　李宗传，字孝曾，安徽桐城人。嘉庆三年举人。授浙江上虞知县，先摄丽水、平湖、瑞安、建德、平阳，所至求民隐，锄豪强，平反冤狱。在丽水断案七百余事，捐赀河工，叙知府，擢浙江督粮道。道光三年，杭、嘉、湖三府大水，宗传建议，浙西诸水尾闾，下由江苏入海，必宜江、浙两省通筹疏浚，大吏用其言，疏请合治。坐事左迁，巡抚程含章荐之，以知府用，授湖南永州，葺濂溪书院，崇节义，劝种植。擢四川成绵龙茂道，累摄盐道、布政使。

　　十三年，峨边属倮夷降复叛，势甚张，总督鄂山既奏劾提督杨芳，檄宗传往察治。宗传上言："四厅夷环山为巢，嗜利顽钝，愈抚愈嚣。去年添兵设防，夷转四出焚掠，攻垒窥城，略无忌惮。虽扰一厅，实四厅安危所系，不可姑息贻患。"乃建三路进剿之策，倡助军需，治兵选士，声威大振。三路大军犹未至，宗传先以计诱降十三支夷，絷之，勒还所掠人口，有业者复之，无业者给赀，纵俘归，使谕威德。夷犹豫未决，大军由冷迹关遥老林巢薮，大破之于石门坎，擒斩数百，毁贼寨二百余所，夷落悉平。论功最，擢山东按察使。捕大盗刘二鞍子置之法，群盗远遁，迁湖北布政使。年逾七十，引疾归。

　　宗传征叛夷出奇有功，然居恒时以计取伤仁，意不自慊。尝从同县姚鼐游，能文章。

　　王凤生，字竹屿，安徽婺源人。父友亮，乾隆四十六年进士。由中书充军机章京，累迁刑部郎中，精究法律，治狱矜慎。改御史，巡城、巡漕，官至通政司副使，有清直声。以诗名。

　　凤生，嘉庆中，入赀为浙江通判，屡摄知县事。任兰溪仅数月，清积案七百余事。任平湖，有民数百户，诵经茹素，传授邪教，凤生悯其愚惑，开谕利害，治为首数人罪，余释之。补嘉兴府通判。道光初，浙江清查仓库，以凤生总其事。署嘉兴知府，迁玉环厅同知。会浙西大水，江、浙两省议合治，调凤生乍浦同知，勘水道，乃由天目山历湖州、嘉兴，沿太湖以达松江。计画甫就，事未行，值淮南高堰溃决，江南大吏疏调凤生赴南河。未几，擢河南归德知府，浚虞城、夏邑、永城三县沟渠。寻擢彰卫怀道，道属河工五厅，岁修糜费，春秋防汛，虚应故事，凤力矫积习，事必躬亲。以岁修有定例，另案无定例，在任三年，力删另案以杜弊。寻以疾乞归。

　　九年，两江总督蒋攸铦荐起原官，署两淮盐运使。凤生以淮盐极敝，条上十八事。攸铦采其议，改灶盐，节浮费，浚河道，增屯船，缉场私、邻私之出入，禁江船、漕船之夹带，及清查库款，督运淮北诸条，疏陈待施行，会诏捕盐枭巨魁黄玉林，凤生计招出首，责缉私赎罪。攸铦已入告，旋因告讦置之狱，又得玉林所寄其党私书，意反复，密疏请处以重法。上以前后歧异，谴攸铦，凤生亦降调。陶澍继督两江，与尚书王鼎、侍郎宝兴会筹盐法，合疏留凤生襄议，于是大有兴革，略与凤生初议相出入；又奏以凤生察湖广销引，勘议淮北改票事，凤生虽去官，仍与盐事终始。十二年，湖北大潦，总督卢坤疏留凤生治江、汉堤工，袤亘数百里，半载告竣，秋水至，新堤有溃者，凤生引咎乞疾归。寻淮北票盐大畅，陶澍以凤生首议功上闻，促之出，未行而卒。

凤生以仕学为，尤笃好图志，成《浙西水利图说备考》、《河北采风录》、《江淮河运图》、《汉江纪程》、《江汉宣防备考》、《淮南北场河运盐走私道路图》。每吏一方，必能指画其形势，与所宜兴革。四大吏争相疏调，少竟其用，惟治淮盐尤为陶澍所倚藉焉。

黄冕，字服周，湖南长沙人。年二十，官两淮盐大使，治淮、扬赈有声。初行海运，巡抚陶澍使赴上海集沙船与议，尽得要领，授江都知县。历元和、上海，署太仓州，擢苏州府同知，晋秩知府，署常州、镇江，有大兴作，大吏悉倚以办。疏治刘河海口，上海蒲汇塘，常州芙蓉江、孟河，冕皆躬任之。海疆兵事起，从总督裕谦赴浙江。裕谦死难，冕牵连遣戍伊犁，既而林则徐亦至戍，议兴屯田，冕佐治水利有功，赦还。江苏巡抚陆建瀛复调冕治海运，革漕费，岁省银数十万，为忌者所中，劾罢归。咸丰初，粤匪围长沙，冕建守御策。及曾国藩治兵讨贼，冕创厘税、兴茶盐之利，军饷取给焉。又开东征局，专饷曾国藩一军。起授江西吉安知府，复以事劾免归，仍以饷事自任，湘军赖以成功。寻权云南迤西道，辞病不赴，卒于家。

冕仕宦初为陶澍、林则徐所知，晚在籍为骆秉章所倚任。时称其干济，被谤亦甚云。

俞德渊，字陶泉，甘肃平罗人。嘉庆二十二年进士，选庶吉士，散馆授江苏荆溪知县。始至，遮诉者百十辈，逾年，前诉者又易名来控，一见即识之，群惊为神。调长洲，甚得民心。迁苏州督粮同知。道光六年，初行海运，以德渊董其役，章程皆出手定，以忧去。八年，服阕，擢常州知府，调江宁。

十年，宣宗以两淮盐法大坏，授陶澍为两江总督，命尚书王鼎、侍郎宝兴赴江南会议改革。时议者多主罢官商盐，归场灶科税，以德渊有心计，使与议。德渊具议数千言，略谓："盐归场灶，其法有三：一曰归灶丁按徽起科，然其中有难行者三：一在灶丁之逋欠，一在徽镬之私煎，一在灾祲之藉口；二曰归场官给单收税，难行者亦有三：一在额数之难定，一在稽查之难周，一在官吏之难择；三曰归场商认徽纳课，难行者亦有三：一在疲商之钻充，一在殷户之规避，一在垣外之私售。以上三法，共有九难。如就三者兼权之，则招商认徽，犹为此善于彼。苟得其人，或可讲求尽善。顾事关图始，果欲行之，则宜先定章程。清灶金商、改官易制诸事，非三年不能就绪。此三年中，额课未可长悬也，场盐未可停售也，各岸食盐未可久缺也。新旧接替之时，非熟思审处，何能变通尽利乎？向来捆盐之夫，淮北永丰有万余人，淮南老虎颈不下数万人，皆无赖游民以此为事业。一旦失所，此数万众将安往？其患又不止私枭拒捕已也。"议上，陶澍深然之，乃与朝使定议，不归场灶，仍用官商如故；惟奏罢盐政，裁浮费，减窝价，凡积弊皆除之。荐德渊超擢两淮盐运使。

德渊精会计，又知人善任。诸滞岸商惮往运，改以官督办，千里行盐，稽核应用，琐屑悉当。每运恒有余利，尽以充库，无私取。两淮本脂膏地，以运使多以财结权贵及四方游客，余赡给寒畯，取声誉，皆出商赀。德渊谨守管钥，失望者众，言者时相攻讦，不顾也。在任五年，力崇节俭，妻子常衣布素，扬州华侈之俗为之一变。尚书黄钺子中民为场大使，欲得美职，德渊曰："美职以待有功，中民无功不可得。"坚不与。陶澍益贤之，荐其才可大用，以循良久在盐官可惜，上亦嘉之，未及擢用而卒。

姚莹，字石甫，安徽桐城人。嘉庆十三年进士，授福建平和知县。调龙溪，俗健悍，械斗仇杀无虚日。莹擒巨恶立毙之，收豪猾为用，予以自新。亲巡问疾苦，使侵夺者各还旧业，暂解仇雠。择强力者为家长，约束族众，籍壮丁为乡勇，逐捕盗贼，有犯，责家长缚送。械斗平，盗贼亦戢，治行为闽中第一。调台湾，署海防同知、噶玛兰同知，坐事落职。寻以噶玛兰获盗功，复官。父忧归，服阕，改发江苏，历金坛、元和、武进。迁高邮知州，擢两淮盐掣同知，护盐运使。先后疆吏赵慎畛、陶澍、林则徐皆荐其可大用。

道光十年，特擢台湾道。及海疆戒严，莹与总兵达洪阿预为战守计。达洪阿性刚，与同官鲜合，莹推诚相接，一日谒谢曰："武人不学，为子所容久矣，自今听子而行。"二十一年秋，英兵两犯鸡笼海口，明年正月，又犯大安港。莹设方略，与达洪阿督兵连却之，大有斩获，收前所失宁波、厦门炮械甚多。敌构奸民煽乱，海寇亦窃发，皆即捕戮，一方屹然，诏嘉奖，加二品衔，予云骑尉世职。

洎江宁议款求息事，遂有台湾镇道冒功之狱。故事，台湾以悬隔海外，加兵备道按察使衔，得与镇臣专奏事。鸡笼、大安之捷，飞章入告，总督怡良心不平。英兵留驻鼓浪屿，前获俘欲解内地，势不能达，奏请便宜诛之，以绝内患，已报可，怡良仍令解省。莹与达洪阿谋曰："大府意欲市德，藉以退鼓浪屿之兵。兵不可退，徒示弱，不如杀之！"怡良愈怒，诸帅并忌之。款议既成，交还敌俘，以妄杀被劾，逮问。莹与达洪阿约，义不与俘虏质，即自引咎。宣宗心知台湾功，入狱六日，特旨以同知直隶州发往四川效用，至则复为总督宝兴所忌。会西藏两呼图克图相争，檄往平之。莹谓："夷人难以德化。失职下僚，孑身往，徒损国威。"不听。及至乍雅，果不得要领而返。总督劾其畏难规避，责往之。事竣，补蓬州。在州二年，引疾归。

文宗即位，黜大学士穆彰阿，诏宣示中外，并及莹与达洪阿被陷状，于是复起用，授湖北武昌盐法道，未行，擢广西按察使，命参大学士赛尚阿军事。时广西寇渐炽，诸将不合，师久无功。莹至，任为翼长。大军围贼紫金山，莹言流贼如水，必环攻以断其逸，不听，贼遂窜永安。又上书请斩偾事将，复不听。永安城小，都统乌兰泰军西南，提督向荣军东北，合滇、黔、楚、蜀兵四万余人，贼数千壁险死斗。水窦者，永安东北之隘也，缘山径可达桂林。莹与乌兰泰皆主击水窦，绝贼外援，向荣不从，自由龙寮岭进而败，乃议开水窦一路纵贼逸，尾追击之。莹力辩其失，赛尚阿仍用向荣策，贼果突围出犯桂林，乌兰泰战死，赛尚阿逮问。贼势益炽，连陷兴安、全州，犯湖南，遂不可制。莹随军至湖南，巡抚张亮基奏署按察使，忧愤致疾，卒于官。

莹师事从祖鼐，不好经生章句，务通大意，见诸施行。文章善持论，指陈时事利害，慷慨深切。所著《东溟文集》、《奏稿》、《后湘诗集》、《东槎纪略》、《康輶纪行》及《杂著》诸书，为《中复堂全集》，行于世。

子濬昌，能继家学。曾国藩以名家子留佐幕，官江西安福、湖北竹山知县。工诗，有《五瑞堂集》。

论曰：林培厚救荒治河有实绩，而以察吏招讥。李宗传便宜平夷，功在边方。王凤生、俞德渊佐陶澍治淮盐，尤济时之才。姚莹保岩疆，挫强敌，反遭谗谴，然朝廷未尝不谅其忠勤，海内引领望其再用，亦不可谓不遇矣。

卷三百八十五　列传一百七十二

杜受田 子翰　**祁寯藻** 子世长　**翁心存**
彭蕴章

杜受田，字芝农，山东滨州人。父堮，嘉庆六年进士，由翰林院编修累官礼部侍郎，重宴鹿鸣，加太子少保，卒赠太傅，谥文端。

受田，道光三年进士，会试第一，殿试二甲第一，选庶吉士，授编修。大考擢中允，迁洗马，督山西学政。十五年，特召还京，直上书房，授文宗读。四迁内阁学士，命专心授读，毋庸到阁批本。十八年，擢工部侍郎，调户部。二十四年，连擢左都御史、工部尚书，寻充上书房总师傅。文宗自六岁入学，受田朝夕纳诲，必以正道，历十余年。至宣宗晚年，以文宗长且贤，欲付大业，犹未决。会校猎南苑，诸皇子皆从，恭亲王奕䜣获禽最多，文宗未发一矢，问之，对曰："时方春，鸟兽孳育，不忍伤生以干天和。"宣宗大悦，曰："此真帝者之言！"立储遂密定，受田辅导之力也。

三十年，文宗即位，加太子太傅，兼署吏部尚书，调刑部尚书、协办大学士。受田虽未入枢廷，国家大政及进退大臣，上必谘而后行。广西军事亟，受田数陈方略，荐林则徐、周天爵，先后起用。提督向荣老于军事，以同列不和被谤，力陈舆论，数保全之。咸丰元年，调管礼部。二年，因河决丰北久未塞，山东、江北被灾重，命偕福州将军怡良往治赈务。疏言："灾广民众，赈恤不可缓，尤在得人。"荐山东布政使刘源灏、江宁布政使祁宿藻，皆

持正有为，责成专任；请截留江、广漕米六十万石分给两省；诏并允行。

受田自侍文宗学，未尝离左右，当陛辞，不觉感恋流涕。在途触暑染疫，力疾治事，与源灏、宿藻等核定施赈章程，疏陈而不言病，至清江浦遽卒。遗疏念贼氛未靖，河患未平，尤以敬天法祖、勤政爱民、崇节俭、慎好恶、平赏罚为言。文宗震悼，赠太师、大学士，入祀贤良祠，赐金五千两治丧，遣近臣慰视其父堮，擢其子检讨翰为庶子，孙三人并赐举人。复特诏曰："杜受田品端学粹，正色立朝，皇考深加倚重，特简为朕师傅。忆在书斋，凡所陈说，悉本唐、虞、三代圣圣相传之旨，实能发明蕴奥，体用兼赅。朕即位后，周谘时政利弊，民生疾苦，尽心献替，启沃良多！援嘉庆朝大学士朱珪故事，特谥文正。"谓其公忠正直，足当"正"字而无愧。柩至京，上亲奠，抚棺哭甚哀，晋其父堮礼部尚书衔。明年，上临雍讲学，复诏褒受田曩日讲贯之功，即家赐祭一坛。及柩归，命恭亲王奠送，遣官到籍致祭，饰终之典，一时无与比。子翰，由翰林院编修累官户部侍郎，督办山东团练。

翰，字继园。道光二十四年进士，选庶吉士，授检讨。咸丰三年，降。服阕，补庶子。文宗念受田旧劳，数月间迭擢工部侍郎，命在军机大臣上行走，办理京城巡防事宜，翰勇于任事，甚被倚任。十年，随扈热河，以劳赐花翎。上崩于行在，穆宗即位。御史董元醇疏请两宫皇太后垂帘听政，载垣、端华、肃顺等持不可，翰附之，抗言甚力，遂黜元醇议。肃顺曰："君诚不愧杜文正之子也！"即而载垣等以窃夺政柄被罪，翰连坐，议革职戍新疆，诏原之，褫职，免其发遣。同治五年，卒。

祁寯藻，字春圃，山西寿阳人。父韵士，官户部郎中，以事系狱。寯藻方幼，随侍读书不辍，赋《春草》诗以见志。嘉庆十九年，成进士，选庶吉士，授编修。道光元年，直南书房。督湖南学政，累迁庶子。十年，以母病陈情归养，宣宗不许，予假省亲。逾年回京，补原官，迁侍讲学士。寻复予假省母，不开缺。历通政司副使、光禄寺卿、内阁学士。母忧归，十六年，将届服阕，预授兵部侍郎，督江苏学政。历户部、吏部侍郎，留学政任，未满，十九年，命偕侍郎黄爵滋视福建海防及禁烟事，连擢左都御史、兵部尚书。迭疏陈总督宜驻泉州治防务，改海口炮台为墩，查禁烟贩，捕治汉奸，并禁漳、泉两府行使夷钱，夹带私铸者治罪，严惩械斗，并得旨允行。在闽半载，还经浙江，按台、温两府私种罂粟，劾罢台州知府潘盛；又劾温州知府刘煜试行票盐不善，被议，自呈枉屈，戍新疆。时邓廷桢奏击英吉利兵船于厦门走之，忌者谓其不实，命寯藻复往按，具陈战胜状。回京，乃直南书房。二十一年，调户部，命为军机大臣。

二十六年，偕尚书文庆按长芦盐运使陈鉴挪拨盐课，弥补加价，褫其职，历任盐政运司议谴有差。二十九年，以户部尚书协办大学士。命赴甘肃偕琦善按前任总督布彦泰清查舛误、纵容家丁，下严议。回京，请便道省墓，途次闻宣宗崩，过里门不入。文宗即位，拜体仁阁大学士，

仍管户部。祁寯藻自道光中论洋务与穆彰阿不合，至是文宗锐意图治，罢穆彰阿，寯藻遂领枢务，开言路，起用旧臣，寯藻实左右之。

咸丰元年，调管工部，兼管户部三库事务。二年，复调户部。广西匪日炽，出湖南，遂不可制，湖北、江南数省先后沦陷。军兴财匮，议者试行钞法，又铸当百、当五百大钱，皆行之未久而滋弊。尚书肃顺同掌户部事，尚苛刻。又湘军初起，肃顺力言其可用，上向之，寯藻皆意与龃龉，屡称病请罢，温诏慰留。四年冬，复坚以为请，乃允致仕。十年，英法联军犯天津，车驾将幸热河，寯藻密疏切谏。又言关中形胜可建都，厘捐病民，北省尤宜急停，并报闻。

十一年，穆宗即位，特诏起用。疏陈时政六事：曰保护圣躬以崇帝学；曰绥辑民心以清盗源；曰重守令以固民心；曰开制科以收人才；曰速剿山东、河南贼匪，严防山西、陕西要隘，以卫畿辅；曰敦崇节俭以培元气。言甚切挚，并被嘉纳，次第施行。命以大学士衔授礼部尚书。同治元年，穆宗入学，命直弘德殿，偕翁心存、倭仁、李鸿藻同授读，摘录经史二帙缮进呈。上读《大学》毕，寯藻具疏推陈为人君止于仁之义，略曰："《大学》一书，皇上已成诵，凡制治保邦之道，用人行政之源，胥在于是。为人君之道，止于仁而已。治国平天下两章，言仁者六，终之以未有上好仁而下不好义。盖仁者必以仁亲为宝，故能爱人，能恶人。不好仁，则好人之所恶，恶人之所好。仁者必以贪为戒，故忠信以得之，不仁者则骄泰以失之矣。仁者以义为利，不以利为利，故以财发身，不仁者则以身发财，灾害并至矣。千古治乱之机，判于义利，而义利之判，则由于上之好仁不好仁也。如近日所讲《帝鉴图说》，下车泣罪，解网施恩，泽及枯骨等事，斯即帝王仁心所见端也。若纳谏求贤，尊儒远佞，则仁亲为宝，能好能恶之说也。露台罢工，裘马却献，则以义为利，不以利为利之说也。《帝鉴图说》讲毕，请进讲舆地，以《会典》诸图简明，易于指画。又《耕织图》及内府石刻宋马远《豳风图》为农桑衣食之原，皇上读书之暇，随时讲求，庶知稼穑之艰难，懔守成之不易也。"

二年，上服除，寯藻偕倭仁、李鸿藻上疏曰："皇上冲龄践阼，智慧渐开。当此释服之初，吉礼举行，圣心之敬肆于此分，风会之转移即于此始，则玩好之渐可虑也，游观之渐可虑也，兴作之渐可虑也。嗜好之端一开，不惟分诵读之心，海内之窥意旨者，且将从风而靡。安危治乱之机，其端甚微，所关甚巨，可无慎乎？方今军务未平，生民涂炭，正君臣交儆之时，非上下恬熙之日。伏愿皇上恪遵慈训，时时以忧勤惕厉为心，以逸乐便安为戒。凡内廷服御一切用项，稍涉浮靡，概从裁减；向例所有，不妨量为撙节。如是，则外务之纷华不接于耳目，诗书之启迪益敛夫心思，圣学日新，圣德日固，而去奢崇俭之风，自不令而行矣。"疏上，优诏褒答焉。

寯藻提倡朴学，延纳寒素，士林归之。疏言："通经之学，义理与训诂不可偏重。后学不察，以训诂专属汉儒，义理专属宋儒，使画分界限，学术日歧。"因举素所知寒士端木埰、郑珍、莫友芝、阎汝弼、王轩、杨宝臣，经明行修，堪资器使。又疏言："军兴以来，不讲吏治，请下中外大臣，保举循吏及伏处潜修之士，以备任用。"自举原任同知刘大绅、按察使李文耕、大顺广道刘煦，请宣付史馆入《循吏传》。又荐直隶知县张光藻、陈崇砥、王兰广，山东知县蒋庆第，山西知县程豫、吴辉祖及江南优贡端木埰，山西举人秦东来。并嘉纳允行。屡以病乞休，三年，诏许致仕，食全俸。五年，卒，晋赠太保，祀贤良祠，命钟郡王奠醊，谥文端。擢其子编修世长以侍读用。

世长，字子禾。咸丰十年进士。年十三，侍父江苏学政任，幕客俞正燮、张穆、苗夔诸人，并朴学通儒，世长濡染有素，尤笃守宋儒义理之说。同治九年，服阕，补侍读。累迁内阁学士。光绪初，连督安徽、顺天、浙江学政，清勤爱士，一守寯藻旧规。历礼部、吏部侍郎，擢左都御史。十年，命偕尚书延煦勘山东河工，疏言："非海海口不能泄盛涨。修防以民埝为第一层屏障，守民埝即以守大堤。巡抚陈士杰筑修民埝多在大堤既决之后，殊为失计。请乘时兴修。"从之。迭疏陈时务，多持正议。十六年，迁工部尚书，兼管顺天府尹。两典会试，皆得士。世长清操自励，累世官卿贰，家如寒素，时以称焉。十八年，卒，优诏赐恤，谥文恪。赐其孙师曾员外郎，子友蒙主事。

翁心存，字二铭，江苏常熟人。父咸封，官海州学正。知州唐仲冕见心存有异才，奇之，授之学。道光二年，成进士，选庶吉士，授编修。大考擢中允，督广东学政。任满，入直上书房，授惠郡王读。寻督江西学政，累迁大理寺少卿。十七年，复直上书房，授六阿哥读。逾年，以母老乞养。家居十年，终母丧。会子同书督贵州学政，陛辞，宣宗命传谕促之来。二十九年，至京，仍入直，授八阿哥读。补祭酒。历内阁学士、工部侍郎，调户部。江苏巡抚请苏州、松江、太仓漕米改征折色，心存谓："三属额征米一百十四万余石，一旦改折，虑京仓不敷支放，州县假折色抑勒倍征，便民适以累民。"主驳议，事乃寝。

咸丰元年，擢工部尚书。三年，江宁陷，心存疏陈兵事，请乘贼势未定，饬向荣渡江，陈金绶进屯浦口，以上海水师朔流冲其前，江忠源、邓绍良之师掩其后，四路进攻；增重兵守江、淮杜北窜；急清兖、豫、凤、颍捻匪，毋令与粤寇合势；并核军需，恤灾黎；筹京仓积贮，整饬纪纲，以维根本。疏上，多被采用。又荐湖北按察使江忠源，请畀统帅重任，寻即擢为巡抚。调刑部，再调工部，兼管顺天府尹。

粤匪北犯，心存疏言贼氛逼近，请扼河而守，畿南宜驻重兵，河南、山西、陕西各要隘并力堵截，速调驻热河、绥远之蒙古马队进口内卫京畿；京师九门严缉奸宄，运通仓存粮入城；并敕琦善、邓绍良规复扬州、镇江，为会剿江宁之计。又疏陈顺天防务，画分汛地，举行团练；府属各营旧隶总督管辖，请旨暂归调遣。未几，贼犯天津，僧格林沁率师进剿，命顺天府设粮台。心存请发内帑三十二万两、京仓米二千六百石以给军食，添制军需火药。又偕团防大臣会议京城防守事宜，举光禄寺卿宋晋、太仆寺卿王茂荫综理其事，并诏允行。时议行钞币，心存疏言："军营搭放票钞，诸多窒碍。钞币之法，施行当有次第，此时甫经颁发，并未试用，势难骤用之军营。"诏斥为阻挠，即责筹次第施行之法，俾无阻滞。会言官论通州捕役勾结土匪行劫，命刑部侍郎文瑞鞫得实，心存以徇庇革职。

四年，起授吏部侍郎，调户部，擢兵部尚书，调吏部。六年，疏陈江南军事，略曰："苏、松、常、太三府一州，及浙之杭、嘉、湖三府，久为贼所窥伺。今宁国先陷，逼近宜兴，向荣近守丹阳，溧水、句容相继失守，宜责向荣严扼丹阳，令张国梁率精兵驻宜兴扼东坝，别简水师驻太湖，庶苏、常两郡可保无事。又近有按亩捐输，失政体，竭民财，请查明停止。"是年冬，兼翰林院掌院学士，以吏部尚书协办大学士，寻调户部。

八年，充上书房总师傅。英法联军北犯，天津戒严。心存疏请圣驾还宫，以定众志，力言京师重地，不可驻外国领事；长江形势不可失；绥芬边地不可捐；兵费不可再偿；传教不可推广；和议难成，宜速进剿。湖北巡抚胡林翼奏除漕务中饱之弊，请改征折色。心存力赞其议；由部定章程五事，满、汉兵粮折价支给，上下衙门一切陋规概行裁革焉。拜体仁阁大学士，管理户部。与肃顺同官不相能，屡乞病，不许。九年，复固请，乃予告去职。

十年，户部迭兴大狱，肃顺主之，多所罗织。怡亲王载垣等会鞫，谓司员忠麟、王熙震以短号钞兑换长号，曾面启心存，心存回奏部院事非一二人所能专政，断无立谈数语改旧章之理。载垣等遂请褫顶带归案讯质，文宗鉴其诬，仅以失察议处，免传讯，议降五级，改侯补官，革职留任。复以五"宇"商号添支经费，心存驳令议减，未陈奏，司员即列入奏销，下严议，革职留任。是年秋，车驾将幸热河，心存上疏切谏。

十一年，文宗崩于行在，梓宫还京，心存偕诸臣迎谒，特诏起用，以大学士衔管理工部。疏举人材，诏嘉其不失以人事君之义。又疏言："东南之民向义甚坚，各郡县陷后，流亡渡江者，日夜思招练义勇，克复乡里。请敕曾国藩择能办贼者驰赴通州东台，收拾将散之人心，激励方兴之义旅，进捣苏、常，退保下河。上海一隅赋税所出，宜取江海关无穷之利，以供曾国藩有用之兵。"疏上，被嘉纳。同治元年，入直弘德殿，偕祁寯藻等授穆宗读。两宫皇太后慎重师傅之选，倚畀弥笃。是年冬，寝疾，子安徽巡抚同书方缘事系狱，诏暂释侍疾。寻卒，优诏赐恤，称其"品端学粹，守正不阿"，赠太保，入祀贤良祠，谥文端。赐其孙员源进士，曾荣举人，曾纯、曾桂并以原官用，曾翰赐内阁中书。逾年，《文宗实录》告成，以心存曾充监修总裁，赐祭一坛。子同书、同龢自有传，同爵官湖北巡抚。

彭蕴章，字咏莪，江苏长洲人，尚书启丰曾孙。由举人入赀为内阁中书，充军机章京。道光十五年，成进士，授工部主事，仍留直军机处。累迁郎中，历鸿胪寺少卿、光禄寺少卿、顺天府丞、通政司副使、宗人府丞。督福建学政，迁左副都御史。二十八年，疏言："漕船卫官需索

旗丁日益增多，沿途委员及漕运衙门、仓场花户皆有费，欲减旗丁帮费，宜探本穷源。又州县办漕，应令督抚察其洁己爱民者，每岁酌保一二员；办理不善者，劾一二员。运漕官及坐粮厅如能洁己剔弊，准漕督、仓场保奏，不称职者劾罢。"下部议行。擢工部侍郎，仍留学政任。咸丰元年，命在军机大臣上行走。四年，调礼部，寻擢工部尚书。五年，协办大学士。六年，拜文渊阁大学士，管理工部及户部三库事务，充上书房总师傅。

八年，京师旱，粮价踊贵，旗民生计益艰，蕴章奏请拨款采米，允之。复疏言："自改用大钱，城中米贵，叠荷加恩赈济，又加米折，然民生疾苦未见转机。臣闻兵丁所领止有实米二成，其余折色定价，每石京钱四千至三千不等，大米一石市价京钱三十千。持此折价买米，不过升斗。民生之蹙，不独在无银，并在无米。本年海运多于上年，可将兵米酌量加增。又各营养育兵及鳏寡孤独小口米不过四万余名，每名岁支一石六斗，拟请此项酌给米，毋庸折色。自前年以来，有提存部库采买银，又存四川、山东、山西、河南、陕西解京米价银，共有四十七万余两，堪以采买米石，加放兵米。又有河南停运节省运脚银二万两，堪为转运之用。伏乞饬部采买，以资搭放，实于旗兵生计大有裨益。"疏入，下部议行。

蕴章久直枢廷，廉谨小心，每与会议，必持详慎。钞票、科场诸大狱，婉辞调护，与肃顺等意忤。两江总督何桂清素以才敏自负，蕴章误信之，数于上前称荐。十年，江宁大营溃，蕴章犹言桂清可恃。未几，苏、常相继陷，桂清逮治。文宗以蕴章无知人鉴，眷注寖衰。适有足疾，扶掖入直，命毋庸在军机大臣上行走，以示体恤。寻奏乞罢职，出都就医。诏曰："卿久任枢垣，备悉时事。现在军务如有见及，并采访舆论民情，随时具疏交地方官大吏代递。"蕴章密陈时务六则，报闻。十一年，病痊，署兵部尚书，寻兼署左都御史。同治元年，复以病乞休。未几，卒，依大学士例赐恤，谥文敬。子祖贤，官至湖北巡抚。

论曰：文宗初政，杜受田以师傅最被信任，赞画独多。祁寯藻、彭蕴章皆久领枢务，翁心存数论军事，久管度支。三人者并与肃顺不协，先后去位；同治初元，联翩复起。寯藻、心存三朝耆硕，辅导冲主，一时清望所归焉。

卷三百八十六 列传一百七十三

文庆　文祥　宝鋆

文庆，字孔修，费莫氏，满洲镶红旗人，两广总督永保之孙也。道光二年进士，选庶吉士，授编修。五迁至詹事。历通政使、左副都御史、内阁学士。十二年，授礼部侍郎，兼副都统。十三年，总理孝慎皇后丧仪，会奏军民剃发及停止宴会期限疏中，误引"百姓如丧考妣，四海遏

密八音"语，下诸臣严议。宣宗以文庆翰林出身，随声附和，独重遣，褫副都统，降三品顶戴。寻复之，历吏部、户部侍郎。十六年，偕尚书汤金钊赴陕西、四川按劾巡抚杨名飏、布政使李羲文，并下严议，寻复按名飏被讦事，褫其职。金钊留署陕西巡抚。文庆又按河南武陟知县赵铭彝贪婪状，劾褫职。调户部侍郎。十七年，命在军机大臣上学习行走，兼右翼总兵。命赴热河，偕都统耆英按历任总管亏短库款，褫职追缴。十九年，以查办热河亏空案内拟罪未晰，召问，奏对失实，下部议，罢直军机。二十年，典江南乡试，以上下江中额有误，又私携湖南举人熊少牧入闱阅卷，议褫职。

二十二年，予三等侍卫，充库伦办事大臣。二十三年，召授吏部侍郎、内务府大臣，连擢左都御史、兵部尚书。二十五年，命赴四川，偕总督、将军按前任驻藏大臣孟保、钟芳等滥提官物，劾罢之。二十七年，复命为军机大臣，解内务府事务。寻署陕甘总督，道经河南，命察赈务，劾玩误之知县四人。

二十八年，召授吏部尚书，兼步军统领、内务府大臣，罢直军机处、兼翰林院掌院学士。三十年，充大臣。薛执中者，甘肃河州人，以符咒惑众。至京师，藉术医病，朝贵多与往来。遂妄议时政，谈休咎，行踪诡秘，为巡城御史曹楙坚捕治，中外大臣牵连被谴者众。文庆曾延治病。文宗斥其身为步军统领，不能立时捕究，有乖职守，褫职。咸丰元年，予五品顶戴，办理昌陵工程。二年，起授内阁学士，寻擢户部尚书，复为内大臣、翰林院掌院学士。五年，复为军机大臣、协办大学士。题孝静皇后神主，加太子太保，拜文渊阁大学士，晋武英殿大学士，管理户部，充上书房总师傅。

文庆醇谨持大体，宣宗、文宗知之深，屡踬屡起，眷倚不衰。时海内多故，粤匪猖炽，钦差大臣赛尚阿、讷尔经额先后以失律被谴。文庆言："当重用汉臣，彼多从田间来，知民疾苦，熟谙情伪。岂若吾辈未出国门，懵然于大计者乎？"常密请破除满、汉畛域之见，不拘资格以用人。曾国藩初任军事，屡战失利，忌者沮抑之。文庆独言国藩负时望，能杀贼，终当建非常之功。曾与胡林翼同典试，深知其才略，屡密荐，由贵州道员一岁之间擢至湖北巡抚，凡所奏请，无不从者。又荐袁甲三、骆秉章之才，请久任勿他调，以观厥成。在户部，阎敬铭方为主事，尝采用其议，非所司者亦谘之。后卒得诸人力以戡定大难。端华、肃顺渐进用事，皆敬惮其严正焉。

六年，卒。遗疏言各省督抚如庆端、福济、崇恩、瑛棨等，皆不能胜任，不早罢，恐误封疆。文宗深惜之，优诏赐恤，嘉其人品端粹，器量渊深，办事精勤，通达治体，赠太保，赐金治丧。及亲奠，见其遗孤幼稚，特诏加恩入祀贤良祠，命其子善联俟及岁引见；弟文玉，以罪遣戍，即释回。予谥文端。善联，官至福州将军。

文祥，字博川，瓜尔佳氏，满洲正红旗人，世居盛京。道光二十五年进士，授工部主事，累迁郎中。咸丰六年，京察，记名道府，因亲老，乞留京职。历太仆寺少卿、詹事、内阁学士，署刑部侍郎。八年，命在军机大臣上行走，授礼部侍郎，历吏部、户部、工部侍郎，兼副都统、左翼总兵。

十年，英法联军犯天津，僧格林沁密请幸热河。文祥以摇动人心，有关大局，且塞外无险可扼，力持不可，偕廷臣言之，复请独对；退偕同直侍郎匡源、杜翰具疏请罢所调车马，明诏宣示中外。八月，敌氛益炽，车驾遽行，命文祥署步军统领，司留守。从恭亲王奕訢议和，出入敌营，于非分之求，侃侃直言，折之以理。寻以步军统领难兼顾，疏辞，改署正蓝旗护军统领。十月，和议成，疏请回銮，以定人心。偕恭亲王等通筹全局，疏上善后事宜，于是设立总理各国事务衙门，恭亲王领之，满、汉大臣数人，文祥任事最专。

时和局甫定，发、捻犹炽，兵疲饷竭，近畿空虚。文祥密疏请选练八旗兵丁，添置枪炮，于是始立神机营，寻命管理营务。又疏言僧格林沁兵力单薄，胜保所部新募未经行阵。既恃僧格林沁保障畿辅，必得良将劲卒为赞助，荐副都统富明阿、总兵成明隶其军；又荐江西九江道沈葆桢、湖北候补知县刘蓉堪大用。疏上，并嘉纳焉。

十一年，文宗崩于热河行在，穆宗即位，肃顺等专政，文祥请解枢务，不许。十月，回銮，偕王大臣疏请两宫皇太后垂帘听政。同治元年，连擢左都御史、工部尚书，兼署兵部尚书，为内务府大臣，兼都统。二年，管理藩院事务。东南军事以次戡定，江苏、浙江省城克复，议加恩枢臣，固辞。三年，江宁复，首逆就歼，捷至，加太子太保，予侄凯肇员外郎。四年，署户部尚书，辞内务府大臣，允之。

是年秋，马贼入喜峰口，命文祥率神机营兵防护东陵，督诸军进剿，贼遁滦阳。疏陈："地方官豢贼酿患，请除积弊，清盗源。马贼巢穴多在奉天昌图厅八面城、热河八沟哈达等处。请购线侦察，调兵掩捕，庶绝根株。"事定，回京。文宗奉安山陵，赐其子熙联员外郎。寻以母病请假三月，回旗迎养。奉天马贼方炽，命率神机营兵往剿，增调直隶洋枪队出关，约东三盟蒙古王公由北路夹击，破贼于锦州东井子。谍知贼将劫奉天狱，约期攻城，兼程驰援，贼退踞城东南，围抚顺；令总兵刘景芳夜击破之，贼遁出边。遣军趋吉林，五年春，解长春围，追贼至昌图朝阳坡，分三路进击，十数战皆捷，擒斩三千余。贼首马傻子穷蹙乞降，磔之；留兵饷授将军都兴阿，俾清余孽。请蠲奉天地丁银米，停捕讯。回京，调吏部尚书。《文宗实录》成，赐子熙治员外郎。

八年，丁母忧，特赐谕祭。百日假满，病未出。天津教案起，力疾还朝。十年，以吏部尚书协办大学士。十一年，拜体仁阁大学士。文祥自同治初年偕恭亲王同心辅政，总理各国事务，以一身负其责。洋情诡幻，朝论纷纭，一以忠信持之，无诿卸。洎穆宗亲政，胪陈历年洋务情形，因应机宜甚备，冀有启悟。既而恭亲王以阻圆明园工程忤旨斥罢，文祥涕泣，偕同列力谏，几同遣。恭亲王寻复职，而自屡遭挫折后，任事不能如初。文祥正色立朝，为中外所严惮，朝局赖以维持，不致骤变。十三年，病久不愈，在告，会日本窥台湾，强出筹战守。疏请："敕下户部、内务府宽筹饷需，裁减浮用，停不急之工作，谋至急之海防，俾部臣、疆臣皆得专力图维。皇上忧勤惕厉，斯内外臣工不敢蹈玩泄之习。否则狃以为安，不思变计，恐中外解体，人心动摇，其患有不可胜言者。"言甚切至。

是年冬，穆宗崩，德宗继统即位，晋武英殿大学士。以久病请罢，温诏慰留，解诸兼职，专任军机大臣及总理各国事务。时国家渐多故，文祥深忧之，密陈大计疏曰："洋人为患中国，愈久愈深，而其窥伺中国之间，亦愈熟愈密。从前屡战屡和，迄无定局，因在事诸臣操纵未宜。及庚申定约，设立衙门专司其事，以至于今，未见决裂。就事论事，固当相机尽心办理，而揣洋人之用心，求驭外之大本，则不系于此，所系者在人心而已矣。溯自嘉庆年间，洋人渐形强悍，始而海岛，继而口岸，再及内地，蓄力厉精习机器，以待中国之间，一逞其欲。道光年间，肆掠江、浙，自江宁换约以后，觊觎观望。直至粤匪滋事，以为中国有此犯上作乱之事，人心不一，得其间矣。于是其谋遂泄，闯入津门，虽经小挫，而其意愈坚，致有庚申之警。然其时势局固危，民心未二，勤王之师虽非劲旅，而闻警偕来；奸细之徒虽被诱胁，而公愤同具，以是得受羁縻，成此和局。十余年来，仰赖皇太后、皇上励精图治，宵旰勤劳，无间隙之可寻；在事诸臣始得遇事维持，未至启衅，偶有干求，尚能往返争持，不至太甚，非洋务之顺手，及在事者折冲之力，皆我皇太后、皇上朝乾夕惕，事事期符民隐，人心固结，有以折外族之心，而杜未形之患也。然而各国火器技艺之讲求益进，彼此相结之势益固。使臣久驻京师，闻我一政之当则忧，一或不当则喜；其探测愈精。俄人逼于西疆，法人计占越南，紧接滇、粤，英人谋由印度入藏及蜀，蠢蠢欲动之势，益不可遏。所伺者中国之间耳，所恃者中国大本之未摇，而人心之难违耳。说者谓各国性近犬羊，未知政治，然其国中偶有动作，必由其国主付上议院议之，所谓谋及卿士也；付下议院议之，所谓谋及庶人也。议之可行则行，否则止，事事必合乎民情而后决然行之。自治其国以此，其观他国之废兴成败亦以此。傥其国一切政治皆与民情相背，则各国始逞所欲为，取之恐后矣。如土耳其、希腊等国，势极弱小，而得以久存各大国之间者，其人心固也。强大如法国，而德国得以胜之者，以法王穷奢任性，负国债之多不可复计，虽日益额饷以要结兵心，而民心已去，始有以乘其间也。夫人必自侮而后人侮之，物必先自腐而后虫生焉。理之所在，势所必至。中国之有外国，犹人身之有疾病，病者必相证用药，而培元气为尤要。外国无日不察我民心之向背，中国必求无事不惬于民心之是非。中国天泽分严，外国上议院、下议院之设，势有难行，而义可采取。凡我用人行政，一举一动，揆之至理，度之民情，非人心所共惬，则急止勿为；事系人心所共快，则务期于成。崇节俭以裕帑需，遇事始能有备，纳谏诤以开言路，下情藉以上通。总期人心永结，大本永固，当各外国环伺之时，而使之无一间可乘，庶彼谋不能即遂，而在我亦堪自立。此为目前犹可及之计，亦为此时不能稍缓之图。若待其间之既开，而欲为斡旋补苴之法，则和与战俱不可恃。即使仍可苟安，而大局已不堪复问，则何如预防其间之为计也。咸丰六年王茂荫奏陈夷务，谓：'海外诸国日起争雄，自人视之，虽有中外之分，自天视之，殆无彼此之意。'引《书》言'皇天无亲，惟德是辅'，及《大学·平天下章》三言得失，首人心、次天命、而终以君心为证。何其言之危且切欤！欲戢夷心，莫要于顺民心，能顺民心，斯足以承天心，固不待蓍蔡而昭然若睹耳。臣受恩最重，办理洋务最久，实有见于洋人居心积虑之处，而现时尤为迫切紧要之关。外国之求间在此，中国之弥间亦在此。在事诸臣，仅谋其末，我皇上实操其本。用敢直陈，伏乞俯鉴刍言，将此折时置左右，力求端本之治，以回隐患之萌。天下幸甚！"

先是，当台湾事平，文祥即偕恭亲王议兴海防，条上六事：曰练兵，曰简器，曰造船，曰筹饷，曰用人，曰持久。各具条目，敕下中外大臣会议。至光绪二年，疆臣覆奏，将复下廷议。文祥已病不能出，自知且不起，乃密疏上曰："驭外之端，为国家第一要务。现筹自强之计，为安危全局一大关键。臣衰病侵寻，心长智短，知不能永效犬马以报主知。恐一旦填沟壑，则平生欲言未言之隐，无以上达宸聪，下资会议，何以对陛下？此心耿耿，有非总理衙门原奏所能尽者，敢竭诚吐赤，为我皇上敬陈之。夫敌国外患，无代无之，然未有如今日之局之奇、患之深、为我敌者之多且狡也。果因此患而衡虑困心，自立不败，原足作我精神，惺我心志，厉我志气，所谓生于忧患者正在于此。至此而复因循泄沓；一听诸数而莫为之筹，即偶一筹念而移时辄忘，或有名无实，大局将不堪设想，而其几不待智者而决矣。从前夷患之炽，由于中外之情相隔，和战之见无定，疆吏又遇事粉饰，其情形不能上达于朝廷。坐是三失，而其患遂日久日深，无所底止。泰西各国官商一气，政教并行，各商舶远涉重洋，初至中华，处处受我侮抑，事事被我阻塞，其情郁而不能不发者，势也。继而见中国官之阻之者可以通，抑之者可以伸，必不可破之格，或取胜于兵力之相迫而卒无不破，此中国之为所轻而各国渐敢恣肆之机也。迨至立约通商已有成议，而在内无深知洋务之大臣，在外无究心抚驭之疆吏，一切奏牍之陈，类多敷衍讳饰。敌人方桀骜而称为恭顺，洋情方怨毒而号为欢忭，遂至激成事端，忽即忽战；甚且彼省之和局甫成，此省之战事又起，赔款朝给，捷书暮陈。乘遭风之船以为胜仗，执送信之酋以为擒渠，果至两军相交，仍复一败不可收拾。于是夷情愈骄，约款愈肆，中外大臣皆视办理洋务为畏途，而庚申衅起，几至无可措手。自设立总理衙门，其事始有责成，情形渐能熟悉，在事诸臣亦无敢推诿。然其事非在事诸臣之事，而国家切要之事也。既为国家切要之事，则凡为大清臣子者，无人不应一心谋画，以维大局。况和局之本在自强，自强之要在武备，亦非总理衙门所能操其权尽其用也。使武备果有实际，则于外族要求之端，持之易力，在彼有顾忌，觊觎亦可潜消，事不尽属总理衙门，而无事不息息相关也。乃十数年来，遇有重大之端，安危呼吸之际，事外诸臣以袖手为得计；事甫就绪,异议复生,或转托于成事不说;不问事之难易情形若何,一归咎于任事之人。是从前之误以无专责而仔肩乏人,今日之事又以有专属而藉口有自。设在事诸臣亦同存此心,争相诿谢,必至如唐臣杜甫诗中所谓'独使至尊忧社稷'矣。夫能战始能守,能守始能和,宜人人知之。今日之敌,非得其所长,断难与抗,稍识时务者,亦讵勿知?乃至紧要关键,意见顿相背,往往陈义甚高,鄙洋务为不足言,抑或苟安为计,觉和局之深可恃。是以历来练兵、造船、习器、天文、算学诸事,每兴一议而阻之者多,即就一事而为之者非其实。至于无成,则不咎其阻挠之故,而责创议之人;甚至局外纷纷论说,以国家经营自立之计,而指为敷衍洋人。所见之误,竟至于此!今日本扰台之役业经议结,日本尚非法、英、俄、美之比,此事本属无名之师,已几几震动全局,费尽笔争舌战,始就范围。若泰西强大各国环而相伺,得中国一无理之端,藉为名义,构兵而来,更不知如何要挟,如何挽回?言念及此,真有食不下咽者,则自强之计尚可须臾缓哉?此总理衙门奏请饬令会议诸条,实为紧要关系,不可不及早切实筹办者也。今计各疆吏遵旨筹议,指日将依限上陈,如饬下廷议,非向来会议事件可比,应由各王大臣期定数日,详细筹商,将事之本末始终,一律贯彻,利害之轻重,条议之行止,办法切实,折中定见,无蹈从前会议故习。如今日议之行之,而异日不能同心坚持,则不如不办。如事虽议行,而名是实非,徒为开销帑需,增益各省人员差使名目,亦不如不办。度势揆时,料敌审己,实有万万不能不办之势,亦实有万万不可再误之机。一误即不能复更,不办即不堪设想。总理衙门折内所谓'必须上下一心,内外一心,局中局外一心,且历久永远一心',即此意也。而大本所在,尤望我皇上切念而健行之。总理衙门承办之事,能否维持,全视实力之能否深恃。必确有可战可守之具,庶可握不战之胜,惟我皇上念兹在兹,则在事诸臣之苦心,自能上邀宸鉴。凡百臣工亦人人有求知此事共筹此事之心,其才识智力必有百倍于臣者。否则支持既难,变更不免,变而复合,痛心之端,必且百倍今日,非臣之所忍言矣。"疏上,未几卒。温诏赐恤,称其"清正持躬,精详谋国,忠纯亮直,诚恳公明,为国家股肱心膂之臣",赠太傅,予骑都尉世职,入祀贤良祠,赐银三千两治丧,遣贝勒载澂奠醊,谥文忠,归葬盛京,命将军崇实往赐祭。十五年,皇太后归政,追念前劳,赐祭一坛。

文祥忠勤,为中兴枢臣之冠。清操绝人,家如寒素。谋国深远,当新疆军事渐定,与俄国议交还伊犁,大学士左宗棠引以自任,文祥力主之,奏请专任。文祥既殁,后乃遣侍郎崇厚赴俄国,为所迫胁,擅允条款,朝论哗然。谴罪崇厚,易以曾纪泽往,久之乃定议,幸免大衅。法越事起,和战屡更,以海防疏,不能大创敌,迁就结局。及兴海军,未能竭全力以成之,卒挫于日本。皆如文祥所虑,而朝局数变,日以多事矣。子熙治,以员外郎袭骑都尉世职。

宝鋆,字佩蘅,索绰络氏,满洲镶白旗人,世居吉林。道光十八年进士,授礼部主事,擢中允。三迁侍读学士。咸丰二年,粤匪窜两湖,宝鋆疏请邻近诸省力行坚壁清野之策。四年,命往三音诺颜部赐奠,谢绝馈贶,外藩敬之。擢内阁学士。五年,迁礼部侍郎,兼正红旗蒙古副都统,调户部。八年,典浙江乡试,以广额加中官生一名,坐违制,镌一级留任,文宗谕"宝鋆素以果敢自命,亦同瞻徇",特严斥焉。

十年,命赴天津验收海运漕粮,复赴通州察视,迭疏请定杜弊章程,并劾监督贻误,如所请行。任总管内务府大臣,署理户部三库事务,会办京城巡防。时英法联军内犯,车驾幸热河,既至,命提库帑二十万两修葺行宫。宝鋆以国用方亟,持不可。上怒,欲加严谴,会所管三山被掠,诏切责,降五品顶戴。逾月后,以巡防劳勋,复之,兼镶红旗护军统领,复署正红旗汉军都统、左翼前锋统领。十一年,文宗崩于行在。十月,穆宗回京,命在军机大臣上行走,并充总理各国事务大臣。

同治元年,擢户部尚书。二年,奏劾寿庄公主府首领太监张玉苍出言无状,严旨逮讯,玉苍治如律。三年,命大臣轮班进讲《治平宝鉴》,宝鋆与焉。江宁克复,以翊赞功,加太子少保,赐花翎。四年,命佩带内务府印钥。寻以枢务事繁,请解内务府大臣职,允之。自设立总理各国事务衙门,始求通知外国语言文字,置同文馆,肄习西学,廷臣每以为非。六年,都察院代奏职员杨廷熙上书请撤同文馆,语涉恭亲王及宝鋆等专擅挟持,于是宝鋆偕恭亲王请罢直候查办,温诏慰留,勉以不避嫌怨,勿因浮言推诿。七年,直东捻匪肃清,加军功二级。十一年,调吏部。穆宗大婚礼成,加太子太保。十二年,兼翰林院掌院学士,以吏部尚书协办大学士。寻调兵部,拜体仁阁大学士,管理吏部。光绪三年,晋武英殿大学士。四年,回疆肃清,被优叙。

宝鋆自同治初年预枢务,偕文祥和衷翊赞,通达政体,知人让善,恭亲王资其襄助,至是朝列渐分门户。文祥既殁,议论益纷,编修何金寿因旱灾劾枢臣不职,请加训责,诏斥恭亲王、宝鋆等目击时艰,毫无补救,严议革职,加恩改留任。五年,以题穆宗神主,加太子太傅,复以《实录》告成,推恩其子景沣晋秩郎中,侄景星赐举人。七年,庶子陈宝琛以星变陈言,专劾宝鋆,请仿汉灾异策免三公故事,立予罢斥。诏曰:"宝鋆在军机大臣上行走有年,尚无过失。陈宝琛谓其畏难巧卸,瞻徇情面,亦不能确有所指。惟既有此奏,自平时与王大臣等议事未能和衷共济,致启人言。该大学士受恩深重,精力尚健,自当恪矢公忠,勉图报称,务宜殚精竭虑,力戒因循积习,用副委任。"

十年三月,军机大臣自恭亲王以下同日斥罢,诏:"宝鋆入直最久,责备宜严,姑念年老,特录前劳,全其末路,以原品休致。"十二年,皇太后懿旨加恩,改以大学士致仕,赏食半俸。宝鋆退休后,时偕恭亲王居西山游览唱和。年逾八十,恩赉犹及。十七年,卒。遗疏入,诏褒其"忠清亮直,练达老成",赠太保,祀贤良祠,擢子景沣四品京堂,赐孙荫桓举人,遣贝勒载滢奠醊,饰终之典，视在位无所减，谥文靖。子景沣，官至广州将军，卒，谥诚慎。孙荫桓，光绪二十四年进士，历官国子监司业，改乾清门头等侍卫。

论曰：咸、同之间，内忧外患，岌岌不可终日。文庆倡言重用汉臣，俾曾国藩、胡林翼等得展经猷，以建中兴之业，其功甚伟。文祥、宝鋆襄赞恭亲王，和辑邦交，削平寇乱。文祥尤力任艰巨，公而忘私，为中外所倚赖，而朝议未一，犹不能尽其规略；晚年密陈大计，于数十年驭外得失，洞如观火，一代兴亡之龟鉴也。宝鋆明达同之，贞毅不及，遂无以镇纷嚣而持国是。如文祥者，洵社稷臣哉！

卷三百八十七　列传一百七十四

宗室肃顺　穆荫 匡源　焦祐瀛 **陈孚恩**

宗室肃顺，字雨亭，郑亲王乌尔恭阿第六子也。道光中，考封三等辅国将军，授委散秩大臣、奉宸苑卿。文宗即位，擢内阁学士，兼副都统、护军统领、銮仪使。以其敢任事，渐向用。咸丰四年，授御前侍卫，迁工部侍郎，历礼部、户部。

七年，擢左都御史、理藩院尚书，兼都统。时寇乱方炽，外患日深，文宗忧勤，要政多下廷议。肃顺悻恩眷，其兄郑亲王端华及怡亲王载垣相为附和，挤排异己，廷臣咸侧目。八年，调礼部尚书，仍管理藩院事，又调户部。会英法联军犯天津，起前大学士耆英随钦差大臣桂良、花沙纳往议约。耆英不候旨回京，下狱议罪，拟绞监候，肃顺独具疏请立予正法，上虽斥其言过当，即赐耆英自尽。大学士柏葰典顺天乡试，以纵容家人靳祥舞弊，命肃顺会同刑部鞫讯，谳大辟，上念柏葰旧臣，狱情可原，欲宽之；肃顺力争，遂命斩。户部因军兴财匮，行钞，置宝钞处，行大钱，置官钱总局，分领其事。又设官号，招商佐出纳，号"乾"字者四，"宇"字者五。钞币大钱无信用，以法令强行之，官民交累，徒滋弊窦。肃顺察宝钞处所列"宇"字五号欠款与官钱总局存档不符，奏请究治，得朦混状，褫司官自斐音等职，与商人并论罪，籍没者数十家。又劾官票所官吏交通，褫关防员外郎景雯等职，籍没官吏亦数十家。大学士祁寯藻、翁心存皆因与意见不合，龂龂不安于位而去，心存且几被重罪。

肃顺日益骄横，睥睨一切，而喜延揽名流，朝士如郭嵩焘、尹耕云及举人王闿运、高心夔辈，皆出入其门，采取言论，密以上陈。于剿匪主用湘军，曾国藩、胡林翼每有陈奏，多得报可，长江上游以次收复。左宗棠为官文所劾，赖其调护免罪，且破格擢用。文宗之信任久而益专。

自八年桂良等在天津与各国议和，廷议于"遣使入京"一条坚不欲行，迄未换约。九年，乃有大沽之战，敌却退。十年，英法联军又来犯，僧格林沁拒战屡失利，复遣桂良等议和。敌军近逼通州，乃改命怡亲王载垣、尚书穆荫往议，诱擒英官巴夏礼置之狱，而我军屡败之余不能战，车驾仓猝幸热河，廷臣争之不可。事多出肃顺所赞画，遂扈从。洎敌军入京师，恭亲王留京主和议，议既定，敌军渐退。留京王大臣吁请回銮，肃顺谓敌情叵测，力阻而罢。肃顺先已授御前大臣、内务府大臣，至是以户部尚书协办大学士，署领侍卫内大臣，行在事一以委之。

十一年七月，上疾大渐，召肃顺及御前大臣载垣、端华、景寿，军机大臣穆荫、匡源、杜翰、焦祐瀛入见，受顾命，上已不能御朱笔，诸臣承写焉。穆宗即位，肃顺等以赞襄政务多专擅，御史董元醇疏请皇太后垂帘听政。肃顺等梗其议，拟旨驳斥，非两宫意，抑不下，载垣、端华等负气不视事。相持逾月，卒如所拟，又屡阻回銮。恭亲王至行在，乃密定计。九月，车驾还京，至即宣示肃顺、载垣、端华等不法状，下王大臣议罪。肃顺方护文宗梓宫在途，命睿亲王仁寿、醇郡王奕𫍽往逮，遇诸密云，夜就行馆捕之，咆哮不服，械系。下宗人府狱，见载垣、端华已先在，叱曰："早从吾言，何至今日？"载垣咎肃顺曰："吾罪皆听汝言成之也！"谳上，罪皆凌迟。诏谓："擅政阻皇太后垂帘，三人同罪，而肃顺擅坐御位，进内廷出入自由，擅用行宫御用器物，传收应用物件，抗违不遵，并自请分见两宫皇太后，词气抑扬，意在构衅，其悖逆狂谬，较载垣、端华罪尤重。"赐载垣、端华自尽，斩肃顺于市。

肃顺揽权立威，数兴大狱，舆论久不平；奏减八旗俸饷，尤府怨。就刑时，道旁观者争掷瓦砾，都人称快。肃顺既伏法，诏逮所与交结之内监杜双奎、袁添喜等置重典；其被威胁者，概免株连。耆英子庆锡呈诉其父为肃顺所陷，请昭雪，诏以耆英罪当死，肃顺奏过当，文宗已斥之，特锢肃顺子不得入仕以示戒。

穆荫，字清轩，托和络氏，满洲正白旗人。官学生，考授内阁中书，充军机章京，迁侍读。咸丰元年，命以五品京堂候补，在军机大臣上学习行走。寻除国子监祭酒，故事，非科甲不与斯职，部臣执奏，特旨仍授之。历光禄寺卿、内阁学士，兼副都统。三年，粤匪扰河南、直隶，京师戒严，命偕僧格林沁、花沙纳、达洪阿办理京旗各营巡防事宜。迁礼部侍郎，署左翼总兵，寻调刑部。八年，擢理藩院尚书，兼都统，调兵部。

十年，命偕怡亲王载垣赴通州，与英法联军议和，解桂良等钦差大臣关防授之。议不谐，命擒诸酋，获巴夏礼送京。敌军益逼，诏斥穆荫等办理不善，撤回，扈从入热河。丁父忧，予假十四日，命俟回京补行持服。

十一年，文宗崩，偕肃顺等同受顾命，赞襄政务。十月，肃顺、载垣、端华等伏法，穆荫与匡源、杜翰、焦祐瀛并罢直军机，议罪。及议上，诏曰："穆荫等于载垣等窃夺政柄，不能力争，均属辜恩溺职。穆荫在军机大臣上行走最久，班次在前，情节尤重。王大臣等拟请将穆荫革职发往新疆效力赎罪，咎有应得。惟以载垣等凶焰方张，受其箝制，均有难与争衡之势，其不能振作，尚有可原，著即革职，加恩改发军台效力赎罪。匡源、杜翰、焦祐瀛皆革职，免其遣戍。"穆荫诣戍，同治三年，论赎归，殁于家。杜翰，附其父《受田传》。

匡源，字鹤泉，山东胶州人。道光二十年进士，选庶吉士，授编修，累官吏部侍郎。咸丰八年，入直军机，谦退无所建白。罢官后，清贫，主讲济南泺源书院以终。

焦祐瀛，字桂樵，直隶天津人。道光十九年举人，考授内阁中书，充军机章京。累迁光禄寺少卿。咸丰十年，命赴天津静海诸县治团练，召回从幸热河，命在军机大臣上学习行走，迁太仆寺卿。祐瀛尤谄事肃顺等，诸诏旨多出其手，为时所指目，故同败。

陈孚恩，字子鹤，江西新城人。道光五年拔贡，授吏部七品小京官，升主事，充军机章京。累迁郎中。大学士穆彰阿领枢务，深倚之，历太仆寺少卿、通政司副使、太仆寺卿，皆留直。迁大理寺卿、左副都御史，兼署顺天府尹、工部侍郎，擢仓场侍郎。二十七年，调署兵部侍郎，在军机大臣上行走。偕侍郎柏葰赴山东按事，劾巡抚崇恩库款亏缺、捕务废弛，罢之。暂署山东巡抚。授刑部侍郎，回京面陈在署任不受公费，诏嘉之，特加头品顶带、紫禁城骑马，赐匾额曰："清正良臣"，皆异数。二十九年，偕侍郎福济赴山西按巡抚王兆琛贪婪事，得实，褫兆琛职，逮京治罪。调工部，署刑部尚书，寻实授。三十年，宣宗崩，遗命罢配郊祔庙，下王大臣议。文宗召对，孚恩与怡亲王载垣等争论于上前，载垣等以失仪自劾，诏原其小节，予薄谴，而斥孚恩乖谬，降三级留任。孚恩寻以母老乞养回籍，允之。

咸丰元年，命在籍帮办团练。三年，九江陷，巡抚张芾出督师，孚恩与司道守省城，既而贼由安徽回窜上游，命偕芾筹防。贼犯南昌，孚恩偕芾固守，江忠源援师至，力战，相持九十余日，贼始引去。以守城功，赐花翎。七年，母丧毕，到京未有除授。八年，御史钱桂森疏言："孚恩才练识明，在外数年，多所阅历，倘仍入直枢廷，或使治洋务，必能有济。"诏斥朋比，罢桂森官职，回原衙门。久之，命孚恩以头品顶戴署兵部侍郎，又署礼部尚书，授兵部尚书。会鞫顺天乡试关节狱，牵涉其子景彦，自请严议，并回避，得旨，褫景彦职，除涉景彦者仍责会讯，仅议失察降一级，准抵销。寻兼署刑部、户部尚书，调授吏部尚书。

初，孚恩以议礼忤载垣、端华、肃顺等，及再起，乃昵附诸人冀固位。肃顺等既败，少詹事许彭寿疏请治党援，论形迹最著莫如孚恩，最密则侍郎刘琨、黄宗汉，平日所荐举者，则有侍郎成琦、太仆寺少卿德克津太、候补京堂富绩等，于是诸臣尽黜。诏谓："孚恩当大行皇帝行幸热河，命诸臣议可否，孚恩有'窃负而逃，遵海滨而处'之语，意在迎合载垣等。大行皇帝上宾，留京诸大臣中独召孚恩一人赴行在，足证为载垣等心腹。革职，永不叙用。"时廷臣议郊坛配位，孚恩言："前议宣宗配位时，大行皇帝有定为三祖六宗之谕，出于大学士杜受田所拟，非大行皇帝意。"王大臣等用其言，仍请文宗配祀。许彭寿复引据文宗御制诗有"以后无须变更"之句，请下廷臣再议，议不配祀。诏斥孚恩谬妄，又以籍肃顺家得孚恩私书，有暗昧不明语，乃逮孚恩下狱，籍其家，追缴宣宗赐额，遣戍新疆。

居数年，伊犁被兵，将军常清等奏孚恩筹饷治军有劳，命免戍，留助理兵饷。同治五年，伊犁陷，孚恩及妾黄、子景和、媳徐、孙小连同殉难。事闻，但恤其家属，孚恩不与焉。

论曰：文宗厌廷臣习于因循，乏匡济之略，而肃顺以宗潢疏属，特见倚用，治事严刻。其尤负谤者，杀耆英、柏葰及户部诸狱，以执法论，诸人罪固应得，第持之者不免有私嫌于其间耳。其赞画军事，所见实出在廷诸臣上，削平寇乱，于此肇基，功不可没也。自庚申议和后，恭亲王为中外所系望，肃顺等不图和衷共济，而数阻返跸。文宗既崩，冀怙权位于一时，以此罹罪。赫赫爱书，其能逭乎？穆荫诸人或以愿谨取容，或以附和希进，终皆不免于斥逐。如陈孚恩者，鄙夫患失，反覆靡常，沦绝域而不返，宜哉。

卷三百八十八 列传一百七十五

桂良　瑞麟子怀塔布　**官文　文煜**

桂良，字燕山，瓜尔佳氏，满洲正红旗人，闽浙总督玉德子。入赀为礼部主事，晋员外郎。出为四川顺庆知府，调成都。历建昌道，河南按察使，四川、广东、江西布政使。道光十四年，擢河南巡抚。嘉庆中，林清、李文成等以八卦教倡乱，既诛，而汲县潞州屯坟塔犹祀其神曰"无生老母"，习教者犹众。御史黄爵滋以为言，命桂良察治，毁其坟庙，廉得河南境内无生庙三十九所，并毁之；地方官失察，遣黜有差。十九年，擢湖广总督，调闽浙，又调云贵。二十年，兼署云南巡抚。滇省多盗，奏定缉捕章程；又请迤南、迤西、迤东各标营官兵责成巡道就近稽察。时贵州诸苗蠢动，镇远、黎平、都匀、古州苗尤悍，州县不能制，疏请遴劲兵专主剿捕。二十五年，入觐，留京，署兵部尚书，兼正白旗汉军都统。寻出为热河都统。二十八年，召来京，以其女妻皇六子奕䜣，授镶红旗汉军都统。

咸丰元年，署吏部尚书，出为福州将军。二年，召授兵部尚书。三年，粤匪陷江宁，京师戒严。桂良疏请各城门稽查增派八旗章京兵丁，补葺城上兵房，从之。未几，粤匪窜河北，直隶总督讷尔经额出省防剿，命桂良驻保定为后路声援，兼防西路要隘。望都、唐县土匪起，捕诛之。是年秋，贼由山西犯畿南，讷尔经额师溃于临洺关，隆平、柏乡相继陷。讷尔经额褫职逮治，授桂良直隶总督，诏责偕都统胜保速筹防剿。布政使张集馨出兵迁延，劾罢之。贼窜正定、定州、深州、河间、天津，势剽甚，于是桂良率提督张殿元守保定，科尔沁郡王僧格林沁统大兵驻通州卫京师，胜保督师进剿。四年，大捷于独流镇，贼走踞阜城，又走连镇，僧格林沁、胜保会攻，贼分窜山东，胜保追击之。桂良遣张殿元赴武邑防堵，劾散秩大臣穆辂、健锐营翼长双僖纵兵伤官扰民，议谴。

秋，英吉利、美利坚两国兵船至大沽。时贼氛未靖，诏戒张皇，命桂良相机办理。寻以前任盐政崇纶归调遣，令赴天津会议。英酋咆哮要索十六条，欲遣官驻京及践广州入城之约，中外官平礼接见，通商税则变通旧约；美酋麦莲则仅言通商一端。崇纶等严拒其驻京，余事令赴广东听总督查办。屡议无要领，咆哮等寻去。五年，僧格林沁连大破贼，贼首林凤祥、李开芳先后就擒伏诛，畿辅肃清。七年，召拜东阁大学士，管理刑部，兼正蓝旗蒙古都统。

八年春，英、法、俄、美四国联军北犯，毁大沽炮台，泊天津城下，声言将犯京师。仓猝援军未集，命桂良偕尚书花沙纳往议。敌情猖肆，要求益多：以遣官驻京、内江通商、内地游行、兵费赔偿后，始交还广东省城。四事廷议不允。复起故大学士耆英同与议，英人尤不悦，拒之，耆英以擅回京获罪。桂良等议久不决，廷臣多主战，实不足恃，而敌日以进兵为恐吓。俄、美两国调停其间，卒徇所请定议，而通商税则俟于上海详定之。

五月，签约退兵，遂命桂良偕花沙纳赴上海，武备院卿明善、刑部员外郎段承实副之，会同两江总督何桂清议税则。文宗愤和约之成出于不得已，或献策许全免入口税以市惠，冀改易驻京诸条，密授桂良等机宜。八月，至上海，晋文华殿大学士，授内大臣。桂清力言免税之不可，改约之难成，桂良亦赞其议，上甚怒，必责其补救一二端，而各国因广东民团仍与为难，且出示伪载谕旨，坚欲罢两广总督黄宗汉，停撤民团。桂良等疏闻，乃解宗汉通商大臣，改授桂清。桂良等噤不敢言罢驻京诸事，先议税则。

十二月，英使额罗金遽率兵船赴广东，遂罢议。九年，回京，仅美利坚一国遵换通商之约，英军复犯大沽，僧格林沁预设备，兵至，击退之。十年，英法联军大举来犯，我师失利。七月，复命桂良赴天津议和，要增兵费，入京换约，严诏拒绝。敌陷天津，进逼京师，上幸热河，恭亲王奕訢留守主抚议，桂良与焉。九月，于礼部换约，视八年原议益增条款，事具《邦交志》。寻命督办各国通商事务。十一年，穆宗即位，回京，命在军机大臣上行走。同治元年，卒，优恤，赠太傅，祀贤良祠，谥文端。

瑞麟，字澄泉，叶赫那喇氏，满洲正蓝旗人。由文生充太常寺读祝官，补赞礼郎。道光二十七年，祫祭太庙，读祝洪亮，宣宗嘉之，赐五品顶戴、花翎。二十八年，超擢太常寺少卿，又擢内阁学士，兼管太常寺。三十年，擢礼部侍郎。咸丰元年，兼镶蓝旗满洲副都统、正黄旗护军统领。三年，调户部，命在军机大臣上行走。时粤匪窜畿辅，踞静海县及独流镇，命瑞麟率兵从僧格林沁防剿，会攻独流，克之。静海贼党陷阜城，又分窜连镇及山东高唐州，瑞麟合击，屡有擒斩。五年，克连镇，贼首林凤祥就

擒，加都统衔，赐号巴达琅阿巴图鲁，授西安将军。未几，擢礼部尚书，兼镶白旗蒙古都统。

八年，英兵犯天津，命驰赴杨村筹防。洎抚议定，敌退。文宗知和不可恃，亟治海防，命瑞麟赴天津修筑大沽炮台。寻署直隶总督，增建双港炮台，调福建霆船战船，增募水师。僧格林沁移师天津，分驻要隘。瑞麟回京，调户部尚书，拜文渊阁大学士，兼管礼部鸿胪寺、太常寺。九年，管理户部。十年，充殿试读卷官，授内大臣。六月，英法联军复犯天津，命率京兵万人守通州。僧格林沁屡战失利，敌军进通州，瑞麟偕胜保御之八里桥，左右夹击，胜保伤炮坠马，军溃，敌遂逼京师。瑞麟迎战安定门外，败绩，褫职。车驾幸热河，命扈从行在。是年冬，和议成，于侍郎衔，随僧格林沁剿山东捻匪。攻巨野羊山集贼巢，失利，马蹶被伤，退军济宁，复褫职，召回京。十一年，授镶黄旗汉军都统，管神机营事。

同治元年，出为热河都统，疏请招佃围边荒地八千顷充练饷，允之。二年，调广州将军。四年，兼署两广总督。信宜、化州土匪起，遣兵平之。粤匪汪海洋由福建窜广东大埔，遣副将方耀击走之。入闽会剿，复诏安、平和。贼复窜广东境，连败之于长乐、镇平。时贼踪往来于福建、广东、江西界上，瑞麟偕左宗棠疏请三省会剿。诏提督鲍超由江西来援，四面环攻。十二月，歼伪偕王谭体元于黄沙坝，擒首逆汪海洋，诛之，余贼肃清。捷闻，优诏嘉奖。

五年，实授两广总督。广东素多盗，伏莽时起。时巡抚蒋益澧号知兵，瑞麟部将方耀、郑绍忠皆能战，先后破斩五坑客匪，曹冲、赤溪及新安、东莞诸匪，潮州、琼州洋盗、土匪。九年，兼署巡抚。十年，复拜文渊阁大学士，仍留总督任。十三年，卒，诏嘉前劳，赠太保，祀贤良祠，谥文庄。

子怀塔布，由荫生授刑部主事，晋员外郎。以父恤典擢四品京堂，累迁礼部尚书，充内务府大臣。光绪二十四年，主事王照上书言事，久之始代奏，坐违旨抑格，褫职。未几，皇太后训政，起授左都御史，复充内务府大臣，迁理藩院尚书。二十六年，卒，赠太子少保，谥恪勤。

官文，字秀峰，王佳氏，满洲正白旗人，先隶内务府正白旗汉军。由拜唐阿补蓝翎侍卫，累擢头等侍卫。道光二十一年，出为广州汉军副都统，调荆州右翼副都统。粤匪既陷汉阳，将犯荆州。咸丰三年，将军台涌驻防德安，命官文专统荆州防兵。四年，擢荆州将军。贼陷安陆、荆门、宜昌。时荆州兵多调赴武昌，分屯要隘，城中兵仅二千。监利又陷，官文遣军复之；连复宜昌、石首、华容，于是荆州稍安，而武昌被围急，官文遣将沿汉下援。

六月，武昌复失守，命官文统筹全局，规复武汉。因疏言："贼情诡谲，军情随时变幻。武汉之贼一日不尽，荆州不得安枕。贼踞汉阳，倚江为险，绝我粮道，阻我援军。今欲复武昌，必先攻汉阳，夺贼所恃之险，而后武昌可图也。总兵双保自潜江进剿，兵力过单。臣已令罗遵殿以战船百艘自仙桃镇、蔡店径趋汉阳，与抚臣杨霈分道夹攻；又檄总兵福炘往助双保，知县吴振镛进复沔阳以通饷

道。惟贼踞岳州，南北援军均受牵制，尤应先剿岳州之贼。曾国藩方统炮船驻湘阴，塔齐布之师已入岳州境，臣已促其速进，分兵阻江路。复派同知衔李光荣等率川勇防调弦口，张子铭防监利尺八口，都司宗维清沿江接应。荆州仅剩旗兵少守要隘，随时接应，庶几可进可退，不致有顾此失彼之虞。"疏入，报闻。寻曾国藩克岳州，贼艘悉出大江，官文遣凉州副都统魁玉、总兵杨昌泗赴螺山防江，歼贼甚多。八月，武昌、汉阳相继复，论功被优叙。

五年，总督杨霈师溃德安，汉阳、汉口复陷，德安、随州继之，诏褫霈职，授官文湖广总督。师次安陆，疏言："贼自随州退踞德安，凶锋叠挫。惟天门、京山道路四通，倘窜襄河，勾连仙桃镇以下股匪，不独荆襄在在堪虞，上游各处均可北窜。现遣兵一由天门、皂市进剿，一往京山防守，臣驻安陆为两路应援，咨固原提督孔广顺伺隙进取，署提臣讷钦为后应。俟钦差大臣西凌阿入楚，即统兵从襄河两岸水陆并进，由汉川攻汉阳。"秋，西凌阿战德安失利，乃命官文代为钦差大臣，驰援德安。贼弃城走，蹑追之，直捣汉阳。十二月，督兵薄西门桥，迭败贼于龟山、尾湖堤、五显庙，破贼卡，毁东西土城。六年，贼造浮桥从西门分队来犯，击却之。分兵河口断其粮道，令副都统都兴阿攻围风焚积聚，贼势渐蹙。秋，破汉阳城外贼营，连战皆捷。巡抚胡林翼规复武昌。十一月，约同日水陆大举，分攻武、汉，官文督军分路进，水师击汉阳东门，破五显庙贼卡，李孟群又败龟山援贼，王国才、杨昌泗由西门攻入，遂复汉阳，俘伪将军等五百余人。林翼亦复武昌，诏嘉奖，赐花翎。

七年，偕林翼疏言："湖北为长江上游要害，武汉尤九省通衢，自来东南有事必争之地。三次失陷，力攻两载而后克之。目前相机防剿，不令贼乘间上窜，蹈从前覆辙。业派李续宾由南岸，都兴阿、孔广顺、王国才由北岸，杨载福率水师由江路分道进剿。现北岸黄州至黄梅，南岸武昌至兴国，均已肃清，崇、通一带搜捕殆尽；李续宾抵九江，与曾国藩会合进攻；杨载福毁城外贼营，惟小池口贼垒未拔，派鲍超助攻。安徽之英山、太湖、宿松、望江接壤湖北，皆为贼薮，有窥伺上犯之心。饬王国才驻黄梅之大河铺、界岭岩，孔广顺驻蕲水之孔陇驿，巴扬阿率马队为各路应援，以固楚北门户。道士洑水阔溜急，田家镇两山对峙，水师皆难久驻，酌留各营游巡江面，足备镇驭。通筹大局，我军已据水陆上游，实蓄破竹建瓴之势。所虑江西七府未平，武昌尚有肘腋之患。贼若由通城、崇阳、兴国窜逼武昌，反出江西各军之上，自当固守武昌，以为后路根本。相机筹画，节节进取，仍步步严防，庶军情无返顾掣肘之虞，转饷有源源不竭之利。"疏入，报闻。

初，官文由荆州将军调总督，凡上游荆、宜、襄、郧诸郡兵事饷事悉主之。林翼以巡抚驻武昌，凡下游武、汉、黄、德诸郡兵事饷事悉主之。南北军各领分地，征兵调饷，每有违言。武昌既复，林翼威望日起，官文自知不及，思假以为重，林翼益推诚相结纳，于是吏治、财政、军事悉听林翼主持，官文画诺而已。不数年，足食足兵，东南大局，隐然以湖北为之枢。

八年四月，复九江，论功，加太子少保。皖贼陷麻城、黄安，围蕲州，先后破走之。七月，胡林翼丁母忧，官文疏请留林翼治军，改为署理，从之。命官文暂行兼署巡抚，寻以湖广总督协办大学士。李续宾战殁三河，皖、鄂震动。官文分兵扼蕲州、广济、麻城诸隘，固守九江、彭泽，水师严防江面，人心始定。九年，贼窜湖南，围宝庆，檄荆宜施道李续宜赴援，大破之，宝庆围解。十二月，复太湖，被优叙。十一年，拜文渊阁大学士，仍留总督任。时大军围安庆急，陈玉成、李秀成先后分兵犯湖北境，翼掣动局势，遣将迭破之，所陷诸郡县皆复。八月，克安庆，加太子太保。是年，胡林翼病殁，严树森代之。

降捻苗沛霖踞安徽寿州，诏疆臣议剿抚之策。官文疏陈沛霖包藏祸心，罪大恶极，请伸天讨。同治元年，遣副将周凤山等剿捻于河南信阳、罗山，败之；又破黄梅捻巢，收复十余寨；晋文华殿大学士。发、捻合扰楚、豫之交，势甚炽。荆州将军多隆阿方督师赴陕西，官文以楚兵不敷分布，奏调回援。九月，多隆阿至，屡战皆捷，襄河以北贼皆远遁。三年，劲巡抚严树森把持刚愎，黜之。六月，克复江宁，曾国藩奏捷，推官文列名疏首。诏嘉官文征兵筹饷，推贤让能，接济东征，不分畛域，锡封一等伯爵，号果威，世袭罔替，升入正白旗满洲，赐双眼花翎。盖褒其能与胡林翼和衷卒成大功也。

四年，僧格林沁剿捻战殁于山东，诏追论前年发、捻扰湖北，官文不能就地歼除，仅驱出境，以致蔓延益炽，下严议，降三级调用，改革职留任，褫宫衔、花翎。五年，偕曾国藩奏设长江水师，如议行。湖北巡抚曾国荃劾官文贪庸骄蹇，命尚书绵森、侍郎谭廷襄往按，坐动用捐款，议革职，诏念前劳，原其尚非贪污欺罔，优与保全，解总督，仍留大学士、伯爵，罚伯俸十年。召还京，管理刑部，兼正白旗蒙古都统。寻出署直隶总督。

七年，捻匪张总愚由西路窜扰畿辅，下严议。寻李鸿章、左宗棠等入援，七月，捻匪平，复宫衔、花翎。八年，回京，管理户部三库，授内大臣。十年，卒，优诏赐恤，赠太保，赐金治丧，遣惠郡王奠醊，祀贤良祠，谥文恭。寻以疆臣请合祀湖北胡林翼专祠。

当官文之在湖北，事事听林翼所为，惟驭下不严，用财不节，林翼忧之。阎敬铭方佐治饷，一日林翼与言，恐误疆事。敬铭曰："公误矣！本朝不轻以汉大臣专兵柄。今满、汉并用，而声绩炳著者多属汉人，此圣明大公划除畛域之效。然湖北居天下要冲，朝廷宁肯不以亲信大臣临之？夫督抚相劾，无论未必胜，即胜，能保后来者必贤耶？且继者或厉清操，勤庶务，而不明远略，未必不颛己自是，岂甘事事让人？官文心无成见，兼隶旗籍，每有大事，正可借其言以伸所请。其失仅在私费奢豪，诚于事有济，岁糜十万金供之，未为失计。至一二私人，可容，容之；不可，则以事劾去之。彼意气素平，必无忤也。"林翼大悟。及林翼殁，督抚不相能，官文劾严树森去之；而曾国荃又劾官文去之。官文晚节建树不能如曩时，然林翼非官文之虚己推诚，亦无以成大功，世故两贤之。

孙兴恩，袭伯爵。

文煜，字星岩，费莫氏，满洲正蓝旗人。由官学生授太常寺库使，累迁刑部郎中。出为直隶霸昌道、四川按察使。咸丰三年，迁江宁布政使，时江宁已陷贼，文煜从琦善江北大营。四年，琦善殁于扬州，所部练勇及江北粮台事宜，命文煜接办。五年春，粤匪由瓜洲东窜沙头港，文煜遣勇击之，贼由对岸扎簰争渡，偕水师以大炮合击，贼退瓜洲。文煜以沙头港为里下河门户，贼所必争，筑土城炮台，疏请添募练勇守御，从之。既而贼踞扬州，窥里下河，文煜击之于万安桥，大有斩获，贼势乃挫。七年，调江苏布政使，治江南大营粮台。以支给撙节，为军中所不便，提督和春劾其拘泥，命来京候另简用。寻授直隶布政使。

九年，英兵犯大沽，为僧格林沁击退。战后将议抚，命文煜从总督恒福赴北塘相机办理。寻擢山东巡抚。捻匪围曹县，分党扰安陵，檄曹州镇总兵郝上庠合师内外夹击，解曹州围，安陵贼亦退。十年，捻匪又窜单县，分扰峄县得胜闸，遣兵击走之。英法联军踞烟台，文煜遣兵扼利津，自驻潍县韩亭以防陆路北犯。寻敌船北驶犯北塘，文煜分军入卫，驻通州，自率众赴济宁剿捻匪。

十一年，署直隶总督，寻实授。时和议既成，穆宗回銮，畿辅马贼四起，久未净绝，屡诏责文煜搜捕。同治元年，坐山东降贼张锡珠等扰畿南督剿不力，褫职，戍军台。二年，僧格林沁奏调赴营差遣，寻授镶黄旗蒙古副都统。三年，命赴甘肃庆阳督办粮台，以病请解职回旗。七年，起授正蓝旗汉军都统，寻出为福州将军。十年，兼署闽浙总督。十三年，日本兵船窥伺台湾，偕总督李鹤年、船政大臣疏陈防务。光绪三年，入觐，留京授内大臣、镶白旗汉军都统、左都御史，擢刑部尚书。七年，协办大学士。九年，充总管内务府大臣。十年，拜武英殿大学士，以病乞罢。寻卒，赠太子少保，谥文达。两江总督曾国荃等奏文煜咸丰中孤军捍贼，保全里下河，请于扬州建专祠，允之。子志颜，理藩院侍郎。

论曰：桂良以帝室葭莩，与闻军国，数膺议和之使，无所折冲。瑞麟从僧格林沁剿贼防夷，曾著劳勋。文煜亦处兵间，无功可录。官文虽无过人之才，推贤让能，奠安江汉，与曾国藩、胡林翼和衷规画，竟完戡定之功。茅土同膺，旂常并焕，岂诸人所可并语哉？

卷三百八十九　列传一百七十六

柏葰　麟魁　瑞常　全庆

柏葰，原名松葰，字静涛，巴鲁特氏，蒙古正蓝旗人。道光六年进士，选庶吉士，授编修。累迁内阁学士，兼正红旗汉军副都统。十八年，出为盛京工部侍郎，调刑部，兼管奉天府尹。二十年，召授刑部侍郎，调吏部，又调户部。二十三年，充谕祭朝鲜正使，例有馈赆，奏却之。二十五年，充总管内务府大臣。二十六年，典江南乡试。疏言："征漕大户短欠，取偿小户，劣绅挟制官史，大户包揽小户，畸轻畸重，旗丁需索，加增津贴诸弊，请严禁。"如议行。寻偕仓场侍郎陈孚恩盘查山东藩库，劾布政使王笃滥用幕友及地方官纵盗，巡抚崇恩以下议谴有差。二十八年，擢左都御史。三十年，迁兵部尚书，授内大臣。寻调吏部，管理三库，兼翰林院掌院学士。咸丰三年，命偕侍郎善焘赴盛京按协领塔芬布轻听谣言，调兵护宅，几至激变，得实，论遣戍。将军奕兴坐迴护，革任。寻以前在镶白旗蒙古都统任拣选承袭有误，罢内务府大臣，降授左副都御史。未几，出为马兰镇总兵。五年，擢热河都统，搜捕山匪。疏言："热河将惰兵疲，州县不谙吏治。行使大钱，民皆罢市。矿匪占踞山场，委员侵蚀商款。"诏严切查办。召授户部尚书，兼正黄旗汉军都统。六年，命在军机大臣上行走，兼翰林院掌院学士。寻以户部尚书协办大学士。八年，典顺天乡试，拜文渊阁大学士。

柏葰素持正，自登枢府，与载垣、端华、肃顺等不协。会御史孟传金疏劾本科士论未孚，命覆勘试卷，应议者五十卷，文宗震怒，褫柏葰等职，命载垣等会鞫，得柏葰听信家人靳祥言，取中罗鸿绎情事，靳祥毙于狱。九年，谳上，上犹有矜全之意，为肃顺等所持。乃召见王大臣等谕曰："科场为抡才大典，交通舞弊，定例綦严。自来典试诸臣，从无敢以身试法者。不意柏葰以一品大员，辜恩藐法，至于如是！柏葰身任大臣，且系科甲进士出身，岂不知科场定例？竟以家人干请，辄即撤换试卷。若使靳祥尚在，加以夹讯，何难尽情吐露？既有成宪可循，既不为已甚，就所供各节，情虽可原，法难宽宥，言念及此，不禁垂泪！"柏葰遂伏法。

十一年，穆宗即位，肃顺等既败，御史任兆坚疏请昭雪，下礼、刑两部详议，议上，诏曰："柏葰听受嘱托，罪无可辞。惟载垣、端华、肃顺等因律无仅关嘱托明文，比贿买关节之例，拟以斩决。由载垣等平日与柏葰挟有私仇，欲因擅作威福，竟以牵连蒙混之词，致罹重辟。皇考圣谕有'不禁垂泪'之语，仰见不为已甚之心。今两宫皇太后政令维新，事事从宽大平允。柏葰不能谓无罪，该御史措词失当。念柏葰受恩两朝，内廷行走多年，平日勤慎，虽已置重典，当推皇考法外之仁。"于是录其子候选员外郎钟濂赐四品卿衔，以六部郎中遇缺即选。钟濂后官盛京兵部侍郎。

麟魁，字梅谷，索绰罗氏，满洲镶白旗人。道光六年二甲一名进士，选庶吉士，散馆改刑部主事，迁中允。历庶子、侍讲学士、詹事、通政使、左副都御史。十七年，出为盛京刑部侍郎。十八年，召授刑部侍郎，兼镶红旗汉军副都统。二十年，署仓场侍郎。命偕侍郎吴其浚赴湖北按事，劾总督周天爵酷刑，罢之，其浚留署总督。麟魁复往江西鞫闹漕京控之狱，及江苏邳州知州贾辉山被劾滥用非刑等事，并治如律。调户部，又调吏部，充总管内务府大臣。二十二年，出暑山东巡抚。英兵犯江南，疏陈登州突出黄、渤，三面环海，敌兵船炮坚利，计难与争，请移兵扼陆路险要。寻偕侍郎王植赴湖南鞫狱，并勘湖南、江苏、山东水灾，奏请蠲缓，如所请行。二十三年，擢礼部尚书，管理太常寺、鸿胪寺。河决中牟，命偕侍郎廖鸿荃往督工，东西两坝成而屡蛰，褫职，予七品顶戴，仍留工，以料缺水增请缓，复褫顶戴。召还，予三等侍卫，充叶尔羌参赞大臣，调乌里雅苏台参赞大臣。

二十七年，召授礼部侍郎，调刑部。二十八年，复授礼部尚书，兼翰林院掌院学士。以前在山东收受陋规，降三级调用，予副都统衔，充乌什办事大臣。咸丰元年，疏陈时事，略曰："广西逆匪，劳师糜饷。其始不过星星之火，当时牧令苟安畏事，讳盗不言；久之蒂固蔓延，养成巨患。请饬封疆大吏严查地方，如有教匪、土匪聚众以及抢劫，随时查拿，视缉捕之勤惰以为劝惩。近闻捐例，实朝廷万不得已之举，各省清查，屡经申令。宜饬部臣按时详核征解多寡，实行赏罚章程，俾生愧奋。否则名托清查，事仍敷衍，国储不裕，官纪益荒，甚非朝廷澄清吏治之意。"奏入，下所司议行。授察哈尔副都统，召为户部侍郎。

二年，命在军机大臣上行走，擢工部尚书。三年，调礼部，充总管内务府大臣，罢直军机，调刑部。八年，复调礼部，补内大臣。十年，因谢恩摺失检，降授刑部侍郎。是年秋，车驾幸热河，命署右翼总兵，充巡防大臣。英法兵入京师，麟魁部勒僚属，戒都人守望相助，令家人闭户厝薪，曰："事急即燔！"自宿于巡防廨中，相持数月。和议成，赴行在，吁请回銮，为载垣、端华、肃顺等所阻。十一年，迁左都御史，兼正白旗蒙古都统，寻授兵部尚书。同治元年，协办大学士。时方奉命偕尚书沈兆霖赴甘肃按事，至兰州，数日遽卒，诏依大学士例赐恤，赐其子恩寿举人，谥文端。恩寿，同治十三年进士，官至陕西巡抚。

瑞常，字芝生，石尔德特氏，蒙古镶红旗人，杭州驻防。道光十二年进士，选庶吉士，授编修。大考二等，六迁至少詹事。二十四年，连擢光禄寺卿、内阁学士。二十五年，迁兵部侍郎，兼镶红旗汉军副都统。二十九年，充册封朝鲜正使。调吏部，历兼左、右翼总兵。咸丰元年，典江南乡试，就勘徐州丰北河决，疏陈灾情、赈务、漕务，请饬地方官严防匪徒蠢扰，报闻。定郡王载铨管步军统领，越次题升主事，瑞常力争不得。寻解左翼总兵职。七年，擢左都御史。八年，迁理藩院尚书，兼正蓝旗汉军都统，署步军统领，调刑部尚书。十年，宝源局监督张仁政因侵蚀罪自尽，命瑞常偕尚书沈兆霖按之，得前任监督奎麟、瑞琇赃私状，并论大辟，追赃后遣戍。文宗幸热河，留京办事，督防巡防。十一年，调工部，又调户部。

同治元年，以吏部尚书协办大学士。皇太后命南书房、上书房翰林纂辑史事以昭法戒，书成，赐名《治平宝鉴》，遴择大臣轮班进讲，瑞常与焉。四年，充总管内务府大臣。时陕西巡抚刘蓉骤起膺疆寄，为编修蔡寿祺所劾，蓉自陈辩，疏中引及胡林翼密荐之词，又倚任布政使林寿图，为人所忌。言官遂劾寿图湎酒废事，举劾不公，并评蓉漏泄之罪，于是命瑞常偕尚书罗惇衍往按之，疏白其无罪，惟坐寿图演戏及蓉陈奏失当，并予薄谴。定陵奉安礼成，题神主，加太子少保。历工部、刑部尚书，兼翰林院掌院学士，管理户部三库。六年，赴天津验收漕粮，复命盘查北新仓，得亏米六万余石状，论所司罪如律。十年，拜文渊阁大学士，管理刑部。

瑞常历事三朝，端谨无过，累司文柄，时称耆硕。十一年，卒，赠太保，祀贤良祠，谥文端。子文晖，官至盛京礼部侍郎。

全庆，字小汀，叶赫纳喇氏，满洲正白旗人，尚书那清安子。道光九年进士，选庶吉士，授编修，累迁侍讲。大考二等，擢侍读学士。历少詹事、詹事、大理寺卿。以误班镌级。二十一年，予头等侍卫，充古城领队大臣，调喀喇沙尔办事大臣。召还，未行，会回疆兴垦，伊犁将军布彦泰疏留全庆偕惟徐往勘。二十五年，至叶尔羌，疏言："和尔罕地膏腴，哈拉木札什水渠可资灌溉。又巴尔楚克为回疆扼要之地，道光十二年已奏开垦屯田，未种者尚多，应先尽安插民户，俾成重镇。"诏如所请行。先是，全庆疏陈喀喇沙尔环城荒地，及库尔勒、北山根，可垦田万余亩，命办事大臣常清筹办。至是复偕则徐详勘，疏言："库尔勒应于此大渠南岸接开中渠，引入新垦之地，分开支渠二。其北山根展宽开都河龙口，别开大渠，与旧渠并行；再分支渠四，别开退水渠一。"又疏言："伊拉里克在吐鲁番托克逊军台西，地平土润，土人谓之'板土戈壁'。其西为'沙戈壁'，有大小阿拉浑两水，汇为一河。此次引水自西而东，凿成大渠，复多开支渠以资灌溉。伊拉里克西南沿山为蒙古出入之路，垦地在满卡南附近，东西两面，以'人寿年丰'四字分号，各设正副户长一，乡约四，择诚实农民充之，承领耕种。又吐鲁番为南北枢纽，应安置内地民户，户领地五十亩，农田以水利为首务。此次开渠，自龙口至黑山头，地势高低，碎石夹沙，渠身易淤，酌定经久修治章程。"并如所请行。自是回疆南路凡垦田六十余万亩。

回京，擢内阁学士，兼正红旗汉军副都统。历刑部、吏部、户部、仓场侍郎。咸丰四年，擢工部尚书，兼正红旗汉军都统。七年，调兵部。九年，命赴天津验收漕粮。时英兵犯大沽，僧格林沁击却之。全庆疏陈兵事，略谓："敌军战败之后，不进不退，心实叵测。窃恐别有举动，未必从此就抚而去。我之精锐，尽萃大沽，旁无应援，后无拥护。双港之旅，已调前敌；津门之备，但资土练；北塘一带，又颇空虚。应请速简重臣，发劲旅，严近畿海口之备，为僧格林沁之援，令广东义勇捣香港以牵其援兵，登州水师合旅顺以截其归路，然后国威可振，抚局可成。"疏入，被嘉纳。调吏部尚书。

十年，授内大臣，兼翰林院掌院学士。十一年，充总管内务府大臣。同治元年，追论大学士柏葰科场之狱原谳未允，全庆坐附和定谳，镌四级，降授大理寺卿。历内阁学士、工部侍郎、左都御史。五年，授礼部尚书，调刑部。

十一年，协办大学士，兼翰林院掌院学士。十二年，典顺天乡试，以中式举人徐景春试卷疵谬，镌二级去职。

全庆扬历清要，累掌文衡，更阅四朝，虽屡黜，寻即录用。光绪元年，授内阁学士。复历礼部侍郎、左都御史、刑部尚书、协办大学士。五年，乡举重逢，加太子少保。六年，拜体仁阁大学士。七年，致仕，食全俸。八年，卒，晋赠太子太保，祀贤良祠，谥文恪。

论曰：自道光以来，科场请托，习为故常，寒门才士，为之抑遏。柏葰立朝正直，且所不免，其罹大辟也，出于肃顺等之构陷。然自此司文衡者懔懔畏法，科场清肃，历三十年，至光绪中始渐弛，弊窦复滋，终未至如前此之甚者，实文宗用重典之效，足以挽回风气也。麟魁、瑞常、全庆皆起家文学，涑陟纶扉，其建白犹有可纪焉。

卷三百九十　　列传一百七十七

贾桢　周祖培　朱凤标　单懋谦

贾桢，字筠堂，山东黄县人。父允升，乾隆六十年进士，由检讨历官兵部侍郎。

桢，道光六年一甲二名进士，授编修。十三年，大考一等，擢侍讲。十六年，入直上书房，授皇六子读。累擢侍讲学士。十九年，大考翰詹，命免试。历少詹事、内阁学士。二十一年，迁工部侍郎，调户部。二十七年，连擢左都御史、礼部尚书，调吏部。咸丰二年，协办大学士。三年，疏请山东筹办团练，从之。题孝和睿皇后神主礼成，加太子太保。充上书房总师傅，兼管顺天府尹。四年，兼翰林院掌院学士。顺天府书吏范鹤等与户部井田科银库书吏交结营私，以钞票抵库银。桢察举其弊，谳定，谴失察诸官有差。桢以发觉备议，拜体仁阁大学士，管理户部。五年，兼管工部，晋武英殿大学士。

六年，丁母忧，命暂开缺，给假六月回籍治丧，假满来京。桢疏言："臣兄弟五人，诸昆叠故，臣幸仅存。今不能为母守制，是臣母有子而如无子，臣何以为子？"力求终制。时御史邹焌杰亦疏请准其开缺守制，诏允之。八年，服阕，以大学士衔补吏部尚书，仍充上书房总师傅。寻复授体仁阁大学士，管理兵部，兼翰林院掌院学士。十年，充京城团防大臣，是年秋，英法联军犯京师，车驾幸热河，命桢留守，日危坐天安门，阻外军不令入。及与会议，慷慨不屈。十一年，复晋武英殿大学士，以病请开缺，不许。

穆宗回銮，偕大学士周祖培，尚书沈兆霖、赵光上疏曰："我朝从无皇太后垂帘听政之典。前因御史董元醇条奏，特降谕旨甚明，臣等复有何异词。惟是权不可下移，移则日替；礼不可稍渝，渝则弊生。皇上冲龄践阼，钦奉先帝遗命，派怡亲王载垣等八人赞襄政务。两月以来，用人行政，皆经该王大臣拟定谕旨，每日明发，均用御赏同道堂图章，共见共闻，内外咸相钦奉。惟臣等详慎思之，似非久远万全之策，不能谓日后之决无流弊。寻绎赞襄之义，乃佐助而非主持。若事无巨细，皆由该王大臣先行定议，是名为佐助而实则主持。日久相沿，中外能无疑虑？为今日计，正宜皇太后亲操出治威权，庶臣工有所禀承，命令有所咨决，不居垂帘之虚名，而收听政之实效。准法前朝，宪章近代，不难折衷至当。伏查汉和熹邓皇后、顺烈梁皇后，晋康献褚皇后，辽睿智萧皇后皆以太后临朝，史册称美。至如宋之章献刘皇后，有今世任姒之称，宣仁高太后有女中尧舜之誉。明穆宗皇后，神宗嫡母，上尊号曰仁圣皇太后；穆宗贵妃，神宗生母，上尊号曰慈圣皇太后，惟时神宗十岁，政事皆由两宫抉择，命大臣施行，亦未尝居垂帘之名也。我皇上天亶聪明，不数年即可亲政，而此数年间，外而寇难未平，内而洋人逼处，何以拯时艰？何以伤法纪？端以固结人心最为紧要。倘大权无所专属，以致人心惶惑，是则大可虑者。请敕下廷臣会议皇太后召见臣工礼节，及一切办事章程，或仍循向来军机大臣承旨旧制；量为变通，条列请旨酌定，以示遵守。"疏入，命廷臣集议允行。

同治元年，安徽降贼苗沛霖谋分兵：一由清江，一渡颍而西，声称赴陕西胜保军营助剿，实有异图。桢上疏言："苗沛霖穷而就抚，仍复拥兵观望，反复无常。所部素无纪律，倘长驱入陕，何异引狼入室？由颍趋豫，尚为道所必经，绕道清江，则去之愈远，意存窥伺。西犯山左，则北路门户大开，固为腹心之患；东犯里下河，淮、扬通海，在在可虞。请饬下胜保严阻。"又疏言："皖省军情紧急，署抚臣李续宜回籍葬亲，请勿拘百日定制，迅饬回任，以固疆圉。"并嘉纳之。三年，《文宗实录》、《圣训》告成，以监修劳，赐花翎。六年，桢年七十，赐寿，恩礼甚渥。寻以病乞休，不许。七年，乃允致仕，食全俸，仍充团练大臣。十三年，卒，诏称其"持躬端谨，学问优长"，依大学士例赐恤，晋赠太保，入祀贤良祠，谥文端。子致恩，官至浙江布政使。

周祖培，字芝台，河南商城人。父钺，嘉庆六年进士，历官鸿胪寺少卿。

祖培，嘉庆二十四年进士，选庶吉士，授编修。五迁至侍讲学士。道光十七年，督陕甘学政。历侍读学士、詹事、内阁学士。二十三年，擢礼部侍郎，调工部，又调刑部。二十六年，偕尚书赛尚阿查勘江南江防善后事宜，校阅江苏、安徽、江西营伍。三十年，文宗即位，疏言："我朝立政之要，用人之法，备载列圣《实录》，请随时披阅。利害所关，今昔同辙，容有昔之所利不尽利于今者，未有昔之所害不为害于今者；容有昔所欲除之害至今犹未尽除者，未有昔所应防之害至今转可不防者。惟皇上成法在胸，以应几务，庶利害了如指掌，而兴废可决于一心。并请责成大吏，力戒欺饰，考察庸吏；其徇隐庇护者，经言官弹劾，即严惩督抚，整顿营伍，责令捕盗，勿任推诿。"疏入，被嘉纳，特诏饬行。咸丰元年，擢刑部尚书。二年，疏言："户部筹饷二十余条，所议之款，缓不济急。请照道光二十一年河南河工、城工捐输章程，变通办理。"又谓："按户派捐，先敛怨于民；请饬各督抚确查巨富之家，劝谕激发忠爱，力图报效。"从之。

三年，要犯刘秋贵死于狱，承审官未得实情，祖培坐降三级调用，授左副都御史。疏言："贼匪滋事以来，屡谕各省办团练，筑寨浚壕，仿嘉庆年间坚壁清野之法，行之无实效，贼窜突靡定，各州县毫无豫备，贼至即溃。请严饬督抚，责成贤能有司，会绅速办；有怠玩从事，反滋扰累者，予参处。"从之。历工部、吏部侍郎。四年，连擢左都御史、兵部尚书，兼管顺天府尹。六年，《宣宗实录》、《圣训》成，加太子太保，调吏部。

八年，会办五城团防，以吏部尚书协办大学士，兼署户部。九年，调户部，兼署吏部。京师戒严，疏陈团防章程六条：曰查户口以别良莠，劝保卫以联众志，任官绅以专责成，协营汛以联臂指，设水会以备不虞，增帮办以资助力。车驾幸热河，命留京办事，拜体仁阁大学士，管理户部。十一年，文宗崩，命总理丧仪，兼办定陵平安峪工程。及穆宗奉两宫回銮，祖培疏言怡亲王载垣等拟定"祺祥"年号，意义重复，请更正，诏嘉其关心典礼。又言近畿各处抗粮拒捕成风，由于州县不得其人，谕各督抚秉公遴选，毋稍徇隐。同治元年，调管刑部。四年，山陵告成，赐花翎。五年，《文宗实录》、《圣训》成，赐其子文龠员外郎，文令举人。六年，卒，年七十五，优恤，谥文勤。

朱凤标，字桐轩，浙江萧山人。道光十二年一甲二名进士，授编修。十九年，大考二等，赐文绮，直上书房。寻督湖北学政。历司业、侍讲、庶子、侍讲学士、侍读学士。二十五年，授皇七子读。连擢内阁学士、兵部侍郎，调户部。二十八年，命赴天津验收漕粮。寻偕大学士耆英查办山东盐务，疏劾历任巡抚、运司收受程仪节寿，论谴有差。又言："山东盐政疲敝甚于他省，若求裕课畅销，惟除弊、缉私最为先务。会议变通成法，请先课后盐以重帑项。"下部议行。又查运库出借银七万余两，责赔缴；藩库积存减平及扣还军需行装等款三十万两，拨解部库；通省仓库正杂未完银四十一万两，缺谷三十七万石，命限八个月弥补。咸丰元年，擢左都御史，历署工部、刑部、户部尚书。

三年，粤匪陷江宁，复陷扬州，漕督杨殿邦退保淮安，廷议调山西、陕西兵七千赴援。凤标与尚书文庆、侍郎全庆、王庆云合疏，言："淮安贼所必争，万一贼众渡河，则河南、山东民情震动，扑灭愈难。请命山东巡抚李僡亲往淮安妥贼北窜，并请敕直隶总督迅派布政使张集馨率兵扼要驻守，以为京师屏蔽。"疏入，如所请行。五月，贼陷河南归德，凤标与大学士贾桢、尚书翁心存等条拟防剿六事，多被采择。未几，悍贼林凤祥等窜畿辅，复偕桢、心存等奏陈预筹守城事宜。疏入，报闻。四年，授刑部尚书。六年，《宣宗实录》、《圣训》告成，加太子少保。寻调兵部，复调户部。

八年，典顺天乡试，因中式举人平龄朱墨不符，为言官论劾，兴大狱，大学士柏葰论大辟，凤标亦解任听勘。文宗原其无私，从宽坐失察革职。逾数月，命以翰林院侍讲学士衔，仍直上书房，授醇郡王读如故。历大理寺少卿、通政使、左副都御史，署刑部侍郎。随扈热河，复擢兵部尚书。十一年，护送文宗梓宫回京，追录扈从劳，加二级。调吏部，充上书房总师傅。同治七年，以吏部尚书协办大学士，兼翰林院掌院学士。未几，拜体仁阁大学士，管理吏部。十一年，以病乞休，命以大学士致仕，食全俸。十二年，卒于家，赠太子太保，谥文端。子其煊，工部郎中，官至山东布政使。

单懋谦，字地山，湖北襄阳人。道光十二年进士，选庶吉士，授编修。十七年，入直南书房。十九年，大考二等，以赞善升用。寻授司业，迁洗马。二十年，督广东学政，历侍读、庶子。以病乞归，父丧服阕，请终乞母养。咸丰三年，粤匪扰湖北，懋谦方居母忧，命在籍治团练。六年，回京，仍直南书房，补原官。七年，督江西学政，历侍读学士、少詹事、内阁学士、工部侍郎，均留学政任。十一年，巡抚毓科、布政使庆廉为言官论劾，命懋谦按之，疏言："毓科非应变之才，适当贼扰，省防尤重。本境兵勇不敷调遣，办理未能悉合机宜。现虽全境肃清，善后急宜妥办，筹备浙防，接济皖饷，大局攸关，恐未能措理裕如。庆廉现未到任，无事迹可考，未敢妄陈。"疏入，报闻。任满，回京，充实录馆副总裁。同治二年，调吏部，擢左都御史。三年，偕大学士瑞常等进讲《治平宝鉴》，授工部尚书。

四年，命赴盛京偕侍郎志和等承修太庙、昭陵工程。时奉天马贼猖獗，命懋谦就近查察，劾将军玉明、府尹德椿，下部议处。回京，疏陈马贼难防，请筹兵饷出边会剿，以弭盗源。又请饬奉天所属各州县查勘市镇乡村应修堡寨之处，劝民作速兴筑，择录嘉庆间龚景瀚所著《坚壁清野议》刊发各州县，令遵照团练守御之法，量为办理。疏入，均得旨议行。六年，管户部三库事务。七年，调吏部。十年，管国子监事务。十一年，以吏部尚书协办大学士，寻拜文渊阁大学士，兼管兵部。十三年，因久病请解职回籍，允之。光绪五年，卒于家，诏依例赐恤，有"学问优长，持躬端谨"之褒。赠太子太保，谥文恪。

论曰：自咸丰初军事起，四郊多垒，庙堂旰食。京师举办团防，阁部重臣领之，贾桢、周祖培、朱凤标皆预其事。其时用人犹循旧格，揆席多由资进。至穆宗践阼，底定东南，汉阁臣多取勋望，六官中大拜者鲜，惟单懋谦独由正卿入阁，时以为荣遇焉。

卷三百九十一　列传一百七十八

倭仁　李棠阶　吴廷栋

倭仁，字艮峰，乌齐格里氏，蒙古正红旗人，河南驻防。道光九年进士，选庶吉士，授编修。历中允、侍讲、侍读、庶子、侍讲学士、侍读学士。二十二年，擢詹事。二十四年，迁大理寺卿。文宗即位，应诏陈言，略曰："行政莫先于用人，用人莫先于君子小人之辨。夫君子小人藏于心术者难知，发于事迹者易见。大抵君子讷拙，小人佞巧；君子澹定，小人躁竞；君子爱惜人才，小人排挤异类；君子图远大，以国家元气为先，小人计目前，以聚敛刻薄为务。刚正不挠、无所阿向者，君子也；依违两可、工于趋避者，小人也。谏诤匡弼、进忧危之议，动人主之警心者，君子也；喜言气数、不畏天变，长人君之逸志者，小人也。公私邪正，相反如此。皇上天亶聪明，孰贤孰否，必能洞知。第恐一人之心思耳目，揣摩者众，混淆者多，几微莫辨，情伪滋纷，爱憎稍涉偏私，取舍必至失当。知人则哲，岂有他术，在皇上好学勤求，使圣志益明，圣德日固而已。宋程颢云'古者人君必有诵训箴谏之臣'，请命老成之儒，讲论道义，又择天下贤俊，陪侍法从。我朝康熙间，熊赐履上疏，亦以'延访真儒'为说。二臣所言，皆修养身心之要，用人行政之源也。天下治乱系宰相，君德成就责讲筵。惟君德成就而后辅弼得人，辅弼得人而后天下可治。"疏入，上称其切直，因谕大小臣工进言以倭仁为法。未几，礼部侍郎曾国藩奏用人三策，上复忆倭仁言，手诏同褒勉焉。

寻予副都统衔，充叶尔羌帮办大臣。大理寺少卿田雨公疏言倭仁用违其才，上曰："边疆要任，非投闲置散也。若以外任皆左迁，岂国家文武兼资、内外并重之意乎？"咸丰二年，倭仁复上《敬陈治本》一疏，上谓其意在责难陈善，尚无不合，惟仅泛语治道，因戒以留心边务，勿托空言。候补道何桂珍上封事，言倭仁秉性忠贞，见理明决，生平言行不负所学，请任以艰巨，未许。三年，倭仁劾叶尔羌回部郡王阿奇木伯克爱玛特摊派路费及护卫索赃等罪，诏斥未经确讯，率行参奏，下部议，降三级调用。

四年，侍郎王茂荫等请命会同筹办京师团练，上以军务非所长，寝其议。寻命以侍讲候补入直上书房，授惇郡王读。五年，擢侍讲学士。历光禄寺卿、盛京礼部侍郎。七年，调户部，管奉天府尹事，劾罢盛京副都统增庆、兵部侍郎富呢雅杭阿。及颁诏中外，命充朝鲜正使。召回京，授都察院左都御史。同治元年，擢工部尚书。两宫皇太后以倭仁老成端谨，学问优长，命授穆宗读。倭仁辑古帝王事迹，及古今名臣奏议，附说进之，赐名《启心金鉴》，置弘德殿资讲肄。倭仁素严正，穆宗尤敬惮焉。

寻兼翰林院掌院学士，调工部尚书、协办大学士。疏言："河南自咸丰三年以后，粤、捻焚掠，盖藏已空，州县诛求仍复无厌。朝廷不能尽择州县，则必慎择督抚。督抚不取之属员，则属员自无可挟以为恣睢之地。今日河南积习，祇曰民刁诈，不曰官贪庸；祇狃于愚民之抗官，不思所以致抗之由。惟在朝廷慎察大吏，力挽积习，寇乱之源，庶几可弭。"是年秋，拜文渊阁大学士，疏劾新授广东巡抚黄赞汤贪诈，解其职。

六年，同文馆议考选正途五品以下京外官入馆肄习天文算学，聘西人为教习。倭仁谓根本之图，在人心不在技艺，尤以西人教习为不可；且谓必习天文算学，应求中国能精其法者，上疏请罢议。于是诏倭仁保荐，别设一馆，即由倭仁督率讲求。复奏意中并无其人，不敢妄保。寻命在总理各国事务衙门行走。倭仁屡疏恳辞，不允；因称疾笃，乞休，命兼职，仍在弘德殿行走。八年，疏言大婚典礼宜崇节俭，及武英殿灾，复偕徐桐、翁同龢疏请勤修圣德，停罢一切工程，以弭灾变，并嘉纳之。十年，晋文华殿大学士，以疾再乞休。寻卒，赠太保，入祀贤良祠，谥文端。光绪八年，河南巡抚李鹤年奏建专祠于开封，允之。

初，曾国藩官京师，与倭仁、李棠阶、吴廷栋、何桂珍、窦垿讲求宋儒之学。其后国藩出平大难，为中兴名臣冠；倭仁作帝师，正色不阿；棠阶、廷栋亦卓然有以自见焉。倭仁著有《遗书》十三卷。子福咸，江苏盐法道，署安徽徽宁池太广道，咸丰十年，殉难宁国，赠太仆寺卿，骑都尉世职；福裕，奉天府府尹。从子福润，安徽巡抚。光绪二十六年，外国兵入京师，阖家死焉。

李棠阶，字文园，河南河内人。道光二年进士，选庶吉士，授编修。五迁至侍读。二十二年，督广东学政，擢太常寺少卿。会巡抚黄恩彤奏请予乡试年老武生职衔，严旨责谴，棠阶亦因违例送考，议降三级调用，遂引疾家居。文宗即位，复日讲，曾国藩荐棠阶醇正堪备讲官，召来京。既而日讲中辍，棠阶以病未赴。

咸丰三年，粤匪北犯，河北土冠蜂起，用尚书周祖培荐，命治河北团练。棠阶联络村镇，名曰"友助社"。贼踞温县东河滩柳林，四出焚掠，棠阶督团练击之，村民未习战，且无火器，杀贼数十人，卒不敌。会山东巡抚李僡率兵至，贼引去。贼自渡黄河，始知民间有备，稍稍牵缀。洎河北肃清，叙劳，加四品卿衔，赐花翎。

同治元年，诏起用旧臣，棠阶应召至。上疏言："用人行政，惟在治心。治心之要，莫先克己。请于师保匡弼之余，豫杜左右近习之渐。暇时进讲《通鉴》、《大学衍义》诸书，以收物格意诚之效。"又言："纪纲之饬，在于严明赏罚。凡朝廷通谕诸事，务饬疆臣实力奉行，庶中外情志可通，而祸乱可弭。"两宫嘉纳焉。授大理寺卿。先是两江总督何桂清偾事逮治，部谳从重拟斩决，廷臣有右之者，言部臣有意畸重，仍从本律监候。棠阶疏谓桂清贻误封疆罪大，不当轻比，非公论。后桂清卒伏法。连擢礼部侍郎、左都御史，署户部尚书。召对，言："治天下惟在安民，安民必先察吏。今日之盗贼，即昔日之良民，皆地方有司贪虐激之成变。为今日平乱计,非轻徭薄赋不能治本。然非择大吏,则守令不得其人,亦终不能收令行禁止之效。"因极言河南乱事,及诸行省利病甚悉。命为军机大臣,具疏力辞,弗许。二年,授工部尚书。

三年,江宁克复,论功,加太子少保。大憝既平,上谕中外臣工以兢业交勉。棠阶语恭亲王及同直诸大臣,谓当设诚致行,久而不懈,勿徒以空言相文饰,王深然之。翼日召对,王反复陈君臣交儆之义,棠阶与同僚继言之,两宫改容嘉纳。寻调礼部尚书。太后命南书房、上书房诸臣纂辑前史事迹,赐名《治平宝鉴》,命诸大臣进讲。棠阶因讲汉文帝却千里马事,反复推言人主不宜有所嗜好,以启窥伺之端。自是每进讲必原本经义,极论史事,归于责难陈善。四年,恭亲王被劾退出军机,棠阶谓王有定难功,时方多故,不当轻弃亲贵,入对,力言王非有心之失。会惇、醇两王亦奏言奕䜣不可遽罢,乃复命入直。僧格林沁战殁曹州,棠阶以朝廷赏多罚少,疆臣每存藐玩,上疏极言其弊,于是有申饬直省督抚之谕。

棠阶自入直枢廷,军书旁午,一事稍有未安,辄忧形于色。积劳致疾,十一月,卒,年六十八。上震悼,遣贝勒载治奠醊,赐金治丧,赠太子太保,谥文清。

棠阶初入翰林,即潜心理学,尝手钞汤斌遗书以自勖。会通程、朱、陆、王学说,无所偏主,要以克己复礼、身体实行为归。日记自省,毕生不懈。家故贫,既贵,俭约无改。尝曰:"忧患者生之门。吾终身不敢忘忍饥待米时也!"

吴廷栋,字竹如,安徽霍山人。道光五年拔贡,授刑部七品小京官,洊迁郎中。廷栋少好宋儒之学,入官益植节厉行,蹇蹇自靖。咸丰二年,京察一等。时侍郎书元兼崇文门副监督,获贩私酿者三十六人,承审者以漏税拟满杖。已而覆讯得书元家人诈赃状,部臣据以入奏。文宗疑书元孤立,降旨切责,会廷栋召对,上询是狱。廷栋从容敷奏,且详陈治道之要,言利之害,君子小人之辨,上首肯,狱竟得解。因询廷栋读何书,廷栋以程、朱对。上曰:"学程、朱者每多迂拘。"对曰:"此不善学之过。程、朱以明德为体,新民为用,天下未有有体而无用者。皇上读书穷理,以裕知人之识;清心寡欲,以养坐照之明。寤寐求贤,内外得人,天下何忧不治?"上韪之。

寻出为直隶河间知府。粤匪北犯畿辅,廷栋练民兵巡防,民倚以为固。内阁学士胜保督师至河间,责供张甚急,知王县灯迫于应付,自刎不殊。廷栋诣大营陈其事,胜保矍然,饬部下听命。连擢永定河道、直隶按察使。以河间京师门户,廷栋善守御,得民心,仍留知府任。四年,军事定,乃之按察使任。六年,迁山东布政使。时部臣奏请畿内赋税兼收大钱钞票各三成,上下交病,总督谭廷襄不敢言。会廷栋入觐,面奏:"大钱钞票实不流通。立法必先便于民方可行,必先信于民方能久。今条科太多,朝夕更改,国家先不能自信,何以取信于民?"上首肯者再。既而廷襄入朝,遂奏罢前议。山东吏治久窳,廷栋奖廉惩贪。方议海口立局收货捐,持不可。八年,坐奏销迟误,降补直隶按察使。十一年,复调山东。同治二年,入为大理寺卿,寻擢刑部侍郎。

三年,江南平,廷栋上疏,略曰:"万方之治乱在朝政,百工之敬肆视君心。事不贵文,贵其实;下不从令,从所好。夫治乱决于敬肆,敬肆根于喜惧。自古功成志遂,人主喜心一生而骄心已伏,宦寺有乘其喜而贡谄媚者矣,左右有乘其喜而肆蒙蔽者矣,容悦之臣有因此而工诬佞者矣,屏逐之奸有因此而巧贪缘者矣。谄媚贡则柄暗窃,蒙蔽肆则权下移,谀佞工则主志惑,贪缘巧则宵小升。于是受蛊惑,塞聪明,远老成,恶忠鲠。从前戒惧之念,一喜败之;此后侈纵之行,一喜开之。方且矜予智,乐莫违,逞独断,快从欲,一人肆于上,群小扇于下,流毒苍生,贻祸社稷,稽诸史册,后先一辙,推原其端,祇一念由喜入骄而已。军兴以来,十数省亿万生灵惨遭锋镝,即倡乱之奸民,何一非朝廷赤子?大兵所加,尽被诛夷。皇太后、皇上体上天好生之心,必有哀矜不忍喜者。况旗兵乏食,根本空虚,新疆缺饷,边陲摇动。兼之强邻逼处,邪教肆行,岂惟不可喜,而实属可惧。假使万几之余,或有一念之肆,臣工效之,视彰瘅为故事,轻告戒为具文,积习相沿,工为粉饰,将仍成为丛脞怠荒之局矣。是非坚定刻苦,持之以恒,积数十年恭俭忧勤,有未易培国脉复元气者。夫上行必下效,内治则外安,而其道莫大于敬,其几必始于惧。惧天命无常,则不敢恃天;惧民嵒可畏,则不敢玩民。惧者敬之始,敬者惧之终。大智愈明,神武愈彰,绍祖宗富有之大业,开子孙无疆之丕基,是皆由皇心之惧始而敬成也。《易》曰:'危者使平,易者使倾,惧以终始,其要无咎。'《诗》曰:'敬之敬之,天维显思!'可弗以为永鉴欤?"疏上,优诏嘉纳,命存其疏于弘德殿以备省览。皇太后召对时,谕曰:"皇帝冲龄践阼,国家大事,汝宜直言无隐,以无负先帝知遇。"廷栋感激出涕。五年,以衰病乞休,许之,归寓江宁。十二年,卒,年八十有一。遗疏入,诏褒其廉静自持,赐恤如例。直隶、山东皆祀名宦祠。

廷栋学以不欺为本。官臬司时,畿辅连有逆伦狱,总督虑一月频入奏干上怒,廷栋曰:"此吾侪不能教化之过,待罪不暇,敢欺饰耶?"及去官,侨居清贫,不受馈遗。著有《拙修集》十卷。

论曰:倭仁晚为两宫所敬礼,际会中兴,辅导冲主,兢兢于君心敬肆之间,当时举朝严惮,风气赖以维持。惟未达世变,于自强要政,鄙夷不屑言,后转为异论者所藉口。李棠阶、吴廷栋正色立朝,不负所学,翕然笙磬同音,而棠阶尤平实持大体,可谓体用兼备矣。

卷三百九十二 列传一百七十九

赛尚阿　讷尔经额

赛尚阿，字鹤汀，阿鲁特氏，蒙古正蓝旗人。嘉庆二十一年翻译举人，授理藩院笔帖式，充军机章京。宣宗命枢臣甄别所属，赛尚阿列一等，予优叙。洊迁郎中。道光十一年，擢内阁侍读学士，偕将军富俊按吉林将军福克精阿克扣兵饷，得实，劾置之。予头等侍卫，充哈密办事大臣，擢内阁学士。丁父忧回旗，留京，迁理藩院侍郎，兼副都统，调工部。迭赴盛京、广东、察哈尔按事。十五年，命在军机大臣上学习行走。调户部，擢理藩院尚书，兼都统，调工部。

二十一年，海疆戒严，诏赴天津、山海关勘筑炮台，复偕御前大臣僧格林沁查阅海口。二十二年，命为钦差大臣，赴天津治防。和议成，撤防回京。初，京师添设枪队，命赛尚阿偕左都御史恩桂司训练。至是上阅武，枪队独整，嘉其督率有方，赐花翎。二十四年，命覆讯通州民妇康王氏勒毙亲姑狱，白其冤，论次官逼供罪如律。调户部尚书，赴江南查阅江防善后事宜。三十年，兼步军统领、协办大学士。咸丰元年，拜文华殿大学士，管理户部。

时广西匪乱方炽，巡抚周天爵、提督向荣会剿，不能制贼，起用林则徐，未至，道卒。李星沅督师，诸将不用命，亦无功。文宗深忧之，以赛尚阿亲信近臣，命为钦差大臣，赴湖南防堵，将以代星沅也，特赐遏必隆刀，给库帑二百万两备军饷。副都统巴清德、达洪阿率京军随行，姚莹、严正基参军事；又调湖南在籍知县江忠源赴营。未几，星沅卒于军，趣赛尚阿驰往督师，授内大臣。六月，至广西，疏陈汰兵勇，明纪律，购间谍，散胁从，断接济五事，诏嘉其能通筹全局。

周天爵与向荣不协，解其任，以邹鸣鹤代之。又疏陈贼势，略言："粤西股匪繁多，冯云山、洪秀全、凌十八等俱奉天主教，凶狠称最，来往于金田、东乡、庙旺、中坪，官兵壁上环观，有无可如何之势。宜先用全力攻剿大股，一经得手，则分兵剿办，方免顾此失彼之虞。省垣兵少，暂居中调遣，分派巴清德、达洪阿进剿。"于是向荣连破贼于中坪及桂平新墟。乌兰泰设伏，歼贼甚众。贼窜踞紫荆山，以新墟、双髻隘为门户。达洪阿、乌兰泰攻双髻，毁其巢，贼自焚新墟而逸。官军失利，遂陷永安州，赛尚阿坐失机，降四级留任。

诏责诸军并力进攻，水窦为永安要隘，乌兰泰攻拔之，乃合围。向荣任北路，乌兰泰任南路。永安城小而坚，环攻四阅月不能下，严诏趣战。二年正月，赛尚阿亲往督之，用向荣策，缺城北一隅不置兵，纵其出，因而击之。乌兰泰争之不得，素与荣不协，至是益相水火。二月，贼果由此路突出，官军不能御，仅获洪大全，槛送京师，以

收复永安上闻；而贼遂犯桂林，向荣走间道入城守御，乌兰泰尾追至将军桥，猝被炮伤，旋殒于军，总兵长瑞、长寿、董光甲、邵鹤龄亦战殁。赛尚阿自请治罪，诏责戴罪以图补救，命两广总督徐广缙率师赴援。

贼见桂林守具已完，援师渐集，解围北窜，连陷兴安、全州。赛尚阿始入驻省城，遣提督余万清、总兵刘长清进攻全州。江忠源破贼于蓑衣渡，毙悍贼冯云山。贼遂入湖南，连陷道州、江华、永明、嘉禾、蓝山、桂阳，赛尚阿尾之，抵衡阳。贼由郴州分窜醴陵、攸县，寻犯长沙，势益鸱张。湖南巡抚罗绕典以闻，文宗震怒，诏斥赛尚阿调度无方，号令不明，赏罚失当，以致劳师糜饷，日久无功，褫职逮京治罪。命大学士等会鞫，赛尚阿伏地流涕，自言不忍杀人辜负圣恩，论大辟，籍其家，三子并褫职。未几，释出狱，发往直隶，交讷尔经额差遣，调京随办巡防。五年，遣戍军台，寻释之，命练察哈尔蒙古兵。十年，回京，总统左翼巡城事宜，予侍郎衔，授正红旗蒙古副都统。以病免。光绪元年，卒。子崇绮，自有传。

讷尔经额，字近堂，费莫氏，满洲正白旗人。嘉庆八年翻译进士，授妃园寝礼部主事，调工部，洊升郎中。道光元年，出为山东兖沂曹道，迁湖南按察使，丁忧去职。三年，起署山东按察使，寻实授。承鞫教匪马进忠狱得实，赐花翎，就迁布政使。六年，擢漕运总督。九年，调山东巡抚。十二年，擢湖广总督。十六年，湖南新宁瑶生蓝正樽习教传徒，聚众数千，攻武冈州城，为官兵击退。捕获党羽，而正樽逃逸，诏责讷尔经额严缉，久不获，革职留任。十七年，京察考绩，诏斥讷尔经额玩泄无能，降湖南巡抚，限一年捕正樽。寻以正樽已被乡勇殴毙，奏下继任总督林则徐确查虚实，则徐疏言乡勇殴毙三贼，有正樽在内，以衣物为证，诏斥衣物出于事后呈验，不足信，褫讷尔经额职，予三等侍卫，充驻藏办事大臣。逾年，晋头等侍卫，调西宁办事大臣。二十年，擢热河都统。俄授陕甘总督，未之任，命署直隶总督，寻实授。

二十一年，英吉利兵船游弋秦王岛，命讷尔经额移驻天津筹防，加太子太保。时渐多事，财政支绌，疆臣犹沿袭承平旧制，惮于兴革。廷议兴屯垦及畿辅水利，讷尔经额疏言："屯田不能行于畿辅，先朝试行水利，屡兴屡废。良由南北异宜，民多未便。"寝其议。又言官请长芦悬岸盐额如河南、山东，改归官办。讷尔经额言："悬岸由于私充引滞，但使枭贩敛迹，民贩亦可持久，诸商不招自至。不必务官办之虚名，徒事更张，无裨实用。"咸丰二年，以直隶总督协办大学士，寻拜文渊阁大学士，仍留总督任。

三年，粤匪既踞江宁，分党由安徽入河南，归德、睢州、宁陵、兰封相继陷，河南巡抚陆应谷败绩。贼窥开封，命讷尔经额防守大名，遏贼北窜。令总兵花里雅逊布屯延津防河，双禄守彰德为后继，而贼酋林凤祥、李开芳已自氾水渡河，陷温县，犯怀庆。讷尔经额檄总兵董占元赴援，自驻临洺关，请增调盛京、吉林步骑。诏授讷尔经额为钦差大臣，节制河南、北诸军。贼围怀庆久，知府余炳焘率绅民固守，贼周树木栅为久困计。援军四集，惟都统胜保、

将军托明阿军战最力，花里雅逊布、董占元等隔丹水驻军，畏贼不敢进。胜保屡以为言，诏促讷尔经额进师夹击，并防贼窜入山西，乃进驻清化镇。八月，诸军五路合击，破贼栅，贼大溃，围乃解。文宗大悦，赐讷尔经额双眼花翎、黄马褂，赉擢诸将有差。

贼之败窜也，诸军以久战疲罢，未能力追；山西兵多调援，设防不密。贼遂由济源入太行山，连陷垣曲、阳城、曲沃，犯平阳府，扰及洪洞，并失守。追军皆落后，惟胜保先进，战于平阳，挫之。绕前扼贼北路，贼乃东趋。讷尔经额回驻临洺关，素不知兵，束手无措。或告潞城、黎城间有孔道，循太行东出武安，密迩临洺，然险隘可扼。讷尔经额以非直隶辖境，咨山西巡抚守御。既而贼果破黎、潞，犹谓贼不能遽至。忽有冒钦差大臣旗帜赍州县供张者，盖贼之前驱已出山矣。俄而飙至，官军出不意，惊溃，讷尔经额以数十人走保广平府城，关防、令箭、军书、资械委弃皆尽。事闻，褫职，留于直隶随同办理军务。贼遂大炽，畿辅半被蹂躏，京师震动。命惠亲王绵愉为大将军，科尔沁郡王僧格林沁副之，胜保督师前敌追剿。于是逮讷尔经额下狱，论斩监候。逾年始殄贼，先后擒首逆林凤祥、李开芳伏诛，畿辅肃清。赦讷尔经额出狱，遣戍军台。逾年释回，予六品顶戴，命守赛陵。寻以四五品京堂候补。七年，卒。子蕴秀、衍秀，并官内阁学士。

论曰：清沿故事，有大军事，辄以满洲重臣督师。乾、嘉时，如阿桂、福康安、勒保、额勒登保等，皆胸有韬略，功在旂常。道光以来，惟长龄平定回疆，差堪继武。其后禧恩之征瑶，奕山、奕经之防海，或以骄侈召谤，或以轻率偾事。至粤匪初起，李星沅不胜任，易以赛尚阿，驭将无方，遂致寇不可制。讷尔经额庸懦同之，畿甸震惊，自是朝廷始知其弊。惟僧格林沁犹以勋望膺其任，不复轻以中枢阁部出任师干，即有时亲藩遥领，亦居其名不行其实。盖人材时会使然，固不可与国初入关时并论也。

卷三百九十三　　列传一百八十

李星沅　周天爵　劳崇光

李星沅，字石梧，湖南湘阴人。道光十二年进士，选庶吉士，授编修。十五年，督广东学政。粤士多健讼，檄通省籍诸生之干讼者，牒报词治之，士风以肃。任满，授陕西汉中知府，历河南粮道，陕西、四川、江苏按察使。在川、陕严治刀匪、啯匪，屡擒其魁置之法。迁江西布政使，调江苏。二十二年，擢陕西巡抚，署陕甘总督。二十五年，调江苏巡抚。二十六年，擢云贵总督，兼署云南巡抚。

先是，永昌回乱，迤西道罗天池滥杀，不分良莠，众回益扰。总督贺长龄、提督张必禄急于主抚，降者辄复叛。至是，缅宁匪首马国海被剿亡走，潜结云州回马登霄、海连升等复起事，迤西大震。星沅追论肇乱之由，长龄、天池等并获谴。二十七年，遣兵进剿，解散被胁回众，首逆就歼，余匪肃清。诏嘉其功，加太子太保衔，赐花翎。寻调两江总督。

星沅未第时，客陶澍幕中，为掌章奏。又历官江南，习于盐、漕、河诸利弊。时度支告匮，廷臣主南漕改征折色解部，于北省采买。星沅谓折多征收不易，折少采买不敷。谷贱银贵，民间展转亏折。且州县藉端浮勒，胥吏高下其手，防之皆难。迭疏论列，议遂寝。

淮盐自陶澍整顿之后，历年又多积欠。星沅疏陈引盐壅积、课款支绌情形：“揆厥所由，官以畏难而因仍，商以畏难而取巧。成本增于杂费，行销滞于售私。年复一年，几同痼疾。先当以内清场私，外敌邻私，为急则治标之计。本年回空粮私，奏请查禁。其川私、粤私、潞私、浙私，均咨行堵缉。又引船夹带，为害最巨，扼要搜查，于扬州仙女庙及江宁下关缉获百余万斤，提省审办。他如慎出纳，提缓课，派悬引，删繁文，配运残引，提售新盐，裁浮巡费，禁捏报淹销，酌议章程八条，以图整理。”疏入，下部议行。

旧制，总督兼管河务，自道光二十二年后停止，至是复命兼管。会兼署河督，疏请严禁厅员聚处清江，饬各归工次。奏筹外海水师事宜，曰磨厉人才，曰变通营巡，曰核实会哨，曰扼要堵缉，曰配兵足数；又请添造战船，劝捐给奖；并允行。俄罗斯通商旧由陆路，忽有商船至上海，执约拒之。在任两年，宣宗甚加倚任。因久病，请解职回籍，允之。

三十年，宣宗崩，赴京谒梓宫，复以母老陈请归养。会广西匪乱方炽，起林则徐督师，卒于途，命星沅代为钦差大臣。是年十二月，抵广西，驻柳州。时左右江匪氛蔓延，诸贼尤以桂平金田洪秀全为最悍。巡抚郑祖琛、提督闵正凤皆以贻误黜去，周天爵、向荣继为巡抚、提督。二人者并有重名，负意气，议辄相左，星沅调和之，仍不协，军事多牵掣。咸丰元年春，向荣进剿，贼由大黄江、牛排岭窜新墟、紫荆山。星沅檄总兵秦定三、李能臣率滇、黔兵追蹑，贼复窜武宣。荣、天爵各进击，贼踞东乡，两军攻之不克。星沅以事权不一，奏请特简总统将军督剿，诏斥其推诿。寻命大学士赛尚阿率总兵达洪阿、都统巴清德赴湖南防堵，将以代之。赛尚阿至湖南，遂授钦差大臣，赴广西督师，命星沅回湖南治防。四月，星沅力疾赴武宣前敌督战，至则已急甚，数日卒于军。遗疏言：“贼不能平，不忠；养不能终，不孝。殁后敛以常服，用彰日咎。”文宗览而哀之，依总督例赐恤，赐金治丧，存问其母，子二人命俟服阕引见，谥文恭。子桓，官至江西布政使。

周天爵，字敬修，山东东阿人。嘉庆十六年进士，归班铨选。道光四年，授安徽怀远知县，调阜阳。天爵少以坚苦自立，笃信王守仁之学。及为令，尽心民事，廉介绝俗。皖北盗贼横恣，与胥吏通，天爵极刑痛惩之。有劾其残酷者，总督蒋攸铦奏言：“天爵爱民如子，嫉恶如仇，古良吏也。"由是受宣宗之知，谕曰："不避嫌怨之员，最为难得，小过可宥之。"连擢宿州知州、庐州知府、庐凤颍泗道。所至捕盗魁，无漏网者。十五年，擢江西按察使，仍调安徽，迁陕西布政使。

十七年，署漕运总督，寻实授。时漕务积弊，运丁水手尤恣悍，特用天爵严驭之，劾卫官十二员以儆众，诏褒勉之。

十八年，调署湖广总督，寻授河南巡抚，擢闽浙总督，皆未行，调授湖广总督。汉口镇为商船所聚，苦盗。川匪充铅船水手，每行劫杀人；陕、楚交界奸徒掠贩妇女，并为民害：天爵捕治如律，劾失察有司及承审纵延者，悉褫其职。荆州沿江旧于冬季委员巡缉盗贼，天爵谓属具文，罢之；遴干吏暗侦，与地方官掩捕，以获盗多寡定功过。襄阳匪徒传习牛八邪教，又有天主、十字各教，捕诛数十人。每有疏陈，宣宗辄手诏褒嘉。连年水灾，滨江、滨汉堤埝多坏，疏请依治黄河法，遇险立挑坝，并以草护堤；饬治河州县，有大工解任专治，立限保工，限内失事者罚，绅董亦如之；汉水多湾曲，立砖石斗门以备蓄泄：并如议行。

天爵驭吏严，多怨者。二十年，已革大冶知县孔广义揭讦多款，天爵置不问。事上闻，严斥之，议革职留任。寻言官劾天爵酷刑，与广义言略同，命侍郎麟魁、吴其濬往按，得天爵信任候补知县楚镛用非刑，外委黄云邦诬执良民诸状，上震怒，褫天爵职，戍伊犁。二十一年，命赴广东交靖逆将军奕山差遣，寻免罪，留粤效力。二十二年，予四品顶戴，以知府候补，调江苏办理清江防务。海防事竣，留治淮、扬善后事宜，寻予二品顶戴，署漕运总督，兼署南河总督。二十三年，因滥刑及失察漕书私镌关防，连被吏议，疏请去职，命以二品顶戴休致。

久之，广西贼起，日益炽。文宗御极，求知兵大臣，尚书杜受田以天爵对，遂起广西巡抚，偕钦差大臣李星沅办贼。咸丰元年春，亲率兵与向荣会剿金田匪洪秀全等。贼窜武宣东乡，合击于东岭村，力战，兵有退者，天爵手刃之，援桴鼓而前，贼始却。时怀集、贺县及都康、下雷土司，凌云、东兰、横州、博白并有匪踞，檄各属力行团练，合力防剿。诏加天爵总督衔，专办军务，以布政使劳崇光摄巡抚事。天爵年近八旬，每战亲临前敌，惟与李星沅、向荣皆不协。星沅既疏请特简总统督师，寻病殁，命天爵暂署钦差大臣。贼由武宣窜象州，诏斥天爵等相持日久，不能制贼，褫总督衔，解军务，回省暂署巡抚。洎赛尚阿至军，议复不合，自陈衰病，诏命来京。既至，连召对十一次，极言军事，文宗为之动容，然方倚赛尚阿，亦未尽用其言。

二年，粤匪扰及两湖，天爵侨居宿州，命偕安徽巡抚蒋文庆治防务。三年，疏陈庐、凤为江淮要区，赴正阳关抚旧捻张凤山等一千二百人用之，请江苏、山东、安徽、河南举行团练。未几，安庆陷，文庆死之。命天爵署安徽巡抚，寻实授。江宁亦陷，天爵请扼黄河杜贼北窜，辞巡抚专任兵事。命以兵部侍郎衔督师剿亳州、怀远、蒙城、灵璧捻匪。北路渐清，进规庐、凤，擒定远捻首陆遐龄

散其众四千余，被褒赉。疏论庐州知府胡元炜劣迹，请革职逮治，巡抚李嘉端置不问。元炜通贼内应，庐州陷，江忠源死之。粤匪踞临淮关，天爵外遏来贼，内清土匪，孤军支拄。方奉命往援庐州，以疾卒于军。

上震悼，诏嘉其秉性忠直，勇敢有为，心地品行迥超流俗，追赠尚书衔，依赠官赐恤，特谥文忠，不由内阁拟上；擢其子光碧都司，赐光岳举人。

劳崇光，字辛陔，湖南善化人。道光十二年进士，选庶吉士，授编修。二十一年，出为山西平阳知府。调太原，擢冀宁道，迁广西按察使。

二十八年，奉使赴越南册封。事竣入关，值匪乱，驻思恩、南宁，督军进剿。二十九年，迁湖北布政使，未行而湖南贼李沅发起新宁，仍留广西治防。沅发平，叙功赐花翎。三十年，就授广西布政使。庆远贼窜武缘、宾州，崇光偕提督向荣会剿。擒贼首陈胜，又平上林、迁江窜匪，设方略解散匪党凡数十股。抚张家祥收隶部下，改名国梁，后以战功显。寻署巡抚，副将伊克坦布战殁于桂平，檄总兵周凤岐赴援。时命李星沅督师，周天爵为巡抚专治军。崇光仍摄巡抚事，会办军务。

咸丰元年，大学士赛尚阿代星沅，而邹鸣鹤继为巡抚，崇光会办如故，平西林、博白、怀集窜贼。广东贼颜品瑶扰南宁、太平，崇光驻兵南邕，与广东军合击，屡战皆捷，品瑶就歼，又平贵县贼，被优叙。偕左江镇总兵谷韫灿平白山贼，举行南、太、泗、镇四府团练，歼颜品瑶余党于灵山，加头品顶戴。二年，驻梧州，会广东军剿艇匪。寻金田贼洪秀全等永安突围出犯桂林，命崇光回援，至则贼已北窜，连陷兴安、全州，偕总兵和春追击之，贼遂入湖南。会云贵总督吴文镕疏称崇光有胆略血性，请重其事权，就擢巡抚。上疏略曰："桂林虽解围，贼氛不远，群情尚复惊疑，增兵置防，皆仓卒能办。惟就现有兵力布置，省标调赴各处者，次第撤回，驻防城内，遴选练丁分扼城外要隘。激励团练以作民气，招抚流亡以复民力，训练兵勇以肃军纪，搜缉土匪以靖内奸。各属游匪、土匪不时蠢动，额兵不敷分拨，鼓舞团练，以资捍卫而备援剿。"

时赛尚阿既黜，崇光专任广西军务，诏以匪虽已出粤境旧巢穴，虑渠魁踞之为回窜地步，责以搜捕党羽。三年，洪秀全等既踞江宁，分党北犯中原。兵事日棘，朝廷不暇顾及边远，广西伏莽时起，旋灭旋萌，饷绌兵单，惟恃团练，不能大创贼。崇光且剿且抚，支拄数载。洎英人踞广州后，广东贼氛复炽。艇匪窜扰广西，浔州、柳州、庆远、梧州、南宁相继陷。近地土匪益起，屡逼桂林。军中多降将，心皆回测。崇光乞师于湖南，七年，骆秉章令蒋益澧率湘军赴援，屡破贼，复兴安、灵川，入屯省城，乃诛反侧，易守军，桂林始安。八年，奏留益澧在广西剿贼，连击艇匪于平乐令公渡、五塘，大破之，斩馘万余，由是艇匪始衰，庆远、柳州相继复。

九年，调广东巡抚，兼署两广总督。英军犹踞省城，前任总督黄宗汉、巡抚耆龄等，皆驻外县不敢入。崇光至，

坦然入城,与敌军狎居。寻实授总督,迭遣将御湖南、江西窜匪,击走之。本境土寇时起,皆不久扑灭。与广西军会剿艇匪,梧州、浔州贼匪渐清。至十一年,英法联军犯京师,和议成,广州敌军始退。同治元年,以失察都司陶昌培、知县忭庆鎔营私纳贿,降三级调用,命仍以一品顶戴赴贵州按事。前巡抚耆龄、御史华祝三复劾崇光任用非人,调度乖方,诏命自陈,下署总督晏端书、提督昆寿察按,得免议。

寻授云贵总督。云南自总督潘铎被戕,巡抚徐之铭结回酋以自保,张凯嵩继署总督,久不至,以规避黜,命崇光代之。崇光至贵州,会粤匪石达开余党陷绥阳,督兵击走之,遂驻贵阳。三年春,土匪、苗匪屡来犯,偕巡抚张亮基勒兵固守,贼败退。时云南叛回犹杂处省城,议者皆言不可遽往。崇光径行,军民父老喜,迎于郊,回众始稍敛。逆首马荣、马连升踞曲靖为巢穴。崇光知候补711岑毓英、降回总兵马如龙可用,四年春,令参将冯世兴与二人合师攻克曲靖,擒荣、连升等斩以徇,遂收马龙、寻甸,迤东肃清;遣提督赵德光克平江外贼巢,复广顺,进克贵州,黔西大定。五年,复普洱及思茅,云南军事渐利。

六年,卒,优诏赐恤。嘉其"沉毅有为,历官两广、云贵,皆不避艰险,俾地方日有起色",赠太子太保,谥文毅。广西请建专祠,云、贵祀名宦祠。

论曰:粤匪之起也,始由疆臣玩误,继复将帅不和。李星沅、周天爵皆素以忠勤著,文宗料时誉而付以重任,于军事皆不得要领。及易以赛尚阿,而败坏益甚,虎兕出柙,遂不可制矣。劳崇光久在兵间,洪秀全北窜后已不顾旧巢,然伏莽四起,终赖湘军之力,数年而后克定;其于广东、云南皆受事于万难措置之时,履虎不咥,权略有足称焉。

卷三百九十四 列传一百八十一

徐广缙 叶名琛 黄宗汉

徐广缙,字仲升,河南鹿邑人。嘉庆二十五年进士,选庶吉士,授编修,迁御史。道光十三年,出为陕西榆林知府,历安徽徽宁池太道、江西督粮道、福建按察使。擢顺天府尹,寻出为四川布政使。丁母忧,服阕,补江宁布政使。二十六年,擢云南巡抚,调广东。二十八年,擢两广总督,兼通商大臣。

自江宁定约五口通商,许广州省城设立栈房,领事入城,以平礼相待。粤民坚执洋人不准入城旧制,聚众以抗,官不能解。总督耆英既与英人议缓俟二年之后,寻内召,广缙继任。会黄竹岐乡民殴杀英人六,领事德庇时要挟赔偿保护,广缙治杀人者罪,而拒其理之求,戒谕人民毋暴动,事得解。德庇时回国,文翰代为领事,初至请谒,

广缙赴虎门阅炮台,延见之,遂登其舟,示以坦白。二十九年,文翰以两年入城之期已届,要践约,广缙谕以耆英所许,乃姑为权宜之计,民情愤激,众怒难犯,非官所能禁止。文翰则坚持成约,且以他省入城相诘难,扬言将驾兵船至天津诉诸京师,相持不下。

广缙疏闻,自请严议。密诏许暂入城一次,以践前言,不得习以为常。广缙复疏言:"入城万不可行。广东民情剽悍,与闽、浙、江苏不同。阻其入城而有事,则众志成城,尚有爪牙之可恃;许其入城而有事,则人心瓦解,必至内外之交讧。明知有害无利,讵敢轻于一试。"卒坚拒之。英人乃集兵船三于香港,放小艇至海口各港测水探路,示恫喝。广缙增兵守诸炮台及要隘,严备以待。时民团号十万,声势甚张。华商会议暂停各国贸易,密告美、法两国领事,启衅实由英人,于是诸洋商虑受扰累,将以损失归领事费。士绅联名致文翰,为反覆陈利害甚切。文翰内受牵制,乃罢入城之议,乞照旧通商。与要约,停市开市皆非由官令,不进城即通商,后有反覆,仍行停止。事既定,广缙疏闻,宣宗大悦。诏曰:"洋务之兴,将十年矣。沿海扰累,糜饷劳师。近虽略臻安谧,而驭之之法,刚柔未得其平,弊流因而愈出。朕恐濒海居民或遭蹂躏,一切隐忍待之。昨英酋复伸入城之请,徐广缙等悉心措理,动合机宜。入城议寝,依旧通商。不折一兵,不发一矢,中外绥靖,可以久安,实深嘉悦!"于是锡封广缙一等子爵,赐双眼花翎。是役商民一心,尤得绅士许祥光、伍崇曜之力为多,二人并被优擢。逾数月,文翰复言国王以进城未能如约,为人所轻,似觉赧颜,请为转奏,广缙以罢议进城之后贸易始复,岂可再申前说,拒之。三十年,文翰又遗书大学士穆彰阿、耆英,遣人至上海、天津投递。文翰寻自赴上海,欲有所陈请,先后却之;乃回香港,盖觊觎未已也。

时两广盗贼蜂起,以广西金田洪秀全为最惮。巡抚郑祖琛柔懦纵贼,广缙疏劾其养痈贻患,罢之。广东韶州、廉州匪亦蔓延,广缙遣军扼梧州、肇庆。诏广缙赴广西剿办,寻起林则徐督师,命广缙剿捕广东游匪。咸丰元年,出驻高州。匪首凌十八、陈二、吴三、何茗科踞罗镜圩及信宜,与洪秀全声势相倚。广缙遣兵进击,歼吴三,追何茗科至贵县擒之;又破廉州贼颜品瑶,擒李士青。二年春,乘胜进攻罗镜圩,擒凌十八。捷闻,加太子太保。命驰赴梧州,而洪秀全大股已犯桂林,窜入湖南。赛尚阿以罪黜,授广缙钦差大臣,署理湖广总督。十月,至衡州,贼攻长沙甚急,骆秉章、张亮基力守,屡挫贼,乃下窜岳州。广缙始抵长沙。未几,岳州亦陷,直犯武昌。广缙进驻岳州,而汉阳、武昌相继陷。

诏斥广缙迁延不进,调度失机,株守岳州,拥兵自卫,褫职逮问,籍其家,论大辟。三年夏,粤匪入河南境,释广缙,交巡抚陆应穀差遣,责令带罪自效。率兵驻归德,防剿捻匪有功。八年,命赴胜保军营,寻予四品卿衔,留凤阳从袁甲三剿捻匪。未几,卒。

叶名琛,字昆臣,湖北汉阳人。道光十五年进士,选

庶吉士，授编修。十八年，出为陕西兴安知府。历山西雁平道、江西盐道、云南按察使，湖南、甘肃、广东布政使。二十八年，擢广东巡抚。二十九年，英人欲践入城之约，名琛偕总督徐广缙坚执勿许，联合民团，严为戒备。华商自停贸易以制之，英人始寝前议。论功，封一等男爵，赐花翎。三十年，平英德土匪，被优叙。咸丰元年，歼罗镜会匪吴三，加太子少保。二年，广缙赴广西督师，命名琛接办罗镜剿捕事宜，出驻高州。是年秋，罗镜匪首凌十八就歼，加总督衔，署总督，赴南、韶一带督剿。寻实授两广总督，兼通商大臣。

时广东盗贼蜂起，四年，广州群匪扰及省城，遣将分路进剿，连战皆捷。近省之佛山、龙门、从化、东莞、阳山、河源、增城、封川，韶州之海丰、开建，潮州之惠来，肇庆府城及德庆并陷，先后克复。邻省军务巴亟，粮饷器械多赖广东接济，名琛筹供无缺，益得时誉。五年，以总督协办大学士。六年，拜体仁阁大学士，仍留总督任。

名琛性木强，勤吏事，属僚惮其威重。初以偕徐广缙拒英人入城被殊眷，因狃于前事，颇自负，好大言，遇中外交涉事，略书数字答之，或竟不答。会匪之逼广州，或议借外国兵御贼者，斥之退。匪既平，按察使沈棣辉功最多，列上官绅兵练出力者竟奖，格不奏，兵练皆解体。又严治通匪余党，或藉捕匪仇杀，从贼逃不敢归，其黠者投香港，劝英人攻广州。会水师千总巡河，遇划艇张英国旗，搜获十三人，拔其旗。英领事巴夏礼索之不得，贻书名琛责问，谓捕匪当移取，不当擅执，毁旗尤非礼。名琛令送十三人于领事，不受，必欲并索千总，遂置之。未几，遣通事来告："越日日中不如约，即攻城。"至期，英兵果夺猎德、中流炮台。名琛曰："彼当自走。"令水师勿与战，于是凤皇山、海珠诸炮台皆被踞，发炮击省城，十月朔，毁城，既入复出。遣广州知府往诘用兵之故，英人曰："两国官不睦，情不亲。误听传言，屡乖和好。请入城面议。"名琛勿许。请于城外会议，亦不许。兵练数万来援，怵敌火器，不能力战。民愤甚，焚英、法、美三国居室，凡昔十三行皆烬。英兵亦焚民居数千家，退泊大黄滘，各报其国。

英遣额罗金来粤，聚兵澳门、香港，贻书索偿款。名琛以其言狂悖，不答。法、美两国领事亦索赔偿，且告英兵已决计攻城，愿居间排解。名琛虑其合以胁我，亦不听；且不设备。七年，英兵攻东莞，总兵董开庆与战，军溃。额罗金遣艇递照会，名琛答以通商而外，概不能从。累疏言："英国主厌兵，粤事皆额罗金等所为。臣始终坚持，彼穷自当伏。"密诏戒勿轻视，犹信其事有把握，乃褒勉之。九月，英兵骤至，法、美兵皆从。将军司道商战守，名琛惟恃通事张云同为内应，待敌穷蹙。民间见其夷然不惊，事皆秘不宣示，转疑其阳拒阴抚，人心益涣。十一月，敌张榜城外，限二十四时破城，劝商民迁避。炮击总督署，延烧市廛，城遂陷。巡抚柏贵檄绅士伍崇曜等议和，名琛犹持不许入城之议，夜避左都统署，英人大索得之，舁登舟。将军、巡抚以闻，诏斥名琛刚愎自用，办理乖谬，褫其职。英人遂踞省城，禁巡抚等官不得出，责以安民。民各集团练，设总局于佛山，相持数年。各国联师赴天津，事乃益棘矣。

名琛既被虏，英人挟至印度孟加拉，居之镇海楼上。犹时作书画，自署曰"海上苏武"，赋诗见志，日诵《吕祖经》不辍。九年，卒，乃归其尸。粤人憾其误国，为之语曰："不战、不和、不守，不死、不降、不走；相臣度量，疆臣抱负；古之所无，今之罕有。"

黄宗汉，字寿臣，福建晋江人。道光十五年进士，选庶吉士。散馆改兵部主事，充军机章京。历员外郎、郎中，迁御史、给事中。二十五年，出为广东督粮道，调雷琼道，历山东、浙江按察使。咸丰初，巡抚吴文镕荐宗汉可重用，迁甘肃布政使。二年，擢云南巡抚，未之任，调浙江。值试办海运，湖郡漕船浅滞，改留变价，亏银三十余万两，布政使椿寿情急自缢。宗汉疏请原米随新漕运京，允之。

三年，粤匪犯江宁，调浙江兵二千名赴援。江宁寻陷，宗汉赴嘉兴、湖州筹防，疏言不可仅于本境画疆而守。于是分兵赴江苏、安徽境内协防，诏嘉其妥协。寻上海匪起陷城，请海运改于刘河受兑。时江南大营需饷甚巨，宗汉贻书向荣，通盘筹算，请于江苏、浙江、江西三省确定每月额数。荣据以上闻，文宗韪之。四年，特诏褒宗汉办理防务、海运，及本境治匪、察吏，精详无瞻顾，深堪嘉尚，特赐御书"忠勤正直"扁额，勉其慎终如始，以成一代良臣。

擢四川总督。给事中张修育疏言："宗汉治浙，布置合宜，未可更易。"诏不允。会因数月未奏事，降旨询问，以疾为言，诏斥之，议降三级调用，加恩降二品顶戴，仍留总督任。五年，马边夷匪为乱，平之。遵旨遣松潘镇总兵德恩以兵二千援荆州，又调兵四千赴贵州剿苗，并协饷十万两。六年，复因久无奏报，命将军乐斌查奏，以痰疾闻，下部议降调，命来京另候简用。补内阁学士，兼署刑部侍郎、顺天府尹。

广东军事起，叶名琛被掳，授宗汉两广总督，兼通商大臣。时广州为英人所踞，巡抚柏贵在城中为所胁制。民团四起，文宗因徐广缙等前拒英人入城，赖绅民之力，欲复用之，命在籍侍郎罗惇衍、京卿龙元僖、给事中苏廷魁治团练。惇衍等号召乡团，得数万人，戒期攻城，卒无功；又禁华人不得受雇为洋人服役以困之。

八年春，各国遣人赴江苏投书致京师大学士诉粤事，请遣大臣至上海会议；且言逾期即赴天津。诏仍回广东候宗汉查办，而英、俄两国兵船已泊吴淞。宗汉过江苏，总督何桂清坚留在上海开议，宗汉不可，遽去；取道浙、闽，调兵不可得。及至广东，敌兵已犯天津。宗汉驻惠州，惟恃联络民团，出示空言激励，为英人所禁格，不能遍及。既而天津和约成，俟偿款六百万两分年交毕，始退出广州，粤民愈愤。英领事宣布和议，新安镇乡勇杀其张示者数人，遂发兵陷新安。民团大举攻城，初胜终挫，悬赏格购洋官首，亦仅时伺隐僻，有所杀伤而已。宗汉外怵强敌，内畏民嚣，不能有所措施。洎大学士桂良等至上海议税则及换约事宜，将与商交还广州，向宗汉询近状，辄不答。

而英人以既议和，民团复相仇杀，来相诘问，且揭团绅告示载谕旨有异，必欲去宗汉及三团绅。桂良等疏闻，诏责宗汉捕伪造谕旨之人，罢其通商大臣，改授何桂清。英使额罗金犹不惬，遽率舰赴广东。九年，遂复有天津之役。

寻调宗汉四川总督，召至京，改以侍郎候补。十年，署吏部侍郎，寻实授。四川京官呈请饬赴四川督办团练，不许。

宗汉与载垣、端华、肃顺等交结。十一年，穆宗即位，载垣等获罪。少詹事许彭寿疏宗汉与陈孚恩、刘崑并党肃顺等，踪迹最密。诏曰："黄宗汉本年春赴热河，危词力阻回銮。迨皇考梓宫将回京，又以京城可虑，遍告于人，希冀阻止。其意存迎合载垣等，众所共知。声名品行如此，若任其滥厕卿贰，何以表率属僚？革职永不叙用，以为大僚软媚者戒。"并追夺前赐御书"忠勤正直"扁额。同治三年，卒。

论曰：当道、咸之间，海禁大开，然昧于外情，朝野一也。粤民身创夷患之深，目击国威之堕，愤惧交乘，遂因拒入城一事，酿成大衅。朝廷误信民气可用，而不知虚声之不足恃也。徐广缙操纵有术，幸安一时；叶名琛狃于前事，骄复致败，宜哉。黄宗汉依违贻误，终以依附权要被谴。广缙在粤东剿平罗镜匪有功，及代赛尚阿督师，军事已坏，旁皇失措，咎无可辞焉。

卷三百九十五 列传一百八十二

常大淳 双福 **王锦绣** 常禄 **王寿同** **蒋文庆**
陶恩培 多山 **吉尔杭阿** 刘存厚
绷阔 周兆熊 **罗遵殿** 王友端 缪梓
徐有壬 **王有龄**

常大淳，字兰陔，湖南衡阳人。道光三年进士，选庶吉士，授编修，迁御史。湖南镇筸兵变，戕营官，镇道莫敢谁何，大淳疏劾之。出为福建督粮道，署按察使。晋江县获洋盗三百八十余人，总督欲骈诛之，大淳力争，全活胁从者近三百人。司狱囚满，大淳曰："囚不皆死罪，狱无隙地，疫作且死。"乃分别定拟遣释，囹圄一清。历浙江盐运使、安徽按察使。母忧归，服阕，授湖北按察使，迁陕西、湖北布政使。三十年，擢浙江巡抚。

咸丰元年，海盗布兴肆扰，疏劾黄岩、温州、乍浦三镇总兵应调迟不前，亲赴宁波，与提督会剿，降其渠，凡五月事定。二年，调湖北。粤匪犯长沙，土匪蜂起，或议停文武乡试，大淳不可，终事无哗。寻调山西，未行，时总督程矞采驻防湖南，失机获罪，徐广缙代之，驻湖南督师，而贼势益张。两湖集兵长沙，防岳州者仅千人，大淳奏调陕甘兵未至，岳州土匪王万里等踞桃林，檄防兵讨之。万里遁，而粤匪已走宁乡，破益阳，出临资口。

先是，大淳檄巴陵绅士吴士迈练渔勇防水路，扼土星港设栅，千人守之，商贾民船万余，皆阻栅不得行。及贼至，渔勇溃，船悉为贼有，水陆并下。提督博勒恭武守岳州，不战而走，城遂陷。武汉大震，兵不满五千，奏留江南提督双福募勇缮城为守御计，而两司以下亦少应变才。大淳性仁柔，但以好语拊循士卒，莫能得其死力。贼至，先陷汉阳，作浮桥攻武昌。提督向荣自湖南来援，距城十余里，阻贼不得前。十二月，贼由江岸穴地轰城，遂陷，大淳死之，妻刘、子集松、子妇马、孙女淑英并殉。诏赠总督，谥文节，祀昭忠祠，并于湖北建立专祠。

同城文武被难者，提督双福、学政、光禄寺卿冯培元、布政使梁星源、按察使瑞元、道员王寿同、王东槐、林恩熙、知府明善、董振铎、同知周祖衔、知县绣麟，而总兵王锦绣、常禄皆以援师入城助守，同殉焉。冯培元、王东槐自有传。

双福，他塔拉氏，满洲正白旗人。由护军从征喀什噶尔，洊升参领，出为湖北副将。剿崇阳匪钟人杰，功最，赐号乌尔玛斯巴图鲁，累擢河北、古州两镇总兵，江南提督。大淳疏请留防，改授湖北提督。城陷，死之。子德龄，同遇害。予骑都尉兼云骑尉世职，谥武烈。

王锦绣，广西马平人。由行伍累擢云南曲寻协副将。率滇兵赴广西剿匪，擢郧阳镇总兵。常禄，富察氏，满洲镶白旗人。由护军校洊擢云南副将。剿广西匪，擢河北镇总兵，赐号强谦巴图鲁。锦绣、常禄转战广西、湖南，皆有功绩。及湖北告警，偕同赴援，战于蒲圻，获胜，遂入武昌婴城固守。城陷，巷战，同死之，并优恤，予骑都尉兼云骑尉世职。锦绣谥壮节，常禄谥刚节。

王寿同，江苏高邮人，尚书引之子。捐纳刑部郎中。道光二十四年进士。用原官迁御史，出为贵州黎平知府，擢湖北汉黄德道。在黄州募勇，令子恩晋训练，得精锐四百人。武昌被围，寿同率以赴援。冲贼营缒城入，任战守，屡击斩攻城贼。以瓮听法知贼由江岸穴地道，方凿穴出击，地雷发，寿同率恩晋巷战，同遇害。予骑都尉世职，祀京师昭忠祠，与子恩晋同于本籍建忠孝祠，赐两子恩锡、恩炳并为举人。后左都御史单懋谦疏陈寿同治绩，追谥忠介。

蒋文庆，字蔚亭，汉军正白旗人。嘉庆十九年进士，授吏部主事，迁员外郎。出为云南曲靖知府，调云南府。道光十二年，擢甘肃宁夏道。在边十年，浚渠，兴水利。迁浙江按察使，护理巡抚，迁安徽布政使。文宗即位，下诏求贤，巡抚王植荐之，咸丰元年，就擢巡抚。奏请凤、颍所属宜练团，与保甲并行。

二年，粤匪犯长沙，命遣安徽兵一千赴援湖北。总督陆建瀛虑贼窥吉安，请所调兵改赴江西。文庆疏言："安庆、潜山等营已起程者，毋庸北还；其未出境之徽、宁二营改赴江西；仍各募足千人，俾资援应。惟安徽兵仅六千，各有分防汛地，省垣单危。颍、凤民团强劲，臣拟增募二千；如贼氛益炽，请调江苏兵三千。统计库帑拨解甘肃、河工及本省兵饷银五十五万两,近又以十余万解楚,实已无余。乞将续收地丁契杂及芜、凤两关税入截留备用。"建瀛以文庆张皇,渐生异议。及贼至岳州,复申募勇留饷前议,始奉总理安徽防剿之命,遣按察使张熙宇、游击庚音布扼小孤山,自与寿春镇总兵恩长筹守御。

三年正月,贼已陷武昌,陆建瀛督师迎剿,令福山镇总兵王鹏飞以二千人防安庆,而调恩长为行营翼长。鹏飞驻兵北门外,以客将驭新兵,安庆势益危。文庆母年八十余,久病,送之登舟。建瀛方溯江而上,见之大怒,将具疏劾之,语颇闻。及至,文庆称病不出,曰:"我旦夕且得罪去耳!"建瀛至黄州,贼连舟蔽江下,恩长战殁,兵溃于武穴,建瀛遽返,过安庆,文庆要入城计事,已不及,熙宇、鹏飞皆弃防地走。漕督周天爵奉命助守安庆,方留剿凤、颍土匪,书抵文庆画退守庐州之策。文庆奏上其书,贼遽至,城北兵溃,而城中哗言将退庐州,纷纷缒城下,斩之不可止。文庆吞金不死,饮药闷绝,家人舁之出,遇贼于门,遂被害。从仆以席覆尸,赴桐城呈报,漏言自裁事。贼既去,子长绥集僚属耆老集视,然后殓。

诏诘遗疏与呈报不符,向荣疏陈本末,乃赐恤如例,予骑都尉世职,入祀昭忠祠,安庆建专祠,谥忠悫。

陶恩培,字益之,浙江山阴人。道光十五年进士,选庶吉士,授编修,迁御史。出为湖南衡州知府。咸丰元年,广西贼起,衡州奸民左家发谋响应,捕诛之,晋秩道员。二年春,粤匪犯衡阳。总督程矞采方驻郡,闻警,遽欲退保省城。恩培曰:"衡州,楚之门户,弃则全楚震矣!"勿听。乃与约,毋撤粮台,得便宜行事。恩培诛锄内奸,抚循民士。贼知有备,由他道窜陷道州,犯长沙,所至皆破,惟衡州独完。御史黎吉云以状闻,文宗嘉之。三年,超擢湖南按察使。剿平衡山、安仁、浏阳、醴陵土匪,迁山西布政使。巡抚骆秉章以恩培在湖南久,疏留襄办防务,允之。寻调任江苏。

四年,擢湖北巡抚。时武汉再复,城郭残破,旁近皆贼踪,总督杨霈拥兵广济,按察使胡林翼出省防剿。或说恩培曰:"省城不可守,宜迁治他郡。"恩培斥其非,兼程进,岁将尽莅任,文武员弁不足三十,兵不盈千,饷不逾万。恩培驰书曾国藩乞援,檄胡林翼回保省城。会杨霈败走蕲州,次于德安。五年正月,汉阳、汉口并为贼踞,兴国、通山、嘉鱼土匪应之,武昌益孤。恩培尽焚沿江木植,尽驱诸船,故贼未得渡,而道员李孟群、知府彭玉麟以水师至,胡林翼以陆师至,声势稍壮。贼城沙坡堆,恩培欲先发制之,令林翼统诸军冒雪出不意,三路攻贼。士卒畏寒不欲战,渡江营沌口,师期颇泄,贼得为备。林翼虑兵力分,并为一路。舟师先薄小龟山,陆师继进。贼出马步数千,从汉口钞我军,复败退大军山。贼舟大集,昼夜攻城。杨霈约三路来援,以火为号。林翼、孟群整军以待,屡见火起,为所绐,而霈军不至。二月,贼由兴国、通山来助攻。林翼兵隔江为贼所缀,不能渡。城中出兵连战于青山、望江楼,皆挫。直逼大小东门,恩培自当之,令武昌知府多山守西北城。方战,忽报汉阳门破,多山战死。

至暮贼麕集,士卒伤亡略尽,恩培投蛇山紫阳塘殉焉。诏优恤,予骑都尉兼云骑尉世职,谥文节,祀昭忠祠。后在湖北与吴文镕合建一祠。

多山,赫舍里氏,满洲镶蓝旗人。道光十四年举人,刑部郎中。出为襄阳知府,举行团练,剿贼有功,晋秩道员。调武昌府,署按察使。时司道多驻城外督战,惟多山助城守,城陷,力战死之,予骑都尉世职,谥忠节。

吉尔杭阿,字雨山,奇特拉氏,满洲镶黄旗人。由工部笔帖式洊迁郎中,充坐粮厅监督。咸丰三年,以孝和睿皇后奉安山陵,晋秩道员。拣发江苏,补常镇道,署按察使。粤匪已踞江宁、镇江,会匪刘丽川陷上海。巡抚许乃钊檄吉尔杭阿偕总兵虎嵩林、参将秦如虎合师进剿。

刘丽川者,广东香山人。贸易上海,习于洋商,与苏松太道吴健彰有旧。素行不法,见粤匪势盛,遂倡乱,纠客籍粤、闽、江右会党二千人,于三年秋袭上海城,戕知县袁祖德,劫道库,吴健彰遁入领事署。邻境乱民纷起应之,宝山、嘉定、青浦、南汇、川沙五城连陷。苏绅捐募川勇千人,刑部主事刘存厚领之,隶于吉尔杭阿为军锋,连克青浦、嘉定。诸军至,五城以次复。合围上海,分南北两营。

四年春,存厚穴地轰城,以援兵不继退。贼由北门出犯,吉尔杭阿亲燃炮击却之。贼又劫北营,虎嵩林兵挫。吉尔杭阿固守,得不溃,复击退西门扑营之贼,超擢布政使,赐花翎,寻擢巡抚。复于南门掘地道,火发,副将清长先登,没于阵,兵又退。地邻租界,匪人暗济饷械,久不下,乃于洋泾浜筑墙塞濠,断其粮道,贼始困。负嵎已经年,洋商贸易不便,吉尔杭阿开诚晓以利害,于是法国兵官请助剿,英、美领事允让地设防。筑土墙于陈家木桥,移营进逼,下令投诚免死,缒城出者日以千计。贼袭陈家木桥,击败之,擒斩悍党伪将军林阿朋。除夕,乘贼不备,地雷发,督兵跃城入,丽川纵火逸,追擒伏诛,余贼尽歼。捷闻,文宗嘉其功,加头品顶戴,赐号法施善巴图鲁。

五年,命率得胜之兵驰往向荣大营,帮办军务,专任镇江一路。镇江贼酋吴汝孝最桀黠,恃金山为犄角,银山、宝盖山并有伏贼。是年秋,迭攻镇江西门、南门,堵截金山、瓜洲沿江援贼,累战皆捷。虎嵩林克宝盖山;吉尔杭阿驻营其上,乘黄山发巨炮轰城,贼卡尽毁。江宁贼集大股由北岸渡江来援,吉尔杭阿策高资镇为贼粮道,遣兵截击,贼退栖霞石埠桥。借总兵德安扼剿,留刘存厚率三营守高资烟墩山。

六年春,贼纠悍党陈玉成、李秀成等来援,提督张国梁御之于仓头镇。贼潜由小港出江顺流下,城贼突出应官军为所乘,贼遂长驱进金鸡岭,逼宝盖山大营。吉尔杭阿拒,贼未得逞,乃渡江犯仪征、扬州。五月,贼数万复犯高资,存厚告急。大营兵仅八千,或谓:"贼众且锐,不可当,姑舍高资,徐图大举为便。"吉尔杭阿奋然曰:"一战绝贼粮道,镇江旦夕且下。吾宁以死报国耳!"遂驰抵烟墩,被围,鏖战五昼夜,亲执旗指麾,猝中炮,殒。存厚护尸突围出,为贼所要截,殁于阵,并遗骸失之。副都统绷阔投江死。镇江军亦溃,副将周兆熊死之。事闻,文宗震悼,追赠吉尔杭阿总督,予一等轻车都尉世职,谥勇烈。于殉难地方建专祠,上海亦建专祠。子文钰袭世职,赐员外郎。

存厚,字仲山,四川荣县人。捐纳刑部主事。好谈兵,侍郎王茂荫疏荐,命赴江南大营,向荣命率勇击贼,辄胜。上海之役,始自领一军,吉尔杭阿甚倚之。克青浦,冒矢石先登,洊保知府。及攻上海,误杀洋妇,洋人愤,将发兵相攻。存厚单骑往曰:"此不足启边衅,请以一身偿。若欲战,虽死不相下也!"卒议偿恤而定。围攻凡数月,方略多出存厚。既克,以首功颁赏荷囊,授江宁知府,记名道员。从攻镇江,夺银山,破瓜洲援贼,争金鸡岭,皆功最。吉尔杭阿以存厚有谋略,故令守高资,及赴援战殁,存厚大恸,力战围溃,欲返其尸,中道遇伏,杀贼数百人,马陷淖,被戕。予骑都尉世职,谥刚愍。

绷阔,戴佳氏,满洲正白旗人。官头等侍卫。从僧格林沁剿林凤祥,战连镇、高唐、冯官屯,积功授正红旗蒙古副都统。调京口,偕吉尔杭阿援高资,军溃,堕水中,从人拯之,曰:"吾与吉公偕!吉公死,吾不独生。"复投江死,谥勇节。

兆熊,四川成都人。官副将。从攻镇江,驻军城南破子冈,当贼冲。吉尔杭阿既殁,破子冈为贼困,汲道断,兆熊固守,时以计诱杀贼,杀伤甚多。乞援于张国梁,未至,围益逼,素得士心,无一逃者。营破,燃火药自焚,一军同死,谥果愍。

罗遵殿,字澹村,安徽宿松人。道光十五年进士,直隶即用知县。历南乐、唐山、清苑诸县,冀州直隶州,皆有声绩。擢浙江湖州知府,调杭州,擢湖北安襄郧荆道。遵殿在浙,以捕盗名。至湖北,檄所属治团练,楚北民团自此始。

咸丰二年,粤匪陷武昌,土匪郭大安谋应贼,捕斩之。三年,署按察使。会捻匪窥襄、樊,遵殿还襄阳筹防。总督张亮基疏陈遵殿得民心,请提镇归其调遣。四年,武昌再陷,皖贼窜德安、安陆、荆门,遵殿率五千人出屯王家河遏贼冲,克潜江,赐花翎。寻破贼于京山,复其城,屡遣襄勇助总督杨㴶防剿。五年春,武昌复陷,襄阳有备,贼不犯境。六年,迁两淮盐运使,留湖北治粮台。游勇煽饥民为乱,蔓延荆、襄、郧、宜四郡,遵殿固守,待援兵至,大破之。是年秋,武汉克复,遵殿力固上游。以盗贼起于饥寒,劝置义仓七十余所,以税余银修老龙堤捍水患,就迁湖北按察使。八年,迁布政使。时胡林翼为巡抚,百废具举,重遵殿清德,吏事悉倚之。

九年,擢福建巡抚,未之任,调浙江。自贼踞江宁,皖南军事饷事悉隶浙江。屯兵宁国,恃为屏蔽。及胡兴仁为巡抚,不欲饷邻军,又劲统将郑魁士他调去,贼窥浙益急。遵殿到官,痛吏习浮竞,乃严举劾,察营伍,或不便其所为,多毁之。省垣独当总兵李定太军六千人,知不足恃,与胡林翼商调楚军,仓猝难应。贼已由宁国窜入浙境。遣李定太出防湖州,而广德已陷。

十年二月,贼由独松关逼杭州,湖南遣萧翰庆、李元度两军来援,翰庆战死,元度道阻不得前。贼壁城南山上,下临城中。乞师江南,未至,兵少,实不能战。浙西初经寇乱,人不知兵,议战议守,纷纭不定。会久雨,遵殿徒步泥淖中,守浹旬,城陷,仰药死,妻女同殉,诏予优恤。寻以御史高延祜奏劾遵殿不能御贼,罢其恤典。

遵殿任外吏二十年,廉介绝俗,家仅土屋数椽,胡林翼集赗,乃克归丧。同治初,诏允曾国藩之请,念其历官有声,到浙未久,追赠右都御史,予骑都尉世职,谥壮节。

城陷时,署布政使王友端、署按察使缪梓、杭嘉湖道叶坤、宁绍台道仲孙懋、署杭州知府马昂霄、署仁和知县李福谦同殉节。

友端,安徽婺源人。道光二十七年进士,授户部主事,迁郎中。出为浙江粮道,署布政使。当粤匪之窥浙也,言于遵殿曰:"皖边军弱,湖州空虚,请速备广德。"遵殿至事急始遣军,已无及。贼遂长驱至城下,友端复请列堑涌金、清波两门为犄角,亦不用其言。贼穴道攻城,友端悬金三千募死士绲击,遇雨,火器不燃而败。临死,自书"浙江布政使王友端"八字于衿上,予骑都尉世职,谥贞介。

梓,江苏溧阳人。道光八年举人,大挑知县。历署仙居、石门、奉化诸县。坐误去官。值清查仓库、水灾筹赈,奉檄佐理,皆得其力。准捐输复官,晋同知。咸丰二年,河决阻漕,献策行海运,即以任之。蒇事,擢知府。上海为贼陷,率兵助剿;复创议疏浚刘河海口以通漕运。历宁波、杭州知府,署杭嘉湖道,兼盐运使。六年,署按察使。粤匪由江西窥浙,梓统军驻常山防之,授金衢严道。八年,粤匪陷江山,犯衢州,偕总兵李定太合击走之,再署按察使。当贼围杭州,梓署盐运使兼按察使,管营务处,城守事专任之。临时调集,兵不满四千,城大,不敷守堞。人心惶惧,动辄哗噪。或以闭城为张皇,继又谓战缓为退缩。梓奔走筹守御,两次缒城攻贼皆失利。城绅促战急,而民与兵相仇。梓知不可为,以死自誓。守清波门云居山,侦贼掘地道,急开内壕。未竣,地雷猝发,城圮军溃。身被数十创,死之。事闻,赐恤。巡抚王有龄追论梓创议株守,夺恤典。及杭州再复,举人赵之谦诉于京,下巡抚左宗棠确查。疏言:"梓居官廉干,临难惨烈,请还恤典。"后巡抚李瀚章、杨昌浚屡为疏请,赠太常寺卿,祀昭忠祠,并建专祠,予骑都尉世职,谥武烈。

徐有壬,字钧卿,顺天宛平人,原籍浙江乌程。道光九年进士,授户部主事,洊升郎中。出为四川成绵龙道,署按察使。治啯匪,擒其魁,余党解散。迁广东盐运使,署按察使。清远土匪戕官,驰剿平之。迁四川按察使。文宗即位,下诏求言,司道率引嫌,罕所陈奏。有壬独密疏,论事切直。迁云南布政使,调湖南。咸丰五年,以母忧回原籍。浙江巡抚何桂清奏起有壬治团防。粤匪由宁国窥湖州,有壬扼长兴,设伏败之,贼去。八年,服阕,命管江苏粮台,擢江苏巡抚。枪船匪首程鹏士扰嘉兴、湖州,地方官不能制,潜至苏州,侦获之,置诸法。

有壬之起，由何桂清所荐。及同官江苏，无所阿附。十年春，粤匪复犯湖州。有壬咨商桂清，遣游击曾秉忠率舟师往援。水陆夹击，贼被创退。寻复出东坝、溧阳，间道径趋杭州。急请调提督张玉良驰援，杭州甫陷旋复。桂清奏捷，惟言藩司王有龄功，得优擢，有壬仅予议叙。未几，和春等师溃，退守丹阳，有壬急运粮械济之，而张国梁、和春先后战殁，何桂清弃常州不守。四月，贼遂长驱犯苏州。有壬移檄责让，桂清抗疏劾之。张玉良自请助守城，令屯葑门外，忽夜遁。明日，有壬巡城，广勇通贼，开门纳贼。短兵巷战，贼矛刺有壬冠，抗声骂贼，遇害。子震翼与妾、女同死。诏优恤，予骑都尉世职，谥庄愍，苏州建专祠。

有壬幼时尝览族谱，得远祖应镳阖门殉节事，慨然曰："吾他日当如此！"至是果验。八岁解勾股术，父死，依叔父于京师，师事姚学塽。学必求有用，尤精历算，著有《务民义斋算学》行世。

王有龄，字雪轩，福建侯官人。道光中，捐纳浙江盐大使，改知县。历慈谿、定海、鄞、仁和，皆有声。以劳晋秩知府。咸丰五年，授杭州知府。巡抚何桂清器其干略，迭署盐运使、按察使，擢云南粮储道，仍留浙治防。桂清总督两江，奏调赴上海议通商税则。七年，擢江苏按察使，迁布政使。有龄长于理财，桂清素信之深，一切倚畀，得发舒，事皆专断，巡抚受成而已。

十年，粤匪陷杭州，将以掣动江南全局，故援兵至，贼即不战而走。桂清推功于有龄，遂擢浙江巡抚。诏趣率兵速赴，会办军务及善后事宜，而贼已回扑江南大营。和春等军溃，常州、苏州相继陷，进逼嘉兴，提督张玉良迎击，败绩，杭州戒严。有龄率闽兵屯北新关外，遣抚标兵要贼于卖鱼桥，夹击败之，贼乃却。设捐输局，奏请派在籍前左副都御史王履谦、前漕运总督邵灿督同办理。贼众十余万由徽州入浙，陷严州，合嘉兴、广德两路分扑省城，有龄偕将军瑞昌调兵迎击走之，围得解，复馀杭，加头品顶戴。寻复严州。

十一年，复江山、常山、富阳、遂安、海宁、临安等县。贼扰太湖东山，总兵王之敬战失利。至夏，贼复陷江山、常山、长兴、金华、遂昌、松阳、处州、永康、义乌，革职留任。张玉良扼要隘为诸军应援，兵先溃，贼势益横。檄诸将往援，无应者，处州镇总兵文瑞率江西援兵三千，有龄待之素厚，乃自请行。进驻金华孝顺街，闻兰谿兵败，遽溃；退守浦江，贼蹑之，檄师往援，半途复溃；浦江、严州相继陷。总兵刘季三、副将刘芳战死于富阳。诸将见贼多走，不任战，惟要索军食。富民捐输已倦，而有司持之急。于是团练大臣王履谦劾有龄虐捐，遇事多龃龉。上疏互讦。十月，萧山、诸暨及绍兴府皆陷，饷源遂绝。时援军多不足恃，有龄复奏用李元度为按察使，募湘勇八千入浙，至龙游，阻不得前。贼酋李秀成悉众围杭州城，副将杨金榜败死；张玉良攻克罗木营贼垒，亦中飞炮死：城中夺气，且食尽，饥民死者枕藉。十二月，贼梯城入，兵溃，有龄服毒不死，缢于阁，秀成见之，为具棺殓焉。

事闻，言官颜宗仪、高延祜、朱潮先后疏劾勒捐敛怨，下曾国藩按，奏言："有龄在浙，官绅不和，不能驭兵，以致偾事；仍以粮尽援绝，见危授命，大节无亏。"诏依例赐恤，谥忠愍。入祀昭忠祠，浙江、福建建专祠。同殉者：学政张锡庚、提督饶廷选、总兵文瑞、署布政使麟趾、按察使宁曾纶、督粮道暹福、仁和知县吴保丰。锡庚、廷选、文瑞并自有传。

论曰：粤匪自陷岳州，势不可遏。及犯武昌，援兵虽至，无能为力。安庆仓猝筹防，益无措手矣。武昌凡三陷，湖北兵不可用，曾国藩言之痛切。杭州初陷，由于无兵，后则苏、常已失，唇亡齿寒。苏州素倚江南大军为屏蔽，大军溃，则势难幸全。常大淳、蒋文庆、陶恩培、罗遵殿、徐有壬诸人，皆不失为承平良吏，短于应变，或因受事已危，莫能挽救。王有龄素负才略，以掊克失人心，措施亦未尽当焉。吉尔杭阿治兵有法，克上海为全功，朝廷倚以规复镇江，使非中道而殒，必有成效，其建树非诸人所可同语也。

卷三百九十六　列传一百八十三

吴文镕　潘铎 邓尔恒

吴文镕，字甄甫，江苏仪征人。嘉庆二十四年进士，选庶吉士，授编修。屡膺文衡，称得士。六迁为翰林院侍读学士。督顺天学政，剔弊清严，在任累擢詹事、内阁学士。召回京，署礼部侍郎，寻实授。调刑部，兼署户部侍郎。迭命偕大学士汤金钊赴安徽、浙江、江苏及南河按事。道光十九年，出为福建巡抚。时方严烟禁，英吉利窥伺沿海，偕总督邓廷桢筹防。敌兵至，不得逞。二十年，调湖北巡抚，未行，暂护闽浙总督。明年，入觐，改江西巡抚。值岁祲，力筹抚恤，裁减漕丁陋规。在江西数年，举廉惩贪，吏治清明。捕教匪戴理剑等，及南安、赣州会匪，并置诸法。

二十八年，调浙江巡抚。入境过衢州，廉得游击薛思齐贪劣，劾戍新疆；又劾不职县令五人。因官多调摄，徒烦交代，政无考成，奏革其弊，风气为之一变。以核办清查，本省官吏不可信，请简派户部司员来佐理，诏不许。未几，命偕侍郎季芝昌清查浙江盐务，奏筹变通章程以专责成，除浮费为要务，盐课日有起色。浙东渔山岛为盗薮，檄水师捕获百余人，毁其巢。二十九年，大水，文镕以遇灾恐惧，上疏自劾请罢，诏以其言近迂，严斥之。文镕亲赴嘉、湖诸属察灾轻重，力行赈抚。秀水令江忠源勤廉称最，治赈治盗及塘工皆倚办，以忧去。文镕叹曰："贤如江令，可令其无以归葬乎？"自支养廉五百两界之，奏办赈功，以忠源首列。三十年，海塘连决，文镕驰勘，落水几殆，自劾疏防，革职留任。塘工竣，复职。

擢云贵总督。咸丰元年，入觐，文宗甚重之，嘉其忠诚勇于任事，勖以察情伪，惜身体，文镕益感奋。永昌边外夷匪肆掠，久不靖，文镕至，檄土守备左大雄深入搜捕，擒斩数百，匪遁雪山外。粤匪日炽，文镕疏论提督向荣冒功托病，恐误军事，诏选将才，奏保游击巴扬阿等九人。贵州黎平知府胡林翼治团练剿土匪，令得便宜从事，疏荐之。江忠源在广西军中，文镕致书曰："永安贼不灭，若窜湖南，不可制矣！"二年，调闽浙总督，未行，而粤匪果由湖南北窜，破武昌。三年春，遂踞江宁，东南大震。云南永昌回匪亦蠢动，文镕调兵扼险，亲驻寻甸督剿。

寻调湖广总督。粤匪方自下游上窜，连陷黄州、汉阳。文镕九月抵任，是日田家镇清军失利，武昌戒严，城昼闭，居民一夕数惊。巡抚崇纶欲移营城外为自计，文镕誓与城存亡，约死守待援，议不合。贼已逼城，文镕坐城上激厉将士，守数旬，围解。崇纶转以闭城坐守奏劾，诏促进复黄州。文镕方调胡林翼率黔勇来会剿，又约曾国藩水师夹攻，拟俟两军至大举灭贼。崇纶屡龁之，趣战益急。文镕愤甚，曰："吾受国恩厚，岂惜死？以将卒宜选练，且冀黔、湘军至，收夹击之效。今不及待矣！"四年正月，督师进薄黄州，屯堵城。大雪，日行泥淖，拊循士卒，而辎粮不时至。贼分路来犯，都司刘富成击却之。贼复大至，文镕挥军力战，后营火起，众溃，投塘水死之。崇纶奏称失踪，署总督台涌至，乃得实以闻。诏依总督阵亡例赐恤，予骑都尉兼云骑尉世职，谥文节，祀京师昭忠祠。

逾月，曾国藩进兵黄州，访询居民，备言战殁状，皆流涕。于是疏陈当时无水师，不能制贼。文镕筹置之难，为崇纶倾陷牵掣，以至于败；且讳死状，欲以诬之。文宗震怒，逮崇纶治罪，文镕忠节乃大白。同治中，湖北请建专祠。

潘铎，字木君，江苏江宁人。道光十二年进士，选庶吉士，散馆改兵部主事，充军机章京。洊升郎中，迁御史。二十年，出为湖北荆州知府，擢江西督粮道。历广东盐运使、四川按察使、山西布政使，署巡抚。

二十八年，擢河南巡抚。时议漕粮酌改折色，铎疏言："户部有南漕折价交河南等省采买之议，是他省且须在河南采买。若将本省额征之米分别改征折色，于政体两歧，于仓储有损无益。河南历年办运踊跃，一经改征，转滋流弊，循旧章为便。"议遂寝。贾鲁河经祥符朱仙镇，为商贾舟楫所聚。自黄河决于中牟，贾鲁河淤塞，责工员赔浚，久未复。铎勘镇街南北淤最甚，议大浚，请率属捐银五万两兴办；又奏择要增培沁河民堤以资捍御：并如所请行。咸丰元年，坐所荐陈州知府黄庆安犯赃，降二级调用，授山西按察使。二年，迁湖南布政使。粤匪方由湖南北窜，汉阳、武昌相继陷，巡抚张亮基擢署总督，以铎暂代之，命赴岳州督防。三年，巡抚骆秉章至，乃以病乞罢，许之。直隶总督讷尔经额疏荐，诏赴山西会办防剿事宜。寻因前在湖南布政使任内岳州等城失守，下部议，俟补官日降二级调用。复以病乞退，居山西久之。

十一年，予二品顶戴，起署云贵总督。云南回、汉相仇，构乱已久。巡抚徐之铭倾险，挟回自重，总督张亮基为所龁龁去。布政使邓尔恒擢陕西巡抚，行至曲靖，之铭嗾副将何有保遣党戕害，以盗杀闻，命铎往治之。亮基亦被命赴滇督办军务。时之铭已为回众所挟持，所陈奏多夸诞，莫可究诘。铎、亮基先后取道四川，与骆秉章筹商，冀资其兵力以规进取。四川乱亦未平，遽不得要领。滇将林自清为亮基旧部，与回众不协，率所部入川。之铭虑亮基至于己不利，嗾回众扬言拒之，亮基益观望。铎秉性忠正，诏屡敦促，命赴贵州按事，遂由黔入滇，仅从仆数人。在途或以危词相伏，不之顾。

同治元年九月，抵任，治邓尔恒被戕之狱。何有保已前死，捕凶犯诛之。见抚局初定，省城稍安，屡密疏陈："徐之铭尚能抚回，被劾各款，请俟张亮基到后会同查办。"又云："马如龙求抚出于诚心，岑毓英鲠直有战功，加以阅历，乃有用之材。"铎意欲因势利导，徐图补救。于是诏亮基移署贵州巡抚，滇事专责铎与之铭，盖羁縻之也。回人掌教马德新，之铭所谄事。初见铎貌为恭顺，后渐跋扈。武person多越级僭用翎顶，之铭邪擅赏，铎面斥之。元新营参将梁士美乃临安土豪，不与回教联和。马如龙誓欲剿灭，铎不可，强出师，与岑毓英同败归，欲添调兵练，铎复阻之。回绅田庆余议设公局，通省粮赋税厘悉归之，文武职官亦由公举，铎以非政体斥止，由是马如龙等皆不悦。

马荣者，迤西回酋杜文秀之党，之铭檄署武定营参将。二年正月，荣忽率二千人至省城，踞五华书院，铎令出，迁延三日，乃亲往谕遣，荣抗恣不听，其所部回练遽攒刺，铎临殒骂不绝口。云南知府黄培林、昆明知县翟怡曾同被害。荣遂纵兵大掠，官衙民居悉遍。惟岑毓英勒兵守藩署，之铭遁往潜匿。越两日，毓英始殓铎尸。回众拥马德新为总督。马如龙在临安，闻警驰至，马荣已率众携所掠散去。如龙杀余匪数十人及附乱者百余，谓马德新不当为总督，取关防授之铭暂署。之铭以巡抚让如龙，如龙不受，遂令署提督，一切拱手听之。事闻，诏嘉铎"万里赴滇，不避艰险，见危授命，大节懔然"。依总督阵亡例赐恤，赠太子太保，予骑都尉兼云骑尉世职，入祀云南昭忠祠，谥忠毅。子四人，并录授京职。

当铎之亲谕马荣也，约之铭同往，竟不至。事定，疏奏诬为杜文秀勾结武定匪犯省城，又讳匿马荣委署参将事。论者谓荣之为乱，之铭实与知之。于是褫之铭职，听候治罪。授劳崇光总督，贾洪诏巡抚，皆不能至。云南军事分隶于马如龙、岑毓英，崇光驻贵阳遥制之，至五年，始入滇履任。马荣已先为如龙等剿除，之铭亦死，迄未就逮云。

邓尔恒，字子久，江苏江宁人，总督廷桢子。道光十三年进士，选庶吉士，授编修。出为湖南辰州府知府。父忧，服阕，补云南曲靖府。平寻甸叛回马二花、弥勒土匪吴美、朱顺，招抚昆阳回匪，甚有声绩，擢盐法道，累迁按察使、布政使。咸丰十一年，擢贵州巡抚，未行，调陕西。徐之铭祖回，营将多与通。副将何有保者，之铭私人，尤不法。虑尔恒入觐发其罪，讽有保害之以灭口。尔恒行次曲靖，宿于知府署。有保使其党史荣、戴玉棠伪为盗，戕之，掠其行橐。有保索所劫物不得，执拷二人。玉棠潜逸，纠党攻杀有保。铎至，擒二人诛之。诏尔恒依阵亡例赐恤，予骑都尉世职，谥文慤。

论曰：吴文镕由卿贰出膺疆寄，凡十余年，风采严峻，时推其治行亚于林则徐。潘铎亦负端人之望。二人者晚任艰危，并受事于岌岌之日，守正不阿，尽瘁完节，不可复以成败苛论矣。其死也，皆由同官所构陷。国家于岩疆要地，督抚同驻，岂非以资钤制，备不虞哉！然推诿牵掣，因之而生；甚且倾轧成衅，贻祸封疆。楚、滇覆辙，盖其昭著者也。至光绪中，其制始改焉。

卷三百九十七　列传一百八十四

陆建瀛　杨文定　**青麟**崇纶　**何桂清**

陆建瀛，字立夫，湖北沔阳人。道光二年进士，选庶吉士，授编修，直上书房，洊迁中允。大考擢侍讲，转侍读。二十年，出为直隶天津道，累擢布政使。时英吉利扰浙江，沿海戒严，征西北兵聚畿辅，建瀛供防军，处善后，皆应机宜。所历有名绩。

二十六年，擢云南巡抚，俄调江苏。先是，南漕缺额，部议设局江苏，官民捐米运京以裕仓储。当陶澍抚苏，即以漕河费巨病国，议行海运，官吏争挠之，暂行辄罢。至是建瀛与两江总督璧昌主海运甚力，合言其便，议苏州、松江、太仓白粮改由海运，从之。后复推至常、镇诸府。二十九年，廷臣会议南漕改折，建瀛与总督李星沅极言其窒碍，事遂不行。

擢两江总督。值大水，民饥，招徕米商，筹议抚恤，并疏消积水，请筹拨帑一百五十万备赈。吴城六堡河决阻运，命偕侍郎福济往勘，疏陈通筹湖、河大势，添塘避闸，对坝逼溜，攻刷海口各事宜，并如议行。淮盐积敝，自陶澍创改淮北为票盐，稍稍苏息；而淮南擅盐利久，官吏衣食于盐商，无肯议改者，建瀛悉其弊。会淮南盐大火于武昌，官商折阅数百万，课大亏，引滞库绌。三十年，乃疏请立限清查运库，并统筹淮南大局，改订新章十条，务在以轻本敌私，力裁繁文浮费。鸿胪寺少卿刘良驹亦请变通淮南旧章，仿淮北行票法，与建瀛所议同。方施行矣，而给事中曹履泰奏请复根窝旧制，御史周炳鉴言淮南改票不便，并下建瀛议。覆疏辨驳详至，文宗韪之，诏综斡全局，除弊兴利，以裨国计。建瀛议于扬州设局收纳，以清运署需索之源；于九江等处验发，以清楚西岸费之源。正杂钱粮并纳，则课额不亏；新旧商贩一体，则引额无缺。灶私场私，专责江南；私盐邻私，兼责各省；而以徕商贩、积帑赋，自总其成。由是夺官吏中饱岁百余万，甚谤丛作，建瀛锐自发舒，不之恤。朝廷信任益专，命有掣肘挠法者罪之。湖北盐道邹之玉沿用整轮，江西盐道庆云强索月给，湖北同知劳光泰作《移岸三论》，刊板传播，并劾罢之。

咸丰元年，河决丰北，命建瀛往勘，奏请以工代赈，偕南河总督杨以增督工。二年，以盛涨停工，降四品顶戴。

是年秋，粤匪洪秀全犯湖南，越洞庭而北，势张甚。建瀛犹在丰工，疏上战守事宜，文宗嘉之，谕以审度军情，如须亲往，可速筹方略，不遥制。既而汉阳、武昌相继陷。十二月，复建瀛头品顶戴，授钦差大臣，督师赴九江上游扼守。建瀛由工次还江宁，征调仓猝。三年正月，贼弃武昌，蔽江东下，建瀛欲行，或谓贼锋锐难骤当，建瀛尚轻之，檄寿春镇总兵恩长为翼长，领标兵二千当前锋，自率兵千余进次九江。恩长猝与贼遇，战死江中，师大溃。建瀛途逢溃卒白败状，从兵尽骇。江西巡抚张芾壁九江，亦引军退走，贼遂陷九江。建瀛驾小舟经小孤山不敢留，过安庆，巡抚蒋文庆邀之，不入；径回江宁，收芜湖、太平兵屯东西梁山，闭城为守御计。布政使祁宿藻故不满建瀛，面责之。将军祥厚兵防内城，无任守御者。建瀛大窘，称疾谢客者三日。于是祥厚、宿藻等疏劾建瀛弃险失机，进退无据；并及江苏巡抚杨文定违旨去江宁，上大怒，谕曰："陆建瀛一战兵溃，不知收合余烬，与向荣大军协力攻击；并不力守小孤山，掊贼入皖之路；又不亲督兵据守东西梁山，以障金陵。仓皇遁归，一筹莫展，以致会垣惊扰，士民播迁。杨文定藉词出省，张皇自全，罪均难逭。建瀛已革职，交祥厚拿问，解刑部治罪。"寻籍其家，革其子刑部员外郎钟汉职。时建瀛收兵乘城，阅十三日，城破遇害。事闻，诏建瀛尚不失城亡与亡之义，复总督衔，如例议恤，并还其家产。御史方俊论之，乃撤恤典。

建瀛才敏任事，喜宾礼名流，又善事会津，多为延誉，由是闻望蔚起，朝寄日隆。乃昧于军旅，略无宿备，一败失措，名城陷为贼窟，糜烂东南，遂独撄天下之重咎云。子钟汉，后官江苏知府，咸丰十年，在军治粮饷，遇贼江阴，死之，赠太仆寺卿。

杨文定，安徽定远人。道光十三年进士。由刑部主事洊升郎中，出为广东惠潮嘉道，累擢江苏巡抚。咸丰三年，文定奏江南兵力柔脆，节经征调，城内兵单，请济师，命山东兵二千赴援。未至，奉命守江宁，闻建瀛兵败，退守镇江。江宁陷，贼分党犯镇江，副都统文艺集兵七百守陆路，文定自率艇船八、舢板十二泊江中，贼至不能御，镇江复陷，退江阴，诏革职逮治，论大辟。六年，减死遣戍军台，寻殁。

青麟，字墨卿，图们氏，满洲正白旗人。道光二十一年进士，选庶吉士，授编修，迁中允。大考二等，擢侍讲。五迁至内阁学士。督江苏学政有声。咸丰二年，擢户部侍郎。学政任满，命督催丰北塞决工程。三年，回京，复出督湖北学政，调礼部侍郎。

时粤匪由江西回窜湖北，青麟按试德安，闻警停试，督率知府易容之募乡勇筹防守，府城获全。疏陈军事，请湖北、江西、安徽三省合剿，以期得力。四年，授湖北巡抚。城中兵仅千人，荆州将军台涌署总督，未至；而贼由黄州进至汉阳、汉口,渡江欲扑武昌。青麟督总兵杨昌泗、游击侯凤岐与副都统魁玉水陆合击,却之;复败之豹子海、鲁家港,毁贼垒五。已而贼扑塘角、鲇鱼套,逼攻省城,青麟出武胜门督战,城中忽火起,土匪内应,兵尽溃,遂失守。青麟将自经,众挽之趋长沙,折赴荆州。

初,文宗闻其出家资犒军,甚嘉之;至是愤武昌屡失,弃城越境,罪尤重,诏曰:"青麟简任封圻,正当贼匪充斥,武昌兵单饷匮。朕以其任学政时保守德安,念其勤劳,畀以重任。省垣布置,屡次击贼获胜。八十余日之中,困苦艰难,所奏原无虚假,朕方严催援兵接应。六月初间,魁玉、杨昌泗等连破贼营,但能激厉力战,何致遽陷?婴城固守,解围有日,犹将宥过论功。纵力尽捐躯,褒忠有典,岂不心迹光明?乃仓皇远避,径赴长沙,直是弃城而逃。长沙非所辖之地,越境偷生,何词以解?若再加宽典,是疆臣守土之责,几成具文,何以对死事诸臣耶!朕赏罚一秉大公,岂能以前此微劳,稍从末减?俟到荆州时,交官文传旨正法。"遂弃市。

逾数月,曾国藩复武昌,奉命查历任督抚功罪,疏言:"武昌再陷,实因崇纶、台涌多方贻误,百姓恨之,极称吴文镕忠勤爱国,于青麟亦多怨辞。查文镕既没,青麟帮办军务,崇纶百端龃龉:求弁兵以护卫,不与;请银两以制械,不与;或军务不使闻知,或经旬不得相见。自贼踞汉阳、汉口,纵横蹂躏,庐舍荡然。百姓尚恃有青麟督兵驱逐,出示怜民。崇纶则并此无之矣。"疏入,乃斥罢台涌,论崇纶罪。

崇纶,喜塔腊氏,满洲正黄旗人。由内阁贴写中书充军机章京,洊升侍读。出为陕西凤邠道,调直隶永定河道,历云南按察使、广东布政使。

咸丰二年,擢湖北巡抚,时武昌方为贼踞,次年春,贼弃武汉东下,分扰江南、江西,崇纶始抵任。既而贼复上窜,陷兴国州田家镇,进黄州。崇纶疏言:"武汉民迁市绝,饷之兵单。请移内就外,以剿为先。"未几,贼犯汉阳,窥武昌。总督吴文镕初至,与崇纶意相左。及贼退,崇纶遂以闭城株守劾之。文宗虑两人不能和衷,且偾事,命文镕出剿,而责崇纶防守。文镕率师薄黄州,崇纶运输饷械不以时,惟促速战。四年正月,文镕兵败,死之。崇纶自请出剿,谋脱身走避,文宗烛其隐,不许。会丁忧,青麟代之,仍命崇纶留湖北协防。又以病乞罢,上怒,褫其职。六月,武昌陷,崇纶先一日出走,径往陕西。及曾国藩论劾,命逮治。服毒自尽,以病故闻。

何桂清,字根云,云南昆明人。道光十五年进士,选庶吉士,授编修。迁赞善,直南书房。五迁至内阁学士。二十八年,擢兵部侍郎,以忧去,服阕,补原官,调户部。咸丰二年,督江苏学政。粤匪扰江南,桂清疏陈兵事,劾疆吏畏葸偾事,侃侃无所避,文宗奇之。四年,调仓场侍郎,旋授浙江巡抚。

自贼踞江宁,东南震动。安徽徽州、宁国二府为浙江屏蔽,桂清严防要隘,别遣一军屯守黄池,扼苏、浙之冲,贼来犯,会提督邓绍良击却之。五年,檄道员徐荣剿贼黟县、石埭,战颇利,贼众大至,徽勇溃走,荣众寡不敌,遂战殁。桂清因言徽、浙唇齿,宜主客一心,事乃济。疏入,谕戒地方官吏不分畛域。时贼陷徽州各属,桂清檄知府石景芬、副将魁龄等,攻复徽州府城及休宁,分布所部于昌化、于潜、淳安,杜贼来路。安徽巡抚时移驻庐州,徽、宁二郡悬绝江南,不能遥制,命桂清兼辖之。江西贼侵入浙境,陷开化,犯遂安,桂清檄邓绍良等合击之,贼退徽境。周天受、石景芬等连复黟县、石埭。桂清疏请添改镇道员缺,俾专责成,以石景芬为徽宁池太道;豫祺为总兵,不得力,复以江长贵易之。又用桂清议,命前侍郎张芾驻皖南治团练,督办徽、宁防务,寻命兼顾浙江衢、严两郡,与桂清协力制贼。六年,檄邓绍良、秦如虎、都兴阿等合攻宁国,别遣江长贵击败赣贼之袭太平者,连捷,克宁国府城。朝廷益嘉桂清,思大用之。

杭州知府王有龄最为桂清倚用,擢权运、臬两篆,为通判徐征讦控。桂清覆奏,辞悖悖,被诘责。遂以病乞罢,诏慰留之。会两江总督怡良解职,文宗以筹饷事重,难其人,大学士彭蕴章荐桂清饷徽军无缺,可胜任。七年春,命以二品顶戴署两江总督,寻实授。力荐王有龄,擢任江苏布政使,专倚倚事。江宁久为贼窟,总督驻常州,军事由将军和春主之,而提督张国梁为帮办,前督怡良但任运馈而已。桂清屡疏陈方略称旨,谕饬和春和衷商酌。是年冬,克镇江,以济饷功,加太子少保。十年春,又因克九洑洲,晋太子太保。桂清意气发舒,倚畀益重,甚负时望。

大军屡捷,合围江宁,贼势窘蹙,四出求援。伪忠王李秀成乃谋窜浙,分大军之势,由安徽广德径趋杭州。仓猝城陷,惟将军瑞昌守驻防内城未下,诏促桂清、和春遣军速援。于是檄提督张玉良率兵驰赴,至则内外夹击,贼遽走。临安、孝丰、安吉诸城相继复。诏嘉桂清功,予优叙。时贼已围金坛,陷江阴,遣总兵马得昭、熊天喜、曾秉忠,副将刘成元水陆分路御贼,兵分益单。贼乃合众十余万出建平、东坝,一由东坝趋江宁,一由溧阳窥常州,桂清闻之,几失所措。会马得昭、周天孚分援苏、常,贼已趋金坛,陷句容。句容为大营后路,自此隔绝。张玉良回军抵常州,和春飞檄调援大营,桂清留勿遣,复调马得昭,亦莫之应。王有龄已擢浙江巡抚,贻书桂清戒勿离常州一步,且曰:"事棘时危,身为大臣,万目睽睽,视以动止。一举足则人心瓦解矣。"盖规之也。

会大雨雪,大营兵冻馁,索饷不得,乃噪乱,相率尽溃。和春、张国梁退守丹阳。桂清疏陈:"丹阳以上军务,和春、张国梁主之;常州军务,臣与张玉良主之。"部署稍定,即进规溧阳,而贼已径犯丹阳,国梁死之,和春奔常州,桂清大惊。总理粮台查文经等希其意,请退保苏州。桂清即疏陈军事付和春,自驻苏州筹饷。将行,常州绅民塞道请留,从者枪击,死十余人,始得脱。张玉良留守,寻亦走。士民登陴,数日城陷,屠焉。桂清至苏州,巡抚徐有壬拒勿纳,疏劾其弃城丧师状。和春退至无锡,伤殒。桂清托言借外兵,遂之上海。苏州亦陷,有壬殉之,遗疏再劾桂清,诏褫职逮京治罪。

会各国联军犯京师,车驾幸热河,迁延两年。王有龄及江苏巡抚薛焕皆其故吏,叠疏为乞恩,不许。言官数劾奏,同治元年,始就逮下狱,谳拟斩监候。大学士祁寯藻等十七人上疏论救,尚书李棠阶力争,谳乃定。桂清援司道禀牍为词,下曾国藩察奏。国藩疏言:"疆吏以城守为大节,不宜以僚属一言为进止。大臣以心迹定罪,不必以公禀有无为权衡。"是冬,遂弃市。

桂清由侍从出任疆事,才识明敏。在两江值英吉利构衅,迭陈应付之策。偕大学士桂良等议税则,多中肯綮,亦不能尽用其言。晚节败裂,误国殄民,虽廷议多有袒之者,卒难挠公论云。

论曰:陆建瀛、何桂清皆以才敏负一时之望,膺江表重寄。建瀛当军事初起,不能预有规画,临事仓皇。桂清无料敌之明,又失效死之节。二人者身名俱陨,罪实难辞。青麟受事于危急之秋,艰难支拄,终以越境被诛,论者犹有恕词焉。

卷三百九十八　列传一百八十五

宗室祥厚_{霍隆武}　_{福珠洪阿}　_{恩长}　_{陈胜元}
_{祁宿藻}　_{陈克让}　_{刘同缨}　**瑞昌**_{杰纯}　_{锡龄阿}

宗室祥厚,隶镶红旗,袭骑都尉世职,授銮仪卫整仪尉。累擢镶红旗蒙古副都统,历山海关、熊岳、金州副都统。道光二十八年,擢江宁将军。

咸丰三年正月,粤匪既陷武昌,两江总督陆建瀛赴上游督师,祥厚偕江苏巡抚杨文定留守江宁。贼已蔽江而下,寿春镇总兵恩长战殁,建瀛遽退,文定亦不候旨径赴镇江。祥厚偕副都统霍隆武、提督福珠洪阿、布政使祁宿藻疏言:"督臣藉口江宁吃紧,赶回布置,沿途险要,并不屯扎,上驶师船,一概撤回,专守水路之东西梁山。芜湖为江苏门户,亦不设防。十八日只身抵省,遂致阖城惊扰。臣等函数速统舟师迎击,乃督臣晏坐衙斋,三日不覆。抚臣执意移驻镇江,挽留不顾,民情加倍惊惶。自今固结民心,尚恐缓急难恃;若任其纷纷迁徙,土匪因而窃发,奸细尤易勾结。是未御外侮,将成内变。现在督抚臣首鼠两端,进退无据,以致省城震动。虽有旗兵志切同仇,无如兵力太单。贼船顺流下窜,朝发夕至,守御万分紧迫,督同道府等官及八旗协领,激励官兵,安慰居民,竭尽血诚,认真办理。请饬琦善、陈金绶迅速绕出贼前,协力堵剿,以固省城根本,维持南北大局。"疏入,诏逮建瀛治罪,命祥厚兼署总督,与霍隆武、福珠洪阿、祁宿藻悉心防御,以在籍前广西巡抚邹鸣鹤熟悉贼情,命同筹办。

江宁城周九十六里,合旗、汉兵仅五千,城外江宁镇、龙江关、上河分驻乡勇不及三千,临时召募,皆不足恃。贼过芜湖,福山镇总兵陈胜元率舟师战殁,遂无御者,长驱直抵城下,四面环攻。守逾旬,贼于仪凤门穴地轰城,

倾十余丈,复由水西门、旱西门、南门缘梯而登,城遂陷。祥厚偕霍隆武敛兵守驻防城,妇女皆助战,逾日亦陷。祥厚手刃数贼,身被数十创,死之。事闻,赠太子太保,予二等轻车都尉世职,谥忠勇。入祀京师昭忠祠,于江宁建专祠,死事者附祀焉。

霍隆武,钮祜禄氏,满洲镶黄旗人,福州驻防。由武举前锋校历官福建水师旗营协领。咸丰元年,擢江宁副都统。贼围城,偕祥厚登陴固守,历十余昼夜,外城陷,同守内城,策马督战,受伤堕,力竭阵亡,赠都统,予骑都尉兼云骑尉世职,谥果毅。

当时驻防旗兵战最力。锡龄额者,事母孝,将军本智异之,擢为参领。曰:"求忠臣必于孝子之门。"事急,戒其妻:"国家豢养,无所报;脱不利,当阖门死。"自守城,即不返家,举室皆殉。炳元,官佐领,勇力冠军。仪凤门之陷,率死士奋斗,贼为之却,忽有狙击者,殒于阵。贼破内城,屠戮尤惨,男妇几无孑遗。

福珠洪阿,苏完瓜尔佳氏,满洲正黄旗人,副都统佛安子。由銮仪卫整仪尉累擢总兵,历镇箨、伊犁、西宁、天津诸镇。道光末,授江南提督,调陕西。粤匪起,江南筹防,仍调回旧任,驻守省城,所部兵仅数百人。地雷发,迎击于城缺,斩悍贼,而诸门先后破。贼四面至,往来巷战,死之。赠太子少保,予二等轻车都尉世职,谥壮敏。

恩长,赫舍里氏,满洲镶红旗人。由亲军、十五善射,累迁安徽宁国营副将。道光中,治江防,被奖。累擢寿春镇总兵。初率兵守安庆,陆建瀛赴九江上游,调充翼长,为军锋。与贼战江中,毁贼船三十余艘,众寡不敌,死之。赠提督,予骑都尉兼云骑尉世职,谥武壮。

陈胜元,福建同安人。由行伍历官福建将。捕洋盗有功,累擢江南福山镇总兵。率水师防江,贼至太平四合山,迎击,追至芜湖,中炮落水,死之。赠提督,予骑都尉世职,谥刚勇。

祁宿藻,字幼章,山西寿阳人,大学士寯藻弟也。道光十八年进士,选庶吉士,授编修。以召对受宣宗知,特简授湖北黄州知府,调武昌。连年大水,城几没,堵御获全。治急赈,煮粥施钱及衣棺药饵,全活灾民甚夥,政声最。超擢广东盐运使,迁按察使,又迁湖南布政使。会韶州数县土匪起,诏留宿藻督兵往剿,七战皆捷,匪首就擒。事平,赐花翎。调江宁布政使。咸丰元年,河决丰北,山东、江北皆被水。大学士杜受田奉命临赈,疏请以宿藻办江北赈务,章程出其手定,奏颁两省行之。

及粤匪将东下,宿藻驰返江宁,括库储治军械,尽移兵糈及南门外商市囤米入城,号召义勇之士备城守。见督抚仓皇失措,各存意见,劝谏不听,乃偕祥厚等疏上闻。建瀛既被罪失众心,宿藻独任事,贼至,力疾登陴指挥,历三昼夜,城大兵单,援师不至,知事不可为,在城上呕血数升,卒。文宗悼惜,加等优恤,赠右都御史,荫一子以知州用。同治初,江南平,兄寯藻遣寻其遗榇,得之城北僻地。曾国藩以闻,请附祀祥厚专祠,追谥文节。当城陷时,署布政使盐巡道涂文钧、江安粮道陈克让、江宁知

府魏亨逵、同知承恩、通判程文荣、上元知县刘同缨、江宁知县张行澍同死之。

克让，奉天承德人。道光三年进士，授吏部主事。累擢四川绥远知府，调成都。咸丰元年，擢江安粮道，居官清正。贼将至，或劝以督运出。克让曰："江宁东南都会，失则大局危。去将焉往？"又请徙其孥，其妻泣曰："去为民望，不如死！"宿藻死而不瞑，克让抚之曰："库尚有储金，当募死士以成君志。"克让守清凉山，督兵战，殒于阵。弟克诚，子松恩，同遇害。妻李，自经死。赐恤，予骑都尉世职，本籍请建专祠，追谥忠节。

同缨，江西石城人。拔贡。历官盐城、泰兴、江浦、上元、六合、江宁诸县，皆有声。江宁治防，储粮练团，胥赖其力。贼初至，假向荣书请入城，同缨察其诈，却之。炮裂城，率死士御击复完。及城陷，赋绝命词，投水死，恤典加等，赠道衔，谥武烈。

瑞昌，字云阁，钮祜禄氏，满洲镶黄旗人。六世祖敖德，以军功予骑都尉世职。瑞昌由拜唐阿授銮仪卫整仪尉，累迁冠军使。道光二十九年，擢正白旗汉军副都统，历金州、吉林副都统。

咸丰三年，擢杭州将军，未之任，率盛京兵赴淮、徐，专办山东防剿。寻从僧格林沁、胜保剿贼畿辅。四年，连战静海、河间、东光。五年，会攻连镇，扼河西，毁贼巢木城。贼首林凤祥就擒，被诏嘉奖，命赴本任。十年二月，粤匪由广德入浙境，省城兵单，分防湖州、孝丰、馀杭。贼分股突犯杭州，瑞昌令副都统来存出武林门御之，自守钱塘门，偕巡抚罗遵殿布置甫定，贼已麕至，纵火扑城。越十日，地雷发，城陷。瑞昌率旗兵迎击于涌金门，杀伤相当。退守驻防子城，贼屡攻，力拒却之。相持六日，会张玉良率援兵至，夹击，贼弃城走，遂复杭州，特诏嘉奖，赐黄马褂，予二等轻车都尉世职。

既而江南大营溃，常、苏两郡陷。张玉良以罪黜，命瑞昌总统江南诸军，江长贵副，规复苏州，而贼已陷长兴、武康，复谕先顾杭城，再图进取。嘉兴寻为贼踞，命瑞昌督张玉良往攻，亦未果。十月，贼陷富阳、馀杭，复扑杭州，瑞昌亲督副都统杰纯、副将吴再升击走之。十一年，贼势益张，由嘉兴进陷石门，湖州亦被围，浙东诸郡相继失守。自绍兴为贼踞，杭州愈危，遂被围，瑞昌偕巡抚王有龄婴城固守逾两月。张玉良战城下，伤殒，军心益涣。外援不至，粮道亦绝。瑞昌忧愤成疾，旗兵精壮多伤亡，乃集将校，誓死报国，家给火药。及城陷，瑞昌先举火自焚，阖营次第火起，同死者，杭州副都统关福及江苏粮储道赫特赫纳以下男妇四千余人。事闻，诏优恤，赠太子太保，晋一等轻车都尉世职，谥忠壮。入祀京师昭忠祠，杭州建专祠，死事者附祀焉。

同治三年，杭州复，左宗棠奏瑞昌妾吴，于城破时挈两幼子绪成、绪恩出走失散。事定，寻得绪恩，护送回京。诏念瑞昌忠烈，命本旗传交其长子内阁中书绪光收养，饬宗棠购访绪成下落，迄未得。后以两世职并为三等子爵。

杰纯，布库鲁氏，蒙古正白旗人，杭州驻防。由骁骑校累迁协领。忠勇得士心，为瑞昌所倚。杭州初破，瑞昌欲自到，杰纯与副都统来存言贼以偏师疾至，未有后继，犹可力保驻防城以待外援，瑞昌从之，乃登陴守御。杰纯当武林门，日与贼战，长子前锋校纳苏铿阵亡，不之顾，殓其尸，不哭，曰："汝先得所归矣！"及援兵至，怒马突出，贼披靡，追击出城十里外。以复城功，赐花翎。擢宁夏副都统，留浙协同团练大臣统率练勇，出省复富阳。是年冬，贼复犯杭州，迎剿于观音桥，手刃数贼，率西湖水勇截击，斩馘甚众，又连破扑城之贼，追至留下，进克馀杭，赐号额腾伊巴图鲁。调授乍浦副都统，仍留防省城。

十一年，城再陷，杰纯战一昼夜，所部伤亡略尽，遣次子出避，以存宗祀，阖门自焚，独策马入贼阵，死之。诏嘉其一门忠烈，依都统例赐恤，予骑都尉兼云骑尉世职，杭州、乍浦并建专祠，子妇孙仆皆祔祀。后复加恩入祀京师昭忠祠，谥果毅。擢次子固鲁铿知府，改归京旗。

锡龄阿，扎哈苏氏，蒙古正白旗人，荆州驻防。以佐领率兵从战沔阳、监利、潜江、应城、汉阳、宜昌。积功累擢福州副都统，调乍浦副都统。十一年，贼来犯，督兵出战，城中内应起，折回巷战，全军皆没，与两子荣辉、荣耀同殉于阵。赠都统衔，予骑都尉兼云骑尉世职，谥武烈，入祀京师昭忠祠。嗣为荆州绅民感念保境功，请建专祠。子荣辉、荣耀并予云骑尉世职。

论曰：清制，行省要区置旗兵驻防，其尤重都会，兵额多者，以将军领之。盖监制疆臣，备不虞也。承平恬嬉，非复国初劲旅，小有变动，可资镇慑；巨寇燎原，力不足以御之。江南之失，误于陆建瀛不预设防。祥厚仓猝专任，以孤城当方张之寇，宁有幸焉。杭州初陷，贼仅偏师，故瑞昌能守内城以待援；及苏、常既失，辅车无依，终不能保，大势然也。然二人者，皆能以忠义激励，城亡与亡，妇婴皆知效死，烈已！祁宿藻孤忠尽瘁，杰纯智勇能军，并一时杰出之才。炎冈同烬，世尤惜之。

卷三百九十九　列传一百八十六

吕贤基　邹鸣鹤　戴熙 汤贻汾　张芾　黄琮
陶廷杰　冯培元　孙铭恩　沈炳垣　张锡庚

吕贤基，字鹤田，安徽旌德人。道光十五年进士，选庶吉士，授编修。迁御史、给事中，持正敢言，数论时政得失，多所采用。文宗即位，应诏上封事，请懋圣学，正人心，育人才，恤民隐，尤被嘉纳。迁鸿胪寺卿。咸丰元年，超擢工部侍郎。二年，以时事可危，疏请下诏求言，略曰："粤西会匪滋事，二年以来，命将出师，尚无成效，甚至围攻省城，大肆猖獗。南河丰工未能合龙，重运阻滞，灾民屯聚，在在堪虞。河工费五百万，军需费一千余万，部臣束手无措，必致掊克朘削，邦本愈摇。今日事势，譬之于病，元气血脉，枯竭已甚，外邪又炽，若再讳疾忌医，愈难为救。惟有开通喉舌，广觅良方，庶可补救万一。请特旨令大小臣工悉去忌讳，一改泄沓之故习，各抒所见，以期集思广益。"疏入，谕部院大臣、九卿、科道有言责者，各据见闻，直言无隐。

三年正月，命贤基驰赴安徽会同巡抚蒋文庆及周天爵办理防剿事宜，贤基疏言："江宁以东西梁山为要隘，必先扼守。庐州为江淮门户，宜令重臣驻扎。巢湖出江当梁山上游，地方匪徒宜招抚，免为贼用，且可与梁山为犄角。"上嘉纳，不及施行，而安庆、江宁先后陷。奏调给事中袁甲三、知府赵畇帮办团练防剿，又调编修李鸿章等襄军事。偕周天爵疏言："事当分任。团练专令歼除土匪；牧令守本境，统帅剿贼，不得远驻百里之外，以免推诿。"上韪之。

安徽境内无大枝劲旅，团练亦散漫无可恃。七月，湖北败贼窜陷英山，扰太湖，分犯洪家埠，贤基檄游击赓音太、伍登庸击走之。八月，贼复自江西窜踞安庆，贤基赴舒城、桐城劝募团练，为官军声援。赓音太、伍登庸战殁于集贤关。贼犯桐城，绅士马三俊率练勇迎战失利，遂失守。已革按察使张熙宇退驻大关，贤基794劾之。时方驻舒城，或告以无守土责，未辖一兵，贼锋甚锐，可退守以图再举。贤基曰："奉命治乡兵杀贼，当以死报国。敢避寇幸免乎？"十月贼至，登陴守御，城陷，死之。

文宗初闻舒城失守，即曰："贤基素怀忠义，必能大节无亏。"及奏上，深悼惜之，赠尚书衔，加恩于舒城建专祠，擢其子编修锦文以侍读用，赐银三千两，命锦文即日回籍治丧。予骑都尉世职，祀京师及本籍府城昭忠祠。后安徽请祀乡贤，特谕："贤基品行端正，居官忠直，名副其实。"即报可。

邹鸣鹤，字钟泉，江苏无锡人。道光二年进士，云南即用知县。亲老告近，改发河南，署新郑，补罗山，有惠政。母丧，去官。巡抚程祖洛疏陈鸣鹤政绩，罗山绅民吁请保留河南，特旨俟服阕以南、汝、陈、光四府州所属酌补选缺，异数也。

寻补光山，调祥符，擢兰仪厅河工同知，护勿归陈许道。以治河劳，晋秩知府。历卫辉、陈州、开封。二十一年，河决祥符，水围省城，鸣鹤露宿城上，尽力堵御。有议迁省城于洛阳者，鸣鹤上议有六不可。钦差大臣王鼎等据以疏陈，乃决议坚守。凡历七十余日，水退城安。论功，晋秩道员。二十三年，河决中牟，褫职留工，工竣，复原官，仍在工效力。丁生母忧，服阕，署彰卫怀道，寻授江西督粮道。文宗即位，诏举贤才，户部侍郎侯桐、两江总督陆建瀛交章以鸣鹤荐，擢顺天府尹。

咸丰元年，擢广西巡抚。匪乱方炽，大学士赛尚阿督军事，鸣鹤课吏治，治团练，抚恤被兵灾民。二年，贼由永安窜犯桂林，城中兵仅千人，仓猝防御，提督向荣驰援，民心始定。总兵秦定三等续至，鸣鹤以诸军无所统属，自

请督战。分遣诸将击贼，相持月余，贼百计攻城，屡却。贼遂分窜，赛尚阿促向荣追击，鸣鹤坚留防贼回窜，互疏争。贼寻陷兴安、全州，入湖南，诏褫鸣鹤职，以守城功免治罪。

泊回籍，贼已陷武昌。三年正月，陆建瀛赴九江督师，疏请起鸣鹤筹办沿江防务。已病，或沮其行。曰："此吾补过报国之日也！"建瀛旋退江宁，获罪，命鸣鹤与将军祥厚等筹商守御。建瀛见其病甚，欲为奏请还家养疴，鸣鹤不可。及江宁陷，书绝命词曰："臣力难图报称，臣心仰答九重。三次守城尽节，庶几全始全终。"遣人持付其子，自率队出，至三山街，贼见识之，曰："此守桂林之邹巡抚也！"呼其名诟之。鸣鹤亦骂不绝口，被支解而死。事闻，赠道衔，赐恤。

同治初，江南既平，曾国藩疏陈鸣鹤生平政绩及殉节状，请加恩优恤。御史朱震言鸣鹤匿民居遇害，非临阵捐躯者比，请罢之。编修朱福基等复以鸣鹤被难闻见各殊，呈请下两江总督马新贻确查。新贻覆奏绅耆咸称鸣鹤协同防守，誓以身殉，骂贼被戕，无避匿民居之事。诏依巡抚例议恤，予骑都尉兼云骑尉世职，谥壮节。后祀河南名宦祠。

戴熙，字醇士，浙江钱塘人。道光十二年进士，选庶吉士，授编修。大考二等，擢赞善，迁中允。十八年，入直南书房。督广东学政，任满，请终养。二十五年，服阕，未补官，复督广东学政，累迁内阁学士。二十八年，授兵部侍郎，仍直南书房。

先是，广东因士民阻英人入城，相持者数年。至二十九年，英人慑于民怒，暂罢议。宣宗嘉悦，以为奇功，锡封总督徐广缙子爵，巡抚叶名琛男爵。会熙召对，论及之。熙言广东民风素所谙悉，督抚所奏，恐涉铺张，非可终恃，上不怿。寻命书扇，有帖体字，传旨申饬。越日，命南书房书扁额，内监传谕指派同直张锡庚，戒勿交写误字之戴熙。未几，罢其入直。熙知眷衰，称病请开缺，上益怒，降三品京堂休致。

咸丰初，诏举人才，尚书孙瑞珍以熙荐，召来京候简用，因病未至。粤匪踞江宁，浙江戒严。熙偕官绅劝谕捐输，举行团练。八年，粤匪由江西扰浙东，熙助巡抚晏端书筹调兵食，乞援邻境。援师至，贼未得逞，渐退。以治团练劳，加二品顶戴。杭州初有民兵八百人，又选锋数百，事缓，以资绌，减少半。十年，粤匪由安徽广德入浙，连陷数县，犯湖州、武康。熙以所部练勇付按察使段光清，会旗兵防独松、千秋等关。贼至，敛兵入城守。熙谓用兵无独守孤城之理，宜分营城外相犄角，又议乘贼初至迎击，皆未行。熙与弟煦助守西北隅，炮毙黄衣贼一人，贼遽退匿山后。众谓贼且遁，熙料其诈，侦之，果转赴西南。昼夜环攻，久雨，兵疲。贼于宋镇湖门故址穴地轰城，遂陷，熙赴水死之。弟煦、媳金、及甥王朝荣，同殉。事闻，赠尚书衔，建专祠，予骑都尉兼云骑尉世职，谥文节。弟煦，精算学，自有传。

熙雅尚绝俗，尤善画。当视学广东，陛辞，宣宗谕曰：

"古人之作画，须行万里路。此行遍历山川，画当益进。"其见重如此。后以直言黜。及殉节，遂益为世重。同时汤贻汾画负盛名，与熙相匹。亦殉江宁之难，同以忠义显，世称戴、汤云。

贻汾，字雨生，江苏武进人。祖大奎，官福建凤山知县，守城殉节，父荀业同死，见《忠义传》。贻汾少有俊才。家贫，以难荫袭世职，授守备，累擢浙江乐清协副将。历官治军捕盗有声。尚气节，工诗画，政绩文章为时重。晚辞官侨居江宁。及粤匪炽，贻汾见时事日亟，语人曰："吾年七十有七，家世忠孝。脱有不幸，惟当致命遂志，以见先人。"江宁筹防，大吏每有咨询，尽言赞画。城陷，从容赋绝命词，赴水死。事闻，文宗以其三世死事，特诏优恤，加一云骑尉，谥贞愍。

张芾，字小浦，陕西泾阳人。道光十五年进士，选庶吉士，授编修。累迁庶子，直南书房。大考一等，擢少詹事，超迁内阁学士，督江苏学政。二十五年，授工部侍郎，任满回京，仍直南书房，调吏部。二十九年，督江西学政。文宗即位，应诏陈言，请明黜陟，宽出纳，禁糜费，重海防，上嘉纳。命按巡抚陈阡被劾各款，得实，罢之。阡亦讦芾收受陋规，诏免议。

咸丰二年，调刑部侍郎。任满，留署江西巡抚，寻实授。时粤匪方围长沙，诏芾偕在籍尚书陈孚恩筹防。未几，岳州陷，芾驻守九江。三年正月，总督陆建瀛至九江，芾移守瑞昌，贼来犯，击走之，而九江遂陷，革职留任，退守南昌。贼既踞江宁，分股溯江而上。芾奏调湖北按察使江忠源来援，甫至而贼船直抵城下，芾率官绅婴城固守，贼穴道轰城，坏而复完。总兵马济美战殁城外，赖江忠源迭战却贼，被围凡三阅月，贼乃东走，由九江趋安徽。芾以守城劳，复原官。奏奖将吏猥多，部议核减，芾疏争，严旨切责。会因截留滇、黔铜铅银，又陈孚恩被劾，芾为申辨，上怒，褫芾职。

芾既罢，道梗不得归，侨居绍兴。贼窥徽、宁急，巡抚驻庐州不能兼顾。侍郎王茂荫荐芾，乃命交和春、福济差遣。芾至，练团劝捐，以千人守徽州，提督邓绍良、总兵江长贵分扼要隘。五年，复休宁、石埭，予六品顶戴。六年，贼扰婺源，祁门，连破之于七里桥、屯溪口，徽境得安，加五品顶戴。是年冬，贼复由江西窜踞休宁，击走之。母丧，夺情领军，命俟服阕后以三品京堂候补。七年，邓绍良战殁湾沚，祁门、婺源皆告急。遣参将王庆麟破贼于清华街，又击走祁门贼。九年，复婺源，贼西窜，授芾通政使，寻迁左副都御史。太平、石埭连战皆捷，诏皖南四府一州军务归芾督办。十年，贼复陷泾县、旌德，由绩溪进犯徽郡。芾督江长贵及知府苏式敬、道员萧翰庆，连克太平、旌德、石埭、泾县，而贼由江苏、浙江回窜，复连陷建平、广德、泾县。芾先以失机自劾，暂行革职留军，至是复自请治罪，遂命以皖南军事畀两江总督曾国藩，召芾还京，请回籍补持服，允之。

十一年，粤匪、捻匪合扰关中，起芾助治团练御贼。事甫平，而回匪乱作，连破数州县，逼省城，诏芾督办陕西团练，会同巡抚瑛棨防剿。瑛棨畏懦，计无所出，谓芾大臣有乡望，谕之宜可解。芾慨然率数骑往，历高陵、临潼至渭南仓头镇，晓以利害，回众颇感动。其酋任老五惧摇众心，嗾党拥出折辱之，芾据地大骂不绝口，遂被支解。时同治元年五月十三日也。子师劭，往觅遗骸，仅得骨数节。事闻，予骑都尉兼云骑尉世职，谥文毅。命于省城、仓头镇并建专祠，随行遇害之临潼知县缪树本、山西知县蒋若讷及家属在泾阳被害者五十二人，从死仆人金榜等六人，并附祀。赐师劭举人。江西、徽州并建专祠，后祀江西名宦。

黄琮，云南昆明人。道光六年进士，选庶吉士，授编修。累擢兵部侍郎，以亲老乞养回籍。咸丰七年，云南回乱方炽，命琮偕在籍御史窦㙷治团练。时饷绌兵单，疆臣主且剿且抚，而汉、回仇隙素深，团练骄悍不听约束，往往抚局将成，练勇擅杀降回，益纷扰。总督吴振棫劾琮及窦㙷办理失当，皆褫职。事稍定，振棫疏陈纵容练勇诸事，皆出窦㙷主持。琮当省城被围时，登陴固守有劳，又劝捐出力，诏复原官。同治二年，逆回马荣降跸，入城戕总督潘铎，肆杀掠，琮遇害，赠右都御史。光绪中，巡抚潘鼎新为请，予谥文洁。

陶廷杰，贵州都匀人。嘉庆十九年进士，由编修迁御史、给事中。道光中，出为江苏苏松粮储道。历甘肃按察使、陕西布政使，署巡抚。二十五年，休致。咸丰三年，贵州土匪起，命廷杰在籍会同地方官办理团练。六年，古州、黄平、都匀先后陷，廷杰率团练御贼，死之，予骑都尉世职，谥文节。

冯培元，字因伯，浙江仁和人。道光二十四年一甲三名进士，授编修，入直南书房。咸丰元年，改直上书房，授惇郡王奕誴读。二年，大考二等，擢侍讲。寻督湖北学政。数月中，连擢侍讲学士、光禄寺卿。

时粤匪已犯长沙，人情汹惧。培元幼孤，家贫，母何贤明苦节，抚之成立。及至湖北，将迎养。闻岳州陷，驰书止母行。母报曰："如果有变，见危授命，大节不可夺。其遵吾教！"培元奉书，涕泣自矢。贼至攻城，培元偕在城文武登陴同守。城陷，投井死。三年正月，贼去，向荣率兵入城，有以告者，始出而殓之，尸如生。事闻，文宗以武昌之陷，阖城文武殉难，恤典特优，赠侍郎，建专祠，予骑都尉世职，谥文介。后两子学瀚、学澧皆赐举人。

孙铭恩，字兰检，江苏通州人。道光十五年进士，选庶吉士，授编修，累迁詹事。咸丰二年，典试广东，还京，道出九江。粤匪已由岳州东下，陷汉阳。铭恩疏上江防十二事，下江南督抚施行。三年，连擢内阁学士、兵部侍郎，督安徽学政。

时安庆已为贼踞，故事，学政驻太平府，铭恩激励绅民，举行团练，捐廉为倡。溃兵时至，侮官劫市，铭恩谕以大义，稍定。四年，以父病请开缺省视，会有旨命偕在籍前南河总督潘锡恩防守徽、宁，铭恩未之知也。疏入，文宗疑其规避，严旨切责，允其回籍，俟假满以三四品京堂降补。未逾月，贼犯太平，从者请避之。铭恩曰："城亡与亡，以明吾心！"城陷，贼至，衣冠坐堂上，抗骂，被执，囚于江宁，仆范源从。铭恩不食，贼胁源劝降，源叱之，断其舌，同遇害。诏嘉其抗节不屈，遇害甚惨，赠内阁学士，入祀京师及安徽、江苏昭忠祠，予骑都尉世职，谥文节。范源同议恤。

沈炳垣，字紫卿，浙江海盐人。道光二十五年进士，选庶吉士，授编修，迁中允。咸丰四年，督广西学政。广西自洪秀全北犯后，群匪迭起。炳垣至，与巡抚劳崇光议战守策，崇光深器之。

七年春，按试南宁毕，警报日至，居民汹汹惊避。炳垣倡言城险可保，条列守御法，捐俸济饷，守三昼夜。贼知有备，引去。浔州陷，江路梗塞，间道至梧州。艇匪陈开等众数万突来犯，炳垣率知府陈瑞枝等婴城固守，凡三阅月，粮尽援绝。官吏以炳垣无守土责，遣兵卫之出，炳垣不可。八月，城陷，仰药未死，贼拥去，厚遇之。炳垣骂贼，求死不得。久之，乘间为书致巡抚刘长佑，请出兵袭城，密约城内民夹击。事泄，贼恨甚，磔而焚之。有老卒睹炳垣惨死状，走省城首于官。赠内阁学士，谥文节，建专祠桂林。

张锡庚，字星白，江苏丹徒人，大学士玉书裔孙。道光十六年二甲一名进士，选庶吉士，授编修。迁御史，擢顺天府丞，丁父忧，服阕，补原官。疏论绿营冒滥顶名及缉捕诸弊，诏下其疏于各直省，实力整顿。又疏言殿试贡士不限字数，听其发抒，删去颂辞，下部议行。历太仆寺卿、左副都御史。

咸丰八年，督浙江学政，擢刑部侍郎，仍留学政任。十年，杭州陷而旋复，锡庚助城守，其子恩然率家属自焚，锡庚以闻，予旌恤。团练大臣王履谦劾巡抚王有龄筹饷按缺派捐，命锡庚访按。锡庚以有龄一月内更易州县二十余员，非政体，请于处分，从之。十一年，任满，代者未至，杭州复被围，锡庚同守城。城陷，或劝之去，锡庚曰："吾大臣也，不可辱国！"遂自缢，贼称其忠，为具棺敛。赠尚书衔，予骑都尉兼云骑尉世职，祀浙江昭忠祠，谥文贞。

论曰：吕贤基以忠鲠受主知，其治兵安徽也，志欲大有所为，当残破之余，骤无藉手，仓猝殒身，文宗惜之。邹鸣鹤久著循声，戴熙亦负清望，张芾守江西、防皖南，虽无伟绩，备历艰难。三人以在籍摺绅治团筹防，虽久暂不同，皆事权不属，或以城亡与亡，或以犯难遇害。黄琮初因措置失宜获咎，继亦原之，而终不免于难。冯培元、孙铭恩、沈炳垣、张锡庚，文学之臣，职非守土，死皆惨烈，朝廷报忠之典悉从优渥，固不以成败论已。

卷四百　　列传一百八十七

何桂珍　徐丰玉 张汝瀛　金云门　唐树义
　　岳兴阿 易容之 温绍原　金光箸　李孟群
赵景贤

何桂珍，字丹畦，云南师宗人。道光十八年进士，选庶吉士，年甫冠，乞假归娶。散馆授编修，督贵州学政。入直上书房，授孚郡王读。文宗在潜邸，即受知。桂珍乡试出倭仁门，与唐鉴、曾国藩为师友，学以宋儒为宗。及文宗即位，以所撰《大学衍义刍言》奏进，优诏嘉纳。数上疏论时政得失，言琦善、牛鉴偾军之将，不宜任兵事。咸丰三年，出为福建兴泉永道。巡防大臣贾桢等奏请开缺，留京随办城守事宜。

四年，畿辅解严，授安徽徽宁池太广道。安庆久陷，巡抚福济驻庐州之店埠。桂珍所治在江南，阻于贼，遂留江北。檄募勇从征，饷无所出，久之，得二百人，至霍山，号召乡团，增为三千人，激以忠义，破捻匪李兆受于霍城，追击至麻埠，进逼流波疃；檄商城、固始乡团截其北，金寨练勇拒其东，自率所部遏其西，兆受大惧，与其党马超江等同降，解散胁从万计，民欢呼载道，馈糗粮不绝。福济令桂珍援庐江，檄至，城已陷，驰救不及，劾罢职。是年，曾国藩破贼田家镇，进围九江，桂珍通牒言战状，国藩以闻。袁甲三军临淮，欲资桂珍兵西与楚师会，至蕲水而九江军失利，武昌再陷。国藩入江西，文报不相闻。桂珍乃提孤军转战潜、霍间。五年春，克蕲水、英山，歼贼首田金爵。和春上其功，予六品顶戴，留驻英山。自桂珍受事，至是八阅月，仅支饷银三百两。民团相从者踵至，益以李兆受降众，饿不得食，五月，师遂溃。

兆受之降也，桂珍请福济羁以官，不听，不能无觖望。未几，马超江被杀，兆受乞拘仇，弗获，则大怼，议为超江复仇，设位受吊，捻党大集。于是安徽、河南皆以兆受复叛入告，兆受诣桂珍自陈，抚慰之，稍定。会福济密书嘱先发绝其患，书由驿递，为兆受所得，谓桂珍卖己。十月，阳置酒，伏兵英山小南门外，桂珍遂遇害，左右四十余人皆从死。事闻，依道员阵亡例赐恤，赠光禄寺卿，予云骑尉世职。同治初，江南平，曾国藩疏言桂珍率乡团剿贼，饥饿艰难，历人间未有之苦，机事不密，为叛人所戕，天下冤之。诏晋世职为骑都尉，予谥文贞，建祠英山县。

徐丰玉，字石民，安徽桐城人。父镛，嘉庆十四年进士，官至太仆寺卿。丰玉少应科举不遇，捐纳铨授贵州平远知州。署威宁，捕斩大盗，总督林则徐嘉异之，调黄平。苗寨盗魁保禾目聚众剽掠。丰玉清保甲，理屯军，请兵会剿。巡抚乔用迁虑激变，不许。既而苗益恣，从知府胡林翼往剿，保禾遁。时广西匪起，蔓及贵州境。丰玉练民兵，入山搜捕，多得盗魁，诛之。云南巡抚张亮基过黄平，悉其状，密疏荐。迁郎岱同知，署思州府。

咸丰二年，擢湖北黄州知府。甫莅任，而张亮基调湖南，奏调丰玉往襄军事，助守长沙。寻从总督徐广缙赴岳州，武昌已陷，丰玉请广缙速移镇黄州，截贼下窜。广缙不能用，得罪去，张亮基代之。三年，擢湖北督粮道，署汉黄德道。广济民变，戕县令。黄州知府邵纶及新令鲍开运往抚，均遇害。丰玉偕按察使江忠源往剿，捕斩数百人，乃定。

会粤匪由江宁分窜上游，忠源率师援江西，亮基令丰玉统湖北防军驻田家镇。镇当江北岸，后有大山曰黄金塔，小山曰磨盘，下有河直入江中，与南岸半壁山接。山坚水湍，舟行必循湍绕河乃得过，最据形势。丰玉列营诸山，于河上联筏作城，列炮以守。半壁山背倚湖，湖通兴国，入湖处曰富池口。丰玉欲分营半壁山上而兵单，仅遣兵弁瞭望而已。九月，贼由南昌退九江，遂上犯田家镇。丰玉偕总兵杨昌泗凭墙炮击沉贼船，又毙陆路扑营贼，乘胜追贼乃退。次日，贼船拥至，分三路迎击，毙贼甚众，毁其大船。贼由富池口分艍数百犯兴国，会江忠源由江西回援，贼复由兴国会于富池口。荆门知州李榢轻军袭之，丰玉遣兵夹击，败挫，榢阵殁。忠源闻田家镇危急，调九江兵驰援，未达，忠源独挈亲兵数十人至。见贼众兵单，惊曰："不可守矣！"次晨，大风作，贼连樯骤至，环扑我营。丰玉偕汉黄德道汝瀛督战，筏城被焚，营垒皆不守。丰玉手佩刀杀贼，遂自刭，汝瀛同殉焉。忠源亲随仅存数人，收集余众，退驻广济。事闻，予骑都尉世职。光绪中，大学士李鸿章疏陈丰玉政绩、死事状，予谥勇烈，建专祠。

张汝瀛，山东乐陵人。道光元年举人。官广西知县，历贵县、苍梧，以剿匪功洊升知府，亦为张亮基所荐拔。咸丰三年，擢汉黄德道。甫抵任，偕丰玉同守田家镇，殁于阵，予骑都尉世职，追谥勇节。

金云门，安徽休宁人。道光十三年进士，官浙江云和知县。改湖北，历天门、崇阳、随州。以擒崇阳匪首钟人杰功，晋知州。洊擢安陆知府，署粮储道，护按察使，调署黄州。自田家镇失利，贼遂进陷黄州，云门死之，赠太仆寺卿，予骑都尉世职。后京山士民以政绩卓越请建祠，谥果毅。

唐树义，贵州遵义人。嘉庆二十一年举人，官湖北咸丰、监利、江夏知县，洊擢湖北布政使。以病归，在籍办团练。张亮基奏调湖北，署按察使。及田家镇军事亟，率兵防江北陆路，驻广济。既而黄州、汉阳相继陷，树义剿贼德安，进军漤口。咸丰四年，战失利，褫职留任，率舟师御贼金口，船破，死之。予骑都尉世职，谥威恪。

岳兴阿，博尔济吉特氏，满洲正蓝旗人。考授内阁中书，出为河南南阳知府，洊擢湖北布政使。四年，武昌陷，死之。予骑都尉世职，谥刚忙。

易容之，广东鹤山人。捐纳铨授湖北德安知府。四年，德安陷，骂贼死之，予骑都尉世职。李榢自有传。

温绍原，字北屏，湖北江夏人。少负奇略。入赀为两淮盐运司经历，改知县。咸丰二年，署六合，减赋役，蠲苛法，民戴之。

粤匪陷武昌东下，绍原以六合为南北要冲，劝民积谷储群堡，修城垣，治守具。团练四乡，合为一气，别募壮勇训练。三年春，江宁陷，贼游骑至境，辄歼之。既而大至，御于龙池，以兵单失利，练总徐琳、达成荣战死，绍原退保南关。会日暮，贼营火，乘乱攻之，斩伪丞相一、伪统制四，余众歼焉。绍原益增守要隘，浚品字坑伏地雷。守备秦淮阳，千总夏定邦、王家干，皆能战，贼屡至，随机御之，每擒斩过当，贼惧之，不敢逼。钦差大臣向荣、总督怡良先后上其功，以知府升用，赐花翎，特诏嘉奖；并以绅民深明大义，蠲免六合一年丁漕，增广学额，以示旌异。

四年，贼屯九洑洲，结簰置炮，翼以战舰，顺流下，至八卦洲，绍原夜以小舟袭之，纵火焚簰几尽，偕总兵武庆、江浦知县曾勉礼，分路进攻九洑洲。天大雾，架浮桥袭贼营，大破之，平其垒，被议叙。

五年，署江宁知府，在县设治，督办府属团练事宜。贼屡纠悍党自浦口来扑，皆不得逞。六年，大军攻镇江、瓜洲急，贼数路来援。其自芜湖来者，绍原要之于江，七战皆捷，进划南岸七里洲贼垒，毁其舟。贼乃出陆路，窜踞高资港、下蜀街，巡抚吉尔杭阿檄绍原赴援。绍原令其弟温纶率千人往战，功数有。江北托明阿军溃，扬州陷。绍原由仪征往援，而贼陷江浦，犯浦口，踞六合葛塘集，偕张国梁驰击于龙池，大破之；又破之于盘城集，连复江浦、浦口。捷闻，擢道员。未几，贼再陷江浦，进犯六合，绍原合水陆击走之。

时军事分隶江南、江北两大营。六合地居江北，绍原以孤城为保障，且数出境渡江助大军攻剿立功，向荣深推重，令充南军翼长。德兴阿督北军，意嗛之。七年，天长、来安土匪起，遣兵破之。列上所部战绩，德兴阿谓越境邀功，置勿录，绍原力争，遂以干预保举疏劾褫职，仍留六合带勇防堵。寻有旨命兼管江宁、江浦团练。总督何桂清疏言："绍原以一县倡募水陆各勇，激励绅团，屡歼贼众，出奇制胜。且余力上扼江浦，下救仪征，北援来安，江北大营得免西顾之忧。自来安至庐州，尚有一线运道可通者，亦惟绍原是赖。才足匡时如绍原者，实不多见。请复原官，以维系众心。"诏允开复知府。八年，从大军克来安，加盐运使衔。

悍酋李秀成、陈玉成大举援江宁，先陷江浦。德兴阿退六合，三战皆败，又退扬州。贼久憾绍原，合力围攻。文宗恐其有失，诏促德兴阿、胜保速援，皆不至。绍原坚守几及一月，力竭城陷，死之。张国梁既克扬州，即日驰赴，于城陷次日始至，闻者莫不嗟悼。诏嘉绍原"六载守城，久为江北重镇。援师未集，力竭捐躯，深为悯惜"，赠布政使衔，予骑都尉世职，于六合建专祠，谥壮勇。

夏定邦，六合人，王家干，睢宁人。从绍原守御，及八卦洲、九洑洲、江浦诸战，皆有殊绩，并擢官都司。城陷，同死难。

金光箸，字濂石，直隶天津人。捐纳通判，分甘肃，署巴燕戎格厅，改安徽知县。青阳民因岁荒抗征，几酿变，光箸奉檄单骑谕解之。补建平，调定远。定远多盗，巡缉无间，捕土匪陈小唤子置之法。又调寿州。

咸丰三年春，粤匪连陷安庆、江宁，皖北盗蜂起，光箸集民团备战守。陆遐龄者，定远巨猾，系安庆狱。城陷，贼令归结党为北路应，扰定远、寿州、合肥，势甚张。巡抚周天爵兵少不能制，令光箸图之。先布间谍，散其党羽，然后进攻庄木桥。光箸设奇计，亲率勇士擒遐龄父子及其党四十余人，戮之。天爵特疏荐，晋秩知府，赐花翎。

四月，贼由江宁、扬州分股北窜临淮，扰及凤阳、怀远。光箸于两河口立水营，八公山杂张旗帜为疑兵，列炮要隘。获贼谍逃兵，并斩之以徇，寿州获安。五月，贼复由六合扑正阳关，光箸调练勇千，屯三十里铺及两河口迎击，歼贼二百余人，乃引去。招降附近土匪谈家宝、张茂等党众数千，皆效用。是年冬，粤匪陷庐州。四年，六安继陷，北路捻匪日猖獗。和春督大军规庐州，不暇北顾。袁甲三剿捻，傍徨于皖、豫之交。正阳为要冲，距州城六十里。光箸扼关以御，捻党数来犯，五战皆捷。季学盛踞于家围，而马四、马五、王亮彩、邓三虎等诸捻党出没州境，先后平之。庐州大军无后顾忧者，光箸之力也。

五年，大军克庐州，光箸署知府，抚流亡，严斥候，数歼伏匪。六年，遂实授。寻巡抚福济疏列其治行上闻，以道员记名，署庐凤道。时和春移督江南大军，袁甲三再起军临淮，捻势南趋。光箸甫出兵，捻首张洛行已破周镇、王庄，犯三十里铺。光箸背水为阵，令曰："有进无退！"分三路击之，以八百人破贼数万。七年春，捻匪龚德等掠正阳关，光箸偕副都统德勒格尔渡河袭击，毙贼八百余，追七十里。将捣其巢，闻六安复为粤匪所陷，回保寿州。粤匪骤至，围城。破其地雷，夜乘雾出城，分三路袭贼营，乡团应之。贼惊溃，追击，毙贼千余，围立解。捷入，加按察使衔。乘胜合水陆进剿，毁贼营四十余处，克正阳关，赐号铿色巴图鲁。闰五月，捻匪复踞正阳关，钦差大臣胜保率兵至八里垛，光箸请夹击于沫河口，建浮桥先渡马队。贼忽由后路钞来，光箸立船头督战，左腿中枪，犹指挥进击，缆断溜急，舟覆，没于河。诏赠布政使衔，依赠官赐恤，予骑都尉世职，谥刚慜，于寿州建专祠。

光箸吏治战绩为安徽第一。尝言："大兵宜攻不宜守。郡县吏宜守四境，不宜守孤城。"皖北倚为保障。及其殁后，捻氛乃益炽，人尤思之云。

李孟群，字鹤人，河南光州人。父卿穀，道光二年举人，四川长宁知县，累擢湖北督粮道，署按察使。咸丰四年，粤匪陷武昌，巡抚青麟走湖南，卿穀守城殉难，赠布政使，予骑都尉世职，谥慜肃。

孟群，道光二十七年进士，广西即用知县。历署灵川、桂平，以剿匪功擢南宁同知。咸丰元年，匪首洪秀全犯盘龙河，孟群手执藤牌督战杀贼，鏖战连日，贼不得渡。擢知府，调赴永安军营。二年，授泗城知府。贼犯桂林，孟群赴援，连战北门外及古牛山、五里墟、夹山口、睦邻村，迭挫贼锋。围解，加道衔。进平浔州艇匪，擢道员，署浔州知府。三年，调江西九江府，仍留广西剿贼。

四年，曾国藩在籍治水师，闻孟群名，奏调率千人往偕杨载福、彭玉麟东下，攻拔城陵矶，克岳州，调广西平乐府。贼陷武昌，孟群闻父殉难，誓灭贼复仇，仍请终制，诏留军。国藩屯金口，塔奇布进扼洪山，定三路攻武昌之策。孟群偕载福、玉麟中流直下，舰分二队，前队冲盐关出贼背，后队自上击下，毁贼船二百余艘。会诸军铲沿江木栅，破汉关及金沙洲、白沙洲，抵鲇鱼套，西渡攻汉阳朝宗门。贼扬帆下窜，尸蔽江。毁晴川阁下木栅、大别山下木垒，武昌、汉阳同日收复。孟群奔赴父死所恸哭收殓，一军感动。捷闻，加按察使衔，赐号珠尔杭阿巴图鲁。

于是国藩进规江西，孟群率水师抵九江，战两岸及湖口皆捷。五年春，师挫于湖口，贼溯江上犯，陷汉阳，武昌大震。孟群回援，偕彭玉麟败贼汉阳。署湖北按察使，以在忧辞，诏不允。武昌寻为贼陷，从胡林翼屯金口，改统陆师。五月，合击贼，四战皆捷。七月，贼纠党扑金口，孟群拒战失利，陆营溃。诏以众寡不敌原之，命攻汉阳。六年，从总督官文迭进攻，十一月，孟群据龟山俯击，总兵王国才攻西南各门，城中贼乱，遂克汉阳，加布政使衔，以布政使遇缺题奏。

七年，安徽北路捻匪方炽，粤匪自桐城进陷六安、英山、霍山，庐州危急。巡抚福济请援，孟群率陆师二千五百人赴之，途次授安徽布政使。进兵克英山、霍山，攻独山，驻军麻埠。霍山复为贼陷，寻之。八年，粤匪由潜山、太湖窜扰河南固始。孟群自六安赴援，偕胜保力战解围，被奖叙。剿商城匪党，平之，回军克六安。七月，福济卒于军，暂摄巡抚，未十日，庐州为粤匪所陷，褫职，留军效力。收集溃军，驻庐州西官亭、长城一带。

皖北赤地千里，协饷不至，所部号四千，饥疲已甚。湘军李续宾方克桐城、舒城，飞书乞援，而续宾战殁于三河，势益孤危。九年二月，六安复陷，贼六七万逼长城，营垒被围，死守十余日。垒破，手刃数贼，受伤被执，拥至庐州，贼首陈玉成优礼之，绝粮不食，赋诗四章书于绢，付人使出报大营，遂死之。

胜保等先已疏陈孟群杀贼陈亡，诏复原官，赐恤，谥武愍。十年，巡抚翁同书以寻获遗骸入奏，命送回籍。袁甲三复奏孟群死事实迹，诏于庐州建专祠，依巡抚例优恤，予骑都尉兼云骑尉世职。穆宗即位，以孟群父子殉节，忠烈萃于一门，与赐祭死事诸臣之列焉。

赵景贤，字竹生，浙江归安人。父炳言，嘉庆二十二年进士，授刑部主事，历官湖南巡抚。

景贤，道光二十四年举人，误注乌程籍，被黜。捐复，授宣平教谕，改内阁中书。豪迈有大略。咸丰三年，在籍倡团练，以劝捐巨款，晋秩知府，分发甘肃，未往。十年，尚书许乃普荐之，命从团练大臣邵灿治事。闻粤匪陷广德，自苏州驰归，筹布守城。总兵李定太、参将周天孚先后来援失利。景贤收集溃兵，为战守计。侦知江南援军至，出城夹击，擒斩数千，立解城围。从张玉良复杭州，克长兴、德清、武康。既而贼扰嘉兴，景贤分兵屯南浔，扼其冲。四月，贼由太湖、夹浦犯湖州。道员萧翰庆来援，战殁，招其溃兵入伍，出北门击贼，血战数昼夜，贼遁。五月，率炮船进攻平望镇，与楚军合击，克之。会贼酋陈玉成由溧水窜浙境，景贤回救，合民团要击走之，赐号额尔德木巴图鲁，以道员用。六月，进复广德，交军机处记名简放。十月，贼犯杭州，景贤驰援。湖州告警，速回师，贼已至南门外岘山。副将刘仁福率广勇来援，有通贼状，诱擒仁福，斩之以徇。贼夺气，分扰四乡，旋犯西门。合水陆击退，尽破附近诸山贼垒，围复解，加按察使衔。

十一年，复长兴。寻贼踞洞庭东、西两山，长兴不能守，郡北七十二溇时被扰。景贤于大钱口增驻水师，联络民团，分顾各路，屡战皆捷。五月，贼踞菱湖镇。率水师进攻，毁贼舟，又破之于漱山溪。九月，贼又逼郡城，鏖战五昼夜，追奔出境。时杭州久被困，景贤率兵滚营前进，连破贼卡二十余处。贼乘虚袭大钱口，景贤且战且退，掩击之，贼遁。闻杭州再陷，叹曰："湖郡孤注，惟当效死弗去，以报国恩耳！"是年冬，授福建督粮道。同治元年春，诏念景贤杀贼守城，于团练中功称最，特加布政使衔。自贼氛逼城，仅大钱口可通太湖粮道。会大雪湖冻，贼由洞庭东山履冰来犯，大钱遂为所踞。

贼以屡战伤亡多，恨景贤次骨，掘其父墓，戒不与战，但断绝粮道以困之。景贤迭出战不利，密寄帛书至上海与其叔炳麟诀，誓以死守。朝廷惜其才，命曾国藩、左宗棠设法传谕轻装出赴任，景贤益感奋，选壮士三千人，分出斫贼营，夺其粮而还。被围既久，兵日给米二合五勺，官民皆食粥糜，道殣相望。五月，城陷。

景贤冠带见贼，曰："速杀我，勿伤百姓。"贼首谭绍洸曰："亦不杀汝。"拔刀自刎，为所夺，执至苏州，诱胁百端，皆不屈。羁之逾半载，李秀成必欲降之，致书相劝。景贤复书略曰："某受国恩，万勿他说。张睢阳慷慨成仁，文信国从容取义，私心窃向往之。若隳节一时，贻笑万世，虽某不才，断不为此也。来书引及洪承畴、钱谦益、冯铨辈，当日已为士林所不齿，清议所不容。纯皇帝御定《贰臣传》，名在首列。此等人何足比数哉？国家定制，失城者斩。死于法，何若死于忠。泰山鸿毛，审之久矣。左右果然见爱，则归我者为知己，不如杀我者尤为知己也。"秀成赴江北，戒绍洸勿杀。景贤计欲伺隙手刃秀成，秀成去，日惟危坐饮酒。二年三月，绍洸闻太仓贼言景贤通官军，将袭苏州，召诘之，景贤谩骂，为枪击而殒。

自湖州陷，屡有旨问景贤下落。至是死事上闻，诏称其"劲节孤忠，可嘉可悯"，加恩依巡抚例优恤，于湖州建专祠，宣付史馆为立特传，予骑都尉世职，谥忠节。长子深彦，年十二，在湖南，闻湖州陷，即自鸩死。先被旌，附祀景贤祠。次子滨彦，赐官主事；溱彦、涞彦皆以通判用。

论曰：何桂珍儒臣出为监司，以忠义激励饥军，竟抚悍寇；误于庸帅，仓猝殒身。徐丰玉才裕匡济，兵单致败。温绍原守六合，金光箸守寿州，并以弹丸一邑，出奇制胜，砥柱狂澜，其有关于江淮全局者大矣。李孟群战功卓著，至皖北兵食俱绌，卒不复振，父子继死国事，为世所哀。赵景贤以乡绅任战守，杀敌致果，继以忠贞。当时团练遍行省，自湖湘之外，收效者斯为仅见。诸人不幸以节烈终，未竟其勋略，惜哉！

卷四百一　　列传一百八十八

向荣　和春　张国梁

向荣，字欣然，四川大宁人，寄籍甘肃固原。以行伍隶提标，为提督杨遇春所识拔。从征滑县、青海、回疆，常为选锋。积功擢至甘肃镇羌营游击。道光十三年，直隶总督琦善知其才，调司教练，累迁开州协副将。海疆戒严，率兵驻防山海关。擢正定镇总兵，调通永镇。二十七年，擢四川提督。三十年，调湖南，平李沅发之乱，调固原。

广西匪起，巡抚郑祖琛不能制。荣于旧将中最负时望，文宗特调为广西提督，倚以办贼。是秋至军，由柳州、庆远进剿，以达宜山、象州，连破贼于索潭墟、八旺、陶邓墟、犹山等处，贼氛稍戢。惟洪秀全等踞桂平金田，狡悍为诸贼冠。荣移兵往剿，贼以大黄江、牛排岭为犄角。咸丰元年春，攻大黄江，贼分出诱战，率总兵李能臣、周凤岐合击，大破之，歼千数百人，赐号霍钦巴图鲁。水陆合攻牛排岭，捣其巢，又追击于新墟、紫金山，贼乃窜踞武宣东乡。时周天爵为巡抚，与荣同剿贼，议不合，数战未得利，广州副都统乌兰泰率兵来会。四月，贼突围窜象州。荣被谴，褫花翎，降三级留任，天爵亦罢军事。大学士赛尚阿代李星沅督师，命荣与乌兰泰节制镇将以下，迭诏戒荣同心协力，以赎前愆。贼踞象州中坪，其要路东曰桐木，西曰罗秀，荣与乌兰泰分扼之。六月，荣由桐木进兵，偕乌兰泰合剿，迭败贼于马鞍山及架村、黄瓜岭、西安村，遂回窜桂平新墟、紫金山，恃险负嵎。荣偕乌兰泰等迭夺猪仔峡、双髻山要隘，进破风门坳。八月，贼冒雨窜逸，官军失利于官村，遂陷永安州，坐褫职留营。十一月，合攻永安，获胜，复原官。

初，荣所部湖南兵，因荣子继雄用事，军心不服，故武宣、象州之役战不力，皆归咎之。文宗排众议，仍加倚任，而调四川兵以易湖南兵。赛尚阿不知兵，专倚荣与乌兰泰。二人复不协，围永安久不下。荣建议缺北隅勿攻，伺贼逸击之。二年二月，天大雨，贼由北突出，径犯桂林。荣由间道驰援，先贼至，贼冒荣旗帜袭城，击走之。偕巡抚邹鸣鹤急治守具，屡出奇兵击贼城下，俘斩甚众。经月余，援军集，贼乃解围北窜。诏嘉其保城功，已夺职复之，予议叙。贼由兴安、全州入湖南。荣顿兵桂林，为总督徐广缙论劾，褫职戍新疆。赛尚阿疏请暂缓发遣，令援湖南。九月，至长沙，破贼浏阳门外，又破之于见家河、渔网洲、岳麓山。至冬，围乃解。贼北窜，陷岳州，入湖北，进犯汉阳、武昌，官军遥尾之，莫敢击。赛尚阿、徐广缙先后罢黜，诸将无一能军。诏以荣屡保危城，缓急尚欲恃之，予提督衔，帮办军务，责援武昌。寻复授广西提督。荣至，数奏捷，而武昌寻陷，褫职，仍留军。调署湖北提督，未几实授，命为钦差大臣，专办军务。贼既踞武昌，势益炽，不可复制矣。

三年正月，大举东犯，连舟蔽江，弃城而去。荣以克复闻，诏促蹑追。荣所部兵多疲弱，遣撤六千余名，料简精锐，率总兵和春、李瑞、秦定三、玉山、福兴沿江蹑贼；令提督苏布通阿率川兵，总兵晋德布率滇兵来会。至九江，无舟，留半月，贼已掠安庆，陷江宁，为久踞计。荣至江宁，屯孝陵卫。时镇江、扬州皆为贼踞，诏琦善剿江北，荣剿江南，分任军事。荣所部一万七千余人，攻通济门外及七桥瓮贼垒，连破之，进屯紫金山，结营十八座，赐黄马褂。江宁城内士民谋结合内应，屡爽期，迄无成功。贼已分股由安徽北扰河南，而镇江、扬州南北互应，大江上下游贼势相首尾。荣遣提督邓绍良率兵八千规镇江，总兵和春以舟师伺便夹击，屡战，进壁城下。六月，绍良军为贼所袭，退守丹徒镇，荣令和春往援，遂代领其军。贼注意苏、常诸郡，以和春军相持不得进，乃欲取道东坝。十月，贼船入芜湖，陷高淳，遣兵击走之，令邓绍良驻防。既而皖北贼炽，和春赴援，荣请以提督余万清代督镇江军。

四年七月，贼犯东坝，遣副将傅振邦等协剿，贼退高淳，进复其城。贼乘江宁大营空虚，大举来扑，率诸军拒之，擒伪丞相谭应桂，俘斩三千余，总兵叶长春、吴全美以水师克下关水栅炮台，殪伪燕王秦日纲，进扼三山，营江路上游。贼聚太平府，与江宁相应。张国梁连克贼垒，乘胜复太平，歼贼首韦得寿等。江宁贼出营于上方桥，三路来扑，又扑七桥瓮，分击败之，三战殪贼二万余。八月，毁上方桥贼垒，进逼雨花台，捣其巢，追奔至城下。贼复由观音门出趋栖霞，令总兵德安追击，败之于高资汛，又与余万清合击于夹江，擒斩殆尽。万清亦屡败贼于镇江。

五年春，湖北窜贼入芜湖，邓绍良御之于黄池。瓜洲贼出鲇鱼套犯高资，击走之。五月，贼由芜湖窥湾沚，却之。吴全美率水师破贼于东梁山，德安、明安泰率陆师进攻芜湖，会邓绍良大破安庆援贼，遂复芜湖。余贼犹滨江结垒，以广福矶、弋矶为犄角，数路死力来援，绍良、全美等水陆苦战，迭败之而不能克也。时巡抚吉尔杭阿既克上海，诏帮办军务，专任镇江一路，督攻甚急，江宁贼百计赴援。十一月，荣督总兵德安、张国梁、秦如虎等，迭击之于燕子矶、观音门、甘家港、栖霞街、石埠桥等处，贼窜回江宁，令德安驻军东阳镇扼之。十二月，上游芜湖、两梁山、金柱关及江北瓜洲、金山、庐州、三河诸贼同趋江宁，约城中悍贼冲出：一由神策门至仙鹤门抄缀大营，一由观音门沿江至栖霞，直趋镇江；一由南路秣陵关来犯。荣令张国梁、秦如虎迎击于仙鹤门，大捷，回击石埠桥，贼亦退，又败之于龙脖子及元山、板桥等处。檄邓绍良自芜湖回援，余万清自镇江移驻龙潭、下蜀街。

六年春，贼踞仓头，为往来要道，余万清、张国梁迭击不退，邓绍良至，令统前敌诸军，屡战不利。贼日增多，蔓延炭渚、桥头，改以张国梁为总统，国梁力战，连破桥头、下蜀街、三汊河、张杨村诸垒，贼始窜走，复合镇江贼入瓜洲，将军托明阿军溃，江北大震。荣令绍良援扬州，偕德兴阿复其城。国梁援六合，进克江浦、浦口，江北稍定。四月，宁国告陷，苏、浙戒严，令绍良驰御之。江长贵亦退守黄池，而镇江军事复急。国梁进攻小丹阳未下，吉尔杭阿战殁于烟墩山，镇江京岘山营垒皆失，荣令余万清代领其军。明安泰扼小丹阳，福兴、张国梁率兵防剿，以固苏、常门户。国梁破贼于丹徒镇，进扼马陵，而贼已陷溧水，由高资、下蜀街趋江宁，分屯太平、神策门外。

五月，上游贼麇至，屯城北。荣大营兵仅数千，急促国梁回援。贼分十余路来扑，营垒尽失，退守淳化镇，再退丹阳，自请治罪，诏原之，褫职，仍留钦差大臣，督办军务。丹阳当镇江、江宁两路要冲，荣率张国梁、虎嵩林扼守。令西林防句容，明安泰攻溧水，江长贵扼溧阳，张国梁仍总统诸军。贼更番至，恃国梁力御却之。疏请增兵，未至，荣忧愤成病，七月，卒于军。

遗疏上，文宗震悼，诏嘉其忠勤，虽未恢复坚城，数年保障苏、常，尽心竭力，复原官，依例赐恤，予一等轻车都尉世职，谥忠武。命建专祠，又入祀江苏名宦祠。克复江宁后，赐祭一坛，入昭忠祠。子继雄，候选道，袭世职。

和春，字雨亭，赫舍里氏，满洲正黄旗人。由前锋、蓝翎长整整仪尉，累迁副护军参领。出为湖南提标中军参将，擢永绥协副将。

咸丰元年，从向荣赴广西剿匪，战武宣东乡，赐花翎。破贼于中坪，进攻紫金山，夺双髻山、猪仔峡要隘，功最，赐号铿色巴图鲁。又夺风门坳，克古调村贼巢，擢绥靖镇总兵。二年，援桂林，力战解围，加提督衔。追贼至全州，败之。贼入湖南，迭战于道州、桂阳，遂犯长沙，和春从向荣赴援，数出奇破贼。贼去陷岳州，坐追剿迁延，褫职留军。

三年春，会攻武昌。贼弃城东下，追至九江，遇贼，袭击之。从向荣抵江宁，分军攻通济门外贼垒。寻偕总兵叶长春、吴全美等率舟师攻镇江，破贼甘露寺下。驻金山扼江路，又掠鲇鱼套，击败贼船。偕总兵瞿腾龙攻太平门，填壕逼城，歼贼甚众。六月，提督邓绍良师溃于镇江，诏和春署江南提督，率所部广东、湖南兵驰援。移军丹徒镇，进复京岘山旧垒。贼数千来争，歼戮殆尽。贼锐稍挫，两军相持，苏、常得无事。寻实授提督。

是年冬，安徽军事急，命和春分兵移防滁州，遂进援庐州。巡抚江忠源困守危城，陕甘总督舒兴阿率援军至，不敢战，忠源疏言和春忠勇可恃，请命总督援军，诏允之，而所部仅千人，请舒兴阿分兵，不听。未几，庐州陷，忠源殉。军事专属和春，福济继任巡抚，为之副。

四年，疏言："皖省军情重大，兵勇虽有万余，多未经战阵。请调镇江旧部湖南兵，并拨金陵得力官兵三千，交总兵秦定三、郑魁士率之来助剿。"时庐州属县皆陷，与安庆踞贼连络一气，城大贼众，和春驻军三里冈，屡率郑魁士等进剿，贼抗拒不下。乃沿河筑垒构桥，分三路更番攻击。夏，知州茅念劼率民团克六安，秦定三破贼于三连桥，进攻舒城。贼由霍山扑六安，击走之。扎筏载大炮轰庐州城，贼分出拒战，迭败之。别遣军复英山、庐江，而和州、含山一路贼时窥伺，疏请饬袁甲三严防乌江，以断贼援。冬，臧纡青、刘玉豹由庐南规桐城，连夺大关等隘，逼城下，而纡青战殁，玉豹退保六安，和春为贼牵制不能救。秦定三攻舒城，亦久不下，迭诏切责。初，和春专剿庐州，袁甲三扼临淮，军事多相关，而意不合。五年，偕福济疏劾甲三，罢之，命和春遣员接统其军。夏秋连击败援贼，督诸军急攻庐州，至十月克之，城陷将两年矣。诏嘉和春功能补过，赐黄马褂，予骑都尉世职。六年，复舒城，大破贼于三河，克之，再复庐江。会向荣卒于军，命和春代为钦差大臣，督办江南军务。

自向荣兵挫，退守丹阳，江宁贼益骄，内哄，自相残杀，故荣殁后，张国梁等得以抚辑余军，规复东坝、高淳。和春至，饷械并绌，诏下各省接济月饷四十万两，江苏粮台不能时给，疏劾总督怡良、巡抚赵德辙，诏勉其和衷。溧水、句容为贼精锐所聚，力攻数月，七年夏，先后克之，加太子少保。围攻镇江，贼数纠悍党来援，督诸将迭破之。十一月，克镇江，赐双眼花翎。将军德兴阿督江北诸军攻瓜洲，同日克复，军声大振。进攻江宁东北路，夺太平、神策两门外贼垒。八年春，贼迭出城，力斗却之。合水陆诸军克秣陵关，加太子太保。又破贼三汊河，夺要隘，江宁之围渐合。

贼由皖南犯浙境，用以牵掣大军。诏和春兼办浙江军务，先遣兵二千往援，命亲往督师，以病未行。寻浙事缓，罢其行。贼复沿江来援，击走，筑长围困之。七月，贼大举出扑，张国梁破之城下。八月，陈玉成纠合捻匪犯江浦、浦口，德兴阿兵溃，仪征、扬州，六合先后陷。和春遣冯子材渡江赴援，复失利。张国梁继往，力战，复扬州、仪征。九月，和春授江宁将军。江宁贼乘间出扑，溧水亦陷，急调国梁回援。十月，复溧水，而上游贼犯黄池、湾沚，邓绍良战没。

九年春，招降捻首薛之元，献江浦城，复约李世忠破贼，复浦口。因劾德兴阿纵寇状，诏罢德兴阿。江北不复置帅，诸军并归和春节制。提督郑魁士亦克湾沚、黄池，进规芜湖，军事转利。疏言："揆察现势，先尽力于金陵一路，绝其根株，则枝叶自萎。欲破金陵，必先断浦口。请添募精锐万人，由张国梁统率，一面力攻，一面进扎营垒，断贼粮路，兼却外援。臣当相度事机，克期蒇功。"诏允之。是年冬，陈玉成由六合犯扬州，分党渡江窥秣陵关，欲抄大营后路，东坝、溧水皆告警。寻大举犯江浦，提督周天培死之，遂陷浦口。张国梁、冯子材援剿获胜，扬州解严，浦口仍为贼踞。

十年春，国梁督水陆军攻九洑洲，大捷，破其老巢。九洑洲为江宁水陆咽喉，既得，已成合围之势，而贼复由皖南犯浙，遽陷杭州，苏、常震动。诏和春仍兼办浙江军务，先后分兵万余，提督张玉良总统赴援，甫至，贼即弃杭州。闰三月，由广德分犯建平、东坝、溧阳，遂窥常州，急调张玉良回援，贼已分路径趋江宁。时贼酋陈玉成、李秀成、李侍贤、杨辅清，纠诸路众十余万，力破长围，城贼应之。大营军心不固，惟恃张国梁力御。战数昼夜，诸营同时火起。总兵黄靖、马登富、吴天爵阵亡，全军大溃，退守镇江。和春坐褫职留军。又退丹阳，贼踵至，张国梁死之。和春夺围走常州，督兵迎敌，被重创，退至无锡，卒于军。总督何桂清弃城走，常州、苏州相继陷。江南军自向荣始任，凡历七年，至是燔焉，苏、浙遂糜烂。事闻，诏念和春前功，虽兵机屡挫，尚能捐躯碎首，复原官，依例赐恤，予骑都尉兼云骑尉，合前世职并为二等男爵，谥忠壮，附祀江宁昭忠祠。子霍顺武，候选参将，袭爵。

张国梁，字殿臣，广东高要人，初名嘉祥。少材武任侠，为里豪所辱，毁其家，走山泽为盗，不妄杀。流入越南，后归镇南关。按察使劳崇光闻其名，招降，剿匪多得其力。咸丰元年，破剧贼颜品瑶，斩于阵，尽歼其党。积功擢守备，继隶向荣军。二年，从解桂林围，复全州、永兴，擢都司。赴援湖南，迭破贼于醴陵、益阳、湘阴。援武昌，战于洪山，皆为军锋。

三年，至江宁，逼城而军。国梁屯七桥瓮，攻钟山贼垒，先登受伤，温旨垂问，益感奋，遇艰险，一往直前。擢湖南永州营游击。雨花台为近城要地，屡力攻，几克之，赐号霍罗琦巴图鲁。四年夏，复太平。太平在江宁上游，贼踞之以通粮运。府城三面阻水，惟东路通陆。贼聚千艘结四垒，设防甚密。国梁分三队进，设伏纵火，自率精锐四百人突贼营，一战克之，时称奇捷。擢广西三江协副将。又攻雨花台，平贼垒，毁炮台。剿南路窜贼，追入秣陵关，歼戮殆尽。五年，擢福建漳州镇总兵。大军急攻镇江、瓜洲，江宁贼时出窥伺，江北贼亦乘隙进图牵制。国梁随方截击，奔命不遑。六年，贼聚仓头、炭渚、下蜀街，以断镇江、江宁之师。国梁总统诸军合击，旬日之间，杀贼万余，贼不得逞，乃渡江犯瓜洲，江北诸军皆溃，又陷江浦、浦口。国梁驰援，连破贼于毛许墩、葛塘，复江浦、浦口。特诏嘉奖，加提督衔。未几，巡抚吉尔杭阿战殁，镇江告急，溧水被陷，国梁回军克之，而贼数路趋江宁，夹攻大营。向荣不能御，急调国梁回援，血战累日，左足被枪伤，偕荣退保丹阳。时大江南北诸军，贼所尤畏者，惟国梁一人。贼势忽南忽北，多方肆我，皆牵制国梁之计，果为所败。

荣既病，军事一倚之。将军福兴与国梁不协，诏福兴移军江西，以国梁帮办江南军务。贼屡至，皆挫之。荣卒于军，命和春代将，未至，国梁激励将士，解金坛围，复东坝、高淳，进攻句容。七年，擢湖南提督。克句容，赐黄马褂。督诸军规复镇江。高资为镇江、江宁要冲，两路悍贼麕聚力争，连营二十余里，国梁大破之，斩伪安王洪仁等，又连破之于龙潭，援贼尽歼。镇江粮尽援绝，遂克其城，城陷贼已历五年。捷闻，文宗大悦，诏嘉国梁谋勇超群，予骑都尉世职。于是偕和春进规江宁。

八年，克秣陵关，赐双眼花翎。复薄江宁城下，自春徂夏，迭战破贼。筑长围，至秋乃成。皖贼大举来援，江浦、浦口、仪征、扬州、六合先后陷。国梁渡江援剿，复扬州、仪征。调江南提督，晋三等轻车都尉。然贼仍踵故智，国梁兵至则走，去则复来。九年，提督冯天培战死江浦，国梁坐褫世职。

十年，合水陆诸军克九洑洲，沿江贼争投款，约期攻上下两关，招抚五千余人。军中方谓坚城旦夕可下，而浙江告警，兵分益单，馈运不继。和春用翼长王浚策，兵饷三分留一，约待克城后补给，士卒皆怨，国梁力谏不听。闰三月，贼猝大至，四路受敌，大营不守，偕和春退丹阳。国梁以冯子材在镇江未败，进谋扼守。寻率师援丹阳，遇贼城外，兵忽溃，策马渡河，没于水。事闻，文宗震悼，犹冀其不死，命军中侦访，不得。逾数月，乃下诏优恤，追赠太子太保，祀昭忠祠，谥忠武，予骑都尉兼一云骑尉世职。

国梁骁勇无敌，江南恃为长城。其殁也，数郡遂沦陷。士民哀思，私立庙祀。传述战绩，与古名将同称，往往附会过实，然益见威烈入人之深。同治三年，江宁克复，伪忠王李秀成就擒，言贼中咸重国梁，礼葬于丹阳尹公桥塔下，乃得遗骸焉。诏加给三等轻车都尉，合前世职并为一等男爵。祀江宁忠义祠，复与向荣合建专祠。子荫清，袭男爵。

论曰：粤匪初起，向荣与诸帅不和，致无成功，援桂林、长沙，为时所斫，故文宗终用之。其规江南也，近未破镇江、瓜洲犄角之势，远未清长江上游，无以制贼死命，数年支拄，暂保吴疆，固昧远猷，亦限兵力。和春继克镇江，又以援浙分兵，垂成之败，祸更烈焉。张国梁一时健者，使尽其用，功不止此。善夫胡林翼之言曰："未扼贼吭，江宁原难遽复。"观湘军之所以成功，与向荣、和春等之所以蹉跌，兵事固无幸焉者矣。

卷四百二　　列传一百八十九

乌兰泰 长瑞 长寿 董光甲 邵鹤龄
邓绍良 石玉龙 **周天受** 弟天培 天孚
饶廷选 文瑞 彭斯举 **张玉良** 鲁占鳌 刘季三
双来　瞿腾龙　王国才　虎坤元　戴文英

乌兰泰，字远芳，满洲正红旗人。由火器营鸟枪护军从征回疆有功，升蓝翎长，累擢护军参领、营总、翼长。军政卓异，道光二十七年，擢广东副都统。善训练，讲求火器。

咸丰元年，广西匪炽，诏乌兰泰帮办军务，选带适用器械及得力章京兵丁赴军，以广东绿营精兵五百人隶之。四月，偕向荣、秦定三等围贼于武宣，贼窜象州，自请治罪。诏以其初至，免议，命偕向荣节制镇将。时军中将帅不和，文宗忧之，密谕乌兰泰实陈勿隐。上疏略曰："周天爵奏向荣曲徇其子，致失众心，不为无因。武宣之役，秦定三、周凤岐、张敬修连营防御，其堵剿不利，追贼迟延，咎当同任。天爵劾定三、凤岐，不及敬修，人心不服。向荣将官傅春、和春失利，天爵责定三不并力，后访知实非退缩，诿为向荣推诿之言。因之天爵、荣、定三皆有隙。天爵年老，直强、耳软，其子光岳干预，致失人心。"又言："向荣初剿贼屡捷，未免轻贼。及其子招嫌，楚兵藉口，遂多诿卸。然在军镇将无及荣者。更易其兵，仍可立功。"上下其疏，命赛尚阿核奏，赛尚阿请不咎既往，令乌兰泰与向荣分任军事，以专责成。

贼踞象州中坪，乌兰泰督贵州三镇兵，由罗秀进梁山村，逼近贼巢。贼乘驻营未定，猛扑，连击败之，殪贼千余。是年秋，贼窜桂平新墟，乌兰泰分四路进攻，破伏贼于莫村，一日七战皆捷，斩级数千，赐花翎。贼屯紫荆山，新墟为山前门户，双髻山、猪仔峡为山后要隘，负隅死拒。向荣偕巴清德连夺双髻山、猪仔峡，合攻风门坳，破之。进逼新墟，迭攻不下，其附近村落扫荡几尽。闰八月，贼编木牌欲渡河，乌兰泰邀击，大败之，诏嘉奖，加都统衔。于是贼弃新墟他徙，向荣等追至平南，败绩，贼遂陷永安州。乌兰泰追至，战于水窦、围岭，皆大捷，赐黄马褂。永安地险，贼皆死党固结，仅乌兰泰一军久战已疲，故不能制之。

向荣自平南败后被谴，托病逗留梧州、平乐者两月有余。至冬始抵永安，攻北路，乌兰泰攻南路，毁水窦贼巢。向荣亦进夺杠岭要隘，合击迭挫贼。赛尚阿亲莅督战，期在必克。江忠源号知兵，隶乌兰泰军，倚其赞助；每言贼凶悍，久蔓将不可制，必聚而歼之。乌兰泰主锁围困贼，向荣谓围城缺一面，乃古法，宜纵贼出击，两人意不合。会荣克城西炮台，二年元旦，同诣赛尚阿贺岁。赛尚阿遇荣特优，乌兰泰愤甚，忠源解之，然益不相能。忠源以母忧，辞归。时严诏促战，春雨连旬，士卒疲困。二月，贼弃城冒雨夜走，北犯桂林。乌兰泰率兵急追至昭平山中，路险雨滑，为贼所乘，败绩，总兵长瑞、长寿、董光甲、邵鹤龄死之。向荣收州城，由间道趋桂林，先贼至。乌兰泰踵贼后，战于南门外，争将军桥，炮中右腿，创甚，退屯阳朔，越二十日卒于军。乌兰泰忠勇为诸将冠，文宗深惜之，赐银一千两治丧，予轻车都尉世职，谥武壮。

长瑞、长寿，瓜尔佳氏，满洲正白旗人。父塔思哈，道光初，官喀什噶尔帮办大臣。叛回张格尔作乱，殉难，予骑都尉世职。长瑞袭世职，授三等侍卫，累擢直隶天津镇总兵；长寿以荫授蓝翎侍卫，累擢甘肃凉州镇总兵：并从赛尚阿赴广西剿匪，同领湖南兵。长瑞战风门坳有功，新墟御贼失利，夺职留营。及贼由永安出窜，从乌兰泰蹑追至龙寮岭，地险，左右止勿进。长瑞曰："军令孰敢违者！死耳，勿复言。"以母老，令长寿毋相从，长寿泣曰："贪生忘国，非孝也。"卒偕行。值大雾，贼以巨炮扼山间。军士两日不得食，为贼冲溃践踏，死无算。长寿坠马，长瑞挺矛救之，身被数十创，同遇害。文宗以其父子兄弟皆死难，深惜之，并赠提督，予骑都尉兼云骑尉世职。存问其母，赐银三百两。长瑞谥武壮，长寿谥勤勇，于永安建祠曰双忠，同死者附祀焉。

董光甲，直隶河间人。嘉庆十四年武进士，授守备。累擢河南河北镇总兵。从向荣攻永安，夺杠岭、摩天岭、天鹅岭诸要隘。追贼至昭平，迭击贼于古束、龙寮岭，次黄茆岭。贼反扑，力战死之，赠提督，予骑都尉兼云骑尉世职，谥勇烈。

邵鹤龄，山东招远人。嘉庆二十五年进士，授三等侍卫。累擢湖北郧阳镇总兵。偕长瑞等同追贼龙寮岭，殒于阵，予骑都尉兼云骑尉世职，谥威确。

邓绍良，字臣若，湖南乾州厅人。由屯弁累擢守备。从剿崇阳土匪李沅发，率五百人破贼金峰岭，擒沅发，擢都司，赐花翎、扬勇巴图鲁名号。遂从向荣赴广西剿贼，浔州牛排岭之战，以精骑张左右翼，击两路贼，皆挫之。又战象州、永安州，皆有功。咸丰元年，授楚雄协副将。二年，援桂林，屯西门，力战却贼。追贼入湖南，援长沙，入任城守，地雷发，持刀屹立，炮洞左臂，不动，殪先登贼，贼退，城复完，军中称其勇。洎贼解围窜湖北，巴陵土匪晏仲武勾结肆掠，绍良偕总兵阿勒经阿剿平之。

三年，擢安徽寿春镇总兵，诏率所部从向荣援江南，廷臣多荐绍良者，寻擢江南提督。荣令分剿镇江踞贼，进击观音山，合攻瓜洲，皆捷。逼城而军，贼设伏北固山下，自城突出扑营，火四起，官军不能御。退守丹阳，褫职议罪，仍隶向荣军，带罪自效。贼两次窥伺东坝，荣令绍良击走之。四年，克太平，绍良移军驻守，又破贼采石。向荣疏陈战功，为乞免罪，允之。时贼由芜湖窜徽州、宁国，绍良屯黄池，贼酋石国宗纠各路贼万余来犯。绍良兵少，设伏山沟，多张疑兵，诱贼入，痛歼之。五年春，贼复乘夜扑营。伏枪炮，俟近骤发，歼贼无算。诏嘉绍良力遏贼锋，保全甚大，予三品顶戴，复花翎。贼既退归，复图袭徽、宁，以窥浙境。绍良奉命驰往，统各路援兵，至则简精锐，伏要隘伺击，屡破贼，克婺源、黟、石埭诸县，复提督衔。贼聚于芜湖，窥南陵、黄池。绍良由湾沚进剿，连破贼，焚其舟，遂克芜湖，授陕西提督。

六年春，江宁贼上窜，踞仓头镇，势甚炽。向荣令绍良往接战，而诸将意不惬，转不尽力，于是战不利，绍良受伤，坐褫花翎。德兴阿军溃，扬州陷。诏绍良渡江赴援，帮办江北军务。破药王庙贼垒，环攻扬州六昼夜，克之，又追破贼于三汊河。会宁国告陷，复命帮办皖南军务。移军赴援，扼金河桥，大破贼于东溪桥，又迭击贼于泾县，挫之，调浙江提督。贼纠党数万来援，败之于杨柳铺。副将周天受遇贼夏家渡，战未利。绍良乘隙纵击，贼大溃，遂督诸军连夺夏家渡、团山诸贼垒，破七里冈贼巢，进攻宁国，十二月，克之。七年，丁母忧，夺情留军。绍良以宁国为浙之屏蔽，而泾县为咽喉要冲，屯军扼之，贼屡犯不得逞。既而大军复镇江、瓜洲，急攻江宁，贼图牵掣，大举犯南陵，绍良击走之。八年，进屯湾沚。贼合捻匪踞

黄池，绍良回援，出贼不意，大破其众，复黄池。会浙江军事日棘，分兵赴援。十一月，贼乘虚悉马步数万蹒而涉水，断黄池山后接应，突攻湾沚营垒。总兵戴文英由江宁来援，战殁，遂合围。军中饷绌食尽，绍良举火自燔其营，率亲兵血战，死之。

事闻，诏念绍良桂林、长沙保城前功，转战徽、宁之间，凡历五载，力竭捐躯，深致悯惜。赠太子少保，予骑都尉兼云骑尉世职，谥忠武。于殉难地方建专祠，并赐其父白金四百两，子亨先候录用。寻以遗骸不得，文宗尤悯之，赐亨先员外郎衔。后湖南巡抚骆秉章疏请附祀表忠祠，允之。

石玉龙，湖南凤凰厅人。以练勇从征，隶向荣、邓绍良军，积功至游击。咸丰六年，总兵秦如虎驻防泾县，以忧去，代者难其人，绍良荐玉龙，以游击充统将。玉龙感奋，遇战益力。从绍良复湾沚、黄池，又破贼万级岭，累擢副将。九年冬，贼大举犯泾县，迎击于蓝山岭，初胜，贼至益众，围之数重，身被十余创而殒，赠总兵加提督衔，谥刚介。

周天受，字百禄，四川巴县人。咸丰初，从向荣剿贼广西，转战湖南、湖北、江南，积功至游击，赐号沙拉吗依巴图鲁。五年，皖南军事亟，前江西巡抚张芾治徽、宁两郡防务，乞援于向荣，乃令天受率川兵赴援，偕诸军克婺源、休宁、石埭。六年，援太平，连破贼于花桥、西溪，进规泾县。大败贼于双坑寺，复其城，擢副将。会休宁复为贼踞，官军战不利，张芾檄天受助剿，连捷。进毁石岭、万安街贼垒，会攻休宁，再复之，以总兵记名。七年，再复婺源，授福建漳州镇总兵。贼踞陵阳镇，值中秋令节，夜半出不意纵火攻之，尽毁贼营。复破贼于祁门五里牌，捣其巢，擒斩甚众。八年，援浙江，将军福兴守守衢州。天受以浙西完善地，不可为贼扰，主扼樟树潭。贼窜龙游，天受留军守垒，自率千人趋汤溪、宣平，贼引去。

和春疏言天受知兵，能占先著，而力单，遣其弟天培往助之，诏加提督衔，督办浙江防剿事宜。天受严守金华，令天培复武义，又会江南军复永康。张芾劾其骄纵，纵兵抢掠，诏罢统总，仍责剿贼。天受方连克缙云、宣平、温州，于是浙江巡抚晏端书疏陈援浙功，为白被劾之枉。诏以浙事渐平，命偕弟天培及总兵饶廷选等进援福建，连战皆捷，复浦城，而贼回窜江西，复犯皖南。命署湖南提督，回军防徽州，节制诸军，从张芾之请也。九年，进军宁国，贼犯石埭、太平、泾县，皆遣将击走之。十年春，官军连捷于泾县、旌德，贼复入浙境，坐防剿不力，褫勇号，革职留任。

时江南大营再溃，军事愈棘。张芾疏言："宁防将弁大半籍隶湖南，皆邓绍良旧部，习气甚深。天受虽力求整顿，转滋疑谤，请归曾国藩节制。"国藩亦言其兵不可用，别调募新军，仓猝不能至。天受偕江长贵再复泾县，而贼纠大股犯宁国，势甚张，天受激励饥军力御。既而徽州陷，饷道梗绝，遣去城中居民万余，誓以身殉。八月，兵败于庙埠。天受督队守北门，大雨，火器不燃，城陷，巷战死

之。诏复天受原官，予骑都尉兼云骑尉世职，谥忠壮；以其弟天培、天孚先皆殉节，命于四川省城及本县合建专祠。

天培，由行伍从征广西，累擢守备，隶向荣军。咸丰六年，从破高资蔡家窑及坝西贼垒，赐号卫勇巴图鲁。七年，克东坝，平宝堰贼巢。连战于邬山、尖山，克溧水，又破贼于镇江虎头山，累擢贵州定广协副将。克瓜洲，以总兵记名。八年，授云南鹤丽镇总兵。先后偕张国梁破贼秣陵关及江宁南门外，功皆最。和春知其善战，令赴浙江援其兄天受，迭克武义、龙泉，追贼入闽，克浦城。会江南、北军事急，天培回援。九年春，贼分六路攻浦口，张国梁督诸军御战，天培首先跃马冲阵，各军乘之，歼贼无算。贼筑垒于双阳、萧家圩，别由九洑洲出悍兵来扑，天培分兵击之，三战三捷，功出诸将上，擢湖北提督，遂驻防浦口。是年冬，匪首陈玉成纠众十余万犯江浦，天培乘其初至，痛歼之。既而贼麕集，后路为所抄袭，裹创血战，力竭阵亡。优诏赐恤，赠太子少保，予骑都尉兼云骑尉世职，谥武壮。

天孚，从兄天受军转战，以功洊保参将，留江苏补用。咸丰九年，贼犯皖南，副将石玉龙战死泾县南山岭。天孚屯湾沚，驰百里往援，要击于章家渡，大破之，由是以骁勇名。寻援金坛，会诸军连战解其围。十年，江南大营溃，闰三月，贼首李世贤大举复围金坛。天孚偕总兵萧知音、参将艾得胜、知县李淮同守之。淮素得人心，兵民合力，屡却贼。时江南军事大坏，孤城援绝。天孚驰书见天受，始疏闻，屡诏促镇江副都统巴栋阿偕总兵冯子材赴援，卒不至。凡守百四十余日，粮尽，军无固志。知音等愿率兵民突围走镇江，淮不可，誓死守，乃中止。屡获贼内应，斩之。城陷先一日，侦知军有变，竟夜登陴，至旦，分半队休息，值大雾，叛兵遽起，先戕天孚。贼乃梯登，知音、得胜突围出，淮死之。事闻，赠天孚总兵，予骑都尉世职，谥威毅。

饶廷选，字枚臣，福建侯官人。以行伍洊升千总。道光中，从剿台湾有功，擢守备。从水师提督窦振彪出洋擒海盗，擢漳州营都司。迁游击，治匪无株连，得民心。咸丰三年，奉檄赴诏安治械斗，而潮州会匪袭漳州，伏兵于城中突起，镇道皆遇害。廷选闻变，间道驰还，号召乡民千余，城民应之。贼遁，旋复大至。廷选率乡团固守，迭战破贼，擒贼首谢厚等，遂署漳州镇总兵。外剿内抚，期年始平。总督王懿德荐其才可大用，四年，授贵州安义镇总兵，留署福建陆路提督。

五年，粤匪陷广信，浙江戒严。廷选赴援，扼衢州。寻楚军克广信，贼知浙境有备，走徽州。六年，贼酋杨辅清复图广信以扰浙。广信兵仅数百，知府沈葆桢驰书告急。廷选方驻甲玉山，曰：「贼得广信，则玉山不守，而浙危矣。」值大雨水涨，驶舟急行，抵广信。贼已至城西太平桥，初谍城中无兵，及见旌旗，贼为夺气。廷选所部仅千余人，屡出奇击贼。既而贼大至，部将毕定邦、赖高翔皆勇敢。献计曰：「今贼不知我虚实，以我能战，后路

必有大兵。若稍退，贼追我，且立尽。当速决死战。」廷选用其言，明日开城奋击，自晨至日暮，毁其长围，军声大振。越二日，贼引去，赐号西林巴图鲁。闽、浙大吏与江西督防者不惬，檄廷选速回师保浙。廷选待接防兵至始行，广信民感其义。

七年，调衢州镇总兵，会皖军克婺源。八年，贼首石达开大举犯浙，廷选分军援广丰，自守衢州。贼骤至，穴地攻城，城圮者三，皆击却之，守七十余日。巡抚晏端书劾其久未解围，又失江山、常山、开化三县，夺职。未几，围解，三县皆复，授南赣镇总兵。王懿德檄召回援闽境，以病未行，遽劾，革职留营。八年，会克连城、龙岩，仍补南赣镇。曾国藩奏以代沈葆桢守广信，从民望也。

十年，粤匪复犯浙，廷选赴援，复淳安，擢浙江提督。十一年秋，攻克严州，进规浦江，贼大至，不敌，退保诸暨，而杭州被围急。巡抚王有龄促回援，廷选旧部仅漳勇数百、楚军二千。事急，收集江南溃卒，皆不任战，徒激忠义，勉以当贼。贼于城外海潮寺、凤凰山为坚壁，隔绝内外。困守七十余日，粮尽，士卒饥饿。十一月，城陷，巷战死之，赠太子少保，予骑都尉兼云骑尉世职，谥果壮。入祀昭忠祠，于杭州建专祠。兄廷杰，弟廷夔，同战死附祀焉。既而曾国藩、沈葆桢以廷选守广信功，奏请建祠广信，以副将毕定邦、赖高翔附祀。

文瑞，克什克特恩氏，蒙古镶蓝旗人，荆州驻防。由骁骑校从军，转战湖北、安徽，累擢江西抚标中军参将。咸丰十年，赴援浙江，克馀杭，以总兵记名。解湖州围，赐号唐木济特依巴图鲁。授处州镇总兵，进剿金华。贼围浦江，文瑞婴城固守，屡出奇破贼营，逾月乃陷，诏免其处分。回援杭州，入城助守，城陷死之，予骑都尉兼云骑尉世职，谥果毅。

彭斯举，湖南平江人。以团练剿贼，从李元度为平江军营官。战湖口、东乡、贵溪、安仁、玉山，积功晋秩知府。元度罢去，留所部五营隶斯举，始独将一军。会攻景德镇，饶廷选见而器之，调援浙江，破贼于淳安，复其城，擢道员，留浙补用。驻守千秋关，贼大至，搏战竟日，溃围出，移防海宁。会攻严州，下之。进援广信，而所部留驻常山者索饷哗溃，斯举率亲兵赴杭州，乞解军事回籍，巡抚王有龄留管营务处。斯举建议，省城米粮来自宁、绍，钱塘江距城三里，当筑甬道，兵护之，运道乃无虞。未及行而贼至，城中竟以绝粮陷。斯举分守涌金门，死之。

张玉良，字璧田，四川巴县人。咸丰初，由行伍从征广西，积功至千总。四年，从向荣至江南，战江宁城外，屡有功，累擢永州左营游击。六年，败贼于丹阳、金坛，赐号鼋勇巴图鲁。又败贼于溧水西门，毁其炮台，擢处州营参将。七年，克句容，加总兵衔，擢三江口协副将。破镇江援贼于江滨，克镇江，叙功以总兵记名。八年，大破江宁援贼，擢甘肃巴里坤总兵。攻太平、金川诸门，贼众突出，痛歼之。驰援溧水，毁红蓝埠贼垒，克其城，斩贼千余级，加提督衔。九月，会攻浦口，大捷。而九洑洲之贼来援，玉良率后队截击，贼大溃。十年春，遂乘胜克九

浙洲，诏遇提督缺出题奏，寻调肃州镇总兵。

江南大营诸将善战者，向荣旧部多蜀将，张国梁所部多粤将。蜀将以虎坤元为首，周天培及玉良次之。时浙江军事亟，议分军赴援，咸属望于张国梁，而围攻江宁，功在垂成，国梁为全军所系，不克行。坤元、天培已前殁，乃命玉良总统援浙诸军，专办浙江军务，未至而杭州陷，将军瑞昌独坚守驻防内城，与贼相持。玉良率六百人驰至，出贼不意，毁武林、钱塘诸门外贼垒，梯城而上，遂复杭州。捷闻，诏嘉为奇功，赐黄马褂，予骑都尉世职，擢广西提督。

贼之扰浙也，原以牵制江南军，故见玉良至，则不战遽去，由广德分路趋江宁。总督何桂清驻常州，檄玉良回援，而贼别队已侵江南大营后路。桂清留玉良于常州以自卫。未几，江宁兵溃，张国梁、和春先后殉，诏玉良代节制其军。常州陷，御贼于无锡高桥，贼由间道出九龙山袭无锡。玉良前后受敌，退保苏州，入城计守御，未定，溃兵应贼，苏州亦陷。玉良奔杭州，褫职，隶瑞昌军。瑞昌令规复严州，继克常山，复原官。十一年，复遂安，而严州又陷。玉良自江南败衄后，兵心已涣，不能复振。贼再攻杭州，驰援，军不用命，自知事不可为，战杭州城下，辄身临前敌，力斗，中飞炮，殁于军。赠太子少保，予骑都尉兼云骑尉世职，祀本籍昭忠祠，谥忠壮。

鲁占鳌，四川成都人。由行伍官平番营守备，从向荣剿贼广西、江南。继从吉尔杭阿克上海，攻镇江，战皆力，累擢川北镇总兵，调建昌镇。苏州陷，为贼所执，骂贼被脔割，死之。赠提督衔，予骑都尉兼云骑尉世职。

刘季三，广西武宣人。以武举从右江道张敬修战桂林、全州，授左江镇标守备。从向荣至江南，积功至副将，赐号直勇巴图鲁。咸丰八年，大兵攻秣陵关，季三于葛塘寺设伏，出贼不意，斩关入，火之，又破六郎桥贼巢，功皆最，擢直隶通永镇总兵。十年，张国梁督诸军攻江宁，季三任上关一路，寿德洲守贼秦礼国献垒内应，破上关，拔出难民千余，解散胁从五千余人。从张玉良援浙江，克馀杭、临安，进秩提督。是年秋，贼陷严州，掠淳阳，季三孤军往援，战竟日，死之。予骑都尉兼云骑尉世职，谥忠毅。

双来，徐氏，汉军正白旗人。由拜唐阿累迁銮仪卫治仪正，出为甘肃碾伯营都司，擢秦州营游击。道光二十七年，赴援回疆，行至黑夜布依遇贼。兵少，被围，相持十余日。援至，合力破贼。方围急，贼塞水源以断汲路，越日泉涌盈塘。宣宗闻之，嘉叹曰：“此将士忠义所感也！”命以参将用，赐花翎、法福哩巴图鲁勇号。寻败贼于骆驼脖子，加副将衔。历灵州营参将、永固协副将。

咸丰二年，调赴钦差大臣琦善军，擢肃州镇总兵。三年，从琦善攻扬州，勇锐为一军之冠，战辄手执大旗以先，迭破贼，毁西北隅土城，悉夺其营垒。贼遁入城死守，围攻两阅月。双来发炮坏城垣丈余，作桴渡河，逼城布云梯，鼓勇先登，纵火，贼于城上苦斗，枪弹如雨。双来伤颊，折二齿，晕跌，扶下，从卒多伤亡，以无继援而退。特诏褒奖，加提督衔，他将观望者并被谴。越旬日，双来复督队攻城，力战逾时，中炮，洞穿右股，犹大呼登城杀贼。翌日，创甚，卒于军。

文宗素知其勇，事闻，震悼，手批其疏曰：“双来何如是不幸？朕陨涕览奏，不胜悲愤！然视彼贪生退缩者，奚啻霄壤。”诏依提督例优恤，赐银一千两，命柩归时专奏入城治丧，予骑都尉兼云骑尉世职，谥忠毅。后都统德兴阿疏言双来与总兵瞿腾龙战绩尤异，先后于江北阵亡，请在扬州建双忠祠合祀，诏允之。

瞿腾龙，字在田，湖南善化人。由行伍补千总，剿瑶匪赵金龙及乾州苗有功，累擢古丈坪营都司，署镇筸镇标游击。咸丰元年，率标兵赴广西剿匪，迭破贼于武宣桐木、马鞍山，永安古排塘。二年，援桂林，以巨炮击贼于文昌门，歼毙甚众，赐号莽阿巴图鲁，擢永绥协副将。追贼入湖南，迭战于宁远、耒阳、永兴、安仁。贼围攻长沙，腾龙率苗兵千人赴援，偕邓绍良破南门外贼栅。贼以地雷轰城，圮十余丈，腾龙守城缺力御，斩悍贼三百余人，城复完，加总兵衔。

三年，从向荣战武昌，遂尾贼东下，擢湖北郧阳镇总兵。抵江宁，贼已分党北犯，命率所部驰赴山东、河南防剿。行至高邮，琦善疏留其军会攻扬州。腾龙身先士卒，与总兵双来并号军锋。既而双来以伤殒，遂兼领其军，充翼长，琦善甚倚之。扬州久不克，而贼之踞瓜洲者尽力来援。腾龙扼三汊河，贼至，十倍我军，腾龙下令“有进无退，回顾者斩”，下马持大刀闯入阵，士卒皆喋血战，贼退，夜乘雷雨突之，贼不辨众寡，自相践杀，及晓，尸骸狼藉，毙贼二千有奇。寻贼扬帆径趋扬州南门，登东岸，复驰击走之。于是树巨桩以阻河路，城贼屡突围，击退。十一月，贼全队冲出，并入瓜洲，乃复郡城。

初，向荣疏调腾龙回军江宁，不许。至是诏率兵援安庆，琦善奏三汊河要冲，恃腾龙力守，仍请留。贼于运河南岸筑数垒以逼三汊河，进攻破之。四年正月，进攻瓜洲，设伏诱贼出，伏起，大破之。二月，复进攻，乘夜雪袭贼，连破二垒，深入，贼倾巢出，抄官军后，围数重，战竟日，被伤，下马步战，力竭死之，年六十有四。赠提督，予骑都尉兼云骑尉世职，谥威壮。

王国才，字锦堂，原姓罗氏，云南昆明人。以武举效力督标，洊升守备。道光末，剿弥渡回匪，擒贼首海老陕，赐号胜勇巴图鲁，擢都司。从剿广西贼，转战大黄江、永安州有功。寻撤滇军归伍。咸丰二年，平寻甸回匪，擢山东青州参将。

三年，吴文镕移督两湖，疏调率所部赴湖北，行至天门，遇贼，以亲兵七十人击走之。会文镕战殁黄梅，国才将返滇，过荆州，将军官文留之，予兵千二百、练勇五百，守城北龙会桥。贼万余猝至，军士气沮，国才曰：“贼如潮涌，不进何以求生！”亲以鸟枪毙执旗贼，大呼陷阵，贼披靡，坠河无算。追至马湟山，贼败窜，军中称其勇。官文令整饬诸县团练，荆州获安，赐花翎，以副将升用。四年，署督标中军副将，从总督杨霈防德安。

会湘军规大冶，国才当右路，连破贼，克蕲州。杨霈以川练千人益其军，进攻九江。五年，率部将毕金科战城下，数捷。会杨霈师溃，国才回援武昌，夜至，城已陷，未知也；先驱入城，始觉。贼由汉阳悉众来拒，国才突围出，驻金口，进大军山。寻屯沌口，偕水师合攻汉阳，设伏诱贼出，歼之。贼屡袭金口、沌口，皆击退。破大别山贼垒，授竹山协副将，署郧阳镇总兵。总督官文进逼汉阳，国才屡从破贼。六年，诸军合攻，国才越壕逼城下，一拥而入，巷战，杀贼甚众，加总兵衔，记名简放。复黄梅，守之，改隶将军都兴阿。七年，贼由太湖来犯，以空城诱贼入，斩获无算。追至九江对岸，连破贼段窑、枫树坳、狗山镇。云南回匪炽，调回援，官文、胡林翼疏留不遣。黄梅城僻隘，国才谓不足屏蔽，请守双林驿。都兴阿不许，乃屯城西，分副将石清吉守城，贼屡犯，却之，授贵州安义镇总兵。六月，皖贼陈玉成纠贼数十万上犯，国才被围，力战，殁于阵。赠提督，予骑都尉兼云骑尉世职，建专祠，谥刚介。

虎坤元，字子厚，四川成都人。父嵩林，咸丰初，以湖南游击调广西剿匪，从向荣战紫荆山，攻永安，解桂林、长沙围，并有功。从至江南，累擢湖北宜昌镇总兵。偕巡抚吉尔杭阿克上海，遂从攻镇江，屡破贼于宝盖山、仓头、下蜀街、高资。在江南军中称宿将。

坤元，年十七，从父军，勇力过人，战辄先登，军中号曰"小虎"。初至江宁，夺钟山贼垒，功最，擢守备。四年，克高淳、太平，赐花翎、鼓勇巴图鲁勇号，擢川北镇标都司。五年，援湾沚，焚贼舟，乘胜取芜湖，坤元跃登城，杀守陴贼，遂克之。六年，江宁贼出援镇江，坤元元旦驰至三汊河，击败之。又战于下蜀街，破贼垒，追贼直至仙鹤门，擢建昌镇标游击。从总兵秦如虎援浙江，而宁国告陷，遇贼于宣城红林桥，设伏，身率数骑诱贼，败之。进攻宁国未下，回援镇江，嵩林为贼所困，驰入重围掖之出。会江南大营溃，向荣等退守丹阳，贼蹑至，势复张，坤元偕张国梁力战却之。遂从嵩林移驻珥陵，扼贼犯常州之路。未几，国梁战五里牌，伤胯，急召坤元夜至，简精锐，未晓即出，逾简渎河，东攻黄土台贼垒，跃上垒墙，毁其栅，大队拥入，劲骑钞截，贼无脱者，连破五垒。国梁亦破河西贼垒，贼势始挫。

坤元以是名出诸将上，乘胜进兵，逾月遂解金坛之围，擢参将。进攻东坝，填壕登城，负创力战，手斩悍贼，复之。又克高淳，以副将尽先升用。七年，会攻溧水。贼屡来援，与城贼夹攻官军。坤元迭破之于邬山、拓塘、博望、天里山、小茅山，凡十余战，歼戮无算，擒伪迓天侯陈士章、麾斗场下四昼夜，跃登南门，复溧水，授贵州定广协副将。又败贼于高阳桥，克湖墅、龙都。张国梁攻句容，贼坚守未下，檄坤元往助。值贼出扑，率数十骑突之，进逼南门，纵火焚城楼，大军继之，遂克句容。叙功，以总兵记名简放。从国梁规镇江，时贼由江宁来援，蚁聚七星观、仓头。坤元以轻骑诱敌入伏中，大败之，追击，立

破三垒。贼退至三汊河，伏兵又起，无去路。坤元大呼："弃戈者免死！杀贼首者赏！"降者数百人。是役斩馘及淹毙者三千有奇，生擒三百。寻败贼于西堰冈，援贼复于仓头、顾家坝筑垒。坤元于山后树帜为疑兵，自率小队冲锋，殄悍贼。而贼以大队来拒，诸军环击，乘势全毁贼营，镇江守贼遂遁。追至龙潭，痛歼之。坤元甫授直隶通永镇总兵，文宗手批其谢恩疏曰："闻汝父子在军营甚为奋勇。汝年未三十，已膺显秩。务自勉励，以副朕望。"至是复下部优叙。寻丁母忧，夺情留军。

八年，攻秣陵关，逼贼巢为垒。贼出斗，败之，穷追，单骑独前，惟游击刘万清从，疑有伏，止之，勿听，进至石桥，中枪而殒，万清夺其尸还。和春疏闻，言："坤元从军八载，忠勇性成。善以少击众，自为都守。父子所入之赏，悉以养勇士。故旌旗所指，无不披靡。历经颁给御赐金牌六次，受二等伤四次，头等伤十二次。灼颈落指，濒死者屡矣。既殁，大江南北同声悼惜。"诏从优恤，於溧水、湖墅及死事地方建专祠，谥忠壮，予骑都尉兼云骑尉世职。未娶无子，以弟坤冈袭。是年，其父嵩林守溧水，为贼陷，坐褫职，以坤元阵亡故，获免治罪。嵩林回籍助剿滇匪，命襄治团练，寻卒于家。

戴文英，广东罗定人。由行伍从剿罗镜凌十八有功，擢千总。咸丰三年，从向荣援江宁。初至进攻，文英偕张国梁穿越深林丛苇十余处，潜袭雨花台贼营后，大败之，赐号色固巴图鲁。四年，剿贼七桥瓮，往来冲锋，又偕总兵德安破贼营。五年，战高资，皆以勇锐称，累擢惠州营都司。六年，攻镇江，战于京岘山。驰马入贼阵，枪毙悍贼甚多，擢南诏营游击。从张国梁援金坛，率精锐过河奋击，解金坛之围。两江总督怡良荐举将才，文英与其选。大兵克东坝贼垒，平宝堰贼巢，文英率茅村团练独当一路，斩获多，擢淮安营参将。七年，从张国梁攻镇江，驻红花山。贼众来扑，文英冲入贼中，手刺悍酋数人，贼大败，擢江南督标中军副将。是年冬，攻克镇江府城，记名总兵。八年，克秣陵关，授直隶通永镇总兵。

时江宁长围渐合，贼百计溃围，屡出冲突。文英从张国梁四面兜剿，直抵外壕，焚毁望楼。皖北援贼陷溧水，文英偕张玉良驰赴会剿，分攻红蓝埠，逼河炮击；乘夜渡河，踏平贼垒，遂复溧水。而贼复自西路来援，文英自督前队，以劈山炮迎击，骑兵包抄，毙贼无算。会提督邓绍良在宁国为贼所困，文英驰援，遇贼于湾沚，连战皆捷，而贼至愈众，力竭，殁于阵。

文英在军中以善战名，为张国梁所倚，甫擢专阃而殒。文宗惜之，优诏赐恤，称其所向有功，克溧水，破援贼，功为尤著，予骑都尉世职，谥武烈。

论曰：乌兰泰忠勇冠军，与向荣不合，致无成功，时论多右之。邓绍良、周天受老于军事，保障皖南，军律不严，终不能保全浙境。张玉良后起，号骁健，江南师溃之后，竟不复振。诸人皆当一面，以死勤事，其成败有足鉴者。双来、瞿腾龙、王国才、虎坤元、戴文英并以善战名，

志决身殀，时论惜焉。

卷四百三　　列传一百九十

胜保　托明阿 陈金绶　德兴阿

胜保，字克斋，苏完瓜尔佳氏，满洲镶白旗人。道光二十年举人，考授顺天府教授。迁赞善，大考二等，擢侍讲，累迁祭酒。屡上疏言事，甚著风采。历光禄寺卿、内阁学士。

咸丰二年，因天变上疏论时政，言甚切直，略谓："广西贼势猖獗，广东、湖南皆可忧。赛尚阿督师无功，请明赏罚以振纪纲。河决不治河员之罪，刑轻盗风日炽，应明敕法以肃典常。臣工奏摺多留中，恐滋流弊。一切事务，朱批多而谕旨少。市井细民，时或私论圣德。"疏入，下枢臣传问疏末两端，令直言无隐。覆奏曰："朱批因事垂训，臣工奉到遵行，他人不与闻，非若谕旨颁示天下。近日诸臣复奏虽依议，而原奏之人不知；交部重案，覆奏依议，外人并不知作何发落。古者象魏悬书，俾众属目。似宜通行宣示，以昭朝廷之令甲，而杜胥吏之蔽欺。至愚贱私议，或谓皇上励精之心不如初政，或谓勤俭之德不及先皇。今游观之所，焕然一新。释服之后，必将有适性陶情之事，现在内府已有采办梨园服饰以备进御者。夫鼓乐田猎，何损圣德。然自古帝王必先天下之忧而忧，后天下之乐而乐。《书》曰：'无于水监，当于民监。'诚不可不察也。"文宗不怿，明谕指驳，以其意存讽谏，不之罪也。寻因自行撤回封奏，降四品京堂。

会粤匪犯武昌，胜保疏陈办贼方略，命驰往河南，交钦差大臣琦善差遣。三年春，偕提督陈金绶率兵援湖北、安徽，而江宁告急。至则城已陷，驻兵江浦。胜保疏陈军事称旨，命以内阁学士会办军务，克浦口而贼陷扬州，偕陈金绶进剿。击贼镇海寺南，破之，薄扬州城下，赐花翎。又连破贼于天宁广储门外。

奉命赴安徽剿贼，而贼已入河南，渡河围怀庆。胜保会诸军进击，将军托明阿军其东，胜保军其南。时督师大学士讷尔经额遥驻临洺关，援军数路久顿城下，惟二军战较力，命胜保帮办河北军务。七月，分三路进攻贼垒，大破之，怀庆围解，加都统衔，赐黄马褂，予霍鼙巴图鲁名号。贼窜山西，连陷数县，诸军迁延，惟胜保率善禄、西淩阿兵四千尾追，一破之封丘山口，再破之平阳，绕出贼前，扼韩侯岭，寻复洪洞、平阳。劾逗留诸将托云保、董占元、乌勒欣泰等，罪之；诏嘉胜保果勇有为，授钦差大臣，代讷尔经额督师，节制各路，特赐康熙朝安亲王所进神雀刀，凡贻误军情者，副将下立斩以闻。

贼既不得北窜，转而南，由泽、潞间道入直隶境。讷尔经额师溃于临洺关，贼复猖獗，窜顺德、赵州、正定。胜保由井陉一路迎截，坐追贼不力，镌二级。命惠亲王绵愉为大将军，科尔沁郡王僧格林沁为参赞大臣，驻军涿州，直隶军务仍责胜保专任，而以西淩阿、善禄副之。贼东窜，由深州、河间窥天津，胜保转战追贼至静海。贼由独流分踞杨柳青，迭击之，遂聚于静海、独流，负嵎久踞。诏僧格林沁进军合剿。四年春，贼突围走阜城，追击，歼贼数千，阵毙悍酋吉文元。而援贼由江北偷渡黄河扰山东，命胜保移兵往剿，临清失守，坐褫职，戴罪自效。寻破贼，克临清，余贼南走，追击迭破之，解散甚众。及窜入丰县，仅千余人，蹙之河岸，悉数歼除。捷闻，复职，加太子少保。僧格林沁围林凤祥、李开芳于连镇，久未下，命胜保回军会剿。开芳突出，分股窜山东，胜保亲率轻骑追之，贼陷高唐踞守，围之数月不能克。迭诏诘责，褫职逮京治罪，遣戍新疆。直隶、山东贼既平，予蓝翎侍卫，充伊犁领队大臣。

六年，召还，发往安徽军营差遣。七年，予副都统衔，帮办河南军务。捻匪方炽，胜保至，连破之方家集、乌龙集、柳沟集，克三河尖老巢。又克河关，复霍丘，大捷于正阳关，斩捻首魏蓝奇等，加头品顶戴。八年，平鄹家集、乔家庙、赵屯诸捻巢。粤匪大股围固始，击破之，歼贼万余；斩伪显天侯卜占魁等，固始围解。诏嘉谋勇兼优，遇都统缺出题奏，复黄马褂、巴图鲁，免其弟廉保遣戍罪。粤匪陈玉成、李侍贤合陷庐州、凤阳，授胜保镶黄旗蒙古都统，命为钦差大臣，督办安徽军务，连破贼于定远池河、高桥。督军抵三河，贼遁走。捻首李兆受久踞江、淮间，与粤匪勾结。及见粤匪屡挫，渐持两端。胜保亲至清流关密招之，许归诚后免罪授官。兆受以其部下家属在江宁，请缓发。至是进攻天长，兆受内应，克之，遂献滁州，奏授参将职，改名世忠，安置降众，自为一军。九年，克六安，捻首张元龙以凤阳降，复临淮关。进克霍山、盱眙，破贼清水镇，斩其酋吴加孝，遂克怀远，而庐州、定远久未下，贼仍蔓延。丁母忧，夺情留军。

十年，罢钦差大臣，命赴河南剿匪。御史林之望论劾，降授镶蓝旗汉军副都统。复坐剿匪不力，降授光禄寺卿，召回京。甫至，会英法联军内犯，命率八旗禁军驻定福庄，偕僧格林沁、瑞麟进战通州八里桥，败绩，胜保受伤，退保京师。停战议和，胜保收集各路溃军及勤王师续至者共万余人。疏陈京兵亟应训练，拟议章程以进。命兼管圆明园八旗、内务府包衣三旗，亲督操练，是为改练京兵之始。

十一年，擢兵部侍郎，捻匪扰山东，诏分所部五千人界僧格林沁往剿。寻命胜保赴直、东交界治防，连克丘县、馆陶、冠县、莘县，破贼老巢。招降捻首宋景诗，率众随军。复朝城、观城，命督办河南、安徽剿匪事宜。河北肃清，予优叙。

是年七月，文宗崩于行在，穆宗嗣位，肃顺、载垣、端华等辅政专擅。胜保昌言将入清君侧，肃顺等颇忌惮之。洎回銮，上疏曰："政柄操之自上，非臣下所得专。皇上冲龄嗣位，辅政得人，方足以资治理。怡亲王载垣、郑亲王端华等非不宣力有年，赫赫师尹，民具尔瞻；今竟揽君国大权，以臣仆而代纶音，挟至尊而令天下，实无以副寄托之望，而餍四海之心。该王等以承写朱谕为辞，居之不疑。不知皇上缵承大统，天与人归，原不以朱谕之有无为重。至赞襄政务，当以亲亲尊贤为断，不当专以承写为凭。先皇帝弥留之际，近支亲王多不在侧。仰窥顾命苦衷，所以未留亲笔朱谕者，未必非以辅政之难得其人，待皇上自择而任之，以成未竟之志也。嗣圣既未亲政，皇太后又不临朝，是政柄尽付之该王等数人。其托诸掣签简放，钤用符信图章，以此取信于人，无如人皆不信，民喦可畏，天下难欺。近如御史董元醇条陈，极有关系，应准应驳，惟当断自圣裁，广集廷议，以定行止。乃径行拟旨驳斥，已开矫窃之端，大失臣民之望。道路之人皆曰：'此非吾君之言也，非母后圣母之意也。'一切发号施令，真伪难分。众情汹汹，咸怀不服。夫天下者，宣宗成皇帝之天下，传之文宗显皇帝以付之我皇上者也。昔我文皇后虽无垂帘之明文，而有听政之实用。为今之计，非皇太后亲理万几，召对群臣，无以通下情而正国体；非特简近支亲王佐理庶政，尽心匡弼，无以振纪纲而顺人心。惟有吁恳皇上俯察刍荛，即奉皇太后权宜听政，而于近支亲王择贤而任，仍秉命而行，以成郅治。"奏上，会大学士周祖培等亦以为言，下廷议，从之。肃顺等并伏法。寻授镶黄旗满洲都统兼正蓝旗护军统领。

时捻匪肆扰皖、豫间，以张洛行为最强。苗沛霖自踞寿州，逼走巡抚翁同书后，佯称就抚，阴与粤匪陈玉成勾结。署巡抚贾臻被围于颍州，久不解。楚军已克安庆，陈玉成退踞庐州。朝廷本意安徽军事属之李续宜，用为巡抚。沛霖旧隶胜保部下，心惮楚军，扬言胜保来始剃发。贾臻入闻，诏促胜保援颍州。同治元年，遣军先进，为贼所挫。三月，胜保至，击破贼垒，围乃解，加兵部尚书衔。多隆阿等克庐州，陈玉成遁走，沛霖诱擒之，献于胜保军。诏于军前诛玉成，赦沛霖罪，许立功后复官。沛霖拥众号十万，所属二百余圩。与张洛行势敌相仇，自请剿之，心实叵测。诏询曾国藩、官文、李续宜、袁甲三等，皆主剿。独胜保一意主抚，上疏言事权不一，身为客军，地方掣肘，请以安徽、河南两巡抚帮办军务，允之。迭诏训饬，褒其才略，戒其骄愎。卒不悛，力言沛霖无他，而为李续宜所疑，恐激变。续宜奉旨进驻颍州，亦迄不至。

会陕西回乱炽，多隆阿援军阻隔不能遽达。遂授胜保钦差大臣，督办陕西军务。八月，转战至西安，解其围。降捻宋景诗中途率众叛走。东路同州、朝邑犹为回踞，诏责胜保专剿东路，命多隆阿进军分任西路。胜保力不能制贼，而忌多隆阿，擅调苗沛霖率兵赴陕，严诏斥阻，不听。命僧格林沁大军监制，乃止。于是中外交章劾胜保骄纵贪淫、冒饷纳贿、拥兵纵寇、欺罔贻误，下僧格林沁及山西巡抚英桂、西安副都统德兴阿察实奏上，密诏多隆阿率师至陕，传旨宣布胜保罪状，褫职逮京，交刑部治罪，籍其家。

二年，王大臣会鞫，胜保仅自承携妾随营，呈诉参劾诸人诬告之罪。诏斥其贪污欺罔，天下共知，苗沛霖已戕官踞城，宋景诗反覆背叛，皆其养痈贻患，不得谓无挟制朝廷之意；念其战功足录，从宽赐自尽，并逮其从官论罪有差。当其被逮也，降捻李世忠已擢至提督，请黜己官为

之赎罪，不许。御史吴台寿疏言胜保有克敌御侮之功，无失地丧师之罪，请从末减。台寿兄台朗在胜保军中，诏斥党附，褫台寿职。

托明阿，鄂栋氏，满洲正红旗人。由侍卫擢护军参领，出为山东兖州营游击。从巡抚武隆阿征回疆，以功赐花翎。累擢曹州镇总兵，调四川松潘、重庆二镇。道光二十四年，擢四川提督，以病去职。二十七年，起授乌鲁木齐提督。调陕西，擢绥远城将军，整饬戎政，勤于训练。

咸丰三年，粤匪林凤祥等陷扬州，逼淮、徐，命率所部赴江南、山东交界防堵，进屯清江浦。贼窜滁州，托明阿赴援，与周天爵会剿。遂追贼至河南，迭战于睢州、杞县、陈留、中牟，进克氾水，歼贼千余，被珍赉，命襄办军务。贼窜河北，围怀庆，乃渡河会诸军分路进攻，迭有斩获。贼筑土城树木栅以拒，合攻破之，擒斩数千。贼始遁，怀庆围解。论功，赐黄马褂，予西林巴图鲁名号。追贼山西，诏以胜保督师，命托明阿襄办。贼窜入直隶境，坐降五级留任，寻以伤剧解职回旗。四年春，病痊，命赴直隶，仍帮办僧格林沁、胜保军务。贼方踞阜城，坚守不出，诸军围之。托明阿屯东北，贼来扑，辄击之退，突由东南隅窜出，踞连镇，夹运河。托明阿与都统西凌阿军东西两岸，围复合。

会琦善督师扬州，卒于军，命托明阿为钦差大臣，驰往代之，授江宁将军。自贼踞江宁、镇江、扬州皆陷，南北梗阻，大军分两路，向荣军江南，琦善军江北。江北军攻扬州不能克，贼弃城去，聚于瓜洲，与南岸镇江相犄角。江宁贼时乘巨簰顺流而下，陆师不能扼，水师力薄，亦不能制贼。上游浦口最当冲要，贼于沙洲结营，时图进窜。恃总兵武庆一军及道员温绍原六合练勇为屏蔽，亦不能进取。托明阿至军，令副将鞠殿华毁运河铁锁，提督陈金绶循东岸进攻，小有斩获。又截击贼簰，毙伪丞相黄起茅。自督舟师渡江，略北固山、金山而还。五年，瓜洲、镇江贼合犯仪征，令副都统德兴阿、总兵李志和击退。又进击三汊河，诱贼败之。托明阿见僧格林沁于连镇、冯官屯皆以围墙制贼，议仿其法，于瓜洲筑长围以困之。然瓜洲滨大江，江路不断，且地势长不易守，实无足恃。围成，屡偕陈金绶进攻，无大胜利。江宁贼踞江浦石矶桥，武庆、西昌阿等驰击，克之。巡抚吉尔杭阿督师攻镇江甚急，于是议南北同时进剿。

六年二月，江宁贼大举援镇江，未得逞。渡江与瓜洲贼合，突越土围，四出纵火。官军战土桥竟日，伤亡多。托明阿营垒被毁，退三汊河，又退秦家桥，几不能军。陈金绶、雷以諴等亦退走，扬州遂陷。诸营溃散，惟德兴阿犹整军力战。向荣遣邓绍良渡江来援。越十日，复扬州，而江浦亦为贼踞。诏褫托明阿职，留营效力，寻以病归。

八年，予头等侍卫，率兵驻杨村防英兵内犯，授直隶提督，迁西安将军。同治元年，以伤病乞休，四年，卒。

陈金绶，四川岳池人。从剿教匪，授把总，积功至都司。道光初，从征回疆，破贼于佳噶赖，功最，赐号逸勇巴图鲁，擢留坝营游击。十三年，直隶总督琦善调司教练，

累擢督标中军副将，琦善倚之，以堪胜总兵荐，擢天津镇。

二十二年，擢直隶提督。及琦善督师剿粤匪，率所部三千以从。诏金绶为杨遇春旧部，命帮办军务，率兵先发。又以其不谙文字，命胜保偕行。咸丰三年春，趣援江宁，偕胜保克浦口，诏责专防江北。扬州陷，由六合、仪征趋援。琦善大军始至，合攻扬州。琦善军其北，金绶、胜保军其西，累战皆捷。贼坚守数月不下，而瓜洲一路通江，兵少不能合围。贼分犯浦口踞之，进陷滁州，遂北窜。胜保率兵赴安徽应援，迭诏以孤城久抗，责攻益急。总兵双来奋进，缘梯登城，金绶策应。兵不听命，双来以无援负创退，寻殁于军，自此不敢力攻，而贼时由瓜洲窥伺来援，屡却之。十一月，贼陷仪征，两路同时来犯。参将冯景尼守扬子桥，先溃，诸军多失利。城贼拥辎重突出趋瓜洲，琦善、金绶不能截击，并坐褫职留军。扬州虽复，贼久踞瓜洲。四年春，琦善卒于军，金绶暂将关防。托明阿至，偕金绶进攻瓜洲，毁贼炮台。寻攻新桥贼垒，金绶之侄能义及游击海明殒于阵。

江北军久疲玩，金绶年老，文宗以其谨愿，姑容之。阅时辄报小捷，屡以虚饰被斥。至托明阿兵溃土桥，金绶及雷以諴驻万福桥，望风而走。事后饰辞自辩，又奏随同克复扬州，为德兴阿论劾，应治罪，金绶已先殁于军矣。

德兴阿，乔佳氏，满洲正黄旗人，黑龙江驻防。道光末，由驻京前锋授蓝翎侍卫、乾清门行走，累擢头等侍卫。以善骑射受文宗知，曾手擒奔马，赐黄马褂。

咸丰二年，命率黑龙江兵赴琦善军。三年，从攻扬州，屯蒋家庙，为通仪征要路，城贼窜出，奋击败之。瓜洲援贼进踞虹桥，与守备毛三元夹击于三汊河。德兴阿单骑陷阵，射殪其酋，大破贼，加副都统衔。别贼破仪征，分两路来犯。德兴阿急趋东石人头，毁贼浮桥。而瓜洲贼又进筑土城于河西，逼三汊河，与仪征贼相犄角。德兴阿偕兵瞿腾龙渡河毁贼营，贼乃不能西进。是年冬，贼弃扬州城退踞瓜洲，官军进复仪征，授正白旗汉军副都统。四年，偕瞿腾龙进攻瓜洲，腾龙深入，为贼所袭，殒于阵。德兴阿率劲骑驰援，贼败走，军赖以全，赐号博奇巴图鲁。寻复败贼三汊河，贼埋地雷诱官军，德兴阿侦知，挥军绕路而前，贼伏垒不出，遂分军两路夹攻，斩馘过当，夺获大炮地雷。捷闻，晋御前侍卫。五年，迭攻瓜洲贼垒，又截击窜贼于虹桥、八江口等处，皆获胜。六年，托明阿兵败于土桥，扬州复陷，诸军涣散，独德兴阿军未动。诏黜托明阿，以德兴阿为钦差大臣，加都统衔。败贼薛家楼，进规郡城。贼万人迎敌，德兴阿身先士卒，斩贼酋一，诸军乘之，贼大溃，乘胜复扬州。同时江浦、浦口并为贼踞，令总兵武庆攻克之。

德兴阿战功素为江北诸军冠，惟不晓汉文，命少詹事翁同书为帮办。添调新兵，军声稍振，进规瓜洲。七年，参将富明阿破贼于土桥、四里铺，水师又击沉贼船，斩伪将军陈磊。是年夏，合水陆诸军进攻，毁贼舰及炮台。德兴阿亲督战，更番逼迫，至十一月，大破之，复瓜洲。贼负嵎历四年，至是始克。诏嘉调度有方，赐双眼花翎，予

骑都尉世职。乘胜逼金山，剿平新河口、龙王庙等处余匪。江南军亦同日克镇江，专力进攻江宁。八年春，德兴阿进军江浦，获胜。江宁贼势日蹙，悍党陈玉成等由安徽纠众来援，德兴阿兵败于浦口，退保六合，褫双眼花翎，革职留任。贼连陷江浦、天长、仪征，德兴阿不能救，扬州亦陷，褫世职。寻张国梁率兵渡江复扬州，而德兴阿拥兵邵伯，观望不前，严旨斥责。温绍原守六合历数年，为江北屏蔽，至是亦以援绝被陷，绍原死之。翌日而张国梁驰至，已无及。国梁以江宁军事急，移军渡江，诏责德兴阿规复六合，军已不振，迄无功。

何桂清疏劾："德兴阿秉性粗率，初赖翁同书相助，得克瓜洲。自同书调任安徽巡抚去后，左右无人，毫无谋略，贻误军事。"和春亦劾其举动乖谬，难以图功。文宗犹念其前劳，未遽加谴，九年，以围攻六合久不下，革任召还。自此江北不置帅，军务统归和春节制。寻予六品顶戴，交僧格林沁差遣。

十一年，署密云副都统。同治初，授西安右翼副都统，留办山西防务，又移驻陕西同、朝一带防剿。五年，充塔尔巴哈台参赞大臣。授正红旗汉军副都统，帮办新疆北路军务。六年，丁母忧回旗。寻卒，依都统例赐恤，谥威恪。

论曰：胜保初以直谏称。及出治军，胆略机警，数著功绩。然负气凌人，虽僧格林沁不相下。自余疆臣共事，无不龃龉互劾。文宗严驭之，屡蹶屡起，盖惜其才也。始终以客军办贼，无自练之兵，无治饷之权；抚用悍寇而紊纪律，滥收废员而通贿赂，又纵淫侈不自检束。卒因袒庇苗沛霖，与楚军不相能，朝廷苦心调和而不之喻，遂致获罪，功过固莫掩也。托明阿、德兴阿皆战将，非独当一面之才，负乘偾事，宜哉。斯又不足与胜保并论矣。

卷四百四　　列传一百九十一

僧格林沁　舒通额　恒龄　苏克金　何建鳌　全顺　史荣椿　乐善

僧格林沁，博尔济吉特氏，蒙古科尔沁旗人。本生父毕启，四等台吉，追封贝勒。族父索特纳木多布斋，尚仁宗女。公主无出，宣宗为选于族众，见僧林格沁仪表非常，立为嗣。道光五年，袭封科尔沁札萨克多罗郡王爵。十四年，授御前大臣，补正白旗领侍卫内大臣、正蓝旗蒙古都统，总理行营，调镶白旗满洲都统。出入禁闱，最被恩眷。

咸丰三年，粤匪林凤祥、李开芳等北犯，命僧格林沁偕左都御史花沙纳等专办京师团防。八月，钦差大臣讷尔经额师溃临洺关，贼窜正定。诏授惠亲王绵愉为奉命大将军，僧格林沁为参赞大臣，上御乾清宫亲颁关防，赐纳库素光刀，命率京兵驻防涿州。十月，贼陷静海，窥天津。兵进永清，又进王家口。贼不得前，乃踞独流镇。四年正

月,僧格林沁会钦差大臣胜保军乘夜越壕燔其垒,贼西南逸,追击之子牙镇南,擒斩甚众,赐号湍多巴图鲁。复连败贼于河间束城村、献县单家桥、交河富庄驿。贼窜踞阜城县城,附城村堡皆为贼屯。僧格林沁偕胜保率副都统达洪阿、侍郎瑞麟、将军善禄等诸军围击,毁堆村、连村、杜场诸贼屯,炮毙悍酋吉文元,贼犹顽抗,攻之累月不下。粤匪复自江北丰县渡河扰山东,浸近直隶境,欲以牵掣大军,胜保及善禄先后分兵迎剿,迭诏责僧格林沁速攻阜城,于是穴地为重壕长围困之。四月,贼乘风突围出,窜东光连镇。连镇跨运河,分东西两镇,村落相错,贼悉踞之。僧格林沁自率西凌阿屯河东,令托明阿屯河西,别遣马队扼桑园。会胜保已破贼山东,回军合攻连镇。五月,贼酋李开芳以马队二千余由连镇东突出趋山东,胜保率骑兵追之,遂窜踞高唐州。诏斥僧格林沁疏防,责速攻连镇自赎。会霖雨河涨,贼聚高阜,官军屯洼地,势甚棘。于是议开壕筑堤,以水灌贼营。堤成,蓄水势如建瓴,贼大困,屡出扑,皆击退。九月,东西镇各出贼数千,欲突围而窜,为官军所扼,粮尽势蹙。附近村庄皆收复,合力急攻,凡数十战。十二月,毙伪检点黄某。悍党詹启纶出降,焚西连镇贼巢,仅余死党二千余人,以大炮环击。五年正月,破东连镇木城,贼冒死冲突,尽歼之,擒林凤祥,槛送京师诛之。畿辅肃清,锡封僧格林沁为博多勒噶台亲王,擢其子二等侍卫伯彦讷谟祜御前行走,敕移师赴高唐州督办军务。

先是,胜保围攻高唐久不下,密诏僧格林沁查办,至即劾罢之。贼闻连镇既下,丧胆欲遁。大军数日即至,故疏其防。贼果乘隙夜走,亲率五百骑追奔五十里,至茌平冯官屯,贼踞以守。合军围攻,四面炮击,贼掘地为壕,盘旋三匝,穴堀潜藏,穿孔伺击,攻者伤亡甚多。复议用水攻,挑河筑坝,引徒骇河水灌之。贼屡冲突,皆击退。四月,水入贼窖,纷纷出降。擒李开芳及其死党黄懿端等八名,械送京师诛之。北路荡平,文宗大悦,加恩世袭亲王罔替。五月,凯撤回京,上御养心殿,行抱见礼,赐朝珠及四团龙补褂。又御乾清宫,恭缴参赞大臣关防,赐宴勤政殿,从征将士、文武大臣并预焉。林凤祥、李开芳为粤匪悍党,狡狠善战,两年之中,大小数百战,全数殄灭,无一漏网,僧格林沁威名震于海内。

时英吉利在粤东开衅,乘东南军事方棘,多所要挟,每思北犯。故近畿肃清后,命西凌阿分得胜之师赴援湖北,而僧格林沁遂留京师。六年,丁本生母忧,予假百日,在京持服。寻调正黄旗领侍卫内大臣。七年四月,英吉利兵船至天津海口,命僧格林沁为钦差大臣,督办军务,驻通州,托明阿屯杨村,督前路。仓猝征调,兵难骤集,敌兵已占海口炮台,闯入内河。议掘南北运河泄水以阻陆路,别遣议和大臣桂良、花沙纳赴天津与议条约。五月,议粗定,英兵退。未尽事宜,桂良等赴上海详议。于是筹议海防,命僧格林沁赴天津,勘筑双港、大沽炮台,增设水师。以瑞麟为直隶总督,襄理其事。奏请提督每年二月至十月驻大沽,自天津至山海关海口,北塘、芦台、涧河口、蒲河口、秦皇岛、石河口各炮台,一律兴修。九年,桂良等在上海议不得要领。五月,英、法兵船犯天津,毁海口防具,驶至鸡心滩,轰击炮台,提督史荣椿中炮死。别以步队登岸,僧格林沁督军力战,大挫之,毁敌船入内河者十三艘。持数日,敌船引去。

九年六月,英、法、俄、美四国兵百余艘复来犯,知大沽防御严固,别于北塘登岸,我军失利。敌以马步万人分扑新河、军粮城,进陷唐儿沽,僧格林沁力扼大沽两岸。文宗手谕曰:"天下根本在京师,当迅守津郡,万不可寄身命于炮台。若不念大局,只了一身之计,有负朕心。"盖知其忠愤,虑以身殉也。寻于右岸迎战失利,炮台被陷,提督乐善死。僧格林沁退守通州,夺三眼花翎,褫领侍卫内大臣及都统。迭命大臣议和,不就。敌兵日进,迎击,获英人巴夏礼送京师。战于通州八里桥,败绩。瑞麟又败于安定门外,联军遂入京。文宗先幸热河,圆明园被毁,诏褫僧格林沁爵、职,仍留钦差大臣。

十年九月,和议成,命遣撤残军,驰赴行在,未行,会畿南土匪蜂起,山东捻匪猖肆,复僧格林沁郡王爵,命偕瑞麟往剿。师至河间,匪多解散。诏促赴济宁、兖州督师。十一月,至济宁,贼已他窜回巢。疏陈军事,略曰:"捻首张洛行、龚瞎子、孙葵心等,各聚匪党无数。此外大小头目,人数不少。每年数次出巢打粮,辄向无兵处所。追官兵往剿,业经饱掠而归。所至抢掳资财粮米,村舍烧为赤地,杀害老弱,裹胁少壮。不从逆,亦无家可归。故出巢一次,即增添人数无算。此捻匪众多之情形也。匪巢四面一二百里外,村庄焚烧无存,井亦填塞。官兵裹粮带水,何能与之久持?一经撤退,匪踪紧蹑,往往因之失利。此各路官兵仅能堵御,不能进攻之情形也。每次出巢,马步数十万,列队百余里。兵贼众寡悬殊,任其猖獗,无可如何。前此粤、捻各树旗帜,近年彼此相通,联为一气。官兵在北,粤匪在南,捻匪居中,以为粤匪屏蔽。若厚集兵力,分投进剿,捻匪一经受创,粤匪蠢动,非竭力相助,即另图北犯,以分我兵势。此剿捻不易之情形也。臣原带马步六千,续调陕甘、山东绿营及青州旗兵,共一万二千余人。拟俟齐集,会合傅振邦、德楞额二军,相机直捣老巢。"疏入,诏:"捻匪正图北犯,应坐镇山东,以杜窥伺,毋轻举以误全局。"寻捻匪由徐州北窜,迎击于巨野羊山,亲率西凌阿、国瑞当其东,瑞麟及副都统格绷额当其西,杀贼甚众,而格绷额阵亡。瑞麟伤退,劾罢之,荐西凌阿、国瑞帮办军务。又劾团练大臣杜翱不能御贼,供应扰民,罢其任,团练归巡抚督办。邹县教匪宋绍明集众数千戕官,令国瑞、西凌阿击剿解散。

十一年,捻匪五旗并出,僧格林沁率诸将由金乡迎剿。遇贼于菏泽李家庄,战失利,察哈尔总管伊什旺布阵亡,回师驻唐家口。二月,令西凌阿驰赴汶上,会都统伊兴额、总兵滕家胜追贼至杨柳集,战殁。僧格林沁亲驻汶上,令西凌阿回守济宁。贼由沙沟渡运河,盘踞东平、汶上。德楞额追击于小汶河北岸,破之,贼始东窜。四月,令舒通额进剿,解滕县围。德楞额克沙沟营、临城驿,贼分两路奔窜。其入曹州境者,勾结长枪会匪扰郓城、巨野,令知府赵康侯集诸县乡团御之。教匪宋继明复纠众踞邹县凤凰山,令国瑞、德楞额攻之,连破贼圩,继明寻遁走乞抚。六月,亲赴曹州进剿会匪,连破之于曹县安陵集、濮州田潭,擒其渠李灿祥、陈怀五等。八月,捻匪渡运河,犯泰安、济南。僧格林沁亲率大军追蹑,败之于孙家镇,贼走青州。九月,袭击于临朐县南,沿诸城至沂水,黑旗捻党跨河抗拒,分兵击之,追及兰山兰溪镇歼焉。捷闻,复御前大臣,赏还黄缰,授正红旗汉军都统,管理奉宸苑。穆宗即位,特诏嘉其勤劳,复博多勒噶台亲王爵。

是年冬,会东军攻曹郡会匪,破濮州红川口贼圩,搜斩无遗。毁刘家桥、郭家唐房贼巢,又破定陶贼于大张寺,复范县。西凌阿等攻捻匪于巨野境,大捷,定陶踞匪闻风遁走。会匪郭秉钧自河西来犯,连击之于崔家坝,至黄河南岸,屡挫贼锋,曹郡渐清。疏陈军事,略曰:"捻匪老巢多在宿州、蒙城、亳州境内,其北来,每由归德之虞、永、夏,徐州之丰、沛、萧、砀,直入山东之曹、单、鱼台,或由宿、徐北至韩庄、八闸。今领重兵进驻亳州,偏于西南一隅。北至徐州三百余里,再东更虑鞭长莫及。如派队轮转,由西路进攻贼圩,即使得手,距亳州尚远,东路捻众岂能坐待,势必由丰、砀、韩庄钞袭我军之后,我军不得不回顾北路。一经移动,则亳东之贼尾随,受其牵掣。故屯兵亳州之议,在豫省为良策,若欲卫东省兼顾北路藩篱,则未可行也。臣拟俟曹属肃清,移营单县,观皖捻动静,剿抚兼施。邹县教匪踞险难攻,暂准投诚,以示羁縻,留兵镇压。待南捻稍松,相机办理。滕、峄之匪,德楞额招安刘双印、牛际堂等,若有反侧,仍应往剿。河北教、捻各匪,本年两次鸱张,众不过一二万。臣令西凌阿、国瑞两次会剿,胜保等方能得手。胜保于此匪尚不能独力剿除,岂能当十余万之捻众?寿张及曹属一带,臣已办理就绪,毋须胜保前来会剿。"疏上,诏从之。

同治元年正月,捻匪二万余由江北丰县犯金乡、鱼台,令翼长苏克金击走之。二月,亳捻张洛行合长枪会匪西窜,势甚张。僧格林沁率马队追至河南杞县许冈,贼列队横亘十余里。苏克金等奋击,毙贼二千余。西路援贼至,豫军亦来会剿,婴城而守,连日鏖战。以马队伏壕边伺贼懈,城中突出劲骑冲贼营,伏起夹击,毁贼垒七,斩馘千余。越日余际昌率步队至,与苏克金合击,冲贼为两,追杀二千余。于是先破赵圩贼寨,合攻焦寨,援贼数至,皆击却,贼宵遁。是役三路合剿,歼匪万余,捷闻,特诏褒奖。僧格林沁督率诸将穷追窜匪,破之于尉氏东。贼踞民寨坚守,围攻之,旋虚东面诱之出,至樊家楼,尽歼焉。五月,补正黄旗领侍卫内大臣。长枪匪党董智信窜东明,苏克金驰剿,受降。营总雷和破坦头集贼巢,招抚被胁数十圩寨。恒龄破焦桂昌于曹州,乞降,诛之。

六月,进攻商丘金楼寨。教匪郝姚氏及金鸣亭久踞金楼,其党尤本立、常立身尤凶悍,官军屡攻不克。僧格林沁先遣谍问间,谕令投诚,金鸣亭潜允降而不出,其子线驹居郭家老寨,密捕之。会有贼党通教匪,以鸣亭禀词示常立身,立身遂杀鸣亭,贼中自相疑忌。至是合兵进攻、游击许得等率降人为导,先攻入,大军继之,巷战,斩郝姚氏及其两子,常立身、尤本立、杨玉聪同授首,余贼尽歼,夷其寨。乘势连破援贼于邢家圩、吴家庙、营廓集,前锋直抵亳州境。僧格林沁移驻夏邑,疏陈将帅市恩麾下,督抚见好属员,保举冗滥,吏治废弛,州县捏灾私征,军饷不足,言甚切至。诏嘉其公忠,命统辖山东、河南军务,并直隶、山西四省督、抚、提、镇统兵大员均归节制。

八月,令恒龄、卓明阿等追捻匪姜台凌至裕州博望驿,大破之,余众遁入山。别股李城、赵浩然等乘大军分队西行,纠众扰永城,复由砀山北窜。副都统色尔图喜追至鱼台罗家屯,战不利。僧格林沁促恒龄等回援,亲督进战于巨野满家洞,令马队诱贼深入,回击之,恒龄、国瑞分合冲突,毙贼数千。复连败之于子山集,贼东窜。亳北白旗捻首李廷彦以邢大庄为老巢,附近贼圩互相首尾。九月,僧格林沁自攻卢庙,令国瑞、恒龄攻邢大庄及张大庄。廷彦见事急,诈称投诚,诱出诛之,党羽多乞降,惟孙老庄匪首孙彩兰不肯出。令降匪李愚奇为导,攻入寨,擒斩彩兰,诸寨皆下。亳东黑旗捻首宋喜沆,因与苏天柏相仇杀,诸党攻破王大庄、刘大庄两寨来降。诸小寨头目闻风归顺,亳北肃清。于是诸捻慑震兵威,多思反正。

二年正月,马林桥、唐家寨、张家瓦房、孟家楼、童沟集诸贼巢先后剿平,著名捻首魏喜元、苏天才、赵浩然、李大个子、田现、李城等或降或遁。张洛行为巨憝首恶,见势败,时思窜逸。会孙丑、刘大、刘二、杨二等由鹿邑西窜,令舒通额、苏克金等追之,战于魏桥,歼戮甚众。洛行欲由宿州趋徐州,为知州英翰所截。又闻西路诸匪被创,洛行遂潜回雉河集老巢。尹家沟、白龙庙与雉河集为犄角,二月,令舒通额等进攻尹家沟。贼出扑,击溃,遂攻雉河集。洛行夜遁,追至氵解河北岸,拒战,歼贼过千,擒斩捻首韩四万等。逸匪多潜匿各庄寨,分军驻索。西洋寨捻首李勤邦投诚,诱擒张洛行及其子张熹以献,磔之。捻匪自蒙、亳创乱,已历十年,至是扫除。诏嘉僧格林沁谋勇兼备,加恩仍以亲王世袭罔替,并准服用上赐章服,以示优异。

时北路窜捻与教、会各匪句结肆扰,僧格林沁回师,令恒龄、苏克金驰赴直、东交界会剿,自剿淄川踞匪刘德培。六月,贼倾巢出扑,追败之于田庄,遂克县城。德培遁大白山,擒斩之,进攻邹县。白莲池匪首宋继明屡降屡叛,拥众二万余,恃险抗拒。令总兵陈国瑞、郭宝昌猛攻,破其山寨,败窜红山,死守经月,粮尽欲遁。令舒通额等设伏岭下,陈国瑞于山北攻上焚其寨,杀贼过半。其窜山下者,伏起并歼。擒匪首李九,获宋继明尸及其家属。留国瑞暂驻,搜缉余匪。即日令陈国瑞赴皖剿苗沛霖。

沛霖倔强淮北,当张洛行伏诛,惧,请散练归农。及僧格林沁北行,又袭攻蚌埠、怀远、寿州,围蒙城,皖军不能制。至是僧格林沁督军讨之。陈国瑞先至,连战皆捷,匪党丧胆。十月,大军进亳州,连克蒋集、杨家寨。与陈国瑞合攻,绝其粮道,破蔡家圩,淮河两岸贼垒悉尽。沛霖昏夜越壕出窜,为其党刺杀。总兵王万清斩首以献,逆党苗憬开等均伏法。寻破西洋集,擒匪首葛春元,颍、亳、寿境圩寨悉定,淮甸渐清。

时捻匪张洛行之侄总愚扰河南,令苏克金率马队往会剿,而降捻李世忠,官至江南提督,素跋扈,盘踞淮南,将为隐患。诏曾国藩密为处置,命僧格林沁驻军镇慑。三年春,世忠自请解兵柄。会汉南粤、捻诸匪纠合下窜,与张总愚相应接,将图南犯,为江宁踞贼声援。僧格林沁乃督师赴许州,进南阳,与河南、湖北诸军会剿,迭破贼于信阳、应山、郧阳之间。六月,江宁克复,大赉诸军,诏嘉僧格林沁转战勋勤,加一贝勒,命其子伯彦讷谟祜受封,复以所部蒙古马队最得力,保举素无冒滥,命择尤奏奖,赏兵丁银一万两。

七月,粤、捻诸匪麕聚麻城,令苏克金、张曜、英翰等分路进击,破贼垒数十。捻首陈得才以万众来扑,战于红石堰。苏克金力战,歼贼甚众,遽病暍卒,以成保代之。贼窜麻城南境闵家集,结垒为固,成保攻破之。总兵郭宝昌克蔡家畈,贼窜河南光山、罗山。僧格林沁亲督马队追击,战于萧家河,援贼大至,稻陇地狭,马队失利,自翼长舒通额以下,阵亡将领十二人。八月,复战于光山柳林寨,先胜,中伏,为贼所围,力战始退,总兵巴扬阿死之。九月,张总愚东窜,与上巴河、蕲州之贼勾合,踞风火山,僧格林沁会鄂军进剿,连战破之。贼趋安徽境,分窜潜山、太湖、英山。十月,连破之于土漠河、乐儿岭、陶家河。匪目黄中庸率千人来降,追至黑石渡,令黄中庸为前锋,袭贼营,大军继之,冲贼为两段,贼目温其玉等率九千余人投械乞降。侦知贼分三路,遣兵分剿,捻首马融和率党七万人投诚,愿为前敌。贼党甘怀德诱擒伪端王蓝成春出献,磔于军前。余党汪传第、吴青泉、吴青泰、范立川等各率众乞抚,先后受降十数万人,著名匪首仅存数人。陈得才寻亦穷蹙自尽,惟张总愚、陈大熹西窜河南、湖北境,复猖獗。

十一月,僧格林沁督军追剿,败之于光山境,进至枣阳。粤匪赖文光、邱元才,捻匪牛洛红、任柱、李允等窜踞襄阳黄龙垱、峪山,官军进击小挫,而张总愚、陈大熹乘间与合,图犯樊城。大军追击于邓州唐坡,贼倾巢出扑,两面包抄,官军失利,伤亡甚多。僧格林沁自请严议,诏宽之,乃驻军南阳。十二月,贼由南召、鲁山窜郭宝丰张八桥。大军进逼,令郭宝昌、何建鳌分南北两路,恒龄、成保以马队护之。北路逼贼而营,贼来扑,成保横出钞袭,乘胜压过山冈;南路诱贼深入,从旁更番进击;两路皆捷,合军追击,直抵张八桥。贼夜遁入山,北趋河、洛。僧格林沁督军由洛阳取道宜阳,驻韩城镇。

四年正月,贼折而南犯鲁山,大军追及,战于城下。前锋得利穷追,后路为贼钞袭,翼长恒龄等阵亡。舒伦保、常顺马队接应,陈国瑞横突扼桥上,始得全师退,而舒伦保、常顺亦以伤殒。贼遂窜叶县、襄城,陈国瑞乘宵夜袭攻,纵火焚之。贼东北窜新郑、尉氏,追及于双溪河,翼长诺林丕勒等击走之。贼南趋,由临颍、郾城扰西平,裹胁愈众,遂犯汝宁。二月,僧格林沁进抵汝宁,贼由息县、罗山窜信阳。大军抵信阳,贼又北窜,追至确山。陈国瑞等步队亦到,令与全顺、何建鳌、常星阿、成保数路合击。郭宝昌设伏山口,僧格林沁登山督战,诸悍贼齐集,合力死斗。国瑞鏖战最力,宝昌伏起冲突,贼大败,尸横遍野,由遂平、西平、郾城、许州、扶沟直走睢州。官军追至,又奔入山东境,渡运河至宁阳,折向曲阜。

官军驰追匝月,日行百里,往返三千余里,马力久疲。自苏克金、舒通额、恒龄等殁后,得力战将渐稀。朝命先调湘淮军著名武将,多观望不至,僧格林沁亦不愿用之。至是匪踪剽忽,盘旋于兖、沂、曹、济之间。由汶上窜郓城水套,句结伏莽,众至数万。僧格林沁督师猛进,再战再捷。至曹州北高庄,贼拒战。军分三路合击,皆挫败,退扎荒庄,遂被围,兵不得食,夜半突围乱战,昏黑不辨行,至吴家店,从骑半没。僧格林沁抽佩刀当贼,马蹶遇害。时四月二十四日也。内阁学士全顺、总兵何建鳌同殉于阵。

事闻,两宫震悼,诏嘉其忠勇性成,视国事如家事,饰终典礼视亲王,从优议恤。命侍卫驰驿迎柩至京,上奉两宫皇太后亲奠,赐金治丧,祀昭忠祠,于立功地方建专祠,配享太庙,谥曰忠,预绘像紫光阁。七年,捻平,遣官赐祭一坛。光绪十五年,皇太后归政,敕于京师安定门内建专祠,祠曰显忠。子伯彦讷谟祜袭亲王爵,孙那尔苏袭封贝勒,次孙温都苏封辅国公。

僧格林沁所部骑兵最号劲旅,骁将以舒通额、恒龄、苏克金为最,均先殒。及从难,仅全顺、何建鳌二人。两次治海防,倚提督史荣椿、乐善,先后死事焉。其将勇营者,陈国瑞、郭宝昌最有名,并自有传。

舒通额,苏里氏,满洲镶白旗人,齐齐哈尔达呼尔。咸丰三年,以领催从军江北,隶德兴阿部下。攻江浦,矢殪黄衣执纛贼。迭著战功,洊升协领,赐号图萨泰巴图鲁。九年,僧格林沁督师天津,调充马队营总。十年冬,从赴山东剿捻匪,捻首赵浩然犯济宁,舒通额败之羊山。十一年春,战于菏泽李家庄,分三路进击,不利。舒通额将右翼,独杀贼多,全师而退,擢充翼长。败贼于泰安、宁阳,解滕县围。捻窜丰、沛,阻于水,复折而西,分窜巨野,合长枪会匪,甚张,舒通额破之,斩馘数千。击会匪郭秉钧、刘占考于城武柳林集,复破贼徐官庄。借协领色尔固善败捻匪于郯城红花埠、马陵山,擒贼首李灿漳于曹州安陵集。复破郭秉钧田潭老巢,追剿捻匪于青、沂之间。累功记名副都统,加头品顶戴,赐黄马褂。败捻匪刘天祥于滕县冈山,败会匪刘占考于范县,又破刘天祥于曹州袁家园。

同治元年,授阿勒楚喀副都统,从剿商丘金楼寨教匪,克之。借恒龄平亳州张大庄捻巢,借苏克金败捻魁张洛行于张桥。二年,捻匪刘狗、孙丑犯鹿邑,复与苏克金要击于魏桥。破尹家沟、雉河集贼巢,张洛行就擒。六月,捻首张守义陷淄川,他军战不利。舒通额突击之,冲贼为四。守义弃城遁入凤凰山白莲池寨,与李成、宋继明、刘双印合,众二万余,负嵎抗拒。舒通额攻其北,夺西寨门、枣园诸隘,总兵陈国瑞由东南登山,纵火焚之。继明自杀,余贼奔溃,舒通额覆诸山下,俘斩数千,擢正黄旗汉军都统。从剿苗沛霖,平之。三年,粤、捻诸匪合扰豫、皖、楚三省间。八月,追至罗山,贼退萧家河。舒通额蹑其后,悍党四面至,援军阻绝,骑兵不得驰骋。舒通额下马持短刀搏斗，突围不出，遂战死，优恤，予骑都尉兼云骑尉世职，谥威毅。

恒龄，郭贝尔氏，满洲镶黄旗人，呼伦贝尔达呼尔。咸丰九年，以佐领从提督傅振邦剿捻匪，破贼于夏邑李家洼，勇常冠军，擢协领。十年，振邦遣率兵千五百人入卫京畿。寻从巡抚文煜折回山东剿捻，解济宁围，遂从僧格林沁充营总。十一年，迭败贼于东昌、青州、沂州，积功记名副都统，赐黄马褂、达春巴图鲁名号。是年冬，会匪刘占考窜范县，副都统舒明阿战死，恒龄突击走之。援贼至，贼返斗，恒龄与舒通额夹击，追至簸箕营。舒通额攻其圩，恒龄逐逸贼至范县西，斩千余级。同治元年，败长枪会匪于曹州杨家集，歼焦桂昌。侍郎国瑞攻亳州邢大庄不下，恒龄夜袭克之。二年，偕舒通额破捻匪于鹿邑魏桥，偕侍卫卓明阿败贼于杞县许冈，围其寨。贼三路来援，偕苏克金、卓明阿分击，斩馘二千，又追败之于博望驿。贼走山东，恒龄回援，大战于巨野大义渠。贼翻山遁，偕国瑞逐北，歼五千人。驻军永城，抚定亳北诸圩寨。偕舒通额、苏克金毁涡河南北捻巢，蹑追至肥河北，张洛行就擒，伏诛。时降捻张锡珠、宋景诗复叛，扰畿南。恒龄偕苏克金率马队驰援，置直隶提督。击散张锡珠党众，进剿宋景诗于堂邑。三路合击，景诗遁走，畿辅解严。从僧格林沁剿苗沛霖，奏充翼长。会诸军克蔡圩，沛霖就歼。三年，从剿粤、捻诸匪于河南、湖北边境，破贼于随州，授正黄旗护军统领。迭战麻城、罗山间，贼北趋，恒龄与何建鳌等败之张八桥。四年三月，追贼抵鲁山城下，贼潮至，恒龄将右翼，与常星阿、成保合蹙破。贼逾沙河走，恒龄追之，反斗，伏起，殒于阵。予骑都尉兼云骑尉世职，谥壮烈。

苏克金，倭勒氏，满洲正黄旗人，爱珲驻防。咸丰初，以骁骑校从僧格林沁剿粤匪，克连镇、冯官屯，积功擢佐领。五年，从都统西凌阿剿贼湖北，克德安。七年，从副都统德楞额剿颍上捻匪，转战河南，肃清河、陕、汝三郡，擢协领，加副都统衔。八年，阜阳教匪王廷桢扰洛阳、新蔡，苏克金破西炉贼巢，毙王廷桢于阵。会德楞额疾，代领所部，追贼寨河集、陈家阪，尽歼之，赐号伊固木图巴图鲁。邀击捻匪于夏邑、宁陵，走之。寻又自亳州窜入河南境，败之邓六庄。坐赴援周家口失期，革职留营。寻破贼虞城，复原官。九年，克睢州。十年，僧格林沁调充天津行营翼长，遂从剿捻山东。十一年，从攻红川口，歼贼渠刘占考、梁继海，赐黄马褂，记名副都统。

同治元年，从剿张洛行于河南杞县、尉氏，屡败之。攻金楼寨教匪，先登，斩祈姚氏及其二子，授福州副都统。二年，偕舒通额败捻匪于鹿邑魏桥，破尹家沟贼巢，擒捻首韩四万、陈二坎，蒙、亳悉平，加头品顶戴。偕恒龄赴援畿辅，驻防河间。时河北多伏莽，乡团跋扈。苏克金谓疆吏姑息所致，言于僧格林沁，劾之。从剿苗沛霖，克淮南北各圩寨。余捻走河南，张总愚最狡悍。三年，僧格林沁督师进剿，令苏克金先驱扼鱼山。贼长大军马队，盘旋山地。苏克金在诸将中号持重，善审地势，持数月未战。诏屡促之，会张总愚出邓州，急起追击，连破之赤眉城、

双桥、安春寨，总愚负伤遁。而粤匪陈得才、蓝成春等由汉中回窜，麕集麻城，苏克金偕皖、豫诸军进攻，力战兼旬，毁贼垒数十。七月，战于红石堰，苏克金指挥列阵，忽中暍，疾作，坠马，舁归遽卒。诏依都统例赐恤，谥壮介。

何建鳌，汉军镶红旗人。由武举补京营把总，初从达洪阿赴广西剿匪，继从僧格林沁战阜城、连镇、冯官屯，积功擢守备，回京营供职。咸丰七年，调赴河南，从剿角子山捻匪、阜阳教匪，洊升游击。九年，调守天津大沽，击退英国兵舰，加副将衔。及从剿匪，转战山东、江北，以破曹州红川口会匪，擢副将。歼亳州捻首李廷彦，记名总兵。平张洛行，赐号雄勇巴图鲁，授中营副将。历从剿捻豫、楚之交，常为军锋。曹州之败，兵分三路，建鳌当其西，中路失利，贼萃于建鳌，士卒多死，退从僧格林沁守空堡，短刀杀贼，殁于阵。诏嘉其至死不离主帅，依提督例优恤，予骑都尉兼云骑尉世职，谥果毅。

全顺，萨尔图拉氏，蒙古正蓝旗人。咸丰六年，繙译进士，历官中允。十年，僧格林沁治防天津，疏调从军，累迁翰林院侍读学士。在军充翼长，从剿商丘金楼寨、亳州邢大庄，及平张洛行，并著战绩，赐黄马褂。擢内阁学士，授西安左翼副都统。从僧格林沁阵亡，恤典加等，依尚书例，予骑都尉兼云骑尉世职，谥忠壮。舒通额、恒龄、苏克金、何建鳌、全顺并附祀僧格林沁专祠。

史荣椿，顺天大兴人。由行伍洊升京营参将，历从扬威将军奕经、大学士赛尚阿军中。继从都统胜保剿匪，攻独流贼垒，战阜城，破贼堆村，赐号洽希巴图鲁。僧格林沁荐其堪膺专阃，咸丰五年，擢大名镇总兵。洎近畿军事平，都统西凌阿率师移剿湖北，留马队千五百人隶荣椿防畿辅。寻赴援河南、安徽，连破捻匪于鹿邑、归德。调徐州镇，破捻匪于宿州，又平亳州捻巢。八年，破捻匪于涡河南，贼首刘狗乞降，诛之，擢直隶提督。从僧格林沁治天津海防。九年，英国兵舰犯海口，荣椿偕大沽协副将龙汝元力战，中炮，同殁于阵。予骑都尉兼云骑尉世职，建专祠，谥忠壮。

乐善，伊勒忒氏，蒙古正白旗人。由拜唐阿洊升云麾使。拣发陕甘参将，剿番匪有功。从胜保剿粤匪，战独流、阜城，赐号巴克敦巴图鲁。咸丰六年，率马队剿捻匪河南，连破贼于鹿邑、颍川。七年，擢河北镇总兵。克方家集捻巢，从胜保克正阳关，解固始围，赐黄马褂。九年，命赴僧格林沁天津军营，擢直隶提督。英兵闯入海口，乐善扼击，敌不得逞，寻退去。论功最，被优叙。十年七月，英兵复至，大沽炮台陷，乐善力战，死之。赠太子少保，予骑都尉兼云骑尉世职，于海口建专祠，谥威毅。寻封二等男爵，子成友袭。

论曰：僧格林沁忠勇朴诚，出于天性，名震寰宇，朝廷倚为长城。治军公廉无私，部曲诚服，劳而不怨。其殄寇也，惟以杀敌致果，无畏难趋避之心。剿捻凡五年，扫穴擒渠，余孽遂为流寇，困兽之斗，势更棘焉。继事者变通战略，以持重蒇功，则僧格林沁所未暇计及者也。然燕、

齐、皖、豫之间，讴思久而不沬，于以见功德入人之深。有清藩部建大勋者，惟僧格林沁及策凌二人，同膺侑庙旷典，后先辉映，旂常增色矣。

卷四百五　　列传一百九十二

曾国藩

曾国藩，初名子城，字涤生，湖南湘乡人。家世农。祖玉屏，始慕向学。父麟书，为县学生，以孝闻。

国藩，道光十八年进士。二十三年，以检讨典试四川，再转侍读，累迁内阁学士、礼部侍郎，署兵部。时太常寺卿唐鉴讲学京师，国藩与倭仁、吴廷栋、何桂珍严事之，治义理之学。兼友梅曾亮及邵懿辰、刘传莹诸人，为词章考据，尤留心天下人材。

咸丰初，广西兵事起，诏群臣言得失。奏陈今日急务，首在用人，人才有转移之道，有培养之方，有考察之法。上称其剀切明辨。寻疏荐李棠阶、吴廷栋、王庆云、严正基、江忠源五人。寇氛益炽，复上言："国用不足，兵伍不精，二者为天下大患。于岁入常额外，诚不可别求搜刮之术，增一分则民受一分之害。至岁出之数，兵饷为巨，绿营兵额六十四万，常虚六七万以资给军用。自乾隆中增兵议起，岁糜帑二百余万。其时大学士阿桂即忧其难继，嘉、道间两次议裁，不及十之四，仍宜汰五万，复旧额。自古开国之初，兵少而国强，其后兵愈多则力愈弱，饷愈多则国愈贫。应请皇上注意将才，但使七十一镇中有十余镇足为心腹，则缓急可恃矣。"又深痛内外臣工诌谀欺饰，无陈善责难之风。因上《敬陈圣德预防流弊》一疏，切指帝躬，有人所难言者，上优诏答之。历署刑部、吏部侍郎。

二年，典试江西，中途丁母忧归。

三年，粤寇破江宁，据为伪都，分党北犯河南、直隶，天下骚动，而国藩已前奉旨办团练于长沙。初，国藩欲疏请终制，郭嵩焘曰："公素具澄清之抱，今不乘时自效，如君父何？且墨绖从戎，古制也。"遂不复辞。取明戚继光遗法，募农民朴实壮健者，朝夕训练之。将领率用诸生，统众数不逾五百，号"湘勇"。腾书遐迩，虽卑贱与钧礼。山野材智之士感其诚，莫不往见，人人皆以曾公可与言事。四境土匪发，闻警即以湘勇往。立三等法，不以烦府县狱。旬月中，菁民猾胥，便宜捕斩二百余人。谤诟四起，自巡抚司道下皆心诽之，至以盛暑练操为虐士。然见所奏辄得褒答受主知，未有以难也。一日标兵与湘勇哄，至闯入国藩行台。国藩亲诉诸巡抚，巡抚漫谢之，不为理，即日移营城外避标兵。或曰："曷以闻？"国藩叹曰："大难未已，吾人敢以私愤渎君父乎？"

尝与嵩焘、忠源论东南形势多阻水，欲剿贼非治水师不可，乃奏请造战舰于衡州。匠卒无晓船制者，短桡长桨，出自精思，以人力胜风水，遂成大小二百四十舰。募水陆万人，水军以褚汝航、杨载福、彭玉麟领之，陆军以塔齐布、罗泽南领之。贼自江西上窜，再陷九江、安庆。忠源战殁庐州，吴文镕督师黄州亦败死。汉阳失，武昌戒严，贼复乘势扰湖南。国藩锐欲讨贼，率水陆军东下。舟师初出湖，大风，损数十艘。陆师至岳州，前队溃退，引还长沙。贼陷湘潭，邀击靖港，又败，国藩愤投水，幕下士章寿麟掖起之，得不死。而同时塔齐布大破贼湘潭，国藩营长沙高峰寺，重整军实，人人捫揄之。或请增兵，国藩曰："吾水陆万人非不多，而遇贼即溃。岳州之败，水师拒战者惟载福一营；湘潭之战，陆师塔齐布、水师载福各两营：以此知兵贵精不贵多。故诸葛败祁山，且谋减兵损食，勤求己过，非虚言也。且古人用兵，先明功罪赏罚。今世乱，贤人君子皆潜伏，吾以义声倡导，同履危亡。诸公之初从我，非以利动也，故于法亦有难施，其致败由此。"诸将闻之皆服。

陆师既克湘潭，巡抚、提督上功，而国藩请罪。上诘责提督鲍起豹，免其官，以塔齐布代之。受印日，士民聚观，叹诧国藩为知人，而天子能明见万里也。贼自岳州陷常德，旋北走，武昌再失。国藩引兵趋岳州，斩贼枭将曾天养，连战，下城陵矶。会师金口，谋取武昌。泽南沿江东岸攻花园寇屯，塔齐布伏兵洪山，载福舟师深入寇屯，士皆露立，不避铅丸。武昌、汉阳贼望见官军盛，宵遁，遂复二郡。国藩以前靖港败，自请夺官，至是奏上，诏署湖北巡抚，寻加兵部侍郎衔，解署任，命师东下。

当是时，水师奋厉无前，大破贼田家镇，毙贼数万，至于九江，前锋薄湖口。攻梅家洲贼垒不下，驶入鄱湖。贼筑垒湖口断其后，舟不得出，于是外江、内湖阻绝。外江战船无小艇，贼乘舴艋夜袭营，掷火烧坐船，国藩跳而免，水师遂大乱。上疏请罪，诏旨宽免，谓于大局无伤也。

五年，贼再陷武汉，扰荆襄。国藩遣胡林翼等军还援湖北，塔齐布留攻九江，而躬至南昌抚定水师之困内湖者。泽南从征江西，复弋阳，拔广信，破义宁，而塔齐布卒于军。国藩在江西与巡抚陈启迈不相能，泽南奔命往来，上书国藩，言东南大势在武昌，请率所部援鄂，国藩从之。幕客刘蓉谏曰："公所恃者塔、罗。今塔将军亡，罗又远行，脱有急，谁堪使者？"国藩曰："吾计之熟矣，东南大局宜如是，俱困于此无为也。"嵩焘亦钱泽南曰："曾公兵单，奈何？"泽南曰："天苟不亡本朝，公必不死。"九月，补授兵部侍郎。

六年，贼酋石达开由湖北窜江西，连陷八府一州，九江贼踞自如，湖南北声息不相闻。国藩困南昌，遣将分屯要地，羽檄交驰，不废吟诵。作《水陆师得胜歌》，教军士战守技艺、结营布阵之法，歌者咸感奋，以杀贼敢死为荣。顾众寡，终不能大挫贼。议者争请调泽南军，上以武汉功垂成，不可弃。泽南督战益急，卒死于军。玉麟闻江西警，芒鞋走千里，穿贼中至南昌助守。林翼已为湖北巡抚，国藩弟国华、国葆用父命乞师林翼，将五千人攻瑞州。湖南巡抚骆秉章亦资国荃兵援吉安，兄弟皆会行间。而国藩前所遣援湖北诸军，久之再克武汉，直下九江，李续宾八千人军城东。续宾者，与弟续宜皆泽南高第弟子也。载福战船四百泊江两岸,江宁将军都兴阿马队、鲍超步队驻小池口,凡数万人。国藩本以忧惧治军,自南昌迎劳,见军容甚盛,益申儆告诫之。而是时江南大营溃,督师向荣退守丹阳,卒。和春为钦差大臣,张国梁总统诸军攻江宁。

七年二月,国藩闻父忧,径归。给三月假治丧,坚请终制,允开侍郎缺。林翼既定湖北,进围九江,破湖口,水师绝数年复合。载福连拔望江、东流,扬帆过安庆,克铜陵泥汊,与江南军通。由是湘军水师名天下。林翼以此军创始国藩,杨、彭皆其旧部,请起国藩视师。会九江克复,石达开窜浙江,浸及福建,分股复犯江西,朝旨诏国藩出办浙江军务。

国藩至江西,屯建昌,又诏援闽。国藩以闽贼不足虑,而景德地冲要,遣将援赣北,攻景德。国荃追贼至浮梁,江西列城次第复。时石达开复窜湖南,围宝庆。上虑四川且有变,林翼亦以湖北饷倚川盐,而国藩又久治兵,无疆寄,乃与官文合疏请国藩援蜀。会贼窜广西,上游兵事解,而陈玉成再破庐州,续宾战殁三河,林翼以群盗蔓庐、寿间,终为楚患,乃改议留国藩合谋皖。军分三道,各万人。国藩由宿松、石牌规安庆,多隆阿、鲍超出太湖取桐城,林翼自英山向舒、六。多隆阿等既大破贼小池,复太湖、潜山,遂军桐城。国荃率诸军围安庆,与桐城军相犄角。安庆未及下,而皖南贼陷广德,袭破杭州。

李秀成大会群贼建平,分道援江宁,江南大营复溃,常州、苏州相继失,咸丰十年闰三月也。左宗棠闻而叹曰:"此胜败之转机也!江南诸军,将蹇兵疲久矣。涤而清之,庶几后来可藉手乎?"或问:"谁可当者?"林翼曰:"朝廷以江南事付曾公,天下不足平也。"于是天子慎选帅,就加国藩兵部尚书衔,署理两江总督,旋即真,授钦差大臣。是时江、浙贼氛炽,或请撤安庆围先所急。国藩曰:"安庆一军为克金陵张本,不可动也。"遂南渡江,驻祁门。江、浙官绅告急书日数十至,援苏、援沪、援皖、援镇江诏书亦叠下。国藩至祁门未数日,贼陷宁国,陷徽州。东南方困兵革,而英吉利复失好,以兵至。僧格林沁败绩天津,文宗狩热河,国藩闻警,请提兵北上,会和议成,乃止。

其冬,大为贼困,一出祁门东陷婺源;一出祁门西陷景德;一入羊栈岭攻大营。军报绝不通,将吏憷然有忧色,固请移营江干就水师。国藩曰:"无故退军,兵家所忌。"卒不从,使人间行檄鲍超、张运兰亟引兵会。身在军中,意气自如。时与宾佐酌酒论文。自官京朝,即日记所言行,后履危困无稍间。国藩驻祁门,本资饷江西,及景德失,议者争言取徽州通浙米。乃自将大军次休宁,值天雨,八营皆溃,草遗幅寄家,誓死守休宁。适宗棠大破贼乐平,运道通,移驻东流。多隆阿连败贼桐城,鲍超一军游击无定居,林翼复遣将助之。十一年八月,国荃遂克安庆。捷闻,而文宗崩,林翼亦卒。穆宗即位,太后垂帘听政,加国藩太子少保衔,命节制江苏、安徽、江西、浙江四省。国藩惶惧,疏辞,不允,朝有大政,咨而后行。

当是时,伪天王洪秀全僭号踞金陵,伪忠王李秀成等犯苏、沪,伪侍王李世贤等陷浙杭,伪辅王杨辅清等屯宁国,伪康王汪海洋窥江西,伪英王陈玉成屯庐州,捻首苗霈霖出入颍、寿,与玉成合,图窜山东、河南,众皆号数十万。国藩与国荃策进取,国荃曰:"急捣金陵,则寇必以全力护巢穴,而后苏、杭可图也。"国藩然之。乃以江宁事付国荃,以浙江事付宗棠,而以江苏事付李鸿章。鸿章故出国藩门,以编修为幕僚,改道员,至是令从淮上募勇八千,选良将付之,号"淮军"。同治元年,拜协办大学士,督诸军进讨。于是国荃有捣金陵之师,鸿章有征苏、沪之师,载福、玉麟有肃清下游之师;大江以北,多隆阿有取庐州之师,续宜有援颍州之师;大江以南,鲍超有攻宁国之师,运兰有防剿徽州之师,宗棠有规复全浙之师;十道并出,皆受成于国藩。

贼之都金陵也,坚筑壕垒,饷械足,猝不可拔。疾疫大作,将士死亡山积,几不能军。国藩自以德薄,请简大臣驰赴军,俾分己责,上优诏慰勉之,谓:"天灾流行,岂卿一人之咎?意者朝政多缺失,我君臣当勉图襄救,为民请命。且环顾中外,才力、气量无逾卿者!时势艰难,无稍懈也。"国藩读诏感泣。时洪秀全被围久,召李秀成苏州,李世贤浙江,悉众来援,号六十万,围雨花台军。国荃拒战六十四日,解去。三年五月,水师克九洑洲,江宁城合围。十月,鸿章克苏州。四年二月,宗棠克杭州。国藩以江宁久不下,请鸿章来会师,未发,国荃攻益急,克之。江宁平,天子褒功,加太子太傅,封一等毅勇侯,赏双眼翎。开国以来,文臣封侯自是始。朝野称贺,而国藩功成不居,粥粥如畏。穆宗每简督抚,辄密询其人,未敢指缺疏荐,以谓疆臣既专征伐,不当更分黜陟之柄,外重内轻之渐,不可不防。

初,官军积习深,胜不让,败不救。国藩练湘军,谓必万众一心,乃可办贼,故以忠诚倡天下。其后又谓淮上风气劲,宜别立一军。湘勇利山径,驰骋平原非所长,且用武十年,气亦稍衰矣,故欲练淮士为湘勇之继。至是东南大定,裁湘军,进淮军,而捻匪事起。

捻匪者,始于山东游民相聚,其后剽掠光、固、颍、亳、淮、徐之间,捻纸燃脂,故谓之"捻"。有众数十万,马数万,蹂躏数千里,分合不常。捻首四人,曰张总愚、任柱、牛洪、赖文光。自洪寇、苗练尝纠捻与官军战,益悉攻斗,胜保、袁甲三不能御。僧格林沁征讨数年,亦未能大创之。国藩闻僧军轻骑追贼,一日夜三百余里,曰:"此于兵法,必蹶上将军。"未几而王果战殁曹州,上闻大惊,诏国藩速赴山东剿捻,节制直隶、山东、河南三省,而鸿章代为总督,廷旨日促出师。国藩上言:"楚军裁撤殆尽,今调刘松山一军及刘铭传淮勇尚不足。当更募徐州勇,以楚军之规模,开齐、兖之风气;又增募马队及黄河水师,皆非旦夕可就。直隶宜自筹防兵,分守河岸,不宜令河南之兵兼顾河北。僧格林沁尝周历五省,臣不能也。如以徐州为老营,则山东之兖、沂、曹、济,河南之归、陈,江苏之淮、徐、海,安徽之庐、凤、颍、泗,此十三府州责之臣,而以其余责各督抚。汛地有专属,则军务乃渐有归宿。"又奏:"扼要驻军临淮关、周家口、济宁、徐州,为四镇。一处有急,三处往援。今贼已成流寇,若贼流而我与之俱流,必致疲于奔命。故臣坚持初议,以有定之兵，制无定之寇，重迎剿，不重尾追。"然督师年余，捻驰突如故。将士皆谓不苦战而苦奔逐，乃起张秋抵清江筑长墙，凭运河御之，未成而捻窜襄、邓间，因移而西，修沙河、贾鲁河，开壕置守。分地甫定，而捻冲河南汛地，复突而东。时议颇咎国藩计迂阔，然亦无他术可制捻也。

山东、河南民习见僧格林沁战，皆怪国藩以督兵大臣安坐徐州，谤议盈路。国藩在军久，益慎用兵。初立驻军四镇之议，次设扼守黄运河之策。既数为言路所劾，亦自以防河无效，朝廷方起用国荃，乃奏请鸿章以江督出驻徐州，与鲁抚会办东路；国荃以鄂抚出驻襄阳，与豫抚会办西路；而自驻周家口策应之。或又劾其骄妄，于是国藩念权位不可久处，益有忧谗畏讥之心矣。丐病假数月，继请开缺，以散员留军效力；又请削封爵：皆不许。

五年冬，还任江南，而鸿章代督军。时牛洪死，张总愚窜陕西，任柱、赖文光窜湖北，自是有东西捻之号。六年，就补大学士，留治所。东捻由河南窜登、莱、青，李鸿章、刘长佑建议合四省兵力堵运河。贼复引而西，越胶、莱、河南入海州。官军阵斩任柱，赖文光走死扬州。以东捻平，加国藩云骑尉世职。西捻入陕后，为松山所败。乘坚冰渡河窜山西，入直隶，犯保定、天津。松山绕出贼前，破之于献县。诸帅勤王师大至，贼越运河窜东昌、武定。鸿章移师德州，河水盛涨，扼河以困之。国藩遣黄翼升领水师助剿，大破贼于茌平。张总愚赴水死，而西捻平。凡防河之策，皆国藩本谋也。是年授武英殿大学士，调直隶总督。

国藩为政务持大体，规全势。其策西事，议先清陇寇而后出关；筹滇、黔，议以蜀、湘二省为根本。皆初立一议，后数年卒如其说。自西人入中国，交涉事日繁。金陵未下，俄、美、英、法皆请以兵助，国藩婉拒之。及廷议购机轮，置船械，则力赞其成，复建议选学童习艺欧洲。每定约章，辄诏问可许不可许，国藩以为争彼我之虚仪者可许，其夺吾民生计者勿许也。既至直隶，以练兵、饬吏、治河三端为要务，次第兴革，设清讼局、礼贤馆，政教大行。

九年四月，天津民击杀法领事丰大业，毁教堂，伤教民数十人。通商大臣崇厚议严惩之，民不服。国藩方病目，诏速赴津，乃务持平保和局，杀十七人，又遣戍府县吏。国藩之初至也，津民谓崇厚必反崇厚所为，备兵以抗法。然当是时，海内初定，湘军已散遣，天津咫尺京畿，民、教相哄，此小事不足启兵端，而津民争怨之。平生故旧持高论者，日移书谯让，省馆至毁所署籍帖，而国藩深维中外兵势强弱，和战利害，惟自引咎，不一辩也。丁日昌因上奏曰："自古局外议论，不谅局中艰苦，一唱百和，亦足以荧上听，挠大计。卒之事势决裂，国家受无穷之累，而局外不与其祸，反得力持清议之名，臣实痛之！"

国藩既负重谤，疾益剧，乃召鸿章治其狱，逾月事定，如初议。会两江缺出，遂调补江南，而以鸿章督直隶。江南人闻其至，焚香以迎。以乱后经籍就烬，设官书局印行，校刊皆精审。礼聘名儒为书院山长，其幕府亦极一时之选，江南文化遂比隆盛时。

国藩为人威重，美须髯，目三角有棱。每对客，注视移时不语，见者悚然，退则记其优劣，无或爽者。天性好文，治之终身不厌，有家法而不囿于一师。其论学兼综汉、宋，以谓先王治世之道，经纬万端，一贯之以礼。惜秦蕙田《五礼通考》阙食货，乃辑补盐课、海运、钱法、河堤为六卷；又慨古礼残阙无军礼，军礼要自有专篇，如戚敬元所纪者。论者谓国藩所订营制、营规，其于军礼庶几近之。晚年颇以清静化民，俾人悉以养士。老儒宿学，群归依之。尤知人，善任使，所成就荐拔者，不可胜数。一见辄品目其材，悉当。时举先世耕读之训，教诫其家。遇将卒僚吏若子弟然，故虽严惮之，而乐为之用。居江南久，功德最盛。

同治十三年，薨于位，年六十二。百姓巷哭，绘像祀之。事闻，震悼，辍朝三日。赠太傅，谥文正，祀京师昭忠、贤良祠，各省建立专祠。子纪泽袭爵，官至侍郎，自有传；纪鸿赐举人，精算，见《畴人传》。

论曰：国藩事功本于学问，善以礼运。公诚之心，尤足格众。其治军行政，务求蹈实。凡规画天下事，久无不验，世皆称之，至谓汉之诸葛亮、唐之裴度、明之王守仁，殆无以过，何其盛欤！国藩又尝取古今圣哲三十三人，画像赞记，以为师资，其平生志学大端，具见于此。至功成名立，汲汲以荐举人才为己任，疆臣阃帅，几遍海内。以人事君，皆能不负所知。呜呼！中兴以来，一人而已。

卷四百六　　列传一百九十三

骆秉章　胡林翼

骆秉章，原名俊，以字行，改字籥门，广东花县人。道光十二年进士，选庶吉士，授编修。迁御史，稽察银库，却陋规，严检阅。吏不便其所为，欲龁齕去之，会发其奸，不得逞。历给事中、鸿胪寺少卿、奉天府丞兼学政。二十三年，银库亏帑事发，坐失察，褫职，罚分赔。及谳定，宣宗知秉章独持正无私，特旨以庶子用。寻丁母忧。服阕，补右庶子，先后命赴山东、河南、江苏按事。词臣奉使出异数，所治狱悉称旨。二十八年，擢侍讲学士。出为湖北按察使，迁贵州布政使，调云南。三十年，擢湖南巡抚。

咸丰元年，广西匪炽，诏湖广总督程矞采赴湖南督办防务，秉章及提督余万清副之。大学士赛尚阿督师过境，以供张薄，有嫌，密奏湖南吏治废弛。二年，诏秉章开缺来京，而粤匪已由桂林北窜入湖南。矞采闻警，由衡州退长沙，寻复往驻。万清守道州，被贼陷。江华、嘉禾、桂阳、郴州、攸县相继失，万清逮治。秉章坐未能预防，革职留任。先议修长沙城，甫毕工，而贼由醴陵突犯长沙。秉章婴城固守，悍贼萧朝贵预诇城坏，故以轻军来袭，未得逞，寻毙于炮。副将邓绍良赴援最先至，入城任战守。

贼屡以地雷坏城，皆击却之。新授巡抚张亮基至，秉章奉旨暂留同守城。及贼首洪秀全大举来攻，援军向荣、和春、张国梁等亦并集，且守且战，历八十余日。贼引去，陷岳州，趋湖北。赛尚阿、程矞采并坐失机罢遣。秉章以守城功，免议，召来京。寻命留湖北襄办防守事宜，未至而武昌陷。三年春，官军收复武昌，暂署湖北巡抚。诏赴徐州管粮台，未行，复署湖南巡抚，寻实授。

在籍侍郎曾国藩奉命治团练，始立湘军，秉章力赞成之。又延湘阴举人左宗棠襄理戎幕，广罗英俊之士，练勇助剿，军威渐振。先清境内，遣军分路破江西贼于桂阳，破广西贼于永明、零陵、江华，破广东贼于兴宁，又破江西贼于茶陵，而常宁、永兴土匪皆平。贼由湖北进陷岳州，令王鑫、曾国葆水陆截击，败之，岳州遂复。令贵州道员胡林翼率黔勇追贼逼界口。四年，总督吴文镕师溃黄州，汉阳复陷。曾国藩水师成，进援湖北，前敌失利，岳州复陷。贼犯靖港及樟树港，距长沙数十里，并陷宁乡、湘潭。秉章调抚标兵益塔齐布军，令偕杨岳斌、彭玉麟同援湘潭。国藩亲率水师战靖港，复失利。布政使徐有壬、按察使陶恩培请奏劾罢其军。秉章曰："曾公谋国之忠，不可以一时胜败论也。"会次日塔齐布等大破贼于湘潭，复其城，靖港贼亦遁走，长沙获安。贼绕西湖陷华容、龙阳、常德，令胡林翼专剿此路。塔齐布、罗泽南进规岳州、崇阳、通城，未几，各城皆复，而武昌再陷。国藩整军东征，饷械悉力资之无缺，十月，遂克武昌。湘军之名自此显。

五年，武昌三陷，胡林翼署巡抚，飞书告急。秉章令鲍超率水师先赴，彭玉麟募勇继之。起杨岳斌于家，统其众以固北路，而南路广东、广西群贼扰境，土匪纷起应之。令田兴恕御东路，王鑫剿南路，先清土匪，克东安，斩广西贼首郭有禄。余贼复扰永明、江华，击走之。克桂阳、永兴、茶陵、郴州、宜章，毙广东贼首何禄，南路遂定。贵州苗犯晃州、沅州、麻阳，并击走之。当武昌陷后，总督杨霈始终坚执防贼渡江上扼汉川，以固荆襄。秉章上疏争之，略曰："杨霈始终坚执防贼北窜，然以现在形势论之，江西、湖南尚称完地。若使湖北水陆两军移驻汉川，长江千里，尽委之贼，其将置东南于不问乎？未解者一也。移驻汉川，祇能御上窜襄阳之路，其于荆州并无轻重。若贼水陆并进；荆州门户，其孰当之？未解者二也。水陆两军相为依附，胡林翼既驻汉川，则水军非退守监利，即移泊岳州，为湖南门户计，尚未为失。然武汉门户岂能度外置之乎？未解者三也。若谓贼众兵单，不思广济失利之初，以总督万余之兵，不能当千余之贼，乃退守黄州，未一日即退汉川，由此而德安，而随州，今又退至枣阳。北窜者贼也，引之北窜者谁欤？未解者四也。扼贼北窜，必固荆襄，欲保荆襄，必守武汉，此一定之局。汉阳未复，不能绕至汉川，况武汉均为贼屯，胡林翼纵至汉川，以孤军驻四面皆贼之地，又能为荆襄门户计乎？未解者五也。"霈之专防北窜，原出迎合上意。疏入，诏斥所诋霈者过当。然上意开悟，未久罢霈，以官文代之，与胡林翼合规武汉。秉章悉力资给林翼军，如所以助曾国藩者。洎林翼与罗泽南破石达开于咸宁，达开入江西，连陷瑞州、临江，而吉安、抚州、建昌属城多被扰。

国藩自上年九江之挫，久留南昌，孤军难进展。秉章至是锐意东援，令江忠济出通城以固岳州，令刘长佑、萧启江率军分路入江西。六年，刘长佑等连克萍乡、万载，进攻袁州。江忠济战殁通城，以王鑫代之，连克通城、崇阳、蒲圻、通山诸县。至冬，长佑克袁州、分宜、新喻，赵焕联自茶陵收永宁，余星元自鄱县收永新、莲花厅。初议规江西分三路，北路出瑞州，中路出袁州，南路出吉安。刘长佑袁州一路兵逾九千，饷难再筹。至是始令周凤山、曾国荃各募勇二千，合趋吉安。诏嘉秉章不分畛域，越境殄寇，赐花翎。

七年，武汉既复，下游无警，湘军乃四出。以蒋益澧率永州军援广西，以王鑫军增援江西，以兆琛等军援贵州，需饷益巨。湖南自军兴停漕运，米贱，而征折犹沿旧价，民困赋绌。秉章减浮折，核中饱，民减纳而赋增。仿扬州例，抽收盐货厘金，岁入百数十万，给军无缺。王鑫战江西，屡破悍寇，克乐安，寻卒于军，以张运兰及鑫弟开化分统其众。刘长佑攻临江，至十二月克之。八年，京察叙功，加头品顶戴。刘长佑以疾归，以刘坤一代领其军。进规抚州、建昌，先后克复。八月，诸军齐集，克吉安。石达开败窜浙江，江西略定。秉章以兵合不易，应乘胜进取。疏请起曾国藩督师援浙，留萧启江、张运兰两军随征，余军尽撤。盖自五年援江西，糜湖南饷凡二百六十万，协济之数不预焉。

石达开由浙入闽、粤，徘徊五岭之上。九年春，复由江西入湖南。秉章调魏喻义、陈士杰扼岿河，起刘长佑于家，令与刘坤一募勇四万备迎击。调萧启江、张运兰于江西，调田兴恕于贵州，未集而贼至，陷桂阳、宜章、兴宁，窥衡州，为岿河之军所扼，回窜嘉禾、新田、临武、宁远。达开大队窜永兴，以据上游。刘长佑出祁阳，与之相持。回犯东安、新宁，刘坤一再挫之，乃趋宝庆，众号三十万，多乌合。秉章下免死令，散数万人。时赵焕联、田兴恕等军先至，营城外。贼营环二百里，包诸军于中。胡林翼遣李续宜率军赴援，秉章令刘长佑、刘岳昭、何绍彩分三路进。六月，战宝庆城下，内外夹击。贼人众乏食，再战再败，遂东窜。萧启江军遇于永州，又击败之。乃由全州窜广西，启江尾追，刘长佑继进，败之于大榕口，又败之桂林，贼窜庆远。秉章令长佑留镇广西，田兴恕回贵州，萧启江出沅江，兼顾川、黔。时广东贼又扰边境，令张运兰、黄淳熙分击于江华、宜章，并歼之。

十年，命赴四川督办军务。时左宗棠已奉命募勇援浙，聘湘乡刘蓉赞军事。湘军名将多从曾国藩、胡林翼，惟刘岳昭、黄淳熙在湖南。调两军随行，受代将发，石达开复由广东犯湖南境，吏民乞留。遣岳昭、淳熙会剿，贼寻引去。十一年正月，始启行，抵宜昌，闻陈玉成犯湖北，分遣岳昭赴援，自率五千人入川。

四川之乱，始于咸丰九年。滇匪蓝大顺又名朝柱，李短搭又名永和。结党私贩鸦片，其党被捕，聚众陷宜宾，攻叙州，扰嘉定，众号十余万，群盗遂四起。总督有凤、曾望颜等不能制，征兵湖南，先遣萧启江一军赴之。启江寻病殁,诏曾国藩赴川督师,中止未行,成都将军崇实署总督。秉章奉命后,虑客军易遭觭龁,犹观望。崇实驰书促行,开诚迎候,发蘖关税以给军,军至,乃出望外。时贼首李永和、卯得兴踞青神,蓝朝柱围绵州,张第才、何国梁围顺庆,蹂躏四十余县,将逼成都。秉章至万县,即令黄淳熙援顺庆,战于定远,阵斩何国梁,贼大败。追至潼川二郎场,中伏,淳熙阵亡,然贼惊湘军勇锐,引去。秉章由顺庆驻潼川,令胡中和、萧庆、何胜必率萧启江旧部,曾传理代领黄淳熙之众,刘德谦率亲军,唐友耕率川军,合万九千人,援绵州,别以他军缀青神,分扼东北。会穆宗即位,擢授秉章四川总督。八月,师会绵州城下,连破贼十余垒,贼败退,渡涪水屯守。官军作五浮桥以济,又击败之。贼遁走,由什邡、崇庆趋丹棱,秉章始入成都。

莅任,奏劾布政使祥奎、中军副将张定川不职,罢之。荐刘蓉,诏超擢署布政使。军事吏治,振刷一新,于是分剿诸贼,急攻蓝、李二股。令唐友耕扼眉州洪堰,断青神之援,胡中和等诸军围丹棱,作长壕木城,节节进逼。贼弃城走,追毙蓝朝鼎于阵。余贼分路逃散,为民团汛兵截杀几尽。蓝朝柱率二百人遁入山,寻出合诸匪陷新宁,复为官军击散。其后陕西鳌屋匪溃走兴安,为民团所获,有自称为蓝大顺及弟三顺至九顺,并戮之。李永和见丹棱已克,亦遁走,分军追击,围之于铁山。同治元年,京察,诏嘉秉章珍寇迅速,整顿地方,加太子少保。寻克青神,李永和、卯得兴由铁山遁走,追至宜宾,擒之。道员张由庚克新宁,贼分窜,张第才遁陕西,曹灿章入老林。总兵周达武解涪州围,追擒周绍涌于大竹,又擒郭刀刀于巴州。周跻跻由云南入盐池、合州、新宁,张由庚击走之,诸城皆复。至冬,川南北一律肃清,诏嘉调度有方,予优叙。

石达开见川中兵事方殷,屡由黔、楚窥伺来犯。是年春,陷石柱,扑涪州,为刘岳昭军所阻,窜黔境。寻又入叙永,攻江安,陷长宁,分扰珙、高、庆符,刘岳昭、曾传理等击败之。退滇境,分窜筠连、高县,官军扼金沙江以守。贼谋三路入川,秉章调诸将及土司兵分防。二年正月,赖裕新自宁远犯冕宁,至越巂,为邛部土司岭承恩击毙。余贼散扰川西十余县,多为官军民团截杀,尽歼于平武山谷中。三月,石达开渡金沙江,为唐友耕等军所扼,由小径趋土司紫打地。大渡河水涨,官军伺半济击之,退扑松林、小河,又为土司王应元所扼。岭承恩夜袭破马鞍山贼营,断其粮道。复连扑两河,皆不得渡,粮尽,杀马采树叶而食。唐友耕等汉、土官兵合击,焚其巢,堕岩落水无数。余七八千人奔老鸦漩,复为土兵所阻。达开率一子及其党三人乞降,解散四千人,余党尽诛之。五月,槛送达开至成都,磔于市。捷闻,诏深嘉之,加太子太保,将士奖擢有差。李福猷为达开死党,初约由黔入川,令刘岳昭与黔军合剿,寻于黔境就歼。达开余孽遂尽。

粤匪扰陕西,围汉中,秉章令道员易佩绅率军解围,张由庚驻防川境。至是复令萧庆高、何胜必赴剿。诏擢刘蓉为陕西巡抚,督诸军。秉章病目告归,命力疾视事。三年,江宁克复,诏录前后功,予一等轻车都尉世职,赐双眼花翎。四年,陕西粤匪为诸军击败,窜甘肃阶州,令周达武会剿平之。回剿南坪番匪,匪首欧利哇降。又剿马边,擒匪首宋士杰,边境悉平。令刘岳昭援黔,由绥阳抵遵义,道路始通,后由黔规滇,皆秉章遗策也。六年夏,疾愈视事,命以四川总督协办大学士。十一月,卒于官,优诏赐恤,称其"公忠诚亮,清正勤明",赠太子太傅,入祀贤良祠,四川、湖南建专祠。赐其子天保郎中、天诒举人,诸孙并赐官,谥文忠。

秉章晚年愈负重望,朝廷要政多谘决,西南军事胥倚之。所论荐人才,悉被任用,著勋名。川民感其削平寇乱,出于水火,及其殁,巷哭罢市。遗爱之深,世与汉诸葛亮、唐韦皋并称云。

胡林翼,字润之,湖南益阳人。父达源,嘉庆二十四年一甲三名进士,官至少詹事,学宗宋儒。林翼少时,即授以性理诸书,而林翼负才不羁,娶总督陶澍女,习闻绪论,有经世志。

道光十六年,成进士,选庶吉士,授编修。二十年,充江南副考官,坐失察正考官文庆携举人熊少牧入闱,降一级调用。丁父忧,服阕,捐纳内阁中书,改贵州知府。署安顺、镇远,皆盗薮,用明戚继光法练勇士,搜捕林箐,身与同甘苦。屡擒剧盗,靖苗氛,以功赐花翎。又因防剿新宁匪李沅发,以道员用。总督吴文镕、巡抚乔用迁并荐堪大用。咸丰元年,补黎平,实行保甲团练,千五百余寨,建碉楼四百余座,严扼要隘,储谷备城守。地邻湘、桂,匪戢而民安。三年,剿瓮安榔匪,诛其魁。湖南巡抚张亮基、骆秉章两次奏调,以贵州留不行。御史王发桂疏荐林翼剿匪成效,诏赴湖北委用。

四年,擢贵东道,率黔勇千人行次通城,而总督吴文镕战殁黄州,遂进援武昌。贼寻犯湖南,骆秉章调林翼回防,平安化土匪,擢四川按察使,寻调湖北。曾国藩既克武昌,檄林翼与罗泽南会攻九江,屯湖口,破贼梅家洲。五年春,擢湖北布政使。总督杨霈师溃黄梅,林翼率所部回援武昌,别以副将王国才一军隶之,未至,汉阳陷,合攻不克,屯沌口。武昌复陷,潜师渡江规武昌,为贼所困,兵少食尽,退金口。诏林翼署理湖北巡抚,杨霈奏令上扼汉川。林翼疏陈形势,宜急攻武汉,方能内固荆襄,上俞之。时武、汉、黄、德四郡皆为贼踞,后路崇阳、通城多伏莽,公私赤立,兵饷皆绌。林翼驰书四出乞贷,发家谷给军。添募兵勇,兼顾南北两路,凡数十战,时有克捷,亦屡濒于危。七月,攻克汉口镇,夺大别山贼卡。未几,援贼由汉川至,焚汉口。崇、通匪勾结武昌城贼,扑金口大营。诏念林翼素善用兵,勉以重整敌卒。寻退奓山,饷绝兵溃,下部议处。林翼移营大军山,收集溃兵,驻新堤、嘉鱼。水陆合万人,半出新募,贼至常数万,军中夺气。林翼镇静相持,以忠义激励将士,始渐定。奏调罗泽南由江西来援,连克通城、崇阳,林翼自往迎之于蒲圻。合破援贼韦俊、石达开于咸宁,复其城。乘胜进攻武昌,自所部普承尧、唐训方军由中路,罗泽南当西路,杨岳斌以水师会金口,总督官文亦令都兴阿率骑兵驻北岸。林翼和六年三月，罗泽南急攻城，伤于炮，骤卒。以李续宾代领其军，攻战不少辍。石达开自咸宁败后，窜江西，连陷数郡。曾国藩屡调罗泽南回援，不克往。林翼分遣刘腾鸿、普承尧两军赴之。诏以武汉久不克，督战急。林翼疏陈，略曰："臣顿兵城下五月余矣。血肉之躯，日当炮石，伤亡水陆士卒三千余，丧将领罗泽南、周得魁百余人，李续宾中丸堕马者数矣。夫兵易募而将难求，臣观前史，李左车告韩信，以顿兵城下，情见事绌为戒。战易攻难，自昔已然。故臣自四月后乃禁仰攻，分兵咸、蒲以取义宁，四战皆捷。分水师以清下游，直达九江。臣自率兵五千扼武昌南路，李续宾率六千三百扼洪山东，分剿北路。水师六营下驻沙口。贼由九江、兴国分路来援，臣豫拨三千余人战于百里之外。微臣之志，誓与兵事相终始。万一变生意外，决不敢退怯苟且，自取羞辱。"文宗览奏，特慰勉之。

五月，贼于武昌城外豹子澥等处增垒掘壕，林翼抽调诸军击之，遂于要隘掘壕困贼。贼屡扑，皆击退。谍知九江贼古隆贤来援，已至樊口，先遣党数千进踞葛店。令蒋益澧率精锐迎击，战于葛店，大破贼，焚其舟。追至樊口，杨载福水师亦至，合击，毙贼数千。攻克武昌县城，遂渡江攻黄州。而石达开由江西窜江宁，复纠众上犯，分数路。七月，急调黄州军回援。贼由金牛趋葛店，古隆贤亦起应之。林翼督水陆军分御，连战于油坊岭、鲁家港、姚家岭、窑湾、沙子岭、小龟山，旬日内二十余捷，擒斩无算，解散胁从万余，追奔百余里，至华容，贼悉遁。九月，杨岳斌追贼至蕲州，焚其舟，直抵田家镇。贼援既绝，添募陆勇五千，水师六营，为长图计。十一月，咨会官文克期大举。杨岳斌断拦江铁锁，焚尽船尽。贼倾城出扑，鏖战三时，大败狂奔，诸军逐之，遂复武昌。擒贼酋古文新等，骈诛数百人，生降四千。同日官文亦克汉阳。诏实授林翼湖北巡抚，加头品顶戴。遂分兵收复武昌县、黄州府及兴国、大冶、蕲水、蕲州、黄梅。令李续宾乘胜规九江，都兴阿、杨岳斌、鲍超屯小池口，自驻武昌筹全局。

上疏论军事吏治，略曰："湖北军务不饬已久，无论贼之多寡强弱，闻警先惊，接仗即溃。上下相蒙，恬不知耻。误于使贪使诈，而实为贪诈所使。川、楚、河南勇目，招合无赖投效，以一报十，冒领口粮。交绥即败，又顾之他。帑项至艰，徒饱无赖欲壑。遣散不得其方，又相聚为盗。近年湖北募勇之大患，绿营则怯懦若性，正额虚浮，军政营制，荡然无存。此为兵事急应整顿之要。自古用武之地，荆襄为南北关键，武汉为荆襄咽喉。武汉有警，则邻疆胥震。四年之中，武昌三陷，汉阳四陷。东南数省，受害惟武为甚。夫善斗者必扼其吭，善兵者必审其势。今于武汉设重镇，则水陆东征之师，恃为根本军火米粮委输不绝，伤痍疾病休养得所。平吴之策，必先保鄂，明矣。保鄂必先固汉阳。湖北之失，在汉阳无备。下游小挫，贼遂长驱直入。应请于武汉设陆师八千，水师二千，日夜训练。平时有藜藿不采之威，临事有千里折冲之势。且东征之师，孤军下剿，苦战必伤，久役必疲。伤病之人，留于军中，不但误战，亦且误饷。若以武汉之防兵更番迭代，则士气常新，军行必利。此武汉宜急设防练之要。湖北莠民从贼者多，兵勇搜捕，徒滋扰害。惟有保甲清厘，族户捆献，分别斩释。然牧令不得其人，则法不能行。官吏之举动，为士民所趋向；绅士之举动，又为愚民所趋向。未有不养士而能致民，不察吏而能安民者。五年大熟，州县乃或报灾，六年大饥，州县转或征赋。以丰为歉，是病国计；以歉为丰，是害民生，而终害于国计。歉岁官吏私收钱缓，实惠不及于民。有所谓挖征、急公等名目，无一非蠹国病民。凡下与上交接之事，诿之幕友；官与民交接之事，诿之门丁。词讼案牍，病在积压；盗贼奸宄，弊在因循。州县之小事，即百姓之大事，今日之小贼，即异日之大贼。厝火积薪，隐忧方大。又如捐输则有踩堂、赘见之费，牙帖则有勒索之费，厘金则有私设之费。臣受事以来，迭次特参。在国自有刑章，在臣甘为怨府。惟想劾贪非难，求才为难。前者劾去，后者踵事，而巧避其名，弊将不可胜言。臣愚以为必严禁官场应酬陋习，与群吏更始，崇尚敦朴，屏退浮华。行之数年，庶可改观。目下州县最缺待人，请敕下部臣，暂勿拘臣文法资格。此吏治急应整饬之要。武汉甫经收复，人或以为已治已安，臣窃忧之。如以为治安，则前收复已三二次矣。况江西七府俱沦于贼，旁轶横出，不仅九江、安庆为足恃也。未收复之前，事势极难，文武尚有惧心；收复之后，布置尚易，而特恐文武均萌肆志。外省粉饰之习，久在圣明洞鉴。不揣愚昧，用以直陈。"疏入。上嘉纳焉。于是裁浮勇，练新军，蠲四十六州县田赋以苏民困。设清查局，稽核全省仓库盈虚之数；设节义局，表彰死难绅士女；设军需局，以备东征饷械。严课吏治，纠劾文武数十人，推廉尚能，手书戒勉将吏如子弟。初，将吏颇构督、抚异同，下令曰："敢再言北岸兵事吏事长短者，以造言论罪。"官文亦开诚相与，无掣肘。军政吏治，皆林翼主稿，林翼推美任过，督抚大和。湖北振兴，实基于此。襄阳土匪猖獗，扰及河南境，令唐训方等剿之。

七年春，擒匪首高先二等。陈玉成由皖北上犯，诸军不能御。林翼赴黄州督师，贼众十余万环踞巴河东。会水涨，林翼令毁三台河石桥，扼河而守。潜师出回龙山，遏贼上窜。调李续宜率湖勇驰至，督诸军合击于孙家嘴、马家河、月山，贼大败遁走。都兴阿、李续宾亦连破贼于黄梅、宿松，楚北肃清。遂视师九江，定合围方略而还。八年四月，李续宾等攻九江，克之，磔贼首林启荣。诏嘉林翼调度有方，加太子少保。林翼乃急规安庆，杨岳斌率水师出九江，都兴阿出宿松、望江，逼安庆为围师。李续宾规复太湖、潜山、桐城，与都军为犄角。五月，丁母忧，诏予假百日治丧，假满仍署巡抚。七月，庐州陷，李续宾轻军赴援，战殁三河。林翼方奉母柩回籍，诏急起视师，林翼闻命，痛哭起行，径次黄州，军心始定。

九年，进屯上巴河，与李续宜整饬部伍，日夜训练，谋大举。会石达开由江西犯湖南，围宝庆。林翼令李续宜率所部赴援，舒保马队助之，又以水师分扼河道，宝庆围得解，于是与曾国藩合力图复安徽。国藩循江而下为第一路,多隆阿、鲍超攻取潜山、太湖为第二路,林翼自出英山、霍山为第三路,李续宜由松子关出商城、固始为第四路。十月,由黄州移营英山。陈玉成在贼中最狡悍,见太湖围急,纠合捻匪张洛行、龚瞎子众数十万来援。林翼集诸军精锐全力备战,欲一鼓歼之。与曾国藩部署诸将,指挥战略。谋前敌总统,以多隆阿谋勇兼优,而鲍超素不相下,手书劝勉,十数往复,始定议。又备意外,令金国琛、余际昌以八千人出潜山天堂衻贼背。十二月,贼至,鲍超营小池驿,当其冲,贼聚攻之。多隆阿虑分兵掣全势,置不救,调唐训方往助。事且急,金国琛等由山中鼓行而出,贼乃夺气。十年正月,多隆阿攻罗山冲为西路,鲍超出小池驿为东路,朱品隆、蒋凝学、唐训方等合击,金国琛等亦同时并进,大破贼,歼毙先后二万余,遂克太湖城,潜山亦复。是役为仅见之大捷,安庆之势遂孤。

既而江南大军溃,苏、常尽陷,曾国藩授两江总督,督师。林翼为画分路大举之策,国藩不尽用,率鲍超等次祁门,为规复江南计,以其弟国荃围安庆。林翼令多隆阿围桐城,李续宜屯青草塥,为两军援,都兴阿别出师江北,分兵济饷,林翼悉任之。十月,多隆阿、李续宜大破贼于桐城挂车河。林翼进驻太湖,度贼援安庆不利,必深入湖北腹地以分我军势。令余际昌屯霍山乐儿岭,成大吉屯罗田松子关,戒贼至勿浪战,坚守待援。十一年春,贼果合捻匪西犯,成大吉破之松子关,歼捻渠龚瞎子。霍山守者违节度,为贼所败,遂进陷黄州、德安、孝感、随州,林翼令李续宜回援。贼复分股回略蕲、黄,趋安庆,约城贼夹击。檄成大吉下援,鲍超亦由南岸至,破贼于集贤关,擒斩数千,磔其渠刘玱林。多隆阿亦破援贼于桐城,贼计不得逞,城中粮将尽,势益蹙。南岸之贼复由江西犯兴国、大冶,南及崇、通,武汉震动。林翼方病咯血,自率师回援,而围攻安庆益急。及抵湖北,贼已闻风遁。八月朔,遂克安庆。曾国藩推林翼为首功,诏加太子太保,予骑都尉世职。桐城、庐江、舒城以次复,黄州、德安之贼先后擒斩,楚境悉平。

林翼久病,闻文宗崩于热河行在,大恸呕血,八月,卒。诏赠总督,祀贤良祠,湖北、湖南并建专祠,赐其子子勋举人,谥文忠。同治元年,复诏:"林翼未竟全功,遽就溘逝,迹其功勋卓越,名播寰区,至今江、鄂士民称颂。命于原籍家祠赐祭一坛。"洎江南平,加予一等轻车都尉世职,子子勋袭,后并两世职为男爵。光绪中,以孙祖荫袭,官邮传部参议。

林翼貌英伟,目岩岩,威棱慑人。事至立断,无留难。尤长综核,厘正湖北漕粮积弊,以部定漕折为率,因地量加轻重,民岁减钱百余万缗,岁增帑四十余万两,提存节省银亦三十余万两。两湖自淮盐阻绝,率食川盐,于宜昌、沙市、武穴、老河口设局征税,视旧课增至倍蓰。时东南各省皆抽厘助饷,惟湖北多用士人司榷,核实无弊。其治军务明纪律,手订营制,留意将才。尝曰:"兵之器者无不罢,将之贪者无不怯;观兵知将,观将知兵。为统将必明大体,知进退缓急机宜;其次知阵法,临敌决胜;又其次勇敢:此大小之分也。"驭将以诚,因材而造就之,多

以功名显。察吏严而不没一善,手书褒美,受者荣于荐剡,故文武皆乐为之用。士有志节才名不乐仕进者,千里招致,于武昌立宝善堂居之,以示坊表。尝曰:"国之需才,犹鱼之需水,鸟之需林,人之需气,草木之需土。得之则生,不得则死。才者无求于天下,天下当自求之。"荐举不尽相识,无一失人。曾国藩称其荐贤满天下,非虚语。尝自以闻道晚,刻自绳检,欿然常若不足。家有田数百亩,初筮仕,誓先墓,不以官俸自益。父著《弟子箴言》行世,承其志为箴言书院,教人务实学。病革,曰:"吾死,诸君赗吾,惟修书院,无赗吾家。"所著《读史兵略》、《奏议》、《书牍》,皆经世精言。

论曰:骆秉章休休有容,取人为善。胡林翼综核名实,干济冠时。论其治事之宽严疏密若不相侔,而皆以长驾远驭,驱策群材,用能丕树伟绩。所莅者千里方圻,规画动关军事全局。使无其人,则曾国藩、左宗棠诸人失所匡扶凭藉,其成功且较难。缅怀中兴之业,二人所关系者岂不巨哉?

卷四百七　　列传一百九十四

江忠源 弟忠济　族弟忠信　**罗泽南**

江忠源,字岷樵,湖南新宁人。道光十七年举人。究心经世之学,伉爽尚义。公车入京,初谒曾国藩,国藩曰:"吾生平未见如此人,当立名天下,终必以节烈死。"大挑教职,回籍。察教匪乱将作,阴以兵法部勒乡里子弟。既而黄背峒盗雷再浩果勾结广西莠民为乱,一战破其巢,擒再浩戮之。以功擢知县,拣发浙江。秀水灾,奉檄往赈,遂权县事。赈务毕举,擒剧盗十数,邑大治。巡抚吴文镕待以国士,补丽水,檄治海塘。文宗即位,曾国藩应诏荐其才,送部引见,寻以父忧去官。

咸丰元年,大学士赛尚阿督师剿粤匪,调赴军前,副都统乌兰泰深倚重,事必谘而行。忠源招旧所练乡兵五百人,使弟忠浚率以往,号"楚勇"。贼氛方炽,官兵莫撄其锋。忠源勇始至,逼贼而垒。贼轻其少,且新集,急犯之。坚壁不出,逼近始驰突,斩级数百,一军皆惊。累功赐花翎,擢同知直隶州。贼聚永安,向荣与乌兰泰不协,忠源调和,勿听,知必败,引疾回籍。

二年春,贼果突围出犯桂林。忠源闻警,增募千人,偕刘长佑兼程赴援,未至,乌兰泰伤殁于军,自是独领一军,进扼桂林城外鸬鹚洲,三战皆捷,围寻解,擢知府。贼窜全州,将趋湖南,忠源偕诸军进击。贼陷城不守,复出窜,悉载辎重舟中,期水陆并下。忠源发树塞河,截贼蓑衣渡,鏖战两昼夜,悍酋冯云山中炮死。贼弃舟夜遁,尽获其辎重。忠源先请扼东岸,未用其策,贼由东窜入湖南,陷道州。又议贼众不满万,虑日久裹胁众,分防不如合剿,远堵不如近攻。于是诸军合攻道州,贼坚壁,意在

久踞。购城中内应，约期袭之。贼走蓝山、嘉禾，犯桂阳，陷郴州。忠源谓后路进剿愈急，前路攻陷愈多，请仍申合剿之议，当事不省，贼益张，径犯长沙。忠源借总兵和春驰援，至则贼已踞城南，窟穴民廛，攻城甚急。忠源望见天心阁地势高，贼栅其上，惊曰："贼据此，长沙危矣！"率死士争之，贼败退。趣移垒逼贼，共汲一井，击柝相闻。忠源弟忠济自郴州尾贼至，约夹击，为伏贼所伤。缒入城商方略，因语众曰："官军四面集，惟河西一路空虚。贼夺民舟渡江掠食，食尽将他窜。宜重兵扼回龙塘。"巡抚张亮基韪之，而诸将逡巡莫前。时赛尚阿罢，徐广缙代之，未至，城内外巡抚三，提督二，总兵十，莫相统摄。忠源赴湘潭，请于广缙，不省。贼卒由回龙塘窜陷岳州，遂破武昌。忠源痛谋不见用，不欲东。张亮基奏留守湖南，剿平巴陵土匪，调赴浏阳剿征义堂会匪周国虞，斩馘七百，解散万人。浏阳平，擢道员。

三年正月，授湖北按察使，张亮基署总督，兵事悉倚之。剿平通城、崇阳、嘉鱼、蒲圻诸匪，擒大渠刘立简、陈百斗、熊开宇等。文宗知忠源忠勇可恃，命率所部赴向荣军，寻命帮办江南军务。濒行，上疏切论军事，略曰："粤寇之乱，用兵数年，糜饷二千万，人无固志，地罕坚城。臣出入锋镝，于今三年，谨策其大端，惟圣明裁察：一曰严军法。将不行法，是谓无将；兵不用法，是为无兵。全州以失援陷而左次相仍，道州以弃城陷而溃逃踵接；岳州设防而不能为旦夕之守，九江列舰而不能遏水陆之冲。岂有他哉？畏贼之念中之也。贼尝致死于我，而我不能致死于贼。贼之战也，驱新附于前，以故党乘其后，却则击杀。故贼退必死而进乃生，我退必生而进则死，不待战阵，而胜负分矣已。诚欲反怯为强，莫若易宽以猛。皇上执法以驭将帅，将帅执法以驭偏裨，偏裨执法以驭兵士。避寇者诛，不援者诛，未令而退者诛。法令既严，军声自壮。此讨贼之大端也。一曰撤提镇。承平既久，宿将凋亡，提镇大臣，积资可待。位尊则意为趋避，偏裨不敢与争；权重则法难骤加，督抚不能擅决。人情当齿壮官卑之日，辄思发奋为雄，位高则进取念衰，必不能踔厉以赴时会。且军兴数载，馈饷滋艰，提镇所需，较副参悬绝。裁一提镇，养精兵二百而有余。奚取以有限脂膏，奉此无益之提镇？诚择一深明将略者统制其间，余则悉归休致。副将以下，量擢其才。此整军之要道也。一曰汰冗兵。选兵胆气为上，坚朴次之，技艺又次之。质实耐苦之人，令进则进，令退则退，其身听命于将而不知它。浮怯之徒，无事则趋跄观美，临阵则退缩旁徨，论功则钻刺以图美官，遇败则推诿以逃咎戾，宜汰者一也。征调频烦，或赢老备籍，坐耗资粮，或部曲散亡，惊魂甫定。当此饷糈匮绌，岂容更益虚縻，宜汰者二也。诚敕各营将领，讨部曲而严察之，气充胆壮者备攻剿，朴实坚苦者备屯防。舍此二端，尽归厘汰，此致强之急务也。一曰明赏罚。胜有赏，败有罚，亘古不变之常经也。顾胜有赏而赏非胜，则不如无赏；败有罚而罚非败，则不如无罚。无赏无罚，人犹冀赏罚之时；赏非其功，罚非其罪，则惩劝之用乖，怨讟之声作，而军事不可为矣。今战胜有功，固当赏录，左右侍从，奖叙尤多，

且未尝行一失律之诛，按一纵寇之罪。胜败本兵家之常，主兵者每言胜而讳败；功过本无妨互见，主兵者辄匿过而言功。治承平天下且不可，况危乱之世哉？夫军中赏罚未可一概论。胜固当赏，或旅进取斩级以冒功，或追击贪货财而得小，则当罚；败固当罚，或迈勇先驱，后援不继，或大军已却，一将独前，则当赏。今大帅据营将之言，营将恃左右之口。功罪之实，非采访所可知，好恶之心，因毁誉而多舛。求是非洽乎人心，难矣。自非亲历行阵，开诚布公，何以慰军士之心而振披靡之习？此风气不可不急为振拔者也。一曰戒浪战。用兵之道，能守而后能战，能制人而后不制于人，能避贼之长而后可用吾之短。臣自广西以来，深观贼势，结营则因地筑垒，环以深壕；置阵则正兵敌前，奇兵旁袭；止则遍购徒党，伺吾虚实；行则遥壮声威，乘吾张皇。故尝以为贼止则当扼要以断其馈济，严兵以截其奔逃；贼行则当逆击以遏其锋，设伏以挠其势。乃我之围贼不严守而攻坚，追贼不截归而尾击，小有挫失，士气先怯。此兵法不可不变计者也。一曰察地势。势者非图史所载山川一定之险也。视贼出入之途，先为之防，察贼分合之机，遥为之制；则渐车之洽，数仞之冈，苟形势在所必争，即事机不容或失。全州蓑衣渡之战，寇焰已摧，宜速壁河东断其右臂；道州之役，寇锋已挫，宜分屯七里桥扼其东趋；长沙将解围，则宜坚壁回龙潭、土桥头，使贼不得西犯。它若道州莲花池、莲涛湾，死地六十里，而纵之使生；湘阴临资口、岳州城陵矶皆必争之区，而纵之使遁。祸机在咫尺之间，流毒遂在千里之外。此败辙之不可不深鉴者也。一曰严约束。杀贼所以安民，安民乃可杀贼。粤寇惨虐，不可胜言，然择肥而噬，旁檐不暇搜求。或伪结民心，多偿市直。兵则攫取奸污，穷户且难幸免。故于贼且有怨词，于兵能无怨毒。且长夫估客，游荡无常，托伪营装，恣行淫掠，乡民畏惧，莫敢谁何。应敕诸营首严防制，备册时稽。犯则军法按治，绝其芽蘖。此结民心惩后患之要图也。一曰宽胁从。粤寇徒党，丧亡实多，煨烬之余，类多附胁。平昔会徒盗贼，宽典相蒙，监禁军流，乘时放逸，命为前导，尤所甘心。凡此法无可道，自尔获焉必杀。至若良民驱迫，骨肉羁縻，此中进退维谷之忧，艰苦颠连之状，每一念及，辄用隐伤。宜敕各营刊示射达，临阵建免死之旗，令其倒戈以赴，曲赐保全。既可探贼情，复以携贼党。此尤好生盛德，讨贼机宜之大权也。行此八者，破格以揽奇才，便宜以畀贤帅，择良吏以固根本，严综核以裕饷源。如此而盗贼不灭，盛治不兴，愿斩臣首以谢天下。"疏入，上嘉纳之。

行至九江，闻南昌被围，方有旨促援凤阳，疏请先援江西，率兵千三百人，三昼夜驰抵南昌。巡抚张芾举王命旗牌授忠源，战守事悉听指挥。忠源火城外廛庐，斩逃者，谓章江门最受敌，自当之，日登城督战。贼穴地轰城，崩数十丈。刃毙先登贼，囊土填缺。数突门出战，夜遣死士缒下焚贼营。诏嘉奖，赉珍衮。寻湖南援师至，分军扼樟树镇，遣罗泽南剿平泰和、万安、安福土匪。守南昌九十余日，至八月，屡炮毁贼垒，沉贼船，乘风纵火，贼乃遁。诏嘉其功，加二品顶戴。贼退据九江，分扰湖北兴国，径

犯田家镇。忠源赴援，部兵二千，途阻不能遽达，先挈亲兵数十人抵田家镇。甫一日，贼舟乘风大至，道员徐丰玉等死之。忠源自刭，诏原之，降四级留任，寻擢安徽巡抚。

贼已陷黄州、汉阳，围武昌。沿江击贼，败之，武昌解严。疏请增兵万人，当淮南一路，而湖北留其兵不尽遣，仅率兵二千冒雨行。将士疲顿，忠源亦遘疾。至六安，贼已陷桐城、舒城。吏民遮留，不可，留千人守六安，舁疾抵庐州。部署未定，贼已大至。城中合援兵团勇仅三千人，忠源力疾守陴，迭挫扑城之贼。地道轰城屡圮，皆奋击却之。诏嘉忠源力保危城，躬驰战阵，赐号霍隆武巴图鲁。时陕甘总督舒兴阿兵万余，畏葸不进。忠源弟忠浚偕刘长佑来援，驻城外五里墩，阻不得前。被围月余，庐州知府胡元炜阴通贼，贼知城中食乏，军火将尽，攻益急。水西门圮，且战且修筑。贼突自南门缘梯入，忠源掣刀自刎。左右持之，一仆负之行，忠源奋脱。转战至水闸桥，身受七创，投古塘死之。布政使刘裕铊，池州知府陈源兖，同知邹汉勋、胡子雍，县丞兴福、艾延辉，副将松安，参将马良、戴文渊，同时殉难。胡元炜竟降贼。忠浚募人求其尸。后八日，部卒周昌迹得之，负出，面如生。

事闻，文宗震悼，赠总督，予骑都尉兼云骑尉世职，入祀昭忠祠，谥忠烈。同治初，江南平，追念前功，予三等轻车都尉世职，湖南、江西并建专祠，湖北省城与罗泽南合祀三忠祠。忠源殁逾年，湖南有寇警，弟忠淑奉檄募勇助剿。母陈出私财助饷，并悬重赏以励众。事定，巡抚骆秉章以闻，特旨予忠源父母三代一品封典。忠源弟三人，忠浚、忠济、忠淑，族弟忠义、忠信，皆自忠源初起即从军中。忠浚、忠义自有传。

忠济，从守长沙，城坏，堵缺口，杀登城贼数十，以勇名。三年，忠源赴湖北，以旧部千人付忠济留长沙。忠源剿贼通城，兵单不利，忠济倍道赴援，战于桂口，斩贼首陈申子于阵，又破何田俊等，焚其巢；及援南昌，两塞城缺，斩贼之先登者。巡抚张芾疏称其精敏勇敢，军中服，累功擢候选知府。江西解严后，忠济回籍侍母。忠源既殁，有旨饬用忠济及忠浚率兵剿贼。忠浚方赴援庐州，从和春攻剿。忠济为骆秉章调赴蓝山、宁远剿土匪，连破贼解围，擢道员。五年，驻防岳州。胡林翼攻武昌未下，贼勾结崇阳、通城土匪，忠济遣兵复通城，遂留驻。六年春，江西贼由义宁窜至，忠济进击，连破贼垒，而悍党集数万，为所围，力战三日，营陷，死之。赠按察使衔，予骑都尉世职，谥壮节。

忠信，少跅弛不羁，年十六，从忠源赴广西军。犯军令，忠源将斩之，众为乞免。及遇贼，骁捷敢战，常为军锋，累加擢千总。闻忠源被围庐州，从忠浚赴援。比至，壁西门外五里墩不得进。忠信夜率壮士十余人，潜越贼营，缒入城，告以援至。留城中，屡完城缺，缒出攻贼垒，杀贼，擢守备，赐花翎。及城陷，忠源挥之去。五年，从忠浚复庐州，功多，擢游击，赐号毅勇巴图鲁。忠浚假归，代统其众。六年，从和春克三河、巢县，累擢副将。从秦定三规桐城，建议出奇兵夹击，连破贼营十有六，进逼城下，贼大出，迎击，进至东门外，跃马越壕擒贼将，炮丸中左腋，殒于阵。予云骑尉世职，谥忠节。忠济、忠信并附祀忠源专祠。

罗泽南，字仲岳，湖南湘乡人。诸生，讲学乡里，从游甚众。咸丰元年，举孝廉方正。二年，粤匪犯长沙，泽南在籍倡办团练。三年，以劳叙训导。曾国藩奉命督乡兵，檄剿平桂东土匪，擢知县。江忠源援江西，乞师于国藩，乃令泽南率以往。所部多起书生，初临行阵，战南昌城下，争奋搏，死者数人。国藩闻之，喜曰："湘军果可用。"及围解，剿安福土匪，以三百人破贼数千，擢同知直隶州。归湖南，剿平永兴土匪，所部增至千人，屯衡州。与国藩简军实，更营制，教练历半载。

四年六月，偕塔齐布进攻岳州，以大桥为贼所必争，坚扼不动，伺便突出击之，三战皆捷，歼贼千。闰七月，破高桥贼垒九，贼退踞城陵矶，偕塔齐布乘胜进击，连破贼营，贼遂遁走，擢知府，赐花翎。自是湘军名始播，以泽南与塔齐布并称。转战而东，复崇阳，击走咸宁贼，再败之金牛，进驻紫坊。曾国藩会诸将于金口，议攻武昌。泽南绘图献方略，谓由紫坊出武昌有二道，请以塔齐布扼洪山，而自攻花园。贼万余踞花园，筑坚垒，一枕大江，一濒青林湖，一跨长堤，深沟重栅，峙江东岸，与虾蟆矶对垒。列巨炮向江内外，分阻水陆两路。泽南率队直趋花园，贼凭木城发炮。士卒蛇行而进，三伏三起，已逼贼垒，分兵夺贼舟，舟贼退，营贼亦乱，三垒同下。翌日又破鲇鱼套贼营，其窜洪山者，为塔齐布所扼，贼夜弃城走。武昌、汉阳皆复，距会议仅七日。捷闻，以道员记名，寻授浙江宁绍台道，国藩请仍留军。

贼据兴国，分陷大冶。泽南驰克兴国，塔齐布亦克武昌、大冶，乃规取田家镇。贼以铁锁截水师，而踞半壁山为犄角，夹江而守。泽南进驻马岭坳，距半壁山三里许。贼数千突来犯，而由田镇渡江来援者近万人。泽南兵仅二千，令坚伏，度贼懈，奋击，贼大溃，后路为我军所阻，坠崖死者数千，遂夺半壁山，水师断横江铁锁，燔贼舟，克田家镇，赐号普铿额巴图鲁，加按察使衔。时议水陆军分三路进剿，总督杨霈督江北岸军，泽南偕塔齐布攻其南，曾国藩督水师循江下。霈不能军，贼复北趋，乃偕塔齐布改北渡江，复广济、黄梅。贼退踞孔陇驿、小池口，泽南约诸军会攻。渡江未半，贼来犯，军少却，泽南伤臂，仍指挥冲突，分兵破街口贼垒，贼酋罗大纲引去。是役也，五千人破贼二万，贼乃尽撤沿江诸营，并守九江。塔齐布围攻之，泽南别剿盔山，遏湖口援贼。会水师入鄱阳湖，为贼所袭，辎重皆失。国藩驰入泽南营，而水师阻湖口不得出。

五年，湖北官军屡败，武昌复陷。泽南从国藩入南昌，赴援饶州，战于陈家山、大松林，大破贼，复弋阳。又援广信，破贼于城西乌石山，复之。连复兴安、德兴、浮梁，进剿义宁。败贼于梁口、鳌岭，复义宁，加布政使衔。泽南见江西军事不得要领，上书国藩，略曰："九江逼近江宁，兼牵制武昌，故贼以全力争之。犯弋阳，援广信，从信水下彭蠡，抄我师之右；据义宁，守梅岭，从修水下彭蠢，抄我师之左。今两处平定，九江门户渐固，惟湖北通城等处群盗如毛。江西之义宁、武宁，湖南之平江、巴陵，终无安枕之日。欲制九江之命，宜从武昌而下；如解武昌之围，宜从崇、通而入。为今之计，当以湖口水师、九江陆师截贼船之上下，更选劲旅扫崇、通以进武昌，由武昌以规九江。东南全局，庶有转机。"国藩据以上闻，遂命泽南移师湖北会剿，以塔齐布旧将彭三元、普承尧所部宝勇隶之，凡五千人。

九月，至通城。贼号数万，皆乌合，一战而溃。进夺桂口要隘，克崇阳，驻军羊楼峒。悍贼韦俊、石达开合党二万余自蒲圻来犯，截击走之。胡林翼来劳师，合攻蒲圻，复其城，乘雾进克咸宁。自是武昌以南无贼踪。十一月，师抵紫坊，与林翼议进取次第。泽南屯洪山，林翼屯城南堤上，水师驻金口。贼于城外筑坚垒十三，与城埒。初战，贼二万出十字街，林翼与交绥，数冲数进。泽南与李续宾分两路潜抄贼垒，破十字街营，尽毁城东南诸垒。八步街口为我军通江要路，塘角为贼粮运所出，先后攻破之，焚其船厂，环西北贼垒亦尽。贼又由望山门外葺石垒二，挥军踔平之；又迭于窑湾、塘角逐贼，歼戮数千，贼遂闭城不出。

石达开自崇阳败后，窜入江西，势复张。曾国藩檄泽南回援，泽南以武汉为南北枢纽，若湘勇骤撤，胡林翼一军不能独立，现在贼粮将尽，功在垂成，舍之非计。其父年八十，贻书军中勖以忠义，林翼以闻，六年二月，诏特予泽南祖父母、父母二品封典，以示旌异。三月，贼开门出扑，泽南亲督战。援贼大队继至，我军自洪山驰下，奋击追逐，直抵城下，飞炮中泽南左额，血流被面。驻马一时许，归洪山，犹危坐营外，指画战状。翌日，卒于军。文宗震悼，诏依巡抚例议恤。赐其父嘉旦头品顶戴，子兆作、兆升皆举人，予骑都尉世职。入祀昭忠祠，本籍、湖北、江西建立专祠，谥忠节。及江南平，穆宗追念前劳，加一云骑尉世职。

泽南所著有《小学韵语》、《西铭讲义》、《周易附说》、《人极衍义》、《姚江学辨》、《方舆要览》诸书。体用兼备，一宗程、朱，学者称罗山先生。尝论兵略，谓《大学》首章"知止"数语尽之，《左传》"再衰"、"三竭"之言，其注脚也。弟子从军多成名将，最著者李续宾、李续宜、王鑫、刘腾鸿、蒋益澧，皆自有传。其早死兵事名未显者，有钟近衡，少事泽南，以克己自励，日记言动，有过立起自责。泽南语刘蓉曰："吾门为己之学，钟生其庶几乎！"从平郴、桂土匪，叙从九品。咸丰四年，粤匪由江宁上窜犯岳州，偕弟近濂各将五百人从王鑫破贼于靖港，追至蒲圻羊楼峒，战失利，死之。王鑫退保岳州，贼又大至，近濂亦战殁。易良干、谢邦翰，并战死南昌城下。邦翰死后，李续宾代领其众，所称"湘右营"者是也。诸人皆湘乡人，后并附祀泽南专祠。

论曰：湖南募勇出境剿贼，自江忠源始。曾国藩立湘军，则罗泽南实左右之。朴诚勇敢之风，皆二人所提倡也。忠源受知于文宗，已大用而遽殒。泽南定力争上游之策，功未竟而身歼，天下惜之。忠源言兵事一疏，泽南筹援鄂一书，为大局成败所关，并列之以存龟鉴。此大将风规，不第为楚材之弁冕已。

卷四百八　　列传一百九十五

李续宾 丁锐义 曾国华 **李续宜　王鑫**
弟开化 **刘腾鸿** 弟腾鹤 **蒋益澧**

李续宾，字迪庵，湖南湘乡人。诸生，膂力过人，善骑射。罗泽南讲学里中，折节受书。咸丰初，泽南募乡勇杀贼，续宾奉父命往佐之，从平桂东土匪。三年，援江西，令将右营。泽南每战，续宾皆从。归湖南，屯衡州，复永兴。

四年夏，从泽南规岳州，湘军仅千人，战于大桥，续宾率数骑驻山冈，贼至不动，俟兵渐集，亲搏战，驰斩贼目，夺其旗，追北十余里。次日，塔齐布至战地，服其勇，由是知名。连旬与贼战，续宾曰："贼不得掳掠，今且尽，可乘机薄其垒。"塔齐布从之。会风雨，奋击，连破贼垒，贼乃弃岳州而遁。论功，累擢知县。从泽南克崇阳、咸宁，规武昌，大战于花园，及破鲇鱼套贼营，功皆最。武汉复，擢直隶州知州，赐花翎。进攻田家镇，贼水陆数万，塔齐布阻于富池口，湘军合宝勇仅二千六百人，咸色沮，续宾手刃逃者三人，军心始固。大战于半壁山，杀贼数千，焚其巢，遂平田家镇。擢知府，赐号挚勇巴图鲁。寻授安庆知府。

于是从罗泽南、塔齐布连复广济、黄梅，破贼于翟港、孔垅，每战率为军锋。进规九江，九江城坚，贼所聚合，攻不能下。议分兵剿湖口、梅家洲，从泽南屯盔山。十二月，水师失利，入彭蠡湖，为贼所扼。续宾愤甚，请于国藩，自率千人渡江攻小池口，塔齐布率二十人偕行。塔齐布与续宾皆恃勇，每合战，逼贼，席地坐，枪弹如雨，不顾，忽跃起突阵，横厉无前，习以为常。至是众寡悬绝，战竟日不能克，暮收队，而塔齐布失踪，欲再渡江入贼垒觅之，塔齐布旋自返。

五年春，粤匪由江宁大股上犯，武昌再陷。曾国藩顿兵江西，续宾偕泽南从之。寻分赴赣东攻剿，连复弋阳、广信、德兴、义宁，记名以道员用。是年秋，回援湖北，克通城、崇阳，分兵趋羊楼峒。策贼远道赴援利速战，坚守俟之。明日贼至，相持至暮，瞰其怠，突击之，大溃。蒲圻、咸宁相继复，加盐运使衔。十一月，进攻武昌，破塘角贼垒，又败贼于窑湾，屡战皆捷，踔平城外贼垒。六年二月，罗泽南以炮伤卒于军，军中新失帅，人情汹汹，贼得增垒抗拒。巡抚胡林翼奏以续宾代领其众，军势复振，尽铲平城外新垒，连于赛湖堤、小龟山、双凤山破城中出窜之贼。七月，石达开纠江南、江西各路贼七八万来援，城贼将应之，续宾御之鲁家港，旬日内大小二十余战，解散胁从万余，破贼二十余垒，加布政使衔。贼闭城不出，乃开壕引江水灌入，为长围困之。十一月，克武昌，记名以按察使用。

渡江克黄州，连复大冶、兴国，直薄九江城下。九江贼首林启荣坚守苦战。续宾复用攻武昌法，浚长壕三十里。七年三月，壕成，湖口、安庆贼迭来援，皆击走之。六月，贼犯蕲州、黄梅，续宾渡江迎击于广济童司牌，大破之。合水师进攻小池口，毁其城。策九江贼恃湖口为犄角，不拔湖口，九江不可得。九月，令弟续宜攻梅家洲，自率师扬言往宿松，潜伏湖口后山。水师并至，分攻，贼方悉锐以拒。续宾率士卒攀萝至山椒，破空下，贼大骇，尽歼其众。立克湖口县城，梅家洲贼亦遁，乘胜克彭泽及小姑洑。捷闻，授浙江布政使。于是贼援遂绝。八年四月，以地雷轰城百余丈，梯而登，殄贼万余，擒林启荣及李兴隆等磔之。九江平，加巡抚衔，赐黄马褂，许专摺奏事。

续宾既下九江，请假省亲，抵湖北，陈玉成陷麻城、黄安，移兵击走之。时续宾威望冠诸军，浙人官京师者，合疏请饬援浙江。胡林翼议大举进规安徽，诏令军都兴阿、总兵鲍超由宿松趋安庆，续宾由英山趋太湖。续宾乃留弟续宜佐武昌，自率八千人行，会起曾国藩视师，续宾复分所部千人与之，至太湖而署巡抚李孟群师溃庐州，改道赴援。八月至九月，克枫香铺、小池驿、梅心驿，复太湖、潜山、桐城、舒城，贼望风溃走。军无留行，进规庐州。

贼于三河镇筑城，外列九垒，凭河设险，我军非得三河不能进。续宾克桐城、舒城后，各留守兵，所率临敌仅五千人。十月，分三路攻贼，九垒皆下，杀贼七千余，我军伤亡亦逾千人。趣后军未至，而陈玉成、李世贤纠合捻匪来援，众十万，连营十余里。诸将议退守桐城，续宾不可。夜半，部勒各营，旦日迎击，至樊家渡，天大雾，贼分队包抄，我军惊溃，副将刘祜山、参将彭友胜、游击胡廷槐、邹玉堂、杜廷光，皆战死。续宾冲荡苦战，贼集愈多，营垒皆破。或劝突围出，图再振，续宾曰："军兴十年，皆以退走损国威。吾前后数百战，出队不望生还。今日必死，不愿从者自为计。"诸将士皆曰："愿从公死！"日暮上马，开壁击杀数百人。总兵李续焘、副将彭祥瑞越垒冲出，贼踞其垒，决河堤，断去路。续宾具衣冠望阙叩首，取所奉廷旨及批摺焚之，曰："不可使宸翰污贼手。"跃马驰入贼阵，死之。同知曾国华，知府何忠骏，知州王揆一，同知董容方，知县杨德闿，从九品李续藜、张溥万，皆殉焉。道员孙守信、运同丁锐义犹守中右营，越三日营陷，同死之。是役文武官弁列者数百人，士卒数千人。

时方有旨命会办安徽军务，及死事上闻，文宗流涕，手敕曰："惜我良将，不克令终。尚冀忠灵不昧，他年生申、甫以佐予也！"赠总督，入祀昭忠祠，立功地建专祠，谥忠武。赐其父一品封典，子光久、光令并赐举人，予骑都尉世职。

续宾既殁，曾国藩疏上其生平战绩，略曰："续宾随罗泽南征剿，循循不自表异。岳州之战，所将白旗，号为无敌。九江之败，田家镇以少胜众。九江之败，士卒多逃，独所部依依不去，众称其能得士心。军中人人以气节相高，独默然深藏。然忠果之色，见于眉宇。远近上下，皆信其大节不苟。臣所立湘勇营制，行之既久，各营时有变更，独续宾守法，始终不变。历年节省饷项及廉俸，不寄家自肥，概留备军中非常之需。量力济人，不忍他军饥而己军独饱。驭下极宽，而弁勇有罪，往往挥泪手刃之。至于临阵，专以救败为务。遇贼则让人御其弱者，自当其悍者。分兵则以强者予人，而携弱者自随。弱者渐强，又易新营。军中每言肯携带弱兵，肯临阵救人者，前惟塔齐布，后惟续宾。三河之败，亦由分兵所致。此军民所由感泣不忘者也。"于是特诏嘉其有古名将风，以国藩疏宣付史馆，用示襃异。洎江南平，轸念前劳，加二等轻车都尉，并为男爵，子光久袭。

丁锐义，字伯冕，长沙人。治乡团有声。咸丰四年，从胡林翼援湖北，募壮士百人，后增至千人，号为字营。战武汉，以勇闻。六年，罗泽南伤殁，贼酋吉隆贤率众犯官军后路。诸将以新失帅，皆主坚守。锐义曰："我军顿城下六阅月，求战不得。今贼来乘我，出其不意，可一鼓灭。"林翼壮之，令与唐训方、蒋益澧、孙守信等夜出掩击，大破贼于豹子海。又战葛店、华容，夺樊口贼舟，克武昌县，围黄州。会大水，退军屯青山。武汉复，擢知县。驻防蕲、黄间，屡与乡团却敌。八年，破黄泥畈、青天畈贼垒，擢同知。又破贼于南阳河、阿弥镇，擢运同。遂从李续宾进剿安徽，破石牌贼垒，连下数县。

将进攻三河，锐义谏曰："孤军深入，留兵四城，分力之半，死伤复多，士罢将骄，贼援未集，而贪利不已，此所谓强弩之末也。使贼断绝我饷道，舒、桐、潜、太兵少，见胜则急，见败必溃，四城将并覆。乃令退师桐城，休息待援，仅可不败耳。"续宾不听，锐义为驰书湖北请援。续宾让之曰："君尝以千人破贼数万，乃何怯耶！"及续宾军败，锐义率所部急救，身被数创。续宾突围战死，锐义偕孙守信坚守其壁。三日垒破，死之。锐义耳聋，喜论兵，战每孤军勇进。独三河之役主持重，而说不见用。恤赠盐运使，加太常寺卿、骑都尉世职。

孙守信，亦长沙人。由内阁供事叙入九品，官湖北，从军积功，累擢道员。未尝独将，与锐义为友，临危不去，同及于难。赠按察使，加太常寺卿、骑都尉世职。

曾国华，字温甫，国藩弟。咸丰五年，国藩兵困于江西，国华请于父，赴湖北乞师。胡林翼令刘腾鸿，吴坤修、普承尧率五千人往援，以国华领其军。攻克咸宁、蒲圻、通城、新昌、上高，以达瑞州。腾鸿战城南，国华偕承尧战城西北，屡破贼。国藩至，乃合围，掘堑周三十里，断贼接济。会丁父忧，偕国藩奔丧去军。与李续宾姻家，招佐军事。当连克四县，军势锐甚，国华以常胜军家所忌，时与续宾深语，并书告国藩。及军败，从续宾力战死，赠道衔，予骑都尉世职，谥愍烈。

李续宜，字希庵，续宾弟。同事罗泽南。以文童从军，援江西、湖北，积功累擢同知，赐花翎。武昌、汉阳复，胡林翼疏陈续宜功多为续宾所掩，诏以知府选用。从续宾攻九江,贼由安徽上犯蕲、黄以牵我师。咸丰七年,续宜率兵千七百人回援湖北,战于黄州坝崎山,分三路进,毁贼垒,次蕲水、黄冈界。上马家河、火石港、郴柳湾贼垒林立,倾巢出扑,续宜伏兵山下,骤起突击,贼大乱,噪乘之,破垒四十,移屯蕲水。遇援贼于月山,诱至山角,发炮击之,溃,直捣其巢,焚屯聚数十处,破伪城五。会克小池口,以道员用,赐号伊勒达巴图鲁,由是续宜之名与其兄相颉颃。

回军江西,会攻梅家洲,克湖口。十月,贼酋韦俊率众二万复犯湖口。续宜驻蟹蚰山,分兵三路,一出马影桥、一出流澌桥,一扼劳家渡,贼来,击却之。而贼由西洋桥、排龙口、二贤寺直趋蟹蚰山,续宜麾诸路奋击,斩获千余。驰抵磨盘山,设伏破泰坪关援贼,贼乃遁。八年,九江既克,陈玉成由安徽窜蕲、黄,陷黄安。续宜驰援不利,续宾继至,合击。续宜攻北门,破其垒,贼夜遁,复黄安。进至麻城,贼不战引去。续宾出师规安徽,胡林翼疏请留续宜固楚疆。洎三河师熸,续宾战殁,续宜在黄州,收辑残部,思乡者遣归,愿留者归伍,差汰罪将,简用其良,申儆训练,经岁军气始复振。

九年,授荆宜施道。石达开由江西窜入湖南,众号三十万,围宝庆府城。胡林翼檄续宜率五千驰援,诸援军悉归统属。时援军三万余,城被围两月。贼众,食且尽,野掠无所得,闻续宜至,攻愈急。续宜渡资江而军,与刘长佑军当贼冲,四战而围解,贼窜广西境。诏嘉续宜赴援迅速,加布政使衔。

十年,迁安徽按察使。曾国荃方围安庆,多隆阿攻桐城,续宜率万人屯青草塥,在安庆、桐城之间。陈玉成以十万众来援,续宜与多隆阿夹击于挂车河,尽破棠梨山、尊上庵、香铺街、望鹤墩贼垒,斩馘无算,追奔二十余里,玉成走庐江。捷闻,赐二品顶戴。十一年,擢安徽巡抚,疏言:"陈玉成图解安庆之围,悉锐西窜,以攻我之所必救。湖北为众军根本,臣宜提师回援,不能遽任皖抚之事。"比抵武昌,贼已陷黄州、德安两府五县,乃会彭玉麟水师夹攻孝感,乘夜纵火,复其城,进攻德安,穴地道克之。武昌、通城、咸宁、蒲圻诸县相继皆下,赐黄马褂。胡林翼病殁,诏授续宜湖北巡抚,驻黄州督师。捻匪犯光化、榖城、均州及枣阳、襄阳,皆击走之,调安徽巡抚。

同治元年,命帮办钦差大臣胜保军务。时苗沛霖叛服无常,胜保袒之。诏密询续宜剿抚机宜,覆疏略谓:"苗沛霖官至道员,公犯不臸,围抚臣于寿州,陷其城,屠其众。乃复诡言求抚,此岂足信?不过假称反正,号召近县,养成羽翼。若正彼叛逆之名,人人得而诛之。宽其党羽,使为我用,彼势孤,终成擒耳。"上韪之。续宜驻临淮,令提督成大吉、总兵萧庆衍,渡淮援颍州,破捻匪张洛行于大桥集,颍州围解。又令蒋凝学克霍丘,抚绥各圩,解散逆党。沛霖憾湘军兵威,请讨捻自赎,而胜保终欲养沛霖以自重,转嫉湘军,势不相下。会袁甲三以病请去,命续宜代为钦差大臣,督办安徽全省军务。续宜旋丁母忧,夺情留军。三疏陈谢,举唐训方自代,允假百日。回籍病咯血,六次诏促起视师,不能赴,二年十一月,卒于家。诏加恩依总督军营病故例赐恤,立功地方及原籍建专祠,谥勇毅。赐其父人参四两,地方官以时存问。子光英,予官直隶州知州。

续宜治军严整,与兄续宾同负重名。曾国藩尝论其昆弟为人,续宾好盖覆人过,续宜则嫉恶稍严。续宾战必身先,骁果缜密,续宜则规画大计,不校一战之利;及其成功一也。

王鑫,字璞山,湖南湘乡人。诸生,从罗泽南学,任侠好奇。咸丰二年,粤匪犯长沙,上书县令朱孙诒,请练乡兵从泽南教练,屯马圫埠,以团防劳叙县丞。剿桂东土匪有功。广东边境匪犯兴宁,率死士百人驰击,殪贼甚多,累擢同知直隶州。

三年,罗泽南援江西,初战多死伤。鑫请于曾国藩,增募三千人,将往援,会南昌围解。国藩议裁汰其军,巡抚骆秉章见所募勇可用,留二千四百人防湖南。鑫精于训练,令士卒缚铁瓦习超距。自以意为阵法,进退变动,异于诸军。四年,粤匪踞岳州,鑫由湘阴进攻,败贼于杉木桥,乘胜克岳州,曾国藩率水陆军并至。鑫出境进剿,遇贼羊楼峒,失利,贼蹑其后,岳州复陷。鑫所部死者千人,坐轻进夺职,留营效力。既而罗泽南从国藩东征,鑫收集散众,留未遣,骆秉章令率五百人徇郴州。

时两广交界土匪蜂起,朱连英、胡有禄最强,各拥万人,称王号,时时扰湖南边境,鑫与参将周云耀协防江华,数击走之。援道州,解其围。策贼必乘虚袭江华,日驰百余里,先至,待贼至迎击,大破之。进捣桃川,出龙虎关,破恭城贼于栗木街,回军解宁远、蓝山围。别贼掠零陵,周云耀困于隘。鑫率数十人驰进,令曰:"寇众,退且死!"据险夹击,逐北数十里,转战深入九嶷山,贼氛渐清,复原官,赐花翎。五年,土匪何贱苟勾结朱连英陷富川、江华,进犯永明。鑫偕周云耀往剿,迭败之。连州匪自龙虎关来犯,势甚张,疾趋迎击,殪贼二千,擢知府。余贼走陷灌阳,复由全州袭陷东安。鑫会广西军克灌阳,驰至东安城下,环攻两月,始克之。贼窜出,合胡有禄,将入四明山。分路抄袭,擒有禄,焚山中贼巢,余党悉尽。时别贼何禄踞郴州,陈义和踞桂阳,分扰永兴、茶陵、耒阳,窥衡州。鑫增募至千五百人,分兵守耒阳,自率千人攻桂阳,再战克之。贼聚粮于瓦蜜坪,火其屯,出奇兵攻郴州,贼遁走尚万余,合乡团邀击于黄沙堡,追至两广墟,贼方食,纵击歼之。乘胜破永明、江华踞贼,穷追至连州,朱连英仅以身跳免。六年春,又破贼于阳山,贼遁英德。骆秉章上其功,迭谘嘉奖,予四品封典,以道员即选。

鑫专办南防凡二年,湘、粤间诸匪诛殄几尽,军士死亡亦多。请假将还,会罗泽南卒于武昌,李续宾代将其军,粤匪石达开自江西窥湖北,续宾招鑫助剿。遂进屯岳州,转战崇阳、通城、通山、蒲圻,复四县,歼贼首张康忠、陈华玉等,兴国、大冶匪众亦解散。武昌寻克复,加按察使衔,以湖北道员记名简放,仍驻军岳州。

七年,调援江西,五月,抵吉安。先是官军水陆合围吉安,其攻临江者,亦掘长壕困贼。贼渠胡寿阶、何秉权率众数万来援，据水东，与城贼夹江相望。鑫沿赣江而南，自三曲滩济，结营水东东南山上。贼鼓噪乘之，鑫登望楼，令士卒筑垒不辍，毋许仰视，贼疑不进。俄山后一军出贼背，鼓声起，筑垒者投鉏大呼驰击，左右伏起，阵斩秉权，蹙贼众于水，余走水东。军中方具餐，鑫曰："不克水东不遑食！"挥军捣贼垒。都司易普照，勇士也，先登中炮殒，众愤，争入垒，杀贼数千，寿阶遁。鑫渡江壁藤田，寿阶自宁都、沙溪挟援众来犯，鑫分兵击其左，自率百人捣其右，贼崩溃，蹙之瑶岭，擒寿阶，斩馘数千。是役悍贼俘斩殆尽。闰月，援贼复自宁都出永丰。鑫以千二百人迎击之，追至宁都之钓峰。贼背水为拒，既败，尽没于水。斩贼首萧复胜等，拔难民万余；六月，再破新城贼于东山坝，斩贼首张宗相等。

时悍贼杨辅清愤屡败，纠众十万踞广昌头陂，誓决死战。鑫笑曰："贼聚此，可一鼓歼也！"勒兵大战，先驰马陷阵，众从之，贼大溃，逐北六十里，斩馘无算。捷闻，诏嘉奖，称其以寡敌众，歼除巨憝，赐号给什兰巴图鲁。方拔乐安，进规抚、建两郡，会周凤山兵溃吉安，乞援。鑫令乡团张己帜趋建昌，而潜返藤田规吉水。杨辅清闻鑫去，以七万众围乐安。鑫夜入城，诱贼至城下痛歼之。辅清屯林头，鑫进击，贼以马队数千突阵，令火箭射之，藤牌兵俯首欿马足。刘松山、易开俊左右合击，自率精锐贯贼阵，斩级数千，获马三百匹，俘八百人，辅清遁走。鑫感疾返乐安，九月，卒于军，年仅三十有三。诏嘉鑫纪律严明，身经数百战，前后杀贼十余万，克复城池二十余处，厥功甚伟，赠布政使衔，依二品从优议恤，予骑都尉世职。江西、湖南建专祠，谥壮武。

鑫貌不逾中人，胆力沉鸷，用兵好出奇制胜，驭众严而有恩。所著有《练勇刍言》、《阵法新编》，皆出心得。刘松山为湘军后起名将，旧隶部下，后其军皆用鑫法。鑫既殁，所部归其弟开化及张运兰分统之。

开化，年十七从鑫军中，南防剿匪功最多，累擢知县。及援江西，宁都钓峰之战，率伏兵潜袭贼营，遂大捷，无战不与。骆秉章疏陈其功，擢知府。遂令分统鑫军，偕张运兰攻吉安，连战皆捷。八年，克乐安、宜黄、崇仁、南丰、建昌，擢道员，加按察使衔。病归里。十年，左宗棠初出治军，开化从之，战鄱阳、乐平，皆有功。及宗棠大破李世贤于乐平，开化与刘典名当一路。是役官军不及万，破贼十万，称奇捷，加布政使衔。江西既平，从宗棠援皖南。十一年，卒于军。开化在军先后八年，勇毅亚于其兄。诏优恤，予骑都尉世职，谥贞介。

刘腾鸿，字峙衡，湖南湘乡人。少读书，未遇，服贾江湖间。咸丰三年，夜泊湘江，遇溃卒数十辈行掠，诱至湘潭，白县令捕之，由是知名。

五年，巴陵土匪起，巡抚骆秉章令率五百人往战于毛田，擒贼渠，又败之于三林坳，散其党，遂驻岳州。从罗泽南攻通城，攀堞登城，克之。参将彭三元等战殁崇阳，泽南调腾鸿往，而石达开驱悍贼二万来扑，腾鸿与游击普承尧夹击破之。蒲圻贼垒临河，腾鸿由宝塔山截渡河贼，

直抵城下，与普承尧循环攻击，克蒲圻。连下咸宁，抵武昌。腾鸿偕蒋益澧为后队，搜伏贼，歼毙其众。论功，以从九品选用。罗泽南爱其才，令增募五百人当前敌。腾鸿遂师事泽南，列弟子籍。攻克十字街、塘角贼垒，毁其船厂，进据小龟山。贼七八千由塘角沿湖而下，泽南自率中营出洪山西，令腾鸿出洪山东，夹击，毙贼无算，荡平贼垒。胡林翼奏腾鸿身先陷阵，七战皆在诸军前，超擢知县。六年春，贼踞赛湖以阻官军，腾鸿与战于堤上，追及长虹桥，遇伏，贼七倍我，奋击，杀贼五六百。罗泽南欲扼窊湾，贼出争，大战于小龟山，斩级六百，遂偕李续宾同驻其地。腾鸿所将号湘后营，树黑帜，贼望见辄走。

会江西军事棘，胡林翼令腾鸿率所部千人从曾国华赴援瑞州，道为贼梗，转战而前，连捷于羊楼峒、分水坳，擒斩伪总制三十余人，克上高、新昌。七月，进攻瑞州，郡治有南北二城，中贯一河，联以长桥。先拔南城，贼酋韦昌辉自临江来援，军容甚盛。腾鸿曰："是羊质虎皮，不久见赧。宜乘其敝攻之。"相持旬日，贼气衰。乃从北岸渡兵抄其后，与南城兵夹击，大败之。伪指挥黄姓来援，列阵出冈，两军对峙。别贼驰截我后路，图夹攻，俟其近，发劈山炮击之，再至，皆击退，追奔三十里。石达开适自九江来，勒贼复还，筑五垒于东北。腾鸿曰："不急破之，垒成则难制矣。"令楚军防城戍，江军进剿，自率死士三百督战。贼见兵少，先犯之，三百人植立无声，伺迺乃发炮，凡冲突六次不为动，贼气沮，诸营并力猛攻，贼大败，尽平其垒。捷闻，擢直隶州知州，归江西补用，赐号冲勇巴图鲁。

自克南城后，贼萃于北城。腾鸿欲断其接济，取南城砖石筑垒造桥，贼来争，且战且筑，又于北岸石封岭筑新城以逼之。七年春，曾国藩巡视瑞州，用腾鸿议，为长壕三十里，绝贼饷道。国藩寻以丧返湖南，嘱腾鸿主南路军事。先后退贼于马鞍岭、阴冈岭，战皆捷，于是会诸军克袁州、分宜、上高、新喻。刘长佑与贼战于罗防，不利，腾鸿往援，击败之。七月，回攻瑞州。时李续宾进兵九江，胡林翼疏调腾鸿回湖北。腾鸿以功在垂成，而攻城益力，夺南门炮台，复扑东门，毁其城楼，身自督战，中枪子五，卧不能起。次日，裹创异往，城垂克，忽中炮，洞穿左胁，移时殒。语弟腾鹤曰："城不下，无敛我！"一军皆泣，冒炮火登城，斩杀悍贼过半，即夕克瑞州，迎腾鸿尸入城治丧。事闻，恤典加等，依道员例，予骑都尉世职，于瑞州建专祠，予其父母正四品封典。洎江南平，曾国藩追论前功，诏嘉其忠勇迈伦，加恩予谥武烈。

弟腾鹤，随军将中营。先数月，因攻城伤左臂，创甚。腾鸿命归，不可。及腾鸿殒于阵，腾鹤号泣督战，力竟厥功，遂代将其军。进援临江，复峡江。会攻吉安，当西路，掘长壕久困之。八年秋，贼乘江涨突围出，两次皆退，寻拔其城。率所部穷追，斩馘过半。调防九江，屯彭泽。九年二月，战牯牛岭，进攻建德风云岭贼巢，破其二垒。贼大至，被围，力战死之，年二十有八。官候选知府，诏依道员例赐恤，予骑都尉世职，附祀兄祠。

蒋益澧，字芗泉，湖南湘乡人。少不羁，不谐于乡里，客游四方。湖南军事起，从王鑫攻岳州，以功叙从九品。复隶罗泽南部下，勇敢常先人，泽南异之，许以弟子籍。从克黄梅，擢县丞。进剿九江，连败贼于白水港、小池口。咸丰五年，进攻广信。大军驻城西乌石山，益澧屯山右，贼觇其垒未成，来攻。益澧坚壁不动，伺懈纵击，斩贼首于阵。进逼城下，诸军蚁附而登，复其城。进攻义宁，泽南潜师进鳌岭，令益澧分驻乾坑。贼来争，分数千人抄官军后。益澧曰："今以数百人当大敌，不死战，将殒。"挥兵直薄之，当者披靡，遂会师鳌岭，乘胜复义宁，擢知县。

从泽南回援武昌。在军与李续宾论事不相下，及泽南殁，续宾代将。益澧屯鲁港，贼攻之急，请援，续宾置之。益澧大恚，凭垒死守，贼旋引去。益澧遂告归，不待报而行。嗣武汉克复，仍论前功，擢知府，赐花翎。

益澧家居，悒悒不得志，会广西匪炽，乞援于湖南，湖南宿将尽出征，骆秉章顾左右无可属者，益澧请行，乃令率千六百人赴之。七年五月，连破贼于卖珠岭、唐家市，复兴安、灵川，艇匪踞平乐二塘墟、沙子街，进破之，焚贼艇，薄平乐，克之；擢道员，赐号额哲尔克巴图鲁，加按察使衔。巡抚劳崇光疏请留于广西补用，八年，入屯桂林。时广西兵食并绌，率藉招抚驭盗，兵贼相糅，横行无忌，疆吏不能制。益澧至，乘兵威，悉按诛桀黠者，易置守军，人心始定。骆秉章奏助益澧军月饷二万，造船六十艘，募水师以益其军。省城既固，进规右江。贼踞柳州，连结洞寨，恃水师不能全。益澧具舟修仁，令军士异舢板陆行九十里，置洛青水中，载炮而下，遇贼洛垢墟，火贼舟。次日，贼水陆并集，力战斩贼数千，进鹧鸪山，攻柳州克之，加布政使衔。偕右江道张凯嵩会剿庆远，掘长壕断贼出入，贼渡河窜，邀击败之。庆远平，以按察使记名。

九年，石达开窜湖南，前队掠全州，益澧分兵守柳州，自回援省城，授按察使，寻迁布政使。出剿恭城土匪，扼平乐。粤匪石国宗由全州、兴安窥桂林，势甚张。学政李载熙劾益澧失机及冒饷忌功等事，诏念益澧前劳，降道员，留广西，并下疆臣察奏。会湖南遣刘长佑、萧启江率师来援，益澧与合剿，解桂林围。骆秉章、曹澍钟并为疏辨，得白。十年，贺县匪分扰昭平、平乐，益澧击走之。进破贼首陈金刚于大湾岭，焚沙田贼寨，复布政使原衔。又会广东援师破贼于竹洞岭。十一年，复授广西按察使，进驻平南。偕总兵李扬升复浔州，复布政使原官。

益澧年少戆急，曾国藩、胡林翼素不满之，而左宗棠特器重。至是宗棠规浙江，疏请以益澧为助。同治元年，调浙江布政使。自湖南增募八千人，道广东，总督劳崇光资以饷械。九月，至衢州，分兵复寿昌。贼酋李世贤屯裘家堰，按察使刘典炳先进，益澧继之，降贼李世详为内应，袭破之，悉毁贼垒。二年，克汤溪，被珍赉优叙。宗棠进屯严州，规富阳，援贼麇至，益澧渡江筑垒新桥，分三路迎击，大败之。会游击徐文秀等攻鸡笼山，益澧自督战，尽破十余垒。八月，克富阳。自杭州至馀杭，贼营连数十里。益澧沿江下逼清波、凤山两门，据十里街、六和塔、

万松岭，俯瞰城中，自驻东岳庙，贼屡出犯，皆击退。分兵会道员杨昌浚、总兵黄少春攻馀杭，败贼城下，匿不出。又破凤山门、清泰门贼垒，由钱江入西湖，夺贼舟。平湖、乍浦、海盐皆下，海宁守贼蔡元吉、桐乡守贼何绍章先后投诚效用。三年，令绍章扼乌镇，元吉令苏师复嘉兴，贼势日蹙。二月，馒头山地雷发，坏城垣，诸军拥入，战竟日，悍贼多毙，余夜遁，遂复杭州，馀杭亦下。诏嘉其功，赐黄马褂，予云骑尉世职。分军克德清、石门，进攻湖州。蔡元吉深入，为贼所围，益澧自往援之。转战而前，距元吉营隔一河未达。时伪幼王洪福瑱逋入湖州，悍酋黄文金众尚十余万。七月，作浮桥通元吉营，出湖趺漾袭贼后。降贼谭侍友出太湖攻袁家汇，贼弃城走，邀击之，解散数万人。浙境肃清，晋骑都尉世职。

左宗棠追贼赴福建，益澧护理巡抚。疏陈善后事宜，筹闽饷，浚湖汊，筑海塘，捕枪匪，又核减漕粮，酌裁关税，商农相率来归。增书院膏火，建经生讲舍，设义学，兴善堂，百废具举。东南诸省善后之政，以浙江为最。逾岁，乃回本任。

五年，擢广东巡抚，奏裁太平关税陋规四万两，斥革丁胥，改由巡抚委员征收；五坑客匪投诚，分别安插高、广各府，另编客籍；设学额；并如议行。六年，以病乞休。寻为总督瑞麟疏劾，下闽浙总督吴棠按奏，坐任性不依例案，部议降四级，改降二级，以按察使候补，命赴左宗棠军营差委。寻授广西按察使，以病回籍。

十三年，日本窥台湾，召至京。未及任用，病卒。太常寺卿周瑞清疏陈益澧广西政绩，诏复原官，依巡抚例赐恤。浙江巡抚杨昌浚、梅启照先后疏言平浙功尤巨，诏允建祠，谥果敏。

论曰：李续宾果毅仁廉，治军一守罗泽南遗法，戡定武昌、九江，战绩为一时之冠。李续宜独以持重称，殆鉴于其兄之锐进不终而然耶？王鑫、刘腾鸿皆出奇制胜，骏利无敌，惜早殒，未竟其功。蒋益澧经挫折而奋起，平浙、治浙，并著显绩，信乎能自树立。诸人并湘军之杰，不以名位论高下也。

卷四百九　　列传一百九十六

塔齐布 毕金科　**多隆阿** 孙寿长　**鲍超**
宋国永　娄云庆　谭胜达　唐仁廉　**刘松山**

塔齐布，字智亭，陶佳氏，满洲镶黄旗人。由火器营鸟枪护军擢三等侍卫。咸丰初，拣发湖南，以都司用，署抚标左营守备。以长沙守城功擢游击，署中军参将。侍郎曾国藩在籍治乡兵，月调官兵会操。每校阅，塔齐布从侍，国藩与语，奇之，试所辖兵，特精整。为副将清德所忌，嗾提督鲍起豹将加摧辱。国藩劾罢清德，荐塔齐布"忠勇

可大用,如将来出战不力,甘与同罪",加副将衔,兼领练军。巡抚张亮基亦特荐之,以副将用。

三年,剿平茶陵、安化土匪,赐花翎。四年,率所部进剿粤匪,至湖北通城、崇阳,贼由岳州上犯,奉檄援宁乡。未至,湘潭亦陷,贼势甚张,遂改援湘潭。长驱至高岭,猝遇贼,塔齐布手持大旗陷阵,麾军纵击,斩其酋数人,逐北数里,至城下。明日,贼大出,塔齐布伏兵山左右,贼近,炮殪百余人,伏起夹击,僵仆枕藉,燔外贼栅皆尽。水师会战,焚贼舟,浮尸蔽江。贼弃城走,六日而湘潭平。时曾国藩师挫于靖港,长沙震动,赖此一战破贼,人心始定。捷闻,加总兵衔,赐号喀屯巴图鲁。诏斥鲍起豹畏葸不出战,罢之,即超擢塔齐布署提督,寻实授。初,所部辰勇与标兵私斗有衅,鲍起豹频骑訾之;至是代其位,遍赏提标兵,示无修怨意,标兵大欢。众见其由都司不三年立功骤膺专阃,莫不惊服,军气顿振。

贼自湘潭败后,退走岳州,分党陷常、澧。塔齐布驰抵新墙为援,进与罗泽南合军,会水师攻岳州,七月,克其城。贼退泊城陵矶,势犹盛,水陆夹击,屡挫之。曾国藩亲率新募水师至,战失利。越日,贼由城陵矶舍舟登陆踞险,三路来扑,塔齐布分路迎击,匹马陷阵,士卒皆猛进,破其中路,贼复包钞;愈战愈奋,贼败走,追至擂鼓台,斩馘八百,落水者无数。迭偕罗泽南合力攻贼,旬日三捷。水师乘隙进剿,贼势始衰,岳州危而不失。闰七月,偕罗泽南、李续宾进高桥,贼出二万人抗拒。塔齐布首先冲入,诸军继之,会大雨,贼炮不燃,逾沟入垒,连破贼营十三座,歼毙及逃散者数千。水师亦分路剿杀,贼遁走,追击二百余里,破之于羊楼峒,又破之于崇阳,克其城,咸宁亦复。曾国藩师抵金口,令罗泽南攻花园,塔齐布趋洪山。八月,武昌贼遁走,塔齐布预设伏,贼至,要击,左右夹湖无去路,歼戮溺毙八九千人,武、汉同时克复。进攻大冶,克之。

十月,与罗泽南会攻田家镇,泽南攻半壁山,塔齐布屯富池口,中隔小河,作浮桥以通两军之路。贼以万人来争,泽南率李续宾奋战,塔齐布隔港对击,浮桥成。贼复由田家镇渡江扑富池口营垒,迎击败之。遂与水师约大举,杨岳斌、彭玉麟分队毁其横江铁锁,陆师从半壁山拥下,鏖战一昼夜,铁锁昼堕,贼舟尽焚。贼弃垒而遁,克田家镇,蕲州亦复,赐黄马褂,予骑都尉世职。

偕罗泽南渡江至莲花桥,遇伏,前队少却,塔齐布手刃贼目,追奔五十里,遂克广济。悍酋秦日纲、陈玉成、罗大纲并力守黄梅,以数万贼布小池口、孔垄驿,而大河埠、龙头寨皆立坚垒。军抵双城驿,贼突来袭,坚持不动,旋突起凭高下击,斩其渠。贼奔大河埠,纠党返斗,连击败之,殪三千余,进攻黄梅,肉薄而登。塔齐布被石击,流血被面,督战益力,克其城。贼麇聚孔垄驿,三面筑土城,塔齐布从西南进,累肩为梯,卓矛而跃,大破之。贼悉窜小池口,分党奔湖口,与九江之贼相犄角。曾国藩率水师抵九江,塔齐布偕罗泽南渡江会攻。诏嘉诸将转战直前,同心戮力,特颁珍赉。十二月,攻九江西门不克,骁将童添元死之。会水师为贼所袭,丧失辎重。罗泽南攻小池口,塔齐布亲率勇士二十人往督战,众寡不敌,且战且退,匹马冲突,为诸营捍蔽。有黄衣贼酋三来犯,塔齐布以套马竿圈一酋斩之,夺其马,余贼皆靡,俟大队沿江上,始单骑渡江回营,已除夕三鼓。

五年正月,城贼出犯,斩获二百余,又伏地雷诱贼来扑,毙之,战屡捷而城不下。三月,总督杨霈师溃,武昌复陷,塔齐布分兵遣将回援。时水师半顿鄱阳湖,半回湖北,陆师留攻九江,力甚单,贼益坚拒。六月,与曾国藩会于青山议军事,国藩谓宜移师东渡,剿湖口、东流、建德,塔齐布暂攻九江。七月,方传令薄城,遽气脱卒于军,年三十有九。事闻,文宗震悼,诏依将军例赐恤,湖南省城建专祠,谥忠武。同治三年,江南平,加三等轻车都尉世职,入祀昭忠祠。

塔齐布忠勇绝伦,自擢提督,涅"忠心报国"四字于左臂。每战,匹马当先,不使士卒出己前。他军被围辄驰救。背负枪,挟弓矢,二卒持长矛、套马竿从,皆精绝,无虚发。每逼贼垒觇形势,濒危辄免,贼惊为神,而从容谦退,未尝自伐其能。在岳州,率四骑觇摇鼓台,忽有悍酋狞髯瞋目,持槊来犯。健卒黄明魁矛刺酋坠马,塔齐布手刃殪之,获其旗,知为伪丞相曾天养,骁桀称最,群贼夺气,寻皆引去。先是水师毁天养坐船,已报歼毙。塔齐布不欲争功,终不上闻。军中与下卒同甘苦,尝共中夜絮语家事,念及老母,泣下。其卒也,军民皆恸。湘潭、岳州两捷,关系湘军大局。曾国藩尤痛惜焉。

毕金科,字应侯,云南临沅人。以征开化苗功,叙外委。从王国才赴湖北,破贼荆州龙会桥、天门丁司桥,累擢都司。曾国藩奇其才,令从攻九江,改隶塔齐布部下。及塔齐布殁,石达开扰江西。金科每战陷阵,骁勇为诸军冠。五年冬,破贼樟树镇,而周凤山军败,寻失之。六年,破贼章田渡,未几,饶州陷,又失之。金科愤为他部所累,募死士攻取饶州。誓曰:"今日上岸不破贼,吾不复归舟!"一鼓克其城,赐号呼尔察巴图鲁,补临沅镇都司,以游击升用。名大振而忌者众,军食不继,金科郁郁,思立奇功。江西大吏责其破景德镇始给饷。七年正月,骤往攻之,入市不见一人,率十卒搜捕,贼蜂起,伤其七,亡其三,只身纵横击刺,践血而出。贼以喷筒环攻于王家洲,殒焉。曾国藩为勒碑纪事,称其勇与塔齐布相埒。洎江南平,疏请优恤,赠总兵衔,谥刚毅,立祠景德镇。

多隆阿,字礼堂,呼尔拉特氏,满洲正白旗人,黑龙江驻防。由前锋补骁骑校。咸丰三年,从胜保剿粤匪,解怀庆围。及贼扰畿辅,僧格林沁督师,征兵黑龙江,多隆阿率二起马队从克连镇、冯官屯,擢佐领。

五年,调援湖北,隶将军都兴阿部下。破贼黄州、新洲,从克广济。六年,克武昌、汉阳,加副都统衔,补协领,充行营翼长。进剿蕲州,败贼于曹家河,复广济,次孔垄;贼复来犯广济,击走之。时湘军围攻九江,贼于对岸小池口筑土城,环以坚垒,附近数十里内,段窑、枫树坳、独山镇等处贼垒凡数十。七年三月,都兴阿与鲍超攻小池口,令多隆阿趋段窑,甫至,贼数千来拒,一战破之,毁其垒。扬言攻独山镇，而暗袭枫树坳，贼三路分拒，分击之。别遣队绕山南袭贼营，贼阵乱纷窜，**进殪三千余**，乘胜疾趋独山镇。四鼓至，月明如昼，见贼垒浚深壕，木桩竹签环之，不易攻。以轻骑诱贼出，散队设伏，伺贼至，以劲骑冲突，又分队潜越壕纵火，贼大奔，追杀至晓，毙贼五千，生擒数百。自是贼畏其军，见旗辄走。

陈玉成率悍党踞黄梅，连营百里，官军屡挫。六月，多隆阿偕鲍超赴援，战于黄梅十里铺，分兵潜攻西路亿生寺贼垒，贼出不意，骇奔，而十里铺之贼亦大败；水师进毁童司牌贼垒，湘军自九江来援，合击，大破贼于黄蜡山，平贼垒凡百余，逐北至宿松城下，遂克黄梅，以副都统记名。贼寻弃宿松而去，多隆阿率马队驻守。鲍超以步队屯二郎河。九月，贼陷太湖，分路来犯，偕鲍超合击于凉亭河，破之；又合击于枫香驿，贼死抗，鏖战逾时，尽破其垒，乃遁太湖。八年春，贼由渡船口等处上犯，将缀官军，以缓九江之攻。多隆阿伺其初至，急击走之。

四月，九江克复，多隆阿从都兴阿进规安庆，石牌为要冲，贼据山阻水为坚垒，水陆重兵守之。多隆阿攻上石牌，鲍超攻下石牌，同时并下。余垒惊窜，马步截杀及落水溺毙者六千余人，其酋以数十骑逃入安庆；遂进军逼安庆，破城外九垒，城贼屡出战，皆击败之。会李续宾战殁三河，桐、舒、潜、太诸县皆不守。安庆围师牵动，多隆阿退保宿松。次日，贼麕至，值大雾，多隆阿驱劲骑陷阵，敢死士随之，斫杀无算。鲍超军夹击，呼声震天，贼惊溃，自相践踏，陈玉成精锐损失过半。自三河失利后，得此捷，军声复震。

是年冬，都兴阿以病离营，奏多隆阿素当前敌，请所部悉令统带。诏责成督率将士，就近听胡林翼调度。九年春，进逼太湖。诸将犹谓贼锐，宜稍避，多隆阿曰："不入虎穴，焉得虎子？"贼凭城出斗，力战挫之，营垒乃就。胡林翼遣唐训方会攻，而石牌复为贼踞，攻太湖城连月不克。多隆阿谓必先取石牌而后太湖可下，乃选精锐，自荼婆岭进兵，用火攻困之。贼由潜山、安庆两路来援，分马队击却之。九月，复猛攻，焚其垒，歼贼酋霍天燕、石廷玉等，遂克石牌，令部将雷正绾驻守之。时湘军围安庆，陈玉成纠合捻匪众十余万来援，太湖当其冲。胡林翼调集诸将为备，多隆阿已授福州副都统，战略威望最著，遂令前敌诸军并受节制。岁将尽，贼分三路至，鲍超屯小池驿，蒋凝学屯龙家凉亭，多隆阿自以马步各队驻新仓，朱品隆与唐训方合军仍围太湖，初战，中贼伏，颇有伤亡。贼势专趋小池驿，鲍军为所困。多隆阿虑牵动局势，仅分队为护饷道。会金国琛等军出潜山高横岭、仰天庵，密约夹攻。

十年正月，贼移垒罗山冲、白沙畈，与城贼互应。多隆阿定计以大围包裹援贼，以伏兵横截城贼，令步队诱敌，马队骤起围击。唐训方钞其后，朱品隆扼其右，鲍超遏其前，自率马步冲突陷阵，贼大败。次日，分军三路，鲍超等东出小池驿，朱品隆等西趋罗山冲，多隆阿自居中路，见贼屯袤广二十余里，陈玉成踞罗山冲，尤为悍贼所聚，列队进攻，为贼阵所压，遂督中西两路并力攻山，奋呼直上，贼始败窜。鲍超亦由小池驿连破四路之贼，合队

追奔，同攻贼垒，乘风纵火，贼栅、贼馆顷刻延烧，大小营垒百余，一律平毁。金国琛等沿山兜击，贼前后受敌，夺路狂窜，连夜追剿，擒斩无算。城贼闻败，宵遁，伏兵四起，截杀未逸者，尽数歼之，即日复克太湖，乘胜追贼至潜山城下，亦克之。是役时称奇捷，推多隆阿首功，诏加头品顶戴。贼既败，回踞桐城，增垒为固。七月，多隆阿率军进逼城西，昼夜环攻，其西北山冈曰毛狗洞，贼垒最据形势，攻下之。俯瞰全城，掘隧道轰之，未克。陈玉成复纠捻匪自舒城来援，十月，于挂车河隔河而阵，连战败之。复与李续宜约期合攻，裹贼于中，战酣，以马队钞击，贼大败，歼殪近万，解散胁从万余，贼弃垒夜遁，赐黄马褂。

陈玉成屡为多隆阿所挫，知不敌，乃谋犯湖北。是年冬，又纠众绕英、霍，陷蕲水，掠黄州、德安。十一年春，折回趋安庆，经挂车河，耀兵而遇。多隆阿曰："此示假道，不欲战也。"设伏山隘，令贼过呼噪勿击，而以轻骑蹑之，斩馘甚众。玉成入安庆，筑垒集贤关，多隆阿进驻高路埔。桐城、庐江诸贼二万余，将与玉成联合。多隆阿分五路进击，迭败之于练潭、横山堡、金神墩、新安渡，余贼遁回桐城。未几，悍贼黄文金纠众二万余踞天林庄，走之。陈玉成留悍党守集贤关，自率马步五六千窜马踏石，欲与桐城诸贼会合。多隆阿要击于河岸，却之。四月，玉成复率诸酋合粤、捻三万余人图上犯，以解安庆之围。多隆阿分路设伏，扼之于挂车河，左右往来冲击，伏发，四面夹攻，歼毙八九千，追剿，五战皆捷。贼仍遁桐城，安庆之援遂绝。

官文、胡林翼疏陈多隆阿朴诚忠勇，智略冠军，为众所悦服，于是奉帮办军务之命。八月，安庆克复，急令穆图善攻桐城，即日克之。数日中连克宿松、黄梅，而舒城贼亦弃城走庐州，予云骑尉世职。擢正红旗蒙古都统，又擢荆州将军。进规庐州，同治元年春，连破敌道，绝其道道，贼党相率投诚，散遣千余人。四月，大破援贼，陈玉成战败不敢入城，窜走，遂克庐州。令穆图善、雷正绾追玉成，玉成奔寿州，为练总苗沛霖擒献胜保营，诛之。捷闻，优诏褒嘉，加予骑都尉世职。

寻命督办陕西军务，率所部西征。时粤匪陈得才合捻匪姜台凌、张洛行众二十万，三路窥陕。多隆阿令雷正绾、陶茂林率三千人前驱，大军继之，七月，抵商南。陈得才蹑后路，图截饷道，乃率穆图善回军掩击，大破贼于荆子关。贼夜遁，令马队追贼，步队休息，自携数十人入商南，姜台凌大队交薄城下。调卫队四营犹未至，阳示镇静，设伏城外，亲率百余人开城冲出，伏兵齐应，贼不知众寡，仓皇退窜。次日，复出城诱战，正与相持，总兵朱希广率四营由间道来援，连日力战，擒斩二千余，贼乃西窜，檄温德勒克西马队要截，王万年步队蹑追。金顺守荆子关，陶茂林遏武关，自率亲军于捉马沟筑垒，贼夜来袭，俟其近，排枪炮击之，穆图善自外夹攻，毙贼无算。至晓，见贼蚁聚，亘数十里，令降俘指认贼旗居中之红边白旗为姜台凌，先集攻之。战方酣，自率穆图善从山侧绕击，贼败如山倒，斫杀万计，追至三角池，截其尾队。姜台凌仅以

身免,张洛行闻风亦遁。诏嘉其旬日内剿除巨寇,颁赐黄马褂及江绸刀韀,以示优异。

时胜保入陕督师,移多隆阿赴南阳防剿,连败贼于樊城、唐县。寻复命赴陕。十一月,入潼关。胜保以罪逮,诏授多隆阿钦差大臣,督办军务。

回匪方炽,遍扰东西北三路,陕南则为粤、捻、川匪所出没。多隆阿令雷正绾任西路,自剿东路,克韩村、背坡诸贼营,同州解围。二年春,督军并攻王阁村、羌白镇,破之。回匪自倡乱,至是始被痛创,遂进攻仓头镇。多隆阿积劳致病,将士亦多染疫,遣将分攻庞谷、雷化、乔千、孝义诸镇,皆克,惟仓头为老巢,负嵎未下。四月,移营进逼,挥军纵击,破其土城,贼大奔,追杀无算,东路肃清。令曹克忠一军赴西安护运道,自率穆图善等攻高陵,分路夹击,八月,克之,扫荡附近贼巢。

关辅略定,而汉南诸贼纷扰。川匪蓝朝柱近踞鳌屋,三年春,亲督兵力攻,城小而固,多隆阿愤甚,临高指挥督战,城已垂破,忽中枪,伤头目,将士攻城益力,旋克之。事闻,温诏慰劳,赐上方药,遣太子驰驿省视。寻命督办陕、甘两省军务。四月,创甚,卒于军。赠太子太保,予一等轻车都尉世职,入祀京师昭忠祠,立功地建专祠,谥忠勇。未几,江宁复,加一云骑尉,并为一等男爵。子双全袭,官头等侍卫。

孙寿长,光绪中,官正黄旗满洲副都统,统奉天仁字军,因事革职。二十六年,俄兵入边,寿长力请战,召回京,未行,为俄人所执,不屈死。

鲍超,字春霆,四川奉节人。咸丰初,以行伍从提督向荣广西剿匪,寻入湖南协标。四年,曾国藩治水师,调充哨长。勇锐过人,每以单舸冲贼队,当者辟易。从克岳州、武昌、汉阳,破贼田家镇、武穴,积功擢守备,赐花翎。五年,武昌复陷,赴援,胡林翼拔充营官。击贼于汉阳小河口、鲇鱼套、屯沌口,破宗关贼垒,擢都司。会金口陆军溃,贼聚攻胡林翼于高庙,超飞棹往救,力战却之。德安、应城之贼复由涢口来犯,火其舟,拔林翼于重围。进捣贼营,右肋中炮,裹创而战,复金口。论功最,擢游击,赐号壮勇巴图鲁。

六年,林翼疏荐超勇敢冠军,晓畅兵略,以水师总兵记名。夏,会攻汉阳,扼沙口,断贼往来,江面肃清,擢参将。武昌既复,林翼令赴长沙募勇三千,创立霆字五营,改领陆军。七年,补陕西宜君营参将。攻小池口,破贼于孔垅,援黄梅。时总兵王国才战殁濯港,贼甚张。众议水陆暂扼守,超不可,主速战,多隆阿赞之,以骑兵助攻亿生寺贼垒。战一日夜,伤左膝右臂,不退,遂破黄蜡山贼巢,生擒贼渠,斩馘五千有奇。擢副将,加总兵衔。乘胜焚黄梅后山,进屯宿松二郎河,平凉亭、祝家垯贼垒。陈玉成拥众数万踞枫香驿,连破之,夺其十三垒。八年,援麻城,克黄安,偕多隆阿进规太湖。超攻北门,烧贼火药库,破雷公埠、石牌贼营,斩馘万余,授湖南绥靖镇总兵。进攻安庆省城,而三河军败,陈玉成纠捻众上犯,都兴阿令超退守二郎河,遏贼冲。超偕多隆阿大破贼于宿松东北

花凉亭,斩伪成天侯韦广新以下渠目三百余,歼贼八千,散胁从数万。捷闻,优叙。

九年,会诸军围太湖,陈玉成纠众十余万来援。多隆阿总统诸军,撤围分屯,备大战。超壁小池驿,十二月,贼至,压超军而垒,凡百余座。超破其十余垒,贼悉锐更番环逼,昼夜力御,棚帐皆为炮裂,士卒伤痍,粮道将断,超志气弥奋,相持二十余日。十年正月,援军自潜山天堂出,诸军乃约期夹击。超空壁而出,贼围之数重,为方阵拒战,四路贼皆破。合诸军尽焚贼垒,斩馘无算,遂克太湖。官文等奏捷,谓:"非超勇鸷坚强,以二千人独御前敌,血战兼旬,则援应各师,必有缓不济急之势。"诏加提督衔。超与多隆阿不相下,为胡林翼故,勉屈听节制。临危,多隆阿复不力救,虽成功,颇觖望,林翼慰解之,遂乞假省亲去军。

曾国藩方规皖南,奏令超增募万人以从,未至,悍贼黄文金由浙入赣,李秀成亦由芜湖上犯,取包围远势。诏促超赴军,而宁国陷,褫勇号,责图克复。贼已直犯祁门大营,国藩兵单,誓死守。超至休宁,闻警,日驰百余里,连战皆捷,驱贼出岭,国藩亦不意超军遽至也。诏嘉其神速,赐号博通额巴图鲁。进援江西景德镇,与左宗棠会刚,因雨迟至。宗棠假霆军旗帜,贼见之却走。复回踞浮梁、谢家滩。十一年正月,超至,大战破之。黄文金负创遁,追败之黄麦铺,复建德。曾国藩奏请以超军为江、皖游击之师。陈玉成与安庆城贼夹攻官军,颇为所困。超渡江援之,大破贼于赤冈岭,生擒悍党刘玱琳。既而李秀成犯江西,连陷二十余城。超破之于樟树镇,斩馘万余,被珍贲。又进解抚州围。调援江北,至南昌,闻安庆已克复,回军战于贵溪、双港、湖坊河口,大破贼,遂克铅山,解广信围,李秀成遁走。命遇提督缺出尽先题奏。规取青阳,败援贼,尽毁城外贼垒。

同治元年,诏推恩诸将,嘉超屡著战功,赐黄马褂,授浙江提督。时贼聚皖南,东连苏、浙,西濒江,上自建德、东流,下至铜陵、芜湖。超东西策应,解铜陵围,克青阳、石埭、太平、泾县,大破杨辅清于宁国,复其城,予云骑尉世职。贼首洪容海、张遇春先后投诚,受降,编其众为启化营、春字营,从战皆有功。是年冬,丁母忧,请终制,诏夺情留军。二年,战泾县。贼设伏来诱,超亦潜伏山坳以伺,断贼后路,夹击,大破之,遂克西河、湾沚。黄文金窜鄱阳,方欲赴援,李秀成又陷江浦、浦口,超驰救,破贼青溪镇,连克巢县、含山,和州、江浦、浦口,北岸肃清;遂会水师克九洑洲,而青阳又被围,驰至,贼遁,追破之于曹塘,进攻东坝贼巢,克之。贼酋先后率众降者数万,建平、溧水皆复。曾国藩奏以东坝为重隘,令超驻守,以备游击。

三年春,克句容、金坛。时苏、浙败贼聚于江西,命超驰援,破贼于丰城。会江宁克复,论功,予一等轻车都尉世职。七月,破许湾贼巢,连克崇仁、宜黄、东乡、奎黪、南丰。贼酋陈炳文以六万人降,受之。追贼赣南,解宁都围,歼贼万计,赐双眼花翎。贼酋汪海洋遣党诈降,整军以待,骤击之,溃,入瑞金,城下尸积为阜,城贼亦

遁,追至福建境。洪秀全幼子福瑱为赣军所擒,诏锡封超一等子爵。

先是,超请回籍葬亲,赐银五百两,命俟江、皖肃清后予假。是年冬,申前请,允之,复命假满率旧部出关援新疆。所部多南人,畏远征,疆臣多以为言,请留剿粤匪余孽,曾国藩亦请先留甘肃内地。超已令部将宋国永率八千人先发,四年春,至湖北金口,军溃。诏急起超于家,免其出关,改赴福建,命沿途招抚溃勇。溃勇多降众,仍由江西趋粤与匪合,超由赣州进剿。时粤匪余党聚踞嘉应州,汪海洋已为闽军所歼,贼中推谭体元为首。十二月,战于平成铺,贼踞岭而阵。超合闽、粤诸军大破之,追至城下,宵遁。预设伏于黄沙障及北溪、白沙坝,五路兜击,谭体元中枪坠崖死,诸酋擒斩无漏网者,获叛勇欧阳辉、黄矮子等磔之。粤匪荡平,加一云骑尉世职。五年,仍授浙江提督,命移师剿捻,追逐于湖北、河南、陕西界上,贼望风辄走。疆臣争欲得其兵为助,以西安戒严,诏饬赴陕。

六年正月,抵樊城,闻捻匪至,与淮军将刘铭传约期于安陆永隆河夹击。铭传先至,为贼所败,夷伤颇重。超至,击贼背,大破之。任柱、赖文光遁走,俘其妻孥,夺回所失军装。超久为名将,铭传后起与之埒,是役超自以转败为胜有功,而铭传咎其后至,李鸿章右铭传,超大愤,称病。迭诏慰勉,曾国藩及鸿章驰书相继。超终乞罢去军,所部三十营,令部将宋国永、唐仁廉分领。诏娄云庆代将,皆虑其军难制,遣散过半焉。

超既归,屡敕问病状。十三年,召来京,因病未复,仍续假。光绪六年,起授湖南提督,募军驻乐亭防俄罗斯,事定回任。八年,复以病请解职。十一年,法越战起,命率师驻云南马白关外。和议成,撤防回籍。十二年,卒,赠太子少保,赐银三千两治丧,立功地建专祠,谥忠壮。子祖龄袭爵,官浙江金衢严道。

超治军信赏必罚,不事苛细,得士卒死力。进战,疾如风雨,贼望而披靡,弃械跪马前,即不杀,以此服其威信。所部多骁将,宋国永、娄云庆最为所倚。谭胜达、唐仁廉亦并至专阃。

国永,四川人。由军功补千总。初从鲍超隶水师,以战金口功,擢守备。破贼童司牌、黄蜡山,克麻城、黄安,累擢参将。霆军初立,为营官。咸丰十年,曾国藩调霆军赴皖南。鲍超方假归,国永暂统其军。及超至,从攻休宁,分兵复黟县,连破贼于羊栈岭、卢村、洋塘、黄麦铺,功皆最,擢以总兵记名。十一年,补广西梧州协副将。从援江西,破贼樟树镇,加提督衔。克铅山,解抚州、广信围,以提督记名。同治元年,克青阳、宁国,授直隶宣化镇总兵。时杨辅清仍踞宁国附近图返攻,国永屯老祖山,迭破来犯之贼。二年,进克西河、湾沚,赐黄马褂。

三年,江南平,鲍超回籍,国永与娄云庆分领其军,调赴福建,未行。四年,鲍超将赴新疆,国永率所部由江西先发,军中索饷鼓噪,抚定之。道经湖北,复哗溃于金口。坐不能约束,褫职留营。从克嘉应州,复原官。从剿捻匪,自永隆河破贼后,鲍超乞病,军中事一倚国永。及

超去军,国永先请散遣己所部众,余付娄云庆统之。八年,授云南鹤丽镇总兵。李鸿章疏陈国永战绩,称为胆识兼优、不可多得之才。留于两江委用,驻防镇江。光绪初,调赴福建。四年,卒,诏念前功,允祀四川、湖北霆军昭忠祠。

云庆,湖南长沙人。初入水师,累功至都司,寻充霆军营官。咸丰十年,小池驿之战,功最,擢参将。从战皖南,会鲍超赴援江西,留云庆率四营扼渔亭。贼闻大军远出,突来犯,击走之。追至岩脚,毙贼酋黄世聊等,复击败上溪口贼。十一年,会克休宁。既而攻徽州,诸军失利,云庆仍挫贼,全军而退。寻会张运兰战卢村,遂克徽州,以总兵记名。从鲍超转战江西,数破贼,功最,授直隶正定镇总兵。同治元年,从克青阳,乘胜攻石埭,云庆率士卒负板薄城,蚁附而登,克之。时霆军威名益著,营队日增。曾国藩令云庆与宋国永为其军分统,克宁国,以提督记名,赐黄马褂。三年,分兵克金坛。及江宁既下,调援江西。既而鲍超奉命西征,分兵令宋国永赴陕甘,云庆率万人援福建。国永军再哗溃,云庆军不远役,又得饷,未为摇动。寻从鲍超灭贼于嘉应,始赴正定镇本任。六年,鲍超师归,众虑霆军难制,曾国藩荐云庆才能应变,诏饬接统。遂裁撤全军,改募五千人,号曰霆峻营,驻防湖北。明年,捻平,云庆请归养。光绪初,复起授正定镇总兵。十七年,擢湖南提督。三十年,以老乞归,卒于家。

胜达,湖南长沙人。咸丰中,投效霆军,无役不从。石牌、羊栈岭、洋塘、赤冈岭诸战,功皆最,累擢至副将。从战双港,克铅山,赐号协勇巴图鲁。同治元年,赴援铜陵,战横塘,斩贼酋于阵。进攻城外贼垒,胜达偕唐仁廉冒炮烟逾壕,夺其一垒,余垒皆下。贼夜遁,复铜陵,以总兵记名。又战于寒亭,胜达横冲贼队截为四,不能成伍,大破之,复宁国,加提督衔。二年,分兵解泾县围,连夺西河、湾沚要隘,诏遇总兵缺先行简放。三年,克句容,以提督记名。鲍超以东坝为重隘,令胜达守之。贼至,蔽山谷。胜达陷阵,刺杀其酋,贼大溃。践尸追击,歼毙数千。寻赴援江西,克新城,解宁都围。四年,霆军以索饷殴伤粮道段起,胜达坐褫职,寻复之。及嘉应殄灭粤匪,赐黄马褂,授直隶正定镇总兵。八年,始赴任,练军捕盗,浚河修堤,颇著劳勤。光绪元年,卒于官,赐恤,谥勇悫。

唐仁廉,湖南东安人。初隶杨岳斌部下。粤匪韦志俊以池州降,仁廉从彭玉麟往受之。贼党忽变,仁廉手刃其悍者数人,岳斌嘉其勇,令选降众立仁字营。咸丰十年,改隶霆军。从战太平、石埭间,擢守备。克黟县、建德,擢游击,赐号壮勇巴图鲁。破安庆援贼于赤冈岭,战丰城,克铅山,累擢副将。同治元年,克青阳,以总兵记名。三年,克金坛,以提督记名。四年,战嘉应,粤匪荡平,赐黄马褂。五年,从剿捻匪,率马队逐贼于鄂、豫之交。六年,大破贼于永隆河,连败之于钟祥池河、枣阳平林店。鲍超解军事,仁廉分统其众,从李鸿章剿匪。东捻平,论功,遇提督尽先简放。西捻张总愚犯畿辅,仁廉追贼于直隶、河南、山东三省之间,连败之浚县大伓山、海丰郝家寨、商河李家坊。又偕郭松林合击于沙河,总愚中枪遁,

再败之于高唐卢寨。西捻平，以一等军功议叙。九年，从李鸿章援陕西，平北山土匪。寻调防畿辅，驻青县马厂。十三年，授通永镇总兵。光绪十年，擢广东水师提督。二十年，皇太后万寿恩，诏加尚书衔。日本犯辽东，时以唐仁廉为霆军旧将，召至京。仁廉奋发陈方略，请募二十营当前敌，允之。及成军出关，和议旋定，遂还。二十一年，卒，赐恤。

刘松山，字寿卿，湖南湘乡人。初应募入湘营，隶王鑫部下，从平永州、郴、株诸匪，以功擢千总。咸丰七年，克崇阳、通山，擢守备，始领一营。从援江西，克广昌、乐安，擢都司。王鑫卒，张运兰分领其军。松山从战克建昌，擢游击。贼由福建回窜江西，陷安仁。松山从破贼於青山铺，进攻安仁，攀堞先登，克之，擢参将。会剿广东连州踞贼，擒其酋，折回江西。

九年，转战至徽州，屯祁门。贼自卢村来犯，突击败之。会诸军克景德镇，追至浮梁，争渡桥，贼返斗，城贼出助。松山据桥血战，军赖以全，遂克浮梁，擢副将。十年，追叙连州功，加总兵衔，赐号志勇巴图鲁。十一年，克建德、黟县，进攻徽州，贼夜劫营，诸营皆溃，松山列队月下不少动，贼不敢逼。遽诸将曰："我第四旗刘松山也！"戒勿奔，众始定。曾国藩自是待之以国士。贼再入黟县，再克之。毁樟岭、卢村贼垒，贼弃徽州遁，进克休宁，以总兵记名。杨辅清复纠党围徽州，松山四战皆捷。援军至，会击于岩市，贼引去。同治元年，克旌德。张运兰以病归，松山与总兵易开俊分领其众。守宁国，大疫，士卒多病，松山加意抚循，力疾战守。二年，援泾县，破贼于金村、李村，而贼乘虚袭宁国，松山驰还，设伏敬亭山，伺贼至，分三路鼓噪而进，伏起夹击，伏尸塞途，麋余贼水滨多死。三年，大军克江宁，松山收降溃贼四千人。皖境肃清，署皖南镇总兵。

四年，授甘肃州镇总兵，仍调皖南镇。曾国藩督师剿捻匪，奏以松山独统湘军从征，屯临淮。时湘将久役思归，又不习北方水土，皆不愿从。惟松山投袂而起，立率所部渡江。有哗饷者，诛数人而定。五年，败捻首张总愚、牛洛红于湖团，又败之于徐州西，追剿入河南。张总愚踞西华，牛洛红踞上蔡，设伏万金寨，图钞袭官军。松山与总兵李祥和击破之，进攻双庙，大破之，又败之郾城、南阳、新野。总愚挟众窜陕西，自此与任柱等分，不复合，号为西捻。

时议遣援剿之师，因陕境残破，诸将皆观望。惟松山毅然自任，率师西行，曾国藩尤重之。六年，擢广东陆路提督。张总愚与回匪合，踞鄜县，进击走之。转战扶风、岐山间，于泾阳要击窜贼，歼毙数千。追至富平，破其垒，而陕军战灞桥失利，贼犯同州、朝邑。松山疾趋，及贼于晋成堡、姜彦村，张两翼击之，贼败走。追至许家庄，复返斗，血战四时，大破之，同、朝围解，被珍赉。贼势犹张，渡渭犯西安，松山会战于城南，斩馘数千，解散万人。六月，左宗棠莅陕督师，张总愚复结回匪窥同州、朝邑，分党踞流曲镇、王寮镇以阻师。松山连拔二镇，绕北山趋朝邑，截贼前。贼走高陵，复渡泾而东，松山据泾，浚壕筑墙而守。贼铤走入北山，陷绥德州。十一月，松山偕郭宝昌击败之。

贼弃绥德城，践冰渡河，入山西，陷吉州、乡宁。松山偕郭宝昌追剿，克二城，解河津、稷山之围，又追败之洪洞。贼由垣曲入河南境，七年正月，径犯畿辅。松山间道逾太行，冒雪日行百数十里，先诸军抵保定，特诏嘉奖，优叙。败贼于献县商家林，又败之深州、博野。偕郭宝昌、张曜、宋庆合击于深泽，大破之，贼渡滹沱南窜。畿辅解严，晋号达桑阿巴图鲁。迭追击于河南延津、封丘，山东海丰，直隶长垣、庆云、沧州、吴桥，大小数十战，与淮、楚诸军长围困贼，六月，张总愚赴水死。捻匪平，赐黄马褂，予三等轻车都尉世职。从左宗棠还陕剿回。

松山在军十余年，仅因募勇一归里，聘妇二十年未娶；至是妇家待于洛阳，成礼旬日即行。冬，抵陕，议先平土匪，乃可专力剿回。次绥德，分军攻怀远大理川回巢。自督攻小理川、店子寺、周家嶖，悉拔之。破定边回酋马万得、马棘子众数万。八年，部军合会匪叛，踞绥德，松山驰捕首逆百余人而定，自请重处，革职留任。进剿西北路诸堡，收降董福祥等众凡十七万人，榆、延、绥、鄜四郡皆肃清。

秋，度陇规灵州，破李旺堡、黑城子回寨数百，克灵州，开复处分。败匪乞抚，察其诈，击之，平大小堡寨数十。进攻金积堡。堡酋马化隆悍狡为诸回之最，党众粮足，负嵎已久，官军屡为所挫。松山先筹粮运，败其党援，大举稳进。西宁、河州、临洮、靖远诸回皆震其威，不敢来救，先平堡北诸庄寨。九年正月，贼在秦渠南，踞石家庄及马五、马七、马八诸寨，负嵎抗拒。松山先破石家庄，督攻马五寨，破其援贼，毁外卡，纵火焚寨门。垂克，炮中左乳，坠马，诸将来视，叱令整队速攻，毋乱行列，遂破马五寨。松山创甚，顾诸将曰："我受国恩未报，即死，毋遽归我尸，当为厉鬼杀贼。"遂卒，年三十有八。

事闻，诏嘉其谋勇兼优，无愧名将，赠太子少保，加骑都尉兼一云骑尉，入祀京师昭忠祠，立功地建专祠，谥忠壮。松山既殁，兄子锦棠代领其众，留其柩未归以系军心。次年，克金积堡，特诏赐祭一坛。十二年，甘回悉平，追论前功，加一等轻车都尉，并世职为二等子爵。嗣子萧袭，官至山西按察使。

论曰：曾国藩湘军初起，赖塔齐布为助，及规江宁，清江、皖后路，则鲍超之力为多。胡林翼由鄂规皖，悉倚多隆阿、鲍超二人。塔齐布不幸早殁。多隆阿才略冠时，朝廷倚以剿回，中道而殒，未竟其用。鲍超攻战无敌，劲招众忌，功成身退，亦以保全之。刘松山后起，忠诚独著，左宗棠平捻、平回，胥资其力；使获永年，其建树未可量也。

卷四百十　　　列传一百九十七

彭玉麟　杨岳斌 王明山　孙昌凯　杨明海
　　　　谢浚舍

　　彭玉麟，字雪琴，湖南衡阳人。父鸣九，官安徽合肥梁园巡检。玉麟年十六，父卒，族人夺其田产，避居郡城，为协标书识以养母。知府高人鉴见其文，奇之，招入署读书，为附生。新宁匪乱，从协标剿捕。叙功，大吏误以为武生，拔补临武营外委，不就。至耒阳，佐当商理事。粤匪至，罄所有资助县令募勇筹防。贼知有备，不来攻，城获全。玉麟不愿叙功，但乞偿所假钱，以是知名。

　　咸丰三年，曾国藩治水师，成十营，辟领一营。其九营多武员，自事悉倚玉麟，隐主全军，草创规制多所赞画。四年，初出师规岳州，不利，退长沙。玉麟偕杨岳斌援湘潭，会塔齐布陆师夹攻，贼舟连樯十里，分三队合击，同时纵火焚其辎重皆尽。贼弃城走，复湘潭，叙功以知县选用。六月，再进岳州，贼据南湖以拒。玉麟伏君山，岳斌伏雷公湖，遣小舟挑战，贼舟争出，两翼钞之，毁百余艘，贼来，迭败之。进攻擂鼓台，贼舟多于官军十倍。玉麟偕岳斌各乘舢板冒炮烟冲入，烧其坐船，贼还救，阵乱，大破之，玉麟伤指，血染襟袖，军中推二人勇略为冠。既而总兵陈辉龙至，率新军出战，军容甚盛，玉麟偕诸营从观战，拖罟胶浅，为贼所乘，急往救，水急风利，陷贼屯中，遂大败。辉龙等战殁，玉麟单舸退，自是水师专任彭、杨。

　　时陆军累捷，贼退走，水师并进。八月，屯沌口，规武昌。玉麟与诸军议，请渡江先破城外贼屯。贼自塘角至青山，缘岸列炮，丸发如雨。将士皆露立舢板，棹船徐进，无一俯侧避炮者。贼望见夺气，沿江贼屯尽溃，悉烧屯垒及其舟。武昌、汉阳同日皆复，论功擢同知。群贼麋聚田家镇，夹江为五屯，依半壁山，连舟断江，缆以铁索，布竹木为大筏，施大炮。筏外护以舟，后列辎重，望之如大城。武昌既克，水师欲下攻，而为蕲州江岸贼所挠。玉麟掠江直下，十月，进逼田家镇。与杨岳斌议分四队，约陆师同时合击。头队皆小船，具炉鞴椎斧，融炭以待。顺流急趋，至筏下，断锁缆得隙，挤而过，后者从之。大呼曰："铁锁开矣！"贼惊噪，争走相裹堕水。玉麟率二队顺流而下，岳斌率三队乘风而上，风起火烈，烧毁贼舟四千余艘，夺获五百余艘。玉麟虑军士互争，尽焚之。捷入，以知府记名。诏采其战法颁下江南北诸水军。遂会诸军进攻九江，连破贼于小池口、湖口。贼于九江夜袭水师大营，帅舟被燔，曾国藩移驻陆军。玉麟部将萧捷三追贼入鄱阳湖，贼断湖口，玉麟往救不利，乃还新堤筹济师。

　　五年，武、汉复陷，玉麟更募士造船，立新军，合三千人，与杨岳斌分统之。胡林翼约同攻汉口，玉麟自金口进，败贼鲇鱼套；北岸陆军为贼所挫，玉麟率众登岸截击，破之，攻塘角，焚贼船二百余：授浙江金华知府。七月，自沌口进拔蔡店，及南北两岸石城。五显庙者，贼坚巢也，阻湖而屯，玉麟攻之不下，曰："已入虎穴，非血战不能成功。"张两翼急桨而进，冲贼船尾，摧其卡，夺其船。复督队径越贼船，循两岸包钞。出襄河口，断铁锁浮桥，毁北岸火药库，仍入襄河。乘夜扑汉阳，擒贼酋萧朝富、吴会元。麾军攻拔五显庙，毁晴川阁木城，又破之叶家洲，烧贼船二百余。初由沙口移军沌口，过经贼垒，炮如雨下，所乘船桅折覆水。玉麟援横枚漂江中流，杨岳斌舟掠过，掉舢板拯之还。胡林翼疏陈称其忠勇冠军，胆识沉毅，诏以道员记名。

　　时曾国藩在江西，水军频挫，迭召往助。玉麟乞假回长沙，急赴之。袁、瑞两郡并陷贼，水陆道绝，易衣装为贾客，徒步数百里达南昌。重整内湖水师为十营，船六百艘。六年，摧广东惠潮嘉道。败贼樟树镇，又连破之于临江吴城、涂家埠，克南康。七年，国藩还籍治父丧，玉麟与杨岳斌同领其军。其秋，武、汉再克，水陆并下，围九江。玉麟约岳斌夹攻湖口，贼扼石钟山、梅家洲，力遏内湖军不得出。玉麟分军为三以进，贼穴山腹置巨炮，直船冲，舢板先出，前锋中炮，后船继进，伤十余艘。玉麟愤曰："此险不破，万不令将士独死，亦不使怯者独生！"鼓棹急赴，贼炮忽裂，船衔尾下，与外江水师合，欢声雷动。陆军由城背山下应之，贼大奔，乘胜夺小孤山，加按察使衔。八年，连破枞阳、大通、铜陵、峡口贼屯，合围九江，克之，晋布政使衔。杨岳斌进军黄石矶，自九江至武昌，置十二屯。

　　十年，玉麟移营与合屯。贼复上犯彭泽、湖口，分兵赴援，克都昌。十一年，授广东按察使。贼犯蕲、黄、德安，玉麟会陆军克孝感、天门、应城、黄州、德安，擢安徽巡抚。命帮办袁甲三军务，颖、寿各军悉归调遣，累疏固辞，谓："久居战舰，草衣短笠，日与水勇、舵工驰逐于巨风恶浪之中。一旦身膺疆寄，进退百僚，问钱谷不知，问刑名不知，勉强负荷，贻误国家。"又谓："从军八年，专带水师，弃舟而陆，无一旅一将供其指挥，仓猝召募，必致偾事。"诏嘉其不欺，以李续宜代之，改职水师提督。

　　同治元年，授兵部右侍郎，节制镇将。军中重文轻武，玉麟与杨岳斌威望久垺，一旦名位超越，而相处终始无间，论者谓其苦心协和不可及。别立太湖水师十营，并归统辖。曾国荃由安庆进规江宁，水师助之。克铜城闸，复巢县、含山、和州，袭破雍家镇、裕溪口，夺东西梁山，进攻采石，又克金柱关。诸将冲锋，玉麟每乘小船督战，以红旗为识，或前或后，将士皆惴惴尽力。间入陆军察战状，往来飘忽无定踪，所经行军民莫敢为奸宄。

　　二年，与杨岳斌合兵攻九洑洲。贼于洲筑垒数十，外作大城，众舟环之，与江宁相犄角；而拦江矶、草鞋峡、七里洲、燕子矶、中关、下关皆贼屯。玉麟列舟上流，南队向下关，北队向草鞋峡，岳斌攻燕子矶，破之。陆军亦分三队，掘洲埂攻中关，舢板环洲而阵。贼以枪炮相持，不能进。玉麟督诸军更番夜攻，下令曰："洲不破，不收队。"选死士从火丛登岸，噪曰："洲破矣！"诸军欢呼，腾踔而上,立破洲边屯舟,贼争溃走。自田家镇以来,是战为最烈。于是贼党由江西犯池州,谋挠官军。玉麟还救青阳,解其围,复高淳,克东坝,并论九洑洲功,赐黄马褂。会杨岳斌赴江西督师,自是玉麟专统水师。三年,江宁复,论功,以创立水师为首,加太子少保,予一等轻车都尉世职。四年,命署漕运总督,再疏辞,允之,命筹商水师善后事宜。

七年,会同曾国藩奏定长江水师营制,自荆州至崇明五千余里,设提督一员、总兵五员,以六标分汛;营、哨官七百九十八员,兵丁一万二千人,岁饷六十余万两,以长江厘税供支,不烦户部。初,军事未定,军饷奇绌,而淮盐积滞。玉麟议定捆盐自卖,供水师月饷。及江路大通,曾国藩设三省督销局,招商领票,水师盐票大小数百,至是军饷有额支之款。余银及票本巨万,玉麟一不私取,以五之一取息,助水师公费,且备外患仓猝之需。余分解云、贵助饷二十万,甘肃助饷二十万,以十万广本县学额,而以盐票犒诸将有大功者。

事既竣,疏请回籍补行终制,略曰:"臣墨绖从戎,创立水师,治军十余年,未尝营一瓦之覆、一亩之殖;受伤积劳,未尝请一日之假;终年风涛矢石之中,未尝移居岸上求一日之安。诚以亲服未终,而出从戎旅,既难免不孝之罪,岂敢复为身家之图乎?臣尝闻士大夫出处进退,关系风俗之盛衰。臣之从戎,志在灭贼,贼已灭而不归,近于贪位;长江既设提镇,臣犹在军,近于恋权;改易初心,贪恋权位,则前此辞官,疑是作伪;三年之制,贤愚所同,军事已终,仍不补行终制,久留于外,涉于忘亲。四者有一,皆足以伤风败俗。夫天下之乱,不徒在盗贼之未平,而在士大夫之进无礼、退无义。伏惟皇上中兴大业,正宜扶树名教,整肃纪纲,以振起人心。况人之才力聪明,用久则竭,若不善藏其短,必致转失所长。古来臣子,往往初年颇有建树,而晚节末路陨越错谬,固由才庸,亦其精气竭也。臣每读史至此,窃叹其人不能善藏其短,又惜当日朝廷不知善全其长。知进而不知退,圣人于《易》深戒之,固有由矣。臣本无经济之学,而性情褊躁,思虑忧伤。月积年累,怔忡眴晕,精力日衰,心气日耗。若再不调理,必致贻误国事。恳请天恩开臣兵部侍郎本缺,回籍补行终制。报国之日正长,断不敢永图安逸也。"优诏从之。

八年春,还衡阳,作草楼三重,布衣青鞋,时往母墓,庐居三年不出。自设长江水师,东南无事,将士渐耽安逸,事多废弛。十一年,诏起玉麟简阅,疏陈整顿事宜,讽提督黄翼升自退,荐李成谋、彭楚汉二人,即以成谋代之,劾罢营哨官百数十人。入觐,命署兵部侍郎,复陈请开缺,仍命巡阅长江,专折奏事。别饬两江、湖广为筹经费,玉麟力辞不受。自筑别业于杭州西湖,曰退省庵。每巡阅下游,事毕,居之。自是水师皆整肃,沿江盗踪敛戢,安堵者数十年。朝廷有大政,及疆吏重案,辄谘询,命按治。

光绪七年,命署两江总督,再疏力辞,乃以左宗棠代之。留督江、海防如故。言者议长江提督宜驻吴淞口外,玉麟疏言:"江南提督责在海防,请多畀兵轮,使立一军于海上。长江提督责在江防,请仍由臣督同巡阅,改驻吴淞,会操兵轮,以通江、海。"九年,擢兵部尚书,以衰病辞。

会法、越构兵,命赴广东会筹防务。玉麟募四千人从行,驻大黄滘。遣部将王之春、黄得胜等防琼州、钦州、灵山,娄云庆、王永章等驻沙角、大角,与粤军联合。增兵设垒,编沙户渔舟,分守内沙港汉。法兵竟不至。十一年春,粤军大捷于镇南关,进攻谅山。和议旋成,停战撤兵。玉麟疏请严备战守,以惩后患,陈海防善后六事。是秋,以病乞休,温诏慰留。十四年,扶病巡阅。至安庆,巡抚陈彝见其病笃,以闻,诏允开缺回籍,仍留巡阅差使。十六年,卒,年七十五,赠太子太保,依尚书例赐恤,建专祠立功地,谥刚直。

玉麟刚介绝俗,素厌文法,治事辄得法外意。不通权贵,而坦易直亮,无倾轧倨傲之心。历奉省按重臣疆吏被劾者,于左宗棠、刘坤一、涂宗瀛、张树声等,皆主持公道,务存大体,亦不为黥刻。每出巡,侦官吏不法辄劾惩,甚者以军法斩之然后闻,故所至官吏皆危慄。民有枉,往往盼彭公来。朝廷倾心听之,不居位而京察屡加褒叙,倚畀盖过于疆吏。生平奏牍皆手裁,每出,为世传诵。好画梅,诗书皆超俗,文采风流亦不沫云。

杨岳斌,原名载福,字厚庵,湖南善化人,原籍乾州。祖胜德,乾隆末,从剿苗,战殁永绥。父秀贵,以荫官至直隶独石口副将。岳斌幼娴骑射,补湘阴外委,从剿新宁匪。

咸丰二年,守湘阴有功,擢宜章营千总。三年,曾国藩创立水师,拔为营官。战岳州,水陆皆溃,独岳斌一营力拒不败。四年,战湘潭,焚贼舟数百,复其城,擢守备,赐花翎。国藩重整水师,进规岳州。岳斌与彭玉麟为前锋,伏船雷公湖,诱贼舟至,夹击,连战皆捷;贼再至,沿东岸斜击之,手挺矛刺杀贼酋汪得胜,夺其舟,贼无还者。擢都司,赐号彪勇巴图鲁。进战擂鼓台,乘舢板冲贼屯纵火,贼阵乱,大破之,克岳州,擢游击。总兵陈辉龙率后队至,狃前胜,欲乘风攻城陵矶。岳斌曰:"顺风难收队,不可行也。"不从,遇贼伏,竟败。辉龙及知府褚汝航、同知夏銮、游击沙镇邦皆战死,岳斌军独完。既而贼为陆师所败,将遁,要击之,平两岸炮台,搜螺山、倒口贼舟。寻夜袭嘉鱼黄盖湖,岳斌先入,被火伤,舟覆落水,跃上别船,大呼陷阵,焚贼舟数十。遂会湖北军进屯金口,破汉阳关贼营,攻塘角,至青山,焚其垒,贼遁,焚其辎重。武昌、汉阳皆复,擢参将,授湖南常德营副将。诸军进规田家镇,岳斌由中路先发,克黄州及武昌县,破援贼于蕲州,逼田家镇,偕彭玉麟分队毁横江铁锁,焚贼船四千余皆尽,漂尸数万,遂拔田家镇,蕲州贼亦遁去。岳斌昼夜进战,积劳呕血,诏嘉其劳勚最著,加总兵衔。

五年,水陆会攻九江,岳斌以疾留武穴,寻假归。水师恃胜锐进,前队舢板入鄱阳湖,贼树栅湖口扼之,不得出,而留九江者,亦屡为贼所袭。岳斌闻败,驰救不及。贼复上犯,武、汉再陷。曾国藩分水师回援,令岳斌回岳州，增募为十营，会屯金口，屡败贼。秋，退屯新堤，修船，汰疲卒十之三，简练以图大举。自武、汉为贼踞，长江商旅皆绝。及水师驻新堤，流亡归之，市廛始兴，渐为重镇。授郧阳镇总兵，兼署湖北提督。六年，进屯沙口，距武昌三十里。岳斌念贼舟往来长江，停则依垒，行皆乘风，恒避战，难得大创，乃谋袭烧之。募壮士驾千石大船，实硝黄芦荻，施火线。约曰："近贼而发，急登舢板退。"应募者三百人，悬重赏。夜逼贼舟，于南岸纵火，于是贼舟能战者多烬。前军直至黄州，旬日间转战数百里，击毁贼舟六百余，夺其资粮火药，哨船掠巴河、蕲州，耀兵九江城下而还。武、汉水路援绝，乃益困。十一月，与李续宾陆师合攻。值大风扬沙，波涛汹涌，水师上下环击，贼大溃败走。二城同日克复，捷闻，加提督衔。

进规九江，曾国藩以忧归，荐岳斌接统其军，彭玉麟副之。分兵扼蕲州，破投贼。秋，会陆军克小池口，密与彭玉麟约期会攻湖口，克之。于是内湖外江水师始复合。乘胜夺小孤山，克彭泽，留军屯之。自率前锋至望江，贼望风遁，遂复东流。过安庆，攻枞阳、大通贼垒，克之。复铜陵，至芜湖鲁港，与江南师船会。诏嘉其转战千里，谋略过人，寻授福建陆路提督，许可摺奏事。八年四月，与李续宾会攻九江。岳斌当北门，临江地雷发，奋呼齐登，擒贼首林启荣，逸出之贼，尽为水师所歼，赐黄马褂。

诏促东下，疏言楚境肃清后始能会师，遂移屯黄石矶。连攻安庆、枞阳、大通，夺其垒，分兵复建德，调福建水师提督。九月，会都兴阿克集贤关，贼自池州来援，迎击于枞阳，破之。时李续宾三河师溃，贼复谋上犯湖北。岳斌遣兵分扼龙坪、邬穴、田家镇。九年，督剿南北两岸援贼，时出队薄安庆城，以牵贼势。十二月，贼酋韦志俊以池州降，欲攻芜湖。其部下有叛者，还陷池州。岳斌察志俊无异志，分别遣留，得精锐二千五百人，令率以助战。陈玉成、李侍贤率众分窜楚、皖，水师移屯观音洲以备之。十年四月，大破贼于蠡矶，令韦志俊拔殷家汇，进攻池州，毁城外石垒，潜袭枞阳，拔其城。秋，遣将攻池州，夺青溪关。李秀成循江岸上窜，连败之三山、光穴、子桥、白茅嘴、运漕镇。分兵入内湖，攻神庙山、镇山，断松林口浮桥。冬，由鲁港潜行百里，解南陵围，拔出总兵陈大富一军，及难民十余万，被珍费。十一年，合攻安庆，偕陆军破赤冈岭援贼。战无为州神塘河，平其垒，焚贼船，划菱湖两岸贼屯。集攻安庆东门，乘胜拔城北诸垒，城贼穷蹙。八月，克安庆，遣总兵王明山、黄翼升克池州、桐城，予云骑尉世职。岳斌屡乞假省亲，至是始归。

同治元年，以母病请展假，不允。五月，至军，移屯乌江。进攻金柱关，战龙山桥，歼贼万余。贼寻复来犯阵，斩贼酋陈绪宾，破护驾墩、石垛贼垒。自是江宁大营后路始固。二年春，从曾国藩赴前敌大胜关、雨花台察视，与曾国荃定合围之策。三月，克黄池，悉收内河三里埂、伏龙桥、花津、护驾墩诸隘，以通宁国、芜湖之路。五月，克巢县、含山、和州及江浦、浦口，破下关、草鞋峡、燕子矶，趋九洑洲，力战拔之。自是长江无贼舟。十月，克高淳、宁国、建平、溧水，夺东坝要隘，江宁遂合围。岳

斌因亲病请归养，诏赐其父母人参四两，慰留之。

三年，命督办江西、皖南军务，援军悉归节制。寻授陕甘总督，命俟江、皖贼氛净尽后赴任。江宁平，加太子少保，予一等轻车都尉世职。六月，岳斌抵南昌，遣诸将克崇仁、东乡、金谿、宜黄、南丰，解宁都围。秋，赴赣州，克沪溪、新城、雩都，先后收降贼十余万，防境肃清。复疏陈伤病亲老，请开缺，不允，乃回籍募兵。四年，率彭楚汉等新军十营从行，抵西安。会僧格林沁战殁曹州，诏岳斌移兵入卫京畿。自请开缺，专任剿匪，不许，仍命速赴甘肃，六月，履任。

时甘回方炽，通省糜烂。雷正绾、曹克忠新败于金积堡，都兴阿、穆图善攻宁夏未下，且奉命将出关；本省兵皆疲弱，疏调各省援兵，无一至者，仅自率新募之数千人；又因兵荒耕作久废，馈运道塞，库空如洗。岳斌迭疏乞协饷，仅川、陕邻省稍稍接济，无以遇给。议进军先捣灵州，继规河、狄。未几，陶茂林、雷正绾两军相继溃变。五年春，岳斌亲赴泾州、庆阳视师。兰州标兵遽变，围署戕官，逼迫布政使林之望上疏，言粮饷独厚楚军，众心不服。岳斌闻警，先令曹克忠移师镇抚，寻自回省城，按诛首犯百余人，余不问。以在途拆阅林之望奏折，自请议处，革职留任，降三品顶戴。迭疏请罢，诏以左宗棠代之，未至，六年春，复陈病剧，乃命穆图善暂署总督，许岳斌回籍。

光绪元年，命偕彭玉麟巡阅长江，整顿水师，屡以亲病请罢，五年，始允之。九年，法越战事起，诏岳斌会办福建军务，未至，复命赴江南帮办军务。十一年，率十二营赴援台湾，和议成，仍乞养归。

十六年，卒于家，赠太子太保，照总督例赐恤，建专祠，谥勇悫。岳斌与玉麟始终长江军事，所部以功奖擢至提、镇者不可胜数，实膺专阃者亦数十人。

王明山，湘潭人。初隶岳斌营，积功至守备。彭玉麟调领一营。战鹦鹉洲，登陆破贼，攻金口先登，累擢游击。咸丰六年，补乾州协都司。攻汉阳，焚东南门贼船，连破贼于黄州樊口、富池口。战武穴，伏芦洲，伺贼登岸，突击歼之。回击武昌援贼，累捷，擢参将。战蕲州，焚贼舟七十余。登岸诱敌，贼聚攻，别队乘虚袭城，克之，擢副将，赐号拔勇巴图鲁。进克黄州，会攻九江。八年，授浙江金华协副将。克东流，薄安庆，毁城外贼垒，以总兵记名。九年，乞假回籍。会石达开犯湖南，率队自衡州趋祁阳要击之，破贼于毛家埠。十年，授安徽寿春镇总兵，破贼芜湖蠡矶、义桥。十一年，破贼练潭镇，斩其渠龚天福。复会陆师克赤冈岭，遂下安庆。杨岳斌假归，令明山代统其军。连复池州、铜陵，破泥汊口、神塘河诸垒。克无为州，别遣将巢湖口，克运漕镇，进拔东关。同治元年，擢福建陆路提督。克铜城闸，复和州、含山、巢县，歼逸贼于木桥、沙洲，又破之江心洲、西梁山。寻以伤病乞假归。明山在军十余年，屡当大敌。江南平，遂不出。光绪中，图功臣像于紫光阁，明山与焉。十六年，卒于家，赐恤。

孙昌凯，清泉人。入水师，积功擢千总。昌凯旧业铁工，田家镇之战，领小舟为头队。冒枪炮鼓韛断铁锁，缆

开,大呼猛进,筏上贼溃走。后队纵火,贼舟尽焚。功最,擢守备。咸丰五年,破贼汉口,擢都司。六年,从攻武昌,焚贼舟,授广东陆路提标游击。七年,从平蕲、黄贼巢,克小池口、湖口,擢参将。克九江,加副将衔,补两广督标参将。九年,回援湖南,防祁阳、衡州,擢惠州协副将。以母病乞养开缺。光绪中,彭玉麟疏荐昌凯诚实笃毅,骁果善战,授浙江海门镇总兵。丁母忧,改署任,留襄海防。事定,请终制。后仍补原官,调署处州镇。二十一年,卒,赐恤,附祀彭玉麟祠。

杨明海,长沙人。入水师,洊擢守备。咸丰十年,战楸阳、殷家汇、池州、蟂矶,迭破贼,擢都司。十一年,克南陵,擢游击。克安庆,擢副将。同治元年,从攻东梁山、金柱关,裹创血战,功最,以总兵记名,赐号忱勇巴图鲁。二年,大捷于九洑洲,以提督记名。战江宁小沙口,先登陷阵,炮子穿右股,率哨船渡江,从陆军进剿苏州,授山东兖州镇总兵。苏州复,遂留防。三年,杨岳斌赴甘肃,调明海偕曾楚汉率所募兵从行,破回匪于金县夏官营,晋号格洪额巴图鲁。军食久乏,明海奉檄治粮运。八年,赴兖州镇本任。光绪元年,母忧去官。七年,授狼山镇总兵。十一年,卒,赐恤。

谢浚嵞,原名得胜,长沙人。充水师哨长,进攻武昌,浚嵞自请为前锋。突盐关贼垒,薄鹦鹉洲,与陆师夹击,克武、汉,战蕲州田家镇,累功擢守备。克九江,擢都司。破贼赤冈岭,擢游击。同治元年,从彭玉麟克太平及金柱关、东梁山、秣陵关、九洑洲诸要隘,擢副将。江宁平,以总兵记名,授提标中军副将。光绪十八年,擢瓜州镇总兵,兼署水师提督,调署汉阳镇。二十七年,卒于官,赐恤,附祀彭玉麟祠。

论曰:彭玉麟、杨岳斌佐曾国藩创立水师,为灭贼根本。两人勋绩,颉颃相并。岳斌后为朝旨强促西征,用违其才,偾事损望。玉麟终身不任官职,巡阅长江,为国家纾东顾之忧。其疏论古人晚节之失,由于不能自藏其短,且惜朝廷不善全其长,洵至言也。后盛昱劾其辞尚书之命,乃谓抗诏鸣高,殆浅之乎测玉麟矣。

卷四百十一　　列传一百九十八

李鸿章

李鸿章,字少荃,安徽合肥人。父文安,刑部郎中。其先本许姓。鸿章,道光二十七年进士,改庶吉士,授编修。从曾国藩游,讲求经世之学。洪秀全据金陵,侍郎吕贤基为安徽团练大臣,奏鸿章自助。咸丰三年,庐州陷,鸿章建议先取含山、巢县图规复。巡抚福济授以兵,连克二县,逾年复庐州。累功,用道员,赏花翎。久之,以将兵淮甸遭众忌,无所就,乃弃去。从国藩于江西,授福建延建邵道,仍留军。

十一年,国藩既克安庆,谋大举东伐。会江苏缺帅,奏荐鸿章可大用,江、浙士绅亦来乞师。同治元年,遂命鸿章召募淮勇七千人,率旧部将刘铭传、周盛波、张树声、吴长庆、曾军将程学启,湘军将郭松林,霆军将杨鼎勋,以行。又奏调举人潘鼎新、编修刘秉璋,檄弟鹤章总全军营务。时沿江贼屯林立,乃贳西国汽舟八,穿贼道二千余里,抵上海,特起一军,是为淮军。外国人见其衣装朴陋,辄笑之,鸿章曰:"军贵能战,非徒饰观美。迨吾一试,笑未晚也。"旋诏署江苏巡抚。

是时上海有英、法二国军。美国华尔募洋兵数千,攻克松江、嘉定、青浦、奉贤,号南路军;学启等将湘、淮人攻南汇,号北路军。四月,贼悉众战败南路军,嘉定、奉贤再陷,华尔弃青浦走保松江。学启将千五百人屯新桥,贼围之数十重,践尸进。学启开壁突击,贼骇却。鸿章亲督军来援,贼大奔,乘胜攻泗泾,解松江围。外国军见其战,皆惊叹。自此湘、淮军威始振。诏促移师镇江,鸿章请先图沪而后出江。既定浦东厅县,伪慕王谭绍光来援,败之北新泾,贼走嘉定。九月,进克其城。谭绍光率数十万众,连营江口,犯黄渡。诸将分攻,简精卒逾壕伏而前,毙数人,贼阵动,学启乘之,裹创噪而进,贼大溃。捷入,授江苏巡抚。

初,美人华尔所将兵名常胜军,慈黔之役,殁于阵,其副白齐文怀异志,闭松江城索饷。鸿章裁其军,易以英将戈登,常胜军始受听节制,命出海攻福山,不克而还。二年正月,兼署五口通商大臣。初,常熟守贼骆国忠、董正勤举城降,福山诸海口俱下。伪忠王李秀成悉众围常熟,江阴援贼复陷福山。鸿章檄谕国忠固守待援,而檄鼎新、铭传攻福山,夺石城。国忠知援至,开城猛击,俘斩殆尽,遂解常熟围,进复太仓、昆山。因疏陈贼情地势,建三路进军之策:学启由昆山攻苏州;鹤章、铭传由江阴进无锡,淮、扬水军辅之;太湖水军将李朝斌由吴江进太湖,鼎新等分屯松江,常胜军屯昆山为前军援。

李秀成纠合伪纳王部云官等水陆十万,逼大桥角而营,鹤章击之,败走,九月,复集,连营互进。鹤章立八营于大桥角,与之持。鸿章以贼麕集西路,志在保无锡,援苏州。乃令鹤章、铭传守后路,抽锐卒会学启合破贼屯,苏、锡之贼皆大困。贼陷江宁、苏、杭为三大窟,而苏则其脊膂也,故李秀成百计援之。谭绍光尤凶狡,誓死守,附城筑长墙石垒,坚不可猝拔。十月,鸿章亲视师,以炮毁之,城贼争权相猜,谋反正,刺杀谭绍光,开门纳军。时降酋八人皆拥重兵,号十万,歃血誓共生死,要显秩。学启言不杀八人,后必为患。鸿章意难之,学启拂衣出,鸿章笑语为解。明日,八人出城受赏,留饮,即坐上数其罪,斩之。学启入城谕定其众,搜杀悍党二千余人。捷闻,赏太子太保衔、黄马褂。十一月,鹤章等复无锡,进攻常州,以应江宁围军。学启出太湖,图嘉兴,以应浙军。鼎新等军先入浙,收平湖、海盐,贼争应官军,所至辄下。三年二月,学启急攻嘉兴,亲搏战,登城,克之,中弹死。四月,克常州,擒斩伪护王陈坤书,赏骑都尉世职。常胜军惭无功，戈登辞归国，乃撤其军。

廷议江宁久未下，促鸿章会攻，鸿章以金陵破在旦夕，托辞延师。六月，曾军克江宁，捷书至。鸿章遂分军令铭传、盛波由东坝取广德，鼎新、秉璋由松江攻湖州，松林、鼎勋由沪航海援闽。贼平，封一等肃毅伯，赏戴双眼花翎。

四年四月，科尔沁亲王僧格林沁战殁曹州，以曾国藩为钦差大臣，督其军。鸿章署两江总督，命率所部驰防豫西，兼备剿京东马贼、甘肃回匪。鸿章言："兵势不能远分，且筹饷造械，臣离江南，皆无可委托。为今日计，必先图捻而后图回。赴豫之师，必须多练马队，广置车骡，非可猝办。"诏寝其行。时曾国藩督军剿捻久无功，命回两江，以鸿章署钦差代之，败东捻任柱、赖文光于湖北。

六年正月，授湖广总督。贼窜河南，渡运河，济南戒严。初，曾国藩议凭河筑墙，遏贼奔窜。鸿章守其策，而注重运西。饬豫军提督宋庆、张曜及周盛波、刘秉璋分守山东东平以上，自靳口至济宁；杨鼎勋分守赵村、石佛至南阳湖；李昭庆分守摊上、黄林庄至韩庄、八牌；皖军黄秉钧等分守宿迁、运河上下游：互为策应，使贼不得出运。六月，抵济宁，贼由潍县趋窜登、莱。鸿章复议逼入海隅聚歼之，乃创胶莱河防策，令铭传、鼎新筑长墙二百八十余里，会合豫军、东军分汛设守。时贼集莱阳、即墨间，屡扑堤墙不得出。七月，贼由海神庙潜渡潍河，山东守将王心安不及御，胶莱防溃。朝旨切责，将罢防，鸿章抗疏言："运河东南北三面贼氛蹂躏，其受害者不过数府州县，若驱过运西，则江、皖、东、豫、楚数省之地，流毒无穷。"乃坚持前议，严扼运防。令铭传、松林、鼎勋三军往来蹀击。十月，追至赣榆，降酋潘贵升毙任柱于阵，捻势渐衰。赖文光挈众窜山东，战屡败，遁入海滨，官军围击之，斩获三万。赖文光走死扬州。东捻平，赏加一骑都尉世职。

七年正月，西捻张总愚由山右渡河，北窜定州，京师大震。诏夺职，鸿章督军入直，疏言："剿办流寇，以坚壁清野为上策。东捻流窜豫东、淮北，所至民筑圩寨，深沟高垒以御。贼往往不得一饱，故其畏圩寨甚于畏兵。河北平原千里；无险可守。截此则窜彼，迎左则趋右，纵横驰突，无处不流。且自渡黄入晋，沿途掳获骡马愈众，步贼多改为骑，趋避捷，肆扰尤易。自古办贼，必以彼此强弱饥饱为定衡。贼未必强于官军，但彼骑多而我骑少。今欲绝贼粮、断贼骑，惟有严谕绅民坚筑圩寨。一闻警信，即收粮草牲畜老弱壮丁于内。贼至无所掠食，兵至转可买食。贼虽流而其计渐穷，或可克期扑灭也。"二月，鸿章督军进德州，败贼安平、饶阳。三月，贼窜晋州，渡滹沱河，南入豫，复折窜直隶，扑山东东昌；四月，趋茌平、德平，出德州，西奔吴桥、东光，逼天津。下部议处，命总统北路军务，限一月珍灭。

鸿章以捻骑久成流寇，非就地圈围，终不足制贼之命。三口通商大臣崇厚及左宗棠皆以为言，而直隶地平旷，无可圈围；欲就东海南河形势，必先扼西北运河，尤以东北至津、沽，西南至东昌、张秋为锁钥。乃掘沧州迤南捷地坝，泄运水入减河。河东筑长墙，断贼窜津之路。

东昌运防，则淮军自城南守至张秋，东、皖诸军自城北守至临清，并集民团协防。闰四月，以剿贼逾限，予严议。时贼为官军所逼，奔突不常。以北路军势重，锐意南行，回翔陵县、临邑间，旁扰茌平、德平，犯临清运防。鸿章虑久晴河涸，民团不可恃，且昼夜追奔疲士卒，议乘黄河伏汛，缩地扎圈。以运河为外围，以马颊河为里围。其时官军大败贼于德州扬丁庄，又追败之商河。张总愚率悍党遁济阳，沿河北出德州犯运防，上窜盐山、沧州。官军扼截之，不得出，转趋博平、清平。适黄、运暨徒骇交涨，东昌、临清、张秋、闸河水深不可越。河西北岸长墙绵亘，贼窜地迫狭，势益困。鸿章增调刘铭传军，期会前敌。分屯茌平之桃桥、南镇，至博平、东昌，圈贼徒骇、黄、运之内，而令马队周回兜逐，贼无一生者，张总愚投水死。西捻平，诏复原官，加太子太保衔，以湖广总督协办大学士。八月入觐，赐紫禁城内骑马。

八年二月，兼署湖北巡抚。十二月，诏援黔，未行，改援陕。九年七月，剿平北山土匪。值天津教堂滋事，命移军北上。案结，调直隶总督兼北洋通商事务大臣。十月，日本请通商，授全权大臣，与定约。十二年五月，授大学士，仍留总督任。六月，授武英殿大学士。十三年，调文华殿大学士。

国家旧制，相权在枢府。鸿章与国藩为相，皆总督兼官，非真相。然中外系望，声出政府上，政府亦倚以为重。其所经画，皆防海交邻大计。思以西国新法导中国以求自强，先急兵备，尤加意育才。初，与国藩合疏选幼童送往美国就学，岁百二十人。期以二十年学成岁归为国效用，乃未及终学而中辍。鸿章争之不能得，随分遣生徒至英、德、法诸国留学。及建海军，将校尽取之诸生中。初在上海奏设外国学馆，及莅天津，奏设武备海陆军，又各立学堂，是为中国讲求兵学之始。尝议制造轮船，疏言："西人专恃其炮轮之精利，横行中土。于此而曰攘夷，固虚妄之论。即欲保和局，守疆土，亦非无具而能保守之也。士大夫囿于章句之学，苟安目前，遂有停止轮船之议。臣愚以为国家诸费皆可省，惟养兵设防、练习枪炮、制造兵轮之费万不可省。求省费则必屏除一切，国无与立，终无自强之一日矣。"

光绪元年，台湾事变，王大臣奏筹善后海防六策。鸿章议曰："历代备边多在西北，其强弱之事，主客之形，皆适相埒，且犹有中外界限。今则东南海疆万余里，各国通商传教，往来自如。阳托和好，阴怀吞噬，一国生事，诸国构煽，实为数千年来未有之变局。轮船电报，瞬息千里，军火机器，工力百倍，又为数千年来未有之强敌。而环顾当世，饷力人才，实有未逮，虽欲振奋而莫由。《易》曰：'穷则变，变则通。'盖不变通，则战守皆不足恃，而和亦不可久也。近时拘谨之儒，多以交涉洋务为耻，巧者又以引避自便。若非朝廷力开风气，破拘挛之故习，求制胜之实际，天下危局，终不可支；日后乏才，且有甚于今日者。以中国之大，而无自强自立之时，非惟可忧，抑亦可耻。"

鸿章持国事，力排众议。在畿疆三十年，晏然无事。独究讨外国政学、法制、兵备、财用、工商、艺业。闻欧美出一新器，必百方营购以备不虞。尝设广方言馆、机器制造局、轮船招商局；开磁州、开平煤铁矿、漠河金矿；广建铁路、电线及织布局、医学堂；购铁甲兵舰；筑大沽、旅顺、威海船坞台垒；遴武弁送德国学水陆军械技艺；筹通商日本，派员往驻；创设公司船赴英贸易。凡所营造，皆前此所未有也。初，鸿章办海防，政府岁给四百万。其后不能照拨，而户部又奏立限制，不令购船械。鸿章虽屡言，而事权不属，盖终不能竟厥功焉。

三年，晋、豫旱灾，鸿章力筹赈济。时直隶亦患水，永定河居五大河之一，累年漫决，害尤甚。鸿章修复金门闸及南、上、北三灰坝。卢沟桥以下二百余里，改河筑堤，缓其溜势。别浚大清河、漳沱河、北运河、减河，以资宣泄，自是水患稍纾。

五年，命题穆宗毅皇帝、孝哲毅皇后神主，赏加太子太傅衔。六年，巴西通商，以全权大臣定约。八年，丁母忧，谕俟百日后以大学士管理直隶总督，鸿章累辞，始开缺，仍驻天津督练各军，并署通商大臣。朝鲜内乱，鸿章时在籍，趣赴天津，代督张树声饬提督吴长庆率淮军定其乱，鸿章策定朝鲜善后事宜。九年，复命署总督，累乞终制，不允。

十年，法越构兵，云贵总督岑毓英督师援越。法乃自请讲解，鸿章与法总兵福禄诺议订条款，既竣，而法人伺隙陷越谅山，薄镇南关，兵舰驰入南洋，分扰闽、浙、台湾，边事大棘。北洋口岸，南始烟台，北迄山海关，延袤几三千里，而旅顺口实为首冲。乃檄提督宋庆、水师统领提督丁汝昌守旅顺，副将罗荣光守大沽，提督唐仁廉守北塘，提督曹克忠、总兵叶志超守山海关内外，总兵全祖凯守烟台，首尾联络，海疆屹然。十一年，法大败于谅山。计穷，复寻成。授全权大臣，与法使巴德纳增减前约。事平，下部议叙。是年朝鲜乱党入王宫，戕执政大臣六人。提督吴兆有以兵入护，诛乱党，伤及日本兵。日人要索议统将罪，鸿章严拒之，而允以撤兵寝其事。九月，命会同醇亲王办理海军。

十二年，以全权大臣定《法国通商滇粤边界章程》。十三年，会订《葡萄牙通商约》。十四年，海军成船二十八，檄饬海军提督丁汝昌统率全队，周历南北印度各海面，习风涛，练阵技，岁率为常。十五年，太后归政，赏用紫缰。十七年，平热河教匪，议叙。十九年正月，鸿章年七十，两宫赐"寿"。二十年，赏戴三眼花翎，而日朝变起。

初，鸿章筹海防十余年，练军简器，外人震其名，谓非用师逾十万，不能攻旅顺，取天津、威海。故俄、法之警，皆知有备而退。至是，中兴诸臣及湘淮军名将皆老死，鲜有存者。鸿章深知将士多不可恃，器械缺不应用，方设谋纷难，而国人以为北洋海军信可恃，争起言战，廷议遂锐意用兵。初败于牙山，继败于平壤，日本乘胜内侵，连陷九连、凤凰诸城，大连、旅顺相继失。复据威海卫、刘公岛，夺我兵舰，海军覆丧殆尽。于是议者交咎鸿章，褫其职，以王文韶代督直隶，命鸿章往日本议和。二十一年二月，抵马关，与日本全权大臣伊藤博文、陆奥宗光议，多要挟。鸿章遇刺伤面，创甚，而言论自若，气不少衰。

日皇遣使慰问谢罪，卒以此结约解兵。会订条款十二，割台湾界之，日本悉交还侵地。七月，回京，入阁办事。

十二月，俄皇加冕，充专使致贺，兼聘德、法、英、美诸国。二十二年正月，陛辞，上念垂老远行，命其子经方、经述侍行。外人夙仰鸿章威望，所至礼遇逾等，至称为东方毕士马克。与俄议新约，由俄使经总署订定，世传"中俄密约"。七阅月，回京复命。两宫召见，慰劳有加，命直总理各国事务衙门。

二十三年，充武英殿总裁。二十四年，命往山东查勘黄河工程。疏称迁民筑堤，成工匪易，惟择要加修两岸堤埝，疏通海口尾闾，为救急治标之策。下其奏，核议施行。

十月，出督两广。二十六年，赏用方龙补服。拳匪肇乱，八国联军入京，两宫西狩。诏鸿章入朝，充议和全权大臣，兼督直隶，有"此行为安危存亡所系，勉为其难"之语。鸿章闻警兼程进，先以兵剿畿甸匪，孑身入京，左右前后皆敌军，日与来使臣将帅争盟约，卒定和约十二款。二十七年七月，讲成，相率退军。

大乱之后，公私荡然。鸿章奏陈善后诸务，开市肆，通有无，施粥散米，中外帖然。并奉诏行新政，设政务处，充督办大臣，旋署总理外务部事。积劳呕血薨，年七十有九。事闻，两宫震悼，赐祭葬，赠太傅，晋封一等侯，谥文忠。入祀贤良祠，安徽、浙江、江苏、上海、江宁、天津各建祠以祀，并命于京师特建专祠。汉臣祀京师，盖异数也。

鸿章长躯疏髯，性恢廓，处荣悴显晦及事之成败，不易常度，时以诙笑解纷难。尤善外交，阴阳开阖，风采凛然。外国与共事者，皆一时伟人。及八国定盟，其使臣大将多后进，视鸿章皆丈人行也，故兵虽胜，未敢轻中国。闻其薨，咸集吊唁，曰："公所定约不敢渝。"其任事持大体，不为小廉曲谨。自壮至老，未尝一日言退，尝以曾国藩晚年求退为无益之请，受国大任，死而后已。马关定约还，论者未已，或劝之归。鸿章则言："于国实有不能恝然之谊，今事败求退，更谁赖乎？"其忠勤皆类此。居恒好整以暇，案上置宋拓《兰亭》，日临摹百字，饮食起居皆有恒晷。长于奏牍，时以曾、李并称云。鸿章初以兄子经方为子，后生子经述，赏四品京堂，袭侯爵；经迈，侍郎。

论曰：中兴名臣，与兵事相终始，其勋业往往为武功所掩。鸿章既平大难，独主国事数十年，内政外交，常以一身当其冲，国家倚为重轻，名满全球，中外震仰，近世所未有也。生平以天下为己任，忍辱负重，庶不愧社稷之臣；惟才气自喜，好以利禄驱众，志节之士多不乐为用，缓急莫恃，卒致败误。疑谤之起，抑岂无因哉？

卷四百十二　　列传一百九十九

左宗棠

左宗棠，字季高，湖南湘阴人。父观澜，廪生，有学行。宗棠，道光十二年举人，三试礼部不第，遂绝意仕进，究心舆地、兵法。喜为壮语惊众，名在公卿间。尝以诸葛亮自比，人目其狂也。胡林翼亟称之，谓横览九州，更无才出其右者。年且四十，顾谓所亲曰："非梦卜夐求，殆无幸矣！"

咸丰初，广西盗起，张亮基巡抚湖南，礼辟不就。林翼敦劝之，乃出。叙守长沙功，由知县擢同知直隶州。亮基移抚山东，宗棠归隐梓木洞。骆秉章至湖南，复以计勉之出佐军幕，倚之如左右手。僚属白事，辄问："季高先生云何？"由是忌者日众，谤议四起，而名日闻。同里郭嵩焘官编修，一日，文宗召问："若识举人左宗棠乎？何久不出也？年岁何矣？过此精力已衰，汝可为书谕吾意，当及时出为吾办贼。"林翼闻而喜曰："梦卜夐求时至矣！"

六年，曾国藩克武昌，奏陈宗棠济师、济饷功，诏以兵部郎中用，俄加四品卿衔。会秉章劾罢总兵樊燮，燮构于总督官文，为蜚语上闻，召宗棠对簿武昌，秉章疏争之不得。林翼、国藩皆言宗棠无罪，且荐其才可大用。詹事潘祖荫亦诵言总督惑于浮辞，故得不逮。俄而朝旨下，命以四品京堂从国藩治军。初，国藩创立湘军，诸军遵其营制，独王鑫不用。宗棠募五千人，参用鑫法，号曰"楚军"。十年八月，宗棠既成军而东，伪翼王石达开窜四川，诏移师讨蜀。国藩、林翼以江、皖事急，合疏留之。时国藩进兵皖南，驻祁门，伪侍王李世贤、忠王李秀成纠众数十万围祁门。宗棠率楚军道江西，转战而前，遂克德兴、婺源。贼趋浮梁景德镇，断祁门饷道。宗棠还师击之，大战于乐平、鄱阳，僵尸十余万，世贤易服逃，而徽州贼亦遁浙江。自是江、皖军势始振。

十一年，诏授太常寺卿，襄办江南军务，乃率楚军八千人东援浙。朝命国藩节制浙江，国藩荐宗棠足任浙事。宗棠部将名者，刘典、王开来、王文瑞、王沐，数军单薄，不足资战守；乃奏调蒋益澧于广西，刘培元、魏喻义于湖南，皆未至，而宗棠以数千人策应七百余里，指挥若定，国藩服其整暇。已而杭州陷，复疏荐之，遂授浙江巡抚。

时浙地唯湖、衢二州未陷贼，国藩与宗棠计，以保徽州、固饶、广为根本。奏以三府属县赋供其军，设婺源、景德、河口三税局神之，三府防军悉隶宗棠。贼大举犯婺源，亲督军败之。同治元年正月，诏促自衢规浙。宗棠奏言："行军之法，必避长围，防后路。臣军在衢，则徽、婺疏虞，又成粮尽援绝之势。今由婺源攻开化，分军扼华埠、收遂安，使饶、广相庇以安，然后可以制贼而不为贼制。"二月，克遂安。世贤自金华犯衢州，连击败之。而皖南贼复陷宁国，遣文瑞往援，克绩溪。十一月，喻义克严州。二年正月，益澧及高连升、熊建益、王德榜、余佩玉等克金华、绍兴，浙东诸郡县皆定。

杭州贼震怖，悉众拒富阳。时诸军争议乘胜取杭城，宗棠不喜攻坚，谓皖南贼势犹盛，治寇以殄灭为期，勿贪近功。乃自金华进军严州，令刘典将八千人会文瑞防徽州，以培元、德榜驻淳安、开化，而益澧攻富阳。劾罢道府及失守将吏十七人，举浙士吴观礼等赈荒招垦，足裕军食。四月，授浙闽总督，兼巡抚事。刘典军既至皖南，遂留屯。益澧攻富阳，军仅万余人，皆病疫，宗棠亦患疟困急，富阳围久不下，乃简练旧浙军，兼募外国军助之攻。七月，李鸿章江苏军入浙攻嘉善，嘉兴寇北援，于是水陆大举攻富阳，克之。益澧等长驱捣杭州，魏喻义、康国器攻馀杭。宗棠以杭贼恃馀杭为犄角，非先下馀杭，收海宁，不能断嘉、湖援济，躬至馀杭视师。是时皖贼古隆贤反正，官军连下建平、高淳诸邑。金陵贼呼秀成入谋他窜，独世贤踞溧阳，与广德贼比，中梗官军。鸿章既克嘉善，上言当益军攻嘉兴。会浙师取常州，而广德贼已由宁国窜浙。宗棠虑贼分扰江西、福建，乃檄张运兰率所部趋福建，召刘典防江西。海宁贼蔡元隆以城降，更名元吉，后遂为骁将。三年二月，元吉会江苏军克嘉兴。杭州贼陈炳文势蹙约降，犹虑计中变，乘雨急攻之，夜启门遁，杭州复，馀杭贼汪海洋亦东走。捷闻，加太子少保衔，赐黄马褂。

移驻省城，申军禁，招商开市，停杭关税，减杭、嘉、湖税三之一。益澧为布政使，亦轻财致士，一时翕然称之。群贼聚湖州，乃移军合围，先攻菱湖。三月，江苏军克常州，贼败窜徽、婺，趋江西。世贤踞崇仁，海洋踞东乡，宗棠以贼入江西为腹心患，奏请杨岳斌督江西、皖南军，以刘典副，从之。六月，曾国荃克江宁，洪秀全子福瑱奔湖州，俄复溃走，磔于南昌。七月，克湖州，尽定浙地。论功，封一等恪靖伯。

余贼散走徽、宁、江西、广东，折入汀州，福建大震。乃奏请之总督任，以益澧护巡抚，增调德榜军至闽。四年三月，江苏军郭松林来会师，贼弃漳州出大埔。五月，进攻永定。世贤、海洋既屡败，伤精锐过半，归诚者三万。宗棠进屯漳州，蹙贼武平。于是贼窜广东之镇平，而福建亦定。

乃檄康国器、关镇平两军入粤，王开琳一军入赣防江西，刘典军趋南安防湖南，留高连升、黄少春军武平，伺贼进退。六月，贼大举犯武平，力战却之。世贤投海洋，为所戕，贼党益猜贰。诏以宗棠节制三省诸军。十月，贼陷嘉应，宗棠移屯和平璎溪。德榜虑帅屯孤悬，自请当中路。刘典闻德榜军趋前，亦引军疾进。猝遇贼，败，贼追典，掠德榜屯而过，枪环击之，辄反走。是夜降者逾四万，言海洋中炮死矣，士气愈奋。时鲍超军亦至，贼出拒，又大败之。合闽、浙、江、粤军围嘉应。十二月，贼开城遁，扼诸屯不得走，跪乞免者六万余，俘斩贼将七百三十四，首级可计数者万六千，诏赐双眼花翎。

五年正月，凯旋。宗棠以粤寇既平，首议减兵并饷，加给练兵。又以海禁开，非制备船械不能图自强，乃创船厂马尾山下,荐起沈葆桢主其事。会王师征西陲回乱久无功,诏宗棠移督陕、甘。十月,简所部三千人西发,令刘典别募三千人期会汉口,中途以西捻张总愚窜陕西,命先入秦剿贼。

陕、甘回众数至百万,与捻合。宗棠行次武昌,上奏曰:"臣维东南战事利在舟,西北战事利在马。捻、回马队驰骋平原,官军以步队当之,必无幸矣。以马力言,西产不若北产之健。捻马多北产,故捻之战悍于回。臣军止六千,今拟购口北良马习练马队,兼制双轮炮车。由襄、邓出紫荆关,径商州以赴陕西。经营屯田,为久远之规。是故进兵陕西,必先清关外之贼;进兵甘肃,必先清陕西之贼;驻兵兰州,必先清各路之贼;然后馈运常通,师行无阻。至于进止久速,随机赴势,伏乞假臣便宜,宽其岁月,俾得从容规画,以要其成。"

六年春,提兵万二千以西。议以炮车制贼马,而以马队当步贼。捻倏见炮车,皆不战狂奔。时陕西巡抚刘蓉已解任,总督杨岳斌请归益急。诏宁夏将军穆图善署总督,宗棠以钦差大臣督军务。分军三道入关,而皖南镇总兵刘松山率老湘军九千人援陕,山西按察使陈湜主河防,其军皆属焉。松山既屡败捻,又合蜀军将黄鼎、皖军将郭宝昌,大破之富平。捻掠三原,沿渭北东趋,回则分党西犯,鏖集北山。宗棠以捻强于回,当先制捻。檄诸军凭河结营,期蹙而歼之泾、洛间。捻乘军未集,又折而西渡泾、渭,窥豫、鄂。已而大军进逼,势不复能南,乃趋白水。乘大风雨,铤走入北山。宗棠防捻、回合势,且北山荒瘠,师行粮不继,因急挝耀州。十月,捻败走宜川,别党果窜耀州,合回匪攻同官。留防军不能御,典、连升军驰救,大破之。诸军将虽屡败捻,终牵于回,师行滞;而捻大众在宜川者益北扰延长,掠绥德,趋葭州,回亦自延安出陷绥德。宗棠自以延、绥迭失,上书请罪,部议革职。时北山及扶、岐、汧、陇、邠、凤诸回,所在响应。捻自南而北,千有余里,回自西而东,亦千有余里。陕西主客军能战者不及五万,然回当之辄败。松山等克绥德,回走米脂,捻复分道南窜。于是刘厚基出东北追回,松山等循西岸要捻。师抵宜川,回大出遮官军,留战一日,破之;而捻遂取间道逾山至壶口,乘冰桥渡河。宗棠奉朝旨,山右毗连畿辅,令自率五千人赴援,以刘典代督陕甘军。

是年十二月,捻自垣曲入河南,益北趋定州,游骑犯保定,京师戒严。诏切责督兵大臣,自宗棠、鸿章及河南巡抚李鹤年、直隶总督官文,皆夺职。宗棠至保定,松山等连破贼深、祁、饶、晋。当是时,捻驰骛数百里间,由直隶窜河南、山东,已复渡运越吴桥,犯天津。鸿章议筑长围制贼;宗棠谓当且防且剿,西岸固守,必东路有追剿之师,乃可掣其狂奔之势:上两从其议。于是勤王师大集,宗棠驻军吴桥,捻徘徊陵邑、济阳,合淮、豫军迭败之,总愚走河滨以死,西捻平。入觐,天语褒嘉,且询西陲师期。宗棠对以五年,后卒如其言焉。

七年十月,率师还陕,抵西安。时东北土寇董福祥等众十余万,扰延安、绥德,西南陕回白彦虎等号二十万,踞甘肃董志原。榄山至,破土寇,降福祥;而回益四出剽

掠,其西南窜出者,并力扰秦川,黄鼎破之。宗棠进军乾州,谍报回巢将徙金积堡,分军击之,遂下董志原,连复镇原、庆阳,回死者三万。督丁壮耕作,教以区田、代田法。择嵽荒地,发帑金巨万,悉取所收饥民及降众十七万居焉。遂以八年五月进驻泾州。

甘回最著者,西曰马朵三,踞西宁;南曰马占鳌,踞河州;北曰马化隆,踞宁夏、灵州。化隆以金积堡为老巢,堡当秦、汉两渠间,扼黄河之险,擅盐、马、茶大利。环堡五百余寨,党众啸聚,掠取汉民产业子女。陕回时时与通市,相为首尾。化隆以新教煽回民,购马造军械,而阳输诚给穆图善。董志原既平,陕回窜灵州,化隆上书为陕回乞抚。宗棠察其诈,备三月粮,先攻金积堡,以为收功全陇之基。及松山追陕回至灵州,扼永灵洞。化隆惧,仍代陕回乞抚,谋缓兵,穆图善信之,日言抚,绥远城将至劲松山滥杀激变。然化隆实无意降也,密召诸回并出劫军饷。十一月,宗棠进驻平凉。九年,松山阵殁,以其兄子锦棠代之,战屡捷,而中路、南路军亦所向有功,陕回受抚者数千人。及夺秦坝关,化隆益窘,诣军门乞降,诛之,夷其城堡。迁甘回固原、平凉,陕回化平,而编管钤束之,宁、灵悉定。奏言进规河湟,而是时有伊犁之变,诏宗棠分兵屯肃州,乃遣徐占彪将六千人往。

十年七月,自率大军由平凉移驻静宁。八月,至安定。寇聚河州,其东出,必绕洮河三甲集,集西太子寺,再西大东乡,皆险要。诸将分击,悉破平之。时回酋朵三已死,占鳌见官军深入,西宁回已归顺,去路绝,遂亦受抚。河州平。

十一年七月,移驻兰州。占彪前以伊犁之变率师而西也,于时肃州阻乱,回酋马文禄先已就抚,闻关外兵事急,复据城叛。及占彪军至,乃婴城固守,而乞援西宁。陕回白彦虎、禹得彦亦潜应文禄。会锦棠率军至,西宁土回及陕回俱变,推马本源为元帅。西宁东北阻湟水,两山对峙,古所称湟中也。贼据险而屯,俄败走,遗弃马骡满山谷,窜巴燕戎格。大通都司马寿复喉向阳堡回杀汉民以叛。十二年正月,锦棠攻向阳堡,夺门入,斩马寿,遂破大通,捣巴燕戎格,诛本源,河东、西诸回堡皆降。文禄踞肃州,诡词求抚,益招致边外回助城守,连攻未能下。八月,宗棠来视师,文禄登城见帅旗,夺气。请出关讨贼自效,不许。金顺、锦棠军大集,文禄穷蹙出降,磔之。白彦虎窜通关外,肃州平。以陕甘总督协办大学士,加一等轻车都尉。奏请甘肃分闱乡试,设学政。十三年,晋东阁大学士,留治所。自咸丰初,天下大乱,粤盗最剧,次者捻逆,次者回。宗棠既手戡定之,至是陕、甘悉靖,而塞外平回,朝廷尤矜宠焉。

塞外回酋曰帕夏,本安集延部之和硕伯克也。安集延故属敖罕,敖罕为俄罗斯所灭,安集延独存。帕夏畏俄逼,阑入边。据喀什噶尔,稍蚕食南八城,又攻败乌鲁木齐所踞回妥明。妥明者,西宁回也,初以新教游关外。同治初,乘陕甘汊、回构变倡乱,据乌城。帕夏既攻败妥明降之,遂并有北路伊犁诸城,收其赋入。妥明旋被逐,走死,而白彦虎窜处乌城,仍隶帕夏。帕夏能属役回众,通使结援

英、俄，购兵械自备。英人阴助之，欲令别立为国，用捍蔽俄。当是时，俄以回数扰其边境，遽引兵逐回，取伊犁，且言将代取乌鲁木齐。

光绪元年，宗棠既平关陇，将出关，而海防议起。论者多言自高宗定新疆，岁糜数百万，此漏卮也。今至竭天下力赡西军，无以待不虞，尤失计。宜徇英人议，许帕夏自立为国称藩，罢西征，专力海防。鸿章言之尤力。宗棠曰："关陇新平，不及时规还国家旧所没地，而割弃使别为国，此坐自遗患。万一帕夏不能有，不西为英并，即北折而入俄耳。吾她坐缩，边要尽失，防边兵不可减，糜饷自若。无益海防而挫国威，且长乱。此必不可。"军机大臣文祥独善宗棠议，遂决策出塞，不罢兵。授宗棠钦差大臣，督军事，金顺副之。

二年三月，次肃州。五月，锦棠北逾天山，会金顺军先攻乌鲁木齐，克之。白彦虎遁走托克逊。九月，克玛纳斯南城，北路平，乃规南路。令曰："回部为安酋驱迫，厌乱久矣。大军所至，勿淫掠，勿残杀。王者之师如时雨，此其时也。"三年三月，锦棠攻克达坂城，悉释所擒缠回，纵之归。南路恟惧，翼日，收托克逊城，而占彪及孙金彪两军亦连破诸城隘，合罗长祐等军收吐鲁番，降缠回万余。帕夏饮药死，其子伯克胡里戕其弟，走喀什噶尔。

白彦虎走开都河，宗棠欲遂擒之，奏未上，适库伦大臣上言西事宜画定疆界，而廷臣亦谓西征费巨，今乌城、吐鲁番既得，可休兵。宗棠叹曰："今时有可乘，乃为画地缩守之策乎？"抗疏争之，上以为然。时俄方与土耳其战，金顺请乘虚袭伊犁。宗棠曰："不可。师不以正，彼有辞矣。"八月，锦棠会师曲会，遂由大道向开都河为正兵，余虎恩等奇兵出拜尔。白彦虎走库车，趋阿克苏，锦棠遮击之，转遁喀什噶尔。大军还定乌什，遂收南疆东四城，何步云以喀什汉城降。伯克胡里既纳白彦虎，乃并力攻汉城。大军至，复遁走俄。西四城相继下，宗棠露布以闻，诏晋二等侯。布鲁特十四部争内附。

四年正月，条上新疆建行省事宜，并请与俄议还伊犁、交叛人二事。诏遣全权大臣崇厚使俄。俄以通商、分界、偿款三端相要。崇厚遽定约，为朝士所纠，议久不决。宗棠奏曰："自俄踞伊犁，蚕食不已，新疆乃有日蹙百里之势。俄视伊犁为外府，及我索地，则索偿卢布五百万元。是俄还伊犁，于俄无损，我得伊犁，仅一荒郊。今崇厚又议界俄陬尔果斯河及帖克斯河，是划伊犁西南之地归俄也。武事不竞之秋，有割地求和者矣。兹一矢未加，遽捐要地，此界务之不可许者也。俄商志在贸易，其政府即广设领事，欲藉通商深入腹地，此商务之不可许者也。臣维俄人包藏祸心，妄忖吾国或厌用兵，遂以全权之使臣牵制疆臣。为今之计，当先之以议论，委婉而用机，次决之以战阵，坚忍而求胜。臣虽衰慵无似，敢不勉旃。"上壮其言，嘉许之。崇厚得罪去，命曾纪泽使俄，更前约。于是宗棠乃自请出屯哈密，规复伊犁。以金顺由精河为东路，张曜沿特克斯河为中路，锦棠经布鲁特游牧为西路；而分遣谭上连等分屯喀什噶尔、阿克苏、哈密为后路声援：合马步卒四万余人。

六年四月，宗棠舆榇发肃州，五月，抵哈密。俄闻王师大出，增兵守伊犁、纳林河，别以兵船翔海上，用震撼京师，同时天津、奉天、山东皆警。七月，诏宗棠入都备顾问，以锦棠代之。而俄亦慴我兵威，恐事遂决裂。明年正月，和议成，交还伊犁，防海军皆罢。

宗棠用兵善审机，不常其方略。筹西事，尤以节兵裕饷为本谋。始西征，虑各行省协助饷不时至，请一借贷外国。沈葆桢尼其议，诏曰："宗棠以西事自任，国家何惜千万金。为拨款五百万，敕自借外国债五百万。"出塞凡二十月，而新疆南北城尽复者，馈运饶给之力也。初议西事，主兴屯田，闻者迂之；及观宗棠奏论关内外旧屯之弊，以谓挂名兵籍，不得更事农，宜画兵农为二，简精壮为兵，散愿弱使屯垦，然后人服其老谋。既入觐，赐紫禁城骑马，使内侍二人扶掖上殿，授军机大臣，兼值译署。国家承平久，武备弛不振，而海外诸国争言富强，虽中国屡平大难，彼犹私议以为脆弱也。及宗棠平帕夏，外国乃稍稍传说之。其初入京师，内城有教堂高楼，俯瞰宫殿，民间讙言左侯至，楼即毁矣，为示谕晓，乃止。其威望在人如此。然值军机、译署，同列颇厌苦之。宗棠亦自不乐居内，引疾乞退。九月，出为两江总督、南洋通商大臣。尝出巡吴淞，过上海，西人为建龙旗，声炮，迎导之维谨。

九年，法人攻越南，自请赴滇督师。檄故吏王德榜募军永州，号"恪靖定边军"，法旋议和，止其行。十年，滇、越边军溃，召入都，再直军机。法大举内犯，诏宗棠视师福建，檄王鑫子诗正潜军渡台湾，号"恪靖援台军"。诗正至台南，为法兵所阻，而德榜会诸军大捷于谅山。和议成，再引疾乞退。七月，卒于福州；年七十三，赠太傅，谥文襄。祀京师昭忠祠、贤良祠，并建专祠于湖南及立功诸省。

宗棠为人多智略，内行甚笃，刚峻自天性。穆宗尝戒其褊衷。始未出，与国藩、林翼交，气陵二人出其上。中兴诸将帅，大率国藩所荐起，虽贵，皆尊事国藩。宗棠独与抗行，不少屈，趣舍时合时不合。国藩以学问自敛抑，议外交常持和节；宗棠锋颖凛凛向敌矣，士论以此益附之。然好自矜伐，故出其门者，成德达材不及国藩之盛云。子四人：孝威，举人，以荫为主事，先卒，旌表孝行；孝宽，郎中；孝勋，兵部主事；孝同，江苏提法使。孙念谦，袭侯爵，通政司副使。

论曰：宗棠事功著矣，其志行忠介，亦有过人。廉不言贫，勤不言劳。待将士以诚信相感。善于治民，每克一地，招徕抚绥，众至如归。论者谓宗棠有霸才，而治民则以王道行之，信哉。宗棠初出治军，胡林翼为书告湖南曰："左公不顾家，请岁筹三百六十金以赡其私。"曾国藩见其所居幕狭小，为别制二幕贻之，其廉俭若此。初与国藩论事不洽，及闻其薨，乃曰："谋国之忠，知人之明，自愧不如。"志益远矣。

卷四百十三　　　　列传二百

曾国荃弟贞干　**沈葆桢**　**刘坤一**

曾国荃,字沅甫,湖南湘乡人,大学士国藩之弟也。少负奇气,从国藩受学京师。咸丰二年,举优贡。六年,粤匪石达开犯江西,国藩兵不利。国荃欲赴兄急,与新授吉安知府黄冕议,请于湖南巡抚骆秉章,使募勇三千人,别以周凤山一军,合六千人,同援江西。十一月,克安福,连破贼于大汾河、千金坡,进攻吉安,下旁数县。

七年春,丁父忧回籍。夏,贼鏖聚吉安,周凤山军败溃。时王鑫、刘腾鸿皆丧亡,士气衰沮。江西巡抚耆龄奏起国荃统吉安诸军,军复振。冬,败石达开于三曲滩,吉安围始合。八年春,克吉水、万安。八月,督水师毁白鹭洲贼船,破城外坚垒,遂克吉安,擒贼首李雅凤。以功累擢知府,撤军还长沙。九年,复赴江西,率朱品隆等军五千余人援剿景德镇。时诸军与贼相持数月,莫肯先进。国荃至,乃合力败援贼于浮梁南。三战皆捷,火镇市,追歼贼及半,克浮梁,擢道员。江西肃清。

国藩出九江,至黄州,与胡林翼议分路图皖。国荃留军巴河,自还湖南增募为万人。多隆阿、鲍超等既大破贼于太湖、潜山,十年闰三月,国荃乃进军集贤关,规攻安庆。陈玉成来援,击走之。十一年,陈玉成复纠捻众至于菱湖,两岸筑坚垒,与城贼更番来犯。国荃调水师入湖,令弟贞干筑垒湖东以御之。会陈玉成在桐城为多隆阿所败,还趋集贤关,迎击破之。玉成由马踏石遁走,仍留党踞赤冈岭,与菱湖贼垒犄角。国荃困以长壕,鲍超来,合攻,悉破其垒,擒斩万余。进破安庆城外贼营,毁东门月城。惟北门三石垒坚不可下,令降将程学启选死士缘炮穴入,拔之。陈玉成屡为多隆阿所创,收余众,纠合捻匪,复屯集贤关,袭官军后路,城贼叶芸来亦倾巢出扑。国荃凭壕而战,屡击却,仍复进,增筑新垒,遣贞干合水师扼菱湖,绝贼粮路。八月,以地雷轰城,克之,歼贼万余,俘数千。捷闻,以按察使记名,加布政使衔,赐黄马褂。寻以追殄余贼,赐号伟勇巴图鲁。于是国藩进驻安庆,国荃率师东下规江宁,克无为州,破运漕镇,拔东关,加头品顶戴。分兵守诸隘,自回湖南增募勇营。

同治元年,授浙江按察使,迁江苏布政使。诏以军务紧要,毋庸与兄国藩回避同省。三月,率新募六千人至军,自循江北岸,令弟贞干循南岸,彭玉麟等率水师同进,拔铜城闸、雍家镇诸隘,复巢县、含山、和州,克裕溪口、西梁山。渡江会攻金柱关,乘间袭太平,克之。回克金柱关,贞干亦克芜湖。令彭毓橘截败贼于薛镇渡口,大破之。五月,连夺秣陵关、大胜关要隘。水师进扼江宁护城河口,陆师径抵城南雨花台驻屯,贼来争,皆击却之。国藩犹以孤军深入为虑,国荃谓:"舍老巢勿攻,浪战无益,逼城

足以致敌。虽危,事有可为。"会秋疫大作,士卒病者半。贼酋李秀成自苏州纠众数十万来援,结二百余垒。国荃于要隘增垒,辅以水师,先固粮道。贼环攻六昼夜,彭毓橘等乘其乏出击,破贼营四。贼悉向东路,填壕而进,前仆后继。国荃督军抵御,炮伤颊,裹创力战,贼始退。李世贤又自浙江率十万众至,与秀成合攻,屡掘地道来袭,毁营墙,百计攻袭,皆未得逞。芜湖守将王可升率援师至,国荃简精锐分出,焚贼数垒,余弃垒走,进击,大破之。先后歼贼数万,围乃解。秀成、世贤引去。是役以病余之卒,苦战四十余日,卒保危局,诏嘉奖,颁珍赉。

议者欲令乘胜退保芜湖,国荃以贼虽众,乌合不足畏,不肯退。二年春,国藩亲至视师,见围屯坚定,始决止退军之议。诏擢浙江巡抚,仍统前敌之军规取江宁。四月,攻雨花台及聚宝门外石垒,克之。九洑洲为江宁犄角,贼聚守最坚。国荃偕彭玉麟、杨岳斌往觇形势,合水陆军血战,克之,江面遂清。连克上方桥、江东桥、近城之中和桥、双桥门、七瓮桥、稍远之方山、土山、上方门、高桥门、秣陵关、博望镇诸贼垒,以次并下。国荃初至,合各路兵仅二万,至是募围师至五万人。十月,分军扼孝陵卫。李鸿章克苏州,李秀成率败众分布丹阳、句容,自入江宁,劝洪秀全同走,不听,遂留同城守。

三年春,克钟山天保城,城围始合。贼粮匮,城中种麦济饥。国荃迭令掘地道数十处,贼筑月围以拒,士卒多伤亡。会诏李鸿章移师会攻,诸将以城计日可破,耻借力于人,攻益力。鸿章亦不至。国荃虑师老生变,督李臣典等当贼炮密处开地道。既成,悬重赏募死士,李臣典、朱洪章、伍维寿、武明良、谭国泰、刘连捷、沈鸿宾、张诗日、罗雨春誓先登者九人。六月十六日,日加午,地道火发,城崩二十余丈,李臣典、朱洪章等为蚁附争登。贼倾火药轰烧,彭毓橘、萧孚泗手刃退卒数人,遂拥上。朱洪章、沈鸿宾、罗雨春攻中路,向伪天王府;刘连捷、张诗日、谭国泰攻右路,趋神策门,朱南桂为梯级入,合取仪凤门;其左路彭毓橘由内城至通济门,萧孚泗等夺朝阳、洪武门,罗逢元等从聚宝门入,李金洲从通济门入,陈湜、易良虎从旱西、水西门入:于是江宁九门皆破。守陴贼诛杀殆尽,犹保子城。夜半,自纵火焚伪王府,突围走。要截斩数百人,追及湖、熟,俘斩亦数百。洪秀全已前一月死,获其尸于伪宫。其子洪福瑱年十五六,讹言已自焚死;余党挟之走广德。国荃令闭城救火,搜杀余贼。获秀全兄洪仁达及李秀成,伏诛。凡伪王主将大小酋目三千余,皆死乱兵,毙贼十余万,拔难民数十万。捷闻,诏嘉国荃坚忍成功,加太子少保,封一等伯爵,锡名威毅,赐双眼花翎。

国荃功高多谤,初奏洪福瑱已毙,既而奔窜浙江、江西,仍为诸贼所扼,言者以为口实,遂引疾求退,遣撤部下诸军,温诏慰留;再疏,始允开缺回籍。四年,起授山西巡抚,辞不就。调湖北巡抚,命帮办军务,调旧部剿捻匪。

五年,抵任,汰湖北冗军,增湘军六千,以彭毓橘、郭松林分统之。时捻匪往来鄂、豫之交,国荃檄鲍超由枣阳趋浙川,内乡防西路,郭松林由桐柏、唐县出东路,刘

维桢向新野为声援。贼折而北窜,诏郭松林越境会剿。是年冬,败贼于信阳、孝感。贼窜云梦、应城、德安,郭松林击走之,克应城、云梦,又败之皁河、杨泽。松林追贼曰口,中伏受重伤,其弟芳钤战死。彭毓橘破贼于沙口,又败之安陆。国荃以贼多骑,难与追逐,欲困之山地。毓橘偕刘维桢屡战不能大创,贼窜去。总督官文与不协,国荃疏劾其贪庸骄蹇,诏解官文总督任。六年春,贼复犯德安,为刘铭传、鲍超所败,遁入河南境,寻复回窜。彭毓橘恃勇轻进,遇贼蕲州,战殁于六神港。五月,捻匪长驱经河南扰及山东。诏斥诸疆吏防剿日久无功,国荃摘顶,下部议处,寻以病请开缺,允之。

光绪元年,起授陕西巡抚,迁河东河道总督。二年,复调山西巡抚。比年大旱,灾连数省。国荃力行赈恤,官帑之外,告贷诸行省,劝捐协济,分别灾情轻重、赈期久暂,先后赈银一千三百万两、米二百万石,活饥民六百万。善后蠲徭役,岁省民钱巨万。同时荒政,山西为各省之冠,民德之,为立生祠。六年,以疾乞罢,慰留,寻召来京。七年,授陕甘总督,命赴山海关治防,复乞病归。八年,署两广总督。

九年,内召。十年,署礼部尚书,调署两江总督兼通商大臣,寻实授。时法兰西兵犯沿海,中朝和战两议相持。国荃修江海防务,知上海关诸国商务,法兵不能骤至,驭以镇静。诏遣文臣分赴海疆会办,福建疆吏遂不能主兵。国荃言权不可分,朝廷亦以其老于军事,专倚之。命遣兵轮援台湾,原议五,实遣其三。坐下部议,革职留任。兵轮终不得达,其二折至浙洋,助攻镇海有功,和议寻定。十一年,京察,以国荃夙著勤勉,开复处分。十五年,皇太后归政,推恩加太子太保。

国荃治两江凡六年,总揽大纲,不苛细故,军民相安。十六年,卒于官,赠太傅,赐金治丧,命江宁将军致祭,特谥忠襄,入祀昭忠祠、贤良祠,建专祠。孙广汉袭伯爵,官至左副都御史。

国荃弟贞干,原名国葆。诸生。从兄国藩剿平常德、宁乡土匪。时杨岳斌为把总,彭玉麟为诸生,贞干亟称于国藩,谓二人英毅非常,同辟领水师。初败于岳州,贞干自引咎,言诸将无罪。国藩东征,贞干家居未从。及其兄国华战殁三河,贞干誓杀贼复仇。胡林翼使领千人,自黄州转战潜山、太湖。从国荃攻安庆,设计招降贼将程学启,克城之功,学启为多。同治元年,与国荃分路沿江进师,破鲁港,克繁昌、南陵、芜湖,会军雨花台。寻染疫,将假归,援贼至,被围,强起任战守,围解而病剧,卒于军。初以功叙训导,加国子监学正衔,赐号巴图鲁。既破援贼,擢知府,命下而贞干已殁。事闻,赠按察使。李鸿章上陈战绩,诏依二品议恤,赠内阁学士,予骑都尉世职,建专祠,谥靖毅。

沈葆桢,字幼丹,福建侯官人。道光二十七年进士,选庶吉士,授编修。迁御史,数上疏论兵事,为文宗所知。咸丰五年,出为江西九江知府。九江已陷贼,从曾国藩管营务。六年,署广信府。贼酋杨辅清连陷贵溪、弋阳,将逼广信。葆桢方赴河口筹饷,闻警驰回郡,官吏军民多避走。妻林,先刺血书乞援于浙军总兵饶廷选。会大雨,贼滞兴安。廷选先入城,贼至,七战皆捷,解围去。曾国藩上其城守状,诏嘉奖,以道员用。七年,擢广饶九南道,留管广信防务。数假客军击走窜贼,平弋阳土匪,诛安仁抗粮奸民,加按察使衔。以忤直忤大吏,乞养亲去官。

十年,起授吉赣南道。以亲老辞,未出,命留原籍治团练。曾国藩屡荐其才,十一年,诏赴安庆大营委用。未几,超擢江西巡抚,谕曰:"朕久闻沈葆桢德望冠时,才堪应变。以其家有老亲,择江西近省授以疆寄,便其迎养;且为曾经仕宦之区,将来树建殊勋,光荣门户,足承亲欢。如此体恤,如此委任,谅不再以养亲渎请。"葆桢承诏,感泣赴官。时浙江沦陷,左宗棠由江西进军规复。贼酋杨辅清、李世贤合扰江西,冀断皖、浙道路。同治元年,葆桢亲赴广信筹防,令士民筑堡自卫,坚壁清野。倚用湘将王德榜、段起及席宝田、江忠义诸人,客军并听指挥,贼至辄击退。二年,破黄文金于小路口,又破之于祁门。会浙军克黟县,贼由太平、石埭、建德扰江西,督军进击走之。是年秋,因病请假。

初,曾国藩军饷多倚江西。葆桢以本省军事方殷,奏留自给。江宁前敌需饷亟,而江西协饷不至,国藩疏争。御史华祝三亦疏言两人龃龉,虑误大局,诏两解之,命各分其半,别以江海关拨款济江南军。三年,大军围江宁急。贼聚扰江西,图牵后路。诏杨岳斌移师督剿,命葆桢会商机宜。既而江宁、杭州相继复,黄文金拥洪福瑱由浙、皖窜江西,为入粤计。葆桢令席宝田追剿,至石城,大破之。阵擒洪仁玕、洪仁政、黄文英等,搜获洪福瑱于荒谷中,皆伏诛。以擒首逆功,予一等轻车都尉世职,加头品顶戴。葆桢推功诸将,疏辞,诏嘉其开诚布公,将士用命,且江西吏治民风,日有起色,宜膺殊赏,不允所请。寻乞归养,温诏慰留。四年,以亲病请假省视,因防务急,未行,丁母忧,命治丧百日,假满仍回任。坚请终制,乃允之。

六年,命为总理船政大臣。初,左宗棠创议于福州马尾山麓濒江设船厂,未及兴工,宗棠调陕甘,疏言非葆桢莫能任。葆桢释服,始出任事。造船坞及机器诸厂,聘洋员日意格、德克碑为监督。月由海关拨经费五万两,期以五年告成。附设艺童学堂,预募水勇习练驾驶。事皆创立,船材来自外国,煤炭亦购诸南洋,采办尤易侵渔。葆桢坚明约束,一无瞻徇。布政使周开锡为提调,延平知府李庆霖佐局事,皆为总督所不喜,龃龉欲去之,葆桢疏争得留,藩署吏玩抗,以军法斩之,众咸惊服。

九年,丁父忧,仍请终制,暂解事,服阕始出。当其居忧,内阁学士宋晋疏请暂停船工,诏下酌议。葆桢上疏,略谓:"自强之道,与好大喜功不同,不可以浮言摇动。且洋员合同不能废,机厂经营不可弃。不特不能即时裁撤,五年期满,亦不可停。"推论利害切至,诏嘉纳之。十一年,再莅事。先后造成兵舰二十艘,分布各海口。寻以匠徒艺成,议酌改船式,督令自造,不用洋员监督。疏陈善后事宜,并如议行。

十三年,日本因商船避风泊台湾,又为生番所戕,藉词调兵，觇觊番社地。诏葆桢巡视，兼办各国通商事务。日兵已登岸结营，葆桢据理诘之。晓谕番族遵约束，修城筑垒为战备。提督唐定奎亦率淮军至，日人如约撤兵。乃议善后事宜。疏陈福建巡抚宜移驻台湾，吏治军政方能整顿，诏如所请。甫内渡，狮头社番戕官滋事，光绪元年，复往，督唐定奎等伐山开道，攻破内外狮头等社，毁其巢，胁从者次第就抚。中路、北路亦分军深入，诸番皆听约束。先于琅玡增设恒春县，至是奏设台北府、淡水、新竹、宜兰三县隶之；噶玛兰通判移驻鸡笼山；台湾府同知移驻卑南；鹿港同知移驻水沙。连疏陈营伍积弊，请归巡抚节制。购机器，开台北煤矿，为明遗臣郑成功请予谥建祠，以作台民忠义之气，并报可。遂撤军内渡，事竣，擢两江总督，兼通商大臣。

江南自军事定后，已逾十年。疆吏习为宽大，葆桢精核吏事，治尚严肃。属吏懔懔奉职，宿将骄蹇者绳以法，不稍假借。尤严治盗，莅任三月，诛戮近百人，莠民屏迹。皖南教案，华教士诬良民重罪，亲讯，得其受枉状，反坐教士，立诛之，然后奏闻，洋人亦屈伏。淮南引地以次归复，浚河、积谷、捕蝗、禁种罂粟诸政，并实力施行。数以病乞退，五年，入觐，皇太后温谕勉以共济时艰，毋萌退志，自此遂不言病。是年十一月，卒于位，赠太子太保，祀贤良祠，立功各省建专祠，谥文肃。子玮庆，赐举人，袭一等轻车都尉世职；瑜庆，恩荫主事，官至贵州巡抚。

刘坤一，字岘庄，湖南新宁人。廪生。咸丰五年，领团练从官军克茶陵、郴州、桂阳、宜章，叙功以教谕即选。六年，骆秉章遣刘长佑率师援江西，坤一为长佑族叔而年少，师事之，从军中自领一营。长佑既克萍乡，令进战芦溪、宜凤镇，连破贼，逼袁州，招降贼目李能通。于是降者相继，守城贼何益发夜启西门，坤一先入，复袁州。累擢直隶州知州，赐花翎。

七年，克临江，擢知府。八年，长佑以病归，坤一代将其军。偕萧启江渡赣江规抚州，克崇仁。启江在上顿渡为贼所困，往援，大破贼，遂复抚州，连克建昌，擢道员。九年，石达开犯湖南，坤一回援，解永州、新宁之围，加盐运使衔。贼窜广西，从刘长佑追蹑，复柳州。长佑擢抚广西，令坤一驻柳州清余匪，悉平之，加布政使衔。进攻浔州，十一年七月，拔其城，以按察使记名。石达开回趋川、楚，坤一扼之融县，掩击败之，贼溃走入黔，授广东按察使。

同治元年，迁广西布政使。刘长佑赴两广总督任，命坤一接统其军，赴浔州进剿。贵县匪首黄鼎凤，在诸匪中最狡悍，屡议剿抚，不能下。二年，坤一破之于登龙桥，遂驻守之。鼎凤老巢曰平天寨，倚山险树重栅，守以巨炮，覃墟相距十余里，为犄角。坤一阳议抚，撤军回贵县，潜师夜袭覃墟，遂围平天寨，复横州，鼎凤势蹙。三年四月，擒鼎凤及其党诛之。浔州平，赐号硕勇巴图鲁。四年，剿平思恩、南宁土匪，复永淳，擢江西巡抚。令席宝田、黄少春会剿粤匪余党于闽边，五年，聚歼于广东嘉应州，加头品顶戴。军事既定，坤一治尚安静，因整顿丁漕，不便

于绅户。十一年，左都御史胡家玉疏劾之，坤一奏家玉积欠漕粮，又屡贻书干预地方事。诏两斥之，家玉获遣，坤一亦坐先不上闻，部议降三级调用，加恩改革职留任，降三品顶戴。寻复之，命署两江总督。

光绪元年，擢两广总督。广东号为富穰，库储实空，出入不能相抵。议者请加盐厘及洋药税，坤一以加盐厘则官引愈滞，但严缉私贩，以畅销路；又援成案，筹款收买余盐，发商交运，官民交便。药厘抽收，各地轻重不同，改归一律，无加税之名，岁增巨万。吏治重在久任，令实缺各归本任，不轻更调。禁赌以绝盗源，水陆缉捕各营，分定地段以专责成，盗发辄获。

二年，调授两江总督。六年，俄罗斯以交还伊犁，藉端要挟。诏筹防务，坤一上疏，略谓："东三省无久经战阵之宿将劲旅，急宜绸缪。西北既戒严，东南不可复生波折。日本、琉球之事宜早结束，勿使与俄人合以谋我。英、德诸国与俄猜忌日深，应如何结为声援，以伺俄人之后。凡此皆赖庙谟广运，神而明之。"九年，法越构衅，边事戒严。坤一疏："请由广东、广西遴派明干大员统劲旅出关，驻扎谅山等处，以助剿土匪为名，密与越南共筹御御。并令越南招太原、宣光黑旗贼众，免为法人诱用。云南据险设奇，以资犄角。法人知我有备，其谋自沮。云南方拟加重越南货税，决不可行。重税能施之越人，不能施之法人。越人倘因此转嗾法人入滇通商，得以依托假冒，如沿海奸商故智，不可不虑。越南如果与法别立新约，中国纵不能禁，亦应使其慎重；或即指示机宜，免致再误。越南积弱，若不早为扶持，覆亡立待。滇、粤藩篱尽失，逼处堪虞。与其补救于后，曷若慎防于先。此不可不明目张胆以提挈者也。"疏入，多被采纳。

十二年，丁继母忧。十六年，仍授两江总督。十七年，命帮办海军事务。二十年，皇太后万寿，赐双眼花翎。日本犯辽东，九连城、凤凰城、金州、旅顺悉陷，北洋海陆军皆失利。召坤一至京，命为钦差大臣，督关内外防剿诸军。坤一谓兵未集，械未备，不能轻试，诏促之出关。时已遣使议和，坤一以两宫意见未洽为忧，濒行，语师傅翁同龢曰："公调和之责，比余军事为重也。"二十一年春，前敌宋庆、吴大澄等复屡败，新募诸军实不能任战，日本议和要挟弥甚，下坤一与直隶总督王文韶决和战之策。坤一以身任军事，仍主战而不坚执。未几而议成，回任。坤一素多病，卧治江南，事持大体。言者论其左右用事，诏诫其不可偏信，振刷精神，以任艰巨。坤一屡疏陈情乞退，不许。

二十五年，立溥俊为穆宗嗣子，朝野汹汹，谓将有废立事，坤一致书大学士荣禄曰："君臣之分久定，中外之口宜防。坤一所以报国在此，所以报公亦在此。"二十六年，值德宗万寿，加太子太保。拳匪乱起，坤一偕李鸿章、张之洞创议，会东南疆吏与各国领事订约，互为保护，人心始定。车驾西幸，议者或请迁都西安，坤一复偕各督抚力陈其不可，吁请回銮。二十七年，偕张之洞会议请变法，以兴学为首务，中法之应整顿变通者十二事，西法之应兼采并用者十一事，联衔分三疏上之。诏下政务处议行，是

为实行变法之始。洎回銮，施恩疆吏，加太子太保。

二十八年，卒，优诏赐恤。嘉其秉性公忠，才猷宏远，保障东南，厥功尤著，追封一等男爵；赠太傅，赐金治丧，命江宁将军致祭，特谥忠诚。祀贤良祠，原籍、立功省建专祠。赐其子能纪四品京堂，诸孙并予官。张之洞疏陈坤一居官廉静宽厚，不求赫赫之名，而身际艰危，维持大局，毅然担当，从不推诿，其忠定明决，能断大事，有古名臣风。世以所言为允。

论曰：曾国荃当苏、浙未复，孤军直捣金陵，在兵事为危机，其成功由于坚忍。铲其本根，则枝蔓自绝，信不世之勋也。屡踬复起，朝廷倚为保障，以功名终。沈葆桢清望冠时，力任艰巨，兵略、吏治并卓然。其手创船政，精果一时无耦。后来不能充拓，且听废弃，岂非因任事之难其人哉？刘坤一起家军旅，谋国独见其大，晚年勋望，几轶同侪，房、杜谋断之功，不与褒、鄂并论矣。

卷四百十四　　列传二百一

**李臣典　萧孚泗　朱洪章　刘连捷
彭毓橘　张诗日** 伍维寿　朱南桂
罗逢元　李祥和　萧庆衍　吴宗国

李臣典，字祥云，湖南邵阳人。年十八从军，初隶王鑫部下，后从曾国荃援江西，隶吉字营。咸丰八年，战吉安南门外，国荃受重创，臣典大呼挺矛进，追杀至永丰、新淦。国荃奇其勇，超擢宝庆营守备。克景德镇，复浮梁，皆为军锋。十年，从战小池驿，晋都司，赐花翎。进规安庆，战菱湖，逼贼屯，扼其北，国荃伤股坠马，臣典驰救以归。偕张胜禄、张诗日战枞阳，破援贼，水师得以进屯。十一年，攻安庆西门贼垒，陈玉成纠杨辅清数万人围官军数重，战至日中未决，驰告诸将曰："事急矣，成败在此举！"臣典横槊前驱，与诸营合力决荡，贼大奔，斩首数千级，遂拔安庆，擢参将，赐号刚勇巴图鲁。

同治元年，从国荃乘胜下沿江各城隘，进军江宁，臣典会救丹阳镇，夺秣陵关，以总兵记名。军中疫作，李秀成大举来援，逼垒鏖战，国荃督阵，炮伤颊，臣典与副将倪桂节力卫之，桂节阵亡。贼方攻西路急，臣典曰："此虚声也，请备东路。"既而贼果萃东路，参将刘玉春死之。炮弹穿壁墙如雨注，臣典死守，卒不能入。围解，加提督衔。二年，偕赵三元夜袭雨花台石城，束草填壕，缘梯将上，贼惊觉，燃炮轰击，军少却。臣典搴旗大呼跃而上，诸军继之，掷火弹毁敌楼，城立拔，以提督记名。寻授河南归德镇总兵。偕萧孚泗、张诗日等攻夺紫金山，又败诸校场，连克近城诸垒。三年，克天保城，江宁之围始合。五月，克地保城。

六月，诸军番休进攻，贼死拒，杀伤相当。臣典侦知贼粮未尽，诸军苦战力渐疲，谓国荃曰："师老矣！不急克，日久且生变。请于龙脖子重掘地道，愿独任之。"遂率副将吴宗国等日夜穴城，十五日地道成，臣典与九将同列誓状。翼日，地雷发，臣典等蚁附入城，诸军毕入。下令见长发者、新剃发者皆杀，于是杀贼十余万人。臣典遘病，恃壮不休息，未几，卒于军，年二十七。

捷上，列臣典功第一，锡封一等子爵，赐黄马褂、双眼花翎。命未至而臣典已殁，诏加赠太子少保，谥忠壮，吉安、安庆、江宁各建专祠。

萧孚泗，湖南湘乡人。咸丰三年，入湘潭，从罗泽南转战江西、湖北，洊擢守备。六年，从曾国荃援江西，克安福、吉水、万安诸县。七年，克峡江，擢游击，赐花翎。八年，从攻吉安，贼出扑孚泗营，开壁奋击，毙悍贼多名。旋克吉安，擢参将。九年，江西肃清，擢副将。会攻太湖，十年春，大战小池驿，复太湖，孚泗功多，赐号勤勇巴图鲁。进攻安庆，战菱湖，孚泗于东路横壕倚水筑新营，会击屡破贼。分道攻安庆城外诸垒，贼援迭至，与城贼相应，更番扑官军营垒，孚泗等且战且筑垒，贼不得逞；又偕水师副将蔡国祥截获贼粮。八月，以地雷坏城，复安庆，以总兵记名。加提督衔，授河南归德镇总兵。

同治元年，国荃循江东下，孚泗为前锋，攻破西梁山。会水师克太平、芜湖，破金柱关、东梁山，进克秣陵关、江心洲，乘胜逼江宁，以提督记名。李秀成来援，分党趋江心洲截运道，孚泗等逆击败之。贼攻孚泗后营炮台，相持十余日，贼以地雷毁营墙，孚泗以火药数十桶掷轰，贼不得入。伺贼疲，孚泗与彭毓橘突出夹击，踏平贼垒数十，赐黄马褂。二年，偕总兵李臣典袭克雨花台石城，追至上方桥，斩馘数千，又破秣陵关贼卡。夜袭上方桥，结筏渡河，扼双桥门，连破贼隘。偕彭毓橘纵火焚其桥，袭贼屯，擢福建陆军提督。三年，既克天保城，孚泗出钟山北，于太平门筑三垒守之，绝贼粮道。

六月，进占龙脖子山石城，孚泗与李臣典筑炮台山上，距城仅十余丈，积沙草高与城齐，作伪攻状，潜于其下凿地道。贼宵攻毁炮台，副将陈万胜战死，明日，会师逼城下，总兵郭鹏程、王绍羲复中炮死。及地道成，火发城圮，将士争登，贼掷火药抵拒，死仆相继。孚泗手刃退者数人，士气乃奋，尽从缺口入。李秀成匿民舍，孚泗索获之，并擒洪仁达。论功，赐封一等男爵，赐双眼花翎。寻丁父忧归。光绪十年，卒于家，优恤，谥壮肃。

朱洪章，字焕文，贵州黎平人。咸丰初，应募为乡勇，从黎平知府胡林翼剿新宁窜匪，又剿黄平榔匪，擒匪首刘瞎麽，以功奖外委。四年，从林翼援湖北，会克岳州。从塔齐布攻武昌，破贼洪山，遂隶塔齐布军。战大冶、半壁山、田家镇、孔垅、小池口，攻九江，无役不从，以勇名。塔齐布卒，从周凤山。凤山败，隶毕金科。六年，克饶州，擢千总。金科战殁，代领其军。江西不给饷，张芾倚蔽皖南，资之，军始不散。又以会攻四十里街，他将败绩，被劾，降把总。九年，从曾国荃复景德镇，复官，以守备补用。遂从曾国荃部下,战绩始著。

十年,从攻太湖,解小池驿之围,晋都司。进攻安庆,争壕夺垒,斩刈甚多。十一年,克安庆,超擢参将,赐号勤勇巴图鲁。从国荃由皖东下,连夺沿江要隘,擢副将。进屯雨花台,江宁城贼出扑,屡击破之。及援贼至,大营被围,迭以地雷毁营墙,悍贼拥入,口衔利刃,匍匐而进。洪章督队发枪炮,掷火焚烧,毙贼无算,伤亡士卒甚多,久之始解。洪章先以迭克城隍,以总兵记名,至是加提督衔。

同治三年,攻江宁久不拔,及开地道于龙膊子山麓告成,议推前锋。国荃召诸将署名具军令状,洪章署第一,武明良第二,刘连捷第三,其他以次署毕,共得九人。发火城崩,洪章率所部长、胜、焕字三营千五百人,从倒口首先冲入,贼仓猝从城头掷火药倾盆下,士卒死四百余人。洪章入城后,结圜阵与贼排击。诸将毕入,乃分军为三,洪章趋中路,直攻天王府之北,短兵巷战一日夜,搜斩逆酋尤众,赐黄马褂,予骑都尉世职,无论提镇缺出,尽先题奏。初叙入城功,李臣典以决策居第一,洪章列第三,众为不平。洪章曰:"吾一介武夫,由行伍擢至总镇。今幸东南底定,百战余生,荷天宠锡,已叨非分,又何求焉?"

四年,授湖南永州镇总兵。光绪二年,调云南鹤丽镇,署昭通、临安、腾越诸镇。鹤丽地卑下,水潦常没民田,有新河泄水,通塞无常。洪章在镇,躬率士卒开浚数次,水患为纾,民感之。十四年,因病乞开缺,病瘳,曾国荃调留两江,洪章凭吊龙膊子山,祭死士瘗所,国荃为树碑纪事。十五年,署狼山镇总兵。二十年,张之洞檄募十营防金沙卫。二十一年,卒于军。之洞疏陈战绩,称其收复江宁,功实第一。诏宣付史馆,从优议恤,谥武慎,附祀曾国藩、国荃、胡林翼专祠。

刘连捷,字南云,湖南湘乡人。以外委隶同族刘腾鸿湘后营,转战湖北。罗泽南荐诸巡抚胡林翼,檄领副后营,擢千总。咸丰六年,从腾鸿援江西,战瑞州,腾鸿中炮殒,连捷率所部攻城,拔之。为曾国藩所重,荐改文职,以知县留江西补用。从曾国荃克吉安,擢同知,赴安徽助剿,十年,大捷于小池驿,擢知府。由集贤关攻安庆,破援贼。十一年,复破援贼于集贤关,克安庆,擢道员,赐号果勇巴图鲁。

同治元年,攻巢县东关,贼立石墙于罗星山,连捷率死士夜渡河纵火烧贼营,进克西梁山,濡须口,渡江克太平府、金柱关、芜湖,乘胜进攻江宁。连捷军屯颜行,李秀成、李世贤纠大众来攻,以炸炮破营壁,连捷筑横墙拒之,常乘贼懈夜出破贼垒。及贼退,以按察使记名,加布政使衔。大营恃无为州通饷道,连捷率三千人往守,营城外石涧阜。二年,李秀成困以长围,军粮垂尽,彭玉麟劝突围出,连捷誓死守。彭毓橘来援,合击贼,走之,再复巢县、含山、和州,赐黄马褂。偕水师进攻九洑洲、下关。

三年,龙膊子山地道成,偕诸军冲入城。江宁平,以布政使记名,加头品顶戴,予骑都尉世职。湘军凯撤,曾国藩留连捷军三千人驻守舒城、桐城防捻匪。会霆营叛卒扰江西,连捷督军追剿,驻防吉安、赣州,会剿粤匪余党于广东嘉应州,尽歼之。连捷以伤病归,家居十载。光绪中,曾国荃抚山西,奏留连捷练军包头,从国荃移屯山海关,又从至江南治江防。十三年,卒,赐恤,赠内阁学士,建专祠,谥勇介。

彭毓橘,字杏南,湖南湘乡人。从曾国荃援江西,积功叙县丞。及进安徽,小池驿、菱湖诸战皆有功,又屡破援贼,累功擢知府。会诸军下沿江诸要隘,渡江克太平府、金柱关、芜湖,擢道员,赐号毅勇巴图鲁。

大军逼江宁,毓橘与诸将分路取丹阳镇、秣陵关诸要隘,夷贼垒数十,进攻雨花台石城,贼死拒未下。李秀成率众来援,大营被围,毓橘方染疫,力疾御战,伺懈出击,破贼垒。解围后,毓橘与刘连捷援江北,合水师连复江浦、和州、含山、巢县四城,江北大定。削平江宁附近诸贼垒,毓橘功为多。龙膊子地道火发,督军冲入,手刃退者。论功最,以布政使记名,予一等轻车都尉世职。

寻授福建汀漳龙乐备道,未之任,曾国荃疏调毓橘统湘军赴湖北,捻匪窜扰黄州、安陆,毓橘进剿,战比有功。同治六年,师次蕲水,毓橘率小队数百,周览地势,至麒麟凹,贼大至,被围,搏战,死伤略尽。毓橘马陷泥淖,被执,骂贼被害。事闻,诏视布政使阵亡例议恤,建专祠,赠内阁学士,谥忠壮,加骑都尉世职,并为三等男爵。

张诗日,湖南湘乡人。咸丰五年,以外委随罗泽南战江西,克义宁。六年,改隶曾国荃军,克安福,战吉安。八年,复万安、吉水,超擢守备。九年,以克吉安及景德镇、浮梁,累擢游击。十年,援小池驿,复太湖、潜山,晋参将。

从攻安庆,率三营破援贼于枞阳。十一年,克安庆,擢副将,加总兵衔,赐号干勇巴图鲁。同治元年,从克沿江要隘。及抵江宁,力守大营,破援贼。累擢,以提督记名。二年,屡破江宁城外贼垒,赐黄马褂。

三年,克天保、地保两城。方开掘龙膊子地道,李秀成夜自太平门突出来犯,又诈为官军,别从朝阳门东隅出,逼营纵火,诗日偕诸将力战却之。地道火发,城崩,诗日率士卒登龙广山,夺太平门;复循神策门转战至狮子山,夺仪凤门;论功最,予一等轻车都尉世职。

四年,授直隶宣化镇总兵。五年,从曾国藩剿捻,破张总愚、牛洛红于西平,又败之万金寨,进攻双庙贼巢。贼以马队袭官军后,诗日分军回击,追败之洪河,又败之鄢城、召陵。因伤发回籍,六年,卒。曾国藩疏诗日克复江宁,当西北一路,论功在李臣典、刘连捷、萧孚泗之次,优恤,谥勤武。

伍维寿,湖南长沙人。从曾国荃援江西,攻安庆,克沿江要隘,擢副将。夺雨花台、聚宝门外石垒,累擢记名总兵,赐号毅勇巴图鲁。偕朱南桂破神策门,入城,率马队追逸贼至湖熟镇,擒斩贼酋李万材等,以提督记名,赐黄马褂,予骑都尉世职。六年,授陕西汉中镇总兵,调甘肃宁夏镇，光绪元年，卒。

朱南桂，湖南长沙人。罗泽南旧部，转战两湖，积功至副将，赐号勋勇巴图鲁。同治元年，解金柱关围。二年，克薛镇、博望镇，以总兵记名。及克江宁，南桂先破神策门月城，梯而入，赐黄马褂，予云骑尉世职。寻授河南归德镇总兵。五年卒，赐恤，谥勤勇。

罗逢元，湖南湘潭人。由武生入伍，从剿广西。曾国藩治水师，充营官，转战湖北、江西，累擢副将。继从曾国荃克安庆，以总兵记名，赐号展勇巴图鲁。进克沿江要隘，抵江宁，还守太平，屯金柱关。贼酋陈坤书大举来犯，逢元坚守，屡战，以少击众，擒斩逾万，以提督记名。及克江宁，由南门旧陷口梯登，赐黄马褂，予云骑尉世职。以伤发假归，光绪四年，卒，赐恤。

李祥和，湖南湘乡人。初从罗泽南，积功至游击。嗣从曾国荃，克吉安，复安庆，累擢副将，赐号著勇巴图鲁。同治元年，从大军进江宁，力守大营，破援贼，以提督记名。三年，攻地保城，先登，筑炮台俯击城中，地道始成。论功，赐黄马褂，予云骑尉世职。四年，授安徽寿春镇总兵，从刘松山赴陕西剿捻匪。六年，战洛川大贤村，中炮阵亡，赐恤，谥武壮。

萧庆衍，湖南湘乡人。应募入湘军右营，转战江西、湖北，积功至副将。克太湖、潜山，以总兵记名，赐号刚勇巴图鲁。同治二年，援江浦，复含山、巢县、和州，加头品顶戴。三年，渡江会攻江宁，克上方桥，进钟山，筑三垒太平门外。城破，于缺口冲入，夺朝阳、洪武二门，赐黄马褂，予云骑尉世职。

吴宗国，湖南长沙人。以勇目从剿湖北，累擢守备。同治元年，从曾国荃沿江东下，迭克要隘，功多，累擢参将，赐号资勇巴图鲁。二年，破聚宝门外上方桥、江东桥各贼垒，会水师克九洑洲、印子山贼巢，擢副将。从李臣典重开地道，城贼防益严，炮弹雨下。宗国手藤牌，持长绳，冒炮弹，狙行而前，抵城下测丈而返，始兴工开掘。大功克成，以提督记名，予一品封典。五年，偕提督郭松林剿捻德安，战罗家集，中伏，殁于阵，依提督例赐恤，予骑都尉世职。

论曰：洪秀全踞江宁十有余年，曾国荃于苏、浙未定之先，孤军直捣，城大援众，事势綦难。及援贼既破，困兽之斗，人人致死，历两年之久，竟蒇大功。固由指挥素定，而在事诸将，同心戮力，奋不顾身，其勇毅之烈，纪太常而光紫阁，无愧色焉。撮其尤者著于篇。

卷四百十五　　列传二百二

黄翼升 丁义方　王吉　吴家榜　**李成谋**　
李朝斌 江福山　　**刘培元**

黄翼升，字昌岐，湖南长沙人。少孤，育于邓氏，冒其姓，入长沙协标充队长。咸丰初，从征广西，曾国藩创水师，调为哨长。四年，从杨岳斌下岳州，叙千总。战于城陵矶，贼以十余舟来诱，翼升知其诈，追至擂鼓台、荆河脑，伏贼突出，翼升驾舢板奋击，后队继之，贼大败。转战至金口，值贼下游被围，力战却之。积功擢守备。克武汉后，进攻蕲州，翼升自蒜花塝出战败贼，焚其舟，擢都司。复蕲州，拔充营官。

攻湖口，毁贼船十余艘。冲入内湖，贼塞隘口不得退，泊姑塘，迭战于都昌县河、鸡公湖，焚贼舟。时水师在内湖者无大船，既与外江阻绝，曾国藩令添造，并拨江西长龙、快蟹诸船，以翼升及萧捷三分领之，各为一军。五年，屡会诸军攻湖口，未克，萧捷三战死，翼升大愤，冲入贼卡，尽毁下钟岩贼船。夜出奇兵数惊贼，贼不出，仍驻军姑塘。

六年，贼犯抚州，南昌戒严，翼升奉檄泊吴城镇，卫省城。湖口之贼尾至，结土匪窥吴城，翼升分兵由前河包钞，自赴后河击陆路之贼，走之。会彭玉麟至军，令翼升专攻陆路，败贼于涂家埠，毁浮桥二、船百余。贼复冒民船来犯，翼升合军围击，败之。追至德河口，遂会攻南康，直薄城下，火贼船，城贼遁走。

七年，授直隶提标左营游击，杨岳斌师至九江，彭玉麟与约夹攻湖口，军分六队，翼升率内湖右营当其冲，转斗而前。炮丸冒船过，他营失利，贼逐之，翼升待其还，纵击，斩杀过当。贼复乘夜劫营，灭炬待之，歼贼无算，尽毁梅家州贼船。东岸诸军亦断湖口铁锁，遂克湖口，内外水师复合。越日，进夺彭泽贼舟，破小孤山，擢副将。

九年，池州守城贼韦志俊投诚，彭玉麟令翼升往受降，贼酋古隆贤、杨辅清等来争，击却之。旋有奸人内应，池州复陷。

十年，曾国藩规江南，奏设淮阳水师，荐翼升领之，即授淮阳镇总兵。十一年，破贼于黄盆镇，又败之方村。进攻铜陵，决城东北堤，从决口入据之。又进攻无为州，毁泥汊口、神塘河贼垒，无为、铜陵同复，赐号刚勇巴图鲁。偕王明山循沿江郡县，克池州，铜陵亦失而复得。运漕镇滨江通湖，贼踞之以通接济。翼升进击，诸军乘之，焚贼舟，贼遁铜城闸。又偕陈湜攻东关，克之，加提督衔。

同治元年，追贼入巢湖，贼聚湖口以遏归路，翼升掘堤岸引船出，反拊贼背夹击，大败之，城贼遁。进克含山、和州。四月，会攻金柱关，李朝斌临上游，翼升等遏下游，贼牵于水师，不暇内顾。曾国荃袭克太平，并趋金柱关合攻。翼升夜督队逾壕，纵火焚西门，贼突出，挥士卒登岸短兵接，立克金柱关。袭东梁山，一鼓下之。移师攻芜湖，贼弃城走。又击贼清水河，俘馘千计，以提督记名。

五月，克秣陵关、江心洲诸隘，血战夺九洑洲，军声大振。时李鸿章至上海，规苏、常，翼升移师会剿，诏署江南水师提督，松江、上海诸水军悉归节制。翼升所部十营，分二营驻浦口，四营驻扬州，亲率四营，六月，抵松江，就上海增造舢板、飞划诸船，移守青浦。贼酋谭绍光合嘉、湖、苏、昆诸贼图犯上海，屡扑青浦，翼升与陆军合击走之。贼绕犯北新泾大营，又走吴淞，翼升驶往，相持至夜，毁贼营七。贼犯嘉定及青浦、张堰，分队往援，且战且进，至白鹤江，毁桥而还。翼升兵少，调扬州驻营来会剿，鸿章约合攻黄渡，翼升由赵屯桥截击，追至三江口，尽平沿岸桥、垒。

十月，破贼芦墟、尤家庄、汾湖、三官塘，进距苏州三十里。常熟守贼骆国忠以城降，谭绍光来争，陷福山，翼升赴援，进攻河西、白茅、徐六泾诸口。二年正月，翼升会常胜军克福山，骆国忠见西山火起，突围出，围乃解。杨舍汛为沿江冲要，贼守之以蔽江阴，翼升沿江兜剿，迭破援贼，克之。乃会攻江阴，迭破蠡口、陈市。贼酋陈坤书来援，翼升扼江干诱贼出战，与郭松林、刘铭传合击，大破之。克江阴，赐黄马褂。九月，由无锡进攻苏州，诏翼升赴临淮会剿苗沛霖，鸿章疏留勿遣。诸军合围苏州，薄城下，当齐门、阊门之间，截贼窜路，城贼乞降，予云骑尉世职。是年冬，再克无锡，率五营赴临淮，苗沛霖寻走死，余党瓦解，翼升仍回江苏。

三年，陈坤书犯常熟，偕郭松林等合击，贼败走。遣部将王东华等助攻常州，克之，被优叙，诏授江南水师提督。曾国藩奏："江南额设提督一员，兼辖水陆。翼升所授，当是新设，请敕部铸颁新印。"从之。会杨岳斌督师江西，翼升接统外江水师。江宁复，加一等轻车都尉世职。

四年，诏翼升赴清江浦防捻匪，至则贼已败窜山东，进驻邳、宿之间。会僧格林沁战殁，捻氛益炽，犯雉河，翼升驶援，贼又走。五年，回驻江宁。六年，调守清江，东捻赖文光败窜淮安，翼升督诸军追击，文光为道员吴毓兰所擒。东捻平，论功，被珍赉。七年，西捻张总愚窜畿辅，诸军为长围困之，鸿章调翼升率师船入运河设防。六月，乘伏汛入张秋口，至德州。张总愚奔至，冒官军唤渡，翼升部将徐道奎察其伪，袭击之，大军环集，总愚溺水死。西捻平，加云骑尉世职，合并为三等男爵。

长江水师营制定，仍以翼升为提督。彭玉麟终制回籍，长江事宜悉付翼升主之。十一年，翼升起玉麟巡阅，劾不职将弁百余人。翼升以伤病请代奏乞退，诏斥驭军不严，滥收候补将弁二百余人之多，念前功，从宽免议，许其开缺回籍养疴。光绪十五年，皇太后归政，以翼升旧勋，予议叙，绘像紫光阁。十八年，复授长江水师提督，入觐，赐紫禁城骑马。二十年，皇太后万寿庆典，加尚书衔。日本兵事起，翼升由岳州赴江宁筹江防，卒于军，赐恤，谥武靖，立功地建专祠。子宗炎，袭男爵，官广西桂平梧盐法道。

丁义方，湖南益阳人。入水师，隶彭玉麟部下，积功至守备。咸丰八年，克九江，擢都司。十年，克建德，赐花翎。寻建德复陷，贼数万上犯湖口，势甚张。义方收建德溃兵，简精壮五百人，分布守御，自率水师驻西山门。贼乘锐攻城，义方登陴躬自搏战，会副将成发翔来援，贼引去。曾国藩疏言义方胆识过人，部署迅速，诏超擢参将，加副将衔。十一年，驻防小池口，贼自兴国来犯，击却之。驰援都昌，解其围。同治元年，从彭玉麟迭克沿江诸隘，擢副将。二年，要击都昌败贼，毁其舟，寻解青阳围，以总兵记名，赐号壮勇巴图鲁。七年，授湖口镇总兵。光绪十九年，卒官。

王吉，湖南衡阳人。由马兵累擢守备。咸丰九年，入水师，隶彭玉麟部下。从屯黄石矶，击芜湖贼，战蟂矶、殷家汇、枞阳，皆有功，擢都司。十一年，从克孝感，战最力，擢游击，赐号猛勇巴图鲁。克德安、黄州，累擢副将。同治元年，金柱关之战，吉率队蛇行而进，跃上堤堰，破贼垒，以总兵记名。寻贼复由太平来犯，多方窥伺，吉驾飞划入湖迎击，又登岸驰逐。经月余，贼踪始净。援无为州，率水勇登岸，会诸军夹击败贼。破铜城闸水卡，结小划船为桥以济陆师。复破陶家嘴、大甲村、岷山冈贼垒。二年，曾国藩、彭玉麟合疏荐吉勇敢诚朴，堪胜总兵之任，授狼山镇总兵。从克江浦、浦口，夺下关、草鞋峡、燕子矶诸隘，进拔九洑洲，以提督记名。八年，水师凯撤，乞假修墓，乃赴狼山镇任。光绪七年，卒，赐恤。

吴家榜，湖南益阳人。入水师，初隶杨岳斌营。咸丰十年，从黄翼升破贼殷家汇、枞阳，遂归其部下。菱湖、铜陵、泥汊口、运漕镇、东关诸战，皆有功，累擢守备。同治元年，从攻金柱关、东梁山、芜湖，擢都司。从黄翼升援上海，迭破贼北新泾、四江口，败援贼于江阴，赐号敢勇巴图鲁。领淮阳水师前营，克无锡，擢副将。三年，江宁复，录功，以总兵记名。四年，追叙克宜兴、荆溪、溧阳功，以提督记名。七年，从黄翼升赴直隶防运河。捻匪平，晋号讷恩登额巴图鲁，授瓜洲镇总兵。光绪二年，兼署长江水师提督。十八年，卒，附祀彭玉麟祠。

李成谋，字与吾，湖南芷江人。咸丰四年，投效水师充哨长。从杨岳斌克湘潭、岳州，叙千总。转战湖北，败贼于倒口，拔沿江木栅，毁盐关贼船。克武汉，擢守备。从克田家镇，成谋追贼，上至武穴，下至龙坪，往来击贼，歼毙甚众，擢都司。五年，从战塘角，焚贼舟二百余，乘风夜抵武昌城下，炮击贼船，擢游击。攻金口，循北岸进拔贼垒。又连破贼于坛角、鲇鱼套，擢参将，赐号锐勇巴图鲁。

成谋身长八尺，力能一手竖大桅，素为胡林翼所器重。至是荐其每战冲锋，廉明爱士，堪胜水陆方镇之任，诏记名，俟军事稍闲，送部引见。

六年，扼沙口，断贼粮道，破贼小河口、青山，燔其辎重。转战蕲州、黄州、广济、武穴，下至九江，毁贼舟数百，获粮械以资军用。武汉复，擢副将。七年，会攻九江，追贼至湖口，前队锐进失利，成谋突入阵中，夺回所失四艘。寻授江苏太湖协副将。既克湖口，从杨岳斌顺流而下，登陆克望江、东流，疾趋安庆，复铜陵，会江南水师于峡口。红单船方攻泥汊贼垒不能下，岳斌令成谋急棹薄垒，掷火焚其火药库，贼遁走，获其粮械船舰。胡林翼奏"肃清江面，成谋之功为最，平日事亲孝"，特给二品封典。八年，擢福建漳州镇总兵。

十年，进攻池州，拔殷家汇，毁城外贼垒，破枞阳伪城，加提督衔。十一年，陈玉成围枞阳，击却之。同治元年，会陆军拔巢县、雍家镇，薄西梁山，断横江铁锁，夺回要隘，以提督记名。破贼于鲁港、采石矶，克金柱关、芜湖，赐黄马褂。三年，援湖北，破捻匪于罗田。五年，署福建水师提督，寻实授。

时军事渐定，整顿营制，会奏裁金门镇总兵，改为水师副将。裁左营游击，移右营驻湄州，归提标统辖。徙前营游击驻窑口，后营游击驻镏门。变通巡哨章程。十一年，彭玉麟整顿长江水师，罢提督黄翼升，荐成谋朴诚堪膺重任，即以代之。光绪二年，丁母忧，夺情留任。两江总督曾国荃奏请江南兵轮悉归成谋统辖。十六年，万寿推恩，加太子少保。十八年，以病乞归，寻卒。诏嘉其在任十余年，驭军有法，江面乂安。赐恤，建专祠，谥勇恪。

李朝斌，字质堂，湖南善化人。由行伍隶长沙协标。咸丰四年，曾国藩调充水师中营哨官，从杨岳斌克武昌、田家镇各城隘，累功擢至参将。六年，会内湖水师攻克湖口及梅家洲，从杨岳斌乘胜循下游，埽荡江面，擢副将。八年，会攻九江，朝斌以水师登陆助战，克之。复从杨岳斌进攻安庆，拔枞阳、铜陵贼垒，赐号固勇巴图鲁。十年冬，间道援南陵，回军攻克东流。十一年，下荻苓洲、白茅嘴贼垒，会陆军克无为州，以总兵记名。再复铜陵，迭克泥汊、神塘河、运漕镇、东关，加提督衔，授湖北竹山协副将。同治元年，擢浙江处州镇总兵。

彭玉麟督水师会陆军进规沿江要隘，令朝斌率所部游奕上下游，兜剿环攻，连克金柱关、芜湖、东梁山，以提督记名。曾国藩奏设太湖水师，以朝斌将，令赴湖南造船募勇。二年，成军东下，会诸军克江浦、浦口，连破草鞋峡、燕子矶贼屯，战九洑洲，功最，赐黄马褂。

朝斌一师，原为规复江、浙而设，九洑洲既克，会黄翼升淮扬水师同援上海，由长江直下，与总兵程学启会师夹浦，督水师百艘攻沿湖贼垒，下之，进破澹台湖贼垒；直逼苏州，破盘门外贼垒。贼酋李秀成率众七八万夺宝带桥，朝斌会陆师合击，血战挫之，贼始退。破援贼于叶泽湖，截窜贼于觅渡桥。会克五龙桥贼垒，分攻封门、闾门，昼夜轰击，李秀成先逸，余党以城降。李鸿章奏捷，言朝斌迭次苦战，谋勇兼优，予云骑尉世职。

是年冬，会陆师剿贼江、浙之交，克平望镇，又破贼九里桥，署江南提督。三年，偕程学启会攻嘉兴，朝斌水师由官塘进，破其七垒。湖州援贼图窜盛泽以牵围师，为朝斌所扼，不得逞，遂克嘉兴，实授江南提督。进规湖州，由夹浦逼长兴，贼众数万，依山筑垒，杨鼎勋、刘士奇等

与之相持，朝斌督水师登陆袭贼后，夹击之，尽毁西北沿水贼垒。乘胜克长兴，复湖州，被珍赉。

五年，移驻苏州。军事甫平，江、浙湖荡盗多出没，捕著匪卜小二诛之，辖境晏然。八年，请设经制水师，著为成例，移驻松江。光绪四年，两江总督沈葆桢疏请以外洋兵轮统归朝斌节制，允之。十二年，以病乞归。二十年，卒于家，赐恤，建专祠。

朝斌本姓王氏，父正儒，生子四，朝斌最幼，襁褓育于李氏。朝斌官江南提督时，牒请归宗，曾国藩引《金史》张诗事，谓："朝斌所处相同，定例出嗣之子，亦视所继父母有无子嗣为断。今若准归宗，王氏不过于三子外又增一子，李氏竟至斩焉不祀。参考古礼今律，朝斌应于李氏别立一宗，于王氏不通婚姻。一以报顾复之恩，一以别族属之义。王氏本生父母由朝斌奉养残年，庶为两全之道。"诏如议行。

江福山，湖南清泉人。咸丰五年，应募入水师，积功叙把总。十一年，克赤冈岭、菱湖贼垒。安庆复，累擢游击。同治元年，改隶太湖水师，从李朝斌回籍造船，领前营。浦口、下关、草鞋峡、燕子矶、九洑洲诸战皆有功，擢参将。从援上海，破贼于枫泾、乌泾塘。苏州复，擢副将，赐号强勇巴图鲁。三年，从攻嘉兴，炮穿左臂，裹创而进，克郡城，擒贼酋，以总兵记名。攻太湖夹浦镇，炮断左手指，奋击破之。进攻湖州久不下，郡东晟舍贼垒最坚，请以偏师往攻，使敌互救，然后大军乘之。福山首先跃壕而入，诸军继进，悉毁贼垒。援贼大至，福山摧锋直前，中炮洞腹，殁于阵。事闻，诏视提督例赐恤，死事地建专祠，入祀京师昭忠祠，予骑都尉兼云骑尉世职，谥武烈。

刘培元，湖南长沙人。咸丰初，以武生入水师，从克湘潭、岳州，叙千总。战金口，沉贼船，登岸纵击，斩贼酋一人。克嘉鱼、蒲圻，擢守备。战田家镇，培元率十舟穷追四十余里，毁贼船，擢都司。会攻湖口，斧断锁筏，毁湖口贼船。五年，回援武汉，击贼鲇鱼套，又会鲍超攻小河口，毁贼舟二百有奇。

六年，改陆军，领长字营，从刘长佑援江西。由浏阳攻万载，破贼荆树铺、栗树坳，驻大桥。贼潜来袭，培元出奇兵击之，斩级八百。又破援贼于高城、竹埠。克万载，营西门外，贼数路来争，多于官军数倍。培元开壁大战，斩级千计，擢游击。进攻袁州，破南门岭上贼垒，会萧启江破吉安临江援贼，城贼遁走。克袁州，以参将留湖南补用。七年，会攻吉安，偕曾国荃迎击援贼于三曲滩，追至朱山槽，贼援复集，夹击破之，擢ınternet将。八年，水陆合攻吉安，贼结大筏冲官军浮桥，培元督师船截击，炮伤胸，裹创血战，尽毁其筏。寻克吉安，以总兵记名。是年冬，军中大疫，培元病，回籍。

九年，石达开犯湖南，培元率千人扼桂阳，众寡不敌，桂阳遂陷。寻率师船溯资水进援宝庆，会诸军扼河而战，数破贼，宝庆围解，授浙江处州镇总兵，仍留湖南领水师。

十一年，左宗棠进规浙江，立衢州水师，疏荐培元熟

谙水陆军事，请以署衢州镇，募勇三千赴浙。同治元年，培元率安武水陆全军驻常山，控衢州北路，进江山，破大洲贼营。贼窜龙游，会攻之，贼酋李侍贤大股来援，培元与诸军合击，贼败走。二年，克汤溪、龙游，毙贼酋陈廷秀，加提督衔，赐号锐勇巴图鲁。迭克桐庐、富阳，会攻杭州，破贼于万松岭，攻清泰门外观音堂，平其垒。城贼出战，败之。舁舢板入西湖，炮击杭城。左宗棠以衢州后路要冲，令培元返镇，其所部水师留攻杭州。三年，杭州复。培元丁母忧归，遂不出。光绪十七年，卒。湖南巡抚陈宝箴疏陈培元战绩，赐恤。

论曰：自湘军水师兴，而后得平寇要领。后又设淮扬、太湖两水师，平吴及浙西赖其力。黄翼升、李朝斌当其任。其后设长江水师为经制，翼升与李成谋迭相更代，为东南重镇。平浙东专在陆师，故水师仅有衢州一军。刘培元亦彭、杨旧部，战绩可称，用并列之。

卷四百十六　　列传二百三

程学启 何安泰　郑国魁　**刘铭传　张树珊**
弟树屏　周盛波　周盛传　潘鼎新　吴长庆

程学启，字方忠，安徽桐城人。初陷贼中，陈玉成奇其勇，使佐叶芸来守安庆。咸丰十一年，率三百人自拔来归。曾国荃使领一营，战辄请先。安庆北门石垒三最坚，学启力攻拔之，绝贼粮道。未几，遂克安庆，学启功最，擢游击，赐花翎。从国荃克无为、铜陵诸城，擢参将。

同治元年，李鸿章率淮军规江苏，请于曾国藩，以学启隶麾下。濒行，国藩勉之曰："江南人誉张国梁不去口，汝好为之，亦一国梁也！"三月，抵上海，立开字营，凡千人，最为劲旅。屯虹桥，贼猝至，败之。次日又至，击退，追至七里堡，大破之，会诸军克南镇桥。五月，从鸿章援松江，军于泗泾，贼酋陈炳文纠悍党突营，分股绕攻上海，学启营被围，力御，毙贼无算，仍不退。学启开壁冲突，贼披靡，与诸军夹攻，乃大溃。松江围解，擢副将，赐号勃勇巴图鲁。进破贼于青浦东北，复其城。八月，贼酋谭绍光由苏州来犯，败之七宝镇，进战北新泾，平其垒数十，以总兵记名。

九月，绍光复大举窥上海，围水陆各营于四江口，学启会诸军进击，贼扼桥布阵。学启陷阵，截断贼队，胸受炮伤，裹创疾斗，贼却走，未渡河者悉歼之。三路围击，歼毙落水者数万，尽毁贼营，以总兵记名加提督衔，授江西南赣镇总兵。自虹桥、泗泾、四江口三捷，皆以少击众，于是增军至三千人。

二年，进规苏州，偕鸿章弟鹤章及英将戈登克太仓，贼酋蔡元隆诈降，击歼之。鸿章令学启总统诸军，学启曰："昆山三面阻水，一面陆路达苏州，先断其陆，乃可克。"偕郭松林破苏州援贼于正仪镇，遂克昆山，以提督记名，予一品封典。连拔花泾、同里，克吴江。贼凭太湖结寨，学启扼飞虹桥，歼其酋徐尚友，乘胜破湖贼，悉平洞庭东山诸垒。

七月，直抵苏州娄门外永定桥驻军。苏州城大，四面阻水，宝带桥为太湖锁钥，贼死力争拒，合水陆军大破之，平其垒，亲督军扼守。李秀成自江宁率众来援，大战竟日，击走之。城贼数万复来争，亦击退。进破五龙桥贼垒，留营驻守，分兵破嘉、湖援贼于百龙桥、八坼，逐北至平望。

十月，李秀成纠李侍贤同踞无锡以为援，为刘铭传、李鹤章所缀，学启督战益急，连破贼于蠡口、黄埭，攻破浒墅关及十里亭、虎丘贼垒，于是苏州之围遂合。贼自盘门至娄门连垒十余里，号曰"长城"，亦悉破。秀成知不可为，又江宁被围急，遂以城守付其党谭绍光，自出走。

贼酋部云官与副将郑国魁旧识，密介通款，学启与国魁及戈登单舸见云官于洋澄湖，令斩绍光为信。秀成行三日，绍光会诸酋议事，云官即座上杀之，开齐门降。明日，学启入城，贼酋列名者八人，云官外，曰伍贵文、汪安均、周文佳、范启发、张大洲、汪怀武、汪有为，皆歃血为誓，然未剃发，乞总兵副将官职，署其众为二十营，划半城为屯。学启佯许，密请李鸿章诛之。鸿章谓杀降不祥，且坚他贼死拒心，未决。学启曰："今贼众尚不下二十万，多吾军数倍，徒以战败畏死乞降，心故未服。分城而处，变在肘腋，何以善其后？"鸿章乃许之。次日，诸酋出城谒鸿章，留宴军中。酒半，健卒百余挺矛入，刺八人皆死。学启严阵入城，以云官等首示众曰："八人反侧，已伏诛矣！"贼党惊扰，杀其悍者数百人，余不问，分别遣留，皆帖服，苏州平。乘胜偕李朝斌水师克平望，复嘉善。

三年春，进规嘉兴，薄城下，破西门、北门贼垒七，分兵克秋泾、吴泾、合欢桥诸贼垒，逼贼筑炮台。贼自盛泽、新塍来援，皆击走之；围攻匝月，毁贼炮台二十余。发地雷，裂城百丈，挥军肉薄而登，忽中枪贯脑，踣而复起，部将刘士奇继之，遂克嘉兴。捷闻，诏嘉其身受重伤，攻拔坚城，命安心医治，颁赏珍品。寻以创重卒于军。李鸿章疏陈其两年之间，复江、浙名城十数，克苏州为东南第一战功。优诏赐恤，称其谋勇兼优，赠太子太保，特遣员赐祭一坛，安庆、苏州、嘉兴建专祠，谥忠烈，予骑都尉兼云骑尉世职，又加恩予三等轻车都尉世职，并为三等男爵。初学启投诚时，妻子皆为贼杀，以弟子建勋嗣，袭爵。

何安泰，安徽舒城人。少为佣，陷贼，从学启来归，转战，无役不从。积功至记名总兵，加提督衔。从攻嘉兴，履冰薄城，跃登中枪，死之，赠太子少保，予骑都尉世职。嘉兴人哀之，为祠以祀。

郑国魁，安徽合肥人。咸丰十年，两江总督何桂清募勇屯无锡高桥，桂清弃军走，国魁从提督曾秉忠于上海。初李鸿章督师江苏，檄领亲兵水师后营，四江口、昆山、宝带桥诸战，功皆最，累擢至副将。苏州既合围，郜云官与谭绍光不协，国魁遣人说之降，从程学启会云官，许云官等二品武职,折箭誓不杀降,云官如约献城。国魁先往宣谕,次日,大军始入。既而云官等骈诛,国魁涕泣不食,自谓负约,辞不居所,仍以总兵记名,赐号勃勇巴图鲁。从克嘉兴、江阴、常州,予一品封典。同治五年,从剿东捻,驻防山东峄县。捻平;以提督记名。光绪中,署天津镇总兵。卒,附祀学启专祠,苏州士民思其功,建祠祀之。

刘铭传,字省三,安徽合肥人。少有大志。咸丰四年,粤匪陷庐州,乡团筑堡自卫。其父惠世为他堡豪者所辱,铭传年十八,追数里杀之,自是为诸团所推重。从官军克六安,援寿州,奖叙千总。

同治元年,李鸿章募淮军援江苏,铭传率练勇从至上海,号铭字营。招抚南汇降贼吴建瀛、刘玉林众四千人,简精锐隶其军。贼由川沙来犯,击败之,连克奉贤、金山卫,累功擢参将,赐号骠勇巴图鲁。又破贼野鸡墩、四江口,擢副将。常熟守贼以城降,被围。二年春,铭传会诸军克福山,大破贼,解常熟围,以总兵记名。进规江阴,杨厍为沿江要冲,悍贼坚守,铭传会黄翼升水师进攻,贼由无锡、江阴两路来援,迭受创退。李秀成纠众十余万分水陆复来援,铭传力战败之。七月,乘胜攻江阴,擒斩二万,克其城,以提督记名。寻复无锡,加头品顶戴。是年冬,进攻常州,败贼于奔牛镇。贼目邵小双降,令扼丹阳。援贼以轮舟至,犯奔牛,以掣围城之师,奋击,破三十余垒,毁其舟。三年春,合围,破闉而入,擒斩贼首陈坤书,克常州,赐黄马褂。进屯句容,江宁寻下,余党拥洪福瑱踞广德,会诸军击走之。

四年,曾国藩督师剿捻匪,主用淮军。淮军自程学启殁后,铭传为诸将冠。调驻济宁,寻分重兵为四镇。铭传移驻周家口,迭破贼瓦店、南顿、扶沟,改为移师之师,擢直隶提督。援湖北,克黄陂,追贼至颍州,大败之。铭传建议平原追贼不能制其死命,乃筑长堤,自河南至山东运河,驱贼沙河以南蹙之。工甫竣,豫军防地为贼所破,乃分军追剿,破之于巨野。捻酋张总愚窜陕西,任柱、赖文光留山东,自此分为东西。

李鸿章代国藩督师,铭传专剿东捻,东至郓城,西至京山,大小数十战。六年春,贼走尹隆河,与鲍超约期会击。铭传先期至,战失利,部将唐殿魁死之。休屯信阳,整军复进,追贼至山东。复议自运河至胶、莱,长围困贼,杜其西趋。时兵、贼俱疲,朝命督战益急,鸿章倚铭传。八月,解沭阳围。战赣榆,购降贼内应,枪毙任柱于阵,贼大溃。邀击潍县、寿光,薄之洋河、弥河之间,歼贼几尽。赖文光走扬州就擒,东捻遂平。国藩、鸿章奏捷,论铭传为首功,予三等轻车都尉世职。以积劳致疾,乞假去军。

七年春,张总愚突犯畿辅,急起铭传赴援,以迟缓被遣责。及至东昌,会诸军进剿盐山、沧州、德平,仍用长围策,蹙之运河东,纵横合击,歼贼殆尽,总愚走茌平,陷水死。西捻平,锡封一等男爵。诏屯张秋,九月,命督办陕西军务,率唐定奎、滕义、黄桂兰等搜剿北山回匪,

疏陈大势,引病乞罢,归里。

光绪六年,俄罗斯议还伊犁,有违言,急备边。召铭传至京,疏陈兵事,略谓:"练兵造器,固宜次第举行,其机括则在铁路。铁路之利,不可殚述,于用兵尤为急不可缓。中国幅员辽阔,防不胜防,铁路一开,南北东西呼应相通,无征调仓皇之虑,无转输艰阻之虞,从此裁兵节饷,并成劲旅,一兵可得十兵之用。权操自上,不为疆臣所牵制,立自强之基础,杜外人之凯觎,胥在于此。"疏上,虽格未行,中国铁路之兴,实自铭传发之。

十一年,法兰西兵扰粤、闽,诏起铭传,加巡抚衔,督台湾军务。条上海防武备十事,多被采行。抵台湾未一月,法兵至,毁基隆炮台,铭传以无兵舰不能海战,伺登陆,战于山后,歼敌百余人,毙其三酋,复基隆,而终不能守。扼沪尾,调江南兵舰,阻不得达。敌三犯沪尾,又犯月眉山,皆击退,歼敌千余,相持八阅月。十一年,和议成,法兵始退。初授福建巡抚,寻改台湾为行省,改台湾巡抚。增改郡、厅、州、县,改澎湖协为镇,檄将吏入山剿抚南、中、北三路,前后山生番,剿发归化。丈田清赋,溢旧额三十六万两有奇,增茶、盐、金、煤、林木诸税。始至,岁入九十余万,后增至三百万。筑炮台,兴造铁路、电线,防务差具。加太子少保。十六年,加兵部尚书衔,命帮办海军事务。屡因病陈请乞罢,久始允之。

二十一年,朝鲜兵事起,屡召,以病未出。寻卒,诏念前功,赠太子太保,赐恤,建专祠,谥壮肃。

张树珊,字海柯,安徽合肥人。咸丰三年,粤匪入安徽,树珊与兄树声练乡兵自卫,淮军之兴,自张氏始。五年,击贼巢湖,率壮士数十人败贼,擒斩贼目五人,进破巢县贼营,叙外委。六年,复来安,随官军克无为州,擢千总。又克潜山,至太湖,遇贼数万,树珊仅五百人,军粮火药皆尽。贼屯堤上,树珊选死士缘堤下蛇行入贼中,大呼击杀,贼惊溃。七年,败捻首张洛行于官亭。粤匪方与捻相勾结,皖北几无完区,独合肥西乡以团练筑堡差安,时出境从剿贼。九年,克霍山。十年,两解六安围。十一年,赴援寿州,克三河,擢都司,赐花翎。

同治元年,从李鸿章赴上海,名其军曰树字营。李秀成犯上海,会诸军夹击走之。七月,会克青浦。贼围北新泾,树珊偕程学启力战旬余,贼始遁,擢游击。进克嘉定,贼大举围四江口,树珊逼贼而营,会诸军奋击,连破二十余垒,遂解围,擢参将,赐号悍勇巴图鲁。是年冬,常熟及福山贼以城降,而福山贼复叛,围常熟。二年正月,树珊率军航海抵福山西洋港,风潮作,飘舟近贼巢,潮退不得行。树珊曰:"兵法危地则战。"登岸结垒未就,贼大至,树珊疾捣中坚,枪伤左肘不少却,拔出诸营之被围者,进解常熟之围,擢副将。会诸军进攻江阴,树珊扼南门,断贼去路,城复,贼无得脱者,以总兵记名。进攻无锡,悍酋陈坤书、李世贤方以十万众围大桥角,树珊助剿,火贼轮船二、炮船十,歼毙甚众,解其围。李秀成复率众数万至,连营数十里,树珊与诸军夹击,贼大溃。会苏州已下,秀成率死党入太湖,结常州贼,水陆分进,援无锡;时铭

传专击外援贼，树珊与诸军合围，十一月，拔之，以提督记名。偕兄树声及刘铭传进攻常州，三年四月，克之，予一品封典，授广西右江镇总兵。

四年，曾国藩督师剿捻，驻徐州，以树珊所部为亲军，令援山东，破贼于鱼台。议设四镇，陈州之周家口为最要，初以刘铭传驻之，既改铭传为游击之师，乃令树珊移驻。五年三月，击贼沙河，贼窜扑周家口，回军夹击败之。五月，又败贼于沙河东，树珊以贼骑飘忽靡常，耻株守，请改为游击之师。九月，驰解许州之围。十月，逐贼山东境，连败之丰南、定陶、曹县。十一月，回军周家口。贼窜湖北，偕总兵周盛波追剿。会郭松林败绩于臼口，贼焰愈炽，树珊自黄冈追至枣阳，贼窜黄州、德安，树珊驰援。诸将皆言贼悍且众，宜持重，树珊率亲军二百人穷追，抵新家闸。贼横走抄官军后，树珊力战陷阵，至夜半，马立积尸中不能行，下马斗而死。后队据乡庄发枪炮拒贼，贼亦寻退，全军未败。事闻，诏惜其忠勇，从优议恤，予骑都尉兼一云骑尉世职，建专祠，谥勇烈。七年，捻平，加赠太子少保。

弟树屏，从诸兄治团练，积劳至千总。从树珊至江苏，转战松江、苏州、常州，屡有功，累擢副将。从剿捻匪，迭破贼于丰县、沛县、鱼台。及树珊战殁德安，树屏分领树字三营驻周家口。东捻平，论功以提督记名，赐号额腾额巴图鲁。

同治六年，山西巡抚李宗羲奏调，令募新军六营分驻大宁、吉州、壶口防回匪。十二年，兼统水陆驻河津，分防归化、包头。光绪二年，甘肃流贼犯河套后山，督军追击，连败之，擒其渠曹洪照。事平，加头品顶戴。四年，授太原镇总兵，值旱灾，树屏捐运赈粮，出军食之余平粜济饥民。六年，移防包头。九年，调大同镇。十三年，因伤病乞罢，十七年，卒，以前劳赐恤。

周盛波，**字海舲**，安徽合肥人。咸丰三年，粤匪陷安庆，皖北土匪纷起，盛波兄弟六人，团练乡勇保卫乡里，屡出杀贼。兄盛华及弟三人皆死事，惟存盛波与弟盛传，以勇名。陈玉成、陈得才等屡扰境，盛波等以练丁二千随方迎敌，相持数年，遂越境出剿近县，饷械皆所自备，累奖守备。

同治元年，李鸿章募淮军援江苏，令盛波就所部选募成军，曰盛字营。从至上海，破贼于北新泾，擢游击。又大破贼于四江口，赐号卓勇巴图鲁。二年，克太仓，进昆山，扼双凤桥，复县城。破麦市桥贼垒，擢副将。进攻江阴，击败援贼。会克县城，以总兵记名。会攻无锡，毁贼船百余，破惠山石卡，擒贼酋黄子隆，以提督记名，予一品封典。三年，合围常州，盛波由小南门攻入。贼首就擒，以总兵尽先题奏。时江宁已复，余党黄文英走踞广德，盛波追之至横山，文英遁走。城贼拒战，败之，复广德，进至宁国境而还，赐黄马褂。

四年，从曾国藩剿捻匪。张总愚围雉河集，盛波赴援，循涡河岸破贼。英翰军突围夹击，围始解。授甘肃凉州镇总兵，败捻匪于宁陵。五年，拔菏泽游庄寨、方埠贼巢，被珍费。牛洛红窜亳州，截击于白龙王庙，大破之。是年冬，追贼云梦，连败之于两河口、沙河、胡家店。六年，蹑追任柱至信阳，与弟盛传分路蹙之台子畈山中，贼舍骑四窜，追及谈家河，擒贼目汪老魁等。赖文光来援，复击败之。九月，破沭阳程寨贼，又败之于石榴寨、高家寨，追至海州阿胡镇，歼悍党赵天福，东捻寻平。

七年，西捻张总愚窜畿辅，盛波追至陵县土桥，马步合击，贼溃走。五月，盛波驻毛家庄，贼由吴桥来犯，设伏痛击，斩级数千。袭贼于杨丁庄，阵斩总愚之侄张三彪。六月，会击于茌平，总愚走死。西捻平，晋号福龄阿巴图鲁。

军事定，以母老陈请回籍终养，寻以前年所部攻破河南唐县民寨，惨毙多命，为巡抚李鹤年所劾，褫职，交李鸿章按治，以盛波身在前敌，免其科罪。九年，鸿章疏陈盛波功多，复原官。光绪十年，命在淮北选募精壮十营赴天津备防，责司训练。丁母忧，奏，许弟盛传回籍治丧，盛波仍留营。盛传寻卒，所遗湖南提督即以盛波代署，疏辞，不允。服阕，实授。十四年，卒。

李鸿章疏陈战绩，谓其治军严而不苛，人乐为用。善察地势，审贼情，部曲经其指授，辄有家法。防海以来，所部为淮军最大之军，诸军勋望无出其右。诏优恤，建专祠，谥刚敏。

周盛传，字薪如，盛波之弟。盛传偕诸兄集丁壮团练。咸丰三年，粤匪扰合肥，率百余人击败之，擒贼目马千禄。五年，兄盛华阵亡，盛传与盛波分领团众，防战数有功，奖叙把总。十一年，赴援寿州，擢千总。

同治元年，盛波从李鸿章援江苏，盛传充亲兵营哨官，从克嘉定及战四江口，累擢游击。二年，回籍增募军丁，会攻太仓，贼酋蔡元隆诈降，设伏狙击官军，盛独严备，不为所挫。越数日，偕诸军一鼓克之，驻军双凤镇，为贼所围，连战三昼夜，破之，克昆山，赐号勇勇巴图鲁。攻江阴，毁东门贼营，城复，擢参将。迭战东亭镇、兴隆桥、鸭城桥、西仓，遂克无锡，功尤多，超擢以总兵记名。进攻常州，三年，进逼郡城南门，贼突出拒，盛传且战且筑营，贼屡抄后路，皆击退。登石桥督战，桥断堕水，又受炮伤，绝而复苏。越数日，裹创会攻，攀城先登。克常州，诏以总兵遇缺先行题奏，加提督衔。以抚标亲兵三营改为传字营，盛传始独领一军，移防溧阳。寻会铭军克广德州。

四年，调剿捻匪，偕兄盛波援雉河集，自睢宁、宿州转战而前。将至，捻酋任柱以马队突犯，盛传坚阵不动，出奇兵抄贼后，贼始却，会诸军夹击，贼溃走，以提督记名。移防归德。五年春，迭败贼于考城、巨野、城武、菏泽，诏嘉盛传兄弟苦战，同被珍费。五月，偕盛波破牛洛红于亳州，洛红被创夜遁，道死。追贼扶沟、鄢陵、许州，扼防周家口。时以长围困贼，盛传筑贾鲁河长墙，檄为游击之师，解柘城、罗山围。六年，授广西右江镇总兵，偕盛波蹑贼信阳谭家河，斩馘逾万。追贼入山东，至江北海州，捻匪大衰。是年冬，任柱、赖文光均就歼。

七年春，偕盛波渡河会剿张总愚，败贼于山东、直隶之间，守运河长墙。盛传伏炸炮于吴桥毛家庄，合马步逼贼入伏，炮发，贼尸蔽野。既而茌平合围，总愚走死，赐黄马褂。盛波乞假养亲，盛传代统全军，从李鸿章移师湖北。

九年，从鸿章赴陕西剿回匪，贼踞宜川山中，督军进剿，破之于河儿川、孔岩寨，分兵于宜、洛、鄜、延之间，以远势兜围，先后擒贼酋马志龙、戴得胜，北山悉平。是年秋，鸿章督直隶，疏调盛传率所部屯卫畿辅。十年，移屯青县马厂。十二年，兴修大沽北塘炮台，筑内外土城各一，大炮台三，环置小炮七十有一。兵房、药库、仓廒、义塾及城外沟、河、桥、闸悉备，以所部任其役，捐盛军欠饷以济工费。十三年九月，工竣，诏遇提督缺出先行简放。

时鸿章奏敕兴复京畿水利，盛传任津沽屯田事，履勘天津东南纵横百余里，沮洳芜废，议疏瀹、浚河渠，引淡涤咸，以变斥卤。光绪二年，调天津镇，移屯兴工，开南运减河，自新宫官抵大沽海口，减河两岸各开支河一、横河六，沟浍河渠悉如法。建桥闸五十余处，备蓄泄，使淡水咸水不相渗混，成稻田六万余亩。滨河斥卤地沽水利，可垦以亿计。至六年工竣。

八年，擢湖南提督，仍留镇训练士卒，悉用西法，著《操枪章程》十二篇，军中以为法式。

十年，丁母忧，命改署理，予假回籍治丧。盛传事亲孝，未几，以哀毁伤发卒，诏优恤，谥武壮，建专祠。

潘鼎新，字琴轩，安徽庐江人。道光二十九年举人，议叙知县。咸丰七年，投效安徽军营，从张霍山，擢同知。十一年，父璞领乡团助剿，被执不屈死。鼎新誓杀贼复仇，请分兵攻三河镇，克之，负父骸归。曾国藩闻而壮之，时方创淮军，令募勇立鼎字营。

同治元年，从李鸿章援上海，连克奉贤、川沙、南汇，以知府用。克金山，又破贼虹桥，擢道员。二年，攻福山镇，鼎新以开花炮炸贼垒，克之，解常熟围，授江苏常镇通海道，以父丧未除，改署任。连破贼于枫泾及嘉善、西塘，加按察使衔。克平湖、乍浦、海盐，获贼银三十余万两充饷。破贼于玙城、沈荡、新丰。三年，会克嘉兴，战吴溇、南浔，会攻湖州，贼拒守晟舍，攻两昼夜，伤胁，破升山九垒，夺三里桥，直抵城下，克湖州，加布政使衔，赐号敢勇巴图鲁。苏、浙既定，赐黄马褂，驻屯松江。

四年，僧格林沁战殁，捻匪益炽，畿辅震动，诏征劲旅入卫，李鸿章遣鼎新率炮队航海赴天津。寻命所部十一营移驻济宁，擢山东按察使。击败捻首赖文光于丰县陈家庄，又追败之于沛县、鱼台、定陶。五年，败贼于巨野，解郓城围。筑运河沿岸长墙，开黑风口淤河，引泗水灌之。贼屡败于西华、太康，窜于油坊冈，鼎新夹击，歼其酋。又追贼郓城、菏泽、曹县、东明，窜入河南境，追击于杞县柿园、嘉祥卧龙山。六年，迁山东布政使。筑新河、潍河长墙，会诸军守之。贼由东军汛地偷渡潍河，冲出南窜，都司董金胜率马队尾追，败之莒州、沭阳。鼎新追至海州石榴桥，据山下击，时贼尚五六万，连战于马陵山、卧龙寨，贼张两翼来犯，鼎新为圆阵，贼不能撼，伺隙突击，斩馘甚众。追败之剡城柴户店、海州上庄，斩级千余，殪贼目杨天燕、陈天福，其酋李宗世等乞降，加头品顶戴。捻首任柱、赖文光先后就歼擒。

七年，驰援畿辅，鼎新至饶阳，贼趋保定，绕其前迎击，败之。寻破贼于沧州郭桥、柳桥，殪其酋罗六。又战高唐、吴桥，于捷地开减河，筑长墙，抵东昌。迭蹙贼于德平、阳信、商河，与诸军合击。西捻平，予云骑尉世职，晋一等轻车都尉。

寻命从左宗棠剿回匪，鼎新请开缺省亲。九年，丁母忧。服阕，李鸿章奏留办天津海防。十三年，授云南布政使。光绪二年，就擢巡抚，与总督刘长佑不合，三年，命来京另候简用，乞假归。五年，召天津随办防务，七年，回籍。

十年，法越兵事起，起署湖南巡抚，调授广西巡抚。时徐延旭出关兵挫，故以鼎新代之，命按治提督黄桂兰等失律罪，谳拟轻纵，严旨斥责。命督军进谅山，扼屯梅谷、松坚牢诸隘，鼎新奏请诸军归云贵总督岑毓英节制，自为之副，不允。又私谓终归和局，以节饷为主，不得士心。初战船头、纸作社，奏捷。十二月，法兵大举来犯，谅山陷，师退，自请治罪，诏带罪立功。十一年正月，镇南关失守，总兵杨玉科战死，丧提督刘恩河以次十余员。鼎新伤肘坠马，仓皇失措，退至龙州，诏夺职。法兵由艽封窥龙州，赖冯子材、苏元春、王德榜诸军力战，大破之，复镇南关，追蹑连捷，克谅山。和议旋成，鼎新乃解任回籍。十四年，卒于家。李鸿章疏陈前功，乞恩复原官。

吴长庆，字筱轩，安徽庐江人。父廷香，在籍治团练，咸丰四年，殉寇难，恤，予云骑尉世职，见《忠义传》。长庆袭世职，继父领乡团，先后从官军克庐江、舒城，擢守备。十一年，会攻克三河。淮军始创，领五百人，曰庆字营。

同治元年，从李鸿章至上海，破贼于虹桥，克奉贤、南汇、川沙，又破宝山窜贼，超擢游击。二年，回籍募勇，会李秀成纠众围庐江，长庆登陴固守，出击贼，走之。事定，率新募五营赴上海，进攻枫泾、西塘，克之，毁千窑贼巢，擢副将。规嘉善，破张泾汇贼垒。三年，会攻嘉兴，左臂中枪，督士卒缘城上，克之，以总兵记名，赐号力勇巴图鲁。自是分兵援浙、闽，迭克郡县。五年，追叙以提督总兵尽先题奏。

七年，从李鸿章剿捻匪，转战河南内黄、滑、浚，山东临邑、德州，直隶宁津。捻平，赐黄马褂，晋号瑚敦巴图鲁。调防江北，驻军徐州。八年，鼎军哗变，长庆扼截，斩其倡乱者，众惧服，分别资遣数千人，旬日而定。事闻，予议叙。九年，移驻扬州，丁母忧，予百日假，仍留军浚盐河，兴水利。寻复移屯江浦、江阴。十三年，增募四营筑江阴、江宁炮台。光绪元年，授直隶正定镇总兵，仍留防江南。六合乡民因漕重聚众哗署，长庆驰至谕散，为请奏减漕额。宁国教民白会清不法，激变，毁教堂，构讼。

建平人何渚被枉,长庆往按得实,为白于总督沈葆桢,平反之。率士卒浚江浦黑水河、四泉河、玉带河,两年始毕工。六年,擢浙江提督。寻调广东水师提督,未之任,会法越军事起,命帮办山东军务,四镇皆归节制,率所部屯登州。

八年,朝鲜内乱,禁军犯王宫,杀大臣,王妃失踪,燔日本使馆,日本且发兵。命长庆率兵舰三往按治,先日兵至。廉知事由朝鲜王父大院君李昰应所主,至则昰应尚踞王宫,来谒,留语及暮,遣队拥赴海口,命兵舰致之天津,次日击散乱党,迎还王妃。日本初欲藉故多所要挟,见事已定,气为之沮。诏嘉其功,予三等轻车都尉世职,遂留镇汉城。长庆在朝鲜两年,修治道涂,救灾恤民,示以恩信,国人感之。

十年,命移防金州,寻卒。诏优恤,建专祠,谥武壮,予其次子保初主事。保初后官刑部,上书言时政,辞职归。

长庆好读书,爱士,时称儒将。保初亦文雅,有父风。

论曰:李鸿章创立淮军,一时人材蔚起,程学启实为之魁,功成身殒,开军遂微。铭军最称劲旅,树军、盛军、鼎军亦各骖靳。粤寇平而捻匪炽,曾国藩欲全湘军末路,主专用淮军,平捻多赖其力。其后北洋筹防,全倚淮军,而以盛军为之中坚。刘铭传才气无双,不居人下,故易退难进。守台治台,自有建树。二张、二周,治军皆有家法。潘鼎新防边失律,不保令名。吴长庆战绩虽亚诸人,朝鲜定乱,能弭大变。及甲午边衅起,宿将雕零,卫汝贵、叶志超等庸才偾事,为全军之玷。后起仅一聂士成,庚子殉难,淮军遂燔。四十年中,盛衰得失,于此见焉。

卷四百十七　　列传二百四

都兴阿 弟西凌阿　福兴　**富明阿**
舒保　**伊兴额** 滕家胜　**关保**

都兴阿,字直夫,郭贝尔氏,满洲正白旗人,内大臣阿那保孙。父博多欢,正黄旗蒙古都统。都兴阿由荫生授三等侍卫,晋二等。咸丰三年,从僧格林沁赴天津剿粤匪,破之于杜家嘴,擢头等侍卫。四年,克独流,追贼阜城,破运河滨贼垒。五年,克连镇,贼首林凤祥就擒,加副都统衔、乾清门行走。寻授京口副都统。

弟西凌阿督师湖北,都兴阿率马队往助剿,复德安,从总督官文进规武汉。时官文军北岸,趋汉阳,巡抚胡林翼军南岸,攻武昌。都兴阿率骑兵护水师,败贼沙口,薄汉阳西门。六年,贼由金铺山上窜,都兴阿挥步马队迎击,分马队抄其后,斩馘甚众,焚团风镇屯粮,斩其酋。林翼燔汉阳城外贼艇,贼登岸遁,都兴阿以马队遮歼之,擢江宁将军。襄樊土匪方炽,都兴阿驰援襄阳,解其围。进围武昌,贼粮尽援绝,弃城遁,复武昌、汉阳,乘胜克黄州、兴国、大冶、蕲水、蕲州、广济、黄梅诸城,赐号霍钦巴图鲁。

大军进规九江,南路李续宾主之,北路都兴阿主之。七年,贼由太湖窜攻黄梅,都兴阿空城诱之,尽歼骑贼千余,其由独山镇来袭者,马步合击,擒斩数千。进攻小池口,令多隆阿等破段窑、枫树坳、独山镇贼巢。陈玉成大举麕至,都兴阿令多隆阿出黄梅,鲍超攻孔垅,自督马步攻渡河桥,平二十余垒,俘斩数千。会合杨岳斌、李续宾水陆军攻童司牌,尽平贼垒。进克黄蜡山,先后歼贼万余,玉成遁走。诏都兴阿帮办官文军务。攻小池口,燔其城,遂会克湖口,破贼彭泽,下望江、东流。八年,会克九江,被优叙。复黄安、麻城,分军破贼弥陀镇、南阳河,复太湖,偕李续宾军会攻石牌,克之,授荆州将军。会水师进规安庆,夺集贤关,薄安庆北门,破贼垒环攻。而李续宾战殁三河,桐城、舒城再失,都兴阿率军退保宿松。多隆阿偕鲍超大破贼于花凉亭,楚师复振。

九年,曾国藩奏请于安徽上游北岸添马步三万人,以都兴阿领其军,会病足,荐多隆阿自代,诏赴荆州本任。十年,江南大营溃,上命都兴阿帅马步援江北,而以曾国藩总督两江。时英法联军犯京师,都兴阿备北援,驰抵寿州。和议成,命赴扬州督办江北军务。十一年,令总兵吴全美率师船攻和州江下关,毁贼垒,破内江口贼船。

都兴阿乐用楚军,胡林翼分其军以畀国藩,扬州兵单,留徐州镇总兵詹启纶从剿,令提督黄开榜焚三河贼船。贼由仪征犯扬州,都兴阿遣总兵王万清防湖西,自率三百骑出觇贼,贼众万余,列阵待。都兴阿令骑皆下,自席地坐,贼疑有伏,不敢逼,后军至,奋击破之。贼又纠苏州、句容悍党分犯瓜洲、镇江,都兴阿乘其垒未成,令营总杜嘎尔率马步军冲击,自督队继之,贼大溃。詹启纶乘势踏毁甘泉山贼垒,镇江围解。

调江宁将军,仍驻扬州督江北军,文武悉听调度。令副都统海全等破后石桥贼营,贼由常州窥镇江,总兵黄彬统水师击败之。都兴阿驰抵天长城下,平其垒卡,贼酋龚长春遁走,沿途截杀殆尽。黄彬等破贼船小河口、太平港,平瓜埠贼巢,寻会江南提督李世忠收降六合、天长二城。同治元年,江浦、浦口复陷,贼进犯扬州,北营甘泉山,南亘朴树湾,都兴阿亲督诸军连击,败走之。

时上游诸军连克沿江要隘,进薄江宁,都兴阿令总兵李起高驰至浦口,袭攻观音门、燕子矶为声援,曾国荃大营为援贼所围,遣副将杨心纯率二千五百人赴援,入壕助守,又令黄彬水师援九洑洲。二年,贼谋入里下河,都兴阿遏之不得逞,别遣副将梁正源会江南军焚中关、下关贼舟,李起高会收江阴。

三年,江宁合围,江北无警,而陕、甘回乱益炽,诏都兴阿赴绥远城督防。时甘肃宁夏汉城陷于贼,满城待援,召都兴阿入觐,调西安将军,督办甘肃军务,署陕甘总督。江宁克复,论功,予骑都尉世职。

六月,都兴阿至定边,奏言回酋马化隆起灵州金积堡,占踞城堡,蔓延千里。定边距离尚远,宜进兵花马池,三路合攻,方期得力。令杜嘎尔等由草地绕石嘴山渡河,攻克姜家村、红柳沟贼巢,追至宝丰,贼三路出扑,击败之,复宝丰,解平罗围。军进渠公堡,都兴阿虑深入无继,奏调荆州将军穆图善会剿。贼首马叱哷踞通成堡,突出战,为杜嘎尔等所败,退踞清水堡。都兴阿移营进逼,绝其粮道,攻克之。进金贵堡、王格庄,去宁夏城二十里,败西路援贼。城贼抄官军后,都兴阿督诸军迎击,贼大溃。四年,列阵城东诱贼出,击败之,拔南路贼圩。盐池、固原窜匪踞安化元城镇,窥宁条梁粮路,都兴阿遣军分防花马池、定边、宁条梁,而靖远南山贼焚堡据坝修堰,将决渠困官军,乃移屯城东南。贼又踞堤筑垒断水道,并击退,不得逞。都兴阿亲督队败贼于金贵堡,分军屯定边、花马池,贼由固原趋平罗、宝丰,截击于金贵堡,败之。杜嘎尔击贼于磴口,毙其酋马生颜,花马池、定边两路同捷,缄贼首孙义和。宁夏贼势渐蹙,诡辞乞抚,计缓兵,而潜决西河水灌官军。都兴阿拒其降,益修战备,进解满城围,克城东贼圩,败之西门桥,分军击走大水坑,吴中堡踞贼,斩回酋马有富,军威颇振。

会奉天马贼猖獗,调都兴阿盛京将军移剿,而以穆图善代之。穆图善主抚,宁夏贼寻降,纳炮械缚штал以献。五年,穆图善劾都兴阿受降入城,仍戮回酋章保立,部下杀掠。诏斥都兴阿剿抚无定见,下议褫职,改留任。都兴阿至奉天,马贼渐平,奏定缉捕章程,搜剿余匪,寻定。

七年,西捻张总愚窜畿辅,李鸿章、左宗棠率兵入卫,贼流窜直隶、河南、山东,数月未定。诏召都兴阿入京,管理神机营,授钦差大臣,以副都统春寿,提督张曜、宋庆,侍卫陈国瑞四军隶之,列名在鸿章、宗棠上。视师天津,捻匪寻荡平,仍回本任。光绪元年,卒于官,赐恤,赠太子太保,谥清悫。奉天士民请与大学士文祥、将军崇实合建三贤祠,扬州亦请与将军富明阿合祀。

西凌河,都兴阿弟。由拜唐阿授侍卫。道光中,从扬威将军奕经援浙江,迭晋头等侍卫,累擢察哈尔都统。咸丰三年,率黑龙江骑兵从琦善莅浦口,因不能阻粤匪北窜,褫职留营,责令追贼。偕将军托明阿等驰解开封围,又败之氾水。贼渡河围怀庆,援军会集,西凌阿战最力,围解,复原官。追贼,迭战王屋、邵原、平阳、洪洞,由山西入直隶,命帮办胜保军务。至静海,贼踪始定,会军围攻。四年春,贼走阜城,西凌阿追至后康庄,破之。从僧格林沁连破城外贼屯,贼走踞东光、连镇,攻战数月,西凌阿常为军锋,五年正月,克之,擒贼首林凤祥,予二等轻车都尉世职,锡号伊精阿巴图鲁。又从僧格林沁克冯官屯,俘李开芳,锡封三等男爵,授钦差大臣,督办湖北军务。初至随州,战不利,命其兄都兴阿往助,寻褫职,以官文代督师。从复德安府城,复原官,留驻以固北防。

六年,僧格林沁荐之,率马队赴河南剿捻匪。七年,复以屡挫,褫职留任,破张洛行白龙王庙老巢,复之。八年,命驻防山海关。十年,授镶蓝旗蒙古都统,从僧格林沁赴山东剿捻匪,寻命帮办军务。十一年,战菏泽失利,下部严议。破贼于东昌,焚贼巢,克七级镇,进克张秋。又破曹州红川口匪圩,迭败贼于刘家桥、大张寺。同治元年,以腿疾回京,授镶蓝旗汉军都统。五年,卒,赐恤,谥勇毅。

福兴,穆尔察氏,满洲正白旗人,都统穆克登布曾孙。以一品荫生授三等侍卫,出为直隶怀安路司,累擢督标中军副将。咸丰元年,擢广东高州镇总兵。二年,平罗镜匪凌十八及郁林、博白土匪,赐号刚安巴图鲁,擢广西提督。命援湖南,偕向荣分路追贼湖北,以迁延,夺职留营。三年,从援江宁,屯朝阳门外,屡击贼,予三品顶戴,充翼长。偕提督邓绍良破贼东坝,复高淳,会克太平,回军江宁,迭击贼于高桥门、上方桥、通济门、雨花台,晋二品顶戴,署江宁将军。母忧,夺情留营。

六年,授西安将军,帮办向荣军务。偕张国梁援镇江,败贼丁卯桥。江宁大营溃,向荣退保丹阳,上切责诸将,福兴革职留任。荣病卒,命偕张国梁同任防剿。上闻福兴与国梁不和,谕怡良察之,遂命福兴赴江西会办军务。七年,复乐平,攻东乡、金谿。石达开自安庆窜浮梁、乐平,围贵溪。八年正月,福兴至弋阳,贼来犯,福兴兵少,多为疑兵,贼不敢逼,击走之,窜浙江,福兴进屯衢州东关,贼迭来扑,皆击退。回驻玉山,防贼复窜广信。寻又赴衢州,攻东关贼营。福兴右腿受伤,寻以伤重乞假,召回京。十一年,署镶红旗汉军都统。

同治四年,从尚书文祥会剿奉天马贼,战大凌河、北井子,擒斩甚众。进援吉林,迭破贼于张登、望城冈,署盛京将军。五年,擒贼首马傻仔于黄旗堡,诛之。事平,凯旋,授察哈尔都统,调绥远城将军。六年,以旧伤发乞休,光绪四年,卒,赐恤,谥庄悫。

富明阿,字治安,袁氏,汉军正白旗人,明兵部尚书崇焕裔孙。崇焕冤死,家流寓汝宁,有子文弼,从军有功,编入宁古塔汉军。五传至富明阿,以马甲从征喀什噶尔,授骁骑校,洊升参领。

咸丰三年,从钦差大臣琦善军扬州,战于洞清铺,受枪伤,裹创奋斗,斩馘数十,擢协领,特赐玉鲽。四年,破贼瓜洲,赐花翎,管带宁古塔兵。五年,战虹桥,戒所部距贼二十步始发矢,射毙贼酋,分两翼搜伏贼,贼溃走,加副都统衔。六年,署宁古塔副都统,迭败贼于徐家集、砚台山。攻瓜洲,又率队及六合练勇攻江浦,败贼于十里桥,赐号车齐博巴图鲁。又败贼于朴树湾、土桥、五新桥。七年,会攻瓜洲,连败贼富家井、白庙,以副都统记名。是年冬,克瓜洲,诏以副都统尽先题奏。充江北军翼长,进攻江浦。八年春,迭破援贼,复其城。进屯六合,攻滁州,克来安,加头品顶戴。八月,德兴阿兵败浦口,富明阿驰援失利,伤亡几半。退仪征,收集散卒,复成军,扼万福桥,破贼于运河东,授宁古塔副都统。偕张国梁克扬州、仪征,又破贼于冶铺桥。

九年,德兴阿以失律罢黜,江北军不置统帅,命归和春节制,别选谋勇可当一面者,和春以富明阿荐,诏帮办和春军务。时六合、浦口皆未复,富明阿督军进攻,迭战百龙庙、李家营及六合城外。既而贼数万扑营,分股绕袭后路,遂大挫。富明阿身被十二创,诏许开缺回旗医治,伤已成残,命以原品休致,食全俸。十一年,召至京,命训练京营。

同治元年，授正红旗汉军都统，管理神机营。寻命赴扬州帮办都兴阿军务。江北里下河十余县未被贼扰，盐场之利如故，偕都兴阿疏请运盐济饷，军用得给。长江下游南北岸要口四十余处，排桩驻船，分拨水师扼要驻防，疏陈部署情形，诏特嘉其谙悉地势。贼屡纠捻匪窥伺江北，迭击走之。分军渡江助冯子材守镇江。是年秋，亲率精锐援临淮，会僧格林沁剿苗沛霖，诏帮办军务，令部将詹启纶、克蒙额会陈国瑞等进攻，连破贼，沛霖伏诛。伤发，请假就医清淮，疏陈皖北圩练之弊，诏下僧格林沁、曾国藩议加整顿。

三年春，都兴阿赴陕、甘剿回，诏促富明阿回扬州坐镇，署江宁将军，寻实授。遣詹启纶率兵渡江助剿，克丹阳，赐黄马褂。江宁克复，予骑都尉世职，仍督所部水陆诸军留防江北。于是裁撤红单船，由提督吴全美率回广东，酌裁陆军数千。疏言："江宁驻防，乱后仅存男妇六百余人，现设官二十七员，兵二百五十八名，稍存营制。京口驻防，尚存四千余人，官兵挑补足额，俸饷不能全支，房屋均已焚毁。请饬拨饷修盖房屋，使有依归。"从之。

四年，因腿伤未痊，请开缺，予假赴京医治，许坐肩舆，至京，仍命管理神机营。伤病久不愈，诏允回旗。五年，起授吉林将军，督剿马贼。力疾进搜山险，遣将分捕，数月肃清。招抚金匪，开辟闲田至数万顷。不及十年，遂开建郡县焉。在任四年，复以伤病陈情乞罢，允之，仍在家食全俸。光绪八年，卒，优恤，谥威勤。吉林、扬州请建祠。

子寿山，官至黑龙江将军，光绪中，俄罗斯犯边，殉难；永山，官三等侍卫，亦于凤皇城拒日本，力战死事：皆自有传。

舒保，字辅廷，舒穆鲁氏，满洲正黄旗人。由护军累擢护军参领。咸丰四年，从僧格林沁巢粤匪，围困连镇，贼乘大风出窜，舒保截歼之。五年，窜踞冯官屯，引水灌之，功最，贼渠俘获，加副都统衔。荆州将军绵洵奏调赴湖北，率马队破贼德安。六年，迭破黄州李先集、团风贼垒。胡林翼之围武昌也，官文令舒保率马队三百渡江助战。城贼，援贼分八路来犯，舒保以劲骑驰突，贼大奔。平鲁家港贼垒，又败之沙子岭、小龟山、双凤山。旬日之间，大小二十八战，胡林翼奏称舒保马队之力特多，赐号倭什洪额巴图鲁。偕知府唐训方合剿襄阳土匪，迭败之黄龙桥、余山店，解襄阳围。克樊城、老河口贼巢，复光化、房、竹山三城。雪夜擒匪首高二张家集，诛之，襄阳平。余匪遁入河南境，陷内乡，七年，舒保蹑至，会豫军歼之。

八年，授镶黄旗汉军副都统。舒保方驻防商城，而贼由六安进犯湖北，陷麻城，急回军走黄州。南勇败于望天畈，为贼追逼，舒保迎击，战一昼夜，贼始退。又偕李续宜破诸蕲水。

时钦差大臣胜保援固始，兵未利，而商城又告警。胜保严檄舒保助剿，胡林翼疏言："舒保朴讷忠勇，在楚有年，洪山之战，襄阳之役，蕲、黄之捷，实能为人所难为，

从无就易避难之意。今以特简二品大员，胜保乃严札驱迫，加以苛辞。师克在和，古有明训。束缚驰骤，必误戎机。挟权任术，驭不肖之将，或可取快一时，若忠良之士，不烦督率而自奋也。臣谓舒保一军，应审楚、豫各路贼势，相机进剿，毋庸强归邻省节制调遣。"上命舒保仍回罗田、麻城剿贼。

固始围解，陈玉成复犯湖北，舒保偕续宜破之麻城。李续宾既克九江，会师攻黄安，下之。既而续宾战殁三河，楚边大震，舒保以所部四百骑自武昌东下。林翼次黄州，增舒保军千人，以新补西丹游牧蕲水、上巴河，而令率旧部赴太湖，为多隆阿声援。会别贼又陷德安、黄州、孝感诸府县，将军都兴阿檄调舒保未至，奏劾其观望，下部议。十一年，偕道员金国琛会攻德安，先克孝感，复会水陆军围攻德安，克之，加都统衔。

同治元年，授护军统领。粤、捻诸匪分两路窜湖北，总兵穆正春击其西路，舒保击其东路，连败之于黄陂、广济、应山，贼窜回豫境，赐黄马褂。贼复回应山，扑孝感城，舒保启南门奋击，贼已却，突别贼数千潜由北城入，副都统德克登额、署知县韩体震等死之。舒保还战城中，贼复败逸，追杀三十余里。二年，贼由应城图袭汉口，为官军所却。转扑孝感，舒保迭战李家湾、仓子埠，阵斩老捻千余，遂引去，被珍奏。三年，击捻匪于德安西，追抵寿山，日暮，层冈深涧，不利骑战，贼来益众，舒保陷重围中，越坎落马，力竭阵亡，赠太子少保，予骑都尉兼云骑尉世职，入祀昭忠祠，湖北建专祠，谥贞恪。

伊兴额，原名伊清阿，字松坪，何图哩氏，蒙古正白旗人，吉林驻防。从征喀什噶尔，除骁骑校，选授侍卫。入京召对，宣宗以原名不合清语，命改名伊兴额。道光十九年，擢三等侍卫，改隶满洲。

咸丰三年，自请从军，发扬州大营。琦善令援江浦，初至，示弱不战，斫贼营，大败之柳树坝，破九洑洲，累擢头等侍卫。贼围和州急，伊兴额不待令，督军进击，解其围。驻江浦三年。六年，剿捻匪夏白、任仲勉于浍河北岸，歼贼二千余，仲勉毙于阵。夏白纠雉河贼党围宿州，伊兴额率千骑往援，四战皆捷，解其围。分军防徐州、宿州，张洛行来犯，偕总兵傅振邦击走之。时颍、亳、蒙、宿诸捻蜂起，徐、宿百里内宴然，耕获不辍。贼首王广爱、梁振贵众数万聚张七家楼，图北窜。伊兴额选精锐数百，疾驰掩入贼垒，擒王、梁二贼，贼党来援，击走之，以副都统记名，赐花翎。

七年，招降王家墟捻党陈保元五千人，斩其渠李月，赐号额图浑巴图鲁。因病回徐州，胜保劾其不遵调度，报捷不实，褫翎顶。寻率马队攻乔家庙，擒斩捻首梁思住，夜进攻鄢家墟，诛贼渠刘大渊，偕总兵史荣椿破贼赵家屯。涡河两岸肃清，复翎顶。八年，授正红旗蒙古副都统。破捻匪于纪家庄，解蒙城围。攻薛家湖贼巢，炮伤股，裹创力战，毁其墟，加头品顶戴。寻捻首刘添祥由六安北窜，众号数万，伊兴额以孤军无援，退屯萧县。贼陷丰县，坐夺职。

九年春，起佐傅振邦剿捻，接统袁甲三所部兵，诏复职，督办河南军事。伊兴额率骑千三百赴援，蹑贼商水老湖坡。贼众数倍，列车阵拒战，潜分兵绕贼后夹击之，贼溃走，穷追三昼夜，历沈丘、项城至太和孙家圩，先后毙贼二万余，被旨嘉奖。时总兵邱联恩战殁舞阳，舞阳去商水二百里，及战胜，舞阳贼闻风遁。

胜保复奏劾："伊兴额性情乖僻，商水之役，仅击退别股，并未迎剿。舞阳贼众仅六千，而疏报辄称二万三千。"诏夺头品顶戴，交胜保差遣。所请奖老湖坡战胜员弁，下署漕督袁甲三察奏。伊兴额遂谢病回徐州，距复起仅三月。寻诏饬赴甲三营剿贼，称疾不赴。萧县民郑立本等以伊兴额去，贼复炽，叩阍请还镇。德楞额复代奏："徐州绅民以伊兴额在徐养病，请饬就近治军。"先后谕询伊兴额病状，伊兴额固以笃疾辞，上怒，褫职，勒令回旗。都察院奏上安徽诸生张鸿文呈，言伊兴额前功，恳令总办讨贼事宜，不报。

十年，僧格林沁疏荐，予六品顶戴，寻加三品，敕办徐、宿团练。伊兴额再起，其旧部多不隶麾下，所将五百骑未及训练，以贼窜曹州，僧格林沁趣援。十一年春，偕徐州镇总兵滕家胜率骑二千驰往，击贼于东平、汶上，累捷。追至卧虎冈，风霾忽作，急退杨柳集。伏起，家胜马踬，殁于阵。伊兴额挥百余骑冲入贼中，索之不得，突围出，从骑仅随者十余人，贼围之数匝，力竭死之。诏复原官，予骑都尉世职，谥壮愍，建祠徐州、汶上、宿州、永城。

滕家胜，湖南乾州厅人。由行伍从江忠源剿贼湖北，累擢游击。继从袁甲三剿捻于皖、豫之间，擢参将，赐号伊博格巴图鲁。胜保荐其少年勇敢，超授四川川北镇总兵，调徐州镇，帮办徐、宿军务。家胜旧隶伊兴额部下，至是同战殁，赠提督，予骑都尉并云骑尉世职，谥武烈。

关保，乌扎拉氏，满洲正黄旗人，吉林驻防。道光初，从征喀什噶尔有功，洊升三姓佐领。咸丰三年，随侍郎恩华剿粤匪，解怀庆围，追败之平阳，屯正定。胜保檄充营总，剿贼于深州、静海，攻独流镇，擢协领。四年，从僧格林沁攻阜城三里庄，枪伤额，奋击破贼，赐号车昌阿巴图鲁。从胜保援临清，追贼至丰县，歼之，以总管升用。五年，从僧格林沁克冯官屯，从西凌阿赴湖北，寻调河南，又调安徽，从和春克庐州，加二品衔。六年，偕副都统麟瑞破贼五河，毙黄衣贼目二人，歼贼千余，败邳州援贼，解寿州围。击贼颍上，五战皆捷，所部马队，各省争欲得之助剿。寻隶河南巡抚英桂军，败贼马村桥，进亳州双沟，遇贼姬桥，歼之。又连败贼三丈口、旧县集，安徽巡抚福济疏调赴蒙城，英桂仍请留河南，诏令和衷商榷，先赴所急。其冬，率军趋怀远，越境败捻匪于徐州。漕运总督邵灿疏请留徐州，报允。

七年，偕总兵史荣椿攻永城岳家集，捻首李月先遁，焚其巢，寻以病归。八年，命率吉林、黑龙江、察哈尔兵千八百赴甲三徐州营。九年，会攻浍北捻首曹金斗，破其圩，乘胜击捻首张宝全，破之。张洛行陷泗州，踞草沟民寨，关保率民团夺圩外炮台，毁其寨，贼分窜，自相践踏。余贼窜五河双渡口，夺船争渡，追擒过半，擒贼目张起等，以副都统记名。命帮办傅振邦三省剿匪事，斩捻首张添福，进捣任乾毕圩，圩民内应斩乾，余党尽歼。接统伊兴额军，命督办河南防务，佐振邦剿匪三省如故。

授黑龙江副都统。破亳州窜匪，捻首孙葵心聚党永城，图分窜，诏勿令拦入山东边境。饬关保截贼西路，逼之归巢。已而贼众二万分扰商丘、柘城，围睢州，开封戒严，上命由鹿邑赴援。贼趋兰仪，分扰通许、尉氏，关保驰抵陈留，合诸军夹击，贼南走。驰援许州，遣副将王凤翔率骑兵败贼洪河北岸，又败之临颍城下，阵擒葵心亲属孙套。夜，简精骑劫贼营，斩馘无算，拔难民千余，贼东奔。侦别贼窜扶沟、太康，要击之王隆її。沿途搜捕，豫境肃清。十年，命胜保督办河南军务，关保仍副之。贼扰虞、夏邑、鹿邑，遣将击走之，俄又大至，逼近省垣，诏诘责。寻转战汝宁、确山皆捷，分兵破贼鹿邑刘集，解丘集围。贼复纠党来攻，击走之。伤发，予假调理。同治元年，赴黑龙江任，八年卒。

论曰：都兴阿雅量宽闳，知兵容众，胡林翼称其有丰、镐故家遗风，当时满洲诸名将，半出部下。舒保亦以朴勇为林翼所倚重，及林翼殁，无人善用，仓卒殒寇，世咸惜之。富明阿始终江北军事，其勋劳出托明阿、德兴阿之上，晚膺边寄，亦称贤帅。伊兴额剿捻尽瘁，最得民心，为骄帅龃龉，未竟其用。关保善将骑，群帅争相引重，其遭际为独幸焉。

卷四百十八　　　列传二百五

袁甲三 子保恒　毛昶熙

袁甲三，字午桥，河南项城人。道光十五年进士，授礼部主事，充军机章京，累迁郎中。三十年，迁御史、给事中，疏劾广西巡抚郑祖琛慈柔酿乱，又劾江西巡抚陈阡贿赂交通，皆罢之。户部复捐例，疏请收回成命。咸丰元年，粤匪起，南河丰北决口，上疏极论时事，皆切中利弊。二年，粤匪窜湖南，疏言："总督程矞采为守土之臣，责无旁贷。若复令赛尚阿持节移军，诚恐诿过争功，互相掣肘。请命赛尚阿回京，专责程矞采便宜行事，如有疏虞，按律定罪。"并言："湖北巡抚龚裕闻贼入境，托疾乞休，尤宜严惩，以昭炯戒。"又列款奏劾定郡王载铨卖弄横势，擅作威福，及刑部侍郎书元贪酷险诈，谮事载铨状，诏诘载铨所收门生实据，疏请饬呈出所绘《息肩图》，事皆得实。载铨坐罚王俸，夺领侍卫大臣兼官，书元及尚书恒春降调，题图者降谪罚俸有差。于是直声震中外。

三年，命赴安徽佐侍郎吕贤基军务。粤匪陷凤阳府，踞明淮关，煽动土匪，连陷蒙城、怀远。甲三至军，疏言：

"贼势未遽北犯,请饬诸臣勿涉张皇,急图制贼。"命权庐凤道。汉、回相哄,围颍州,遣兵解散,诛首乱,事即定。会漕运总督周天爵卒于亳州,命代领其军。时土匪合五十八捻为一,势甚炽。甲三至王市集,收散勇,整民团,击贼高公庙,破之,加三品卿衔。命署布政使,疏辞不赴,请专治兵事,允之;命专剿捻匪,破贼标里铺,擒其渠邓大俊。乡团先后擒献者二千余,悉置之法。

十月,粤匪由安庆窜踞桐城,寻陷舒城,吕贤基死之。上命移军桐城,甲三疏言:"捻首张茂踞怀、蒙间,窥庐郡,请先赴蒙、亳为诸郡声援。"时捻匪麕聚雉河集,甲三令县丞徐晓峰击破之,擒贼渠孙重伦。分兵击败临湖铺窜匪,擒贼渠宫步云、马九,并其目数十人。令游击钱朝举、知县米镇攻怀远,大破之,张茂负伤遁。十二月,贼陷庐州,巡抚江忠源战殁。甲三劾陕甘总督舒兴阿拥兵坐视,褫其职;并请拨兵防寿州、六安以杜旁扰。

四年二月,粤匪陷六安,窜蒙城,甲三进捣蒙城。贼走永城,甲三恐其趋宿、徐,阻粮道,急蹑之,贼已济河,不及而还。贼寻复南窜,连败之颍州、正阳关,余贼退六安。还军蒙、亳剿捻匪,捣临湖铺,进逼雉河集。贼空巢诱官军,甲三侦知,尽泊船南岸,令知州张家驹阵河干,参将朱连泰、李成虎败贼马家楼,迫之涡河,歼贼殆尽,遂破义门集,捻首张捷三遁去。

甲三移屯临淮,地数被兵,比户凋敝。既至,讨军实,抚残黎,众皆乐为之用,超擢左副都御史。疏言:"皖军以克复庐州为急,宜出偏师赴南路断贼接济。"寻以贼陷和州,窥江浦,将北窜。分遣将扼关山,赴滁河鸠团练为声援。十月,北路捻匪复炽,令张家驹、朱连泰率军破之于寺觉集。粤匪踞乌江,令庐凤道张吉第击败之。贼夜结五垒于驻马河,乘其初至薄之,歼擒甚众。令参将刘玉豹、举人臧纡青规桐城,连夺大小关,击走庐江援贼。纡青战甚锐,进攻桐城西门,贼由安庆、潜山来援,城贼出应之,纡青战死,玉豹收余众退保六安。

五年,疏陈军事,略曰:"北路以临淮为要,正阳次之。臣驻临淮,牛鉴抚正阳,以防贼北渡。庐州为中路,和春、福济师老力疲,久攻不下。西路蕲、黄无处非贼,兵力过单。东路沿江鲶鱼嘴、西梁山,贼船贼垒,来去无常。张光第等分军进攻,然无水师夹击,终难收效。目下悍贼力争江路,群聚上游,庐州有机可乘,请益厚兵力,分扼庐城东南,或增兵并剿舒、巢,俾其应接不暇,庶可一鼓而下。"

时淮北官吏,甲三欲有更调,和春、福济意不合,甲三专奏,诏仍饬会衔。于是和春、福济疏劾甲三坚执己见,并劾其株守临淮,粉饰军情,擅裁饷银,冒销肥己。召回京,部议褫职。甲三呈诉被诬,下两江总督按治,事得白。甲三在淮北得军民心,其去也,军民泣留者塞道。未几,捻首张洛行勾结皖、豫诸捻,势益炽。怀远民胡文忠鬻子女,徒步京师,控都察院求以甲三回镇,格不达,怀状自缢。言官孙观、曹登庸、宗稷辰先后疏请起用;疆臣怡良、吉尔杭阿、何桂清亦交章论荐。

六年二月,命随同英桂剿捻河南。甲三赴归德,招集旧部,三战三捷,进解亳州之围,毁白龙王庙寨,破燕家小楼贼数万,直捣雉河集,擒苏天福,洛行仅身免,特诏嘉奖,命以三品京堂候补。洛行寻复纠党犯颍州,击走之,又踞雉河集。七年,平王、邓、宋、姚诸圩,诛捻渠李寅等百余人,授太仆寺卿,赐花翎。胜保督师攻张洛行于正阳关,久不下,奏请甲三合剿,令部将朱连泰、史荣椿攻韩圩,克之。八年,偕胜保解固始之围,复六安。史荣椿破捻匪于铜山,斩其渠孙大旺。移军宿州,袭贼王家圩,诛贼首王绍堂等,乘胜复七圩。七月,命代胜保督办三省剿匪事宜。张洛行方踞陈家庄,击走之,分兵复丰县。未几,蒙、亳诸捻入归德,窥周家口,甲三令子保恒偕总兵傅振邦驰援。贼遽趋西北,逼开封,振邦追贼,及之太和李兴集。保恒集团勇扼桥口,马步合击,大破之,歼毙数千,逐贼出河南境,赐号伊勒图巴图鲁。疏言:"兵分则势孤,合则势盛。捻匪踞地千余里,臣兵不过数千,不能制贼死命。请敕各督抚合力大举,为扫穴擒渠之计。"

九年正月,击张洛行于草沟,破其巢,追至沱河,多溺水死,复击之双渡口,洛行泅水免。胜保与甲三意不合,屡疏诋之,诏斥"甲三督剿半载,但防徐、宿,不捣贼巢,日久无效"。召回京,入觐,面陈军事。四月,命署漕运总督。寻胜保以母忧归,命署钦差大臣,督办安徽军务,实授漕运总督。进攻临淮关,军南岸,断其粮道,降捻内应,斩关而入,生擒贼首顾大陇等,遂克之。

十年,进规凤阳,屡战皆捷。邓正明于府城乞降,张元隆犹据县城,诱出诛之,并诛悍贼三百余人。未匝月,拔两城,诏嘉调度有方,赐黄马褂,命其子保恒赴军差遣。捻匪陷靖江浦,窥淮安,令道员张学醇击走之,乘胜复全椒。粤匪陈玉成来援,分扰滁州,令李世忠夹击走之。是时江北无统帅,扬州叛将薛成良拥众剽掠,亟发舟师扼高、宝诸湖。成良走依李世忠,甲三责以大义,即缚献成良,斩之以徇。令保恒合总兵张得胜、副将统花尚阿各军围定远,陈玉成纠众来援,会合捻匪扑凤阳,据九华诸山,连营数十里。城中食且尽,甲三令参将黄国瑞潜率锐卒四百夜薄九华山,跃入垒,城上发炮应之,贼大乱,弃营走,围乃解。

是年秋,英法联军入京师,车驾幸热河,甲三请率兵入卫,诏以临淮为南北管钥,止勿行。和议定,条上四事,曰:慎采纳,节縻费,精训练,选将才,下所司议行。复疏请还京,泰西诸国欲助兵讨贼,甲三力陈非策,皆报闻。十一年,张洛行屯聚涡河北,令李世忠击走之。

练总苗沛霖者,凤台诸生,健猾为闾里雄。以团练功累擢川北道,加布政使衔,然不冠服,令其下称"先生"。所平贼圩辄置长,收其田租。缘道设关隘,垄断公私。涡河、浍、颍之间,跋扈自恣。甲三屡羁縻之,用以牵制捻匪。胜保尤集用沛霖,沛霖亦深与结纳,内怀反侧,惮威不敢猝发。至是藉口其练勇被害,据怀远,围寿州,巡抚翁同书为所劫持,杀寿州团练徐立壮;囚孙家泰,亦自尽,而寿州之围仍不撤;遣其党苟憬开犯河南,受粤匪封职,令练众蓄发,四发扰掠。于是诏褫沛霖职,命甲三会诸军进剿,同书罢去,贾臻代署巡抚,复于颍州被围。会张洛行大举渡淮，甲三移军击之，洛行败走。甲三屯长淮卫，解散沛霖属圩二百余处。十一月，保恒偕总兵张得胜等克定远，粤匪遁走，进拔六合、天长。

同治元年，会克江浦、浦口，移军会多隆阿军攻庐州，克之。陈玉成走寿州投苗沛霖，执送胜保军，诛之。于是胜保为沛霖乞恩免罪，责剿捻自效，佯奉命而倔僵如故。甲三策沛霖终为患，疏陈大势，先剿群捻，次沛霖。荐李续宜抚皖，而自移师会僧格林沁军击捻匪，上报可。寻以病剧乞罢，允之。前因寿州失陷，部议革职，特诏宽免。

既受代，行至归德，疏陈四事，请崇圣学；议政亲臣专心国事；用人宜审；听言宜断：上嘉纳之。复奏苗练终难就抚。二年春，沛霖复叛，围蒙城，群捻助之，诏甲三在籍会筹防剿。临淮军苦饥乏，甲三奉命急筹接济，乃倡捐募敢死士出间道，运至蒙城。捻匪两犯陈州，甲三病已亟，榻前授将吏方略，击走之。寻卒，优诏赐恤，谥端敏。擢其子保恒侍讲学士，保龄内阁中书。陈州、临淮、淮安并建专祠。后淮安请祀名宦，河南请祀乡贤。

子保恒，字小午，道光三十年进士，选庶吉士，授编修。从父军中，咸丰五年，诏允留军差遣。七年，从解亳州围，拔白龙王庙、寺儿集、雉河集贼垒，进攻三圩，战最力。胜保以闻，加侍讲衔，赐花翎。八年，会攻怀远捻首李大喜，夺其辎重，又大破孙葵心、刘狗于太和，赐号伊勒图巴图鲁。九年，甲三罢军事，保恒回京供职。十年，复命保恒赴甲三军，破贼定远，帮办军务穆腾阿上其功，甲三力辞，上谕甲三不必引嫌。十一年，破苗沛霖党张士端于怀远，会克定远。同治元年，连擢侍讲、侍读、庶子。甲三以病解职，命保恒仍留军。寻丁继母忧，归。二年，从甲三督治陈州团防。甲三寻卒，恤典推恩，命保恒以侍讲学士即补。

淮北初平，保恒疏陈善后八策，请以逆产、绝产募民屯垦，整顿两淮盐务，以济屯田经费；又密陈李世忠骄恣难制，请加裁抑。三年，保恒以屯田议未即行，请诣京与廷臣面议。诏斥不谙体制，下部议降一级，以鸿胪寺少卿候补。服阕赴京，廷臣交荐其才。七年，捻匪犯畿辅，保恒自请效力戎行，命赴李鸿章军委用。捻平，加三品衔，授侍讲学士。从陕甘总督左宗棠赴陕西，八年，命管西征粮台，许专摺奏事。十一年，迁詹事。肃州克复，加头品顶戴。十三年，连擢内阁学士、户部侍郎。保恒督饷凡五载，诸军欠饷纠辖，腾挪无缺。及大军出关，诏襄办左宗棠转饷事，进驻肃州。保恒请入觐，未许。光绪元年，召回京，兼署吏部侍郎。二年，调刑部侍郎。

保恒久历兵间，审于世变，屡上疏论时事，请辨人材，厉士气，收人心，言甚切直。又言："历观各国情形，惟俄为最强最狡，往往不动声色，布局于十数年以前，肆毒于十数年以后。履霜有象，桑土宜先。伏愿特简久经战阵熟习韬略之治兵重臣，专办东三省练兵事务。凡属兵马饷糈边防之事，悉以属之。重以事权，宽以岁月，无事则可消觊觎之萌，有事则可为挞伐之助。用以拱卫神京，慑服他族。根本至计，未可委之一二不相统辖之武臣，谓可威强邻而弥外患也。福建之台湾，僻处海澨，物产丰饶，民、番逼处。非专驻大臣，镇以重兵，孚以威信，举民风、吏治、营制、乡团，事事实力整顿，未易为功。若以福建巡抚每岁半载驻台，恐闽中全省之政务，道路悬隔，而转就抛荒。台湾甫定之规模，去住无常，而终为具文。请改福建巡抚为台湾巡抚，驻台湾，而以总督办福建全省事，各专责成。"疏入，下部议行。

三年，河南大旱，命保恒襄办赈务。既至，疏陈沿途流民状，先令州县停征。四年，奏请截留江南漕粮九万石，不许；请借直隶平粜余米三万石，许之。又请借用江苏义仓积谷及台湾捐修铁路洋银五十万圆，下部议，令筹归还之法。保恒请缓禁川盐行楚，加抽盐厘，备抵赈需，为两全之计。疏入，仍下部议。保恒查赈所至，屏绝供张，服食粗粝，刊《赈章》二十二则颁行，就孔道设粥厂，就食省城者凡十余万人，栖息得所。时亲视察，感疫病卒，优诏赐恤，谥文诚。河南省城建专祠，附祀陈州、临淮甲三祠。

毛昶熙，字旭初，河南武陟人。父树棠，官至户部侍郎。昶熙，道光二十五年进士，选庶吉士，授检讨。咸丰五年，迁御史，转给事中。屡上疏论军事吏治，劾步军统领联顺徇私废法，罢之，甚负清望。八年，授顺天府丞，胡林翼密疏荐之。十年，加左副都御史衔，命督办河南团练，至则规画全局，定条规十二事：筑堡寨，扼要隘，择首事，选团丁，筹公费，互救援，定约束，申号令，公赏罚，诘奸宄，旌忠义，而终之以实力奉行；并疏陈调练民勇苦累之弊，亟宜改办乡团，以纾民力。寻命督办剿匪事宜，驻军归德。亳州捻匪犯鹿邑，督练勇击走之，分路驰剿，九战皆捷。

十一年，疏言："捻骑逾万，官军马队过单，皖、豫交界之区，皆平原旷野，步队无以制贼死命。今豫境修筑寨堡，已有成效，应责寨长各选壮丁一名、马一匹，投效来营。归、陈两属，约可得马队三四百名。"上命推广其法行之。捻匪逼省城，围通许，昶熙檄军援之，围立解。因疏言："军令不一，将士无所适从，宜会合抚臣以一事权。"上命巡抚严树森督办河南剿匪事宜，昶熙副之，仍兼办团练。三月，克唐县。捻匪赵国良犯光州，陈大喜犯汝阳，并击走之。寻以误用逃犯李占标，降三级调用，暂免开缺。大河以南府、厅、州、县团练皆成立，屡败贼，诏开复处分。连擢顺天府尹、太仆寺卿、内阁学士，仍留军。

穆宗即位，昶熙请谒文宗梓宫，面陈机要，未许，命以军事密疏入告。疏上制捻要策，略曰："年来剿捻未得要领，其误有二：一在专言防堵。颍、徐、归、陈，平原千里，无险可扼，捻数路同发，分而愈多。官军分堵则兵单，合堵则力疏，犹大院无墙垣，徒守门户，不能遏盗也。一在无成算而轻战。贼众数倍于我，马则十倍过之。我无必胜之术，侥幸一战，一旦败溃，贼焰愈张。至会师捣老巢，实为平贼要策。皖捻虽以张洛行为主，而陈、宋、颍、寿、淮、徐方数百里，无处非贼巢，即无处无贼首。官军即能次第扫除，势难刻期净尽。若绕过小捻，径捣大捻老巢，舍近攻远，而近贼袭我于后，我必不支，此会捣老巢之难遽奏效也。然捻匪与粤匪不同，粤匪蜂屯蚁聚，其势合；捻匪散处各圩，其势分。其出窜也，必须装旗纠合各圩贼目，约期会举，常十余日始得出。其窜山东者，每会于保安山、龙山；窜汴梁者，会于小奈集、大寺集；窜陈州者，会于南十字河、张信溜：地皆逼近亳州，亳州者，贼之吭也。计莫若择重臣素有威望者，统步队数万，马队数千，屯军于此。用伍员多方误楚之法，分所部为数起，此归彼出，此出彼归，循环驰突于各捻贼圩之间，使大捻无从勾结，小捻声息不通，惴惴焉日防官兵之至，自不能装旗出窜，四出打粮。俟其饥困，然后以重兵次第围剿。贼无外援，则小股胆落，大股易平，招抚兼施，立可解散，不必尽烦兵力矣。夫防贼于既出之后，何如遏贼于未出之先？剿贼于既聚之余，何如蹙贼以难聚之势？而又不劳师袭远之危，轻进损威之失，所谓不战而屈人之兵者是也。今日大计，以卫畿辅固根本为先。豫东者，畿辅之门户也。亳州者，豫东之贼源也。亳州之贼不除，则豫东之匪难绝，即畿辅之地不安。重兵驻豫，不能兼顾东省，驻东亦不能兼顾豫防。惟亳为诸捻汇处之区，拔本塞源，实在于此。且蒙、亳百姓，祇以逼处贼巢，呼诉无门，不得不苟全性命，非尽甘心为逆也。若官军声势一振，随抚随剿，不但忠义良民同心杀贼，即附贼之堡寨，亦相率就抚，辅助官兵。彼久经兵革之地，人习战争，附贼则为悍贼，反正则为劲兵，夺贼焰而益军威，计无便于此者。前胜保、袁甲三累获大胜，皆由屯驻亳州，扼其要害，并赖关保、德楞额马队之力，是以所向有功。前事不远，可为券证。"奏入，上韪之。

时粤、捻合扰颍州，命昶熙出境会剿。昶熙兵仅五千，且无马队，疏请调总兵李续焘等募精壮六千来豫，以厚兵力，如所请行。上复敕西安将军托明阿选西安马队一千赴豫。

同治元年春，亳捻刘大渊纠党趋河南，昶熙在省闻警，驰至杞邑，贼已围城，会僧格林沁军自山东进至，败贼许冈，昶熙会所部合击之，克复所占民圩，斩馘逾万，余贼引去。檄诸路团勇截杀之，还驻归德，扼贼归路。四月，会同僧军合击金楼教匪杨玉骢，尽歼其众，授礼部侍郎，仍命督团剿贼，归僧格林沁节制。赴汝宁督兵团剿陈大喜诸匪，克正阳、收寨、圩多处。二年，诛贼首张凤林、张福林，克邢集、尚店贼巢，陈大喜窜湖北，汝宁、陈州所属踞贼，歼除殆尽。调吏部。亳捻犯陈州，为官军所扼击，四窜。昶熙屯鹿邑，尽平亳北贼寨。

是年冬，苗沛霖伏诛，淮北肃清。诏："昶熙部勇原助兵力所不足，今兵力足敷应用，饬散遣归农。"命昶熙回京供职。会陈大喜勾结苗练余党趋汝南，陷正阳、信阳、新蔡、息县各民寨，乃暂留剿贼。三年，进屯息县，擒诛捻首赵国良、徐文田十余名，尽发诸寨。十一月，僧格林沁败陈大喜、张总愚于光山，贼西窜，逼南阳。昶熙调张曜回屯唐县，知府汤聘珍扼宛南。四年，僧格林沁战殁曹州，诸军并被谴，坐革职留任，诏回京。六年，调户部。七年，擢左都御史，兼署工部尚书。

时捻匪戡定，疏陈军务渐平，宜益思寅畏，略曰："功成而喜者，常人之同情；功成而惧者，圣人之远虑。今日巨寇甫平，兵戈未息，滇、黔、秦、陇，烽火惊心；皖、豫、直、东，疮痍满目。戡乱安民，一一尚烦廑虑，敬肆之机，间不容发。万一大捷之余，偶忘乾惕，则患机之萌，恐有伏于无形者。今之所急：一在勤圣学。皇上春秋鼎盛，典学日新。但恐亲师讲学，为时无多，还宫之后，左右近习，或以功业日盛，间进谀词，意气渐盈，懋修或懈。昔宋庄献皇后临朝，仁宗听内侍之言，欲观宝玩，庄献太后为言祖宗创业之艰。臣亦伏愿皇太后于皇上还宫之余，殷殷以时事艰难，勤加启迪。至于近侍，尤宜择老成有识之人，服某起居，将见养正之功，日臻坚定矣。一在崇节俭。今寇乱虽平，而流离之民，未尽归农，荒芜之田，尚多未垦。非力加撙节，不足以广积储而备缓急。臣前管三库事务，见内务府借拨部库银两，逐岁增加。窃恐中原底定，踵事增华，财源未开，财流不节，度支告匮，为患匪轻。伏愿皇太后、皇上崇尚节俭，为天下先。一切不急之务，可罢则罢之，可缓则缓之，庶国用可充，而风俗亦渐归质厚矣。一在饬吏治。发、捻之祸，实由不肖州县所激成。正供之外，百计诛求；私派私罚，自营囊橐，以致民气不伸，酿成巨患。用兵以来，此风尤甚。即如厘金一项，奉行不善，百弊丛生。病商病民，莫此为甚。今日之封疆大吏，以地方多事，喜用精明强干之员，而不求恺悌循良之吏。斯民元气，剥削愈甚，其祸遂不可胜言。今东南初定，畿甸甫清，兵燹遗黎，不堪再扰。应令各省督抚慎选良吏，与民休息，以复富庶之旧。一在固根本。陕西回逆、土匪，麕聚北山，现闻大军乘胜西征，恐至穷而思窜。其或由晋省扑河，或由草地北扰宣、大，畿辅兵单地广，在在须防。直隶提督刘铭传谋勇兼优，应令迅回本任，并带所部万人，留直屯守，以壮声威。并将绿营兵丁，练成劲旅，庶诸贼不敢萌心北扰，而诸将亦得专意西征矣。"疏入，上嘉其言剀切，优诏答之。

八年，授工部尚书，命在总理各国事务衙门行走。九年，天津民、教构衅，命偕直隶总督曾国藩按治，暂署三口通商大臣。事定回京，请裁归总督兼理，从之。十一年，调吏部。十二年，上谒东陵，命留京办事。十三年，兼翰林院掌院学士。光绪四年，丁母忧，服阕，命仍在总理各国事务衙门行走，兼翰林院掌院学士。八年，授兵部尚书。寻卒，优诏赐恤，赠太子少保，谥文达。

昶熙屡掌文衡，两典会试，凡朝、殿考试，阅卷历二十余次，士论归之。

论曰："袁甲三、毛昶熙并以謇谔著声，出膺军寄。甲三孤军支拄淮壖，与捻事相终始，骄帅倾排，狡寇反覆，卒能保障岩疆，其坚毅不可及也。昶熙事权未专，同时疆吏非办贼才，补苴之功，亦不可没。所陈平捻方略，具得要领。贼平之后，勤勤以寅畏纳谏，老成谋国，于斯见之。保恒济美戎行，立朝侃侃，家英国干，郁有风规巳。

卷四百十九　　列传二百六

刘长佑　刘岳昭　岑毓英弟毓宝

刘长佑，字印渠，湖南新宁人。道光二十九年拔贡。与同县江忠源友。咸丰二年，忠源率乡勇赴广西助剿，长佑从。粤匪自桂林走湖南，忠源破之于蓑衣渡，长佑有赞画功，奖叙教谕。又从破浏阳征义堂会匪，擢知县。三年，平衡山土匪，擢同知直隶州。忠源援湖北，遇贼崇、通间，长佑自长沙驰援，战于通城，大破之，自是独领一军。忠源守南昌，长佑偕罗泽南赴援，解吉安围，分兵克泰和，擢知府。忠源殉庐州，长佑偕忠源弟忠浚率千人驰援弗及，大愤，誓灭贼。

五年，江忠淑剿东安贼不利，骆秉章以长佑兼统其众，所部始盛。克东安，追破之新宁。六年，复郴州，擢道员。江西贼方炽，秉章奏以长佑率萧启江等诸军赴援，克萍乡，加按察使衔。遣启江复万载，进围袁州，屡击败援贼。十一月，降贼李能通为内应，克袁州。七年二月，进屯太平墟。贼由吉安大举来袭，列阵二十余里，以骁骑冲突，将士多死亡，全军败溃。长佑下马引佩刀欲自裁，营务处刘坤一拥之上马，退保分宜。近县士民争运粮械济之，溃卒皆来归，军势复振。

进规临江，八月，石达开自抚州率二十万众来援，总兵普承尧战峡江不利，贼薄太平墟。长佑乘其营垒未定，约萧启江、田兴恕合战，江忠义、李明惠先陷阵，卢秀峰绕其后，纵击，大破之，遂围郡城。捷闻，诏嘉其奋勇，赐号齐普图巴图鲁。十二月，克临江，歼贼酋张发纪，加布政使衔。八年，长佑病归，以刘坤一代统其众，萧启江自为一军，合克新淦、崇仁，进克抚州。是年夏，长佑复至军，屯建昌，迭败贼于新城、金豁，贼入福建界。江西边境肃清，记名遇江西道员缺简放。

九年，回军湖南剿郴、桂贼，解永州围，记名以按察使题奏。石达开围宝庆，长佑与李续宜分扼东西两路，贼败走。长佑追破之九巩桥、白杨埔、大临桥、芦洪司，遂窜广西，陷兴安、灵州，直扑桂林。长佑倍道赴援，贼不虞其骤至，走庆远，追击之，所向皆捷，授广西按察使，逾月，擢布政使。攻柳州，拔之。

十年，擢广西巡抚。四月，克庆远，破达开于思恩，又破之兴安，乃遁窜。时广西土匪犹蔓延，大者踞郡县，小者千百为群，候兵倏贼。长佑莅任，整饬吏治，兴练水师，匪氛渐戢。商货流通，税厘增倍。军事饷事差能自固，不尽仰资邻省。十一年，遣刘坤一剿柳州土匪，斩其渠伍声扬，余党就抚。调水陆军剿浔州艇匪，克府城，斩其渠陈开。贵州匪首黄金义投诚复叛，擒斩之。同治元年，长佑亲赴浔州督防，分军进剿，迭克要隘。寻擢两广总督，以所部楚军付刘坤一接统，留剿广西诸匪。

未几，调直隶总督。时降捻张锡珠、宋景诗先后叛，畿辅骚动。二年春，长佑航海至天津，即赴衡水督师。三月，破贼束鹿，歼张锡珠。命督办直隶、山东、河南三省交界剿匪事宜。宋景诗踞刘贯寨、甘官屯，合山东军攻之，以迟延降级留任。九月，破贼张秋镇，歼贼目杨殿一，景诗逸走，乃罢军。

四年，僧格林沁战殁曹州，捻匪益炽，畿南戒严，长佑遣兵自开州至张秋扼河防。奉天马贼入喜峰口，坐疏防议处。八月，捻匪窜山东濮、范南岸，长佑驰赴大名，击走之。疏请直隶分练六军，议定营制，加练二军，下部议行。

六年，沧州枭匪张六等劫庆云、盐山、宁津、南皮四县盐场，山东教匪应之，保定、天津、河间三府属皆骚动。长佑檄前藩司唐训方屯齐河，臬司张树声屯张秋，防捻。自率兵剿捕盐枭，贼乘虚北走，过漳沱河，众增至千余，窜扰涿州、固安、永清、霸州，逼近京师，诏褫长佑职，以大学士官文代之。命下数日而枭匪平，予三品顶戴，率所部回籍。寻东捻平，诏念前劳，晋二品顶戴。

十年，起授广东巡抚，寻调广西。初，奸民出关劫掠越南，官兵不能制。悍酋吴终伏诛，而苏国汉复起。九年，广西提督冯子材进军龙州，国汉旋乞抚于两广总督瑞麟，仍招纳亡命，匪首邓建新、曾亚日，分路肆扰。至是总兵刘玉成擒亚日于上林社，诛之。复会广东军攻克旧街，乘胜抵海宁，匪多散亡，国汉奔东兴，亦就擒。长佑奏言："论越南大局，则宜直捣河阳，一劳永逸。然河阳距关二千余里，穷兵劳费，讨捕为难。今拟芟荡海阳、太原，即回师列戍，以固藩篱。庶可分助越之众，协剿黔苗；抽出关之兵，先清土莽。"十月，副将陈得贵、游击李扬才克越南从化府，遂会刘玉成克通化、白通，破琼山、北山匪巢。十一年正月，复败匪于三星山，擒其首何三等，余党悉平。长佑檄刘玉成暂屯镇抚，咨越南国王遣兵换防，久之不至，又以营弁滋事，暴兵非计，七月，乃撤入关内，搜捕沿边伏匪。

时匪首黄崇英犹踞越南河阳，结白苗攻保乐，扰我镇安边。十二年春，长佑檄内外军击走之，密奏："越南贫弱，版章日蹙，法国蚕食于滨海，黎裔虎视于横山，桶冈则白苗跳梁，峒奔则黄酋雄踞。近闻其国君臣输款法人，黄崇英受职黎裔，虽系道德之言，亦系意中之事。臣窃谓黎裔为患，越南受之；法国为患，不仅越南受之。今欲拯敝扶衰，必须大举深入。若合两粤之力，宽以数年之期，步步设防，节节进剿，庶交夷可期复振，而他族不生心。否则惟有慎固边防，严杜勾结而已。"是时防越诸军尚八千人，长佑檄刘玉成引军北还，以六营屯关外诸隘，四营屯归顺、龙州，令覃远琎八营分驻关内。

十月，法人攻陷河内，黄崇英等乘机袭太原，潜与之通。山西奸民响应，北宁戒严。越南乞援，乃令刘玉成统十营进太原为左军，道员赵沃统十营分部镇安为右军。法人寻与越南议和，黄崇英为越将刘永福所败，潜伏河阳，遣党陈亚水攻保乐。十三年十月，长佑阅兵南宁，令赵沃、刘玉成进军。光绪元年二月，赵沃右军由龙阑渡河克同文,白苗弃巢遁,沃抚之为助,遂攻底定、襄安,皆克之。刘玉成左军败贼白通,阵斩邓志雄。崇英闻师至,嗾周建新拒左军,陈亚水守猛法,自当右军,凭险拒守。五月,沃军克淦台,直薄河阳,崇英败走。右军复败陆之平援众,进攻猛法。陈亚水惶惧,乞为内应,河阳、安龙同日降。崇英遁走,捕获诛之。刘玉成左军亦克通化、白通,斩周建新,合攻者岩,克之。陆之平遁,宣光、金沙江上下肃清。凯撤入关。

擢云贵总督,二年,抵任。先是,滇边野番杀英人马加理,为交涉巨案,及议定,允于云南设埠通商。诏下议,长佑疏言:"云南山川深阻,种人犷悍成性,剽掠行旅。本地绅练,恃众横行,挟制官长。上下猜忌,法令不行。万一防护不及,致有同于前案,或更甚于前案,其有害于云南一隅犹小,其有挠于中夏全局甚大。且洋人知前案难办,有免其既往之议;知后患难防,有保其将来之议。臣恐滇省官民,于已往者不以为幸免,而以为得计;将来者不引为前鉴,或敢于效尤。洋人通商,意在图利,亦断无不思远者之理。应俟三五年内外官民稍稍安定,遣员商办。"长佑以滇事渐定,屡疏引病乞罢,优诏慰留。

四年,腾越徼外土目耿荣高等攻陷耿马,长佑遣将讨之,荣高降;又剿平临安、开化、广南土匪。初,腾越苏关先之乱,其党刘宝玉逃之野山。野山在滇、缅之交,其夷自为君长,不隶羁属。刘宝玉纠野贯十三种及盏达儸夷伏罗坤山,时出劫掠。会缅甸遣官诣腾越,持图说约由野山通道列戍。长佑檄熊昭镜赴腾越,召诸土司、野贯申禁约,诱诛宝玉于千崖,诸野夷皆惊散。

七年,法兵窥越南东京,诏滇、粤备边。长佑疏言:"法人自据嘉定以来,越南四境皆有商埠、教堂,胁其君臣,渔其财力。取越与否,非有甚异。其所以处心积虑,乃在通商云南。与其既失越境,为守边之计,不若乘其始动,为弭衅之谋。滇、粤三省,与越接壤,东西几二千里,要害与共,劳费殊甚。若自三江口以至海阳,东西仅数百里,以中国兵力为之御敌,兵聚而力省。以视防守滇、粤边境,劳逸悬殊。请以广西兵二万为中路,广东、云南各以万人相犄角。广东之兵自钦、连而入,云南之兵出洮江而东。别以轮船守广东顺化港口,断其首尾,法人必无自全之理。"又力言刘永福可御敌,请密谕越王给其兵食。疏入,诏下廷议。

八年,法兵陷东京,越匪纷起,广西援兵至太原,长佑檄道员沈寿榕率军出关,与为声援。长佑屡以病乞罢,慰留未许。八月,入觐,予假两月,九年,乃许开缺回籍。寻坐云南报销失察,降三级。十三年,卒于家。诏念前功,嘉其端谨老成,开复处分,仍依总督例议恤,谥武慎。广西、云南、湖南并立专祠。

刘岳昭,字荩臣,湖南湘乡人。以文童投效湘军。咸丰六年,从萧启江援江西,转战积功,累擢以知县用。启江器其才,使领果后营。七年,破贼高安莺哥岭,连拔彭家村贼巢。进攻临江,击败援贼于太平墟。寻克临江府城,擢同知。八年,从剿抚州贼,大捷于何家村、香溪诸处。

崇仁贼踞白陂墟,又破之。由上顿渡进逼抚州,贼开东门逸,复其城,擢知府,赐花翎。九年,援南康,克新城墟,进捣池江。前军溃,岳昭殿后,毙贼甚众,克南安,援信丰,解其围,加道员衔。石达开由江西拥众犯湖南,岳昭移军茶陵备之,而贼已趋宝庆,奉檄驰援。至柳家桥,遏东路,贼六万余扑营,岳昭偕副将余星元、杨恒升等鏖战三日,毙贼数千,援军大集,贼解围而遁。是役岳昭战最力,名始显。

十年,屯江华,贼酋陈金刚踞广西贺县,阻山为固,岳昭招降其党。进拔莲塘县,破河东街贼屯,合蒋益澧军克县城,以道员记名,加按察使衔。是年冬,连破窜匪于道州、宜章,湘境肃清,赐号鼓勇巴图鲁。

十一年,骆秉章赴四川督师,疏请岳昭率所部从行。中途闻粤匪陈玉成犯湖北,陷随州,秉章令岳昭回军赴援,会诸军克之,以按察使记名。石达开由龙山宣恩,窥伺施南,岳昭迎击走之。而黔匪陷来凤,同治元年春,岳昭进军克其城,分军截剿,迭捷于散毛河、白兰坝两河口,抵黑洞,斩馘尤多。石达开窜四川,围涪州,岳昭会知府唐炯、副将唐有耕破之仰天窝。渡江重庆截击,解涪州围。贼败踞长宁,攻克之,复追败之先市寨、得用坝、丁子场。贼寻踞叙州双龙场,约降贼郭集益内应,破其营,殪贼近二万。贵州巡抚张亮基疏荐其才,请擢用,二年,授云南按察使;三年,迁布政使:皆未之任,留四川治军。

骆秉章奏遣援黔,九月,克仁怀,连败马蹄滩踞匪。四年,克正安,追贼至清溪河,斩其渠。五年,擢云南巡抚,进规绥阳。天台山最为城北险隘,列阵缀其前,从山后攻入,平其垒,投诚者三百余寨。绥阳城贼吴元彪乞降,黔西北路始通。由温水进剿,平绿竹山老巢,收复铁匠坪、九仓坝及被胁岩洞二十余处。六年,破沙窝踞贼,解大定围。拔大屯朵坝贼垒,会滇军平猪拱箐苗,又拔平远牛场地苗巢。黔西肃清。

七年,疏陈云南军事,命赴本任。寻擢云贵总督,驻军曲靖。进攻寻甸,破七星桥木城,扼文笔山、法鼓山要冲,铲平附近村庄贼垒。收复果马,叠捷于塘子、张徐湾诸处。援贼大至,围攻果马,各营尽陷,革职留任。八年,解马龙围,进逼寻甸,贼首马天顺、李芳园乞抚,遂复其城。

云南捻乱已久,各军惟布政使岑毓英所部最强,而毓英素尚意气,岳昭开诚任用,调发进止悉听之。毓英寻擢巡抚,和衷无牵制,军事日有起色。九年,克丽江,复威远、姚州,复永北、鹤庆、镇南、邓川、浪穹,拔凤羽白米庄贼巢,平弥勒县竹园踞匪。十年,平永善蛮贼,拔宾州贼巢,平香炉山杠匪,连克河西之大东沟、小东沟及临安之五山夷寨。十一年,复贵州兴义新城,先后克永平、云南及赵州、蒙化厅各城。攻大理上下两关,复大理府城,诛大酋杜文秀,诏复原职。十二年,滇省肃清,赐黄马褂,疏请陛见。

光绪元年,以入觐迁延,御史李廷箫劾其规避,下部议褫职。九年,卒。署湖南巡抚庞际云疏陈:"岳昭统兵十余年,建功之地,黔属为多;任事之艰,云南为最:请复原官。"诏允之。

岳昭之规寻甸也，杜文秀遣党万余，战不利。从弟岳晙请岳昭速还曲靖，以固根本。贼果分党往袭，以有备不得逞。岳晙守马龙，贼围之，伺懈出击，走之。固守数月，练兵得三千人，会攻寻甸，破七星桥要隘，贼蹙乞降，犹怀反侧，岳晙率三十人入城，示以坦白，人心始定。次日，毓英兵亦至，服其胆略。岳晙先以积功擢至道员，岳昭至滇后，专任毓英滇军，其旧部多遣去云。

岑毓英，字彦卿，广西西林人。诸生。治乡团，击土匪，以功叙县丞。咸丰六年，率勇赴云南迤西勦回匪。九年，克宜良，权县事。十年，克路南，署州事，擢同知直隶州。进攻澂江，兼暑知府。十一年，克澂江贼垒，破昆阳海口贼，迤西回匪连陷楚雄、广通、禄丰，省城戒严。毓英赴援，同治元年，破贼大树营。时总督张亮基引疾去，巡抚徐之铭主抚，回酋马如龙通款，毓英往谕顺逆，如龙献所踞新兴等八城，之铭奏以毓英摄布政使。寻以安抚功，加按察使衔，赐花翎。二年，回弁马荣叛，戕总督潘铎，毓英率所部粤勇一千，与弟毓宝等守藩署。之铭微服诣毓英，司道皆集，分兵守东、南门，密召马如龙入援。如龙至，诛乱党，马荣跳走南宁，合马联升踞曲靖八属。诏嘉毓英守城功，擢道员。

率师西勦，复富民、安宁、罗次、高明、禄丰、武定、禄劝、广通、陆凉、南安诸城，及黑、元、永三盐井，进捣楚雄。会东路有警，之铭檄回省，分兵克沾益、平彝。赴楚雄督攻，克其城。进复大姚、云南、赵州、宾川、邓川、浪穹、鹤庆，分道进规大理上下关。三年，克定远，围攻镇南，大破援贼于普棚。马联升复陷沾益，犯马龙，回军破之于天生关。进攻曲靖，复马龙、沾益。进克寻甸，擒马荣、马兴才，克曲靖，擒马联升，并诛之。尚书赵光疏呈滇绅公启，言毓英所有功，特诏嘉勉，下总督劳崇光据实保奏。四年，肃清迤东，加布政使衔，赐号勉勇巴图鲁。

西路自毓英军移去，所克诸城多复陷，仅存楚雄未失。毓英驻军曲靖，护省城运道。五年，命署布政使，劳崇光至是始至滇受事，奏以提督马如龙专办西路，令毓英督勦猪拱箐苗。猪拱箐隶贵州威宁州，与海马姑相犄角，山溪阻深，苗酋陶新春、陶三春分踞之。纠聚苗、教诸匪及粤匪石达开余党，凡十数万人，迭扰滇之镇雄、彝良、大关、昭通、黔之大定、黔西、威宁、毕节，且及川疆，三省会勦久无功。毓英上书骆秉章，谓权不一则军不用命，愿率滇军独任，期百二十日覆其巢，授迤西道，署布政使如故。

六年，擢布政使。二月，师抵猪拱箐，令张保和、林守怀领二千人，由大溜口出二龙关后，掩袭吴家屯，自督三千人攻关。贼倾巢出战，关后炮发，贼回救，毓英挥军夹击，三隘皆下，遂夺吴家屯，擒斩数千。贼自海马姑来援，截击之，斩其酋，余贼反奔。令蔡标、刘重庆分军围勦海马姑，克红岩、尖山，贼援乃断，遂逼猪拱箐老巢。贼以巨石自山颠坠下，驱牛马突营，将士多伤亡，毓英督军搏战，斩悍酋，贼始却。于营前掘深坎，贼所发石尽陷坎内，诱降傈人，得贼虚实，选敢死士二千，填壕以进，连破木城二，直捣其巢，纵火焚之，斩馘二万，擒陶新春及其死党，磔之，拔出男妇四万余人。乘胜合攻海马姑，伏兵山前后，进毁贼垒三十余，以喷筒环烧，擒陶三春及悍酋二百余人，皆斩之，贼悉平。计自进兵至是，仅逾期四日，加头品顶戴。

马如龙勦迤西屡失利，劳崇光病殁，杜文秀大举东犯，连陷二十余城，省垣告急。是年冬，毓英自猪拱箐凯旋曲靖，先遣弟毓宝助省防。七年春，扬言师出陆凉，而取道宜凉、七甸，连破大小石坝、小板桥、古庭庵、金马寺贼垒，进屯大树营。马如龙来会，人心始定。昆阳匪首杨震鹏夜渡昆明池袭省城，毓宝击败之，震鹏负创遁。进攻杨林，毓英鼻受枪伤，回军省城，连破石虎关贼垒，擒贼渠李洪泐，擢授巡抚。附省贼垒犹繁，与之相持。总督刘岳昭初至滇，由马龙进勦寻甸，失利，贼势复炽。

毓英疏陈军事、饷事，略曰："杜文秀窃踞迤西十有三载，根深蒂固。今拟三路进兵，一出迤南牵贼势，一出三姚、永北断贼援，大军由楚雄、镇南直捣中坚，使贼面面受敌，不能兼顾。臣选精锐六万，更番战守，既无停兵之时，亦免师老之患。兵勇无须外募，以本省兵勦本省贼，既习地利，复熟贼情。现在滇省兵勇乡团已调集八万有奇，拟俟附省逆垒肃清，认真裁汰，选定精锐，以资得力。滇省绿营额设马步兵三万七千数百名，承平日久，训练多疏，将不知兵，兵不知战。仓卒有事，则募勇以代兵；饷需支绌，不能不后兵而先勇。于是兵丁愈困，营务益弛。通省营兵所存不及十一，臣拟即于此六万人中，择补营额，目前仍令随征，事竣再饬归伍。既有常业，自有恒心，责以成功，收效必速。滇省近年用兵，多藉乡勇之力，拟按州县之大小，定征调之多寡，共编乡勇四十营，分两班随营征讨，饷银仍由各地筹捐。两年之内，迤西肃清，即可裁撤归农。滇省兵勇，向于饷银之外，每名月支米三斗。现拟用兵六万，每年共需米二十余万石，为数甚巨。历年皆按成熟田亩酌抽厘谷，约十分取其一二，资助军食，与川之津贴、黔之义谷，名异实同。今请照旧抽收，并将近年可征地丁抽粮，全数改征粮米，如不敷用，再行筹价采买接济，一俟军事肃清，分别裁止。滇省绿营官兵俸饷，有闰之年，需银七十万两有奇，无闰需银六十四万数千两。现既易勇为兵，则饷银较勇粮稍厚。倘因筹饷维艰，每月先给半饷，加以赏需军火各费，约共需银八万两。盐课、地丁、厘税之外，每月所短不过三四万两，应由外省协拨，较之向例协饷，有减无增。若发全饷，则每月应由外省拨银六万，较常例所增亦属无几。现在部臣指拨各省协滇军饷，如浙江、广东、江西，距滇较远，筹拨起解，往返经年，缓难济急。请饬改作京饷，另由川、楚等省应解京饷，改拨济滇，两无窒碍。至于选任镇将，宜不拘资格，不惜情面，凡有能将三千兵以上，才当一面者，虽其名位尚卑，亦宜委署要职。其谋勇平常，仅止熟习营务，纵系实缺，另予差遣，勿使幸位。"疏入，下部如所议行。

八年春，贼酋杨荣率众数万踞杨林长坡，分党踞小偏桥、十里铺、羊芳凹、牛街、兴福寺,省城大震。毓英督诸军分剿,夺回小偏桥诸处,复连败之于萧家山、鹦鹉山,擒斩逾万,划除省东贼垒百余。西北两方贼仍负隅拒守,毓英令副将杨玉科、总兵李维述等规迤西,与腾越义兵约期并进。于是副将张保和等克富民、昆阳,总兵马忠等克呈贡、晋宁、易门、澂江、禄丰,玉科等克武定、禄劝、元谋、罗次、定远、大姚,维述等克广通、楚雄、南安及黑琅、元水诸井。凡悍酋剧匪,擒斩殆尽,省城解严,被诏嘉奖。

九年,澂江回复叛,踞府城,毓英率军往剿,围其郛,十年二月,克之。并拔竹园、江那诸贼巢,迤西军亦克丽江、剑川、永北、鹤庆、宾川、姚州、镇南诸城。疏言:"滇省前事之误,东南未定,遽议西征,屡致丧师失地。今通筹全局,必先扫荡东南两迤,然后全军西上,方无后顾之忧。"

十一年,迤东、迤西两路悉平,西军亦先后克复永昌、邓川、浪穹、赵州、云南、永平、蒙化及上下两关,而大理贼犹坚守,恃腾越、顺宁互为应援。十一月,毓英亲往督战,先断贼援,直薄城下,掘隧道,陷城垣数十丈,夺东南两门入。贼守内城,昼夜环攻,守陴贼多死。杜文秀穷蹙服毒,其党异之出城诈降,斩首传示,勒缴军械,贼党犹请缓期。毓英令杨玉科率壮士二百入城受降,布重兵城外夹击之,斩酋目三百余名,生擒杨荣、蔡廷栋、马仲山,磔于市。大理肃清,赐黄马褂,予骑都尉世职。十二年,顺宁、云州、腾越皆下,全滇底定,加太子少保,晋一等轻车都尉世职。

十三年,兼署云贵总督。光绪二年,丁继母忧。五年,服阕,授贵州巡抚,加兵部尚书衔。七年,调福建督办台湾防务,开山抚番,浚大甲溪,筑台北城。八年,署云贵总督,九年,实授。

法越兵事起,自请出关赴前敌,屯兴化。十年,命节制关外粤、楚各军。会广西军溃于北宁、太原,毓英全师退屯保胜,以未奉命,降二级留任。七月,命进军决战,连复越南馆司、镇安、清波、夏和诸县,屯馆司宼,规取河内诸省。命丁槐、何秀林攻宣光,以地雷毁其城,擒斩甚众。十一年,京察,开复降级处分,令覃修纲攻克缅旺、清水、清山。法兵援宣光,掘地营延袤十余里拒之。破法兵于临洮府,夺梅枝关。连克不拔、广威、永祥,进捣山西、河内,广西军亦收复谅山。越南兴安、宁平、南定、兴化、太原各省闻风响应。会和议成,诏班师。五月,回驻边关。十二年,会勘边界,兼署巡抚。十三年,剿顺宁倮黑夷匪张登发,平之。十四年,京察,议叙。十五年,皇太后归政,晋太子太保。寻卒,赠太子太傅,入祀贤良祠,云南、贵州建专祠,谥襄勤。子春煊,官至四川总督。

弟毓宝,从毓英转战云南,功最著,累擢道员,赐号额图珲巴图鲁。光绪十年,出关援剿宣光、临洮,旋克广威府、不拔县、梅枝关,赐黄马褂。十四年,授福建盐法道,擢云南按察使,权布政使,护巡抚,兼护总督。二十一年,调贵州布政使,未行,复调云南。毓宝勇于战阵,不谙文法,御史溥颋劾其护总督时,任用私人,政刑失当,

坐夺职,卒于家。云贵总督崧蕃疏陈毓宝战功,诏复原官。

论曰:刘长佑朴诚廉毅,老于军事,时病其失之慈柔。自言:"于是非邪正,不自欺以欺人。"非饰辞也。滇、粤筹边,尤有远见。刘岳昭治滇,能屈己以听岑毓英。毓英与滇事相终始,跋扈霸才,竟成戡定伟绩,信乎识时之杰,能自树立者已。

卷四百二十　　　　列传二百七

韩超　田兴恕　曾璧光　席宝田

韩超,字南溪,直隶昌黎人。道光十四年,副贡。二十二年,天津治海防,超诣军门献策,事平,奖叙州判。寻以府经历拣发贵州,历署三角屯州同、独山知州。独山多盗,号难治。超募勇训练,用土民为向导,擒其渠。胡林翼守黎平,深倚重之,言之巡抚蒋霨远,超由是知名。

咸丰元年,乌沙苗倡乱,超从林翼进剿,驰风雪中,先后斩获数百人,余党悉乎。论功,以知县用。二年,署清江通判。知黔将乱,捐俸豢勇士八十人,练成劲卒。四年,独山土匪结粤匪内犯,超率兵邀击,分军出贼后,攻其不备,擒贼首杨元保,复深入广西南丹州境,击诸匪平之,加同知衔,赐花翎。桐梓匪杨凤窜永宁,合黔西匪王三扎巴连陷数城,围遵义,超驰至,败贼南关,阵斩王三扎巴,立解城围。复追败诸葛章司河,擒杨凤斩之,余党尽歼,擢知府。五年,苗乱蔓延,超驰援台拱,解黄平、平越围;转战至施秉、镇远,贼堑山断道,以阻官军。超以孤军驰突其间,大小数十战,补石阡知府。

超性刚直,有胆略,每与上官争执是非,上官责以剿贼而靳其饷,饥师转战,往往求协助于邻省。四川总督骆秉章、湖北巡抚胡林翼交章论荐,侍郎王茂荫亦疏荐之,诏下巡抚问状,以道员记名。九年,授贵州粮储道。时苗、教各匪连陷诸郡县,驻军卭水汛,扼其中,使苗、教不得合,且遏其下窜湖南之路。贼出全力扑之,超约楚军夹击,贼大溃。剿思州响鼓坪,施秉土地坪,镇远金鼎岩、锋严岩、唐家营岩诸贼巢,擒贼目张东山、欧光义等,镇远所属皆平。

民团旧以十户养一壮丁,超因其意稍变通之,官募士而民输粮;又籍叛产分授降众、流人,以田代饷:行之二年,得兵三千人。自军兴,协饷不至,地方官吏争抽取厘金以为补助。超建议厘金统一,一抽之后,不复再抽,商无滞累,饷用差给。十年,命帮办贵州剿匪事。十一年,署按察使。提督田兴恕疏陈超前后战功,加布政使衔,赐号武勇巴图鲁。诏予二品顶戴,署贵州巡抚。田兴恕方以钦差大臣督办军务,超久在行间,亦以肃清全黔为己任。

同治元年,田兴恕罢,乃命超办理防剿事宜。时尚大坪、玉华山两处为贼巢,遵义、安顺、思南、大定、铜仁、

石阡诸府所在皆贼，五月，回匪陷兴义，云南叛回溃勇抗境，粤匪亦由川窜至正阳、庙堂并桐梓、松坎诸地。超令总兵吴安康进剿，用内应夜纵火攻破贼巢，擒匪首倪老帽斩之，出难民二千余人。六月，闵家场踞贼纠集苗、教诸党逼江口，天柱匪首亦纠合土匪攻陷县城，分股窜湖南晃州厅、高寨，陷卬水、青谿两城，谋截楚军粮道。超令总兵罗孝连、道员赵国澍进攻安顺仲匪，夷其垒，擒斩贼酋韦登凤等。尚大坪贼复约苗、教分掠江内，超令孝连断其归路，国澍等驰军迎击，复令副将赵德元出冷水河、梯子岩进袭尚大坪，立破之，卬水汛城同时克复。进平玉华山贼巢，攻拔瓦寨，复天柱县城，特诏嘉奖。道员邓尔巽、总兵李有恒，破王家苗寨、夹马洞诸贼巢，获其酋李玉荣等。黄、白号、教匪窜遵义，知府李德㠪击破之于三台山，夺五里坎诸隘口。副将周宏顺进攻石阡，毁老王峀贼巢，诸峀就抚。

石阡、铜仁苗匪攻毁镇远营垒，卬水戍军亦溃，遂南掠松桃，北攻天柱。湖南援师至，贼始引去。诏斥超专恃援军，有负疆寄。云南方议抚回，巡抚徐之铭咨会停剿，而回匪益恣，窜陷安南、兴义，分扰郎岱、永宁、归化，诏原其误信抚议，免议处。石达开自川回窜，分三路，一走遵义，一走黔西，一走桐梓。遣沈宏富、李有恒、余祖凯击之。田兴恕以教案获谴去官，黔军益单。二年，乞病回籍。光绪四年，卒于家，年七十有九。诏念前功，赐恤，谥果靖。贵州请建专祠，并附祀胡林翼祠。

田兴恕，字忠普，湖南镇筸人。年十六，充行伍，隶镇筸镇标。咸丰二年，从守长沙。贼屯湘江西岸，军中募敢死士夜惊贼营，兴恕请行，夜浮小舟往，潜爇贼营，贼骑数百追之，泅水免。巡抚骆秉章奇之，委充哨官。五年，从克郴州。六年，领五百人号虎威营。从萧启江援江西，克万载、袁州。七年，战上高英冈岭，深入被围，左手受创，亡马，步战，他将驰救，得免。是役以少击众，毙贼千数。进攻临江，掘地道轰城，先登，再被创，贼死拒未下。援贼大至，启江议暂退，兴恕不可，曰："兵在精不在多，愿为前锋。"率所部直贯贼阵，贼张左右翼围之，后军望见兴恕旗指东麾西，贼皆披靡，夹击，贼大败窜走，遂复临江。八年，克崇仁、乐安、宜黄、南丰，积功至副将，加总兵衔，赐号尚勇、挚勇两巴图鲁。

贵州苗、教匪炽，黎平府被围久。兴恕奉檄赴援，至即攻破贼营，连战三日而围解，进克古州、永从，署古州镇总兵。九年，石达开围宝庆，兴恕率四千五百人赴援，扼九巩桥，无日不战，历月余，粮药将罄，选死士欲一战决胜负，会李续宜援军至，内外夹击，毁附城营三，连日攻下，势如破竹。达开窜广西，遂移军靖州防黔边，命署贵州提督，督办贵州军务，增军盈二万。十年，道铜仁，取卬江，分军略思南、石阡，进克猫山贼巢。

石达开由广西入贵州，连陷数县，省城大震。巡抚刘源灏趣赴援，兴恕奏言："黔省上游道路分歧，贼若以一军扰黔，一军入蜀，道远兵单，断难兼顾。已檄韩超分防镇远，沈宏富守湄潭，刘义方进松桃，臣驻石阡，居中调度。

贼如上窜，则亲会川军以攻之；窥楚，即驰还靖州。"时兴恕已实授提督，诏授钦差大臣，命署省城。师至，部署省防，督军赴定番迎剿，贼弃城而走。

十一年，兼署巡抚。时回、仲、苗、教诸匪分扰，上下游几无完土。兴恕分兵援剿，战屡捷。招抚匪首唐天佑、贾福保、陈大六、柳天成等，克复归化、荔波、定番、广顺、独山诸城，疏通驿路，军威渐振。兴恕年甫二十有四，骤膺疆寄，恃功而骄，又不谙文法，左右用事，屡被论劾，乃罢兼职，以韩超代之。

同治元年，罢钦差大臣。会法国教士文乃尔传教入黔，因事龃龉，兴恕恶其倔强，杀之，坐褫职，赴四川听候查办。经遵义旺超，值云贵总督劳崇光为贼所困。兴恕骤马冲入，大呼："田某在此！"贼惊溃，翼崇光出。寻论罪遣戍新疆，行至甘肃，总督左宗棠奏请留防秦州。十二年，释归。光绪三年，卒于家。

曾璧光，字枢垣，四川洪雅人。道光三十年进士，选庶吉士，授编修，记名御史。入直上书房，授恭亲王奕訢、醇郡王奕譞读。咸丰九年，出为贵州镇远知府。同治元年，署贵东道。二年，剿平铜仁踞贼萧文魁，赐花翎。云贵总督劳崇光荐其才，迭署粮道、按察使、布政使。

六年，予二品顶戴，署贵州巡抚。七年，实授。贵州地瘠乱久，北境接四川，东境接湖南，军事悉倚邻援，本省饷既艰窘，将多骄蹇。总兵林自清劾罢后，戕兴义县令，率所部万人扰川境。八年，璧光密遣提督陈希祥擒斩之，令吴宗兰剿青山余匪，克普安、安南。时席宝田军已由东路进规台拱，省城附近诸匪糅杂，出没无常。九年，周达武调任贵州提督，率川军至贵阳，渐次勘定。自军兴乡试久停，至是年始补行，人心益定。与达议增兵扼要驻守，令道员塞阆破遵义贼，擒其酋吴三；令提督刘士奇克都匀，殪其酋吴章。

十年，令提督钟有思等进剿上游，克永宁、威宁，下游诸军擒悍贼潘得洪，收复八寨等城。又收复上江、下江、三脚各城，平上游镇宁、归化贼巢，殪永城踞贼侯大五，斩郎岱金家硐踞贼金大七，盘江北岸肃清。又破毕节、威宁诸匪，清八寨、三角余贼，毁其巢。令总兵何世华击斩安南贼酋潘幺，进克贞丰，西路悉平。十一年，周达武率所部会楚军定苗疆，诏嘉调度有方，予优叙。

十二年，会滇军克新城老巢，全省肃清，加太子少保、头品顶戴，予云骑尉世职。寻新城防军索饷哗变，匪首何玉亭攻新城，遣其党黎正关攻兴义，分军驰剿，捕诛其渠，事旋定。光绪元年，卒于官，追赠太子太保，依总督例赐恤，谥文诚。四川、贵州请建专祠。

席宝田，字研芗，湖南东安人。诸生。咸丰二年，率乡团杀贼，复县城，奖叙训导。六年，刘长佑援江西，招参军事，遂从转战，积功累擢同知直隶州。九年，石达开由广西犯湖南，宝田从解宝庆围，擢知府。十年，骆秉章令募千人号精毅营，防湖南边。广东贼犯郴州、桂阳，击走之。同治元年，石达开复由广西入境，连败之于黔阳，克来凤，以道员记名，加按察使衔。

二年，粤匪黄文金大举犯江西，命提督江忠义赴援，宝田副之，战饶州桃溪渡，大破之；又迭破之于湖口、洋塘、石门、青山桥，贼引去，趋池州，围青阳。宝田袭石岭，破贼卡，分军遮其前，合水陆夹击，文金遁走，遂解青阳围，累功赐号业铿额巴图鲁，加布政使衔。江忠义卒于军，宝田代领其众，留防江西。三年，李世贤、黄文金复合犯江西，将以遥掣江宁之师，宝田逆击白沙关，夺枧桥要隘，钞击于大济关、泥岭关，贼窜山谷，复金谿，以按察使记名，授云南按察使。

时杨岳斌初至江西督办军务，檄宝田援南丰，坐迁延被劾，降知府，留军。会大军克江宁，群贼拥洪秀全子福瑱逸出，由开化犯玉山，走泸溪，宝田邀击于新城，进至石城杨家牌，擒洪仁玕、洪仁政、黄文英等。福瑱匿山谷中，捕得之，槛送南昌，伏诛。诏复宝田原官，予云骑尉世职，赐黄马褂，授贵州按察使。时余贼汪海洋等走广东，四年，宝田自平远邀击，降万余人，又扼铁石岭，降者二万，诸军合击于嘉应州，全数荡平。论功，江西军以宝田为第一，诏以布政使记名，遇缺题奏。军事既定，请回籍终养，允之。

贵州苗、教诸匪构乱十有余年，东路素倚湖南援军，自粤匪平后，议大举剿平。先是授兆琛为贵州布政使，偕总兵周洪印率师往，积岁无功。李元度围黄竹园，亦久不下。巡抚李瀚章、刘崐先后劾罢兆琛、洪印，元度亦镌级，荐起宝田招集旧部万人入贵州，总统东路诸军。

六年冬，进军石阡，荆竹园为教匪老巢，宝田审视地势高峻，匪寨环列，惟北面平夷可掩入。七年元旦，进攻，部将黄元果先登，诸将肉薄垒下，一日平十八寨，克荆竹园，擒斩匪首萧桂盛、何瑞堂，其旁三十六寨相继攻下。捷闻，被珍赉。夏，进规寨头。寨头为苗疆门户，诸苗帑贿资粮所萃，连拔东西三屯，阵斩苗酋桂金保，破援贼张臭迷，攻下台笠、丁耙塘诸寨，遂克寨头。分军克天柱，斩其酋陈大六。

会丁继母忧，回籍治丧，提督荣维善暂领其众，寻诏夺情趣赴军，进攻台拱。台拱苗最强，踞清江、镇远二城为犄角。宝田请增兵万人，按察使黄润昌、道员邓子垣领之出晃州为北路，宝田自当南路，令荣维善用雕剿法，转战山谷间，破诸苗寨，渐近镇远。润昌、子垣由思州进攻镇远府城，克之。八年二月，维善连破董敖、公鹅两隘，遂克清江厅城。两军合趋黄飘，山地狭峻，人行顶趾相接，遇伏。维善军疾行先出险，润昌军误以为陷伏中，争道相挤，为贼所乘，润昌、子垣皆战殁。维善闻变，率二百人驰救，被围，为苗所擒，遇害。于是苗氛复炽。

张秀眉犯巴冶，宝田亲督军击走之，进克稿米，令龚继昌、苏元春破苗寨，击走张臭迷等，分军守镇远、施秉。时以宝田军苦战年余，尚未深入，议罢其军，刘崐仍主专任，复增兵万人，分三路进。九年，会攻施洞，克之。苗走九股河，白洗苗来援，击败之。进攻台拱，破革夷诸寨，薄台拱城下，苗弃城走，克之，加头品顶戴。进军九股河，分别剿抚，凡平黑苗寨二百余所。鸡讲、丹江苗皆请归化。十年，进攻凯里，一鼓而下。苗溃走雷公山，庽众六七万人，黄茅岭、雷口坪、九眼塘、燕子窝诸寨皆绝险，宝田督诸军冒暑入山，合击张臭迷，斩馘三万，燔其庐舍，剿洗一空。驻军施洞口，宝田遽病风痹，乞假医疗，命部将龚继昌、苏元春、唐本有、谢兰阶分统其军。军事进止机宜，仍禀命于宝田。

十一年，三路进兵，凯北以北悉定。合攻乌邪坡，诸酋皆在，以长围困之。迭战，斩九大白、岩大五于阵，先后降者数万。四月，擒张秀眉、杨大六、金大五等，槛送长沙，伏诛。张臭迷先逸，捕得之戮之。诸酋或降或斩，无脱者。苗疆平，诏晋宝田骑都尉世职，家居养疴。光绪十二年，诏以宝田前擒洪福瑱功，命曾国荃绘其像以进。十五年，卒，赠太子少保，优恤。原籍及江西、贵州建专祠。

论曰：贵州之匪，总名有六：曰苗匪、教匪，曰黄号、白号，其小者曰杠匪、仲匪，其他滥练、游勇、逆回、悍夷，揭竿踵起，不可悉数。始于咸丰四年，无兵无饷，不能制也。韩超有办贼之才，久屈下僚，事权不属。田兴恕入黔，兵威始振，超亦骤起，未久相继去。张亮基治黔数年，亦仅补苴。中原大定，曾国藩乃议以湖南兵力、饷力为平黔根本，而骆秉章亦令刘岳昭剿黔北以保川边。后专倚席宝田，戡定苗疆。自周达武以川兵、川饷济黔之不及，曾璧光赖之以竟全功。盖阅二十年而后大定。古云："蛮夷之人，不叛后服。"盖以地势使然。然使若韩超者早膺疆寄，其延祸或不致如是之甚。弭乱之道，在得其人，用人之道，必尽其才，固古今不爽者尔。

卷四百二十一　　　列传二百八

沈兆霖　曹毓瑛　许乃普　子彭寿
赵光　朱嶟　李菡　张祥河
罗惇衍　郑敦谨　庞钟璐

沈兆霖，字朗亭，浙江钱塘人。道光十六年进士，选庶吉士，授编修。十九年，大考二等。二十五年，迁司业。二十六年，迁侍讲，入直上书房，授惇郡王读。二十九年，迁侍讲学士，直南书房。历詹事、内阁学士。咸丰二年，擢吏部侍郎，督江西学政。

三年，粤匪自武昌下九江，兆霖请速援南昌。上谘以军事，兆霖奏言："江西会城虽暂可无虑，贼扰外府，省兵不能兼顾。外府各有团练，如肯齐心协力，何藉分兵？即如抚州乡团不下数万，皆留保本村，官兵衹三百，已调赴会城。如团练不能合力，贼至何以御之？其故皆因坚壁清野，旧议衹守本村，并不出战，不知事与嘉庆间川、楚教匪不同。川、楚教匪劫掠村庄，自以坚守堡寨为是，今贼专攻省会、郡县城池，城既破，乡勇亦相与解散矣。抚州如此,各省各府亦必皆然。乞饬直省当于练勇中精选十之二三,联为乡兵,统以练达有位望之人。遇本县有警,互相救援。其外府、外县仍不得调往,以免扰累。"得旨允行。寻以病乞罢。

五年,病痊,署吏部侍郎,仍直南书房。兆霖疏言:"安徽各郡,江北安、庐、和,江南池、太,皆为贼踞。巡抚驻庐州,东北徽、宁、广三属,几为巡抚号令所不及。事急则向浙江请饷,事平则泄沓如前,不加整饬,旋收旋失,縻饷殃民。臣察徽、宁二府,山川险固,地皆可守,民亦健奋,歙、休宁二县,尤多富民。宜于皖南设大员,专辖四府、一州,庶以饬吏治,固民心。度险设防,皖抚得专心于江北,浙抚亦不至牵制于皖南。"疏下廷议,改池太道为皖南道,得专摺奏事,如福建台湾道例,从之。寻兼署工、兵二部。

六年,授吏部侍郎,调工部,复调户部。八年,命往通州察核通济库,奏请如户部三库例,以仓场侍郎兼管,佩印钥,著为令。九年,擢左都御史。十年,署户部尚书。七月,英吉利、法兰西兵内犯,兆霖疏请专讲守御,勿汲汲言抚。九月,授兵部尚书。抚议既定,上犹驻热河,兆霖与诸大臣奏请回銮,上命待明年。兆霖复奏请明年春融,即启跸还京。寻调户部。

十一年,穆宗回銮即位,命充军机大臣。甘肃西宁撒回为乱,总督乐斌遣提督成瑞率兵讨之,逗挠不进。乐斌用西宁办事大臣多慧议招抚,乱久未定。上命兆霖偕尚书麟魁往按,尽发乐斌等瞻徇贻误状,乐斌戍新疆,成瑞、多慧逮京治罪。同治元年,命兆霖署陕甘总督,亲督兵自碾伯进击撒回,屡败之,撒回乞降。七月,师还,次平番二道岭沟,雨雹,山水骤发,兆霖及从行兵役并没。水退,得兆霖尸,犹端坐舆中。布政使恩麟以闻,上深惜之,赐恤,赠太子太保,谥文忠。

曹毓瑛,字琢如,江苏江阴人。道光十七年拔贡,授兵部七品小京官,迁主事,充军机章京。二十三年,举顺天乡试,再迁郎中。咸丰十年,擢鸿胪寺少卿。时江南大营溃,总督何桂清弃常州,苏、常相继陷。毓瑛疏陈军事,略曰:"拯溺救焚,其事宜急而不宜缓。捣虚批亢,其事宜合而不宜分。臣前读都兴阿奏,拟自英山由豫境绕赴徐、宿,以达江北,而曾国藩通筹方略,拟分三路进剿,俟八月大举。窃谓都兴阿由豫境以达江北,程途纡远,非两月不能到。浙江自萧翰庆阵亡,江长贵自平望退守,锐气尽消。以屡溃之屡兵,御剽悍之勍贼,待至八月,松、太、杭、嘉、湖诸郡势将瓦解,蔓延愈广,规复愈难。为今计者,都兴阿宜自英、霍取道临、凤以抵江北,不过旬日,即由通、泰渡江,直抵江阴,进攻常州,无锡为一路,而以周沐润所募沙勇副之;镇江现有兵万余,巴栋阿、冯子材、向奎进规丹阳为一路,薛焕在上海增募勇丁万人,由嘉定、太仓、昆山进攻苏州为一路,而命张玉良出嘉兴、平望为副之;曾国藩率楚师由宁国取道广德,进抵嘉、湖为一路,策应诸军,而令米兴朝攻宜兴,溧阳,周天受攻高淳、东坝,曾秉忠督长龙船出入太湖以副之。攻贼之所必

救,据贼之所必争。俟曾国藩新募勇至,然后分路进剿,庶于事有济。"

英、法两国合兵犯京师,上幸热河,军书旁午,枢臣未全从,上命择章京资深才优者佐诸大臣办事。毓瑛在直久,诸大臣欲举以应,固辞,遂越次用焦祐瀛。十一年,穆宗即位,诸大臣皆遣罢,乃命毓瑛在军机大臣上学习行走,迁顺天府丞。同治元年,迁大理寺卿,授军机大臣。二年,擢工部侍郎,调兵部。三年,江南平,加头品顶戴,赐花翎,署兵部尚书。四年,擢左都御史,寻授兵部尚书。五年,卒,赠太子少保,谥恭悫。

方端华、肃顺擅政,毓瑛独不附。及佐枢政,廉慎勿懈,每谓:"军旅大事,患在信任不专,事权不一。古来良将,率以掣肘不能成功。"时以为名言云。

许乃普,字滇生,浙江钱塘人。拔贡,考授七品小京官,充军机章京。嘉庆二十五年,成一甲二名进士,授编修。道光三年,直南书房。四年,大考二等,擢洗马。五年,督贵州学政,任满回京,仍直南书房,累迁侍读。十三年,复以大考二等擢侍讲学士,督江西学政,三迁内阁学士。十八年,擢刑部侍郎,罢直南书房,专治部事。调吏部,又调户部。二十一年,擢兵部尚书。二十五年,坐事镌五级,补太常寺少卿,迁光禄寺卿。

三十年,文宗御极,命仍直南书房。诏求言,乃普疏言:"方今先务,莫急于正君心,培圣德。请敕馆臣合列朝圣训,依类分门,排日进呈,庶政奉以为宗。恩诏各省保举孝廉方正,请敕下各直省学政考核学官,学官得人,所举庶几可恃。刑部于致死胞伯叔及胞兄之案,以事关服制,往往夹签声明,并非有心干犯,巧为开脱。请敕下刑部斟情酌理,俾无枉纵。各省绿营弁兵平时宜加意训练,武职到京,兵部验看时,当令兼演火器。"疏上,得旨:"下所司议奏。"复申谕刑部及各督抚,服制案罪名务得实情。咸丰二年,授内阁学士。乃普疏论军营奏报欺饰,得旨,令各路统兵大臣及各督抚力除积习,严为稽察,其朦混掩饰者,据实严参。擢兵部侍郎。三年,粤匪陷九江,扰皖北,觊觎北向,而庐、凤守御单弱,乃普疏请调黑龙江兵,道山东、江南,径赴安徽,远可张苏、浙之声援,近可固庐、凤之门户。调刑部,寻擢工部尚书,调刑部。

国子监司业崇福奏请豫征山西咸丰四年钱粮,军机大臣等会议,推及陕西、四川两省,乃普偕侍郎何彤云奏言:"各省情形不一,应由各督抚体察情形。山西被贼各州县及陕西之延安、榆林、绥德、兴安,四川之宁远各府,地瘠民贫,均请免其借征。至畸零小户,有田数亩或数十亩,仅足糊口,仍令照常例完纳,庶民力不至重困。"又奏言:"时值严寒,用兵尤宜抚恤。闻道永镇兵四百名,去贼最近,而强半尚乏秋衣;重以行营所在,百物昂贵,无钱者往往须取于民,以致负贩裹足,兵士转不免于饥寒。请饬统兵大臣悉心筹度。"从之。又言:"江南大营老师糜饷,皆由琦善等意见不和,舒兴阿自陕赴皖,所在稽留,沿途需索。今命与江忠源会剿,不独难以和衷,且恐因之掣肘。又方今饷需艰难,军务一日未藏,即度支一日不敷,

惟在大师刻日奏功,以纾天下之困。请皇上严加督责,信赏必罚,以振暮气。"疏上,嘉纳之。

四年,刑部主事王式言坐承审命案,听授请托,失入绞罪。事闻,上命裕诚等按治,乃普以式言本门生,奏请回避,弗许。既而裕诚等谳式言仆受贿,上责乃普回护,降补内阁学士,罢直南书房。寻迁礼部侍郎,擢左都御史。六年,迁工部尚书。八年,命督五城团防。九年,调吏部。十年,文宗三旬庆辰,加太子太保。九月,以病乞罢。同治五年,卒,谥文恪。

子彭寿,字仁山。道光二十七年进士,选庶吉士,授编修,累迁少詹事。咸丰十一年,文宗崩,命议郊配礼,彭寿偕大理寺少卿潘祖荫奏言:"臣读大行皇帝圣制《甲寅孟夏斋宫即事》诗,末句'以后无须再变更',注云:'天坛配享,三祖、五宗为定,永不增配位。恐后代无知故违,则仪文太繁。'臣等仰瞻圣藻,躬悬斋宫,言法行则,非博谦让虚名。弓剑未寒,不忍顿生异议。"礼遂定。

时肃顺等获罪,彭寿请察治党援,旨令指实。奏言侍郎成琦,太仆寺卿德克津泰,候补京堂富绩,侍郎刘昆、黄宗汉。得旨:"纠弹诸事,朕早有闻,特惩一儆百,力挽颓靡。此后不咎既往,诸臣亦毋以党援陈奏,致启讦陷。"于是陈孚恩等遣黜有差。彭寿又以载垣等随事刻深,户部五宇官钱案请再清厘,从之。同治初,再迁内阁学士,署礼部左侍郎。五年,卒。

赵光,字蓉舫,云南昆明人。嘉庆二十五年进士,选庶吉士,授编修。迁御史、给事中,转光禄寺少卿,五迁内阁学士。擢兵部侍郎,调户部。

文宗即位,奏陈时务,略言:"安民先察吏,州县为亲民之官,秩卑责重。捐例屡开,仕途益杂。幕友招摇,书役播弄,贿嘱情托,靡所不至。正供则挪移侵亏,讼案则株连搁压,偶或参劾,辄筹抵制。大吏虑其噬脐,曲予宽容,同僚相率效尤,成为习惯。应请饬令督、抚、司、道,严行举错,以肃官方。国家縻饷养兵,冀收实用,近日营伍将弁,虚文操演,斯役士卒,养尊处优。空名渔利,器械不修,枪炮无准,而水师尤为窳敝。往往居岸自适,风沙水线,都未研习,洋面不靖,盗劫频闻。前者海疆有事,船远距而弹施,敌近前而药罄,束手无策,裸体先逃。凡诸军备,转为寇赍。甚至轨律尽隳,沿途坐索,长官乞哀,乃始进行。军威不肃,一至于此。夫练兵必先练将,材艺迈众,忠勇无前,如昔时杨遇春辈,渺不可得,缓急何恃?应请饬令将军、督、抚、提、镇,整齐营伍,鼓励人才,以修武备。诘奸除暴,莫如保甲,近来直隶、山东盗贼日众,至河南之捻匪,四川之啯匪,广东之土匪,贵州之苗匪,云南之回匪,肆意强横,目无法纪,邪教充斥,名目纷繁。煽诱既众,蹂躏弥多。地方文武,恐滋事端,惟务姑息。胥差既豢贼纵容,兵弁复得规徇隐。干吏严拘,则声息潜通,夺犯戕官,酿成巨患。其愚懦者,但期文过,讳盗为窃,避重就轻,以至匪徒益无忌惮,祸不胜言。应请饬令各直省督抚,认真整顿,奉行保甲,缉捕勤能,据实奖励。疲玩者撤参重处,以戢盗风。直省仓库钱粮,各有定额,州县官如果尽数征解,交代清晰,何至亏空盈千累万?其致此之由,厥有数端:或纨绔而登仕版,习尚奢华;或庸瞆而昵亲随,开销浮滥;或负累已深,官项偿其私债;或交游太广,正款供其应酬。寅支卯粮,东挪西掩,有漕者藉口于帮丁之需索,解库者归咎于粮价之增昂。道府察知,往往碍于情面,曲意弥缝,后任虑招重怨而不敢发,上司恐兴大狱而不敢参,即使查抄,终归无著。是以州县交代,有历数任而未算结者,有合数十州县而未盘查者。前者钦差大臣会同各督抚清查整理,严定章程,亏短各案,业已分别摊赔。第恐旧亏未完,新亏已续,应请敕令各直省督抚督同司道各官详细查核,交代未清者,停其委署升补,亏那者严参,以清积弊。"疏入,优诏嘉纳。

三年,擢工部尚书,调刑部。八年,命偕尚书周祖培等督五城团防事宜,历兼署工部、兵部、户部、吏部尚书。四年,卒,谥文恪。

朱嶟,字致堂,云南通海人。嘉庆二十四年进士,选庶吉士,授检讨,迁御史。道光十二年,畿辅灾,广东副贡生潘仕成捐资助赈,赐举人。有援案以请者,嶟疏言:"仕成本副贡,去举人一间,赐以举人,于破格之中,仍寓量才之意。厥后叶元坤、黄立诚次第援请,若因此遂成定例,生富人侥幸,阻寒士进修,于事不便。应请旨饬各督抚,水旱偏灾,捐输应奖,不得援引前案。"上嘉纳之。五迁至内阁学士。十七年,擢兵部侍郎,迭兼署吏、户二部,坐事镌五秩。二十六年,补内阁侍读学士。

御史刘良驹条奏银钱画一,上命各省督抚议奏。嶟疏言:"泉布之宝,国专收其利,故定赋以粟,而平货以钱。物贱由乎钱少,少则重,重则加铸而散之使轻;物贵由乎钱多,多则轻,轻则作法而敛之使重。一轻一重,张弛在官,而权操于上。今出纳以银,钱几置诸无用。虽国宝流通,然流于下而不转于上。于是富商市侩,得乘其乏,操其赢,而任意以为轻重。若使官为定价,且必格而不行。要在因其便使人易从,通其变使人不怨,行其权使人不疑。方今盐务疲敝,皆以银贵钱贱为词,以盐卖钱而不卖银也。卖钱即解钱,人必乐从,长芦盐价可解京充饷。请于东西城建库藏钱,以户、工左右侍郎掌之,按时价搭放各旗,就近赴库请领,以免其转运,并严禁克扣、短陌、搀杂诸弊。两淮盐价,解όя河工岁修。淮上全工,水路皆通,挽运较易,工次雇夫购料,俱系用钱,此两便之道也。农民以钱输赋,天下十居七八。地方官收钱解银,每致赔累。江西抚臣吴文镕前奏:'本省坐支之项,收钱放钱;解部候拨之款,征银解银;兵饷役食,请照时价改折。'其言不为无见。惟全行收钱,往返搬运,倍增劳费。通省绝无银币,亦未免偏枯。拟将州县征收,向来征银解银者置无论,但照现在收钱者,量钱粮多少,视附近地方兵役众寡,酌减应解银数,以纾其困。除易银解司之外,即以钱抵银,每银一两,折钱若干,酌定数目,按照时价,支放兵饷役食。应有耗羡平余,仍行提出解司,而本管同城之官俸,本州县之书工、役食、祭祀、驿站,本地方分汛之兵饷,俱准坐支。余则视道路之远近，解存道、府、藩各库，以放兵饷。时价则视省垣为准，以开征前十日为定，由藩司通饬遵照，半年一更。饷银每两折钱多不过千七百，少不过千二百，取为定则，不得再减。至文武官廉俸无可坐支者，兵丁屯驻之区，附近州县无收钱者，皆发银如故。官局钱搭放向有成例者亦如故。如是，则虽变而实因，不至纠纷窒碍。至如百姓出粟米麻丝易钱输赋，久已习为故常，向收若干，今折若干，凡自封投柜者，不遽改折，是于民无扰也。兵丁领银，仍须易钱然后适用。每至兵领饷时，不准铺户抑价，今照定价放给满钱，此于兵无亏也。先时银多，则官以收钱渔利；今时钱贱，则官以易钱赔累。多用钱则少解银，即累亦因以减，迨银价平时，又复可获羡余，此于官有益也。或谓钱收于上，则廛市一空，恐致钱荒。不知兵役领钱，仍行于市，地方官除存库外，尚有大半必须易银解司，则其钱亦行于市。且今日之弊，不在钱荒而在钱滥，欲救其弊，莫利于收钱，尤莫利于停铸。当此钱贱之时，暂停鼓铸，以工本之银，发出易钱，实收上库。薄小者汰之，则私铸难行，而官钱日多，钱价可平，而制钱一千准银一两之例，可得而行矣。是知停铸者用钱之转关，平价者绝钱之微权也。将欲平价，非使银钱相垺不可，为平价而暂停铸，迨价平而复开炉，所谓欲赢先缩，一张一弛之道也。夫损上必期益下，今钱值日贱，物价日贵，泉府费两钱而成一钱，官兵领一钱则仅当半钱。无益于民，有损于国，孰得孰失，必有能辨之者。总之可用钱则用钱，必须用银则仍用银。附近则用钱，致远则用银。子母相权，赢缩有制，补偏救弊，无逾于此。惟各省情形不一，因地制宜，随时变通。当责各督抚体察酌议尽善。"疏入，上命军机大臣会同户部议行。

历通政副使、内阁学士。二十九年，授仓场侍郎。咸丰四年，病，乞罢。五年，病痊，复授户部侍郎。六年，擢左都御史。迭署兵、礼二部尚书。十一年，又以病乞罢。同治元年，卒，谥文端。

李菡，字丰垣，顺天宝坻人。道光二年进士，选庶吉士，授编修。再迁侍讲，大考二等，擢侍讲学士。二十一年，迁少詹事，督安徽学政，累迁通政使。二十五年，擢左副都御史。

咸丰元年，署礼部侍郎，应诏上疏："请戒饬诸臣：一曰振因循。积习相仍，中外一辙。用兵无可退之理，乃引疾归田，抽身保位，则因循在军旅矣。治水为难缓之功，乃自冬徂夏，漫口未合，则因循在河防矣。雍沙番案，琦善以总督大员，犹复语多狡饰，以至往返鞫讯，则因循在刑法矣。顺天武清县逃犯，竟敢窝藏匪徒，浙江奉化县刁民并敢迫胁官长，则因循又在郡县矣。伏愿皇上乾纲独振，力挽颓风，闻嘉谟则立见施行，睹弊政则悉除支蔓。惰者责之，勇者奖之，勤者进之，昏者黜之，庶奋庸熙载，百废俱修矣。一曰除欺饰。粤西逆匪，萌蘖在十数年之前，使抚臣早为奏闻，何难根株立绝？乃养痈成患，讳莫如深。比及有人指陈，势已不可扑灭。年来劳师糜饷，迄无成功，祸首罪魁，实由欺始。夫献可替否，宰相之责也；拾遗补阙，谏官之职也。伏望皇上开诚布公，虚怀善纳，导之使言，言之使尽，执两用中，归于至当。至科道职司言责，尤朝廷耳目之官，风闻偶误，小过可容，庶赣直得效其愚，娄非莫行其罔，而宸聪四达矣。一曰屏偏私。人之气质，不能无偏，意见少有参差，议论遂多龃龉。相持不下，教令纷更，属员既无所适从，宵小遂从而逞构。嫌隙日深，乖气致戾。刑部越狱一事，非其明验乎？夫师克在和不在众，两粤会剿，湖南防堵，将帅不应有诿罪争功之见，督抚不可存此疆尔界之私，同德同心，群策群力。苟无隙之可乘，定肤功之克奏。河、漕本属一体，未有河不治而漕治者。从前督臣、漕臣，曾因参劾厅员，各执己见，现在漫口不能合龙，漕船何由利济？亿万姓饥民待赈，数百万帑项虚糜，正大臣忧患与共之时。此即屏除嫌怨，共秉公忠，犹恐难以济时屯而纾民患；倘仍芥蒂未化，筹画分歧，不和政庞，咎将谁执？伏读仁宗御制《和同论》，谆谆以臣下偏私为戒。愿皇上一德交孚，与百僚共襄上理焉。一曰防玩法。现今军务、河工，贻误诸臣，厥咎匪细。仰蒙宽典，仅予薄惩，恕其既往之愆，责其将来之报。而且失伍之将弁，准其带罪立功，溃防之河员，许其留工效力，恢宏大度，格外矜全，天下皆晓然于圣人不得已之苦心，与夫通变权宜之计，该大臣等久蒙倚任，渥荷优容，自无不激厉图功，竭忠矢志。第恐奔走御侮，难得贤员，幸泽恃恩，复萌故智。始犹惧罪之不可逭，一旦获宥，遂谓罪有可原矣；初犹虑法之不能逃，幸而苟免，遂谓法止于是矣。伏愿皇上奋天锡之勇，播神武之风，宽大之诏，能发而即能收，希冀之恩，可一而不可再。则德威惟畏，玩纵之萌，不戢自止矣。以上四条，皆臣道之防，实切时之弊，而其本由于得人。进英锐，则因循者退矣；取诚笃，则欺饰者鲜矣。惟在皇上任贤勿疑，用材器使，俾朝无幸位，莫不图易思艰，庶可挽天灾民变之穷，而上副引咎纳言之至意。"疏入，上嘉纳之。

三年，授兵部侍郎，署仓场侍郎。廉得奸人把持仓务，置于法。十年，调工部，复调吏部。同治元年，擢工部尚书。二年，卒，谥文恪。

张祥河，字诗舲，江苏娄县人。嘉庆二十五年进士，授内阁中书，充军机章京。迁户部主事，累转郎中。道光十一年，出为山东督粮道。十七年，擢河南按察使，以父忧去官。服除，仍授河南按察使，署布政使。二十二年，祥符决口合龙，赐花翎，诏以河南迭被水灾，始终克勤其事，予优叙。二十四年，迁广西布政使，擢陕西巡抚。西安、同州有刀匪扰害闾阎，祥河饬严捕百余人置诸法，诏嘉之。三十年，文宗即位，应诏陈言，请述祖德，守成法，励官方，蠲民欠。疏入，报闻。祥河优于文事，治尚安静，不扰民，言者劾其性耽诗酒。

咸丰二年，东南军事日棘，祥河奏言："陕西兴安等地毗连楚境，应举行团练，择要防堵。惟乡勇良莠不齐，易聚难散，不如力行保甲，为缉奸良法。"三年，召还京。四年，授内阁学士，寻迁吏部侍郎，督顺天学政。六年，以病罢。病痊，仍授吏部侍郎。八年，擢左都御史，迁工部尚书。十年，加太子太保。十一年，以病乞罢。同治元年，卒，谥温和。

罗惇衍，字椒生，广东顺德人。道光十五年进士，选庶吉士，授编修。十七年，督四川学政，召对，上以惇衍年少，语多土音，留不遣。二十三年，大考一等，擢侍讲。累迁侍读学士，转通政副使、太仆寺卿。二十六年，督安徽学政，迁通政使。

三十年，文宗即位，应诏陈言，略言："古帝王治天下，根源祇在一心，要在览载籍，勤省察，居敬穷理，以检摄此心。圣祖仁皇帝《御纂性理精义》，于存养省察、致知力行，以及人伦性命，皆有程途阶级，其论君道，尤极详备。惟在皇上讲习讨论，身体力行。世宗宪皇帝《朱批谕旨》，于臣工奏摺，指示得失，明见万里。皇上几暇，日阅一二事，凡督抚陈奏，如能深谋远虑，措置得宜，即予以褒答；若有饰诈怀私，亦为之指示，庶大吏皆知警戒。他若《御纂资政要览》、《庭训格言》诸书，皆本心出治，一以贯之。伏愿皇上法祖以修己，推而知人安民，皆得其道。"又请谕部院大臣各举所知，备京卿及讲读之任；敕直省督抚、提镇、学政皆得犯颜直谏，指陈利病，无所忌讳，藩臬亦许密封由督抚代为呈奏。疏入，上嘉纳之。咸丰元年，疏陈风俗侈靡，民生日困，请崇俭禁奢，以蓄物力。二年，署吏部侍郎，授左副都御史。

三年，擢刑部侍郎，仍兼权吏部。时军需孔亟，户部令京师商民以赁舍金一月纳公家，惇衍以为非政体，疏乞明定限制。又疏荐广东在籍给事中苏廷魁等任筹军饷。江宁既陷，寇氛复溯江上犯，惇衍疏请敕曾国藩练楚勇，自湖南移驻武昌，杜贼窥伺荆襄；苏廷魁募粤勇援江西；袁甲三回河南防捻匪，并会同已革两广总督徐广缙募新兵堵御凤、颍，遏贼北窜诸路：多被采纳。命随同惠亲王巡防京师，调户部。五年，以父忧归。

七年，英吉利兵攻陷广州，八年正月，命惇衍及在籍太常寺卿龙元僖、给事中苏廷魁为团练大臣。十年，款议定。十一年，召来京，擢左都御史。

同治元年，两广总督劳崇光被劾任用非人，调度乖方，命惇衍偕广州将军穆克德讷按治，崇光坐罢。迁户部尚书，疏言："吏治日坏，当奖廉惩贪。四川总督骆秉章、湖北巡抚严树森、山西布政使郑敦谨、山东按察使吴廷栋，清操较著，请奖之，以励其余。"又疏言："皇上求贤若渴，应诏者寥寥，即有登者荐牍者，或由他省督抚保举，必待本省给咨，始能赴部，非所以示虚怀延揽之道。且但令封疆大吏保举，而未及京卿，恐驯致外重内轻，不可不防其渐。内阁、六部、九卿等朝廷重臣，素所亲信，必俾其各举所知，众正盈廷，然后可反危为安，转乱为治。请不必限以时日，拘以人数，但有操守廉洁，才猷卓越者，即许随时疏荐。倘所举之人，将来或犯贪污，罪其举主。"二年，兼署左都御史。

四年，兼管三库，署翰林院掌院学士。伊犁参赞大臣联捷、御史陈廷经先后论劾"陕西布政使林寿图沉湎于酒，巡抚刘蓉未谙公事，举劾悉听寿图"，及"蓉疏奏失体，漏泄密保"。命偕协办大学士瑞常赴陕西按治。惇衍等为疏辨，仅以微议处，吏议寿图迁调，蓉革职留任。寻蓉复以他事罢，陕民为蓉、寿图讼冤，总督杨岳斌以闻。惇衍等已回京复命覆奏，遂合疏言："刘蓉秉性朴直，办理甘肃溃勇，不动声色，悉臻妥善。甘肃乱回窜扰，遣兵分布要隘，陕民以安。林寿图身任劳怨，勤奋有为，惟参劾属员，间有轻重失当，致谤毁纷兴，而其廉洁之操，究不能稍加訾议。"诏蓉仍署巡抚，寿图来京候简用。六年，兼署工部。八年，以母忧归。十三年，卒，谥文恪。

惇衍学宗宋儒，立朝正色，抗论时事，章凡数十上，无所顾避。著有《集义编》、《百法百戒》、《庸言》、《孔子集语》等书。

郑敦谨，字小山，湖南长沙人。道光十五年进士，选庶吉士，散馆授刑部主事。再迁郎中，出为山东登州知府，擢河南南汝光道。咸丰元年，泌阳土匪乔建德踞角子山，敦谨与南阳镇总兵图塔布督兵捕获之，被议叙，署布政使。二年，授广东布政使，仍留署任。

粤匪入湖北，命赴信阳，会南阳镇总兵柏山扼要设防。三年，命河南巡抚陆应榖统兵驻南阳，会城及信阳有事，许敦谨专摺驰奏。钦差大臣琦善督师授安徽，檄敦谨总理信阳粮台。及师屯江北，粮台移设徐州，仍令敦谨往任其事。寻调授河南布政使，留管粮台如故。四年，光州、陈州捻匪起，巡抚英桂出驻汝阳，诏敦谨赴本任。省城戒严，敦谨督率官绅倡捐经费，兴团练。皖捻近永城、夏邑，增调兵勇防黄河各渡口，断寇北窜。寻命暂署巡抚。

五年，坐欠解甘肃两年协饷，降调。召还京，以四品京堂候补，授太常寺少卿。八年，督山东学政，累迁大理寺卿。同治元年，署户部侍郎，复出为山西布政使，调署陕西布政使，调署直隶布政使，擢河东河道总督。四年，授湖北巡抚，寻召授户部侍郎。五年，调刑部。

六年，擢左都御史。捻匪渡河入山西境，巡抚赵长龄、按察使陈湜疏防被劾，诏敦谨往按，长龄、湜并坐罢，即命敦谨署山西巡抚。七年，出省治防，移军驻泽州栏车镇，为各路策应。授工部尚书，仍留署巡抚。回匪入河套，近边震动。敦谨移驻宁武督防，别遣兵守榆林、保德下游各隘。增募炮勇，补葺河曲边墙。回匪窥包头镇，沿河堵御，会绥远城将军定安遣队迎剿，总兵张曜自河曲截击，破走之。八年，调兵部尚书，回京。

九年，调刑部。两江总督马新贻被刺，获凶犯张汶祥，江宁将军魁玉、漕运总督张之万会讞，言汶祥为洪秀全余党，其戕新贻，别无主谋者。命敦谨往会鞫，仍以初谳上，论极刑。十年春，敦谨还京，至清江浦，上疏以病乞罢。光绪十一年，卒，谥恪慎。

庞钟璐，字宝生，江苏常熟人。道光二十七年一甲三名进士，授编修。咸丰二年，大考一等，擢庶子，迁侍讲学士，署祭酒。明年，授光禄寺卿。八年，擢内阁学士，署工部侍郎，以父忧归。十年，江南大营溃，苏、常沦陷，督团勇防御。上命钟璐陈奏军事，钟璐疏言："常、昭三面皆贼，惟恃民团抵御。器械不精，纪律不明，若大兵不速至，恐裹胁愈多，愈难措手。请饬督臣曾国藩迅由祁门统师南下，常、昭库款无存，惟赖捐输充饷，军需浩穰，捐户搜括无遗。并请饬督臣于就近完善之区，筹资接济。"又奏："江北惟通州最完善，与常、昭有唇齿之依。在籍布政使徐宗干廉能素著，请饬令督办通、泰一路捐输，并会筹常、昭防剿。"从之。

寻命督办江南团练。贼由江阴东窜，逼常熟，钟璐率团勇数战，亡其精锐，奏请江北诸军速援。上以水陆各军势难兼顾，温诏慰勉。八月，贼陷常熟，钟璐奏自劾，并请饬荆州将军都兴阿统楚师兼程进驻通州防北窜，上责令规复。钟璐自崇明赴上海，设局劝捐，集团守御。荐上海知县刘郇膏循声卓著，为江南州县之冠，报闻。又以军需饷急，奏请令失守地方官罚锾免治罪，谕有"捐输巨款、募勇杀贼、随官兵克复城池者，得据实声明请旨"。寻奏言："贼所胁之众数百万人，何一非皇上赤子？若非设法解散，穷无所归，必铤而走险。请明降谕旨，予以自新，释兵归降者勿杀，剃发投顺者勿杀。又陷贼州县，多设立伪官，迫索钱米，以减轻田赋，摇动人心。历来被兵州县，钱粮均奉恩旨蠲免。此次苏省被贼，户口散亡，收复之后，无从征收，不如施恩于未复之先，使愚民不为所惑。"诏如所请。

十一年春，贼自平湖、乍浦窥金山，钟璐督团勇进击，斩馘甚众。新塽贼扰大泖港，枫泾贼窥角钩湾，复会官兵破之。是年冬，以苏、常沦陷，吴民待援，有逾饥渴，复疏请敕曾国藩分兵急取苏、常。与江苏诸士绅贻书国藩，言："上海饷源重地，请以奇兵万人，一勇将统之，倍道而来，可当十万之用。"国藩乃遣李鸿章率师浮江而东。俄、法两国请助兵讨寇，钟璐奏言："中国平内乱，原无待藉手外人，而值贼势蔓延，兵力单薄，不能不为从权之计。惟外人助攻，为通商而起，必先自有把握，方裨大局。"谕江苏巡抚薛焕妥筹酌行。

寻裁各省团练大臣，召还京，再授内阁学士。同治元年，迁礼部侍郎，迭署工、吏诸部，督顺天学政。四年，呈所纂《文庙祀典考》。六年夏，畿辅亢旱，疏陈荒政十事，下部议行。命偕大学士贾桢等督五城团防，历户、兵、吏诸部。九年，擢左都御史，署工部尚书。十年，授刑部尚书。丁母忧，归。光绪二年，卒，谥文恪。

子鸿文，光绪二年进士；鸿书，光绪六年进士：同官翰林院编修。鸿文至通政司副使，鸿书至贵州巡抚。

论曰：同治初政，沈兆霖、曹毓瑛入赞枢府，兆霖暂领陕督，督师定西宁，以死勤事；毓瑛慎密练达，克副简拔。许乃普等皆以清谨负时望，郑敦谨尤扬历有名绩。江宁之狱，论者多谓未尽得其情，敦谨未覆命，遽解官以去，其亦有所未慊于衷欤？

卷四百二十二　　列传二百九

王茂荫　宋晋　袁希祖　文瑞毓禄
徐继畬　王发桂　廉兆纶
雷以諴　陶梁　吴存义　殷兆镛

王茂荫，字椿年，安徽歙县人。道光十二年进士，授户部主事，升员外郎。咸丰元年，迁御史。疏请振奖人才，乡会试务核实，殿试、朝考重文义，造就宗室、八旗人才，以有裨实用为贵。户部议开捐纳举人、生员例，茂荫疏争，且言："筹饷之法，不徒在开源，而在于善用。委诸盗贼之手，靡诸老弱之兵，销诸不肖之员弁，虽日言推广捐输，何济？"又极论："银票亏商，银号亏国。经国谋猷，下同商贾，体至亵而利实至微。初时亏不能见，及亏折已甚，虽重治其罪，亦复奚补！"其言皆验。

二年，粤匪自长沙趋岳州，茂荫疏言："安徽防务，以宿松为要冲，小孤山为锁钥。设险非难，得人为难。请起前署广西巡抚周天爵帮办防堵，扼要驻守陆路，令府县劝谕绅民团练守助，用明金声御流贼保乡里之法，最为简易。"武昌既陷，茂荫又疏言："贼势猖獗，宜急收人心，筹储积，讲训练，求人才。"三年，户部奏试行钞法，上命左都御史花沙纳与茂荫会议，奏行简要章程，并绘钞式以进。疏言："皖北蒙、亳，捻匪蜂起，万一粤贼勾结，更为心腹巨患。夫欲平盗贼，尤在守令得人。庐、凤、颍诸郡，守令贪鄙者，实繁有徒。请严饬大吏从严劾汰，以治贼之源。"又曰："两湖、江、皖处处言防，而处处不守。请严饬各督抚专主剿办，一处贼平，则他处之贼不敢复起；邻省贼灭，则本省之贼无自而来。是不言防而防自固也。"三月，扬州陷，茂荫疏言："寇氛将逼山东，巡抚以剿贼出省，藩臬漫无布置，城内团丁不满七百。乞特简重臣防守，以固畿南屏蔽。"又言："陕西设防，兵为民害，请谕饬按治。"茂荫屡上疏，言事侃侃，文宗颇向用。擢太常寺卿，迁太仆寺卿。

粤匪犯畿辅，参赞大臣科尔沁亲王僧格林沁驻师涿州，诸军咸观望不肯前。茂荫疏言："贼既渡滹沱而北，回翔于深、晋之郊，而不遽北犯者，惧吾兵出也。吾兵出而迁延不进，贼有以知我之勇怯矣。臣窃谓贼自桂林北窜，诸帅丧师左次，皆为一守字所误。贼屯一日，可资休息；我屯一日，锐气日隳。贼所过劫掠，行不裹粮；我军坐食县官，日需钜饷。相持数月，饷绝兵匮，不待交绥而胜负已判。请密饬王大臣等明发号令，按兵拒守，而阴选健将率死士数千，潜师出彼不意，麾兵急击，一鼓可歼。如此，则大河以南，诸贼心怵胆落，不敢复图北犯矣。"

寻命会办京城团防保甲，擢户部侍郎，兼管钱法堂。户部奏铸当十、当五十大钱，王大臣又请增铸当百、当千，谓之四项大钱。当千者，以二两为率，余递减。茂荫上疏争之曰："大钱之铸,意在节省,由汉讫明,行之屡矣。不久即废,未能有经久者。今行大钱,颇见便利,盖喜新厌故,人情一概。及不旋踵,弃如敝屣。稽诸往事,莫非如是。钱法过繁,市肆必扰,折当过重,废罢必速,此人事物理之自然。论者谓国家此制,当十则十,当千则千,孰敢有违?不知官能定钱直而不能定物直,钱当千,民不敢以为百;物直百,民不难以为千。自来大钱之废,多由私铸繁兴,物价腾踊。宋沈畸之言曰:'当十钱铸,召祸导奸,游手之徒,争先私铸。无故而有数倍之息,虽日斩之,势不可遏。'张方平之议曰:'奸人盗铸,大钱之用日轻。比年以来,虚高物估,增直于下,取偿于上,有折当之虚名,罹亏损之实害。'大观钱铸自蔡京,而其子绦作《国史补叙》:'始之得息流通,继之盗铸多弊,终之改当折阅。'事皆目睹,尤为详尽。古所不能行,而谓可通行于今乎?信者国之宝。大钱钞票,皆属权宜之计,全在持之以信,庶可冀数年之利。今大钱轻重程式,甫经颁行,未及数月,忽尽更变。商民惶恐,群疑朝廷为不可信,此非细故也。或虑铜短停铸,故须及时变通,顾变通欲其能行,不行则亦与不铸等。逆贼一平,不患无铜,若贼不能平,铜不能运,虽尽现有之铜,悉铸当千,恐亦无济,可虑者不仅停铸而已。"上命王大臣及户部秉公定议,王大臣终执原议。

四年,户部会奏推广大钱办法,茂荫复疏争曰:"臣疏陈大钱利弊,未奉谕旨,臣职司钱法,夙夜思维,实觉难行。当百以上大钱,与原行当五十者无甚分别,此何以贵,彼何以贱,难一;以易市物,则难分折,以易制钱,莫与兑换,难二;大钱虽准交官项,然准交五成者,已有宝钞官票,大钱何能并搭?难三。此犹其小者耳,最大之患,莫如私铸。奸人以铜四两铸大钱两枚,即抵交官银一两,是病国也。盖行制钱,每千重百二十两,熔之可得六十两,以铸当十钱可得三十千。设奸人日销制钱以铸大钱,民间将无制钱可用,是病民也。宝钞官票,其省远过大钱,果能推行尽尽,裨益亦非浅鲜,大钱之行,似可已也。"疏入,仍不报。其后大钱终废,如茂荫言。

又疏论钞法利病,略曰:"上年初用银钞,虽未畅行,亦未滋累。及腊月行钱钞,至今已发百数十万,为累颇多。向来钞法,唐、宋之飞钱、交子、会子,皆有实以运之。元废银钱不用而专用钞,上下通行,为能以虚运实。明专以虚责民,以实归上,势遂不行。臣元年所奏,皆以实运虚之法。今时势所迫,前法不行,议者虽专于收钞时设法,然京师放多收少,军营有放无收,直省州县有收无放,非则商人运于其间,则皆不行。非与商人以可运之方、能运之利,亦仍不能行。"因拟上四事,务在通商情,利转运。奏入,上斥其为商人指使,不关心于国是,命恭亲王奕䜣、定郡王载铨核议。议上,谓茂荫所论,窒碍难行,严旨切责。寻调兵部。

粤匪踞池州、太平,皖南隔绝,茂荫奏请以徽州暂归浙江统辖,上命浙江巡抚黄宗汉体察酌行。初,茂荫疏言:"贼胁良民,驱为前锋。请特降谕旨,自拔来归,均从宽贷。杀贼来献,均加爵赏。"京师久不雨,上命清厘庶狱,减免情节可矜者,茂荫又疏言:"可矜者莫如贼中逃出之难民,各处捕获难民,指为形迹可疑,严讯楚毒。此辈于法不为无罪,于情实有可矜,请敕暂缓定拟。皇上御极以来,屡诏求言,言或无当,奉旨明斥;斥其不当,非禁使不言也,然言者即因以见少。即如诸路偾军失地之将帅,未败之始,其措置乖方,人言藉藉;而无敢为皇上言者,或虑无实据也,或虽有实据而虑查办时化为子虚也,或虑不用而徒招怨也,或谓圣心自有权衡也,是以皆不敢言。至用人进退之际,臣子每不敢尽言,浅者惧干圣怒而见斥,深者惧激上意而难回。皇上披览奏章,纤悉必邀批示,勤亦至矣。臣以为精神贵于不纷,愿务其远者大者,舍其近者小者。明主劳于求贤,而逸于任人。今天下人才不足,此诚可忧。虽然,非无才也。如罗泽南,人无不知为将材矣,初不过一贡生耳。湖南一省,既有江忠源兄弟,又有罗泽南诸人,则他省可知。惟贤知贤,惟才爱才,是在圣心之诚求耳。方今武昌未下,江西又复危急,两省之民,向也与贼为仇,今乃竟有从逆者。此中转移之故,宜深思也。列圣仁渐德被,人心断不能忘。然此时不亟维系,使贼得徐出假仁假义以为市,恐民心将为所摇而难挽矣。"奏入,上嘉纳之。

八年,病免。十一年,穆宗即位,以茂荫忠直,命俟病痊听候简用。同治元年,上疏陈时政,言:"天象示警,宜虔修省。议政王责任重大,宜专心机务,余事综其大纲。言官宜加优容。顺天府事繁,府尹石赞清不宜兼部。各国通商事务衙门司员甫及一年,即得优保,恐各衙门人员皆以营求保送为得计,宜防其渐。"署左副都御史,命偕兵部尚书爱仁往山西按事。授工部侍郎。二年,调吏部。丁继母忧,归。四年,卒于家。

宋晋,字锡蕃,江苏溧阳人。道光二十四年进士,选庶吉士,授编修。二十七年,大考二等,擢中允。二十九年,典河南乡试,因命题错误议处,谕不得更与考试差。咸丰二年,大考二等,擢侍读学士,迁光禄寺卿。三年,命会办京城团防保甲,署礼部侍郎。四年正月,疏言:"去冬圜丘大祭,适值圣体违和,礼臣以登降繁缛,于亲诣坛位及奠帛后诸仪节,更加酌定,奏请允行,旋以遣亲王恭代而止。惟详稽典礼,祀天巨典,尤为慎重。偶遇服色不宜,兴居未适,有遗代,无议减。现值祈年大祀,伏愿皇上饬停新议,仍遵成宪。"五年,迁宗人府丞。

六年,疏言:"自江宁失陷,上自九江,下及镇江、瓜洲,寇势水陆相援。现闻向荣兵力不支,情形危急,今即分路赴援,仍恐缓不济事。请饬江督、浙抚,雇用轮船载兵,由圌山关入江,焚攻金、焦贼船。再由仪征溯浦口,与六合诸军相为掎角,则江宁、镇江对岸之贼,节节防我,必不敢离巢东窜。是不特解江南之急,即江北亦愈宁谧。又闻广东新至红单船二十余艘,请饬德兴阿、向荣将红单船并归一处,力扼芜湖江面。如能克复芜湖,则抄贼之背,宁国不攻自下。"荐道员缪梓、杨裕深、金安清通达治体,洞悉夷情，请以雇船筹费诸事责成办理。疏上，谕两江总督怡良与向荣、德兴阿酌行。

《宣宗实录》告成，叙劳，擢内阁学士，迭署户、工二部侍郎。八年，授工部侍郎。文宗频岁抱病，未能亲行祀典，十年，晋疏言："近年郊坛大祀，圣躬以步履失常，偶缓亲行，而于遣恭代外，仍先期躬诣皇乾殿拈香，仰见寅畏深衷。惟每届大祀，皇上于前一日辰巳间躬诣拈香，即在斋宫祗宿。今则先期即如临事，请于前一日寅卯间先行诣殿拈香，然后还宫办事。臣尤愿慎摄圣躬，养元气，节峻伐之味，复健行之常，于下届郊祀大典照常亲行。"上嘉纳之。

十一年，疏言："江宁失陷已将十载，总督曾国藩经营防剿，与官文、胡林翼会合攻复安庆，惟所部不足二万人。若合四川、湖北、湖南、江西、安徽五省岁入，养兵勇十三万人，以七万分驻防剿，六万大举东征，饷足兵增，庶可一举集事。"又言："江西首当贼冲，巡抚毓科、布政使庆善皆失人望，请以太常寺卿左宗棠简署巡抚，而于督粮道李桓、前广饶道沈葆桢、浙江道员史致谔三人中简择擢授藩司。"又请以曾国藩总统四川、湖北、湖南、江西、安徽五省督办东征军务。上以所筹不为无见，下官文、国藩等议奏。又疏言："慕陵规制，俭约朴实，万世可法。定陵工程请仿行勿改。"格于部议，不行。

同治元年，调仓场侍郎。南漕初改海运，岁额三百万石，自天津运京仓，偷漏飞洒，岁损米綦巨。迨军兴，江、浙郡邑沦陷，南漕起运才二十余万石，而偷漏飞洒如故。十年以来，侍郎及监督官凡数易。晋受事，深悉其弊，因循未奏举。六年，事发，左迁内阁学士，偿米二万石。十二年，迁户部侍郎。十三年，卒。

袁希祖，字荀陔，湖北汉阳人，原籍浙江上虞。道光二十七年进士，选庶吉士，授编修。咸丰二年，大考二等，擢侍讲。三迁侍讲学士。八年，超擢内阁学士。迭署礼、工、刑诸部侍郎。九年，疏言："咸丰初以道梗铜少，初铸大钱，未几，当百、当五皆不行，惟当十行之。始直制钱三五，近则以十当一。银直增贵，百物腾踊，民间重困。旗饷月三两，改折钱十五千，致无以自活。向日制钱重一钱二分，大钱重四钱八分，以之当十，赢五钱四分。今以十当一，是反以四钱八分铜作一钱二分用也。民间私熔改铸，百弊丛生。今天下皆用制钱，独京师一隅用大钱，事不画一。请悉复旧规，俾小民易于得食，盗源亦以稍弭。"

十年，疏言军事，略谓："数年以来，地方军事所谓失守，无所守也，但听其失；即坐以罪，仅革职留营而已。所谓收复，不见其收，自然而复。俟贼自去，即虚报克捷，上状列保，以树植私人。似此用兵，安有成功之一日？臣愚以为今虽败裂，机尚可转。贼窥苏、常久，一旦得之，子女玉帛，其意已餍，不特金陵老贼全股争趋，即天长、六合之贼，亦涎其利。宜乘彼势方散缓，请特选重臣驻清、淮要地，统筹全局。顷谕旨令曾国藩赴两江署任，规复苏、常，自宁国进兵，前后受敌，非万全之计。莫如令胡林翼自江北进攻，牵制安庆；令杨载福以水师直下大江，互相策应；令李若珠力攻天长、六合，以出江浦，遥立声援。密饬国藩潜引锐兵，倍道以取金陵，方为上策。今日劳师糜饷，势无穷已，兼各路统帅散而无纪，其贤者往往深入援绝，血战殒身；其不肖者坐拥厚兵，遇敌辄避；必得重臣领兵统驭，积弊既除，精神乃奋，此转移之机也。"寻署户部侍郎。

时各直省行团练，分遣大臣督办，希祖疏言："团者一时可集，练非经久不能。即云团练，非五六千人不可。计口授食，费已不赀。即使练成，而此五六千人制敌不足，骚动有余，坐食赀诎，终虞哗溃。且遴往大臣，万一与有司龃龉，必至互为水火，转贻大局之忧。请颁明谕，使知团练乃以自卫乡间，并不以此科敛，亦不必日给口粮，坐守困耗。否则用多费溢，正供无可抵注，不得不取诸民。轻则聚众，重则返戈，大可虑也。"

英、法、俄、美四国合军内犯，天津不守，希祖请暂就和议，迁延旬日，俾部署得以周祥。僧格林沁获英官巴夏里，希祖疏请杀之。未几，敌军深入，上巡幸热河。希祖屡疏谏，不报，屡北望痛哭，遂得疾。已而和议成，兼署兵部侍郎。寻卒。

文瑞，字叔安，乌苏氏，满洲镶红旗人。道光二十一年进士，选庶吉士，授编修。擢侍讲，五迁至左副都御史。文宗即位求言，文瑞疏陈四事，请选贤才，明赏罚，广听纳，谨调摄，并录乾隆元年左都御史孙家淦《三习一弊疏》以进，上嘉之。咸丰三年，粤匪陷武昌东下，疏请于上海、镇江雇用广东红单船，择员统带，以防江面；并密察京师流言，以消逆萌、靖畿辅。上命诸大臣会议增兵筹饷，文瑞疏言："兵饷为国家大政，遵旨会议，乃大学士等绝无一语及公，言笑晏晏，不知内阁何地，不询会议何事。臣胪举挢持之策，尚书孙瑞珍竟闲辞支吾，自述家私，形同市井。大臣如此，深堪悼叹。"又言："二月朔为领俸定期，户部款绌，早应筹画。乃于是日清晨请旨，冀以停俸上渎朝廷。又议行钞法，并征铺税，商民惊惧。请发帑三十万支放春俸，暂可流通，俾商民安业，钞法铺税，暂从缓议。"从之。又疏言："钞法之弊，放多收少，半为废纸。放少收多，民间钞无从得。若收放必均，是与之甲而取之乙，徒扰无益，非易银钞为钱票不可。拟就道光年间所设官号钱铺五处，分储户、工两局卯钱。京师俸饷，照公费发票之案，按数支给，以钱代银。"并具条目六事。疏入，议行。

寻兼署大理寺卿，以天变奏请修省，上嘉纳之。刑部罪人刘秋贵死于狱，文瑞奏："秋贵无病，一夕而死。刑部后四日入奏，改易日期，涂饰操纵，请严饬根究。"山西崞县民妇王刘氏拒奸死，罪人从轻比，刑部题驳，文瑞复奏："原拟知州失出，请饬山西巡抚严劾。"上并从之。粤匪入山西境，陷平阳等处，文瑞奏请饬督兵大臣严防入直隶要路。寻自临洺关窜逼天津，命文瑞率兵驻通州。奏言："通州城垣楼橹损坏，请集款建复。"谕："此守土之责，统兵大臣不必兼辖。"擢刑部右侍郎。四年，以病乞罢。

先是文瑞偕克勤郡王庆惠请捐铜铸四项大钱济兵饷，上从其请。及还京，病痊，命仍与庆惠董其事，设局开炉。上命尚书阿灵阿、御史范承典往铜厂查验，文瑞奏劾阿灵阿等擅开炉房，恐有偷漏，上斥其负气任性，降二级调用。同治元年，卒。

毓禄，字晓山，舒穆鲁氏，满洲正白旗人。道光二十一年进士，授刑部主事。累升郎中，迁御史。军兴，安徽、江苏、山东诸省皆暂停秋审。毓禄奏言："寇踪所至，每先释狱囚，脱其死而置之生，自必愿为贼用。虽有投首减罪之例，而愚顽类多不知大义。闻直隶近因贼扰，将秋审诸囚，酌核情罪，其谋、故、凶、盗、拒捕、杀人重囚，立即正法。其情有可矜及例应缓决诸囚，即予减等发配，诚为权宜变通之道。现有军务省分，应令一体遵办。"京师行用大钱，当百、当五十二种壅滞不行，毓禄疏请商民应纳旗租、地丁、关税，于例定收钞五成数内专收当百、当五十大钱二成，部收捐项应交钱票，亦一律纳大钱。七年，擢工科给事中，历内阁侍读学士、太仆寺少卿、通政司副使、内阁学士。同治三年，擢工部侍郎，兼管钱法堂。五年，奏言："宝源局铸当十钱，向系滇省解铜，以铜七铅三配铸。近因滇铜久未解局，市铜低杂，致钱文轻小，例定每钱应重三钱二分。请每届收钱，以三钱为率，不及者即饬改铸。"上斥宝泉、宝源二局不职之两侍郎监督，并下吏议。

徐继畬，字松龛，山西五台人。道光六年进士，选庶吉士，授编修，迁御史。迭疏劾忻州知州史梦蛟、保德知州林树云营求升迁，登州知府英文讳灾催征，荥河知县武履中藉事科敛。又疏请除大臣回护调停积习。

又疏陈政体宜崇简要，略谓："皇上广开言路，诸臣条奏苟有可取，无不降行训谕，惟是积习疲玩已久，煌煌圣谕，漠不经意，轻亵甚矣。臣以为诸臣条奏，或非大体所关，或非时务所急，原不必悉见明文。若事关切要，圣虑折中，期于必行者，即降谕旨，宜重考成。度其事之难易，限年兴革。如仍前玩视，于本案外重治以违旨之罪。此教令之宜简也。六部则例日增，律不足，求之例；例不足，求之案：陈陈相因，棼乱如丝。论者谓六部之权，全归书吏。非书吏之有权，条例之烦多使然也。臣以为当就现行事例，精审详定，取切于事理者，事省十之五，文省十之七，名曰《简明事例》，使当事各官得以知其梗概，庶不至听命于书吏。此则例之宜简也。考功、职方、议功议过，使百僚知劝惩也。现行之条，苦于太繁太密，不得大体。尝见各直省州县有莅任不及一年，而罚俸至数年十数年者，左牵右掣，动辄得咎。且议处愈增愈密，规避亦愈出愈奇，彼此相遁，上下相诡，非所以清治道也。臣以为各官处分，凡关于国计民生、官箴品行，不妨从重从严；其事涉纤微，无关治体，与夫苛责太深，情势所难者，当准情酌理，大加删削。此处分之宜简也。"疏入，上嘉纳。旋召入对，论时事至为流涕。

十六年，出为广西浔州知府，擢福建延邵道，调署汀漳龙道。海疆事起，敌舰聚厦门，与漳州隔一水，居民日数惊。继畬处以镇定，民赖以安。二十二年，迁两广盐运使，旬日擢广东按察使。二十三年，迁福建布政使。二十六年，授广西巡抚，未赴官，调福建。闽浙总督刘韵珂以病乞假，继畬暂兼署总督。福州初通商，英吉利人僦居会城乌石山神光寺，士民大哗，言路以入告，上命韵珂、继畬令其迁徙，久之乃移居道山观。士民以继畬初不力拒，终不惬，言者屡论劾。继畬初入觐，宣宗询各国风土形势，奏对甚悉，退遂编次为书曰《瀛寰志略》，未进呈而宣宗崩，言者抨击及之。

咸丰元年，文宗召继畬还京，召对，称其朴实，寻授太仆寺少卿。诏求言，继畬上疏，略谓："国家崇尚俭朴，大内宫殿，一仍明旧。惟圆明园为三时听政之地，避暑山庄为秋狝驻跸之地，两处规模，至乾隆间而备。宣宗皇帝暂停秋狝，热河工程一切报罢，惟自正月至十月恒驻圆明园。然三十年中，未尝增一堵一椽，游观不及诸坐落，或报应修，辄令撤去，以故内帑发出外库前后凡千数百万。数年以来，园亭久旷，或谓先朝甍构，不应坐听雕残。方今军务未完，河工未毕，亦料无暇及此。将来两事告蒇，内库稍充，保无以营缮之说尝试者，伏望皇上坚持，苟非万不得已之工程，一切停罢。至于装修陈设，珍奇玩好，可省则省，无取铺张，此土木之渐宜防也。孔子删《诗》，以《关雎》为首，义取挚而有别。匡衡之说有曰：'情欲之感，无介于容仪；宴安之私，不形于动静。'其言有别，可谓深切著明。第以事涉宫闱，绝于听睹，非臣子之所敢言。虽有折槛之忠，牵裾之直，此能言得失于殿廷，岂能争是非于宫壸？故圣帝明王，即以是为修省最切之地。皇上至刚无欲，迩者释服礼成，将备《周官》九御之制，衍《大雅》百男之祥。窃以为圣德日新，肇基于此，此宴安之渐宜防也。自古壅蔽之患，由于言路不通，然亦有言路既通，而壅蔽转生于不觉者。皇上御极之初，即以开言路为务。自倭仁一疏，手诏褒嘉，言事者纷纷而起。迩因天旱求言，又复谆谆奖诱，举空言塞责、受人指挥、激直沽名三弊为戒。臣庶大半中材，臣以为空言塞责，事出庸愚，一览掷之，无关轻重。激直沽名，由于器小，皇上予以优容，适足以见圣度。至受人指挥，事涉营私，果其确有可凭，必当明正其罪。总之群言淆乱，衷诸圣人，亦在皇上权衡酌量而已。臣窃计在京言事者，约分三等：以章奏陈者，曰九卿、科道；以章奏陈兼得面陈者，曰部院大臣；不以章奏陈而时得面陈者，曰内廷王公。此三者各有所优，亦各有所蔽。九卿、科道，爵秩未崇，少回翔之意，闻见较广，多采访之途，以风节相砺，以弹劾为职，此其所优也；其所蔽则前之三弊是也。部院大臣，久在朝列，受恩效忠，明习时事，此其所优也；然阶级既崇，天颜日接，顾忌矜慎，胸臆所存，莫能倾吐其十一，此则其所蔽也。内廷王公，国家肺腑，外无私交党援之患，内无希幸爵赏之心，此其所优也；然法制綦严，例不与外人交接，廷评舆论，所不尽闻，此则其所蔽也。皇上明目达聪，幽隐毕照，而臣乃鳃鳃过虑者，诚恐言事者限于才识，未能仰副渊衷，致皇上察纳虚怀，不免怅然而思返，此壅蔽之渐宜防也。昔唐臣魏征有十渐之疏，太宗嘉纳，千古以为美谈。夫渐者，已然之词也。正之于已然，何如防之于未然。臣谨师其意，衍为三防之说，极知迂陋，无补高深，伏冀几余采纳。"上优诏报之。

咸丰二年，吏部追论继畲在巡抚任递送罪人迟误，请议处，乃罢归。寻丁母忧。粤匪北犯，攻怀庆，山西巡抚哈芬檄太原总兵乌勒欣泰率兵防泽州，迁延未即赴。贼渡河陷垣曲，哈芬出驻阳城，布政使郭梦龄疏乞援，继畲亦具疏借布政使印驰奏，上为罢哈芬巡抚，以王庆云代之。继畲条举防守诸事以告，寻奏请令继畲督办防堵。事定，居数年，回、捻交乱，又命督率官绅总办各府州团防。继畲驻潞安年余，亲历辽州、上党、阳城诸要隘，措置详备，署巡抚沈桂芬甚重之。同治二年，召诣京师，命在总理各国事务衙门行走。寻授太仆寺卿，加二品顶戴。五年，以老疾乞归。

继畲父润第，治陆王之学。继畲承其教，务博览，通时事。在闽、粤久，熟外情，务持重，以恩信约束。在官廉谨。罢归，主平遥书院以自给。寻卒。

王发桂，字笑山，直隶清苑人。道光十六年进士，授礼部主事，充军机章京，累迁郎中。咸丰三年，上疏言军事，被嘉纳。寻迁御史。

洪秀全既踞江宁，分兵北犯，发桂疏言："顺德、正定地当冲要，请屯兵扼隘。"并条列六事，曰：谨侦报，严催偾，慎查勘，明晓谕，广抚恤，筹协济。又疏荐贵州道员胡林翼知兵能胜重任，请超擢，俾任军旅，上命林翼留湖北襄军事。迭疏请令各省汰旧伍，练新兵，设乡团，值有事则新军进战，乡团设防，以明戚继光《纪效新书》、《练兵实纪》训练将士。贼渡河逼近畿辅，疏请搜简军实，选精锐为后备，并蠲贫民房税，抚流亡以安人心，下所司议行。疏言："军兴以来，大臣获罪，多以从军自效，位崇性骄，不可任使，坐耗粮糈，无裨军政。且主将曲庇，辄请起用，有罪几同无罪，图功适以冒功。顷副都统达洪阿退缩失律，致知县谢子澄、副都统佟鉴同时死寇。钦差大臣胜保赐以神雀刀，原令便宜行事，乃自入直境，未戮一人；而于获咎大臣，多所论荐，以私废公，抑阻士气。请按治达洪阿以下，行军法。纪律既严，军威自振。"并被采纳。累迁给事中、鸿胪寺卿。

八年，复疏论时事，言："宜上廉耻，重训练，以求将帅之才。李续宾、唐训方起自末僚，能自张一军，转战千里。敦朴廉洁，勇往任事之人，随地而有，请饬督抚采访奏闻。物力艰窘，莫甚于湖南；军饷糜费，莫甚于江苏。自湖南得左宗棠，江苏得王有龄，而饷源日裕。夫兴利莫如去蠹，今司计者日言捐饷，而盐、漕、粮税，凡国家自然之利，一任废弛。请下所司议整饬。两广总督黄宗汉赴粤，迁延六月，迟不之官。城沦于敌，巡抚柏贵莫知为计。城东居民杀敌数百，柏贵辄为悬赏缉杀人者。贵州巡抚蒋霨远当叛苗、教匪日久鸱张，未闻有所措施。此皆才力不逮，遂使一方涂炭。圣主恩威并用，尤所仰望。"

历太仆寺卿、通政使、左副都御史。同治二年，署工部侍郎。疏荐户部郎中王正谊守洁才优，以忤肃顺得罪，请复其官，报可。授礼部侍郎，调刑部，又调工部。五年，以疾乞免。九年，卒。

廉兆纶，初名师敏，字葆醇，顺天宁河人。道光二十年进士，选庶吉士，授编修。宣宗知其贤，将擢用，以父忧归，遗命诸臣可大用者，兆纶与焉。咸丰元年，服除。二年，大考二等。三年，直南书房。四年，授右赞善，超擢翰林院侍讲学士，督江西学政，转侍读学士，再擢内阁学士。五年，授工部侍郎。

时粤匪石达开扰江西，侍郎曾国藩率师御之，寇张甚，陷州县五十余，逼会城。上命兆纶帮办广信、饶州防剿，兆纶奏言："江西通省募勇计一万五六千人，各不相统属。地方有警，胜则互讦以竞功，败则争溃而不相救。甚且扰民冒饷，乘便营私，其弊不胜枚举。今贼势日张，瑞州、临江相继失守，设有仓卒，以此散而无纪者当之，何恃不恐？惟有将所募之勇，裁去一切名号，并为三四军，每军得四五千人，统以监司方面素有威望者，庶可责成功。"

六年三月，兆纶按试广信，贼陷吉安、抚州，进据安仁，兆纶上疏请援，并以练勇千守贵溪。贼窜德兴，陷建昌，广信势益孤，兆纶督诸生集乡团，与广信知府沈葆桢、上饶知县杨升筹防御。遣上饶诸生郭守谦率乡勇三百夜袭金谿，诸生曾守诚奋勇先入城，贼不虞兵至，夺西南门逸，克其城。乘胜会攻建昌，而饶州又陷，官军败绩，广信益危。兆纶与国藩等合疏请截留闽兵一千六百专攻建昌，分檄守谦与在籍道员石景芬防剿。六月，国藩遣都司毕金科复饶州，兆纶饬景芬、守谦等驰攻抚州。会贼连陷广昌、南丰、新城、沪溪四县，八月，守谦军抚州张家桥，三接皆捷，穷追遇伏，力战死。时兆纶方赴铅山，道梗，咨衢州镇总兵饶廷选乞援。廷选率兵二千一百至，兆纶冒雨穿敌垒，复入广信，共谋守御，寇屡攻不下。凡七战，捕斩其渠六，斩六千余级。廷选与游击穆隆阿、都司赖高翔等又屡击破之。贼走玉山，广信始解严。兆纶防守危城，尽出俸银饷军，贫困至不能自给，寻以病告归。

七年，病痊，仍直南书房，署工部侍郎。八年，授户部侍郎，调仓场侍郎。时军事方急，兆纶疏请责成督抚办贼，略曰："今于督抚外另设统兵大员，其本省督抚虽有会剿之名，其实专为筹饷之事。统兵者往往以呼应不灵，饷糈不给，渐至迁延；而督抚又往往以事权不一，供亿不赀，各生意见。及至城池失守，统兵者无地方之责，或邀宽大之恩，而并未带兵之督抚，转受其咎。名实不符，事多掣肘，贼氛之炽，职此之由。臣惟督抚大吏，类皆朝廷简拔之人，设其人未尽知兵，不妨择统兵大员，畀以督抚之任，使之各清各省，而责其成功。方今川、黔、闽、广，并未另派统兵大员，而本境渐就肃清。湖南北之专任督抚讨贼者，转有余力助剿邻境。至于江苏一省，统兵者不一而足，而溃败糜烂至今。平心而论，统兵大员中，岂乏公忠体国之臣？所以然者，抑其所处之地不同，用情亦异，此其故不可不深长思也。清、淮一带，实为南北要冲，漕运总督不兼管地方,宜此时权设江北巡抚,抑或将漕运总督权改斯缺,所有江北各路军务,悉归统制,庶可控扼江、淮,声援汝、颍。不惟江南群逆绝其觊觎之心,即豫东会、捻各匪出没之区,亦可断其一臂矣。"疏上,不报。

九年,英吉利兵北犯,疏请以战为和。十年,英兵掠丰益仓,兆纶疏自劾,上宽之。又疏言:"军兴以来,各省兵不足,因招募乡勇。比来兵日少,勇日增,不可不预为之计。此后勇丁如有技艺精娴,战阵得力者,请令统兵督抚大臣,即于存营缺额挑选充补。军事既定,愿归农者遣散,愿效力者分隶各标,序补额兵。"上韪之。兆纶以交河粮商囤积谷秕,遣勇目捕治,粮商诉勇目索诈,辞连兆纶,事上闻,命刑部逮问。同治元年,京察休致。二年,谕责兆纶在任用人不当,夺职衔。

兆纶感知遇,遇事敢言,以是多龃龉。罢官归,让产诸弟,主问津书院,以修脯自给。六年,卒。

雷以諴,字鹤皋,湖北咸宁人。道光三年进士,授刑部主事,洊升郎中。迁御史、给事中,擢内阁侍读学士,三迁奉天府丞。咸丰元年,应诏陈言,请任贤能、核名实。二年,复授太常寺少卿,屡上疏陈军事。三年,迁左副都御史,命会同河道总督杨以增巡视黄河口岸,迭疏请抚恤茌平、东平、东阿、汶上饥民,撤山东防河兵,省各渡口冗费,皆报可。

粤匪陷扬州,以諴自请讨贼,募勇屯万福桥,扼扬州东南。贼窥里下河,以諴击走之,通、泰十余城赖以保全。授刑部侍郎,帮办军务。与琦善、陈金绶会攻扬州,以諴分兵驻守要隘,焚浦口贼舟。屡会诸军击贼,而扬州久攻不能下,诸将以总兵瞿腾龙最勇敢足恃,诏命援安徽。以諴疏言:"临阵易将,兵家所忌。"琦善亦以为言,乃留勿遣。其冬,贼陷仪征,逼运河西岸,官军屡击走之。以諴与浙闽总督慧成合驻军湾头六闸,未几,贼援至,乡勇溃散,琦善奏劾,夺官留军自效。嗣琦善请移湾头大营,以諴与慧成力争,琦善复劾以諴讳饰。上责琦善诿讦,饬以諴仍守湾头及万福桥诸隘。贼既自扬州退瓜洲,时来攻,以諴与陈金绶合击败之,加三品顶戴。寻授江苏布政使,屡督炮船渡江会剿,攻北固山,破其土城,乘胜逐至金山,败之。

六年,托明阿兵溃瓜洲,扬州复陷,诏责以諴等拥兵不援。又疏辨冒功,为德兴阿所劾,褫职戍新疆。以諴在戍所,呈请将军扎拉芬代奏,言江北军事。寻赦还,赐四品顶戴,授陕西按察使。迁布政使,入为光禄寺卿。同治元年,京察,休致。光绪五年,以重宴鹿鸣还原衔。八年,又以重宴恩荣,加头品顶戴。十年,卒,年七十九。

以諴在江北,用幕客钱江策,创办厘捐。钱江者,浙江长兴诸生,尝以策干扬威将军奕经,不能用。林则徐戍伊犁,从之出关,以是知名。谒以諴于邵伯,留佐幕,饷绌,江献策,遣官吏分驻水陆要冲,设局卡,行商经过,视货值高下定税率,千取其一,名曰"厘捐",亦并征坐贾,岁得钱数千万缗。江与同幕五人赴下河督劝,不从者胁以兵,民间目为"五虎"。江自以为功,累保奖至道员,

气矜益盛,以諴不能堪。会饮,江使酒骂坐,以諴执而杀之,以跋扈狂肆、谋不轨闻。后各省皆仿其例以济军需,为岁入大宗焉。

陶梁,字凫芗,江苏长洲人。嘉庆十三年进士,选庶吉士,授编修,纂修《皇清文颖》。十九年,林清之变,逆党阑入禁城,梁方在馆修书,其仆骆升闻警,匿梁于书橱,自当户立,贼刃之,仆,越日事定,梁出,救之苏。仁宗回銮闻之,召梁问状,曰:"义仆也!"赐之金。

二十一年,以知府发直隶,补永平,调正定。道光四年,擢清河道,署按察使。新城县失过境饷鞘,归罪外委白勤,逮讯,死于刑。上遣尚书松筠、侍郎白镕按治,察其枉,梁坐降四级,捐复知府,留直隶。十二年,补大名知府。十八年,迁湖北荆宜施道,万城堤决,梁复坐降调,捐复。二十二年,补湖南粮储道,调湖北汉黄德道。二十八年,迁甘肃按察使,调山西。二十九年,迁江西布政使。入觐,授太常寺卿。

文宗即位,梁疏言:"宣宗成皇帝天锡智勇,嘉庆十九年八月之变,当时但传发枪毙贼,不知首逆林清姓名地址,亦由宫中讯得,立时遣捕,故渠魁不致远扬,余孽不致滋蔓。请敕载入实录,以扬圣武。"上从之。咸丰二年,擢内阁学士。四年,迁礼部侍郎。六年,以病乞罢。七年,卒,年八十六。

梁早有文名,曾从侍郎王昶助其纂述。历官所至,提倡风雅,宾接才俊,辑《畿辅诗传》行世。晚登朝右,时值军兴,耆旧凋落,其犹见乾、嘉文物之盛者,惟大学士祁寯藻与梁二人,为士林所归仰云。

吴存义,字和甫,江苏泰兴人。道光十八年进士,选庶吉士,授编修。二十二年,督云南学政。边徼士风敦朴,存义力为提倡,文风改观。回民煽乱,存义按试永昌竟,出郭数里,城中火起,待学使去而始发也。二十八年,丁母忧归。会江北大水浡饥,存义议赈,躬诣富室劝捐,多感其诚,出资购米谷。存义棹小舟散给饥民,全活甚众。服阕,直南书房,擢侍讲。咸丰五年,典试云南,复留督学政,士益亲之。回乱益棘,围会城,城中兵哄,掠官民居,独未入学政廨,民间妇孺匿考院避难者千人。存义在云南久,习知民情,比复命奏对,陈变乱始末甚详。累迁侍读学士,署顺天府丞。

十年,英法联军入京师,上幸热河,京朝官多挈家出走,存义属疾,语家人毋随人妄动。事定,叙城守劳,将入存义名,存义闻之,力疾起,署牍曰:"府丞吴存义抱病家居,干撒诘奸皆无与。今病未愈,不敢冒受赏。"

未几,擢太仆寺卿,迁通政使,署礼部侍郎。存义以文庙从祀位次多舛,奏请审定,绘图颁行。又以诸儒增祀既繁,渐失世用其书、垂诸国胄之义,奏饬中外臣工不得滥请。署刑部侍郎。

同治二年,署工部侍郎,迭署礼、户二部。出督浙江学政,军事甫定,人士离散初归,存义宽大拊循,岁考既周,秀良者始奋于学,乃导以经、史、小学,文风复兴。

三年，调吏部，留学政任。六年，任满，以病乞归。七年，卒。

殷兆镛，字谱经，江苏吴江人。道光二十年进士，选庶吉士，授编修。咸丰四年，迁侍讲，直上书房，授惠亲王子奕详等读。擢侍讲学士，命授孚郡王奕詥读，累迁大理寺少卿。八年，英吉利兵犯天津，兆镛力主战，疏请黜邪谋，决不计，诋斥主和诸臣甚力，擢詹事。九年，署兵部侍郎。诏江苏诸省治团练，兆镛疏言其弊，举四害，言甚切。上海欲借英、法人助战，兆镛亦以为不可。

十一年，丁本生母忧，同治元年，服除，仍直上书房。疏言："江、皖军威既震，大局渐有转机。臣来自灾区，敢就见闻真切关系重大者为皇上陈之：一，宜饬戎行。上海兵勇号称四万，皆不堪用，何以今年经英、法人管带，便成劲旅？华尔亲兵六百，尽中国人，战无不胜。无他，挑选慎，约束严，器械精，赏罚信耳。请敕将帅讲求武备，渐事安攘。提镇中如曾秉忠水师通贼焚掠；马德昭掠苏州、上海；李定泰掠湖州、嘉兴；向奎每战辄败，败辄行劫；冯日坤部兵掠妇女。李桓嵩兵不行劫，已共推良将。窃谓行师首禁焚掠，克城先谋戍守，否则旋得旋失，民间无孑遗矣。一，宜澄吏治。上海诸官吏，惟刘郇膏得民心，已蒙特简。薛焕统驭无能；吴煦精心计，在上海设银号，缴捐者非所出银票不收；新授粮储道杨坊，由洋行担水夫致巨富，为洋人所鄙；浙江布政使林福祥，杭州破后降贼，送王有龄、张锡庚柩至上海。臣意此等悖员，宜分别惩创，稍申宪典。一，宜清厘饷款。上海左近官卡、贼卡、枪船卡林立，卡税之外，厘捐、月捐、船捐、亩捐、房捐日增月益，臣闻官吏绅商皆云日可收银二万，月得六十万。兵勇四万人，日饷三钱，月止三十六万，而当局犹入不敷出。请敕曾国藩、李鸿章严密清厘。苏、松、嘉、湖赋额甲天下，近三十年，年年蠲缓，官民交欠，赋成虚额。现经大乱，田荒户绝，可否俟军务大定，敕督抚核计，酌留商税，核减衣赋，以羡补不足，勿逾定则。一，宜抚恤遗民。江、浙交界莠民设枪船，所至焚掠，此辈视官民盛衰以为向背，克复时必为内应。请敕督抚从宜处置，或令归农，或籍为兵，勿贻后患。至失守郡县，陷贼士民商贾，苟非出自甘心，仅止偷生畏死，可否援胁从罔治之义，乞恩原宥。一，宜防维外人。上海孤城克保，不得谓非外人之力。自经助剿，所向无前，或云实出义举，或云欲通商贩，或云日后恃功索偿，臣俱不敢逆亿。各处通商，尊奉外人太过。犹幸我国新政清明，未萌觊觎。日久相习，利权尽归，人情益附，而谓狼子必无野心，实难深信。抚御得体，尤在博知外情。请敕各口通商衙门，译述各国新闻有关时事者，书记大则奏闻，藉资豫备。"上以所陈不为无见，下国藩、鸿章等筹画，并将福祥等察劾按治。寻授詹事，迁内阁学士，迭署兵、礼诸部侍郎。

四年，编修蔡寿祺疏劾恭亲王，命大学士倭仁等察奏。兆镛与左都御史潘祖荫疏言："恭亲王辅政以来，功过久蒙睿照，重臣进退，关系安危。尚祈持平用中，熟思审处，察其悔过，予以转圜。庶无素黜陟大纲，滋天下

世之惑。"上纳其言。六年，督安徽学政。七年，授礼部侍郎，任满，仍直上书房，迭署兵、工二部侍郎。寻授吏部侍郎，调户部，再调礼部。光绪七年，以病乞罢。九年，卒。

论曰：咸丰中四方多故，文宗悒悒，恒抱疾。京师用不足，大钱钞票，法立弊滋。王茂荫屡进谠言，均中利害，清直为一时之最，宋晋亦其次也。袁希祖、文瑞皆有所论列，而徐继畬直箴君德，所举三防、陈义尤高，发桂言军事亦有识。廉兆纶助守江西，雷以諴分防江北，并著事功。陶梁为文学老宿，吴存义、殷兆镛并侍从清望，存义视学滇、浙，能得士心，兆镛慷慨论事，于乡邦疾苦冀有补苴，何言之深也！

卷四百二十三　　列传二百十

宗稷辰　尹耕云　王拯　穆缉香阿　游百川　沈淮

宗稷辰，字涤甫，浙江会稽人。道光元年举人，授内阁中书，充军机章京。迁起居注主事，再迁户部员外郎。咸丰元年，迁御史。疏请饬各省实行保甲，略言："州县宜久任，时日宜宽假，填写门牌当详细核对，董事胥役毋派费累民，酌用丞簿以为襄助，先编巨族以为联属，并可申明读法之典，兼收团练、社仓之益。"诏下直省督抚，各就地体察参酌行之。又疏言通筹出入，宜崇实去伪，举清查、报效、生息三端；又疏请酌改经征处，分令州县戴罪严催；并下户部核议。五年，闻上将谒陵，未有旨戒行，稷辰疏言："畿南州县被水，连岁用兵，民气甫行休息，吁请展缓一年。"上谕曰："每岁谒陵，事同典礼，如果畿辅民力未逮，亦必权衡时势，暂缓举行。今兹并未降旨何日谒陵，宗稷辰揣度陈奏，徒博敢谏之名而无其实。此风不可长！"下部议处。

寻又奏言："自粤匪窜据长江，数年以来，文臣武将，能战者稀。如乌兰泰、塔齐布、江忠源皆难得之将，而多不尽其用，且以死殉。如胜保、张亮基、袁甲三皆勇于任事，而亦未尽其用，以罪罢去。近日支持两湖，赖有一二书生，如胡林翼、罗泽南，能以练胆为士卒先。此二人者，实曾国藩有以闻之。此时若开文武兼资一科，诚足济当时之急，而臣工多不敢荐举者，一恐其才疏而得过，一恐其遇蹇而罔功。处愁眉焚顶之时，守蹈常习故之辙，见有败衄，动以饷匮为辞。饷固不可不筹，试思用兵乏人，虽敛金百万，弃如土苴，终归无用。臣职见隘陋，非能尽识天下之才，所知湖南有左宗棠，通权达变，为疆吏所倚重，若使独当一面，必不下于林翼、泽南。其屡经论荐，难进易退，肝胆经术，实可取材者，有若湖州之姚承舆。其策议深沉，才识过人者，有若常州之周腾虎、管晏，桂林之

唐启华,皆关心时务,今尚郁郁伏处田间。诚能破格招贤,连茹并进,则得一人可以平数州,得数人可以清一路。长江虽阻,当不难分道建功,克日平定。伏乞皇上命内外臣工各举所知,无论已仕未仕,果能文武兼资,皆许征起,必可网罗而尽得之。"疏入,下各督抚,命以宗棠等加考送部引见。宗棠自此膺简拔,论者谓其知人。

迁给事中。时京师行大钱,商民苦之。稷辰上疏请复用制钱,号曰"祖钱",而大钱改纯用铁铸,兼行并用。下部议,格不行。又以畿辅水患,疏请急赈,从之。寻授山东运河道,捻匪入境,于济宁牛头河滨筑战墙,北岸六千三百丈,南岸八千六百丈,赖以守御。以功加盐运使衔。同治六年,引疾归,寻卒。

稷辰父霈正,官湖南零陵知县,廉无余资。稷辰事母孝。为学宗王守仁、刘宗周。罢官后,主馀姚龙山书院、山阴戢山书院。官京朝,请祀总兵葛云飞本籍;官山东,请修方孝孺祠,并刻《正学集》:其振励风教多类此。

尹耕云,字杏农,江苏桃源人。道光三十年进士,授礼部主事,再迁郎中。咸丰五年,粤匪犯畿辅,惠亲王绵愉为大将军,僧格林沁参赞军务,辟耕云佐幕府,上书论防务,为文宗所知。八年,授湖广道监察御史,署户科给事中。时方多事,封章月数上。直隶总督讷尔经额坐贻误封疆罢,复起。耕云疏言:"讷尔经额之罪,天下共闻共见,未喻其复行起用之故。方今江、淮、楚、豫军务未靖,秉钺之臣,星罗棋布,所以奋不顾身,必欲灭此朝食者,固由笃于忠义,亦以国家信赏必罚,有以畏服其心。万一效尤解体,患何可言?昔宣宗起用琦善,以陈庆镛之言而罢。伏愿绍述心传,收回成命。"

时粤匪复窥武汉,耕云疏言:"武汉地踞上游,北窥关陕,南胁湖湘,东撼吴越,西制巴蜀,自古南北用兵,皆出死力争之。今贼窥伺楚北,分扰广济、黄冈,逼近省城,抚臣胡林翼募勇数千,众寡悬绝,江路绵远,首尾不能兼顾。侍郎曾国藩忠勇朴诚,应请授为钦差大臣,率其所部援湖北,较诸他臣事半功倍。"

粤匪陷定远,耕云疏言:"定远失守,粤、捻新合,必谋北窜,恃山东为之屏蔽。抚臣崇恩幸其不戕官据城,于贼退后虚报胜仗,内则巧为弥缝,掩一人耳目;外则恣其股削,竭万姓脂膏。惟恳俯念藩篱重地,立予罢斥,简大员往代。于洪湖多募水师,兼饬傅振邦全军移驻固镇、灵壁,冀收皖北,以固山东。"及庐州失守,又疏言:"昔人建省安庆,与九江、江宁为犄角,控扼长江。上年徙治庐州,已失形胜,兹并庐州亦不能守。胡林翼等自武汉进逼九江,而安徽之贼,或自英、霍走湖北,牵我上游,或自徽、歙扰浙西,窥我腹地。我军分道救援,罢于奔命。贼有四达之路,我无三面之围,虽日克一城,何益?抚臣福济屡挫损威,候补京堂袁甲三素得民心,如以为巡抚,必奋身图报。"

及国藩进师,疏言:"军兴以来,征调半天下,糜饷数千万,卒未能扫穴擒渠,则屡后时而数失机也。今曾国藩蓄养精锐,所向克捷。陈玉成、张洛行率悍贼数十万,齐向潜山、太湖抗拒,众寡之数,十倍于我,一有疏虞,关系甚重。此时庐、凤、六合贼势必单,请饬袁甲三、张国梁刻期捣其巢穴,逼令反顾,或令间道为楚师声援,亦足褫其狂魄。"别疏劾河道总督庚长,请以甲三兼摄;又论云南回匪不宜专意主抚;又陈京师本计,平粜、采买、赒恤、蓄积诸事宜并举;又言钱法积弊:请疏多见采纳。

英、法合军犯天津,耕云专疏者七,会疏者二,力主决战,上命王大臣集议。与郑亲王端华等议不合,耕云抗辩痛哭而罢。耕云初在礼部,肃顺颇重之,及是为所憎。九年,科场狱起,以科道失纠下吏议,而耕云以充内监试谴独重,镌二级调用。十年,京师戒严,上将幸热河,耕云代团防大臣草疏谏阻,复自上书抵肃顺,卒不听。侍郎文祥提督九门,遇耕云东城,相持哭,因为规画留守诸事。

胡林翼疏荐耕云胸有权略,请起用。会副都御史毛昶熙治河南团练,疏调从军。同治元年,率部卒五千,从僧格林沁平金楼寨教匪,又偕提督张曜克张冈捻巢,以道员记名,赐花翎。三年,署河陕汝道。西征军购粮陕州,市斛小,责属县偿其不足,凡数百万斤,耕云悉请罢之。客军有不法者,暂以徇。境多刀匪,请得节制河、陕兵,馈饷以时,兵咸用命。

四年,张总愚犯畿辅,耕云从巡抚李鹤年进军磁州,建策筑长围断贼归路。两署粮储盐法道,佐治善后事,浚惠济河,塞河决,叙劳加布政使衔。十三年,补河陕汝道。河、陕徭役重,亚于常赋,耕云立定制,严稽核,民困稍苏。光绪三年,大旱,条上救荒七事,未及行,卒于官。

耕云在言路著直声,出任监司,巡抚张之万、李鹤年皆倚重之,军事多所赞画。卒后,巡抚李庆翱以灾荒被劾,牵及冒领兵饷事,辞连耕云,后终得白云。

王拯,初名锡振,字定甫,广西马平人。道光二十一年进士,授户部主事,充军机章京。大学士赛尚阿视师广西,以拯从,拯感时多难,慷慨思有所建白。咸丰间,自郎中累迁大理寺少卿。同治二年,降捻宋景诗由陕西还扰直隶、山东,拯奏言:"景诗冈屯砖圩,俨然崛固,自陕逸回,其党不过数百。崇厚等一再养痈,旬逾胁逾万。近复于昌邑、莘、聊城、临清四州县,令村庄将所获麦与佃户平分,运送冈屯,是其名为降伏,心迹转益凶悖。请密敕直隶督臣刘长佑计调来营,暴其罪而诛之。若抗违不至,直隶官军犹能越境进剿。景诗既除,如杨蓬岭、程顺书等首恶,皆可骈诛,以除巨憝,以安畿辅。"疏入,未行。其后景诗卒以叛诛。

军事未定,曾国藩议于广东筹饷,劳崇光创办厘金,诸弊丛起。拯疏言:"两粤为肇乱之区,岑溪、容县,数载皆为贼踞。信宜陈金缸尤为巨憝,群贼相为一气,滋蔓难图。劳崇光举办厘金,率令绅商包充垫缴,燃眉剜肉,事何可常?及崇光去任,征收减少。近乃有厘务委员,或为众所殴伤,或为民间枷号,虽民情顽犷,而官吏恶劣亦可概见。以积年久乱之地,有负嵎窥视之贼,当一切利孔、百方搜剔之时,臣窃恐利未十而害已百。万一两粤复糜烂,更不知何所措手足,岂惟厘金不能办而已?"因荐广东道员唐启荫、两淮运使郭嵩焘、浙江运使成孙诒。旋用嵩焘督广东厘金,自拯疏发之也。

三年,迁太常寺卿,署左副都御史。疏论:"总理各国事务大臣侍郎崇纶、恒祺、董恂、薛焕委琐龌龊,通国皆知,窃恐外邦轻侮,以为中朝卿贰之班,大都不过如若曹等,未免为中朝耻辱。就令人材难得,或于总理衙门位置为宜,上应量为裁抑,或处以散职,或畀以虚衔,庶外邦版我旄别之严。四方闻之,亦释然于朝廷宥纳群伦,羁縻彼族之意。"

寻迁通政使,仍署左副都御史。疏言:"近日苏、杭迭克,直、东肃清。臣观从来将兴之业,垂成之功,未有不矢以小心,而始能底定者。金陵贼窟虽计于三四月间可拔,而丹阳与常州犄角,百战悍贼如李秀成等,麇集死守。杭、嘉既克,余党归并湖州。其自皖南窜越江西之贼,蔓延玉山、铅山、金谿、建昌二三百里,众号八九万,并有阑入福建境者。又闻李世贤自率巨股由淳安、遂安接踵而至,曾国藩、左宗棠等用兵日久,前此屡陈不亟求功旦夕,同一老谋深计,独于皖、浙毗境豫作防维之策,则国藩意在徽、宁各饬所部分防,宗棠以为不若并力取广德扼贼窜路。两议未及定,贼已由皖窜赣。贼又草窃已久,人数太众,势多不能聚歼而弗使一贼他逸。臣则以此贼人多势剧,一意奔突,前股未痛剿,后股又踵接。万一深入江西腹地,烬余复炽,又至燎原。且由赣逾闽,可以直走汀、潮,为数年来窜匪熟路。黄文金由此而来,石达开由此而去,前事可为深警。叠蒙谕旨,曾国藩、左宗棠、李鸿章、沈葆桢及闽、粤各督抚谆谆戒备。当此大功将竟,惟当并力一心,互筹战守,务将分窜诸贼,前截后追,必使所存创夷,日就衰残零落,不得喙息,以成巨患。臣尤有请者,皖、浙诸军与贼相持不为不久,所需饷项,国藩、宗棠等各于江、楚等省自为筹画。国藩奏于江省设立总台,以一省捐厘之数,为皖军十万养命之源。浙军固不能分拨,即国藩所部月饷,传闻亦祗放数成,不得已而筹及广东厘捐,乃又不能遽办。夫民之不能见远而各为其私者,情也。广东有之,江西岂独不然?日前沈葆桢奏请将江西茶税、牙厘等款归本省任收,旋用部议允留其半,在国藩等断不至觖望。惟军前将卒,当枕戈喋血切望成功之时,忽闻军饷来源将减,众心或生疑惧,何以得饱腾而资鼓舞?拟请饬赣、皖、楚、粤各疆臣,值此事机至紧,无论如何变通为难,总当殚竭血诚,同心共济。甘肃回氛未戢,中州余捻尚存,汝南陈大喜等窜逸湖北,自随、枣逼襄、樊;张总愚自南台山中山窜内、浙,时虞合并;汉中之贼,全窜宁、陕、商州一路,闻将会齐襄、樊回援金陵,诚亦未可轻忽。目前陕省军务,政出多门,李云麟追贼商於,忽卷旃而西,其在兴安,未能遏贼窜逸,其在汉阴,遇贼避匿,纵勇淫掠,宜量加裁抑。刘蓉素尝学问,怀负非常,汉中之贼,本所专办,而窜扰四出,尤当誓志荡涤,方为不负。多隆阿声望最优,众口争传为第一名将,乃近日声望渐损,宜申圣谕训饬。雷正绾所向克捷,谅足当一面之寄,顾全甘官吏,未有一二正人支持其间。现闻兰州与庆阳隔绝,恩麟权督印,不过使令便辟之材,识见陋劣;熙麟坐

守庆阳、宁夏一区,又为庆昀种种纰缪所误。臣愚以为亟宜遴简公正有为之大臣,镇抚整饬。今之天下,何易遽言率土奠安,而南北军务渐定,西事再能就绪,亦即为大致之澄清。朝廷者天下之本,宫府清明严肃,与疆场奋迅振拔之气,相感而通。天下大势日转,而亦正多难巨之事,或遽以为时局清明,事机畅遂,若已治已安者然。人情大抵喜新狃常,畏难而务获,独有当几至诚君子,为能深察而切戒之。昔诸葛亮为三代下一人,史独称之以谨慎。朱子进戒宋孝宗曰:'使宴安酖毒之害,日滋而日长;将卧薪尝胆之志,日远而日忘。'臣不胜私忧过计,冒昧沥陈。"疏入,报闻。寻告归,卒。

穆缉香阿,字居南,满州镶红旗人。由工部主迁再迁郎中。同治四年,授山东道监察御史。疏请慎择宦寺,略言:"皇上冲龄御极,圣学日新,知识日开,左右侍从之辈,宜豫加慎选,勿使将来蛊惑圣聪。溯自汉末及前明,朝政之失,半由宦寺。盖宦寺出身之始,每以小忠小信,便捷逢迎,无非售其固宠邀恩之计。及党与已成,则骄肆专横,而箝制其上,虽英明之主,竟有百计不能除之者。当时臣民,切齿痛恨,终归无可如何。我朝列圣相承,远迈前代,不但不准此辈干预政事,虽应对进退间亦不假以辞色,使无由逸谄面谀,浸润肤受。是以二百余年,从不为患。虽然此辈严防,尚有防不胜防之虑。嘉庆癸酉之变,犹有通贼者,是此辈反覆已有明征也。今皇太后垂帘听政,洞悉其弊,杜渐防微,有鉴于前,不使宵小蒙蔽。所以知人善任,朝政肃清。即数年后皇上亲政,亦断不致宠任此辈,贻误事机,何待陛下鳃鳃过虑?然献曝之忱,有不能已者。当此之时,正圣学扩充之际,虽臣工皆能尽心辅佐,而宦寺尤宜加意斟酌。臣以为宦寺之设,无非效奔走、供指使而已,万不可使年轻敏捷之人,常侍左右。请皇太后选忠正老成者为我皇上朝夕侍从,庶将来亲政,必不致受其欺蒙蛊惑,而无疆之圣德,基于此矣!"

五年,疏论大学士曾国藩督师讨捻,日久无功,请量加谴责。上以国藩迭疏引咎,特命回任专办饷糈,虽未藏全功,非贻误军情者可比,斥所奏过当,置不议。出为山西蒲州知府,寻卒。

穆缉香阿通知国故,家藏邸报,自国初以来几备。

游百川,字汇东,山东滨州人。同治元年进士,选庶吉士,授编修。六年,迁御史,巡西城。宗室宽和等所行多不法,奏劾惩治,一时贵近敛迹。七年,捻匪自山东窜直隶,百川奏请饬统兵大臣迅速剿办,又请严禁各省栽种罂粟,上皆采纳。疏论内外官署胥吏积弊,诏通饬严禁。复言:"除吏弊在肃官方,尤在扬士气。请饬部院堂官于每司中择贤隽数员,付以事权,专其责任。察有胥吏舞弊,据实上陈,仍以勤惰定功过。赏罚既明,人才自奋。至外省地方官,本有惩治胥吏之权,严饬各督抚为地择人,毋以人试地。举贤劾不肖,再简廉正大员,以时巡察,遇有贪官蠹吏,列状奏闻。"

黄河北徙,山东郡邑屡被水。百川疏请赈恤,河督文

彬、巡抚丁宝桢请仍挽复淮、徐故道,命廷臣集议。百川疏言:"黄水宜南宜北,必将折衷一是。如议挽复故道,论工程,论经费,引黄济运,有未可遽定者三端:如即以大清河为黄水经流,旧道断不能容,河面必须加宽,民间田庐如何移徙,如何安置,则度地宜审地;且即河面加宽,仍恐万难容纳,别开支河,势不容已,徒骇、马颊、钩盘、鬲津犹可指名,可否开行,有无贻害,则分水宜权也;黄水北行,其事为创,万一不善料理,人情骚动,物议沸腾,则相机宜慎也。请特派大臣履行上下游详勘,然后定策。"

十二年,上亲政,命葺治圆明园,奉皇太后驻跸。御史沈淮疏请暂缓修理,上特谕宣示孝养两宫之意,专修安佑宫供奉列圣御容,暨皇太后驻跸之所,治事之地,量从节俭,不事华靡,此外均不必兴修。百川继疏申谏,上召入诘责,百川侃侃正言无所挠,上为动容,一时敢谏之名动朝野。寻以忧归,服除补官,迁给事中。

光绪五年,出为湖南衡永郴桂道,迁四川按察使,擢顺天府尹,迁仓场侍郎。九年,山东河决,被灾者数十州县,命百川往会巡抚陈士杰治工赈。百川轻骑遍历河南北岸、上下游,先散急赈。会奏请筑两岸遥堤,复于其内筑缕堤,使黄水不致泛滥;又奏请浚小清河,分黄水入海:如议行。还京,以仓廒被火,罢归。居数年,卒。

淮,字东川,浙江鄞县人。道光二十九年举人,授内阁中书,充军机章京。咸丰十年,文宗狩热河,淮不及从,恸哭欲投井,家人守之不得死。迁刑部主事,进员外郎,授陕西道监察御史。疏劾户部主事杨鸿典揽权纳贿,下刑部逮治,仅以小过议镌级,及阎敬铭为尚书,始奏劾遣黜。园工兴,淮疏首上,当时与百川齐名。光绪元年,充顺天乡试监试,力疾从事,出闱,旋卒。家固中人产,官京师,斥卖殆尽,人尤服其清节。

论曰:用兵之际,事机千变,京朝官已传闻有所论列,往往不能切中。宗稷辰归重得人,尹耕云论诸将帅罪,王拯请调和疆吏,一意办贼,为能见其大。拯所言尤详尽,盖直枢廷,见军报,较得诸传闻者异矣。穆缉香阿请慎选宦寺,游百川等阻修圆明园,謇謇负直谏名,良不虚也。

卷四百二十四　　列传二百十一

吴振棫　张亮基　毛鸿宾　张凯嵩

吴振棫,字仲云,浙江钱塘人。嘉庆十九年进士,选庶吉士,授编修。道光二年,出为云南大理知府,历山东登州、沂州、济南,安徽凤阳知府;山东登莱青道;贵州粮储道;贵州按察使;山西、四川布政使。咸丰二年,擢云南巡抚。寻甸、东川回匪蠢动,粤匪由广西阑入开化、广南境,偕总督吴文镕先后遣将击平之。四年,调陕西巡抚,未行,署云贵总督。贵州兴义、普安匪起,檄安义镇总兵金刚保等剿之。遵义亦被匪围,合滇、黔兵力,迭战获胜,擒匪首杨凤先于石阡葛庄司。五年秋,始抵陕西任。匪首陈通明受粤匪指挥,于潼关纠众谋响应,以计擒之,并获其党张顺、罗吉祥等置诸法,被诏嘉奖。盐课摊归地丁,数倍于昔,奏请改行招贩,先课后盐,民便之。未几,擢四川总督。

七年,调云贵总督。云南汉、回积仇,自中原兵事亟,协饷不至,回乱愈恣。团练跋扈,动相杀掠,省城戒严。前任总督恒春不能制,夫妇同缢,巡抚舒兴阿亦以病求去,惟布政使桑春荣困守危城。文宗知振棫熟悉滇省情形,故以代之。命选川兵三千,携饷五万驰往,调前山东巡抚张亮基帮办军务以副之。振棫至,先驻宣威,进次曲靖。疏言:"先剿后抚,势顺而易,不待智者而知。兵盛饷足,必应如是。前督臣林则徐剿永昌回匪,兵、练万余,本省有饷可筹;弥渡获胜,匪旋受抚,其地祇迤西一隅中之一隅。此次匪遍三迤,情形迥不相同,非数千之兵、十数万之饷所能蒇事。如率意径行,徒损国威,于事无补。臣初至滇,于汉、回两无嫌怨,惟凭藉兵威,结以恩信,有所申诉,处以公平。省城为根本重地,省回解散,此外渐次筹办,其负嵎抗拒者,仍当力剿。匪势渐孤,较易得手。否则不自量度而急乘之,更无转圜地步,祸更烈矣。现在兵无可调,饷无可筹,宵旰焦劳,事非一省。臣为云南一省计,并当为天下全局计,岂容再有贻误,致令征调无休?故未言剿先言抚,有万不得已之苦衷,虽成败利钝难以逆料,舍此亦别无良策也。"

又奏:"在籍侍郎黄琮、御史窦垿、总兵周凤岐奉命团练,设总局于省城。周凤岐意见不合,引嫌不肯与闻。黄琮、窦垿联衔出示,专主痛剿,民间纷纷集练,回众疑忌日深。地方官苦心解散,汉民往往哄堂塞署,逼官杀回。故团练在他省为要务,在滇省竟为大患。黄琮等每言省团可得六十万人,无虞寇警。回匪初至城外,不及千人,团丁招之不来,来即奔溃。近日省练一万余人,月需饷数万,经费不敷。练头自行管带,不尽官派;回众有求抚之意,梗议者忽用练往剿,妄杀邀功,致可抚者终不能抚。黄琮、窦垿系特派人员,非臣力所能制,请旨定夺。臣已咨桑春荣严核守城之练,裁汰冗滥,以节縻费。练归官统,如不奉调派,自行出队,即按军法从事,庶一事权而免掣肘。"疏入,诏褫黄琮、窦垿职,许回民悔悟自新,其负固不服者,痛加剿办。汉民借团练为名肆行杀掠者,以军法从事。于是振棫遣汉、回委员赴省城晓谕汉、回,解释猜嫌,分画所居街道,拨抵难民遗产,议定章程,遣散归业。先后剿平沾益回匪,歼咸宁土匪李广沅。八年四月,抚局粗定,入驻省城,偕张亮基筹办迤西剿抚事宜。临安回匪攻府城,遣兵击走之,又败之于阿迷州,解河西县之围。

是年冬,以病乞罢,因子春杰官雁平道,就养山西。同治元年,命会同巡抚英桂防河,寻命赴陕西会办军务。十年,卒,诏依例赐恤。

张亮基,字石卿,江苏铜山人。道光十四年举人,入赀为内阁中书。从大学士王鼎赴河南治河,督筑西坝。工竣,赐花翎,擢侍读。二十六年,出为云南临安知府,总督林则徐曾与共事河工,知其才,密荐可大用,调署永昌。边夷滋扰,亮基用土弁左大雄擒匪首,事乃定。超擢云南按察使,就迁布政使。三十年,擢云南巡抚,兼署云贵总督。粤匪渐炽,尝密疏论军事,文宗韪之。

咸丰二年,调湖南巡抚,在途闻贼围长沙,疏请驻守常德。诏趣进解省城之围,至则梯城而入,屡出队与城外援军夹击,贼解围去。破岳州,入湖北,汉阳、武昌相继陷,湖广总督徐广缙以罪罢,命亮基代之,规进剿。亮基疏言宜防贼回窜,意在专顾湖南,诏趣速进。三年春,贼弃武汉东下,亮基抵湖北筹办收复抚恤事宜。通城、崇阳、嘉鱼、广济土匪起,平之。贼自下游分窜江西,亮基督师扼道士洑、黄石港,分兵赴援。秋,贼之分窜河南者,由罗山入湖北黄安、麻城境,水陆夹击,歼之。

调山东巡抚,未行,江西贼由九江来犯,令道员徐丰玉御之于田家镇,战失利,丰玉阵亡,亮基坐降四级留任。时粤匪李开芳等犯畿辅,踞静海。亮基至山东,奉命扼德州,防其南逸。南路贼欲由淮、徐窥伺北犯为应援,令按察使厉恩官率兵驻宿迁之北以防之。四年,贼入山东境,亮基驰扼济宁,杜其北窜。寻陷郓城,扰范县、寿张、东平,绕出贼前截击,败之于临清黑家庄。既奏捷,帮办军务大臣胜保劾其取巧冒功,诏斥亮基欺罔,并追论初赴湖南不急趋长沙,及去湖北时但求自全,居心狡诈,褫职,遣戍军台。逾年,给事中毛鸿宾言临清之役,胜保妄劾,御史宗稷辰亦言亮基能任事,未尽其用,乃释回,发东河差遣,寻命往安徽随办军务。

七年,予五品顶戴,命赴云南帮办剿匪事宜。云南回匪方炽,团练横行省会,总督吴振棫初至,驻曲靖,裁抑练勇,招抚回众。沾益回最悍,集众犯宣威,亮基督按察使徐之铭等率兵击走之。八年春,又败之于袁家屯,歼贼甚众,余党就抚,诏嘉之,授云南巡抚。既而振棫乞罢,擢云贵总督,亮基荐徐之铭代为巡抚。临安回匪攻城,扰及阿迷,剿平之。九年,省回就抚后,踞碧鸡关,劫夺近郊,分剿乃散。又剿平彝、安宁、缅宁、楚雄诸匪,武定、罗次、富民、禄丰、禄劝诸州县先后克复。然回、练互相猜忌,乱机时起。

徐之铭既为巡抚,贪纵险狠,与亮基阴不相能,时构煽其间。十年秋,回人掌教马德新、徐元吉,武生马现,率各属回民来省乞抚,住城外江右馆,亮基约之铭同诣抚谕。之铭阴嗾已散练丁拥至督署阻挠,谕之不可,杀通海知县雷焱于门,遂逼杀招抚委员绅士马椿龄、孙钧。亮基为所胁持,不敢入告,以病乞罢,命刘源灏代之。源灏久不至,亮基径去。十一年,至湖北,乃疏陈滇事,劾之铭不法。会布政使邓尔恒升任陕西巡抚,去滇,之铭嗾匪戕于路。于是罢源灏,以潘铎署总督,命亮基赴滇查办,督师剿匪。亮基疏请发部照募捐充饷,募勇千人然后行,与潘铎先后至四川,欲资其饷力、兵力。四川兵事未定,无以济。林自清者,亮基之旧部,方署云南提督,与之铭及马如龙等皆不协,回人仇之。闻亮基在四川,擅率所部号万人入川求效用,阻之不听。诏亮基谕解散,而之铭嗾马如龙等声言拒亮基不使入境,相持久之。同治元年,

潘铎先抵任,请暂留之铭以毕抚局,遂改命亮基以总督衔署贵州巡抚。未几,之铭复阴嗾回众为变,铎被戕,而云南之乱愈亟矣。

二年,亮基至贵州,黄号、白号、苗、教诸匪并炽,上下游遍地皆贼。亮基令总兵沈宏富等攻遵义螺蛳堰,破之,歼余匪于上稽场。令总兵刘义方等剿思南教匪,复普安、安南,又连破苗匪于桐梓鼎城及水城厅马龙胯,擒匪首何润科等于黔西,降万人。三年,尚大坪匪犯省城,督沈宏富等战于郊,歼贼千计,复修文。总兵林自清、赵德昌克龙里,又复兴义,解清镇之围,收复定番、广顺、长寨诸城,破龙泉、湄潭黄、白号匪老巢,克滇西卫城。四年,克黔西石阡、永宁、荔波,贵州地瘠财匮,饥军索饷,时虞哗噪。亮基抚驭防剿,仅得粗安,而所部诸将多骄蹇,舆论不协,为侍读学士景其浚论劾。亮基乃劾总兵林自清、刘有勋,副将池有连等劫掠扣饷,不听调度,请严治。诏布政使严树森察奏,亮基复具疏自陈,言树森规避贵州,安坐邻省不亲至,于是亮基、树森并褫职。

十年,卒。湖南巡抚王文韶、贵州巡抚曾璧光先后请复原衔,各建专祠。光绪三十四年,湖南、贵州京官合词胪陈功德在民,追谥惠肃。

毛鸿宾,字翊云,山东历城人。道光十八年进士,选庶吉士,授编修。迁御史、给事中,数上封事论军务。咸丰三年,以尚书孙瑞珍荐,命回籍治团练。四年,劾帮办军务大臣胜保罪状,请严旨查办。五年,授湖北荆宜施道,调安襄郧荆道,历安徽按察使、江苏布政使。

十一年,署湖南巡抚,寻实授。疏言:"湖南地居僻远,向非富强,自前抚臣张亮基、骆秉章等于吏治民风实力讲求,用能削平寇盗,屹为上游重镇,用人之效,有明征矣。臣以为名将不过收战阵之功,得贤督抚,斯能造封疆之福。如左宗棠识略过人,其才力不在曾国藩、胡林翼之下,今但使之带勇,殊不足以尽其长,倘畀以封疆重任,必能保境安民,兼顾大局。前任云贵总督张亮基,果决有为,云南壤接边陲,饷糈不给,汉、回仇衅相寻,即令经营尽善,亦仅有益一隅,似不若任以要地,俾展所长。但使东南日有转机,则云、贵游氛无难迅扫,此轻重之机宜审者也。"时湘军所有功,各省多往召募,鸿宾疏陈招勇流弊,请慎选将领以收实效,并被嘉纳。

石达开窜湖南,鸿宾遣知府席宝田、副将周达武、总兵赵福元分路进击,解会同、黔阳之围。同治元年,进复来凤,贵州提督田兴恕兼署沅抚,军报不实,信用左右,鸿宾疏劾之。遣兵越境剿贵州窜匪,复天柱县城。又剿铜仁张家寨,匪首萧文魁率众降,克大小青两堡。江蓝厅同知椿龄指团绅为土匪,鸿宾廉知椿龄有酷刑逼借事,劾罢之。椿龄京控,讦鸿宾借贷不遂,鸿宾自请查办,下总督官文鞫讯,得白。

擢两广总督,英德土匪起,令按察使张运兰剿平之。偕巡抚郭嵩焘奏定变通缉捕章程,获大盗者予优擢,允之。

三年,江南既复,浙、赣余氛未靖。鸿宾疏言:"江

西南路之防犹有未备，闽、粤交界均无防兵，虑贼上窜，以粤东为尾闾。江西当四冲之地，宜合数省兵力，乘大胜余威，聚而歼之。已咨曾国藩调拨劲旅，绕越宁郡、石城一带，扼贼南窜之路，臣派一军于闽、粤交界会同进剿。并请敕曾国藩严守南赣，俾毋窜越。"

四年，坐前在湖南，道员胡镛请咨引见，缴回咨文，委署道缺，降一级调用，回籍。七年，卒。宣统初，山东巡抚袁树勋疏陈鸿宾功绩，复原官，祀乡贤祠。

张凯嵩，字云卿，湖北江夏人。道光二十五年进士，广西即用知县，历宣化、怀集、临桂知县。李星沅、劳崇光并荐其能，咸丰五年，擢庆远知府。剿平土匪王得胜等，擢左江道，调署右江道。庆远失守，革职留任。八年，偕按察使蒋益澧破贼，克庆远，复原官，署按察使，寻实授，迁布政使。同治元年，巡抚刘长佑赴浔州筹剿抚，留凯嵩经画后路。荔浦张皋友陷阳朔，遣兵败贼于鹧鸪岩，复其城，就擢巡抚。诸匪中黄鼎凤、张皋友最猖獗，分陷贵县、阳朔，麇集大鹿滩、马濑，檄总兵李明惠、提督江忠义先剿马濑，进规贵县，破之于桂岭，歼擒贼首张皋友、陈士养。二年，檄布政使刘坤一攻黄鼎凤于登龙桥。贼走覃塘，进围之。信都贼陈金刚等来援，道员蒋泽春逆击败之，进克容县，坤一克覃塘。三年，克天平寨，擒黄鼎凤。贵县平，加头品顶戴。

疏陈左右江积匪未清，议三路进兵，以刘坤一统七营留防浔州，易元泰统十一营由宾州、迁江达思恩，李士恩统水陆八营由横州达南宁，节节进剿。四年，坤一攻克大庙、江口、平邮，斩贼首梁安邦，南宁河道始通。元泰剿上林，平之。坤一擢江西巡抚去，以同知刘培一领其军，将亲赴南宁督战，会伪康王汪海洋窜粤，将入广西，诏凯嵩驻防浔州。五年，凯嵩至南宁，进攻山泽，督诸军穴地轰城，夺山入，擒伪平章苏仲熙等。孙仁广单骑走旺陇，追斩之。山泽为贼所踞十余年，至此悉平。

六年，擢云贵总督。自潘铎被戕，滇事益纷。行至巴东，称病，三疏请罢，坐规避，褫职。光绪六年，以五品京堂起用，授通政使参议，迁内阁侍读学士，署顺天府尹，授贵州巡抚。十年，调云南。请于省城设开采五金总局，以兴矿利，偕内阁学士周德润勘越南界务。十二年，卒于官。广西巡抚李秉衡疏陈凯嵩政绩，请建专祠，广西京官论其不当，罢之。子仲炘，光绪三年进士，由翰林御史官至通政司参议，敢言有声。

论曰：云南地居边远，回、汉积仇，中原多故之秋，几为王灵所不及。吴振棫兼筹剿抚，实体中朝措置之难。张亮基才足有为，误用徐之铭，受其排挤，遂至不可收拾。自潘铎被戕之后，无人491此艰危。毛鸿宾疏言内地寇平，边方自靖，诚为确论。张凯嵩因规避黜，后仍以旧劳起用，朝廷固鉴其情已。

卷四百二十五　　列传二百十二

**李僡　吴棠　英翰　刘蓉　乔松年
钱鼎铭　吴元炳**

李僡，字惠人，陕西华阴人。道光二年进士，直隶即用知县，补抚宁，调青县。举卓异，历沧州、深州，擢大名知府。调保定，擢大顺广道，迁按察使。二十一年，擢顺天府尹。二十三年，南河决，命偕侍郎成刚驰往督工。二十六年，出为江苏布政使，以病归。三十年，起授甘肃布政使。咸丰元年，擢河南巡抚。长芦盐政疲敝，言官请变通悬岸，僡偕直隶总督讷尔经额议改直、豫悬岸，分别官办、商贩。二年，调山东。粤匪由武昌东下趋江宁，僡遣精兵二千驰援，亲赴兖、沂、曹诸府察形势，分兵扼隘防守。履行河堤，令黄河渡船悉归曹县刘家口、单县董家口，断他口私渡。檄候补道庆凯等驻兵要隘，搜捕捻匪。

三年，江宁陷，徐州捻、枭诸匪蜂起，僡再赴兖、沂、曹诸府督防。未几，扬州陷，僡令防军分三路：游击王凤祥等驻郯县红花埠为东南路，总兵百胜等驻峄县韩庄闸及阴平为中路，总兵三星保巡刘家、董家二口，遏贼北窜，为西南路。僡驻宿迁迤北，与百胜等犄角。四月，贼自浦口北窜安徽，陷滁州，逼凤阳临淮关。僡进驻宿迁，虑徐州守兵弱，请移山西、陕西、绥远诸路援兵策应。五月，贼自亳州经米家集窜河南，陷归德，扰刘家口。僡命防军进击，民团继之，毁北岸船，贼不得渡。有由曹河驶入者，乘半渡击沉之，贼败退。寻自河南汜水北渡温县，西路告警，僡自曹州分兵驰援，督师继之。比贼围怀庆，僡会诸军力战，解其围。捻匪扰归德境，毗连曹、单，僡留陕、甘兵九百会剿，自引师回防东路。

自粤匪起，所至各行省皆瓦解，疆吏能御贼不使入境且出境剿贼者，惟僡一人。文宗深嘉之，屡欲擢任总督，以山东为畿辅屏蔽，倚僡为重，故未果。寻卒于官，优诏悼惜，赠总督、太子少保，谥恭毅。子启诏，署湖南桂阳州，殉难，赠道衔。

吴棠，字仲宣，安徽盱眙人。道光十五年举人，大挑知县，分南河，补桃源。调清河，署邳州。山东捻匪入境，率团勇击走之，还清河。咸丰三年，粤匪陷扬州，时图北窜，棠招集乡勇，分设七十二局，合数万人，联络邻近十余县，合力防御，有声江、淮间。丁母忧，士民攀留，河道总督杨以增疏请令治丧百日后，仍署清河。太常寺少卿王茂荫疏荐，诏询以增，亦以治绩上，特命以同知直隶州即补，赐花翎。六年，丁父忧，仍留江苏，以剿匪功，累擢以道员即补。十年，补淮徐道，命帮办江北团练。皖北捻匪出入，以徐、宿为孔道，山东土匪时相勾结，一岁数扰，棠督军屡击走之。

十一年，擢江宁布政使，署漕运总督，督办江北粮台，辖江北镇，道以下，令总兵龚耀伦等破贼于阜宁、山阳，解安东围。漕督旧驻淮安府城，棠以清江浦地当冲要，筑土城驻之。捻匪大举来扑，督军力战击退，贼聚众兴集相持，令骁将陈国瑞进攻，战十日，大破之，贼遁泗州。督属县筑圩寨，坚壁清野，收抚海州、赣榆土匪，先后遣将击捻匪，擒李麻子于曹八集，斩何申元于洞里庄，奸卜里于半截楼，又破山东幅匪于郯城徐家圩、锱阳集、长城等处。

同治二年，实授漕运总督。令陈国瑞进剿沂州，迷奸渠魁，国瑞遂隶僧格林沁军。苗沛霖叛陷寿州，棠令总兵姚庆武、黄开榜水陆赴援。疏言："欲拯临淮之急，必须一军由宿、蒙直捣怀远，使苗逆急于回顾，临淮始可保全。削平之策，尤须数道进兵，方能制其死命。"又密陈："皖北隐患，淮北盐务疲敝，悉由李世忠盘剥把持，其勇队在怀、寿一方盘踞六年，焚掠甚于盗贼。苗平而淮北粗安，李存而淮南仍困，请早为之计。"诏下僧格林沁等筹办。

三年，加头品顶戴，署江苏巡抚。四年，调署两广总督。棠疏陈："江境尚未全平，请收回成命，专办清淮防剿。"诏嘉其不避难就易，仍留漕督任。军事初定，即筹复河运。署两江总督，未几，回任。五年，调闽浙总督。

六年，调四川总督。时蜀中军事久定，养兵尚多，而协济秦、陇、滇、黔，岁饷不赀。棠令道员唐炯剿贵州龙井苗匪，复麻哈州。道员张文玉等克黄平州，疏请遣周达武一军入黔助剿，即调达武贵州提督，饷仍由四川任之。平苗之役，赖其力焉。

八年，云贵总督刘岳昭劾棠赴川时仆从需索属员馈送，言官亦劾道员钟峻等包揽招摇，命湖广总督李鸿章往按。鸿章覆奏："川省习尚钻营，棠遇事整顿，猾吏造言腾谤。"诏责棠力加整饬，勿稍瞻顾，斥岳昭率奏失实，惟坐失察钟峻等薄谴。十年，署成都将军，奏拨捐输银二十万两赈饥民。十三年，云南、贵州军事先后肃清，以协饷功被优叙。灌县山匪作乱，令提督李有恒剿平之，斩其渠余其隆。疏言："部章新班遇缺先人员补官较易，服官川省者，报捐不惜重利借贷，其中即有可用之才，负累既重，心有所分，官债虽清，民生必困。请敕部另议变通，俾试用甄别年满、历练较久诸员，得有叙补之期，实于吏治有益。"

光绪元年，剿叙永厅匪及雷波叛蛮，平之。以病乞罢。二年，卒，诏优恤，谥勤惠。

英翰，字西林，萨尔图氏，满洲正红旗人。道光二十九年举人。咸丰四年，拣发安徽，以知县用。九年，署合肥。粤匪扰皖北，督乡团击败之。又破贼华子冈、小河湾，擢同知。十一年，署宿州。同治元年，捻匪来犯，英翰偕总兵田在田克高黄山寨，进破湖沟，擢知府，赐花翎。二年，捻首张洛行为僧格林沁大军所败，回老巢，英翰击败之于青疃。会攻克雉河集，英翰授策降人，擒洛行送僧格林沁大营诛之，授颍州知府。巡抚唐训方及袁甲三交章荐英翰沉勇有谋，剿浍北匪圩功多。苗沛霖复叛，攻蒙城、寿州，英翰督兵攻克蒙城附近贼圩，又击败沛霖所遣攻寿州兵。会总兵姚广武破韩村贼寨，攻狼山，贼弃垒遁，蒙城粮道始通。署庐凤道，擢按察使。复督兵援蒙城，攻蔡家圩，断贼粮道，遣参将程文炳等四出截击，夷贼垒数十。僧格林沁、富明阿诸军先后至，大破贼，沛霖就歼，附沛霖诸圩尽克，赐号格洪额巴图鲁。

三年，粤匪合捻匪由陕南窜湖北，将遥为江宁声援，其锋甚锐。僧格林沁调英翰赴援，贼方围麻城，袭破柏子塔贼屯，贼渠陈得才等自白臬走阎家河，英翰督军迎战，破之。寻以请奖冒滥，夺勇号，降五级留任。贼自松子关窜皖境，巡抚乔松年奏调英翰回援，克金家寨。贼窜六安、青山，会诸军击走之。群贼麕聚英山、霍山，连破之于乐儿岭、土门、黑石渡。时江宁已下，僧格林沁大军进逼，贼皆携贰，陈得才仰药死。马融和有众数万，英翰令郭宝昌招致之。贼首蓝成春亦降，余小头目纷纷求抚。僧格林沁以成春乃粤中老贼，斩之以徇。未至者遂散走，而张总愚、牛洛红、任柱、赖文光等勾结复炽。论功，英翰复赐号铿僧额巴图鲁，擢安徽布政使。

四年，捻匪自河南窜山东，僧格林沁战殁，遂大举犯安徽，觊复踞蒙、宿旧巢，英翰屯雉河集，为贼所围。道员史念祖佐英翰且战且守，凡四十五日，援军至，突围夹击，大破之，贼乃解围引去，晋号达春巴图鲁。五年，就擢巡抚。前抚乔松年调陕西，剿西捻张总愚，以皖军郭宝昌从行，其饷仍由英翰资供。东捻由固始犯皖境，皖军扼之，复窜麻城，英翰率军防六安。六年，贼复由楚、豫入山东，方议就运河筑长围圈贼，英翰分拨皖军，令黄秉钧扼宿迁，张得胜扼猫儿窝滩，程文炳以骑兵备游击，余承先率水师由洪湖入运河，捻势渐蹙。英翰丁父忧，予假一月治丧，改署任。是年冬，捻首任柱为淮军所歼，余党散扑运河，皖军截击，收降数千人，赖文光走扬州就擒。东捻平，论功，予三等轻车都尉世职。

再疏请终制，报可，而西捻渡河北犯。七年春，畿辅戒严，英翰率军驰援，命驻河南。英翰奏以所部交河南巡抚李鹤年调遣，请回旗守制，诏慰留之。遂会诸军围贼于运河东，捻众聚歼，加太子少保，辞，不许。八年，回旗营葬，请留京，予假两月，期满仍回任。十年，于亳州捕叛捻宋景诗，诛之。

十三年，擢两广总督。粤匪悍酋杨辅清败逸后，犹潜匿福建晋江，令降将马融和等往捕，至是始就擒，奏请诛之。光绪元年，入觐，晋二等轻车都尉世职。广东闱姓捐奉旨严禁，英翰奏请弛禁助饷，又因随员招摇，为广州将军长善等所劾，召还京，被议，褫职。未几，命还世职，以二品顶戴署乌鲁木齐都统。二年，实授。寻卒，赠太子太保，复勇号，赐恤，谥果敏。安徽省城及凤阳、寿州、宿州、阜阳、蒙城、涡阳并立专祠，赐其母银二千两，人参六两。无嗣，弟英寿袭世职。

刘蓉，字霞仙，湖南湘乡人。诸生。少有志节，与曾国藩、罗泽南讲学。军事起，佐泽南治团练。咸丰四年，从国藩军中，既克武昌，转战江西。五年，泽南由江西回援湖北，蓉从之，领左营。弟蕃，战殁于蒲圻，蓉送其丧归，遂辞军事。丁父忧，胡林翼奏征之，不出。十一年，骆秉章督师四川，聘参军事，疏荐其才，诏以知府加三品顶戴，署四川布政使，寻实授。秉章于军事吏治，悉倚蓉赞助，亦时出视师，蓝、李诸匪以次削平。事详《秉章传》。

同治元年，石达开由滇、黔边境入四川。预调诸军罗布以待，秉章令蓉赴前敌督战，达开不得逞，徘徊于土司地，穷蹙就擒。蓉亲往受俘，槛送成都诛之，被旨嘉奖。时粤、捻诸匪蓝成春、陈得才等窜扰陕南，踞汉中、城固等城，川匪余孽亦入陕蔓延，势方炽。多隆阿督师关中，注重北路回匪，于南路未能兼顾。官文疏荐蓉堪当一面，于是命蓉督办陕南军务，擢陕西巡抚。秉章分兵四千授蓉，总兵萧庆高、何胜必两军先赴援，亦隶之。又遣将赴湖南增募万人，蓉于十月进屯广元。三年春，汉中粤、捻诸匪因江宁被围急，促其回援，遂自退，趋湖北。蓉入汉中部署屯防，清余匪。

多隆阿围盩厔久未下，闻蓉将至，督攻益急，克之，而多隆阿受重伤。三月，蓉抵省城，多隆阿寻卒于军，其所部雷正绾、陶茂林诸军剿西路回匪，入甘肃；穆图善一军议令赴援湖北。五月，川匪合彝、捻由镇安、孝义突犯省城，蓉集诸军击之于鄠、盩厔之间，寻偕穆图善会击于郿县，贼西走略阳，入甘肃，陷阶州，令何胜必等会川军周达武攻之。四年，克阶州，川匪余孽悉平。雷正绾军哗变，其部将胡士贵率叛兵回扰泾州，蓉遣军扼隘，散其胁从，诛士贵。

会编修蔡寿祺疏劾恭亲王奕訢，牵及蓉，指为夤缘，诏诘蓉令自陈。蓉奏辨，自言荐举本末，并评寿祺前在四川招摇、擅募兵勇，为蓉所阻，挟嫌构陷。复为内阁侍读学士陈廷经所劾，命大学士瑞常、尚书罗惇衍究究，坐漏泄密摺，降调革任。陕甘总督杨岳斌疏言陕西士民为诉枉乞留，诏蓉仍署巡抚。

五年，奏荐贤能牧令龚衡龄等，请予升阶，下部议驳。蓉疏言："近来登进之途，多出于从军，而究心民瘼者，仍潦倒于下尘。陕西疮痍未起，急应旌举贤能以为之劝。"上特允之。先是，蓉任凤邠道黄辅辰经理回民叛产，设法垦治，岁获谷数百万斛，成效甚著，因奏："陕西兵后荒芜，以招徕开垦为急务。应视兵灾轻重，荒地多少，以招垦成数为州官吏劝惩。"报可。寻以病乞开缺，上允其请，以乔松年代之，仍留陕西治事。捻匪张总愚入陕，逼省城，蓉与松年议不合，所部楚军三十营，统将无专主，士无战心，屯灞桥，为贼所乘，大溃。诏斥蓉贻误，夺职回籍。十二年，卒。湖南巡抚王文韶疏闻，命复官，陕西请祀名宦祠。

乔松年，字鹤侪，山西徐沟人。道光十五年进士，授工部主事，再迁郎中。咸丰三年，以知府发江苏，除松江，调苏州。会匪刘丽川据上海，省城潮勇潜与通，松年侦知之，白上官诛其为首者。丁父忧，总督怡良奏留，从克上

海，擢道员，赐花翎，授常镇通海道。六年，从怡良驻常州，署两淮盐运使。八年，丁本生父忧，总督何桂清复奏留。

九年，授两淮盐运使，兼办江北粮台。十年，奏劾南河河道总督庚长擅提淮北存盐变价充饷，又截留山西解江北粮台饷银；复劾庚长在清江闻警犹演剧设宴，追寇急，仓皇退守。命侍郎文俊往按得实，庚长褫职逮问。又疏论用勇不如用兵，请发京师护军营暨北五省绿营赴江北防剿。英吉利、法兰西兵入犯，京师戒严，松年请赴畿辅督兵御敌，谕止之。十一年，设江南北两粮台，仍命松年办理。叙劳，以按察使记名。

同治二年，擢江宁布政使，仍留办粮台，擢安徽巡抚。三年，抵任，驻防临淮。时苗匪已平，李世忠亦解兵柄，捻匪窜河南、湖北。松年增募万千人，就颍、宿间设防，奏请雉河集地处交冲，当建县设官，从之。又奏苗沛霖余党自非积恶，请予宽贷；李世忠散遣勇丁，恐流为盗，饬州县整顿捕务。粤、捻诸匪自湖北麻城、罗田东窜入皖境，松年移军寿州，急调英翰自湖北回援，令朱淮森屯正阳关，蒋凝学迎击于英山，克金家寨。英翰等败贼于陶家河、黑石渡，僧格林沁大军追至合击，诸贼穷蹙，纷纷乞降，先后凡十余万。贼首陈得才后至，为蒋凝学击败，服毒死，获其尸。上饬英翰等移军进剿，松年请留英翰防皖境，郭宝昌援河南，蒋凝学赴湖北。

四年，僧格林沁战殁，上命曾国藩督师山东。松年奏："国藩久治军务，气体较逊于前。李鸿章才识亚于国藩，而年力正强，如以代国藩督师山东，必能迅奏荡平。"疏上，报闻。时捻匪大举犯皖北，围英翰于雉河集，国藩遣援军至，乃击走之。

五年，调陕西巡抚，前任巡抚刘蓉奉命留陕办理军务。时捻匪张总愚窜入陕境，松年初至，与蓉意见不合，奏劾蓉军政骞坏，留陕无益，蓉亦劾松年掣肘，贪利徇私。十二月，贼逼省城，蓉军溃于灞桥。六年正月，提督刘松山援军至，破贼雨花寨，连战皆捷，省城始安。迭奏请师，鲍超军援陕迄不至，皖军郭宝昌应调来援，偕刘松山转战泾、渭之间，屡捷。总愚窥同州，欲渡河，未得逞，趋陕北。六月，总督左宗棠至陕，军事始有统辖。松山、宝昌等连破贼于北路，至冬，总愚由垣曲渡河，循太行东趋，松山、宝昌尾追。七年春，宗棠率师入卫畿辅，陕西自捻匪出境，西路回氛仍未靖，松年以病乞假归。九年，病痊，授仓场侍郎。

十年，授河东河道总督。奏言："今日言治河，不外两策：一则堵铜瓦厢决口，复归清江浦故道；一则就黄水现到处堤束之，俾不至横流，至利津入海。权衡轻重，以就东坡筑堤束黄为顺水之性，事半功倍。前数年大溜全趋张秋，后又决胡堰、洪川口、霍家桥、新兴屯诸地，黄流穿运，节节梗阻。惟有尽堵旁泄之路，自张秋西南，沙河迤北，就旧堤修补，为黄河北堤；又自张志门起，至沈家口、马山头，筑新堤一百八十余里，为黄河南堤：俾仍全趋张秋，借以济运。"下廷臣议行。十三年，奏请裁东河总督，以巡抚兼领河工，下部议，格不行。光绪元年，

卒，谥勤恪。

钱鼎铭，字调甫，江苏太仓人。父宝琛，湖北巡抚。鼎铭，道光二十六年举人，从宝琛治团练。会匪刘丽川据上海，青浦周立春起应之，陷嘉定，鼎铭与嘉定举人吴林募勇从官军复其城，授赣榆训导。入赀为户部主事，丁父忧归。江南大营再溃，诸郡县沦陷，巡抚薛焕退保上海一隅。曾国藩既克安庆，团练大臣庞钟璐等议乞援，道路梗阻。鼎铭奋然请行，乘洋商轮船溯江上，至安庆谒国藩，陈吴中百姓贴危，上海中外互市，榷税所入，足运兵数万，不宜弃之资贼。策画数千言，继以痛哭，国藩遂决策济师。时薛焕遣将至湖南募勇万二千，国藩知所募皆各军汰遗，不可用，令鼎铭往解散。遇诸汉口，鼎铭简留精壮九百人，余悉罢归，无哗者。还上海，筹饷十八万，租船五，复率赴安庆迎师。于是国藩奏令延建邵道李鸿章率淮勇五千人赴之。同治元年三月，至上海，鸿章寻署江苏巡抚，奏请以鼎铭参军事，多所赞画。积功，擢道员，赐花翎，加布政使衔。

五年，鸿章代国藩督师剿捻匪，令鼎铭驻清江浦，主转运粮饷军仗，迄捻匪灭，始终无绌误。鸿章与漕运总督张之万累疏荐。国藩移督直隶，奏调以从。八年，授大顺广道，就迁按察使，又迁布政使。十年，擢河南巡抚。十一年，捻匪余孽蠢动，鼎铭令总兵崔廷桂剿平之。用直隶练军制，就河南三镇额兵，简其精壮，抽练马步各三营，重其额饷，择驻冲要地训练，期年成军。修水利，凿贾鲁河故道，南自周家口，北至朱仙镇，又西北至郑州京水寨，疏积沙，补残堤，俾上游无水涝，下游通舟楫。复浚勺金河、丈八沟、馀济河、永丰渠以资灌溉。令诸州县劝民按亩出谷，就乡分仓，择公正绅董董其事，毋假手胥吏，通省积谷九十余万石。提督张曜一军出关剿回，全军饷由河南供给无缺。光绪元年，卒，赐恤，谥敏肃。

吴元炳，字子建，河南固始人。咸丰十年进士，选庶吉士。从团练大臣毛昶熙回籍治团练，从解固始围，击退息县窜匪，擒捻首陈得一。十一年，汝宁捻首陈大喜窜居霍庄寨，元炳偕道员张曜攻克之。同治元年，巡抚严树森奏："元炳骁捷善战，所向有功，军中最得力，请散馆后仍令回河南。"命免散馆授检讨，仍留河南委用。大喜负固平舆，其党踞李旗屯，元炳偕张曜先平伊庄、陈庄、刘楼贼垒，乘胜下李旗屯，进攻杨楼，破之。旋克平舆，歼捻首张凤林。二年，克张冈贼巢，汝南肃清，擢侍讲。寻攻息县鲍家寨，克之。三年，拔谭家圩，附近贼寨，次第削平。

丁母忧，回籍，巡抚张之万奏起赴军。四年，以汝、光诸地稍定，请终制，允之。六年，补原官。九年，超擢侍讲学士。十年，命署湖南布政使。十二年，擢湖北巡抚，调安徽，再调江苏。光绪二年，疏陈："银捐新例，新班遇缺先及遇缺两项，得缺最速，流弊亦多，于政体大有关系，不可不严防其弊。请明定章程，变通办理。"下部议行。山东、安徽比岁饥民流及淮、扬，元炳截漕抚恤，并疏高宝河、盐运河，以工代赈。署两江总督者三，兼署江苏学政者一。七年，丁本生母忧，去官。十年，入觐，命察山东河工、海防，授漕运总督。十一年，调安徽巡抚。十二年，卒，赐恤。河南巡抚倪文蔚疏陈元炳战功，遗爱在民，请于汝宁建专祠。

论曰：李僡守山东，吴棠保江淮，当时皆负时望。英翰剿捻，战绩最多，及任皖疆，甚得民心。刘蓉抱负非常，佐骆秉章平蜀，优于谋略而短于专将，治陕不竟其功。乔松年在皖倚用英翰而奏绩，在陕不能与刘蓉和衷，徒促偾事。钱鼎铭慷慨乞师，为平吴之引导，治豫亦有声。吴元炳以词林事军旅，其际遇特异焉。

卷四百二十六　　列传二百十三

王庆云　谭廷襄　马新贻　李宗羲
徐宗干　王凯泰　郭柏荫

王庆云，字雁汀，福建闽县人。道光九年进士，选庶吉士，授编修。二十七年，大考一等，擢侍读学士，迁通政副使。庆云通知时事，尤究心财政，穷其利病，稽其出入。文宗即位求言，庆云疏请通言路，省例案，宽民力，重国计。其言重国计，略谓："今岁入四千四五百万，岁出在四千万以下，田赋实征近止二千八百万。夫旱潦事出偶然，而岁岁轮流请缓；盐课岁额七百四十余万，实征常不及五百万。生齿日增，而销盐日细。南河经费，嘉庆时止百余万，迩来递增至三百五六十万。入少出多，置之不问，思为一切苟且之计，何如取自有之财，详细讲求：地丁何以岁岁请缓？盐课何以处处绌销？河工何以年年报险？必得弊之所在而革除之。"奏入，上深韪焉。

时命中外大臣保荐人材，礼部侍郎曾国藩举庆云以应，诏擢詹事，署顺天府尹。咸丰元年，授户部侍郎，仍署府尹。内务府议令庄头增租，佃户不应，则勒限退地。庆云偕直隶总督讷尔经额援乾隆间停设庄头，嘉庆间奏禁增租夺佃两案，奏请敕内务府不得任意加租。户部请改河东盐政章程，并清查山西州县亏空，命庆云偕浙江布政使联英往按。

寻奏定清查亏空章程，并会山西巡抚那苏图奏言："晋商赔累，一在盐本巨，一在浮费多，一在运脚重。官盐既贵，私贩遂乘间蔓延。从前盐价每石三五十两，自坐商囤积居奇，畦地锭票，租典靡常，一业数主，人人牟利。一石之盐，贵百三四十两，运商安得不困？河东盐行三省，酬应繁多，总商分派者号为厅摊，散商自送者岁有常例，统计二十六万余两，几达岁课之半。加以石盐脚费多至百两，因其定价难增，遂至相率为伪，搀沙短秤，民食愈艰。臣等公同商酌，轻盐本必先定池价，革浮费必先行票法，减运脚必先分口岸，将缉私之法并寓其中。盖盐有专商，票无定贩，大要在留商招贩，先课后盐，而后引目不致虚悬，课额无虞短绌。向来坐商昂价，总以缺产为词。臣览池面宽广，卤气酽厚，即雨旸不齐，衰多益寡，足敷五千六百余石之额。盐贵不在缺产，而在售私。拟定白盐一石贵止六十两，青盐递减，坐商工本外有赢余。令各商立法互稽，但使盐不旁流，商盐自富，锭票销价，亦复删芟。畦地租典，先尽运商，总期减轻成本，禁口课官吏浮费，别筹公用。每票征银七分有奇，随课收发，此外需索，坐赃科罪。其领票、招贩、掣盐、截角诸事，悉仿两淮成例，微为变通，以归简易。河东盐行河南引地，自嘉庆二十四年改为商运民销，以会兴镇为发盐口岸，商民称便。拟将陕西、山西、会兴镇分为三路，不许搀越，盐到发贩随销，亦听商人自运，兼防夹私，力杜作伪。统计河东全纲，比较昔价，裁浮改岸，年省七十余万。得人守法，商力不疲。即间有歇业，或运商归并，或坐商承充，永绝举商、保商诸弊。"下部议行。

庆云既明习计政，主部事，先后奏请清厘江宁、苏州、安徽三布政司例应入拨、延未报竣各款，自道光三年至咸丰元年，凡千五十九款，九百三十六万两。又奏言："江南贼甲他省，额征五百二十九万，道光十六年，豁欠五百六十余万，计十年蠲一年之额；二十六年，豁欠一千余万，计十年蠲两年。及咸丰二年，豁欠一千三百余万，十年几蠲三年。请饬江苏督抚，熟田未完，不得混入次年缓征。"又奏覆闽浙总督季芝昌等以闽醝疲累，请展缓匀代额课，言："闽醝所以疲累，病在私盐充斥，浮费繁重。芝昌等议停匀代课六万余，派认续例课二万余，五年之后，匀代起征，例课仍纳。朝三暮四，恐无此办法。"又言："芝昌等但陈料理之难，未筹补救之法，或就场征课，或按包抽税。应令择一可行之策，另议具奏。"又奏覆江西巡抚张芾请拨粤盐济销，言："江西借拨粤盐，前明总制陈南金、巡抚王守仁尝行之，所谓不加赋而财足，不扰民而事办，其法至善。应令速筹遵办。"又奏："滇、黔解运铜铅，道远阻兵。应令于提镇驻扎重兵之处，筹铸制钱，并于附近水次兼铸大钱，运四川、两湖易银，并派民间交纳地丁税课。"又奏："新疆南、北两路驻兵四万，岁需经费一百三四十万，垂及百年，为数万万。请停陕省官兵换防喀什噶尔等八城，即由伊犁、乌鲁木齐满、绿营饬拨，五年更换，可岁省数十万。"又奏请裁东河河督南河河库道并两河厅员修防经费，南河不得过百万，东河不得过七八十万，并裁漕督，归南河总督兼管。各疏多如所议行。寻授陕西巡抚。

四年，粤匪扰河南，庆云赴潼关，与提督丰绅、将军扎拉芬筹防御。又自潼关赴商南，遍历各隘。上命丰绅率兵驻襄阳。粤匪陷武昌，庆云请以湖北会城暂移襄阳，山西、四川协筹军饷，保全大局。寻调山西巡抚。

五年，奏言："潞盐行销山西、陕西、河南三省，陕患盐多，晋苦值贵。拟将陕引匀销晋省三百七十石。晋引则就地远近，公平定价。惟河南官运已觉畅行，拟兼行民运，以广招徕。禁止吉兰泰、花马池盐侵销。"又言："陕省课归地丁，输纳不前，请仿河南招贩民运，于河东、河西择地设局稽查。"又奏言："军兴以来，各军营用银出纳，易钱买粮，岁丰银裕，何便如之！今用兵之地，赋税不全，仰给邻省，完善之区，正供不足，佐以捐输。当此谷贵钱荒，以银易钱，以钱易粮，耗折大半。往时兵饥，得银可饱，恐此后以银亦不可饱，况银且不可常继。拟令州县碾动仓谷，解饷兼用制钱，舟楫可通，宜无不便。"均如所请。

又奏："山西前明逼近三边郡县，率民筑堡自卫。一县十余堡至百数十堡，星罗棋布。今惟云中、代、朔，堡寨相连，省南各属，则多残缺，当令缮完。定社规，立义学，化导少壮惰游，合祭赛以联其情，相守望以齐其力。有事则聚守，无事则散居，于无形中寓坚壁清野之法。"又以河南南阳诸地旱蝗，请饬发仓筹赈，俾灾民不为土匪勾胁，以救灾即以弭患。捻匪扰南阳，庆云密陈省南分三路，遣兵巡防。

擢四川总督，贵州思南教匪为乱，庆云遣兵防酉阳秀山，请饬总兵蒋玉龙自镇远规复思南。寻奏四川旧有啯匪，盗案多于他省，饬各属行保甲，立限捕盗。又奏于酉阳设屯田，分设屯兵驻防城乡要隘。又奏："川省差役捕盗，传证起赃，辄纠多人，持械搜掠，名曰'扫通'者，此与强盗无异。请照强盗律，不分首从皆斩，兵丁有犯同之。"均下部议行。

寻以黔匪焚掠，渐近綦南，遣兵出境攻层峦山、飞梯岩诸隘，又破胡家坪贼巢。九年，兼署成都将军，调两广总督。行次汉阳，以病乞罢，许之。旋召诣京师，病未即行。十一年，穆宗即位，授左都御史，擢工部尚书。同治元年三月，庆云将力疾赴召，前一日剧病，卒，谥文勤。孙仁堪，《循吏》有传。

谭廷襄，字竹厓，浙江山阴人。道光十三年进士，选庶吉士，散馆授刑部主事，再迁郎中。出为直隶永平知府，调保定，迁顺天府尹，擢刑部侍郎。咸丰六年，出为陕西巡抚。直省采米运京仓，廷襄疏言："陕西产米少，转输不便。请改折解款，由部召籴，费节而事集。"七年，置直隶总督。

是时英、法、俄、美四国合军陷广东省城，廷襄疏请封货闭关，恩威并用，上以海运在途，激之生变，虚声无实益，不允。八年四月，英兵北犯，占大沽炮台，窥内河。大沽口外积沙，海舟不能直入，敌舟至，数以小汽船探测。时方议款，不为备，不虞其骤发。钦差大臣僧格林沁劾廷襄，夺官戍军台。九年，以三品顶戴署陕西巡抚。上命直省禁习天主教，廷襄疏言："天主教流行中国二百余年，到处穷搜，转滋骇愕。惟有密饬官吏稽查保甲，列册密记，乘机启导。"时款议未定，或请西巡，偕总督乐斌疏陈三便三难，议乃寝。

十一年，授山东巡抚。频岁军兴，山东诸郡县群盗蜂起，皖捻入境，勾结土匪，滋扰几遍。僧格林沁大军驻山东督剿，廷襄率兵出省协助，并督各郡县团练防剿兼施，具详《僧格林沁传》。同治元年，兼署河东河道总督。三年，入为刑部侍郎，调工部，又调户部。

五年，湖北巡抚曾国荃疏劾总督官文贪庸骄蹇，并以公使钱馈四川考官胡家玉、张晋裕等，上命尚书绵森及廷襄往按，并诘家玉。家玉言自四川还京，道湖北，官文等馈赆，以道梗改水程，无州县支应，乃受以充费。廷襄等至湖北，疏言："丁、漕、盐、厘、关税、捐输，实用实支，并无浮滥。惟汉阳竹木捐零星不请奖叙者，凡因公动用，例不报销之项，由此动支，官文馈家玉等是实。"上为罢官文。即令廷襄署总督，家玉等并下吏议。

御史佛尔国春劾国荃，言国荃办以竹木税治公廨，严责廷襄蒙蔽。廷襄等复陈国荃上官未久，无以竹木税治公廨事，因言："湖北三次陷贼，百端草创，不循例案，诸废具举，随事设施。今以动用官款，加以处分，亦足示警。若更罪及所受之人，路远给资，亲丧承赗，皆宜吏议。王道本人情，琐屑烦苛，似非政体。"于是诸受馈者皆置不问。六年，上用前事夺官文总督，是冬，国荃亦以病乞罢。

廷襄还京，署吏部侍郎，迁左都御史。再迁刑部尚书，兼署吏部。九年，卒，赠太子少保，谥端恪。

马新贻，字穀山，山东菏泽人。道光二十七年进士，安徽即用知县，除建平，署合肥，以勤明称。咸丰三年，粤匪扰安徽，淮南北群盗并起，新贻常在兵间。五年，从攻庐州巢湖，新贻击败援贼，迭破贼盛家桥、三河镇、柘皋诸贼屯，寻克庐州。积功累擢知府，赐花翎，补庐州。七年，捻匪、粤匪合陷桃镇，分扰上下派河，新贻破贼舒城，记名以道员用。八年，署按察使。贼犯庐州，新贻率练勇出城迎击，贼间道入城，新贻军溃失印，下吏议，革职留任。九年，丁母忧，巡抚翁同书奏请留署。十年，钦差大臣袁甲三为奏请复官。十一年，同书复奏荐，命以道员候补。丁父忧，甲三复奏请留署。同治元年，从克庐州，败贼寿州吴山庙，加按察使衔，署布政使。苗沛霖叛，从署巡抚唐训方守蒙城，屡破贼。二年，授按察使，寻迁布政使。

三年，擢浙江巡抚。浙江新定，民困未苏，新贻至，奏蠲逋赋。四年，复奏减杭、嘉、湖、金、衢、严、处七府浮收钱漕，又请罢漕运诸无名之费，上从之，命勒石永禁。筑海宁石塘、绍兴东塘，浚三江口。岐海为盗贼窟穴，遣兵捕治，擒其魁。厚于待士，会城诸书院皆兴复，士群至肄业，新贻视若子弟，优以资用奖励之。严州、绍兴被水，蠲赈核实，灾不为害。台州民悍，辄群聚械斗，新贻奏："地方官惮吏议，瞻顾消弭。请嗣后有讳匿不报者参处；仅止失察，皆宽贷，仍责令捕治。"下部议行。象山、宁海有禁界地曰南田，方数百里，环海土寇邱财青等处窟其中，遣兵捕得财青之法，南田乃安。黄岩总兵刚安泰出海捕盗，为所戕，檄副将张其光等击杀盗五十余。上以新贻未能豫防，下吏议。嘉兴、湖州北与苏州界，皆水乡，方乱时，民自卫置枪于船，谓之"枪船"，久之聚博行劫为民害。新贻会江苏巡抚郭柏荫督兵擒斩其渠，及悍党数十，枪船害始除。擢闽浙总督。

七年，调两江总督，兼通商大臣。奏言："标兵虚弱，无以壮根本。请选合营兵二千五百人屯江宁，亲加训练。"编为五营，令总兵刘启发督率缉捕，盗为衰止。宿迁设水、旱两关，淮关于蒋坝设分关，并为商民扰累。新贻奏："蒋坝为安徽凤阳关辖境，淮关远隔洪泽湖，不应设为子口。当令淮关监督申明旧例，严禁需索。宿迁旱关非旧例，征数微，请裁撤，专收水关。"从之。幅匪高归等在山东、江苏交界占民圩，行劫，新贻捕诛其渠。

九年七月，新贻赴署西偏箭道阅射，事毕步还署。甫及门，有张汶祥者突出，伪若陈状，抽刀击新贻，伤胁，次日卒。将军魁玉以闻，上震悼，赐恤，赠太子太保，予骑都尉兼云骑尉世职，谥端愍。命魁玉署总督，严鞫汶祥，词反覆屡变。给事中王书瑞奏请根究主使，命漕运总督张之万会讯。之万等以狱辞上，略言："汶祥尝从粤匪，复通海盗。新贻抚浙江，捕杀南田海盗，其党多被戮，妻为人所略。新贻阅兵至宁波，呈诉不准，以是挟仇，无他人指使。请以大逆定罪。"复命刑部尚书郑敦谨驰往，会总督曾国藩覆讯，仍如原谳，汶祥极刑，并戮其子，上从之。

新贻官安徽、浙江皆得民心，治两江继曾国藩后，长于综核，镇定不扰。江宁、安庆、杭州、海塘并建专祠。

李宗羲，字雨亭，四川开县人。道光二十七年进士，安徽即用知县，历英山、婺源、太平。咸丰三年，粤匪陷安庆，宗羲奉檄诣庐州军督粮械，积功累擢知府。八年，曾国藩定规安徽，调充营务处。九年，署安庆知府，以疾去官。同治元年，河南巡抚严树森疏荐，命送部引见，树森旋抚湖北，又疏调从军。三年，曾国藩督两江，调赴两江管江北厘金总局，裁定沿江厘捐科则。江宁克复，以道员归两江补用。四年，署两淮盐运使。自军兴，淮南盐艘改道泰兴，宗羲于瓜洲东别浚新河，避长江风涛之险，商民便之。迁安徽按察使，再迁江宁布政使。五年，清水潭决，被灾者七州县，宗羲工赈并行，活民甚众。定招垦荒田酌缓升科限制章程，及江宁七属民卫丁漕折征等次，民皆称便。

八年，擢山西巡抚，劾布政使胡大任废弛因循，罢之。令按察使李庆翱等率兵分地驻防，陕回乘河冰来犯，三战皆捷；屡自延川、韩城东窜，并击走之。丁母忧去官。

十二年，服阕，擢两江总督。日本方构衅，宗羲治江防，增筑沿江乌龙山、江阴都天庙、象山、焦山、下关炮台。又于吴淞口及江阴北岸浏闸沙、乌龙山北岸沙洲圩次第添筑，使江、海相犄角。时诏修圆明园，宗羲疏言："外侮内患，天时人事，皆有可虑。请省营缮，减服御。"十三年，又疏言："星变屡见，外患方炽。上年御史沈淮奏请停止园工，臣亦冒贡愚忱。兹复有不能已于言者，时局艰难，度支短绌，特一端耳。今外人入处肘腋，圆明园距京城数十里，既无坚城管钥之固，复少大枝护卫之兵。频年以来，每遇民、教争斗，外人动挟兵船要求。天津朝警，则海淀夕惊。皇上奉皇太后于此，此臣所万分不安者也。如蒙皇上乾纲立断，速谕停工，天下臣民，知皇上有卧薪尝胆之思，必共振敌忾同仇之气。人主居崇高之位，持威福之柄，苟无敬畏之念，则骄肆之心生；苟无忠谠之臣,则谗谄之人至。近日大学士文祥引疾,侍郎桂清外调,道路颇有惜词。臣窃谓老成忧国者,宜留之左右,以辅成圣德;忠直敢谏者,宜诱之使言,以恢张圣德。"疏入,上嘉纳之。

总理各国事务衙门筹议海防六事,下各督抚详议,宗羲上疏曰:"万事根本,以用人为要,而就海防言,尤以求将才为要。宋臣杨万里有言:'相不厌旧,将不厌新。'盖言用兵忌暮气,宜年壮气锐,素有远志,未建大功之人。至宿将勋臣,帝心简在,固无俟臣下之论列也。古有海防无海战,今练兵仍以水陆兼练为主。水师战舰不及轮船,轮船又不及铁甲,而船之得力与否,仍视乎驾驭之人。今战舰即不能一时尽易,应就弁兵中挑赴轮船学习,仍归水师提督节制。更招集沿海熟习沙线,能耐劳苦之人,参用西法,加以训练。然沿海地广,势不能遍设轮船,若敌乘无备,舍舟登陆,则我船炮皆无所用,故不可不急练陆兵。同治十年,曾国藩议沿海奉天、直隶、山东、江苏、浙江、福建、广东七省练陆兵九万,沿江安徽、江西、湖北三省练陆兵三万,合成十二万。以陆兵为御敌之资,以轮船为调兵之用,海道虽极辽远,血脉皆可贯通。今诚踵其议而力行之,各省分定数目,各专责成,贵精不贵多,宜聚不宜散。从前缺额之兵,不必再补,现在已募之勇,更加精练,是在平时之实力讲求矣。西洋火器,日新月异,叠出不穷。今日所谓巧,即后日所谓拙。论中国自强之策,决非专恃火器所能制胜。然风会所趋,有不能不相随转移者。各国新出之炮,现在上海机器局已能如式制造。惟火器不难于用而难于不用。有事试演,尚可经久,无事搁置,立形锈坏。以后购造枪炮,应于操演之后,时时磨洗,不许锈坏,违者罪之,是珍惜巨帑之要义。臣闻自古觇国势者,在人材之盛衰,不在财用之赢绌;在政事之得失,不在兵力之强弱:未闻以器械为重轻也。且西人之所以强者,其心志和而齐,其法制简而严,其取人必课实用,其任事者无欺诳侵渔之习;其选兵甚精,故临阵勇敢而不畏死。不察其所以强,而徒效其器械,岂足恃哉?自福建创设机器局,上海继之,江宁、天津又继之,皆由枪炮而推及轮船。臣愚以为大沽、吴淞、直、东、闽、广等口,如能各得铁甲一二,蚊子船三四,佐以兵轮,安配重大击远之炮,与炮台相辅,亦足屹成重镇,稍戢戎心。惟泰西各国轮船以百数十计,铁甲船以数十计,大炮以千计,小炮以数千计,即使中国岁筹巨款,多方制造,亦必不能如彼之多且精也。臣谓船炮当量力徐图,而仍以修政事、造人材为本,使各国向风慕义,或外侮可以稍纾。近年劝捐、收厘、津贴,无法不备,民力竭矣。煤、铁乃中国自然之利,若一一开采,不独造船造炮取之裕如,且可以致富强。现在磁州业已奏明试办,而湖南、福建、江西、山西等省已成之煤、铁厂,扩而行之,果能有效,何必舍近求远,取给外国?为目前权宜计,将各口洋税通提六成,专供海防之用,五年为限,当可集事。若夫节流之法,更非难行。节之必自朝廷始,诚能罢土木之工,省传办之费,减宫中之用,则一岁所省,何啻百万?各省督抚,尽裁不急之费,钱漕税厘,实力稽察,勿使乾没,则一岁所增,何啻百万?请敕下户部,统筹全局,分别出入,于综核各项之外,指定筹防专款,应用若干,俾中外上下晓然于经费之有限,财用之有制,力求撙节,不必言利,而度支可裕矣。以上皆就原奏四事推广言之,要必得人而后可以言持久。臣周谘博采,事之可行者,尚有三端。沿海各岛,大都土瘠产薄,惟台湾形势雄胜,与厦门相犄角。东南俯瞰噶罗巴、吕宋,西南遥制越南、暹罗、缅甸、新加坡,实为中国第一门户。其地产有山木,可采以成舟航;有煤铁,可开以资制造。其客民多漳、泉、湖、嘉刚猛耐苦之人,足备水师之选。如得干略大员,假以便宜,俾之辑和民、番,兼用西人机器,以取煤铁山木之利,数年后可开制造局;练海师,为沿海各省声援,绝东西各国窥伺。此中国防海之要略,事之可行者一也。海外新嘉坡、槟榔屿、旧金山、新金山各埠,均有闽、广人在彼贸易,每处不下数万人。其为首领者,必有干济之才,足以提倡全埠。如派领事出洋,物色人才,不论官阶文武大小,有能任此事者,给以虚衔,令前往各埠结纳首领,婉转劝导,由各省督抚奏给职官,派为练首,令其团练壮丁,随时演练。约计经费有限,而获益无穷,事之可行者二也。现在通商各口,外人星罗棋布,中国情事,无一不周知,而彼都情形,中国则皆未深悉。自斌椿、志刚、孙家穀出使后,至今无续往之人。窃谓宜选有才略而明大体者,随时遣使,设有交涉,可辩论者与之辩论,可豫防者密为设防。且于彼国有用之人才,新造之精器,均可随时采访,以为招致购买之地,事之可行者三也。"寻乞病罢归。

光绪四年,东乡民乱,命宗羲按谳。宗羲以知县孙定扬浮收激变,冒昧请兵,提督李有恒妄杀平民千余,据实入告,狱获平反。六年,召诣京师,以病未愈,疏请乞缓行。十年,卒,赐祭葬。

子方本,举人,兵部郎中。有干济。总督鹿传霖、锡良先后令董商务、学务。川东旱灾,治赈,被疾,卒,赠太仆寺卿。

徐宗干,字树人,江苏通州人。嘉庆二十五年进士,山东即用知县,除武城,调泰安。在任十年,有政声,迁高唐知州。道光十七年,潍县教匪马刚等作乱,从巡抚经额布剿擒之,议解省下狱候命。宗干请于巡抚,即其地诛之,众心以定。迁济宁直隶州。金乡民浚彭河,下游诸屯民聚众沮之,殴官伤胥役,势汹汹,宗干驰往谕使解散。屯民出自首,大吏欲置重典,宗干以为民畏水患,非与官敌,聚众本沮工,殴官非本意,力争戍为首者七人。署兖州知府,修滋阳河堤。

二十二年,擢四川保宁知府,兼署川北道。擢福建汀漳龙道,属县有械斗,案久不结。宗干率壮勇数十人直入其村,集两造剖其曲直,令同酒食以解之,令献犯惩治,事遂解,一时枭悍皆敛迹。总督刘韵珂密荐。二十五年,丁母忧去官,服阕,起授福建台湾道。咸丰三年,台湾匪洪恭等陷台湾、凤山两县,复扰噶玛兰厅,宗干督兵平之。四年,擢按察使,为巡抚王懿德所劾,解任。旋召来京,命赴河南帮办剿匪。六年,复命赴安徽。七年,授浙江按察使,迁布政使,以短解甘饷降调。十年,江苏团练大臣庞钟璐请以宗干办理通、泰诸州县团练。

同治元年,擢福建巡抚。三年,粤匪李世贤、汪海洋等由广东入闽境,逼漳州,龙岩、云霄、武平、永定、南靖、平和相继陷,宗干偕闽浙总督左宗棠以次剿平。五年,卒。宗棠偕将军英桂奏:"宗干循良著闻,居官廉惠得民,所至有声。"优诏褒恤,谥清惠,祀福建名宦。

王凯泰,初名敦敏,字补帆,江苏宝应人。道光三十年进士,选庶吉士,授编修。咸丰十年,以母丧归。粤匪分犯江北,上命大理寺卿晏端书治江北团练,大学士彭蕴章荐凯泰使佐理。叙劳,累加四品卿衔。同治二年,从巡抚李鸿章军幕。四年,浙江巡抚马新贻荐调,命以道员发浙江,署粮道。曾国藩、李鸿章、马新贻交章荐举,五年,擢浙江按察使。绍兴三江闸泄山阴、会稽、萧山三县水入江,岁久沙积,三县民请浚治。凯泰履勘浚治,复旧利。六年,迁广东布政使,裁陋规,省差徭,核厘捐,丈沙田,浚城中六脉渠,增建应元书院。七年,擢福建巡抚,课吏兴学,禁械斗、火葬、溺女、淫祀旧俗,奏请拨厘金籴米二十万石实常平仓。充乡试监临,奏请整饬科场积弊。台湾狱讼淹滞,奏请勒限清厘。

十二年,应诏陈言,略谓:"宜变通者六事:一,停捐例。自捐俸减折,百余金得佐杂,千余金得正印,即道、府亦不过三四千金。家非素丰,人思躁进,以本求利,其弊何可胜言?今日应以停捐为急务,以江西、湖南北、四川、广东、福建六省厘捐年提数万,又于海关、洋税关拨数万,似可弥京铜局捐项。至外省筹捐虽难周知,而福建自十年至今,收银不过数万,他省可以类推。以涓滴之微而害吏治,得不偿失,请下部核议。一,汰冗员。捐纳、军功两途,入官者众,部寺额外司员,少者数十,多则数百,补缺无期,徒耗旅食。各省候补人员,较京中倍蓰。按例,各省试用佐杂杂职,视各项缺数多寡,酌留十之二。请援照大挑知县名次在后,暂令回籍候咨之例办理。一,限保举。军兴后保案层叠,名器极滥,捷径良多。请下部核议,此后保举只准得应升之阶及应升之衔,其余班次概予删除。至一品封典,二、三品加衔,皆不得滥请。一,复廉俸。自咸丰军用浩繁,京外俸廉,分别减成,京员困苦,知县疲累,早荷圣明鉴及。今欲砥砺廉隅,似廉俸复额,亦其一端。福建文职廉额年支十三四万两,计现年征起钱粮羡耗支抵尚属有赢,道府以下各员,似可照额全支。请中外廉俸改复旧额,或加成支放。一,重学额。近年鼓励捐输,有加广中额学额之制。中额三年一试,无虑滥竽。至一州一县,士风本有不齐,乃以文理浅陋者滥厕其间,甫得一衿,包揽词讼,武断乡曲,流弊不堪指数。请嗣后各省捐输,只加中额,不加学额,并敕各省学臣酌核。如有不能足额,奏明立案,俟文风日上,再行如额取进。一,立练营。营兵皆招自本籍,月饷不足赡八口,势必另习手艺,兼营负贩。每逢操演,不过奉行故事。设有征调,兼旬累月,始克成行。兵与将不相习,兵与兵亦不相识,人各一心,安能制胜?近年削平祸乱,全赖湘、淮

各勇。国家养兵,縻帑岁数千百万,竟不得其用,其弊实由于此。往年江宁克复,臣函商曾国藩,备言江宁绿营应稍变通,以现存得胜之勇,改充额兵,设营分部,一洗旧习。国藩未及议行,旋调直隶,即设练军,盖亦采用臣说。左宗棠在闽浙任内,奏准减兵加饷,就饷练兵,洵为救时良策。请敕下各省督抚照减兵加饷之说,而以所减之饷加于战兵。按湘、楚营制,五百人为一营,择地分扎,随时互调,俾卒伍皆离原籍,不致散处市廛。饷不另增,兵有实用,庶化兵为勇,而武备可恃。"疏入,命下部议。

十三年,入觐,行至苏州,疾作,乞罢,予假治疾。日本窥台湾,命凯泰力疾回任。光绪元年,移驻台湾,病剧,还福州。卒,赠太子少保,谥文勤。

郭柏荫,字远堂,福建侯官人。道光十二年进士,选庶吉士,授编修,迁御史、给事中。山为甘肃甘凉道。二十三年,户部银库亏帑事发,柏荫为御史稽察,未纠发,夺官分偿,旋授主事。咸丰三年,会办本省团练,以克厦门、防延平功,擢郎中。同治元年,引见,交钦差大臣曾国藩差委。二年,授江苏粮道,擢按察使,迁布政使,护理巡抚。六年,擢广西巡抚,调湖北,仍留署江苏巡抚。方乱时,江、浙交界枪船群聚为匪,柏荫与浙江会捕,获其首卜小二置之法。禁枪船,设牌甲,稽查约束。

是年,赴湖北任,署湖广总督。各省遣散营勇,会匪萧朝翥约党分布黄梅、武穴、龙坪各水次,阻截散勇,逼令从为乱。柏荫遣兵往捕,其党杀朝翥以降。诸县教匪,京山吴世英、蕲水冯和义、沔阳刘维义次第擒诛。七年,奏言:"汉口镇华、洋杂处,散勇游匪厕其间。每遇撤营,散布谣言,句结入会。叠经惩办,在武汉、襄樊地方分设遣勇局,凡有在鄂散勇,均令赴局报名,雇船押送回籍,酌给川资,庶无业之徒,可归乡里,不至流而为匪。"又奏言:"淮南盐引,楚岸为大宗。自长江被扰,运道梗阻,改用淮北票私,暂济民食,淮南销路遂滞。请复淮南引地,禁淮北票私,停北盐抽课。襄、郧、德三府前此兼销潞盐,亦一律禁止。"八年,多雨大水,柏荫遣吏分道治赈。九年,再署湖广总督。十年,湖南会匪陷益阳、龙阳,柏荫分兵防守进剿,获其渠。十二年,以病乞罢。光绪十年,卒。

子式昌,举人。从军积功,以知府发浙江。巡抚蒋益澧调赴广东,署肇庆。益澧罢,式昌还浙江,补台州。剧盗黄金满以官吏贪酷,煽乱。式昌扼要隘,令民自守,以严法绳蠹吏,躅斥苛敛。金满乃诣彭玉麟请降。光绪二十六年,衢州民杀教士,戕西安知县吴德潚。擢式昌金衢严道,谕士民安堵,得乱首诛之。三十一年,署按察使。卒。

式昌子曾炘,官至礼部侍郎。

论曰:王庆云、谭廷襄并扬历中外,庆云综核精密,治防井井,尤为可称。马新贻、李宗羲皆以循吏赞画军事,擢任大藩,治绩卓著。宗羲谏园工、筹海防,建言远大。徐宗干、王凯泰清节惠政,皆有时望。郭柏荫久任疆圻,

泽施于后焉。

卷四百二十七　　列传二百十四

王懿德　曾望颜　觉罗耆龄
福济　翁同书　严树森

王懿德，字绍甫，河南祥符人。道光三年进士，授礼部主事，再迁郎中。出为湖北襄阳知府，擢山东兖沂曹济道。历山东盐运使、浙江按察使，调山东。三十年，擢陕西布政使。咸丰元年，护巡抚，奏请豁免积年民欠常平仓粮八万余石，擢福建巡抚。

二年，奏言："汉患钱乏，造币赡国；宋有交引、钱引、交钞；元、明制钞法，或直千文、五百不等。我朝准岁入为出，因民利而利，帑项夙充，奚庸过虑？自海防多事，销费渐增，粤西军务，河工拨款，不下千数百万，目前已艰，善后何术？捐输虽殷，仅同勺水。督催稍迫，且碍闾阎。与其筹画多银，不若改行钞引。历考畿辅、山左以及关东，多用钱票，即福建各属，银钱番票参互行使，便于携取，视同现金，商民亦操纸币信用。况天下之主，国库之重，饬造宝钞，尤易流转。惟钞式宜简，一两为率，颁发藩库，通谕四民，准完丁粮关税，自无窒滞。或疑库银溢出，悉成钞引，银日以少，钞日以贱。岂知朝廷不蓄为宝，以天下之财供天下之用，能收能发，自能左右逢源也。"疏入，谕军机大臣同户部议行。兼署闽浙总督。三年，奏福建匪徒纠结滋扰，请宽地方官失察处分，俾获盗自赎，允之。

时会匪四起，突入海澄县劫狱戕官，又掠同安、安溪，遣兵会剿。漳州猝为匪陷，镇、道皆遇害。游击饶廷选方率兵他出，闻警回援。近城乡民及城中绅士密约，启廷选入，擒匪首谢厚等，歼匪数百，复其城。延平亦被匪攻，副将李寿春击之。大田、德化有匪阑入，绅士率乡团杀贼数百。永春为匪所踞，游击恩霈等会勇破贼，擒其渠，余党遁走，被诏嘉奖。台湾南路亦有匪扰，懿德奏陈防剿情形，谕曰："福建绅练素谙大义。前同安县义民杀贼，泉州在籍副将吕大升等自愿募勇渡台，是其明验。务当激扬士气，灭此群丑。"寻以海澄、同安、厦门、安溪、仙游相继陷，疏请治罪，下吏议。令参将李煌、都司顾飞熊破贼，尤溪县城失而旋复。水师提督施得高、金门镇总兵孙鼎鳌击贼于金门，破之。厦门、仙游皆复。四年，上游以次定，贼首林俊尚焚毙，实授闽浙总督。

户部议限制行钞，奏言："钞之能行，不在于发而在于收。内自部库以及各关税务，外则丁耗钱粮、盐典契纸各税，果能悉收钞票，不限成数，且示以非钞不用，则百姓争相买钞。有银之家，以钞轻而易藏；纳课之氓，以率定而无捐；贸迁之商，以利运而省费。部臣见未及此，惟恐解钞而不解银，故限以成数。夫以为无用，则钞、银均非可食可衣；以为有用，则钞、银不能畸轻畸重。今于领钞之时，区以一省，由部知照，方能行用。己不自信，人岂可强？徒开藉端渔利之门。请饬部臣及各省督抚，以此发即以此收，无论各项度支，示天下非钞不用。新收买钞银两，积于部库、藩库，以为母金。行钞不分畛域，则银日丰而本源厚。"疏入，下部议，格不行。

五年，因病请改京职，不许。七年，粤匪自江西窜入境，陷光泽、汀州，寻先后克复。遣总兵饶廷选进援浙江、江西。八年，京察，诏以懿德攘外安内，布置咸宜，予议叙。粤匪复自江西窜陷浦城、松溪、政和等县，邵武、光泽、连城亦被贼扰。周天培军赴援，贼复回窜江西，诸城皆复。十年，以病乞罢。十一年，卒，谥靖毅。

曾望颜，字瞻孔，广东香山人。道光二年进士，选庶吉士，授编修，迁御史。十五年，条奏整饬科场凡十四事，皆如所请行。迁给事中，再迁光禄寺少卿。上以望颜遇事敢言，褒勉之，转太常寺少卿。十六年，擢顺天府尹。二十年，出为福建布政使。二十三年，户部银库亏帑事发，望颜尝以御史察库，未纠发，坐夺官分偿。旋授主事。咸丰三年，命以五品京堂候补，补通政司参议。六年，复授顺天府尹，擢陕西巡抚。七年，粤匪自湖北竹山扰陕西平利，望颜遣游击常有等会湖北军克竹山。贼窜均州武当山，又遣总兵龙泽厚会湖北军进剿，歼贼殆尽。八年，粤匪入鸡头关，侵商南，遣兵击走之。

九年，署四川总督。粤匪入四川，攻叙州，寻引去。滇匪蓝朝柱、李永和倡乱，与叙州土匪勾结肆扰。望颜遣兵进攻，斩贼目李祖资等。十年，遣提督孔广顺等攻大岩尖山贼寨，获其渠王带周。滇匪攻犍为，自箭板场窜至河口，将缚筏以渡，提督皀升督兵水陆夹击，走之。望颜又虑贼渡河犯嘉定，遣总兵占泰等截击。贼据观音场，师自黄阁寺进攻，战于罗城铺，败之。贼窜踞贡井、天池寺诸地，为垒数十，饬占泰等剿。黔匪李志高等据长阡坝诸寨，遣兵攻毁长阡坝。总兵虎嵩林自程家场进攻贡井，又遣兵攻灌水贼，获其渠贺世愚等。诸路虽有斩获，而滇匪势日炽。蓝朝柱扰青神、邛州，李永和攻嘉定，省城戒严。诏斥望颜不能制贼，下吏议。

给事中李培祜疏劾任性妄为，滥保浮销，纵子干预。命陕甘总督乐斌偕署巡抚谭廷襄按治。覆奏望颜尚无赃私，惟举劾属吏多粗率谬误，不能约束子弟仆隶。部议褫职，命暂留署任。复为知府翁祖烈所评，下将军崇实按治，辞复连子捷魁及其仆，乃命解任，仍留四川。十一年，命回籍。同治元年，召诣京师，以四品京堂候补。五年，补内阁侍读学士。九年，卒。

觉罗耆龄，字九峰，正黄旗人。初授工部笔帖式，中式道光十七年举人，升刑部主事，累迁郎中。出为江西广信知府，调南安。历署建昌、抚州、吉安、袁州诸府。咸丰三年，调赴省城管官团局。粤匪攻南昌，耆龄佐守御，赐花翎。寻补赣州知府。五年，擢吉南赣宁道。贼窜义宁，耆龄率兵赴援。六年，擢布政使，命驻防饶州，偕毕金科等分屯扼守。贼三路来犯，金科乘胜追贼，而赣军营垒被袭，城遂陷。旋即合攻破贼，复之。奉檄移军南昌。侍郎曾国藩奏："耆龄在饶州联络乡团，屏障东北。今九江重兵已尽赴省城，耆龄宜仍驻饶州，毋庸移调。"时江西司道多统军，曾国藩及学政廉兆纶皆以耆龄为善，而省议巡抚文俊。七年，诏罢文俊，擢耆龄为巡抚。

江西郡县半沦于贼，存者惟南昌、广信、饶州、赣州数郡，战事多倚湘军。未几，曾国藩偕弟国荃以奔丧归湖南。围吉安久不下，国荃去后，军无所统，益疲。耆龄奏起国荃仍督吉安军，乃复振。七月，刘腾鸿克瑞州。十二月，刘长佑克临江。八年四月，李续宾克九江，萧启江、刘坤一克抚州。八月，曾国荃克吉安。诏起曾国藩督师规浙江，于九月至南昌。国藩前于五年初至江西，兵饷俱困，地方官吏狎侮掣肘，事多艰阻。至是，耆龄奉令惟谨，主客大和，军事日有起色。九年三月，克南安。六月，克景德镇。江西全境暂告肃清。九月，调广东巡抚。粤匪翟明开自南雄攻江西安远，耆龄遣兵越境解围。十一年，贼自安远败窜平远，入福建，陷武平，耆龄分兵收复。

同治元年，命督军入福建授浙江，擢闽浙总督。粤匪陷处州，耆龄遣总兵秦如虎等分道进攻，直逼城下。贼窜缙云，遂克处州，进攻缙云，再进复奉化。二年，复进克汤溪、永康、武义、龙游、兰黔诸县，及金华府城，浙东略定。调福州将军。寻卒，赐恤，谥恪慎。

福济，字元修，必禄氏，满洲镶白旗人。道光十三年进士，选庶吉士，授编修。擢侍讲，四迁少詹事，大考二等，复三迁兵部侍郎，兼镶白旗蒙古副都统、总管内务府大臣。调工部，复调吏部，兼右翼总兵。二十八年，命偕右庶子骆秉章往河南、江苏、山东按事。归德知府胡希周贪劣，鞫实，论如律。河南贾鲁河工糜费虚报，工竣河复淤，巡抚鄂顺安以下皆坐谴。苏州知府钟殿选等滥刑讳盗，鞫实，论如律。又按山东盐运使韦德成讦巡抚崇恩，勒令开缺，请交刑部逮治。复调户部。二十九年，授正白旗护军统领。命偕刑部侍郎陈孚恩按山西巡抚王兆琛赃污，兆琛坐谴。三十年，转左翼总兵。医士薛执中坐妖言得罪，事牵福济，夺官。寻予四品顶戴，署山西按察使，授山东按察使。咸丰二年，授奉天府尹，擢南河河道总督。三年，调漕运总督，命暂行督办淮北盐务。

时粤匪踞江宁，扰江北，福济会琦善败贼扬州，授安徽巡抚。福济调漕河标兵六百自临淮关赴庐州，疏请饬琦善拨精兵二千扼关山、涧溪，防贼北窜；又请仍兼督淮北盐课，藉资安徽军饷：皆允。四年，至庐州，土匪陷六安，下部议处。福济奏言："抵庐后，统计调兵约二万余，月饷不下十五六万。请饬浙、鲁、秦、晋各抚臣协济。"复请以前江南河道总督潘锡恩、安徽学政孙铭恩会办庐州、宁国、广德三府州防剿，俱从之。提督和春以钦差大臣督办军务，福济与会师克六安，收英山、霍山。五年十月，克庐州，加太子少保、头品顶戴。于是庐江、巢县、无为相继克复，被优叙，赐御用棉袍、翎管、搬指、荷包。十一月，移军桐城。

七年，无为、庐州附近各县复为贼陷，桐城被围，屡击却之。二月，贼大至，福济率兵溃围出，还驻庐州。诏斥调度无方，下部议处。未几，六安复陷，福济因病请开巡抚缺，专办军务，不许。时安徽本省无兵，军务实主于和春。贼踞安庆，皖南数郡悬隔，遥辖于浙江。淮北捻匪蔓延，袁甲三任之，巡抚号令所及，仅十余县。兵后荒芜，赋税无出，饷绌兵哗，遗失巡抚关防，自请严议，上原之，薄谴而已。会江南大营溃，和春移赴督师，惟总兵郑三、郑魁士两军仍留，倚以战守。粤匪大股由湖北入皖，捻匪纵横于皖、豫之交，省争调定三、魁士二人。奏上，皆报可，福济依违无可否。定三久攻桐城未下，魁士亦奉命而至，两军争饷生嫌，贼乘隙扑营，遂致大溃。八年，滁州、来安、凤阳、怀远相继失陷。福济以病乞假，诏斥旷日无功，褫宫衔、头品顶戴，命来京。寻授内阁学士，予副都统衔，充西宁办事大臣。九年，以安插投诚野番功，还头品顶戴。十年，授工部侍郎，署陕甘总督，兼正黄旗汉军都统。十一年，授成都将军，调云贵总督。文宗崩，福济奏请谒梓宫，不许，诏斥规避滇、黔军务，褫职，予四品顶戴，仍赴云南，交署总督潘铎差遣。

同治元年，予副都统衔赴西藏查办事件，道梗未往。四年，还京。六年，授科布多帮办大臣，调布伦托海办事大臣。八年，授乌里雅苏台将军。九年，回匪陷乌里雅苏台，褫职。十二年，捐银助赈。直隶总督李鸿章为陈在安徽前劳，还原衔。光绪元年，卒，依巡抚例赐恤。

翁同书，字药房，江苏常熟人，大学士心存子。道光二十年进士，选庶吉士，授编修。大考屡列二等，擢中允。咸丰元年，应诏陈四事：请抚恤失业良民；察举洁己爱民守令；兴修江、浙、湖广水利；训练岭海水师。三年，命赴江南佐钦差大臣琦善军事。擢侍讲学士，转侍读学士，迁少詹事。六年，自军中奏言："安民先足兵，足兵先理财。云南运铜道梗，请于滇中设局鼓铸，运钱至荆州充军需及河工之用。沿江戒严，淮南盐引不行，请以浙盐行江西，而以苏、常、镇、太四府州改食淮盐。江、浙漕米改由海运，数不及全漕之半，请分米雇民船仍由运河行转搬之法。马政废弛，请令营马量减数成，牧马除借营用，令变价解库。各省营兵应调赴战，请饬将伤病撤回。空粮缺伍，实力整顿。军兴各省州县仓谷或遭蹂躏，或备供亿，实存綦少，请令地方官劝富民纳粟入仓，量予奖励。"又疏陈江防五事，曰：扼要津，联陆路，断岸奸，议火攻，增小船，并下部议行。琦善卒，托明阿为钦差大臣，同书仍留佐军事。粤匪再陷扬州，托明阿坐罢，德兴阿代之，诏同书帮办军务。德兴阿连复扬州、浦口，进规瓜洲、镇江，军事日有起色，多出同书赞画。克瓜洲，命以侍郎候补，赐黄马褂。

八年六月，授安徽巡抚。时庐州再陷，粤匪、捻匪相勾结，淮南北蹂躏殆遍。上命同书帮办钦差大臣胜保军务，安徽境各军均归节制。同书移军定远，贼自天长犯三河集，击破之，复天长。捻匪扰定远，粤匪亦来犯，同书督兵击却之。九年，捻匪大举陷六安，攻定远，同书与胜保夹击，大破之，复六安。捻匪复合粤匪数万人来犯，定远陷，同书移军寿州，下吏议，革职留任。同书奏："近来可用之兵，莫如楚师。谍闻楚师顺江而下，已破石牌。倘别遣劲旅间道急趋英、霍，徐图怀、定，此上策也。如楚师转战未能深入，用苗沛霖辅以官军，先拔怀远，此中策也。若二者皆不能行，则以胜保攻明光，李世忠逾清流关以保东路，臣守寿州，与傅振邦、关保相应援。制孙葵心、刘添福二巨捻以保西路，此下策也。"葵心攻颍州，同书遣兵击之，败走，复霍山。十年，遣兵炉桥，焚贼垒，进击舒城援贼，破王家海桃圩。胜保议招葵心，上诸同书，同书言师方攻程家圩贼巢，不必曲意招抚。俄拔程家圩。

英法联军犯京师，胜保请召苗沛霖练勇入援，命同书传旨；同书亦自请开巡抚缺，率之同行；寻并谕止之。粤匪陈玉成攻寿州，同书力御，寻退。苗沛霖本怀反侧，见时方多故，益猖恣，因与寿州团练徐立壮、孙家泰等有嫌，会其所部数人为立壮所杀，遂围攻寿州。同书密疏陈沛霖跋扈，诏饬会袁甲三查办。沛霖抗不听命，围攻益急，纵兵四扰。立壮所部多旧捻，素骚扰为民怨，十一年，坐其通捻，杀之。又下孙家泰于狱，家泰自杀。以蒙时中付沛霖，沛霖仍不息兵。召同书还京，以贾臻代署巡抚。同书令署布政使张学鹏劝谕沛霖，始撤围。奏言："沛霖过犹知改，请量加抚慰，责剿捻赎罪，俾袁甲三、贾臻筹办善后事宜。"

同治元年，曾国藩奏劾同书于定远失守时弃城走寿州，复不能妥办，致绅练有仇杀之事。迫寿州城陷，奏报情形前后矛盾，命褫职逮问。王大臣会鞫，拟大辟。父心存病笃，暂释侍汤药。心存卒，复命持服百日仍入狱。二年，改戍新疆。三年，都兴阿请留甘肃军营效力，以花马池战捷，获贼渠孙义保，赐四品顶戴。寻卒，复原官，赠右都御史，谥文勤。

严树森，初名澍森，字渭春，四川新繁人，原籍陕西渭南。道光二十年举人，入资为内阁中书。改知县，铨授湖北东湖，捐升同知。以防剿功，晋秩知府，署武昌府。巡抚胡林翼荐之，八年，擢荆宜施道，迁按察使。十年，迁布政使，擢河南巡抚。

时皖捻纵横于河南境内，又有汝宁土匪陈大喜、金楼教匪邵永清皆猖獗。十一年正月，捻匪姜台凌自归德犯省城，援军集，遂南趋陷唐县，攻南阳府城，围邓州、裕州，三月，始回巢。孙葵心犯光州、陈州，亦至三月始出境。苗沛霖党勾结大喜等扰陈州、汝宁边境。五月，雷彦等围鹿邑，经月始回巢。七月，刘狗大股分黑、白、花三旗扰归德，结金楼教匪攻牧寨。树森出驻陈州督剿。八月，刘狗窜朱仙镇、犯省城。树森率兵回援，贼窜汜水、巩县，掠黑石关，回窜郑州，仍由归德回巢。姜台凌亦迫沈丘、裕州，越樊城，复入荆子关，扰南、汝两郡，由柘城、鹿邑回巢。十月，刘狗复大举援金楼寨，为官军所阻，未得逞。时苗沛霖复叛，结张洛行，与汝宁、正阳、息县诸匪连络，将犯河南。树森偕团练大臣毛昶熙合疏请调宜昌镇总兵李续焘及鲍超部将陈由立，各募楚勇三千赴豫，又调吉林马队一千，以资防剿，请增兵之后，山西、陕西月协银各二万两，允之。树森老于吏事，在湖北从胡林翼治兵久，坚愎自是，与毛昶熙不合，事相掣肘。治河南年余，御贼虽有擒斩，军事不得要领，迄无起色，调湖北巡抚。

同治元年，粤匪陈得才自南阳趋陕边，捻匪窜永宁、延及雒南。树森疏言："当今贼势，不患其并力南趋，特虑其潜窥陕境。西、同、凤三府为全陕菁华所萃，宜急驱出关，会合夹击，以保完善之区。"五月，贼犯郧西，令总兵何绍彩败之何家店。会道员金国琛赴郧策应，令周凤山分兵剿正阳、罗山，破贼巢，克邢家集、龙井、陡沟、明港。粤、捻诸匪合陷随州，陈大喜陷京山，马融和陷德安，令舒保击败德安贼，穆正春复京山、应城，襄北稍定。因星变，奏劾钦差大臣胜保。又奏言："藩、臬任重，不得以军功擅请记名。标兵缺额，请以战勇充补。阵亡恤赏欠发，许作子孙捐项，叙给官阶职衔贡监。京官五品以下，官俸实发不折。"下部分别议行。

二年，捻匪窜麻城，树森赴黄州视师，督舒保、穆正春等击走。三年，粤、捻诸匪由陕南合趋湖北，诏总督官文出省督师，树森留防省城。官文奏劾树森把持兵柄，旧营悉改隶抚标。上斥其任意妄为，降道员。四年，授广西按察使，贵州巡抚张亮基被劾玩兵侵饷、纵暴殃民诸款，命树森驰往查奏。五年，授贵州布政使。树森逗遛不进，未至，即奏覆参案。六年，疏请开缺，诏斥其规避取巧，褫职，发往云南差遣委用。十一年，予四品顶戴，署广西按察使。光绪元年，迁布政使，就擢巡抚。二年，卒，赐恤。

论曰：王懿德治闽，悍寇未深入。镇辑雀荷，尚能保境。曾望颜在言路有声，治兵无术，蜀乱遂成。耆龄辑睦湘军，因人成事。安徽兵饷俱绌，四郊多垒，福济固一筹莫展。翁同书亦据蘖终凶。严树森恃才器小，效胡林翼而适得其反者也。

卷四百二十八　　列传二百十五

秦定三 郝光甲　**郑魁士**　**傅振邦**
邱联恩　**黄开榜**　**陈国瑞**　**郭宝昌**

秦定三，字竹坡，湖北兴国人。道光六年武进士，授二等侍卫。出为广西桂林营游击，洊擢贵州镇远镇总兵。三十年，平湖南李沅发之乱，赐号懋勇巴图鲁。咸丰元年，率贵州、云南兵赴广西剿匪，克武宣三里墟贼营。进剿象州，以贼窜逸，坐褫花翎，降三级留任。寻连破贼马鞍山、竹园村，复之。偕副都统乌兰泰破贼新墟，又夺双髻山、猪仔峡要隘，被嘉奖。又击贼于永安州，力战受伤。二年，破水窦贼垒，贼弃永安溃围走，擒贼首洪大泉。贼趋桂林，定三偕乌兰泰追之。急不暇结营而战，定三止之，勿听，乌兰泰以伤殁。定三代将其军，克花砑。桂林寻解围，以保守省城被优叙。追贼入湖南，破贼于道州桃花井、五里亭、龙安桥，进援长沙。总兵和春宴妙高峰，为贼所围，定三分兵袭贼营，得解。寻贼窜岳州，定三坐不能遏贼，革职留任。进援武昌，战于洪山。三年，贼浮江东下，向荣率大军由陆路追之，令和春及定三为前锋。甫至九江，而江宁已陷。逾月大军始至，迭战城下，贼坚壁以拒。

四年，贼分党陷庐州，和春疏调定三及郑魁士率所部往助剿。时庐州久为贼踞，旁县并陷，定三连战破贼，复六安，屯三角井。会江宁贼分党入安徽，图北犯，以援畿南窜匪，道经舒城；贼首罗大纲、石达开、胡以晄、秦日昌等合众数万，四路来扑。定三所部仅二千，坚守十余日，阵斩罗大纲，贼始挫，引去。定三集团勇攻舒城，悉破城外贼垒，又伺贼出截击，连破之。围之数月，六年，贼营火药自焚，乘其乱，薄城奋攻，梯而登，遂复舒城，歼贼四千余，予骑都尉世职。进屯军铺，贼自庐江、桐城分路来犯，定三往来驰击，大破之，复五河、庐江二县。进规桐城，夺小关、下关、白河岭诸隘，屯陈家铺。是年冬，贼由安庆来援，定三血战十八日，贼乃退。又破贼于桐城北门外，毁其城楼。

捻匪扰河南，诏定三赴蒙城、亳州会剿，以郑魁士代任桐城军事。巡抚福济疏言定三围攻方得手，留之。改以魁士援北路，而魁士军已至。定三初与魁士同列，及和春赴江南督师，魁士会办安徽军务，权位出定三上，又因争饷，定三心不平，上疏劾之。福济所恃惟两军，难左右袒，军饥且涣。七年春，贼又陷庐江，进犯桐城。官军为所围，不战而溃，坐褫翎顶。文宗知定三频年苦战，败非其罪，原之，故薄遣，命赴江南大营，隶和春军，屯句容。大军方攻镇江，令移驻溧水以遏援贼。寻卒于军，诏念前劳，依例赐恤，谥恭武。

郝光甲，直隶任丘人。道光十八年一甲一名武进士，授头等侍卫。出为山东抚标中军参将，巡抚李僡荐之，超擢陕安镇总兵。咸丰三年，率陕、甘兵援山东，从解怀庆围。追贼至山西，破之于平阳。贼入畿辅，光甲从胜保追剿，陕甘总督舒兴阿剿贼河南，互相争调，光甲以擅自移营褫职。寻随舒兴阿援安徽，其军改隶秦定三。战舒城，迭破贼，诏予三品顶戴，署陕安镇总兵。从克庐州，复舒城，复总兵顶戴，赐花翎。寻调赴河南剿捻，误往徐州，被劾，革职留营。击颍州捻匪于江集，擒捻首王凤林。复以调赴蒙城迟延，降二级。七年，援桐城，兵败，殁于阵。诏复原官，依总兵赐恤，予骑都尉世职，谥武节。

郑魁士，直隶万全人。由行伍洊擢湖南提标守备。道光三十年，平李沅发之乱，擢镇筸镇标都司。从提督向荣赴广西剿匪，屡捷，赐花翎。擢湖南九溪营游击，以参将升用。咸丰二年，守桂林，援长沙，擢副将，赐号沙拉玛巴图鲁。援武昌，遂从向荣追贼沿江东下。以违军令被劾，褫职留营。寻战江宁有功，给都司翎顶。四年，提督和春

调率所部赴庐州，进攻屡捷，复其职。寻署安徽寿春镇总兵。庐州数县皆陷，府城贼乏粮足，殊死守。和春一军倚魁士与秦定三二人，定三分兵攻舒城；而庐州军事专恃魁士。围攻历年余，安庆、江宁援贼屡来援，皆击走。至五年冬，攻愈急，魁士潜至城下以云梯登城克之。被优叙，加提督衔。六年春，追贼至三河，焚其巢，而捻匪日炽。魁士率兵赴宿州击破之，乃分路窜入河南境。巡抚英桂疏请魁士赴援永城，和春方倚办皖贼，疏留，令往来策应。于是迭击捻匪于怀远茅塘集、河溜等处，擒其酋褚淀等四十余人。又破之于蒙城，焚其积聚。驻守怀远贼分队来犯，魁士被围，力战，身被二十余创，卒破贼，解围去，诏嘉其勇，赐黄马褂。又督团练败贼于太和。会和春督师江南，诏安徽军务以魁士继任，会同巡抚福济督办，实授寿春镇总兵。迭克舒城、庐江、无为，下部优叙，颁赐御用衣服及珍物。又以魁士躬冒锋镝，被创甚剧，特诏嘉奖，赐药调治。先后分兵复和州、潜山。

先是秦定三攻桐城，贼坚守不下，魁士往会剿，迭战，并击退贼。时悍贼石达开往来桐城、安庆，势甚张；又勾通捻匪，蔓延皖、豫之间。诏秦定三移兵蒙城剿捻，寻又留攻桐城，以魁士代之，会同河南巡抚英桂节制三省剿捻之兵；而桐城兵事方棘，福济复疏留不遣。值岁荒饷匮，定三军原取给地方捐给，魁士兵至，悉取转供。定三疏争，福济一无措置，两军遂成水火。诏促魁士速赴蒙城，亦迄未行。

七年春，庐江、潜山连陷，贼由安庆大举来犯，城贼突出，官军饥疲不相顾，不战溃围而走。于是诏褫魁士翎顶，罢其剿捻会办，归福济节制。退保庐州，粤、捻各匪会合来犯，魁士迎击挫之，复翎顶。寻克桃镇、派河，进扼全椒、滁州以杜北窜。八年，调赴江南大营，授浙江提督，督办宁国军务。九年，克湾沚，进剿贵池、南陵。寻命驻防高淳、东坝。

十年，以伤病乞假，诏斥屡次退却，以总兵降补。从漕运总督袁甲三剿贼，授甘肃宁夏镇总兵。十一年，以病罢。寻召来京候简。同治五年，捻匪北犯，命赴直隶东路协剿。六年，署直隶提督。八年，乞病归。十二年，卒。大学士李鸿章疏陈魁士久于军事，坚苦刚毅，叠受重伤，诏依例赐恤，谥忠烈。

傅振邦，山东昌邑人。道光十六年武进士，授三等侍卫。二十三年，出为湖南长沙协中军都司，署镇筸游击。三十年，从平新宁土匪李沅发，受枪伤，赐花翎，实授游击。咸丰二年，赴援桂林。三年，从向荣追贼抵江南，擢湖南抚标中军参将。以围攻江宁功，赐号绰克托巴图鲁。四年，擢贵州定广协副将，署江苏徐州镇总兵。贼由芜湖犯东坝，陷高淳。向荣令迎击败之，复其城。又偕邓绍良克太平府，逼秣陵关，破贼于采石矶。六年，莅徐州署任。捻酋张洛行、夏白、任乾围宿州，振邦败之夹沟、符离，解城围。再败张洛行于瓦子口，毁其巢。击退蒙城贼于滩口。又偕伊兴额破捻酋纪学中、王得六于永城铁佛寺，毁柳集、临涣集贼巢，擒纪学中，实授徐州镇总兵。

会江南大营失利，命振邦驰援。偕总兵明安泰、秦如虎破贼东坝，进攻溧水。七年，克之。又破贼湖墅，追至龙都，偕张国梁克句容，加提督衔。八年，援宁国，拔湾沚、黄池，郡城解严。四月，回军徐州，命帮办袁甲三军务。时捻匪蜂起，振邦驰逐江北、皖、豫之间，擒石得珍于山套；覆李大喜于符离；蹙孙葵心于茨河，归德、陈州均肃清，以提督记名。九年，命代袁甲三督办三省剿匪事，副参统伊兴额副之。寻复命帮办钦差大臣胜保军，仍留督办三省剿匪事。

洺北捻渠刘添福纠众三万围团练苗沛霖营，振邦驰救，毁贼垒二十四。乘胜攻洺南，阵斩贼酋任乾，夷其圩，授云南提督。蒙城王家圩诸圩闻任乾死，俱乞降，独滟南板桥集贼陆连科负隅久抗。振邦设计招降黄家圩，李华东为内应，擒陆连科诛之，滟南北六十余圩悉就抚。六月，贼陷定远，振邦驰援，破贼于宿州。贼窜固镇，破之于方家坎渡口。孙葵心窜唐家寨，窥济宁，截击之，贼退走。

十年，诏袁甲三代胜保为钦差大臣，振邦专任徐、宿剿匪事。捻匪屡窥徐、宿，其老巢袁、徐两圩跨洺南、河北，振邦进剿，连破其冲要临涣、韩村、赵家海、张圩，余多自拔就抚。遂渡洺河攻袁圩。捻酋刘添福自豫回窜，击败之，再破之褚庄、邱家圩、檀城，五战皆捷，歼贼六千有奇，擒其酋任护、任大牛。东路捻匪扰宿迁、睢宁，振邦战于苗村，大破之。闰三月，偕田在田克阎圩，擒任虎、邓三摩等诛之。复破援贼，擒李大喜。四月，连克洺南解沟、五沟、任圩贼巢，斩贼目李四喜、任友得三十余名，收抚童亭、藕池四十二圩。五月，会攻袁圩。捻酋刘添祥等大举来援，分军击之；而永城捻万余直趋童亭，窥孙瞳大营，振邦令副将龚耀伦击败其众，擒捻首赵学焕等。七月，拔蒙城西洋集贼圩十四。颍、亳捻首姜台凌等北窜洺南，扼险截击，擒贼目百余。寻因伤发，请假回籍医治，允之。十一年，命督练民团防堵登、莱、青三府，振邦病未已，疏辞防堵，请专任团练，报可。是年冬，命来京候简。

同治元年，胜保奏调振邦帮办皖、豫军，为山东所留，不果行。二年，僧格林沁调统前军，从攻淄川、白莲池，援蒙城。三年，从破捻首张总愚于湖北随州。四年，以疾告归，未几疾愈，留督军青、莱，移扼张秋河防。六年，会剿直隶枭匪，贼降复叛，褫翎顶。寻破贼夏津，复之。五年，西捻平，补直隶提督。光绪六年，调湖北。九年，以伤发回籍，未几，卒于家，赐恤，谥刚勇。

邱联恩，字伟堂，福建同安人，浙江提督良功子。袭男爵，授乾清门侍卫。道光二十三年，出为直隶通州协副将，调河间协。咸丰四年，从胜保剿粤匪于静海李家庄，击败之，又破梁头、孙家庄贼营，擢南阳镇总兵。剿光州捻匪，擒其渠丁心田，赐花翎。五年，捻首李世林败死，其党易添富纠汝阳、息县诸匪，戕乌龙集州判，陷息县，据光山。联恩督兵围攻，贼宵遁，追击，大破之，毙贼千余，擒斩王党、黄五雷等。

六年，皖捻首张洛行、龚瞎子等扰归德，联恩间道赴援，甫至，贼三路来扑，击走之。寻以进剿迟延，革职留营。连破贼于谷熟集、界沟集，歼毙甚众。进剿亳州五马沟，大破之，歼贼千余，擒贼目三十余人，复原官。其冬，襄樊土匪起，入河南，陷邓州、内乡，联恩驰击，复其城，歼贼渠朱中立等，辖境得安。七年春，张洛行拥众掠光州、固始，分据洪河南北。胜保大军扼北岸，联恩率兵千余击南岸，进攻方家集贼巢。五月，诸军合击，联恩直捣贼垒，破圩而入，乘胜追杀，焚洪河桥，两岸贼皆溃，歼毙三千余。是役功最，赐号图萨兰巴图鲁。九月，剿角子山捻匪，都统德楞阿败贼确山，联恩乘胜蹑击。贼窜沁阳、嵩县诸山中，搜捕数月，贼氛始清。八年，回军援固始，围寻解。粤匪犯湖北，陷麻城。联恩扼沙窝坊、虎头关，防光山、商城一路。十月，捻首孙葵心窜周家口，联恩破之槐店。

九年春，张洛行、龚瞎子复扰归德，联恩驰援，连破之。追至五沟营，贼分为二。其东窜者分兵击溃于商水南，而自蹑其西，孤军独进。巡抚恒福劾其追贼迟延，革职留营。贼犯西华，进击解其围。追至舞阳北舞渡，日已暮，人马皆未食，遇贼奋战，进至杀虎桥，贼骑四面兜围，联恩身被重创，马仆，步战。手杀十余贼，力竭，死之。诏复原官，依提督阵亡例优恤，予骑都尉并一云骑尉世职，谥武烈。南阳、同安并建专祠。无子，以族子嗣，炳忠袭男爵，炳义袭世职。

黄开榜，湖北施南人。初入湘军，从塔齐布战武、汉、蕲、黄间，累擢至都司。咸丰七年，从胜保剿捻匪，克正阳关，擢游击。八年，偕副都统穆腾阿战马头，开榜失利，褫翎顶。复六安，加副将衔。九年正月，会豫军毁颍上南照集贼巢，率水师攻蚌埠、长淮卫，战七昼夜，获贼船百余，毙贼千余，又焚贼舟粮，破怀远水路诸卡，毁文昌贼垒，杀贼甚众，赐号勤勇巴图鲁。合诸军击退援贼，直抵怀远城下，先登，复怀远，擢副将。十年，袁甲三围凤阳，开榜会攻炉桥，捻首张洛行来援，会诸军夹击破之。贼酋邓正明潜乞降，觇府城虚实，开榜请聚师城外，示以兵威。总兵张得胜诱擒贼首张隆，令缚献贼酋悍党十四人，磔于市。开榜枭张隆首示城贼，贼众缚献其酋乞降，诛悍者三百余人，余遣散归业。功最，以总兵记名。偕总兵田在田等破贼王家营，复清江浦，遂驻防。江宁大营溃，降贼薛成良叛入邵伯湖，开榜偕副将刘成元等毁贼船三百余，歼贼殆尽，成良赴水死。加提督衔，授江西九江镇总兵。十一年，攻天长，叠平贼垒。

同治元年，捻匪窜宝应，开榜督炮船击走之。又败贼于山阳、汊河。偕道员张富年破贼宿州观音寺、仁和集，擒贼酋王春玉于邳州，拔猫儿窝贼栅。僧格林沁劾开榜饰词冒功，下漕运总督吴棠按究，得白，荐统徐、宿军，兼节制水师。二年，攻长成贼堡，克之，收抚附近诸墟。破部家花园、孙瞳贼巢，以提督记名。

粤匪渡江北犯，开榜扼高邮，贼掠船渡湖犯天长，开榜往援，焚贼筏，军于堤上。贼列阵以拒，开榜令副将龚云福由陆路迎击，参将陈凌家率炮划潜出小河口，转战而前，与长城兵夹击，破贼于三汊河，天长围解。提督杨岳斌复江浦、浦口，开榜破七里洲贼垒，焚船六十余艘。助攻九洑洲，拔之。开榜奉调赴临淮，偕总兵普承尧平七里河岸贼垒。三年，率所部师船防通州，江宁平。四年，赴九江镇任。十年，卒，谥刚愍。

陈国瑞，字庆云，湖北应城人。年十余岁陷贼中，出投总兵黄开榜，收为义子，冒姓黄氏。在军每战冲锋。咸丰九年，从攻怀远，率七人夜渡河攀堞先登，掷火燔谯楼，斩悍贼十余人，师毕登，遂克怀远，自是以勇闻。钦差大臣袁甲三进围定远，捻首李光等来援，国瑞陷阵，胁中枪，裹创力战，贼辟易，乘胜破二圩，赐号抟勇巴图鲁。奉檄援寿州，中途闻贼犯凤阳，回军夜往，连破贼垒，立解围，超擢游击。十一年，江、皖贼合众窥扬州，国瑞驰剿湖西，屡破贼，加副将衔。

同治元年春，捻匪犯淮安，国瑞率五百人绕出贼后，与总兵龚耀伦夹击，贼惊溃，马贼悉遁，步贼万余回拒，国瑞偕总兵王万清合战破之。再破贼党李城于版闸。贼由众兴集扑清江浦，击走之。以炮船三十遏运河，夜袭桃源北岸，破贼圩四，直取众兴，拔十余垒，擢副将。三月，率步卒八百败贼于泾河，转战至新河，贼逼而阵。国瑞麾队猛进，手燃炮殪执旗贼目，斩级千余，以总兵记名。进剿泗州捻首韩老万，败之。四月，战于邳州新村，捻众亘三十里，国瑞分三路迎击，斩捻渠王春玉，掷其首贼阵中，贼骇乱，夜冒雨袭破其三营。别贼趋救，昏暗不辨，自相杀，乘势蹙之，歼数千。捻势遂衰。

时山东棍、幅各匪廲集郯城，漕运总督吴棠檄国瑞进剿，连克数圩，毙悍酋孙化祥，余党多就抚。五月，会攻兖州凤凰山，约副将郭宝昌、参将康锦文分路设伏，躬率小队抵白莲池，诱贼出，伏发，截贼队为二，擒悍匪刘双印。缘崖先登，诸军继之，克凤凰山，戮逆首宋维鹏等，赐黄马褂、头品顶戴。国瑞呈请归宗，复陈姓。

会苗沛霖叛，僧格林沁移剿，檄国瑞先发，漕运总督吴棠奏请国瑞帮办军务。国瑞至蒙城，先袭破红里贼圩以通粮道，继克王圩，越重壕进逼贼巢。皖军总兵宋庆会攻，国瑞以贼垒连属不易下，密令郭宝昌自全家集凫水支浮桥，宋庆守之，亲引军渡河焚贼粮屯，连破数垒。沛霖夜遁，为人所杀。淮甸平，以提督记名。三年，授浙江处州镇总兵，屯正阳关。

僧格林沁剿捻湖北不利，檄国瑞赴援，坐迁延，降三级调用，夺所部隶郭宝昌。国瑞觖望，人言其将反。八月，国瑞率千余人谒僧格林沁于光山，请为前锋，偕翼长成保等剿柳林大小诸寨。深入失利，国瑞力战两昼夜，始突围出。追贼蕲水、蕲州、罗田、广济，屡捷。贼窜英山、霍山，合诸军战于土漠河，歼毙数千，生擒数百。时群贼因江宁已克，降散过半。叙功，复原官。四年正月，翼长恒龄追贼至鲁山，遇伏，与副都统舒伦保等同日阵亡，国瑞力扼桥口，余众得还。

贼犯襄城，国瑞乘夜大雪，出贼不意，火其垒，贼溃走。时贼被剿急，来往飘忽，僧格林沁率骑军穷追，国瑞步队从其后。三月，遇贼于确山，与诸军合击，大破之。

贼仅余马队，由遂平、西平直走睢州，过旧黄河，入山东境。僧格林沁以国瑞与郭宝昌战最力，奏赏所部军士各银五千两，又请奖宝昌遇提督简放。诏谓国瑞确山之战最出力，命酌量保奏。贼从台庄渡运河，遂趋江北，国瑞蹑之，屯沭阳。

四月，贼复折入山东，僧格林沁战于曹州，兵挫遇害。诏罪诸将不能救护，国瑞以受伤免议。素恃功桀骜，自僧格林沁外，罕听节制。曾国藩奉命督师，谕戒甚切，饬赴援归德。至济宁，与刘铭传交恶，发兵争斗，杀伤甚多，踞长沟相持不下，诏严斥之，亦未加之罪。国藩疏论："曹州之役，国瑞与郭宝昌分统左右两翼，宝昌革职拿问，国瑞不应幸免。"遂撤去帮办军务，褫黄马褂，暂留处州镇戴罪立功。寻养病淮安，益纵恣不法，欲杀义子振邦，漕运总督吴棠劾其病癫，褫职，押送回籍，收其盐本、田产充公；存银二万五千两储湖北官库，分年付资生计，毋令失所，俟其病痊奏闻。既而病痊，疆吏张之万、谭廷襄等交章论荐，召至京，予头等侍卫。

六年春，捻匪张总愚猝犯畿南，命率师迎击。国瑞两昼夜驰抵保定，诏嘉之。数败贼，追至河南境。行军辄自由，不听节制，所部尤无纪律，屡被弹劾。击贼于济阳、德平，皆捷。洎捻平，悉复原职、黄马褂、勇号，予云骑尉世职。以伤发，乞假居扬州。

李世忠与有嫌，相哄，世忠缚诸舟，将毙之。曾国藩劾世忠，革职，国瑞降都司，勒令回籍。国瑞复潜至扬州，因总兵詹启纶殴毙胡士礼狱，牵连论罪，戍黑龙江。逾数年，朝廷犹念旧功，以询大学士李鸿章，鸿章谓其情性未改，精力已衰，遂不复用。光绪八年，殁于戍所。给事中邓承修、山东巡抚福润、安徽巡抚沈秉成、湖广总督张之洞先后疏陈战绩，诏允复官，并于立功省建专祠。

郭宝昌，安徽凤阳人。投效临淮军中，从战数有功。寻改隶陈国瑞楚胜军。咸丰十一年，国瑞击捻匪于高邮、宝应，宝昌率骁健十八人为前锋，陷阵得捷，又率兵三百破贼于天长龙岗，擢守备，赐花翎。同治元年正月，捻酋李成、任柱等犯清江浦，楚胜军御之，战车桥镇。贼分众劫淮关，宝昌追截，夺还所劫税银数万两。贼奔还众兴集，宝昌潜师夜袭，连破二十余垒，贼引去，擢游击，赐号卓勇巴图鲁。捻党刘添福等纠余匪扰泗州，山东棍匪亦响应，宝昌连破之汊河、沙浦庄，匪势渐衰。二年，匪首孙化祥就擒。积功洊擢副将，楚胜军名益著。

僧格林沁调令助剿白莲池、凤凰山，从陈国瑞送出奇兵力战，生擒贼首刘双印，斩其党刘金春等于阵。任柱纠棍匪、教匪诸党来援，并击走之。白莲池平，论功，以总兵记名。移军剿苗沛霖。宝昌偕陈国瑞先至，攻破王家圩，渡河筑三垒，与贼对峙，断其馈运。贼悉锐来争，击却之，贼气夺。大军至，诸圩以次下，沛霖走死，加提督衔。

三年，调援湖北，与陈国瑞分军，名曰卓胜营，始独当一面。八月，粤、捻匪由湖北入安徽，至英山东北，宝昌合诸军败之黑石渡。贼首马融和拥众十万，议投诚，未决。宝昌单骑入其营，晓譬祸福，融和即日降。事闻，赐黄马褂。四年,从僧格林沁转战楚、豫之交,功多,特奏保提督记名。寻以曹州之败,诏斥不能救护主将,革职遣戍新疆。五年,曾国藩、乔松年奏请免发遣,留营效力。六年,从乔松年赴陕西,偕提督刘松山剿回匪于临平,克之。

捻魁张总愚率众万余犯富平,宝昌纵间伺隙出奇袭之。令部将宋朝儒等设伏村墟,自率亲军挑战,伏起夹击,斩馘数千,又败贼于大荔大濩,复原官、勇号。进复绥德州,授安徽寿春镇总兵。七年春,捻匪由山西、河南直犯畿辅,宝昌驰援,日行百余里,抄出贼前抵保定。贼至,见官军盛,引去,晋号法淩阿巴图鲁。蹙贼入河南,败之封丘、黄河套。张总愚匿村舍中,宝昌单骑独出,突遇贼,受伤堕马,部将宋朝儒翼之出。事闻,予假两月调理,赐尚方珍药。未几,捻匪平,复黄马褂,以提督简放,予骑都尉世职。命从左宗棠赴陕西剿回匪。

八年,伤愈,西行,破贼于宜川,平绥德州叛卒。回匪东趋,命赴山西防河。九年,河西土匪起,宝昌渡河击破其众。奉檄搜捕北山土匪,悉平。十年,赴寿春镇任。十一年,霍丘蔡家集土匪李六倡乱,率轻骑百人往剿,诛渠魁而还。事定,加头品顶戴。光绪二年,平永城、涡阳土匪,被优叙。宝昌剿捻功最多,镇寿春先后三十年,淮北恃为保障。调广东南韶镇,未任,寻还故官。俄罗斯、法兰西、日本三次开兵衅,调防南北,事定仍回本任。二十六年,卒于官,赐恤。

论曰:秦定三、郑魁士并向荣得力之将,和春克庐州,悉赖二人,遂以皖事终始。桐城之溃,由于争饷不和,亦疆臣无调度之方以致之。傅振邦老于军事,持重无失。邱联恩名将之子,在豫军中最号忠勇。陈国瑞勇足冠军,剽悍不受绳尺,不能以功名终。郭宝昌战绩亦与并称,材武不及,而器量差胜焉。

卷四百二十九　　列传二百十六

江忠义　周宽世　石清吉　余际昌
林文察　赵德光　张文德

江忠义,字味根,湖南新宁人,忠源从弟。咸丰二年,忠源率楚勇援长沙,忠义年十八,从军,转战湖北、江西。忠源殉难庐州,遂分将其军。五年,从提督和春复庐州,擢知县。七年,刘长佑援江西,攻临江不利,时忠义在籍,巡抚骆秉章檄率新练勇千人往助之,至则破石达开于平墟。临江既克,擢知府,赏花翎。八年,克崇仁,进攻新城,五战皆捷,加道衔。江西肃清,凯归。

九年,石达开犯永州,忠义赴援,连战破之,擢道员。又败贼新宁摩诃岭,扼武冈。贼围宝庆,忠义进援,会诸军迭战解围,赐号额尔德木巴图鲁。十年,驻守绥靖,母病归。贼遂陷绥宁、城步,围武冈,忠义闻警,分军守新宁,自援武冈,破其众。新宁之贼走踞东安,一战克之,加按察使衔。又破贼于宁远四广桥。十一年春,连破贼于全州白芒营、宜章栗源堡,还军屯新宁,遣参将江忠朝扼全州,贼月余成义斩其酋以降。加二品顶戴,特擢署贵州巡抚。石达开复自粤窜楚,众号十万,忠义以三千人扼会同,大破之。贼纠湖北来凤贼党横扰,击走之,遂克来凤。达开走入四川。十二月,丁母忧,请终制,诏允开署缺,仍在湖南剿贼。

同治元年,移师援黔,克天柱,改授贵州提督。调援广西,克修仁,殪贼渠张高友。皖南贼炽,曾国藩疏调援皖,广西巡抚刘长佑请留不遣,命署广西提督。二年,江西、广东皆调援,先后报可,忠义以广东兵有余粮,他将足办贼;江西饷绌兵单,贼数十万,万一不支,东南全局瓦解,乃奏请力援江西。檄道员席宝田率前部先发,会剿陶家渡,自将攻湖口,逼贼营,屡出奇兵抄击,断文桥,攻太平关,贼酋黄文金受重创遁去,赐黄马褂。进援青阳,分三路进战,破贼垒,围解,太平、石埭、宁国诸城贼次第出降,诏嘉奖,予优叙。会疾作,返就医南昌,未至,卒于吴城,年甫三十。优诏悼惜,依总督例赐恤,赠尚书衔,谥诚恪,立功地建专祠。光绪十一年,加赠太子少保。

从弟忠珀,记名提督。同治八年,剿贵州苗,攻克镇远、府卫二城,中炮亡,谥武愍。

周宽世,字厚斋,湖南湘乡人。咸丰初,从湘军,隶李续宾部下。战城陵矶、花园、半壁山,皆有功,擢千总。从援江西,攻广信,战乌石山,宽世出左路突阵,为诸军先,复其城,擢守备。破贼义宁,擢都司。回援武汉,战通城,宽世驰斩马贼三,生擒七,以游击补用。从攻武昌,六年,李续宾夜出侦贼,遵之双凤山,突战,宽世潜绕山趾横击之,贼败奔;又战鹰嘴,受炮伤,假归。累功擢参将,赐花翎。

既而罗泽南卒于军,续宾代将,召宽世回营。迭破贼于双凤山、鲁家港、小龟山,克武汉,复大冶、兴国,擢副将。七年,从攻九江,破援贼于童司牌,毁其垒,赐号义勇巴图鲁。破小池口贼屯,会克湖口,复彭泽。贼由临江犯兴国,宽世率千六百人击走之。八年,回援湖北,战麻城西南斗坡山。贼设伏,以马队诱战,宽世待其近,突击之,遂破其伏军,进克黄安,而麻城亦下。大军克九江,论功,以总兵记名。

从李续宾进军安徽,战枫香铺、小池驿,克太湖、潜山,捣舒城,宽世皆为军锋。十月,进攻三河,续宾战没,宽世敛余众守二日,弹丸俱尽,夜率亲卒突围,受重伤。是年冬,授湖南永州镇总兵。九年,石达开犯湖南,巡抚骆秉章令宽世募新军二千援祁阳。破贼长庆桥,又败之长叶岭。进援宝庆,屯城东,连败贼长冲口、五里牌。李续宜援师至,会诸军内外夹击,贼解围走。回剿永州土匪,平之。十一年,擢湖南提督。

同治元年,赴安徽助剿,驻守桐城。二年,捻匪马融和犯桐城,击走之,移防六安。皖北渐定,调守安庆。三年,赴援江西,克东乡。四年,破霆军叛勇,追贼入广东,会诸军歼贼于嘉应。五年,回湖南提督任。伤发,乞休。光绪十三年,卒。

石清吉,字祥瑞,直隶沙河人。道光二十一年武进士,官三等侍卫。咸丰初,出为湖北郧阳镇守备,从剿黄陂、崇阳、应城,累擢参将。克安陆、京山皆有功,以勇称,所统曰飞虎军。寻隶将军都兴阿军,常从多隆阿转战。七年,援蕲州,拔太湖,攻安庆。八年,由安庆退保宿松,大战破贼。九年,攻太湖。十年,大战小池,克太湖,功皆最。十一年,安庆既下,会诸军克桐城。

同治元年,从攻庐州,清吉军城西北,破贼垒,擒斩数千。进毁贼栅,树云梯攻城,贼方死拒,而陈玉成兵败遁去,遂由西门攻入,克庐州。清吉累以战功赐号干勇巴图鲁,擢总兵,加提督衔。多隆阿督师赴陕西,以清吉统五千人留守庐州。二年,苗沛霖复叛,庐、寿、开土蜂匪起,清吉悉剿平之。粤、捻诸匪会扰豫、楚之交,清吉赴援湖北,屯孝感、黄冈,拔难民近万。

三年九月,匪酋陈得才、马融和合犯蕲水,围副都统富森保于关口。清吉率军驰援,会大雾,贼马步数万麕集。清吉进至药山,贼渡河抄后路,围数重,截其四营为二。自辰至午,血战,被九创,殪于阵。从战殁者,副将江星南、谷明发,游击曾占彪、段会元。事闻,诏视提督阵亡例赐恤,入祀京师昭忠祠,予骑都尉世职,谥威毅,建专祠。

余际昌,湖北榖城人。咸丰初入伍,剿匪积功至守备,署抚标右营游击,为巡抚胡林翼所识拔。七年,从战黄梅、广济。八年,陈玉成自太湖窜蕲州,际昌奉檄防皖、楚之交,败贼南阳河,毁贼垒三十余,擒贼目。贼走英山,追蹑之,复其城,擢游击。又破贼弥陀寺,晋参将。李续宾军覆三河,潜山、太湖复陷,际昌屯英山,遏潜、太之冲。九年,进拔天堂。贼大举来争,际昌败逮王婆坳,追至鸡冠岭而还。再败贼槎水畈,斩馘千余。时大军围太湖急,陈玉成纠党十余万相持小池驿。十年正月,际昌偕金国琛由间道出高横岭,与诸军夹击,大破之,遂复太湖,乘胜会攻克潜山,擢副将,署湖北督标中军副将。陈玉成自六安回援安庆,霍山复陷。际昌偕总兵成大吉击破之,得霍山,加总兵衔。十一年,陈玉成入霍山,自黑石渡扑乐儿岭。际昌军溃,贼上窜黄州,革职留营。寻从克黄州,率新募昌胜五营援河南。

同治元年,屯陈留。捻匪麕集杞县,际昌驰击,大破之,进拔焦、赵二寨,复原官,赐号伟勇巴图鲁。十月,攻捻于汝宁,破平舆寨,生擒贼酋陈文,诏以总兵记名。僧格林沁嘉其勇,令充翼长,从剿涡河,斩贼渠杨兴太等。二年春,追破陈大喜于阜阳吴老庄。捻首张总愚窜侯集,际昌会张曜夜袭之,擒其党独角虎、周马,授河北镇总兵。夏,逐贼楚、豫间,败之麻城,蹙至方家寨,中伏力战,受三十余创,死之。赠提督,予骑都尉世职,谥威毅。

林文察,字子明,福建台湾人。咸丰八年,从剿台湾淡水土匪,捐饷助军,以游击留福建补用。十年,九垄山匪郭万淙掠建宁、邵武间,汀州、龙严匪胡熊扰宁洋、永安。文察随军进剿,擒其党百余人。郭万淙遁据邵武上山坊,文察合军蹙之,降其众,复破胡熊于东板土寨,擒之,擢参将,赐号固勇巴图鲁。十一年,援浙,克江山,晋副将,晋号乌讷思齐巴图鲁。汀州、连城相继陷,文察回援,破贼金鸡岭,设伏,败之江防,遂拔连城,乘胜克汀州,以总兵记名。冬,杭州既陷,调援浙,文察领台勇二千人驻衢州。同治元年,破处州贼屯,而遂昌陷,文察进军逼之。李世贤自江山来援,文察设伏大柘、大庙及石练山之前后,贼至,击之。夜,贼来劫营,复为伏兵所败,复遂昌,进克松阳。会总兵秦如虎攻处州,贼弃城遁,并克缙云,授福宁镇总兵。寻擢福建提督。

二年,台湾不靖,总督左宗棠令渡台号召旧部,统领诸军。文察分军攻彰化及斗六,克之。谕降诸庄,贼渠戴万生、林懋晟遁走。三年,破樵溪口贼庄,斩其酋林传,毁张厝庄、四块厝贼巢,戴万生、林懋晟并伏诛。

粤匪李世贤、汪海洋合陷漳州,文察仓猝率二百人内渡,遇贼万松关,殁于阵,赠太子少保,予骑都尉世职,谥刚愍。本籍及漳州建专祠。

子朝栋,光绪中,法兵犯台湾,陷基隆,朝栋率家兵助战有功,捐巨资,赐四品京堂,有声于时。

赵德光,原姓张,贵州郎岱人。从副将赵德昌转战云南,德昌弟畜之,故冒姓赵氏。拔补千总,擢都司。咸丰十年,自领一军,战独山,屡败贼,擢游击。十一年,贼窥省城,德光击走之。又败之羊场平寨,设伏于主戎山麓,殪贼无算,擢参将,赐号豪勇巴图鲁。教匪踞玉华、尚大坪,以王卡为屏蔽。德光率所部攻破杨义司、郭家庄、马笼口贼营,断其援,又破腰萝溪、新寨岩要隘,进逼王卡。德光先登,贼大溃,救出男妇数千人,擢副将。

同治二年,坝芒匪首潘明杰由龙里袭伺省城。德光迎击三江桥,贼败走。进攻甲秀阁贼巢,遂克龙里旧县,补都司协副将,以总兵记名。三年,尚大坪匪扑省城,德光与布政使龚自闳等固守,贼寻退,加提督衔,署古州镇总兵。旋解清镇围,克龙里、广顺、定番、长寨,以提督记名。四年,匪首何二久蹈开州、尚大坪,扰近省州县,无宁岁。德光选精锐过清水江剿之。贼纠集苗匪、教匪沿江以拒,乘间过江攻开州。德光固守十余日,杀贼八九百人,乘胜追击,克沿江狮子坉、镇江坉、三龙营贼屯。进克滨江贼巢,斩馘二千余,何二弃尚大坪而遁,被优叙,署安义镇总兵。

五年,署贵州提督。攻克永宁,解安顺围。六年,援定番,乘雷雨破贼,斩贼首许八十等,平花山贼屯,拔底季贼巢,晋号博奇巴图鲁。寻剿贼安平芦荻哨,深入贼伏,中枪阵亡。诏依提督阵亡例赐恤,赠太子太保,予骑都尉兼一云骑尉世职,谥刚节,建专祠。遗腹生子秉钧,袭世职,复姓张氏。

张文德，湖南凤凰厅人。幼育于文氏，从姓文，名龙德。入行伍，隶镇筸营。咸丰初，从剿江宁、庐州，叙把总。六年，从提督和春攻三河贼垒不下，文德请独身持檄谕贼降，投诚者相继至，遂克三河。七年，从复镇江，擢都司。八年，从援福建，下浦城、松溪、政和、崇安，赐花翎。九年，叙援浙江功，晋游击。十年，从张国梁解镇江围，援贼复至，文德扼水栅七昼夜，贼引去，擢副将。自是从将军巴栋阿、提督冯子材守镇江。十一年，补广东罗定协副将。

同治元年，贼屡攻镇江，皆击退。冯子材奏言："文德力挫贼锋，重围叠解，实为特出之材。"授贵州镇远镇总兵，赐号翼勇巴图鲁。文德以生父年七十无子，养父文氏有二子，陈请复姓，更名文德。二年，连破贼牧马口、薛村，克柏林村贼垒，加提督衔。贼由东路来犯，文德御诸骇溪、谏壁，腹中炮，肠出，裹创而战，援军至，贼乃退；又破之博洛村，攻丹阳，毁贼垒，擒贼目。三年，克白塊镇及宝堰，贼党纷纷来降。会鲍超攻丹阳，招贼酋蒋鉴为内应，克其城，斩贼酋陈时永，擒赖桂芳，以提督记名。江南平，予一品封典，命赴镇远镇本任。

四年，总督劳崇光令募楚勇规荔波、独山。丁父忧，解职。六年，署贵州提督。七年，克开州，破鼎照山贼寨，克龙里、贵定，斩贼酋潘名桀，余贼多降，被珍赉。进攻平越，擒金大五，连克麻哈、都匀，赐黄马褂，晋号达桑阿巴图鲁。请假归葬亲，文德既去，贼复炽。八年，回贵州，以粮匮军溃，都匀复陷。诏原之，免议，署古州镇。十年，授威宁镇总兵，督军剿古州苗。由九甲、五台山、扁担山及古州、丹江分路雕剿，年余，苗渠先后伏诛。十三年，全黔肃清，予云骑尉世职。光绪元年，加头品顶带，擢贵州提督，剿平黎平侗匪。七年，卒，赐恤，贵阳建专祠。

论曰：江忠源诸弟并从治军，忠义最为杰出，将大用而早没，时论惜之。周宽世为李续宾所倚，无役不从，及自将亦未著奇绩。石清吉、余际昌、陈大富、林文察、赵德光等，皆久历行间，以死勤事。张文德佐冯子材守镇江，功最著，底定黔疆，与有劳焉。

卷四百三十　　列传二百十七

雷正绾　陶茂林　曹克忠　胡中和
何胜必　萧庆高　杨复东　**周达武**
李辉武　唐友耕

雷正绾，字伟堂，四川中江人。由把总从军湖北，积功至游击，赐号直勇巴图鲁。咸丰八年，从多隆阿援安徽石牌、潜山、太湖、桐城，诸战皆功最，累擢副将，以总兵记名。十一年，败黄文金于蒋家山、项家河、江家河、麻子岭，一月五捷，授陕安镇总兵。同治元年，克庐州，以提督记名。

从多隆阿援陕西，诏正绾先赴本任，未至，擢陕西提督，帮办军务，驻西安。二年，多隆阿既克东路，令正绾规三原，屡破贼。会解凤翔围，进援甘肃，连战灵台、镇原，皆捷。三年，破贼崇仁、新城，进逼平原。会多隆阿卒于军，都兴阿继督师甘肃，正绾仍奉命为副。克平凉，斩贼首铁酉、羽轻林，赐黄马褂。于是固原踞贼悉窜龙山镇，追击败之。贼回窜，又陷固原。正绾疾趋莲花城，欲袭其巢穴，遇伏，受矛伤，部下亡千余人，裹创攻莲花城，克之，诏嘉其勇。四年春，克固原，进攻黑城子，斩贼首黑虎。克官桥、李旺二堡，擒贼首木棍等。乘胜薄预望城，破下马关、半角城贼垒，进规灵州，分兵解安定围。

七月，偕曹克忠攻金积堡，军饷不继，为贼所围，饥溃。正绾自劾，褫勇号、黄马褂，黜帮办，归总督杨岳斌节制。正绾弟总兵雷恒及副将李高启等以主将失职，煽乱，犯泾州，正绾不能制止，愤欲自裁。诏念前功，不加罪，责令整军剿贼图自赎。命巡抚赵长龄会杨岳斌按讯，正绾缚送雷恒等置之法。当事变初起，谣诼纷淆，诏斥刘蓉张皇妄奏，许正绾专摺奏事以慰之。所部招集增募仅三千人。

五年，兰州兵变，回匪窥伺，正绾支拄于平凉、固原之间，破贼于横河川，克平凉，复黄马褂、勇号。六年，左宗棠入陕督师，正绾率军助剿，援庆阳。七年，两破贼于长武，克黄家堡。八年，会攻董志原，克之，晋号达春巴图鲁。又破白彦虎于李旺堡。会攻金积堡，当西路，屡克要隘，合围。及马化隆伏诛，被优叙。

光绪十年，法越兵事起，命率甘军驻凤凰城，固边防，事定回任。两遇万寿庆典，加太子少保、尚书衔。二十一年，循化撒回倡乱，督剿无功，革职留任。二十三年，罢，卒于家，仍以前劳赐恤。

陶茂林，湖南长沙人。以武童入湘军，转战湖北、江西，积功至游击。咸丰八年，胡林翼调为楚军营官，扼黄州，破贼霍山、舒城，克建德，擢参将。十年，从多隆阿破贼于桐城挂车河，擢副将。十一年，破贼施家山，擒其渠，及克安庆，赐号钟勇巴图鲁。同治元年，克庐州，先登，以总兵记名。

遂从多隆阿西征，破贼于武关。从剿回匪，解同州围。克羌白镇、王阁村贼巢，功皆最，授汉中镇总兵。凤翔被围久，茂林率三千人往援，连战解围，擢甘肃提督。粤匪出宝鸡山口，扰郿县、盩屋，茂林要击雨门镇、二岭关，迭败之。进克洴阳、陇州。遂会雷正绾分道平凉，阵斩贼首木仲沅讷三等，克之，赐黄马褂。进拔张家川贼巢，破龙山镇、莲花城援贼，解安定围。克金县，破贼惠城，擒其渠黑牙古。四年，克黑城贼巢，解靖远围。进攻会宁，所部索饷哗溃五营，贼乘之，六营皆陷。茂林调后路四营来援，突围出，退驻安定。巡抚刘蓉疏陈甘军积弊，论茂林不职，茂林亦以兵溃自劾。诏斥废法营私，以致兵溃而叛，遂罢职，归。

十年，贵州巡抚曾璧光调茂林赴黔协剿。复新城，克安顺贼巢，平古州、丹江苗，复原官。光绪二年，收复下江、永从各城，破六峒贼巢，加头品顶戴，晋号爱星阿巴图鲁。十六年，署古州镇总兵，卒于官。

曹克忠，直隶天津人。初投效湘军，嗣从多隆阿，积功至都司。咸丰十年，令募五百人为忠字营，大破援贼于潜山、太湖，洊擢参将，赐号悍勇巴图鲁。挂车河之捷，擢副将。克桐城、宿松诸城，以总兵记名。同治元年，克庐州。

后从多隆阿西征，武关、同州诸战皆从。二年，攻羌白镇，克忠单骑往谕贼，贼请降，察其诈，潜师会攻，下之，乘胜夺王阁村，予一品封典。寻率乌拉马队及楚勇七营屯长安、鄠县之间。光泰庙为入省要冲，贼踞之扼粮路，克忠击走之。分队清西路余匪，省城始安。以提督记名，授河州镇总兵。渡渭连破贼于白起营、马家埠、白吉原、邠州平，陕回西趋。三年，平麟凤诸匪。会援甘肃，连破贼于西河口、黑水峪，赴河州本任。克秦安，解秦州围，赐黄马褂。

四年，攻萧何城及马定嘴，将台、隆德诸堡，悉平。克海城，回匪并窜李旺堡、同心城，攻下之。偕雷正绾规取金积堡，屯强家沙窝，数有斩获。轻进，为贼所包钞，正绾军先溃，克忠亦退。因前功免罪，授甘肃提督。时陶茂林、雷正绾军相继哗变，回氛益炽，自杨岳斌楚军外，仅克忠一军与之相持。克忠援巩昌，贼败走，又毁董家堡贼巢。五年，援洮州，次李岐山，回目马芳乞降，诛其酋丁重选等而还。

兰州标兵变，杨岳斌令克忠移军镇慑。克忠至，人心稍定，然粮饷俱竭，乞病回籍。十年，诏起赴陕接统淮军，专防肃州。十一年，所部有结会匪者，甘军马世俊骑兵亦变，降捻多叛应，克忠遣兵平之。复乞病解军事。十一年，署甘肃提督，寻解职归。

光绪九年，命募六营防山海关。十年，授广东水师提督。十一年，病罢，食全俸。二十年，命治天津团练，统津胜军。二十二年，卒，赐恤。

胡中和，字元廷，湖南湘乡人。咸丰初，从湘军剿粤匪，积功擢把总。六年，从萧启江援江西，复袁州，超擢都司，赐花翎。七年，从克临安，中炮伤，以游击留湖南补用。八年，破贼上屯渡，乘胜复抚州，擢参将。九年，复南安，擢副将。石达开由宝庆窜广西，陷兴安，遣党攻桂林，自率悍贼屯大溶江。中和从萧启江往援，大破贼于大溶江，贼窜贵州境，加总兵衔，赐号伊德克勒巴图鲁。十年，萧启江率军援四川，中和从之。启江卒于军，中和偕何胜必、萧庆高等分领其众。

剿滇匪李永和于井研，连战皆捷，贼解围遁，以总兵记名。寻授四川建昌镇总兵。十一年，永和窜踞富顺牛腹渡，两岸筑坚垒，背水而阵。中和选锐卒沿河设伏，自率羸师诱之，贼大出，伏发，截其归路，俘斩无算，贼垒尽夷，进解大邑之围，予二品封典。

骆秉章督师莅蜀，檄中和偕绪军援绵州。滇匪蓝朝柱在诸贼中最狡悍，围绵州日久。军至，连破之，围始解，又败之西山观。朝柱窜丹棱，与李永和合攻眉州。中和驰援，贼分路来扑，中和突阵，矛伤腮，血殷衣，不顾，奋击破之，解眉州围。进攻丹棱，朝柱遁走，复其城，以提督记名。同治元年，擢云南提督。李永和自眉州败后，窜踞青神，诸军进剿，数败之，永和遁犍为龙窊场，负嵎死抗。中和围之，垒石墙，编木栅，外浚深壕，密布梅花桩。贼知必死，突攻萧庆高营，中和截击，败退，连战七日。贼伏不出，乃使降贼谭仁曲持书约降，期会于猪市坡，预伏兵贼巢旁。永和与其党卯得兴数十骑来会，伏起分攻，焚其巢。永和、得兴骇奔，追擒之，降其众五千。诏嘉中和运筹决胜，生擒渠魁，赐黄马褂。

石达开扰蜀边，中和偕萧庆高、何胜必合击于横江，走之。二年春，达开复分路犯蜀，自率大队数万由米粮坝渡金沙江。中和督军扼化林坪、泸定桥，击破之，贼走卭部土司山中，达开旋就擒。调四川提督。三年，破滇匪于叙永厅。初，李永和既诛，余党窜陕西，至是入甘肃，陷阶州。四年，中和偕总兵周达武往剿，毁龙王庙、三官殿贼垒，逼阶州城下，掘地道轰城，克之，斩贼酋蔡昌龄，尽歼其党。阶州平，被珍赉。

冬，剿苗匪于建武，腰中弹伤，力战败之。五年，剿屏山贼，解马边厅围，诛贼酋宋任杰等，余匪悉平。十三年，调云南提督。光绪二年，抵任。三年，平腾越夷匪。七年，丁母忧归里。九年，卒，赐恤。

何胜必，湖南湘乡人。咸丰中，胜必应募入湘军，从萧启江转战江西、广西，积功至副将。从入蜀，分统湘果右军，破李永和于井研，又破之于资州，阵斩贼酋王二官，赐号御勇巴图鲁。十一年，会破滇匪蓝朝柱于西山观，又败诸青衣坝，解眉州围，追至青神，擒斩甚众，授甘肃肃州镇总兵。同治元年，会诸军克青神，追贼宜宾，擒贼目周廷光。偕胡中和诱擒李永和于犍为龙窊场；二年，偕萧庆高援汉中，战油坊街，不利，汉中、城固相继陷，革职留军。三年，会攻法慈院贼垒，再败之牟家坝，乘胜薄汉中城下，捻渠陈得才遁走，克汉中，复原官。又破陈得才于上元观，克城固，进规阶州。四年，卒于军，赐恤，谥威悫。

萧庆高，湖南湘乡人。隶楚军，积功至副将。萧启江援蜀，调从军，以井研之捷，赐号果勇巴图鲁。破李永和于资州，以总兵记名。会剿蓝朝柱，解绵州围。同治二年，偕何胜必援汉中。油坊街之战，胜必先败，庆高赴援不及，同革职留军。三年，克汉中，同复官。追贼至城固，梯城而入，贼溃走。四年，进攻洋县，遣死士入城为内应，克之。贼酋曹灿章走踞八里坪，夹攻破之，灿章就擒，授汉中镇总兵。五年，卒，谥武毅。

杨复东，湖南浏阳人。咸丰十年，从胡中和援蜀。十一年，战富顺牛腹渡，解大邑围，擢守备。败蓝朝柱于绵州，擢都司。又破朝柱于崇庆，毁石羊场，焚贼巢，擢游击。同治元年，复丹棱，擢参将。克青神，平铁山贼垒，擒李永和，擢副将。五年，总督骆秉章疏陈复东历年防剿滇、黔诸贼功多，以总兵记名。七年，授四川川北镇总兵。光绪二年，调云南开化镇。六年，卒。

周达武，字梦熊，湖南宁乡人。咸丰四年，应募入李续宾营，从克岳州、武昌，累功擢守备。战湖口，晋都司。达武每战陷阵，手大旗荡决，续宾异之，使领百人曰信字营，常为军锋。八年，克黄安，擢游击，赐花翎。从续宾攻舒城，达武率死士先登，左耳受枪伤，克城后，留守。俄续宾覆军三河，舒城守军亦溃，达武以创重回湖南。九年，石达开围宝庆，巡抚骆秉章令达武募五百人号曰章武军，从知府刘岳昭援宝庆，守东关，屡拒战破贼。围解，擢参将。十年，授广西，克富川平古城、连塘贼垒，复贺县，擢副将，加总兵衔。石达开分党犯永明、柘牌，连战破之，擢总兵。十一年，会诸军克会同，贼走湖北，陷来凤。同治元年春，从刘岳昭攻之，予二品封典。

骆秉章督师四川，调达武从剿。抵涪州，会贼酋周绍勇由大宁窜陕西，达武扼之窄子口，地当两山间，令部将李辉武逾险而入，贼溃走，追至大竹安吉场，擒绍勇及其党吴崇礼等，槛送成都斩之，赐号质勇巴图鲁。又破郭刀刀于仪陇大仪寨，阵斩其弟占彪及悍党马玉音，追奔至巴州鼎山铺，擒刀刀，余党皆降。绍勇与刀刀并为蜀中剧贼，至是悉平，授四川建昌镇总兵，加提督衔。二年，护理提督。

粤匪陈得才围汉中，众号十万，石达开亦由高县走宁远，全蜀大震。达武增募军四千人，往来游击。三年，得才之党梁福成合川匪蔡昌龄由汉中窜甘肃阶州，达武议以剿为防，率师越境，攻克江东水、严家湾贼垒。进攻阶州，自将台山穴地达城根，地雷发，城崩，选锋四百人先入，大军继之，遂克阶州，斩福成、昌龄。以提督记名，并颁珍赍。寻征松潘叛番，授贵州提督，仍留防重庆，备滇边。五年，剿平马边厅教匪，斩匪首宋仕杰、熊文才。

六年，捻匪窜陕西，左宗棠咨调会剿，令部将李辉武率三千赴陕。七年，破越嶲猓夷于普雄，进克西昌交脚夷巢，斩级数千，诸夷悉降，赐黄马褂，晋号博奇巴图鲁。九年，诏赴贵州提督任，率所部六千人行，沿途平苗寨。先是贵州剿寇仰客军，出省城百里即莫能制驭。达武与巡抚议增募至三万人，分任战守，由龙里进凯渡，截上下游贼为二，复都匀，分军破贼永宁、威宁。十年，遣钟开兰攻克麻哈州之高水塘等地数十寨；遣何世华破粤贼李文彩、苗酋李高脚于都匀、独山，收复八寨、三脚诸城，并克镇宁、归化及吴秀河、斑竹园诸苗寨，复清平、黄平二城。始与楚军席宝田合。十一年，会席军败苗酋张臭迷之党于茶牛坡，斩馘甚众，降者数万。追至冷水沟，生擒贼酋，余党李高脚、李文彩窜荆蓬坎，分三路追击，尽殄之。旋破群苗于清平香炉山，宝田擒张臭迷。苗疆平，予骑都尉世职。

光绪元年，乞病归。三年，授甘肃提督。十年，肃州妖民王林倡乱高台，讨平之，斩王林。十九年，万寿庆典，加尚书衔。二十年，卒官，赐恤，建专祠。

弟康禄，从达武剿贼广西、湖南，历保知县。同治元年，从赴蜀，破周绍勇，擢知州。四年，从克阶州，擢知府。从至贵州，总理营务。十一年，下游肃清，擢道员。驻军普安新城，招抚流亡。十二年，会匪煽乱，康禄督亲军百人往讨，众寡不敌，死之。赠内阁学士，予骑都尉世职，谥壮节。

李辉武，湖南衡山人。周达武部将。咸丰中，从剿粤匪，洊擢游击。十一年，从入四川，剿涪川鹤游坪踞贼，擒贼酋周绍勇、郭刀刀。辉武功为多，擢副将，赐号武勇巴图鲁。同治三年，从援阶州，辉武由伍家坪进军，扼州城外北山条竹垭。四年，攻坡桥头里贼垒，又破贼于孟家庄，歼城外贼殆尽。穴地破城，辉武先登，擒贼目蔡四。巡部，以总兵记名。从讨松潘叛番，拔其巢。寻攻黑河番，焚芝麻第五寨，余寨皆降。乘胜连破大松树及竹自三寨，以提督记名。

六年，捻匪窜陕西，辉武率步队五营赴援，剿破汧阳、陇州、宝鸡诸贼，西路肃清。八年，剿董志原窜匪，毙贼目王明章，晋号福凌阿巴图鲁，授汉中镇总兵。九年，偕提督刘端冕分击北山回匪，破翟三、禹得彦于县头镇、陈村。十一年，擢甘肃提督，仍留防汉中。光绪四年，卒，赐恤。

辉武在汉中久，军民相安。疏浚府城东河道达汉川，旁引沟渠以资灌溉，民食其利；又修复褒斜栈道，商旅便焉。没后，士民吁请建祠，从之。

唐友耕，云南大关厅人。咸丰中，滇匪起，陷贼，至四川叙州，自拔来归。从战有功，授千总，署通江营守备。贼扰盐井，屡从战击走之，擢守备。十年，战峨眉索桥，受伤，破贼双福场，进平天全茅山贼垒，擢都司，赐号额勒莫克依巴图鲁。十一年，援潼川，破贼解围，擢副将。骆秉章督师至蜀，檄友耕会诸军援绵州，令自石桥铺进攻，友耕观望不前，被劾，褫职留营。既而会援眉州，友耕军先至，战比有功，围解，复原官。战青神，阵斩贼目张兴，身被二伤，裹创力战，贼大败。

同治元年，破石达开党赖裕新于邛州。三月，达开围涪州，友耕驰援，解其围，授四川重庆镇总兵。会诸军复长宁，贼引去。是年冬，达开屯叙州双龙场，分党屯横江，友耕攻破江岸贼垒。二年春，贼由横江窜新滩溪，与屏山隔一水，友耕虑贼乘间偷渡，乃济江设伏，诱贼深入，败之。六月，达升谋渡金沙江，官军扼之不得进，改趋天全土司地，友耕击沉贼筏；达开奔老鸦漩，复为土兵所遏，遂就擒。友耕擢云南提督，留复川南。四年，丁母忧，诏改署提督，友耕请终制，许之。七年服阕，署四川总督崇实奏缓陛见，令募勇防川北。八年，调赴云南，招降回寇李本忠等，赐黄马褂。光绪六年，署四川提督，八年，卒。

论曰：雷正绾、陶茂林、曹克忠皆多隆阿部下战将。多隆阿殁后，甘肃军事实倚三人，以饷匮兵变，遂难成功。克忠较有谋略，其军独全，终以病引退，后犹称为宿将。胡中和、周达武等皆以楚军平蜀寇。唐友耕以蜀军颉颃其间，并跻专阃。达武晚任贵州军事，与席宝田同定苗疆，建树较闳达焉。

卷四百三十一　　列传二百十八

**郭松林　李长乐　杨鼎勋　唐殿魁
唐定奎　滕嗣武　骆国忠**

　　郭松林，字子美，湖南湘潭人。咸丰六年，隶曾国荃军，从援江西，克安福，从剿永新、太和、万安、莲花厅、龙泉，叙奖把总。进围吉安府城，七年，石达开率悍党来援，邀击于吉水三曲滩，松林首陷阵，多斩获，收复新喻、峡江、吉水。八年，随克吉安，擢守备。九年，克景德、浮梁，赐花翎。十年，围安庆，会剿陈玉成于小池驿，进壁集贤关，每战皆捷。十一年，克安庆，擢游击，赐号奋勇巴图鲁。克庐江、无为、运漕镇，下沿江要隘，擢参将。

　　同治元年，李鸿章率淮军八千赴上海，松林从，与伪忠王李秀成伪慕王谭绍光大战沪西，破贼众十万。会攻太仓，炮击城隳，士卒争进，浮桥断，贼乘之，死数百人，松林力御，始得收军。二年，克太仓，松林败贼茜泾、支塘、会克昆山、新阳，以总兵用。李秀成合水陆数十万援江阴，犯常熟，刘铭传谋乘贼未定击之。贼北自北澴，南至张泾桥，东自陈市，西至长寿，纵横六七十里，筑垒凭河，势大炽。铭传进北澴攻其左，松林进南澴攻其右，周盛波等进麦市桥为中路，黄翼升以水师助之。松林败贼陈市，越南澴趋张泾，挥刀荡决，血染衣尽赤，贼大溃走。铭传、盛波等同破贼，自顾山以西皆尽，以总兵记名。寻克江阴，以提督记名。又破贼缫山、梅村、麻塘桥，松林受矛伤，既而苏州、无锡皆复，加头品顶戴。

　　三年，克宜兴、荆溪，败贼张渚，毁贼垒，收溧阳，解常熟围，授福山镇总兵。大破三河口贼营，贼争道，六浮桥尽断，尸塞河，水为不流。克常州，进剿浙西，克长兴，复湖州，功皆最。贼走广德、徽州，合江宁、杭州贼自江西窜闽。四年，李鸿章檄松林率五千人航海赴援，克漳州、漳浦、云霄、诏安，贼窜广东嘉应，遂破灭。

　　五年，曾国荃调松林率新募湘军剿捻匪于德安，克应城、云梦，复败之皂河、杨泽。追至白口，中伏，松林伤足，卧地不能起。将卒不见松林，复闯入阵，负而出之。弟芳鉁战死。松林以创重假归。六年，创愈，李鸿章令统万人号武毅军。时东捻任柱已毙，余党走寿光，松林要击，破之杞城。贼沿海南走，阻弥河，捻酋牛喜子麾白旗贼犯刘铭传；赖文光麾蓝旗贼犯松林军。两军纵击，贼大溃，寿光民圩皆出助杀，贼赴弥河死，浮尸二万余，俘万余人，夺获骡马二万匹。贼酋徐昌先、范汝增、任定皆伏诛。赖文光凫水南奔，松林疾驰六百里，追至清江。文光死奔至扬州瓦窑铺，为吴毓兰所擒。东捻平。

　　七年春，西捻犯畿辅，松林败之安平，再破之茌平。自临邑筑长围至马颊河，松林偕潘鼎新、王心安守之，败贼于海丰，追至德州，历十六昼夜，斩捕过半。六月，松林会潘鼎新大破之沙河，俘斩四千。捻走黄、运、徒骇河间，松林与铭传纵横要击，张总愚赴水死。西捻平，赐黄马褂，予轻车都尉世职。授湖北提督，调直隶。光绪六年，卒于官，优恤，建专祠，谥武壮。

　　李长乐，字汉春，安徽盱眙人。同治元年，以外委从郭松林隶淮军，充营官。克柘林、奉贤、南汇、川沙、金山，解松江围，复青浦，擢千总。战四江口，松林军方泰镇，长乐率所部深入，近贼垒。夜半，趣军士起，曰："今陷贼中，旦明贼觉，无得脱者。盍出奇计劫之！"遂投火贼幕，鼓角乘之，贼惊扰，长乐奋呼进，大破之。又设伏黄渡，击之半济，又败之吴淞江南。四江口围解，擢都司，赐花翎。

　　二年，进屯常熟王庄，援贼踞陈市，阻官军进路。从松林自南澴攻贼右，连破贼营。直趋长泾。长乐陷阵伤胫，裹创力战败贼，擢参将，赐号伉勇巴图鲁。寻克江阴，规无锡，出新塘桥。贼凭垒鸣炮俯击，长乐濡絮裹身越沟进，败之；逐奔至亭子桥，刺贼酋黄子隆中肩，又设伏兵败援贼。李秀成围大桥角营，从松林往援，夺其舟，贼退走，尽平梅村诸垒。会诸军围攻无锡，率轻骑掩至，梯城入，黄子隆就擒，长乐获其子德懋。寻坐失察部勇，褫职留军。进规常州，援总兵唐殿魁于奔牛，解其围。三年，败贼上湖桥，克宜兴，复官。移军溧阳、金坛，战皆捷。回趋常熟，解其围，连破贼于杨舍、华墅、周庄、三河口，会攻常州。四月，合围，长乐先登，贼酋陈坤书、黄和锦就擒，复常州，擢副将，赐号尚勇巴图鲁。

　　从松林进克浙江长兴，以总兵记名。进湖州，破昌山贼。攻贼酋黄文金于尹隆桥，官军不利，长乐率三营别屯李家港，保粮道。贼倾巢来争，长乐偕易用刚夹击之，斩贼酋黄十四，破尹隆桥，遂复湖州。四年春，从松林援福建，战于漳澄赤岭。松林分兵为八队，长乐居中当贼首李世贤，破走之，窜漳州。长乐进屯古田，据山东形胜，贼悉锐力争，击却之，复漳浦、云霄。南趋诏安，破之梅村，复其城，加提督衔。福建平，旋师江苏，屯镇江。

　　曾国藩督师剿捻匪，松林已归，长乐代将其众以从，兼统忠朴三营，为游击之师，转战河南、山东间。六年，李鸿章代国藩督师，松林复军，增松林军至二十余营，号武毅军，长乐所部曰武毅军前军。破任柱于赣榆，要赖文光于潍县，长乐等并力奋击，贼凫水东走，蹙至余家寨，贼受创甚巨，复要之寿光南北洋河、巨弥间，擒斩三万，文光窜扬州被擒，赐黄马褂。

　　七年，从剿西捻，战安平，马军失利，长乐等以步卒驰援，贼大溃；追至饶阳杨家村，又要之深州李家村，破其马队，斩获无算。三月，败贼大坯山。援提督陈振邦于大河村，解其围，追挫之茌平、沧州，援副都统春寿于海丰郝家寨。六月，追至乐陵，擒总愚子正江、弟得华，战商河,枪伤总愚。西捻平,以提督总兵遇缺题奏,晋博奇巴图鲁。十年,署湖北提督,寻实授。光绪五年,调湖南。六年,调直隶。近畿海防重要,奏令长乐驻芦台,扼大沽、北塘门户。十五年,卒官,优恤,谥勤勇。

　　杨鼎勋,字少铭,四川华阳人。咸丰二年,应募从军,初隶湖北按察使李孟群,克汉阳,擢把总。七年,隶提督鲍超军。八年,战湖口,擢千总。十年,鲍超与陈玉成大战小池驿,鼎勋见玉成立阵中指挥,独从壮士十数人突前击之,玉成骇走,复太湖、潜山两城。叙功,赐花翎。李秀成踞黟县,鼎勋击贼城下,夺门入,大军继之,复其城。十一年,复建德,擢都司。破安庆赤冈岭贼垒,擢游击。初,小池驿之战,鲍超嘉其功,令将五百人,所向有功。诸将嫉之,潛于超。

　　同治元年,李鸿章督师上海,遂去超从淮军。虹桥、四江口诸战有功,累擢副将。募淮勇千人,号勋字军,屯金山张堰,扼平湖乍浦要冲,习西洋枪队,每战辄为军锋。二年,破新昌贼垒,连克枫泾,斩贼四千,生擒五百;再战西塘,裹创奋击,大败之,擢总兵,赐号锋勇巴图鲁。从程学启踞苏州,鼎勋攻下城外坚垒,苏州复,加提督衔。三年,会克宜兴、荆溪、溧阳,解常熟、无锡围。攻常州,贼因苏州之杀降,惟死守。鼎勋以蜀人将淮勇,惧诸将轻己,每战辄先,昼夜环攻,尽毁城外贼垒,血战三日。造浮桥,率死士先登城,炮弹洞胸达背,左右扶之,绝而复苏,遂克常州,以提督记名简放。创愈,进克浦口,复长兴,招降湖州贼党,会克其城。追贼至皖境,克广德。四年,偕郭松林援福建,攻乌头门贼垒,复漳州,授江苏苏松镇总兵。

　　五年,调赴河南剿捻匪,败贼朱仙镇,蹙击至定陶、睢宁。六年,破贼于黄陂、孝感,擢浙江提督,调湖南。十月,破贼于山东潍县,追至夏湾,贼酋陈怀忠乞降,分军出周家寨袭截,大破之。追击于诸城、胶州。东捻平,论功,予骑都尉世职。七年,驰畿辅,破捻匪于安平,追至杨家村,降贼酋张志清。偕郭松林击贼浚县大邳山,又败之卫辉,阵斩贼酋王建瀛、熊八,擒悍贼何士喜、周久于龙王庙。贼窜山东,自德州趋天津,鼎勋守运河,修墙浚壕,贼来犯,辄击走之。会旧伤发,遽卒,数日而西捻平。李鸿章疏闻,赠太子少保,谥忠勤,建专祠。

　　唐殿魁,字荩臣,安徽合肥人。咸丰十年,巡抚翁同书檄率乡团援寿州,力解城围。又从克合肥三河汛,解六安围,叙千总。同治元年,李鸿章率淮军援上海,殿魁从,隶刘铭传,克南汇、川沙、奉贤、金山卫、柘林五城,积功累擢都司,赐花翎。二年,克江阴杨舍汛城,擢游击,赐号振勇巴图鲁。复江阴县城,擢参将。寻克无锡,以总兵记名。

　　从刘铭传攻常州,铭传受重伤,令殿魁偕副将黄桂兰督兵进。甫至奔牛镇,而常州、丹阳两路贼麋至,围之。殿魁据石营依河岸,壁垒悉为贼轰毁,坚守二十余日。铭传裹创往救,殿魁从内夹击,苦战数日,围始解。三年,克常州,生擒贼首陈坤书,以提督记名。四年,增募所部至三千人。从刘铭传渡淮剿捻匪,破张寨贼垒。五年,授浙江衢州镇总兵。追贼至湖北,克黄陂。捻匪自山东回窜,铭传督兵追至乌官屯,殿魁继进,杀贼五百余。六年,调广西右江镇。

　　捻首张总愚窜安陆。铭传与鲍超约会战于永澧河,铭传欲先出,殿魁请少待,不从。超未至,铭军先遇贼,部将田履安、李锡增战没。殿魁战小挫,受重伤。及闻霆军大捷,复裹创力战,遂殒于阵。赠太子少保,予骑都尉兼云骑尉世职,谥忠壮,建专祠。

　　唐定奎,字俊侯,殿魁弟。偕兄转战江苏。从刘铭传剿捻于山东、河南、安徽、湖北,积功累擢副将,赐花翎。同治六年,殿魁战殁永澧河,定奎方省母回里,奔赴军,誓杀贼复仇,遂代领兄旧部,转战河南、山东。六年,疹任柱于赣榆,破赖文光于寿光,所部杀贼最多。东捻平,以提督记名。七年,从剿西捻于直隶、山东,赐号呼敦巴图鲁。铭军凯旋,告归终养。九年,丁母忧。刘铭传赴陕西剿回匪,调定奎接统铭武军,定奎请终制,命俟陕西军事平,回籍终制。十年,定奎回防徐州。

　　十三年,日本扰台湾,生番滋事。船政大臣沈葆桢奏请援师,李鸿章荐定奎率所部往。七月,至台湾,驻凤山,择险分屯。龟纹番社引日兵与刺桐脚庄民寻仇相哄,定奎示以兵威,日人引去。时疫流行,士卒先后死千余人,定奎拊循周至,兵气不衰,赐黄马褂。

　　枫港、狮头诸社番屡出戕害良民,光绪元年,游击王开俊进剿,中伏死。内外番社结党劫杀,各社就抚,皆怀观望。定奎分遣七营屯东港南势湖,自率四营当其冲,葆桢檄诸军并听节制。定奎上书陈兵事,略曰:"逆番昼伏莽中,夜燎山顶,精于标枪,伺间辄发。专恃深林密箐,狙击我师,我进彼隐,我退彼见。今欲扫其巢穴,必先剪其荆棘。宜增募土勇,导引兵丁,随山刊木,务绝根株,然后分道进兵,草薙擒弥。其有奸民接济盐米火药者,按军法,庶几一举可以成功。"葆桢据以入告。于是开山进兵,攻克莘山、竹坑、本武诸社。狮头社犹负险抗拒,定奎令诸将得险即守,自剿狮头两社,别遣师扼断外援,遂攻下之。移营驻守,被胁十余社皆归命,给衣履酒食,译示朝廷威德,咸受约束。设招抚局,示约七条,曰:遵剃发,编户口,献凶逆,禁仇杀,立总目,垦番地,设番塾。以龟纹番酋充诸社总目,赦其胁从。台南大定,诏褒奖,命内渡休养士卒。授直隶正定镇总兵。寻擢福建陆路提督。

　　沈葆桢调两江总督,奏统所部驻防江阴。九年,伤发乞休,不允。法越用兵事起,海防戒严,诏促力疾赴防。十一年,和议定,病请开缺,允之。十三年,卒,优恤,谥果介。

　　滕嗣武,湖南麻阳人。咸丰初,从军湖北。十年,小池驿之战,功多,超擢都司。从攻安庆,嗣武率所部扼要筑炮垒,垒未成,贼突出万余来争,嗣武力击破之。十一年，克安庆，叙功擢参将。同治元年，改隶淮军，从李鸿章至上海，解松江围，赐号伟勇巴图鲁。屯北蕲山扼贼冲，贼犯宝山，与诸军夹击破之，进拔南汇，以总兵记名。

二年，偕程学启规苏州，败贼于正义镇。地当要冲，以嗣武守之，辅以水师，分军伏桥口伺贼。昆山贼势蹙，启西门遁。伏起，水师以巨炮环击，贼大溃，立复其城。移军会攻江阴。贼自无锡来援，连营数十，栅垒棋布。军分三路进，嗣武率八营当中路，攻麦市桥，以轻兵伏河堤，燃炮毁贼垒，贼溃走，追及之三巴桥，歼获殆尽。进次无锡城下，贼首李世贤以全军拒战。嗣武身先士卒，怒马突阵，败之谢家桥，又败之荡口。贼退据朱王桥坚守，嗣武出奇兵袭击，擒斩千余，加提督衔。既而克无锡，以提督记名。

三年，会攻常州，破援贼于奔牛镇，攻下宜兴、荆溪，嗣武伤右股。四月，会围常州，嗣武当南门，炮毁城垣，克之。七年，从李鸿章剿捻。畿辅事平。八年，授湖北郧阳镇总兵。十一年，卒，赐恤，谥武慎。

骆国忠，安徽凤阳人。初陷于粤匪，授伪职，知贼必败，阴图反正。常熟久为贼踞，福山与狼山夹江对峙，贼设屯以扼后路，国忠任城守。同治元年，李鸿章莅江苏，兵威日振，国忠因水师游击周兴隆举城剃发降。鸿章令兴隆、国忠选骁健万人，分守水陆要冲，以防苏州窜贼。福山守贼胡经元、江胜海原约俱降，国忠遣人召之，比至福山，不得入。国忠夜率兵往，令其弟国孝攻其南，自与兴隆攻其北，断贼登舟之路，枪毙贼将侯得龙，贼舟师遁走。经元、胜海杀贼渠数人，率所部出，与国忠合。国孝越重壕毁贼垒；兴隆等分兵尽拔许浦、白茅、徐泾诸垒，贼将钱寿仁亦自太仓率所部二千诣鸿章降。总兵鞠耀乾率师船泊徐泾，千总袁光政入城助守。

十二月，李秀成等以众数万自苏州来攻，连营十余里。国忠乞援师，常胜军五百人自海道往援，而贼由江阴再陷福山，声援隔绝。鸿章令潘鼎新、刘铭传、张树珊以三千人趋福山，与黄翼升水师并征。福山城小而坚，攻之不下。常熟被围愈亟，国忠敛兵入城，兴隆屯城西虞山相犄角，为死守计。二年，贼以炮坏城东垣，国忠力拒不得入，树云梯缘城，亦击却之。贼增垒掘隧，数道并进，城危甚。会鼎新、铭传诸军急攻福山，贼分兵赴援，留者仅数千，国忠乃开城出战，毁贼垒，擒其渠朱衣点。福山既克，诸军来会，城围始解。捷闻，优诏嘉奖，擢授国忠副将，加总兵衔，编降众为忠字八营。会攻江阴，战甚力，既克，赐号劲勇巴图鲁。署京口水师副将，留守江阴。三年，破丹阳援贼，以积劳伤发，乞假归。

五年，从刘铭传剿捻匪，转战湖北、河南、山东，所向有功。六年，东捻平，以提督记名，赐黄马褂。九年，铭传督办陕西军务，调国忠从行。十二年，卒于乾州军中，赐恤，谥勇肃。

论曰：郭松林、李长乐、杨鼎勋、滕嗣武皆由湘、楚旧部改隶淮军，平吴、平捻，卓著声绩。唐殿魁淮军骁将，惜未竟功。定奎席兄余光，名位转出其上，固有幸有不幸哉。骆国忠智勇坚毅，识时为杰，当时名满江南，成绩可纪也。

卷四百三十二　　列传二百十九

萧启江　张运兰　唐训方　蒋凝学　陈湜　李元度

萧启江，字浚川，湖南湘乡人。少贾于蜀，后始折节读书。咸丰三年，入塔齐布军。四年，从平岳州，克武昌、汉阳、兴国、大冶、蕲州，叙县丞，晋秩州同。五年，广东贼犯湖南，湘抚骆秉章檄启江募兵协剿，曰果字营，自是独将一军。攻茶陵踞匪，率壮士数十人薄南门，贼自民廛跃出，攒矛环刺，启江手擒数贼，贼莫敢逼。寻会克其城，贼走江西，陷弋阳、兴安。启江偕罗泽南复两城，进收广信，赐花翎，擢同知。

六年，刘长佑援江西，总统诸军，启江属焉，驻师浏阳。贼陷万载，启江大破之楮树潭、大桥、竹阜，遂复万载；而崇通贼复犯浏阳，援贼大至，扑营，启江鏖战败之，蹙至八角亭，毁其垒。会曾国华驰至，偕由洪塘、新昌、上高捣瑞州。前军至登龙桥，击退袁州贼，进攻新昌、上高，拔之，擢知府。进攻袁州，启江与长佑分地扼贼。长佑攻西南，启江攻东北，尽平城外贼屯。城贼惶惧，启江策临吉贼必来援，设伏败之，尽夺其辎重。寻破贼合山，克分宜，加道衔。进攻临江，七年正月，大捷阴冈岭，斩其酋。贼势以孤，乃潜约抚、建、新淦援贼趋太平墟，犯长佑营。长佑战失利，营陷，贼乘势回袭阴冈岭。部将田兴恕、杨恒升突阵，斩悍酋数人，师从之，贼崩溃，夷其垒四十七。城贼穷蹙乞降，而贼首仍负嵎死拒，乃诱其出战，启江挥军疾进，薄城而登，遂克之，擢道员，加按察使衔。长佑寻以病归，刘坤一代之。启江与进攻抚州，连下宜黄、崇仁。抚州贼屯樟树镇，将伺官军渡赣袭临江，启江与坤一回击，大破之。进次上顿，距抚州十五里，筑垒甫毕，贼至，迎击败之。进攻高桥，贼弃城遁，追斩千七百有奇。抚州复，加布政使衔。

九年，贼陷南安，纠众数万犯赣州，踞新城墟及池江诸地。时曾国藩督援浙军，启江率所部从，檄援赣州。启江遣田勇三千诱贼，贼争出赴利，启江摧锋直进，斩级数千。田勇者，江西募农夫防贼，贪卤获，倚湘军无所畏，集者四万。启江曰："众而不整必败。"禁之不可，遇伏果溃。湘军为少却，部将胡中和力战断后，复进败之，平新城墟、池江、小溪、凤凰城诸贼垒，贼退入南安。南安故有二城夹水，贼分屯相犄角，军至皆弃而走。启江进屯城外青陇、黄陇，结垒自固，令曰："入城者斩。"有顷，贼果还南城，攻之，败走。启江曰："贼狡而弱，吾直驱之耳！"攀堞以登，贼夺西门走，追杀数十里，赐号额埒斯图巴图鲁。进信丰，会总兵遮克敦布攻吴家岭，启江率中营进。贼万余来扑，击败之，破先溪桥贼垒，城兵出而夹击，立解其围。时江西郡县皆复。

石达开由崇义窜湖南，郴、桂所属皆告警，启江驰防。贼已由永州窜围宝庆，启江自临、蓝趋永州，扼东安，屯白牙市。刘长佑、李续宜解宝庆围，追至白牙，启江会军夹击，擒其酋杨家廷、马继昌于阵。贼窜入广西，陷兴安，尽集悍党大溶江遏追师，遣别贼直犯桂林。启江由全州趋兴安，复其城；攻大溶江，大捷，解桂林围，以按察使记名。移军回湖南。

四川军事急，命启江率师往援。十年春，甫至，以疾卒于军。诏赠巡抚，从优赐恤，谥壮果，湖南、江西并建专祠。其所部留四川，骆秉章用以平贼焉。

张运兰，字凯章，湖南湘乡人。咸丰初，从王鑫转战衡、永、郴、桂，积功擢同知。六年，战通城，运兰设三伏，营前斩贼酋张庸忠，擒鲁三元，克通城，又大破贼于崇阳白蜆桥，赐花翎。七年，从王鑫援江西，迭捷于临江、吉安、乐安、新城、广昌，功皆最。王鑫卒于军，运兰与王开化分领其众。吉安贼窥永丰，运兰屡败之，擢知府。又破贼于峡江桥阜滩、狮子山。移军吉水，扼贼三曲滩，相持数日，血战十数次，斩贼渠黄锡昆。渡赣江，破石达开于朱山桥，达开焚屯而遁，遂解永丰围，擢道员。八年，略定乐安、宜黄，逼建昌，败贼于厚坪。破水南贼巢，分剿南源、里塔塘、刘家坑，直捣谢坑，毁贼垒，斩其酋廖雄篙等，复南丰。建昌之围始合，五月，克之，加按察使衔。贼复犯南丰，击走之，追及新城杭山，降贼众数千。

时诏起曾国藩督师规浙江，国藩行次江西，贼已入闽，疏调运兰及萧启江率所部从。会贼陷安仁，别将失利，运兰进击，大破之，歼贼数千，克安仁，赐号克图格尔依巴图鲁。由杉关进剿破贼顺昌，回援景德镇，战于李村，斩馘二千余，解散千计。九年，援饶州，败贼于栗树山，克浮梁，加布政使衔。

是年秋，粤匪犯湖南宝庆，运兰回援，叠破贼于宜章、星子、市禾洞，追至广东连州，破九陂、石塘、白虎墟贼巢，殄贼逾万，授开归陈许道。十年，曾国藩军祁门，运兰偕鲍超破贼黟、歙。十一年，克休宁，擢福建按察使。再复黟县，尽夷贼垒。时运兰统五千人防徽州，寻移防宁国，值大疫，悍贼麇集，与霆军力拒之。同治元年，拔旌德。二年，命援广东，捣阳山石茔贼巢，降其众三千，擒巨酋李复猷于连州。

三年，赴福建按察使任。时江、浙逸贼众犹十余万，由江西入闽，蹂汀、漳二郡。运兰率五百人趋武平，遇贼，众寡不敌，总兵贺世桢、王明高，副将雷照雄皆战殁；运兰被执，骂贼，支解之。事闻，赠巡抚，予骑都尉世职，谥忠毅。武平及湖南、广东建专祠。

唐训方，字义渠，湖南常宁人。道光二十年举人，大挑教谕。咸丰三年，曾国藩创水师，训方领副右营，嗣改入陆军。从罗泽南克蒲圻，复武昌，又从攻兴国金牛堡。国藩命募常宁勇五百人统之，曰训字营。从克田家镇、蕲州、广济，拔黄梅，进军濯港，败悍酋罗大纲。是夕，贼谋袭大营，训方巡营惊觉，贼退走。明日，攻孔垅街口，训方率壮士踏肩陟高埔，诸军乘之，遂破孔垅。

五年，从泽南援江西，克弋阳、兴安、广信、德兴、浮梁。援义宁贼屯城外鸡鸣、凤凰二山，与城犄角。训方逼鸡鸣山下，督队先登，贼惊溃，乘胜拔其城。从泽南援武汉，克蒲圻，进攻武昌。累擢知府，赐花翎。六年正月，率三百人夜由鲇鱼套至藕塘，夺二垒，又破援贼于豹子海。会襄阳土匪高二倡乱，围府城，巡抚胡林翼令训方偕舒保马队往剿。破贼于峪山，援贼至，又败之。进克樊城，追至吕堰驿，斩女贼宋氏。援宜昌，破贼于南漳，权襄阳知府。七年二月，川匪刘尚义犯宜城，扬言趋荆门，而使南漳贼袭府城，训方备之，急扼武安堰，贼奔据武安城，进攻之。会都统巴扬阿来招降，训方进剿高二于璩湾，乘雪夜进攻，擒之；而巴扬阿所抚贼复叛，掠郧、房、保山、竹山、竹谿、保康、兴山。训方会陕西军连破之战当山金顶，斩其渠，余贼降。襄郡悉定。先以克武汉论功以道员记名，至是加按察使衔，授湖北督粮道。

陈玉成合捻匪犯蕲、黄，训方自襄阳赴援，连战败贼，进屯张家塝。胡林翼令于蕲州境内建碉卡，训方以二千人守之，贼迭来攻，皆击退，赐号奇齐叶勒特依巴图鲁。调援临淮。寻以李续宾军覆三河，回防湖北，屯陈德园。九年，会攻太湖，贼围鲍超于小池驿，多隆阿不能救，令训方移军近鲍营为接应。甫至，筑垒未就，为贼所乘，乃退屯新仓。十年，解军事，赴粮道任。未几，连擢湖北布政使。十一年，胡林翼驻军英山，病甚。贼上犯黄州，抵溘口，武昌震动，讹言繁兴。训方处以镇静，诛乱民数人，人心始定。溘口贼亦击退。

同治元年，安微巡抚李续宜因母丧夺情，请假回籍，举训方自代，命暂行署理。苗沛霖反侧久，遂叛，安徽诸军皆不能制。二年，僧格林沁大军至，始平之。抚循降圩，收其兵械，奏移凤台，治下蔡雒河集，增立涡阳县。都统富明阿奏劾训方，降调。三年，署湖北按察使，寻署巡抚，授直隶布政使，兼统练军出省防剿。七年，西捻平。请开缺省墓。光绪三年，卒于家。湖北请祀名宦祠。

蒋凝学，字之纯，湖南湘乡人。咸丰初，在籍治乡团。五年，从罗泽南克武昌，奖国子监典簿。六年，率湘左两营从巡抚胡林翼攻武昌。屯赛湖堤，引江水入湖，合长围，进薄城下，平贼垒十余。武昌复，论功擢知县。从克黄州、大冶、兴国，逼九江。七年，分统三营屯北岸陆家嘴，攻小池口，屡战皆捷。都兴阿檄攻童司牌。童司牌背江据湖，通黄梅要隘，贼五六万踞之。至则贼数搏战，凝学坚持不退。寻陈玉成来援，众议退兵，凝学曰："童司牌不克，水师往来失所恃，九江之师亦掣肘，势所必争。"请增兵千人，宵济合水师，连日鏖战，破之，平贼垒数十，进克黄梅，擢同知。八年，会攻九江府城。凝学穴地道迤东而南，地雷发，坏城垣百余丈，从缺口入，歼贼甚众，擢知府，赐花翎。连复麻城、黄安，擢道员。

十月，李续宾三河军覆，官文檄凝学间道遏剿。会多隆河、鲍超击贼于宿松花亭子，破之。贼退太湖、潜山，凝学驻防荆桥。九年，移屯黄州罗田，会攻太湖。十二月，陈玉成大举来援，凝学移军龙家凉亭，与鲍超小池驿之军为犄角，留四营遏太湖东门，城贼出，击退之。十年正月，鲍营被围急，凝学进援，甫拔营，贼大队来抄，凝学挥军截击，多隆阿率马队应之，战竟日，擒斩二千余。乘胜攻罗山，冲贼垒，诸军合击，贼大溃，加盐运使衔。十一年，陈玉成复犯湖北，凝学回援武昌县，败贼赤壁山下，复其城。会总兵成大吉等攻黄州数月不下，招降贼目刘维桢，复蕲州，选出众五百人为忠义营，使维桢诈称援军，诱城贼出，击之，遂克黄州，以道员记名，加布政使衔。

苗沛霖叛，陷寿州，凝学进屯六安，克霍丘，增募水陆军。苗党姚有志、潘垲等乞降，各圩多反正，授甘肃安肃道。同治元年，移屯颍州。二年，粤匪李世贤北窜，凝学移军舒城，击败之，又追败之六安，贼引去。苗沛霖复围寿州，凝学回援，破贼于牛尾冈。寿州寻陷，凝学坐救援不力，褫布政使衔，仍驻防颍州。会僧格林沁督师剿沛霖，凝学克霍丘各圩，水师分驻三河尖、临淮关，进破黄梁集，克颍上，收附近城各圩，斩贼党苗呆和、苗呆花，复怀远。沛霖势日蹙，遂走死。

三年，粤匪陈得才等纠众三十万自陕西回窜，图救江宁。凝学屯英山，遏贼金家铺，败之。贼复自麻城犯霍山，凝学退石家嘴，与按察使英翰相犄角，伺贼过狙击，殪千余人，拔出难民数千。英山解严，复布政使衔。进援湖北，收复罗田、蕲水、麻城三县，解蔡家河围。贼复窜安徽，凝学蹑追，沿途袭击，绕出贼前，遏之霍山长岭庵。路险，贼不虞兵猝至，多坠涧死，降者三四万，贼首陈得才仰药死。简降众为步队五营、马队三营，余悉遣散。

是年冬，陕甘总督杨岳斌奏调凝学赴甘肃，行次樊城，会霆军哗变。凝学所部亦以欠饷不靖，请于巡抚郑敦谨，借款资遣湘左八营，留忠义营于湖北，自请回籍养病。命两月假满仍赴甘肃。五年，募湘勇二千，号安字营。至西安，巡抚刘蓉奏请凝学屯泾州，兼顾关陇。六月，败回匪于华亭，与提督雷正绾、总兵张在山等约夹击，深入被围，士卒死伤七百余人，总兵周太和、周清贵，副将黄德太等均殁于阵。凝学溃围出，屯平凉，转战而前，至省城，署兰州道。六年八月，回匪犯兰州，守城兵仅凝学所部千余人，登陴固守，屡出奇兵焚贼垒，贼寻退，以按察使记名。八年，署按察使。九年，复署兰州道，擢山西按察使。光绪元年，迁陕西布政使。四年，以病解官，未行而卒。赐恤，赠内阁学士。

陈湜，字舫仙，湖南湘乡人。咸丰六年，曾国荃赴援江西，招湜襄军事，从克安福、万安。七年，进围吉安。国荃奔丧去军，湜代领其众。寻以父忧归。八年，从蒋益澧援广西，克平乐。贼趋桂林，湜率四营遏之于大湾车埠，败之，乘胜划苏桥垒。从攻柳州，克浔州。九年，石达开围宝庆，湜募千人出祁阳赴援，与李续宜夹击破之。十年，曾国荃围安庆，使湜总军事。湜规地形，请堨枞阳口

蓄水阻援贼，力扼集贤关，从之。贼酋陈玉成来援，阻水，趋集贤关，击破之。十一年，克安庆，自是独领一军。循江而东，会克诸城隘，累擢至道员。

同治元年，从国荃攻江宁，建议先并力九洑洲，断江北接济，先后会诸军击走李秀成、李世贤援众。二年，城围合，湜当西路，克江东桥、七瓮桥、紫金山诸隘，赐号著勇巴图鲁。三年六月，克江宁，湜入旱西门，遇李秀成率死党出走，逆击反奔，寻为他军所擒，以按察使记名。

四年，授陕西按察使，调山西。捻匪方炽，陈筹防五策，建水师于龙门、砥柱间。五年，捻酋张总愚谋渡渭，湜令水师焚三河口浮桥，督民团备渭北，贼不得逞。六年，命湜驻汾州，节制文武。冬，总愚乘河冰合，窜入山西，七年春，犯畿辅。湜以疏防褫职，谴戍新疆，巡抚郑敦谨疏请留防。冬，陕回将乘隙渡河，屡击走之，诏免发遣。

左宗棠西征，檄湜率五营出固原，断汉伯堡贼南趋河州之道，歼余彦禄余党于罗家岭。九年，金积堡平，复原官。十年，进规河州，宗棠令湜尽护诸将洮西进攻。连克陈家山、杨家山、董家山诸回堡，逼攻太子寺老巢，破其外壕。十一年，提督傅先宗等战殁，贼乘胜来攻。湜阳置酒高会，密令总兵沈玉遂急捣之，马占鳌穷蹙乞降，缚悍酋狗齿牙子等以献。河州平。十二年，叛酋马桂源、马本源踞巴燕戎格，湜率军进讨，二酋败遁。湜善视其孥，遂因占鳌来降，数其罪诛之，并斩马五麻诸悍目，赐号奇车伯尔巴图鲁。四月，逾河收循化。循化撒拉回素犷悍，恃险扰边。湜深入其阻，群回缚悍目马十八、沈五十七等二十余人献军前，缴械受约束。湜规地势，修城设官，分营驻扎，与西宁、碾伯、河州声息相通焉。寻谢军事回籍。

光绪八年，两江总督曾国荃奏调统水陆诸军，兼治海防，驻军吴淞。以私行游宴被劾归。十二年，复出统南洋兵轮，总湘、淮诸军营务，授江苏按察使。二十年，辽东兵事起，诏集旧部防山海关，移屯关外鞍山站。二十一年春，进驻大高岭，遣将援辽阳。和议成，擢江西布政使。命剿甘肃叛回，未行，复驻山海关。二十二年，卒，赠太子少保。

湜从曾国荃最久，后屡蹶，仕久不进。世称为宿将，光绪中，命绘中兴功臣于紫光阁，征集诸将之像，湜与焉。

李元度，字次青，湖南平江人。以举人官黔阳教谕。曾国藩在籍治团练，元度上书数千言言兵事，国藩壮之，招入幕。咸丰五年，国藩移军江西，令元度募勇三千屯湖口。六年，移屯抚州，偕江军林源恩合防。与贼相持久之，饷绌，分军克宜黄、崇仁；而贼自景德来援，抚州贼出攻江军营，林源恩死之。元度突围出，移屯贵溪，防广信。七年，贼二万来袭玉山，守军仅七百人，元度迎战，断贼浮梁，贼以步队缀军，骑贼趋上游觇水渡。乃回城拒守，被攻两昼夜，元度立埤堄间，弹中左颊。贼忽罢攻，鉦铙杂作，知其穴地道，乃掘壕以防，伺其穿隧及壕殪之。贼技穷引去，伏兵邀击，安仁、弋阳、广信皆平。元度先已累擢知府，以道员记名，至是加按察使衔，赐号色尔固楞巴图鲁。八年，率所部平江军援浙江，败贼玉山子午口，

会克常山、江山,援浙江温处道。
　　十年,曾国藩督师皖南,调元度安徽宁池太道,防徽州。至甫三日,贼由旌德纠合土匪散军入绩溪丛山关。遣同知童梅华、都司单绥福率千人往援,败挫。贼趋郡城,元度退走。国藩奏劾,褫职逮治。会浙江巡抚王有龄奏调援浙,元度不待命,回籍募勇八千,号安越军。将行,粤匪犯湖南,巡抚文格留其军守浏阳,偕诸军破贼,诏赏还按察使衔,并加布政使衔。
　　会杭州陷,王有龄死,诏左宗棠代之。元度率军入浙,与李定太守衢州,授浙江盐运使,署布政使。国藩以元度罪未定,不听勘遽回籍,复劾革职,交左宗棠差遣。言官再论劾,命国藩、宗棠按治。国藩奏:"徽州之失,元度甫至,情有可原。"宗棠疏言:"杭州失陷,非因其逗留所致。惟落职后求去索饷,不顾大局。"论遣戍。沈葆桢、李鸿章、彭玉麟、鲍超等交章荐其才,代缴台费,免罪归。同治初,贵州巡抚张亮基奏起剿教匪,以功复原官,擢云南按察使。光绪八年,丁母忧。服阕,补贵州按察使,迁布政使。十三年,卒于官。
　　元度擅文章,好言兵,然自将屡偾事。所著《先正事略》、《天岳山馆文集》,并行世。

　　论曰:萧启江、张运兰功在江西,在湘军中资劳最深,中道而殒,故恤典特隆。唐训方、蒋凝学转战功多,旧部散亡,再出遂不竞。陈湜、李元度皆踬而复起。元度文学之士,所行不逮其言,军中犹以宿望推之尔。

卷四百三十三　　列传二百二十

金国琛　黄淳熙　吴坤修　康国器
李鹤章 弟昭庆　吴毓兰

　　金国琛,字逸亭,江苏江阴人。咸丰中,以诸生谒罗泽南于江西,使参军事。每出战,部伍严整,仓猝犯之,屹然不乱。转战弋阳、广信、武昌、黄州,累功擢知县。七年,李续宾代泽南,使总理营务。率师会袭湖口,克之。进复彭泽小姑洑、泰坪关,击退援贼,晋秩同知直隶州。八年,从克九江,窥安徽,下太湖、潜山、桐城。续宾战殁三河,国琛与其弟续宜招集散亡,劳徕抚慰,重申纪律,军势复振。
　　九年秋,石达开犯湖南,围宝庆。国琛从续宜赴援,毁田家渡贼垒,又败贼贺家坳,斩悍贼胡德孝,贼走广西,擢知府。其冬,胡林翼、曾国藩规皖,精兵猛将萃于潜山、太湖。陈玉成纠众数十万,结捻匪龚瞎子围鲍超于小池驿,救兵迭失利。先是林翼以国琛行军善规地势,令率十四营冒雪趋天堂备援。至事急,乃出高横岭,屯仰天庵,俯视贼营,皆在目中。贼骤见旗帜,大惊。十年正月,贼乘雾登山来犯,国琛挥军突起蹴之,合山下军夹击,斩馘

逾万,乘胜克潜山、太湖。林翼疏陈:"非鲍军之坚忍,不能久持;非国琛之出奇制胜,不能转危为安。"论功,擢道员。
　　十一年,粤匪复犯湖北,国琛驰援武昌,连复孝感、云梦,进攻德安。贼酋马融和死斗,卒以长围克之,加布政使衔。寻授湖北安襄郧荆道,仍兼治军。樊城地冲要,商贾所集,督军士筑土城,不烦民力,赖为保障。时捻匪西扰关中,命国琛率师赴援,以郧西戒严,留未行。
　　同治元年,马融和以众六万围南阳,国琛越境往援,力战解城围,拔出难民数万。巡抚严树森忌之,劾其不遵调度,以同知降补。二年,曾国藩调统义从营。击贼徽州,屡捷于豹岭、佛岭、黄傅口、小溪。皖南肃清,复原官,补甘肃巩秦阶道。以母老假归。光绪元年,起复广东督粮道,擢按察使。五年,卒于官。
　　国琛以儒生治军十余年,坚苦踔厉,号为名将。居官亦有政声。

　　黄淳熙,字子春,江西鄱阳人。道光二十七年进士,湖南即用知县,历署绥宁、会同。刚直为时所忌,引疾闲居。咸丰三年,巡抚骆秉章廉知其贤,使强起之。七年,署湘乡,有异政。寻丁父忧。鄱阳方陷贼,移家于湘乡。曾国藩方起督浙江军,辟参国事,不就。九年,石达开犯湖南,秉章檄淳熙募勇千六百人防省城,时出剿贼。达开由宝庆窜踞岭东,分党犯江华,淳熙破之于挂勾岭,遂夜袭岭东贼营,蹑至江、蓝,歼殪甚众。进剿贼党赖裕新,乘雾败之,破杉木板、黄马寨而还。十年,达开党众四出,淳熙转战于水、道、绥、靖诸州,复宜章、桂阳。前后三十余战,皆捷,累擢知府,以道员记名。所部曰果毅营,增至三千人。
　　骆秉章奉命赴四川督师,湘军名将劲兵多从曾国藩、胡林翼,刘蓉荐淳熙兵精善战,秉章遂以淳熙与刘岳昭从行。至荆州,岳昭留,独淳熙以所部当军锋。分道溯峡上,次万县,闻顺庆被围,率师赴援。五月,至,贼走定远,追之,距定远二十里,望贼屯城西南,连十余里,城东北江水环绕,贼方造浮桥渡水。淳熙分三路进,遇贼即前搏之,掷火焚其屯,贼大乱争走,二十余垒悉溃,擒斩数千。歼首贼何国梁,解散胁从万余人。贼党彭绍福率众千余屯东岸,收集溃贼,窜二郎场,淳熙锐进,欲一战平之。二郎场在山中,羊肠曲径,通遂宁两路,均为涪江阻。别贼朱甲众数千由青冈坝至,四路设伏。淳熙遣侦不见贼,五鼓师行,遘贼燕子窠,击走之,逼二郎场。贼分两路绕山麓上,淳熙知有伏,令诸营左右搜捕,自率中军策应。兵分,伏贼起,遍布山冈。官军走田塍,泥深辄陷。淳熙率亲卒拒战,被围,策马突阵,陷淖中,弃马,手刃十余贼,中矛仆,拥至场,支解燔之。贼慑其军勇猛,不复追,余部整队还,贼亦遁走。淳熙虽战殁,湘军之威因之顿振。诏赠布政使,赐恤,加赠内阁学士,谥忠壮。

　　吴坤修,字竹庄,江西新建人。捐纳从九,分发湖南。道光二十九年,赈湘阴水灾,勤于事。从剿李沅发,以府

经历、县丞补用。咸丰二年，粤匪犯长沙，以守城功擢知县。曾国藩创立水师，坤修司军械。四年，水师攻九江，入鄱阳湖，为贼所阻不得出，令坤修单骑往南康，导往吴城、南昌。五年，率舟师防瑞丰。以父忧归。既而武昌复陷，坤修从罗泽南援湖北，复咸宁、蒲圻、崇阳、通城，累擢同知，赐花翎。进规武昌。

六年，江西军事不利，胡林翼令坤修领新募军曰彪字营，会湘军援江西。复新昌、上高。由新昌取道罗坊攻奉新，梯城而登，贼死守不能拔，乃先下安义、靖安，后萃军奉新。时江西饷绌，坤修倾家资，并劝族里富人出银米饷军；又筹银四万两解省垣，收集平江溃勇。七年春，克奉新，累擢道员。寻授广东南韶连道，仍留军，克瑞州。是年冬，东乡师溃，被劾褫职。九年，驻师抚州。江西巡抚耆龄檄督办抚、建、宁三属团练，始立团防营，驻贵溪。移德兴，出援徽州。十年，克建德。秋，徽防军溃，坤修方假归，其弟修数摄军事，守岭外郭村。调回江西，曾国藩令守湖口，而巡抚毓科檄援建昌。贼由金豁窜东乡，坤修自抚州迎击于邓家埠，大破之。贼复出贵溪窜安仁，遏之不得渡河，乃窜德兴、万年，将扰景德镇。坤修由饶州驰援景德，以固祁门大军后路。会贼由建德上犯，国藩令援湖口。坤修且战且进，先贼至，城恃以完，加盐运使衔。

同治元年，李秀成自苏州援江宁，分犯芜湖，会军击却之，又会克金保圩、高淳、溧水及溧阳、东坝各要隘，遣散降众数万。三年，加布政使衔。江宁克复，以按察使记名。四年，署徽宁池太广道，授安徽按察使。五年，署布政使。六年，巡抚英翰驻颍州，出境剿捻，坤修转输饷运，未尝迟乏。七年，署巡抚，实授布政使。东捻平，请假回籍补终父母丧。九年，回任。十一年，卒。巡抚英翰疏陈其成功政绩，赐恤，赠内阁学士。

康国器，初名以泰，字交修，广东南海人。少为吏员。道光末，从军，以劳授江西赣县桂源司巡检。咸丰初，粤匪犯江西，土寇蜂起，国器募死士三百，赣南道周玉衡檄击贼乌兜、良口，克万安。造船三十艘，习水战。六年，从克饶州，累擢知县，署南城。石达开陷瑞、抚、临、吉四郡，国器从克樟树镇，连战瑞州、临江、铅山、安仁，擢同知。十一年，广东巡抚耆龄檄剿阳山贼。贼踞蓝山，地阻绝，负隅十余年。国器缘崖石礵出贼后，破石栅九，夺炮台，毁其老巢。遣子熊飞单骑说降剧贼练四虎，其魁梁柱走猪头寨，穴山攻获之。进军赫岩，擒贼渠周裕等。蓝山平，擢知府。同治元年，援浙，从蒋益澧围汤溪，明年春，克之，擢道员。三年，克馀杭，功最多，授福建延建邵道，始专统一军。

粤匪汪海洋犯闽，陷武平、永平，李世贤踞漳州、龙岩与之合，旁郡县多没于贼。左宗棠议三路进兵，国器自请当龙岩。进军雁石，令熊飞壁铁石洋，三战薄城下，破其众数万，并败古田援贼。四年正月，遂克龙岩。贼走永定，分踞苦竹、奎洋，势犹炽。国器进击苦竹，乘夜大雾，火贼营，破二十余垒。海洋以悍党来援，败之于东阬，又败之大溪，乃窜广东大埔境。未几，海洋复犯永定，国器驰毁罗滩桥；贼分七路来扑，海洋自阵狮龙岭，所部皆死党，旗帜遍岩谷。国器曰："贼精锐尽萃于此，若摧之，余众必奔。"乃坚壁深沟，伺息出击。先破其伏，分道猛进，斩馘数千，尽获其军实，海洋跳而免。时漳州亦下，李世贤西道，遇国器于塔下，纵兵击之，降其众二万人。海洋走广东，踞镇平。国器进壁镇平东南高思塘，分军扼程官埠，贼数来犯，却之。国器知海洋将袭高思而虚攻程官埠，乃戒官军勿为动，设伏两山间。海洋果率悍党来扑，诱入，伏突起，枪毙其枭汪大力、黄十四，海洋伤腕，阵毙及堕岩礵死者无数。胡瞎子攻程官，亦败走。寻克镇平。十二月，会诸军击贼嘉应，海洋伏诛，余孽悉平。

五年，擢按察使。七年，迁广西布政使。十年，护理巡抚。十一年，内召，以疾归。光绪十年，卒。左宗棠疏陈战绩，请恤，格于吏议，特诏允之。

国器治军能以少击众，常伤足而跛，军中号康拐子，悍贼皆畏之。子熊飞，积功至浙江候补道，勇而有谋，常为军锋。国器数获奇捷，实资其力云。

李鹤章，字季荃，安徽合肥人，大学士鸿章弟。诸生。从父鹤治本籍团练，屡出战有功，以州同用。咸丰十一年，从克菱湖贼垒，复安庆，擢知县，赐花翎。同治元年，从鸿章援江苏，常率亲兵佐督战。北新泾、四江口诸役，功皆最。又攻枝福山、许浦海口贼垒，招降常熟踞贼钱森仁。鸿章引嫌，奏捷不叙其劳，特旨询问，命一体议叙，以知州用，加四品衔。二年，会克太仓，规苏州。分诸军为两路，其进昆山一路，以程学启为总统；由常熟进江阴者，鹤章督之。迭战于常熟之王庄，江阴之南涠、北涠、顾山，毁贼垒，破援贼，会克江阴，擢知府。进攻无锡，踞贼黄子隆死守，李秀成屡来援；及苏州既克，溃贼亦麇聚，鹤章督水陆诸军力战克之，以道员记名简放。诏嘉鹤章："能与兄同心戮力，为国宣勤。此次未行破格之奖，为鸿章功不自私，俾得报劳将士，鼓舞众心。指日常州、金陵次第奏捷，克成全功，更当与郭松林、刘铭传等同膺懋赏。"鹤章进趋常州，与刘铭传会攻，破援贼，解奔牛之围。三年四月，克常州，赐黄马褂，授甘肃甘凉道。是年冬，曾国藩调其军赴湖北。

四年，以甘肃回乱棘，命赴本任，鹤章以伤发未行。寻疾甚，国藩为奏请开缺，留襄营务。未久，乞病归，遂不出。以捐助山西赈金，加二品衔。光绪六年，卒于家。曾国荃疏陈："李鸿章平江苏，鹤章与程学启各分统一路。请将战绩宣付史馆，于立功地建专祠。"允之。子经羲，官至云贵总督。

弟昭庆，初从曾国藩军，淮军既立，国藩留五营，令昭庆领之，驻防无为、庐江。同治元年，从鸿章至上海，解常熟围，克嘉兴、常州，皆在事有功。四年，国藩督师剿捻匪，昭庆总理营务，统武毅、忠朴等军。及鸿章代国藩，令赴前敌击贼，驰逐鄂、皖、东、豫之间，累擢至记名盐运使。捻匪平，留防江、淮。十二年，卒，赠太常寺卿。

吴毓兰，安微合肥人。咸丰十年，粤、捻合扰皖北，毓兰以从九品偕兄毓芬集团练助剿凤、颍间，从解寿州围，擢县丞。同治元年，李鸿章率师授上海，毓兰从军东下，克柘林、奉贤、南汇、川沙、青浦、金山，皆与有功，擢知县。二年，克嘉定，解北新泾、四江口之围，加同知衔，领华字副营。击贼吴江八斥、牛尾墩、同里等处，进克平望、黎里，调守嘉善。三年，率所部从总兵程学启攻嘉兴，战于合欢桥。毓兰率枪船冒险渡河，先破贼卡，绕出贼营后，立拔之。进抵城下，贼以巨炮拒河口，学启被伤，毓兰率先锋攻益厉，掘河口架桥济师，昼夜环攻，轰陷城垣百余丈。贼死抗不下，贼酋黄文金自湖州来援，力击走之，遂克嘉兴。毓兰缘梯先登，擢直隶州知州，赐花翎。

调守溧阳，降贼屯城中，势岌岌，突有金坛贼至，毓兰与兄毓芬议乘贼初至破之，设伏以诱。贼败走乌鸦岭，毓兰与毓芬两路夹击，擒斩无算。穷追至建平境，阵斩贼目林得英、黄有才，擒黄金龙。溧阳既定，调守长兴。时大军已破湖州，毓兰侦贼将窜泗安镇，与毓芬夜率健卒八百冒雨疾走，潜渡观音桥，贼不意兵至，弃粮械而走。追至泗安，降者数千，叙功擢知府。四年，调守扬州，移庐州。五年，回屯扬州。追论平浙西功，以道员选用。

六年，捻匪赖文光败窜至扬州，为毓兰所获，以道员记名简放。七年，寻加布政使衔。十年，李鸿章调充海防营务处，管天津机器局。光绪六年，授天津河间兵备道。滨海多盗，毓兰按名捕置诸法。修南运河、子牙河堤，及千里堤湾，静海、军粮城河道，兴水利。八年，卒，优恤，附祀曾国藩天津专祠，扬州建专祠。

论曰：金国琛为罗、李旧部。黄淳熙后起，独立一帜，虽非楚籍，并为湘军名将。淳熙战胜殒身，国琛遭忌铩羽，皆未尽其才。吴坤修、康国器起于令尉，功施烂然。李鹤章才绩出众，堪任大用，后竟不出。吴毓兰以擒获巨憨显名。功名之际，遭际固难测哉！

卷四百三十四　列传二百二十一

沈棣辉　邓仁堃　余炳焘　栗燿
朱孙贻　史致谔　刘郇膏
朱善张子之榛　**黄辅辰**子彭年

沈棣辉，字奏箴，浙江归安人。少游淮上，为河督麟庆司章奏。道光中，纳资为广东通判，补广州永宁通判。擢黄冈同知，以功晋知府，补韶州。咸丰二年，调署廉州。时岭峤群盗并起，李士奎、颜品瑶、黄春晚等分踞钦州之那彭，灵山之林墟，众数十万。棣辉至，出贼不意，率兵二千掩入那彭，歼之。急分千人趋林墟，贼空壁出关，棣辉已由间道入其巢，遂连克旁近诸贼垒。博白贼刘八伺隙袭廉州，驰还，遇贼五里亭，令列阵以待。贼疑有伏，稍引去，呼噪乘之，贼大溃。休兵十日而进，又歼贼灵山旱禾涌，追至广西横州，斩刘八。廉州平。

总督徐广缙驻梧州，剿艇匪，檄棣辉出郁林，援浔州。贼舟数百围城，攻甚急。遣卒梯而入，约期会战，伏兵两岸，纵火焚贼舟，与城兵夹击，大破之。督诸军穷追，梧州水师邀击，沉贼舟无脱者。论功，加按察使衔。时广西贼窜湖南，徐广缙督师移剿，棣辉随参军事。广缙罢，叶名琛督两广，调棣辉回广东治军需。先已授广西左江道，至是调肇罗道。四年，署广东盐运使。

陈开者，广州匪首，倡乱踞佛山。群贼何子海、豆皮春、李文茂等应之，踞石门金官窑为犄角。连陷数十州县，环省皆贼垒。贼渠陈光龙屯河南岸，何博奋海艇千余踞省河，道路梗塞，外援皆绝。名琛悉以军事付棣辉。选精锐四千人，以二千驻流桥、西山庙，为两翼；以千人伏城中，出小西门分布要害，多张旗帜为疑兵。贼四面薄城，城内发炮中贼，阵乱，纵兵击之，斩级千，贼自是不敢近城。至十一月，围未解。棣辉谋于众曰："今外无援兵，内无积储。闻贼中因争食内携，急击不可失！"乃自将千人出攻小港桥贼垒。日晡未下，忽见贼营火起，大呼曰："贼破矣！"士卒皆奋，克之。乘胜进攻佛山，值大雾，贼不虞其至，连战皆捷，遂复佛山。

闻东莞水贼由石门犯省城，还军救之。至黄竹岐，贼船数千，官军仅数百艘，又居下风，势甚危。棣辉祷于南海神，俄而反风，令裨将何高汉驾艨艟冲入贼陈，碎其乘舟，大破之，杀贼万余，俘数千，溺死者无算。危城获全，又分兵歼贼酋黄福于潭州。五年，复顺德、清远、英德。贼围韶州城已年余，至是闻援兵至，遁。南北路悉平，擢按察使。六年，擢贵州布政使，未之任，卒。赐恤，赠内阁学士。

棣辉以文吏治军，明赏罚，均甘苦，尤能知人。剿刘八时，招抚冯子材，后立大功为名将。何高汉乃贼何博奋之弟，推诚驭之，赖以成省河之功。廉州、浔州、广州三战，皆履险犯难，卒得大捷，尤为时称云。

邓仁堃，字厚甫，湖南武冈人。道光五年拔贡，以知县用，发四川，历署梁山、江油、洪雅。补綦江，调富顺。荐卓异，以忧归。服阕，入资为知府，补江西南安，调署广信。所至皆有政声。署督粮道。咸丰二年，粤匪趋湖南，仁堃请修省城，筹守御。三年春，贼由武汉蔽江下，九江不守。巡抚出防，民争迁徙，仁堃谕令安堵。上守江议，请增兵扼湖口，又条上城守事宜。实授督粮道。五月，贼犯江西，会江忠源师抵九江，仁堃请巡抚疏调，且遣使迎其师。忠源至，入任城守，与仁堃语合。巡抚张芾倾心倚任，曰："战问江君，守问邓君！"地雷屡发坏城，皆以力战获完。仁堃欲出奇计焚贼舟，以鄱阳知县沈衍庆忠果有谋，令率所部千人备草船藏火药，约期袭贼，议阻未果。仁堃改粮船数十艘为炮艇，募卒扼守进贤门以保饷道。自夏徂秋乃引去。仁堃曰："贼未受大创去，祸未已也！"亟请大修城以备，乃督工建炮城、炮台，城上官房、营棚、军器库、硝磺库、瞭台、望楼皆备，浚环城壕深广各三丈，筑临壕炮台，甃石为堤闸，用银十四万有奇，守御之具可恃。

五年，贼自湖北犯义宁，仁堃令道勇五百人往援。会赣州知府率勇二千至，仁堃请令驻义宁；巡抚陈其迈令防饶州，仁堃曰："义宁扼三省要冲，官民频年固守。团防为江省最，若弃不救，后将不能责官以守城，责民以团练。"力请改援，不许，仅以二百五十人往助守。中道遇贼，溃，义宁寻陷。未几，罗泽南师至，仁堃固请往攻义宁，为措饷十万济之，泽南寻克其城。

十月，贼陷瑞州、临江，围吉安，下游贼复萃九江、湖口，南昌大震。仁堃添募捍卫、保卫军，城备益严。曾国藩令副将周凤山率三千五百人规临江、瑞州，战胜樟树镇。时按察使周玉衡孤军守吉安，仁堃请檄凤山乘胜援吉安。众议倚凤山蔽省城，仁堃争曰："贼知城高池深难卒攻，必为剪枝及本之计，先抚郡县，使会城孤立，然后大举而攻之。若悬赏二万金，周军必贾勇以解吉安围，瑞、临皆可复。吉安失，则抚、建必相继不保，驯至全省糜烂，会垣且坐困矣。"终不听。六年正月，吉安陷，周玉衡死之，凤山军溃于樟树镇，抚州、建昌亦陷，南昌属县并为贼蹋。仁堃兼署按察使、布政使。

子辅纶，偕同知林源恩同率平江勇三千余人，益以宝勇、志同军进规抚州，复进贤。国藩亦檄李元度率勇四千自湖口移师会之，复东乡，两军合破贼河东湾。攻抚州久不下，援贼骤至，营陷，林源恩死之。学政廉兆纶劾辅纶臬司子，不应与兵事，并劾仁堃办城工不实，事下国藩及巡抚文俊按治，坐城时未先请勘估，降五级调用。国藩疏言："仁堃所承修为南数省第一名城。七郡并陷，省垣终保，不为无功。"仁堃既归，输谷三千石助军。十年，协守武冈，以功议叙。同治五年，卒。

余炳焘，字吟香，浙江会稽人。道光元年举人，充景山官学教习。期满，以知县用，分发陕西。补清涧，调鄠屋，又调渭南。回人马得全等谋不轨，亲入其巢捕之，置诸法，擢河南怀庆知府。咸丰三年，粤匪北犯窥开封，遂渡河围怀庆。时郡城兵仅三百，炳焘选勇三千人登陴固守，募敢死士缒城下砍贼营，又潜毒城外汲道使自毙。贼以地雷隳城者三，皆击退。一日，雷雨中炮火猥集，危甚，天忽反风，贼燔死者众，势顿沮。贼于近城树木栅，以断内外，为久困计。山东巡抚李僡先赴援，既而援军四集，诏大学士讷尔经额督师。围久，城中粮渐不支，炳焘素得民心，激以忠义，括粮节食，人心不涣。屡诏促战，都统胜保、将军托明阿等迭败贼，贼始入山西窜。凡被围五十八日乃解。特诏褒奖，赐花翎，以道员用，擢陕西凤邠道。寻改授河南南汝光道。未几，就迁按察使。

大河南北以防匪倡联庄会，遇警相救；及贼去，聚而不散，莠民恃众抗官。四年，禹州、郑州、密县叠肇变，围城、焚署、纵囚、掠绅民。巡抚英桂出防信阳，咸请两司奏闻待命。炳焘曰："贼虽众，皆乌合，志在剽掠，无纪律。速临以兵，必惊溃，解散其党，不久魁渠可缚也。

若请朝命，迟将蔓延！"遂亲率兵七百、勇五百驰往，剿抚兼施，事即定。寻署布政使。

捻首张洛行扰归德，命炳焘往剿，攻雉河集，解亳州围，又潜入永城，击走之。既而归德又有警，炳焘驰救，而他军遽退，贼遂东逸。炳焘染病，特旨予假治理，不开缺。七年，卒。怀庆请祀名宦祠。

栗耀，字仲然，山西浑源人，东河总督毓美子。道光十五年举人，以父恤荫，特赐进士。咸丰三年，授湖北汉阳知府，至则汉阳再陷，行省未复，督抚皆寄治军中，委耀综理营务。四年，从大军复武汉，未几，贼大至，城复陷，六年，始复。叙功，晋秩道员。耀以廉干为巡抚胡林翼所器，令管厘税粮台。八年，署荆宜施道。寻加按察使衔，授武昌道，仍留署任，兼督钞关。军饷皆仰资盐榷，耀综核严密，税入羡余，悉籍入公。修战舰，增军屯，水陆战守皆有备。

十一年，贼逼施南，耀请重兵，复集民团，守山险。贼合川匪分掠宣、咸诸县，施南协副将御之，遇伏，一军尽没。会刘岳昭军至，与郡兵夹击，贼大创，窜归。松滋人马钲者，挟左道惑人，众至数千，密通贼，官军擒斩之。耀料贼不知钲死，必复至，集水陆军密为备。贼果趋夔州，遇官军辄败，及知马钲已诛，遂大溃。水陆合击，俘斩万余，自是川匪无敢犯楚境。会大雨，荆江暴涨，啮攻万城堤。耀督兵民备畚挶，储土石，立泥淖间躬视板筑，信宿堤上，事定乃还。

在荆州四年，政教大行。署按察使，兼摄布政使，甫逾月，授湖北按察使。耀以其父毓美曾任是职，乃颜其堂曰诵芬。同治元年，擢布政使，未任，卒。

朱孙诒，字石翘，江西清江人。入资为刑部主事。改知县，发湖南，历署宁乡、长沙，皆有声。道光三十年，署湘乡。漕务积弊，屡酿巨狱，孙诒莅任，乡民方麕集环噪。孙诒令曰："新漕限迫，骤改章，弗及。来年当为若剔胺削弊，敢煽动浮言者罪之。会匪切近灾也，亟缚献！"众唯唯散。叠捕盗魁陈胜祥、刘福田等置之法。稔知邑士之贤者，举罗泽南孝廉方正；县试拔刘蓉冠其曹；延王鑫襄幕；于康景晖、李续宾、续宜皆奖勖之。广西匪炽，孙诒集众曰："贼势未易殄，北窜，湖南当其冲，欲卫同里，非团练乡兵不可。"王鑫等曰："谨奉令！"总督程矞采防衡州，孙诒以策干之，不省。会匪骤起，偕刘蓉、康景晖往捕。孙诒中弹，裹创战于湖洞，擒贼目王祥二、熊聪一，王鑫复捕贼百余，槛致总督行营，前后七百余人。

咸丰二年，洪秀全连陷道州、江华、永明、桂阳、郴州。孙诒集团丁分三营，以罗泽南领中营，易良干副之；王鑫领左营，扬虎臣、王开化、张运兰隶焉；康景晖领右营。罗信南综粮糈，谢彩翰治兵械。推古人阵法，制为起伏分合，湘军纪律自此始。长沙围未解，王鑫、康景晖、赵焕联分驻要隘；罗泽南、易良干防县城，伏莽蠢动，即时捕灭，县境肃然。三年，巡抚张亮基闻湘乡团丁名，调防省城，孙贻令王鑫、罗泽南、罗信南、刘蓉率之往。四年，孙贻率团破安化蓝田贼，擢郴州直隶州。

江忠源奉帮办军务之命，与曾国藩议援江西，令孙贻率湘军赴之。罗泽南领中营，易良干领前营，谢邦翰领右营，康景晖领左营，扬虎臣领后营，罗信南领亲兵营，共三千人，至南昌，战永定门外，大破贼。谢邦翰、易良干、罗信东穷追被戕，孙贻哭之恸，以李续宾代领右营，罗信南兼领前营。吉安土匪邹恩隆应贼，孙贻扼樟树镇，分军令泽南、续宾及刘长佑剿平之。南昌围解，凯旋，加知府衔，擢宝庆知府。讽才俊，严保甲，惩积匪，一如治湘乡时。捐寺观资产制旗械军火，募战士千人，发义仓、常平储谷充饷，亲历各乡训练，捕新宁山门团匪诛之。五年，粤匪陷东安，率千人偕副将联需驰扼五峰铺，贼不敢犯。衡阳土匪起，出境平之。

六年，骆秉章疏荐人才，记名以湖南道员简放。寻以治防功被优叙。八年，劳崇光调赴广西，假满未出，降一级调用，仍治湘、宝团防。十年，会刘长佑克广西柳州，开复处分，赐花翎，加按察使衔。骆秉章赴四川督师，奏调孙贻总理营务。同治元年，擢授浙江盐运使。秉章奏治川省团练，孙贻与秉章左右议不合，引疾请罢。命力疾赴陕西佐理多隆阿营务，以病辞，终不复出。光绪五年，卒。

史致谔，字士良，顺天宛平人，原籍江苏溧阳。道光十八年进士，选庶吉士，授编修。道光末，出为江西广信知府。咸丰元年，署南昌。三年，粤匪犯江南，九江戒严，南昌讹言四起，城门昼闭，致谔请开城以安人心。寻回广信任。贼陷饶州，致谔募勇号信新军，因险设防，与浙军为犄角。四年，调南昌。江西诸郡行淮盐，惟广信行浙盐。军兴，淮盐不至，致谔议借销浙引，以余息充饷，名曰"饷盐"，从之，即以致谔襄其事。年余，销引逾常额，江、楚及浙皆利之。贼陷武宁，致谔率信新军往剿，迭挫贼于紫鹿岭、巾口、火炉坪、䇹田，复武宁。是年冬，南昌戒严，援师大集，主客军不相下。致谔协和将吏，客军二卒持刀扰质库，立斩以徇。五年，兼署盐法道。寻以母忧去官，留襄军事。九年，服阕，命赴浙江交巡抚王有龄差遣。

同治元年，署宁绍台道。宁波自前岁陷于贼，资洋兵之力复城，方谋画曹娥江而守。寻以法总兵马筹思所部与广勇互斗，广勇溃，贼乘间窜慈谿、奉化。致谔至，慈谿已陷，激厉民团登陴固守。与英参兵呸乐克、税务司法人日意格推诚相结；以美兵官华尔忠勇可用，介以相见，令攻慈谿，以驻馀姚之洋兵及同知谢采璋团勇应之。慈谿贼分扰鄞县境，及半浦，而嵊县、新昌贼复大举犯陈公岭，华尔克慈谿，中炮殁于军。陈公岭不守，奉化复陷，郡城又警。致谔乞饷于上海，令都司杨应龙募忠勇军，绅士李谔招大岚山义勇，又以广勇溃散，虑为贼用，招之回，令洋将布兴有、布良带，守备张其光分统之。部署甫定，贼由间道犯郡城，天雨阴霾，勒兵以待，伺贼懈出击之，分兵兜剿，连捷于横溪、石桥。进薄奉化，杨应龙率死士以梯登城，下之。时致谔已实授宁绍台道。奉化窜贼复勾结上虞贼分道犯慈谿、馀姚。致谔以贼众兵寡，分援则力弱，

议直捣上虞，贼必还救，因出师渐远，郡城饷事不能兼顾，乃请巡抚疏免前署道张景渠罪，责其专任兵事。连复上虞、嵊县、新昌，增军万人，进规绍兴。二年，复之。进克萧山，与大军会于钱塘江，浙东以平。巡抚左宗棠奏减杭、嘉、湖三府漕赋，致谔上书言："蠲赋惠政，减正额尤当革浮收，各县情形名异。当择大者奏咨，余并著为省例，以尽通变之宜。"三年，以筹饷功，加按察使衔，赐花翎。先以衰老乞归，未允，至是原品休致，卒于家。

刘郇膏，字松岩，河南太康人。道光二十七年进士，江苏即用知县。咸丰元年，署娄县，有政声。三年，粤匪陷江宁，扬州、镇江相继失守。会匪刘丽川倡乱踞上海，附近川沙、南汇、嘉定、宝山、青浦诸厅县并陷。巡抚吉尔杭阿檄郇膏随营剿贼，郇膏率漕勇三百复嘉定，权知县事，选白壮严守望，稽保甲，籍游民，民心大定。叙功，加同知衔，赐花翎。补青浦。

八年，调上海。租界华洋杂处，数构衅，郇膏争执是非，不为挠屈。有招工诱逼出洋者，新登舟搜获，并追回已去者，民感之，洋人亦帖服。苏、杭既陷，上海孤悬贼中，郇膏练民兵，四乡设二十局，以资保卫。贼首李秀成陷松江，进犯上海。登陴坚守十余日，贼不得逞而去。时大吏萃居上海，或议他徙。郇膏曰："沪城据海口，为饷源所自出，异日规复全省，必自此始。奈何舍而去之？"十一年冬，贼复陷浦东诸厅县，大吏檄郇膏往援，郇膏曰："贼势甚盛，宜守不宜战。"弗听，率练勇、乡团出战，果败，乃专议守。治行上闻，加道衔，以知府用。擢海防同知，超署按察使。寻实授，命署布政使，异数也！

李鸿章督师至，命总理营务，馈运无缺，兼协济江宁大营，两军月饷二十万，悉取给于上海。浚吴淞江以通运道。招集流亡，通商惠工，善后诸事，次第举行。寻命护理巡抚，丁母忧。同治五年，卒。赠右都御史，上海建专祠，祀苏州名宦。

朱善张，字子弓，浙江平湖人。诸生。授桃南通判，升里河同知。咸丰九年，擢淮徐扬海道。粤匪、捻匪时扰江北，奸民乘时蜂起。善张常在行间，剿幅匪于海州、沭阳，歼其渠，赐花翎，加盐运使衔。捻首张隆据浮山，令水师伏临淮焚其舟，又却之小溪。粤匪陷天长，扑蒋坝，善张驰援，殪其酋，赐号库木勒济特依巴图鲁。善张方驻扬州，陈玉成来犯，攻城，发巨炮击之，贼结坚垒为久困计。援师集，败之七里店，追越仪征以西，扬州获安。寻贼复麕至，连营至司徒店。善张昼夜守阵，时出杀贼，贼卒不得逞，引去。十年，捻匪陷清江浦，率师克之，筑圩寨为善后计。

同治元年，调徐州道，兼管粮台，用坚壁清野法防捻匪。从僧格林沁攻孙瞳老巢，破之枣沟。二年，苗沛霖叛，陷寿州，围蒙城。善张知蒙城饷绝，输粟助之。苗沛霖伏诛，湖团之乱起。湖团者，始议招流民开微山湖，自沛县至鱼台，户数万，争利亡命，迁迹其中。三年，新团奋匪杀掠沛县刘民寨圩，善张会兵剿之，未竟，疽发背卒。赠

右都御史，赐恤。

子之榛，以荫授官，补苏州府总捕同知。历以海运叙劳，晋秩道员。官江苏凡四十年，管厘务最久。精于综核，以剔除中饱为职志，地方利病，无不洞悉。署督粮道。历署按察使十二次、布政使二次，大吏倚之。忌者众，屡被弹劾，按治皆得白。光绪二十五年，清厘田赋，岁增漕粮十五万石、丁银二十万两。二十六年，海防戒严，省城狱囚谋变，之榛方署臬篆，出情实者骈诛之，事乃定。宣统元年，授淮扬道，未任，卒。

黄辅辰，字琴坞，贵州贵筑人，原籍湖南醴陵。道光十五年进士，授吏部主事，累迁郎中。遇事侃侃持正论，屡忤上官，不少屈，时称"硬黄"。咸丰初，以知府分山西。会贵州乱作，遽归倡团练，修碉堡，积谷省城二万余石，抚清水江诸苗，平巴香乱，以功晋道员。寻赴山西，署冀宁道。饷绌，议加厘捐，辅辰谓晋人皆贾于外，山多地瘠，非他行省比，不宜病民。争之不得，则请蠲苛细，取大宗，及不切民生日用者。户部设宝泉分局于平定州，就铸铁钱。滞不行，则令分销诸郡县，易收息银三万解部。辅辰谓："京师用铁钱以济铜币之乏，山西勿便也。今行各县，议令交纳铁粮，以三万之微利，妨数百万之正供，利一而害百。即专行平定一州，日积日滞，其患滋大。"议上，遂罢之。九年，调赴直隶军营，察海口形势，请以重兵扼北塘，当事迂其言，不用。寻乞假去。至四川，依总督骆秉章。

陕西自回乱，地多荒芜，巡抚刘蓉议兴营田。辅辰书陈方略，采官私书为《营田辑要》三卷，大旨在用民而不用兵，与民兴利，不与民牟利，蓉疏荐之。五年，授陕西凤邠盐法道，任以西安、同州、凤翔、延安、乾州、邠州、鄜州七属营田事。辅辰建议谓："关中土旷人少，非招徕客民，事末由济。然耕牛、籽种、农具、棚舍，官不能给，民不乐趋也。莫若以地界之，薄收其租，亩二斗为差，六年后给券，使世其业。虑田无限制，赋无定则，吏得以意高下为民患，当先正经界，略如古井田法，量地百亩为区，编列次第，书赋额于券，视土肥瘠别等则上下授之。凡领垦者以先后为次，十区为甲，十甲为里，置长焉。里长总十甲租课，岁输之官，凡移徙更替事皆责之。别授田六亩，俾食其入，为庶人在官者之禄，而官总其成。"令下，民皆便之。复定考课举劾法，策奉不力者。期年，凡垦田十八万余亩。时军事急，赖所入租麦以饷之。又拨产给书院、义学、养济院、育婴堂、种痘局及瀍岸堤工、渠工，诸废皆举。寻卒，祀名宦。

子彭年，字子寿。举道光二十五年会试，逾两年，改庶吉士，授编修。咸丰初，随父在籍治团练，后入骆秉章四川戎幕，数有赞画功，不受保举。同治初，刘蓉延主关中书院。久之，李鸿章聘修《畿辅通志》，兼主莲池书院。当光绪中，法、俄边事迭起，时从近臣多慷慨建言，彭年虽不在朝，负时望，中外大臣密荐之。八年，擢授湖北襄郧荆道，迁按察使。屏馈遗，禁胥吏需索，年余，结京控案四十余起，平反大狱十数。调陕西，署布政使。

十一年，迁江苏布政使。连岁水旱，米踊贵，属县请加漕折，巡抚欲许之，彭年谓："定例漕粮一石，随征水脚钱一千，所费仅数百，独不可以有余补不足耶？今增漕折，民间多出二十万缗，与国计无关，尽归中饱。"持不可。十五年，护理巡抚，请以振余三十万缗浚吴淞江、白茆河、蕰藻浜，工未及举，十六年，调湖北布政使，总督张之洞尤倚重之。然守正不阿，遇库款出入，断断以争，虽忤其意，勿顾也。未几，卒。

彭年廉明刚毅，博学多通。所至，以陶成士类为国储才为己任。主讲莲池及在吴时设学古堂，成就尤众。著有《陶楼诗文集》、《三省边防考略》、《金沙江考略》、《历代关隘津梁考存》、《铜运考略》。子国瑾，光绪二年进士，官编修。嗜学能文，甚有时誉。父丧，以毁卒。

论曰：军兴以来，监司贤者，保障一方，其功与疆吏等。军政财政，各行省多有专任之人。沈葆辉平广匪，余炳焘守怀庆，其最著也。邓仁堃殚心筹防，不尽见用。朱孙诒提倡团练，振兴人材，实为湘军肇基。刘郇膏主守上海以待援军。皆以一县令有裨大局。史致谔用外兵定宁波，朱善张保障淮、扬，功皆可纪。栗耀管湖北税厘，黄辅辰兴陕西营田，并为兵食根本。黄彭年名父之子，久负时望，晚达未尽其用，时论惜之。

卷四百三十五　列传二百二十二

华尔 勒伯勒东　法尔第福　戈登
日意格 德克碑　赫德 帛黎

华尔，美国纽约人。尝为其国将弁，以罪废来上海，国人欲执之。会粤匪陷苏州，上海筹防，谋练精兵。苏松太道吴煦识其才，言于美领事，获免，以是德之，愿效力，俾领印度兵。既撤，自陈愿隶中国。咸丰十年，粤匪陷松江，煦令募西兵数十为前驱；华人数百，半西服、半常装，从其后。华尔诚曰："有进无止，止者斩！"贼迎战，枪炮雨下，令伏，无一伤者。俄突起轰击之，百二十枪齐发，凡三发，毙贼数百。贼败入城，蹑之同入，巷战，斩黄衣贼数人。贼遁走，遂复松江，华尔亦被创。

先是煦与华尔约，城克，馨贼所有以予。至是入贼馆，空无所得，以五千金酬之。令守松江，又募练洋枪队五百，服器械步伐皆效西人。同治元年，贼又犯松江富林、塘桥，众数万，直逼城下。华尔以五百人御之，被围，乃分其众为数圆阵，阵五重，人四向，最内者平立，以次递俯，枪皆外指。华尔居中吹角，一响众应，三发，死贼数百。逐北辰山，再被创，力疾与战，贼始退。遂会诸军捣敌营，杀守门者，争先入毁之。是役也，以寡敌众，称奇捷。时浦东贼据高桥，逼上海，华尔约英、法兵守海滨，而自率所部进击，贼大败，加四品翎顶。

会李鸿章帅师至沪，乃隶戏下，令立常胜军，益募兵三千俾教练，参将李恒嵩副之，饷倍发。贼据王家寺，与英提督何伯等合攻。华尔贾勇先入，大斩房首，进逼南翔，贼亦悉众轰拒，何伯负伤。华尔冒烟直进，立毁其营，生获八百余人，遂复嘉定。规取青浦，华尔略东门，城溃，英、法兵自西入，华尔为承。贼奔，争赴水死。攻奉贤，法提督卜罗德遇害，诏赏貂皮彩绒，恤其家。时恒嵩扼赵屯港、四江口，屡失利，嘉、青复危。华尔方议直捣金山卫，闻败，还守青浦。而富林、泗泾又相继失，乃弃青浦，简壮士五百袭天马山，破之。入城挈守军出，并力守松江，登陴轰击两昼夜不绝，贼宵遁，围解。官军图青浦，华尔攻南门，驾轮舶入濠，毁城十余丈，麾众登堞，贼斗且走，追败之白鹤江黄渡，复其城，晋副将衔，降敕褒赏。俄伪嘉王谭绍光复来犯，薄西门，与总兵黄翼升各军击之，贼溃，奔北岸，华尔毁其七营。逾月，会西兵再复嘉定。

其秋，贼十万复犯上海，华尔自松江倍道应赴，与诸军击却之。时宁波戒严，巡道史致谔乞援，鸿章遣华尔偕往。值广艇与法兵构衅，引贼寇新城，从姚北纤道犯慈谿。华尔约西兵驾轮船三，一泊灌浦，一泊赭山，一自丈亭驶入太平桥、馀姚四门镇，而自率军数百至半浦。平日薄城，方以远镜瞭敌，忽枪丸洞胸，遽踣地，舁回舟。余众悉力奋攻，贼启北门走。华尔至郡城，犹能叱其下恤军事，越二日始卒。以中国章服敛，从其志也。鸿章请于朝，优恤之，予宁波、松江建祠。初，丧归，煦检其箧，得《金陵城图》，贼所居处及城垣丈尺方位纤悉毕具，论者颇称其机密云。

勒伯勒东德加理尼阿尔伯依都额尔，法国加尔袜多人。初为本国水师参将。咸丰十一年，来上海。时寇据宁波，西人恶之，益兵戍守，遣勒伯勒东乘轮泊三江口。同治元年，从官军克府城，募壮丁千五百为洋枪队，自陈愿隶。明年，权授浙江总兵，受巡抚、宁波道节度。时上虞贼犯泗门、马渚，勒伯勒东军馀姚以待。寻与同知衔谢采嶂直捣贼屯，贼赴水死者千余，乘锐毁其卡，薄城先登，击杀守陴悍贼，余宵遁，城克。赴蛏浦，略绍兴，以贼遗土炮往，巡道张景渠止之，不听，未几，炮果裂，负伤而死，赐优恤。以法参将法尔第福为江苏副将，领其军，退过百官。

法尔第福，又名买忒勒，颇读华书。后攻绍兴，焚西郭门。次日复战，溃十余丈，麾众登城，贼殊死斗，别有黑种人数十助之，遂遇害。优恤之。

戈登，英国人。同治二年，李鸿章檄领常胜军二千攻常州、福山营。别遣吕宋兵乘小舟薄贼垒，支木桥，伏死士城墙下。日中，港东西贼营皆破，缘墙入，痛歼之，遂夺福山石城。围解，权授江苏总兵。进攻太仓，毁南门贼卡，戈登轰溃二石垒，官军继进，克之。规取昆山，与总兵程学启度地势，以环昆多水，惟西南通进义，策先断其归路。遂与驾轮舶以偏师绕而西，贼不虞其至也，即时败奔，夺其四垒。谭绍光构悍贼来争，与诸军大破之，薄昆城，偕李恒嵩夹击，贼酋伪朝将先期逸去。逾月，学启攻东城，戈登自果浦河奄至，扼守西路，分道疾攻。贼夺西门走，阻水，歼焉。遂留驻昆城，策应各路。移师攻花泾港，知贼必不诚，率众击北门，毁城外贼垒。次日，贼降，收吴江、震泽而还。

以事谒鸿章于上海。先是白齐文闭松城索饷，既撤，潜通贼，领二百人入苏州。戈登诇知之，亟返昆山为备。旋攻苏城，率军三千，与学启俱力争要害，稍剪城外贼垒。伪忠王李秀成闻警赴援，屡败，而绍光所部每战犹致死，自伪纳王部云官以下，皆萌贰志，诣营乞降。乃与学启乘单舸会云官等于洋澄湖，令斩秀成、绍光以献，学启与誓，戈登证之。未几，秀成遁，云官杀绍光，开齐门迎降，赏头等功牌、银币，并犒其军。助攻宜兴、溧阳，并击退杨舍贼。进规常州，轰破南门，合诸军掘壕筑墙以败之。叙功，赏黄马褂、花翎，赐提督品级章服。

初，戈登与学启为昆弟交，每战必偕。及诛降酋，颇不直其所为，捧云官首而哭，誓不与见。嗣闻学启卒，悲不自胜，乞其战时大旗二，携归国为遗念。戈登归后，埃及乱，督师讨之，遇害。朝廷遣使往吊焉。戈登尝言："中国人民耐劳易使，果能教练，可转弱为强。"又曰："中国海军利于守，船炮之利，大不如小。"当时称其将略云。

日意格，法国人。尝为其国参将，驻防上海。同治元年，改调税务司。徙宁波，复郡城，与有功。官军攻慈谿，遣法兵驰往策应。会馀姚四门镇陷，遂与前护提督陈世章勒兵往讨，逾月，直捣上虞。贼缘道筑卡树栅，悉夺毁之，薄城，并力轰击，贼殊死战，贾勇直前，被创，众军继进，斩级千，贼始渡曹娥江去。进攻奉化，与诸军克之。攻安吉思溪、双福桥，驾小轮舶赴荻港，毁衷家汇贼垒，浙江平。左宗棠令与德克碑讨测西邦制造，仿造小轮舶试行。五年，宗棠创福州船政局，充正监督，度地募工，殚心所事；复筹设绘事院、小铁厂。七年，加提督衔，赏花翎。十三年，以船政教导劳赏银币。光绪年，卒。

德克碑，法参将。初，助攻奉化有功。旋奉其公使檄，将受代归，谒左宗棠，宗棠抚谕之。德克碑感服，愿易服色受节度。令驻守萧山。蒋益澧攻杭城，檄助战，游击何文秀攻鸡笼山，德克碑从宝塔岭登岸，攻倚城贼垒。会天大雾，贼构嘉兴援贼自万松岭逼都司张志公营，势张甚。德克碑率众助击，败之。益澧督水陆军并进，连破九垒，令总兵高连升据其五，德克碑据其二，化馒头山。轰溃城数丈，毁凤山门，官军为承，城遂复。贼溃，奔湖州。攻安吉思溪，德克碑率所部助之，轰击双福桥，不克，驾小舟泊河汊，火八角亭，支木桥以济。贼阻兵中流不得进，德克碑贾勇逼岸，所部遇伏却走，改趋荻港，越壕入，克三垒。事宁，撤兵还上海。五年，充船政局副监督。七年，马尾设船厂，督役兴工，赏花翎。九年，宗棠平回乱，檄调甘肃，隶麾下。十三年，录经始船政劳，膺奖赏。后卒。

赫德，字鹭宾，英国倍尔发司人。咸丰四年，来中国，充宁波领事署翻译官，调广州。又充香港督署书记官。九年，改任粤海关副税务司。十一年，总税务司李泰国奉令购战舰，以赫德权代之，赴长江新开各口岸置新关。同治二年，李泰国去职，赫德实授，徙驻上海。三年，置台湾南北新关。还驻京，加按察使衔。八年，晋布政使衔，赴缘海各地度置镫楼塔表。光绪二年，佐定《烟台条约》。十年，赴金陵与法使议越南案。会巡船置镫楼台湾洋，为法扈，乃遣驻英税务司金登干赴巴黎申理，乘机与议停战草约，还。未几，其国授为清、韩驻使，不就。逾年，赏花翎、双龙二等第一宝星。

十二年，赴香港、澳门，条议洋药税厘并征，并置关九龙、拱北。十三年，葡使来华，与订《澳门草约》。十五年，藏兵寇哲孟雄，英兵乘势阑入，赫德遣其弟税务司赫政驰往，与驻藏大臣会筹划界诸事。十九年，赏三代一品封典。二十五年，与德使筹置胶海新关。明年，各国联军入京，赞襄和议，晋太子少保。二十八年，召入觐，赐"福"字。三十一年，与德使更议胶关章程，改行无税区地法。寻与日使筹置大连湾新关，征榷一如胶海。三十三年，东三省度地置关。逾年，谢病归，诏许之，加尚书衔。

赫德官中国垂五十年，颇与士大夫往还。尝教其子习制艺文，拟应试，未许。总署尝拟请授总海防司，道员薛福成以其阴鸷专利，常内西人而外中国，上书鸿章力争之，议始寝。辛亥后，病卒，赐优恤。

帛黎，法国人。同治八年，来中国，充福州船政学校教员。十二年，赏五吕衔，予双龙奖牌。明年，调充江海关税务帮办，历镇江、北海、瓯海、临海、粤海诸关。光绪十九年，晋三品衔，调北京，迁税务司。二十二年，朝议行邮政，以赫德兼领其事，帛黎实参治之。凡都会、省城、通商口岸，渐次置局，命曰"大清邮政"。寻徙拱北。二十六年，还京，明年，迁邮政总办，晋二品衔。置代办局于芜湖。二十九年，河南、山东、山西、贵州复置副总局，自是内地城乡村镇，街衢遍设。时尚未入万国邮政公会，即已与日本及英属印度、香港联约试行。三十年，赏双龙三等第一宝星。与法、德及英属那达商定联邮章程。先后成邮政六百余局，代办四千二百余所。宣统三年，改隶邮传部，设总局，尚书盛宣怀疏荐之，遂被命为总办，邮局置官自此始。越二年，乞病归。未几，卒。

论曰：华尔、戈登先后领常胜军，立功江、浙，世称"洋将"，时传其战略。日意格初亦参防战，继以船政著劳。赫德久总税务，兼司邮政，颇与闻交涉，号曰"客卿"，皆能不负所事。兹数人者，受官职，易冠服，或愿隶国籍。食其禄者忠其事，实有足多，故并著于篇。

卷四百三十六 列传二百二十三

沈桂芬　李鸿藻　翁同龢　孙毓汶

沈桂芬，字经笙，顺天宛平人，本籍江苏吴江。道光二十七年进士，选庶吉士，授编修。咸丰二年，大考一等，擢庶子。累迁内阁学士。先后典浙江、广东乡试，督陕甘学政，充会试副总裁。八年，丁父忧。服阕，补原官。晋礼部左侍郎。同治二年，出署山西巡抚，明年，实授。连上移屯、练兵诸疏，并称旨。桂芬以山西民食不敷，自洋药弛禁，栽种罂粟，粮价踊增。于是刊发条约，饬属严禁。疏陈现办情形，上嘉之，颁行各省，著为令。旋丁母忧。六年，起礼部右侍郎，充经筵讲官，命为军机大臣。历户部、吏部，擢都察院左都御史，兼总理各国事务大臣。迁兵部尚书，加太子少保。光绪元年，以本官协办大学士。京畿旱，编修何金寿援汉代天灾策免三公为言，请责斥枢臣，谕交部议。桂芬坐革职，特旨改为革职留任。旋复原官，充翰林院掌学士，晋太子太保。

桂芬遇事持重，自文祥逝后，以谙究外情称。日本之灭琉球也，廷论多主战，桂芬独言劳师海上，易损国威，力持不可。及与俄人议还伊犁，崇厚擅订约，朝议纷然；桂芬委曲斡旋，易使往议，改约始定，而言者犹激论不已。桂芬久卧病，六年，卒，年六十有四，赠太子太傅，谥文定。

桂芬躬行谨饬，为军机大臣十余年，自奉若寒素，所处极湫隘，而未尝以清节自矜，人以为难云。

李鸿藻，字兰孙，直隶高阳人。咸丰二年进士，选庶吉士，授编修。典山西乡试，督河南学政。十年，上择儒臣为皇子师，大学士彭蕴章以鸿藻应。召来京，明年，特诏授大阿哥读。穆宗登极，皇太后懿旨命直弘德殿。同治元年，擢侍讲。累迁内阁学士。署户部左侍郎。四年，命直军机。五年，授礼部右侍郎。遭母忧，皇太后懿旨，援雍正、乾隆年大臣孙嘉淦等故事，命鸿藻开缺守孝，百日后仍授读，兼参机务。并谕："移孝作忠，勿以守礼固辞。"鸿藻恳终制，不允。倭仁等亦代为陈请，仍命恭亲王传谕慰勉。鸿藻连疏称疾，遂得赐告，卒终制始出。

七年，捻扰畿疆，鸿藻方里居，以各路统兵大员事权不一，疏请特派亲王为大将军，坐镇京师，以固北路；左宗棠、李鸿章为参赞大臣，分扎保定、河间东西两路，各率所部兵勇相机剿办；陈国瑞为帮办军务，专统一军为游击之师；直隶总督官文专顾省城，筹备诸军饷需，以资接济；丁宝桢驻扎直、东交界，防贼东窜；李鹤年驻扎直、豫交界，防贼南窜；直、晋交界，由左宗棠等分拨劲旅扼要驻扎；并请敕下各该大臣和衷商办，迅奏肤功。奏入，上遂命各路统兵大臣均归恭亲王节制。旋起礼部左侍郎，仍直弘德殿及军机如故。

十年，擢都察院左都御史，加太子少保。时有修葺圆明园之旨，朝臣同起力争。鸿藻亦言："粤、捻初平，回氛方炽，宜培养元气，以固根本。不应虚糜帑糈，为此不急之务。"乃止。十三年，上有疾，命代批答章奏；旋崩，自劾辅弼无状，罢弘德殿行走。

光绪二年，命兼总理各国事务衙门。寻丁本生母忧，服阕，起故官，以兵部尚书协办大学士，调吏部。时崇厚与俄擅定伊犁约，鸿藻坚持不可，争于廷。卒治崇厚罪，议改约。及法越启衅，言路愈奋发，劾罢枢臣。鸿藻谪迁内阁学士。后复累迁礼部尚书。

十三年，河决郑州，上命鸿藻驰往督办。先是河道总督李鹤年、河南巡抚倪文蔚议于西坝兴工，鸿藻至，仍之。又续兴东坝工。叠遇奇险，皆力为固守。会伏秋汛至，西坝失事，请暂停工。上以鸿藻督率无方，革职留任；并夺李鹤年河道总督，命鸿藻暂行署理。寻回京，复以礼部具奏典礼漏缮签改日期，再议革职，上特宽免。大婚礼成，复原官。

二十年，日韩事棘，命鸿藻商办军务，再授军机大臣。与翁同龢皆主战，并争和约，卒不能阻。旋以礼部尚书协办大学士，调吏部。历蒙颁赏书画及诸上方珍物。充乡试、会试、殿试等阅卷大臣。二十三年，以病乞假，疾笃，赏给药饵，命御医往视。卒，年七十有八。遗疏入，上震悼，予谥文正，赠太子太傅。子焜瀛、煜瀛，均赏给郎中。

鸿藻性至孝，为学守程朱，务实践，持躬约俭。傅穆宗十余年，尽心启沃。一日，穆宗学书，故为戏笔。鸿藻立前捧上手曰："皇上心不静，请少息。"穆宗改容谢之。其在枢府，独守正持大体。御史王鹏运谏止修颐和园，几获重谴，鸿藻力解之，得免。德宗间日一往颐和园侍起居，时留驻跸。言官有言其不便者，太后大怒，欲黜之，鸿藻谓如此必失天下臣民之望，乃止。所荐引多端士。朝列有清望者，率倚以为重，然亦不免被劫持云。

翁同龢，字叔平，江苏常熟人，大学士心存子。咸丰六年一甲一名进士，授修撰。八年，典试陕甘，旋授陕西学政，乞病回京。同治元年，擢赞善。典山西试。父忧归，服阕，转中允。命在弘德殿行走，五日一进讲，于帘前说《治平宝鉴》，两宫皇太后嘉之。累迁内阁学士。母忧服阕，起故官。同龢居讲席，每以忧勤惕厉，启沃圣心。当八年武英殿之灾也，恭录康熙、嘉庆两次遇灾修省圣训进御，疏言："变不虚生，遇灾而惧。宜停不急之工，惜无名之费。开直臣忠谏之路，杜小人幸进之门。"上览奏动容。又圆明园方兴工，商人李光昭蒙报木价，为李鸿章所劾论罪。廷臣多执此入谏，恭亲王等尤力争，不怿。同龢面陈江南舆论，中外人心惶惑，请圣意先定，待时兴修。乃议定停园工，并有停工程、罢浮费、求直言之谕。

光绪元年，署刑部右侍郎。明年四月，上典学毓庆宫，命授读，再辞，不允。旋迁户部，充经筵讲官，晋都察院左都御史。迁刑部尚书，调工部。六年，廷臣争俄约久不决，懿旨派惇亲王、醇亲王及同龢与潘祖荫每日在南书房看摺件电报，拟片进呈取进止，至俄约改定始止。八年，命充军机大臣。十年，法越事起，同龢主一面进兵，一面与议，庶有所备。又言刘永福不足恃，非增重兵出关不可。旋与军机王大臣同罢，仍直毓庆宫。前后充会试总裁、顺天乡试考官，两蒙赐"寿"，加太子太保，赐双眼花翎、紫缰。尝请假修墓，传旨海上风险，命驰驿回京，恩眷甚笃。

二十年，再授军机大臣。懿旨命撤讲，上请如故。同龢善伺上意，得遇事进言。上亲政久，英爽非复常度，剖决精当。每事必问同龢，眷倚尤重。时日韩起衅，同龢与李鸿藻主战，孙毓汶、徐用仪主和。会海陆军皆败，懿旨命赴天津传谕李鸿章诘责之，同龢并言太后意决不即和。归荐唐仁廉忠赤可用，请设巡防处筹办团防。于是命恭亲王督办军务，同龢、鸿藻等会商办理。上尝问诸臣："时事至此，和战皆无可恃！"言及宗社，声泪并发。及和议起，同龢与鸿藻力争改约稿，并陈："宁增赔款，必不可割地。"上曰："台湾去，则人心皆去。朕何以为天下主？"毓汶以前故屡駮对，上责以赏罚不严，故至于此。诸臣皆引咎。上以和约事俳徊不能决，天颜憔悴。同龢以俄、英、德三国谋阻割地，请展期换约，以待转圜。与毓汶等执争，终不可挽，和约遂定。明年，兼总理各国事务大臣。二十三年，以户部尚书协办大学士。

二十四年，上初召用主事康有为，议行新政。四月，朱谕："协办大学士翁同龢近来办事多不允协，以致众论不服，屡经有人参奏。且每于召对时谘询事件，任意可否，喜怒见于词色，渐露揽权狂悖情状，断难胜枢机之任。本应查明究办，予以重惩；姑念其在毓庆宫行走有年，不忍遽加严谴。翁同龢著即开缺回籍，以示保全。"八月，政变作，太后复训政。十月，又奉朱谕："翁同龢授读以来，辅导无方，往往巧藉事端，刺探朕意。至甲午年中东之役，信口侈陈，任意怂恿。办理诸务，种种乖谬，以致不可收拾。今春力陈变法，滥保非人，罪无可道。事后追维，深堪痛恨！前令其开缺回籍，实不足以蔽辜，翁同龢著革职，永不叙用，交地方官严加管束。"三十年，卒于家，年七十有五。宣统元年，诏复原官。后追谥文恭。

同龢久侍讲帏，参机务，遇事专断。与左右时有争执，群责怙权。晚遭谴沮，几获不测，遂斥逐以终。著有《瓶庐诗稿》八卷、《文稿》二十卷。其书法自成一家，尤为世所宗云。

孙毓汶，字莱山，山东济宁州人，尚书瑞珍子。咸丰六年，以一甲二名进士授编修。八年，丁父忧。十年，以在籍办团抗捐被劾，革职遣戍。恭亲王以毓汶世受国恩，首抗捐饷，深恶之。同治元年，以输饷复原官。五年，大考一等一名，擢侍讲学士。先后典四川乡试，督福建学政。光绪元年，丁母忧。服阕，起故官。寻迁詹事，视学安徽。擢内阁学士，授工部左侍郎。十年，命赴江南等省按事。时法越事起，毓汶以于醇亲王，渐与闻机要。适奉朱谕尽罢军机王大臣，毓汶还，遂命入直军机，兼总理各国事务大臣。时当国益厌言路纷嚣，出张佩纶等会办南北洋、闽海军务，余亦因事先后去之，风气为之一变。十五年，擢刑部尚书，寻调兵部，加太子少保。历典会试、顺天乡试，赏黄马褂、双眼花翎、紫缰。二十年，中日媾和，李鸿章遣人赍约至。廷臣奏凡百上，皆斥和非计。翁同龢、李鸿藻主缓，俄、法、德三国亦请毋遽换约。毓汶素与鸿章相结纳，力言战不可恃，亟请署，上为流涕书之，和约遂成。明年，称疾乞休。二十五年，卒，予谥文恪。

毓汶权奇饶智略，直军机逾十年。初，醇亲王以尊亲参机密，不常入直，疏牍日送邸阅，谓之"过府"。谕旨陈奏，皆毓汶为传达。同列或不得预闻，故其权特重云。

论曰：光绪初元，复逢训政，励精图治，宰辅多贤，颇有振兴之象。首辅文祥既逝，沈桂芬等承其遗风，以忠恳结主知，遇事能持之以正，虽无老成，尚有典型。及甲申法越、甲午日韩，外患内忧，国家多故。慈圣倦勤，经营园囿，稍事游幸，而政纪亦渐弛矣。鸿藻久参枢密，眷遇独隆。桂芬以持重见赏，同龢以专断致嫌。毓汶奔走其间，勤劳亦著，大体弥缝，赖以无事。然以政见异同，门户之争，牵及朝局，至数十年而未已。贤者之责，亦不能免焉。

卷四百三十七　列传二百二十四

荣禄　王文韶　张之洞　瞿鸿机

荣禄，字仲华，瓜尔佳氏，满洲正白旗人。祖喀什噶尔帮办大臣塔斯哈，父总兵长寿，均见《忠义传》。

荣禄以荫生赏主事，隶工部，晋员外郎。出为直隶候补道。同治初，设神机营，赏五品京堂，充翼长，兼专操大臣。再迁左翼总兵。用大学士文祥荐，改工部侍郎，调户部，兼总管内务府大臣。穆宗崩，德宗嗣统。荣禄言于恭亲王，乃请颁诏，俟嗣皇帝有子，承继穆宗。其后始定以绍统者为嗣。光绪元年，兼步军统领。迁左都御史，擢工部尚书。慈禧皇太后尝欲自选宫监，荣禄奏非祖制，忤旨。会学士宝廷奏言满大臣兼差多，乃解尚书及内务府差。又以被劾纳贿，降二级，旋开复，出为西安将军。二十年，祝嘏留京，再授步军统领。日本构衅，恭亲王、庆亲王督办军务，荣禄参其事。和议成，疏荐温处道袁世凯练新军，是曰"新建陆军"。授兵部尚书、协办大学士。疏请益练新军，而调甘肃提督董福祥军入卫京师。

二十四年，晋大学士，命为直隶总督。是时上擢用主事康有为及知府谭嗣同等参预新政，议变法，斥旧臣。召直隶按察使袁世凯入觐，超授侍郎，统练兵。荣禄不自安。御史杨崇伊奏请太后再垂帘，于是太后复临朝训政，召荣禄为军机大臣，以世凯代之。命查拿康有为，斩谭嗣同等六人于市。以上有疾，诏征医。复命荣禄管兵部，仍节制北洋海陆各军。荣禄乃奏设武卫军，以聂士成驻芦台为前

军，董福祥驻蓟州为后军，宋庆驻山海关为左军，世凯驻小站为右军，而自募万人为中军，驻南苑。时太后议废帝，立端王载漪子溥俊为穆宗嗣，患外人为梗，用荣禄言，改称"大阿哥"。

二十六年，拳匪乱作，载漪等称术术，太后信之，欲倚以排外人。福祥率甘军攻使馆，月余不下。荣禄不能阻，载漪等益横，京师大乱，骈戮忠谏大臣。荣禄跽跄入言，太后厉色斥之。联军入京，两宫西幸，驻跸太原。荣禄请赴行在，不许，命为留京办事大臣。已而诏诣西安，既至，宠礼有加，赏黄马褂、赐双眼花翎、紫缰。随扈还京，加太子太保，转文华殿大学士。二十九年，卒，赠太傅，谥文忠，晋一等男爵。

荣禄久直内廷，得太后信仗。眷顾之隆，一时无比。事无巨细，常待一言决焉。

王文韶，字夔石，浙江仁和人。咸丰二年进士，铨户部主事。累迁郎中，出为湖北安襄郧荆道。左宗棠、李鸿章皆荐其才。擢按察使，迁湖南布政使。同治十年，署巡抚。黔苗乱炽，桂东沦寇域。文韶条上援黔、防境机宜，以兵事属按察使席宝田，督其部将苏元春、龚继昌等进剿，斩首逆张秀眉乌鸦坡，黔境平。文韶绘《苗疆要塞图》，上之朝。十一年，除真。宁远莠民倡乱，耒阳朱鸿英复妄称明裔构众，先后檄道员陈宝箴讨平之。光绪元年，遣总兵谢晋钧平新化、衡、永土寇。抚湘六年，内治称静谧焉。入权兵部侍郎，直军机。会岁旱，各省吁灾，中旨罪己。文韶亦自陈无状，诏革职留任。旋除礼部侍郎，兼总理衙门行走。八年，御史洪良品、邓承修劾云南军需案，文韶坐失察，夺二级。乞养归，终母丧，还前除。

十五年，授云贵总督。武定会匪陷富民，禄劝，人心恟惧。文韶斩获叛将，三日而定。无何，镇边夷乱起，檄迤南道刘春霖分道进攻，拓地三百里。徙建厅城于猛朗，募勇屯垦。改临安猛丁归流，移府经历驻其地。其余寇乱及土族叛服不常，皆随时殄灭。

初，英、法并缅、越后，西南缘边防务益棘。文韶绥靖各路土司，令自为守。会日韩启衅，诏入都询方略。既至，奉帮办之北洋之命。鸿章赴日议和，文韶权直隶总督、北洋大臣。和议成，实授。时关内外主客军四百余营，酌留湘、淮、豫三十营，余悉散遣，士卒帖然。建议筹修旅大炮台，谓："旅顺旧台密于防前，疏于防后，敌自大连湾入，遂失所庇；大连旧台，专顾防海，未及防陆，敌自金州登岸，遂不能支。今重整海防，必弥其罅隙。"又请加意水师、武备各学堂，以储将才，娴武干，俟财力稍足，徐图扩充。又陈河运漕粮积弊，请苏漕统归海运，他若勘吉林三姓金矿、磁州煤矿，踵鸿章后次第成之，而京汉铁路亦兴筑于是时矣。又奏设北洋大学堂、铁路学堂、育才馆、俄文馆，造就甚众。

二十四年，入赞军机，以户部尚书协办大学士。二十六年，拳匪仇教，文韶力言外衅不可启，不见纳。宫车既出，三日，始追及怀来。自联军犯京，事急，两宫召军机，惟文韶一人入见，谕必侍行。至是立召对，泣慰之，遂随

扈,自晋入秦,晋体仁阁大学士。明年,改外务部会办大臣,旋赏黄马褂。署全权大臣,命先还京,佐办中俄条约。交还东三省及关外铁路,事宁,赏双眼花翎。充政务处大臣,督办路矿总局。转文渊阁,晋武英殿。三十一年,免直军机。明年,称疾乞休。

文韶历官中外,详练吏职,究识大体,然更事久,明于趋避,亦往往被口语。三十四年,乡举重逢,赐太子太保。其冬,卒,年七十九,晋赠太保,谥文勤。

张之洞,字香涛,直隶南皮人。少有大略,务博览为词章,记诵绝人。年十六,举乡试第一。同治二年,成进士,廷对策不循常式,用一甲三名授编修。六年,充浙江乡试副考官,旋督湖北学政。十二年,典试四川,就授学政。所取士多隽才,游其门者,皆私自喜得为学涂径。光绪初,擢司业,再迁洗马。之洞以文儒致清要,遇事敢为大言。俄人议归伊犁,与使俄大臣崇厚订新约十八条,之洞论奏其失,请斩崇厚,毁俄约。疏上,乃褫崇厚职治罪,以侍郎曾纪泽为使俄大臣,议改约。六年,授侍讲,再迁庶子。复论纪泽定约执成见,但论界务,不争商务,并附陈设防、练兵之策。疏凡七八上。往者词臣率雍容养望,自之洞喜言事,同时宝廷、陈宝琛、张佩纶辈崛起,纠弹时政,号为清流。七年,由侍讲学士擢阁学。俄授山西巡抚。当大祲后,首劾布政使葆亨、冀宁道王定安等黩货,举廉明吏五人,条上治晋要务,未及行,移督两广。

八年,法越事起,建议当速遣师赴援,示以战意,乃可居间调解。因荐唐炯、徐延旭、张曜材任将帅。十年春,入觐。四月,两广总督张树声解任专治军,遂以之洞代。当是时,云贵总督岑毓英、广西巡抚潘鼎新皆出督师,尚书彭玉麟治兵广东。越将刘永福者,故中国人,素骁勇,与法抗。法攻越未能下,复分兵攻台湾,其后遂据基隆。朝议和战久不决,之洞至,言战事气自倍,以玉麟凤著威望,虚己听从之。奏请主将唐景崧募健卒出关,与永福相犄角。朝旨因就加永福提督、景崧五品卿衔,炯、延旭亦皆已至巡抚,当前敌,被劾得罪去,并坐举者。之洞独以筹饷械劳,免议。广西军既败于越,朝旨免鼎新,以提督苏元春统其军,而之洞复奏遣提督冯子材、总兵王孝祺等,皆宿将,于是滇、越两军合扼镇南关,殊死战,遂克谅山。会法提督孤拔攻闽、浙、炮毁其坐船,孤拔殪,而我军不知,法愿停战,廷议许之。授李鸿章全权大臣,定约,以北圻为界。叙克谅山功,赏花翎。

之洞耻言和,则阴自图强,设广东水陆师学堂,创枪炮厂,开矿务局。疏请大治水师,岁请专款购兵舰。复立广雅书院。武备文事并举。十二年,兼署巡抚。于两粤边防控制之宜,辄多更置。著《沿海险要图说》上之。在粤六年,调补两湖。

会海军衙门奏请修京通铁路,台谏争陈铁路之害,请停办。翁同龢等请修边地,便用兵;徐会沣请改修德州济宁路,利漕运。之洞议曰:"修路之利,以通土货、厚民生为最大,征兵、转饷次之。今宜自京外卢沟桥起,经河南以达湖北汉口镇。此干路枢纽,中国大利所萃也。河北路成,则三晋之辙接于井陉,关陇之骖交于洛口;自河以南,则东引淮、吴,南通湘、蜀,万里声息,刻期可通。其便利有数端:内处腹地,无虑引敌,利一;原野广漠,坟庐易避,利二;厂盛站多,役夫贾客可舍旧图新,利三;以一路控八九省之衢,人货辐辏,足裕饷源,利四;近畿有事,淮、楚精兵崇朝可集,利五;太原旺煤铁,运行便则开采必多,利六;海上用兵,漕运无梗,利七。有此七利,分段分年成之。北路责之直隶总督,南路责之湖广总督,副以河南巡抚。"得旨报可,遂有移楚之命。大冶产铁,江西萍乡产煤,之洞乃奏开炼铁厂汉阳大别山下,资路用,兼设枪炮钢药专厂。又以荆襄宜桑棉麻枲可饶皮革,设织布、纺纱、缫丝、制麻革诸局,佐之以堤工,通之以币政。由是湖北财赋称饶,土木工作亦日兴矣。

二十一年,中东事棘,代刘坤一督两江,至则巡阅江防,购新出后膛炮,改筑西式炮台,设专将专兵领之。募德人教练,名曰"江南自强军"。采东西规制,广立武备、农工商、铁路、方言、军医诸学堂。寻还任湖北。时国威新挫,朝士日议变法,废时文,改试策论。之洞言:"废时文,非废《五经》、《四书》也,故文体必正,命题之意必严。否则国家重教之旨不显,必致不读经文,背道忘本,非细故也。今宜首场试史论及本朝政法,二场试时务,三场以经义终焉。各随场去留而层递取之,庶少流弊。"又言:"武科宜罢骑射、刀石,专试火器。欲挽重文轻武之习,必使兵皆识字,励行伍以科举。"二十四年,政变作,之洞先著《劝学篇》以见意,得免议。

二十六年,京师拳乱,时坤一督两江,鸿章督两广,袁世凯抚山东,要请之洞,同与外国领事定保护东南之约。及联军内犯,两宫西幸,而东南幸无事。明年,和议成,两宫回銮。论功,加太子少保。以兵事粗定,乃与坤一合上变法三疏。其论中国积弱不振之故,宜变通者十二事,宜采西法者十一事。于是停捐纳,去书吏,考差役,恤刑狱,筹八旗生计,裁屯卫,汰绿营,定矿律、商律、路律、交涉律,行银圆,取印花税,扩邮政。其尤要者,则设学堂,停科举,奖游学。皆次第行焉。

二十八年,充督办商务大臣,再署两江总督。有道员私献商人金二十万为寿,请开矿海州,立劾罢之。考盐法利弊,设兵轮缉私,岁有赢课。明年,入觐,充经济特科阅卷大臣,厘定大学堂章程,毕,仍命还任。陛辞奏对,请化除满、汉畛域,以彰圣德,遏乱萌,上为动容。旋裁巡抚,以之洞兼之。三十二年,晋协办大学士。未几,内召,擢体仁阁大学士,授军机大臣,兼管学部。三十四年,督办粤汉铁路。

德宗暨慈禧皇太后相继崩,醇亲王载沣监国摄政。洞以顾命重臣晋太子太保。逾年,亲贵浸用事,通私谒。议立海军,之洞言海军费绌可缓立,争之不得。移疾,遂卒,年七十三,朝野震悼。赠太保,谥文襄。

之洞短身巨髯,风仪峻整。莅官所至,必有兴作。务宏大,不问费多寡。爱才好客,名流文士争趋之。任疆寄数十年,及卒,家不增一亩云。

瞿鸿禨,字子玖,湖南善化人。同治十年进士,授编修。光绪元年，大考一等，擢侍讲学士。久乃迁詹事，晋内阁学士。先后典福建、广西乡试，督河南、浙江、四川学政。所行皆本功令，律下尤严。

朝鲜战事起，我师出平壤。鸿机上四路进兵之策，请兼募沿海渔人蜑户编为舟师，使敌备多力分，庶可制胜。及和议成，鸿机方自蜀还，复奏言秦中地形险要，请豫建陪都。日本增兵辽东，鸿机以敌情叵测，请敕刘坤一、王文韶简练劲旅，不可专任淮军。适坤一奏劾山西将贺星明侵饷，革职，鸿机言："刑赏治天下之大柄，军纪废弛已久，宜严惩以儆其余。"又："叶志超、龚照屿等败军辱国，罪当死。和约既定，势不能与勾，宜籍其财产，或令巨款捐赎，然后贷其一死。"皆不报。旋迁礼部侍郎，出督江苏学政。请罢武科。

两宫西狩，鸿机差竣诣行在，道授左都御使，晋工部尚书，仍以西安陪都为言。既至，命直军机，兼充政务处大臣。请以策论试士，开经济特科，汰书吏，悉允行。改总理各国事务衙门为外务部，班六部上，以鸿机为尚书。时方与各国议和，鸿机治事明敏，谙究外交，承旨拟谕，语中核要，颇当上意焉。扈跸回銮，赏黄马褂，加太子太保。

自新政议起，兴学、通商、劝工诸政，有司多借端巧取。鸿机请降旨禁革苛派，任民间自办。又请旨以户部正杂诸款供地方正用，宫中岁费，遵先朝定例，量入为出，不便自户部增拨。裁汰内务府冗员，用节縻费。充中日议约全权大臣。是时中外咸以立宪为请，朝廷下诏豫备宪政始基，勖天下以忠君尊孔、尚公尚武尚实，用鸿机言也。三十二年，协办大学士。特旨派议改官制大臣，鸿机以枢廷事冗辞。旋命与大学士孙家鼐复核，颇有裁正焉。

鸿机持躬清刻，以儒臣骤登政地，锐于任事。素善岑春煊，春煊入朝，留长邮传部。密疏劾庆亲王奕劻，奕劻恶春煊，遂及鸿机。会鸿机因直言忤太后旨，侍讲学士恽毓鼎劾以揽权恣纵，遂罢斥归里。辛亥，湘变起，流寓上海，旋卒。后追谥文慎。

论曰：德宗亲政，愤于外侮，思变法自强。乃以辅导无人，戊戌奇祸，庚子匪乱，遂相继而作。太后再出垂帘，初坚复旧，继勉图新。宣统改元，议行宪政。政体既变，国本遂摇，而大势不可问矣。荣禄屡参大变，文韶久达世务。鸿机后起，参议立宪，终以失宠太后，不免放斥。唯之洞一时称贤，而监国摄政，亲贵用事，欲挽救而未能，遂以忧死。人之云亡，邦国殄瘁，尚何言哉？

卷四百三十八 列传二百二十五

阎敬铭　张之万　鹿传霖　林绍年

阎敬铭，字丹初，陕西朝邑人。道光二十五年进士，选庶吉士，散馆改户部主事。咸丰九年，湖北巡抚胡林翼奏调赴鄂，总司粮台营务。累迁郎中，擢四品京堂。林翼请病，复疏荐敬铭才，授湖北按察使。同治元年，严树森继为巡抚，亦推敬铭湖北贤能第一，署布政使。以丁本生父忧归，命治丧毕赴军，未行，诏署山东盐运使，擢署巡抚，疏乞终制，不许。时山东教匪入新泰，捻、幅各匪犯邹、曲阜，降众窜阳谷、聊城。敬铭既受任，檄总兵保德等进剿，而自督军规淄川，克之。已革参将宋景诗引降众屯东昌，复叛，饬按察使丁宝桢讨之。景诗窜莘，敬铭檄军防运河，令之曰："使一匪潜渡者，杀无赦！"而自移军博平。已而保德、宝桢连败贼唐邑马桥，克王家海，别军克甘官屯，贼遁开州。事平，再请终制，仍不许。三年，服除，实授。

奏言抽调绿营兵练骑队，朝旨允行，令即遣散募勇。敬铭言："东省变故频仍，乱甫定，降众未必革心。绿营废弛已久，骤裁勇易启戎心。臣不敢为节蓄帑项浮词遗后患。"又言："兵之能强，端恃将领。将领之材，亦资汲引。如胡林翼、曾国藩、左宗棠倡率乡里，楚勇之名遂著。前者僧格林沁奏称不宜专用南勇，启轻视朝廷之渐。老成谋国，瞻言百里。自古名将，北人为多。臣北人也，耻不知兵。以在军久，见诸军之成败利钝，必求其所以然之故。深知不求将而言兵，有兵与无兵等。今北方虽所在募勇，皆乌合耳。为将者贪婪欺饰，不知尊君亲上为何事，使握兵符，民变兵哗，后患滋大。故欲强兵必先储将。北人之智勇兼备者，推多隆阿。请饬多隆阿募北方将士，教之战阵，择其忠勇者，补授提、镇、参、游，俾绿营均成劲旅，何必更募勇丁？"时捻患炽，台臣议行团练。敬铭言："敛乡里之财以为饷，集耕种之民以为兵，于事有害无益，不如力行坚壁清野之法。"事遂寝。

四年，僧格林沁战殁曹州，贼势张，益趋张秋南，将犯省城。敬铭督师东昌，还军御之，增设炮划防河，贼折而东。移军兖州，贼窜丰、沛。乃檄总兵杨飞熊间道趋滕，防贼还窜。贼入湖滨，以飞熊扼运河，不得逞，窜徐州。明年，贼入巨野，游击王心安失利。敬铭方卧疾，强起视师东下。兖沂曹济道文彬督团勇击贼，贼引去。敬铭赴济宁，会曾国藩商定分扼黄、运之议。贼复大股趋巨野、金乡，分扰运西。遣知府王成谦等要击，而自督军巡河，露宿四昼夜，贼连败，始西遁。有张积中者，结寨肥城黄崖，集众自保，以不受抚，夷之。六年，移疾归，居久之，以工部侍郎召，不起。

光绪三年，山西大饥，奉命察视赈务。奏劾侵帑知州段鼎耀，置之法。请裁减山、陕诸省差徭，并劾弹尚书恩承、童华前奉使四川过境扰累状，均下史议。八年，起户部尚书，甫视事，以广东布政使姚觐元、荆宜施道董俊汉贿结前任司员执法，咸劾罢之。兼署刑部。疏陈兴办新疆屯田。明年，充军机大臣、总理衙门行走，晋协办大学士。十一年，授东阁大学士，仍管户部，赐黄马褂。自陈衰老，辞军机大臣。时上意将修圆明园，而敬铭论治以节用为本，会廷议钱法，失太后旨，因革职留任。十三年，复职，遂乞休，章四上，乃得请。十八年，卒，赠太子少保，谥文介。

敬铭质朴，以洁廉自矫厉，虽贵，望之若老儒。善理财，在鄂治军需，足食足兵，佐乎大难。及长户部，精校财赋，立科条，令出期必行。初直枢廷，太后颇信仗之，终以戆直早退云。

张之万，字子青，直隶南皮人。道光二十七年，以一甲一名进士授修撰。咸丰二年，出督河南学政。粤贼破归德，近逼开封，之万条上防剿事宜，多允行。俄，召还，授钟郡王读。由侍读累迁内阁学士。同治元年，擢礼部侍郎，兼署工部。尝被诏偕太常寺卿许彭寿等汇辑前代帝王及垂帘事迹可法戒者上之，锡名《治平宝鉴》。会河南州县以苛派擅杀为御史刘毓楠奏劾，命之万往按，得实，巡抚郑元善以下降黜有差。即以之万署巡抚事。疏陈军兴财匮，请仿湖北变通漕折，言："汴漕一石旧折银四两，今请令州县留办公费七钱，实解司库三两三钱，以二两购米实仓，余一两充汴饷，其三钱为通省公费。"允行。

捻酋陈大喜犯南阳，之万亲赴汝州督师。大喜窜阜阳，勾结皖捻，一由岳城趋杨庄逼雷堰，一入张冈，总兵张曜驰击破之。团练大臣毛昶熙诸军相继至，连战皆捷，斩逆酋张凤舞，汝南肃清。之万驻军许州，既分遣诸将设防，自引军还省；而亳捻乘虚袭许，陷两寨，坐降二级留任。西捻张总愚窜邓州，蓝大顺走西坪，谋与合。张曜既败总愚重阳店，乘胜袭西坪，大顺亦败走。之万复进汝州。三年，移屯南阳，贼犯开封，还军击走之。四年，迁河道总督。僧格林沁战殁曹州，督兵大臣皆获咎。之万亦革职留任，以助防省城功，给二品顶戴。五年，移督漕运。捻入徐州，之万以里下河为财赋所出，严防清、淮及六塘河诸要地。六年，淮军获赖文光于扬州，东捻平。捷闻，赐之万花翎、头品顶戴。七年，会剿西捻，总愚溺死，东南大定。之万疏陈江北善后事宜。九年，调江苏巡抚。迁浙闽总督，以母老乞养归。

光绪八年，起兵部尚书，调刑部。十年，入军机，兼署吏部，充上书房总师傅、协办大学士。十五年，授体仁阁大学士，转东阁。赐双眼花翎、紫缰。二十年，免直军机。

之万入直凡十年，领枢密者为礼亲王世铎，治尚安静，故得无事。及日韩事棘，之万乃先罢退。又二年，以病致仕。卒，年八十七，赠太傅，谥文达。

鹿传霖，字滋轩，直隶定兴人。父丕宗，官都匀知府，死寇难，谥壮节，传霖其第五子也。当丕宗守都匀时，叛苗麇聚城下，传霖方率健卒迎饷，闻警，驰还助城守，相持十阅月，援绝城陷。传霖投总督告父死状，大兵攻复都匀，奉父母遗骸归葬，时年甫二十，由是知名。以举人从钦差大臣胜保征捻，授同知。同治元年，成进士，选庶吉士，散馆改广西知县。以督剿柳、雒土匪功，赐孔雀翎，擢桂林知府。光绪四年，调廉州。时李扬才将叛扰越南，急捕之，立散其党。旋升惠潮嘉道。擢福建按察使，调四川，迁布政使。九年，授河南巡抚，清厘州县纳粮积弊，

岁增三十余万。十一年，调陕西，引疾归。十五年，再出抚陕。值黄河西啮，将与洛通。传霖增筑石坝三十余座，得无患。中日构衅，遣兵入卫，命兼摄西安将军。二十一年，擢四川总督。蜀故多盗，特立一军捕治之。夔、万大饥，发上游积谷，又采湖北粮米平粜。

是时英、俄交窥西藏，藏番恃俄援，梗英画界。英嗾廓尔喀与藏构兵，而瞻对土民苦藏官苛虐，思内附。传霖以瞻对为蜀门户，瞻不化服，无以威藏番；藏番不听命，则界无定期。而英之忌俄者益急图藏，藏亡瞻必随亡，行且及于蜀。会朱窝、章谷土司争袭事起，传霖檄知府罗以礼、知县穆秉文往谕，以提督周万顺统防边各军进驻打箭炉。瞻酋仔仲则忠札霸以兵侵章谷，抗我军。传霖乘机进发，迭克诸要害。各土司慑服，率兵听调。渡雅龙江抵瞻巢，斩馘过当，尽收三瞻地，乃请归流改汉，条陈善后之策，疏十数上。会成都将军恭寿、驻藏办事大臣文海交章言其不便，达赖复疏诉于朝，廷议中变，传霖解职去。

二十四年，召授广东巡抚，旋移江苏，摄两江总督。二十六年，拳匪乱作，传霖募三营入卫，奔及乘舆于大同。至太原，授两广总督。旋命入直军机，从幸长安。擢左都御史，迁礼部尚书，兼署工部。明年，回跸，兼督办政务大臣。凡疏陈加赋括财、损民以益上者，传霖率摈勿用；而务汰冗费，去中饱，并奏罢不急之工；均报可。有诏自后宫内供需皆取给内务府、户部专掌军国大计，实传霖发之也。三十年，转吏部。三十二年，新官制成，乃退直，专治部事。寻仍入直，解部务，以尚书协办大学士。命查办归化城垦务大臣贻毂，论遣戍，参劾不职者数十人。

宣统嗣立，与摄政醇亲王同受遗诏，加太子少保，晋太子太保。历拜体仁阁、东阁大学士，兼经筵讲官。二年春，疾作，章四上，皆温谕慰留。七月，卒，年七十五，赠太保，谥文端。

传霖起外吏，知民疾苦。所至廉约率下，尤恶贪吏，虽贵势不稍贳。其在军机，凡事不苟同，喜扶持善类。晚病重听，屡乞休不获，居恒郁郁云。

林绍年，字赞虞，福建闽县人。同治十三年进士，以编修历充乡会试同考官。光绪十四年，改御史。时议修颐和园，先是疆吏筹设海军经费，输存北洋，及园工兴，阴移其费以助工，号为"进献"。绍年极陈："生民疲敝，当以俭化天下，使督抚爱养百姓。若诛求进献，未足以言忠。请即下诏停输，还所进奉。"得旨严饬。会以忧去，服除，补山西监察御史。疏严门禁，杜宫寺交通之渐。十九年，陕西考官丁维禔贪缘内监得试差，复疏论之。

俄，授云南昭通府知府。边瘠难治，土目禄尔泰横暴，睚眦杀人，莫敢诉，猝捕戮之，众慑而定。期年劾罢文武吏不职者五人。调摄云南府，甫受事，安宁州盗劫货戕人于涂，州牧以总督崧蕃怒缉捕不力，妄系平民二十余。绍年覆按，疑其枉，谒总督廷争，卒获正犯，出二十余人者于死。崧蕃愧谢，密疏荐绍年可大用。擢迤南道，未之任，擢贵州按察使。二十六年，迁云南布政使，就擢巡抚，兼署云贵总督。广西游匪侵滇边，遣将击却之。招抚八达河

村民之陷匪者，以断贼接济，益大出兵合剿。滇境既清，乃以全力赴援广西，而蒙自土匪乘间复发，连陷临安、石屏。绍年会商总督丁振铎，檄按察使刘春霖扼通海，广南军蹑其后，不两月事平。疏言督抚同城任事非便，自请裁缺，从之。移抚贵州，而湖北、广东两巡抚旋亦议裁。印江团首吕志礼、杨鑫不相能，积十余载，相残杀。绍年至，以兵胁之降，仍拥众不散，遂案诛之。

绍年默察大势，非立宪不足以救亡，请预定政体以系人心，不报。三十一年，移广西。明年，内召，以侍郎充军机大臣，兼署邮传部尚书，授度支部侍郎。时黑龙江新设行省，骤擢道员段芝贵为巡抚。绍年言芝贵望轻，不称边帅任。御史赵启霖劾芝贵，因及庆亲王奕劻子载振纳贿渔色事，命大臣按验所劾，称无实证，褫启霖职，而芝贵亦由是罢。绍年言御史风闻言事，启霖无罪，争之不得，遂称疾。

出为河南巡抚。以州县吏馨资远宦，人地不习，无益于杜弊。请援汉、唐故事，免避本籍。部议自县丞以下，如所请行。益饬吏治，得朝贵请托书辄焚之。两疏纠弹百余人。调仓场侍郎。

宣统元年，徙民政部侍郎。时奕劻握政柄，陕西巡抚恩寿与有连，总督升允劾其赃私，不报。俄，解升允职。绍年召对论其事，以为赏罚不当，则是非不明。退复具疏言之，不省。二年，充经筵讲官，署学部侍郎，改弼德院顾问大臣。以病请告。卒，年六十八，谥文直。

论曰：同、光以后，世称军机权重，然特领班王大臣主其事耳。次者仅乃得参机务。光、宣之际，政既失驭，权乃益纷，虽当国无以为治焉。敬铭质朴，之万练达，传霖廉约，绍年劲直，其任封疆、治军旅多有绩，而立朝不复有所建树。敬铭初欲得君专国政，为势所限，终不能行其志，世尤惜之。

卷四百三十九 列传二百二十六

景廉　额勒和布　许庚身　钱应溥
廖寿恒　荣庆　那桐　戴鸿慈

景廉，字秋坪，颜札氏，隶满洲正黄旗。父彦德，官绥远城将军。景廉，咸丰二年进士，由编修五迁至内阁学士。典福建乡试，擢工部侍郎，赐奠朝鲜。八年，授伊犁参赞大臣。故事，哈萨克贸易讫即行。后以货滞鬻，许二三人守以度岁，渐成聚落，周二里许。景廉谓祸伏肘腋，毁之便，将军惮不敢发。会将军卒，景廉摄任，疏陈利害，请以便宜从事，卒毁之。诏下，如所请。塔尔巴哈台参赞大臣英秀、阿克苏办事大臣绵性、叶尔羌参赞大臣英蕴先后以贪暴被劾，皆命景廉往鞫，得实，降革有差。

十一年，调叶尔羌参赞大臣，其城为南路八城之首，汉、回杂处。安集延常扰边，俄人复于西南觇往来窥伺，哈萨克各部落多贰于俄。景廉筹饷练兵，持以镇静，八城以安。严禁绿营兵以重利侵夺回民赀产，人心大悦。同治二年，坐事落职，男妇数千哭于札尔玛。札尔玛者，回部栖神之所，意欲祷神阻其行也。景廉既去官，遣往宁夏军营效力，将军都兴阿檄参戎幕。适安徽巡抚翁同书卒于军，复檄景廉代领其众，防剿后路。

五年，授头等侍卫，充哈密帮办大臣。募勇千余，骑不满百，粮乏，冰雪中僵仆相属。景廉勉以忠义，夜支单帐，燃马矢、席地坐，时出抚循，以是兵心固结。肃州贼沿南山西窜，景廉遣总兵张玉春败之黄花营。贼扰安西州，又大败之。景廉以安西玉门为新疆门户，巴里坤虽天险可守，然力单不足恃，疏请驻安西，布置防务挽运，得旨报可。贼扑敦煌，景廉阴令副将蒋富山邀击南乾沟，而伏劲旅桥湾三水梁。贼果取道三水梁南戈壁，伏起，追击败之。捷闻，得旨嘉奖。贼复扑安西，景廉戒守将坚壁毋浪战，伺其懈击之，而设伏要其归路，贼大创，遁。景廉谓敦煌重镇，当守以重兵，因移镇敦煌，留兵安西、玉门相犄角。建坚壁清野之计，完城浚壕，择要区筑空心墩台，守具毕备。复以商团民练辅翼官兵，隐寓保甲之法，贼掳掠之计遂沮。招徕土著三千六百余户，劝募杂粮二万余石，立转运局马莲井，官民咸称便焉。

时乌鲁木齐回酋妥得璘勾结汉、回、缠头万八千余东犯，潜约哈密回子郡王为内应。王素呆，其母福晋迈哩巴纽贤明有才略，以逆书呈官军，誓众力守。景廉遣使奖慰，复令富山率兵会办事大臣文麟、裨将孔才击贼，连战六昼夜，大败之。论功，升擢有差。旋授乌鲁木齐都统。时古牧地伪元帅马明屡诈言降，复假贸易分布逆党于济木萨、木垒河。景廉侦知，密檄孔才、金永清等一夕歼之。俄人挟蒙古、哈萨克入境求通商，景廉言地方未靖，不任保护，以兵卫之出。自是终景廉任，俄人不言通商事。

穆宗亲政，景廉以为政治在乎始基，上崇正学、开言路、慎牧令、简军实、重农桑、弭异端六事。移军古城，疏请以副都统吉尔洪额、领队大臣沙克都林札布任军事。陕回白彦虎纠西宁回万余，将奔乌鲁木齐，贼势枭悍，破哈密回城，游骑越天山，扰巴里坤，两城告急。会妥得璘死，安集延酋帕夏合乌鲁木齐、古牧地等汉、回扑沙山子，遥应白彦虎。景廉急檄孔才严备济木萨各要隘，黑龙江营总依勒和布援沙山子，吉尔洪额等援喀密，而景廉坐镇古城，饮酒习射，若无事然。依勒和布与游击徐学功率骑五百败贼於枣园，擒斩无算。帕夏遁归吐鲁番，遂解沙山子之围。吉尔洪额等抵巴里坤，连战皆捷，遂度天山，败贼哈密泥基头。城中闻援军至，大呼突出，贼败，巴里坤肃清。是役也，论者谓新疆治乱一大关键也。白彦虎窜唐朝渠，将入玛纳斯，学功侦得贼口号，选精骑四百，伪为玛纳斯人，迎之龚家泷，握手慰劳，贼不之疑，益前进，前临大河。官军从后起，贼大惊，白彦虎引四十余骑逸去，余尽歼焉。学功者，乌鲁木齐农家子，沉勇多智略。军兴，集乡勇自卫。或离合于妥得璘、帕夏之间，为以贼攻贼之计。景廉招之来，推诚待之，遂愿效死，至是果得其力。奏请破格录用，报可。

景廉以忧勤致疾，再乞解职，温旨慰留。十三年，授钦差大臣，督办新疆军务。于是景廉奏请通筹全局，命伊犁将军金顺取道古牧地，提督张曜由天山南取吐鲁番，领队大臣沙克都林布、锡纶由沙山子取玛纳斯，三路齐举，使贼不相顾。奇台、古城为哈密、巴里坤屏蔽，命副都统额尔庆额、孝顺、福珠哩驻西湖，防贼逸入北路。乌鲁木齐之南俗呼搭板城者，实通吐鲁番要路，贼以重兵守之，宜潜师攻扰以扼其吭。并请饬陕甘总督左宗棠总司后路粮台。移甘肃民千户实奇台、古城屯田，购蒙古驼数千只，借拨部款六十万两。疏上，悉蒙嘉纳，而忌者尼之，未竟所施。改正白旗汉军都统。俄召回京，迁左都御史。

光绪二年，命入军机，兼总理各国大臣。授工部尚书，调户部。坐事降二级，仍留军机。补内阁学士，再迁兵部尚书。时言路尚激烈，或不平，景廉曰："政府如射之有的，言者期其中耳，于我辈何憾？且诋政府者率无罪，未必非大臣之福也。"人服其量。新疆勘定，将军金顺上言景廉前劳，请奖励。景廉谓边帅推功枢臣，恐开迎合之渐，请勿许，时论与之。十年，朱谕景廉循分供职，经济非所长，降二级调用。明年，补内阁学士。八月，卒于官，年六十二。子治麟，国子监司业，见《孝友传》。

额勒和布，字筱山，觉尔察氏，满洲镶蓝旗人。咸丰二年翻译进士，改庶吉士，用户部主事。累迁理藩院侍郎。同治三年，热河土默特贝勒旗老头滋事，额勒和布奉命查办得实，请将贝勒议处，其佐领、章京等降革有差，事遂定。由蒙古副都统调补满洲。旋授盛京户部侍郎，兼奉天府府尹。直隶总督刘长佑率师防剿热河及奉天马贼，额勒和布筹给军食。贼酋周荣纠党回窜，扰及昌图，所在告警。额勒和布遣将率马队迎击开原，而以步队扼其后，贼遂溃散。六年，请酌抽盐厘充练兵经费，增设海防同知驻营口，均议行。于赈务尤尽力捐募。署盛京将军，调察哈尔都统。新疆用兵，额勒和布经纪粮运，并调八旗官兵助剿，擢乌里雅苏台将军，屡挫悍贼。

光绪三年，因病乞休。六年，起镶白旗汉军都统，调蒙古。历热河都统、理藩院尚书、户部尚书、内务府大臣。十年，命直军机，协办大学士。奏请允开滇、越边界矿务，又奏光绪四年以前直省钱漕积欠者，请予蠲免。司业潘衍桐建言特开艺学科，以额勒和布持不可，寝其议。十一年，授体仁阁大学士，转武英殿。历充阅卷大臣等差。二十年，免直军机。二十二年，致仕。逾四年，卒于家，谥文恭。

额勒和布木讷寡言，时列渐揽权纳贿，独廉洁自守，时颇称之。

许庚身，字星叔，浙江仁和人。咸丰初，由举人考取内阁中书。尝代同官夜直，一夕，票二百签，署名胰背。文宗闻本，心识之，以询侍郎许乃普，乃普为其诸父行也，遂命充军机章京。故事，大臣子弟不得入直，是命盖异数云。十年，车驾狩木兰，召赴行在。是时肃顺方怙权势，数侵军机事，高坐直庐，有所撰拟，辄趣章京往属草。庚身以非制，不许，使者十数至，卒弗应。肃顺惭且忿，欲中以危法，未得间。穆宗缵业，特赐金以旌其风节，命随大臣入直。

同治元年，成进士，自请就本官，补侍读。累迁鸿胪寺少卿。母忧归，服竟，迁内阁侍读学士，入直如故。进《春秋属辞》，被嘉奖。补光禄寺卿。典试贵州，督江西学政，颇以天算、舆地诸学试士。光绪四年，授太常寺卿。擢礼部侍郎，调户部、刑部。十年，法越事起，充军机大臣，兼总理各国事务，晋头品服。时枢府孙毓汶最被眷遇，庚身以应对敏练，太后亦信仗之。十四年，晋兵部尚书。十九年，卒，谥恭慎。

庚身自郎曹至尚侍，直枢垣垂三十年，与兵事相终始，为最久云。

钱应溥，字子密，浙江嘉兴人。拔贡生，朝考一等，用七品小京官，分吏部，直军机。咸丰十年，粤寇连陷浙东西郡县，应溥父海宁州学训导泰吉，质行朴学，老儒也，时已罢官，州人留主讲书院。应溥闻警，亟请归奉亲，转徙经年，须发为白。

曾国藩治兵安庆，招入幕，工为文檄，敏捷如凤构。国藩屡欲特荐，皆力辞。同治三年，奏加五品卿衔。大军征捻，驻周家口。捻宵至，守卒仅千人，众骇惧，应溥镇静若无事然。于是国藩坚卧不起，捻卒不敢犯。晋四品卿衔，国藩深倚重之，其督两江，有大兴革，上奏辞皆嘱应溥具草。

光绪初，养亲事毕，乃入都，重直军机，擢员外郎。恭忠亲王、醇贤亲王相继秉政，皆嘉其谙练。每承旨缮诏，顷刻千言，曲当上意。累迁礼部侍郎，偕尚书昆冈按事河南，自巡抚裕宽以下降黜有差。朝鲜事起，廷议主战，应溥造膝敷陈，多人所不敢言。旋任军机大臣，再迁工部尚书。谢病归。二十八年，卒，谥恭勤。子骏祥，翰林院侍读。

廖寿恒，字仲山，江苏嘉定人。同治二年进士，授修。出督湖南学政。光绪二年，再擢侍讲。近畿旱灾，寿恒应诏陈言，以为："吏治坏则民情郁，以其愁苦之气薄阴阳之和而灾浸生，应天以实不以文。愿皇上审敬怠，明是非，核功罪，信赏罚，勿徒视为具文。"语甚切至。寻以内务府开支失实，请严饬，以为浮滥者戒。再督河南学政，累迁内阁学士，仍留视学。坐疏察生员欠考，下部议处。

九年，法人侵据越南安定，寿恒疏言："法以传教为事，今乃思辟商务，取径越南。越固我藩属，万无弃而不顾之理。臣愚以谓今日有必战之势，而后有可和之局。李鸿章威望最隆，北洋劲旅，非他人所能统御。宜饬鸿章仍回北洋大臣本任，坐镇天津，以卫畿辅，而饬署督张树声还督两广。树声忠勇宿将，必能相机进讨，以伸保护属国之义。两督臣各还本任，事属寻常，可不启外人之疑；而进战退守，能发能收。彼若悔祸，自可转圜。若必并吞越南，则是兵端自彼而开，不得谓为不修邻好。"

法越和议成，寿恒复上疏言："风闻法使至天津，称越南既议款，因以分界撤兵事要约李鸿章，鸿章拒不允，拟即来都磋商译署。论者谓当虚与委蛇。不知法据越南，去我之属国；逐黑旗，撤我之藩篱；通红江，夺我滇江之大利。先机已失，不可不图挽回。为今之计，直宜以欺陵小弱之罪，布告列邦，折以公法，令改削所立条约。河内、安定，一律让还，然后缓议法越通商之约。现闻津海防务，已饬备严整，军容改观。臣谓仍当选派知兵大员，率兵轮驶赴越都，以观动静。又飞檄广西防军援助刘永福，增兵制械，迅拔河内，以扼敌冲。河内既下，北圻乃安。盖我不与法构兵，永福不能不为越守土，故迩来阴助黑旗，屡战皆捷。法人不得已，乃托言保护。永福忿懑填胸，苟奉诏书，无不一以当百。如此，则滇、粤之边患稍纾，越、法之兵端可戢。"寿恒又以："根本之计，责在宸躬。跬步不离正人，乃可薰陶德性。拟请皇太后、皇上，御前太监务取厚重朴实之人，其有年纪太轻、性情浮动者，屏勿使近。并请懿旨时加训饬，凡一切浅俗委琐之言，勿许达于宸听。庶几深宫居息，无往非崇德之端，或可补毓庆宫课程所不及。至于宫廷土木之工，内府传办之件，事属寻常，最易导引侈念。伏愿皇太后崇俭黜奢，时以民生为念，俾皇上知稼穑之艰难，目染耳濡，圣功自懋。如是，则慈闱教育，更胜于典乐命夔。"疏入，上为之动容。

十年，行走总理衙门。迁兵部侍郎，调礼部、户部、吏部侍郎，屡典试事。偕都御史裕德查办四川盐务，劾罢盐茶道蔡逢年，遣戍。二十三年，迁左都御史，入军机。明年，调礼部尚书。太后训政，命出军机。以疾乞休。二十九年，卒。

荣庆，字华卿，鄂卓尔氏，蒙古正黄旗人。光绪九年，会试中式。十二年，成进士，以编修充镶蓝旗管学官。累迁至侍读学士、蒙古学士。迁转迟滞，荣庆当引见，或讽以乞假，谢曰："穷达命也，欺君可乎？"居三年，擢鸿胪卿，转通政副使。简山东学政，丁母忧。二十七年，擢大理卿，署仓场侍郎。以剥船盗米，改由火车径运，并仓廒、增经费，杜领米弊端，裁稽查仓务御史，皆如所请行。和议成，奉命会办善后事宜，兼政务处提调。二十八年，授刑部尚书。大学堂之创立也，命荣庆张百熙为管学大臣。百熙一意更新，荣庆时以旧学调济之。寻充会试副考官、经济特科阅卷大臣。调礼部尚书，复调户部。拜军机大臣、政务大臣。

荣庆既入政地，尤汲汲于厉人才，厚风俗。尝疏陈："国家取才，满、汉并重。请饬下阁部，将所属满员严加考试，设馆课之：一、掌故之学，二、吏治之学，三、时务之学。尤以《御制劝善要言》、《人臣儆心录》、《性理精义》、《上谕八旗》诸书，为居官立身之大本。均令分门学习，札记大纲，以觇其才识。"疏入，报闻。

三十一年，协办大学士。是冬，改学部尚书。明年，充修订官制大臣。寻罢军机，专理部务。德宗上宾，充恭办丧礼大臣。宣统元年，以疾乞休，温旨慰留。调礼部尚书。孝钦后奉安，充随入地宫大臣，恭点神牌，晋太子少保。三年，裁礼部，改为弼德院副院长。旋充顾问大臣、德宗实录馆总裁。国变后，避居天津。卒，年五十八，谥文恪。

荣庆持躬谨慎。故事，军机大臣无公费，率取给馈赆。荣庆始入直，深以为病，语同列合辞上请，乃得支养廉银二千，而御前诸臣亦援例增给有差。

那桐，字琴轩，叶赫那拉氏，内务府满洲镶黄旗人。光绪十一年举人，由户部主事历保四品京堂，授鸿胪寺卿，迁内阁学士。二十六年，兼直总理各国事务衙门，晋理藩院侍郎。

拳匪肇衅，各国联兵来犯，令赴丰台御之。外兵入京，误以东坝为匪窟，欲屠之，力解乃免。两宫西巡，命充留京办事大臣，随李鸿章议和。约成，专使日本谢罪，又派赴日观博览会。二十九年，擢户部尚书，调外务部，兼步军统领，管工巡局事，创警务，缮路政。平反王维勤冤狱，商民颂之。三十一年，晋大学士，仍充外务部会办大臣。历兼厘订官制、参预政务、变通旗制，署民政部尚书。

宣统元年，命为军机大臣。丁母忧，请终制，不许。出署直隶总督，请拨部款修凤河。寻还直。三年，改官制，授内阁协理大臣，旋辞，充弼德院顾问大臣。国变后，久卧病。卒，年六十有九。

戴鸿慈，字少怀，广东南海人。光绪二年进士，改庶吉士，以编修督学山东。父忧归，服除，督学云南。后复充云南乡试正考官。二十年，大考一等，擢庶子。日韩启衅，我军屡挫。鸿慈连疏劾李鸿章调遣乖方，迁延贻误，始终倚任丁汝昌，请予严惩；并责令速解汝昌到部治罪，以肃军纪：均不报。和议成，鸿慈奏善后十二策：一，审敌情以固邦交；二，增陪都以资拱卫；三，设军屯以实边储；四，筑铁道以省漕运；五，开煤铁以收利权；六，税烟酒以佐度支；七，行抽练以简军实；八，广铸造以精器械；九，简使才以备折冲；十，重牧令以资治理；十一，召对群僚以励交修；十二，变通考试以求实用。迁侍讲学士。督学福建，再迁内阁学士。学政报满，假归省墓。擢刑部侍郎。

赴西安行在，上陈治本疏；又请建两都，分六镇，以总督兼经略大臣，得辟幕僚，巡抚以下咸受节制。是年冬，随扈还京，转户部侍郎。时各省教案滋多，鸿慈请设宣谕化导使，以学政兼充。编辑外交成案，颁发宣讲。又请就翰林院创立报局，各省遵设官报，议格不行。时设会议政务处，有奉旨交议事件，三品京堂以上与议。鸿慈请推行阁部、九卿、翰林、科道皆得各抒所见，属官则呈堂代递，可以收群策、励人才。下政务处采择。

三十一年，命五大臣出使各国考求政治，鸿慈与焉。将发，党人挟炸药登车狙击，从者或创，人情惶惧。鸿慈从容诣宫门取进止，两宫慰谕，至泣下，遂行。历十五邦，凡八阅月，归国。与载泽、端方、尚其亨、李盛铎等裒辑《列国政要》百三十三卷、《欧美政治要义》十八章，会同进呈。并奏言："各国治理大略，以为观其政体：美为合众，而专重民权；德本联邦，而实为君主；奥、匈同盟，仍各用其制度；法、义同族，不免偏于集权；唯英人循秩序而不好激进，其宪法出于自然之发达，行之百年而无弊。反乎此者，有宪法不联合之国，如瑞典、挪威则分离矣；有宪法不完全之国，如土耳其、埃及则衰弱矣；有宪法不平允之国，如俄罗斯则扰乱无已时矣。种因既殊，结果亦异。故有虽革改而适以召乱者，此政体之不同也。觇其国力，陆军之强莫如德，海军之强莫如英，国民之富莫如美，此国力之不同也。窥其政略，则俄、法同盟，英、日同盟，德、奥、义同盟，既互相倚助以求国势之稳固；德、法摩洛哥之会议，英、俄东亚之协商，其对于中国者，德、美海军之扩张，美、法屯军之增额，又各审利害以为商业之竞争。盖列强对峙之中，无有一国孤立可以图存者，势使然也。况人民生殖日繁，智识日开，内力亦愈以澎涨。故各国政策，或因殖民而造西伯利亚之铁路，或因商务而开巴拿马之运河，或因国富而投资本于世界，均有深意存焉。此政略之不同也。验其民气，俄民志伟大而少秩序，其国失之无教；法民好美术而流宕逸，其国失之过奢；德民性倔强而尚武勇，其国失之太骄；美民喜自由而多放任，其国失之复杂；义民尚功利而近贪诈，其国失之困贫；惟英人富于自治自营之精神，有独立不羁之气象，人格之高，风俗之厚，为各国所不及。此民气之不同也。臣等观于各国之大势既如此，又参综比较，穷其得失之源，实不外君臣一心，上下相维，然后可收举国一致之益。否则，名实相悬，有可以断其无效者，约有三端：一曰，无开诚之心者国必危。西班牙苛待殖民，致有斐律宾、古巴之败。英鉴于美民反抗，而于澳洲、坎拿大两域予人民以自治之权，致有今日之强盛，开诚故也。俄灭波兰而用严法以禁其语言，今揭竿而起要求权利者，即波兰人也。又于兴学练兵，皆以专制为目的，今满洲之役，不战先溃。莫斯科、圣彼得堡之暴动，即出于军人与学生也。防之愈密，而祸即伏于所防之中，患更发于所防之外，不开诚故也。二曰，无虑远之识者国必弱。俄以交通之不便，而用中央集权，故其地方之自治，日以不整。美以疆域之大，而用地方分权，故其中央与地方之机关，同时进步。治大国与治小国固不侔也。德以日尔曼法系趋于地方分权，虽为君主之国，而人民有参与政治之资格。法以罗马法系趋于中央集权，虽为民主之国，而政务操之官吏之手，人民反无自治之能力。两相比较，法弱于德，有由来矣。三曰，无同化之力者国必扰。美以共和政体，重视人民权利，虽人种复杂，而同化力甚强，故能上下相安于无事。土耳其一国之中，分十数种族，语言宗教各不相同，又无统一之机关，致有今日之衰弱。俄则种族尤杂，不下百数，语言亦分四十余种，其政府又多歧视之意见，致有今日之纷乱。奥、匈两国虽同戴一君主，而两族之容貌、习尚、语言、性情迥殊，故时起事端，将来恐不免分离之患。盖法制不一，畛域不化，显然标其名为两种族之国，未有能享和平、臻富强者矣。此考察各国所得之实在情形也。窃惟学问以相摩而益精，国势以相竞而益强。中国地处亚东，又为数千年文化之古国，不免挟尊已卑人之见，未尝取世界列国之变迁而比较之。甲午以前，南北洋海陆军制造各厂同时而兴，声势一振。例之各省，差占优胜矣。然未尝取列国之情状而比较之也。故比较对于内，则满盈自阻之心日长；比较对于外，则争存进取之志益坚。然则谋国者亦善用其比较而已。"

又奏："臣等旷观世界大势，深察中国近情，非定国是，无以安大计。国是之要，约有六事；一曰举国臣民立于同等法制之下，以破除一切畛域；二曰国是采决于公论；三曰集中外之所长，以谋国家与人民之安全发达；四曰明宫府之体制；五曰定中央与地方之权限；六曰公布国用及诸政务。以上六事，拟请明降谕旨，宣示天下以定国是，约于十五年或二十年颁布宪法，召集国会，实行一切立宪制度。"又奏："实行立宪，既请明定期限，则此十数年间，苟不先筹预备，转瞬届期，必至茫无所措。今欲廓清积弊，明定责成，必先从官制入手。拟请参酌中外，统筹大局，改定全国官制，为立宪之预备。"均奉俞旨采纳，遂定立宪之议。

先是鸿慈奉使在途，已擢礼部尚书；及还，充厘定官制大臣，转法部尚书。充经筵讲官、参预政务大臣。时法部初设，与大理院画分权责，往复争议，又改并部中职掌。于是京外各级审判厅次第设矣。又采英、美制创立京师模范监狱。三十四年，疾作，乞解职，温旨慰留。两宫升遐，力疾视事。

宣统元年，赏一等第三宝星，充报聘俄国专使大臣。礼成返国，奏言："道经东三省，目击日、俄二国之经营殖民地不遗余力。非急筹抵制，无以固边圉；非振兴实业扩其自然之利，无以图富强。请速办垦殖、森林二端。俟财力稍裕，再筹兴学、路矿、兵屯各事，以资捍卫。"胪陈办法。得旨，下所司议行。是年八月，命入军机，晋协办大学士。二年，卒，加太子少保，谥文诚。

论曰：枢臣入对，序次有定，后列者非特询不得越言。晚近领以尊亲，势尤禁隔，旅进旅退而已。景廉多战绩，额勒和布有清操，庚身、应溥通达谙练，寿恒有责难之言，鸿慈负知新之誉，荣庆谨慎持躬，那桐和敏解事，皆庶几大臣之选者欤？

卷四百四十　　列传二百二十七

英桂　宗室载龄　恩承
宗室福锟　崇礼　裕德

英桂，字香岩，赫舍哩氏，满洲正蓝旗人。道光元年举人，以中书充军机章京，晋侍读。授山东青州知府，迁登莱青道。擢山西按察使，调山东，署布政使。咸丰三年，擢河南巡抚。粤匪扰湖北，英桂抵南阳筹防，匪踞安徽六安州，驰防汝宁。捻首张洛行窜踞雉河集，命英桂督三省军务，叠败贼于三河尖、颍上，捕获教匪陈太安、王庭贞。迁山西巡抚。同治元年，钦差胜保被逮，多隆阿代领其军，多所裁撤，部将宋景诗复叛。英桂奏言："胜保旧部虽多乌合降众，久经战阵。多隆阿到营旬日，遣归七起，未免操之过急，穷无所归，乘机走险。应遵前谕，如能随同立功，仍准一体保奏，以安众心。"报闻。迁福州将军。

七年，署闽浙总督，奏言："前督左宗棠议减兵者，为增饷也；议增饷者，为练兵也。应就地势情形，以定经久之制。浙省依山阻海，马步水陆额兵三万七千五十九名，而驻于杭、嘉、湖、宁、温、绍、台海滨七府者三万余名，分驻湖、金、衢、严、处五府者七千余名。海疆偏重，形势了然。加饷为人情所愿，减兵又为人情所难。各属形势不同，参以变通，庶臻妥善。今拟分别减兵增饷，以本省应裁之饷，加本省应存之兵。至练兵拟照楚、湘兵制，整器械，精技艺，庶兵气可扬。水师战船，宽筹经费，期复旧模。"又言："轮船之设，利于巨洋。驾驶之法，迥异长江。"并拟定外海炮艇章程十二条，上均嘉纳。召为内大臣。

十一年，授兵部尚书，兼总管内务府大臣。调吏部，兼步军统领。光绪元年，协办大学士。三年，授体仁阁大学士。四年，以病乞休。五年，卒，赠太子太保，谥文勤。

宗室载龄，字鹤峰，隶镶蓝旗，诚隐郡王允祉五世孙。道光二十一年进士，改庶吉士，授检讨。迁洗马，累至内阁学士。以题定郡王载铨《息肩图》称门生违例，镌三级。除光禄寺卿。咸丰三年，擢都察院副都御史，授工部左侍郎。粤匪北窜，踞河间、阜城，命载龄督防固安，匪南窜，撤防。会川督裕瑞被劾，命载龄往勘。因疏陈山西、陕西、四川捐输款项侵蚀、滥销诸弊，请敕各督抚严查参办，并条上章程五则，议行。时黔匪逼近蜀境，诏载龄严饬地方劝谕乡团助声势。寻署陕西巡抚。调刑部侍郎，仍留陕。五年，疏言："前抚臣王庆云请准遣戍新疆官犯捐输，改发内地。捐数无多，何裨国计？此端一开，行险侥幸之徒，将肆意妄为，绝无忌惮。所得小而所失大，请停止以儆官邪。"上韪之。

寻诏回京，授泰宁镇总兵，兼总管内务府大臣。以病乞休。病痊，署礼部侍郎，授刑部，调吏部。同治元年，擢都察院左副都御史，迁兵部尚书。九年，丁父忧，袭辅国公。光绪三年，调吏部，协办大学士。明年，授体仁阁大学士。六年，因病屡疏乞休，允之。九年，卒，赠太子太保，谥文恪。

恩承，字露圃，叶赫那拉氏，满洲正白旗人。以笔帖式历礼部郎中。随僧格林沁剿贼，赏四品京堂。授侍读学士，仍留充翼长。解山东滕县围，克沙沟营、临城驿，破贼曹州，又败之临朐某南。晋三品京堂，授太常寺卿。同治二年，捻首张洛行伏诛，赏黄马褂，擢内阁学士，授镶红旗蒙古副都统。以僧格林沁遇害，坐革职，旋以剿奉天马贼，复原官。授理藩院侍郎。七年，捻匪张总愚北窜，

恩承总统神机营马步兵往雄、霸扼防。捻平，还京。历调工部、礼部、刑部、吏部。

光绪元年，兼总管内务府大臣，擢都察院左都御史、正蓝旗汉军都统，迁礼部尚书。命与侍郎童华往四川查办总督丁宝桢等被劾案，覆奏宝桢交部议。恩承言："从古言利之臣，咸以不加赋而财用足，为动人听闻之具。溯自军兴以来，川省厘、捐两项，协拨饷需，以千百万计。苟非国家深仁厚泽，何以人乐输将？方今军务肃清，民气未复，乃川省设立官运局，所征正款，已暗寓加厘；所收杂款，更巧为摊派。下与小民争利，而司、道两库悬欠百万有奇。正款反形支绌，似于国计民生两无裨益。"疏入，敕部核覆。复命赴云南查办事件，以侍郎阎敬铭劾恩承入川时失察家人需索，部议革职留任。

回京，授步军统领。十年，迁刑部尚书，调吏部，协办大学士。明年，授体仁阁大学士。十三年，命赴广西、湖南、河南按事。十五年，转东阁。十八年，卒，谥文恪。

宗室福锟，字箴庭，隶镶蓝旗，理密亲王允礽六世孙。咸丰九年进士，授吏部主事，晋员外郎。光绪四年，授右庶子，迁侍读学士，擢太仆寺卿。六年，赏副都统，充西宁办事大臣。八年，召授兵部侍郎，历调刑部、户部。十年，擢工部尚书，兼步军统领。命在总理各国事务衙门行走，兼管内务府大臣。调户部，协办大学士。以部驳机器鼓铸，福锟议革职，改留任，旋复官。十五年，加太子太保。詹事府右庶子、崇文疏劾大学士张之万交纳外官，命福锟偕尚书潘祖荫勘之，奏言："之万住居湫隘，门无杂宾。枢臣接见外僚，藉以考核人才。不得以因公谒见，谓为接纳营私。惟僧静洲以方外浮屠往来仕宦之家，易招物议，请驱逐回籍。"报可。十七年，授体仁阁大学士。二十年，皇太后万寿，赏双眼花翎。时京师盗风甚炽，福锟初禁步军讯盗用严刑，盗益肆。至是奏请变通缉捕章程，允之。二十一年，疏请乞休。卒，谥文慎。

崇礼，字受之，姜氏，内务府汉军正白旗人。咸丰七年，以拜唐阿为清漪园苑丞。文宗巡幸，尝询以事，奏对称旨，嘉奖之。由员外郎历内务府卿，加内务府大臣。光绪元年，授山海关副都统，乞病归。五年，历迁内阁学士，命在总理各国事务衙门行走，补礼部右侍郎。坐事，议革职，改降三级。九年，授光禄寺卿。历理藩院侍郎，转兵部、户部。二十年，加太子少保，赏黄马褂。旋擢理藩院尚书。出为热河都统，再乞病。二十四年，授刑部尚书，兼步军统领。

崇礼勤于职事，太后念先帝识拔，颇推恩遇。及政变起，太后复训政，参预新政。杨锐等获罪，崇礼以案情重大，请钦派大学士、军机大臣会同审讯，始命军机会刑部、都察院严审。已，又传旨即行正法。二十六年，调户部，协办大学士。二十九年，授东阁大学士，转文渊阁。三十一年，以病乞罢。又二年，卒，谥文恪。

裕德，字寿田，喜塔腊氏，满洲正白旗人，湖北巡抚崇纶子。光绪二年进士，改庶吉士，授编修。累迁侍读。

八年,充咸安宫总裁,偕詹事府少詹事宝昌等疏请整顿咸安宫官学凡六事,下部议行。五转至内阁学士,督山东学政。十六年,擢工部侍郎,调刑部。二十年,授都察院左都御史,命偕侍郎廖寿恒赴四川按事。二十四年,迁理藩院尚书,调兵部。二十八年,赴哲里木盟查办事件,因条上领荒招垦事宜,如所议行。二十九年,协办大学士,授体仁阁大学士。三十年,充会试总裁。明年,改东阁。卒,谥文慎。

裕德持躬谦谨,礼贤下士,有一得之长,誉之不容口,时皆称之。

论曰:大学士满、汉并重,非有资望,不轻予大拜。内阁不兼军机者,不参机务,相业无闻焉。英桂诸人或起军功,或承世荫,或娴文学,或优政事,虽未能显有名绩,而旧德老成,雍容台鼎,亦不愧宰相之器者欤!

卷四百四十一 列传二百二十八

**潘祖荫　李文田　孙诒经　夏同善
张家骧　张英麟　张仁黼　张亨嘉**

潘祖荫,字伯寅,江苏吴县人,大学士世恩孙。咸丰二年一甲三名进士,授编修。迁侍读,入直南书房,充日讲起居注官。累迁侍读学士,除大理寺少卿。左宗棠被劾,召对簿,罪不测,祖荫上疏营救,且密荐其能,狱解,乃起独领一军。十一年,诏求直言,祖荫念车驾还都,首斥奸佞,纲纪一新,为上勤圣学、求人才、整军务、裕仓储四事。并请免赋以苏民困,汰厘以纾民力,严军律以拯民生,广中额以收民心。缊缊数千言,称旨。迁光禄寺卿。与修《治平宝鉴》,书成,被赏赉。先后纠弹官吏不职状,书凡数上,文若钦差胜保、直隶总督文煜、陕西巡抚英棨、布政使毛震寿、甘肃布政使恩麟、道员田在田诸人;武若提督孔广顺、总兵阎丕叙、副将张维义诸人。繇是直声震朝端。

同治三年,授左副都御史。坐会议何桂清罪未列衔,绖吏议。明年,恭亲王奕䜣获谴,下群臣议。祖荫念重臣进退,关系安危,疏请持平用中,酌予转圜,祛世人惑。补工部侍郎。七年,调户部,充经筵讲官。坐失部印,褫职留任。典顺天乡试,再坐中式举人徐景春文理荒谬,镌二级。十三年,特旨赏编修,仍入直。录输饷功,释处分。

光绪改元,授大理寺卿,补礼部右侍郎。数迁工部尚书,加太子少保。五年,主事吴可读以死请为穆宗立嗣,祖荫被命集议,与徐桐等请申不建储,彝训疏存毓庆宫。明年,偕惇亲王奕誴等办中俄交涉。约既成,筹善后,条列练兵、简器、开矿、备饷四事进。命入直军机,父忧归。服阕,起权兵部尚书,调补工部,兼管顺天府尹事。大婚礼成,晋太子太保。十六年,卒,赠太子太傅,谥文勤。

宝坻士绅感其救灾勤劳,吁建专祠,报可。

祖荫嗜学,通经史,好收藏,储金石甚富。先后数掌文衡,典会试二、乡试三,所得多真士。时与翁同龢并称翁潘云。

李文田,字芍农,广东顺德人。咸丰九年一甲三名进士,授编修。入直南书房,充日讲起居注官。同治五年,大考,晋中允。九年,督江西学政。累迁侍读学士。秩满,其母年已七十有七矣,将乞终养,会闻朝廷议修园籞,遂入都覆命。既至,谒军机大臣宝鋆,告以东南事可危,李光昭奸猥无行,责其不能匡救。宝鋆曰:"居南斋亦可言,奚必责枢府?"文田曰:"正为是来耳!"疏上,不报。逾岁,上停止园工封事,略言:"巴夏礼等焚毁圆明园,其人尚存。昔既焚之而不惧,安能禁其后之不复为?常人之家偶被盗劫,犹必固其门墙,慎其管钥,未闻有挥金夸富于盗前者。今彗星见,天象谴告,而犹忍而出此,此必内府诸臣及左右憸人导皇上以朘削穷民之举。使朘削而果无他患,则唐至元、明将至今存,大清何以有天下乎?皇上亦思圆明园之所以兴乎?其时高宗西北拓地数千里,东西诸国慑惮天威,府库充盈,物力丰盛,园工取之内帑而民不知,故皆乐园之成。今皆反是,圣明在上,此不待思而决者矣。"疏入,上为动容。俄乞假归。光绪八年,遭母忧。服竟,起故官,入直如故。数迁至礼部侍郎,充经筵讲官,领阁事。二十年,疏请起用恭亲王奕䜣及前布政使游智开,依行。明年,卒,恤如制,谥文诚。

文田学识淹通,述作有体,尤谙究西北舆地。屡典试事,类能识拔绩学,士皆称之。

孙诒经,字子授,浙江钱塘人。咸丰十年进士,选庶吉士。闻杭州城陷,乞假归,奉亲辟居定海。参宁绍台道张景渠军,平浙东有功,还授检讨。以倭仁荐,入直南书房。同治四年,擢司业。上言:"弭灾在恤刑,治狱先平法。本律盗案不分首从,圣祖、世宗加以区别。自顷盗风充斥,概用重典,行十余年,案不减少。则知弭盗之术,不在用法之严。请敕刑部改成例,复祖制。"议行。会上将侍太后幸惇亲王府,既;与夏同善谏罢。未几,复将诣恭亲王府祀神,诒经再上疏,言:"圣学方新,宸修宜懋。经帷屡旷,则神志难专;法驾时勤,则见闻易惑。一日行幸,一日已荒念典之功;今日行礼,异日或启游观之渐。"士论归之。遭父忧去,服除,仍原官,入直如故。十年,迁侍讲。五月朔,日食。诒经以天道感应,本诸人事,于是有遇灾修省之请。十三年夏,彗星见,越数日,太白经天,人心惶骇。诒经复有广开言路及罢圆明园工程之请。迁侍读学士。德宗缵业,大考一等,擢詹事。召对,命直抒所见,连上澄吏治、慎海防机宜甚悉。

光绪六年,俄衅启,东西海陆边防亟。诒经言:"能战然后能和,兵力专顾海口,北塘覆辙可鉴。"请调劲旅守东路,并津、永举办民团。再迁刑部侍郎,明年,调户部。会左宗棠请修畿辅水利,乃疏荐张之洞、张佩纶资治理,并以山东河患,河员专治河堤,不讲修导,建议购泰西机船及时修浚。十一年,入直毓庆宫。山东河工领部银百万,谘经廉得书吏史恩涛苛索状,严责缴还,将惩治,章未上,而御史王赓荣等辄劾以轻纵。上令明白回奏,覆奏入,卒陷吏议,并罢直。有劝引退者,谘经曰:"吾被恩遇久,遑敢佚吾身邪?"于是专治部事,佐度支凡十年。时议设银行,造铁路,虑利权外溢,断断持异议。

谘经持躬清正,思以儒术救时敝。不阿权要,为同列所忌,卒不得行其志。先后数司文柄,深恶末学猎骸积习,摈之惟恐不遑,所得多知名士。生平论学不分汉、宋,谓经学即理学。又曰:"学所以厉行也,博学而薄行,学奚足尚?"一时为学者所宗。十六年,卒,优诏赐恤,谥文慤。

夏同善,字子松,浙江仁和人。咸丰六年进士,选庶吉士,授编修。累迁右庶子,充日讲起居注官。十年,粤寇陷江南,诸军无所统,请属之曾国藩;又以北塘之役,僧格林沁军退顿通州,桂良再就议款,同善建言敌情叵测,宜专任僧格林沁备战守;敕并依行。父忧归,服阕,起故官。同治六年,迁少詹事。其时传言车驾将幸惇亲王府,召集梨园,同善闻之,与孙谘经合疏谏止。略言:"皇上冲龄,敬天未至南郊,游幸先临府第,未安者一。圣学端资养正,耳目玩好偶有所娱,恐疏而不密,未安者二。近顷军事未宁,游观之事传播四方,曷以慰臣民望?未安者三。英、俄人士杂处京畿,稍示以懈,何能帖伏?未安者四。夫孝以礼为归,礼以时为大,非时不举,古有明箴。乞罢止以彰圣德。"出督江苏学政,遭继母丧去职。起詹事。十年,迁兵部右侍郎。秋,患霖雨,奉其状以上,乞申虔祷,实行敦节俭、广赈济、开言路、清庶狱诸政,语至剀切。十三年,偕尚书广寿诣四川按事,奏请撤永川等兵差局、绵竹等伕马局。

光绪元年,命直毓庆宫授读,固辞不获,益屏家事勿问,退唯默坐观书,思所以为献纳地。先后累言盗案刑例宜复旧制,分首从;畿辅旱,请凿井灌田苏之;晋、豫饥,请移海防关税经费恤之。四年,复命视学江苏,陛辞日,力陈捐纳有碍民生,无裨国用,称旨。明年,被命巡视山东黄河,条上治下游三事:曰浚海口,曰直河湾,曰通支河,请移机器局经费治之。其秋,阅缘江炮台,又历陈三不可恃,请合数省力助守江口,已筑者毋废,未筑者毋增,上然其言。尝割俸浚江阴城河,植松五万余于君山,民德之。六年,卒,德宗闻之遽泣,其忠诚荷主知如此。遗疏入,赐恤如例,谥文敬。子庚复,主事;敦复,御史。

张家骧,字子腾,浙江鄞县人。同治元年进士,选庶吉士,授编修。督山东学政,调山西。遭父忧解职,服除,起故官。迁侍讲,入直南书房。光绪元年,转侍读,充日讲起居注官。五年,命直毓庆宫,迁侍讲学士。明年,刘铭传奉召入都,疏请筹造清江浦铁路,下李鸿章等议。家骧念典学方新,讲求上理,万一言利之臣随声附和,一言偾事,关系匪轻,乃力陈三弊阻止之。疏入,仍令鸿章核

覆,鸿章力主铭传策。然自是御史洪良品陈五害,侍讲张楷陈九不利,并随家骧而上谏书矣,事竟寝。数迁内阁学士,充经筵讲官。九年,授工部右侍郎,调吏部。

家骧纯谨好学,一谢时趋。莅官端慎。授帝读,朝夕纳诲,颇能尽心所职。十年,卒,上悼惜,赐祭葬如制,谥文庄。

张英麟,字振卿,山东历城人。同治四年进士,选庶吉士,授编修。十三年,命偕检讨王庆祺在弘德殿行走。英麟甫入直,即乞假归省。未几,穆宗崩,庆祺以有罪褫职。众皆称其志节。历典福建、云南乡试,累迁祭酒,充经筵讲官。光绪十七年,以詹事授奉天府丞,兼学政。奉省士民朴素,随韶所至,力加奖劝,学风兴起。晋内阁学士,简顺天学政,擢吏部侍郎。二十六年,通州试竣回京,两宫西狩,官吏迁避。英麟独守学政关防待交替。明年,召赴行在,应诏上疏,请力崇节俭。乘舆回銮,议变法,英麟言祖宗法制,可整饬不可遽更张。二十九年,充会试副总裁,借闱河南,改试策论、经义。英麟严衡校,多励绩学。会改官制,英麟以侍郎迁副都统,汉员授旗官自此始。旋晋都统。三十四年,授都御史。时议行宪政,许士民上书,英麟必详审为代达。御史江春霖直劾亲贵,斥回原衙门,英麟率全台合疏留之。

宣统改元,摄政监国,复举轮讲之典。英麟撰《资治通鉴》讲章以进,皆发明精义,比附近情,冀以诚意相感动,章上,但循故事留览而已。三年,武昌变起,内阁改制,饬都察院及凡有言责者皆停奏事,英麟叹息以为奇变。逊位诏下,遂乞罢归。德宗永远奉安,犹奔赴崇陵谒送。重宴琼林,加太子太保。乙丑冬,卒,年八十有八。

张仁黼,字劭予,河南固始人。光绪二年进士,选庶吉士,授编修,入直上书房。出督湖北学政,以朱子《小学》、《近思录》训士。累迁洗马,充日讲起居注官,补侍讲。二十年,日本衅起,枢臣被劾。乃与李文田等请起用恭亲王奕䜣,称旨。迁鸿胪寺卿,典试四川。除奉天府府丞,父忧,未之官。

二十六年,拳乱作,奉命在籍治团练。服阕,赴行在。时财匮,议加丁口税。仁黼谓:"今日国势极危,而人心未去者,良由世祖除明季三饷;圣祖诏丁口以五十年为率,嗣后滋生永不加赋。深仁厚泽,民不能忘。今议加丁税,违祖制,拂民情,必不可。"事遂寝。还京,擢顺天府府尹。再迁兵部侍郎,典试江西,历学部、法部。

三十三年,补大理院正卿,奏请敕部院大臣会订法律,略言:"法律主要在乎组织立法机关,而所以成之者有三,曰:定法律宗旨,辨法律性质,编法律成典。中国数千年来,礼陶乐淑,人人皆知尊君亲上。此乃国粹所在,必宜保存,用各国之法以补其不足。尤须造就法律人才,治法治人,相因为用,然后可收实效。"又言:"立法之要,规模不可不闳,推行必宜有渐。否则未当于人心而贸然以试,诚恐外国属人主义势力日益扩张,而吾国属地主义处理愈形棼纠。有司奉行不善,反使外人得以藉口,为患甚

大。"疏入，多议行。俄授吏部侍郎，充经筵讲官。三十四年，丁母忧。未几，卒。

仁黼内行修，不自标异。尝被命治河，却例馈节省金，同官惧，谓将兴大狱。仁黼忽索取金，众始安，然颇怪其失操。已而河南巡抚上言绅士助学校金，不受奖叙，数与之同。朝士益服其清不绝物云。

张亨嘉，字燮钧，福建侯官人。光绪九年进士，选庶吉士，授编修。十四年，视学湖南，念儒官为士模范，不激浊扬清，曷以励风教？疏荐文行交修者数人，士习为一变。二十三年，入直南书房。越二年，除司业，频转太常寺少卿。一岁五迁，殊数也。

二十六年夏，亲贵大臣信拳民有神术能攘外，饰词入告，上疑之，命亨嘉察视。亨嘉知其不可恃，条上弭衅机宜甚悉，疏甫入而乱作。西狩还，独先赐用，徙大理寺卿。明年，出督浙江学政，颇采西国政教命题试士，多得通材。尚书张百熙、荣庆既为学务大臣，别置大学总监督，亨嘉遂被命任校事，仍不离内廷职。大学中更寇乱，肄业生不盈百，乃辟学舍，广集高材生。类别学科，礼聘儒宿及东西邦学人专门教授。书籍仪器，粲然备具。兼摄进士馆监督，进士习法政自此始。历光禄寺卿、左副都御史、兵部侍郎。逾岁，疏辞校职，转礼部侍郎，充经筵讲官。

亨嘉为人敦实，嗜古精鉴赏。事母孝，母黄氏，寿百岁，同列奏庥瑞。中兴后命妇享高耆者，与詹事袁葆恒祖母郭氏二人而已。上闻之叹异，加恩赐予。三十四年，遭丧去，终服，仍入直。宣统二年，卒，赐祭葬，谥文厚。

论曰：同、光典学内直诸臣，每兼授读，体制较隆；而文学侍从，亦多选缵学，时备顾问，称荣幸焉。祖荫好贤勤事，文田学识淹雅，同以通博称。诒经重实学，同善崇圣德，家骧尽心诲纳，英麟早励风节，并无愧师儒。仁黼、亨嘉尤倦倦于明法修学，后先相望，其风采皆隐然可见焉。

卷四百四十二 列传二百二十九

徐树铭 薛允升 宗室延煦 子会章 **汪鸣銮**
长麟 **周家楣 周德润 胡燏棻 张荫桓**

徐树铭，字寿蘅，湖南长沙人。道光二十七年进士，选庶吉士，授编修。典四川乡试。咸丰二年，迁中允，简山东学政。累迁内阁学士，授兵部右侍郎。督学福建，按试兴、泉。适莆田、同安吕、黄氏械斗，势汹汹，树铭喻以大义，手书劝谕文付二氏，躬祭斗死者而哀之，二氏愧悔；复为立型仁、讲让二塾，训其子弟，二氏愈益和。秩满，乞归养。同治五年，起署礼部左侍郎。明年，督学浙江，以荐举人才中列已罢编修俞樾，严旨付吏议，谪迁

太常寺少卿。

光绪初，除鸿胪寺卿，遭父忧，终丧，起授通政司副使。十年，晋太常寺卿。永定河决，诏树铭往勘，既至，奏罢河工酌用民力及折价交土章程，民德之。法越事急，念海道梗阻，乃疏请漕粮改归中运，敕直隶总督治南运全河。十二年，补左副都御史。时议废当十钱，复制钱，民心惶惑。树铭言于户部尚书阎敬铭，请发仓廪，俾民以当十钱购粟，粜平而钱不废，民乃安。十五年，授工部右侍郎。历充顺天、浙江乡试正副考官，会试总裁。二十年，中东构衅，树铭数上封事，皆不报。旋迁左都御史，充经筵讲官。疏请行蚕政，敕督抚令有司营办，以从违为举劾，上嘉纳，下其疏各省。二十五年，拜工部尚书。旋病卒，予优恤。

树铭幼颖异，问学于何桂珍、曾国藩、倭仁、唐鉴诸人。生平无私蓄，惟嗜钟鼎书画，藏书数十万卷，虽耄犹勤学不倦云。

薛允升，字云阶，陕西长安人。咸丰六年进士，授刑部主事。累迁郎中，出知江西饶州府。光绪三年，授四川成绵龙茂道，调署建昌。明年，迁山西按察使。值大祲，治赈，综核出入，民获苏。又明年，晋山东布政使，权漕运总督。淮上患剧盗久未获，允升诇得其巢，遣吏士往捕。岁除夕，盗方饮酒，未戒备，悉就执。六年，召为刑部侍郎，历礼、兵、工三部，而佐兵部为久。念国家养兵糜饷糈，因条列练兵裁勇机宜，上嘉纳，十九年，授刑部尚书。

初，允升观政刑曹，以刑名关民命，穷年讨测律例，遇滞义笔诸册，久之有所得。或以律书求解，辄为开导，而其为用壹归廉平。凡所定谳，案法随科，人莫能增损一字。长官信仗之，有大狱辄以相嘱。其鞫囚如与家人语，务使隐情毕达，枉则为之平反。始以治王宏馨狱显名。盖民有堕水死者，团防局勇已不胜榜掠，承矣，允升覆讯，事白。厥后江宁民周五杀朱彪，遁；参将胡金传欲邀功，捕僧绍棕、曲学如论死。侍读学士陈宝琛纠弹之，上命允升往按，廉得实，承审官皆惩办如律。

二十二年，太监李苌材、张受山构众击杀捕者，严旨付部议。允升拟援光棍例治之，而总管太监李莲英为乞恩，太后以例有"伤人致死、按律问拟"一语，敕再议。允升言："李苌材等一案，既非谋故斗杀，不得援此语为符合。且我朝家法严，宦寺倍治罪。此次从严惩治，不能仰体哀矜之意，已愧于心；倘复迁就定谳，并置初奉谕旨于不顾，则负疚益深。夫立法本以惩恶，而法外亦可施仁。皇上果欲肃清辇毂，裁抑阉宦，则仍依原奏办理。若以为过严，或诛首而宥从，自在皇上权衡至当，非臣等所敢定拟也。"疏上，仍敕部议罪。其时莲英遍瞩要人求末减，允升不为动。复奏请处斩张受山，至李苌材伤人未死，量减为斩监候，从之。二十三年，其从子济关说通贿，御史张仲炘、给事中蒋式芬先后论劾，允升坐不远嫌，镌三级，贬授宗人府府丞。次年，谢病归。

二十六年，拳祸作，两宫幸西安。允升赴行在，复起用刑部侍郎，寻授尚书。以老辞，不允。二十七年，回銮，从驾至河南。病卒，恤如制。著有《汉律辑存》六卷、《汉律决事比》四卷、《唐明律合编》四十卷、《服制备考》四卷、《读例存疑》五十四卷。子浚，光绪六年进士，官礼部郎中。

宗室延煦，字树南，隶正蓝旗，直隶总督庆祺子。以任子官礼部主事。咸丰六年，成进士，选庶吉士，授编修。十三年，车驾北狩，录城防功，擢四品京堂。明年，授赞善。累迁内阁学士，除盛京兵部侍郎。同治六年，调户部，数勘办展边垦地。十一年，移督仓场。与汉侍郎毕道远疏请漕粮起运本色济兵食，议行。光绪二年，出为热河都统，以围场旷莽，易丛奸宄，请增置营汛资守御。有土寇王致冈者，构众扰平泉、赤峰、建昌诸处，积为民患，官军莫能捕，至是遣守备松恩剿平之。寻移疾去。

九年，授左都御史。念《会典事例》自嘉庆间续修，中更六十余年，典章制度，视昔弥剧。及今不修，恐文献无征，难免舛漏。疏请敕廷臣集议开馆，限年修明宪典，得旨报可。十年，晋理藩院尚书，调礼部。万寿圣节，大学士左宗棠未随班叩祝，延煦上疏论劾。略谓："左宗棠职居首列，鸿胪引班时，竟步出乾清门，不胜骇诧！国家优礼大臣，宗棠被恩尤重。纵捐顶踵，未报万一，乃躬履尊严之地，绝无诚敬之心。如曰遘疾，曷弗请假？而必故乱班联，害礼负恩，莫或斯等！"疏上，下宗棠吏议，以延煦语过当，诏革职留任。

会山东民埝决口，言者劾巡抚陈士杰误工状，命延煦偕祁世长往按，白其诬而言其失计。又以遵旨巡察海防，具图说以上，谓："烟台、旅顺对峙，海面至此一束，两岸同心扼守要隘，津、沽得有锁钥。防守之法，应如何测浅深，审沙线，备船炮，设水师，募谙海战之人，必有制胜之策。"上韪其议，特宣示。还京，再移疾，不允。十二年，两宫祗谒东陵，诣孝贞显皇后陵寝，慈禧皇太后不欲行拜跪礼，延煦持不可，面诤数四。方是时，太后怒甚，礼部长官咸失色，延煦从容无少变。太后卒无以难，不得已跪拜如仪。延煦起家贵介，以文词受主知，而立朝大节侃侃无所挠，士论伟之。明年，卒。

子会章，光绪二年进士，历宫理藩院侍郎。戊戌政变，汉京朝官罹法网者众。会章独奏论刑狱贵持其平，不当以满、汉分畛域，言人所不敢言，论者谓其优直有父风。

汪鸣銮，字柳门，浙江钱塘人。少劬学。同治四年，成进士，选庶吉士，授编修。迁司业，益覃研经学，谓："圣道垂诸六经，经学非训诂不明，训诂非文字不著。"治经当从许书入手，尝疏请以许慎从祀文庙。历督陕甘、江西、山东、广东学政，典河南、江西、山东乡试，颛重实学，号得士。光绪三年，父忧归，服阕，起故官。历迁内阁学士，晋工部侍郎，兼管户部三库。十六年，赴吉林按事，与尚书敬信俱。

二十年，主礼部试。时日韩衅起，朝议纷呶。诏行走总理各国事务衙门，充五城团防大臣。调吏部右侍郎，兼贰刑部。逾年，和议成，日人坚索台湾，鸣銮力陈不可，称上意。时上久亲政，数召见朝臣，鸣銮奏对尤切直。忌者达之太后，故抑扬其语，太后信之，上不自安。其冬，遂下诏曰："朕侍奉皇太后，仰蒙慈训，大而军国机宜，小而起居服御，体恤朕躬，无微不至。乃有不学无术之徒，妄事揣摩，辄于召对时语气抑扬，罔知轻重。如侍郎汪鸣銮、长麟，上年屡次召见，信口妄言，迹近离间。本欲即行治罪，因军务方棘，隐忍未发。今特晓谕诸臣，知所儆惕。汪鸣銮、长麟并革职，永不叙用。嗣后内外大小臣工有敢巧言尝试者，朕必治以重罪。"既罢归，主讲杭州诂经精舍、敷文书院。三十二年，卒。

长麟，满洲镶蓝旗人。光绪六年繙译进士，授编修。累至户部右侍郎。

周家楣，字小棠，江苏宜兴人。咸丰九年进士，选庶吉士。散馆，改礼部主事，充总理各国事务衙门章京。其时教祸棘，四川总督骆秉章凤持正，外人以将军崇实易与，遇事辄就决之，数兴大狱，至杀平民二百人，勿之问。家楣上书执政，极言其害，请教案归总督裁决，卒如所言。各国相继换约，交涉益剧，枋事者多依违。家楣苦心经画，凡议觐礼、遣使臣、护侨民，皆委曲历久而后定。洎日本窥台湾，海防亟，乃为策先谋足以制日者。于是大学士文祥举立海军、造船舰、筑炮台、制枪械、采煤铁、招侨商，及用人、筹饷诸端，折衷众说，属草议上之。累迁郎中，擢五品京堂。

光绪改元，除太仆寺少卿，典四川乡试。越二载，迁顺天府尹，兼总理各国事务大臣，遭忧去。服阕，署左副都御史，直总署如故。八年，再授顺天府尹。时吏治日弛，家楣自初莅扫奏增经费，劾污吏，练捕盗营，亲决狱讼，设通州、良乡官车局、近畿教养义塾、善堂、留养局，增贡院号舍，扩金台书院，制孔庙祭品、乐器。及再任，益有兴革，郡中一切皆治办。

九年，霪雨河溢，州邑吁雷，亟疏请帑，复募集银百余万。会关东大熟，劝募杂粮，亦获数万石，恤饥困。明年春，大举工赈，浚京南凤河，京东北运河，武清、宝坻两减河，宛平庞谷庄百二十村沟洫。通州、涿州、霸州、保定堤坝决口，分助直、鲁工赈皆巨万。佥谓京畿救荒之政，为百年所未有云。

家楣方负时望，累兼署礼、户、兵三部侍郎，上意骎向用。既而恭亲王奕𬣞罢政，朝局一变。法越事起，朝士激昂多主战。家楣以法强盛，不可轻敌，乃自具疏，略谓："法人肆扰海疆，台湾亟于战御，饷械阻绝。敌以兵船十数游弋海口，伺隙抵巇，各国且潜济之。台湾虽胜，与内地隔。越南得手，得一地留一师，亦恐分兵致弱。今调停之说，发之自彼，权之在我，不得不别具深谋，欲擒先纵。至中国实能自强，转无战之可言。此大局之枢纽也。"疏上，自知其言不协时，曰："吾终不以附和误国。"给事中孔宪毂劾张荫桓泄漏机密，语连家楣及吴廷芬等，乃罢直总署，转通政使。十三年，卒。顺天士民感其遗惠，请建通州专祠，诏允之。

周德润，字生霖，广西临桂人。同治元年进士，选庶吉士，授编修。迁司业，历侍读学士，充日讲起居注官。光绪八年，除少詹事。星变陈言，上修理政刑六事。再迁内阁学士。十年，大学士左宗棠称疾请解职，德润力言："宗棠不宜去位，请旨责其引退之非，示以致身之义。"称旨。当是时，言路发摅，德润先后劾巡抚李文敏、倪文蔚不职状，有直声。

法越构兵，倡救越议，数请力保藩封，速定战计，条列急务十端，可危者八，不可和者五，宜用兵者七。又以防务不可岁月计，复请亟筹强边积谷，以老敌师、操胜算。疏凡十余上，上数召见，嘉其谙边情。命行走总理各国事务衙门，两次请敕廷臣集议。未几，和议起，法人勒退兵，益索偿费。议者欲与之，德润持不可，谓："苟伤国体，即一介不可与。请定志毋退缩。"已，议款事棘，德润独具疏，略言："藩封可弃，犹谓非域中也。边界可分，犹谓非腹地也。商可通，兵可撤，犹谓守约非背约也。五条外横生枝节，若犹迁就，其何能国？请严拒之。"并陈和战机宜甚悉。上以单衔入告，乖和衷谊，罢直总署。及明诏与法宣战，德润遵旨覆陈台、越战计，力驳邓璀琳、盛宣怀所拟和约，条列救台复越六策，力主先战后和。复上安徽厘税、梧州关税积弊状，先后命大臣廉得实，设法整饬之，岁课赢数十万。

明年，和议将成，德润胪举八事进，曰：习勤苦，责疆吏；清内宄，募锐卒；杜中饱；会办北洋大臣宜分驻奉天海口，南北宜联一气；滇、粤宜筹善后；云南宜设机器局。上嘉纳焉。时法使浦理燮等赴越，朝命德润诣滇治界务。德润率道员叶廷眷等出关，勘都竜南丹古林箐，缘南溪河至河口保胜蛮耗。十二年，与法使狄隆等论界线，以缘边二千余里，议分五段，执志乘力争，更正没入越地三十余里，险要地四十里，复大赌咒河外苗塘子诸地数百里。逾岁还，除刑部侍郎，督顺天学政。十八年，卒，予优恤。

胡燏棻，字芸楣，安徽泗州人，本籍浙江萧山。同治十三年进士，选庶吉士。散馆，改知广西灵川县，未上，纳赀为道员，铨直隶。总督李鸿章俾管北洋军糈，补天津道。光绪十四年，鸿章将出阅海军，有巨猾觊为变，流言胥动。各国领事诘鸿章，鸿章以其事属燏棻，越三月捕治之，民乃定。海舟应徭自奉天运米豆输天津，充户长者，岁出金三万，往往破家。燏棻廉得状，上鸿章奏罢之。十六年，大水，民数万止城上。燏棻扩北仓、西沽粥厂俾居之。鸿章用其言，募集银三百数十万，复督塞南北运河诸溢流凡八十余处，民犹及种麦。十七年，迁广西按察使，赐头品服。逾岁到官，多所平反。再权布政使，建逊业堂教士，下临桂知县督诸囚习艺。

二十年，入觐，会中东事起，命治糈台。师挫，鸿章东渡行成。诸军西入关，燏棻疏请资遣之。蒋希夷军几溃，燏棻单骑宣谕，卒解遣，无敢哗者。朝廷恫丧师，知募兵不足恃，命燏棻主练兵，成十营，顿小站，号定武军。小站练兵自此始。燏棻上疏言变法自强，条列十事：曰开铁路，自汉口至京为干路，其分支南自光山、固始出六安，自应城、京山、安陆出荆门、当阳；西自怀庆出秩关径蒲、解达关陇；东自开封、归德过宿、泗抵清江。曰造钞币、银币，毋使各国垄市利。曰制机器，国家用枪炮船械，令民厂自造，可塞漏卮。曰开矿产，筑路需煤铁，铸币需金银铜，制机器需五金，择良吏主其事。曰折南漕，官禄军糈并易以银，仍就津市米储通州，备缓急。曰减兵额，汰老弱，简精壮，化无用为有用。曰创邮政，取其赀佐度支，驿站、提塘皆可废。曰练陆军，将知学问，械求画一，兵取良家，厚将领月糈，严戒侵蚀。曰整海军，军置帅，总领缘海七省，隶中枢，不受疆吏节度。曰设学堂，农、商、工、矿、医有颛家，水师、陆军、女子、盲哑有教法，朝廷为定制，甄而用之。又言停武科，练旗兵，器械、营制、饷章并从西式。次第皆采用。是岁定议造铁路，自卢沟至津，命燏棻充督办。寻授顺天府府尹，疏请展京西支路，首卢沟讫门头沟，便煤运。

已，充总理各国事务大臣，时董福祥军驻南苑，斫伤铁路西国工程师，各公使诉于朝，请罢董军。燏棻力争，始留驻近畿，然卒以此罢直总署。燏棻夙以谈洋务著称。次年，拳匪入京，指为通敌，欲杀之，逸而免。膺会办关内外铁路之命，路为联军占，岁余始与英使订约接收，复归于我。迁刑部右侍郎，三十二年，转礼部，寻转邮传部，卒，恤如制。予天津建祠。

张荫桓，字樵野，广东南海人。性通脱。纳赀为知县，铨山东。巡抚阎敬铭、丁宝桢先后器异之，数荐至道员。光绪二年，权登莱青道。时英国请辟烟台租界，议倡马头捐以敛厚赀，荫桓持不可。又义冢一区为人盗售，有司已钤契矣；复与力争，卒返其地。七年，授安徽徽宁池太广道。抉芜湖关癓弊，税骤进。会久霪雨，江流衍溢，州邑吁藟，出俸钱赈之。明年，迁按察使。征还，赏三品京堂，命直总理各国事务衙门。十年，除太常寺少卿。

荫桓精敏，号知外务。骤跻魏官，务揽权，为同列所忌。给事中孔宪瑴撼其致苏松太道邵友濂私函为泄朝旨，劾之，诏出总署。又以语连同官，并罢周家楣等，朝列益衔之。左迁直隶大顺广道。

十一年，命充出使美日秘三国大臣。逾岁赴美，舟抵金山，税司黑假毂索观国书，荫桓谓非关史所得预，峻拒之。电诘美外部，黑假跾蹐惭谢。至伊士顿，地近洛士丙冷，华民箪食相迎。初，华民之佣其地也，为美工燔杀，数至二百余人。前使郑藻如索偿所毁财产，久不得直，至是皆待命荫桓。荫桓既达美都，即与其外部辨论，凡偿墨西哥银十四万七千有奇。金山华民故好械斗，尝为文讽谕之。未几，美设苛例，欲禁遏华工。荫桓曰："与其系命它族，毋宁靳勿与通也。"于是倡自禁华工议。继乃徇众请，不果行。其它乌卢公司槐花园、澳路非奴、姑力、阿路美的钦巴新喾诸案，亦多所斡旋。又与日廷争论小吕宋设官事，卒如所议。是岁，除太常寺卿，转通政司副使。十三年，奏设古巴学堂，并筹建金山学堂、医院。后三年还国，仍直总署。历迁户部左侍郎。

二十年，中日议和，命偕友濂为全权大臣，东渡，日人弗纳。次年，复命与日使林董赓议商约，荫桓力争优待利益、征收税则二事，成通商行船二十九款，语具《邦交志》。二十三年，奉使贺英，上以其领度支熟知外情，命就彼国兼议加税，坚拒免厘。荫桓历英、美、法、德、俄而还，条具闻见，累疏以陈。大恉谓宜屏外援，筹自固，为箴膏起废策。二十四年，京师设矿务铁路总局，被命主其事。数言修内政以戢民志，治团练以裕兵力，敕并依行。

先是变法议起，主事康有为与往还甚密。有为获谴，遂褫荫桓职，谪戍新疆。越二年，拳乱作，用事者矫诏僇异己，荫桓论斩戍所。二十七年，复故官。

论曰：光绪朝部院大臣多负物望，其兼直总署者，时方重交涉，权比枢廷。树铭、允升通经明律，家楣、德润议约论战，橘茱熟时务，荫桓谙外交，皆各有建白，一时理乱，实隐系之。鸣銮以妄言罢斥，论者疑非其罪。延煦争谒陵拜跪，劾朝贺乱班，侃侃尤无愧礼臣云。

卷四百四十三　　列传二百三十

**孙家鼐　张百熙　唐景崇
于式枚　沈家本**

孙家鼐，字燮臣，安徽寿州人。咸丰九年一甲一名进士，授修撰。历侍读，入直上书房。光绪四年，命在毓庆宫行走，与尚书翁同龢授上读。累迁内阁学士，擢工部侍郎。江西学政陈宝琛疏请以先儒黄宗羲、顾炎武从祀文庙，议者多以为未可，家鼐与潘祖荫、翁同龢、孙诒经等再请，始议准。十六年，授都察院左都御史、工部尚书，兼顺天府尹。

二十年，中日事起，朝议主战，家鼐力言衅不可启。二十四年，以吏部尚书协办大学士。命为管学大臣。时方议变法，废科举，兴学校，设报编书，皆特交核覆，家鼐一裁以正。尝疏谓："国家广集卿士以资议政，听言固不厌求详，然执两用中，精择审处，尤赖圣知。"其所建议，类能持大体。及议废立，家鼐独持不可。旋以病乞罢。

二十六年，乘舆西狩，召赴行在，起礼部尚书。还京，拜体仁阁大学士。历转东阁、文渊阁，晋武英殿。充学务大臣，裁度规章，折衷中外，严定宗旨，一以敦行实学为主，学风为之一靖。议改官制，命与庆亲王奕劻、军机大臣瞿鸿禨总司核定。御史赵启霖劾奕劻及其子贝子载振受贿纳优，命醇亲王载沣与家鼐往按，启霖坐污蔑亲贵褫职，而载振寻亦乞罢兼官。资政院立，命贝子溥伦及家鼐为总裁，一持正议不阿。时诏诸臣轮班进讲，家鼐撰《尚书·四子书讲义》以进。三十四年二月，以乡举重逢，赏太子太傅。历蒙赐"寿"，颁赏御书及诸珍品，赐紫缰，紫禁城内坐二人暖轮，恩遇优渥。宣统元年，再疏乞病，温诏慰留。寻卒，年八十有二，赠太傅，谥文正。

家鼐简约敛退，生平无疾言遽色。虽贵，与诸生钧礼。闭门斋居，杂宾远迹，推避权势若怯。尝督湖北学政，典山西试，再典顺天试，总裁会试，屡充阅卷大臣，独无所私。尝拔一卷厕二甲，同列意不可，即屏退之，其让不喜竞类此。器量尤广，庚子，外人请惩祸首戮大臣，编修刘廷琛谓失国体，责宰辅不能争，家鼐揖而引过。其后诏举御史，家鼐独保廷琛，谓曩以大义见责，知忠鲠必不负国，世皆称之。

张百熙，字野秋，长沙人。同治十三年进士，授编修。督山东学政，典试四川。命直南书房，再迁侍读。

光绪二十年，朝鲜衅起，朝议多主战。百熙疏劾李鸿章阳作战备，阴实主和，左宝贵、聂士成皆勇敢善战之将，以饷械不继，遂致败绩，咎在鸿章；又劾礼亲王世铎管枢务，招权纳贿，战事起，一倚鸿章，贻误兵机：皆不报。时值太后万寿，承办典礼者犹竞尚华饰，百熙奏罢之。复偕侍讲学士陆宝忠等力弹枢臣朋比误国十大罪。未几，孙毓汶引疾归，恭亲王奕訢复入军机，而百熙亦出督广东学政。累迁内阁学士。二十四年，坐滥举康有为，革职留任。二十六年，授礼部侍郎，擢左都御史，充头等专使大臣。拳匪乱定，下诏求言，百熙抗疏陈大计，请改官制，理财政，变科举，建学堂，设报馆。明年，迁工部尚书，调刑部，充管学大臣。

京师之有大学堂也，始于中日战后。侍郎李端棻奏请立学，中旨报可，而枢府厌言新政，请缓行。迄戊戌，乃奉严旨，促拟学章，命孙家鼐为管学大臣。及政变，惟大学以萌芽早得不废。许景澄继管学，坐议和团被诛。两宫西幸，百熙诣行在，以人望被斯任，于是海内欣然望兴学矣。百熙奏加冀州知州吴汝纶五品卿衔，总教大学。汝纶辞不应，百熙具衣冠拜之，汝纶请赴日本察视学务。大学教职员皆自聘，又薪金优厚，忌嫉者众，蜚语浸闻。汝纶返国，未至京，卒；而百熙所倚以办学者，门人沈兆祉亦受谗构。大学既负时谤，言官奏称本朝定制，部官大率满、汉相维，请更设满大臣主教事，乃增命荣庆为管学大臣。旋别设学务处，以张亨嘉为大学总监督，百熙权益分。始议分建七科大学，又选派诸生游学东西洋。荣庆意不谓可，而百熙持之坚，亲至站送诸生登车。各省之派官费生自此始。值张之洞入觐，命改定学章，及还镇，复命家鼐为管学大臣。凡三管学，百熙位第三矣。百熙拟建分科大学，以绌于赀而止，惟创医学及译学馆、实业馆，遂谢学务。赏黄马褂、紫禁城骑马。后历礼部、户部、邮传部尚书，政务、学务、编纂官制诸大臣。卒，赠太子少保，谥文达。

唐景崇，字春卿，广西灌阳人。父懋功，举人，有学行。景崇，同治十年进士，授编修。由侍读四迁至内阁学士。光绪二十年，典试广东。明年，主会试。历兵部、礼部侍郎,权左都御史,出督浙江学政,母忧归。拳祸起,命督办广西团练。二十九年,以工部侍郎典试浙江,督江苏学政,三十一年,诏罢科岁试,学政专司考校学务。景崇条上十事。明年,罢学政,还京供职。疏陈立宪大要四事。

时两广疆臣建议广西省会移治南宁,京朝官皆持异议。景崇奏陈:"迁省之议,以越南逼近龙州,法人时蓄狡谋,桂林距离远,声气难通,不若改建南宁之便。臣谓不然,今我兵力尚不能经营邕州,扼北海水陆冲要,徒虚张声势,招外人疑忌何为?且迁徙缔造之费,桂林善后之费,练兵设防之费,皆非巨款不办。方今俄居西陲,英窥南徼,蒙、藏、川、滇势均岌岌,非独一法人之可畏。以大局论,决不能竭全力事广西之一隅;以广西论,亦不能竭全力事南宁之一隅;明矣。故为今之计,诚能简重臣驻龙州,于对汛边地二千里,相度土宜,兴办树艺、屯垦、畜牧、开矿诸端,俟地利渐兴,人齿渐繁,再以兵法部勒。此上策也。至目前应变之方,莫如迅设龙州电线,移提督驻南宁,增募十营,暂停广西应解赔款,饬各省欠解广西协饷,分年摊解,用抵赔款。一转移间,饷足则兵强,可纾朝廷南顾之忧。若迁省之举,劳民费财,无益于治。"事得寝。

调吏部侍郎,充经筵讲官。景崇以绩学端品受主知,屡司文柄。迨科举罢,廷试游学毕业生,皆倚景崇校阅。宣统元年,戴鸿慈卒,遗疏荐景崇堪大用。二年,擢学部尚书。明年,诏设内阁,改学务大臣。是时学说纷歧,景崇力谋沟通新旧,慎择教科书。兼任弼德院顾问大臣。武昌变起,袁世凯总理内阁,仍命掌学务。引疾去。越三年,卒,谥文简。

景崇博览群书,通天文算术,尤喜治史。自为编修时,取《新唐书》为作注,大例有三:曰纠缪,曰补阙,曰疏解,甄采书逾数百种。家故贫,得秘籍精本,辄典质购之。殚精毕世,唯缺《地理志》内羁縻州及《艺文志》,余均脱稿。

于式枚,字晦若,贺县人。博闻强记,善属文。光绪六年进士,以庶吉士,散馆用兵部主事。李鸿章调北洋差遣,历十余年,奏牍多出其手。性不乐为外吏,又格於例不得保升京秩,久之不迁。二十二年,鸿章贺俄皇加冕,因历聘德、法、英、美诸国,式枚充随员。俄选授礼部主事,由员外郎授御史,迁给事中。赞《辛丑和约》,赏五品京堂。充政务处帮提调、大学堂总办、译学馆监督。三十一年,以鸿胪寺少卿督广东学政,改提学使,疏辞,命总理广西铁路。三十三年,擢邮传部侍郎。

当是时,政潮激烈,有诏预备立宪,举朝竞言西法,无敢持异议者。于是式枚奉命出使德国,充考察宪政大臣。濒行,疏言:"宪政必以本国为根据,采取他国以辅益之,在求其实,不徒震其名。我朝道监百王,科条详备,行政皆守部章,风闻亦许言事,刑赏予夺,曾不自私。有大政事、大兴革,内则集廷臣之议,外会待疆吏之章。勤求民隐,博采公论,与立宪之制无不符合。上有教诫无约誓,下有遵守无要求。至日久官吏失职,或有奉行之不善,海国开通,又有事例之所无,自可因时损益,并非变法更张。惟人心趣向各异,告以尧、舜、周、孔之道,则以为不足法;告以英、德、法、美之制度,而日本所模仿者,则心悦诚服,以为当行。考日本维新之初,即宜言立宪之意。后十四年,始发布开设国会之敕谕,二十年乃颁行宪法。盖预备详密迟慎如此。今横议者自谓国民,聚众者辄云团体,数年之中,内治外交,用人行政,皆有干预之想。动以立宪为词,纷驰电函,上厪宸虑。盖以立宪为新奇可喜,不知吾国所自有。其关于学术者,固贻讥荒陋,以立宪为即可施行,不审东洋之近事。关于政术者,尤有害治安。惟在朝廷本一定之指归,齐万众之心志,循序渐进。先设京师议院以定从违,举办地方自治以植根本,尤要在广兴教育,储备人才。凡与宪政相辅而行者,均当先事绸缪者也。臣前随李鸿章至柏林,略观大概。今承特简,谨当参合中、西同异,归极于皇朝典章,庶言皆有本而事属可行。是臣区区之至愿。"

明年,调礼部侍郎。时新党要求实行立宪,召集国会日亟。式枚上言:"臣遍考东西历史,参校同异,大抵中法皆定自上而下奉行,西法则定自下而上遵守。惟日本宪法,则纂自日臣伊藤博文,虽西国之名词,仍东洋之性质。其采取则普鲁士为多,其本原则德君臣所定,名为《钦定宪法》。夫国所以立曰政,政所以行曰权,权所归即利所在。定于一则无非分之想,散于众则有竞进之心。行之善,则为日本之维新;行之不善,则为法国之革命。法国当屡世苛虐之后,民困已深,欲以立宪救亡,而适促其乱。日本当尊王倾幕之时,本由民力,故以立宪为报,而犹缓其期。中国名义最重,政治最宽,国体尊严,人情安习,既无法国之怨毒,又非日本之改造。皇上俯顺舆情,迭降谕旨,分定年期,自宜互相奋勉,静待推行。岂容欲速于取偿,求治同于论价?至敢言监督朝廷,推倒政府,胥动浮言,几同乱党。欲图补救之策,惟在朝廷举错一秉至公,不稍予以指摘之端,自无从为煽惑之计。至东南各省疆吏,当慎择有风力、知大体者镇慑之。当十年预备之期,为大局安危所系。日皇所谓'组织权限,为朕亲裁',德相所谓'法定于君,非民可解'。故必正名定分,然后措正施行。臣滥膺考察,断不敢附会时趋,贻误国家,得罪名教。"章下所司。寻调吏部侍郎。

上海政闻社法部主事陈景仁等电请定三年内开国会,罢式枚谢天下,严旨申饬,褫景仁职。式枚复奏言:"德皇接受国书,答言宪政纷繁,虑未必合中国用,选举法尤未易行。又昔英儒斯宾塞尔亦甚言宪法流弊,谓美国宪法本人民平等,行之久而治权握于政党,平民不胜其苦。盖欧人言宪法,其难其慎如此。今横议遍于国中,上则诋政府固权,下则骂国民失职,专以争竞相劝导。此正斯宾塞尔所云政党者流,与平民固无与也。伊藤博文论君臣相与,先道德而后科条。君民何独不然?果能诚信相接,则普与日本以《钦定宪法》行之至今;如其不然,则法兰西固民约宪法,何以革命者再三,改法者数十而犹未定?臣愚以为中国立宪,应以日本仿照普鲁士之例为权衡,以毕士麦由君主用人民意见制定,及伊藤博文先道德后科条之言为标准，则宪法大纲立矣。"章下所司。又以各省谘议局章程与普国地方议会制度不符，大恉谓："改革未定之时，中央政权唯恐少统一坚强之力，而国民识政体知法意者极少。骤以此庞大政权之地方议会，横亘政府与国民之间，纵使被选者不皆营私武断，而一国政权落于最少数人之手，劫持中外大臣，后患何可胜言？"因证以普制，逐条驳议。先后译奏普鲁士宪法全文、官制位号等级，暨两议院新旧选举法。式枚以三十三年冬行，宣统元年六月返国，以疾乞假。张之洞遗疏荐式枚堪大用。转吏部侍郎，改学部侍郎，总理礼学馆事、修订法律大臣、国史馆副总裁。国变后，侨居青岛。未几，卒，年六十三，谥文和。

式枚生而隐宫，精力绝人，夜倚枕坐如枯僧。内介而外和易。论事謇谔，颇有声公卿间云。

沈家本，字子惇，浙江归安人。少读书，好深湛之思，于《周官》多创获。初援例以郎中分刑部，博稽掌故，多所纂述。光绪九年，成进士，仍留部。补官后，充主稿，兼秋审处。自此遂专心法律之学，为尚书潘祖荫所称赏。十九年，出知天津府，治尚宽大，奸民易之，聚众哄于市，即擒斩四人，无敢复犯者。调剂保定，甘军毁法国教堂，当路慑于外势，偿五万金，以道署旧址建新堂，侵及府署东偏。家本据《府志》力争得直。拳匪乱作，家本已擢通永道、山西按察使，未及行，两宫西幸。联军入保定，教士衔前隙，诬以助拳匪，卒无左验而解。因驰赴行在，授光禄寺卿，擢刑部侍郎。

自各国互市以来，内地许传教，而中外用律轻重悬殊，民、教日龃龉。官畏事则务抑民，民不能堪，则激而一逞，往往焚戮成巨祸。家本以谓治今日之民，当令官吏普通法律。然中律不变而欲收回领事审判权，终不可得。会变法议起，袁世凯奏设修订法律馆，命家本偕伍廷芳总其事；别设法律学堂，毕业者近千人，一时称盛。补大理寺卿，旋改法部侍郎，充修订法律大臣。宣统元年，兼资政院副总裁，仍日与馆员商订诸法草案，先后告成，未尝以事繁自解。其所著书，有《读律校勘记》、《秋谳须知》、《刑案汇览》、《刺字集》、《律例偶笺》、《历代刑官考》、《历代刑法考》、《汉律摭遗》、《明大诰峻令考》、《明律目笺》，他所著非刑律者又二十余种，都二百余卷。卒，年七十四。

论曰：自变法议兴，凡新政特设大臣领之。百熙管学务，家本修法律，并邀时誉。景崇之主教育，谋沟通新旧；式枚之论宪政，务因时损益。而大势所趋，已莫能挽救。家鼐儒厚廉谨，常以资望领新政，每参大计，独持正不阿。贤哉，不愧古大臣矣！

卷四百四十四 列传二百三十一

黄体芳子绍箕　**宗室宝廷**　**宗室盛昱**
张佩纶何如璋　**邓承修**　**徐致祥**

黄体芳，字漱兰，浙江瑞安人。同治二年进士，选庶吉士，授编修。日探讨掌故，慨然有经世志。累迁侍读学士，频上书言时政得失。晋、豫饥，请筹急赈，整吏治，清庶狱，称旨。时议禁烧锅裕民食，户部核驳，体芳谓烧锅领帖，部获岁银三万，因上董恂奸邪状，坐镌级。

光绪五年三月，惠陵礼成，主事吴可读为定大统以尸谏。诏言："同治十三年十二月初五日降旨，嗣后皇帝生有皇子，即承继大行皇帝为嗣。吴可读所奏，前旨即是此意。"于是下群臣议，体芳略言："'即是此意'一语，止有恪遵，更有何议？乃激烈者盛气力争，異畏者嗫嚅不吐，或忠或谨，皆人臣盛节，而惜其未明今日事势也。譬诸士民之家，长子次子各有孙，而自祖父母视之则无异。然袭爵职必归之长房者，嫡长与嫡次之别也。又如大宗无子，次宗止一嫡子，然小宗以嫡子继大宗，不闻有所吝者，以仍得兼承本宗故也。唯君与民微有不同。民间以嫡子继大宗，则大宗为主，本宗为兼。天潢以嫡子继帝系，则帝系为主，本宗可得而兼，亲不可得而兼。若人君以嫡子继长支，则固以继长支为主，而本宗亦不能不兼。盖人君无小宗，即称谓加以区别，亦于本宗恩义无伤。此两宫意在嗣子承统，慈爱穆宗，亦即所以慈爱皇上之说也。今非合两统为一统，以不定为豫定，就将来承继者以为承嗣，似亦无策以处之矣。试思此时即不专为穆宗计，既正名为先帝嗣子，岂有仅封一王贝勒者乎？即不专为皇上计，古来天子之嗣子，岂有以不主神器之诸皇子当之者乎？即仅为穆宗计，皇上可如民间出继之子乎？即仅为皇上计，穆宗可如前明称为皇伯考乎？夫奉祖训，禀懿旨，体圣意，非僭。先帝今上皆无不宜，非悖。明其统而非其人，非擅。论统系，辨宗法，正足见国家亿万年无疆之庥，非干犯忌讳。此固无意气可逞，亦无功罪可言也。"疏入，诏存毓庆宫。自是劾尚书贺寿慈饰奏，俄使崇厚误国，洪钧译地图舛谬，美使崔国英赴赛会失体，皆人所难言，直声震中外。

七年，迁内阁学士，督江苏学政。明年，授兵部左侍郎。中法事起，建策还琉球、经画越南议。十一年，还京，劾李鸿章治兵无效，请敕曾纪泽遄归练师，忤旨，左迁通政使。两署左副都御史，奏言自强之本在内治，又历陈中外交涉得失，后卒如所言。十七年，乞休。二十五年，卒。子绍箕、绍第，并能承家学，而绍箕尤赡雅。

绍箕，字仲弢。光绪六年进士，以编修典试湖北。晋侍讲，擢庶子。京师立大学堂，充总办。究心东西邦学制，手订章条。迁侍读学士。历充编书局、译书局监督。出为湖北提学使。东渡日本，与其邦人士论孔教，辄心折。归，未几，卒。

宗室宝廷，字竹坡，隶满洲镶蓝旗，郑献亲王济尔哈朗八世孙。同治七年进士，选庶吉士，授编修。累迁侍读。光绪改元，疏请选师保以崇圣德，严宫寺以杜干预，核实内务府以节糜费，训练神机营以备缓急，懿旨嘉纳。大考三等，降中允，寻授司业。是时朝廷方锐意求治，诏询吏治民生用人行政，宝廷力抉其弊，谔谔数百言，至切直。晋、豫饥，应诏陈言，请罪己，并责臣工。条上救荒四事，曰：察厘税，开粮捐，购洋米，增粜局。复以灾广赈剧，请行分贷法。畿辅旱，日色赤，市言讹蹴，建议内严防范，外示镇定，以安人心。历迁侍讲学士，以六事进，曰：明黜陟，专责任，详考询，严程限，去欺蒙，慎赦宥，称旨。五年，转侍读学士。

初，德宗继统嗣文宗，懿旨谓将来生有皇子，即继穆宗为嗣。内阁侍读学士广安请颁铁券，被诃责。至是，穆宗奉安惠陵，主事吴可读坚请为其立后，以尸谏，下廷臣议。宝廷谓："恭绎懿旨之意，盖言穆宗未有储贰，即以皇上所生之子为嗣，非言生皇子即时亲继也，言嗣而统賖焉矣。引伸之，盖言将来即以皇上传统之皇子继穆宗为嗣也。因皇上甫承大统，故浑涵其词，留待亲政日自下明诏，此皇太后不忍歧视之慈心，欲以孝弟仁让之休归之皇上也。广安不能喻，故生争于前；吴可读不能喻，故死争于后。窃痛可读殉死之忠，而又惜其遗摺之言不尽意也。可读未喻懿旨言外之意，而其遗摺未达之意，皇太后早鉴及之，故曰'前降旨时即是此意'也。而可读犹以忠佞不齐为虑，诚过虑也。宋太宗背杜太后，明景帝废太子见深，虽因佞臣妄进邪说，究由二君有自私之心。乃者两宫懿旨悬于上，孤臣遗疏存于下，传之九州，载之国史，皇上天生圣人，必能以皇太后之心为心。请将前后懿旨恭呈御览，明降谕旨，宣示中外，俾天下后世咸知我皇太后至慈，皇上至孝至弟至仁至让，且以见穆宗至圣至明，付托得人也。如是，则纲纪正，名分定，天理顺，人情安矣。因赴内阁集议，意微不合，谨以上闻。"

又奏："廷臣谓穆宗继统之议，已赅于皇太后前降懿旨之中，将来神器所归，皇上自能斟酌尽善，固也。然懿旨意深词简，不及此引伸明晰，异日皇上生有皇子，将继穆宗为嗣乎，抑不即继乎？不即继似违懿旨，即继又嫌迹近建储。就令仅言继嗣，不标继统之名，而臣民亦隐以储贰视之，是不建之建也。而此皇子贤也，固宗社福；如其不贤，将来仍传继统乎，抑舍而别传乎？别传之皇子，仍继穆宗为嗣乎，抑不继乎？即使仍继穆宗，是亦不废立之废立也，岂太平盛事乎？至此时即欲皇上斟酌尽善，不亦难乎？廷议之意，或以皇上亲政，皇子应尚未生，不难豫酌一尽善之规。然国君十五而生子，皇子诞育如在彻帘之前，又何以处之乎？与其留此两难之局，以待皇上，何如及今斟酌尽善乎？且懿旨非皇上可改，此时不引伸明晰，将来皇上虽斟酌尽善，何敢自为变通乎？此未妥者一也。廷议又谓继统与建储，文义似殊，而事体则一，似也。然列圣垂训，原言嗣统之常，今则事属创局，可读意在存穆宗之统，与无故擅请建储者有间，文义之殊，不待言矣。今廷议不分别词意，漫谓我朝家法未经深知，则日前懿旨'即是此意'之谓何，臣民不更滋疑乎？此未妥者又一也。"疏入，诏藏毓庆宫。其他，俄使来议约，朝鲜请通商，均有所献纳。

七年，授内阁学士，出典福建乡试。既蒇事，还朝，以在途纳妾自劾罢，筑室西山，往居之。是冬，皇太后万寿祝嘏，赏三品秩。十六年，卒。

子寿富，庶吉士。庚子，拳匪乱，殉难，自有传。

宗室盛昱，字伯熙，隶满洲镶白旗，肃武亲王豪格七世孙。祖敬征，协办大学士。父恒恩，左副都御史。盛昱少慧，十岁时作诗用"特勤"字，据唐阙特勤碑证《新唐书》突厥"纯特勒"为"特勤"之误，骎是显名。光绪二年进士，既，授编修，益厉学，讨测经史、舆地及本朝掌故，皆能详其沿革。累迁右庶子，充日讲起居注官。

闽浙总督何璟、巡抚刘秉璋收降台匪黄金满，盛昱劾璟等长恶养奸，请下吏严议，发金满黑龙江、新疆安置。尚书彭玉麟数辞官不受职，劾其自便身图，启功臣骄蹇之渐。浙江按察使陈宝箴陛见未行，追论官河南听狱不慎，罢免；张佩纶劾其留京干进，宝箴疏辩，盛昱言其哓哓失大臣体，请再下吏议。朝鲜之乱也，提督吴长庆奉北洋大臣张树声檄，率师入朝，执大院君李罡应以归，时诧为奇勋。盛昱言："出自诱劫，不足言功，徒令属国寒心，友邦腾笑。宜严予处分，俾中外知非朝廷本意。"为讲官未半载，数言事，士论推为謇谔。

十年，迁祭酒。法越构衅，徐延旭、唐炯坐失地逮问，盛昱言："逮问疆臣而不明降谕旨，二百年来无此政体。"并劾枢臣息职。太后怒，罢恭亲王奕䜣等，而诏醇亲王奕譞入枢府。盛昱复言："醇亲王分地綦崇，不宜婴以政务。"其夏，命廷臣会议和战大局，盛昱主速战，力陈七利，谓："再失事机，噬脐无及。"

盛昱为祭酒，与司业治麟究心教士之法，大治学舍，加膏火，定积分日程，惩游惰，奖朴学，士习为之一变。十四年，典试山东。明年，引疾归。盛昱家居有清誉，承学之士以得接言论风采为幸。二十五年，卒。

张佩纶，字幼樵，直隶丰润人。父印塘，官安徽按察使，卒于军。佩纶，成同治十年进士，以编修大考擢侍讲，充日讲起居注官。时外侮亟，累疏陈经国大政，请敕新疆、东三省、台湾严戒备，杜日、俄窥伺。晋、豫饥，畿辅旱，乃引祖宗成训，请上下交儆，条四目以进：曰诚祈，曰集议，曰恤民，曰省刑。恭亲王奕䜣遭逸构，复请责王竭诚负重，上嘉纳之。通政使黄体芳继陈灾状，语稍激，绁吏议，佩纶力争，被宥。寻丁忧，服竟，起故官。时琉球已亡，法国越南亟，佩纶曰："亡琉球则朝鲜可危，弃越南则缅甸必失。"因请建置南北海防，设水师四大镇；又荐道员徐延旭、唐炯知兵堪任边事，并招致刘永福黑旗兵为己用。是时吴大澄、陈宝琛好论时政，与宝廷、邓承修辈号"清流党",而佩纶尤以纠弹大臣著一时。如侍郎贺寿慈,尚书万青藜、董恂,皆被劾去。

光绪八年,云南报销案起,王文韶以枢臣掌户部,台谏争上其受赇状,上方意任隆密,乃援乾隆朝梁诗正还家侍父事,请令引嫌乞养,不报;又两疏劾之,遂罢文韶,而擢佩纶署左副都御史,晋侍讲学士。明年,法越构衅,佩纶章十数上,朝廷始遣兵征土寇,缀敌势,法人不便其所为,佯议和,而阴使人攻陷南定。佩纶请乘法兵未集,敕粤督遣水师护越都,而枢臣狃和局,虑佩纶梗议,令往陕西按事。已而法果袭顺化,胁越与盟,越事益坏。使归,命在总理各国事务衙门行走。

十年,法人声内犯,佩纶谓越难未已,黑旗犹存,万无分兵东来理,请毋罢戍启戎心,上韪之。诏就李鸿章议,遂决战,令以三品卿衔会办福建海疆事。佩纶至船厂,环十一艘自卫,各管带白非计,斥之。法舰集,战书至,众闻警,谒佩纶亟请备,仍叱出。比见法舰升火,始大怖,遣学生魏瀚往乞缓,未至而炮声作,所部五营溃,其三营歼焉。佩纶遁鼓山麓,乡人拒之,曰:"我会办大臣也!"拒如初。翼日,逃至彭田乡,犹饰词入告,朝旨发祥宫之,命兼船政。嗣闻马尾败,止夺卿衔,下吏议。闽人愤甚,于是编修潘炳年、给事中万培因等先后上其罪状。时已坐荐唐炯、徐延旭视职,至是再论戍。

居边释还,鸿章再延入幕,以女妻之。甲午战事起,御史端良劾其干预公事,命逐回籍。庚子议和,鸿章荐其谙交涉,诏以编修佐办和约。既成,擢四五品京堂,称疾不出。三十四年,卒。

何如璋,字子峨,籍广东大埔。同治七年进士,选庶吉士,授编修。以侍读出使日本。归,授少詹事,出督船政。承鸿章旨,狃和议,敌至,犹严谕各舰毋妄动。及败,藉口押银出奔,所如勿纳,不得已,往就佩纶彭田乡。佩纶虑敌踪迹及之,绐如璋出。士论谓闽事之坏,佩纶为罪魁,如璋次之。如璋亦遣戍。后卒于家。

邓承修,字铁香,广东归善人。举咸丰十一年乡试,入赀为郎,分刑部。转御史,遭忧归。光绪初,服阕,起故官。与张佩纶等主持清议,多弹击,号曰"铁汉"。先后疏论闱姓赌捐,大乖政体;关税侵蚀,婴害库帑;以考场积弊,陈七事纠正之;吏治积弊,陈八事肃澄之。又劾总督李瀚章失政,左副都御史崇勋无行,侍郎长叙等违制,学政吴宝恕、叶大焯,布政使方大湜、龚易图,盐运使周星誉诸不职状。会边警,纠弹举朝慢弛,请召还左宗棠柄国政。逾岁,彗星见,则又言宗棠莅事数月,未见设施,而因推及宝鋆、王文韶之昏眊,请罢斥,回天意。是时文韶方向用,权任转重,会云南报销案起,又严劾之,仍不允。久之,迁给事中。

时朝鲜乱平,琉球案未结,上言简知兵大臣驻烟台,厚集南北洋战舰番巡,留吴长庆军戍朝互犄角。越南乱作,法人袭顺化,复请诏百官廷议定国是,皆不报。十年,越事益坏,首劾徐延旭、唐炯失地丧师,赵沃、黄桂兰拥兵偾事,宜肃国宪。其夏,法人愿媾和,承修联合台谏上

书,极言和议难恃。旋与司业潘衍桐密上间敌五策,并劾李鸿章定和之疏,嫉刘永福敢战,言之愤绝。亡何,法果败盟,侵台湾鸡笼,枢臣议和战未决。于是承修再陈三策:"法所恃为援者西贡、东京。我若师分三路,亟攻越南,彼将自救不暇,策之上也。分兵为守,敌至则战,敌退不追,老师糜饷,利害共之,策之中也。若虑饷诎谋阻,不敢言战,则其祸不胜言矣,是谓无策。"补鸿胪寺卿,充总理各国事务大臣。自此陈说兵事,章凡十三上,多见采纳。嗣以中允樊恭煦获谴,上疏营救,坐镌秩。明年,赴天津佐鸿章与法使巴特纳商和约,定新约十款。还,乞归省。

未出都,命赴广西与法使会勘中、越分界,至则单骑出关会法使浦理燮。浦理燮欲先勘原界,承修据约先欲改正界限,不相下,乃阳以文渊、保乐、海宁归我,而阴电其驻京使臣,诋承修违约争执,谓非先勘原界,势将罢议。朝廷不获已,许之。承修遂有三难二害之电奏,略言:"附界居民,不愿隶法,先勘原界,虑滋事变,难一。保乐牧马,游勇犷盛,道路梗阻,难二。原界碑折,十不存五,巉岗耸巇,瘴雨炎瘴,人马不前,难三。且原界既勘,彼必赇去,新界奚论?驱驴、文渊俱不可得,关门失险,战守两难,害一。文渊既失,北无寸地,关内通商,势将迫胁,越既不存,粤将焉保?害二。"疏入,不省。

十二年,法人别遣狄隆、狄塞尔来会。适法官达鲁倪思海至者兰,为越人击杀。狄使惧,又耻而讳其事,坚请按图画界,朝旨报可。于是首议江平、黄竹、白龙尾各地割隶越。承修据图籍抗争,狄使不能屈,欲分白龙尾半之左归我而右归越。承修以其地为钦海外户,法得之则内逼防城,外断东兴、思勒,是无钦、廉也。议久之,暂与定约三条,犹未决,而狄使竟以兵力驱江平、黄竹居民内徙。朝廷忧启边衅,命先勘钦西至桂省全界,承修遂与订定清约,语详《邦交志》。十三年,具约本末以上,复官。十四年,谢病归,主讲丰湖书院,读书养母。十七年,卒于惠州。

徐致祥,字季和,江苏嘉定人。咸丰十年进士,选庶吉士,授编修。晋中允,典试山东。累迁内阁学士,督顺天学政。遭忧去,服阕,起故官。光绪十年,法越构兵,德璀琳以和议进,朝旨未决。致祥上三策,谓:决战宜速,任将宜专,军势宜联。闽事棘,言何璟、张兆栋无干济才,而荐杨岳斌、张佩纶堪重任,颇嘉纳。时议筑铁路,致祥闻而恶之,痛陈八害,并力辟邪说,亟修河工,上责其诞妄,镌三级。越二年,铁路议再起,又再阻止之。先后封事十数上,而惓惓于抑奄寺,治河工,为时论所美。历典福建、广东乡试。十八年,授大理寺卿,连劾枢臣礼亲王世铎、山西巡抚阿克达春,而纠弹张之洞尤不遗余力。寻命视学浙江,有严名。

中日之役,我师败绩,上奕劻、李鸿章误国状,请逮叶志超、卫汝贵等置之法,而畀冯子材、刘永福以征讨名号,庶可振国威、作士气。会山东教案起,德使海靖勒罢李秉衡职。致祥曰:"昔岁罢刘秉璋,今兹罢李秉衡,是朝廷黜陟之大权操之敌人也。为请顾全国体,毋慑敌。"私

念国是不振,乱未有已,乃援引圣祖笃信朱子垂为家法往事,请举行经筵以辅圣德,皆不报。秩满,还朝,迁兵部右侍郎。二十四年,上违豫,众情惊疑,复以辅导君德之说进。

是时国家多故,圣嗣尚虚,致祥为重国本计,略言:"昔宋真宗取宗室子养之宫中,逮仁宗既生,即遣归邸;厥后仁宗、高宗、理宗皆踵之。有子而遣养子归邸者,真宗是也。无子而即以养子传授神器者,仁宗之于英宗,高宗之于孝宗,理宗之于度宗是也。今以宗社系托之重,臣民属望之切,深维至计,取则前朝,慎选近支宗室兄弟之子数人,择亲择贤,入侍禁中,止以为子,不以为储,恪遵家法,既可默察其贤否,徐以俟皇子之生。则皇上未有子而有子,皇太后未有孙而有孙,而穆宗付托之大业,亦继承有属矣。"乃未几,果有立溥俊为大阿哥事。二十五年,卒。

论曰:体芳、宝廷、佩纶与张之洞,时称翰林四谏,有大政事,必具疏论是非,与同时好言事者,又号"清流党"。然体芳、宝廷议承大统,惓惓忠爱,非佩纶等所能及也。承修以搏击为能,致祥以诞妄受责,君子讥之。唯盛昱言不妄发,洁身早退,庶超然无负清誉欤?

卷四百四十五 列传二百三十二

吴可读 潘敦俨 **朱一新** **屠仁守** 吴兆泰
何金寿 **安维峻** **文悌** **江春霖**

吴可读,字柳堂,甘肃皋兰人。初以举人官伏羌训导。道光三十年,成进士,授刑部主事。晋员外郎,遭忧去,主讲兰山书院。会撒拉番蠢动,被命佐团练。服阕,起故官。迁吏部郎中,转御史。各国使臣请觐,议礼久未决,可读请免拜跪,时论题之。乌鲁木齐提督成禄诬民为逆,击杀多人,虚饰胜状,为左宗棠所劾。可读继陈其罪有可斩者十,不可缓者五,寻逮问,谳上论斩,廷臣请改监候。可读愤甚,复疏争:"请斩成禄以谢甘民,再斩臣以谢成禄。"语过戆直,被诃责,镌三级。归,复掌教兰山。逾年,穆宗崩,德宗缵业,起吏部主事。

光绪五年,穆宗奉安惠陵,自请随赴襄礼。还次蓟州,宿废寺,自缢,未绝,仰药死,于怀中得遗疏,则请为穆宗立嗣也。其言曰:"罪臣闻治不讳乱,安不忘危。危乱而可讳忘,则进苦口于尧舜,为无疾呻吟,陈隐患于圣明,为不祥举动。罪臣前因言事获谴,蒙我先皇帝曲赐矜全,免臣以斩而死,以囚而死,以传讯触忌而死。犯三死而未死,不求生而再生,则今日罪臣未尽之余年,皆我先皇帝数年前所赐也。钦奉两宫皇太后懿旨,以醇亲王之子承继文宗显皇帝为子,入承大统为嗣皇帝,俟嗣皇帝生有皇子,即承继大行皇帝为嗣。我皇上仁孝性成,承我两宫皇太后授以宝位,将来千秋万岁时,必能以我两宫皇太后今日之心为心。而在廷之忠佞不齐,即众论之异同不一。以宋初宰相赵普之贤,而犹首背杜太后;以明大学士王直之为旧臣,而犹比黄玹请立景帝太子一疏不出我辈为愧。贤者如此,遑问不肖?旧人如此,奚责新进?名位已定者如此,况在未定。惟有仰求我两宫皇太后再降谕旨,将来大统,仍归大行皇帝嗣子,嗣皇帝虽百斯男,中外臣工均不得以异言进。如此,则犹是本朝子以传子之家法,而我大行皇帝未有子而有子,即我两宫皇太未有孙而有孙,异日绳绳揖揖相引于万代者,皆我两宫皇太后所自出而不可移易者也。彼时罪臣即欲有言,继思降调不得越职言事。今逢我大行皇帝奉安山陵,恐积久渐忘,则罪臣昔日所留以有待者,今则迫不及待矣。谨以我先皇帝所赐余年,为我先皇帝上乞数行懿旨,惟望我两宫皇太后、我皇上怜其哀鸣,勿以为无疾呻吟、不祥举动,则罪臣虽死无憾。尤愿我两宫皇太后、我皇上体圣祖、世宗之心,调剂宽猛,养忠厚和平之福,任用老成;毋争外国之所独争,为中华留不尽;毋创祖宗之所未创,为子孙留有余。罪臣言毕于斯,命毕于斯,谨以大统所系上闻。"吏部奏诸朝,诏悯其忠,予优恤。下群臣议,遂定以继德宗之统为穆宗之子,无异论。

可读临殁遗书与其子之桓,谓出蓟州一步即非死所。之桓遂成其遗志,葬蓟州。都人即所居城南旧宅祠祀之。

有潘敦俨者,字清畏,籍江宁,总督铎子。以任子官工部郎中,迁御史。默念穆宗嗣统未有定议,孝哲毅皇后又仰药殉,遂疏请表扬穆后潜德,更谥号,并解醇亲王奕譞职任,诏严斥夺职。归隐于酒,阅二十余年,卒。

朱一新,字蓉生,浙江义乌人。乡举对策语触时忌,主司李文田特拔之。入赀为内阁中书。光绪二年,成进士,选庶吉士,授编修。法越事起,数上书主战,又尝画海防策,语至切要。典湖北乡试,称得士。十一年,转御史,连上封事,言论侃侃,不避贵戚。

内侍李莲英渐著声势。逾岁,醇亲王奕譞阅海军,莲英从,一新忧之。而适值山东患河、燕、晋、蜀、闽患水,遂以遇灾修省为言,略曰:"我朝家法,严驭宦寺。世祖宫中立铁牌,更亿万年,昭为法守。圣母垂帘,安得海假采办出京,立置重典。皇上登极,张得喜等情罪尤重,谪配为奴。是以纲纪肃然,罔敢恣肆。乃今夏巡阅海军之役,太监李莲英随至天津,道路哗传,士庶骇愕,意深宫或别有不得已苦衷,匪外廷所能喻。然宗潘至戚,阅军大典,而令刑于之辈厕乎其间,其将何以诘戎兵崇体制?况作法於凉,其弊犹贪。唐之监军,岂其本意,积渐者然也。圣朝法制修明,万无虑此。而涓涓弗塞,流弊难言,杜渐防微,亦宜垂意。从古阉宦,巧于逢迎而昧于大义,引援党类,播弄语言,使宫闱之内,疑贰渐生,而彼得售其小忠小信之为,以阴窃夫作福作威之柄。我皇太后、皇上明目达聪,岂有跬步之地而或敢售其欺?顾事每忽于细微,情易渎于近习,侍御仆从,罔非正人,辨之宜早辨也。"疏上,太后怒,诘责疏言"苦衷"何指?一新曰:"臣所谓'不得已苦衷'者,意以亲藩远涉,内侍随行,藉以示体恤、昭慎重也。顾在朝廷为曲体，在臣庶则为创见。风闻北洋大臣以座船迎醇亲王，王弗受，而太监随乘之，至骇人观听。一不谨慎，流弊遂已至斯，臣所为不能已于言也。"诏切责，降主事。乞终养归。

张之洞督粤，建广雅书院，延为主讲。一新博极群书，洞知两汉及宋、明诸儒家法，务通经以致用。诸生有聪颖尚新奇者，必导而返诸笃实正大，语具所著《无邪堂答问》中。卒，年四十有九。

屠仁守，字梅君，湖北孝感人。同治十三年进士，选庶吉士，授编修。光绪中，转御史。时政出多门，仁守因天变请修政治，条上六事，曰：杜诿卸、开壅蔽、慎动作、抑近习、轸民瘼、重国计，而归本于大公至正、敬天勤民。疏上不省。又以海军报效，杂进无次，侥幸日多。仁守痛陈五弊：资叙不计，弊一；名器冒滥，弊二；劝惩倒置，弊三；求益得损，财计转亏，弊四；驵侩朋侵，莫可究诘，弊五。五弊既滋，乃生三患：患病民，患妨贤，患隳纪纲法度。"特以自海军衙门达之，奉懿旨行之，毋或敢贸然入告，遂使谤腾衢路，而朝廷不闻，患伏隐微，而朝廷不知，群小得志，宠赂滋张。若不停止，即承平无事，犹或召乱，况时局孔艰乎？"疏入，诏从之，权贵益侧目。

十五年，太后归政，仁守虑金人逸构两宫，易生嫌隙，疏请依高宗训政往事："凡部院题本、寻常奏事，如常例；外省密摺、廷臣封奏，仍书皇太后、皇上圣鉴，俟慈览后施行。"并请太后居慈宁宫，节游观。诏严责，革职永不叙用。既归，主讲山西令德堂。二十六年，两宫西狩，起用五品京堂，授光禄寺少卿。寻卒。

吴兆泰，字星阶，籍麻城。与仁守友善，互相厉以道义。光绪二年进士，阅十年，以编修考授御史。时国防废弛，海军尤不振，朝廷乃移其费修颐和园。兆泰上疏力争，略谓："畿辅奇灾，嗷鸿遍野，僵仆载涂，此正朝廷减膳彻乐之时，非土木兴作之日。乞罢园工，以慰民望，以光继列祖列宗俭德。"太后怒，罢其官。归里后，历主龙泉、经心书院讲席，充学务公所议长。宣统二年，卒。

其先有何金寿者，字铁生，籍江夏。同治元年一甲二名进士，授编修。出督河南学政，还充日讲起居注官。光绪二年，晋饥，上储粮平粜策。越二年，畿辅旱，金寿曰："此枢臣可尽弹也！"乃援汉代天灾策免三公为言，请罢枢臣、回天意。越日，命下，恭亲王奕䜣等五人并褫职留任，直声震一时。五年，复沥陈时弊，斥言中外臣工皆瞻徇，侃侃不挠。上以所奏为祛积习，特宣示。怵当轴意，出知江苏扬州府。未出都，会崇厚与俄定约，敕下廷臣议。金寿引西国上下议院例，请资众论，折强敌。逾岁到官，录筑堤功，赐三品服。八年秋，祷雨中暍，病卒，贫不能归葬。总督左宗棠等上其事于朝，谓有古循吏风云。

安维峻，字晓峰，甘肃秦安人。初以拔贡朝考，用七品小京官。光绪六年，成进士，改庶吉士，授编修。十九年，转御史。未一年，先后上六十余疏。日韩衅起，时主虽亲政，遇事必请太后意旨，和战不能独决，及战屡败，世皆归咎李鸿章主款。于是维峻上言："李鸿章平日挟外洋以自重，固不欲战，有言战者，动遭呵斥。淮军将领望风希旨，未见贼先退避，偶见贼即惊溃。我不能激励将士，决计一战，乃俯首听命于贼。然则此举非议和也，直纳款耳，不但误国，而且卖国。中外臣民，无不切齿痛恨。而又谓和议出自皇太后，太监李莲英实左右之，臣未敢深信。何者？皇太后既归政，若仍遇事牵制，将何以上对祖宗，下对天下臣民？至李莲英是何人斯，敢干政事乎？如果属实，律以祖宗法制，岂复可容？唯是朝廷受李鸿章呵喝，不及详审，而枢臣中或系私党，甘心左袒，或恐决裂，姑事调停。李鸿章事事挟制朝廷，抗违谕旨。唯冀皇上赫然震怒，明正其罪，布告天下，如是而将士有不奋兴、贼人有不破灭者，即请斩臣以正妄言之罪。"疏入，上谕："军国要事，仰承懿训遵行，天下共谅。乃安维峻封奏，托诸传闻，竟有'皇太后遇事牵制'之语，妄言无忌，恐开离间之端。"命革职发军台。维峻以言获罪，直声震中外，人多荣之。访问者萃于门，饯送者塞于道，或赠以言，或资以赆，车马饮食，众皆为供应。抵戍所，都统以下皆敬以客礼，聘主讲抡才书院。二十五年，释还，遂归里。三十四年，起授内阁侍读，充京师大学总教习。宣统三年，复辞归。越十有五年，卒。

维峻崇朴实，尚践履，不喜为博辨，尤严义利之分。归后退隐柏崖，杜门著书，隐然以名教纲常为己任。每谈及世变，辄忧形于色，卒抑郁以终。著有《四书讲义》、《诗文集》。

文悌，字仲恭，瓜尔佳氏，满洲正黄旗人。以笔帖式历户部郎中，出为河南知府，改御史。光绪二十四年，变法诏下，礼部主事王照应诏上言，尚书许应骙不为代奏。御史宋伯鲁、杨深秀联名劾以守旧迂谬，阻挠新政，谕应骙明白回奏，覆奏称珍惜名器，物色通才，并辞连工部主事康有为，请罢斥驱逐。奏上，以抑格言路，首违诏旨，礼部尚书、侍郎皆革职，赏照四品京堂。

文悌以言官为人指使，党庇报复，紊乱台谏，遂上疏言："康有为向不相识，忽踵门求谒，送以所著书籍，阅其著作，以变法为宗。而尤堪骇诧者，托辞孔子改制，谓孔子作《春秋》西狩获麟为受命之符，以《春秋》变周为孔子当一代王者。明似推崇孔子，实则自申其改制之义。乃知康有为之学术，正如《汉书》严助所谓以《春秋》为苏秦纵横者耳。及聆其谈治术，则专主西学，以师法日本为良策。如近来《时务》、《知新》等报所论，尊侠力，伸民权，兴党会，改制度，甚则欲去拜跪之礼仪，废满、汉之文字，平君臣之尊卑，改男女之外内。直似只须中国一变而为外洋政教风俗，即可立致富强，而不知其势小则群起斗争，立可召乱；大则各便私利，卖国何难？曾以此言戒劝康有为，乃不思改，且更私聚数百人，在辇毂之下，立为保国会，日执途人而号之曰：'中国必亡，必亡！'以致士夫惶骇，庶众摇惑。设使四民解体，大盗生心，藉此以集聚匪徒，招诱党羽，因而犯上作乱，未知康有为又何以善其后？曾令其将忠君爱国合为一事，勿徒欲保中国而置我大清于度外，康有为亦似悔之。又曾手书御史名单一纸，欲臣倡首鼓动众人伏阙痛哭，力请变法。当告以言官结党为国朝大禁，此事万不可为。以康有为一人在京城任意妄为，遍结言官，把持国事，已足骇人听闻；而宋伯鲁、杨深秀身为台谏，公然联名庇党，诬参朝廷大臣，此风何可长也！伏思国家变法，原为整顿国事，非欲败坏国事。譬如屋宇年久失修，自应招工依法改造，若任三五喜事之徒曳之倾倒，而曰非此不能从速，恐梁栋毁折，且将伤人。康有为之变法，何以异是？此所以不敢已于言也。"疏上，斥回原衙门行走。

太后复训政，赏文悌知府，旋授河南知府。二十六年，两宫西狩，文悌迎驾，擢贵西道。乞病归，卒。

江春霖，字杏村，福建莆田人。光绪二十年进士，选庶吉士，授检讨。二十九年，转御史，首论都御史陆宝忠干烟禁，不宜为台长，劾亲贵及枢臣疆臣，章凡数十上。德宗季叶，袁世凯出督畿辅，入赞枢廷，权势倾一时。春霖独论列十二事，谓："《洪范》有言：'臣之有作威作福，其害于尔家，凶于尔国。'《左氏传》云：'受君之禄，是以聚党，有党而争命，罪孰大焉？'今世凯所为，其心即使无他，其迹殊要难共谅。历考史册所载权臣，大者贻忧君国，小者祸及身家。窥窃神器之徒，姑置勿论，即功在社稷，如霍光、李德裕、张居正，亦以权宠太盛，倾覆相等。今不独为国家计，宜加裁抑，即欲使世凯子孙长守富贵，亦不可无善处之法。"嗣为纠弹世凯及庆亲王奕劻父子，连上八疏，皆不报，然朝贵颇严惮之。

宣统改元，醇亲王载沣既摄政，其弟载洵、载涛分长军谘、海军，颇用事。春霖谓："古者郑宠共叔，失教旋讥，汉骄厉王，不容终病，载在史册，为万世戒。二王性成英敏，休戚相关，料不至蹈覆辙，而慎终于始，要宜杜渐防微。"又谓："景皇帝以神器付之皇上，冲龄践阼，军国重事，监国摄政王主之。治同其乐，乱同其忧，国之不保，家于何寄？"篇末又言："监国岁未及周，物议沸腾，至于此极。臣不禁为祖宗三百年国祚效贾生痛哭流涕长太息矣！"明年，又劾江西巡抚冯汝骙谩欺状，效宋臣包拯七上弹章，末复言："是非不明，请将前后章奏明诏宣示，敕部平议。"语至戆直，被诃责。复劾奕劻老奸窃位，多引匪人；非特简忠良，不足以赞大猷、挽危局。词连尚书徐世昌，侍郎杨士琦、沈云沛，总督陈夔龙、张人骏，巡抚宝棻、恩寿等十数人。朝旨再责之，令回原衙门行走。春霖遂称疾归。越八年，卒。

论曰：有清列帝，家法最严，迨至季世，创制垂帘，于是阉寺渐肆，而亲贵权要亦声势日著，虽有直言敢谏之士，无补危亡，亦尽其心焉而已。可读尸谏，幸鉴孤忠。一新、仁守、维峻先后直言，皆以语侵太后获罪。文悌言攻结党，实启党争，而春霖连劾权贵，言尤痛切，当国者终于不悟。又有太监寇连才，上书泣谏，请太后归政，废颐和园，且言："不为祖宗天下计，独不自为计？"终以违制被刑。建言又何得以阉官少之？类无可归，故附见于此。

卷四百四十六　列传二百三十三

郭嵩焘 弟昆焘　**崇厚**　**曾纪泽**　**薛福成**
黎庶昌 马建忠　**李凤苞**　**洪钧**
刘瑞芬　**徐寿朋**　**杨儒**

郭嵩焘，字筠仙，湖南湘阴人。道光二十七年进士，选庶吉士，遭忧归。会粤寇犯长沙，曾国藩奉诏治军，嵩焘力赞之出。赣事亟，江忠源乞师国藩，国藩遣之往，从忠源守章门。是时寇艦集饶、瑞，分泊长江，因献编练水师议，忠源韪之，令具疏请敕湖南北、四川制战艦百余艘。嗣以赣被围久，船非可克期造，乃先造巨筏，列炮其上，与陆师夹击，寇引去。厥后用以塞湖口者即此筏也。湘军名大显。论功，授编修。还朝，入直上书房。咸丰九年，英人犯津沽，僧格林沁撤北塘备，嵩焘力争之，议不合，辞去。

同治改元，起授苏松粮储道，迁两淮盐运使。库储竭，诸军仰铺淮艤者数十万，嵩焘躬自擎验，配置各营。提督李世忠拥重兵行私艤，亡谁何，益遣人捕治之，运政乃厘。明年，署广东巡抚。寇逼阳山，亟使张运兰击却之。诏安陷，饶平、大埔警，与总督瑞麟遣将防边，追入诏安城，杀数千人，军稍振。是时金陵克，罢厘捐议起，嵩焘陈说利害凡千余言，事遂寝。伪森王侯玉山避匿香港，恃英为护符，官吏莫能捕。嵩焘援公法与争，执以归，论斩。而瑞麟遽张其功，以率兵往捕闻，嵩焘力止之，不可。英人大患，数移牒诘责。

初，毛鸿宾督粤，事皆决于幕僚徐灏。瑞麟继至，灏益横。嵩焘衔之，上疏论军情数误，劾逐灏，并自请罢斥。事下左宗棠，宗棠言其迹近负气，被诃责。左、郭本姻家。宗棠先厄于官文，罪不测，嵩焘为求解肃顺，并言于同列潘祖荫、白无他，始获免，至是宗棠竟不为疏辨。嵩焘念事皆县督抚同城所误，逾岁解职，遂上疏极论其弊，不报。

光绪元年，授福建按察使，未上，命直总署。擢兵部侍郎、出使英国大臣，兼使法。英人马加理入滇边遇害，嵩焘疏劾岑毓英，意在朝廷自罢其职，藉箝外人口也。而一时士论大哗，谓嵩焘媚外。嵩焘言既不用，英使威妥玛出都，邦交几裂。嵩焘又欲以身任之，上言："交涉之方，不外理、势。势者人与我共，可者与，不可者拒。理者所以自处。势足而理直，固不可违；势不足而别无可恃，尤恃理以折。"因条列四事以进。而郎中刘锡鸿者，方谋随嵩焘出使；虑疏上触忌，遏之，比嵩焘觉，始补上，而事已无及。既莅英，锡鸿为副使，益事事掣龁之，嵩焘不能堪，乞病归，主讲城南书院。

未几，而俄事棘。崇厚以辱国论死，群臣多主战，征调骚然。嵩焘于是条上六事：曰收还伊犁，归甘督核议；

曰遣使议还伊犁,当赴伊会办;曰直截议驳,暂听俄人驻师;曰驻英、法公使不宜遣使俄;曰议定崇厚罪名,当稍准万国公法;曰廷臣主战,止一隅见,当斟酌情理之平。上嘉其见确。已而召曾纪泽使俄,卒改约。

嵩焘虽家居,然颇关心君国。朝鲜乱作,法越衅开,皆有所论列。逮马江败,恭亲王奕䜣等去位,言路持政府益亟,嵩焘独忧之。尝言:"宋以来士夫好名,致误人家国事。托揽外美名,图不次峻擢,泊事任属,变故兴,迁就仓皇,周章失措。生心害政,莫斯为甚!"是疏传于外,时议咸斥之。及庚子祸作,其言始大验,而嵩焘已于十七年卒矣。著有《礼记质疑》四十九卷、《大学中庸质疑》三卷、《订正家礼》六卷、《周易释例》四卷、《毛诗约义》二卷、《绥边征实》二十四卷、《诗文集》若干卷。

其弟昆焘,字意城。以举人参张亮基戎幕,与宗棠俱。李开方扰湖北,自怀庆折而南,武昌夜半得报,亟调师会鹅公颈。骤遇寇,寇出不意,大扰乱,遂斩开方,歼其军。报至,亮基始知之,昆焘恒以是自喜。骆秉章抚湘,昆焘从国藩东征,宗棠援浙,军资并倚之。由国子监助教历加四品卿。后刘昆讨黔苗,昆焘久引疾归,力起赞军事。苗将平,又辞去。光绪八年,卒。

崇厚,字地山,完颜氏,内务府镶黄旗人,河督麟庆子。道光二十九年举人,选知阶州,历迁长芦盐运使。咸丰十年,署盐政,疏请停领余引,代销滞引,依永平低价。会僧格林沁治畿辅水田,又劝垦葛沽、盐水沽沃卤地四千二百余亩。明年,充三口通商大臣。又明年,迁大理寺卿,仍留津与英、法重修租界约款。同治改元,以兵部侍郎参直隶军事,寻署总督。时葡萄牙遣使入京乞换约,崇厚牒请总署摒勿受。法使哥士耆缓颊,始莅津,朝命崇厚承其事。次年,谕遏冀州窜匪,坐失机,被责。已而丹使踵葡例,拒如初。复命为全权大臣,订约五十五条,通商章程九款。自是而荷、而日、而比、而意、而奥,皆遣使求取,并为延款,语具《邦交志》。复建议设北洋机器局城南分局,城堞炮台与郡城遥相峙。五年,贷款垦海河北岸,首邢家沽迄卧河村,中泄为渠,辟稻田可五百顷,手订试垦章程,于是两岸为沃野。九年,津郡民、教失和,被议。事宁,朝廷遣使修好,命充出使法国大臣,是为专使一国之始,然事毕即返。历署户部、吏部侍郎。

光绪二年,署奉天将军,疏请择地设官,置宽甸、怀仁、通化三县,增边关兵备道,升昌图为府,改八家镇为县,徙经历驻康家屯,改梨树城为厅,徙照磨驻八面城;其通判、知县并加理事同知衔,兼治蒙民,议行。先后疏论吉林积弊,请办马贼,惩聚博,清积讼,核荒地,除金匪。又以私垦围场者众,为恳宽其既往,已垦者量丈升科,未垦者择地安插,仍留隙地以讲武,称旨。

四年,俄界回寇扰边,与其外部格尔斯合力禁止。其秋,授出使俄国大臣,加内大臣衔,晋左都御史。明年,赴俄。初,左宗棠进兵伊犁,乘俄土战争,要俄人退去库尔札,俄人多所挟求。至是,崇厚抵利伐第亚谒俄皇达使命,贸然与订和约:一,自嘉峪关径西安、汉中达汉口,俄有通商权;一,自松花江至伯都讷,贸易自由;一,自蒙古及天山南北输入商品,不课税金;一,自西伯利亚至张家口,归俄敷设铁道;一,自陕甘至汉口,既榷常税,其杂税概免;一,嘉峪关、科布多、哈密、吐鲁番、乌鲁木齐、库车置领事官;一,凡俄国臣民旅华,许携铳器;一,伊犁城及旁近地,凡俄所有土地及建筑物,不在还付例。约成,朝野哗然,于是修撰王仁堪、洗马张之洞等交章论劾。上大怒,下崇厚狱,定斩监候,以徇俄人请,贷死,仍羁禁。更遣曾纪泽往俄更约,争回伊犁南路七百余里,嘉峪关诸地缓置官。

十年,崇厚输银三十万济军,释归。遇太后五旬万寿,随班祝嘏,朝旨依原官降二级,赏给职衔。十九年,卒,年六十有七。

曾纪泽,字劼刚,大学士国藩子。少负隽才。以荫补户部员外郎。父忧服除,袭侯爵。光绪四年,充出使英法大臣,补太常寺少卿,转大理寺。六年,使俄大臣崇厚获罪去,以纪泽兼之。

先是俄乘我内乱,据伊犁,及回部平,乃举以还我,议定界、通商。崇厚不请旨,遽署押,所定约多失权利,因诏纪泽兼使俄,议改前约。俄以崇厚罹大辟,怫甚。纪泽虑碍交涉,请贷崇厚死,上许之,论监禁。纪泽乃疏言:"伊犁一役,办法有三:曰战、守、和。言战者,谓左宗棠等席全胜之势,不难一战。臣窃谓伊犁地形岩险,俄为强敌,非西陲比。兵戎一启,后患滋长。东三省与俄毗连,根本重地,防不胜防。或欲游说欧邦,使相牵制,是特战国之陈言耳。各邦虽外和内忌,而协以谋我则同,孰肯出而相助?言守者,则谓伊犁边境,若多縻巨帑以狡之,是鹜荒远、溃腹心也,不如弃而勿收。不知开国以来,经营西域者至矣。圣祖、世宗不惮勤天下力以征讨之,至乾隆二十二年,伊犁底定,腹地始得安枕。今若弃之,如新疆何?说者谓姑纾吾力以俟后图。不知左宗棠等军,将召之使还乎?则经界未明,缓急何以应变?抑任其逍遥境上,则难于转饷,锐气坐销。是今日之事,战、守皆不足恃,仍不外言和。和亦有办法三:曰分界,通商,偿款其小者也。即通商亦较分界为轻。何以言之?西国定约之例,有常守不渝者,亦有随时修改者。不渝者,分界是也。此益则彼损。是以定约之时,其难其慎。修改者,通商是也。若干年修改一次。条文之不善,商务之受损,正赖此修改之年可以换约,固非彼族所得专也。我约经崇厚议定,俄君署押,今欲全数更换,势所不能。臣愚以为分界既属常守之局,必当坚持力争。若通商各条,惟当去其太甚,其余从权应允,俟诸异日之修改,庶和局可终保全。不然,事机决裂,必须声罪致讨,此战之说也。庙堂胜算,固非使臣所敢议也。不然,暂置伊犁勿论,此守之说也。是边界不可稍让,而全境转可尽捐,臣亦未敢以为是也。再不然,姑先为驳议,俟不得已时酌量允之,此和之说也。是乃市井售物尝试之术,非所以敦信义、驭远人也。盖准驳贵有一定之计,勿致后日迫于事势,复有后允之条。今臣至俄都,但言两国和好,自应遣使通诚。至辨论公事,传达语言，系使臣职分，俟接奉本国文牍，再行商议。如此立言，庶不至见拒邻邦，贻国羞辱。臣驽下，唯有懔遵圣训，不激不随，冀收得尺得寸之功，稍维大局。"

及至俄，日与俄外部及驻华公使布策等反复辨论，凡数十万言，十阅月而议始定。崇厚原约，仅得伊犁之半，岩险属俄如故。纪泽争回南境之乌宗岛山、帖克斯川要隘，然后伊犁拱宸诸城足以自守，且得与喀什噶尔、阿克苏诸城通行无阻。其他分界及通商条文，亦多所厘正焉。七年，迁宗人府府丞、左副都御史。秩满，留任三载。

法越构衅，纪泽与法抗辩不稍屈，疏陈备御六策。十年，晋兵部侍郎。与英人议定洋药税厘，岁增银六百余万。明年，还朝，转入总理各国事务衙门。调户部，兼署刑部、吏部各侍郎。十六年，卒，加太子少保，谥惠敏。子广銮，左副都御史；广铨，兵部员外郎。

薛福成，字叔耘，江苏无锡人。以副贡生参曾国藩戎幕，积劳为直隶州知州。光绪初元，下诏求言，福成上治平六策，又密议海防十事。时总税务司赫德喜言事，总署议授为总海防司，福成上书力争，乃止。八年，朝鲜乱，张树声代李鸿章督畿辅，闻变，将滕总署奏请发兵。福成虑缓则蹈琉球覆辙，请速发军舰东渡援之。乱定，以功迁道员。

十年，授宁绍台道。法兰西败盟，构兵越南，诏缘海戒严。宁波故浙东要衢也，方是时，提督欧阳利见顿金鸡山，杨岐珍顿招宝山，总兵钱玉兴分守要隘。诸将故等夷，不相统摄。巡抚刘秉璋檄福成综营务，调护诸将，筑长墙，钉丛桩，造电线，清间谍，绝向导以窥伺。其南洋援台三舰为法人追袭，驶入镇海口，复令其合力守御。谋甫定而寇氛逼矣，再至，再却之，卒不得逞而去。十四年，除湖南按察使。

明年，改三品京堂，出使英法义比四国大臣，历光禄、太常、大理寺卿，留使如故。未几，坎巨提来乞附。坎故羁縻回部，自英灭克什米尔，遂为所属。近且筑路贯其境，坎拒之，战弗胜，乃求援，朝旨使福成诘其故。福成晤英外部沙力斯伯里，词知其防俄心切，遂与订定会立坎酋，以释嫌怨。因具选立本末以上，并陈英、俄互争帕米尔状，请趣俄分界，冀英隐助。已而被命集议滇缅界线、商务。先是曾纪泽使英，谋将南掌、掸人诸土司尽为我属，议未决而归。至是福成继之，始变前规，稍拓边界，订定条约二十款，语具《邦交志》。

福成任使事数年，恒惓惓于保商，疏请除旧禁，广招徕。其争设南洋各岛领事官，尤持正义，英人终亦从之。又以英、法教案牵涉既广，条列治本治标机宜甚悉。其将归也，复撮举见闻上疏以陈，大旨谓宜厉人才，整戎备，浚利源，重使职，为弃短集长之策。二十二年，归，至上海病卒，优诏赐恤。卒后半载，而中英订附款，致将福成收回各地割弃泰半，论者惜之。

福成好为古文辞，演迤平易，曲尽事理，尤长于论事纪载。著有《庸菴文编》、《笔记》、《海外文编》、《出使英法义比日记》、《浙东筹防录》。

黎庶昌，字莼斋，贵州遵义人。少嗜读，从郑珍游，讲求经世学。同治初元，星变，应诏上书论时政，条举利病甚悉，上嘉之。以廪贡生授知县，交曾国藩差序。国藩素重郑氏，接庶昌延入幕，历署吴江、青浦诸邑；两管榷关，税骤进。光绪二年，郭嵩焘出使英国，调充参赞。历比、瑞、葡、奥诸邦，箸书以摅所闻见，成《西洋杂志》。晋道员。

七年，命充出使日本大臣。值议琉球案及华商杂居事，其外部井上馨持甚坚，庶昌翻复辨论，卒如所议。明年，日本将袭朝鲜，庶昌电请速出援师为先发制人计。师至，日舰知有备，还，言归于好。中国古籍，经戎烬后多散佚，日藩族奉藏富，庶昌择其足翼经史者，刊《古逸丛书》二十六种。中法易约，条列七事进。寻遭忧归，服阕，仍故官。

十七年，除川东道。川俗故骜僿。既莅事，设学堂，倡实业，建病院，整武恤商，百废具举。中东事起，庶昌曰："日本蓄谋久矣，朝鲜犹其外府也。战固难胜，让亦启侮。"乃倡布告列邦议，以维持属国，愿东渡排难，当事者弗纳。及战事殷，财诎，庶昌首输万金，请按职列等差，亦不报。二十一年，诏陛见。驻渝法领事闻其将去，留办教案，代者多方阻之。遘疾，遂去官。未几，卒。川东民建祠汲郡祀之。

马建忠，字眉叔，江苏丹徒人。少好学，通经史。愤外患日深，乃专究西学，派赴西洋各国使馆学习洋务。历上书言借款、造路、创设海军、通商、开矿、兴学、储材，北洋大臣李鸿章颇称赏之，所议多采行。累保道员。光绪七年，鸿章遣建忠赴南洋与英人议鸦片专售事。建忠以鸦片流毒，中外腾谤，当寓禁于征，不可重税收。时英人持正议者，亦以强开烟禁责其政府，引以为耻。闻建忠言，虽未能遽许，皆称其公。

八年，朝鲜始与美国议约，鸿章奏派建忠往莅盟。约成，英、法先后遣使至，建忠介之，皆如美例成约。日本驻朝公使屡诇结约事，建忠秘不使预闻，日人滋不悦。建忠归而朝鲜乱作，庶昌以闻。时鸿章以忧去，张树声权北洋大臣，令建忠偕海军提督丁汝昌率兵舰东渡观变。建忠抵仁川，日本海军已先至，建忠设辞缓之，而亟请速济师代定乱。朝命提督吴长庆率三千人东援。建忠先定诱执首乱之策，偕长庆、汝昌往候大院君李昰应，减驺从，示坦率。及昰应来报谒，建忠遂执之，强纳诸舆，交长庆夜达兵轮，而汝昌护送至天津。复擒乱党，援朝鲜国王复其位。日使虽有言，而乱已定，亦无如何，皆建忠谋也。于是长庆统军留驻，其随员袁世凯始来佐营务。及建忠归，而维新党之乱又作。日军先入，交涉屡失机，其后卒致全败。建忠愤后继失人，初谋尽殁，撰《东行录》以记其事。

建忠博学，善古文辞；尤精欧文，自英、法现行文字以至希腊、拉丁古文，无不兼通。以泰西各国皆有学文程式之书，中文经籍虽皆有规矩隐寓其中，特无有为之比似而揭示之，遂使学者论文困于句解，知其然而不能知其所以然。乃发愤创为《文通》一书，因西文已有之规矩，于经籍中求其所同所不同者，曲证繁引，以确知中文义例之所在，务令学者明所区别，而后施之于文，各得其当，不唯执笔学为古文词有左宜右有之妙，即学泰西古今一切文学，亦不难精求而会通焉。书出，学者皆称其精，推为古今特创之作。又著有《适可斋记言》、《记行》等书。

李凤苞，字丹崖，江苏崇明人。少聪慧，究心历算之学，精测绘。丁日昌抚吴，知其才，资以赀为道员。历办江南制造局、吴淞炮台工程局，绘地球全图，并译西洋诸书。日昌为船政大臣，调充总考工。朝议遣生徒出洋，加三品卿，派为监督。光绪三年，率赴英、法两国，分置肆业。明年，赐二品顶戴，充出使德国大臣，旋兼使奥、义、荷三国，往来数千里，周旋各国间，联络邦交。时建议兴海军，并命督造战舰。

十年，法越构衅，暂署法使。法事决裂，遂奉命回国，归过澳门。澳门自明中叶久为葡萄牙人税居，及是葡人私议欲攘为己有。凤苞寓书部臣，乞请旨与葡人定约，免后患。部臣惧生事，寝其议。后一年，葡人遂据其地，论者惜之。既，覆命，有旨发往直隶交李鸿章差遣，令总办营务处，兼管水师学堂。未几，以在德造舰报销不实，被议革职。十三年，卒。著有《四裔编年表》、《西国政闻汇编》、《文藻斋诗文集》等。其他音韵、地理、数学，皆有论著，未成。

洪钧，字文卿，江苏吴县人。同治七年一甲一名进士，授修撰。出督湖北学政，历典陕西、山东乡试。迁侍读，视学江西。光绪七年，历迁内阁学士。母老乞终养，嗣丁忧，服阕，起故官。出使俄德奥比四国大臣，晋兵部左侍郎。初，喀什噶尔续勘西边界约，中国图学未精，乏善本。钧莅俄，以俄人所订《中俄界图》红线均与界约符，私虑英先发，乃译成汉字备不虞。十六年，使成，携之归，命直总理各国事务衙门。

值帕米尔争界事起，大理寺少卿延茂谓钧所译地图画苏满诸卡置界外，致边事日棘，乃痛劾其贻误状，事下总署察覆。总署同列诸臣以钧所译图，本以备考核，非以为左证，且非专为中俄交涉而设，安得归咎于此图？事白，而訾者犹未息。右庶子准良建议，帕地图说纷纭，宜求精确。于是钧等具疏论列，谓："《内府舆图》、《一统志图》纪载漏略。总署历办此案，证以李鸿章译寄英图，与许景澄集成英、俄、德、法全图，无大纰缪，而核诸准良所奏，则歧异甚多。《钦定西域图志》叙霍尔干诸地，则总结之曰属喀什噶尔；叙喇楚勒、叶什勒库勒诸地，则总结之曰属喀什噶尔西境外；文义明显。原奏乃谓：'其曰境外者，大小和卓木旧境外也。曰属者，属今喀什噶尔，为国家自辟之壤地也。'语近穿凿。喀地正北、东北毗俄七河，正西倚俄费尔干，其西南错居者为帕也。后藏极西曰阿里，西北循雪山径挪格尔、坎巨提，讫印度克什米尔，无待水涉帕地。设俄欲蹴喀，英欲逼阿里，不患无路。原奏乃谓：'二国侵夺拔达克山、安集延而终莫能通。'斯于边情不亦闇乎！中俄分界，起科布多、塔尔巴哈台、伊犁，讫喀西南乌仔别里山口止，并自东北以达西南。原奏乃谓：'当日勘界，自俄属萨马干而东，实以乌仔别里西口为界。今断以东口，大乖情势。'案各城约无萨马干地名，惟浩罕、安集延极西有萨马尔干，《明史》作撒马儿罕，久隶俄，与我疆无涉。当日勘界，并非自西而东，亦无东西二口之说，不知原奏何以有传讹若此？谨绘许景澄所寄地图以进。"并陈扼守葱岭及争苏满有碍约章状。

先是坎巨提之役，彼此争甚其间，我是以有退兵撤卡之举，英乘隙而使阿富汗据苏满。至是，俄西队出与阿战，东队且骎骎逼边境。总署复具筹办西南边外本末以上。钧附言："自译《中俄界图》，知乌仔别里以南，东西横亘，皆是帕地。《喀约》所谓中国界线，应介乎其间。今日俄人争帕，早种因喀城定约之年。刘锦棠添设苏卡，意在拓边。无如《喀约》具在，成事难说。唯依界图南北经度斜线，自乌仔别里径南，尚可得帕地少半，寻按故址，已稍廓张。俄阿交哄，揣阿必溃。俟俄退兵，可与议界，当更与疆臣合力经营，争得一分即获一分之益。"上皆嘉纳。十九年，卒，予优恤。

钧嗜学，通经史，尝撰《元史释文证补》，取材域外，时论称之。

刘瑞芬，字芝田，安徽贵池人。以诸生从李鸿章军援上海，檄主水陆军械转运。时初用西式枪炮，皆购自外洋，瑞芬考验精审，应时解济，淮军遂以善用西洋利器名。累保道员，督办松沪厘捐。光绪二年，权两淮盐运使。淮北荐饥，流民就食扬州，瑞芬筑圩城外，构棚分宿，计口授食，所全活六万余人。旋授苏松太道。租界以黄浦南北分华洋船埠，洋人时侵南岸。瑞芬丈量南北，中分为界，设水利局委员董其事，洋人亦就范焉。擢江西按察使，迁布政使。

十一年，改三品京堂，命充出使英俄等国大臣；授太常寺卿，迁大理寺，仍留使。改驻英、法、义、比。初，俄人觊觎漠河金矿，瑞芬亟达总理衙门，创议先自开办。英既占缅甸，罢其朝贡，瑞芬执故事与争，乃如旧。英复侵西藏，瑞芬力争于其外部，追还印度入藏之师，乃别议藏印条约，事具《邦交志》。

瑞芬久事外交，有远见。朝鲜乱初起，即上书言："朝鲜毗连东三省，关系甚重。中国能收其全土改行省，上策也。次则当约英、美诸国共议保护，庶免强邻独占，存藩属以固边陲。"总署寝其议不行，其后果如所言。十五年，召授广东巡抚。十八年，卒，恤如制。

子三。世珩，字聚卿。光绪二十年举人。累至道员。历办江南商务官报、学务工程、湖北造币等事。旋擢度支部参议，加三品卿。条议币制，中外称其精确，未及行而辛亥变起，遂归寓上海。丙寅年，卒。嗜古，富藏书，校刊古籍尤精。有《聚学轩丛书》、《贵池先哲遗书》、《玉海堂宋元椠本丛书》及《曲谱》、《曲品》等。

徐寿朋，字进斋，直隶清苑人，本籍浙江绍兴。以廪贡生纳赀为主事，谙习外情，佐津海关办交涉。光绪二年，以道员充美日使馆二等参赞。时华人佣于洛士丙冷者多被虐杀，寿朋佐使臣郑藻如索偿，词铮义屈。未竟，会开秘鲁使馆，移充驻秘参赞，摄行公使事。秘故虐遇华工，益苛其例，寿朋与秘廷辨论，多所补救。驻外久，办理交涉，常服远人。晋二品秩。还国，适李鸿章督畿辅，辟居幕府。疏荐其练吏治，熟邦交。召见，奏对称旨。

二十四年，授安徽徽宁池太广道，迁按察使。未半载，征还，命以三品京堂充韩国全权议约大臣。既至，与其外部朴齐纯议定商约十三条，语具《邦交志》。初，韩本为我属国，贡献不绝。自马关定新约，认为独立自主，遂以寿朋膺使命，是为中韩立约之始。其秋，除太仆寺卿。约成，改充出使韩国大臣。奏设汉城总领事，惠保侨民，始复自治权。二十六年，联军入京，鸿章被命议和，奏调寿朋佐议。寿朋习西国语言文字，徐起应付，卒能不失鸿章本意。逾岁，议定和约十二款。复力请回銮。迁外务部左侍郎。寻病卒，予优恤。

杨儒，字子通，汉军正红旗人。以监生纳赀为员外郎，铨兵部。举同治六年乡试。久之，出为常镇道。母忧，服阕，除温处道，调徽宁池太道。光绪十八年，改四品卿，出使美日秘三国大臣，补太常寺少卿。与英外部葛礼山续定华工条约。历通政使副使、左副都御史，留使如故。二十二年，调使俄奥和三国。越二年，晋工部侍郎，仍驻俄。

二十六年，拳乱作，联军入津沽，电命儒递国书，乞俄调解。京师陷，车驾幸西安。俄佯议撤兵，而潜使人诣关东，掠吉林、黑龙江地，达营口北。儒至黑海行宫与婉商，俄允还地，而不允撤保路兵。将军增祺遽与订密约九款，多失权利，上责其谬妄，下严旨，仍令儒与俄议。儒与商更约，俄坚拒，儒正色曰："既言保我自主，何兵权、利权、命官权而不予畀？既称不利土地，何以东三省不为中国版图？"俄穷于应，始允别立正约。上闻而嘉之，授为全权大臣。

逾岁，俄交草约十二款，趣画押。东南士民甚激昂，各国亦腾口舌，朝旨命再争改。儒责其外部食言，语激切，俄人勉为改数事，而仍未平准。儒数往谒，拒不见，见则第趣画诺，语竟即起，不容儒致一词。懦愤出，及阶蹭，伤右足，乞假赴德、奥疗治。俄留之，且因其病笃，命驻华公使戢耳诗与李鸿章在京协定。儒复请代，不许。调户部。明年正月，卒，予优恤。

论曰：中国遣使，始于光绪初。嵩焘首膺其选，论交涉独具远识。崇厚擅定俄约，误国甚矣。纪泽继之，抗议改正。其时国势犹足自申焉。至儒争密约，竟以愤死，终不能挽救，公理尚可恃乎？福成、庶昌诸人，并娴文学，各有著述，讨论修饰，皆美使才也。马建忠定乱济变，策奇制胜，亦有足多，故并附于篇。

卷四百四十七　列传二百三十四

丁宝桢　李瀚章　杨昌濬　张树声
弟树屏　卫荣光　刘秉璋　陈士杰
陶模　李兴锐　史念祖

丁宝桢，字稚璜，贵州平远人。咸丰三年进士，选庶吉士。母丧里居，遵义杨隆喜反，斥家财募壮士八百捍乡里，战始不利，继获大胜。服阕，会苗、教蜂起，巡抚蒋霨远奏留军，特旨授编修，增募至四千人，复平越、独山诸城。十年，除知岳州府，始罢遣所募兵。亏饷巨万，乃陈五百金案上，语众曰："与诸君共事久，今库馈诎，徒手归，奈何？"众泣曰："公毁家纾难，我等敢他求乎？"遂去。越岁，调长沙。有客军数千，以无主将哗变，立请大府贷发三万，斩五人，事遂定。

同治二年，擢山东按察使。会僧格林沁治兵鲁、豫间，令击河北宋景诗。旋劾其擅议招抚，部议降三级。又明年，迁布政使。僧格林沁战殁曹州，坐法再干议，皆得恩旨留任，于是言者复摭他款弹之，事下曾国藩，国藩白其无罪。巡抚阎敬铭夙高其能，至是乞休，举以自代，遂拜巡抚之命。时捻趋海澨，李鸿章建议筑墙胶莱河，宝桢会军蹙之。六年，东捻走潍河，东军王心安筑全左成，而堤墙未竣，捻长驱渡河，宝桢以闻。上怒，鸿章交部议，宝桢亦褫职留任。先是东军守潍河，本皖将潘鼎新汛地。皖军甫南移，而北路遽失。诏斩心安，宝桢抗辩，乃宥心安而责鸿章；宝桢复屡疏相诋，于是上益责鸿章忌刻纵寇矣。明年，西捻趋定州，近畿震动。宝桢闻警，即驰至东昌，率骑旅千、精卒三千，赍五日粮，倍道北援，捻遂南溃。是役也，朝廷遣宿卫之旅出国门备寇，统兵诸将帅皆获谴让，而上独以宝桢一军猝出寇前，转战雄、任、深、祁、高、肃间，复饶阳，功最盛，数降敕褒嘉，加太子少保。宝桢治军善乘势，不主画疆自守，以故诸军会集，东西二渠率皆就歼山东。

而其诛安得海事尤著人口。安得海者，以奄人侍慈禧太后，颇用事。八年秋，乘楼船缘运河南下，旗缯殊异，称有密遣。所过招纳权贿，无敢发者。至泰安，宝桢先已入告，使骑捕而守之。安得海犹大言，谓："汝辈自速辜耳！"传送济南，宝桢曰："宦竖私出，非制。且大臣未闻有命，必诈无疑。"奏上，遂正法。河决郓城侯家林，运道梗，河臣议次年兴工，宝桢谓宜及水涸时，力疾请自任。水啮堤，植立不退，费半功倍。又塞铜瓦厢决口，驻贾庄。闻日本构衅，遂密陈海防计，请筑山东烟台、威海、登州炮台，设泺口制造机器局，从之。

光绪二年，代吴棠署四川总督。至即严劾贪墨吏，澄肃官方，建机器局，修都江堤，裁夫马以恤民，革陋规以恤吏。又改盐法，官运商销，置总局泸州，其井灶分置厂局,盐岸分置岸局,岁增帑金百余万。而猾商奸吏不便所为,争中以蜚语,于是台谏交章纠奏。宝桢已坐堤毁镌秩矣,而言者复劾停机器局,襮监工成绵龙茂道丁士彬、灌县令陆葆德职,而尤断断争盐务。上以川盐有成效,勿为动。已而成都将军恒训核覆堤工,亦摭及盐运病商民、流弊大,宝桢抗辩。上虑宝桢惑浮言,敕勿易初念。寻予实授。宝桢弥自警勖,益兴积谷,严督捕。治蜀凡十年,初莅事时,郭内月有盗劫,至是诛匪几尽,声为道不拾遗。十一年,卒官,赠太子太保,谥文诚,予山东、四川、贵州建祠。

宝桢严刚有威。其初至山东也,僧格林沁方蹙捻淄川,颇贵倨,见司道官不设坐。宝桢投谒,告材官启王,坐则见,否则罢,左右皆大惊。王服其强,为改容加礼。敬铭闻之,大称异,至之日,亲迓于郊。自是事无大小,皆咨宝桢而后行。至今言吏治者,常与沈葆桢并称,尤励清操。丧归,僚属集赙,始克成行云。子五人,体常尤著名,官广东布政使。

李瀚章,字筱泉,安徽合肥人,大学士鸿章兄也。瀚章以拔贡生为知县,铨湖南,署永定,调益阳,改善化。曾国藩出治军,檄主饷运,累至江西吉南赣宁道,调广东督粮道,就迁按察使、布政使。同治四年,擢湖南巡抚。时粤逆李世贤等聚福建,分犯赣南,窥两楚,贵州苗匪、教匪又阑入楚界,而霆军溃卒复窜湖、湘,三路告警。瀚章至,则遣前江苏按察使陈士杰壁郴州防闽贼,前云南按察使赵焕联壁岳州防叛卒,闽贼旋引去。叛卒犯江西不得逞,则折入湘,犯攸县,陷安仁、兴宁,副将张义贵击走之;士杰率军会剿,遁入粤,卒就歼焉。先是瀚章遣总兵周洪印败黔匪于边界,又越境解铜仁围,因奏言:"悬军深入,兵家所忌,请敕新任贵州布政使兆琛缓赴任,专治军事,与楚军合。"从之。遂遣已革知府李元度进剿思南、石阡教匪,兆琛、洪印进剿清江、台拱苗匪,所向克捷。苗、教复蚁结,连窜晃州凤凰厅,各军蹙击,皆大破之,黔匪遂不敢窥楚境。自兵起,国藩及胡林翼治师不主画疆自守。瀚章久习楚军,既受任,即出境讨贼,亦其风类也。

六年,调抚江苏。未至,署湖广总督。七年,调浙江,再署湖广总督,旋实授。光绪元年,调四川。明年,还督湖广。瀚章性简静,更事久,习知民情伪,务与休息。其督湖广最久,前后四至,皆与弟鸿章更迭受代,其母累年不移武昌官所,人以为荣。寻遭忧去官,家居六年,再起授漕运总督。未几,移督两广。粤俗旧有闽姓捐,四成助饷,巡抚马丕瑶议革之。会日本构衅,瀚章请循旧收缴备海防,时论大哗,遂以疾归。又数年,卒,谥勤恪。子十人,经畲,翰林院侍讲。

杨昌濬,字石泉,湖南湘乡人。粤寇乱,以诸生从罗泽南治团练,出援湖北,连复广济、黄梅,叙训导。从征赣、皖,战枫树岭,下德兴,战高沙,下婺源,频有功,迁知县。同治元年,从左宗棠入浙,规江山,与刘典、刘

璈分三路攻石门,破寇卡数重。进取花园港,纵火燔其棚,会天雨,止。其秋,规龙游,昌濬御寇莲塘,破之;又败之孟塘,寇逸。李世贤闻警,遣悍党赴救,中路寇方攻刘培元营,昌濬自山下击,寇大溃,迁知衢州府。明年,师逼龙游城南,筑三垒。寇夜奔,昌濬蹑之汤溪。城拔,授粮储道。与蒋益澧合兵万三千战馀杭城西北,寇益浚壕树垒拒师。昌濬攻北门,寇出战,会诸军击之,寇却,昌濬连夷五卡。次日,攻林清塘,去城北十里,汪海洋老巢也,昌濬觇寇垒阻水,虑日暮为寇乘,乃退师。又明年,规武康,复其城。进略湖州,寇窜泗安、梅溪,昌濬自簰头进桐岭扼之,北攻安吉,追寇至孝丰,遇湖州败寇,复与璈合攻之,降者七千余人,辄解散。浙西平,迁盐运使,累擢布政使。

九年,除巡抚。巡视镇海海口,条具见闻,陈大恉,谓宜师敌伎,练劲旅,修筑炮台,上嘉纳之。是时朝廷方锐意求治,诏举贤才,昌濬以粮道如山四人应,力荐甘肃知县陶模才远大,卒如所言。坐馀杭葛毕氏案襮职。光绪四年,起佐新疆军事。数迁至漕运总督。十年,法人扰海疆,朝旨以闽事亟,命宗棠为钦差大臣,主军务,昌濬与穆图善佐之,张佩纶则会办也。闽浙总督何璟自以不谙兵事,请解职,遂命昌濬代之。昌濬未至军,而佩纶已遁,事下宗棠、昌濬。覆奏入,上责其祖护,移督陕甘,加太子太保。

昌濬性和巽,而务为姑息。督甘日,左右通回匪,莫能制,枪械反资寇,遂酿成湟中河、狄乱。昌濬檄各路募土勇助战守,电令提督雷正绾往河州镇慑,张永清往西宁策应,苏员屿往巴燕戎甘、都堂驻防,并具起事颠末以上。事闻,严旨责其庸瞆,乃罢官。二十三年,卒,释处分。嗣以魏光焘请,予甘肃建祠。

张树声,字振轩,安徽合肥人。粤寇扰皖北,以廪生与其弟树珊、树屏治团杀贼。复越境出击,连下含山、六安、英山、霍山、潜山、无为;而太湖一役,以五百人陷阵,击退陈玉成众数万,功尤盛,复力行坚壁清野法。其时刘铭传、周盛波、潘鼎新辈皆相继筑堡,联为一气,皖北破碎,独合肥西乡差全。曾国藩檄守芜湖,调无为,迁知府。同治元年,从李鸿章援上海。鸿章立淮军,与铭传等分领其众,从克江阴,晋道员。鸿章亲视娄门程学启军,遣树声援荡口,破谢家桥,逐北至齐门,又败之黄埭,学启遂逼城而军,于是娄门寇始绝。二年,攻无锡、金匮,击寇芙蓉山,大破之,夺获战舰器械不可称计,赐号卓勇巴图鲁,予三品服。树声乘胜趋常州。逾岁,攻河干二十余营,尽破之。城拔,进复浙江湖州,诏以按察使记名。四年,署江苏徐海道。寻授直隶按察使,赴大名督防务。

九年,调补山西。越二年,擢漕运总督,署江苏巡抚,十三年,实授。遭继母忧,归。光绪三年,起授贵州巡抚。适广东总兵李扬才据灵山,构匪扰越南,朝旨调树声抚广西治之。事宁,擢总督,先后剿平西林苗匪、武宣积匪。八年,鸿章丧母归葬,树声摄直督任。值朝鲜乱作,日使

花房义质将兵五百入王京,追朝议约,树声飞檄吴长庆等赴之,遂成约,寻盟而还。于是长庆军宵攻乱党,悉歼其渠,乱乃定,树声奏令长庆暂戍朝,上嘉其能,加太子少保。明年,还督两广。会法越构兵,即以法人侵逼状上闻。逮北宁陷,自请解总督职专治军,报可。复坐按事不实,革职留任。未几,病卒,谥靖达,予直隶、江苏及本籍建祠。树珊自有传。

树屏,以收复江苏各州县,积劳至副将。从征捻,驻周家口,战数捷。捻平,擢提督,赐号额腾额巴图鲁。赴晋防河。光绪二年,徙守河曲、保德。会皖军赴援乌鲁木齐,甘肃流贼曹洪照窜后山,树屏适奉檄诣省,闻警,乘大雪追击之。事定,赐头品服,授太原镇总兵。移防包头,调大同。十三年,乞休。既殁,鸿章状其绩以上,予优恤,太原建祠。

卫荣光,字静澜,河南新乡人。咸丰二年进士,选庶吉士,授编修。九年,湖北巡抚胡林翼奏调赴军,随荆州将军多隆阿攻剿黄州各郡,转战入安徽,平贼垒百余,克太湖、潜山。捷入,以侍讲待简。林翼督师剿贼,荣光从,常以少击众。林翼卒,乃还京供职。道经新乡,适山东窜匪入境,遂与知县丁士选集团捍卫。同治元年,入都,补翰林院侍讲。明年,擢侍讲学士,疏陈剿匪、防河事宜。是年授济东泰武临道,署山东盐运使、按察使。四年,捻首赖文光、张总愚窜山东,巡抚阎敬铭奏委荣光督办河防。荣光以贼无现粮,利速战,坚谕各军严守困贼。贼乘夜偷渡,荣光燃炮击之,诸军继进,贼大败。六年,卸运使任,仍兼署按察使。时贼势复振,巡抚丁宝桢督师出境,省城兵单饷竭。荣光募民团助守,贼屡逼城下,卒不能犯。旋以父忧归。

十二年,起江安粮道,署按察使。光绪元年,授安徽按察使,迁浙江布政使,护理巡抚。母忧归,服阕,授山西巡抚。八年,调江苏。台湾道刘璈被重劾,诏刑部尚书锡珍往按,复命荣光赴台会鞫。荣光言:"璈总营务,开支浮冒,罪当死;然其治事疏节阔目,政颇便民,故台地番民至今有尸祝者。请从宽典。"其持法严而能恕皆此类。十二年,调浙江巡抚,再调山西。以疾乞休。十六年,卒于家。

刘秉璋,字仲良,安徽庐江人。参钦差张芾军,叙知县。咸丰十年,成进士,选庶吉士,授编修。同治元年,李鸿章治兵上海,调赴营。洋将戈登所练常胜军故驻沪,滋骄。淮军初至,服陋械绌,西弁或侮笑之。秉璋语众曰:"此不足病也,顾吾曹能战否耳。"明年,从克常熟、太仓。鸿章使别募一军图嘉善分寇势,遂提兵五千赴难,克枫泾、西塘,迁侍讲。进攻张泾汇,约水师夹击,弹丸贯胁下,不少却,卒克之。规平湖,其酋陈殿选降,于是乍浦、海盐、澉浦皆反正。又明年,与程学启攻嘉兴,秉璋入东门燔药库,寇讧乱,众军乘之,城拔。进取湖州,攻吴溇、南浔,所向摧靡。浙西平,赐号振勇巴图鲁。历迁侍讲学士。

四年,授江苏按察使,从曾国藩讨捻。时捻骑飙疾,国藩与鸿章皆主圈制策,秉璋力赞之,破捻丰、沛、宿迁南,追至仓家集,捻大溃。又败之淮南,长驱蒙城,捻西走,自此捻分东、西。国藩令秉璋军豫西,专剿东捻,与提督刘鼎勋俱。其冬,追入鄂。六年,除山西布政使。未上,捻自孝感小河溪庙窜河口镇,与鼎勋军追之,勋军前锋遇伏,总兵张遵道战死,势益炽,秉璋横截之,始奔豫。七年,鸿章代国藩督师,议扼运蹙捻海隅。秉璋驻运西,捻扑潍河,将自沂、莒窥江淮。秉璋亟渡河诣桃源,会浙军扼清江。亡何,赖酋率残骑数千至,追破之淮城。事宁,被赏赉。父忧归。服阕,起江西布政使。

光绪元年,擢巡抚。以母老再乞终养。六年,遭丧。至九年,再起抚浙。会法越构衅,缘海戒严,秉璋躬履镇海,令缘岸筑长墙,置地雷,悉所有兵轮五艘,辅以红单师船,据险设防。十一年,法舰入蛟门,令守备吴杰轰拒之,伤其三艘。越数日,复入虎蹲山北,再败之,法将迷禄中炮死。然犹浮小舟潜窥南岸,复令总兵钱玉兴隐卒清泉岭下突击之,敌兵多起水死。

逾岁,擢四川总督。川境窎远,外接番、夷,内丛奸宄。秉璋曰:"盗贼蛮夷,何代蔑有?以重兵临之,幸胜,不为武;不幸而不胜,饷械转资寇,是真不可为矣。"故督蜀八年,历平万县、茂州、川北、秀山土寇,其大小凉山、拉布浪、瞻对各夷畔服靡恒,则用赵营平屯田法,数月间皆慑伏,加太子少保。御史钟德祥劾提督钱玉兴及道员叶毓荣不职状,事下湖北巡抚谭继洵,廉得实,秉璋坐滥举罪罢。

初,丁宝桢督蜀,称弊绝风清。秉璋承其后,难为继,故世多病之。未受代而民教相哄,重庆先有教案,秉璋初至,捕教民罗元义、乱民石汇等置之法。至是各属继起,教堂被毁者数十,教士忿,牒总署,指名牵秉璋职。朝廷不获已,许之,秉璋遂归。三十一年,卒。总督周馥及苏绅恽彦彬等先后上其功,复官,予优恤,建祠。

陈士杰,字隽丞,湖南桂阳州人。以拔贡考取小京官,铨户部,与阎敬铭同曹司,并以戆称。遭父忧,归。值粤寇乱,土匪窃发,集团勇得百余人,平之。俄白水奸民陷永桂,新田告急,众议拒之。士杰曰:"援新田乃所以自保也!"越境击却之。曾国藩治军衡州,辟参戎幕。鲍超时为小校,坐法当斩,为请释之。从援湖北,壁岳州城外,王鑫军次蒲圻,违国藩诫,败退,入空城死守,国藩愤甚,将士莫敢为言,士杰独请赴救,弗应,固请之,曰:"救之如何?"曰:"寇无战船,宜遣水师傍岸举炮为声援。"鑫因获免于难,厥后鲍、王并为名将。

岳州既败,寇遂略湘阴,陆走宁乡,水断靖港,进陷湘潭据之。国藩水师顿湘川,去宁乡、靖港皆数十里。或请守省城,或请绝津径夺寇艦,议未决。士杰谓宜援湘潭,即不利,犹得保衡、永,图再举。国藩如其言,果大捷。论功,迁主事。寻归省,复出佐粮运。咸丰五年,永、桂土匪起,闻乱,单舸溯江归,专治团练。亡何,连州匪构岭南北奸民,众十万,陷郴州。与鑫会师击之,复其城,遂以南防属之。留州赋充饷，改团为营，号广武库。

永、郴、桂阳边地千里，广武当其冲，数挫寇锋，而以捍石达开功为盛。达开故黠猾，麾下号百万，分七部，能检勒之使毋扰。九年春，自赣而西，至桂阳，穿城北走。时广武军军花园寨，有桥跨钟水，曰斗下渡，其南两山相釜，一径中达，东西北皆环水。士杰遣一裨将领百人扼桥，寇夜至，大惊，不敢前。后来者欲退则隘塞，欲旁出则无路。平明，士杰率师袭击之，自相蹂藉，坠死无算。是役也，士杰以数百人败寇数十万众，达开袭省之计卒无所施，上嘉之，擢知府。嗣录援蓝山、嘉禾、宁远功，晋道员。

同治元年，三吴军事棘，以国藩荐，超授江苏按察使。士杰虑石党往来郴、永贻母忧，乞终养，以防遏上游为己任，数却寇。四年，论功，加布政使衔。时江南既定，而霆军所降寇复叛，自湖北金田入郴，数千里无与逆战者。士杰要击之，寇大溃，赐号刚勇巴图鲁。十年，母丧，服阕，除山东按察使。光绪元年，到官，多所平反。晋福建布政使。未上，会巡抚文格被劾，词连士杰，罢免。寻以台湾军务，命署福建按察使。六年，迁布政使。明年，擢抚浙江。巡海口，增筑镇海笠山港及定海乍浦炮台。八年，移山东，缘海设防。吴大澂会办北洋防务，至登州、烟台，见广武军壁垒，颇采其法而增损之，奏请颁行各海口。而忌者中以蜚语，至劾其海防草率，事下尚书延煦、左都御史祁世长，得白。海防军罢，而士杰亦病矣，数请乞休，始允。十八年，卒于家，予省城及本籍建祠。

陶模，字方之，浙江秀水人。同治七年进士，改庶吉士。散馆，授甘肃文县知县，调皋兰。左宗棠为总督，方征回，又创建贡院，兵工诸役并作，模躬自料量，民不知扰。迁秦州直隶州。岁旱，流徙饥民数十万麇集，出积俸，并割公使银四万余金设粥厂，不足，贷金益之。修养济院，增义田，恤嫠妇。州南藉水啮城堙，模为筑堤沼三百五十丈，植芙蕖杨柳，蓄鳞介，取其利，以时缮完。署甘州府知府，罢属县供亿。宗棠奏模治行第一，调补迪化州。编修廖寿丰荐模器识宏远，堪备闻奇。时回久乱，民户寥落，模和辑汉、回，耕者复聚。时议定赋则，模谓经画穷塞，当通《周官》一易再易之义，令民以二亩当一亩，征其六缓其四。宗棠采其议，边民始有久居志。历署兰州府、兰州道、按察使，调直隶按察使、陕西布政使，护巡抚。

光绪十七年，授甘肃新疆巡抚。当葱岭西，有地曰帕米尔，乾隆间为我军锋所及，高宗尝勒铭焉。葱岭东南有小部落曰坎巨提，岁纳贡于我。模未至新疆，俄侵帕米尔，谋通印度，英攻破坎巨提。中外方议战，模谓："将士能戡土匪，未能御强敌。军资百物，运自内地，数月乃达。俄、英铁轨，瞬息可至。新疆与俄相接几五千里，增兵十倍未足固。当民穷财匮之时，不可轻言战。惟当购机炮、扩电线，饬边将严为备。羁坎巨提故酋无令北走，而抚其流民，与驻俄、英使臣合争。"议未定，俄曰防英，英曰防俄，莫可究诘。明年，二国兵益进，将吏咸愤激请战，终不许。于是奏请废黜坎巨提故酋。会英人亦立其弟买买

提艾孜木，令镇抚部民，岁纳贡如故事，坎巨提事乃定。

而俄兵在帕米尔，意叵测。模以边防无效，自请罢斥，不允。廷议将以帕米尔为三国瓯脱，英垂诺，俄犹不可，陈兵相持。模取德意志兵法练边军，选幼童百余，课以测算诸法，将徐推之各军。见将佐必以惜劳苦、宝枪弹为戒。初，俄人借巴尔鲁克山以处所属哈萨克，期十年。山饶水泉林木，当塔城西北，广袤数百里。至是期满，无还意。模争之，逾年乃如约。俄商及附英诸部至新疆皆不税。模曰："是独苦吾民！"为奏请普免焉。

缠回文字语言不相通，汉民愚之，贷金辄取重息，至卖鬻妻子以偿。模为之规定章条，令读书习汉语，于是回族欣欣向化矣。罗布淖尔，古蒲昌海也，荒沙无垠，亘新疆中部。模议辟径路，自新疆之南，青海、西藏之北，噶斯、乌兰达布逊、阿耨达、托古兹尼蟒依诸大雪山之阴，迁回出入，分道测绘，得金铁煤诸矿数十百计，欲开采利民，以绌于资，工不克举。乃于罗布淖尔北四百余里筑蒲昌城，南百四十里设屯防局，回民徙居成村落。其后设置营县，实自模开之。

二十年，日本略朝鲜，朝议决战，师屡败。甘肃提督董福祥先以祝嘏在京，募兵备战，河湟回族闻乱思蠢动。二十一年春，撒拉河州、西宁、大通诸回先后反。西宁回酋刘四伏尤悍，模遣将援巴燕戎格，与总督杨昌浚合疏请命福祥帅师西援。夏，平番回亦变，河西诸府东不能通省会，则西乞援新疆。模奏陈回乱日亟，部遣诸将罗平安戍哈密，牛允诚守安西、玉门，赵有正屯肃州，而于喀密置东防营务处，以道员潘效苏护诸将。诸乱回遣其徒出关煽新疆回部。九月，绥来回发难，以有备，旋定。迪化回应之，模调知莠民与牙役密相结，捕斩六人而乱弭。十月，回逼甘州，上罢昌浚，以模署陕甘总督，命入关剿抚。时福祥将甘军渡洮，魏光焘将湘军临湟州。模策东路兵大集，回且西窜，乃遣兵分驻天山北迪化、镇西为中权，而缮完防御天山以南诸要隘。后路既设备，乃将马步八营驰入关，道经沙漠至吐鲁番城，回王玛木特来会，勖以大义。至哈密，校阅各军，令缠回与焉。模以有正兵寡，戒毋轻出。有正喜功，出攻察汉俄博、永安二城皆下。二十二年元夕，薄北大通营，败归。模遣凉州戍军赴援。二月，入关，群回敛聚山南，模至兰州视事，令效苏督诸将略北大通营，破所领十大庄堡，戮其酋，歼数千人，诸回气夺。会光焘亦定西宁，诸回自水峡口西窜青海。模令效苏等出塞，陈兵玉门诸山径，毋纵贼出平地。青海蒙古积弱，久怵回悍，告急。朝议令光焘、福祥二军追逐。模以师行绝域，粮刍车驮，重为民累，内地空虚，为祸滋大，奏寝其议。新疆将吏虑回更西窜，亦告急。朝议令提督邓增出青海，张俊防北路。模策贼非至玉门、敦煌掠食，不能遽犯新疆，复请罢移军议，而增屯肃州为声援。光焘将湘军还陕西，以与福祥不相能也。贼自青海犯玉门，允诚等击却之。模令玉门军赴安西。五月，贼大至，刘四伏夺路求食，诸将力战，金兰益匹马陷阵，大败贼于牛桥，降斩各数千人，饥冻死碛中者过半。四伏以千数骑遁，中道伏发，就擒。于是徒降回塔里木河滨，计口授田。关内外悉平，

论功，实授总督。

方日事之初起也，和战议不决。模言："国强弱视人才，人才不足，和战皆不足恃，即战胜亦无益。"因言："天下事当变通者非一，如减中额，停捐例，汰冗员，令京官升迁不出本部，司员分类治事，删弃旧案，破除旗兵积习，禁士大夫食鸦片，分设算学、艺学科目，废武科，变操法，择勋旧子弟游学各国，培植工艺。尤愿皇上鉴天灾之屡警，念民困之莫苏，懔内政之宜修，知外患之难弭，毋始勤终怠，毋狃目前而忘远虑。"时中外诸臣条奏，多言变法祛积习。模言："推行宜渐，根本宜急。聚闒茸嗜利之辈以期富强，止于旧法外增一法，不得谓之变法；于积习外增一习，不得谓之祛积习。欲求富强，当先崇节俭，广教化，恤农商。"其恉意大率类此。模督陕甘数年，锐欲开矿制械，兴学广教，皆以用不足，不能尽举，累疏乞罢。

二十六年，述职入觐，道疾，留陕西。俄调补两广总督。两宫西幸，迎谒蒲州，再乞休，不允，乃力疾上官。二十七年，疏请裁减宦官，略言："宦官干政，史不绝书，我朝家法严明，从未有内监预闻政事。然除弊如除莠，留其芽蘖，终恐复发，宜大加裁汰。内廷差使悉可改用士人，定宫府一体之制，永不再选内监，非唯一时盛事，实亦千古美谈。"别疏言："变通政治，宜务本原。本原在朝廷，必朝廷实能爱国爱民，乃能以爱国爱民责百官；必朝廷先无自私自利，乃能以不自私不自利望天下。转移之道，一曰除壅蔽，一曰去畛域，一曰务远大。朝廷当以身作则，克己胜私，否则虽日言变通，无由获变通之效。"

粤故多盗，模定清乡章程，信赏必罚。凡练军分屯，许所在州县节制。一岁中捕斩名盗千余人，钦、廉、肇、罗诸属盗薮，皆次第削平。模谓民贫思乱，非杀可止，令府县设劝工厂，不因至死者令入厂教养。广东名饶富，然取诸民者已重于他行省，岁不足五百余万，则取之赌规，仍不足，则贷之外人。模睹民力已屈，追呼不得宽，欲有所兴革，皆坐中沮。迭疏请疾，甫受代，九月，卒于广州，赠太子少保，谥勤肃。

模自为诸生，食贫力学，与平湖优贡生顾广誉、震泽诸生陈寿熊、吴江举人沈曰富以道义相勖。既通籍，大学士阎敬铭、总督杨昌濬皆尝论荐，不以告模，模亦不谢也。俭约自将，不立崖岸，恂恂卑下，将吏争为用，而无敢以私干者。卒后，兰州、迪化皆允建专祠。

李兴锐，字勉林，湖南浏阳人。粤寇乱，以诸生治乡团。曾国藩治军东下，檄主军糈，驻祁门。江南饥民就食者万计，兴锐虑为寇乘，先期结筏以济，获安全，叙知县。数荐知府。同治四年，唐义训、金国琛两军顿徽州，索饷哗变。兴锐闻之，单骑叩其壁，谕之曰："若辈不远千里，从军讨贼，为富贵计耳，奈何自戕为？使寇知之而蹑吾后，吾无噍类矣！饷不给，咎在台。期以三日，逾期请杀我！"众曰："唯命！"乃潜访主谋者三人，白国藩僇之，事定。金陵既克，储平余银四十余万。目睹戎烬后僵尸蔽野，因出所余购义冢一区，聚暴骨瘗之。

八年，调直隶，补大名府，洊升道员，乞终养。国藩再督两江，檄综营务，与彭玉麟规订水师营制。国藩卒，李宗羲代督，亦颇信仗之。时日本窥台湾，江海戒严。兴锐言于宗羲，躬履江阴、狼山、吴淞、崇明，择险设守，始倡缘海筑炮台议。光绪改元，综办上海机器制造局，博采西国新器，增建铁船炮厂，鸠工庀材，阅十稔，规模略备。遭母丧去官，服竟，命偕鸿胪寺卿邓承修往勘中越边界。

十二年，充出使日本大臣。会遘疾，未上。居三年，补天津道，旋调山东东海关道。威海为日人所据，居民惶恐，兴锐建议勘地分界，主客互守，闾市获安堵。其办交涉，独条理精整，事可许者，一诺辄立办；遇所不可，则抗辩广坐，常服远人。迁长芦盐运使，历福建按察使、布政使。二十六年，擢抚江西。拳匪蜂作，顽民相率不靖，旬日间毁教堂数十，掠教民财产，积案二千余。兴锐劾疏防官十余人，限三月定谳，议偿恤费八十余万，唯节饷以弥罅漏。和议成，偿款累百万，仍以节饷资挹注；犹不足，则取之土药厘榷，绝不累民间毫末。署南赣镇申道发统军骄蹇不奉法，首劾罢之，军纪始肃。兴锐事国藩久，论治壹循轨迹，重实行。是时上方向新政，乃以十事上，曰：开特科，整学校，课官吏，设银行，铸银币，维圆法，立保险，修农政，讲武备，而归本于用人，为安内攘外之策，言至深切。旋移抚广东。

二十九年，署闽浙总督。闽自军兴，局所林立，有善后、济用、劝捐、稽核、税厘诸目，丛弊益甚。兴锐受事，裁诸局所，并为财政局，事权始一。于是厘定常备军制，汰虚冗，节浮费，而闽事稍稍振矣。逾岁，调署两江。旋病卒，谥勤恪。

史念祖，字绳之，江苏江都人，刑部尚书致俨孙。念祖幼颖异，好读兵家言。逾冠，入赀为通判。从乔松年解蒙城围，有功。僧格林沁战殁曹州，捻益炽，皖北糜沸。念祖率师复英山，克高冔。雉河集者，张洛行老巢也，英翰守之，陷重围，誓必死，念祖计出之，而自驻其地，期以二十日相见城下。乃为均粮法，数却寇。尝坐堞上弹琵琶，教士卒歌，寇出视，皆惊叹。一日，闻枪炮声，知援至，与寇战，乃令居民登陴守，别选锐卒四千分道夹击，纵横扫荡，寇大溃，谒英翰止逾二日云。数保道员。

同治六年，移师凤阳。时捻酋李允谋窥庐、凤，诣五河就李世忠。念祖知之，计说世忠缚以献，镍送寿州置之法，晋按察使。援滕县，既捷，师还，寇逾万蹑其后，乃掘深沟，布机械，阴徙去，追骑多坠死，人服其智略。直东平，赐号捷勇巴图鲁。八年，除山西按察使，年未及三十也。上虑其资色轻，与直隶按察使张树声易官，令曾国藩察覆，称念祖明爽，磨厉当成大器，宜稍缓任事，遂解职，留直差序。十年，左迁甘肃安肃道，主关内外粮运，给食不乏，征西军倚以集事，颇见赏于左宗棠。

光绪四年，晋按察使。多所反反，理俞应钧等杀降回谳忤宗棠意，再被劾去。十年，起云南按察使。历贵州，调补云南布政使。时总督岑毓英督师出关，需饷亟，而巡抚张凯嵩与有郤。念祖为陈公私利害，请以地丁钱漕受巡抚指麾，厘金杂税供总督兵饷，复为贷商款备粮糈，毓英德之，密荐其贤。二十一年，授广西巡抚。桂故多匪，至则选卒逐捕，痛绳以法，匪皆敛迹。坐失察赃罪，罢免。三十一年，赏加副都统衔，命赴奉天随将军赵尔巽治赈。寻督三省盐务及财政局。奉省吏治不饬，冒宪黩货，弊风相踵，念祖佐尔巽力抉其弊，蠲苛息烦，岁入倍蓰。期年奏绩，上嘉之，晋记名副都统。尔巽移蜀，徐世昌代之，又劾罢。宣统二年，卒。尔巽先后上其功，复巡抚原官，恤如制。

论曰：寇乱初平，安民保土，自以吏治为先，然非负文武干用如宝桢诸人，亦不易言效也。宝桢政尚威猛，瀚章治参清静，而昌浚则不免于姑息。树声有智略，秉璋称综核。荣光、士杰皆善于用兵，而疏于行政。兴锐重实效，念祖好行权。模独识议宏远，能见本原。此十人中虽治绩不必尽同，其贤者至今犹脍人口，庶几不失曾、左之遗风欤。

卷四百四十八　列传二百三十五

丁日昌　卞宝第　涂宗瀛　黎培敬
崧骏　崧蕃　边宝泉　于荫霖
饶应祺　恽祖翼

丁日昌，字禹生，广东丰顺人。以廪贡生治乡团，数却潮州寇。选琼州府学训导。录功叙知县，补江西万安，善折狱。坐吉安不守，罢免。参曾国藩戎幕，复官。李鸿章治军上海，檄主机器局，积勋至知府。江宁既下，除苏松太道。鸿章倚以办外交，事有钩棘，徐起应付，率皆就范。调两淮盐运使，淮盐故弊薮，至则禁私贩，纠贪吏，剬运道，岁入骤增。同治六年，擢布政使，授巡抚。江南戎烬后，庶政不纲，日昌集流亡，除豪猾，设月报词讼册，定钱漕科则，下其法各省；又以州县为亲民官，疏请设局编刻牧令诸书。八年，奉敕训勉臣工，日昌条上六事，曰：举贤才，汰虚冗，益廉俸，选书吏，输漕粟，变武科，言合旨要。遭忧归。

光绪元年，起授福建巡抚，兼督船政，辞，不允。既莅事，会霪雨，城内水逾丈，躬散赈，口煦手抌，卵翼备至，全济灾民数十万。众感泣，佥曰：“活我者，丁中丞也！”时台湾生番未靖，遂力疾渡台，自北而南，所至扶服蚁伏。惟凤山辖境，悉芒社及狮头、龟纹诸社素梗化，遣兵讨平之，为立善后章程，皆遵约束。中路水埔六社不谙树艺，雇汉民代耕，谓之"租朥"。复令有司计口给银米，教之耕作；广设义学，教之识字。又罢台属渔户税。拟筑铁路，开矿产，移关税厘权造船械，台民渐喁喁望治矣。还闽，移疾去，吏民啼泣遮道。

四年，疾稍间，被命赴福州，理乌石山教案。先是道光间，英人就山筑室传教，疆吏不能争，以山在城外，饰词入告。厥后占地愈广，闽人忿，几酿变。日昌抚闽，与力争，议易以城外电局空地。未及行，遽解职，英人占如故。闽人不能忍，聚众毁教堂，英使责难亟，至是命日昌往按。钩稽旧案，获教士侵地左证，与英领事往复诘辩，卒徙教堂城外，闽人镌石刊绩焉。逾岁，还里。明年，诏加总督衔，令驻南洋会办海防，水师统归节度。复命充兼理各国事务大臣，以疾辞，不许。八年，卒，恤如制。

日昌性孝友，抚吴日，母黄年九十矣，迎养署中，孺慕如儿时。兄寝疾，药膳躬侍，兄止之，则引李绩焚须事为喻。好藏书，成《持静斋书目》五卷，世比之范氏天一阁、黄氏百宋一廛云。子五人，惠康最著，好学，多泛览，有《丁征君遗集》。

卞宝第，字颂臣，江苏仪征人。咸丰元年举人。入赀为刑部主事，累迁郎中、浙江道监察御史。军兴，官吏多避罪冒功，奏请检视各省兵粮数目、攻守要害，及失陷收复时日功罪，以资稽核；其有获罪之员，藉事开复保升，宜严定限制。又言：“苗沛霖、王来凤乍服乍叛，宜专意主剿。”上皆嘉之。同治元年，迁礼科给事中，劾江北水师总统黄彬侵厘通贼，督办军务侍郎胜保贪蹇，提督成明拥兵同州畏葸无战志，一时推为敢言。擢顺天府府丞，迁府尹，捕巨盗王景瀓等。五年，乞开缺养亲，不允。出为河南布政使，擢福建巡抚。时粤寇初平，游勇土匪肆掠，疏请就地正法，报可。九年，再乞终养，许之。

光绪八年，起湖南巡抚。平江方雪璈，龙阳曹小湖，安乡周万益、张景来，皆盗魁也，阴结徒党，号"哥老会"。宝第悉置之法。署湖广总督。法人侵越南，诏偕巡抚彭祖贤治江防，筑炮台田家镇南北岸各三座，绘具图说上之。时议建樊口石闸。宝第以谓："樊口内有梁子诸湖，袤延八百里，水皆无源，江入其中，潴为巨浸。以民情论，重在堵江水之入，不在泄内水之出。以地势论，江水骤失此淳潴八百里地，则下游堤防必致冲决。请缓建石闸，而渐除樊口内洼田额赋。"得旨允行。

十一年，还湖南巡抚任。法人款成，宝第上言："各国通商，因利乘便，须具卧薪尝胆之志，为苞桑阴雨之谋。"因条上求才、裕饷、船政、器械四事。又言："国家财用，岁出大宗，莫如兵勇并设。直省旗绿各营兵额七十七万，每年薪粮银一千数百万两。养兵既多，费饷尤巨。兵多则力弱，饷巨则国贫。粤逆初起金田，仅二千人。广西额兵二万三千，土兵一万四千。乃以三万七千之兵，不能击二千之贼。广西兵不可用，他省可推。其后发、捻、田、苗等匪，悉赖湘、淮营勇勘定，绿营战绩无闻。大乱甫夷，伏莽未尽，兵不得力，勇难骤撤，于是岁支勇粮一千于万。赋入有常，岂能堪此耗费？查绿营马兵每月一两九钱，战兵一两四钱，守兵九钱零。月饩无多，必谋别业，遂弛专操，军情瞬变，调发迁延。臣拟请裁额并粮，以两额挑养一兵。如额兵一万，半为驻守，半赴巡防，互相逻成,共习辛勤,常则计日操演,变则随时援应。副参任营官,都守充哨弁,室家无累,而后纪律可严。此宜变通营制者一也。兵拟减额,原设将弁亦应核减。绿营将弁岁领廉俸杂项,职大者可抵百兵数十兵,小者亦抵十余兵。自来积弊,隐匿空粮,摊扣月饷,左右役使,无非额兵。裁汰之议,自非将弁所乐。拟请先裁将弁以并营,营兵必多,乃渐裁兵,老弱事故缺出停补,俟空千名,即补精壮五百,绿营不足,简拨营勇,作为练军。不启兵众之疑,自无阻挠之虑。此宜逐渐办理者又一也。目前兵尚未练,勇已议裁,若欲节饷,则裁勇不足资缓急,裁兵为有备而无患。"下部议行。十四年,擢闽浙总督,兼管福建船政。十八年,以疾解职,卒于家。

宝第有威重,不为小谨,驺从甚盛,所至诛锄奸猾,扶植良愿,民尤感之。子绪昌,户部七品小京官。

涂宗瀛,号朗轩,安徽六安人。以举人铨江苏知县。曾国藩督两江,檄主军糈,累保授江宁知府。同治九年,擢苏松太道。明年,迁湖南按察使。湘民故健讼,都察院岁下所狱辄逾百数。宗瀛为立条教,允首悔,惩诬告,并严定审理功过章程,弊乃稍革。晋布政使,仿朱子社仓法,建立长沙府仓。光绪三年,拜广西巡抚。苗、瑶、倮㑩犷悍梗化,檄所属广建学塾,刊《孝经》、《小学》诸书,使之诵习;又自撰歌词以劝戒之。时晋、豫大旱,移抚河南,割取俸余万二千金助赈,招流亡,给籽种,老稚无依者,设厂收养,强有力者任工作。世与曾国荃赈晋并称云。

七年,调湖南巡抚。抚标兵哗变,惩四人而事定。及擢总督,又有武汉教匪之乱,捕诛数十人,亦遂安堵。言官先后纠弹,事下彭玉麟,坐才力竭蹶,绎吏议。无何,御史陈启泰劾宗瀛务封殖,仍下玉麟按覆,玉麟后白其诬。时左宗棠督江南,欲规复淮盐、减川引,宗瀛以减川增淮,关川省数十万盐丁运夫生计,因抗疏力争,言:"按年减运,则未运者将尽化为私。纵使湖北置兵徼循,而巫峡流急,盐船下驶,瞬息百里,兵少力不能制,多恐滋生事端。且鄂饷无著,下拂舆情,上亏国帑。"辞恺切。未几,称疾乞休归。

初,宗瀛从廷栋讲学,为刊遗集,以理学称。家居十余载,以徐延旭获谴,追坐举主,下部察议。二十年,卒,年八十三。

黎培敬,字简堂,湖南湘潭人。咸丰十年进士,选庶吉士,授编修。同治三年,出督贵州学政。阻寇弗能进,乃从刘岳昭借军数十,竟达贵阳。时总督劳崇光、巡抚张亮基不相协,军事益坏。培敬上书言状,朝廷始获闻边事。黔苗傲扰,讴诵寂寥。培敬曰:"士气不伸,人心所縣不靖也。"于是出入寇氛,按试州县,虽危棘不缓期,贵州士民始复知文教。道黔西,晤道员岑毓英,与语,知其谙戎事,遂请以滇中军属之。培敬秩满,以太常寺卿石赞清荐,命权布政使。其时寇患方亟,贼酋潘名桀守龙里,久不下。培敬曰:"今附郭百里,仓廪犹实。不因以为资,若转藉寇,吾属必为所虏矣!"因说提督出城取龙里,逾岁,

克之。旋复贵定,名桀遁去,黔军克捷自此始。诏嘉之,予实授。繇是东定都匀,北靖开、修,南平陈乔生,西除林自清,苞黔数载,境内悉平。

光绪改元,擢巡抚。继曾璧光后,益严吏治。以上疏请释前总督贺长龄处分并予谥建祠,镌秩罢归。五年,起四川按察使。时丁宝桢督蜀,课吏严。培敬至,宝桢出郊迎,曰:"此吾贵州贤使君也!"培敬以巡抚降官,绝无愠意,孜孜治事。宝桢数荐其贤。六年,擢漕运总督。漕督虽闲职,然朊仕,培敬誓不以自污,公费所余,以之修驿馆,建兵房,增书院餐钱,兴释奠礼器,官煤、利济诸局亦赓续告成,人无敢干以私。七年,授江苏巡抚。未上,疾作,遂告归。明年,卒,优诏赐恤,谥文肃,予贵阳、清江浦建祠。

崧骏,字镇青,瓜尔佳氏,满洲镶蓝旗人。咸丰八年举人,由兵部笔帖式累迁郎中。同治六年,出知广东高州府,以忧解。服除,起授山东沂州府,历广西按察使、直隶布政使、漕运总督。光绪十二年,巡抚江苏,调浙江,所至兴利除弊。以南粮改折色,吏民交困,并减旗营兵粮、织造匠粮,令州县粜价以供漕,弊乃革。十五年,浙患水浸,奏请免漕,发帑赈之,而于京、协诸饷仍从容筹解,复集赀购米实仓储。杭、嘉、湖三府暨苏、松、常、太诸水源出于潜天目山附近,苕溪南北二湖为分泄地,岁久淤塞,用工赈法,招集流民疏浚之。其杭、嘉、湖、绍诸塘岸堰闸,靡不次第修治,民赖其利。十七年,卒于官。

崧骏以清廉自矢,于国计民生服膺不忘。抚江、浙绩尤者,民请祠之,得旨俞允。子昆敬,户部郎中。

崧蕃,字锡侯,崧骏弟也。咸丰五年举人,初入赀为吏部郎中。光绪五年,京察一等,简四川盐茶道。屡署按察使,保荐卓异。十一年,授湖南按察使,迁四川布政使。十七年,擢贵州巡抚。广西寇陆亚滃煽乱西林,与贵州接壤,崧蕃遣将扼册亨要隘,边患遂平。调云南巡抚,擢云贵总督。检视防营缺额积弊,劾副将雷家春,并自请议处,革职留任。

二十六年,奏请陛见,值拳匪肇乱,命留京会办城防事。旋扈驾至太原,饬还本任。行次,调陕甘总督。于城南建立大学堂,分两斋,东斋考文,西斋讲武。而修浚宁夏七星渠,尤为民所利赖。宁郡堤工,创自乾隆时,鱼盐之利甲通省,后渐湮废。中卫县令王树楠素讲求水利,崧蕃檄令勘工,自七星渠上接白马滩湃,流浚通深百八十余里,灌田六万余亩,硗确变为沃壤,逃亡复业。又以渠水分自黄河,势汹涌,春夏山水骤发,与黄流浑合,泥沙杂下,旋浚旋塞。乃仿古人暗洞激水法,凡傍山之渠,架油松成洞,覆以石板,山水流石上,而渠水潜行洞中。又度地势筑高堤,导山水使入黄河,并于渠口筑进水、退水两坝,使黄流曲折入渠,不致冲漫。工竣,数经暴水,卒不圮。设农务局,招垦荒地,如平罗、渭源诸县,先后报垦数百千亩。旧有机器局,渐次扩张。凡兴作实事求是,不惟其名。三十一年,调闽浙总督,未上,以疾卒,追赠太

子少保。子外务部主事豫敬，以员外郎补用。

边宝泉，字润民，汉军镶红旗人。同治二年进士，授编修。十一年，补浙江道监察御史。大学士李鸿章总督直隶，奏清苑麦秀两歧。宝泉疏论之曰："祥瑞之说，盛世不言。臣来自田间，麦有两歧，常所亲见。地气偏厚，偶然致此，何足为异？汉章之时，以嘉谷芝草，改元章和，何敞犹据经义面折宋由、袁安。至马端临《文献通考》，乃举历代祥瑞，统曰'物异'。夫祥且为异，今以无异之物而谓之祥，可乎？上年畿辅水灾甚巨，迄今没水田庐犹未尽出；永定河甫经崴工，北岸又溃；边军未撤，民困未苏。鸿章身膺重寄，威望素隆，当效何敞之公忠，惩宋由、袁安之导媚。皇上御极之初，庶吉士严辰散馆考试，曲意颂扬，奉旨严饬。今鸿章为督抚大吏，非草茅新进可比，乃亦务为粉饰，于治道人心关系尤巨。应请降旨训饬。"是时鸿章又以永定河合龙，奏奖工员劳绩。奏上而河复决，宝泉又疏请撤销保案。鸿章新建大功，宝泉再疏弹之，鸿章亦不以为忤，天下两贤之。迁户科给事中。

先是都御史胡家玉疏陈丁漕积弊，语侵巡抚刘坤一，坤一覆奏家玉遵赋未完，且私书嘱托公事。宝泉复劾："坤一藉词箝制地方长吏，此端一开，启天下轻视朝廷之渐。"疏入，坤一下部议处。

光绪三年，出为陕西督粮道，再迁布政使。九年，擢陕西巡抚。尚书阎敬铭议陕西收放粮米改征折色，宝泉持不可，以谓："谷数有定，今改折色，所收必有减于昔而民始乐从，所放必加多于前而兵乃足用。入不敷出，一时强为弥补，后将何所取偿？昔岁大饥，终赖道仓储粟，多所全活。今并此而去之，恐饥馑洊臻，益无可恃。"上韪其议。十二年，调河南巡抚，移疾归。

二十年，即家起闽浙总督。闽盐遢课积八十余万，前任奏报，率皆飞洒他项为抵注。宝泉至，尽发其覆，乃有停厘补课之奏。船政旧设大臣，后以总督兼之。宝泉特疏请复故制，且条上造船、购料、延教师、筹经费四事，而不私其权，人嘉其廉让。二十四年，卒于官，赠太子少保。

于荫霖，字次棠，吉林伯都讷厅人。咸丰九年进士，改庶吉士，授编修。从大学士倭仁问学。光绪初，俄罗斯议还伊犁，荫霖疏劾崇厚擅许天山界地数百里。及崇厚被逮，有为之游说者，复严疏劾之，且劾枢臣畏葸欺罔。六年，授赞善，累迁中允。八年，出为湖北荆宜施道。是秋淫雨，汉水溢，檄州属开仓赈济。又浚紫贝渊上游，改闸为坝，疏支流，泄积潦，水患始息。新荆州书院，设经义、治事两斋，生徒云集，讲舍至不能容。擒斩盗魁李人奴等，余党屏息。宜昌民教构讼，法领事祖教民，挟兵舰至，荫霖不为动，后卒无事。英商漏宜昌关税，既觉，乃纳赎请免，不许；请补税，许之。英商叹其廉。

十一年，擢广东按察使。广东素多盗，至白昼劫掠衢市，荫霖言于总督张之洞，奏请就地正法，报可。顺德廪生简明亮有学行，缘事系狱，察其枉，立出之。十二年，迁云南布政使，丁母忧。服阕，改授台湾布政使，未行，

会弟编修钟霖以前在籍与荫霖同办赈务，为奸商汤连魁诬控获谴。荫霖具疏辨。诏遣大臣即讯，颇得连魁行贿状，然荫霖犹坐是落职，废居京师。

二十年，日本战事起，命往奉天襄依克克唐阿军。请募兵二万自效，诏许募万人，分四军，与民团相应援。明年，和议成，总督张之洞、山东巡抚李秉衡交章论荐，诏赏三品顶戴。署安徽布政使，至则清厘田赋，杜绝欺隐，增垦田万八千余亩，搏节库储至二百万金。二十三年，德人索胶州湾，又胁朝廷罢李秉衡，荫霖奋然曰："是尚可为国乎！"上疏极论王大臣不职，因附陈修省五事，不报。二十四年，擢湖北巡抚。之洞为总督，颇主泰西新法，荫霖斷斷争议，以为："救时之计，在正人心、辨学术，若用夷变夏，恐异日之忧愈大。"之洞意迕之，然仗其清正，使治事寅。湖北财赋倚厘金，荫霖精心综核，以举劾为激扬，岁入骤增数十万。

二十七年，调抚河南。时两宫西狩，德、法兵幷谋南下，而河北莠民往往仇杀教民，荫霖檄彰卫怀道冯光元捕诛首恶数人。德、法兵至顺德，闻教案已结，乃还。二十八年，调湖北。会诏裁缺，改广西。廷议荫霖不善外交，复降旨补缺，假居南阳。三十年，卒。

荫霖晚岁益潜心儒先性理书，虽已贵，服食不改儒素，朱子书不离案侧，时皆称之。

饶应祺，字子维，湖北恩施人。幼颖悟好学，试作浑天仪，旋转合度。年十二，入邑庠，益究心经世学。咸丰九年，粤寇石达开自湘、鄂犯蜀，道恩施，应祺率乡团助城守。由候选训导议叙国子监学正。同治元年，举于乡，拣选知县，援例为主事，分刑部。父卒，庐墓侧。服阕，陕甘总督左宗棠檄参军幕。以克金积堡、巴燕戎格诸处功，擢知府。光绪三年，署同州知府。时秦、晋亢旱，赤地千里，饥民汹汹，遮道不得前。应祺谕之曰："此来赈汝饥耳！哗变者杀无赦。"乃捐俸钱为官绅倡，弛重禁，旬日得粮七十余万石，又截留他省粮运以助不继。复为招流亡，定垦章；给牛种，蠲杂税。岁稍转，教民兴水利，勤树植，设义仓，行保甲。又规复丰登书院，创修府志，文化蔚兴，士民为立生祠。

左宗棠疏荐应祺守绝一尘，才堪肆应，请以道府简补。十年，授甘州知府。陕西自军兴，兵差旁午，设里局董之，凡四十一厅州县大困。上命巡抚边宝泉赴陕查办，疏留应祺理其事。应祺量道路冲僻定收支之数，分别兵流，扫浮汰冗，岁省数十万两。是年冬，抵甘州任，赈饥劝学，设织纺局、孤鳌所，革征草之弊，复七斤一束旧章。十一年，迁兰山道。濒行，士民攀辕留行，多泣下者。旋署按察使。严抢骜为婚之禁，擒督署差弁及乡人杨营弁置之法。手订清理庶狱章程，以诏群吏，视其功过而黜陟之。

十五年，调新疆喀什噶尔道，改镇迪道，兼按察使衔。十七年，署新疆布政使；十九年，实授。新疆兵燹后，民物凋弊，地多荒弃。伊犁故腴壤，回屯旧八千户，四不存一。应祺建议伊犁将军给新裁锡伯、索伦兵牛粮，使之屯种；给新裁哈尔、厄鲁特兵羊马，使牧放；并招致关内

灾民，按丁授地，实行寓兵于农之法。罗布淖尔者，旧史所称星宿海也，汉为且末、尉犁、婼羌诸国地，东西广千六百余里，南北袤千里或数百里，自阳关道梗，其地遂成瓯脱。应祺建议巡抚筑蒲昌城，设英格可力善后局、卡克里克屯防局，招徕汉回客缠，通道置驿，建堡浚渠，教以耕织。又请改防军为标营，定额征粮石每年折色之法，画一钱法。

俄领事原议驻吐鲁番，后求移驻省垣，将军、巡抚难之。应祺谓："此不必争。我所应争者，洋商税则须与华商一律，同时议定。新省毗连英、俄，陆路进口地不一，北道伊犁，南道喀什，应设关，各以本道为监督；塔城、乌什、叶尔羌应分卡，归各道兼辖。"均如议行。南路初设领署，应祺贻书伊塔、喀什两道曰："交邻之道，莫先于自治。我之用人行政，使彼族闻而敬服，则遇事不至以非礼相要，此为折冲御侮第一要义。饮食往还，平时贵以情谊相联。至华洋诉讼，必先问华民是非曲直实情而后与之争，庶可关其口而夺之气。一词稍伪，彼将执以相例，而全案皆虚矣。情以篙之，理以盾之，又其次也。"新疆向受协饷，每苦款绌，应祺开源节流，数年库储逾百万。

二十一年，河、湟回煽乱，蔓延甘、凉诸郡，其别股万余谋窜。上命应祺署新疆巡抚，应祺檄提督牛勾诚防安西、玉门诸处，拒寇境外。回酋刘四伏果窜玉门之昌马，遇允诚军，战数不利，尽弃辎重，逾雪山西逸。应祺遣参将李金良要之红柳峡，生擒刘四伏，降其众八千，安置于罗布淖尔，设军镇抚。同时库车回谋起事，宁远回亦以争新教相仇杀，汹汹思变。应祺皆先期扑灭，故四伏无内应，卒就歼。上嘉其功，实授巡抚。

应祺以新疆僻处国西北隅，密迩强俄，士卒众而器械窳，生齿繁而司牧少，不足以固吾圉，乃购快枪万枝于德国，而设机器厂制造子弹，奏设左右翼马队为游击师。又开办于阗、塔城金矿，垦荒田，开渠井，广兴实业，凡有利于民生者，皆次第举。自是地利尽辟，兵备有资，较初建行省时迥异矣。

拳匪乱起，俄兵自萨马进逼边卡，应祺会总督魏光焘、伊犁将军长庚仿东南各省，与各领事结互相保护之约，俄兵乃退。议成，应祺应诏陈言，略谓："古今中外治法务在求实。旧章非无可守，守之不以实，成法亦具文；新法非不可行，行之不以实，良法亦虚饰。心之实不实，宜于行事之实不实验之。"逾年，诏设武备学堂，编立常备、续备、巡警各军。应祺主操练用新法，器械用新式；人惟求旧，必朴实勤奋久于战阵者，方可入选。上疏极论之，并谓："中国习洋操三十年，一败于日本，再败于联军，为务虚名而贻实祸之证。"所言皆切中时弊。

而尤断断于界约，不少迁就。帕米尔高原，国境也，有高宗御制平寇碑，立于苏满。英、俄交觑其地，而俄人先窃据之。应祺官布政使时，商之巡抚，以理退俄兵，遣军戍焉。俄人悔失计，日聒于总署，要我撤兵。应祺持不可，谓："我自守门户，其理直。我退则英必至，英来则俄又必争，是息事而益多事也。"后竟如应祺言。坎人求租种莎车属喇斯库穆荒地，应祺谓："坎本我属，宜示怀柔。其在玉河卡伦外者，可允其租垦，纳赋比于华人；其在玉河东北属边内者，宜却之，防后患。"总署与英使议界约，以坎部让与印度，而塔墩巴什帕米尔及喇斯库穆全境皆让与中国。应祺抗言："喇本我地，不得谓之让。"而俄人转谓中国以喇地让与英人，利益宜均，以兵威相胁。应祺饬属严备边，而以议租原委及议约界限详谕之，俄人始无辞。

应祺官西疆久，辟地安民，屡请建官设治以资镇抚。二十八年，复疏言："新疆自光绪四年改建行省，土地日辟，户口日繁，原设州县，辖境辽远，非增设府厅，不足治理。西四城喀什噶尔道：疏勒州为极边重要，请升为府；距府百八十里之排素巴特地属唐伽师城，改为伽师县；莎车地广而腴，英商麇集，请升为府：府南为泽勒普善河，增设泽普县；府西南色勒库尔为古蒲犁国，实坎巨提出入要路，又与英、俄接壤，请设蒲犁分防通判；距于阗县四百里之洛浦庄，增设洛浦县；吗喇巴什厅为古巴尔楚地，改为巴楚州。东四城阿克苏道：温宿州为南疆要冲，请升为府；旧城巡检升为温宿县；距县四百八十里之柯尔坪，增设柯坪县丞；焉耆府南六百三十里布古尔分防巡检为古之轮台，请分设轮台县；卡克里克县丞，其地为古婼羌国，改设婼羌县；库车厅土地广沃，请改为州；州南沙尔雅增设沙雅县。北路阜康县之济木萨县丞，富庶逾于县，旧驿名孚远，升为孚远县；距吐鲁番二百四十里之辟展巡检地为古鄯善国，升为鄯善县；昌吉县所属之呼图壁巡检向收钱粮，请改为县丞。计升设府三，改直隶州二，增通判一、县九、县丞二。"又奏增设乡试中额二名，会试中额一名，暨各府学官学额，先后皆议行。是年，调安徽巡抚，行抵哈密，病卒，赐恤如例。

恽祖翼，字叔谋，江苏湖阳人。同治三年举人。以知县累至道员，再摄武昌府。教匪王觉一约期起事，祖翼时管营务，乘夜率亲兵掩捕之。总督涂宗瀛疏保祖翼有济变才，光绪十五年，授督粮道。调汉黄德道，兼江汉关监督。以襄河涨发易坏舟，创设襄樊报水电，树牌鸣钲，各船备御，水至遂无患。晋按察使，擢浙江布政使。祖翼以州县征粮照旧折价，近年钱贵银贱，民力不支，乃重定银价，设柜征收，不得假手书役，人称其惠。尤尽心水利，于嘉兴开泖河，疏港建闸，以资蓄泄。于杭州浚上塘河，临平、**乔司**等处农田三十余万亩皆获**灌溉**之利。上虞南塘旧以土筑，水至辄决。采众议，改建石塘千一百丈，始免水患。

二十六年，北京拳乱报至，祖翼独起抑阻。匪陷江山、常山，衢民复毁教戕官，英欲以兵舰赴浙。祖翼亟遴员驰往镇抚，获真犯抵偿，潜消兵衅。会两江、湖广总督与各国订约保护南疆，电询浙省。巡抚刘树棠方卧病，祖翼即径电以浙省附约，人心乃安。

旋擢巡抚。以浙省防练各营积弊，疏请整饬，略言："浙省水陆防练各营数逾制兵，陆续添募，饷实不敷。而统领各营哨，不顾操练缉捕为何事，汲汲焉唯浮冒克减、食弊自肥。术愈出而愈奇，勇杂而日弱，盗日防而日多。今将荡涤宿垢而作新之。立法自上，责在督抚。臣任事即通饬各营，与之更始。以后如有贪劣将弁，仍敢浮冒克减，决不姑容。拟先励其廉耻，而兼课其材武。一面饬州县查保甲，办团练，以辅制兵之不逮；一面遴委廉干道府，酌带哨勇，分往浙东西，抽点名粮，认真校阅。遇有大股盗匪，督率营县搜拿，务绝根株。总期合散为聚，化惰为勤，堪备一日之缓急。虽然，营卫小疾，疏解足矣，受病既深，断非猛剂不治。天下之病，无一不根于利。统领营哨，闻见已惯，谓夫督抚所能操以绳其下者，撤之而已，参之而已。撤之则又顾而之他，参之则不饱贿而去；且未几而又贪缘开复矣，未几而以将才调用矣。惟督以峻法，务去泰甚，庶有以振暮气而戢贪风。或震于各国一时之强，几谓全恃火器，不知其本原仍在临财廉，与士卒同甘苦。否则未战先溃，火器徒以赍寇，直自伐耳。可否请旨饬下兵、刑各部，采臣治乱用重之议，嗣遇将弁赃证确凿者，分别轻重，严定参革、追缴、倍罚、斩绞之例，庶军心一振，于时局或有神益。"疏入，诏饬各省著为令。未几，丁母忧归。卒，恤如例。浙人立请祠祀之。

论曰：疆吏当承平时，民生吏治，要在因地制宜而已。日昌、宝第皆以尚严著绩效。宗瀛、荫霖饬之以儒术，亦后先称治。培敬有为有守，崧骏兄弟所至尽职，宝泉励清操，祖翼能济变，并有可称。至应祺官关陇、新疆垂四十年，边地初辟，治绩烂然，实心实政，其劳亦不可没云。

卷四百四十九　列传二百三十六

**锡良　周馥　陆元鼎　张曾扬
杨士骧　冯煦**

锡良，字清弼，巴岳特氏，蒙古镶蓝旗人。同治十三年进士，用山西知县，历任州县有惠政。光绪初，晋大旱，锡良历办赈务，户必清查，款必实放，民皆德之。二十年，山东巡抚李秉衡奏调补沂州知府，擢兖沂曹济道。抵任，值单县大刀会滋事，亟率队往，张示谕众，祗擒首恶，搜获盟单，当众焚之，匪党感畏，皆散。调山西冀宁道，晋按察使。调湖南，擢布政使。

二十六年，拳乱召祸，京师危急。锡良以湖广总督、湖北湖南巡抚会委，统率鄂、湘军队入卫，迎驾山西，立授巡抚。时和议未定，洋兵阑入晋边。锡良念两宫幸陕，和局固应兼顾，而保晋卫秦，亦不容忽。乃通令各军严行防守，别遣委员出境犒师，相机因应，幸保无事。和约定，晋始弛防。

调湖北巡抚，复开缺。旋授河南河道总督。以事简，奏请裁归巡抚兼理，诏允行。调补河南巡抚，兼管河工。豫省吏治久隳，劾去道府以次数十人，政纪肃然。泌阳教案事起，立派兵驰捕首犯，被抚难民，无分民教，一律抚恤。调热河都统。热河本就蒙地设治，向沿旧习，不讲吏事，尤患多盗。锡良首请改制，设立求治局，综理吏治财政；开办围场荒地，以兴垦务；整饬巡防，专意缉捕，匪风始戢。又以热地地广官少，奏请升朝阳县为府，并增设阜新、建平、隆化三县，热河自此始有吏治。

二十九年，擢闽浙总督，调署四川。时方议借外款修川路，锡良力主自办，集绅会议，奏设专局，招商股，筹公股，复就通省田租岁抽百分之三，名为租股，数年积至千万以上，股款之多，为中国自办铁路最。三十年，廷议整饬藏事，藏人疑惧，驻藏帮办凤全被戕。锡良飞檄提督马维骐督兵进剿，并令建昌道赵尔丰率师继进，遂克巴塘，仍饬尔丰进讨里塘。里属桑披寺筑碉谋抗拒，尔丰以长围困守六阅月，断其汲道，始克攻破。桑寺既平，诸番慑服。于是自打箭炉以外，直至察木多、巴里、乡城、德格等处，均改县治，扩地至数千余里；且兴垦、开矿、设学广教，番人渐知向化矣。

三十三年，调云贵总督。滇省军政久废，器械尤缺，乃创练陆军，设讲武堂，添购枪炮，旧有防营一律改编，自是滇省始有新军。滇多烟产，土税为收入大宗，锡良毅然奏请禁种，各省烟禁之严，唯滇为最。滇南连越，匪窜入河口，戕官扰境，立饬出队分路截剿，数日而定。滇西土司以数十计，日渐恣横。宣慰使刁安仁曾游东洋，外人称为王爵，尤骄妄。闻有改土归流之议，辄思蠢动。锡良先派员询察，晓以利害，并令应袭各土司迅办承袭，以安其心。刁安仁闻而畏感，遣其弟至，痛哭自陈改悔，边境得以无事。

宣统元年，授钦差大臣，调东三省总督。东省自日俄战罢，俄占北边，日蹙南境，局势日危。锡良莅任，即疏陈："东三省逼迩京畿，关系大局。辽东租借之约，十三年即满期，请朝廷主持，上下一心，以天下全力赴之，以赎回辽东半岛为归，否则枝枝节节为之，恐其不能及也。"疏入，不省。锡良又以东三省两邻分据，非修大支干路，不足以贯串脉络，因拟修锦州至瑷珲铁路。顾须横贯南满、东清，必非日、俄所愿，尤非密借强国外款，不能均势而策进行。适美国财团代表游历来奉，遂与密订借款包修草约。三日议定，电奏请旨速正式签定，即日、俄再争，已落后着。乃部议梗缓，复机事不密，事竟报罢。及日俄协约，东事益急。锡良以救亡兴政，均非款莫办，再请商借二千万两，以千万设银行；其余，半以移民兴垦，半以开矿筑路。仍不省。锡良虑东省危急情形，朝廷尚未深悉，乃请入觐面陈。

时醇亲王监国摄政，筹备立宪，廷议方注重集权。锡良先疏请实行宪法，历陈："立宪精神，在贵贱上下胥受治于法律，先革其自私自利之心。若敷衍搭克，似是而非，财力凋敝，人心涣漓，九年立宪，终恐为波斯之续。"又以近年重臣亲贵出洋考察，徒饰观听，见轻外人，疏请停派，并慎选亲贵实行留学。再疏谏中央集权，以为："朝廷分寄事权于督抚，犹督抚分寄事权于州县，无州县即督抚不能治一省。如必欲以数部臣之心思才力，统治二十二行省，则疆吏咸为赘疣，风气所趋，军民解体。设有缓急，中央既耳目不及，外省则呼应不灵，为患实大。"均不报。

至是，入都面陈监国，语尤切直，不省如故。告罢，又不允。

其时朝鲜为日并，锡良以事势益迫，欲固民心，先厚民力，当以防匪为名，设立清乡局，筹备预备巡警，部以兵法，实即民兵。奉人虑患思痛，争先응募，期年得数万人，全省皆兵。未几，防疫事起，疫起俄境，沿东清铁路，逐处传染，未浃旬，蔓延奉、吉、黑三省。俄、日群思干涉，锡良以防疫纯属内政，严起防治，三月而疫绝。十一国医士来奉考察，开万国鼠疫研究会于省署，锡良主议，咸起颂之。

锡良督东，严吏治，肃军制，清理财政，整顿盐务，筹办八旗生计，颇著成绩。唯目睹内忧外患日危一日，顾所以为东边计者，既多未如志，而朝政日非，民心日去，又无以挽救，屡称病乞罢。三年，始允解任调理。

武昌变作，召入觐，廷议本以锡良赴山、陕督师，并请独领一军卫京畿。顾有人愬之，乃改授热河都统，力疾赴任。逊位诏下，以病势难支，乞罢，允之。卧病六年，坚拒医药，卒，年六十有六，谥文诚。

锡良性清刚，自官牧令，即挺立无所倚。嫉恶严，所莅止，遇不职官吏，劾治不少恤；非义之财，一介不取；于权贵尤一无馈遗，故遇事动相牵制云。

周馥，字玉山，安徽建德人。初侍李鸿章司文牍，累保道员。光绪三年，署永定河道。初，天津频患水，馥迭治津沽入海金钟河、北运筐港减河及通州潮白河，设文武汛官资防守。并言天津为九河故道，不泄则水患莫瘳，请就上游辟减河而开屯田，南运下游分水势。部议格不行。后提督周盛传开兴济减河，屯田小站，实本馥议。丁艰，服除，署津海关道。朝鲜初通商，馥与美提督薛斐尔议草商约保卫之，首称朝鲜为中国属邦，固以防侵夺也，而枢府削之。馥私叹曰："分义不著，祸始此矣！"九年，兼署天津兵备道，俄真除津海关道。中法事起，鸿章命海口编民舶立团防。鸿章之督畿辅也，先后垂三十年，创立海军，自东三省、山东诸要塞皆属焉。用西法制造械器，轮电路矿，万端并举，尤加意海陆军学校。北洋新政，称盛一时，馥赞画为多。醇亲王校阅海军，嘉其劳，擢按察使。再署布政使。筑永定河北岸石堤卫京师，卢沟南减水石坝工尤巨，自是河不溢。

中日开衅，馥任前敌营务处，跋涉安东、辽阳、摩天岭之间，调护诸将，收集散亡，粮以不匮。和议成，乃自免归。鸿章疏荐之，授四川布政使。至则课吏绩，广银币，积粮储。虑教案易生衅，撰《安辑民教示》颁郡县。未几，拳乱作，八国联军内犯，鸿章为议和大臣，总督直隶，馥亦调直隶布政使。先随鸿章入都，理京畿教案，数月事稍定，始赴保定受布政使印。先是法兵至保定，戕前布政使廷雍，遂踞司署。及闻馥来，列队郊迎入署。久之，观其设施，无间言，乃徐引去。鸿章卒，遂护直督。

俄擢山东巡抚，诏留议津榆路事。时和议虽成，外国兵壁天津，踞津榆铁道，设都统，治民政，屡争莫能得。至是，馥竟以片言解之。馥抚山东，值河决利津薄庄，议徙民居，不塞薄庄，俾河流直泻抵海。沿河设电局，备石工，迄十余年，河不为灾。德踞胶州湾，筑铁道沿省治，因占路侧矿山。馥奏开济南、周村商埠相箝制，德人意沮，自撤胶济路兵，还五矿。

馥既膺疆寄，则益欲大有为，凡所以阜民财、渝民智者，次第兴举，天子嘉之，擢署两江总督，移督两广。三十三年，请告归。越十四年，卒，谥悫慎。直隶、山东、江南士民皆祠祀之。

陆元鼎，字春江，浙江仁和人。同治十三年进士，以知县即用，分山西，改江苏。光绪二年，权知山阳。有奸豪民交通胥役，略人口行鬻，捕辄先通。元鼎黎明起，盛仪从谒客，中道折至民家，破门入，缚治其豪，取出所略女妇数十人各放归，欢声雷动。补江宁，以忧归。服除，坐补原缺，调上海。法兰西人击杀县人沈兆龙，伤隐不见，法领事不承击杀。元鼎曰："时计表坠地，有钢条内断而磁面未损者，与此何以异？"领事语塞。如皋焚教堂，檄元鼎往视，教士声言议不谐，当以兵戎见。元鼎曰："如皋非军舰所能至也。"不为动。抗议十余日，乃定偿银四千，无他求。是时江南北焚教堂十余所，次第定议，悉视如皋。

移知泰州。城河久淤垫，岁旱，民苦无水。元鼎浚治之，又移徙市廛迫河浒者，虽巨室无所徇。下河斜丰港故有堤，在泰州境者六十里，入东台境，堤庳，水至勿能御。元鼎增高至十丈，广如之，而丰其下以倍。工竟，按察使檄东台治堤与泰州接，元鼎又助工十有一里，自是两境无水患。寻调上元，援例以道员候选。

两江总督刘坤一疏荐元鼎才任方面，二十一年，授惠潮嘉道，调江苏粮道，迁按察使。陛见，温语移时。论及前岁日本构战，我军枪弹多与口径不合，以故败。帝因谕枢臣戒督抚审军实，且曰："毋谓语由元鼎，使督抚生芥蒂也。"江阴焚教堂，县吏捕首事者上之按察使。上海领事谓逮捕者非首犯，驻京公使言于总署，令领事往会鞠。元鼎曰："会鞠有专官，按察使署非会鞠所。"领事言："不会鞠，当观谳也。"元鼎持不可，领事曰："其如总署指挥何？"元鼎曰："慎守国宪。官可辞，法不可挠！"领事怏怏去。枢臣闻而嘉之，曰："不尔，又为故事矣。"寻署布政使，护巡抚。

二十九年，迁漕运总督，调湖南巡抚。时方在告，广西匪起，窥湖南，贵州匪逼靖州。元鼎力疾赴官，筹边防，与总督张之洞会奏以堵为防，不如以助剿为防。于是募勇，令提督刘光才防西路，令衡永道庄赓良入贵州，而道员黄忠浩佐之。赓良攻下龙贯峒，忠浩亦大败悍贼于同乐。又令提督张庆云助击广西四十八峒。乱徐定，朝命云南布政使刘春霖移湖南，率所部滇军助湘防。元鼎言滇军不可用，已而后营果叛。醴陵会匪谋叛事泄，自承革命，语连日本留学生。元鼎诛二人，囚一人，他无所株连，人心大定。

征兵之议起也，元鼎已调抚江苏。上言："南人柔脆，其应征者多市井无藉，不胜兵。当专选江北淮、徐诸府，不当限区域。"部议格不行。其后逃亡相属,如元鼎言。二十九年,京察开缺另简。明年,召入京,奏对,语及江、浙争沪杭铁道事,元鼎力言士民忠爱无他心,上为动容。命以三品京堂候补,佐办资政院事。俄,乞归。宣统二年,卒于家。

张曾扬,字小帆,直隶南皮人。同治七年进士,以编修出知湖南永顺府。地属苗疆,号难治。斥赀募勇戢盗,悉置之法;吏之尤贪污者,弹劾之。徙知广东肇庆府,有惠爱,督抚交章论荐。光绪二十年,除福建盐法道。闽盐踊贵,私运蜂起。为严立规约,奏免全厘以恤商,而正课亦饶。迁按察使,岁余,病免。越三年,再起,召见,奏对称旨,皇太后奖其明慎,即日授四川按察使,未到官,迁福建布政使。调广西,桂故瘠区,又分任庚子赔款,益不支。曾扬改厘章,严比较,裁冗费,罢不急官吏,用以不绌。

二十九年,拜山西巡抚。日俄衅作,日军进驻辽南。曾扬建议:"辟要地为商埠,别与日本密订协守同盟之约,声明不干内治。所虑者俄为日败,必将取偿于我;伊犁邻近藩封,亦渐外向,故亟宜筹饷练兵,有备无患;而库张铁路可缓办以伐其谋。"言颇扼要。马贼刘天祐等扰后套,曾扬调集各军讨平之。

三十一年,调抚浙江。时浙西盐枭煽炽,嘉湖统将吴家玉阴与枭通,都司范荣华尤不法。曾扬便道之官,或劝以兵从,曰:"是速之叛也!"遂轻骑径嘉郡,召家玉入谒,谕以祸福,家玉不敢动,徐檄他将领其众,而羁之甬东,廖荣华等,枭渐敛迹。浙路交涉久未决,草约逾定期,英领事犹坚执之。曾扬据约立争,事乃定。

三十三年,颁下法律大臣沈家本《试行诉讼法》,曾扬言:"中国礼教功用远在法律上,是以尊亲之义,载于礼经。汉儒说《论语》,亦谓纲常为在所因,此各省所同,浙不能异者也。浙西枭匪出没,浙东寇盗潜滋。治乱国用重典,犹惧不胜,骤改从轻,何以为治?此他省或可行,而浙独难行者也。"于是逐条驳议之。

是年秋瑾案起。秋瑾者,浙江女生言革命者也,留学日本,归为绍兴大通学校教师,阴谋乱。曾扬遣兵至校捕之,得其左验,论重辟,党人大哗。调抚江苏,俄调山西,称疾归。家居十四年,卒,年七十九。

杨士骧,字莲府,安徽泗州人。光绪十二年进士,选庶吉士,授编修。保道员,补直隶通永道,擢按察使,迁江西布政使,复调直隶。三十一年,署山东巡抚。河贯东省千余里,淤高而堤薄,岁漫决为巨害。士骧以为河所以岁决者,河工员吏利兴修,又因以迁擢也。乃定章程:岁安澜,官奏叙,弁兵支款如例;河决,官严参,不得留工效力,弁兵依律论斩。身巡河堤,厉赏罚,自是数年,山东无河患。曹州多盗,行清乡法,严督捕。德兵违约,屯胶、高,久不撤。数月盗少戢,会各国撤京、津兵,士骧与德官议,遂尽撤驻路德兵。

三十三年,代袁世凯为直隶总督。世凯为政,首练军筹款,尤多兴革,务树威信,北洋大臣遂为中外所属目。士骧承其后,一切奉行罔有违,财政日竭,难乎为继,而周旋因应,常若有余,时颇称之。明年,入觐。时议修永定河,士骧阅河工,疏言:"全河受病,一由下口高仰,宣泄不畅;一由减坝失修,分消无路。"卢沟桥以下旧有减坝,年久淤闭,宜折修,并挑减河,因请拨帑四十六万余两。诏下部议。

宣统元年,德宗梓宫奉移西陵,诏所需不得摊派民间。士骧慨然思革百年之弊,疏曰:"国初因明季加派纷繁,民生雕敝,屡降旨申禁科累。近畿繁剧,供亿多,不能尽革,故田赋较各省轻,而岁出差徭逾于粮银之数。新政迭兴,学堂、巡警诸费,无不取给于民,输纳之艰,日以加甚。擢官绅合查常年应官差徭,实系公用者,酌定数目,折交州县自办,不得滥派折钱;胥役书差,官给津贴。庶积弊一清,上下交益。"疏入,优诏答之。五月,卒,赠太子少保,谥文敬。

士骧少孤露,起家幕僚,至于专阃,与人无迕,众皆称其通敏云。

冯煦,字梦华,江苏金坛人。光绪十二年一甲三名进士,授编修。叠上疏代奏,请图自强,敦大本,行实政,德宗嘉纳。典湖南乡试,称得士。二十一年,以京察一等授安徽凤阳知府。凤属连年水涝,煦单骑按部,逐一履勘,以被灾之重轻,定给赈之多寡,人沾实惠。并срав平反疑狱。总督刘坤一以心存利济、政切先劳疏保,闶摄凤颍六泗道。二十七年,迁山西按察使,调四川。广安州有聚众谋毁学堂者,获四人,拟照土匪例正法。煦白大府,请按而后诛,以去就争,至免冠抵几,不得请不止。旋署布政使,复调安徽,兼署提学使。

三十三年,擢巡抚。时国是日非,海内外党人昌言革命。巡抚恩铭被刺,众情惶惑。煦继任,处以镇静,治其狱,不株连一人,主散胁从,示宽大,人心始安。复疏言:"今者党祸已亟,民生不聊。中外大臣不思引咎自责,合力图强,乃粉饰因循,苟安旦夕,贻误将来,大局阽危,日甚一日。挽救之方,唯以核名实、明赏罚为第一义,而其要则在'民为邦本'一言。有尊主庇民之臣,用之勿疑;有误国殃民之臣,刑之毋赦。政府能使天下自治,则天下莫能乱;政府能使天下举安,则天下莫能危。根本大计,实系于此。"疏入,大臣权幸多忌嫉之。明年,遂罢。

宣统二年,江、皖大水,复起为查赈大臣,出入灾区,规定办法,施及豫东,未一年,凡赈三十九州县,放款至三百余万。后复立义赈会。连年水旱,兼有兵灾,远而推至京、直、鲁、豫、湘、浙,无岁不灾,无灾不赈,盖自莅官讫致仕,逮于耄老,与荒政相终始,众称善人。闻国变,痛哭失声。越十有五年,卒,年八十五。

煦居官廉而好施。平素讲学,以有耻为的,重躬行实践。文章尔雅,晚境至鬻文自给云。

论曰:光绪初,督抚权重,及其末年,中央集权,复多设法令以牵制之,吏治不可言矣。锡良强直负重,安内攘外，颇有建树。馥谙练，士骧通敏，元鼎办交涉，曾扬论法律，并能持正。煦善治赈，与荒政相终始。"民为邦本"，善哉言乎！锡良初疏谏集权，枢廷转相箝制。及事变起，大势所趋，皆一如所言，世尤服其先见云。

卷四百五十　　列传二百三十七

李鹤年　文彬　任道镕　许振祎　吴大澂

李鹤年，字子和，奉天义州人。道光二十五年进士，由编修改御史，转给事中。父忧归，服除，命赴河南襄办军务。同治元年，授常镇通海道，署河南按察使，调直隶，授布政使。四年，擢湖北巡抚，调河南。

时捻匪由山东南窜，鹤年以为十余年来贼屡扰归、陈、南、汝间，即去而他窜，必假道于豫。乃增募两军各万余人，一曰毅军，宋庆统之；一曰嵩武军，张曜统之；更以马队属善庆，与两军为犄角。于是宋庆等军大破张总愚睢州，鹤年亲赴陈、留、杞督战。任、赖各逆复乘虚北扰，鹤年以贼踪无定，防河尤急。贼果犯中牟，以有备不得逞，乃于省治西决堤决水南流，扰及长垣。鹤年飞檄水陆各军沿堤剿堵。贼西走湖北麻城、黄冈，诏饬宋庆一军越境会剿，歼贼无算。鹤年自驻许州策应，贼窜裕州，庆击败之。善庆及淮军刘铭传大败贼赣榆，任柱被戕死。赐鹤年头品顶戴。七年，奉命督师出境，驰抵磁州。捻犯近畿，更由滑、浚处沿河东趋。坐防堵不力，再议处。豫军告捷，赏还顶戴。总愚溺死，捻匪平，照一等军功议叙。

十年，擢闽浙总督。明年，陛见，赐紫禁城骑马。旋署福州将军，兼署巡抚。诏询海防事宜，覆奏言："海防之策，莫重于练兵、筹饷、制器、用人四端。四者之中，以用人为急务，而尤在专其责成。沿海疆臣固责无旁贷，第无统率大员，仍恐意见纷歧，临事推诿。"上韪其议。

光绪元年，调河东河道总督，兼署河南巡抚。七年，授河南巡抚，仍兼河督。十年，坐审办盗犯胡体安连疏抗辨，部议革职，以祝嘏恩赏降二级职衔。十三年，署河督，疏言："黄河分流，自宋时决澶州，分为二派。明筑黄陵冈，始合为一。河性上漫则下淤，今两路皆淤，急宜疏支河，以预筹宣泄。"报可。逾年，郑工复决，发军台效力。未几释归，并赏三品衔。十六年，卒。宣统元年，开复原官。

鹤年有知人鉴，少与文祥同学相淬厉。及居言职，严疏劾肃顺跋扈，而奏起曾国藩于家，谓必能办贼。拔宋庆、张曜治豫军，后皆为名将。治豫久，多善政，豫人刻石颂之。始任河督，黑冈堤溃，不绝如缕。鹤年亲督工二十余昼夜，险工克济。德宗尝询李鸿藻以善治河者，鸿藻举鹤年，上亦识前事之柱也，故再任河督。其卒也，豫民有流涕者。三子葆恂博学多文，尤知名。

文彬，字质夫，纳喇氏，内务府满洲正白旗人。咸丰二年进士，授户部主事。十年，以员外郎随扈幸热河。明年，迁郎中，出知山东沂州府。捻匪逼府城，会师攻拔贼巢，擒匪首孙化详等。叙功，以道员用。同治四年，随布政使丁宝桢败贼滕县临城驿，更绕赴东平防贼北窜。补兖沂曹济道，擢按察使。收复海丰，擢布政使。十年，署巡抚，补漕运总督。再署巡抚，旋还任。

光绪五年，督漕北上，因请陛见，并与河督李鹤年、巡抚周恒祺会商运河事宜，通筹河道宽深，改设运口，导引卫河，设立堤坝，绘具图说以进。略谓："现时北运口在张秋南八里庙，与南运口斜对，相距二十余里。黄流至此虽收束，而溜势散漫，歧汊甚多。大抵溜势近南则北口淤垫，近北则南口浅阻。故漕船出南运口入黄后，必东北行二十里，至黄溜汇一之史家桥，再南行二十里，至八里庙北运口，汛水大涨，方能入运。今拟移北运口于史家桥北六里。黄河西岸，由阿城闸东坡开河一道至陶长堡，为出黄入运口门，筑坝灌塘，则黄水不至夺溜，可免牵挽之难。黄、运之间，自贾工合龙后，每伏秋大雨，水无所泄，民间低地有积水数年不得耕种者，若将陂水引归一塘，不惟蓄水济运，又可涸复民田。运口既定，即可导引卫河。自直隶元城集东三里卫河曲处凿新河一道，经直隶之南乐、山东之朝城，至张秋南之萧口涵洞入运。计卫高于运九丈余，长百五十余里，导以济运，势如建瓴。更有大小二丹水，亦可由卫济运。凡建四闸二坝及挑河筑堤，估银七十六万。较之借黄济运旋挑旋淤者，相去远矣。"

又尝偕两江总督吴元炳奏复淮流故道，略谓："淮水汇四十余河潴于洪泽湖，杨庄以下云梯关为入海故道，余波入运济漕。遇旱，复蓄淮流由运河分入淮扬各闸洞，以溉民田。自洪泽湖不能潴水，张、福引河又不通畅，每遇盛涨，运河一线东堤，其势岌岌。倘竟冲溢，不至以里下河为壑不止。论者谓必设法束水，然与其上游议堵，何如下游深通。"因条上疏浚杨庄以下旧河入海故道。

未几，卒，有诏褒锡。两江总督刘坤一以文彬遗爱在民，请建专祠清江浦，允之。子延煜，举人，四川盐茶道；延熙，举人，九江知府；延夔，进士，武昌知县；延照，举人，礼部员外郎。

任道镕，字筱沅，江苏宜兴人。拔贡，考授教职。咸丰中，在籍襄办团练，除奉贤训导。以筹饷劳，晋秩知县，铨当阳，多善政，调江夏。同治二年，擢知顺德府。畿南匪起，行坚壁清野法，修治城堡，屡击贼于沙河、平乡间。会捻众北犯，道镕率练勇守沙河。夜与贼遇，挥众奋击。矛伤及身，不退，贼徐引去，晋秩道员。洺河自广平入，久淤塞。道镕与邻郡合浚，又浚郡北响水河，复民田万余顷。总督曾国藩、李鸿章迭荐之。十一年，调保定，寻擢开归陈许道。剔河工积弊，验工料必以实。尝冒风雨抢护中河险工，四昼夜始定。

光绪元年，署按察使。授江西按察使，省狱羁囚四百余人，道镕便宜讯决，三月而清。四年，迁浙江布政使，调直隶。直隶自军兴，州县报销未清，又数值谒陵大差，交代纠葛。道镕分别新旧案，定限清结。裁革州县摊捐，实发养廉银以恤吏，劝属县积谷备荒。七年，擢山东巡抚，疏陈营务废弛，易置统将，以绿营额饷练新军，责郡县勤缉捕。泰山、沂水之间，驿路崎岖，发卒开治平坦，行旅便之。旋以保奖已革知府潘骏群被议，又以失察编修林国柱预报起复，被劾褫职，降道员。家居久之。

二十一年，起河道总督。故事，河督、开封、济宁并设行署。自咸丰时，常驻开封，山东河事由巡抚专治。至是复改议河督驻济宁，而河南巡抚兼治河。道镕言："官吏不相属，则令难行，不如仍旧便。"报可。时河患多在下游，河督专司上游，事简。道镕务节费，岁以余帑还司库。二十六年，拳匪起，河南奸民乘机煽乱。道镕处以镇静，练河标三营助省防。次年，调浙江巡抚。承国威新挫后，民教相阋，案多未结，持平讯决之。筹集偿款，衡其缓急，民不重困。二十八年，乞病归。逾三年，卒于家，年八十三。

许振祎，字仙屏，江西奉新人。咸丰初，以拔贡生参曾国藩戎幕。追楚军困于江西，都邑相继陷，振祎偕内阁中书邓辅纶募乡兵击贼进贤、东乡，旋复吉安。叙功，以同知铨选。同治二年，成进士，授职编修，出督陕甘学政。时河州降回复叛，而西宁诸郡回、汉民亦日相仇杀，试事久停不举。振祎始按试各郡，多录降人子弟，补行八次岁科试，入学者数千人，回民大服。建味经书院于泾阳，广置书籍，以化其犷俗。又请陕、甘分闱乡试，各设学政，允之。总督左宗棠以谓边氓长治久安之效，胥基于此。父忧归。

光绪二年，起故官。八年，授彰卫怀道，减属县差徭费岁二十余万。豫修里河堤防，淮海各盐区得免水患。十六年，擢东河道总督，筑荥泽大坝，胡家屯、米童寨各石坝，河赖以无患。其要尤在严稽察，不私财权，令七厅径赴司库支领，故积弊除而工坚。二十一年，迁广东巡抚，禁赌闱姓，粤民利赖之。二十四年，裁广东、云南、湖北三巡抚缺，振祎调内用。乞假归，逾年卒。附祀江苏、河南曾国藩祠。

吴大澄，字清卿，江苏吴县人。同治元年秋，彗星见西北，诏求直言。大澄方为诸生，入都应京兆试。上书言："致治之本，在兴俭举廉，不言理财而财自裕。若专务掊克，罔恤民艰，其国必敝。"后六年成进士，授编修。穆宗大婚典礼隆缛，疏请裁减繁费，直声震朝右。出为陕甘学政，奏上仓颉列祀典，允之。又荐诸生贺瑞麟、杨树椿笃志正学，给瑞麟国子监学正衔，树椿翰林院待诏衔，士风为之一变。时诏修颐和园，大澄复言时事艰难，请停止工作。疏入，留中。

光绪三年，山、陕大饥，奉命襄办赈务。躬履灾区查勘，全活甚众。左宗棠、曾国荃、李鸿章等交章论荐。四年，授河北道。时比岁荐饥，贫民减价鬻田，十不得一。巡抚涂宗瀛饬荒岁贱价之田准取赎，然往往为势家所持，以故失业者众。惟大澄能判决如巡抚旨。

六年，诏给三品卿衔，随吉林将军铭安办理西北边防。大澄周历要隘，始知珲春黑顶子地久为俄人侵占。因请颁旧界图，将定期与俄官抗议，未得旨。时有韩效忠者，登州人，佣于复州侯氏。负博进，遁往吉林夹皮沟。地产金，在宁古塔、三姓东，万山环绕，广袤七八百里。流冗啸聚其中，亡虑四五万，咸受效忠约束。效忠严而不扰，众服其公允，屡抗大军不出。大澄单骑抵其巢，留宿三日，劝效忠出，效忠犹豫，意难之。大澄曰："我不疑若，若乃疑我耶？"对曰："非敢疑公。其负罪久，万一主兵者执前事为罪。某死不恨，幸公意奈何？"大澄挺以自任，遂与效忠出，奏给五品顶戴，子七品，孙登举有平寇功，授参将。七年，授太仆寺卿。法越事起，会办北洋军务，驻防乐亭、昌黎。

十年，迁左副都御史。俄，命使朝鲜，定其内乱，盐运使续昌副之。至则日本使臣井上馨避不见，而挟朝鲜左议政金宏集于议政院，索偿兵费三十万。大澄谓续昌曰："是蔑我也！"立率兵至议政院，排闼入，责数宏集："柄国败坏国事。今定约稍不慎，便滋异日纷，非所以靖国也。"宏集唯唯，井上馨亦气慑，减索兵费十一万而去。

十一年，诏赴吉林，会同副都统伊克唐阿与俄使勘侵界，即所侵珲春黑顶子地也。遂援咸丰十一年旧界图立碑五座，建铜柱，自篆铭曰："疆域有表国有维，此柱可立不可移。"于是侵界复归中国，而船之出入图们江者亦卒以通航无阻。十二年，擢广东巡抚。葡萄牙侵界至澳门香山。总署与立约通商，画澳门归葡辖。大澄持不可，条上驳议，不报。

十四年，郑州河再决，上震怒，褫河督李鹤年职，以大澄代之。是年冬，河工合龙，大澄力居多。大澄盛负时誉，会海军议起，以醇亲王奕譞为总理。大澄素与王善，治河功成，实授河道总督，加头品顶戴。大澄遂疏请尊崇醇亲王称号礼节。疏入，孝钦显皇后震怒，出醇亲王元年所上《预杜妄论疏》颁示天下。大澄几得严谴，以母丧归，乃已。

十八年，授湖南巡抚。朝鲜东学党之乱也，日本与中国开衅，朝议皆主战。大澄因自请率湘军赴前敌，优诏允之。二十一年，出关会诸军规复海城，而日本由间道取牛庄。魏光焘往御，战不利。李光久驰救之，亦败，仅以数骑免。大澄愤湘军尽覆，拔剑欲自裁，王同愈在侧，格阻之，同愈以编修参大澄军事也。光焘请申军法。大澄叹曰："余实不能军，当自请严议。"退入关，奉革职留任之旨。乃还湖南，寻命开缺。二十四年，复降旨革职永不叙用。二十八年，卒，年六十八。

大澄善篆籀，罢官后，贫甚，售书画、古铜器自给。著有《古籀补》、《古玉图考》、《权衡度量考》、《恒轩古金录》、《愙斋诗文集》。

论曰：河患日棘，而河臣但岁庆安澜，即为奇绩，久未闻统全局而防永患，求治难矣。鹤年以善治河称，文彬论治河改运口，复淮流，亦颇有识。道镕剔河工积弊，务节减，振祎督工严，尽革中饱，尤以勤廉著，皆足收一时之效，然徒治标，非治本计也。大澄治河有名，而好言兵，才气自喜，卒以虚憍败，惜哉！

卷四百五十一 列传二百三十八

李朝仪　段起　丁寿昌　曾纪凤
储裕立　铁珊　桂中行　刘含芳
陈鬶举　游智开　李用清 李希莲　李金镛
金福曾 熊其英　谢家福　童兆蓉

李朝仪，字藻舟，贵州贵筑人。道光二年进士，授直隶平谷县，历署饶阳、三河。咸丰初，迁大兴京县，署南路同知，补东路同知，皆有治声。时海防戒严，筑宁河、北塘、大沽诸炮台，工坚费核，平余银巨万，悉以入官，晋秩知府。十年，署顺德。捻匪北窜，朝仪率乡勇出御，严阵以待，炮折大旗，迄不动。益使游骑左右驰突为疑兵，贼来则击之，退则寂守，久之，贼引去。同治四年，署广平，败贼马瞳桥，悉收难民入城，料贼必复至，储粮械为城守备。已而贼众数万騠逼城，不敢犯，城获全。五年，补大名。马学孟者，故捻党也，善战，有勇力。既投诚，充团总，浚、滑、内黄数县民多附之，其党有杀人者，远近因传学孟叛矣。朝仪驰入其居，晓譬利害，学孟悟而泣，愿缴械请罪，遂夷其寨，赦勿问。后朝仪与贼战，得学孟死力，故不败。

八年，授永定河道，署按察使。先后任河道八年，勤于职守，痛革河工积弊，课兵种柳，资工用焉。迁山东盐运使，寻擢顺天府尹。京畿靡薄，朝仪廉勤率之，捕剧盗，抑豪强，绝请托，期年风习一变。光绪七年，卒官。朝仪治河绩尤著，民立祠固安祀之。

段起，字小湖，湖南清泉人。初入赀助饷，叙道员。咸丰初，佐广西左江道王普相幕，数陈兵事。普相荐诸巡抚劳崇光，俾将百人，从解全州围。别寇邓正高乘虚袭永州，窥衡州，起单骑驰谕降其众。贵州叛苗犯怀远，起讨平之。奉檄率所部援江西，谒曾国藩于军中，国藩未之奇也。时贼踞建昌，久不下。起夜率四百人扑其垒，克之，乘胜复德安，国藩乃纳其军。七年，从刘腾鸿、李续宜攻瑞州，腾鸿战死，起亦被重创，卒克之。八年，援浙，解衢州围，还攻景德、浮梁，并克之。明年，陈玉成犯景德，起扼其冲，贼不得逞。出家财募勇，遣别将率以援浙，数有功。巡抚王有龄疏调起赴浙将水陆军，会以前功加盐运使衔，留江西以道员补用。十一年，李秀成犯广丰，遂围广信。起婴城固守，伺间出击贼，败之，贼遂引去，加布政使衔。同治元年，授江西督粮道，仍留治军。二年，克鄱阳、彭泽，给瑚松额巴图鲁名号。

三年，始赴任。时军事渐定，议撤兵。起条上兵弁安置之策，巡抚沈葆桢疏请颁行，武职借补及收标考课，著

为令。四年，鲍超军索饷哗溃，起闻变驰视，遇前队，伤颐，有识者大呼曰："段粮道也！"皆弃兵拜，起反覆开譬，变乃定。寻兼署按察使。江西、闽、浙之交，有山绵亘千里，故为盗薮，久封禁。贼未平时，民往往入山避乱，久之生息日繁。至是或颇言粤寇余孽窟穴其中，诏三省会剿，起疑之，轻骑周历询访，悉其状，牒大吏疏请弛禁，民德之，立生祠祀焉。六年，以疾归。邑大饥，倾赀赈赡，全活逾万家。光绪二年，再授江西督粮道，调江南徐州道。六年，两广总督张树声调治海防，擢广东盐运使。八年，卒于官。

丁寿昌，字乐山，安徽合肥人。少为里塾师，粤寇扰淮南，遂集里中子弟勒以兵法，筑寨自保。同治初，率偏师从李鸿章东征，转战苏、松间，由知县晋秩知府。随潘鼎新攻浙江，克乍浦，摄乍浦同知。又随克嘉兴，晋道员。进攻湖州，战于晟舍镇，贼凭河为险。寿昌凫水破其两垒，诸军随击，立克之，湖州贼遂不振。论功，加按察使衔。六年，率师从刘铭传剿捻，迭败之黄安、邓州。贼南窜沭阳，霖雨，平地水数尺，捻酋任化邦窜渡沭水而西。寿昌先解衣率将士徒涉，伐木为梁济军，既济，乃断梁。众知无退路，奋击破贼，追斩化邦赣榆城下。诏以道员简放，加布政使衔。又战潍县，擒捻酋李芸等，给西林巴图鲁勇号，记名按察使。

八年，天津民、教构衅，命寿昌率铭军四千驰赴津、沽备非常。遂署天津道，寻实授。时人情汹惧，讹言繁兴。寿昌处以镇静，扶良诘奸，属境安堵。救火会董积愤西教，适大火，相约不救教堂。寿昌闻警奔赴，略无畛域。会董感其诚，乃施救。梁家园河堤将圮，寿昌亲执畚立水中，众益奋筑，堤获全。设厂以赈流民，庐灶藩溷悉有程式。会遭父丧，士民奔走吁留者万人，坚请终制。服除，诏赴天津总理营务，兼充海防翼长。光绪四年，署津海关道，擢按察使，署布政使，以勤慎称。六年，卒官。赐恤，赠太常卿，于天津建立专祠。

曾纪凤，字挚民，湖南邵阳人。以诸生从军，涒保知县。骆秉章督四川，调领湘果后营。同治元年，石达开窜踞叙州双龙场，分军陷高县。纪凤从按察使刘岳昭赴援，战城下，克之。又迭败之吊黄楼、罗家坳，涉水先驱夺贼垒。达开连营三十，与横江为犄角。纪凤毁横江西岸贼巢，遂薄双龙场。计招贼党为内应，而潜军袭其后。达开奔燕子滩，邀于横河，半渡，击之，遂窜滇境。三年，从克正安，进围绥阳，屡战有功，晋知府。寻调广东，又调贵州，并任军事。十年，与总兵邓千胜克麻哈，擒杨阿保，晋道员。

十一年，会诸军剿平苗民之梗化者。贵州下游东西驿道，苗在其南，汉民在其北。自咸丰时，行旅阻隔，垂二十年，至是始通。纪凤办理善后，自黄平以上历清平、平越、麻哈、贵定二百余里，建碉七十，分立四屯，各设屯官，戍卒六百分守之。垦荒供饷，责以巡缉。奸宄无所容

流民闻风踵至。十二年，古州苗叛，扰清江，旁寨响应。纪凤率碉兵会诸军进剿，擒其酋长，抚良苗百数十襄。黔疆略定，赐黄马褂。光绪元年，授贵西道，巡抚黎培敬深倚之，荐可大用。擢按察使，晋布政使。十三年，调云南布政使，剿傈黑及大羼寨夷，加头品顶戴。因请以其地改土归流，边隅以安。十五年，乞养归，寻卒。

储裕立，字鹤樵，湖南靖州人。从军贵州，累保知县。同治初，苗乱炽，迭克天柱、清江，晋知府。十年，署古州同知。兵后雕敝，群苗伺衅出没。裕立修战备，抚遗黎，民气渐复。仍统军先后收复台拱、丹江、凯里诸城，擢道员。光绪三年，下游肃清，论功，赏黄马褂。督治善后，筑城堡百二十七，建义塾百三十九。八年，思南灾，裕立往赈，遍历灾区，日稽钱粟出入，无假借，实惠及民。时遵义焚教堂，民情汹汹。裕立驰往抚谕，与法人往复诘难，事得解。寻署贵西道，再历贵东粮储。二十一年，卒，赐恤如例。

铁珊，字绍裴，徐氏，汉军正白旗人。咸丰中，由笔帖式议叙知县。从钦差大臣胜保讨捻山东，单骑入贼垒，招降捻匪刘占考，散其党数万。叙功，以直隶州选用。同治初，发甘肃，署通渭。值回乱，一岁九被围，婴城固守，卒得全。日供军粮万斤，民不堪命。铁珊规减其半，民感德。及去任，攀辕不得行。迭摄平番、皋兰、中卫诸邑，所至辄轻赋役，辑流亡，修城堡，除蠹胥。总督上其治状，擢宁夏知府，未之任，调兰州。议建贡院，与陕西分试，自光绪纪元始。是年，署甘凉道，武威、永昌、镇番三邑共一渠，民争水械斗，久不决。铁珊为开支渠，别子母水，设闸刊石，立均水约，轮日灌溉，民大悦，为立祠渠上。地宜牧，因畜羊三千头，岁以蕃息，用给贫民无告者。十三年，擢河陕汝道，擒巨盗李复岐等，置诸法。建陕州书院以课士，文风始振。阌乡城北滨河，南临涧水，岁屡圮，议筑石坝杀水势，艰于凿运，竟得石阌底镇激湍中，工遂成。十六年夏，泾阌河涨，陕城不没者数版。民谓官能捍患，恃以不恐。铁珊复筑石堤，四月毕工，身亲其役，竟以劳卒。士民请建专祠，诏赐恤。

桂中行，字履真，江西临川人，先世贾贵州，遂占籍镇远。为诸生。咸、同间，积军功，为知县安徽，署合肥、蒙城、阜阳。曾国藩率师征捻，檄中行察勘蒙城圩寨。蒙城故捻薮也，中行单骑历诸圩，晓以利害，择良干者为圩长。坚壁清野，寇无所掠。礼接耆老贤士，从询方略。得通捻奸民簿记之，诛其魁桀数十人，豪猾敛迹。岁余，威化大行。民陷贼及远徙者，相率还归。以功晋知府。调江苏，管扬州正阳厘榷。光绪元年，署徐州，以祖母忧去官。

三年，宣城、建平民教阋，焚毁教堂。总督沈葆桢强起中行往治，中行谓："民倡乱当治以律，然民所以乱，由教堂侵其地。今当令民偿教堂财，而教堂还民地。"持数月，卒如中行议。内艰归，服阕，檄治皖南垦务。皖南兵燹后，客民占垦不输赋，至是清丈田亩，无问主客。客民噪，捕斩其魁，乃听命。三岁事竣，增赋巨万。

九年，补徐州。值水灾，兴工赈，修堤埝二百余里。又浚邳州艾山河，筑宿迁六塘埝，水患除，民以不饥。治徐十二年，课农劝士，盗贼衰息。擢岳常澧道，数月，迁广西按察使，复调湖南。二十年，卒。中行所至有声，官江南最久，民尤爱戴之。附祀徐州曾国藩祠。

刘含芳，字芗林，安徽贵池人。同治初，李鸿章率师东征，从克苏州，司运粮械。后随征捻，积功至道员。鸿章督直隶，命含芳治军械天津。得西洋利器，省览机括，久之悉通其意。鸿章方拓北洋军备，于西沽建武库，广收博储，以肄将士，扩充机器、制造两局，募工仿构，创设电气水雷学堂，编立水雷营，皆以含芳董其役。

光绪七年，诏求人才，以鸿章荐，交军机处存记。时海军初立，造船坞旅顺，含芳兼领沿海水陆营务处。十四年，署津海关道，授甘肃安肃道，留治海防。寻调山东登莱青道，监督东海关，十九年，始之任。含芳自随鸿章至天津，凡十四载，屯旅顺十一载，至是虽领一道，犹隶于北洋。

二十年，辽东兵事起，海陆军屡挫，旅顺、威海相继陷。登莱青道驻烟台，敌军日逼。俄报军舰没于刘公岛，宁海亦陷，敌前锋距烟台十余里。时巡抚李秉衡亦驻师烟台。西国诸领事言巡抚在，则敌攻之急，于租地不便，巡抚乃退莱州。领事复言含芳，含芳曰："巡抚大臣也，可去。某守土吏，去何之？今死此矣！"因置鸩二盂案上，与其妻郝冠服坐待，意气坚定，民恃无恐。有溃卒数千，持兵噪呼索食。含芳单骑驰谕，处以空营，重为编伍，不愿留者厚给遣之，皆出私财。初，西人闻溃兵，甚戒严，俄而散遣，殊出不意，咸称道之。和议成，奏派渡海勘收还地。始威海、旅顺、大连湾皆荒岛，含芳瘁心力构十余年，所成险塞，至是见尽毁矣，因愤慨流涕，以疾乞归。卒，赠内阁学士。

陈黉举，字序宾，安徽石埭人。少从其乡陈艾游，以诸生为曾国藩所识拔。李鸿章督师，令主办行营支应。或谓"大军转饷关天下，往者辄命大臣，今以诸生任耶"？卒用不疑。自粤乱作，海内困军饷。黉举曰："饷糜则敛重，战久则饷亏，兵不溃，民且寇矣。"乃厘订条款，杜绝冒滥。军行数载，饷节民和，平捻之功实基此。鸿章移直隶筹海防，凡炮台、船坞、制造、电报及疏河、屯田诸役，需费尤巨，皆倚之以办。先后综军糈二十余年，一介不苟。将吏服其廉洁，虽被裁抑，无怨言。直、晋大灾，兼筹赈务，废寝忘食，稽核勤挚，人不忍欺。以私款归实济，全活以亿万计，众皆德之。旋以积劳病卒。初由训导累功至知府，诏赠道员。与含芳同附祀鸿章祠，入祀淮军昭忠祠，并祀乡贤。

黉举子惟彦，亦见重于鸿章，命继司军计。由大理寺丞累保知府，官贵州，历开州、婺川，调守黎平。首革票差催粮，遏龙世渭逆谋，破鸭贩彭三等血案，远近惊为神明。邻邑有讼，往往越境就诉。兴学育才，并创立体仁堂养老恤孤，劝工习艺，政声颇著。巡抚疏为良吏第一，以道员改江苏，总厘捐，任督销。去弊化私，以廉直称。旋授湖南财政监理官，复委办两淮盐政，创设淮南公所，岁增至二百万。归，与弟惟壬于县境修巨桥跨舒溪，亘六十余丈，便行旅。邑人私谥曰慈惠。

游智开，字子代，湖南新化人。咸丰元年举人，拣选知县。同治初，李续宜巡抚安徽，调司厘榷，以廉平称。四年，署和州知州，日坐堂皇决事。又时出巡四境，延见父老，问其疾苦。亲为诸生考校文艺，剖析经旨，教以孝弟廉让。期年，治化大行。州旧由胥吏垫完粮赋，最为民病，禁绝之。筑濒江堤防，自督工役，费节而堤坚，免水患。补无为州，署泗州，治盗尤严。曾国藩称其治行为江南第一，移督直隶，调智开署深州。兴义学，减浮征，民大悦。补滦州，民苦兵车，为别筹输送，免扰累。俗健讼，奸民居间交构，痛惩之，其风渐息。

十一年，擢知永平府，一车一盖，周历下邑，得其情伪。遇有事，牧令未及报，辄已闻知。一日侵晨，驰至迁安狱，狱吏方系囚求赂，即拘吏至县庭笞之。令始惊，起谢。茸书院，筑城垣，修郡志，皆事举，无滥费。濒海产盐，贫民资为衣食。部牒禁私贩，疏官引。智开上言民间少一私贩，即地方多一马贼。盐本宜行官引，惟永平则仍旧为便，事得寝。有巨室上以析产构讼，久不决。智开坐便室，呼两造至，不加研鞠，自咎治郡无状，变起骨肉，望族如此，况齐民乎？讼者流涕请罢。李鸿章疏陈智开清勤端严，足励末俗。光绪六年，擢永定河道。河患夙称难治，智开每当抢护险工，立河干亲指挥，日周巡两岸以为常，员弁无敢离工次者。左宗棠议将永定河南岸改北岸以纾水患。智开以上下游数百里，城市庐墓，迁徙不便，力争而止。两以三汛安澜邀优奖。

十一年，擢四川按察使。携一仆乘篮舆入蜀，密访吏治得失，民情爱恶。督属清厘积案，常躬自讯结，狱讼为清。两权布政使。十二年，护理总督。重庆教案起，智开奏言是案当以根究起衅之由，先收要害及预定款目为关键。非赎回险要，无以服渝民之心；非严诛首犯，无以制洋人之口；非议赔银两，无以为结案之具。谂知教首罗元义激成众怒，几酿大变，飞檄拘之入省，民团始散。又以元义身虽入教，仍是中国子民，自应治以中国法律。请敕总理衙门据理与争，勿许公使干预。时中外皆恐以肇衅端，智开持之益力，卒置元义于法。薄给赔偿，而案遂结。

十四年，迁广东布政使，署理巡抚。劾贪墨吏，不避权要，严赌禁，却闱姓例馈三十万金。僧寺匿匪，废改义塾。十六年，以老乞休。二十一年，起广西布政使。为政务持大体，事有不可行，力持不变。痛除官场积习，僚属化之。灵川闹粮，省令发兵剿办。智开以事由激变，办理不善，责归县令，民获保全。又念粤西地瘠，向鲜盖藏，捐廉储粮石，通饬各属积谷备荒。凡廉俸所入，悉以办公益，无自私。阅三年，因病罢归，卒于家。所至各省俱请祀名宦祠。

李用清，字澄斋，山西平定州人。同治四年进士，改庶吉士，出大学士倭仁门，散馆授编修。安贫厉节，日研《四子书》、朱子《小学》，旁稽掌故，于物力丰啬，尤所留意。大婚礼成，加侍卫衔。十二年，丁父忧，徒步扶榇返葬。服阕，入都，仍课生徒自给。

光绪三年，记名御史。会山西奇荒，巡抚曾国荃、钦差大臣阎敬铭奏调用清襄赈务，骑一驴周历全境，无间寒暑，一仆荷装从。凡灾情轻重、食粮转输要道，悉纪之册。深穷病源，以为晋省罂粟花田弥望无际，必改花田而种五谷，然后生聚有期，元气可复，上书国荃详论之。国荃疑晋新荒，禁烟效缓，且全国未禁，徒敛怨，说竟不行。赈竣，却保奖。还京，传补御史，引见有日矣。法越事萌芽，张树声以广西边防奏调。树声督两广，复调广东任海防厘榷，洗手奉职。七年，授惠州知府。境故多盗，喜博，喜私斗。用清推诚化之，俗乃稍革。

八年，迁贵州贵西道。明年，超擢布政使，署巡抚。实仓储，兴农利，裁冗员，劾缺额之提镇，擒粤匪莫梦弼等置诸法。巡阅所至，召士子讲说经传，将使环听，相与动容。黔地土瘠，多种罂粟，畅行湘、鄂、赣、粤诸省，用清奏陈禁种之法，分区限年，时自出巡，刘铲烟苗。言者疑其操之过急。十一年秋，有旨来京候简。召对，犹痛陈罂粟疚国殃民状，冀可挽回万一。旋命署陕西布政使，荒瘥之后，休养生息，仍严烟禁。十四年，复命来京候简，遂以疾归，主讲晋阳书院凡十年。用清严于自治，勇于奉公。藩黔时，库储六万，年余存十六万，陕库三十万，再期六十余万矣。所至尤措意桑棉织组。尝浚三源县龙渠，溉田千余亩。俸入不以自润，于黔以购粟六千石，于陕购万石，备不虞。郑州河决，捐工需二万两。二十四年，卒。子贵阳扶柩归，以毁殇。

同县李希莲，字亦青。咸丰十年进士，授户部主事，再迁郎中。性节俭，官京曹三十年，车马羸敝，不顾讪议。英、法兵入都，曹司多走避，希莲昕夕诣署无间，以忤肃顺，乞假归。同治元年，起原官。时军兴饷绌，希莲条陈开源节流数端，恭亲王奕䜣韪之。云南报销案发，同僚有被职遣戍者，希莲独无所染。光绪中，出为江西广饶道，除滥税，复征额。擢山东盐运使，调长芦。累迁贵州按察使、陕西布政使。戊戌政变，希莲颇忧大乱将起，与总督陶模议筹建陪都。及两宫西幸，人始服其先见云。

李金镛，字秋亭，江苏无锡人。少为贾，以试用同知投效淮军。光绪二年，淮、徐灾，与浙人胡光镛集十余万金往赈，为义赈之始。后遂赈直隶、山东，皆躬其役。五年，晋秩知府。调直隶，修西淀堤。吴大澂督防吉林，金镛任珲春招垦事。界外苏城沟垦户数千，苦俄人侵略，相率来归，咸得奠居。海参崴既通商，俄人援例要请东三省要地设领事，严拒之。又力争八道河民被俄焚掠，抵俄官于法。将军铭安以为才，疏留吉林任用。《中俄界约》，自瑚布河口循珲春河至图们江口，以海中之岭为界岭，以西属中国，距江口二十余里立土字碑。界图疏略，致岭西之罕奇、毛琛崴等盐场置线外。俄复于黑顶子地私设卡伦，距江口几百里矣。大澂使金镛会勘，据约争还侵地，重立界碑。署吉林知府，整钱法，开沟洫，摊丁于地，以苏民困。

　　九年，署长春厅通判。厅境为蒙古郭尔罗斯地，初招流民领垦纳租，久之垦逾所领，谓之"夹荒"。民惧增税，因出钱免丈量，刻石纪之。至是蒙旗复牒理藩院请丈，金镛挟碑文谒将军为民请命，曰："诚知清丈则公与某各有所得，然如民何？"将军闻之愕然，奏罢其事。创建书院，厚其廪饩，购书数千卷，资学者诵习。捕斩剧盗苗青山等，境内乂安。不时巡历乡僻，呼召父老，为讲孝弟力田。金镛性坦易，口操南音，所至民爱而惮之。以功晋道员。

　　俄侵占精奇里河四十八旗屯地，在黑龙江岸东。金镛争还补丁屯至老瓜林百七十余里，划河定界。漠河者，在瑷珲西，三面界俄，地产金，俄人觊觎之。北洋大臣李鸿章议自开采，以金镛任其事。陆路由墨尔根入，水运由松花江入，各行千余里，僻远无人。披斩荆棘，于万山中设三厂，两年得金三万。事事与俄关涉，艰阻百端。又开厂于黑龙江南岸札伊河旁之观音山，皆为北徼名矿。集商贽立公司，流冗远归，商贩渐集，收实边之利焉。十六年，病卒工所。赠内阁学士，予漠河建祠。

　　金福曾，字苕人，浙江秀水人。以诸生从军，先侍祖父衍宗温州教授，任筹团练助城守。旋随官兵肃清金、处，协守独松关，解杭州围。李鸿章器其才，克苏州，檄办善后。捻事起，往赞徐州道张树声军务。捻众北窜，出防大名。丁忧归，福曾积功已至知县，服阕，赴江苏，历署娄、南汇、吴江诸邑。所至兴学校，课农桑，理冤狱，禁溺女，劝垦沙田，开浚河道，多善政，民有去思。光绪初，河南、山西大祲。吴人谢家福等倡义赈，集四十余万金，推福曾董其事。四年秋，至河南分赈洛阳等十二州县。新安、渑池灾尤重，福曾创立善堂，恤斃掩骼，收赎子女，购车马若干辆，代疲民应役。开渠涧，制龙骨车，兴水利。又浚洛阳、宜阳废渠，贯通伊、洛，灌田二万顷。五年，赈山西虞乡等十县。事竣，移赈直隶。时直隶水患方急，持以工代赈之策。

　　七年，疏大清河，浚中亭河，培千里堤。福曾先援例以道员候选，至是鸿章督直隶，奏留总办筹赈局。福曾以淀地淤塞为清河受病之源，清丈东淀无粮地，厘定苇租，规复堡船。八年，浚东淀河道，修筑天津三河头堤。九年，筑子牙河堤，展宽正河，又别开支河王家口以泄盛涨。十年，畿东大水，福曾疏青龙湾减河入七里海，疏筐儿港减河入塌河淀，并出北塘海口。又开沥水各河以泄武清、宝坻洼区积水。十一年，浚饶阳滹沱河。十三年，浚四女寺南运减河。两署永定河道，塞决口，于下口别辟新道。又就大清河合流处别浚新河，永定河水始直达天津海河。山东河决数为灾，鸿章辄檄福曾往助工赈，亲至苏、浙募贽。会浙西大水，巡抚崧骏复疏留福曾治工赈。于是杭、嘉、湖三府各河次第疏瀹。会廷议浚徐杭南湖，以福曾董其役。明年工竣，直、鲁又告灾，福曾已卧病，犹力疾筹赈济。十八年，卒。鸿章等疏请优恤，赠内阁学士。福曾廉公好义，历办工赈十余年，无日不劳身焦思，治行卓然。及其殁，士民同声惜之。

　　熊其英，字纯叔，江苏青浦人。以贡生就训导。家福集金赈河南，其英请行，始事济源。济源山僻小县也，灾尤剧，多方补苴，次第以及他邑。其英亲履穷僻，稽察户口，不避风雪，食惟麦粥、面饼、菜羹，与饥民同苦。初头病疡，足病湿，医少愈，仍从事不肯休，遂卒于卫辉。巡抚上闻，诏许被赈各州县立祠祀之。

　　家福，字绥之，吴县人。世以行善为事。闻豫、晋灾，呼吁尤切。义声倾动，闻者风起。自上海、苏、扬及杭、湖，愿助赈者众。日赍钱至家福门，或千金，或数千金，不一年得银四十三万有奇。凡赈二十七州，继其英往者七十四人。家福才识为时重，于创办电报及推广招商轮船局事多所策画。李鸿章尤赏之，尝疏荐称有"物与民胞"之量，体国经野之才。金福曾亦闻而叹许焉。家福历保至直隶州知州，卒不仕。时又有吴江绅富沈中坚，鬻田三十顷，亲往山西赈灾。亦义行之尤著者。

　　童兆蓉，字少芙，湖南宁乡人。同治六年举人，从军陕西，积功晋知府。光绪三年，署榆林。岁祲，便宜发仓，复运粟于包头、宁夏，单骑临赈。既而大疫，延榆绥道及榆林令皆遽殁，代者不至。兆蓉一身兼摄三官，比户存问，为具医药，全活甚众。六年，署延榆绥道。属郡荒僻，士僿民贫。为拓学舍，购书劝课，教民树艺畜牧。治榆溪河，开渠溉田，民利之。八年，授兴安知府。汰胥役，禁私钱。总兵余虎恩贩钱为利，获而毁之。税胥索贾人金，榜治几死。民间婚娶苟简，为之定礼制，禁淫祀，葺昭忠、节孝祠，以正民志。安康令征粮苛急，民聚而哗，兆蓉往抚谕。总兵及厘局挟前嫌，诬为激变，遂解任。寻得白，署汉中，逾年还本任。川匪扰境，擒斩其渠，贼溃走。调西安，摄督粮道，定征粮改折，上下称便。

　　二十六年，擢浙江温处道，先署杭嘉湖，明年乃之任。值拳匪乱后，瑞安民杨茂奶与教堂积衅。浙东法国主教赵保禄尤横，挟兵船至温州，必欲杀杨。兆蓉力争曰："彼法不当死，我不能杀人以媚人。"卒拒之，以此名闻。飓风为灾，赈粜并举，民不乏食。三十一年，卒于官。

　　论曰：光绪初，各省重吏治，监司大吏下逮守令，皆一时之选。朝仪以下诸人，或御乱保民，或治盗清讼，或兴学劝业，或救灾恤患，莫不以民生为重。承兵燹后，辛苦凋残之人，得生存以至今日者，实赖于此。"民亦劳止，汔可小休，惠此中国，以为民逑"。诚知本哉！

卷四百五十二　列传二百三十九

洪汝奎　杨宗濂　史朴史克宽　**沈保靖　朱其昂**弟其诏　**宗源瀚　徐庆璋**徐珍　**蒯光典　陈遹声　潘民表**严作霖　**唐锡晋　娄春蕃**

洪汝奎，字琴西，湖北汉阳人。道光二十四年举人。咸丰初，考取官学教习，期满以知县用。参曾国藩军事。同治初，洊保至江南道员。总理粮台，供应防军及他省协饷。又筹还西征洋债，出入逾二千万，综核名实，不避嫌忌。光绪中，沈葆桢为两江总督，尤倚任之。葆桢治尚威猛，因疾在告，辄疏请汝奎代治事，声望益起。会诏求人才，大臣交章论荐。五年，特擢广东盐运使。调两淮，裁冗费，建义仓，浚扬州城河。方欲大有为，而江宁三牌楼之狱起。

先是有弃尸三牌楼竹园旁，汝奎令参将胡金传侦获僧绍宗等仇杀谢姓男子，又称薛姓，名亦屡易，汝奎请覆讯。葆桢以会匪自相残，即置大辟。逾三年，得真盗周五、沈鲍洪等杀朱彪事，时地悉合。事闻，命尚书麟书、侍郎薛允升往江南即讯，金传坐滥刑失入，治如律；汝奎失察，褫职遣戍；葆桢以前卒，免议。于是朝旨申戒各行省慎重刑狱，并禁嗣后武员毋庸会鞫。汝奎至戍所，未几赦归，遽病卒。宣统初，总督端方疏陈其治行，复原官。

杨宗濂，字艺芳，江苏无锡人。咸丰末，以户部员外郎在籍治团练。时钱鼎铭乞师于曾国藩，宗濂偕行。及李鸿章以援师东下，宗濂率旧部为军导，屡著战绩。刘铭传进剿江阴，宗濂率濂字营守杨舍。贼来犯，宗濂领沙团击却之。沙团者，起于江岸集众自卫，以技勇名，贼皆畏之。攻无锡，宗濂任前锋。与贼酋黄子澄鏖战，夜夺北门入，拔其城。合攻常州，宗濂督战西门，架浮桥，独骑先进，马惊逸，堕河，跃起易骑再进，挥兵肉薄登，遂擒陈坤书。江南平，随鸿章移师剿捻，总理营务处。军兴所至索官军，吏民交困，宗濂创立车营，行军所需，预为储峙，随时无不备。诸军仿其制，皆称便。积功擢道员。

同治十一年，权湖北荆宜施道，被劾罢。鸿章创北洋武备学堂，奏起宗濂总其事，成材甚众。光绪十六年，授直隶通永道。时畿辅大潦，宗濂主赈事，假便宜发缗粟。复大治水利，修潮白、青龙、蓟运、北运、通惠、永清各河。疏渠树防，辟膏腴数万顷，士民刊碑颂德。以忧归。再起，为山西河东道，历权布政使、按察使，迁长芦盐运使。二十六年，联军犯天津，宗濂督芦勇登阵固守，飞丸裂左胫，血流如沈，犹裹创治军。城陷，巷战，又伤右股。命驻保定督粮台，旋随鸿章入都议和。事定，赏三品京堂。未几，以病乞休，卒。

史朴，字兰畦，直隶遵化州人。以进士用知县，分广东，历惠来、乳源、南海等县，所至有威惠。潮阳盗郑段基杀前令，朴莅任，立捕诛之。晋罗定知州，留省捕剧盗刘亚才及余盗九百，并置诸法。粤省海盗久为患，朴航海往剿，降盗魁张十五仔等，尽散其党数千，有不受抚者剿平之，擢知府。剿英德土匪，遇伏佛冈，没深涧，蓥木得不死。贼踵至，睨之，曰："史公也！"争引出，跪进饮食。朴责以大义，数且詈，誓绝粒。贼益敬畏，罗拜感泣，愿缚渠自效。会救至，昇之归。诏革职，仍令自效。匪平，复故官。

粤东匪起，省城戒严。守猎德炮台，连破沙湾、茭塘、新灶各贼巢，赏孔雀翎，知肇庆府。梧州被围，督兵往援，拔其众还军封川，且战且守。会英人陷广州，大府不遑西顾。朴与贼相持五阅月，大小数十战，杀贼数千人。其后贼大至，会提督昆寿水陆并进，大战封川江口，连捷歼贼，军遂复梧州。晋道员，再权肇罗道。同治二年，移广州，摄按察使，旋署粮储道。朴在粤前后垂四十年，善治盗，尤善用人。南海隶为盗诬，特出之，后督捕得其死力。抚琼盗，易名入伍，多死敌。省围乏饷，出劝募，立集百万金。贼初起，独主抚，及蹯梧，则主剿，皆得其机宜。光绪二年，以筹解西征协饷，加盐运使。乡举重逢，赏二品服。四年，卒。

史克宽，字生原，安徽六合人。咸丰中，与兄克谐办乡团御贼。太湖陷，克谐殉。克宽从克太湖、宿松，解六合围，以国子监典簿保知县。同治初，刘铭传剿捻，移征西回，皆挟克宽与俱，为司馈运及营务处。叙功，擢知府。光绪中，李鸿章督畿辅，檄董工程局，掌河事，治滹沱，于献县朱家口辟减河三十里，循子牙河故道入海。鸿章上其绩状，因奏任清河道，民立石颂其德。旋以他事被劾夺职，遂归。

沈保靖，字仲维，江苏江阴人。咸丰八年举人。父燿鋆，湖北通判，武昌陷，骂贼被害。保靖出入贼中觅遗骸，三载始得死事状，得赐恤立祠。李鸿章督师上海，招参幕事，积功至道员。同治十一年，授江西广饶九南道。时英使订约烟台，议于江西湖口轮舟停泊起卸货物，保靖以有碍九江关税务，力争之，总署卒废约。擢按察使，摄布政使。光绪七年，迁福建布政使。法越事起，方事急，城闭，钱米歇业，居民汹汹将为乱。保靖出谕，发库款三十万以济市面，人心始定。以他事被劾夺职，旋复官，遂不复出。所著有《读孟集说》、《韩非子录要》、《怡云堂内外编》等。

朱其昂，字云甫，江苏宝山人。同治初，从军攻南汇。城贼愿降，要一人入盟，无敢往者，其昂毅然请人受其降，城始下。旋纳赀为通判，累至道员。北洋大臣李鸿章颇奇其才。福州船政造军舰不适用，奏改商船。其昂与其弟诏创议官商合办，请设轮船招商局，鸿章上其事，遂檄为总办。御史董俊翰劾以力小任重，下鸿章查覆，仍力赞其成。于是官商合力开局集股,并收并外人所设旗昌轮船公司以保航权。数年,成效大著。光绪初,直、晋灾,其昂输私财力任赈抚,以劳致疾。鸿章特委权津海关道,越三日卒,诏优恤,赠光禄寺卿。

其诏,字翼甫。纳赀为知县,累至道员。历充江、浙漕运事。轮船招商局既成,复请以额定漕运费给轮船代为海运,局基始固。再权永定河道,时出巡河堤上下,务尽其利弊。遇伏汛暴涨,尝三昼夜不交睫,亲督弁兵抢护,始免溃决,民皆德之。扩充天津电报学堂,成材益广。时方议办海军医学堂,其诏复捐自置天津法租界地四十亩为校址以成之,其急公好义类如此。未几,卒,赠内阁学士。

宗源瀚,字湘文,江苏上元人。少佐幕,洊保至知府。光绪初,官浙江,历充衢州、湖州、嘉兴府事,敏于吏事,判牍辄千言。在湖州浚碧浪湖,兴水利。时太湖溇港淤塞,前守杨荣绪疏浚无功,会有疏陈治法者,下郡,源瀚乃议大兴工役,所规画甚备。荣绪回任,卒成之,补严州。兵后凋敝,多温、台客民寄垦,习于剽劫,廉治其魁,遣散归者六千人。治严五载,煦呕山民,穿渠灌田,引东、西湖以泄新安江之暴涨,旱潦不害。每巡行田野,劝民力稼。调宁波,通商事繁。有戈鲲者,素豪猾,为英国领事主文牍,积为奸利病民。源瀚发其罪状,牒上大吏及南、北洋大臣,逐鲲海外。法国兵船犯浙洋,源瀚为宁绍台道薛福成筹海防,多所赞画,数有功。晋道员,署杭嘉湖道。二十年,日本构兵,调温处道,沿海戒严,处以镇静,清内匪,捕诛盗渠十余人,疆圉晏然。又三年,卒于官。

源瀚优文学,尤精舆地,所绘《浙江舆图》世珍之。

徐庆璋,字玙斋,浙江山阴县人。初佐都兴阿戎幕,累保知县,历任奉天宽甸、盖平、义州,晋兴京同知。所历多善政。常微行市中,遇有讼争者,辄为剖其曲直而遣之。倡修养济院,收养残民。兴俗春耕迟,庆璋集村氓语以农事不可违时之义,众承其训,有"早种一天早收十天"之谚,至今诵之。

光绪二十年,由凤凰厅调辽阳知州。值中日战亟,省东南各县相继沦陷。仅辽阳为盛京门户,赖先事筹备。募饷练兵,号镇东军,沿边设防。自辽阳而岫岩、海城、复县三千六百村士民,编团数万人,以辽南岫峒徐珍为练长,勒以兵法。日兵至,庆璋语众曰:"敌迫矣!援师未集,汝等自为计,毋与我偕亡。我死,分也!"众感奋,皆请杀敌,遂迭败日兵,俘百数十人。战守历五越月。长顺、依克唐阿方督战,皆倚以为重,屡诏嘉奖。是时州西连年水灾,复募赈捐济,全活无算。庆璋才而负气,其平日为政宽猛兼施,众畏之如秋霜,爱之如冬日,有徐青天之称。和议成,擢甘肃庆阳知府,迁甘凉道,积劳致病,卒于官。

徐珍,字聘卿,辽阳人。刚正多勇略,日军犯辽,珍独率民团守吉洞峪,扼险坚持,敌不得逞。庆璋既属以练长,会将兵者忌之,饬散团众,防务遂弛,而吉洞峪乡团之名,乃著于中外。事定,以抗敌出力,保用县主簿。拳匪乱作,珍复办民团,联数百村,有匪即剿捕,不分畛域。匪攻腾鳌堡及荒沟,先后剿平之。日俄之战,珍严发中立,不稍假藉。总督赵尔巽嘉珍功,以办团成绩上,有"上不支官款,下不取民财,徒以忠义之故,护卫乡间,保全无算"之语。历保知府。武昌变起,土匪假革命名啸聚煽乱。尔巽知珍义勇,委充巡防营帮统,分防辽阳、海城、岫岩、本溪四城,地方赖以安谧。寻以巡防改编陆军,遂辞职。卒后,州人建专祠祀之。

蒯光典,字礼卿,安徽合肥人。父德模,见《循吏传》。光典幼慧,八岁能诗,随父官江南,所师友多当代名儒,闻见日扩,名亦日起。其论学务明群经大义,而以六书、九数为枢纽,治六书则必求义类以旁通诸学,识双声以明假借。性强记,有口辩,尤熟于目录掌故。有所论难,援据该洽,莫能穷也。

光绪九年进士,授检讨。典贵州乡试,与其副不相下,以狂倨见讥,然榜发称得士。充会典馆图绘总纂,精密胜于旧。中东兵起,发愤上书,不报,遂乞假归。总督刘坤一聘主尊经书院讲席。光典念国势弱,在列诸人惟鄂督张之洞有大略,又尝所从受业师也,因往说之洞慎选才俊,习武备,为异日革新庶政之用。之洞题之,卒不果,而聘为两湖书院监督。二十四年,叙会典馆劳,以道员发江南,创办江宁高等学堂。大学士刚毅按事江南,司道百余人同诣谒,独返光典密室纵谈国事,语切直。刚毅大憾,即议裁高等学堂。光典力争,不能得,拂衣去。坤一两解之,檄赴盐城丈樵地,樵地者,故盐场芦荡也。年余得可耕之地七万五千顷,收入荒价亦巨万。领正阳关督销局,岁增销官引百数十万。会之洞代坤一为总督,以江南财匮,用不足,议增货厘。光典谓增新厘则病商,毋宁整齐盐课。之洞因奏陈两淮盐事衰旺,谓:"北盐视正阳销数,南盐视仪栈出数。光典为江南治盐第一,督正阳既有绩,请使主仪栈。期三年,成效必可睹。"诏允之。光典既莅事,以轮船驻大江三要区,首金、焦,次三江口,次沙漫洲,辅以兵艇,私枭敛迹。始仪栈出数不足四十万引,比三年,增引十余万,岁益课厘银百五十余万。乃益增募缉私兵队,日夕训练成劲旅,又于十二圩设学堂,建工厂,遂隐然为江防重镇。

三十二年,授淮扬海道,加按察使衔。宝应饥民劫米,令潜逃。适光典舟至,剀切谕解之。而扬州亦以饥民劫米告,诇知猾胥阴煽众,即擒治胥。大吏怒,将穷其狱,以光典言得免。运河盛涨,光典先分檄河员增修堤,而自泊舟高邮守视。坝险工送出,大吏以故事,视节候测水,檄启坝,不为动。历月余启二坝,七月乃启三坝,下河六县获有秋。建言淮海灾区广,宜宽筹赈金,不宜设粥厂,使灾民麋集,费不赀,且生事。与布政使继昌议不合,会奉檄入都参议改定官制,遂去任。后江北赈事款绌而费糜,一如光典言。

三十四年,命赴欧洲监督留学生。诸生不乐受约束,辄相訾謷,岁余谢职归。诏以四品京堂候补,充京师督学局长。宣统二年,赴南洋提调劝业会,卒于江宁。

陈通声,字蓉曙,浙江诸暨人。光绪十二年进士,改庶吉士,授编修。出为松江知府,盐枭久为患。通声到官,密致其党为导,帅健卒策疾骑踔百余里,掩其魁捕之,置诸法。松洼下,数苦潦,浚支河三十余,并筹岁修费数万金以泽农。以忧归。拳祸起,暨俗素强,与教仇。不逞者转相煽惑,众至千余,城乡约期将为乱。通声独命舆往喻之,涂与众遌,势汹汹,斫舆前衡深寸许,正告之曰:"吾枫桥陈某也,来活尔!"为指陈利害。众悟且泣,皆罗拜,争弃械而走。而城中莠民忽蜂起,通声促官守闭城,捕其魁五人斩以徇,事立平。县北江藻村,赌窟也。每岁十月,吴、越赌徒纷集,一掷累千金,破家者无算。通声请于大吏,届时县官苫衬坐禁,著为例,数百年敝俗至此而革。服除,以劳迁道员,入参政务、练兵、税务诸政。

三十三年,授川东道。川东,盗薮也,莅任未浃旬,开县寇万余蹯旁县,立平之。次年,黔中盗首刘天成结蜀边通寇挠川南,防军数为所败。省檄练军七营剿之,寇至,委械去。通声立募精勇数百人,部以兵法,疾驰赴援,未匝月,生缚天成归。江北厂产煤,矿脉绵延数百里,至合州。奸民私售龙王洞于英商,外务部与订租约,胥江北厅矿产授之;复要展拓至石牛沟,且蔓及两川。川人愤,将与英商角。通声力争之英领事,并密嘱川人收石牛沟左右地。英商以无佗地可得,得沟与洞,犹石田也,恫喝百端,不为动,卒以贱值赎回。治渝两载,大吏交章论荐,遘引疾归。当轴数招,谢不出。著有《明逸民诗》、《畸庐稗说》及《诗集》等。

潘民表,字振声,江苏阳湖人。同治十二年举人。光绪初,数募金赈直隶、河南、山西诸行省。十五年,山东河决,凡赈历城、齐河、临邑、齐东、济阳、惠民、商河、青城、滨、沾化、海丰、阳信、蒲台十三州县,阅四年始竣。灾民无归者众,民表于历城卧牛山建屋五百间、窝棚千间居之,使植桑麻,兴耕织,疾病婚嫁,皆有资助。别建工厂百间,义塾八所,设教养局董之。因其规画,历十年之久,多有艺成自给者,乃以经费改设蒙养学堂。十九年,赈山西大同边外丰镇诸厅,亦仿卧牛山成法,收集教养之。寻以州同就职山东,署恩县,补平度,擢泰安知府。二十八年,河决利津,诏颁内帑十万,大吏檄民表去任专赈事。晋道员,发陕西,管农工商矿局。民表谂同官县土质宜磁,建磁窑同官,兴大利。赀竭将中辍,请兼鳌屋厘榷,以羡余助磁业,仍不给,且亏税,计无所出,竟仰药死,时论惜之。

民表瘁于赈务二十余年,每遇灾祲,呼吁奔走,置身家不顾,敝衣草履,踯躅泥涂,面目黧黑,非人所堪,赀斧悉自贷。及服官,俸入悉以偿赈债,充赈用。自义赈风起,或从事数年,由寒儒而致素丰。如民表之始终无染,殁无余赀者,盖不数觏。

严作霖,字佑之,丹徒人。以儒生奋起司赈事。自光绪二年始至三十年,历赈山东、河南、山西、安徽、江苏、直隶、广西、奉天、陕西数行省。每兼浚河修堤,以工代赈。作霖性强毅,赴事勇决,综核无糜费,久而为人所信,故乐输者众。其施赈不拘成法,随时地而取其宜。当时疆吏以义赈可矫官吏拘牵延缓积习,乐倚以集事。作霖不求仕进,辄辞荐剡,仅受国子监助教衔,数被温诏嘉焉。积赈余赀兴扬州、镇江两郡善举。及殁,子良沛出二十余万金为恤嫠、保节、备荒等用,成其遗志云。

唐锡晋,字桐卿,无锡人。父文源,阊门殉粤难,积尸满井。乱平,锡晋拾亲骨,沥血取验,誓奉遗训力行善。光绪初,闻豫、晋灾,始募义赈。十四年,以恩贡授安东县教谕。时淮、徐、海大水,锡晋棹小舟往赈,忧劳甚,须发半白。明年,安东涝,益募金赈之。冬,复赈山东沿海诸郡灾,为置常平仓。二十六年,两宫西狩,关中大饥,人相食。锡晋醵金四十万往赈,历二州八县,艰困不少阻。灾区广,赈款且匮,乃单车诣行在,请于大学士王文韶,得二十万金益之。事竣,返安东。坐劾安东知县贪残,同落职。两江总督端方等奏复锡晋官,改铨长洲,后以输金助赈保道员。三十二年,湘中灾,官绅复以赈事嘱。秋,淮浦被水,流民数十万汹聚,喻遣勿散,咸曰:"有司行赈不足恃,必得唐公。"时锡晋卧病,犹强扶而至。众见其来,欢曰:"吾生矣!"乃各还归待赈,遂以无事。

宣统三年,方筹赈江、皖,而武昌变起。锡晋忧愤,病日剧,越岁卒。锡晋治赈,自乙亥至辛亥,凡三十有七年,其赈地为行省八:山西、河南、江苏、山东以及陕西、湖南,东至吉林,西至甘肃;其赈款过百万以上。义赈之远且久,无过锡晋。殁后众思其德,受赈各省咸请立祠祀之。

娄春蕃,字椒生,浙江绍兴人。以贡生纳赀为同知,历保道员。久参北洋幕府,李鸿章尤重之,常倚以治繁剧。春蕃熟谙直隶水利,永定河常岁决,思患预防,以时消息之,河不数病。长芦盐商久困增厘,春蕃为为宽大,课裕而商不挠。尤精刑律,审核维慎,直省遂无冤狱。拳乱作,力主剿办。为总督裕禄草奏,痛陈邪术万不可信,战衅万不可开,以一服八,决无幸理。裕禄初颇信之,不能坚持,卒致败裂。匪以通敌诬绅富,请搜杀。春蕃力阻,多保全。事亟,春蕃首请召鸿章北上停战议和。及联军猝至,同僚皆走,春蕃独留不去,艰苦谋撐拄,至一月之久。鸿章至,复参和议,约成,辞优保。辛亥事起,人心惶惑,春蕃夙夜筹虑,独为地方谋保安。焦劳益甚,猝病卒。

春蕃敦节操,有经济才。自鸿章延入直幕,先后垂三十年。历任总督如王文韶、荣禄、袁世凯、杨士骧、端方、陈夔龙等,皆敬礼之。虽不乐仕进,未亲吏治,而论治佐政,留意民生,各郡县皆奉为圭臬。殁后,直人思其德,公请附祀鸿章祠。

论曰:各省监司能著声绩者,大抵多起于守令,盖亲民之效焉。及兵事兴而有军功幕职,捐例开而有输饷助赈,虽其初不必尽亲吏治,而以实心行实政,流爱于人,民之感之,亦岂有异?自汝奎、宗濂以至锡晋、春蕃诸人,德惠在人，后人称之至今，不可敬哉！

卷四百五十三　　列传二百四十

荣全喜昌　**升泰**　**善庆**柏梁　**恩泽**
铭安　**恭镗**　**庆裕**　**长庚**　**文海**
凤全　**增祺**　**贻穀**信勤

荣全，关佳氏，满洲正黄旗人，一等威勇侯那铭嗣子。咸丰元年，袭爵，授二等侍卫。从征山东，以功迁头等，还直乾清门。十一年，出为塔尔巴哈台领队大臣，历喀喇沙尔办事大臣、伊犁参赞大臣。同治五年，以镶红旗蒙古副都统署伊犁将军。明年，调乌里雅苏台参赞大臣。时缠回袭陷伊犁，俄乘机遣兵入，藉口代为收复。荣全内筹守御，外示羁縻。又以索伦、蒙古被兵，民多亡入俄境，为请择地安插，分部护之。

八年，朝旨以新疆各城多与俄接壤，命荣全会俄官，依三年《勘办西北界约记》，建设乌属界牌鄂博。先是，《塔城和约》两国分界，自恰克图西北逾乌梁海，首沙滨达巴哈，讫浩罕边界，绘画地图，识以红线。至是，集议乌克克卡伦仍依旧界，惟自东北沙滨达巴哈至西南赛留格木山柏郭苏克坝补牌博八，明定界限，所谓《乌里雅苏台界约》是也。九年，坐乌鲁木齐城陷，褫职留任。十年，俄遣柯福满将军占领库尔札，声收乌鲁木齐，诏荣全赴伊犁收回城池。荣全遂自乌城西进至霍博克赛里，直抵塔尔巴哈台。会天大雪，止舍。逾岁，与俄官布呼策勒傅斯奇集议色尔贺鄂鲁勒，荣全向之索还。俄官阳请命本国，而阴遣兵袭取玛纳斯，驺驺欲东犯。荣全不获已，返塔城。是时，俄人据伊犁可千余人，滋骄横，索伦、锡伯苦之。十二年，锡伯窘益甚，荣全济以银，俄官反出阻之。荣全曰："为我属地，我自济之。与俄奚涉焉？"牒驳之，俄官词屈。上闻而嘉之。

会回构安集延扰动，上命荣全进攻玛纳斯缀寇势，遂复其官。十三年，白彦虎犯上马桥，荣全遣军败之沙子山。光绪二年，师克玛纳斯南、北二城。荣全数有功，寻召入京，历兼护军统领、右翼前锋统领。五年，卒，恤如制。

喜昌，字桂亭，葛济勒氏，满洲镶白旗人，世居吉林。亦以防俄著。初从军征捻，累功至协领。河内之役，以少胜众，功尤盛，晋副都统。西捻平，赐马品秩，充西宁办事大臣。光绪六年，调乌里雅苏台参赞大臣。时中俄有违言，俄军窥吉林边壤。朝命喜昌佐防务，因上言珲春为兵冲要地，宜练马队二千、步队八千资守御。逾岁，抵珲春，相度地势，乃专嘱伊克唐阿防守事，而自率所部顿磨夷石，扼双城、红土岩来路，上疏言。和议成，授库伦办事大臣，条上边防六事，寻谢病归。十七年，卒，予易州建祠。

升泰，字竹珊，卓特氏，蒙古正黄旗人。入赀为员外郎，铨户部。出知出西汾州府，有政声。回寇扰境，录守城功，晋道员，除河东道。历浙江按察使、云南布政使。光绪七年，赏副都统衔，充伊犁参赞大臣，寻授内阁学士。明年，署乌鲁木齐都统，与俄罗斯定阿尔泰山边界。俄人遇事龃龉，升泰执原议不稍让，始受约束。

十三年，改充驻藏帮办大臣。时藏人筑卡隆阿，为印度所败。上命办事大臣文硕令藏人撤卡。文硕谓为藏地，无可撤，严旨责焉，以升泰代之。而藏人誓复仇，顿兵帕克里，将痛击印军。升泰搜集乾隆五十三年旧档，哲孟雄受逼廓尔喀，达赖以日纳宗给之，以雅拉、木支两山为界，持示藏人。藏人曰："地虽予哲，今哲通英，宜收回。"升泰数止之，不从。英使愿媾和，朝旨令升泰赴边界与印官议约。十四年，印军收哲全境，藏兵又败咱利，亚东、朗热并失。隙愈深，群思报复，升泰数严止之，仍不从。会天寒，印官趣升泰赴议，而藏人请代索哲孟雄、布鲁克巴侵地，否则倾众一战。升泰仍百计谕藏僧，戒藏番毋妄动。及至边，布尔的长遣兵千七百人护卫。升泰虑为英口实，谢去。并乞印绶封典，升泰允代请诸朝。既与英政务司保尔会于纳荡，索藏偿兵费。升泰曰："哲为藏属，索费无名。"英人又在布境及后藏干坝修路，藏人益大震。英官要求甚奢，升泰力折之，藏人渐就范。升泰数要英撤兵，英不可。升泰以大雪封山，运粮无所，退驻仁进冈。英人既掠哲地，复羁其部长土尕朗思，置之噶伦绷，招印度、廓尔喀游民垦荒。廷议以哲事无从挽救，虑梗藏议，谕升泰勿同。

藏、哲旧界，本在雅拉、支木。后商人往来咱利，为新辟捷径。升泰议以咱利山分藏、哲界，以符前案。其印、哲界在日喜曲河，拟约中注明。哲部长母挈二孙赴升泰营泣诉，丐中朝作主，升泰无如何。英人又欲易置其部长，升泰力阻之。土尕朗思谓愿弃此居春丕，升泰弗许，虑英责言也。

十五年春，藏兵撤退。升泰请总署达英使，电印军速撤。逮既撤，而英人犹久不订约。升泰上疏略谓："闻藏人言：'与有仇之英议和，不若与无仇之俄通好。'设藏番果与通款，英、俄必互相猜忌，后患方长。乞告英使，电趣印督速定藏约。"又言："与英初次会议，英人欲至藏贸易。告以番情疑诈，始许退至江孜。力言再四，又许退至帕隘。臣力谕藏番，通商万不能免，始出结遵办。今英虑他国援以为请，忽议中止。在藏人固所深愿，在俄人亦不能有所干求。惟日后防范宜严，未可再涉疏懈。入夏至今，旷日持久，请敕总署牒英使速议结。"

十六年，以升泰为全权大臣，与印督定约八款，自布坦交界支莫挚山起，至廓尔喀边界止，分藏、哲界，哲境归英保护，所谓《藏印条款》是也，语详《邦交志》。十八年，卒于仁进冈。事闻，优诏赐恤。

善庆，张佳氏，满洲正黄旗人，黑龙江驻防。初从胜保征捻，积劳至协领，赐号济特固勒忒依巴图鲁。克凤阳，擢副都统。论复定远功，晋头品服。同治元年，追捻至灵壁，平宿州寇墟。创发，乞病去。逾岁，朝旨以捻事棘，命选吉林、黑龙江骑旅赴皖。军抵河南，张之万疏留，连败粤寇于南阳及湖北阳邨滩鲜花镇。坐所部兵马疲瘠褫职，仍留军。四年，授吉林双城堡总管。以战功复故官，即于军前除杭州副都统。再坐营马侵踏民田褫职，追击窜贼大同集，被宥。

六年，与刘铭传剿东捻，败之潍县松树山。捻奔赣榆，追及之。铭传自当赖文光，而令善庆当任柱。任柱殊死斗，善庆令骑旅下马结阵疾击之，尸山积，犹进不止。会大雾，窈冥不见人。铭传分军袭其后，善庆率队大呼冲杀，枪炮雨坌，降人潘贵升斩任酋于阵。善庆乘势追击，斩馘千余级。论功，赏黄马褂。赖酋势益蹙，阻弥河弗能达，乃据寿光王胡城。铭传等分左右进，善庆与温德勒克西拒之。追至凤凰台，为他将所败，就缚于扬州，予骑都尉世职。七年，西捻平，张总愚自沉于河，余匪为善庆等所歼，晋二等轻车都尉，赴本官。

擢杭州将军。杭州驻防自克复后，昆寿规复营制，连成重建营墙。善庆至，筹设渐备。光绪改元，调绥远城，历宁夏、江宁。召还，授正红旗汉军副都统，驻师通州。十一年，充御前侍卫，佐海军事务。十三年，出为福州将军。次年，卒，予建祠，谥勤敏。

柏梁，字研香，瓜尔佳氏，满洲正白旗人，杭州驻防。父麟瑞，咸丰末阵亡乍浦，见《忠义传》。柏梁少从其叔父凤瑞出，隶李鸿章军，转战江、浙。攻太仓州，柏梁自南门先登。复攻苏州，战于黄天荡，阵斩悍目。攻嘉兴、宜兴、江阴、金坛，柏梁皆有功。改隶胜保军，战江北，屡捷，累保至协领，赏花翎。杭州克复，调归驻防，补协领。承历任将军办理营务，善庆尤倚任之。光绪中，驻防初设洋枪队，以柏梁充全营翼长，兼掌兵司。规画营制，均照新军式训练，纪律肃然。叙劳，以副都统记名。入觐，奏对称旨。以晓畅戎机、训练出力，赏头品服。驻防旧有旗仓，久为兵燹，柏梁请拨款重建。旋擢乍浦副都统。乍浦驻防营毁于粤乱，副都统驻杭州。柏梁莅任，岁至乍浦巡视海防。以劳卒，赐恤如制。

恩泽，字雨三，噶奇特氏，蒙古镶蓝旗人，荆州驻防。光绪初，以佐领从金顺出关，克黄田，复乌鲁木齐诸城，擢协领。其秋，回寇奔呼图壁，追击之，大溃，又扼之头屯河，白彦虎益窘。进攻玛纳斯，轰溃城垣数丈，恩泽先登，诸军继之，城拔，晋副都统。历权巴里坤、乌鲁木齐领队大臣。以刘锦棠荐，除吉林副都统，移珲春。

二十年，日本败盟，与将军长顺筹战守。乃治团练，筑台垒，设疑兵，敌知有备，引兵去。寻署将军。其时东山马贼猖獗，伯都讷、乌拉教匪乘机窃发，窜扰官街、白旗屯。恩泽闻警，率师分击之，夷其坚堡。又遣提督云春等，搜东山逸匪。明年，调黑龙江，督边防。先后疏请改练洋操，招垦荒地，赈恤穷乏。俄而胡匪据观音山南北围，谋劫金厂。恩泽诇知之，严备以待。已，寇果至，营官王槐林等迎击，大败之。别遣将大搜山林，自是首观音山讫乌苏里满卡，千余里无寇踪。又以挠力沟素窟匪，留兵镇摄之。上以为能，降敕褒嘉。二十五年，卒于官，予黑龙江及立功省分建祠。

铭安，字鼎臣，叶赫那拉氏，内务府满洲镶黄旗人。咸丰六年进士，选庶吉士，授编修，除赞善。累迁内阁学士，历泰陵总兵、仓场侍郎。同治十三年，调盛京刑部。德宗缵业，充颁诏朝鲜正使。光绪二年，勘事吉林，条上四事，曰：剿马贼、禁赌博、设民官、稽荒地，上韪之，命署将军。吉省武备久弛，寇盗充斥。铭安莅任，严治盗。复募猎户为炮勇，号吉胜营。先后檄统领穆隆阿、协领金福，分道追剿，斩馘甚众。益练西丹步队八百，入山穷搜，寇势渐戢。已，复捕治东山逸匪，擒诛金厂党魁，军威大振。默念吉省幅帧四五千里，断非十数委员能济事；且旗员未谙民治，请破积习，调用汉官，部臣尼之，铭安抗疏力争，始俞允。

五年，实授。又言盗贼虽平，余孽未靖，亟宜增置民官，画疆分治。先后奏改伯都讷同知、长春通判，理事，为抚民，置知府、巡道各一，宾州、五常同知二，双城通判、伊通知州、敦化知县各一，并请无分满、汉。又奏弛秧参禁，免山兽贡，增各旗义学，士民利赖之。东北与俄接壤，旧设卡伦，无兵驻守。乃遣将分扼要塞，并筑营伯力、红土崖、双城子，守以重兵，因上《安内攘外方略》，称旨。长春号难治，铭安稔知钟彦才，奏请除通判，部臣以违例请下廷议，铭安敢气抗辩，上两解之。然铭安终不自安，引疾去。寻坐失察属吏受贿，降三级。二十三年，上以治吉有功，部民感念，复故官。明年，乡举重逢，加太子太保。宣统三年，卒，年八十四，诏优恤，谥文肃。

恭镗，字振魁，博尔济吉特氏，满洲正黄旗人，大学士琦善子。以任子授吏部主事。累迁郎中，兼内务府银库员外郎，充总理各国事务衙门章京，出为湖北荆宜施道。论捕获江陵教匪功，加按察使衔。同治十年，擢奉天府府尹，坐事降。光绪三年，赏二等侍卫，充乌鲁木齐领队大臣。越二年，迁都统。

先是，陕回阿浑妥明客将索焕章家。焕章者，前甘州提督索文子也，素蓄异志。戊卒朱小桂告变，提督业普冲惑焕章言，诬斩小桂。及焕章反，乌城陷，业普冲被害。至是恭镗廉得实，请予平反。夺索文荣典，分别恤小桂、业普冲及赴援殉难诸臣，人心称快，赐头品秩。九年，除西安将军，病免。十二年，署黑龙江将军。疏请举办漠河金矿，杜俄人觊觎。又建议垦荒十利，曰：储国帑、济民食、严保卫、便辑绥、裕经费、富征收、集商贾、益厘税、广生聚、实边备，诏不许。十四年，实授。明年，移杭州，入觐，道卒天津，诏优恤。子瑞徵，自有传。

庆裕，字兰圃，喜塔腊氏，满洲正白旗人。以繙译生员考取内阁中书，充军机章京，兼总理各国事务衙门行走。从文祥赴奉天剿匪，还补侍读。出知湖北郧阳府。追录平捻功，晋道员。光绪元年，擢奉天府府尹。历迁至漕运总督，调河东河道。九年，除盛京将军。明年，法越构衅，庆裕巡视没沟营、旅顺口、大连湾，谕示居民曰：

"有能杀敌立功，擒获奸细者赏。"又遵旨增练苏拉千人、食饷旗兵五百，上言："整顿旗营，兼顾海防。今日多一兵，即有一兵之用；异日补旗兵，即可裁客兵之饷。所费者少，所系者重。"诏嘉许之。朝鲜乱作，檄提督黄仕林等扼鸭口。以营口为兵冲要地，运石塞海口，设电线达省城。建议筹边筹饷机宜，附陈宜变通者三事：一，道府年终加考；一，推广荐举卓异；一，崇府尹品秩，行巡抚事，议行。

十一年，安东十二州县告灾，庆裕筹赈抚恤，民获苏。是秋霪雨，辽河、大凌河暴涨，田禾被淹。发仓以济，设粥厂牛庄、田庄台收养之。明年，金州蝗，旱魃之虐。又明年，兴京水浸，赈如初。十九年，授热河都统。道孙河、半壁店，上流民被灾就食状，并请变通盗案、税额章程。又使吏捕平泉黑役为害乡里者，颇著政声。二十年，调福州将军。闽海关沿袭旧规，吏胥因缘为奸，上敕其整理。既至，钩稽纠剔，蠲苛息烦，弊风尽革。其秋，卒于官，恤如制。

长庚，字少白，伊尔根觉罗氏，满洲正黄旗人。以县丞保知县。伊犁将军荣全调充翼长。时白彦虎纠西宁回匪寇乌垣，进围哈密。安集延酋帕夏并伪元帅马明众，合乌鲁木齐、古牧地、昌吉、玛纳斯、呼图壁汉回，扑犯沙山子，与为遥应，势张甚。长庚奉荣全檄，领练勇赴援。而乌鲁木齐都统景廉所遣黑龙江营总伊勒和布兵亦至。两军夹击，歼擒殆尽，卒解沙山子围。旋赞都统金顺戎幕，总理营务，积勋至道员。光绪六年，授巴彦岱领队大臣。未几，丁母忧。服阕，入觐，上召见，垂询西北情形。长庚手绘舆图，奏陈边事，以阿尔泰山宜设防守，伊犁边防宜筹布置，缠金等境宜并屯田，漠北草地宜善抚绥，及哈萨克应仿例编为佐领等条以对。迁伊犁副都统。

十四年，命充驻藏大臣。行次里塘，值瞻对番族叛。长庚暂住硕般多，廉知衅由番官肆虐酿成，遴员授以机宜，调集汉、土官兵，声罪致讨，歼渠宥胁，严惩藏官，事乃就绪。议者遂欲收其地，仍归川辖。长庚以瞻对自乾隆以来，叛服靡常，劳师糜饷。同治初年，西藏底定，奉旨将瞻对划归达赖喇嘛，派堪布管理。今若蹊田夺牛，使朝廷失信于卫藏，恐所得小而所失大。乃为详定善后章程，与将军岐元、川督刘秉璋等同上。藏乱遂定。

擢伊犁将军。时伊犁当大乱后，万端待理。长庚至，多所规画。葱岭西有帕米尔者，即唐之波谜罗也，东距疏勒约一千四百里。乾隆二十四年，将军富德攻追回酋，一至其地，立碑记焉，然称之为叶什勒库尔，未明言帕米尔三字。嘉、道以来，久未顾问，碑亦湮没。咸、同后，俄人遽以哈萨克右中各部与浩罕八部，设土耳其斯坦、斜米七河、费尔干等省，甚至塔城西之旧雅尔城、阿克苏之察林河卡伦，同就沦胥。葱岭东有坎巨提者，一名乾竺特，其都城曰棍杂，与哪咯耳隔水相望，在莎车州西南约二千里。其西北可通帕米尔。坎民贫而多盗，其酋纵掠邻郡，英人责言，牒告我政府。坎酋又交通俄人。英使臣以割分帕地请，政府恐启俄争，拒弗许。时英、俄各以兵压境，

长庚致书新疆巡抚陶模，谓："属地当争，边地当守，兵衅万不可开。况能戡土匪之将士，未足以御强敌；军中所资，仰给内地及滨江海各省，数月乃达。而俄境铁轨已至萨玛尔干，英属铁轨已至北印度之劳尔，迟速迥殊。又新疆南北路与俄地犬牙相错者几五千余里，虽兵倍加，不敷防守。且俄若以轻兵由齐桑斯克走布伦托海犯镇西、哈密，即可梗我咽喉。当此民穷财匮之时，尤不可轻战。只能备豫不虞，徐图转圜。毋以小忿遂起大衅，增兵徒增民困。"陶模以为然，卒如长庚议。

又伊、塔之间，有巴尔鲁克山者，西连俄界，南逼精河，西南与博罗塔拉接壤，为伊、塔要道，泉甘土沃，久为俄人垂涎。自借与俄后，俄人视为己有。先是，北路劫盗多窟此山，扰行旅。前副都统额尔庆额请租借期满索回。总署以俄使有续借之请，函询情形。长庚详陈利弊，谓此山关系重大，急应收回。随遣员赴塔城与俄领事会商，坚持人随地归之约，卒收回。二十年，甘回作乱，官军兜剿。贼不能得志于甘，欲循白彦虎故事，西窜新疆，由伊犁通俄境。长庚谍知，遣兵扼守珠勒都斯等地，贼不能越，遂就擒于罗布淖尔。二十二年，命兼镶蓝旗汉军都统。二十六年，拳匪肇乱，俄人调兵入伊。长庚与俄领事交涉，凡教堂及俄人财产，力任保护，谕令退兵，人心乃定。调成都将军，未之任，奉电旨饬赴阿尔泰山查勘界址。旋内召，授兵部尚书。

三十一年，复授伊犁将军。疏陈伊犁应办事宜，并言筹饷练兵，必合新疆全省筹画。将军事权不属，莫若裁去新疆巡抚、伊犁将军，增设总督兼管巡抚事宜，庶呼应灵而事权一。又筹拟北方兴屯、置省事宜，请筑西安至兰州、归化至包头、包头至古城各铁路，皆不果行。

宣统元年，迁陕甘总督。三年，武昌事起，西安等处继之。前陕甘总督升允奉命督办军务，事略定。逊位旨下，长庚乃将总督印交布政使赵惟熙而去。越四年卒，谥恭厚。

文海，字仲瀛，费莫氏，满洲镶红旗人。以繙译举人考取内阁中书，充军机章京，迁侍读。光绪九年，转御史。建言培养人才，宜令中外大臣杜徇情，励廉耻，以植其本，上嘉纳焉。十二年，巡视北城。以兄文治授詹事，依例回避，调户部郎中。十四年，出知贵州安顺府，调贵阳。所莅有声。

二十二年，数迁至按察使，寻加副都统，充驻藏办事大臣。既至，即上言叛番虽靖，余孽犹存，兵未可罢，愿自任剿办。二十五年，呼图克图第穆构康巴喇嘛用邪术咒诅达赖。文海曰："此关风化，不可不有以惩之也。"乃奏请夺其名号。已而野番出掠博窝，地为川、藏孔道，行旅苦之。官军入昂多往捕，彼即扼缩隆冈来路，崛强莫能制。文海率众进击，别遣通番语者绕道叩其壁，宣播朝威，反覆开喻。于是上博窝业鲁第巴宿木宗，中博窝雨茹寺，下博窝蒲隆、琼多诸寺，皆相率乞款附，数月而事定，赐头品服。未几遘疾，请入川疗治，卒于涂。依尚书例赐恤，予入城治丧。

凤全，字荈堂，满洲镶黄旗人，荆州驻防。以举人入赀为知县，铨四川。光绪二年，权知开县，至则使吏捕仇开正。开正故无赖，痛以重法绳之，卒改为善。李氏为邑豪族，其族人倚势，所为多不法。凤全直法行始，虽豪必夷，以故人人惴恐。历成都、绵竹，补蒲江，署崇庆州，一如治开。举治行第一，擢卬州直隶州。二十三年，调资州。大足县余蛮子乱起，其党唐翠屏等构众入境。凤全乃治城防，设间谍，练乡勇，联客军，谋定寇至，亟遣军间道袭击。战太平场，捕斩略尽。复越境搜治余党，不两月而事宁。州属患水浸，民多失业，设法赈济之，全活甚众。再以治行闻，调署泸州。二十八年，权知嘉定府。缘江会匪啸聚，既莅事，举团练，严治通匪土豪，居民莫敢玩法。无何，拳匪延入蜀，嘉定当水陆冲，郡中一夕数惊。凤全内固人心，外严拒守。尝提一旅师四出游弋，匪不敢近。故邻境多破碎，惟嘉郡差全，各国侨民多乐就之，籲是名大著。岑春煊性严厉，喜弹劾，属吏鲜当意，独亟赏凤全，一再论荐。迁成绵龙茂道，特加副都统。

三十年，充驻藏帮办大臣。行抵巴塘，见土司侵细民，喇嘛尤横恣，久蔑视大臣。凤全以为纵之则滋骄，后且婴患，因是有暂停剃度、限定人数之议。喇嘛衔之深，遂潜通土司，嗾番匪播流言，阻垦务，渐至戕营勇，燔教堂，势汹汹。凤全率卫兵五百人往，至红亭子，伏突起，战良久，被害。事闻，予建祠，谥威愍。继室李佳氏留成都，闻变，率子忠顺驰入打箭炉辨遗骸，随丧归省垣。祠既成，乃觞将军、总督以下官及文武士绅，告灵安主，慨然曰："吾可以见先夫于地下矣！"事毕，夜赴荷池死，获附祀。

凤全清操峻特，号刚直，然性怦急，少权变，不能与番众委蛇，故终以难云。

增祺，字瑞堂，伊拉里氏，满洲镶白旗人，密云驻防。以佐领调黑龙江，佐练兵事，历至齐齐哈尔副都统。光绪二十年，署将军。二十四年，擢福州将军，充船政大臣，兼署闽浙总督，旋迁盛京将军。奉天自中日战后，副都统荣和、寿长编练仁字、育字两军，营务废弛，增祺奏请派员查办，上命李秉衡往查，夺二人职，交部治罪，军制肃然。

二十六年，拳匪乱作，副都统晋昌率众附和，增祺不能阻，遂启战衅。奉省自日还辽南，旅顺、大连既转归俄租，复筑铁道，沿路皆驻俄兵。战累挫，盖平、熊岳先后失守。增祺先以敌强兵脆，大局不支，连电上达，并照会旅顺俄水师提督、营口俄领事，磋商停战，不果。俄兵遂抵省城，诸军皆溃。增祺奏请恭奉盛京大内尊藏圣容、太庙册宝出城。俄兵至，招增祺还，商议善后。增祺往旅顺，与俄议订《奉天交地暂约》九条。以荒谬交严议，诏革职，寻仍留任。谕杨儒向俄外部商改，以吏治兵权不失自主为要。二十八年，《交收东三省条约》始成。俄兵驻奉数年，遇事强横，无复公理，增祺隐忍周旋，忧劳备至，至是驻兵始退。

未几，复有俄日之战，朝旨守中立。增祺严饬文武官吏坚明约束，并告两国主兵者勿得犯中立。日兵迫省亟，劝俄兵先退，日兵官始入城，省城幸免战祸。

三十年冬，谕增祺赈抚东三省难民，并发内帑三十万赈之。明年，懿旨复发内帑三十万赈恤。增祺招集流亡，商民复业。颇留意吏治，先后增设洮南、海龙、辽源、开通、靖安、西安、西丰等府县。凡牧厂、围场及蒙荒，逐渐放垦。奉省财政素绌，征榷一切，尚无定章，咸丰后始办货厘，光绪初始办盐厘。增祺锐意清理，筹办粮、酒、烟、药各税，明定规章，变通盐法，就厂征税，岁入渐增。尤严治盗，以增官设治为弭盗清源之本。三十一年，以忧免。三十三年，授宁夏将军，改正白旗蒙古都统。宣统元年，迁广州将军，兼署两广总督。三年，调京，仍授都统，兼弼德院顾问大臣，旋去职。越八年，卒，谥简悫。

贻穀，字蔼人，乌雅氏，满洲镶黄旗人。光绪元年举人，以主事分兵部，晋员外郎。十八年，成进士，选庶吉士，授编修，累迁内阁学士。两宫西幸，贻穀闻警，步行追及宣化，流涕入对，随扈西安。授兵部左侍郎，屡召询时政，直言无隐，上皆嘉纳。明年，扈驾还京。兵部公署已毁，假柏林寺为廨舍。贻穀昕夕莅事，如在行时。

是冬，山西巡抚岑春煊奏晋边察哈尔左右翼及西北乌兰察布、伊克昭两盟荒地甚多，请及时开垦，派大员督办。诏以贻穀为督办蒙旗垦务大臣。贻穀有经济才，艰贞自励。既奉命，锐以筹边殖民为己任。其督垦地界，绵延直、晋、秦、陇、长城、河套，凡数千里。统筹全局，拟陈《开垦大纲》，规画至详。疏入报可，并加理藩部尚书衔，节制秦、晋、陇沿边各厅州县。旋复授绥远城将军，事权始一。

贻穀首重官垦，立垦务局，设东路公司，官商合办。初办察哈尔右翼，改旧设押荒局为丰宁垦务局，旋分为丰镇、宁远两局。清查旧垦，招辟生荒，派员丈勘绘图，酌留蒙员随缺地亩及公共牧厂，其余乃悉开放之。牛羊群地，错处左右翼间，直隶、山西民户，频年互争，贻穀亲往勘之，由固尔班诺尔中分界址，其争始息。继放察哈尔左翼地，为留牧厂、随缺，与右翼同。移正黄旗牛羊两group于商都牧群，又移骟马群于骡马群，筹拨直、晋边厅学田。乌兰察布、伊克昭两盟夹河套为部落，乌拉特三公、杭锦、达拉特数旗，尤逼近套。其地恃河渠灌之，自元、明以还，渠尽湮废，或并古道不存。贻穀躬莅其地相度，修通长济、永济两大干渠，又疏浚塔布河、五加河、老郭诸渠，增凿枝渠数十、子渠三百余道，水利始兴。先后六年，始自察哈尔两翼八旗，而推之二盟十三旗，以及土默特、绥远右卫与驻防马厂各地，凡垦放逾十万顷，东西二千余里。绝塞大漠，蔚成村落，众皆称之。

复以时创设陆军，置枪炮器械，筑营垒，兴警察，立武备陆军学校及中小蒙学校数十所，创工艺局、妇女工厂。资送绥远学生出洋，或就北洋学堂肄业。建设兴和、陶林、武川、五原、东胜五厅。练巡防马步十营，修缮绥远城垣，浚城外沟渠，建筑蒙地村屯，植树造林，劝课园圃果实蔬菜。暇辄就田间耕夫妇竖问疾苦，或策单骑驰营垒，召士卒申儆之，教之以习勤崇俭，戒嗜好，勤勤如训子弟，不率者乃罚谴之。方其治河套垦地，蒙人时起抗阻，台吉丹丕尔攘其旗主地，戕文武官吏，贻穀请于朝诛之，众始帖伏。

三十四年，贻穀劾归化城副都统文哲珲侵吞库款，而文哲珲先以败坏边局、蒙民怨恨劾贻穀。朝命军机大臣鹿传霖等往查，传霖以已革布政使樊增祥等为随员，奏覆，褫贻穀职，逮京，下法部勘问，三年不能决，卒坐诛丹丕尔事，谴戍川边。宣统三年赴戍，方经鄂，武昌变起。直隶总督陈夔龙奏请进止，诏改易州安置。国变后，尝自叹曰："昔姜垛谴戍宣城卫，自号'宣城老兵'。吾其终此矣！即死，必葬于是。"丙寅年，卒。晋边官绅念其德，请昭雪，释处分，遂葬易州白杨村，成其志。

信勤，字怀民，钮祜禄氏，满洲镶黄旗人。以荫生累至浙江布政使，署巡抚，代贻穀为绥远城将军。督办垦务，踵其遗规。益勤远略，颇礼致贤才，思有所建树，功未竟而遽罢。辛亥后，久病，卒。

论曰：将军、都统，职视专圻，西北边疆大臣与之并重，非才足当一面者不能任也。荣全、升泰以下诸人，或多战绩，或著边功，或勤旗务，或兼民治，所至皆能尽其职，多有可称，故并著于篇。

卷四百五十四 列传二百四十一

刘锦棠 张曜 刘典弟倬云 **金顺**
邓增 托云布 果权 刘宏发 曹正兴
穆图善杜嘎尔 额尔庆额 丰绅
文麟明春 富勒铭额 徐学功

刘锦棠，字毅斋，湖南湘乡人，松山从子也。从松山讨捻，积勋至同知直隶州。从入陕，复同州、朝邑，释省城围，擢巡守道。同治七年，左宗棠西征，从克怀远、镇边，还定绥德，赐号法福凌阿巴图鲁。进军甘肃，攻金积堡，夷旁近七寨，破灵州。九年，击马五寨，松山战死，诏加三品卿衔，接统其军。军新败，偏裨自恃为宿将，滋骄，锦棠礼诎之。丧悬吴忠堡，或请徙它处，锦棠不可，曰："榇在军，可系将士心。"宗棠贻书，为列坚守、退顿二策。锦棠谓："不力战，则灵州不保，必勍力致死，而后军可全。"于是一战擒马五，再战破河、狄，军复振。

是时马化龙焰日炽，三决水困我军，锦棠三拒之，不获逞，粮且匮，率其子耀邦乞款附。锦棠曰："诺。令若先缴马械。"不应，再引马连水入湖。会大风从西北起，涛啮堤岸，势汹涌。锦棠囊土以御，化龙计益窘，哀词乞耕垦。锦棠知其诈，隐卒下桥、永宁洞，又败去，乘势下蔡家桥，克东关。化龙度不得脱，于是三踵军门乞抚矣。锦棠白宗棠请进止，乃徙陕回化平川，而分置甘回于灵州。

论功，予云骑尉世职，赏黄马褂。十年，诛化龙父子，生致马八条，置丧所，脔而祭之，遂舆丧归。

明年，度陇攻西宁。次碾伯平戎驿，先破小峡，遣军夺南北两山，围解，道员郭襄之率男妇二万襁负来迎。是役也，提湘军八十营，扼攻九十里，往往彻夜不休，露立冰天雪窖中，诏嘉之。十二年，克大通，斩叛官马寿。遴陕回为旌善五旗，余徙平凉、秦安、清水。白彦虎奔肃州。方湘军之定西宁也，宗棠缘事责锦棠，盛气辨，衔之，以故徇肃州未下，亦不召。及锦棠至，又大喜，为夸其军以励众。锦棠计诛马天禄，杀土回、客回立尽，关陇平。权西宁道。明年，破河州，获闪殿臣，伏诛。乃诸将蹙回于贾家集、郭家嘴，歼焉。

光绪元年，出关。时彦虎走依安集延，帕夏阿古柏助之，势复炽。二年，至阜康，与金顺计事，议先攻古牧。遣将分壁木垒河，而自领军军九营街。度戈壁乏水，佯掘井以懈敌，阴遣精骑袭夺黄田，通汲道，收古牧地。锦棠策乌城寇必骇奔，复自将精兵走之，遂复乌鲁木齐、迪化，予骑都尉世职。

三年春，逾岭西南攻达坂。寇引湖水卫城，泥深及马腹。锦棠周城徼循，诚各营警备。列燧如白昼，轰击之，弹落爆药窖，声昏然，人马碎裂。乃下令军中曰："能缚献服异服者赏。"于是爱伊德尔呼里以下皆就俘，爱伊德尔呼里，犹华言"大总管"也。且释降回数千，给赀粮纵归。或请其故，曰："俾归为我宣播朝威也，吾欲以不战胜之。"自是破吐鲁番、托克逊，南路门洞开，阿古柏如失左右手，亦被执，饮药死。赏双眼花翎。

已而彦虎据开都河西岸，觊入俄。师抵曲惠，与余虎恩分击，彦虎亦决水以阻。锦棠入喀喇沙尔城、庐舍漂没，乃徙和硕特帐房河东数百户，实后路，复库尔勒。会军中患饥乏，下令掘窖粮，获数千石以济。连下库车、拜城。其南缠回苦安集延淫暴久，重以彦虎奔扰，益不堪命，且夕望我军如时雨。比至，各城阿奇木伯克、阿浑玉子巴什各携浑酪，持牛羊来犒师。抵阿克苏，锦棠先入城，受降毕，回皆伏服。闻彦虎奔乌什，亟遣旌善旗渡河复其城。于是东四城俱下，诏晋三品京卿。值喀城守备何步云告亟，遂大举出师，令虎恩、黄万鹏分道进取，而自率师径捣叶尔羌，并克之。彦虎遁入俄。锦棠进定英吉沙尔，遣董福祥收和阗，西四城亦下，锡二等男。

四年，锦棠既定喀城，以次巡历叶尔羌、和阗。凡西人侨居其地者，英乳目阿喇伯十余人，印度温都斯坦五千余人，咸服其勇略，称为"飞将军"云。方彦虎之入俄也，俄人处之阿尔玛图。锦棠犹致书图尔齐斯坦总督，谓将入境搜捕，宗棠劝止。俄复徙之托呼玛克。其秋，彦虎又遣党犯乌什边，骤入格尔品。锦棠扼之玛喇尔巴什，别遣将要其归路，大败之。未几，安集延人又破之玉都巴什。是岁补太常寺卿，转通政使。五年，安夷复构布鲁特内犯，战乌帕尔，捕斩二千余级。自是边徼颇息警。

维时俄据伊犁，宗棠疏请崇其秩，资镇抚，诏佐军事。俄益增兵守纳林河。已，宗棠入都，上以此专属任锦棠关外事,命署钦差大臣。徙顿哈密,益治军。逾岁除真。八年,和议成,锦棠策善后,请设新疆行省,省置巡抚、布政使,加镇迪道按察使衔,道、府、州、县视内地。立城垣、坛庙、学校、驿传,又广屯田,兴水利。南疆岁征赋至二十余万石。九年,擢兵部右侍郎,加尚书衔,旋除新疆巡抚,仍行钦差事。十一年,进驻乌鲁木齐,奏省参赞大臣,改署都统,设喀什噶尔、阿克苏、巴里坤提镇各营。复增道、府、厅、县,徙分防官驻要塞,南北郡县之制始定。

先是,锦棠以祖母老病,累疏乞归省,不许。十三年,申前请,始俞允。锦棠悉召诸部酋长大酺,遂发。所过,黄童白叟望风相携负以迎,往往拥车数日不得走。十五年,加太子少保衔。明年,晋太子太保。二十年,晋锡一等男。会弟萧以山西按察使入觐,垂询近状,欲强起之。适中日有违言,电旨趣召,未行而病作,朝廷书问日数至。疾革时,犹喃喃呼旧校指述边事。未几,卒,年五十一。事闻,震悼,谥襄勤,予建祠。

张曜,字朗斋,其先上虞人,改籍大兴,既,复隶钱塘。生有神力,幼尝持竿结阵,部勒群儿,无敢哗者。少长,依旧姻媾贺荪。贺荪宰固始,适豫捻起,集团勇三百属之。捻猋至,时已昏。曜献策,谓:"伏军城外,彼不知众寡,可以计走也。"夜半,捻纵掠,哀击退。僧格林沁追捻亟,遥见火光,询知为曜部,召与语,甚悦,命从军。积勋为知县,权知固始。皖捻来犯,婴城守,寇骎骎西去。亡何,李秀成又构捻入,围城三匝。捍御七十余日,城获全。上嘉其功,赐号霍钦巴图鲁。

咸丰十年,擢知府。先后遭忧,仍留军讨皖捻。屡捷,晋道员。明年,除河南布政使。是时陈大喜、张凤林各树帜,延抚数千里。曜谓寇援断,师未能骤克,寨中患饥乏,多猜贰,宜广设购募间其党。乃纵降者为内应,捻乃窜,讽谕各寨,皆款服。凤林伪降,计擒之。

同治元年,御史刘毓楠劾其目不识丁,诏改总兵。二年,大喜走阜阳,战秦宣寨。皖捻复入,曜虑华庄失,亟敛兵退,以锐师宵加之,歼渠率。时张总愚走鄢陵、临颍欲西,曜拒之嵩山麓,令不得西。攻大金店,援寇四起,遣总兵保英略中路,为寇乘。曜手刃退缩者,士气乃奋,卒败之。攻太子望寨,久相持。曜曰:"捻诡悍,坚守山口,阻我进兵。坐为所绌,非策也。"间道出奇击之。总愚西北走镇平,追杀黑龙集。犯南阳,又战却之。三年,捻会宛南,总愚赴卢氏,嗾骞寇入豫。曜扼之,使不能合。次桥川,寇自西北至,狙伏以击,寇奔楚。曜浮渡丹江,追越郧西百四十里,会陕、楚军至而还。四年,僧格林沁军麻城,骁骑失利。曜赴难,七战皆克。僧王既战死,台臣劾其养寇遗患。巡抚吴昌寿按覆,事白,曜假归葬亲。逾年,淮北捻益亟。朝旨趣复出,曜遂部合新旧选锋号嵩武军。厥后军气大振,论者谓为湘、淮军后劲云。

六年,出顿许州八里桥,任柱等见曜大鏖,毗走。梁山寇与合,五日至巨野,渡运而东。曜与总兵宋庆往驰之。

当是时,李鸿章议防运河北,首安山讫沈家口。曜等至,令庆筑长墙。庆留副将蒋东才、参将李承先二军属曜。曜以沈家口黄、运交汇,调黄河水师入运助守。守河防运自此始。久之,总愚陷陕绥德,分扰米脂。朝命防河北。捻济河入晋,犯吉州乡宁、平、蒲告警。檄曜还豫,而捻已自绛州曲沃入逼豫疆,曜乃追败之汤阴。

七年,捻东走,扼晋州西北路,折而南。诸将谋逐之,曜谓贼势未蹙遽南奔,必有深谋。乃卷甲北趋,出其前二百里,至饶阳,果遇捻。捻不敢击,错愕去,潜渡漳沱。亟引兵至河干,未渡者歼焉。济漳次清化,捻伐木为矛,又击破之。长驱沧州,刘松山军运东,曜自南夹击,捻披靡,追至临邑。初,李鸿章遣郭松林自临邑筑墙,属之马颊河,虚西南以饵敌。逮曜驰至,捻不肯深入,走济阳。鸿章知计不售,使曜趋武定,遇捻于滨州,始败退。会天大雨,河暴涨,诸将虑捻东逸,谋扼徒骇河。曜自博平守至东昌,诱捻入河套,与庆合击之。捻众陷泥淖中,死者枕藉。自是总愚不复能军,逐北茌平,杀其党且尽,骑能属者十余人耳。总愚自度不得脱,乃沉于河。论功,赏黄马褂,予骑都尉世职。

八年,诏趣左宗棠赴泾州,责金顺以边外事,命曜自古城西进为后路,军次兰扇,破回于察漠绰尔,又败之红柳树,阿拉善围解。抵缠金,诇知宁夏西岸白石嘴山至中卫,陕回麕集。遣将要击之,回遁走。金顺赴沙金托海与议进兵事,方将鼓行而西,而宁夏降回复叛,围郡城。遂倍道应赴,败之城下。俄而陕回入贺兰山。曜赴河北,南破汉渠集,围纳中闸,拔其垒,与金顺夹渠而军,歼守贼殆尽。会金积抚局成,通昌、通贵乞款附,独王家疃不下。曜怒,破其堡,屠之。攻克新家寨,河西无悍寇。诏屯之,兼顾阿拉善旗。是为宁郡河北之师。九年,授广东提督,仍留军。明年,加云骑尉世职。

白彦虎据肃州,徐占彪攻弗克,请益师,宗棠檄曜顿金积助之。上以为勇,赏双眼花翎。十三年,彦虎亡命出嘉峪关,窜乌鲁木齐,哈密城南北附之。俄罗斯方拥伊犁,巴里坤且岌岌。朝命总防讨,亟援哈密。曜克日出关,师行乏水草,绝幕二千余里,运馈艰阻,于是议立屯田。十三年,出屯,大兴水利,垦荒地二万亩,岁获数万石济军。光绪二年,师规南路,西取七克腾木、辟展及鲁克沁台、胜金台、哈拉和卓城,降缠回万余,遂复吐鲁番。明年,拔乌鲁木齐,彦虎遁入俄。

俄归伊犁,宗棠疏荐堪重任。六年,诏赞军事,命移驻喀什噶尔,兼辖西四城,筹善后,所至创立义塾。回凤犷噬,至是颇闻弦诵声。十年,入关防直北,赏巡抚衔,叙边功,晋秩头品。

明年,除广西巡抚,未行,董所部治都城河,加尚书衔。旋命赴山东勘河,逾岁至寿张,调抚山东。东省河患日深,曜莅任,首重河工,以黄、运并淤,非总浚通海不为功。时王家圈等处先后漫口,先议疏浚海口,挑淤培埝,并增筑徒骇河两岸堤工,以防泛滥,然后挑穵全河,参用西法,以机船疏运。凡南北两岸堤埝口门,一律筹办。疏上,皆从之。又先后筑王家圈、姚家口、张村、殷河大寨、西纸坊、高家套各决口，复改浚韩家垣，以泄尾闾，莫不身亲其事，计一岁中奔走河上几三百日。有言河务者，虽布衣末僚，皆延致咨询，唯恐失之。民或遇灾，常筹粟赈济。复建海岱书院于青州，葺洙泗书院于曲阜，士民德之。

十四年，被命襄办海军。明年，晋太子少保，命会阅南、北洋海军。至烟台，闻台湾巡抚刘铭传称疾亟，则抗章请行，优诏答之。十七年，方驻河干督工，疽发于背，回省就医，遽卒。疾革时，犹贻书鸿章，首言山东为北洋门户，亟宜治炮台备不虞；次言新疆军糈，部令裁营清厘，缓不济急，恐失信外域，贻君父忧。遗疏入，上震悼，赠太子太保，谥勤果，予建祠。

曜魁梧倜傥，自少从戎，不废书史，字法模颜平原，书疏雅驯犹余事。尝镌"目不识丁"四字印，佩以自励。宁夏平，筑楼面黄河，对贺兰山，颜曰"河声岳色"，日啸咏其中，人谓有羊叔子登岘风。居官垂四十年，不言治产事，性尚义，所得廉俸辄散尽。尤礼贤下士，士争往归之。其修道路，开厂局，精制造，凡有利于民者，靡不毕举。死之日，百姓巷哭失声，丧归，且倾城以送。以两世职并为男爵，子端本袭，官南韶连道。

刘典，字克庵，湖南宁乡人。少伏氿山，与罗泽南友善，以学相期许。粤匪乱，集众保乡邑，叙训导。参左宗棠戎幕，转战江西。善察形势，尝轻骑诇敌营，夜率所部劫杀，数获奇捷。李秀成欲以长围困宗棠，断曾军粮运，典败浮梁，又破之乐平，婺源饷道始达祁门。积勋至直隶州知州。宗棠抚浙，典以偏师讨衢、严。同治改元，破马金街，进克遂安，迁知府。击花园港，李世贤遁，超授浙江按察使。世贤谋据金华，分党扰龙游、汤溪、兰谿，众号数十万。典还军援衢，力据上游，悉夷东南北寇垒。明年，收兰谿，诸军亦下三城，浙东告宁。宗棠规杭州，策江、皖边要地，方可一意进取。乃令典将五千人，道严出皖南。当是时，新复郡县粮馈不属，典持印票空文，向民间贷粮，遇寇遮击，而屯溪，而黟县，所莅风靡。民望典军如时雨，以故壶浆塞涂。沈葆桢谓其截击寇众，功不在克省城下。江、皖既平，赐号曰阿尔刚阿巴图鲁。其秋，父忧归。

三年，诏起督师，典募新军八千，次贵溪。世贤入闽陷漳州，汪海洋亦陷龙岩，势复炽。典进汀、连，号西路军。遇海洋，新军轻进，败绩，还保连城。四年，再战，斩寇万余，进复龙岩、南靖。世贤为高连升所毙，奔粤，宗棠麾下壮士骑从者八百余人驰之。典至南雄，语其黄少春曰："尾寇而追，非计也。寇返奔亟，必不久据嘉应，当走粤、闽边。左军孤，遇寇必不支。"乃持二旬粮，取道大岭脊，晨夜应赴，抵大埔，先宗棠一日，遂会师复嘉应，晋二品服，予世职。事宁，乞归省。

五年，宗棠徙督陕、甘，起典甘肃按察使，旋赐三品卿，佐军事。典自紫荆关入关，值捻窜渭北，乃驻潼关，逼渭而军，扼其南渡。七年，诏署陕西巡抚，以征回事属典。典以关中戎备寡，调提督周达武壁陇、汧顾后路。至总前敌师干，则举蒋益澧自代，朝旨弗许。寻

复有是命。典遂进驻三原，调度诸军，军大振。明年，与宗棠定三路剿回策。已，复念民事，重入省，治善后，集流亡，举屯牧，恤艰陷，革差徭。又以此时浚郑白旧渠，关中渐喁喁望治矣。惟锐然以减饷自任，诸军旧欠各饷，十给其七，士卒不无怨望云。又明年，再乞归省。

光绪元年，复命佐宗棠军务，典辞以疾，诏罢其行。时谭钟麟督西征饷事，力言司左军后路非典莫属。朝旨乃趣赴甘，于是典三起讨贼矣。二年，至兰州，宗棠以善后畀之。凡整军节饷，以及生聚教诲，有裨于民生久远者，咸殚心厥事。至关外平定，亦尝指陈方略，赞画功多。经营新疆凡三年，卒于军次。诏视侍郎赐恤，谥果敏，予江、浙、陕、甘建祠。

典秉性清严，贵后自奉俭约，杨昌浚尝诣典，环堵萧然，一如寒素，寓书宗棠共称之。

弟倬云，少随典读书长沙。典主乡团，倬云以廪生治军书。从援浙，领偏军，战常陷坚。李、汪二酋奔赣，扼临江使不得西，叙知县。龙岩既复，会粮罄，军士乏食，为贷邻邑以济，民德之，建生祠。将军库克吉泰檄赴陕，值连升营哥匪谋变，戕主帅。倬云驰入，歼其渠，余众悉定，再迁知府。时庆阳大饥，人相食。倬云兴屯政，立赈局，流民怀集。假归，适念匪乱，连下泾阳、益阳，诏用道员。越法事起，赴闽综营务，署按察使。以捕海盗名，晋二品秩，授汀漳龙道。兴蚕桑，建书院，赒恤堤防诸政，次第毕举。寻谢病归。二十九年，卒，恤如制。

金顺，字和甫，伊尔根觉罗氏，满洲镶蓝旗人，世居吉林。少孤贫，事继母孝。初，从征山东，授骁骑校。嗣从多隆阿援湖北，复黄梅，赐号图尔格齐巴图鲁。移师安徽，克太湖。历迁协领。挂车之役，将骑旅直捣中坚，当者辄靡。

同治二年，从讨陕回，连下羌白、王阁，赐头品秩。复渡渭败之零口。三年，汉南回奔凤翔，趋沣峪，击却之，授镶黄旗汉军副都统。调西安，时群寇集陕南，陕回导至沣河，金顺御之，斩房多。回入鄠，傍山西走，复率马队邀击败之。四年，攻宁夏南门，夺其炮台。已，闻寇集黄河两岸，率师分路进，阵斩其酋孙义保等，寇稍却。明年，调宁夏副都统。七年，复宁条梁。闻榆林警，遂迎击五龙山，大破之。追至边外秃尾河，马队忍寒裸涉，要之金鸡滩，回大溃。复遣将破之葭州。

八年，平绥德，朝旨以边外事属之。四月，回犯花马池，遣部将富勒珲驰救。回自乌拉争渡，奔札萨旗。金顺自将出边，回已遁。乃率师道札萨郡王答拉旗，自包头迤西济河而进。会天酷暑，暂顿什巴尔台就水草，与张曜期会沙金托海。七月，自中滩鼓行而西，而宁夏回复叛，乃兼程挺援，败之于城外。无何，甘回纳万元等迎战汉渠，复与曜从东绕击。回走纳中闸，追至龙王庙南，悉拔其东南各垒，歼守贼殆尽。

九年，金积抚局成，独王家疃未下，率其弟连顺分兵迎击，数获胜。自是连顺无役不从，积勋至金州副都统。金军颇有声，明年，克之，赏黄马褂。又与曜破纳家寨，

河西悍党歼焉。宁夏平,擢乌里雅苏台将军。寻以赴镇番未报,褫职,命即日赴肃州。既至,顿北崖头,奏调曜军助击。时乌鲁木齐提督成禄犹讳军粮乏,难赴哈密,诏金顺接统其军。十二年,左宗棠至军,约期并进。金顺发地雷东北角,城溃,乘隙夺据其上,自是老弱伏服者相继。城拔,复故官。

乌鲁木齐都统景廉驻古城,与金顺龃龉。宗棠奏言金顺宽和,为群情所附。诏率所部二十营赴之,规乌城,于是遂发。出关数十里,至瀚海,吏士忽不行。询之,则曰:"先锋营驻,有所议。"金顺知有变,疾驰视,手刃六人以徇,曰:"敢留者,视此!"军以次行。瀚海既过,乃列六尸祝之曰:"杂赋不饱,佐以野蔬,天下无若西军苦。此行度戈壁,乏水草,吾非不知。但不忍汝六人,如全军何?如国家何?如关内生灵何?"闻其言者,无不激扬。道授正白旗汉军都统。明年,至古城,与景廉会师。一日演炮,汉、回观者数千百人。景廉指败堵烟筒为的,击之再,烟筒无恙。所部炮队总兵邓增、参将张玉林曰:"是何足击?请卷旗卓之为的。"增再测视,请于金顺再测视,既竟,炮响旗飞,若剪霞空际。已而玉林亦尔。观者欢呼声震远近,回闻之气夺。寻命佐新疆军务。

光绪改元,代景廉为都统。二年,军阜康。刘锦棠赴军所商进止,议先攻古牧。乃轻骑袭黄田,通汲道,克之。连下乌鲁木齐、迪化、昌吉、呼图壁诸城,直逼玛纳斯,斩其伪帅马兴,南北二城以次皆下。赏双眼花翎,予世职,调伊犁将军。七年,诏接收伊犁,按图划界。十一年二月,军标哗变,五月,再变,并噪饷戕官。伊地本极边,协饷乖时,军多疲馑。金顺驭众宽,将领营官相率蒙蔽,而总督谭钟麟劾其上下纵恣,民怨沸腾,为陈筹饷易人之策。于是上召来京,以锡纶代之。道肃州,病卒。身后不名一钱,几无以为敛。寮寀醵金,丧始归。部伍缟素,步行五千里至京者,达二百人云。事闻,赠太子太保,谥忠介,予建祠。

妻托莫洛氏,婚甫逾月,嘱事继母,抚诸弟,遂出。转战二十余年,至新疆,乃遣使往迓。谓使者曰:"太夫人老矣,宁能涉万里?吾义不得独行。且彼处有姬侍,宗祧不坠,吾又何求?"竟不往。时论贤之。

增,字锦亭,籍广东新会。年十七从军,积勋至游击。西征之役,领开花炮队,平金积,取河州,并以善用炮知名。方是时,锦棠治兵西宁,寇坚壁自守,而牧马湟水北岸。增隔水轰击,寇骇愕逾山遁。增驰之,先以轻骑当寇,乍战佯北。寇易之,悉众下山,我师以巨炮环击,大溃。俄援寇至,壁平戎驿。锦棠不与战,而使增据山上俯击。寇憷地威,退湟北,增复隔河击之,皆走。锦棠攻高寨急,舁大炮列北山上,使增测准寇垒,发炮子六十余,墙壁皆裂,赐号伊博德恩巴图鲁。规肃州,城高厚逾常制,增筑炮台临城关,轰溃十余丈。继复筑炮台街口,裹创力战,卒击退之,晋总兵。从金顺出关,以战功擢提督。金顺举将才,称增精究炮术。除伊犁镇,调西宁。

光绪二十一年,解循化围,回渡河趋巴燕戎格,增追至乱思观。会札什巴陷,分三路击之,城拔。六月,西宁回韩文秀等犯增营,增分军迎击,遇伏将却,增手刃先退者以徇,众皆跃马陷阵,寇溃。时西宁南北西川、大通、碾伯、丹噶尔皆叛,增闻警,驰归守郡城。八月,哆吧寇来袭城,薄小桥。增将出拒,或劝沮之,增曰:"寇氛甚恶,不力遏之,是示弱也。且主帅不出,将士孰肯用命?"遂往,短兵接,人百其气,大败之。自此寇望见邓军旗帜,辄不战而遁。明年,克川北、营城,关内外平,授固原提督。既至,会甘军搜治海城叛回。阅三年,海城回田百连复叛,遣将讨平之。拳乱作,车驾西狩,召赴行在。回銮,节度随扈诸军,晋头品服。旋回任。三十一年,卒于官,诏附祀宗棠祠。

其时随金顺征回著绩者,又有托云布、果权、刘宏发、曹正兴。

托云布,瓜尔佳氏,满洲镶蓝旗人。初,从军剿发、捻,赐号绰勒郭兰阔巴图鲁。攻宁夏,释平罗围,袭击黄河两岸,数有功,累迁协领,坐事免。金顺请留军自赎,截击窜寇于榆林,复官。进拔苏家烧房、纳中间,晋副都统。时寇据金积,其旁堡寨并险固。托云布充前锋,大小数十战,寇稍却,克王家疃,赐头品服;平通昌各寨,赏黄马褂。自是从出关,迭克名城,即于军前授青州副都统。玛纳斯之役,血战六十余日,天山以北告宁,予云骑尉世职。光绪十一年,创发乞归,赏食全俸。十八年,卒,予优恤。

果权,莫得里氏,满洲正蓝旗人,吉林驻防。骁骑校,从副都统福珠里出师伊犁。以战功,累迁协领。玛纳斯既复,金顺荐署伊犁锡伯营领队大臣,顿车排子屯田。诏念前劳,晋副都统,赐号志勇巴图鲁。光绪十七年,调充东三省练兵行营翼长,校阅吉林边练各军。二十七年,授呼兰副都统。卒,恤如制。

宏发,黄陂人。正兴,郧西人。自同治初久从金顺军,复肃州,进新疆,屡有功,后皆官至提督。而宏发军过玉门、安西,官民尤龛,颂赞不置云。

穆图善,字春岩,那拉搭氏,世居黑龙江齐齐哈尔,隶满洲镶黄旗。家贫,事亲孝。初以骁骑校迁参领,从征直、鲁、晋、豫,所向有功。授安徽,迭克城隘,赐号西林巴图鲁。同治元年,从多隆阿入陕,道邓州,遇粤寇陈得才,败之紫荆关,擢西安右翼副都统。时回氛炽,率步旅扼洛水北岸,半修营,半出击寇,寇始奔。亡何,捻酋姜泰林犯武关,夜袭多军。穆图善设伏败之,追群寇入鄂境,悉驱出西河口。二年,再入陕,攻高陵,先登,裹创力战,下之,赏黄马褂。寇渡泾据南岸,穆图善泗水而济,寇大溃。三年,多隆阿围盩厔,中炮,病笃,疏荐穆图善贤,遂命署钦差大臣。其夏,擢荆州将军,与刘蓉会办陕事。

粤寇据楼观、黑水、西驼峪,蓉遣萧庆高趋鄠,穆图善率师助击,战店子头,败绩。七月,击破大峪西堡,进攻楼观。先是,得才入鄂,穆图善遣二十八营赴援,无统帅。至是蓉奏请穆图善往湖北,诏勿许,令移师赴甘。既至,与将军都兴阿议定先规宁夏。十一月,檄杜嘎尔、额尔庆额等攻破清水堡。逾岁,诇知群寇元日椎牛置酒,必不诫。穆图善夺城南炮台,连毁其寨。已,复虑寇乘春涨决渠下灌,分兵扼城东南。寻调宁夏将军,主甘肃军事。嗣以宁夏诸军久不得要领,责之。五年,收灵州。初,回寇马兆元攻陷州城,马朝清计诛之,禁灵回无滋事。逮宁夏失,道且梗塞。朝清者化龙也。至是,亲诣穆图善哀词乞款。会州绅亦请置官,乃使丰绅等往招抚,州事定。闻华亭回窜庆阳,复遣军击走之,城围解。

明年,署陕甘总督,值岁大饥,人相食。乃驰书阿拉善王,令运蒙粮至河北,与军民交易,食乃济。是时米拉沟既下,河、洮、狄道、西宁回皆反正,而南八营李得昌各部,乞择地安插。上虑回情叵测,敕穆图善严备之。穆图善令降回缴械,遣范铭赴洮,张瑞珍赴萧何城,王得胜赴静宁办抚事,自是颇惑抚议。已,复使曹熙等赴河州,回羁之,遣党潜袭省城,声欸附。穆图善率轻骑往,中伏奔还,遂围城五日,楚军将彭楚汉等破之。而东乡回崛负如故,穆图善亲督诸军败之。十一月,攻州城,弗克,还兰州。会傅先贤败回礼县,彭忠国败回安定,穆图善乃令进规渭源,而自从金县进。七年正月,克之。乃使诸将会攻狄道,南北两山相叁,中有平川,寨卡林立,先宗等一鼓破之,毁其寺,军威大振。于是穆图善赴前敌,北庄牟佛提挈男妇三千人乞降,受之。师旋,复叛。穆图善再渡河,直捣黑山头、太子寺。寇断我粮运,战数失利,不获已,退保狄道。明年,狄城粮尽,又退至秦州,寇乘之,师溃。朝旨令穆图善甘军受左宗棠节度。

初,穆图善狃抚议,群回叛服靡恒,而所部百数十营皆征粮民间。清水守将敖天印以横暴激民变,逐歼之,杀县役。提督黄金山率所部战狄道康家岩,败溃,北入皋兰,四出淫掠。穆图善乃遣溃勇屯宁夏,而謍报欸军于朝,敕军亦力诋之。于是宗棠调度诸军,先秦州固饷源,遂赴泾州受总督印。

穆图善既卸事,犹日历四乡,劝民修堡寨,置军械,兰人甚德之。诏仍驻兰州,统西路军。化龙党崔三构河、狄回出扰,辄败去。十年,河州贼袭陷皋兰西古城,再败之,长驱北山兔窝,寇大溃。其冬,会左军渡河,连克要塞,寇退扼大东乡,师聚而歼之。论功,予世职。

光绪元年,召署正白旗汉军都统。会吉林马贼窜巴彦苏苏,命权将军,捕治之,渐散其党。明年,道员舒之翰获谴,罪及举主,褫职。又明年,起授青州副都统,擢察哈尔都统。五年,出为福州将军。法人争地越南,分兵舰窥闽疆,诏参宗棠军事。出驻长门,誓师设伏,击沉法舰一艘。既而防军溃,法人登岸搠战,伏起,转败为功。以故闽事坏,独免议。十一年,诏授钦差大臣,会办东三省练兵事。明年,以积劳卒于军,谥果勇。予黑龙江、安徽、甘肃建祠,兰民且树碑志德焉。

杜嘎尔,哈勒斌氏,满洲正蓝旗人,黑龙江驻防。初从都兴阿征粤寇,积勋至佐领,赐号莽赍巴图鲁。嗣以京口副都统从讨甘回,规宁、灵,颇能以少击众。寇窜宝丰,克张家村、红柳堡,深入沙碛,背水成军,旬日间城复。攻宁郡,斩馘多,即于军前调官宁夏。宁城回增建寨棚,

首城南讫纳家闸。与金顺诱城东寇出,数败之,乘胜破护城堤清水堡。寻随都兴阿赴奉天,调补正蓝旗蒙古副都统,历察哈尔,坐事免。光绪六年,起授乌里雅苏台将军,抚士卒,恤蒙部。十四年,创发,乞休。明年,卒,谥武靖。

额尔庆额,字蔼堂,格何恩氏,隶满洲镶白旗,墨尔根城驻防。以骁勇闻,历迁至委参领。清水堡之役,赐号法福灵阿巴图鲁。会诸军克狄道,授黑龙江副总管。剿金县窜匪,擢凉州副都统。命佐关外军事,统领吉、黑骑旅顿西湖,令寇不得西。乌城回自奎屯败退安集海,击却之。光绪二年,闻白彦虎构玛纳斯南北二城回扰粮道,与总兵冯桂增、参将徐学功约期会师大河厂。额、冯二军先行,径薄北城,而南城回涌至,桂增负伤坠马,寇异入城。额尔庆额愤甚,先登陷阵,斩寇无算。因士卒伤亡多,止战。届期学功至,距城十余里,见额尔庆额被创还,遂率所部救之。金顺责其援不力,宗棠曰:"额尔庆额等轻进贪功,咎由自取。且先夕进攻,学功何能豫知耶?"

历古城领队大臣、科布多帮办大臣。命偕参赞大臣升泰勘界,以奎峒山为科、塔两城外蔽,哈巴河南流入中国,与俄官抗争,始得展地定界。新疆底定,晋头品秩。十二年,调伊犁。伊犁设副都统自此始。莅任七年,兴办屯田,军民辑睦。十九年,卒,恤如制。

丰绅,字汉文,吴扎拉氏,隶满洲正白旗,吉林驻防。都兴阿督江北军,檄守扬州,以战功历迁至协领。克宝丰,取宁夏,数获胜。穆图善遣往灵州招抚,马化龙就抚。穆图善上其功,晋副都统。寻护宁夏将军。时伏莽未靖,自宁城至灵州,隘口数十,为商旅来往孔道,丰绅诘奸禁暴,行旅便之。先后平陕匪西河、横城堡,补官锦州,擢黑龙江将军。坐事褫职。光绪间,起故官,历绥远城、江宁。中日事起,出驻通州,事宁任任。二十四年,卒,诏优恤,予建祠。御史彭述劾其侵冒,夺恤典。

文麟,字瑞圃,兀扎拉氏,满洲正蓝旗人。道光二十二年,考取内阁中书,迁侍读。咸丰八年,出为甘肃兰州道,调镇迪。同治四年,回窜据古城,文麟上防守奇台状,上嘉其知大体。济木萨者,回众屯粮地也。文麟潜遣练勇攻克之,获粮万数千石。索焕章窜玛纳斯,分掠阜康、吐鲁番、迪化。文麟分兵扼三台要隘,上疏乞济师。诏令严守济木萨,援未至而哈密、奇台相继沦失。亟与巴里坤领队大臣讷尔济合兵进击。闻寇集东路,使佐领恒昌先进,败于奎苏,而自请赴前敌。上怒,诃责之,下部议,坐擅离职守,降二级调用。

诏以蓝翎侍卫充哈密办事大臣。文麟遂率所部收复城垣。马金贵、白彦虎先后围攻,濒危者数矣,文麟拊循士卒,卒能以饥军驱强敌,俾缠回转危为安。五年,遭母忧,改署任。明年,肃州回窜玉门,战红柳湾,败之。回复大举犯城关,文麟督军严守,伺间出击。围解,乃为筹耕种,葺庐舍,训练军士,且战且屯。服阕,以头等侍卫补本官。益招哈密团首孔才至,以其练勇二百编入伍籍,遣往古城兴屯修堡。后收徐学功散勇二千余,任耕战。于

是古田、济木萨屯政大举。令充裨将,自是数与妥明、马明、白彦虎相攻杀,所向皆捷。

十二年,肃城回数出关犯哈密东山,文麟令魏忠义出驻塔尔纳沁堡,分扼各隘,剿抚马贼,擒回马五十九。旋魏军大失利,文麟飞章自劾,被宥,益感奋,率所部进击,力保危城。降敕褒嘉,加副都统衔。明年,彦虎援肃州,溃退安敦玉,文麟使骑旅追之,彦虎遁入山,肃州平。诏张曜等驰赴哈密,会文麟进剿。光绪二年,卒。

文麟治军数载,橐无私蓄,与士卒同甘苦,故人皆愿为尽命。及其没也,阖营恸哭失声。明春、富勒铭额先后状其绩以上,予褒恤,附祀新疆哈密专祠。

明春,巴羽特氏,隶蒙古正红旗。初从胜保平河北,补前锋校。征陕回,隶多隆阿麾下,以战功数迁副都统。捣肃州,压城为垒,与回相持者半载,追蓝得全被重创。肃州回出掠安西、玉门、敦煌,明春驰逐三城间,三月,围悉解,授哈密帮办大臣。光绪二年,擢办事大臣。时南疆平,肃缠民悉还故土。明春为晰地亩给赏粮,劝使复业。凡治道路,缮堤防,兴水利,有裨民生久远者,靡不具举,民德之,至今犹虔祀云。十二年,卒,恤如制。

富勒铭额,佚其氏,隶满洲镶白旗,古城驻防。乌鲁木齐陷,古城大恐。富勒铭额出与寇战,数被创,事亟,如乌里雅苏台乞援,弗应,城破,全家殉焉。富勒铭额适在外,得免于难,愤诣文麟军所,愿从杀贼。红柳湾之役,以功擢防御。回扰安西,设计抗御,斩房多,并搜治西山逸匪,尽歼之,解敦煌围,晋头品秩,赐号坚勇巴图鲁,充古城协领。西陲告宁,置屯田,修兵房。以都统恭镗荐,光绪十四年,授伊犁副都统。时游勇构哈萨克回寇边,富勒铭额遣军捕其酋,余烬悉平。十六年,署将军。增卡伦,整营制,索伦、锡伯、察哈尔、额鲁特兵卒咸复游牧旧业。十九年,徙塔尔巴哈台参赞大臣,练军兴屯,收还巴尔鲁克山,清界置卡,其治复仿伊犁,屹然成重镇。二十三年,乞归。二十九年,卒,恤如制。

学功,乌鲁木齐农家子。好技击,值回乱,结健儿数十,掠回庄赀货以自赡。遇汉民,力护之,虽义外悍回皆已惮之矣。厥后附者益众,集五千人,精练马队,每战突阵,骤若风雨,回见之辄走。学功先后阵斩伪帅马泰、阿奇木马仲。仲子人得袭伪职,与妥明积不相能,妥明复以党攻之。安酋帕夏乃约学功破吐鲁番,进攻乌鲁木齐,下之。妥明走绥来,数日死,帕夏遂据乌垣。

初,帕夏以学功善战,故与交欢,冀藉其力,王哈密,以南八城,归献朝廷,已,知其无远略,且百战未得一阶,益轻之,令还绥来南山。于是学功大恚,屡攻乌城,其民人时降学功,时投人得,转辗属役,迄不得息。同治七年,俄人构土回缠头将袭乌垣,声赴绥来易市,驱驼马数千,载货钞至石河,去绥来八十里。学功以骑旅截之,僇数十人,余纵还。自此俄人不敢东寇。十二年,彦虎率悍回数千分掠乌垣、绥来,学功复横截之,杀数百人,夺橐驼五百。彦虎势益孤。学功既任职,但承大将风指,异于初起血战时矣。后与孔才并官至提督。孔才,哈密人。

论曰:从左宗棠立功西陲最名者,湘军中称二刘,豫军中称曜。之数人者,投袂攘难,不数月,廓清万里,虽张骞、班超,奚多让焉! 金顺、穆图善提塞北健儿,横行玉门、金岭间,其志尤壮。文麟名出二人下,而招团兴屯,兼任耕战,不烦国家一兵,遂定西边,其功亦足并传云。

卷四百五十五 列传二百四十二

董福祥 张俊 夏辛酉 **金运昌 黄万鹏 余虎恩 桂锡桢 方友升**

董福祥,字星五,甘肃固原人。同治初,回乱作,凤、邠、汧、泷寇氛殆遍。福祥亦起安化,与其州人张俊、李双良蹂躏陕、甘十数州县,窃据花马池,犯绥德,窥榆林,溃勇、饥民附之,众常十余万。嗣为刘松山所败,其父世猷降,福祥亦率众乞见款。乃简其精锐者,编为董字三营:福祥居中营,俊居左,双良居右。从攻金积堡,福祥袭卡后,被创不少却,破其礼拜寺。顿板桥,寇来争,与萧章开夹击败之。金积堡平,超授都司。十一年,从刘锦棠至碾伯,趋峡口,与陕回禹得彦、雀三大战,破之。进击白彦虎于高家堡,焚其垒而还。已而伪知府高桂源构彦虎围西宁,扑双良营,福祥又大败之,围解,迁游击。徙守向阳堡城,复讨平河州叛回,积功至提督。

光绪元年,从出关,战天山,会大风昼晦,吏士弗敢进。福祥率众先登,一鼓歼之,又破之木垒河、古牧地,进复乌鲁木齐诸城及玛纳斯南城。是时彦虎犹据开都河西岸,觊入俄。福祥自阿哈布拉缘涂置哨坐,至曲惠而营,士卒储薪草,浚井泉,以俟锦棠军至,破之,复喀喇沙尔。是冬,克和阗,南疆西四城告宁。繇是董军名震西域。论功,赏黄马褂、世职,赐号阿尔杭阿巴图鲁。

安夷既就抚,布鲁特酋阿布都勒哈诱之,复入寇色勒库尔,北走库伦,福祥驰之,抵空谷根满,步卒足重茧,乃遴健者乘骡队,从骑旅及之木吉。寇方解鞍秣马,惊起,依山而阵,俊败之,福祥纵兵搜捕,复斩三百余骑。自此寇不敢犯边。授阿克苏总兵,驻防喀城。未几,而所部索饷哗变,戕营官胡登花,或请击之,福祥曰:"营勇与叛勇有约,如昏夜响应,将奈何?不如闭城守,彼势孤必自毙也。"越三日,悉为兵民擒献,乃分别诛宥之。事定,领俊及夏辛酉移驻叶尔羌、和阗。

十六年,擢喀什噶尔提督。二十年,加尚书衔。会德攘胶澳,命率甘军入卫。明年,西宁、碾伯又告警,督师还抵狄道。河州马永林叛,渡洮战之,连破高家集、三甲集,道始通。事宁,调甘肃。福祥自请援西宁。又明年,克上下五庄,乘胜复大通、多巴。朝命驻西宁专剿抚,以魏光焘二十七营属之。会巴燕戎格、刘四复奔关外,福祥亟遣骑踵,拔卡尔冈,先后夷海城、冶诸麻、甘州南山寇堡,关内外及青海悉平,加太子少保。

二十三年,入觐,命领武卫后军,召对,福祥曰:

"臣无他能，唯能杀外人耳。"荣禄颇信仗之。拳乱起，日本书记杉山彬出永定门，福祥兵杀之。于是董军围东交民巷，攻月余不下。敌兵自广渠门入，福祥走彰仪门，纵兵大掠而西。两宫西幸，充随扈大臣。和议成，外人坚欲诛福祥。李鸿章曰："彼绾西陲军寄久，虑激回变，当缓图之。"乃褫职锢于家。

荣禄在西安综大政，福祥移书让之，略谓："辱隶麾旌，任公指使，命攻使馆，祥犹以杀使臣为疑。公言'僇力攘外，祸福同之'。祥本武夫，恃公在上，故敢效奔走。今公执政而祥被罪，祥死不足恤，如军士愤懑何！"荣禄得书，置不答。三十四年，卒。其子天纯，输银四十万济帑复官。

俊，字杰三。金积堡之役，与福祥并授都司。规西宁，余虎恩困峡口，俊力战解之。连破小峡、润家沟，从攻河州、肃州，以战功历迁至副将，赐号倭兴巴图鲁。光绪初，从征西陲，复乌鲁木齐，擢总兵。锦棠令入关募军，于是成定远三营。先后从克东西四城，晋提督。安夷复叛，俊倡议主剿，众论哗起，锦棠独韪之。寇窜库伦，俊追至木吉，分三路入，战良久，手刃执红旗悍卒，寇愕走。进至卡拉阿提，会日已入，止舍。天未曙，整军复进，日午及之。寇不能反拒，枪矛所至，尸相填藉。抵黑子拉提、达坂，止余数十骑，逾山入俄境，不复追。是役，四昼夜驰八百余里，凡擒爱伊德尔呼里二人，安夷所谓"大通哈"也，胖色提以下数十人，犹华言"营官"。赐头品服、黄马褂，授西宁镇总兵，调伊犁。二十一年，代福祥为喀什噶尔提督。寻徙甘肃。二十五年，入都，充武卫全军翼长，兼统中军。逾年卒，谥壮勤，予建祠。俊好舞刀，所部衣帜皆白色，时称"雪张"云。

辛酉，字庚堂，籍山东郓城。初从僧格林沁讨捻。宗棠西征，从讨陕回，积勋至守备。攻金积，裹创力战，称骁果。规肃州，充前锋，拔塔尔湾、黄草坝，关内大定。数迁至游击。师出关，下阜康，袭黄田，破古牧，无役不从。进规南路，攻托克逊。彦虎子小虎殊死守，师行不得志，独辛酉率游军数战，略有斩擒。达坂之役，与余虎恩轻骑先涉，列城左山冈。比回觉，悉力轰拒，师少却。辛酉斩先退者数人，乃止，卒大破之。迁副将，赐号振勇巴图鲁。

从锦棠复库车，至拜城，履冰抵上铜厂。回出荡，辛酉跃马径前，生擒貂衣贼一人。回惊走，遂下阿克苏。是时，帕夏奔叶尔羌，彦虎奔乌什。锦棠专力讨彦虎，令俊进击，辛酉自会之。济众马纳克河，行戈壁八十里，破寇什城东，城拔，擢总兵，易勇号霍伽春。南疆平，赏黄马褂。逸寇犯三台，辛酉隐劲骑冲壳罕山，诱之出。伏起，短兵接，斩其酋赛屹塔黑振江。俄而安酋阿里达什寇边，从锦棠出屯玉都巴什。辛酉率二百骑为前驱，怒马陷阵，斩执旗贼，夺其旗以归。寇大溃，追至毕勒套格，杀其党且尽。西陲告宁，乞归养。甲午之役，率师镇登州，即于军前授广西右江镇，治军如故。寻徙镇登州。拳乱作，充武卫军先锋左翼长，从李秉衡御敌，未战而溃。后除云南提督，未到官，卒，恤如制。

金运昌，字景亭，安徽盱眙人。少孤，遭寇乱，总兵郭宝昌之母曹氏抚之，从姓郭。既长，入赘为守备。从宝昌征发、捻，积勋至游击。论河防功，赐号勉勇巴图鲁。平畿南，擢总兵，晋勇号铿僧额。西捻平，迁提督，复姓金氏。从宝昌卓胜军还陕。同治八年，宝昌创发，运昌代领其众，调防绥德。

时湘军已剿金积堡，运昌自清涧至，分所部略其西北，毁长墙。马化隆势蹙，遣党扰北山，冀断湘军粮运。一自河西道叶升堡，属刘松山；一自山西道花定，属运昌：并达灵州。回既陷定边，运昌所部多南人，杂食青稞、高粱，患腹病。左宗棠调宝昌来援，以河防不能赴。是时，陕回陈林、禹彦禄等十三营，益以本地土回，号称十余万，卓胜军孤立其间，几无日不战。

明年正月，军益饥疲，至杀马为食。回且决渠灌我垒，会风涛大作，运昌昼夜立水中，激厉将士，列桩囊土御之，回不得逞。适刘锦棠等越渠横出，回大溃。因议夹河筑垒护饷道，两日垒成，回至，运昌战却之。湘军开沟筑堤以防水，运昌壁近枣园。冰忽解，回乃凭秦渠设卡，运昌越渠击之，回收入堡。越二日，堡回悉众出，骑寇趋板桥，步寇决渠水南下。运昌军阻水，锦棠分三路泗水与合，并力轰溃其众。未几，回复运砖石筑卡于北，环以长堤，欲引马连水以困我。运昌亟令军士携锄锚，夷其卡而还。四月，陈林率众出花定掠食。运昌使提督王凤鸣御之，败之砖井镇。同时叶升堡道亦通，军威复振。七月，克马家两寨。值新麦熟，运昌与锦棠分刈，并糜粟割之。回来争，辄败走。遂筑垒蔡家桥。桥跨秦渠，内设卡，外障水，马化隆前所以阻遏官军者也。至是决水反灌，破垒三、卡十有一，乘势下秦坝关，逼东关。议掘壕筑墙久困之，与锦棠分段兴工。三日毕乃事，遣兵分守之，遂合金积围。日咯血数次，战不少休。陈林降，运昌以西林、河州未下，宜稍示宽大。强者编籍，弱者就粮，群回多乞款。马化隆势蹙，亦束首归命。于是宁、灵悉定，论功赏黄马褂。

驻缠金，平甘回马胜福乱，晋头品服。徙驻包头，数请于宗棠，愿西征。光绪二年，宗棠请敕淮勇出关助剿，报可。明年夏，行抵乌鲁木齐，命署提督，越二年，实授。口外经丧乱后，户口减耗。运昌兴水利，课农桑，建桥梁，皆割俸自任之。其斥巨款赈饥窳，实秉义母郭曹氏命。李鸿章为请于朝，特建坊旌异之。十一年，谢病归。逾年卒，恤如制，入祀卓胜军昭忠祠。妾王氏、马氏、张氏，先后仰药殉节，皆获旌。

黄万鹏，字搏九，湖南宁乡人，本籍善化。初从曾国荃援赣、皖，积勋至都司。从克江宁，历迁总兵，赐号力勇巴图鲁。捻入鄂，犯德安，万鹏驰救，大败之，又破之安陆。会师新洲，于是夹击，大破虏，擢提督。

左宗棠西征，调赴陕，署汉中镇总兵。同治十一年，从攻西宁，抵碾伯，战硖口，回溃走，围解。明年，从刘锦棠克向阳堡，进围大通，降之。选降众立旌善五旗，马队属万鹏领之，随攻肃州。事宁，赐头品服。十三年，河州闪殿臣复叛，万鹏率崔伟等进击，败之城南二十里铺。寇窜贾家集，官军攻弗克，万鹏从姚家岭驰下合攻，燔其堡，更勇号为伯奇。

光绪二年，出关。时土回马明据古牧，白彦虎闻官军至，自红庙子与合师，夜袭黄田。旦日，闻古牧角声起，万鹏与余虎恩驰击寇骑却之，语详《余虎恩传》。乌鲁木齐诸城既复，追至池墩而还。捷入，赏黄马褂。北路略定，逸寇多亡匿东南山谷。万鹏复与虎恩取道大小盐池墩至柴窝，略有斩擒。八月，金顺攻玛纳斯南城弗胜，锦棠檄万鹏助击。掘隧以攻，寇死拒，矢贯万鹏臂，拔之，更疾战，与诸军大破之。

三年，攻克达坂，乘胜取托克逊。至小草湖，遇伏，围万鹏数匝。万鹏率队荡决，所向披靡。锦棠军继至，寇大溃，诏予云骑尉世职。是役，帕夏知不免，饮药死，彦虎遂奔开都河西岸。七月，师至曲惠，锦棠自向开都河，而令万鹏道乌沙塔拉傍博斯腾淖尔西行，出库尔勒之背。彦虎慑军威，已先期遁。诇知胁缠回走布古尔，亟行四百里追及之，战良久，大败其众。九月，驰抵托和奈，再败之，收库车，进驻拜城。履冰夜行至铜厂，诸军直搏之，寇愕走。

万鹏长驱察尔齐克台西，斩数千级。越二日，夜抵扎木台稍憩，即引兵阿克苏城。未至城数里，见西南尘埃坌起，会谍报彦虎走乌什，嗾安集延走叶尔羌绐追师。锦棠乃舍安夷，而令万鹏专追彦虎，阻河涨不能济。时彦虎止隔河十里许造饭，掩袭可擒也，而我师遽返，锦棠大怒，责令复进。于是万鹏渡胡马纳克河，行戈壁八十里，获其后队马有才，进拔乌什，而彦虎已走喀什矣。东四城俱下，诏改骑都尉世职。

当是时，伯克胡里据喀什攻汉城，彦虎至，助之，势益张。守备何步云告急，锦棠檄万鹏道布鲁特与虎恩期会喀城。万鹏倍道应赴，缘雪山千余里，每以毡铺地济师。十一月，抵城北麻古木，虎恩亦抵城东牌素特。寇诇骑驰归，曰："大军至矣！"于是二巨酋走回城北，进捣之，则又宵遁。万鹏向西北追彦虎，至爱岌槽，与贼后队遇，生擒伪元帅马元，斩其副白彦龙。次日，追至恰哈玛纳，为布鲁特人所阻，彦虎遂奔俄。新疆平，改授二等轻车都尉。

四年，凯旋，乞归省。越二年，仍赴新疆治军。南北山边防牧平，晋头品秩。历权喀什回城协副将、阿克苏、巴里坤各镇总兵，新疆提督。又袭其叔登和世职，并为二等男爵。二十四年，征入京，创发，卒于道。予建祠。子钺，道员，袭爵。

余虎恩，湖南平江人。少孤贫，喜读书。初从曾国藩讨粤寇，积勋至副将。同治初，从刘松山征捻，蹙之沙河西，擢总兵，赐号精勇巴图鲁。张总愚与回匪合，攻破金谷、银渠，又败之郿县，晋提督。寇自宜川渡河，陷山西州县，又从刘军追复之，易勇号奇车博。军获鹿，适郭松林被围，虎恩锐身驰救，围解。绕道长驱，骑寇虽犇骋，遇战辄披靡。上念陕事棘，命左宗棠举将才，乃荐松山部将尤异者十数人，虎恩与焉，宠以头品服，令赴陕军。灵州既克，松山进兵板桥、蔡家桥。有顷，回败走，虎恩骑旅突之，骤若风雨，回不得归，下其村寨三十余。金积平，假归。

十一年，命募军赴甘。刘锦棠攻西宁，虎恩率军至陕口，周览形势。寇出拒，被困，卒击却之。锦棠觇回势盛，赴戎驿造桥济湟，自督师筑垒北岸，令虎恩筑南岸。未成，马营湾寇突至，虎恩轰击之，锦棠亦败湟北寇，于是西宁告宁。论功，赏黄马褂。随攻肃州，军南门，与诸将讨平之，除陕安镇总兵。

光绪二年，从出关。宗棠虑戈壁粮运艰阻，虎恩请身任之，乃绝幕而西。抵哈密，取余粮，逾天山，递送巴里坤古城。边既实，袭黄田，破其卡。忽古牧寇压师而阵，虎恩亟自山驰下，与寇骑战良久，会董福祥军助击中路，寇大溃，遂合围。帕夏遣悍党来援，虎恩率骑旅列山冈，严阵以待。复麾军截其归路，斩关直入，城拔。度乌垣，寇且他遁，以次下乌鲁木齐、迪化及伪王城，予云骑尉世职。

明年，逾岭而南，从锦棠趋柴窝，去达坂二十里。夜初鼓，虎恩率骑旅九营，衔枚疾走。大通哈引湖水卫城，泥深及骭。虎恩所部掠淖进，依山为阵，斩寇谍十余骑，回方卧，未觉也，平旦始大惊，悉众出，据险轰拒。师屹立不动，海古拉援至，虎恩又截六隘口，援骑返奔，追逐数里，斩百余级。虎恩策城回盼援不至，必遁，预隐兵以待，寇出悉就擒。达坂复，乘势下托克逊，予骑都尉世职。

逾月，规南路，师次曲惠，虎恩取道乌沙塔拉入库尔勒城，地阒无人，食且尽，乃掘窖粮数万石济师。遂与诸将下库车，凡六日驰九百里。已而喀什噶尔告急，锦棠令虎恩自巴尔楚取中路为正兵，黄乃鹏自乌什道布鲁特为奇兵，仍归虎恩节度。师抵巴尔楚，会天寒，冰雪凝冽，而喀城警报且日至。乃兼程应赴，军士人人自奋，各以俘白酋取首功为利。日中，虎恩至城东牌素特，夜半时抵喀什汉城下，左右止百余骑从，乃整兵以俟。平明，步兵至，寇骑开城出荡，虎恩率众大战，刺杀回酋王元林，会万鹏亦至，复其城。虎恩西追伯克胡里，令桂锡桢率骑旅自间道疾驰，而自率步旅继之，前后夹击，生擒余小虎、马元于阵。继复获金相印父子，相印者，引安集延侵占南路也。于是新疆南路平。降敕褒嘉，改予一等轻车都尉。历驻乌什、叶尔羌、和阗，赴本官。

十一年，谢病归。越六年，出统湘军，驻岳州，以能捕盗名，并二世职为二等男爵。二十六年，授喀什噶尔提督，未上，留统武卫中军十营。拳乱起，诸将多崇奉之，独虎恩则否。福祥攻使馆，虎恩与论事荣择前，谓遍观诸军，实不足敌外人。福祥大怒，欲杀虎恩，荣禄以身翼蔽之，乃免。令出防获鹿，未几，仍还湘。三十一年，创发，卒于家。恤如制，附祀宗棠、松山祠。

桂锡桢，山东曲阜人。从军讨捻，数迁至游击。咸丰十一年，张总愚领余众与陈大喜合，势张甚。锡桢追至河间，裹创力战，寇大败，锡桢名始著。同治七年，从左宗棠征陕回，数获胜，檄守同官。明年，提督高连升屯宜君，亲兵丁玉龙匪首也，构回为乱，夜围营帐，戕统帅。锡桢闻警，亟自同官驰援，击却之，复追剿金锁关、米子窑。会楚军将丁贤发等至，拘玉龙诛之，城获全，迁参将。从克固原三营，斩其酋杨文治，进抚中卫四百户。回酋马光明自固原东北入同心城，复大败之。又降元城回海生春。

十年，规河州，锡桢自中卫、靖远南搜会宁游匪。亡何，肃州降回叛，甘、凉戒严，锡桢遂还军肃州。明年，略东关，克其大卡一，寇出拒，击退之。先是肃回败，倚朱家堡、黄草坝、塔尔湾、文殊山各堡，互犄角，誓死守，徐占彪攻弗克，至是诱之出，锡桢隐卒深林，俟寇过半，横截而出，诸军继之，寇大溃。肃州西南墩堡悉平。进屯沙子坝，去肃城三里，肃回启南门出荡，锡桢率骑旅突阵，回奔入城。诸军冲杀，连克四坝、十一堡，东面寇垒亦尽，赐号精勇巴图鲁。

十二年，从出关，锡桢率四百骑归额尔庆额节度，进古城。光绪二年，攻阜康。宗棠虑寇北窜，令锡桢扼沙山、马桥各要击。寻会诸军复乌鲁木齐，北路略定，唯玛纳斯南城久未下。宗棠以刘锦棠军单，檄锡桢助击，与诸军轰溃之，斩其酋韩金农，更勇号业普肯，擢总兵。进规南路，三年，从锦棠攻克达坂，乘胜复吐鲁番，晋提督。规喀什噶尔，锡桢统马步二千余人，自阿克苏取道巴尔楚，克玛纳巴什，直抵喀城东牌素特。会黄万鹏军亦至麻古木，彦虎与伯克胡里溃逃，遂复西四城。论功，赏黄马褂。回疆告宁，晋头品秩，加赐呢铿额勇号。五年，乞归葬亲，道陕，创发，逾岁卒。宣统改元，巡抚恩寿状其绩以上，予优恤。

方友升，湖南长沙人。咸丰末，从军剿川寇，积劳至守备。克太平，力战，炮弹洞胁，繇是以饶勇名。同治七年，讨陕回，克凤翔、岐山，尝从行，有所冲陷。入关陇，隶刘松山麾下。金积堡之役，师失利。会友升购马张家口，逮归，无收马者，或劝之去，弗听。驱马数千入左宗棠军，宗棠大器之，乃编所购马为西征靖营队，嘱领之，遣赴河州，攻剿三甲集、太子寺。

十一年，会攻肃州，其关城阻壕，壕深三四丈，古所谓酒泉也。徐占彪乘回懈，逾壕进攻。友升先登，诸军蚁附上，夺东关，回入城死守。占彪筑城南二卡，回来争，友升率骑旅下马巷战，弹贯胫及脊骨，创甚，犹大呼杀贼，水浆不入者七日，众感奋，克之。捷入，晋副将，赐号哈丰阿巴图鲁。十三年，从克巴燕戎格，署镇夷营游击，自是别为一军，帜色黄。每战从后击杀，当者辄靡，寇见黄旗队，辄相戒无犯云。

光绪改元，关陇平，擢总兵，从刘锦棠出关。三年，攻克达坂、托克逊，进复吐鲁番，晋提督。以次下阿克苏、乌什、库车及天山南北二路。论功，赏黄马褂，赐头品秩。五年，安集延、布鲁特寇边，径抵乌鲁克恰提。友升先进乌帕尔觇虚实。越数日，报寇骑已入乌帕拉特。获寇谍，讯知其乘夜袭营，诸军备往击，大破之。友升与杨金龙分左右入，军士皆奋迅超跃，寇不能成阵，还遁俄罗斯。八年，入关，遭母忧归。

十年，法越事起，出顿凭祥，进攻文渊，陷重围，弹伤手断筋，亲军五百止存二十七骑，卒溃围出。朝廷宥其败，且嘉劳之。复谅山、长庆，予世职，除广东南韶连镇总兵。十三年，入觐，上视伤痕，为恻然。寻解任。中日失和，领三千人北上，守山海关。拳乱作，复率师入卫，驻山西固关。二十七年，调浙江衢州镇。设讲武堂，以新法训练其众，并修复柘水故道，民德之。三十二年，创发，卒，恤如制。

论曰：初讨陕西，福祥以降军效力，名震西域，何其悍也！运昌统卓胜军，万鹏领旌善营，与虎恩、锡桢、友升转战宁、肃，皆以骁勇名，各著奇绩，其勇略亦有可传焉。其后福祥终以骄妄败，助乱启衅，竟免显戮，岂非幸欤？

卷四百五十六　列传二百四十三

马如龙　和耀曾　杨玉科李惟述
蔡标段瑞梅　**夏毓秀　何秀林**
杨国发　张保和

马如龙，云南建水人，本名现，回中世族。以勇闻。咸丰间，滇回俶扰，如龙以武生起澂江，自立为伪帅。时杜文秀僭号大理，如龙遣使与通，授以伪职，不受，始有郤。遂据有新兴、昆阳、晋宁、呈贡、嵩明、罗次、易门、富民，入寇省城，势骎盛。同治元年，巡抚徐之铭复主抚议，提督林自清临阵宣播朝威，招之归款，如龙自称三世效忠，愿反正。岑毓英单骑往谕，如龙益心折，与盟南门外，悉反侵地。朝旨破格授如龙总兵，杨振鹏等分署六营武职。

是时，临安独挠抚局，如龙怒，率师鼓行而南，战失利，署临元参将梁士美夺其旗鼓，如龙被创，仆，左右负以奔。总督潘铎严檄其撤兵，如龙阻于士美军，弗能达。明年，授鹤丽镇。会回弁马荣据省城，铎被害。如龙闻警，即致书士美，约共释私仇，雪公愤，士美许诺，期相见临安城下。如龙贻士美洋枪，士美亦选劲勇助如龙。如龙乃星夜旋军，与毓英共击之，斩马士麟、马有才于阵，荣宵遁，遂代自清署提督。武定陷，如龙遣参将马青云等驰援，守备夏毓秀先登，克之，连复十余城。文秀闻而忌之，致书马德新，痛斥如龙自殊同教。如龙亦遍驰书迤西回民，历数文秀狂悖及德新不谙大义，劝勿为所惑。德新入省，申割地媾和议，如龙力止之，事遂寝。其秋，攻克寻甸，擒马荣，解省伏诛。毓英文曲靖，回惧，愿执马联升以献，乞贷死，如龙驰至军前，力为请命，许之，剖荣尸祭铎。迤东平，诏加提督衔，赐号效勇巴图鲁。

五年，命主迤西军事，图大理。以振鹏攻宾川，副将李惟述攻镇南，昭通镇总兵杨盛宗取道四川攻永北，署腾越镇田仲兴攻蒙化,护普洱镇李锦文攻威远,并受如龙节度。六年,如龙军次禄丰,适大理回入前场关,遣总兵哈国安、副将杨先芝大破之。振鹏性阴鸷,不甘为如龙下,至是闻劳崇光卒,叛志遂决;而国安、先芝亦怀二心,日与寇使往还,军心乃解体。无何,楚雄、大姚相继告警。时如龙驻定远,军数夜惊。群目或拥兵观望,或临阵先奔,或竟为寇充向导。如龙知势已去,乃称疾还省,自是文秀遂轻视如龙矣。

七年,大举犯省城,如龙以回练不足恃,乃专倚汉兵守城,斥私财三万金、米三千石济军。晨夜登陴守,击寇梁家河,破之,寇稍却。初,振鹏之叛也,约国安等为内应,至是国安谋刺如龙,事觉,诱诛之。先芝等颇自危,会如龙出大西门击寇,战方酣,先芝等遂倒戈回刃,如龙几不免,亟驰入益兵御守。于是马世德、马文照、马葵等相率叛归文秀,逼南城,据江右馆,人心大震。适惟述、马忠援师至,劝其与毓英协力,如龙然之,踵军门上谒。毓英推诚慰劳,勖以报国,如龙益用命。俄而文秀遣悍党数万出宾川,如龙分部兵二千御之。武定附省,回久闭门不战,突出夺大虹山二垒,如龙亲击之,拔其一。毓英攻澂江,马自新率众往援,未至,如龙诇知之,遣马兴勤驰入蕢兮,计斩自新,外援顿绝。澂江既下,又分兵攻城外贺家村、小鱼村、下普坪,并克之。

八年,与毓英攻江右馆,寇轰拒,洞穿如龙甲,卒大破之。先后连克武定、罗次,更勇号法什尚阿。已而澂江再陷,城外寇势复炽。毓英攻城南巨垒,如龙方卧病,闻枪炮声,力疾赴前敌,攻克五花寺、羊神庙,乘胜逼江右馆,如龙先登,弹中腹,踣地,舁之归。毓英上闻,赐内府丹药,予实授。复与毓英分军攻安宁各隘,扼寇归路。群回益蹙,其酋段成功、蔡廷栋先献款。如龙扶病出城,与毓英严兵以待,成功等率五千人伏地请罪,南关告宁,遣兵攻克西坝。时毓英克江右馆,俘虏多,如龙躬诣寇营,勒回自相斩献,省城围始解。余匪并入土墙。师攻昆阳亟,回酋赴省乞抚。振鹏畏诛,犹崛负。如龙渡澂池至,遣将执悍目马似良,阴散其枝党。声某日还,振鹏出送,捕治之,昆阳平。毓英攻土墙,如龙率师来会,纵火攻之,省城外遂无遗寇。

九年,如龙出督新兴军,田仲兴战死,如龙亦被创,断东沟困之,拔其城,遂统全军赴河西击东沟。沟分大小二寨,哈国治、马成林分居之,并背山面田,势险奥。逾岁,先攻小东沟,尽选河西壮勇助击。回惧,缚国治乞降,受而诛之。进取大东沟,如龙陷阵,为枪所中,创甚,越三月小差。直抵龙门村,奋击破之。全滇底定,赏黄马褂。十三年,调湖南。光绪四年,创发,乞归。

如龙性豪纵,管云南提篆日,惟娱声色。巡抚贾洪诏弹之,置勿问。既闲废,徙居四川重庆,益不自检。每宴客,招妓侑酒,琵琶声中辄慷慨道少年时事云。十七年,卒,恤如制。

和耀曾,云南丽江人。父鉴,大理城守营都司。咸丰二年,太和回谋乱,往觇之,被杀。诏赠云骑尉世职,耀曾袭,矢复仇,毁家募士。与宾川廪生董文兰会师洱河,两克大理及邓川、上关,以义勇著,远近争归附。杨玉科、张润并隶麾下,后皆为名将。总督吴振棫荐其才,署中营守备。

十年,权维西协左营都司。明年,大理回来犯,败之于桥头。已而禄丰、昆阳陷,复率把总高联甲战石鼓,大破之。乘胜攻克丽江,留土弁王天爵驻守,而自引兵规鹤庆。寇乘隙再陷丽江,耀曾军失利,退守石鼓。同治元年,再克之,迁参将。徙顿曲靖,夷卡郎寇巢,略昭通,战公鸡山、龙洞,师弗胜。与护昭通镇杨盛宗往援,斩其酋所朝升,迁副将,徙守富平。八年,城陷,褫职逮问。寻以克楚雄、禄丰,贷勿治,留军自赎。十年,克澂江,复官。明年,攻迤西,连破蒙化、赵州、上下关,于是大理藩篱尽失。是冬,穴地道轰其城,拔之。又明年,取大小围埂,积勋晋记名总兵,赐号达春巴图鲁。自是与玉科定锡腊,下顺宁,破云州,擢提督。进克小猛统,大吏以叛产予其残废部伍,固辞弗获,乃斥家财遣之归,而以其地佐书院餐钱及宾兴费,并选开敏子弟集廥宇,延师课读。又与李惟述克腾越。全滇平,赏黄马褂,檄署永昌协。

永昌自遭丧乱,比户凋残。耀曾至,抚流亡,除苛扰,革奸暴,教之治生,民渐复业。时乌索贼柳映苍复叛,奉檄与总兵徐联魁等会击。十三年,克之,以次削平土司诸地。光绪二年,参将苏开先诱练军哗变,据腾越。王道士与合,顺、云豪奸悍卒乘机窃发,永昌练目李朝应之,掠施甸,迤西大扰。岑毓英以耀曾谙究边情,奏署腾越总兵。耀曾为固本计,先赴永昌,调团守隘,率师追讨,击溃李朝,余党悉平。总督刘长佑谓其不即至,劾之,镌二级;论克顺、云功,免议,权汉中镇总兵。

六年,诏各省督抚举将才,毓英以耀曾应,擢授镇远镇。居镇十六年,节虚縻,赡储积,为置营田,建兵房,制器械,军政大治。复以其余设义塾,平道路,劝农桑,士议谓有儒将风。二十三年,卒。民感其德,请附祀毓英祠,丽江亦建祠致祭焉。

杨玉科,字云阶,寄籍丽江。其先居湖南善化,既贵,还本籍。同治初,从和耀曾讨回。岑毓英征曲靖,识拔之,命领百人为前锋,积功至守备。四年,署он西协。李祖裕叛,杀把总陈聪。毓英虑生变,檄玉科代之。玉科至,刺杀祖裕,宣谕部众,皆伏服,遂克丽江、鹤庆,骎是显名。

俄而杜文秀来援,拥众可二十万。玉科所部止数千人,屡战弗胜。二城复陷,玉科溃围出走永北。六年,从克镇雄,长驱猪供箐、海马姑,与有功,叙游击。七年,西寇环逼省城,玉科绕四川会理,间道袭元谋、马街,规武禄,抄其后,克之,进平罗次。八年,平柯渡、可郎,迁副将,赐号励勇巴图鲁。乘胜规嵩明,下寻甸。毓英奏令主三姚军事,连复大姚、浪邓,省城围解,擢总兵。明年,破姚州土城,被巨创。益开地道三十余穴,雷发,北城陷,遂拔,擒伪将马金保、蓝平贵。三姚平,擢提督,易勇号瑚松额。无何,州西警,复令主大理、丽江军事,发全师速援宾、邓,遂败寇云南驿。其冬,克长邑村,进规炼铁,擒伪都督杨占鹏。于是大理北路走,权开化镇总兵。

十年春,克宾川。初,永昌之陷也,玉科为伪将马双元所得,见其人可用,劝归命,与订交,嘱异时得志相援手,纵之归。至是约为内应,克之,署提督。攻大理小关,邑寇诈降,设座礼拜寺,约玉科往。比入,心动,命移座;动如故,命再移,有间,地雷发,得不死。玉科怒,手刃四人,双元锐身护之出,竟复其地。

逾岁,连下漾濞、赵州,进规大理。其地东临洱海,西倚苍山,自文秀窃据,内筑土垣,包伪禁城其中。玉科掘隧以攻,轰溃东南城,诸军蹈隙入。寇死拒,复窖地雷破之。顿莲花池,益师五千环攻城。文秀开壁出荡,亲击之。败退,饮毒不即死,其党蔡廷栋舁以献,气息仅属,割其首解送省城。毓英至,廷栋佯乞款,阴埋地雷于行馆,迎玉科。玉科诺之,潜至伪府,据炮楼大呼,兵士争血战。毓英隐卒城外,度玉科已达,乘夜梯登。两军既合,巷战竟日,寇披却,越数日,夺门走。克伪都,获文秀家属及廷栋等百三十人。捷入,赏黄马褂,予骑都尉世职。十二年,克锡腊、顺宁,移师协取云州,再予一骑都尉。全滇告宁,改一等轻车都尉。明年,入觐,垂询滇池战状,视伤痕恻然。光绪改元,还署任,赐头品服,晋锡二等男。

是时,滇边野夷杀英官马嘉理,英公使诉于朝,朝旨趣捕她。玉科搜获而通凹、腊都等十五人,鑱送省城伏诛。谳定,会邓川罗洪昌谋乱,袭州城,遂移师马甲邑,克东山,擒渠率。二年,移广西右江镇。创发,乞解职,疏甫上,适苏开先陷腾越,势岌岌。玉科力疾视师,不百日悉平之,被赏赉。三年,徙广东高州镇。六年,署陆路提督,坐其侄汝楫仇杀知府孔昭黺,镌三级。寻复。

十年,法越事起,率师出关,扼观音桥,法军至,设三伏败之。闻谷松警,亟往援,而敌已乘虚入,数战皆利。明年,法以重兵入关,教民应于内。玉科曰:"吾百战余生,今得死所矣!"开关搦战,中炮亡,诸军皆溃,至无人收其尸。李秉衡莅关,乃归其丧,妻牛氏殉焉。追赠太子少保,谥武愍,予大理、镇南关建祠。毓英所部多骁将,玉科外,首推李惟述。

惟述起锦江绅团,尝与和耀曾施方略,谋所以缀寇,故省城获保无事。逮马荣败,回众走城外,犹留顿弗去,毓英患之,召惟述计诛其悍将。悍将故昵惟述,一日,天向明,惟述率千人入其壁,悍将方沐,诘所来。惟述曰:"奉上官檄讨野夷,不识路径,故来问。"悍将指画以示,惟述从其背击杀之,大呼曰:"为兵者出前门,从逆者出后门!"回众惊散,省城遂无寇踪。累勋至都司,补鹤丽镇游击。克楚雄,迁参将,署维西协。与经历钟念祖分攻广通、南安,下之,补顺云协,署开化镇总兵,仍留驻其地。无何,寇涌至,城再陷。惟述虑残民,佯议和,卒以计脱归,坐免。

是时,省城复震,马如龙专倚汉兵守城。惟述分领其众,内诘奸宄,外御强敌,省城复安。论功,复故官。从毓英攻杨林,寇败溃,然犹坚守小偏桥、十里铺,冀断我

粮馈。惟述乘胜克一撮缨、萧家山,又与岑毓宝攻克石虎冈,运道始达。进军罗次,复楚雄,军势大振。已而州西又告急。毓英谓西军弛律,咎在诸将不和,乃以大理、丽江军事属玉科,而属惟述以云、蒙、赵。惟述遂攻克镇南,镇南为大理屏蔽,寇以全力死守,至是拔之,寇益蹙。上念其苦战,赐珍物。

迤西用兵,频岁饥馑。先是,惟述遣军攻云南,久弗克,弥渡亦旋得旋失。嗣与玉科谋,乃檄诸军毋浪战,期秋获整军。届期果大破云南驿,分兵略弥渡,并克之。又与玉科会军蒙、赵。杜文秀者,故永昌累,初匿大小围埂。其据大理也,围埂回实助之。玉科图取大理,惟述亦统兵克大围埂,而小围埂犹据壁自保。逾岁,轰克之,檄署腾越镇,收其地。进攻乌索,未下,遭忧归,不复出。久之,卒于家。

初,玉科尝杀仇,持其首谒毓英,意诘责即为变。毓英笑勿问,且善抚之。惟述性戆直,业骡马,初不知希荣贵。及奉上赏白玉搬指,适与指合,乃慨叹天子圣神,益效忠无贰志。所设市肆,悉以"巴图鲁"号名之,其荣幸朝命如此。平滇,杨、李功为多,而玉科用兵,则尤神于出没云。

蔡标,字锦堂,贵州威宁人。家贫,落魄无以自资,入滇,设汤饼肆宜良。以胆略称。久之,充练目。从岑毓英军克宜良、路南,补把总。同治二年,马荣据省城,毓英坚守藩署,誓与城存亡。标领死士数十人潜至,叩门入,毓英惊喜。标问:"有军械否?"曰:"有。"标曰:"寡不敌众,奈何?当为公募兵!"遂往宜良、路南鸠集旧部,得千人,毓英赖以成军。藩署获全,标之力也。及马如龙至,标率众力战,荣败走。从征迤东西,连下十余城,进规曲靖。寇袭潘文元营,标率三百人顿陶家屯扼后路。张保和蹙寇至海坝,标分兵要之,寇溃入城。克曲靖,迁守备,赏花翎。

五年,毓英西征,标引兵从。时镇雄降寇复叛,漆维新据碛子山,李开甲据矿碛山。毓英策先攻角奎,令标为前驱。抵雄块,寇出拒,大破之,连拔二山,斩二逆。明年,从攻猪供箐,与诸将直捣中坚,下之。移师海马姑,夺红岩、尖山,乘胜薄其栅。标贾勇先登,诸军鼓噪继进,擒渠率。凯旋,擢游击。七年,署镇雄营参将。会杜文秀逼省垣,标出宜良、汤池,略七甸。未几,武定、禄劝连告警,复与杨国发攻富民,缀寇势。寇攻杨林亟,标往援,连破小街、白龙桥巨垒。垒甫得,旋复失,势益炽。标入自长坡,寇殊死战,不可败。翼日,自石子河逾文笔山而下,佯北,诱寇入,攻克东山寺,尽夷杨林寇垒。八年春,援师宗,攻破洛红甸、豆温乡,拔其城。于是嵩明、富民相继收复,省城始安。

明年,威宁陈大杆据红崖,杨绍贵等据香炉山,四出剽夺。标越境助击,诱执陈酋,鑱送州城;吴奇忠亦破香炉山。事宁,擢标总兵。十一年,诸军环攻大理伪城,标略其南,力战一昼夜,克之。南门寇欲窜下关,标复自城追出截击之,无幸免者,晋提督。十二年,移攻云州,

抵猛朗，望见寇壁坚致，标曰："此宜先绝外援也！"乃遣陆纯纲等扼邦盖、丙弄，而自率师克猛朗，歼其酋丁雁甲。论功，赏黄马褂，檄署鹤丽镇总兵。全师抵城下，标攻北门，段瑞梅等自东南梯而下，轰击之，尽殪。又先后平永北、宾川妖匪，腾越、乌索降匪，开化、大窝子窜匪，更勇号额尔克。光绪二年，入觐，道贵州，毓英檄统威宁练军，扼守要隘。已，复平梵净山余匪、桐梓会匪、湖南董倒寨回匪。

七年，毓英移抚福建，标率滇军渡台，诏补云南开化镇，仍驻台北。逾岁，赴本官。十年，法越事起，标募旧部出关，宣光、临洮数战皆利。其守富良江，遍掘地营，法炮不能中，岑军驻河内者遂不为所窥。著有《地营图说》，甚明晰。十三年，署云南提督。毓英檄治倮黑山军事，标率师前进，并力合攻，夷缘江百数十垒，诛其魁张春发，拓地千五百里。二十年，录平永北夷匪、广南游匪功，赏双眼花翎、头品服。越六年，再入觐。会两宫西幸，即赴行在，随扈入陕。抵西安，廷旨命招旧部。寻坐约束不严视职，诏念前功，予留任。明年，还滇，以所部罢弱，解遣之，释处分。三十一年，徙广东琼州镇。次年，卒。附祀毓英祠，予威宁建祠。

瑞梅，字春堂，籍剑川。有勇略，年十六从军，隶毓英麾下，战常陷坚。攻猪供箐、柯渡、大理，并冒险进。历龙陵营参将，维西、永昌协副将。同治十三年，入觐，赏黄马褂，予云骑尉世职，擢记名提督。寻署腾越镇总兵。光绪间，以边兵乱，城陷，随复之。后卒于官。

夏毓秀，字琅溪，云南昆明人。少以义勇著。滇回乱，以堡长从军，充选锋。昆明被围久，粮馈阻绝，道蓬相望。毓秀率团勇助击，运道始通，补千总。师克路南、禄丰，积勋至守备。

同治二年，岑毓英引兵西，遣毓秀略富民，擒其酋马富，富，马荣弟也。乘胜克嵩明、陆凉、武定，署参将。毓英虑元谋回挠后路，使毓秀要之。攻克附城巨垒，逼攻县城，截其粮路，寇患饥乏，弃城走，进复马街。三年，回酋李芳园陷白井，击却之。规曲靖，师屡失利。毓秀至，寇狃数胜，易视之，且登城作谩语。毓秀愤甚，率死士先登，疾击之，寇大溃，合兵下沾益、马龙。明年，补提标右营游击，统领四十八堡民兵。七年，西寇陷禄丰，毓秀败绩，退安宁，分兵扼腰站、禄脿。逾岁，寇涌至，再败，毓秀退入省城，坐免官。已而寇大举分道入，马如龙出大西门御之，参将杨先芝等倒戈相向，毓秀被重创。又明年，攻杨林，击破十里铺，复官。毓英规安宁，毓秀自笼郎绕出碧鸡关下，潜师袭大小普坪，克之。进取独树铺，会岑毓宝复其城。九年，论克广通、南安功，迁副将。

十年，攻东沟，寇出拒，败之，师深入，毓秀陷重围，径路危险，弃马步战，身受十数刃。如龙驰救，异归壁，晕眩死，有间苏，将校环泣，毓秀慨然曰："丈夫以身许国，马革裹尸，固大快事！奚悲为？"闻者莫不感奋。创小差，整军复进，卒夷寇垒，擢总兵，赐号利勇巴图鲁。移攻云州，寇筑碉环城誓死守，师久攻不下。毓秀先分兵夺碉，孤城危棘，寇无固志，遂拔之，以次复腾越及大小猛统。十三年，入觐，上垂视伤痕，慰劳备至，益感激愿用命。会创发，乞归。

光绪二年，赴四川，统领省标十营。七年，松潘番蠢动，数扰边，命署总兵治之。既至，擒首恶，抚良懦，番民以安。其地固荒服，设学额百余年，多为他邑人所占，讴诵益寂寥。毓秀方夷大难，即选聪颖子弟入署读书，斥私财建书院，广延名宿，崇化励贤，至是始闻弦歌声。九年，实授。莅镇十载，培堤岸，浚沟洫，储仓廪，士民德之，至建生祠以祀。

二十年，朝鲜乱起，日军侵奉天。毓秀自请赴前敌，比入京而和议成。会鹿传霖出督四川，奏毓秀自随，于是再莅松潘镇任。初，甘肃循化番族拉布浪寺凤强悍，数越界侵掠。毓秀初莅镇，遣兵防守，安抚余众，而拉部擅命如故。既复任，遂率将士出关，克碉十余，擒渠率，斩以徇诸夷。诸夷皆伏服，莫敢惕息。蜀边宁静，擢提督。巴塘西三岩野番数入边，商旅苦之，号称"夹坝"。毓秀率众入其部落，招诱首领，宣播朝威，动以祸福利害，诸番皆束首归命，晋头品秩。

二十六年，授贵州提督。会拳乱作，亟统兵入卫。抵蒲州，车驾西幸，命率师驻韩侯岭，许专摺奏事。明年，调湖北，命分所部留守太原。毓秀以三子瑞符领六营诣防，而自率全军随扈北上。寻移广西。逾岁，行次广东，总督陶模奏署陆路提督。九月，还湖北。宣统二年，创发，卒于官，谥勇恪。

毓秀性忠朴，不治家人生产。治军数十年，布衣蔬食，见者不知其为专阃云。

何秀林，云南宜良人。少从岑毓英军，攻罗川，袭定远，略曲靖，每战必克，累功至守备。讨猪供箐，寇悉锐出，围攻姜飞龙前营，毓英往援，令秀林策应，于是夹击，大破虏，复进捣中坚，擒其酋陶新春，合师剿克海马姑，迁游击。同治七年，西寇围省城，从毓英自宜良七甸破大小石垅、麻苴、新村，进取大树营。运道达，移师呈贡，败晋宁、昆阳援贼，拔其城，迁副将，赐号效勇巴图鲁。

攻澂江，迭克要隘，直薄城下，城寇遁，毓英攻西北二门，秀林助之。张元林败入城，官军梯而登，马忠入西门，秀林入东门，元林惧，仰药死。澂江平，与李廷标协守杨林。八年，寇犯邑市旧县，防军告亟，秀林赴之，连破马家冲、前街、邑市。会廷标亦往援马龙，两军以无主将失和，寇蹈瑕入杨林。秀林闻警驰还，励众坚守，而都司杨桐等先溃，秀林陷重围。李惟述援军弗能至，秀林力尽，溃围出，被巨创，退保宜良、北屯。杨林陷，坐免。秀林营员何裔韩伤重几死，犹携文卷以行，与秀林收集溃兵，赴省助战；大板桥之役，与有力焉。

其秋，攻易门，与署知县周廷献克西门、大小龙口及黄泥堆，断樵汲，分兵佯攻西北，诱寇出，而遣将潜袭西南。秀林督军冲入，寇惶恐，伪乞抚，秀林弗许，卒大破之，复故官。无何，粤寇陷禄丰，秀林约练目丁同义反正。同义倒戈以应，秀林分军夺门入，擒渠率，城遂复，晋总兵。九年,师攻澂江,秀林破城外五山巨垒,寇掘地为营,师久无功。秀林诈退,隐卒诱之,回酋马敏功等堕其计,并殒于阵,馆驿遂无遗寇,进克㯊汾,擢提督。明年,补普洱镇总兵。

光绪十年,法越事起,从毓英出关,统三千六百人驻兴化。法军退宣光,勒兵而进,丁槐军西南,秀林军东南,攻大寺、大寨,破之。城内法军开壁出荡,秀林所部中弹数十人,战益力。法军驰入壁,城外垒栅林立,炮台棋布。秀林数攻城,为所绁,乃开地道轰溃之,于是攻城无所阻,遂逼城而军。十一年,法军数万来援,刘永福军溃。秀林遣马维骐往救,坚守地营,敌不得逼。已而维骐亦被困,秀林至,法军乃解去。周视各营,伤亡既众,不获已,退顿城下。策敌必猛攻,豫窖地雷以待。敌果至,雷发,法军死伤枕藉。秀林乃从容集残军,退保同安,图再举。和议成,罢戍,移临元镇。十六年,卒。

杨国发,云南建水人。讨云南、贵州匪,以战功数迁至守备。咸丰十年冬,署提督申有谋攻富民,国发长左翼,诸生张执中导之出麦厂间道,克黄土坡、永安庄。入城,围攻之,寇弃城走,迁都司,赐号果勇巴图鲁。明年,进剿禄丰及广通各井,皆下之。

同治二年,从岑毓英西征,连下十余城,直趋楚雄。国发先克古山寺、双桥巨垒,飞炬焚之,夺东门入,城克。会大姚告警,国发领兵赴救,破援贼桃花村。合城围,知县朱士逵举火应,约期启关,大姚平。移攻镇南,以寇援大至,檄还省。三年,权元新营参将,与诸军拔曲靖,并复沾益、马龙,再迁至副将。四年,广西州土寇啸乱,杀游击陈萃、知县李瑞枝,国发率师讨之,斩其酋张显,境赖以安。越三年,西寇围楚雄亟,国发从间道入,与守将李惟述日夜鏖战,经月余,攻不克,粮尽援绝,城陷。国发冒围出,仍绕道还省。

七年,寇分路大举,一自富民据城西北,一自安宁据城西南。毓英入援,道国发扼杨林。俄而李芳园等悉众来犯,势张甚。国发告亟,毓英使蔡标赴之,与国发破小街、白龙桥。旋为寇所乘,地复失,乘势逼城下,缚草束薪,累积如堵墙,列枪炮其上,俯击城中,谓之"柴码兵",将士损折过半。国发不获已,再告亟,请援师,毓英自将兵破之,檄国发署普洱镇总兵,顿师桃园,接应诸路。

八年,寻甸回围马龙,国发至,会诸军战却之。夜将半,进掩贼营,乘风纵火,熛烟张天,尽焚其垒,围解。转斗逐北,连破十里铺、小偏桥、长坡六十余里,迁总兵,规弥勒竹园村,马世德构开、广回来援,国发破之赵林寨。十年,攻云南县,与惟述会军普溯,分道入,国发迭克要害。寇窜观音寺,国发麾兵击之,又毁七碉,直薄城下,与惟述军合。十一年,轰裂城垣三十余丈,相继而登,巷战一昼夜,拔之,留所部守其地。秋,徙镇下关,进围榆城,先后克大小围埂,擢提督,赏黄马褂,更勇号绰勒欢。

十三年,再权普洱镇。光绪七年,毓英抚福建,国发率师驻台北。明年,还云南。十年,从毓英援越南宣光、临洮,每战皆克,予优叙。二十六年,卒,附祀毓英祠,予本籍建祠。

张保和,云南师宗人。初从岑毓英讨回寇,积功至守备。同治六年,越境讨猪供箐,屡获胜。寇窜海马姑,复与蔡标等合击之。攻大寨,悍酋张项七死拒,保和执矛以刺,堕马,枭其首,寇气慑,诸军乘之,大捷,迁游击。明年,西寇围省城,毓英入自曲靖,遣保和为前锋,攻克石虎冈,驰救邵甸,破之。移师杨林,迭克要害,皆挥矛冲阵,所向辄靡。寇见保和旗帜即反奔,无敢与抗者。数负重伤,裹创力战,气不少沮。先后攻克呈贡、晋宁、富民、嵩明,大小百余战,未尝一挫。省围解,迁副将,赐号扬勇巴图鲁,署楚雄协。

规昆阳,遣都司陈贵等自津径取河西乡,而自率师攻仁和街,越墙而入,手刃悍寇数人,一鼓克之,河西亦平,于是城围合。保和揆形势,谓宜先克海口,因勒兵以进,村民争迎附,二十余寨皆下,遂复州城,署开化镇总兵。九年春,攻弥勒竹园,马世德赴救,保和迎之,身先陷阵,弹贯鼻及眼,血盈面,士卒愤懑,卒大破之。连克上下坝、竹园平。赴本官,更勇号曰刚安。进取茂克,战数捷,阿迷、大庄望风慑悼。夺后山,增筑炮台,俯瞰其寨,日夜轰击之,汲路绝。寇骇乞降,保和许之,收器械,捕恶党,徙降回大庄。十一年,以次复田心、日者乡。时赵发攻㯊汾未下,保和自开化驰剿。直抵马街,破上下两寨,徙降回新兴,擢提督。十二年,论克腾越功,赏黄马褂,授鹤丽镇总兵。

十三年,开化大窝子土夷复叛,毓英收抚之,檄保和再莅开化镇任,发兵二千,责千总李瑶等戍其地。瑶等纵兵凌虐,于是土夷大愤。逾岁,光绪改元,回酋马河图嗾与汉民閧,保和欲树功,与署知府姚嘉骥佥张其事,请调兵数千,发饷巨万,克期大举。毓英廉得实,斥之。保和怒,乃罢戍,以失守闻。毓英遣何秀林进击,保和诇将至,宵入燔数寨,称克复。毓英乃罢保和。明年,调湖南永州镇。三年,卒。

保和在滇将中以智勇著,功亦盛。其卒也,年未四十,时人惜之。

论曰:滇回初起,势颇盛,自如龙反正,其气始衰。然非有以善驭之,剿抚兼施,滇事亦未易定也。耀曾善于结士,玉科神于用兵,标等皆善攻坚;而毓秀忠朴,兵后能崇儒兴学,尤称知本,民建生祠以祀之,宜哉!

卷四百五十七　列传二百四十四

蒋东才 刘廷　李承先　李南华 兄子得胜
董履高 董全胜　牛师韩　曹德庆
马复震　程文炳　方耀 郑绍忠　邓安邦

蒋东才，字轶众，安徽亳州人。咸丰初，捻酋张洛行围城，筑炮台高阜，俯击城中，东才兄遇害，愤甚，乃创义团，为官军前驱。会城中粮尽，东才杀马飨士，与同邑刘廷、李承先夜缒城出袭，毁之，寇遁。

四年，投豫军，英翰器其才，俾充哨长。战亳北，被巨创，卒擒其渠。南道团练大臣毛昶熙檄领东震营，累劢至守备。商丘寇之据金楼也，东才筑土为山顿其上。寇来袭，辄败去，纵兵乘之，遇伏，炮石雨坌。东才方解衣激战，寇突出袭我后，东才回矛决荡，大歼其众，寨拔。同治二年，规汝宁。夜获逻卒，东才乃服寇装，效口号，夺门入，诸军蹑之，夷巨垒。乘势下南阳、息县，又败之商丘大周集。数迁至副将。七年，张总愚北犯，东才攻以火，殪寇千余。又截击任柱等黄河、徒骇间，晋总兵，赐号威勇巴图鲁，徙守运河。捻平，擢提督。明年，赴陕征甘肃窜匪，并败退波罗营以西马贼，更勇号额腾额。十二年，从克肃州，赏黄马褂。事宁，假归。

光绪初，统领豫军。先后疏浚贾鲁河、京师内外城河。除甘肃凉州镇总兵，仍留豫。十三年，黄水暴涨，力护郑州以下堤工，救难民二千余。风雨罢劳，遘疾困笃，俄卒于工次。优诏赐恤，予开封、亳州建祠。

廷既解亳围，旋夺西境两河口，补千总，从宋庆驻守宋集。同治间，从攻怀远，平高丘，积功至参将。任柱等掘荥泽将图北，又从庆迎击。夜率壮士袭其营，寇南走，廷截之光州，诛其酋张显。复破张总愚于饶阳、临邑，擢总兵。西捻平，晋提督，赐号额腾依巴图鲁。八年，入陕平绥德，赐秩头品。宁夏既宁，赏黄马褂。光绪四年，卒于洛阳，祀亳州。

承先，字光前。少英敏，好读明戚继光书。亳平，赴归德击高州匪，拔汝宁寨，与有功。同治间，攻张冈，匪首孙葵心来援，围承先数匝，冒围出，裹创力战，败之，迁都司。进破光州围，连败之上蔡、祥符。守黄河，降中牟寇冯增，再迁副将。张总愚窜畿南，又从庆败之饶阳，赐号节勇巴图鲁。长驱玉林镇，战良久，中矛，浴血陷阵，大捷。逐北济阳，直蹙之黄河，晋号志勇，擢总兵。录守运河功，晋提督。

光绪十四年，河工成，遣散夫役近数万，为奸民所惑，啸聚朱仙镇。提督董明礼被围，巡抚倪文蔚议剿，承先止之曰：「用兵必有溃扰，归、陈各属不能安枕矣！且河工夫役数十万，设有牵动，患更大。」乃单骑往抚，杖其前者数人，余皆愕错，受部勒。十七年，署河北镇总兵，自

同治八年至是凡三摄矣。寻补归德镇。四月，卒。亳民感之，建祠以祀。

李南华，字孟庄，安徽蒙城人。咸丰初，粤寇陷江宁，淮北捻蜂起。南华治团卫乡里，击捻数获胜，累劢至守备。捻入境，率死士百人拒之，斩悍贼百余，进讨群捻，七战皆捷，迁游击，赐号猛勇巴图鲁。

同治改元，平浍北。先是，苗练沛霖跨有长淮，既输款发、捻，大诛练之异己者，群练帖伏。独南华与抗，剪除其党，沛霖怒，遣张建猷等围蒙。南华破之马家店，再至再败之，寻就抚。明年，复叛，筑垒蒙城东南，断我粮运，南华会总兵王才秀击却之。沛霖深堑长濠，谋久困。南华誓死守，数出战，负重创，力疾攻之，尸山积。会粮绝，令众潜取之以为食，一夕皆尽，寇大骇。出奇兵夜袭之，夺其辎重以归，斩馘不可称计。僧格林沁入城，见家食人肉，南华竟体创痕，深叹异之。唐训方上其功，超擢总兵。未几，统全军驻守怀远。三年，徙临淮、寿州。闻任柱入蒙境，亟还军，而捻又窜豫，巡抚乔松年移抚陕，奏自随。张总愚扰关中，率师驰击之。陕事定，称疾去。

久家居，慷慨好义，值岁饥啸，毁家纾难，诵声如沸焉。光绪二十四年，土寇牛世修倡乱涡阳。南华闻警，率练勇赴援，会各军击退之。明年，巡抚邓华熙疏荐其才，令综凤、颍、六、泗团练，参皖北军事。数获剧盗，崔蒲敛迹。调赴豫，权河北镇总兵，寻补福建汀州镇。二十八年，卒。乡人思其德，吁建蒙城专祠，报可。

其兄子得胜，佐治乡团，亦颇力。沛霖之乱，战常陷坚。累迁参将，赐号奋勇巴图鲁。蒙围解，改练为军，俾得胜领之。转战直、鲁、苏、豫，频有功。克宿迁、郯城，擢总兵，补安庆协副将。直、东平，晋提督，更勇号曰刚安。移军江宁，平土寇胡志瑞乱，仍归于亳。十七年，卒，恤如制，附祀英翰祠。

董履高，字仰之，安徽合肥人。咸丰末，粤寇乱，治练卫乡里。同治元年春，李鸿章治军上海，履高隶戏下，从援北新泾、四江口。师攻常熟弗克，履高率敢死士数百先登，拔之。连克昭文。历迁至守备。二年，从克江阴、无锡、金匮，移师浙江。时寇鹰集嘉善，江、浙道梗。西塘势险奥，寇据为嘉善犄角，殊死斗。履高率众泗济，直薄垒下，炮弹掠肩过，弗少顾，噪而上，手刃数悍贼，夺纛而舞，气百倍，寇惊乱，拔西塘。旋克嘉善，江、浙师始相应。四年，师复宜兴、荆溪、嘉定、溧阳，履高每战必克。追击金坛寇，斩馘数千，余党星散。五年，援湖州，破广德，晋游击。

鸿章征捻，檄履高出淮城，次车桥镇，遇寇，击败之。寇截淮关税银，一日夜驰数百里夺还。时捻酋张总愚窜陕西，任柱、赖文光窜山东，履高东西驰逐，夷阬谷，拔卤莽，当者辄靡。捻集麻城、光山、固始间，编木为城，实土其中，燃炮俯击，众莫敢逼。履高率千人，夜掘隧，曳木入，衷击之，尽殪，擢副将。事宁，假归省亲。九年，

募淮军赴晋防河，以功晋总兵。

光绪三年，蒙古草地马贼蜂起，移师防归化、包头。沙漠平衍，寇骑飙疾，日尝数遇，以寡击众，月余，讨平之。母忧去。五年，起署浔州协副将。郁林大竹根故盗薮，官军莫能制。履高至，潜易装诇其地，选劲卒数百，距寇巢十里外而军，佯示怯，寇易之，不戒备。忽大风雨，履高锐师宵加之，击杀数百人，寇奔遁。

九年，法越肇衅，移顿南宁、龙州备策应。明年，再署浔州协。思恩革生莫梦弼构苗匪，广、黔各匪，据五岗以叛。五月，深入苗疆，擒梦弼诛之，事遂定。擢提督，赐号奇车伯巴图鲁。调署新太协，仍驻龙州。十月，徙屯枚，与法军血战数昼夜，左足中炮几断，当轴遽易之，谅山遂陷。年余，创平，除庆远协。寻谢病归。十五年，补广西左江镇总兵，严军纪，能捕剧盗，乡民感之，为立主生祀焉。

二十五年，调直隶正定。时拳民始萌蘖，月朔望说法愚民。履高督兵擒其渠，绳以法，余皆股栗，匪卒不敢入境。明年，畿辅大乱，独正定晏然。历江苏淮扬镇、贵州安义镇，袁世凯疏留北洋练军。三十一年，除寿春镇。淮流盛涨，城不没者数尺。履高晨夜徼循，修补救护，城得无虞。三十二年冬，巡视泗州防营，坠马，旧创发，假归。越二年，卒。诏优恤，予建祠。

董全胜，字凯臣，江苏铜山人。同治初，以把总隶李鸿章军，充马队官。攻无锡，全胜率敢死士为军先，擒伪潮王黄子隆，城遂克。复金匮、宜兴、荆溪、溧阳、常州、嘉兴，皆有功，累擢守备。移剿捻，贼扰福山、宁海诸地，全胜分防吴家闸，潜出贼背夹击，毙无算。贼南窜，复败之莒州、沭阳，追抵海州境，贼创亡略尽。赣榆六塘河之战，毙贼尤夥。东捻平，擢游击，赏花翎。张总愚窜畿南，全胜败之安平。贼偷渡滹沱河，全胜追剿伪怀王邱得才一支殆尽。贼趋天津，全胜冒雨急驰，绕截贼前。贼回窜高唐，南走陵县、临邑，适黄、运涨，贼既困于水，又屡受巨创，不能军。西捻肃清，擢升参将。驻津沽管练军营，率所部开浚陈家沟，抵北塘咸河百余里，岁溉稻田无数。

光绪十四年，以塞永定河决口功，升副将。北运河红庙漫口，全胜率军堵塞，诏以总兵记名。二十二年，王文韶督直隶，擢充天津练军翼长，兼带中营炮队。二十五年，卒，年六十，恤如例。

全胜治军四十年，与士卒同甘苦，故临阵咸为效命；又善以寡胜众，身经数百战，未尝一挫败。鸿章恒称之。

牛师韩，安徽涡阳人。父斐然，官知府，在乡治团练。师韩随父击贼，数挫之，称"牛家团练营"。咸丰八年，投皖军，破赵家海、檀城集，收抚各圩。十一年，发、捻各寇窜扰睢宁。师韩以少击众，克周堂，积勋至守备。同治二年，苗沛霖据凤台，与捻首张洛行互犄角，数百里寇寨林立。蒙城被围久，士卒无宿粮，城几溃。英翰方牧宿州，亟赴援，而悍党斜趋西南，将袭我后。适师韩率骑旅至，战却之，又出奇兵通议道。已而英翰以凤颍道统蒙、亳军，与捻相持数月。师韩常以骑兵摧寇锋，援师续至，复

选卒溃围会援军，躏寇垒数十，飞弹伤额，裹创力战，寇党歼焉，围解。

先是，英翰计擒洛行，及其子喜、义子王宛儿，夜献僧格林沁军，先遣师韩单骑诣大营，乞兵迎剿，穿寇垒而过。比寇觉，驰劫之，不及，张酋竟骈诛，时师韩年甫冠也，再迁至游击。嗣从英翰剿发寇，战霍山黑石渡，大败之。未几，陈得才、蓝长春等构党十万，游弋英、霍、潜、太间。师韩请英翰剿抚兼施，不及旬日，降者踵接。得才穷蹙自裁，而长春犹崛负。师韩苦战，婴十余创，屹不动。旋蓝逆伏诛，余众悉平。张总愚合赖文光、任柱窥蒙、亳，围雉河集。师韩闻警，率师直薄寇营，内外夹击，遂解重围，擢参将，赐号信勇巴图鲁。

六年，任柱窜山东，截之于郯城，又击退宿迁、运河悍贼。东捻平，超擢总兵，更勇号曰达春。七年，西捻窜直、豫间，英翰请驰兵汴梁，入卫畿辅，檄师韩率骑旅三千会援。寻命驻黄河以南备守御。师韩日与豫捻鏖战，所向辄捷，长驱山东境，复与诸军截之恩县。捻惊走，蹑至盐山、海丰，驰四昼夜抵高唐。捻涌至，将犯运河。会天大风，师韩趋上风邀击，寇大溃。西捻平，赏黄马褂。英翰疏称其好谋能断，堪胜提镇任。捻酋宋景诗遁诛，复以计擒傈之，晋提督，赐秩头品。

光绪元年，授河南归德镇总兵。十五年，调河北镇，遭父忧去。二十年，日韩构衅，授甘肃宁夏镇，命入卫，驻军榆关。事定，还本官。二十一年，河湟回蠢动，师韩赴之。次西宁，闻平戎驿被围久，亟入。大峡距驿四十里，悍回数千恃险负命。师韩以四百人制之，血战竟日，贼败溃，复大峡，其小峡寇亦遁。旋创发，卒于军。当其赴援时，阴雨弥旬，山径崟巇，行帐无所用，士卒有假居旅舍者。提督董福祥劾之，议夺职，师韩未及知而已疾终。事闻，诏复故官。总督周馥状其绩以上，予原籍建祠。

曹德庆，安徽庐江人。粤寇蹂皖，练团保境。嗣从官军克柘皋、三河，被重创。改隶淮军吴长庆麾下。同治改元，李鸿章督兵上海，檄德庆探贼，尽得其虚实，大破贼新桥。时总兵程学启被围，复从长庆疾击之，围解。自是官军连下十余城。德庆战常陷坚，积勋至守备。水陆军规苏州，德庆一军为游兵。苏城既下，从克无锡、金匮，移师援浙，助击平湖、乍浦、海盐，据寇弃城走。玙城寇来犯，迎击败之，弹贯右臂，裹创克嘉善，攻嘉兴。从刘铭传克常州，徇下宜、荆、溧、太、嘉诸邑，晋参将。再从郭松林援浙，克湖州；援闽，克潭、浦。东捻平，擢总兵。防直、东运河，铭困西捻黄、运间，德庆领所部横击之。西捻平，晋提督，赐号烈勇巴图鲁。师旋，驻守江苏，历扬州，徙浦口。会天旱，天长、盱眙盐枭煽乱，擒其渠陈红庆诛之，解遣胁从数万人，发粟赈饥。驻江阴，建议筑鹅枭嘴及下关炮台。

光绪二年，统淮扬水师，疏浚赤山湖埝，荡金陵诸河道。十年，法越衅起，移军防吴淞，增筑南石塘、狮子林炮台。曾国藩疏荐其设防要隘，不避艰险，授狼山镇总兵，留防如故。皖北饥，输巨金助赈，诏旌之。十六年，罢戍，

赴本官。时通海里下河纵横数百里，枭寇出没，民苦之。德庆尽法惩治，奸宄潜息。二十七年，卒，恤如制，从祀长庆祠。

马复震，字心楷，安徽桐城人。曾祖宗桂、祖瑞辰、父三俊，均见《儒林传》。复震年十六，袭云骑尉。以祖若父均死于贼，誓欲杀寇，投诗曾国藩行营。国藩奇其才，遂檄令增募兵，号淮勇。初，国藩治团练长沙，号湘勇。李鸿章募兵皖北，以淮勇继之，然初不称淮勇。淮勇之名，实自复震始。

国藩困祁门，复震扼祁门榉根岭。次年，会军御寇石门桥。又从攻徽州，拔统领唐义训于重围。迭克黟县、徽郡，又大捷屯溪、岩市，以解徽州围；大捷孔灵，以克绩溪、祁门。复震性刚，不能下人，人或逸之国藩，国藩稍稍戒饬之。复震颇怨望国藩，谓："不当用人言戒我，乃不我知也。"会左宗棠率师征浙，调复震从攻馀杭，比战皆捷。馀杭既克，追寇至遂安、开化、马金。湖州既克，追寇至铅山县坊湖镇。常为诸军选锋，积功至副将。宗棠奏其血性过人，胆识坚定，又好学知书，请改文职，格于例，以总兵随宗棠剿捻陕西。

复震自初入军，即誓死灭贼，捻平，年三十，始归娶。事母孝，友爱诸弟甚至。生有奇姿，肮脏不平，往往至于大醉泣下，辄歌诗以自遣。海疆日益多事，朝廷图自强，创造火轮兵船。鸿章任湖广总督，遂委复震管带操江船，则益研求西国水师兵法。鸿章督直隶，调巡北洋，时国藩为两江总督，仍令往来南北，且合疏荐复震沉毅有为，足胜海疆专阃。光绪三年，简授阳江镇总兵，已前卒月余，年未四十。于是鸿章念其积劳久，且兴淮军及海上兵船，复震皆首其事，乃奏请优恤。著有《莪园诗钞》；又尝从寇中携父残稿出，展转兵间，卒请宗棠序而刊之，为《马征君遗集》。

程文炳，字从周，安徽阜阳人。初结乡团自卫。年十八，投袁甲三军，领马队为选锋，战辄冠其曹，洊升至守备。从克定远，破湖沟寇圩，补潜山营游击。同治二年，率所部二千人驻蒙城。会苗沛霖构捻来犯，相持八阅月，大小百十战，数获胜。已而捻酋葛小年拥众可数万，殊死斗，蒙围益急，与布政使英翰内外夹击，大败之。僧格林沁军至，诛沛霖。文炳会诸军擒小年等骈僇之，皖北始稍靖。

四年夏，任柱、赖文光复入皖。英翰顿雉河集，与寇相持五十余日，饷糈不继，兵疲馑，文炳邀击之，军士战稍却，语所部曰："此生死呼吸之际，汝辈尚不力耶？军令在，不汝恕！"策马陷阵，将弁继之，呼声震天，寇披靡。追战至夜分，左臂中矛伤，裹创力战，寇惮之。援至，因大破房。论功，擢总兵。五年，补贵州清江协副将，驻军皖北。

朝命英翰抚皖。初，文炳以军事与英翰不相能，至是称疾不出。英翰之母贤，诸将自史念祖以下均母事之。英翰以母命召文炳，至则拜床下，誓捐前隙共生死。比出，即檄统前敌师干。是时，捻骑飘忽成流寇，李鸿章既定圈河策，文炳统皖军万五千人，与总兵张得胜等进击。东捻势蹙，任柱死，其党四散，大呼文炳名求降。鸿章逮降卒问故，金曰："昔皖北善后，程公以身家保乡人。今我辈穷而乞怜，必能拯我。"其信义孚人如此。英翰上其功，擢提督。

六年，西捻张总愚北犯，诏文炳率师入直会剿。逾岁，败之潬沱河。各军至，捻狂奔，争先渡河，弃骡马赀粮河干。文炳下令军中曰："速济追贼，敢取物者斩！"于是皖军先渡，蹑贼而南，斩馘无算。西捻平，赏黄马褂，还驻亳。十二年，授江西九江镇总兵。光绪二年，移疾去。明年，秦、晋大饥，捐巨赀佐袁保恒办赈济，民获苏。五年，起署寿春镇，旋补官南赣。九年，擢湖北提督。绿营废弛久，文炳既受事，实行加饷抽练法，军容一振。荏官十载，遭本生继母忧，终丧。会中日战事起，诏趣赴京。至则命统皖军驻守张家湾，寻授福建提督。

二十五年，入觐，假归。明年，拳乱作，诏福建、江南、浙江、安徽、江西勤王军受节度，赴彰、卫、怀备守御。又明年，提督长江水师，目睹船械窳敝，乃牒商刘坤一、张之洞改用快枪；调师船二百，编为游击备策应。又以师船旧炮不能击远，与缘江各省筹易快炮，增饷益师，军威始壮。宣统二年，卒，年七十有七。先是，诏疆闼诸臣条陈时政，文炳洞见新军症结，具疏未上。及病笃，命缮入遗摺中，分编兵籍、节饷糈、增额缺、造器械、变操法五事。上嘉其老成谋国，下所司行。优诏褒恤，予本籍及立功省分建祠，谥壮勤。

方耀，字照轩，广东普宁人。咸丰初，随其父原治乡团，所部多悍勇。嗣投官军，征土匪有功，补把总。自是连克清远、广宁、德庆，截击连州窜匪。总督黄宗汉疏荐谋勇冠军，叙都司，赐号展勇巴图鲁。九年，发寇陈四虎侵广宁，土匪四应。耀入自英德，会水师抵三峡，沉贼船，水路始通。进解阳山围，击退婆径、黄陂各匪，匪奔韶州，复大破之。十年，从克仁化、南雄。总督劳崇光倚以破贼，令援赣，连下安远、平远。十一年，授闽疆，下武平、永定。时伪兴王陈金缸陷信宜，数犯高州。耀还军助击，大败之。

同治二年，肇、罗寇氛炽，客匪众至十余万。耀与副将卓兴以所部八千人夹击之，迭破巨垒，焚其屯粮。其党郑金斩金缸以降，郑金即邓绍忠也。高州平，晋副将。三年，赴平远八尺墟，坐县城失守、进兵迟误，暂褫职。时发寇丁太阳分据武平，耀自平远进逼，奋击退之。又设伏诱敌，乘胜径研贼营，大溃，城贼亦惊走，遂克武平；丁贼犹据永定，负固不下，耀进围之，诇知贼将赴金砂，隐卒以待。贼至，伏起，贼返奔，追袭之，夺城外炮楼土垒，俯瞰城中，日夜下击，贼尸山积，启东门遁，复故官。四年，伪康王汪海洋窜大埔，耀还军扼守，遇伪侍王李世贤，血战三昼夜，以少当众，大败之。复与绍忠会师入闽，连克平和、诏安、长乐、镇平，而余匪啸聚和平者势犹盛。耀以无备，再褫职。旋收嘉应，复官。

七年，授南韶连镇总兵，调署潮州。潮俗故悍，械斗夺敓以为常，甚且负嵎筑寨，拒兵抗粮。耀以为积匪不除，民患不息，乃创为《选举清乡法》，先办陆丰斗案，明正其罪。潮人始知有官法。陈独目结会戕官，谢奉章恃险擅命，并捕治之，潮民遂安堵。暇辄厘占产，征海赋，丈沙田，潮税岁增巨万。又御水患以保农田，建书院以育俊秀，士民颂之。总督瑞麟状其绩以上，赏黄马褂。

光绪三年，调署陆路提督。五年，还本官，治潮州、南澳、碣石军事。九年，法越构兵，充海防全军翼长，改署水师提督。越二年，实授。尝率师出搗盗穴，广、惠安谧。十七年，卒，恤如制。

耀身矫捷，履山险若平地，眼有异光，暮夜击枪靡弗中，以故粤中诸匪咸惮之。

绍忠，籍三水。始随金缸为寇，既自赎，提督昆寿许领其众为一营，号安勇。克广西岑溪，赏都司衔，始更名。永定、大埔之役，与有功。数迁至副将，权安定协。寇据嘉应，其党谭光明等殊死战。绍忠扼守长沙墟，寇至，击却之。城寇悉众出，并力追击，擒渠率，城拔。以次征肇庆、思平诸匪，赐号取勇巴图鲁。平五坑客匪，更勇号额腾伊。自是察匪所向，捕之。不二年，擢提督，补潮州镇总兵。光绪二年，搜治钦州、灵山积匪，晋秩头品。五年，攻克琼州、儋临，赏黄马褂。十年，权陆路提督。粤故多匪，绍忠颇善治之。攻剿遍粤境，转战闽、桂，匪为敛迹。十五年，授湖南提督。十七年，迁综广东水师。二十年，加尚书衔。越二年，卒，恤如制。

邓安邦，广东东莞人。以勇目积功为守备。同治三年，从耀等克武平。四年，汪海洋陷镇平，围平远。安邦赴援，抵城下，饥疲甚，杂食薯芋，卒解城围。再败贼大柘、超竹。嘉应陷，与诸军截歼之，晋游击，赐号锐勇巴图鲁，迁参将。光绪三年，补清远营游击。明年，匪首欧就显袭据佛冈厅，安邦约绍忠内外合攻，复其城，获就显，置之法。十二年，授湖州镇总兵。十四年，卒。

论曰：自发、捻起，各省兴团练，淮、皖为盛，实淮勇之始也。东才以下诸人，初皆起乡团，其后或隶豫军，或隶淮军，皆先后著战绩，为时所称。方耀以粤团归官军，善战兼谋勇，尤善治盗，民多感颂，兹故并著之。

卷四百五十八　列传二百四十五

徐延旭　唐炯　何璟　张兆栋

徐延旭，字晓山，山东临清人。咸丰十年进士，出知广西容县。师克浔州，与有功，累晋知府。同治九年，除知梧州。光绪三年，迁安襄荆郧道。八年，晋广西布政使，命督办海防，得专奏事。时法人谋占全越，巡抚张之洞、侍读张佩纶先后疏荐堪军事。会南定陷，朝命出镇南关，与提督黄桂兰、道员赵沃筹防，未行，越官刘永福战胜怀德府纸桥，状其绩以上。

九年，出关，至北宁而还，顿龙州，被命为巡抚，敕趋永福规河内。延旭上部署防守状，略云："固广西边疆，必守北宁；固云南边疆，必守山西。左军前锋分驻北宁、涌球，去城止十二里。一旦有事，援之则无辞于法，听之则有惭于越。不如徙军入城，城固我储粮屯戍所也。并简锐扼浪泊湖北岸，为山西声援；别募勇百人扼月德江，与陆军相表里。"附请吏部主事唐景崧留军。

初，法人犯顺安，越未败，遽乞和。延旭奏言："越人仓卒议和，或谓因故君未葬，冀缓须臾；或谓因废立嫌疑，朋兴党祸。越臣黄佐炎等录寄和约，越诚无以保社稷，中国又何以固藩篱？刘永福现驻山西，法人拟益师往攻，请毋撤兵，用警戎备。"越王阮福升嗣位，遣使告哀，并恳允其诣阙乞封；复具和约二十七条及黄佐炎禀，上之枢府。左宗棠檄前布政使王德榜募勇扼桂边，朝命受延旭节度。

其冬，力疾再出关，驻谅山，趣军进取，分袭海阳、嘉林缄级势；并请拨船严扼海口，断其出入：谕仍力守北宁。于是令左军黄桂兰、右军赵沃协防其地。适山西陷，延旭犹虑兵力薄，复遣使入关募勇，通旧五十余营，厚集于此。随令广间谍，安地营，禁扰民，严冒饷；然沃等皆寡识，桂兰尤佞汰，与越官张登坛日事宴乐。登坛故通法，嗣以有隙泄其事。上命延旭罢登坛，或囚而杀之，延旭以力不能制而止。日唯筹军火济师，以为兵力厚，可恃以无恐。桂兰复希风指，佟谈部下能战，延旭益信之，遂六上书请战。上不许，敕保守未失陷地，毋贪功。

十年，法军陷扶良，三路攻北宁，桂兰溃奔太原。李鸿章电奏失守，延旭犹上言："西联毓滇军，东防江口，北宁断无他虞。"上责其饰词。会岑毓英抵保胜，部署边外各军，遂命延旭军属之。初，延旭之任西抚也，未及两月，亦知桂兰等未可恃。嗣以临敌易将，操之急，易生变，以故诰诫备至；而桂兰等且纵兵剽夺，越民不堪命，忿滋甚。是役也，群反噬，城乃陷。延旭上其欺饰状，并自纠请治罪。上怒，诏革职任用。

法军乘胜入芹驿关，复命力捍之，毋再失。延旭以景崧护军收残兵，更约束，命驻屯梅。时谅江、郎山、狼甲相继屠溃，谅山教民且蠢焉思动。延旭临覆辙，严禁防军向越官索夫米，有伐一草一木者斩，越民仍不知感。适德榜至，劝延旭勉自支振，图再举。于是更严勒粤军，仿楚勇制，力求后效。而逮问之命下，吏议斩监候，改戍新疆。追论举主，之洞、佩纶，均被诃责。延旭未出都，病卒。子坊，自有传。

唐炯，字鄂生，贵州遵义人。道光二十九年举人，训方子。训方师事金口，炯驰数千里省视。越夕难作，仓皇奉遗疏谒曾国藩，得代奏。武昌复，求遗骸归葬。桐梓乱民起，治乡团御之。服阕，入赀为知县，铨四川。

咸丰六年，署南溪。值滇寇李永和蠢动，蓝朝柱应之，陷叙州，吏士皆恐。炯乃训练兵壮，晨夜徼循，人心稍靖。

有为寇所获者,纵之还,曰:"为我语唐青天,决不犯南溪一草一木!"炯领兵逼吊黄楼,单骑入营,谕以利害,朝柱款附。永和改犯犍为,炯驰救,壁不动,俟其懈乘之,寇狂奔,自相辚藉。旋与楚军解成都围。八年,檄绵州事。时郫、彭军事棘,调还省防守。炯诇得黑窝盗虚实,请限八日毕乃事,果如所言。除知夔州,未上,逾月,永和围绵城,炯掘壕登陴,民助赍粮。炯居城三月,不下,誓死守;援至,围始解。已而湘、黔军哄州署,骆秉章劾罢之。事白,仍治军。

同治改元,统安定营。会石达开围涪州,与刘岳昭期会师,击走之。其夏,石党窥綦江。炯闻警驰援,燔其壁,寇溃,大破之长宁。以疾还成都。秉章询寇势,时寇退滇边,声入黔,炯曰:"此诱我军东下耳。彼必走夷地,乘虚入川,宁越宜警备。"俄而寇入紫地,复请遣唐友耕军大渡河扼之。达开返西岸,退为猓夷所窘,食尽乞降,枭诛之。明年,权绥定府,区邑为八路,路若干场,场若干寨,置寨总,行记善恶法,月朔上其簿亲判之;又立书院二、社学八十余:境内称治,下其法他县。越二年,赴陕佐治营田。捻首张总愚犯新丰,大败之。

六年,四川总督崇实命率师入黔。黔患贫瘠,崇实先问以理财策,炯曰:"理财莫若节用,节用莫若裁勇,裁勇莫若援黔。"崇实然其言,遂以军事属之。连破偏刀、水上、大平、黄飘、白堡,擒斩王超凡、刘仪顺,降潘人杰、唐天佑,皆积寇也;又克平越、瓮安、黄平、清平、麻哈:迁道员,赐号法克精阿巴图鲁。嗣为吴棠所劾,还蜀。

光绪四年,丁宝桢督四川,令佐治盐策,旋补建昌道。六年,署盐茶道,条上善后六事,谓:"发引必先新后旧;征税必先课后引;收发盐引,责成盐道;改代引张,责成州县;缴残则严定限期;办公则优给公费。"议行,凡百余年引目浑淆、款项轇轕诸弊,至是尽革,语具《盐法志》。八年,张之洞、张佩纶先后奏荐堪军事,于是擢云南布政使。炯率川军千人驻关外,滇军悉归节度。既莅事,裁夫马,治厂务,并厘卡,清田粮,民困少苏。

法人夺我越南,被命赴开化防守,即于军前除巡抚。误闻将议和,亟还省履任。上大怒,褫职逮问,刑部定谳斩监候。久之,上意解,三历秋审,赦归。左宗棠胪其治行上于朝,命戍云南,交岑毓英差序。十三年,赏巡抚衔,督办云南矿务,偕日本矿师躬履昭通、东川、威宁铜铅各厂,疏陈变通章程,又历请减免贵州铅课,豁免云南矿厂官欠民欠,并报可。惟经营十五年,仅岁解京铜百万斤,为时论所讥。三十一年,谢病归。三十四年,以乡举重逢,晋太子少保。逾岁卒,年八十,恤如制。

何璟,字小宋,广东香山人。父曰愈,见《循吏传》。璟,道光二十七年进士,迁庶吉士,授编修,转御史。咸丰七年,英人陷广州,总督叶名琛获谴罢,而巡抚柏贵等罪相埒,谴弗及,时论哗然,璟乃分别上其谬误状。明年,英舰入津沽,疏陈战守要略,先后抗论外务,疏凡八上。迁给事中。十年,出为安徽庐凤道。同治二年,迁按察使。捻至,与总兵喻吉三随方应御,寇不得逞。四年,晋湖北布政使。逾岁,到官,值黄陂饥嗛,民就食江、汉,便宜发帑金济之。九年,擢福建巡抚,历山西、江苏。遭父忧,服阕,起闽浙总督。

光绪三年,备日本议起,治海防,饬戎政。其夏患水浸,日坐城上督拯难民,凡阅七昼夜,醵金恤之。水退,浚洪塘江,导支流入海,后患稍杀。五年,兼署巡抚。时日本议废琉球,数以兵舰浮闽、沪。璟以台湾地当要冲,基隆尤扼全台形胜,乃调集轮舶,增募兵勇,建筑炮台,备不虞。

九年,法越事起,海防戒严。璟令总兵张得胜等分扼诸郡,提督孙开华等分扼台、澎,并檄杨在元督台湾镇,助防守。明年,又上福、厦、台益船募卒状,上皆勖励之。已而会办军务,张佩纶至,事皆专决,视璟等若属吏;又严劾在元贪谬,璟坐疏忽,干吏议。以是益畏事之,不敢为异同。佩纶调舟师卫船局,璟亦以炮布葡署自卫。廷旨以闽事亟,谆谆谕固守。逮战书至,璟告佩纶曰:"明日法人将乘潮攻马尾矣!"佩编弗听。舟师大挫,璟欲驰援,而临浦无舟可济,株守省城,卒致闽事日坏;然犹左袒广勇,虽逃不问,颇为时訾议。乃飞章自劾,而廷旨已先召还京。寻御史亦劾其阘冗,部议褫职。十四年,卒。

张兆栋,字友山,山东潍县人。道光二十五年进士,铨刑部主事,累迁郎中。出知陕西凤翔府,莅事三月,而回寇窃发,乃募乡兵捍之。无何,城被围,寇且掘长壕图久困,兆栋晨夕登陴慰劳守者。寇轰溃西南城,蚁附上,兆栋躬冒矢石,战甚力,寇不得逞。益固结绅民,誓坚守,阅十有六月,援师至,围始解。超授四川按察使。咸丰四年,调广东,迁布政使。左宗棠治军嘉应,馈运阻绝,兆栋殚心筹画,给食不乏。历安徽、江苏,皆称职。

九年,擢漕运总督。时运河久废不绠,兆栋虑海警阻漕,为上《治河济运状》,称旨。十一年,再调广东。粤俗嗜博,闽姓害尤烈,疏请禁止,报可,而总督英翰曲徇商人请,弛其禁,兆栋劾之,落职,遂兼摄总督事,禁益严,终其任,粤吏无敢言闽姓者。光绪四年,母忧归。服阕,起福建巡抚。

十年,法越事起,法舰窥台、闽。张佩纶衔命会办闽防军务,兆栋畏其焰,曲意事之,日谒如衙参。佩纶虚饰胜状,诏发万金犒兆栋军。兆栋且疏劾大员谋遁,意指中璟也,朝旨令据实以闻。已而事亟,已亦微服匿民间,数日略定,复出任事。璟罢,兆栋兼总督,朝廷论马尾失守罪,褫职。十三年,卒于闽。宣统元年,复官。

论曰:法越初构衅,号识时务者争上书忼慨言战。未及旬日,延旭败退广西,炯弃关外新安行营。何璟、兆栋慑张佩纶之气势,怯懦而无所主,事急皆遁。方其互相汲引,不恤举疆事以轻试;及其败也,其党益肆言荧听,而此数人者,遂得保首领以没。朝廷固宽大,亦失刑甚矣。

卷四百五十九　列传二百四十六

冯子材 王孝祺　陈嘉　蒋宗汉　**苏元春**
马盛治　**王德榜** 张春发　萧得龙　**马维骐**
覃修纲　吴永安　**孙开华** 朱焕明　苏得胜
章高元　**欧阳利见**

冯子材，字翠亭，广东钦州人。初从向荣讨粤寇，补千总。平博白，赐号色尔固楞巴图鲁。改隶张国梁麾下，从克镇江、丹阳，尝一日夷寇垒七十余。国梁拊其背曰："子勇，余愧弗如！"积勋至副将。国梁殁，代领其众。取溧水，擢总兵。

同治初，将三千人守镇江。时江北诸将多自置卡权厘税，子材曰："此何与武人事？"请曾国藩遣官司之。所部可二万，饷恒诎，无怨言。苍镇六载，待士有纪纲，士亦乐为所用。寇攻百余次，卒坚不可拔。事宁，擢广西提督，赏黄马褂，予世职。赴粤平罗书，移师讨黔苗，克全茗、感壋。九年，出镇南关，攻克安边、河阳，凯旋，再予世职。光绪改元，赴贵州提督任。七年，还广西。明年，称疾归。

越二年，法越事作，张树声蕲其治团练，遣使往趣驾。比至，子材方短衣赤足，携童叱犊归，启来意，却之。已，闻树声殁，诣广州。适张之洞至，礼事之，请总前敌师干卫粤、桂。逾岁，朝命佐广西边外军事。其时苏元春为督办，子材以其新进出己右，恒悒悒。闻谅山警，亟赴镇南关，而法军已焚关退。龙州危棘，子材以关前隘跨东西两岭，备险奥，乃令筑长墙，萃所部扼守，遣王孝祺勤军军其后为犄角。敌声某日攻关，子材逆料其先期至，乃决先发制敌。潘鼎新止之，郡议亦不欲战。子材力争，亲率勤军袭文渊，于是三至关外矣。宵薄敌垒，斩房多。

法悉众分三路入，子材语将士曰："法军再入关，何颜见粤民？必死拒之！"士气皆奋。法军攻长墙亟，次黑兵，次教匪，炮声震山谷，枪弹积阵前厚寸许。与诸军痛击，敌稍却。越日复涌至，子材居中，元春为承，孝祺将右，陈嘉、蒋宗汉将左。子材指麾诸将使屹立，遇退后者刃之。自开壁持矛大呼，率二子相荣、相华跃出搏战。诸军以子材年七十，奋身陷阵，皆感奋，殊死斗。关外游勇客民亦助战，斩法将数十人，追至关外二十里而还。越二日，克文渊，被赏赉。连复谅城、长庆，擒斩三画、五画兵总各一，乘胜捣拉木，悉返侵地。

越民苦法虐久，闻冯军至，皆来迎，争相犒问，子材招慰安集之，定剿荡北圻策。越人争立团，树冯军帜，愿供粮运作向导。北宁、河内、海阳、太原竞响，子材亦毅然自任。于是率全军攻郎甲，分兵袭北宁，而罢战诏下，子材愤，请战，不报，乃挈军还。去之日，越人啼泣遮道，子材亦挥涕不能已。入关至龙州，军民拜迎者三十里。命督办钦、廉防务，会办广西军务，晋太子少保，改三等轻车都尉。

十三年，讨平琼州黎匪，降敕褒嘉。调云南提督，称疾暂留。二十年，加尚书衔。值中日失和，命募旧部至江南待调发。和议成，还防。二十二年，赴本官。二十六年，入省筹防，会拳乱作，请募劲旅入卫，上嘉其忠勇，止之。逾岁，调贵州。二十八年，病免。明年，广西土寇蜂起，岑春煊请其出治团防。方募练成军，率二子以进，而遘疾困笃。未几，卒，年八十六，谥勇毅，予建祠。

子材躯干不逾中人，而朱颜鹤发，健捷虽少壮弗如。生平不解作欺人语，发饷躬自监视，偶稍短，即罪司军糈者。治军四十余年，寒素如故。言及国梁，辄涔涔泪下，人皆称为良将云。

王孝祺，本名得胜，安徽合肥人。初入淮军，以敢战名。从李鸿章规三吴，积勋至守备。又从张树声克常、昭诸城，释平湖围，历迁副将。论克宜、荆、溧、嘉、常功，擢总兵，赐号壮勇巴图鲁。从援浙，连下湖州、长兴。是时，树声弟树珊攻湖北德安阵亡，坐失主将，贬秩。战败东捻，复故官。西捻平，晋提督，更勇号为博奇。旋赴山西防河，大搜马贼。值晋饥，斥家财以济，民德之，贼所窜匿，辄先诇以告。事宁，赐头品秩。光绪六年，树声督两广，奏自随。历署潮州、碣石总兵。九年，徙右江镇，主钦、廉防务。

明年，潘鼎新来乞师，领勤军赴龙州，而鼎新已遁，乃从子材诣镇南关截溃勇。宵袭文渊，入街心，马踣，亟易骑，率死士绕山后，攀崖上，破二垒。俄而法军分路入，直攻关前隘，复自后路仰击，敌稍却。李秉衡集诸将举前敌主师，孝祺曰："今无论湘、粤、淮军，宜并受冯公节度。"秉衡称善。右路者西岭也，其部将潘瀛袒臂裸体，冲入敌阵，故伤亡独多。至日暮，孝祺击败之，夺三垒而还。攻谅城，瀛执帜先登，并力克之，城复。取太原，予世职。明年，授北海镇总兵。二十年，赏双眼花翎。逾岁，谢病归。越四年卒，恤如制。

陈嘉，字庆余，籍广西荔浦。从苏元春征黔苗，累勋至副将，赐号讷思钦巴图鲁。平六峒，擢总兵，调赴湖南守宝庆。鼎新抚广东，嘉引兵从。抵思恩，值土寇啸乱，计擒其魁莫思弼，诛之。

法越之役，率镇南军出关扼谷松。敌至，炮甚猛，退顿坚老，已而战船头、陆岸，皆捷。法军据纸作社，师设伏诱之，嘉出挑战，敌悉众迎拒，战方酣，元春隐兵起，斩法将四人，兵二百八十余。捷入，赏黄马褂，授贵州安义镇总兵。未几，法军大举寇坚老，鏖战数昼夜，被重创仆地，左右掖之去，既觉，麾刀叱退，仍奋击败之。逾岁，法军薄长墙。左路即东岭，嘉争其三垒，宗汉继之，七上七下，嘉被创者四，气不少沮。孝祺自西来援，合击之，遂夺还。以次复文渊、谅山，进规谷松，力疾赴前敌，诏嘉之，赐头品秩，予世职。创发，卒于军，年未五十，谥勇烈。

蒋宗汉，籍云南鹤丽。同治初，回寇入境，方居忧，其酋马金宝逼令受先锋印,佯以终制辞。潜归里,至江干,无舟可济,追骑将及,仰天祝曰:"苟得留身报国,当建此桥!"果得浮槎以免。既贵,成金龙桥,亘数百丈,行旅至今赖之。初隶杨玉科麾下,每战辄为先锋。从攻猪供箐,其下有吴家屯,为寇储粮地,备奥阻。宗汉间道得大溜口,率死士百,缒幽凿险,忍饥抵壁下,置药桶,设伏线,潜出约师,火发,大败之,鹾是知名。又从玉科迭下各郡邑,积勋至副将,赐号著勇巴图鲁。战小围埂,勒马挺矛,当者辄靡。岑毓英见而叹曰:"真虎将也!"大理平,擢提督,赏黄马褂。攻锡腊、顺宁,皆先据要险,设伏败敌。人皆谓其善谋云。事宁,更勇号图桑阿。克云州,署腾越镇总兵。攻克乌索,授顺云协副将。

光绪改元,英翻译官马嘉理入滇边,抵户宋河遇害,坐疏防,镌秩付鞫。明年,复腾越,起副将。五年,靖远平,复故官。法越之役,率广武军出关,功与嘉埒。和议成,赐头品秩,除贵州遵义镇总兵。二十年,赏双眼花翎。二十六年,署提督,调云南。越二年,还贵州,予实授。明年,卒,予建祠。

苏元春,字子熙,广西永安人。父德保,以廪生治乡团,御寇被害,州人建祠祀之。元春誓复仇,从湘军。同治初,随席宝田援赣、皖、粤,累功至参将,假归。六年,领中军征黔苗,破荆竹园,赐号健勇巴图鲁。连克要隘,更号锐勇。八年,统右路军,值思州苗犯镇远,复击却之,进复清江,擢总兵。黄飘之役,黄润昌战死,元春驰救,亦败退,干吏议。克施秉,复故官。九年,攻施洞,拔九股河,又改法什尚阿勇号。薄台拱,苗遁走,晋提督;明年,复丹江、凯里,军威益振,赏黄马褂。以次下黄飘、白堡,驿道始通。逾岁,循清水而南,所至辄靡,惟乌鸦坡犹负固。复自东南破张秀眉寨。残苗将北走,黔军遏之河干。元春麾军驰之,截寇为二;斩数千级,降三万余人,苗寨悉平。元春留顿其地,抚降众。论功,予云骑尉。全黔底定,赐头品秩。光绪初,平六硐及江华瑶,被赏赉。

十年,和议中变,法人大举攻桂军。潘鼎新荐其才,诏署提督。遂率毅新军驻谷松,取陆岸,鏖战五昼夜。上嘉其勇,命佐鼎新军,再予骑都尉。规纸作社,敌缘江筑垒,夜将半,师设伏诱之,其左树木幽深,元春隐兵其中,敌至,于是夹击,大破虏。既而法人犯谷松,师连战失利。敌毁镇南关,元春出陇窑御之,不克,退幕府。当是时,自南宁至桂林,居民大震。鼎新罢免,遂命主广西军事。十一年,法人寇西路,元春趋尢封截之,乃引去。俄攻关前隘,失三垒,元春亟驰救。诘朝,助子材扼中路,大捷,语具《子材传》。长驱文渊,元春踵至,诇知敌据驱驴墟,乘其未整列逐之,敌夺门走,进扼观音桥,而停战诏下,诸军分顿关内,元春驻凭祥,居中调度。和议成,授提督,晋三等轻车都尉,又改额尔德蒙额勇号。

还龙州,其南曰连城,号天险,建行台其上,暇辄取健儿练校之,授以兵法。西四十里即关,崇山相釜,一道中达。元春相形胜,筑炮台百三十所,嘱统将马盛治镇之。凿险径,辟市场,民、僮欢忭。复自关外达龙州,创建铁路百余里,增兵勇,设制造局,屹然为西南重镇。加太子少保,晋二等轻车都尉。二十五年,入觐,命赴广州湾划界。

前后镇边凡十九年,阅时久,师律渐弛,兵与盗合而为一,蔓滋广。朝命岑春煊督两粤治之,御史周树模劾元春克饷纵寇,敕春煊按覆。春煊谓不斩元春无以严戒备,诏夺职逮讯。初,湘军旧制,军饷月资衣食外,余存主将所备缓急,岁余乃给之,名曰"存饷"。元春茌边,凡所设施,不足,移十二万济之。刑部拟以斩监候,狱急,元春请以应领公款十六万备抵偿。于是部再疏其状,谓其父死难,例得减,诏戍新疆。

元春躯干雄硕,不治生产,然轻财好士,能得人死力。尝与法人接,独持大体。金龙峒者,安平土州地,为中、越要隘,法将据之,与争不决。而游勇万人恒出没为法患,法莫能制。其总督入关来求助,元春悉召至资遣之,金龙七隘卒归隶。法商李约德为寇所掠,总署虑负衅,以属元春。元春简驺从诣山下,寇闻,送之出。时元春已积逋二十万,或劝其请诸朝,元春叹曰:"吾任边事,致外人蹈绝险,尚敢欺朝廷要重利乎?"卒不可。法感其义,赠宝星。既入狱,年已六十矣,无子,幕士董翻左右之。法总统闻其状,急电公使端贵筹谋缓颊。翻喜,具以告,元春曰:"法,吾仇也。死则死耳,藉仇以乞生,是重辱也!君为我谢之。"居戍四年,御史李灼华疏其冤,事下张人骏,廉得实,请释归,而已卒于迪化。贫无敛,新疆布政使王树楠为治其丧。宣统改元,复官,子承赐,戍所生。

马盛治,字仲平,籍广西永安。以孝著。初随席宝田征黔苗,积功至游击,赐号壮勇巴图鲁。苗疆平,号哈丰阿,迁副将。从克六硐,擢总兵。越事急,遂率师出关。时宣光、太原、牧马溃勇索饷哗变,盛治轻骑往抚,汰弱留强,军纪以肃。逾岁,法人悉锐至,腹背受敌。盛治具糇粮,间道绕敌前,与元春诸军夹击之;遂复南关。克文渊、谅山、长庆,频有功,赏黄马褂。光绪十二年,除柳庆镇总兵,仍统边军佐元春,筑炮台,设廛市,赏双眼花翎。二十一年,会办中越界务。连破西林、郁林诸匪,晋提督。二十八年,移署左江镇。南宁各属故盗薮,至麾军搜剿,寇闻风遁。遂檄所属练团筑卡;坚壁清野,寇大困。其黄黄和顺等犹负嵎,官军攻陇赖,遇伏,枪弹雨垒,盛治被重创,众掖之出,旋卒。

盛治居边十七年,元春倚如左右手。元春尚宽,而盛治济以严,边境赖以宁谧。卒,年五十八,谥武烈,予思恩、南宁建祠。

王德榜,字朗青,湖南江华人。咸丰初,粤寇扰境,与兄吉昌毁家起乡兵,战数利。五年,援江西,攻奉新,吉昌战死,德榜领其众,誓复仇。七年,论克瑞州功,叙经历、州同。明年,从将军福兴援浙,复衢、处各城,擢知州。又明年,从援安徽,克婺源,迁直隶州知州,援例加道员。其夏,歼贼浮梁景德镇。十年,平广信,寇遁入浙。徙防玉山,归左宗棠节度。十一年,李世贤、李秀成先后来犯,并击却之,赐号锐勇巴图鲁。

同治改元，所部哗变，又不禀宗棠命，私越境驻广丰，褫职留军。寻还浙。世贤犯遂安，出常山、华埠截之。会宗棠耀兵龙游，令扼全旺。世贤遣骁贼分道驰救，德榜自右路夹击，皆愕走。城寇犹未下，逾岁，逼城南，筑三垒，寇夜遁，复官。移师浮梁，连下崇光、阳溪诸渡。三年，释广信围。其秋，复东乡，长驱江山、玉山、广丰；铅山，所至皆下，擢按察使。

是时，世贤合汪海洋出入江、广边，连陷龙岩、南靖、漳州。德榜将三千五百人驰援，合刘典军为西路军，攻莒溪，克之。四年春，授福建按察使。复古田，攻南阳，师少却。俄而海洋率黄、白号悍党可二万列田垅，典先入，德榜为承，奋击之，寇返西岸。德榜追至下车，海洋下马痛哭，其党挟之走。黄、白号衣者，海洋所蓄死士，号无敌，至是丧失过半矣。四月，邀击世贤于安溪，进攻乌头门，复漳城，驰大埔，郭扬维率四千人降，乘胜克南靖。易勇号曰达冲阿，迁布政使。十月，援嘉应，顿塔子墺，与诸军环逼之。追寇，寇返奔。时宗棠军大埔，麾下止八百人，势岌岌，亟召德榜扼三河坝。地当潮州要冲，皆山道绝涧。德榜至，察地势，度寇必不往，且主帅军孤悬，寇直犯必不支，乃请当中路，卒与典军出寇前遏之。十二月，复嘉应，诛海洋，捷入，赏黄马褂。六年，遭父忧归。

十年八月，宗棠征河州回，德榜诣军所综营务。时黑山垒林立，势张甚。德榜率二千人自狄道渡洮，以石鼓墩左拂黑山，右扼边家湾，形便控驾，乃筑二垒其上，与诸军痛击，寇垒悉平。进驻迤南三甲集，率骑越山南下，大破之。剿东乡，抵阴洼泉，遇伏，下马督战，寇溃。迭克要害，寇入到谢家坪。十一年，傅先宗战殁新路坡，德榜接统其军。申明纪律，诛将弁先溃者六人，士气复新。羌地旷，凤患狼，往往百十成群，夜入幕帐噬人。德榜令将士习猎搜捕，狼患减。甘南既平，抚降回十余万。浚狄道河渠，获沃壤百余万亩。降敕褒嘉，赐头品秩：光绪元年，母忧，解职。六年，再赴新疆，以旧部驻张家口。七年，入京，教练火器、健锐诸营，兼兴畿辅水利。

十年，越南事亟；率师越难。抵龙州，募新军八营，号定边军，单骑诣谅山，谒徐延旭陈方略。令提督张春发分兵驻朝阳山、半陇山左右，何秀清等驻驱驴墟，通运道，而自领兵赴镇南关。北宁陷，权广西提督。战丰谷，败，苏元春不往援，德榜衔之；以故元春败于谷松，亦不往救。德榜自负湘中宿将，与督师不洽。潘鼎新责其战不力，劾罢之，以所部属元春。九月，复被命赴那阳，进逼船头，战数捷。

明年，军油隘，法军犯长墙，出师夹击，据文渊对山，鏖战数日，杀伤略相当。越日，陈嘉争东岭三垒，德榜击其背，克之。是日晨，出甫谷，敌援至，冲截为二，部将萧得龙及春发战最勇，歼法军百余人，获粮械无算。敌被截，大溃。已，复合诸军攻谅城，法军扼驱驴墟，地故有德榜旧垒，坚且致。平明，德榜歼其六画兵总一，诸军继之，城复。谷松敌势仍悍，又歼其三画兵总一，于是法人大溃，悉返侵地。复故官，被赏赉。寻移疾去。十五年，授贵州布政使。十九年，卒，恤如制。

张春发，字兰陔，江西新喻人。初隶刘松山麾下，充探骑，频有功。累迁至副将，赐号杰勇巴图鲁。从征陕回，规宁灵，战常陷坚，擢总兵。金积堡寇决渠淹我师，春发开沟筑堤，引流反灌，破垒二百余，更勇号曰哲尔精阿。复巴燕戎格及河州，晋提督。光绪二年，从刘锦棠取迪化，连克玛纳斯、达坂、托克逊，赏黄马褂。进复西四城，予世职。五年，安集延布鲁特入寇，春发度幕趋博斯塘特勒克，捣其巢，逐北至俄境。

法越肇衅，从德榜夺东岭。法援大集，弹入右额，贯左颊，裹创力战，大捷。除广西右江镇总兵，署广东陆路提督，赏双眼花翎。二十一年，平永安、长乐匪，予实授。二十六年，调湖北，逾岁，徙云南。魏光焘劾其营务废弛，论戍。三十二年，张之洞白其诬，复官，综两江营务。宣统三年，病免，旋卒。

春发治军严，尝云兵佚则骄惰，以故朝夕躬训练，暇辄使浚河流，平道路。然木讷寡文，疏酬应，同官先施者恒不答礼，且往往气凌其上，卒以此丛忌。

萧得龙，籍湖南蓝山。咸丰初，从援赣、浙，积勋至提督。调赴闽，克南阳、漳州。攻嘉应，寇遁，追扼北溪，大败之，赐号博奇巴图鲁。光绪初，移师甘肃，克东乡太子寺。越事危棘，与法人战南关，杀伤略相当，夺东岭三垒。功最，赏黄马褂。事宁，署庄浪协副将。创发，卒于官，予优恤。

马维骐，字介堂，云南阿迷人。少从岑毓英军征回寇，积功至都司，捕盗尤有名。越南事亟，又从毓英出关，以偏裨当一路。法越之战，滇军多有功，而以维骐及覃修纲、吴永安为著。师攻宣光，垂克，法援大集，围刘永福军，维骐锐身驰救，鏖战二昼夜，击却之。从攻临洮，功最，迁副将，赐号博多欢巴图鲁。

光绪十三年，袭攻猓黑，间道济澜沧江。贼惊溃，斩其酋张登发，辟地千里，晋总兵。频年越匪乱，骚扰各州邑，设方略治之，边境以安。二十四年，除广东潮州镇。越四年，擢四川提督。仁寿、彭山土寇起，焚教堂，杀教民，势汹汹。岑春煊谂其娴武略，军事一以属之，用兵数月，以次戡定。三十一年，打箭炉关外泰凝寺喇嘛谋叛，率师讨平之。会巴塘蠢动，杀驻藏大臣凤全，川边大震。维骐剿抚兼施，克要害，擒渠率，赐头品秩、黄马褂。赵尔巽督川，改编巡防军，奏充翼长，训练士卒，创设将弁学堂，军民绥戢。宣统二年，卒，恤如制。

覃修纲，籍广西西林。隶毓英麾下，与维骐齐名。征回有功，累迁至参将，赐号勤勇巴图鲁。从克云州，晋副将，更勇号曰隆武。宣光之役，修纲独扼夏和、清波，分兵取嘉喻关，复招越民九千，分顿要隘，缀法军。缅旺前接山西、兴化，后达十州、三猛，为敌所据，出不意袭克之。次年，永福战失利，军溃退，修纲仍坚持不动。战临洮，斩其二将，夜半时，率死士短兵搏击，法人大败。乘胜复各郡县，北圻诸省皆响应。修纲出奇兵直捣越南中部，而奉命罢戍。

事宁，赏黄马褂，署川北镇总兵，仍留滇。历权普洱、开化诸镇，坐事免。光绪二十五年，起甘肃西宁镇，留滇如故。三十一年，卒，予建祠，并毓英祠附祀。

修纲性忠勇，官开化久，有惠政，士民感颂，因寄籍文山云。

吴永安，籍云南广西州。毓英部将中称骁果。以征回功，累迁至副将，赐号尚勇巴图鲁。从克澂江，擢总兵。平馆驿，晋提督，更勇号曰额特和，赏黄马褂。毓英抚福建，奏署台湾镇，未之官，忧归。起治云南边防。法人浮小舟渡沱江，永安乘其半济，击败之。趋宣光，留三营扼守，而自间道还兴化合岑军。既而诸军攻宣光，与修纲分扼要隘，取嘉喻关，攻临洮，战益利，予忧叙。和议成，署昭通镇。讨平武定夷匪，补鹤丽镇。光绪十九年，卒，附祀毓英祠。

孙开华，字赓堂，湖南慈利人。少从军，从鲍超援江西，战九江小池口，伤右臂。援湖北，再被创。池驿之役，夹击败敌，积勋至守备。同治初，转战皖、赣间，迁副将。克句容、金坛，赐号擢勇巴图鲁。以次攻金溪、南丰、新城、宁都、瑞金，并下之，晋总兵。广东，嘉应乱，败贼黄沙嶂，降者十余万，擢提督。五年，除漳州镇总兵，仍北行途次入楚。其秋，赴本官。总督文煜累疏荐其才。十三年，总督李宗羲治江防，设霆庆、霆汇诸营。厦门与台、澎对峙，势险要，开华以超旧将，被命治厦门海防。募勇成捷胜军，赴台北、苏澳营办开山，诏署陆路提督。

光绪二年，率师东渡，顿基隆，顾北路。其时后山阿绵、纳纳社番畔服靡恒，开华领所部抵达广澳，量地势，察番情，进驻大母丁。悍番分路迎拒，开华麾军鏖战，阵斩数人，余败溃。师入高崁，直捣其巢。溃番并入阿绵，其地水湍急，笔嶻峻岗，炮台错列，备奥阻。开华轰击之，纵以火箭，复绕道攻其后，番骇走，遂克之，擒其魁马腰兵等枭于市。九日三捷，论功，赏黄马褂。四年，霆庆军统将宋国永卒，开华接统其众。会加礼宛、巾老耶畔，据鹊子城，师攻不克。总督何璟以军事棘，令开华进新城，许便宜行事。开华浮战舰入自花黎，袭攻后山背。四日悉夷诸社，斩二百数十级。悉乞款，缚㹀乳斗玩以献，置之法。台北平，被赏赍。明年，内渡，再署提督，秋，复渡台。九年，回任。已，复出办台北防务。

十年，法人来犯，时刘铭传主军事。铭传故淮军宿将，知开华干略，檄守沪尾。初，法舰八艘至，开华度其必登岸，令诸将分伏炮台后，露宿以待。部署甫定，而敌弹雨坌，烟焰翳天，逼台而前。开华见势猛，分路截击，自夜至午，却而复前者数四。台既毁，短兵接战。开华锐身入，手刃执旗卒，夺其旗以归。诸军士见之，气益奋，斩馘二千余级，法人遁走。欧洲诸国以失国旗为至辱。捷入，予世职，拜帮办军务之命。和议成，还本官，旋实授。十九年，卒，谥壮武。子道仁，亦官福建提督。同时守沪尾者，朱焕明为最著。

焕明，籍安徽合肥。初从铭军征粤寇，积功至游击。平东捻，迁副将。西捻犯畿疆，蹑之沧州、德平，战数利，晋总兵。光绪元年，台湾生番骚动，从唐定奎往讨，连破竹坑山、内外狮头，擢提督。法越之役，法军分道犯沪尾，焕明当北路，被重创，战益力，开华直入击退之。旋移师台北，平番社，军嘉义鹿港。土寇数千薄城，焕明率三百人与战，殒于阵。事闻，附祀定奎祠。

苏得胜，亦籍合肥。从铭军讨捻，积功至游击。战常陷坚，赐号励勇巴图鲁，屡迁提督。法舰寇台湾，从铭传守台北。战基隆，大捷，记名海疆总兵，更勇号曰西林。沪尾告警，铭军回援，于是基隆再失。逮沪尾既复，得胜还驻六堵。规基隆，全军会月眉山，曹志忠将左，刘朝祜将右，得胜居中。敌至左路，击却之。逾岁，法益兵攻志忠营，得胜领数百人往援，战失利，提督梁善明阵亡，右师亦溃，月眉复不守。而得胜已先营六堵，筑城十余里，诸军获安。相持月余，和议成，始开港。旋补建宁镇，仍留防沪尾。数剿生番，感瘴成疾。光绪十六年，卒于军。妻徐氏，绝食殉焉。恤如制，妻获旌。

章高元，亦合肥人。初入淮军，累至副将。铭传檄为骑旅先锋，转战鲁、皖。安丘之役，以功擢总兵，赐号奇车巴图鲁。征台湾，晋提督。法越事作，署澎湖镇总兵，铭传檄援沪尾。沪尾、基隆既复，论功，更勇号年昌阿，除登莱青镇。中日失和，诏赴前敌，驻盖平。日军来攻，战挫遂退。德军舰袭胶澳，被幽，旋脱归，称疾罢。拳乱作，起署天津镇，徙重庆，以病免。卒，年七十一。

欧阳利见，字赓堂，湖南祁阳人。咸丰初，入长沙水师，转战赣、皖间，积功至游击。同治改元，伪护王陈坤书据太平，以兵舰衔尾西上，环泊花洋上驷渡，期水陆并进。利见领一军为前锋，兼程赴难。坤书阳令陆路悍党击我师船，而阴结筏自下游窃渡。利见调知之，率所部长驱，乘风浪冲其筏为二。寇大困，倚河筑垒，矢坚守。我师水陆分道进，利见驶入花山，击其背。迟明，战良久，寇阵不少动，援军至，始退。利见进次马音街，会水师将李朝斌逼花津而阵，步骑助之，寇溃。翼日，复战，陆师将周万倬遇伏被创，利见锐身驰救，苦战竟日，焚象山寇舍。而寇艦聚泊小丹阳，归护新市镇。利见进石白湖轰击之，获其船十二艘，迁参将。

二年，攻巢县，逼城东门而军，适彭毓橘军至，燔其筏，毁浮桥。寇入城，利见先登克之，遂与霆军复含山。四日连下三城，功最，赐号力强勇巴图鲁，调补狼山镇游击。克嘉定，迁副将。下太仓、昆山、新阳，晋总兵。是时花泾港寇垒林立，与吴江、震泽寇相犄角。利见率师破之，毁其船二十艘，城寇援绝乞降。于是苏、浙路梗，苏寇无固志。李鸿章督师合围，利见引兵从，迭克要害，寇宵遁。城复，晋提督。三年，攻嘉兴，利见将谢世彩等与陆师夹击，麾众先登，自城上发巨炮轰之。城寇骇乱，城遂拔。以次下长兴。坤书据常州，鸿章举兵西，使利见造浮桥渡壕，四面环攻，坤书就擒。中吴大定，除淮扬镇总兵。

四年，捻至曲阜，东南走滕、峄，渡运，东北走兰山，南走郯，趋赣榆、青口，图南下。朝廷忧里下河，诏备淮扬防。于是利见率炮舰四十艘泊清江，兼治楫台。七年，黄河暴涨，利见乘流至德州，运防乃固。捻虽屡挫，然渡运之谋未已，盘旋河东上下。利见复下驶援应，与诸军环击，捻益不支。事宁，赏黄马褂，更勇号曰奇车伯。光绪六年，调蘅山镇。明年，擢浙江提督。

十年，法舰寇福建，浙江戒严。镇海为浙东门户，利见以三千五百人顿金鸡山防南岸，提督杨岐珍以二千五百人顿招宝山防北岸，总兵钱玉兴以三千五百人为游击师。威远、靖远、镇远三炮台，守备吴杰领之，而元凯、超武二兵舰泊海口备策应。诸将皆受利见节度。利见实以兵备道薛福成为谋主，乃量形势，设防御，毙军实，清间谍，杜向导，申纪律，励客将，布利器，部署甫定，而敌氛已逼。法人狙马江之役，颇轻浙防。利见督台舰兵纵炮击之，法主将坐船被伤，数以鱼雷突入，皆被击退。法舰并力猛进，又沉其一。敌计穷，相持月余，终不得逞。事后知主将孤拔于是役殒焉。上嘉其功，赐头品秩。

十五年，病免。二十一年，刘坤一被命督办奉天，奏调利见赴军。力疾北行，卒于道，年七十一。

论曰：法越之役，克镇南，复谅山，实为中西战争第一大捷。摧强敌，扬国光，子材等之功也。开华等复沪尾，利见等守镇海，与维骐参偕刘永福之拔宣光，并传荣誉。当时挟战胜之威，保台复越，亦尚有可为。独怪当事者为台湾难保之说以自馁其气，致使关外虽利，而越南终非我有。罢战诏下，军民解体，至今闻者犹有恨焉。

卷四百六十　　列传二百四十七

左宝贵弟宝贤等　**永山**　**邓世昌**
刘步蟾林泰曾等　**戴宗骞**

左宝贵，字冠廷，山东费人。咸丰初，隶江南军。尝令当前敌，阵既接，旗兵中炮，殪，宝贵持其帜冲锋入，大捷，繇是知名。获苗沛霖，克金陵，频有功。后以游击从僧格林沁讨捻，积勋至副将。光绪初，尚书崇实巡视奉天、吉林，奏自随。既至，斩高希珍于土门，诛宋三好于石砬子。边外东北庙沟金宫四构党图大举，复捕治之，余烬悉平，赐号锉色巴图鲁，晋记名提督。授高州镇总兵，仍留奉天。平朝阳教匪，赏黄马褂、双眼花翎，驻沈阳。

二十年，朝鲜乱起，日本进兵。朝议既决战，卫汝贵、马玉昆、丰绅阿各率所部往御，宝贵自奉天来会，是为四大军。虑海道梗，乃绕道自辽东行，渡鸭绿江入平壤。是时叶志超虚饰战胜状，电李鸿章入告，遂拜总统诸军命。于是汝贵、玉昆军南门外大同江，志超部将江自康军北门外小山，宝贵任城守。未止舍，日军猝至，宝贵与丰绅阿击却之。敌退龙冈，分道夹攻，又败。志超乃聚全军为婴城计。

时宝贵扼玄武门，日军大队至。志超将溃围北归，宝贵不从，以兵守志超勿令逸。宝贵狃于捕马贼之功，颇轻敌。日军擎炮散置山巅，谍者以告，若弗闻。登城指麾，中炮踣，犹能言，及城下，始殒。其部将负尸开城走，遇日军，又弃之，于是诸军皆溃。事闻，赠太子少保，谥忠壮，予骑都尉兼一云骑尉世职，子国梽袭。

弟宝贤、宝清先后于直隶、奉天剿匪阵亡。

永山，袁氏，汉军正白旗人，黑龙江驻防，吉林将军富明阿子，黑龙江将军寿山弟。以荫授侍卫，归东三省练军。中日战起，从将军依克唐阿军，率黑龙江骑旅驻摩天岭。永山临敌辄深入，为士卒先。与日军战数有功，连歼其将。既克龙湾，乘胜渡草河，规凤凰，依克唐阿策袭其城，檄永山为军锋，偕寿山分率马步队深入攻之。抵一面山，距城八里，张左右翼，各据一坡以待。永山为右翼，尤得地势。敌作散队，伍伍什什冒死前，复以大队横冲我左翼。左翼溃，右翼亦不支，乃相继退。永山独为殿，遇伏，连受枪伤，洞胸踣，复强起督战，大呼杀贼而逝。事闻，谥壮愍，予建祠奉天。

邓世昌，字正卿，广东番禺人。少有干略，尝从西人习布算术。既长，入水师学堂，精测量、驾驶。光绪初，管海东云舰，徼循海口。日本窥台湾，扼澎湖、基隆诸隘，补千总，调管振威舰。以捕海盗，迁守备。李鸿章治海军，高其能，调北洋。从丁汝昌赴英购铁舰，益详练海战术。八年，朝鲜内乱，复从汝昌泊仁川，为吴长庆陆军后距。事宁，迁游击，赐号勃勇巴图鲁。管扬威快舰，往来天津、朝鲜；冬寒冰冱，巡视台、厦海防。寻充经远、致远、靖远、济远四船营务处，兼致远管带。

十四年，台湾生番畔，以副将从汝昌往讨。战埤南，毁其碉寨，擢总兵。时定海军经制，借补中军副将，而以汝昌为提督，其左右翼总兵则闽人林泰曾、刘步蟾也。汝昌故不习海战，威令不行。独世昌以粤人任管驾，非时不登岸，闽人咸嫉之。

二十年夏，日侵朝，绝海道。鸿章令济远、广乙两船赴牙山，遇日舰，先击，广乙受殊伤；轰济远，都司沈寿昌，守备杨建章、黄承勋中炮死。济远逃，日舰追之，管带方柏谦坚白帜，追益亟，有水手发炮击之，折日舰了楼，柏谦虚张胜状，退塞威海东西两口。世昌愤欲进兵，汝昌尼其行，不果。已而日舰集大连湾，窥金州，我国海军乃大发，泊鸭绿江大东沟，以铁舰十当敌舰十有二。汝昌乘定远居中，列诸船左右张两翼。日舰鱼贯进，据上风，汝昌令轰击，距远不能中。日舰小，运棹灵，倏分倏合，弹雨尘集，定远被震，大蠹仆。世昌见帅旗没，虑军心摇，亟取致远纛竖之。战良久，定远击沉其西京丸，我之超勇毁焉。

世昌乘致远，最猛鸷，与日舰吉野浪速相当，吉野，日舰之中坚也。战既酣，致远弹将罄，世昌誓死敌。将士知大势败，阵稍乱，世昌大呼曰："今日有死而已！然虽死而海军声威弗替，是即所以报国也！"众乃定。世昌遂鼓轮怒驶，欲猛触吉野与同尽，中其鱼雷，锅船裂沉。世昌身环气圈不没，汝昌及他将见之，令驰救。拒弗上，缩臂出圈，死之。其副游击陈金揆同殉，全船二百五十人无逃者。经远管带总兵林永升、超勇管带参将黄建寅、扬威管带参将林履中并殒于阵。

事闻，世昌谥壮节，余皆优恤。世昌既死，诸船或沉或逃，遂不复成军。世昌临战以忠义相激励，死状尤烈，世与左宝贵并称双忠云。永升等，《忠义》有传。

刘步蟾，侯官人。幼颖异，肄业福建船政学堂，卒业试第一。隶建威船，徼循南北洋资实练。同治十一年，会考闽、广驾驶生，复冠其曹。自是巡历海岸河港，所莅辄用西法测量。台湾地势、番部风土尤谙习，为图说甚晰。光绪改元，赴欧学枪炮、水雷诸技，还留福建，叙守备。以丁宝桢、李鸿章论荐，擢游击，会办北洋操防。十一年，赴德国购定远舰。维时海军初立，借才异地，西人实为管带，步蟾副之。已而西人去，颇能举其职。十四年，以参将赴欧领四快船归，迁副将，赐号强勇巴图鲁，擢右翼总兵。

二十年，中日战起，海军浮泊大东沟。日舰至，督摄诸艺士御之，鏖战三时许，沉敌舰三艘，运送铭军八营，得以乘间登岸。论功，晋记名提督，易其勇号曰格洪额。明年，战威海，中弹死。步蟾通西学，海军规制多出其手。顾喜引用乡人，视统帅丁汝昌蔑如也，时论责其不能和衷，致偾事。然华人明海战术，步蟾为最先，虽败挫，杀敌甚众。上嘉其忠烈，诏优恤。

其左翼总兵林泰曾，亦籍侯官，同为船政学堂卒业生。管镇远，战大东沟，发炮敏捷，士卒用命，扑救火弹甚力，机营炮位无少损，赐号霍春助巴图鲁。驶远威海，舰触礁受伤，愤恨蹈海死。副将左翼中营游击杨用霖、广东大鹏协右营守备黄祖莲并殉焉。优恤各如制。祖莲等，《忠义》有传。

戴宗骞，字孝侯，安徽寿州人。少以廪生治乡团，捻酋苗沛霖数陷州，宗骞潜结各圩寨以携贰其党。同治初，谒李鸿章，上平捻十策，深器之，遂留参戎幕，积劳至知县。十一年，治南运河堤工。时畿辅兴水利，计臣虑饷诎，议裁兵。宗骞上书，略谓："津沽为九河故道，漳、卫交汇，水畜衍溢。宜辟减河泄其势，浙枝河分其涨，俾淮、练军治之，则兵农合一，事半而功倍。"鸿章以其议上闻，遂命董其役，成稻田六万余亩。著《海上屯田志》纪其事。

光绪六年，中俄失和，吴大澂被命佐吉林边务，奏宗骞自随。大澂兼摄屯政，宗骞为治道路，筑炮台，设江防，徙直、东流民，假予产业，分部护之。塞外灌莽千里，马贼为民患，宗骞曰："此屯政蠹也！"率将士步驰八九百里，获渠率王林等骈诛之。又以缘边荒亘，户籍残耗，客民奂居不相顾，因令屯聚一处，略仿内地保甲，杜绝奸宄。复设制造局、采金厂，行之期年，商民辐凑。大澂上其绩状，迁知府。

八年，徙防洋、浦河两海口。遭母忧归，鸿章疏留，宗骞请终制，弗许。时兴海军，练水师，辟军港，檄防威

海。十三年，诣军所，壁金线顶山，分巩军驻南岸，绥军驻北岸。明年，建两岸海台各三，南曰赵北嘴、鹿角嘴、龙庙嘴，北曰北山嘴、黄泥崖、祭祀台。后路分筑陆台四，南岸口较阔，更建日岛地坬炮台，屹然为东防重镇。十七年，校阅海军礼成，论功晋道员。威海地瘠，士气衰，更斥赀立义塾，延名师；至是始闻讴诵声。

二十年夏，日舰夹攻，率师御之，伤其舰四艘，再至再败之。既而旅顺、大连相继沦没，威海势益孤，电请北洋、山东益师，久弗应。其冬，连失文登、宁海。时宗骞守北岸，分统刘超佩守南岸，宗骞与约，寇至互相应。岁除，大风雪，战桥头集，绥军大困，锐身救之出。

逾岁，日军至，辄败去，折而南。宗骞往援，而超佩跑踉遁，三台拱手让敌，反诉巡抚李秉衡，诬宗骞背约。宗骞抗辩，愿复三台赎罪。乃募敢死士夺还二台，唯龙庙嘴未复。日军倏大集，二台仍不守，宗骞退归，登祭祀台。所部卒哗变，宗骞佯弗省，行数武，枪齐发，材官追斩一人，众散走。宗骞既登，乃无一从者。夜宿药库，丁汝昌诣筹战守策，宗骞曰："绥、巩军已西去，孤台危棘，恐资敌。"汝昌令毁台，强掖之下，宗骞念南北各有地坬台，此其势尚可为，乃诣刘公岛就副将张德山。德山无战守志，宗骞饮金死，威海师遂熸。鸿章以死事闻，诏优恤。复以秉衡请，赠太常寺卿。

论曰：中东之战，陆军皆遁，宝贵独死平壤；海军皆降，世昌独死东沟。中外传其壮节，并称"双忠"。及日兵入奉，永山独死凤城，敌遂长驱进矣。旅、大既失，威海势孤，步蟾、宗骞皆先后誓死。士气如此，岂遂不可一战？此主兵者之责。五人虽败，犹有荣焉！

卷四百六十一　列传二百四十八

宋庆　吕本元　徐邦道　马玉崑　依克唐阿　荣和　长顺

宋庆，字祝三，山东莱州人。家贫落魄，闻同里宫国勋知亳州，往依为奴。亳捻孙之友伪就抚，庆察其意叵测，请击之。国勋壮其志，署为州练长。之友降，遂统其众，号奇胜营，荐授千总。自是守宿州，剿豫匪，释凤阳围，保徐、泗后路。逾三岁，擢至总兵，赐号毅勇巴图鲁。既贵，过亳，谒所主，仍易仆厮服，执事上礼益恭，人传为美谈。

同治改元，唐训方抚安徽，裁临淮军，而以三营属庆，毅军自此始。三年，苗沛霖围蒙城，庆绝其饷道。会僧格林沁军至，轰击之，寇宵遁。苗酋死，庆为安抚余众，自寿州正阳关所莅皆下。两淮告宁，调赴豫。时张曜为翼长，庆往访，详询地势寇情。曜喜曰："诸将无问及此者，君来，豫之福也！"遂与交欢。明年，授南阳镇总兵。无何，曹州贼势炽，庆被困邓州刁河店，会粮罄，势且不敌。乃

令部将马玉昆率壮士三百，潜出立营通馈运，军气复振，寇乃解去。已而张总愚决河图北犯，庆据堤迎击，败之，西走；而任柱、赖文光复窜豫，湘军将刘松山助庆军尽驱入楚疆，豫略平。巡抚李鹤年因增练两大军，令曜领嵩武军，而以毅军专属庆。六年，与曜扼黄河，蹙捻至山东，聚而歼之。论功，赏黄马褂，更勇号格洪额。时总愚南扰河津，逼解州，诏庆与曜分守河北。逾岁，捻窜畿疆，庆率师入卫，转战雄、任、祁、高间，与诸军大破之，总愚赴水死。予二等轻车都尉，授湖南提督。

八年，左宗棠西征，庆引兵从，抵神木，再战再捷。明年秋，命参哈、宁剿匪事，旋移督西川，皆在军遥领。十三年，河、狄抚回闪殿臣叛，楚军战失利。时庆驻凉州，奉檄往援。三日驰五百余里，抵沙泥站，众缚其渠以献，诛之，事遂定。光绪元年，师还。六年，徙防旅顺，十余年，军容称盛。醇贤亲王奕𫍯被命巡阅，叹为诸军冠，亲解袍服赠之。两宫眷遇优渥，加太子少保、尚书衔。

二十年，中日失和，庆统毅军发于旅顺，与诸军期会东边九连城。军未集而平壤已失，廷旨罢总统叶志超，以庆代之。庆与诸将行辈相若，骤禀节度，多不怿，以故诸军七十余营散无有纪。又坐守江北一月，以待日军过义州，庆顿中路九连城，严戒备。日军渡鸭绿江，战失利，直趋凤凰城，退扼大高岭。旅顺围亟，朝命聂士成守之，敕庆往援。顿盖平，屡攻金州不得进，而旅顺已失。庆退守熊岳，自请治罪，被宥。未几，复州又失。日军西陷海城，庆亟赴之，击敌感王寨。前军方胜，后队讹传敌扑背，骇溃，复退守田庄台，辽阳益危。庆凡五攻城弗能拔，朝廷思倚湘军，命庆与吴大澄佐刘坤一军。庆率徐邦道、马玉昆兵万二千人顿太平山，战却之，大澄败入关。庆方三万人驻营口，闻警，还扼辽河北岸；而日军尽以所获炮列南岸猛攻，庆军溃而西，于是辽河以东尽为日有矣。诏褫职留任。

二十四年，徙守山海关，入觐，释处分。和议成，留豫军三十营属之，赐名武卫左军，驻锦州。二十八年，卒，晋封三等男，予建祠，谥忠勤。子天杰，五品京堂，袭爵。

庆从戎久，年几八十，短衣帕首，蹀蹀冰雪中，与士卒同甘苦，人以为难云。

吕本元，安徽滁州人。初隶李鸿章军，随剿粤匪、捻匪，转战苏、皖、鲁、豫各省。援鄂、援陕屡立功，历保总兵，赏强勇巴图鲁勇号。鸿章总督直隶，调入直。光绪初，授四川重庆镇，仍留统盛军马步各营。中日战起，檄本元统队出关，兼程至安州。平壤失，从宋军退守大高岭。本元令各军夜树旗各要隘，广设疑兵，亘二百余里。敌至，疑顿不前，乘其疲袭击之，复与聂军败之分水岭。议成，还直。二十六年，拳祸起，署天津镇，擢直隶提督，统淮练各军。剿匪受弹伤，事平，赏黄马褂。调浙江，勤训练，尤严治盗，常亲督队入山搜剿，连毙匪首。浙省议裁绿营，本元赞画始就绪。宣统二年，病，乞罢。寻卒。

徐邦道，四川涪州人。初从楚军讨粤寇，积勋至参将。还本籍筹防，解城围，迁副将。越境援陕西汉中，赐号冠勇巴图鲁。旋坐汉中失守，褫职。嗣从副将杨鼎勋援苏，再援浙、闽，以战功释处分。同治六年，从刘铭传剿平东捻，复官。明年，张总愚犯减河，邦道严扼桥口，大败之。更勇号铿僧额，迁总兵，署江苏徐州镇。光绪四年，擢提督，调驻天津军粮城，授正定镇。

东事起，庆以旅顺守将赴防九连城，李鸿章别令姜桂题等守旅顺，邦道助之。日军入貔子窝，邦道语诸将曰："金州若失，则旅顺不可守，请分兵御之。"诸将各不相统，莫之应。邦道自率所部趋大连湾。是时铭军分统赵怀益守其地，邦道至，固请兵，乃分步兵随邦道行。日军大集，遂占金州，进逼大连，怀益奔旅顺。越十日，日军来争旅顺，诸将相顾无措，邦道率残卒至，愤甚，思自效，请增兵，不许；请械，许之，乃率兵拒战土城子，挫之。日军大至，乃退。道员龚照屿先一日遁，诸将亦夺民船以济，盖日军未至而旅顺已墟矣。邦道奔复州依庆，诏褫职。庆令守盖州，邦道自牛庄移师还，而盖平亦失，合章高元击之，弗胜。桂题往援，邦道请夜捣盖平，桂题辞，诸军皆退营口。邦道乃从庆击敌太平山，与玉昆力战却之，俄仍败溃。复与湘将李光久攻海城，亦弗克，遂退。逾岁，卒，复官，予优恤。

马玉昆，字景山，安徽蒙城人。以武童从宋庆攻捻，积功至都司，赐号振勇巴图鲁。任柱等困庆登州，玉昆锐身驰救，围立解，骎是以骁果名。捻平，擢总兵。剿秦、陇回，数获胜，更勇号曰博奇。既克肃州，赐头品服。嗣从金顺出嘉峪关，连下乌鲁木齐、昌吉、玛纳斯，擒其渠黑瞎子。天山南北告宁，赏黄马褂，予世职。玉昆居西域先后十余年，收复名城以十数，暇辄使部下屯垦辟地利。李鸿章疏荐将才，谓可继宋庆。光绪间，调赴直隶。

二十年，补授山西太原镇。会日朝构衅，玉昆统毅军赴援，次平壤，壁南门外大同江。日军来攻，玉昆守东岸，血战久，援至，敌败去。已而玄武门失，叶志超令其速撤军，乃归平壤。日军占盖平，诸将皆退营口。玉昆从庆顿太平山，日军猛攻之，玉昆战最力，击退其众。无何，日军大集，庆陷重围，坠马负创，玉昆挟入，翼之出，伤亡殊多。转战田庄台、感王寨，以千余人抗强敌，屹然自全。

二十五年，擢浙江提督。明年，调还直隶。适拳匪肇乱，联军入寇，玉昆统武卫左军御之。初战天津，继战北仓，相持月余，卒以无援退。车驾西幸，命随扈。又明年，还京，加太子少保。二十八年，朝阳土寇窃发，玉昆倍道应赴，破其卡，生擒首恶邓莱峰诛之。三十四年，病卒，赠太子太保，予二等轻车都尉，谥忠武。

依克唐阿，字尧山，扎拉里氏，满洲镶黄旗人，吉林驻防。以马甲从征江南。移师讨捻，败张洛行于大回村、濉溪口，屡著战绩，积勋至佐领。同治初，马贼陷伊通，依克唐阿以少袭众，斩其酋刘果发等，又破之昌图，攻克刘家店，复长春厅，迁协领，赐号法什尚阿巴图鲁。搜捕残匪，获白淩阿、焦西平，晋副都统。十一年，补官黑龙江。光绪五年，移呼兰，呼兰设副都统自此始。明年，母忧归。

时俄人以议改《伊犁条约》有违言，乌里雅苏台参赞喜昌夙谂依克唐阿谙战术，请敕就近募猎户守珲春。会吉林戒严，依克唐阿遂募兵五千择隘分守，而自率师驻其地。珲春故重镇，其东南海参崴，俄尤数窥伺，廷议设副都统镇之，于是又改调珲春。十年，被命佐吉林军事。十五年，擢黑龙江将军。

二十年，日朝战起，依克唐阿请率军自效，乃进咸镜道，绕赴汉城迎击，上嘉之。左宝贵军失利平壤，日军西进，命移驻九连城。寻为日军渡江来攻，复令徙上游御之。依克唐阿与战于蒲石河，连克蒲石河口、古楼子。宋庆退驻大高岭，依克唐阿孤军不能独守，遂退宽甸。宋军南援旅、大，聂士成军接防，乃定夹攻之约。依军由宽甸绕进赛马集迎击日军，先战悬羊砬子，连胜之草岭河、通远堡、草河口。日军大集，横断聂、依两军，士成亟趋分水岭掮其背，依军还击，阵斩一中尉。又西而东，大战于金家河，军稍挫。日军先已占凤凰城，依克唐阿谋袭之，分左右翼以进，战一面山，敌来争，左翼溃，右翼统领永山遇伏死，依克唐阿保余军退，诏革职图后效。

逾岁，海城陷，辽西危棘，诏责长顺守辽阳，依克唐阿助之，发帑金五十万济依军。既至，议以攻为守。乃集诸将置酒，取刀刺臂血，搅而饮之，相矢以死。依军遂进取海城，军腾鳌堡、耿庄，数战弗胜。会荣和至军，亟趣之出。荣和先进北路，夺三卡，其左树木幽深，令隐兵备抄袭，而自列阵旷野，伏枪以待。日师据山巅轰击我师，弹落积雪中，溃不发。我师还击，仆者众，再发再仆。众争傍山出，伏枪具举，死以百数。荣和所部募自塞边外，善避击，伤者恒少，所谓"东山猎户"也。是役以千人抗日军数千，故依军声誉远出诸军上。

罢战诏下，日人将归我辽东，依克唐阿力请三路分兵镇慑，称旨。又条上练兵队、筑炮台、造铁路、制枪械、开矿产、治团练六事，朝旨以矿政尤要，敕妥筹开采。又明年，晋头品秩，授镶黄旗汉军都统。其秋，出为盛京将军。既莅事，纠贪墨，整营制，晰分厘税，岁增饷银数十万。复撤还金州奉军，杜俄人藉口，境内称治。二十五年，卒，谥诚勇，予建祠。

依克唐阿勇而有谋，性仁厚，不嗜杀，每有俘获，不妄戮一人。转战吴、皖、鲁、豫，先后救出难民以十数万计，至今人尸祝之。初与长顺订兄弟交，长顺兄事之。及议辽阳战守，语不协。依克唐阿毅然独任其难，曰："孰使我为兄也者？"其雅量如此。

荣和，字育堂。二等侍卫，官至副都统。战后所部育字营多骄纵，命李秉衡查办，革职治罪。

长顺，字鹤汀，达呼里郭贝尔氏，隶满洲正白旗，世居布特哈。起家蓝翎侍卫，随文宗车驾狩热河。会马贼陷朝阳，从大学士文祥讨平之。嗣复从侍郎胜保征捻，转战直、鲁、皖、豫，以骁勇称。同治元年，解颍州围，以功迁二等。

多隆阿主陕西军事，调赴军，至潼关，大败寇众，赐号恩特赫恩巴图鲁。进攻咸阳马家堡，被巨创，援至，又大破之，咸阳复，晋头等。三年，悍回马化隆据宁夏，分其党驻清水堡成犄角，师久攻不下。长顺曰："不先剪其羽翼，城未可克也！"乃自灵州袭清水堡，乘胜取宁夏，拔之，晋副都统，赐头品服。时长顺年未四十，而战常陷坚。每当兵溃时，或抄袭其后，或横阻其前，俾溃军得整列，以是常转败为胜。其旗帜尚白，寇望见之，辄呼曰："小长将军至矣！"相与戒勿犯，其为寇所惮若此。

六年，移师兰州。时省城戎备寡，回众数千突来犯，长顺率百人隐小沟，出不意疾击之，寇愕走，又败之平番、皋兰、狄道，既复规取河州，连破太子寺、高家集，被赏赉。八年，授镶红旗汉军副都统。越二年，出署乌里雅苏台将军，坐事免。

光绪二年，复官，左宗棠调赴甘肃，历署巴里坤领队大臣、哈密帮办大臣。初，新疆南路勘界议起，当事者与俄使相持久不决。至是，长顺陟巉岩，披蒙茸，获见高宗御书界碑，俄使始无异辞，乃定。明年，假归，历授正白旗汉军都统、内大臣。十四年，出为吉林将军。既莅事，赈蓄荒，维圜法，均厘榷，澄吏治，清盗源，整旗务，境内一切皆治办。又创修《吉林通志》，书成上之。

二十年，日军陷海城，辽阳危。朝命长顺往援，节制奉天各军，并严诏："辽阳有失，唯长顺是问。"时溃军纷集辽城下，署知州徐庆璋方闭城不令入，军大閧。会长顺领百骑至，斩閧者一，余令还驻沙河。先是长顺被命以军五千分队应赴，先至者令壁本溪湖，自轻骑入辽阳。乱既定，日军谍者亦不知其止百骑也，第归言某将军至。日军遂止弗前，辽阳乃保。已而进攻海城，战数日弗胜，长顺奏趣宋庆会师，诏不许。湘军将陈湜至，又请刘坤一令合攻，亦未果。及日军绕道复攻辽阳，敌庆璋守岾峒峪，长顺与依克唐阿回援，得无恙。和议成，请疾归。

二十五年，复起吉林将军。拳乱作，俄罗斯内犯，奉天、黑龙江皆主战，长顺独持不可。又上言拳匪不可恃，东省铁路随地皆驻俄兵，宜善为羁縻，宁严守以待战，毋先战以启衅。上嘉其老成持重，奉、吉军事悉畀之。战衅既开，奉、黑皆罹灾，而吉林安堵，人服其先见。日俄之战，守中立，独无所犯。三十年，卒，赠太子少保，予一等轻车都尉，谥忠靖，入祀贤良祠。

长顺耸干颓面，须眉洒然。富胆略，恒持短矛单骑穿贼阵，为士卒先。往往以少制众，以奇制胜，兼谋勇，一时称良将云。

论曰：中日之战，淮军既覆，湘军随之，唯豫军强起支撑。庆与玉昆先后失利，亦不复能自振焉。东三省练军自成军后，终未当大敌，而依克唐阿、长顺一奋其气，遂保辽阳而无失，中外称之。丧师辱国者数矣，此固差强人意者哉。

卷四百六十二　列传二百四十九

丁汝昌　卫汝贵弟汝成　叶志超

丁汝昌，字禹廷，安徽庐江人。初隶长江水师，从刘铭传征捻，积勋至参将。捻平，赐号协勇巴图鲁，晋提督。光绪初，留北洋差序，赴英国购兵舰，历法、德各营垒厂局，还综水师。八年，朝鲜与美议互市，请莅盟，汝昌与道员马建忠东渡监约。既而朝军哗变，焚日使署，遂率济远、扬威二舰赴仁川、汉城护商，而日军已先至，汝昌还请益师。随统七舰以济，薄王京，与吴长庆及建忠谒李应罡，执以归。九年，授天津镇总兵。会越南南定陷，乘兵舰往江平及钦州白龙尾，徼循海口，赏黄马褂。十四年，定海军经制，命为海军提督。军故多闽人，汝昌以淮军寄其上，恒为所制。总兵以下多陆居，军士亦去船以嬉，又值部议停购船械，数请不获，盖海军废弛久矣。二十年，赏加尚书衔。

朝乱再起，汝昌欲至济物浦先攻日舰，将启行，总署电枳之。逮日舰纵横海上，海军始集大东沟、鸭绿江口。定远为汝昌座船，战既酣，击沉其西京丸一艘。已，致远弹药尽，被击，总兵邓世昌战死。自是连丧五舰，不复能军。汝昌犹立望楼督战，忽座舶炮震，晕而仆，异以下。汝昌鉴世昌之死，虑诸将以轻生为烈，因定《海军惩劝章程》，李鸿章上之，著为令。旅顺陷，汝昌渡威海，是时两军相去二百二十余里，朝士争弹之，褫职逮问。鸿章请立功自赎，然兵舰既弱，坐守而已。

逾岁，日军陷荣城，分道入卫。汝昌亟以木簰塞东西两口，复虑南岸三台不守、炮资敌，欲毁龙庙嘴台炮，陆军统将戴宗骞电告鸿章，责其通敌误国，不果毁。待援师不至，乃召各统领力战解围。会日暮大风雪，汝昌尽毁缘岸民船，而南北岸已失，日舰入东口猛攻，定远受重伤，汝昌命驶东岸，俄沉焉，军大震，竞向统帅乞生路，汝昌弗顾，自登靖远巡海口。日舰宵入口门，击沉来远、威远，众益恐。道员牛昶炳等相向泣，集西员计议。马格欲以众挟汝昌，德人瑞乃尔潜告曰："众心已变，不如沉船夷炮台，徒手降，计较得。"汝昌从之，令诸将同时沉船，不应，遂以船降，而自饮药死，于是威海师熸焉。事闻，诸将皆被恤，汝昌以获谴，典弗及。宣统二年，海军部立，旧将请赐恤，始复官。

卫汝贵，字达三，安徽合肥人。从刘铭传征捻，累迁至副将，晋总兵。事平，授河州镇，李鸿章荐其朴诚忠勇，留统北洋防军。历授大同、宁夏诸镇，均未之官，统防军如故。

光绪二十年，日朝战起，率马步六千余人进平壤，临行，鸿章诫以屏私见，严军纪。至牙山，退成欢，与日军相见，寻复趋平壤合大军，与副都统丰绅阿顿守城南江岸。平壤，朝旧京也，闻我军至，争携酒浆以献；而军士多残暴，掠财物，役丁壮，淫妇女，汝贵军尤甚，杀义定朝民，众滋忿。复蚀军糒八万运家，军大哗，连夕自乱，互相蹈藉。时马玉昆血战大同江，浮舟往援，敌稍却。玄武门岭失，即窜走。鸿章方据叶志超牒奏捷，俄而安东、凤凰陷，踉跄走岫岩，岫岩陷，走奉天。朝士交章纠其罪，诏褫职逮问。汝贵治淮军久，被朝时年已六十矣。其妻贻以书，戒勿当前敌，汝贵遇敌辄避走。败遁后，日人获其牍，尝引以戒国人。明年，镵送京师，按实，论死。

其弟汝成官至总兵。援旅顺，六统帅不相辖，汝成与赵怀益争殴，鸿章函责之。逮日军至，姜桂题等犹力御，而汝成已先遁。诏逮治，未踪获，乃籍其家。后不知所终。

叶志超，字曙青，安徽合肥人。以淮军末弁从刘铭传讨捻，积功至总兵。战淮城被创，仍奋击却之，逐北天长，又败之汉河，赐号额图浑巴图鲁。规南药，战德、平间，频有功。捻平，留北洋。光绪初，署正定镇总兵，率练军守新城，为大沽后路。后徙防山海关，李鸿章荐其优智略，予实授。十五年，擢直隶提督。越二年，热河教匪乱，志超率师讨之。平建昌，连克榆林、沈家窝馆、贝子庙，释下长皋围，进攻乌丹城，擒其渠李国珍磔之，赏黄马褂、世职。

二十年，朝鲜乞师，鸿章令选练军千五百，率太原总兵聂士成顿牙山。志超迟留不进，鸿章责之，不得已启行。而日军已据王京要隘，牙山兵甚单，驻朝商务委员袁世凯数约志超电请北洋发战舰赴仁川，增陆军驻马坡。鸿章始终欲据条约，恐增兵为彼藉口，勿许，并戒志超毋启衅。亡何，高升商轮运兵近丰岛，被击沉。士成谓志超曰："海道既梗，牙山绝地，不可守。公州背山面江，势便利，战而胜，可据以待援；不胜，犹得绕道出也。"志超从之。日军逼成欢，士成以无援败，趋公州就志超。而志超已弃公州，间道出汉阳东，士成追之。当是时，大军集平壤，乃卷甲而趋之，二日始至。志超以成欢一役杀伤相当，铺张电鸿章，鸿章以闻，获嘉奖、赏银二万犒军，拜总统诸军之命。

志超意甚满，日置酒高会，徒筑垒环炮为守。日军诇至大同江，为我军逐去，遂以屡捷上告。时统帅居城中，日军夹江而阵，两岸相轰击。东南二路战少利，志超莫敢纵兵，趣回城。日军乘间以济，据山阜，左宝贵出御之，被巨创。志超将私逸，宝贵不从，以兵监之。宝贵自守玄武门岭，矢必死，登城指麾，为炮所中而殒。志超亟树白帜乞罢战，日人议受降，请帅兵归，弗许，乃潜向北走。朝兵衔之刺骨，于其出城时枪击之，死者不可称计。日军复要之山隘，兵溃，回旋不得出，挤而死者相枕藉。诸将尽委械而去，于是朝境内无我军矣。

志超奔安州，士成谓安地备险奥，可固守，弗听。径定州，亦弃不守，趋五百余里，渡鸭绿江，入边始止焉。事闻，夺志超职，鸿章请留营效力，弗许。次年，械送京师，下刑部鞫实，定斩监候。二十六年，赦归，岁余卒。

论曰：甲午之役，海陆军尽覆，辱莫大焉。汝昌虽有罪，而能以一死报国，尚知畏法。汝贵、志超丧师失地，遗臭邻邦，靦然求活，终不免于国典，何其不知耻哉？

卷四百六十三　　列传二百五十

唐景崧　刘永福

唐景崧，字维卿，广西灌阳人。同治四年进士，选庶吉士，改吏部主事。光绪八年，法越事起，自请出关招致刘永福，廷旨交岑毓英差序。景崧先至粤，谒曾国荃，赞其议，资之入越。明年，抵保胜，见永福，为陈三策，谓："据保胜十州，传檄而定诸省，请命中国，假以名号，事成则王，此上策也；次则提全师击河内，中国必助之饷；若坐守保胜，事败而投中国，策之下也。"永福从中策。战纸桥，敌溃，为作檄文布告内外，檄出，远近争响应。越嗣君为法胁，莫能自振，景崧乘间劝内附。永福意犹豫，景崧曰："子能存亡继绝，即所以报故主也。且阮福时已薨，无背主嫌。"永福意稍动，于是广招戎幕谋大举。上念景崧劳，赏四品衔。

景崧上书言："越南半载之内，三易国王，欲靖乱源，莫如遣师直入顺化，扶翼其君，以定人心。若不为藩服计，不妨直取为我有，免归法夺，否则首鼠两端，未有不败者也。"十年，驻兴化，会北宁告急，毓英令景崧导永福往援。初，桂军黄桂兰等方守北宁，刘团被困山西，坐视不救，永福憾之深。至是景崧力解之，始往；并劝桂兰离城择险而守，弗听。景崧轻骑入谅山，与徐延旭最战守。适扶良警，请还辖刘军，行至郎甲，涌球陷，阻弗达。回谅，谓延旭曰："寇深矣！亟宜收溃卒，定人心，备糗粮，集军械，分兵守险，以保兹土。"于是令综前敌营务，扼巴塘岭。敌再至，再却之，广军气稍振。

会张之洞令其募勇入关，乃编立四营，号景字军，为规越广军之一。朝廷赏加五品卿。景崧遂取道牧马，行千二百里，箐壑深岨，多瘴厉，人马颠陨不可称计。既至，数挫敌锋，毓英高其能，复以潘德继滇军属之，兵力乃益厚，进顿三江口。逾月，法人攻刘团吴凤典营，景崧率谈敬德驰救，大捷。敌既退，遂先薄宣光。城外地故荒服，乃督军开山斩道，首龙州，迄馆司，创设台站，滇桂道始达。已而军扎南门，敌开壁出荡，疾击之，逼城而垒，枪弹雨坌，攻益力。是时天霪雨，运馈绝，吏士无人色。逾岁，滇军引槐攻城，桂军虽饥疲，然犹据山巅轰击。法人殊死斗，不可败。毓英虑其断后援，令勿拚孤注，于是退顿牧马。有旨罢战，遂入关。论宣光获胜功，赏花翎，赐号霍伽春巴图鲁，晋二品秩，除福建台湾道。十七年，迁布政使。二十年，代邵友濂为巡抚。

台湾自设巡抚，首任刘铭传，治台七年，颇有建设，详《铭传传》。铭传去，友濂继之，丈地清赋，改则启征，

迭平番乱，建基隆炮台。及景崧莅任，日韩启衅，亟起筹防。永福分镇南澳。景崧自与永福共事，积不相能，乃徙永福军台南，而自任守台北，未几而李文奎变作。文奎故直隶匪，从淮军渡台，居景崧麾下为卒。有副将余姓者，缘事再革之，文奎忿甚，即抚署前斩其头，护勇内应，争发枪，将入杀景崧。景崧出，叛卒见而怖之，敛刃立，告无事。景崧慰之，翻令文奎充营官，出驻基隆。于是将领多离心，兵浸骄不可制。

割台议起，主事邱逢甲建议自主，台民争赞之。乃建"民国"，设议院，推景崧为总统。和议成，抗疏援赎辽先例，请免割，不报，命内渡。台民愤，乃决自主，制蓝旗，上印绶于景崧，鼓吹前导，绅民数千人诣抚署。景崧朝服出，望阙谢罪，旋北面受任，大哭而入。电告中外，有"遥奉正朔，永作屏藩"语，置内部、外部、军部以下各大臣。命陈季同介法人求各国承认，无应者。无何，日军攻基隆，分统李文忠败溃。景崧命黄义德顿八堵，遽驰归，诡言狮球岭已失，八堵不能军，且日人悬金六十万购总统头，故还防内乱，景崧不敢诘也。是夜，义德所部哗变。平旦，日军果占狮球岭，溃兵争入城，城中大惊扰乱，客勇、土勇互仇杀，尸遍地。总统府火发，景崧微服挈子逌，附英轮至厦门，时立国方七日也。二十八年，卒。

刘永福，字渊亭，广西上思人，本名义。幼无赖，率三百人出关，粤人何均昌据保胜，即取而代之。所部皆黑旗，号黑旗军。

同治末，法人陷河内，法将安邺构越匪黄崇英谋占全越，拥众数万，号黄旗。越王谕永福来归，永福遂绕驰河内，与法人抗，设伏以诱斩安邺，覆其全军。法人大举入寇，永福军频挫。越人惧，乃行成，而授永福为三宣副提督，辖宣光、兴化、山西三省，设局保胜，榷厘税助饷。有黄佐炎者，越驸马，以大学士督师。永福数著战功，匿不闻，永福衔之。越难深，国王责令佐炎发兵，六调永福不至，然越王始终思用之。

光绪七年，法人藉词前约互市红河，胁越王逐永福。越王佯调解，而阴令之徙。法大怒，逾岁，入据河内。永福愤，请战，出驻山西，径谅山，谒提督黄桂兰，乞援助。会唐景崧至，面陈三策，永福曰："微力不足当上策，中策勉为之！"朝旨赏十万金犒军，永福入赘为游击。战怀德纸桥，阵斩法将李威利，越王封一等男。既又败之城下，法人决堤掩其军，越人具舟拯之出，退顿丹凤，与法人水陆相持，苦战三日，部将黄守忠攻最力。敌大创，乃浮舰攻越都，悬万金购永福，越乞降。永福欲退保胜，黑旗军皆愤溃，守忠自请以全师守山西，功不居，罪自坐，永福乃不复言退。无何，闻法军至，遂出驻水田中，而军已罢困，及战，大溃，退保兴化。

九年，法人要议越事，岑毓英力言土寇可驱，永福断不宜逐，上韪之，命永福相机规河内，并济以饷。十年，毓英次嘉喻关，永福往谒，毓英极优礼之，编其军为十二营。法人闻之，改道犯北宁。永福驰援，径永祥金，英、法教民梗阻，击却之。比至，粤军已大溃，永福夺还扶朗、

猛球炮台。俄北宁失，力不支，再还兴化。复以粮运艰阻，改壁文盘洲大滩，候进止。

毓英奏言："永福为越官守越地，分所应为，若畀以职，将来边徼海澨，皆可驱策。"于是擢提督，赏花翎。而李鸿章坚持和议，犹责其骚动。已，和局中变，上令永福军先进。法人扰宣光，永福窖地雷待之，连日隐卒以诱敌，不敢出。复徙营逼城，三战皆利。敌援至，毓英遣水师溯河而上，永福夹流截击，夺其船二十余艘，斩馘数十级，法人愕走。逾月，法舰入同章，毓英遣将分伏河东西，永福居中策应，两岸轰击，败之，复以全力扼河道。十一年，法军攻左峒，守忠失同章不守，诸军败挫，永福退浪泊。停战诏已下未至，犹大捷临洮。论胜宣、临功，赐号依博德恩巴图鲁。和议成，法人要逐如故。张之洞令永福驻思钦，不肯行。景崧危词胁之，乃勉归于粤，授南澳镇总兵。

二十年，中日衅起，命守台湾，增募兵，仍号黑旗。景崧署巡抚，徙其军驻台南。及台北陷，景崧走，台民以总统印绶上永福，永福不受，仍称帮办。日舰驶入安平口，击沉之。攻新竹，相持月余，兵疲粮绝，永福使使如厦门告急，并电缘海督抚乞助饷，无应者。而台南土寇为内间，引日军深入，破新化，陷云林，掇苗栗，轰嘉义，孤城危棘，永福犹死守。日台湾总督桦山资纪贻书永福劝其去，峻拒之。日军乃大攻城，城陷，永福亡匿德国商轮，日军大搜不获。内渡后，诏仍守钦州边境。后卒于家。

永福骨瘦柴立，而胆气过人，重信爱士，故所部皆尽死力云。

论曰：清初平定台湾，用兵数十载，始入版图。甲午议和，遽许割让，天下莫不同愤焉。台民奋起，拥景崧为总统，建号永清，此实国民自主之始，七日遽亡。景崧初说永福王越，乃自为之，竟不可以终日，虽有知慧，不如乘势，岂不然哉？永福战越，名震中外，谈黑旗军，辄为之变色。及其渡台，已多暮气，景崧又不与和衷，卒归同败，此不仅一隅之失也，惜哉！

卷四百六十四　列传二百五十一

李端棻　徐致靖子仁铸　**陈宝箴**
黄遵宪　曾铄　杨深秀　杨锐
刘光第　谭嗣同唐才常　**林旭　康广仁**

李端棻，字苾园，贵州贵筑人。同治二年进士，选庶吉士，授编修，为大学士倭仁、尚书罗敦衍所器。十年，出督云南学政。值回寇乱后，荒服通亘，前使者试未遍，端棻始一一按临，文化渐振。光绪五年，转御史，以叔父朝仪官京尹，回避，改故官。累擢内阁学士。十八年，迁刑部侍郎。越六年，调仓场。前后迭司文柄，四为乡试考官，一为会试副总裁，喜奖拔士类。典试广东，赏梁启超才，以从妹妻之，自是颇纳启超议，娓娓道东西邦制度。

维时康有为上书请变法，兼及兴学。二十二年，端棻遂疏请立京师大学，凡各省府、州、县遍设学堂，分斋讲习；并建藏书楼、仪器院、译书局，广立报馆，选派游历生。二十四年，密荐康有为及谭嗣同堪大用。又以各衙门则例，语涉纷歧，疏请删订，上尤善之，诏趣各长官定限期革前敝。擢礼部尚书。未几，有为等败，端棻自疏检举，诏褫职，戍新疆。中道遘疾，留甘州。二十七年，赦归，主讲贵州经世学堂。三十三年，卒。宣统元年，从云南、贵州京朝官请，复官。

徐致靖，字子静，江苏宜兴人，寄籍宛平。光绪二年进士，选庶吉士，授编修。累迁侍读学士。父忧服阕，二十三年，起故官。致靖尝忧外患日迫，思所以为献纳计。子仁铸，时以编修督湘学，倡新学，书告致靖举康有为。致靖遂上言："国是未定，请申乾断示从违。"藉以觇上意。未几，诏果求通才，于是致靖奏有为堪大用，并及梁启超、黄遵宪等。又连上书请废制艺，改试策论，省冗官，酌置散卿。复以边患棘，宜练重兵，力荐袁世凯主军事。上皆然其言，敕依行。罢斥礼部尚书许应骙等阻遏言路，遂命致靖权右侍郎。二十四年八月，太后复出训政，参预新政诸臣皆获罪。致靖褫职坐系，寻定永远监禁，仁铸亦罢官。庚子，联军陷京师，致靖始出狱待罪，诏赦免。卒，年七十五。

陈宝箴，字右铭，江西义宁人。少负志节，诗文皆有法度，为曾国藩所器。以举人随父伟琳治乡团，御粤冠。已而走湖南，参易佩绅戎幕，军来凤、龙山间。石达开来犯，军饥疲，走永顺募粮，粮至不绝，守益坚，寇稍稍引去。宝箴之江西，为席宝田画策歼寇洪福瑱，事宁，叙知府，超授河北道。创致用精舍，遴选三州学子，延名师教之。迁浙江按察使，坐事免。湖南巡抚王文韶荐其才，光绪十六年，召入都，除湖北按察使，署布政使。二十年，擢直隶布政使，入对，时中东战亟，见上形容忧悴，请日读太祖《御纂周易》，以期变不失常。他所陈奏语甚多，并称旨。上以为忠，命治榆台，专摺奏事。《马关和约》成，泣曰："殆不国矣！"

明年，以荣禄荐，擢湖南巡抚。抚幕有任骄者，植党私利，至即重治之。直隶布政使王廉为关说，据以上闻，廉获谴。覆按史念祖被劾事，尽暴其任用非人状，念祖遂褫职。繇是有伉直声。湘俗故暗塞，宝箴以一隅致富强，为东南倡，先后设电信，置小轮，建制造枪弹厂，又立保卫局、南学会、时务学堂。延梁启超主湘学，湘俗大变。又疏请厘正学术及练兵、筹款诸大端，上皆嘉纳，敕令持定见，毋为浮言动，并特旨奖励之。是时张之洞负盛名，司道咸屏息以伺。宝箴初绾粤鄂藩，遇事不合，独与争无私挠，之洞虽不怿，无如何也。久之，两人深相结，凡条上新政皆联衔，而鄂抚谭继洵反不与。

会康有为言事数见效。宝箴素慕曾、胡荐士，因上言杨锐、刘光第、谭嗣同、林旭佐新政。上方诏求通变才，遽擢京卿，参新政，于是四人上书论时事无顾忌。宝箴又言四人虽才，恐资望轻，视事过易，愿得厚重大臣如之洞者领之。疏上而太后已出训政，诛四京卿，罪及举主，宝箴去官，其子主事三立亦革职，并毁湘学所著《学约》、《界说》、《札记》、《答问》诸书。

初，宁乡已革道员周汉，以张揭帖攻西教为总督所治。宝箴至，汉复刊帖传布，宝箴毁之，汉殴毁帖者，宝箴怒，下之狱。旧党恨次骨，然喜新之士，亦以此禽然称之。宝箴既去，诸所营构便于民者，虽效益已著，皆废毁无一存云。卒，年七十。

黄遵宪，字公度，嘉应州人。以举人入赀为道员。充使日参赞，著《日本国志》上之朝。旋移旧金山总领事。美吏尝藉口卫生，逮华侨满狱。遵宪径诣狱中，令从者度其容积，曰："此处卫生顾有于侨居邪？"美吏谢，遽释之。历湖南长宝盐法道，署按察使。时宝箴为巡抚，行新政，遵宪首倡民治于众曰："亦自治其身，自治其乡而已。由一乡推之一县、一府、一省，以迄全国，可以成共和之郅治，臻大同之盛轨。"于是略仿西国巡警之制，设保卫局，凡与民利民瘼相丽，而为一方民力能举者，悉属之，领以民望，而官辅其不及焉。寻解职，奉出使日本之命，未行而党祸起，遂罢归。著有《人境庐诗草》等。

曾铢，字怀清，喜塔腊氏，满洲正白旗人。父庆昀，宁夏将军。以任子为工部主事，累迁郎中，充军机章京，转御史。光绪九年，出为陕西督粮道。西、同各属农民纳粮例缴省仓，道涂艰远，多弊窦，设法清厘之，民称便。三辅士风朴塞，艺事苦窳，延长安柏景伟、咸阳刘光贲主关中书院，督课实学，士论禽然。又设蚕桑局，聘织师教以煮涷织染法，岁出丝帛垺齐、豫。十三年，迁按察使。明年，母忧解职。服除，起故官，俄迁甘肃布政使。二十四年，调直隶，回避，留本任。擢湖北巡抚，慨然曰："时艰至此，犹可拘成法不变耶？"于是假陕甘总督印上陈补官、掣签、度支、讼狱四事，宜变通成例，厚植国本。侍读学士贻毂、光禄寺少卿张仲炘弹其乱政，诏褫职。始，曾铢官京朝，家綦贫，僦居陋室。及任外台，孜孜民事，不顾问有无。既闲废，出入皆徒步，陕民恒岁酿金济之。后益困，至敝衣鬻卜都市。未几，卒。宣统改元，总督端方为奏复原官。

杨深秀，字仪村，本名毓秀，山西闻喜人。少颖敏，谙中西算术。同治初，以举人入赀为刑部员外郎。假归，值晋大饥，阎敬铭衔命筹赈，深秀条上改革差徭法，因少苏。光绪十五年，成进士，就本官迁郎中，转御史。尝言："时势危迫，不革旧无以图新，不变法无以图存。"

二十四年，俄人胁割旅顺、大连湾。深秀力请联英、日拒之，词甚切直。时朝廷锐意行新政，而大臣恒多异议。深秀乃与徐致靖先后疏请定国是，又以取士之法未善，请参酌宋、元、明旧制，厘正文体，下其议于礼部，尚书许应骙心非之，未奏也。会议经济特科务减额，于是深秀合宋伯鲁弹其阻挠。上令应骙自陈，奏上，劾康有为夤缘要津，请罢斥，词连深秀，上不之诘也。御史文悌劾深秀传布有为所立保国会，并暴有为交通内外状，德宗责以代人报复，反获咎。深秀益感奋，连上书请设译书局，派王公游历各国，并定游学日本章程，皆报可。又请试庶官，日番二十人，料简贞实，而汰其庸愚罢老不谙时务者，繇是廷臣益侧目。湖南巡抚陈宝箴图治甚急，中蜚语，深秀为剖辨之，上以特旨褒宝箴，宝箴乃得行其志。

八月，政变，举朝惴惴，惧大诛至，独深秀抗疏请太后归政。方疏未上时，其子虋田苦口谏止，深秀厉声叱之退。俄被逮，论弃市。

深秀性鲠直，尝面折人过，以此丛忌。官台谏十阅月，封事二十余上，稿不具存，惟狱中诗三章流传于世。著有《虚声堂稿》、《闻喜县新志》。

杨锐，字叔峤，四川绵竹人。少隽慧，督学张之洞奇其才，招入幕。肄业尊经书院，年最少，尝冠其曹。优贡朝考得知县。之洞督两广，从赴粤。光绪十一年，举顺天乡试，考取内阁中书。

二十四年，之洞荐应经济特科。又以陈宝箴荐，与刘光第、谭嗣同、林旭并加四品卿，充军机章京，参新政。召见，锐面陈兴学、练兵为救亡策，称旨。七月，礼部主事王照上封事，尚书许应骙等格不奏。上闻，震怒，尽褫尚书侍郎六人革职，朝臣皆不自安。上手诏密谕锐云："近日朕仰观圣母意旨，不欲退此老耄昏庸大臣而进英勇通达之人，亦不欲将法尽变。朕岂不知中国积弱不振，非力行新政不可？然此时不惟朕权力所不及，若强行之，朕位且不能保。尔与刘光第、谭嗣同、林旭等详悉筹议，必如何而后能进用英达，使新政及时举行，又不致少拂圣意，即具奏，候朕审择，不胜焦虑之至！"锐复奏言："太后亲挈大位授之皇上，皇上宜以孝先天下，遇事将顺。变法宜有次第，进退大臣不宜太骤。"上是之。

已而太后再训政，诸言新政者皆予重诛。锐既下狱，自揣实无罪，谓即讯不难白，次日，遽诏与光第等同弃市。宣统改元，锐子庆昶缴手诏于都察院，请代奏，始传于世。

刘光第，字裴村，四川富顺人。光绪九年进士，授刑部主事。治事精严，因谳狱忤长官，遂退而闭户勤学，绝迹不诣署。家素贫，而性廉介，非旧交，虽礼馈弗受。独与杨锐善。通《周官》、《礼》及《大、小戴礼记》。其应召也，亦以陈宝箴荐，然非其素志，将具疏辞，川人官京朝者力劝之。一日，召见，力陈时危民困，外患日迫，亟宜虚怀图治，上称善。惟时言路宏启，臣民奏事日数百计，光第竟日批答，签识可否，以待上裁。退语所亲曰："吾终不任此，行当亟假归矣！"未一月而祸作，光第自投狱。临刑，协办大学士刚毅监斩，光第诧曰："未讯而诛，何哉？"令跪听旨，光第不可，曰："祖制，虽盗贼，临刑呼冤，当复讯。吾辈纵不足惜，如国体何！"刚毅默不应，再询之，曰："吾奉命监刑耳，他何知？"狱卒强之跪，光第崛立自如。杨锐呼曰："裴村，跪！跪！遵旨而已。"乃跪就戮。著有《介白堂诗文集》。

谭嗣同，字复生，湖南浏阳人。父继洵，湖北巡抚。嗣同少倜傥有大志，文为奇肆。其学以日新为主，视伦常旧说若无足措意者。继洵素谨饬，以是颇见恶。嗣同乃游新疆刘锦棠幕，以同知入赀为知府，铨江苏。陈宝箴抚湖南，嗣同还乡佐新政。梁启超倡办南学会，嗣同为之长。届会期，集者恒数百人，闻嗣同慷慨论时事，多感动。

光绪二十四年，召入都，奏对称旨，擢四品卿、军机章京。四人虽同被命，每召对，嗣同建议独多。上欲开懋勤殿，设顾问官，令嗣同拟旨，必载明前朝故事，将亲诣颐和园请命太后。嗣同退谓人曰："今乃知上绝无权也！"时荣禄督畿辅，袁世凯以监司练兵天津。诏擢世凯侍郎，召入觐。嗣同尝夜诣世凯有所议。明日，世凯返天津。越晨，太后自颐和园还宫，收政权。启超避匿日本使馆，嗣同往见之，劝嗣同东游。嗣同曰："不有行者，无以图将来；不有死者，无以酬圣主。"卒不去。未几，斩于市。著有《仁学》及《莽苍苍斋诗集》等。

唐才常，字佛尘。少与嗣同齐名，称"浏阳二生"，两湖学堂高材生也。闻嗣同死，忧愤，屡有所谋，每言及德宗，常泣下。二十六年，两宫出狩，才常阴结富有会谋举事，号勤王，将攻武、汉。被获，慷慨言无所隐，请就死，遂杀之。

林旭，字暾谷，福建侯官人。年十九，举本省乡试第一。后试礼部，值中日构衅，纠同试者上书论时事，不报。入赀为内阁中书。时康有为倡言变法，先于京师立粤学会，以振厉士气，而蜀学、浙学、陕学、闽学诸会继之。旭为闽学会领袖，又充保国会会员。荣禄先为福州将军，雅好闽士，及至天津，延旭入幕。俄以奏保人才召见，操土语，上不尽解。退缮摺，上称善，遂命与谭嗣同等同参机务，诏谕多旭起草。及变起，同戮于市，年二十有四。著有《晚翠轩诗集》。妻沈葆桢孙女，闻变，仰药不死，以毁卒。

康广仁，名有溥，以字行，有为弟。少从兄学。有为上书请改革，广仁谓当先变科举，庶人才可出。其后罢乡会试、制艺，而岁科试未变，广仁激励言官抗疏论之，得旨俞允。于是广仁语有为："今科举既废，宜且南归兴学专教育，俟养成多数有用才，数年后乃可云改革也。"有为不忍去。及初闻变，广仁复趣有为归。有为走，广仁被逮。在狱言笑自若，临刑犹言曰："中国自强之机在此矣！"

论曰：戊戌变法，德宗发愤图强，用端棻等言，召用新进。百日维新，中外震仰，党争遽起，激成政变。锐、光第、嗣同、旭及深秀、广仁同日被祸，世称"六君子"，皆悲其志。内争不已，牵及外交。其后遂酿庚子排外之乱，终致危亡。此亦清代兴衰一大关键也。

卷四百六十五 列传二百五十二

徐桐豫师 子承煜 **刚毅 赵舒翘**
启秀 英年 裕禄廷雍 **毓贤** 李廷箫

徐桐，字荫轩，汉军正蓝旗人，尚书泽醇子。道光三十年进士，选庶吉士，授编修。坐修改中卷干磨勘，罢职。咸丰十年，特赏检讨，协修《文宗实录》。同治初，命在上书房行走，奉懿旨番讲《治平宝鉴》，入直弘德殿，累迁侍讲学士。先后疏请习政事、勤修省，成《大学衍义体要》以进。数擢至礼部侍郎。念外人麕集京师，和议难恃，宜壹意修攘图自强；因条上简才能、结民心、裕度支、修边备四策。光绪初，授礼部尚书，加太子少保。主事吴可读请豫定大统，以尸谏，桐与翁同龢等谓其未悉本朝家法："当申明列圣不建储彝训，俾知他日绍膺大宝之元良，即为承继穆宗之圣子。揆诸前谕则合，准诸家法则符。"疏入，诏存毓庆宫备览。

时崇厚擅订俄约，下群臣议，乃条摘其不可行者：曰伊、塔各城定界；曰新疆、蒙古通商；曰运货径至汉口；曰行船直入伯都讷。六年，廷议徇俄人请，将赦崇厚罪，桐力持不可，谓："揆度机要在枢廷，折冲俎豆在总署，讲信修睦在使臣。赦之而彼就范，犹裨国事；若衅端仍不能弭，反失刑政大权。推原祸始，宜肃国宪。"又言："今日用人之道，秉忠持正者为上，宅心朴实者次之。若以机权灵警，谙晓各国语言文字，遽目为通才，而责以巨任，未有不偾且蹶者！"不报。历充翰林院掌院学士、上书房总师傅。十五年，以吏部尚书协办大学士，晋太子太保。二十二年，拜体仁阁大学士。

桐崇宋儒说，守旧，恶西学如仇。门人言新政者，屏不令入谒。二十四年政变后，太后以其耆臣硕望，颇优礼，朝请令近侍扶掖以宠之。

有豫师者，字锡之，内务府汉军。进士。官至乌鲁木齐都统，以讲学为桐所倾服。方太后议废帝，立端王载漪子溥俊为"大阿哥"，桐主之甚力，实皆豫师本谋也。既而桐被命照料，益亲载漪。各国不慊载漪等所为，漪患甚，图报复。二十六年，义和拳起衅仇外，载漪大喜，导之入都。桐谓："中国当自此强矣！"至且亲迓之。然及其乱时，仍被劫掠。袁昶、许景澄之死，举国称冤，而桐则曰："是死且有余辜！"时其子承煜监刑，扬扬颇自得。

承煜，字楠士。拔贡。以户部小京官晋迁郎中，累官刑部左侍郎。已，联军入，桐仓皇失措，承煜请曰："父毕拳匪，外人至，必不免，失大臣体。盍殉国？儿当从侍地下耳！"桐乃投缳死，年八十有二矣。而承煜遂亡走，为日军所拘，置之顺天府尹署，与启秀俱明年正月正法。命下，日军官置酒为饯，传诏旨，承煜色变，口呼冤，痛诋西人不已。翼日，备舆送至菜市，监刑官出席礼之，已昏不知人矣,寻就戮。和议成,褫桐职,夺恤典,旋论弃市,以先死议免。

　　刚毅,字子良,满洲镶蓝旗人。以笔帖式累迁刑部郎中。谙悉例案,承审浙江馀杭县民妇葛毕氏案,获平反,按律定拟,得旨嘉奖。出为广东惠潮嘉道,迁江西按察使,调直隶;迁广东布政使,调云南。光绪十一年,擢山西巡抚。请设课吏馆,手辑《牧令须知》诸书,分讲习,诏饬行各省。治套外屯田,建分段、开渠、设官三策。明年,移抚江苏。苏患水溢,先后浚蕰藻河、吴淞江,以工代赈,民德之。调广东。二十年,召授军机大臣,补礼部侍郎。二十四年,以工部尚书协办大学士,疏陈实仓廪,严保甲,罢不急官。二十五年,按事江南及广东诸省。迭疏请筹长江防务,筹饷练兵,清理财政,及整顿地方一切事宜,诏皆饬行。

　　二十六年,拳乱作,命赵舒翘及刚毅驰往近畿一带查办解散,及还京覆命,而宣战诏已先下矣。匪集都城,肆焚杀,时方称义民,亡敢谁何。载漪等复疏言:"雪耻强国,在此一举!"又盛推拳民忠勇,有神术,可用。太后愈信之,因命刚毅、载勋统之,比于官军。然匪专杀自如,勿能问,且扰禁城,日焚劫不止。诏各军营会拿正法,尽拆所设神坛,并谕责刚毅、董福祥亲自开导,勒令解散,卒不能阻。各国联军入犯,两宫西狩,刚毅扈行至太原。车驾欲之西安,又从。道遘疾,还至侯马镇,死。其后各国请惩祸首,以先死免议,追夺原官。

　　赵舒翘,字展如,陕西长安人。同治十三年进士,授刑部主事,迁员外郎。谳河南王树汶狱,承旨研辨,获平反,巡抚李鹤年以下谴谪有差。居刑曹十年,多所纂定,其议服制及妇女离异诸条,能傅古义,为时所诵。光绪十二年,以郎中出知安徽凤阳府。皖北水溢,割俸助赈。课最,擢浙江温处道,再迁布政使。二十年,擢江苏巡抚。捕治太湖匪酋叶子春,余党股栗;复为筹善后策,弊风渐革。明年,改订日本约条,牒请总署重民生,所言皆切中。是时朝廷矜慎庶狱,以舒翘谙律令,召为刑部左侍郎。二十四年,晋尚书,督办矿务、铁路。明年,命入总理各国事务衙门,充军机大臣。

　　拳匪据涿州,舒翘被命驰往解散;匪众坚请褫提督聂士成职,刚毅踵至,许之。匪既入京,攻使馆。联军至,李秉衡兵败,太后乃令王文韶与舒翘诣使馆通殷勤,为议款计。文韶以老辞,舒曰:"臣望浅,不如文韶!"卒不往。旋随扈至西安。联军索办罪魁,乃褫职留任,寻改斩监候。次年,各国索益亟,西安士民集数百人为舒翘请命,上闻,赐自尽,命岑春煊监视。舒翘故不袒匪,又痛老母九十余见此惨祸,颇自悔恨。初饮金,更饮以鸩,久之乃绝,其妻仰药以殉。

　　启秀,字颖之,库雅拉氏,满洲正白旗人。以孝闻。同治四年进士,选庶吉士,散馆改刑部主事,累迁内阁学士。光绪五年,授工部右侍郎,调盛京刑部。吉林将军铭安被弹劾,启秀白其诬,转户部。论者以按铭安事多徇苞,攻甚力,命崇绮覆按,无左验,免议。东省练新军,倚饷京师,阎敬铭掌户部,方规节糈,未应也。启秀力言,始获请,岁发四十万济之。二十年,拜理藩院尚书。中、日和议成,将换约,启秀疏请:"条约宜缓发,先商诸各国,杜后患。"不报。敦汉王达木林达尔达克鉴朝阳覆辙,自请增练蒙军。言者论其苛派蒙众,谋不轨,启秀为讼其冤。敦汉王虽夺扎萨克秩,而其子获嗣,以故大得蒙众心。充总管内务府大臣。二十四年,授礼部尚书,疏陈厘正文体,倡明圣学。命充军机大臣兼总理各国事务衙门。

　　启秀端谨有风操,为徐桐所赏。自政变后,桐最被眷遇,欲引参机务,乃举启秀自代。已而拳乱作,董福祥攻使馆不下,启秀荐五台僧御敌,颇附和之。逮两宫狩西安,启秀以母病弗克从。日本军拘启秀及徐承煜严守之,承煜,桐子也。朝旨褫职,而各国犹言罪魁不可纵。明年,正法命下,日军官置酒为饯,席次,传诏旨,启秀神色自若,曰:"即此已邀圣恩矣!"肃衣冠赴菜市。启秀宅近日本权领地,日官与语,当善苍其家,第曰:"厚意可感。"他无复言,遂就戮。

　　英年,字菊侪,姓何氏,隶内务府,为汉军正白旗人。以贡生考取笔帖式,累迁郎中兼护军参领。光绪中,历奉宸苑卿、左翼总兵、正红旗汉军副都统、工部右侍郎,调户部。拳匪乱作,以英年、载澜副载勋、刚毅统之。载勋等出示,招致义民助攻使馆,英年弗能阻,匪益横,任意戕杀官民。联军既陷京师,两宫幸西安,英年充行在查营大臣,旋授左都御史。行次猗氏,知县玉宝供张不备,疏劾之。款成,各使议惩首祸,英年褫职论斩,鞫西安狱,寻赐自尽。

　　裕禄,字寿山,喜塔腊氏,满洲正白旗人,湖北巡抚崇纶子。以刑部笔帖式历官郎中。出为热河兵备道,累迁安徽布政使。同治十三年,擢巡抚,年甫逾三十。前江南提督李世忠本降寇,罢职家居,所为横恣,裕禄疏请诛之。会以事诣安庆,召饮署中,酒行,出密旨,麾众缚斩之,而仍恤其家,人以是高其能。光绪十三年,迁湖广总督,调两江,复还鄂。廷议修铁路,起卢沟讫汉口,下群臣议,裕禄力陈不可,忤旨。十五年,徙为盛京将军。十七年,热河奸民骚动,毁教堂,杀蒙人,裕禄会师朝阳,击平之,予优叙。二十年秋,朝鲜乱起,奉天戒严,坐安东、凤凰失守,数被议。明年,调福州,改授四川总督。二十四年,召为军机大臣、礼部尚书兼总理各国事务衙门。会征荣禄入枢廷,遂代之督直隶。

　　义和拳起山东,入直境。初,义和会源出八卦教乾坎二系,聚党直、鲁间,为临清邹生文余孽,后称团,专仇教。裕禄初颇持正论,主剿,捕其酋姚洛奇置之法。逾岁,开州传举烽,言匪复至,擒渠率斩以徇。居无何,毓贤抚山东,纵匪,匪散入河间、深、冀,而裕禄承风指,忽主抚。袁世凯方将武卫军，语裕禄："盍不请严旨捕治？"裕禄曰："拳民无他伎，缓则自消，激则生变。且此委璜事，何烦渎天听邪？"已而毓贤去，世凯代之，自兴兵疾击，以故匪不敢近山东，而纷纷入畿疆矣。吴桥知县劳乃宣禁传习，为书上裕禄，格不行。

时直隶官吏多信拳，布政使廷杰独力主剿办，严定州县查缉拳匪惩戒办法。遽奉诏开缺回京，匪愈横。张德成居独流，称"举国第一坛"，曹福田为津匪魁，二人者炫神术，为妖言相煽诱，裕禄不之问。已，复致书请饷二十万，自任灭外人，裕禄驰檄召之，于是二人出入节署，与裕禄抗礼。当是时，津城拳匪至可三万人，呼啸周衢市，又以红灯照荧众，每入夜，家家悬红灯，谓"迎仙姑"。

顷之，各国兵舰大集，匪犹群聚督辕求枪炮，裕禄命诣军械所任自择，尽攫以去。而联军络绎登岸，索大沽炮台，裕禄惧，疏告急，请敕董福祥来援。联军索益坚，提督罗荣光不允，战失利，而裕禄且上天津团民杀敌状，于是朝廷以团民为可恃，宣战诏书遂下，而不知大沽已先数日失矣。裕禄又报大捷，盛张拳匪功，发帑金十万犒团，更荐德成、福田于朝，饰战状，获赏头品秩、花翎、黄马褂。事急，官军战车站，败绩，裕禄退保北仓。阅三日，城陷，德成、福田挟赀走，卒系而罪之。裕禄飞章自劾，诏革职留任。逾月，北仓失，裕禄又退杨村，遂自杀。和议成，夺职。

廷雍，字邵民，满洲正红旗人。以贡生累官直隶布政使。裕禄死，护总督。联军入保定，被执，并及诸士绅。各军讯其事，雍曰："保绅夙从令，可释，事皆由我。今至此，斧钺由汝，奚问为？"遂见杀。郡人尚多哀之。

毓贤，字佐臣，内务府正黄旗汉军。监生。以同知纳赀为山东知府。光绪十四年，署曹州，善治盗，不惮斩戮。以巡抚张曜奏荐，得实授，累迁按察使，权布政使。二十四年，调补湖南，署江宁将军。裁革陋规万余两，上闻而嘉之。

是时李秉衡抚山东，适有大刀会仇西教，秉衡奖借之，戕德国二教士。廷议以毓贤官鲁久，谙河务，擢代之。既莅事，护大刀会尤力。匪首朱红灯煽乱，倡言灭教。毓贤令知府卢昌诒按问，匪击杀官军数十人，自称义和拳。毓贤为更名曰"团"，团建旗帜，皆署"毓"字。教士乞保护，置勿问。匪浸炽，法使诘总署，乃征还。至则谒端王载漪、庄王载勋、大学士刚毅，盛言拳民忠勇得神助。俄拜山西巡抚之命，于是拳术渐被山西。平阳府县上书言匪事，毓贤痛斥之，匪益炽。毓贤更命制钢刀数百，赐拳童令演习，其酋出入抚署，款若上宾。

居无何，朝旨申命保教民，毓贤阳遵旨，行下各县文书稠叠，教士咸感悦。未几，又命传致教士驻省城，曰："县中兵力薄，防护失也。"教士先后至者七十余人，乃扃聚一室，卫以兵；时致蔬果。一日，毓贤忽冠服拜母，泣不可止，曰："男勤国事，不复能顾身家矣！"问之不语。遽出，坐堂皇，呼七十余人者至，令自承悔教，教民不肯承，乃悉率出斩之，妇孺就死，呼号声不忍闻。

联军既陷天津，毓贤请勤王，未及行，朝旨趣之再。两宫已西幸，毓贤遇诸涂，遂随扈行。和议成，联军指索罪魁，中外大臣复交章论劾，始褫职，戍新疆。十二月，行抵甘肃，而正法命下。时李廷箫权甘督。

廷箫，籍湖北黄安。以进士累官山西布政使，尝附毓贤纵匪。至是得旨，持告毓贤，毓贤曰："死，吾分也，如执事何？"廷肃虑遣及，元旦仰药死。兰州士民为毓贤呼冤，将集众代请命，毓贤移书止之。其母留太原，年八十余矣。一妾从行，令自裁。逾数日，伏诛未殊，连呼求速死，有仆助断其颈，为敛而葬之。

论曰：戊戌政变后，废立议起，患外人为梗，遂欲仇之，而庚子拳匪之乱乘机作矣。太后信其术，思倚以锄敌而立威。王公贵人各为其私，群奉意旨不敢违，大乱遂成。及事败，各国议惩首祸，徐桐等皆不能免。逢君之恶，孽由自作。然刑赏听命于人，何以立国哉？

卷四百六十六　列传二百五十三

徐用仪　许景澄　袁昶　立山　联元

徐用仪，字筱云，浙江海盐人。由副贡生入赀为主事，官刑部。咸丰九年，举顺天乡试。同治初，充军机章京，兼直总理各国事务衙门。累迁鸿胪寺少卿，以忧归。光绪三年，起太仆寺少卿，迁大理寺卿，直军机如故。擢工部侍郎，始罢直。旋充总理衙门大臣，历兵部、吏部侍郎，授军机大臣。二十年，加太子少保。日朝构衅，举朝争议和战，枢臣孙毓汶被劾罢，翁同龢继入，主战益力。用仪论事与同龢忤，遂出枢廷，并解总署事。二十四年，皇太后再训政，复直总署，乃密荐太常寺卿袁昶。会许景澄奉使还，被命同入署。

二十六年，拳祸起。先是上以行新政为中外所推，而储嗣久虚。载漪既用事，阴谋废立，虑外人为梗，闻拳民有神勇，仇西教，欲倚以集事，召入京，遂纵恣不可制。用仪请严禁遏，不听。俄戕德使克林德，用仪骇曰："祸始此矣！"言于庆亲王奕劻，厚敛之。各国兵舰至津沽，诏廷臣集议和战。用仪、景澄、昶及尚书立山、内阁学士联元并言："奸民不可纵，外衅不可启。"而载漪等主战甚力，在廷大臣率依违不决。用仪以太后命诣使馆议缓兵，当事者益目为奸邪。

景澄、昶先被害，用仪知不免，意气自如。七月既望，遽发拳匪捕之于家，拥至庄王邸。用仪不置辩，第曰："天降奇祸，死固分耳！"遂与立山、联元同弃市。越三日，联军入京，而两宫西狩。十二月，诏湔雪，复故官。宣统元年，追谥忠愍。浙人祠之西湖，与景澄、昶并称"三忠"。

许景澄，字竹筼，嘉兴人。同治七年进士，迁庶吉士，授编修。明习时事，大学士文祥以使才荐。光绪六年，诏使日本，遭父忧，未行。服阕，补侍讲。法越之役，条上筹备事宜，上褒纳。十年，出使法德意和奥五国大臣，兼摄比国使务。时海军初创，从德国购造铁舰，未就。景澄躬历船厂，钩稽辑上《外国师船表》。又言海军宜定屯埠胶州湾，设铁甲炮船大沽口。转侍读，母忧归。

十六年，充出使俄德奥和四国大臣，累迁至内阁学士。先是俄兵游猎，常越界，侵及帕米尔地，景澄争之，俄援旧议定界起乌什别里山，自此而南属中国，其西南属俄。俄人则欲以萨雷阔勒为界。相持三载，俄始允改议，其帕界未定以前，各不进兵，以保和好。因著《帕米尔图说》、《西北边界地名考证》，为他日界约备。擢工部侍郎。是时俄、德迫日人还辽东，景澄曰："俄谋自便，德图偿报，事故从此多矣！"疏请分遣两使，从之。

二十三年，调充德国使臣。会俄建西比利亚铁道，谋自黑龙江达海参崴，朝议拒之，乃更名商办，许中国投赀五百万，所谓东清铁路公司也。诏景澄综其事，力阻路线南溢，稽察运船毋漏税。已而俄人索租旅顺，充头等公使，会驻俄使臣杨儒定议俄都。事竣，移疾归，召授总理各国事务大臣兼礼部侍郎。调吏部，充大学堂总教习、管学大臣。意大利索我三门湾，景澄抗言争之，事乃寝。

未几，拳祸作，景澄召见时，历陈兵衅不可启，《春秋》之义，不杀行人，围攻使馆，实背公法。太后闻之动容，而载漪等斥为邪说。联军逼近畿，景澄等遂坐主和弃市。宣统元年，追谥文肃。

袁昶，字爽秋，桐庐人。从刘熙载读，博通掌故。光绪二年进士，授户部主事，充总理各国事务衙门章京。十八年，以员外郎出任徽宁池太广道。诚僚属，抑胥吏，多所兴革；扩中江书院斋舍，课以实学；建尊经阁，购书数万卷；汰常关耗费岁万八千金，悉还诸公；定专条，纳新关谷米出口税，岁羡数十万；督修芜湖西南滨江圩堤，自大关亭至鲁港，延袤十二里；更穿筑新缕堤三百七十丈，自是蓄泄有资，田庐完固，民歌诵之。

胶州事起，下诏求言，昶条列时政二万余言，以："德突据胶湾，其祸急而小；俄自西北至东北，与我壤地相错，蒙喀四十八部将折入异域，其祸纡而大。宜及今预练劲旅，痛革吉、奉华靡风习。自顷兵力不能议战，要不可不议守。我朝八旗初制，文武不分途，京外不分途，人皆兵，官皆将，故人才之盛，国势强。承平日久，文法繁密，诸臣救过之不暇，于是相率为乡愿，而举国之人才靡矣！金田洪、杨之乱，其始一小民耳，犹穷全国之力仅而克之，况诸国互肆蚕食之心，有不乘吾敝而攻吾之短者哉？夫敌国外患，为殷忧启圣之资。苟得其人，毋拘以文法，则理财、练兵、防海、交邻之策，可次第就理。"上亲书其纲要于册，下中外大臣议行。二十四年，迁陕西按察使，未到官，擢江宁布政使，调直隶。未几，内召，以三品京堂在总理衙门行走，授光禄寺卿，转太常寺卿。时财用匮，议整厘税。昶极言厘金名病商，实病民，不可议增。

义和团起山东，屠戮外国教士。昶与许景澄相善，廷询时，陈奏皆忼慨，上执景澄手而泣。昶连上二疏，力言奸民不可纵，使臣不宜杀，皆不报。复与景澄合上第三疏，严劾酿乱大臣，未及奏，已被祸，疏稿为世称诵。追谥忠节，江南人祠之芜湖。

昶尝慨士鲜实学，辑农桑、兵、医、舆地、治术、掌故诸书，为《渐西村丛刻》。

立山，字豫甫，土默特氏，蒙古正黄旗人。光绪五年，以员外郎出监苏州织造，历四任乃得代。论修南苑工，赐二品服。累迁奉宸苑卿、总管内务府大臣、正白旗汉军副都统、户部侍郎。二十年，加太子少保。盗窃宁寿宫物，坐失察，镌职留任。二十六年，擢户部尚书。立山久典内廷，同列嫉其宠眷。会拳祸起，联军至天津，廷臣集议御前。载漪盛推拳民可用，立山适在侧，太后谓："汝言何？"立山曰："拳民虽无他，然其术多不验。"载漪怒曰："用其心耳，奚问术？立山必与外人通，请以立山退外兵！"立山曰："首言战者载漪也！臣主和，又不谙外事，不足任。"载漪益仇之，因其宅邻教堂，乃中以蜚语，谓藏匿外人，竟论死。宣统元年，追谥忠贞。

联元，字仙蘅，崔佳氏，满洲镶红旗人。同治七年进士，选庶吉士，授检讨，累迁侍讲。大考，左迁中允，再陟侍讲。以京察，出知安徽太平府，调安庆。两荐卓异，署滁和道，迁广东惠潮嘉道。汕头者，通商要衢也，奸人倚英领事为民暴，联元裁以法，良善获安。二十四年，擢安徽按察使，入觐，改三品京堂，在总理衙门行走。又明年，补内阁学士。拳民仇西教，载漪、刚毅助之，势益横，日夜围攻使馆，不能下。大臣负清望者徐桐、崇绮，皆谓："民气可用。"联元与崇绮争论帝前，谓："民气可用，匪气不可用。"联军既陷大沽，载漪等犹壹意主战。联元谓："甲午之役，一日本且不能胜，况八强国乎？倪战而败，如宗庙何？"载漪斥其言不祥，七月十七日，斩西市。昭雪后，予谥文直。顺天府奏请立山、联元合祠宣武门外，而联元祖居宝坻，更于其地建专祠焉。

论曰：清代优礼廷臣，罕有诛罚。拳祸既起，忠谏大臣骈首就戮，岂独非帝意哉？观用仪诸人所论事势利害，昭昭如此，乃终不能回当轴之听，何其眛焉？世传大节，并号"五忠"，不数日而遂昭雪，允哉！

卷四百六十七　列传二百五十四

李秉衡 王廷相　**聂士成**　**罗荣光**
寿山 族孙瑞昌　**凤翔** 崇玉等

李秉衡，字鉴堂，奉天海城人。初入赀为县丞，迁知县。光绪五年，除知冀州。岁饥，发仓粟，不给。州俗重纺织，布贱，为醵金求远迁，易粮归，而裁其价以招民，民获苏。越二年，擢知永平府。部议追论劫案，贬秩。李鸿章上其理状，请免议，不获。时称"北直廉吏第一"。以张之洞荐，超授浙江按察使，未到官，移广西。十年，平峒寨乱，晋二品秩。

明年，法人假越事寇边，秉衡主龙州西运局。是时财匮，战士不得饷，踩尸舆痵，无人过问。秉衡益节俭，汰浮费，无分主客军，给粮不绝，战恤功赏力从厚。复创设医局，治负伤军士，身自拊循之，日数四，虽末弁，亦延见，殷殷勖以杀敌报国。护抚命下，欢声若雷动。与冯子材分任战守。谅山之捷，彭玉麟等疏言："两臣忠直，同得民心，亦同功最盛。"予优叙。重申前命为护抚，整营制，举贤能，资遣越南游众，越事渐告宁。新任巡抚沈秉成莅官，乃乞病去。

二十年，东事棘，召为山东巡抚。至则严纪律，杜苞苴。以威海、旅顺管钥北门，遂率师驻烟台。闻旅顺不守，劾罢丁汝昌、袭照屿等，以警威海守将。既而日军浮三舰窥登州，秉衡悉萃精兵于西北，而荣城以戎备寡，为日军所诱而获，时论诟之。其时大刀会起，主仇教，势渐张。二十三年，会众戕德国教士，德使海靖要褫秉衡职，编修王廷相力争之，徙督四川。海靖请益坚，乃罢免。于是秉衡隐安阳，居三年，刚毅入枢廷，荐之起，入都。廷相慕其名，往访，遂订交。朝命秉衡诣奉天按事，奏廷相自随。既至，纠不职者数人，皆廷相微服所诃知者。还，会御史彭述疏请整饬长江水师，诏使秉衡往，秉衡固辞，太后责勉之，遂行。

岁余，拳祸作，枋事者矫诏趣战，电各省，诸疆臣失措，商之鸿章。于是定画保东南约，秉衡与焉。无何，又请募师入卫。至京，入觐太后，力主战，遂命统张春发、陈泽霖、夏辛酉、万本华四军，出屯杨村、河西坞。战才合，张、万二军先溃，泽霖自武清移壁，闻炮声，军皆走。秉衡不得已，退通州，疾书致各将领，述诸军畏蒽状，饮金死。事闻，优诏赐恤，谥忠节。联军索罪魁，请重治，以先死免议，诏褫职，夺恤典。

廷相，字梅岑，直隶承德人，本籍山东。少勉学，以孝称。光绪十三年进士，以编修督山西学政。口外七厅洊饥，有司匿不闻，为上流民残弊状，获赈如腹地。二十三年，转御史，敢言事。时宗室、觉罗官学久废不茸，廷相谓培材宜自近始，请依八旗官学新章，求实际，议行。国用患不足，计臣议加赋，廷相力申李鸿藻议，为民请命，事遂寝。二十四年元旦，日食，疏请勤修省，条上七事，而尤以进贤退不肖为国家治乱之源。因劾崇荫桓媚外人，交近侍，并以浙江学政徐致祥秩满调安徽，外似优隆，内实屏绝。严旨下吏议，敕还原衙门行走。拳乱起，秉衡出御联军，廷相从。及败，寻秉衡不遇，还至仓头桥，赴河死。子履丰，拯之不及，从之，遇救免。赠五品卿，予世职，赏履丰主事。

聂士成，字功亭，安徽合肥人。初从袁甲三军讨捻，

补把总。同治初，改隶淮军，从刘铭传分援江、浙、闽、皖，累迁至副将。东捻败，赐号力勇巴图鲁，擢总兵。西捻平，晋提督。光绪十年，法人据基隆，率师渡台湾，屡战却敌。还北洋，统庆军驻旅顺。十七年，海军大阅礼成，晋头品秩。调统芦台淮、练诸军，击热河朝阳教匪，擒斩其酋杨悦春，赏黄马褂，易勇号曰巴图隆阿。明年，授山西太原镇总兵，仍留芦台治军。请单骑巡边，历东三省俄罗斯东境、朝鲜八道，图其山川厄塞，著《东游纪程》。

逾岁，日韩乱起，随提督叶志超军牙山。闻高升兵舰毁，语志超曰："海道梗，牙山不可守。公州背山面江，势便利。"从之。士成乃先诸军发，次成欢，遇伏，迷失道，吏士无人色。士成见二鹤立冈阜，语众曰："彼处无隐兵也！"遂出险，往就志超。志超已弃公州行，追及之。士成议趋平壤合大军，而鸿章檄令内渡，以故平壤陷，得免议。志超逮问，宋庆接统诸军，遣士成守虎山。未几，铭军溃，诸军皆走，士成犹悉力以御。日军大集，力不支，退扼大高岭。是时辽西危棘，士成请奇兵出敌后截其运道，诸帅不从，乃自率师适雪里站而阵。除夕，置酒饮将士，预设伏以待，日军果来袭，大败之分水岭，斩日将富刚三造。优诏褒勉，授直隶提督。

和议成，还驻芦台。北洋创立武卫军，改所部三十营为前军，与宋庆、董福祥、袁世凯并为统帅。庆、福祥用旧法训练，世凯军仿日式，士成军则半仿德式，是为武卫四军。

二十六年，拳匪乱，戕总兵杨福同，命士成相机剿办。匪焚黄村、廊坊铁轨，士成阻止之，弗应，击杀数十人。其党大恨，诉诸朝，朝旨诃责士成。时匪麕集天津可二万，遇武卫军辄诟辱，士成检勒部下毋妄动。荣禄虑激变，驰书慰解之，士成覆书曰："匪害民，必定害国！身为提督，境有匪不能剿，如职何？"乃郁郁驻杨村观变。会英、法诸国联军至，士成三分其军，一护铁路，一留芦台，而自率兵守天津。连夺陈家沟、跑马厂、八里台，径攻紫竹林，喋血八昼夜，敌来益众，燃毒烟炮，我军稍却。士成立桥上手刃退卒，顾诸将曰："此吾致命之所也，逾此一步非夫矣！"遂殒于阵，肠胃洞流。诏赐恤。阅二载，以世凯言，赠太子少保，谥忠节，建专祠。

罗荣光，湖南乾州人。初隶曾国藩麾下，补把总。同治初，李鸿章规三吴，从西将华尔克青浦，攻南桥镇、柘林，直岛其巢，大败之。乘胜复沙川、金山，迁守备。又从西将戈登释常、昭围，以次下太仓、昆山诸邑。累擢参将。攻常州，先登，城复，迁副将，赐号果勇巴图鲁。除狼山镇右营游击。苏军分援浙、皖、闽，连克湖州、长兴、广德、漳州、漳浦诸城，与有功，擢总兵。六年，东捻扰鲁疆，荣光以偏师游弋淮南北，败捻于运。东捻回窜江、淮，分寇海、沭、邳、宿，并击退。明年，西捻窥滑、浚，我师蹶之，荣光战数挫，而勇气弥励。鸿章谋困之黄、运间，缘河筑长垒，荣光壁当敌冲，相持凡三阅月。会霖雨，寇多陷漳死，荣光蹑之东北，势益蹙，张总愚自沉于河。事宁，晋记名提督。自是徙防金陵、武昌、西安、

凡二年。移驻天津，补大沽协副将。

光绪七年，创设水雷营，遴各营将士演习，兼授化电测量诸学。既而北塘、山海关相继设，皆受成于荣光。醇亲王阅北洋军，以其教练有方，荐授天津镇总兵。位渐显，服食俭约若老兵然。二十六年，擢喀什噶尔提督，未之官而拳乱起，八国兵舰入寇，荣光守大沽炮台。大沽水深广，河道萦曲，曲有台，备险奥，外兵慑其势，弗敢进。荣光备益严，乃佯就款，使人言于裕禄，谓第得四五艘入口护侨商，无他意，裕禄许之。荣光闻而大惊，力阻，而敌舰已踵入，将及台，遽出炮仰击。荣光再谒裕禄乞发战令，谍者已报台毁，荣光愤极，归，拔刀杀眷属，曰："毋令辱外人手！"遂出赴难，一仆随之，不知所终。他日得其尸台下，仆尸亦在焉。没三日而天津陷，时年六十有七。

寿山，字眉峰，袁氏，汉军正白旗人，黑龙江驻防，吉林将军富明阿子。以父任为员外郎，兼袭骑都尉世职，迁郎中。光绪二十年，日军犯奉天，自请赴前敌，充步队统领。弟永山领马队，数与日军战，复草河岭，克连山关，进薄凤凰城。敌援至，永山殁于阵，寿山被重创。以敢战，兼领镇边军马队。逾岁，降敕褒嘉。官军既克海城，寿山领七十骑诇辽南诇敌势，遇之汤冈子，搏战，枪弹入右腹，贯左臀出，战愈猛，敌稍却，驰还壁，血缕缕满衣裤。上嘉其勇，迁知府，赏花翎。

二十三年，调充镇边军左路统领，徙驻黑龙江城。越二年，除知开封遗缺知府，未之官，值东北边防亟，超改黑龙江副都统。明年春，入觐，垂询边情甚悉，命佐将军恩泽治军。疏请增募十五营，调谙边事者十余人，躬诣上海购军械，自长崎、海参崴、伯利循海归，潜度形势，备战守。新军成，而恩泽卒于任，朝命代之。既莅事，铲奸弊，明赏罚，图要塞；手订《行阵操法》，颁之各将领，使番上，授以方略；虽未弁亦接见，籍记备器使。

二十六年夏，拳乱作，俄军数千声为保护哈尔滨铁轨，纷集海兰泡，乞假道。寿山曰："敌逼我都，我假敌道，如大义何！"拒之。遂檄爱珲副都统凤翔御北路，呼伦贝尔副都统依兴阿御西路，通肯副都统庆祺御东路，令各严戒备毋浪战；并牒俄勿进兵，愿负保路责。而俄军分道进，重以铁路土工可十余万索值，倡罢工，扬言与俄为难。寿山亟下令军中曰："保铁路，护难民，全睦谊，违者杀无赦！"复使统领吉祥约富拉尔基监工盖尔肖甫入城，俾释疑惧，而盖尔肖甫乃击杀工人宵遁。寿山犹强为容忍也，慎导俄民出境，籍录其财物备还，然俄军不为止，入寇爱珲及黑河屯，华人被迫赴水者，尸蔽江下。

三姓、呼伦贝尔又纷纷告警。寿山亟电吉林将军长顺会攻哈尔滨，然犹嘱其语俄总监工，谓若罢兵，愿以全家质。当是时，诸路军皆溃败，北路统领崇玉，营官德春、瑞昌，西路统领保全，东路营官保林，并陷阵死，于是俄遂逼齐齐哈尔省城。既而闻联军媾和，乃遣同知程德全往商和议，而自守"军覆则死"之义，命妻及子妇先裁，手缮遗疏，犹惓惓于垦政，并致书俄将领嘱勿戕民。阅日，具衣冠，饮金，卧柩中，不死；呼其属下材官击以枪，不忍，手颤机动，弹出中左胁，犹不死；更呼材官击小腹，仍不死；呼益厉，又击之，气始绝。先是诏责其开边衅，部议夺职。后以总督徐世昌请复官，予骑都尉兼云骑尉世职，附祀富明阿祠。

族孙瑞昌，充北路营官，俄陷黑河，与统领崇玉同战殁。

凤翔，字集庭，汉军镶黄旗人，吉林驻防。累官协领。光绪二十一年，中日事起，将军长顺赴奉督师，凤翔任馈运，给食不乏。寻擢爱珲副都统。二十六年，俄将固毕乃脱尔来假道，寿山令爱珲戒备。俄军已自黑龙江下驶，翼日，俄官廓米萨尔名阔利士密德者，浮军舰至，凤翔遣军拒之三道沟。阔利士密德来谒，申前请，弗允，颇怒去，令舟师击我，而我师已先发，歼其军官二，阔利士密德被重创，奔还海兰泡，旋卒。于是黑河军与海兰泡俄军相轰击者数日。凤翔令统领王仲良率骑旅三百渡江击之，始小挫，继获大胜。俄军缘江道，师往驰之，会其军舰泊江岸，载归。阅二日，又渡江来，击却之。迟明，又率步旅六千自五道河济，右路统领崇玉望见之，其军皆树我帜，衣我衣，意为漠河护矿兵也，弗敢击，既登岸始觉，而势不可遏，我师败绩，崇玉殒于阵，爱珲陷。寿山闻之，亟令凤翔回援，弗及。凤翔驻兜沟子，去爱珲七十里。

逾月，俄军复至，枪弹雨下，凤翔以战为守，相持累日。黑龙江行军故无棚帐，战罢露宿，众苦寒，以是军有怨声，凤翔虑哗溃，复以地势平衍难扼守，乃请寿山结阵徐退，抵内兴安岭军焉，去兜沟子又百六十里。未几，俄军争上岭，势汹汹，师失利，仍扼险拒之。敌攻益亟，凤翔悉甲出，令曰："有后者斩！"而自赴前敌督懃。有材官稍却，立使飞骑斩之。材官惧，大呼陷阵，俄军少却，复进，遂大败，署北路翼长恒玉断一臂，俄将卒死伤不算。凤翔战既酣，右臂左足两受弹伤，坠马者三，辄复跃上，鏖战不少休，既还，呕血数升而死。事闻，优恤如制。

崇玉，通肯正蓝旗佐领。时同死事者，玉庆，黑龙江城世管佐领。城陷被执，詈不绝口，死最惨。扎鲁布，黑龙江城水师四品官。怀印以殉，死后犹手握印不可脱。又段国英，宜黄人，以县丞榷盐阿什河。俄兵至，令让所处屯兵，严词拒之，缚而去；旋释归，则俄兵已占其地，且悬俄帜，国英大哭曰："中国亡矣！"触石，头裂，死。俄人观者皆叹息。

论曰：秉衡清忠自矢，受命危难，大节凛然，此不能以成败论也。联军之占津、海也，长驱而入，唯士成阻之；俄兵之侵龙江也，乘隙以进，唯寿山拒之；固知必不能敌，誓以一死报耳。荣光争大沽，凤翔守爱珲，虽已无救于大局，而至死不屈，外人亦为之夺气，何其壮哉！

卷四百六十八　列传二百五十五

崇绮 子葆初等　志钧　延茂 弟延芝
色普征额　王懿荣 熙元　宗室宝丰
宗室寿富 弟寿蕃等　宋承庠 王铁珊

崇绮，字文山，阿鲁特氏，蒙古正蓝旗人，大学士赛尚阿子。以穆后父贵，升隶满洲镶黄旗。初为工部主事，坐其父出师无功，褫职。咸丰四年，粤寇谋犯畿辅，充督练旗兵处文案，事宁，叙兵部七品笔帖式。英吉利兵舰窥天津，录守内城功，擢主事。嗣迁员外郎。同治三年，将军都兴阿以崇绮谙兵事，奏自随，兵部疏留。是岁成一甲一名进士，立国二百数十年，满、蒙人试汉文获授修撰者，止崇绮一人，士论荣之。九年，迁侍讲，出典河南乡试，充日讲起居注官。十一年，诏册其女为皇后，锡三等承恩公。历迁内阁学士、户部、吏部侍郎。

光绪二年，充会试副考官，补镶黄旗汉军副都统。会河南旱，大吏匿不报，为言官所劾。上命偕侍郎邵亨豫按问，廉得实，巡抚李庆翔以下皆获罪。四年，吉林驻防侍卫倭兴额被盗诬控，诏与侍郎冯誉骥会谳，寻命崇绮署将军专治之。倭兴额控如故，事下侍郎志和核覆，得诬告状，崇绮自劾，被宥。五年，出为热河都统。御史孔宪毂疏称其忠直，宜留辅，不许。七年，调盛京将军。

九年，谢病归。旋授户部尚书，再调户部，复乞休。初，穆宗崩，孝哲皇后以身殉，崇绮不自安，故再引疾。二十六年，立溥俊为"大阿哥"，嗣穆宗。乃起崇绮于家，俾署翰林院掌院学士，傅溥俊。于是崇绮再出，与徐桐比而言废立，甚得太后宠，恩眷与桐埒。义和团起，朝贵崇奉者十之七八，而崇绮亦信仰之。事败，随荣禄走保定，居莲池书院，自缢死。荣禄以闻，赐奠醊，入祀昭忠祠，谥文节。

崇绮妻，瓜尔佳氏，先于京师陷时，预掘深坑，率子散秩大臣葆初及孙员外郎廉定，笔帖式廉容、廉密，监生廉宏，分别男女入坑生瘗，阖门死难，各奖恤有差。二十七年，命以曾孙法亮嗣廉定，袭爵。

志钧，亦三等承恩公，满洲镶黄旗人。充散秩大臣。闻警，设醴祭先，率妻子皆衣冠对缢于中堂。恤如例，谥贞愍。

延茂，杜氏，内务府汉军正白旗人。同治二年进士，铨礼部主事。光绪八年，历迁至鸿胪寺少卿。上言八旗官学废弛，宜变通章程。再迁内阁侍读学士。中法构衅，疏言："我国士夫多慴外势，请自今慎选使才，令其考察彼国政治利弊，图其山川夷险，随时奏闻。"又言："名将必知地利而后可行师，庙堂必知地利而后可驭将。今宜北起盛京，南逾岭广，合台、琼为一气。复自滇、粤边外迄越南全境，分绘两图，更令诸疆臣各绘所辖地图，上测纬度，下准方斜，俾知相距里数，为军事之用。"上韪其议。

十三年，除奉天府府丞。越四年，入为大理寺少卿。二十四年，由驻藏办事大臣擢吉林将军，以仓窭灾，上章自劾。明年，征还，再授黑龙江将军，未行而拳祸作。联军入都，偕弟延芝守安定门，城陷，阖室自焚死。赠太子少保，谥忠恪。妻并诸娣姒女子子皆获旌。

色普征额，舒穆鲁氏，满洲正白旗人。咸丰十年，贼窜畿疆，以健锐营前锋校，从大学士瑞麟往讨，裹创力战。旋从僧格林沁剿捻，斩馘甚众。同治初，又从都统穆腾阿军畿南。光绪三年，迁参领。八年，军政课最，授镶红旗汉军副都统，充神机营专操大臣。二十四年，徙驻南苑。二十六年，擢宁夏将军，未行，拳乱起，命守正阳门，昼夜徼循不少休。联军攻城，中炮死。赠太子少保，谥壮恪，予骑都尉兼云骑尉世职。

王懿荣，字正孺，山东福山人。祖兆琛，山西巡抚。父祖源，四川成绵龙茂道。懿荣少龀学，不屑治经生艺，以议叙铨户部主事。光绪六年成进士，选庶吉士，授编修，益详练经世之务，数上书言事。十二年，父忧，解职。服阕，出典河南乡试。二十年，大考一等，迁侍读。明年，入直南书房，署国子监祭酒。会中东战事起，日军据威海，分陷荣城，登州大震，懿荣请归练乡团。和议成，还都，特旨补祭酒。越二年，遭母忧，终丧，起故官。盖至是三为祭酒矣，前后凡七年，诸生禽服。

二十六年，联军入寇，与侍郎李端遇同拜命充团练大臣。懿荣面陈："拳民不可恃，当联商民备御御。"然事已不可为。七月，联军攻东便门，犹率勇拒之。俄众溃不复成军，乃归语家人曰："吾义不可苟生！"家人环跽泣劝，厉斥之。仰药未即死，题绝命词壁上曰："主忧臣辱，主辱臣死。于止知其所止，此为近之。"掷笔赴井死。先是懿荣命浚井，或问之，笑曰："此吾之止水也！"至是果与妻谢氏、寡媳张氏同殉焉。诸生王杜松等醵金瘗之。事闻，赠侍郎，谥文敏。懿荣泛涉书史，嗜金石，翁同龢、潘祖荫并称其博学。

熙元，直隶总督裕禄子。光绪十五年进士，由编修累迁至祭酒。联军入，方家居守制，闻变，偕嫂富察氏、妻费莫氏仰药以殉。赠太常寺卿，谥文贞。越三年，杜松等以两祭酒大节昭著，吁请隆报飨，得旨，附祀监署唐韩愈祠。

宗室宝丰，字龢年，隶正蓝旗。好读书，有清尚。光绪十五年进士，选庶吉士，授编修，历迁至侍讲。二十五年，立溥俊为"大阿哥"，命直弘德殿，并赏高赓恩四品京堂，同授大阿哥读。明年，两宫西幸，宝丰以随扈不果，愤甚，誓死职。自题绝命词曰："忠孝节廉，本乎天性。见利思义，见危授命。呜呼宝丰，不失其正。"饮金死。赠太常寺卿。

宗室寿富，字伯弗，隶正蓝旗，侍读宝廷子。泛览群籍，尤谙《周官》、《礼》、《太史公书》，旁逮外国史，通算术，工古文诗词。光绪十四年，成进士，选庶吉士。尝愤国势不张，八旗人才日衰，箸《劝八旗官士文》，立知耻会，大旨警顽傲，励以自强。浙江巡抚廖寿丰疏荐寿富才学堪大用，命赴日本考政治。既还，箸《日本风土志》四卷献上，召见，痛陈中国积弊及所宜兴宜革者，漏三下始退，上器之。政变作，遂杜门。

寿富性故矜贵，不通刺朝列。及拳乱起，乃上书荣禄，言董福祥军宜托令离畿甸，然后解散拳民，谓"董为祸根，拳其枝叶耳"。荣禄不省。妻翁内阁学士崇元既以论拳匪诛，家属匿其宅，众以寿富重新学，亦指为祖外，患甚，或劝之他往，曰："吾宗亲也，宁有去理耶？"城陷，寿富自题绝命词，并贻书同官曰："国破家亡，万无生理。乞赴行在，力为表明。侍已死于此地，虽讲西学，未尝降敌。"遂与弟右翼宗室副管寿蕃及一妹一婢并投缳死。赠侍讲学士。

寿富刻苦孤峭。宝廷罢官早，家贫甚，性癖泉石。寿富事父能委曲以适其意旨。著有《搏虎集》。

宋承庠，字养初，江苏华亭人。由拔贡考取小京官，铨工部。光绪四年，举于乡，迁主事。八年，充总理衙门章京，迁员外郎，转御史。二十六年，巡视京城，联军入，遥望城内火光烛天，自言："主辱臣死，义无可逃。"疾书一纸遗家人曰："宗庙宫寝，已付一炬，敌人残忍，不共戴天。读圣贤书，惟有捐躯报国而已。我得死所，妻子勿以我为念。"时已仰药，口不能言，越一日卒。赠四品卿衔。

王铁珊，字伯唐，安徽英山人。光绪十五年进士，铨兵部主事。居久之，母年老，欲归省。会拳乱作，知都城必危，遂不去。悉举赀斧寄母，独留百金，复分其半助邑馆贫不能归者。其人谓："盍不偕南？"曰："时势至此，不能出力抗敌，已负朝廷；若更引身远避，何以为人？且在京为大清官，在籍践大清土，国苟不保，家将焉属？"其人知其隐蓄死志，强之行，不可。两宫既西狩，遂伏案作书寄弟，略云："身非武职，恨不能执干戈卫社稷；官非台谏，又不获效忠言维国是。如都城不保，义不偷生。所恨居官以来，未能事母，长负此不孝之罪耳。"书毕，肃衣冠拜，默坐室中。闻内城陷，自缢死。遗书友人治后事，谓："某非死节，不忍见国事败坏耳。"事闻，赠员外郎，又追赠道员。荫一子入监读书，以知县用。

论曰：国都既陷，主辱臣死，此大义也。崇绮久著清节，终以一死自明。延茂等以危授命，义不苟生。色普徵额等执干戈卫社稷，死犹不瞑，至今皆凛凛有生气焉。

卷四百六十九 列传二百五十六

恩铭孚琦 凤山 **端方**弟端锦 刘燧 赫成额
松寿 赵尔丰 冯汝骙 陆钟琦子光熙等

恩铭，字新甫，于库里氏，满洲镶白旗人，锦州驻防。以举人纳赀为知县，累官至知府。光绪十一年，权知兖州，晋道员。二十一年，改官山西。二十六年，署按察使。拳匪扰晋，恩铭请巡抚毓贤阴护送教士出境，弗听。两宫西幸，毓贤率师赴固关，恩铭兼摄抚、藩事。车驾至太原，召见，奏对，声泪俱下。补归绥道。先是口外七厅杀教士四十余、教民二千余，待抚者众且亟，到官后，即发帑金仓粟济之。会联军至大同，民骇走。复令教士讽喻，并与执争，乃引兵去。

二十八年，调直隶口北道。时经拳乱后，十三厅、州、县教民汹汹图报复，宣化华教士且强逼民入教，恩铭患之，与西教士反覆辨论，始允约束，民、教始安。迁浙江盐运使。二十九年，调两淮，晋江苏按察使。办盐务如故，杜私贩，恤煎丁，岁增国课三十万。时议欲请改场垣为公司，并创煤煎轮运议，恩铭力陈其弊，事乃寝。授布政使，录山西协饷功，晋头品服。三十二年，署安徽巡抚，修广济圩，赈皖北水菑，民德之。红莲会匪自赣入，毁建德教堂，同时楚民寄居霍山者，亦与教堂启衅，匪党乘之，势渐炽。恩铭分军援剿，并劾有司之酿祸者，地方以靖。

是时廷议行新政，锐意兴警察，于是承上指，整顿巡警学堂。适王之春荐道员徐锡麟才，遂畀以会办。复念政剧财匮，援例清丈缘江洲地，按年收科，垦牧与树艺并举。朝旨又以民刑事诉讼法参用东、西律，下其议督抚。恩铭虑皖北民悍，为择其不便者六事具以报。明年夏，巡警学生卒业，恩铭诣校试验，锡麟乘间以枪击之，被重创。知县陆永颐锐身救护，先殒。锡麟令经历顾松闭校门，不从，亦毙。从者负恩铭还署，遂卒。事闻，赠太子少保，谥忠愍，予皖省建祠，赏骑都尉兼一云骑尉世职，子咸麟袭。恩铭既死，锡麟亦被获。

锡麟者，浙江山阴人。就学日本，以赀为道员。志在谋缢军队，便起事，仓卒发难，卒被擒僇。阅数年，复有孚琦、凤山被刺事。

孚琦，字朴孙，西林觉罗氏，隶满洲正蓝旗。以工部笔帖式充军机章京，累官郎中。三迁至内阁学士。光绪二十八年，授刑部右侍郎。三十二年，出为广州副都统。颇以兴学为己任，尝设八旗工艺学校，整厘中小各学堂。明年，权将军。将军事故简，孚琦虑即偷惰，日必读书临池，暇辄躬执劳役。宣统二年，再摄将军篆。明年春，赴城东燕塘勘旗地，兼阅试演军用飞机。有温生才者，隶革命党，事暗杀。会日将暮，伏道左，俟其至；轰击之，遂殒命。生才被执，论弃市。事闻，上悯恻，谥恪愍，命凤山代之。

凤山，字禹门，刘氏，隶汉军镶白旗。以繙译举人袭佐领，充骁骑营翼长、印务章京。累迁参领，总办东安巡捕分局。联军入京，法人在其辖境刃伤商民，缚致总局，请毋少贷，论如律。擢副都统，训练近畿陆军，著声绩。除西安将军，仍留治兵事。宣统初，改练军归部节度，始解兵柄。三年，授广州将军，未行而武昌事起。香港为粤民党薮，谋攻省城，众阻其勿往，曰："吾大臣也，不可不奉诏。"遂毅然去。将至时，总督及布、按以下官皆不敢出迓，或劝宜微服先入城，毋蹈乎将军覆辙，凤山不可。日午，舆卫导行，抵南城外，党人匿市廛檐际掷炸弹，屋瓦摧压，从者死十余人，街石寸寸裂。暮得凤山尸，焦烂无完肤。事闻，赠太子少保，谥勤节，予骑都尉世职。

端方，字午桥，托忒克氏，满洲正白旗人。由荫生中举人，入赀为员外郎，迁郎中。光绪二十四年，出为直隶霸昌道。京师创设农工商局，徵还，管局务，赏三品卿衔。上《劝善歌》，称旨。除陕西按察使，晋布政使，护巡抚。两宫西幸，迎驾设行在。调河南布政使，擢湖北巡抚。二十八年，摄湖广总督。三十年，调江苏，摄两江总督。寻调湖南。颇志兴学，资遣出洋学生甚众。逾岁，召入觐。擢闽浙总督，未之官，诏赴东西各国考政治。既还，成《欧美政治要义》，献上，议改立宪自此始。三十二年，移督两江，设学堂，办警察，造兵舰，练陆军，定《长江巡缉章程》，声闻益著。

宣统改元，调直隶。孝钦皇后梓宫奉安，端方舆从横冲神路，农工商部左丞李国杰劾之，坐违制免。既而御史胡思敬又弹其贪横凡十弊，事下张人骏，覆奏入，以不治崖检被诃斥，因已罢官，贷勿问。

三年，命以侍郎督办川汉、粤汉铁路。时部议路归国有，而收路章条湘、川不一致，川人大哗。川、鄂为党人所萃，乘机窃发。端方行次汉口，亟入川，并劾川督赵尔丰操切。命率师往按，寻诏代摄其事。所过州县，辄召父老宣喻威德。至资州，所部鄂军皆变，军官刘怡凤率众入室，语不逊，端方以不屈遇害。

端方性通脱，不拘小节，笃嗜金石书画，尤好客，建节江、鄂，燕集无虚日，一时文采几上希华、阮云。

弟端锦，字叔绚，河南知府。赴东西各国考路政，著《日本铁道纪要》。从兄入川，变作，以身蔽其兄，极口詈军士无良，同被杀。事闻，赠端方太子太保，谥忠敏；端锦谥忠惠。

其时转饷官刘燧，荆州驻防、举人、都司赫成额，并赴水死。

松寿，字鹤龄，满洲正白旗人。以荫生官工部笔帖式，累迁郎中。出为陕西督粮道。光绪二十一年，晋山东按察使。明年，调江西，晋江宁布政使。二十四年，擢江西巡抚。越三载，移抚江苏，历河南，加尚书衔，所莅皆称职。二十八年，召为工部右侍郎，兼正蓝旗蒙古副都统，寻授热河都统。疏陈续修矿章四条，允行。复以地控蒙部，号难治，条上吏治、军政、兴学、理财方略甚悉。又召还，拜兵部尚书。明年，调工部。又明年，出为察哈尔都统。三十三年，授闽浙总督。

居官垂二十年，不务赫赫名，然律己以廉，临下以宽，为时论所美。宣统三年秋，鄂、湘、江、浙新军踵变，闽军乘之，将举事，使人要松寿，令缴驻防营军械，斥之，遂决战，初获胜，继乃大挫，愤甚，饮金以殉。事闻，赠太子少保，予二等轻车都尉世职，谥忠节。

赵尔丰，字季和，汉军正蓝旗人。以山西知县累保道员。四川总督锡良疏荐其才，权永宁道，剿匪严诛捕。驻藏大臣凤全遇害，调建昌。会克巴塘，建议筹边，充川滇边务大臣，护总督，改驻藏大臣。以兵至打箭炉，改设康定、登科等府。宣统元年，仍专任边务。藏兵犯巴塘，击败之，乘势收江卡等四部。于是尔丰军越丹达山而西，直抵江达，达赖喇嘛逃入印度。尔丰请一举平藏，革教易俗，廷议不欲开衅，阻之。尔丰尽克三崖野番，决收回瞻对。三年，署四川总督，檄瞻官献瞻对。尔丰遂入瞻对，设官治之。进克波密，并取白马岗，收明正等土司，皆改流。计所统边地纵横三四千里，设治者三十余区，一时皆慑于兵力，不敢抗。

会川乱起，尔丰还省，集司道联名奏请变更收路办法，不允。商民罢市，全省骚动。廷寄饬拿祸首，捕蒲殿俊等拘之，其党围攻省城。督办川路大臣端方劾尔丰操切，诏仍回边务大臣，以岑春煊代总督。武昌变作，资政院议尔丰罢黜待罪，而朝旨已不能达川。重庆民变，会匪蜂起，军民环请独立，尔丰遽让政权于殿俊，殿俊自称都督。防军复变，殿俊走匿，全城无主。商民请尔丰出定乱，因揭示抚辑变兵。而标统尹昌衡率部入城，自为都督，罗纶副之，以兵攻督署，拥尔丰至贡院，尔丰骂不绝口，遂被害。

冯汝骙，字星岩，河南祥符人。光绪九年进士，选庶吉士，散馆授户部主事，充军机章京，累迁郎中。出知四川顺庆府，遭母忧去。服阕，起山东青州知府，调直隶大名。三十一年，迁湖北盐法道。明年，调安徽徽宁池太道，迁甘肃按察使。未几，晋陕西布政使，擢浙江巡抚。三十四年，移抚江西，整税务，省不急，官称治办。朝议方厉行新政，乃复察民情，量财力，从容施设，士民安之。宣统元年，御史江春霖上其溺职徇私状，事下安徽巡抚朱家宝核覆，得白。坐疏忽干吏议，夺俸三月。

三年，武昌变起，下游皆震。南昌军相应和，胁汝骙为都督，号独立，峻拒之。赣人故慕其贤，导之出。至九江，乃仰药以殉。诏旨轸惜，谥忠愍。

陆钟琦，字申甫，顺天宛平人，本籍浙江萧山。父春荣，绩学不遇，祭酒盛昱其弟子也。钟琦少勤学，以孝称。光绪十五年进士；以编修办直隶赈灾，徐桐亟赏之。拳祸起，桐惑焉，钟琦持异议，弗听。联军入，同年王懿荣、熙元、宝丰辈先后皆殉节。钟琦闻之，泣，阖户自经，遇救获免。二十九年，除江苏督粮道。越五载，迁江西按察使,调湖南,察吏严,定州县结案功过章条,月计勘案数与其鞫讯状限期报司,谳是狱鲜积滞。再移江苏,多平反。

宣统改元,晋布政使。三年,擢山西巡抚。到官未逾月,而武昌难作。钟琦语次子敬熙曰:"大事不可为矣!省垣倘不测,吾誓死职。汝曹读书明大义,届期毋效妇仁害我!"又曰:"生死之事,父子不相强,任汝曹自为之。但吾孙毋使同尽,以斩宗祀。"敬熙知父意决,入告母。母曰:"汝父殉国,吾惟从之而已。"敬熙以事亟,赴京语其兄光熙,偕还晋。钟琦驭新军严,至是调两营赴南路,时九月七日也。夜发饷,将以翼日行,而迟明变作,新军突入抚署。钟琦出堂皇,仆李庆云从,麾之弗去,且挺身出,先被戕。钟琦叱曰:"尔辈将反邪?"语未竟,遽中枪而殒。光熙奔救,亦被击死。叛军入内室,其妻唐氏抱雏孙起,并遇害。诏褒其忠孝节义萃于一门,予谥文烈。妻唐旌表。

光熙,本名惠熙,字亮臣。少从盛昱游,励学。钟琦遘危疾,尝刲股和药以进。光绪三十年,成进士,选庶吉士。东渡日本学陆军,卒业归,授编修,擢侍讲。赠三品京堂,谥文节。

论曰:恩铭遇刺,实在辛亥之前,盖乱机已久兆矣。武昌变起,各行省大吏惴惴自危,皆罔知所措。其死封疆者,唯松寿、钟琦等数人,或慷慨捐躯,或从容就义,示天下以大节,垂绝纲常,庶几恃以复振焉。

赵尔丰,字季和,汉军正蓝旗人。父文颖,见《忠义传》。尔丰以盐大使改知县,选山西静乐,历永济。清狱治盗,匪绝迹。躬捕蝗,始免灾。擢河东监掣同知,护河东道,以忧去。光绪二十六年,联军入晋边,山西巡抚锡良檄总营务处严防密侦,以策退之。锡良迁河道总督,调委河工,累保道员,复从至热河。锡良督川,疏荐其才,权永宁道。时会匪为患,尔丰受任即亲出巡剿,凡八阅月,诛巨匪百余人,民始安业。

三十一年,驻藏大臣凤全被害于巴塘,锡良以尔丰为建昌道,会提督马维骐讨剿。维骐军先发,尔丰从之,遂克巴塘。尔丰接办善后,移兵讨乡城,匪退喇嘛寺,据碉死守。尔丰断水道,围攻,番众悉降。于是尔丰筹边议,锡良以闻,加尔丰侍郎,充川滇边务大臣。尔丰会锡良暨云贵总督丁振铎奏陈改流设官、练兵、招垦、开矿、修路、通商、兴学诸端,廷议准拨开边费银百万两。三十三年,锡良移任去,尔丰护四川总督。于是遥策边事,凡前所奏陈,皆以次举,察吏尤严,多所举劾,僚属肃然。川南边地多匪,移兴文县于建武,移永宁县于古蔺。时外人议轮运入川,尔丰令川商自办浅水轮以阻之,是为川江驶轮之始。

三十四年,以尔丰兄尔巽督川,改尔丰驻藏大臣,仍兼边务,专边藏事。尔丰以经营全藏,宜以殖民为主,特虑恩信未孚,藏人疑阻,请仍驻藏大臣联豫驻守,而自巡视边藏。先以巴塘为根据,寓迁民于兵垦,渐及藏地。又与尔巽会奏,设安童道,改打箭炉为康定府,设河口县、里化厅同知、稻成县、贡噶岭县丞、巴安府三坝厅通判、定乡县、盐井县。诏促尔丰出关,因就成都驻防旗兵中选练西军三营自随。藏人闻之,聚兵三崖以阻。尔丰至打箭炉,适德格土司争袭构乱,乃请旨往办,迭败之赠科、麻木,追奔至卡纳沙漠地,众悉降。尔丰分其地为五区,设登科府德化、白玉两州,石渠、普同两县,置边北道。德格地大,包有春科、高日两土司,遂与灵葱土司之郎吉岭等地并改归流。宣统元年,朝意务怀柔藏人,采尔巽议,以经营西藏责联豫暨帮办温宗尧,改尔丰专任边务,驻巴塘,为藏声援,划察木多、乍丫归边辖。

川军协统钟颖率新军三千入藏,被困察木多。尔丰闻报,立驰往援,钟颖军出,并驱剿类伍齐、硕般多、洛隆宗、边坝各部落逆番殆尽,三十九族波密、八宿等部咸纳款。而江卡藏兵忽抄边军后路,犯巴塘,尔丰分兵击败之,乘势收江卡、贡觉、桑昂、杂瑜四部落。于是尔丰军越丹达山而西,直抵江达,距藏都拉萨仅六日程矣。二年,达赖喇嘛闻川军将至,逃入英属印度。尔丰请乘胜一举平藏,革教易俗,廷意不欲开衅,阻之。尔丰上疏力争,略言:"我国幅帽辽阔,强邻环伺,属地多有侵占。自革达赖喇嘛,阿旺即结叛逆,不惟藏人摇动,即外人觊觎之心亦因而愈炽。今我兵虽已入藏,然阿旺即结已入英手,英人必挟以图藏。若再姑容,将成大患。臣因一面由巴塘进兵攻破南墩,一面由察木多进兵贡觉、桑昂、曲宗,我兵所到,番人亲附,即洛隆宗、硕板多等亦皆远来输诚,备陈藏中苛虐情形,坚垦内属。臣初意务在保境息民,并无开疆拓土之念。唯桑昂、曲宗属地杂瑜与傈僳野番接壤,时有英人潜伏。傈僳之南,为阿撒密,西为波密。英人若得杂瑜,即可直接波密,由工布入藏,与印度联成一片。则波密不可不收入版图,其势至迫。请及此将边兵所到之地,概收归边。并函商联豫以乌苏里江以东隶边,以西属藏。"疏入,枢府以外交责言为虑,联豫亦不允划界。然边军所得江达以内地,尔丰已逐渐改流,早成辖境矣。

尔丰巡视各地,经贡觉、乍丫、江卡三部落,君以讨三崖为请。三崖者野番也,地险人悍,三部落苦其侵掠,尝合攻之,反为所败,官军久不能讨。尔丰策三崖四周皆已改流,必为我用,遂派知府傅嵩秋率兵五路进攻,苦战两月,尽克上中下三崖全境,设官治之。初,藏人占瞻对,尔丰屡请收回,廷议责联豫议赎,久不得要领。至是边地略定,独瞻对为藏有,梗塞其中,尔丰乃决以策取之。三年,尔丰调署四川总督,因荐嵩秋以道员用,代理边务大臣,同行阅边,绕道北路,先至孔撒、麻书,设甘孜委员,灵葱、白利、倬倭、东科、单东、鱼科各土司缴印改流,并受色达及上罗科野番降,瞻对民皆闻风请附。尔丰乃檄番官曰:"瞻对原系川属,朝廷前以赏藏,设官征粮。光绪二十年,瞻人叛藏,则藏已失瞻;川兵取瞻,则瞻为川有。乃藏人久占不归,迄今又十余年矣,厚敛横征,民不堪命。应将瞻对仍献朝廷,以表恭顺。"藏官畏尔丰威,献户籍去。瞻对民欢呼出迎,尔丰遂入瞻对,设官治之。野番俄落、色达均望风降。又波密自言其先为入藏汉兵,别成部落。尔丰前至察木多,波密呈验所产棉布、粮食,证明确由汉出,并述其地与白马岗接壤,在英、藏间,力请内附。及尔丰师还，联豫忽遣兵攻之，大败乞援。至是，尔丰派凤山由巴塘率边兵二千往与联豫参赞罗长裿军共克波密，并取白马岗。尔丰至打箭炉，收明正土司地及鱼通、冷边、沈边、咱里等土司印，皆改流。计尔丰所收边地，东西三千余里，南北四千余里，设治者三十余区，详《土司传》。

会川乱起，尔丰还省。初，商办川汉铁路公司集股银二千余万，忽奉旨收归国有，咸大哗，倡保路同志会，好事者争附和，势张甚。尔丰至成都，察乱已成，思弭解，集司道联名电奏，请变更收路办法，不允。商民罢市，同志会捧德宗神牌冲入督署，与护兵相持，颇有死伤，全省骚动。廷寄饬拿祸首正法，尔丰不得已捕会首蒲殿俊等九人拘之。其党围攻省城，兵皆川产，不用命。督办川汉铁路大臣端方方奉命援川，滞重庆，劾尔丰操切，诏仍回边务大臣，以岑春煊代为总督。武昌变作，春煊阻不得往，端方至资州，遇害。资政院劾尔丰，罢黜待罪，而朝旨已不能达川。重庆兵变，会匪蜂起，军民环请独立，尔丰遽让政权于殿俊，殿俊自称都督，防军复变，殿俊走匿，全城无主，商民请尔丰出定乱，因揭示抚辑变兵。而标统尹昌衡率部入城，自为都督，罗纶副之，以兵攻督署，拥尔丰至贡院，尔丰骂不绝口，遂被害。

按：《赵尔丰传》，关内本与关外一次本相同，较此为详。全文附录于后，作为参考。

卷四百七十　　列传二百五十七

志锐刘从德　春勋**良弼　宗室载穆**万选德霈　同源**文瑞**承燕　克蒙额**恒龄**德霈等
朴寿　谢宝胜姚霭云　**黄忠浩**杨让梨等

志锐，字公颖，他塔拉氏，世居扎库木，隶满洲正红旗，陕甘总督裕泰孙。父长敬，四川绥定府知府。志锐幼颖异，光绪六年成进士，选庶吉士，授编修。与黄体芳、盛昱辈相励以风节，数上书言事。累迁詹事，擢礼部右侍郎。中东事起，上疏画战守策累万言。虑陪都警，自请募勇设防，称旨，命赴热河练兵。未逾月，以其妹瑾、珍两妃贬贵人，降授乌里雅苏台参赞大臣，释兵柄。遂迁道出张家口，策马逾天山西边绝幕。所径台站，辄周咨山川、风俗、宗教，箸诗记事。居数年，将军长庚令赴边外厘中俄积案，凡六阅月，结千余起。前后五上疏筹西北防务，发强邻狡谋，中当轴忌，左迁索伦领队大臣。领队例不得专摺奏事，居则钩稽地形陇塞，出则徼循鄂博、卡伦，冀得当以报。又数年，改授宁夏副都统，疏请发帑二十万浚城外故渠，获沃壤数千顷。频上疏，多言人所不敢言。

宣统二年，迁杭州将军。明年，调伊犁将军，加尚书衔。入觐，条上弭边患、御外侮机宜甚悉；又力陈新政多糜费，请省罢，壹意练兵救危局。并请边地练兵费百万，部议止予二十万。抵新疆，闻武昌变，或劝少留，不可。逾月，到官，日讨军士而申儆之。已，兰州军哗变，宁夏继之。伊犁协统杨缵绪以兵叛，夜据南北军器库，攻将军署。群议举志锐为都督，峻拒之；迫诣商会，亦弗从，起发枪击之，遂遇害。其仆吕顺奔走营棺敛，抚尸号恸，亦为叛军所戕。

又武巡捕官刘从德，四川人；教练官春勋，京旗人：并及于难。事闻，赠志锐太子少保，谥文贞。

志锐夙负奇气，守边庭逾十稔，自号为穷塞主。工诗词。熟察边情，惧祸至无日。其赴伊犁也，以手书遍告戚友，言"以身许国，不作生入玉门想"。其致命遂志，盖已定于拜疏出国门日云。

良弼，字赉臣，红带子，隶镶黄旗，大学士伊里布孙。少孤，事母孝。劬学，留学日本陆军学校，毕业归，入练兵处。历陆军部军学司监督副使，补司长。时新设禁卫军，任第一协统领兼镶白旗都统，迁军谘府军谘使。平日以知兵名，改军制，练新军，立军学，良弼皆主其谋。尤留意人才，自将帅以至军士，莫不延纳。思有所建树，颇为时忌。

武昌乱起，各省响应，朝论纷呶，王公贵人皆气馁，莫知所为。良弼独与三数才杰朝夕规画，外联群帅，内安当国，思以立宪弭革命，图救大局，上下皆恃以为重。时袁世凯来京，方议国体，人心不安甚矣。一日，良弼议事归，及门，有人遽掷炸弹，三日而卒。事闻，震悼，优恤如例。其后官绅请立祠于北京祀之。

良弼刚果有骨气，颇自负，虽参军务，无可与谋，常以不得行其志为恨，日有忧色。及遇刺，医初谓可疗，忽进以酒者，遂死。死未旬日，而逊位诏下，时皆悼之。

宗室载穆，字敬修，隶满洲镶蓝旗，恂勤郡王允䄉五世孙。祖绵翔，镇国将军。父奕云，一等侍卫，记名副都统。载穆年二十，除三等侍卫，累迁头等，兼办事章京。以抗直忤上官意，数岁不迁。光绪二十六年，拳乱起，两宫西幸，痛哭自尽者再，遇救获免。三十二年，授太原城守尉。明年，有诏递裁驻防，分遣归农，乃倡农桑，劝女工，兴学校。比去晋，旗民男妇务耕作，娴织纴者达二百人。省城门有八，旧闭其二。阜煇门当汾水冲，河决土壅，不能通车马，群议闭之。载穆曰："此汾西数十村入城孔道也，请于旧门南辟新门。"民称便。秩满，将入觐，巡抚丁宝桢疏留之，报可。

宣统三年，简京口副都统。鄂难作，缘江戒严。载穆缮城郭，犒军士，设练兵处，定营防城守章条，昼夜徼循，旗、汉民杂居者皆安堵。已而新军徙顿铁道旁，运枪械者褁属。载穆知有异，遣使如江宁告急，弗应。江苏巡抚程德全号独立，传檄镇江，防营乃潜通苏军，全城益怖惧。于是官绅集议，定满、汉联合策，约毋战，且要旗营缴军械。载穆知事不可为，罢会大恸，语左右曰："吾上负朝廷，所欠止一死耳！"左右环跽，请系众心，维危局。翼日，镇绅杨邦彦诣军门趣缴械，不许。会新军入据汉城，旗营大哗，乃进旗众而语之曰："驻防兵单粮储竭，吾战死甘如饴。顾糜吾民肝脑膏锋刃，吾奚忍？若曹其徇众议，纾急祸。吾身为大臣，且天潢亲也，宜效死。"是时骁骑校万选力争，请毋止战，不见用，顿足大哭。印班德霈亦愤甚，曰："大局休矣！吾宁死以报国。"载穆嘿不语，乃缮遗疏，手自缄印，遣佐领良才赍至京师。复草遗书致商会，犹殷殷以七千人生命相嘱。随行四仆皆遣归。有李顺者，去复返，朝夕侍其侧，偶退休，诣朝入寝室，则已自经死矣。郡人哀之，殡敛如礼，且为置田安厝焉。将军铁良上闻，命核覆死事。江宁失，铁良走，宗人府亦无奏报，故褒赠之典弗及云。

万选、德霈并殉。先是骁骑校同源以旗人将失所，忍死争旗产。至是乃语家人曰："吾可以从殉国诸公后矣！"沐浴整衣冠，不食而死。万选，字子昭，蒙古敖汉氏。著有《易注》、《笔谏》、《金石赏心》、《火龙攻战略》诸书。德霈，字雨田；同源，字子清；并蒙古人。

文瑞，钮祜禄氏，满洲镶红旗人。世袭男爵，充头等侍卫，出为马兰镇总兵。中日之役，喜峰口迫近战地，策守御，遏内匪，辖境以宁。坐陵树虫灾免，顷之被宥，除归化城副都统，兼署绥远城将军。拳匪乱，蔓延蒙旗，教案纷纠。文瑞至，与外人推诚商榷，偿款独轻，绥民德之。调青州，念旗民乏生计，为辟工厂，兴学校，编制军队，满城一切皆治办。移成都，未之官，擢西安将军。兴学、劝工，为治复仿青州。

议办移垦授田法，未及行而鄂变作，西安新军应之，先据汉城，缘涂纵火，烟焰张天。疾趋南街，遇新军，前驺戈什哈数人被击死，纡道归。与左翼副都统承燕、右翼副都统克蒙额筹应变策，遣军士面阵而守，两军合战，自申及亥不少休。翼日昧爽，新军分攻东、南门，旗兵多伤亡，文瑞督慓益力。未几，新军请停战会议，遣协领葆钧往，迄未得要领。复贻书新军，反覆开喻，亦不答。而新军又两路夹攻，旗营火器竭，渐不支。日方午，东门破，进满城，终夕巷战，旗兵死者二千余人，余皆鼠杀。麾下壮士从者十余，及其子熙麟而已。于是环请引避图恢复，文瑞忾然曰："吾为统兵大员，有职守不能裁乱，重负君恩，惟有死耳！"乃口授遗疏，趣熙麟书之，命乘间达京师，而自从容整衣冠赴井死。幕僚秦鹤鸣敛之。

承燕同时投井死。

克蒙额，字哲臣，满洲镶蓝旗人。先请巡抚发新式军械，迟不应，激战三昼夜，力竭阵亡。

恒龄，字锡九，舒穆鲁氏，满洲正蓝旗人，湖北荆州驻防。恒龄少嗜学，娴武干，尤熟中外兵家言。以附生官笔帖式，迁骁骑校，累擢佐领。旗营久习窳惰，罕知兵事，乃创编新军，设讲武堂教之。拳匪乱作，湘人旅荆者被煽动，燔沙市趸船及税关、领事署，外国侨民多逃避，势岌岌。恒龄率二百人往镇抚，诛首要，宥胁从，外人避难者护持之。事宁，军政课最。将军绰哈布疏综营务，恒龄条

上四事，曰：设警察，兴学校，厘财政，练常备军，并奏行。设八旗高等学堂、陆军小学堂，俾任校事。顾其时风气暗僿，款无所出，遂走谒总督张之洞，面陈规画，获助万金，始成立；犹不足，省新军陋规益之，岁以为常。于是订章条，甄材颖，走币聘海内名儒，分科教授，校风肃然。学部曹司考察，称荆州第一。旋领振威新军，调督练处参议，总办陆军小学。将军恩存、总督陈夔龙交章论荐。

宣统改元，调充热河练军统领。汰老弱，补缺额，申严纪律，凡两阅月，获匪首葛兰亭等，推功将校。二年，授宁夏副都统，朝阳绅民吁留，夔龙上闻。廷议以西陲边要，趣到官。既莅事，首严烟禁；开渠屯田，久无效，设方略整饬之。

三年，遭父忧。令甲，旗员百日服除即视事。恒龄固请终制，解职去，奉父丧于万县，抵宜昌，鄂乱作，道涂阻绝，将军连电疏请参军事，上命署荆州左翼副都统。恒龄援"墨绖从戎"义，忾然任城守，而援绝饷匮，兵人疲馑则哗变，乃斥家财饷之，涕泣誓众，令毋扰沙市启外衅。时方患痈剧，裹创策骑出，昼夜徼循，血痕犹濡缕然。无何，事益亟，外城失。恒龄晨起，公服端坐堂上，发手枪洞胸而殉。家人得其与弟恒广、子裕文书，曰："吾家世受国恩，宜竭力图报。今城既失，义当死。所憾者老母在堂，忠孝不获两全。吾母有子能尽忠，亦甚得。我死，汝曹能阖门殉节固善，否则善事吾母，以补吾不孝之罪，毋以吾死状令老人知也。"恒龄死数日，连魁与右翼副都统松鹤开门纳民军，荆州遂失。事闻，上震悼，谥壮节。

参谋长德霈自经死。恩霈亦自经，家人救之，愤不欲生，后数日卒。

朴寿，字仁山，满洲镶黄旗人。光绪二十年举人，授吏部主事，累迁郎中。拳乱起，联军入城，首与各国谋保商民。出为山西归绥道，简库伦办事大臣。三十二年，召授镶蓝旗满洲副都统，迁正黄旗汉军都统。明年，除福州将军，整旗务，严烟禁，专志训练，得精卒四千人。宣统三年，省城民军起，率防军与搏，火器猛利，民军几不支。然民军虽被创，辄随时募集，防军以猛斗故，伤亡多，卒败溃。朴寿被执，受挫辱，不屈，遂支解之，弃尸山下，其死状为最烈云。事闻，赠太子太保，予二等轻车都尉世职，谥忠肃。

谢宝胜，字子兰，安徽寿州人。初隶金顺麾下，从征西陲。嗣随宋庆、马玉昆克肃州及关外诸城，积勋至都司。以事与玉昆左，弃冠服走博克达山为黄冠。光绪十五年，玉昆提督畿辅，鸠集旧部，独伟视宝胜，招之出。敦促备至，宝胜忾然曰："玉昆知我者，义不忍却！"乃弃黄冠，诣军所筹方略。二十一年，朝鲜告警，从出关，与日军数十战，勇敢躐伦等。玉昆弟陷重围，锐身救之出。和议成，愤甚，复为道士装，韬迹京师白云观，如是者数年。

拳乱作，柴洪山统武卫护军，荣禄檄领前路后营，已留河南，更名精锐军，领左营，寻管豫北军。忌者中以蜚

语,巡抚吴重憙疏辨其冤,上卒优容之。驻军河、陕、汝最久,将士积相畏服,军麾所指,纪律肃然。累迁至副将。

宣统改元,授河北镇总兵。明年,移南阳,河、陕、汝军仍受节度。宝胜益感奋,尤严治盗,所莅毋扰民。恒短衣执械先士卒,或宵行数十里,伪为小商,诇虚实。村民通匪者惮其至,尝置毒饮水处,宝胜则自携水罂,怀麦饼,食尽,忍饥渴以为常,以是寇鲜漏网。洛阳张黑子、嵩县王天纵、汝州董万川尤鸷悍,张、董并计擒之,天纵惧不敢出。豫西数十州县皆安堵,而南阳王八老虎犹崛负。宝胜至,移书期决斗。会天大雪,前期五日,潜师薄其巢,贼不戒,据中庭轰拒。宝胜奋身入,众继之,火其庐,卒就缚,置之法。自是南阳无遗寇。宝胜短躯干,目光炯炯能慑人。视盗如仇,待士卒若子弟。劳无吝赏,遇丧亡,赗恤尤厚。饷馈无所受,无兼衣余食,统兵十余年,而负债巨万。巡抚宝棻上闻,中旨敕司库偿九千余金,异数也!

三年,移师嵩县。值鄂乱作,亟还筹战守。其时襄樊已应和,土寇处处飙起。豫南与陕、鄂壤地接,市言讹诪日数至。检勒部曲,日夕巡徼不少休。支振数十日,而襄樊军阑入,士民与通款,将内讧。诸将意沮,咸莫能奋,惟都司姚霭云慷慨愿从战。无何,新野陷,大吏飞檄戒毋妄动。宝胜愤激,赴校场,与众誓死守,而府县官已委印绶去。翌日元旦,独朝服诣万寿宫行礼,痛哭不能止。俄传南军入,烟焰翳天,各营亦以食尽而溃。不得已,退顿裕州,比至,城皆树白帜矣,乃止舍。至夕而逊位诏至,召将卒励以忠义,麾之去,夜半时,屏仆从,肃衣冠,呕血数升,以枪自击死。平旦,将卒趋视,皆哭失声,以大蘖裹尸,舁至独头镇敛之。

霭云,陕西人。旧为多隆阿部将,后从宝胜军,隶营务处,亦为民军所戕云。

黄忠浩,字泽生,湖南黔阳人。通经术,嗜读儒先性理书。以优贡生入赀为内阁中书。主沅州讲席,锐意地方利弊,建西路师范学堂,劝民植桑育蚕,尤颛志矿业。陈宝箴、赵尔巽先后抚湘,设矿局及公司,采平江金矿、常宁水口山铅矿,至今称厚利,皆其谋也。

光绪二十一年,以东事筹防,募乡勇五百人入鄂,守田家镇炮台。总督张之洞一见重之,调领武靖营,驻洪山。二十三年,治军长沙,统毅字军,军故征苗旧旅,日久窳敝,不可用。宝箴纳其议,别募威字新军,俾主之。二十六年,之洞檄募军勤王;二十八年,徙驻岳州,缉新堤土寇,平之。再入赀为道员。赴日本参观大操,归,益详练战术,知兵名大著,明年,尔巽檄综湖南营务处,统忠字旗五营。其冬,母忧去职。

逾岁,广西降匪陆亚发陷柳州,湘边大震。起忠浩率所部援桂,直捣梅寨,用少击众,寇大创,降敕褒嘉。寇奔福禄村,村故瑶地,箐壑深岨,中有危涂垂线缕,容一人行。忠浩乃短衣芒蹻,徒步深入。会天酷暑,郁为瘴疠,兵士死相继,忠浩亦遘膨疾,然治军勤如故,寇卒不敢近。捷上,授狼山镇总兵,请终制,改署任道员授总戎,特例

也。是时岑春煊驻桂林,檄与议军事,奏署右江镇。服阕,予实授。未几,乞假去。再至湖北,尔巽留综营务处,兼统全省防军,荆襄水师受节度。

宣统二年,从尔巽入川,署提督,乞归。三年,京师开全国教育会,忠浩与焉。争铁路国有为非计,议大浚洞庭湖,纾湘蓄,议论侃侃无所挠。还长沙,值巡抚余诚格新莅官,党人谋日亟。诚格虑新军有异志,以中路巡防十营属之,不就。诚格下席揖请至再,不获已,始受事。甫三日,鄂乱起。九月朔,新军变,将入城,协统肃良臣道、防军为内应。忠浩方晨谒,随诚格出,抚谕至再,势汹汹不可遏,要诚格为都督。诚格从间道出,召水师,水师亦变。诚格投江,左右援之,不得死。忠浩犹留署,火起,护弁强之出,及门,遇乱兵,被执,胁降不从,劫之走,刃伤臂及股,至小吴门城楼,遂遇害。家人奉丧归葬,缘涂设奠者数百里。继忠浩死者有杨让梨。

让梨,字劭钦,籍湘乡。少与王鑫子诗正友善。诗正援台湾,战失利,尝负之以免,军中诚壮之。积勋至守备。转战新疆、河州、西宁,数有功,累擢参将,赐号铿色巴图鲁。既,还长沙,隶忠浩麾下。宣统二年,补镇筸镇标中军游击。明年,武汉事起,忠浩电调援长沙。次辰州,闻省城乱,乃扼辰龙关,誓死守。筸兵故悍锐,为民军所惮。时总兵周瑞龙持两端,其子瓒赍金至,将以饵筸兵,哨弁李凤鸣潜告让梨,得为备。瑞龙称疾,檄让梨还,代以他将。让梨乃上书责以大义灭亲,辞激昂,且檄捕瓒,瓒遁。已而瑞龙降,道府官委印绶去。让梨痛哭,犒遣军士,独棹小舟至清浪滩,踊身入水。舟子泅出之,让梨恚甚,曰:"奚活我为?"瓒出代其军,遣人追絷让梨及其子传孔,锁送长沙。径常德,遇龙璋巡按西路,劝之不屈,遂斩之。临刑,肃衣冠北向拜,观者万余人,皆泣下。传孔释还。

有陈萁者,让梨从子婿也。当让梨被缚时,其即奋起击缚者,仆一人,攒刃交下,伤其首,断一足,并死之。

论曰:辛亥之变,各省新军既先发难,防营不能独支,而京外旗兵久无军备,又多被残困,死行阵者,自寥寥可数。志钧等权轻势孤,艰难搘柱,思以一隅挽全局;及事不可为,乃以死报,志节皎然,可敬亦可哀矣!

卷四百七十一 列传二百五十八

盛宣怀 瑞澄

盛宣怀,字杏荪,江苏武进人。以诸生纳赀为主事,改置直隶州知州,累至道员。尝赞置轮船招商局,开采湖北煤铁矿,李鸿章颇信任之。英商擅筑铁轨,首沪径宝山讫吴淞,上海道数阻,弗听。宣怀与英官梅辉立折辩,偿银二十八万有奇,始归于我。光绪五年,署天津道。时鸿

章督畿辅,方向新政,以铁路、电报事专属宣怀。宣怀以英、丹所设水陆线渐侵内地,乃集赀设津沪陆线,建电报学堂,并援万国公例与争,始克严定条款。会订水线相接合同,于是与轮船招商同为商办两大局。八年,英、法、德、美议立万国电报公司,增造自沪至香港水线,垄利权。宣怀复劝集华商自设缘海各口陆线,以绝觊觎。

十年,署天津海关道。会法越构衅,海防急。乃移金州矿赀治苏、浙、闽、粤电线,便军事,而部议指为含混,科以降级调用。左宗棠为言于上,事下南洋大臣曾国荃等,上其绩状,始改留任。十二年,授山东登莱青道。法领事林椿诣烟台与订越南北圻线约,朝旨既报可矣,而张之洞执言不可行。宣怀曰:"今珲春、海兰泡欲接俄线,俄方有挟求。法既许接线,彼必易就范。且英、丹皆与约,奚拒法!"总署然之。果不数年而俄约成。十八年,除真。沪上织布局厂灾,宣怀筹设华盛总厂,复任弥汉冶铁厂亏耗。于是之洞赏其才,与王文韶交荐之,遂擢四品京堂,督办铁路总公司。入觐,奏言筑路与练兵、理财、育才互为用,并请开银行,设立成馆,称旨,补太常寺少卿。与比订贷款草约。二十四年,诏趣造粤汉路。宣怀建议贷美款归自办,具改归商办本末以上;而言者盛毁其所为迟滞,被诃责。宣怀具报曲折,上乃慰而勉之。宣怀自请解职,仍留京会议洋货税则。已而徐桐劾两局有中饱,适刚毅按事南下,衔命察覆。宣怀具以实对,奏上,被温旨。

二十六年,拳祸作,各国兵舰纷集江海各口。宣怀倡互保议,电粤、江、鄂、闽诸疆吏,获同意,遂与各领事订定办法九条,世所称《东南保护约款》是也。又电奏请下密诏平乱,发国电国书惩祸首,恤五忠,所言动关大计。事宁,加太子少保,除宗人府府丞。明年,充办理商税事务大臣。以和约既成,偿费过巨,乃奏豫筹四策,而注重加税。复以债款称息负累剧,请婉商各国,分摊免息。嗣与各国商加税免厘,议垂成,英忽中悔。厥后宣怀数续议,仍无效。是岁奏设勘矿总公司。越二年,而有争粤汉废约事,沪宁、苏杭甬踵,众大哗。诏禁宣怀干预,命唐绍仪代督两局。宣怀遂奏罢铁路总公司。后四年,浙路事益棘,上终以宣怀谙路政,复召见问筹策。宣怀言:"既借款,不应令商造;既商造,不应再借款。民情可用,不顺用之恐激变。"上是之,拜邮传部右侍郎。命甫下,而浙路总理汤寿潜因言宣怀短,请离路事。寿潜获严谴,宣怀亦不复久居中,仍命诣沪办商约。

宣统改元,奏言推广中央银行,先齐币制,附陈办法成式。逾岁,命充红十字会会长。先是日俄战争,宣怀与吕海寰等谋加入瑞士总会,中国有红十字会自此始。既拜命入都,时朝廷方整丽币制,遂敕还邮部本官,参与度支部币制事。晋尚书,数上封事,凡收回邮政,接管驿站,规画官建各路,展拓川藏电线,厘定全国轨制,称新政毕举,而以铁路收为国有,致召大变,世皆责之。

先是给事中石长信疏论各省商民集股造路公司弊害,宜敕部臣将全国干路定为国有,其余枝路仍准各省绅商集股自修。谕交部议,宣怀复奏言:"中国幅员广袤,边疆辽远,必有纵横四境诸大干路,方足以利行政而握中枢。从前规画未善,致路政错乱纷歧,不分枝干,不量民力,一纸呈请,辄准商办。乃数载以来,粤则收股及半,造路无多;川则倒帐甚巨,参追无着;湘、鄂则开局多年,徒供坐耗。循是不已,恐旷日弥久,民累愈深,上下交受其害。应请定干路均归国有,枝路任民自为,晓谕人民,宣统三年以前各省分设公司集股商办之干路,应即由国家收回,亟图修筑,悉废以前批准之案,川、湘两省租股并停罢。"于是有铁路国有之诏,并起端方充督办粤汉、川汉铁路大臣。

宣怀复与英、德、法、美四国结借款之约,各省闻之,群情疑惧,湘省首起抗阻,川省继之。湘抚杨文鼎、川督王人文先后以闻,诏切责之,谕:"严行禁止,傥有匪徒从中煽惑,意在作乱者,照惩治乱党例,格杀勿论。"宣怀又会度支部奏收回办法:"请收回粤、川、湘、鄂四省公司股票,由部特出国家铁路股票换给,粤路发六成,湘、鄂路照本发还,川路宜昌实用工料之款四百余万,给国家保利股票。其现存七百余万两,或仍入股,或兴实业,悉听其便。"诏饬行。四川绅民罗纶等二千四百余人,以收路国有,盛宣怀、端方会度支部奏定办法,对待川民,纯用威力,未为持平,不敢从命。人文复以闻,再切责之。赵尔丰等复奏:"川民争路激烈,请仍归商办。"不许,川乱遂成,而鄂变亦起,大势不可问矣。资政院以宣怀侵权违法,罔上欺君,涂附政策,酿成祸乱,实为误国首恶,请罪之,诏夺职,遂归。后五年,卒。

宣怀有智略,尤善治赈。自咸丰季叶畿辅被水菑,嗣是而晋边,而淮、徐、海,而浙,而鄂,而江、皖,皆起募款,筹赈抚。因讨测受菑之故,益究心水利,其治小清河利尤溥。唯起家实业,善蓄藏,称富,亦往往冒利,被口语云。

瑞澄,字莘儒,满洲正黄旗人,大学士琦善孙,将军恭镗子。以贡生官刑部笔帖式,迁主事,调升户部员外郎。出为九江道,有治声,移上海道。沪地交涉繁,瑞澄应付缜密,颇负持正名。尤颛意警政,建总局,廓分区,设学堂,练马巡,中外交谊其能。光绪三十三年,授江西按察使,迁江苏布政使。时江、浙枭匪蠢动,出没沪、杭孔道,酿成巨案。侍郎沈家本建议办清乡,朝命瑞澄主苏、松、太、杭、嘉、湖捕务,六属文武受节度。瑞澄添募水师,购置兵轮,仿各国海军制,编成联队。擒获巨魁夏竹、林声为,匪徒敛迹。

宣统改元,称疾,乞解职,温旨慰留。总督端方密荐其才,迁巡抚。既莅事,澄吏治,肃军纪,严警政,条具整饬本末以上,上嘉纳,命署湖广总督。逾岁,到官,旋实授。劾罢巡警道冯启钧、劝业道邹履和。湘民饥变,复纠弹前祭酒王先谦、主事叶德辉、道员孔宪毂阻挠新政状,中旨分别惩革,鬃是威望益著。其时朝廷筹备立宪,瑞澄希风指,凡置警、兴学、设谘议局、立审检厅,一切皆治办。名流如张謇辈咸与交欢,而懿亲载泽方用事,则又为其姻娅,声势骎骎出南北洋上。

三年七月,被命会办川汉、粤汉铁路。居无何,督办端方上言鄂境铁路收归国有,诏嘉之。越月,武昌变起。先是党人谋乱于武昌,瑞澂初闻报,忧惧失措,漫不为备,惟悬赏告密,得党人名册,多列军人名,左右察知伪造,请销毁以安众心。瑞澂必欲按名捕之,获三十二人,诛其三,辄以平乱闻。诏嘉其弭患初萌,定乱俄顷,命就擒获诸人严鞫,并缳逃亡,于是军心骚动,翌日遂变。瑞澂弃城走,诏革职,仍令权总督事,戴罪图功,并令陆军大臣荫昌督师往讨,萨镇冰率兵舰、程允和率水师援之,而瑞澂已乘兵舰由汉口而芜湖而九江,且至上海矣。

党军推陆军第二十一混成协统领官黎元洪称都督,置军政府。既占武昌,复取汉阳,据汉口,乃起袁世凯为湖广总督,督办剿抚,节制长江水陆各军,副都统王士珍副之。召荫昌还,命军谘使冯国璋总统第一军,江北提督段祺瑞总统第二军,俱受世凯节制。国璋与党军战于滠口,水陆夹击,复汉口,连克汉阳,指日下武昌,而世凯授总理内阁大臣,遽令停攻。复起魏光焘督湖广,士珍暂权,段芝贵护,又命祺瑞摄之。时瑞澂已久逼上海,始以失守武昌,潜逃出省,偷生丧耻,诏逮京,下法部治罪,而瑞澂不顾也。瑞澂居上海四年,病卒。

论曰:辛亥革命,乱机久伏,特以铁路国有为发端耳。宣怀实创斯议,遂为首恶。鄂变猝起,瑞澂遽弃城走,当国优柔,不能明正以法。各省督抚遂先后皆不顾,走者走,变者变,大势乃不可问矣。呜呼!如瑞澂者,谥以罪首,尚何辞哉?

卷四百七十二 列传二百五十九

**陆润庠　世续　伊克坦　梁鼎芬
徐坊　劳乃宣　沈曾植**

陆润庠,字凤石,江苏元和人。父懋修,精医,见《艺术传》。润庠,同治十三年一甲一名进士,授修撰。光绪初,屡典试事,湖南、陕西皆再至。入直南书房,洊擢侍读。出督山东学政。父忧服阕,再迁祭酒,典试江西。以母疾乞养归。二十四年,起补祭酒,擢内阁学士,署工部侍郎。两宫西巡,奔赴行在,授礼部侍郎,充经筵讲官。擢左都御史,管理医局,典顺天乡试,充会试副总裁,署工部尚书。

三十二年,充厘订官制大臣。已而工部裁省,以尚书兼领顺天府尹事。明年,授吏部尚书,参预政务大臣,谓:"捐例开,仕途杂,膺民社者或不通晓文义,因订道府以下考试章程,试不及格者停其分发,设仕学馆教习之。"润庠为陆贽后,尝奏进文集,参以时事,大意谓:"成规未可墨守,而新法亦须斟酌行之。若不研究国内历史,以为变通,必至窒碍难行,且有变本加厉之害。"

宣统元年,协办大学士,由体仁阁转东阁大学士,充弼德院院长。皇帝典学,充毓庆宫授读,兼顾问大臣。疏陈:"曲阜笃生圣人之地,今新建曲阜学堂,必须阐明经术,提倡正学。若杂聘外人,异言异服,喧宾夺主,将来圣教渐灭,亦朝廷之忧。"又陈:"厘订官制,宜保存台谏一职。说者谓既有国会,不须复有言官。岂知议员职在立法,言官职在击邪。议院开会,不过三月,台谏则随时可以陈言。行政裁判,系定断于事后,言官则举发于事前。朝廷欲开通耳目,则谏院不可裁;诸臣欲巩固君权,则亦不可言裁。即使他时国会成立,亦宜使该院独立,勿为邪说所淆。"又言:"游学诸生,于实业等事学成而归者,寥寥可数,而又用非所学。其最多者惟法政一科。法政各国歧异,悉就其本国人情风俗以为制。今诸生根柢未深,于前古圣贤经传曾未诵习,道德风尚概未闻知,袭人皮毛,妄言改革;甚且包藏祸心,倡民权革命之说,判国家与君主为两途,布其党徒,潜为谋主。各部院大臣以为朝廷锐意变法,非重用学生不足以称上旨,遂乃邪说彼行,遍播中外,久之必致根本动摇,民生涂炭。"

又疏陈财用枯竭,请酌停新政,谓:"今日之害,先由于督抚无权,渐而至于朝廷无权。库储之困难,寇贼之充斥,犹其显而易见者也。镇兵之设也,所用皆未经历练之学生,韬略则纸上空谈,作用则徒取形式,甚至持不击同胞之谬说。一旦有事,督抚非但不能调遣,甚且反戈相向,其不可用明矣。则莫如停办镇兵,仍取巡防队而整理之。审判之立也,所授皆未曾听讼之法官,黑白混淆,是非倒置。旧时谙练之老吏,督抚不得用之,散遣州县捕役,以缉盗责之巡警。巡警无能也,且不过省会及通商口岸有巡警,岂能分布乡间?将来必至遍地皆盗,人民无可控诉。则莫如停办审判,仍以听断缉捕归之州县。谘议局之设也,所举皆不谙掌故之议员,逞臆狂谈,箝制当道,督抚莫能禁之。于是借筹款之名,鱼肉乡里,窃自治之号,私树党援。上年资政院开议,竟至戟手漫骂,藐视朝廷。以辩为通才,以横议为舆论,蜩螗沸羹,莫可究诘。则莫如停办国会,仍以言事责之谏院。学堂之设也,所聘皆未通经史之教员,其沿用教科书,仅足启发颛蒙,废《五经》而不读,祸直等于秦焚。暑假、星期,毫无拘束,彼血气未定者,岂不结党为非?又膳学费百倍于前,致使贫寒聪颖之士流,进身无路。则莫如停办中小学堂,仍用经策取士。凡此皆于财政有关,而祸不仅在财政,使不早为之所,必至权柄下移,大局不可收拾。"疏上,多不报。时建设立宪内阁,宰辅拥虚名而已。

武昌兵变,官军既克汉阳,武昌旦夕下。而新内阁又成立,总理大臣袁世凯议修和息战祸,取隆裕太后懿旨,颁示天下,改建国体,于是逊位诏下矣。润庠以老瞆辞授读差,奉懿旨仍照料毓庆宫,给月俸如故,授太保。越二年,病卒,年七十五,赠太傅,谥文端。

润庠性和易,接物无崖岸,虽贵,服用如为诸生时。遇变忧郁,内结于胸而外不露。及病笃,竟日危坐,瞑目不言,亦不食,数日而逝。

世续,字伯轩,索勒豁金氏,隶内务府满洲正黄旗。

光绪元年举人,以议叙主事历内务府郎中,擢武备院卿,授内阁学士。二十二年,为总管内务府大臣,兼工部侍郎。二十六年,各国联军入京,两宫西狩,适遭父丧,命留京办事。即日缞墨诣联军请保护宫廷,日为宫中备饮馔,并保坛庙。晋理藩院尚书,调礼部。两宫回銮,赏黄马褂,转吏部,兼都统。内务府三旗甲米向归吏胥代领折价,名曰"米折",所得甚微。世续商之仓场,饬旗丁自领,众感实惠。纂呈《四书图说》,特旨褒嘉。三十年,以吏部尚书协办大学士,寻授体仁阁大学士。三十二年,命为军机大臣。历转文华殿大学士,充宪政编查馆参预政务大臣。念八旗生计日艰,奏设工艺厂,俾习工艺赡身家。德宗崩,议继体,世续独言国事艰危,宜立长君,不能用。

宣统改元,以疾乞休。三年,复起原官,仍兼总管内务府大臣。及议逊位,世续首赞之。太后令磋商优待条件,授太保。接修崇陵工程,加太傅。丁巳复辟,惧祸及,力阻之。事变亟,入宿卫,并以殓服自随。频年以经费拮据,支持尤苦,纂修《德宗实录》,始终其事,及书成,已病不能起矣。辛酉年,卒,年六十九。赠太师,谥文端。

伊克坦,字仲平,瓜尔佳氏,满洲正白旗人,西安驻防。光绪十二年进士,以编修历至都察院副都御史,充满蒙文学堂监督。有请达海从祀文庙者,伊克坦以达海创定国书,翻译经史,有功圣教,允宜附祀,即为代奏,略言:"学官立于汉京,而配享实始于唐代,宋、元以来,迭有增祀,大率以阐明圣学,有功经训为断。汉儒许慎,特因《说文解字》,功在经籍,专隆升祔。我太祖高皇帝、太宗文皇帝指授文臣创立国书,传译经史,宣布文教,尤极千古未有之盛。夫国书字体,创自文臣额尔德尼及噶盖等,而仰承圣意,汇集大成,详定颁行者,实唯儒臣达海。达海以肇造贞元之佐,擅闳通著述之才,历相两朝,瞻言百里。其初奉命详定国书,重加圈点,发明音义,又以国书汉字对音未全,于十二字头之外有所增加,而国书之用乃广。复定两字切音之法,较之汉文切音,更为精当,而国书之制乃备。翻译经典,昭示群伦,功不在传经诸儒下。崇德十年,既蒙赐谥文成,康熙九年,复奉赐文立碑,隆德报功,永受恩泽。旋有学士阿理瑚奏请从祀文庙,礼臣复奏,以为创造国书,一艺之长,不当从祀,未经议准。查达海详定国书字体,实禀太宗指示而成。作者为圣、述者为明,非唯羽翼六经,抑且昭示百世。部议谓仅一艺之长,实未深知大体。达海于圣经有表章之力,于后学有津逮之功。方今宗学、旗学兼重国书,并奉旨特设满蒙文学堂于京师,奉省亦经奏立八旗满蒙文中学堂。揆诸古者释奠祭师之谊,达海应得附祀,核与汉儒许慎从祀之例亦属相符。仰恳俯准达海附祀文庙,并请敕建专祠于盛京,以昭秩式。查盛京东门外尚有达海茔基,榛莽荒芜,碣碑剥落,并请敕下所司修治看护,用示朝廷崇尚实学、茂念儒臣之至意。"

又代陈典学事宜,略言:"伏读雍正三年世宗宪皇帝谕:'帝王御宇膺图,咸资典学。我圣祖仁皇帝天亶聪明,而好古敏求,六十余年孜孜不倦。'又嘉庆二十四年仁宗睿皇帝谕:'帝王之学,在于贯彻天人,明体达用,以见诸施行,与经生寻章索句者不同。'仰见列圣相承,重视典学之至意。我皇上睿哲性成,聪明天纵,冲龄践阼,洪业肇基,当此春秋典学之时,实为圣敬日跻之始。伏维监国摄政王薰陶德性,辅养圣躬,慎选侍从,左右将护,亦既渊冲禀受,法戒靡遗。唯是皇上一念之张弛,系万机之治忽;一朝之规制,系薄海之观瞻。有不得不慎之又慎者,谨为我皇上详晰陈之:一、请崇圣学。《易》端蒙养,《礼》重师教,《书》述逊敏,《诗》颂缉熙,圣学精微,非寻常科举范围之所能及。宋儒有言'帝王之学,与儒生异尚',与我仁宗睿皇帝典学之谕用意正符。今我皇上典学之初,应定教学科目,自应会通今古,融贯中西,不可拘于旧例。伏乞简派儒臣,详细筹订,鉴成宪,酌时宜,毋徒陈进讲之空文,毋虚循延英之故事,庶足以开张圣听,裨益宸聪,以立圣学圣治之基。一、请择贤傅。旧制师傅向以大臣选充,期于老成典型,成就君德,然或入官从政,讲学非其所长。老师大儒,潜德隐而勿耀,而教育精深,尤非研究有素,不能取益。拟请敕下内外大臣,各举所知,勿拘资格,略仿乾隆十四年诏举经学人员成例,择其品端学粹、教育卓著成绩者,请旨召用,隆以师傅之任,分门讲教,而仍派大臣总司其成,俾专日讲于经筵,不必更劳以职事。其任弥专,其责弥重,其效弥速,使天下晓然于尊师崇儒之意,庶儒林有所矜式,而圣德日进高明矣。一、请肃规制。古者圣王教胄,必选师方正直、道术博闻之士,与之居处,是以习与智长,化与心成。我皇上毓德方新,始基宜固,旧制选派内监伴读,似不足以肃学制而广箴规。拟请改选王公大臣之贤子弟昕夕侍从,敩学相长,并参考学校制度,建设讲堂,陈列图书彝器,观摩肄习,以收敬业乐群之效。以上三事,仅举大纲。我皇上今日之言动起居,罔有勿敬,即异日之立政敷教,罔有勿臧,此尤根本之至计,不可不谨之于渐,而慎之于始者也。伏念朝廷广励人才,振兴教育,侁侁学子,争自濯磨,皇上典学伊始,益宜宏兹远谟,以慰天下士民之望。"

宣统三年,伊克坦与大学士陆润庠及侍郎陈宝琛,同奉命直毓庆宫,朝夕入讲,遇事进言,忧勤弥甚。丁巳复辟,润庠已前卒,宝琛为议政大臣,伊克坦一不争权位,日进讲如故。及事变,誓临危以身殉。伊克坦忠直有远识,主开诚布公,集思广益;而左右忌患深,务趋避,时复相左。伊克坦忧郁遂久病,日寄以酒。癸亥,卒,年五十有八,谥文直。

梁鼎芬,字星海,广东番禺人。光绪六年进士,授编修。法越事亟,疏劾北洋大臣李鸿章,不报。旋又追论妄劾,交部严议,降五级调用。张之洞督粤,聘主广雅书院讲席;调两江,复聘主钟山书院;又随还鄂,皆参其幕府事。之洞锐行新政,学堂林立,言学事惟鼎芬是任。

拳祸起,两宫西幸,鼎芬首倡呈进方物之议。初以端方荐,起用直隶州知州;之洞再荐,诏赴行在所,用知府,发湖北,署武昌,补汉阳。擢安襄郧荆道、按察使,署布政使。奏请化除满、汉界限。三十二年,入觐,面劾庆亲王奕劻通赇贿，请月给银三万两以养其廉。又劾直隶总督袁世凯"权谋迈众，城府阻深，能诳人又能用人，自得奕劻之助，其权威遂为我朝二百年来满、汉疆臣所未有，引用私党，布满要津。我皇太后、皇上或未尽知，臣但有一日之官，即尽一日之心。言尽有泪，泪尽有血。奕劻、世凯若仍不悛，臣当随时奏劾，以报天恩"。诏诃责，引疾乞退。两宫升遐，奔赴哭临，越日即行，时之洞在枢垣，不一往谒也。明年，闻之洞丧，亲送葬南皮。

及武昌事起，再入都，用直隶总督陈夔龙荐，以三品京堂候补。旋奉广东宣慰使之命，粤中已大乱，道梗不得达，遂病呕血。两至梁格庄叩谒景皇帝暂安之殿，露宿寝殿旁，瞻仰流涕。及孝定景皇后升遐，奉安崇陵，恭送如礼，自愿留守陵寝，遂命管理崇陵种树事。旋命在毓庆宫行走。丁巳复辟，已卧病，强起周旋。事变忧甚，逾年卒，谥文忠。

徐坊，字梧生，山东临清州人，巡抚延旭子。少纳赀为户部主事。光绪十年，法陷谅山，延旭逮问，下刑部狱。坊侍至京师，入则慰母，出则省延旭于狱，橐饘之事，皆自任之，布衣蔬食，言辄流涕。延旭戍新疆，未出都卒，坊扶柩归葬，徒行泥淖中，道路叹为孝子。二十六年，奔赴西安行在。明年，扈驾返，以尚书荣庆荐，超擢国子丞。鄂变起，连上五封事，俱不报。逊位诏下，遂辞官。旋命行走毓庆宫，坊已久病，力疾入直。未几，卒，谥忠勤。

劳乃宣，字玉初，浙江桐乡人。同治十年进士，以知县分直隶。查涞水礼王府圈地，力请减租苏民困。光绪五年，初任临榆，日晨起坐堂皇治官书，启重门，民有呼吁者，立亲讯之，使阍者不能隔吏役，吏役不能隔人民。其后居官二十余年皆如之。曾国荃督师山海关，檄司文案。历南皮等县，畿辅州县遇道差，咸科于民有定额，而官取其赢。乃宣任蠡县，值谒陵事竣，赢支应钱千余缗，储库备公用。任完县，购书万余卷皮尊经阁。任吴桥，创里塾，农事毕，令民入塾，授以《弟子规》、《小学内篇》、《圣谕广训》诸书，岁尽始罢。先是宁津县民陈二纠党为州郡害，土人称曰黑团，势甚炽。尝至南皮劫杀，乃宣会防营掩捕，擒陈二及其党数人磔于市，黑团遂绝。

二十五年，义和拳起山东，蔓延于直、东各境，乃宣为《义和拳教门源流考》，张示晓谕，且申请奏颁禁止，不能行。景州有节小廷者，匪首也，号能降神。乃宣伤役捕治，纵士民环观，既受笞，号呼不能作神状，枭示之，匪乃不敢入境。明年，拳党入京，乃宣知大乱将作，适调吏部稽勋司主事，遂请急南归，浙抚任道镕延主浙江大学堂。寻入江督李兴锐幕，端方、周馥继任，咸礼重之。周馥从乃宣议，设简字学堂于金陵。初，宁河王照造官话字母，乃宣增其母韵声号为《合声简字谱》，俾江、浙语音相近处皆可通。三十四年，召入都，以四品京堂候补，充宪政编查馆参议、政务处提调。

宣统元年，诏撰经史讲义，轮日进呈，疏请造就保姆，辅养圣德。二年，钦选资政院硕学通儒议员。法律馆奏进《新刑律》，乃宣摘其妨于父子之伦、长幼之序、男女之别者数条，提议修正之。授江宁提学使。三年，召为京师大学堂总监督，兼学部副大臣。逊位议定，乞休去，隐居涞水。时士大夫多流寓青岛，德人尉礼贤立尊孔文社，延乃宣主社事，著《共和正解》。丁巳复辟，授法部尚书，乃宣时居曲阜，以衰老辞。卒，年七十有九。

乃宣诵服儒先，践履不苟，而于古今政治，四裔情势，靡弗洞达，世目为通儒。著有《遗安录》、《古筹算考释》、《约章纂要》、《诗文稿》。

沈曾植，字子培，浙江嘉兴人。光绪六年进士，用刑部主事。事亲孝，母多疾，医药必亲尝，终岁未尝解衣安卧，遂通医。迁员外郎，擢郎中。居刑曹十八年，专研古今律令书，由《大明律》、《宋律统》、《唐律》上溯汉、魏，于是有《汉律辑补》、《晋书刑法志补》之作。曾植为学兼综汉、宋，而尤深于史学掌故，后专治《辽》、《金》、《元》三史，及西北舆地，南洋贸迁沿革。寻充总理衙门章京。中日和议成，曾植请自借英款创办东三省铁路，时俄之韦特西比利亚铁路尚未建议也，不果行。母忧归，两湖总督张之洞聘主两湖书院讲席。

拳乱启衅，曾植与盛宣怀等密商保护长江之策，力疾走江、鄂，决大计于刘坤一、张之洞，而以李鸿章主其成，所谓"画保东南约"也。旋还京，调外交部。出授江西广信知府，曾植为政，知民情伪，而持之以忠恕，故事治而民亲。历署督粮道、盐法道，擢安徽提学使，赴日本考察学务。三十二年，署布政使，寻护巡抚。值江、鄂、皖三省军会操太湖，而适遭国恤，群情恟恟，民一日数惊，城外炮马兵又哗变。曾植闻之，登城守御，檄协统余大鸿驰入江防，楚材兵舰击毁东门外炮兵壁垒，黄凤岐夺回菱湖嘴火药局，一日而乱定。

曾植在皖五年，重治人而尚礼治，政无巨细，皆以身先。其任学使，广教育，设存古学堂。又兴实业，创造纸诸厂。会外人要我订约开铜官山矿，曾植严拒之。未几，贝子载振出皖境，当道命藩库支巨款供张，曾植不允，遂与当道忤。宣统二年，移病归。逊位诏下，痛哭不能止。丁巳复辟，授学部尚书。事变归，卧病海上，壬戌冬，卒，年七十三。著有《海日楼文、诗集》。

论曰：辛壬之际，世变推移，莫之为而为，其中盖有天焉。润庠、世续诸人非济变才，而鞠躬尽瘁，始终如一，亦为人所难者也。乃宣、曾植皆硕学有远识，惓惓不忘，卒忧伤憔悴以死。呜呼，岂非天哉！

卷四百七十三　　列传二百六十

张勋　康有为

张勋，字少轩，江西奉新人。少孤贫。投效广西军，预法越之战，累保至参将。日韩衅启，随毅军防守奉天。袁世凯练兵小站，充管带。拳匪乱作，统巡防营防剿，叙功擢副将，赏壮勇巴图鲁。两宫回銮，随扈至京，谕留宿卫，授建昌镇总兵；擢云南提督，改甘肃，皆不赴。日俄战后，调奉天，充行营翼长，节制三省防军，赏黄马褂。旋命总统江防各军，驻浦口，调江南提督。

武昌变起，苏州独立，总督张人骏、将军铁良方与众筹战守，有持异议者，勋直斥之。翌日，新军变，勋与战于雨花台，大破之。江、浙军合来攻，粮援胥绝，乃转战，退而屯徐州，完所部。人骏、铁良走上海。命勋为江苏巡抚，摄两江总督，赏轻车都尉。逊位诏下，世凯遣使劳问，勋答曰：「袁公之知不可负，君臣之义不能忘。袁公不负朝廷，勋安敢负袁公？」世凯历假勋定武上将军、江北镇抚使、长江巡阅使、江苏都督、安徽督军。及建号，勋首起抗阻，并请优待皇室，保卫宫廷。

世凯卒，各省有所谋，群集徐州，推勋主盟。勋于是提兵北上，叩谒宫门，遂复辟。连下诏令，首颁复政谕云：「朕不幸以冲龄继承大业，茕茕在疚，未堪多难。辛亥变起，我孝定景皇后至德深仁，不忍生民涂炭，毅然以祖宗创垂之重，亿兆生灵之命，付托前阁臣袁世凯，设临时政府，推让政权，公诸天下，冀以息争弭乱，民得安居。乃国体自改共和以来，纷争无已，迭起干戈，强劫暴敛，贿赂公行，岁入增至四万万而仍患不足，外债增出十余万万而有加无已。海内嚣然，丧其乐生之气，使我孝定景皇后不得已逊政恤民之举，转以重苦吾民。此诚我孝定景皇后初衷所不及料，在天之灵，恻痛难安；而朕深居宫禁，日夜祷天，徬徨饮泣，不知所出者也。今者复以党争激成兵祸，天下汹汹，久莫能定，共和解体，补救已穷。据张勋等以'国本动摇，人心思旧，合词奏请复辟，以拯生灵'，各等语。览奏，情词恳切，实深痛惧。既不敢以天下存亡之大责，遂轻任于眇躬，又不忍以一姓祸福之响言，置兆民于不顾。权衡重轻，天人交迫，不得已允如所奏，于宣统九年五月十三日临朝听政，收回大权，与民更始。自今以往，以纲常名教为精神之宪法，以礼义廉耻为溃决之人心。上下以至诚相感，不徒恃法守为维系之资；政令以惩忿为心，不得以国本为尝试之具。况当此万象虚耗，元气垂竭，存亡绝续之交，朕临深履薄，固不敢有乐为君，稍有纵逸。尔大小臣工，尤当精白乃心，涤除旧染，息息以民瘼为念。为民生留一分元气，即为国家延一息命脉，庶几危亡可救，感召天庥。所有兴复初政亟应兴革诸大端，条举如下：一、钦遵德宗景皇帝谕旨，大权统于朝廷，庶政公诸舆论，定为大清帝国君主立宪政体。一、皇室经费，仍照所定每年四百万元数目，按年拨用，不得丝毫增加。一、懔遵本朝祖制，亲贵不得干预政事。一、实行融化满、汉畛域，所有以前一切满、蒙官缺已经裁撤者，概不复设。至通婚易俗等事，并著所司条议具奏。一、自宣统九年五月本日以前，凡与东西各国正式签定条约，及已付偿款合同，一律继续有效。一、民国所行印花税一项，应即废止，以纾民困；其余苛细杂捐，并著各省督抚查明，奏请分别裁撤。一、民国刑律不适国情，应即废除，暂以宣统初年颁定《现行刑律》为准。一、禁除党派恶习，其从前政治罪犯，概予赦免；倘有自弃于民而扰乱治安者，朕不敢赦。一、凡我臣民，无论已否剪发，应遵照宣统三年九月谕旨，悉听其便。凡此九条，誓共遵守。皇天后土，实鉴临之！」次议议立宪，设内阁；京、外官暂照宣统初年官制办理；其现任文武大小官员，均照常供职。

先后命官以勋及陈宝琛、刘廷琛等为内阁议政大臣，次则内阁阁丞万绳栻、胡嗣瑗，大学士为瞿鸿禨、升允，顾问大臣赵尔巽、陈夔龙、张英麟、冯煦等，各部尚书梁敦彦、张镇芳、雷震春、沈曾植、劳乃宣，侍郎李经迈、李瑞清、陈曾寿、王乃征、陈毅、顾瑗等，丞参辜汤生、章梫、黎湛枝、梁用弧等，都御史张曾扬，副都御史胡思敬、温肃；并召郑孝胥、吴庆坻、赵启霖及陈邦瑞、朱益藩等均来京。又以勋兼直隶总督、北洋大臣，仍留京。各省督、抚、提、镇，皆就现任者改之。命下，各省多不应，而马厂师起，称讨逆军，传檄讨勋，勋自请罢斥。及攻都城，勋与战，以兵寡不支，荷兰公使以车迎入使馆。旋赴津，居久之，卒，年七十，谥忠武。勋亢爽好客，待士卒有恩，所部数万人，无一断发者，世指为"辫子军"。临战，尽纳家属妻妾子女别室，不听避，盖自怼负国，誓骨肉俱殉。及事亟，外人破户劫之始脱云。

康有为，字广厦，号更生，原名祖诒，广东南海人。光绪二十一年进士，用工部主事。少从朱次琦游，博通经史，好公羊家言，言孔子改制，倡以孔子纪年，尊孔保教，先聚徒讲学。入都上万言书，议变法，给事中余联沅劾以惑世诬民，非圣无法，请焚所著书。中日议款，有为集各省公车上书，请拒和、迁都、变法，格不达。复独上书，由都察院代递，上览而善之，命录存备省览。再请誓群臣以定国是，开制度局以议新制，别设法律等局以行新政，均下总署议。

二十四年，有为立保国会于京师，尚书李端棻，学士徐致靖、张百熙；给事中高燮曾等，先后疏荐有为才，至是始召对。有为极陈：「四夷交侵，覆亡无日，非维新变旧，不能自强。变法须统筹全局而行之，遍及用人行政。」上叹曰：「奈掣肘何？」有为曰：「就皇上现有之权，行可变之事，扼要以图，亦足救国。唯大臣守旧，当广召小臣，破格擢用；并请下哀痛之诏，收拾人心。」上皆韪之。自辰入，至日昃始退，命在总理衙门章京上行走，特许专摺言事。旋召侍读杨锐、中书林旭、主事刘光第、知府谭嗣同参预新政。有为连条议以进，于是诏定科举新章，罢《四书》文，改试策论，立京师大学堂、译书局，兴农学，奖新书新器，改各省书院为学校，许士民上书言事，谕变法。裁詹事府、通政司，大理、光禄、太仆、鸿胪诸寺，及各省与总督同城之巡抚，河道总督，粮道、盐道，并议开懋勤殿，定制度，改元易服，南巡迁都。未及行，以抑格言路，首诣诏旨，尽夺礼部尚书、侍郎职。旧臣疑惧，群起指责有为，御史文悌复痛劾之。上先命有为督办官报，复促出京。

上虽亲政，遇事仍承太后意旨，久感外侮，思变法图强，用有为言，三月维新，中外震仰。唯新进骤起，机事不密，遂致害成。时传将以兵围颐和园劫太后，人心惶惑。上朱谕锐等筹议调和，有"朕位且不能保"之语，语具《锐传》。于是太后复垂帘，尽罢新政。以有为结党营私，莠言乱政，褫职逮捕。有为先走免，逮其弟广仁及杨锐等下狱，并处斩。复以有为大逆不道，构煽阴谋，颁朱谕宣示，并籍其家，悬赏购捕。有为已星夜出都航海南下，英国兵舰迎至吴淞。时传上已幽废，且被弑，有为草遗言，誓以身殉，将蹈海。英人告以讹传，有为始脱走，亡命日本，流转南洋，遍游欧、美各国。所至以尊皇保国相号召，设会办报，集赀谋再举，屡遇艰险不少阻。尝结富有会，起事江汉，皆为官兵破获，诛其党。连诏大索，毁所著书，阅其报章者并罪之。初，太后议废帝，称病征医，久闭瀛台，且夕不测。有为闻之，首发其谋，清议争阻，外人亦起责言，两江总督刘坤一言"君臣之分已定，中外之口难防"，始罢废立。拳匪起，以灭洋人、杀新党为号，太后思用以立威，遂肇大乱，凡与有为往还者，辄以康党得奇祸。

宣统三年，鄂变作，始开党禁，戊戌政变获咎者悉原之，于是有为出亡十余年矣，始谋归国。时民军决行共和，廷议主立宪，而有为创虚君共和之议，以"中国帝制行已数千年，不可骤变，而大清得国最正，历朝德泽沦浃人心，存帝号以统五族，弭乱息争，莫顺于此"。内阁总理大臣袁世凯徇民军请，决改共和，遂下逊位之诏。有为知空言不足挽阻，思结握兵柄者以自重，颇游说当局，数年无所就。丁巳，张勋复辟，以有为为弼德院副院长。勋议行君主立宪，有为仍主虚君共和。事变，有为避美国使馆，旋脱归上海。

甲子，移宫事起，修改优待条件，有为驰电以争，略曰："优待条件，系大清皇帝与民国临时政府议定，永久有效，由英使保证，并用正式公文通告各国，以昭大信，无异国际条约。今政府擅改条文，强令签认，复敢挟兵搜宫，侵犯皇帝，侮逐后妃，抄没宝器，不顾国信，仓卒要盟，则内而宪法，外而条约，皆可立废，尚能立国乎？皇上天下为公，中外共仰，岂屑与争，实为民国羞也！"明年，移跸天津，有为来觐谒，以进德、修业、亲贤、远佞为言。丁卯，有为年七十，赐"寿"，手疏泣谢，历叙恩遇及一生艰险状，悲愤动人。时有为怀今感旧，伤痛已甚，哭笑无端。自知将不起，遂草遗书，病卒于青岛。

有为天资瑰异，古今学术无所不通，坚以自信，每有创论，常开风气之先。初言改制，次论大同，谓太平世必可坐致，终悟天人一体之理。述作甚多，其著者有《孔子改制考》、《新学伪经考》、《春秋董氏学》、《春秋笔削大义微言考》、《大同书》、《物质救国论》、《电通》，及《康子内外篇》、《长兴学舍》、《万木草堂》、《天游庐讲学记》，各国游记，暨文诗集。

论曰：光、宣两朝，世变迭起，中国可谓多故矣。其事皆分见于纪、传。断代为史，辛亥以后，例不能详。唯丁巳复辟，甲子移宫，实为逊位后两大案，而勋与有为又

与清室相终始，亦不可遂没其人。明末三王及诸遗臣，史皆勿讳，今仿其体，并详著于篇，庶几考有清一代之本末者，有所鉴焉。

卷四百七十四　列传二百六十一

吴三桂 耿精忠　尚之信　孙延龄

吴三桂，字长伯，江南高邮人，籍辽东。父襄，明崇祯初官锦州总兵。三桂以武举承父荫，初授都督指挥。襄坐失机下狱，擢三桂总兵，守宁远。洪承畴出督师，合诸镇兵，三桂其一也。师攻松山，三桂战败，夜引兵去。松山破，承畴降，三桂坐镌三秩，收兵仍守宁远。三桂，祖大寿甥也，大寿既降，太宗令张存仁书招三桂，不报。

顺治元年，李自成自西安东犯，太原、宁武、大同皆陷，又分兵破真定。庄烈帝封三桂平西伯，并起襄提督京营，征三桂入卫。宁远兵号五十万，三桂简阅步骑遣入关，而留精锐自将为殿。三月甲辰，入关，戊申，次丰润。而自成已以乙巳破明都，遣降将唐通、白广恩将兵东攻滦州。三桂击破之，降其兵八千，引兵还保山海关。自成胁襄以书招之，令通以银四万犒师，遣别将率二万人代三桂守关。三桂引兵西，至滦州，闻其妾陈为自成将刘宗敏掠去，怒，还击破自成所遣守关将；遣副将杨珅、游击郭云龙上书睿亲王乞师。王方西征，次翁后，三桂使至，明日，进次西拉塔拉，报三桂书，许之。

自成闻三桂兵起，自将二十万人以东，执襄置军中；复遣所置兵政部尚书王则尧招三桂，三桂留不遣。越四日，王进次连山，三桂又遣云龙赍书趣进兵。师夜发，逾宁远，次沙河，明日，距山海关十里。三桂遣逻卒报自成将唐通出边立营，王遣兵攻之，战于一片石，通败走。又明日，师至关，三桂出迎。王命设仪仗，吹螺，偕三桂拜天毕，三桂率将谒王，王令其兵以白布系肩为识，前驱入关。自成兵横亘山海间，列阵以待。王令诸军向自成兵而阵，三桂兵列右翼之末。阵定，三桂先与自成兵战，力斗数十合。及午，大风尘起，咫尺莫能辨，师噪风止。武英郡王阿济格、豫郡王多铎以二万骑自三桂阵右突入，腾跃摧陷。自成方立马高冈观战，诧曰："此满洲兵也！"策马下冈走，自成兵夺气，奔溃。逐北四十里，即日王承制进三桂爵平西王，分马步兵各万隶焉，令前驱逐自成。三桂执则尧送王所，命斩之。自成至永平，杀襄，走还明都，屠襄家，弃明都西走。命三桂从阿济格逐自成至庆都，屡战皆胜。自成走山西，乃还师。

世祖定京师，授三桂平西王册印，赐银万、马三。明福王由崧称帝南京，使封三桂蓟国公，又遣沈廷扬自海道运米十万、银五万犒师，三桂不受；寻遣其侍郎左懋第、都督陈洪范等使于我，复赍银币劳三桂，三桂仍辞不受。寻命英亲王阿济格为大将军，西讨自成，三桂率所部从，

自边外趋绥德，二年，克延安、鄜州，进攻西安。自成以数十万人迎战，三桂督兵奋击，斩数万级。自成出武关南走，师从之，自襄阳下武昌，自成走死。师复东徇九江。八月，师还，赐绣朝衣一袭、马二，命进称亲王，出镇锦州，所部分屯宁、锦、中右、中后、中前、前屯诸地。三桂疏言丁给地五晌，各所房屋灰烬，地土硗薄，请增给；并为珅、云龙及诸将吴国贵、高得捷等请世职，属吏童达行等乞优擢；又以父襄、母祖氏、弟三辅并为自成所杀，疏乞赐恤；并如所请。三桂辞亲王，下部议，许之。三年，入觐，赐银二万。

五年，命与定西将军墨尔根侍卫李国翰同镇汉中。六年，明宗室朱森滏攻阶州，三桂与国翰督兵击斩之。有王永强者为乱，破延安、榆林等十九州县，延绥巡抚王正志、靖远道夏时芳死之；复陷同官、定边、花马池。三桂督兵克宜君、同官，击斩七千余级。进克蒲城、宜川、安塞、清涧诸县，诛永强所置吏。定边、榆林、府谷皆下。八年，入觐，赐金册印。时明桂王由榔称帝居南宁，张献忠将孙可望、李定国等皆降于明，率兵扰川北诸郡县。命三桂偕国翰率师讨之。九年七月，三桂与国翰遣兵西抚漳腊、松潘，东拔重庆；进攻成都，明将刘文秀弃城走；复进克嘉定，驻军绵州。文秀及王复臣复自贵州向四川，招保僸为助，陷重庆，进破叙州。三桂屡战不利。文秀、复臣围巡按御史郝浴于保宁。浴趣三桂等赴援，击斩复臣，文秀引兵走。浴疏劾三桂拥兵观望状，三桂摘疏中"亲冒矢石"语劾浴冒功，浴坐谪徙。三桂叙功，岁增俸千。子应熊尚主，为和硕额驸，授三等精奇尼哈番，加少保兼太子太保。

十四年，可望反明，攻由榔，定国御之，可望败走长沙，来降。诏授三桂平西大将军，与国翰率师徇贵州；时大将军罗托、经略洪承畴等出湖南，将军卓布泰等出广西；三道并进。三桂等发汉中，道保宁、顺庆，次合州，破明兵，收江中战舰。定国遣其将刘正国、杨武守三坡、红关诸隘，石壸关者尤险峻，明兵阻关。三桂令骑兵循山麓，步兵陟其巅，以炮发其伏，明兵惊溃，遂下遵义，克开州。会罗托等已克贵阳，卓布泰亦自都匀、安远入，信郡王多尼将禁旅至。国翰还师遵义，寻卒。三桂驰与罗托等会于平越杨老堡，议分道进兵。三桂自遵义出天生桥，闻白文选据七星关，遂绕出乌撒土司境，次沾益。多尼师进曲靖，败文选。卓布泰师进罗平，败定国。

十六年正月，由榔奔永昌。二月，三桂与尚善、卓布泰合军克云南会城，破文选玉龙关，取永昌，由榔走缅甸。师渡潞江，定国设伏磨盘山，诇知之，分八队迎击，斩杀过半。取腾越，追至南甸，乃振旅自永昌、大理、姚安还。明将马宝、李如碧、高启隆、刘之复、塔新策、王会、刘偶、马惟兴、杨武、杨威、高应凤、狄三品等，及景东、蒙化、丽江、东川、镇雄诸土司，先后来降。多尼、卓布泰等师还，留固山额真伊尔德、卓罗等分军驻守，而诏三桂镇云南，命总管军民事。谕吏、兵二部，云南今有吏听三桂黜陟。定国求出由榔缅甸，军孟艮。元江土司那嵩及降将高应凤举兵应定国。三桂督兵自石屏进围元江，逾月，击斩应凤，嵩自焚死，收其地为元江府。

十七年，户部疏言云南俸饷岁九百余万，议檄满洲兵还京，裁绿旗兵五之二。三桂谓边疆不宁，不宜减兵力。是时三桂已阴有异志，其藩下副都统杨珅说以先除由榔绝人望。三桂乃疏言："前者密陈进兵缅甸，奉谕：'若势有不可，慎勿强，务详审斟酌而行。'臣筹画再三，窃谓渠魁不灭，有三患二难：李定国、白文选等分住三宣六慰，以拥戴为名，引溃众肆扰，其患在门户；土司反覆，惟利是趋，一被煽惑，遍地蜂起，其患在肘腋；投诚将士，尚未革心，万一边关有警，若辈乘隙而起，其患在膝理。且兵粮取之民间，无论各省饷运愆期，即到滇召买，民方悬罄，米价日增，公私交困，措粮之难如此；年年召买，岁岁输将，民力既尽，势必逃亡，培养之难又如此。惟及时进兵，早收全局，乃救时之计。"下议政王大臣会户、兵二部议，令学士麻勒吉、侍郎石图如云南谙三桂机宜，乃决策进兵。命内大臣爱星阿为定西将军，率禁旅南征。

三桂所部五丁出一甲，甲二百置佐领，积数十佐领，以吴应麒、吴国贵为左、右都统分统之。七月，三桂疏请部勒降兵，分置十营，营千二百人，以降将为总兵；马宝、李如碧、高启隆、刘之复、塔新策将忠勇五营；王会、刘偶、马惟兴、杨威、吴子圣将义勇五营。十月，又疏请置援剿四镇，以马宁、沈应时、王辅臣、杨武为总兵。皆允之。三桂请拊循南甸、陇川、千崖、盏达、车里诸土司，颁敕印；复檄缅甸，令执由榔以献。定国、文选屡攻缅甸求出由榔，缅甸频年被兵，患苦之，使告师破定国等，请以由榔献。十八年，三桂遣使缅甸刻师期，令于猛卯迎师；遣副都统何进忠及应时、宁等率师出腾越，道陇川，三月，至猛卯。缅甸又与定国战，道阻。既，缅甸使至迎师，会瘴发，进忠等引还。

三桂以马乃土司龙吉兆称兵应定国，遣宝、启隆及游击赵良栋等讨之，攻七十余日，破其寨，斩吉兆，以其地为普安县。九月，瘴息。三桂与爱星阿及前锋统领白尔赫图、都统果尔钦、逊塔等督兵攻大理，复出腾越，道南甸、陇川至猛卯，分兵二万，遣宁、辅臣别取道姚关、镇康、孟定；又虑蛮暮、猛密二土司助定国阻我师后，留总兵张国柱将三千人屯南甸为备。十一月，会师木邦。文选毁锡箔江桥走茶山，定国走景线。三桂令宁等以偏师逐文选，而与爱景阿趋缅甸，复檄令执送由榔。十二月，师进次旧晚坡，距缅甸都六十里。缅甸使告请遣兵进次兰鸠江滨捍卫，乃遣白尔赫图将百人以往。缅甸遂执由榔及其母、妻等送军前。宁等逐文选及于猛卯，文选以数千人降，师还。

康熙元年，捷闻，诏进三桂亲王，并命兼辖贵州。召爱星阿率师还。四月，三桂执由榔及其子，以弓弦绞杀之，送其母、妻诣京师，道自杀。定国尚往来边上伺由榔消息，三桂令提督张勇将万余人戍普洱、元江为备。未几，定国走死猛腊。三桂招其子嗣兴，以千余人降，明亡。二年，遣会等攻陇纳山蛮，破巢，斩渠。三年，遣之复及总兵李世耀率兵出大方、乌蒙，攻水西土司安坤、乌撒土司安重圣，并击斩之，以其地设府：陇纳曰平远，大方曰大定，水西曰黔西，乌撒曰威宁。四年，奏裁云南绿旗兵五千有奇。五年，复遣兵攻土司禄昌贤于陇箐，取其寨数十。迤东悉定，设府曰开化，州曰永定。

三桂初以开关迎师，位望出诸降将孔有德、耿仲明、尚可喜辈右。有德专征定湖广，徇广西，李定国破桂林，殉焉；可喜与仲明子继茂分兵定广东、福建；而三桂功最高。云、贵初定，洪承畴疏用明黔国公沐英故事，请以三桂世镇云南。三桂复请敕云南督抚受节制，移总督驻贵阳，提督驻大理。据由榔所居五华山故宫为藩府，增华崇丽，籍沐天波庄田七百顷为藩庄。假浚渠筑城为名，重榷关市，垄盐井、金铜矿山之利，厚自封殖。通使达赖喇嘛，互市北胜州。辽东参，四川黄连、附子，就其地采运，官为之鬻，收其值。货财充溢，贷诸富买，谓之"藩本"。权子母，斥其羡以饵士大夫之无藉者。择诸将子弟，四方宾客，与肆武备，谓以储帅之选。部兵多李自成、张献忠百战之余，勇健善斗，以时训练。所辖文武将吏，选用自擅。各省员缺，时亦承制除授，谓之"西选"。又屡引京朝官、各省将吏用以自佐。御史杨素蕴疏论劾，三桂摘疏中"防微杜渐"语，请旨诘素蕴。素蕴覆奏，言："防微杜渐，古今通义"。事遂寝。

六年，三桂疏言两目昏瞀，精力日减，辞总管云、贵两省事。下部议，如各省例，归督抚管理，文吏由吏部题授。云贵总督卞三元、云南提督张国柱、贵州提督李本深交章陈三桂劳绩，请敕仍总管。得旨："王以精力日减奏辞，若仍令总管，恐其过劳。如边疆遇有军事，王自应经理。"寻进应熊少傅兼太子太傅，命赴云南视疾，仍还京师。三桂益欲揽事权，构衅苗、蛮，藉事用兵，私割中甸畀诸番屯牧，通商互市。迨三元乞归养，甘文焜代为总督，不附三桂。三桂诈称边寇，檄赴剿；比至，又称寇退，檄使还。藩属养吏士卒縻俸饷巨万，各省输税不足，征诸江南，岁二千余万，绌则连章入告，嬴不复请稽核。是时可喜镇广东，继茂子精忠镇福建，与三桂并称"三藩"，而三桂骄恣尤甚。

十二年二月，上遣侍卫吴丹、塞扈立劳三桂，赐御用貂帽、团龙裘、青蟒狐腋袍、束带，亦遣使费可喜。可喜旋疏引疾乞归老，下部议，请并移所部。七月，三桂亦疏请移藩，并言："所部繁众，昔自汉中移云南，阅三岁始毕。今生齿弥增，乞赐土地，视世祖时分界锦州、宁远诸区倍广，庶车辑得所。"圣祖察三藩分镇擅兵为国患，得三桂疏，下议政王大臣会户、兵二部议奏。诸王大臣度三桂疏非由衷，遽议迁徙，必致纷纭，议移藩不便；独尚书米思翰、明珠谓苗、蛮既平，三桂不宜久镇，议移藩便。乃为二议以上：一议移三桂山海关外，别遣满洲兵戍云南；一议留三桂镇云南如故。上曰："三桂蓄异志久，撤亦反，不撤亦反。不若及今先发，犹可制也。"遂命允三桂请移藩，并谕如当用满洲兵，仍俟三桂奏请遣发。即令侍卫折尔肯、学士傅达礼赍诏谕三桂。

三桂初上疏，度廷议未即许，冀慰留久镇。九月，诏使至，三桂大失望。与所部都统吴应麒、吴国贵，副都统高大节及其婿夏国相、胡国柱谋为乱，部署腹心扼关隘，听入不听出，与使者期以十一月己丑发云南。先三日丙戌，邀巡抚朱国治胁之叛，不从，榜杀之。遂召诸总兵宝、启隆、之复、足法、会、屏藩等举兵反，自号周王天下都招讨兵马大元帅。蓄发，易衣冠，帜色白，步骑皆以白毡为帽。执折尔肯、傅达礼，按察使李兴元，知府高显辰，同知刘昆，不为三桂屈，具楚毒，徙置瘴地。国柱及总兵杜辉、柯铎，布政使崔之瑛等皆降。三桂传檄远近，并致书平南、靖南二藩，及贵州、四川、湖广、陕西诸将吏与相识者，要约响应。遣马宝将兵前驱向贵阳，李本深谋应之。文焜驰书告川湖总督蔡毓荣，并趣折尔肯、傅达礼从官郎中党务礼、员外郎萨穆哈、主事辛珠、笔帖式萨尔图速还京师告变。三桂遣骑追之，辛珠、萨尔图为所杀。文焜率数骑趋镇远，镇远副将江义已得三桂檄，以兵围文焜，文焜死之。宝兵至，巡抚曹申吉、总兵王永清皆降。

十二月，党务礼、萨穆哈至京师，三桂反问闻。上以荆州咽喉地，即日遣前锋统领硕岱率禁旅驰赴镇守。寻命顺承郡王勒尔锦为宁南靖寇大将军，率师讨三桂，分遣将军赫业入四川，副都统马哈达、扩尔坤驻兖州、太原备调遣，并停撤平南、靖南二藩。王大臣等请速应熊治罪，命暂行拘禁。三桂兵陷清浪卫；毓荣遣总兵崔世禄防沅州，三桂兵至，以城降；复进陷辰州。

十三年正月，三桂僭称周王元年，部署诸将：杨宝荫陷常德，夏国相陷澧州，张国柱陷衡州，吴应麒陷岳州。偏沅巡抚卢震弃长沙走，副将黄正卿、参将陈武衡以城降。襄阳总兵杨来嘉举兵叛，郧阳副将洪福举兵攻提督佟国瑶，击破之；走保山寨，皆应三桂，受署置。三桂自云南至常德，具疏付折尔肯、傅达礼还奏，语不逊。上命诛应熊及其子世霖，诸幼子贷死入官。六月，命贝勒尚善为安远靖寇大将军，与勒尔锦分道进兵。是时云南、贵州、湖南地皆入三桂，通番市，以茶易马，结保偒助战，伐木造巨舰，治舟师，采铜铸钱，交曰"利用"。所至掠库金、仓粟，资军用。

勒尔锦师次荆州，三桂遣刘之复、王会、陶继智等屡以舟师攻彝陵，勒尔锦遣将屡击败之，未即渡江。尚善师次武昌，以书谕三桂降，置不答。三桂传檄所至，反者四起：提督郑蛟麟、总兵谭弘、吴之茂反四川，巡抚罗森，降将军孙延龄以有德旧部反广西，精忠反福建，河北总兵蔡禄反彰德，三桂势益张；又遣使与达赖喇嘛通好。达赖喇嘛为上书乞罢兵，上弗许。先后遣经略大学士莫洛、大将军康亲王杰书、贝勒董额等四出征抚，将军阿密达擒禄诛之。上趣尚善攻岳州，三桂使吴应麒、廖进忠、马宝、张国柱、柯铎、高启隆等分道拒战，又遣兵窥江西，循江达南康，陷都昌；复自长沙入袁州，陷萍乡、安福、上高、新昌诸县。上命安亲王岳乐为定远平寇大将军，徇江西；简亲王喇布为扬威大将军，镇江南。时王辅臣已于陕甘提督，复以宁羌叛应三桂，莫洛死之。三桂遣其将王屏藩入四川，与吴之茂合军助辅臣。上复趣尚善速攻岳州，尚善疏请益兵，未即进。

十四年正月，上命岳乐自袁州取长沙，岳乐遣兵先后克上高、新昌、东乡、万年、安仁、新城诸县，复进克广信、饶州。夏国相坚守萍乡，攻之不下。上以岳乐师向湖南，命喇布移镇南昌。三桂遣将率兵七万，倮倮三千防醴陵，筑木城以守；又于岳州城外掘壕三重，环竹木为阱；于洞庭湖峡口植丛木为桩，阻舟师；陆军筑垒皆设鹿角重垒，阻骑兵；乃自常德赴松滋，驻舟师虎渡口，截勒尔锦、尚善两军使不相应；扬言将渡江攻荆州，决堤以灌城，分岳州守兵据彝陵东北镇荆山，令王会、杨来嘉、洪福等合兵陷榖城，执提督马胡拜，攻郧阳、均州、南漳。勒尔锦遣贝勒察尼守彝陵，与都统宜理布等力御之，疏请益兵。上责勒尔锦逗留，不许。是岁，察哈尔布尔尼叛，上遣大将军信亲王鄂札、副将军大学士图海击破之。

十五年，三桂遣兵侵广东，授之信招讨大将军。时可喜已病笃，之信遂降。三桂别遣其将韩大任、高大节将数万人陷吉安。上令喇布固守饶州，岳乐攻萍乡，力战破十二垒，斩万余级，国相引兵走，乃克之。师进复醴陵、浏阳，复进攻长沙。三桂遣胡国柱益兵以守，马宝、高启隆自岳州以兵会。三桂自松滋移屯岳麓山，为长沙声援；又令大任、大节自吉安分兵犯新淦，屯泰和，复陷萍乡、醴陵，断岳乐军后。上严趣喇布援岳乐，乃自饶州进复馀干、金谿，攻吉安，大节将四千人来拒，战于大觉寺，以百骑陷阵，师次螺子山。大节复以少兵力战，喇布及副将军希尔根仓卒弃营走，师败绩。会大任与大节不相能，大节怏怏死。喇布遣兵复围吉安，大任不敢出战。勒尔锦以三桂去松滋，率兵渡江取石首，遣贝勒察尼攻太平街三桂兵垒，师败绩，退保荆州。是岁大将军、大学士图海代董额征陕西，辅臣降。上令将军穆占将陕西兵赴荆州，康亲王杰书自浙江下福建，精忠降。之信亦遣使诣喇布降。延龄闻，亦愿降，三桂使从孙世琮袭桂林，执而杀之，掠柳州、横州、平乐、南宁。

十六年，尚善分兵送马三千益岳乐军，三桂邀夺于七里台，复遣兵援吉安，与喇布军相持。穆占自岳州进，与岳乐夹攻长沙，克之。三桂所遣吉安诸军皆引去，大任弃城走。吉安乃下。三桂自岳麓徙衡州，分兵犯南安、韶州，并益世琮兵掠广西。十七年，岳乐复平江、湘阴，三桂将林兴珠率所将水师降。穆占攻永兴，拔之，并下茶陵、攸、酃、安仁、兴宁、郴、宜章、临武、蓝山、嘉禾、桂阳、桂东十二城。喇布亦与江西总督董卫国率师逐大任，及于宁都，大任败走福建，诣杰书降。三桂遣马宝、胡国柱等攻永兴，都统宜理布、护军统领哈克山出战，死。穆占与硕岱等力守。

是岁，三桂年六十有七，兵兴六年，地日蹙，援日寡，思窃号自娱。其下争劝进，遂以三月朔称帝，改元昭武，以衡州为定天府。置百官，大封诸将，首国公，次郡公，亚以侯、伯。造新历。举云、贵、川、湖乡试。号所居舍曰殿，瓦不及易黄，以漆髹之。构庐舍万间为朝房。筑坛衡山，行郊天即位礼，将吏入贺。是日大风雨，草草成礼而罢。俄病噎，八月，又病下痢，噤不能语。召其孙世璠于云南，未至，乙酉，三桂死。宝、国柱攻永兴方急，闻丧，自焚其垒，引军还衡州。世璠，应熊庶子，留云南，奔三桂之丧，至贵阳，其下拥称帝，改号洪化，倚方光琛、郭壮图为腹心。光琛，三桂所署大学士；壮图，封国公。

三桂初起兵，其下或言宜疾行渡江，全师北向；或言直下金陵，扼长江，绝南北运道；或言宜出巴蜀，据关中，塞殽、函自固。三桂皆不能用，屯松滋，与勒尔锦夹江而军，相持，皆不敢渡江决战。既，还提长沙。晚乃欲通闽、粤道，纠精忠、之信复叛，攻永兴未下而死。吴国贵复议舍湖南，北向争天下，陆军出荆、襄趋河南，水军下武昌，掠舟顺流撼江左。诸将俱重弃滇、黔，马宝首梗议，乃罢。

上以勒尔锦顿兵荆州不进，时尚善卒，贝勒察尼代为安远靖寇大将军，攻岳州，吴应麒守坚，久未下。下诏将亲征，闻三桂死，乃罢。趣诸军分道并进，并敕招抚陷贼官民。察尼屯君山，不能断湖道，至是造鸟船百、沙船四百余，配以兵三万，水师始成军，以贝勒鄂鼐统之。用林兴珠策，以其半泊君山，断常德道；以其半分泊扁山、香炉峡、布袋口诸地；陆军屯九贵山，断岳州、衡州道。水陆绵亘百里，岳州饷竭援穷，应麒与诸将江义、巴养元、杜辉驾巨舰二百，乘风犯柳林嘴。察尼令水师棹轻舟，越敌舰，发炮击之，毁过半，兵皆入水死。应麒复将五千人犯陆石，将军鄂讷、前锋统领杭奇率师击之，应麒败走。杜辉有子在师中，通使约降，事泄，应麒杀辉。诸将日构隙，陈华、李超、王度冲等以舟师降。应麒收残卒，挟辎重，溃围奔长沙，胡国柱亦弃城与俱走。察尼率师自岳州进克华容、安乡、湘潭、衡山诸县。

勒尔锦闻三桂死，率师自荆州渡江，三桂所部勒水师泊虎渡上游、陆军屯镇荆山，皆溃走。分兵定松滋、枝江、宜都、石门、慈利、澧州，进克常德。喇布率师入衡州，进取祁阳、耒阳，复进克宝庆。是时吴国贵自衡州退屯武冈，与马宝俱。吴应麒自岳州退屯辰州，胡国柱自长沙退屯辰龙关，相犄角力守。穆占师进克永明、江华、东安、道州，复进取永州。岳乐师自衡州复常宁，攻武冈，国贵以二万人据枫木岭拒战。岳乐令林兴珠与提督赵国祚督兵奋击，国贵死，兵溃。贝子彰泰等逐至木瓜桥，大破之，武冈下。上召岳乐还京师，彰泰代为定远平寇大将军，令与穆占议进取。是岁，将军莽依图等师徇广西，世琮走死。

十九年春，将军赵良栋自略阳破阳平关，克成都。王进宝自凤县破武关，取汉中。王屏藩走保宁，师从之，战于锦屏山，薄城，屏藩自杀。保宁下，进克顺庆。将军吴丹、提督徐治都自巫山克夔州、重庆，杨来嘉、谭弘先后降。察尼攻辰龙关，出间道袭破之，克辰州。杨宝荫、崔世禄皆降。彰泰师克沅州，吴应麒、胡国柱走贵阳。上召勒尔锦、察尼还京师，趣彰泰与穆占、蔡毓荣等自沅州、喇布自南宁，吴丹、赵良栋自遵义，三道并进。世璠令应麒与王会、高启隆、夏国相合兵入四川，掠泸州、叙州，进陷永宁。谭弘复叛，陷夔州。上复趣彰泰速下贵阳，命赍塔为平南大将军，尽护广西诸军。吴丹坐不援永宁，罢，命赵良栋尽护四川诸军，仍三道入云南。世璠召会、启隆、国相自四川还援贵阳，令马宝、胡国柱等掠四川。

十月，彰泰师克镇远，世璠将张足法等败走。复进取平越，克新添、龙里二卫，薄贵阳。世璠与应麒等奔还云南。贵阳与安顺、石阡、都匀诸府并下。世璠所署侍郎郭昌、邱元，总兵臧世远、齐聘金、文台等，率将吏百数十人、兵一千三百有奇，诣彰泰军降。师复进，世璠所署总兵蔡国昌、平远知府郑开枢等以平远降。战于永宁，至鸡公背，世璠兵焚盘江铁索桥走。普安土司龙天祐，永宁土司沙起龙、礼廷试造浮桥济师。

二十年春，世璠以高启隆为大将军，与夏国相、王会、王永清、张足法等将二万人拒彰泰，复陷平远，屯城西南山上，穆占与提督赵赖进击破之。启隆等走，会降，复取平远。彰泰师进次安南卫，世璠将线缄、巴养元、郑旺、李继业以万余人屯盘江西坡，为象阵，师初战，为缄等所败。越二日，彰泰令总兵白成功进击，战于沙子哨，力斗，自午至酉，师分队番进，缄等夜走。遣都统龚图等逐之，至腊茄坡，再战，缄等退保交水城。克新兴所、普安州、黔西、大定诸府皆下，斩世璠所署巡抚张维坚。赉塔师自田州进次西隆州，世璠将何继祖以万人屯石门坎守隘。赉塔督兵分队进攻，夺隘，复安笼所。继祖退至新城所，复与世璠将詹养、王有功等，合兵二万人屯黄草坝，为象阵坚守。赉塔督兵进，力战，夺垒二十二，获养、有功，俘兵千余。复进破曲靖，取交水城。缄等复走，遂克马龙州易龙所、扬林城，彰泰师亦至，两军会于嵩明。

二月，进攻云南会城，屯归化寺，世璠遣将胡国柄等将万人为象阵拒战。彰泰、赉塔督兵进击，大破之，斩国柄及裨将九，俘六百余，追之，薄城。世璠将张国柱、李发美等先后降。临安、姚安、大理、鹤庆、丽江诸府悉下。世璠召马宝、胡国柱、夏国相等还救云南。上谕赵良栋等分兵邀击宝等。宝自寻甸至楚雄，屯乌木，兵溃，与巴养元、赵国祚、郑旺、李继业、郎应璧等诣姚安降。国柱自丽江、鹤庆入云龙州，穷蹙自缢死。夏国相自平越败后走广西，总兵李国梁遣兵围之，亦与王永清、江义等出降，世璠援绝。赵良栋师自夹江克雅州，复建昌，渡金沙江，次武定，复进次绵竹。九月，进与彰泰、赉塔诸军合。时围城已数月未下，良栋议断昆明滇水道，主速攻，督兵薄城，围之数重。线缄等谋执世璠及郭壮图以降，世璠与壮图皆自杀。十月戊申，缄等以城降。穆占与都统马齐先入城，籍贼党，执方光琛及其子学潜、从子学范，磔之军前。戮世璠尸，传首京师。世璠所署将吏一千五百余、兵五千有奇，皆降。云南、贵州、四川、湖广诸省悉平。上令宣捷诏，赦天下。二十一年春，从议政王大臣请，析三桂骸，传示天下。悬世璠首于市。磔马宝、夏国相、李本深、王永清、江义，亲属坐斩。斩高启隆、张国柱、巴养元、郑旺、李继业，财产妻女入官。

三桂诸将，马宝、王屏藩最骁勇善战。宝初为流贼，降明桂王由榔为将。桂王莽南甸，宝降于三桂，为忠勇中营总兵。三桂反，率兵前驱，尽陷贵州至湖广南境诸郡县，封国公。再入广西，一入四川，败走姚安，诣希福军降，至是死。屏藩亦三桂所倚任，代高启隆为忠勇左营总兵。三桂反，令入四川为王辅臣声援。自秦州退守保宁，败我师蟠龙山。十九年，师克保宁，自杀。

诸专阃大将叛降三桂助乱者：云南提督张国柱，贵州提督李本深，总兵王永清，副将江义，四川总兵谭弘、吴之茂，湖广总兵杨来嘉，广东总兵祖泽清，而陕西提督王辅臣兵最强，乱尤剧。

国柱，明副将，来降。从续顺公沈永忠下湖南，又从可喜定广东，累迁至提督。三桂反，授以大将军，封国公。陷衡州，围长沙，战岳州，皆国柱力。师围世璠，乃自大理出降。

本深，明总兵高杰甥，杰死，以提督代将。降于豫亲王多铎，授三等精奇尼哈番，累迁至提督。三桂反，授以将军。彰泰师克贵阳，出降。

永清以黔西镇，义以镇远协，戕文焜，先后附三桂。至是同死。

弘，初以明将降，累迁至总兵。三桂反，与四川提督郑蛟麟、总兵吴之茂合谋叛。蛟麟，明都司，自松山降。三桂使犯汉中，战败，复出降。弘独力战，屡攻郧阳。三桂授以将军，封国公。弘死，子天秘走万县，久之始出降，送京师。是年五月，磔死。

之茂，与屏藩合军援辅臣，攻秦州，力战，败走松潘。还与屏藩守汉中，城下，就擒，送京师诛之。

来嘉，初以郑锦将降，授总兵。三桂反，与副将洪福同叛，三桂授以将军。来嘉屡攻南漳，福屡攻均州。勒尔锦师渡江，福先降。来嘉败走巫山，复走重庆。城下，出降，送京师，未至，死。

泽清，大寿子。以高州叛降三桂。尚之信降，泽清亦降。俄复叛，命之信讨之，克高州，获泽清及其子良楩，送京师磔死。

辅臣初为盗，号为鹞子。从姜瓖为乱，降于英亲王阿济格。寻以侍卫从洪承畴南征，事承畴谨，除总兵。三桂留授援剿右镇，从入缅甸，破桂王，迁提督。三桂反，招使叛，辅臣以闻，授三等精奇尼哈番，官其子继贞。经略大学士莫洛自陕西入四川，以辅臣从。次宁羌，胁众击杀莫洛，反，三桂授以大将军，固原、定边、临洮、兰州、同州诸将吏悉附，大将军贝勒董额讨焉。辅臣保平凉，久不下。大学士图海代将，督兵力攻，乃出降。诏复官爵，加太子太保，授靖寇将军，从图海驻汉中。辅臣内不自安，与其妻妾缢，独不死；图海师还，偕至西安，一夕死。上不深罪，但命停世袭，罢继贞官。

耿精忠，靖南王继茂子。顺治中，继茂遣入侍，世祖授以一等精奇尼哈番，尚肃亲王豪格女，封和硕额驸。康熙十年，继茂卒，袭爵。十二年，疏请撤藩，许之，遣侍郎陈一炳如福建料理。三桂反，命仍留镇，召一炳还。三桂以书招精忠，精忠与藩下都统马九玉、总兵曾养性、江元勋，参领白显忠、徐文耀、王世瑜、王振邦、蒋得铽等谋应三桂，独九玉以为不可，养性等皆赞之。

十三年三月，发兵反，胁总督范承谟，不屈，执而幽之，并及其宾从眷属。巡抚刘秉政降。精忠自称总统兵马大将军。蓄发，易衣冠。铸钱曰"裕民通宝"。以养性、显忠、元勋为将军，分陷延平、邵武、福宁、建宁、汀州诸府。约三桂合兵入江西。嗾潮州总兵刘进忠扰广东。又招郑锦发兵取沿海郡县为声援。浙江总督李之芳闻乱，出驻衢州，遣副将王廷梅等四出御战。上命将军赉塔出浙江，将军希尔根出江西，削精忠爵，声讨。仍遣郎中周襄绪偕精忠护卫陈嘉猷赍敕招抚，精忠留之军中。养性与林冲、徐尚朝、冯公辅、沙有祥等将万余人出仙霞关，陷江山、平阳，游击司定猷缚总兵蔡朝佐，以城降。渡飞云江，攻瑞安不下。移师攻温州，总兵祖弘勋以城降。巡道陈丹赤、永嘉知县马琾死之。精忠授弘勋将军，众至十万，陷乐清、天台、仙居、嵊县，而宁海、象山、新昌、馀姚诸县土寇竞起。养性请于精忠官其渠，使屯大岚山，扰绍兴、宁波。破黄岩，总兵阿尔泰降。分兵犯金华，精忠与其将周列、王飞石、桑明等陷广信、建昌、饶州。复合玉山、永丰土寇东犯常山，陷开化、寿昌、淳安、遂安诸县。别遣兵攻徽州、婺源、祁门。

上令康亲王杰书为奉命大将军，贝子傅喇塔为宁海将军，率师下浙江。又以岳乐、喇布两军为声援。将军赉塔师次衢州，养性自常山来犯，赉塔同之芳遣兵击却之。副将牟大寅战常山，斩精忠将张宏。洪起元战绍兴，复嵊县。鲍虎战淳安，擒飞石、明，复寿昌、遂安。养性、尚朝等以五万人攻金华，副都统玛哈达、总兵陈世凯等与战于木道山，斩二万余级，养性走天台。十四年，养性复以步骑数万攻金华，遣其将朱飞熊率舟师水陆并进，傅喇塔击斩飞熊，养性退屯茂平岭。巡道许弘勋击破大岚山土寇，斩其渠。傅喇塔督兵自间道出茂平岭背，养性兵溃，复黄岩、乐清。养性走保温州，傅喇塔督兵合围。玛哈达击败尚朝、公辅、有祥等，复处州。穆赫林击败林冲，复仙居。喇布以兵助将军额楚定徽州、婺源、祁门。将军希尔根亦复建昌、饶州。

岳乐师次南昌，谕精忠，精忠以谩书答之。上复遣其弟聚忠赍敕谕降，至衢州，精忠拒不纳。精忠母周氏，阻精忠母叛，精忠不听，周氏愤死。精忠攻衢州，战屡败，以马九玉为将军，率兵屯江山，而郑锦兵至，据泉、漳诸地，与精忠构衅。尚可喜请援，上令喇布自江西下广东。精忠遣其将邵连登等扰建昌，进攻抚州、赣州。三桂兵陷袁州、吉安，相犄角，阻师行。尚之信亦叛。

十五年春，傅喇塔自黄岩进攻温州，力战，屡破敌垒。养性凭江拒战，累月未能薄城。上趣杰书自金华至衢州，下福建。八月，杰书与赉塔、之芳督兵击九玉，战于大溪滩，九玉败走，克江山。招仙霞关守将金应虎降，遂入关，拔浦城。郑锦兵侵兴化，将及福州。精忠势渐蹙，谋出降，先使人戕耿谋及其客嵇永仁等。杰书师进次建阳，书谕降精忠，答书请宣诏赦罪。师复进，克建宁，次延平。精忠遣其子显祚及襄绪、嘉猷出迎师。杰书使赉敕宣示，精忠乃出降，请从军讨锦自效。杰书以闻，诏复爵，以其弟昭忠为镇平将军，驻福州，命精忠从军讨锦。锦败，还台湾。乃移师趋潮州，进忠出降，令精忠驻焉。养性在温州，屡出战，傅喇塔督兵击破之。养性堕水，复入城困守，精忠降，亦降，仍为藩下总兵。

十六年，遣显祚入侍，授散秩大臣。藩下参领徐鸿弼等使赴兵部具状，讦精忠降后尚蓄逆谋，昭忠亦以鸿弼等状闻，上留中未发。十七年，上令精忠还福州，以其祖及父之丧还葬。是秋，三桂死，杰书疏请诛精忠，上谕曰："今广西、湖南、四川俱定，贼党引领冀归正者不止千百。

骤诛精忠，或致寒心。宜令自请来京，庶事皆宁贴。"十九年，精忠请入觐，上以九玉为总兵，辖藩下兵。昭忠、聚忠又疏劾精忠，上乃下鸿弼等状，令法司按治，系精忠于狱。遣聚忠赴福州宣抚所部。是岁，之信以悖逆诛。二十年，云南平。二十一年，法司具狱上，上谕廷臣欲宽之。大学士明珠奏精忠负恩谋反，罪浮于之信。乃与养性、显忠、元勋、进忠、文耀、世瑜、振邦、得铉并磔于市。显祚、弘勋等皆斩。秉政逮诣京师，道死。

尚之信，平南王可喜子。顺治中，可喜遣入侍，世祖以可喜功多，令之信秩视公爵。康熙十年，圣祖允可喜请，令之信佐军事。之信酗酒嗜杀，可喜老病，营别宅以居，号令自擅。十二年，可喜用其客金光策，上疏请以二佐领归老海城，而以之信袭爵留镇。

光，浙江义乌人，佐可喜久，以捕佛山乱民江鹏翥功，授鸿胪寺卿衔。屡以之信暴戾状告可喜，为可喜谋，冀得见上自陈。上以可喜疏下部议，令并移所部，遣尚书梁清标如广东料理。三桂反，命可喜仍留镇，召清标还。总兵刘进忠以潮州叛，可喜遣次子之孝率兵讨之。上授之孝平南大将军，而命之信以讨寇将军衔协谋征剿。郑锦遣兵助进忠。总兵祖泽清复以高州叛，孙延龄将马雄引三桂将董重民、李廷栋、王弘勋等陷雷、廉二郡。之孝退保惠州。十五年春，可喜病益剧，之信代治事。三桂招可喜藩下水师副将赵天元、总兵孙楷宗相继叛，之信遂降三桂，遣兵守可喜藩府，戒毋白事，杀光以徇。罢之孝兵，使侍可喜，可喜以忧愤卒。

三桂授之信招讨大将军、辅德公，旋进号辅德亲王，而以重民为两广总督，驻肇庆。谢厥扶者，故屠户，以缮船数百附马雄。天元之叛，厥扶实诱之。三桂亦授以将军，使与重民水陆相援应，屡檄之信出兵。之信赂以库金十万，乃不复相促迫。

之信旋遣使诣喇布军，具疏请立功赎罪，上敕慰谕之。十六年，之信复疏请敕趣喇布军入广东。之信密嗾重民所部兵噪索饷，乘间擒重民，击败厥扶，走入海。乃遣副都统尚之瑛迎师，疏言属归正，并请叙藩下总兵王国栋、长史李天植等襄赞功。时方多故，而可喜有大勋，上优容之，命之信袭平南亲王，国栋等复旧职。之信使入贡，上谕曰："昔尔先人在时，屡献方物。比年事变，信使弗通。每念尔先人忠贞不二，为国忘家，朕甚愍焉！王克承先志，遣使远来，朕则物辄念尔先人。王其安辑粤东，以继尔先人未尽之志。贡献细务，劳人费事，今当暂止。"

是年秋，三桂遣其从孙世琮据广西，巡抚傅弘烈率师讨之，复梧州、浔州，规取桂林，之信令总兵尚从志以三千人从。上令之信自韶州进取宜章、郴州、永州，之信不赴。将军莽依图攻韶州，击败三桂将马宝、胡国柱等。上命之信移师梧州，又不赴。十七年春，上以莽依图深入广西，命之信策应。之信仍以高、雷、廉三郡初定，疏请留镇省城。上乃命发兵应莽依图，之信遣国栋率兵赴宜章。及三桂死，之信乃请自进广西，命为奋武大将军，从师并进。十八年，天元出降，之信疏请诛之。师进次横州，自言病作，遽还。上命以所部从莽依图并进，之信令藩下总兵时应运率以往。及莽依图将攻桂林，留应运守南宁。三桂兵据武宣，之信又疏言海寇宜防，将召应运还。上复谕趣之，十九年春，之信乃自将攻武宣。

之信与之孝不相能，以之孝尝典兵，不欲其居广州，疏请遣还京师。之信残暴猜忌，醉辄怒，执佩刀击刺，又屡以鸣镝射人。楷宗叛复降，上贷其罪，之信杖杀之。护卫张永祥为之信赍疏诣京师，上召见，授总兵，之信故阻抑，复屡辱以鞭棰。怒护卫张士选语忤，射之，残其足，诸护卫皆不平。国栋与副都统尚之璋、总兵甯天祚密谋图之信。巡抚金俊疏言："之信凶残暴虐，犹存异志。臣察其左右俱义愤不平，因密约都统王国栋等共酌机宜。之信旦夕就擒。乞敕议行诛，以为人臣怀二心者戒。"国栋亦上疏自述与俊、之璋、天祚合谋图之信，又代之信母舒氏、胡氏疏言："之信怙恶不悛，有不臣之心。恐祸延宗祀，乞上行诛。"上谕趣之信出师。

之信既赴武宣，永祥、士选诣京师告变。上遣侍郎宜昌阿以巡视海疆至潮州，谕将军赉塔移师，并令总督金光祖、提督折尔肯、副都统金榜选、总兵班际盛传诏逮之信。之信与光祖、榜选、际盛等攻克武宣，之信入城。光祖等屯城外，得国栋檄，合兵围城，传诏逮之信。之信就逮，还广州，上疏自辨。上令削爵，逮诣京师。藩下兵驻广西，讹言师至云南，即分置城守，众情恟惧。上命宜昌阿、赉塔宣敕慰谕。七月，宜昌阿将以之信赴京师。天植怒国栋发难，白之信母，与之信弟之节、之瑛、之瑛召国栋议事，伏兵杀之。赉塔率兵捕治，天植自服造谋，之信不与闻。护卫田世雄言之信实使天植杀国栋。狱上，上命赐之信死，之节、之瑛、之瑛、天植皆斩。舒氏、胡氏贷其罪，并毋籍没。世雄以不先发，坐杖流。上复谕宜昌阿曰："之信虽有罪，其妻子不可凌辱，当护至京师。"又令察罢之信诸虐政。所部十五佐领改隶汉军，驻防广州。

之信初叛，提督严自明附之。自明，明参将，降，从总督孟乔芳征抚陕、甘，又击张献忠，破桂王，有功，授三等阿思哈尼哈番。之信遣攻南康，败走南安，先之信降，授銮仪使。病死。

孙延龄，汉军正红旗人。父龙，从孔有德来归，授二等阿思哈尼哈番，从有德广西。有德以女四贞字延龄。及有德死事，龙亦战死，加拖沙喇哈番，以延龄袭。四贞尚幼，还京师，孝庄皇后育之宫中，赐白金万，岁俸视郡主。长，命仍适延龄。

有德所部诸将，线国安功最高。国安与有德同起事，偕来降。从入关，西破李自成，南破桂王，累擢广西提督，驻南宁。李定国陷桂林，尽杀其孥。国安与总兵马雄、全节力战复桂林，走定国。累加太子太保、征蛮将军，封三等伯，统有德旧部驻桂林。康熙五年，以老乞休。

上以延龄有德婿，四贞生长军中，习骑射，通武事，乃授延龄镇守广西将军，代国安统有德旧部。予四贞郡主仪仗，偕赴镇。延龄渐骄纵，十一年，御史马大士劾延龄擅除武职，兵部既驳奏，延龄复疏请，恣肆不臣，上命申禁。十二年，所部总统王永年，副都统孟一茂，参领胡同春、李一第等列延龄纵兵殃民状，牒总督金光祖，光祖以闻。上遣侍郎勒德洪按治，得实，请逮延龄治罪，特命宽之。三桂反，上授延龄抚蛮将军，起国安统。时节已前卒，雄代国安为提督，命与巡抚马雄镇合谋剿御。

十三年二月，延龄举兵反，杀永年、一茂、同春、一第，幽雄镇及其眷属。诏夺官爵，声讨。延龄乃上疏言光祖、雄诱永年等谋害，上审其诬，谕尚可喜与光祖筹策进攻。延龄自称安远大将军，移牒平乐、梧州诸郡。雄与总兵江义亦以柳州叛应三桂。国安病死。延龄招致万羊山土寇，与所部合设五镇，镇兵二千。俄又自称安远王。庆阳知府傅弘烈当三桂未反，疏发诸不轨事，谪戍苍梧，延龄既叛，授以将军。弘烈说延龄迎师，四贞尤力劝之。十六年，延龄遣弘烈迎师江西。三桂诇知之，使从孙世琮率兵逼桂林，执杀延龄，四贞督兵御战。世琮乃留其将李延栋戍桂林，出掠平乐、浔州、横州、南宁。弘烈还至平乐，延龄将刘彦明、徐洪镇、徐上远等擒斩延栋，与国安子成仁并出降。四贞还京师。

雄从有德南征有功，授二等阿思哈尼哈番。既与郭义叛，义偕严自明攻南康，败走。雄旋病死雏容。子承荫出降，进伯爵，授左江总兵。十九年二月，复叛，绐弘烈登舟，袭破其营，杀之。六月，复降，逮诣京师，论死。义夺官，放还原籍。

论曰：圣祖初亲政，举大事书殿柱，即首"三藩"。可喜乞归老，曷尝言撤藩？撤藩自廷议，实上指也。三桂反，精忠等响应，东南六七行省皆陷寇。上先发兵守荆州，阻寇毋使遽北。分遣禁旅屯太原、兖州、江宁、南昌，首尾相顾，次第渐进，千里赴斗而师不劳。三桂白首举事，意上方少，诸王诸将帅佐开国者皆物故，变起且怔扰。及闻上从容指挥，军报迅速，阃外用命，始叹非所料。制胜于庙堂，岂不然欤？上不欲归咎建议撤藩诸臣，三桂等奉诏罢镇，亦必曲意保全之。惜乎三桂等未能喻也！

卷四百七十五 列传二百六十二

洪秀全

洪秀全，广东花县人。少饮博无赖，以演卜游粤、湘间。有朱九畴者，倡上帝会，亦名三点会，秀全及同邑冯云山师事之。九畴死，众以秀全为教主。官捕之急，乃往香港入耶稣教，藉抗官。旋偕云山传教至广西，居桂平。时秀全妹婿萧朝贵及杨秀清、韦昌辉皆家桂平，与相结纳。贵县石达开亦来入教。秀全尝患病，诡云病死七日而苏，能知未来事。谓："上帝召我，有大劫，惟拜上帝可免。"凡会中人男称兄弟，女称姊妹，欲人皆平等，托名西洋教。自言通天语，谓天父名耶和华，耶稣其长子，已为次子。嗣是辄卧一室，禁人窥伺，不进饮食，历数日而后出。出则谓与上帝议事，众皆骇服。复造《宝诰》、《真言》诸伪书，密为传布。潜蓄发，藏山菁间。嗾人分赴武宣、象州、藤县、陆川、博白各邑，诱众入会。

初，粤西岁饥多盗，湖南雷再浩、新宁李沅发发窜入为乱。粤盗张家福等各率党数千，四出俘劫。秀全乘之，与杨秀清创立保良攻匪会，练兵筹饷，归附者益众。桂平知县诱而执之，搜获入教名册十七本；巡抚郑祖琛不能决，遂释之。秀全既出狱，秀清率众迎归，招集亡命，贵县秦日纲、林凤祥，揭阳海盗罗大纲，衡山洪大全皆来附，有众万人。冯云山读书多智计，为部署队伍、攻守方略。以岁值丁未，应"红羊"之谶，遂乘势倡乱于金田。褫郑祖琛职，起前云贵总督林则徐为钦差大臣往督师。则徐毙于途，以两广总督李星沅代之，赴广西剿寇。寇窜平南恩旺墟，副将李殿元击却之，复回扑，巡检张镛不屈死；仍遁金田。星沅檄清江协副将伊克坦布往攻，被围阵亡。星沅檄镇远总兵周凤岐往援，战一昼夜，毙寇数百，围始解。上以寇势日炽，命前漕运总督周天爵署广西巡抚，乃请提督向荣专剿金田。

咸丰元年，秀全僭号伪天王，纵火焚其墟，尽驱众分扰桂平、贵、武宣、平南等县，入象州。上命广州副都统乌兰泰会讨，以大学士赛尚阿为钦差大臣，率都统巴清德、副都统达洪阿驰防。乌兰泰至象州，三战皆捷，疏言："粤西寇众皆乌合，惟东乡僭号设官，易服髡发有大志，凶悍过群盗，实腹心大患。"周天爵主滚营进逼，驱诸罗渌洞尽歼之，向荣不谓然。檄贵州镇总兵秦定三移营大林，堵北窜象州道，定三亦不奉命。四月，秀全自大林逸出走象州，犯桂平新墟。赛尚阿增调川兵，募乡勇，合三万人，分兵要隘。一日战七捷，斩捕二千，寇仍遁新墟。七月，窜紫金山，山前以新墟为门户，后以双髻山、猪仔峡为要隘。巴清德与川、楚乡勇出其后，上下夺双髻山，寇大溃，屯风门坳。向荣率诸军三路攻之，阵毙韦昌辉弟韦亚孙、韦十一等，始遁走。我军追之，会大雨，军仗尽失。

闰八月，寇分二路东走藤，北犯永安，陷之，遂僭号太平天国。秀全自为天王，妻赖氏为后，建元天德。以秀清为东王，军事皆取决，萧朝贵西王，冯云山南王，韦昌辉北王，石达开翼王，洪大全天德王；秦日纲、罗亚旺、范连德、胡以晃等四十八人任丞相、军师诸伪职。时官军势胜，寇知不可敌，有散志。秀清独建策封王以羁縻之，势烬而复炽。九月，大军移阳朔，会攻永安，贼分屯莫家村。乌兰泰建中军旗于秀才岭，上植一红盖，下埋地雷，诱敌燔杀四千，大军乘之，遂克莫家村。

二年正月，大兵围永安，毁东、西炮台。二月，石达开分兵为四，败我军于寿春营，进破古束冲、小路关。伪丞相秦日纲由水窦屯仙回岭。乌兰泰分兵夹击，毙寇数千，擒伪天德王洪大全，槛送京师，磔之市。时大雨如注，乌兰泰提精卒入山，山路泞滑，寇乘我军阵未定，短兵冲突，遂大败。秀全从杨秀清谋，由瑶山、马岭间道径扑桂林。乌兰泰率败卒追之城南将军桥，受重创，卒于军。三月，贼径趋广西省城。向荣先一时绕道至省，寇踵至，已有备，相持不能拔，解围而北。

冯云山、罗大纲先驱陷兴安、全州，将顺流趋长沙。浙江知县江忠源御之蓑衣渡，冯云山中炮死，寇退走道州。道州俗悍，多会匪，所至争为效死，势复张。六月，陷江华、宁远、嘉禾。七月，陷桂阳州，江忠源蹑至，一战走之，趋郴州。萧朝贵以胆智自豪，谓群寇迟懦，又诇长沙守兵单，可袭而取也，乃率李开芳、林凤祥由永兴、茶陵、醴陵趋长沙，设幕城南。八月，萧朝贵攻南门，官兵击之，殪，尸埋老龙潭，后起出枭其首。秀全闻朝贵死，自郴州至，督攻益急，九月，掘隧道攻城，屡不获逞。

十月，秀全于南门外得伪玉玺，称为天赐，胁众呼万岁。遂夜渡湘水，由回龙塘窜宁乡，抵益阳。掳民船数千，出临资口，渡洞庭，陷岳州。城中旧储吴三桂军械，至是尽以资寇。寇入长江，旬日间夺五千艘，妇孺货财尽驱之满载。秀全驾龙舟，树黄旗，列巨炮，夜则张三十六灯，他船称是，数十里火光不绝如昼，遂东下，十一月，陷汉阳。十二月，攻武昌。时杨秀清司军令，李开芳、林凤祥、罗大纲掌兵事。值武汉二江届冬水涸，乃掳船作浮桥，环以铁索，直达省城，分门攻之。向荣驰至，约城内夹攻，巡抚常大淳虑城启有失，不许。地雷发，城遂陷。秀全出令，民人蓄发束冠巾，建高台小别山下，演说吊民伐罪之意。

三年，上以赛尚阿久无功，授两广总督徐广缙为钦差大臣。时石达开攻武昌，广缙逗留岳州不敢进，上责其罪，更以向荣为钦差大臣，日夜攻之急，寇弃武昌驾船东下，众号五十万，资粮、军械、子女、财帛尽置舟中，分两岸步骑夹行，进向九江，下黄州、武昌、蕲水等十四州县；抵广济县，下武穴镇。两广总督陆建瀛率兵二万余、船千五百艘上溯，遇寇不战而走，前军尽覆，建瀛狼狈还金陵。寇薄九江而下，收官军委弃炮仗，破安庆，巡抚蒋文庆死之。寇夺银米无算，水陆并进，抵金陵，沿城筑垒二十四，具战船，起新州大胜关迤逦至七洲里止，昼夜环攻，掘地道坏城，守兵溃乱。建瀛易服走，为寇所戕。将军祥厚偕副都统霍隆武等守满城，二日城陷，皆死之。城中男女死者四万余，阉童子三千余人，泄守城之忿。

秀全既破金陵，遂建伪都，拥精兵六十余万。群上颂称明代后嗣，首谒明太祖陵，举行祀典。其祝词曰："不肖子孙洪秀全得光复我大明先帝南部疆土，登极南京，一遵洪武元年祖制。"军士夹道呼汉天子者三，颁登极制诰。大封将卒，王分四等，侯为五等。设天、地、春、夏、秋、冬六官丞相为六等，殿前三十六检点为七等，殿前七十二指挥为八等，炎、水、木、金、土正副一百将军为九等，炎、水、木、金、土九十五总制为十等，炎、水、木、金、土正副一百监军为十一等，前、后、左、右、中九十五军帅为十二等，前、后、左、右、中四百四十五师帅为十三等，前、后、左、右、中二千三百七十五旅帅为十四等，前、后、左、右、中一万一千八百七十五卒长为十五等，前、后、左、右、中四万七千五百两司马为十六等；又自检点以下至两司马，皆有职同名目。其制大抵分朝内、军中、守土三途：朝内官如掌朝门左右史之类，名目繁多，目新月异；军中官为总制、监军、军帅、师帅、旅帅、卒长、两司马，凡攻城略地，尝以国宗或丞相领军，而练士卒,分队伍,屯营结垒,接阵进师,皆责成军帅,由监军总制上达于领兵大帅以取决焉,其大小相制,臂使指应,统系分明,甚得驭众之道;守土官为郡总制、州县监军、乡军帅、乡师帅、乡旅帅、乡卒长、乡两司马,凡地方狱讼钱粮,由军帅、监军区画,而取成于总制,民事之重,皆得决之。

自都金陵,分兵攻克府、厅、州、县,遂即其地分军,立军帅以下各官,而统于监军,镇以总制,监军、总制受命于伪朝。自军帅至两司马为乡官,乡官者以其乡人为之也。军帅兼理军民之政,师帅、旅帅、卒长、两司马以次相承,皆如军制。此外又有女官,曰女军师、女丞相、女检点、女指挥、女将军、女总制、女监军、女军师、女卒长、女管长,即两司马也,共女官六千五百八十四人。女军四十,女兵十万人,而职同官名目亦同。总计男女官三十余万,而临时增设及恩赏各伪职尚不在此数也。

其军制,每一军领一万二千五百人,以军帅统之,总制、监军监之。其下则各辖五师帅,各分领二千五百人。每师帅辖五旅帅,各分领五百人。每旅帅辖五卒长,各分领百人。每卒长辖四两司马,每两司马领伍长五人,伍卒二十人,共二十五人。

其阵法有四:曰牵阵法。凡由此至彼,必下令作牵阵行走法。每两司马执一旗,后随二十五人。百人则间卒长一旗,五百人则间旅帅一旗,二千五百人则间师帅一旗,一万二千五百人则间军帅一旗,军帅、监军、总制乘舆马随行。一军尽,一军续进。宽路则令双行,狭路单行,鱼贯以进。凡行军乱其行列者斩。其牵线行走时,一遇敌军,首尾蟠屈钩连,顷刻岔集。败则闻敲金方退,仍牵线以行,不得斜奔旁逸。曰螃蟹阵。乃三队平列阵也。中一队人数少,两翼人数多。其法视敌军分几队,即变阵以应之。如敌军仅左右队,即以中队分益左右,亦为两队。如敌军前后各一队,则分左右翼之前锋为一队,以后半与中一队合而平列,为前队接应。如敌军左右何队兵多,则变偏左右翼以与之敌。如敌军分四五队,亦分为四五队次第迎拒。其大阵包小阵法,或先以小队尝敌,后出大阵包之;或诈败诱敌追,伏兵四起以包敌军,穷极变化。至于损左益右,移后置前,临时指挥,操之司令,兵士悉视大旗所往而奔赴之,无敢或后。曰百鸟阵。此阵用之平原旷野,以二十五人为一小队,分百数十队,散布如星,使敌军惊疑不知其数之多寡。敌军气馁,即合而攻之。曰伏地阵。敌兵追北至山穷水阻之地,忽一旗偃,千旗齐偃,瞬息千里,皆伏地不见。敌军见前寂无一卒,诧异徘徊。贼伏半时,忽一旗立,千旗齐立,急趋扑敌,往往转败为胜。

其营垒或夹江、夹河、浮筏、阻山、据村市,及包敌营,为营动合古法。每数营必立一望楼于敌。守城无布帐,每五垛架木为板屋。木墙、土墙亦严庀板屋。地当敌冲,则浚重壕,筑重墙,壕务宽深,密插竹签。重墙用双层板片,约以横木,虚其中如复壁,中填沙石砖土。筑二重墙筑物无定,或密排树株,或积盐包、糖包,及水浸棉花包,异常坚固。其攻城专恃地道,谓之鳌翻。土营而外,又有木营、金营。组织诸匠,各营以指挥统之。其总制至两司马皆如土营之制。立水营九军,每军以军帅统之。但未经训练,不能作战,专以船多威敌而已。

其旗帜亦有差等,伪东王黄绸旗,红字绿缘,方一丈;以下皆黄绸旗、红字,而以缘别。如伪西王白缘,伪南王紫缘,伪北王黑缘,伪翼王蓝缘,其尺丈长阔则以五寸递减。豫王、燕王黄绸尖旗、红字、水红缘,国宗黄绸尖旗、红字。其缘视何王国宗,即从何色,皆长阔八尺。侯,黄绸尖旗,长阔七尺八寸。丞相,黄绸尖旗,长阔七尺五寸。检点,黄绸尖旗,长阔七尺。以上皆红字、水红缘。指挥,黄绸尖旗,黑字、水红缘,长阔六尺五寸。将军至两司马,皆黄旗无缘,形尖,黑字,自长阔六尺以下递减至二尺五寸。每一军大小黄旗至六百五十六面之多。

军中号令,惟击鼓、敲金、吹螺、摇旗。凡起行出队,俱摇鼓、吹螺、摇旗以集众。打仗则击鼓呐喊,收队则鸣钲。有老军、新军、童子军。尤善用间谍,混入敌营。又能取远势,声东击西,就虚避实,其以进为退,以退为进,往往令人不测,堕其术中。此其行军之大略也。

其服色尚黄。伪天王金冠,雕镂龙凤,如圆规沙帽式,上绣满天星斗,下绣一统山河,中留空格,凿金为"天王"二字。东王、北王、翼王冠如古兜鍪式,冠额绣双龙单凤,中立金字职衔。国宗略同诸王式。自检点至两司马,皆兽头兜鍪式,帽上龙以节数分等差。如诸王九节,侯相七节,检点、指挥、将军五节,总制、监军、军帅三节是也。袍服则黄龙袍、红袍、黄红马褂。伪天王黄缎袍,绣九龙。自诸王以下至侯相,递减至四龙。检点素黄袍,指挥至两司马皆素红袍。自伪王至两司马,皆绣职衔于马褂前团内。仪卫舆马,诸王皆黄缎轿绣云龙,侯、相、检点、指挥皆红缎轿,将军、总制、监军绿轿,军帅、师帅、旅帅蓝轿,卒长、两司马黑轿。

至金陵,始建宫室,毁总督署,复扩民居以广其址,役夫万余,穷极奢丽。雕镂螭龙、鸟兽、花木,多以金为之。伪王皆建伪府,冯云山、萧朝贵早授首,其子亦袭封建府。其宗教制度,半效西洋。日登高殿,集众演说,与人民以自由权,解妇人拘束。定伪律六十二条,最为惨酷。然行军严抢夺之令,官军在三十里外,始准掳劫;若官军在前,有取民间尺布、百钱者,杀无赦。于安庆大王桥设榷关,拨炮船十艘,环以铁索,木筏横截江滨,以防偷漏。九江、芜湖,及沿江州县岔河、小港地当冲要者,一律设立伪卡,征收杂税。此其建国大略也。

既都金陵,欲图河北,罗大纲曰:"欲图北必先定河南。大驾驻河南,军乃渡河,至皖、豫一出。否则先定南九省,无内顾忧,然后三路出师:一出湘、楚,一出汉中,疾趋咸阳;以徐、扬席卷山左,再出山右,会猎燕都。若悬军深入,犯险无后援,必败之道也。且既都金陵,宜多备战舰,精练水师,然后可战可守。若待粤之拖罟咸集长江,则运道梗矣。今宜先备木筏,堵截江面,以待战舰之成,犹可及也。"秀清方专政,不纳。乃遣伪丞相林凤祥、李开芳、罗大纲、曾立昌率众东下,秀全诏之曰:"师行间道,疾趋燕都,无贪攻城夺地糜时日。"大纲语人曰:"天下未定,乃欲安居此都,其能久乎?吾属无类矣!"

二月，林凤祥等陷镇江、扬州，令吴如孝等留守，分据浦口、瓜洲诸隘。向荣既复武昌，蹑寇而东，抵金陵，军孝陵卫，是谓江南大营。都统琦善亦以钦差大臣率直隶、陕西、黑龙江马步诸军军扬州城外，是谓江北大营。三月，向荣破通济门寇垒，袭占七桥瓮，夺获钟山围，歼寇无算，遂移大营逼城而军。四月，漕运总督杨殿邦进攻扬州，毁城外木城土垒，东路寇悉避入城。琦善、胜保先后督攻，五战皆捷。凤祥留立昌踞扬城，驱妇女及所劫货财运回金陵；率三十六军北窜，分扰滁州，踞临淮关，陷凤阳府。其酋朱锡锟、黄益芸等别率悍党犯浦口，攻六合，知县温绍原率乡团拒之，夜火其营，寇遁回金陵。五月，大兵围扬州，杀敌逾万，胜保自扬州蹑其后，力攻凤阳，寇遁河南。

杨秀清遣伪丞相吉文元由浦口窜亳州，偕林凤祥陷永城，犯开封。省官兵击破之，又败之氾水。寇奔黄河渡口，溺死无算。杨秀清遣伪豫王胡以晃陷安庆，又遣伪丞相赖汉英、石祥祯攻九江、湖口，进围南昌。湖北按察使江忠源驰援江西，入城固守。凤祥等自氾水败退，犯郑州、荥阳。六月，围怀庆，以地道攻城，不克。镇江寇出城扑我军，战北固山下，伏寇纵火，七营尽被焚。邓绍良退守丹阳，都司刘廷镆等率潮勇驰援。寇退入城，复扰丹徒镇，刘廷镆复击退之。向荣檄总兵和春与刘廷镆扎徒阳运河之新丰镇，寇始不敢南窥，常州获安。寇之围怀庆也，立木栅为城，深沟高垒，我兵相持几至六旬。讷尔经额亲督诸将分五路攻垒，毁其木栅，毙敌酋吉文元。凤祥受重创，解围而遁，河北肃清。

八月，凤祥窜山西，陷平阳，直抵洪洞；窜直隶，踞临洺关，扰至深州。赖汉英等解南昌围，入湖北，踞田家镇之半壁山。九月，踞入楚要隘，水陆并进，陷黄州。其窜深州者，旁扰栾城。十月，窜天津，踞静海、屯独流、杨柳青诸镇。汉阳之寇，分股北窜：一陷孝感、黄陂诸县，一由应城犯德安府，为防兵所遏，合众退黄州。秦日纲等陷安徽桐城、舒城，侍郎吕贤基死之。舒城既失，贼遂径扑庐州，陷之。庐州者，安徽文武大吏之所侨寓以为省治者也。十一月，秀全以扬州、镇江攻围急，遣赖汉英等领江西众，纠合仪征党援扬州；又令在安徽宁国湾沚进薄高淳湖，窥伺东坝，图解镇江之围，我军均击退之。寇复由三汊河进扑，死战不退。扬州寇曾立昌突出，与赖汉英同窜瓜洲。

上以寇扰长江，非立水师不能制其死命，乃命在籍侍郎曾国藩练乡勇、创水师讨寇。初，寇围南昌，城外寇垒仅文孝庙数座，官军屡攻不能克。郭嵩焘偶获谍讯之，则寇皆舟居，其垒则环三面筑墙前虚其后，专蔽舟楫而已。嵩焘因与江忠源议曰："东南州县多阻水，江湖遇风，一日可数百里。官军率由陆路蹑寇，其势常不及。长江数千里之险独为敌有。且寇上犯以舟楫，而官军以营垒御之，求与一战而不可得，宜寇势之日昌也。"忠源即具疏请饬湖南北、四川仿广东拖罟船式，各造战舰数千，饬广东制备炮位以供战舰之用，并交曾国藩督带部署，奉旨允行。国藩遂治战船于衡湘，至是始成。共募水勇四千，分为十营；募陆勇五千，亦分十营。以塔齐布为军锋。国藩亲统大军发衡州，水陆夹江而下。

初，镇江、扬州、仪征、瓜洲四处寇互相应援，不得破。十二月，琦善以扬州寇退，瓜洲势孤，督军攻复仪征，乘胜追抵瓜洲。杨秀清遣胡以晃率党十余万攻庐州，巡抚江忠源昼夜抵御，以众寡不敌，城陷，死之。四年正月，黄州寇张灯高会，总督吴文镕出其不意袭之，会大雪罢战。越数日，秀清分兵设伏山岗，命其党率坐营扑营，文镕拒战，伏起火发，十三营皆溃，文镕死之。贼乘胜遂陷汉阳。二月，扬州军进剿瓜洲，总兵瞿腾龙阵亡。寇遣伪将孙寅山陷太平府，踞为巢。自瓜洲结垒属之江，以达金陵，往来不绝。秀清复遣石祥祯会汉、黄寇党溯江直上，陷岳州，溯流至铜官渚，逼近长沙。曾国藩邀之靖港，而寇已由间道袭湘潭，副将塔齐布率兵千三百同水师血战五昼夜，毙寇数万。论者谓微此战，寇溯湘源以达粤，直下金陵，首尾一江相贯注，大局不可支矣。

是月，参赞大臣僧格林沁攻克独流寇巢，静海寇复窜踞阜城。僧格林沁攻毁堆村、连村、林家场三处寇垒，擒杀伪指挥、监军以下一百余人，悉遁入城。秀全念河北不能支，遣皖党由丰豆工偷渡黄河，窜山东金乡，进扑临清州，冀抒阜城之困。三月，寇以地雷陷城，寻为我军攻复，窜冠县、郓城，复据曹县，筑木城拒守。四月，胜保破其巢，追至漫口支河，逼溺水，伪丞相曾立昌、许宗扬皆溺死。伪副丞相陈世保已先于冠县烧毙，悉数歼除。踞阜城者即于是日全股南窜入连镇。僧格林沁及胜保会军合剿破之，诛林凤祥；复破之高唐州冯官屯，生擒李开芳，磔之京市。河北肃清，是后不复北犯，我军遂无后顾忧。

初，长江为寇往来道，荆州当四路之冲，至省道梗，特召荆州将军官文统军讨寇。时沔阳、安陆、荆门、监利、京山、天门均陷，进窥荆州。云南普洱营游击王国才奉调至，一战败之，重镇始安。并克复监利、宜昌，寇遁洞庭湖，合股犯常德府。先是李侍贤常与陈玉成、李秀成谋解金陵围，犯江西、福建。伪启王梁成先犯陕西，后与捻合，欲犯湖南、河南，而陈玉成志在武昌、汉阳，乃领一队从梁子湖达武昌，渡江分犯，以全力图武昌，六月，陷之，并踞汉阳。巡抚青麟自缢不死，弃城走，寻正法。秀全以秦日纲留守武昌，授玉成仍殿右十八指挥；还陷田家镇，破广济、黄梅，连陷九江，升伪殿右三十检点。

杨秀清虽在军，而金陵之事一决于己，驿骑络绎，多稽时日。向荣军孝陵卫，称江南劲旅，秀清忧之，既克武昌，遂驰还金陵，命石达开代守武汉。官文自荆州下剿，克沔阳。初，寇欲先取长沙，踞上游为破竹之势，而韦志俊略湘潭不得志，退踞岳州，筑垒要桥，意图久抗。我水师设伏诱败之，七月，复岳州。寇由城陵矶来犯，我军分五路迎击，毙伪丞相汪得胜等二人，获船七十六，歼贼千余人。塔齐布阵斩悍酋伪丞相曾天养。闰七月，寇奔城陵矶，塔齐布策马率湘勇直入，毁营十三，毙二千人。陆军既胜，曾国藩饬李孟群率水师追剿，荆河东、西两岸寇垒悉夷。自此由荆入川，由岳州入湘，门户始固。初，武昌失陷，上以杨霈代总督，台勇克京山、安陆，复天门、生擒孔昭文等正法。余皆下窜，踞沔阳州仙桃镇。是月破其巢，并收复下游孝感、黄州、麻城诸县。寇悉窜黄州。

时金陵寇分股啸聚于太平府，与镇江遥为应援。向荣分兵四队击之，毙其伪国宗韦得玲、伪检点陈贽见、伪将军李长有、伪总制吴春和，遂复府城。杨秀清自率战，围军不利，三路皆溃；退入城，谓韦昌辉曰："江南大营不走，吾辈无安枕日矣！现其势方锐，不可敌也。当乘其罢徐图之。"金陵寇以乏粮，驱妇女之老而无色者出城，听其自散。尽取年十五以上、五十以下之妇女，指配给众，不从则杀之，守志者多自尽，死者万计。八月，总督杨霈收复黄州府属蕲水、广济、罗田诸县。曾国藩自克岳州后，议乘胜东下，先与塔齐布会攻崇阳，克之，生擒伪丞相金之亨等十一人。惟廖二逃窜，复勾结余党，重失县城。国藩亲督水陆诸军攻武昌、汉阳。寇守城之法，不守阵而守险，洪山、花园两路皆精锐所在。大军自螺山下剿，杨载福等率水师，罗泽南率陆师，三路同进，连克寇垒，焚毁敌船数千。李孟群、塔齐布进薄武昌，寇宵遁。杨昌泗亦攻汉阳，克之。黄州府城、武昌县均收复。九月，提督和春败寇庐江，擒伪监军任大纲等十七名。

下游知官军分路进剿，乃由田家镇纠党六千余，一由兴国分抄大冶以拒武昌军，一踞兴国以拒金牛军。罗泽南驰至兴国，败之，克州城。塔齐布赴大冶，击毙千余。彭玉麟、杨载福抵蕲州，烧寇船九十余艘。十月，楚军攻半壁山，寇置横江铁锁四道，拦以木牌，遍列枪炮。杨载福等率水师至田家镇，会陆师进攻，乘风纵火，破其垒，燔舟一万有奇。陈玉成弃蕲州窜陷广济，联合秦日纲、罗大纲等分扼要隘。塔齐布渡江追之，收复广济。寇退踞黄梅，黄梅为湖北、江西、安徽三省总汇之区。寇死拒，以万余守小池口抗水师，以数万拒大河埔，以万余扎北城外，又以数千游弋联络之。塔齐布与罗泽南登山下击兜杀，陈玉成缒城而逸，遂克黄梅。玉成自请罪，而秀成反加伪勋号曰成天裕。

时捻匪蜂起，粤寇与之联合，或令分扰，或令前驱，以牵制我军。秀成由庐州踞舒城，并扼桐城大、小二关，阻我南路之师。二关为安庆通衢，屡复屡失。京堂袁甲三檄参将刘玉豹、举人臧纡青等战夺两关，斩其目吴凤珠等十二名，进抵桐城。庐江寇纠安庆党来援，我军兜戮殆尽，而潜山援寇复至，臧纡青殁于阵。

十一月，国藩进军九江。玉成自黄梅败后，复纠安庆新到之众踞孔垅驿、小池口，与对岸九江相句连。李孟群七战七捷。塔齐布与罗泽南等由北岸进至濯港，进攻孔垅驿，破土城，纵火焚街市，寇无得脱者。小池口寇闻之，亦遁。乃调陆军攻九江，水师乘胜攻湖口，大纲趋救，大战梅家洲，毁小河簰船、沙洲桥垒。十二月，萧捷三率水师驰入鄱阳湖内，追至大姑塘。石达开联船为卡断其后，捷三不能返，遂与外江水师隔绝。达开潜以小舟驰袭国藩坐船，国藩跳入罗泽南营以免。大军之攻九江也，败寇收合溃散，分三道东陷黄梅。值岁除，潜至广济，火杨霈大营，需突围出，不敢入武昌，走保德安。

五年正月，江苏巡抚吉尔杭阿克上海县，县自三年秋陷于贼，至是始复。秀全令皖寇大举犯湖北，中道自小池口沿江陷黄、蕲；复分党从富池渡江西，陷兴国、通城、崇阳、咸宁、通山，且掠江西武宁，所至胁众以行。湖北巡抚陶恩培甫莅任数日，时总督在外，未及议守备。城中兵仅二千，征兵半途闻警皆溃去。湖北、江西方千里，旬日骚然矣。始寇之起，所行无留难。其踞省府，胁取民财米。行道掠人夫，不用则遣还，未尝增众。及屡败，乃结土寇屯城镇，颇收拔悍鸷者，而任用石达开、陈玉成等，极称得人之盛。自汉口进襄河，上犯汉川，扰沔阳，进犯武昌，踞汉阳府城。沿江筑垒，并于汉阳下南岸嘴高筑炮台，以阻下游之师。时江西寇入腹地陷饶州，国藩亲至南昌，修整内湖水师，与罗泽南陆军相依。

二月，韦国宗等攻陷武昌，巡抚陶恩培等死之。寇溯汉江而上，以岳家口、仙桃镇为老巢。上以胡林翼巡抚湖北，国藩进吴城镇，屡书与议东南大势，以武昌据金陵上游，宜厚集兵力为恢复计。四月，陷德安府，杨霈退走襄阳，上褫其职，以官文为湖广总督。国藩屯南康，思整军出江谋进取，然寇已由都昌陷饶州，别由东流、建德窥乐平，屯景德镇，东犯祁门、休宁诸处。而湘军仅万余人，水陆分为四：李孟群率水师回援武昌，塔齐布留攻九江，罗泽南入江西攻饶州，国藩收萧捷三水师三营屯南康。罗泽南奔走往来，克广信府，收景德。寇之踞徽州者，与土匪相结，据险以抗我军。浙军出境击寇，复徽州，乘胜克休宁、黟县、婺源，生擒伪将军、两司马等八名。秀全命北固山、镇江、瓜洲、金山四路，约期进犯扬州。托明阿伏兵九洑洲，迎击破之，断铁锁船炼，焚船三百。诸路寇被创而遁。饶州之寇分据乐平、德兴、弋阳，江西军率水陆师往剿。寇出五队来扑，不克而奔，郡城立复。秀全以金陵山三山为滨江要区，以精卒守之，水师不能上驶。托明阿擢水师总兵吴全美沿江扫荡，焚船二百余艘，获拖罟、快蟹等船二十五艘、大小炮八十余尊，生擒伪先锋陈长顺等六十一名。吴全美乘势上山，踢平营卡。江西肃清，水师始棹行无阻。

五月，秀全谋袭金口，断楚军粮道。林翼督军屡战，斩其伪丞相陈大为等，进屯纸坊，逼省城小东门。寇潜自他门出掠。林翼建议先攻汉阳，扼涢口、蔡店要隘，绝窜湘之路；开浚江堤，以水师腹背攻之，则汉阳可破，而鄂省咽喉已通，不难并力于武昌矣。初，寇由府河入湘，所过州邑悉残破无完土，复为官文伏军所狙击，分途溃退。六月，收复云梦、应城，二城者府河出入要道也，寇失之，大恐。我军进攻德安，断其出入，寇始不敢窥伺荆襄。七月，塔齐布卒于军。寇陷义宁，国藩遣罗泽南出奇兵复之。寇严守襄河蔡店，上通德安，下达汉镇，互为应援。十二月，彭玉麟克蔡店，水陆并进，毁襄河铁索浮桥，踢平岸敌巢，而下游塘角、汉阳、大别山营垒焚毁殆尽，德安之寇益蹙。林翼既克蔡店，而汉川为蔡店后路，寇据此游行冲突，德安亦资以通声气。林翼与官文会军克复汉川，武汉首尾始联络一气。

芜湖之陷几二载矣，江、皖往来道梗。寇以为上下关键，水则联舰，陆则砲台，我军屡攻不能拔。是月，向荣督军分道击之，县城始复。楚南军亦攻复湖口、都昌。八月，按察使李孟群守金口，崇宁寇句结武昌党分道来扑，陆营失守，林翼亦败于崟山，退保大军山。寇势复炽，分扰汉阳，并绕道袭陷汉川。九月，官文、林翼檄调罗泽南援武汉，泽南上书请率所部以行，谓："得武昌乃可控制江、皖，屏蔽江西，而后内湖外江声息可通，攻九江始操胜券。"国藩从之，乃部署援师五千人，自义宁趋通城。寇闻我军至桂口，分众来援，设木城重壕自固。泽南会军克之，进攻崇阳。桂口寇退入崇阳，密约通山来援。桂口与湖南、江西、湖北交界，形势奥衍，米粮充足。襄伪丞相钟豉义宁败后，踞此修土木城，踞山引涧，袤斜六里，欲踞一隅以掣三省之师，伺隙而动。泽南移得胜之兵先夺是隘，进克崇阳，焚寇垒，驰赴羊楼司扼敌上窜。

十月，克复庐州。庐州陷已三年矣，守之者为伪豫王胡以晃，与我军大小数百战，死伤万余，皆受创而去，是月始克之。其据德安者，众不过数千，恃武汉为下游奥主，襄、府二河群蚁聚。我军胜东挫西，疲于奔命。至是官文督兵力战，守城寇党陆长年、马超群潜赴大营投诚，约为内应。值大风雨，放火开门纳师，遂复其城。时寇之牵制我军者三路：自随、枣至襄阳为北路，武昌上下为南路，汉川中路。尾潜、沔，首德安为尤要，屡收屡陷。官文督军分四道齐集汉川，克之，遂率兵东下，与林翼合谋武汉。石达开自安庆率三万人上援武昌，泽南会林翼夹攻，连克蒲圻、咸宁；至金口，会攻武昌，破城外敌垒，驻军洪山。寇之踞武昌者，城外大垒八、小垒二。林翼与战，泽南袭之，破大垒一、小垒二。李孟群亦薄攻汉南，与官文军相声援。水师往来南北烧敌船，都兴阿以马队护之。群帅辑和，寇益不得逞。汉阳城外自龟山沿河而下，敌船林立。上游入江之梁子湖，下游金牛镇，群寇赴援。水陆各军督团勇犁巢扫穴，武汉外患至此尽除。

秀全以瓜、镇屡挫败，图往援，十一月，出龙脖子等处。向荣饬张国梁败之仙鹤门、甘家巷，又战七霞街，毙伪丞相周少魁等四十名；追至石埠桥，馘二千余，逃入城不敢复出。秀全于对江九洑洲筑石垒，浚深壕，悉锐守之，为金陵屏蔽。寇窜江北，以此为出路，屡攻之未下也。六合知县温绍原克其垒，后复为寇据，同治二年始复之。瓜洲、镇江一水相望，两城往来无阻，并时有合窜扬州图北犯意。扬州军与瓜洲相持已二年余，托明阿以日战无效，谕士民筑长围于瓜洲之北以扼之，至是围成。寇水路分扑，大败去，夺其艨船，生擒伪参护郑金柱等十名。吉尔杭阿既克上海，移军镇江，是月营小九华山。又于黄鹤山、京岘岭筑城置炮台以逼之，并为地道轰城，寇死拒不得入。

十二月，无为寇纠合安庆、芜湖诸党东下，图解镇江之围。芜湖下至扬州，沿江汊河套港皆寇通薮。向荣檄水师溯江会攻，败之神塘河，又败裕溪口援寇于陶阳浦，生擒伪检点赵元发、伪将军王化兴等数十名。十二日，秀全遣李秀成等援镇江，我军御之石埠桥，寻由江southwest下窜下蜀街。先是杨秀清调上游芜湖、江北和、含及庐州众还江宁，统以李秀成及伪丞相陈玉成、伪春官丞相涂镇兴、伪夏官副丞相陈仕章、伪夏官正丞相周胜坤，取道栖霞、石埠，而豫遣城寇四出绐我军。向荣大营存兵不敷分布，橄芜湖邓绍良分军为张国梁、秦如虎应援，令吴全美以师船攻大胜关，以分敌势。明安泰严堵秣陵关，咨吉尔杭阿等守丹阳，以固苏、常要隘。初，泽南既去江西，石达开乘虚复入义宁，败江西官军，陷新昌、瑞州、临江、袁州、安福、分宜、万载。江西、湖北隔绝，军势不能复振。曾国藩飞调副将周凤山统九江全军往援，遇寇樟树镇，以钩连枪败其藤牌手，并会水师毁敌船，新淦寇闻风窜走，遂复其城。

六年正月，石达开陷吉安，乃由湖北入通城。达开悍而多诈，肆扰江西，不急犯省城，不直指南康，先旁收郡县，遍置伪官，迫其土民，劫以助逆，因粮因兵，愈蔓愈广。其陷瑞州者为伪检点赖裕新，先陷袁州者为伪豫王胡以晃，先攻临江后攻吉安者为伪春官丞相张遂谋。广东土匪入江西者，以周培春党为众。又匪目葛耀明、邓象等均于瑞州入达开大股之中，匪目王义潮、刘梦熊等屯吉安、泰和，亦与达开合并为一。达开久居临江，为上下适中之地，凶悍之众，皆萃于此。南则窥伺赣州、南安以通粤匪，北则踞守武宁、新昌以通九江。达开进攻南昌，周凤山以九江全军守樟树镇。时达开众才数千余，乃张灯火山谷间为疑兵，率敢死士乘夜来袭，我军不战而溃。凤山走南昌，国藩亦移军省城。秀全益以皖、赣诸事付达开，寻陷进贤、东乡、安仁，破抚州。未几，建康、南昌相继失。泽南念国藩艰危，日夜忧愤，督战益急。秦日纲婴城待援，士卒多伤亡，阴穴城为突门。会达开率九江援党至，开城迎之。泽南要之突门，寇出直冲泽南军。泽南三退三进，军几溃，枪丸中左额，收军还，创发而殁。以李续宾领其众。

续宾初建议分屯窑弯绝寇粮，既代泽南，仍屯洪山，以游兵巡窑弯、塘角间。古隆贤率万人来援武昌，约城寇举烽为识，林翼谍知，佯举火，城寇出，陷伏大败。达开援众号十万，林翼分水陆力战，焚敌船七十，平八十垒。武昌寇大窘，城守益固。而江西请师日数至，义宁寇复犯崇通，九江寇合兴国、大冶土寇自武昌县进至葛店，谋袭巡抚大营。林翼以江西待援，分军四千一百人，以国藩弟国华统之，率刘腾鸿、刘连捷等道义宁，收咸宁、蒲圻、崇阳、通城、上高。湖南所遣援军将刘长佑收萍乡，萧启江收万载。国藩命李元度收东乡，周凤山等收进贤，刘子淳收丰城。五月，毕金科将千人防饶州，陷，旋收复。黄虎臣将三千五百人攻建昌，遇寇死。六月，彭玉麟收复南康。七月，刘腾鸿至瑞州，战寇，走之。

是时江西列县陷者四十余城，广东和平土寇犯定南、安远、信丰、长宁、上犹、崇义、雩都，省城不能救，军报数月不相闻。瑞州居江、湘之冲，有南北城，中隔一河。刘腾鸿援南城，韦昌辉自临江来援，至北城，遽挑战，腾鸿乘其弊攻之，从北岸渡河抄其后，南城兵角其前，寇大败。至是江湖路通，自长沙以至南昌无道梗忧。寇自陷吉、袁、瑞、临诸府，大修战船，议秋间围攻省城。瑞、临寇船出而下，湖口寇船入而上，困我水师，复于生米口筑立坚垒。七月，由松湖带战船三十余艘、陆寇千余，将抵瑞河口，我水师侦知，豫钉排桩。寇甫至，我军冲入，纵火焚之，复堵城寇于临江口，焚其船垒。生米口之寇闻之亦遁。八月，刘腾鸿等败临川伪指挥黄某，收复靖安、安义。宁都土寇袭陷建昌、铅山、贵溪，围广信。浙将饶廷选赴援，寇遁走。时江西寇势浩大，党类众多，欲以全力困江西。自去年十一月至本年二月，以石达开为主；三、四、五月，以黄玉昆为主；六、七月，以韦昌辉为主。九江则林启容，瑞州则赖裕新，湖口则黄文金，抚州则三检点，建昌则张三和，袁州则李能通，皆剧寇也。统计江西境内近十万人。

九月，国藩视师瑞州，李元度以抚州不克，饷益绌，乃分军略旁县募粮，且分寇势，遂收宜黄，复崇仁。是日城寇出攻江军，林原恩败死，元度突围免。抚州军俱溃，元度移屯贵溪。十月，复陷宜黄、崇仁，分陷金溪。福建援军将张从龙援建昌，军溃，特诏起黄冕知吉安府，率军往，以国藩弟国荃为军主。当是时，江西军分为四，湘军最强。国藩居水军中，刘长祐屯袁州，派队攻克分宜，援寇路绝。十一月，伪将李能通启西门纳官军，袁州复。国荃收安福。江西诸军稍振。

初，武昌久不下，林翼谓战易攻难，以分兵牵寇断其援路为要。是月，唐训方等败石达开于葛店。寇增召战舰复犯葛店，蒋益澧总六营往，逆战，克之。追奔至樊口，合水师燔其船，入武昌县城。石达开愤樊口之败，大集党万余，由广济、蕲水、黄冈至汉镇，密约伪丞相钟某坚守以待。官文获其伪谍，令都兴阿、多隆阿马步兜击，寇大溃。我军乘胜攻黄州，不能克。舒兴阿、舒保等将马队四百人渡江，寇于青山、鲁港间增十三垒相持。水陆合击破之，追奔至葛店。寇慑于骑军，乃大奔。自是水陆马步相辅，军势日盛，益募陆军五千、水军十营，增长围困之。武昌、汉阳同克复，击毙伪丞相钟某、伪指挥刘满，生擒伪将军、师帅、旅帅、两司马五百余名。武昌寇分七队突门出，生擒伪检点古文新等四人，毙先锋悍党八百余，死两万有奇。盖武汉自五年三月失守，至是已二十余月矣。寻复武昌县、黄州、兴国、大冶、蕲州，民兵复蕲水、广济、黄梅。陈师九江城下。十二月，国藩至九江劳军，议统水师决取九江，以联络内外。乃派千总张金璧等复建昌。李续宾追寇东下，复瑞昌。进攻九江，派军复德安。刘长祐由袁州赴分宜，寇退踞新喻溪，遇之宝山，降将李能通匹马冲阵，寇退入城，我军随之入，寇出东门遁。湖南援军将刘拔元等收永宁、永新、莲花厅、崇义、上犹。

寇陷镇江至是四年矣，是年京口为张国梁所迫，秀清命四伪丞相李秀成、陈玉成、陈仕章、涂镇兴往援。秀成欲一人渡江，潜往京口，约兵夹击，无敢应者。玉成乃夜乘小舟潜越水寨，纵兵出国梁军，秀成登高见城中兵出，遣镇兴、仕章当敌，而自率奇兵绕国梁军后击之。乘胜击丹徒，和春败走，遂渡瓜洲攻扬州，陷之。托明阿军溃退北路，诏德兴阿代领其军。伪顾王吴如孝守镇江，分兵踞高资。吉尔杭阿檄知府刘存厚扼之，金陵寇大恐。秀清遣悍党数万出句容来援，吉尔杭阿中炮死。存厚翼其尸不得出，亦战死。向荣急遣张国梁会救，克之。秀成以扬州孤

悬江北，留守不便，遂弃去，窜回金陵。

当是时，向荣、张国梁负众望，称江南劲旅。然频年征战，馈饷乖时，士卒常忍饥赴敌，颇缺望，又分兵四出，所部兵力单。杨秀清知可乘，请于秀全，定夹攻大营之策。五月，密约吴如孝率镇江寇自东而西，抄大军之背；金陵寇自西而东与相应，更命溧水、金柱关诸寇旁出横截。秀清自率劲旅出广济门，先遣赖汉英率紫荆山诸党攻七桥瓮以挑之。向荣、张国梁狃常胜，并力截杀，汉英忽少却，向荣益策大军赴敌。吴如孝以镇江党突薄之，大营空虚，守兵惊散。向荣见大营火起，退无所据，军立溃。寇数路乘之，大军死伤遍地。国梁独以身翼荣出，稍收败卒退保丹阳。寇筑垒围之，向荣以病不能进，乃以军事付国梁，一恸而绝。

向荣既死，寇举酒相庆，颂秀清功。秀全益深居不出，军事皆决于秀清，文报先白其府，刑赏黜陟皆由之，出诸伪王上。如韦昌辉、石达开同起草泽，比于神将。大营既溃，南京无围师。秀清自以为功莫与京，阴谋自立，胁秀全过其宅，令其下呼万岁。秀全不能堪，因召韦昌辉密图之。昌辉自江西败归，秀清责其无功，不许入城；再请，始许之。先诣秀全，秀全诡责之，趣赴伪东王府请命，而阴授之计，昌辉戒备以往。既见秀清，语以人呼万岁事，昌辉佯喜拜贺，秀清留宴。酒半，昌辉出不意，拔佩刀刺之，洞胸而死。乃令于众曰："东王谋反，吾阴受天王命，诛之。"因出伪诏，糜其尸咽群贼，令闭城搜伪东王党歼焉。东党恟惧，日与北党相斗杀，东党多死亡逃匿。秀全妻赖氏曰："除恶不尽，必留后祸。"因说秀全诡罪昌辉酷杀，予杖，慰谢东党，召之来观，可聚歼焉。秀全用其策，而突以甲围杀观者。东党殆尽，前后死者近三万人。

时石达开在湖北洪山，黄玉昆在江西临江，闻乱趋归。达开颇诮让昌辉，昌辉怒，将并图之。达开绳城走宁国，昌辉悉杀其母妻子女。秀全责以太过，昌辉负诛秀清功大，不服，率其党围攻伪天王府，秀全兵拒败之。昌辉遁，渡江为逻者所获，缚送金陵磔之，夷其族，传首宁国。甘言召达开回，既至，或谓达开兵众功高，请留之京师，解其兵柄，否则又一杨秀清也。秀全心动，乃命如秀清故事辅朝政。达开危惧不自安，其党张遂谋曰："王得军心，何郁郁受人制？中原不易图，曷入川作玄德，成鼎足之业？"达开从之，乃还走安徽，约陈玉成、李秀成偕行，二人不从，益不能还金陵。于是始起事悍党略尽，乃以伪春官正丞相蒙得恩为正掌率，调度军事；伪成天豫陈玉成为右正掌率，伪合天侯李秀成为副掌率，兵事专属秀成、玉成，均听蒙得恩节制；而内政则秀全兄弟伪安王洪仁发、伪福王洪仁达操之。

时我军自克复庐州，寇党窜踞三河，分营金牛，一路壁垒相望，屡抗我师。八月，和春督军乘夜谴壕火其药局，梯城而入，寇仓皇夺门出，追毙之巢湖。生擒伪指挥张大有、伪将军秦标盛等十一名，歼贼五千余。江南军克复高淳。九月，击败句容、溧水，二城近金陵为犄角。金陵闻其败，气阻，大营始安。巢县者，寇之老巢也，其水陆连营无数，所掠粮饷悉输金陵。巡抚福济与编修李鸿章督军

攻复之。庐州所属州邑以次肃清。

七年正月,湖南援军吴坤修克安义、靖安,与民团会攻奉新,寇弃城遁。武昌之陷也,曾国藩遣彭玉麟援鄂;及石达开蹯江西,连陷瑞、临、袁、吉、建、抚诸郡,又檄玉麟赴援。寻国藩以父丧归,上命彭玉麟协同载福调度军事。九江为江西重镇,皖、楚咽喉,寇力争天险,汇踞九江,而以对岸黄梅之小池口为外蔽,进以犯湖北,退以扰赣、皖,游行掉臂,防不胜防。大军自达九江、宿松,诸酋聚众数十万,城于小池口,以遏官军,图上窜。是月寇分三路入犯,距黄梅县城数十里,知县单瀚元请空城诱入,都兴阿从其计,伏军四起歼之。寇弃城走,截斩其伪捣天侯陈某,伪天王婿钟某、曾某三名。小池口寇闻之丧胆,乃筑坚城为固守计;复于段窑、枫树坳、独山镇诸处依山砌石,为垒数十,引水浚壕,阻我军东下。都兴阿遣鲍超、多隆阿、王国才等分攻,悉平其垒。

四月,玉成犯湖北,众号十万。李续宾壁小池,鲍超移屯黄梅,遏其冲,分途迎击,大破之,军威始振。五月,李续宾攻九江,掘长壕困寇,设伏败之马宿岭、茶岭诸处。越旬余,安庆寇来援,合城寇三万,蜿蜒数里。我军水陆会剿,连战皆捷。闰五月,玉成复犯湖北,大小二十五战,亡七千有余。时蕲、黄一路寇猖甚,蕲州诸军并挫,赖舒保力战,水师左光培扼巴河,得免上窜。官文令唐训方增军守要,约都兴阿力扼黄梅,严防后路。以是黄州上下烽火不绝,而武汉帖然无恙。六月,续宾浚长壕合水师力攻九江,宿松、太湖群寇纠合皖省饥民十余万乘虚图武汉,且解九江之围。寇据黄梅、广济、蕲州、蕲水,分四路进,大小五十余战,死万余而势不稍衰。

初小池口之捷也,浔阳、湖口立望廓清;及皖寇上援九江,陆军梗阻,而上游水师又难骤撤,楚军马队不及万,寇所窜伏,崎岖泥淖,马队几无可施。惟将士一心,屹然不为所撼。杨载福、李续宾督水陆上援,多隆阿、鲍超攻贼童司牌,败之十里铺。寇造浮桥河中,东通北湖,西达武穴。续宾渡江平南岸寇屯,水师复焚寇艇,毁浮桥,寇不得逞。七月,黄梅寇以弱兵守垒,而以强悍骁勇者遍伏村落。多隆阿侦知,约鲍超直冲中村,毙五千余,而其在蕲、黄者仍不下数万。官文督军五路进攻,杜其上窜,擒渠扫穴,蕲、黄路通。寻又大破皖寇于黄冈、蕲水界,克复瑞州,我军直抵小池口。小池口与浔城隔江对峙,为江、皖入楚冲途。寇垒石为城,深沟高垒。胡林翼以寇焰正衰,约诸军先拔小池口,亲督唐训方、李续宜等由蕲水达黄梅坡下,建碉以塞宿松上窜之路。侦知城内藁具已毁于炮,炊烟断熄,乃令水陆环攻,射火入城。我军乘乱而登,寇尽殄灭。全楚始一律肃清。

江西军随复东乡。东乡隶抚州,寇踞之以为抚州保障,复陷万年诸县。八月,将军福兴冒雨进攻,纵火平塘,绝寇窜路。平塘者,附城往抚州之冲也。寇果弃城而遁。初,寇踞石钟山,守湖口两岸,致水师隔绝。九月,克湖口,连破梅家洲,燔石钟山寇巢,殪万余。内湖外江至今三载始合。载福以取九江当先援彭泽,彭泽南有小孤山,寇筑城其上以守彭泽,为九江声援。载福会军攻克县城,

尽扫小孤山寇巢。下游巨险悉夷。大军回向九江。十二月,长祐会攻临江府,拔之。寇窜湖北兴国州,复为续宾所歼。余众仅二百,皆凫水而逸。

寇之自楚北败窜回皖也,纠合河南捻匪,扑庐州及巢县、柘皋。我军进平柘皋寇垒,火巢湖派河两子铺寇船,寇踪遂绝。先是江南水师提督李德麟率红单船入皖,寇遏之繁昌县峡口,不得上,七阅月矣。载福督师东下,焚夺陈玉成所派战船略尽。连日焚华阳镇,复望江、东流,疾趋安庆,破枞阳大通镇,进克铜陵,驰入峡内,与红单船合。寇望风瓦解,逼泥汊伪城,李成谋挪火焚之,斩戮过当。时江西寇纠党二万余,由浮梁、建德、都昌、鄱阳窜湖口,而宿松、太湖寇愤九江之败,纠党五六万,麕集于枫香驿、仙田铺等处,声势相依。官文檄唐训方壁陈园,固蕲州门户。多隆阿、鲍超迎剿太湖,李续宜会水师分三路直捣,毙寇二万余,寇势大挫。

江南大营之退驻丹阳也,秀成踞句容,屡出窥伺。正月,国梁独率精卒间道抵城下,毁其外垒,毙寇千数百名,寇不敢复出。二月,金陵、安庆寇侦溧水势蹙,纠众至邬山,筑垒为援。和春乘寇营未定,邀而败之。寇渡河复结四垒,江南军三路败其众,合兵攻溧水城,前后平寇垒二十六座,歼三千,毙伪靠天侯以下十余名。移营已及一年,战功此为最烈。四月,瓜洲以我军围攻久,势频危,乃出背城计,水陆并扑,战土桥西里铺,不胜;复以战舰分两路进:一沿港助势,一渡江他扰,均为我水师所歼。寇之聚溧水者,屡招援党攻大营,死万余,复于邬山筑垒数十以抗我军。五月,总兵傅振邦破其外垒,继以火攻城。副将虎坤元乘内乱,斩守城悍酋而入,遂毁其城。溧水既克,和春进规句容,与溧水相犄角。寇结外援,声势尚壮。国梁会军围攻,而自帅亲兵冲入,刺黄衣悍目数名,寇奔溃。和春进冲内壕。国梁首先登城,寇尸山积。闰五月二十五日,收复其城。九月,镇江寇出城至甘露寺,径扑大营,和春迎剿败之。寇欲西窜接应金陵,国梁密于高资增营扼塞,寇亦筑垒,运粮河北。国梁遣参将余兆青等毁其炮台,而自率亲兵渡河,会水陆诸军鏖战六昼夜,沉巨船十余艘,削壁垒二,生擒魏长仁等六名,斩俘无数。

寇之踞瓜洲者,遥联金陵,近接镇江,阻官军进剿之路,历五年矣。适南岸寇援创于和春,德兴阿乘其隙,檄大军逾城而入,遂下瓜洲。十二月,国梁大捷于瓜洲南岸,阵斩伪王,夺垒十七,遂围镇江。秀全四遣众援,均为虎坤元所破。国梁督军攻四门坏垣,夺复其城,逸出者沿江搜杀近万人。惟吴如孝溃围遁入金陵,复٥聚安庆。而潜山太湖之寇又陷霍山,旋退出,欲从罗田、麻城上窜,踞独山、西河口为营。官文调马步军兼程驰防豫、皖交界之处,以固楚疆。八月,皖寇纠豫捻谋援金陵,犯商、固,扰光州、六安,窥伺随、枣一路。而太湖、渡石牌等处寇党连营三十里,众六七万,乘我军度岁,窜近蕲州,寻又窜荆桥、好汉坡诸处。多隆阿迎剿,败之仙田铺、风火山,追抵太湖,连营宿、太以扼寇冲。而秦日纲遣其党北趋,避实击虚,谋犯蕲州。蕲水、六安之寇亦并力上窜,陷英山县,分七路窜罗田。罗田知县崔兰馨连日鏖战,收复英

山。守备梁洪胜等督楚军擒伪丞相韦朝纲。寇出黄花岭,窜楚境枫树坳等处。都兴阿遣将往南阳河迎击。寇筑垒北岸,我军潜伏北岸山谷中,而列阵南岸。寇渡河而南,我军邀击之,乘胜北渡。寇阵山腰,溃寇踵至,伏兵起,毙寇无数。楚军势大振,宿、太诸营始纾后顾忧。

时秀全大会诸党,饬陈玉成为前军主将,以潜、太、黄、宿为根据,敌我上游楚师;杨辅清为中军主将,以殷家汇、东流为根据,敌我中路楚军;李侍贤为左军主将;李秀成为五军主将。二月,和春攻破秣陵关,关为金陵南面外蔽,寇所严守者也。三月,和春率张国梁等围攻金陵。会秀全张筵饮群党酒,流丸坠秀全膝下,群骇愕。秀全曰:"予已受天命,纵敌兵百万,弹丸雨下,又将如予何!况和春非吾敌也,诸将弄彼如小儿,特供一时笑乐耳,奚恐为?"初,寇屡伺我军懈,悉锐出犯,冀解其围,而雨花台争之尤力。和春严为防儆,寇果由雨花台攻大营,大败之。和春、张国梁作长围困寇,度地势险夷,沟而垣之,凿山越水,周城百余里。诸营大小相维,绝寇应援,秀全大惧,诫各门严备。潜结垒于寿德州,屡突长围,不克,死者枕藉。当是时,石达开在蜀,杨辅清窜闽,林绍璋败于湘,林启荣围于九江,黄文玉坐困于湖口,张朝爵、陈得才孤守皖省,陈玉成坐守小孤山、华阳镇一带,秣陵又陷,金陵老巢声援殆绝。而粮食尚充足,上游诸州县皆为寇据,呼吸可通,故寇虽危蹙而未遽颠覆。

我军屡围金陵,玉成多方抗拒,而秀成出陷杭州,以掣围师之肘,我军不动。玉成乃自潜山、太湖下江浦,伺官军之虚,悉众攻大营,以冀解围。苏、常相继而陷。四月,李续宾、杨载福会攻九江,九江为金陵犄角,南岸肃清,专力攻九。城寇被困久,以数千人攖城,植蔬种麦供军食,其守愈暇,频伤攻城军士。嗣地道成,城破而复完。杨载福督水陆十六营攻四门,地雷再发,城崩百余丈,诸军跃登,毙寇万六七千。出城者水师扼之,俘斩无遗。林启荣、林兴隆均败死,磔其尸。九江既克,寇党无固志。楚南军先后收复新淦、崇仁,下抚州,克安乐、宜黄、安丰、新城诸县,收复建昌。国荃攻吉安,旁克吉水、万安二县。于是江西陷城收复八九矣。寇党畏愳,金陵寇亦穷蹙。

秀全力图外扰,乃命寇窜皖南北及闽、浙诸省,冀大军分援,以牵我师。玉成勾结捻首张洛行、龚瞎子,众号十万人,踞麻城,四门筑五十八垒,沟堑重叠,据险自固。而安庆暨英、霍诸寇又陷黄安,冀窥汉阳、德安,取道北窜。官文檄续宾上援,以纾麻城之患。先是秀全命赖汉英掠江西,皖寇入福建,陷政和县、邵武府,遂陷浦城,分扰建宁。五月,我军复黄安、麻城,斩伪丞相指挥数十人;追至商城,并进剿潜山、英山、霍山诸寇。其党窜踞东安者,图为江南北声势。和春督军立复县城,金陵寇愈形危蹙,急思溃窜。和春派水师分剿繁昌,毁其坚垒土桥,进破峨桥、鲁港等处。城寇愤恚,出太平、神策门犯大营,张玉良、冯子材等陷阵败之,寇退。遂攻金川门,悉毁东北城外垒栅。

石达开乃自广丰陷江山县,金华、衢州、处州三府属

邑焚掠殆遍。浙军败之寿昌七里亭。六月,寇窜全椒,踞滁州、九洑洲等处,浙军大败之,进克武义、永康、常山、江山、开化、缙云、宣平,衢围亦解。寇悉窜处州,陷之,周天受督军克复。会闽寇蜿蜒猖獗,所复各城旋失,又陷松溪、崇安、建阳等县,建宁府亦被围。浙江巡抚晏端书檄将驰援闽省,又出师江山界,剿浦城寇巢。

是时,上以浙、闽寇并起,乃起曾国藩率江西湘军援浙,旋命改援闽。国藩自铅山进军,寇大惧,图牵制之计,分万余人犯江西,围广丰、玉山,入踞安仁。闽军遂克光泽,收建阳,解顺昌围,连复松溪、政和、宁化、崇安,破浦城老巢。复邵武府,闽省肃清。国藩移军弋阳,亲督水陆各军克复安仁县城。八月,克吉安,擒伪先锋李雅凤、伪丞相翟明海,正法。江西列城皆复。进攻太湖,前月寇陷庐州,巡抚翁同书告急于续宾,官文以太湖方血战有功,疏留之。时寇于东岸及枫香铺、小池驿、东山头各筑营垒,续宾等分段攻城,焚其火药库,寇众骇散,遂克太湖,乘胜抵潜山。潜山石牌为南北要冲,寇屡集党与援应,抗我东征之师。都兴阿等营北门彰法山,马步并进,寇败溃,毙七八千,遂复县城。我军分二路平上下石牌老巢。

九月,玉成自潜、太会九洑洲群寇下江浦,伺官军之虚,疾攻浦口,以冀解金陵之围。我军进退争一桥,遂大挫。和春派兵来援,寇分军缀之,仍力扑浦口。江北大营遂失陷。迭陷江浦、天长、仪征。并分攻六合,德兴阿通扬州贼破南门入,扬州陷。进犯邵伯县,国梁率军渡江。会北军复府城,移攻仪征,亦克之。亟引兵救六合,阻于寇,不得骤进。寇穿地道陷城,补用道温绍原赴水死。寇渡江陷溧水,筑垒江蓝埠诸处,为扼要持久计。十月,和春遣总兵张玉良攻复溧水。寇夹攻高古山大营,国梁怒马陷阵,毙寇五六千。合兵追抵江宁镇,毁卡壁数十座。小丹阳以至采石矶老巢悉平。

初,胜保率皖军攻天长,捻首李昭寿以部众二千降,胜保奏请赏给花翎三品衔,赐名世忠,使为内应,遂克县城。大军之入皖也,克复桐城、舒城二县,寇悉遁三河。都兴阿会水师尽扫安庆城外寇垒。续宾追至三河,玉成、秀成、侍贤连江浦、六合、庐江众,又乞援捻匪,招颍、寿、光州群盗,合十余万,围官军三重,众寡不能敌,续宾死之。溃军至桐城,前留防四城军溃,不旬日,桐、舒、潜、太复陷。都兴阿收溃卒,由石牌驻军宿松,进剿黄泥营寇众,败之;复督鲍超、多隆阿大战荆桥、陈家大屋,平三十余垒,军势复振。玉成退还太湖,以为舒、桐已得而宿松不破,则安庆之守不固,与秀成谋再举。秀成知不可敌,不欲从,而玉成屡言有妙策,始与分道来犯,卒受大创而退。玉成留屯太湖,而自还安庆。秀成等党还巢县、黄山。

是时江西寇复阑入闽界,蹂将乐县,并陷浦城、永吉、建阳、顺昌、宁化、长汀等城。国藩入闽,军建昌。诸陷城以次复。寇复窜回江西,惟连城尚聚万余,复陷景德、东流,谋窜湖口、九江等处。国藩檄调道员张运兰倍道驰赴景德镇,屡战皆捷。初,寇踞景德镇,势焰薰炽,江右要冲之区,恣行无阻。国藩添派其弟国荃率湘军五千八百

赴镇，助运兰攻剿。寇夜袭艇师刘于淳，燃火弹抛烧簰卡无数。寇弃镇窜浮梁，国荃等水陆进攻，复浮梁。寇走建德北去，江西稍定。

十一月，江南大营援军直隶通永镇总兵戴文英战死宁国湾沚。次日，帮办皖南军务浙江提督邓绍良，大营陷，死之。宁郡设防三百余里，皆邻寇巢，近则芜湖、青阳、繁昌、铜陵，远则无为、和州、滁州，渡江即至。而禄口、秣陵、溧水败寇，勾合太平金柱关、东西梁山党众，潜山、太湖、舒、桐及枞阳土桥败党，皆以宁国为通蔽；防军仅七千有奇，又多调援他处，寇众兵单，故及于败。国藩疏陈自前缓急，宜先攻景德镇，保全湖口，上是其议。胡林翼先以丁母忧回籍，会三河变起，朝旨迫起督师，十二月，渡江驻黄州。时寇之踞南安者有五支：一为伪翼府宰制陈亨容、傅忠信、何名标，一为伪渠帅萧寿璜、蔡次贤，一为伪尚书周竹坡，一为伪军略赖裕发，一为伪承宣刘逸才、张遂谋，众七八万，将由南康犯赣州，筑伪城于新墟，设卡垒，踞村庄，绵亘二十余里。

九年正月，国藩檄萧启江设伏赤石塘，败寇，克新墟，进破南康池江、小溪、凤凰城、长江墟寇垒，并克崇义、南安，进解信丰之围。二月，江浦薛三元献城降，进克浦口，阵斩伪天福洪方，伪立天豫莫兴。寇舰李世忠击高旺，乘虚再陷浦口。世忠回军再复之，浦口肃清。李秀成急率悍贼七八万来犯，踞乌衣镇汊河。秀成复要陈玉成自庐州来援。乌衣镇属滁州、江浦交界锁钥，寇意在断绝浦营饷道，为张国梁击败。寇与闽、浙余寇皆趋郴、桂，所谓石达开三十万众后围宝庆者也。玉成由六合犯庐州，布政使李孟群被执，不屈，死之。三月，纠安庆党围扑定远护城营，筑坚垒数十以困我师。胜保袭破其垒，秀成东走，而党众日增。国梁于定远县西筑十里长墙御之，其北路自九里山至浦口，三四十里，寇垒殆遍。我军日战，副将郑朝栋、张占魁皆殁于阵。时浦口后路滁州、来安皆困于寇。世忠自浦口绕道回援胜保，撤乌衣汊河防军还定远，其地复为寇踞。和春虑江北军单，遣冯子材渡江援应。玉成度江浦、浦口未可力争，分兵援六合；又谋趋天长、扬州，渡江攻南营后路，并袭北营。于是寇众四五万东趋六合，蔓延来安、盱眙诸境。

四月，玉成围扬州。提督德安击寇天长，失利，殁于阵。胜保率军进战石梁，互有死伤，还屯旧铺，扼盱眙前路捍北犯。驻汊涧军为寇困，先后突围出。和春遣张玉良、安勇分六合军赴防扬州，以固清、淮门户。时池州、青阳寇逼石硊，窥湾沚。当涂、芜湖寇分壁青山、亭头逼黄池。我军败盱眙、汊涧及天长寇，天长寇分窜六合，并踞仪征江干东沟，图扑红山窑。其地距六合二十里，旁通瓜埠，为大营饷道咽喉。五月，鞠殿华督军破平六合东路王子庙、太平集寇垒。初，六合、仪征连界二十里，寇垒四十余，阻粮道。至是六合廓清。时六合以北、天长以南，寇麇集数万，饷道危急，由乌家集绕犯各军之背，世忠退保滁、来。寇趋旧铺，直犯盱眙，围胜保于桑树，都兴阿力战解之。寻旧铺寇犯红子桥，胜保及穆腾阿驰援，而寇已分犯盱眙，盱眙故无城，仓猝遂失。

六月，胜保攻克盱眙，追创之磨脐、天台诸山。扬州诸军女勇等闻天长寇回窜六合，赴仪征截击，大破于沙河、大小铜山。玉成愤甚，图报复，率死党攻来安。世忠守城，伏壮勇于两门外，自督军冲入寇营。寇乘虚袭城，伏起拦击，世忠返队夹攻，寇大败，夜走滁州。世忠由水口焚烧寇垒，寇大溃，纠合捻匪围定远，再败再进，我军众寡不敌，遂失陷。七月，玉成率死党攻来安，犯滁州，世忠击之，稍却；寻复纠众围来安，并分屯城西北卓家巢等处，寇垒几遍。世忠侦寇志已骄，潜伏兵挑战，伪败，寇笑官军怯；而世忠又环噪之，寇不为意，惟枪声绝续作备而已。世忠骤起鸣角而前，火其营，破二十八垒。会胜保解其围，世忠还滁州。八月，败寇东窜陷霍山，江长贵等击败太平郭村、宏潭踞寇，寻窜石埭，陷乌石垅，防营游击黄金祥退屯杨豀河。自去岁三河失陷，寇造伪城高二丈余，炮眼星列，环以深壕，桩签密布，与太湖互相援应，兼通粮道。

石牌镇隶安徽怀宁，当宿、望、潜、太之交，为由皖入楚要冲。官文以伪城不拔，终碍东征，乃令多隆阿统马步军会攻，拔伪城，击斩霍天燕、石廷玉等四十七名，并拒败潜山、安庆援寇。伪顾王吴如孝者，寇之最悍者也，自镇江逸出，至皖北，纠捻沿淮肆扰，寻扑盱眙之清坝，为格兰额等枪毙，断其首。众南溃，九月，扰霍山下符桥。六安防军卢又熊等击败之，破毛坦厂寇垒，而庐州、安庆寇同犯六安，乃引军还盱眙。天长寇犯扬州，参将艾得胜、双喜等败死司徒庙。玉成率大股自甘泉山西窜仪征陈板桥，进援六合，围李若珠垒。冯子材御之失利，退屯段要口。寇踞红山窑，断李若珠营后路，饷运不通。

十月，若珠自八埠墙、陈家集溃围出，中数创，退屯扬州，死伤马步军二千八百余人。石埭夏村寇分股纠青阳寇万余，窜踞泾县查村，防军副将石玉龙败死南山岭。适周天受自宁国，督天孚等力击之，寇退至查村。玉浚破平陶美镇寇垒，阵斩伪丞相孙瑞亨，镇距秣陵关二十余里。卢又熊克霍山，寇自太平、芜湖犯宁国，陷黄池，高州镇总兵萧知音败退新丰镇。玉成及秀成自天长、六合纠大股窥伺江浦，分兵南北两岸。张国梁渡江遣水师破寿州寇垒，水师曹秉忠破六合、红山窑、瓜埠寇七垒，彭常宣败寇于仪征泗源沟。时寇众悉踞扬州西北，寻陷江浦防军垒，周天培死之，大军退保江浦。寇乘势东伺扬、仪，西逼江浦，南窥溧水，势复炽。

寇自洪、杨内乱，镇江克复，秀全凶焰久衰，徒以陈玉成往来江北，勾结捻匪，扰庐州、浦口、三河等处，迭挫我师。曾国藩以为廓清诸路，必先攻破江宁；欲破江宁，必先驻重兵于滁、和，而后可去江宁之外屏，断芜湖之粮道。欲驻滁、和，必先围安庆，以破陈玉成之老巢，兼捣庐州，以攻陈所必救。诚能攻围两处，略取旁县，备多力分，不特不敢悉力北窜齐、梁，并不敢一意东顾江浦、六合，盖寇未有不悉力以护其根本者也。于是定四路进兵之策：国藩任第一路，由宿松、石牌以窥安庆；多隆阿、鲍超任第二路，由太湖、潜山以取桐城；胡林翼任第三路，由英山、霍山取舒城；调回李续宜任第四路，由商、固以规庐州。以后平寇之策,皆不出此。

十一月,泾县查村寇犯吴正熙垒,不利,而章家渡亦为我军所挫。扬州寇踞甘泉山,马德昭破其垒。国梁督军攻江浦寇垒不下,寇掘地道攻城,玉良遣将缒城出,焚其垒,填塞地道。寇筑垒磨盘洲,我军四路蹙之,寇众大败狂奔,北门寇营亦同时攻破。其陈家集等处之寇窜回天长,南路之寇潜窥溧水,皆为防军击退。江长贵克太平,郭村、查村败寇窜泾县北路。副将荣升连破石柱坑、盘台寇卡,寇窜踞董家村、白茅塘,犯万级、黄柏两岭。荣升会徽军破之,覆其巢。寇又窜扰河西,为参将朱景山等所败。副将吴再升遂乘胜进剿黄池南岸牛头山寇垒,北岸寇纠众来援,分兵拒之,寇多死伤;北岸寇溃走渡河,我军遂收南岸。池州守城寇韦志俊献城于杨载福,其部下古隆贤等不从,回扑府城,城复陷。桐、潜寇援太湖,将袭天堂后路,余继昌会军团分路败之槎水畈,阵斩伪汉天侯、拱天豫二名,寇奔溃。

十二月,侍贤由芜湖金柱关率大股犯宁国,与黄池北岸寇合势,连日分扰黄冈桥、牛头山等处,再犯西河,萧知音、熊廷芳退走寒亭。寇围游击冉正祥垒,都司李培基驰援始解。玉成以定远、舒城、庐州寇众北犯寿州,翁同书令副将尹善廷率精锐驰援,挫寇于东、南两路。时玉成以楚师甚盛,欲图西窜六合拒楚师,因北犯寿州以牵掣我军。寻自江浦回援安庆、太平,纠合捻首龚得树、张洛行等分道上犯,众号十余万。多隆阿、鲍超、蒋凝学御之潜山,连破灵港寇垒。芜湖寇进犯宣城、湾沚,周天受御之,不得逞;乃分众四窜,我军亦分拒于海南渡、浮桥口、清水潭、盐官渡。寇退踞许村埠,进犯西河,朱景山等创之,增军守东西岸。寇迭窥湾沚,我军渡河击之,宁国西北寇锋稍敛。先是铜陵、青阳寇常犯南陵、泾县之交,我军扼守云岭、苏岭,而设伏朝山要、三里甸,参将方国淮出奇击之。寇屡犯三里甸,陷国淮垒,复窜越云岭,陷观岭防营。天受调金友堵清弋江,寇北走南陵,陈大富击之,寇复退入泾境。

自玉成回援安庆后,秀成独守浦口,寇势已孤。时金陵困急,援兵皆不至。秀成以玉成兵最强,请加封王号寄阃外,秀全乃封玉成英王,赐八方黄金印,便宜行事。然玉成虽专阃寄,而威信远不如秀成,无遵调者。李世忠因致书秀成曰:"君智谋勇功,何事不如玉成?今玉成已王,而君尚为将,秀全之愦愦可知矣。君盍反正,清帝优礼有加。以君雄才,胡为郁郁久居人下?盍从我游乎!"时伪兵部尚书尹莫仕葵以勘军在秀成营,书落其手,阅之大惊,以示秀成。秀成曰:"臣不事二君,犹女不更二夫。昭寿自为不义,乃欲陷人耶?"仕葵曰:"吾知公久矣。"乃代奏之,秀全命封江阻秀成兵,并遣其母、妻出居北岸,止其南渡。仕葵曰:"如此,则大事去矣!"乃偕蒙得恩、林绍璋、李春发入伪宫切谏曰:"昭寿为敌行间,王柰何堕其计,自坏长城?京师一线之路,赖昭寿为障之。玉成总军数月,不能调一军,其效可睹矣。今宜优诏褒勉,以安其心。臣等愿以百口保之。"秀全悟,召秀成入,慰之曰:"如卿忠义,而误信谣传,朕之过也。卿宜释怀,勤力王室!"即进封伪爵为忠王荣千岁。寇自杨、韦构杀,秀全以其兄弟仁发等主持伪政,伪幼西王萧有和,萧朝贵子也,秀全尤倚任之,而以一伪将畜秀成,不与闻大计。至是晋伪爵为王,乃大悦,以为秀全任己渐专,不料其疑已也。

浦口当金陵咽喉要地,迫于大军,而粮援无措;南渡时,见秀全问计,秀全语以"事皆天父排定,奚烦计虑?"又与仁发等谋留其助守金陵,秀成不可,曰:"官军既以长围困我,当谋救困法,俱死于此无益也。"渡还,以黄子隆、陈赞明屯浦口,亲赴上游纠合皖南芜湖、宁国死党,谋间道犯浙江。分江南大营兵力,还解长围之困,其志固不在浙也。连日援太湖寇、捻攻鲍超潜山小池驿营垒不克,杨辅清、古隆贤用内应陷池州。韦志俊突围屯泥湾,收合散亡,移屯香口;迭败寇于八都坂、栗树街,俘斩伪将军陈松克等三十余人。

是年,秀全大封诸王。初,秀全定都金陵,一切文武之制,悉由伪东王杨秀清手定。是时为秀全建国极盛时代,其宫室制度:第一,为龙凤殿,即朝堂也,主议政、议战诸大事。每有大事,鸣钟击鼓,会议,秀全即升座,张红幔。诸王丞相两旁分坐,依官职顺列。贼将则侍立于后。议毕,鸣钟伐鼓退朝。第二,说教台,每日午,秀全御此,衣黄龙袍,冠紫金冕,垂三十六旒。后有二侍者持长旗,上书"天父、天兄、天王、太平天国"。台式圆,高五丈,阶百步。说教时,官民皆入听。其有意见者,亦可登座陈说。文左上,武右上。士民由前后路直上,立有一定之位。第三,军政议事局,军事调遣、粮饷、器械总登所。秀全自为元帅,当日伪东王为副元帅,北王、翼王为左、右前军副元帅,六官左、右副丞相为局中管理。各科员中,分军马、军粮、军械、军衣、军帐、军船、军图、军俘、军事训科。又有粮饷转运局、文书管理局、前锋告急局、接济局,皆属军政议事局。内以六官左、右副丞相领之。其最尊者为军机会商局长,初以伪东王领之。遇有战事,筹画一切,则伪东王中坐,诸王、丞相、天将左右坐立,各手地图论形势,然后出师。秀清死,伪冀王领之。石达开去后,李秀成领之。秀成东入苏、杭,则有名无实,虚悬其位矣。其时寇之武备颇详尽。自诸伪王内讧,人心解体,秀全以为非不次拔擢,无以安诸将之心。然自此大封之后,几至无人不王,而丞相、天将之职多摄行。于是各持一军,势不相下,而调遣诸王者,仅陈玉成一人。故八年以前,寇之用兵,攻守并用。八年以后,不过用攻以救守,战局遂至日危,以底于亡。

十年正月,伪匡王、伪奉王、伪襄王纠合伪摄王自南陵犯泾县湾滩,游击王熊飞退走,寇遂蔓延黄村、焦石埠,进攻副将李嘉万,援师为杨名声所败,斩伪冈天燕、赖文禾。寇窜踞黄柏岭,其党寻大至,陷泾县。杨名声等退走旌德,寇踵至,明日亦陷。我军还守宁国。是时秀成自率悍党数千,已由宁国县间道犯广德。张国梁督水陆诸军渡江期大举,克浦口八垒,黄子隆、陈赞明遁;攻九洑洲,克其老巢,焚之。寇自咸丰四年筑垒九洑洲,内蔽江宁,外通大江,踞为南北水陆要区。江宁长围成后,浦口、九洑洲皆克，势大困。

秀成由皖犯浙，分我兵势，而诸将又以寇在陷阱，无能为役，习为骄佚，战志渐消，故闰三月大营失败之祸。太湖寇、捻分四股来犯我军，知府金国琛会集诸军败之仰天庵、高横岭，生擒悍目蓝承宣，向扰害蕲、黄者，寸磔之。金国琛等复败寇、捻于潜山广福寨。玉成率龚得树、张洛行来援，乘雾移营于罗山冲、白沙畈，冀与城寇相通，以图牵缀我军。诸军会击，寇大败，擒斩伪庶天侯麦乌宿、伪军师汪遂林等。明日，鲍超等进攻小池驿，当东路；蒋凝学等攻罗山冲，当西路；多隆阿居中路策应。罗山冲寇蜂拥来扑，凝学连破冲口，攻入内山，马队继之，寇大败。值东南风作，以火焚之，毁垒百有数十。寇夺路狂奔，毙伪丞相叶荣发、伪将军舒春华等。城寇谋宵遁，伏军四起击之。是役也，歼寇二万余，益惶惧，窜入潜山。多隆阿督军尾击，克其城。

秀成、侍贤等至广德，诈为清军，陷之、杭、湖、苏、常并震。巡抚罗遵殿调徽、宁防军援剿广德，以保两浙门户。张苾遣周天孚驰防长兴四安镇，镇距广德四十里，当苏、浙之交。和春遣水陆军来会，秀成留陈坤书、陈炳文守广德，自率谭绍光、陈顺德、吴定彩等驰攻四安镇，陷之。和春遣水师会攻江宁上下两关，七里洲寇谢廷廷、寿德州寇秦礼国遣使诣大营乞降。江宁西北各门皆濒大江，洲堵错互，寇踞上、中、下三关，筑垒于寿德、七里各洲，与北岸九洑洲遥相倚藉。九洑洲既克，茂廷、礼国约举火为号，于是上下关同日而克。国梁增八垒于江东门，增四垒于安德门，毛公渡南北岸关隘悉为我夺，寇益大困。

秀全檄诸寇解金陵围。时秀成在皖，与其部下谋曰："清军精锐悉萃金陵城下，其饷源在苏、杭。今金陵城外长壕已成，清军内围外御。张国梁又嘐啨善战，攻之难得志，不如轻兵从间道急捣杭州。杭州危，苏州必震动。清军虑我绝其饷源，必分师奔命以救。我睨大营虚，还军以破围师，则苏、杭皆我有也。"乃自率数千精卒以行，连陷安吉、孝丰、长兴诸县。以其弟侍贤犯湖州，自率悍党陷武康，间道逾岭犯杭州。预结捻首张洛行、龚瞎子等，使内扰清、淮，以分江、皖兵力。

上命和春兼办浙江军务，而以张玉良总统援浙诸军。玉良分大营兵勇五分之二御。秀成攻杭州，以地雷崩清波门，陷之，巡抚罗遵殿等均死难。秀成之破杭州也，祗一千二百五十先锋。诸处援兵不知虚实，闻城破，皆溃走。迨张玉良援军至，屯武林门，秀成曰："中吾计矣！"自以兵少，乃多制旗帜作疑兵，潜退出城，委之而去。玉良与将军瑞昌会击，立复省城。

三月，秀成回窜馀杭，陷临安。旋为李定泰克复。孝丰、武康寇亦退走。时秀成及侍贤回广德，杨辅清亦自池州来会。李定泰等会图广德，寇已分走建平，陷之，连陷东坝、高淳，复诈为官军陷溧阳。自是江南大营后路骤急，苏、常俱大震。和春驰檄张玉良等还救常州，熊天喜等克广德，而杨辅清陷溧水，诈为官军袭金坛，为周天孚等所败，弃垒西窜。句容亦陷，句容当大营后路，饷道所必经，且与丹阳、镇江接壤，为常州门户。和春遣副将梁克勋赴

援，不及，续遣副将张威邦由淳化进剿。何桂清遣将分防丹阳、镇江、瓜洲，冀通大营至苏、常水陆道路。马德昭等出屯郡城三十余里下弋桥，堵溧阳、宜兴各路寇内犯。米兴朝自广德进军克建平。

闰三月，寇自昌化出于潜，分犯分水，陷而旋复，进陷淳安。秀成约会诸酋同议救金陵之策，秀成与侍贤由淳化、辅清由溧水退秣陵关，玉成亦自江浦渡江来会，江宁寇争出筑垒接应。斯时大营四面受敌，而良将劲兵调援浙西者一万三千人，淳坝、宜兴防军又调去一千有奇，大营空虚，粮路又截断，乃改月饷积四十五日始一发。兵勇皆怨，心渐携贰。时群寇鹰集，和春急调张玉良回援，何桂清留之不遣。寇至雄黄镇，我军御之不克。辅清由秣陵关至南门，玉成由江宁镇至头关，板桥、善桥诸寇皆集南岸。秀成由姚巧门进紫荆山尾，陈坤书、刘官芳由高桥门而来，侍贤由北门红山而至，辅清由雨花台，玉成由板桥、善桥，连日攻扑围营。国梁与王浚分督诸将力御，十五日夜，雷雨雹雪，大寒，总兵黄靖、副将马登富、守备吴天爵战死。大营火起，全军溃陷。和春、许乃钊退走镇江，再退丹阳，旋驰书趣国梁亦至，留冯子材守镇江。国梁语和春曰："六年向帅大营失陷，退扼丹阳。彼时京口未复，今东门之限在于镇江。舍此不守，是导寇而东也。"和春卒不能用，而宜兴同亦失陷。

寇势大张，而秀全于战士不及奖叙，终日亦不问政事，只教人认实天情，自有升平之局。仁达、仁发忌秀成功，嗾秀全下严诏，饬秀成率所部限一月取苏、常。寇掠金坛四乡，大书于壁曰："攻野不攻城，野荒城自破。"我军屯六门，日与贼战，互有胜负。秀成自句容攻丹阳，国梁开南门酣战，秀成命力士溷入我军溃卒中，猝击国梁，被创大呼，入尹公桥下而死。秀成入丹阳，命收国梁尸，曰："两国交兵，各忠其事。生虽为敌，死尚可为仇乎？"以礼葬之下宝塔。和春奔常州，寇蹑其后。何桂清闻变跳走。是月，楚军援皖南，会克太平、建德、石埭三县。泾县张苾会同周天受等进毁白华、宴公堂一路寇垒，直抵城下，斩关直入，遂复县城。

四月，天长、六合寇乘金陵大营退守，分三路进犯。一由陈家集图扬城，一由东沟窥瓜洲，一由僧道桥编筏偷渡袭邵伯，皆为我军所裁击，不敢逼，乃筑垒僧道桥图久踞。我军分左、右、中三路疾趋会攻，毁二垒，焚木城，积尸枕藉。寇合股退踞陈家集。扬州与镇江相为唇齿，李若珠咨艇师陈泰国等分扼各口。寇大逼常州，张玉良由杭郡率军先至，筑营寨大小四十余，悉为所破。常州陷，玉良败走无锡。秀成率所部精卒潜出九龙山，拊高桥之背。玉良大败，无锡陷，败走苏州。和春创胸，至苏州济墅而卒。玉良连败之师不能复战，寇薄苏州，玉良退走杭州。长洲、元和两县广勇李文炳、何信义开门迎秀成入踞之。巡抚徐有壬等同殉难。

秀成踞苏后，改北街吴氏菜园为伪府。秀成踞苏十有一日，出伪示安民。城厢内外凡收尸八万三千余具，而从者犹盛称秀成爱人不嗜杀也。寇踞苏城，复恣意掳掠，民竞团练为自保计。江、皖援浙诸军以次克复诸城，遂会剿

淳安，寇败遁入徽州境。苏寇陷吴江，犯平望，浙江防军溃，江长贵负伤还走仁和塘栖镇，副将张守元亦溃于清杉闸。嘉兴危急，杭省大震。侍贤烧嘉兴南门入踞之。玉良攻嘉兴西、南两门，陈坤书、陈炳文求救于苏。适青浦周文嘉与洋军战，来告急，秀成乃先援青浦，击退洋军，直攻上海，不克，遂应嘉兴之援，由松江、浦邑而回战，取嘉兴、平湖，顺至嘉兴，连战五日，分一股上石门，断玉良来路，兵多降者，玉良回杭州。

五月，贵池、青阳寇犯泾县，总兵李嘉万等败死，杨名声退至太平黄花岭。寇陷广德，米兴朝军溃，奔孝丰，再退歙北箬岭外。初，泾县、广德同时告警，周天受遣援皆不及，而参将丁文尚守泾，又退走，寇遂由三谿窜旌德孙村。广德寇窥伺宁国，天受击却之。寇由宁国县东岸至旌德，与泾县合势，嘉定陷，薛焕寻克之，收太仓。寇攻镇江，陷青浦，陷松江。

寇之守江宁也，以安庆、庐州为犄角，以太平、芜湖为卫护。芜湖之南，有固城南漪、丹阳白匕诸湖，上可通宁国之水阳江、清弋江，下则止于东坝。掘东坝而放之，则可经太湖历苏州以达于娄江。芜湖孤悬水中，寇守之则易，官军攻之则难。是以踞五年血战不退，而黄池、湾沚屡次失利，皆以我无水师，寇坚忍善守。官军围攻屡年，往往因水路无兵，不能断其接济。今苏州既失，面面皆水，寇若阻河为守，陆军几无进攻之路，城外几无立营之所。则欲攻苏州，须立太湖水师，使太湖尽为我有，而后西可通宁国之气，东可掮苏州之背。因建淮阳、宁国、太湖速立水师之策。

寇陷江阴，玉良连以炮艇破嘉兴三塔、普济二寺，平新塍寇垒，移营逼西门、南门，破垒七。平望镇者，浙江之嘉兴、湖州，江苏之吴江总汇处也。寇踞沿河六里桥、梅堰诸处，遍筑坚垒，密钉排桩，扼险以阻江、浙之路。湖州赵景贤毁沿河寇垒，分军进克平望，会军于米市湖，尽毁炮台巢穴，进围嘉兴。寇既陷松江，遣其党窥上海。薛焕乘其不备，直捣南门而入，杀黄衣目十三名，夺船七十余艘，立复府城。自松江至上海，沿途团练截杀殆尽。

六月，杨辅清纠旌德、太平大股犯宁国。寇自长兴窜陷安吉，王有龄遣彭斯举赴援，遇于孝丰，失利，退走昌化。寇直犯於潜，陷之，杭省大恐。寇复由黄渡再陷嘉定，纠土匪连踞南翔镇，逼上海四十余里，再陷平望。苏州、嘉兴寇势复合。於潜寇连陷临安、馀杭，分扰富阳。吴云会洋将华尔攻青浦急，伪宁王周文嘉乞援于苏州，秀成率大股亲援，我军败绩。寇收枪炮乘船再犯松江，陷之。江阴寇分党筑垒申港，掠船谋北渡，李若珠饬艇师破毁之，伪丞相方得胜遁。玉良以地雷崩嘉兴南门城垣，寇严拒不得进。刘季三等连克馀杭、临安。浙西寇回窜孝丰，突犯建德。

七月，秀成毁松江城堞，率伪会王蔡元隆、伪纳王郜永宽北犯上海，号十万，焚掠泗泾，七宝民团御之，多死伤。寇屯徐家汇，薛焕督文武登陴固守。寇诈为官军赚城，城上诇知，创却之。洋轮之泊黄浦江者，升开花炮于桅发之，寇始败退。孝丰寇陷广德，游击黄占起、江国霖战死。

江长贵突围退至安吉，米兴朝奔四安。未几，赵景贤复广德，寇再陷踞之。寇复陷江阴杨厍汛城，逼常熟二十余里。黄浦轮船洋兵以开花炮测击上海寇垒，六发，创及秀成。是夜秀成解围还青浦。时嘉兴寇告急，遂趋浙江。

初，副将陈汝霖率民团救松江，追上海解围，洋将华尔会守松江，赐号常胜军。秀成陷嘉善，陷平湖，锡龄阿兵勇皆溃，寇旋去，收之。寇陷金坛，知县李淮守百四十余日，粮尽援绝，川兵通寇，杀参将周天孚，陷之，李淮等皆战死。丹阳寇纠党六七千由新丰等处分道扑水师，谋掠舟北渡，并沿河筑垒，架炮轰射。周希濂督艇师乘烟雾对击，寇不支，遁回丹阳。玉良攻嘉兴两月不下，先后集兵三万有奇，而苏、常以北无牵掣之师，松江、青浦之寇可直入嘉兴，常州、宜兴之寇可直入长兴，建平、广德之寇可直入安吉，宁国、泾州之寇可直入於潜。

寇前自长兴径逼省垣，虽经击退，并立复数城，而广德遂至不守。迨收复广德，而嘉善、平湖又复失陷。寇处处牵掣我军，近复添筑营垒炮台，又偷劫五龙桥头卡，多方惧我军，实有罢乏不堪之势。秀成以嘉兴围急，率大股来援。玉良督战五日，胜负未决。秀成分股上趋石门，谋断大营后路。地形多支河，塘路绝，无可归。我军俱奔，玉良负创，疾驰还杭省。贼既解嘉兴之困，复陷石门，分两路直逼杭省：一趋塘栖，民团御之，退掠新市；一趋临平，吴再升败之，转走海宁。彭斯举等击斩颇众，寇悉退还石门。未几，石门寇亦退，再升进驻石门。马德昭由临平、长安相继前进。

八月，寇陷昭、常，再攻平湖、嘉善，陷之。是时秀成自嘉兴远苏州，奉秀全伪诏，趋还江宁，令经营北路。初，咸丰三年，林凤祥、李开芳北犯不返，秀成未敢轻举。适江西、湖北匪目四十余人具降书投秀成，邀其上窜，自称有众数十万备调遣。秀成覆书允之，留陈坤书驻守苏州，自返江宁，请先赴上游招集各股，再筹进止。秀全大怒，责其违令。秀成反复争辩，坚执不从，秀全卒不能强。于是取道皖南，上窜江、鄂。

秀成之在伪京与诸党会议也，曰："曾国藩善用兵，将士听命，非向、张可比。将来七困天京，必属此人。若皖省无他故，尚不足虑。一旦有失，则保固京城，必须多购粮食，为持久之计。"秀全闻之，责秀成曰："尔怕死！我天生真主，不待用兵而天下一统，何过虑也？"秀成叹息而出，因与蒙得恩、林绍璋等再三计议，金以秀成之策为然。因议定自伪王侯以下，凡有一命于朝者，各量其力出家财，广购米谷储公仓，设官督理之。俟缺乏时，平价出粜，如均输故事，以为思患预防之计。洪仁发等相谓曰："此亦一权利也。"因说秀全用盐引、牙帖之法，分上、中、下三等：上帖取米若干石，中、下以次递减。此帖即充伪枢府诸伪王禄秩。收入后无须拨解，而稍提其税入公，大半皆入私橐。商贩非执有帖者，粒米不得入城，犯者以私贩论罪。如是，则法可行而利可获矣。洪氏诸伪王乃分售帖利，上帖售价有贵至数千金者。及商贩至下关，验帖官皆仁发辈鹰犬，百端挑剔，任意勒索。商贩呼吁无门，渐皆裹足；而诸伪王侯又因成本加重，售价过昂，不愿多出赀金，米粮反绝。秀成言之秀全，请废洪氏帖。秀全以诘仁发，仁发以：“奸商每借贩米为名，私代清营传递消息。设非洪氏，谁能别其真伪？此实我兄弟辈之苦心，所以防奸，非以罔利也。”秀全信其言，置之不问，秀成愤然而去。

寇陷宁国，提督周天受等死之。宁国之陷也，玉成与赖裕新、古隆贤、杨辅清四面围击。周天受战守七十余日，军中食乏，饷阻不能达，寇破竹塘、庙埠诸垒，副将朱景山等皆战死。旌德、太平两军力单不能救，寇乘势尽扫城外诸垒，城陷，天受遂遇害。宁国既失，南陵孤悬。总兵陈大富苦守阅半载，国藩檄令自拔出城，遣水师迎之，难民从者十余万。寇再陷太仓。玉成纠合江宁、丹阳、句容寇十余万，自九洑洲、新江头掠船二百余，日夜更番，意图乘虚下窜，为军团所败，窜六合。镇江寇船驶入丹徒、谏壁两镇港口，为水师李新明击退。冯子材寻进解镇江城围。侍贤率寇四万出广德攻陷徽州，署皖南道李元度溃走开化。寇趋祁门甚急，国藩檄邀运兰屯霍县，趣鲍超自太平还屯渔亭，以捍大营。徽州既失，杭、严两府防务益急。

寇之踞苏城也，同时城邑陷者数十。江阴居大江尾间狼山对岸再陷于寇，寇踞之以窥江北，人心惶然。九月，通州知州张富年会水师攻复其城。上月玉成率悍寇二十余万进陷白炉桥尹善廷垒，旋至马厂集，犯东津渡、黄鸣铎击却之。至是图取寿州内东肥河，跨山越谷，盘行抵淮河岸，联营栉比。余寇窜入姚家湾，掳船，欲水陆会攻。巡抚翁同书派炮艇沿河截击，寇乘雾凫水入小港，为黄庆仁围杀；复以步骑扑北关，城上弹丸雨下，夜纵火焚寇垒皆烬，城围立解。寇窜南路：一还定远山，一走庐江，一赴六安。徽州寇自淳安窜陷严州，进踞乌龙岭。江宁寇纠九洑洲寇船二百余艘下窜仪征，我军大败之东沟。副将格洪额会破盱眙竹镇集寇屯，擒斩伪检点汪王发等，曾秉忠破青浦寇于米家角，攻城三日不下，秉忠中创。参将李廷举攻宝山罗店，寇败并嘉定，旋再窜罗店踞之。寇拦入寿昌、金华，兵团复之。旋再陷复陷。

十月，寇自淳安扰及威坪，兵团御之，回窜蜀口。徽州北路寇窜至杞樟里，逼昌化昱岭二十里。先是江西瑞金、广昌、新城、泸溪大股寇窥伺福建，汀州、邵武防军力御之，遂折窜建昌，而瑞金一股寇踞福建之武平，寻陷汀州，凶焰甚张。句容寇至镇江汤冈筑垒，冯子材击之不下。宁国寇直抵四安，破长兴长桥卡防，分窜广坤、梅谿。严州寇连陷桐庐、新城。苏州寇分股扑金山，我军出败之，遂克枫泾镇。寇复纠苏、常大股袭富林，图犯松江。守将向奎军单，败退。曾秉忠回援，寇窜宝山罗店，都司姜德设伏败之，还青浦。玉良克严州。

新城寇窜陷临安。初，寿昌被陷，金华知府程兆纶督民团复之，桐庐亦同时收复。于是寇众悉趋富阳，副将刘贵芳、总兵刘季三败死，城遂陷。旋收复，毁江口浮桥。侍贤复纠集临安寇陷馀杭，逼杭州省城。侍贤由严州还顾徽州，瑞昌等败寇秦山亭、古荡、观音桥，追至留下，寇弃垒走。省城解围，遂复杭杭。侍贤不得志于杭州，自馀杭直犯湖州。建昌寇间道犯铅山河口镇踞之。福建浦城、崇安，浙江衢州、常山、开化边防皆急。时徽州寇自深渡街口下窜天长，防军会水师大破于三河、衡阳等处。是股为天长葵天玉、陈天福会合秀成党三万余众，将谋渡河分扰淮阳。秀成窜皖南，逾羊栈岭，陷黟县，鲍超大创之，城立复。再破之卢村，阵斩伪丞相吴桂先，秀成受伤遁徽州。国藩饬将屯守卢村，村距黟县二十五里。是时侍贤自严还徽，辅清盘踞旌德，环二百里皆寇。秀成复由江苏上犯，越岭肆扰。我军疾驰百余里，力战两日，驱出岭，祁门大营始安。

赵景贤大破贼，解湖州城围。湖州自三月以来，迭被贼困，此赵景贤第三次解围也。先是寇踞杨家庄为老巢，以砺山、仁黄山为犄角，焚掠双林诸村镇，蔓延长兴、四安、太湖。景贤会军先攻砺山、仁黄，以孤老巢之势。我军踞仁黄，毁杨家庄，败寇西窜。天长寇掠下五庄舟船数百艘，欲犯湖路；我军克河口镇，复创之石谿；窜广丰，道员段起御之，寇间道走玉山。多隆阿、李续宜会军大破桐城寇陈玉成，袭得树于挂车河、鹤墩、香铺街等处，平寇垒四十余，寇退奔舒城。

安庆者，江表之咽喉，实平吴之根本也。寇援安庆，水陆阻梗，不能直抵江宁。玉成眷属悉在安庆城中，邀合发、捻十余万人，图解城围。多隆阿、李续宜虽力挫之，仍分屯庐江、桐城，复纠集下游江宁、苏、常援寇并力北犯，逼近枞阳、桐城乡村，眈眈以伺我军之隙，将挟江南寇势全力谋楚军。时届冬令，安徽城河水涸，道路纷歧。我军四路告急之书应接不暇，皖南、浙江之寇分三大枝窜入江西，祁门各营围裹于中，势颇危急。湖南道州寇亦窜江西。寇既陷吴，势必全力犯楚，此其深谋诡计。故安庆一城，寇以死力争之。

左宗棠之入景德也，闻南赣寇分党由贵溪过安仁，直扑饶、景，遣军迎败之周坊，寇窜陷德兴踞之。十一月，宗棠进克德兴，寇奔婺源，又克之。十日内转战三百余里，寇惊为神速。彭斯举解玉山城围，寇窜衢境，犯常山，与兵团战，败走开化埠。杨辅清自池州率党寇陷东流，进陷建德。水师收东流，而建德防军溃退。国藩遣唐义训驰击，至利涉口，寇筑垒河洲，列队以待，并以马队扼拒各卡。我军分东西两路缘山上，立破其卡；前军夹击河洲寇，后军抄其背，寇败走。我军复分为三进攻，寇出东门逸，遂复其城。寇复陷彭泽，阑入浮梁，越一日复之。寇趋马影桥，逼湖口。玉麟督水陆军力击之，遂收彭泽。寇宵遁，陷都昌、鄱阳。我师驰至都昌，击退踞寇，复之。

休宁寇犯上谿口，陷副将王梦麟垒。屯黟寇犯江湾，陷副将杨名声垒。古隆贤、赖裕新纠大股犯羊栈、桐林二岭，张运兰会军击之，寇由新岭退去，犯婺源。国藩督饬鲍超大破于黟县卢村，别军绕出羊栈，断寇归路。寇沿崖逃走，追军反出其前，迫之，坠崖死无算。而休宁寇以鲍超回剿景德，由蓝田扰及小溪一带，张运兰击败之，别股屯郑家桥者进逼渔亭。我军两路抄击，寇狂奔，毙黄世瑚等；复败上溪口寇，追至马全街而还。自是岭外寇不敢轻入。玉成率众万余犯桐城、枞阳，我军镇静固守。寇踞七里亭，韦志俊扼枞阳街口。李成谋舁三版入莲花池护卫寇再犯景德镇，宗棠败之。鲍超进扼洋塘，宗棠进扼梅源桥。寇自下游纠大股屯洋塘对岸，我军大破之，伪定南主将黄文金负创奔。时祁门三面皆寇，仅留景德镇一路以通接济，寇尽锐攻扑，欲得甘心焉。时国荃围安庆，寇势渐穷。十二月，玉成纠约秀成、辅清及捻首并力西犯，其大股寇、捻俱从南岸渡江而北，会于无为、庐江，以图急援怀宁、桐城，势甚猖狂。多隆阿等会于枞阳一带，布署战守。皖南寇大股窜孝丰，又别股由皖窜分水。嘉兴踞寇备具炮船，意图南下，寇势蔓延，浙东西同时告警。

十一年正月，傅忠信、谭体元、汪海洋、洪容海各挟众数万，弃石达开归秀成。秀成骤增众二十万，势大炽，由石埭分两路趋祁门，防军皆败。江长贵援大洪，唐义训迎战历口，斩伪麟天豫古得金，寇溃走常山。富阳、新城、临安皆为我军所克，解广信之围。寇窜铅山、弋阳、贵溪、金黟，渐逼建昌。秀成自去冬犯皖南黟县羊栈岭不得志，窜浙江常山、江山等处；今春以全力攻玉山，转围广丰，犯广信，志在踞守要地，以通徽、浙之路。犯建昌，作浮桥渡河，以大股屯水东，环城筑二十余垒，以浮桥通往来。江西寇黄文金犯景德镇，左宗棠、鲍超败之石门、洋塘，毙许茂林、林世发。文金跟跄宵遁，铜陵援寇与败匪合，复入建德，分踞黄麦铺诸处。鲍超督诸军乘胜压之，毙寇万计，追至建德，会水师收复县城，诛朱天福。秀成梯攻建昌，参将富安等纵火具创退之，复潜为地道修子城备之。寇船犯太湖，陷东西山。全湖失陷，湖州北路七十二溇港横被窜扰。太湖，巨浸也，襟带苏、带、湖三郡，港口纷歧，多至百余。自苏、常陷后，沿湖要隘多为寇有。去冬间寇船自湖州出湖，迭犯西山、角头等处，为副将王之敬炮船所败。然所部不满十艘，募民船佐之，卒以众寡不敌败死。

二月，玉成图援安庆，纠合捻首龚瞎子，率五万人攻松子关。成大吉兵仅二千五百，寇多二十倍，分两路抄官军后。大吉令参将王名滔从左侧山横截而出，阵斩龚瞎子，寇惊溃，复选悍党分五路进，再战再败，捻歼亡三万人。初，玉成嗾龚瞎子犯松子关，而自率悍党十余万，从霍山之黑石渡，袭余际昌营于乐儿岭，相持四昼夜，力竭而溃，遂抵英山，入蕲水，袭陷黄州。分党取蕲州，扰麻城，阑入黄安、黄坡、孝感、云梦诸县，并陷德安府、随州，势益猖獗，武昌戒严。

秀成闻玉成攻国荃久不下，分攻蕲、黄、广济，欲国藩赴援以分兵力。秀成叹曰："英王误矣！正使国藩得全力以攻皖，彼岂暇救此闲寇哉？彼有长江之利，而我无战舰，安能绝其粮道？不能以我攻浙救京师为例也。"玉成屯孝感，而以德安、云梦、随州三处为长蛇阵，窥伺荆、襄。官文飞调李续宜、舒保、彭玉麟率水陆诸军回救。

侍贤窜踞休宁城，筑垒上溪口、河村、石田、小当等处，与休宁屯溪之寇互为犄角。国藩以休城不克，徽郡难图，祁门终属危地，檄朱品隆等进攻，焚诸垒，寇夜遁，收复县城。左宗棠进剿婺源寇，破侍贤于清华街，而城寇忽分党由中云窜入乐平界。宗棠亲率数营屯柳家湾，扼其冲，寇败退；而援寇漫野至，返斾截杀，复大溃而去。侍贤纠徽州悍党围王开林于婺源甲路，越三日，溃围出，还景德。

秀成率党窜抚州，为知府钟峻等击败，窜宜黄，复纠土匪陷遂安。国藩遣大富防景德。宗棠进军鄱阳，次鲇鱼山，闻寇偷渡昌江，图合围景德，旋移驻金桥。寇窜平湖，分由西路榉根岭、北路禾黍岭进犯。副将沈宝成当西面，江长贵出北路拒之。国藩复檄朱品隆由祁门驰援，歼寇越岭而逃；宗棠击寇于乐平范家村，阵斩伪谢天义黄胜才、伪娆天福李佳普等。

侍贤率数万众潜匿于牛岭、柳家湾、回龙岭，翌日，齐进景德镇，陈大富战死，陷之。金鱼桥坐营后路已绝，遂移屯乐平。初，国藩至皖南，设粮台于江西，以景德镇为转运。寇之窥祁门者，屡遭挫败，遂悉锐专犯景德，冀绝大军饷道，至是陷之。国藩度粮路已断，惟急复徽州，可通浙米，亲至休宁攻徽寇不克，仍屯祁门；而寇环攻不已，誓以身殉。宗棠大破寇于乐平，斩馘数万。侍贤遁，围建昌、抚州，攻之不下，遂陷吉安，大军旋复之，乃进陷瑞州。于是祁门之路始通。

三月，我军克新淦，解麻城围。繁昌荻港、芜湖鲁港寇皆败走。民团克云梦，收应城、黄安、黄坡。金国琛会水师克孝感，进攻德安，逼城为垒。嘉兴寇窜陷海盐、平湖，宗棠败寇于龙珠、桃岭。寇渡吉水海滩，陷吉安，复为知府曾咏等攻复。寇由吉安东犯，分股窜峡江，与新喻贼合并，屯阴冈岭，临江告警。玉成分股守德安、随州，牵缀我军，率悍党由蕲州、黄、广回宿松，进太湖大营后路，绕趋宿松桃花铺，径窜石牌，逼安庆集贤关筑垒。未几，桐城、庐江伪章王林绍璋、伪干王洪仁玕等率二万自新安渡至横山铺、练潭一带，连营三十余里。至马踏石，窜安庆，与玉成会解围城，多隆阿分击败之。玉成阑入集贤关，攻围师各垒；复于菱湖两岸筑垒，阻水师进攻。杨载福遣军异炮船入湖，毁寇船筏，复立垒湖嘴，使寇不敢逼水陆大营。多隆阿自桐城挂车河进攻安庆援寇林绍璋等于练潭、横山，逼溺菜子湖无数。黄文金纠芜湖寇及捻二万，筑垒天林庄二十余座，谋入安庆城，多隆阿诱毙二千，国荃围师不少动。水师焚夺寇船，断其接济，以困城寇。

侍贤自广信窜常山，陷之，入踞江山，旋由常山分股犯衢州。先是福建援师自衢防回援汀州，军势骤孤，故寇乘虚回窜。又别股由开化白沙关窜玉山童家坊，伪为难民呼城，炮创之；常山寇复至，会攻城，诈为援兵，奋力击之，退屯三里街、七里街，潜掘地道，道员王榜缒城出，大破之，寇还常山。遂安寇直抵淳安港口，副将余永春中创败退；茶园寇踵至，再退桐关。严州大震。

四月，国藩自祁门移驻东流，多隆阿击败玉成，弃垒遁，屯集贤关。国藩复拨鲍超一军，胡林翼拨成大吉一军，同赴安庆。初，玉成即菱湖北岸筑垒十三，城寇叶芸来出城接应，亦筑五垒于南岸，以隔国荃与其弟贞干之师。国荃掘长壕，包寇垒于长壕之内。玉成前阻围师，后受鲍、成两军夹攻，计穷遁去，犹死守关内外寇垒，又于随州、德安各留悍寇牵掣我兵。官文派军攻德安，筑长围困之。

秀成踞义宁州武宁县，逼近湖南北边境。官文派军分守兴国及崇、通、山、冶四县。寇裹胁七八万人，一由苦竹、南楼二岭犯通城，一由蛇箭岭犯通山。我军众寡不敌，均被阑入，直抵崇阳之白霓桥。其窥伺兴国之寇，扑余际昌营，官军战失利，退大冶。寇随至大冶，并扰武昌。官文咨调李续宜等屯东湖、阽纸坊一带，相机进剿。秀成自孝丰窜四路，陷长兴、寿昌，分犯三里亭、千家村；复自瑞州分窜西路，连陷上高、新昌，北路陷奉新扰义安，以阻援师。连日曾秉忠等水陆诸军破走乍浦，平湖寇于金山各隘。金山与浙之平湖水陆交错，薛焕与秉忠商筹，平湖一日不复，松江属一日不安；谋越境会攻平湖，再图乍浦。

当陈玉成之退走也，多隆阿已进军磨盘山，遣温德勒克西、曹克忠、金顺等分途尾追。玉成复纠合林绍璋、洪仁玕、黄文金及格天义陈时永、捻首孙葵心共三万余，并力上犯，筑八垒于挂车河、峣峈尖扡西棋盘岭；率党破山内黄山铺团卡，仍出山外调黄文金四千余人伏山内，自率悍党分道进犯我垒。多隆阿分军设伏于棋盘岭、老梅树街，而自率马步各军分道拒战，寇后队忽自乱，老梅树街伏骑乘之，势不支。玉成督败党抵敌，而项家河寇垒为舒亮伏兵袭焚，烟焰突起，寇大惊，败奔桐城。八垒悉平，烧山内寇馆数十处，毙八千余。上命左宗棠帮办军务。

寇越衢州陷龙游，连陷汤豁、金华、绍兴、宁波皆大震。宁、绍为浙东完善之区，寇垂涎已久。金华既陷，势将内犯。寇犯丹徒，水军败之，毁寇浮桥。曾秉忠自金山攻青浦，寇坚壁不出，败嘉善援寇于章练塘。宝山防军姜德攻嘉定以分寇势。都兴阿败天长、六合窜寇于扬州西北乡，尽毁甘泉山寇垒。秉忠自金山洙泾率烽船进破白虎头、金泽镇寇巢，直抵浙境，败西塘援寇，进毁俞汇卡，寇退入嘉善。金华寇分股陷兰豁、武义。

五月，鲍超、成大吉破集贤关外赤冈岭寇垒三，歼寇三千余。伪屈天豫贾仁富、伪傅天安李仕福、伪垂天义朱孔棠等皆伏诛。大吉回援武昌，余一垒超独破之，擒斩刘玱林。玱林陷苏、常为前锋，自恃其勇，欲以孤垒遏官军，既伏诛，国荃军势自倍。国藩之移东流也，皖南寇度岭内空虚，纠众由方干岭樟树卫防军而入，潜陷黟县，筑垒西武岭等处，窥伺祁门。张运兰等克黟县，寇并入卢村十都，增垒抗拒。我军克其七垒，寇悉骈诛。徽州寇闻之窜走。

宗棠追剿侍贤至广信，以建德再陷，窜入鄱阳视田街，急回景德。寇宵遁，宗棠截之，大战枫树岭，寇走建德后河，遂复县城。运兰进攻徽州，复之。汀州寇由江西瑞金回窜。时江西寇窜江山，进陷遂昌。秀成以一股踞瑞州、义宁、武宁，分三路犯湖北，连陷南岸兴国、崇阳、通城、大冶、通山、崇、咸宁、蒲圻，寇锋逼武昌省城。官文、李续宜会遣水陆军分道进剿，胡林翼亦自太湖移军还省，先援南岸，再图黄、蕲。

寇之窜扰江西者，自去冬以来，前后凡五大股，其由皖寇窜入，自北而南者三股：一曰黄文金，连陷建德、鄱阳六县；一曰李侍贤，连陷浮梁、景德等处。此二股均经左宗棠击退，未能深入江西腹地。一曰李秀成，连围玉山、广信、广丰三城，又深入内地，围建昌，扑抚州，均未破，窜入崇仁樟树镇、吉安峡江，并踞瑞州府城，分窜奉新、靖安、武宁、义宁各州县，又窜入湖北之兴国、大冶、蒲圻、崇、通等处。此北三股也。其由两广窜入，自南而北者二股：一曰广东股，其渠有周姓、许姓，上年由仁化、乐昌阑入江西，与李秀成联合，围攻广信、南丰、建昌各城，连陷湖口、兴安、婺源，经左宗棠攻克德、婺两城，遂归并徽州。一曰广西股，其渠为朱衣点、彭大瞬，本石达开之余党也。由江西窜出湖南，经过南赣，陷福建之汀州，回窜江西，蹂躏宁都、建昌、河口等处。其前队已由婺源窜浙，后队尚留抚州。此南二股也。五大股中，又分为三支、四支，忽分忽合，时南时北。

国藩令鲍超回援江西，由九江直捣建昌，先保江西省城。瑞州及各县踞寇逼近南昌，毓科留张运桂等扼屯城外，刘于浔屯安义堡，后营屯生米，丁峻屯临江，皆为省垣西路屏蔽。李续宜克武昌，寇陷松阳、处州、永康、缙云。缙云既复，寇窜永康。宗棠遣军克建德，国藩移屯婺源，婺源者，界江、皖、浙三省之冲也。赖裕新合汀州寇犯德兴，分党踞九都之新建，遣军败之。寇渡江窜浙江开化华埠，德兴、婺源肃清。游击黄载清克遂昌，松阳踞寇亦闻风遁，载清进攻宣平克之，寇窜武义，处属肃清。金华知府王桐等克永康，寇并趋金华。江阴、常熟寇由海坝窜寿星沙，大肆焚掠。

六月，曾国荃会水师破菱湖北岸十三垒、南岸五垒，斩馘九千余。寇之踞湖北咸宁、蒲圻、通城者，我军均克复。寇由武宁犯建昌。金华寇出扰曹宅等处，李元度克义宁。张玉良等率水陆军围攻兰豁不下。寇侦严州军单，筑垒女埠，下窜严州，陷之，寻为张玉良所复。寇陷上高，扰万载。知县翁延绪等克复武宁。水师李德麟等击毁黄山、黄田、石牌三港寇船，寿星沙寇退回江阴。苏州寇扰青浦，李恒嵩自北籍山移屯塘桥，以固松江门户。嘉定寇纠苏州寇犯上海，我军御于真如。寇渡河窜华漕，夺踞参将王占魁垒，薛焕遣军夺还。寇走南翔，再败退嘉定。时江水盛涨，国藩檄杨载福图池州，牵掣南岸。载福攻十日不能下，乃率李成谋三营至旧县，侦北岸无为濒江垒寇避水移神塘里河，驶击破之，进攻州城。陈玉成、杨辅清死力抗拒。还军次大通，败阳寇，还屯黄石矶。

七月，玉成纠辅清众十余万自无为州犯英山，绕宿松，径攻太湖，为救援安庆计。寇排队山冈作长蛇势。复有寇数万自龙山宫对岸至塔下，袤延二十余里，分路诱我军，我军坚守不动。夜大雨，贼汹涌潮进，城中飞丸随雨落，至晨围始解。玉成乃自小池驿进至清河高楼岭，欲结桐城寇包裹我军，以解安庆之围。攻扑六昼夜，玉成、辅清援桴鼓督军，挥刀砍不前者。我军奋击，大挫其锋。玉成、辅清率大队窜至高河铺、马鞍山，桐城围复合。安庆围师悉平城外诸垒。秀成自窜踞瑞州，分陷上高、新昌、奉新等县，以瑞州为老巢。官文檄元度会军攻克新昌、奉新、上高，败寇均趋瑞州。乃遣游击贺接华等会军直捣郡城，攻复之。官文以德安寇谋窥荆襄，派水陆诸军节次严剿，寇坚守，有冒死突出者，诸军击溃，寇不得入城。寇复出抄我军后以援前寇，乃断其归路，寇奔河西，伏兵四合，架梯入，立复府城。

程学启克安庆北门外三石垒，北门寇路已绝。德安寇窜河南信阳，转犯罗山、光山、商城，兵团截击，退奔皖境。鲍超督诸军大破丰城西北岸寇垒，东岸屯寇惊溃，刘于浔乘之，收樟树镇。初，超自九江进军，秀成闻风远遁，率瑞州、奉新、清安、安义之寇，先分万人扰抚州；令玉成率悍党二万攻丰城，而自领大队由临江踞樟树、沙湖、丰城一带，绵亘百余里。先一日，超至丰城对河，值寇在樟树为浮桥，阵山冈，超分中、后、左、右四队齐进，寇摇旗迎拒，战一时许，大败，馘八千余人。

八月，克安庆城，城外四伪王窜集贤关。安庆既复，东南之势益促。水军进克池州，乘胜下剿，复铜陵县。时伪右军刘官才方盘踞池州，与安庆相犄角。内则坚守石埭、太平，阻徽师进兵之路；外则上犯德、建、鄱阳，为江省北边之患。今与安庆相继而下，皖南军势益张。国荃与多隆阿会议，以桐城为七省要道、安庆咽喉，寇死守待援；玉成尚拥众数万，徘徊于集贤关内外，谋与桐城合并。乃会军进击，玉成、辅清皆大败，越山而逸，遂弃其城。宿松、黄梅、蕲州、广济相继下。多隆阿进屯蕲州曹家渡，扼下游败寇，以绝黄州寇援。李续焘等会同水师进攻黄州，寇筑垒浚壕以抗我军。蒋凝学令投诚刘维桢服寇衣，伪为援众；复造玉成伪文，诱寇出，而设伏以待，寇果出，为我军所歼，立复黄州。

时秀成寇出丰城，踞白马寨，遣党攻抚州。鲍超驰至，抚围立解。寇走贵豀，得广东新寇，合大众据湖防河口，势甚汹涌。超分五路应之，蹋毁七十余垒，进复铅山。国藩移驻安庆省城。初，侍贤攻严州，两月不能下，乃于乌石、方门二滩连环筑垒，逼近外壕。城内粮尽援绝，副将罗大春受重伤，率将士突北门出，城遂陷。秀成自桐庐、新城进陷馀杭。寇之窜贵豀者，闻鲍超自抚州至，豫遁走。初，闽寇三起，与花旗广匪先后由建昌窜至广信，与秀成并为一路。鲍超会屈蟠大破广信寇垒，立解城围。秀成败走铅山，筑七垒，与寇城相守御。超踵至，悉覆其垒，渡河攻城，克之。秀成窜围广丰，不克，分窜玉山，筑垒十余，复为道员王德榜所破。

秀成全股悉自江西窜犯浙境，一由玉山陷常山，一由广丰犯江山，龙游踞蛋同时出扰，衢州危迫。是月知府张诗华克复泸豀、兴安各城。福建援军张启煊击寇浦江，失利，陷之。寇直抵五指山，金华大股踵之，米兴朝等迎击失利。义乌、东阳相继不守。启煊退守诸暨辟水岭，寇至再溃。九月，寇陷处州。

大军之破安庆也，无为州寇马玉棠妻子居安庆，曾国荃生致之，密谕玉棠献无为城。无为居皖北形势，控金陵，引芜湖，为寇必争之路。附近泥汊口、神塘河诸处，石垒星列，以阻我军。曾国荃会同水师抵泥汊口，垒高难仰攻，乃令筑寨安营，而自率劲旅迅赴杨家桥、凤凰颈，决堤断寇归路。寇大恐，遁入城。越日，攻神塘河，寇亦遁归，乘胜直抵城下。至是玉棠事泄，伪顶王朱王阴幽之。玉棠党举兵攻王阴，我军乘之，寇大溃。毙伪豫侯、丞相等，

城立复。

秀成由临浦陷萧山，再由萧山塘路窜杭州，陷诸暨、绍兴府城，分窜新昌、嵊县。上虞、馀姚均先后失守。国荃连破运漕镇及东关镇，镇在无为、含山之界，外濒大江，内连巢湖，寇粮皆屯于此，上济安庆、庐州，下输金陵，为南北锁钥。伪巨王洪某率众五六千，并炮船数十，守之。寇失此益胆落。

十月，楚军克复随州。湖北自黄州、德安复后，惟随州以孙捻援应，扰及襄阳，凭坚死抗。官文击退豫捻，复用降将刘维桢取黄州计，诱寇出城败之，克复州城。多隆阿收舒城、庐江，李续宜部将蒋凝学屯六安、霍山，宗棠屯婺源，张运兰等屯徽州，李元度新军出广信，寇悉赴浙江，而皖南寇聚保庐州。宗棠议大举援浙，浙寇猖獗，全省糜烂，逼近省垣。

上命曾国藩管辖江苏、安徽、江西、浙江军务。秀全见各省攻讨严剧，迭克名城，金陵唾手可下，乃大惧，令秀成、侍贤分途窜扰，分我兵力。秀成窜浙江，叠陷各郡邑，直至馀杭，浙省戒严。寇从塘路抵杭州，扑武林门外卖鱼桥，踞我营卡。寇队寻大至，运粮道阻。提督张玉良来援，与城军夹守。寇乃自海潮寺至凤凰山，环木栅实土其中为坚壁，使城外隔绝，日以枪炮轰城。玉良攻木栅，中炮死。内外兵益惧，而城中久乏粮，人多饿死。自萧山、诸暨等城陷后，援兵路绝。寇寻陷奉化、台州，十一月，由慈谿犯陷镇海。台州寇分股陷黄岩、宁波，会同辅清由浙江严州遂安逾岭回窜徽州，复蔓延属开化，其谋在深入江、皖腹地，阻我援浙之师。

宗棠于广德奉督办浙江军务之命，以寇围徽郡，当入浙后路，遣军至婺源，会防军援剿。辅清大举分犯徽州、休宁，两败于屯豀、篁墩，遂趋南路，径逼严郡；而秀成已陷杭州，满城亦相继失守。辅清率宁国寇围攻徽州、休宁两城，伪成天安窜休宁之屯豀，寻又窜篁墩。十二月，总兵张运桂坚守徽城待援，乘间出击破寇垒。寇复踞屯豀、市街、潜口一带，以绝徽军粮道。国藩调总兵朱品隆驰赴休宁，与唐义训先破屯豀街口寇卡，毁河边四垒，进平石桥、潜口寇巢，寻派军护粮赴徽。寇由万安街分股包抄，我军奋击之，寇不敢遏。张运桂以严市街为寇踞，粮道梗阻，与休宁军会商兜剿，毁寇十余垒，辅清受伤。值除夕大雪，寇掠无所得，悉遁去，围立解。

是月提督李世忠克复天长、六合。寇自八年踞六合，屡攻不下。黄雅冬思反正，潜约世忠先削其外垒，而己为内应。世忠自滁州至六合，遂大破寇垒，斩冯愚林，直造城下。黄雅冬倒戈，纵火拔关，我军拥入城，擒斩冲天福林国安、顶天燕江玉城、攀天福魏正福五十余人，皆悍党也。诏黄雅冬更名朝栋。世忠以黄朝栋密红天长寇陈世明为内应，朝栋所部未尽剃发，诈为援寇进城下，世明拔关纳军，遂克之。

是岁汀州寇窜陷连城，分窜上杭。江西寇阑入武平境，时寇谋分股：一图窥龙、岩，一由清流、宁化扰延平、邵武。总督庆端以延平为全省关键，驰往驻扎；克连城，进攻汀州，创洪容海，克之。而江西续窜武平之寇，亦为

副将林文察等击败。国藩疏请饬庆端严守浦城,俾寇不得由闽境窜江西。

同治元年正月,是时浙、苏两省膏腴尽为寇有,全浙所存,尚有湖州、海宁两城,又孤悬贼中,独衢州一府尚可图存。国藩疏荐福建延邵建宁道李鸿章署理江苏巡抚,别立一军,由沪图苏;以围攻金陵属曾国荃,以浙事属左宗棠。于是东南寇势日就衰熄。世忠攻江浦,约刘元成、单玉功为内应,杀伪报王、伪宗王、操天福等七十余名,立复江浦;至浦口,复克其城。自江、浙两省寇纠众数十万,并力东犯,连陷奉贤、南汇、川沙等厅县,烽火遍浦东,逼上海。各隘防军遇寇辄溃走。寇既为法船所击退,踞天马山陈防桥,复为李恒嵩所破,败入青浦城中。其浦东大股踞高桥,欲断我要隘。美人华尔、白齐文扑寇巢,毁其壁,进攻浦东、浦南,大破之。寻嘉定、青浦寇进逼七宝,以窥上海围防军郭太平营。薛焕督军解其围,甫还军,寇复大至。

李鸿章率湘淮军援江苏,营上海城南。黄翼升率水师相继至。宗棠出岭攻开化,杨辅清纠众踞张村、银坑、石佛岭,窥伺衢州,连战克之,阵斩蓝以道,开化肃清。九洑洲寇窜江浦、浦口、和州,分党犯桥林。二月,嘉善、平湖寇水陆犯金山、洙泾,七日,陷。松江、上海俱震。东梁山伪爱王黄崇发、西梁山伪亲王某、裕溪口伪善王陈观意纠合雍家镇寇,分股上窜五显庙、水家村、汤家沟,水师李成谋登岸破之,斩黄崇发。初,宗棠既克开化,进军常山璞石,侦李侍贤嗾寿昌兰豁寇纠遂安恭天义赖连绣犯开化马金,谋长围困我。宗棠回攻遂安,乘援寇未集,先剿克之。

三月,李元度败寇于江山碗窑,再败小青湖援寇。江山贼进陷峡口闽军曾元福垒,踞之,连营数十里。宗棠自常山遣军进剿。林文察之克遂昌也,寇并聚松阳,蔓延云和、景宁,寻以次击退,进规处州,破寇松阳平港头寇垒,寇奔处州碧湖。上年国藩檄鲍超平青阳城外寇垒,作长围困之。伪奉王古隆贤潜纠浙江死党三万余人进扑铜陵,分我军势。超率援军尽扫横塘等处百余卡三十六垒。古隆贤侦知大军北出,阴统泾、太悍寇筑九垒于青阳猪婆店阻我师,以通粮道。适超凯旋,进逼青阳,克之。

国荃既募湘勇回安庆,国藩饬令攻取巢县、含山、和州、西梁山等处,以为欲制寇死命,先自巢始,遂进屯县城东北。刘连捷等赴望山冈以扼南路,寇乘我垒未定来犯,拒败之。初,寇踞江岸以北,上援庐州,下卫江宁,分布坚城,拒守要塞,通上下之气,杜我进兵要路。至是攻破巢县铜城闸、雍家镇,旋收巢县,复含山,再会水师大破裕溪口寇屯。

寇之踞金陵也,以全力扼东西梁山,两山对峙,大江至此一束,水急流洄,视小孤山尤为形胜。国荃以此关为金陵锁钥,循江上逼西梁山而阵。寇走江州,水陆争起搏击,遂克之。自是金陵重镇已失其半。寇匪王赖文鸿窜繁昌县,纠约踞寇扑我三山峡营。曾贞干乘寇未逼,督军分道驰剿,寇大乱,殪其渠吴大嘴,遂克繁昌。芜湖援寇潜屯鲁港以图抗拒,贞干会同水师夺其船百余艘,夷三垒十余卡,余悉遁芜湖;贞干督各军驰抵南陵,立复其城。鲍超既克青阳,议先取石埭、太平以固徽州之防,继取泾县以达宁国之路;乃分军五路,由龙口直抵石埭,寇矢石交下,总兵娄云庆从西、北二门攻入,立复县城。寇大惧,纠集南陵援寇大至,屯甘棠镇阻我师。我军分三路进击,破十七垒,遂拔太平,擒斩伪主将徐国华等三十七人。先是超攻青阳时,有伪佐将张遇春率众万余乞降,超纳之,令暂屯景德三豁。至是太平贼寇将北走,张遇春骤起歼之。超回军挟之,进攻泾县,复其城,遂东渡清弋江,进规宁国。

李侍贤自陷常山,与龙游寇同扑衢州,总兵李定泰等败之,复常山,解衢州之围。宗棠驰至常山,攻克招贤关,以通衢州粮道。其扑江山之寇,檄李元度会攻石门花园港寇巢,毁十四垒,寇势不支,乘夜向台州潜遁。是时杨辅清由淳化犯遂安,宗棠自常山进屯开化图之,寻遣刘典进攻遂安;辅清退走淳安、昌化,窜皖南犯宁国。四月,仪征寇败后,窜扰沙漫洲等处,水师击走之,扬境肃清。浙军会民团克复台州仙居、黄岩、太平、宁海、缙云、乐清、慈豁等县,擒斩逆天义李元徕,伪王李洪藻、李遇茂,伪主将李尚扬。寻进克宁波府镇海、青田二县。台、处寇上窜温州,踞太平岭及任桥、瞿豁,寇分窜瑞安,张启煊营陷,退守县城。楚皖军会克庐州,秀成窜扰苏、常,玉成则盘踞皖、楚之交。

自大军克复安庆,玉成率党自石牌而上,调宿松、黄梅之寇同至野鸡河,欲赴湖北德安、襄阳招集其党,群酋不从,乘夜由六安走庐州,众渐携贰。秀全复督责甚切,玉成惧,力守庐州不敢走,皖、楚诸军困之,日盼外援。而颍郡解围后,伪扶王陈得才西窜,伪天将马融和随张洛行远遁,外援遂绝。多隆阿与皖军张得胜设伏诱贼出战,两军合击,寇大败,遂克府城,诛伪官二百十三名。玉成奔寿州,尚有死党二千,以苗沛霖阴受伪封,往乞援;沛霖缚之,献颍州胜保大营,并擒伪导王陈士才、伪从王陈德、伪统天义陈聚成、伪天军主将向士才、伪虔天义陈安成、伪祷天义梁见新,及亲随伪官二十余,并正法。秀成闻玉成死,顿足叹曰:"吾无助矣!"玉成凶狠亚杨秀清,而战略尤过之,军中号"四眼狗"。自玉成伏诛,楚、皖稍得息肩,而金陵势益孤矣。

民团克宁海、象山、奉化。李世忠大破寇于六合八步桥,寇窜滁州来安,又大败。寇势大馁。华尔等克柘林,谋捣金山卫。知府李庆琛攻太仓,秀成率伪听王陈炳文、伪纳王郜云官来援,逼青浦。李恒嵩失利,退走塘桥。嘉定、宝山皆震。寇别队由香塘攻陷嘉定,英、法二提督及我军突围走上海。鸿章饬军驻法华镇,扼沪西,寇遂逾青浦,径逼松江。秀全自窜踞金陵,以东西梁山为锁钥,以芜湖为屏蔽,而尤以金柱关为关键。自国荃破太平府,彭玉麟破金柱关,黄翼升往袭东梁山一战而下,贞干循江进克芜湖,提督王明山等复攻破烈山石垒,未逾三日,上下要隘悉为我有。从此上而宁国,下而江宁,寇均失所恃矣。

国荃进军江宁镇,屯板桥,潜袭秣陵关,进破大胜关、三汊河,直抵雨花台军焉。江北浦口、六合败寇悉聚江边,李世忠蹙之，渡还九洑洲。江北肃清。五月，伪什天安吴建瀛统众聚南汇，与淋天福刘二林屡为秀成养子所凌，至是来降，我军整队入城。秀成养子方踞金山卫，来犯，复纠川沙寇回扑，复为我军所败，直逼川沙。寇由海塘窜出，遂复川沙，进攻松江。寇逼泗泾，防军游击林丛文败北门。华尔由青浦回援，鸿章令程学启扼虹桥，分青浦、松江后路。寇陷湖州，福建粮储道赵景贤拔刀自刎，贼夺之，囚一年余，秀成礼待之极厚，终日骂不绝口，谭绍光举枪一击而殒。

初，寇围逼松江，鸿章以松江扼青浦东、西之中，为最要地，自赴新桥，令程学启时出兵缀寇。寇初营西门妙严寺土城，华尔以炮毁之。寇乘攫据之，增筑炮台，环合四门。常胜军战寇窦福滨，城军乘夜分门出击，寇窜遁。乃简精卒破天马山寇营，突入青浦，尽焚辎重。寇死战，并力守松江。其分屯广福林及泗泾之寇，鸿章进击败之。寇遁入营，断桥以拒。刘铭传等克奉贤，陈炳文、郜云官等率众数万围新桥程学启营，填壕拔鹿角，学启不及以枪炮御，掷砖石击之，寇藉尸登墙，学启开壁突击，寇始却，而分股逾新桥逼上海。鸿章将七骑往援，大破之，追至新桥，学启大呼夹击，寇解围遁。陈炳文、郜云官皆负伤窜走。进军泗泾，寇大溃，尽烧其垒。广福林、塘桥寇亦退。上海、松江俱解严。

初，李世忠遣军自六合通江集南渡，连破石埠桥、龙潭、东阳寇垒，寇悉遁句容。自是九洑洲寇外援尽绝。秀全遣江宁寇大攻石埠桥曾玉梁垒，世忠遣义子李显发往援，入垒会守。陈坤书自句容进攻龙潭、东阳诸垒，守军黄国栋等退并石埠，而寇攻益急，显发会水师力战，尽平其垒，解石埠围。时李秀成自松、沪败还，谋连合杭、湖寇众救援江宁。秀全遣悍党二万攻大营，国荃设伏败之。连日宗棠督军攻衢州，东、南、北三路寇垒皆尽。

初，秀全以大军骤逼城下，日出扑犯，辄被创，趣浙酋李侍贤、苏酋李秀成还救江宁，而宗棠攻衢州，与李侍贤相拒遂安、龙游间。鸿章新克松江厅县，秀成奔命未遑，乃与诸党议曰："曾国荃兵力厚集于金陵，为久困之计。我势日蹙，不如先围宁国、太平，断其后路。我军势既振，敌乃可图也。"秀全以久困，虑粮不继，仍促其入援。秀成不得已，乃先遣悍党数万自苏西援。时宁国余寇窜并江宁，屯于淳化镇者亦不下二万余。六月，宗棠自衢州进军龙潭。侍贤自遂安败后，复纠合金华及温、处悍党，分屯南岸湖镇、罗埠，北岸兰谿之永昌、太平、祝家堰、诸葛村、孟塘、油埠、裴家堰。宗棠驻潭石望，距城十五里，遣睦金城会刘培元驻城西圭塘山，屈蟠、王德榜驻紫金旺，崔大光驻城北对河茶圩，刘典驻高桥。先是李侍贤侦我军平衢州寇垒，将进军龙游，纠党潜趋兰谿、严淳，乘虚袭遂安，为就粮江、浙断我饷道计。宗棠遣军大破之，寇由寿昌退还金华。七月，我军进败龙游寇，毁兰谿、油埠寇屯，阵斩伪骏天义邓积士等。宣平、处州、馀姚、寿昌均以次收复。

是时杨辅清纠众十余万窜踞宁国府城，复分党屯聚团山、寒亭等处，阻我进兵之路。鲍超饬将卒扑寒亭，寇出巢猛拒，总兵宋国永横跃入阵，伏起扼归路，寇惊溃，平寒亭管家桥、楠家甸、狮子山寇馆数十处，寇垒三十五座。伪卫王杨雄清纠合余众遁回宁郡。辅清闻寒亭战败，即纠党绕城结垒，延三十余里。鲍超入壁乌纱铺，饬娄云庆设伏望城冈，以轻兵诱寇。寇以我兵寡，直压山冈而下，我军张两翼却之。寇见旌帜遍山谷，误为援寇，反斗中伏，我军复断其后，毙无算。望城冈及抱龙冈十数村皆平。寇复阴结别股筑垒坚拒，鲍超率各军逼垒而营。各伪王出大队于南、北两门夹攻，鲍超分军进搏，寇败走浮桥，我军焚桥截杀，无得脱者。寇复收余烬，再战再败，辅清单骑脱走。立收宁国府、县二城。初，辅清闻超军至，数遣使乞援于江宁，秀全遣伪保王洪容海率悍寇赴之，容海者石达开死党也，既至，惧超威，乞降，超许之，而郡城已克。容海奔广德，袭献州城，率众六万就抚，复本姓童。

江宁援寇大举犯垒，分二十余队牵掣各军，而以锐卒突雨花台。国荃拔卡纵击，大破之，解围去。潘鼎新等会克金山卫城，地界江、浙，为浦东门户，至是一律肃清。是月鸿章督诸军会攻青浦，克其城。谭绍光方踞湖州，闻青浦已失，恐官军蹑其后，乃合嘉、湖、苏、昆寇犯松、沪西北，迳窥青浦，学启会水师击却之。寇攻北簳山垒不获逞，遂东趋攻北新泾，北新泾为上海西路之蔽，防军大战却之。寇分窜法华，逼上海。鸿章调诸军自金山卫、青浦、松陵回援，悍寇二万逼官军，学启战逾时，寇大溃。北新泾之寇凭河据垒，伏左右以待我军。鸿章亲督阵，与学启军合，尽毁寇营，绍光遁嘉定。上海危而复安。

八月，寇陷慈谿，华尔复之，受创，寻卒。嵊县、新昌寇陷奉化。闰八月，奉化寇窥宁波，宗棠饬蒋益澧等进平兰谿裴家堰寇垒，毙伪元天福万兴仁、伪茝天福刘茂林等。罗埠踞寇伪戎天义李世祥乞降，益澧攻罗埠，世祥应之，破五垒。湖镇寇闻之遁，我军渡河破五星街。此皆龙游、汤谿要冲也。益澧屡攻汤谿不下，军多死伤。宗棠进营新凉亭，逼龙游城五里，饬益澧自罗埠进攻汤谿。刘典屯扼油埠、湖镇，以堵兰谿、金华援寇。

九月，鸿章会常胜军攻嘉定，克之。绍光及伪听王陈炳文复纠援寇十余万，分道自太仓、昆山来犯，北由蟠龙镇至四江口，图据黄渡以当青浦；南由安亭至方泰镇，图入南翔。寻我军却寇南翔，寇乃于三江口、四江口立左右大寨，设浮桥潜渡，困我水师；而青浦西北洋新泾、赵屯桥、白鹤江寇益蔓延，扰及重固镇张堰，距青浦十余里。黄翼升率水师自青浦出冲敌舟，寇扼白鹤江不得进，别队犯黄渡，李鹤章会击败之。时四江口久被围，绍光屯吴淞江口，炳文踞南岸。鸿章督诸军至黄渡，分三路进击，自辰至未，屡冲不动。鸿章督战益急，诸军逾壕直逼寇营，学启炮伤胸，复裹创疾战，寇由南岸溃而北。四江营守将皆冲围而出，寇退昆山。我军毁其浮桥石卡殆尽，毙数万，夷垒二百座。寇自是不复窥松、沪，悉力坚守昆山、太仓，尤为苏州门户，寇所必争者也。

宁国再陷，寇复由句容进薄镇江，壁汤冈。冯子材督军破汤冈九垒，寇归青山老巢，乘胜拔之，窜还句容。初，伪护王陈坤书纠众四五万图犯金柱关，彭玉麟御之花津，五战皆捷。寻寇以战舰数百从东坝拖出,我军毁其浮桥,寇乃不敢渡河。至是悍寇结筏偷渡,屡逼金柱关,我军水陆大举,败之花山。寇遁上驷坡,而水师已先毁浮桥,寇回戈转斗,诸军合击,歼万余。其窑头等处尚延袤百余里,我军环攻,焚其垒。花津、清山、象山、采石矶诸寇巢悉数平毁。自是芜湖、金柱关六十里之间寇踪以绝。

时大营军士患疫方稍止,秀成亲率十三伪王,号称六十万,麇集金陵,东自方山,西至板桥镇,旗帜林立,直逼我军营垒,尤趋重于东西两隅。曾贞干等击败之小河边城寇援,寇寻由东西两路进攻,分党趋洲上,抄出猛字等营后,我军分路击退之。寇之围逼四路者,历六昼夜,为我军击败。寇悉向东路,逼营而阵,潜通地道,百计环攻。各军将士负墙露立,掷火球击寇。寇负板蛇行而进,填壕欲上。我军丛矛击刺,寇拽尸复进,抵死不退。飞弹伤国荃颊,血流交颐,仍裹创上壕守御。侍贤自浙东来援,急攻吉后营炮台。国荃引军驰救,寇来益众,用箱匮实土排砌壕间,暗凿地道。我军以火箭攒射,随出锐卒击之,贼锋稍挫,遂毁西路寇垒。东路之寇环逼不已,嘉字、吉后两营地道轰发,寇拥入塌口,我军分路冲出决战,塌口以内之寇诛戮无遗。壕外寇复举旗督战,各营同出抄杀,寇精锐悉挫折。复于东路别开地道,西路决江水淹绝运粮之路。贞干在高坡增筑小营,令水师驻双闸护饷道。我军凡破寇地道五处,寇计益穷。国荃乘势进拔十余卡,破东路四垒,西南诸垒望风惊溃,追至南路牛首山一带,平垒数十座,搜剿至方山之西。雨花台守众勾结城寇绝我军归路,我军左右荡决,寇分路而遁,重围始解。是役也,秀成自苏,侍贤自浙,先后围攻大营四十六昼夜。国荃率诸将居围中,设奇破之,弟贞干力顾饷道,将士狞目鬈面,皮肉几尽。

大营解围后,秀成仍屯秣陵关、六郎桥一带。侍贤谓秀成曰:"今江北方空虚,出其不料,驰攻扬州、六合,括其粮以济军;复分兵攻国藩于安庆,彼必分军驰救。我今屯秣陵、溧水之师,乘虚击之,鲜不济矣。"秀成纳之,别遣伪纳王郜永宽、伪对王洪元春等自九洑洲渡江,窜越江浦、浦口者五六万。洪元春陷巢县、含山、和州,遂踞运漕镇、铜城闸、东关各隘,知无为州米足兵单,径扑州城。提督萧庆衍攻运漕、铜城,会彭玉麟水师焚毁三石卡,进破运漕镇,连覆陶家嘴、昆山冈寇垒,绕出铜城闸后。闸口寇冲围而出,冈东、闸西寇皆遁走。国荃遣军守东西梁山顾江隘,令李昭庆带五营自芜湖北渡援无为,以保皖南各军运道。国藩调李续宜、毛有铭移防庐州。赖文鸿、古隆贤等自广德、宁国窜入旌德,总兵朱品隆败之,解围去。其攻泾县之寇,亦被援军击退。先是昌化寇率众数万窜入绩溪,冀绝旌德防军粮路。唐义训会浙军克之。

十月,我军连复上虞、嵊县、新昌。宗棠屡攻龙游、汤谿、兰谿、严州诸处,破垒卡三十余,惟附城诸垒不可破。寇以死守城,穴墙开炮,军士多伤亡。龙游、汤谿两城为金华要道,必两城下,后路清,而后可攻金华。兰谿一水直达严州,必兰谿下,饷道通,而后可收严郡。此三城者,所谓如骨之梗在喉也。十一月,寇窜太平、黟县,进陷祁门,将窥伺江西饶州、景德。宗棠恐阻粮路,檄军助剿,未至而祁门已克。魏喻义攻严州,严州形势,外通怀宁,内达杭州。宗棠援浙,谋首下严州,而寇在三衢,图犯江西,断我饷道。乃先清衢郡,饬刘典攻兰谿以分寇势,踞寇伪朝将谭富与兰谿谭星为兄弟,互相首尾。喻义屯铜关,据险设卡。谭富纠桐庐、浦江诸寇屡来犯,喻义伏兵钟岭脚,歼寇前锋,寇惊还,闭城固守。是夜我军梯城而入,歼寇万余,立克府城,焚船三百余艘,获伪印二百九十三颗,余弃械投诚。

是时绍兴伪首王范汝增、伪戴王黄呈忠、伪梯王练业绅率大股由诸暨、东阳、义乌、永康西窜金华,号称十万,以援汤谿、龙游。分党窜武义,林文察败之。丹阳、句容寇窜镇江,冯子材督军大破于丁村、薛village诸处。寇踞常熟、昭文二县以窥江北。距城十八里有福山者,为江南重镇,与江北狼山镇对峙,由江入海之锁钥也。二县守寇钱桂仁、骆国忠、董正勤与太仓酋钱寿仁密通款我军,李鹤年攻城,寇约内应。国忠夜饮桂仁酒,就座斫杀伪冯天安钱嘉仁、伪逮天福姚得时,以城降。明日,会水师周兴隆破平福山浒、白、徐六泾诸海口寇垒,进规太仓,而苏州内应事泄。谭永光悉众争常熟,招江阴、无锡寇六七万来会,又令杨舍寇乘隙陷福山。官军固守常、昭。

十二月,团围而攻之,团勇溃。周兴隆告急,鸿章遣援,而江阴杨厍寇已窜福山各口阻援师;遣常胜军及水师攻福山口河西寇垒不下。寇攻常熟急,西北门营垒已失,常胜军阻寇福山不得达。李鹤年攻太仓,寇援甚众,亦难骤进。鸿章增调浦东军由海道绕赴福山,会师援剿。鹤年等自望仙桥进攻太仓,败之。时蒋益澧攻汤谿不下,刘璈会攻兰谿寇垒亦失利,刘典合水陆进攻,寇坚伏不出。龙游、汤谿援寇适大至,乘间西趋扰江、皖,益澧等迎击汤谿援寇于金华白龙桥,大创之。伪扶王陈得才、伪端王蓝成春、伪增王赖文光、伪顾王梁成富、伪主将马融初,皆陈玉成悍党也。玉成命北犯牵掣官军,而得才见庐州被围急,欲南援,为防军所拒,奔窜于河南、湖北、山、陕之间,与诸捻合,遂成流寇。

二年正月,秀成调集常州、丹阳诸寇屯江宁下关、中关,号二十万,自九洑洲陆续渡江,意欲假道皖北,窜扰鄂疆,截断江、皖各军运道,图解江宁之困,盖近攻不如取远势也。既渡江,陷浦口,李世忠退入江浦。伪匡王赖文鸿、伪奉王古隆贤、伪襄王刘官方纠合花旗广寇数万困泾县。鲍超自宁国驰援,诱之入伏,寇败还垒,而垒已为我军所焚,寇大奔,立解城围。及还军,而西河寇乘虚犯垒,见超帜,仓皇遁去。蒋益澧、康国器克汤谿,金华恃汤谿、龙游、兰谿三城为犄角,我军攻汤谿,寇势渐蹙。伪朝将彭禹兰诣营乞降,益澧令内应,诱诛伪天将李尚扬等八名。是夜彭禹启西门纳军,杀九千余,城寇遂尽。伪戴王黄呈忠、伪首王范汝增、伪梯王练业绅自白龙桥退奔金华,龙游寇闻风而遁,左宗棠收之,刘典收兰谿,高连升等收金华,而武义、永康、东阳、义乌、浦江皆相继收复。

浙东败寇从於潜、昌化越丛山关,窜皖南绩溪,复逾箬岭，归旌德，并句容、太平大股麇集石埭，谋西上。建德大震，江西饶州、九江边亦急。刘典等克诸暨，谭星自浦江败后，窜踞桐庐，宗棠饬刘培元会水军合击之，遏其西趋。蒋益澧乘势进攻绍兴，提督叶炳忠会英、法军克之。败寇万余，与桐庐踞寇沿江筑垒抗拒，我军水陆合攻，遂复桐庐。萧山寇亦窜走，浙东肃清。

左宗棠遣益澧进攻杭州。先是杨辅清纠合群党，啸聚西河、红杨树、麒麟山一带，十余万人，以一大股抄出高祖山，先以一小队绕过山背，扬言上犯泾县，实欲图鲍超老营。二月，寇分三四万众围高祖山八营，鲍超分军三路，伏兵荻苓山傍以断其后。战逾时，寇哗乱奔，近荻苓山，伏起，寇骇惧，遂平高岭、周家桥、马家园、小淮窑诸垒。寇之由河西遁入湾沚者，为水师击败，并入梅岭、麒麟山。鲍超遣将分攻之，积尸若阜，并收复仰贤圩各处，余分道窜逸。伪怀王周逆等纠众窜至句容城外，会合丹阳伪效天义陈酋，图由九洑洲北渡。冯子材扼桥据险，分队进攻，直趋牧马口，沿村十余里敌卡林立，官军直突，屹不稍动。守备李耀光阵斩执旗寇，捣中坚，官军无不以一当百，立毁牧马口敌卡。东湖寇亦败溃，进毁南路柏林村老巢，斩陈酋马下，即四眼狗玉成之叔也，寇骇奔，向西南窜走。

皖西寇犯休宁，分掠建德，西侵江西鄱阳、彭泽，东扰池州，围青阳，续由江浦县新河口迤逦西窜巢、含、全椒之间。南岸则金柱关，时踞皖南寇约有三起：一为胡、黄、古、赖诸寇，即踞宁国、太平、石埭、旌德者也；一为花旗，此广东匪，前由广东、湖南、江西入浙、皖者也；一为谭星，即兰谿抗官军者也。徽防诸军纷纷告警。当曾国藩之视师东下也，寇攻常熟益急，谭绍光又益以炮船二百艘，突地攻城，降将骆国忠悉力扼守。鸿章遣军攻太仓、昆山分寇势，别遣英将戈登助剿福山，会藩鼎新等水陆军夺石城，夜毁城垒，翌日寇入西山，而福山火起，乃开门悉锐出击，寇尽溃，擒斩悍酋孝天义朱衣点。常熟、昭文城围立解。太平踞寇图祁门。江西军王沐败寇于徽州屯豁。草市寇再败于严寺街、长林、潜口等处，死近万人，退奔休宁、蓝田一带，西通渔亭。未几，寇复进踞潜口，祁门防军御之黟县渔亭，大破之，阵斩伪天将刘官福。

寇之初起也，禁令严明，听民耕种，故取江南数郡之粮出金柱关，江北数郡之粮出裕谿口，并输江宁。今耕者废业，烟火断绝，寇行无人之境，而安庆、芜湖、庐州、宁国、东西梁山、金柱关、裕谿口，暨浙之金华、绍兴，山川筋络必争之地，寇悉丧失，我军足制其死命。昔年寇之所至，筑垒如城，掘濠如川，近乃日近草率，群酋受封至九十余王之多，各争雄长，败不相救，识者知其亡无日矣。

寇复由宁国绕出青阳，分扰建德、东流。三月，由东流犯江西彭泽，进逼祁门；由建德窥饶州，犯梅林营垒。刘典督军败之，遂大破潜口寇屯。徽州、休宁解严。乃赴渔亭，会克黟县，斩伪绚天义古文佑。追寇出岭外，平寇垒二十余，岭内一律肃清。太仓踞寇伪会王蔡元隆诈降郊迎，我军至城下，伏起，枪伤李鹤章，程学启殿军而退。鸿章檄戈登会攻太仓，克之。黄文金合许家山各处寇十余

万，由祁门进逼，与参将韩进春血战四时，阵斩伪孝王胡鼎文，群寇夺气。

寇攻庐州，犯舒城。李秀成将寇由舒城、六安上窜，一出黄州，一出汉口，扰犯湖北，掣我南岸之师以援北岸，掣我下游之师以援上游，皆为解金陵围计也。湖北为数省枢纽，曾国藩调成大吉回屯濜口，檄水师赴武汉严防。秀成来犯石涧埠，进逼我军，昼夜猛攻，相持不下。寇复于前营增百垒，层层合围。彭玉麟派队来援，会军夹击，尽平群垒，秀成遁走。其犯庐江、舒城者悉败走。悍寇马融和自豫间道犯桐城，我军败之三里街，遁往孔城，与秀成合而为一。秀成遣伪富天豫张承得等围六安，败死，六安者淮南要冲也。余寇走庐州，鲍超追击，会攻巢县，先破东关、铜城闸二隘，遂克其城。金山、和州相继皆下。

李侍贤自金陵败遁，纠悍党数万屡犯金柱关。花津、上驷渡、万顷湖、涂家渡及燕子矶、伏龙桥、护驾墩、湾沚、黄池诸处寇垒，皆为我军所覆。自是寇不敢轻渡西岸，遁溧水、丹阳一带。四月，水师杨政谟袭破杭州闸口寇船，登岸进毁望江门寇垒，寇大震，急招新城寇还救。蒋益澧进攻富阳，富阳一城为杭州上游关键，贼严防御，船垒相辅。杭州援寇屯新桥，与城寇相为犄角。秀成令陈炳文等舍苏州、常、昭，急援富阳，并纠苏、常、嘉兴悍党由徐杭趋临安，窜新城，扰富阳军后路。魏喻义等督兵进击，寇复乘雾分道攻扑新城，大败，向临安遁走。伪慕王谭绍光、伪来王陆顺德等率大股犯太仓双凤镇，图昆山后路，图解城围。我军鏖战三昼夜，破之。伪天将夏天义率悍党数万久踞昆山、新阳县城，鸿章督率程学启、戈登会水师大破昆山寇垒二十四，毙万余。有正义镇者，为苏城援昆山必由之路，学启攻之，破石垒二。寇见归路已断，夺路狂奔，遂进克同城昆山新阳。王沐自黟县回援景德，寇败于陈家畈、包家塅，窜安宁岭外。

时江宁攻围久，百计欲解城围，既分股由徽、宁窥伺江西，由含、和一带图犯湖北，而由湖北下窜之捻，自蕲水分为四枝，一回窜黄州，一扑宿松，越潜、太，以扑庐、桐。寇、捻句合，凶焰甚张。此皆李秀成所规画也。我军克复福山后，江阴县属扬厍汛为江边险要，寇纠众死守，以蔽江阴。我军水陆会攻，斩尚林等，立复汛城，而涠北、涠西、塘市屯寇均弃垒遁还无锡、常州。我军克复建德，连复巢、含、和三城。于是皖北寇全遁，皖南寇势亦衰。

初，秀成自六安败后，率众东窜，声言回救苏州。国荃急争江宁老巢，攻其必救，使城下之寇不暇远趋苏郡，而北岸之寇亦不敢专注扬州；乃率军分六路并进，潜袭雨花台及聚宝南门石垒，肉薄登城，遂夺雨花台，乘胜猛攻东、西、南各卡九垒，皆克之。群寇溃奔，我军追击至长干桥，蹙入水者无数。未几，城寇出，又败退，毙六千余，寇势从此衰减。秀成在江北，闻雨花台失，益惶惧，又以昆山新克，苏州亦受逼，乃与诸伪王改图南渡。于是天长、六合、来安次第围解。而寇之分踞乔林小店者，冒雨掠舟，喧阗不绝。五月，浦口寇弃城遁走，而江浦城忽献书乞降，鲍超等察其诈，引军急进，水师次江浦。寇闻风亦宵遁，

九洑洲伪城踞寇闭门不纳，寇骇窜芦苇中，溺死者无算。江浦、浦口两城寇，尽麋之入江，江北肃清。

曾国荃连日破平下关、草鞋峡、燕子矶，收宝金圩，距芜湖、金柱关百里内已无寇踪。进攻克九洑洲，寇之在中关者，附城为垒，卒不稍动。其坚踞九洑洲者，下有列船，上有伪城，群炮轰发不息；复于东、西、南三面分伏洋枪队，伺间出击，我军多损伤。彭楚汉等负创角战，乘风纵火，夜二鼓，扑墙而入，聚歼无一脱者。九洑洲既克，谋者谓浙军攻富阳，沪军攻苏州，江宁亦宜速合围，使备多力分。国藩亦主合围制敌为上策。秀成南渡后，连营于江阴、无锡数十里，声言援江阴攻常熟。鸿章督诸军攻破七十五垒，顾山以西寇皆尽。

寇自失九洑洲，下关江上接济已断，粮食渐乏，谍赴苏州、嘉兴，力图接济。秀全以城围日逼，留秀成共守老巢，缓援苏州。六月，秀全遣党出仪凤门犯鲍超营，出太平门犯刘连捷营，不克而退。七月，犯下关，亦为我军击却。八月，国荃攻印子山，破其石垒，阵斩伪佩王冯真林。明日，破七桥瓮石垒一、土垒三，伪梯王练茶发伏诛。国荃调江浦、浦口防军，别募万人，为火举围城之计。是日程学启会水师逼娄、莘，规取苏州。

初，建德南窜寇败于汪村，伪匡王赖文鸿创而堕马，群寇卫之遁。越二日，复败于分流木塔曹家渡，自是浮梁北路稍靖。先是黄文金纠合酋由皖入江，分扰鄱阳、浮梁、祁门、都昌境内，每为我军所扼，不得深入；乃折而西趋湖口，分三路：上路由文桥，中路由梧桐岭，下路由太平关，而文桥寇势最盛，文金亲踞其中。寻自文桥扑犯坚山大营，江忠义会诸军直前迎击，破其七垒，文金窜皖南，江西肃清。

文金绕越池州围青阳。八月，富阳寇与新桥寇互相犄角，抗我围师。蒋益澧督诸军日夜轰击，先破寇垒，毁倚城大垒及大小诸卡，城寇不支，逃入新桥，城立复。我军复由鸡笼山绕出新桥，并力追杀，寇垒悉数芟夷。江阴踞寇日久负嵎，我军攻之，势渐蹙。是月陈坤书及潮武齐区五大股众十余万分道来援，亘数十里，西自江边，东至山口，沿途扎木城十余，其中营垒大小百余，守御坚固。我军水陆分攻，郭松林潜自山后噪而入，纵横冲突。铭传直捣中坚，寇大溃。有内应者，夜三鼓，梯城而入。伪广王李恺顺坠水死，遂克其城。

秀成自江宁返苏，谋解城围，与程学启、戈登战苏州宝带桥，败北，奔至盘门。我军毁沿途诸卡，秀成率大股来争，我军力击败之。初，寇于娄门外附城筑十九垒，学启屯外跨塘，炮力不能及寇垒，乃移壁永安桥，城中出夷人百余，发炸炮助之。未几，寇分门大出，水陆军力御，寇败退。学启以寇垒既多且固，不得前；而城东南宝带桥为太湖锁钥，寇立石营一、土营三，悉力拒守，遂谋先破之以挫其势。乃分水陆军为三路，先破土营，寇弃垒走，石营亦旋溃。秀成亲率援师抵御，学启督军却之。我军攻无锡贼，败之芙蓉山。伪潮王黄子隆出拒，再败走，刃及其肩，几成擒；郭松林追及城下，破平西北两城垒，烧寇船百余艘。

蒋益澧既克富阳，移师杭州，康国器趋馀杭。伪归王邓光明、伪听王陈炳文、伪享王刘酉及伪朝将汪海洋，于附城要隘筑垒树棚，自前仓桥、女儿桥、老人畈、东塘、西豁埠、观音桥、三墩，直至武林门、北新关，横至古荡，连营四十余里，以拒我军。海洋自杭州上援馀杭，为我军击败。寇旋由前仓渡河，结垒西葛村，我军再击走之。我军攻杭州江干十里街，破街口寇垒。我水陆军大举攻青阳。初，黄文金在都昌、湖口等处战败而东，遂略地池州，直薄青阳城外，近城半里，环筑六十六垒，又数里，筑七十余垒。曾国藩调水陆军进攻，江忠义督所部渡河，从山后缘岩而上，骤攻寇垒。寇纠众抄我军后路，忠义挥众荡决，寇败若潮涌，平一百三十余垒，殄万余，寇遁归石埭一带；城围立解。

李侍贤、林绍璋等合股内犯，由无锡南门至坊前梅村三十里；高桥大股亦分众七八千人扰至西高山，出芙蓉山后；城寇出北门犯塘头东亭。官军分路迎剿，设伏诱击，寇大乱，败走，陆寇歼诛殆尽，夺寇船六十余、民船五百余。秀成自苏州率众纳王部云官、伪来王陆顺德、伪趋王黄章桂、伪祥王黄隆芸、伪纪王黄金爱来援，进逼大桥角营。夷酋白齐文以轮船大炮为寇前驱，李鹤章以连珠喷筒破之。寇水陆皆败，毙万余。别股犯缥山，亦败走。秀成子及宿祥玉、黄隆芸皆溺死，秀成顿足大哭。程学启再败寇于齐、娄、莘三门，追至护城河边始敛军。

九月，杭州城寇大出，由蛮头山、凤凰山、九耀山、雷峰塔犯我军新垒，蒋益澧督诸军迎击，大破之。我军进壁天马山、南屏山、翁家山。时杭寇凶狡者，以邓光明、汪海洋为最，陈炳文次之。其计以杭州为老巢，以馀杭为犄角，均赖嘉兴、湖州之援，便资其接济。嘉兴入杭之路，则在馀杭，故我军议先克馀杭，扼截嘉、湖之路，以并合围。蒋益澧一军逼扎凤山、清波各门，扼其西面；馀杭一城已围其东南，而北路无重兵，两城之寇往来如故。

寇自大桥角战败，势渐蹙。秀成纠无锡、溧阳、宜兴贼八九万、船千余艘，泊运河口；而自率悍党踞金匮县后宅，连营互进。李鹤章谓寇以河为固，不宜浪战，宜结营制之。我军叠败坊前、梅村、安镇、鸿山之寇，而寇之大股全集西路，志在保无锡以援苏州。郎中潘增玮进攻蠡口、黄埭之策，程学启乃与戈登攻破蠡口，进击黄埭，毁其四垒，擒斩伪天将万国镇。五龙桥者在宝带桥西五里，由澹台湖鲇鱼口达太湖以通浙之要隘也。学启率戈登会水师先后破寇六营。于是我军扎水安桥而娄门路断，扎宝带桥而莘门路断，克五龙桥而盘门、太湖之路又断。寇乃勾结浙党，图扑吴江，以扰我后。学启率水陆军击破嘉、湖援寇，擒斩伪贵王陈得胜及悍党四十余，追至平望，断其桥。从此攻苏之军无牵掣之患。

伪平东王何明亮等以刘典屯绩溪，不克上犯徽、歙，遂由宁国千秋关窜浙江，陷昌化，扰众潜。其前窜广德者，复折踞孝丰。刘典遣军出绩溪昱岭关援剿。江宁军自攻克江东桥、上方桥，而城东数隘未下。近城者曰中和桥，曰双桥，曰七桥瓮，稍远者曰方山、土山，曰上方门、高桥门，迤南则为秣陵，以至博望镇，皆金陵外辅也。国荃以东路未平，不能制寇死命，令诸军东渡。提督萧衍庆过河破五垒，城寇出争，击退之，遂克上方门、高桥门、双桥门。右路方山、土山之寇亦弃垒而奔。七桥瓮踞寇仓皇欲遁，而城中忽出大股来援，两军相搏，总兵萧孚泗乘夜纵火，寇冒火突出，遂克七桥瓮。其博望镇，总兵朱南桂已先五日袭取之。博望镇既失，则秣陵关之势孤；七桥瓮既失，则中和桥之势孤。总兵伍维寿等南略秣陵关，寇弃垒奔溃。自是钟山西南无一寇巢。

伪奉王古隆贤诣朱品隆降，收复石埭、太平、景德三城，徽州肃清。余寇窜踞宁国、广德、孝丰之间，势甚涣散。宗棠饬刘典由昌化、於潜趋临安，进剿孝丰，为规取湖州之地。十月，易开俊克宁国县城。自是东坝黎立新上书请为内应，建平张胜禄上书请献城池。鲍超等遂合趋东坝，绕垒环攻。杨辅清从乱军中逸出，寇立献伪城。东坝既克，建平张胜禄等即于是日斩伪跟王蓝仁得，举城降，而溧水寇杨英清亦缴械降，遂收二城。国荃克淳化镇、解谿、龙都、湖墅、三岔镇等隘，毁寇垒二十余。江宁城东南百里内寇巢略尽。

苏州军自黄埭攻浒墅关，破王瓜泾、观音庙寇垒，直抵浒墅，击走伪来王陆顺德，进毁十里亭。虎丘、枫桥寇皆遁。蹑至阊门，寇大恐。李鹤章败寇无锡鸭城桥，破西仓寇垒，直抵茅塘桥。李侍贤调常州陈坤书来援，城寇黄子澄出迎，我军纵击败之。秀成闻浒关已失，退守北望亭，谋返苏州老巢。坤书还走常州，侍贤遁宜兴、溧阳，我军乘之，下寇垒百余。鸿章督军攻娄门寇。苏州四年自我军连克要隘，乃于胥、莘、娄等门凭河筑垒数十，娄门外石垒尤坚。至是我军由南北岸并进，秀成等突出娄门拒战，程学启与常胜军分队以应，援寇遁入城。水师会攻娄封门外寇垒二十余皆下。我军连克齐盘门各垒，三面薄城，寇众恟惧，而秀成及谭绍光犹图固守，他酋部云官等皆有贰心，密请于鸿章乞反正，许之。学启、戈登单舸见云官等，命斩秀成、绍光以献；而云官不忍杀秀成，许囚绍光。秀成觉之，涕泗握绍光手为别，乘夜率万人自胥门出走嘉善。郜云官杀谭绍光，率伪比王伍贵文、伪康王汪安均、伪宁王周文佳、伪天将范起发、张大洲、汪瑰武、汪有为、开齐化门迎降，鸿章受之。云官等未剃发，要总兵、副将等官，并请自领其众屯守盘、齐、胥、阊四门。程学启虑其不可制，密请于鸿章诛之，立复苏省。

秀成以轮船炸炮越无锡水师北窜。十一月，李鹤章克同城无锡、金匮，追擒黄子隆与子德懋并诛之。刘秉璋等攻浙西，平湖寇陈殿选献城乞降。连日乍浦贼熊建勋、海盐澉浦贼皆反正。十二月，秀成留苏州败党分布丹阳、句容间，自率数百骑潜入江宁太平门，苦劝秀全弃城同走。秀全佯然高座曰："我奉天父、天兄命，令为天下万国独立真主，天兵众多，何惧之有？"秀成又曰："粮道已绝，饥死可立待也！"秀全曰："食天生甜露，自能救饥。"甜露，杂草也。秀成以秀全恋老巢不肯去，非口舌所能争，乃贻书溧阳约李侍贤，锐意走江西。

初，寇自咸丰十年破江宁长围，迭陷苏、常、嘉、湖，上窜江西、湖北，掳胁溃兵、游匪以百万计，尽得东南财赋之区，日以强大。自去岁屡战屡败，各城精锐散亡不下十万。今年春夏间窜皖北，我军截杀解散又十数万。其自九洑洲过江，仅存四五万人。秀全惊惶失措，赖秀成回江宁主持守局；而秀成以苏州为分地，事急回援。今巢穴已失，党羽又孤，踉跄而走，随行仅两万余人，欲赴金陵，解围无术。力劝秀全突围上窜回粤，以图再举。常州陈坤书、溧阳李侍贤皆听秀成为进止，而杭州陈炳文系安徽人，邓光明湖南人，闻秀成有回粤之谋，皆不愿从，秀全亦屡劝不听。

国荃自四月间掘地道，至是始成，而寇附城筑墙号"月围"，下穿横洞以防隧道。故城崩，而犹阻月围横洞不能克。刘铭传进攻常州西路，奔牛踞寇邵志伦，罗墅湾踞寇夏登山，万锡阶，石桥湾踞寇张邦振皆诣我军乞降，收众万六千人。惟孟河贼尚踞汛城，辄出犯降人垒，铭传一鼓下之。潘鼎新克屿城，李鸿章等破常州东门、南门石垒。明日，张树声傍城东北筑垒，破小门、土门。连日嘉兴、桐乡、石门寇犯屿城，海宁寇犯澉浦、海盐，伪章王林绍璋自句容援常州，均为我军击走。

程学启克平望镇。平望东连嘉禾，西接湖州，南通杭郡，为苏、浙枢纽，浙寇精锐多聚守此，今被我军攻克，嘉兴藩篱已失，踞寇夺气。寇犯镇江甘棠桥张文德垒，冯子材等助击破之，斩李秀成养子伪冈天义黄酋。十二月，伪会王蔡元隆献城降，左宗棠受之，改名元吉。海宁濒海，为杭州东北屏蔽。元吉拥众，致攻杭之师未能合围；今幡然附款，杭州之势益孤，东北两面围渐合。嘉兴贼伪荣王廖发受呈降书，程学启虑有狡谋，诫军严备。杭州踞寇伪听王陈炳文遣人诣降，而无降书，宗棠趣蒋益澧攻城益急。

秀成会李侍贤犯江西，既以溧阳至饶州浮梁数百里处处乏食，虑裹粮疾趋为难；因趣侍贤持二十日粮，道长兴、广德、宁国入江西，先踞腴区待己。于是侍贤遁党西窜，行甚疾。曾国藩遣军屯休宁，沈宝桢遣军屯婺源、玉山拒之。四月，川督骆秉璋破贼天全，生擒伪翼王石达开，磔于市。自洪秀全倡乱，封五伪王：冯云山、萧朝贵皆败死，杨秀清、韦昌辉自相贼杀，石达开避祸出奔，自树一帜，历犯浙江、福建、两湖、两广诸省，并扰及滇、黔，蓄意入川，以图窃据，至是为川军擒戮。凡伪五王前后皆诛灭矣。

三年正月，蒋益澧伪降人蔡元吉袭桐乡下之。桐乡为杭、嘉要道，益澧遣将分克东北门，伪朝将何培章来降，遂收桐乡，令培章率降众屯乌镇、双桥，阻杭、嘉道，绝寇粮。湖、杭寇皆来争，击走之。我军进屯嘉兴，联络苏师，规复郡城。广德、宁国寇窜犯浙江昌化，副将刘明珍不知寇众寡，进击，创矛，退扼河桥。寇寻分党：一窜徽州绩溪，一窜淳安，谋渡威坪河进窥遂安。时侍贤上犯，冀冲过徽州，就食江西。其大势趋重遂安，扰及开化马金街，其地与休宁、婺源、常山、玉山接壤。王开琳自徽州进遂安，连破寇于中州昏口。黄少春驰入县城，败寇遂安城北，蹙入郭村，歼之。寇后队仍由章村窜昏口，少春击破之新桥，开琳复绕出昏口败之。其窜往开化华埠仅千侍贤句合黄文金及广德余党由宁国上窜,陷绩溪,退踞雄路、孔灵等处,图扑徽州。唐义训自徽州出扎吴山铺,败之,毁雄路寇馆。援寇至,我军奋击,再破之,县城立复。鸿章派郭松林、戈登等攻宜兴、荆溪,寇开城出拒,枪子伤松林右肘。我军屯三里桥,与常胜军会击,伪代王黄精忠由溧阳来援,拚死相扑,我军屹立不动,以洋枪排击之,寇死伤相继,无退志。我军三路包抄,寇始夺路狂奔,城寇势益不支,开西门而逸,遂复两县城。是城濒太湖西岸,当江、浙冲道,为常郡后路。自是常郡寇益蹙,苏州、无锡之防益固。

　戈登进围溧阳。溧阳为李侍贤老巢,又江宁后路要隘。常州、金坛在其北,句容、丹阳值其西,长兴、广德当其南,面面寇巢,前与鲍超东坝、溧水之师相隔绝,后距李鸿章常州军亦稍远。孤军深入,李鸿章戒戈登慎进止。寻溧阳酋吴人杰降,戈登复其城。郭松林等进攻金坛,败伪列王古宗成、伪襄王刘官方于杨巷。是时常州陈坤书合丹阳、句容之寇十余万,由西路绕出常州之北,日犯我军,李鹤章督军击败之。寇以我军城围日紧,分犯江阴、常熟、无锡,以图分我兵势。李鹤章撤围师,坚守勿战,别调军援三县。李鹤章等寻解无锡城围。江阴守将骆秉忠与杨鼎勋等内外夹攻,寇亦败走;乃并趋常熟,北自杨舍、福山,南自颜山、王庄,数十里皆寇。黄翼升会同城军夹击,克王庄、颜山、陈市寇垒,追杀二十余里。寇由大河回扑常熟,水师截之,首尾不能相顾,掩杀无算。常熟之围立解。

　初,秀成入江宁说秀全出走,不听,秀成忧粮食不继,遣雾百计偷运。国荃约杨岳斌水陆巡逻,遇奸民运米入城,辄夺之。秀成遣养子李士贵率党数千出太平门赴句容接粮入城,伏兵要之,寇弃粮走。国荃锐意合围,江宁城延亘百余里,自我军驻师雨花台,夺取附近诸隘,东、西、南三面为官军所据,惟钟山石垒未克,城北两门尚未合围。秀成自将出钟山南,攻朱洪章营,败退登山。沈鸿宾等挟火球箭掷垒中,寇突火跳,遂克钟山石垒,寇所谓伪天保城者也。国荃分檄诸将屯太平门、洪山、北固山、塞神策门,余玄武湖阻水为围。于是江宁四面成包举之势,寇援及粮路皆绝。

　二月,寇以运粮路绝,日驱妇孺出城以谋节食。城西北多围圈,豫种麦济饥。初,程学启进攻嘉兴,破小西门、北门寇营,歼除净尽,擒伪天将刘得福、慕天义贾慕仁。而湖州寇屡窜南木、坛丘、四亭子、新塍,思犯盛泽、平望,以图嘉兴,不得逞;又犯盛泽,围王江泾后路营,亦为我军所败,而城守甚固,我军多伤亡。又遇雨不能进攻,学启急思复嘉兴,分门攻击,增筑月墙,寇拚死抗拒,又以地雷巨炮轰踢城垣百余丈,击毁炮台,贼争负土填城缺。湖州贼又自新塍来援,学启会军猛攻,肉薄登城,先创其首,部将大愤,纵横刺射,寇众溃,遂克嘉兴。伪荣王廖发受、伪挺王刘得功皆伏诛。援寇黄文金还湖州。

　寇之分窜江西者,叠经我军截杀,阑入金溪。道员席宝田由安仁驰击,复其县城。寇由泸溪趋建昌,宝田会军败之,寇蔓延于新城、南丰。提督黄仁翼进攻新城,克之,余窜入福建建宁县境。南丰之寇亦经宝田击败,斩伪天侯张在朋,寇弃垒狂奔,退至城下,合围攻之。

　蒋益澧克杭州,康国器等同日收余杭,寇分窜德清、武康等处。宗棠饬军分路进取。三月,罗大春等各率所部扑垒环攻,降人杨芸桂开门迎纳官军。援贼回扑,炮击之,败走。德清寇鏖战四时亦大败。武康、德清皆复。我军进逼石门,踞贼邓光明降。其图窜孝义之寇,亦截杀无算。鲍超等会克句容,伪汉王项大英、伪列王方成宗皆伏诛。伪守王方海宗逼金坛宝堰,宝堰南距金坛城四十五里,北达丹阳。方海宗与伪显王袁得厚合谋阻进兵之路,鲍超攻之,闭垒不出;乃负草填壕,一跃而入,寇向金坛、丹阳遁去。

　鲍超进攻金坛,设伏茅山;大败追寇,城寇丧胆,启南门遁走,遂复其城。败寇二三千,屯踞南渡,伪植王林得英约会常州西路孟河、吕城诸寇,欲由金坛归并广德,同踞南渡。鸿章檄道员吴毓芬等会水陆军分三路夜袭其巢,阵斩林得英及秋天安黄有才等,珍寇殆尽。其攻丹阳者,为镇江、扬州防军,援寇一由常州运河,一由江阴孟河大至,詹启绘、张文162会击败之,援寇退屯丹阳东北一带。丹阳一城多聚巨酋,伪然王陈时永为陈玉成伯叔父,伪来王赖桂芳为洪秀全妻弟。因其内哄,我军乘之,陈时永创仆,斩之。其党自缚赖桂芳及伪广王李恺瞬、伪列王金友顺、伪梁王凌郭钧、伪邹王周林保,并伪义安、燕、豫诸目,献军前乞降,皆骈诛,遂克其城。至是常州、镇江各属俱告肃清。

　寇自德清、武康、石门克后,李侍贤及伪听王陈炳文、伪康王汪海洋等仍坚踞湖州。是时浙江惟湖州、长兴、安吉三城未下,湖州寇于附城二三十里修筑坚垒,复于长兴、安吉各隘连营数十里,相为犄角。高连升击之于湖州境,寇分窜昌化、分水,防军刘明珍截斩数百。李侍贤绕越老竺岭,窜皖南绩溪,复间道走歙西,窜屯溪;陈炳文、汪海洋由歙北窜浙境,分犯淳化、遂安。遂安防军截击歙南小川,窜寇败还杨村。唐义训等进剿失利,于是岭内遍地皆寇,徽、休、祁、黟岌岌难保。寇前队由龙湾、婺源窜江西,后之续至者络绎不绝。国藩调石埭、青阳防军入岭援徽,檄鲍超率全军援江西。

　陈坤书之踞常州四年矣,自苏军力攻,以炸炮毁城,寇死守,取旧棺败船堵城缺,以枪炮拒我军。时城西寇垒二十里夹河环列,刘铭传等攻破十四垒,余垒皆不战而溃,而河干寇垒二十余又为张树声等所破,于是寇西道皆绝,惟小南门、西门附城十余垒,我军复击平之。陈坤书塞门不纳败党,恐官军夺入,悍贼皆死城下。城围既合,筑长墙,伏奇兵,备大举,水陆军发炮轰城,风烟迷漫,寇如坠雾中。俄,城坏数十丈,寇以人塞缺口,炸丸进裂,人与砖石齐起天际,然旋散旋集,盖苏省各路败寇,积年麕聚于此,犹图万死一生计也。鸿章益挥军迫登,我军偕藤牌喷筒直前,寇倾火药,以长予格刺,军士十坠六七。龚生阳突入,擒陈坤书,周盛波擒伪列王费天将,战城上良久,寇大溃,缒城出者复为我军所歼,我军亦死亡千数百人。常州之失以咸丰十年四月初六日，越四年而复，日月皆不爽，亦一奇也。陈坤书凌迟处死，枭示东门。

时常州败寇窜徽州，我军击破之。余窜江西，围玉山，副将刘明珍等阵斩珊天安等，毙寇二千。李侍贤越金谿犯抚州河东湾，猛攻东门，为我军击退。忽突起攻桥，环呼城中内应，冀乱我军，刘于淳炮毙多名，余遁金谿，城围立解。伪列王林彩新窜江西弋阳，我军追抵湖西，挥军抄击，寇败窜黄沙港。对岸杨家坡寇党从上游渡寇千余来援，诸军沿河截击，鏖战逾时，寇始蹙，多落水死。

侍贤等先后由浙犯徽，由徽入江西。江阴杨舍及常州城外之寇，由丹阳、湖州上窜徽南，其酋为林彩新及伪麟王朱某、伪爵潘忠义等，从昌化进老竹岭，阑入歙境。唐义训伏兵钟塘岭后，以五营进，遇寇大战，伏起，歼其前锋。时金国琛等行抵富阳，隔河而屯，寇众列山冈上下，我军俟寇涉水将半，突出奋击；唐义训尾而至，夹击之，寇不支，遁向黄山小路。我军驰抵五弓桥，再败寇，因循河埋伏兵。寇正渡时，伏突起，寇大惊乱，生擒林彩新等十名，阵斩潘忠义等十四酋，死亡者二万余人。

是月洪秀全以金陵危急，服毒死。群酋用上帝教殓法，绣缎裹尸，无棺椁，瘗伪宫内，秘不发丧。其子年十六，袭伪位。秀全生时即号其子为幼主，或曰本名天贵福。其刻印称洪福，旁列"真王"二文，误合为"瑱"，其称洪福瑱以此。然谛观印文，实"真主"二小字，非真王也。

时湖州寇方窜湖滨杨溇大钱口，潘鼎新分军屯南浔，而寇恃长兴为声援。长兴在湖州西，毗连宜兴、溧阳及广德州。宗棠贻书鸿章，移嘉兴之师助攻长兴。鸿章遣诸军分道往取，水师入夹浦口。五月，鼎新进扎吴溇，水师破平夹浦石垒。鼎新连破吴溇、殷溇村，毁其卡垒。郭松林毁长兴城东上莘桥、跨塘桥寇垒。湖州、广德、四安寇率数万分路来援，依山筑垒，绵亘林谷。松林等击湖州援寇，刘士奇击广德、四安援寇，寇垒悉平毁，歼溺万余人。而湖北广德寇复添拨大股折回，我军乘贼众喘息未定，合力痛剿，追杀二十余里，寇乃远遁。我军乘夜攻城，以炸炮轰塌城垣十余丈，松林等首先冲入，遂复长兴县城。

江西贵溪盛源洞等处寇分踞小巷一带，筑垒修卡，我军伤炮船驰赴黄土墩，以枪炮击之，寇仓皇败窜，水陆诸军扑卡而入，擒斩多名，寇大溃。贵溪寇垒一律肃清。浙军进规湖州，攻复孝丰县城，生擒伪感王陈荣，毙千余。是月伪扶王陈得才等合捻窜扰孝感、云梦等县。

上以江宁垂克，而河南捻犯麻城、皖城，深入江西，恐掣全局，趣国荃迅取金陵。国荃进攻钟山龙脖子，寇所称地保城也。我军自伪天保城后，城寇防守益严。是城扼建要害，寻为李祥和所破。国荃筑炮台其上，日发巨炮轰击，居高临下，全城形势皆在掌中。六月十六日，国荃伤诸军发太平门地雷，塌城垣二十余丈，前敌总兵李臣典、朱洪章等九人先登，诸将分门合力，攻克江宁省城，获伪玉玺二方、金印一方。是夜，寇自焚伪天王府，秀成携秀全幼子从城垣倒口遁去，并以己马与之乘以行。国荃令闭门封缺口，搜杀三百，毙寇十余万，凡伪王以下大小

酋目约三千余。最后城西北隅清凉山伏寇数千出与官军死战，卒歼之。其伪天王府妇女多自缢，及溺城河而死。国荃派马队追至淳化镇，生擒伪列王李万才。其自城破后逸出者，洪秀全之兄伪巨王、伪幼西王、伪幼南王、伪定王、伪崇王、伪璋王悉为马队杀毙。萧孚泗搜获李秀成及洪仁发、洪仁达于江宁天印山，搜掘洪秀全尸于伪宫，戮而焚之。国藩亲讯秀成等，供谳成，骈诛于市。

七月，鲍超连克东乡、金谿，杨岳斌等连克崇仁、宜黄，潘鼎新会克湖州，杨昌浚等克安吉，斩伪驸马列王徐朗。寇并窜广德、长兴，守军吴毓芬克四安镇，刘铭传克广德。初，秀全幼子自江宁出亡，悍党卫至州城；至是城克，伪昭王黄文英等挟之走宁国。八月，唐义训等败湖州余寇于歙县，歼酋目伪幼孝王等九人。连日刘光明等大破寇于昌化、淳安，伪堵王黄文金、伪偕王谭体元伏诛。李远继挟秀全幼子奔江西广信，于是浙江平。

初，秀全幼子及黄、李诸酋由宁国趋昌化之白牛桥，谭酋及伪乐王之子莫桂先、伪首王范汝增等由宁国趋淳安威坪，约同窜徽境，众尚十数万。刘光明击白牛桥寇，黄酋中炮死，弟文英代领其众，跟跄西奔。黄少春斩谭体元于洪桥，并诛莫桂先等酋百五十余人。刘明珍率所部由淳化上趋，值黄文英、李远继来犯，明珍偕魏喻义等分兵御之，创黄文英于阵。李远继挟秀全幼子遁至徽、歙之交。寇由建口渡河，我军乘其半济击之，大溃，斩伪列王邱国文等，收降卒六千余。余党向绩溪而逸。其已渡建口者，窜至遂安，黄少春等复击走之。伪列王刘得义、萧雅泗等率二万人投诚。洪氏势益孤，乃由遂安昏口遁走开化，窜入江西。

九月，鲍超击伪康王汪海洋于宁郡，大破之，擒斩伪朝将王金瑞等百二十余人。席宝田追剿湖州逃寇，大歼于广昌白水岭，擒伪干王洪仁玕、伪恤王洪仁政及伪昭王黄文英，皆伏诛。沈葆桢克雩都、会昌，练勇克瑞金。宝田追寇于石城，游击周家良搜获秀全幼子于杨谷，槛致南昌省城，诛之。各路官军截剿余寇殆尽，于是洪氏遂灭。

论曰：秀全以匹夫倡革命，改元易服，建号定都，立国逾十余年，用兵至十余省，南北交争，隐然敌国。当是竭天下之力，始克平之，而元气遂已伤矣。中国危亡，实兆于此。成则王，败则寇，故不必以一时之是非论定焉。唯初起必托言上帝，设会传教，假"天父"之号，应"红羊"之谶，名不正则言不顺，世多疑之；而攻城略地，杀戮太过，又严种族之见，人心不属。此其所以败欤？

卷四百七十六 列传二百六十三

循吏一

白登明 汤家相 任辰旦 于宗尧 **宋必达** 陆在新
张沐 张埧 **陈汝咸** **缪燧** 陈时临 **姚文燮**
黄贞麟 **骆钟麟** 崔宗泰 祖进朝 **赵吉士** **张瑾**
江皋 张克嶷 贾朴 **邵嗣尧** 卫立鼎 高荫爵
靳让 **崔华** 周中铉 **刘榮** **陶元淳** **廖冀亨**
佟国珑 **陆师** 龚鉴

  清初以武功定天下，日不暇给。世祖亲政，始课吏治，诏严举劾，树之风声。圣祖平定三藩之后，与民休息，拔擢廉吏，如于成龙、彭鹏、陈璸、郭琇、赵申乔、陈鹏年等，皆由县令涖历部院封疆，治理蒸蒸，于斯为盛。世宗综核名实，人知奉法。乾隆初政，循而勿失。国家丰亨豫大之休，盖数十年吏治修明之效也。及后权相用事，政以贿成，蠹国病民，乱萌以作。仁宗矫之，冀涤积秽。道、咸以来，军事兴而吏治疏。同治中兴，疆吏贤者犹能激扬清浊，以弥缝其间。然保举冒滥，捐例大开，猥杂不易爬梳。末造财政紊乱，新令繁兴，簿书期会，救过不遑。又迁调不时，虽有洁己爱民者，亦不易自举其职。论者谓有清一代，治民宽而治吏严，其敝也奉行故事，实政不修，吏道媮 而民生益蹙。追纪纲渐隳，康、雍澄清之治，邈焉不可见。观此，诚得失之林也。《明史》所载，以官至监司为限，今从之。尤以亲民为重，其非由守令起家者不与焉。

  白登明，字林九，奉天盖平人，隶汉军镶白旗。顺治二年拔贡，五年，授河南柘城知县。时大兵之后，所在崔苻啸聚。登明治尚严肃，擒诸盗魁按以法，境内晏然。悯遗黎荒残，多方招抚，停止增派河夫，设备以劝耕读。十年，考最，擢江南太仓知州。厘赋税，除耗羡，雪诸冤狱，访察利弊，所摘发辄中。邻境有冤抑，赴诉上官，辄愿下州为理。海滨居民因乱荡析，登明召民开垦，复成聚落。是年九月，海寇犯刘河堡，登明尽力守御，寇不得逞，遂退。十六年，海寇破镇江，由江宁败走，急攻崇明。巡抚蒋国柱治兵策应，欲遣告师期，莫敢前。登明独驾一艘夜半往，缒城入，众知援至，守益力，寇乃遁。

  刘河北支有朱泾者，宋范仲淹新塘遗迹也，久淤塞。登明请于上官，疏凿五十里。巡按李森先知其能，复令大开刘河六十里，于是震泽在北诸水悉导入海，旱潦有备，为一郡利。先是寇急时，需饷无出，以云南协饷应之，卒为大吏所劾落职。州民列治状请留，弗得，坐废二十余年。康熙十八年，会台湾用兵，福建总督姚启圣、巡抚吴兴祚素知登明，代为入赀，疏荐，起授高邮知州。值岁旱蝗，继而大水，湖涨。决清水潭，筑堤御之。严禁胥吏克减，役者勇跃从事。次年复灾，再请蠲赈，劝富民分食，全活无算。时三藩初平，军檄犹繁。登明与民约，凡供亿驿夫，闻吹笳而至，免夺民时。上官有所征调，不轻给，然皆谅其清廉，亦无相督过者。以积劳卒官，贫无余赀，州人醵金以殓。入祀名宦祠，乡民多肖像立祠私祀焉。

  时江南以良吏称者，汤家相、任辰旦、于宗尧，皆与登明相先后云。

  家相，字泰瞻，山西赵城人。顺治六年进士。八年，授常熟知县。洁己爱民，厘剔耗蠹，抚恤凋残，善政具举。前令被劾逮问，家相左右之，力白其诬，以是忤巡按御史。时江南逋赋数百万，严旨夺各官职，家相坐免。士民争先输纳，不逾宿而额足，且以治状诉大吏，请留，勿获。既而给事中周之桂疏上其事，十三年，起授湖北南漳县。县居万山中，寇盗窟穴，时出肆掠，戕官，人咸危之。家相下车，即令坚壁清野。寇大至，家相谓同城守备曰："寇众我寡，当效罗士信破卢明月法，可胜。"密授方略，寇果堕伏中，遂擒其魁党马成、孙信辈，斩首数百级。寇大创，远遁。于是招流亡，修学校，教养兼施，垦田六百余顷。筑永泉、八观诸堰，民赖其力，邑以大治。疆吏交章荐之，以病乞归。

  辰旦，字千之，浙江萧山人。顺治十三年进士。康熙初，授上海知县。清苦自励，敏于听断，数决疑狱，豪猾敛迹。催科以时，不大用鞭朴，百姓感其仁，输纳恐后。濒海防军将撤，密请行期，故邀军主欢饮，宣言期须少缓，次日令下，促急行。乃厚其牛酒，道上劳军，军无敢迁他顾，居民帖然。黄龙浦为吴淞江入海要口，建闸屡圮。故事，修闸必筑坝，费不赀。辰旦仿浙人为梁法，度基广狭，约丈尺伐石，识其甲乙，下之水，使善泅者厝之，悉中程。复广左右护堤，约水就道，十阅月而工成。不病役，不糜帑，邑人颂之。县田没水者六千亩，赋额未除，输者率破家。前令屡勘虚实宽乱，至是巡抚慕天颜疏请复勘。辰旦喜曰："是吾志也。"日往来泥沙中，按旧册履丈，厘其荒者，阅二月，费皆自办，俸不足，出银钏棉布偿之。籍上，得减除额征有差。十八年，举博学鸿儒，放还故官。复以良吏荐，入为给事中，论事切直，改大理寺丞。母忧归。旋以前廷推事诖误落职，卒于家。

  宗尧，字二巍，汉军正白旗人，广西总督时曜子。以荫入监读书。康熙七年，授常熟知县，年甫十九。兴利除弊，勇于为治，老于吏事者勿逮也。时漕政积弊，粮皆民运，往往破家。宗尧议定官收官兑之法，重困得苏。其征粮则戒期令各自输，胥吏莫由上下其手，民便之。兴文教，戢豪强，救荒疗疫，皆以诚恳肫挚出之，四年如一日。以劳致疾，卒于官，年二十有三耳。民为罢市，醵金发丧，遂葬之虞山南麓，题其阡曰"万民留葬"。

  宋必达，字其在，湖北黄州人。顺治八年进士，授江西宁都知县。土瘠民贫，清泰、怀德二乡久罹寇，民多迁徙，地不治。请尽蠲逋赋以徕之，二岁田尽辟。县治濒河，夏雨暴涨，城且没。祷于神，水落，按故道疏治之，自是无水患。

康熙十三年，耿精忠叛，自福建出攻掠旁近地，江西大震，群贼响应。宁都故有南、北二城，南民北兵。必达曰："古有保甲、义勇、弓弩社，民皆可兵也。王守仁破宸濠尝用之矣。"如其法训练，得义勇二千。及贼前锋薄城下，营将邀必达议事，曰："众寡食乏，奈何？"必达曰："人臣之义，有死无二。贼本乌合，掩其始至，可一鼓破也。"营将遂率所部进，贼少却，必达以义勇横击之，贼奔。已而复率众来攻，巨炮隳雉堞，辄垒补其缺，随方备御益坚。会援至，贼解去。或言于巡抚，县堡寨多从贼，巡抚将发兵，必达刺血上书争之，乃止。官军有自汀州还者，妇女在军中悲号声相属，必自倾橐计口赎之，询其姓氏里居，护之归。

县初食淮盐，自明王守仁治赣，改食粤盐，其后苦销引之累，必达请以粤额增淮额，商民皆便。卒以粤引不中额，被论罢职，宁都人哭而送之，饯贻皆不受，间道赴南昌，中途为贼所得，胁降不屈，系旬有七日。忽夜半有数十人持兵逾垣入，曰："宋爷安在？吾等皆宁都民。"拥而出，乃得脱。

既归里，江西总督董卫国移镇湖广，见之，叹曰："是死守孤城者耶？吾为若咨部还职，且以军功叙。"必达逊谢之。既而语人曰："故吏如弃妇，忍自媒乎？"褐衣蔬食，老于田间，宁都人岁时祀之。越数年，滇寇韩大任由吉安窜入宁都境，后令万蹶生踵必达乡勇之制御之，卒保其城云。

陆在新，字文蔚，江南长洲人。康熙五年，以策论取士，在新凤讲经济，遂得举，除松江府学教授，教诸生以质行为先，其以金赀者却之，用不足，知府鲁某分俸助之。巡抚汤斌察其廉勤，以卓异荐。是岁江南七府一州诸长吏被荐者独在新一人，时以此服斌之知人。二十五年，擢江西庐陵知县，严重有威，境内贴然。誓不以一钱自污，钱谷耗羡，革除都尽。傍水设五仓，便民输纳。建问苦亭于衙西，访求民隐。时裹粮历山谷间，劳苦百姓，轸其灾患而导之于善。召诸生，考德论艺，如为校官时。设四门义学，刻《孝经》、《小学》颁行之。二十六年，江溢，民多溺。在新急出钱募民船往救，躬自倡率，出入洪涛中，全活无算。以受前官亏帑盈万无所抵，忧卒。初赴官时，子孔夙在京师，蹙然曰："吾父此行，必殉是官矣。"亟卜之。卒之日，鬻书数箧以敛。庐陵人为罢市三日，请祀名宦祠，长洲人亦以乡贤祀之。

张沐，字仲诚，河南上蔡人。顺治十五年进士。康熙元年，授直隶内黄知县。县苦赋役不均，沐令田主自首，不丈而清。严行十家牌法，奸宄敛迹。大旱，自八月不雨至明年九月，民饥甚。沐力筹赈，捐资为倡，劝富民贷粟，官为书其数，俟秋获取偿，人争应之，民免转徙。沐为政务德化，令民各书"为善最乐"四字于门以自警。著《六谕敷言》，俾人各诵习，反覆譬喻，虽妇孺闻之，莫不欣欣向善。五年，坐事免。十八年，以左都御史魏象枢荐，

起授四川资阳县，途出内黄，民遮道慰问，日行仅数里。既抵任，值吴三桂据泸州，相去数百里，羽檄如织。城中人户不满二百，沐入山招抚，量为调发，供夫驿不缺。滇事平，以老乞休。

沐自幼励志为圣贤，初官内黄，讲学明伦堂，请业恒数百人。汤斌过境，与语大悦，遗书孙奇逢，称其任道甚勇，求道甚切。沐因以礼币迎奇逢至内黄讲学，俾多士有所宗仰。及在资阳，供亿军兴之暇，犹进诸生诲导不倦。退休后，主讲汴中，两河之士翕然归之，多所成就。年八十三，卒。沐之自内黄罢归也，值登封令张埙兴书院，偕耿介同讲学，为文纪其事，一时称盛。

埙字腯如，江苏长洲人。以官学教习议叙知县。康熙十七年，授登封县，单骑之任。途中与登封吏同宿逆旅，吏不知也。至县三日，拜岳，誓不取一钱，不枉一人。衙前树巨镌曰"永除私派"。设柜，民自封投，无羡折。招集流亡，督之耕种，相其土宜，课植木棉及诸果实。大修学宫，复嵩阳书院，宋四大书院之一也，延耿介为之师。导诸生以程、朱之学。自县治达郊鄙，立学舍二十一所。课童子，以时巡阅，正句读，导之以揖让进退之礼。间策蹇驴历诸郊间所苦，有小争讼，辄于阡陌间决之。西境有吕店者，俗好讼。埙察里长张文约贤，举为乡约，俾行化导，浇风一变。里长申尔瑞负课且受杖，路拾人输税金，返，宁受责，不利人财，埙义之，旌其门。乡民高鹏举死，妻孟年少，舅欲强嫁之，孟哭夫墓将自缢，埙适微行，问其故，给以银米劝还家而免其徭，岁时存问，俾终其节。县故多胥役，时狱讼日鲜，奸伪无所容，诸胥多自引去。其更番执事者，退则操耒耜为农，以在官无所得钱也。开蛮岭二百里，复古辘辕路。建古贤令祠，修鄢公墓，崇祯末为令守城抗贼死者也。在官五年，民知向方，生聚日盛，大书"官清民乐"于门。耿介尝叹曰："年来嵩、洛间，别一世界矣！"二十二年，以卓异荐，擢广西南宁通判。去之日，民遮道哭，立祠于四乡，肖像祀焉，榜曰"天下清官第一"。至南宁，未几，乞归。母丧，服除，赴京师，卒。

陈汝咸，字华学，浙江鄞县人。少随父锡嘏讲学证人社，黄宗羲曰："此程门之杨迪，朱门之蔡沈也。"康熙三十年，会试第一，成进士，选庶吉士，散馆授福建漳浦知县。民好讼，严惩讼师，无敢欺者。县中赋役故责户长主办，版籍混淆，吏缘为奸。汝咸躬自编审人丁，各归现籍。粮户自封投纳，用滚单法轮催，以三百户为一保，第其人口多寡供役。五年一编丁，而役法平。吏胥以不便挠之，大吏摇惑，汝咸毅然不回，奸人无所施技。民乐输将，赋无逋负。

俗轻生，多因细故服断肠草死，挟以图财，力惩其弊，令当刑者掘草根赎罪。禁异神疗病，晓示方证，自制药以济贫者。毁学宫伽蓝祠，葺故儒陈真晟、周瑛、高登诸人所著书表章之。归诚书院，乃黄道周讲学地，为僧据，逐而新之。无为教者，男女群聚茹蔬礼佛，籍其居为育婴堂。西洋天主教要大吏将于漳浦开堂，却止之。修文庙，造祭器，时会邑中士绅于明伦堂讲经史性理诸书。设义学，延

诸生有学行者为之师。修朱子祠。教养兼施,风俗为之一变。会大水骤涨,几及城堞,舆钱登城,多为木筏,渡一人与钱三十,人皆以钱助拯,活者数千。多方抚恤,虽灾不害。

土寇伏七里洞,将入海,发兵击之,走山中。密招贼党,诱擒其渠曾睦等,余党悉散。又擒海盗徐容,尽得贼中委曲,赦其罪,责以招抚。诸盗归诚,海氛遂清。汝咸任漳浦凡十有八年,大吏因南靖多盗,调使治之,县民请留不得,构生祠曰月湖书院,岁时祀之。汝咸至南靖,诸盗自首就抚,开示威信,颂声大作。

四十八年,内迁刑部主事,擢御史。疏言:"商船出海,挂号无益,徒以滋累。"又言:"海贼入内地,必返其家。下海劫掠,责之巡哨官;未下海之踪迹,责之本籍县令;当力行各澳保甲。"会海盗陈尚义乞降,汝咸自请往抚。圣祖命郎中雅奇偕汝咸所荐阮蔡生往,尚义率其党百余人果就抚,擢通政使参议。五十二年,奉使祭炎帝神农、帝舜陵,并颁赉驻防兵。遍历苗疆,审度形势抚驭之策。历鸿胪寺少卿、大理寺少卿。五十三年,命赴甘肃赈荒,徒步穷乡,感疫,卒于固原。漳浦士民闻之,奔哭于月湖书院,醵金置田,岁祀不绝。著有《兼山堂遗稿》、《漳浦政略》诸书。

缪燧,字雯曜,江苏江阴人。贡生,入赀为知县。康熙十七年,授山东沂水县。时山左饥,朝使发赈,将购米济南。燧以路远往返需日,且运费多,不便。请以银给民自买,当事以违旨勿听。燧力争以因地制宜之义,代草疏奏请,得允。既而帑金不足,倾囊以济之。済饥之后,民多流亡,出私钱以偿逋欠,购牛种,招徕复业。因捕剧盗已获复逸,被议归。寻复官。

三十四年,授浙江定海县,故舟山也,设治未久,百度草创。海水不宜谷,筑塘岸以御咸蓄淡,修复塘碶百余所,田日增辟。缮城浚濠,葺学宫,建祠庙,役繁而不扰。地瘠民贫,完赋不能以时,逾限者先为垫解,秋后输还。旧有涂税,出自渔户网捕之地,后渔涂被占,苦赔累,为请罢之。地故产盐,无灶户,盐运使鹾檄设厂砌盘,官为收卖。燧持不可,请仿江南崇明县计丁销引,岁完盐税银四十二两有奇,著为例。学额多为外籍窜冒,援宣平县例,半为土著,半令他县人认垦入籍以充赋。又以土著不能副额,扩建义学,增禀额以鼓舞之,文教兴焉。民间日用所需,多航海市诸郡城,关胥苛索,请永禁,立石海关。海屿为盗薮,随监司历勘,凡羊弄、下八、尽山、花脑、玉环、半边、牛韭诸岛,权度要害措置之,盗风顿戢。同归域者,海上死难诸人瘗骨处,捐赀修葺,建成仁祠,以劝忠义。

历权慈谿、镇海、鄞县及宁波府事,皆有惠政。擢杭州府同知,未任。五十六年,卒于定海。士民援唐王渔、宋赵师旦故事,留葬衣冠,奉祀于义学,名之曰蓉浦书院,蓉浦,燧自号也。遗爱久而不湮,光绪中复请祀名宦祠。燧任定海前后二十二年,赐四品顶戴,赐御书。后虽擢官,迄未离任。时朝廷重守令,循良多久于其职。陈汝咸治漳浦十有八年,陈时临治汝阳亦二十年。一邑利病,无所不知,视如家事,故吏治蒸蒸日上云。

时临,字二咸,浙江鄞县人。少从陈锡嘏学,得闻证人书院之教。家贫,游京师。三藩之变,从军叙功,授湖南城步知县。父忧归,庐墓三年。康熙三十年,起授河南汝阳县,兵乱之后,风俗大坏,民不知丧礼。时临为斟酌古今所可通行者,衰绖聚饮之风以息。杨埠有支河,久淤,浚复其旧,民获灌溉之利。河南诸县多食芦盐,独汝宁一郡食淮盐,芦商欲并之,时临谓:"芦盐计口而授,不问其所需之多寡,以成额给之,是厉民也。吾不能为河南尽革其害,反徇商人意以害境内乎?"力争得止。巡抚徐潮亟称之,于是前后诸大吏皆以为循吏当令久任,数报最,数留之。时临亦与民相安于无事。后擢兵部主事,宦橐萧寥,临行,百姓扶老载弱相送数十里。逾年,以病乞归,卒。

姚文燮,字经三,安徽桐城人。顺治十六年进士,授福建建宁府推官。建宁俗号犷悍,以睚眦仇杀者案山积,文燮片言立剖,未数月囹圄为空。有方秘者,杀方飞熊,前令已谳定大辟。文燮鞫得飞熊初为盗,尝杀秘一家,既就抚,秘乃乘间复仇,不可与杀平人等,秘得活。大吏谓文燮明允,凡疑狱则委决之。有武弁被杀,株连众,文燮仅坐数人罪。大吏骇曰:"此叛案,何遽轻率?"文燮曰:"某所据初报文乃盗供也。"盖乡民逐盗,弁适遇之,从骑未至,为盗所杀而盗逸,营中执为民叛杀弁。文燮检得初报文,而盗亦获,自供杀弁,故得其情。

时耿氏建藩,其下多怙势虐民,贷民钱而夺其妻女。文燮悉使评发,为捐募代偿,赎归百数。奉檄主丈田事,建宁环郡皆山,民依山凿田,每陡峻不能施弓绳,文燮授吏勾股法,计田广狭,增减为亩,区画悉当。值边海修战船,或拟按户口出钱,文燮上陈疾苦,筹款以代,民乃安。秩满,报最。康熙六年,诏裁各府推官,去职。

八年,改直隶雄县知县。浑河泛溢,浸城,文燮修城筑堤,造桥利涉者。邑贡狐皮为民累,条上其弊,获免。地近京畿,膏腴多圈占为旗产,文燮为民争之。旗人请于户部,遣司官至,牵绳量地,绳所及,民不得有。文燮拔刀断绳,司官见其刚直,词稍逊。未几,有旨退地还民。团练屯丁,以资守望,盗贼屏迹。报垦地,蠲耗羡,减盐引,恤驿政,拊循疮痏,民庆更生。

擢云南开化府同知,摄曲靖府阿迷州事。吴三桂叛,文燮陷贼中。密与义将军林兴珠有约,为贼所觉,被系,乘隙遁,谒安亲王岳乐军中。王以闻,召至京,赐对,询军事甚悉。滇寇平,乃乞养归。

黄贞麟,字振侯,山东即墨人。顺治十二年进士。十八年,授安徽凤阳推官,严惩讼师,合郡懔然。大旱,祷雨未应,贞麟曰:"得无有沉冤未雪,上干天和乎?"于祷雨坛下,立判诸大狱,三日果雨。江南逋赋案兴,蒙城、怀远、天长、盱眙各逮绅民百余人系狱候勘。狱不能容,人皆立,贞麟曰:"彼逋赋皆未验实,忍令僵死于狱乎?"悉还其家。及讯,则或舞文吏妄为注名,或误报,或续完,悉原而释之，保全者五百家。

　　河南优人朱虎山，游食太和，发长数寸，土猾范之谏与咎姓有隙，诬以藏匿故明宗室谋不轨。事发，江宁推官不敢问，以委贞麟，贞麟力白其诬。逮至京师复勘，刑鞫无异，乃释咎姓而治之谏罪。颍州民吴月以邪教惑众，株连千余人，贞麟勘多愚民无知，止坐月及为首者。捕人索财于水姓，不得，指为月党，追至新蔡杀之。乡人来救，并诬为月党。抚镇发兵围之，系其众至凤阳。贞麟廉得实，惩捕而尽释新蔡乡人。其理枉活人类如此。旋以他事解官，得白。

　　康熙九年，改授直隶盐山知县，地瘠而多盗，立法牌甲互相救护。有警，一村中半守半援，盗日以息。清里役，逃亡者悉与豁除，不期年，流民复业数百家。十二年，旱，谓父老曰："大吏使勘灾者至，供给惟官是责，不费民一钱。"及秋征，吏仍以旧额进。贞麟曰："下输上易，上反下难。待准蠲而还之，反覆间民必受损。"立令除之。又永革杂派陋例，民皆感惠。内擢户部山西司主事，山西闻喜丁徭重，力请减之。监督京左、右翼仓，因失察侵盗罢职，卒于家。

　　骆钟麟，字挺生，浙江临安人。顺治四年进士副榜，授安吉学正。十六年，迁陕西鄠屋知县。为政先教化，春秋大会明伦堂，进诸生迪以仁义忠信之道。增删《吕氏乡约》，颁学舍。朔望诣里社讲演，访耆年有德、孝弟著闻者，见与钧礼，岁时劳以粟肉。立学社，择民间子弟授以《小学》、《孝经》。饬保伍，修社仓。莅狱明决，所案治即势豪居间莫能夺，人畏而爱之。县城去渭不十里，钟麟行河畔，知水势将南浸，议自觉家寨迤东开复故道，众难之。康熙元年夏，大雨，渭南溢，且及城，斋沐临祷，自跪水中，幸雨止，水顿减，徒而北流者数里。兼摄兴平、鄠两县，兴平豪右分为部党，前令不能治，廉得其状，收案以法。奏最，内迁北城兵马司指挥，复出为西安府同知。

　　八年，擢江南常州知府。常州、县赋重，科条繁多，吏缘为奸。钟麟立法钩稽清逋，吏受成事而已。属邑岁例馈漕羡三千金，钟麟曰："利若金，如吾民何？"峻却之。诸漕卒咸敛手奉法。

　　初，钟麟在鄠屋以师礼数造李颙庐，至是创延陵书院，迎颙讲学，率僚属及荐绅学士北面听。问为学之要，颙曰："天下之治乱在人心，人心之邪正在学术。人心正，风俗移，治道毕矣。"钟麟书其言，终身诵之。已而江阴、靖江、无锡诸有司争礼致颙，颙为发明性善之旨，格物致知之说，士林蒸蒸向风，吏治亦和。

　　九年，大水，发仓廪，劝富人出粟赈，民无荒亡。十年夏，大旱，葛衣草履，步祷不应，责躬吁天，言知府不德累民，涕泣并下。寻丁母忧，士民乞留，不可。既归，连遭父丧，以毁卒。郡人论贤有司知治体必首推钟麟。先钟麟守常州者，祖重光、崔宗泰，皆有名。其后有祖进朝，政声尤著。重光官至天津巡抚。

　　宗泰，奉天人。顺治初，授松江府同知，以敏干称。擢常州知府，政尚严厉，善钩距，吏民惊为神明。十三年，大兵征闽，过郡久驻，人情怔扰，宗泰先期储偫，纤悉备具。有游骑入村落，逐妇女溺水死，宗泰夜叩营门，白将军缚置之法。时时单骑巡行，遇小有剽夺，隶传呼"崔太守来"，皆引避去，民得安堵。令甲，府漕以推官监兑，推官懦而卫弁横。宗泰自请于漕督，檄之监兑，盛驺从，带刀鞭临仓，弁卒悚惧，竟事无哗。寻以事左迁福建延平府同知。后乞免归。

　　进朝，亦奉天人。以荫监起家。康熙二十三年，由部郎擢授常州知府，有惠政，以失察镌级去，士民呼吁于巡抚汤斌，请留进朝。斌上疏言："进朝履任未一载，操守廉、治事勤，臣私心重之。顷缘失察法宝事降调，常州五县士民辄号泣罢市，赴臣请留，日不下数千人。臣谕以保留例已久停，士民谓常州四十年未有爱民如进朝者，其减躧轻耗，兴学正俗，戢奸除暴，息讼安民，穷乡僻壤，尽沾惠泽。朝廷轸念东南，如江宁府知府于成龙，特恩超擢，吏治丕变。进朝操守才干可与成龙颉颃，而独以一眚被谪，士民攀留，言之泣下，臣不知群进朝何以感人之深如此。臣受事四日始获法宝，是受事之日，已为失察之日，且当候处分，何敢代人渎奏？惟臣蒙恩简畀封疆大任，属吏之败检者得纠劾之，廉能者不能为之一言，非公也。民情皇皇如是，而不为之解慰安辑，非仁也。畏罪缄默而使舆情不上闻，非忠也。敢据情陈奏。"章下部议，格不行。圣祖谕曰："设官原以养民，汤斌保奏祖进朝清廉，百姓同声恳留，可从所请，以劝廉吏。"进朝复任。未几，以老疾乞免，民恒思之不置云。

　　赵吉士，字天羽，安徽休宁人，寄籍杭州。顺治八年举人。康熙七年，授山西交城知县。县居万山中，地产马，饶灌木，时禁民间牧马，停南堡村木厂，民困，往往去为盗。武弁路时运贪而扰民，民杀时运作乱，与大同叛将姜瓖合，连破诸邑。及瓖诛，余盗匿山中。吉士到官，定先抚后剿之策，有投抚者，给示令招其党。诇知群盗阴事，选乡兵，得技优者百人。令绅户家出一丁，与民均役。分夕巡城，行保甲法，匿贼者连坐，邻盗相戒不入境。

　　时交城多抗赋，河北都者赋倍他都。吉士往谕朝廷德意，勖以力耕勿为盗，众悚息。日暮寝陶穴中听讼，左右多贼党，吉士阳若勿知，诘朝深入，察其形势。最险者曰三坐崖，东西两葫芦川绕其下。塞葫芦口，则官军不得登。吉士默识之而还。交山贼杨芳林、芳清等时出肆掠，九年春，吉士入山劝农，抚姜瓖旧卒惠崇德，询得二杨所在，命二卒立擒至，杖系之。贼渠任国铉、钟斗等纠众尾之不敢发。会有陕西叛弁黄某入葫芦川与国铉合，吉士谋间之，遣山民持书付国铉等，伪误投黄所，黄得书疑国铉等，率众去。国铉等既失黄弁，无所恃，有投诚意。静乐盗李宗盛踞周洪山，遣其党赵应龙劫清源，吉士遣惠崇德入山说国铉等，令献赵应龙可免罪。国铉与宗盛给应龙缚付崇德，应龙恨为所卖，尽发诸盗阴谋。吉士会兵剿宗盛，复遣崇德往说国铉等使无动，遂擒宗盛，贼党益涣。

　　十年，廷旨下总督治群盗，期尽剿绝。吉士曰："交山剧贼不过十余人，其它率乌合，一闻尽剿，恐山中向化之民畏罪自疑，反为贼用。今靖安堡初复，请协兵三百以驻防为名，克期入山，可一战擒也。"靖安堡者，近葫芦口三十里，昔以屯兵，吉士就废垒新筑之。守备姚顺率兵至县，吉士约期进屯。先期七日置酒大享客，夜半，席未散，吉士上马会师，疾驱四十里至水泉滩。分三队，一袭东葫芦，一袭西葫芦，自偕姚顺进驻东坡底，为两葫芦要道。东西贼援并绝，国铉等为内应，呼曰："官兵入山矣！"两葫芦贼皆走上三座崖。吉士遣人至崖下语之曰："汝等良民，毋为贼胁，官且按户稽丁，不在即以贼论。"众乃稍稍去，仅存二百余人。分兵要贼去路，贼四窜，被获颇众。分搜巢穴，纵降贼，质其妻子，俾捕他贼以自赎。入山旬有六日，盗悉平。乃召山中民始终不附贼者三十七家，赉以羊酒，立为约正；其素不与傜役者千四百三十家，编其籍入都图。自后交山无贼患。吉士初患山路险阻，命每都具一图，鳞比为大图，召父老询径途曲折注之，以次及永宁、静乐邻县诸山。每获贼，善遇之，因得诸贼踪迹。上官知其能，不拘以文法，用卒成功。

治交城五年，百废俱举，内迁户部主事，监扬州钞关，擢户科给事中。忌者劾其父子异籍被黜，寻补国子监学正。四十五年，卒，祀交城名宦祠。

张瑾，字去瑕，江南江都人。康熙二年举人。十九年，授云南昆明知县。时吴三桂初平，故军卫田隶藩府者，征租量丰歉收之，事平沿为额，民不能供。又军兴后官司府署器用皆里下供应，而取给于县，故昆明之徭，尤重于赋。瑾请于大吏，奏减其赋，不可；乃疆画荒地，招流亡，给牛种，薄其征以济军卫之赋。一年垦田千三百余亩，三年得万余亩。又均其徭，里蠹无科派，奸民无包收，诸侵渔弊皆绝。民旧供县公费日十金，瑾曰："吾食禄于君，不食佣于民。"革之。总督曰："陈仲子之廉，能理剧乎？"又问："今家几何人？"对曰："子一，客与仆各二。"闻之，信，皆惊异。自公费除而上之取给者亦减。

昆明池受四山之水，夏秋暴涨，怒流入闸河。沙石壅塞，水乃溢。浸濒池田，岁劳民力浚之。晋宁州境毗于昆明，受东南诸箐之水，旧迹有河道入江，上官议凿之以通闸河。瑾按地势为图白之曰："闸河独受昆明之水，已不能吐纳，沙石旁溢为害，岂可更受晋宁水乎？且其地高若建瓴，沙石荦确尤甚，殆不可治。"台司持之坚，则指图争曰："高下在目，何忍陷民于死！"总督范承勋曰："令言是也。"议遂寝。

县有止善、春登、利城诸里田，坳垤错出，不旱则潦。瑾廉得旁近有白沙、马袅、清水三河，可资蓄泄，年久湮塞，率民浚治。三月河复，田以常稔。大小东门外旧皆市，兵后为墟，盗贼窟其中。为创造室庐，以居流亡，移城中骡、马、羊诸市实之。货厘牧场相比，盗遂绝迹。安阜园者，故藩圃也，请耕之以食孤贫废疾而无告者。

是时上官多贤者，每倚信瑾。兵备道欲以流民所垦田牧马，求之期年，不与，久亦称其直。将军仆杀人，按察使置酒为请，阳诺之，退而正其罪。巡抚仆子谋夺士人聘妻，即县庭令士人行合卺礼，判曰："法不得娶有夫之妇，妇乘我舆，婿乘我马，役送之归，有夺者治其罪。"时人作歌诗以传之。初至，滞狱以百数，断讫皆当。后一省疑狱辄付瑾治，屡有平反。居三年，病卒。士民图其像藏之，请祀名宦祠。

江皋，字在湄，安徽桐城人。顺治十八年进士，观政刑部。父病，乞养归。丧除，授江西瑞昌知县。故事，岁一巡乡堡、校户籍，敛舆马费，皋罢之。县城近河，壖岸善崩，屡决改道，环城无隍，民病汲。皋出俸金，率先众力，筑坚堤，浚壅塞。水复其故，形势益壮，民居遂蕃。三藩叛，县界连湖南，土寇乘间起。皋曰："吾民缘饥塞出此，迫之则走藉寇。"饬乡、保长开谕抚安，而密督丁壮巡查，屡擒其魁，盗遂息。居七岁，考最，迁九江府同知，寻擢甘肃巩昌知府。大军入蜀，治办军需。值岁除，檄征骡马千匹，茭刍器具，取具仓猝。皋策画便宜，供应无缺。士卒骄悍，所过渔夺百姓，皋遇，辄缚送军主，斩以徇，繇是肃然。

越四岁，调广西柳州。时新收岭西，兵犹留镇。军中多掠妇女，皋白大吏，檄营帅，籍所掠送郡资遣，凡数百人。军饷不继，士哗噪将变，皋驰谕缓期，趣台司发饷，应期至，军乃戢。郡民王缵绪，故官家子，经乱，产为四奴所据，只身寄食僧舍。皋诘得之，悉逮捕诸奴。奴惧，纳二千金乞免，佯受之。讯伏罪，乃出金授缵绪，命奴归，尽还其产，柳人歌诵之。太和殿大工兴，使者采木，民大恐。长老言故明采木于此，僵仆溪谷，横藉不可数。皋曰："上命也，何敢匿讳！"使者至，令民前导，自控骑绳偕使者往视。巨木森挺绝巘。下临深谷。下骑，掖使者攀援以登，崖益峻，无侧足所。使者咋舌曰："是不可取。"还奏免役。民欢呼，戴上恩德。

寻被荐提学四川，以母丧解官。服阕，补陕西平庆道副使，迁福建兴泉道参政。以事左迁，旋以恩复职，卒于家。皋于广西声绩最著。其后称张克嶷、贾朴。

克嶷，字伟公，山西闻喜人。康熙十八年进士，选庶吉士，改刑部主事，累迁郎中。有狱连执政族人，诸司莫敢任，克嶷请独任之。内务府以其人出使为辞，克嶷钩提益急。牒问奉使何地、归何期，力请部长入告。事虽格，闻者肃然。出为广西平乐知府，瑶、僮杂居，盗不可诘。克嶷至浃月，以信义服苗酋。获巨盗二人，毙其一，宥其一，责以侦缉，终其任盗不敢窥。调广东潮州，属县贼蜂起，或称明裔，聚众千余人。克嶷疾驰至其地，命吏士速据白叶祁山，设疑兵，贼不敢逼。会夜半，大风起，简健卒二百斫其营，呼曰："大兵至矣！"城中鼓噪出兵以助之，贼奔祁山，要击之，斩其渠魁三人，众散乞降。巡抚将上其功，克嶷曰："此盗耳，而称明裔，兴大狱，株连多，恐转生变。"乃以盗案结。郡有大豪戕亲迎者于路而夺其妻，克嶷微行迹之而得之。狱成，当大辟。监司以督抚命为之请，曰："稍辽缓之，当有以报。"克嶷曰："吾官可罢，狱不可鬻也。"卒置诸法。或假亲王命以开矿，缚执之。其人出龙牌，克嶷命系之狱，以牌申大府。情既得，立杖杀之。丁父忧归，遂不出。年七十六，卒。

朴，字素庵，直隶故城人。贡生。康熙二十三年，授广西柳州同知，有政声。思明土属负固抗官，大吏知其能，调任思明治之。夜遣健卒潜入山，焚贼寨，遂出降。署思明知府，土田州岑氏母子相争，土目陆师等构之以为利，杀人千余。朴至切谕，母子俱感泣。师等聚众谋不轨，先慑以兵，单骑往，晓以祸福，乃听命。建明伦堂，设义学，代完寒士逋粮。民立生祠奉之。擢贵州平越知府，罣误去官。朴在广西，尝条上边事，巡抚鼓鹏奇其才。四十年，诏举廉吏，鹏特疏荐，授江南苏州知府。与吏民相见以诚，屏绝请托，政声大起。四十六年，圣祖南巡，幸苏州，嘉其清廉为吴中最，擢江常镇道，吴民数千人遮道请留贤守，御书"宜民"匾额赐之。调苏松常镇太粮储道、布政使参政，仍兼管苏州府事，从民愿也。革四府征粮例规，积弊一清。忤总督噶礼，摭事劾之，四十九年，去官。留吴门三年，归里卒。

邵嗣尧，字子昆，山西猗氏人。康熙九年进士，授山东临淄知县。有惠政，以忧去。十九年，服阕，补直隶柏乡。兴水利，减火耗，禁差扰，民安之。县人大学士魏裔介为嗣尧会试座主，家人犯法，严治之，不少贷。又有旗丁毒殴子钱家，入县庭，势汹汹。嗣尧不稍屈，系之狱，移文都统讯主者，主者不敢承，具论如法。值岁饥，或言勒积粟家出粟，嗣尧曰："人惟不积粟，故岁饥则束手，吾方蕲令积粟家获厚利，何勒为？"已而鬻粟者众，岁不为灾。有言开滏阳河通舟楫者，巡抚于成龙使嗣尧往相度，嗣尧力持不可，谓："此河旱潦不常，未可通舟楫。即或能通，恐舟楫之利归商贾，挑浚之害归穷民矣。"事遂寝。
盗杀人于县界，立捕至，置之法。或毁于上官，以酷刑夺职。尚书象象枢奉命巡视畿辅，民为申诉，事得白。于成龙复荐之，补清苑。嗣尧益感奋自励，屡断疑狱，人以包孝肃比之。二十九年，尚书王骘荐嗣尧清廉慈惠，行取，擢御史。三十年，出为直隶守道，持躬清介，苞苴杜绝。遇事霆发机激，势要惮之。所属州县，肃然奉法。
三十三年，江南学政缺，圣祖谕曰："学政关系人材，朕观陆陇其、邵嗣尧操守学问俱优，若以补授，必能秉公校士，革除积弊。"时陇其已卒，遂命嗣尧以参议督学江南。既莅事，虚衷衡校，论文宗尚简质，著《四书讲义》，传示学者。甫试三郡，以积劳遘疾卒。身无长物，同官敛赀致赙乃得归葬。士民思之，为立祠肖像以祀焉。
圣祖澄清吏治，拔擢廉明，近畿尤多贤吏，如彭鹏、陆陇其及嗣尧，当时皆循名上达，闻于天下。鹏及陇其自有传。又有卫立鼎、高荫爵、靳让，治绩亦足媲美。
立鼎，字慎之，山西阳城人。康熙二年举人，授直隶卢龙知县。地当两京孔道，驿使旁午，供张糇糒，悉自营办，不以扰民。先是县中征粮，勺杪以下，皆用升合量。纳草以银代，仍抑价买诸民间。立鼎令输户合纳奇零，统归斛斗，征草则以本色输，民甚便之。兴行教化，奖拔士类，丕变其俗，尤以清廉著称。尚书魏象枢及侍郎科尔坤奉命巡畿内，至卢龙，已治具，不肯食，仅啜一瓯。曰："令饮卢龙一杯水耳，吾亦饮令一杯水。"诸大狱悉以咨之，立鼎引经准律，象枢大称善。于成龙之巡抚直隶也，尝迎驾于霸州，奏举循吏，以立鼎、陆陇其并称。嗣巡抚格尔古德以事至卢龙，谓立鼎曰："令之苦，无异秀才时。秀才徒自苦，今令苦而百姓乐，非苦中之乐乎？"疏荐立鼎治行第一，灵寿令陆陇其次之。内迁户部郎中，秩满授福建福州知府，以年老致仕归。教授乡里，以倡论道学为事。年七十有六，卒。

荫爵，字子和，奉天铁岭人，隶汉军。康熙初，谒选，授直隶蠡县知县。县多旗屯，居民田之半，佃者倚勋贵为奸利，持吏长短。河数决孟尝村，岁比不登，民大饥。荫爵至，曰："吾未暇理他政，且活民。"仓有粟二万石，请发以赈。牍再上，不许；请解官，乃许之五千石。荫爵曰："若今岁又恶，民不能偿，二万石、五千石等死耳，吾且活吾民。"乃尽发之。更出帑五百金贷民种麦。夏旱，蝗起，捕蝗尽。秋又大霖雨，河暴溢，率吏民冒风雨捍御，堤完而岁大熟，民乃安。某甲以财雄诸佃，多为不法，诬诸生为奴，而籍其田。按治得实，置之法。豪猾慑服，莫敢犯令。于是设义仓，置乡学，尊礼贤士，民大和悦。调三河，一以简易为治。或问之，曰："前令已治矣，何纷更为？"前令，彭鹏也。圣祖校猎至三河，问父老："高令与彭令孰贤？"对曰："彭廉而毅，高廉而和。"上称善，擢顺天府南路同知。于成龙问以捕盗方略，条上三事，略言："盗以旗屯为逋逃薮，请严保甲首实之令，使无所匿，而平日能使之衣食粗足，则可不至为盗。"成龙韪之。会丁父艰归。成龙总督南河，筑界首堤，以属荫爵。堤成，上南巡阅工，召见，赐克食。起复补湖北德安府同知，累擢四川松茂道、直隶口北道，皆有惠政，卒于官。子其倬，官至大学士，自有传。

让，字益庵，河南尉氏人。康熙十八年进士，授浙江宣平知县。旱灾，请蠲甚力，巡抚张鹏翮以为贤。父忧去，服阕，授山西汾西。会亲征漠北，供张杜绝扰累，民力不足，请以正赋办治。行取，擢御史，数上疏言察吏安民，实行教养。圣祖谕曰："朕御极四十年，惟冀天下黎庶尽获安全，边疆无事。如靳让所言，必令家给人足，无一人冻馁，此非朕所必者，恐其不过徒为大言。曩者钱珏、卫既齐亦曾为此言，及后用为大吏，皆不能自践其语。靳让曾为县令，其所为能如是乎？通州驿马事繁，著调为通州知州，果能如所言，朕即超用。"上意欲试之也，许其便宜启奏。让布衣羸马之官，皇庄、旗庄恣肆病民，绳以法，不少贷。私钱、私铸悉禁止。时禁河捕鱼，诬累平民，让分别治之。奸商藉权贵势，谋专卖麦豆及设姜肆牟利，并拒绝。上闻，皆韪之。会学政更替，命九卿举所知。上曰："朕亦举一人。"命以佥事督学广西。逾年，调浙江，除弊务尽，教士先德行而后文艺。值南巡，召对，褒奖曰："汝不负朕举，朕将用汝为巡抚。"让以母老乞终养，赐御书"天麻堂"额以荣其母。寻母丧，以毁卒。

崔华，字莲生，直隶平山人。顺治十六年进士。康熙六年，授浙江开化知县。政务宽平，建塾校艺，士争向学。县旧有里总，主赋税，横派滋扰，除之。又以虚粮为累，请豁于上官,未竟其事。十三年,耿藩乱作,县南垦户多闽人,竖旗以应,城守千总吴正通贼,陷城,露刃相逼。华从间道出,檄召十六都义勇郑大来、夏祚等,涕泣开谕,立聚万人,躬冒矢石,阅五日,城遂复。总督李之芳上其事,诏嘉之。

时闽寇方炽,分三路犯浙。衢州当中路之冲,县城再陷,惨掠尤甚,民无叛志。华率兵退保遂安,图恢复,时出有所擒斩。大兵扼衢州,久与贼持。十五年春,始遣将由遂安复开化,至秋,大破贼军。浙境渐清,流亡初集,积逋尤多。华图上遗黎困苦状,乞为请命,尽蠲十三年至十六年额赋。赎民之流徙者,俾得完聚。疫疠盛行,广施药饵,全活无算。

先后论功,十九年,擢江南扬州知州。值湖、河并涨,属县被灾者众,华加意抚恤。二十三年,命九卿举中外清廉之吏,廷推七人,外吏居其三,华为首焉。擢两淮盐运使,军兴商困,乃权宜变通,令先行盐、后纳课,务与休息,商力苏而赋亦无缺。先是湖南诸府因兵蠲引三十九万有奇,至是有请补行蠲引者。华以两淮浮课重,又带加斤,若补蠲引,必致额售者滞销误课,力言不便,事得寝。三十一年,迁甘肃庄凉道,未行,卒。淮商祠祀之。

周中铉,字子振,浙江山阴人。康熙中为江南崇明县丞。崇明故重镇,兵籍千人,欲预取军食于官,不获,毂刃哗噪。官吏咸避匿,中铉独挺身前,宣布顺逆利害,感切肫动,众皆投械散。擢华亭知县,民有被诬杀人久系狱,中铉立出之,而坐其实杀人者。提标兵庇盗,前令莫敢问,中铉捕治置诸法,境内乂安。四十三年秋,大霪雨以风,海水骤溢,漂数县。乃具衣粮棺椁救恤之,又为请赈蠲租,活民甚众。雍正四年,以催科不及格罢,县民万数遮言,上官闻于朝,得复职。

时左都御史朱轼被命修海塘,知中铉贤,悉以事付之。塘成,丁母忧,民复吁留,中铉先已擢松江知府,至是予假治丧,还视府事。五年,议浚淞、娄诸水,以中铉署太仓知州,董其役。六年二月,筑坝于陈家渡,一再溃,与千总陆某昼夜冒险指挥,仓卒覆其舟,既没而筑合。事闻,赠太仆寺少卿。

当中铉令华亭时,奉贤犹隶境内,后析为县,中铉适为知府,至是民怀其泽,奉以为奉贤城隍之神,岁时祈报,著灵异,长洲王芑孙为庙碑纪其事。道光七年,巡抚陶澍复浚吴淞江,疏请立庙江干。

刘荣,字弢子,山东诸城人。康熙二十四年进士。三十四年,授湖南长沙知县,以廉明称。时讹言裁兵,抚标千人环辕门大噪,荣为开陈大义,预给三月饷,示无裁意,众乃定。总督吴琠以循良荐之。三十七年,擢陕西宁羌知州。关中大饥,汉南尤甚。州无宿储,介万山中,艰于挽运。荣请贷邻邑仓粟,约民能负一斗者予三升,不十日挽三千石。大吏下其法赈他邑,咸称便。又奉檄赈洋县,移粟沿汉而下。荣先遍历审勘,克期给发,数日而毕。谓洋令曰:"此粟贷之官,倘民不能偿,吾两人当代任。"比秋大熟,洋县民相勉还粟,不烦催督。

始宁羌地苦凋瘵,荣为均田额,完逋赋,补栈道,修旅舍。安辑招徕,期年而庐舍萃集。山多橡叶,民未知蚕,遣人旋乡里,赍善蚕种,募善蚕者教之,人习其利,名所织曰"刘公绸"。士苦无书,为召贾列肆,分购经籍,建义塾,亲为讲解。

四十一年,擢甘肃宁夏中路同知,未赴,母忧去。以代民完赋,负累不能行,嘱弟代售遗产,不足,弟并以己产易金偿负。民闻之,争输金为助,却不受。服阕,补长沙府同知。入觐,奉温旨,试文艺于乾清门,即日擢山西平阳知府。裁汰陋例,蠲除烦苛,讼牍皆立剖决。四十八年,九卿应诏举廉能吏,以知府被举者;惟荣与陈鹏年二人。

四十九年,擢直隶天津道副使,迎驾淀津,诏许从官恭瞻亲洒宸翰。荣因奏兄果昔官河间知县,奉"清廉爱民"之褒,乞赐御书"清慎堂"额,上允之。历江西按察使、四川布政使。五十五年,上询九卿,本朝清介大臣数人,求可与伦比者。九卿举四人,荣与焉。驾幸汤泉,又以荣治状语诸从臣,会廷推巡抚,共荐荣,上嘉纳之。以四川用兵,未轻调。五十七年,卒于官。

兄果,官山西太原府推官,有声。改河间知县,康熙八年,驾幸河间,问民疾苦,父老陈果治状,召见褒之。卒,祀名宦。荣子统勋、孙墉、曾孙镛之,并为时名臣,自有传。

陶元淳,字子师,江苏常熟人。康熙中举博学鸿词,以疾不与试。二十七年,成进士,廷对,论西北赋轻而役重,东南役均而赋重,愿减浮额之粮,罢无益之费。阅者以其言戆,置二甲。三十三年,授广东昌化知县,到官,首定赋役,均粮于米,均役于粮。裁革杂征,自坊里供帐始,相率以力耕为业。县隶琼州,与黎为界,旧设土舍,制其出入,吏得因缘为奸,元淳立撤去。一权量,定法度,黎人便之。城中居人,旧不满百家,至此户口渐蕃。元淳时步行闾里间,周咨疾苦,煦妪如家人。

琼郡处海外,军将多骄横,崖州尤甚。元淳尝署州事,守备黄镇中以非刑杀人,游击余虎纵不问;且贪,索黎人献纳。元淳廉得其状,列款以上,虎私以金贿之不得,造蜚语揭之。总督石琳下琼州总兵会讯,元淳申牒曰:"私揭不应发审,镇臣不应侵官,必挫执法之气,灰任事之心。元淳当弃官以全政体,不能蒲伏武臣,贻州县羞也。"初鞫是狱,镇中令甲士百人佩刀入署,元淳据案怒叱曰:"吾奉命治事,守备敢令甲士劫持,是藐国法也。"镇中气慑,疾挥去,卒定谳,论罪如律。崖人为语曰:"虽有余虎,不敌陶公一怒。"而总督卒因元淳倔强,坐不检验失实,会赦免。复欲于计典黜之,巡抚萧永藻初授事,曰:"吾初下车,便劾廉吏,何以率属?"为言于总督,乃已。

元淳自奉俭约,在官惟日供韭一束。喜接诸生,讲论至夜分不倦。屡乞病未果,竟以劳卒于官。昌化额田四百余顷,半沦于海,赋不及二千,浮粮居三之一,民重困。元淳为《浮粮考》,屡请于上官,乞豁除,无应者。乾隆三年,元淳子正靖官御史,疏以入告,竟获俞旨免焉。

廖冀亨，字瀛海，福建永定人。康熙二十九年举人，四十七年，授江苏吴县知县。值岁旱，留漕赈饥，不足，自贷金易米以济。士人感其诚，相率捐助，赈以无乏。吴中赋额甲天下，县尤重，冀亨减火耗，用滚单，民皆称便。知收漕弊多，拘不法者重治之，凡留难、勒索、踢斛、淋尖、高扬、重筛诸害，埽除一清。太湖中有芦洲，或垦成田，或种莲养鱼，官吏辄假清丈增粮名以自利。冀亨曰："湖荡偶尔成田，未可久持，今增其赋，朝廷所得几何，而民累无尽期。"一无所问。初，冀亨莅任时，有吴人语之曰："吴俗健讼，然其人两粥一饭，肢体薄弱，凡讼宜少准、速决，更加二字曰'从宽'。"冀亨悚然受之。收词不立定期，民隐悉达。尝自谓讼贵听，听之明，乃能速决而无冤抑。在吴三年，非奸盗巨猾，行杖无过二十，盖守此六字箴也。

有庠生授徒盐商家，自刎死，勘得实。或有谤其受贿者，冀亨无所避，卒释盐商勿罪。东山巡检报乡人弑父屠嫂，未遂，自尽。冀亨方秉二烛阅其词，烛无风齐灭，知有冤。克日渡湖往验，大风，舟几覆，从者色变。冀亨曰："县官伸冤理枉而来，神必佑之，何惧！"须臾抵岸。讯得父故杀状，巡检得贿诬报，俱论如律。

冀亨既有声于吴，他县疑狱，往往令推治。会有宜兴知县诬揭典史故勘平民为盗，刑夹致死，冀亨奉檄按验。知县者总督噶礼之私人也，或告宜少假借，冀亨不为动。检踝骨无伤，原揭皆诬。狱上，噶礼屡驳诘。再三审，卒如冀亨议，以是忤总督。时巡抚张伯行以清廉著，深契冀亨，布政使陈鹏年尤重之；而噶礼不怿于伯行，尤恶鹏年。四十九年，鹏年被劾，并及冀亨，以亏帑夺职。逾年，噶礼败，冀亨始复原官，以病不赴选。及卒，吴人祀之百花书院。

冀亨殁后，家留于吴，入籍嘉定。曾孙文锦，嘉庆十六年进士，由翰林出为河南卫辉知府，有惠政，祀名宦。文锦子惟勋，道光十三年进士，亦由翰林为贵州镇远知府，抚苗有法，终贵阳府。

佟国珑，字信侯，奉天人，隶汉军籍。康熙三十年，由笔帖式授山东文登知县。县俗愚悍，有劝治宜严峻者。国珑曰："为政在诚心爱民，兴利除害，化导之而已，严峻非民之福也。"副将某以昵妓蚀饷，军大噪，夜半斩关出屯东郊。国珑闻变，单骑往谕：："吾与军民同疾苦，有冤当诉我，何妄动为？"众犹汹汹，国珑当炮立，曰："吾不忍见尔曹族诛，请先试若炮。"众动色，曰："公廉明，军何敢犯，然事已至此，奈何？"国珑力任保全。究其故，得实，缚妓挞之，众泣拜而散，副将寻被劾去。

岁饥，奸民骚动，国珑历村墟，给赈抚谕，捕治凶渠，民赖以安。邑豪宋某以邻幼贷钱不偿息杀之。吏役得赂，皆为豪掩，又以千金赇国珑。国珑怒，覆验妇有重伤，鞫得其情，置豪于法。邑故濒海，副将林某缚商船之泊岛屿者数千人，指为寇，国珑讯释之，别捕诛真盗四十余人。

五十年，擢山西泽州知州。岁祲，发常平仓以贷民，克期输还无爽。又减耗羡，革陋规，省遥役，平物价，民情大悦。国珑尝以论事忤太原知府某，某嗾人诬揭之，坐罢任。州民鸣钟鼓罢市，欲诣阙。既而得白，留原任。时平阳民变，巡抚檄国珑以兵往，国珑曰："是速之乱也。"单骑驰赴，民皆额手曰："佟公至，吾属无虑矣！"乃安堵受抚。五十九年，以疾乞免。后以所属高平令亏帑被逮，责偿万金，民感其惠，捐金投州库代偿其半云。

陆师，字麟度，浙江归安人。少负文名。康熙四十年进士，授河南新安知县。修学校，集诸生治经，童子能应试者免其徭，民兴于学。响马贼季国玉为患久，捕诛之。巡盐使者下县，取盐犯四十人。师曰："律以人盐并获始为犯，今勘犯止二人，何滥为？"父忧归，在途，有六七骑挟弓矢，驱牛车，载妇女三十余人，言归德饥民，某将军买以归者也。师止之，令官还妇女于其家，白将军收其骑卒。或谓已去官胡忤将军，师曰："知县一日未出境，忍以饥民妇女媚将军耶？"

服阙，补江苏仪征。有盗引良民为党，师亲驰往捕，见坏器满地，言有暴客食此不偿值，因而斗毁。诘其人，状与盗肖，事得白。春征，劝富户先输，秋则减其耗，令自封投柜。故事，驿夫临时取给铺户，仓猝滋扰。一切禁革，但令日赋一钱归驿，商贾以安。扬州五邑饥，大吏令县各以五千金籴谷备赈，具舟车往，则虚而归。师察知府意欲县官借补所亏也，力争，于是五县皆得谷以赈。

却盐商例馈，固请，乃籍其入以修学宫，具祭器乐舞，浚泮池，植桃李其上。修宋文天祥祠，又以其余建仓廒，洁治图圄。质库书票，故有月无日，勿论久近，皆取一月息。师辞其岁馈，令视他县月让五日。旧有猪税，下令蠲除之。

课最，行取擢吏部主事，升员外郎。掌选，有要人求官，力持不可。督山东矿务，条上开采无益，罢其役。还，擢御史，巡河、谳狱皆称职。康熙六十一年，河督陈鹏年疏请以师为山东兖沂曹道，未到官，卒。祀名宦祠。

龚鉴，字明水，浙江钱塘人。早与同郡杭世骏齐名。雍正初，以拔贡就选籍，授江苏甘泉知县。县新以江都析置，故脂膏之地，鉴耻为俗吏，一以子惠黎元、振兴文教为己任。故某侍郎子与有旧，入谒，有所嘱，拒之。有同城官为大吏所昵，令伺察属吏者，有挟而请，又拒之；巨室延饮，又拒之。于是大江南北盛传甘泉令不近人情，鉴益自刻苦，无一长物。

县境邵伯埭受高、宝诸湖之水，地卑下。鉴谓当于农隙运土筑高埂沿堤为防，以徐议沟洫。堤上即植桑，兴蚕事。其西境地高，浃旬不雨即龟坼，宜每一里为水塘以蓄之。如是则高下之田俱无患。大吏韪之，然不能行。邵伯埭下有芒稻河，设闸泄水尤要。值大水泛溢，鉴冒雨至，呼闸官泄之。闸官以盐漕为言，不可。会总河嵇曾筠视河至，鉴直陈，厉声诃闸官，曾筠即令启闸。又用鉴言，定盐漕船过湖需水不过六尺，过即闭闸，无得藉口蓄水，为民田患。每岁晏，江都之鳏寡孤独多入甘泉部中。

西湖圣因寺僧明慧者，恃前在内廷法会恩宠，干求遍于江、浙。一日以书币关白，鉴杖其使而遣之。事流传，上闻。世宗召明慧还京,锢不许出。当是时,甘泉令声闻天下。在任六年,以父忧去官,贫,至无以葬。河南巡抚尹会一故为扬州守,雅与鉴善,招之,欲使主大梁书院,以修脯助葬。遂卒于河南。

鉴湛深经术,能摘先儒之误,顾书多未成。所成者《毛诗疏说》,阐明李光地之说为多。

卷四百七十七 列传二百六十四

循吏二

陈悳荣　芮复传 蒋林　阎尧熙 王时翔　蓝鼎元
叶新 施昭庭　陈庆门　周人龙　童华 黄世发
李渭　谢仲坃 李大本　牛运震 张甄陶　邵大业
周克开 郑基　康基渊　言如泗　周际华
汪辉祖 茹敦和　朱休度　刘大绅 吴焕彩
纪大奎　邵希曾

陈悳荣,字廷彦,直隶安州人。康熙五十一年进士,授湖北枝江知县。修百里洲堤,除转饷杂派。雍正三年,迁贵州黔西知州,父忧归。服阕,署威宁府。未几,威宁改州,补大定知府。乌蒙土司叛,东川、镇雄附之,悳荣赴威宁防守。城陴颓圮,仓猝聚米桶,实土石,比次甃筑,堞堞屹然。贼焚牛卫镇,去城三十里,悳荣日夜备战,贼不敢逼。总兵哈元生援至,贼败走。寻以母忧去官。服阕,授江西广饶九南道。九江、大孤两关锢弊尽革之。

乾隆元年,经略张广泗疏荐,擢贵州按察使。时群苗交煽,军事方殷,古州姑卢朱洪文诸叛案,悳荣治鞫,详慎重轻,咸称其情,众心始安。及苗疆渐定,驻师与屯将吏多以刻急见能。二年,贵阳大火,悳荣谒经略曰:"天意如此,当竭诚修省,苗亦人类,曷可尽杀?"广泗感动,戒将吏如悳荣言。

四年,署布政使,疏言:"黔地山多水足,可以疏土成田。小民难于工本,不能变瘠为腴。山荒尤多,流民思垦,辄见挠阻。桑条肥沃,亦不知蚕缲之法。自非牧民者经营而劝率之,利不可得而兴也。今就邻省雇募种棉、织布、饲蚕、纺绩之人,择地试种,设局教习,转相仿效,可以有成。应责各道因地制宜,随时设教。一年必有规模,三年渐期成效。"诏允行。乃给工本,筑坝堰,引山泉,治水田,导以蓄泄之法。官署自育蚕,于省城大兴条缲丝织作,使民知其利。六年,疏陈课民树杉,得六万株。七年,贵筑、贵阳、开州、威宁、馀庆、施秉诸州、县报垦田至三万六千亩。开野蚕山场百余所,比户机杼相闻。悳荣据以入告,数被温旨嘉奖。又大修城郭、坛庙、学舍。广置栖流所,收行旅之病者。益囷粮。冬寒,恤老疾鳏孤之无衣者。亲课诸生,勖以文艺之学。设义学二十四于苗疆,

风气丕变。十一年,迁安徽布政使,赈凤、颍水灾,流移获安。十二年,卒于官。

悳荣在贵州兴蚕桑,为百世之利。时遵义知府陈玉壂,山东历城人,到郡见多檞树,土人取为薪炭。玉壂曰:"此青莱树也,吾得以富吾民矣。"乃购历城山蚕种,兼以蚕师来,试育五年,而蚕大熟,获茧八百万,自是遵绸之名大著。正安州吏目徐阶平,亦自浙江购茧种,仿玉壂行之正安,亦大食其利。遵义郑珍著《樗茧谱》,以传玉壂遗法。

芮复传,字衣亭,顺天宝坻人,原籍江苏溧阳。康熙四十八年进士,授浙江钱塘知县。悉除诸无名钱,曰:"官足给餱飧而已。"有金三者,交通上官署,为奸利,立速杖毙之,一时大快。五十八年,大旱,复传勘实上状,上官欲寝之,固争曰:"律有捏灾、匿灾并当劾,某今日请受捏灾罪。"时同城仁和民千人,跣走围署,曰:"钱塘为民父母,仁和独不父母我耶?"上官感动,竟以灾闻。开仓行赈,复传设粥厂二十有七。微行觇视,治胥吏之侵扰者,笞不费而赈溥。驻防营卒驰躏民田,便宜惩治,辄缚而鞭之。

治绩上闻,世宗特召引见,擢温州知府。故事,贡柑,岁期至。织造封园,民以为累。复传第取足供贡,不使扰民。府境私盐充斥,设三团,集灶户,平其直,私贩息,官盐不督自行。天台山东南有山曰玉环,在海中,总督李卫欲开田设治,檄复传往勘,以徒费无益,陈请罢之。卫怒,檄他吏往,意必行。时山中田仅二万亩,乃割天台、乐清两县民田隶玉环,经费不足,则捐通省官俸,又加关津一切杂税以给之。弛山禁,渔者往来并税,曰涂税。既而渔者不入,山者度关纳税,亦征其涂税。复传争曰"是重税也",具牍凡七上。卫益怒,以为阻挠玉环垦田事,蜚语颇闻。刘统勋奉使视海塘,过温州,语之曰:"君与李宫保,两雄不相下,不移不屈,君之谓乎?"

寻擢温处道。会铜商积弊败露,复传持法,又揭劾知府尹士份不职,士份反诬以阻商误铜,大吏故嫉之,遂并劾复传。解任,总督赵弘恩质讯,坐失察关吏舞弊夺职。会高宗登极,诏仍留浙江办铜,事竣,例得复官,以亲丧归,遂不出。家居三十余年,卒,年九十有四。

蒋林,字元楚,广西全州人。康熙五十四年进士,选庶吉士,授检讨。直南书房,十年不迁。大将军年羹尧欲辟为幕僚,林急告归。寻调户部郎中,出为福建邵武知府,以事解职,诏发浙江,历杭州、严州、金华三府。在杭州,值织造隆升建议改海门尖山海口,别开河以固海塘。林极言不可,曰:"能使海不潮,则役可兴。否则劳民伤财,万无成理。"上书督抚,俱不省。雍正十二年三月二十五日夜,牒下,索杭夫万五千人,合旁郡无虑数万人。期三日集海上。林又争曰:"田蚕方亟,期会迫,万一勿戢,奈何?必不得已,俟蚕功毕。"隆升怒,督益急,以抗旨胁之。四月,送役往,面诘以工不可成状。隆升益怒,留林督役以困之。冒雨抚循,泥深没胫,役人感其诚,咸尽力。隆升复虐使,动以挞捶,众屡哗噪。微林,事几殆。役迄

无成，隆升得罪去。乾隆初，召至京，入对，即日擢长芦盐运使。曩时院司岁各费数万缗，林率以俭，岁费百缗而已，羡余悉归公。居四年，以亲老乞养。高宗曰："世乃有不愿久为长芦运使者耶？"久之，卒于家。

阎尧熙，字涑阳，河南夏邑人，原籍山西太原。康熙四十五年进士，五十二年，授直隶藁城知县。滹沱常以秋溢，筑堤树木桩，以捍其冲，夹岸种柳，堤固，水不为患。雍正元年，调南宫，擢晋州知州。州濒滹沱河，河决徙道，荡析民居。尧熙为筹安集，民免于患，扶携老稚来谢。尧熙曰："此朝廷恩，我何与？"令望阙拜，人给百钱，以资裹粮，散钱十万，咸感泣曰："真父母也！"怡贤亲王奉使过境，闻其名，奏循良第一。擢山东青州知府，未之官，改授浙江嘉兴。俗健讼，良懦不得直。讼府，下县，或不理，奸猾益无忌。尧熙始至，日受状三百。比对簿，自请息者二百余，庭折数十，各得其情。豪民张某稔恶，讯实，杖杀之，民皆称快。属县赋重，名目纠纷，里胥因缘为奸。民完如额，官不知，民亦不自知，官累以缺赋课殿去。尧熙巡行清理，民始知额，岁无逋赋。

海盐县塘工不就，总督李卫听浮言，欲开引河泄潮。尧熙言："卤水入内河，田皆伤，非特坏庐舍，糜帑金已也。"议遂罢。营弁缉私盐，纵其枭，持他人抵罪。尧熙言其诬，总督不听，庭争再三，总督乃自勘，释之，愈以贤尧熙。累擢湖北按察使、四川布政使，皆持大体，有惠政。乾隆七年，卒于官。

尧熙质直，好面折人过，虽上官不少避。然勇于从善，在川藩多得成都知府王时翔之助，人两贤之。

时翔，字皋谟，江苏镇洋人。为诸生，绩学未遇。雍正六年，世宗重选守令，命中外官各举一人，同州人沈起元，官兴化知府，以时翔应诏，即授福建晋江知县。时福建吏治颇废，遣使按视，多更诸守令有司，颇尚操切。晋江民好讼，时翔至，曰："此吾赤子，忍以盗贼视乎？"一以宽和为治。坐堂皇，呴呴作家人语。曲直既判，令两造释忿，相对揖，由是讼者日衰。观风整俗使刘师恕按泉州，委时翔鞫疑狱二十余事，语人曰："晋江长者，决狱又何精敏也！"寻调政和，又调瓯宁。

擢漳州府同知，驻南胜。南胜民族居峒中，多械斗。有赖唱者，纠众夺犯，匿险自固。时翔亲入山谕之曰："汝诸赖万人，奈何庇一人而以死殉耶？为我缚唱来即无事。"唱不得已自缚出，治如律。濑口坑民叶扬煽乱，时翔谓缓之可一纸定，或张其事，大吏檄入山剿之。事平，意不自得，乞病归。

乾隆元年，以荐起山西蒲州府同知，擢成都知府。以廉率属，善审机要。钱价腾，布政使榜平其直，市大哗。时翔方在假，召成都、华阳二令曰："市直当顺民情，抑之，钱闭不出，奈何？"言于布政撤其榜，钱价寻平。

议徙凉州兵于成都，拓驻防城，当夺民居二千家。时翔检故牍，请曰："城故容兵三千，现兵一千五百，尚虚其半。第出现所侵地足矣，奚拓为？"已而凉州兵亦不果徙。成都当康熙时，人稀谷贱，旗兵利得银。至雍正以后，生聚多，谷贵，又愿得谷。或徇其意，令民受银，购谷给兵。未几，汉兵亦欲仿行，时翔曰："旗兵例不出城，语言与土人殊，故代购。汉兵皆土著，奚代为？"二事亦赖布政力主其议得止。

至七年，江南、湖广灾，巡抚奏运蜀米四十万石济之。湖广急米，来领运，江南则否。巡抚乃檄下县馈运，舳舻蔽江，商贾不通，成都薪炭俱绝。时翔谓江南运可缓，徒病蜀。请独运楚，而听商人自运江南。时尧熙既殁，竟无用其言者。时翔在成都，屡雪疑狱，时称神明。九年，卒。

蓝鼎元，字玉霖，福建漳浦人。少孤力学，通达治体，尝泛海考求闽、浙形势。巡抚张伯行器之，曰："蓝生经世之良材，吾道之羽翼也。"

康熙六十年，台湾朱一贵倡乱，鼎元从兄南澳镇总兵廷珍率师进讨，多出赞画，七日台湾平。复从廷珍招降人，殄遗孽，抚流民，绥番社，岁余始返。著论言治台之策，大意谓："土地有日辟、无日蹙，经营疆理，则为户口贡赋之区；废置空虚，则为盗贼倡乱之所。山高地肥，最利垦辟。利之所在，人所必趋。不归之民，则归之番与贼。即使内乱不生，寇自外来，将有日本、荷兰之患，不可不早为措置。"时议者谓台湾镇当移澎湖，鼎元力言不可，大吏采其说，见诸施行。鼎元复为台湾道条十九事，曰"信赏罚、惩讼师、除草窃、治客民、禁恶俗、徼吏胥、革规例、崇节俭、正婚嫁、兴学校、修武备、严守御、教树畜、宽租赋、行垦田、复官庄、恤澎民、抚土番、招生番。"后之治台者，多以为法。

雍正元年，以选拔入京师，分修《一统志》。六年，大学士朱轼荐之，引见，奏陈时务六事，世宗善之。寻授广东普宁知县，在官有惠政，听断如神。集邑士秀异者讲明正学，风俗一变。调权潮阳县事，岁荐饥，多逋赋，减耗粮，除苛累，民争趋纳。妖女林妙贵惑众，置之法。籍其居，建棉阳书院。以忤监司罢职，总督鄂弥达疏白其诬，征诣阙。逾年，命署广州知府，抵官一月，卒。

鼎元尤善治盗及讼师，多置耳目，劾捕不稍贷，而断狱多所平反，论者以为严而不残。志在经世，而不竟其用。著《鹿洲集》、《东征集》、《平台纪略》、《棉阳学准》、《鹿洲公案》传于世。

叶新，字惟一，浙江金华人。康熙五十一年，顺天举人。从蠡县李塨受业，立日谱自检，尤严义利之辨。雍正五年，以知县拣发四川，授仁寿县。有与邻县争地界者，当会勘，乡保因阍人以贿请，新怒，悉下之狱。勘毕，各按其罪，由是吏民敛手奉法。

署嘉定州，故有没水田，多逋赋。新视旷土可耕者，召民垦辟，以新科抵赋额，旧逋悉免。时仁寿采木，部匠倚官为暴，民勿堪，纠众相抗，县以变告，檄新往治之，抵匠头及首纠众者于法，余释不问。迁邛州知州，再迁夔州府同知，署龙安及成都知府。又署泸州知州，讼者至，立剖决，滞狱一空。治泸两载，俗一变焉。新自授夔州同知，阅五载，始一莅任。寻又署保宁、顺庆两府，擢雅州知府，母忧归。

乾隆十年，服阕，补江西建昌。修盱江书院，招引文士与讲论学术。复南城黄孝子祠，以励民俗。十三年，南丰令报县民饶令德谋反，令德好拳勇，令以风闻遣役往侦，误探其仇，谓谋反有据，遂往逮令德，适他往，乃逮其弟系狱。令德归，自诣县，受刑诬服，杂引亲故及邻境知识为同谋，追捕蔓及旁郡。新得报，集诸囚亲鞫，株连者已七十余人，言人人殊。新诘县役捕令德弟状，役言初至其家，获一箧，疑有金宝匿之。及发视，无所有，弃之野。令闻，意箧有反迹，讯以刑。妄称发箧得簿札，纳贿毁之矣，令谓实然，遂逼令德诬服。新于是尽释七十余人缧线，命随往南昌。戒之曰："有一逋者，吾代汝死矣。"及至，七十余人则皆在。谒巡抚，具道所以，巡抚愕不信，集才能之吏会勘，益杂逮诸所牵引，卒无据，而巡抚已于得报时遽上奏。朝命两江总督委官就谳，新为一一剖解得白，所全活二百余人。

十七年，调赣州，有赣县抢夺拒捕之狱，值改例，新旧轻重悬殊。新谓事在例前，当依旧比，争之不得。复以宁都民狱事，与同官持异同，不得直，谢事闭门候代。上官慰喻，不从，遂以任性被劾免归。欣然曰："今而后可无疚于心矣！"家居十余年，卒。

施昭庭，字筠瞻，江苏吴县人。康熙五十四年进士，授江西万载知县。地僻多山，客民自闽、粤来，居之累年，积三万余人，号曰"棚民"。温尚贵者，台湾逸盗也，亦处山中。雍正元年，福建移捕盗党急，尚贵谋为变。始昭庭之至也，以棚民为虑，厚礼县人易廉野使侦之。廉野积粟贷棚民，不取息，或免偿，得棚民心。其才者严林生、罗老满，从廉野游，尽得山中要领。尚贵将举事，廉野以闻，昭庭、林生、老满率勇兵三百人待之。尚贵有众二千肆掠，昭庭曰："贼易破也，然虑其扰傍县。"抚贼谍使诳尚贵趋万载。乃张疑兵于山径，贼不敢入，由官道来。预设伏丛棘中，伺贼过，突出击杀。贼数中伏，疑骇，逆击之，一战获尚贵。尚贵起二日而败，又二日而抚标兵至。

初，棚民与市人积嫌，事起，道路汹汹，指目棚民。昭庭以免死帖与诸降者，取棚民不从贼者结状，兵至搜山，不戮一人。巡抚初到官，张其事入奏，既见县申状不合，欲改之，昭庭不可。又谓棚民匿盗从乱，今虽赦之，必驱归本籍。昭庭曰："棚民种植自给，非刀手老瓜贼之比。历年多，生齿众，间与居民争讦细故，不必深惩。今乱由台湾逸盗，而平盗悉资棚民。"力请："核户口，编保甲，泯其主客之形，宽其衣食之路，长治久安，于计便。"总督查弼纳许之，巡抚寻亦悟，如昭庭策，棚民乃安。事闻，世宗谕九卿曰："知县以数年心力办贼，巡抚到官几日，岂得有其功耶？"独下总督疏，议叙，以主事知州用。寻引疾归，卒于家。

陈庆门，字容驷，陕西鳌屋人。雍正元年进士。从鄠王心敬讲学，养亲不仕。母王趣之，乃谒选。七年，授安徽庐江知县，修建文庙，规制悉备。大浚城壕。置义田二百亩有奇。赡养茕独，立社仓四所，积谷以贷平民。县民旧习，止知平畴种稻，高阜皆为弃壤。因市牛具，仿北方种植法，躬督垦辟，遂享其利。

寻署无为州事。州濒江，上下二百里，率当水冲，前人筑坝四，常没于水。庆门于鲍鱼桥、鮂鱼口二处，树桩编竹，实土为坦坡；又取乱石填挪水中，水停沙淤，久而成洲，民免垫溺之患。又署六安州，旧有水塘，议者欲垦塘以为田，将绝灌溉之利。庆门力言于上官，事乃寝。

十一年，擢亳州知州，俗悍，好群斗，倚蠹役，表里为奸。庆门廉得其魁党，先后杖遣数百人。又好讼，仿古乡约法，使之宣导排解。勤于听断，日决数十事。不数月，浇风一变。州濒湖，地洼下，用秦中收淀之犁法，督民挑浚，地下者渐高，水归其壑，农田赖焉。母忧归。

乾隆元年，服阕，以大臣荐，补四川达州知州。境环万山，岁常苦旱，教民种旱稻，始无艰食之忧。邻郡巴州，桑柘素饶，乃贾桑遍植，教以分茧缫丝之法，获利与巴州等。时川东多流民，官廪不给，遂厘剔佃田之被隐占者，为义产以赡之，全活甚众。建宣汉书院，聘名流教授，文风渐振。未几，乞病归。著《仕学一贯录》，世以儒吏称之。

周人龙，字云上，直隶天津人。康熙四十八年进士，授山西屯留知县。兴学赈荒，有声。调清源，境内洞涡、嵫峪诸河入汾，常有水患，浚渠筑堰，民赖之。历忻州直隶州知州、蒲州知府。蒲郡濒黄河，河水迁徙无常。山、陕两省民隔河争地，讼数十年不结。人龙请于大吏曰："临河滩地，当以河为界。河东迁，则山西无地之粮归陕西；河西迁，则陕西无地之粮归山西。粮随地起，不缺正赋。因地纳粮，无累民生。山、陕沿河二千余里，凡两省湮没之地，令地方官照粮查核，按地过粮。除卤咸者照例题请免征，其余水退之地，招令沿河民认粮承种，庶事无偏枯，争讼可息。"大吏从其议，至今便之。

雍正初，有言丁粮归地，便于无力之丁，不便于有田之家。人龙驳之，略曰："有田者，尚以输纳为艰，岂无田者反易？君子平其政，焉得人人而悦之？今不悦者，不过绅衿富户；而大悦者，乃在茕茕无告之小民。若因其控告不行，则豪强得志，而穷民终于无告。此议在当日未行则已耳，今行之数年，势难中止，穷民狃于数年乐利，必不安于一旦变更。且富民少而穷民多，不当以彼易此。"议上，事乃定。以忧去官。

服阕，补湖北安陆。数月，擢江西督粮道，未行，江水决钟祥三官庙堤及天门沙沟垸，招集邻县民，谕以利害，同筑御。踊跃荷畚锸至者数万人，亲冒风雨，率以施工。或劝其"已迁官，何自苦"，人龙曰："助夫由我招至，我去即散矣。伏汛一至，民何以堪？"阅两月工成，安陆人尸祝之。江西漕粮征运索多弊，严立规条，宿蠹一清。乾隆十年，乞病归。卒。

童华，字心朴，浙江山阴人。年未冠为诸生，长习名法家言，出佐郡邑治。雍正初，入赀为知县。时方修律例，大学士朱轼荐其才，世宗召见，命察赈直隶。乐亭、卢龙两县报饥口不实，华倍增其数。怡贤亲王与朱轼治营田水利，至永平，问滦河形势，华对甚晰，王器之。寻授平山知县，邑灾，不待报，遽出仓粟七千石贷民。擢真定知府，权按察使。以前在平山发粟事，部议免官，特诏原之。

怡贤亲王奏以华理京南局水利，华度真定城外得泉十八，疏为渠，溉田六百亩，先后营田三百余顷。滏阳河发源磁州，州民欲独擅其利。自春徂秋，闭闸蓄水，下游永年、曲周滴涓不得。时改州归直隶，以便控制。华建议仿唐李泌、明汤绍恩西湖三江两闸遗规，计板放水，数县争水之端永息。华又以北人不食稻，请发钱买水田谷运通仓，省漕费，民得市稷黍以为食，从之。

调江苏苏州，会清查康熙五十一年以来江苏负课千二百余万，巡抚督责急，逮捕追比无虚日，华固请宽之。巡抚怒曰："汝敢逆旨耶？"对曰："华非逆旨，乃遵旨也。上知有积欠，不命严追而命清查，正欲晰其来历，查其委曲，或在官，或在役，或在民，或应征，或应免，了然分晓，奏请上裁，乃称诏书意。今奉行者不顾名思义，徒以十五年 积欠立求完纳，是暴征，非清查也。今请宽三月限，当部居别白，分牒以报。"巡抚从其请，乃尽释狱系千余人，次第造册请奏。时朝廷亦闻江南清查不善，下诏切责，如华言。

浙江总督李卫尝捕人于苏，华以无牒不与，卫怒，蜚语上闻。世宗召见，责以沽名干誉，对曰："臣竭力为国，近沽名；实心为民，近干誉。"上意解，命往陕西以知府用。署肃州，佐经略鄂尔泰屯田事，凿通九家窑五山，引水穿渠，溉田万顷。以忤巡抚被劾罢官。乾隆元年，起福州知府，调漳州。颇好长生术，招集方士，习丹家言，复劾罢归。数年卒。

华刚而忤时，屡起屡蹶。在苏州，民德之尤深，以比明知府况钟。当世宗治畿辅营田时，所用者多一时贤守令，有黄世发，名与华相媲云。

世发，字成宪，贵州印江人。康熙三十五年举人，授直隶肃宁知县。旧例，钱粮加一二作耗银，世发亦收之而不自用，杂派亩银三四钱悉除之。县有役事，若修学校、缮城垣及上官别有摊派，即以耗银应。河间府檄修府城，亲赍糇粮，出钱雇役，不以扰社甲。视民如家人，教以生计。坑硷荒地，令穿井耕种。缘城植桑柳树万株，凡水车、蚕箔、粪灌、纺绩，悉为经画。复辟护城废地，穿池种稻以导之。建社学，教以孝亲敬长，赎官田九十余亩，以其租为学者膏火。旬三日集诸生讲学会文，士有自邻县来学者。雍正三年，水灾，大吏遣官履勘，世发不能得其意，被劾罢。士民呼吁挽留，特诏复官，加四品衔。已，晋授按察使兼直隶营田观察使，巡行劝民农桑，察水利可兴者。所至剀切宣谕，民多兴起。修堤垦田，变污下为沃壤。最后开易州水峪田，经营年余，以劳卒。

李渭，字绿涯，直隶高邑人。父兆龄，康熙中官福建闽清知县，以廉能称。渭，康熙六十年进士，授内阁中书，迁刑部主事。雍正二年，出为湖南岳州知府，诏许密摺奏事。忤大吏，左迁武昌府同知，未之任，丁母忧。服阕，授四川嘉定知府，复以争冤狱忤上官。渭曰："吾官可弃，杀人媚人不为也。"奉檄赈重庆水灾，多所全活。父忧归。

后补河南彰德，万金渠源出善应山，环府城，入洹河，灌田千数百顷，山水暴发易淤。渭履勘浚治，增开支河，建闸启闭，定各村分日用水，岁以有秋。漳河当孔道，旧设草桥于临漳，道回远，移于丰乐镇，行旅便之。雪武安民班某诬杀族兄狱。林县富室殴人死，赂尸属以病死报。渭验尸腿骨尽碎，治如律。举卓异。

乾隆九年，擢山东盐运使，时议增盐引，渭以增引则商不能赔，必增盐价，商、民且两病，持不可。十二年，山东大水，大吏檄渭勘灾，至益都、博兴、乐安诸县，饿莩载途，而有司先以未成灾报，已入告，难之；乃请以借作赈，异日免追，民乃苏。十三年，就迁按察使，折狱平。尝曰："古人言求其生而不得，今俗吏移易狱词，何求生不得之有？然如死者何！此妇寺之仁，非持法之正。"

寻迁安徽布政使，禁革征粮长单差催法，以杜诡寄。调山东，垦荒，令客民带完旧欠，免邻保代赔逃户之累，民便之。为政持大体，不吝出纳，不轻揭一官，驭吏严而不念旧过。十九年，卒于官。子经芳，乾隆中官至湖北施南知府，亦廉谨守其家风。

谢仲坃，字孔六，广东阳春人。雍正元年举人，登明通榜。初官长宁教谕，乾隆初，擢授湖南常宁知县，峻却馈遗。履乡自裹行粮，嚼生莱菔供馔。月两课士，以节行相劝勉。调平江，再调衡阳。前令李澎征漕米浮收斛面，粮储道谢济世发其奸。时巡抚许容方以浮收诬劾济世，总督孙嘉淦亦徇巡抚意，故济世与澎并免。言官论奏，朝命侍郎阿里衮往按。署粮道仓德又因布政使函嘱改换衡阳浮收详文，据以上揭，诏责切究。事急，澎则尽出贿赠簿以胁上官，阿里衮重兴大狱，欲出澎浮收罪，与济世俱复官。仲坃乃重治澎丁役，以决罚过当被劾罢官。逾年，特起为衡山知县。以谳巴陵狱，巡抚与按察使互奏，奉旨引见，擢荆州府通判。又以归州纵盗冤良之狱，自巡抚按察以下皆被重谴，仲坃承审时，坚不会印，特旨召对。擢常德府同知，历署襄阳、宝庆、宜昌、武昌、永顺、岳州、永州七府知府，护衡永郴桂道 。正躬率属，屏绝请托，暇辄延耆士论学不倦。

仲坃官湖南先后三十年，长于折狱，大吏倚重。历奉檄鞫狱二百余，多所平反，以直戆名，乾隆三十七年，在永州议改淮引食粤盐，格于例不行，遂以目疾请告。解组日，贫如故，卒于家。

李大本，字立斋，山东安丘人。雍正十三年举人。乾隆九年，铨授湖北枣阳知县，改湖南益阳。居官自奉俭约，勤于吏事。益阳人不知蚕，大本教之树桑，后赖其利。调长沙，迁宝庆府理瑶同知。所隶通水峒有苗僧行贾临桂，知县田志隆见之，意为贼党。吴方曙者，从马朝桂谋叛，时方绘图悬购者也。僧畏刑诬服，又讯朝桂所在，妄言在峒中。广西巡抚定长立上奏，率兵出，命大本从行。大本曰："僧言真伪不可知，大兵猝至，苗必骇，且生变，请潜访之。"既而白僧言实妄，巡抚疑未释，复欲以兵往，大本力谏乃止。后廷讯苗僧果诬如大本言。

横岭峒苗乏食，吁官求粟，大本多方赈之。复为苗民筹生计，请于上官曰："横岭峒自逆渠授首，安插余苗，因恶其人，故薄其产，每口授田才三十穧至四十穧。每穧上田获米六升，中田五升，下田四升，得米无多。又峒田稍腴者尽与堡卒，极恶者方畀苗民，岁入不足，男则斫柴易米，女则剉蕨为粉，给口食。年来生齿日繁，材木竭，米价益昂，饥饿愁叹，深可怜悯，恐不可坐视而不为之所。现有入官苗田一千三百四十八亩，旧募汉民佃种，出租供饷，奸良不一，屡经淘汰。请视苗民家贫丁众者书诸簿，有汉佃应除者，即书簿之苗丁次第受种，出租如故，则苗民得食而饷亦无亏，乃补救之一端。"议上，不许。后巡抚陈宏谋见之，曰："此识时务之言也。"将陈其事，会他迁，未果。二十一年，题请升授知府，因病足归，卒于家。

牛运震，字阶平，山东滋阳人。雍正十一年进士。乾隆元年，召试博学鸿词，不遇。寻授甘肃秦安知县，开九渠，溉田万亩。县北玉钟峡山崩塞河，水溢为灾。运震率丁夫开浚，凡四日夜，水退。缘山步行，以钱米给灾户。县聚曰西固，去治二百余里，输粮苦运艰，多积逋。运震许以银代纳，民便之。先是巡检某诬马得才兄弟五人为盗，前令弗察，得才自刎死。其兄马得上控，令又诱而毙之狱。其三人者将解府，运震鞫得其情，昭雪之。又清水县某邑冤武生杜其陶父子谋杀罪，上官檄运震覆治，验死者得自刎状，以移尸罪其陶而释其子。他讼狱多所平反。

官秦安八年，惠农通商。暇则行视郊野，铸农具，教民耕耨。称贷贩褐户，不求其息。设陇川书院，日与诸生讲习，民始向学。兼摄徽县，又摄两当县，菱舍于三县之中，曰大门镇，以听讼。徽县多虎，募壮士杀虎二十六，道始通。调平番，值县境五道岘告饥，捐粟二百石以赈，民感之。人输一钱，制衣铭德，运震受衣返币。固原兵变四掠，督抚皆至凉州，檄召运震问方略。运震请勿以兵往，但屯城外为声援，令城内捕出乱者。游击某执三百余人，众恟惧，运震请释无辜，入城慰喻。斩三人，监候四人，余予杖徒有差，反侧遂安。有忌者撼前受万民衣事，劾免官。贫不能归，留主皋兰书院，教学得士心。及归，有走千里送至灞桥者。

运震居官，不假手幕下，事辄自治。所至严行保甲，斗争讼狱日既于少。遇人干讼，必严惩。治盗尤严，曰："边鄙风俗疲悍，不如此，则法不立；令不行，民不可得而治。且与其轻刑十人，不如重处一人而九人畏，是惩一而恕九也。"罢官归后，闭门治经，搜考金石，所著经义、史论、文集及《金石图》，皆行于世。尝主晋阳、河东两书院，所造多名俊士，世称"空山先生"。

张甄陶，字希范，福建福清人。举鸿博，补试未合格罢。大学士朱轼、侍郎方苞荐修《三礼》，辞，而请受业于苞。乾隆十年，成进士。时方许极言直谏，甄陶对策，因极陈时务。选庶吉士，授编修，寻改授广东鹤山知县。历香山、新会、高要、揭阳，皆剧邑，所至有声。疆田畴，修堤圩，弛罝户蚝蚬之禁，增建书院、社仓，平反冤狱，诘捕盗贼，为政务无怫逆于民。以忧去官，服除，起授云南昆明，弗获于上官，坐事免。主讲五华书院，尹壮图、钱沣皆其弟子。复移掌贵州贵山书院，课士有法。总督刘藻疏荐，诏加国子监司业衔。晚以病归闽，主鳌峰书院。以经义教闽士，于是咸通汉、唐注疏之学。在滇时著经解百余卷。方甄陶之补外，人咸惜之。大学士陈世倌赠以明吕坤《呻吟语》，甄陶读其《实政录》而慕之，在粤作《学实政录》，见其书者，咸曰："循吏之言也。"

邵大业，字在中，顺天大兴人，旧籍浙江馀姚。雍正十一年进士，乾隆元年，授湖北黄陂知县。初到官，投讼牒者垒至，不移晷，决遣立尽。吏人一见问姓名，后无不识，众莫敢弄以事。有兄弟争产讼，皆颁白，貌相类。令以镜镜面，问曰："类乎？"曰："类。"则进与为家人语曰："吾新丧弟，独不得如尔两人白首相保也。"二人感动罢去。蛟水坏城，当坏处立，誓以殉，水骤止，拯溺哺饥，完堤岸，民得免患。总督以其名上闻，会父忧去。

服阕，授河南禹州知州，调睢州。频涝，请粜请赈，民以免患。浚惠济河，以俸钱更直，擢江南苏州知府。松州盗狱久不决，株连瘐毙者众，奉檄鞫治。见群犯皆断胫折踝，蹙然曰："尔等亦人子，迫饥寒至此，犹茹刑颠倒首从，诬连非罪人，何益于尔？"有盗幡然曰："官以人类待我，我不忍欺。"狱辞立具。

兼署苏松太道，寻摄布政使事，大吏章荐。十六年，高宗南巡，御舟左右挽行，名暇用须纤。大业语从臣，除道增纤必病民，非所以宣上德意，遂改单纤。会积雨，治吴江帐殿未就，总督劾大业观望。及乘舆至，则供备已具，然大业卒因左迁。

寻授河南开封知府，属县封丘民被控侵占田亩，及勘丈，非侵占，而亩浮于额。大业考志乘，河南赋则，自明万历改并，中地十亩，作上地七亩，下地十亩，作上地三亩。上官以昔为下则，今则膏腴，议加赋。大业曰："此河冲淤积，百姓以坟墓田庐所易之微利也。今日为退滩淤地，异日即可为沙压水冲。冬春播种，夏秋之收获不可知。上年河决，屋宇未尽葺，流亡未尽复，遽增岁额，何以堪？"旋从部议试种三年，次年果没入水，乃止。未几，以河溢，降江南六安州知州，又以盗案镌级。引见，再还江南，署江宁府。

二十八年，授徐州知府，府城三面濒黄河，西北隅尤当冲，虽有重堤，恃韩家山埽为固。大业按视得苏公旧堤，起城西云龙山，迄城北月堤，长三里，湮为民居，复其旧。越岁，韩家山埽几溃，民恃此堤以无恐。复浚荆山桥河，于水利宣泄，规画尽善。治徐七年，间有水患，不病民。三十四年，坐妖匪割辫事失职，谪戍军台，数年卒。

大业所至以劝学为务，因黄陂二程子祠建义学，葺睢州洛学书院，集诸生亲为之师焉。

周克开，字乾三，湖南长沙人。乾隆十二年举人。十九年，以明通榜授甘肃陇西知县。调宁朔，县属宁夏府，并河有三渠，曰汉来、唐延、大清，皆引河入渠灌田。唐延渠所经地多沙易漫，克开治之使深狭，又颇改其水道，渠行得安。渠有石窦，泄水于河，以备旱涝，民谓之暗洞。时暗洞崩塞，渠水不行，上官欲填暗洞而竭唐延入汉来，以便宁夏县之引河，宁夏利而宁朔必病。克开恐夏、秋水盛无所宣泄，时新水将至，不可待。克开请五日为期，取故渠及废闸之石，昼夜督工，五日而暗洞复，两县皆利。大清渠长三十余里，凿自康熙间，久而石门首尾坏，民失其利，克开亦修之，皆费省而工速。再以卓异荐，擢固原知州，父忧去。服阕，补洮州。

寻擢贵州都匀知府。从总督吴达善、侍郎钱维城治贵州逆苗狱，用法有失当者，力争无少逊。调贵阳，亦以强直忤巡抚官兆麟，因公累解职。引见，复授山西蒲州知府，调太原。清厘积狱，修复风峪口堤堰，障山潦，导之入汾，民德之。擢江西吉南赣宁道，署布政使，以王锡侯书案被议。高宗知其贤，发江南，以同知用。会南巡，克开署江宁府，迎驾，授江西九江知府，寻擢浙江粮储道。

时巡抚王亶望贪黩，属吏多重征以奉上官。克开至，誓不取一钱，请于巡抚，约与之同心。亶望姑应之，心厌克开，乃奏克开才优，请移治海塘，于是调杭嘉湖道。会改建海岸石塘，总督欲徙柴塘近数百丈以避潮，克开曰："海与河异，让之则潮必益侵，无益也。"乃止。年余，以督工劳瘁卒。

克开在宁朔治水绩最著，生平治狱多平反。礼儒士，尝以私钱兴书院。殁无余赀，天下称清吏。当时守令以兴水利著者，又有郑基、康基渊、言如泗，后有周际华。

基，字筑平，广东香山人。以诸生入赀为知县。乾隆间铨授安徽凤台县，东乡有通川三，曰黑濠，曰湿泥，曰裔沟。汇颍上、蒙城诸县水以达淮，岁久湮，秋潦辄成巨浸。侍郎裘曰修奉使治淮、颍诸水，独不及凤台。基具牍陈利害及工事甚悉，曰修允其请。基察土宜，穿故渠，三河交畅。酾上游诸水以通淮流，不逾时工成。鲁松湾地远淮而卑，频患潦，捐俸倡筑堤障，遂成膏腴。调定远，举卓异，擢寿州知州。安丰塘，古芍陂也。塘圮，基审核旧制，缮复之，为水门三十六，为闸六，为桥一。其旁则为埸、为堰、为圩，启闭以时，污莱尽辟。尝循行阡陌，见沙地硗确多不治，教民种薯蓣，佐菽麦，俾无旷土。寿州不知蚕织，而地多椿橰，可饲蚕。购蚕种，教民饲之，农桑并兴。其后遇旱，独凤台、寿州秋成稔于他县，以水利修也。迁泗州直隶州知州。赈水灾，饥而不害。擢江苏淮安知府。淮安为众水所聚，于城东浚涧市河，于北开渔滨山字河，于西开护城河，壅滞悉通，民便之。

基博览前史，于河渠水利图经，丹铅殆遍，施行辄有成效。乾隆四十一年，擢江南守巡道，命甫下而卒。

基渊，字静溪，山西兴县人。乾隆十七年进士，归班铨授河南嵩县知县。旧傍伊水有渠十一，久湮绝。基渊按行旧址，劝民修复。山涧流可引溉者，皆为开渠。渠身高下不一者，分段设闸以蓄泄之。田高渠下者，则教为水车引溉。凡开新、旧渠十八，灌田六万二千余亩。巡抚上其事，优诏议叙，寻以忧去。服阕，授甘肃镇原，调皋兰，擢肃州直隶州知州。洪水渠岸峻易崩，基渊度势于南石冈引凿渠口，以避冲陷之害。野猪沟有荒田，无水久废。基渊询访耆旧，加宽柳树闸龙口，别开子渠。界荒田为七区，招民佃种，区取租十二石，给各社学，名曰新文溪。州东南九家窑，凿山后渠开屯田，旧驻州判主之，久之田益薄瘠，民租入不足支官役；基渊请汰州判，改屯升科，为筹岁修费，民于是有恒产。

基渊治官事如家事，博求利病。在嵩县，植桑教蚕，出丝甲于他邑。以无业之地，建社学三十二所。在肃州，开郊外废滩，种杨十余万株。遍谕乡堡种树，薪樵取给，建社学二十一所。又于金佛、清水两乡建仓，以免征粮借囤民房之累。革番、民采买需索，皆有实惠。四十四年，擢江西广信知府，卒于官。

如泗，字素园，江苏昭文人，言子七十五世孙。乾隆三年，高宗临雍，如泗以贤裔陪祀，赐恩贡生，充正黄旗官学教习。十四年，铨授山西垣曲知县，城滨黄河，修石堤以捍水。亳河故有数渠，复于上游浚之，分以溉田，民称"言公渠"。调闻喜，涑水湍急，旧渠多圮，别浚新渠，食其利者五村。举卓异，擢保德直隶州知州。新疆军兴，征调过境，值歉岁，如泗经画曲当，民无所累。陕西巡抚明德闻其能而荐之，乞养归。父丧除，补解州。白沙河在城南，地如建瓴，南决则害盐池，北决则坏城。如泗请于大吏，用盐帑修筑两岸石堤，长五里。又姚遏渠本以护盐池，民田不能灌溉。故事，商民分修，商尽诿之于民，力争，乃仍旧贯。二十九年，擢湖北襄阳知府。如泗爱士恤民而治盗严，在解州，民间夜不闭户。襄阳素为盗薮，闻其至，盗皆远遁。三十四年，因失察属员罢职。寻以皇太后万寿祝嘏复原官，遂不出。嘉庆十一年，卒于家，年九十一。光绪中，祀名宦。

际华，字石藩，贵州贵筑人。嘉庆六年进士，授内阁中书，亲老乞改教职。历遵义、都匀两府教授，以荐擢知县。道光六年，授河南辉县。百泉出县北苏门山，卫河之源也。其西诸山水经县南入卫，曰峪河；其北诸涧水历县东入新河，曰东石河。新河者，自县北凿渠引卫河，至县南复入卫，又称玉带河，皆资疏泄、利灌溉。时并淤塞，遇水辄苦漂溺。际华履视沟、渠，出俸钱率民酾资浚峪河，修红石堰，疏新河。凿东石河六十余丈，坚筑其岸。诸渠绮交脉注，潦患以息。课民种桑四万株，教之育蚕，他树亦十五万株，于是邑有丝絮、材木之利。苏门故多名贤祠宇，咸新之，修明祀事，以励风教焉。

署陕州直隶州知州。自渑池入陕，道硖石五十余里，险恶为行旅所苦。际华别开平道，往来者便之。回避，改授江苏兴化县。当里下河之下游，水患尤急。际华议开拦江坝以泄湖、河之水，盐官及商皆力争，以为坝开则水南下溜急，于盐舟牵挽不便。际华曰："彼所争者，十四里牵挽之劳，以较扬州东七县田庐场灶之漂溺，蠲免赈恤之烦费，轻重何如？"总督林则徐韪其议。调江都，兼署泰州，毁淫祠百余区，改为义学。则徐疏荐之，寻告归，卒于家。

先是辉县及兴化民皆不习织，际华辄自出赀置织器教之，转相授，于是二县有衣被贩贸之利，至今赖之。辉县请祀名宦祠。

汪辉祖,字龙庄,浙江萧山人。少孤,继母王、生母徐教之成立。习法家言,佐州县幕,持正不阿,为时所称。乾隆二十一年成进士,授湖南宁远知县。县杂瑶俗,积逋而多讼,前令被劾去,黠桀益肆挟持,又流丐多强横。辉祖下车,即捕其尤,驱余党出境。民纳赋不及期,手书谕之曰:"官民一体,听讼责在官,完赋责在民。官不勤职,咎有难辞;民不奉公,法所不恕。今约每旬以七日听讼,二日较赋,一日手办详稿。较赋之日亦兼听讼。若民皆遵期完课,则少费较赋之精力,即多听讼之功夫。"民感其诚,不逾月而赋额足。

治事廉平,尤善色听,援据比附,律穷者,通以经术,证以古事。据《汉书赵广汉传》钩距法,断县民匡学义狱;据《唐书·刘蕡传》断李、萧两氏争先陇狱;判决皆曲当,而心每歉然。遇匪人当予杖,辄呼之前曰:"律不可逭,然若父母肤体,奈何行不肖亏辱之?"再三语,罪人泣,亦泣。或对簿者,反代请得免,卒改行为善良。每决狱,纵民观听。又延绅耆问民疾苦、四乡广狭肥瘠、人情良莠,皆籍记之。

宁远例食淮盐,直数倍于粤盐,民食粤私,大吏遣营弁侦捕。辉祖白上官,以盐愈禁则值愈增,私不可纵,而食淡可虞,请改淮引为粤引。未及报,辉祖即张示:"盐不及十斤者听。"侦弁谓其纵私,辉祖揭辨,总督毕沅嘉之,立弛零盐禁,时伟其议。两署道州,又兼署新田县,皆有惠政。以足疾请告,时大吏已疏调辉祖善化,又檄讯邻邑狱,因足疾久不赴,疑其规避,夺职。归里,闭户读书,不问外事。值绍兴西江塘圮,巡抚吉庆强辉祖任其事,硌节工坚,时称之。举孝廉方正,固辞免。

辉祖少尚气节,及为令,持论挺特不屈,而从善如转圆。所著《学治臆说》、《佐治药言》,皆阅历有得之言,为言治者所宗。初通籍在京师待铨,与同郡茹敦和,论治最契。同时朱休度并以慈惠称。

敦和,字三樵,浙江会稽人。初嗣妇翁李为子,占籍广东。乾隆十九年成进士,归本宗,授直隶南乐知县。慎于折狱,于片纸召两造,立剖曲直,当笞者薄责之,民辄感悔自新。择清白谨愿者充社长、里正,令密陈利弊,以次行之。县当猪龙河之冲,察河源委,于开州、清丰之间审地形高下,因势利导,水不为患。地多茅沙盐咸,教以土化之法,广植杂树。乡民以麦秸编笠为生,敦和劝种桑。

调大名,漳水患剧,旁有渠河,敦和谋开渠以杀其势。适内迁大理寺评事,不及上请;乃手书揭城门,劝民刻期集河干,亲为指示,民具畚锸来者以万计。经旬而渠成,后利赖之。寻复出为湖北德安府同知,署宜昌知府,缘事降秩。卒,祀直隶名宦祠。子棨,以一甲一名进士官至兵部尚书。

休度,字介斐,浙江秀水人。乾隆十八年举人,官嵊县训导,以荐授山西广灵知县。值大荒疫,流亡过半,休度安抚招徕。粮籍旧未清,履勘劝耕,一年而荒者垦,三年而无旷土。粮清赋办,获优叙。尤善决狱,刘杷子妻张,以夫出,饥欲死,易姓改嫁郭添保。疑郭为略卖,诘朝手刃所生子女二而自刭。休度诣验,妇犹未绝,自郭作声曰:"贩,贩!"察其无他情,谳定,杷子乃归。众曰:"汝欲知妇所由死,问朱爷。"休度语之状,并及其某事某事。杷子泣曰:"我归怨期至此,勿怨他人矣。"稽首去。薛石头偕妹观剧,其友目送之。薛怒,刃伤其左乳,死。自承曰:"早欲杀之,死无恨。"越日,复诘之曰:"一刃何即死也?"薛曰:"刃时不料即死。"曰:"何不再刃?"薛曰:"见其血出不止,心惕息,何忍再刃?"遂以误杀论,减戍。休度尝曰:"南方狱多法轻情重,北方狱多法重情轻,稍忽之,失其情矣。"待人以诚,人亦不忍欺。周知民情,诉曲直者,数语处分,民皆悦服。数年囹圄一空,举卓异。嘉庆元年,引疾归,县人恳留不得,乞其"壶山垂钓"小像勒诸石。殁后,祀名宦。

休度博闻通识,尤深于诗,以其乡朱彝尊、钱载为法。任校官时,采访遗书,得四千五百余种,撰总目上诸《四库》。大学士王杰为学政,任其一人以集事,时盛称焉。

刘大绅,字寄庵,云南宁州人。乾隆三十七年进士,四十八年,授山东新城知县。连三岁旱,大绅力赈之。调曹县,代者至,民数千遮道乞留,大吏为留大绅三月。及至曹县,旱灾更重于新城。大绅方务与休息,河督橄修赵王河决堤,集夫万余人,以工代赈,两月竣事,无疾病逃亡者。既又檄办河工秸料三百万,大绅以时方收敛,请缓之。大吏督责益急,将按以罪,请限十日,民闻,争先输纳,未即期而数足。一日巡行乡间,有于马后议谷贱银贵开征期迫者,大绅顾语之曰:"俟谷得价再输未迟也。"语闻于大吏,怒其擅自缓征,遂能吏代之。民虑失大绅,争输赋,代者至,已毕完。大吏因责征累年逋,久倚不足,终以代者受事。民益恐,昼夜输将,不数日得三万余两。初,大绅以忤上官意,自劾求去,民环署泣留,相率走诉大吏。适大吏有事泰山,路见而谕止之,不得去。至是密自申请,民知之,已无及,乃得引疾归。

五十八年,病起,仍发山东,补文登。值新城修城,大吏徇士民请,檄大绅督工,逾年始竣。寻以曹县旧狱被议,罢职遣戍。新城、曹县民为捐金请赎,得免归。嘉庆五年,有密荐者,诏以大绅操守廉洁,兼有才能,办理城工、渡船二事,民情爱戴,引见,复发山东,摄福山,补朝城。大水,大绅以灾报,大吏驳减其分数,民感大绅,虽未获减征,亦无怨谤者。大绅又力以病求去,移摄青州府同知,寻擢武定府同知。捕蝗查赈,并著劳勤。以母老终养归,遂不出。卒,祀名宦祠。

大绅素讲学能文章,在官公暇,辄诣书院课士。尝训诸生曰:"朱子《小学》,为作圣阶梯,入德涂轨。必读此书,身体力行,庶几明体达用,有益于天下国家之大。"于是士知实学,风气一变。

吴焕彩,字蕴之,福建安定人。乾隆二十五年进士,授山东范县知县。民苦充牌头,吏列多名进,以次需索,焕彩革其弊。清河水溢为灾,其岸左高右卑,因开五顷洼,

卷四百七十八　列传二百六十五

循吏三

张吉安_{李毓昌}　龚景瀚　盖方泌_{史绍登}
李赓芸　伊秉绶　狄尚絅_{张敦仁　郑敦允}
李文耕　刘体重_{子煦}　张琦_{石家绍}
刘衡_{徐栋}　姚柬之_{吴均}　王肇谦_{曹瑾}
桂超万_{张作楠　云茂琦}

以泻其东南；筑福金堤，以防其西北：岁得麦田四万亩。壖地民苦纳租，欲请免而格于例，代输租之半，教之种番薯，民困乃纾。三十九年，寿张逆匪王伦作乱，距范县四十里，焕彩修城筹守御，力清保甲，凡村落大小，人民贤愚可指数。有孟兴璧者，与黄昌吉等有隙，上变列三十余人，朝命侍郎高朴与巡抚往察治。使者出牒示，焕彩曰："某已死，某为某之父，某之子皆良民，呼之即至。"使者欲以兵往，焕彩曰："兵至，愚民非死即走，无可讯，咎将谁执？"焕彩夜抵村中呼告之，皆呼冤。焕彩曰："惟无其事，必出就讯，亟从我去。不然，祸立至。"民皆裹粮从。使者按籍，少二人，焕彩曰："一已死，一外出，已命其兄招之。"言未毕，有跪门外者，则已来矣。讯之皆诬，遂坐告变者。巡抚曰："知县者，知一县事，君可谓之知县矣。知县者，民之父母，君可谓之民之父母矣。"以卓异荐，擢湖北鹤峰知州。地本苗疆，改流未久，奸宄杂居。焕彩勤于听讼，积弊一清。土司族裔，每借租坟诈人财，惩治之，浇风自息。民朴陋不知书，设义塾，资以膏火，至五十三年，始有举于乡者。后以病归，鹤峰请祀名宦，范县亦为建生祠。年逾八十，卒。

纪大奎，字慎斋，江西临川人。乾隆四十四年举人，充四库馆誊录。五十年，议叙知县，发山东，署商河。会李文功等倡邪教，诱民为乱，讹言四起。大奎集县民，谕以祸福，皆惊悟。邻郡惑者闻之，亦相率解散。补丘县，历署昌乐、栖霞、福山、博平，民皆敬而亲之。父忧归。嘉庆中复出，授四川什邡县。或谓："什邡俗强梗，宜示以威。"答曰："无德可怀，徒以威示，何益？"奸民吴忠友据山中聚众积粟，讲清凉教。大奎躬率健役，夜半捣其巢，获忠友，余众惊散。下令受邪书者三日缴，予自新，民遂安。擢合州知州，道光二年，引疾归。年八十，卒，祀合州名宦。

邵希曾，字鲁斋，浙江钱塘人。乾隆五十四年举人，嘉庆中，官河南知县。历权通许、卢氏、鄢陵、西华、沈丘、太康、扶构、淮宁、新乡，皆有声。滑县教匪之役，司粮台。及匪平，讯鞫俘虏，治余匪，凡良民被胁者皆得释，保全甚众。晚授桐柏，民苦盗，令村集建棚巡更，乡数家出一人为门夫，有警环集，无事归业。访捕强暴者绳以法，积匪率远徙。慎于折狱，皆速结，讼日以稀。朔望莅学，集诸生讲论，增书院膏火，亲课之如师。道光六年，邑人王四杰始登进士第，自明初以来所未有。募钱万缗，建义学。凡经塾三，蒙塾十五。择其秀者入书院肄业，文教兴而悍俗渐化。在任十年，民安之。老病，大吏不令去，卒于官。

张吉安，字迪民，江苏吴县人。乾隆四十二年举人，六十年，大挑知县，发浙江。时清治各县亏空，责弥补。富阳令恽敬独不奉上官意旨，檄吉安往摘印署事。至则士民群集，乞留敬。吉安见之，默然徒手返，白臬司曰："恽敬贤吏，乞保全之。且州县赋入有常经，前官不谨致亏，责弥补于后来者，恐开掊克之渐。方今楚、豫奸民蜂起，皆以有司贪残为口实。宜用读书人加意抚循，乃无形之弥补耳。"闻者迂其言。委摄县丞及杭州府通判，吉安自以不谐于时，乞改教职，上官留之。

嘉庆二年，署淳安，寻调象山。海盗由闽扰浙，沿海穷民业渔盐者，多以米及淡水火药济盗，且为向导。吉安革船埠商渔之税，严禁水、米出洋，盗渐穷蹙。值飓风覆盗艇，泅至岸，悉为舟师所获。提督李长庚叹曰："牧令尽如张象山，盗不足平也。"又建议县境南田为海中大岛，宜如明汤和策，封禁以断盗薮。韭山当海盗之冲，石浦、昌国兵力皆薄，请增兵以资镇慑。事虽见格，后卒如所议。

四年，署新城，漕仓设省城，民输折色，县官浮收，运丁需索，习以为常。吉安平其折价，不及旧时十之六七，民感之。

五年，署永康，蛟水猝发，田庐荡析，为棚厂以栖灾民，阻水者具舟饷之，溺者具棺厝之，不待申详报可，所以赈恤者甚至。上官或斥其有违成例，巡抚阮元素重之，悉如所请。六年，调署丽水，竭诚祷雨，旱不为灾。县多山，民处险远者，艰于赴诉。吉安辄巡行就山寺谳狱，咸乐其便。

八年，署浦江，值水灾，奸民纠众掠富室，伐墓树，邻邑咸煽动。吉安曰："非法无以止奸民，非米无以安良民，良民安则奸民气散。"请运吴米所余以赈之，民心渐定，乃擒首恶治如律。补馀杭，九年春，雨伤禾，巢仓谷以平米价，又运川米千石济之。十年，复被水，分乡设厂，煮粥以赈，规画详密，竟事无拥挤之扰。邑多名区，次第修之。惩讼师，勤听断，修志、葺学，文教丕振。在馀杭七年，引疾归，遂不出。殁后，永康士民请祀名宦，建立专祠。

当时吏治积弊，有南漕北赈之说，南利在漕，相率讳灾。督抚藉词酌剂，置灾民于不问。苟有切求民瘼者，转不得安于位。吉安官浙前后几二十年，所莅多灾区，皆能举职。在新城减漕之三四，时论尤以为难。北赈之弊亦然。同时江苏知县李毓昌，以不扶同侵赈致祸，仁宗优恤之，重惩诸贪吏，盖欲以力挽颓风云。

毓昌，字皋言，山东即墨人。嘉庆十三年进士，以知县发江苏。十四年，总督铁保使勘山阳县赈事，亲行乡曲，钩稽户口，廉得山阳知县王伸汉冒赈状，具清册，将上揭。伸汉患之，赂以重金，不为动，则谋窃其册，使仆包祥与毓昌仆李祥、顾祥、马连升谋，不可得，遂设计死之。毓昌饮于伸汉所，夜归而渴，李祥以药置汤中进。毓昌寝，苦腹痛而起，包祥从后持其头，叱曰："若何为？"李祥曰："仆等不能事君矣。"马连升解己所系带缢。伸汉与毓昌自缢闻。淮安知府王毂遣验视之，报曰："尸口有血。"毂怒，杖验者，遂以自缢状上。

其族叔李太清与沈某至山阳迎丧，检视其籍，有残稿半纸，曰："山阳知县冒赈，以利啖毓昌，毓昌不敢受，恐负天子。"盖上总督书稿，诸仆所未及毁去者。丧归，毓昌妻有噩梦，启棺视，面如生。以银针刺之，针黑。李太清走京师诉都察院，命逮王毂、王伸汉及诸仆，至刑部会讯。山东按察使朱锡爵验毓昌尸，惟胸前骨如故，余尽黑。盖受毒未至死，乃以缢死也。仁宗震怒，斩包祥，置顾祥、马连升极刑，剖李祥心祭毓昌墓。毂、伸汉各论如律，总督以下贬谪有差。赠毓昌知府衔，封其墓。御制《悯忠诗》，命勒于墓上。毓昌无子，诏为立后，嗣子希佐赐举人，太清亦赐武举。

龚景瀚，字海峰，福建闽县人。先世累叶为名宦。曾祖其裕，康熙初，以诸生从军，授江西瑞州府通判。滇、闽变起，率乡勇为大军向导，擢吉安知府。时府城为逆将所据，大军驻螺子山，其裕供饷无乏。城复，抚疮痍，多惠政。后官河南怀庆知府，浚顺利渠，引济水入城便民，终于两淮盐运使。殁祀瑞州、吉安、怀庆名宦祠。祖嵘，初仕浙江馀杭知县，治县民杀仆疑狱，为时所称。擢直隶赵州直隶洲知州，浚洵兴水利。再擢江苏松江知府，渡海赈崇明灾黎，全活甚众。官至江西广饶九南道，单骑定万年县匪乱，殁祀饶州名宦祠。父一发，乾隆十五年举人，官河南知县，历宜阳、密县、林县、虞城四县，治狱明敏，能以德化。在虞城值水灾，勤于赈恤。朝使疏治积水，酾为惠民、永便诸渠，一发与灾民共劳苦，治称最。以病去，复起补直隶高阳。擢云南镇南知州，殁祀虞城名宦祠。

景瀚承家学，幼即知名。大学士朱珪督闽学，激赏之。乾隆三十六年成进士，归班铨选。四十九年，授甘肃靖远知县，未到官。总督福康安知其能，檄署中卫县，判牍如流，见者不知为初仕也。七星渠久淤，常苦旱，景瀚筑石坝，遏水入渠，始通流。又浚常乐、镇静诸渠，重修红柳沟环洞及减水各闸，溉田共三十万亩，民享其利。五十二年，调平凉，地硗瘠，缺米粟，景瀚请邻邑无遏籴。又当西域孔道，车马取给商贾，盐引敕派于民，官吏强买煤炭，皆为民病，一切罢之。由是商贾辐辏，食货流通。修柳湖书院，与诸生讲学，文风渐振。

五十五年，署固原州，汉、回杂处，时构衅。景瀚密侦诸堡，诛积匪，境内以安。五十九年，迁陕西邠州知州，嘉庆元年，总督宜绵巡边，调景瀚入军幕，遂从剿教匪，以功擢庆阳知府。宜绵总辖三省，从入蜀，幕府文书皆属景瀚。寻调兰州，仍在军充翼长。

景瀚从军久，见劳师糜饷，流贼仍炽，因上议备陈调兵、增兵、募勇三害，剿贼四难，谓："先安民然后能杀贼，民志固则贼势衰，使之无所裹胁。多一民即少一贼，民居奠则贼食绝，使之无所掳掠。民有一日之粮，即贼少一日之食。用坚壁清野之法，令百姓自相保聚，贼未至则力农贸易，各安其生；贼既至则闭栅登陴，相与为守。民有恃无恐，自不至于逃亡。其要先慎简良吏，次相度形势，次选择头人，次清查保甲，次训练壮丁，次积贮粮谷，次筹画经费。如是行之有十利。"反复数千言，切中事理。嗣是被兵各省举仿其法，民获自保，贼无所逞，成效大著。论者谓三省教匪之平，以此为要领。

五年，始到兰州任，七年，送部引见，卒于京师。其后续编《皇清文颖》，仁宗特出其《坚壁清野议》付馆臣载入。祀兰州名宦祠。自其裕至景瀚，四世皆祀名宦，海内称之。

景瀚子丰穀，官湖北天门知县，亦有治绩，不隳家声焉。

盖方泌，字季源，山东蒲台人。嘉庆初，以拔贡就职州判，发陕西，署汉阴厅通判、石泉知县。三年，署商州州同。治州东百里曰龙驹寨，寨之东为河南，南出武关为湖北。路四通，多林莽山径，易凭匿。时川、楚教匪屡由武关入陕西。方泌始至，民吏扫地赤立，贼酋张汉潮拥众至，乃置药面中，诱贼劫食，多死，遂西走，大军乘之，汉潮由是不振。方泌集众谋曰："贼虽去，必复来。若等逃亦死，守不得耕种亦死。我文官无兵，若能为吾兵，当全活尔。"众曰："惟命。"乃筑堡聚粮，户三丁抽一，得三千人，无丁者以财佐粮糗兵械，亲教之战，辰集午散，无废农事。

四年，贼屯山阳、镇安，将东走河南，迎击败之；又击贼于铁峪铺，贼据山上，而伏其半于沟，乃分兵剪伏，夺据东山上，数乘懈击之，贼宵遁。后贼由雒南东逸，方泌驰至分水岭，间道走铁洞沟出贼前伏待之，贼错愕迎战，遂败，斩首数百，乡兵名由是大振。自武关至竹林关，乡兵皆请隶龙驹寨。

五年，知州困于贼，方泌驰百九十里至北湾，贼惊曰："龙驹寨兵至矣！"时贼屯州西及雒南、山阳各万余人，欲东出。方泌勒乡兵二万，列三大营以待。会官军至，夹攻，贼大败，几尽歼。是役枕戈而寝者五十日。游击某诬以事，解职，大吏直之，得留任。贼遂相戒无过商州。

八年，授螯屋知县，犹时时入山搜贼，又获宁陕倡乱者四十余人。境内甫定，捐俸赈饥，旌死节妇，河滩、马厂、盐法，皆区画久远。擢宁陕厅同知。仁宗召见，问商州事甚悉。擢四川顺庆知府。渠县民变，大吏属以兵。方泌曰："此赛会人众，至各相惊疑，讹言横兴，非叛也。"捕十二人而变息。调成都，母忧归。服阕，授福建延平。寻调台湾，两署台湾道。屡谳大狱，皆聚众汹汹，稍激则变。方泌一以理喻，蔽罪如法。道光十八年，卒。

史绍登，字倬云，江苏溧阳人，大学士贻直之孙。以誊录叙布政司经历，发云南。乾隆六十年，署文水知县。时滇盐归官办，民苦抑配，绍登弛其禁，释逮课者数百人。阅三载，配盐之五十七州县悉改商办，以文山为法。

贵州苗乱，距文山尚数郡，绍登策其必至，集胥役健者亲教技击以备之。嘉庆元年，苗窜邻境之丘北，潜与文山侬、倮通。绍登谓不救丘北，文山农、倮必不靖，亲率三百人往，人授刀一、铁镰三十。既至，当者辄仆，丘北廓清。而总督勒保剿苗失利，被围于贵州黄草坪，巡抚江兰檄绍登往援。至则贼围数重，内外不相闻，七战皆捷，乃达黄草坪。会贵州援兵亦至。比绍登上谒，总督曰："若文官，亦远来问我耶？"绍登陈解围状，不信。绍登请视战所贼尸，镰伤者，文山民壮所击；若刀伤，请伏冒功罪。总督初欲劾之，勘实乃已。巡抚闻绍登忤总督，大惧，令所用军费不得入报销，以是亏帑二万。

寻兼署蒙自县事，两城相距三百里，交阯贼侬福结粤匪犯文山，绍登驰一昼夜入城，率民壮出剿，擒其渠，峒卡悉复。擢云州知州，仍留文山任。

四年，初彭龄来为巡抚，性好察，开化总兵因蒙自变时怯懦为民所轻，衔绍登，潜之，遂以亏空劾。士民刊章胪绍登政绩，设匦醵金至三万。彭龄闻之悔，以完亏奏留任，余金无可返，建开阳书院焉。

七年，署维西厅通判。厅民恒乍绷为乱，巢险不可攻。绍登廉得巢后岩壁陡绝，阻大溪，乃以篾为緪，募善泅者系緪岩树，对岸急引，如笮桥，攀援以登，壮士三百人从之。贼大惊乱，擒馘净尽。九年，卒。

李赓芸，字邠斋，江苏嘉定人。少受学于同县钱大昕，通六书，《苍》、《雅》、《三礼》。乾隆五十五年进士，授浙江孝丰知县。调德清，再调平湖。下车谒陆陇其祠，以陇其曾宰嘉定，而己以嘉定人宰平湖，奉陇其为法，尽心抚字，训士除奸，邑中称神明。嘉庆三年，九卿中有密荐之者，诏询巡抚阮元，元奏："赓芸守洁才优，久协舆论，为浙中第一良吏。"引见，以同知升用。五年，金华、处州两郡水灾，金华苦无钱，处州苦无米。赓芸奉檄，于恩赈外领银二万，便宜为之。以银之半易钱，运金华加赈，人百钱而钱价平。又以银之半运米至处州，减价粜，辘轳转运，而米亦贱。升处州府同知，调嘉兴海防同知，署台州府。寻擢嘉兴知府，正己率属，无敢以苞苴进者。治漕，持官、民、军三者之平，上官每用其言。十年，水灾，减粜有实惠，赈民以粥，全活者众。以继母忧去官。

服阕，补福建汀州，调漳州。俗悍，多械斗，号难治。赓芸召乡约、里正问之曰："何不告官而私斗为？"皆曰："告官，或一二年狱不竟，竟亦是非不可知，先为身累。"赓芸曰："今吾在，狱至立剖。有不当，更言之，无所徇护。为我告乡民，后更有斗者，必擒其渠，焚其居，毋恃贿脱。"众皆唯唯退。已而有斗者，赓芸立调兵捕治，悉如所言，民大惧。赓芸日坐堂皇，重门洞开，诉者直入，命役与俱。召所当治者，限时日。不至，则杖役。至则立平之释去。即案前书狱词，无一钱费。民皆欢呼曰："李公活我！"漳属九龙岭多盗，下所属严捕，擒其魁十数，商旅坦行。故事，获盗当断叙，悉以归属吏。寻擢汀漳龙道。二十年，擢福建按察使，署布政使，逾年实授。

赓芸守漳州时，龙溪县有械斗，令懦不治。署和平令朱履中内狡而外朴，赓芸误信之，请以移龙溪。久之，事不办，治稔其诈。洎署布政使，改履中教职。履中亏盐课，恐狱罪。具揭于总督汪志伊、巡抚王绍兰，调亏帑由道府婪索。督抚密以闻，解赓芸职质讯。赓芸之去漳，监造战船工未竣，留仆督率之，仆假履中洋银三百圆，诡以垫用告。赓芸如数给之，仆匿不以偿。福州知府涂以辋鞫之，阿总督意，增其数为一千六百，逼令自承，辞色俱厉，赓芸终不肯诬服。虑为狱吏所辱，遂自经。

事闻，命侍郎熙昌、副都御史王引之往按其狱，得白。上以赓芸操守清廉，众所共知。其死由汪志伊固执苛求，而成于涂以辋勒供凌逼，褫志伊职，永不叙用。以辋、履中俱遣戍黑龙江，绍兰亦以附和革职。

赓芸家不名一钱，殁无以殓。盐法道孙尔准与之善，为经纪其丧。初，志伊亦重赓芸，曾荐举之。及擢布政，乘新舆上谒，志伊讽以戒奢，赓芸曰："不肖为大员，不欲效布被脱粟之欺罔。"志伊素矫廉，衔其语。又以遇事抗执，嫌益深。及狱起，履中忽自承妄讦，诿原揭为其仆窃印，志伊怒，必穷诘之。论者谓漳厂修船，例由龙溪县垫款，藩司发款，至道乃偿之，非赃私也。赓芸狷急，负清名，虑涉嫌不承，而志伊峻待绅士，不理于众。与赓芸善者，或以飞语中之。

方治狱使者至闽，士民上书为赓芸讼冤，感泣祭奠，踵接于门，为建遗爱祠。熙昌等据情奏请赐额表扬，仁宗以"大员缘事逮问，当静俟国法，若此心皭然，横遭冤枉，亦应据实控告，朝廷必为昭雪；乃效匹夫沟渎之谅，殊为褊急，不应特予旌扬。士民追思惠政，捐赀立祠，斯则斯民直道之公，听之。"

伊秉绶，字墨卿，福建宁化人。乾隆五十四年进士，授刑部主事，迁员外郎。嘉庆三年，出为广东惠州知府，问民疾苦，裁汰陋规，行法不避豪右，故练刑名，大吏屡以重狱委之，多所矜恤。陆丰巨猾肆劫勒赎，秉绶设方略，缚其渠七人戮之。六年，归善陈亚本将为乱，提督孙全谋不发兵，秉绶乃遣役七十馀人夜捣其巢，擒亚本，馀党窜入羊矢坑。未几，博罗陈烂屐履起事，请兵，提督复沮之。秉绶争曰："发兵愈迟，民之伤残愈甚。"提督不得已，予三百人。秉绶复曰："侦虚实，则三四人足矣。如用兵，以寡敌众，徒偾事耳。"提督不听，令游击郑文照率三百人往，孑身跳归，乱遂成。秉绶适以他事罣议去官，士民吁留军营。时提督既拥兵不前，其标兵卓亚五、朱得贵均通贼纵掠，为伪渠帅。秉绶愤懑，请兵益力，逢总督吉庆之怒，复以失察教匪论戍。会新总督倭什布至惠州，士民数千人诉秉绶冤，上闻，特免其罪，捐复原官，发南河，授扬州知府。

时秉绶方奉檄勘高邮、宝应水灾，刺一小舟，栖户枉渚，必亲阅手记。及莅任，劬躬率属，赈贷之事，锱铢必核，吏无所容其奸。倡富商巨室捐设粥厂，费以万计。诛北湖剧盗铁库子辈，杖诡道诳愚之聂道和，它奸猾扰民者，悉严治之。民虽饥困，安堵无惶惑。历署河库道、盐运使，胥称职。寻以父忧去，家居八年。嘉庆二十年，入都，道经扬州，卒。

秉绶承其父朝栋学，以宋儒为宗。在惠州，建丰湖书院，以《小学》、《近思录》课诸生；在扬州，宏奖文学。殁后士民怀思不衰，以之配食宋欧阳修、苏轼及清王士祯，称四贤祠。

狄尚絅，字文伯，江苏溧阳人，寄籍顺天。乾隆四十六年进士。五十七年，授安徽黟县知县，父忧去。嘉庆四年，起复，发广东，署化州知州。濒海犷悍，尚絅解除烦苛，治以简易。补花县，以乡民助剿博罗乱匪有功，旋摄香山。十年，铨授江西南康知府。有武举调族妇妇，羞忿自尽，以无告发，事寝有年矣。尚絅甫下车，武举以他事涉讼，反覆诘问，忽露前情。穷究得实，置诸法，群惊为神。不期年，理滞狱百余，尽得情实。饶州有两姓争田，世相仇杀，尚絅为判断调和，争端永息。南安会匪李详诰传徒聚众，事发，大吏檄尚絅按之。戴奉飞实罪首，详诰为从，当减死。承审同官以详诰巨富，欲引嫌。尚絅曰："无愧于中，何嫌可避？"大吏亦虑与原奏不符，尚絅曰："不护前非，乃见至公。圣明在上，何虑焉？"卒从其议，株连者亦多省释。尝言："狱不难于无枉纵，惟干证之牵累，吏胥之需求，受害者不可穷诘。生平思此，时用疚心。"又曰："人知命、盗巨案之当慎，不知婚姻、财产细务，尤不可忽。盖必原情度势，使可相安于异日，不酿成别故，斯为善耳。"

南康治滨湖，风涛险恶，宋郡守孙乔年筑石堤百余丈，内浚二澳，可泊千艘。朱子知南康，增筑之，名紫阳堤。迤东水啮，浸及城址，明知府田琯增筑石堤百余丈以卫之，久俱圮。尚絅增修两翼，一准旧制，坚固经久。蓼花池周五十里，受庐山九十九湾之水，北入湖，水门浅隘，尚絅疏浚之，积潦消泄，岁增收谷万石。在任先后二十四年，所设施多规久远。历署饶州、吉安、广信三府，摄粮道。敝衣蔬食，不问生产。引疾去官，不能归，卒于南康。

张敦仁，字古愚，山西阳城人。乾隆四十年进士，授江西高安知县，调庐陵。精于吏事，有循声。迁铜鼓营同知，署九江、抚州、南安、饶州诸府事。嘉庆初，改官江苏，历松江、苏州、江宁知府。六年，调授江西吉安。沿赣江多盗，遴健吏专司巡缉，责盗族擒首恶，毋匿遁逃，崔荇以靖，民德之。再署南昌，寻实授。所属武宁民妇与二人私，杀其夫，前守以夫死途中，非由妇奸报。敦仁覆鞫词无异，而其幼子但哭不言，疑之。请留前守同谳，遂得谋杀移尸状，狱乃定。龙泉天地会匪滋事，巡抚檄敦仁往按，未至，镇道已发兵擒二百余人，民惶惧。敦仁廉知匪党与温氏子有隙，非叛逆，法当末减，坐为首二人。又会匪素肆掠，富室为保家计，多伴附，实未身与。事发株连，囹圄为满。讯察其冤，尽得释。道光二年，擢云南盐法道，寻以病乞致仕。敦仁博学，精考订，公暇即事著述，所刻书多称善本。寄寓江宁，卒，年八十有二。著书遭乱多佚。

郑敦允，字芝泉，湖南长沙人。嘉庆十九年进士，选庶吉士，散馆授刑部主事，迁员外郎。道光八年，出为湖北襄阳知府。襄阳俗朴，讼事多出教唆。敦允长于听断，积牍为空。访所属衙蠹莠民最为民患苦者十余人，论如律。地号盗薮，请帑筹充缉捕费，多设方略，获盗百余。巨盗梅权者，勇悍多徒党，捕者人少莫能近，众至则逸。侦知所在，夜往擒之，其徒追者数百人。令曰："欲夺犯者，杀而以尸与之。"众不敢逼。诉者麕集，曰："久不敢言，言辄火其居。"敦允曰："苦吾民矣！"遂置之法。枣阳地瘠民贫，客商以重利称贷，田产折入客籍者多。敦允许贷户自陈，子浮于母则除之，积困顿苏。

汉水啮樊城，坏民居，议甃石堤四百余丈，二年而成。明年，汉水大涨，樊城赖以全。襄阳岸高水下，遇旱，艰于引溉。颁筒车式，使民仿制，民便之。调署武昌，会大水，樊城石工掣损，敦允固请回任守修。襄人走迎三百里，日夜牵挽而至，议增筑子埝护堤根。灾民就食者数万，为草舍居老疾稚弱，令壮者赴工自食。敦允昕夕巡视，工未竟，致疾，未几卒，祀名宦。

李文耕，字心田，云南昆阳人。家贫，事亲孝，服膺宋儒之学，嘉庆七年进士，以知县发山东，假归养母。母丧，服阕，补邹平。到官四阅月，不得行其志，引疾去。以官累，不得归。十九年，教匪起，寿张令以文耕娴武事，招助城守，训练、防御皆有法，贼不敢窥境。大吏闻其干略，起复补原官。

在邹平五年，治尚教化。民妇陈诉其子忤逆，文耕引咎自责，其子叩头流血，母感动请释，卒改行。听讼无株累，久之，讼者日稀。善捕盗，养捕役，使足自赡，无豢贼。数亲巡，穷诘窝顿。尝曰："治盗必真心卫民，身虽不能者，精神及之，声名及之。"终任，盗风屏息。课诸生，亲为指授，勉以为己之学，民呼李教官，又呼为李青天。调冠县，迁胶州，浚云、墨二河。道光二年，擢济宁直隶州，未之任。巡抚琦善特荐之，宣宗夙知其名，即擢泰安知府。

调沂州，立属吏程课，谓："官不勤则事废，民受其害。教化本于身，能对百姓，然后可以教百姓。"属吏皆化之。沂郡产檞树，劝民兴蚕，建义仓备荒，捕盗如为令时。寻擢兖沂曹道。司河事，修防必躬亲。属厅请浚淤沙，需银五万，往视之，曰："无庸！春涨，即刷去矣。"果如其言。

五年，迁浙江盐运使，未几，调山东。时鹾业疲累，充商者多无藉游民。文耕知其弊，请分别征缓，以纾商力。责富商领运，不得因引滞贱价私卖，课渐裕。七年，擢湖北按察使，复调山东。严治胥役，诈赃犯辄置重典。断狱宽平，责属吏清滞狱，数月，积牍一空。谓："山东民气粗而性直，易犯法，亦易为善，故教化不可不先。"

居三岁，调贵州。州县瘠苦，希更调，不事事。适权布政使，请以殿最为调剂，俾久任专责成。凿桐梓葫芦口，以息水患。黔产䌷，无绵布，设局教之纺织。贫民艰生计，重利而薄伦常，撰文劝导，曰《家喻户晓篇》。十三年，休致归。

文耕平生以崇正学、挽浇风为己任，在山东久，民感之尤深，殁祀名宦。

刘体重，山西赵城人。乾隆五十四年举人。嘉庆初，以知县发湖南，历署石门、新化、衡阳、宁武、衡山、湘阴。晋秩同知，改江西。道光中，补袁州同知，擢广信知府。调吉安，又调抚州，所至有声。在抚州治绩最著，巡历属县，问民疾苦，集父老子弟勉以孝弟力田。属吏不职，参劾无徇。胥吏揽讼，痛惩之。厚书院廪饩，课士以经，劝绳以礼法。遇大水，尽心赈恤，灾不为害。建义仓，积谷五万石。十四年，擢河南彰卫怀道，管河事，修防有法。终任，黄流安澜。沁水堤由民筑，多单薄，择其要区加筑子埝，筹岁修费垂永久。漳河无堤防，勤疏浚，水患并息。创建河朔书院，仿朱子白鹿洞规条，以课三郡之士。十九年，擢江西按察使，迁湖北布政使。二十二年，乞病归，卒于家。

体重廉平不苛，尤长治狱。所居，吏畏民怀，讼狱日简。河北士民尤感之，殁祀名宦祠。

子煦，由拔贡授直隶知县，历权繁剧。咸丰初，迁开州知州。河决，赈灾，全活数万。治团练有功，署大名知府。十一年春，直隶、山东匪迭起，守城四十日，乘间出奇击贼，城获安。既而东匪西窜，势复张，畿辅震动。煦督师破清丰贼垒，乘胜进攻濮州老巢。遇大雨，贼决河自卫，煦激励兵团，坚持不懈，贼穷蹙乞降，遂复濮州。开、濮之间，积水多沮洳，土人谓之水套，匪辄凭匿。至冬，复竖旗起事。煦率乡团八千人，追贼于冰天泥淖之中，三战皆捷，水套底定。同治元年，擢大顺广道，命偕副都统摅克敦布办理直、东交界防剿事宜，以劳卒于官。优诏赐恤，大名及原籍并建专祠。

张琦，初名翊，字翰风，江苏阳湖人。嘉庆十八年举人，以誊录议叙知县。道光三年，发山东，署邹平县。抵任，岁且尽。阅四百七十村，麦无种者。即申牒报灾，亲谒上官陈状。破成例请缓征，因邹平得缓者十六州县。民失物，误讼邻邑长山，归狱于琦。琦曰："汝失物地，大树北抑大树南？"曰："树北。"琦曰："若是，则我界也。"民愕然，曰："诚邹平耶？即不欲以数匹布烦父母官。"持牒去。后权章丘，邹平民时赴诉，琦曰："此于法不当受。"慰遣之。章丘民好讼，院、司、道、府五府吏皆籍章丘，走书请托，挏擓短长。琦任岁余，无一私书至。结案二千有奇，无翻控者。

五年，补馆陶，会久旱风霾，麦苗皆死，饥民聚掠。琦祷雨既应，严捕倡掠者。廉得富家闭粜居奇状，按治之，民大悦。乃请普赈两月。馆陶地褊小，赈数多邻邑数倍，大吏呵之。寻有诏责问岁饥状甚切，乃按临灾区，民迎诉赈弊，惟馆陶得实。始劾莫他邑令，厚慰琦。士有讼者，阅其辞不直，则曰："课汝文不至，讼乃至耶？"先试以文，不中程，责后乃决事，士讼遂稀。馆陶地斥卤，不宜谷，又卫水数败田。琦精求古沟防及区田法试行之，未竟，病卒。

在馆陶八年，民爱戴之，理讼不待两造集，即决遣之。以其辞质后至者，莫敢狡饰。有疑狱，亦不过再讯。胥吏扰民，必严论如法。然筹其生计必周，故无怨者。

琦少工文学，与兄编修惠言齐名，舆地、医学、诗词皆深造。五十后始为吏，治绩尤著。时江西同知石家绍亦儒者，为治有古风，殆相亚云。

家绍，字瑶辰，山西翼城人。以拔贡为壶关县教谕。道光二年成进士，授江西龙门知县。发奸摘伏，以神明称。调上饶，再调南昌。首邑繁剧，而尽心民事，理讼尝至夜不辍。连年水患，饥民闻省会散赈，麇聚郭外。家绍与新建令同主赈，始散米，令饥民自爨。来者益众，赈所濒河，几莫能容。乃改散钱，令各返乡里，候截留漕米济之。时水灾益棘，家绍请开仓平粜，复分厂煮粥以赈。主者循例备三千人食，而就食者五万，汹汹不可止。家绍至，谕之曰："食少人众，咄嗟不能办。汝等姑退，诘朝来，不使一饥民无粥啖也。"众皆迎拜曰："石爹爹不欺人，愿听处置。"爹爹者，江西民呼父也。历署大庾、新城、新建三县，擢铜鼓营同知，署饶州、赣州二府，所至皆得民心。家绍口呐呐若不得辞，自大吏、僚友、缙绅、士民、卒隶无不称为循史，顾自视欿然。尝曰："吏而良，民父母也；不良，则民贼也。父母，吾不能；民贼也，则吾不敢，吾其为民佣乎！"十九年，卒。五县皆祀名宦，南昌民尤德之，建祠于百花洲。

刘衡，字廉舫，江西南丰人。嘉庆五年副榜贡生，充官学教习。十八年，以知县发广东。奉檄巡河，日夜坐卧舟中，与兵役同劳苦，俾不得通盗，河盗敛戢。署四会县，地瘠盗炽。衡团练壮丁，连村自保。诇捕会匪，焚其籍，以安反侧。祗治渠魁，众乃定。调署博罗，城中故设征粮店数家，乡又设十站，民以为累，衡至即除之。俗多自戕，里豪蠹役杂持之，害滋甚。衡释诬滥，严惩主使，锢习一清。补新兴，父忧去。服阕，道光三年，授四川垫江，俗轻生亦如博罗，衡先事劝谕，民化之。获咽匪初犯者，曰："饥寒迫尔。"给赀使自谋生，再犯不宥，匪辄感泣改行。

调署梁山，处万山中，去水道远，岁苦旱。衡相地修塘堰，以时蓄泄，为永久之计。捐田建屋，养孤贫，岁得谷数百石，上官下其法通省仿行。寻调巴县，为重庆府附郭，号难治。白役七千余人，倚食衡前。衡至，役皆无所得食，散为民，存百余人，备使令而已。岁歉，衡谓济荒之法，聚不如散，命各归各保，以便赈恤，是年虽饥不害。

衡尝谓律意忠厚，本之为治，求达爱民之心。然爱民必先去其病民者，故恒寓宽于严。官民之阻隔，皆缘丁胥表里为奸。所至设长几于堂左右，分六曹为六櫺。吏呈案，则各就左几櫺皮之，击磬以闻。衡自取，立与核办，置之右几。吏以次承领，壅蔽悉除。有诉讼，坐堂皇受牒，亲书牒令原告交里正，转摄所讼之人，到即讯结。非重狱，不遣隶勾摄；即遣，必注隶之姓名齿貌于签。又令互相保结，设连坐法，蠹役无所施技。性素严，临讼辄霁颜，俾得通其情，扑不过十，惟于豪猾则痛惩不稍贷。尝访延士绅，周知地方利害，次第举革。待丞、尉、营弁必和衷，时赒其乏，缓急可相倚。城乡立义学，公余亲课之。为治大要，以恤贫保富、正人心、端士习为主。总督戴三锡巡川东，其旁邑民诉冤者皆乞付刘青天决之，语上闻。

七年，擢绵州直隶州知州，宣宗召对，嘉其公勤。八年，擢保宁知府，九年，调成都。每语人曰："牧令亲民，随事可尽吾心。太守渐远民，安静率属而已，不如州县之得一意民事也。"然所在属吏化之，无厉民者。后擢河南开归陈许道，未几，病。巡抚为陈情及治蜀状，靖优待之，以风有位。特诏给假调理。久之，病不愈，遂乞归。数年始卒。博罗、垫江、梁山、巴县皆请祀名宦祠。

同治初，四川学政杨秉璋疏陈衡循绩，并上遗书。穆宗谕曰："刘衡历任广东、四川守令，所至循声卓著。去官四十余年，至今民间称道弗衰。所著《庸吏》、《庸言》、《蜀僚问答》、《读律心得》等书，尤为洞悉间阎休戚，于兴利除弊之道，筹画详备，洵无愧循良之吏。将历任政绩宣付史馆，编入《循吏传》，以资观感。"衡所著书，皆阅历有得之言，当世论治者，与汪辉祖《学治臆说》诸书同奉为圭臬。其后有徐栋著《牧令》诸书，亦并称焉。

栋，字致初，直隶安肃人。道光二年进士，授工部主事，累迁郎中。究心吏治，以为天下事莫不起于州县，州县理，则天下不下理。称州县之职，不外于更事久，读书多。然更事在既事之后，读书在未事之先，乃汇诸家之说为《牧令书》三十卷。又以保甲为庶政之纲，天下非一人所能理，于是有乡、有保、有甲。自明王守仁立十家牌之法，后世踵行，为弭盗设，此未知其本也。亦集诸说，成《保甲书》四卷。二十一年，出为陕西兴安知府，调汉中，又调西安，所行保甲，皆有成效。兴安临汉江，栋补修惠春、石泉两堤，加于旧五尺，民颇苦其役。十数年后，大水冒旧堤二尺，乃感念之，肖像以祀。旧禁运粮下游，栋以兴安卑湿，积谷易霉变。既不能久储，又不能出境，图利者改种烟叶、蓝靛，歉年每至乏食。乃弛运粮之禁，民便之。举卓异，二十九年，以病归。咸、同之间，在籍治团练，修省城，有诏录用，以老病辞，寻卒。祀兴安名宦祠。

姚柬之，字伯山，安徽桐城人。七世祖文燮，见本传。柬之少负异才，从族祖鼐学，道光二年成进士，授河南临漳知县，屡决疑狱。县民张鸣武控贼杀妻，称贼攀二窗棂入室。柬之勘窗棂窄，且夫未远出。诘之，果夫因逐贼，误斫杀妻。又常姚氏被杀，罪人不得。柬之察其为县试招覆之前夜，所取第一名杨某不赴试，疑之。召至，神色

惶惑，询其居，与常邻。乃夜至城隍庙，命妇人以血污面，与杨语，遂得图奸不从强杀状。每巡行乡曲，劝民息讼，有诉曲直者即平之。漳水溢，赍粮赴灾区，且勘且赈，全活者众。兼摄内黄，民服其治，闹漕之风顿革。境与直隶大名毗连，多贼巢，掘地为窟，积匪聚赌，排枪手为拒捕计。柬之约大名会捕，赌窟除而盗风息。母忧去。

十二年，服阕，补广东揭阳。濒海民悍，械斗掳掠，抗赋戕官，习以为常。柬之训练壮勇，集神耆于西郊，谕以保护善良，与民更化。最顽梗之区曰下滩，盗贼、土豪相勾结，柬之会营往捕，拒者或死或擒。一盗积犯十八案，召被害者环观，僇之，境内称快。有凶盗居钱坑，其地四面皆山，不可攻。潮州故事，凡捕匪不得，则燕其庐，空其积聚。柬之戒勿焚烧，召耆老，谕交犯，不敢出。乃乘舆张盖入村，从仅数人，见耆老一一慰劳，皆感泣，愿更始。民在四山高望者，咸呼"好官"，次日遂交犯。自下滩示威，钱坑示德，恩信大著。收获时，巡为之保护，树催科旗；值械斗，则树止斗旗。一日，涂遇持火枪者，结队行，望见官至，悉没水中，命以渔网取之。讯为助斗者，按以法，自此械斗寖止。兴复书院，厚待诸生，回乡以新政告乡人，有变则密以闻，官民无隔阂。逋赋者相率输将，强梗渐化，县大治。

迁连州绥瑶厅同知，民、瑶构讼，判决时必使相安，遂无事。普宁县匪徒戕官肆劫，奉檄从镇道往捕治。匪以涂祥为巢穴，磨盘山为声援，地皆险。乃设方略，正军攻涂祥，调揭阳壮勇自磨盘岭突进破贼巢，获六百余人。事定，言官误论劾。朝使查勘，其诬得白。

十七年，署肇庆府，端溪大涨，城不没数版，柬之日夜立城下守御。预放兵粮，以平米价，民不知灾。十九年，擢贵州大定知府，俗好讼，柬之速讯速结，不能售其欺，期年而讼稀。白蟒洞地僻产煤、铁，有汪摆片者，据其地聚众结会，为一方害，捕灭解散，地连川、滇、得弭巨患焉。大定民、苗杂居，宜治以安静。大吏下令，柬之必酌地方之宜，不使累民。见多不合，遂引疾归。数年始卒。

吴均，字云帆，浙江钱塘人。嘉庆二十四年举人，道光十五年，大挑知县，发广东，授乳源，调潮阳。历署揭阳、惠来、嘉应、海阳。在海阳捕双刀会匪黄悟空，置之法。举卓异，署盐运司运同，擢佛冈厅同知，署潮州知府。咸丰二年，惠州土匪肆劫，均奉檄往，获匪千余，分轻重惩治，遂肃清。三年，实授。时东南各行省军事亟，福建、湖南大吏闻均名，先后奏调往襄剿匪，广东方倚为保障，坚留之。四年，江南大营散兵回粤，结匪为乱。贼首陈娘康拥众围潮阳，分党陷惠来，攻普宁。援军失利，均亲督战，败贼。甫解潮阳围，海阳彩阳乡匪首吴中庶乘间纠党陈阿拾煽众，旬日至万余人。大掠海阳，逼攻郡城，澄海匪首王兴亦尔与合。均檄潮阳令汪政分兵援郡城，战城下，歼贼数千，围解。自移军澄海，冒雨破贼巢，分路搜捕，清余孽。旋克惠来，斩陈娘康等于阵。未几，以积劳卒于官。

均性清介，治潮最久，诛盗尤严。每巡乡，辄以二旗开导，大书曰："但愿百姓同心，免试一番辣手。"化莠为

良,保全弥众。从役有取民间丝粟者,立斩马前,民益畏服。在潮阳以滨海地咸卤,开渠以通溪水,筑堤六千余丈,淡水溉田,瘠土悉沃。在海阳浚三利溪,加筑北堤,为郡城保障。及守潮州,修复州东广济大桥。附郭西湖山高出城上,登瞰全城如指掌,旧有高埔为犄角,久圮。均筑展新城,跨壕而过,围山于城内。至是匪乱围攻,竟不能破,民咸颂之。殁后,追赠太仆寺卿。光绪间,潮州建专祠。

王肇谦,字琴航,直隶深泽人。道光十四年举人,授福建海澄知县。马口乡民构衅互掠,亲谕利害,积嫌顿解。捕巨盗许蚪置诸法,群盗敛迹。富绅争产累讼,男妇数十人环跪堂下,援引古义喻之,更反自责。众赧然,谓今日始知礼义,讼以是止。邑民李顺发负杨茄柱金,为杨所留,乃以劫财诉诸教堂。教主移牒请严究,众汹汹。肇谦白上官:"茄柱无罪,不必治;教士骄心,不可长。"总督刘韵珂嘉其抗直。闽县上崙村故盗薮,檄肇谦往捕。至则召其父老开陈大义,曰:"我来活若一乡,若列铳拒官,大府欲屠之,尚不知耶?"众大恐,肇谦曰:"某某皆大盗,速缚来!三日缮齐保甲册,吾保若无事。"遂立以盗献。厦门洋人因赁屋与民龃龉,奉檄往治,据理剖决,两无所徇,洋人帖服。

咸丰二年,署上杭,时粤匪据江宁,福建贼林俊遥应之,陷漳州、永春、大田诸郡县。肇谦建硐储粟,制器械,简丁壮,为坚壁清野计,赖以无虞。三年,淫雨为灾,且赈且治军,率团勇越境剿松源县贼四千。擢永春直隶州知州,募乡兵二万,破林俊于城南山,擒土匪邱师、幸八等。

署漳州知府,漳浦古竹社蔡全等为乱,肇谦设方略,约内应,生擒全,诏嘉之,晋秩知府。漳俗犷悍难治,肇谦谓民不奉法,由吏不称职。课所属清案牍,勤催科,惩械斗,严缉捕,表义行,振文教,以能否为殿最,漳人以为保障。署延建邵道,调署兴泉永道,未行,粤匪窜入境,肇谦誓以死守,督军随按察使赵印川十三战皆捷,以劳卒。诏赠光禄寺卿,祀上杭名宦祠。

曹瑾,字怀朴,河南河内人。嘉庆十二年举人。初官直隶知县,历署平山、饶阳、宁津,皆得民心。赈饥惩盗,多惠政。补威县,调丰润,以事落职。寻复官,发福建,署将乐。又以失察邪教被劾,引见,仍以原官用。

道光十三年,署闽县,旗兵与民械斗,持平晓谕利害,皆帖服。值旱,迎神于鼓山祷雨,官吏奔走跪拜街衢间,瑾斥其不载祀典,独屹立不拜。大吏奇之,以为可任艰巨。时台湾岁歉多盗,遂补凤山。问疾苦,诘盗贼,剔除弊蠹,顺民之欲。淡水溪在县东南,由九曲塘穿池以引溪水,筑埤导坍。凡掘圳四万余丈,灌田三万亩,定启闭蓄泄之法,设圳长经理之。

二十年,擢淡水厅同知,海盗剽劫商贾,漳、泉二郡人居其间,常相仇杀,又当海防告警,瑾至,行保甲,练乡勇,清内匪而备外侮。英吉利兵舰犯鸡笼口,瑾禁渔船勿出,绝其向导,悬赏购敌酋,民争赴之。敌船触石,擒百二十四人。屡至、屡却之。明年,又犯淡水南口,设伏诱击,俘汉奸五、敌兵四十九人。事闻,被优赉。未几,

和议成,英人有责言。总督怡良知瑾刚直,谓曰:"事将若何?"瑾曰:"但论国家事若何,某官无足重,罪所应任者,甘心当之。但百姓出死力杀贼,不宜有负。"怡良叹曰:"真丈夫也!"卒以是夺级。后以捕盗功晋秩,以海疆知府用。瑾遂乞病归,数年始卒。

桂超万,字丹盟,安徽贵池人。道光十二年进士,以知县发江苏。署阳湖四十日,巡抚林则徐贤之,补荆溪。未任,父忧去。十六年,服阕,授直隶栾城。捕盗不分畛域,每于邻邑交界处破贼巢,盗风息。浚洨河、金水河及城河,通沟洫,平道路,水潦无患。限绅户免役不得过三十亩,免累民。劝树畜,修井粪田,种薯芋以备荒。复书院,设义塾,化导乡民,习异教者多改行。调万全,署丰润。值英吉利犯天津,沿海戒严。超万训练乡勇,募打鸭善枪法者以备战。后粤匪犯畿辅,天津练勇效超万法,颇收鸭枪狙击之效。诏举贤吏,总督讷尔经额荐超万持躬廉谨,尽心民事,迁北运河务关同知。

二十三年,擢授江苏扬州知府。扬俗浮靡,超万励勤俭,严禁令,凡衙蠹、营兵、地棍、讼师诸害民者,悉绳以法。讼于府者,一讯即结。逾两年,调苏州。时漕弊积重,大户短欠,且得规包纳运丁,需索日增,官民交困。超万为减帮费、均赋户之议。乃访惩豪猾,示均收章程,依限完纳,即赦既往。请大吏奏定通行,积困稍苏。屯佃求减租,聚众殴业主,粮艘水手因行海运失业,勾结滋事,势皆汹汹。超万处以镇静,先事戒备,得弭乱萌。署粮储道。二十九年,擢福建汀龙漳道。乞病归。咸丰中,粤匪扰安徽,超万在籍治乡团。同治初,福建巡抚徐宋干荐之,署福建粮储道,寻擢按察使。年八十,卒于官。

张作楠,字丹村,浙江金华人。嘉庆十三年进士,铨授处州府教授。擢江苏桃源知县,调阳湖。治事廉平,人称儒吏。道光元年,擢太仓直隶州知州,三年,大水,作楠冒雨履勘灾乡,问民疾苦,停征请赈,借帑平粜。疏浚境内河道,以工代赈。水得速泄,涸出田亩,不误春耕,人刊《娄东荒政编》纪其事。寻奉檄赴松江谳狱,乡民讹传去官,虑仍收漕,纷纷奔诉。会濒海奸徒乘间蠢动,作楠闻变,驰回,中途檄主簿萧翙赴茜泾捕首恶,胁从罔治,事遂定。作楠勤于治事,案无滞牍。暇则篝灯课读,妻、女纺织,常至夜分。人笑其为校官久,未改故态。

五年,擢徐州知府,受代,以平粜亏帑二万金,弥补未完。作楠自危,巡抚陶澍曰:"救灾民如哺儿,失乳即死。吾方咎汝请粜时,顾虑折耗不兑稍稽。遇大投艰者,胡亦泥此?且绅民已代致万金,不汝责也!"徐州亦被灾,筹赈甚力,民赖以苏。

在任两载,乞养归。乡居二十余年,足迹不入城市。三子皆令务农、工,或问:"何不仍业儒?"曰:"世俗读书为科名,及入仕,则心术坏,吾不欲其堕落也。"作楠精算学,贯通中西。在官以工匠自随,制仪器,刊算书。所著书,汇刻曰《翠微山房业书》,行于世,学者奉为圭臬焉。卒,祀乡贤祠。

云茂琦,广东文昌人。道光六年进士,授江苏沛县知

县。询民疾苦,恳恳如家人。劝以务本分、忍忿争,讼顿稀。县地卑,多积潦,开浚沟洫,岁获屡丰。筹缉捕经费,获盗多,给重赏,盗贼屏迹。课诸生,先德行,后文艺,语以身心性命之学。邻邑闻风而来,书院斋舍至不能容。总督蒋攸铦称其有儒者气象。调六合,连年大水,灾民得赈,无流亡。邑多淫祀,毁其像,改书院。卫田多典质,为清理复业,运户得所津贴,漕累以纾。考最,入觐,改官兵部郎中,又改吏部。未几,告养归。"家居十数年,置田赡族,乡邑兴革,无不尽力。主讲课士有法。卒,祀名宦祠。

卷四百七十九　列传二百六十六

循吏四

徐台英　牛树梅何曰愈　吴应连　**刘秉琳**
陈崇砥　夏子龄　萧世本　**李炳涛**俞澍
朱根仁　邹钟俊　王懋勋　**䦥德模**林达泉
方大湜陈豪　**杨荣绪**林启　**王仁福**朱光第
冷鼎亨　孙葆田柯劭慭　**涂官俊**陈文黻　李素
张楷　王仁堪

徐台英,字佩章,广东南海人。道光二十一年进士,授湖南华容知县。俗好讼,台英谓讼狱纠缠,由于上下不通。与民约,传到即审结,胥役需索者痛惩之。一日,阅呈词,不类讼师胥吏笔,鞫之,果诸生也。拘至,试以诗文,文工而诗劣。谕曰:"诗本性情,汝性情卑鄙,宜其劣。念初犯,姑宥,其改行!"其人感泣去。规复沱江书院,月自课之。曰:"陆清献作令,日与诸生讲学。吾不晓讲学,若教人作文,因而诱之读书立品,是吾志也。"县田有圩田、塝田、山田之分。濒湖地,旱少潦多,塝、圩例有蠲缓,田无底册,影射多。书役垫征,官给空票。花户粮数,任其自注。役指为欠者,拘而索之,官不知所征之数。保户包纳漕米,相沿以为便,挟制浮收,无过问者。积欠数万,官民交病。台英知其弊,乃清田册,注花户粮数、姓名、住址,立碑城上,使册不能改。应缓、应征者可亲勘,而影射之弊绝。申粮随业转之例,即时过割,而飞洒之弊绝。收漕分设四局,俾升合小户,就近输纳,免保户之加收,而包纳之弊绝。塝田旧有堤修费,出田主。有挪塝田作圩田,冀免堤费者;有卖田留税,派费赔累者;有卖税留田,派费不至者:堤费不充。一塝堤溃,他塝同希豁免。凡借帑修堤者,久无偿,相率亡匿。台英丈田均费,低洼者许减派,不许瘠亩。其人户俱绝,归宗祠管业承费。巨族有抗者罪之。行之期年,堤工皆固,逋赋尽输。

调耒阳。耒阳征粮,由柜书里差收解,取入倍于官。

刁健之户轻,良善之户重,民积忿。有杨大鹏者,以除害为名,欲揭竿为乱。事平,台英遂尽革里差。时上官欲命举甲长以代里差,仍主包收包解。台英以甲长之害,与里差同。因集乡绅问之曰:"巡抚命汝等举甲长,何如?"曰:"无人愿充。"台英曰:"甲长所虑在不知花户住址,汝等所虑在甲长包收。吾今并户于村,分村立册。以各村粮数合一乡,以四乡粮数合一县。各村纳粮,就近投柜,粮入串出,胥吏不得预。甲长祗任催科,无昔日包收之害。此可行否?"众皆拜曰:"诺。"台英曰:"隐匿何由核?"众曰:"取清册磨对,有漏,补入可耳。"曰:"虚粮何由垫?"曰:"虚粮无几,有则按亩匀摊可耳。"数月而清册成,粮法大定。大鹏之乱,诱胁者多。台英禁告讦,一县获安。以忧去官。同治元年,诏起用,发浙江,署台州知府,未任,卒。

牛树梅,字雪桥,甘肃通渭人。道光二十一年进士,授四川彰明知县,以不扰为治。决狱明慎,民隐无不达,咸爱戴之。邻县江油匪徒何远富纠众劫中坝场,地与彰明之太平场相近。树梅率民团御之,匪言我不践彰明一草一木也。迨官军击散匪众,远富匿下庄白鹤洞,恃险负隅。遥呼曰:"须牛青天来,吾即出。"树梅至,果自缚出。擢茂州直隶州知州,寻署宁远知府。地大震,全城陷没,死伤甚众。树梅压于土,获生。蜀人谓天留牛青天以劝善。树梅自咎德薄,不能庇民,益修省。所以赈恤灾黎甚厚,民愈戴之。父忧去官。

咸丰三年,尚书徐泽醇荐其朴诚廉干,诏参陕甘总督舒兴阿军事。八年,湖广总督官文荐循良第一,发湖北,病未往。同治元年,四川总督骆秉章复荐之,擢授四川按察使,百姓喜相告曰:"牛青天再至矣!"三年,内召,以老病不出,主成都锦江书院。

时甘肃回匪尚炽,树梅眷念乡里,遗书当事,论剿回宜用土勇。略云:"军兴以来,剧寇皆南勇所扫荡。今金积堡既平,河州水土犹恶。若参用本省黑头勇,其利有六:饱粗粝,耐冰霜,一也;有父母兄弟妻子之仇,有田园庐墓之恋,二也;给南勇半饷,即乐为用,三也;无归之民,收之,不致散为贼,四也;久战狄、河一带,不费操练,五也;地势熟习,设伏用奇,无意外虞,六也。"后总督左宗棠采其说,主用甘军,卒收其效。光绪初,归里,卒,年八十四。

何曰愈,字云畡,广东香山人。父文明,河南洧川知县,有惠政。曰愈少随父宦,读书励志,有干材。道光初,授四川会理州吏目。土司某桀骜,所部夷人杀汉民,知州檄曰愈往验,以贿乞免,却之。乃率众来劫,不为动,卒成验而还。狱上,大吏廉得直,曰愈由是知名。捐升知县,以习边事,办西藏粮台,三载,还补岳池县。不畏强御,豪右敛戢。练乡团,缮城郭,庀器械,逾数年,滇匪犯岳池,后令赖所遗械以拒贼,时比张孟谈之治晋阳云。调署平山,以母忧去。

咸丰六年,服阕,宁远府野夷出巢焚掠,大吏檄曰愈参建昌镇军事。川西倮夷凡数十支,自雷波、峨边,滇南二十四塞,频年肆扰。值西昌县告变,曰愈驰至,众大哗,曰:"夷伤吾人。"曰愈曰:"若等平日欺夷如鹿豕,使无所控告,故酿祸。今且少息,吾为若治之。"乃集兵练出不意捣夷巢,夷皆匍匐听约束。汉民屋毁粟罄,夷请以山木供屋材,并贷谷为食。曰愈谕民曰:"此见夷人具有天良,若等毋再生衅。"汉、夷遂相安。曰愈既益悉夷、番之情伪,山川之险隘,拟《绥边十二策》,格不得上。

未几,滇匪韩登鸾纠众入会理州境,声言与回民寻仇。回民疑汉民召匪,因焚民居。曰愈率一旅往,闻流言奸细伏城内,乃下令毋闭城。三日后,按户搜查,容奸者从军法。越三日,城内外贼党悉遁。曰愈曰:"吾不闭门、不遽搜者,正开其逃路耳。"众皆服。遣人持榜文谕登鸾,遵示释怨退去。复持谕回民,回民曰:"昔日被水灾,田庐尽没。何公一骑渡水赈我,又为我浚河,至今无水患。戴德未忘,今敢不遵谕!违者诛之。"自是回民亦不扰州境。事定,镇桷上其功,会有撼之者,遂不叙。比粤匪犯蜀,曰愈数陈机宜,当事不能用。退居灌县,后归,卒于家。子璟,官至闽浙总督。

吴应连,江西南城人。道光元年举人,以知县拣发四川。历署天全、涪州、永川、安岳、蒲江、新津、绵竹、仁寿诸州县。补石泉,调彭县。宦蜀先后二十年,所至修塘堰,浚河渠,平治水陆道涂,捕盗贼、土豪,抚灾民,皆有实政。咸丰初,蜀匪渐炽,应连在彭县,编团储械,以备不虞。四年,卒于官。未几,悍匪迭来犯,赖乡勇保全危城,民思遗绩,留殡于城内三忠祠旁,岁时祀之。涪州、安岳、永川、石泉、仁寿先后请祀名宦祠。

刘秉琳,字昆圃,湖北黄安人。咸丰二年进士,授顺天宝坻知县。持躬清苦,恤孤寡,惩豪猾,悉去杂派及榷酤赢余者。索伦兵伐民墓树,纵马躏田禾,反诬村民絷其马,秉琳力争得直。蝗起,督民自捕,集赀购之,被蝗者得钱以代赈,且免践祝田苗。迁宛平京县。十年,英法联军犯京师,秉琳奉檄赴营议牺,纳刀靴中,虑以非礼相加,义不受辱。抗论无少屈,牺具皆如议。寻引疾归。

穆宗登极,有密荐者,复至直隶,署任丘。民以驿车为累,筹赀招雇,永除其害。擢深州直隶州知州。七年,捻匪张总愚窜畿辅,且至。人劝其眷属可避,秉琳曰:"吾家人皆食禄者,义不可去。"授兵登陴,乡民及邻境闻之,咸挈入保,至十余万人。婴城四十余日,贼围之,不破。秉琳上书统帅,言贼入滹沱,河套势益蹙,宜兜围急击,缓将偷渡东窜。卒如其言。寇平,优叙。州地多斥卤,民以盐为恒产,课与常赋埒,水旱不得报灾,非漉盐无以应正供。秉琳议官销法,以杜私贩,民悦服。

九年,擢正定知府。滹沱溢,发所储兵米以赈。筑曹马口、回水、斜角三堤,水不啮城,民用安集。郡与山西接壤,固关守弁,苛税煤铁,商贾委物于路,聚众上诉。秉琳往解散,除其重征。镇将获湾三,已诬服,秉琳鞫之,乃兵挟负博嫌,栽赃刑逼,裁成其狱,释三人者而重惩其兵。

光绪元年,擢天津河间道,兼辖南运河工。请复岁修银额,河兵口食足,乃无偷减工料之弊。筑中亭河北堤,涸出腴田千余顷。时方旱,流民集天津,设粥厂,躬亲其事,所活甚众。尝太息曰:"哺饥衣寒,救荒末策也。本计当于《河渠书》、《农桑谱》中求之。"四年,乞病归,数年卒。同治初年,军事渐定,始课吏治。大学士曾国藩为直隶总督,下车即举贤员,如李文敏、任道镕、李秉衡,后并至巡抚。

秉琳及陈崇砥、夏子龄、萧世本诸人,治行皆卓著,当时风气为之一振云。

崇砥,字亦香,福建侯官人。道光二十五年举人,咸丰三年,大挑知县,发直隶,授献县。盗贼充斥,严缉捕,渠魁多就擒。治乡团十六区,合千五百人,分班轮值,邑以有备。捻匪张锡珠扰畿辅,崇砥开城纳逃亡,誓众效死。县境臧家桥为通衢,河间守欲毁桥阻贼,崇砥谓:"方宜安集难民,遥为声援,岂可夷险示弱?且委东乡于贼,非计也。"竟不毁桥,贼旋引去。大学士祁寯藻疏荐之,擢保定府同知,管水利。崇砥以府河港汊纷歧,苦易淤。设水志,增夫役、器具,以时浚汰。商船打坝阻水,为设坝船,给板桩,过浅构桥咸称便。

同治八年,署大名知府,兵乱时,民多筑寨堡自卫,后事定,寖至藏奸抗官。崇砥亲履勘,收缴军械,易正绅司之,浇风渐息。畿南久苦旱,赈难普及,崇砥议有田十亩以上者不赈;极贫,大口钱千,小口半之,壮者不给。先编保甲,造细册,不曰赈而曰贷。事毕,奏请蠲贷,民安之。南乐县民抗徭聚众,令告变。崇砥轻骑往,平其轻重,众欢然输纳。副将驻兵献县,兵不戢,乡团疑其匪也,戕副将。既而知误,畏罪,众聚不散。檄崇砥往治,令缚首祸者,胁从皆免之。

调署顺德府,寻擢河间知府。河间素多讼,崇砥克期审结,数决疑狱,期年而清。滹沱下游为灾,崇砥请筑古洋河堤,自献县至肃宁六十里。于蔡家桥作堤防支流,开沟六千丈,以资宣泄。自冯家村至高旦口,造桥建闸,防子牙河暴涨。于是古洋通流,近地皆大稔。光绪元年,卒于官,祀名宦。

夏子龄,字百初,江苏江阴人。道光十六年,会试第一,成进士。初官礼部主事,任事果决,尚气节。库丁贿当事,请准捐考,力持驳议,时称之。改授河南汲县知县,勤听讼,严治盗,遇事持大体。咸丰初,诏求人才,巡抚潘铎特荐之,会母忧去官。

服阕,授直隶深泽,调饶阳。比岁旱蝗,盗劫肆扰,选健役百人,教以技击,更番直。有事,虽午夜立率以出,捕剧盗几尽。分境内团练为八区,轮期会操,久之皆可用。十年,英法联军入京师,畿南土匪蜂起,冀州王洛悦,河间刘四、贾隆等,各麇集千人,连扰郡邑。子龄率团勇迎击境上,斩获数百。刘四受创遁,王洛悦闻风惊溃。刘四等寻于他县被擒伏法,王洛悦亦就抚。事平,优叙。

县旧为滹沱所经,北徙已久。十一年,上游决溢,水骤至,近郊为泽国。访寻故道,浚老涧沟,上接安平境,下入献县之廉颇注,以资宣泄。次年,水复至,畅流不为患。城西官道冲刷成河,建长桥五十丈,民便之。迁宛平京县。

擢易州直隶州知州。西陵在州境，故事，护陵俸饷及祭品、牛羊、刍豆，州领帑给之。陵员与州吏因缘为侵蚀，数烦朝使察治。子龄与守陵大臣议订章程，弊去泰甚，始相安焉。岁旱，奸民聚众扰大户，立杖毙煽众者。劝捐赈恤，灾不为害。

同治六年，河北马贼起，扰及邻境，募勇治团如饶阳时，匪慑其名不敢犯。次年，捻匪窜扰畿辅，守要隘，清内匪，防军久驻，有淫掠者，立斩以徇，阖境肃然。论功，晋秩知府。美利坚教会私购民居为耶稣堂，执条约与争。以其无游历执照，购屋未先告，州境附近陵寝，有关风水，皆与约背，竟退价撤契，且杜其后至。寻请离任，以知府候补。未几，卒。易州、饶阳并祀名宦祠。子诒钰，官永年知县，亦以廉平称，有治绩。

世本，字廉甫，四川富顺人。同治二年进士，选庶吉士，散馆授刑部主事，改直隶知州。先在籍治团练有声，曾国藩莅直隶，辟为幕僚。九年，天津民、教相閧，毙法国领事，几肇大衅。遂以世本署天津县，寻实授。天津民悍好斗，锅伙匪动为地方害，世本严惩之。地为通商大埠，讼狱殷繁，世本手批口鞫，断决如神。逾年，父忧去。服阕，仍补天津。岁旱，灾黎就食万数，给粥、施医无失所。调清苑，擢遵化直隶州知州，复以母忧去。服阕，以知府候补，管天津守望局。捕诛大盗王洛八、谢昆，海道肃清。倡修运河堤，以免水患。疏浚龙河故道，开范家堤及石碑河、宣惠河、金沙岭下水道四十余里。皆藉赈兴工，民利赖之。署天津、正定两府。十三年，卒。附祀曾国藩祠。

李炳涛，字秋槎，河南河内人。咸丰中，就职州判，谒曾国藩于军中，寻佐皖军营务。能调和将士，积功晋同知，留安徽。同治四年，国藩北征捻匪，炳涛上书言四事："一、专责防堵，以严分窜；一、联络民团，以孤贼势；一、设局开荒，以资解散；一、多备火器，以夺贼长。"国藩颇采其言。檄查亳州圩，炳涛微服出入，尽得诸匪徒姓名及蠹役胡采林通匪虐民状，诱采林诛之，竿其首，一州惊欢。自是讼狱者咸取决于炳涛。按圩查阅，立条教，别良莠，戮悍贼二百，予自新者三千。期年而俗变，无盗窃者。五年，捻匪窜州境，晓谕圩以大义，虽与寇有亲故者，无敢出应，捻匪引去。

六年，署蒙城县。蒙、亳接壤，瘠苦尤甚。炳涛锄强梗，抚良懦，振兴书院，弦诵声作。捻匪余党解散及各军凯撤还乡者数千人，弹压安辑，民用晏然。巡抚英翰疏陈炳涛治行为安徽第一，被诏嘉奖。十年，调署亳州。

寻擢庐州知府。庐州故剧郡，中兴以来，元勋宿将相望，豪猾藉倚声势为不法。官吏莫敢谁何，炳涛严治之，稍戢。无为州江堤，官督民修，炳涛禁胥吏索规费，工必核实。府东施河口为冲途，冬涸，商船以数牛牵挽始行。时值旱灾，以工代赈，浚河深通，运赈者皆至，商民便之。西洋人欲于城内立教堂，成有日矣。炳涛谕地主曰："尔不闻宁国之变耶？他日民、教有争端，尔家首祸。"其人惧，事得寝。光绪二年，大江南北讹言有妖术剪人发者，民情汹汹，奸民藉以倡团立卡，多苦行旅。炳涛遍示城邑无妄动，诛一真匪，其疑似者悉不问，人心旋定。三年，母忧去官。皖南兴办保甲垦荒，大吏奏调炳涛主其事。五年，卒于宁国。

炳涛机警，善断狱。在蒙城，营马为贼所劫。乃传谕，诘旦城但启一门。见有马奔出，有鞍而无辔，命羁之。俄一人手持一封，将出城，回顾者再，缚之。发其封，则辔与劫物皆在，其人伏罪。在亳州，田父报子夜投井死，验无伤，井旁有汲水器。炳涛念夜非取水时，即愿死，何暇持器。询其妇，无戚容。侦其平日与邻妇往来，拘邻妇鞫之，果得状。盖邻妇弟与妇通，欲害其夫。适其夫以事忤父，邻妇邀醉以酒而投之井。置汲器者，欲人信其取水投井也，于是皆伏法。

时皖北被兵久，抚辑遗黎，多赖良吏，炳涛为最。又有俞澍、朱根仁、邹钟俊、王懋勋，并为时所称。

澍，直隶天津人。以县丞发安徽，襄寿春镇军事。咸丰六年，署蒙城知县。时县城初复，人烟寥落，招集流亡，以大义激绅民，筑城筹守御，趋工者踊跃，不费公家一钱。捻渠苗沛霖，反侧叵测，窥县城十余次，不能破城。有内应贼者，捕斩三人而贼退。七年，攻贼于鄭墟，擒其酋徒成德等。八年，攻克龙元贼垒，捻酋孙葵心来犯，出奇计击走之。附近捻墟，慑于声威，往往反正受约束。九年，实授。先后叙功，晋同知直隶衔。在官数年，洁己爱民。及殁，民皆痛哭，送其柩二千里归葬。诏赠道衔，建专祠。

根仁，字礼斋，江苏常熟人。以州判从军，晋秩知县，留安徽。同治三年，署定远。兵燹初定，征调尚繁。前令试办开征，根仁以民不堪命，请缓之。筹备供亿，民无所扰。捕巨猾雍春秀未获，得党羽名册，根仁曰："我何忍兴大狱以博能名？丧乱未平，民气未固，激之生变，可胜诛乎？"遂火其册，闻者为之改行。跕鸡冈周姓聚族居，有从逆者已死，里人利其田庐，致周族人于狱，根仁一讯释之。后再署定远，捻匪扰境，根仁修城浚隍，聚粮固守。暇辄轻骑巡乡，劝民修复陂堰，十家治一井，田二顷辟一塘，旱不为灾。历署阜阳、怀宁，捕阜阳积匪程黑，置之法。补全椒，兴水利，有实政。光绪四年，卒。

钟俊，字隽之，江苏吴县人。同治中，以州判官安徽，积劳晋秩知县，补太平。平反冤狱，慈祥而人不欺。垦荒劝农，蒿莱尽辟，不追呼而赋办。邑行淮盐，与浙引接界，屡以缉私酿大狱，乃请以官牒领盐，试办分销，民始安。修复水利，兴书院，储书七万卷。辑儒先格言，曰《人生必读书》。训士敦本行，旌节孝，修祠祀，举行宾兴乡饮酒礼。在任五年，以兴养立教为务。调太和，历怀宁、六安、阜阳、芜湖、涡阳，所至有声。光绪中，乞休，卒于家。清贫如故。子嘉来，官至外务部尚书，守其家法焉。

懋勋，字弼丞，湖北松滋人。咸丰中，以议叙县丞，发安徽，从军有功，晋知县。历署颍上、合肥、亳州、泗州。补六安直隶州知州，因事去职。寻因筹赈捐，奖以知府候补。懋勋先后官安徽近五十年，任亳州、泗州皆三次。初至亳，捻匪苗沛霖初平，清查户口，收缴军械，平毁寨堡数百，民始复业。惩械斗，清积案，厘学产，复书院，士民戴之。以父忧去，会巡抚过境，州人万众乞留懋勋，巡抚许以俟服阕重任,后如其言,夹道欢迎。光绪初,洊饥,煮粥以赈。河南、山西、陕西饥民流转入境,留养资遣,全活无算。泗州濒洪泽湖,为匪薮,捕诛剧盗数十,闾阎得安。治狱无株连,禁差保扰民。劝农事,励风化,亲历乡曲,民隐悉达。最后至泗,距前已二十余年,盗贼闻风远窜,奸胥皆避归田野。宣统元年,卒。

蒯德模,字子范,安徽合肥人。咸丰末,以诸生治团练,积功洊保知县,留江苏。同治三年,署长洲。时苏州新复,盗日数发,德模侦之辄获。有匪镇将营者,亲往擒以归,置之法。车渡民聚众抗租,或欲慑以兵。德模曰:"是激之变也。"扁舟往,治首恶,散胁从,事立平。治有天主堂,雍正间鄂尔泰抚苏,改祠孔子,泰西人伊宗伊以故址请。德模曰:"某官可罢,此祠非若有也。"卒不行。奸人诱买良家女,倚势豪为庇,德模挈女亲属往出之,豪亦屈服,其不畏强御类此。常周行乡陌,田夫走卒相酬答,周知民隐。驭下严而恤其私,胥役奉法,不敢为蠹。附郭讼狱故繁,日坐堂皇判决,间用俳语钩距多摘,豪猾屏息。然执法平,不为核刻。上官遇疑狱,辄移鞠治,多所平反。治长洲四年,判八百余牍,尽惬民意,或播歌谣焉。

江北大水,灾民麕集,德模请于大吏,分各县留养,三万余人无失所。民有为饥寒偷窃者,设化莠室,给衣食,使习艺,艺成遣归。为洊墅关营筹刍秫费,永免比闾供役。修望亭塘,为桥二十八,以利行旅。兵燹之后,百废待举,坛庙、仓庾、书院、善堂、祠宇及先贤祠墓,率先修复;不足,则斥俸助之。征漕,旧有淋尖、踢斛、花边、样米、捉猪诸色目,又有截串、差追诸弊,一皆革除,不追呼而赋办。惟大小户均一,便于民而不便于绅,御史朱镇以浮收劾奏,事下按治,总督曾国藩、巡抚郭柏荫奏雪之。诏以"是非倒置"切责原奏官。旋署太仓直隶州知州、苏州知府。

九年,调署镇江,时天津民击毙法兰西领事丰大业,沿江戒严。德模至,则葺外城,浚甘露港,召还居民之闻警远徙者,人心始定。

调署江宁,未几,擢四川夔州知府。府城滨江,屡圮于水,修筑辄不就。德模自出方略,筑保坎十三道,氂以方丈大石,层累而上。损万金以倡其役,不二年遂成。附郭有臭盐碛,盛涨则没水,水落,贫民相聚煎盐。嗣为云阳灶户所持,请封禁,然冬令私煎如故,聚众抗捕无如何。德模请弛禁,官买其盐,运销宜昌。不夺奉节贫民之业,不侵云阳销引之岸,遂著为令。劝民种桑,奉节一县二十二万株,他邑称是。在夔四年,卒于官。长洲、太仓、夔州皆祠祀之。

林达泉,字海岩,广东大埔人。咸丰十一年举人,江苏巡抚丁日昌辟佐幕府。留心经济,每论古今舆图、武备及海外各国形势,历历如指掌,日昌雅重之。同治三年,粤匪余孽窜广东,达泉归里练乡勇,筹防御,大埔得无患。叙绩,以知县选用。七年,随剿山东捻匪有功,晋直隶州知州,发江苏。八年,署崇明知县。乱后雕敝,达泉革陋规,清积狱,修城垣,浚河渠,建桥梁,置义冢,增书院膏火,设同仁育婴堂。利民之政,知无不为。及去任,父老遮道攀留。其后兵部侍郎彭玉麟巡阅过境,见老者饥踣于道,与之食,曰:"若林公久任于此,吾邑岂有饥人哉?"

十一年,署江阴。城河通江潮,又县境东横河关,农田十于万亩,灌溉之利,乱后皆淤塞,大浚之。建义仓,劝捐积谷。所定章程,历久遵守。光绪元年,授海州。达泉先奉檄勘海、沭盐河,请以工代赈,下车次第举办。浚甲子河及玉带河,复桥路,增堤防,民咸称便。州地瘠民贫,素为盗薮。达泉时出巡,擒巨憝,置之法。土宜棉,设局教民纺绩,广植桐柏杂树于郭外锦屏山,所规画多及久远。

时方经营台湾,船政大臣沈葆桢疏荐达泉器识宏远,洁己爱民,请调署新设之台北府。格于部议,特诏从之。达泉至,陈治台诸策。议建置,减征收,整饬防军,招民垦荒,皆因地制宜,事事草创,积劳致疾。四年,丁父忧,以毁卒。

方大湜,字菊人,湖南巴陵人。咸丰五年,以诸生从巡抚胡林翼军中,洊保知县,授广济县。清保甲,治团练,盗贼屏息。筑盘塘石堤,下游数县皆免水患。十年,土匪何致祥等谋结皖贼,袭攻官军,大湜偕员外郎阎敬铭驰往擒之。十一年,皖贼窜湖北,黄州、德安诸属县先后陷,广济亦被扰。大湜被吏议,革职留任。调署襄阳,飞蝗遍野,大湜蹑屩持竿,躬率农民扑捕,三日而尽。浚城南襄水故道,渠成,涸复田数万亩。同治初,巡抚严树森疏陈大湜政绩优异,复原职。

八年,擢宜昌知府。九年,大水,难民避高阜,绝食两日。大湜捐赀煮粥糜,又为馎饦数万赈之。谕米商招民负米,日致数十石,计口散给,灾户无失所。摄荆宜施道。十年,调武昌。樊口有港蜿蜒九十余里,外通江,内则重湖环列,周五百里。江水盛涨,由港倒灌,近湖居者苦之。金请筑坝樊口,以御江水。大湜谓闭樊口则湖水无所泄,环湖数县受其害,上下江堤亦危,力持不可。光绪五年,再署荆宜施道,寻擢安襄郧荆道,历直隶按察使、山西布政使。八年,开缺,另候简用,遂乞病。为言者所劾,镌级归。

大湜生平政绩,多在为守令时。所至兴学校,课蚕桑,事必亲理,胥吏无所容奸,民亲而信之。时周历民间,一吏一担夫自随,即田陇间判讼。守武昌时,勘堤过属县,暮宿民家,已去而县官犹不知。严义利之辨,尝曰:"以利诱者,初皆在可取不可取之间。偶一为之,自谓无损,久则顾忌渐忘。自爱者当视为鸩毒,饥渴至死,不可入口。"又曰:"居官廉,如妇人贞节,不过妇道一端。若持贞节,而不孝、不敬、不勤、不慎,岂得谓贤乎?"公暇辄读书,所著《平平言》及蚕桑、捕蝗、修堤、区田诸书,皆自道所得。归田后,谓亲所亲曰:"官至两司,不如守令之与民亲,措置自如也。"遂不出,卒于家。

陈豪,字蓝洲,浙江仁和人。同治九年优贡,以知县发湖北,光绪三年,署房县。勤于听讼,每履乡,恒提橐张幕,憩息荒祠,与隶卒同甘苦。会匪柯三江谋乱,立擒置之法。置甑县门，谕胁从自首，杖而释之。征米斗斛必平，不留难，不挑剔，民大悦，刁绅感而戢讼。禁种莺粟，募崇阳人教之植茶，咸赖其利。历署应城、蕲水。

授汉川，频年襄河溢，修筑香花垸、彭公垸、天兴垸诸堤，疏浚茶壶沟、县河口，以工代赈。新沟者，毗汉阳，冬涸舟涩。江口奸民辄恃众索诈，捕治，谕禁之。因病乞休沐，将去任，有淹讼久未决，虑贻后累，舁胡床至厅事判定，两造感泣听命。值年饥，发赈，大吏知豪得民心，强起，力疾往，民夹道欢呼。赈未半，复以疾去。

寻署随州，素多盗，豪如治房县时，置甑令自首。选贤绅，行保甲，盗风顿戢。俗多自戕图诈，豪遇讼，实究虚坐，不稍徇，浇风革焉。立辅文社，选才隽者亲教之，多所成就。治随二年，濒行，闻代者好杀，竭数昼夜之力，凡狱情可原者，悉与判决免死。后因养母，乞免，归。浙中大吏辄谘要政，多所匡益。家居十余年，卒。豪在随州，重修季梁祠。及卒，随人思其德，于西偏为建遗爱祠祀之。

杨荣绪，字黼香，广东番禺人。咸丰三年进士，选庶吉士，授编修，擢御史。英法联军犯京师，驾幸热河，荣绪与同官抗疏请回銮，又劾参赞国瑞刼法营私，风裁颇著。

同治二年，出为浙江湖州知府。粤匪据湖州四年，时甫克复，荒墟白骨，阒无人烟。荣绪置善后局，规画庶政，安集流亡，间阎渐复。属县粮册无存，荣绪招来垦辟，试办开征，岁有起色。湖蚕利甲天下，经乱，桑尽伐，课民复种，贫者给以桑苗，丝业复兴。

郡称泽国，汇天目诸山之水入太湖，乌程、长兴境内旧有溇港，各三十六，以为宣泄，乱后多淤塞。五年，荣绪奉檄开浚，至八年粗毕，乌程溇港尤易淤，赖这闸以御湖水之倒灌。九年，重修诸闸，因经费不充，频年经营，犹未尽也。十年，内阁侍读学士钟佩贤疏陈其事，朝命大加浚治，时荣绪举卓异入觐。宗源瀚代摄郡，源瀚亦能事，规画举工。及荣绪回任，集丝捐，得巨款，以资兴作。屏去僎从，轻舟巡验，常驻湖滨，逾年工始竣。以溇港旋开旋淤，议定分年疏浚之法及铲芦、捞浅、闸版启闭章程，数十年遵守不辍。又开碧浪湖，疏北塘河及城河。葺学校，建考舍，修书院，建仓库，造桥梁，复育婴堂，百废具举。

鞫狱详审，吏胥立侍相更代，终日无倦容。亲受讼牒，指其虚谬，曰："勿为胥吏所用也。"手书牒尾，辄数百言，剖析曲直，人咸服之。讼以日稀，刑具朽敝。隶役坐府门，卖瓜果自活。客坐无供张，俭素如布衣时，远近颂为贤守。在任十年，嗣为人所潜，遂求去。捐升道员，离任。寻卒。郡人思之，请祀名宦祠。

林启，字迪臣，福建侯官人。光绪二年进士，选庶吉士，授编修。督陕西学政，驭士严正。任满，迁御史，直言敢谏，稽察禄米仓，不受陋规，为时所称。十九年，出为浙江衢州知府，多惠政。二十二年，调杭州，除衙蠹，通民隐，禁无名苛税。馀杭巨猾杨乃武，因奸通民妇葛毕氏，兴大狱。刑部讯治，幸免重罪。归则益横，揽讼事，挟制官吏，莫敢谁何。启捕治之，乃武控京师，不为动，卒论如法。尤以兴学为急务，时各行省学堂犹未普立，杭郡甫建求是书院，启复养正书塾，并课新学。旧有东城讲舍，益振兴之。兼经义、治事，阴主程、朱之说，而变其面目。诱诸生研寻义理，以成有用，一时优秀之士皆归之。又以浙中蚕业甲天下，设蚕学馆于西湖，讲求新法，成效颇著。遇国外交涉事，持正无迁就，远人亦心服。治杭四年，刚直不阿，喜接布衣，士民翕然颂之。卒官，葬于孤山林处士墓侧，杭人岁设祭焉，号曰林社，久而勿辍。启之治杭，得友高凤岐为之助，后官广西梧州知府，亦有声。殁而杭人附祀于林社云。

王仁福，字竹林，江苏吴县人。少诚悫，勇于任事。祖宦河南，殁后，仁福扶柩归葬。道经徐州，遇捻匪，徒步率厮役出入烽火，肩行四十里，竟免。寻入赀为东河同知。粤匪犯开封，城壕沙淤如平地，仁福奉檄督工浚治，克期蒇事而贼至，城守赖之。同治五年，署祥河厅同知。黄河自北徙，中原多故，工帑大减。频年军事亟，发帑复不以时。岁修不敷，堤埽残缺，料无宿储。祥河汛地当冲，险工迭出，人皆视为畏途。仁福尽力修守，不避艰危。六年秋，汛水骤涨，掣埽去如削木桄。仁福奔走风雨泥淖中，抢护历七昼夜。款料俱竭，堤岌岌将破。居民蚁附堤上，仁福对之流涕，曰："我为河官，挤汝等于死，我之罪也，当身先之！"跃立埽巅。风浪卷埽，走入大溜沉没。河声如吼，堤前水陡落。风止浪定，大溜改趋，残堤得保。众咸惊为精诚所格，令善泅者觅其尸，不得，乃以衣冠敛。事闻，诏依阵亡例赐恤，附祀河神祠。

朱光第，字杏簪，浙江归安人。少孤贫，幕游江南，奉汪辉祖《佐治药言》为圭臬。咸丰末，捻匪方炽，佐萧县令筹防御，屡破贼。都统伊兴额上其功，累晋秩知州，分发河南，佐谳局，治狱平。光绪中，补邓州。在任三年，大祲之后，壹意休养。善治盗，民戴之。王树汶者，邓人，为镇平盗魁胡体安执爨。镇平令捕体安急，乃贿役以树汶伪冒，致之狱，既定谳，临刑呼冤。重鞫，则檄光第逮其父季福为验。开归陈许道任恺先守南阳，尝谳是狱，驰书阻毋逮季福，且诱挟之。光第曰："吾安能惜此官以陷无辜？"竟以季福上，则树汶果其子。巡抚李鹤年祖恺，持初谳益坚。河南官科道者，交章论其事。命东河总督梅启照覆讯，树汶犹不得直，众论大哗。刑部提鞫，乃得实。释树汶，自鹤年、启照以次谴黜有差，而光第已先为鹤年撼他事劾去官，贫不能归，卒于河南。后邓州士民请祀名宦，以子祖谋官礼部侍郎，格于例，不行。

冷鼎亨，字镇雄，山东招远人。同治四年进士，即用知县，发江西，署瑞昌。地瘠而健讼，乡愚辄因之破家。捕讼师及猾吏数人，绳以法。因事诣乡，使胥役尽随舆后，返则令居前而己殿之，未尝以杯勺累民。调署德化，惩防军之陵民者，境内肃然。修濒江堤塘，费省工速。德化、瑞昌、黄梅三邑民争芦洲，累岁相斗杀。鼎亨谕解之，建台于斗所，官吏誓不私，民皆悦服。白鹤乡人叔与侄争田，即树下谕解，遂悔悟如初。旱，蝗起，徒步烈日中，掩捕经月，露宿祷神，得雨，蝗皆死。历署新昌、彭泽，皆有实政。

上官以为贤，调补新建。附省首邑，官斯者多昕夕伺上官，不遑治民事。鼎亨先与上官约，屏酬应，亲听断，民歌颂之。寻调鄱阳，值大水，发赈亲勘给印票，尽除侵蚀旧习。次年，复灾，跣足立沮洳中，湿疾遍体，十阅月。常小舟行骇浪中，屡濒于危，深夜返署理讼牒。侍郎彭玉麟巡江过境，寄书巡抚曰："某所至三江五湖数千里。未见坚刚耐苦如冷知县者也。"

历官十年，食无兼味，妻子衣履皆自制。以廉率下，胥吏几无以为生。俸入辄捐为地方兴利，训士以气节为先。鄱阳俗好斗，鼎亨曰："化民有本，未教而杀之，非义也。"以《孝经》证圣祖《圣谕广训》为浅说，妇孺闻之皆感动。治教案必持平，屡遇民、教龃龉事，桀黠者欲借以鼓众毁教堂，虑遗祸好官而止，盖有以感之。光绪十年，擢南昌府同知，巡抚潘霨疏荐入觐，遂乞归，卒于家。

孙葆田，字佩南，山东荣成人。同治十三年进士，授刑部主事，改知县，铨授安徽宿松。勤政爱民，日坐堂皇，妻纺绩，室中萧然如寒士。调合肥，大学士李鸿章弟子之佣人横于乡，以逼债殴人死。葆田检验尸伤，观者数万人，恐县令为豪强迫胁验不实。葆田命作曰："敢欺罔者论如律。"得致命状，人皆欢噪，谓包龙图复出，讞遂定。有御史劾葆田误入人死罪，诏巡抚陈彝按之，卒直原讞。葆田遂自免归，名闻天下。逾数年，安徽大将清丈民田，巡抚福润疏调葆田主其事，辞不赴。贻书当事，言清丈病民，陈："清赋之要，熟地报荒者，当宽其既往，限年垦复。平岁报灾者，当警其将来，分年带征。弊自可除，无事纷扰。"时以为名言。

葆田故从武昌张裕钊受古文法，治经，实事求事，不薄宋儒。历主山东、河南书院，学者奉为大师。巡抚张曜疏陈其学行，赐五品卿衔。中外大臣迭荐之，诏征，不出。宣统元年，卒，年七十。

柯劭憼，字敬儒，山东胶州人。光绪十五年进士，即用知县。亦官安徽，署贵池，补太湖。贵池自粤匪乱后，地丁册为吏所匿，托言已毁。征赋由吏包纳，十不及四五，而浮收日甚，民苦之。劭憼知其弊，令花户自封投柜，吏百计挠之，不为动。民输将恐后，增收银二万余两，民所节省数且倍。巡抚邓华熙初听浮言将奏劾，总督刘坤一曰："柯令，皖中循吏，奈何登于弹章？"华熙悟，遂疏荐送觐，晋秩直隶州。劭憼为治清简，断狱明决，所至民爱戴。亦绩学，善为古今体诗。时与葆田并称儒吏。

涂官俊，字劭卿，江西东乡人。光绪二年进士，截取知县，发陕西，署富平、泾阳、长安诸县。补宜君，山邑地瘠民朴，官此者多不事事。官俊劝农桑，兴水利，成稻田数百亩。躬巡阡陌，与民絮语如家人。调泾阳，历官皆有声。凡两任泾阳，政绩尤著。初至，值回乱后，清积讼千余，庶政以次规复，期年而观变。龙洞渠，故白渠也，官俊倡言开浚，众议以工巨为难，独毅然为之。由梯子关而下，水量增三分之一，复于清冶河畔修复废渠二，水所

不至者，劝民凿井以济之。先后增井五百有余，无旱忧。

泾民多逐末，不重盖藏，义仓无实储。官俊谓积谷备荒，莫善于年出年收。躬诣各乡劝谕捐谷，严定收放之法，民感其诚，输纳恐后，仓愈充实。十九年，旱荒，全活凡数万人。编保甲，捕盗贼，地方靖谧。官俊故绩学，立宾兴堂，置性理、经济有用之书，日与诸生讲习。增义塾，定课程，亲考校之。凡有利于民者，为之无不力。二十年，卒。疾笃时，犹强起治事，捐俸千金以恤孤贫。民为祠，岁时祀之。

陈文黻，湖南长沙人。以诸生入赀为通判。同治间，从军，积功晋同知，留陕西。光绪七年，署鄠县知县，以教化为先，政平讼理。九年，授留坝厅同知。厅狱旧有枣茨，经费岁征之民，文黻革之。境内无质库，贫民称贷，盘剥者要重息。文黻设裕民公所，贷民钱，息只十一，取其赢以备公用，民便之。厅境山多于田，无物产以资生。乃周历山谷，辨其土宜，作《种橡说》及《山蚕四要》，遍谕乡民。颁给树秧蚕种，募工导之。丝成，制机教织，设局收买，重其值以招之。又购紫阳茶种，课之树艺，于是地无弃利。俗素朴陋，岁科试附凤县额，每试或不得一人。建书院、义塾，置书籍，延高才者为之师。数年之后，横舍彬彬，遂请奏设厅学，建官置额。

溪河多壅阏，横溢为患。陈开河策，未果行，值水猝发，已逾报灾例限，便宜开仓赈之。跋涉沮洳，劳疾不辍。煮粥赈近郊，多所全活。久之，流民坌集，复申开河议，以工代赈，不得请。则因其众治道路，浚沟渠，出私钱给值，负累至数千缗，民感其德。厅介万山中，林谷深阻，奸民狙伏行劫，或掠妇孺卖境外。文黻密图其处示捕役，时复微服迹之，多就擒治。实行保甲，于民户职业、田产、丁口、年岁、婚嫁，载册不厌烦琐。及赈饥，稽之册，如家至户觌，诉讼亦莫敢欺，事益简焉。民有杀子妇匿其尸者，母家以无左验，不得直。文黻偶行山径，群鸦噪于前，索而得之，一讯具服，人以为神。十八年，调署潼关厅，未任，卒。

李素，字少白，云南保山人。同治六年举人。光绪初，授陕西商州直隶州知州。值州境歉收，饥民聚掠。时山西大祲，商州为转运要冲。素招民运赈粮，使饥者得食。集赀数万缗，购籽粮散给。设粥厂十余所，灾后仓储一空，捐谷万石。六年，大水，加意抚恤，灾不为害。州城滨丹河，遇盛涨则负郭田庐漂没，城中亦半为泽国。素创筑石堤二百余丈，城门月堤十余丈，遂无水患。开州东隶花河山路三十余里、州西麻塯岭山路二十余里，行旅便之。扩充商山书院，延硕儒课士，设义塾三十余区，弦诵闻于比户。陋规病民者悉除之。每岁寒冬，出私钱给孤寡。缉捕筹经常之费，绿营饷薄，岁资助之。凡赈饥、积谷、筑堤、修城、兴学，莫不以巨赀倡。一署同州知府。先后在官十八年，两举卓异。以病免归，卒。士民感之，多私祠祀焉。

张楷，字仲模，湖北蕲水人。同治十年进士，选庶吉士，授编修，累迁至侍讲。光绪初，疏论伊犁事，又请撤销总兵周全有恤典，为时所称。八年，出为浙江金华知府。

永康山中七堡、八堡,地险僻,盗薮也。楷设方略,捕诛匪首蒋元地,移县丞驻山麓,旷俗一变。父忧去,服阕,补山西汾州。汾阳、平遥两县濒河,乡民冬令拦河筑堰,引水灌田,水不得畅流。夏秋涨溢,各筑护堤。以邻为壑,辄械斗蔓讼。楷禁筑拦河堰,浚引渠以泄水,患纾而讼息。以南方厔水法导民,使开稻田,植桑课蚕。有山曰黑烟,与交山葫芦峪相连,匪徒窟穴其间,侦其姓名,掩捕尽获之。治汾州七年,考绩为山西最。调太原,未任,母忧去。服阕,补河南府。巩、洛之间素多盗,捕治巨魁,椎埋敛迹。治狱多平反。调开封。二十五年,畿辅拳匪乱起,大河南北,群情汹汹,大吏持重不敢决。楷力陈邪教不可信,外衅不可开。揭示:"义和团既号义民,谁能避枪炮。令诣城外空营候试,以枪击果不入,编伍充兵。"奸民不得逞。联军入都,溃兵南下,楷创议守河。自汜水迄兰仪,严稽渡口,凡持械之士,悉阻之不令入城,属境安堵。论者谓微楷之坚定,中原祸未艾也。事定,开缺,以道员候补。三十年,卒。

王仁堪,字可庄,福建闽县人,尚书庆云之孙。光绪三年一甲一名进士,授修撰。督山西学政,历典贵州、江南、广东乡试,入直上书房。时俄罗斯索伊犁,使臣崇厚擅定条约,仁堪与修撰曹鸿勋等合疏劾之。太和门灾,复与鸿勋应诏陈言,极论时政。其请罢颐和园工程,谓:"工费指明不动正款,夫出之管库,何非小民膏血?计臣可执未动正款之说以告朝廷,朝廷何能执未动正款之说以谢天下?"言尤切直。

十七年,出为江苏镇江知府。甫下车,丹阳教案起,由于教堂发见孩尸。仁堪亲验孩尸七十余具,陈于总督刘坤一曰:"名为天主教堂,不应有死孩骨。即兼育婴局,不应无活婴儿。传教约本无准外国人育婴之条,教士于约外兼办育婴,不遵奏行章程,使地方官得司稽察,祸由自召。请曲贷愚民之罪,以安众心;别给抚恤之费,以赡彼族。"坤一迁之,卒定犯罪军流有差。时外使屡责保护教堂,仁堪请奏定专律,谓:"条约无若何惩办明文,每出一事,任意要挟。宜明定焚毁教堂,作何赔偿;杀伤教士,作何论抵;以及口角斗殴等事,有定律可遵。人心既平,讹言自息。"英人梅生为匪首李鸿购军火,事觉,领事坐梅生罪仅监禁,仁堪上书总理各国事务衙门论之。又洋人忻爱珩遍谒守令,募捐义学,无游历护照。仁堪请关道送领事查办,复议无照私入内地,应按中国律法科罪。虽皆未果行,时论韪之。

郡地多冈垄,旱易成灾,仁堪以设渠塘为急务,不欲扰民,捐廉为倡。驰书乞诸亲旧,商富感而输助,得钱三万缗,开塘二千三百有奇,沟渠闸坝以百计。

十八年秋,丹阳大祲,恩赈之外,劝绅商捐赀,全活甚众。又假官钱于民,使勿卖牛,名曰牛赈。浚太平港、沙腰河、练湖、越渎、萧河、香草、简渎之属,凡二十余所,支沟别渠二百三十有奇。又凿塘四千六百,以蓄高原之水。皆以工代赈,东西百余里间,水利毕举。次年春,赈毕,余四万金,生息备积谷。牛赈余钱,仿社仓法创社

钱,按区分储,为修沟洫、广义塾之用。郡西乡僻陋不知学,立榛思文社以教之。出私钱于府治前建南濡学舍。在任两年,于教养诸端,尽力为之。

调苏州,已积劳致疾,日坐谳局清积案,风采动一时。甫三阅月,猝病卒,时论惜之。镇江士民列政绩,吁请大吏上闻,谓其"视民事如家事,一以扶植善类、培养元气为任,卓然有古循吏风"。诏允宣付史馆立传,以表循良。自光绪初定制,官吏殁后三十年,始得请祀名宦。于是疆臣率徇众意,辄请宣付立传表章,旷典日致猥滥,仁堪为不愧云。

卷四百八十　　列传二百六十七

儒林一

孙奇逢 耿介 **黄宗羲** 弟宗炎 宗会 子百家
王夫之 兄介之 **李颙** 李因笃 李柏 王心敬
沈国模 史孝咸 韩当 邵曾可 曾可孙廷采
王朝式 **谢文洊** 甘京 黄熙 曾曰都 危龙光
汤其仁 宋之盛 邓元昌 **高愈** 顾培 彭定求
汤之锜 施璜 张夏 吴曰慎 **陆世仪** 陈瑚
盛敬 江士韶 **张履祥** 钱寅 何汝霖 凌克贞
屠安世 郑宏 祝泹 **沈昀** 姚宏任 叶敦艮
刘汋 **应扬谦** **朱鹤龄** 陈启源 **范镐鼎** 党成
李生光 **白奂彩** 党湛 王化泰 孙景烈 **胡承诺**
曹本荣 张贞生 **刘原渌** 姜国霖 刘以贵
韩梦周 梁鸿翥 法坤宏 闫循观 任瑗 **颜元**
王源 程廷祚 恽鹤生 **李塨** 刁包 王余佑
李来章 冉觐祖 窦克勤 **李光坡** 从子钟伦
庄亨阳 官献瑶 **王懋竑** 朱泽沄 乔仪 **李梦箕**
子图南 张鹏翼 童能灵 **胡方** 冯成修 劳潼
劳史 桑调元 汪鉴 **顾栋高** 陈祖范 吴鼎
梁锡玛 **孟超然** **汪绂** 余元遴 **姚学塽** 潘谘
唐鉴 **吴嘉宾** 刘传莹 **刘熙载** **朱次琦**
成孺 **邵懿辰** 高均儒 伊乐尧

昔周公制礼,太宰九两系邦国,三曰师,四曰儒;复于司徒本俗联以师儒。师以德行教民,儒以六艺教民。分合同异,周初已然矣。数百年后,周礼在鲁,儒术为盛。孔子以王法作述,道与艺合,兼备师儒。颜、曾所传,以道兼艺;游、夏之徒,以艺兼道。定、哀之间,儒术极醇,无少差缪者此也。荀卿著论,儒术已乖。然《六经》传说,各有师授。秦弃儒籍,入汉复兴。虽黄老、刑名犹复溷杂,迨孝武尽黜百家,公、卿、大夫、士、吏,彬彬多文学矣。东汉以后,学徒数万,章句渐疏。高名善士,半入党流。

迄乎魏、晋，儒风盖已衰矣。司马、班、范，皆以《儒林》立传，叙述经师家法，授受秩然。虽于《周礼》师教未尽克兼，然名儒大臣，匡时植教，祖述经说，文饰章疏，皆与《儒林传》相出入。是以朝秉纲常，士敦名节，拯衰销逆，多历年所，则周、鲁儒学之效也。两晋玄学盛兴，儒道衰弱，南北割据，传授渐殊。北魏、萧梁，义疏甚密。北学守旧而疑新，南学喜新而得伪。至隋、唐《五经正义》成，而儒者鲜以专家古学相授受焉。宋初名臣，皆敦道谊。濂、洛以后，遂启紫阳。阐发心性，分析道理，孔、孟学行不明著于天下哉！《宋史》以《道学》、《儒林》分为二传，不知此即《周礼》师、儒之异，后人创分，而暗合周道也。元、明之间，守先启后，在于金华。洎乎河东、姚江，门户分歧，递兴递灭，然终不出朱、陆而已。终明之世，学案百出，而经训家法，寂然无闻。揆之《周礼》，有师无儒，空疏甚矣。然其间台阁风厉，持正扶危，学士名流，知能激发。虽多私议，或伤国体，然其正道，实拯世心。是故两汉名教，得儒经之功；宋、明讲学，得师道之益：皆于周、孔之道，得其分合，未可偏讥而互诮也。

清兴，崇宋学之性道，而以汉儒经义实之。御纂诸经，兼收历代之说；四库馆开，风气益精博矣。国初讲学，如孙奇逢、李颙等，沿前明王、薛之派，陆陇其、王懋竑等，始专守朱子，辨伪得真。高愈、应撝谦等，坚苦自持，不愧实践。阎若璩、胡渭等，卓然不惑，求是辨诬。惠栋、戴震等，精发古义，诂释圣言。后如孔广森之于《公羊春秋》，张惠言之于孟、虞《易》说，凌廷堪、胡培翚之于《仪礼》，孙诒让之于《周礼》，陈奂之于《毛诗》，皆专家孤学也。且诸儒好古敏求，各造其域，不立门户，不相党伐，束身践行，暗然自修。周、鲁师儒之道，可谓兼古昔所不能兼者矣。

综而论之，圣人之道，譬若宫墙，文字训诂，其门径也。门径苟误，跬步皆歧，安能升堂入室？学人求道太高，卑视章句，譬犹天际之翔，出于丰屋之上，高则高矣，户奥之间，未实窥也。或者但求名物，不论圣道，又若终年寝馈于门庑之间，无复知有堂室矣。是故但立宗旨，即居大名，此一蔽也。经义确然，虽不逾闲，德便出入，此又一蔽也。今为《儒林传》，未敢区分门径，惟期记述学行；若有事可见，已列于正传者，兹不复载焉。

孙奇逢，字启泰，又字钟元，容城人。少倜傥，好奇节，而内行笃修。负经世之学，欲以功业自著。年十七，举明万历二十八年顺天乡试。连丁父母忧，庐墓六年，旌表孝行。与定兴鹿善继讲学，一室默对，以圣贤相期。

天启时，逆阉魏忠贤窃弄朝柄，左光斗、魏大中、周顺昌为党祸被逮。奇逢、善继故与三人友善。是时善继以主事赞大学士孙承宗军事。奇逢上书承宗，责以大义，请急疏救。承宗欲假以觐面陈，谋未就而光斗等已死厂狱。逆阉诬坐光斗等赃巨万，严追家属。奇逢与善继之父鹿正、新城张果中集士民醵金代输。光斗等卒赖以归骨，世所传范阳三烈士也。台垣及巡抚交章论荐，不起。孙承宗欲疏请以职方起赞军事，其后尚书范景文聘为赞画，俱辞不

就。时畿内贼盗纵横，奇逢携家入易州五峰山，门生亲故从而相保者数百家。奇逢为部署守御，弦歌不辍。顺治二年，祭酒薛所蕴以奇逢学行可比元许衡、吴澄，荐长成均，奇逢以病辞。七年，南徙辉县之苏门。九年，工部郎马光裕奉以夏峰田庐，遂率子弟躬耕，四方来学者亦授田使耕，所居成聚。居夏峰二十有五年，屡征不起。

奇逢之学，原本象山、阳明，以慎独为宗，以体认天理为要，以日用伦常为实际。其治身务自刻厉。人无贤愚，苟问学，必开以性之所近，使自力于庸行。其与人无町畦，虽武夫悍卒、野夫牧竖，必以诚意接之。用此名在天下而人无忌嫉。著《读易大旨》五卷。奇逢学《易》于雄县李對，至年老，乃撮其体要以示门人。发明义理，切近人事。以《象》、《传》通一卦之旨，由一卦通六十四卦之义。其生平之学，主于实用，故所言皆发法戒。又著《理学传心纂要》八卷，录周子、二程子、张子、邵子、朱子、陆九渊、薛瑄、王守仁、罗洪先、顾宪成十一人，以为直接道统之传。

康熙十四年，卒，年九十二。河南北学者祀之百泉书院。道光八年，从祀文庙。奇逢弟子甚众，而新安魏一鳌、清苑高鑨、范阳耿极等从游最早。及门问答，一鳌为多。睢州汤斌、登封耿介皆仕至监司后往受业，斌自有传。

介，字介石，登封人。顺治九年进士，翰林院检讨。出为福建巡海道，筑石城以防盗。康熙元年，转江西湖东道，因改官制，除直隶大名道。丁母忧，服除不出。笃志躬行，兴复嵩阳书院。二十五年，尚书汤斌疏荐介践履笃实，冰蘖自矢，召为少詹事。会斌被劾，介引疾乞休。詹事尹泰等劾介诈疾，并劾斌不当荐介。寻予假归，卒。所著有《中州道学编》、《性学要旨》、《孝经易知》、《理学正宗》，大旨以朱子为宗。

中州讲学者，有仪封张伯行、柘城窦克勤、上蔡张沐等，皆与斌、介同时。伯行自有传，沐见《循吏传》，克勤附《李来章传》。

黄宗羲，字太冲，馀姚人，明御史黄尊素长子。尊素为杨、左同志，以劾魏阉死诏狱，事具《明史》。思宗即位，宗羲入都讼冤。至则逆阉已磔，即具疏请诛曹钦程、李实。会廷鞫许显纯、崔应元，宗羲对簿，出所袖锥锥显纯，流血被体；又殴应元，拔其须归祭尊素神主前；又追杀牢卒叶咨、颜文仲，盖尊素绝命于二卒手也。时钦程已入逆案，实疏辨原疏非己出，阴致金三千求宗羲弗质，宗羲立奏之，谓："实今日犹能贿赂公行，其所辨岂足信？"于对簿时复以锥锥之。狱竟，偕诸家子弟设祭狱门，哭声达禁中。思宗闻之，叹曰："忠臣孤子，甚恻朕怀。"归，益肆力于学。愤科举之学锢人，思所以变之。既，尽发家藏书读之，不足，则钞之同里世学楼钮氏、澹生堂祁氏，南中则千顷堂黄氏、绛云楼钱氏，且建续钞堂于南雷，以承东发之绪。山阴刘宗周倡道蕺山，以忠端遗命从之游。而越中承海门周氏之绪，援儒入释，姚江之绪几坏。宗羲独约同学六十余人力排其说。故蕺山弟子如祁、章诸子皆以名德重，而御侮之功莫如宗羲。弟宗炎、宗会，并负异

才，自教之，有"东浙三黄"之目。

戊寅，南都作《防乱揭》攻阮大铖。东林子弟推无锡顾杲居首，天启被难诸家推宗羲居首。大铖恨之刺骨，骤起，遂按揭中一百四十人姓氏，欲尽杀之。时宗羲方上书阙下而祸作，遂与杲并逮。母氏姚叹曰："章妻、滂母乃萃吾一身耶？"驾帖未行，南都已破，宗羲踉跄归。会孙嘉绩、熊汝霖奉鲁王监国，画江而守。宗羲纠里中子弟数百人从之，号世忠营。授职方郎，寻改御史，作《监国鲁元年大统历》颁之浙东。马士英奔方国安营，众言其当诛，熊汝霖恐其挟国安为患也，好言慰之。宗羲曰："诸臣力不能杀耳！春秋之孔子，岂能加于陈恒，但不谓其不当诛也。"汝霖谢焉。又遗书王之仁曰："诸公不沉舟决战，盖意在自守也。蕞尔三府，以供十万之众，必不久支，何守之能为？"闻者皆韪其言而不能用。

至是孙嘉绩以营卒付宗羲，与王正中合军得三千人。正中者，之仁从子也，以忠义自奋。宗羲深结之，使之仁不得挠军事。遂渡海屯潭山，由海道入太湖，招吴中豪杰，直抵乍浦，约崇德义士孙奭等内应。会清师纂严不得前，而江上已溃。宗羲入四明山结寨自固，余兵尚五百人，驻兵杖锡寺。微服出访监国，戒部下善与山民结。部下不尽遵节制，山民畏祸，潜爇其寨，部将茅翰、汪涵死之。宗羲无所归，捕檄累下，携子弟入剡中。闻鲁王在海上，仍赴之，授左副都御史。日与吴钟峦坐舟中，正襟讲学，暇则注《授时》、《泰西》、《回回》三历而已。

宗羲之从亡也，母氏尚居故里。清廷以胜国遗臣不顺命者，录其家口以闻。宗羲闻之，亟陈情监国，得请，遂变姓名间行归家。是年监国由健跳至滃洲，复召之，副冯京第乞师日本。抵长崎，不得请，为赋《式微》之章以感将士。自是东西迁徙无宁居。弟宗炎尝与冯京第交通，刑有日矣，宗羲以计脱之。甲午，张名振间使至，被执，又名捕宗羲。丙申，慈水寨主沈尔绪祸作，亦以宗羲为首。其得不死，皆有天幸，而宗羲不慑也。其后海上倾覆，宗羲无复望，乃奉母返里门，毕力著述，而四方请业之士渐至矣。

戊午，诏征博学鸿儒。掌院学士叶方蔼寓以诗，敦促就道，再辞以免。未几，方蔼奉诏同掌院学士徐元文监修《明史》，将征之备顾问，督抚以礼来聘，又辞之。朝论必不可致，请敕下浙抚钞其所著书关史事者送入京，其子百家得预参史局事。徐乾学侍直，上访及遗献，复以宗羲对，且言："曾经臣弟元文疏荐，惜老不能来。"上曰："可召至京，朕不授以事。即欲归，当遣官送之。"乾学对以笃老无来意，上叹息不置，以为人材之难。宗羲虽不赴征车，而史局大议必咨之。《历志》出吴任臣之手，总裁千里遗书，乞审正而后定。尝论《宋史》别立《道学传》，为元儒之陋，《明史》不当仍其例。朱彝尊适有此议，得宗羲书示众，遂去之。卒，年八十六。

宗羲之学，出于蕺山，闻诚意慎独之说，缜密平实。尝谓明人讲学，袭语录之糟粕，不以《六经》为根柢，束书而从事于游谈。故问学者必先穷经，经术所以经世。不为迂儒，必兼读史。读史不多，无以证理之变化；多而不

求于心，则为俗学。故上下古今，穿穴群言，自天官、地志、九流百家之教，无不精研。所著《易学象数论》六卷，《授书随笔》一卷，《律吕新义》二卷，《孟子师说》二卷。文集则有《南雷文案》、《诗案》。今共存《南雷文定》十一卷，《文约》四卷。又著《明儒学案》六十二卷，叙述明代讲学诸儒流派分合得失颇详，《明文海》四百八十二卷，阅明人文集二千余家，自言与《十朝国史》相首尾。又《深衣考》一卷，《今水经》一卷，《四明山志》九卷，《历代甲子考》一卷，《二程学案》二卷，辑《明史案》二百四十四卷，又《明夷待访录》一卷，皆经世大政。顾炎武见而叹曰："三代之治可复也！"天文则有《大统法辨》四卷，《时宪书法解新推交食法》一卷，《圜解》一卷，《割圜八线解》一卷，《授时法假如》一卷，《西洋法假如》一卷，《回回法假如》一卷。其后梅文鼎本《周髀》言天文，世惊不传之秘，而不知宗羲实开之。晚年又辑《宋元学案》，合之《明儒学案》，以志七百年儒苑门户。宣统元年，从祀文庙。

宗炎，字晦木。与兄宗羲、弟宗会俱从宗周游。其学术大略与宗羲等。著有《周易象辞》三十一卷，《寻门余论》二卷，《图书辨惑》一卷，力辟陈抟之学。谓《周易》未经秦火，不应独禁其图，至为道家藏匿二千年始出。又著《六书会通》，以正小学。谓扬雄但知识奇字，不知识常字，不知常字乃奇字所自出也。又有《二晦》、《山栖》诸集，以故居被火俱亡。康熙二十五年，卒，年七十一。

宗会，字泽望。明拔贡生。读书一再过不忘。有《缩斋文集》十卷。

百家，字主一。国子监生。传宗羲学，又从梅文鼎问推步法。著《勾股矩测解原》二卷。康熙中，明史馆开，宗羲以老病不能行，徐乾学延百家入史馆，成史志数种。

王夫之，字而农，衡阳人。与兄介之同举明崇祯壬午乡试。张献忠陷衡州，夫之匿南岳，贼执其父为质。夫之自引刀遍刺肢体，舁往易父。贼见其重创，免之，与父俱归。明王驻桂林，大学士瞿式耜荐之，授行人。时国势阽危，诸臣仍日相水火。夫之说严起恒救金堡等，又三劾王化澄，化澄欲杀之。闻母病，间道归。明亡，益自韬晦。归衡阳之石船山，筑土室曰观生居，晨夕杜门，学者称船山先生。

所著书三百二十卷，其著录于《四库》者，曰《周易稗疏、考异》，《尚书稗疏》，《诗稗疏、考异》，《春秋稗疏》。存目者，曰《尚书引义》、《春秋家说》。夫之论学，以汉儒为门户，以宋五子为堂奥。其所作《大学衍》、《中庸衍》，皆力辟致良知之说，以羽翼朱子。于张子《正蒙》一书，尤有神契，谓张子之学，上承孔、孟，而以布衣贞隐，无巨公资其羽翼；其道之行，曾不逮邵康节，是以不百年而异说兴。夫之乃究观天人之故，推本阴阳法象之原，就《正蒙》精释而畅衍之，与自著《思问录》二篇，皆本隐之显，原始要终，炳然如揭日月。至其扶树道教，辨上蔡、象山、姚江之误，或疑其言稍过，然议论精严，

粹然皆轨于正也。康熙十八年，吴三桂僭号于衡州，有以《劝进表》相属者，夫之曰："亡国遗臣，所欠一死耳，今安用此不祥之人哉！"遂逃入深山，作《袯襫赋》以示意。三桂平，大吏闻而嘉之，嘱郡守馈粟帛，请见，夫之以疾辞。未几，卒，葬大乐山之高节里，自题墓碣曰"明遗臣王某之墓"。

当是时，海内硕儒，推容城、盩厔、馀姚、昆山。夫之刻苦似二曲，贞晦过夏峰，多闻博学，志节皎然，不愧黄、顾两君子。然诸人肥遁自甘，声望益炳，虽荐辟皆以死拒，而公卿交口，天子动容，其著述易行于世。惟夫之窜身瑶峒，声影不出林莽，遂令完发以殁身。后四十年，其子敔抱遗书上之督学宜兴潘宗洛，因缘得入《四库》，上史馆，立传《儒林》，而其书仍不传。同治二年，曾国荃刻于江南，海内学者始得见其全书焉。

兄介之，字石子。国变，隐不出。先夫之卒。

李颙，字中孚，盩厔人。又字二曲，二曲者，水曲曰盩，山曲曰厔也。布衣安贫，以理学倡导关中，关中士子多宗之。父可从，为明材官。崇祯十五年，张献忠寇郧西，巡抚汪乔年总督军务，可从随征讨贼。临行，抉一齿与颙母曰："如不捷，吾当委骨沙场。子善教吾儿矣。"遂行。兵败，死之。颙母葬其齿，曰："齿冢"。时颙年十六，母彭氏，日言忠孝节义以督之，颙亦事母孝。饥寒清苦，无所凭藉，而自拔流俗，以昌明关学为己任。有馈遗者，虽十反不受。或曰："交道接礼，孟子不却。"颙曰："我辈百不能学孟子，即此一事不守孟子家法，正自无害。"

先是颙闻父丧，欲之襄城求遗骸，以母老不可一日离，乃止。既丁母忧，庐墓三年，乃徒步之襄城，觅遗骸，不得，服斩衰昼夜哭。知县张允中为其父立祠，且造冢于战场，名之曰"义林"。常州知府骆钟麟尝师事颙，谓祠未能且夕竣，请南下谒道南书院，且讲学以慰学者之望，颙赴之，凡讲于无锡，于江阴，于靖江、宜兴，所至学者云集。既而幡悔曰："不孝！汝此行何事，而喋喋于此？"即戒行赴襄城。常州人士思慕之，为肖像于延陵书院。颙既至襄城，适祠成，乃哭祭招魂，取冢土西归附诸墓，持服如初丧。

康熙十八年，荐举博学鸿儒，称疾笃，舁床至省，水浆不入口，乃得予假。自是闭关，晏息土室，惟昆山顾炎武至则款之。四十二年，圣祖西巡，召颙见，时颙已衰老，遣子慎言诣行在陈情，以所著《四书反身录》、《二曲集》奏进。上特赐御书"操志高洁"以奖之。颙谓："孔、曾、思、孟，立言垂训，以成《四书》，盖欲学者体诸身，见诸行。充之为天德，达之为王道，有体有用，有补于世。否则假途干进，于世无补，夫岂圣贤立言之初心，国家期望之本意耶？"居恒教人，一以反身实践为事，门人录之，为七卷。是时容城孙奇逢之学盛于北，馀姚黄宗羲之学盛于南，与颙鼎足称三大儒。晚年寓富平，关中儒者咸称"三李"。三李者，颙及富平李因笃、郿李柏也。

李因笃，字天生，富平人。明庠生，博学强记，贯串

注疏。举博学鸿儒，试授检讨。未逾月，以母老乞养，诏许之。母殁，仍不出，因笃深于经学，著《诗说》，顾炎武称之曰："毛、郑有嗣音矣！"又著《春秋说》，汪琬亦折服焉。

李柏，字雪木，郿县人。九岁失怙，事母至孝。稍长，读《小学》，曰："道在是矣！"遂尽焚帖括，而日诵古书。避荒居洋县，入山屏迹读书者数十年。尝一日两粥，或半月食无盐。时时忍饥默坐，间临水把钓，夷然不屑也。昕夕呕吟，拾山中树叶书之。门人都其集曰《槲叶集》。年六十六，卒。

王心敬，字尔缉，鄠县人。乾隆元年，举孝廉方正。心敬论学，以明、新、止至善为归。谨严不逮其师，注经好为异论，而《易说》为笃实。其言曰："学《易》可以无大过矣，是孔子论《易》，切于人身，即可知四圣之本旨。"著有《丰川集》、《关学编》、《丰川易说》。

沈国模，字求如，馀姚人。明诸生。馀姚自王守仁讲致良知之学，弟子遍天下。同邑传其学者，推徐爱、钱德洪、胡瀚、闻人诠，再传而得国模。少以明道为己任。尝预刘宗周证人讲会，归而辟姚江书院，与同里管宗圣、史孝咸辈，讲明良知之说。其所学或以为近禅，而言行敦洁，较然不欺其志，故推纯儒。山阴祁彪佳以御史按江东，一日，杖杀大憝数人，适国模至，欣然述之。国模瞪目字祁曰："世培，尔亦曾闻曾子曰'如得其情，则哀矜而勿喜'乎？"后彪佳尝语人曰："吾每虑囚，必念求如言。恐仓卒喜怒过差，负此良友也。"明亡，闻宗周死节，为位哭之痛，已而讲学益勤。顺治十三年，卒，年八十有二。

孝咸，字子虚。继国模主姚江书院。尝曰："良知非致不真。"又曰："空谈易，对境难。于'居处恭，执事敬，与人忠'三语，精察而力行之，其庶几乎！"家贫，日食一粥，泊如也。顺治十六年，卒，年七十有八。

韩当，字仁父。国模弟子。自沈、史殁后，书院辍讲垂十年，而当继之。其学兼综诸儒，以名教经世，严于儒、佛之辨。家贫，未尝向人称贷。每言立身须自节用始。人有过，于讲学时以危言动之，而不明言其过。闻者内愧沾汗，退而相语曰："比从韩先生来，不觉自失。"疾亟，谓弟子曰："吾于文成宗旨，觉有新得。然检点于心，终无受用，小子识之！"味其言，则知其学守仁之外，亦近朱子矣。

邵曾可，字子唯。与韩当同时。性孝友恺悌。少爱书画，一日读《孟子》"伯夷圣之清者也"句，忽有悟，悉弃去，壹志于学。姚江书院初立时，人颇迂笑之。曾可厉色曰："不如是，便虚度此生。"遂往学。其初以主敬为宗，自师孝咸之后，专守良知。尝曰："于今乃知知之不可以已。日月有明，容光必照。不尔，日用跬步，鲜不贸贸者矣。"孝咸病，晨走十余里叩床下问疾，不食而返。如是月余，亦病。同侪共推为笃行之士焉。卒，年五十有一。曾可子贞显，贞显子廷采，世其学。

廷采，字允斯，又字念鲁。诸生。从韩当受业，又问学于黄宗羲。初读《传习录》无所得，既读刘宗周《人

谱》,曰:"吾知王氏学所始事矣。"蠡县李塨贻廷采书,论明儒异同,兼问所学。廷采曰:"致良知者主诚意,阳明而后,愿学蕺山。"又私念师友渊源,思托著述以自见。以为阳明扶世翼教,作《王子传》;蕺山功主慎独,作《刘子传》;王学盛行,务使合乎准则,作《王门弟子传》;金铉、祁彪佳等能守师说,作《刘门弟子传》。康熙五十年,卒,年六十四。

王朝式,字金如,山阴人。亦国模弟子。尝入证人社,宗周主诚意,朝式守致知。曰:"学不从良知入,必有诚非所诚之蔽。"亦笃论也。顺治初,卒,年三十有八。

谢文洊,字秋水,南丰人。明诸生。年二十余,入广昌之香山,阅佛书,学禅。既,读龙溪王氏书,遂与友讲阳明之学。年四十,会讲于新城之神童峰。有王圣瑞者,力攻阳明。文洊与争辩累日,为所动,取罗钦顺《困知记》读之,始一意程、朱。辟程山学舍于城西,名其堂曰尊雒。著《大学中庸切己录》,发明张子主敬之旨。以为为学之本,"畏天命"一言尽之,学者当以此为心法。注目倾耳,一念之私,醒悔刻责,无犯帝天之怒。其《程山十则》亦以躬行实践为主。时宁都"易堂九子",节行文章为海内所重,"髻山七子",亦以节概名,而文洊独反己暗修,务求自得。髻山宋之盛过访文洊,遂邀易堂魏禧、彭任会程山,讲学旬余。于是皆推程山,谓其笃躬行,识道本。甘京与文洊为友,后遂师之。康熙二十年,卒,年六十有七。

京,字健斋,南丰人。负气慷慨,期有济于世。慕陈同甫之为人,讲求有用之学。与同邑封浚、曾曰都、危龙光、汤其仁、黄熙师事文洊,粹然有儒者气象,时号"程山六君子"。著《轴园稿》十卷。

熙,字维缉。顺治十五年进士。文洊长熙仅六岁,熙服弟子之事,常与及门之最幼者旅进退。朔望四拜,侍食起馈,唯诺步趋,进退维谨,不以为劳。彭士望比之朱子之事延平。母丧未葬,邻不戒于火,延燎将及。熙抚棺大恸,愿以身同烬。俄而风返,人以为纯孝所感。

曰都,字姜公。诸生。其学务实体诸己,因自号体斋。以学行为乡里所矜式。

龙光,字二为。善事继母,继母遇之非理,委曲承顺,久而爱之若亲子焉。

其仁,字长人。著《四书切问》、《省克堂集》。

与文洊同时者,有宋之盛、邓元昌。

之盛,字未有,星子人。明崇祯己卯举人。结庐髻山,足不入城市,以讲学为己任。其学以明道为宗,识仁为要,于二氏微言奥旨,皆能抉摘异同。与文洊交最笃。晚读胡敬斋《居易录》,持敬之功益密。与甘京论祭立尸丧复之礼不可废,魏禧亟称之。

元昌,字慕濂,赣县人。诸生。年十七,得宋五子书,遂弃举子业,致力于学。雩都宋昌图以通家子谒之,元昌喜之曰:"吾小友也!"馆之于家,昕夕论学为日程,言动必记之,互相考核。一日,昌图读朱子《大学或问》首章,元昌过窗外驻听之,谓昌图曰:"子勉之!毋蹈吾所悔,永为朱子罪人,偷息天地也。"其互相切劂如此。

高愈,字紫超,无锡人,明高攀龙之兄孙也。十岁,读攀龙遗书,即有向学之志。既壮,补诸生。且诵遗经及先儒语录,谨言行,严取舍之辨,不尚议论。尝曰:"士求自立,须自不忘沟壑始。"事亲孝,居丧,不饮酒食肉,不内寝。晚年穷困,馁七日矣,方挈其登登眺望,充然乐也。仅封张伯行巡抚江苏,延愈主东林书院讲会,愈以疾辞。平居体安气和,有忿争者,至愈前辄愧悔。乡人素好以道学相诋諆,独于愈,佥曰:"君子也。"愿栋高尝从愈游,说经娓娓忘倦。年七十八,卒。尝撰《朱子小学注》,又所著有《读易偶存》、《春秋经传日钞》、《春秋类》、《春秋疑义》、《周礼疏义》、《仪礼丧服或问》。东林顾、高子弟顾枢、高世泰等,鼎革后尚传其学。

初,世泰为攀龙从子,少侍讲席,晚年以东林先绪为己任,葺道南祠、丽泽堂于梁谿,一时同志恪遵遗规。祁州刁包等相与论学。学者有南梁、北祁之称。大学士熊赐履讲学出世泰门下,仅封张伯行、平湖陆陇其亦尝至东林讲学。赐履、陇其自有传。

顾培,字畇滋,无锡人。少从宜兴汤之锜学,幡然悔曰:"道在人伦庶物而已。"之锜殁,有弟子金敞。培筑共学山居以延敞,晨夕讲会。遵攀龙静坐法,以整齐严肃为入德之方。默识未发之中,笃守性善之旨。晚岁,四方来学日众。张伯行颇疑静坐之说,培往复千言,畅高氏之旨。

彭定求,字勤止,又字南畇,长洲人。父珑授以梁谿高氏之学,又尝师事汤斌。康熙二十五年一甲一名进士,授翰林院修撰。历官国子监司业、翰林院侍讲,充日讲起居注官。前后在翰林才四年,即归里不复出。作《高望吟》七章,以慕七贤。七贤者,白沙、阳明、东廓、念庵、梁谿、念台、漳浦也。又著《阳明释毁录》、《儒门法语》、《南畇文集》。尝与门人林云铭书云:"有愿进于足下者有二:一曰无遽求高远而略庸近。子臣弟友,君子之道。至圣以有余不足为斤斤,孟子以尧、舜之道孝弟而已。然则舍伦常日用事亲从兄之事不为,而钩深索隐,以为圣人之道有出于人心同然之外者,必且流于异端坚僻之行矣。一曰无妄生门户异同之见,腾口说而遗践履。朱子之会于鹅湖也,倾倒于陆子义利之说,此阳明拔本塞源之论,致良知之指,一脉相承。其因时救弊,乃不得已之苦衷,非角人我之见。仆咏遗经,荡涤瑕滓,因有《儒门法语》。足下有志圣贤,当以念台刘子《人谱》、《证人会》二书入门,且无哓哓于紫阳、姚江之辨也。"定求卒年七十有八。其孙启丰官兵部尚书,自有传。

启丰子绍升,颇传家学,述儒行,有《二林居集》。然彭氏学兼朱、陆,识棒顿渐,启丰、绍升颇入于禅。休宁戴震移书绍升辨之。绍升又与吴县汪缙共讲儒学。缙著《三录》、《二录》,尊孔子而游乎二氏。此后江南理学微矣。

汤之锜,字世调,宜兴人。安贫力学,于书无所不读,尤笃信周子主静之说。或议其近于禅,之锜曰:"程子见学者静坐，即叹其善学。《易》言'斋戒，以神明其德'。静坐，即古人之斋戒，非禅也。"居亲丧，一循古礼，就地寝苫。事诸父如父，昆弟无间言。既而得高攀龙《复七规》，喟然曰："此其入学之门乎？"仿其说为春秋两会，闻风者不惮数千里来就学焉。明亡，之锜年二十四，即弃举子业。尝论出处之道曰："'潜龙勿用'，潜要确，若不确，则遁世不见知而悔矣。古来多少高明，只为此一悔所误。"常州知府骆钟麟请关西李颙讲学毗陵，特遣使聘之，之锜坚辞不赴；后延主东林、延陵诸讲席，又不就。之锜为学，专务切近，绝无缘饰。或询阳明致良知之说及朱、陆异同者，之锜曰："顾吾力行何如耳，多辨论何益？"一日，抱微疾，整襟危坐而逝，年六十二。及门金敞、顾培辈，建书院于惠山之麓，奉其主祀之，著《偶然云集》。

施璜，字虹玉，休宁人。少应试，见乡先生讲学紫阳，瞿然曰："学者当如是矣！"遂弃举业，发愤躬行。日以存何念、接何人、行何事、读何书、吐何语五者自勘。教学者九容以养其外，九思以养其内，九德以要其成，学者称诚斋先生。已而游梁豀，事高世泰。将归，与世泰期某年月日当赴讲。及期，世泰设榻以待，或曰："千里之期，能必信乎？"世泰曰："施生笃行君子也。如不信，吾不复交天下士矣。"言未既，璜果挈弟子至。著有《思诚录》、《小学》、《近思录发明》。

张夏，字秋韶，亦无锡人。隐居菰川之上，孝友力学。初从马世奇受经，后入东林书院，从高世泰学。积十余年，遂入世泰之室。世泰卒，其子弟相与立夏为师，事之如世泰。汤斌抚江苏，至东林，与夏讲学，韪其言。延至苏州学宫，为诸生讲《孝经》、《小学》。退而注《孝经解义》、《小学瀹注》。

吴曰慎，字徽仲，歙县人。诸生。尽心于宋五子书。论学主乎敬，故自号曰静庵。初游梁豀，讲学东林书院。已而归歙，会讲紫阳、还古两书院，兴起者众。

陆世仪，字道威，太仓州人。少从刘宗周讲学。归而凿池十亩，筑亭其中，不通宾客，自号桴亭。与同里陈瑚、盛敬、江士韶相约，为迁善改过之学。或横经论难，或即事穷理，反覆以求一是。甚有商榷未定，彻夜忘寝，质明而后断，或未断而复辨者。著《思辨录》，分小学、大学、立志、居敬、格致、诚正、修齐、治平、天道、人道、诸儒异学、经、子、史籍十四门。世仪之学，主于敦守礼法，不虚谈诚敬之旨，施行实政，不空为心性之功。于近代讲学诸家，最为笃实。其言曰："天下无讲学之人，此世道之衰；天下皆讲学之人，亦世道之衰。嘉、隆之间，书院遍天下，呼朋引类，动辄千人，附影逐声，废时失事，甚有借以行其私者，此所谓处士横议也。"又曰："今所当学者不止六艺，如天文、地理、河渠、兵法之类，皆切于世用，不可不讲。"所言深切著明，足砭虚憍之弊。其于明儒薛、胡、陈、王，皆平心论之。又尝谓学者曰："世有大儒，决不别立宗旨。"故全祖望谓国初儒者，孙奇逢、黄宗羲、李颙最有名，而世仪少知者。同治十一年，从祀文庙。

瑚，字言夏，号确庵。明崇祯十六年举人。世仪《格致篇》首提"敬天"二字，瑚由此用力，颇得要领。因定为日纪考德法，而揭敬胜、怠胜于每日之首，格致、诚正、修齐、治平于每月之终，益信"人皆可以为尧舜"非虚语也。复取《小学》分为六：曰入孝，曰出悌，曰谨行，曰信言，曰亲爱，曰学文；《大学》分为六：曰格致，曰诚意，曰正心，曰修身，曰齐家，曰治平。谓《小学》先行后知，《大学》先知后行，《小学》之终，即《大学》之始。瑚之为学，博大精深，以经世自任。值娄江湮塞，江南大饥，瑚上当事救荒书，皆精切可施行，而时不能用。明亡，绝意仕进，避地昆山之蔚村。田沮洳，瑚导乡人筑岸御水，用兵家束伍法，不日而成。父病，刺血呼天，愿以身代。父卒，遗产悉让之弟。康熙十四年，卒，年六十有二。门人称曰安道先生。巡抚汤斌即其故居为之立安道书院。

敬，字宗传，号寒溪。诸生。长世仪一岁。矢志存诚主敬之学，笃于孝友。居丧三年，不饮酒食肉。有弟遇之无礼，敬终始怡怡。

士韶，字虞九，号药园。诸生。其学以世仪为归。同时理学诸儒多著述，士韶以为圣贤之旨，尽于昔儒之论说，惟在躬行而已。晚年取所作焚之，故不传于后云。

张履祥，字考夫，桐乡人。明诸生。世居杨园村，学者称为杨园先生。七岁丧父。家贫，母沈教之曰："孔、孟亦两家无父儿也，只因有志，便做到圣贤。"长，受业山阴刘宗周之门。时东南文社各立门户，履祥退然如不胜，惟与同里颜统、钱寅，海盐吴蕃昌辈以文行相砥刻。统、寅、蕃昌相继殁，为之经纪其家。自是与海盐何汝霖、乌程凌克贞、归安沈磊切劘讲习，益务躬行。尝以为圣人之于天道，"庸德之行，庸言之谨"，尽之矣。来学之士，一以友道处之。谓门人当务经济之学，著《补农书》。岁耕田十余亩，草履箬笠，提筐佐馌。尝曰："人须有恒业。无恒业之人，始于丧其本心，终于丧其身。许鲁斋有言：'学者以治生为急。'愚谓治生以稼穑为先。能稼穑则可以无求于人，无求于人，则能立廉耻；知稼穑之艰难，则不妄求于人，不妄求于人，则能兴礼让。廉耻立，礼让兴，而人心可正，世道可隆矣。"初讲宗周慎独之学，晚乃专意程、朱。践履笃实，学术纯正。大要以为仁为本，以修己为务，而以《中庸》为归。

康熙十三年，卒，年六十四。著有《愿学记》、《读易笔记》、《读史偶记》、《言行见闻录》、《经正录》、《初学备忘》、《近古录》、《训子语》、《补农书》、《丧葬杂录》、《训门人语》及《文集》四十五卷。同治十年，从祀文庙。

履祥初兄事颜统。周钟之寓桐乡也，至其门者踵接。统曰："钟为人浮伪，不宜为所惑。"履祥尝曰："自得士凤，而始闻过。余不失足于周钟、张溥之门者，皆其力也。"

寅，字子虎。与履祥为砚席交。崇祯癸未冬，海宁祝渊以抗疏论救刘宗周被逮，履祥与寅送之吴门。次年，遂偕诣宗周门受业焉。自是寅造履益谨，寇盗充斥不废学。卒，年三十四。

汝霖，字商隐，海盐人。尝与友人曰："周、程、张、朱一脉，吾辈不可令断绝。"居丧三年，未尝饮酒食肉。隐居澉浦紫云村，学者称紫云先生。履祥子维恭，尝受业于汝霖、克贞之门。又有吴璜、安道、邱云，皆履祥友，并命维恭师事焉。曰："数人皆深造自得，君子人也。"

璜，秀水人。刚直好义，势利不动心。安道，嘉兴人。云，桐乡人。安道尝言："君子之异于小人，中国之异于夷狄，人类之异于禽兽，有礼无礼而已。士何可不学礼？"又曰："东林诸公，大抵是重名节。然止数君子，余皆有名而无节也。"

克贞，字渝安，乌程人。履祥交最笃。尝谓："父子兄弟安得人人大中、明道、伊川，夫妇安得人人伯鸾、德曜，在处之得其道耳。"与履祥游戴山之门者，有屠安世、郑宏。

安世、秀水人。闻宗周讲学，喜曰："苟不闻道，虚生何为！"遂执贽纳拜焉。宗周既殁，从父兄偕隐于海盐之乡。病作，不粒食者十有七年。得宗周书，力疾钞录。反躬责己，无时或息。尝曰："朝闻夕死，何敢不勉！"卒，年四十六。

宏，海盐人。与弟景元俱从刘宗周受业，笃于友爱。景元短世。乙酉后绝意进取，躬灌园蔬养母，屡空，晏如也。敝衣草履，不以屑意。尝徒跣行雨中，人不能识也。卒，年五十六。

诠，字人斋，海宁人。乾隆丙辰举人。私淑履祥，为梓其遗书。所纂有《淑艾录》。吴蕃昌、沈磊在《孝友传》。

沈昀，字朗思，本名兰先，字甸华，仁和人。刘宗周讲学戴山，昀渡江往听。与应㧑谦友。其学以诚敬为宗，以适用为主，而力排二氏。家贫绝炊，掘阶前马兰草食之。邻有遗之米者，昀宛转推辞，忽仆于地，其人惊骇潜去。良久方苏，因笑曰："其意可感，然适以困我。"㧑谦叹曰："我于交接之际，自谓不苟。以视沈先生，犹觉愧之。"宗周身后传其学者颇滋净讼。昀曰："尼父言'躬行君子'，若腾其口说以求胜，非所望于吾也。"以丧礼久废，缉《士丧礼说》，以授同郡陆寅。疾革，门人问曰："夫子今日何如？"曰："心中无一物，惟诚敬而已。"卒，年六十三。穷无以为殓，㧑谦泫泣不知所出曰："我不敢轻授赙襚，以污先生。"其门人姚宏任趋进曰："如宏任者，可以殓先生乎？"㧑谦曰："子笃行，殆可也。"姚遂殓之，葬于湖上。

宏任，字敬恒，钱塘人。少孤，母，贤妇也。宏任隐市廛，其母偶见贸丝银色劣，愠甚，曰："汝亦为此乎？"宏任长跪谢，愿得改行，乃受业于㧑谦。日诵《大学》一过，一言一行，服膺师说，遇事必归于忠厚。㧑谦不轻受人物，惟宏任之馈不辞。曰："吾知其非不义也。"宏任每时其乏而致之，终身不倦。㧑谦卒，执丧如古师弟子之礼。姚江黄宗炎许之曰："是《笃行传》中人也。"晚年以非罪陷缧绁。宪使阅囚入狱，宏任方朗诵《大学》，宪使异之，入其室，皆程、朱书；与之语，大惊，即日释之。然宏任卒以贫死。

叶敦艮，字静远，西安人。刘宗周弟子。尝贻书陆世仪，讨论学术。世仪喜曰："证人尚有绪言，吾得慰未见之憾矣。"

刘汋，字伯绳，宗周子。宗周家居讲学，诸弟子闻教未达，辄私于汋。汋应机开譬，具有条理。宗周殉国难，明唐、鲁二王皆遣使祭，荫汋官，汋辞。既葬，居蕺山一小楼二十年，杜门绝人事，考订遗经，以竟父业。有司或请见，虽通家故旧，亦峻拒之。所与接者，惟史孝感、恽日初数人。或劝之举讲会，不应。临卒，戒其子曰："若等安贫读书，守《人谱》以终身足矣。"《人谱》，宗周所著书。所卧之榻，假之祁氏。疾亟，强起易之，曰："吾岂可终于祁氏之榻？"

应㧑谦，字潜斋，钱塘人。明诸生。性至孝。殚心理学，以躬行实践为主，不喜陆、王家言。足迹不出百里，陋屋短垣，贫甚，恬如也。杭州知府嵇宗孟数式庐，欲有所赠，嗫嚅未出；及读㧑谦所作《无闷先生传》，乃不敢言。康熙十七年，诏征博学鸿儒，大臣项景襄、张天馥交章荐之。㧑谦舆床上告有司曰："㧑谦非敢却荐，实病不能行耳！"客有劝者曰："昔太山孙明复尝因石介等请，以成丞相之贤，何果于却荐哉？"㧑谦曰："我不能以我之不可，学明复之可。"乃免征。二十二年，卒，年六十九。

㧑谦于《易》、《书》、《诗》、《礼》、《乐》、《春秋》、《孝经》、《四书》各有著说。又撰《教养全书》四十一卷，分选举、学校、治官、田赋、水利、国计、漕运、治河、师役、盐法十考，略仿《文献通考》，而于明代事实尤详。其不载律算者，以徐光启已有成书；不载舆地者，以顾炎武、顾祖禹方事纂辑也。又有《性理大中》二十八卷。门人钱塘凌嘉邵、沈士则传其学。

朱鹤龄，字长孺，吴江人。明诸生。颖敏嗜学，尝笺注杜甫、李商隐诗，盛行于世。鼎革后，屏居著述。晨夕一编，行不识途路，坐不知寒暑。人或谓之愚，遂自号愚庵。尝自谓"疾恶如仇，嗜古若渴。不妄受人一钱，不虚诳人一语"云。著《愚庵诗文集》。初为文章之学，及与顾炎武友，炎武以本原相勖，乃湛思覃力于经注疏及儒先理学。以《易》理至宋儒已明，然《左传》、《国语》所载占法，皆言象也，《本义》精矣，而多未备，撰《易广义略》四卷。以蔡氏释《书》未精，斟酌于汉学、宋学之间，撰《尚书埤传》十七卷。以朱子掊击《诗·小序》太过，与同县陈启源参考诸家说，兼用启源说，疏通《序》义，撰《诗经通义》二十卷。以胡氏传《春秋》多偏见凿说，乃合唐、宋以来诸儒之解，撰《春秋集说》二十二卷。又以杜氏注《左传》未尽合，俗儒又以林氏注紊之，详证参考，撰《读左日钞》十四卷。又有《禹贡长笺》十二卷，作于胡渭《禹贡锥指》之前，虽不及渭书，而备论古今利害，旁引曲证，亦多创获。年七十余，卒。

启源，字长发。著有《毛诗稽古编》。其诠释经旨，一准毛《传》，而郑《笺》佐之。训诂声音以《尔雅》为主，草木虫鱼以陆《疏》为则,于汉学可谓专门。又有《尚书辨略》二卷,《读书偶笔》二卷,《存耕堂稿》四卷。

范鄗鼎,字彪西,洪洞人。性孝友,阐明绛州辛全之学。康熙六年进士,以母老不仕。河、汾间人士多从之受经。十八年,以博学鸿儒荐,未起。立希贤书院,置田赡学者。辑《理学备考》三十卷,《广理学备考》四十八卷。《国朝理学备考》二十六卷,采辛全、孙奇逢、熊赐履、张夏、黄宗羲诸家绪论,附以己说,议论醇正。又著《五经堂文集》五卷,《语录》一卷。又以其父芸茂有《垂棘编》,作《续垂棘编》十九卷,《三晋诗选》四十卷。

同时为辛全之学者,有绛州党成、李生光。

成,字宪公。其学以明理去私为本。生平不求人知,鄗鼎曾扬之于人,意甚不怿,时目为狷者。其辨朱、陆异同:"论者多以陆为尊德性,朱为道问学。此言殊未然。盖朱子之道问学,实以尊德性也,陆氏则自锢其德性矣,何尊之可云?陆子尝曰:'不求本根,驰心外物,理岂在于外物乎?'此告子义外之学也。朱子曰:'本心物理,原无内外。以外物为外者,是告子义外之学也。'即此数语,可以见二家之异同矣。若粗论其同,二家皆欲扶世教,崇天理,去私欲,其秉心似无大异者。而实究其学,则博文约礼者,孔、颜之家法,屡见于《论语》,朱子得其正矣。陆氏乃言'《六经》皆我注脚',又言'不识一字,管取堂堂作大丈夫'。岂不偏哉!"其辨论如此。

生光,字暗章。未冠为诸生。辛全倡学河、汾,遂往受业。笃于内行,事亲至孝,全深重之。明亡,绝意仕进,自号汾曲逸民。构一草堂,日夕读书其中,以《二南》大义,程、朱微言,训门弟子。著有《儒教辨正》、《崇正黜邪汇编》,凡万余言。

白奂彩,字含贞,华州人。私淑于长安冯从吾,玩《易》洗心,《诗》、《礼》、《春秋》,多所自得。蓄书之富,陕以西罕俪。校雠精详,淹贯靡遗。而冲逊自将,若一无所知。与同州党湛、蒲城王化泰诸人相切磋。率同志结社,不入城市,不谒官府,终日晏坐一室,手不释卷。同知郝斌式庐,聆奂彩论议,退而叹曰:"关中文献也!"

湛,字子澄。尝言:"人生须作天地间第一等事,为天地间第一等人。"故自号两一。究宋、明以来诸儒论学语,揭其会心者于壁,默坐土室,澄心反观,久之,恍然有契。自是动静云为,卓有柄持。闻李颙倡道盩厔,冒雪履冰,不惮数百里访质所学。相与盘桓数日,每至夜半,未尝心惰。其志笃养邃如此。

化泰,字省庵。性方严峭直,面斥人过,辞色不少贷。人有一长,即欣然推逊,自以为不及。关学初以马嗣煜嗣冯从吾,而奂彩、湛、化泰皆有名于时。武功史云程、康赐吕、张承烈,同州李士滨、张珥,朝邑王建常、关独可,咸宁罗魁,韩城程良受,蒲城宁维垣,邠州王吉相,淳化宋振麟,皆笃志励学,得知行合一之旨。至乾隆间,武功孙景烈亦能接关中学者之传。

景烈,字酉峰。乾隆三年进士,授检讨,以言事放归。

教生徒以克己复礼。居平虽盛暑必肃衣冠。韩城王杰为入室弟子。尝语人曰:"先生冬不炉,夏不扇,如邵康节;学行如薛文清。"又曰:"先生归籍三十年,虽不废讲学,独绝声气之交。为关中学者宗,有自来矣。"

胡承诺,字君信,天门人。明崇祯举人。国变后,隐居不仕,卧天门巾、柘间。顺治十二年,部铨县职。康熙五年,檄征入都。六年,至京师,以诗呈侍郎严正矩云:"垂老只思还旧业,暮年所急匪轻肥。"既而告归,得请。构石庄于西村,自号石庄老人。穷年诵读,于书无所不窥,而深自韬晦。

晚著《绎志》。《绎志》者,绎己所志也。凡圣贤、帝王、名臣、贤士与凡民之志业,莫不兼综条贯,原本道德,切近人情,酌古而宜今,为有体有用之学。凡二十余万言,皆根柢于诸经,博稽于诸史,旁罗百家,而折衷于周、程、张、朱之说。承诺自拟其书于徐干《中论》、颜之推《家训》,然其精粹奥衍,非二书所及也。二十六年六月,卒,年七十五。所著有《读书说》六卷,文体类《淮南》、《抱朴》,麟杂细碎,随事观理而体察之,殆《绎志》取材之余,与是书相表里。

曹本荣,字欣木,黄冈人。顺治六年进士,改翰林院庶吉士。布袍蔬食,以清节自励。八年,授秘书院编修。应诏,上《圣学疏》千言,其略云:"皇上得二帝三王之统,则当以二帝三王之学为学。诚宜开张圣听,修德勤学,举《四书》、《五经》及《通鉴》中有裨身心要务治平大道者,内则深宫燕闲,朝夕讨论,外则经筵进讲,敷对周详。君德既修,祈天永命,必基于此。"有诏嘉纳。十年,擢右春坊右赞善兼国子监司业,刊《白鹿洞学规》以教士。十一年,转中允。十二年,世祖甄拔词臣品端学裕者充日讲官,本荣与焉。十三年,升秘书院侍讲、左春坊左庶子兼侍读,日侍讲幄,辨论经义。敕本荣同傅以渐撰《易经通注》九卷,熔铸众说,词理简明,为说经之圭臬。本荣又著《五大儒语》、《周张精义》、《王罗择编》诸书。十四年八月,充顺天乡试正考官,九月,充经筵讲官,十一月,以失察同考官作弊,部议革职,上以其侍从讲幄日久,宥之。十八年,迁翰林院侍读学士,改国史院侍读学士。康熙四年,以病请回籍,卒于扬州。

本荣之学,从阳明致知之说,故论次五大儒,以程、朱、薛与陆、王并行。既告归,宦橐萧然,晏如也。疾革,门生计东在侧,犹教以穷理尽性之学。卒之日,容城孙奇逢痛惜之。子宜溥,由荫生荐举博学鸿儒,试,授检讨。

张贞生,字篔山,庐陵人。顺治十五年进士,官翰林院侍讲学士。时议遣大臣巡察,贞生上书谏。召对,所言又过戆。下考功议,革职为民,蒙恩镌二级去官。初阐阳明良知之说,其后乃一宗考亭。居京师,寓吉安馆中,蓬蒿满径,突无炊烟。濒行不能具装,故人馈赆,一无所受,其狷介如此。寻奉特旨起补原官。至京,卒。著《庸书》二十卷,《玉山遗响集》。

刘原渌，字昆石，安丘人。明末盗贼蜂起，原渌与仲兄某率乡人垒土为堡以御贼。贼至，守堡者多死。仲兄出斗，身中九矢，力战。原渌从之，发数十矢，矢尽，仲兄麾之去。原渌大呼曰："离兄一步非死所。"乃斩二渠帅，获马六匹，贼遁去。乱定，以力耕致富。既而推膏腴与兄，以其余为长兄立后，兼赡亡姊家。谢人事，求长生之术。得咯血疾，遂弃去。后读宋儒书，乃笃信朱子之学，集朱子书作《续近思录》。尝曰："学者居敬穷理，二者皆法先王而已。'小心翼翼，昭事上帝'，居敬之功也。'不识不知，顺帝之则'，穷理之功也。"每五更起，谒祠后，与弟子讲论，常至夜分。仲兄疾，吁天祈以身代。兄死，三日内水浆不入口。又为乡人置义仓，俭岁煮粥以食饥人。尝曰："人与我一天而已，何畛域之有焉？"卒，年八十二。著《读书日记》、《四书近思续录》四卷。

后数十年，昌乐有阎循观、周士宏，潍县有姜国霖、刘以贵、韩梦周，德州有孙于篑、梁鸿翥，胶州有法坤宏，同县有张贞，犹能守原渌之学。

国霖，字云一，潍县人。父客燕中感病，国霖往省，跣走千里，至则父已殁。无钱市棺，以衣裹尸，负之行，乞食归里。泣告族党曰："父死不能敛，又不能葬，欲以身殉，又有老母在。长者何以教我？"人怜其孝，为捐金以葬。母易怒，一日怒甚，国霖作小儿嬉戏状，长跪膝前，执母手，掴其面。母大笑，怒遂已，时年五十矣。师事昌乐周士宏，尝与国霖至莒，乐其山川，死即葬于莒。国霖筑室墓侧，安贫守素，不求于人。值歉岁，莒人恐其饿死，闻于官而馈之粟，亦弗却也。昌乐阎循观问国霖喜读何书，曰："《论语》，终身味之不尽。"

以贵，字沧岚。康熙二十七年进士。任苍梧令。地瑶僮杂处，营茶山书院，以《诗》、《书》为教。归里后，杜门著书，有《蔡乘集》。

梦周，字公复。乾隆二十二年进士。其学以存养、省察、致知三者为入德之资。每跬步必以礼，以耻求闻达为尚。后为来安知县，有政声。长洲彭绍升称其治来如元鲁山。有《理堂文集》，表方名，奖忠节，皆有关于世道。

鸿翥，字志南，德州人。每治一经，案上不列他书。有疑义，思之累日夜，必得而后已。益都李文藻一见奇之，为之延誉，遂知名于世。以优行贡成均。卒，年五十九。有《周易观运》等书。

坤宏，字镜野，胶州人。得《传习录》，大喜，以为如己意所出。其学以阳明为宗，以不自欺为本。乾隆六年举人，官大理评事。卒，年八十有奇。

循观，字怀庭，昌乐人。专志洛、闽之学，省身克己，刻苦自立。治经不立一家言，而要归于自得。乾隆三十四年进士，吏部考功司主事。著《困勉斋私记》、《西涧文集》及《尚书春秋说》。

任瑗，字恕庵，淮安山阳人。年十八，弃举子业，讲学。静坐三年，叹曰："圣人之道，归于中庸，极于'精义入神以致用也，利用安身以崇德也'，岂是之谓哉？"乾隆元年，大吏举瑗应博学鸿词，廷试罢归。韩梦周语人曰："任君体用具备，有明以来无此巨儒。"及韩将北归，瑗语之曰："山左人多质直，君当接引后进，以续正学。"因作《反经说》以示之。年八十二，卒。著有《纂注朱子文类》一百卷，《论语困知录》二卷，《反经说》一卷，《阳明传习录辨》二卷，《知言札记》二卷，《朱子年谱》一卷。

颜元，字易直，博野人。明末，父戍辽东，殁于关外。元贫无立锥，百计觅骨归葬，世称孝子。居丧，守朱氏《家礼》惟谨。古《礼》，"初丧，朝一溢米，夕一溢米，食之无算"。《家礼》删去"无算"句，元遵之。过朝夕不敢食，当朝夕，遇哀至，又不能食，病几殆。又《丧服传》："既练，舍外寝，始食菜果。饭素食，哭无时。"《家礼》改为"练后，止朝夕哭，惟朔望未除者会哭，凡哀至皆制不哭"。元亦遵之。既觉其过抑情，校以古《丧礼》非是。因叹先王制礼，尽人之性，后儒无德无位，不可作也。于是著《存学》、《存性》、《存治》、《存人》四编以立教。名其居曰习斋。

肥乡漳南书院，邑人郝文灿请元往教。有文事、武备、经史、艺能等科，从游者数十人。会天大雨，漳水溢，墙垣堂舍悉没，人迹殆绝。元叹曰："天不欲行吾道也！"乃辞归。后八年而卒，年七十。门人李塨、王源编元《年谱》二卷，钟錂辑《言行录》二卷，《辟异录》二卷。

王源，字昆绳，大兴人。兄洁，少从梁以樟游。以樟谈宋儒学，源方髫龀，闻之不首肯，唯喜习知前代典要及关塞险隘攻守方略。年四十，游京师。或病其不为时文，源笑曰："是尚需学而能乎？"因就试，中康熙三十二年举人。或劝更应礼部试，谢曰："吾寄焉为谋生计，使无诟厉已耳！"昆山徐乾学开书局于洞庭山，招致天下名士，源与焉。于侪辈中独与刘献廷善，日讨论天地阴阳之变，伯王大略，兵法、文章、典制，古今兴亡之故，方域要害，近代人才邪正，其意见皆相同。献廷殁，言之辄流涕。未几，遇李塨，大悦之，曰："自献廷殁，岂意复见君乎！"塨微言圣学，源闻之沛然。因持《大学辨业》去，是之。塨乃为极言颜元明亲之道，源曰："吾知所归矣。"遂介塨往博野执贽门，时年五十有六矣。后客死淮上。所著《平书》十卷，《文集》二十卷。

程廷祚，字启生，上元人。初识武进恽鹤生，始闻颜、李之学。康熙庚子岁，塨南游金陵，廷祚屡过问学。读颜氏《存学编》，题其后云："古之害道，出于儒之外；今之害道，出于儒之中。颜氏起于燕、赵，当四海倡和翕然一气之日，乃能折衷至当，而有以斥其非，盖五百年间一人而已。"故尝谓："为颜氏其势难于孟子，其功倍于孟子。"于是力屏异说，以颜氏为主，而参以顾炎武、黄宗羲。故其读书极博，而皆归于实用。乾隆元年，举博学鸿词，至京师，有要人慕其名，嘱密友达其意，曰："主我，翰林可得也。"廷祚拒之，卒报罢。十六年，上特诏举经明行修之士，廷祚又以江苏巡抚荐，复罢归。卒，年七十有七。著《易通》六卷，《大易择言》三十卷，《尚书通议》三十卷，《青溪诗说》三十卷，《春秋识小录》三卷，《礼说》二卷，《鲁说》二卷。

恽鹤生，字皋闻，武进人。因交李塨得睹颜氏遗书，自称私淑弟子。于经长《毛诗》，著《诗说》，以毛、郑为宗。

李塨，字刚主，蠡县人。弱冠与王源同师颜元。躬耕善稼穑，虽俭岁必有收，而食必粢粝，妻妾子妇执苦身之役。举康熙二十九年举人。晚岁授通州学正，浃月，以母老告归。塨博学工文辞，与慈溪姜宸英齐名。又尝为其友治剧邑，逾年，政教大行，用此名动公卿间。明珠、索额图当国，皆尝延教其子，不就。安溪李光地抚直隶，荐其学行于朝，固辞而不谢。诸王交聘，辄避之他。既而从毛奇龄学。著《周易传注》七卷，《筮考》一卷，《郊社考辨》一卷，《论语传注》二卷，《大学传注》一卷，《中庸传注》一卷，《传注问》一卷，《李氏学乐录》二卷，《大学辨业》四卷，《圣经学规》二卷，《论学》二卷，《小学稽业》五卷，《恕谷后集》十三卷。

塨学务以实用为主，解释经义多与宋儒不合。又其自命太高，于程、朱之讲学，陆、王之证悟，皆谓之空谈。盖明季心学盛行，儒禅淆杂，其曲谨者又阔于事情，沿及顺、康朝，犹存余说，盖颜元及塨力以务实相争。存其说可补诸儒枵腹之弊，然不可独以立训，尽废诸家。其论《易》，以观象为主，兼用互体，谓"圣教罕言性天，《乾》《坤》四德，必归人事，《屯》《蒙》以下，亦皆以人事立言。陈搏《龙图》，刘牧《钩隐》，以及探无极、推先天，皆使《易》道入于无用"。排击未免过激。然明人以心学窜入《易》学，率持禅偈以诂经，言数者反置象占于不问，诬饰圣训，弊不可穷。塨引而归之人事，深得垂教之旨。又以《大学》格物为《周礼》三物，谓孔子时古大学教法所谓六德、六行、六艺者，规矩尚存。故格物之学，人人所习，不必再言。惟以明德、亲民标其目，以诚意指其入手而已。格物一传，可不必补。其说本之颜元。毛奇龄恶其异己，作《逸讲笺》以攻之。而当时学者多宗塨说焉。

刁包，字蒙吉，晚号用六居士，祁州人。明天启举人。再上春官，不第。遂弃举子业，有志圣贤之学。初闻孙奇逢讲良知，心向之。既读高攀龙书，大喜，曰："不读此书，几虚过一生。"为主奉之，或有过差，即跪主前自讼。流贼犯祁州，包毁家倡众誓固守，城得不破。时有二珰主兵事，探卒报贼势张甚，二珰怒其惑众，将斩之。包厉声曰："必杀彼，请先杀包。"乃止。二珰相谓曰："使若居官者，其不为杨、左乎？"贼既去，流民载道，设屋聚养之，病者给医药，全活尤多。有山左难妇七十余人，择老成家人护以归。临行，八拜以重托，家人皆感泣，竭力卫送。历六府，尽归其家。

甲申，国变，设庄烈愍皇帝主于所居之顺积楼，服斩衰，朝夕哭临如礼。伪命敦趣，包以死拒，几及于难。遂隐居不出，于城隅辟地为斋曰潜室，亭曰肥遁。日闭户读书其中，无间寒暑，学者宗焉，执经之履满户外。居父丧，哀毁，须发尽白。三年不饮酒食肉，不内寝。及母卒，号恸呕血，病数月，卒。

所著有《易酌》、《四书翊注》、《潜室札记》、《用六集》，皆本义理，明白正大。又选《斯文正统》九十六卷，专以品行为主，若言是人非，虽绝技无取。包初与新城王余佑为石交。

余佑，字介祺。父延善，邑诸生，尚气谊。当明末，散万金产结客。有子三，长余恪，季余严，余佑其仲也。明亡，延善率三子与雄县马鲁建义旗，传檄讨贼。时容城孙奇逢亦起兵，共恢复雄、新、容三县，斩其伪官。顺治初，延善为仇家所陷，执赴京。余恪挥两弟出，为复仇计，独身赴难，父子死燕市。余严夜率壮士入仇家，歼其老弱三十口。名捕甚急，上官有知其枉者，力解乃免。余佑隐易州之五公山，自号五公山人。尝受业于孙奇逢，学兵法，后更从奇逢讲性命之学。隐居教授，不求闻达。教人以忠孝，务实学。卒，年七十。

李来章，字礼山，襄城人。生有神识。尝观石工集庭中断石，辗转弗合，语之曰："去宿土，当自合。是即吾学人心、道心之谓。"闻者异之。工诗古文辞。康熙十四年举人。尝学于魏象枢，魏戒之曰："欲除妄念，莫如立志。"来章因作《书绅语略》，其持论以不背先儒有益世用为主。再学于孙奇逢、李颙。时奇逢讲学百泉，来章与冉觐祖诸人讲学嵩阳，两河相望，一时称极盛焉。再主南阳书院，作《南阳学规》、《达天录》以教学者，士习日上。寻以母老谢归。重葺紫云书院，读书其中，学者多自远而至。母病目，来章每夙兴舌舐之，目复明。

谒选广东连山县。连山民仅七村，丁只二千。外瑶户大排居五，小排一十有七，数且盈万人。重山复岭，瘦石巉削，田居十分之一。瑶或负险跳梁。来章慨然曰："瑶异类，亦有人性，当推诚以待之。"乃仿明王守仁遗意，日延耆老问民疾苦，招流亡，劝之开垦，薄其赋。复深入瑶穴，为之置约延师，以至诚相感。创连山书院，著学规，日进县人申教之。而瑶民之秀者，亦知向学，诵读声彻岩谷。学使者交奖曰："忠信笃敬，蛮貊信可行矣。"行取，授兵部主事，监北新仓，革运官馈遗。旋引疾归。大学士田从典、侍郎李先复交章以实学可大用荐，得旨征召，不出。年六十八，卒。所著有《礼山园文集》、《洛学编》、《连阳八排瑶风土记》、《衾影录》。

冉觐祖，字永光，先贤郓国公裔。元末有为中牟丞者，因家焉。康熙二年，乡试第一。杜门潜居，取《四书集注》研精覃思二十年。章求其旨，句求其解，字求其训，身体心验，订正群言，归于是一，名曰《玩注详说》。递及群经，各有专书，兼采汉儒、宋儒之说。十八年，开博学鸿儒科，巡抚将荐之，欲一见觐祖。觐祖曰："往见，是求荐也。"坚不往。少詹事耿介延主嵩阳书院，与诸生讲《孟子》一章，剖析天人，分别理欲，众皆悚听。三十年，成进士，选庶吉士。三十三年，授检讨。是岁圣祖遍试翰林，御西暖阁，询家世籍贯独详，有"气度老成"之褒。越日，赐宴瀛台，上独识之，曰："尔是河南解元耶？"盖以示优异也。寻告归。卒，年八十有二。

窦克勤，字敏修，柘城人。闻耿介传百泉之学，从游嵩阳。六年，乡举至京师，谒睢州汤斌。一夕，请业，斌谓师道不立，由教官之失职，劝克勤就教职，选泌阳教谕。泌阳地小而僻，人鲜知学，克勤立五社学，月朔稽善过而劝惩之。暇则斋居读书，虽饘粥不继，晏如也。康熙十七年进士，选庶吉士，丁母忧归，服除，授检讨。一日，圣祖命诸翰林作楷书，克勤书"学宗孔、孟，法在尧、舜，而其要在慎独"十四字以进，圣祖览而器之。寻以父老乞归。尝于柘城东郊立朱阳学院，倡导正学。中州自夏峰、嵩阳外，朱阳学者称盛。卒，年六十四，著有《孝经阐义》。

李光坡，字耜卿，安谿人，大学士光地之弟也。生五岁，与伯叔兄弟俱陷贼垒。既脱难后，受学家庭，宗尚宋儒及乡先正《蒙引存疑》诸书。次第讲治《十三经》、濂、洛、关、闽书，旁及子、史。质不甚敏，以勤苦致熟。论学主程、朱，论《易》主邵子，兼取扬雄《太玄》，发明性理，以阐大义。壮岁专意《三礼》，以《三礼》之学至宋而微，至明几绝，《仪礼》尤世所罕习，积四十年，成《三礼述注》六十九卷，以郑康成为主，疏解简明，不蹈支离，亦不侈奥博，自成一家言。其兄光地尝著《周官笔记》一篇，光地子钟伦亦著《周礼训纂》二十一卷，皆标举要旨，弗以考证辨论为长，与光坡相近，其家学如是也。

光坡家居不仕，康熙四十五年，入都，与其兄光地讲贯。著《性论》三篇，辨论理气先后动静，以订近儒之差。及归，光地贻以诗曰："后生茂起须家法，我老栖迟望子传。"其惓惓于光坡如此。光地尝论东吴顾炎武与光坡皆数十年用心经学，精勤不辍，卓然可以传于后云。光坡天性至孝，父病笃，炷香焚掌叩天以祈延寿，病果愈。及举孝廉方正，有司将以光坡应选，而光坡寝疾矣。卒，年七十有三。又有《皋轩文编》。

钟伦，字世得。康熙三十二年举人。初受《三礼》于光坡，又与宣城梅文鼎、长洲何焯、宿迁徐用锡、河间王之锐、同县陈万策等互相讨论，其学具有本原。未仕而卒。

庄亨阳，字复斋，靖南人。康熙五十七年进士，知山东潍县。母就养，卒于途。归而庐墓三年，自是未尝一日离其父。乾隆初元，礼部尚书杨名时荐士七人，亨阳与焉，授国子监助教。当是时，上方向用儒术，尚书杨名时、孙嘉淦，大学士赵国麟咸以耆寿名德领太学事，相与倡明正学。六堂之长，则亨阳与安溪官献瑶、无锡蔡德晋等，皆一时之俊。每朔望谒夫子，释菜礼毕，六堂师登讲座，率国子生以次执经质疑。旬日则六堂师分占一经，各于其书斋会讲南北学，弦诵之声，夜分不绝。都下号为"四贤、五君子"。

迁吏部主事，外补德安府同知，擢徐州府。徐仍岁水灾，亨阳相川泽，谘耆民，具方略，请广开上游水道，以泄异涨，且告石林可危。未及施工而石林决，沛县城将溃，民窜逃。亨阳驾轻舸行告父老曰："太守来，尔民何往？"亲率众堵筑，七日夜城完。在徐三年，两遇大荒，勤赈事，几不暇眠食。九年，迁按察司副使，分巡淮徐海道。亨阳通算术，及董河防，推究高深测量之宜，上书当路，大略谓："淮、徐水患，在壅毛城铺而徐州坏，壅天然减水坝而凤、颍、泗坏，壅车逻、昭关等坝而淮、扬之上下河皆坏。宜开毛城铺以注洪泽湖，则徐州之患息；开天然坝以注高、宝诸湖，则上江之患息；开三坝以注兴、盐之泽，则高、宝之患息；开范公堤以注之海，则兴、盐、泰诸州、县之患息。"当路者颇韪其言，而未能用。

京察，大臣当自陈。高宗命自陈者各举一人自代。内阁学士李清植举亨阳，时论以为允。勘淮海灾过劳，以羸疾卒。卒之日，淮海诸氓罢市奔走，树帜哭而投赙。讷亲巡江南，监司皆靴袴跪迎，亨阳独长揖，讷责问，曰："非敢惜此膝于公，其如《会典》所无何？"讷默然。亨阳出巡，属吏循故事馈飨，然一切勿拒，曰："物以烹饪，却之是暴天物而违人情也。"所从仆皆自饮其马，或犒之，踧而辞曰："公视奴辈为儿子，不告而受，于心不安。告公，公必命辞，是仍虚君惠也。"强之，皆伏地，誓指其心。其感人如此。

官献瑶，字瑜卿，安溪人。执业于漳浦蔡世远、桐城方苞，称高足弟子。亦以杨名时荐，补助教。甫入学，上事宜六条于其长。乾隆四年进士，选庶吉士，充三礼馆纂修，授编修。九年，典试浙江。寻提督广西、陕甘学政，迁洗马。在关中求得宋张载二十余代孙，嘱其邑学官教之。识韩城王杰于诸生，以为大器，果如其言。献瑶少孤，事母孝。自陕甘任满归，乞侍养。奉母二十余载，母年九十乃终。抚爱诸弟，修大小宗祠，增祭器，考《礼经》，遵时制以定仪式，立乡规以教宗人，置义租以恤亲族之贫者。卒，年八十。著《读易偶记》三卷、《尚书偶记》三卷、《尚书讲稿》、《思问录》一卷、《读诗偶记》二卷、《周官偶记》二卷、《仪礼读》三卷、《丧服私钞》并《杂记》一卷、《春秋传习录》五卷、《孝经刊误》一卷、《文集》十六卷、《诗集》二卷。

王懋竑，字子中，宝应人。少从叔父式丹学，刻励笃志，精研朱子之学。身体力行。康熙五十七年成进士，年已五十一。乞就教职，补安庆府学教授。雍正元年，以荐被召引见，授翰林院编修，在上书房行走。二年，以母忧去官，特赐内府白金为丧葬费。懋竑素善病，居丧毁瘠，服阕就职。旋以老病乞归，越十六年卒。

懋竑性恬淡，少尝谓友人曰："老屋三间，破书万卷，平生志愿足矣。"归里后，杜门著书。校定《朱子年谱》，大旨在辨为学次序，以攻姚江之说。又所著《白田杂著》八卷，于《朱子文集、语类》考订尤详。谓《易本义》前九图、《筮仪》皆后人依托，非朱子所作，其略云："朱子于《易》，有《本义》，有《启蒙》，与门人讲论甚详，而此九图曾无一语及之。九图之不合《本义》、《启蒙》者多矣，门人何以绝不致疑也？《本义》之叙画卦云：'自下而上，再倍而三，以成八卦。八卦之上，各加八卦，以成六十四卦。'初不参邵子说。至《启蒙》，则一本邵子。而邵子所传，止有《先天方圆图》。其《伏羲八卦图》、《文王八卦图》，则以《经世演易图》推而得之。同州王氏、汉上朱氏《易》，皆有此二图，《启蒙》因之。至朱子所自作横图六，则注《大传》及邵子语于下，而不敢题曰《伏羲六十四卦图》，其慎如此。今直云《伏羲八卦次序图》、《伏羲八卦方位图》、《伏羲六十四卦次序图》、《伏羲六十四卦方位图》，是孰受而孰传之耶？乃云伏羲四图，其说皆出邵氏，邵氏止有《先天》一图，其《八卦图》后来所推，六横图朱子所作。以为皆出邵氏，是诬邵氏也。"又云："邵氏得之李之才，李之才得之穆修，穆修得之希夷先生，此明道叙康节学问源流如此。汉上朱氏以《先天图》属之，已无所据。乃今移之四图，若希夷已有此四图也，是并诬希夷也。文王八卦，《说卦》明言之。《本义》以为未详，《启蒙》别为之说，而不以入于《本义》。至于'乾，天也，故称乎父'一节，《本义》以为揲蓍以求爻，《启蒙》以为'乾求于坤，坤求于乾'与'乾为首'两节，皆文王观于已成之卦，而推其未明之象，与《本义》不同。今乃以为文王《八卦次序图》，又孰受而孰传之耶？《卦变图启蒙》详之，盖一卦可变为六十四卦，《彖》传卦变，偶举十九卦以说尔。今图、卦皆不合，其非朱子之书明矣。"其说为宋、元儒者所未发。

又考证诸史，谓："《孟子》七篇，所言齐王皆湣王，非宣王。孟子去齐，当在湣王十三四年。下距湣王之殁，更二十五六年，孟子必不及见。《公孙丑》两篇，称王不称谥，乃其元本，而《梁惠王》两篇称宣王，为后人所增。《通鉴》上增威王十年，下减湣王十年，盖迁就伐燕之岁也。"可谓实事求是矣。同邑与懋竑学朱子学者，有朱泽沄、乔仅。

泽沄，字湘陶。少勤学，得程氏《读书分年日程》，寻序诵习。更学天文于泰州陈厚耀，能得其意，久之，有志于圣人之道。念朱子之学，实继周、程，绍颜、孟，以上溯孔子。有谓朱子为道问学，陆、王为尊德性者，复取《朱子文集》、《语类》读之，一字一句，无不精心研究，反身体认，质之懋竑，懋竑屡答之。深信朱子居敬、穷理之学，为孔子以来相传之绪，穷即穷其所存之心，存即存其所穷之理，止是一事，喟然叹曰："尊德性者，莫如朱子，道问学者，亦莫如朱子矣。"

雍正六年，诏大臣各举所知。直隶总督刘师恕欲荐于朝，使其弟造庐请，弗应。晚年得髀疾，然犹五更起，盥沐，观书至夜分不倦。诫其子光进曰："圣贤工夫，正于困苦时验之。"疾甚，谓门人乔仅曰："死生平常事，时至则行，无所恋也。"吟邵雍诗，怡然而逝，年六十有七。所著《止泉文集》八卷，《朱子圣贤考略》十卷。

仅，字星渚。少有气节。水决于婴堤，众走避，仅倡议捍塞，十日堤成。从泽沄受学，恪遵朱子教人读书次第。取朱子书切己体察，有疑辄质泽沄，时年五十矣。泽沄称之曰："从吾游者众矣，惟乔君刚甚。"因举《或问》过时后学、《语类》训石洪庆语告之，仅益奋。乾隆元年，举孝廉方正，辞不就。与懋竑论学问之道凡再三。自谓向道晚，须用己百之功。闻弟卒江陵任，即日冒雪行数千里扶榇归。有潘某贷金不能偿，以券与之。疾革，曰："吾自顶至踵，无一处不痛。惟此心凝然不乱耳！"命

沐浴正衣冠而逝，年六十五。著《日省隶》、《训子要言》、《困学堂遗稿》，汤金钊序而行之。谓其"学术刚健笃实，发为辉光，粹然有德之言。"

李梦箕，字季豹，连城人。年十五而孤。精进学业，崇向朱子，以孝友著称。其教人辄言为善最乐，人易而忽之。梦箕曰："为之难，汝为之否乎？"人问之曰："其乐何如？"曰："不愧不怍。""孰与孔、颜之乐？"曰："熟之而已矣！"事兄如严父，抚犹子如子。每语诸子以气质之偏，使知变化。疾亟，谓所亲曰："吾生平竭力检身，将毋有不及省者？第言之，得闻过而终，亦云幸矣。"卒，年八十一。

子图南，字开士。康熙六十一年举人。能世其学。初工诗古文，既而叹曰："吾学自有身心性命所宜急者，可以虚名骛乎？"于是究心濂、洛、关、闽书，以反躬切己为务。居连峰，点石诸山中者久之。尝曰："学者唯利名之念为害最大。越此庶可与共学。"与蔡世远讲明修身穷理之要，世远重之。雍正九年，吏部檄天下举人需次县令者先赴京学习政事，图南至，观政户部。以母病亟归，归先母卒，年五十七。雷鋐谓："学圣人必自猬者始，图南庶足当之。"时邑人张鹏翼、童能灵皆以学行称。

鹏翼，字莹子。岁贡生。八岁嗜学，十余岁通诸经。塾师教以作文取科第，心疑之。熟读《四书大全》，忽悟曰："心当在身内，身当在心内。"遂不仕。连城处万山中，无师。鹏翼年已四十，始见《近思录》及《朱子全书》。更十年，始见薛文清《读书录》。尝曰："考亭易箦之时，乃我下帷之始。"盖俯焉日有孳孳，不知其老且耄也。所居乡曰新泉，男女往来二桥，道不拾遗。市中交易，先让外客，皆鹏翼教也。著有《读经说略》、《理学入门》、《孝子传》、《历代将相谏臣三谱》、《二十二史案》、《芝坛日读小记》。

能灵，字龙俦。贡生。好学，守程、朱家法，不失尺寸。乾隆元年，举博学鸿词。累举优行，皆以母老辞。年九十，兄弟白首同居。居丧以礼，化及乡人。能灵尝与雷鋐论《易》，主《河图》以明象数之学。其《乐律古义》，谓："《洛书》为五音之本，《河图》为《洛书》之源。《河图》圆而为气，《洛书》方而为体。五音者气也，气凝为体，体以聚气，然后声音出焉。蔡氏《律吕新书》沿《淮南子》、《汉书》之说，误以亥为黄钟之实。惟所约寸分厘丝忽之法，其数合于《史记·律书》，因取其说为之推证源委以成书。"他著《中天河洛五伦说》、《朱子为学考》、《理学疑问》。

连城理学，始自宋之邱起潜、明之童东皋，而能灵、鹏翼继之。力敦伦纪，严辨朱、陆异同。张伯行抚闽时，建文溪书院，祀起潜、东皋。后增建五贤书院，中祀宋五子，而以能灵、鹏翼配焉。

胡方，字大灵，新会人。岁贡生。方敦崇实行，处道学风气之末，独守坚确。总督吴兴祚闻其名，使招之，方走匿，不能得也。事父母，色养靡不周，而心常如不及。

遇有病，忧形于色，药必尝而后进。夜必衣冠侍，未尝就寝。及居丧，藉草宿柩旁，三年不入内。先人田庐，悉以与弟，授徒自给。族姻不能自存者，竭力资之。有达官赍重金乞其文为寿，不应；吏慑之，不应；家人告以绝粮，不应。乡曲子弟偶蹈不悛，有愿就鞭扑，不愿闻其事于方者。里中语曰："可被他人笞，勿使胡君知。他人笞犹可，胡君愧煞我。"其从学者，仕与未仕，白首犹懔懔奉其教。虽困甚，终不入公庭。闻声向慕，以得见为喜，曰："教我矣！"有以荫得官，则大惭曰："吾未能信，得无辱我夫子。"方告之曰："为官能不爱钱，致力于官守，有何不可？"其人卒不负其言。

四十后杜门著述，所居曰盐步。元和惠士奇督学粤东，闻方名，舣舟村外，遣吴生至其家求一见，急挥手曰："学政未蒇事，不可见！不可见！"出吴而扃其门。士奇乃索所著书而去。试事毕，仍介吴生以请，则假一冠投刺，至，长揖曰："今日斋沐谢知己。方年迈，无受教地，不能执弟子体。"数语遂起。惠握其手曰："纵不欲多语，敢问先生，乡人谁能为文者？"答曰："并世中无人。必求之，惟明季梁朝钟耳！"士奇遂求梁文并各家文刻之，名曰《岭南文选》。既而疏荐于朝。士奇尝语吴生曰："胡君貌似顾炎武，丰厚端伟，必享大名。"盖当时知方者，士奇一人而已。卒，年七十四。著有《周易本义注》六卷，《四子书注》十卷，《庄子注》四卷，《鸿桷堂诗文集》六卷。集中《谒白沙祠》诸作及《白沙子论》，具见渊源所自。粤中励志笃行者，方后有冯成修、劳潼。

成修，字达夫，南海人。父远出不归，成修生有至性，语及其父，辄涕泗交颐。乾隆四年进士，选庶吉士，散馆改吏部主事。晋礼部祠祭司郎中，典试福建、四川，督学贵州，揭条约十四则以训士。成修初计偕，即遍访其父踪迹。得官后，两次乞假寻亲，卒无所遇，不复出。授经里中，粹然师范。年八十，计其父已百有一龄。乃持服三年，终身衣布。乙卯重宴鹿鸣，逾年卒，年九十有五。

潼，字润芝，亦南海人。乾隆二十年举人。髫龄时，母常于榻上授《毛诗》，长遂习焉。卢文弨视学湖南，召之往。至冬乃归，母思念殊切。抵家时漏三下，跪母榻前，母且泣且抚之曰："其梦也耶？"潼悲不自胜，自是绝意进取，侍养十有六年而母卒。潼哀毁骨立，仗而后起。家人或失潼所在，即于殡所觅之，则已恸哭失声矣。又痛早孤，故以我野为号。尝言："读孔子书，得一言，曰'务民之义'；读孟子书，得一言，曰'强为善而已矣'；读朱子书，得一言，曰'切己体察'。"著有《四书择粹》十二卷，《孝经考异选注》二卷，《救荒备览》四卷，《荷经堂古文诗稿》四卷。

劳史，字麟书，馀姚人。世为农。少就傅读书，长躬耕养父母，夜则披卷庄诵。读朱子《小学》、《中庸序》，慨然发愤，以道自任，举动必依于礼。继读朱子《近思录》，立起设香案，北面稽首曰："吾师在是矣！"常自刻责，谓："天之命我者，若君之诏臣，父之诏子。一废职，即膺严谴，一坠家业，即穷无所归，可不慎哉！"其论学以为始於不妄语，不妄动，即极诸至诚无息。接后学，委曲进诚，虽佣工下隶皆引之向道，曰："尽尔职分，务实做去，终身不懈，即圣贤矣。勿过自薄也。"闻者莫不爽然。里中负贩者近史居，不敢货伪物。当儿牧童或折弃繒缴，毁机阱。有斗争，就史质，往往置酒讲解。门人桑调元自钱塘来谒，论学数日。将别，送之曰："吾寿不过三年，恐不复相见。行矣勉之！"后三年九月，谓门人汪鉴曰："不过今月，吾将去矣！"遂遍诣亲友家，与老者言所以教，少者言所以学，令家人治木饬后事。晦前一夕，沐浴更衣，移榻正寝，炳烛晏坐如平时，旋就寝。明晨，抚之冰矣。调元为刻其遗书十卷，其书谓《易》之为道，细无不该，远无不届，故多本《易》理以推人物之性。

调元，字弢甫，钱塘人，为孝子天显之子。天显亲病革，合羊脂和粥以进。亲死，抱铛而哭，人为绘《抱铛图》。调元受业于史，得闻性理之学。雍正十一年，召试通知性理，钦赐进士，授工部主事，引疾归。调元主九江濂溪书院，构须友堂，祠余山先生，以著渊源有自，余山，史自号也。调元东皋别业又辟余山书屋，以友教四方之士。为人清鲠绝俗，足迹遍五岳。晚主滦源书院，益畅师说。

鉴，馀姚人。父死于云南，鉴护丧归至汉川，遇大风，舟且覆，抱棺大哭，誓以身殉。忽风回得泊沙渚，众呼为孝子。为人尚气节，史戒之曰："英气，客也。其以问学融化之。"史之殁也，鉴实左右焉。

顾栋高，字震沧，无锡人。康熙六十年进士，授内阁中书。雍正间，引见，以奏对越次罢职。乾隆十五年，特诏内外大臣荐举经明行修之士，所举四十余人。惟大学士张廷玉、尚书王安国、侍郎归宣光举江南举人陈祖范，尚书汪由敦举江南举人吴鼎，侍郎钱陈群举山西举人梁锡玙，大理寺卿邹一桂举栋高，此四人，论者谓名实允孚焉。寻皆授国子监司业。栋高以年老不任职，赐司业衔。皇太后万寿，栋高入京祝嘏，召见，拜起令内侍扶掖。栋高奏对，首及吴敝俗，请以节俭风示海内，上嘉之。陛辞，赐七言律诗二章。二十二年，南巡，召见行在，加祭酒衔，赐御书"传经耆硕"四字。二十四年，卒于家，年八十一。

所学合宋、元、明诸儒门径而一之，援新安以合金豁，为调停之说。著《大儒粹语》二十八卷，又著《春秋大事表》百三十一篇，条理详明，议论精核，多发前人所未发。《毛诗类释》二十一卷，《续编》三卷，采录旧说，发明经义，颇为谨严。其《尚书质疑》二卷，多据臆断，不足以言心得。大抵栋高穷经之功，《春秋》为最，而《书》用力少也。

陈祖范，字亦韩，常熟人。雍正元年举人，其秋礼部中式，以病不与殿试。归，傲尘华汇之滨，楗户读书。居数年，诏天下设书院以教士，大吏争延为师，训课有法。或一二年辄辞去，曰："士习难醇，师道难立。且此席似宋时祠禄，仕而不遂者处焉。吾不求仕，而久与其列为汗颜耳。"荐举经学，祖范褎然居首。以年老不任职，赐司业衔。乾隆十八年，卒于家，年七十有九。所撰述有《经咫》一卷，膺荐时录呈御览。《文集》四卷，《诗集》四卷，

《掌录》二卷。祖范于学务求心得，论《易》不取先天之学，论《书》不取梅赜，论《诗》不废《小序》，论《春秋》不取《义例》，论《礼》不以古制违人情，皆通达之论。同县顾主事镇传其学。

吴鼎，字尊彝，金匮人。乾隆九年举人，授司业。洊擢翰林院侍讲学士，转侍读学士。大考降左春坊左赞善，迁翰林院侍讲，旋休致。所撰有《易例举要》二卷，《十家易象集说》九十卷。裒宋俞琰、元龙仁夫、明来知德等十家《易》说，以继李鼎祚、董楷之后。其《东莞学案》，则专攻陈建《学蔀通辨》作也。兄鼐，亦通经，深于《易》、《三礼》。

梁锡玙，字确轩，介休人。雍正二年举人，亦授司业。与吴鼎同食俸办事，不为定员。乾隆十七年，命直上书房，累迁詹事府少詹事。大考降左庶子，擢祭酒，坐遗失书籍镌级。膺荐时，以所撰《易经揆一》呈御览。鼎、锡玙并蒙召对，面谕曰：“汝等以是大学士、九卿公保经学，朕所以用汝等去教人。是汝等积学所致，不是他途幸进。”又曰：“穷经为读书根本。但穷经不徒在口耳，须要躬行实践。汝等自已躬行实践，方能教人躬行实践。”鼎、锡玙顿首祗谢。又奉谕：“吴鼎、梁锡玙所著经学，著派翰林二十员、中书二十员，在武英殿各誊写一部进呈。原书给还本人。所有纸札、饭食皆给于官。著梁诗正、刘统勋董理其事。”稽古之荣，海内所未有也。

孟超然，字朝举，闽县人。乾隆二十五年进士，选庶吉士，改兵部主事，累迁吏部郎中，三十年，典广西试，寻督学四川，廉正不阿，遇士有礼。以蜀民父子兄弟异居者众，作《厚俗论》以箴其失。旋以亲老，请急归，年甫四十二，遂不出。性至孝，侍父疾，躬执厕牏。戚族丧娶，虽空乏必应。尝叹服徐陵“我辈犹有车可卖”之言。其学以惩忿、窒欲、改过、迁善为主。尝曰：“变化气质，当学吕成公；刻意自责，当学吴聘君。”又曰：“谈性命，则先儒之书已详，不如归益实践，博见闻，则将衰之年无及，不如反诸身心。”其读《商子》云：“论至德者，不和于俗；成大功者，不谋于众。圣人苟可以强国，不法其故，苟可以利民，不循其礼，以为此王介甫之先驱也。然鞅犹明于帝王霸之说，介甫乃以言利为尧、舜、周公之道，又鞅之不如矣。”其论杨村云：“龟山得伊、洛之正传，开道南之先声。然为人身后文，如温州陈君、李子约、许德占、张进、孙龙图诸墓志，往往述及释氏之学，而赞之曰‘安’、曰‘定’、曰‘静’，毋惑乎后之学者，援儒入墨，纷纷不已也。”

超然性静，家居杜门却扫。久之，巡抚徐嗣曾请主鳌峰书院，倡明正学。闽之学者，以安溪李光地、宁化雷铉为最。超然辈行稍后，而读书有识，不为俗学所牵，则后先一揆也。居丧时，考《士丧礼》，荀子及宋司马光、程子、朱子说，并采近代诸儒言论，以正闽俗丧葬之失，著《丧礼辑略》二卷。伤不葬其亲者惑形家言以速祸，取孟子"掩之诚是"之语，作《诚是录》一卷。他著有《焚香录》、《观复录》、《晚闻录》。

汪绂，初名烜，字灿人，婺源人。诸生。少禀母教，八岁，《四子书》、《五经》悉成诵。家贫，父淹滞江宁，侍母疾累年，十日未尝一饱。母殁，绂走诣父，劝之归。父曰：“昔人言家徒四壁，吾壁亦属人。若持吾安归？”叱之去。绂乃之江西景德镇，画碗，佣其间。然称母丧，不御酒肉。后飘泊至闽中，为童子师。及授学浦城，从者日进。闻父殁，一恸几殆，即日奔丧，迎榇归。

绂自二十后，务博览，著书十余万言，三十后尽烧之。自是凡有述作，凝神直书。自《六经》下逮乐律、天文、地舆、阵法、术数无不究畅，而一以宋五子之学为归。著有《易经诠义》十五卷，《尚书诠义》十二卷，《诗经诠义》十五卷，《四书诠义》十五卷，《诗韵析》六卷，《春秋集传》十六卷，《礼记章句》十卷、《或问》四卷，《参读礼志疑》二卷，《乐经律吕通解》五卷，《乐经或问》三卷，《孝经章句》一卷。其《参读礼志疑》多得经意，可与陆珑其书并存。

绂之论学，谓学不可不知要。然所以得要，正须从学得多后，乃能拣择出紧要处。谓《易》理全在象、数上乘载而来。谓《书》历象、《禹贡》、《洪范》须著力去考，都是经济。谓《诗》只依字句吟咏，意味自出。谓看《周礼》，须得周公之心，乃于宏大处见治体之大，于琐屑处见法度之详。谓《春秋》非理明义精，殆未可学。谓"格物"之"格"训"至"，如《书》言"格于上下"、"格于皇天"，皆"至到"之义。上文"致知"字为"推致"，则"格物"为"穷至物理"甚明。谓"性与天道不可得闻"，直是不可得闻，陆、王家因早闻性天，而未尝了悟，又果于自信，遗害后人也。谓周子言"一"，言"无欲"，程子言"主一"，言"无适"，微有不同。周子所谓"一"者天也，所谓"欲"者人也。纯乎天，不参以人，一者即无欲也。程子所谓"一"者事也，所谓"适"者心也。一其心于所事，而不强事以成心，无适之谓一也。当时大兴朱筠读其书，称其信乎以人任己，而颉顽古人。其后善化唐鉴亦称其功夫体勘精密，由不欺以至诚明。绂初聘于江，比归娶，江年二十八矣。江尝语诸弟子曰："吾归汝师三十年，未尝见一怒言、一怒色也。"乾隆二十四年，卒，年六十八。子思谦，增生，毁卒。同县余元遴传其学。

元遴，字秀书。诸生。著有《庸言》、《诗经蒙说》、《画脂集》。

姚学塽，字晋堂，归安人。性静介。孩稚时，见物不取。父兄坐庭上，久侍立，足不动。既长，读书，毅然以身学。父丧骨毁，感动乡里。嘉庆元年进士，以中书用。时和珅为大学士，中书于大学士例执弟子礼，学塽耻之，遂归。后四年和珅伏诛，始入都任职。十三年，主贵州乡试。归途闻母忧，痛父母不得躬侍禄养，遂终身不以妻子自随。服阕，至京，转兵部主事，迁职方司郎中。妻张有妇德，畜一妾请遣侍京寓，不许，乃归妾父。妾方氏，十七，曰："妇人从一者也，吾事有主矣。"竟不嫁。

学塽居京师四十年，若旅人之陋者，僦僧寺中，霜华盈席，危坐不动。居丧时有毡帽一，布羔裘一，终身服之，蓝褛不改，盖所谓终身之丧者。初彭龄掌兵部，请学埭至堂上，躬起肃揖之，学埭亦不往谢。大学士百龄兼管兵部，屡询司员姚某何在，欲学埭诣其宅一见之，终不往也。学埭六十生辰，同里姚文田贻酒二罂为寿，固辞。文田曰："他日以此相报可乎？"乃受之。学埭之学，由狷入中行。以敬存诚，从严毅清苦中发为光风霁月。暗然不求人知，未尝向人讲学。病笃，握其友潘谘手曰："君勉矣！人生独知之地，鲜无愧者。我生平竭蹶，竟如此止。君亦就衰尽，所得为俟年而已。"遂逝，年六十有六。

谘，字少白，会稽人。少卓荦，好独游天下奇山水，足迹逾数万里。与学埭友善，日求寡过，以无玷古人。与长民者言，言爱人；与里老言，言耕凿树畜；与士人言，言孝弟忠信。遇名下士，则告以实行为首务，尤兢兢于义利之辨。居惟一襆被，日两蔬食。食有余，则以给人之困者。有数人赍金为其母寿，不可返，乃各取少许。其母知之，怒曰："汝见僧以如来像丐市者乎？吾其为像也！"乃谢而尽散之。著有古文八卷，诗五卷，《常语》二卷。

唐鉴，字镜海，善化人。父仲冕，陕西布政使，自有传。鉴，嘉庆十四年进士，改庶吉士。十六年，授检讨。二十三年，授浙江道监察御史。坐论淮盐引地一疏，吏议镌级，以六部员外郎降补。会宣宗登极，诏中外大臣各举所知，诸城刘镮之荐鉴出知广西平乐府，擢安徽宁池太广道，调江安粮道，擢山西按察使。迁贵州，擢浙江布政使，调江宁，内召为太常寺卿。海疆事起，严劾琦善、耆英等，直声震天下。鉴潜研性道，宗尚洛、闽诸贤。著《学案小识》，推陆陇其为传道之首，以示宗旨。

时蒙古倭仁，湘乡曾国藩，六安吴廷栋，昆明窦垿、何桂珍皆从鉴考问学业，陋室危坐，精思力践。年七十，斯须必敬。致仕南归，主讲金陵书院。文宗践阼，有诏召鉴赴阙，入对十五次，中外利弊，无所不罄。上以其力陈衰老，不复强之服官，令还江南，矜式多士。咸丰二年，还湘，卜居于宁乡之善岭山，深衣蔬食，泊然自怡。晚岁著《读易小识》，编次《朱子全集》，别为义例，以发紫阳之蕴。十一年，卒，年八十有四。曾国藩为上遗疏，赐谥确慎。著有《朱子年谱考异》、《省身日课》、《畿辅水利备览》、《易反身录》、《读礼小事记》等书。

吴嘉宾，字子序，南丰人。道光十八年进士，改庶吉士，授编修。既通籍，尤究心当世利弊。尝条陈海疆事宜，上嘉纳焉。二十七年，缘事谪戍军台，寻释回。咸丰初，以督团兵援郡城功，赏内阁中书。同治三年，于本邑三都墟口击贼遇害，奉旨赐恤，并建专祠。

嘉宾学宗阳明，而治经字疏句释以求据依，非专言心学者，其要归在潜心独悟，力求自得。尤长于《礼》，成《礼说》二卷，自序云："《小戴记》四十九篇，列于学官。其高者盖七十子之微言，下者乃诸博士所捃拾耳。宋以来取《大学》、《中庸》与《论》、《孟》列为《四书》，世无异议；则多闻择善，固有不必尽同者。余独以《礼运》、《内则》、《乐记》、《孔子闲居》、《表记》诸篇，为古之遗言，备录其文，以资讲肄。其余论说多者亦全录之，否则著吾说所以与郑君别者，以备异同焉。《易》曰'知崇礼卑'，又曰'谦以制礼'。夫礼者，自卑而尊人。古之制礼者上也，上之人能自卑，天下谁敢不为礼者。先王之礼，行于父子兄弟夫妇养生送死之间，而谨于东西出入升降辞让哭泣辟踊之节，使人明乎吾之喜怒哀乐，莫敢逾夫亲疏贵贱长幼男女之分；而其至约者，则在于安定其志气而已，故曰礼、乐不可斯须去身。乐者动于内者也，礼者动于外者也。夫礼、乐不外乎吾身之自动，而奚以求诸千载而上不可究诘之名物象数也乎？"其大旨盖如此。他著有《丧服会通说》四卷，《周易说》十四卷，《书说》四卷，《诗文集》十二卷。与嘉宾同时而专力于学者，有刘传莹。

传莹，字椒云，汉阳人。道光十九年举人，官国子监学正。始学考据，杂载于书册之眉，旁求秘本钩校，朱墨并下，达旦不休。其治舆地，以尺纸图一行省所隶之地，墨围界画，仅若牛毛。晨起指诵曰："此某县也，于汉为某县；此某府某州也，于汉为某郡国。"凡三四日而熟一纸，易他行省亦如之。久之疾作，不良食饮。自以所业者繁杂无当于心，乃发愤叹曰："凡吾之所为学者何为也哉！舍孝弟取与之不讲，而旁骛琐琐，不亦惧乎！"于是取濂、洛以下切己之说，以意时其离合而反复之。尝语曾国藩曰："君子之学务本，专而已。吾与子敝精神于仇校，费日力于文辞，侥幸于身后不知谁何者之誉。自今以往，可一切罢弃，各敦内行。没齿无闻，誓不复悔。"卒，年三十一。病中为日记一编，痛自绳检，遗令处分无憾。国藩尝称其"湛深而敦厚，非其视不视，非其听不听，内志外体一准于法，而所以扩充官骸之用，又将推极知识，博综百氏，以求竟乎其量"。世以为知言。朱子所编《孟子要略》，自来志艺文者皆不著于录。传莹始于金仁山《孟子集注考证》内搜出之，复还其旧。

刘熙载，字融斋，兴化人。十岁丧父，哭踊如礼。道光二十四年进士，改庶吉士，授编修。咸丰二年，命直上书房。与大学士倭仁以操尚相友重，论学则有异同。倭仁宗程、朱，熙载则兼取陆、王，以慎独主敬为宗，而不喜《学蔀通辨》以下掊击已甚之谈。文宗尝问所养，对以闭户读书。御书"性静情逸"四大字赐之。以病乞假，巡抚胡林翼特疏荐。同治三年，征为国子监司业，迁詹事府左春坊左中允。督学广东，作《惩忿》、《窒欲》、《迁善》、《改过》四箴训士，谓士学圣贤，当先从事于此。所至萧然如寒素，未满任乞归，襆被箧书而已。

熙载治经，无汉、宋门户之见。其论格物，兼取郑义。论《毛诗》古韵，不废吴棫叶音。读《尔雅释诂》至"卬、吾、台、予"，以为四字能摄一切之音。以推开齐合撮，无不如矢贯的。又论六书中较难知者莫如谐声，叠韵双声，皆谐声也。许叔重时虽未有叠韵双声之名，然河、可叠韵也；江、工双声也。孙炎以下切音，下一字为韵，取叠韵，上一字为母，取双声，盖开自许氏。又作《天元正负歌》，以明加减乘除相消开方诸法。生平于《六经》子史及仙释家言靡不通晓，而一以躬行为重。尝戒学者曰："真博必约，真约必博。"又曰："才出于学，器出于养。"又曰："学必尽人道而已。士人所处无论穷达，当以正人心、维世道为己任，不可自待菲薄。"平居尝以"志士不忘在沟壑"、"遁世不见知而不悔"二语自励。自少至老，未尝作一妄语。表里浑然，夷险一节。主讲上海龙门书院十四年，以正学教弟子，有胡安定风。著《持志塾言》二卷，笃近切实，足为学者法程。光绪七年，卒，年六十九。又有《艺概》六卷，《四音定切》四卷，《说文双声》二卷，《说文叠韵》二卷，《昨非集》四卷。

朱次琦，字九江，南海人。道光二十七年进士，分发山西，摄襄陵县事，引疾归。

次琦生平论学，平实敦大。尝论："汉之学，郑康成集之；宋之学，朱子集之。朱子又即汉学而精之者也。宋末以来，杀身成仁之士，远轶前古，皆朱子力也。然而攻之者互起，有明姚江之学，以致良知为宗，则攻朱子以格物；乾隆中叶至于今日，天下之学，以考据为宗，则攻朱子以空疏。一朱子也，攻之者又矛盾。乌乎！古之言异学也，畔之于道外，而孔子之道隐；今之言汉学、宋学者咻之于道中，而孔子之道歧。果其修行读书蕲之于古之实学，无汉学，无宋学也。"凡示生徒修行之实四：曰敦行孝弟，曰崇尚气节，曰变化气质，曰检摄威仪；读书之实五：曰经学，曰史学，曰掌故之学，曰性理之学，曰词章之学。一时咸推为人伦师表云。

官襄陵时，县有平水，与临汾县分溉田亩，居民争利构狱，数年不决。次琦至，博询讼端，则豪强垄断居奇，有有水无地者，有有地无水者。有地无水者，向有买水券，予之地，弗予之水；有水无地者，向有买水券，虽无地得以市利。于是定以地随粮，以水随地之制。又会临汾县知县躬亲履亩，两邑田相若，税相直也。乃定平水为四十分，县各取其半。复于境内设四纲维持之：曰水则，曰用人，曰行水，曰闸门。实行水田三万四百亩有奇，邑人立碑颂之。系囚赵三不稜，剧盗也，越狱逃。次琦未抵任，先出重赏购知其所适。亟假郡捕，前半夕疾驰百二十里，至曲沃郭南以俟。盗众方饮酒家，役前持之，忽楼上下百炬齐明，则赫然襄陵县镫也，乃伏地就缚。比县人迎新尹，尹已尺组系原贼入矣，远近以为神。每行县，所至怕循恂恂，老稚迎笑。有遮诉者，索木椅在道与决，能引服则已，恒终日不笞一人。其他颁《读书日程》，创保甲，追社仓二万石，禁火葬，罪同姓婚，除狼患，卓卓多异政。在任百九十日，民俗大化。

先是南方盗起，北至扬州。次琦犹在襄陵，谓宜绸缪全晋，联络关、陇，为三难、五易、十可守、八可征之策，大吏不能用。居家时称说浦江郑氏、江州陈氏诸义门，及朝廷捐产准旌之例。由是宗人捐产赡族，合金数万。次琦呈请立案，为变通《范氏义庄章程》，设完课、祀先、养老、劝学、矜恤孤寡诸条，刊石世守之。

同治元年，与同邑徐台英奉旨起用，次琦竟不出。光绪七年，赏五品卿衔，逾数月卒。著有《国朝名臣言行录》、《五史实征录》、《晋乘》、《国朝逸民传》、《性学源流》、《蒙古闻见》等书。疾革，尽焚之，仅存手辑《朱氏传芳集》五卷，撰定《南海九江朱氏家谱》十二卷，《大雅堂诗集》一卷，《燔余集》一卷，《橐中集》一卷。

成孺，原名蓉镜，字芙卿，宝应人。附生。性至孝，父殁，三日哭，气绝而复属者再。授经养母，岁歉，粗粝或弗继，母所御必精凿。事母垂六十年，起居饮食之节，有《礼》经所未尝言，而以积诚通之者。早邃经学，旁及象纬、舆地、声韵、字诂，靡不贯彻。于金石审定尤精确。久之，寝馈儒先诸书，益有所得。取紫阳《日用自警诗》，以"味真腴"颜其居，自号曰心巢。

孺于汉、宋两家，实事求是，不为门户之见。尝曰："为己，则治宋学真儒也，治汉学亦真儒；为人，则治汉学伪儒也，治宋学亦伪儒。"又曰："义理，《论语》所谓识大是也；考证，识小是也：莫不有圣人之道焉。事父事君，识大也；多识鸟兽草木之名，识小也：皆《诗》教所不废，然不可无本末轻重之差。"湖南学政朱逌然延主校经堂，孺立学程，设"博文"、"约礼"两斋，湘中士大夫争自兴于学。著有《禹贡班义述》三卷，据《地志》解《禹贡》，于今、古文之同异及郑注与班义殊者，一一辨证。即有不合，亦不曲护其非。《尚书历谱》二卷，以殷历校殷、周历校周，从违以经为断。又考《太初历》即《三统》，为《太初历谱》一卷，《春秋日南至谱》一卷。又《切韵表》五卷，二百有六表，分二呼而经以四等，纬以三十六母，审辨音声，不容出入。晚年著述，一以朱子为宗。所编《我师录》、《困勉记》、《必自录》、《庸德录》、《东山政教录》，又有《国朝学案备忘录》一卷，《国朝师儒论略》一卷，《经义骈枝》一卷，《五经算术》二卷，《步算释例》六卷，《文录》九卷。

邵懿辰，字位西，仁和人。性峭直，能文章，以名节自厉。于近儒尤慕方苞、李光地之学。道光十一年举人，授内阁中书。久官京师，因究悉朝章国故，与曾国藩、梅曾亮、朱次琦数辈游处，文益茂美。折节造请高才秀士，有不可，面折之。不为朋党，志量恒在天下。洊升刑部员外郎，入直军机处。大学士琦善以妄杀熟番下狱，发十九事难之。

粤乱作，赛尚阿出视师，复上书次辅祁寯藻，力言不可者七端。时承平久，京朝官率雍容养望，懿辰独无婾阿之习，一切持古义相绳责。由是诸贵人惮之，思屏于外。会粤贼陷江宁，京师震动，乃命视山东河工，未行，复命偕少詹事王履谦巡防河口。咸丰四年，坐无效镌职。既罢归，则大覃思经籍，著《尚书通义》、《礼经通论》、《孝经通论》，颇采汉学考据家言，而要以大义为归。

十年，贼陷杭州，以奉母先去获免。母卒，既葬，返杭州。贼再至，则麾妻子出，独留与巡抚王有龄登陴固守。十一年，城陷，死之。时国藩督师江南，闻而叹曰："嗟乎！贤者之处患难，亲在，则出避；亲殁，则死之：义之至衷者也。"乃迎致其妻子安庆。先是懿辰以协防杭州复原官,死事闻,赠道衔,祀本省昭忠祠。其所著书,遭乱亡佚,长孙章辑录之,为《半岩庐所著书》,共三十余卷。懿辰之友,同里伊乐尧、秀水高均儒,皆知名。

均儒,字伯平。廪贡生。性狷介,严取与之节。治《三礼》主郑氏。尤服膺宋儒,见文士荡行检者则绝之如仇,人苦其难近。著《续东轩集》。

乐尧,字遇夔。咸丰元年举人。学术宗尚与懿辰同。值寇乱,犹商证经义危城中。城破,同殉节死。

卷四百八十一 列传二百六十八

儒林二

顾炎武　张尔岐 马骕　万斯大 兄斯选 子经任言　胡渭 子彦升 叶佩荪　毛奇龄 陆邦烈
阎若璩 李铠 吴玉搢　惠周惕 子士奇 孙栋
余萧客　陈厚耀　臧琳 玄孙庸 礼堂　任启运
全祖望 蒋学镛 董秉纯　沈彤 蔡德晋 盛世佐
江永 程瑶田　褚寅亮　卢文弨 顾广圻
钱大昕 族子塘 坫　王鸣盛 金日追 凌吴 云
戴震 金榜　段玉裁 钮树玉 徐承庆 孙志祖
瞿灏　梁玉绳 履绳 汪家禧 刘台拱 朱彬
孔广森　邵晋涵 周永年　王念孙 子引之 李惇
宋绵初　汪中 江德量 徐复 汪光爔　武亿
庄述祖 庄绶甲 庄有可 戚学标 江有诰
陈熙晋 李诚 丁杰 周春 孙星衍 毕亨 李贻德
王聘珍　凌廷堪 洪榜 汪龙　桂馥 许瀚
　　　　江声 孙沅　钱大昭 子东垣 绎 侗 朱骏声

顾炎武,字宁人,原名绛,昆山人。明诸生。生而双瞳,中白边黑。读书目十行下。见明季多故,讲求经世之学。明南都亡,奉嗣母王氏避兵常熟。昆山令杨永言起义师,炎武及归庄从之。鲁王授为兵部司务,事不克,幸而得脱,母遂不食卒,诫炎武弗事二姓。唐王以兵部职方郎召,母丧未赴,遂去家不返。炎武自负用世之略,不得一遂,所至辄小试之。垦田于山东长白山下,畜牧于山西雁门之北、五台之东,累致千金。遍历关塞,四谒孝陵,六谒思陵,始卜居陕之华阴。谓“秦人慕经学,重处士,持清议,实他邦所少;而华阴绾毂关河之口,虽足不出户,亦能见天下之人、闻天下之事。一旦有警,入山守险,不过十里之遥;若有志四方,则一出关门,亦有建瓴之便”。乃定居焉。

生平精力绝人,自少至老,无一刻离书。所至之地,以二骡二马载书,过边塞亭障,呼老兵卒询曲折,有与平日所闻不合,即发书对勘;或平原大野,则于鞍上默诵诸

经注疏。尝与友人论学云:“百余年来之为学者,往往言心言性,而茫然不得其解也。命与仁,夫子所罕言;性与天道,子贡所未得闻。性命之理,著之《易传》,未尝数以语人。其答问士,则曰'行己有耻',其为学,则曰'好古敏求'。其告哀公明善之功,先之以博学。颜子几于圣人,犹曰'博我以文'。自曾子而下,笃实无如子夏,言仁,则曰'博学而笃志、切问而近思'。今之君子则不然,聚宾客门人数十百人,与之言心言性;舍多学而识以求一贯之方,置四海之困穷不言,而讲危微精一;是必其道高于夫子,而其弟子之贤于子贡也。《孟子》一书,言心言性亦谆谆矣,乃至万章、公孙丑、陈代、陈臻、周霄、彭更之所问,与孟子之所答,常在乎出处去就辞受取与之间。是故性也、命也、天也,夫子之所罕言,而今之君子之所恒言也。出处去就辞受取与之辨,孔子、孟子之所恒言,而今之君子之所罕言也。愚所谓圣人之道者如之何?曰'博学于文,行己有耻'。自一身以至于天下国家,皆学之事也。自子臣弟友以至出入往来辞受取与之间,皆有耻之事也。士而不先言耻,则为无本之人;非好古多闻,则为空虚之学。以无本之人,而讲空虚之学,吾见其日从事于圣人,而去之弥远也。”

炎武之学,大抵主于敛华就实。凡国家典制、郡邑掌故、天文仪象、河漕兵农之属,莫不穷原究委,考正得失,撰《天下郡国利病书》百二十卷;别有《肇域志》一编,则考索之余,合图经而成者。精韵学,撰《音论》三卷。言古韵者,自明陈第,虽创辟榛芜,犹未邃密。炎武乃推寻经传,探讨本原。又《诗本音》十卷,其书主陈第诗无协韵之说,不与吴棫本音争,亦不用棫之例,但即本经之韵互考,且证以他书,明古音原作是读,非由迁就,故曰本音。又《易音》三卷,即《周易》以求古音,考证精确。又《唐韵正》二十卷,《古音表》二卷,《韵补正》一卷,皆能追复三代以来之音,分部正帙而知其变。又撰《金石文字记》、《求古录》,与经史相证。而《日知录》三十卷,尤为精诣之书,盖积三十余年而后成。其论治综核名实,于礼教尤兢兢。谓风俗衰,廉耻之防溃,由无礼以权之,常欲以古制率天下。炎武又以杜预《左传集解》时有阙失,作《杜解补正》三卷。其他著作,有《二十一史年表》、《历代帝王宅京记》、《营平二州地名记》、《昌平山水记》、《山东考古录》、《京东考古录》、《谲觚》、《菰中随笔》、《亭林文集》、《诗集》等书,并有补于学术世道。清初称学有根柢者,以炎武为最,学者称为亭林先生。

又广交贤豪长者,虚怀商确,不自满假。作《广师篇》云:“学究天人,确乎不拔,吾不如王寅旭;读书为己,探赜洞微,吾不如杨雪臣;独精《三礼》,卓然经师,吾不如张稷若;萧然物外,自得天机,吾不如傅青主;坚苦力学,无师而成,吾不如李中孚;险阻备尝,与时屈伸,吾不如路安卿;博闻强记,群书之府,吾不如吴志伊;文章尔雅,宅心和厚,吾不如朱锡鬯;好学不倦,笃于朋友,吾不如王山史;精心六书,信而好古,吾不如张力臣。至于达而在位,其可称述者,亦多有之,然非布衣之所得议也。”

康熙十七年,诏举博学鸿儒科,又修《明史》,大臣

争荐之，以死自誓。二十一年，卒，年七十。无子，吴江潘耒叙其遗言行世。宣统元年，从祀文庙。

张尔岐，字稷若，济阳人。明诸生。父行素，官石首县丞，罹兵难，尔岐欲身殉，以母老止。顺治七年，贡成均，亦不出。逊志好学，笃守程、朱之说，著《天道论》、《中庸论》，为时所称。又著《学辨》五篇：曰《辨志》，曰《辨术》，曰《辨业》，曰《辨成》，曰《辨征》。又著《立命说辨》，斥袁氏《功过格》、《立命说》之非。年三十，覃思《仪礼》，以郑康成注文古质，贾公彦释义曼衍，学者不能寻其端绪；乃取经与注章分之，定其句读，疏其节，录其要，取其明注而止，有疑义则以意断之，亦附于末：成《仪礼郑注句读》十七卷，附以《监本正误》、《石经正误》二卷。顾炎武游山东，读而善之，曰："炎武年过五十，乃知'不学礼无以立'。若《仪礼郑注句读》一书，根本先儒，立言简当，以其人不求闻达，故无当世名，然书实可传，使朱子见之，必不仅谢监狱之称许矣。"尔岐又著《周易说略》八卷，《诗说略》五卷，《蒿庵集》三卷，《蒿庵闲话》二卷。所居败屋不修，艺蔬果养母，集其弟四人，讲说三代古文于母前，愉愉如也。妻朱，婉娩执妇道，劝尔岐勿出，取《蓼莪》诗意，题其室曰蒿庵，遂教授乡里终其身。康熙十六年，卒，年六十六。乾隆中，按察使吴江陆耀建蒿庵书院以祀之，而颜其堂曰辨志。山东善治经者，尔岐同时有马骕。

骕，字宛斯，邹平人。顺治十六年进士，除淮安府推官。寻推官议裁，补灵壁县知县。蠲荒除弊，流亡复业。康熙十二年，卒于官，年五十四。士民奉祀名宦祠。骕于《左氏》融会贯通，著《左传事纬》十二卷，《附录》八卷，所论有条理，图表亦考证精详。骕又撰《绎史》一百六十卷，纂录开辟至秦末之事，博引古籍，疏通辨证，非《路史》、《皇王大纪》所可及也。时人称为马三代。四十四年，圣祖命大学士张玉书物色骕所著书，令人至邹平购板入内府。

万斯大，字充宗，鄞县人。父泰，明崇祯丙子举人，与陆符齐名。宁波文学风气，泰实开之。以经、史分授诸子，使从黄宗羲游，各名一家。

斯大治经，以为非通诸经不能通一经；非悟传注之失，则不能通经；非以经释经，则亦无由悟传注之失。其为学尤精《春秋》、《三礼》。于《春秋》，则有专传论世、属辞比事、原情定罪诸义；于《三礼》，则有《论社》、《论禘》、《论祖宗》、《论明堂泰坛》、《论丧服》诸义；其辨正商、周改月改时，周《诗》周正及兄弟同昭穆，皆极确实。《宗法》十余篇，亦颇见推衍。答应㧑谦书，辨治朝无堂，尤为精核。根柢《三礼》，以释《三传》，较宋、元以后空谈书法者殊。然其说经以新见长，亦以凿见短，置其非存其是，未始非一家之学。

斯大性刚毅，慕义若渴。明臣张煌言死后弃骨荒郊，斯大葬之南屏。父执陆符死无后，斯大为葬其两世六棺。所著有《学春秋随笔》十卷，《学礼质疑》二卷，《仪礼商》三卷，《礼记偶笺》三卷，《周官辨非》二卷。康熙二十二年，卒，年六十。

兄斯选，字公择。学于黄宗羲。尝谓学者须验之躬行，方为实学。于是切实体认，知意为心之存主，非心之所发。理即在气中，非理先气后。涵养纯粹，年六十，卒。宗羲哭之恸，曰："甬上从游，能续蕺山之传者，惟斯选一人，而今已矣！"

斯大子经，字授一。黄宗羲移证人书院于鄞，申明刘宗周之学。经侍席末，与闻其教。及长，传父、叔及兄言之学，又学于应㧑谦、阎若璩。康熙四十二年，成进士，选庶吉士，散馆授编修。五十年，充山西乡试副考官。五十三年，提督贵州学政。及还，以派修通州城工罄其家。素工分隶，经乃卖所作字，得钱给朝夕。晚增补斯大《礼记集解》数万言，《春秋》定、哀二公未毕，又续纂数万言。又重修斯同《历代纪年》，又续纂兄言《尚书说》、《明史举要》，皆先代未成之书。乾隆初，举博学鸿词科，不就。年八十二，家遭大火，遗书悉焚。经终日涕洟，自以为负罪先人，逾年卒。著《分隶偶存》二卷。

言，字贞一，斯选从兄斯年子。副榜贡生。少随诸父讲社中，号精博。著有《尚书说》、《明史举要》。尝与修《明史》，独成崇祯长编，故国辅相子弟多以贿求减先人罪，言悉拒之。尤工古文，同县李邺嗣尝曰："事古而信，笃志不分，吾不如充宗；粹然有得，造次儒者，吾不如公择；学通古今，无所不辨，吾不如季野；文章名世，居然大家，吾不如贞一。吾邑有万氏，诚天下之望。"有《管村文集》。晚出为五河知县，忤大吏，论死，子承勋，狂走数千里，哀金五千赎之归，时称孝子。

承勋，字开远。诸生。以荐，用为磁州知州。工诗，有《冰雪集》。

胡渭，初名渭生，字朏明，德清人。渭年十二而孤，母沈，携之避乱山谷间。十五为县学生，入太学，笃志经义，尤精舆地之学。尝馆大学士冯溥邸。尚书徐乾学奉诏修《一统志》，开局洞庭山，延常熟黄仪、顾祖禹，太原阎若璩及渭分纂。渭著《禹贡锥指》二十卷，图四十七篇。谓汉、唐二孔氏，宋蔡氏，于地理多疏舛。如三江当主郑康成说；《禹贡》"达于河"，"河"当从《说文》作"菏"；"荥波既猪"，当从郑康成作"播"；梁州黑水与导川之黑水，不可溷为一。乃博稽载籍，考其同异而折衷之。山川形势，郡国分合，道里远近夷险，一一讨论详明。又汉、唐以来，河道迁徙，为民生国计所系，故于《导河》一章，备考决溢改流之迹。留心经济，异于迂儒不通时务。间有千虑一失，则不屑阙疑之过。

又撰《易图明辨》十卷，专为辨定《图》、《书》而作。初，陈抟推阐《易》理衍为诸图，其图本准《易》而生，故以卦爻反覆研求无不符合。传者务神其说，遂归其图于伏羲，谓《易》反由图而作。又因《系辞》"河图、洛书"之文，取大衍算数作五十五点之图，以当《河图》；取《乾凿度》太乙行九宫法，造四十五点之图，以当《洛书》；其阴阳奇偶，亦一一与《易》相应。传者益神其说，又真以为龙马神龟之所负，谓伏羲由此而有先天之图。实则唐以前书绝无一字符验，而突出于北宋之初，由邵子以及朱子，亦但取其数之巧合，而未暇究其太古以来从谁授受，故《易学启蒙》、《易本义》前九图皆沿其说。同时袁枢、薛季宣皆有异论，然《宋史儒林传》：《易学启蒙》朱子本嘱蔡元定创稿，非朱子自撰。《晦庵大全集》载《答刘君房书》曰："《启蒙》本欲学者且就《大传》所言卦画蓍数推寻，不须过为浮说。而自今观之，如《河图》《洛书》，亦不免尚有剩语。"至于《本义》卷首九图，为门人所依附，朱子当日未尝坚主其说。元陈应润作《爻变义蕴》，始指诸图为道家假借。吴澄、归有光诸人亦相继排击，毛奇龄、黄宗羲争之尤力。然皆各据所见抵其罅隙，尚未能穷溯本末，一一抉所自来。谓则于《河图》、《洛书》，五行、九宫，参同、先天、太极，《龙图》、《易数钩隐图》、《启蒙图》、《书》，先天、后天、卦变、象数流弊，皆引据旧文，互相参证，以钳依托之口。使学者知图、书之说，乃修炼，术数二家旁分《易》学之支流，非作《易》之根柢，视《禹贡锥指》尤为有功经学。

又撰《洪范正论》五卷，谓汉人专取灾祥，推衍五行，穿凿附会，事同谶纬，乱彝伦攸叙之经，其害一；《洛书》本文具在《洪范》，非龟文，宋儒创为黑白之点，方员之体，九十之位，变书为图，以至九数十数，刘牧、蔡季通纷纭更定，其害二；《洪范》元无错简，王柏、胡一中等任意改窜，其害三。渭又撰《大学翼真》七卷，大旨以朱子为主，仅谓《格致》一章不必补传，力辟王学改本之误。所见切实，视泛为性命理气之谈者，胜之远矣。

渭经术湛深，学有根柢，故所论一轨于正。汉儒傅会之谈，宋儒变乱之论，扫而除焉。康熙四十三年，圣祖南巡，渭以《禹贡锥指》献行在，圣祖嘉奖，御书"耆年笃学"四大字赐之，儒者咸以为荣。五十三年，卒，年八十有二。

渭子彦升，字国贤。雍正八年进士，授刑部主事，改山东定陶县知县。著《春秋说》、《四书近是》、《丛书录要》。又于乐律尤有心得，著《乐律表微》八卷。

渭同郡叶佩荪，字丹颖，归安人。亦治古《易》，不言图、书，著《易守》四十卷。于《易》中三圣人所未言者不加一字，故曰"守"。

毛奇龄，字大可，又名甡，萧山人。四岁，母口授《大学》即成诵。总角，陈子龙为推官，奇爱之，遂补诸生。明亡，哭于学宫三日。山贼起，窜身城南山，筑土室，读书其中。

顺治三年，明保定伯毛有伦以宁波兵至西陵，奇龄入其军中。是时马士英、方国安与有伦犄角，奇龄曰："方、马国贼也，明公为东南建义旗，何可与二贼共事？"国安闻之大恨，欲杀之，奇龄遂脱去。后怨家屡陷之，乃变姓名为王士方，亡命浪游。及事解，以原名入国学。康熙十八年，荐举博学鸿儒科，试列二等，授翰林院检讨，充《明史》纂修官。二十四年，充会试同考官，寻假归，得痹疾，遂不复出。

初著《毛诗续传》三十八卷，既以避仇流寓江、淮间，失其稿。乃就所记忆著《国风省篇》、《诗札》、《毛诗写官记》。复在江西参议道施闰章所与湖广杨洪才说《诗》，作《白鹭洲主客说诗》一卷。明嘉靖中，鄞人丰坊伪造《子贡诗传》、《申培诗说》行世，奇龄作《诗传诗说驳议》五卷，引证诸书，多所纠正。洎通籍，进所著《古今通韵》十二卷。圣020善之，诏付史馆。

归田后，僦居杭州，著《仲氏易》，一日著一卦，凡六十四日而书成，托于其兄锡龄之绪言，故曰"仲氏"。又著《推易始末》四卷，《春秋占筮书》三卷，《易小帖》五卷，《易韵》四卷，《河图洛书原舛编》一卷，《太极图说遗议》一卷。其言《易》发明荀、虞、干、侯诸家，旁及卦变、卦综之法。奇龄分校会闱时，阅《春秋》房卷，心非胡《传》之偏，有意撰述，至是乃就经文起义，著《春秋毛氏传》三十六卷，《春秋简书刊误》二卷，《春秋属辞比事记》四卷，条例明晰，考据精核。又欲全著《礼经》，以衰病不能，乃次第著昏、丧、祭礼、宗法、庙制及郊、社、禘、祫、明堂、学校诸问答，多发先儒所未及。至于《论语》、《大学》、《中庸》、《孟子》，各有考证，而《大学证文》及《孝经问》，援据古今，辨后儒改经之非，持论甚正。

奇龄淹贯群书，所自负者在经学，然好为驳辨，他人所已言者，必力反其词。古文《尚书》自宋吴棫后多疑其伪，又阎若璩作《疏证》，奇龄力辨为真，遂作《古文尚书冤词》。又删旧所作《尚书广听录》为五卷，以求胜于若璩，而《周礼》、《仪礼》，奇龄又以为战国之书。所作《经问》，指名攻驳者，惟顾炎武、阎若璩、胡渭三人。以三人博学重望，足以攻击，而余子以下不足齿录，其傲睨如此。

素晓音律，家有明代宗藩所传唐乐笛色谱，直史馆，据以作《竟山乐录》四卷。及在籍，闻圣祖论乐谕群臣以径一围三隔八相生之法，因推阐考证，撰《圣谕乐本解说》二卷，《皇言定声录》八卷。三十八年，圣祖南巡，奇龄迎驾于嘉兴，以《乐本解说》二卷进，温谕奖劳。圣祖三巡至浙，奇龄复谒行在，赐御书一幅。五十二年，卒于家，年九十一。门人蒋枢编辑遗集，分经集、文集二部，经集自《仲氏易》以下凡五十种，文集合诗、赋、序、记及他杂著凡二百三十四卷。《四库全书》收奇龄所著书目多至四十余部。奇龄辨正《图》、《书》，排击异学，尤有功于经义。弟子李塨、陆邦烈、盛唐、王锡、章大来、邵廷采等，著录者甚众。李塨、廷采自有传。

邦烈，字又超，平湖人。尝取奇龄经说所载衷为《圣门释非录》五卷，谓圣问口语未可尽非云。

阎若璩，字百诗，太原人。世业盐筴，侨寓淮安。父修龄，以诗名家。若璩幼多病，读书暗记不出声，年十五，以商籍补山阳县学生员。研究经史，深造自得。尝集陶弘景、皇甫谧语题其柱云："一物不知，以为深耻；遭人而问，少有暇日。"其立志如此。海内名流过淮，必主其家。年二十，读《尚书》至古文二十五篇，即疑其讹。沉潜三十余年，乃尽得其症结所在，作《古文尚书疏证》八卷。引经据古，一一陈其矛盾之故，古文之伪大明。所列一百二十八条，毛奇龄《尚书古文冤词》百计相轧，终不能以强辞夺正理，则有据之言先立于不可败也。

康熙元年，游京师，旋改归太原故籍，补廪膳生。十八年，应博学鸿儒科试，报罢。昆山顾炎武以所撰《日知录》相质，即为改定数条，炎武虚心从之。编修汪琬著《五服考异》，若璩纠其谬，尚书徐乾学叹服。及乾学奉敕修《一统志》，开局洞庭山，若璩与其事。若璩于地理尤精审，山川形势，州郡沿革，了如指掌，撰《四书释地》五卷，及于人名物类训诂典制，事必求其根柢，言必求其依据，旁参互证，多所贯通。又据《孟子》七篇，参以《史记》诸书，作《孟子生卒年月考》一卷。又著《潜丘札记》六卷，《毛朱诗说》一卷，手校《困学纪闻》二十卷，因浚仪之旧而驳正笺说推广之。又有《日知录补正》、《丧服异注》，宋刘攽、李焘、马端临、王应麟四家逸事、《博湖掌录》诸书。

世宗在潜邸闻其名，延入邸中，索观所著书，每进一篇必称善。疾革，请移就城外，以大床为舆，上施青纱帐，二十人舁之出，安稳如床笫。康熙四十三年卒，年六十九。世宗遣使纪其丧，亲制诗四章，复为文祭之。有云："读书等身，一字无假，孔思周情，旨深言大。"金谓非若璩不能当也。

子咏。康熙四十八年进士，官中书舍人，亦能文。同时山阳学者，有李铠、吴玉搢。

铠，字公凯。顺治十八年进士，补奉天盖平县知县。康熙十八年，荐应博学鸿儒科试，授翰林院编修，与修《明史》，洊官内阁学士。所著有《读书杂述》、《史断》，王士禛称为有本之学。

玉搢，字藉五。官凤阳府训导。著《山阳志遗》、《金石存》、《说文引经考》、《六书述部叙考》，又著《别雅》五卷，辨六书之假借，深为有功，非俗儒剽窃所能仿佛也。

惠周惕，字元龙，原名恕，吴县人。父有声，以《九经》教授乡里，与徐枋善。周惕少从枋游，又曾受业于汪琬。康熙十八年，举博学鸿儒科，丁忧，不与试。三十年，成进士，选翰林院庶吉士。散馆，改密云县知县，有善政，卒于官。

周惕邃于经学，为文章有矩度，著有《易传》、《春秋三礼问》及《砚谿诗文集》。其《诗说》二卷，谓《大》、《小雅》以音别，不以政别。谓正雅、变雅美刺错陈，不必分《六月》以上为正、《六月》以下为变；《文王》以下为正、《民劳》以下为变。谓《二南》二十六篇，皆房中之乐，不必泥其所指何人。谓天子诸侯均得有颂，《鲁颂》非僭。其言并有依据。清二百余年谈汉儒之学者，必以东吴惠氏为首。惠氏三世传经，周惕其创始者也。

子士奇，字天牧。康熙五十年进士，选翰林院庶吉士，授编修。两充会试同考官。圣祖尝问廷臣，谁工作赋，内阁学士蒋廷锡以王项龄、汤右曾及士奇三人对。五十七年，孝惠章皇后升祔礼成，特命祭告炎帝陵、舜陵。故事，祭告使臣，学士以上乃得开列，士奇以编修与，异数也。五十九年，充湖广乡试正考官，寻提督广东学政，以经学倡多士，三年之后，通经者多。又谓："校官古博士也，校官无博士之才，弟子何所效法？"访得海阳进士翁廷资，即具疏题补韶州府学教授，部议格不行。圣祖曰："惠王奇所举，谅非徇私，著如所请，后不为例。"

雍正初，复命留任。召还，入对不称旨，罚修镇江城，以产尽停工削籍。乾隆元年，复起为侍读，免欠修城银，令纂修《三礼》。越四年，告归，卒于家。

士奇盛年兼治经史，晚尤邃于经学，撰《易说》六卷，《礼说》十四卷，《春秋说》十五卷。于《易》，杂释卦爻，以象为主，力矫王弼以来空疏说经之弊。于《礼》，疏通古音、古字，俱使无疑似，复援引诸子百家之文，或以证明周制，或以参考郑氏所引之汉制，以递观周制，而各阐其制作之深意。于《春秋》，事实据《左氏》，论断多采《公》、《穀》，大致出于宋张大亨《春秋五礼例宗》、沈棐《春秋比事》，而典核过之。《大学说》一卷晚出，"亲民"不读"新民"。论格物不外本末终始先后，即絜矩之不外上下前后左右，亦能根极理要。又著《交食举隅》三卷，《琴笛理数考》四卷。子七人，栋最知名。

栋，字定宇。元和学生员。自幼笃志向学，家多藏书，日夜讲诵。于经、史、诸子，稗官野乘及七经谶纬之学，靡不津逮。小学本《尔雅》，六书本《说文》，余及《急就章》、《经典释文》，汉、魏碑碣，自《玉篇》、《广韵》而下勿论也。乾隆十五年，诏举经明行修之士，陕甘总督尹继善、两江总督黄廷桂交章论荐。会大学士、九卿索所著书，未及呈进，罢归。

栋于诸经熟洽贯串，谓诂训古字古音，非经师不能辨，作《九经古义》二十二卷。尤邃于《易》，其撰《易汉学》八卷，掇拾孟喜、虞翻、荀爽绪论，以见大凡。其末篇附以己意，发明汉《易》之理，以辨正《河图》、《洛书》、先天、太极之学。《易例》二卷，乃熔铸旧说以发明《易》之本例，实为栋论《易》诸家发凡。其撰《周易述》二十三卷，以荀爽、虞翻为主，而参以郑康成、宋咸、干宝之说，约其旨为注，演其说为疏。书垂成而疾革，遂阙《革》至《未济》十五卦及《序卦》、《杂卦》两传，虽为未善之书，然汉学之绝者千有五百余年，至是而粲然复明。撰《明堂大道录》八卷，《禘说》二卷，谓禘行于明堂，明堂法本于《易》。《古文尚书考》二卷，辨郑康成所传之二十四篇为孔壁真古文，东晋晚出之二十五篇为伪。又撰《后汉书补注》二十四卷，《王士禛精华录训纂》二十四卷，《九曜斋笔记》、《松崖文钞》诸书。嘉定钱大昕尝论："宋、元以来说经之书盈屋充栋，高者蔑古训以夸心得，下者袭人言以为己有。独惠氏世守古学，而栋所得尤精。拟者前儒，当在何休、服虔之间，马融、赵岐辈不及也。"卒，年六十二。其弟子知名者，余萧客、江声最为纯实。

萧客，字古农，长洲人。撰《古经解钩沉》三十卷，凡唐以前旧说，自诸家经解所引，旁及史传、类书，片语单词，悉著于录。清代经学昌明，著述之家，争及于古，萧客是书其一也。萧客又撰《文选纪闻》三十卷，《文选音义》八卷。声自有传。

陈厚耀，字泗源，泰州人。康熙四十五年进士，官苏州府学教授。大学士李光地荐其通天文、算法，引见，改内阁中书。上命试以算法，绘三角形，令求中线及弧背尺寸，厚耀具札以进，皆如式。授翰林院编修，入直内廷。厚耀学问渊博，直内廷后，兼通几何算法，于是其学益进。迁国子监司业，转左春坊左谕德，以老乞致仕，卒于家。

厚耀以天算之法治《春秋》，尝补杜预《长历》为《春秋长历》十卷，其凡有四：一曰历证，备引《汉书》、《续汉书》、《晋书》、《隋书》、《唐书》、《宋史》、《元史》、《左传注疏》、《春秋属辞》、《天元历理》诸说，以证推步之异。其引《春秋属辞》载杜预论日月差谬一条，为注疏所无。又引《大衍历义·春秋历考》一条，亦《唐志》所未录。二曰古历，以古法十九年为一章，一章之首，推合周历正月朔日冬至，前列算法，后以春秋十二公纪年，横列为四章，纵列十二公，积而成表，以求历元。三曰历编，举春秋二百四十二年，推其朔闰及月之大小，而以经、传干支为证佐，述杜预之说而考辨之。四曰历存，古历推隐公元年正月庚戌朔，杜氏《长历》则为辛巳朔，乃古历所推上年十二月朔，谓元年以前失一闰，盖以经、传干支排次知之。厚耀则谓如预之说，元年至七年中书日者虽多不失，而与二年八月之庚辰、四年二月之戊申又不能合。且隐公三年二月己巳朔日食，桓公三年七月壬辰朔日食，亦皆失之。盖隐公元年以前非失一闰，乃多一闰。因定隐公元年正月为庚辰朔，较《长历》退两月，推至僖公五年止。以下朔、闰，一一与杜《历》相符，故不复续推焉。

又撰《春秋战国异辞》五十四卷、《通表》二卷、《摭遗》一卷，《春秋世族谱》一卷。邹平马骕为《绎史》，兼采《三传》、《国语》、《国策》，厚耀则皆摭于五书之外，独为其难。氏族一书，与顾栋高《大事表》互证，《春秋》氏族之学，几乎备矣。厚耀又著《礼记分类》、《十七史正讹》诸书，今不传。

臧琳，字玉林，武进人。诸生。治经以汉注唐疏为主，教人先以《尔雅》、《说文》，曰："不解字，何以读书？不通训诂，何以明经？"键户著述，世无知者。有《尚书集解》百二十卷，《经义杂记》三十卷。阎若璩称其深明两汉之学，钱大昕校定其书，云："实事求是，别白精审，而未尝轻诋前哲，斯真务实而不近名者。"

玄孙庸，本名镛堂，字在东。与弟礼堂俱事钱塘卢文弨。沉默朴厚，学术精审。续其高祖将绝之学，拟《经义杂记》为《拜经日记》八卷，高邮王念孙亟称之。其叙《孟子年谱》，辨齐宣王、湣王之讹，闽县陈寿祺叹为绝识。又著《拜经文集》四卷，《月令杂说》一卷，《乐记二十三篇注》一卷，《卷经考异》一卷，《子夏易传》一传，《诗考异》四卷，《韩诗遗说》二卷，《订讹》一卷，校郑康成《易注》二卷。其辑《子夏易传》，辨此传为汉韩婴作，非卜子夏。其《诗考异》大旨如王伯厚，但逐条必自考辑，不依循王本。庸初因宝应刘台拱获交仪征阮元，其后馆元署中为多。元写其书为副本，以原本还其家。嘉庆十六年，卒，年四十五。

礼堂，字和贵。事亲孝。父继宏，久疟，冬月畏火，礼堂潜以身温饮。居丧如礼，笑不见齿。母遘危疾，刲股合药，私誓于神，减齿以延亲寿。娶妇胡，初婚夕教以孝弟，长言今熟听，乃合卺，一家感而化之。尤精小学，善雠校，为四方贤士所贵。师事钱大昕，业益进。好许氏《说文解字》，为《说文经考》十三卷。慕古孝子、孝女、孝妇事，作《孝传》百数十卷。《尚书集解案》六卷，《三礼注校字》六卷，《春秋注疏校正》六卷。卒，年三十。

任启运，字翼圣，宜兴人。少读《孟子》，至卒章，辄哽咽，大惧道统无传。家贫，无藏书，从人借阅。夜乏膏火，持书就月，至移墙不辍。事父母以孝闻。年五十四，举乡。雍正十一年，计偕至都，会世宗问有精通性理之学者，尚书张照以启运名上。特诏廷试，以"太极似何物"对，进呈御览，得旨嘉奖。会成进士，遂于胪唱前一日引见，特授翰林院检讨，在阿哥书房行走。上尝问以"朝闻夕死"之旨，启运对以"生死一理，未知生，焉知死"。上曰："此是贤人分上事，未到圣人地位。从此作去，久自知之。"逾年抱疾，赐药赐医，越月谢恩，特谕绕廊而进。面称："知汝非尧、舜不敢以陈于王前。"务令自爱。令侍臣扶掖以出，且遥望之。

高宗登基，仍命在书房行走，署日讲起居注官，寻擢中允。乾隆四年，迁侍讲，晋侍讲学士。七年，擢都察院左金都御史。八年，充三礼馆副总裁官，寻升宗人府府丞。九年，卒于赐第，年七十五。赐帑金治丧具，赐祭葬。

启运学宗朱子，尝谓诸经已有子朱子传，独未及《礼经》，乃著《肆献祼馈食礼》三卷。以《仪礼》特牲、少牢、馈食礼皆士礼，因据《三礼》及他传记之有关王礼者推之，不得于经，则求诸注疏以补之，凡五篇：一曰《祭统》，二曰《吉蠲》，三曰《朝践》，四曰《正祭》，五曰《绎祭》。其名则取《周礼》"以肆献祼享先王"、"以馈食享先王"之文，较之黄干所续祭礼，更为精密。又《宫室考》十三卷，于李如圭《释宫》之外别为类次：曰《门》，曰《观》，曰《朝》，曰《庙》，曰《寝》，曰《塾》，曰《宁》，曰《等威》，曰《名物》，曰《门大小广狭》，曰《明堂》，曰《方明》，曰《辟雍》，考据颇为精核。《仪礼》一经，久成绝学，启运研究钩贯，使条理秩然，不愧穷经之目。又《礼记章句》十卷，以《大学》、《中庸》，朱子既成章句，则《曲礼》以下四十七篇，皆可厘为章句。但所传篇次序列纷错，爰仿郑康成序《仪礼》例，更其前后，并为四十二篇。其有关伦纪之大，而为秦、汉、元、明轻变易者，则众著其说，以俟后之论《礼》者酌取。外有《周易洗心》九卷，《四书约指》十九卷，《孝经章句》十卷，《夏小正注》，《竹书经年考》，《逸书补》，《孟子事考》，《清芬楼文集》等书，其《周易洗心》则年六十时作，观象玩辞，时闸精理。

启运研穷刻苦,既受特达之知,益思报称。年七十二,犹书自责语曰:"孔、曾、思、孟,实惟汝师。日面命汝,汝顽不知,痛自惩责,涕泗涟洏。呜呼老矣,瞑目为期。"及总裁三礼馆,喜甚,因尽发中秘所储,平心参订,目营手写,漏常二十刻不辍。论必本天道,酌人情,务求合朱子遗意,而心神煎耗,竟以是终。

十四年,诏举经学,上谕有"任启运研穷经术,敦朴可嘉"之语。三十七年,命中外搜集古今群书,高宗谕曰:"历代名臣,洎本朝士林凤望,向有诗文专集及近时沉潜经史,原本风雅,如顾栋高、陈祖范、任启运、沈德潜辈,亦各著成编,并非剿说卮言可比。均应概行查明,在坊肆者或量与给价,家藏者或官为装印。至有未经镌刊衹系钞本存留者,不妨钞录副本,仍将原本给还。庶几副在石渠,用储一览。"于是上启运所著书四种,入《四库》中。

全祖望,字绍衣,鄞县人。十六岁能为古文。讨论经史,证明掌故。补诸生。雍正七年,督学王兰生选以充贡,入京师,旋举顺天乡试。户部侍郎李绂见其文,曰:"此深宁、东发后一人也!"乾隆元年,荐举博学鸿词。是春会试,先成进士,选翰林院庶吉士,不再与试。时张廷玉当国,与李绂不相能,并恶祖望,祖望又不往见,二年,散馆,置之最下等,归班以知县用,遂不复出。方词科诸人未集,绂以问祖望,祖望为记四十余人,各列所长。性忼直,既归,贫且病,飨飧不给,人有所馈,弗受。主蕺山、端谿书院讲席,为士林仰重。二十年,卒于家,年五十有一。

祖望为学,渊博无涯涘,于书无不贯串。在翰林,与绂共借《永乐大典》读之,每日各尽二十卷。时开明史馆,复为书六通移之,先论艺文,次论表,次论忠义、隐逸两列传,皆以其言为是。生平膺服黄宗羲,宗羲表章明季忠节诸人,祖望益广修扮社掌故、桑海遗闻以益之,详尽而核实,可当续史。宗羲《宋元学案》甫创草稿,祖望博采诸书为之补辑,编成百卷。又七校《水经注》,三笺《困学纪闻》,皆足见其汲古之深。又答弟子董秉纯、张炳、蒋学镛、卢镐等所问经史疑义,录为《经史问答》十卷。仪征阮元尝谓经学、史才、词科三者得一足传,而祖望兼之。其《经史问答》,实足以继古贤,启后学,与顾炎武《日知录》相埒。晚年定文稿,删其十七,为《鲒埼亭文集》五十卷。

弟子同县蒋学镛,字声始。乾隆三十六年举人。从祖望得闻黄、万学派,学镛尤得史学之传。

董秉纯,字小钝。乾隆十八年拔贡,补广西那地州州判,升秦安县知县。全祖望文内、外集,均秉纯一手编定。

沈彤,字果堂,吴江人。自少力学,以穷经为事。贯串前人之异同,折衷至当。乾隆元年,荐举博学鸿词报罢,与修《三礼》及《一统志》。书成,授九品官,以亲老归。

彤淹通《三礼》,以欧阳修有《周礼》官多田少,禄且不给之疑,后人多沿其说,即有辨者,不过以摄官为词。乃详究周制,撰《周官禄田考》,以辨正欧说。分《官爵数》、《公田数》、《禄田数》三篇,积算至为精密。其说自郑注、贾《疏》以后,可云特出。又撰《仪礼小疏》一卷,取《士冠礼》、《士昏礼》、《公食大夫礼》、《丧服》、《士丧礼》为之疏笺,足订旧义之讹。其《果堂集》十二卷,多订正经学之文,若《周官颁田异同说》、《五沟异同说》、《井田军赋说》、《释周官地征》等篇,皆援据典核。又撰《春秋左氏传小疏》、《尚书小疏》、《气穴考略》、《内经本论》。

彤性至孝,亲殁,三年中不茹荤,不内寝。居恒每讲求经世之务,所著《保甲论》,其后吴德旋见之,称为最善云。卒,年六十五。

蔡德晋,字仁锡,无锡人。雍正四年举人。乾隆二年,礼部尚书杨名时荐德晋经明行修,授国子监学正,迁工部司务。德晋尝谓横渠以礼教人,最得孔门博约之旨,故其律身甚严。其论《三礼》,多前人所未发。著《礼经本义》十七卷,《礼传本义》二十卷,《通礼》五十卷。

盛世佐,字庸三,秀水人。官贵州龙里知县。撰《仪礼集编》四十卷,集众解而研辨之,持论谨严。又杨复《仪礼图》久行于世,然其说本注疏,而时有并注疏之意失之者,一一是正,至于诸家谬误,辨之尤详焉。

江永,字慎修,婺源人。为诸生数十年,博通古今,专心《十三经注疏》,而于《三礼》功尤深。以朱子晚年治《礼》,为《仪礼经传通解》,书未就,黄氏、杨氏相继纂续,亦非完书。乃广搜博讨,大纲细目,一从吉、凶、军、嘉、宾五礼旧次,题曰《礼经纲目》,凡八十八卷。引据诸书,厘正发明,实足终朱子未竟之绪。尝一至京师,桐城方苞、荆豀吴绂质以《礼经》疑义,皆大折服。读书好深思,长于比勘,明推步、钟律、声韵。岁实消长,前人多论之者,梅文鼎略举授时,而亦疑之。永为之说,当以恒气为率,随其时之高冲以算定气,而岁实消长勿论,其说至为精当。其论黄钟之宫,据《管子》、《吕氏春秋》以正《淮南子》,其论古韵平、上、去三声,皆当为十三部,入声当为八部,而三代以上之音,始有条不紊。晚年读书有得,随笔撰记。谓《周易》以反对为次序,卦变当于反对取之。《否》反为《泰》,《泰》反为《否》,故"小往大来","大往小来",是其例也。凡曰来、曰下、曰反,自反卦之外卦来居内卦也。曰往、曰上、曰进、曰升,自反卦之内卦往居外卦也。又谓兵、农之分,春秋时已然,不起于秦、汉。证以《管子》、《左传》,兵常近国都,野处之农固不隶于师旅也。其于经、传稽考精审多类此。

所著有《周礼疑义举要》七卷,《礼记训义择言》六卷,《深衣考误》一卷,《律吕阐微》十卷,《律吕新论》二卷,《春秋地理考实》四卷,《乡党图考》十一卷,《读书随笔》十二卷,《古韵标准》四卷,《四声切韵表》四卷,《音学辨微》一卷,《河洛精蕴》九卷,《推步法解》五卷,《七政衍》、《金水二星发微》、《冬至权度》、《恒气注历辨》、《岁实消长辨》、《历学补论》、《中西合法拟草》各一卷,《近思录集注》十四卷,考订《朱子世家》一卷。乾隆二十七年,卒,年八十二。弟子甚众,而戴震、程瑶田、瑶田，字易畴，歙人。读书好深沉之思，学于江氏。乾隆三十五年举人，选授太仓州学正。以身率教，廉洁自持。告归之日，钱大昕、王鸣盛皆赠诗推重，至与平湖陆陇其并称。嘉庆元年，举孝廉方正。同时举者，推钱大昭、江声、陈鳣三人，阮元独谓瑶田足以冠之。平生著述，长于旁搜曲证，不屑依傍传注，所著曰《丧服足征记》《宗法小记》《沟洫疆里小记》《禹贡三江考》《九穀考》《磬折古义》《水地小记》《解字小记》《声律小记》《考工创物小记》《释草释虫小记》。年老目盲，犹口授孙辈成《琴音记》。东原戴氏自谓尚逊其精密。

褚寅亮，字搢升，长洲人。乾隆十六年召试举人，授内阁中书，官至刑部员外郎。寅亮少以博雅名，心思精锐，于史书鲁鱼，一见便能订其误谬。中年覃精经术，一以注疏为归。从事《礼经》几三十年，墨守家法，专主郑学。郑氏《周礼》《礼记注》，妄庸人群起嗤点之，独《仪礼》为孤学，能发挥者固绝无，而谬加指摘者亦尚少。惟敖继公《集说》，多巧窜经文，阴就己说。后儒苦经注难读，喜其平易，无疵之者。万斯大、沈彤于郑《注》亦多所纠驳，至张尔岐、马骕但粗为演绎，其于敖氏之似是而非，均未能正其失也。寅亮著《仪礼管见》三卷，于敖氏洞见其症结，驱豁其雰雾。

时《公羊》何氏学久无循习者，所谓五始、三科、九旨、七等、六辅、二类之义，不传于世，惟武进庄存与默会其解，而寅亮能阐发之，撰《公羊释例》三十篇。谓《三传》惟《公羊》为汉学，孔子作《春秋》，本为后王制作，尝议《公羊》者，实违经旨。又因何劭公言《礼》有殷制，有时王之制，与《周礼》不同，作《周礼公羊异义》二卷，世称为绝业。又长于算术，著《勾股广问》三卷，校正《三统术衍》刊本误字甚多，其中月相求六扐之数句，六扐当作七扐；推闰余所在加十得一句，加十当作加七：皆寅亮说也。

著有《十三经笔记》十卷，《诸史笔记》八卷，《诸子笔记》二卷，《名家文集笔记》七卷，藏于家。四十六年，以病告归，主常州龙城书院八年。五十五年，卒，年七十六。

卢文弨，字召弓，馀姚人。父存心，乾隆初举博学鸿词科。文弨，乾隆十七年一甲进士，授翰林院编修，上书房行走。历官左春坊左中允、翰林院侍读学士。三十年，充广东乡试正考官。三十一年，提督湖南学政，以条陈学政事宜，部议降三级用。三十三年，乞养归。

文弨孝谨笃厚，潜心汉学，与戴震、段玉裁友善。好校书，所校《逸周书》《孟子音义》《荀子》《吕氏春秋》、贾谊《新书》《韩诗外传》《春秋繁露》《方言》《白虎通》《独断》《经典释文》诸善本，镂板惠学者。又苦镂板难多，则合经、史、子、集三十八种而名之曰《群书拾补》。所自著书有《抱经堂集》三十四卷，《仪礼注疏详校》十七卷，《钟山札记》四卷，《龙城札记》三卷，

《广雅释天》以下注二卷，皆使学者讹正积非，蓄疑涣释。其言曰："唐人之为义疏也，本单行，不与经注合。单行经注，唐以后尚多善本，自宋后附疏于经注，而所附之经注非必孔、贾诸人所据之本也，则两相龃龉矣。南宋后又附《经典释文》于注疏间，而陆氏所据之经注，又非孔、贾诸人所据也，则龃龉更多矣。浅人必比而同之，则彼此互改，多失其真，幸有改之不尽，以滋其龃龉，启人考核者，故注疏、释文合刻，似便而非古法也。"其特识多类此。

文弨历主江、浙各书院讲席，以经术导士，江、浙士子多信从之，学术为之一变。六十年，卒，年七十九。

文弨校书，参合各本，择善而从，颇引他书改本书，而不专主一说，故严元照诋其《仪礼详校》，顾广圻讥其《释文考证》，后黄丕烈影宋刻书，各本同异另编于后，两家各有宗旨，亦互相补苴云。

顾广圻，字千里，元和人。诸生。吴中自惠氏父子后，江声继之，后进翕然多好古穷经之士。广圻读惠氏书，尽通其义。论经学云："汉人治经，最重师法。古文今文，其说各异。若混而一之，则辇辖不胜矣。"论小学云："《说文》一书，不过为六书发凡，原非字义尽于此。"

广圻天质过人，经、史、训诂、天算、舆地靡不贯通，至于目录之学，尤为专门，时人方之王仲宝、阮孝绪。兼工校雠，同时孙星衍、张敦仁、黄丕烈、胡克家延校宋本《说文》《礼记》《仪礼》《国语》《国策》《文选》诸书，皆为之札记，考定文字，有益后学。乾、嘉间以校雠名家，文弨及广圻为最著云。又时为汉学者多讥宋儒，广圻独取先儒语录，摘其切近者，为《逌篛苦口》一卷，以教学者。著有《思适斋文集》十八卷。道光十九年，卒，年七十。

钱大昕，字晓征，嘉定人。乾隆十六年召试举人，授内阁中书。十九年进士，选翰林院庶吉士，散馆授编修。大考二等一名，擢右春坊右赞善。累充山东乡试、湖南乡试正考官，浙江乡试副考官。大考一等三名，擢翰林院侍讲学士。三十二年，乞假归。三十四年，补原官。入直上书房，迁詹事府少詹事，充河南乡试正考官。寻提督广东学政。四十年，丁父艰，服阕，又丁母艰，病不复出。嘉庆九年，卒，年七十七。

大昕幼慧，善读书。时元和惠栋、吴江沈彤以经术称，其学求之《十三经注疏》，又求之唐以前子、史、小学。大昕推而广之，错综贯串，发古人所未发。任中书时，与吴烺、褚寅亮同习梅氏算术。及入翰林，礼部尚书何国宗世业天文，年已老，闻其善算，先往见之，曰："今同馆诸公谈此道者鲜矣。"

大昕于中、西两法，剖析无遗。用以观史，自《太初》《三统》《四分》，中至《大衍》，下迄《授时》，朔望薄蚀，凌犯进退，抉摘无遗。汉《三统术》为七十余家之权舆，讹文奥义，无能正之者。大昕衍之，据班《志》以阐刘歆之说，裁《志》文之讹，二千年已绝之学，昭然若发蒙。大昕又谓："古法岁阴与太岁不同，《淮南·天文

训》摄提以下十二名，皆谓岁阴所在。《史记》太初元年年名焉逢、摄提格者，岁阴，非太岁也。东汉后不用岁阴纪年，又不知太岁超辰之法，乃以太初元年为丁丑岁，则与《史》、《汉》之文皆悖矣。"又谓："《尚书纬》四游升降之说，即西法日躔最高、卑之说，宋杨忠辅《统天术》以距差乘躔差，减气泛积为定积，梅文鼎谓郭守敬加减岁余法出于此。但《统天》求泛积，必先减气差十九日有奇，与郭又异，文鼎不能言。大昕推之同，凡步气朔，必以甲子日起算，今《统天》上元冬至戊子日，不值甲子，依《授时》法当加气应二十四日有奇，乃得从甲子起。今减去气差，是以上元冬至后甲子日起算也。既如此，当减气应三十五日有奇，今减十九日有奇者，去躔差之数不算也。求天正经朔又减闰差者，经朔当从合朔起算。今推得《统天》上元冬至后第一朔乙丑戌初二刻甚弱，故以减闰差而后以朔实除之，即《授时》之朔应也。"

大昕始以辞章名，沈德潜《吴中七子诗选》，大昕居一。既乃研精经、史，于经义之聚讼难决者，皆能剖析源流。文字、音韵、训诂、天算、地理、氏族、金石以及古人爵里、事实、年齿，了如指掌。古人贤奸是非疑似难明者，典章制度昔人不能明断者，皆有确见。惟不喜二氏书，尝曰："立德立功立言，吾儒之不朽也。先儒言释氏近于墨，予以为释氏亦终于杨氏为己而已。彼弃父母而学道，是视己重于父母也。"

大昕在馆时，常与修《音韵述微》、《续文献通考》、《续通志》、《一统志》、《天球图》诸书。所著有《唐石经考异》一卷、《经典文字考异》一卷、《声类》四卷、《廿二史考异》一百卷、《唐书史臣表》一卷、《唐五代学士年表》二卷、《宋学士年表》一卷、《元史氏族表》三卷、《元史艺文志》四卷、《三史拾遗》五卷、《诸史拾遗》五卷、《通鉴注辨证》三卷、《四史朔闰考》四卷、《吴兴旧德录》四卷、《先德录》四卷，洪文惠、洪文敏、王伯厚、王弇州四家《年谱》各一卷、《疑年录》三卷、《潜研堂文集》五十卷、《诗集》二十卷、《潜研堂金石文跋尾》二十五卷、《养新录》二十三卷、《恒言录》六卷、《竹汀日记钞》三卷。族子塘、坫，能传其学。

塘，字学渊。乾隆四十五年进士，改教职，选江宁府学教授。塘少大昕七岁，相与共学，又与大昕弟大昭及弟坫相切磋，为实事求是之学，于声音文字、律吕推步尤有神解。著《律吕古义》六卷，据所得汉虑僞铜尺正荀勖与刘歆铜斛尺为周尺之非。谓周本八寸尺，不可以制律，律必用十寸尺，即昔人所云夏尺。周因夏、商，夏、商因唐、虞，古律当无异度。又《史记三书释疑》三卷，于律历天官家言皆究其原本，而以他书疏通证明之。《律书》"上九、商八、羽七、角六、宫五、徵九"数语，注家皆不能晓，小司马疑其数错。塘据《淮南子》、《太玄经》证之，始信其确。又著《泮宫雅乐释律》四卷，《说文声系》二十卷，《淮南天文训补注》三卷。其所作古文曰《述古编》凡四卷。卒，年五十六。

坫，字献之。副榜贡生。游京师，朱筠引为上客。以直隶州州判官于陕，与洪亮吉、孙星衍讨论训诂舆地之学，论者谓坫沉博不及大昕，而精当过之。嘉庆二年，教匪扰陕西，坫时署华州，率众乘城，力遏其冲。城无弓矢，仿古为合竹强弓，厚背纸为翎，二人共发之，达百五十步；又以意为发石之法，石重十斤，达三百步；前后毙贼无算，城获全。以积劳得末疾，引归。著《史记补注》百三十卷，详于音训及郡县治革、山川所在。陕甘总督松筠重其品学，亲至卧榻问疾，索未刊著述，坫取付之。曰："三十年精力，尽于此书矣！"十一年，卒，年六十六。又有《诗音表》一卷、《车制考》一卷、《论语后录》五卷、《尔雅释义》十卷，《释地》以下四篇注四卷、《十经文字通正书》十四卷、《说文斠诠》十四卷、《新斠注地理志》十六卷、《汉书十表注》十卷、《圣贤冢墓志》十二卷。

王鸣盛，字凤喈，嘉定人。幼从长洲沈德潜受诗，后又从惠栋问经义，遂通汉学。乾隆十九年，以一甲进士授翰林院编修，大考翰詹第一，擢侍读学士。充福建乡试正考官，寻擢内阁学士，兼礼部侍郎。坐滥支驿马，左迁光禄寺卿。丁内艰，遂不复出。

鸣盛性俭素，无声色玩好之娱，宴坐一室，呻唔如寒士。尝言："汉人说经必守家法，自唐贞观撰诸经义疏而家法亡，宋元丰以新经学取士而汉学殆绝，今好古之儒皆知崇注疏矣，然注疏惟《诗》、《三礼》及《公羊传》犹是汉人家法，他经注则出魏、晋人，未为醇备。"著《尚书后案》三十卷，专述郑康成之学，若《郑注》亡逸，采马、王注补之。《孔传》虽出东晋，其训诂犹有传授，间一取焉。又谓东晋所献之《太誓》伪，而唐人所斥之《太誓》非伪，故附书今文《太誓》一篇，存古之功，自谓不减惠氏《周易述》也。又著《周礼军赋说》四卷，发明郑氏之旨。又《十七史商榷》一百卷，于一史中纪、志、表、传互相稽考，因而得其异同，又取稗史丛说以证其舛误，于舆地、职官、典章、名物每致详焉。别撰《蛾术编》一百卷，其为目十：《说录》、《说字》、《说地》、《说制》、《说人》、《说物》、《说集》、《说刻》、《说通》、《说系》，盖仿王应麟、顾炎武之意，而援引尤博。诗以才辅学，以韵达情。古文用欧、曾之法，阐许、郑之意，有《诗文集》四十卷。嘉庆二年，卒，年七十六。

弟子同县金曰追，字对扬。诸生。深于《九经正义》，每有疑讹，随条辄录，先成《仪礼注疏正伪》十七卷。阮元奉诏校勘《仪礼石经》，多采其说。

时同县通经学者，有吴凌云，字得青。嘉庆五年岁贡。读书深造，经师遗说，靡不通贯。尝假馆钱大昕屋守斋，尽读所藏书，学益邃。所著《十三经考异》，援据精核，多前人所未发。又《经说》三卷，《小学说》、《广韵说》各一卷，海盐陈其干为合刊之，题曰《吴氏遗著》。

戴震，字东原，休宁人。读书好深湛之思；少时塾师授以《说文》，三年尽得其节目。年十六七，研精注疏，实事求是，不主一家。与郡人郑牧、汪肇龙、方矩、程瑶田、金榜从婺源江永游，震出所学质之永，永为之骇叹。永精《礼经》及推步、钟律、音声、文字之学，惟震能得其全。

性特介。年二十八补诸生，家屡空，而学日进。与吴县惠栋、吴江沈彤为忘年友。以避仇入都，北方学者如献县纪昀、大兴朱筠，南方学者如嘉定钱大昕、王鸣盛，馀姚卢文弨，青浦王昶，皆折节与交。尚书秦蕙田纂《五礼通考》，震任其事焉。

乾隆二十七年，举乡试，三十八年，诏开四库馆，征海内淹贯之士司编校之职，总裁荐震充纂修。四十年，特命与会试中式者同赴殿试，赐同进士出身，改翰林院庶吉士。震以文学受知，出入著作之庭。馆中有奇文疑义，辄就咨访。震亦思勤修其职，晨夕披检，无间寒暑。经进图籍，论次精审。所校《大戴礼记》、《水经注》尤精核。又于《永乐大典》内得《九章》、《五曹算经》七种，皆王锡阐、梅文鼎所未见。震正讹补脱以进，得旨刊行。四十二年，卒于官，年五十有五。

震之学，由声音、文字以求训诂，由训诂以寻义理。谓："义理不可空凭胸臆，必求之于古经。求之古经而遗文垂绝，今古悬隔，必求之古训。古训明则古经明，古经明则贤人圣人之义理明，而我心之同然者，乃因之而明。义理非他，存乎典章制度者也。彼歧古训、义理而二之，是古训非以明义理，而义理不寓乎典章制度，势必流入于异学曲说而不自知也。"

震为学精诚解辨，每立一义，初若创获，乃参考之，果不可易。大约有三：曰小学，曰测算，曰典章制度。其小学书有《六书论》三卷，《声韵考》四卷，《声类表》九卷，《方言疏证》十卷。汉以后转注之学失传，好古如顾炎武，亦不深省。震谓："指事、象形、谐声、会意四者为书之体，假借、转注二者为书之用。一字具数用者为假借，数字共一用者为转注。初、哉、首、基之皆为始，卬、吾、台、予之皆为我，其义转相注也。"又自汉以来，古音寖微，学者于六书之故，靡所从入。顾氏《古音表》，入声与《广韵》相反。震谓："有入无入之韵，当两两相配，以入声为之枢纽。真至仙十四韵，与脂、微、齐、皆、灰五韵同入声；东至江四韵及阳至登八韵，与支、之、佳、咍、萧、宵、肴、豪、尤、侯、幽十一韵同入声；浸至凡九韵之入声，则从《广韵》，无与之配。鱼、虞、模、歌、戈、麻六韵，《广韵》无入声，今同以铎为入声，不与唐相配。而古音递转及六书谐声之故，胥可由此得之。"皆古人所未发。

其测算书《原象》一卷，《迎日推策记》一卷，《句股割圆记》三卷，《历问》一卷，《古历考》二卷，《续天文略》三卷，《策算》一卷。自汉以来，畴人不知有黄极，西人入中国，始云赤道极之外又有黄道极，是为七政恒星右旋之枢，诧为《六经》所未有。震谓："西人所云赤极，即《周髀》之正北极也，黄极即《周髀》之北极璇玑也。《虞书》'在璇玑玉衡，以齐七政'，盖设璇玑以拟黄道极也。黄极在柱史星东南，上弼、少弼之间，终古不随岁差而改。赤极居中，黄极环绕其外，《周髀》固已言之，不始于西人也。"

震所著典章制度之书未成。有《诗经二南补注》二卷，《毛郑诗考》四卷，《尚书义考》一卷，《仪经考正》一卷，《考工记图》二卷，《春秋即位改元考》一卷，《大学补注》一卷，《中庸补注》一卷，《孟子字义疏证》三卷，《尔雅文字考》十卷，《经说》四卷，《水地记》一卷，《水经注》四十卷，《九章补图》一卷，《屈原赋注》七卷，《通释》三卷，《原善》三卷，《绪言》三卷，《直隶河渠书》一百有二卷，《气穴记》一卷，《藏府算经论》四卷，《葬法赘言》四卷，《文集》十卷。

震卒后，其小学，则高邮王念孙、金坛段玉裁传之；测算之学，则曲阜孔广森传之；典章制度之学，则兴化任大椿传之：皆其弟子也。后十余年，高宗以震所校《水经注》问南书房诸臣曰："戴震尚在否？"对曰："已死。"上惋惜久之。王念孙、段玉裁、孔广森、任大椿自有传。

金榜，字辅之，歙县人。乾隆二十九年召试举人，授内阁中书，军机处行走。三十七年一甲一名进士，授翰林院修撰。散馆后，养疴读书不复出，卒于家。师事江永，友戴震，著《礼笺》十卷，刺取其大者数十事为三卷，寄朱珪，珪序之，以为词精义核。榜治《礼》最尊康成，然博稽而慎思，慎求而能断。尝援《郑志》答赵商云："不信亦非，悉信亦非。"曰："斯言也，敢以为治经之大法。故郑义所未衷者必纠正之，于郑氏家法不敢诬也。"

段玉裁，字若膺，金坛人。生而颖异，读书有兼人之资。乾隆二十五年举人，至京师见休宁戴震，好其学，遂师事之。以教习得贵州玉屏县知县，旋调四川，署南溪县事，又办理化林坪站务。时大兵征金川，挽输络绎，玉裁处分毕，辄簿镫著述不辍。著《六书音均表》五卷。古韵自顾炎武析为十部，后江永复析为十三部，玉裁谓支、佳一部也，脂、微、齐、皆、灰一部也，之、咍一部也，汉人犹未尝淆借通用。晋、宋而后，乃少有出入。迄乎唐之功令，支注"脂、之同用"，佳注"皆同用"，灰注"咍同用"，于是古之截然为三者，罕有知之。又谓真、臻、先、与谆、文、殷、魂、痕为二，尤、幽与侯为二，得十七部。其书始名《诗经韵谱》，《群经韵谱》。嘉定钱大昕见之，以为凿破混沌，后易其体例，增以新加，十七部盖如旧也。震伟其所学之精，云自唐以来讲韵学者所未发。寻任巫山县，年四十六，以父老引疾归，键户不问世事者三十余年。

玉裁于周、秦、两汉书，无所不读，诸家小学，皆别择其是非。于是积数十年精力，专说《说文》，著《说文解字注》三十卷，谓："《尔雅》以下，义书也；《声类》以下，音书也；《说文》，形书也。凡篆一字，先训其义，次释其形，次释其音，合三者以完一篆，故曰形书。"又谓："许以形为主，因形以说音、说义。其所说义，与他书绝不同者，他书多假借，则字多非本义，许惟就字说其本义。知何者为本义，乃知何者为假借，则本义乃假借之权衡也。《说文》、《尔雅》相为表里，治《说文》而后《尔雅》及传注明。"又谓："自仓颉造字时至唐、虞、三代、秦、汉以及许叔重造《说文》，曰'某声'、曰'读若某'者，皆条理合一不紊。故既用徐铉切音，又某字志之曰古音第几部，后附《六书音均表》，俾形、声相为表里。"

始为长编，名《说文解字读》，凡五百四十卷。既乃隐括之成此注。"玉裁又以："《说文》者，说字之书，故有'读如'、无'读为'，说经、传之书，必兼是二者。汉人作注，于字发疑正读，其例有三：'读如'、'读若'者，拟其音也，比方之词；'读为'、'读曰'者，易其字也，变化之词；'当为'者，定为字之误、声之误，而改其字也，救正之词：三者分，而汉注可读，而经可读。"述《汉读考》，先成《周礼》六卷，又撰《礼经汉读考》一卷，其他十六卷未成。仅征阮元谓玉裁有功于天下后世者三：言古音一也，言《说文》二也，《汉读考》三也。其他说经之书，以《汉志毛诗》经、《毛诗古训传》本各自为书，因厘次传文，还其旧著，重订《毛诗古训传》三十卷。以诸经惟《尚书》离厄最甚，古文几亡，贾逵分别古今，刘陶是正文字，其书皆不存。乃广搜补阙，正晋、唐之妄改，存周、汉之驳文，著《古文尚书撰异》三十二卷。又录《左氏》经文，取郑注《礼》、《周礼》，存古文、今文故书之例，附见《公羊》、《穀梁》经文之异，著《春秋左氏古经》十二卷，以《左氏传五十凡》附后。外有《毛诗小学》三十卷，《汲古阁说文订》六卷，《经韵楼集》十二卷。嘉庆二十年，卒，年八十一。

初，玉裁与念孙俱师震，故戴氏有段、王两家之学。玉裁少震四岁，谦，专执弟子礼，虽耄，或称震，必垂手拱立，朔望必庄诵震手札一通。卒后，王念孙谓其弟子长洲陈奂曰："若膺死，天下遂无读书人矣！"玉裁弟子，长洲徐颋、嘉兴沈涛及女夫仁和龚丽正俱知名，而奂尤得其传，奂自有传。

钮树玉，字匪石，吴县人。笃志好古，不为科举之业，精研文字声音训诂。谓《说文》悬诸日月而不刊者也，后人以新附淆之，诬许君矣。因博稽载籍，著《说文新附考》六卷，《续考》一卷。又著《说文解字校录》三十卷。树玉后见玉裁书，著《段氏说文注订》八卷，所驳正之处，皆有依据。

徐承庆，字梦祥，元和人。乾隆五十一年举人，官至山西汾州府知府。著《段注匡谬》十五卷，其攻瑕索瘢，尤胜钮氏之书，皆力求其是，非故为吹求者。

孙志祖，字诒穀，仁和人。乾隆三十一年进士，改刑部主事，洊升郎中，擢江南道监察御史，乞养归。志祖清修自好，读经史必释其疑而后已，著《读书脞录》七卷，考论经、子、杂家，折衷精详，不为武断之论。又《家语疏证》六卷，谓王肃作《圣证论》以攻康成，又伪撰《家语》，饰其说以欺世。因博集群书，凡肃所剽窃者，皆疏通证明之。又谓《孔丛子》亦王肃伪托，其《小尔雅》亦肃借古书以自文，并作《疏证》以辨其妄。幼熟精《文选》，后乃仿《韩文考异》之例，参稽众说，正俗本之误，为《文选考异》四卷。又辑前人及朋辈论说，为《文选注补正》四卷。又有《文选理学权舆补》一卷。辑《风俗通逸文》一卷，补正姚之骃辑谢承《后汉书》五卷。嘉庆六年，卒，年六十五。

翟灏，字大川，亦仁和人。乾隆十九年进士，官金华、衢州府学教授。灏见闻淹博，又能搜奇引痹，尝与钱塘梁玉绳论王肃撰《家语》难郑氏，欲搜考以证其讹，因握笔互疏所出，顷刻数十事。时方被酒，旋罢去，未竟稿，其精力殊绝人也。著有《尔雅补郭》二卷，以《尔雅》郭《注》未详、未闻者百四十二科，邢《疏》补言其十，余仍阙如，乃参稽众家，一一备说。又云："古《尔雅》当有《释礼》篇，与《释乐》篇相随。《祭名》与《讲武》、《旌旂》三章，乃《释礼》之残缺失次者。"又著《四书考异》七十二卷，皆贯串精审，为世所推。他著又有《家语发覆》、《通俗篇》、《湖山便览》、《无不宜斋诗文稿》。五十三年，卒。

梁玉绳，字曜北，钱塘人。增贡生。家世贵显，玉绳不志富贵，自号清白士。尝语弟履绳曰："后汉襄阳樊氏，显重当时，子孙虽无名德盛位，世世作书生门户，愿与弟共勉之！"故玉绳年未四十，弃举子业，专心撰著。其《瞥记》七卷，多释经之文，有裨古义。玉绳尤精乙部书，著《史记志疑》三十六卷，据经、传以纠乖违，参班、荀以究同异，钱大昕称其书为龙门功臣。著《人表考》九卷，谓班氏借用《禹贡》田赋九等之目，造端自马迁。《史记·李将军传》云："李蔡为人在下中。"其说颇是。

履绳，字处素。乾隆五十三年举人。与兄玉绳相砻错，有元方、季方之目。其于众经中尤精《左氏传》，谓《隋志》载贾逵《解诂》、服虔《解义》各数十卷，今俱亡佚。杜氏参用贾、服，仲达作疏，间有称引，未睹其全。亦如马融诸儒之说，仅存单文只义。唐以后注《左氏》者，惟张洽、赵汸最为明晰，大抵详发而略纪载。履绳综览诸家，旁采众籍，以广杜之所未备，作《左通补释》三十二卷。又有未成者五门：曰广传、考异、驳证、古音、臆说。钱大昕见其书，叹为绝恉。通《说文》，下笔鲜俗字。年四十六，卒。

汪家禧，字汉郊，仁和人。诸生。颖敏特异，通汉《易》，作《易消息解》。所著书数十卷，毁于火。其友秀水庄仲方、门人仁和许乃榖辑其遗文，为《东里生烬余集》三卷。文多说经，粹然有家法。

刘台拱，字端临，宝应人。性至孝，六岁，母朱氏殁，哀如成人。事继母钟氏，与亲母同。九岁作《颜子颂》，斐然成章，观者称为神童。中乾隆三十五年举人，屡试礼部不第。是时朝廷开四库馆，海内方闻缀学之士云集。台拱在都，与学士朱筠、编修程晋芳、庶吉士戴震、学士邵晋涵及其同郡御史任大椿、给事中王念孙等交游，稽经考古，旦夕讨论。自天文、律吕至于声音、文字，靡不该贯。其于汉、宋诸儒之说，不专一家，而惟是之求。精思所到，如与古作者晤言一室而知其意指之所在，比之阎若璩，盖相伯仲也。段玉裁每谓"潜心《三礼》，吾所不如。"

选丹徒县训导。取《仪礼》十七篇除《丧服》外各绘为图，与诸生习礼容，为发明先王制作之精意。迎两亲学署，雍雍色养，年虽五十，有孺子之慕。尝客他所，忽心痛骤归，母病危甚，乃悉心奉汤药，衣不解带者数旬，母病遂愈。逮丁内外艰，水浆不入口。既敛，枕苫、啜粥，哭泣之哀，震动邻里。居丧疏食五年，出就外寝，以哀毁过情卒，年五十有五。

与同郡汪中为文章道义交，中殁，抚其孤喜孙，赖以成立。武进臧庸常以说经之文请益，台拱善之。恤其穷，赒其困，饮食教诲，十七年如一日，庸心感焉。台拱慕黄叔度之为人，王昶称其有曾、闵之孝。著有《论语骈枝经传小记》、《国语补校》、《荀子补注》、《方言补校》、《淮南子补校》、《汉学拾遗》、《文集》，都为《端临遗书》凡八卷。

同邑朱彬，字武曹，乾隆六十年举人。彬幼有至行，年十一丧母，哀戚如成人。长丁父忧，敛葬尽礼，三年疏食居外。自少至老，好学不厌。承其乡王懋竑经法，与外兄刘台拱互相切磋。每有所得，辄以书札往来辨难，必求其是而后已。于训诂、声音、文字之学，用力尤深。著有《经传考证》八卷，《礼记训纂》四十九卷，虎观诸儒所论议，《郑志》弟子之问答，以及魏、晋以降诸儒之训释，《书钞》、《通典》、《御览》之涉是书者，一以注疏为主，撷其精要，纬以古今诸说。其附以己意者，皆援据精确，发前人所未发。他著有《游道堂诗文集》四卷。道光十四年，卒，年八十有二。子士彦，吏部尚书，自有传。

孔广森，字众仲，曲阜人，孔子六十八代孙，袭封衍圣公传铎之孙，户部主事继汾之子。乾隆三十六年进士，选翰林院庶吉士，散馆授检讨。年少入官，性淡泊，耽著述，不与要人通谒。告养归，不复出。及居大母与父丧，竟以哀卒，时乾隆五十一年，年三十五。

广森聪颖特达，尝受经戴震、姚鼐之门，经、史、小学，沉览妙解。所学在《公羊春秋》，尝以《左氏》旧学湮于征南，《穀梁》本义汩于武子。王祖游谓何休志通《公羊》，往往为《公羊》疢病。其余啖助、赵匡之徒，又横生义例，无当于经，唯赵汸最为近正。何氏体大思精，然不无承讹率臆。于是旁通诸家，兼采《左》、《穀》，择善而从，著《春秋公羊通义》十一卷，《序》一卷。凡诸经籍义有可通于《公羊》者，多著录之。

其不同于《解诂》者，大端有数事：谓古者诸侯分土而守，分民而治，有不纯臣之义，故各得纪年于其境内。而何劭公谓唯王者然后改元立号，《经》书元年，为托王于鲁，则自蹈所云反传违戾之失。其不同一也。谓《春秋》分十二公而为三世，旧说"所传闻之世"，隐、桓、庄、闵、僖也；"所闻之世"，文、宣、成、襄也；"所见之世"，昭、定、哀也。颜安乐以为：襄公二十三年"邾娄鼻我来奔"，云"邾娄无大夫，此何以书？以近书也"；又昭公二十七年"邾娄快来奔"，《传》云"邾娄无大夫，此何以书？以近书也"：二文不异，同宜一世，故断自孔子生后，即为"所见之世"，从之。其不同二也。谓桓十七年《经》无夏，二家《经》皆有夏，独《公羊》脱耳。何氏谓："夏者阳也，月者阴也，去夏者，明夫人不系于公也。"所不敢言。其不同三也。谓《春秋》上本天道，中用王法，而下理人情。天道者：一曰时，二曰月，三曰日。王法者：一曰讥，二曰贬，三曰绝。人情者：一曰尊，二曰亲，三曰贤。此三科九旨。而何氏《文谥例》云："三科九旨者，新周故宋，以《春秋》当新王，此一科三旨也。"

又云："所见异辞，所闻异辞，所传闻又异辞。"二科六旨也。又"内其国而外诸夏，内诸夏而外夷狄，是三科九旨也"。其不同四也。他如何氏所据闻有失者，多所裨损，以成一家之言。又谓《左氏》之事详，《公羊》之义长，《春秋》重义不重事。皆好学深思，心知其意。其为说能融会贯通，使是非之旨不谬于圣人大旨，见自序中。仪征阮元谓读其书始知圣志之所在。

又著有《大戴礼记补注》十四卷，《诗声类》十三卷，《礼学卮言》六卷，《经学卮言》六卷，《少广正负术内外篇》六卷。骈体兼有汉、魏、六朝、初唐之胜，江都汪中读之，叹为绝手。然广森不自足，作堂于其居，名曰"仪郑"，自庶几于康成。桐城姚鼐谓其将以孔子之裔传孔子之学，虽康成犹不足以限之。惜奔走家难，劳思夭年，不充其志，艺林有遗憾焉。

邵晋涵，字二云，馀姚人。乾隆三十六年进士，归班铨选。会开四库馆，特记征晋涵及历城周永年、休宁戴震、仁和余集等入馆编纂，改翰林院庶吉士，授编修。四十五年，充广西乡试正考官。五十六年，大考迁左中允。擢侍讲学士，充文渊阁直阁事日讲起居注官。

晋涵左目眚，清羸。善读书，四部、七录，靡不研究。尝谓《尔雅》者，六艺之津梁，而邢《疏》浅陋不称；乃别为《正义》二十卷，以郭璞为宗，而兼采舍人、樊、刘、李、孙诸家，郭有未详者，摭他书附之。自是承学之士，多舍邢而从邵。

尤长于史，以生在浙东，习闻刘宗周、黄宗羲诸绪论，说明季事，往往出于正史之外。在史馆时，见《永乐大典》采薛居正《五代史》，乃荟萃编次，得十之八九，复采《册府元龟》、《太平御览》诸书，以补其缺。并参考《通鉴长编》诸史及宋人说部、碑碣，辨证条系，悉符原书一百五十卷之数。书成，呈御览，馆臣请仿刘昫《旧唐书》之例列于《廿三史》，刊布学官，诏从之。由是薛《史》与欧阳《史》并传矣。尝谓《宋史》自南渡后多谬，庆元之间，褒贬失实，不如东都有王偁《事略》也。欲先辑《南都事略》，使条贯粗具，词简事增，又欲为赵宋一代之志，俱未卒业。其后镇洋毕沅为续宋、元《通鉴》，嘱晋涵删补考定，故其绪余稍见于审正《续通鉴》中。

晋涵性狷介，不为要人屈。尝与会稽章学诚论修《宋史》宗旨，晋涵曰："宋人门户之习，语录庸陋之风，诚可鄙也。然其立身制行，出于伦常日用，何可废耶？士大夫博学工文，雄出当世，而于辞受取与、出处进退之间，不能无箪豆万钟之择。本心既失，其他又何议焉！此著《宋史》之宗旨也。"学诚闻而耸然。他著有《孟子述义》、《穀梁正义》、《韩诗内传考》，并足正赵岐、范甯及王应麟之失，而补其所遗。又有《皇朝大臣谥迹录》、《方舆金石编目》、《輶轩日记》、《南江诗文稿》。嘉庆元年，卒，年五十有四。

周永年，字书昌，历城人。博学贯通，为时推许。乾隆三十六年进士，与晋涵同征修《四库书》，改翰林院庶吉士，授编修。四十四年，充贵州乡试副考官。永年在书馆好深沉之思，四部兵、农、天算、术数诸家，钩稽精义，襃讥悉当，为同馆所推重。见宋、元遗书湮没者多见采于《永乐大典》中，于是抉摘编摩，自永新刘氏兄弟《公是》、《公非集》以下，凡得十余家，皆前人所未见者，咸著于录。又以为释、道有藏，儒者独无。乃开借书园，聚古今书籍十万卷，供人阅览传钞，以广流传。惜永年殁后，渐就散佚，则未定经久之法也。

王念孙，字怀祖，高邮州人。父安国，官吏部尚书，谥文肃，自有传。八岁读《十三经》毕，旁涉史鉴。高宗南巡，以大臣子迎銮，献文册，赐举人。乾隆四十年进士，选翰林院庶吉士，散馆，改工部主事。升郎中，擢陕西道御史，转吏科给事中。嘉庆四年，仁宗亲政，时川、楚教匪猖獗，念孙陈剿贼六事，首劾大学士和珅，疏语援据经义，大契圣心。是年授直隶永定河道。六年，以河堤漫口罢，特旨留督办河工。工竣，赏主事衔。河南衡家楼河决，命往查勘，又命驰赴台庄治河务。寻授山东运河道，在任六年，调永定河道。会东河总督与山东巡抚以引黄利运异议，召入都决其是非。念孙奏引黄入湖，不能不少淤，然暂行无害，诏许之。已而永定河水复异涨，如六年之隘，念孙自引罪，得旨休致。道光五年，重宴鹿鸣，卒，年八十有九。

念孙故精熟水利书，官工部，著《导河议》上下篇。及奉旨纂《河源纪略》，议者或误指河源所出，念孙力辨其讹，议乃定，《纪略》中《辨讹》一门，念孙所撰也。既罢官，日以著述自娱，著《读书杂志》，分《逸周书》、《战国策》、《管子》、《荀子》、《晏子春秋》、《墨子》、《淮南子》、《史记》、《汉书》、《汉隶拾遗》，都八十二卷。于古义之晦，于钞之误写，校之妄改，皆一一正之。一字之证，博及万卷，其精于校雠如此。

初从休宁戴震受声音文字训诂，其于经，熟于汉学之门户，手编《诗三百篇》、《九经》、《楚辞》之韵，分古音为二十一部。于支、脂、之三部之分，段玉裁《六书音均表》亦见及此，其分至、祭、盍、辑为四部，则段所未及也。念孙以段书先出，遂辍作。

又以邵晋涵先为《尔雅正义》，乃撰《广雅疏证》。日三字为程，阅十年而书成，凡三十二卷。其书就古音以求古义，引伸触类，扩充于《尔雅》、《说文》，无所不达。然声音文字部分之严，一丝不乱。盖藉张揖之书以纳诸说，而实多揖所未知，及同时惠栋、戴震所未及。

尝语子引之曰："诂训之旨，存乎声音，字之声同、声近者，经传往往假借。学者以声求义，破其假借之字而读本字，则涣然冰释。如因假借之字强为之解，则轇轕不通矣。毛公《诗传》多易假借之字而训以本字，已开改读之先。至康成笺《诗》注《礼》，屡云某读为某，假借之例大明。后人或病康成破字者，不知古字之多假借也。"又曰："说经者，期得经意而已，不必墨守一家。"引之因推广庭训，成《经义述闻》十五卷，《经传释辞》十卷，《周秦古字解诂》、《字典考证》。论者谓有清经术独绝千古，高邮王氏一家之学，三世相承，与长洲惠氏相埒云。

引之，字伯申。嘉庆四年一甲进士，授编修。大考一等，擢侍讲。历官至工部尚书。福建署龙溪令朱履中诬布政使李赓芸受贿，总督汪志伊、巡抚王绍兰劾之。对簿无佐证，而持之愈急。赓芸不堪，遂自经。命引之谳之，平反其狱，罢督抚官。为礼部侍郎时，有议为生祖母承重丁忧三年者，引之力持不可。会奉使去，持议者遽奏行之。引之还，疏陈庶祖母非祖敌体，不得以承重论。缘情，即终身持服不足以报罔极；制礼，则承重之义，不能加于支庶。请复治丧一年旧例，遂更正。道光十四年，卒，谥文简。

同州李惇，字成裕。乾隆四十五年进士。惇与同县王念孙、贾田祖同力于学。始为诸生，为学使谢墉所赏。将选拔贡，会田祖卒于旅舍，惇经营殡事，不与试，墉叹为古人。江藩好诋诃前人，惇谓之曰："王子雍若不作《圣证论》以攻康成，岂非醇儒？"其面规人过如此。著有《群经识小》八卷，考诸经古义二百二十余事，多前人所未发。四十九年，卒，年五十一。

田祖，字稻孙。诸生。通《左氏春秋》，有《春秋左氏通解》。

宋绵初，字守端，亦高邮人。乾隆四十二年拔贡生，官五河、清河训导。邃深经术，长于说《诗》，著《韩诗内传征》四卷。又有《释服》二卷。

汪中，字容甫，江都人。生七岁而孤，家贫不能就外傅。母邹，授以《四子书》。稍长，助书贾鬻书于市，因遍读经、史、百家，过目成诵，遂为通人。年二十，补诸生。乾隆四十二年拔贡生，提学使者谢墉，每试别置一榜，署名诸生前。尝曰："余之先容甫，爵也。若以学，当北面事之。"其敬中如此。以母老竟不朝考。五十一年，侍郎朱珪主江南试，谓人曰："吾此行必得汪中为选首。"不知其不与试也。

中颛意经术，与高邮王念孙、宝应刘台拱为友，共讨论之。其治《尚书》，有《尚书考异》。治《礼》，有《仪礼》校本，《大戴礼记》校本。治《春秋》，有《春秋述义》。治《小学》，有《尔雅》校本，及《小学说文求端》。中尝谓国朝古学之兴，顾炎武开其端。《河》、《洛》矫诬，至胡渭而绌。中、西推步，至梅文鼎而精。力攻古文者，阎若璩也。专治汉《易》者，惠栋也。凡此皆千余年不传之绝学，及戴震出而集其大成。拟作六儒颂，未成。

又尝博考先秦古籍三代以上学制废兴，使知古人所以为学者。凡虞、夏第一，《周礼》之制第二，周衰列国第三，孔门第四，七十子后学者第五。又列通论、释经、旧闻、典籍、数典、世官，目录凡六。而自题其端曰："观《周礼》太史云云，当时行一事则有一书，其后执书以行事，又其后则事废而书存。至宋儒以后，则并其书之事而去之矣。"又曰："有官府之典籍，有学士大夫之典籍，故老之传闻。行一事有一书，传之后世，奉以为成宪，此官府之典籍也。先王之礼乐政事，遭世之衰废而不失，有司徒守其文，故老能言其事。好古之君子，悯其浸久而遂亡也，而书之简毕，此学士大夫之典籍也。"又曰："古之为学士者,官师之长,但教之以其事,其所诵者诗书而已。其他典籍,则皆官府藏而世守之,民间无有也。苟非其官,官亦无有也。其所谓士者,非王侯公卿大夫之子,则一命之士,外此则乡学、小学而已。自辟雍之制不闻,太史之官失守,于是布衣有授业之徒,草野多载笔之士。教学之官,记载之职,不在上而在下。及其衰也,诸子各以其学鸣,而先王之道荒矣。然当诸侯去籍,秦政焚书,有司所掌,荡然无存。犹赖学士相传。存其一二,斯不幸中之幸也。"又曰:"孔子所言,则学士所能为者,留为世教。若其政教之大者,圣人无位,不复以教子弟。"又曰:"古人学在官府,人世其官,故官世其业。官既失守,故专门之学废。"其书稿草略具,亦未成。后乃即其考三代典礼及文字训诂、名物象数,益以论撰之文,为《述学》内、外篇,凡六卷。

其有功经义者,则有若《释三九》、《妇人无主答问》、《女子许嫁而婿死从死及守志议》、《居丧释服解义》。其表章经传及先儒者,则有若《周官征文》、《左氏春秋释疑》、《旬卿子通论》、《贾谊新书序》。其他考证之文,亦有依据。

中又熟于诸史地理,山川阨要,讲画了然,著有《广陵通典》十卷,《秦蚕食六国表》、《金陵地图考》。生平于诗文书翰无所不工,所作《广陵对》、《黄鹤楼铭》、《汉上琴台铭》,皆见称于时。他著有《经义知新记》一卷,《大戴礼正误》一卷,《遗诗》一卷。五十九年,卒,年五十一。

中事母以孝闻,左右服劳,不辞痛辱。居丧,哀戚过人,其于知友故旧,没后衰落,相存问过于从前。道光十一年,旌孝子。中子喜孙,自有传。同郡人为汉学者,又有江德量、徐复、汪光爔。

德量,字量殊,江都人。父恂,好金石文字。伯父昱,通声音训诂之学。德量少承家学,及长,与汪中友,励志肆经,学益进。乾隆四十四年一甲进士,授翰林院编修,改江西道御史。居朝多识旧闻,博通掌故。公余键户,以文籍自娱。著有《古泉志》三十卷。五十八年,卒,年四十二。

复,字心仲,亦江都人。通《九章》算术。

光爔,字晋蕃,仪征人。廪生。博通经史,尝辨惠氏《易爻辰图》之谬,又作《冀稗释》,时人服其精核。

武亿,字虚谷,偃师人。父绍周,进士,官吏部郎中。亿居父母丧,哀痛毁瘠,以读书自励。时伊、洛溢,屋圮,架湾以居,斧朽木燎寒,诵读不辍。已,复从大兴朱筠游,益为博通之学。乾隆四十五年进士,五十六年,授山东博山县知县。县山多土瘠,民不务农。地产石炭、石矾,烧作玻璃器皿,商贾辐辏。亿问土俗利病,免玻璃入贡,革煤炭供馈,里马草豆不以累民。创范泉书院,进其秀者与之讲敦伦理,务实学。而决辞无留狱,祷雨即沛。有以贿干者,未敢进,亿廉知之,值迅雷,曰:"汝不闻雷声乎?吾矢祷久矣。"贿者惶悚而止,舆情大洽。

五十七年,大学士和珅领步军统领事,闻妄人言山东逆匪王伦未定死,密遣番役四出踪迹之。于是番役头目杜成德等十一人横行州县,入博山境,手铁尺饮博,莫敢谁何,亿悉执之,成德尤倔强,按法痛杖之,喧传其事者曰:"亿卤莽刑无罪,将累上官。"巡抚吉庆遂以滥责平民劾罢之。而不直其事。亿苍任仅七月,及去,民携老弱千余人走大府乞留"我好官",不可得,则日为运致薪米,门如市焉。吉庆亦感动,因入觐,偕亿行,为筹捐复。大学士、公阿桂请吉庆曰:"例禁番役出京畿,奈何责县令按法之非,且隐其实而劾强项吏,何也?"吉庆深自悔,而格于部议,遂归。嘉庆四年十月,仁宗谕朝臣密举京、外各员内操守端洁、才猷干济、于平日居官事迹可据者,得赴部候旨召用,亿在所举中。十一月,县令捧檄至门,而亿先以十月卒矣,年五十有五。

亿学问醰粹,于《七经注疏》、《三史》、涑水《通鉴》,皆能暗诵。既罢官,贫不能归,所至以经史训诂教授生徒。勇于著录,有《群经义证》七卷,《经读考异》九卷,《金石三跋》十卷,《金石文字续跋》十四卷,《偃师金石记》四卷,《安阳金石录》十三卷。又有《三礼义证》、《授堂札记》、《诗文集》等书,皆旁引远征,遇微皽,辄剖抉精蕴,比辞达意,以成一例。大兴朱珪称亿不愧好古遗直云。

庄述祖,字葆琛,武进人。世父存与,官礼部侍郎,自有传。述祖,乾隆四十五年进士,官山东潍县知县。明畅吏治,刑狱得中,豪猾敛迹。尝勘硗地,众以为斥卤也,述祖指路旁草问何名,曰马帚。述祖笑曰:"此于经名秭,《夏正》'秭秀'记时,凡沙土草秭者宜禾,何谓硗?"众皆服。甲寅,以卓异引见,还,檄授桃源同知。不一月,乞养归。著书色养者十六年,未尝一日离左右。二十一年,卒。

述祖传存与之学,研求精密,于世儒所忽不经意者,覃思独辟,洞见本末。著述皆义理宏达,为前贤未有。以为《连山》亡而尚存《夏小正》,《归藏》亡而尚有仓颉古文,略可稽求义类。故著《夏小正经传考释》,以斗柄南门织女记天行之不变,以参中大中记日度之差,以二月丁卯知夏时,以正月甲寅启蛰为历元,岁祭为郊,万用入学为禘。著《古文甲乙篇》,谓许叔重始一终亥,偏旁条例所由出,日辰干支,黄帝世大挠所作,沮诵、苍颉名之以易结绳,伏羲画八卦什十言之教之后,以此三十二类为正名百物之本。故《归藏》为黄帝《易》,就许氏偏旁条例,以干支别为序次,凡许书所存及见于金石文字者,分别部居,书未竟,而条理粗具。其余五经,悉有撰著。旁及《逸周书》、《尚书大传》、《史记》、《白虎通》,于其舛句讹字,佚文脱简,易次换弟,草剟腋补,咸有证据,无不疏通,旷然思虑之表,若面稽古人而整比之也。所著《夏小正经传考释》十卷,《尚书今古文考证》七卷,《毛诗考证》四卷,《毛诗周颂口义》三卷,《五经小学述》二卷,《历代载籍足征录》一卷,《弟子职集解》一卷,《汉铙歌句解》一卷,《石鼓然疑》一卷,《文钞》七卷,《诗钞》二卷。

存与孙绥甲,字卿珊。尽通家学,尤为述祖所爱重。

著《尚书考异》三卷,《释书名》一卷。

同族庄有可,字大久。勤学力行,老而弥笃。取诸注、传,精研义理,句栉字比,合诸儒之书以正其是非,而自为之说。于《易》、《书》、《诗》、《礼》、《春秋》皆有撰述,凡四十二种,四百三十余卷。

戚学标,字鹤泉,太平人。幼从天台齐召南游,称高第。高宗巡江、浙,学标献《南巡颂》。乾隆四十五年,成进士,官河南涉县知县。县苦阉布征,学标请于大府得减额。权林县,有兄弟争产者,集李白句为《斗粟谣》以讽,皆感悔。性强项,多与上官龃龉,卒以是罢。后改宁波教授,未几归,从事撰述。

精考证,著《汉学谐声》二十三卷、《总论》一卷。用《说文》以明古音,谓六书之学,三曰形声,声不离形,形者声之本也。而声又随乎气,气有阴有阳,故一字之音,或从阴、或从阳、或阳而阴、或阴而阳、或阴阳各造其偏。昔人知其然,故但以某声者明字音所出,以崇其本。以读若某设为譬况之词,使人依类而求。即离绝远去,而因此声之本以究此声之变,无患其不合。《说文》从某某声,从某某亦声,从某某省声,从某读若某,从某读与某某同,并二端兼举。声音之学,莫备于此。后人感于徐氏所附孙愐音切,不究本读,而一二宿儒言古音如吴棫、陈第、顾炎武、江永之流,亦第就韵书辨析。不知《说文》形声相系,韵书就声言声;《说文》声气相求,韵书祗论同声之应。其部居错杂分合,类出肊见。学者苟趣其便,衰于一读。且狃于平上去入之界之不可移易,谐声之法废,而《说文》之学晦矣。其书论声一本许氏,由本声以推变声,既列本注,旁搜古读以为之证。末附《说文补考》二卷,多辨正二徐谬误。

又有《毛诗证读》若干卷、《诗声辨定阴阳谱》四卷、《四书偶谈》四卷、《内外篇》二卷、《字易》二卷、《鹤泉文钞》二卷。

江有诰,字晋三,歙县人。通音韵之学,得顾炎武、江永两家书,嗜之忘寝食。谓江书能补顾所未及,而分部仍多罅漏,乃析江氏十三部为二十一,与戴震、孔广森多暗合。书成,寄示段玉裁,玉裁深重之,曰:"余与顾氏、孔氏皆一于考古,江氏、戴氏则兼以审音。晋三于前人之说择善而从,无所偏徇,又精于呼等字母,不惟古音大明,亦使今韵分为二百六部者得其剖析之故,韵学于是大备矣。"著有《诗经韵读》、《群经韵读》、《楚辞韵读》、《先秦韵读》、《汉魏韵读》、《唐韵四声正》、《谐声表》、《入声表》、《二十一部韵谱》、《唐韵再正》、《唐韵更定部分》,总名《江氏音学十书》,王念孙父子胥服其精。晚岁著《说文六书录》、《说文分韵谱》。道光末,室灾,焚其稿。有诰老而目盲,郁郁遂卒。

陈熙晋,原名津,字析木,义乌人。优贡生。以教习官贵州开泰、龙里、普定知县,仁怀同知,擢湖北宜昌府知府。权开泰时,教匪蒋昌华扰黎平,将兴大狱,熙晋缚其渠而贷诸胁从,全活无算。龙里民以钉鞋杀人,已诬服,而凶验不合,心疑焉。一日,方虑囚,见丛人中有曳钉鞋窃睨者,命执而鞠之,痕宛合,遂款服。普定俗纠聚相雄长,号其魁曰"牛丛"。其获盗,不谒之官,辄积薪焚杀之。先是有挟仇焚三尸者,吏不敢捕。熙晋期必得,重绳以法,风顿革。其守宜昌也,楚大水,流民聚宜昌,毕力抚绥,缮城垣,以工代赈。会秩满将行,为留六阅月,藏其事。送者数千人,皆泣下。乞养归,未几卒。

熙晋邃於学,积书数万卷,订疑纠谬,务穷竟原委,取裁精审。尝谓杜预解《左氏》有三蔽,刘光伯规之,而书久佚。惟《正义》引一百七十三事,孔颖达皆以为非,乃刺取经史百家及近儒著述,以明刘义。其杜非而刘是者申之,杜是而刘非者释之,杜、刘两说义俱未安,则证诸群言,断以己意,成《春秋规过考信》九卷。又谓《隋经籍志》载光伯《左氏述义》四十卷,不及《规过》,据孔颖达序称习杜义而攻杜氏,疑《规过》即在《述义》中。《旧唐书·经籍志》载《述义》三十七卷,较《隋志》少三卷,而多《规过》三卷,此其证也。《正义》于规杜一百七十三事外,又得一百四十三事,盖皆《述义》之文。其异杜者三十事,驳正甚少。殆唐初奉敕删定,著为令典,党同伐异,势会使然。乃参稽得失,援据群言,成《春秋述义拾遗》八卷。

他著有《古文孝经述义疏证》五卷、《帝王世纪》二卷、《贵州风土记》三十二卷、《黔中水道记》四卷、《宋大夫集笺注》三卷、《骆临海集笺注》十卷、《日损斋笔记考证》一卷、《文集》八卷、《征帆集》四卷。

李诚,字静轩,黄岩人。嘉庆十八年拔贡生,官云南姚州州判,终үйγ宁知县。撰《十三经集解》二百六十卷,首胪汉、魏诸家之说,次采近人精确之语,而唐、宋诸儒之征实者亦不废焉。尝谓记水之书,自郦道元下,代不乏人,而言山者无成编,乃作《万山纲目》六十卷。又《水道提纲补订》二十八卷、《宦游日记》一卷、《微言管窥》三十六卷、《医家指迷》一卷。

丁杰,原名锦鸿,字升衢,归安人。乾隆四十六年进士,官宁波府学教授。杰纯孝诚笃,尝奔走滇南迎父柩归葬。少家贫,就书肆中读。肆力经史,旁及《说文》、音韵、算数。初至都,适四库馆开,任事者延之佐校,遂与朱筠、戴震、卢文弨、金榜、程瑶田等相讲习。

杰为学长于雠仇,与卢文弨最相似。得一书必审定句读,博稽他本同异。于《大戴礼》用功尤深,著有《大戴礼记绎》。又《易》郑《注》久佚,宋王应麟衰辑成书,惠栋复有增入。杰审视两本,以为多羼入郑氏《易乾凿度注》,又《汉书注》所云郑氏,乃即注《汉书》之人,非康成。乃刊其讹,定其是,复摘补其未备,著《周易郑注后定》凡十二卷。胡渭《禹贡锥指》号为绝学,杰摘其误甚多。尝谓《纬书》"移河为界,在齐吕填阏八流以自广"。河患之棘,由九河堙废,而害始于齐。管仲能臣,必不自贻伊戚。班固叙《沟洫志》云:"商竭周移,秦决南涯,自兹距汉,北亡八支。"则九河之塞,当在秦、楚之际矣。惠栋《尚书大传》辑本,杰以为疏舛,如"鲜度作荆,以诘四方",误读《困学纪闻》,此谬之甚者。《五行传》文不类，读《后汉书注》，始知误连《皇览》也。杰尝与翁方纲补正朱彝尊《经义考序》年月，博采见闻，以相证合。又与许言彦阐绎《墨子》上、下经，大有端绪。《方言》善本，始于戴震，杰采获裨益最多，卢文弨以为不在戴下。《汉隶字原考正》，钱塘谓得隶之义例。

杰又言字母三十六字不可增并，不可颠倒：见、端、知、邦、非、精、照为孤清，不可增浊声也；疑、泥、娘、明、微、来、日为孤浊，不可增清声也；非即邦之轻唇，不可并于敷；微即明之轻唇，不可并于奉；影为晓之深喉，喻为匣之深喉，晓、匣、影、喻不可颠倒为影、晓、喻、匣也。所著书有《小酉山房文集》，嘉庆十二年，卒，年七十。

子授经，嘉庆三年优贡；传经，六年优贡。皆能世其家学，有"双丁"之目。授经佐其友严可均造《甲乙丙丁长编》，以校定《说文》。

周春，字松霭，海宁人。乾隆十九年进士，官广西岑溪县知县。革陋规，几微不以扰民，有古循吏风。以忧去官，岑溪人构祠祀焉。嘉庆十五年，重赴鹿鸣。二十年，卒，年八十七。春博学好古，两亲服阕，年未五十，不谒选。著《十三经音略》十三卷，专考经音，以陆氏《释文》为权舆，参以《玉篇》、《广韵》、《五经文字》诸书音，字必审音，音必归母，谨严细密，丝毫不假。他著又有《中文孝经》一卷，《尔雅补注》四卷，《小学余论》二卷，《代北姓谱》二卷，《辽金元姓谱》一卷，《辽诗话》一卷，《选材录》一卷，《杜诗双声叠韵谱括略》八卷。

孙星衍，字渊如，阳湖人。少与同里杨芳灿、洪亮吉、黄景仁文学相矜。袁枚品其诗，曰"天下奇才"，与订忘年交。星衍雅不欲以诗名，深究经、史、文字、音训之学，旁及诸子百家，皆必通其义。乾隆五十二年，以一甲进士授翰林院编修，充三通馆校理。五十四年，散馆，试《厉志赋》，用《史记》"鹓鹓如畏"，大学士和珅疑为别字，置三等改部。故事，一甲进士改部，或奏请留馆，又编修改官可得员外，前此吴文焕有成案。珅示意欲使往见，星衍不肯屈节，曰："主事终擢员外，何汲汲求人为？"自是编修改主事遂为成例。

官刑部，为法宽恕，大学士阿桂、尚书胡季堂悉器重之。有疑狱，辄令依古义平议，所平反全活甚众。退直之暇，辄理旧业。洊升郎中。六十年，授山东兖沂曹济道。

嘉庆元年七月，曹南水漫滩溃，决单县地，星衍与按察使康基田鸠工集夫，五日夜，从上游筑堤遏御之，不果决。基田谓此役省国家数百万帑金也。寻按察使，凡七阅月，平反数十百条，活死罪诬服者十余狱。潍县有武人犯法，贿和珅门，嘱托大吏。星衍访捕鞫之，械和门来者于衢。及回本任，值曹工漫溢，星衍以无工处所得疏防咎，特旨予留任。曹工分治引河三道，星衍治中段。毕工，较济东道、登莱道上下段省三十余万。先是河工分赔之员或得羡余，谓之扣费，星衍不取，悉以给引河工费。时曹工尚未合，河督、巡抚亟奏合龙，移星衍任，寻又奏称合而复开。开则分赔两次坝工银九万两，当半属后任，而司

事者并以归星衍。星衍亦任之，曰："吾既兼河务，不能不为人受过也。"

四年，丁母忧归，浙抚阮元聘主诂经精舍。星衍课诸生以经史疑义及小学、天部、地理、算学、词章，不十年，舍中士皆以撰述名家。服阕入都，仍发山东，十年，补督粮道。十二年，权布政使。值侍郎广兴在省，按章供张烦扰，星衍不肯妄支。后广以贿败，豫、东两省多以支库获罪，星衍不与焉。十六年，引疾归。

星衍博极群书，勤于著述。又好聚书，闻人家藏有善本，借钞无虚日。金石文字，靡不考其原委。尝病《古文尚书》为东晋梅赜所乱，官刑部时，即集《古文尚书马郑注》十卷、《逸文》二卷。归田后，又为《尚书今古文注疏》三十九卷，其序例云："《尚书》古注散佚，今剌取书传升为注者五家三科之说：一，司马迁从孔氏安国问故，是古文说；一，《书大传》伏生所传欧阳高、大夏侯胜、小夏侯建，是今文说；一，马氏融、郑氏康成虽有异同，多本卫氏宏、贾氏逵，是孔壁古文说：皆疏明出典。其先秦诸子所引古书说及《纬书》、《白虎通》等，汉、魏诸儒今文说、许氏《说文》所载孔壁古文，注中存其异文、异字，其说则附疏中。"其意在网罗放失旧闻，故录汉、魏人佚说为多，又兼采近代王鸣盛、江声、段玉裁诸人书说。惟不取赵宋以来诸人注，以其时文籍散亡，较今代无异闻，又无师传，恐滋臆说也。凡积二十二年而后成。

其他撰辑，有《周易集解》十卷，《夏小正传校正》三卷，《明堂考》三卷，《考注春秋别典》十五卷，《尔雅广雅诂训韵编》五卷，《魏三体石经残字考》一卷，《孔子集语》十七卷，《晏子春秋音义》二卷，《史记天官书考证》十卷，《建立伏博士始末》二卷，《寰宇访碑录》十二卷，《金石萃编》二十卷，《续古文苑》二十卷，《诗文集》二十五卷。二十三年，卒，年六十六。星衍晚年所著书，多付文登毕亨、嘉兴李贻德为卒其业。

亨，原名以田，字恬谿。初从休宁戴震游，精汉人古训之学，尤长于《书》。星衍撰《尚书今古文注疏》，多采亨说，每称以为经学无双。中嘉庆十二年举人，道光六年，以大挑知县分发江西，署安义县。有兄杀胞弟案，亨执"不念鞠子哀，泯乱伦彝，刑兹无赦"义，不准援赦。大府怒，将劾之，会歙程恩泽重亨，事乃解。后补崇义，以积劳卒官，年且八十矣。著有《九水山房文存》二卷。

贻德，字次白。嘉庆二十三年举人。馆星衍所，相得甚欢。著《春秋左氏解贾服注辑述》二十卷。其书援引甚博，字比句栉，于义有未安者，亦加驳难。虽使冲远复生，终未敢专树征南之帜而尽弃旧义也。又有《诗考异》、《诗经名物考》、《周礼剩义》、《十七史考异》、《揽青阁诗钞》、《梦春庐词》。

王聘珍，字贞吾，南城人。自幼以力学闻。乾隆五十四年，学使翁方纲拔贡成均，为谢启昆、阮元参订古籍。尝客浙西，与歙凌廷堪论学，廷堪深许之。为人厚重诚笃，廉介自守。

治经确守后郑之学，著《大戴礼记解诂》十三卷、

《目录》一卷。其言曰："大戴与小戴同受业于后仓，各取孔壁古文说，非小戴删大戴，马融足小戴也。《礼察》、《保傅》，语及秦亡，乃孔襄等所合藏。是贾谊有取于古记，非古记采及《新书》也。《三朝记》、《曾子》，乃刘氏分属九流，非大戴所裒集也。"

又曰："近代校雠，不知家法，王肃本点窜此经，私定《孔子家语》，反据肃本改易经文。又或据唐、宋类书如《艺文类聚》、《太平御览》之流，增删字句，或云据《永乐大典》改某字作某。凡兹数端，率以今义绳古义，以今音证古音，以今文易古文，遂使孔壁古奥之经，变而文从字顺，经义由兹而亡。"故其发凡大旨，礼典器数，墨守郑义，解诂文字，一依《尔雅》、《说文》及两汉经师训诂。有不知而阙，无杜撰之言。如"五义"义字，据《周礼注》读若仪，"五凿"五字释若忤，《青史子》引《汉书》"君子养之"，读若"中心养养"之养。皆能根据经史，发蒙解惑。江都焦循称其不为增删，一仍其旧，列为《三十二读书赞》之一。他著《经义考补》，《九经学》。

凌廷堪，字次仲，歙县人。六岁而孤，冠后始读书，慕其乡江永、戴震之学。乾隆五十五年进士，改教职，选宁国府学教授。奉母之官，毕力著述者十余年。嘉庆十四年，卒，年五十三。

廷堪之学，无所不窥，于六书、历算以迄古今疆域之沿革、职官之异同，靡不条贯。尤专《礼》学，谓："古圣使人复性者学也，所学者即礼也。颜渊问仁，孔子告之者惟礼焉尔，颜子叹道之高坚前后。迨'博文约礼'，然后'如有所立'，即'立于礼'之立也。礼有节文度数，非空言理者可托。"著《礼经释例》十三卷，谓："礼仪委曲繁重，必须会通其例。如乡饮酒、乡射、燕礼、大射不同，而其为献酢酬旅、酬无算爵之例则同；聘礼、觐礼不同，而其为郊劳执玉、行享庭实之例则同；特牲馈食、少牢馈食不同，而其为尸饭主人初献、主妇亚献、宾长三献、祭毕饮酒之例则同。"乃区为八例，以明同中之异，异中之同：曰通例，曰饮食例，曰宾客例，曰射例，曰变例，曰祭例，曰器服例，曰杂例。《礼经》第十一篇，自汉以来说者虽多，由不明尊尊之旨，故罕得经意，乃为《封建尊尊服制考》一篇，附于变例之后。大兴朱珪读其书，赠诗推重之。

廷堪《礼经》而外，复潜心于乐，谓今世俗乐与古雅乐中隔唐人燕乐一关，蔡季通、郑世子辈俱未之知。因以隋沛公郑译五旦、七调之说为燕乐之本，又参考段安节《琵琶录》、张叔夏《词源》、《辽史·乐志》诸书，著《燕乐考原》六卷。江都江藩叹以为"思通鬼神"。他著有《元遗山年谱》二卷、《校礼堂文集》三十六卷、《诗集》十四卷。仪征阮元常命子常生从廷堪授《士礼》，又称其《乡射五物考》、《九拜解》、《九祭解》、《释牲》、《诗楚茨考》诸说经之文，多发古人所未发。其尤卓然者，则《复礼》三篇云。

同邑洪榜，字汝登。乾隆二十三年举人。四十一年，应天津召试第一，授内阁中书。卒，年三十有五。粹于经学，著《明象》未成，终于《益卦》。因郑康成《易赞》作《述赞》二卷。又明声均，撰《四声均和表》五卷，《示儿切语》一卷。江氏永切字六百六十有六，是书增补百三十九字，又以字母见、溪等字注于《广韵》之目每字之上，以定喉、吻、舌、齿、唇五音，盖其书宗江、戴二家之说而加详焉。为人律身以正，待人以诚。生平服膺戴震。戴震所著《孟子字义疏证》，当时读者不能通其义，惟榜以为功不在禹下。撰震《行状》，载与彭绍升书，朱筠见之曰："可不必载，戴氏可传者不在此。"榜乃上书辨论。江藩在吴下见其书，叹曰："洪君可谓卫道之儒矣。"

汪龙，字辰叔，亦廷堪同邑人。乾隆五十一年举人。嗜古博学，尤精于《诗》，尝读《诗·生民》、《玄鸟》二篇，疑郑《笺》迹乳卵生之说，不若《毛诗》谓姜嫄、简狄从帝喾祀郊禖之正。遂稽《传》、《笺》同异，用力于是经者数十年，成《毛诗异义》四卷，《毛诗申成》十卷。卒，年八十二。

桂馥，字冬卉，曲阜人。乾隆五十五年进士，选云南永平县知县，卒于官。

馥博涉群书，尤潜心小学，精通声义。尝谓："士不通经，不足致用；而训诂不明，不足以通经。"故自诸生以至通籍，四十年间，日取许氏《说文》与诸经之义相疏证，为《说文义证》五十卷。力穷根柢，为一生精力所在。

馥与段玉裁生同时，同治《说文》，学者以桂、段并称，而两人两不相见，书亦未见，亦异事也。盖段氏之书，声义兼明，而尤邃于声；桂氏之书，声亦并及，而尤博于义。段氏钩索比傅，自以为能冥合许君之旨，勇于自信，自成一家之言，故破字创义为多；桂氏专佐许说，发挥旁通，令学者引申贯注，自得其义之所归。故段书约而猝难通辟，桂书繁而寻省易了。夫语其得于心，则段胜矣；语其便于人，则段或未之先也。其专胪古籍，不下己意，则以意在博证求通，展转孳乳，触长无方，亦如王氏《广雅疏证》、阮氏《经籍纂诂》之类，非以己意为独断者。

及馥就宦滇南，追念旧闻，随笔疏记十卷，以其细碎，比之匠门木材，题曰《札朴》。然馥尝引徐干《中论》："鄙儒博学，务于物名，详于器械，考于训诂，摘其章句而不能统其大义之所极，以获先王之心。故使学者劳思虑而不知道，费日月而无功成。"谓近日学者风尚六书，动成习气，偶涉名物，自负《仓》、《雅》，略讲点画，妄议斯、冰，叩以经典大义，茫乎未之闻也。此尤为同时小学家所不能言，足以针肓起废。他著有《晚学集》十二卷。

许瀚，字印林，日照人。道光十五年举人，官峄县教谕。博综经史及金石文字，训诂尤深。至校勘宋、元、明本书籍，精审不减黄丕烈、顾广圻。晚年为灵石杨氏校刊桂馥《说文义证》于清河，甫成而板毁于捻寇，并所藏经籍金石俱尽，遂抱郁而殁，年七十。他著有《韩诗外传勘误》，《攀古小庐文》。

江声，字叔沄，元和人。七岁就傅读书，问读书何为，师以取科第为言，声求所以进于是者。年二十九，遭父疾，晨夕侍床褥，不解衣带，至自涤楲窬，视秽以验疾进退。及居忧，哀毁骨立，逾三年，容戚然如新丧者。侍母疾，居丧，亦如父殁时。族党哀其至行。既孤，因不复事科举业。

读《尚书》，怪古文与今文不类。又怪孔《传》非安国所为。年三十五，师事同郡通儒惠栋，得读所著《古文尚书考》及阎若璩《古文疏证》，乃知古文及孔《传》皆晋时人伪作，于是集汉儒之说，以注二十九篇，汉注不备，则旁考他书。精研古训，成《尚书集注音疏》十二卷，附《补谊》九条、《识伪字》一条，《尚书集注音疏前后述外编》一卷，《尚书经师系表》也。经文注疏，皆以古篆书之。疑伪古文者，始于宋之吴才老，朱子以后，吴草庐、郝京山、梅鷟皆不能得其要领。至本朝阎、惠两征君所著之书，乃能发其作伪之迹、剿窃之原。若刊正经文，疏明古注，则皆未之及也，及声出而集大成焉。

声又病后世深求考老转注之义，至以篆迹求之，因为《六书说》，谓建类一首，即始一终亥五百四十部之首，同意相受，即凡某之属皆从某也。阳湖孙星衍亦推其说，以为《尔雅》肇、祖、元、胎之属，始也。始亦建类一首，肇、祖、元、胎皆为始，亦同意相受。《说文》此类亦甚多，推考老之训，如口部之咽，嗌也；嗌，咽也。走部之走，趋也；趋，走也。犹之考注老，老转注考矣。其同在口部、走部，即建类一首也。声亦以为然，而戴震以为贯全部则义太广。声折之曰："若此考老为转注，不已隘乎？且谐声一义，不贯全部乎？"声与震以学问相推重，其不相附和如此。

生平不作楷书，即与人往来笔札，皆作古篆，俗儒往往非笑之，而声不顾也。其写《尚书》㵎水字，覆字，不在《说文》，㵎据《淮南》作㵎，覆据《尔雅》义作孟，人始或怪之，后服其非臆说。顾其书终以时俗不便识读，不甚行于时。

声性耿介，不慕荣利。交游如王鸣盛、王昶、毕沅，皆重其品藻，而声未尝以私事干之，当事益重其人。嘉庆元年，举孝廉方正。四年，卒，年七十有九。晚年因不谐俗，动与时违，取《周易》艮背之义，自号艮庭，学者称为艮庭先生云。

子镠，吴县学生。孙沅，优贡生。世传其学。

沅，字子兰。金坛段玉裁侨居苏州，沅出入其门者数十年。沅先著《说文释例》，后承玉裁嘱，以段书《十七部谐声表》之列某声某声者为纲，而伴系之；声复生声，则依其次第，为《说文解字音均表》凡十七卷。沅于段纰讹处略笺其失，其言曰："支、脂、之之为三，真、臻、先与谆、文、欣、魂、痕之为二，皆陆氏之旧，而段氏矜为独得之秘，严分其界以自殊异。凡许氏所合韵处，皆多方改使离之，而一部之与十二部，亦不使相通。故黹之读若秘，改为逼；肊之乙声，删去声字；必之弋亦声，改为八亦声。而于开章一篆说解极一物三字，即是一部、十二部、十五部合韵之理，于是绝不敢言其韵，直至亥字下重文说之也。十二、十三两部之相通者，惟民、昏二字为梗，故力去昏字，以就其说。舁字由声，十五部也，缪从舁得声，而缪即古綦字，在一部，遂改舁字为出声，以避十五部与一部之合音。凡此皆段氏之症结处也。"又曰："段氏论音谓古无去，故谱诸书平而上入。沅意古音有去无入，平轻去重，平引成上，去促成入。上入之字，少于平去，职是故耳。北人语言入皆成去，古音所沿，至今犹旧，非敢苟异，参之或然。"沅当时面质玉裁，亲许驳勘，故有不同云。卒，年七十二。

钱大昭，字晦之，嘉定人，大昕弟。大昕深于经史，一门群从，皆治古学，能文章，为东南之望。大昭少于大昕者二十年，事兄如严师，得其指授，时有两苏之比。壮岁游京师，尝校录《四库全书》，人间未见之秘，皆得纵观，由是学问益浩博。又善于决择，其说经及小学之书，能直入汉儒阃奥。尝欲从事《尔雅》，大昕与书，谓："《六经》皆以明道，未有不通训诂而能知道者。欲穷《六经》之旨，必自《尔雅》始。"大昭乃著《尔雅释文补》三卷及《广雅疏义》二十卷。

又著《说文统释》六十卷，其例十：一曰疏证以佐古义，凡经典古义与许合者在所必收。二曰音切以复古音，以徐铉、徐锴等不知古音，往往误读，又许君言读若某者，即有某音，今并补正；又《说文》本有旧音，《隋书·经籍志》有《说文音隐》，《颜氏家训》引之。唐以前传注家多称《说文》音某，今并采用本字之下。三曰考异以复古本，凡古本暨古书所引有异同者，悉取以折中。四曰辨俗以正讹字，凡经典相承俗字，及徐氏新补、新附字，皆辨证详明，别为一卷附后。五曰通义以明互借，凡经典之同物同音，于古本是通用者，皆引经证之。六曰从母以明孳乳，如完、刓、髡、轧等字，皆于元下注云从此。七曰别体以广异义，凡重文中之籀、篆、古文、奇字，皆有所从，其许君未言者，亦略释之；经典两用者，则引而证焉。八曰正讹以订刊误，凡许君不收之字，注中不应有，又字画脱误者，并校正之。九曰崇古以知古字，如鹪、鸤、鹅、鸭之类，经典有不从鸟者，此古今字，今注曰古用某。十曰补字以免漏略，如由、希、免、畾等三十九字，从此得声者甚多，而书中脱落，有子无母，非许例，今酌补之，亦别为一卷附后。

大昭于正史尤精《两汉》，尝谓注史与注经不同，注经以明理为宗，理寓于训诂，训诂明而理自见。注史以达事为主，事不明，训诂虽精无益也。每怪服虔、应劭之于《汉书》，斐骃、徐广之于《史记》，其时去古未远，稗官、载记、碑刻尚多，不能会而通之，考异质疑，徒戈戈于训诂，乃著《两汉书辨疑》四十卷，于地理、官制皆有所得。又仿其例著《三国志辨疑》三卷。又以宋熊方所补《后汉书年表》祗取材范《书》、陈《志》，乃于正史外兼取山经、地志、金石、子集，其体例依班氏之旧，而略变通之，著《后汉书补表》八卷。计所补王侯，多于熊《书》百三十人，论者谓视万斯同《历代史表》有过之无不及。他著《诗古训》十二卷，《经说》十卷，《补续汉书艺文志》二卷，《后汉郡国令长考》一卷，《迩言》二卷。

生平不嗜荣利，名其读书之所曰可庐，欲蕲至于古之随遇自足者。嘉庆元年，举孝廉方正。

子东垣，字既勤。嘉庆三年举人。官浙江松阳县知县，以艰归。服阕，补上虞县。东垣与弟绎、侗，皆潜研经、史、金石，时称"三凤"。尝与绎、侗及同县秦鉴勘订郑《志》，又与绎、侗、鉴及桐乡金锡鬯辑释《崇文总目》，世称精本。东垣为学沉博而知要，以世传《孟子注疏》缪舛特甚，乃辑刘熙、綦毋邃、陆善经诸儒古注及顾炎武、阎若璩、同时师友之论，附以己见。并正其音读，考其异同，为《孟子解谊》十四卷。他著有《小尔雅校证》二卷，《补经义考》四十卷，《列代建元表》，《勤有堂文集》。

侗，字同人。于历算之学，亦能究其原本。大昕撰《宋辽金元四史朔闰考》，未竟而卒，侗证以群书、金石文字，增辑一千三百余条。日夕校阅推算，几忘寝食，卒因是感疾而殁。

朱骏声，字丰芑，吴县人。年十三，受许氏《说文》，一读即通晓。从钱大昕游，钱一见奇之，曰："衣钵之传，将在子矣！"嘉庆二十三年举人，官黟县训导。咸丰元年，以截取知县入都，进呈所著《说文通训定声》及《古今韵准》、《柬韵》、《说雅》，共四十卷。文宗披览，嘉其洽，赏国子监博士衔。旋迁扬州府学教授，引疾，未之官。八年，卒，年七十一。

骏声著述甚博，不求知于世，兼长推步，明通象数。尝论《尔雅》太岁在寅，推大昕说，谓其时自以实测之岁星在亥，定太岁在寅，命之曰摄提格以纪年，岁星所合之辰，即为太岁。然岁星阅百四十四年而超一辰，至秦、汉而甲寅之年岁星在丑，太岁应在子。汉诏书以太初元年为摄提格者，因六十纪年之名，历年以次排叙，不能顿超一辰，故仍命以摄提格也。于是后人以寅、卯等为太岁，强以摄提格等为岁阴。其实《尔雅》所云岁阳、岁阴，非如后人说也。他著有《左传旁通》十卷，《左传识小录》三卷，《夏小正补传》一卷，《离骚补注》一卷。

子孔彰，字仲我。能传父业，著有《说文粹》三编，《十三经汉注》，《中兴将帅别传》。

卷四百八十二　列传二百六十九

儒林三

马宗梿_{子瑞辰　孙三俊}　张惠言_{子成孙}
江承之　郝懿行　陈寿祺_{子乔枞　谢震　何治运}
孙经世　柯蘅　许宗彦　吕飞鹏_{沈梦兰}
宋世荦　严可均　严元照　焦循_{子廷琥　顾凤毛}
钟怀　李钟泗　李富孙_{兄超孙　弟遇孙}　胡承珙
胡秉虔　朱珔　凌曙　薛传均　刘逢禄
宋翔凤　戴望　雷学淇_{王萱龄}　崔述　胡培翚
杨大堉　刘文淇_{子毓崧　孙寿曾　方申}　丁晏
王筠　曾钊_{林伯桐　李黼平}　柳兴恩_{弟荣宗}
许桂林　钟文烝　梅毓　陈澧_{侯康　侯度}
桂文灿　郑珍_{邹汉勋　王崧}　刘宝楠_{子恭冕}
龙启瑞_{苗夔}　庞大堃　陈立　陈奂_{金鹗}
黄式三_{子以周}　俞樾_{张文虎}　王闿运
王先谦　孙诒让　郑杲_{宋书升　法伟堂}

马宗梿，字器之，桐城人。由举人官东流县教谕。嘉庆六年成进士，又一年卒。少从舅氏姚鼐学诗、古文词，所作多沉博绝丽，既而精通古训及地理之学。乡举时，以解《论语》过位，升堂合于古制，大兴朱珪亟拔之。后从邵晋涵、任大椿、王念孙游，其学益进。尝以解经必先通训诂，而载籍极博，未有汇成一编者，乃偕同志孙星衍、阮元、朱锡庚分韵编录，适南঒中辍。其后元视学江、浙，萃诸名宿为《经籍籑诂》，其凡例犹宗梿所手订也。生平敦实，寡嗜好，惟以著述为乐。尝撰《左氏补注》三卷，博征汉、魏诸儒之说，不苟同立异。所著别有《毛郑诗诂训考证》、《周礼郑注疏证》、《穀梁传疏证》、《说文字义广证》、《战国策地理考》、《南海郁林合浦苍梧四郡沿革考》、《岭南诗钞》、共数十卷，《校经堂诗钞》二卷。

子瑞辰，字元伯。嘉庆十五年进士，选翰林院庶吉士。散馆，改工部营缮司主事。擢郎中，因事罣误，发盛京效力。旋赏主事，奏留工部，补员外郎。复坐事发往黑龙江，未几释归。历主江西白鹿洞、山东峄山、安徽庐阳书院讲席。发逆陷桐城，众惊走，贼胁之降，瑞辰大言曰："吾前翰林院庶吉士、工部都水司员外郎马瑞辰也！吾命二子团练乡兵，今仲子死，少子从军，吾岂降贼者耶？"贼执其发熱其背而拥之行。行数里，骂愈厉，遂死，年七十九。事闻，恤荫如例，敕建专祠。

瑞辰勤学著书，耄而不倦。尝谓："《诗》自齐、鲁、韩三家既亡，说《诗》者以《毛诗》为最古。据郑《志》答张逸云：'注《诗》宗毛为主，毛义隐略，则更表明。'是郑君大旨，本以述毛，其笺《诗》改读，非尽《易传》。而《正义》或误以为毛、郑异义。郑君先从张恭祖受韩，凡《笺》训异毛者，多本韩说。其答张逸亦云：'如有不同，即下己意。'而《正义》又或误合《传》、《笺》为一。《毛诗》用古文，其经字多假借，类皆本于双声、叠韵，而《正义》或有未达。"于是乃撰《毛诗传笺通释》三十二卷，以三家辨其异同，以全经明其义例，以古音、古义证其讹互，以双声、叠韵别其通借。笃守家法，义据通深。同时长洲陈奂著《毛诗传疏》，亦为专门之学。由是治《毛诗》者多推此两家之书。

子三俊，字命之。优贡生。举孝廉方正，学宗程、朱。以国难家仇，愤欲杀贼。咸丰四年六月，率练勇追贼至周瑜城，力战死，年三十五。著有《马征君遗集》。

张惠言，字皋闻，武进人。少受《易经》，即通大义。年十四为童子师，修学立行，敦礼自守，人皆称敬。嘉庆四年进士，时大学士朱珪为吏部尚书，以惠言学行特奏改庶吉士，充实录馆纂修官。六年，散馆，改部属，珪复特奏授翰林院编修。七年，卒，年四十有二。

惠言乡、会两试皆出朱珪门，未尝以所能自异，默然随群弟子进退而已。珪潜察得之，则大喜，故屡进达之，而惠言亦断断相净不敢隐。珪言天子当以宽大得民，惠言言："国家承平百年余，至仁涵育，远出汉、唐、宋之上，吏民习于宽大，故奸孽萌芽其间，宜大伸罚以肃内外之政。"珪言天子当优有大臣，惠言言："庸猥之辈，幸致通显，复坏朝廷法度，惜全之当何所用？"珪喜进淹雅之士，惠言言"当进内治官府、外治疆埸者"，与同县洪亮吉于广坐诤之。

惠言少为词赋，拟司马相如、扬雄之文。及壮，又学韩愈、欧阳修。篆书初学李阳冰，后学汉碑额及《石鼓文》。尝奉命诣盛京篆列圣加尊号玉宝，惠言言于当事，谓旧藏宝不得磨治；又谓翰林奉命篆列圣宝，宜奏请驰驿，以格于例不果行。

生平精思绝人，尝从歙金榜问故，其学要归《六经》，而尤深《易》、《礼》。著有《周易虞氏义》、《虞氏消息》，《序》曰："自汉成帝时，刘向校书，考《易》说，以为诸《易》家皆祖田何、杨叔、丁将军，大义略同，惟京氏为异。而孟喜受《易》家阴阳，其说《易》本于气，而后以人事明之。八卦六十四象，四正七十二候，变通消息，诸儒祖述之，莫能具。当汉之季年，扶风马融作《易传》，授郑康成作《易注》。而荆州牧刘表、会稽太守王朗、颍川荀爽、南阳宋忠皆以《易》名家，各有所述。唯翻传孟氏学，既作《易注》，奏上之献帝。翻之言《易》，以阴阳消息六爻，发挥旁通，升降上下，归于乾元用九而天下治。依物取类，贯穿比附，始若琐碎，及其沉深解剥，离根散叶，畅茂条理，遂于大道，后儒罕能通之。自魏王弼以虚空之言解《易》，唐立之学官，而汉世诸儒之说微，独资州李鼎祚作《周易集解》，颇采古《易》家言，而翻注为多。其后古书尽亡，而宋道士陈抟以意造为《龙图》，其徒刘牧以为《易》之《河图》、《洛书》也，河南邵雍又为先天、后天之图，宋之说《易》者禽然宗之，以至于今，牢不可拔，而《易》阴阳之大义，盖悉晦矣。大清有天下，元和征士惠栋，始考古义孟、京、荀、郑、虞氏，作《易汉学》，又自为解释，曰《周易述》。然掇拾于亡废之后，左右采获，十无二三。其所述大氏宗祢虞氏，而未能尽通，则旁征他说以合之。盖从唐、五代、宋、元、明朽坏散乱千有余年，区区修补收拾，欲一旦而其道复明，斯固难也。翻之学既邃，又具见马、郑、荀、宋氏书，考其是否，故其义为精。又古书亡，而汉、魏师说可见者十余家，然唯郑、荀、虞三家略有梗概可指说，而虞尤较备。然则求七十子之微言，田何、杨叔、丁将军之所传者，舍虞氏之注，其何所自焉？故求其条贯，明其统例，释其疑滞，信其亡阙，为《虞氏义》九卷；又表其大旨，为《消息》二卷。"又著有《虞氏易礼》二卷，《虞氏易候》一卷，《虞氏易言》二卷。

初，惠栋作《周易述》，大旨遵虞翻，补以郑、荀诸儒，学者以未能专一少之。仪征阮元谓汉人之《易》，孟、费诸家，各有师承，势不能合。惠言传虞氏《易》，即传汉孟氏《易》矣，孤经绝学也。惠言又著《周易郑氏义》三卷，《周易荀氏九家义》一卷，《周易郑荀义》三卷，《易义别录》十四卷，《易纬略义》三卷，《易图条辨》二卷。其《易义别录序》，谓不尽见其辞而欲论其是非，犹以偏言决狱也。故其所著，皆羽仪虞氏《易》者。于《礼》有《仪礼词》一卷，《读仪礼记》二卷，皆特精审。又有《茗柯文》五卷，《词》一卷。

子成孙，字彦惟。少时，惠言课以《说文》，令分六书谱之，成《象形》二卷。惠言著《说文谐声谱》，未竟而卒，成孙后从庄述祖游，得其大要，乃续成之。卷第篇例多所增易，凡五十卷。其书分中、僮、薨、林、岩、筐、荣、蓁、诜、千、婪、肆、揖、支、皮、丝、鸠、茫、蒌、岨二十部，此乃于《毛诗》中拈其最先出之字为建首，加以《易》韵、屈韵，而又以《说文》之声分从之，犁然不紊，有各家所未及者。尝以示仪征阮元，元叹其超卓精细。成孙兼精天学，同里董祐诚殁，为校刊其遗书。又著《端虚勉一居文集》。

江承之，字安甫，歙县人。学于惠言。时弟子从惠言受《易》、《礼》者十数，其甥董士锡受《易》，通阴阳五行家言；承之兼受《易》、《礼》，著有《周易义》、《虞氏易变表》、《仪礼名物》、《郑氏诗谱》，年仅十有八。

郝懿行，字恂九，栖霞人。嘉庆四年进士，授户部主事。二十五年，补江南司主事。道光三年，卒，年六十九。

懿行为人谦退，讷若不出口，然自守廉介，不轻与人晋接。遇非素知者，相对竟日无一语，追谈论经义，则喋喋忘倦。所居四壁萧然，庭院蓬蒿满，僮仆不备，懿行处之晏如。浮沉郎署，视官之荣悴，若无与于己者，而一肆力于著述，漏下四鼓者四十年。所著有《尔雅义疏》十九卷，《春秋说略》十二卷，《春秋比》一卷，《山海经笺疏》十八卷，《易说》十二卷，《书说》二卷。

懿行尝曰："邵晋涵《尔雅正义》搜辑较广，然声音训诂之原，尚多壅阂，故鲜发明。今余作《义疏》，于字借声转处，词繁不杀，殆欲明其所以然。"又曰："余田居多载，遇草木虫鱼有弗知者，必询其名，详察其形，考之古书，以征其然否。今兹疏中其异于旧说者，皆经目验，非凭胸臆，此余书所以别乎邵也。"懿行之于《尔雅》，用力最久，蘽凡数易，垂殁而后成。于古训同异，名物疑似，必详加辨论，疏通证明，故所造较晋涵为深。高邮王念孙为之点阅，寄仪征阮元刊行。元总裁会试时，从经卷中识拔懿行者也。

其笺疏《山海经》，援引各籍，正名辨物，事刊疏谬，辞取雅驯。阮元谓吴氏《广注》征引虽博，失之芜杂；毕沅校本，订正文字尚多疏略；惟懿行精而不凿，博而不滥。

懿行妻王照圆，字瑞玉。博涉经史，当时著书家，有"高邮王父子，栖霞郝夫妇"之目。著有《诗说》一卷，《列女传补注》八卷，附《女录》一卷，《女校》一卷。与懿行以诗答问，懿行录之为《诗问》七卷，其《尔雅义疏》亦间取照圆说；他著有《诗经拾遗》一卷，《汲冢周书辑要》一卷,《竹书纪年校正》十四卷,《荀子补注》一卷,《晋宋书故》一卷,《补晋书刑法志》一卷,《食货志》一卷,《文集》十二卷。照圆又有《列仙传校正》二卷。

陈寿祺,字恭甫,闽县人。少能文。年十八,台湾平,撰上福康安百韵诗并序,沉博绝丽,传诵一时。嘉庆四年成进士,选翰林院庶吉士,散馆授编修。寻告归,性至孝,不忍言仕,家贫无食,父命之入都。九年,充广东乡试副考官。十二年,充河南乡试副考官。十四年,充会试同考官,京察一等,记名御史。寿祺以不得迎养二亲,常愀然不乐。将告归矣,俄闻父殁,恸几绝,奔归。服除,乞养母,母殁,终丧。年五十三,有密荐于朝者,卒不出。

寿祺会试出朱珪、阮元门,乃专为汉儒之学,又及见钱大昕、段玉裁、王念孙、程瑶田诸人,故学益精博。解经得两汉大义,每举一义,辄有折衷。

两汉经师莫先于伏生,莫备于许氏、郑氏,寿祺阐明遗书,著《尚书大传笺》三卷,《序录》一卷,《订误》一卷,附《汉书五行志》,缀以他书所引刘氏《五行传论》三卷。序曰:"伏生《大传》,条撰大义,因经属恉,其文辞尔雅深厚,最近《大、小戴记》七十子之徒所说,非汉诸儒传训之所能及也。康成百世儒宗,独注《大传》,其释《三礼》,每援引之。及注《古文尚书》,《洪范》五事,《康诰》孟侯,文王伐崇,伐耆之岁,周公克殷、践奄之年,咸据《大传》以明事,岂非闳识博通信旧闻者哉?且夫伏生之学,尤善于《礼》,其言巡狩、朝觐、郊尸、迎日、庙祭、族燕、门塾、学校、养老、择射、贡士、考绩、郊遂、采地、房堂、路寝之制,后夫人入御,太子迎问诸侯之法,三正之统,五服之色,七始之素,八伯之乐,皆唐、虞、三代遗文,往往《六经》所不备,诸子百家所不详。今其书散逸,十无四五,尤可宝重。宋朱子与勉斋黄氏纂《仪礼经传通解》,撋擩《大传》独详,盖有裨《礼》学不虚也。《五行传》者,自夏侯始昌,至刘氏父子传之,皆善推祸福事天人之应。汉儒治经,莫不明象数阴阳,以穷极性命。故《易》有孟、京卦气之候,《诗》有翼奉五际之要,《春秋》有公羊灾异之条,《书》有夏侯、刘氏、许商、李寻《洪范》之论。班固本《大传》,揽仲舒、别向、歆,以传《春秋》,告往知来,王事之表,不可废也。是以录《汉书五行志》附于后,以备一家之学云。"

又著《五经异义疏证》三卷,《左海经辨》二卷,《左海文集》十卷,《左海骈体文》二卷,《绛跗堂诗集》六卷,《东越儒林文苑后传》二卷,《东观存稿》一卷。

寿祺归后,阮元延课诂经精舍生徒。元纂群经古义为《经郛》,寿祺为撰条例,明所以原本训辞、会通典礼,存家法而抉异同之意。后主泉州清源书院十年,主鳌峰书院十一年,与诸生言修身励学,教以经术,作《义利辨》、《知耻说》、《科举论》以示学者。规约整肃,士初苦之,久乃悦服。家居与邑当事书,于桑梓利弊,矢目瘝心,虽触忌讳无所隐。明儒黄道周孤忠绝学,寿祺搜辑遗文,为之刊行。又具呈大吏,乞疏请从祀孔庙,议上,如所请。道光十四年,卒,年六十四。

子乔枞,字朴园。道光五年举人,二十四年,以大挑知县分发江西。历官分宜、弋阳、德化、南城诸县,署袁州、临江、抚州知府。以经术饰吏治,居官有声。同治七年,卒于官,年六十一。初,寿祺以郑注《礼记》多改读,又尝钩考齐、鲁、韩三家诗佚文、佚义与毛氏异同者,辑而未就。病革,谓乔枞曰:"尔好汉学,治经知师法,他日能成吾志,九原无憾矣!"乔枞乃绅绎旧闻,勒为定本,成《礼记郑读考》六卷,《三家诗遗说考》十五卷。又著《齐诗翼氏学疏证》二卷,《诗纬集证》四卷。谓《齐诗》之学,宗旨有三:曰四始,曰五际,曰六情。皆以明天地阴阳终始之理,考人事盛衰得失之原,言王道治乱安危之故。齐先亡,最为寡证,独翼奉存其百一,且其说多出《诗纬》,察臨象,推历数,征休咎,盖齐学所本也。《诗纬》亡而《齐诗》遂为绝学矣。又著《今文尚书经说考》三十四卷,《欧阳夏侯经说考》一卷,谓:"二十九篇今文具存,十六篇既无今文可考,遂莫能尽通其义。凡古文《易》、《书》、《诗》、《礼》、《论语》、《孝经》所以传,悉由今文为之先驱,今文所无辄废。向微伏生,则万古长夜矣。欧阳、大小夏侯各守师法,苟能得其单辞片义,以寻千百年不传之绪,则今文之维持圣经于不坠者,岂浅鲜哉!"又有《诗经四家异文考》五卷,《毛诗郑笺改字说》四卷,《礼堂经说》二卷,最后为《尚书说》。时宿学渐芜,考据家为世訾謷,独湘乡曾国藩见其书以为可传。自元和惠氏、高邮王氏外,惟乔枞能修世业,张大其家法。

寿祺同里治古学者,有谢震、何治运。

震,原名在震,字甸男,侯官人。乾隆五十四年举人,官顺昌学教谕。震尝与闽县林一桂、瓯宁万世美俱精《三礼》,震尤笃学嗜古。然断断持汉学,好排击宋儒凿空逃虚之说。寿祺与震同举乡试,少震六岁,视为畏友。震重气谊,有志用世,而不遇于时,年四十卒。弟子辑其遗著,有《礼案》二卷,精核胜敫氏。又有《四书小笺》一卷,《四圣年谱》一卷。工诗,有《樱桃轩诗集》二卷。

治运,字郊海,闽县人。嘉庆十二年举人。洽闻强识,笃志汉学。粤督阮元尝聘纂《广东通志》。后游浙中,巡抚陈若霖为锓其经解及论辨文字四卷,名《何氏学》。道光元年,卒,年四十七。治运与寿祺友,及卒,寿祺以谓无与为质,不获以辅成其学也。

孙经世,字济侯,惠安人。寿祺弟子。寿祺课士不一格,游其门者,若仙游王捷南之《诗》、《礼》、《春秋》、诸史,晋江杜彦士之小学,惠安陈金城之汉《易》,将乐梁文之性理,建安丁汝恭、德化赖其煐、建阳张际亮之诗、古文辞,皆足名家。而经世学成蚤世,世以儒林推之。经世少喜读《近思录》,后沉研经义,谓不通经学,无以为理学;不明训诂,无以通经;不知声音文字之原,无以明训诂。著《说文会通》十六卷,《尔雅音疏》六卷,《释文辨证》十四卷,《韵学溯源》四卷,《十三经正读定本》八十卷,《经传释辞续编》八卷。又著《春秋例辨》八卷,《孝经说》二卷,《夏小正说》一卷,《诗韵订》二卷,《惕斋经说》六卷,《读经校语》四卷。

柯蘅，胶州人。从寿祺受许、郑之学，尝以《史》、《汉》诸表为纪、传之纲领，而讹误舛夺，最为难治，乃条而理之，著《汉书七表校补》二十卷。为例十：一曰辨事误，二曰辨文字误，三曰辨注误，四曰辨诸家考证之误，五曰以本书证本书之误，六曰《史》、《汉》互证而知其误，七曰《汉书》、荀《纪》互证而知其误，八曰《汉书》、《水经注》互证而知其误，九曰据纪、传以补表之阙，十曰据今地以证表之误。钩稽隐赜，凡前人之说，皆мар而辨其是非，至前人未及者，又得二三十事，亦专门之学也。尤长于诗，著有《声诗阐微》二卷，《旧雨草堂诗集》四卷，其说经、说史之作，门人集为《旧雨草堂札记》。

许宗彦，字积卿，德清人。九岁能读经、史。善属文，侍郎王昶爱其才，作《积卿字说》以赠。嘉庆四年进士，授兵部主事，就官两月，以亲老遽引疾归。亲殁，卒不出。居杭州，杜门以读书为事。其学无所不通，探赜索隐，识力卓然，发千年儒者所未发。考周五庙二祧，以为周制五庙之外，别有二祧，为迁庙之杀，以厚亲亲之仁。宗庙之外，别立祖宗，与禘、郊同为重祭，以大尊尊之义。诸经无文，武二庙不毁之说，误始于韦玄成，而刘歆因之，郑康成亦因之。祧者迁庙，乃谓不迁之庙，名实乖矣。又考文、武二世室，以为周文、武皆配于明堂太室，故有"文、武世室"之号。孔颖达误谓伯禽称"文世室"，周公称"武世室"。以《公羊传》周公称"太庙"、鲁公称"世室"、群公称"宫"证之，舛甚。

又考《禹贡》三江，以为《汉志》言"分江水首受江，东至馀姚入海"。夫曰"分江水"，曰"首受江"，则非南江之正流可知；曰"东至馀姚入海"，则非在吴入海可知，与《禹贡》三江无与。又考太岁、太阴，以为太岁者，岁星与日同次斗杓所建之辰也。太阴始寅终丑，太岁始子终亥。《汉律志》曰："太初元年，岁前十一月朔旦冬至，岁在星纪婺女六度，岁名困敦。"此太岁始子之确证。武帝诏曰："年名焉逢、摄提格。"此太阴始寅之确证。《汉书·天文志》始误以甘、石之言太阴者系之太岁，而与太初之太岁遂差两辰，乃以为星有赢缩，非矣。

又说六书转注，以为从偏旁转相注。《说文》曰："转注者，建类一首，同意相受，考老是也。"《后序》曰"其建首也，立一为耑"，即建类一首之谓也。如示为部首，从示之偏旁注为神祇等字，从神祇注为祠祀祭祝等字，展转相注，皆同意为一类。戴震指《尔雅》诂训为转注，而不知诂训出于后来，非制字时所豫有也。段玉裁引戴说，又言《尔雅》字多假借，而不知假借者本无其字，今如初、哉、首、基之训，非本无名字，而假初、哉诸字以当之也。其他所著学说，能持汉、宋儒者之平。《礼论》、《治论》诸篇，皆稽古论今，通达政体。

尤精天文，得泰西推步秘法，自制浑金球，别具神解。尝援《纬书》四游以疏本天高卑，而知不同心非浑圆之理。考《周髀》北极璇玑，以推古人测验之法。七政皆统于天，而知东汉以前用赤道不用黄道，为得诸行之本。论日左右旋一理，以王锡阐解黄道右旋、赤道平行，戴震分黄、极为二行，其说颇不分明，为剖析之，洞彻微妙，皆言天家所未及。

性孝友，慎于交游，体羸而神理征淡，见者皆肃然敬之。仪征阮元，会试举主也，重其学术行谊，以子女为姻家。

吕飞鹏，字云里，旌德人。从宁国凌廷堪治《礼》，廷堪器之，以为能传其学。山阳汪廷珍视学安徽，喜士通古经义，补飞鹏县学附生。

飞鹏少读《周礼》，长而癖嗜，廷堪尝著《周官九拜九祭解》、《乡射五物考》，援据《礼经》，疏通证明，足发前人所未发。飞鹏师其意而变通之，成《周礼补注》六卷。其大旨以郑氏为宗，自序曰："汉、魏之治《周礼》者，如贾逵、张衡、孙炎、薛综、陈劭、崔灵恩之注，遗文轶事，散见群籍。或与郑义符合，或与郑义乖违，同者可得其会通，异者可博其旨趣。是用广搜众说，补所未备，条系于经文之下，或旁采他经旧注，或兼取近儒经说，要于申明古义而已。"又著《周礼古今文义证》六卷，尝考康成本治《小戴礼》，后以古经校之，取其于义长且顺者为郑氏学。又注小戴所传《礼记》四十九篇，又尝作《毛诗笺》："今取郑氏之学证郑氏之注，则辞旨了然，即彼此互歧、前后错出，亦不烦辞费而得失已明，故于三者剌取为多。至许氏《说文解字》，征引《周礼》，彼此互异，取以推广郑义，不嫌牴牾。其他史册流传，事系本朝，礼遵周典，亦备采择，用俟辨章。犹是郑氏况以汉法之意也。"

平居书香阁自铭诫，粹然出于儒先道学。乡饥，筹粟倡赈，人多德之。有争辩，一言立释。尝戒其子贤基曰："成名易，成人难。"又曰："言官不易为，毋陈利而昧大体，毋挟私而务高名。"其本行如此。贤基卒以忠节著。道光二十九年，卒，年七十三。子贤基，工部右侍郎，谥文节，自有传。

有清为《周礼》之学者，有惠士奇、沈彤、庄存与、沈梦兰、段玉裁、徐养原、宋世荦。

梦兰，字古春，乌程人。乾隆四十八年举人，官湖北宜都县知县。梦兰博通诸经，实事求是，尤邃于《周官》，成《周礼学》一书。分沟洫、畿封、邦国、都鄙、城郭、宫室、职官、禄田、贡赋、军旅、车乘、礼射、律度量衡十三门，取《司马法》、《逸周书》、《管子》、《吕览》、《伏传》、《戴记》诸古书参互考证，合之《书》、《诗》、《礼记》、《三传》、《孟子》，先儒所病其牴牾者，无不得其会通。为图若干，并取经、传文之与《周官》相发明者释于篇。他著有《易》、《书》、《诗》、《孟子学》，《五省沟洫图说》。其《易学》自序云："自辑《周礼学》，于《易》象得《井》、《比》、《师》、《讼》、《同人》、《大有》若干卦，错综参伍，知《易》之为道，先王一切之治法于是乎在。"而《孟子学》，则又以疏证《周官》之故，汇其余说以成帙者。其《沟洫图说》，卷不盈寸，凡南北形势、河道原委、历代沿革、众说异同，与夫沟遂经畛之体，广深寻尺之数，以及蓄水、止水、荡水、均水、舍水、泻水之事皆备。复证之《周官》，考究详核。官湖北时，奉檄襄筑荆州堤工，上《江堤埽工议》及《荆江论》。沔阳水灾，复奉檄会勘，作《水利说》以谕沔民。原本经术，有裨实用，皆此类也。

世荦，字卣勋，临海人。乾隆五十三年举人，以教习官陕西扶风知县。地当川、藏孔道，夫马悉敛之民。计亩率钱，名曰"公局"。世荦多所裁革，无妄取。时教匪初定，州县多以获盗迁擢。扶风民有持斋为怨家所讦者，大府飞檄至，捕而鞫之，皆良民，释弗顾。罢归，肇求经训，熟于谐声、假借之例，著《周礼故书疏证》六卷，《仪礼古今文疏证》二卷。

严可均，字景文，乌程人。嘉庆五年举人，官建德县教谕，引疾归。可均博闻强识，精考据之学，与姚文田同治《说文》，为《说文长编》，亦谓之《类考》。有天文、算术、地理类，草木、鸟兽、虫鱼类，声类，《说文》引群书、群书引《说文》类，积四十五册。又辑钟鼎拓本为《说文翼》十五篇，将校定《说文》，撰为疏义。孙星衍促其成，乃撮举大略，就毛氏汲古阁初印本别为《校议》三十篇，专正徐铉之失。

又与丁溶同治唐《石经》，著《校文》十卷，自序云："余弱冠治经，稍见宋椠本。既又念若汉、若魏、若唐、若孟蜀、若宋嘉祐、绍兴各立《石经》，今仅嘉祐四石，绍兴八十七石，皆残本。而唐大和石壁二百二十八石，岿然独存，此天地间经本之最完最旧者也。夫唐代四部之富，埒于梁、隋，而郑覃、唐元度辈皆通儒，颇见古本。苟能刊正积非，归于真是，即方驾熹平不难，而仅止于是。今也古本皆亡，欲复旧观，已难为力，可慨也！然而后唐雕版，实依《石经》句度钞写，历宋、元、明转刻转误，而石本幸存，纵不足与复古，以匡今缪有余也。独怪数百年来，学士大夫鲜或过问者，间有一二好古之士，亦与冢碣、寺碑同类而并道之。康熙初，顾炎武始略校焉，观其所作《九经误字》、《金石文字记》，刺取廖廖，是非寡当，又误信王尧惠之补字以诬《石经》。顾氏且然，况其他乎？乌乎！《石经》者，古本之终，今本之祖。治经不及见古本，而并荒《石经》，匪直荒之，又交口诬之，岂经之幸哉？余不自揆，欲为今版本正其误，为唐《石经》释其非，为顾氏等祛其惑。随读随校，凡《石经》之磨改者、旁增者与今本互异者皆录出，辄据注疏、释文，旁稽史、传及汉、唐人所征引者，为之左证，而《石台孝经》附其后焉。"

嘉庆十三年，诏开全唐文馆，可均以越在草茅，无能为役，慨然曰："唐之文，盛矣哉！唐以前要当有总集。斯事体大，是余之责也。"乃辑《上古三代秦汉三国六朝文》，使与《全唐文》相接，多至三千余家，人各系以小传，足以考证史文，皆从搜罗残剩得之，覆检群书，一字一句，稍有异同，无不校订。一手写定，不假众力。唐以前文，咸萃于此焉。又校辑诸经逸注及佚子书等数十种，合经、史、子、集为《四录堂类集》千二百余卷。

严元照，字九能，归安人。十岁能为四体书，补诸生。仪征阮元、大兴朱珪深赏之。熟于《尔雅》，作《匡名》八卷，旁罗异文轶训，钩稽而疏证之。著有《悔菴文钞》、《诗钞》、《词钞》，《娱亲雅言》等书。

焦循，字里堂，甘泉人。嘉庆六年举人，曾祖源、祖镜、父葱，世传《易》学。《循》少颖异，八岁在阮赓尧家与宾客辨壁上"冯夷"字，曰："此当如《楚辞》读皮冰切，不当读如缝。"阮奇之，妻以女。既壮，雅尚经术，与阮元齐名。元督学山东、浙江，俱招循往游。性至孝，丁父及嫡母谢艰，哀毁如礼。一应礼部试，后以生母殷病愈而神未健，不复北行。殷殁，循毁如初。服除，遂托足疾不入城市者十余年。葺其老屋，曰半九书塾，复构一楼，曰雕菰楼，有湖光山色之胜，读书著述其中。尝叹曰："家虽贫，幸蔬菜不乏。天之疾我，福我也。吾老于此矣！"嘉庆二十五年，卒，年五十八。

循博闻强记，识力精卓。每遇一书，无论隐奥平衍，必究其源，以故经史、历算、声音、训诂无所不精。幼好《易》，父问《小畜》"密云"二语何以复见于《小过》，循反复其故不可得。既学洞渊九容之术，乃以数之比例，求《易》之比例，渐能理解，著《易通释》二十卷。自谓所悟得者，一曰旁通，二曰相错，三曰时行。又以古之精通《易》理，深得羲、文、周、孔之旨者，莫如孟子。生孟子后，能深知其学者，莫如赵氏。伪疏踳驳，未能发明，著《孟子正义》三十卷。谓为《孟子》作疏，其难有十，然近代通儒，已得八九。因博采诸家之说，而下以己意，合孔、孟相传之正恉，又著《六经补疏》二十卷。以说汉《易》者每屏王弼，然弼解箕子用赵宾说，读彭为旁，借雍为瓮，通乎为浮，解斯为厮，盖以六书通借。其解经之法，未远于马、郑诸儒，为《周易王注补疏》二卷。以《尚书》伪《孔传》说之善者，如《金縢》"我之弗辟"，训辟为法，居东即东征，罪人即管、蔡，《大诰》周公不自称王，而称成王之命，皆非马、郑所能及，为《尚书孔氏传补疏》二卷。以《诗》毛、郑义有异同，《正义》往往杂郑于毛，比毛于郑，为《毛诗郑氏笺补疏》五卷。以《左氏传》"称君君无道，称臣臣之罪"，杜预扬其词而畅衍之，预为司马懿女婿，目见成济之事，将以为司马饰，即用为己饰。万斯大、惠士奇、顾栋高等未能摘奸而发覆，为《春秋传杜氏集解补疏》五卷。以《礼》以时为大，训诂名物，亦所宜究，为《礼记郑氏注补疏》三卷。以《论语》一书，发明羲、文、周公之恉，参伍错综，引申触类，亦与《易》例同，为《论语何氏集解补疏》三卷。合之为二十卷。又录当世通儒说《尚书》者四十一家，书五十七部，仿卫湜《礼记》之例，以时之先后为序，得四十卷，曰《书义丛钞》。又著《禹贡郑注释》一卷，《毛诗地理释》四卷，《毛诗鸟兽草木虫鱼释》十一卷，《陆玑疏考证》一卷，《群经宫室图》二卷，《论语通释》一卷。又著有《雕菰楼文集》二十四卷，《词》三卷，《诗话》一卷。

循壮年即名重海内，钱大昕、王鸣盛、程瑶田等皆推敬之。始入都，谒座主英和，和曰："吾知子之字曰里堂，江南老名士，屈久矣！"殁后，阮元作传，称其学"精深博大，名曰通儒"，世谓不愧云。

子廷琥,字虎玉。优廪生。性醇笃,善承家学,阮元称为端士。循尝与廷琥纂《孟子长编》三十卷,后撰《正义》,其廷琥有所见,亦本范氏《穀梁》之例,为之录存。循又以《测圆海镜》、《益古演段》二书,不详开方之法,以常法推之不合。既得秦道古《数学九章》,有正圆开方法,为《开方通释》,乃谓廷琥曰:"汝可列《益古演段》六十四问,用正员开方法推之。"廷琥布策下算,一一符合,著《益古演段开方补》一卷。阳湖孙星衍不信西人地圆之说;以杨光先之斥地圆,比孟子之距杨、墨。廷琥谓古之言天者三家,曰《宣夜》,曰《周髀》,曰《浑天》。《宣夜》无师承,浑盖之说,皆谓地圆。泰州陈氏、宣城梅氏悉以东西测景有时差,南北测星有地差,与圆形合为说。且《大戴》有曾子之言,《内经》有岐伯之言,宋有邵子、程子之言,其说非西人所自创。因博搜古籍,著《地圆说》二卷。他著有《密梅花馆诗文钞》。

顾凤毛,字超宗,江苏兴化人。乾隆四十九年,南巡召试列二等,五十三年,副榜贡生。父九苞,字文子,长于《诗》、《礼》。九苞母任氏,大椿祖姑,通经达史。九苞之学,母所教也。乾隆四十六年进士,归时卒于路,著述不传。凤毛亦受经于祖母,年十一,通《五经》。及长,与焦循同学,循就凤毛问难,始用力于经。凤毛又学音韵律吕于嘉定钱塘,撰《楚辞韵考》、《入声韵考》、《毛诗韵考》,皆是塘旨。又撰《毛诗集解》、《董子求雨考》、《三代田制考》,未成而卒,年二十七。卒后,循理其丧,作《招亡友赋》哭之。

钟怀、李钟泗皆有名,均甘泉人。钟怀,字保岐。优贡生。与阮元、焦循相善。共为经学,旦夕讨论,务求其是。居恒礼法自守,不与世争名,交游中称为君子。嘉庆十年,卒,年四十五。著有《菽厓考古录》四卷。其《汉儒考》,较陆德明所载增多十余人。

钟泗,字滨石。嘉庆六年举人,治经精《左氏春秋》,撰《规规过》一书,抑刘伸杜,焦循服其精博。

李富孙,字既汸,嘉兴人。嘉庆六年拔贡生。良年来孙,良年自有传。从祖集,字敬堂,乾隆二十八年进士,官郾县知县。精研经学,以汉、唐为宗,尝为《学规论》以课穷经、课经济,著有《愿学斋文钞》。

富孙学有原本,与伯兄超孙、从弟遇孙有"后三李"之目。长游四方,就正于卢文弨、钱大昕、王昶、孙星衍,饫闻绪论。阮元抚浙,肄业诂经精舍,遂湛深经术。尤好读《易》,著《易解剩义》。谓《易》学三派,有汉儒之学,郑、虞、荀、陆诸家精矣;有晋、唐之学,王弼、孔颖达诸家,即北宋胡瑗、石介、东坡、伊川犹是支流余裔;至宋陈、邵之学出,本道学之术,创为图说,举羲、文、周、孔之所未及,汉以后诸儒之所未言者,以自神其附会之说。理其理而非《易》之所谓理,数其数而非《易》之所谓数,而前圣之《易》道晦矣。唐李鼎祚所辑《易解》,精微广大,圣贤遗旨,略见于此。然其于三十六家之说,尚多未采,其遗文剩义,间见他书,犹可搜辑。爰缀而录之,成书三卷,又成《校异》三卷。

又著《七经异文释》,就经、史、传、注、诸子百氏所引,以及汉、唐、宋《石经》,宋、元椠本,校其异同。或字有古今,或音近通假,或沿袭乖舛,悉据古谊而疏证之;而前儒之论说,并为搜辑,使正其讹谬,辨其得失,折衷以求一是。凡《易》六卷,《尚书》八卷,《毛诗》十六卷,《春秋三传》十二卷,《礼记》八卷。同里冯登府称其详核奥博,为诘异义者集其大成。又谓《说文》一书,保氏六书之旨,赖以仅存。自篆变为隶,隶变为真,文字日繁,讹伪错出。或有形声意义大相区别,亦有近似而其实异,后人多混而同之。或有一篆之形,从某为古、籀,为或体,后人竟析而二之。经典文字,往往昧于音训,擅为改易,甚与本义相近,亦字学之大变。夫假借通用,《说文》自有本字,有得通借者,有不容通借而并为俗误者。援据经典以相证契,俾世之踵谬沿讹焯然可辨,为《说文辨字正俗》八卷。同里钱泰吉谓其书大旨折衷段《注》,而亦有段所未及者,读《说文》之津梁也。

他著有《汉魏六朝墓铭纂例》四卷,《鹤征录》八卷、《后录》十二卷,《曝书亭词注》七卷,《梅里志》十六卷,《校经廎文稿》十八卷。

超孙,字引树。嘉庆六年举人,官会稽县教谕。剖析经义,尤深于诗。尝以《毛诗》草木虫鱼则有疏,名物则有解,地理则有考,而诗中所称之人则未有纂辑成书者,因取诗人之氏族名字,博考经、史、诸子及近儒所著述,并列国之世次,洎其人之行事,搜罗荟集,为《诗氏族考》六卷。官会稽时,课诸生依宁化雷鋐《学规条约》,士习日上。又著《拙守斋集》。

遇孙,字金澜,集孙。优贡生,处州府训导。幼传祖训,淹贯经史,著有《尚书隶古定释文》八卷。汉孔安国以科斗文难知,取伏生今文次第之,为《隶古定》,宋薛宣因之成《古文训》。遇孙又以隶古文难知,引《说文》诸书疏通之,讹者是正,疑者则阙。性嗜金石,有《芝省斋碑录》八卷,《金石学录》四卷。官处州时,以处州地僻山远,阮元《两浙金石志》未免脱漏,乃搜辑数百余种为《括苍金石志》八卷。他著有《日知录补正》一卷、《校正》一卷、《古文苑拾遗》十卷、《天香录》八卷、《随笔》六卷、《诗文集》十八卷。

胡承珙,字墨庄,泾县人。嘉庆十年进士,选翰林院庶吉士,散馆授编修。十五年,充广东乡试副考官,寻迁御史,转给事中。自以身居言路,当周知天下利弊,陈之於上,方不负职。数年中陈奏甚多,多见施行。而其最切中时病者,则有条陈亏空弊端各条:"一曰冒滥宜禁。司库支发钱粮,向有扣除二三成之弊,故藩司书吏将不应借支之款,冒支滥借。此在领者便于急需,不敢望其足数,而在放者利于多扣,不复问其合宜:则虽应放而仍与浮冒无异。一曰抑勒宜禁。州、县交代,例限綦严,均不准充抵。近日仍多以议单欠票虚列实抵者,总由上司多方抑勒,逼令新任担其。一曰糜费宜省。各省摊捐津贴名目,岂尽不可不省。闻州县所解各上司衙门饭食季规等银,逐岁增加。如邸报一事,安徽省每年通派各属万金。一省如此，他省可知；一事如此，他事可知。一曰升调宜慎。部选人员，多系初任，或尚能不敢轻易接受。惟佐杂题升，及调补繁缺二者，每多久历仕途，习成狡滑。在题升者急于得缺，明知此地之多累，不复顾后而瞻前；在调补者迁就一时，转因原任之有亏，希图挪彼以掩此。究之担承弥补，皆属空名，不过剜肉补疮，甚且变本加厉。"其言深切著明。二十四年，授福建分巡延建邵道，编查保甲，设立缉捕章程八条，匪徒敛迹。调署台湾兵备道，缉获洋盗张充等置于法。旋乞假回籍。台湾素称难治，承瑛力行清庄弭盗之法，民、番安肃。自承瑛去后，彰化、淡水即以械斗起衅矣。道光十二年，卒，年五十七。

承瑛究心经学，尤专意于《毛诗传》，归里后键户著书，与长洲陈奂往复讨论不绝，著《毛诗后笺》三十卷。其书主于申述毛义，自注疏而外，于唐、宋、元诸儒之说，及近人为《诗》学者，无不广征博引，而于名物训诂及《毛》与三家《诗》文有异同，类皆剖析精微，折衷至当。而其最精者，能于《毛传》本文前后会出指归，又能于西汉以前古书中反覆寻考，贯通《诗》义，证明毛旨。凡三四易稿，手自写定。至《鲁颂泮水章》而疾作，遗言嘱陈奂校补，奂乃为续成之。又以郑君注《仪礼》参用古、今文二本，撮其大例，有必用其正字者，有即用其借字者，有务以存古者，有兼以通今者，有因彼以决此者，有互见而并存者，闳意妙旨，有关于经实夥。遂取注中叠出之字，并"读如"、"读为"、"当为"各条，排比梳栉，考其训诂，明其假借，参稽旁采，疏通而证明之，作《仪礼古今文疏义》十七卷。又谓惠氏栋《九经古义》未及《尔雅》，遂补撰数十条，成二卷。《小尔雅》原本不传，今存《孔丛子》中，世多谓为伪书，作《小尔雅义证》十三卷，断以为真，复著有《求是堂诗文集》三十四卷。

胡秉虔，字伯敬，绩溪人。嘉庆四年进士，官刑部主事，改甘肃灵台县知县，升丹噶尔同知，卒于官。秉虔自幼嗜学，博通经史。尝入都肄业成均，夜读必尽烛二条。尤精于声音训诂，著《古韵论》三卷，辨江、戴、段、孔诸家之说，细入毫芒，墙不可易。《说文管见》三卷，发明古音古义，多独得之见。末论二徐书，有灼见语，盖其所致力也。他著有《周易》、《尚书》、《论语小识》各八卷，《卦本图考》一卷，《尚书序录》一卷，《汉西京博士考》二卷，《甘州明季成仁录》四卷，《河州景忠录》三卷。

朱珔，字兰坡，泾县人。珔生三年而孤，祖命为季父后，嗣母汪未婚守志，珔孝事之与生母同，昆弟均相友爱。嘉庆七年成进士，选翰林院庶吉士，与幸翰林院柏梁体联句宴。散馆授编修，擢至侍读。与修《明鉴》，坐承纂官累，降编修。道光元年，直上书房，屡蒙嘉奖，有"品学兼优"之褒。升右春坊右赞善，告养归。值品敦俗，奖诱后进。历主钟山、正谊、紫阳书院。卒，年八十有二。

珔爱书如命，学有本原。主讲席几三十年，教士以通经学古为先。与桐城姚鼐、阳湖李兆洛并负儒林宿望，盖鼎足而三云。著有《说文假借义证》二十八卷，《经文广异》十二卷，《文选集释》二十四卷，《小万卷斋诗文集》七十卷。辑有《国朝古文汇钞》二百七十二卷，又有

《诂经文钞》六十二卷，汇有清诸名家说经之文，依次标题，篇幅完善，尤足为后学津逮云。

凌曙，字晓楼，江都人。国子监生。曙好学根性，家贫，读《四子书》未毕，即去乡，杂作佣保，而绩学不倦。年二十为童子师，问所当治业于泾包世臣，世臣曰："治经必守家法，专法一家，以立其基，则诸家渐通。"乃示以武进张惠言所辑《四子书》汉说数十事。曙乃稽典礼、考古训，为《四书典故核》六卷，歙洪梧甚称之。既，治郑氏学，得要领；又从吴沈钦韩问疑义，益贯穿精审。后闻武进刘逢禄何氏《公羊春秋》而好之。及入都，为仪征阮元校辑《经郛》，尽见魏、晋以来诸家《春秋》说。深念《春秋》之义，存于《公羊》，而《公羊》之学，传自董子。董子《春秋繁露》，识礼义之宗，达经权之用。行仁为本，正名为先。测阴阳五行之变，明制礼作乐之原。体大思精，推见至隐，可谓发微言大义者。然旨奥词赜，未易得其会通，浅尝之夫，横生訾议，经心圣符，不绝如线。乃博稽旁讨，承意仪志，梳其章，栉其句，为注十七卷。又病宋、元以来学者空言无补，惟实事求是，庶几近之。而事之切实无过于礼，著《公羊礼疏》十一卷，《公羊礼说》一卷，《公羊问答》二卷。家居读《礼》，以丧服为人伦大经，后儒舛议，是非颇谬，作《礼论》百篇，引申郑义。阮元延曙入粤课诸子，曙书与元商榷，乃删合三十九篇为一卷。道光九年，卒，年五十五。

曙有甥仪征刘文淇，贫而颖悟，爱而课之，遂知名，其学实自曙出云。

薛传均，字子韵，甘泉人。诸生。博览群籍，强记精识。就福建学政陈用光聘，用光见所著书，恨相见晚。旋以疾卒于汀州试院，年四十一。传均于《十三经注疏》功力最深，大端尤在小学，于许君原书，钩稽贯申，洞其义而熟其辞。嘉定钱大昕文集内有《说文答问》一卷，深明通转假借之义，传均博引经史以证之，成《说文答问疏证》六卷。又以《文选》中多古字，条举件系，疏通证明，为《文选古字通》十二卷。

刘逢禄，字申受，武进人。祖纶，大学士，谥文定，自有传。外王父庄存与、舅庄述祖，并以经术名世，逢禄尽传其学。嘉庆十九年进士，选翰林院庶吉士，散馆改礼部主事。二十五年，仁宗大事，逢禄搜集大礼，创为长编，自始事至奉安山陵，典章具备。道光三年，通政司参议卢浙请以尚书汤斌从祀文庙，议者以斌康熙中在上书房获谴，乾隆中尝奉驳难之。逢禄揽笔书曰："后夔典乐，犹有朱、均；吕望陈书，难匡管、蔡。"尚书汪廷珍善而用之，遂奉俞旨。四年，补仪制司主事。越南贡使陈请其国王母乞人参，得旨赏给，而谕中有"外夷贡道"之语，其使臣欲请改为"外藩"，部以诏书难更易。逢禄草牒复之曰："《周官》职方王畿之外分九服，夷服去王国七千里，藩服九千里，是藩远而夷近。《说文》羌、狄、蛮、貊字皆从物旁，惟夷从大、从弓。考东方大人之国夷，俗仁，仁者寿，有东方不死之国，故孔子欲居之。且乾隆间

奉上谕申饬四库馆不得改书籍中'夷'字作'彝'。舜东夷之人，文王西夷之人，我朝六合一家，尽去汉、唐以来拘忌嫌疑之陋，使者无得以此为疑。"越南使者遂无辞而退。逢禄在礼部十二年，恒以经义决疑事，为众所钦服类如此。

其为学务通大义，不专章句。由董生《春秋》窥六艺家法，由六艺求观圣人之志。尝谓："世之言经者，于先汉则古《诗》毛氏，后汉则今《易》虞氏，文词稍为完具。然毛公详古训而略微言，虞翻精象变而罕大义，求其知类通达、微显阐幽者，则《公羊》在先汉有董生、后汉有何劭公氏，子夏《丧服传》有郑康成氏而已。先汉之学，务乎大体，故董生所传非章句训诂之学也。后汉条理精密，要以何劭公、郑康成氏为宗，然丧服于《五礼》特其一端。《春秋》文成数万，其旨数千，天道浃，人事备，以之贯群经，无往不得其原；以之断史，可以决天下之疑；以之持身治世，则先王之道可复也。"于是寻其余贯，正其统纪，为《公羊春秋何氏释例》三十篇。又析其疑滞，强其守卫，为《笺》一卷，《答难》二卷。又推原穀梁氏、左氏之得失，为《申何难郑》四卷。又博征诸史刑、礼之不中者为《仪礼决狱》四卷。又推其意为《论语述何》、《夏时经传笺》、《中庸崇礼论》、《汉纪述例》各一卷。别有《纬略》二卷，《春秋赏罚格》一卷。憨时学者说《春秋》皆袭宋儒"直书其事、不烦褒贬"之辞，独孔广森为《公羊通义》能抉其蔽，然尚不能信三科、九旨为微言大义所在，乃著《春秋论》上、下篇以张圣权。又成《左氏春秋考证》二卷，知者谓与阎、惠之辩《古文尚书》等。

逢禄于《易》主虞氏，于《书》匡马、郑，于《诗》初尚毛学，后好三家。有《易虞氏变动表》、《六爻发挥旁通表》、《卦象阴阳大义》、《虞氏易言补》各一卷。又为《易象赋》、《卦气颂》，提其指要。《尚书今古文集解》三十卷，《书序述闻》一卷，《诗声衍》二十七卷。所为诗、赋、连珠、论、序、碑、记之文约五十篇。道光九年，卒，年五十有六。弟子潘淮、庄缤树、赵振祈皆从学《公羊》及《礼》有名。

宋翔凤，字于庭，长洲人。嘉庆五年举人，官湖南新宁县知县，亦庄述祖之甥。述祖有"刘甥可师、宋甥可友"之语，刘谓逢禄，宋谓翔凤也。翔凤通训诂名物，志在西汉家法，微言大义，得庄氏之真传。著《论语说义》十卷，序曰："《论语说》曰，子夏六十四人共撰仲尼微言，以当素王。微言者，性与天道之言也。此二十篇，寻其条理，求其恉趣，而太平之治、素王之业备焉。自汉以来，诸家之说，时合时离，不能画一。尝综核古今，有《纂言》之作。其文繁多，因别录私说，题为《说义》。"又有《论语郑注》十卷，《大学古义说》二卷，《孟子赵注补正》六卷，《孟子刘熙注》一卷，《四书释地辨证》二卷，《卦气解》一卷，《尚书说》一卷，《尚书谱》一卷，《尔雅释服》一卷，《小尔雅训纂》六卷，《五经要义》一卷，《五经通义》一卷，《过庭录》十六卷。咸丰九年，重赋鹿鸣。逾年，卒，年八十二。

戴望，字子高，德清人。诸生。始好词章，继读博野颜元书，为颜氏学。最后谒长洲陈奂，通声音训诂。复从翔凤授《公羊春秋》，遂通公羊之学。著《论语注》二十卷，用公羊家法演逢禄《论语述何》之微言。他著有《管子校注》二十四卷，《颜氏学记》十卷，《谪麟堂遗集》四卷。

雷学淇，字瞻叔，顺天通州人。父镦，字宗彝，乾隆二十七年举人，选江西崇仁县知县。道光初元，诏天下臣民严冠服之辨，镦著《古今服纬》以申古义，抑奢侈。至九年书成，年九十矣。

学淇，嘉庆十九年进士，任山西和顺县知县，改贵州永从县知县。生平好讨论之学，每得一解，必求其会通，务于诸经之文无所牴牾。以父镦著《古今服纬》，为之注释，附以《释问》一篇、《异同表》二篇。又以《夏小正》一书备三统之义，究心参考二十余年。以《尧典》中星、诸经历数，采虞史伯夷之说，据周公垂统之文，检校异同，订其讹误，网罗放失，寻厥指归，著《夏小正经传考》二卷。又考定经、传之文，为之疏证，成《夏小正本义》四卷。

每慨《竹书纪年》自五代以来颇多残阙，爱博考李唐以前诸书所称引者，积以九年之搜辑，颇复旧观。尝谓："孟子先至梁后至齐，此经之明文，即无他左验，亦当从之为说。况《竹书纪年》曰'梁惠成王后元十五年齐威王薨'，'十七年惠成王卒'。然则惠王后元十六年齐宣王始即位，孟子至梁，当即在后元十六年王卒之前一岁也。《史记》误谓惠王立三十六年即卒，故云三十五年孟子至梁，而以惠王改元之十六年为襄王之世。今据《竹书》称梁惠会诸侯于徐州，改元称王，故孟子呼之曰王。《史》谓孟子至梁之二年惠王卒，襄王立，以本经考之，其言可信。但卒于改元后之十七年，非三十六年也。襄王既立，孟子见其不似人君，乃东至齐，据《竹书》即齐宣即位之二年也。梁至齐千数百里，故曰'千里而见王'。若孟子先见齐宣王，由邹之齐六百余里，不得云千里矣。齐人取燕，《孟子》明谓宣王时事，《史记》于齐失载悼子、侯剡二代，将威、宣之立，皆移前二十二年。于齐人伐燕事，不知折衷《孟子》，而《年表》谓在湣王十年，司马温公终求其说而不得，乃将宣之即位下移十年，以迁就《孟子》。自后说者疑信各半，实皆未有定论。今据《纪年》，则伐燕在宣王七年，实周赧王之元年。凡《孟子》书所记古人年岁，以《史记》、《汉书》之说推之皆不合者，以《纪年》推之无不合。"且以《竹书》长历推验列宿之岁差，历代之日蚀，自唐、虞以来，无有差贷。尝自云："传、笺、注、疏取舍多殊，非敢訾议前贤，期于事理之合云尔。"他著有《校辑世本》二卷，《古今天象考》十二卷，附《图说》二卷，《亦嚣嚣斋经义考》及《文集》三十二卷。

王萱龄，字北堂，昌平人。道光元年副贡，旋举孝廉方正，官新安、柏乡两县教谕。嗜汉学，精训诂，受业于高邮王引之，《经义述闻》中时引其说。著有《周秦名字解诂补》一卷，即补引之所阙疑者。

崔述，字武承，大名人。乾隆二十七年举人，选福建罗源县知县。武弁多藉海盗邀功，诬商船为盗，述平反之。未几，投劾归。著书三十余种，而《考信录》一书，尤生平心力所专注。凡《考古提要》二卷，《上古考信录》二卷，《唐虞考信录》四卷，《夏商考信录》四卷，《丰镐考信录》八卷，《丰镐别录》三卷，《洙泗考信录》四卷，《洙泗余录》三卷，《孟子事实录》二卷，《考古续说》二卷，《附录》二卷。又有《王政三大典考》三卷，《读风偶识》四卷，《尚书辨伪》二卷，《论语余说》一卷，《读经余论》二卷，名《考古异录》。

其著书大旨，谓不以传注杂于经，不以诸子百家杂于传注。以经为主，传注之合于经者著之，不合者辨之，异说不经之言，则辟其谬而削之。如谓《易传》仅溯至伏羲，《春秋传》仅溯至黄帝，不应后人所知反多于古人。凡《纬书》所言十纪，《史》所云天皇、地皇、人皇，皆妄也。谓战国杨、墨横议，常非尧、舜，薄汤、武，以快其私。毁尧则托诸许由，毁禹则托诸子高，毁孔子则托诸老聃，毁武王则托诸伯夷。太史公尊黄、老，故好采异端杂说，学者但当信《论》、《孟》，不当信《史记》。谓夏、商、周未有号为某公者，公亶父相连成文，犹所谓公刘也。"古公亶父"，犹言"昔公亶父"也。谓匡为宋邑，似畏匡、过宋本一事，"匡人其如予何"，"桓魋其如予何"，似一时一事之言，记者小异耳。其说皆为有见。

述之为学，考据详明如汉儒，而未尝墨守旧说而不求其心之安；辨析精微如宋儒，而未尝空谈虚理而不核乎事之实。然勇于自信，任意轩轾者亦多。他著有《易卦图说》一卷，《五服异同汇考》三卷，《大名水道考》一卷，《闻见杂记》四卷，《知味录》三卷，《知非集》三卷，《无闻集》五卷，《小草集》五卷。嘉庆二十一年，卒，年七十七。

胡培翚，字载平，绩溪人。祖匡衷，字朴苏，岁贡生。于经义多所发明，不苟与先儒同异。著有《三礼札记》、《周礼井田图考》、《井田出赋考》、《仪礼释官》等书。其于井田多申郑义，而授田一事，以《遂人》所言是乡遂制，《大司徒》所言是都鄙制，《郑注》自相违戾。作《畿内授田考实》一篇，积算特精密。其《释官》则以《周礼》、《礼记》、《左传》、《国语》与《仪礼》相参证，论据精确，足补注疏所未及。又著有《周易传义疑参》十二卷，《左传翼服》、《论语古本证异》、《论语补笺》、《庄子集评》、《离骚集注》、《朴斋文集》。年七十四，卒。

培翚，嘉庆二十四年进士，官内阁中书、户部广东司主事。居官勤而处事密，时人称其治官如治经，一字不肯放过。绝不受财贿，而抉隐指弊，胥吏咸惮之。假照案发，司员失察者数十人，惟培翚及蔡绍江无所污，然犹以随同画诺镌级归里。后主讲钟山、云间，于泾川一再至，并引翼后进为己任。去泾川日，门人设饮饯者相望于道。笃友谊，郝懿行、胡承珙遗书，皆赖培翚次第付梓。道光二十九年，卒，年六十八。

绩溪胡氏，自明诸生东峰以来，世传经学。培翚涵濡先泽，又学于歙凌廷堪，遂精《三礼》。初著《燕寝考》三卷，王引之见而喜之。既为《仪礼正义》，上推周公、孔子、子夏垂教之旨，发明郑君、贾氏得失，旁建鸿儒、经生之所议。张皇幽渺，阐扬圣绪，二千余岁绝学也。其旨见与顺德罗惇衍书曰："培翚撰《正义》，约有四例：一曰疏经以补注，二曰通疏以申注，三曰汇各家之说以附注，四曰采他说以订注，书凡四十卷。至贾氏公彦之疏，或解经而违经旨，或申注而失注意，不可无辨。别为《仪礼贾疏订疑》一书。宫室制度，今以朝制、庙制、寝制为纲，以天子、诸侯、大夫、士为目。学制则分别庠、序，馆制则分别公、私，皆先将宫室考定，而以十七篇所行之礼，条系于后，名《宫室提纲》。陆氏《经典释文》于《仪礼》颇略，拟取各经音义及集《释文》以后各家音切，挨次补录，名曰《仪礼释文校补》。"培翚覃精是书凡四十余年，晚岁患风痹，犹力疾从事。尚有《士昏礼》、《乡饮酒礼》、《乡射礼》、《燕礼》、《大射仪》五篇未卒业而殁。门人江宁杨大堉从学《礼》，为补成之。他著有《禘袷问答》，《研六室文钞》。

大堉，字雅轮。诸生。笃学寡交，研究经训。初从元和顾广圻、吴县钮树玉游，备闻《苍》、《雅》閟奥。著《说文重文考》六卷，纯以声音求假借，以偏旁繁省求古、籀异同之变。又作《五庙考》，专驳王肃之失。江督陶澍以《防海议》试诸生，大堉洋洋千言，大略谓："中国官恃客气，居上临下，视洋人若小负贩。顾彼虽好利，而越数万里海洋至此，此必非无所挟持者。卤莽行之，必生边隙。"时承平久，人习附和之谈，独大堉卓识正论，侃然无忌讳。若豫卜有义律、璞鼎查之事，读者色变。他著《论语正义》、《毛诗补注》、《三礼义疏辨正》，皆佚。

刘文淇，字孟瞻，仪征人。嘉庆二十四年优贡生。父锡瑜，以医名世。文淇稍长，即研精古籍，贯串群经。于毛、郑、贾、孔之书及宋、元以来通经解谊，博览冥搜，折衷一是。尤肆力《春秋左氏传》，尝谓左氏之义，为杜《注》剥蚀已久，其稍可观览者，皆系袭取旧说。爰辑《左传旧注疏证》一书，先取贾、服、郑三君之注，疏通证明。凡杜氏所排击者纠正之，所剿袭者表明之。其沿用韦氏《国语注》者，亦一一疏记。他如《五经异义》所载左氏说，皆本左氏先师；《说文》所引《左传》，亦是古文家说；《汉书五行志》所载刘子骏说，实左氏一家之学；经疏、史注、《御览》等书所引《左传注》不载姓名而与《杜注》异者，皆贾、服旧说。凡若此者，皆称为旧注，而加以疏证。其顾、惠《补注》及近人专释《左氏》之书，说有可采，咸与登列。末始以己意，定其从违。上稽先秦诸子，下考唐以前史书，旁及杂家笔记、文集，皆取为证佐。期于实事求是，俾《左氏》之大义炳然著明。草创四十年，长编已具，然后依次排比成书，为《左氏旧注疏证》。又谓："《左传义疏》多袭刘光伯《述议》，《隋经籍志》及《孝经疏》，云述议者，述其义，疏议之。然则光伯本载旧疏，议其得失，其引旧疏，必当录其姓名。孔颖达《左传疏序》祗云据以为本，初非故袭其说。至永徽中诸臣详定，乃将旧注姓氏削去，袭为己语。"因细加剖析，成《左传旧疏考正》八卷。

又据《史记秦楚之际月表》，知项羽曾都江都。核其时势，推见割据之迹，成《楚汉诸侯疆域志》三卷。据《左传》、《吴越春秋》、《水经注》等书，谓唐、宋以前扬州地势南高北下，且东西两岸未设堤防，与今运河形势迥不相同，成《扬州水道记》四卷。又《读书随笔》二十卷，《文集》十卷，《诗》一卷。

文淇事亲纯孝，父年笃老，目眚，侍起居，朝夕扶掖，寒夜足冻，侍亲以温其足。舅氏凌曙极贫，遗孤毓瑞，文淇收育之，延同里方申为其师，并补诸生。申通虞氏《易》，皆其教也。卒，年六十有六。

子毓崧，字伯山。道光二十年举优贡生。从父受经，长益致力于学。以文淇故，治《左氏》缵述先业，成《春秋左氏传大义》二卷。以文淇考证《左传》旧疏，因承其义例，著《周易》、《尚书》、《毛诗》、《礼记旧疏考正》各一卷。又谓六艺未兴之先，学各有官，惟史官之立为最古。不独史家各体各类并支配之小说家出于史官，即经、子、集三部及后世之幕客书吏，渊源所仿，亦出于史官。班氏之志《艺文》，论述史官，尚未发斯旨。其叙九流，以明诸子所出之官，必有所授，而其中仍有分省失当者。既析九流中小说家流归入史官，又辨道家非专出于史官，改为出于医官。又增益者凡三家：曰名家，出于司士之官；兵家，出于司马之官；艺术家，出于考工之官：统为十一家。博稽载籍，穷极根要，成《史乘》、《诸子通义》各四卷。又《经传通义》十卷，《王船山年谱》二卷，《彭城献征录》十卷，《旧德录》一卷，《通义堂笔记》十六卷，《文集》十六卷，《诗集》一卷。卒，年五十。

孙寿曾，字恭甫。同治三年、光绪二年两中副榜。毓崧主金陵书局，为曾国藩所重。毓崧卒后，招寿曾入局中，所刊群籍，多为校定。初，文淇治《左氏春秋长编》，晚年编辑成疏，甫得一卷，而文淇没。毓崧思卒其业，未果。寿曾乃发愤以继志述事为任，严立课程，至襄公四年而卒，年四十五。又《读左札记》，《春秋五十凡例表》，皆治《左疏》时旁推交通发明古谊者。他著《昏礼重别论对驳义》、《南史校义集评》、《传雅堂集》、《芝云杂记》，各若干卷。

方申，字端斋。少孤，受学于文淇，通《易》，著《诸家易象别录》、《虞氏易象汇编》、《周易卦象集证》、《周易互体详述》、《周易卦变举要》。

丁晏，字柘堂，江苏山阳人。阮元为漕督，以汉《易》十五家发策，晏条封万余言，精奥为当世冠。道光元年举人。晏以顾炎武云梅赜伪古文雅密非赜所能为，考之《家语后序》及《释文》、《正义》，而断为王肃伪作。盖肃雅才博学，好作伪以难郑君。郑君之学昌明于汉，肃为古文《孔传》以驾其上，后儒误信之。近世惠栋、王鸣盛颇疑肃作而未能畅其旨，特著论申辨之，撰《尚书余论》二卷。又以胡渭《禹贡锥指》能知伪古文，而不能信好古学，踵谬沿讹，自逞臆见。后之学者，何所取正？既为正误以匡其失，复采获古文，甄录旧说，砭俗订讹，断以己意。期于发挥经文，无取泥古。引用前人说，各系姓氏于下，辑《禹贡集释》三卷。

生平笃好郑学，于《诗笺》、《礼注》研讨尤深。以毛公之学，得圣贤之正传，其所称道，与周、秦诸子相出入。康成申畅毛《义》，修敬作笺。孔《疏》不能寻绎，误谓破字改毛。援引疏漏，多失郑旨。因博稽互考，证之故书雅记，义若合符，撰《毛郑诗释》四卷。康成《诗谱》，宋欧阳氏补亡，今通志堂刊本讹脱踳驳。爰据《正义》排比重编，撰《郑氏诗谱考正》一卷。以康成兼采《三家诗》，王应麟有《三家诗考》，附刊《玉海》之后，舛谬错出，世无善本。乃搜采原书，校讎是正，撰《诗考补注》二卷，《补遗》一卷。

郑氏注《礼》至精，去古未远，不为凭虚臆说。迄今可考见者，如《仪礼丧服注》，多依马融师说。《士虞记》中月而禫，注二十七月，依《戴礼》丧服变除。《周礼》大司乐鼛鼓，注依许叔重说，与先郑不同。小胥县钟磬，注二八十六枚在一虡，依刘向《五经要义》。小宗伯注五精帝，依刘向《五经通义》。射人注称今儒家，依贾侍中注。《考工记》山以章，注作獐，依马季长注。《礼记檀弓》瓦不成味，注当作沬，依班固《白虎通》。《王制》大绞小绞，注当作绠，依刘子政《说苑》。《玉藻》元端朝日，郑读为冕，依《大戴礼》朝事义。《祭法》幽宗零祭，郑读为崇，依许氏《说文》。郑君信而好古，原本先儒，确有依据。凡此释义，补孔之遗阙，皆前人未发之秘。疏通证明，灿若燎火。撰《三礼释注》共八卷，又辑《郑康成年谱》，署其堂曰"六艺"，取康成《六艺论》，以深仰止之思。然晏治经学不摈弃宋儒，尝谓汉学、宋学之分，门户之见也。汉儒正其诂，诂正而义以显；宋儒析其理，理明而诂以精：二者不可偏废。其于《易》，述程子之传，撰《周易述传》二卷；于《孝经》，集唐玄宗、宋司马光、范祖禹之注，撰《孝经述注》一卷。

尤熟于《通鉴》，故经世优裕。尝与人论钞币，谓轻钱行钞，必有利而无害。论禁洋烟，谓不禁则民日以弱，中国必疲，禁则利在所争，外夷必畔。且禁烟当以民命为重，不当计利。立法当以中国为先，不当扰夷。后悉如其言。在籍时办堤工，司赈务，修府城，浚市河，开通文渠中支，均有功于乡里。

咸丰三年，粤匪蔓延大江南、北，督抚檄行府县，练勇积谷为守御计。淮安以晏主其事，旋以事为人所劾，奉旨遣戍黑龙江，缴费免行。十年，捻匪扰淮安北关，晏号召团练，分布要隘，城以获全。十一年，以团练大臣晏端书荐，叙前守城绩，由侍读衔内阁中书加三品衔。

晏少多疾病，迫长读书养气，日益强固。治一书毕，方治他书，手校书籍极多，必彻始终。光绪元年，卒，年八十有二。所著书四十七种，凡一百三十六卷，其已刊者为《颐志斋丛书》。

王筠，字贯山，安丘人。道光元年举人，后官山西乡宁县知县。乡宁在万山中，民朴事简，讼至立判。暇则抱一编不去手。权徐沟，再权曲沃，地号繁剧，二县皆治，然亦未尝废学。

筠少喜篆籀，及长，博涉经史，尤长于《说文》。《说文》之学，世推桂、段两家，尝谓："桂氏专胪古籍，取足达许说而止，不下己意。惟是引据失于限断，且泛及藻缋之词。段氏体大思精，所谓通例，又前人所未知。惟是武断支离，时或不免。"又谓："文字之奥，无过形、音、义三端。古人之造字也，正名百物，以义为本，而音从之，于是乎有形。后人之识字也，由形以求其音，由音以考其义，而文字之说备。六书以指事、象形为首，而文字之枢机即在乎此。其字之为事，而作者即据事以审字，勿由字以生事。其字之为物，而作者即据物以察字，勿泥字以造物。且勿假他事以成此事之意，勿假他物以为此物之形，而后可与苍颉、籀、斯相质于一堂也。今《说文》之词，足从口，木从中，鸟、鹿足相似从匕，苟非后人所窜乱，则许君之意荒矣。"乃标举分别，疏通证明，著《说文释例》二十卷。《释例》云者，即许书而释其条例，犹杜元凯之于《春秋》也。又以二徐书多涉草рум，加以李焘乱其次第，致分别部居之脉络不可推寻。段玉裁既创为通例，而体裁所拘，未能详备。乃采桂、段诸家之说，著《说文句读》三十卷。《句读》云者，用张尔岐《仪礼郑注句读》之名，谓汉人经说率名章句，此书疏解许说，无章可言，故曰《句读》也。

筠治《说文》之学垂三十年，其书独辟门径，折衷一是，不依傍于人。论者以为许氏之功臣，桂、段之劲敌。又有《说文系传校录》三十卷，《文字蒙求》四卷。他著有《毛诗重言》一卷，附《毛诗双声叠韵说》一卷，《夏小正正义》四卷，《弟子职正音》一卷，《正字略》二卷，《蛾术编》、《禹贡正字》、《读仪礼郑注句读刊误》、《四书说略》。咸丰四年，卒，年七十一。

曾钊，字敏修，南海人。道光五年拔贡生，官合浦县教谕，调钦州学正。钊笃学好古，读一书必校勘讹字脱文。遇秘本或雇人影写，或怀饼就钞，积七八年，得数万卷。自是研求经义，文字则考之《说文》、《玉篇》，训诂则稽之《方言》、《尔雅》，虽奥晦难通，而因文得义，因义得音，类能以经解经，确有依据。入都时，见武进刘逢禄，逢禄曰："笃学若冕士，吾道东矣！"冕士，钊号也。

仪征阮元督粤，震泽任兆麟见钊所校《字林》，以告元，元惊异，延请课子。后开学海堂，以古学造士，特命钊为学长，奖劝后进。尝因元说日月为易合朔之辨在朔易，更发明孟喜卦气，引《系辞》悬象莫大乎日月，死魄会于壬癸，日上月下，象《未济》为晦时。元以为足发古义，宜再畅言之，以明孟氏之学，因著《周易虞氏义笺》七卷。他著有《周礼注疏小笺》四卷，又《诗说》二卷，又《诗毛郑异同辨》一卷，《毛诗经文定本小序》一卷，《考异》一卷，《音读》一卷，《虞书命羲和章解》一卷，《论语述解》一卷，《读书杂志》五卷，《面城楼集》十卷。

钊好讲经济之学，二十一年，英人焚掠海疆，以祁𡎴还督两粤，番禺举人陆殿邦献议，填大石、猎德、沥滘河道以阻火船。𡎴举以问钊，钊言："《易》称设险者，不恃天堑，不藉地利，在人相时设之而已。入省河道三，猎德、沥滘皆浅，由大石至大黄滘，水深数丈。三四月夷船从此入，当先事防之，以固省城。城固，然后由内达外。"𡎴甚韪之，委钊相度堵塞形势，钊以大石为第一要区，纠南海、番禺二县团勇三万六千昼夜演练，防务遂密。二十三年，𡎴谋修复虎门炮台，钊进《炮台形势议》十条，已而廉洋贼起，𡎴以钊习知廉州情形，委钊与军事，海贼投首。咸丰四年，卒于家。

林柏桐，字桐君，番禺人。嘉庆六年举人。生平好为考据之学，宗主汉儒，而践履则服膺朱子，无门户之见。事亲孝，道光六年，试礼部归，父已卒，悲恸不欲生。居丧悉遵古礼，疏食、不入内者三年。自是不复上公车，一意奉母。与两弟友爱，教授生徒百余人，咸敦内行，勉实学。粤督阮元、邓廷桢皆敬礼之。元延为学海堂学长，廷桢聘课其二子。二十四年，以选授德庆州学正，阅三年卒于官，年七十。

伯桐于诸经无不通，尤深于《毛诗》。谓传笺不同者，大抵毛《义》为长，孔《疏》多以王肃语为毛意，又往往混郑于毛。为《毛诗》学者，当分别观之，庶几不失家法。因考郑《笺》异义，为《毛诗通考》三十卷，又著《毛诗传例》二卷，又缀其碎义琐辞，著《毛诗识小》三十卷，皆极精核。他著有《易象释例》十二卷，《易象雅训》十二卷，《三礼注疏考异》二十卷，《冠昏丧祭仪考》十二卷，《左传风俗》二十卷，《古音劝学》三十卷，《史学蠡测》三十卷，《供冀小言》二卷，《古谚笺》十一卷，《两粤水经注》四卷，《粤风》四卷，《修本堂稿》四卷，《诗文集》二十四卷。

李黼平，字绣子，嘉应州人。幼颖异。年十四，精通乐谱。及长，治汉学，工考证。嘉庆十年进士，选翰林院庶吉士，散馆改昭文县知县。莅事一以宽和慈惠为宗，不忍用鞭扑，狱随至随结。公余即手一编，民间因有"李十五书生"之目。以亏挪落职系狱，数年乃得归。会粤督阮元开学海堂，聘阅课艺，遂留授诸子经。所著《毛诗紬义》二十四卷。道光十二年，卒，年六十三。他著有《易刊误》二卷，《文选异义》二卷，《读杜韩笔记》二卷。

柳兴恩，原名兴宗，字宾叔，丹徒人。道光十二年举人。受业于仪征阮元。初治《毛诗》，以毛公师荀卿，荀卿师穀梁，《穀梁春秋》千古绝学，元刻《皇清经解》，《公羊》、《左氏》俱有专家，而《穀梁》缺焉。乃发愤沉思，成《穀梁春秋大义述》三十卷，以郑《六艺论》云"穀梁子善于经"，遂专从善经入手，而善经则以属辞比事为据，事与辞则以春秋日月等名例定之。其书凡例，谓圣经既以春秋定名，而无事犹必举四时之首月。后儒谓日月非经之大例，未为通论。《穀梁》日月之例，泥则难通，比则易见。与其议传而转谓经误，不若信经而并存传说。述《日月例》弟一。谓《春秋》治乱于已然，《礼》乃防乱于未然。穀梁亲受子夏，其中典礼犹与《论语》夏时周冕相表里。述《礼例》弟二。谓《穀梁》之经与《左氏》、《公羊》异者以百数，《汉书儒林传》云："《穀梁》鲁学，《公羊》乃齐学也。"此或由齐、鲁异读，音转而字亦分。

述《异文》弟三。谓穀梁亲受子夏,故传中用孔子、孟子说,其他暗合者更多。述《古训》弟四。谓自汉以来,《穀梁》师授鲜有专家,要不得摈诸师说之外。述《师说》弟五。谓汉儒师说之可见者,惟尹更始、刘向二家,然搜获寥寥。其说已亡,而名仅存者,自汉以后并治《三传》者亦收录焉。述《经师》弟六。谓《穀梁》久属孤经,兹于所见载籍之涉《穀梁》者,循次摘录,附以论断,并著本经废兴源流。述《长编》弟七。番禺陈澧尝为《穀梁》笺及条例,未成,后见兴恩书,叹其精博,遂出其说备采,不复作。

他著有《周易卦气辅》四卷,《虞氏逸象考》二卷,《尚书篇目考》二卷,《毛诗注疏纠补》三十卷,《续王应麟诗地考》二卷,《群经异义》四卷,《刘向年谱》二卷,《仪礼释宫考辨》二卷,《史记、汉书、南齐书校勘记》,《说文解字校勘记》,《宿壹斋诗文集》。光绪六年,卒,年八十有六。

弟荣宗,字翼南。著有《说文引经考异》十六卷。同时为《穀梁》之学者,有南海侯康、海州许桂林、嘉善钟文烝、江都梅毓。侯康自有传。

许桂林,字同叔,海州人。嘉庆二十一年举人。少孤,孝于母及生母,无间言。家贫,不以厚币易远游,日以诘经为事。道光元年,丁内艰,以毁卒,年四十三。桂林于诸经皆有发明,尤笃信《穀梁》之学,著《春秋穀梁传时日月书法释例》四卷。其书有引《公羊》而互证者,有驳《公羊》而专主者。阳湖孙星衍尝以条理精密、论辨明允许之。又著《易确》二十卷,大旨以《乾》为主,谓全《易》皆《乾》所生,博观约取,于《易》义实有发明。别有《毛诗后笺》八卷,《春秋三传地名考证》六卷,《汉世别本礼记长义》四卷,《大学中庸讲义》二卷,《四书因论》二卷。尝以其余力治六书、九数,著《许氏说音》十二卷,以配《说文》。又著《说文后解》十卷。又以岐伯言"地,大气举之"。气外无壳,其气将散;气外有壳,此壳何依?思得一说以补所未及。盖天实一气,而其根在北,北极是也。北极不当为天枢,而当为气母。因采集《宣夜》遗文,以西法通之,著《宣西通》三卷。又以算家以简为贵,乃取《钦定数理精蕴》,撮其切于日用者,著《算牖》四卷。生平所著书四十余种,凡百数十卷。甘泉罗士琳从之游,后以西算名世。

钟文烝,字子勤,嘉善人。道光二十六年举人,候选知县。于学无所不通,而其全力尤在《春秋》。因沉潜反覆三十余年,成《穀梁经传补注》二十四卷。其书网罗众家,折衷一是。其未经人道者,自此于梅鷟之辨伪书、陈第之谈古韵,略引其绪,以待后贤。文烝兼究宋、元诸儒书,书中若释禘祫、祖祢谥法以及心志不通、仁不胜道、以道受命等,皆能提要挈纲,实事求是。又著《论语序详正》一卷。卒,年六十。

梅毓,字延祖,江都人。同治九年举人,候选教谕。著有《穀梁正义长编》一卷。

陈澧,字兰甫,番禺人。道光十二年举人,何源县训导。澧九岁能文,复问诗学于张维屏,问经学于侯康。凡天文、地理、乐律、算术、篆隶无不研究。中年读诸经注疏、子、史及朱子书,日有课程。初著《声律通考》十卷,谓:"《周礼》六律、六同皆文之以五声,《礼记》五声、六律、十二管还相为宫,今之俗乐有七声而无十二律,有七调而无十二宫,有工尺字谱而不知宫、商、角、徵、羽。惧古乐之遂绝,乃考古今声律为一书。"又《切韵考》六卷、《外篇》三卷,谓:"孙叔然、陆法言之学存于《广韵》,宜明其法,而不惑于沙门之说。"又《汉志水道图说》七卷,谓地理之学,当自水道始,知汉水道则可考汉郡县。

其于汉学、宋学能会其通,谓:"汉儒言义理,无异于宋儒,宋儒轻蔑汉儒者非也。近儒尊汉儒而不讲义理,亦非也。"著《汉儒通义》七卷。晚年寻求大义及经学源流正变得失所在而论赞之,外及九流诸子、两汉以后学术,为《东塾读书记》二十一卷。

其教人不自立说,尝取顾炎武论学之语而申之,谓:"博学于文,当先习一艺。《韩诗外传》曰'好一则博',多好则杂也,非博也。读经、史、子、集四部书,皆学也,而当以经为主,尤当以行己有耻为主。"为学海堂学长数十年。至老,主讲菊坡精舍,与诸生讨论文艺,勉以笃行立品,成就甚众。光绪七年,粤督张树声、巡抚裕宽以南海朱次琦与澧皆耆年硕德,奏请褒异,给五品卿衔。八年,卒,年七十三。

他著有《说文声表》十七卷,《水经注提纲》四十卷,《水经注西南诸水考》三卷,《三统术详说》三卷,《弧三角平视法》一卷,《琴律谱》一卷,《申范》一卷,《摹印述》一卷,《东塾集》六卷。

侯康,字君谟,亦番禺人。道光十五年举人。少孤,事母孝。家贫,欲买书,母称贷得钱。买《十七史》,读之,卷帙皆敝,遂通史学。及长,精研注疏,湛深经术,与同里陈澧交最久。尝谓:"《汉志》载《春秋古经》十二篇者《左经》也,《经》十一卷者《公》、《穀经》也。今以《三传》参校之,大要《古经》为优,《穀梁》出最先,其误尚寡。《公羊》出最晚,其误滋甚。"乃取其义意可寻者疏通证明之,著《春秋古经说》二卷。又治《穀梁》以证《三礼》,以《公羊》杂出众师,时多偏驳,排诋独多。著《穀梁礼证》,未完帙,仅成二卷。又仿裴松之注《三国志》例注史,尝曰:"注古史与近史异,注近史者,群书大备;注古史者,遗籍罕存。当日为唾弃之余,今日皆见闻之助,宜过而存之。"因为《后汉书补注续》一卷,《三国志补注》一卷,《后汉》称续者,以有惠栋注;《三国志》杭世骏注未完善,故不称续也。又补《后汉》、《三国·艺文志》,各成经、史、子四卷,余未成。又考汉、魏、六朝礼仪,贯串《三礼》,著书数十篇,澧尝叹以为精深浩博。十七年,卒,年四十。

弟度,字子琴。与康同榜举人,以大挑知县分发广西,署河池州知州。广西贼起,度伐木为栅,因山势联络,坚固可守。贼退,以病告归,至家遂卒,年五十七。度冶熟经传,尤长《礼》学,时称"二侯"。嘉兴钱仪吉尝称其研核传注，剖析异同，如辨懿伯、惠伯之为父子，三老、五更之为一人。证明郑义，皆有据依。所著书为夷寇所焚，其说经文，刻《学海堂集》中。

桂文灿，字子白，文燿之弟。道光二十九年举人。同治二年正月，应诏陈言：曰严甄别以清仕途，曰设幕职以重考成，曰分三途以励科甲，曰裁孱弱以节縻费，曰铸银钱以资利用。若津贴京员，制造轮船，海运滇铜，先后允行。光绪九年，选湖北郧县知县，善治狱，以积劳卒于任。文灿守阮元遗言，谓："周公尚文，范之以礼；尼山论道，教之以孝。苟博文而不能约礼，明辨而不能笃行，非圣人之学也。郑君、朱子皆大儒，其行同，其学亦同。"因著《朱子述郑录》二卷。他著《四书集注笺》四卷，《毛诗释地》六卷，《周礼通释》六卷，《经学博采录》十二卷。

郑珍，字子尹，遵义人。道光五年拔贡生。十七年举人，以大挑二等选荔波县训导。咸丰五年，叛苗犯荔波，知县蒋嘉穀病，珍率兵拒战，卒完其城。苗退，告归。同治二年，大学士祁寯藻荐于朝，特旨以知县分发江苏补用，卒不出。三年，卒，年五十九。

珍初受知于翕县程恩泽，乃益进求诸声音文字之原，与古宫室冠服之制。方是时，海内之士，崇尚考据，珍师承其说，实事求是，不立异，不苟同。复从莫、傅游，益得与闻国朝六七巨儒宗旨。于经最深《三礼》，谓："小学有三：曰形，曰声，曰义。形则三代文体之正，具在《说文》。若《历代钟鼎款识》及《汗简》、《古文四声韵》所收奇字，不尽可识，亦多伪造，不合六书，不可以为常也。声则昆山顾氏《音学五书》，推证古音，信而有征，昭若发蒙，诚百世不祧之祖。义则凡字书、韵书、训诂之书，浩如烟海，而欲通经训，莫详于段玉裁《说文注》、邵晋涵、郝懿行《尔雅疏》及王念孙《广雅疏证》。贯串博衍，超越前古，是皆小学全体大用。"

其读《礼经》，恒苦乾、嘉以还积渐生弊，号宗周密，又多出新义，未见有胜，说愈繁而事愈芜。故言《三礼》，墨守司农，不敢苟有出入。至于诸经，率依古注为多。又以余力旁通子史，类能提要钩玄。《仪礼》十七篇皆有发明，半未脱稿，所成《仪礼私笺》，仅有《士昏》、《公食》、《大夫丧服》、《士丧》四篇，凡八卷；而《丧服》一篇，反覆寻绎，用力尤深。又以《周礼考工记》轮舆，郑《注》精微，自贾《疏》以来，不得正解，说者日益支蔓，成《轮舆私笺》三卷。尤长《说文》之学，所著《说文逸字》二卷、《附录》一卷，《说文新附考》六卷，皆见称于时。他著有《亲氏图说》、《深衣考》、《汗简笺正》、《说隶》等书。又有《巢经巢经说》、《诗钞》、《文钞》、《明鹿忠节公无欲斋诗注》。

邹汉勋，字叔绩，新化人。父文苏，岁贡生，以古学教授乡里，辟学舍曰古经堂，与诸生肄士礼其中。其考据典物，力尊汉学，而谈心性则宗朱子。汉勋通《左氏》义，佐伯兄汉纪撰《左氏地图说》，又佐仲兄汉潢撰《群经百物谱》。年十八九，撰《六国春秋》。于天文推步、方舆沿革、六书九数，靡不研究。同县邓显鹤深异之，与修《宝庆府志》。又至黔中修贵阳、大定、兴义、安顺诸郡志。咸丰元年，举于乡。访魏源于高邮，同撰《尧典释天》一卷。

会粤贼陷江宁，汉勋以援、堵、守三策上书曾国藩，谓不援江西、堵广西，湖南亦不能守。国藩用其言，命偕江忠淑率楚勇千人援南昌，围解，叙劳以知县用。既，从江忠源于庐州，守大西门，贼为隧道三攻之，城坏数丈，贼将登陴，汉勋击却之。坚守三十七日，地雷复发，城陷。汉勋坐城楼上，命酒自酌，持剑大呼杀贼。贼至，与格斗，手刃数人，力竭死之，年四十九，赠道衔。

所著《读书偶识》三十六卷，自言破前人之训故，必求唐以前之训故方敢用；违笺传之事证，必求汉以前之事证方敢从。以汉人去古未远，诸经注皆有师承，故推阐汉学，不遗余力。尤深音均之学，初著《广韵表》十卷，晚为《五均论》，说尤精粹，时以江、戴目之。生平于《易》、《诗》、《礼》、《春秋》、《论语》、《说文》、《水经》皆有撰述，凡二十余种，合二百余卷。同治二年，土匪焚其居，燔焉。今存者《读书偶识》仅八卷，《五均论》二卷，《颛顼历考》二卷、《敩艺斋文》三卷、《诗》一卷、《红崖石刻释文》一卷、《南高平物产记》二卷。

王崧，字乐山，浪穹人。嘉庆四年进士，授山西武乡县知县。崧学问淹通，仪征阮元总督云、贵，延崧主修《通志》，著有《说纬》六卷。

刘宝楠，字楚桢，宝应人。父履恂，字迪九，乾隆五十一年举人，国子监典簿，著有《秋槎札记》。

宝楠生五岁而孤，母氏乔教育以成。始宝楠从父台拱汉学精深，宝楠请业于台拱，以学行闻乡里。为诸生时，与仪征刘文淇齐名，人称扬州二刘。道光二十年成进士，授直隶文安县知县。文安地称洼下，堤堰不修，遇伏、秋水盛涨，辄为民害。宝楠周履堤防，询知疾苦，爰检旧册，依例督旗屯及民同修，而旗屯恒枯势相观望，宝楠执法不阿，功遂济。再补元氏，会岁旱，县西北境蝗，袤延二十余里。宝楠祷东郊蜡祠，蝗争投坑井，或抱禾死，岁则大熟。咸丰元年，调三河，值东省兵过境。故事，兵车皆出里下。宝楠谓兵多差重，非民所堪，雇车应差，给以民价，民得不扰。

宝楠在官十六年，衣冠朴素如诸生时。勤于听讼，官文安日，审结积案千四百余事。鸡初鸣，坐堂皇，两造具备，当时研鞫。事无巨细，均如其意结案，悖者照例治罪；凡涉亲故族属讼者，谕以睦姻，概令解释。讼狱既简，吏多去籍归耕，远近翕然，著循良称。咸丰五年，卒，年六十五。

宝楠于经，初治毛氏《诗》、郑氏《礼》，后与刘文淇及江都梅植之、泾包慎言、丹徒柳兴恩、句容陈立约各治一经。宝楠发策得《论语》，病皇、邢《疏》芜陋，乃搜辑汉儒旧说，益以宋人长义，及近世诸家，仿焦循《孟子正义》例，先为长编，次乃荟萃而折衷之，著《论语正义》二十四卷。因官事繁，未卒业，命子恭冕续成之。他著有《释穀》四卷，于豆、麦、麻三种多补正程氏《九穀考》之说。《汉石例》六卷,于碑志体例考证详博。《宝应图经》六卷,《胜朝殉扬录》三卷,《文安堤工录》六卷。

恭冕,字叔俛。光绪五年举人。守家学,通经训,入安徽学政朱兰幕,为校李贻德《春秋贾服注辑述》,移补百数十事。后主讲湖北经心书院,敦品饬行,崇尚朴学。幼习《毛诗》,晚年治《公羊春秋》,发明"新周"之义,辟何劭公之谬说,同时通儒皆惎之。卒,年六十。著有《论语正义补》,《何休论语注训述》,《广经室文钞》。

龙启瑞,字翰臣,临桂人。道光二十一年一甲一名进士,授翰林院修撰。二十四年,充广东乡试副考官。二十七年,大考翰詹二等七名,以侍讲升用。七月,简湖北学政,著《经籍举要》一书,以示学者。又以学政之职有三要:一曰防弊,二曰励实学,三曰正人心风俗。三十年,丁父忧回籍。咸丰元年六月,广西巡抚邹鸣鹤奏办广西团练,以启瑞总其事。二年七月,省城围解,以守城出力,以侍讲学士升用。六年四月,授通政司副使。十一月,简江西学政。七年三月,迁江西布政使。八年九月,卒于官。

启瑞切劂经义,尤请求音韵之学,贯穿于顾、江、段、王、孔、张、刘、江诸家之书,而著《古韵通说》二十卷。以为论古韵者,自顾氏以前失之疏,自段氏以后过于密,江氏酌中,亦未为尽善。阳湖张氏分二十一部,言:"凡言古韵者,分之不嫌密,合之不嫌广。惟分之密,其合之也脉络分明,不至因一字而疑各韵可通,亦不至因各韵而疑一字之不可通。"启瑞服膺是言,故其集古韵也,意主于严,而其为通说也,则较之顾氏而尚觉其宽。不拘成说,不执私见,参之古书,以求其是而已。其论本音、论通韵、论转音,皆确有据依,而以论通说总之,故以名其全书焉。他著有《尔雅经注集证》三卷,《经德堂集》十二卷。

苗夔,字仙簏,肃宁人。幼即嗜六书形声之学,读许氏《说文》,若有凤悟。已,又得顾炎武《音学五书》,慕之弥笃。曰:"吾守此终身矣!"举道光十一年优贡生,高邮王念孙父子礼先于夔,由是誉望日隆。夔以为许叔重遗书多有为后人妄删或附益者,乃订正《说文》八百余字,为《说文声订》二卷。顾氏音学所立《古音表》十部,宏纲已具,然犹病其太密,而戈、麻既杂西音,不应别立一部。于是并耕、清、青、蒸,登于东、冬,并戈、麻于支齐,定以七部,骊括群经之韵。字以声从,韵以部分,为《说文声读表》七卷。《诗》自毛《传》、郑《笺》而后,主义理者多,主声均者少,虽有陆元朗《诗经音义》,亦不能专主古音,然古音时有未尽改者。夔治《毛诗》,尤精于谐声之学,尝以齐、鲁、韩三家证毛,而又以许浟长之声读参错其间,采太平戚氏之《汉学谐声》、《诗经正读》,无锡安氏之《均微》,为《毛诗均订》十卷。咸丰丁巳五月,卒,年七十有五。

庞大坤,字子方,常熟人。嘉庆二十四年举人。究心音韵之学,尝谓顾、江、戴、段、孔、王诸家分部互有出入者,以入声配隶无准耳。入声有正纽、反纽,今韵多从正纽,古韵多从反纽,阳奇阴偶,两两相配,一从陆氏《法言》所定为正纽,一从顾、江、戴、王所定为反纽。其转音之法有五:一正转,同部者是也;一递转,同音者是也;一旁转,相比及相生者是也;一双声,同母者是也。又谓欲明古音,必先究唐韵,乃可定其分合,为《唐韵辑略》五卷、《备考》一卷,《形声辑略》一卷、《备考》一卷,《古音辑略》二卷、《备考》一卷,《等韵辑略》三卷。他著有《易例辑略》五卷。

陈立,字卓人,句容人。道光二十一年进士,二十四年,补应殿试,选翰林院庶吉士。散馆改刑部主事,升郎中,授云南曲靖府知府。请训时,文宗有"为人清慎"之褒,时以道梗不克之任。少客扬州,师江都梅植之,受诗、古文辞;师江都凌曙、仪征刘文淇,受《公羊春秋》、许氏《说文》、郑氏《礼》,而于《公羊》致力尤深。

文淇尝谓汉儒之学,经唐人作疏,其义益晦。徐彦之疏《公羊》,空言无当。近人如曲阜孔氏、武进刘氏,谨守何氏之说,详义例而略典礼、训诂。立乃博稽载籍,凡唐以前《公羊》古义及国朝诸儒说《公羊》者,左右采获,择精语详。草创三十年,长编甫具。南归后,乃整齐排比,融会贯通,成《公羊义疏》七十六卷。

初治《公羊》也,因及汉儒说经师法,谓莫备于《白虎通》。先为疏证,以条举旧闻、畅隐扶微为主,而不事辨驳,成《白虎通疏证》十二卷。幼受《尔雅》,因取唐人《五经正义》中所引犍为舍人、樊光、刘歆、李巡、孙炎五家悉甄录之。谓郭注中精言妙谛,大率胎此。附以郭音义及顾、沈、施、谢诸家切释,成《尔雅旧注》二卷。

又以古韵之学敝蚀已久,而声音之原,起于文字,《说文》谐声,即韵母也。因推广归安姚氏《说文声系》之例,刺取许书中谐声之文,部分而缀叙之。以象形、指事、会意为母,以谐声为子,其子之所谐,又即各缀于子下。其分部则兼取顾、江、戴、孔、王、段、刘、许诸家,精研而审核之,订为二十部,成《说文谐声孳生述》三卷。其文渊雅典硕,大抵考订服制典礼及声音训诂为多,成《句溪杂著》六卷。卒,年六十一。

陈奂,字硕甫,长洲人。诸生。咸丰元年,举孝廉方正。奂始从吴江沅治古学,金坛段玉裁寓吴,与沅祖声善。尝曰:"我作《六书音韵表》,惟江氏祖孙知之,余鲜有知者。"奂尽一昼夜探其梗概。沅尝假玉裁《经韵楼集》,奂窃视之,加朱墨。后玉裁见之,称其学识出孔、贾上,由是奂受学玉裁。高邮王念孙暨子引之、栖霞郝懿行、绩溪胡培翚、泾胡承珙、临海金鹗,咸与缔交。

奂尝言大毛公诂训传言简意赅,遂殚精竭虑,专攻毛《传》。以毛《传》一切礼数名物,自汉以来无人称引,韬晦不彰,乃博拾古书,发明其义。大抵用西汉以前旧说,而与东汉人说《诗》者不苟同。又以毛氏之学,源出荀子,而善承毛氏者,惟郑仲师、许叔重两家,故于《周礼注》、《说文解字》多所取说,著《诗毛氏传疏》三十卷。又以疏中称引,博广难明,更举条例,立表示图,为《毛诗说》一卷。准以古音,依四始为《毛诗音》四卷。仿《尔雅》例,编毛《传》为《义类》十九篇一卷。以郑多本三家《诗》，与毛异，为《郑氏笺考徵》一卷。又有《诗语助义》三十卷，《公羊逸礼考徵》一卷，《师友渊源记》一卷，《禘郊或问》、《宋本集韵校勘记》，各若干卷。

其论《尚书大传》与毛《传》同条共贯，论《春秋》之学，从《公羊》以知例，治《穀梁》以明礼。《穀梁》文句极简，必得治礼数十年而后可明其要义。论《释名》与毛《传》、《说文》多不合，然可以讨汉、宋说经家之源流。其论丁度《集韵》云："《集韵》总字，具见《类篇》，先以《类篇》校《集韵》，再参之《释文》、《说文》、《玉篇》、《广韵》、《博雅》，则校雠之功过半矣。"又云："陆氏《释文》宋本，当于《集韵》求之。今《尚书释文》，经开宝中陈谔等删改之本，《集韵》则未经删改者也。"于子书中尤好《管子》，尝令其弟子元和丁士涵为《管子案》四卷。

家居授徒，从游者数十人。同郡管庆祺、丁士涵、马钊、费锷，德清戴望，其尤著也。同治二年，卒，年七十有八。

金鹗，字诚斋，临海人。优贡生。博闻强识，邃精《三礼》之学。受知于山阳汪廷珍，与析难辨论，成《礼说》二卷。嘉庆二十四年，卒于京邸。所著《求古录》一书，取官室、衣服、郊祀、井田之类，贯串汉、唐诸儒之说，条考而详辨之。鹗又尝辑《论语乡党注》，厘正旧说，颇得意解。卒后稿全佚，陈奂求得之，厘为《求古录礼说》十五卷，《乡党正义》一卷。

黄式三，字薇香，定海人。岁贡生。事亲孝，尝赴乡试，母衷暴疾卒于家，驰归恸绝。父老且病，卧床第数年，衣食馈洗，必躬亲之。比殁，持丧以礼，誓不再应乡试。于学不立门户，博综群经，治《易》治《春秋》，而尤长《三礼》。论禘郊宗庙，谨守郑学。论封域、井田、兵赋、学校、明堂、宗法诸制，有大疑义，必厘正之。有《复礼说》、《崇礼说》、《约礼说》。尝著《论语后案》二十卷，自为之序。他著有《书启幪》四卷，《诗丛说》一卷，《诗序说通》二卷，《诗传笺考》二卷，《春秋释》二卷，《周季编略》九卷，《儆居集经说》四卷，《史说》四卷。同治元年，卒，年七十四。子以周，从子以恭，俱能传其学。

以周，本名元同，后改今名，以元同为字。同治九年优贡。旋举于乡，大挑以教职用，补分水县训导。以学臣奏加中书衔，以教授升用，旋选处州府教授，而年已七十，遂不就。以周笃守家学，以为三代下之经学，汉郑君、宋朱子为最。而汉学、宋学之流弊，乖离圣经，尚不合于郑、朱，何论孔、孟？有清讲学之风，倡自顾亭林。顾氏尝云："经学即是理学。"乃体顾氏之训，上追孔、孟之遗言，于《易》、《诗》、《春秋》皆有著述，而《三礼》尤为宗主。所著《礼书通故》百卷，列五十目，古先王礼制备焉。又以孟子学孔子，由博反约，而未尝亲炙其圣。其间有子思子，综七十之前闻，承孔圣以启孟子，乃著《子思子辑解》七卷。而举子思所述夫子之教，必始于《诗》、《书》，而终于《礼》、《乐》，及所明仁义为利之说，谓其传授之大旨，是深信博文约礼之经学，为行义之正轨，而求孟子学孔圣之师承，以子思为枢轴。暮年多疾，因曰："加我数年，《子思子辑解》成，斯无憾！"既，书成而疾瘳，更号哉生。江苏学政黄体芳建南菁讲舍于江阴，延之主讲。以周教以博文约礼、实事求是，道高而不立门户。宗源瀚建辨志精舍于宁波，请以周定其名义规制，而专课经学，著录弟子千余人。卒，年七十有二。

以恭，字质庭。光绪元年举人。著有《尚书启幪疏》二十八卷，《读诗管见》十二卷。

俞樾，字荫甫，德清人。道光三十年进士，改庶吉士。咸丰二年，散馆授编修。五年，简放河南学政，奏请以郑公孙侨从祀文庙，圣兄孟皮配享崇德祠，并邀俞允。七年，以御史曹登庸劾试题割裂罢职。樾归后，侨居苏州，主讲苏州紫阳、上海求志各书院，而主杭州诂经精舍三十余年，最久。课士一依阮元成法，游其门者，若戴望、黄以周、朱一新、施补华、王诒寿、冯一梅、吴庆坻、吴承志、袁昶等，咸有声于时。东南遭赭寇之乱，典籍荡然，樾总办浙江书局，建议江、浙、扬、鄂四书局分刻《二十四史》，又于浙局精刻子书二十二种，海内称为善本。

生平专意著述，先后著书，卷帙繁富，而《群经平议》、《诸子平议》、《古书疑义举例》三书，尤能确守家法，有功经籍。其治经以高邮王念孙、引之父子为宗。谓治经之道，大要在正句读，审字议，通古文假借，三者之中，通假借为尤要。王氏父子所著《经义述闻》，用汉儒"读为"、"读曰"之例者居半，发明故训，是正文字，至为精审。因著《群经平议》，以附《述闻》之后。其《诸子平议》，则仿王氏《读书杂志》而作，校误文，明古义，所得视《群经》为多。又取《九经》、诸子举例八十有八，每一条各举数事以见例，使读者习知其例，有所据依，为读古书之一助。

樾于诸经皆有纂述，而《易》学为深，所著《易贯》，专发明圣人观象系辞之义。《玩易》五篇，则自出新意，不拘泥先儒之说。夏作《艮宦易说》，《卦气值日考、续考》，《邵易补原》，《易穷通变化论》，《互体方位说》，皆足证一家之学。晚年所著《茶香室经说》，义多精确。古文不拘宗派，渊然有经籍之光。所作诗，温和典雅，近白居易。工篆、隶。同时如大学士曾国藩、李鸿章，尚书彭玉麟、徐树铭、潘祖荫，咸倾心纳交。日本文士有来执业门下者。

樾湛深经学，律己尤严，笃天性，尚廉直，布衣蔬食，海内翕然称曲园先生。光绪二十八年，以乡举重逢，诏复原官，重赴鹿鸣筵宴。三十二年，卒，年八十有六。著有《群经平议》三十五卷，《诸子平议》三十五卷及《第一楼丛书》，《曲园杂纂》，《俞楼杂纂》，《宾萌集》，《春在堂杂文》，《诗编》，《词录》，《随笔》，《右台仙馆笔记》，《茶香室丛钞》，《经说》，其余杂著，称《春在堂全书》。

同时以耆年笃学主讲席者，则有南汇张文虎。文虎，字啸山。诸生。尝读元和惠氏、歙江氏、休宁戴氏、嘉定钱氏诸家书，慨然叹为学有本，则取汉、唐、宋注疏、经说，由形声以通其字，由训诂以会其义，由度数名物以辨其制作，由语言事迹以窥古圣贤精义，旁及子史，莫不考其源流同异。精天算，尤长校勘。同治五年，两江书局开，文虎为校《史记三注》，成《札记》五卷，最称精善。卒，年七十有一。著有《舒艺室遗书》。

王闿运，字壬秋，湘潭人。咸丰三年举人。幼好学，质鲁，日诵不能及百言。发愤自责，勉强而行之。听所习者，不成诵不食；夕所诵者，不得解不寝。于是年十有五明训诂，二十而通章句，二十四而言礼。考三代之制度，详品物之所用。二十八而达《春秋》微言，张公羊，申何学，遂通诸经。潜心著述，尤肆力于文。溯庄、列，探贾、董，其骈俪则揖颜、庾，诗歌则抗阮、左。记事之体，一取裁于龙门。

闿运刻苦励学，寒暑无间。经、史、百家，靡不诵习。笺、注、抄、校，日有定课。遇有心得，随笔记述。阐明奥义，中多前贤未发之覆。尝曰："治经：于《易》，必知知'易'字有数义，不当虚衍卦名；于《书》，必先断句读；于《诗》，必先知男女赠答之辞不足以颁学官、传后世。一洗三陋，乃可言《礼》。《礼》明，然后治《春秋》。"又曰："说经以识字为贵，而非识《说文解字》之字为贵。"又曰："文不取裁于古则亡法，文而毕摹乎古则亡意。"又尝慨然自叹曰："我非文人，乃学人也！"

学成出游，初馆山东巡抚崇恩。入都，就尚书肃顺聘。肃顺奉之若师保，军事多谘而后行。左宗棠之狱，闿运实解之。已而参曾国藩幕，胡林翼、彭玉麟等皆加敬礼。闿运自负奇才，所如多不合，乃退息无复用世之志，唯出所学以教后进。四川总督丁宝桢聘主尊经书院，待以宾师之礼，成材甚众。归为长沙思贤讲舍、衡州船山书院山长。江西巡抚夏时延为高等学堂总教。光绪三十四年，湖南巡抚岑春煊上其学行，特授检讨。乡试重逢，加侍读。闿运晚睹世变，与人无忤，以唯阿自容。入民国，尝一领史馆，遂归。丙辰年，卒，年八十有五。

所著书以经学为多，其已刊者有《周易说》十一卷，《尚书义》三十卷，《尚书大传》七卷，《诗经补笺》二十卷，《礼记笺》四十六卷，《春秋公羊传笺》十一卷，《穀梁传笺》十卷，《周官笺》六卷，《论语注》二卷，《尔雅集解》十六卷，又《墨子》、《庄子》、《鹖冠子义解》十一卷，《湘军志》十六卷，《湘绮楼诗文集》及《日记》等。子女并能通经，传其家学。次子代丰，早世，著有《公羊例表》。

王先谦，字益吾，长沙人。同治四年进士，选庶吉士，授编修。光绪元年，大考二等，擢中允，充日讲起居注官。历上疏言言路防弊，请筹东三省防务，并劾云南巡抚徐之铭。六年，晋国子监祭酒。八年，丁忧归，服阕，仍故官。疏请三海停工。出为江苏学政。十四年，以太监李莲英招摇，疏请惩戒。略言："宦寺之患，自古为昭，本朝法制森严，从无太监揽权害事。皇太后垂帘听政，一禀前谟，毫不宽假，此天下臣民所共知共见者。乃有总管太监李莲英，秉性奸回，肆无忌惮。其平日秽声劣迹，不敢形诸奏牍。惟思太监等给使宫禁，得以日近天颜；或因奔走微长，偶邀宸顾，度亦事理所有。何独该太监夸张恩遇，大肆招摇，致太监篦小李之名，倾动中外，惊骇物听，此即其不安本分之明证。《易》曰'履霜坚冰'，渐也。皇太后、皇上于制治保邦之道，靡不勤求夙夜，遇事防维。今宵小横行，已有端兆。若不严加惩办，无以振纲纪而肃群情。"疏上不报。

先谦历典云南、江西、浙江乡试，搜罗人才，不遗余力。既莅江苏，先奏设书局，仿阮元《皇清经解》例，刊刻《续经解》一千四百三十卷。南菁书院创于黄体芳，先谦广筹经费，每邑拔取才士入院，而督教之，诱掖奖劝，成就人材甚多。开缺还家，历主思贤讲舍，岳麓、城南两书院，其培植人才，与前无异。三十三年，总督陈夔龙、巡抚岑春蓂奏以所著书进呈，赏内阁学士衔。宣统二年，长沙饥民哄围抚署，卫兵开枪击毙数人，民情愈愤，匪徒乘之放火烧署。省城绅士电请易巡抚，以先谦名首列，先谦不知也。总督瑞澄奏参，部议降五级。同乡京官胡祖荫等以冤抑呈递都察院，亦不报。国变后，改名遁，迁居乡间，越六年卒。著有《尚书孔传参正》三十六卷，《三家诗集义疏》二十八卷，《汉书补注》一百卷，《荀子集解》二十卷，《日本源流考》二十二卷，《外国通鉴》三十卷，《虚受堂诗文集》三十六卷等。

孙诒让，字仲容，瑞安人。父衣言，自有传。诒让，同治六年举人，官刑部主事。初读《汉学师承记》及《皇清经解》，渐窥通儒治经、史、小学家法。谓古子、群经，有三代文字之通假，有秦、汉篆隶之变迁，有魏、晋草本之混淆，有六朝、唐人俗书之流失，有宋、元、明校雠之羼改。厎违据佚，必有谊据，失成《札迻》十二卷。

又著《周礼正义》八十六卷，以为："有清经术昌明，于诸经均有新疏，《周礼》以周公致太平之书，而秦、汉以来诸儒不能融会贯通。盖通经皆实事、实字，天地、山川之大，城郭、宫室。衣服制度之精，酒浆、醢醯之细，郑《注》简奥，贾《疏》疏略。读者难于深究，而通之于治，尤多谬舛。刘歆、苏绰之于新、周，王安石之于宋，胶柱锲舟，一溃不振，遂为此经诟病。诒让乃乎以《尔雅》、《说文》正其训诂，以《礼经》、《大、小戴记》证其制度。研罩廿载，稿草屡易，遂博采汉、唐以来迄乾、嘉诸经儒旧说，参互绎证，以发郑《注》之渊奥，裨贾《疏》之遗阙。其于古制，疏通证明，较之旧疏，实为淹贯。而注有违牾，辄为匡纠。凡所发正数十百事，匪敢坏'疏不破注'家法，于康成不曲从杜、郑之意，实亦无诤。而以国家之富强，从政教入，则无论新旧学均可折衷于是书。"识者韪之。

光绪癸卯，以经济特科征，不应。宣统元年，礼制馆征，亦不就。未几卒，年六十二。所著又有《墨子闲诂》十五卷，《目录》、《附录》二卷，《后语》二卷。精深闳博，一时推为绝诣。《古籀拾遗》三卷，《逸周书斠补》四卷，《九旗古义述》一卷。

郑杲，字东甫，迁安人。父鸣冈，为即墨令，卒于官。

贫不能归，因家焉。昊事母孝。光绪五年，举山东乡试第一，明年成进士，授刑部主事。肆力于学，以读经学正课，旁及朝章国故，矻矻终日，视仕进泊如也。尝谓："治经在信古传，经者渊海，传其航也。汉代诸儒，主乎此者不能通乎彼；唐、宋而降，能观其通矣，乃举古说而悉排之，惟断以己意。若是者，皆非善治经者也。"昊以母忧归，主讲洙源书院。服阕，迁员外。时朝政维新，两宫已积疑衅，昊独惓惓言天子当竭诚以尽孝道。具疏草，莫敢为言者。二十六年夏，荧惑入南斗，复上书请修省，不报。未几，卒。

昊之学深于《春秋》，其言曰："左氏明鲁史旧章，二传则孔、孟推广新意，口授传指。《公羊》明鲁道者也，《穀梁》明王道者也，《左氏》则备载当时行用之道。当时行用之道，霸道也。所以必明鲁道者，为人子孙，道在法其祖也。《穀梁》则损益四代之趣咸在焉。惟圣人蹶起在帝位者，乃能用之也。"其为说兼综《三传》，而尤致严于事天、事君、事亲之辨。谓："《春秋》首致谨于元年正月，正月者，正即位也。正月谨始也，必能为父之子，然后能为天之子矣。《春秋》之有三正，由其有天、君、父之三命也。春者天也，王者君也，正月者父也，将以备责三正，而单举正月，何也？事天、事君，皆以事亲为始也。"凡昊所论著如此。

与昊同时者，有宋书升，字晋之，潍县人。光绪十八年进士，改庶吉士。里居十年，殚心经术。《易》、《书》、《诗》均有撰述，尤精推步之学。法伟堂，字小山，胶州人。光绪十五年进士，官青州府教授，精研音韵之学，考订陆德明《经典释文》，多前人所未发。

卷四百八十三　　列传二百七十

儒林四

孔荫植

孔荫植，字对寰，孔子六十五代孙，世居曲阜。明天启初，袭封衍圣公。清顺治元年，世祖定鼎京师，山东巡抚方大猷疏言开国之初，首宜尊崇先圣。下礼部议，衍圣公爵及其官属，悉循明旧制。荫植朝京师，遣官迎劳。入朝，班列大学士上，赐宴，恩礼有加。四年，卒，遣山东布政使致祭。子兴燮袭。

兴燮，字起吕。时年十三，生母陶抚以成立。稍长，事母甚孝，凝重有器识。饬庙庭，修礼乐，诸废悉举。累加少保兼太子太保。康熙六年，卒。子毓圻袭。

毓圻，字钟在。方幼，年十一，朝京师。圣祖召见瀛台，礼度如成人，奏对称旨。越二年，上幸学，召毓圻陪祀，太皇太后召入见，赐坐，问家世，具以对，赐茶及克食。辞出，命内臣送至宫门外，传谕从官善辅翼之。上御殿，毓圻从诸大臣朝参，及退，命自御道行，逡巡辞，上敦谕之，乃趋出。加太子少师。二十三年，上东巡，释奠孔子庙，留曲柄黄盖。谒林，周览遗迹，每事问，毓圻谨以对。因请扩林地，置守卫，除租赋，设百户，官秩视卫守备，皆许之。毓圻辑《幸鲁盛典》以进，复奏请重修孔子庙，白巡抚及河道总督，免县人河工应役。雍正元年，世宗命追封先圣五代王爵。十月，毓圻诣阙谢，疾作，上命医诊视，赐参饵。十一月，卒于京师，上遣内大臣奠茶酒。丧归，命皇三子及庄亲王允禄临奠，行人护行，赐葬，谥恭悫。毓圻工书，爱兰，自号曰兰堂。子传铎袭。

传铎，字振路。康熙间赐二品冠服，袭爵后一年，世宗幸学，召传铎陪祀。传铎老，病足，命其子继溥代行礼。六月，孔子庙灾，传铎用明弘治间故事，率族人素服三日哭，疏引咎，上遣侍郎王景曾祭告，并传旨慰问。寻发帑重建，命侍郎留保会巡抚岳濬、前巡抚陈世倌庀工役，而以传铎董其事。诏询传铎，有当增设者言无隐。因请增设乐器库直房，上许之。八年，庙成。九年，上命修孔林，仍与世倌监理，疾作乞休，上允之。子继濩前卒，命以孙广棨袭。十年，孔林工竟，复开馆辑《阙里盛典》。十三年，卒，则祭葬。传铎工诗词，有集。

广棨，字京立。雍正初，授二品冠服，袭爵。以孔林工竟，率族人诣阙谢。上御圆明园正大光明殿，召入对，命坐赐茶，谕曰："汝为先圣后，当存圣贤心，行圣贤事，秉礼守义，以骄奢为戒。汝年方少，尤宜勤学读书，敦品励行，与汝族人相劝戒，相砥砺，为端人正士。"广棨顿首谢。赐松花江石砚及锦币，赐宴，遣归。十三年，世宗崩，入临。高宗复召入对，以覃恩赠父继濩如其爵。乾隆三年，上幸学，召广棨陪祀。献《亲耕耤田颂》、《视学大礼庆成赋》。四年，朝京师，祝上万寿。会举经筵，令侍班，因奏请著为令。六年，疏劾曲阜知县毓琚不职，毓琚亦讦广棨居乡不法，下巡抚按治，上原广棨而谴毓琚。八年，卒。子昭焕袭。

昭焕，字显明。十三年正月，上东巡，释奠孔子庙，御诗礼堂。昭焕方幼，命其族人举人继汾等进讲。是日并谒林，还，复留曲柄黄盖。赐昭焕宴，赍书籍、文绮、貂币，官继汾中书，族人有官者皆进秩。亲制《孔子庙碑》，勒石大成门外。二十一年，昭焕疏言："皇庄户丁蒙恩免役，历来地方官额外杂派，每事调剂非易，请酌留五十户，余改归民籍，交地方官编审应役。"上谕曰："昭焕疏言皇庄，此必沿前代旧习，然亦止应称官庄。子不云乎：'甚矣由之行诈，无臣而为有臣。'昭焕可谓不能读其祖书矣。此时丁银已停征，地方官安得更令百姓应役？且取役何事？若为朕东巡修道，则皆发帑雇役，初未累百姓。朕展谒先师，衍圣公督令庙户除道清产，理所应尔，岂当转庇庙户，并发帑雇役亦不肯应耶？"下吏议，当夺爵，上命宽之。以昭焕年少，归咎继汾及其兄继涑，皆遣黜。三月，上东巡，释奠孔子庙，谒林。二十二年，上奉皇太后东巡释奠。三十六年，复东巡释奠。既还京师，出内府所藏周铜器木鼎、亚尊、牺尊、伯彝、册卣、蟠夔敦、宝簠、夔凤豆、饕餮廡、四足鬲，凡十事，置庙庭。四十一年，两金川平。三月，复奉皇太后东巡释奠，告成功。次日，谒林。四十八年，昭焕卒，子宪培袭。

宪培，字养元。乾隆五十九年，卒。子庆镕袭。

庆镕，字陶甫。道光二十一年，卒。子繁灏袭。

繁灏，字文渊。同治二年，卒，谥端恪。子祥珂袭。

祥珂，字觐堂。光绪三年，卒，谥庄悫。子令贻袭。

令贻，字毂孙。国变后，袭爵，奉祀如故。

当唐末五季，以文宣公兼曲阜令。宋用孔氏支子，明至清初因之。自毓琚与广棨互讦坐罢官，廷议以衍圣公咨送易涉私，孔氏子领乡县，所隶皆亲属，审断亦未能悉公，拟更前例。御史卫廷璞疏言宜仍旧贯，鸿胪寺卿林令旭又请以衢州孔氏子孙为曲阜知县，下廷臣议，用廷璞言，仍令衍圣公咨送，巡抚考试题补。后十余年，巡抚白钟山奏请改题缺。上谕曰："阙里毓圣之乡，唐、宋以来，率以圣裔领县事。大宗主鬯，爵列上公。而知县以民事为职，奉法令，则以裁制伤恩；厚族党，则以偏私废事；非古易地而官之道，当如钟山议。仍别设世袭六品官，选孔氏子充补。"

明制，五经博士，孔氏南宗一人，奉衢州孔子庙祀；北宗一人，奉述圣祀。颜氏复圣后，曾氏宗圣后，孟氏亚圣后，仲氏子路后，各一人。道州周氏元公后，江宁、嵩县程氏皆正公后，洛阳邵氏康节后，建安、婺源朱氏皆文公后，各一人。清因之。又增设咸阳姬氏文王后，曲阜东野氏周公后，济宁闵氏子骞后，浚县端木氏子贡后，常熟言氏子游后，巨野卜氏子夏后，萧县颛孙氏子张后，菏泽、肥城两冉氏伯牛、仲弓后，肥城有氏有子后，邹平伏氏伏生后，孟县韩氏文公后，郿县张氏明公后，各一人。而程氏改纯公后一人。又崇关侯祀事，亦录其后，洛阳、解州、江陵各一人。《明史》衍圣公附《儒林传》后，今仿其例，并五经博士有增设者亦附焉。

卷四百八十四　列传二百七十一

文苑一

魏禧 兄际瑞 弟礼 礼子世效 世俨 李腾蛟 邱维屏 曾灿 林时益 梁份 **侯方域** 王猷定 陈宏绪 徐士溥 欧阳斌元 **申涵光** 张盖 殷岳 **吴嘉纪** 徐波 **钱谦益** 龚鼎孳 **吴伟业** 曹溶 **宋琬** 严沆 **施闰章** 高咏 邓汉仪 **王士禄** 弟士祜 田雯 曹贞吉 颜光敏 王崶 张笃庆 徐夜 **陈恭尹** 屈大均 梁佩兰 程可则 方殿元 吴文炜 王隼 冯班 宗元鼎 刘体仁 吴殳 胡承诺 贺贻孙 唐甄 阿什坦 刘淇 金德纯 傅泽洪 **汪琬** 计东 吴兆骞 顾我锜 **彭孙遹** **朱彝尊** 李良年 谭吉璁 **尤侗** 秦松龄 曹禾 李泰来 **陈维崧** 吴绮 徐釚 **潘耒** 倪灿 严绳孙 **徐嘉炎** 方象瑛 **万斯同** 钱名世 **刘献廷** **邵远平** 吴任臣 周春 陈鳣 **乔莱** 汪楫 汪懋麟 **陆葇** 兄子奎勋 **庞垲** 边连宝 **陆圻** 丁澎 柴绍炳 毛先舒 孙治 张丹 吴百朋 沈谦 虞黄昊 **孙枝蔚** 李念慈 **丁炜** 林侗 林佶 黄任 郑方坤 **黄与坚** 王昊 顾湄 **吴雯** 陶季 **梅清** 梅庚 **冯景** 邵长蘅 **姜宸英** 严虞惇 黄虞稷 **性德** 顾贞观 项鸿祚 蒋春霖 **文昭** 蕴端 博尔都 永忠 书诚 永悫 裕瑞 **赵执信** 叶燮 冯廷櫆 **黄仪** 郑元庆 **查慎行** 弟嗣瑮 查升 **史申义** 周起渭 张元臣 潘淳 **顾陈垿** **何焯** 陈景云 景云子黄中 **戴名世**

清代学术，超汉越宋。论者至欲特立"清学"之名，而文学并重，亦足于汉、唐、宋、明以外别树一宗，呜呼盛已！明末文丧甚矣！清运既兴，文气亦随之而一振。谦益归命，以诗文雄于时，足负起衰之责；而魏、侯、申、吴，山林遗逸，隐与推移，亦开风气之先。康、乾盛治，文教大昌。圣主贤臣，莫不以提倡文化为己任。师儒崛起，尤盛一时。自王、朱以及方、恽，各擅其胜。文运盛衰，实通世运。此当举其全体，若必执一人一地言之，转失之隘，岂定论欤？道、咸多故，文体日变。龚、魏之徒，乘时立说。同治中兴，文风又起。曾国藩立言有体，济以德功，实集其大成。光、宣以后，支离庞杂，不足言文久矣。兹为《文苑传》，但取诗文有名能自成家者，汇为一编，以著有清一代文学之盛。派别异同，皆置勿论。其已见《大臣》及《儒林》各传者，则不复著焉。

魏禧，字冰叔，宁都人。父兆凤，诸生。明亡，号哭不食，剪发为头陀，隐居翠微峰。是冬，筮《离》之《乾》，遂名其堂为易堂。旋卒。

禧儿时嗜古，论史斩斩见识议。年十一，补县学生。与兄际瑞、弟礼，及南昌彭士望、林时益，同邑李腾蛟、邱维屏、彭任、曾灿等九人为易堂学。皆躬耕自食，切劘读书，"三魏"之名遍海内。禧束身砥行，才学尤高。门前有池，颜其居曰勺庭，学者称勺庭先生。为人形干修颀，目光射人。少善病，参术不去口。性仁厚，宽以接物，不记人过。与人以诚，虽见欺，怡如也。然多奇气，论事每纵横排奡，倒注不穷。事会盘错，指画灼有经纬。思患豫防，见几于蚤，悬策而后验者十尝八九。流贼起，承平久，人不知兵，且谓寇远猝难。禧独忧之，移家山中。山距城四十里，四面削起百余丈。中径坼，自山根至顶若斧劈然。缘坼凿磴道梯而登，因置闸为守望。士友稍稍依之。后数年，宁都被寇，翠微峰独完。喜读史，尤好《左氏传》及苏洵文。其为文淩厉雄杰。遇忠孝节烈事，则益感激，摹画淋漓。

年四十，乃出游。于苏州交徐枋、金俊明，杭州交汪沨，乍浦交李天植，常熟交顾祖禹，常州交恽日初、杨瑀，方外交药地、槁木，皆遗民也。当是时，南丰谢文洊讲学程山，星子宋之盛讲学髻山，弟子著录者皆数十百人，与易堂相应和。易堂独以古人实学为归，而风气之振，由禧为之领袖。僧无可尝至山中，叹曰："易堂真气，天下无两矣！"无可，明检讨方以智也。友人亡，其孤不能自存，禧抚教安业之。凡戚友有难进之言，或处人骨肉间，禧批郤导窾，一言辄解其纷。或讶之，禧曰："吾每遇难言事，必积诚累时，待其精神与相贯注，夫然后言。"康熙十八年，诏举博学鸿儒，禧以疾辞。有司催就道，不得已，舁疾至南昌就医。巡抚舁验之，禧蒙被卧称疾笃，乃放归。后二年卒，年五十七。妻谢氏，绝食殉。著有《文集》二十二卷、《日录》三卷、《诗》八卷、《左传经世》十卷。

际瑞，原名祥，字善伯，禧兄。明亡后，禧、礼并谢诸生。际瑞叹曰："吾为长子，祖宗祠墓，父母尸饔，将谁责乎？"遂出就试。顺治十七年岁贡生。宁都民乱，赣军进讨，索饷于山寨。际瑞身冒险阻，往来任其事，屡濒于死。际瑞重信义，翠微峰诸隐者暨族戚倚际瑞为安危者三十余年。康熙十六年，滇将韩大任踞赣，当事议抚之。大任曰："非魏际瑞至，吾不信也！"时际瑞馆总镇哲尔肯所，遂遣之。家人泣劝毋往，际瑞曰："此乡邦宗族所关也，吾不行，恐祸及。行而无成，吾自当之。"遂往。甫入营，官兵遽从东路急攻。大任疑卖己，因拘留之。大任变计走降闽，际瑞遂遇害，年五十八。子世杰殉焉。际瑞笃治古文，喜漆园、《太史公书》。著有《文集》十卷、《五杂组》五卷。

礼，字和公，禧弟。少鲁钝，受业于禧。禧尝笞詈之，礼弗憾，曰："兄固爱弟也！"禧喜过望。方九岁，父将析产，持一田券踌躇曰："与祥，则礼损矣。奈何？"礼适在旁，应声曰："任损我，毋损伯兄。"父笑曰："是固鲁钝者耶？"礼寡言，急然诺，喜任难事。以郁郁不得志，乃益事远游。所至必交其贤豪，物色穷岩遗佚之士。年五十，倦游返，于翠微左干之巅构屋五楹。是时伯叔踵逝，石阁、勺庭久虚无人。诸子各散处，不复居易堂。礼独身率妻子居十七年，未他徙。卒，年六十六。著有《诗文集》十六卷。子世效、世俨。

世效，字昭士。生二十余月，母口授九歌，辄能成诵。稍长，从仲父禧读。性狷急，勇于任事。禧尝谓其文一如其人，锋锐所及，往往有没羽之力。以多病不应试。遍游燕、楚、吴、越，一至岭南。适王士禛使粤，见所作，愿折节与交。著有《耕庑文稿》十卷。

世俨，字敬士。善病如其兄，然不废翰墨。与世杰、世效时称"小三魏"。著有《为谷文稿》八卷。

李腾蛟，字咸斋，亦宁都人。诸生。于易堂中年最长，诸子皆兄事之，严敬无敢亵。后居三巘峰，以经学教授。著《周易剩言》。年六十，卒。

邱维屏，字邦士，宁都人，三魏姊婿也。明诸生。为人高简率穆。读书多玄悟，禧尝从之学。晚为历数、《易》学及泰西算法。僧无可与布算，退语人曰："此神人也！"彭士望与维屏交三十余年，未尝见其毁一人。然维屏独推服禧，尝贻禧书曰："拒谏饰非者大恶也，不拒谏而自拒谏，不饰非而自饰非，尤恶之恶也。足下敢于自信，自处有故，而持之以坚，拒谏饰非，盖有如此者！"禧得之痛服。维屏教授弟子，手批口讲，日夜不辍业。康熙十八年，卒，年六十六。垂殁，示子曰："食有菜饭，穿可补衣，无谲戾行，堪句读师。"士望服其言。著有《周易剿说》十二卷、《松下集》十二卷、《邦士文集》十八卷。

曾灿，字青藜，亦宁都人，给事中应遴仲子。岁乙酉，杨廷麟竭力保南赣。应遴以闽峤山泽间有众十万，命灿往抚之。既行，而应遴病卒，赣亦破，乃解散。寻祝发为僧，游闽、浙、两广间。大母及母念灿成疾，乃归宁都。以大母命受室，筑六松草堂，躬耕不出者数年。后侨居吴下二十余年，客游燕市以卒。著有《六松草堂文集》、《西崦草堂诗集》。

林时益，本明宗室，名议霶，字确斋，南昌人。与彭士望同里。两人谋居，士望与魏禧一见定交，极言金精诸山可为岭北耕种处，乃携家偕士望往。侨居十余年，与魏氏昆弟相讲习。康熙七年，诏明故宗室子孙众多，窜伏山林者还田庐，复姓氏。时益久客宁都，弗乐归。卜居冠石，结庐佣田，非其力不食。冠石宜茶，时益以意制之，香味拟阳羡，所谓林茶者也。晚好禅悦。著有《冠石诗集》五卷、《确斋文集》。

梁份，字质人，南丰人。少从彭士望、魏禧游，讲经世之学。工古文辞。尝只身游万里，西尽武威、张掖，南极黔、滇，遍历燕、赵、秦、晋、齐、魏之墟，览山川形势，访古今成败得失、遐荒轶事，一发之于文。方苞、王源皆重之。其论山海关，谓："关自明洪武间始设，隋置临榆于西，唐为榆关。东北古长城，燕、秦所筑，距关远，皆不足轻重。金之伐辽，自取迁民始。李自成席卷神京，败石河而失之。天之废兴，人之成败，而决于山海一隅。荒榛千百年之上，偏重于三百年间。天下定则山海安，山海困则天下困，其安危之重如此。"生平以未游山海为憾。为人朴挚强毅，守穷约至老不少挫。卒，年八十九。著有《怀葛堂文集》十五卷、《西陲今略》八卷。

侯方域，字朝宗，商丘人。父恂，明户部尚书；季父恪，官祭酒：皆以东林忤阉党。

方域师倪元璐。性豪迈不羁，为文有奇气。时太仓张溥主盟复社，青浦陈子龙主盟几社，咸推重方域，海内名士争与之交。方恂之督师援汴也，方域进曰："大人受诏讨贼，庙堂议论多牵制。今宜破文法，取戮剑诛一甲科守令之不应征办者，而晋帅许定国师噪，亟斩以徇。如此则威立，军事办，然后渡河收中原土寨团结之众，以合左良玉于襄阳，约陕督孙传庭掎角并进，则汴围不救自解。"恂叱其跋扈，不用，趣遣之归。

方域既负才无所试，一放意声伎，流连秦淮间。阉党阮大铖时亦屏居金陵，谋复用。诸名士共檄大铖罪，作《留都防乱揭》，宜兴陈贞慧、贵池吴应箕二人主之。大铖知方域与二人善，私念因侯生以交于二人，事当已，乃嘱其客来结欢。方域觉之，卒谢客，大铖恨次骨。已而骤柄用，将尽杀党人，捕贞慧下狱。方域夜走依镇帅高杰，得免。顺治八年，出应乡试，中式副榜。十一年，卒，年三十七。

方域健於文，与魏禧、汪琬齐名，号"国初三家"。有《壮悔堂集》。

同时江西以文名者，南昌王猷定，新建陈宏绪、徐士溥、欧阳斌元。

猷定，字于一。选拔贡生。父时熙，进士，官太仆卿，名在东林。猷定好奇，有辩口，文亦如之。著《四照堂集》。

宏绪，字士业。父道亨，进士，官兵部尚书。疏救杨涟，罢归。藏书万卷。宏绪不仕，辑《宋遗民录》以见志，有《石庄集》。

士溥，字巨源。父良彦，进士。忤崔、魏削籍，成清浪。溧阳陈名夏闻士溥善古文，手书招之，拒不纳。有《榆溪集》。

斌元，字宪万。尝为南司马吕大器草奏劾马士英二十四大罪，又佐史可法幕府。有《文集》十二卷。

申涵光，字孚孟，号凫盟，永年人，明太仆寺丞佳胤子。年十五，补诸生。文名藉藉，顾不屑为举子业。日与诸同志论文立社，载酒豪游为乐。万历六年乱起，议城守，出家赀四百金，钱二十万犒士。甲申，奉母避乱西山，诛茅广羊绝顶。与巨鹿杨思圣，鸡泽殷岳、殷渊，定患难交。京师破，佳胤殉国难，涵光痛绝复苏。因渡江而南，谒陈子龙、夏允彝、徐石麟诸名宿，为父志、传。归里，事亲课弟，足迹绝城市。日与殷岳及同里张盖相往来酬和，人号为"广平三君"。

清初，诏访明死难诸臣。柏乡魏裔介上褒忠疏，列佳胤名，格于部议。涵光徒跣赴京师，踔泥水中，几濒于死。麻衣经带，号哭东华道上，观者皆饮泣。裔介再疏争之，卒与祀恤如例。一时士大夫高其行，皆倾心纳交，宴游赠答无虚日。

涵光为诗，吞吐众流，纳之炉冶。一以少陵为宗，而出入于高、岑、王、孟诸家。尝谓："诗以道性情，性情之真者，可以格帝天，泣神鬼。若专事附会，寸寸而效之，则啼笑皆伪，不能动一人矣。"尚书王士祯称涵光开河朔诗派。学士熊伯龙谓今世诗人吾甘为之下者，凫盟一人而已。

尝谒孙奇逢，执弟子礼。奇逢恨得之晚，以圣贤相敦勉。自是始闻天人性命之旨，究心理学，不复为诗。顺治十七年，诏郡县举孝行，有司以涵光应，力辞之。再举隐逸之士，坚辞不就。尝自悔为名累，谢绝交游。晚年取诸儒语录昕夕研究。作《性习图》、《义利说》及《荆园小语》、《进语》诸书。尝曰："主静不如主敬，敬，自静也。朱、陆同适于道，朱由大路，虽迟而稳，陆由便径，似捷而危：在人自择耳。"奇逢谓其苦心积虑，阅历深而动忍熟。裔介则赞之曰："年少文坛，老来理路，圣贤之所谓博文而约礼也。"其推重如此。康熙十六年，卒，年五十九。

涵光又解琴理。书法颜鲁公，尤工汉隶。间作山水木石，落落有雅致。著有《聪山诗集》八卷，《文集》四卷，《说杜》一卷。

盖，字覆舆。明亡后，谢诸生，悲吟侘傺，遂成狂疾。尝游齐、晋、楚、豫间，归自闭土室中，虽妻子不得见。唯涵光、岳至则延入，谈甚洽。其诗哀愤过情，恒自毁其稿。卒后，涵光为刊遗诗，曰《柿叶集》。

岳，字宗山，鸡泽人。举人。京师陷，入西山，与其弟渊谋举义。事泄，渊被害，岳匿涵光家得免。其为诗自魏、晋以下屏不观，尤不喜律诗，所作唯古体，莽莽然肖其为人。有《留耕堂集》。

吴嘉纪，字宾贤，泰州人。布衣。家安丰盐场之东淘。地滨海，无交游。自名所居曰陋轩。贫甚，虽丰岁常乏食。独喜吟诗，晨夕啸咏自适，不交当世。郡人汪楫、孙枝蔚与友善，时称道之，遂为王士祯所知。尤赏其五言清冷古淡，雪夜酌酒，为之序，驰使三百里致之。嘉纪因买舟至扬州谒谢定交，由是四方知名士争与之倡和。

嘉纪工为危苦严冷之词，尝撰《今乐府》，凄急幽奥，能变通陈迹，自为一家。所著《陋轩集》多散佚，友人复裒集之为四卷。其诗风骨颇遒，运思亦复魈刻。由所遭不偶，每多怨咽之音，而笃行潜修，特为一时推重云。

徐波，字元叹，吴县人。少任侠。明亡后，居天池，构落木庵，以枯禅终。诗多感喟，虞山钱谦益与之善，赠以诗，颇推重之。有《谥箫堂》、《染香庵》等集。

钱谦益，字受之，常熟人。明万历中进士，授编修。博学工词章，名隶东林党。天启中，御史陈以瑞劾罢之。崇祯元年，起官，不数月至礼部侍郎。会推阁臣，谦益虑尚书温体仁、侍郎周延儒并推，则名出己上，谋沮之。体仁追论谦益典试浙江取钱千秋关节事，予杖论赎。体仁复贿常熟人张汉儒讦谦益贪肆不法。谦益求救于司礼太监曹化淳，刑毙汉儒。体仁引疾去，谦益亦削籍归。

流贼陷京师，明臣议立君江宁。谦益阴推戴潞王，与马士英议不合。已而福王立，惧得罪，上书诵士英功，士英引为礼部尚书。复力荐阉党阮大铖等，大铖遂为兵部侍郎。顺治三年，豫亲王多铎定江南，谦益迎降，命以礼部侍郎管秘书院事。冯铨充明史馆正总裁，而谦益副之。俄乞归。五年，凤阳巡抚陈之龙获黄毓祺，谦益坐与交通，诏总督马国柱逮讯。谦益诉辨，国柱遂以谦益、毓祺素非相识定谳。得放还，以箸述自娱，越十年卒。

谦益为文博赡，谙悉朝典，诗尤擅其胜。明季王、李号称复古，文体日下，谦益起而力振之。家富藏书，晚岁绛云楼火，惟一佛像不焚，遂归心释教，著《楞严经蒙钞》。其自为诗文，曰《牧斋集》，曰《初学集》、《有学集》。乾隆三十四年，诏毁板，然传本至今不绝。

龚鼎孳，字孝升，合肥人。明崇祯七年进士，授兵科给事中。李自成陷都城，以鼎孳为直指使，巡视北城。及睿亲王至，遂迎降，授吏科给事中。改礼科，迁太常寺少卿。顺治三年，丁父忧，请赐恤典。给事中孙垍龄疏言："鼎孳辱身流贼，蒙朝廷擢用，曾不闻夙夜在公，惟饮酒醉歌，俳优角逐。闻讣仍复歌饮留连，冀邀非分之典，亏行灭伦，莫此为甚！"部议降二级。寻遇恩诏获免，累迁左都御史。

先是大学士冯铨被劾，睿亲王集科道质讯。鼎孳斥铨阉党，为忠贤义儿。铨曰："何如逆贼御史？"鼎孳以魏征归顺太宗自解，王笑曰："惟无瑕者可以戮人。奈何以闻贼拟太宗！"遂罢不问。坐事降八级调用，补上林苑丞，旋罢。康熙初，起左都御史，迁刑部尚书。卒，谥"端毅"。乾隆三十四年，诏削其谥。

鼎孳天才宏肆，千言立就。世祖在禁中见其文，叹曰："真才子也！"尝两典会试，汲引英俊如不及。朱彝尊、陈维崧游京师，贫甚，资给之。傅山、阎尔梅陷狱，皆赖其力得免。临殁，以徐釚嘱梁清标曰："负才如虹亭，可使之不成名耶？"釚后以清标荐试鸿博，入史馆。自谦益卒后，在朝有文藻负士林之望者，推鼎孳云。著有《定山堂集》。

吴伟业，字骏公，太仓人。明崇祯四年进士，授编修。充东宫讲读官，再迁左庶子。弘光时，授少詹事，乞假归。顺治九年，用两江总督马国柱荐，诏至京。侍郎孙承泽、大学士冯铨相继论荐，授秘书院侍讲，充修《太祖、太宗圣训》纂修官。十三年，迁祭酒。丁母忧归。康熙十年，卒。

伟业学问博赡，或从质经史疑义及朝章国故，无不洞悉原委。诗文工丽，蔚为一时之冠，不自标榜。性至孝，生际鼎革，有亲在，不能不违顾恋，俯仰身世，每自伤也。临殁，顾言："吾一生遭际，万事忧危，无一时一境不历艰苦。死后敛以僧装，葬我邓尉、灵岩之侧。坟前立一圆石，题曰'诗人吴梅村之墓'。勿起祠堂，勿乞铭。"闻其言者皆悲之。著有《春秋地理志》、《氏族志》、《绥寇纪略》及《梅村集》。

曹溶，字鉴躬，嘉兴人。明崇祯十年进士，官御史。清定京师，仍原职。寻授顺天学政。疏荐明进士王崇简等五人，又请旌殉节明大学士范景文、尚书倪元璐等二十八人，孝子徐基、义士王良翰等及节妇十余人。试竣，擢太仆寺少卿。坐前学政任内失察，降二级。久之，稍迁左通政，上言："通政之官职在纳言，请嗣后凡遇挟私违例章疏即予驳还，仍许陈事建议。"又言："王师入关，各处驻兵，乃一时权宜。今当归并于盗贼出没险阻之地，则兵不患少。其闲散无事之兵，遇缺勿补，遇遣即遣，则饷不虚縻。且当裁提镇，增副将，以专责成。"又言："诸司职掌无成书，请以近年奉旨通行者，参之前朝《会典》，编为《简明则例》，以重官守。"擢左副都御史。疏请时御便殿，召大臣入对，赐笔札以辨其才识，有切中利弊者，即饬力行，勿概下部议，帝并嘉纳。擢户部侍郎，出为广东布政使，降山西阳和道。康熙初，裁缺归里。十八年，举鸿博，丁忧未赴。学士徐元文荐修《明史》。又数年，卒。有《倦圃诗集》。

宋琬，字玉叔，莱阳人。父应亨，明天启中进士。令清丰，有惠政，民为立祠。崇祯末殉节，赠太仆寺卿。

琬少能诗，有才名。顺治四年进士，授户部主事，累迁吏部郎中。出为陇西道，过清丰，民遮至应亨祠，款留竟日，述往事至泣下。琬益自刻厉，期不坠先绪。调永平道，又调宁绍台道，皆有绩。十八年，擢按察使。时登州于七为乱。琬同族子怀宿憾，因告变，诬琬与于七通，立逮下狱，并系妻子。逾三载，下督抚外讯。巡抚蒋国柱白其诬，康熙三年放归。十一年，有诏起用，授四川按察使。明年，入觐，家属留官所。值吴三桂叛，成都陷，闻变惊悸卒。

始琬官京师，与严沆、施闰章、丁澎辈酬倡，有"燕台七子"之目。其诗格合声谐，明靓温润。既构难，时作凄清激宕之调，而亦不戾于和。王士祯点定其集为三十卷。尝举闰章相况，目为"南施北宋"。殁后诗散佚，族孙邦宪缀辑之为六卷。

沆，字子餐，馀杭人。顺治十二年进士，官至户部侍郎。性退让，或讥弹其诗，辄应时改定。有《皋园集》。

施闰章，字尚白，号愚山，宣城人。祖鸿猷，以儒学著。子姓传业江南，言家法者推施氏。

闰章少孤，事叔父如父。从沈寿民游，博综群籍，善诗古文辞。顺治六年进士，授刑部主事，以员外郎试高等。擢山东学政，崇雅黜浮，有冰鉴之誉。秩满，迁江西参议，分守湖西道。属郡残破多盗，遍历山谷抚循之，人呼为施佛子。尝作《弹子岭》、《大阮叹》等篇告长吏，读者皆曰："今之元道州也。"尤崇奖风教，所至辄葺书院，会讲常数百人。新淦民兄弟忿戾不睦，一日闻讲礼让孝弟之言，遂相持哭，诣阶下服罪。峡江患虎，制文祝之，俄有虎堕深堑，患遂绝。岁旱，祷雨辄应。康熙初，裁缺归。民留之，不得，乃醵金创龙冈书院祀之。初，闰章驻临江，有清江环城下，民过者咸曰："是江似使君。"因改名使君江。及是倾城送江上，又送至湖。以官舫轻，民争买石膏载之，乃得渡。十八年，召试鸿博，授翰林院侍讲，纂修《明史》，典试河南。二十二年，转侍读，寻病卒。

闰章之学，以礼仁为本。置义田，赡族好，扶掖后进。为文意朴而气静，诗与宋琬齐名。王士祯爱其五言诗，为作《摘句图》。士祯门人问诗法于闰章，闰章曰："阮亭如华严楼阁，弹指即见。予则不然，如作室者，瓴甓木石，一一就平地筑起。"论者皆谓其允。著有《学余堂集》、《矩斋杂记》、《蠖斋诗话》，都八十余卷。

闰章与同邑高咏友善，皆工诗，主东南坛坫数十年，时号"宣城体"。

咏，字阮怀。幼称神童。祖维岳，知兴国州，清介无长物。咏食贫励学，屡蹶名场，年近六十，始贡入太学。词科之举，咏与焉，授检讨。闰章称其诗优入古人。兼工书画，有《遗山堂》、《若岩堂集》。

时同举鸿博又有泰州邓汉仪，字孝威。以年老授中书舍人。亦工诗。游迹所至，辄以名集，逐年编纪，凡七集。诗家咸推重之。

　　王士禄，字子底，济南新城人。少工文章，清介有守。弟士祜、士祯从之学诗。士祯遂为诗家大宗，官尚书，自有传。士禄，顺治九年进士。投牒改官，选莱州府教授，迁国子监助教，擢吏部主事。康熙二年，以员外郎典试河南，磨勘罣吏议下狱。久之得雪，免归。居数年，起原官。学士张贞生、御史李棠先后建言获咎，力直之，人以为难。寻又免归。母丧，以毁卒，年四十有八。其文去雕饰，诗尤闲澹幽肆。有《西樵》、《十笏山房》诸集。

　　士祜，字子测。十岁时，客或疑焦竑字弱侯何耶？坐客未对，即应声曰："此出《考工记》，'弦其幅广以为之弱'也。"咸惊其风慧。康熙初，第进士，未仕卒。士祯辑其诗为《古钵山人遗集》。

　　当是时，山左诗人王氏兄弟外，有田雯、颜光敏、曹贞吉、王苹、张笃庆、徐夜皆知名。

　　雯，字紫纶，号山姜，德州人。康熙三年进士，授中书。先是中书以赀郎充，是年始改用进士，遂为例。累迁工部郎中。督江南学政，所取士多异才。每按试，从两骡、二仆随之，戒有司勿供张。授湖广督粮道，迁光禄寺卿，巡抚江宁，调贵州。时苗、仲猖獗，粤督议会剿，雯谓："制苗之法，犯则治之，否则防之而已，无庸动众劳民也。"议遂寝。丁忧，起补刑部侍郎，调户部，以疾归。康熙中，士祯负海内重名，其论诗主风调。雯负其纵横排奡之气，欲以奇丽抗之。有《古欢堂集》。

　　贞吉，字升六，安丘人。与雯同年进士，礼部郎中。诗格遒练，有《实庵诗略》。兼工倚声，吴绮选名家词，推为压卷。

　　光敏，字逊甫，曲阜人，颜子六十七世孙也。康熙六年进士，除国史院中书舍人。帝幸太学，加恩四氏子孙，授礼部主事，历吏部郎中。其为诗秀逸深厚，出入钱、刘。吴江计东谓足以鼓吹休明。雅善鼓琴，精骑射蹋鞠。尝西登太华，循伊阙，南浮江、淮，观涛钱塘，溯三衢。所至辄命工为图，得金石文恒悬之屋壁。有《乐圃集》、《旧雨堂集》。

　　苹，字秋史，历城人。少落拓不偶，人目为狂。雯见其诗，为延誉。尝赋"黄叶"句绝工，人称为王黄叶。康熙四十五年进士，当为令，以母老改成山卫教授。闭门耽吟，介节弥著。有《二十四泉草堂集》。

　　笃庆，字历久，淄川人。拔贡生。早受知施闰章。会征鸿博，有欲荐之者，辞不应。诗以盛唐为宗，有《昆仑山房集》。

　　夜，字东痴，新城人，本名元善。举鸿博，不赴。有诗集。

　　陈恭尹，字元孝，顺德人。父邦彦，明末殉国难，赠尚书。恭尹少孤，能为诗，习闻忠孝大节。弃家出游，赋《姑苏怀古》诸篇，倾动一时。留闽、浙者七年。一日，父友遇诸涂，责之曰："子不归葬，奈何徒欲一死塞责耶！"恭尹泣谢之，乃归。既葬父增城，遂渡铜鼓洋访故人于海外。久之归，主何衡家。与陶窳、梁无技及衡弟绛相砥砺，世称"北田五子"。已，复游赣州，转泛洞庭，再游金陵，至汴梁，北渡黄河，徘徊大行之下。于是南归，筑室羊城之南以诗文自娱，自称罗浮布衣。

　　恭尹修髯伟貌，气干沉深。其为诗激昂顿挫，足以发其哀怨之思。自言平生文辞多取诸胸臆，仆仆道涂，稽古未遑也。卒，年七十一。著《独漉堂集》。王隼取恭尹诗合屈大均、梁佩兰共刻之，为《岭南三家集》。

　　大均，字介子，番禺人。初名绍隆，遇变为僧，中年返初服。工诗，高浑兀奡，有《翁山诗文集》。

　　佩兰，字芝五，南海人。童时日记数千言。顺治十四年乡试第一，又三十一年始成进士，年六十矣。佩兰夙负诗名。既选庶吉士，馆中推为祭酒。不一年假归，里居十五载。会诏饬词臣就职，复入都。逾月散馆，以不习国书罢归。结兰湖社，与同邑程可则、番禺王邦畿、方殿元及恭尹等称"岭南七子"。有《六莹堂集》。

　　可则，字周量。顺治九年会试第一。以磨勘停殿试归，益恣探经史。十七年，始应阁试，授内阁中书，累迁兵部郎中。出知桂林府，以敏干称。其官都下，与宋琬、施闰章、王士禄、士祯、陈廷敬、沈荃、曹尔堪辈为文酒之会，吴之振合刻《八家诗选》。可则诗曰《海日堂集》。

　　殿元，字蒙章。康熙三年进士。历知剡城、江宁等县。置祭田以赡兄弟，而自携长子还，次子朝侨寓苏州。父子皆有诗名。所称"岭南七子"，并其二子数之也。殿元著《九谷集》；还，《灵州集》；朝，《勺园集》。

　　佩兰之友又有南海吴文炜，字山带。十岁工诗，兼善绘事。诗初效长吉体，务为险语取快。康熙三十二年举人。计偕，卒于旅舍。有《金茅山堂集》，恭尹为之序。

　　王隼，字蒲衣，番禺人。父邦畿，明副贡生。隐居罗浮，岭南七子之一也。有《耳鸣集》。隼七岁能诗。慕道术，早岁弃家入丹霞，寻入匡庐，居太乙峰，六七年始归。性喜琵琶，终日理书卷，生事窘不顾，惟取琵琶弹之。琵琶声急，即其窘益甚。著《大樗堂集》。妻潘，女瑶湘，并工诗。

　　冯班，字定远，常熟人。渊雅善持论，顾性不谐俗。说诗力抵严羽，尤不取江西宗派，出入义山、牧之、飞卿之间。书四体皆精。著《钝吟集》。赵执信于近代文家少许可者，见班所著独折服，至具衣冠拜之。尝谒其墓，写"私淑门人"刺焚冢前。其为名流所倾仰类此。

　　宗元鼎，字定九，江都人。七岁咏梅，远近传诵其句。堂有古梅一株，人谓之"宗郎梅"。性狷而孝，釜甑屡空，未尝以贫告人。康熙初，贡太学，铨注州同知，未仕卒。元鼎与从弟元豫、观，从子之瑾、之瑜皆工诗，有"广陵五宗"之目。

　　刘体仁，字公㦷，颍州人。顺治中进士。有家难，弃官从孙奇逢讲学。后官考功郎中。体仁喜作画，鉴识甚精，又工鼓琴。与汪琬、王士祯友善，著《七颂堂集》。士祯称其诗似孟东野；又言今日善学《才调集》者无如元鼎，学西昆体者无如吴殳。

殳，字修龄，原名乔，亦常熟人也。著《围炉诗话》，云："意喻则米，炊而为饭者文，酿而为酒者诗乎？"又曰："诗之中须有人在。"执信叹为知言。

胡承诺，字君信，天门人。崇祯时举人。明亡后，隐居不仕，卧天门巾、柘间。顺治十二年，部铨县职。康熙五年，檄征入都，六年，至京师，未几告归。构石庄于西村，穷年诵读，著《绎志》二十余万言。《绎志》者，绎己所志也。原本道德，切近人事，为有体有用之学。其《吏治篇》曰："古之人不敢轻言变法也。必有明哲之德，于精粗之理无所不昭，不独精者为之地，即粗者亦为之地；有和悦之气，于异同之见无所不容，不独同者乐其然，即异者亦乐其然；然后可夺其久安之法，授以更新之制，而民不惊顾不欢哗也。"《租庸篇》曰："欲富国者，当使君民之力皆常有余。民之余力，生于君之约取；君之余力，生于民之各足。"他篇准此。承诺自拟其书于徐干《中论》、《颜氏家训》。或颇讥其掇拾群言，未能如古人自成一家之说，然大体必轨于正。又有《读书录》，则鳞杂细碎，殆《绎志》取材之余矣。二十六年，卒，年七十五。

同时笃志撰述，其学与承诺相上下者，又有贺贻孙，字子翼，永新人；唐甄，字铸万，达州人。

贻孙九岁能属文。明季社事盛行，贻孙与万茂先、陈士业、徐巨源、曾尧臣辈结社豫章。及明亡，遂不出。顺治初，学使者慕其名，特列贡榜，避不就。巡按御史笪重光欲举应鸿博，书至，贻孙愀然曰："吾逃世而不逃名，名之累人实甚。吾将从此逝矣！"乃剪发衣缁，结茅深山，无复能踪迹之者。晚年穷益甚。著有《易触》、《诗触》、《诗筏》、《骚筏》，又著《水田居激书》。《激书》者，备名物以寄兴，纪逸事以垂劝，援古鉴今，错综比类。言之不足，故长言之，长言之不足，故危悚惕厉，必畅所欲言而后已，激浊扬清。始自《贵因》，终于《空明》，凡四十一篇。

甄性至孝，父丧，独栖殡室三年。以世乱不克还葬，遂葬父虎丘。顺治十四年举人。选长子令，下车，即导民树桑凡八十万本，民利赖焉。未几，坐逃人讳误去官。僦居吴市，炊烟屡绝，至采枸杞叶为食，衣败絮，著述不辍。始志在权衡天下，作《衡书》，后以连蹇不遇，更名《潜书》。分上下篇，上篇论学，始《辨儒》，终《博观》，凡五十篇；下篇论政，始《尚治》，终《潜存》，凡四十七篇。上观天道，下察人事，远正古迹，近度今宜，根于心而致之行，非虚言也。宁都魏禧见而叹之曰："是周、秦之书也，今犹有此人乎！"卒，年七十五。

阿什坦，字金龙，完颜氏，满洲正白旗人。顺治九年进士，授刑科给事中。初翻译《大学》、《中庸》、《孝经》诸书，诏刊行。阿什坦上言："学者宜以圣贤为期，经史为导，此外无益杂书当屏绝。"又请严旗人男女之别，定部院九品之制，俱报可。康熙初，罢职家居。鳌拜专政，欲令一见终不往。嗣以荐起，圣祖召问节用爱人，对曰："节用莫要于寡欲，爱人莫先于用贤。"圣祖顾左右曰：

"此我朝大儒也！"著有《大学中庸讲义》及《奏稿》。孙留保，以掌院学士充《明史》总裁，附《王兰生传》。

刘淇，字武仲，汉军镶白旗人。弟汶，举人。受知世宗，时有二难之目。著《周易通说》、《禹贡说》、《助字辨略》、《堂邑志》、《卫园集》。

金德纯，字素公，汉军正红旗人。著《旗军志》。

傅泽洪，字育甫，汉军旗人。累官江南淮扬道。著《行水金鉴》百七十五卷。

汪琬，字苕文，长洲人。少孤，自奋于学，锐意为古文辞。于《易》、《诗》、《书》、《春秋》、《三礼》、《丧服》咸有发明。性狷介。深叹古今文家好名寡实，鲜自重特立，故务为经世有用之学。其于当世人物，褒讥不少宽假。顺治十二年进士，授主事，再迁刑部郎中。坐累降兵马司指挥，能举其职，不以秩卑自沮。任满，稍迁户部主事，民送之溢衢巷。榷江宁西新关，以疾假归。结庐尧峰山，闭户撰述，不交世事，学者称尧峰先生。以宋德宜、陈廷敬荐博学鸿儒科，试列一等。授编修，纂修《明史》，棘棘争议不阿。在馆六十日，再乞病归。归十年而卒，年六十七。

初，圣祖尝问廷敬今世谁能为古文者，廷敬举琬以对。及琬病归，圣祖南巡驻无锡，谕巡抚汤斌曰："汪琬久在翰林，有文誉。今闻其居乡甚清正，特赐御书一轴。"当时荣之。琬为文原本《六经》，疏畅类南宋诸家，叙事有法。公卿志状，皆争得琬文为重。尝自辑诗文为《类稿》、《续稿》各数十卷，又简其尤精者，嘱门人林佶缮刻之。

计东，字甫草，吴江人。少负经世才，自比马周、王猛。遭世变，著《筹南五论》，持谒史可法，可法奇之，弗能用也。顺治十四年，举顺天乡试，旋以江南奏销案被黜。尝从汤斌讲学，又从汪琬受欧、曾古文义法，故其为文具有本原，而一出以和平温雅。既废不用，贫无以养，纵游四方，所至交其豪杰。过邺城，寻明诗人谢榛葬处，得之南门外二十里，为修墓立石，请有司禁樵牧。又憩顺德逆旅，念归有光昔尝佐郡，集中有《厅壁记》，求其遗址不得，乃即署旁废圃中设瓣香，再拜流涕而去，观者骇其狂。

东外若不羁，内行谨，事母至孝。同邑友人吴兆骞流徙出关，为恤其家，且以女许配其弱子。大学士王熙素重东，屡欲荐之，未果。会诏举鸿博，而东已前一年卒，深悼惜焉。

初游河南，见商丘宋荦，辄引重。其后东殁二十余年，荦至江苏巡抚，为序其遗文，曰《改亭集》，刊行之。

兆骞，字汉槎。亦十四年举人。以科场蜚语逮系，遣戍宁古塔。兆骞与弟兆宜皆善属文，居塞上二十年，侘傺不自聊，一发之于诗。已而友人顾贞观言于纳兰成德、徐乾学，为纳锾，遂于康熙二十年赦还。著《秋笳集》。兆宜尝注徐、庾二集，韩偓诗集，又注《玉台新咏》、《才调集》，并行于世。

同邑顾我锜，廪生。鄂尔泰任江苏布政，试古学，得士五十三人，刻《南邦黎献集》，推我锜为冠。乾隆丙辰开词科，鄂尔泰惜我锜前卒，不获举，人谓其遇与东同。有《湘南诗集》。

彭孙通，字骏孙，海盐人。父期生，明唐王时官太仆卿，死赣州。长子孙贻以毁卒，孙通其少子也。顺治十六年进士，授中书。素工词章，与王士祯齐名，号曰"彭王"。康熙十八年，开博学鸿儒科，诏中外诸臣广搜幽隐，备礼敦劝，无论已仕未仕，征诣阙下，月饩太仓米。明年三月朔，召试太和殿。发赋、诗题各一，学士院给官纸，光禄布席，赐宴体仁阁下。于是天子亲擢孙通一等一名，授编修。

自孙通外，其籍隶浙江者，又有钱塘汪霦，秀水徐嘉炎、朱彝尊，平湖陆葇，海宁沈珩，仁和沈筠、吴任臣、邵远平，遂安方象瑛、毛升芳，萧山毛奇龄，鄞陈鸿绩，凡十三人。江苏二十三人，曰：上元倪灿，宝应乔莱，华亭王顼龄、吴元龙，无锡秦松龄、严绳孙，武进周清原，宜兴陈维崧，长洲冯勖、汪琬、尤侗、范必英，吴钱中谐，仪真汪楫，淮安邱象随，吴江潘耒、徐釚，太仓黄与坚，常熟周庆曾，山阳李铠、张鸿烈，上海钱金甫，江阴曹禾。直隶五人，曰：大兴张烈，东明袁佑，宛平米汉雯，获鹿崔如岳，任丘庞垲。安徽三人，曰：宣城施闰章、高咏，望江龙燮。江西二人，曰：临川李来泰，清江黎骞。陕西一人，曰富平李因笃。河南一人，曰睢州汤斌。山东一人，曰诸城李澄中。湖北一人，曰黄冈曹宜溥。凡五十人，皆以翰林入史馆。其列二等者，亦多知名之士，称极盛焉。

孙通历官吏部侍郎，充经筵讲官。《明史》久未成，特命为总裁，赐专敕，异数也。年七十，致仕归，御书"松桂堂"额赐之，遂以名其集。

朱彝尊，字锡鬯，秀水人，明大学士国祚曾孙。生有异秉，书经目不遗。家贫客游，南逾岭，北出云朔，东泛沧海，登之罘，经瓯越。所至丛祠荒塚、破炉残碣之文，莫不搜剔考证，与史传参校同异。归里，约李良年、周筼、缪泳辈为诗课，文名益噪。

康熙十八年，试鸿博，除检讨。时富平李因笃、吴江潘耒、无锡严绳孙及彝尊皆以布衣入选，同修《明史》。建议访遗书，宽期限，毋效《元史》之迫时日。辨方孝孺之友宋仲珩、王孟缊、郑叔度、林公辅诸人咸不及于难，则知《从亡》、《致身录》谓诛九族，并戮其弟子朋友为一族不足据，所谓九族者，本宗一族也。又言东林不皆君子，异乎东林者，亦不皆小人。作史者未可存门户之见，以同异分邪正。二十年，充日讲起居注官。典试江南，称得士。入值南书房，赐紫禁城骑马。数与内廷宴，被文绮、时果之赉，皆纪以诗。旋坐私挟小胥入内写书被劾，降一级，后复原官。三十一年，假归。圣祖南巡，迎驾无锡，御书"研经博物"额赐之。

当时王士祯工诗，汪琬工文，毛奇龄工考据，独彝尊兼有众长。著《经义考》、《日下旧闻》、《曝书亭集》。又尝选《明诗综》，或因人录诗，或因诗存人，铨次为最当。

卒，年八十一。子昆田，亦工诗文，早卒。孙稻孙，举乾隆丙辰鸿博，能世其家。

彝尊所与为诗课者，李良年，字武曹，同邑人。与兄绳远、弟符并著诗名。试鸿博，罢归。有《秋锦山房集》。谭吉璁，字舟石，嘉兴人，彝尊姑之子也。少遇寇，以身蔽父，寇舍之去。后以诸生试国子监第一，授弘文院撰文中书舍人，出为延安同知。吴三桂叛，守榆城独完，论功加一级。举应鸿博，报罢。迁知登州府。卒。有《嘉树堂集》。

尤侗，字展成，长洲人。少补诸生，以贡谒选。除永平推官，守法不挠。坐挞旗丁镌级归。侗天才富赡，诗文多新警之思，杂以谐谑，每一篇出，传诵遍人口。康熙十八年，试鸿博列二等，授检讨，与修《明史》。居三年告归。圣祖南巡至苏州，侗献诗颂。上嘉焉，赐御书"鹤栖堂"额，迁侍讲。

初，世祖于禁中览侗诗篇，以才子目之。入后翰林，圣祖称之曰"老名士"。天下羡其荣遇。侗喜汲引才俊，性宽和，与物无忤。兄弟七人甚友爱，白首如垂髫。卒，年八十七。著《西堂集》、《鹤栖堂集》，凡百余卷。

秦松龄，字留仙，无锡人。顺治十二年进士，官检讨，罢归。后举鸿博，复授检讨。典江西乡试，历左赞善，以谕德终。松龄为庶常，召试《咏鹤》诗，有句云："高鸣常向月，善舞不迎人。"世祖拔置第一，示阁臣曰："是人必有品！"及告归，里居二十余年，专治《毛诗》。仿《黄氏日钞》之例，著《毛诗日笺》六卷。自为诗文曰《苍岘山人集》。

曹禾，字颂嘉，江阴人。康熙三年进士。选鸿博，授检讨，官至祭酒。与田雯、宋荦、汪懋麟、颜光敏、王又旦、谢重辉、曹贞吉、丁澎、叶封齐名，称诗中十子。

同时江西选鸿博一等者，李泰来，字石台，临川人。顺治九年进士。尝督江南学政，除苏松常道，以疾归。试词科，授侍讲。古文博奥，诗以和雅称。有《石台集》。

陈维崧，字其年，宜兴人。祖于廷，明左都御史。父贞慧，见《遗逸传》。维崧天才绝艳，十岁，代大父撰《杨忠烈像赞》。比长，侍父侧，每名流宴集，援笔作序记，千言立就，瑰玮无比，皆折行辈与交。补诸生，久之不遇。因出游，所在争客之。尝由汴入都，与朱彝尊合刻一稿，名《朱陈村词》，流传至禁中，蒙赐问，时以为荣。逾五十，始举鸿博，授检讨，修《明史》。在馆四年，病卒。

维崧清腴多须，海内称陈髯。平生无疾言遽色，友爱诸弟甚。游公卿间，慎密，随事匡正，故人乐近之，而卒莫之狎。著《湖海楼诗集》、《迦陵文集》。时汪琬于同辈少许可者，独推维崧骈体，谓自唐开、宝后无与抗矣。诗雄丽沉郁，词至千八百首之多，尤前此未有也。

顺、康间，以骈文称者，又有吴绮，字薗次，江都人。维崧导源庾信，泛滥于初唐四杰，故气脉雄厚。绮则追步李商隐，才地视维崧为弱，而秀逸特甚。顺治十一年拔贡生，荐授中书舍人。奉诏谱杨继盛乐府，迁兵部主事，即以继盛官官之也。出知湖州府，有吏能。人谓其多风力，尚风节，饶风趣，称为"三风太守"。未几，罢归。贫无田宅，购废圃以居。有丐诗文者，以花木润笔，因颜其圃曰种字林。著《林蕙堂集》。词最有名，妇孺皆能习之。以有"把酒祝东风，种出双红豆"之句，又称"红豆词人"。

徐釚，字电发，吴江人。应鸿博，授检讨。会当外转，遽乞归。后起原官，不就。卒，年七十三。著《南州草堂集》、《本事诗》。又尝刻《菊庄乐府》。昆山叶方霭称其绵丽幽深，耐人寻绎。朝鲜贡使以兼金购之。釚既工倚声，因辑《词苑丛谈》，具有裁鉴。

潘耒，字次耕，吴江人。生而奇慧，读书十行并下，自经史、音韵、算数及宗乘之学，无不通贯。康熙时，以布衣试鸿博，授检讨，纂修《明史》。上书总裁，言要义八端："宜搜采博而考证精；职任分而义例一；秉笔直而持论平；岁月宽而卷帙简。"总裁善其说，令撰《食货志》，兼他纪传。寻充日讲起居注官，修《实录》、《圣训》。尝应诏陈言，谓："建言古无专责，梅福以南昌尉言外戚，柳伉以太常博士言程元振，陈东以太学生攻六贼，杨继盛以部曹劾严嵩。本朝旧制，京官并许条陈。自康熙十年宪臣奏请停止，凡非言官而言事为越职。夫人主明目达聪，宜导之使言。今乃禁之，岂盛世事？臣请弛其禁，俾大小臣工各得献替，庶图上行私之徒，有所忌而不敢肆。于此辈甚不便，于国家甚便也。其在外监司守令，遇地方大利弊，许其条奏。水旱灾荒，州县官得上闻。如此，则民间疾苦无不周知矣。"更请许台谏官得风闻言事，有能奋击奸回者，不次超擢，以作敢言之气。二十三年，甄别议起，坐浮躁降调，遂归。

耒有至性，初被征，辞以母老，不获命，乃行。既除官，三牒吏部以独子请终养，卒格于议不果归。逮居丧，哀毁骨立。少受学同郡徐枋、顾炎武。枋殁，赒恤其孤孙，而刻炎武所著书，师门之谊甚笃焉。四十二年，圣祖南巡，复原官。大学士陈廷敬欲荐起之，力辞而止。平生嗜山水，登高赋咏，名流折服。有《遂初堂集》。又因炎武《音学五书》为《类音》八卷。炎武复古，耒则务穷后世之变云。

当时词科以史才称者，朱彝尊、汪琬、吴任臣及耒为最著。又有倪灿，字暗公，上元人。以举人授检讨，撰《艺文志序》，与姜宸英《刑法志序》并推杰构。书法诗格秀出一时，有《雁园集》。

严绳孙，字荪友，无锡人，明尚书一鹏孙。六岁能作擘窠大书。试日，目疾作，第赋一诗，亦授检讨，撰《明史·隐逸传》。典试江西，寻迁中允，假归。有《秋水集》。子泓曾，亦善画工诗。

徐嘉炎，字胜力，秀水人，明兵部尚书必达曾孙。幼警敏，强记绝人。既，试鸿博，授检讨。康熙二十年，王师收滇、黔，嘉炎仿《铙歌鼓吹曲》，撰《圣人出》至《文德舞》二十四章以献；又四年元夕，圣祖于南海大放灯火，纵臣民使观，嘉炎复应制撰记：皆称旨。尝侍直，命背诵《咸有一德》，终篇不失一字。至"厥德靡常"数

语，则敛容读之，帝为悚异。又尝问宋元祐党人是非，嘉炎举诸人姓名始末，及先儒评骘语甚悉。特赐御临苏轼诗一卷，廷臣拜赐御书自此始也。累擢内阁学士，兼礼部侍郎，充三朝国史及《会典》、《一统志》副总裁。有《抱经斋集》。

方象瑛，字渭仁，遂安人。康熙六年进士。试鸿博，授编修，典试蜀中。寻告归。象瑛性简静，早慧，十岁作《远山净赋》，惊其长老。致仕家居，望益重。邑有大利弊，则岳岳争言，岁省脂膏万计，邑人建思贤祠祀之。著《健松斋集》、《封长白山记》、《松窗笔乘》。

万斯同，字季野，鄞县人。父泰，生八子，斯同其季也。兄斯大，《儒林》有传。性强记，八岁，客坐中能背诵《扬子法言》。后从黄宗羲游，得闻蕺山刘氏学说，以慎独为宗。以读书励名节与同志相劘切，月有会讲。博通诸史，尤熟明代掌故。康熙十七年，荐鸿博，辞不就。

初，顺治二年诏修《明史》，未几罢。康熙四年，又诏修之，亦止。十八年，命徐元文为监修，取彭孙遹等五十人官翰林，与右庶子卢君琦等十六人同为纂修。斯同尝病唐以后史设局分修之失，以谓专家之书，才虽不逮，犹未至如官修者之杂乱，故辞不膺选。至三十二年，再召王鸿绪于家，命偕陈廷敬、张玉书为总裁。陈任本纪，张任志，而鸿绪独任列传。乃延斯同于家，委以史事，而武进钱名世佐之。每覆审一传，曰某书某事当参校，顾小史取其书第几卷至，无或爽者。士大夫到门谘询，了辩如响。

尝书抵友人，自言："少馆某所，其家有列朝实录，吾默识暗诵，未敢有一言一事之遗也。长游四方，辄就故家耆老求遗书，考问往事。旁及郡志、邑乘，私家撰述，靡不搜讨，而要以实录为指归。盖实录者，直载其事与言，而无可增饰者也。因其世以考其事，核其言而平心察之，则其人本末可八九得矣。然言之发或有所由，事之端或有所起，而其流或有所激，则非他书不能具也。凡实录之难详者，吾以他书证之。他书之诬且滥者，吾以所得于实录者裁之。虽不敢具谓可信，而是非之枉于人者盖鲜矣。昔人于《宋史》已病其繁芜，而吾所述将倍焉。非不知简之为贵也，吾恐后之人务博而不知所裁，故先为之极，使知吾所取者有所捐，而所不取，必非其事与言之真，而不可溢也。"又以："马、班史皆有表，而后汉、三国以下无之。刘知几谓得之不为益，失之不为损。不知史之有表，所以通纪、传之穷者。有其人已入纪、传而表之者，有未入纪、传而牵连以表之者。表立而后纪、传之文可省，故表不可废。读史而不读表，非深于史者也。"尝作明开国讫唐、桂功臣将相年表，以备采择。其后《明史》至乾隆初大学士张廷玉等奉诏刊定，即取鸿绪史稿为本而增损之。鸿绪稿，大半出斯同手也。

平生淡于荣利，修脯所入，辄以赒宗党。故人冯京第死义，其子没入不得归，为醵钱赎之。尤喜奖掖后进。自王公以至下士，无不呼曰万先生。李光地品藻人伦，以谓顾宁人、阎百诗及万季野，此数子者，真足备石渠顾问之选。而斯同与人往还，其自署则曰"布衣万某"，未尝

有他称也。卒，年六十。著《历代史表》，创为《宦者侯表》、《大事年表》二例。又著《儒林宗派》。

名世，字亮工。康熙四十二年一甲进士，授编修。夙负文誉，王士禛见其诗激赏之。鸿绪聘修《明史》，斯同任考核，付名世属辞润色之。官至侍读，坐投诗诒年羹尧夺职。

刘献廷，字继庄，大兴人，先世本吴人也。其学主经世，自象纬、律历、音韵、险塞、财赋、军政，以逮岐黄、释老之书，无所不究习。与梁谿顾培、衡山王夫之、南昌彭士望为师友，而复往来昆山徐乾学之门。议论不随人后。万斯同引参《明史》馆事，顾祖禹、黄仪亦引参《一统志》事。献廷谓诸公考古有余，实用则未也。

其论方舆书：“当于各疆域前，测北极出地，定简平仪制度，为正切线表，而节气之后先，日食之分秒，五星之凌犯占验，皆可推矣。诸方七十二候不同，世所传者本之《月令》。乃七国时中原之气候，与今不合，则历差为之。今宜细考南北诸方气候，取其核者详载之，然后天地相应，可以察其迁变之微矣。燕京、吴下，水皆南流，故必东南风而后雨，衡、湘水北流，故必北风而后雨。诸方山水向背分合，皆纪述之，而风土之刚柔，暨阴阳燥湿之征，可次第而求矣。"

其论水利，谓：“西北乃先王旧都，二千余年未闻仰给东南。何则？沟洫通，水利修也。自刘、石云扰，以讫金、元，千余年未知水利为何事，不为民利，乃为民害。故欲经理天下，必自西北水利始矣。西北水利，莫详于《水经》郦《注》。虽时移势易，十犹可得六七。郦氏略于东南，人以此少之。不知水道之当详，正在西北。"于是欲取二十一史关于水利农田战守者，考其所以，附以诸家之说，为之疏证。凡献廷所撰著，类非一人一时所能成，故卒不就。

又尝自谓于《华严》字母悟得声音之道，作《新韵谱》，足穷造化之奥。证以辽人林益长之说，益自信。其法先立鼻音二，各转阴、阳、上、去、入之五音共十声，而不历喉腭舌齿唇之七位。故有横转，无直送，则等韵重叠之失去。次定喉音四，为诸韵之宗，从此得半音、转音、伏音、送音、变喉音。又以二鼻音分配之，一为东北韵宗，一为西南韵宗，八韵立，而四海之音可齐。于是以喉音互相合，得音十七；喉音鼻音互相合，得音十；又以有余不尽者三合之，得音五：共三十二音，为韵父，而韵历二十二位，为韵母。横转各有五子，而万有不齐之声摄于此矣。

同时吴殳盛称其书。他所著多佚。殁后，弟子黄宗夏辑录之，为《广阳杂记》。全祖望称为薛季宣、王道父一流云。

邵远平，字戒三，仁和人。康熙三年进士，选庶吉士。历户部郎中，出为江西学政，擢光禄寺少卿。试鸿博，授侍读，至少詹事，致仕归。以书史自娱，于世务泊如也。圣祖南巡，赐御书"蓬观"额，因自号蓬观子。远平高祖经邦，明正德中进士，刑部员外郎。以建言获罪。著《弘简录》，起唐迄宋，附以辽、金，未遑及元也。远平循其例续之，刊除旧史复重不雅驯者，入制诰于《帝纪》，采著作于《儒林》，而《文苑》分经学、文学、艺学三科，十三志则分载于纪传，名曰《元史类编》。朱彝尊称其书非官局所能逮也。别著《史学辨误》、《京邸》、《粤行》等集。

同邑吴任臣，字志伊。志行端悫，强记博闻，为顾炎武所推。以精天官、乐律试鸿博，入翰林，承修《明史·历志》。著《周礼大义》、《礼通》、《春秋正朔考辨》、《山海经广注》、《托园诗文集》，而《十国春秋》百余卷尤称淹贯。其后如谢启昆之《西魏书》，周春之《西夏书》，陈鳣之《续唐书》，义例皆精审，非徒矜书法，类史钞也。

谢启昆，字蕴山，南康人。乾隆二十五年进士。由编修简镇江知府，后至广西巡抚，卒官。尝筑湘、漓二江之堤，详见本传。又修《广西通志》，阮元言可为省志法。启昆以《魏书》专主东魏，不载西魏四主，《北史》亦无纠正，乃作《西魏书》十二篇。

周春，字芚兮，海宁人。乾隆十九年进士，选岑溪令，父忧去。民怀其泽，合前令山阳刘信嘉、金坛于恒共祀之，曰岑溪三贤祠。重宴鹿鸣，加六品衔。卒，年八十七。撰述甚多，而《西夏书》为最著。

春同州陈鳣，字仲鱼。强于记诵，喜聚书。州人吴骞拜经楼书亦富，得善木互相钞藏。嘉庆改元，举孝廉方正。又明年，中式举人。计偕入都，从钱大昕、翁方纲、段玉裁游。后客吴门，与黄丕烈定交。精校勘之学。尝以朱梁无道，李氏既系赐姓，复奉天祐年号，至十年立庙太原，合高祖、太宗、懿宗、昭宗为七庙，唐亡而实存焉；南唐为宪宗五代孙建王之玄孙，祀唐配天，不失旧物，尤宜大书年号，以临诸国：于是撰《续唐书》七十卷。又有《论语古训》、《石经说》、《经籍跋文》、《恒言广证》诸书。卒，年六十五。

乔莱，字石林，宝应人。父可聘，明末为御史，有声。莱，康熙六年进士，授内阁中书，乞养归。十八年，试鸿博，授编修，与修《明史》。典广西乡试，充实录馆纂修官，迁侍读。时御史奏浚海口，泻积水，而河道总督靳辅言其不便，请于邵伯、高邮间置闸泄水，复筑长堤抵海口束之，使水势高则趋海易，廷议多主阿臣言。适莱入直，诏问莱，疏陈四不可行，略谓：“开河筑堤，势必坏陇亩，毁村落，不可行一。淮、扬地卑，多积潦，今取湿土投深渊，工安得成？不可行二。筑丈六之堤，束水高一丈，秋雨骤至，势必溃；即当未溃，潴水屋庐之上，岂能安枕？不可行三。至于七州县之田，向没于水，今更束河使高，则田水岂复能涸？不可行四。"帝是之，议乃寝。二十六年，罢归。久之，召来京。旋卒。

莱著《易俟》，杂采宋、元诸家《易》说，推求人事，参以古今治乱得失，盖《诚斋易传》之支流。诗文有《应制》、《直庐》、《使粤》、《归田》诸集。孙亿，亦工诗。

汪楫，字舟次，江都人，原籍休宁。性伉直，意气伟然。始以岁贡生署赣榆训导。应鸿博，授检讨，入史馆。言于总裁，先仿宋李焘《长编》，汇集诏谕、奏议、邸报之属，由是史材皆备。二十一年，充册封琉球正使，宣布威德。濒行，不受例馈，国人建却金亭志之。归撰《使琉球录》，载礼仪暨山川景物。又因谕祭故王，入其庙，默识所立主，兼得《琉球世缵图》，参之明代事实，诠次为《中山沿革志》。出知河南府，置学田，嵩阳书院聘詹事耿介主讲席。治行为中州最。擢福建按察使，迁布政使。楫少工诗，与三原孙枝蔚、泰州吴嘉纪齐名。有《悔斋集》、《观海集》。

同时汪懋麟，字季用，并有诗名，时称"二汪"。康熙六年进士，授内阁中书。举鸿博，持服不与试。服阕，复用徐乾学荐，以刑部主事入史馆为纂修官。懋麟绩学有干才。为中书时，楚人朱方旦挟邪说动公卿，懋麟作《辨道论》诋之。熊赐履见其文，与定交。及居刑曹，勤于职事。有武某乘车宿董之贵家，之贵利其赀，杀之。车载而弃于道，鞭马使驰。武父得车马刘氏之门，讼刘杀其子。懋麟曰："杀人而置其车马于门，非理也。"乃微行，纵其马，马至之贵门，骇跃悲鸣。因收之贵，一讯得实，置于法。其发奸摘伏多类此。懋麟从王士禛学诗，而才气横逸，视士禛为别格。有《百尺梧桐阁集》。

陆葇，字次友，平湖人。幼时值大军收平湖，父被执，葇诣军前乞代父。军将手诗笺示之曰："儿能读是耶？吾赦汝父。"葇朗诵"收兵四解降王缚，教子三升上将台"，曰："此宋人贈曹武惠王诗也。将军不嗜杀，即今之武惠王矣！"将军喜，挟与北行，善育之，为议婚。以先问名于杨，辞归。补诸生，入国学，试授中书。康熙六年进士，管内秘书院典籍。再试鸿博，授编修，分纂《明史》，命直南书房。三十三年，召试翰詹诸臣丰泽园，圣祖亲置第一，谓曰："连试诗文，无出汝右者。"一岁七迁，至内阁学士。长至，奏句决本，请出矜疑二十余人。后一年告归。葇性孝友，兄南雄知府世楷前卒，葇教养遗孤，俾成立，有名于时。年七十，卒。著《雅坪诗文稿》。

奎勋，字聚侯，世楷子也。少随葇京师，以学行为公卿所推置，顾久困诸生中。康熙末，年岁六十，始成进士，授检讨，充《明史》纂修官。丐疾归，主广西秀峰书院。奎勋笃于经学，忘饥渴寒暑。著《陆堂易学》，谓《说卦》一篇，足该全《易》。其《诗学》与明何楷《诗世本古义》相近。《尚书说》，惟解伏生今文二十八篇、《戴礼绪言》，纠正汉人穿凿附会之失。《春秋义存录》，则凡《经》、《传》、《子》、《纬》所载孔子语尽援为据，力主《春秋》非以一字褒贬。奎勋说经务新奇，使听者忘倦。最后撰《古乐发微》，未成而卒。

庞垲，字霁公，任丘人。生有至性。七岁时，父缘事被逮，每每夕祷天。垲即随母泣拜，无或间也。稍长，工为文。康熙十四年举人，试鸿博，授检讨，分修《明史》。明都御史某诬附魏忠贤，其裔孙私馈金，丐《阉党传》讳其事勿书，力拒之。大考降补中书，洊擢户部郎中，出知建宁府。浦城民以令严苛激变，夜焚册局，杀吏胥，罢市，令惧而逃。垲闻变即驰至浦城，集士民明伦堂，晓喻祸福，戮一人而事定。民感其德，立书院祀之。九仙山多盗，至掠人索赎。掩捕数十人，境内帖然。未几，告归。

垲嗜吟咏，与同里边汝元以诗学相龂切。其所作醇雅，以自然为宗。有《丛碧山房集》。

汝元字连宝，字赵珍。世其家学。以诸生贡成均，廷试第一。应乾隆元年博学鸿词科，不中选。十四年，复荐经学，辞不赴。或劝之行，曰："吾自审不能如汉伏胜、董仲舒，安敢幸取哉？"著有《随园集》。

陆圻，字丽京，钱塘人。少与弟阶、培以文学、志行见重于时，称曰"三陆"。所为诗号西陵体。性颖异，善思误书。尝读《韩非子》"一从而咸危"，曰："是'一徙而成邑'也。"戏令他人射覆，不得，惟弟廷中之。平生不喜言人过，有语及者，辄曰："吾与汝，姑自淑。"庄廷鑨史祸作，圻坐逮。以先尝具状自陈，事得白，叹曰："今幸得不死，奈何不以余年学道耶！"亲殁，遂弃家远游，不知所终。子寅，成进士。往来万里，寻父不得，竟悒悒以死，时称其孝。培死甲申之难。

丁澎，字飞涛，仁和人。有俊才。嗜饮，一石不乱。弟景鸿、溁并能文，时有"三丁"之目。澎，顺治十二年进士，官礼部郎中。尝典河南乡试，得一卷奇之。同考请置之乙，澎曰："此名士也！"榜发，乃庐阳李天馥，出语人曰："吾以世目衡文，几失此士。"坐事谪居塞上五载，躬自饭牛，吟啸自若。所作诗多忠爱，无怨诽之思。有《扶荔堂集》。

先是陈子龙为登楼社，圻、澎及同里柴绍炳、毛先舒、孙治、张丹、吴百朋、沈谦、虞黄昊等并起，世号"西泠十子"。

绍炳，字虎臣。在十子中文名最著。持躬尤端谨。有《省轩集》。

先舒，字稚黄。尝从刘宗周讲学。其诗音节浏亮，有七子余风。著《思古堂集》。

治，字宇台。笃友谊，陆培死，以孤女托为择婿，得吴任臣。及立嗣，又以甥女嫁焉。有《鉴庵集》。

丹，字纲孙。美须髯。淡静不乐交游，而嗜山水。其诗悲凉沉远，曰《秦亭集》。

百朋，字锦雯。以举人令南和，有异政，百姓祠祀之。有《襆庵集》。

谦，字去矜。工诗，初喜温、李，后乃循汉、魏以窥盛唐。有《东江草堂集》。谦与绍炳、先舒皆精韵学。绍炳作《古韵通》，先舒作《韵学通指》、《南曲正韵》，谦作《东江词韵》。陆圻叹曰："恨孙偭、周德清曾无先觉。"

黄昊，字景明。十岁即善属文。薄柳州《乞巧》，更作《辞巧文》，识者知其远到。康熙中举人，终教谕。

孙枝蔚，字豹人，三原人。少遭闯贼乱，结邑里少年击贼，堕坎坎，幸不死。乃走江都，习贾，屡致千金，辄散之。既乃折节读书，僦居董相祠，高不见之节。王士禛官扬州，以诗先，遂定交，称莫逆焉。时左赞善徐乾学方激扬士类，才俊满门，枝蔚弗屑也。以布衣举鸿博，自陈衰老，乞还山，遂不应试，授内阁中书。著《溉堂集》，诗词多激壮之音，称其高节。

李念慈，字屺瞻，泾阳人。顺治十五年进士，以河间府推官改知新城县。坐逋赋罢，会有荆襄之役，叙运饷劳，再起，补天门。与枝蔚同举鸿博，试不中选。喜游，好吟咏。有《谷口山房集》。施闰章称其雄爽之气勃勃眉宇，盖秦风而兼吴、楚者。

丁炜，字瞻汝，晋江人。诸生。工诗，有吏才。顺治十二年，定远大将军济度统师取漳州，诏便宜置郡县吏，得试士幕下，拔炜第一。授漳平教谕，迁知直隶献县，内擢户部主事。时议税闽盐，炜力陈不可，事得寝。由郎中出为赣南分巡道。闽人佃赣者乘乱劫略，号"田贼"，捕治之，民情大洽。迁湖北按察使，脱重囚为盗诬者二十余人于狱。寻坐事谪官，居武昌，未发，武昌卒夏包子作乱，胁使署。巡抚以死拒，东走安庆，乞师巡抚杨素蕴。事平，降补知府云南。会素蕴移抚湖广，以炜事闻，复按察职。俄以疾归。

炜论诗，以为诗贵合法，然法胜则离；贵近情，然情胜则俚。故其为诗，力追三唐、汉、魏，无诡薄之失。有《问山集》。

林侗，字同人，闽人也。县贡生。喜金石。卒，年八十。弟佶，字吉人，康熙五十二年进士，官中书。工楷法。文师汪琬，诗师陈廷敬、王士禛。此三人集皆佶手缮付雕，精雅为世所重。家多藏书，徐乾学辑《经解》，朱彝尊选明诗，皆就传钞。有《朴学斋集》。

黄任，字莘田，永福人。工书。口辩若悬河。有砚癖，以举人令四会，罢官归，惟砚石压装。诗清新刻露，有《香草斋集》。乾隆二十七年，重宴鹿鸣。卒，年八十余。

郑方坤，字则厚，建安人。雍正元年进士。为令邯郸，屡擢至山东兖州知府。时禁人口出海，抵奉天而未入籍者，悉勒还本土。方坤适知登州，以为司牧者但当严奸宄之防，不得闭其谋生之路，为白大吏，弛其禁。调武定，能尽心赈务。兖州饥，复移治之。方坤记诵博，诗才凌厉，与兄方城齐名。有《蔗尾集》，又著《经稗》、《五代诗话》、《全闽诗话》、《国朝诗人小传》。

黄与坚，字廷表，太仓人。幼有奇慧，八岁，酷好唐人诗，录小本，怀袖中讽诵之。已而究心经术，遍读周、秦古书。性落落，与人交有终始。顺治十六年进士，后举鸿博，授编修，迁赞善，分修《明史》及《一统志》。寓居委巷，寂寞著书，如穷愁专一之士。有《忍庵集》。

吴伟业选"娄东十子"诗，以与坚为冠。十子者，周肇、许旭、王摅、王撼、王昊、王揆、王忭、王曜升、顾湄也。肇诗曰《东冈集》，旭曰《秋水集》，撰曰《三余集》，撼曰《芦中集》。

昊，为世贞后，有文藻，下笔如宿构。康熙十八年，召试，授官正字。所著曰《硕园集》。揆，顺治中进士，所著曰《芝廛集》。忭曰《健庵集》，曜升曰《东皋集》。

湄，字伊人，亦太仓人。事母以孝闻。父梦麟，长于毛、郑之学，湄传其业。尤工诗，清丽婉约，陈瑚以为过元人。其诗曰《水乡集》。

吴雯，字天章，蒲州人，原籍辽阳。父允升，任蒲州学政，卒官，遂家焉。雯少朗悟，记览甚博，尤长于诗。游京师，父执刘体仁、汪琬皆激赏之。王士禛目为仙才。尝与叶方霭同直，诵其警句，方霭下直即趋访，名大噪。大学士冯溥出扇索诗，雯大书二绝句答之，其坦率类是。卒以不遇，不悔也。试鸿博不中选。后居母忧，以毁卒。雯著《莲洋集》，诗体峻洁，有其乡人元好问之风。据《名山记》莲洋村在华岳下，取以名集。

陶季，宝应人。初名澄，字季深，以字行，复去其一，称曰陶季。负异才，锋颖踔厉。游燕、赵、齐、鲁之郊，逾太行，浮湘、沅，所至皆有诗。士禛删定其客滇南、闽中诸诗，以高、岑、龙标相况。先是诏举鸿博，公卿争欲荐，季辞不就，以布衣终。有《湖边草堂集》及《舟车集》。

梅清，字瞿山，宣城人，宋梅尧臣后也。清英伟豁达，自力于学，以淹雅称。顺治十一年举人，试礼部不第。朝士争与之交，王士禛、徐元文尤倾倒焉。诗凡数变，自订《天延阁前后集》。年七十余，复合编《瞿山诗略》。书法仿颜真卿、杨凝式。画尤盘礴多奇气。尝作《黄山图》，极烟云变幻之胜，为当时所重。同族有梅庚者，生后于清。善八分书，亦工诗画，与清齐名。

庚，字耦长。少孤，承其祖鼎祚、父朗中之传，益昌大之。施闰章见其诗，引为忘年交。康熙二十年举人，为朱彝尊所得士。性狷介，客游京师，不妄投一刺。士禛主礼闱，庚复被黜，士禛赠诗引为恨也。后知泰顺县，有惠政，民德之。

冯景，字山公，钱塘人。国子监生。善属文，千言立就。康熙时游京师，侍郎项景襄、金甹皆遣子弟从受学。会营官室，求楠木梁不得，有请以他木易国子监彝伦堂梁者。景上书尚书魏象枢，极陈不可，事得寝。由是冯太学生之名盛传京师。大学士索额图卑欲见之，谢不往。归馆淮安邱象随家垂十年。宋荦抚江苏，礼致幕府，或纳金求为缓颊，峻却之，人益钦其品。景笃师友风义，与仁和汪煜、汤右曾交最笃。二人为给事中，多所论列，亦由景数责善有以激厉之也。王士禛转左都御史，景以受知士禛，冀其大有匡济，为书讽之。景虽布衣，不求仕进，而未尝忘当世之务。在淮安时，有水患，汤斌奉诏北上，作书陈灾状及所以致患之由，斌见书嗟赏，又尝称其文为不朽。其著述多佚，今存者《解春集》。

邵长蘅，字子湘，武进人。十岁补诸生，因事除名，旋入太学。工诗，尤致力古文辞，陶炼雅正。与景同客莘幕，长蘅亦觥觥持古义，无所贬损，时论贤之。著有《青门稿》。

姜宸英，字西溟，慈谿人，明太常卿应麟曾孙。父晋珪，诸生，以孝闻。宸英绩学工文辞，闳博雅健。屡踬于有司，而名达禁中。圣祖目宸英及朱彝尊、严绳孙为海内三布衣。侍读学士叶方霭荐应鸿博，后期而罢。方霭总裁《明史》，又荐充纂修，食七品俸，分撰《刑法志》。极言明诏狱，廷杖，立枷，东、西厂之害，辞甚恺至。尚书徐乾学领《一统志》事，设局洞庭东山，疏请宸英偕行。久之，举顺天乡试。三十六年，成进士。廷对李蟠第一，严虞惇第二，帝识宸英手书，亲拔置第三人及第，授编修，年七十矣。明年，副蟠典试顺天，蟠被劾遣戍，宸英亦连坐。事未白，卒狱中。

宸英性孝友。与人交，坦夷而不阿。祭酒翁叔元劾汤斌伪学，遽移书责之。著《湛园集》、《苇间集》。书法得钟、王遗意，世颇重之。

虞惇，字赞成，常熟人。幼能背诵九经、三史。既官翰林，馆阁文字多出其手。科场狱兴，虞惇诸子是科获隽，考官蟠、宸英皆其同年友。用是罣吏议镌级，闲居数年。起大理寺寺副，平反内务府杀人移狱被诬者，累迁太仆寺少卿，卒官。著有《读诗质疑》。江南人刻其文曰《严太仆集》，以继明归太仆云。

黄虞稷，字俞邰，上元人，本籍晋江。七岁能诗。以诸生举鸿博，遭母丧，不与试。左都御史徐元文荐修《明史》，又修《一统志》，皆与宸英同。家富藏书。著《千顷堂书目》，为《明史艺文志》所本。

性德，纳喇氏，初名成德，以避皇太子允礽嫌名改，字容若，满洲正黄旗人，明珠子也。性德事亲孝，侍疾衣不解带，颜色黧黑，疾愈乃复。数岁即习骑射，稍长工文翰。康熙十四年成进士，年十六。圣祖以其世家子，授三等侍卫，再迁至一等。令赋乾清门应制诗，译御制《松赋》，皆称旨。俄疾作，上将出塞避暑，遣中官将御医视疾，命以疾增减告。遽卒，年止三十一。尝奉使塞外有所宣抚，卒后，受抚诸部款塞。上自行在遣中官祭告，其眷睐如是。

性德乡试出徐乾学门。与从肇讨学术，尝亥刻宋、元人说经诸书，书为之序，以自撰《礼记陈氏集说补正》附焉，合为《通志堂经解》。性德善诗，尤长倚声。遍涉南唐、北宋诸家，穷极要眇。所著《饮水》、《侧帽》二集、清新秀隽，自然超逸。尝读赵松雪自写照诗有感，即绘小像，仿其衣冠。坐客期许过当，弗应也。乾学谓之曰："尔何似王逸少！"则大喜。好宾礼士大夫，与严绳孙、顾贞观、陈维崧、姜宸英诸人游。贞观友吴江吴兆骞坐科场狱戍宁古塔，赋《金缕曲》二篇寄焉，性德读之叹曰："山阳《思旧》，都尉《河梁》，并此而三矣！"贞观因力请为兆骞谋，得释还，士尤称之。

贞观，字梁汾，无锡人。康熙十一年举人，官内阁中书。工诗，自定集仅五言三十余篇，清微婉笃，上晞韦、柳；而世特传其词，与维崧及朱彝尊称词家三绝。清世工词者，往往以诗文兼擅，独性德为专长，仁和谭献尝谓为词人之词。性德后，又得项鸿祚、蒋春霖三家鼎立。

鸿祚，字莲生，钱塘人。道光十二年举人。善词，上溯温、韦，下逮周密、吴文英。撷精弃滓，以自名其家。屡应礼部试不第。卒，年三十八。自序《忆云词》，有曰："不为无益之事，何以遣有涯之生！"学者诵而悲之。

春霖，字鹿潭，江阴人，寄籍大兴。咸丰中，官东台场盐大使。工词。时方乱离，傍徨沉郁，高者直逼姜夔。困于卑官，孤介忤时，益侘傺。舟经吴江，一夕暴卒。春霖慕性德《饮水》、鸿祚《忆云》，自署水云楼，即以名其词。

宗室文昭，字子晋，饶馀亲王阿巴泰曾孙，镇国公百绥子。辞爵读书，从王士祯游。工诗，才名藉甚。王式丹称其诗以鲍、谢为胚胎，而又兼综众有，撷百家之精华，其味在酸醎之外。著有《芗婴居士集》、《紫幢诗钞》。

又宗室以诗名者，蕴端，初名岳端，字正子，号红兰主人，多罗安郡王岳乐子。封贝子。有《玉池生稿》。

博尔都，字问亭，号东皋渔父，恪僖公拔都海子，蕴端从弟。封辅国将军。有《问亭诗集》。

永忠，字良辅，又字臞仙，多罗贝勒弘明子。辅国将军。有《延芬室集》。诗体秀逸，书法遒劲，颇有晋人风味。常不衫不履，散步市衢。遇奇书异籍，必买之归，虽典衣绝食不顾也。

书诚，字实之，号樗仙，郑献亲王济尔哈朗六世孙，辅国将军长恒子。奉国将军。有《静虚堂集》。性慷慨，不欲婴世俗情。年四十，即托疾去官。邸有余隙地，尽种蔬果，手执耒镈，从事习劳以为乐。

永憲，字嵩山，康修亲王崇安子。镇国将军。诗宗盛唐，书法赵文敏。晚年独居一室，不与人接。诗多散佚。

裕瑞，字思元，豫通亲王多铎裔。封辅国公。工诗善画，通西番语。常画鹦鹉地图，即西洋地球图。又以《佛经》自唐时流入西藏，近日《佛藏》皆出一本，无可校雠。乃取唐古特字译校，以复《佛经》唐本之旧，凡数百卷。著有《思元斋集》。

赵执信，字仲符，益都人。从祖进美，官福建按察使，诗名甚著。执信承其家学，自少即工吟咏。年十九，登康熙十八年进士，授编修。时方开鸿博科，四方雄文绩学者皆集辇下，执信过从谈宴，一座尽倾。朱彝尊、陈维崧、毛奇龄尤相引重，订为忘年交。出典山西乡试，迁右赞善。二十八年，坐国恤中宴饮观剧，为言者所劾，削籍归。卒，年八十余。

执信为人峭峻褊衷，独服膺常熟冯班，自称私淑弟子。娶王士祯甥女，初颇相引重。后求士祯序其诗，士祯不时作，遂相诟厉。尝问诗声调于士祯，士祯靳之，乃归取唐人集排比钩稽，竟得其法，为《声调谱》一卷。又以士祯论诗，比之神龙不见首尾，云中所露一鳞一爪而已，遂著《谈龙录》，云："诗以言志，诗之中须有人在，诗之外尚有事在。"意盖诋士祯也。说者谓士祯诗尚神韵，其弊也肤；执信以思路劖刻为主，其失也纤。两家才性不同，实足相资云。执信所著诗文曰《饴山堂集》。

当是时，海内以诗名者推士祯，以文名者推汪琬。而嘉兴叶燮,字星期,其论文亦与琬不合,往复论难,互讥嘲焉。及琬殁,慨然曰:"吾失一诤友矣!今谁复弹吾文者?"取向所短汪者悉焚之。燮父绍袁,明进士,官工部主事,国亡后为僧。燮生四岁,授以《楚辞》,即成诵。康熙九年进士,选授宝应令。值三藩乱,又岁饥,民不堪苦。累以忤直失上官意,坐累落职。时嘉定知县陆陇其亦被劾,燮以与陇其同罢为幸。性喜山水,纵游宇内名胜几遍。年七十六,犹以会稽、五泄近在数百里独未游为憾。复裹粮往,归遂疾。逾年卒。寓吴时,以吴中论诗多猎范、陆皮毛,而遗其实,著《原诗》内外篇,力破其非。吴士始而訾謷,久乃更从其说。著《已畦诗文集》。士祯谓其熔铸往昔,独立起衰。

冯廷櫆,字大木,德州人。康熙二十一年进士,授中书。幼有奇童之目,读书一览辄记,尤长于诗。尝充湖广副考官,试毕,登黄鹤楼,俯江、汉之流,南望潇湘、洞庭,慨然远想,赋诗百余篇,识者以为《骚》之遗也。平生深契者惟执信,其诗孤峭亦相类,殁后散佚。其孙德培搜辑得五百篇,名《冯舍人遗诗》。

黄仪,字六鸿,常熟人。精舆地之学。尝以班固《地志》所载诸川,第详水出入,其中间经历之地,备著于《水经》,然读者非绘图不能了,乃反覆寻究,每水各为一图。凡都邑建署沿革、山川险易皆具焉,条缕分析,各得其理。阎若璩见之,叹曰:"郦道元千古后一知己也!"若璩尝问仪:"《后汉志》温县济水出,王莽时大旱,遂枯绝。是河南无济矣,何郦氏言之详也?"仪曰:"新莽时虽枯,后复见,郦氏所谓其后水流径通,津渠势改,寻梁脉水,不与昔同是也。杜君卿乃不信《水经》,专凭彪《志》,窃以彪特纪一时灾变耳,非谓永不截河南过也。"徐乾学修《一统志》,仪与若璩、胡渭、顾祖禹任分纂,皆地学专家。仪又订正《晋书地理志》。兼工诗词,著有《纫兰集》。

郑元庆,字芷畦,归安人。通史传,旁及金石文字。李绂、张伯行雅重其学,欲荐于朝未得也。颜鲁公书《湖州石柱记》,元庆为之笺释,甚博赡。又著《湖录》百二十卷,七易藁而后成,自谓平生精力殚于是书。平生慕郑子真之为人,自号郑谷口。晚更治经,其著书处名鱼计亭。著有《周易集说》、《诗序传录同》、《礼记集说参同》、《官礼经典参同》、《家礼经典参同》、《丧服古今异同考》、《春王正月考》、《海运议》。

查慎行,字悔余,海宁人。少受学黄宗羲。于经邃于《易》。性喜作诗,游览所至,辄有吟咏,名闻禁中。康熙三十二年,举乡试。其后圣祖东巡,以大学士陈廷敬荐,诏诣行在赋诗。又诏随入都,直南书房。寻赐进士出身,选庶吉士,授编修。时族子升为谕德直内廷,宫监呼慎行为老查以别之。帝幸南苑,捕鱼赐近臣,命赋诗。慎行有句云:"笠檐蓑袂平生梦,臣本烟波一钓徒。"俄宫监传呼"烟波钓徒查翰林"。时以比"春城寒食"之韩翃云。充武英殿书局校勘,乞病还。坐弟嗣庭得罪,阖门就逮。世宗识其端谨,特许放归田里,而弟嗣瑮谪遣关西,卒于戍所。

嗣瑮,字德尹。康熙三十九年进士,官至侍讲。性警敏,数岁即解切韵谐声。诗名与慎行相埒。慎行著《敬业堂集》、《周易玩辞集解》,又补注《苏诗》,行于世。嗣瑮著《查浦诗钞》、《音类通考》。

升,字仲韦。康熙二十七年进士。官少詹事。诗笔清丽。尤工书,似董其昌。有《澹远堂集》。

史申义,字叔时,江都人。少工诗,与同里顾图河齐名,称维扬二妙。康熙二十七年进士,授编修。充云南乡试考官,改御史、礼科给事中,乞病归。王士祯以风雅诏后进,尝谓申义及汤右曾足传己衣钵,人称"王门二弟子"。在翰林时,圣祖以后进诗人询大学士陈廷敬,廷敬举申义、周起渭对,故又有"翰苑两诗人"之目。

起渭,字渔塘,贵阳人。康熙三十三年进士,由检讨累迁詹事府詹事。诗才隽逸,尤肆力于苏轼、元好问、高启诸家。贵州自明始隶版图,清诗人以起渭为冠,而铜仁张元臣、平远潘淳亦并有诗名。

元臣,字志伊。康熙三十六年进士,由检讨累迁左谕德。有《豆村诗钞》。

淳,字元亮。康熙五十四年进士,官检讨。文安陈仪与同榜,一时咸推潘诗陈笔。有《橡林诗集》。

顾陈垿,字玉停,镇洋人。少有文名,尝得徐光启《历书》,精求一月,通其术。康熙五十四年举人,以荐入湛凝斋修书。书成,议叙行人司行人。时外廷送算学三百余员候试,圣祖亲策之,得七十二人,陈垿为冠。又充乐馆纂修。雍正元年,出使山东、浙江,还督通州仓。三年,以目疾乞归,闭门撰述,四方走书币乞文者踵至。性耿介,敦于内行。居丧不饮酒食肉,不处内。沈起元官河南,延主大梁书院,引范文正忧中掌学睢阳以劝;陈垿执象山责东莱故事,谢不往也。乾隆元年,诏起官,又举鸿博,及六年设乐部,复以洞晓音律宣召,皆辞不赴,时论高之。年七十,卒。

陈垿精字学、算学、乐律,时称三绝。尝造《八矢注守图说》,谓字学居六艺之末,声音,乐也,形体,书也,而口出耳入,手运目存,则皆有数焉。学士惠士奇、通政孙勷得其书,置酒延陈垿请其说。陈垿为言经声纬音开发收闭之旨,及每矢实义,一矢未发,则声不能出,字有所避,八矢尽而音定字死矣。二人叹为天授。少与同里王时翔为性命交,并工诗。娄东诗人大率宗吴伟业,陈垿晚出,乃自辟町畦。著《洗桐集》、《抱桐集》。

何焯,字屺瞻,长洲人。通经史百家之学。藏书数万卷,得宋、元旧椠,必手加雠校,粲然盈帙。学者称义门先生,传录其说为《义门读书记》。

康熙四十一年,直隶巡抚李光地以草泽遗才荐,召入南书房。明年,赐举人,试礼部下第,复赐进士,改庶吉士。仍直南书房,授皇八子读,兼武英殿纂修。连丁内外艰。久之,复以光地荐,召授编修。尚书徐乾学、翁叔元争延致焞。寻遘谗，与乾学失欢，而叔元劾汤斌，焞上书请削门下籍，天下快之。圣祖幸热河，或以蜚语上闻，还京即命收系。尽籍其卷册文字，帝亲览之，曰："是固读书种子也！"无失职觖望语，又见其草稿有手简吴县令却金事，益异之。命还所籍书，解官，仍参书局。六十一年，卒，年六十一。帝深悼惜，特赠侍讲学士。赠金，给符传归丧，命有司存恤其孤。

焞工楷法，手所校书，人争传宝。门人著录者四百人，吴江沈彤、吴县陈景云为尤著。

景云，字少章。博闻强识，能背诵《通鉴》。年十七，汤斌抚吴，试士拔第一。应京兆试，不遇。馆藩邸三年，以母老辞归，遂不出，以诸生终。少从焞游，焞殁，独系吴中文献几二十年。著有《读书纪闻》及《纲目》、《通鉴》、《两汉书》、《三国志》、《文选》、韩、柳集皆有订误，共三十余卷。《文集》四卷，亦简严有法。

子黄中，字和叔。诸生。父子皆长史学，而黄中尤以才略自负。举乾隆元年博学鸿词，入都上书，论用人、理财、治兵三端。大学士陈世倌题其言。顷之，诏求骨鲠之士，如古马周、阳城者，世倌欲荐之，谢不应。胡天游傲睨群士，独推服黄中。示以文，每发其瑕璺，未尝有忤也。尝病《宋史》芜杂，别撰纪传表百七十卷。又著《国朝谥法考》、《阁部督抚年表》。其卒也贫不能葬，或赙以金，妻张氏固却之，曰："奈何以贫故，伤夫子义！"遂卖所居宅以营葬。

戴名世，字田有，桐城人。生而才辨隽逸，课徒自给。以制举业发名廪生，考得贡，补正蓝旗教习。授知县，弃去。自是往来燕、赵、齐、鲁、河、洛、吴、越之间，卖文为活。喜读《太史公书》，考求前代奇节玮行。时时著文以自抒湮郁，气逸发不可控御。诸公贵人畏其口，尤忌嫉之。尝遇方苞京师，言曰："吾非役役求有得于时也，吾胸中有书数百卷，其出也，自忖将有异于人人。然非屏居深山，足衣食，使身无所累，未能诱而出之也。"因太息别去。康熙四十八年，年五十七，始中式会试第一，殿试一甲二名及第，授编修。又二年而《南山集》祸作。

先是门人尤云鹗刻名世所著《南山集》，集中有《与余生书》，称明季三王年号，又引及方孝标《滇黔纪闻》。当是时，文字禁网严，都御史赵申乔奏劾《南山集》语悖逆，遂逮下狱。孝标已前卒，而苞与之同宗，又序《南山集》，坐是方氏族人及凡挂名集中者皆获罪，系狱两载。九卿覆奏，名世、云鹗俱论死。亲族当连坐，圣祖矜全之。又以大学士李光地言，宥苞及其全宗。申乔有清节，惟兴此狱获世讥云。名世为文善叙事，又著有《孑遗录》，纪明末桐城兵变事，皆毁禁，后乃始传云。

卷四百八十五 列传二百七十二

文苑二

诸锦 沈廷芳 夏之蓉 **厉鹗** 汪沆 符曾 陈撰
赵昱 赵信 **王峻** 王延年 **何梦瑶** 劳孝舆
罗天尺 苏珥 车腾芳 许遂 韩海 **刘大櫆**
胡宗绪 王灼 **李锴** 陈景元 戴亨 长海
吴麟 曹寅 鲍鉁 高鹗 刘文麟 **沈炳震**
弟炳谦 炳巽 赵一清 **曹仁虎** 吴泰来 黄文莲
胡天游 彭兆荪 **袁枚** 程晋芳 张问陶
王又曾 子复 祝维诰 万光泰 维诰子哲
邵齐焘 王太岳 吴锡麒 杨芳灿 杨揆
吴嵰 **徐文靖** 赵青藜 汪越 **朱仕琇** 高澍然
蒋士铨 汪轫 杨垕 赵由仪 吴嵩梁 乐钧
赵翼 黄景仁 吕星垣 杨伦 徐书受 **严长明**
子观 **朱筠** **翁方纲** **姚鼐** 吴定 鲁九皋
陈用光 吴德旋 **宋大樽** 钱林 端木国瑚
吴文溥 **章学诚** 章宗源 姚振宗 吴兰庭
祁韵士 张穆 何秋涛 **冯敏昌** 宋湘 赵希璜
法式善 孙原湘 郭麐 **恽敬** 赵怀玉
黎简 张锦芳 张锦麟 黄丹书 吕坚 胡亦常
张士元 张海珊 张履

诸锦，字襄七，秀水人。少时家贫陋，辄就读书肆，主人敬其勤学，恣所观览。顾嗣立为之延誉，名大起。雍正二年进士。乾隆初，试鸿博，授编修。闭门撰述，不诣权要。至左赞善，遂告归。著有《毛诗说》、《飨礼补亡》、《夏小正注》及《绛跗阁集》。

先是康熙己未征博学鸿儒，得人称盛。高宗御极，复举行焉，内外荐达二百六十七人，试列一等者五人，锦第三；二等十人。明年补试，续取四人，钱塘陈兆仑、仁和沈廷芳、高邮夏之蓉，皆试列二等者也。兆仑自有传。

廷芳，字畹叔。由监生举鸿博，授编修，迁御史。奏毁都城智化寺内明阉王振造像及李贤所撰颂德碑，报可。出为登莱青道，迁河南按察使。廷芳少从方苞游，为文无纤佻之习。诗学本查慎行，著《隐拙斋集》及《十三经注疏正字》、《续经义考》等书。

之蓉，字芙裳。雍正十一年进士。举鸿博，以检讨典试福建，又督广东、湖南学政。其校士也，必以通经学古为先。

当时试一等者，刘纶居首，次则南城潘安礼、金坛于振、钱塘杭世骏；二等自兆仑等三人外，为无锡杨度汪，菏泽刘玉麟，休宁汪士湟、程恂，钱塘陈士璠，天台齐召南,会稽周长登。其续取者,一等宜兴万松龄,二等桐乡朱荃、南安洪世泽、石屏张汉,凡十九人。惟纶、玉麟官最显,而世骏、召南及兆仑尤知名于世云。

厉鹗,字太鸿,钱塘人。家贫,性孤峭,不苟合。始为诗即得佳句。于学无所不窥,一发之于诗。康熙五十九年,李绂典试浙江,得鹗卷,阅其谢表,曰:"此必诗人也!"亟录之。计偕入都,尤以诗见赏汤右曾。再试礼部不第。乾隆元年,举鸿博,误写论置诗前,又报罢。其后赴都铨,行次天津,留友人查为仁水西庄,觞咏数月,不就选,归。卒,年六十一。

鹗搜奇嗜博。扬州马曰琯小玲珑山馆富藏书,鹗久客其所,多见宋人集,为《宋诗纪事》一百卷。又《南宋画院录》、《辽史拾遗》、《东城杂记》诸书,皆博洽详赡。诗刻炼,尤工五言,有自得之趣。诗余亦擅南宋诸家之长。先世本慈谿,徙居钱塘,故仍以四明山樊榭名其集云。鹗尝与赵信、符曾等人各为《南宋杂事诗》一百首,自采诸书为之注,征引浩博,考史事者重之。

汪沆,字师李。少从鹗受诗,亦试鸿博报罢。其后大学士史贻直将以经学荐,以母老辞。

同时浙江举鸿博未录用者,符曾,字幼鲁。官户部郎中。鄞县陈撰最推服其诗。撰,字楞山,毛奇龄弟子。以布衣荐,未就试。仁和赵昱,字功平。贡生。弟信,字辰垣。国学生。兄弟同举。家有池馆之胜,喜购书。连江陈氏世善堂书散出,皆归之。

王峻,字艮斋,常熟人。少与同里宋君玉师事陈祖范,一时并称王宋。雍正二年进士,授编修。历典浙江、贵州、云南乡试。乾隆初,改御史,拜官甫三日,劾左都御史彭维新矫诈苛鄙,直声震都下。以母忧去官,遂不出。主讲安定、云龙、紫阳书院。其学长于史,尤精地理。尝以《水经》正文及注混淆,欲一一厘定之,而补唐以后水道之迁变,及地名之同异,为《水经广注》,手自属稿,未暇成也。惟成《汉书正误》四卷。钱大昕谓驾三刘氏、吴氏《刊误》上比。书法槎李北海,所书碑碣盛行于时。

王延年,字介眉,钱塘人。雍正四年举人。乾隆初,举鸿博,后官国子监学政。十七年,会试,以耆年晋司业,赐翰林院侍讲衔。延年史学洽熟,尝补袁枢《通鉴纪事本末》,以原书不言田制,则度地居民之法亡;不言漕运,则凿渠引河之利塞;不言府兵,则耕牧战守之功隳。至于耶律鸥张辽海,而陈邦瞻书不究其终,党项虎视河、湟,薛应旂书不详其始。绍建安者又如此,不可不亟正之也。杭世骏序之,比延年于唐杜君卿、宋刘中原父云。晚年,大学士蒋溥、刘统勋皆以经学荐,又自进呈所著书,上嘉许焉。

何梦瑶,字报之,南海人。惠士奇视学广东,一以通经学古为教。梦瑶与同里劳孝舆、吴世忠,顺德罗天尺,苏珥、陈世和、陈海六,番禺吴秋一时并起,有"惠门八子"之目。雍正八年成进士,出宰粤西,治狱明慎,终奉天辽阳知州。性长于诗,兼通音律算术。谓蔡元定《律吕新书》,本原《九章》,为之训释。更取御制《律吕正义》研究八音协律和声之用,述其大要。参以曹廷栋《琴学》,为书一编。时称其决择精当。又著《算迪》,述梅氏之学,兼阐《数理精蕴》、《历象考成》之旨。江藩谓近世为此学者,知有法,不知法之所以然;知之者,惟梦瑶也。

孝舆,字阮斋。乾隆元年,召试鸿博,未用。以拔贡生廷试第五,出为黔中令。治古州屯务,足茧万山中。将去,民攀辕曰:"公劳苦以衣食我!"皆泣下。历锦屏、龙泉、镇远诸邑,皆有绩。卒于官。

天尺,字履先。年十七,应学使试。士奇手录其赋、诗示诸生,名大起。征鸿博,念亲老不就,以举人终。雍正时修《一统志》,与孝舆同纂《粤乘》。孝舆忤俗,被口语,天尺力白之。所居里曰石湖,世以前有范石湖,因称后石湖以别之云。

珥,字瑞一。为文长于序记,诗有别趣,书法亦工。惠士奇称之曰"南海明珠"。举鸿博,以母老,辞不试。乾隆初乡举,一试礼部,遂不出。

时粤东举鸿博者,又有番禺车腾芳,字图南。康熙末,与里人许遂同征。至京后期,即乞终养归。后为海丰学官。学使吴鸿雅重之,尝从容问其诸子颇有应试者乎,腾芳以皆失学对,吴益叹异焉。

遂,字扬云。康熙中举人。为清河令,蠲逋赋,民德之。坐事去职。巡抚荐应鸿博,格于部议,未试归。

韩海,字伟五,亦番禺人也。雍正十一年进士,官封川教谕。大府欲荐应鸿博,海赋诗以见志,大府览诗愕然,遂不复强。海亦旋卒。

刘大櫆,字才甫,一字耕南,桐城人。曾祖日耀,明末官歙县训导,乡里仰其高节。其后累世皆为诸生,至大櫆益有名。始年二十余入京师,时方苞负海内重望,后生以文谒者不轻许与,独奇赏大櫆。雍正中,两登副榜,竟不获举。乾隆元年,苞荐应词科,大学士张廷玉黜落之,已而悔。十五年,特以经学荐,复不录。久之,选黟县教谕,数年告归。居枞阳江上不复出,年八十三,卒。

大櫆修干美髯,能引拳入口。纵声读古诗文,聆其音节,皆神会理解。桐城自方苞为古文之学,同时有戴名世、胡宗绪。名世被祸,宗绪博学,名不甚显。大櫆虽游苞门,传其义法,而才调独出,著《海峰诗文集》。姚鼐继起,其学说盛行于时,尤推服大櫆。世遂称曰"方刘姚"。

宗绪,字袭参。康熙末,以举人荐充明史馆纂修。雍正八年进士,授编修,迁国子监司业。少孤贫,母潘苦节,课之严而有法。感愤励学,自经史以律律历、兵刑、六书、九章、礼仪、音律之类,莫不研究。著《易管》、《洪范皇极疑义》、《古今乐通》、《律衍数度衍参注》、《昼夜仪象说》、《岁差新论》、《测量大意》、《梅胡问答》、《九九浅说》、《正字通艾误》、《正蒙解》、《大学讲义》、《方舆考》、《南河北河论》、《胶莱河考》、《台湾考》、《两戒辨》、《苗疆纪事》等书。自为诗文曰《环隅集》,古藻过大櫆。大櫆同邑门人自姚鼐外推王灼。

灼,字濒麓。乾隆五十一年举人,选东流教谕。尝馆于歙，与金榜、程瑶田及武进张惠言诸人相友善。一日见惠言《黄山赋》，曰："子之才可追古作者，何必托齐、梁以下自域乎！"惠言遂弃俪体为古文。灼所著《悔生诗文钞》，鲍桂星为刊行焉。

李锴，字铁君，汉军正黄旗人。祖恒忠，副都统。湖广总督辉祖子。锴娶大学士索额图女，家世贵盛，其于荣利泊如也。性友爱，兄伊山、祈山仕不遂，锴省伊山戍所，累月乃归。祈山罢官还，无宅，以己屋授之，并鬻产为清宿遣。尝一充官库笔帖式，旋弃去。乾隆元年，举鸿博，未中选。十五年，诏举经学，大臣交章论荐，以老疾辞。少好山水，游踪所至，务穷其奇。苦嗜茗，为铁铛瓦缶，一奴负以从。客江南，尝月夜挟琴客泛舟采石，弹《大雅之章》，扣舷和之，水宿者皆惊起，人莫测其致也。锴既以屋让兄，乃筑室盘山鹰青峰下，闭户耽吟，罕接人事。岁一至城中，一二日即去。居盘山二十载而殁。诗古奥峭削。著《睫巢集》，又著《原易》及《春秋通义》、《尚史》。

陈景元，字石闾，汉军镶红旗人。诗拟孟郊、贾岛。有《石闾集》。与戴亨、长海为"辽东三老"。

亨，字通乾，号遂堂，沈阳人，原籍钱塘。父梓，以事戍辽，见《艺术传》。亨，康熙六十年进士。官山东齐河县知县，以抗直忤上官，解组去。寄居京师，家益贫，晏如也。为人笃于至性，不轻然诺，风敦风义。其诗宗杜少陵，上溯汉、魏，卓然名家。有《庆芝堂诗集》。

长海，字汇川，纳喇氏，满洲镶白旗人，镇安将军玛奇子。例予荫，长海不就。檄补户部库使，又逃，曰："库使司帑藏，岁丰入，惧焉。逃死，非逃富贵也。"其母贤，听之，遂布衣终其身。冲远任真，趣无容心。博古多识，嗜金石书画，当意则倾囊购之。尝袭裘行吊，解裘以济戚丧。归涂见未见书，买之，复解其衣。由是中寒疾，乃夷然曰："获多矣！"中岁爱易水雷溪之胜，筑大钵庵，因以为号。晚入京居委巷，又颜其阁曰"玉衡"，悬画四壁，对之吟讽。其诗矩矱古人，而不胶于固，断句尤冠绝一时。论诗以性情为主，举靡丽之习而空之。有《雷溪草堂诗》。乾隆九年，卒，年六十有七。

辽东以诗文名者，又有吴麟，字子瑞，号晚亭，满洲镶黄旗人。康熙四十九年举人，授内阁中书。与锴同举鸿博，与修《明史》，纂《本纪》，充《明史纲目》纂修官。善诗文，兼工山水。著有《黍谷山房集》。

曹寅，字楝亭，汉军正白旗人，世居沈阳，工部尚书玺子。累官通政使、江宁织造。有《楝亭诗文词钞》。

鲍鉁，字冠亭，秘书院大学士鲍承先裔。乾隆初，官嘉兴海防同知。有《道腴堂全集》。

高鹗，字兰墅，亦汉军旗人。乾隆六十年进士。有《兰墅诗钞》。

至道光年则有刘文麟，字仙樵，辽阳人。九岁能诗。以进士用广东知县，总督林则徐器之。权平远，兼长乐。俗悍，喜械斗，文麟甫莅任，单舆邃入解之，众罗拜，皆释兵，俗为之易。补文昌，丁忧。再选河南沈丘。时患匪，设方略擒其渠，盗贼息迹。以忤上官劾降，遂归，主沈阳书院。论诗以婉至为宗，语必有寄托。英光伟气，一发之于诗。论者谓足继辽东三老。有《仙樵诗钞》。其门人王乃新，字雪樵，承德人。亦能诗，有《雪樵诗剩》。

沈炳震，字东父，归安人。少喜博览，读史于年月世系，人所忽者，必默识之。尝著《新旧唐书合钞》，纪传以《旧书》为纲，分注《新书》为目；《旧志》多舛略，则以《新书》为纲，分注《旧书》为目。又补列《方镇表》，拜罢承袭诸节目，积数十寒暑乃成。又著《二十四史四谱》：一纪元，二封爵，三宰执，四谥法。其体出于表历，而变其旁行斜上为标目。乾隆元年，与弟炳谦皆以贡生试鸿博，报罢。逾年，卒，年五十九，卒后六年，侍郎钱陈群奏进其《唐书合钞》，诏付书局，采录《唐书考证》中。

炳谦，字幼孜，炳震季弟也。次弟炳巽，字绎游。著《水经注集释订讹》，据明黄省曾刊本，以己意校定之。遍检古籍，录其文字异同者，间附诸家考订之说。州县沿革，则悉以今名释焉。初未见朱谋㙔本，后求得，多与之合。同时治《水经》者，有全祖望、赵一清。

一清，字诚夫，仁和人。国子监生。父昱，季父信，见《厉鹗传》。一清禀其家学，博极群书。《水经注》传写讹夺，欧阳玄、王祎称其经、注混淆，祖望又谓道元注中有注。一清因从其说，辨验文义，离析之，使文属而语不杂。又《唐六典》注称桑钦所引天下之水百三十七，江、河在焉，今少二十一水。考《崇文总目》，《水经注》三十六卷，盖宋代已佚其五卷。此二十一水，即在所佚中。于是杂采他书，证以本注，得滏、洺等十八水。又分漯水、漯馀水，清、浊漳，大小辽水，增多二十一，与《六典》注合。为《水经注释》，又成《水经笺刊误》，以正朱谋㙔之失。方观承督直隶，撰《直隶河渠志》，一清所草创，而戴震要删之。其自著有《东潜文集》。

曹仁虎，字来殷，嘉定人。少称奇才。乾隆二十二年，南巡，献赋，召试列一等，赐举人，授内阁中书。二十六年，成进士，选庶吉士，授编修。每遇大礼，高文典册，多出其手。擢右中允，充日讲起居注官，累迁侍讲学士。五十一年，视学粤东。方按试连州，闻母讣，酷暑奔丧，昼夜号泣，竟以毁，卒于途。

仁虎以文字受主知，声华冠都下，屡典文衡。诗宗三唐，而神明变化，一洗粗率佻巧之习。格律醇雅，酝酿深厚，为一时所推。著有《宛委山房诗集》、《蓉镜堂文稿》。与王鸣盛、王昶、钱大昕、赵文哲及吴泰来、黄文莲称"吴中七子"。鸣盛等四人皆自有传。

泰来，字企晋，长洲人。乾隆二十五年进士，用内阁中书。乞病归，筑遂初园于木渎。藏书多宋、元善本。毕沅延主关中及大梁书院，与洪亮吉辈往还唱和。其诗一本渔洋，著有《净名轩》、《砚山堂》等集。

文莲，字芳亭，上海人。官知县，有《听雨集》。

胡天游，字稚威，山阴人，初姓方，名游。副榜贡生。

乾隆元年，尚书任兰枝荐举鸿博，次年补试，鼻衄大作，投卷出。时四方文士云集京师，每置酒高会，分题命赋，天游辄出数千言，沉博绝丽，见者咸惊服。性耿介，公卿欲招致一见，不可得。后举经学，再报罢。客山西，卒。著有《石笥山房集》。

自言古文学韩愈，然往往涩险似刘蜕，非其至也。俪体文自三唐而下，日趋颓靡。清初陈维崧、毛奇龄稍振起之，至天游奥衍入古，遂臻极盛。而邵齐焘、孔广森、洪亮吉辈继起，才力所至，皆足名家。后数十年而有镇洋彭兆荪，以选声炼色胜，名重一时。

兆荪，字湘涵。少有才名，久困无所遇。举道光元年孝廉方正。胡克家为江苏布政使，客其所。时总督以国用不足议加赋，兆荪为克家力陈其不可，事得寝。又借顾广圻同校元本《通鉴》及《文选》，世称其精椠。晚依曾燠两淮盐运使署。著《小谟觞馆集》，燠为点定之。

袁枚，字子才，钱塘人。幼有异禀。年十二，补县学生。弱冠，省叔父广西抚幕，巡抚金𫓧见而异之，试以《铜鼓赋》，立就，甚瑰丽。会开博学鸿词科，遂疏荐之。时海内举者二百余人，枚年最少，试报罢。乾隆四年，成进士，选庶吉士。改知县江南，历溧水、江浦、沭阳，调剧江宁。时尹继善为总督，知枚才，枚亦遇事尽其能。市人至以所判事作歌曲刻四方。枚不以吏能自喜，既而引疾家居。再起发陕西，丁父忧归，遂牒请养母。卜筑江宁小仓山，号随园，崇饰池馆，自是优游其中者五十年。时出游佳山水，终不复仕。尽其才以为文辞诗歌，名流造请无虚日，诙谐谑荡，人人意满。后生少年一言之美，称之不容口。笃于友谊，编修程晋芳死，举借券五千金焚之，且恤其孤焉。

天才颖异。论诗主抒写性灵，他人意所欲出，不达者悉为达之。士多效其体。著《随园集》，凡三十余种。上自公卿下至市井负贩，皆知其名。海外琉球有来求其书者。然枚喜声色，其所作亦颇以滑易获世讥云。卒，年八十二。

晋芳，字鱼门，江都人。家世业鹾。乾隆初，两淮殷富，程氏尤豪侈。晋芳独好儒，购书五万卷，不问生产，罄其赀。少问经义于从父廷祚，学古文于刘大櫆。而与袁枚、商盘诸人往复唱和，甚相得也。乾隆七年，召试，授中书。十七年，成进士，以吏部员外郎为四库馆纂修，书成改编修。晚岁益穷，官京师至不能举火。就毕沅谋归计，抵关中一月卒，年六十七。晋芳于《易》、《书》、《诗》、《礼》皆有撰述，又有《诸经答问》、《群书题跋》、《蕺园诗文集》。

张问陶，字仲冶，遂宁人，大学士鹏翮玄孙。以诗名，书画亦俱佳。乾隆五十五年进士，由检讨改御史，复改吏部郎中。出知莱州府，忤上官意，遂乞病。游吴、越，未几，卒于苏州。始见袁枚，枚曰："所以老而不死者，以未读君诗耳！"其钦挹之如此。著有《船山集》。

兄问安，字亥白。举人。家居奉母，淡于荣利。其诗才超逸，与问陶有二难之目。

王又曾，字受铭，秀水人。乾隆十六年，南巡召试，赐举人，授内阁中书。十九年，成进士，授刑部主事。同县钱载论诗宗黄庭坚，务绌深凿险，不堕白科。又曾与朱沛然、陈向中、祝维诰和之，号"南郭五子"。又有万光泰、汪孟锛、仲鈖皆与同时相镞砺，力求捐弃尘壒，毋一语相袭取。为诗不异指趣，亦不同体格。时目为秀水派，而又曾与维诰、光泰尤工。

又曾卒，其子复乞载定其诗，号《丁辛老屋集》。毕沅为之序，谓于汉、魏、六朝及唐、宋诸家外，能融会变化自成一家，取材于众所不经见，用意于前人所未发，尤又曾所独到云。

维诰，字宣臣。乾隆三年举人，官内阁中书。有《绿豁诗钞》。光泰，字循初。乾隆元年举人。有《柘坡居士集》。维诰诗，全祖望称其俊雅，李锴称其醇静。光泰诗，杭世骏称其秀朗，载亦称其绮丽。盖虽宗庭坚，而锻炼精到，绝无西江槎枒诘屈之习。沛然，举人，知高安县，卒官。向中客死凉州，诗传者差少。孟锛，进士，吏部主事；仲鈖，举人；皆有集。而复与载子世锡，维诰子哲相与称。诗守家法。世锡已见《载传》，有《麂山老屋集》。

复，字敦珂。官河南鄢陵知县。有《树萱堂》、《晚晴轩》二集。沅采入《吴会英才集》。

哲，字明甫。乾隆二十五年举人。有《西涧诗钞》。

孟锛子如洋，乾隆四十五年会试，廷试皆第一，亦与复等唱和。

邵齐焘，字叔宀，昭文人。幼异敏，甫受书即能了大义。乾隆七年进士，以编修居词馆十年。尝献《东巡颂》，时称班、扬之亚，群公争欲致门下。齐焘意度夷旷，殊落落也。年三十六，即罢归。自颜其室曰"道山禄隐"。主常州龙城书院，洪亮吉、黄景仁皆从受学。善为俪体文，气格排宕，意欲矫陈维崧、吴绮、章藻功三家之失。卒，年五十有二。著《玉芝堂集》。

王太岳，字基平，定兴人。齐焘同年进士，授检讨。由侍读出补甘肃平庆道，调西安，迁湖南按察使。调云南，擢布政使，坐事落职。命充四库馆总纂官。四十三年，仍授检讨。后迁司业，卒。太岳莅官有惠政，尤留心水利，与齐焘最善，骈文清刚简直亦相近。有《清虚山房集》。

吴锡麒，字穀人，钱塘人。性至孝。乾隆四十年进士，授编修。累task祭酒，以亲老乞养归。主讲扬州安定乐仪书院。锡麒工应制诗文，兼善倚声。浙中诗派，前有朱彝尊、查慎行，继之者杭世骏、厉鹗。二人殂谢后，推锡麒，艺林奉为圭臬焉。著《有正山房集》。全椒吴鼒尝辑录齐焘、亮吉、锡麒及刘星炜、袁枚、孙星衍、孔广森、曾燠之文为《八家四六》云。此八家外，有金匮杨芳灿，与弟揆并负时名。

芳灿，字蓉裳。母梦五色雀集庭树而生。诗文华赡，学使彭元瑞大异之。乾隆四十二年拔贡生。廷试得知县，补甘肃之伏羌。回民田五反，县民马称骥应之。未发，芳灿从称骥甥马映龙侦得，立捕斩之，因城守。贼奄至，以无应，解围去。憾映龙泄其谋，扬言映龙故与通，约五日后献城也。阿桂逮映龙，将杀之，卒以芳灿言得免。叙功，擢知灵州，顾不乐外吏，入赀为户部员外郎。与修《会典》，益务记览。为词章，尝曰："色不欲丽，气不欲纵，沉博奥衍，斯骈体之能事矣。"丁母忧，贫甚，鬻书以归。著《芙蓉山馆诗文钞》。

揆，字荔裳。乾隆中，召试举人，授中书。从福康安征卫藏。官至四川布政使。有《藤花馆稿》。

萧，字山尊。嘉庆四年进士，终侍讲学士。以母老告归，主讲扬州。亦长骈体，有《夕葊书屋集》。

徐文靖，字位山，当涂人。父章达，以孝义称乡里。文靖务古学，无所不窥。著述甚富，皆援据经史。雍正改元，年五十七，始举江南乡试。侍郎黄叔琳典试还朝，以得三不朽士自矜，盖指文靖及任启运、陈祖范也。乾隆改元，试鸿博，不遇。詹事张鹏翀以所著《山河两戒考》、《管城硕记》进呈，赐国子监学正。十七年，征经学，入都。会开万寿恩科，遂与试，年八十六，以老寿赐检讨，给假归。卒，年九十余。其所著又有《周易拾遗》、《禹贡会笺》、《竹书统笺》诸书。

赵青藜，字然一，泾县人。九岁能文，乾隆元年，举会试第一，选庶吉士，授编修，充浙江乡试考官。迁御史，再充浙江考官，母忧归。服阕，还台，又充湖南考官。在台前后五年，有直声。如请清屯田、归运丁、弛米禁、济民食、提耗羡归公、兴西北水利；又劾总督高斌、侍郎周学健奏开捐例，启言利之端，为害甚大。所言能持大体，不为激切之论。寻以耳疾乞休，年八十余，卒。青藜外和内严，以不欺为主。受古文义法于方苞，苞称及门中如青藜者，可信其操行之终不迷。著有《漱芳居稿》，《读左管窥》，于《春秋》二百四十二年穿穴甚深。

先是青藜同郡以史学称者，推南陵汪越，字师退。康熙四十四年举人。食贫励节，守令咸折节致敬。不妄干谒。著《绿影草堂集》，冲淡典博。其《读史记十表》，排比旧文，钩稽微义，所得尤多。

朱仕琇，字斐瞻，建宁人。资性朗悟，而记诵拙，日可数十言，援笔为文辄立就。从南丰汪世麟学古文，临别请益，世麟曰："子但通习诸经，则世无与抗矣。"仕琇惊诧其言，遂以己意求之经传，旁及百家诸子书，一以昌黎为宗。副都御史雷铉见其文，叹为醇古冲淡，近古大家，自是名大著。乾隆九年，举乡试第一。逾四年，成进士，选庶吉士。散馆，出知夏津县，民为之谣曰："夏津清，我公能。"在任七年，以河决，改福宁府学教授。归，主鳌峰讲席者十年，卒，年六十六。

仕琇以古文辞自力，其意欲追古之立言者。以为清穆者惟天，淡泊者惟水，含之咀之，得其妙以为文者惟人。尝与友人书曰："为文在先高其志。其心有以自得，则吾心犹古人之心也，以观古人之言，犹吾言也。然后辨其是非焉，究其诚伪焉，定其高下焉，如黑白之判于前矣。于是顺其节次焉，还其训诂焉，沉潜其义蕴焉，调和其心气焉，久则自然合之。又久则变化生之。于是文之高也，如累土之成台，如鸿渐之在天，有莫知其所以然者。"仕琇与大兴朱筠及弟珪友善，筠推服其文甚至。著《梅崖文集》。

福建古文之学自仕琇。其后再传有高澍然，字雨农，光泽人。嘉庆七年举人，授内阁中书。未几，移病归。研说经传，尤笃嗜《昌黎集》。其文陈义正，言不过物，高视尘壒之表。名不如仕琇，要其自得之趣，有不求人知能自树立者。著《春秋释经》、《论语私记》、《韩文故》及《抑快轩文集》。

蒋士铨，字心余，铅山人。家故贫，四岁，母钟氏授书，断竹篾为点画，攒簇成字教之。既长，工为文，喜吟咏。由举人官中书。乾隆二十二年，成进士，授编修。文名藉甚，裘曰修、彭元瑞并荐其才。旋乞病归。帝屡从元瑞询之，元瑞以士铨母老对。帝赐诗元瑞，有"江西两名士"之句。士铨感恩眷，力疾起补官，记名以御史用。未几，仍以病乞休，遂卒，年六十二。

士铨赋性悱恻，以古贤自励，急人之难如不及。诗词雄杰，至叙述节烈，能使读者感泣。著《忠雅堂集》。少时与武宁汪轫、南昌杨垕为昆弟交，出入必偕，财物与共。

轫，字鱼亭，优贡生。垕，字子载，举人，本天全六番招讨宣慰使孙，雍正初，改土归流，安置江西，遂为南昌人。诗名与轫相垺。士铨甚推服之。同时有南丰赵由仪，字山南。与士铨等并称四子。其后继起者，曰东乡吴嵩梁、临川乐钧。

嵩梁，字兰雪。以举人官中书，选知黔西州。著《香苏山馆集》。声播外夷，朝鲜吏曹判书金鲁敬以梅花一龛供奉之，称为诗佛。日本贾人斥四金购其诗扇。其名重如此。

钧，初名宫谱，字元淑。嘉庆六年举人。与嵩梁同为翁方纲弟子。著《青芝山馆集》。

赵翼，字耘松，阳湖人。生三岁能识字，年十二，为文一日成七篇，人奇其才。乾隆十九年，由举人中明通榜，用内阁中书，入直军机，大学士傅恒尤重之。二十六年，复成进士，殿试拟一甲第一，王杰第三。高宗谓陕西自国朝以来未有以一甲一名及第者，遂拔杰而移翼第三，授编修。

后出知镇安府。粤民输谷常社仓，用竹筐，以权代概。有司因购马济滇军，别置大筐敛谷，后遂不革，民苦之。翼听民用旧筐，自权，持羡去，民由是感激，每出行，争肩舆过其村。先是镇民付奉入云南土富州为奸，捕获百余人，付奉顾逸去，前守以是罢官。已而付奉死，验其尸艮是。总督李侍尧疑其为前守道地，翼申辨，总督怒，劾之。适朝廷用兵缅甸，命翼赴军赞画，乃追劾疏还。傅恒既至滇，经略兵事，议以大兵渡戛鸠江，别遣偏师从普洱进。翼谓普洱距戛鸠江四千余里，不如由江东岸近地取猛密，如其策入告。其后戛鸠兵遭瘴多疾病，而阿桂所统江东岸一军独完，卒以蒇事。寻调守广州，擢贵西兵备道。以广州谳狱旧案降级，遂乞归，不复出。

五十二年，林爽文反台湾，侍尧赴闽治军，邀翼与俱。时总兵柴大纪城守半载，以易子析骸入告。帝意动，谕大纪以兵护民内渡。侍尧以询翼，翼曰："总兵欲内渡久矣，惮国法故不敢。今一弃城，则鹿耳门为贼有，全台休矣！即大兵至，无路可入。宜封还此旨。"侍尧悟，从之，明日接追还前旨之谕，侍尧膺殊赏；而大将军福康安续至，遂得由鹿耳门进兵破贼，皆翼计也。

事平，辞归，以著述自娱。尤邃史学，著《廿二史札记》、《皇朝武功纪盛》、《陔余丛考》、《檐曝杂记》、《瓯北诗集》。嘉庆十五年，重宴鹿鸣，赐三品衔。卒，年八十六。同时袁枚、蒋士铨与翼齐名，而翼有经世之略，未尽其用。所为诗无不如人意所欲为，亦其才优也。

其同里学人后于翼而知名者，有洪亮吉、孙星衍、赵怀玉、黄景仁、杨伦、吕星垣、徐书受，号为"毗陵七子"。亮吉、星衍、怀玉自有传。

景仁，字仲则，武进人。九岁应学使者试，临试犹蒙被索句。后以母老客游四方，觅升斗为养。朱筠督学安徽，招入幕。上巳修禊，赋诗太白楼。景仁年最少，著白袷立日影中，顷刻成数百言，坐客咸辍笔。时士子试当涂，闻使者高会，毕集楼下，咸从奚童乞白袷少年诗竞写，名大噪。尝自恨其诗无幽、并豪士气，遂游京师。高宗四十一年东巡，召试二等。武英殿书签，例得主簿。陕西巡抚毕沅奇其才，厚贽之，援例为县丞，铨有日矣，为债家所迫，抱病逾太行，道卒。亮吉持其丧归，年三十五。著《两当轩集》。子乙生，通郑氏《礼》，善书，早卒。

伦，字敦五。乾隆中进士，苍梧县知县。著有《杜诗镜诠》。

星垣，字叔诺，大学士官五世孙。乾隆五十年，辟雍礼成，进颂册，钦取一等一名，选训导。后官河间县知县。有《白云草堂集》。

书受，副贡生。叶县知县。有《教经堂集》。

严长明，字道甫，江宁人。幼奇慧。年十一，为李绂所赏，告方苞曰："国器也！"遂从苞受业。寻假馆扬州马氏，尽读其藏书。高宗二十七年南巡，以诸生献赋，赐举人，用内阁中书，入军机。长明通古今，多智数，工于奏牍，大学士刘统勋最奇其才。户部奏天下钱粮杂项名目繁多，请并入地丁征收，长明曰："今之杂项折征银，皆古正供也。若去其名，他日吏忘之，谓其物官所需，必且再征，是使民重困也。"统勋曰善，乃奏已之。大学士温福征大金川，欲长明从行，长明固辞。退，有咎之者，答曰："是将败没，吾奈何从之！"既而温福果军溃以死，随往者皆尽。

长明在军机七年，干敏异众，然亦以是见嫉。其救罗浩源事，人尤喜称之。浩源，云南粮道也。分偿属吏汪应缴所亏帑金，有诏逾期即诛。浩源缴不如数，逾期十日，牒请弛限。上下其议，时统勋主试礼部，秋曹无敢任其事者。长明因挝鼓入闱，见统勋，为言汪已捐复，将曳组绶出都，独坐浩源，义未协，宜仍责汪自缴。统勋曰："具疏稿乎？"曰："具。"即振袖出之，辞义明晰。疏入报可，狱遂解。其他事多类此。人有图其像祀之者。三十六年，擢侍读。尝扈跸木兰，大雪中失橐驼并所装物，越日故吏以驼至。问"何以知为吾物"，曰："军机官披羊裘者独君耳。"长明劳而遣之。

后以忧归，遂不复出。客毕沅所，为定奏词。又主讲庐阳书院。博学强记，所读书，或举问，无不能对。为诗文用思周密，和易而当于情。著《毛诗地理疏证》、《五经算术补正》、《三经三史答问》、《石经考异》、《汉金石例》、《献征余录》等书。

子观，字子进。嗜学，好金石文字。父乞归后，筑归求草堂，藏书二万卷，观丹黄几满。著《江宁金石记》，钱大昕甚高其品节。

朱筠，字竹君，大兴人。乾隆甲戌进士，选庶吉士，授编修。由赞善大考擢侍读学士，屡分校乡会试。庚寅，典福建乡试，辛卯，督安徽学政。

诏求遗书，奏言翰林院藏《永乐大典》内多古书，请开局校辑。旋奉上谕："军机大臣议复朱筠条奏校核《永乐大典》一节，已派军机大臣为总裁。又朱筠所奏将《永乐大典》择取缮写，各自为书，及每书校其得失，撮举大旨，叙于本书卷首之处，即令承办各员，将各原书详细检阅，并书中要旨总叙厓略，呈候裁定，"又将来书成，著名《四库全书》。"《四库全书》自此始。筠又请仿汉熹平、唐开成故事，校正《十三经》文字，勒石太学。未几，坐事降编修，充《四库全书》纂修官，兼修《日下旧闻考》。高宗尝称筠学问文章殊过人。寻，复督学福建。归，卒，年五十有三。

筠博闻宏览，以经学、六书训士。谓经学本于文字训诂，周公作《尔雅》，《释诂》居首；保氏教六书，《说文》仅存。于是叙《说文解字》刊布之。视学所至，尤以人才经术名义为急务，汲引后进，常若不及。因材施教，士多因以得名，时有朱门弟子之目。好金石文字，谓可佐证经史。诸史百家，皆考订其是非同异。为文以郑、孔经义，迁、固史书为质，而参以韩、苏。诗出入唐、宋，不名一家，并为世重。筠锐然以兴起斯文为己任，搜罗文献，表章风化，一切破崖岸而为之。好客，善饮，谈笑穷日夜。酒酣论天下事，自比李元礼、范孟博，激扬清浊，分别邪正，闻者悚然。著有《笥河集》等。

翁方纲，号覃溪，大兴人。乾隆壬申进士，选庶吉士，授编修。擢司业，累至内阁学士。先后典江西、湖北、顺天乡试，督广东、江西、山东学政。嘉庆元年，预千叟宴。四年，左迁鸿胪寺卿。十二年，重宴鹿鸣，赐三品衔。十九年，再宴恩荣，加二品卿，年八十二矣。又四年，卒。

方纲精研经术，尝谓考订之学，以衷于义理为主，《论语》曰"多闻"、曰"阙疑"、曰"慎言"，三者备而考订之道尽。时钱载斥戴震为破碎大道，方纲谓："诂训名物，岂可目为破碎？考订训诂，然后能讲义理也。"然震谓圣人之道，必由典制名物得之，则不尽然。

方纲读群经，有《书》、《礼》、《论语》、《孟子附记》，并为《经义考补正》。尤精金石之学，所著《两汉金石记》，剖析毫芒，参以《说文》、《正义》，考证至精。所为诗，自诸经注疏，以及史传之考订，金石文字之爬梳，皆贯彻洋溢其中。论者谓能以学为诗。他著有《复初斋全集》及《礼经目次》、《苏诗补注》等。

姚鼐，字姬传，桐城人，刑部尚书文然玄孙。乾隆二十八年进士，选庶吉士，改礼部主事。历充山东、湖南乡试考官，会试同考官，所得多知名士。四库馆开，充纂修官。书成，以御史记名，乞养归。

鼐工为古文。康熙间，侍郎方苞名重一时，同邑刘大櫆继之。鼐世父范与大櫆善，鼐本所闻于家庭师友间者，益以自得，所为文高简深古，尤近欧阳修、曾巩。其论文根极于道德，而探原于经训。至其浅深之际，有古人所未尝言。鼐独抉其微，发其蕴，论者以为辞迈于方，理深于刘。三人皆籍桐城，世传以为桐城派。

鼐清约寡欲，接人极和蔼，无贵贱皆乐与尽欢；而义所不可，则确乎不易其所守。世言学品兼备，推鼐无异词。尝仿王士祯《五七言古体诗选》为《今体诗选》，论者以为精当云。自告归后，主讲江南紫阳、钟山书院四十余年，以诲迪后进为务。嘉庆十五年，重赴鹿鸣，加四品衔。二十年，卒，年八十有五。所著有《九经说》十七卷，《老子、庄子章义》，《惜抱轩文集》二十卷、《诗集》二十卷，《三传补注》三卷、《法帖题跋》二卷、《笔记》四卷。

子景衡，举人，知县。有隽才，鼐故工书，景衡学其笔法，能乱真。

吴定，字殿麟，歙县人。举孝廉方正。与姚鼐相友善，论文严于法。鼐每为文示定，定所不可，必尽言，得当乃止。定尝语陈用光曰："先生虚怀善取，为文尚如是，其为学可知矣。"著有《周易集注》十卷，《紫石泉山房文集》十二卷、《诗集》六卷。

鲁九皋，原名仕骥，字絜非，新城人。尝从鼐问古文法，又使其甥陈用光及鼐门。乾隆三十六年进士，选山西夏县，以积劳致疾卒。所著曰《山木居士集》。

用光，字硕士。嘉庆六年进士，由编修累官礼部侍郎。笃于师友谊，尝为姚、鲁两师置祭田，以学行重一时。著有《太乙舟文集》。

当嘉、道间，传古文法者，有宜兴吴德旋、上元梅曾亮诸人，曾亮自有传。德旋，字仲伦。诸生。以古文鸣。与阳湖恽敬、永福吕璜以文相砥砺。诗亦高澹绝俗，有《初月楼集》。

宋大樽，字左彝，仁和人。弱岁，刲股愈母疾，让产其弟。乾隆三十九年举人，为国子监助教，以母老引疾归。豪于饮酒，善鼓琴，时时出游佳山水，助其诗兴。其诗由唐人而上溯之，极于古歌谣而止，才力足以相俪。有《茗香论诗》、《学古集》、《牧牛村舍诗钞》。

同县钱林，字金粟。嘉庆十三年进士，由编修至侍读学士，左迁庶子。林熟于本朝名臣言行，及河漕、盐榷、钱法诸大政。诗亦酝酿于汉、魏、六朝。阮元督学浙江，称为华宝兼茂之士。著《文献征存录》、《玉山草堂诗集》。

端木国瑚，青田人。青田故产鹤，国瑚生而清傲似鹤，其大父字之曰鹤田。阮元督学得之，恒夸示人曰："此青田一鹤也！"命赋使署定香亭，赋成，一时传诵。国瑚好学深思，通天文之奥。尝被召相山陵，叙劳官中书。道光十三年进士，选用知县。性不耐剧，投牒就原官。著《周易指》，属稿二十六年而后成。诗才清丽，有《太鹤山人集》。又著《周易葬说》、《地理元文》，后颇悔之，不轻为人营葬。

吴文溥，字澹川，嘉兴贡生。亦以诗名。其为人有韬略，超然不群，能作苏门长啸。著《南野堂集》。

章学诚，字实斋，会稽人。乾隆四十三年进士，官国子监典籍。自少读书，不甘为章句之学。从山阴刘文蔚、童钰游，习闻蕺山、南雷之说。熟于明季朝政始末，往往出于正史外，秀水郑炳文称其有良史才。继游朱筠门，笃藏书甚富，因得纵览群籍，与名流相讨论，学益宏富。著《文史通义》、《校雠通义》，推原《官礼》而有得于向、歆父子之传。其于古今学术，辄能条别而得其宗旨，立论多前人所未发。尝与戴震、汪中同客冯廷丞宁绍台道署，廷丞甚敬礼之。

学诚好辩论，勇于自信。有《实斋文集》，视唐宋文体，夷然不屑。所修和州、亳州、永清县诸志，皆得体要，为世所推。

章宗源，字逢之。乾隆五十一年，大兴籍举人，其祖籍亦浙江也。尝辑录唐、宋以来亡佚古书，欲撰《隋书经籍志考证》，积十余年始成。稿为仇家所焚，仅存史部五卷。

后百有余年，有姚振宗，字海槎，山阴人。著《汉艺文志、隋经籍志考证》，能订宗源之失。又补《后汉》、《三国》两《艺文志》。目录之学，卓然大宗。论者谓足绍二章之传。

而学诚同时有归安吴兰庭，字胥石。乾隆三十九年举人。稽古博闻，多所纂述。尝以宋吴缜著有《五代史记纂误》，因更取薛居正《旧史》参校，为《纂误补》四卷。同邑丁杰邃于经，兰庭熟于史，一时有"丁经吴史"之目。嘉庆元年，与千叟宴。他所著又有《五代史考异》、《读通鉴笔记》、《南雷草堂集》。

祁韵士，字鹤皋，寿阳人。乾隆四十三年进士，官编修，擢中允，大考改户部主事。嘉庆初，以郎中监督宝泉局。局库亏铜案发，戍伊犁。未几，赦还。卒于保定书院，年六十五。

韵士幼喜治史，于疆域山川形胜、古人爵里名氏，靡不记览。弱冠，馆静乐李氏，李藏书十余楹，多善本，韵士寝馈其中五年，益赅洽。既入翰林，充国史馆纂修。时创立《蒙古王公表传》，计内扎萨克四十九旗，外扎萨克喀尔喀等二百余旗，以至西藏及回部纠纷杂乱，皆无文献可征据。乃悉发库贮红本，寻其端绪，每于灰尘坌积中忽有所得，如获异闻。各按部落立传，要以见诸《实录》、红本者为准；又取《皇舆全图》以定地界方向。其王公支派源流，则核以理藩院所存世谱，八年而后成书；又别撰《藩部要略》，以年月编次。盖《传》仿《史记》，而《要略》仿《通鉴》。李兆洛序之，谓如读辽皇之书，睹鸿濛开辟之规模矣。及戍伊犁，有所纂述，大兴徐松续修之，成《新疆事略》。

韵士又著《西域释地》、《西陲要略》，皆考证古今，简而能核。外有《万里行程记》、《己庚编》、《书史辑要》、《诗文集》。

张穆，字石洲，平定州人。道光中，优贡生。善属文。歙县程恩泽见之，惊曰："东京崔、蔡之匹也！"通训诂、天算、舆地之学。著《蒙古游牧记》，用史志体，韵士《要略》用编年体，论者谓二书足相埒。又以《魏书·地形志》分并建革，一以天平、元象、兴和、武定为限，纯乎东魏之志。其雍、秦诸州地入西魏者，遂挽失踳驳不可读。乃更事排纂，书未成，其友何秋涛为补辑之。又著顾炎武、阎若璩《年谱》、《月斋诗、文集》。

秋涛，字愿船，光泽人。道光二十四年进士，授刑部主事。留心经世之务。以俄罗斯与中国壤地连接，宜有专书资考镜，始著《北徼汇编》六卷。后复详订图说，起汉、晋讫道光，增为八十卷。文宗垂览其书，赐名《朔方备乘》。召见，擢员外郎，懋勤殿行走，旋以忧去。同治改元，年三十九，卒。又著《王会篇笺释》、《一镫精舍甲部稿》。刑部奉敕撰《律例根源》，亦秋涛在官时创藁云。

冯敏昌，字伯术，钦州人。童年补诸生。翁方纲按试廉州，以拔贡选入国学。乾隆四十三年进士，授编修。大考，改户部主事，调补刑部。性至孝友，闻父丧，一痛呕血，大雪，徒跣竟日。方纲忧曰："敏昌万无生理！"则持其母夫人书促令归省。及丁内艰，庐墓久，遂不复出。

平生足迹半天下，尝登岱，题名绝壁，游庐阜，观瀑布；抵华岳，攀铁纤，跻巇峡。在河阳时，亲历王屋、大行诸山。又以北岳去孟县不千里，骑骏马直造曲阳飞石之巅，穷雁门、长城而返。最后宿南岳庙，升祝融峰，观云海。其悱恻之情，旷逸之抱，一寓于诗。著有《小罗浮草堂诗集》、《孟县志》、《华山小志》、《河阳金石录》。学者称鱼山先生。

其后岭南以诗名家者，有嘉应宋湘，字焕襄。嘉庆四年进士。以编修典试四川、贵州，出知曲靖府。教属地种木棉，人称"宋公布"。署广南、永昌，皆有绩。永昌湾甸土州知州死，远族景在东谋袭其职，据撞专杀自恣，如是者五六年。当事怯，莫敢发。民、夷赴诉，湘请诸镇帅，不允；乃率僚属游宴栖贤山，从容赋诗，密约乡兵乘夜兼行，出不意，擒在东斩之，费银八千两，不取偿公家，边隅以靖。终湖北督粮道。诗学少陵，有《不易居集》。

敏昌同时又有赵希璜，字渭川，长宁人。少读书罗浮山，与顺德黎简友善。乾隆四十四年举人。知安阳县，邑志久未修，希璜聘武亿共成之。纪昀推其体例合古法。末附《金石录》十二卷，尤精确。希璜工诗，著有《四百三十二峰草堂诗钞》。

法式善，字开文，蒙古乌尔济氏，隶内务府正黄旗。乾隆四十五年进士，授检讨，迁司业。五十年，高宗临雍，率诸生七十余人听讲，礼成，赏赉有差。本名运昌，命改今名，国语言"竭力有为"也。由庶子迁侍读学士，大考降员外郎，阿桂荐补左庶子。性好文，以宏奖风流为己任。顾数奇，官至四品即左迁。其后两为侍讲学士，一以大考改赞善，一坐修书不谨贬庶子，遂乞病归。

所居后载门北，明李东阳西涯旧址也。构诗龛及梧门书屋，法书名画盈栋几，得海内名流咏赠，即投诗龛中。主盟坛坫三十年，论者谓接迹西涯无愧色。著《清秘述闻》、《槐厅载笔》、《存素堂诗集》。平生于诗所激赏者，舒位、王县、孙原湘，作《三君子咏》以张之。然位艳县狂，惟原湘以才气写性灵，能以韵胜，著《天真阁集》。

原湘，字子潇，昭文人。嘉庆十年进士。选庶吉士，未仕。

同时江苏与原湘负才名者，有吴江郭麐，字祥伯。附监生。一眉莹白如雪，风采超俊。家贫客游，人争倒屣。诗学李长吉、沈下贤，词尤清婉。著《灵芬馆集》。尝病潘昂霄《金石例》之隘，因据洪氏《隶释》为《金石例补》，又撰《词品》十二则，以继司空表圣之《诗品》。

恽敬，字子居，阳湖人。幼从舅氏郑环学，持论能独出已见。乾隆四十八年举人，以教习官京师。时同县庄述祖、有可、张惠言，海盐陈石麟，桐城王灼集辇下，敬与为友，商榷经义，以古文鸣于时。既而选令富阳，锐欲图治，不随群辈俯仰。大吏怒其强项，务裁抑之，令督解黔饷。敬曰："王事也。"怡然就道。后遭父丧，服阕，选新喻。吏民素横暴，绳以法，人疑其过猛。已乃进秀异士与论文艺，俗习大变。调知瑞金，有富民进千金求脱罪，峻拒之。关说者以万金相咻，敬曰："节士苞苴不逮门，吾岂有遗耶！"卒论如法。由是廉声大著。卓异，擢南昌同知。敬为人负气，所至辄忤上官，以其才高优容之，然忌者遂衔之次骨。最后署吴城同知，坐奸民诬诉隶诈财失察被劾。忌者闻而喜曰："恽子居大贤，乃以赃败耶！"

敬既罢官，益肆其力于文。深求前史兴坏治乱之故，旁及纵横、名法、兵农、阴阳家言。会其友惠言殁，于是敬慨然曰："古文自元、明以来渐失其传，吾向所以不多为者，有惠言在也。今惠言死，吾安敢不并力治之？"其文盖出于韩非、李斯，与苏洵为近。卒，年六十一。著《大云山房稿》。其治狱曰《子居决事》，附集后。

赵怀玉，字亿孙，武进人，尚书申乔四世孙。乾隆中召试举人，授中书。久之，出为青州府同知，以忧归，终于家。性坦易，工古文辞。尝自言不敢好名为欺人之事，不敢好奇为欺世之学。恽敬称其文无有杂言诐义离真反正者。著《有生斋文集》。

黎简，字简民，顺德人。十岁能诗。益帅李文藻令朝阳，见简诗，曰："必传之作也。"劝令就试。学使李调元得其《拟昌黎石鼎联句》，奇赏之，补弟子员，人号之曰黎石鼎。久之，膺选拔。寻丁外艰，遂终于家，足不逾岭海。内名流，钦其高节。袁枚负盛名，游罗浮，邀与相见，谢不往也。著《五百四峰草堂诗文钞》。所与交同邑张锦芳、黄丹书，番禺吕坚皆以诗名。

锦芳，字粲夫，乾隆中进士，官编修。通《说文》，喜金石文字。弟锦麟，字瑞夫。举人。兄弟并为翁方纲所器异。锦麟曾赋"碧天如水雁初飞"句得名，时呼张碧天。早卒。锦芳著《逃虚阁诗钞》，与钦州冯敏昌、同邑胡亦常称"岭南三子"。

丹书，字廷授，亦以诗受知调元。贡优行，事亲孝，居丧能尽哀。后举于乡。至都，朝贵争延之，辞不就。尝曰："贫与富交则损名，贱与贵交则损节。"晚官教谕，兼工书画。著《鸿雪斋诗钞》。

坚，字介卿。岁贡生，穷老不遇。著《迟删集》。

亦常，字同谦。举人。落第南归，与戴震同舟，至富春江乃别。舟中手写震所著书，谋刊之。多啖瓜果解渴，得胃寒疾，抵家卒。有《赐书楼集》。

张士元，字翰宣，震泽人。工古文辞，师法归有光。岁正，陈其集几上，北面拜之。又用归氏评点《史记》法，上推之《左氏》，下逮韩、欧，无不合者。乾隆五十三年举人，久不第，留京师馆董诰第八年。诰主会试，欲令士元出门下，不能得也。姚文田督学江南，士元与有旧，戒诸子勿应试。年老，铨教谕，以耳聩谢不就。曰："国家设学校，使师弟子相从讲学，岂漫以廪禄拯寒生哉？"乃归老烂黎之上，撰述自娱。学者称鲈江先生。

性淡泊寡交，独与王芭孙、秦瀛、陈用光以学问相切劘。姚鼐见其文，亦拟之震川。卒，年七十。著《嘉树山房集》。

同邑张海珊，字越来；张履，字渊甫：皆举人。海珊道光元年乡试解首，榜发，已前卒。其论学以宋贤为归，又耻迂儒寡效，自农田、河渠、兵制、天下形势所在，及漕粮利弊，悉心究讨。三吴亢旱港涸，一日北风大作，水入，纠众筑堤储之，岁以有秋。著《小安乐窝集》、《丧礼问答》、《火攻秘录》。

履，海珊门人也。传海珊之学，尤精《三礼》。其议礼之文，皆犂然有当，非徒习训诂名物者。官句容训导。著《积石山房集》。

卷四百八十六　列传二百七十三

文苑三

张澍 邢澍 **莫与俦** 子友芝 **陆继辂** 从子耀遹
彭绩 **洪颐煊** 兄坤煊 弟震煊 **邓显鹤**
万希槐 **周济** 陈鹤 **徐松** 沈垚 陈潮 李图
李兆洛 承培元 宋景昌 缪尚诰 六承如
钱仪吉 从弟泰吉 **包世臣** 齐彦槐 **姚椿**
顾广誉 **张鉴** 杨凤苞 施国祁 **黄易** 瞿中溶
张廷济 沈涛 陆增祥 **董祐诚** 方履籛
周仪暐 **俞正燮** 赵绍祖 汪文台 汤球 **潘德舆**
吴昆田 **张维屏** 谭敬昭 彭泰来 **梅曾亮**
管同 刘开 毛岳生 **汤鹏** 张际亮
龚巩祚 **魏源** **方东树** 从弟宗诚 苏惇元
戴钧衡 **鲁一同** 子賁 **谭莹** 熊景星 黄子高
莹子宗浚 **吴敏树** 杨彝珍 **周寿昌** 李希圣
斌良 锡缜 李云麟 **何绍基** 孙维朴 李瑞清
冯桂芬 王颂蔚 叶昌炽 管礼耕 袁宝璜
李慈铭 陶方琦 谭廷献 李稷勋 **张裕钊**
范当世 朱铭盘 杨守敬 **吴汝纶** 萧穆
贺涛 刘孚京 **林纾** 严复 辜汤生

张澍，字介侯，武威人。父应举，有孝行。嘉庆四年，澍年十八，成进士。是科得人最盛，澍选庶吉士，文词博丽。散馆改知县，初令玉屏，以病归。叙防河劳，选屏山，摄兴文，丁父艰。再起，知永新。署临江通判，坐征解缓，罢官。开复，补泸溪，复以忧去。

澍性亢直，所至辄有声。在黔时，巡抚初彭龄过县，澍杖其仆之索金者。座主蒋攸铦督四川，甫下车，举劾属吏，风采严峻。澍上书论其徇情市恩，黜陟不当，以此官不遂。务博览经史，皆有纂著。游迹半天下，诗文益富。留心关、陇文献，搜辑刊刻之。纂《五凉旧闻》、《三古人苑》、《续黔书》、《秦音》、《蜀典》，而《姓氏五书》尤为绝学。自著诗文外，又有《诗小序翼》、《说文引经考证》。

同时甘肃有与之同名者，曰邢澍，字雨民，阶州人也。两人学派亦略相近。乾隆五十五年进士，官至南安知府。好古博闻，孙星衍辑《寰宇访碑录》，多资于澍。著有《关右经籍考》、《两汉希姓录》、《金石文字辨异》、《守雅堂集》。

莫与俦，字犹人，独山州人。少有志操，兄殁，持期服，不与试。嘉庆四年，朱珪、阮元总裁会试，所拔取多朴学知名士，与俦亦以是年成进士，选庶吉士。散馆，改令盐源县。俗，富民买田好择取无税者，贫民往往鬻产存赋，久辄逃亡。与俦责赋富人，而贳其隐占罪。又上言河西宁远子税所府隶横征病民，得裁去。木里喇吗左所有山产银铜，布政使符县开矿，与俦持不可，以为矿山实土官经堂所据，奸民所呈地图距经堂远，实无矿，开厂聚众，滋扰夷境，贪小利，贾大衅，事诚不便。大吏檄与俦覆勘，至则矿山果在经堂右。其众严兵以待，既瞻与俦貌，聆其温语，皆解甲罗拜。县令至，土司例有供馈，尽却之，又悬诸禁。比还，老幼遮道献酒，填咽不得前。举治行卓异，以父忧去。母老，遂请终养。

久之，被吏部檄复起，自请改教授，选遵义。士人闻其至，争请受业。学舍仅如蜂房，犹不足，僦居半城市。旦暮进诸生而诏之："学以尽其下焉者而已，上焉者听其自至可也。程、朱氏之论，穷神达化，不越洒埽应对日用之常。至六艺故训，则国朝专经大师，实迈近古。"其称江、阮、惠、陈、段、王父子，未尝隔三宿不言，听者如旱苗之得膏雨。其后门人郑珍及子芝芝遂通许、郑之学，为西南大师。与俦著《二南近说》，诗文散佚。友芝记其言行为《过庭碎录》。

友芝，字子偲。家世传业，通会汉、宋。工诗。真行篆隶书不类唐以后人，世争宝贵。友芝亦乐易近人，癯貌玉立，而介特内含。道光十一年举人，在京师远迹权贵。胡林翼、曾国藩皆其旧好，留居幕府，评骘书史外，荣利泊如也。咸丰时，尝选取县令，弃去。至是中外大臣密疏荐其学行，有诏征至，复谢不就。卒，年六十一。著《黔诗纪略》、《遵义府志》、《声韵考略》、《邵亭诗钞》、《宋元旧本经眼录》、《樗茧谱注》、《唐本说文木部笺异》。

陆继辂，字祁孙，阳湖人。幼孤，生母林严督之，非其人，禁勿与游。甫成童，出应试，得识丁履恒，归告母，母察其贤，始令与结。其后益交庄曾诒、张琦、恽敬、洪饴孙辈，学日进。嘉庆五年举人，选合肥训导。以修《安徽省志》叙劳，迁贵溪令，三年引疾归。继辂仪干秀削，声清如唳鹤。不以尘务经心，惟肆力于诗。清温多风，如其人也。

常州自张惠言、恽敬以古文名，继辂与董士锡同时并起，世遂推为阳湖派，与桐城相抗。然继辂选七家古文，以为惠言、敬受文法于钱伯坰，伯坰亲业刘大槐之门；盖其渊源同出唐、宋大家，以上窥史、汉，桐城、阳湖，皆未尝自标异也。继辂著《崇百药斋集》、《合肥学舍札记》。

从子耀遹，字劭文。县学生。工为诗，喜金石文字，与继辂齐名。其为人韬敛精采，而遇事侃侃无所挠。游公卿间，尤长尺牍。尝客陕西巡抚幕，教匪反滑县，那彦成过长安，闻耀遹名，即请见，为陈机宜数十事，因嘱具草以闻，多施行。道光初，举孝廉方正，选阜宁教谕，卒。有《双白燕堂集》、《金石续编》。

继辂所钞七家文者，大槐、惠言、敬外，则方苞、姚鼐、朱仕琇、彭绩也。

绩，字秋士，长洲人。品诣孤峻。乾隆末，穷而客死。无子，年四十四。族子绍升曰："人之吊先生者，悲其穷。吾独谓先生竹柏之性，有节有文采，其英亦元结、孟郊之匹，未见其穷也。"有《秋士遗集》。余六人皆自有传。

洪颐煊，字旌贤，临海人。少时自力于学，与兄坤煊、弟震煊读书僧寮，夜就佛灯讲诵不辍。学使阮元招颐煊、震煊就学省，名日起。嘉庆六年，充选拔贡生。入赀为州判，权知新兴县事。适阮元督粤，知颐煊学优非吏才，延致幕府，相与谘诹经史。后卒于家。性喜聚书，广购岭南旧本至三万余卷，碑版彝器多世所罕觏。著《礼经宫室答问》、《孔子三朝记》、《管子义证》、《汉志水道疏证》、《读书丛录》、《台州札记》、《筠轩诗文集》。

坤煊，字载厚。乾隆末，以拔贡生举乡试，题名后十余日卒。

震煊，字百里。精《选》学，诗才敏赡。阮元修《经籍籑诂》、《十三经校勘记》皆任其役。后颐煊十二年充选拔贡生。既廷试，贫不克归，遂以客死。著《夏小正疏义》。

邓显鹤，字子立，新化人。少与同里欧阳绍洛以诗相励，游客四方，所至倾动。嘉庆九年举人。厌薄仕进，一以籑著为事，系楚南文献者三十年，学者称之曰湘皋先生。内行修，事兄白首无间，抚其子勤于己子。尤笃于师友风义。尝以为洞庭以南，服岭以北，屈原、贾谊伤心之地也，历代通人志士相望，而文字湮郁不宣。乃从事搜讨，每得贞烈遗行于残简断册中，为之惊喜狂拜，汲汲彰显，若大谴随其后。凡所著有《资江耆旧集》、《沅湘耆旧集》、《楚宝增辑考异》、《武冈志》、《宝庆志》、《朱子五忠祠传略》及《续传》、《明季湖南殉节传略》。又《易述》、《毛诗表》、《南村草堂诗文集》，共数百卷。晚授宁乡训导。卒，年七十五。

同时万希槐，字蔚亭，黄冈人。以廪膳生官南漳训导。通经史百家言，著《十三经证异》。《困学纪闻集证》，陈嵩庆推为王氏功臣。

周济，字保绪，荆溪人。好读史，喜观古将帅兵略，骑射击刺艺绝精。嘉庆十年进士。或谓之曰："对策语幸无过激。"济曰："始进，敢欺君乎！"及廷对，纵言天下事，字逾恒格。以三甲归班选知县，改就淮安府学教授。上丁释奠，礼毕，知府王毅就殿门外升舆，济趋前阻之，知府不怿去，济遂引疾归。是秋冒赈事发，自毅以下吏皆得罪，济以先去免。淮南北盐枭充斥，总督孙玉庭知济能，以防抚事属之。济集营弁，勒以兵法，奸民皆敛迹。已而叹曰："盐务不理其本，徒缉私，私不可胜缉也。"因谢去。济与李兆洛、张琦、包世臣订交。当是时，数吴中士有裨世用者，必首及世臣、济两人。

济虽以才自喜，一日尽屏夙习，闭门撰述，成《晋略》八十卷，例精辞洁，于攻取防守地势多发明论赞中，非徒考订已也。晚复任淮安教授，遴秀童教以乐舞，礼成，观者盈千。周天爵移督湖广，邀济偕行。道卒，年五十九。

陈鹤，字鹤龄，元和人。操行修洁，亦精史学。嘉庆元年进士。以主事分工部，出无车马。与栖霞牟昌裕、阳山郑士超有"工部三君子"之目。熟于明代事，辑《明纪》六十卷。未成，卒。后八卷其孙克家续成之。克家，道光末举人。官中书。后参张国梁军事，殉难，赠知府衔。

徐松，字星伯，大兴人。嘉庆十年进士，授编修。简湖南学政，坐事戍伊犁。松留心文献，既出关，置开方小册，随所至图其山川曲折，成《西域水道记》，拟《水经》；复自为释，以比道元之注。又以新疆入版图数十年，视同畿甸，而未有专书，乃纂述成编，于建置、控扼、钱粮、兵籍，言之尤详。将军松筠奏进其书，赐名《新疆事略》，特旨赦还，御制序付武英殿刊行。道光改元，起内阁中书，洊擢郎中，补御史，出知榆林府。未几，卒。他所著有《新斠注地理志集释》、《汉书西域传补注》、《唐两京城坊考》、《唐登科记考》、《新疆赋》共数十卷。

松喜延誉后进。其客有沈垚者，字子惇，乌程人。优贡生。性沉默，足不越关塞，好指画绝域山川。初为何凌汉、陈用光所赏拔。入京师，馆于松。松称其地学之精。歙程恩泽尝读《西游记》，拟为文疏通其说。及见垚所撰《西游记金山以东释》，叹曰："遐荒万里在目前矣！"遂阁笔。垚客死，张穆哀其遗著，为《落帆楼藁》。

陈潮，字东之，泰兴人。通经，工小篆，又擅《周髀》之学。尝夜登高台窥星象，不寐。游京师，亦卒于松寓。

李图，字少伯，掖县人。以拔贡生官直隶无极县知县，谢病归。图读书十行俱下，天才卓越。工诗古文词，力屏近世浮靡之习。尝曰："文非司马子长，诗非苏、李，不足为师法也。"徐松为济南泺源书院山长，见图诗，叹曰："三百年来无此作矣！"著有《鸿桷斋诗文集》。山左称诗者，王士禛、赵执信以后，以图为巨擘云。

李兆洛，字申耆，阳湖人。嘉庆十年进士，选庶吉士。改令凤台，俗犷悍多盗，地接蒙城、阜阳，远者至百八十里，官或终任不一至。兆洛亲行县，辨其里落繁耗、地亩广袤饶瘠，次第经理之。焦冈湖，汉芍陂也，滨淮，易为灾。乃增堤防，设沟闸，岁以屡丰。择耆老劝民孝谨，优奖之。于僻远设义学，为求良师。其捕盗，尤为人所喜称。尝骑率健勇出不意得其魁，因察而抚用之。兆洛尝曰："凤、颍、泗民气可用，拣集五千人，方行天下有余矣。然唯其豪能使之，官帅至千里外，必客兵势胜足相钤制乃可。"兆洛在县七年，以父忧去，遂不出。主讲江阴书院几二十年，以实学课士，其治经学、音韵、训诂，订舆图，考天官历术及习古文辞者辈出。如江阴承培元、宋景昌、缪尚诰、六承如等，皆其选也。

兆洛短身硕腹，豹颅刚目，望之若不可近，而接人和易，未尝疾言遽色。资恤故旧穷乏无不至。藏书逾五万卷，皆手加丹铅，尤嗜舆地学。其论文欲合骈散为一，病当世治古文者知宗唐、宋不知宗两汉，因辑《骈体文钞》。其序略云："自秦迄隋，其体递变，而文无异名。自唐以来，始有古文之目，而目六朝之文为骈体。为其学者，亦自以为与古文殊路。夫气有厚薄，天为之也；学有纯驳，人为之也；体格有迁变，人与天参焉者也；义理无殊途，天人合焉者也。得其厚薄纯杂之故，则于其体格之变，可以知世焉；于其义理之无殊，可以知文焉。文之体至六代而其变尽，夫沿其流极而溯之以至乎其源，则其所出者一也。"卒，年七十一。其自著曰《养一斋集》。所辑有《皇朝文典》、《大清一统舆地全图》、《凤台县志》、《地理韵编》。

培元，字守丹。优贡生。著《说文引经证例》、《籀雅》、《经滞揭櫫》。

景昌，字冕之。县学生。著《星纬测量》诸篇。

尚诰，字芷卿。举人。著《古韵谱》、《双声谱》、《经星考》。

承如及族人严，皆贡生。兆洛订《舆地图》，六氏两生所手绘也。

钱仪吉，字衎石，嘉兴人，尚书陈群曾孙。父福胙，侍读学士。仪吉生有五色文禽翔其室，故初名逵吉，后易焉。嘉庆十三年进士，选庶吉士。改户部主事，累迁至工科给事中。皆能举其职，因公罢归。

仪吉治经，先求古训，博考众说，一折衷本文大义，不持汉、宋门户。尝著《经典证文》、《说文雅厌》。《雅厌》者，以十九篇之次，写九百四部之文，而以经籍传注推广之。其读史，补晋《兵志》、《朔闰》诸表，撰《三国晋南北朝会要》，体例视徐天麟有所出入，不限断以本书。又仿宋杜大珪《名臣琬琰碑传集》，得清臣工文儒等八百余人，辑录之为《碑传集》。后卒于大梁书院，年六十八。

从弟泰吉，字警石。少孤，执丧尽哀礼。与仪吉以学行相磨，远近盛称"嘉兴二石"。为诗文原本情性，读其辞，知其于孝友最深也。以廪贡生得海宁州学训导。居间务读书，自经史百氏下逮唐、宋以来诗文集，靡不博校。以其学语诸生，诸生之贤且文者大附。尝修学宫，以费所羡修《海昌备志》。既又得民间节孝行者千余事为旌之，曰："吾职也。"再三请，必得乃已。为训导几三十年，不以枝官自放旷。粤寇陷浙，往依曾国藩，卒于安庆。著《曝书杂志》、《甘泉乡人稿》。仪吉子宝惠，泰吉子炳森，皆能世其学。

包世臣，字慎伯，泾县人。少工词章，有经济大略，喜言兵。嘉庆十三年举人，大挑以知县发江西。一权新喻，被劾去。复随明亮征川、楚，发奇谋不见用，遂归，卜居金陵。世臣精悍有口辩，以布衣遨游公卿间。东南大吏，每遇兵、荒、河、漕、盐诸巨政，无不屈节谘询，世臣亦慷慨言之。

初，海盗蔡牵犯上海，镇道迎世臣阅沿海岛屿。见黄浦停泊商船千艘，遂建海运可救漕弊之议。游袁浦，值河事亟，箸《策河四略》。是时盐法以两淮为大，私枭充斥，议者争言缉私。世臣拟多裁盐官，惟留运司主钱粮，场大使督灶户，不分畛域，仿现行铁硝之例，听商贩领本地官印照，赴场缴课买盐。州县具详，运司存核，则场官不能乾没正课；而转输迅速，则盐价必锐减，私盐皆输官课，课入必倍。以之津贴办公，并增翰、詹、科、道廉俸，为计甚便。

其论西北水利曰："今国家南漕四百万石，中岁腴田二百万亩所产也。有田四百万亩，岁入与佃半之，遂当全漕。先减运十之一，粜其谷及运资置官屯，递减至十年，则漕可罢，赋可宽。以其盈余量加赋饷，而官可廉，兵可练。不然，漕东南以赡西北，浮收勒折，日增一日，竭民力，积众怒。东南大患，终必在此。"

世臣能为大言。其论书法尤精，行草隶书，皆为世所珍贵。著有《小倦游阁文集》，别编为《安吴四种》。

齐彦槐，字梅麓，婺源人。嘉庆十三年召试举人，明年成进士，选庶吉士。散馆，授金匮令。毁淫祠，岁旱，勤赈务。擢苏州府同知，陈海运策，巡抚召诘之，条举以对，巡抚不能难，终以更张寝其事。后十余年，改行海运，仍仿其法焉。尝制浑天仪、中星仪，并各为之说，及龙尾、恒升二车，便民运水。又著《北极星纬度分表》、《海运南漕丛议》、《梅麓诗文集》。

姚椿，字春木，娄县人。父令仪，四川布政使，又屡参戎幕。椿高才博学，幼随父游历诸省，洞知闾阎疾苦，慨然欲效用于世。以国子监生试京兆，日与洪亮吉、杨芳灿、张问陶辈文酒高会，才名大起。顾试辄不遇。既，又受学于姚鼐，退而发宋贤书读之，屏弃夙习，壹意求道，泊如也。尝得宝应朱泽沄遗著，叹曰："此真为程、朱之学者！"亲诣其墓拜之，申私淑之礼。道光元年，举孝廉方正，不就。主书院讲席，以实学励诸生。其论文必举桐城所称，曰："好学深思，心知其意。"又曰："文之用有四：曰明道，曰记事，曰考古有得，曰言词深美。"其录清代人文八十余卷，一本此旨。著有《通艺阁录》、《晚学斋文录》。

顾广誉，字维康，平湖人。优贡生，举咸丰元年孝廉方正。寇乱，未廷试。广誉慕其乡张履祥、陆陇其之为人，刻意厉行。其治经一依程端礼《读书分年日程》遗法。著《学诗详说》，用力至勤。又悯晚近丧祭礼废，恩纪衰薄，婚娶僭侈逾度，乃变通古礼，酌时俗之宜，成《四礼权疑》八卷。姚椿推为一时宗匠。有《悔过斋文稿》。卒于上海龙门书院。

张鉴，字春冶，归安人。巡抚阮元筑诂经精舍西湖，鉴及同里杨凤苞、施国祁肄业其中，皆知名。嘉庆初，副榜贡生。元剿海寇，赈两浙水灾，一资鉴赞画。时方议海运，鉴力主之。以为河运虽安，费巨；海运费省，得其人熟习海道，未尝不安。乃著《海运刍言》，凡料浅占风之法，定盘望星之规，放洋泊舟之处，考之甚悉，侍郎英和亟称其书。道光四年，河决高家堰，漕运阻。英和遂奏行海运，多采用鉴说。卒，年八十三。著《十五经丛说》、《西夏纪事本末》、《眉山诗案广证》。

凤苞，字傅九。元编《经籍籑诂》，凤苞与分纂。熟明季事，尝为《南疆逸史跋》十二篇，传于时。晚馆郡城陈氏，其书室为郑元庆鱼计亭，人以为元庆复生云。

国祁，字非熊。与凤苞皆廪膳生。国祁病《金史》芜杂，积二十余年，成《金史详校》。以其帙繁，乃列举条目为《金源札记》。又作《元遗山集笺》、《金源杂事诗》。国祁工诗文，善填词。家贫，为人主计市肆中。有一楼，颜曰吉贝居，著书其中，毁于火，著述多烬。

黄易，字小松，钱塘人。父树毂，以孝闻，工隶书，博通金石。易承先业，于吉金乐石，寝食依之，遂以名家。官山东运河同知，勤于职事。尝得《武班碑》及武梁祠堂石室画像于嘉祥，乃即其地起武氏祠堂，砌石祠内。又出家藏精拓双钩锓木。凡四方好古之士得奇文古刻，皆就易是正，以是所蓄甲于一时。自乾、嘉以来，汉学盛行，群经古训无可蒐辑，则旁及金石，嗜之成癖，亦一时风尚然也。

瞿中溶，字木夫，嘉定人。为钱大昕女夫。尤邃金石之学。官湖南布政司理问，搜奇访僻于人迹罕至之境，所获益多。著有《孔庙从祀弟子辨证》、《汉魏蜀石经考异辨正》、《说文地名考异》、《古泉山馆彝器图录》、《钱志补正集》、《古官印考证》、《古镜图录》、《续汉金石文编》，凡二十余种。

张廷济，字叔未，嘉兴人。嘉庆三年，举乡试第一。应礼部试辄踬，遂归隐，以图书金石自娱。建清仪阁，藏庋古器，名被大江南北。

沈涛，字西雍。与廷济同邑。嘉庆十五年举人。咸丰初，署江西盐法道。粤贼攻南昌，随巡抚张芾城守。围解，授兴泉永道，未到官，卒。涛尚考订之学，喜金石，著《常山贞石志》、《说文古本考》。

陆增祥，字星农，太仓人。道光三十年一甲一名进士，授修撰，至辰永沅靖道。踵王昶《金石萃编》成《金石补正》百二十卷，凡三千五百余通。又著《砖录》一卷。其订正金石款识名物，何绍基服其精。

董祐诚，字方立，阳湖人。生五岁，晓九九数。稍长，善属文。游陕西，成《华山神庙赋》，一时传诵。其学于典章、礼仪、舆地、名物皆肆力探索，而尤精历算，尽通诸家法。特善深沉之思，书之钩棘难读者，一览辄通晓。复能出新意，阐曲隐，补罅漏。嘉庆二十三年举人。越五年卒，年三十三。

祐诚读诸史历志，因著《三统衍补》。复取《三统》以次迄明《大统》、《万年》、《回回》各术，拟撰五十三家历术，属稿未成，其兄基诚取已成五种附《水经注图说》刊之。其所著算学，有《割圜连比例术图解》、《斜弧三边求角补术》、《堆垛求积术》若干种。

基诚，字子诜。进士。由刑部郎中出知开封府。工词章，与祐诚文合刊曰《栘华馆骈体文》。

方履籛，字彦闻，大兴人。与祐诚同年举人，为令闽中。初试吏署永定，里豪胡凤兆掘族人父棺，并杀其子，名捕不得。履籛至，为书谕之，凤兆自首，遂论如法。调闽县，会旱，祷雨烈日中，体丰硕，中暑卒。履籛亦以骈文著称。尤嗜金石文字，所积几万种，有《伊阙石刻录》、《富葘斋碑目》、《河内县志》、《万善花室集》。

周仪暐，字伯恬，阳湖人。嘉庆初举人，宣城训导。擢知山阳县，调凤翔。能诗。有《夫椒山馆集》。

其后又有吴颉鸿，字嘉之。道光中进士，官代州知州；庄缙度，字眉叔。进士，户部主事；赵申嘉，字芸酉；陆容，字蓉卿；徐廷华，字子楞；汪士进，字逸云；周仪颢，字叔程，举人，即仪暐弟也。号"毗陵后七子"，其名位亚於前七子。

俞正燮，字理初，黟县人。性强记，经目不忘。年二十余，北走兖州谒孙星衍。时星衍为伏生建立博士，复访求左氏后裔。正燮因作《邱明子孙姓氏论》、《左山考》，星衍多据以折衷群议，由是名大起。道光元年举人。明年，阮元主会试，士相谓曰："理初入彀矣！"后竟落第。其经策淹博，为他考官所乙，元未之见也。房考王藻尝引为恨。

正燮读书，置巨册数十，分题疏记，积岁月乃排比为文，断以己意。藻为刻十五卷，名曰《癸巳类稿》，又有《存稿》十五卷，山西杨氏刻之。弟正禧，亦举人。多义行，文学与正燮齐名。

赵绍祖，字琴士，泾县人。年十二，受知学使朱筠，补诸生。筠授以《说文》，曰："读此日无过十字。读注疏，亦无过十叶。必精造乃已。"绍祖熟于史事，尝应布政使陶澍聘，修《安徽省志》，详赡有法。道光初，年七十，举孝廉方正。又十二年，卒。注有《通鉴注商》、《新旧唐书互证》、《金石跋》、《安徽金石记》、《泾川金石记》、《金石文正续钞》。

汪文台，字士南。与正燮同县，相善。宗汉儒，以《论语》邢疏疏略，因取证古义，博采子史笺传，依韩婴《诗传》例作《论语外传》。见阮元《十三经注疏校勘记》，谓有益于后学，然成于众手，时有较文，别为表识，作《校勘记识语》，寄示阮元，元服其精博，礼聘之。又尝纂辑《七家后汉书》、《淮南子校勘记》及《胜稿》，皆行于世。道光二十四年，卒，年四十九。

汤球，字伯玕，亦黟人。少耽经史，从正燮、文台游，传其考据之学。通历算星纬，耻以艺名。尝辑郑康成逸书九种，刘熙《孟子注》、刘珍等《东观汉记》、皇甫谧《帝王世纪》、谯周《古史考》、《傅子》、伏侯《古今注》。球读史用力于《晋书》尤深，广蒐载籍，补《晋史》之阙，成书数种。同治六年，举孝廉方正。光绪七年，卒，年七十八。

潘德舆，字四农，山阳人。年五六岁，母病不食，亦不食。父咯血，刲臂肉和药进，父察其色动，泣曰："固知儿有是也！"既孤，大母犹在堂，孝敬弥至。居丧一遵礼制，柴瘠僾然。著《丧礼正俗文》、《祭仪》，为家法。抚寡妹嗣子，教养尽二十年。其他行多类此。尝以挽回世运，莫切于文章，文章之根本在忠孝，源在经术。其说经，不祖汉、宋，力求古人微言大义。其论治术，谓天下大病不外三言：曰"吏"、曰"例"、曰"利"。世儒负匡济大略，非杂纵横，即陷功利，未有能破"利"字而成百年休养之治者。道光八年，举江南乡试第一。入都，座主侍郎钟昌馆德舆于家，语人曰："四农乃吾师也。"大挑以知县分安徽，未到官卒，年五十五。

初，阮元总督漕运，招之，谢不往。后朱桂桢、周天爵皆号为名臣，折节愿纳交，德舆远引避之，以为义无所居也，天爵喟然有望尘之叹。其所与游，若永丰郭仪霄、建宁张际亮、震泽张履、益阳汤鹏、歙徐宝善，皆一时之选。德舆诗文精深博奥，有《养一斋集》。

门人清河吴昆田，字云圃。举人，刑部员外郎。晚年家居，贼犯清河，团练防守，邑赖以安。著《漱六轩集》。

张维屏，字子树，番禺人。工诗，计偕入都，翁方纲赏异之。与黄培芳、谭敬昭称"粤东三子"。道光二年进士，改官知县，署黄梅。江水溃堤，乘小舟勘灾，水急舟冲溜，挂树免。民为谣曰："犯急湍，官救民，神救官。"调补广济，公费一资漕折，民苦之，势不可革，引疾去。汪廷珍语人曰："县官不愿收漕，世罕见也！"丁艰服阕，愿就闲，援例改郡丞，权南康。建太白、东坡祠庐山，暇则集诸生谈艺，以风雅寓规劝焉。未一载，复罢归。筑听松园，颓然不与世事，癖爱松，又号松心子。见松形奇古，辄下拜。精书法，朝鲜、小吕宋得其书，咸宝爱之。卒，年八十。有《松心草常集》、《国朝诗人征略》。培芳，香山人。

敬昭，字子晋，阳春人。顺德黎简者，以诗名海内，敬昭赋《鹏鹤篇》投之，简叹为异才。嘉庆二十二年进士，官户部主事。著《听云楼集》。

同时广东以学行名者，又有高要彭泰来，字大。生二十月，能即事诵古经，语无不切。嘉庆十八年拔贡生。绝意进取，学使李棠阶高其品，屏驺从徒步就见，询以挽回风俗之道。泰来为书数千言复之，棠阶表其庐，下教高要令，岁时存问。自惠士奇礼下胡方后，此为再见焉。著《端州金石略》、《昨梦斋》、《诗义堂》各集。

梅曾亮，字伯言，上元人。少时工骈文。姚鼐主讲钟山书院，曾亮与邑人管同俱出其门，两人交最笃，同肆力古文，鼐称之不容口，名大起。间以规曾亮，曾亮自喜，不为动也。久之，读周、秦、《太史公书》，乃颇寤，一变旧习。义法本桐城，稍参以异己者之长，选声练色，务穷极笔势。道光二年进士，用知县，援例改户部郎中。居京师二十余年，与宗稷辰、朱琦、龙启瑞、王拯、邵懿辰辈游处，曾国藩亦起而应之。京师治古文者，皆从梅氏问法。当是时，管同已前逝，曾亮最为大师；而国藩又从唐鉴、倭仁、吴廷栋讲身心克治之学，其于文推挹姚氏尤至。于是士大夫多喜言文术政治，乾、嘉考据之风稍稍衰矣。未几，曾亮依河督杨以增。卒，年七十一。以增为刊其诗文，曰《柏枧山房集》。

同，字异之。少孤，母邹以节孝闻。同善属文，有经世之志，称姚门高足弟子。尝拟《言风俗书》、《筹积贮书》，为一时传诵。道光五年，陈用光典试江南，同中式。用光语人曰："吾校两江士，独以得一异之自熹耳。"用光亦鼐弟子也。同卒，年四十七，著《因寄轩集》。子嗣复，字小异。能世其业，兼通算术。

鼐门下著籍者众，惟同传法最早。其于同里，则亟称刘开之才。

开，字明东。以孤童牧牛，闻塾师诵书，窃听之，尽记其语。塾师留之学，而妻以女。年十四，以文谒鼐，有国士之誉，尽授以文法。游客公卿，才名动一时。年四十，卒。著《孟涂集》。子继，字少涂。有信义。遍走贵势求刻其父书，以此《孟涂集》益显。

宝山毛岳生，字申甫。用难荫改文学生。孤贫，以孝闻。自力于学，未弱冠，赋《白雁诗》，得名。亦从鼐学古文，以钩棘字句为工。有《休复居集》。

汤鹏，字海秋，益阳人。道光二年进士。初喜为诗，自上古歌谣至三百篇、汉、魏、六朝、唐，无不形规而神絜之，有诗三千首。既，官礼部主事，兼军机章京。旋补户部主事，转员外郎，改御史。意气蹈厉，其议论所许可，惟李德裕、张居正辈，徒为词章士无当也。于是勇言事，未逾月，三上章。最后以言宗室尚书叱辱满司官非国体，在已奉旨处分后，罢御史，回户部，转郎中。是时英吉利扰海疆，求通市，鹏已黜，不得言事，犹条上三十事于尚书转奏，报闻。

鹏负才气，郁不得施，乃著之言，为《浮邱子》一书。立一意为干，一干而分数支，支之中又有支焉，支干相演，以递於无穷。大抵言军国利病，吏治要最，人事情伪，开张形势，寻蹏要眇，一篇数千言者九十余篇，最四十余万言。每遇人辄曰："能过我一阅《浮邱子》乎？"其自喜如此。二十四年，卒。同时有张际亮者，亦以才气磊落闻。

际亮，字亨甫，建宁人。少孤，伯兄业贾，以其才，资之读书。补诸生，肄业福州鳌峰书院，院长陈寿祺器之。寻试拔贡，入京师，朝报罢，而时皆啧啧称其诗。醝使曾燠以事至，召之饮。燠以名辈自处，纵意言论，同坐赞服，际亮心薄之。燠食瓜乳粘须，一人起为拈去，际亮大笑，众惭。既罢，复投书责燠不能教后进，徒以财利奔走寒士门下。燠怒，毁于诸贵人，由是得狂名，试辄不利。乃遍游天下山川，穷探奇胜，以其穷愁慷慨牢落古今之意，发为诗歌，益沉雄悲壮。十八年，乡试者约："张际亮狂士不可中。"而际亮已易名亨辅，中式。拆卷，疑欲去之，副考官申解而止。及来谒，果际亮也，主试者愕然。会试复报罢。际亮故与桐城姚莹善。二十三年，闻莹以守土事被诬下狱，入都急难。及事白而际亮疾笃，以所著《思伯子堂诗集》嘱莹，遂卒。其后莹子濬昌辑而刊之，都三十二卷。

龚巩祚，原名自珍，字瑟人，仁和人。父丽正，进士，官苏松兵备道，为段玉裁婿，能传其学。巩祚十二岁，玉裁授以《说文》部目。巩祚才气横越，其举动不依恒格，时近傲诡，而说经必原本字训，由始教也。初由举人援例为中书。道光时成进士，归本班。洊擢宗人府主事，改礼部。谒告归，遂不出。官中书时，上书总裁论西北塞外部落源流、山川形势，订《一统志》之疏漏，凡五千言。后复上书论礼部四司政体宜沿革者，亦三千言。其文字鷔桀，出入诸子百家，自成学派。所至必惊众，名声藉藉，顾仕宦不达。年五十，卒于丹阳书院。著有《尚书序大义》、《大誓答问》、《尚书马氏家法》、《左氏春秋服杜补义》、《左氏决疣》、《春秋决事比》、《定庵诗文集》。

魏源，字默深，邵阳人。道光二年，举顺天乡试。宣宗阅其试卷，挥翰褒赏，名藉甚。会试落第，房考刘逢禄赋《两生行》惜之。两生者，谓源及龚巩祚。两人皆负才自喜，名亦相埒。源入赀为中书，至二十四年成进士。以知州发江苏，权兴化。二十八年，大水，河帅将启闸。源力争不能得，则亲击鼓制府，总督陆建瀛驰勘得免，士民德之。补高邮，坐迟误驿递免。副都御史袁甲三奏复其官。咸丰六年，卒。

源兀傲有大略，熟于朝章国故。论古今成败利病，学术流别，驰骋往复，四座皆屈。尝谓河宜改复北行故道，至咸丰五年，铜瓦厢决口，河果北流。又作《筹鹾篇》上总督陶澍，谓："自古有缉场私之法，无缉邻私之法。邻私惟有减价敌之而已。非裁费曷以轻本减价？非变法曷以裁费？"顾承平久，挠之者众。迨汉口火灾后，陆建瀛始力主行之。

源以我朝幅员广，武功实迈前古，因借观史馆官书，参以士大夫私著，排比经纬，成《圣武记》四十余万言。晚遭夷变，谓筹夷事必知夷情，复据史志及林则徐所译西夷《四州志》等，成《海国图志》一百卷。他所著有《书古微》、《诗古微》、《元史新编》、《古微堂诗文集》。

方东树，字植之，桐城人；宗诚，字存之，从兄弟也：皆诸生。东树曾祖泽，拔贡生，为姚鼐师。东树既承先业，更师事鼐。当乾、嘉时，汉学炽盛，鼐独守于宋贤说。至东树排斥汉学益力。阮元督粤，辟学海堂，名流辐凑，东树亦客其所，不苟同于众。以谓："近世尚考据，与宋贤为水火。而其人类皆鸿名博学，贯穿百氏，遂使数十年承学之士，耳目心思为之大障。"乃发愤著《汉学商兑》一书，正其违谬。又著《书林扬觯》，戒学者勿轻事著述。

东树始好文事，专精治之，有独到之识，中岁为义理学，晚耽禅悦，凡三变，皆有论撰。务尽言，惟恐词不达。年八十，卒于祁门东山书院。他所著有《大意尊闻》、《向果微言》、《昭昧詹言》、《仪卫轩集》，凡数十卷。东树博极群书，穷老不遇，传其学宗诚。既殁，宗诚刊布其书，名乃大著。

宗诚能古文，熟于儒家性理之言，欲合文与道为一。咸丰时寇乱，转徙不废学，益留心兵事吏治。著《俟命录》，以究天时人事致乱之原，大要归于植纲常、明正学，志量恢如也。山东布政使吴廷栋见之，聘为子师。倭仁、曾国藩皆因廷栋以知宗诚。倭仁为师傅，写其书数十则，进御经筵。国藩督直隶，奏以自随。令枣强十余年，设乡塾，创敬义书院，刻邑先正遗著，举孝子、悌弟、节妇，建义仓，积谷万石，皆前此未有也。国藩去，李鸿章继任，亦不以属吏待之，有请辄施行。尝岁旱，已逾报灾期，手书为民请，并及邻郡邑，不以侵官自嫌，卒得请普免焉。举治行卓异，不赴部，自免归。以学行诏后进，人有一善，奖誉之不容口。勤于纂述，逾时越月辄成帙。著《柏堂经说》、《笔记》、《文集》百五十余卷。诏加五品卿衔，从安徽学政请也。其同县友人又有苏惇元，字厚子；戴钧衡，字存庄：皆东树弟子。

惇元，咸丰元年孝廉方正。其学近张杨园，文似方望溪。编有《杨园》、《望溪年谱》。所著曰《四礼从宜》、《逊敏录》、《诗文集》。

钧衡，道光二十九年举人。自谓生方、姚之乡，不敢不以古文自任。与惇元重订《望溪集》，增集外文十之四。

其后荣成孙葆田更得遗稿若干篇刻之，方氏一家之言备矣。钧衡有经济才，与国藩为友，著《书传补商》，国藩亟称之。避寇临淮，妻李、妾刘皆殉难，钧衡呕血卒，年未四十。有《蓉州集》、《味经山馆诗文钞》。

鲁一同，字通甫，清河人。善属文，师事潘德舆。道光十五年举人。时承平久，一同独深忧，谓：「今天下多不激之气，积而不化之习；在位者贪不去之身，陈说者务不骇之论。风烈不纪，一旦有缓急，莫可倚仗。」既，再试不第，益研精于学。凡田赋、兵戎诸大政，及河道迁变、地形险要，悉得其机牙。为文务切世情，古茂峻厉，有杜牧、尹洙之风。漕督周天爵见之，曰：「天下大材也，岂直文字哉！」曾国藩尤叹异之。

试礼部，入都，国藩数屏驺从就问天下事。粤逆踞金陵也，同年生吴棠方宰清河，一同为草檄，传示列县，辞气奋发，江北人心大定。江忠源师抵庐州，友人戴钧衡为书通国藩之指，欲其起佐忠源。一同谢不出，复书极论用兵机宜，谓当缓金陵，专攻旁郡。其后大兵筑长围，期旦夕破金陵，一同独决其必败。未几，果溃裂，苏、浙沦陷。已而国藩克安庆，复金陵，一如所论。同治二年，卒，年五十九。著《邳州志》、《清河志》、《通甫类稿》。

子贲，字仲实，诸生，文有家法。善综核，知府章仪林议减清河赋，苦繁重，叩贲。贲为剖析条目，退草三千言，明旦献之。仪林惊喜，因请主办，三年而成。又佐修安东水道，役竣，费无毫发溢。

谭莹，字玉生，南海人。弱冠应县试，总督阮元游山寺，见莹题壁诗，惊赏，告县令曰：「邑有才人，勿失之！」令问姓名，不答。已而得所为赋以告元，元曰：「是矣。」逾年，元开学海堂课士，以莹及侯康、仪克中、熊景星、黄子高为学长。莹性强记，述往事，虽久远，时日不失。博考粤中文献，友人伍崇曜富于赀，为汇刻之，曰《岭南遗书》五十九种，曰《粤十三家集》，曰《楚南耆旧遗诗》，益扩之为《粤雅堂丛书》。莹为学长三十年，英彦多出其门。道光二十四年，举于乡，官化州训导。久之，迁琼州教授，加中书衔。少与侯康等交莫逆，晚岁陈澧与之齐名。著《乐志堂集》。

景星，字伯晴，亦南海人也。以诗见赏于元。顾其意恨文士绵弱，学骑射技击。以举人终学官，无所试，一假书画自娱。

子高，字叔立，番禺人。优贡生。精小篆，喜考证金石。藏书多异本。

莹子宗浚，字叔裕。工骈文。同治十三年一甲二名进士，授编修。初举于乡，齿尚少。莹课令读书十年，乃许出仕。授以马氏《通考》，略能记诵。既，入翰林，督学四川，又充江南副考官。以忤直为掌院所恶，出为云南粮储道。宗浚不乐外任，辞，不允。再权按察使，引疾归，郁郁道卒。

吴敏树，字本深，巴陵人。父达德，岁歉，贷贫民谷逾万石，不偿，有名湖、湘间。敏树生而好学，为文章力求岸异，刮去世俗之见。道光十二年，举於乡。时梅曾亮倡古文义法京师，传其师姚氏学说。敏树起湖湘，不与当世士接手，录明昆山归氏文成册。既，入都，与曾亮语合。于是京师盛传敏树能古文。曾国藩官京师，与敏树交最笃；既出治军，欲使参幕事，辞不赴。

敏树貌温而气夷，意趣超旷，视人世忻戚得丧无累于其心。以大挑选浏阳训导，旋自免去。时登君山江楼，徜徉吟啸。学者称南屏先生。著《柈湖文录》。卒，年六十九。

敏树之友以文名者，曰杨彝珍，字性农，武陵人。父丕复，举人，官石门训导，著《历代舆地沿革》。彝珍，道光末进士，选庶吉士，改兵部主事。与曾国藩、左宗棠往还，好奔走声气。重宴鹿鸣，赏四品卿。年九十余，卒。有《移芝室集》。

周寿昌，字应甫，长沙人。道光二十五年进士，选庶吉士，授编修。咸丰初，洊擢至侍读。时粤寇犯湖南，督师赛尚阿逗留不战，上疏劾之，一时推为敢言。迨寇踞金陵，分党北犯，命随办京畿防务。乡民十七人阑入城，当事者侦获，以贼谍论，寿昌廉得实，趣令释之；或疑失要人旨，且得罪，寿昌曰：「我岂以人命阿权贵哉？」卒释之。穆宗亲政，疏请躬行典礼，戒逸豫，报闻。

寿昌精核强记，虽宦达，勤学过诸生。笃嗜班固书，涂染无隙纸，成《汉书注校补》五十卷，易藁十有七。又有《后汉注补正》、《三国志注证遗》、《思益堂集》。官终内阁学士。

李希圣，字亦园，湘乡人。以进士官刑部主事。嗜学，初治训诂，通《周官》、《春秋》、《穀梁》，史习《新、旧唐书》，文法《骚》、《选》，诗多凄艳，似玉谿。好读书，通古今治法，慨然有经世之志。尝纂《光绪会计录》以总综财赋。又草《律例损益议》，张百熙等皆极重之。光绪末，卒。

斌良，字笠畇，号梅舫，瓜尔佳氏，满洲正红旗人，闽浙总督玉德子。由荫生历官刑部侍郎，为驻藏大臣。善为诗，以一官为一集，得八千首。其弟法良汇刊为《抱冲斋全集》，称其早年诗，风华典赡，雅近竹垞、樊榭。迨服官农部，从军灭滑，诗格坚老。古体胎息汉、魏、韩、杜、苏、李，律诗则纯法盛唐。秉臬陕、豫，奉召还都，时与陈荔峰、李春湖、叶筠潭、吴兰雪唱酬，诗境益高。奉使蒙藩，跋马古塞，索隐探奇，多诗人未历之境，风格又一变，以萨天锡、元遗山自况。阮元为序，亦颇称之。

法良，字可龛。梅曾亮称其诗学东坡，得清旷之气，而运以唐贤优游平夷之情。有《沤罗龛诗集》。

锡缜，原名锡淳，字厚安，博尔济吉特氏，满洲正蓝旗人。咸丰六年进士。由户部郎中授江西督粮道，为驻藏大臣，乞病归。工书，善诗文。著有《退复轩诗文集》。

李云麟，字雨苍，汉军正白旗人。以诸生从曾国藩督师剿粤匪，累功至副都统。时新疆设布伦托海办事大臣，以云麟任之。署伊犁将军。治边皆著绩，为言官劾罢。云麟性刚使气，少好游，遍历五岳，归著《旷游偶笔》一卷。纪游诗有奇气。初谒国藩，适遇其子不为礼，云麟怒批之。国藩延入谢过，使独领一军。左宗棠奏调，亦称其有将才。云麟时被酒狂言，与世多忤。罢归后，卒贫困死。有诗集、《西陲纪行》。

道、咸以来，满洲如观成，字苇杭，瓜尔佳氏。有《瓜亭杂录》、《语花馆诗集》。鄂恒，字松亭，伊尔根觉罗氏。有《求是山房集》。震钧，字在廷，改名唐晏，瓜尔佳氏。有《渤海国志》、《天咫偶闻》。英华，字敛之，赫佳氏，正红旗人。博学善诗文，工书法。著书立说，中外知名。有《安蹇斋集》、《万松野人言善录》等。蒙古盛元，字恺廷，巴鲁特氏。有《南昌府志》、《杭营小志》、《怡园诗草》。汉军宗山，字献梧，鲁氏。有《窥生铁斋诗集》、《希晦堂遗文》。皆以诗文名。

何绍基，字子贞，道州人，尚书凌汉子。道光十六年进士，选庶吉士，授编修。绍基承家学，少有名。阮元、程恩泽颇器赏之。历典福建、贵州、广东乡试，均称得人。咸丰二年，简四川学政。召对，询家世学业，兼及时务。绍基感激，思立言报知遇，时直陈地方情形，终以条陈时务降归。历主山东泺源、长沙城南书院，教授生徒，勖以实学。同治十三年，卒，年七十又五。

绍基通经史，精律算。尝据《大戴记》考证《礼经》，贯通制度，颇精切。又为《水经注刊误》。于《说文》考订尤深。诗类黄庭坚。嗜金石，精书法。初学颜真卿，遍临汉、魏各碑至百十过。运肘敛指，心摹手追，遂自成一家，世皆重之。所著有《东洲诗文集》四十卷。

弟绍京，字子愚。亦工书，笔法颇似其兄。

孙维朴，字诗孙。以副贡为中书，累至道员。工书画，字摹其祖。久寓沪，国变后，卒，年八十余。

与维朴同时以书名海上者李瑞清，字梅盦，临川人。光绪二十年进士，选庶吉士。改道员，分江苏，摄江宁提学使，兼两江师范学堂监督。宣统三年，武昌乱起，江宁新军亦变，合浙军攻城。官吏潜遁，瑞清独留不去，仍日率诸生上课如常。布政使樊增祥奔职走，以瑞清代之。急购米三十万斛饷官军，助城守，设平粜局，赈难民。城陷，瑞清衣冠坐堂皇，矢死不少屈。民军不忍加害，纵之行。乃封藩库，以钥与籍嘱之士绅，积金尚数十万也。自是为道士装，隐沪上，匿姓名，自署曰清道人，鬻书画以自活。瑞清诗宗汉、魏，下涉陶、谢。书各体皆备，尤好篆隶。尝谓作篆必目无二李，神游三代乃佳。丁巳复辟，授学部侍郎。又三年卒，谥文洁。

冯桂芬，字林一，号景亭，吴县人。道光二十年一甲二名进士，授编修，充广西乡试正考官，丁母忧。服阕，文宗御极，用大臣荐召见。旋丁父忧，服甫阕而金陵陷。诏募贤团练于乡，以克复松江府诸城功晋五品衔，擢右中允。赴京，期年告归。同治元年，以治团功加四品衔。乱定，复以耆宿著书裨治加三品衔。

桂芬少工骈体文，中年后乃肆力古文辞。于书无所不窥，尤留意天文、地舆、兵刑、盐铁、河漕诸政。初佐某邑令治钱谷，以事不合拂衣去，入两江总督陶澍幕。自未仕时已名重大江南北。及粤贼陷苏州，避居上海。时大学士曾国藩治军皖疆。苏州士大夫推钱鼎铭持书乞援，陈沪城危状，及用兵机宜，累数千言，其稿，桂芬所手创也。国藩读之感动，乃遣李鸿章率师东下。既解沪上围，进克苏州，皆辟以为助。桂芬立会防局，调和中外杂处者。设广方言馆，求博通西学之才，储以济变。尝从容为鸿章言吴人粮重之苦，往往因催科破家。会松江知府方传书亦上书，谓："江苏自南宋籍没诸王大臣田，官征其租，延及元代，官田民田淆乱，租额浸淫入赋额，民既苦之；其后张士诚又尽攘诸豪田为官产，明太祖平吴，怒吴人附士诚，依田租私籍数定税，乃重困。雍正、乾隆间，尝再议减，然但及地丁。今傥乘民乱后核减浮粮，疲民大悦，贼势且益衰。"鸿章以闻，有诏减苏、松、太米赋三之一，常、镇十一，著为令。

桂芬性恬淡，服官仅十年，然家居遇事奋发，不避劳怨。凡浚河、建学、积谷诸举，条议皆出其手。先后主讲金陵、上海、苏州诸书院，与后进论学，昕夕忘倦。精研书数，尝以意造定向尺及反罗经，以步田绘图。又以江南清丈用部颁五尺步弓，田多溢额，乃考《会典》定用旧行六尺步弓量旧田，新颁者量新涨沙田。著《说文解字段注考证》、《弧矢算术细草图解》、《西算新法直解》、《校邠庐抗议》、《显志堂诗文集》，都数十卷。同治十三年，卒。

王颂蔚，字芾卿，长洲人。光绪五年进士，选庶吉士。吴县潘祖荫、常熟翁同龢皆称颂蔚才。散馆，改官户部，补军机章京。暇辄从事著述。尝于方略馆故纸堆中见殿板初印《明史》残本，眉上黏有黄签，审为乾隆朝拟撰考证未竟之本。因多方搜求，逐条厘订，芟其繁冗，采其精要，成《明史考证攟逸》四十余卷。光绪十八年，试御史第一，军机处奏留。颂蔚思立言抒忠说，转郁郁不乐。尝派充工程监督差，例有分馈，颂蔚独却之，曰："我辈取与之间，贵自审慎，不可随俗浮沉。昔陈稽亭先生官部曹时，印结公项，且犹不取。矧此实为厂商之贿赂乎？"

二十一年，中日衅起，战事多北洋大臣主之。会翁同龢复入军机，乃进言曰："读圣祖、高宗圣训，凡事关军务者，皆由中朝谋定后动。今日战局既成，非直隶一省事，岂能悉诿之北洋乎？"及议和，颂蔚益为悲愤，尝曰："今之败绩，徒归咎于师之不练、器之不利，犹非探本之论。频年以来，盈廷习泄沓之风，宫中务游观之乐，直臣摈弃，贿赂公行，安有战胜之望？此后偿金既巨，民力益疲，恐大乱之不在外患而在内忧矣。"明年，卒。著有《写礼庼文集》、《诗集》、《读碑记》、《古书经眼录》各一卷，《明史考证攟逸》四十二卷。

叶昌炽，字鞠裳，元和人。光绪十六年进士，选庶吉士，授编修。累至侍讲，督甘肃学政，边地朴陋，昌炽校阅尽职。以裁缺归，著书终老。国变后五年，卒。著有《藏书纪事诗》六卷，《语石》十卷，《邠州大佛寺题刻考》二卷，均考订精确。

管礼耕，字申季。岁贡生。父庆祺，从陈奂游。礼耕笃守家学，尤长训诂。尝言唐以《正义》立学官，汉、魏、六朝遗说，积久泰半阙不完。凡所考见，独存释文，而今本踳驳非其旧，思综稽群籍为校证，未及半而卒。

袁宝璜，字瑰禹，元和人。光绪二十一年进士，官刑部主事。通经、小学，兼及算术。著书亦未成而卒。

李慈铭，字爱伯，会稽人。诸生，入赀为户部郎中。至都，即以诗文名于时。大学士周祖培、尚书潘祖荫引为上客。光绪六年，成进士，归本班，改御史。时朝政日非，慈铭遇事建言，请临雍，请整顿台纲。大臣则纠孙毓汶、孙楫，疆臣则纠德馨、沈秉成、裕宽，数上疏，均不报。慈铭郁郁而卒，年六十六。

慈铭为文沉博绝丽，诗尤工，自成一家。性狷介，又口多雌黄。服其学者好之，憎其口者恶之。日有课记，每读一书，必求其所蓄之深浅，致力之先后，而评隲之，务得其当，后进翕然大服。著有《越缦堂文》十卷，《白华绛跗阁诗》十卷、《词》二卷，又《日记》数十册。弟子著录数百人，同邑陶方琦为最。

方琦，字子珍。光绪二年进士，选庶吉士，授编修。督学湖南。年四十，卒于京邸。方琦学有本末，汲汲于古，述造无间时日。治《易》郑注，《诗》鲁故，《尔雅》汉注，又习《大戴礼记》。其治淮南王书，力以推究经训，蒐采许注，拾补高诱。再三属草，矻矻十年，实事求是。有《淮南许注异同诂》、《许君年表》、《汉孳室文钞》、骈文、诗词。

谭廷献，字仲修，仁和人。同治六年举人。少负志节，通知时事。国家政制典礼，能讲求其义。治经必求西汉诸儒微言大义，不屑屑章句。读书日有程课，凡所论箸，隐栝于所为日记。文导源汉、魏，诗优柔善入，恻然动人。又工词，与慈铭友善，相唱和。官安徽，知歙、全椒、合肥、宿松诸县。晚告归，贫甚。张之洞延主经心书院，年余谢归，卒于家。

李稷勋，字姚琴，秀山人。光绪二十四年二甲一名进士，改庶吉士，授编修。充会试同考官，精衡鉴，重实学，颇得知名士。累官邮传部参议，总川汉路事。博学善古文，尝受诗法于王闿运，而不囿师说。专步趋唐贤，意致深婉，得风人之遗。慈铭尝称赏之。有《甓盦诗录》四卷。

张裕钊，字廉卿，武昌人。少时，塾师授以制举业，意不乐。家独有《南丰集》，时时窃读之。咸丰元年举人，考授内阁中书。曾国藩阅卷赏其文，既，来见，曰："子岂尝习子固文耶？"裕钊私自喜。已而国藩益告以文事利病及唐、宋以来家法，学乃大进，窹前此所为犹凡近，马迁、班固、相如、扬雄之书，无一日不诵习。又精八法，由魏、晋、六朝以上窥汉隶，临池之勤，亦未尝一日辍。国藩既成大功，出其门者多通显。裕钊相从数十年，独以治文为事。国藩为文，义法取桐城，益闳以汉赋之气体，尤善裕钊之文。尝言"吾门人可期有成者，惟张、吴两生"，谓裕钊及吴汝纶也。

裕钊文字渊懿，历主江宁、湖北、直隶、陕西各书院，成就后学甚众。尝言："文以意为主，而辞欲能副其意，气欲能举其辞。譬之车然，意为之御，辞为之载，而气则所以行也。欲学古人之文，其始在因声以求气，得其气，则意与辞往往因之而益显，而法不外是矣。"世以为知言。著《濂亭文集》。

裕钊门下最知名者，有范当世、朱铭盘。当世，字肯堂，江苏通州诸生。能诗，汝纶尝叹其奇横不可敌。著《范伯子诗文集》。铭盘，字曼君，泰兴举人。叙知州。其学长于史，兼工诗古文。著《晋会要》一百卷，《朝鲜长编》四十卷，及《桂之华轩诗文集》。

与裕钊同时者，有杨守敬，字惺吾，宜都人。为文不足跻裕钊，而其学通博。精舆地，用力于《水经》尤勤。通训诂，考证金石文字。能书，摹钟鼎至精。工俪体，为箴铭之属，古奥耸拔，文如其人。以举人官黄冈教谕，加中书衔。尝游日本，搜古籍，多得唐、宋善本，辛苦积赀，藏书数十万卷，为鄂学灵光者垂二十年。卒，年七十有七。著有《水经注图》、《水经注要删》、《隋书地理志考证》、《日本访书志》、《晦明轩稿》、《邻苏老人题跋》、《望堂金石集》等。

吴汝纶，字挚父，桐城人。少贫力学，尝得鸡卵一，易松脂以照读。好文出天性，早著文名。同治四年进士，用内阁中书。曾国藩奇其文，留佐幕府，久乃益奇之，尝以汉祢衡相拟。旋调直隶，参李鸿章幕。时中外大政常决于国藩、鸿章二人，其奏疏多出汝纶手。

寻出补深州，丁外内艰。服除，补冀州。其治以教育为先，不惮贵势，籍深州诸村已废学田为豪民侵夺者千四百余亩入书院，资膏火。聚一州三县高材生亲教课之，民忘其吏，推为大师。会以忧去，豪民至交通御史以坏村学劾奏，还其田。及莅冀州，仍锐意兴学，深、冀二州文教斐然冠畿辅。又开冀、衡六十里之渠，泄积水于溢，以溉田亩，便商旅。时时求其士之贤有文者礼先之，得十许人。月一会书院，议所施为兴革于民便不便，率不依常格。称疾乞休。

鸿章素重其人，延主莲池讲席。其为教，一主乎文，以为："文者，天地之至精至粹，吾国所独优。语其实用，则欧、美新学尚焉。博物格致机械之用，必取资于彼，得其长乃能共竞。旧法完且好，吾犹将革新之，况其窳败不可复用。"其勤勤导诱后生，常以是为说。尝乐与西士游，而日本之慕文章者，亦踔海来请业。会朝旨开大学堂于京师，管学大臣张百熙奏荐汝纶加五品卿衔总教务，辞不获，则请赴日本考学制。既至其国，上自君、相及教育名家，妇孺学子，皆备礼接款，求其题咏，更番踵至。旋返国，先乞假省墓，兴办本邑小学堂。规制粗立，遽以疾卒，年六十四。

汝纶为学，由训诂以通文辞，无古今，无中外，唯是之求。自群经子史、周、秦故籍，以下逮近世方、姚诸文集，无不博求慎取，穷其原而竟其委。于经，则《易》、《书》、《诗》、《礼》、《左氏》、《穀梁》、《四子书》，旁及小学音韵，各有诠释。于史，则《史记》、《汉书》、《三国志》、《新五代史》、《资治通鉴》、《国语》、《国策》皆有点校，尤邃于《史记》，尽发太史公立言微旨。于子，则老、庄、荀、韩、管、墨、《吕览》、《淮南》、《法言》、《太玄》各有评隲，而最取其精者。于集，则《楚辞》、《文选》，汉魏以来各大家诗文皆有点勘之本。凡所启发，皆能得其深微，整齐百代，别白高下，而一以贯之。尽取古人不传之蕴，昭然揭示，俾学者易于研求；且以识夫作文之轨范，虽万变不穷，而千载如出一辙。

其论文，尝谓："千秋盖世之勋业皆寻常耳，独文章之事，纬地经天，代不数人，人不数篇，唯此为难。"又谓："中国之文，非徒习其字形而已，缀字为文，而气行乎其间，寄声音神采于文外。虽古之圣贤豪杰去吾世逖矣，一涉其书，而其人之精神意气若俨立乎吾目中。"务欲因声求气，凡所为抗坠、诎折、断续、敛侈、缓急、长短、伸缩、抑扬、顿挫之节，一循乎机势之自然，以渐于精微奥衮之域。乃有以化裁而致于用，悉举学问与事业合而为一；而尤以渝民智自强亟时病为兢兢云。著有《易说》二卷、《写定尚书》一卷、《尚书故》三卷、《夏小正私笺》一卷、《文集》四卷、《诗集》一卷、《深州风土记》二十二卷，及点勘诸书，皆行于世。

汝纶门下最著者为贺涛，而同时有萧穆，亦以通考据名。

穆，字敬孚。县学生。其学博综群籍，喜谈掌故，于顾炎武、全祖望诸家之书尤熟。复多见旧椠，考其异同，朱墨杂下。遇孤本多方劝刻，所校印凡百余种。有《敬孚类稿》十六卷。

涛，字松坡，武强人。光绪十二年进士，官刑部主事。以目疾去官。初，汝纶牧深州，见涛所为《反离骚》，大奇之，遂尽授以所学，复使受学于张裕钊。涛谨守两家师说，于姚鼐义理、考据、词章三者不可偏废之说，尤必以词章为贯澈始终，日与学者讨论义法不厌。与同年生刘孚京俱治古文，涛言宜先以八家立门户，而上窥秦、汉；孚京言宜先以秦、汉为根柢，而下揽八家，其门径大略相同。涛有《文集》四卷。

孚京，字镐仲，南昌人。有《文集》六卷。

林纾，字琴南，号畏庐，闽县人。光绪八年举人。少孤，事母至孝。幼嗜读，家贫，不能藏书。尝得《史》、《汉》残本，穷日夕读之，因悟文法，后遂以文名。壮渡海游台湾，归客杭州，主东城讲舍。入京，就五城学堂聘，复主国学。礼部侍郎郭曾炘以经济特科荐，辞不应。

生平任侠尚气节，嫉恶严。见闻有不平，辄愤起，忠悃之诚发于至性。念德宗以英主被扼，每述及，常不胜哀痛。十谒崇陵，匍伏涕洟，逢岁祭，虽风雪勿为阻。尝蒙赐御书"贞不绝俗"额，感幸无极，誓死必表于墓，曰"清处士"。忧时伤事，一发之于诗文。

为文宗韩、柳。少时务博览，中年后案头唯有《诗》、《礼》二疏，《左》、《史》、《南华》及韩、欧之文，此外则《说文》、《广雅》，无他书矣。其由博反约也如此。

其论文主意境、识度、气势、神韵，而忌率袭庸怪，文必己出。尝曰："古文唯理之获，与道无悖者，则昧之弥臻于无穷。若分画秦、汉、唐、宋，加以统系派别，为此为彼，使读者炫惑莫知所从，则已梏其途而左其趣。经生之文朴，往往流入于枯淡，史家之文则又骤突恣肆，无复规检，二者均不足以明道。唯култ理养气，偶成一篇，类若不得已者，必意在言先，修其辞而峻其防，外质而中膏，声希而趣永，则庶乎其近矣。"纾所作务抑遏掩蔽，能伏其光气，而其真终不可自閟。尤善叙悲，音吐凄梗，令人不忍卒读。论者谓以血性为文章，不关学问也。

所传译欧西说部至百数十种。然纾故不习欧文，皆待人口达而笔述之。任气好辩，自新文学兴，有倡非孝之说者，奋笔与争，虽胁以威。累岁不为屈。尤善画，山水浑厚，冶南北于一炉，时皆宝之。纾讲学不分门户，尝谓清代学术之盛，超越今古，义理、考据，合而为一，而精博过之。实于汉学、宋学以外别创清学一派。时有请立清学会者，纾抚掌称善，力赞其成。甲子秋，卒，年七十有三，门人私谥贞文先生。有《畏庐文集》、《诗集》、《论文》、《论画》等。

严复，初名宗光，字又陵，一字几道，侯官人。早慧，嗜为文。闽督沈葆桢初创船政，招试生俊，储海军将才，得复文，奇之，用冠其曹，则年十四也。既卒业，从军舰练习，周历南洋、黄海。日本窥台湾，葆桢奉命筹防，挈之东渡诇敌，勘测各海口。光绪二年，派赴英国海军学校肄战术及炮台建筑诸学，每试辄最。侍郎郭嵩焘使英，赏其才，时引与论析中西学术同异。学成归，北洋大臣李鸿章方大治海军，以复总学堂。二十四年，诏求人才，复被荐，召对称旨。谕缮所拟万言书以进，未及用，而政局猝变。越二年，避拳乱南归。

是时人士渐倾向西人学说，复以为自由、平等、权利诸说，由之未尝无利，脱靡所折衷，则流荡放佚，害且不可胜言，常于广众中陈之。复久以海军积劳叙副将，尽弃去，入赀于同知，累保道员。宣统元年，海军部立，特授协都统，寻赐文科进士，充学部名词馆总纂。以硕学通儒征为资政院议员。三年，授海军一等参谋官。复殚心著述，于学无所不窥，举中外治术学理，靡不究极原委，抉其失得，证明而会通之。精欧西文字，所译书以瑰辞达奥旨。

其《天演论自序》有曰："仲尼之于六艺也，《易》、《春秋》最严。司马迁曰：'《易》本隐而之显，《春秋》推见至隐。'此天下至精之言也。始吾以为本隐之显者，观象系辞，以定吉凶而已；推见至隐者，诛意褒贬而已。及观西人名学，则见其格物致知之事，有内籀之术焉，有外籀之术焉。内籀云者，察其曲而知其全者也，执其微以会其通者也。外籀云者，援公理以断众事者也，设定数以逆未然者也。是固吾《易》、《春秋》之学也。迁所谓'本隐之显'者外籀也，所谓'推见至隐'者内籀也，二者即物穷理之要术也。夫西学之最为切实，而执其例可以御蕃变者，名、数、质、力四者之学而已。而吾《易》则名、数以为经，质、力以为律，而合而名之曰'易'。大宇之内，质、力相推，非质无以见力，非力无以呈质。凡力皆乾也，凡质皆坤也。奈端动之例三,其一曰:'静者不自动,动者不自止,动路必直,速率必均。'而《易》则曰:'乾,其静也专,其动也直。'有斯宾塞尔者,以天演自然言化,其为天演界说曰:'禽以合质,辟以出力,始简易而终杂糅。'而《易》则曰:'坤,其静也禽,其动也辟。'至于全力不增减之说,则有自强不息为之先;凡动必复之说,则有消息之义居其始。而'易不可见,乾坤或几乎息'之旨,尤与热力平均、天地乃毁之言相发明也。大抵古书难读,中国为尤。二千年来,士徇利禄,守阙残,无独辟之虑,是以生今日者,乃转于西学得识古之用焉。"凡复所译著,独得精微皆类此。

世谓纾以中文沟通西文,复以西文沟通中文,并称"林严"。辛酉秋,卒,年六十有九。著有《文集》及译《天演论》、《原富》、《群学肄言》、《穆勒名学》、《法意》、《群己权界论》、《社会通诠》等。

同时有辜汤生,字鸿铭,同安人。幼学于英国,为博士。遍游德、法、意、奥诸邦,通其政艺。年三十始返而求中国学术,穷《四子》、《五经》之奥,兼涉群籍。爽然曰:"道在是矣!"乃译《四子书》,述《春秋》大义及礼制诸书。西人见之,始叹中国学理之精,争起传译。庚子拳乱,联军北犯,汤生以英文草《尊王篇》,申大义。列强知中华以礼教立国,终不可侮,和议乃就。张之洞、周馥皆奇其才,历委办议约、浚浦等事。旋为外务部员外郎,晋郎中,擢左丞。

汤生论学以正谊明道为归,尝谓:"欧、美主强权,务其外者也;中国主礼教,修其内者也。"又谓:"近人欲以欧、美政学变中国,是乱中国也。异日世界之争必烈,微中国礼教不能弭此祸也。"汤生好辩,善骂世。国变后,悲愤尤甚。穷无所之,日人聘讲东方文化,留东数年,归。卒,年七十有二。

卷四百八十七 列传二百七十四

忠义一

特音珠 阿巴泰 **固山** 僧锡等 **纳密达** 炳图等
书宁阿 感济泰等 **穆护萨** 觉罗兰泰等
索尔和诺 斋萨穆等 **席尔泰** 满达理 **卓纳**
　　纳海 **觉罗鄂博惠** 觉罗阿赉等 **同阿尔**
董廷元 弟廷儒 廷柏 **常鼎** 白忠顺等
格布库 阿尔津等 **济三** 瑚密色等 **敦达里**
　　安达里 **许友信** 成升等

清天命、天聪年间,明御史张铨,监军道张春,均以被擒不屈,听其自尽,载诸《实录》,风厉天下。厥后以明臣来归者,有功亦入《贰臣传》;死军事之尤烈者,于京师祀昭忠祠:褒贬严矣。文武一二品以上,既入《大臣传》,以下则另编《忠义传》,列翰林院职掌,凡自一二品以下,或死守土,或死临阵,备载出身、官阶、殉难时地,及予谥、建祠、赠官、荫后。二百数十年,综八千余人,略以类别。

入关之先,如降服乌喇、哈达、索伦、叶赫诸部落为特音珠等二十人是。征朝鲜则劳汉等十人是。其伐明也,自天命三年至崇德八年,始克抚顺,屡逼近畿,分下山西、山东诸郡县,尤以沈阳、大凌河、皮岛、松山数役为大,为西佛莱百六十二人是。

顺治元年,定鼎燕京,后追击流贼、奠定各省者,为恩克伊等一千二百四十五人。

康熙朝,讨平逆藩及歼灭附逆诸镇将,为索诺穆等九百四十七人。亲征噶尔丹之役,为富成额等百人。厄鲁特之役,为诺里尔达等五十五人。罗刹、西藏诸役,为纽默淳等七人。平各省土贼及海寇、苗、瑶诸役,先后为郝尔德等二百八十五人。

雍正朝,承康熙征厄鲁特之役,用兵准噶尔,为和溥等三百六十二人。其先青海之役,为姬登第等十四人。外则滇、黔、蜀、桂土司苗乱与夫台湾土番等役,为刘洪度等二百一十三人。

乾隆朝,始荡平准部,旋戡定回疆,则为傅泽布等五百一十二人。初年,湖南苗乱,为李如松等十五人。广西土贼,为倪国正等十人。瞻对土司之乱,为陈文华等十三人。随傅清、拉布敦同死西藏,为策塔尔等六人。金川用兵,其初定也,为杨先春等百又四人;其再定也,为占辟纳等八百五人。缅甸用兵,为马成龙等百六十七人。安南用兵,为英林等百六十人。廓尔喀用兵,为索多尔凯等七十六人。逆回苏十三、田五之乱,为新柱等百又十人。山东王伦之乱,有音济图等十八人。台湾林爽文及陈周全之乱,有耿世文等百五十九人。黔、楚等省苗乱及川、楚、陕三省教匪,均始乾隆末年,而定于嘉庆,苗乱有六达色等二百七十八人;教匪之乱,为杨治宁等七百四十二人。仲苗滋事,为嘉庆远等百十三人。闽、粤洋面蔡牵之乱,为陈名魁等六十七人。先后以巡洋遇风死者,为黄勇等十七人。滑县李文成之乱,为强克捷等六十三人。追剿陕匪及瞻对永北厅夷匪等役,为马魁等十四人。马营坝抢险者卢顺。

道光重定回疆一役,为刘发恒等二百六人。江华瑶滋事,为马韬等五人。陕、甘番滋事,为胡文秀等十三人。云南永昌回匪滋事,为朱日恭等九人。台湾嘉义土匪,为方振声等七人。山西曹顺之乱,为杨延亮等。英吉利开衅,为朱贵等八十八人。发匪之乱,炽于咸丰而殄于同治,其先为广西会匪,始道光季年,为王叔元等五十一人。已而窜陷各省,为褚汝航等五百七十九人。捻匪之乱,为龙汝元等七十八人。

咸丰、同治之交,滇匪滋事,为林廷禧等四十二人。
同治朝,甘肃回匪滋事,为讷勒和春等三十七人。
其自嘉庆迄光绪先后剿办各省匪徒等役,为和致等三十八人。咸丰换约起衅,殉淀园者,为觉罗贵伦、玉润等。办匪而以劳卒者，为李文安等十三人。盖原传可数者如此。中以不从尚之信叛而死之金光，私家传述，心迹殊异，则出以存疑。

将帅之死事者，既有专传，凡上列诸人之义烈尤著者，与夫官书既漏而不能无纪载者，则别编为传，粗见本末。若夫道光以后死于外衅，及光绪庚子拳乱，宣统辛亥革命，于义宜详，并备列之，用资后鉴云。

特音珠，满洲镶蓝旗人，姓完颜。清初，偕阿巴泰来归。阿巴泰，姓觉尔察，属满洲正白旗。太祖始编佐领，以特音珠兼管六佐领事，设札尔固齐十人，阿巴泰预焉。乙未年，特音珠从额驸扬古利征辉发部，夺塔思哈桥，掌蘉者中炮仆，佐领五岱代举之。薄城，为飞石所中，与额驸托柏、佐领和罗俱殁于阵。特音珠先登，克其多璧城。己亥年，从征哈达，城上矢石如雨，佐领耶陈奋勇登，被戕，特音珠在事有功。庚戌年，阿巴泰从内大臣额亦都招抚东海窝集部之那木都禄、绥芬、宁古塔、尼玛察四路，降其长康古哩等。复取雅兰路，阿巴泰力战阵亡。

辛亥年，特音珠从扬古利攻呼尔哈路札库塔城，三等侍卫贝和、佐领贵三、松阿里战殁，特音珠负创，战益力。三等侍卫阿达海先登，克其城，阿达海，额亦都第五子也。癸丑年，乌拉贝勒布占泰负恩叛，大兵讨之，布占泰率兵三万由富哈城而东，特音珠、阿达海率护卫业中额等邀击之。阿达海、业中额及闲散米拉浑均殁于阵，大兵败布占泰，遂平乌拉，特音珠寻以创发卒。征乌拉之役，死事者有阿兰珠、纳兰察，均自有传。

固山，满洲正黄旗人，姓哲尔德，世居界凡。初任佐领，天聪三年，征明，固山偕骁骑校僧锡、闲散达兰从扬古利为前哨，攻永平、遵化。达兰先登，围明都，固山步战大红门，上下陡坡，腾跃如飞，明兵夺气，涿州援兵至，败之。崇德元年，复随扬古利征明，攻顺义，僧锡先登。十二月，太宗亲征朝鲜，豫亲王多铎等先驱，围其国都，固山等从，屡斩馘。朝鲜国王李倧遁南汉，追围之。太宗至临津江，冬暖冰泮，多铎令僧锡等潜测江水，欲浮马以济。僧锡等夜至，大风，冰复坚，还报，大军安驱而渡，抵南汉山城西。二年正月，全罗、忠清两道巡抚、总兵来援，多铎与扬古利迎战，扬古利率僧锡冒雾驰击，援兵败走。复依山列阵，矢石如雨，僧锡与云骑尉鄂海、参领特穆尔，佐领弼雅达、阿纽、都敏俱力战，殁于阵。进逼山顶敌营，敌兵弃马遁。达兰率二十人乘夜用云梯袭南汉山城，先登，中枪卒。又命分兵攻江华岛，将渡江，敌船百余，分两翼以拒，舟师从中冲入。固山手发红衣炮，皆败窜，既登岸，鸟枪千人，复列岸以拒，固山力战阵亡。大兵继进，尽歼其岸兵，遂克江华岛。李倧降，朝鲜以定。

纳密达，满洲镶白旗人，姓索绰罗，世居吉林。天聪八年，从大兵征明，攻雄县，梯城首登。崇德元年，亲征朝鲜，明总兵沈世魁、副总兵金日观驻皮岛，为朝鲜援。纳密达偕闲散凯习从攻南汉城，有功。二年正月，朝鲜降，世魁等不能救。先是明帅毛文龙据皮岛，欲牵掣我师。既而文龙为巡抚袁崇焕所杀，世魁代领其众，失士卒心，势益弱，犹乘间扰边。

三月，命武英郡王阿济格、贝子硕托，率恭顺王孔有德、智顺王尚可喜等攻皮岛，以纳密达及护军参领炳图为前队，佐领巴雅尔图、武尔格以大臣子弟从征。巴雅尔图，额驸扬古利之从子；武尔格，弘毅公额亦都之孙，内大臣图尔格之子也。师攻铁山，头等侍卫拜音台柱、佐领珠三先登，克之。世魁遁入石城。

四月，阿济格令纳密达等乘小舟攻皮岛西北隅，日观列兵堡上。冲入，将及岸，巴雅尔图、武尔格跃登，明人辟易，纳密达、炳图并登，而后队金玉和等不进。日观见师少，复进战，武尔格阵亡。纳密达等往来冲突，拜音台柱、珠三及护军校彰吉泰急棹小舟登岸援之，明人空城出战，纳密达、巴雅尔图、炳图、拜音台柱、珠三、彰吉泰并战殁。有德等乘巨舰攻东北隅，日观殊死斗，有德等部将洪文魁等多战死，阿济格麾八旗骑兵蹂之，护军参领瑚什、云骑尉果科暨凯习奋勇先入，殁于阵，大兵继之，阵斩日观，追击世魁，戮之。是役也，败明兵一万七千有奇，俘三千余，自是明不复守皮岛。

书宁阿，满洲正黄旗人，姓札库塔。崇德三年八月，命睿亲王多尔衮统左翼，贝勒岳托统右翼，分道征明。书宁阿以佐领偕骑都尉感济泰、参领凯敏属右翼。九月，攻墙子岭，感济泰力战，殁于阵。师入青山口，攻丰顺护军校凯护、巴雅拉，攻灵寿闲散噶喜硕，攻南皮骑都尉阿延图，攻深州闲散巴林，均战殁。岳托攻栾城，明督师卢象升来援，书宁阿乘其未至，麾众薄其城，护卫衮布跃登城楼，火药发，焚死。书宁阿复冲入，克其城。转战，下庆都，奋勇陷阵，被戕。

十二月，两翼连营大战巨鹿之贾庄，象升战死。于是分徇山东，四年正月，左翼克济南，右翼分兵略地，破茌平护军三晋、破临清佐领花应春、破馆陶佐领佟桂、破济宁佐领祖大春、破邹县佐领尚安福、破滕县骑都尉傅察，俱殁于阵。二月，大军还，凯敏复攻破首阳及顺德，负重伤，战益力。还至永平，与佐领巴海、乌纳海俱遇伏，死之。骑都尉阿尔休随大军同徇山东，克济南，复从承政索海征索伦，阵亡。

穆护萨，满洲正黄旗人，姓赖布，世居佛阿拉。崇德五年，以武备院卿从大兵征明，距锦州城五里列阵，以炮攻城北晾马台，克之。七月，睿亲王多尔衮遣卒刈城西北禾稼，明兵突出，枪炮并施，穆护萨与护军参领觉罗兰泰、署护军参领温察力战，明兵大溃，追至壕，掩杀之，克台九，及小凌河西岸台二。锦州外城蒙古贝勒诺木齐等见大兵困城，志必得，谋来降，遂持书缒城下，约内应。信泄，大兵至，明总兵祖大寿出拒战，城内蒙古缒绳，前队援之以登，吹角夹攻，穆护萨跃上，被创卒。觉罗兰泰、参领宏科俱阵殁。鏖战久，明师退守内城，大兵遂入外城。

明年五月，明总督洪承畴率六总兵兵六万来援，屯松山北冈，击斩其二千，敌势犹劲，骑都尉旦岱、参领彰库善、三等侍卫博朔岱陷阵死。八月，大军驻松山、杏山间，立营截大路。承畴率马步兵十三万，营松山城北乱峰冈，旋犯汛地。闲散辉兰同参领襄古击却之。参领阿福尼越众冲突，负重伤，犹斩将夺帜，诸军继之，敌奔塔山，遂进兵松山城外。十二月，承畴以兵六千夜至，辉兰奋杀，既出，复进击，与温察、启心郎迈图皆殁，复沿壕射击，杀四百余人，敌退入松山城。

围既合，明总兵曹变蛟欲突围出，至正黄旗汛地，佐领彰古力战死，变蛟亦中创奔还。七年二月，克松山，擒承畴及明巡抚邱民仰，总兵王廷臣、变蛟等。时明总兵吴三桂犹驻塔山，郑亲王济尔哈朗率兵至城下，列红衣炮攻之，佐领崔应泰被创死，参领迈色力战阵亡，城坏二十余丈，诸军悉登，遂克塔山。先是蒙古兵有降于明者，特穆德格执而戮之，及两师酣战，复有讷木奇突出踬阵，乘马冲入多尔衮营，将行刺，特穆德格只身奋救，相抱持急，卒遇害。

索尔和诺，满洲镶红旗人，姓科奇理，世居瓦尔喀。少孤，兄瑚礼纳抚之，瑚礼纳为仇所害，尝手刃仇二人祭兄墓，宗党义之。崇德三年，来归，授佐领，从征锦州、松山，皆有功。七年十月，命饶馀贝勒阿巴泰为奉命大将军征明，索尔和诺率骁骑校佟噶尔为前队，次黄崖口。阿巴泰使三等轻车都尉斋萨穆，佐领绰克托、护军多罗岱、图尔噶图伏隘口举火，明兵惊溃。遂入蓟州，败明总兵白广恩军。斋萨穆、绰克托及佐领额贝、参领五达纳、护军校浑达善皆殁于阵。分攻霸州，多罗岱先登，攻定州，图尔噶图先登，俱克之，并以伤重卒。

闰十月，次河间，明分守参议赵珽、知府颜允绍城守。既进攻，允绍发炮拒击，参领署都统陈维道阵亡。炮裂，毁城堞，护军萨尔纳冒火跃上，明兵死斗，被戕。允绍完堞拒守，驰檄四出请援，阿巴泰连营围之。时明于山海关内外分设总督，复设昌平、保定二总督，又有宁远、永平、顺天、密云、天津、保定六巡抚，宁远、山海、中协、西协、昌平、通州、天津、保定八总兵，皆拥兵壁旁县，慑不敢近。索尔和诺曰："河间不下者，恃外援也。破其一营，皆瓦解矣。"阿巴泰从之，遣将袭明总兵薛敌忠营，敌忠遁，诸援师悉溃。使人谕速降，允绍等守益力，急攻之，索尔和诺梯登，师继进，破其城。珽、允绍并死，索尔和诺亦战殁。

十二月，大兵徇山东，诸州县各设城守，攻临清闲散瑚通格，攻泗水护军校务珠克图，攻新泰闲散特库殷，攻冠县闲散特穆慎，攻馆陶闲散东阿，攻滕县闲散赫图、富义，攻郯县闲散贵穆臣，攻费县闲散索罗岱，攻兖州佟噶尔及骁骑校屯岱，皆战死。诸州县皆下，乘胜至海州，八年五月，旋师。

席尔泰，姓栋鄂。父纶布，清初，率四百人来归，赐名普克素，编佐领，使席尔泰统之。有功，授世职，在十六大臣之列。时明总兵毛文龙笼络辽阳沿海居民，踞皮岛为重镇，时窥边界。镇江城中军陈良策潜通文龙，令别堡之民诈称文龙兵至，大噪，城中惊扰。良策乘乱城守，席尔泰偕同族佐领格朗击却之。后复偕格朗从攻沈阳，阵亡于浑河。其妻尝违禁屠马祭夫，例当死，削世职，原之。

时战浑河者为满达理。满达理，正黄旗人，姓纳兰，世居布颜舒护鲁。任佐领，随扬古利军沈阳。明兵二万渡浑河来援，长矛大刀，铠冒重棉，气甚锐。参领西佛先殁于阵，满达理继进，败之。明总兵李秉诚率三千人守奉集堡，效死者无算，卒大创之，遂克沈阳。满达理以先登功最，随攻辽阳，明经略袁应泰急注太子河于隍，闭西闸，环城列守，大兵军其城东南，秉诚暨总兵侯世禄以兵五万背城五里而阵；击走世禄，夺桥，从小西门缘梯登城，遂拔之，旋殁于阵。

卓纳，姓金喇氏，满洲镶蓝旗人，哈达贝勒万之孙。太祖时来归，授佐领，赐姓金罗。天聪五年，征明，围大凌河城。明监军道张春，总兵吴襄、宋纬等率马步兵四万自锦州来援，副都统绰和诺冒炮矢力战，殉于阵。备御多贝先战殁，卓纳继之。时襄兵先败，逐北三十余里。张春复收溃众立营，风起，黑云见，春大纵火，风顺火炽，卓纳益锐进，与管武备院事达穆布、二等轻车都尉朱三、佐领拜桑武、骑都尉尼玛禅、护军校爱赛、云骑尉瓦尔喀均战死。天忽雨，反风，大军乘之，纬败走，生擒春。

信勇公费英东子纳海亦于是役被创，齿落其三，复从舟师攻旅顺。明总兵黄龙御甚力，纳海与参领岳乐顺、护军校额德、千总程国辅、骑都尉塔纳喀等奋勇登城，冒矢石而殒，遂克旅顺口。

觉罗鄂博惠，兴祖玄孙，隶镶红旗；阿赉，景祖曾孙，隶镶黄旗；并为佐领，随征有功。天聪三年，大兵征明，并从贝勒岳托克大安口。抵遵化，明巡抚王元雅婴城守。命分旗环攻之，镶红旗西之东，镶黄旗西之南，各分领前队，与正蓝、正黄、正白各旗兵并进，城上矢石如雨，乘护军校阿海跃登，急攻之，克其城。大贝勒代善率护军及火器营至蓟，冲明山海关援兵，阿赉死之。趋永平沙库山，鄂博惠中创殁。

雍贵，隶正白旗。崇德三年，从睿亲王多尔衮征明，下山东。四年，师旋，败通州河岸兵。五年，从围锦州，败松山兵，破杏山援兵，皆有功。七年，复围锦州，同觉罗萨哈连等直前冲阵，大败其众。明总督洪承畴以十三万众来援，萨哈连战殁，雍贵同护军统领伊尔德连败之，乘雨逼松山，击走其马军，复率本旗兵攻塔山。明总兵曹变蛟夜犯镶黄旗汛地，复随伊尔德击走之。八年九月，随郑亲王济尔哈朗征宁远，抵中后所，偕护军参领额尔碧冲入敌阵，拔其城。十月，进攻前屯卫，以第五人登，中炮殁。大兵继进，遂克之。

登西克，隶镶黄旗。官散秩大臣。顺治二年，随扬威大将军豫亲王多铎追流贼李自成至西安，激战于天沙山，中枪阵亡。

阿克鲁，景祖兄索长阿三世孙，隶正黄旗。随大兵征明于锦州、宁远及入关击李自成，皆有功。历官至兵部侍郎。顺治九年，同都统噶达浑征剿鄂尔多斯部叛逃蒙古多尔济等，歼之贺兰山，以失究兴安总兵任珍家属淫乱、擅杀多人事解兵部，管副都统事。十一年，随征湖广，败贼兵于湘潭、常德、龙阳等处。十三年，郑亲王世子济度征海贼郑成功，阿克善率兵从大军至乌龙江，以水险难渡，乃潜取道山间，径趋福州。未至，闻成功在高齐，即分兵令佐领褚库等先往迎战，击走之。又分遣署护军统领伊色克图往侯官，征剿水路贼，遂抵福州。又侦知贼船三百余尚泊乌龙江，亲督水路，约营总星霭等在陆路合击，追至三江口，斩伪都督总兵等，俘获甚众。以贼犯罗源，驻防兵被围，率兵赴援，力战阵亡。

　　萨克素，隶镶蓝旗。康熙十三年，以佐领从平南大将军赉塔征耿精忠。赉塔驻衢州，遣防台州黄岩县。贼将曾养性率众六万来犯，坚守，攻不能下。参将武灏通贼献城，萨克素力战，死之。

　　星德，隶镶红旗。亦以耿精忠叛，从江宁将军额楚讨之于江西建昌，败贼帅邵连登八万余众，在事有功。后于十六年攻吉安，与贼将马宝战于陈冈山，阵殁。

　　果和里，隶镶黄旗。以委署参领随平远定寇大将军安亲王岳乐征吴三桂，战于湖广浏阳，阵殁。

　　努赫勒，隶镶黄旗。以一等侍卫从征三桂。十七年六月，三桂遣其党江义、巴元一、杜辉等率二万余贼，驾巨舰二百余，乘风犯柳林嘴。努赫勒随讨逆将军鄂讷率水师，棹轻舟，飞越贼舰，发炮击之，溺死无算。贼退犯君山，又以舟师进击，追至湘阴。十九年，随固山贝子彰泰复遵义、安顺、石阡、思南等府，追剿至铁索桥。伪总统高起隆、夏国相等拥众二万余屯平远，与江西坡贼相犄角。大兵分道进剿，努赫勒从击平远西南山贼，力战阵殁。

　　海兰，隶正白旗。由侍卫擢副都统。雍正七年，授参赞大臣，从靖边大将军、公傅尔丹征准噶尔。九年六月，分三队渡科卜多河，与蒙古副都统常禄皆列后队。初战库列图岭，旋移营和通呼尔哈诺尔。海兰与常禄据山梁之东，杀贼千余。适大风，雨雹，师被围，常禄阵亡。海关突围出，杀贼五百余，卒以察哈尔兵溃，海兰死之。

　　同阿尔，蒙古镶红旗人，世居巴林，以地为氏。授骁骑尉。崇德三年，多罗贝勒岳托征明，同阿尔与焉。当师之出边也，副都统席喇命率护军防守七昼夜，败敌者再。六年五月，随睿亲王多尔衮围锦州，明总督洪承畴率重兵来援，以步兵三营讨左翼三旗，护军不能胜，奔壕堑。同阿尔偕同旗同族僧格，及蒙古镶红旗人阿桑布严守汛地，奋勇战死。蒙古正红旗拜浑岱、正黄旗阿布喇库、镶黄旗布斋，均先后殁于阵。

　　董廷元，正白旗汉军。与弟廷儒、廷柏并以闲散从征。天命六年，兵攻沈阳，廷元先登陷阵，授宽甸守备。从攻大凌河、察哈尔、旅顺口、江华岛，皆有功。崇德二年，从恭顺王孔有德征皮岛，明总兵沈世魁阵海口。廷元以小舟从北冲入，明兵炮碎之，与家丁六人殁于海。

　　廷儒积功为大同守备。顺治五年，大同总兵姜瓖谋叛，以廷儒勇略过人，为士卒爱惮，佯以宴射诱至署，讽以同叛。廷儒以严词斥之，不听，即拔佩刀与斗，贼群执之，骂不绝口，剖其腹，支解之，并其子开国，男妇二十七人俱被害。

　　廷柏初任骁骑尉。崇德五年，从征明，同参领孙有光败松山步兵、杏山骑兵、闾洪山守兵。明兵夜犯填堑，手发红衣炮击却。随攻塔山及前屯卫、中后所等城，均以红衣炮克之，绩称最。顺治二年，从豫亲王多铎南征，破流贼，定河南，克扬州、嘉兴等处，俱在事有功。时明鲁王朱以海据绍兴，大兵营钱塘江上。明督师大学士张国维以兵九千人乘夜劫营，廷柏从都统吴守进败之。后从郑亲王济尔哈朗征湖广，明总督何腾蛟招流贼，连营拒敌。从副都统金维城率兵至马河，力战，殁于阵。

　　常鼎，镶红旗汉军。顺治元年，以副将随怀庆总兵金玉和讨流寇。李自成之西窜也，英亲王阿济格由边外趋延绥，断其归路。至望都，佐领劄图被创卒。入陕至延安府，虚衔章京哈尔汉îns甲士守南山，力战死。侍卫察玛海、骑都尉嘉龙阿、参领折尔特、护军校朔玛，俱以阵亡。余党二万余，散在河南。围济源，攻孟县，蔓延邓州、内乡县及清化镇。鼎随玉和援济源，至则城已陷，戕典史李应选。鼎夜半遇贼，力战，与玉和俱阵殁。玉和自有传。

　　时怀庆镇标同死者，守备则白忠顺、佘国谏、陈应杰、石斗耀、康虎，千总则宋国俊、赵国相、李中、王国臣、杨虎、刘奉相、高友才，把总则张进仁、张光裕、陈廷机、张景泰、许养和、党中直、廖得仁、薛景等。贼旋围孟县，知县王曰俞、参将陈国才婴城守。贼攻七昼夜不能下，将引去，会大雨，城坏，贼入。曰俞、国才率兵巷战，国才被戕，执曰俞，胁降，不屈死。贼又围邓州，道标中军郑国泰战死。大兵救邓州，贼解围去。转攻内乡县，执知县胡养素，索金帛，不应，死之。贼分兵犯清化镇，署同知史灿麟莅任甫两月，执法严，奸民憾之，引贼入，执灿麟，怒骂不屈，贼忿，磔其尸，妻高氏及婢仆同殉。

　　嗣后土贼创乱者二年，有辉县寇，据北山大伍谷诸险，列三十一寨。官兵仰攻，贼以死据，不克登，久之，乞降。官兵防其他逸也，把总田贵、罗思明守寨口，贼乘夜斫寨门道。贵与思明仓卒出斗，皆遇害。五年，寇起武陟之宁郭驿，驿接太行山，为盗薮，旧设捕盗通判驻其地。贼伪称猎者，驰入驿西郭门，骑百余，披甲持刀仗，焚劫。入通判张可举署，可举力斗，遇害。十四年，睢州贼娄三啸聚沙窝，乘夜登鄢城县城，开北门，引众入。知县荆其惇督家丁众役守县印，力御之，受刃伤，会典史樊世亨率牌甲奔救，贼乃遁，其惇创重死，库印卒无失。

　　格布库，满洲正白旗人，姓伊尔根觉罗，世居雅尔虎。顺治元年，以参领从睿亲王多尔衮剿流贼李自成，追至庆都。复随英亲王阿济格、贝勒尼堪败之。三年，肃亲王豪格征流贼张献忠于蜀，格布库及参领西特库、队长古朗阿、巴扬阿、乌巴什随焉。献忠遣贼党环营抵抗，格布库破贼第一营步兵。贼分两翼，豪格复遣偕佐领苏拜攻右翼，都统准塔巴图鲁攻左翼。贼自右翼下山来犯，格布库率本旗兵冲击之，旋从准塔剪其左翼。贼围正蓝旗兵，格布库偕左领冯尔津、噶达浑、西特库、乌巴什往援，格布库中箭殒，西特库、乌巴什俱殁于阵，贼退。

时伪将高汝励据三寨山，豪格遣古朗阿击之，大破其众。献忠发大队迎敌，古朗阿直冲其阵，贼奔溃，未几复合，古朗阿偕瑚里布破之。贼率马步兵分三路来犯，古朗阿奋勇进击，与巴扬阿均阵亡。

济三，满洲正黄旗人，姓扎库塔。自崇德六年，以佐领从大兵有功。顺治元年，与骑都尉色勒布、云骑尉祖应元，参领金应得，骁骑尉西来，闲散达鲁哈、萨门、岱纳，并从定国大将军豫亲王多铎南征。二年四月，大兵渡淮，薄扬州城。应元、应得、岱纳以红衣炮攻城，城颓，岱纳先登，与应元、应得同阵亡。克扬州，大兵渡江，令左翼舟师留泊北岸备敌。敌驾舟来犯，色勒布迎击，中炮死。分兵江阴县，萨门以云梯先登，被戕。达鲁哈继进，亦阵殁。六月，多铎定南京，分大兵之半，令多罗贝勒博洛等进徇苏州，下之，擢济三副都统，驻守。明福王总兵黄蜚潜纳苏州叛卒来袭。济三闻变，率兵擒剿，敌合围，济三战死。大兵至浙，攻嘉兴，炮毁其城，西来率所部先登，克之。旋回兵取昆山县城，被炮死。

瑚密色，满洲镶黄旗人，姓佟佳，世居加哈。崇德元年，以佐领衔从征明，屡有功。顺治元年，从入关，败流贼唐通于一片石，追至安肃、望都，歼贼无算。嗣随多铎军渡江，屡破明兵句容。时明鲁王朱以海踞绍兴，博洛遣参领王先爵徇湖州，土兵蜂至，元爵战殁。博洛次杭州，鲁王遣其督师侍郎孙嘉绩、熊汝霖渡钱塘江来犯。瑚蜜色偕骑都尉色赫等击败嘉绩兵，擒其队帅，追至江中，汝霖兵殊死战，瑚密色中枪战死。色赫从定浙江，旋下福建，还过平湖，遇土寇，亦以中枪阵亡。

敦达里，满洲人。幼事太宗，后分隶肃亲王豪格。崇德八年八月庚午，太宗崩，敦达里以幼蒙恩养，不忍永离，遂以身殉。诸王贝勒等义之，以敦达里不忘君，忠忱可尚，赠甲喇章京，子孙永免徭役。

安达里，叶赫人。来归时，太宗怜而养之，洊授官职，亦请殉，诸王贝勒等亦甚义之，予衣一袭，豫议恤典，加赠牛录章京为梅勒章京，子孙世袭，如敦达里例。既定议，召安达里谕之。临殉时，谓诸王贝勒等曰："若先帝在天之灵，问及后事，将何以应？"诸王贝勒等对曰："先帝肇兴鸿业，我等翊戴幼王，嗣位承基，当实心辅理。倪邀呵护，是所愿也。"

许友信，以军弁随明将左梦庚投诚，隶镶白旗汉军。随大兵征闽、粤有功，定南大将军贝勒博洛委署潮州副总兵。顺治四年，明桂王由榔遣兵略境，友信单骑出战，遇伏死。

是年，桂王兵部尚书张家玉陷东莞，署总兵成升、副将李义均阵亡。桂王兵科给事中陈邦彦同时犯广州，游击阎行龙、王士选，熊师文俱死之。桂王既由监国僣号，志在兴复，其始略有两广、云、贵、湖南、江西、四川各地。且郑成功出没闽、浙，奉其伪号，遥相应和，声势颇张。经大军先后戡定，桂王已穷窜土司，肃清在迩，而孙可望、李定国等复群相拥戴，作螳臂之拒者有年。至定国与可望内讧，顺治十四年十月，可望走湖南乞降，于是洪承畴、吴三桂乃奏请乘时大举，逐渐进剿，军行有利。十八年，三桂兵及缅甸，缅人执献由榔军前，事乃大定。

十余年中，死事或被执不屈者：如四年，剿广东假明封号土贼，有广东巡按刘显名等，六年，剿灵山土贼，有广东都司金书李昌等；七年，征广州，有轻车都尉尚可福等；八年，李定国分兵窥全州，有广西巡按王荃可等；九年，犯辰州，有分巡辰常道刘升祚等；犯平乐，有府江道周永绪等；犯柳州，有分守右江道金汉蕙等；陷桂林，有右翼总兵曹成祖、提标游击马腾龙等；十年，犯罗定，有兵备道邬象鼎等；犯靖州，有湖南副总兵杨国勋等；犯连州，有广东运署都司金书窦明运等；犯化州，有防守参将应太极等；十一年，犯电白，有从征八品官费扬古等；十四年，海贼乘乱窜雷州，有徐闻营游击傅进忠等。孙可望之从乱也，六年，贼党一只虎犯永州，有新擢陕西布政使、右参议李懋祖等；九年，犯衡州，有随定远大将军敬谨亲王尼堪部下副都统武京等；犯成都，有叙州府知府周基昌等；十三年，犯临蓝，有委署参将殷壮猷等。

至为郑成功而死者：三年，成功族人郑彩据厦门，掠连江，有知县宋人望等；六年，成功犯长泰，有知县傅永吉等；犯漳浦，有总兵杨佐等；八年，犯海澄，有知县甘体垣等；十二年，犯仙游，有知县陈有虞等；十三年，犯海澄，有一等轻车都尉哈勒巴等；犯福州，有二等轻车都尉巴都等；十五年，犯台州，有海门营水师游击李宏德等；犯温州，有盘石卫水师游击熊应凤等；十七年，犯江宁，有一等轻车都尉瑚伸布禄、二等轻车都尉猛格图等；犯崇明，有知县陈慎等；犯台州之太平，有左营都司李柱国等；犯厦门，有护军统领伊勒图、前锋参将佟济、前锋校鄂勒布等。盖明藩自立，以兵力削除者，桂王为最棘。

同时附唐王朱聿键，而陆梁于江西郡邑者，则为金声桓，参领布达理、布政使迟变龙、分守湖东道成大业、宜黄知县冯穆等皆死之。鲁王以监国踞浙，逼福建兴化，则知府黎树声等；据舟山内扰，则绍兴府推官刘方至死之。

其无所附丽而以叛闻者为姜瓖，五年，踞大同，催饷骑都尉钟固、山西备道宋子玉等死之。六年，从英亲王阿济格等军进讨者，骑都尉索宁、云骑尉洛多理等皆阵亡。分援河东、井坪、蒲州、神木等处，则郑宏国、佟国仕、武韬、郑世英等亦先后阵亡。

时天下初定，人心反侧。各省土贼蜂起，或剿或守。在顺治一朝，死者尤夥。独著其关系大局者，见有清开国艰难之大概焉。

卷四百八十八 列传二百七十五

忠义二

朱国治 杨应鹗 马弘儒等 **周岱生 杨三知**
孙世誉 翟世琪 **刘嘉猷 高天爵 李成功**
张善继等 **嵇永仁** 王龙光等 **叶有挺**
萧震等 **戴玑 刘钦邻** 崔成岚 黄新德
柯永升 随光启等 **道禅 李茂吉 刘昆**
马秉伦 刘镇宝 **罗鸣序**

朱国治，汉军正黄旗人。顺治四年，由贡生授固安知县，屡擢至大理寺卿。十六年，外简江宁巡抚。时郑成功盘踞外洋，出没江南滨海州县，国治疏言："欲破狡谋，先度形势。贼众负险，我师远涉风涛，其劳逸不同。贼众熟识海道，我师弓马便捷，其习习不同；水师舟楫，较之贼船大小悬殊，其攻取不同。臣谓宜以守寓战，凡海边江口，多设墩台，待贼势困援绝，乘间攻之，自能擒渠献馘。"下所司议行。又以苏、松、常、镇四府钱粮抗欠者多，分别造册，绅士一万三千五百余人，衙役二百四十人，请敕部察议。部议现任官降二级调用，衿士褫革，衙役照赃治罪有差。以是颇有刻核名。

康熙十年，补云南巡抚。时吴三桂诈叛久矣，十二年，诡请移藩锦州，并期以十一月二十四日启行。国治方请增设驿堡，协拨夫马待之，三桂遽踞关隘起事。先期三日，邀国治及按察使李兴元、云南知府高显辰、同知刘昆，胁之从逆，皆不屈。国治骂贼尤烈，即时遇害。先后殉难者，云贵总督甘文焜、广西巡抚马雄镇、傅弘烈及李兴元，均自有传。

杨应鹗，镶黄旗汉军。任贵州贵阳府同知。吴三桂初叛，执应鹗送云南，锢之顺宁。应鹗密谋举义，伪将军赵永宁缢死之。时有马弘儒者，顺治十八年武进士。三桂素重之，迫共叛，不听，以铁椎椎其齿，齿尽落，囚昆明，不屈死。

先后在滇殉节者，为郑相等：相，江宁人，以中书随军至云南。大兵入滇，檄权石屏州事，有惠政。伪总兵高应凤作乱，相死之。昆明人杨树烈，以四川南川县知县告休家居，寇至，北面再拜，自缢死。土酋龙韬等分道剽掠，宁州知州曹诚婴城守，城陷死之。原任曲靖府教授周起元，则以被执不屈死。生员有唐方龄、张鹍羽。

三桂既叛，所在蠢应，死贵州者：陈上年，直隶清苑人。顺治六年进士。时官分巡右江参议道，三桂既执巡抚傅弘烈，乃胁上年降，幽絷死。都匀县防兵谋应贼，哗噪焚掠，知县薛佩玉谕以顺逆，众不听，逼受伪职。佩玉北面再拜，自缢死。

死湖广者：祝昌，河南固始人。顺治六年进士，由中书累擢至辰沅道。三桂叛闻，即流涕谕众大义，皆感泣。贼大至，城溃，北面再拜自缢死。生员有李廷垍、张一元、徐翘楚。

死江西者：为饶州府知府郭万国，万年县知县王万镒。万国，河南许州人。由诸生从经略洪承畴官贵州，抚苗、蛮有功。万镒，浙江钱塘人。由贡生官福建，平土贼有功。贼党围广信急，觇饶州备虚，由间道薄城。万国令万镒赴省请援，甫出北门，贼猝至，与家僮六人中炮殁。饶州营参将赵登举闻警驰救，冲贼营，擒前队数人，伏起，阵亡。贼党环城招降，万国集其属同知范之英、鄱阳县知县陆之蕃、石门巡检翁凤鬻、饶州税课大使李崇道，谓之曰："文臣不习战，然守土吏当死，不可徒手就戮。"皆应之。贼逼灵芝门，攀堞登，万国率家丁巷战，身先之，中十六创，与之蕃、凤鬻、崇道俱战殁。文英亦被执不屈死。萍乡民人彭程淑，亦以三桂余党扰其乡，裂眦怒骂，被乱刃死。

死广东者：金世爵，镶蓝旗汉军。由举人任合浦县知县。高州总兵祖泽清叛附三桂，世爵图城守。伪将王弘勋率贼数万犯廉州，世爵登陴力御，城陷，与守备杜岭同死之。又侯进学者，隶平南王尚可喜藩下。先为三桂所胁，为递逆书，至广州自首，可喜以闻，嘉之，授世职。至是为贼所得，囚木笼送常德，三桂戮之于市。逆党马雄攻新会，藩下诸将多附逆，诱左翼游击文天寿同降，天寿叱之曰："背主不忠！吾铮铮丈夫，岂鼠辈可胁？"遂被害，沉尸海中。

死川、陕者：波罗营副将张国彦，闻提督王辅臣叛，城守。兵变，逼献印，自刎死。汉中城陷，同知汪化鳌不受伪职，贼絷之，复给伪札令摄县事。化鳌痛哭，望阙遥拜，自缢死。汉凤参将苏兴亦叛附三桂，将袭杀诃贼笔帖式布格尔以灭口。千总鲁仁坼愤甚，度无以制之，朝衣拜父像告诀，叩营力争，触兴怒，杀之。仁坼畜一犬，护尸不去，故吏梁玉收而葬之。又广安州知州徐盛、剑州知州向荣、商南县知县卢英、渠县知县王质、綦江县知县王无荒、营山县知县廖世正及典史刘廷臣、西安府知事张文选、司狱周胜骧、白水县曲史赵焕文，并以被胁不屈死。

其以招谕死者：三桂未叛时，主事辛柱、笔帖式萨尔图、随侍郎哲尔肯赍诏至滇。既叛，辛柱、萨尔图将诣阙告变，贼杀之。后则汉川巡检章启周，浙江会稽人。从顺承郡王勒尔锦军，以札委通判往招谕三桂，被戕。及吴世璠时，又遣四品衔董重民往谕以顺逆，至镇远，逆党以弓弦缢杀之。又扬威大将军简亲王喇布檄益阳县知县徐碭往衡州招抚三桂余党，至泉溪渡，为伪将军吴国贵所杀。郧阳降调通判许文耀、阿迷州吏目郭维贤，亦均以招抚三桂余党遇害。郎中祝表正随经略大学士莫洛讨叛镇王辅臣，莫洛战殁，辅臣幽絷正于营，寻复具疏附表正还奏。圣祖即遣表正谕辅臣，至，则百方晓譬，留弗遣，卒为伪总兵巴三纲所杀。甘肃静宁州知州王札亦以单骑谕辅臣祸福，被胁不屈，死。

又抚叛镇王屏藩死者,为四川镇标副将徐升耀,札付通判王官表、沈日章,札付参将吴子骡等。

周岱生,字青岳,江西德化人。由拔贡生除贵州馀庆县知县,改广西平南县知县。康熙十三年,吴三桂叛,六月,其党破梧州,攻平南,岱生练乡团偵兵拒之大峡口,鏖战三日,斩其魁。七月,复大至,岱生奋身拒战,攻益急,乡团皆战死,退保城。围固援绝,自寅战至午,城陷。贼縶岱生往浔州,胁降,骂不绝口。妻杨氏,于路先自到死。旋又甘言诱岱生降,卒遇害。长子儒且哭且骂,死尤惨。

岱生令馀庆时,有老贼陈四者,盘踞大同山垂三十年,剿捕不能得,出奇计招之,亲至其巢,晓譬利害,曰:"王师且至,吾化汝!"贼感泣,誓终其身无反。岱生曰:"盍随我至县城乎?"贼诺之。于是至县署,赐之食,厚为之装而遣。其后吴逆之变,他县贼皆响应,惟陈四不受伪职。平南市荒民少,岱生捐俸招集,始至,城内草屋九间。未几,商民大集。俗窳不产蔬菜,岱生教以播种灌溉之方,畦亩鳞次相属。田皆老荒弗辟,又招粤东流民后先千余家,报垦升科,其他善政尤多。

杨三知,字知斯,直隶良乡人。顺治三年进士,授山西榆次县知县。榆次经流贼残破后,井里萧条,三知以恩义安辑,户口日增。康熙五年,大同镇总兵姜瓖叛,连陷州县,攻榆次。三知励吏民,募兵勇守城。夜遣人斫贼营,间有斩获,贼不退。三知令偃旗鼓,示弱。贼径薄城,攀堞欲登,三知急起,麾众发矢石,毙甚众。贼愤,益兵围之。相持逾六月,敬谨亲王尼堪分兵来援,贼始败走。三知设保甲、练屯聚,复捐俸、立社学,置膳田以资膏火,士民感之。擢兵部主事,累迁郎中,外擢四川松龙道、上东道。上东道属经张献忠惨戮,存者在绝峒密箐中,招徕千数百家,筑堡渝东,民名之曰杨公堡。

十一年,补陕西神木道。十三年,入觐,还至保德,闻提督王辅臣叛附吴三桂,从者劝迟行,勿渡河,不听,疾驰还署,图城守。曩三桂剿闯贼残孽,过神木,市恩,民谬德之,立生祠,三知即毁之。察知县孙世誉忠实可倚,时辅臣播伪札,将弁多为所诱,分据城堡,惟韩城知县翟世琪与神木通声援。

世誉,隶镶红旗;世琪,山东益都人,顺治十六年进士:关中并称贤令者也。叛党朱龙犯神木,民恟惧。三知适受檄赴京师代贺,有讽可携眷行者,谢之。赴阙事竣,抵署三日,延安、吴堡相继陷。贼至,乘城死守,亲挽强弩,发无不中。柳沟营游击李师鹰受伪札,鼓众噪饷,世琪出谕贼,先被戕,及其二子。神木守将孙崇雅亦通贼,城遂陷。崇雅合贼将环说三知,以延绥开府啗之,不应;胁交敕印,不与;贼送以甘言诱三知,且拥回署,三知过井,厉声谕家人勿作儿女态,跃而入,贼遽缒出之,臂已折。力以三知"在官廉平,初未相迫,毋自苦"为词,三知大骂不绝口,乃舁置别室,环守之,载胁载诱。一夕,忽合扉,不知何以贼之。其妻妾及二女俱赴井以殉。城复后,家人始于浅土中获三知遗骸,经长夏,面色如生。世誉亦抗节不屈,贼羁之深室,辅臣后降,卒害世誉以灭口。

刘嘉猷,字宪明,江西金溪人。由明举人顺治初署兴国、新建教谕,以正谊明道为教,士多化之。秩满,改福建侯官县知县,为闽浙总督范承谟所赏。撤藩命下,嘉猷度平南王耿精忠必应吴三桂叛,谓家人曰:"既宰兹土,义不污贼"。康熙十三年三月,精忠给文武赴藩府计事,嘉猷从承谟后。见锋刃交戟胁承谟降,不屈,缚以去,嘉猷历阶而上,厉声叱精忠,福州府知府王之仪、建宁府同知喻三畏同发愤骂贼。精忠喝武士杀三人,众股栗。嘉猷戟手作搏击势,芒刃亟下,与之仪、三畏同时被杀。城守千总廖有功见逆杀三人,发愤大呼,亦死之。

高天爵,字君宠,汉军镶白旗人,后改隶镶黄旗。由荫生于顺治四年任山东高苑县知县,累官至江西建昌府知府。先是广昌山贼踞羊石、滴水二寨为巢穴,官军仰攻,辄为滚木礌石所伤,罢攻,招降,贼佯就抚,仍伺隙煽乱。官军毙之狱,馀贼益负固。适风雨交作,漂流树木,冲断桥梁,贼保巢不出。天爵会巡道参将出不意直捣之,擒斩,尽毁其巢。

耿精忠据闽叛,纵党入江西,犯建昌,时天爵已擢两淮盐运使,或劝之速行,天爵以"守此土十六年,虽受代,不可遽离"答之,率家丁数十人御贼万年桥。城守副将赵印已降贼,乘天爵力战,从后缚之,献贼,载送入闽,再四诱降,不屈,囚之。越岁馀,与副将王进、武举胡守谦,把总杨起鹏、姜山等同谋,遣千总徐得功出仙霞岭迎大军入关,阴结死士为内应。贼党侦而讦之,十五年九月四日遇害。

后以福建巡抚卞永誉请,以天爵与原任福宁总兵吴万福、福州府知府王之仪、邵武府知府张瑞午、建宁府同知喻三畏、邵武府同知高举、侯官县知县刘嘉猷、尤溪县知县李埍,福州城守千总廖有功等合建一祠于省城西门外,复以子其佩请扁,书"荩忱义烈"四字以额其家祠。长子其位自有传。

李成功,奉天铁岭人。顺治六年武进士。历官至广东潮州参将。康熙十三年,总兵刘进忠应耿精忠叛。成功潜与游击张善继等谋诛进忠,事觉,进忠以兵胁同叛,曰:"汝为我中军,我视汝犹子,何无义至此?"成功曰:"禄山叛国,死于猪儿;朱泚叛国,死于韩旻;汝今叛国,不知死之将至!我何为从汝?"进忠命斩之,骂不绝口而死。

善继,直隶彭城卫人。习儒,通孙吴兵法。康熙六年第二名武进士,授潮州城守营游击。进忠阴遣腹弁赴精忠献款,弁归,与进忠谋曰:"善继刚方固执,深得众心,宜亟散其卒"。进忠遂令所部分隶私党。善继麾下虚无人,谒进忠曰:"公不闻晋王敦乎?威势未尝不赫也,兵败身死,发瘗斩尸,未有叛国而克全终者!"进忠怒,羁之马王庙,贡生林应璧同被羁,日谈古忠孝事。进忠屡遣人谕降,终不屈,令斩之。

白虎,陕西秦州人。康熙十一年,官澄海协右营都司,有"虎将"名。进忠将叛，调虎与其子崇质入郡。至，则知进忠有异志，潜焉涕下。进忠令虎易帽，虎曰："头可断，帽不可易！"令剪辫，虎曰："颈可截，辫不可剪！"且责进忠，词甚厉。左右以摇惑军心，怂进忠毙之。进忠爱其勇，不忍，曰："此愚人，不识时务耳！"遂羁之。篡取虎妻张、虎孙士俊为质。虎与同志密遣人赴省请兵，约内应。谋泄，将就刃，谓崇质曰："死，吾分也！委身存祀则在汝。"崇质对曰："父为忠臣，子从叛贼，乌乎可？"缚至西市，虎望北叩首，大言曰："君臣大义尽于此，父子至情，亦尽于此矣！"观者皆泣下。

何亮，潮州人。官澄海协千总。虎以心腹待之，亮随虎赴郡，进忠羁虎，旋以内应事泄，并将斩亮。进忠叱之，亮谓当诉于天，同时遇害。其兄弟妻子被杀者尤众。

于国琏，奉天人。为续顺公沈瑞旗员。进忠乱作，瑞命偕都统宋文科、邓光明攻之。战太平街，三日，国琏身先士卒，射伤进忠左臂，贼披靡，以众寡不敌，终为所败。瑞缚光明及国琏以降，国琏独不屈，斩于市，尸僵立不仆，数日面如生，众咸异之。

嵇永仁，字留山，江南无锡人。用长洲籍入学为诸生。入闽浙总督范承谟幕。耿精忠应吴三桂叛，执承谟，胁永仁与同幕王龙光、沈天成及承谟族弟承谱降，不从，被执。永仁少好从士大夫游，讨论国家典故，六曹章奏，条分件系，著有《集政备考》一书。以范、嵇世交，故相从至闽。时精忠蓄谋未发，屡陈弭变策，如请拨协饷、补绿旗兵、安插逃弁、条议屯田诸端，冀固民心、杀贼势。又请借巡视沿海为名，提轻兵驻上游制贼。以文武吏皆预中贼饵，号令格不行。在狱凡三年，贼害承谟，乃痛哭自经死。永仁知医，著有《东田医补》。工诗词，有《竹林集》、《葭林堂诗》。狱中又著《诗》二卷、《文》一卷。与龙光相倡和者，又有《百苦吟》。

龙光，字幼誉，浙江会稽人。诸生，屡踬乡闱。年五十余，已倦游，承谟抚浙，延课其子。擢闽督，龙光以父老不欲行，父以承谟有德于浙，义不可辞，遂往。既被执，胁草安民檄，诱以官爵，皆不从。与永仁谊最合，尝语龙光曰："死之日，魂魄愿无相离！"在狱著《养花说》及杂诗五十余首以见志。

天成，字上章，江南华亭人。变作时，与永仁约同死。偶外出，俄传同难诸子死讯，遂出践宿诺，为逆党缚献。时鞫者方穷究章奏，将归罪永仁，天成厉声辩曰："承谟心事，青天白日，承谟无他志，书生更何与焉？"乃同系狱。著诗一卷，曰《听鹃》。又纂《花谱》一卷以自遣。三人在狱，有书名《和泪谱》者，龙光为永仁撰一首，永仁为龙光、天成撰各一首，诗词皆烧桦煤画墙上，赖义士林可栋者，或云泰宁人许鼎，时往狱中探视，默识之，得以传世。

承谟初被难，部曲有张福建者，手双刀，大呼夺门卫承谟，群攒刃死之。精忠令三十二人监守承谟，中有蒙古人嘛尼，欲免承谟，事泄，被磔。

叶有挺，字贞夫，福建寿宁人。康熙九年进士，甫释褐，即徒步南归。耿精忠以闽叛，檄郡邑，凡在籍搢绅悉坐名，勒限起送，有挺耻之，潜入江西界，佯言已死。逾年，以念母潜返，伪县令侦知之，持檄促赴召。有挺告母曰："儿得进士，思有以报君父。今以进士被伪檄，是得一进士反为从逆之资。儿死不赴，如母何？"母以大义勉之，乃抱母大号，遁匿山寺。僧知其为叶进士也，微拒之，有挺仰天叹曰："有挺岂以儒者七尺躯苟延旦夕，为释氏恐怖？又岂以身死萧寺，贻主僧祸？"夜起，北向九叩，南望母再叩，出走山下，自经古木死。乱平，无以上闻者，故褒赠皆不及。

同时闽中殉难者：萧震，侯官人。顺治九年进士，任山西道监察御史，丁父艰，回籍。精忠叛，谋讨之，事泄，遇害。张松龄，莆田人。顺治十二年进士，由庶吉士屡迁四川参议。时川省雕敝，松龄加意抚绥，流亡渐复。裁缺归里，耿逆迫以伪职，羁数月，终不屈死。施大晃，福清人。康熙十二年进士。闻变，匿芝山，募壮士，助大兵进讨，贼执之，嚼舌骂贼，呕血数升死。莆田举人刘渭龙、建宁举人谢邦协、南平举人原任丹徒令邹仪周，皆不受伪职。渭龙匿深山绝粒死。邦协举家避村落中，逆党以火攻之，不出，阖门遇害。仪周为所执，不屈死。光泽县民毛锦生，素有胆力，贼躏其村，邑当事伤为练总，导大兵进剿，遇伏，死云际关。清流县诸生李亭，随邑令守城，并集乡勇拒战，旋被执，詈贼死。

又有张存者，顺昌人。精忠乱作，存纠义旅保元坑乡，胁授总兵札，令率众出江西，分大军兵势，存不从。时和硕安亲王岳乐驻师南昌，存潜使赴军前乞援，并条上攻贼机宜。岳乐授存总兵札，令捍御建昌、邵武、汀州等地，且为内应。贼侦知之，急攻元坑。地平，无险可扼，存以忠义激众，屡败贼，贼患甚，分三路夹攻，卒以不支，存被执，死之。

戴玑，字利衡，福建长泰人。顺治六年进士，授主事，例转湖广按察司佥事。时滇、黔未入版图，上江防道尤要。玑遍履所部，自岳州至嘉鱼，立七汛，造哨船巡逻，崔荷无警。又于洞庭湖接立三汛，行者无便之。洪承畴正经略五省，以"韩、范倚"称之。寻迁陕西西宁道，未行，丁父艰。服除，补广西右江道，驻柳州。东闽土酋构祸日久，玑以恩意调解之。大酋黄应元煽乱，则斩渠魁以徇。诸蛮用是怀德畏威，顽梗尽化。柳堡屯田，寄佃于民，既输军租，复应民役，为申请督抚，具奏豁免。复修葺文庙及罗池司户二贤祠。会朝命裁并监司，解任归里，督课诸子，教以忠孝大义。

耿精忠乱作，台湾贼围漳州，时玑次子镛为海澄公将，守东门。贼劫至城下，使招镛降。玑大声呼镛坚守，勿以老人为念。贼怒，牵去。城破，镛巷战死，阖门为俘。大兵复漳州，贼遁，玑与子锏等乘间入山，而妻叶并诸幼子为贼执赴台湾，玑置不为意。贼复犯海澄及长泰，玑再被执，胁之降，不从。幽之密室，历年余，终不为屈，朝夕诵文信公《正气歌》以自壮。一日，顾谓子铣曰："吾久辱，不死何为？"遂绝粒。数日，病甚，衣冠，命铣扶掖北向再拜，曰："臣死，命也，当为厉鬼杀贼！"索纸笔，大书"惟忠惟孝，可以服人"数字，呕血数升死，年七十有四。

刘钦邻，江南仪征人。顺治十八年进士。康熙八年，授广西富川县知县。十三年，广西将军孙延龄叛应吴三桂，遣伪将陷平乐府，旋围富川。钦邻募乡勇城守，与贼相拒五十余日。同城把总杨虎受延龄伪札，勾土贼千余助攻，虎夜引贼入，钦邻率家丁力战，杀贼三十余，家丁死者七，钦邻被执。贼加以毒刑，缚送桂林。延龄诱降，不屈，羁之。钦邻赋绝命词死，追谥忠节。

崔成岚，镶蓝旗汉军。由官学生任郁林州州判，署藤县知县。十四年，孙延龄党吴凤等率贼数千犯藤县，水陆夹攻，成岚与守备刘志高、汪云龙，典史黄新德守御。贼暂退，已而复合。延龄军数千，攻城西南，抵御益力。巡抚洪承明复遣援兵，协力剿杀，贼不退。伪将军缥成德复率贼万余由贺县来，势益炽。成岚等相持七昼夜，城陷，成岚手刃二贼，殁于阵，志高等均死之。

新德，广东海阳人。读书不多，好遣文，人皆笑之。事亟时，命其子日祷扶母归养。既被执，贼欲授以伪官，新德曰："王彦章且不肯降唐，况天朝臣子从贼乎？"贼欲屠城，新德曰："倡守城者，官也，杀尉足矣，于百姓何与？"贼怒，矸之，新德骂不绝口。刀斧交下，碎其尸。家人四，婢一，皆死焉。微官死事，世尤重之。

柯永升，汉军镶红旗人。由员外郎出任湖南粮道，累擢至湖广巡抚。康熙二十七年，饬裁湖广总督，令标兵分别存撤。五月，裁兵夏逢龙，同伙呼为夏包子者，结众作乱。二十二日，突入巡抚署，拒者辄刃之。伤永升臂，夺其印，复伤永升足，仆地。悉驱其亲属家人出走，搜掠财物。永升乘间自缢死。贼四出剽略，永州锦田卫守备随光启婴城守，力竭，死。武昌永定营中军守备孟泰麈战金口，亦中炮殁。守备李国俊阳附逢龙，从围应城。夜半，贼潜梯登城，国俊遽鸣钲大呼，城中惊起，击败之。脱还武昌，卒死樊口。时署布政使者为叶映榴，自有传。

道禅，满洲镶黄旗人，姓戴佳。初为王府长史。康熙中，厄鲁特噶勒丹犯喀尔喀，朝命中外备兵。三十五年，大兵三路进剿，道禅奉敕往谕噶勒丹。先是，三十一年，员外郎玛第奉使策妄阿喇布坦，为噶勒丹掠执，不屈死。至是贼复诱降，道禅抗声骂贼，死之。

李茂吉，福建漳浦人。台湾水师营把总，平日不以官小自卑。康熙六十年，土贼朱一贵乱作，自请于副将许云。战败被擒，贼渠怪其不跪，叱之，茂吉举足踢其案，案翻，奋力断缚，直前夺刀杀贼。贼共矸之，头脑破裂，尚骂不绝口，贼碎其尸。

刘昆，字玉岩，四川保宁人。由武举从军有功。雍正八年，擢权云南东乌营游击，佐总兵刘起元守城。乌蒙夷禄万福者，旧土知府万钟族弟也。先是，府隶四川，万钟数扰云南边界，云贵总督鄂尔泰擒鞫伏法，使万福父鼎坤袭职，移隶云南。时改土归流，既设东川府，次及乌蒙，改授鼎坤守备，趣赴阙。鼎坤怏怏行，密使万福煽诸蛮为乱。未发，昆密告起元为备，起元蔑视之，檄万福来见。万福惧，遂嗾众反，围府城。昆闻变，解所佩刀与妻张氏诀，出与起元商御贼策，皆不应。而游击汪仁独以抚贼说起元，起元从之，登城被贼辱。昆遂开城，率数十骑大呼赴贼，游击马秉伦与之俱。斩数百级，贼稍却。野夷数万蜂至，昆遂与秉伦相失，势益孤。转战至次日，弩穿左胁，创甚，北向再拜，割襟蘸血，大书石壁曰"淋漓鲜血透征衣，报国丹心总不移"十四字，拔刀自刎死。贼叹其忠，以土覆之而去。昆妻闻变，则以昆佩刀手矸二女及妾，乃引刀桩喉，一门同殉焉，语见《列女传》。

秉伦既失昆，亦转山箐间，镖贯其颐，犹手刲数贼，力竭，跳崖死。

时官乌蒙通判者为刘镇宝。镇宝，字楚善，江西彭泽人。由举人考授中书舍人，发云南用知县。鄂尔泰器其材，奏擢通判。镇宝既莅任，驻大关镇，镇距府三百里，为苗疆新辟地。苗警既急，以镇宝熟谙苗情，檄往招谕。至则开陈祸福，词甚备。苗逆抗之，反执镇宝。镇宝骂贼烈，争矸之，支体糜碎。事平，滇人以镇宝与昆受害尤酷，为立庙祀，称二刘公祠。

罗鸣序，湖北汉阳人。康熙五十年举人，任贵州麻哈知州、兼署黄平州事。雍正十三年春，古州苗叛，胁清平、黄平、施秉、镇远四州县，生熟苗皆应。四月，陷清平县之凯里汛，去黄平新州三十里。鸣序时在黄平，闻变，趋新州谋守御。环州苗皆起，驰报府县急援，不应。苗大焚掠，鸣序以城亡与亡自誓。客陈宪者，请与俱，鸣序却之。宪以"君能为忠臣，我独不能为义士"为对，相与寻后山有树可援系者，各默识之。鸣序乃解两州印付健仆送省，出公帑千付书吏藏某处，曰："可以死矣！"或曰："此署事也，有本州在，何不去此而保麻哈？"或曰："此新州也，何不去此而保旧州？"皆置不听。或告曰："城陷矣！"即趋向所识处，将自经。俄又告贼犹未入，则又徐与宪还，登城守。追矢石器械尽，城中火起，无可再守，乃卒与宪至后山缢树以死。从死者数人，诸生初震、周大任两家皆死之。宪，浙江山阴人。

卷四百八十九 列传二百七十六

忠义三

宗室恒斌 **倪国正** **赵文哲** 王日杲 汪时
孙维龙 吴璜 吴铖等 **曹永闰** 何道深
沈齐义 陈枚 吴璟等 **温模** 邵如椿 李南晖
汤大奎 周大纶 寿同春 李乔基 **熊恩绂**
宋如椿 赵福 刘卝 滕家瓒 **萧水清**
刘大成 王翼孙 **王行俭** 王铣 汪兆鼎
左观澜 **董宁川** **韩嘉业** **叶槐** 陆维基
毛大瀛 **张大鹏** 白廷英 杨继晓 **杨堂**等
曾艾 曾彰泗 **罗江泰** **霍永清** **强克捷**
赵纶等 **宗室奕湄** **景兴** 陈孝宽等 **王鼎铭**
吕志恒 邵用之等 **杨延亮** **师长治** 王光宇

宗室恒斌，字纲文，太宗第十子辅国公韬塞后。授三等侍卫。父萨喇善，官吉林将军，缘事命戍伊犁。方卧病，恒斌陈请代奏以身从父往，诏许之，而以沽名褫其职。恒斌在途侍疾，至废寝食，父每怒其愚，无几微怨。既抵伊犁，父疾也瘳，将军阿桂大贤之。会哈萨克新附，遣使入贡，有旨择贤员伴送，阿桂即命恒斌充伴送官。途间驭陪臣忠信得大体，召见慰藉，复其官，令留京供职。恒斌请毕伴送事仍往伊犁侍父，允之。擢二等侍卫。会乌什回叛，恒斌随将军明瑞由伊犁倍道进剿，战屡捷。领左翼兵阵城南山下，贼麕至，恒斌奋勇击之，所向披靡。贼惧，隐城壕诱敌。怒马而前，万镞齐发，不及御，阵亡。事闻，褒恤，而宥其父罪还京。

倪国正，字懋功，四川成都人。康熙举人。雍正十年，拣发广西，授义宁县知县。义宁东北曰双江，苗、民杂处，与湖南城步、绥宁二邑红苗接壤，计千余里。隘口十，堡七十二，大小寨凡数百。不通教化，仅设双江巡检羁縻之。乾隆六年，楚匪黄顺等煽粤苗，伪称名号。国正计擒黄顺，中道被劫，还合楚苗为奸。国正牒文武诸大府请兵，拨驻四百名，苗稍靖。时大府意在招抚，知府张永熹、巡检蔡多奇迎合其意，遂撤驻兵，而檄国正与多奇及县丞吴嗣昌同往。国正将行，叹曰："此所谓投虎以肉，徒肆其噬耳！"

行数日，抵苗巢，苗挟兵出迓，气嚣甚，多奇易衣遁，众失色。或告国正："不去，祸将及！"国正曰："吾固知犬羊之性，不先以威，不可以德化也。今日之事，有死而已。"付健役县印，令间道驰还，正襟坐待之。苗突至，取官弁及随行隶三十余人，尽掊杀之。禁国正土窑，绝粒六日，缚至烈日中，去其衣，掘土埋足至膝，胁之降，不屈。

授以纸笔，令"省中以万金为赎，可不死。"国正掷笔裂纸，大骂。苗怒，击其齿，血流被衣，声益厉。齿尽，截其舌。国正犹喷血作骂状，遂击死，沉尸深潭。事闻，帝为之辍食。国正为诸生时，书押则云"为国尽忠"，案头玉尺，亦刻"丹心捧日"，盖报国之志，本素定云。

赵文哲，字升之，江苏上海人。生有异禀，读书数行下。同时青浦王昶，嘉定王鸣盛、曹仁虎皆以能诗名，独心折文哲。为人瘦不胜衣，而意气高迈，由廪生应乾隆二十七年南巡召试，赐举人，授内阁中书，在军机章京上行走。以原任两淮盐运使卢见曾查抄案通信寄顿，褫职。时大军征缅甸，署云南总督阿桂奏请随军。阿桂由缅至旬，将军温福方督师征金川，见文哲，与语，大悦之。时温福与阿桂分兵，文哲遂入温福幕。温福重文哲，片时不见，辄令人觇文哲何作。已而连克金川地，三十七年十月，遂剿平美诺。以功复中书，又授户部主事，仍随营治事。三十八年，兵至木果木，六月，小金川降者叛，与金川合抄后路，师将溃，在军者逆知贼大至，相率逃窜，文哲毅然以为："身为幕府赞画，且叠荷国恩，讵可舍帅臣而去！"卒与温福同死。

同时遇害者：刑部主事王日杲、新繁县知县徐瓒、郫都县知县杨梦槎、合州吏目罗载堂。其在各台站遇害者：潼川府通判汪时、汉州知州徐谂、内江县知县许椿、大竹县知县程荫桂、秀山县巡检郭良相、纳溪县典史许济。其沿途被害者：候补从四品王如玉、候补知县孙维龙、张世永，布政司照磨倪鹏、候补县丞倪霂、秀山县典史周国衡。先后殉难者：又有重庆府知府吴一嵩、原任贵州大定府知府钟邦任、刑部主事特音布、原任湖南澧州知州吴璜、原任浙江云和县知县彭元玮、四川崇庆州知州常纪、原任广西越雟厅通判吴景、纳溪县知县章世珍、营山县典史吴铖。幕客同与难者：朱南仲、杨绍沂、熊应飞、田舒禄、顾佐、岳廷栻、周炜、郑文、许国、长炳、王鸣镛十一人。事定，四川成都府、金川崇化屯先后建祠祀之，均建慰忠祠碑。

日杲，字丹宸，江苏无锡人。善书，于魏、晋以降书迹临摹毕肖。官中书，行走军机处。每扈从行围，遇公事旁午，坐马上盘一膝，置纸膝上，信笔作小楷，疾如飞。有官中书者，见机要大臣，跽一足请事，日杲怒詈之，谓为非人。知铜仁府，民以王青天称之。

汪时，浙江钱塘人。时驻岱多喇嘛寺，寺破，骂贼死。官军收复小金川，见血影溅涅壁间，尚漉漉如湿焉。

程荫桂，浙江仁和人。与其子烈同遇害。

孙维龙，字普田，寄籍宛平。先官安徽黟县知县，创立书院，延刘大櫆教士。又建石桥于渔亭镇，通浙、楚往来，行旅称之。

吴璜，字鉴南，浙江会稽人。父牖文，举博学鸿词科。璜为商盘甥，早以诗名。

常纪，字铭勋，奉天承德人。以进士选授西充县，有治行。尝兴建关神武祠，殉难后，县民即关祠肖纪像祀之。

吴铖，字炳臣，河南固始人。贼犯木果木时，铖守泽耳多粮站,去大营六十里,大营以东,泽耳多以西,松林沟、赤里角沟,俱为贼夺。事急,有劝钺走者,钺奋然曰:"吾奉命守此,与站存亡,分也!与我共杀贼者,吾骨肉也!"因拔佩刀立木城旁,曰:"敢言走者斩!"众心稍定。贼至,钺率兵役御之,众寡不敌,火器环击木城,犹徒手抵贼,卒被戕。

曹永阊,字文甫,浙江金华人。雍正七年武举人,补江南大河卫千总,洊擢四川海宁营参将。御士卒严而有恩,多乐为用。乾隆三十六年,随温福征小金川,提督董天弼檄守牛厂石卡,旋为贼据,天弼自劾,并请治永阊罪。上念小金川事棘,置未问。永阊乃与阜和游击宋元俊献三策:一自斑斓山探小金川,击其首;一自美诺趋甲金达,击其中;一自约咱进取僧格宗,击其尾。用其言颇效。永阊善谋,谋定而战,元俊谙地利,进退有度,军中曹、宋齐名。不数月,悉复明正侵地,前后十余捷。

三十七年,随攻克布朗郭宗、底木达,执僧格桑父泽旺以献。明年,师以贼抱险不得进,别取道攻昔岭,移营木果木。未严备山后要隘,而贼突薄大营,劫粮台,夺炮局,会运粮土卒数千争避入营,温福坚壁不纳,轰而溃,贼蹂入,温福遂遇害。是时,永阊军距稍远,闻炮声,遽严甲起,飞骑至,曰:"大营失矣!"问:"大将军安往?"曰:"不知。"傍一骑至,曰:"宜速退!"叱曰:"大将军不知所往,吾将焉往?"即蹀血进,殒于阵。同时殉难者,参将惠世溥以下四十七人。

何道深,字会源,山西灵石人。由武进士、乾清门侍卫出为贵州提标游击。乾隆三十二年,兵部尚书明瑞总督云、贵,进讨缅甸,集诸munition。明瑞闻道深训练营卒可用,檄至永昌,果整练冠他军。三路出师,以道深所统自随。从取木邦,破锡箔,逾天生桥,大战蛮结。贼立十六寨,竖木栅,列象阵力拒。道深冒矢石,攀栅先登,火枪中右额,纪功第一。

又从入穹乍,去贼巢阿瓦城益近。贼断木垒石守隘,官军粮少,火药铅丸垂尽,将旋,贼抄其后。道深为之殿,遇山谷险阨,必奋战,俾全师得度至猛育。未至猛育前二日,道深中鸟枪,夜息,部下校进曰:"伤重矣。贼至日众,道险,难与敌。盍称病且逸归乎?"道深曰:"贼众,乃将卒致力时也。"叱之退。明日,战益力。初,明瑞将中军趋锡箔,别将分左右军,异路约会师。及至猛育,两军逾约,前阻大山,贼尽塞蹊隘,围重数重,军杀马以食。三十三年二月,明瑞令夜拔营,以次冲出。平明,贼来邀截,道深立高冈指挥拒之,他军士得从旁脱出。道深自晨战至日中,被数创,始仆。

道深抚士严而有恩,其始闻檄调也,令二日即行,凡无子、无兄弟者皆弗从。殁后,军皆悲涕,以其带、发还,诏赐葬本邑。

沈齐义,字立人,浙江乌程人。乾隆九年举人,大挑用知县,发山东。历权冠、汶上、费、齐东等县,题补泗水。齐义有吏能,初往巨野办赈,虑吏胥作奸,亲自登记,历数十里皆然。冠有剪辫讹言,谓妖人剪人辫发,能以咒语摄其魂,令移他处钱物入己,被剪者数日即死。讯无实,悉纵去。他县狱上,皆获谴,人服其识。汶上为入都孔道,东门外石桥久圮,撤而新之。南旺、蜀山、马踏三湖,为漕渠水柜。堤坏,出赀修筑,工固而民不扰。泗水多闲田,而民间畜蚕者少,悉令栽桑饲蚕,自此隙地皆桑,茧丝之饶甲他邑。费有冤狱,特缓其事,或以吏议惧之,齐义谓与其令民以冤死,毋宁被劾以去官。

三十七年,改授寿张。县境赵王河湮三十余年,大雨至,水无所泄,禾麦皆淹死,民多逃去。请募夫开浚,凡三十余里,上引范、濮诸水,悉达诸五空桥,自是南鄙无水患,民皆复业。故明藩府私田赋极轻,入清谓之"更名地"。部议加赋,寿张更名地二千四百余顷,先于雍正间,归入籽粒地,加赋,而旧名犹存。乃检寻故牍,以原委达大府,削除之。故事,岁办河工秸料及解京黄蜡,分里购买,吏用为奸,为往他所买解,民得免累。所至求民利病,若其身事。

三十九年八月二十八日夕,阳谷县党家店奸民王伦纠众突起为乱,入寿张。齐义闻变,即衣冠出莅宅外,斥曰:"吾非赃吏,尔等劫我何为?"贼伏拜曰:"知公廉,民等亦素沐公恩。但须及早从顺,顺则生,逆则死!"齐义骇曰:"尔等不顾赤族诛耶?"大骂之。贼谓齐义不知生死,麾众退,令自为计。齐义即入,解其印,令掘坎埋之。复出,家人及宾友挽其臂,挥去,趋宅外,仆又牵马至,请上省告急,齐义曰:"若将使我蒙面见上官耶?"批其颊斥之。须臾,贼复至,有泣拜求请者。齐义大怒,拳足交下。贼拟以兵,齐义毒骂不绝口,遂攒杀之。先数日,齐义闻阳谷有妖人聚众,遣人四出侦刺,贼惧祸及,首劫寿张,故齐义罹于难。贼既破寿张,遂掠阳谷。堂邑县奸民王圣如亦劫杀村落应伦,权县事陈枚死之。

枚,字元干,广西全州人。由举人拣发山东,用知县。闻圣如乱作,即驰往搜捕,尽逮贼党妻子系狱,而圣如以伦众数千至。邑无城守具,人情惝惧。枚本摄任,将受代,或劝枚引去,枚指天日自誓,与城存亡。城陷,被执,怒目视贼。贼曰:"摄令为令清,赦勿杀。"枚愈怒,发竖眦裂,骂曰:"汝辈罪不赦,乃敢云赦吾耶!"胁以刃,不屈。其弟元梁奔救,手刃数贼,贼缚枚及元梁至王伦屯,逼令跪,仍不屈。贼先断枚两足,又断两手,旋支解元梁,弟兄同时死。

堂邑训导吴璟,福山人。年七十余矣,携侄文秀及仆王忠到官。贼劫学署,见其老,置不问,璟叱之,词甚厉。贼怒,杀璟及文秀与忠。阳谷县丞刘希尧、典史方光祀、寿张营游击干福、调守阳谷莘县汛把总杨兆立、堂邑汛把总杨兆相等,亦先后被害。

温模,字孙朗,福建长乐人。入赀为吏目,发甘肃,借补通渭县典史。乾隆四十九年,盐茶厅逆回田五倡新教作乱,聚石峰堡,遂犯通渭。模以回民马世雄预告,知贼计,为之备。知县王楼怔怯不任事,模乃与县署幕客邵如椿、县绅李南晖同时城守。模率兵民登陴御贼,凡七昼夜,士皆用命。粮尽,请开仓给守者,楼持不可。城将陷,驰返官廨,正衣冠北向拜,键户自经死。世雄战死。

如椿,浙江绍兴人。父以申韩术游陕西,因占咸宁籍,补诸生。如椿就楼聘,事急,乃立城闉,袒而大呼曰:"好男子!当从我守城杀贼。"应者数千人。令壮者执刀矛,老弱运礧石,并集城上,而身率犹子曾夑登西埔,以当贼冲。城庳薄,贼蚁附上,手短刀格斗。良久,力不支,被执。贼方肆戮,犹大言曰:"首议守城者,我也!何多杀他人为?"凡被十三创,曾夑被十一创,均骂不绝口死。

南晖,由举人于乾隆三十年任四川威远县知县,以疾告归。先于逆回苏十三肆扰通渭,有守御功。至是又率子思沇、犹子师沇召募壮夫百五十人助城守,累掷大石杀贼。城陷巷战,与子思沇同骂贼死。师沇自经死。安定县典史费元灯,亦以奉檄侦贼被害。

汤大奎,字纬堂,江苏武进人。乾隆二十八年进士,授福建凤山县知县。五十一年冬,台湾贼民林爽文作乱,起彰化,其党曾伯达等应之,南窜凤山。县故无城,仅土垣三尺许。时大奎已秩满候代,属贼势蔓延,乃率僚佐募乡勇,日夜守御。贼来攻,与参将瑚图里击却之。胡图里驰马逐贼去,大奎闻城北有警,捕内应四贼,斩以徇。方奖励兵役,贼突进北门,入县治,典史史谦死之。大奎朝服坐厅事,手剑击贼,贼刃交下,犹瞋目詈不止。长子荀业从之官,先以父诗文稿畀其戚,令远避,身佩刀蔽父不去,同遇害。大奎初丧其元,城复后,有仆识大奎系发红,形容亦约略可辨,因并入棺。孙二,贻汾自有传。

谦,字昭和,顺天宛平人。先遣子善战奉大母出避,乃与大奎同城守。死后亦丧其元,为百姓窃埋之,贼退始改葬。

周大纶,字理甫,直隶天津人。乾隆二十年,由贡生捐职州同,发福建,补台湾府彰化县丞。数年,知民顽,忧形于色,屡言于上官,斥不信。任满,将引见,假公事滞诸诸罗。乱作,大纶奋入县治,县令懦,甘以身殉。大纶曰:"国家建官,命能守,不命能死。坐致民逆,死以塞责,小丈夫也。"激之,弗应,为谋所以御贼计。夜,贼入,据县治,有见大纶者,缚去不杀,而劝之降。大纶大骂之,贼掴其颊,抚颊大哭曰:"此颊乃为贼污!"首触柱,额裂。囚数日,卒遇害。大纶仆陈德以护主不去,大纶死,以头桩贼,支解死。

寿同春,名星,以字行,浙江诸暨人。习文法,客台湾淡水厅同知程俊署,年七十余矣。竹堑城陷,俊先以出捕贼遇害。俊子携印走,同春为贼执,佯为所用,贼留其党三十六人守城,而自出掠。同春客淡水久,胥徒皆熟习,士民皆信服,潜为纠合甚众,出不意,就同知厅事骈斩留贼,即日闭城门,为朝廷守。贼闻大駴,悉众返攻,同春部勒其众,日夜登陴。樵苏既断,发屋掘鼠为食,得间,辄出选锋袭贼。相持数日,贼稍引却。道通,署同知徐梦麟始以印至,次第招抚附近胁从者,梦麟一切倚同春办治。是时,首逆负嵎,据大里杙自固,官军环营其外,疑

莫敢入。同春草书与梦麟,令上军门,速攻之。久乃得报,合六路进剿。同春率官军从西路入,而鹿港之兵,迁延期。既入,无援,马蹶,被获。贼恨同春久,至是喜得报,攒刃支解之。

又广东嘉应州人李乔基者,名安善,以字行。善少林拳术。客台湾,见土豪啸聚相仇杀,叹曰:"乱将作矣!"乃简侨寓南北庄人团练之。乱作,郡城大震。召诸健儿曰:"贼众一哄而出,遂破彰化、淡水、诸罗三城,所不即取郡城者,惧粤人蹑其后耳。吾出兵牵制之,贼至则守,去则击,相持久,则援师且至,贼不足平矣。"集万余人,庄为栅,里为台,计亩以为粮。一庄有贼,诸庄应之。贼数至,皆不得逞。十二月,率三千人从知县张贞生复彰化,已而粮尽,士卒多散去,城复陷。明年正月,复从总兵柴大纪复诸罗。自起义兵与贼二十余战,斩馘万计,贼衔之,以万金购乔基首。二月,乔基与从子举柏率健儿百人赴鹿港请火药,为贼所侦。还至青坳,伏发,御之,杀数百人。贼大至,矢石交下,突围出,失举柏。乔基三入贼中,伤左股,被获,诸健儿皆战死。贼诱乔基降,骂贼,贼断其舌,缚而射之,犹不屈,乃磔焉。至是白衣冠哭者万余人,皆誓不与爽贼俱生也。是役也,死事之烈,以乔基为最。

熊恩绂,字隆辅,广西永康州人。乾隆十七年进士。父疾,意不在试,以讹脱列下等,归本班选用,选授直隶永安县知县。累迁永平府知府。四十三年,高宗东巡,召对称旨,擢霸昌道,改大顺广兵备道。为政务持大体,尤慎刑罚,时语人曰:"虑囚,但久跪索供,感寒湿即病足,或发他疾,皆足致死,岂独三木能毙人也?"

始单县有刘某者,习八卦教,煽惑乡里,官捕而杀之,械其子于狱。人复就狱中传其术,从者益众。自山东、河北、直隶境无虑数万人。而段文经故贵吏,以事斥革家居,性险诈,屡挟以役人,群服其黠,奉以为帅。立期劫单县狱,图攻夺州郡。恩绂闻之,下元城令密捕所在匪党,而郡县吏皆迹贼,多为耳目者。走白贼云:"将屠灭汝等。"贼骇且恚,突于五十一年闰七月十四日夜半毁道署,入,杀恩绂。恩绂闻讙声,疑失火,旋知有变,亟还。令人守库,举印授妻缪氏,挺身出,大骂。贼攒刃斫之。

贼固与其党有成约,以先期起事,不及应。戕恩绂后,即散劫郡县署,皆以有备不获逞,故邻境得以次擒获。恩绂被害,尸面如生,两手犹作搏贼状。家人以守库被杀者六人,印以缪氏匿之,得无失。恩绂逆折贼谋,不至如三省教匪蔓延不已,躬犯大难,论者多之。

宋如椿,汉军镶红旗人。以宝庆通判权乾州厅同知。乾隆六十年正月,黔、楚苗石柳邓、石三保等叛,厅苗响应,居民争避窜。如椿召谕之曰:"若属先人丘垄皆在,不可弃。同知地方官,当为若效死守。"皆许诺。已而贼势张甚,弃去者大半。如椿被发徒跣,周走号呼,劝之守,自旦至夕,不绝声,讫不听。贼旋攻西门,如椿仗剑出御,伤左腿,归,北向再拜自刎。从人张忠在侧,固遣之,弗

去，亦被创死。方贼攻急，如椿度不能支，呼巡检江瑶佩厅印，令赴辰州求援。瑶出城，遽遇贼，死。其子朝栋挈印送辰，归，觅父尸，与家属俱遇害。

赵福，湖南零陵人。由行伍随征金川，有功，累擢至镇筸中营守备。逆苗滋事，驻守潥溪口，潥溪为镇筸粮道，约士卒严，民安之。五月，官军从狗脑岩溃归，贼众近万人，谋绝粮道，攻之急。时守兵先抽调其半，民请福避去，福曰："兵卫民，将统兵，尔辈可去，吾奉命守潥溪，去一步，即失职。"苗至，福怒马奋槊当先拒之，杀数十人。苗分番更战，民以福不得食，为纳橐饘，福挥去之。且曰："贼之不遽追戮者，以我在也。我死，合力追汝，无噍类矣！"民泣涕去。麾下五十人，感福义，无一逃者。战一昼夜，溪桥被撤，卒死且尽，手过山枪三发，毙苗数十人，指掌焦烂，不能持，身被数创，投溪死，民隔溪望者，咸痛哭。苗旋散去，难民数千赖之全活，后架数椽祀之，曰赵将军庙。

刘升，邵阳人。宝庆协把总，从副将某征苗，副将逗留不前，升于众中出谩语，某衔之。师至狗爬崖，令率百人为前锋，约举白旗为后援。升联马轹阵，贼不能支，侦无后继，复悉锐搏战。升连举白旗，旗失，复解所服白袒招之，某故按兵不发，升战死，百人殉焉。死极惨，首体糜粉，无可收瘗者。后祀昭忠祠，主入时，旋风暴起，吹气作血腥，袭众几仆。时以乡团死最烈者，有滕家瓒。

家瓒，湖南麻阳人。诸生。有膂力，能负铁炮击贼。捐布政司理问职衔，居高村，与乾州苗接壤。乾隆六十年，逆苗掠麻阳，家瓒同兄监生家瑞、弟武生家瑶，悉出家财巨万，设卡堵御，有功。自正月至四月，共打仗十八次，杀贼八十余名，贼恨之。总督福康安宠异家瓒，家瓒为画破贼策甚备。一日，家瓒率众守溪口，贼骤围其居，曰："出家瓒，祸可已。"族弟武生家泰挺身出，语其村人曰："岂可惜一身而害一村？"遂大骂贼，自承为家瓒。贼剥家泰皮，至死不更一辞。又执其家口，始知非家瓒也，全家被害。家瓒闻而驰救，无及，请官兵援助，官军忌其能，不助一卒，且檄调乡兵他去。家瓒复往溪口，与众共守，贼急攻之，力斗死。

萧水清，字广铨，广东平远人。以监生纳捐，发湖北，补保康县典史。嘉庆元年二月，白莲教谋反，姚之富、齐王氏起襄阳，曹海扬、祁中耀起房竹，王兰、曾世兴起保康，众各数万。齐王氏掠州郡，与王兰会保康之白溪沟，贼党杨昭为内应，水清计擒之，徇于众，贼衔之。时守城兵以剿苗他调，县令畏贼他往，城中空虚。水清给印札晓谕四乡，激以忠义。贼遽至，县城故库薄，水清拒守，杀贼过当，历五日夜不懈。遣典健诣郡乞援，为贼得，围益急，水清知不可为，旋署，语其妻曰："吾义不屈，尔其自为计！"妻誓先殉，子其馨等及家人皆愿从死。遂出，城已陷，遇贼县治前，骂贼，死焉。教官黄义峰、吴珍义，子其馨、其芳，族子祚超，妻弟林凤良同殉之。妻林氏、子妇韩及孙女与仆妇、婢女等，皆阖户自刎。水清死后，乡勇始集，皆头插小青箬为识，以别贼，从援军擒贼首王

兰、曾世兴。小青箬者，即水清印札之号令也。

贼旋犯竹山。竹山县知县刘大成，江西新昌人。乾隆四十六年进士，选授莅任。县界万山中，故有专营驻防，亦以剿苗他调，留者仅百名。大成先捕得贼党，有"约期抢据竹山"语，即飞牒告急，且与僚属谋，曰："吾守具未完，为贼乘，必困。不如出据险要，相机堵御。"方派拨间，贼已据保康。乃以典史吴国华、守备孙抡魁分守县治及隘口，而自守武阳堡，当其冲。纳县印于怀，据险设伏，遴健足侦探，终夜无少休。贼突越后岭，入县焚掠，国华、抡魁俱不支，先后至武阳。大成复率以赴剿，枪毙十数。贼来益众，遂退往武阳。国华、抡魁方出点兵，大成乃遣亲信出探隘口。比反，大成已肃衣冠佩印北向自缢矣。国华、抡魁踵至，愕然，亦殉焉。别股贼犯襄阳吕堰驿，巡检王翼孙亦以拒战死。

翼孙，江苏长洲人。吕堰当驿道之冲，无城可守。翼孙闻变，募乡勇戒备，而贼已大至。翼孙率众迎击，歼先锋三人，遂登大桥御之。贼来益众，乡兵溃，又手刃数贼。贼矛环刺，受伤重，跳而投于水。贼以钩起之，攒刃毁其尸。翼孙初至任，预立御贼章程，一乡勇十，设头目一，头十目，设总头目一，各相钤制，统于巡检司。附近村落，单丁独户，皆迁于镇。选壮者充乡勇。设哨探，定功过，储粮秣，练刀仗，禁饮博，其区画为甚备云。

王行俭，江苏溧阳人。由举人大挑知县，发陕西，补南郑县。以承审命案不实，褫职。嘉庆元年，投效军营，二年，教匪窜汝河，以平利县防守严，向东南逼白土路营。时行俭带兵六百名，偕都司赵禧御之，贼分股前后夹攻，禧中刃伤殁。行俭骂贼不挠，身被矛伤十余处，阵亡。以离任文员，带兵协剿，骂贼捐躯，诏深恤之。

王铣，字丽可，江苏武进人。以四库馆誊录劳，授华阴县丞。性介，不合上官。先调守山阳丰阳寨，纠义勇八百余人，皆锋锐可用。铣被丰阳知县檄入城共守御，义勇以所将非人，被歼。铣为建祠山阳南关，勒石志名姓，哭之。三年，调至洵阳佐理抚恤事。县令图与铣分吞赈款，严斥之。县令患，图中伤铣，以行台省需饷，急荐铣。行至雒南庙沟坡，坡高二里，铣已北下坡，家人甫押后队逾坡脊，贼高均德大队至坡南。探骑二，纵辔驰上。家人大呼，速铣下马避贼，铣不应。探骑至坡脊，驰下夹铣去，几一里，复驰回，一骑以矛剔铣面，一骑就刺胸及胁，皆洞穿而死。同以运饷死者，四川省有汪兆鼎。

兆鼎，字子元，武进人。亦以四库馆劳，授直隶枣阳县丞，以事褫职。赴四川军营投效，未用。四年，同郡朱向隆为达州巡检，有解饷之役，邀兆鼎偕。至东乡县太平石岸遇贼，向隆逃，众谓兆鼎非蜀官，盍亟避，兆鼎弗应。乃各奔，兆鼎独守饷，骂贼被害。

左观澜，字绣川，江西永新人。由举人大挑知县，发陕西，权五郎厅通判。五郎扼要川、陕，无城。观澜莅任，既募乡勇训练，即牒大府，捐廉雇役，筑土城，躬自督之。半月工竣，三日而教匪至，悉精锐启城追剿，斩获甚众。

数日，贼突出别道，薄城，众寡不敌，请援又不至，观澜乃召子承荫等励之，皆泣对曰："愿从死。"即分兵乘城，夜多燃炬束，老弱大呼噪。贼不知虚实，引去。将军德楞泰、明亮至，询状骇叹，遣守备率兵驻城中，听观澜节制，城守益坚，民乐为用。

以劳补安定县，西安府启巡抚留之，巡抚悟，立止毋去任，而贼果悉众至。见观澜立城堙，咸错愕。观澜谕贼降，次日二百余人至，观澜纳之；守备欲歼以要功，观澜不听。乃庭集降者曰："汝等欲终从贼，即听去。"降者稽首谢不敢。以后至六人，不可信，令降者自别之，果于里衣得贼党所付以为识者，即斩之，投六首城外，贼骇遁去。

三年，贼复大至，观澜舁大炮城上为御，手发炮毙贼无算，观澜亦以炮裂伤颅，负痛，解佩刀付承荫，舁归署，亟遣人间道请代，乃卒。后二日，援兵至，承荫泣叩军门，愿复仇，总督那彦成哀而壮之，俾随官军剿贼。四年十月，蹑贼沙沟口，力战阵亡，犹手父偏刀不可拔。父子俱殁王事，赐恤尤厚。观澜事继母以孝称。兄观海，官上思州知州。时有兄弟争财者，适得思州书，念弟甚，引苏轼"世世为兄弟"句，观澜读而泣下，付讼者兄弟令阅。讼者感悔，泣谢去。

董宁川，直隶永宁人。由武举选授贵州镇远镇标守备，随剿苗匪。嘉庆元年，累擢至湖北兴国营参将。三年，随总兵诸神保等军剿教匪，赏健勇巴图鲁名号。复随副都统额勒登保进剿终报山，偕都司张廷楷等自西入，奋勇夺山隘。官军鱼贯上，并力攻击，擒首逆覃加耀等。股匪刘成栋、张汉潮、张添伦分扰巫山、荆门及扑闹杨坪边隘，先后击败之。四年五月，股匪高均德窜云路沟边隘，偕游击姚国栋合攻，贼奔梓桐垭，复偕都司刘应世由峨坪迎截，歼二百余名，余匪溃。宁川见有骑马二贼目，追益力。至树林中，贼弃马遁。宁川令弁兵围山腰，自率弁兵数十，下马追入深林，贼并队转斗，宁川中矛伤，仍手刃十余人，毙骑马贼一人，力竭，殁于阵。事闻，诏曰："董宁川下马击贼，至被戕害，似此忠勇之臣，不能承受国恩，为之堕泪！"命直隶总督胡季堂赡宁川母，命湖广总督倭什布送宁川子及家属归原籍，皆出异数云。

韩嘉业，字健庵，甘肃武威人。父增寿，官凉标千总，随征金川战死。嘉业誓报父仇，入伍有功，累擢至陕甘督标游击。

嘉庆元年，四川教匪滋事，陕西兴安府属地相接，奸民乘机蠢应，踞安岭为巢穴，凭高恃险，立木城；又于高庙山设立大卡，形势陡峻。嘉业奉檄率兵由羊毛子堰进克之。复会他将进逼安岭，遣健卒潜烧木城，贼惊溃，乘胜取大卡，擒戮无遗，擢参将。四年，复败李树之股匪，追出班鸠岭，贼窜六道河，嘉业循河右追贼至庙子坝，贼遁入川境。未几，贼又由川界老林入南郑，时嘉业循江防守，闻之，亟率兵前驻法慈院，堵其北窜。贼将就浅涉嘉陵江，而沔县贼三四千人，由阜川逼近官庄，陕甘总督松筠令嘉业偕直隶守备麻允光择要迎击。贼全数出砖峒子，嘉业驰马首先冲入，贼分两翼绕马家岭自上压下，四面合围。嘉业力战突击，马蹶，复箭杀执旗贼。贼以矛直刺，甘肃镇标把总高腾蛟从旁格之，遂执持矛贼，而群贼竞进，嘉业中矛仆，遂死。腾蛟以身蔽其上，亦死，允光亦战殁。事闻，优恤，谥武烈。后嘉业兄庄浪协副将自昌，亦阵亡鳌屋，命共建一祠，赐名双烈。

叶槐，字荫阶，浙江钱塘人。父文麟，官陕西，权孝义厅同知。教匪蹂秦中，槐闻警省父，即具牒军门自效。嘉庆二年正月，奉檄率乡勇剿贼于光头山，贼旋由河南卢氏窜商州，与孝义接壤，随父乘障拮拒，贼不敢入。别股贼复由汉中东窜，将由镇安、五郎逼孝义，复佐父堵御。凡团练首领可用者，必倾身交接，以是豪杰依附者甚众。西乡急，请援，槐选其锋赴之。比至，贼即北窜。城固、洋县有警，又率以往，贼遁入山。部分其众，守通栈要路，而自逐贼，入虢川等处，阵斩贼，获骡马器械均无算。

贼东奔大峪口，孝义在重山中，无城郭，槐虑不能当，请援孝义，大府不许。槐不自安，拔营东追，果遇贼。会别部兵至，谓遇贼得捷，贼未必复犯孝义，阻其返。槐终虑孝义被困，复言于大府，谓"不发兵，即单骑行矣"。词气激昂，闻者色变。大府乃许拨乡勇一千六百人随槐行，抵孝义，贼果至。乃据险结营，令四山放号火，以张声势。西南贼尤劲，乡勇人人思斗，遂破贼前队，斩其酋三人，贼稍却。大队来攻，复并力冲杀，贼无可乘，乃解去。

大府调其父权富平，槐亦入赀为县丞，当就选，恋父不行，留大营司侦候事。会贼渡汉江，逼洋县，醴泉县知县陆维基请行，举槐为助，慨然偕往。维基带勇练登手扳崖，至巅，遇贼，骂贼死。槐数突围不得进，左旋至山梁，力竭，贼矛刺腰，大创死。仆四人皆从死。槐以卫父至，而卒死于兵，时皆壮之。维基，顺天大兴人。

毛大瀛，字海客，江苏宝山人。少以能诗名，为"练川十二才子"之一。由附监生充四库馆誊录，用州同，发陕西，累为河南巡抚毕沅、山东巡抚惠龄调用。大兵征廓尔喀，惠龄督四川，办理济咙粮务，檄大瀛赴西藏差遣，事竣，留川补用。借补潼川府经历，以军功擢授中江县知县。嘉庆元年，檄赴湖北军营随剿教匪，复以军功擢授四川简州知州。时惠龄由湖北入川，沿路剿贼，大瀛从之。四年，回简州任。五年，股匪张子聪窜潼河，扰三台、中江地，官军分路截剿，贼复分扰遂宁、乐至等处，由金堂之广元寺，肆行焚掠，及简州境。大瀛率乡勇前往堵御，行抵土桥沟，马步贼蜂至，力战遇害。大瀛屡入督抚幕府，工戎奏，业此者二十年。山东巡抚国泰为在京旧交，国泰性暴戾，独敬事大瀛。国泰被严谴，大瀛尽始终之谊，为时所称。恤世职，孙岳生袭。岳生亦以诗文名一时。

张大鹏，陕西紫阳人，子楚常、希贤、绍堂，孙应明、应邦、应选，皆诸生，余皆布衣。家世以忠义为教。嘉庆元年，贼犯紫阳洞、汝二河，官军未集，大鹏率子孙、出家财，募乡勇八百余人，助有司守御。贼掠龙形、响水二沟，楚常率众进击之，杀三人，遂前攻贼寨。山峻雾作，中伤归。后三日，贼至大水沟观音堂地，绍堂杀贼魁六十余人。又三日，希贤与贼战桃园，复杀三十一人。当贼之起，势猛锐，官军亦避其锋。至是运见杀伤，大愤，遂率党数千人至，希贤首出逆战，中枪死。绍堂据险拒，复为贼杀。大鹏气益奋，更率其孙应达、应录、应恺、应试等持械深入，冲突跃呼，所杀伤甚众。卒以众寡不敌，皆战死。初，张氏父子及孙凡十二人，自贼之兴，战死者七人，溺死者一人，伤者二人。陕西以乡团死者，又有兴平人白廷英。

廷英，县举乡饮宾。嘉庆二年，教匪由蜀渡汉江而北，众十余万，终南近山无完村，廷英督乡人筑村后张家寨避之。三年二月，贼自城东窥寨，寨人不二三百，贼急攻，枪矢雨下，丁壮悉溃。贼蚁附而登。廷英骂贼死，弟廷才、廷扬从死，贼俱焚之。次子筐廷英头去，贼逐之，筐倒，头落山下，后得于谷底，尸则焦烂不可辨矣。廷英年七十五，凡以守寨死者八十余人。

是年，四川各乡团之死难者，为广元人杨继晓，世居高城堡。继晓妊十三月而生，既壮，以气力伏一乡。捐职州同知，随父玺苏州督粮同知任所。闻教匪扰蜀，归省母。时巴州已破，继晓与同县贡生杨哷等倡议团练。罄家财，得千余人，请县令给札为守御，县官不省，散去。贼破南江，距县境长池数十里，县令始速继晓出御。以乌合一散不易集，议先虚声挠贼，作高城堡、人自相要约语，列名至多，书投赋营，贼果迟疑不遽进。会陕贼姚之富等数万人穿老林出，将至德山，木门贼亦以数千人将至通坪。通坪居高城后，德山亘其胁，长池枕其前。继晓谋于众，攻长池者，县官自御之，而自任后路。夕漏三下，与族人杨冕率众出木门之横江梁，遇贼先锋，斗之。贼大队至，不可敌，乃据险趣哷济师。贼登山，瞭知兵少，无继，合围击之。继晓手刃数十人，力竭被执。至九曲坡，欲诱降之，大骂不屈，贼剖其腹而焚之，从战者皆被戕。哷以三百人来援，至则皆殁，杨氏一门亦尽歼。

杨堂、梁崇、李培秀，皆广东嘉应州人。堂官四川苍溪县典史，崇官陕西咸阳县典史，培秀官陕西试用典史。嘉庆三年，王三槐扰蜀，大军追剿急，亡命四窜。堂守永兴场，士卒哗曰："贼至矣！"皆欲走，堂手剑叱曰："贼未至而弃粮，法当死，孰若守粮而死也！"贼至死之。三年，大军驻镇安剿张汉潮，崇率乡勇剿凤皇嘴贼，散，解囚回省。至孝义厅，遇贼。崇释囚七人，曰："若曹于法当死，然死于贼则枉，吾不忍也，可速去，毋从贼。余义不可逃，死其所矣！"贼至，被执，不屈死。五年，培秀从大军挽粟至四川大宁县，与贼遇，尽委辎重于河，遣其仆曰："速报大营，贼不得粮，必掠东郊，截而击之，可尽覆也。吾死不及见矣！"大军果破贼，讯俘，言培秀死时，贼不得粮，被二十一创云。初，崇所释囚七人，皆归狱，报崇死事状，曰："吾不负梁典史也！"至是，七人皆赦。

曾艾，字虎卿，湖南新化人。尝割左臂疗父疾。以例贡考授州同，发江西，署安福等县。艾夙为嘉勇贝子福康安所知。辰州苗变，随福康安军守麦地汛，从克诸寨有功。嘉庆元年，补贵州永丰州分防州同。州隶南笼，故苗地。州同驻册亨，在万山中，尤险远难治。艾督各寨守本业，民、夷悉安。二年，遣人迎眷口，甫至，而南笼仲苗七柳须等遽叛。艾闻警，约驻把把总外委坚守，并谕四乡亭目，招集良苗，缮城治械，令出肃然。贼至，部分守御，自出城奋击，往来策应。城中妇女，亦改装登埤。相持半月，援兵卒不至。贼众数万，围益急，手发矢毙执旗贼魁。北门火起，率队趋救，遇贼城西隅，巷战，中枪死。仆九人从死，两妾闻讯皆自殉。次子为其戚携出，号泣曰："吾父母皆死，何以生为？"贼尾及之，亦中枪而殒。事闻，皆予恤。改南笼为兴义府，永丰为贞丰州。

艾同族彰泗，字孔林。以拔贡生朝考用知县，发陕西，授延川县。嘉庆十年，权洋县。时教匪被剿势衰，以终南山为窟穴，搜捕不易。朝议改五通通判为同知，添设宁陕镇总兵，募兵六千，改十大营镇之，而以积年立功无业可归之乡勇充伍。为善后计，名曰"新兵"。新兵素难御，司储者又误扣米折，于是陈先伦、陈达顺等于十一年二月作乱，戕官，连破营堡十九处，逼洋县，彰泗拒守七昼夜，援兵阻河不能至，城陷，彰泗死之。民保其眷属潜出，故不及于难。

罗江泰，字静波，浙江黄岩人。家贫，习贾。去贾投营，由外委历擢游击，皆在浙；由参将至副将在闽，总兵又在浙。前后与提督李长庚相左右，而在闽功特显。长庚锐意剿海寇蔡牵，专意外洋，凡闽内事均以属江泰。贼船高大，官军仰攻失利，檄江泰造霆艇。艇成，陵贼船，贼大困，南走福建。江泰于白犬洋、四礵屿、头东礁各役俱有功，护海坛总兵。遂赴南洋，合金门总兵何定江截牵去路，横击于铜山，追至浮鹰洋。贼冲礁走，匿山上。江泰搜山，擒贼目王朱，又焚贼船于仰月横山，贼皆堕水死。在闽逾年，凡十击贼，号"敢死军"。贼见江泰军，辄引去。擢总兵，镇金门。九年，移镇定海。是时牵南窜台湾，长庚正总闽、浙水军，同心戮力，誓杀牵。十年九月，牵船泊沥头，忽遁去。江泰从瓯洋会八总兵追之，至尽山，失牵所在。黑云起海上，亟令移港，风骤至，白波山立，群舟相击触，顷刻破碎。江泰大船帆重不可下，下及尺，船遽不知所终。朝命沿海各省探访，久之无得者，葬衣冠黄岩。

霍永清，字肇元，广东南海人，居澜石乡。膂力绝人。嘉庆十四年，海氛未靖，大吏行封港策，海贼无所得食，相率踩踏傍海各乡，渐入内地，所过焚掠，怯懦者遂以款贼为得计。八月，贼联数十艘由陈村、平洲、小圃直抵澜石，众议款之，永清曰："彼恃舟楫为利，今深入重地，自取死耳。好男子从我杀贼，何为低首求免乎？"主款者阳受约，贼至，从壁上观。永清独率乡勇堵御，相持一日夜，贼稍却。明日，督勇再战，而款贼者导贼从村后掩入，腹背受敌,力不支,中炮仆地,左右五人并死之。乡人以永清以死勤事,建祠祀之,名祠曰愍义。

　　强克捷,陕西韩城人。嘉庆十三年进士,即用知县,发河南,补滑县。十八年九月,教匪李文成谋乱,期十五日与伏京城贼林清中外同起事。克捷初莅滑,有退吏某方讼系,为白其诬出之。吏訽文成等谋逆,告克捷,历申于守,不应。初六日,突报文成,严诘谋叛状,笞断其胫,及党二十四人,锢之狱。夜半,其党牛亮臣突劫文成出,攻某吏,屠其家,踞城为叛,克捷及家属俱死。后文成焚死辉县,林清伏诛京城,诏:"克捷首先访获逆党,俾二逆失约败谋,后先授首,实属功在社稷。"优恤,谥忠烈,祀京师昭忠祠。于韩城、滑县皆建专祠,与难者均予附祀。并以前大学士王杰同隶韩城,士风淳茂,永广文武学额各五名。

　　在城者老岸镇巡检刘斌、教谕吕秉钧、典史陈实勋同时预难;把总戚明彰以拒贼阵亡;均阖门殉节。逆党赴朱村说降,诸生朱继连不屈,率村人战殁。滑县变作,党徐安国起长垣,知县赵纶;又党朱成贵起曹县,知县姚国旂;陷定陶,知县贺德瀚:均死之。

　　纶,浙江钱塘人。国旂,安徽歙县人。林清将为乱,金乡县令廉知其谋,即羽檄各县,皆不之信。国旂以幕友吴星萃力陈利害,乃为缉捕计。以吏役多通贼,故贼攻县治,急求星萃甘心,先国旂攢刺数十创死。

　　德瀚,长沙宁乡人。事急,令家丁赍印赴府告变,幕友朱树堂等皆死于难。在籍洙泗学院学录孔毓俊等则率乡勇助官剿贼,战死奋义村。

　　林清果于九月十五日率逆党持械阑入禁城,头等侍卫那伦应值太和门,闻警趋入,有劝其缓行者,不听,曰:"国家世臣,当此等事,敢不急趋所守耶?"至熙和门,门闭,贼蜂至,被戕。那伦者,前太傅明珠后也。

　　宗室奕湄,镶蓝旗人。由笔帖式累擢至内阁侍读学士。道光四年,命为头等侍卫为和阗办事大臣。六年七月,回部逆裔张格尔入卡滋事,勾结喀什噶尔回众为内应。帝以和阗附近,命加意严防。八月,贼分扰叶尔羌,命扬威将军大学士长龄带兵往剿,取道和阗,奕湄派绿营弁兵前往策应,谕奕湄:"随时查探彼处实在情形,如叶尔羌现在被围,当令迅速相机前进,仍严防后路,毋堕贼计。否则即留兵和阗防堵,以壮声威。"旋以叶尔羌失守,贼四出滋扰,奕湄仍回和阗驻守。贼逼城下,援兵未至,城兵仅八十余名,奕湄昼夜严防,力竭城陷,死之。帮办大臣桂斌同于难。

　　景兴,李佳氏,满洲镶红旗人,驻防伊犁。官佐领。嘉庆二十五年,喀什噶尔卡伦外布鲁特滋事,伊犁将军庆祥以景兴熟悉回情,奏派驰往查看。经参赞大臣永芹奏留署协领事。道光六年六月,张格尔复率布鲁特滋事,庆祥又令驰往侦访,设法进剿。旋与七品伯克帕塔尔生擒奇比勒迪之子侄,缚解来城,伏诛。又探得张格尔与从前滋事汰劣克一处居住,即乘其未备,剿杀逆回百余名,生擒楚满一名。奏入,帝嘉之。是年八月,喀什噶尔城陷,与防御佟善等皆力战阵亡。喀什噶尔城围攻两月有余,以城中回匪响应,穴地道而进,遂致不守。文员则七品小京官衔陈孝宽,以成员派办文案在城,与巡检陈天锡、未入流陈德隆均死之。

　　王鼎铭,字新之,山东峄县人。由廪贡官中书,除湖南新田知县。道光九年莅任,先投城隍庙,誓于神。治事甚勤。夏旱,跪祷烈日中,有应,以是得民心。十二年正月,江华瑶匪赵金龙乱作,湖南提督海陵阿进剿。鼎铭虑煽邑瑶,即冒雪步历瑶棚戒谕。复召瑶长,晓以国法。与教官率绅士练乡勇以守。突闻海陵阿等被戕池塘墟,即督众御贼。城外贼逼甚,将往谕贼,居民泣阻之。或报曰:"贼至!"城民惊窜,鼎铭朝服坐堂皇待之,书于几曰:"仇我当杀我,勿伤我百姓。"指三尺练曰:"城亡,吾以此死。"以贼踪尚远,徐之。近县宁远、桂阳民感鼎铭之能死守,集万人请带剿,于是四路同进。贼分队出,毙之无算。越日,桂阳之临泰、大富等乡集二万人,鼎铭身先策马出城南,誓大创之。贼突以枪炮抵拒,死甚众。先是贼密约邑瑶供送药丸,瑶未曾负鼎铭,不与。贼乘夜胁取,故火器复烈。众溃,鼎铭殿后,贼追至,大肆杀戮。鼎铭四顾恸曰:"奈何杀我百姓?"中炮落马,剜两目,身首异地。邑人得而攢之,越九十二日始改敛,面如生。

　　鼎铭殿后时,马蹶,邑武生郑奇光以所乘马授之,鼎铭不可,强扶而上,鞭马使疾驰。回身舞刀捍贼,受重创,死之。

　　吕志恒,江苏阳湖人。由监生捐县丞,发福建,累擢至台湾府知府。道光十二年,嘉义县贼匪张丙等纠众滋事,焚掠各庄,志恒率署知县邵用之分路剿捕,用之行至店仔口被戕。志恒复带兵击贼于大排竹,以众寡不敌遇害。先是逆匪辄以贪官污吏妄杀无辜为词,帝疑有激变事,下福州将军瑚松额等查奏无据,如例予恤。

　　方振声,顺天大兴人。由供事选授福建巡检,升嘉义县斗六门县丞。贼逼斗六门,振声树栅浚渠,率兵勇防堵。贼首黄城率匪党攻扑,与署守备马步衢等协力守御。贼贪夜纵火,蜂拥入栅,振声持刀巷战,戮数贼,力竭遇害。幕友沈志勇等同死之。妻女皆被戕甚惨。步衢与把总陈玉威亦同时阵殁。

　　杨延亮,字菊泉,湖南长沙人。嘉庆十六年,举乡试第一,成进士,用知县,发山西。道光元年,补赵城县。十五年,推升云南南安州知州。时赵城有奸民曹顺,以治病为名,传习先天教,与其党谋为不轨。敛钱造械,约八月分往平阳府、霍州、洪洞县同时起事。三月,延亮尚未谢赵城任,侦得其状,即饬兵役绅缉。贼知谋泄,即纠党潜入城,贪夜放狱囚,焚县治,延亮死之,母妻子女及幕友杨成鼎同时遇害。事闻,诏用强克捷例予恤,特谥昭节。

师长治，字理斋，韩城人。由举人捐内阁中书，改知县，选浙江上虞。道光二十一年，再选湖北崇阳，莅任甫百日而及于难。先是，县胥役催征钱漕，久为乡民害。生员钟人杰、金太和等起而包输纳，不数年皆骤富，与县胥分党角立。前令折锦元愦不治事，一惟胥役所为，致两次哄漕。援巡抚伍长华批牍"漕石加征一斗"语制扁送县，毁差房。武昌知府明俊务调停姑息，于是奸民日肆。锦元旋劾罢，以金云门权县事，擒太和置武昌狱，势少戢。

其年九月，长治至，人杰闻上游檄捕急，疑其仇生员蔡绍勋所谮，纠党数百人篡取之。至则绍勋遁入城，蹑追抵城，门闭，内外鼎沸。长治登城谕，不退，持竟夜，质明，人益众。逾缺入，大索绍勋，不得，迫长治申状，言绍勋作乱，人杰倡义捕反者，并请释太和。时明俊以事至蒲圻，距崇阳一日程，长治先期遣长子怀印潜出，请明俊莅县镇抚，而明俊急返武昌。众益张，长治骂不屈，遂遇害。姜吴氏及侄女皆自经。家丁曹彬被杀。时十二月十二日也。

人杰以长治始至，无可归罪，乃槥敛而哭祭之，言已以报仇仓卒，误戕良吏，事不获已，遂据城叛。胁众逾万，陷旁近数县。明年正月，人杰等伏诛，恤世职。弟长镰，官参将。于咸丰七年，援剿安徽，与贼战婺源之横槎，阵亡。

王光宇，字溥泉，兴宁人。以未入流分湖北，历权典史、巡检等事，治盗有声，补崇阳典史。变作，衣冠自经死。

卷四百九十　列传二百七十七

忠义四

张锡嵘　**王东槐** 曹楙坚等　**周玉衡** 王本梧
陈宗元　**明善** 觉罗豫立　**世煜**　**徐荣**
许上达等　**郭沛霖**　王培荣　**朱钧** 钱贵升
徐曾庚　**萧翰庆**　**黄辅相** 福格等　**孔昭慈**
徐晓峰　**袁绩懋**　**杨梦岩**　**邓子垣** 罗萱
侯云登　**黄鼎**　**陈源兖**　**瑞春** 鄂尔霍巴
许承岳　潘锦芳　**廖宗元**　**刘体舒** 李庆福等
李保衡　徐海等　**淡树琪**　**褚汝航** 陈辉龙
夏銮　**储玫躬**　**李杏春**　**朱善宝**　**庄裕崧**
万年新　易举等

张锡嵘，字敬堂，安徽灵壁人。咸丰三年进士，选庶吉士。四年，安徽巡抚袁甲三奏请总办灵壁团练，授编修，记名御史。十年，命视学滇南。时回匪作乱，府县多为贼踞。或劝乞疾，锡嵘毅然曰："吾奉命之官，宁避贼耶？"叱驭不顾，竟到滇。省城被围，帮办防务。以丁母忧回籍。

曾国藩之征捻也，驻军临淮，所部湘勇遣撤殆尽，仅存刘松山老湘营万人，余悉倚淮军办贼。淮军新建平吴功，将领多自矜。国藩欲于淮北别募新营，使昇军苍头特起，备西北之用，而置将久难其选。值锡嵘服阕来谒，国藩大喜，密疏奏保治军濠上，谓其诵法儒先，坚忍耐苦，足胜将帅之任。檄募敬字三营，随湘军就守。时湖团有通捻者，国藩下令迁徙，锡嵘分别良莠，联络义圩。又以灾赈日行泥淖中，圩民得苏。

捻寇张总愚窜陕西，国藩调刘松山军赴援，令锡嵘统三营与俱，至则解西安围。复与贼战于城西雨花寨，独率百余人冲击，陷入贼阵，被十余创而殒，时同治六年正月初六日。赠侍讲学士，赏世职。

初锡嵘居京时，日钞书数十纸，虽盛暑不辍。禄薄，日常一餐，无一介乞助于人。著有《孝经章句读》、《朱子就正录》、《孝经问答》行于世。陕西巡抚刘蓉奏锡嵘死事，言："自到营以来，尝著草履，与士卒同甘苦。文学之臣，能坚苦自奋如此，臣实惜之！"家极寒，国藩赙三千金养其孤，漕运总督吴棠刻其遗书。

王东槐，字荫之，山东滕县人。生颖异，父病危，命饥寒毋废学。居丧哀毁，母以遗言勉之，乃忍痛致力群经。屡空，日与昆弟食一饼。道光十八年，联捷进士，改翰林，散馆授检讨。二十四年，转江西道监察御史，奏勋山东玩盗官吏，得实，升户科给事中。时议开矿益帑藏，已允行，东槐敬陈列圣封禁成训，谓："开采者，上非良吏，下非良民，请缓其令。"事竟寝。巡视北城，王府役车，横行中途，惩治不贷。廉获臣猾曹七，治如律。

三十年，应文宗登极求言诏，奏言："捐例一开，盐商辄请捐数十万，运库垫发，分年扣还。核其亏短，都不堪问。即如道光二十年两淮清查案内，欠至四千三百余万，是盐商捐输者，掩耳盗铃之术也。又官员捐输，现任居多，所捐之项即库款，所亏之项即捐款。上年山东亏至一百四十余万，江、浙更甚，是现任官之捐输，剜肉补疮之术也。是事例不停，库亏不止。若开矿之举，臣曾疏陈不便，顺天已停，而湘、赣等省试办，惊扰百姓，利害莫测，则尤愈趋愈下也。查户部岁入之数，四千四百余万，岁出之数，三千九百余万，经费本自余裕。督抚整理有方，寇盗不作，则耗财者去一；边防慎守，无生事以挑外患，则耗财者又去一；河防得要，长流顺轨，不使更添别款，则耗财者又去一；州县之官，斥贪墨，重清廉，陋规力裁，流摊永禁，则耗财者又去一。去此四害，而又罢不急之工，减无益之费，量入为出，而财患不足者，未之有也。"奉谕："贵州仍令开采，余省著督抚确查，果不便民，即奏停止。"左都御史王广荫举东槐忠鲠，升内阁侍读学士，旋授湖南衡州知府，陛辞，帝面谕云："汝朴诚，故任外事。"未至，升福建兴泉永道。

厦门滨海，俗又敝，东槐刊朱子《试吏泉漳劝俗文》揭于衢，传诵多感发。属县蠹役、讼师，严锄治，惟与学舍生徒讲析道义，则温然以和。海上番估好违约放恣，东槐戒毋逾尺寸，为国全大体，尤人所难。咸丰元年，调湖北盐法道，未赴，署福建按察使。举行保甲法，竭八昼夜，剖汀州互讦之讼。亲历南台、闽安各海口，相度形势，于夷船往来之处设卡楼、筑炮台、资防守。并令澳屿渔户尽编保甲，以清盗源。

二年，抵盐法道任，捐备军需，优叙。粤匪犯湖南省城，调防岳州，躬励将帅，夜不解衣卧。剿临湘县土匪，获首逆杨兆胜等。复奉调防蒲、通，丁母忧，夺情留武昌。提督博勒恭武弃岳州，东槐请于巡抚常大淳，全调城外兵勇，亟发库藏励士气，尚可婴城固守。巡抚吝赏，不能用。城陷，东槐偕妻萧氏对缢死之，其女投井死，恤世职，谥文直。子四，均赐举人。

同与此难者：湖北按察使曹燮坚，江苏吴县人。豪于诗。道光十二年进士，改庶吉士，散馆授主事，官科道时擒治妖道薛执中。江苏巡抚创议南漕改折，上疏力言其不便，事遂寝。汉黄德道延志，武昌县知县何开泰。延志，瓜尔佳氏，满洲正红旗人。何开泰，字梅生，安徽凤阳人。道光三十年进士。

周玉衡，字器之，湖北荆门州人，本钟祥王氏，依外祖周，遂从姓焉。嘉庆十二年举人，道光四年，大挑知县，发江西。署会昌、龙泉、大庾，除龙南，调赣县。又署宁都、新建，迁义宁知州。湖北崇阳土匪滋事，以协防功擢知府。二十五年，授南康，调赣州。咸丰元年，粤匪起，又以防守毗连粤境地方功进道员。二年，授吉南赣宁道。时广东土匪窜始兴，玉衡饬守备任士魁等协剿，歼擒甚夥。三年，剿泰和窜匪失利，坐褫职留任。以克复万安、泰和、搜捕龙泉等处余匪，援剿广东南雄、韶州劳，复职。

五年，擢按察使，总理吉安军务。时粤匪由湘入赣，连陷郡邑。玉衡子江宁布政司理问恩庆适奉差至，遂捐赀募勇，率恩庆领兵三千余分路进剿。先后复安福、分宜。攻万载，贼众二万拒官军，玉衡身先士卒，奋勇鏖战，恩庆继之，斩馘无数。克万载，军威大振。贼由间道窜吉安，急率兵驰救，历数十战，斩馘数千。贼围城月余，粮尽，死守，援不至。地雷发，城陷，犹巷战，手刃数贼，死之。恩庆亦遇害。

玉衡起家牧令，长听断，勤缉捕，有循声。及身在戎行，与士卒同甘苦，故人思效命。卒，年六十有六。诏视布政使例赐恤，谥贞恪，赏世职，祠祀吉、南、赣三府。子恩庆赠知州衔，赏世职，诏祀荆门。穆宗御极，追念殉难诸臣，各赐祭一坛，玉衡与焉。玉衡第四子炎，知府。剿匪泰和，阵亡，赠太仆寺卿，亦赏世职。

王本梧，字凤栖，浙江鄞县人。道光六年，由拔贡朝考用七品小京官分兵部，进主事。迁员外郎，充军机章京，擢河南道监察御史。奏言"各省州县设常平仓，出陈易新，备民间水旱之用。近年州县乘出借名色，任意侵蚀，新旧交代，捏造册籍。非以无为有，即折银代谷。设遇荒歉，仓无颗粒。本年江西、湖北被水，皇上恩膏立沛，共拨银百数十万，两省州县未闻有碾动仓谷赈济之处。若非州县朦蔽转报，掩饰亏空，何至临事束手！请敕督抚将所属仓储若干，盘查足额，有缺照数买补。直隶、山东、河南等省，本年秋收丰稔，常平仓谷，正可及时采买。民间村乡有愿立义仓者，地方官为倡捐，晓喻绅士，踊跃乐输，不必官为办理，致胥吏之扰。"允行。寻掌京畿道，疏陈水师营务废弛，请饬海疆督抚留意人材，力加整顿，条列六事，曰：战船宜坚固，战具宜精良，将弁宜激劝，兵丁宜振作，海岸宜防守，商船宜护送。帝纳其言。俸满，截取知府。

咸丰元年，授江西吉安府。时吉安戒严，饬属团练为备。郴州陷，贼氛逼，筹防益力。三年，贼窜扑南昌，本梧率兵驰援。七月，泰和匪起，闻警折回。偕赣南道周玉衡先后赴剿，行抵仓背岭，贼直扑吉安。本梧退保郡城，坐褫职留任。贼攻城急，本梧激励兵勇，登陴固守，相持五昼夜。贼麕集城外，肆焚掠，本梧愤甚，身先士卒，出城迎击。毙贼百余，俘十余人。守备岳殿卿拥兵城内不援。中贼计，兵溃，势孤力竭，犹手刃数贼，死之。赠道衔，赏世职，祠祀吉安。

陈宗元，字保之，江苏吴江人。道光十三年进士，吏部主事，历郎中。咸丰二年，俸满用知府。三年，记名以道府用，授江西吉安府。吉安当往来之冲，先尝被陷，宗元至，疆吏以西南保障委之。五年九月，粤匪陷永新、安福，图犯吉安，宗元力筹堵剿。会按察使周玉衡率兵至，遂同克复二县，贼窜逸。

十一月，贼自袁州、临江回窜，别队更自泰和来犯，号称五六万。城中练勇及玉衡所部仅千人，绅民大惧，宗元慰勉之，分兵守要隘。越六日，贼至，扑城。宗元燃炮轰之，贼少却，知无外援，筑长围，日夜攻扑。宗元语玉衡及诸僚佐曰："事急矣！非战无以为守。"会夜风雨大作，开城出击，毁贼营数座，杀千人，夺旗帜无算。贼恨之，攻益力，屡用梯冲、地道，俱不得逞。

相持半月，城中粮且尽，宗元周巡慰劳，勉以大义，妇孺感愤有泣者。十二月，宗元出与贼战，身被数创，血至足，屹不为动。城有缺口，宗元督勇填堞，行少疾，失足，自雉堞颠，折左股。蹩蹩复上，若无所苦。遣使间道赴省告急，先后十八次，并绘援兵绕道地图，卒不应。六年正月，逆首石达开遣纠内应之贼，宗元屏左右，面与约，纵之。翌日，贼果逼东门，而宗元命发空枪，贼遂放胆，蚁附城下。宗元突鸣鼓角，枪弹矢石并下，贼不及退，死四五千人。

越两日，贼复大至，宗元偕玉衡及僚佐分门御之，方驰至东门指挥城守，而西城地雷发，裂数丈，贼蜂拥入，玉衡被戕，城陷。宗元率子世济挥刀巷战，与吉安通判王保庸、庐陵知县杨晓昀等，同时遇害。贼衔宗元深，割宗元父子首，悬东门城楼。计与贼相持者六十五日。其族父陈钰，姻亲周以衡，幕友李鸿钧、朱芬、朱华、杨福邕、叶廷梁、蒋志沄及家丁王杞、王庆，并兵勇等四十余人俱殉焉。宗元照道员例赐恤，予谥武烈。

世济，监生。城陷之前，宗元遣赴省，嘱曰："此间旦晚不保，汝得我问，即奉母挈弟妹归奉大母，俱死无益。"世济既受命，已而复返城，城闭不得入，绕城号哭，乃缒而登之。自此寸步不离父侧，遇难时年二十一。

明善，字韫田，富察氏，满洲镶蓝旗人。父昌宜泰，河南开封知府，以浚贾鲁河有功于民，祀名宦祠。明善由笔帖式历步军统领、郎中。道光中，出为湖北荆州知府，输金修万城堤。继水灾，沿江郡县皆患潦，荆州独以堤固得安，众皆德之。寻调武昌。咸丰二年，粤寇至，登陴助防守，势不支，城陷，率众巷战死。恤如制。妾叶，闻讣自经死。

觉罗豫立，字粒民，隶满洲镶蓝旗。由户部笔帖式历员外郎。道光二十九年，出为江苏镇江知府，宽惠有恩，尤重甄拔人才。每遇府试及课书院日，坐堂皇，手自甲乙，至夜不辍，所取多知名士。咸丰三年，以失守府城褫职，仍留治军需。七年，克镇江，复原官。十年，浙江巡抚王有龄调总粮台。

十一年，贼攻省城，豫立偕府县官筹战守，城垂陷，豫立督亲军开城决战，刃及其肤，屹立不动。悍贼以炮击之，中额死。闽浙总督左宗棠奏请优恤，并祀昭忠祠。豫立工书，善行草，尝集颜真卿《多宝塔》字，作诗数十首勒石，论者谓其人其字皆无愧真卿云。

世焜，字显侯，佚其氏，满洲正白旗人。初任江苏常州知府，以爱民称。咸丰四年，调扬州，当贼乱后，市井萧然。世焜至，辟草莱，招流亡，还定安集之，民气少苏。官廨已毁，借蒋氏园，颜其厅事曰三十六桂轩而为之记，曰："百物凋残，此桂独茂，愿吾民复苏，欣欣向荣，亦如此也。"明年，贼复渡江至，世焜知城不能守，誓死不去，率乡兵二百人登城，城破，巷战被执，劝之降，世焜绐以先释难民然后可，俟民去远，遂自刎死。

徐荣，字铁生，汉军正黄旗人，广州驻防。道光十六年进士，以知县发浙江。历权遂昌、嘉兴等县，杭州理事同知。授临安，升玉环厅同知。保定府，权温州府事，招降洋盗庄通等二百余人，授绍兴府。咸丰三年，调杭州，并护杭嘉湖道，创议海运章程。时临安、昌化、於潜土匪赵四喜等谋不轨，荣督兵剿灭之。四年，粤匪窜徽州，浙抚黄宗汉以皖南新隶浙江，中旨亦以"保徽即以保浙"为言，奏派荣办徽防。荣扶疾至防，亲至箬岭，开壕遏贼，增设天心洞防勇。七月，剿贼榉根岭，毙贼二百余名。随诸将克建德、东流两县，复败贼尧渡。十一月，移驻祁门，遍谕居民团练设防，共相保卫。以粮运难继，撤兵回浙。安徽学政沈祖懋以徽防紧要，奏请留办。五年正月，升福建汀漳龙道。

先是粤匪沿江上窜，由石埭之流离、雾露两岭分窜羊栈岭，入踞黟县。时荣尚未赴任，即率师往渔亭防剿。二月，连败贼，歼二百余。嗣贼众纷至，援兵未集，荣率其子虑善与署严州同知裕英等出战，身受刀矛重伤，殁于阵，年六十有四。用正三品例赐恤，于渔亭建专祠，以同时殉难之都司许上达、歙县知县廉骥元、候补按察司知事张颖滨及阵亡各员弁附祀。妾伍，迎丧回寓殉难，亦予旌表。

荣律己甚严，恒以"行无悔事，读有用书"二语自助。守杭时，以时局多警，命凿井署中，语家人曰："此即古人止水亭也。有变，吾即死此！"卒践其言，以剿贼而亡。

郭沛霖，字仲霁，湖北蕲水人。少年即以经济自负。道光十六年进士，改翰林，授编修，累迁左赞善，记名道府用。官翰詹时，讲求河务，时各衙门保送河工人员，沛霖与焉。既抵工，咨询详尽，谓治河宜审土性，宜合者合，宜分者分。因势利导，则不为害而为利。檄管丰工兼引河工程，昕夕在工，与弁卒杂作。凡占数之增减，松缆之尺寸，极微琐之事，无不斟酌至当。力主引河宽深，俾挈大溜，浚下游安东二塘、云梯关、老鹳河等处，先修决口上下之险工，全启各闸洞，以分水势。缓进占、缓合龙，以期步步追压到底，为一劳永逸之计。议不尽用。

咸丰三年，以道员留南河，寻署两淮盐运使，授江苏淮扬道，仍兼署盐运使。时淮南引盐道梗，盐场尚完善，诏两江总督怡良饬沛霖移驻通、泰适中之地，悉心经画。沛霖遂驻泰州，督销引盐。

六年，贼再陷扬州，泰州戒严，沛霖募勇五百，集城、乡团勇二万，督属筹防。建议请江苏布政使雷以諴移驻湾头，防贼北窜。帮办军务詹事府少詹事翁同书移驻瓦窑铺，为自守有余、进攻亦便之策，扬城旋复。淮南旱，沛霖请留淮北折价泊画提甲寅纲协贴，抚恤各场。招徕殷户殷灶，赴盱眙等处买米麦平粜。七年，奏派督办里下河七州县及通、海二州团练。时江阴靖江水勇经费无出，有议设卡江北各港令自行抽厘者，沛霖力陈其弊，事遂寝。有以淮南税课造报不实闻者，诏毋庸署理运司，令总督何桂清等查参，以新任未即至，暂缓交卸。

先是淮南之旱也，言者请堵八坝资灌溉，命桂清等详查酌办。沛霖力言："下河七州县众水所归，潦者其常，旱者其偶。上年东南数省大旱，下河尽涸，此数十年一见，不可以常理论也。然如高、宝两邑，近居运河堤下，并未成灾，而田产稻米，犹能以其余接济邻境。咸丰三年，前大臣琦善统兵至扬，尽启八坝，余悉缓堵，以为设险御防之计。是年十一月，扬州东路贼溃，六年三月，逆贼复陷扬州，终不敢越湾头、万福桥一步，是未堵各坝足以扼贼之明效大验。今日贼氛未熄，民力已殚，与其糜无益之费以病民，曷若留可守之险以防寇？现在大兵环攻瓜镇，奔窜可虞，正宜留八坝以扼逆贼北窜之路。"桂清据以覆奏，诏从之。

桂清等旋以查明淮南税课无以多报少情事上闻，九月，偕江宁布政使杨能格办扬州东路团防，自募勇千二百人驻仙女镇，与毛三元、三岔河营策应。十一月，随大军克瓜洲、镇江，桂清饬沛霖移驻扬州筹善后。八年八月，伪英王陈玉成攻陷浦口，天长、仪征相继陷，贼大股径趋扬州。沛霖督众迎剿，力不足，遂渡河至仙女镇，招集溃卒，促援兵为复城计。适提督张国梁渡江来援，沛霖率兵助之，扬州寻复。大臣德兴阿劾沛霖先期逃避，诏褫职查办。又以沛霖专办扬州善后，与寻常兼辖不同，仍敕刑部拟罪。嗣允大臣胜保、巡抚翁同书疏调，准发安徽充定远大营总文案。捻逆数万来攻，偕知县周佩濂婴城固守。贼围数匝，适已革副将卢又熊援兵至，夹击大捷。

九年六月，捻匪张潆又纠陈玉成众数十万再攻定远，沛霖分守小东门，又熊以贼众兵单拔营去。总兵惠成出战不利，沛霖督众严守八昼夜。十八日，力惫回寓，啮指血书"正大光明自尽"六字于壁，复乘马出，提刀巷战。贼四面纵火，悍贼从后刺之，伤足坠马，阵亡。事闻，复原官，恤世职。寻命定远士民请，建专祠。沛霖服膺昆山顾炎武之学，兼通术数。尝言岁在甲子，金陵当复，并自知死难年月。著有《日知堂集》等书。

时同守定远者，为候补知县王培荣。培荣，湖北罗田人。尝在籍与举人熊五纬练团剿蕲水土匪，五纬战死，培荣中二十七创，不退，卒复蕲水县城。与沛霖同时殉难，尸失，家人即以从前所遗中创血衣葬之。

朱钧，字筱汲，浙江海宁州人。由廪贡生捐同知，发江苏，历办海运出力，奖擢知府。咸丰七年，奏补苏州府。十年，护理按察使。时粤匪犯浙江，吴中大震。钧募勇团练，严诘奸宄，人心少定。四月，贼由常州猝逼苏省，钧昼夜登陴，誓以身殉，而外无援兵，知事已去，乃先令居民迁避。城陷，率众巷战，身受数十创，力竭，投井自尽。恤赠太常寺卿，给世职，后以钧在官多善政，建祠苏州。

把总钱贵升，元和人。故业织，入赘窑名尺籍中，檄守娄门。贼破阊门入，贵升未知也，遇二贼城壕，尚衣冠诘之。贼诃之降，拔佩刀斫一贼，贼群至，乱斫死。从者什长张义，同与于难。

时江苏巡抚徐有壬既殉节，其族弟名曾庚，字裕斋，道光举人。官工部，来寓巡抚署。建议请兵居城外，民守城内，有壬不能用。城垂陷，有壬促曾庚出避，慨然曰："兄能死忠，弟独不能死义耶？况弟亦曾忝一官者耶？"自经死。

萧翰庆，字黼臣，湖南清泉人。咸丰元年，从都司徐大醇讨贼广西。大醇死绥，翰庆冒险扶榇返。三年，侍郎曾国藩治水师，翰庆投效营中，屡叙至千总。四年夏，争红旗援岳州捷，国藩奇其文雅，询为读书士，改叙从九品。以随剿粤匪功，屡擢至直州判。七年，武昌克复，超晋知府，随提督杨载福等克九江。鄂督官文疏留鄂省，统带龙坪以上至汉口水师。九年正月，会陆师援湖南，时贼首石达开自江西道郴、桂围永州，水师抵祁阳，沿江皆贼垒。翰庆躬入小河，乘舢板督战，平之。总兵周宽世与贼战长叶岭，水师夹击之，贼大败。诏以道员记名简放。

十年，浙抚罗遵殿奏调楚军援浙，翰庆与遵殿子忠祐有旧，遂请行。仓猝无现兵，得唐训方旧部训字营四千人，益以降卒二千驰赴之。抵皖，而杭州已陷。时左都御史张芾方治徽、宁防务，留翰详办理。攻石埭、太平，克之。方进攻池州，而常州促援，乃分降卒围池，自帅训字六营、亲兵三营行。途次闻湖州被围，乃改援湖，以湖州为皖、浙咽喉，弃之，则两浙溃烂。行抵礼义桥，悍贼突出截桥，战胜之。日暮大雨，所部持仗立风雨中。平旦启行，距湖州四十里，甫半，贼大至，且战且进，抵同心桥，贼来愈众，围数重。参将吴修考、邓茂先战死，翰庆血战良久，力竭死之，年三十有四，谥壮节。

黄辅相，字斗南，贵州贵筑人。道光二十五年进士，用知县，分广西。权陆川、博白县事，以捕盗著能声。江南提督张国梁者，原名嘉祥，本盗魁也，纠党寇博白，势张甚。辅相率练败之，获其酋。三十年，权横州知州。时南宁各州县盗贼蜂起，辅相招降数股，以攻贼计走之。巨盗王斌，号九江三者，与其弟九江四大举入横之陶圩，辅相调团勇，会提督向荣合力兜击，擒九江三兄弟，毙贼三千有奇。博合圩附近十余村，贼蚁聚，民多从逆者。辅相声言阅团，召诸生闵麟书等语之曰："官不能除害，是尸位也；绅不能卫乡，是虚生也。尔等岂无意乎？"因泣。诸生皆泣，誓歼贼。

咸丰元年二月，辅相从十余骑至那阳，麟书等以团勇八千一夕至，围陈山，贼遁独竹，背倚高山。率死士攀藤下，火其巢，擒斩甚众。余党窜上石，地险，不利仰攻，坚守困之。贼粮尽，突围出，追击之，先后殪贼数千。初，贼酋之降也，辅相察其诈，阳与羁縻。至是阴遣诸生杀之，横境以安。以出奇制胜，擢直隶州知州，旋授镇安府知府。五月，贼纠众扑城，麕集南岸，辅相密令诸团分扼水隘，遣子韶年率练伏村东。夜半，以火具自大道攻入，别遣劲卒五百由小路抄袭，贼奔溃，毙无算。余匪跃入舟，守者截而焚之，悍贼数千无漏网者。横州肃清，赏花翎，并赏韶年六品翎顶。十二月，改权南宁，兼权左江道。

二年春，艇匪自梧州连陷桂平、贵县，图犯左江，辅相率四百人驰抵横州，斩其先锋，贼震慑不敢入境。勇目潘其泰与土贼有隙，贼假杀其泰名攻南宁，辅相坚守百五十日。城中粮垂尽，毁铜锡器为炮子，力战，围解。四年秋，权右江道，以巡抚劳崇光荐进道员。

五年，广东贼李文茂围浔州，犯武宣，署知县朱尔辅以澧滩为北河要隘，自督兵屯守，乞济师。崇光檄辅相统水师驻武宣之碧滩，与澧滩犄角。贼分水陆来扑，迎战屡胜，艇贼何松亭率党就抚。八月，文茂陷浔州，屡攻澧滩，击退之。

六年二月，以饷绌撤澧滩防兵，贼麕至，粮尽援绝，势岌岌。辅相连牒布政使乞饷，不报。复遗书桂林守李承恩，沥陈四难四易，使闻于巡抚，有"力竭心殚，惟以一死报国"之语。未几，兵士果以饥哗，贼党潜结土匪内应，开城纳贼。辅相督外委吴锦兰等巷战，格杀数十人，贼乘夜冒雨大至，署浔州营副将福格暨锦兰皆死之。辅相受创被执，绝粒骂贼，仰药死，贼弃尸于江。辅相才略足办贼，时有旨调见引，而殉难事闻，赐恤如例。

孔昭慈，字云鹤，山东曲阜人。至圣七十一代裔孙。道光十五年进士，改庶吉士，散馆授广东饶平县知县。忧归，服阕，发福建，署莆田、沙县。摄兴化通判，授古田县。二十八年，调闽县，进部武同知，移台湾鹿港。时南北匪徒洪恭等陷凤山，知县王廷干、高鸿飞相继死，郡城岌岌不保。昭慈闻警，航海赴援，协力守御，歼擒甚众。咸丰四年，擢台湾府知府，督捕余孽，次第荡平。进道员，备兵台、澎，加按察使衔，兼督学政，以助饷加二品衔。在台五年，威信大著，外裔内番悉畏服。

同治元年，彰化乱民戴万生等纠众结会谋乱。昭慈侦知，督兵驰抵彰化，部署未定，变起仓卒，城陷，巷战，力竭不支，殉节文庙先圣前。

昭慈为政，兴利剔弊，不遗余力。莆田俗好斗，推诚谕禁，劝以惩忿保身，治正凶不少贷，民悼法罢斗。邑多孔氏寄籍，为创立义学。沙县土利艺茶，少耕植，游民竞逐末，暇则事攘夺。为拔茶禁之，而农桑始兴，至今利赖。所至停采买，革津贴，捐粟平粜，多损己益民。尤爱才，重林文察材略，白其复父仇可宥而荐之，杀贼立功，官至提督。治盗严明，诛止其魁，盗之良者，或重其贤而避之。殁后，匪为敛殡归丧，愧叹曰："吾辈负孔使君矣！"卒，年六十八，恤世职，谥刚介，于立功地方建祠。

徐晓峰，江苏东台人。初由供事随工部侍郎吕贤基剿办安徽捻匪，奖六品顶带。旋署蒙城县知县，有惠政。时颍州府捻氛不靖，给事中袁甲三檄晓峰剿办，先后获其酋马文俊、邓大俊、马在陇、马九、陈建中等。余匪麇聚阜、亳交界，复擒捻首李致文于阵。剿匪涡河，匪众凫水来扑，晓峰领队堵截，贼炮从马腹过，马惊踬，颈背皆伤，复上马截击贼渡河者，歼焉。

粤匪扑颍州府城，甲三复檄晓峰赴援，御之南岸河上，歼匪毁船。匪于滁州驻马河扎营为久踞计。晓峰改装潜探，随按察使恩锡分三路进剿，毁贼营三座。窜林毋圩，复偕都司刘鹤翔等剿败之。又随庐凤道张光第追剿粤匪于高旺街，贼溃，追败之。乌江贼分队袭后路，于大雨中麇众痛击，擒伪司马等五人。匪由江宁镇下窜，阵斩伪佑天侯富姓、伪右四丞尉张盛林等。

咸丰七年，亳州捻匪刘老渊等窜扰李八庄等处，晓峰督兵攻剿，毙贼百余，生擒三十余人。攻破宗圩匪巢，邓圩贼内讧，被胁男妇闭门乞命，缚匪首李寅、悍贼刘破头等三十五人。姚圩贼二百余人亦降，遂平两圩。著名巨贼，悉数就诛。王圩捻匪复踞河抗拒，晓峰乘夜进攻，难民内应，遂擒匪首王绍堂。乘胜收复东面七圩，宿州以南，一律肃清。五六年间，晓峰于剿办捻、粤各匪，战功独著。由知县历保知府，至是擢道员，记名简放。旋授福建汀漳龙道，同治元年，赴任。

三年二月，檄署按察使，督全省军务，守延平。粤匪余孽窜粤，闽防解严，七月，还漳州道任。贼复由粤窜闽，守漳者仅练勇二百五十人，贼遂勾结土匪攻城。无备无援，九月十四日城陷，晓峰被执，死之。妻王氏闻城破，知晓峰必死，先绞其女，亦自经。恤赠内阁学士衔，给骑都尉世职，复以"晓峰从戎豫、皖由军功洊升监司，自军营回任，甫及旬余，仓猝被害，最为惨烈。妻女皆以身殉。忠孝节烈，萃于一门"褒之，于死所建专祠。

晓峰初从甲三军，与马新贻同幕，新贻谓晓峰杀气满面，目光灼灼射人，终当以义烈见。及被贼执，备受凌虐，叱跪不跪，劝降不降，书其禁锢壁间有云："壮志未酬，君恩莫补。取义成仁，臣心千古。"又绝命辞二章。寻予谥刚毅。

袁绩懋，字厚安，顺天宛平人，原籍江苏阳湖。父俊，道光九年进士，官河南知县。绩懋，道光二十七年进士，以一甲二名授编修，散馆改主事，分刑部。旋丁父艰，服阕，援例以道员赴闽。时漳、泉初下，好事者欲多杀以邀功，而清查叛产，尤多诬陷，人心汹汹，将复叛。总督庆端檄绩懋往治其事，至则集众于庭，取叛册焚之，胁从者皆获免，人情大安。皆曰："使君活我！"事竣，委赴延平府会办军事，即令署延建邵道。

粤匪时窜邵武，势张甚，绩懋亲督军士，夜扑贼营，贼惊溃，追斩悍酋数名。贼大愤，鸠众出傀道陡截之。我军既寡，又军实未备，战不支，乃退守顺昌。防军仅数百名，相持月余。有劝之弃顺昌、守延平者，绩懋以："顺昌为省垣屏蔽。顺昌不守，则贼长驱直省逼城，大势去矣！且数万生灵，视我进退为存亡，敢轻去耶？"于是守益坚，贼不得逞，乃潜隧城，实火药，地道发，城陷，贼蜂拥进。绩懋知事去，躬率死士战西门，连刃数贼，贼以骑突之，仆地，引刀自杀，刺不及，贼执而去，刃乱下，醢而死。时咸丰八年九月十二日也。事闻，优恤，赠按察使，入祀京师及阵亡地方昭忠祠，世袭骑都尉。嗣常州、顺昌奉特旨建专祠，追谥文节。子学昌，官至湖南提法使。

绩懋性通敏，书过目辄成诵，号称渊雅。著有《诸经质疑》十二卷，《通鉴正误》十卷，《汉碑篆额考异》二卷，《味梅斋诗草》四卷。

杨梦岩，湖南凤凰厅人。诸生。入田兴恕幕。咸丰六年，兴恕率虎威军援江西，勇果名天下，梦岩实赞助之。累功加县丞擢同知。兴恕奉命援黔，以梦岩综理营务。时苗酋杨龙台煽惑诸苗，出没不时，以思南、石阡为尤甚。梦岩与田兴奇、沈宏富等焚剿之。会梦岩晋保道员，遂自领一军扼守思南。

同治元年正月，石阡贼来攻，与副将吴通才犄角扼守，会援至，贼败走。二月，梦岩师师次浮桥，贼分道来攻，通才战死，梦岩极力鏖战，贼卒败走。三月六日，贼复数倍来攻，更番迭进，累日夜不休，营垒陷。梦岩奋臂大呼，持戈入贼阵，刺杀数人，身受十九伤，力竭死之。照布政使例赐恤，于思南及原籍建专祠。

邓子垣，字星阶，湖南新宁人。咸丰初，以诸生从同邑刘长佑剿贼江西临江、抚州、新城，与湖南永州、宝庆，皆有功，累保知县。石达开走贵州，窜广西，还窥义宁，子垣与参将江忠朝自武冈趋扼全州，为东安、零陵等属屏蔽。贼由灵川渡河窜杨梅坪，又偕忠朝壁界首。贼掠道州、永明、江华而东，自蓝山趋桂阳、宜章，又从江忠义转战数百里，杀贼殆逾万。忠义病归，子垣与忠朝代领其众。十一年，贵州铜仁、石阡、思州、松桃、天柱、邛水贼窥湖南，檄子垣赴黔会剿，同治元年，屡破之，晋知府。复檄援广西，攻桂岭贼巢，环击三时，毁其炮台，擒斩甚众。贼党廖永贤惧，愿输诚为内应，官军分薄内壕，掷火焚烧，永贤开西闸纳军,遂克桂岭要隘。进捣莲塘贼垒,逆首张高友、陈士养恃险抗拒。悬重赏,募死士,潜由内货村僻径,扪萝攀葛出贼背,破其西栅。翼日复进攻,悍贼由山涧夺路奔,督军截击,斩张、陈两贼,擒歼及坠岩死者无算,余众乞降。莲塘平,以道员尽先选用。

三年,粤贼窜江西,陷新城,子垣会诸军破走之,新城复。巡抚沈葆桢以捷闻,命以道员留江西。时贼分踞金谿、东乡、宜黄、崇仁、南丰各城,而崇仁之贼尤悍,增垒城外,为负嵎计。子垣张两翼横冲之,城外贼溃,窜潘桥、秀才埠。城贼出犯,再击败之,直逼崇仁城下。贼聚悍党许湾,遥为声援,提督鲍超破之。子垣乘势复崇仁,赐勇号。

五年冬,率精捷营助剿贵州苗匪,驻军邛水,会攻颇洞老巢。寨头苗党数万来援,逆击败之,径捣颇洞,山高寨险,不能下。选趫捷精勇,携药逾岭,入巢纵火,自督军登山猛攻,毙苗数千,山谷皆平,遂克颇洞。叠破甘林、杉木等屯,由记名岩直趋茂林坡,尽毁碉卡,追击至传水寨,赭其巢。黎平、靖州肃清。以粮运不继,壁清溪。时按察使黄润昌率军来会,分饷哺之,约进攻。八年正月,破文德关两路口各隘,师益进,合攻镇远府、卫两城,克之。连破牙谿、田坝、黄蜡坡等三十余屯。润昌欲乘胜由东路疾攻,命营务处罗萱,偕子垣驰谒布政使席宝田请济师,宝田遣提督荣维善助之。三月,进规施秉,逆酋包大肚据巢死守,力战,毙苗千余,拔施秉。复破白洗等寨,进图黄平。

黄平州,滇、黔孔道也,蜀兵援黔,辄为所阻。润昌议通此道,时维善军战久,疲,请休息,萱亦以苗众道险劝留屯,润昌不可,师遂进。道出黄飘山,中伏,子垣荡决数十次,地险,不能出,中炮死之,诸军皆败。语具《荣维善、黄润昌传》。优诏赐恤,原籍及死事地方建专祠,谥壮毅。

罗萱,字伯宜,湖南湘潭人。父汝怀,芷江学训导,著有《湖南褒忠录》。萱少警悟,工诗、善书。弱冠为诸生,总督贺长龄、教谕邓显鹤咸器之。咸丰元年,粤贼犯湖南,萱倡乡团,习技击。四年,曾国藩帅水师东下,辟掌书记,贻书极推重。从克武汉田家镇,叙训导。国藩进图九江,水师失利,萱仅以身免。国藩重整水师,屯南康,皆策马相从,调护诸将,各当其意。六年,石达开陷瑞、临、袁、吉、抚、建诸郡,省垣孤悬,萱从国藩单舸赴南昌,达介稍引去。国藩檄萱领江军三千人攻建昌,复檄助攻抚州,合攻瑞州。破沿途贼卡,击走靖安、奉新守贼。当是时,城贼数万日伺隙,九江贼复率二万来援,萱与刘腾鸿等坚垒严阵以待,八战皆捷,江西军始振。论功擢知县。腾鸿喜攻坚,萱引《孙子》书戒之,不听。腾鸿克瑞,竟以创死。

假归,湘抚骆秉章檄治团练,粤抚郭嵩焘嘱创水师,皆不肯久留。自以文士,不欲弃科举,屡应省试,卒不遇,益肆力于学。寻与知府刘德谦领威信军防郴,会霆军叛勇掠茶、攸间,萱与德谦败之,遁入粤。进屯乐昌,当事命增募一营,号威震军。贼平,累功晋同知。按察使黄润昌奉檄统万人援黔,润昌与萱同邑,邀与俱。萱综文案,兼营务处。每昼出领队,夜归削牍,以克镇远府、卫二城功,迁知府。进规施秉,连战皆捷。黄平之败,与文武将领十八人同死之。恤赠太常寺卿,附祀黄润昌祠。

萱性淡泊,从军十数年,不图仕进,而耽学弗倦。著有《仪郑堂文笺注》二卷,《粤游日记》一卷,《蓼花斋诗词》四卷。

侯云登,河南商丘人。道光二十一年进士,由内阁中书洊升刑部郎中。咸丰六年,补江南道监察御史。奏言:"皖、豫接壤,向有捻匪,自粤匪北窜蒙、亳,捻匪乘之蜂起。捻首张洛行更句结苏添福等,合为一股,所过荼毒,蒙、亳迤北,归德以东,数百里几无人烟。一误于张维翰,而永夏受困,马牧被焚;再误于武隆额,而贼扰掠归、陈。武隆额虽撤归巡抚英桂调遣,并张维翰迄今未闻撤参,且其营勇,多杂匪类。今邱联恩军亦溃败,归德决河未堵,防备綦难。倘捻匪渡河而北,句结东省灾民,其患甚大。查匪逾十万,扰及四省,惟赖兵力兜剿,而调集需时。莫若以勇济兵,请于皖、汴、苏、鲁接壤之区,设立勇营,简员督办。本年二月间,命已革左副都御史袁甲三随同英桂剿办捻匪,请即加以卿衔,责令募勇。其于劝约乡团、捐办勇粮,必能悉心筹画,次第举行。拟办法四条:一,酌保文武,劝惩悉照军营之法;一,审度地势,择要安营,与官兵互相策应,遏贼北窜;一,急筹粮饷,请先由粮台拨给,并四省就近州县动项奏拨,仍劝捐以资接济;一,明定赏罚,认真训练,以严纪律。"等语。疏入,朝廷颇韪其议。

九年,掌京畿道事务,授给事中。又言:"捻匪蹂躏豫境二十余州县,仍分股四出焚掠,扰及直、东边境。虽有关保、博崇武等军,兵力过单,马队未能精壮。倘贼再蔓延,非独豫省全局不保,直、东亦防不及防。救急之法,惟有直、东两省分兵并力进剿,并请催副都统巴扬阿将所带马队赴豫,与关保合军剿办。并请令副都统德楞额统军由归德探贼剿击,必可制胜。再东明、长垣已无匪踪,请令直督移所派东明、长垣之兵,出境协剿,以壮声威。豫省肃清,直、东南路,不待设防,均可无虞矣。"十年,授甘肃宁夏道,同治元年,陕回倡乱,灵州被围,佐领富隆阿援军战失利,云登督兵勇进剿,斩馘无算,围立解。护督恩麟上其功,加按察使衔,赏花翎。

时宁夏令彭庆章屡请散团,云登以回性险诈止之。恩麟檄云登开城纳降,庆章暗为回匪内应,变猝起,云登率兵巷战,被执不屈,死之。子锡田同遇害。

黄鼎,字彝封,四川崇庆州人。以诸生倡办团练。同治元年,粤匪犯叙永厅,鼎率所部,佐官军击破之,叙功授教谕。二年,复新宁。松潘番乱,总督骆秉章檄鼎募蜀中骁勇士,得五百人,为蜀军彝字营。会四川布政使刘蓉巡抚陕西,檄鼎以所部从。时粤寇扰汉中,伪启王梁成富据南郑,分兵陷诸州县,且东侵兴安境。鼎会陕军分道讨击,尽复诸城邑。

三年二月，汉中土寇曹灿章召滇贼蓝朝柱自川北进犯陕南，前锋至松花坪，将越秦岭而北。檄鼎率所部邀击，遇贼七里沟，大破之，转战八十余里，擒斩殆尽。是役也，鼎所将才千人，破悍贼数万，号奇捷。朝柱党悉平。四月，破灿章于八里坪，获之。

　　梁成富南寇襄樊不利，引而北入兴安境，山南三郡悉戒严。鼎闻警，自汉中东发，而贼已出山，焚掠鄠县，遂渡渭而北。鼎率师沿渭追击，贼不得逞。是时蜀寇西北犯阶、秦，谋出山窥兰、巩，秉章急召鼎屯华口。四年正月，大会诸军，进师阶州，力战抵城下，督军以地雷轰城，诸军填壕树梯而上，斩伪昭武王蔡昌荣于阵，贼乞降，遂复阶州。

　　十二月，蓉合诸军三十余营，与捻首张总愚战于泸桥，鼎以所部横贯贼阵，歼毙甚众。会天大雪，药绳皆湿，军士僵冻，贼突以万骑穿湘军阵，统将萧德扬兄弟三人皆战死，军大溃。鼎以千人凭原为异军，湘军既燔，贼悉萃于鼎，围之数十重。夜三鼓，贼少疲，鼎乃结圜阵，骑兵居中，步卒环外，以矛护枪，力战，突出。向晨，贼傅城东关，意鼎已没，忽睹彝字旗，大惊。鼎麾军迎战，败之，贼始退。是役也，微鼎，西安城几危。

　　六年四月，败贼于大荔、朝邑，捻寇稍衰，而叛回复炽，犯凤翔，游骑及省城西郊。鼎移师进击，累破之，斩伪元帅一。贼东走，据富平张家堡，鼎追击，夜袭其垒，斩馘无算。贼由临津南渡渭，觊入南山，鼎悉力拒之，贼不得西。十月，会诸军追贼至三原，旋移援沔阳，率步将韦占雄、徐占彪等先登陷阵，大破贼黄里铺，追击至五里坡，又败之。

　　七年，贼窜甘肃之灵台，犯泾州，西安迤西，沂、陇、乾、邠间，无虑皆为贼据。鼎率所部为游击军，随贼上下，相持数月，大小数十战，累克坚巢。甘贼与陕回合，悉众来犯，鼎复大破之。鼎以战功由教谕累擢至陕西道员，赏二品顶戴，两赏巴图鲁勇号，至是授陕西陕安道，未之任。

　　八年，回酋陈林等纠大众来犯，鼎率所部严阵以待，贼不得进，噪而走。鼎追击十数里，泾、庆贼悉平。初鼎督泾州赈，抚屯田，广为招徕。至是泾州得民屯十三万亩有奇，营屯五千有奇，镇原得民屯十三万有奇，平凉、崇信各有差，军益饶富。甘肃土寇张贵为乱，鼎一鼓平之。

　　左宗棠会诸军进攻金积堡，堡，回酋马化隆伪都也。化隆遣将据固原，抗大军，鼎大破之，复其城。贼走狄道、河州，复击败之。捷闻，赏内府珍物。九年，金积堡未下，湘军大将刘松山新战殁，军事方棘，宗棠檄召鼎会固原提督雷正绾赴援。军抵牛头山，山峡狭隘，为金积堡第一门户，贼恃为天险，鼎力攻拔之，连下数十垒。复攻马家堡，环围三面，缺其一，设伏以待。贼果由缺处遁，伏发，贼大败。进傅金积堡，尽毁附近小垒，师集堡下，昼夜环攻，遂克之。化隆父子伏诛，余党悉平。以功赏黄马褂。十三年，移部陕北，丁父忧，诏夺情留军中。光绪二年六月，部将汤秉勋以不给四川咨文之嫌，突起刺之，遂卒于军。

　　鼎治军素严，在防所招集流亡，开垦荒芜，修浚堡渠，兴学课士，得军民心。其屯军汉中也，曲阜孔广铭落拓废寺中，鼎军行经其寺，睹广铭题壁诗，异之，召与语，叩所学，大悦，遂延入幕。鼎军所向有功，半广铭策也。

　　陈源兖，字岱云，湖南茶陵州人。道光十八年进士，改翰林，授编修，旋授江西吉安府。先是源兖妻易氏以源兖遘疾几殆，吁天愿以身代，刲臂和药饮源兖，源兖以愈，易氏旋病卒。同乡公举孝妇，请旌于朝。源兖适召对，宣宗垂询及之，遂有是命。以回避原籍调广信，母故，去任。服阕，简放安徽遗缺知府，补池州。

　　咸丰三年，粤匪自桐城窜扑庐州，巡抚江忠源檄源兖赴庐协守，贼架云梯薄城而登，源兖守大东门，屡却之。贼复穴威武门为隧道，伏地雷，官军迎掘之。寻水西门地雷发，轰塌城垣数丈，急抢筑，城卒完。时陕甘总督舒兴阿奉命统兵万五千人来援，屡战不利，贼连日攻益急，城中饷乏兵疲。十二月，贼复穴水西门隧道攻入，源兖自东城驰救，至则江忠源已战殁，遂赴文庙自经死。先尝与所亲谒文庙，徘徊庭树，谓"事亟吾且死此，以无负先师杀身成仁"之训，盖死志素定云。

　　瑞春，字慰农，姓鄂济氏，蒙古正蓝旗人。由笔帖式洊升理藩院郎中、军机章京，擢湖州府知府。治尚宽平，有瑞佛之称。湖城危急，与副将鄂尔霍巴、郡绅赵景贤激励军民，婴城固守。景贤主湖郡乡团，多专擅，瑞春无所忤，尝曰："赵兵睢阳之俦，我其为许远乎？"城陷，西门火起，朝服升堂，贼至胁降，大骂不屈，被害。母章佳氏及妻、妾、二子、子妇皆死于难。

　　鄂尔霍巴，字斐堂，满洲正白旗人。起家侍卫，出为湖州协副将。湖州初次解围，上守城功，鄂尔霍巴以属邑失守自劾，时论伟之。饷粮久匮，困甚，以衣物质钱自给。每围急，身出巡城，而闭妻子于后堂，外环火药，戒家人曰："有不测，即举火，无污贼！"如是者屡矣。及城陷，在北城督战，策马回署，则贼已入厅事。手燃火绳，药发，阖室轰死。

　　时署乌程县事者为许承岳。承岳，字柱山，湖南宁乡人。由县丞擢署县事，誓与瑞春死守。千总熊得胜以搜米扰民，涕泣阻之，得胜开东门降贼。承岳即骑马归署，手刃二女，自缢于官所，妾钱氏从死。

　　潘锦芳，湖州人。城围久，赵景贤以江苏巡抚驻军上海，作血书乞援，募能犯围出者。锦芳时老病，家亦卖酒小康，独激于义愤，请行，辗转得达。议以松江提督曾秉忠率水师绝太湖而西，为外内合攻计。湖贾之在上海者，且聚赀巨万饷之。行有日矣，有尼之者，中变，锦芳流涕曰："老大出城时，粮将罄矣。兵一日两粥，民食草根树皮，空巷敞庐，死亡枕藉。其幸存者，数老夫之行，且暮待援，惧不相及。城外贼如麻，登高叫呼，兵则凭堞应答，岌岌将为变。乡人之贾于此者，念在围亲属，其愁迫何如？独恨水师无翼而飞耳。彼尼之者，何不仁乎？呜呼！吾不复见赵公矣。"抵案大呼，呕血以死。

　　廖宗元，字梓臣，湖南宁乡人。道光二十年进士，以知县分浙江，任仙居、德清等县，有能名。权归安，粤逆自广德进窥湖州，宗元建议：“湖州四面阻山，有险足恃，且城多富室，粟刍无虞。今宁国虽溃，营将田宗升、杨国正皆宗元乡人，若给以糇粮，可使为我固守。”知府从其言，悉以防务属之。贼至，出击。贼知有备，引去。会苏、常、杭、嘉诸府相继陷，贼复扰湖。道员萧翰庆阵亡，宗元收其溃卒，入城饷之。明日出战，大捷，贼败走。有以蜚语上闻者，解任听勘，事得白。

会伪忠王李秀成陷金华、处、严诸府，浙抚王有龄因檄宗元署绍兴府。时浦江、义乌、东阳皆不守，绍兴戒严。既受篆，议调外江炮船入内港，勿为贼有；议设水栅，以断贼道；请征团防勇丁入城：均为在籍团练大臣王履谦所阻。九月，宗元令营将何炳谦率水师出击，战殁，败卒归伍。富绅张存浩等挟捐输之嫌，诬其通贼，殴伤宗元，履谦置不问。贼果由浦江入诸暨，夺外江炮船，渡临浦，陷萧山，以扑绍兴。履谦率姚勇走上虞，有开门迎贼者，城遂陷。宗元朝服坐公堂，骂贼不屈，死之。诏以：“宗元力筹防守，严催富户捐输，致被富绅张存浩等诬殴，旋复御贼捐躯，城亡与亡。实属大节凛然，深堪嘉悯。照知府例优议给恤，并于死所祠祀，以彰忠荩。”给世职。

刘体舒，字云岩，云南景东厅人。道光十三年进士，用知县，分直隶，授广宗。二十一年，拣发广西，署养利知州，除融县。进直隶州知州，授郁林。咸丰四年，权浔州府事。时艇贼梁培友、大口昌纵横水面，闻体舒至，就抚，已而叛去。纠贵县贼赵洪、李七等众数千犯郡城，体舒督兵登陴守御，更番出击，分兵截归路。战西关，擒斩千七百余级，贼遁。追至河边，毁贼船数十，余匪仍退据贵县。巡抚劳崇光奏荐堪胜道府任，进知府，寻授思恩，权浔州如故。

五年，广东贼季文茂等溯江西上，犯浔州，培友等与之合，贼万余，昼夜环攻，绝城中道。七月，穴地攻小南门，陷其郛，贼蚁附上。官军奋击，矢石雨下，毙贼数百，体舒血书乞援。八月，按察使张敬修、参将尹达章自平南督水师至石嘴，战失利。贼诇知粮尽势绝，攻益急，官军饥疲不能拒，城陷。体舒暨桂平知县李庆福、卸县事白桦均被执不屈，死。经历宣元烺自缢，典史沈廉赴水死。体舒赠太仆寺卿衔，赏世职，庆福等赐恤有差。

李保衡，浙江会稽人。由训导捐同知，分贵州。同治元年，署普定县知县。时贞丰回匪陷归化，延及县属白岩、沙子沟，击败之。粤贼遥安顺，保衡筹防，获间谍，得贼情，豫为备，贼不得逞。贼何二窜扰，又督乡兵兜击，歼贼数百，境赖以安。三年，调署镇宁州知州，明年，署兴义府知府，时回酋金阿浑据新城，阳反正，阴蓄发，怀异志。保衡率敢死士数十，径抵城下，呼之出，示以威信，阿浑感服，剃发就抚。降酋马忠署安义游击，拥兵骄恣，侵知府权，纵部卒虐民。保衡规之曰：“既反正，当图晚盖，奈何若此？”忠为敛迹。流亡归集数百户，总督劳崇光疏荐保衡政声卓著，擢知府。丁父忧，奏请夺情留任。

五年，以贞丰回匪马冲负隅，檄都司熊忠、守备刘万胜等进剿。贼分股来拒，进踞距城三十里八达地方，与普坪黑夷王罚佣句结，保衡督忠等设伏截击，斩馘无算。万胜亦击顶庙贼，合师攻八达。罚佣势蹙，诈降于忠。忠将至新城受降，保衡力阻，不听，竟遇害。闻变，亟调兴义、普安团练御之。未至，贼逼城下，保衡登陴固守，或劝以"势急徒守无益，盍逆师境上为两全计"。保衡曰："臣子之义，城亡与亡，吾知效死勿去，他非所知也！"三月，忠部降卒与贼通，城陷。保衡巷战，手刃多贼，力竭被执，骂贼不屈，受鳞伤死。属绅刘官礼等以重金募人觅其骸，越二年始获葬。署经历徐海、州同李善斗同遇难。诏赠道员，祠祀兴义，海、善斗附祀。

淡树琪，四川广安州人。咸丰六年，以知府候补云南。先是云南各郡县汉、回相杀，回人据大理诸州县。树琪至滇境，闻变，遣家属还，间道至省城。次日，城门昼闭，得奸人托福、托寿，搜其家，旗帜刀矛咸具。事既泄，诸回不自安。汉人闻回人之欲相残也，为先发计，一呼而众合，城内外火光杀声两日不绝。初，树琪以部曹出守贵州，苗匪乱，办贼有声。大吏就问计，树琪因乘间说曰："汉、回相仇久矣，直汉者曰回曲，直回者曰汉曲，两直不相下，是助之攻也。今日之事，诚宜两曲之，以著谋曲回，而以擅杀曲汉。然后宣布天子威德，示祸福利害，使各爱其身家，乱庶几止。"又请设劝捐筹饷局，不十日，军民输钱米者十余万，省城事稍定。

各郡县告急，警报迭至，大吏卒遣树琪及副将谢周绮防堵碧鸡关，属以练勇三千人。树琪视所属练勇不习战，饷又不能持久，不得已至关。关去城三十里，地狭不能布众，乃去关八里朱家祠屯驻。时乱回据彩凤山下，左曰三家村、曰二里坡，皆贼窟，其右则昆阳、安陵地。大吏责树琪办贼，树琪使练目熊载攻三家村，从九品周廷轸攻二里坡，周文举具船五十号攻贼前，其右则委之安陵州牧，克日逼贼巢。至日，树琪与周绮整队据彩凤山顶。辰、巳交，大雾满山谷，数武外不可辨。左右或劝且收队，树琪叹曰："督战方急，而诸路兵又分遣，军令不得失期，今日但有战耳。"挥队下山，俄报左路败，载与廷轸死，树琪军遽溃。周绮先走，树琪据岭畔一大松立，仆何彬、李秉、刘喜、杨绅皆有力能战，无何，三仆战死。绅持矛拥树琪，树琪据地呼杀不绝声，贼从后砍绅坠岭下，树琪旋遇害。时六月二十六日，距至云南仅七十余日。事闻，赠太仆寺卿。

褚汝航，字一帆，江苏吴县人，或曰广东人。道光二十八年，捐职布政司经历，发广西。粤匪倡乱，汝航于金田及新墟等处剿击出力，累功擢知府。应曾国藩招，至湖南，与夏銮督造战舰，练水军。咸丰四年，率所部复岳州，复湘潭。贼犯城陵矶，汝航偕銮分路进击，夺贼前船，殪伪丞相汪belirli胜等，追歼殆尽。捷闻，以道员选用。寻贼由擂鼓台上窜，汝航督兵迎击，败之。贼复以船ణ城陵矶，夹洲为诱敌计。汝航偕銮暨都司杨载福等督兵直逼城陵矶,贼众未及抄截,被水陆官军分途击溃,夹洲泊船亦被毁。以汝航胆力俱壮,奏奖盐运使衔。嗣统师船于下游一带与总兵陈辉龙等水师排阵合攻,多所歼毙,并火其舟。其时群贼下窜,风逆船胶,贼艘复集,官军陷入重围,辉龙及游击沙镇邦等俱阵殁。汝航等督军驰救,均被巨创,死之。汝航条理精密,为国藩所重,及死,尤痛惜焉。

辉龙,广东吴川人。国藩定水师剿贼策,辉龙实先以广东兵船从。城陵矶之役,自乘拖罟船先发,而汝航继之。死事上闻,赐谥壮勇。

夏銮,字鸣之,江苏上元人。以附生从九品发广西。盗匪陈亚贵滋事,銮捐赀募勇在荔浦、修仁防剿,保府经历。与汝航治水军,凡器械之属及营制,多銮手定。同复岳州,同复湘潭,历保府同知。城陵矶之役,汝航统师船进击,銮于陆路设伏互应。进剿至白螺矶芦苇中,贼众复集,銮手刃数贼,跃入水中,死之。诸生何南青同战殁,事闻,均赐恤如例。

储玫躬,字石友,湖南靖州人。廪生。少有大志,读书喜讲求营阵攻击之法,尝于本籍擒治传习左道倡乱者。道光二十九年,土匪李沅发作乱,蹯新宁县城,玫躬督乡勇从间道驰截客隘,助官军讨平之,叙功以训导即选。咸丰三年,授授武陵县训导,江西泰和县土匪阑入茶陵州,巡抚骆秉章檄令募勇讨贼。八月,贼窜安仁县,玫躬偕把总张大楷往援,遇贼于安仁、酃县交界地,与酃县团勇合力兜剿,大败之。常宁土匪围攻蓝山县城六昼夜,玫躬复偕县丞王鑫等会剿,阵斩六百余名,贼溃,蓝山全。移剿股匪于道州四眼桥,玫躬继各营至,逼贼而阵,奋击败之,追奔殆尽。玫躬为偏将,兵不满五百,未尝出境与大寇战,驰逐衡、永、郴、桂间者,先后凡三年。旋粤匪窜扰湖南,逼省城,曾国藩在籍督办团练,檄玫躬等各统所部遏之。

四年正月,贼攻宁乡县,玫躬偕候选同知赵焕联往援,遂冒雪夜发,身先驰之。抵县南门,城已破,贼正纵火焚掠。玫躬率勇目喻西林、文生杨英华等奋力夺西门入,转战城南北,贼尸填街市。悍贼横截之,得挺矛入队。围数匝,身被十余枪,力竭,与西林、英华等同殁于阵。国藩疏以"玫躬宁乡一战,以五百勇敌贼三千,斩馘数百,我兵丧亡止十八名,贼气夺夜窜,宁乡卒得保全,合邑感激,欲为建祠。蓝山、道州战绩,拟保同知直隶州,抚臣未及汇奏,不料遽尔捐躯,请照进秩议恤。"诏进赠道员,谥忠壮。湖南巡抚骆秉章立忠义专祠,祀安徽巡抚江忠源等,复请以玫躬附祀,从之。

李杏春,字石仙,湖南湘乡人。少工制艺,神清体弱,而胆识过人。由廪生投效军营,以功用训导。咸丰四年,随宁绍台道罗泽南军。义宁州之战,与县丞蒋益澧率兵数百,当贼党七八千。杏春直驰中路,贼溃走,诸军追杀十余里,毙贼六百人。复战鳌岭,贼多坠崖死。乘胜逼西门,与各军环攻,克之。至是累功进同知直隶州,进剿湖北通城,督兵攻西北,泽南自将中军继之,毙悍贼数十。贼狂奔入城,诸军疾蹑之,夺门入,立复县城。贼窜蒲圻,杏春败之道口。贼踞梯木山,率众攀藤上,焚其巢。

逆首石达开率大股来援,官军分三路应之,杏春当右路松林之贼,跃马登山,整队以待。贼汹涌麕至,官军突前击之,斩执旗悍贼酋十余人,余众惊走。明日,贼众二万来犯,众议退师,杏春不可,曰:"大军在后,退则全军夺气。"与参将彭三元扼要堵御,鏖战五时,斩馘数百。咸宁贼悉众来援,崇阳土匪响应,众数万,围营三匝。杏春与三元分路驰突,相持两时许,炮下如雨,三元战死。杏春勒马回救,麾下劝之走,弗从,曰:"彭参将将死,我何忍独生?"驰入贼阵,手刃悍贼一人而死。赠知府衔,附祀塔齐布专祠。

朱善宝,字子玉,浙江平湖人。由监生入赀为州判,剿海州、徐州匪,保同知,署江宁府督粮同知。咸丰十年,随总督何桂清驻常州,江南大营陷,常州大震,桂清以守御事悉任善宝。既,贼陷丹阳,桂清遁,钦差大臣和春亦走无锡,提督张玉良收溃卒营城外,亦战败。贼从奔牛镇来犯,城兵千余,旦夕垂破。善宝以常州为苏、浙门户,常州不守,则苏、浙瓦解,卒不去。赋绝命诗以见志,与通判岳昌励众登陴,杀贼千计。贼群麕,攻益力,城陷,战青果巷,被十余创,死之。恤世职。

庄裕崧,阳湖人。以监生输饷奖通判,铨四川。佐驻藏帮办大臣恩庆治里塘夷务,晋直隶州知州。初,裕崧幕游蜀,至是例回避,恩庆疏留办善后。藏事毕,改省甘肃。同治元年,补盐茶厅同知,廉慎自持,谙练政治。厅属回目王大桂等以平远回扬言汉民传帖约期灭教,转相煽惑,于是群回惊疑,谋起事。裕崧与凉州镇总兵万年新驰赴秦家湾敌营,晓以祸福,责以大义,回众跪道左,咸听命。裕崧等领赴固原,遣员分赴各庄,回户皆就抚。独巨贼马彪、马新成等抗拒不服,大桂立杀之,于是无一敢抗者,事遂定。其年秋,循化、巴燕戎格撒拉回族时出攻剽,分扰西宁、碾伯、隆德、河州,居民苦之。裕崧奉檄与诸军分道进击,战屡捷。撒回势蹙,相率归命。

二年,护理总督恩麟状其绩,晋知府。俄而固原回杨大娃子等犯盐茶厅,年新战失利,直逼厅城,裕崧率文武登陴固守逾月。贼力攻,内奸启西门,遂长驱入。裕崧率团丁巷战,矢尽粮绝,被执,拥至礼拜寺,百计威胁,詈贼不屈,遂及于难。前都司高如冈、照磨胡牧皆战死。贼入署,执幕友四川举人易举索印,拒不与,并家丁李畅等十一人同时被杀。

年新,湖南人。固原失陷,驰往查办,贼伪乞降,率从潜至袭击,为所执,不屈,死之。

卷四百九十一 列传二百七十八

忠义五

王淑元 高延祉 黄为锦 瑞麟 曹燮培
杨映河等 刘继祖 瞿登峨等 刘作肃 沈衍庆
李仁元 李福培 王恩绶 李右文 从弟载文
李榙 陈肖仪 万成 袁祖德 李大均 于松
尚那布 李淮 唐治 钟普塘等 林源恩
唐德升 毕大钰 汤世铨 刘福林 谢子澄
周宪曾等 文颖 徐凤嘈等 张积功 傅生珍
瞿浚 冒芬 施作霖 韩体震 德克登额
蒋嘉毂 邓玲筠 承顺 托克清阿
冯元吉 平源 张宝华 王泗 周来豫
余宝锟 王汝揆

王淑元,字秋查,浙江鄞县人。以举人知县,分发广西。历权柳城、雒容、平南、马平等县事,授博平,调天保。会临桂县民以粮价重不输税,大吏欲惩以兵,淑元在省,进议曰:"民固有所苦,得平自服。"遂调临桂。既莅任,为汰浮收,民便之,无遁赋者。

道光季年,粤匪洪秀全始谋逆,其党李嘉耀潜入省垣煽土匪内应,发觉,淑元鞫得余匪匿所,悉数掩擒,叙功升龙门同知,以肃清会匪奖知府衔。二十九年,擢太平府知府,旋任龙州。时广西巡抚郑祖琛懦而黠,群盗蜂起,辄务讳匿。三十年,贼潘宝源等来犯,淑元率练丁御诸距州十里之湾道,以次子光颇自随。战不利,雨甚,药湿炮不及发,因退回城。及门,贼已由间道入,拥众逼官廨。淑元立堂上,骂不绝口,呼家众杀贼。贼斫淑元仆地,掳之去,光颇奔夺,贼杀光颇,而投淑元于勤村河。盗去三日,始出之,身首皆裂,独面色如生。

高延祉,字筠坡,浙江萧山人。由举人充官学教习,期满,用知县。道光二十一年,英夷犯浙江沿海,举行团练,延祉率义勇为前驱,击毁夷船。咸丰元年,拣发广西,与都下亲友别,即以致身奉国自誓。寻署隆安县事,土贼陆鹏理与其党乃利中、凌阿东等,屡为邑害。延祉集团练,遣间谍,以计诱杀鹏理,捕获其家属党与二十余人,并毁利中巢窟及冢。阿东亡命,谋复仇,纠众千余,据白山之感墟,与归德接壤。延祉偕归德土知州黄为锦率练兵四百进攻,沿途搜戮贼探多名,行抵袍墟,距感墟十余里,遇伏,军溃。复激励练勇奋击,殪匪二百余。贼众蜂至,延祉挺刃督战,被贼矛中腹遇害,为锦亦战死,仆隶多殉之者。

延祉任隆安七十余日,无日不在外治战事,居县廨仅数日耳。民感其保卫之恩,争赆其孤,孤;乃以其赆建祠祀之,以从死之仆隶、壮勇附。同治十一年,追谥壮节。

为锦,山东人。

瑞麟,白氏,汉军镶白旗人。由誊录议叙巡检,道光五年,选广西镇峡寨巡检。调主簿,擢州判、知州。咸丰元年,授西隆州知州。咸丰二年二月,洪秀全自永安犯桂林,败窜全州,瑞麟已卸州事,继任知州曹燮培知瑞麟才,深相结纳,约共守御。时都司武昌显以楚兵四百援桂林,道经全州,燮培留助守。四月,贼薄城下,发炮轰击,毙贼甚夥。越日攻益急,历十一昼夜,提督余万清、刘长清来援,分驻城北太平堡,城西鲁班桥,距十五里外,牵制弗能进,守者愈甚,子药不继。贼穴城,地雷发,城崩,贼乘入,千总叶永林、把总张元福死之。瑞麟素骁勇,遇贼中衢,手刃数人,力竭身死。燮培亦巷战死。

贼攻城时,多死伤,恨甚,城陷,屠之,焚屋舍几尽。文武官绅同时死者:署全州营参将杨映河,把总卜有祥,解饷官四川知县卢金第,安徽府经历陈垚,湖南游击余遇升,都司武昌显,千总田庆华、马瑞龙,把总卢先振、黄志林、韩大兴,外委孙绍全、杨清麒、田宏义、杨大宾、龚心仁、田宗南,武举唐殿试,生员蒋成龙、金建勋,武生张以敬,幕友黄柏彬、祝永文、朱福坪、周养龄、孙培驹、杨菱舟、金家驹、朱泽,凡三十余人。学正农贤托,年七十,甫殁,棺毁;妻殉之。瑞麟谥壮节,与燮培并赠道衔,诏祀京师昭忠祠。建专祠全州,曰愍忠,祀燮培及诸死事者。

燮培,字理村,浙江仁和人。选柳州通判,摄西隆州、宾州事,除东兰州知州,权全州。性倜傥,有吏才,不拘节目,声伎满前,然无废事。或规之,引文信国公少年时事自解,曰:"他日能学文山足矣!"人谓燮培无负素志云。

时死广西者,又有署永安州吴江龙门司巡检冯元等。

刘继祖,江西玉山人。增贡生。道光十一年,以同知分福建。十九年,除淡水同知,以忧去。服阕,借拣知州,发广西。二十七年,授永康,寻署藤县。时灌阳、平乐、阳朔等处匪徒肆扰,偕知府张熙宇督剿,歼擒殆尽,进知府。咸丰元年,金田贼败窜大黄江,继祖率水陆壮勇乘夜攻击,焚其巢。以所部练勇失铃束,夺职。四年,巡抚劳崇光奏请留藤协办团练,寻艇贼梁绿友纠众攻藤,继祖偕知县瞿登峨等婴城固守,设间出奇击却之。旋以土贼冯六、戴九等接踵至,据河干,尽焚沿岸舟,乡团来援者不得渡。贼众兵单,城陷,继祖受重创,与登峨子襄采、团长梁文轼等巷战,力竭,死之。登峨被掳,骂贼不屈,被害,弃尸于河。典史冉正棠斗死狱门。诏复继祖原官,赏世职,登峨以次死者恤有差。

登峨,字眉峰,山东章丘人。进士,截取选藤县。

刘作肃,字敬亭,奉天承德县人。道光元年举人,选知县,授天河县。历宁明知州,兼明江同知。咸丰三年,贼众万余攻城,相持五月余,解围去。以城守功加知府,赏花翎。六年,署太平知府,贼屡来犯,御却之。十年,复来。城中无储粟，贼围亟，守陴者皆走。城陷，作肃投池，水浅，不能死，为贼拥去。以其居官清廉，不忍害之。作肃乃吟绝命辞，绝粒死。其弟与仆姚云、吴贵同殉。妻赵及子家祥、女等皆先自尽。以子家凤被执不屈死，恤如制。赏世职，建祠府城，二仆并赐恤。

沈衍庆，字槐卿，安徽石埭人。道光十五年进士，以知县发江西，署兴国，补泰和。二十五年，调鄱阳，县滨湖，盗贼所出没。衍庆编渔户，仿保甲法行之，屡获剧盗。俗悍好斗，辄轻骑驰往，竭诚开导，事寖息。两遇水灾，尽力赈抚，存活无算。举卓异。咸丰二年，粤匪陷湖北武昌，衍庆请兵守康山，控鄱阳门户。三年，九江陷，讹言四起，居民逃亡，不可禁止。衍庆率练勇巡东门，见粮船中数百人噪而前，衍庆手刃二人，余党慴服，人心始定。贼围南昌，巡抚张芾檄衍庆赴援，会合省防诸军与贼战，大破之。贼将东窜，衍庆虑贼犯鄱阳，请于巡抚，驰归。时乐平令李仁元摄鄱阳事，同商守御。贼至，与仁元同力战，城陷，死之。赠道衔，立祠鄱阳。

仁元，字资斋，河南济源人。道光二十七年进士，内阁中书，改知县。咸丰元年，授乐平。民俗剽悍，以礼让教之，多感悟。有素习械斗者，仁元曰："民不畏死，然后可以致死。今天下多事，正此辈效顺之时也。"简骁健得六百人，日加训练，土匪畏之，敛迹。乐平与鄱阳为邻境，仁元政声亦与衍庆相埒，至是南昌戒严，衍庆助剿，仁元移摄鄱阳以代之。未几，衍庆以防贼扰，驰归县。因仁元父母妻子在乐平，亟趣仁元去。仁元曰："贼旦夕至，临敌易令，是谓我不丈夫也。"遂议并力战守。值久雨湖涨，城圮，无险可扼。于是审度地势，衍庆军南门，仁元军北门，为犄角。部署甫定，贼扬帆大至。麾军燃炮，碎贼舰，贼绕东门登岸，入城，衍庆迎击，贼稍却。又绕而北，仁元率乐平勇巷战，矛刺仁元，踣，脔割之。所部犹力战，死者过半，卒得仁元尸以出。

初，乐平土匪度仁元去必复来，伏不敢动。及闻殉难，乃倡议迎贼。仁元母顾其妇及女曰："祸将及矣，曷早计！"皆死之。城陷，仁元父及弟并不屈死。事闻，诏赠知府衔。与衍庆合祠于鄱阳，别于乐平建仁元专祠，父子墀、母陈氏、妻金氏、弟诚元、妹三人、妾杨氏及仆、妇等均附祀。

李福培，字仲谦，江苏无锡人。道光二年举人。会试十三次不遇，考教习，补左翼宗学教习。期满，用知县，咸丰元年，选授广东从化县。时广西贼起，广州为贼出没所，从化界连七邑，距府城百七十里。四年，贼逼广州，福培以花县之石角及县境之太平场为从化及诸邑屏障，请大府屯兵二千，兼可断贼粮道，不报。乃自募壮丁数百人，与典史赵应端及从弟性培分将之。七月，贼数千直薄城下，福培登陴固守，率兵民力战，凡七捷，斩八百余级。九月，援贼大至，急解县印授其子送省会，而誓以死守。贼昇炮攻城，裂数丈，贼蜂拥入。与应端、性培争巷战，身受数伤，退至学宫尊经阁，犹投石礧贼，贼焚阁，三人同死之。仆周镛、勇丁苏兆英等皆殉难。恤福培赠知府衔，

建专祠，特谥刚烈。福培就义处有血影渍地，如人形，濯之愈显，后任建石栏护之，榜曰"忠迹昭然"。

王恩绶，字乐山，亦无锡人。与福培为中表昆弟。少以诸生受知巡抚林则徐，招入节署读书，称为笃行君子。道光二十九年顺天乡试举人，考充宗学教习，勤其职。惠亲王稽察宗学，语人曰："不视此职为具文，孜孜不倦者，王教习一人而已。"期满，以知县候选。恩绶幼与福培同学，长以气节相砥砺。同居京师，夜分论时事，慷慨骂诸将吏弃城与军，辄面发赤。戟手搏案，声震邻舍，童仆为惊起。福培仕广东，恩绶与之书曰："大丈夫当此时，与其老死牖下，孰若埋骨疆场耶？"及福培殉，益跃跃欲得一当。

咸丰四年秋，武昌克复，大吏以湖北缺员，请吏部拣发选人。方是时，武汉再陷再复，寇尚蠢蠢至，选人皆畏沮不欲行，多称疾谒假。恩绶慨然曰："若仕必择地，则夷艰捂危杖节之士不复见于今世矣！寇何由平？"冠带往听旨，果发湖北。或言"寇深入，道且梗，盍徐徐行"。恩绶不可。携一子一仆，间道疾驱，五年二月始至，则武昌已被围。巡抚陶恩培婴城守，兵弱饷绌，势岌岌不保。官吏藉口请援师，乞大吏檄引去者相属。布政使胡林翼驻师城外，恩绶往谒，林翼惜其才，留赞画军事，恩绶辞，竟缒城入。恩培诧曰："此旦夕死地，人患不得出，君独患不得入，今何时，乃有此义烈男子耶？"温语慰遣之曰："君无守土责，尚可出，就胡营，留此身以待用。"恩绶固不可，遂奉檄登陴守御，翼日城陷，恩培殉黄鹤楼。恩绶与武昌府知府多山督兵巷战，同时死之。仲子燮及二仆皆殉。

明年冬，武汉克复，当事以恩绶死事状上闻，得旨赐祭葬，予谥武愍。既而御史汪朝棨疏言："恩绶无守土责，而视死如归，不特与草间偷活判若天渊，即较之城亡与亡亦分难易。且忠孝一门，仆从皆知赴战，尤足扶植纲常。请于本籍建专祠。"会巡抚郭柏荫亦疏请建祠武昌，诏并许之。

李右文，字伯兰，顺天通州人。道光十一年举人。咸丰三年，选授湖南东安知县。粤匪犯天津，留办本籍团练，以功赏知州衔。五年，赴官，值湘南道梗，诸弟抱书尼其行，不听。至楚，权新宁。邑屡被寇，户口流亡，右文招集抚循，凋敝以振。七年，以最调祁阳，时从弟载文殉难广西，弟复驰书劝归，慨然曰："死生命也，脱捐顶踵报国，是得死所也，何虑为！"寻回东安任。八年，湖南境贼退，右文谓众曰："贼败他窜，不可恃。"亟训练民团，置仓谷数千石，备不虞。

九年春，石达开由江西回窜湖南，逼近东安，新宁绅从数百人来迎，请避贼新宁。右文曰："吾去，谁为守此土者。"已，复请护家口出境，又曰："是为民望也。"却其请。众泣，誓死不忍去。三月，贼麇至，城卑，四面皆山，贼环瞰之。右文集城中官民登陴固守，亲冒矢石，历七昼夜，轰毙城下贼甚夥。城陷，与贼巷战署东，身被重创，犹手刃数贼，力竭遇害，贼燔其尸，仅得脊骨归葬。

子杰、妻郝、子妇王，及仆婢，皆从死。新宁绅众数百，亦先后战死。诏视道员例赐恤，建祠本籍，随殉亲丁、绅勇附祀。

子杰，字小兰。县丞。有干略，侍父湖南，襄督练勇，进知县。方贼之回窜也，右文知不免，作书与诸弟诀，命杰赍往，意欲生之也。杰不忍去，又重逆父命，潜避署左右，观贼变。贼至，率练勇守南门，城陷，闻警驰父所，未至，遇害，尸同被焚。视同知例赐恤。

载文，字潞帆，右文从弟。道光二十四年举人。三十年，以知县发广西，咸丰元年，权马平县。时洪秀全犯桂林，马平贼李志信响应，载文率兵剿捕，歼之。寻调平南，五年，艇匪梁培友由梧州上窜，陷浔州，扰平南，载文御之渡口，炮轰沉其船，追击毙匪无数。贼屡分扑南北岸，悉却之。累以功擢同知直隶州。

六年五月至七月，贼麕至，水陆环攻，载文偕参将曾廷相、张遇清，都司唐文灿等，婴城固守，困重围七十余日。乞援、乞饷，告急文数十上，大吏但空言慰藉。载文知事不可为，遣亲仆间道以县印檄送桂林，独激励兵勇与贼相持，教谕傅清，把总吕耀文，生员傅扬芬、吴国霖先后战死。贼攻益急，载文中炮伤腿，痛哭，北面顿首曰："臣力尽，惟以一死报国，然不忍百姓屠戮也。"纵之去。千总方源开城私遁，贼乘隙入。载文、廷相率勇巷战，手刃数十贼，力竭，自刭不殊，贼拥至船中，抗骂不屈，并脔割之。

是役也，遇清守北门，持大刀斫贼三十余，被贼攒刺无完肤，死。文灿守南城，率外委张珽巷战死。守备张彪守火药局，燃火轰毙贼百余，亦战死。载文、廷相死尤惨。先是巡抚劳崇光奏荐载文堪胜道府，兵部侍郎王茂荫亦奏保循声卓著，擢桂林遗缺知府。命下，载文已遇害。赠太仆寺卿衔，赏世职，建祠本籍。同治十年，追谥壮烈。

李榞，字紫藩，安徽宣城人。以监生入赀为知县，道光二十六年，选授湖北公安，赈灾有惠政。调孝感，再调钟祥。咸丰二年，粤匪自长沙躏岳州，犯武昌，所在奸民竞起，钟祥马骡子、襄阳郭大安、天门盖天王皆盗魁，党众大者万余，小乃数千。榞教练壮士千余人，捕马骡子及其党数十人斩之。侦知郭大安方谋以众投粤贼，设伏间道擒之。乘大雾掩击盖天王，悉俘其众。时武昌、汉阳相继陷，上游诸郡帖然无恐者，榞平诸盗力也。既而武昌复，大吏上榞功，擢荆门州知州，调署江夏县，钟祥民万众攀留不得。

会粤匪林凤祥等北犯，其后队自河南折入湖北，陷黄梅，趋麻城。榞率提标兵千人往援，击贼黄冈之鹅公颈江口，大破之，穷追至安庆，与安庆兵夹击，歼贼殆尽。还值宿松警，复破贼下仓埠，诏以知府升用。逾月，贼复自江西大至，寇广济之田家镇，大吏檄榞往，连战皆捷。最后战，他将懦不进，榞率所部渡江击贼。贼败走，孤军追贼，至兴国州富池口，贼知榞军无继者，分舟中贼登岸袭其后。榞引就水军，水军走左，陷淖中，与所部二百人皆斗死，咸丰三年九月十日也。事闻，赠道衔，予世职。公安、钟祥之民，家祭巷哭，奉木主祀之。

始榞为县，所至必于其地夷险丰耗、民俗醇讹、奸蠹根株、人所疾苦尽知之。为治行之出于至诚，人乐为用，愿效死力。及其殉难，久而思之。同治二年，湖北大吏复奏榞死事甚烈，在官政绩尤著，请宣城及死事所建专祠，诏可，予谥刚介。

陈肖仪，字幼泉，江西弋阳人。尝遭母丧，扶柩舟行江中。夜火发，四面皆烈焰，肖仪以身伏柩上，随江流飘荡，不死，柩亦无恙，一时称奇孝。年十九，官湖北县丞，擢广济知县。咸丰三年，粤匪破田家镇，去县七十里，县故无城垣，召募乡兵，皆望风走。肖仪知事不可为，持刃坐堂皇，贼入，数其罪，即抽刃自刭，未殊。贼缚之，曳于市。子恩藻奋臂击贼，贼立杀之，肖仪骂益烈。贼龃齿刵颊，肤爪见骨，三日乃死，贼解其体为五。县民悲愤，贼去始敛焉。

万成，满洲镶白旗人。道光二十四年举人，拣发湖北知县，署汉川，调安陆。咸丰四年，匪由武昌北窜，陷云梦。时总督台涌驻兵德安，万成陈战守二策，涌不能用，欲退守三关，徐图克复，且讽与俱去。万成垂涕曰："弃而不守，如百姓何？与城存亡，守土之义也！"其仆复劝之，并以主人无嗣为辞，万成厉声曰："我家世受国恩，若临难偷生，无以对国家，即无以对祖、父！"遂致书邑绅曰："祸在旦夕，谁之责欤？一死塞责，不可为臣；有辱于亲，不可为子。愿不归榇于先人之墓，留葬于此，以志吾恨。"是夜警报沓至，万成召团练诸绅，告以在城兵勇俱随总督北发，已当以死守城。又知事必不济，复作绝命书，与士民诀，略曰："贼已至云梦，势必来德安，我惟婴城固守。不能，则以死继之。诸君不我遐弃，能寻我遗骸，葬于碧霞台下，常此北望神京，则九原之下，感不忘矣！"逾日，贼距城二十余里，台涌拥兵径去。万成谒知府议救急策，甫出署，红巾贼数十突至。知城陷，抽佩刀与战，手刃数人，力竭死之，贼焚裂其尸。德安复，县民卒收葬残骨于碧霞台下，以遂其志。

袁祖德，字又村，浙江钱塘人。祖枚，以诗文名，官江宁，因家焉。祖德早慧，入赀为江苏宝山县丞。兵备道某稔其才，以上海县令姚冞漕事诖误去，檄祖德擢县事，且代姚办漕，未五月，难作。先是县中团练多闽、广无赖，本地游民和之，漫无纪律。粤匪据江宁为伪都，人心益摇，于是小刀会起事。小刀会者，即无赖游民所结合，党羽散布，官役皆为耳目。道故粤产，谓中多粤人，置不为备；先发难嘉定，戕县官，道仍不为备。咸丰三年八月初五日为上丁祀事日，黎明，祖德肃衣冠出，贼蚁拥入署。一贼号小禁子者，祖德尝因案惩之，首犯祖德，刃交于胸，被十余创，骂不绝口，死。

守备李大均得讯，跃马呼杀贼，手无械，不能战，自经死。

于松，汉军正黄旗人。以荫授蓝翎侍卫，出为江苏松江粮厅。咸丰元年春，南漕改海运，漕船水手将哗变，大吏檄松资遣，变遂定。明年，大吏复以资遣事檄松，时粤贼已踞江宁为伪都，水手环而啸呼，势倍前。松为上息内哄计，藉其精壮而训练之，不旬日，得劲卒二千人。会向荣蹙贼围江宁，江苏境内稍安。六年，率所籍卒从巡抚吉尔杭阿剿镇江，既成营，搏贼银山下，战屡捷。镇江贼仰息江宁，既屡创，闭垒，潜略高资镇。松以千人驰击，渡夹江，平贼营。改攻镇江城，以众夜薄城下，梯垣纵火，潮勇噪而惊贼。贼起，燃巨炮，登者纷坠。松督队在前，铅丸中额，仆牙旗下，旋卒。潮勇故剽椎名盗，居尝哄贼金，故为贼用，败官军。松死，麾下士千余人，悲愤痛哭不忍闻。

尚那布，国罗落氏，满洲镶黄旗人。咸丰三年，由举人拣发江苏知县，八年，署溧阳。仆从萧然，日集士绅议战守，不退食。兵勇践境，亲之城卡弹压，出境乃已。创义学，筑舍数十楹，集诸生讲肄，购田百余亩供膏火。修葺文庙，庀材鸠胥，捐廉为之倡。疏浚城河，懋迁称便。迭以军需筹防、催征力最，赏知府衔。十年贼陷广德，溧阳界其北，尚那布誓死守。贼麇逼城下，急切无援，督练勇击贼退。未几，贼复大集，攻城愈迫，越日城陷。尚那布厉声叱曰："我溧阳知县，练勇杀贼，我作主，速杀我，勿伤百姓!"遂遇害。恤赠太仆寺卿衔，赏世职。时署金坛县知县李淮同以城陷殉难。

淮，字小石，浙江鄞县人。固守至百余日，贼乘雾登城，淮朝服坐堂皇，骂贼死之。

唐治，字鲁泉，江苏句容人。道光五年举人，大挑知县，分安徽，补桐城县。岁大水，请帑劝分，按口赈施，不假手胥史，一月须发为白。调祁门，旧有东山书院，生童膏火取给盐厘，治别筹捐项充经费，士商两便之。又立义廒，积谷至数万石。时粤贼据江宁，安徽改省治庐州，贼船上下无所忌。上书陈利害，不报；祁门无兵，依山为城，徽州以富名，贼欲图徽，必道祁，请以兵守，又不报；而祁之奸民前苦治严缉者，遂为贼向道。道光四年正月，贼入县属桦根岭，治招集团丁，激以大义，誓共城存亡。时大洪司巡检钟普塘亦带勇入城协守，贼逼西门，治督众登陴迎战，炮轰毙匪数十人。大股猝至，城遂陷，犹奋勇巷战，力竭马蹶，与普塘同时被执。诱降不可，凌辱之，不屈，以礼遇之，终不食饮，卒骂贼死。普塘同时遇害，沉尸于河。

普塘，绍兴人。贼欲说降之，曰："吾年逾六十矣，即不知羞耻事，能再活六十余耶?"传其骂贼尤烈云。同治二年，曾国藩请于祁门建专祠，以钟普塘附祀。

贼蹂安徽，守土吏殉节死者，又有泗州知州郑沉，六安州知州金宝树，蒙城县知县宋维屏，望江县知县卫君选，盱眙县知县许垣。沉，顺天大兴人；宝树，江苏元和人；君选，河南赵城人；江苏上元人；维屏籍未详。

林源恩，字秀三，四川达州人。拔贡生。举道光二十三年顺天乡试，咸丰元年，选湖南平江县知县。二年秋，粤贼犯长沙，浏阳、通城匪徒皆为乱，三县皆与平江接壤。源恩诘奸守隘，如防御水，截然不得蛰。江忠源以为才，保奏知州衔，又以书播告士友，道"林某堪军旅"也。时曾国藩治兵长沙，檄源恩募平江勇五百人以从。旋有他贼自崇阳、通城犯平江，檄源恩回援，壁北之上塔市。三月四日，贼大至，环源恩垒，源恩逆战，大捷，追奔数十里。既而塔齐布、胡林翼师克通城，平江解严，师别剿，则贼仍麇至，源恩屡战却之。会有忌源恩者，功不得叙，又别摭他事中之。源恩愤甚，诣大府自陈，而謇于辞，卒莫能自达。

遂从国藩九江军，命治罗泽南粮台。乙卯春，从克广信，赏花翎。又治塔齐布粮台，旋任水师营务。十一月，又摄理陆军于庐山之麓、姑塘之南，而江西巡抚闻源恩贤，飞檄至南昌，付以所新募之平江营者。源恩在庐山，又与共事武夫不相能，愤弥甚，尝独叹曰："丈夫一死强寇耳，终不返顾矣!"

明年，石达开犯江西，连陷八府五十余州县。六年三月，李元度率师自湖口南来，源恩与邓辅纶自南昌而东，两军会于抚州，克进贤东乡，进破文昌桥坚垒五，赭其巢。既薄城，源恩壁南门，元度壁西南隅，相去四里。贼婴城拒守，坚不可拔。当是时，江、楚道梗，瑞、临、袁、吉四郡无一官军。援贼不时至，至则合城贼来犯，所部迎击三十里外，辄重创之，破贼垒者九，大小战五十有六，皆告捷。然部下血战久，疲不得休，裹创者十之三，病者十四五。会辅纶中蜚语去，在事者多告退，源恩势益孤，饷日绌。

宜黄、崇仁两县来乞师，谓克宜、崇则能捌抚贼之背，且劝士民输饷，可得十数万。源恩与元度遂分江、楚军共五千徇西路。九月三日，克宜黄，九日，克崇仁，俘斩各数百。忽皖贼数千自景德镇来援，急撤宜、崇军，官民苦留不遣。将士亦以久饥甫得一饱，不能行。贼趋抚州，十六日，扼河而战。水涸，贼骤马飞渡，追而败诸城下。

先是源恩所部之右护军遣赴崇仁，留三百人守垒，贼诇知之，诘旦出犯，先陷右军，遂围源恩壁。源恩慷慨谕将士曰："好男子，努力杀贼，无走也!"众皆应曰："惟公命。"都司唐德升驰入壁，掖源恩上马，源恩曰："此吾死所也，子受事日浅，其行乎!"德升曰："君能死，吾独不能死耶?"从容解金条脱畀其从子某，曰："若驰去，吾与林公死此矣!"垒破，源恩手剑钣贼，力竭，死之。德升素骁健，格杀十余贼，始被害。从死者三百余人。源恩年仅四十。追赠道员，赐恤如例。

德升，字彦远，宁远人。旧隶副将周凤山部下，以十五日奉檄来军，十七日及难，赠游击。

毕大钰，湖南长沙人。咸丰二年，以附生守长沙南关，粤贼炮轰城塌，大钰敛空棺实土为墙，顷刻成三十余丈。随提督邓绍良坚拒八十余日，歼贼数千。贼自湖北回窜，湘潭、靖港均陷，大钰复以防省功选用府经历、县丞。湖北崇阳、通城陷，大钰复领兵赴剿。谍知贼由平江捣长沙，绝饷道,厉兵为备,贼不得逞。行军禁骚扰,一蔬一木无妄取。通城乱久无官,为立团防,锄土匪,通人居安业。因其归,报金巨万,大钰却不受。四年,保用知县,授浙江仙居知县,案无留牍。地瘠民贫,逋赋多,大钰在官,民争输纳。寻捐知府,浙江巡抚何桂清留管粮台,檄赴於潜防堵。又以开化叠警,调防婺源。初莅屡捷,寻奉以三千人围南关,大钰偕胞侄候选通判荣清合剿,贼大至,力竭,均死之。恤赠太仆寺卿,赏世职。

汤世铨,字彦声,顺天大兴籍,江苏武进人。道光二十六年举人。咸丰三年,以知县发浙江,七年,署开化县。时粤匪阑入浙境,由常山窥开化,委署者多不肯往,世铨独毅然请行,至则募勇防守。八年三月,贼首石达开扰浙,衢州镇总兵饶廷选战败,遂逼开化。世铨闻警登陴,贼突至,城陷,世铨拔佩刀自刎,为绅民夺刀拥出,不得死。阴约各都结团,且飞书请兵,会鹤丽镇总兵周天孚督军追击,贼奔处州,世铨率团沿途截杀。

六月,县城复,仍因失守褫职,代未至,仍带勇守御。七月,贼由常山复攻开化,江苏候补知县刘福林帅乡勇方檄赴宁国。世铨请于大府,留籍防御,而以城守嘱县丞某,且出印印其衣,毕,遣人赍印至府授代者,遂出御贼于华埠。贼至,叠击败之。会贵州定远协副将朱贵统兵三千来援,战失利,世铨急整队出,仓猝不能成阵,力斗,与福林同殁于战所。以印衣觅得尸,胸腹腰胁创十数。勇目方忠同死于其侧。事闻,复原官,恤如例,给世职。

谢子澄,字云航,四川新都人。道光十二年举人,大挑知县,分直隶。咸丰元年,署无极县,二年,补天津。天津地滨海,犷悍难治,市有所谓"混混"者,健武善斗。子澄至,见前令系诸混混,叹曰:"是奚不可化者?"籍其名,纵之。未几,纵者閧於市,子澄按名捕,殪其魁,地面遂靖。时粤匪出扰湘、汉,顺流而东,遣酋林凤祥、李开芳分兵渡河,莫测所向。人方谓南北道隔,贼不敢犯,子澄深以为忧。捐金倡团练,召所纵诸混混,以周处故事喻之,众皆为用。回民刘德复集回民千余人应之,遂率赴教场,授器械,教战阵之法,其妻亦撤簪珥以助。长芦盐政马谦归财与粮,随时协济,子澄得一意练兵。

未几,贼围怀庆,逾月,渡临洺关,总督讷尔经额帅师遁,遂经顺河、柏乡、栾城入深州。主闻者务持重,虽数奉诏夹剿,而习于溃逃,数避贼。其奋勇者尾追数千里,气亦馁,贼势益横。又经献县、交河,以薄沧州,沧州号有备,亦为所拔。津地大震。

九月,贼至梢直口,大吏不知所为,议婴城守。子澄以负郭居民数十万,不应弃之,力争。遂用沿河樵小舟以火器取野鹜者,又火会众万人,合水陆拒贼,而别向火会首事张锦文筹赞。先是锦文输家财浚壕,壕成,运河水大至,环城洼下成巨浸,而葡萄洼尤甚。子澄阻壕守,渡壕击贼。贼酋下山王小秃子手黄旗指挥,迅奋剽疾,能一跃丈余,避枪击。子澄先伏打野鸭船于岸外,贼以为民船也,呼渡,船枪发,殪小秃子,群贼夺气。伏舟进击余贼,血流染波。日晡,军馁,锦文又赍粮粮至,战益奋。勇目

余鹏龙等相继陷阵,复斩级无算,贼遁。是役也,子澄功最,旨以知府用,留本任。

时贼退踞静海及独流镇,子澄奉调赴胜保营,列营河西。贼由独流出扑,屡击退之。嗣静海贼倾巢出援,子澄追剿,贼窜,正骞,会都统佟鉴思绝贼归路,进掣壕板,以路滑失足踏地,贼刃交下。子澄单骑驰救,炮洞马腹,身受七伤。鹏龙负之趋,子澄曰:"急矣!尔亟行,毋顾我。"贼酋高刚头薄之急,子澄恐为所辱,沉于河。鹏龙率从子栋梁等皆战死。事闻,加布政使衔,谥忠愍,建专祠。丧车还津,无贵贱皆往吊,哭如私亲。天津祠落成,蠡县人李某,生致高刚头,剖心以祭。

子澄好为小诗,工骈体文,为政有声,卒以杀贼致殒。人谓贼自河北经山西,所至席卷无坚城,独受挫于子澄,使京师得以为备,其关系尤重云。

先是贼过临洺关,同知周宪曾公服坐饷鞘上,骂贼死。后子澄以知县死直隶者:江安澜,广西临桂人。举人,挑教职,保直隶,发直隶,补柏乡。咸丰元年,调静海。贼北犯,静海为畿南冲要,大军勦剿,供应无乏。贼入境,偕署都司潘宗侪等擒斩伪司马陈得旺,大队麇至,官军众寡不敌,遽溃。城陷,赴水死。破沙河,王衡身中七刃死;破栾城,唐盛朝服骂贼,贼缚之柱上死,典史陈虎臣从死。

又马云岚,庆云人。州判。贼犯县城,率乡团出御,被执,不屈死。子龙文从死。恤如例,予世职。

文颖,字鲁斋,赵氏,汉军正蓝旗人。道光二十五年进士,用知县,发山东,补蒙阴。邑患蝗,两以文吁神,皆应。调阳信,弭抗漕衅。又调商河,浚徒骇河,境免积潦。时粤匪已窜直隶之建通镇,去商河百里,募练乡勇,民恃无恐。调省主粮台事,适股匪入东境,金乡、郓城皆陷,而阳穀当其冲。大吏以文颖有干才,檄令往署,至则城备久弛,急号召乡团为守御计。是时将军善禄拥重兵驻东昌,飞牒请援,置不应。愤极,抵案曰:"死耳,复何言!"或讽以出城待援者,怒斥曰:"与城俱存亡,岂有临难苟免之文某哉?"

未几,贼大至,割半手袖付仆驰报父母,即怀印上城,与典史徐凤嗜从容出印相视。贼入城,怒马驰入贼队,被七创,骂不绝口死。凤嗜及教官李文绶同遇害。文颖抵任才五日,时咸丰四年二月二十九日。事闻,优恤,立专祠,予世职。文颖尝过泰山,题句有云:"此行不了封侯业,愿把顽躯窃比君。"盖以泰山自矢,见危授命,其志素定云。子四,三尔丰,自有传。

张积功,江苏仪征人。嘉庆二十三年举人。道光十年大挑知县,发山东,历州县吏。二十年,初权临淄。前政不善,多流亡,以诚招徕之,皆归故业。即墨饥民滋扰,檄往办理而定。朝城民变,民闻积功治临淄事,即首行馆请死,喻以理,惩以法,皆欢呼去。咸丰四年三月,贼攻临清州,积功适知州事,守御十四昼夜。十四日,城陷,阖门死难。初,贼过冠县,知县傅士珍自经死。

典史瞿浚,字菊坪,江苏武进人。帅乡勇出敌,遇贼

城闉，中鸟枪，洞其胁，坠马。欲退保于司狱，贼追及，刃俾其胸，骂不绝口，剖腹死之。妻吕氏，骂贼，被寸磔。亦全家遇害，时三月朔也。

冒芬，江苏如皋人。巡检，发广东，补北寨司巡检，调五斗口。缉获盗匪傅敏南、乌石姊等，有能名。擢广州府经历，调海丰县丞。英吉利扰广州，以守城功进知县，授开平县。县介新会、鹤山间，盗贼出没，芬严为条约，捕甚多。历权高要、曲江、乳源等县。

咸丰二年，洪秀全陷仁化、乐昌两县，分股攻乳源，芬募勇三百，约都司车定海扼河为守，使乡勇绕出河岸设伏。凌晨贼至，官军隔河炮毙骑马贼一，伏军薄其后，夹击，贼大溃。渡河追击，斩甚众。

余匪吴焕中、黄老满等潜聚曲江龙归墟，结连罗镜墟淩十八，图复逞。焕中潜至乳源，为逻者获。芬讯得实，偕千总张鹰扬驰往，捕获黄老满等头目十三名，解经曲江寺前村，猝与罗镜贼遇。鹰扬所部溃散，芬率亲军百余人与贼战，军火尽，芬被创，贼夺黄老满去。芬裹创为书，上总督叶名琛，极言两粤贼势急，宜联络官民，早缮备具。越数日，伤剧卒。恤如例，后建专祠。

施作霖，浙江萧山人。道光二十九年拔贡，用知县，发陕西。咸丰三年，粤贼窜河南，奉檄督练勇防陕境，署城固县知县。七年，河南角子山捻匪扰南阳府，将窜陕，巡抚曾望颜以作霖练勇有纪律，仅防商南。驰抵清油河，距武关三十里，贼已潜由天桥河陷武关，作霖偕候补同知曾兆蓉夜冒风雪抵头条岭，击却贼前敌。越四道岭，贼蜂至。作霖奋下击，义勇厉进，作霖手歼悍贼王党。余贼却拒守关，作霖直逼关前，贼复三面扑。燹贼二十余骑，贼攻愈猛。作霖分队击，身受重创，力竭死。家丁王建、义勇马永刚等十三人皆死之。赐恤，谥刚毅，赏世职，建专祠。

韩体震，字省斋，河南夏邑人。道光二十五年，捐州吏目，补直隶祁州吏目。因父作谋任文安主簿，回避，补山东德州吏目，捐升知县。以防堵功，奖开缺即选，选湖北通城县；防堵邻境要隘出力，保同知。同治元年，鄂督官文调赴军营差委，嗣兼孝感县事。孝感屡经残破，城缺不完，体震修葺之，招乡勇城守。闰八月，捻匪大股分扰京山、应城一带，阑入县境，遂扑县城。体震与护军统领舒保善因请入城同守，始解鞍，而贼由缺口入城，体震率勇巷战，众寡不敌，身受十伤，刀矛枪子无不备，大呼杀贼而死。诏照知府例赐恤，给世职。

德克登额，字静庵，满洲某旗人。由笔帖式从将军都兴阿军，累保至副都统记名。尝从攻广济，守营垒，不眠者七昼夜。为人沉静，溽暑不去长衣，每曰："贼平即回家授徒，暇则垂钓黑龙江。"又曰："世受国恩，得一日授命疆场，则吾事毕矣！"与体震同守城，城陷，死之。

蒋嘉榖，顺天大兴籍，浙江山阴人。以府经历发贵州，旋保知县。咸丰三年，署荔波县。县毗连粤西，粤氛近逼，土匪乘之。嘉榖内守外御，境内安堵。始之任，狱多繁，囚半逆党胁从，复有挟私诬告人从匪者。嘉榖讯得实，俱决释之。时刍粮告匮，或以劝捐进，嘉榖曰："民被蹂躏久矣，忍朘其生而激变乎？"事遂寝。五年六月，水匪复叛，与广匪合，约五六千人，薄城下，嘉榖募乡勇五百人击退之。时土匪遍地，饷需匮乏，嘉榖毁家募勇，妻陆氏亦出钗钏佐军，众感奋，守愈坚。以故附近州县皆不保，独荔波得存。十月，贼复至，嘉榖部署城防，誓师出营于水堡，与贼遇，战捷，贼小却，后见师乏援，始无忌，麏众并进。嘉榖鏖战终日，伤亡略尽，犹裹创刃贼，俄被执。贼乘胜攻城，城以有备，卒不破。嘉榖既陷贼，怒骂不屈。贼束薪渍油遍体灼之，死而复苏，苏则骂，骂则复灼，如是数次，乃绝。贵州巡抚蒋霨远以嘉谷善政得民，力捍疆圉，被害尤惨。奏入，恤世职。绅士请捐建专祠，允之。

邓玲筠，字治芗，湖南宁乡人。道光二十三年举人。咸丰六年，以知县发贵州。七年，擢知印江县，时黔中苗、教匪充斥，匪酋以邪教蛊乱，民有黄号、白号等目，乡团多叛应之。玲筠锐意图治，周巡辖境，与田更曼叟握手询利病，手疏小册，用是能摘发民隐，讼者神之。思南贼炽，地连印江，亟行保甲法。单骑诣各乡，手自敦率，给门牌如式。署纸尾十则：曰忤逆，曰习邪教，曰私结盟党，曰劫掠，曰藏匪类，曰窃盗，曰容留娼妓，曰赌博，曰斗殴生事，曰唆讼。各择士绅董之，犯者同甲勿与齿。改悔者许具状于各条下，加小印曰"自新"；其顽抗及无人敢具保者治之。且计月以验绅董之能否，加劝惩焉。又加意课士，割俸给书院餐钱，与讲求正学，并及军政，士皆畏爱之。劝民修水利，立法详尽易晓，或亲履指示，不以勺水扰民。邪教惑众，为文告抉摘其谬，妇孺能解。简壮丁数百，亲教之击刺法。

是年十二月，贼陷思南，将犯印江。印江故无城，出营于云泮御贼。贼以书请假道，焚书，斩其人。贼从间道袭治所，玲筠袖铜椎毙三贼。贼环攻，复出铜铜格斗，贼莫敢近。忽四山火起，乃突围，抵铜仁乞师，得练总王士秀领五百人，一日夜行三百里。民见玲筠归，奋跃，复得壮士千余，仍从至云泮。是日大雾，人马对立不相见，噪而进。贼奔，自相蹴蹋，坠崖死者无算。复追百余里，战中坝，战螺生溪，战袁家湾，皆捷。

八年春，知府令玲筠越境剿贼，知府先闻贼畏玲筠，立邓字旗慑贼，故严檄三至。县民苦留，玲筠慨然曰："郡守檄，县令安敢违？且杀贼固无分畛域也。"以千三百人往。师次分水垭，贼混运粮者入营门，变作，众惊溃。玲筠亲搏战，飞石中首，手格杀一贼，足后被创，遂及于难，丧其元。后军闻失事，愤极，殊死斗，杀声与哭声并，卒夺玲筠尸还。乃树"忠愤"帜，誓复仇，贼惧，退屯八十里。丧归，士民大恸，争致赙赠。有负贩佣，挈钱四缗，将运盐，悉以充赙。或曰："如尔家何？"佣哭曰："公死，吾属无葬所矣！何家为？"民怀其德，立祠祀之。并刻遗集，曰《巨业堂稿》。

承顺，佟佳氏，汉军正蓝旗人。由文生于咸丰四年随其父甘肃宁夏镇总兵定安出征湖北，累功擢至通判，发甘肃。历权宁夏盐捕通判、平番县事，授甘州抚彝通判，所至有声。同治元年，西宁撤回就抚，大吏以贵德厅孤悬大河以外，汉民与番、回杂处，治理不易，檄承顺往署。适番、回械斗，承顺为之平怨息争，番、回悦服。值河州回匪倡乱，甘、凉、宁、肃一带响应，贵德回民汹汹欲动，承顺劝导解散，以被难妇孺置署中别院，抚养数年。有主者认还，无主者择配。由是汉、番感戴，回民亦慑其威。

时西宁所属各厅相继沦陷，贵德一厅孤立贼中者六年。城中回民暗结陕回谋乱，承顺密调兵勇入城，严为之备。回首马朵三等率众千余人攻城，承顺登陴抵御，炮石雨下，毙贼颇多。城内回民开门应贼，城遂陷。承顺率勇巷战，身受重创，厉声骂贼，贼怒，断其右臂，骂愈厉；复断其右足，骂如故；遂断其首而支解之。其弟议叙知县崇顺、监生吉顺扶其母萨克达氏至尸所哭署，皆遇害。家丁李文忠等七名，同时死之。事闻，恤赠道衔，给世职。

贵德士民复以死事状赴都申诉，御史吴可读疏言：「青海办事大臣玉通疏报，衹及承顺被害情形，犹惑于当时『回众拘集汉民、勒写官逼民反，汉、回同谋戕官』之说，后经查覆，于精忠大节，仍未述及。在承顺为国捐躯，光明俊伟，于愿遂矣。遗爱在民，汉、番男妇老幼呼为活佛。误触其名，即童子皆呵禁之。在朝廷为有臣，定安为有子，甘肃为有官。阖门全节，允为一代完人，再恳优恤。」光绪初元，陕甘总督左宗棠复奏，谓：「承顺死节奇伟，一时仅见。纲常名义，不因品秩等差而别，则表扬较名位尊显为尤亟。请官为建祠，并予谥法，以励人心。」疏上，允之，谥勤愍。

托克清阿，字凝如，满洲正蓝旗人。道光十四年举人，大挑知县，发甘肃，署环县、安化知县，及土鲁番同知。以清查事镌级。咸丰元年，捐复原官，补皋兰。时回、捻扰陕、甘，土匪闻风响应。侍郎梁瀚治团练，疏荐之。总督乐斌亦以其任事果敢，檄署秦州直隶州知州，寻实授。同治二年，逆回窜甘南，州境戒严，托克清阿募壮勇，缮器械，力筹守御。贼窜秦安，率军迎剿，屡挫贼。贼纠大股至，众寡不敌，力战死之。事闻，诏以道员从优议恤，秦州及本旗立专祠。后秦州承其规画，防御严密，境获安全。四年，秦州士民以托克清阿忠贞孝友，慈惠严明，洁己爱民，御灾捍患，在任时民皆安业，贼不犯境。遗爱余威，实足固民心而寒贼胆，吁请加恩赐谥。总督恩麟据以入告，特诏允之，予谥刚烈。

冯元吉，字景梅，浙江山阴人。由供事议叙从九品，分广西，历署贵县五山汛、凌云平乐司巡检。道光二十八年，授宜山龙门巡检。咸丰元年，金田贼由武宣东乡逃窜，都统乌兰泰、提督向荣、总兵秦定三等节节追剿。贼窜象州，兵勇不能御，直至大乐墟，转掠龙门。元吉率乡兵御之，战败，驰回署，衣冠坐堂皇，二子澍、溥侍立。家人请暂避，元吉厉声曰：「身为命官，不能杀贼安民，走避偷生，吾不为也！」麾二子出，皆痛哭不去。贼至，父子抗骂，同遇害。家丁严禄、夏玉俱死。诏以元吉微员，从容尽节，澍、溥从父殉难，忠孝堪嘉。赠盐运使司知事衔，赏世职，建专祠，澍、溥附祀。

平源，字沛霖，顺天大兴籍，浙江山阴人。由吏员叙典史，发安徽。咸丰二年，署怀宁县典史，恤狱囚，尝曰：「囚死于法，可也；死于非法，不可也。」眠食皆躬察之。粤匪犯安庆，事急，囚哗，欲脱械去。源至，囚曰：「此何时也，公胡弗自便？」源曰：「此若辈所以犯刑也，死可苟免耶？」囚曰：「公不去，囚何忍去？」俄而城陷，巡抚蒋文庆遇害，余官皆走。源独冠服坐狱门外，贼至，胁之曰：「若降，官；若不然，饮吾刃！」源曰：「刃则刃耳，吾岂受汝胁者？」贼曳至怀宁县署外杀之，逮死骂不绝口。安庆人思之，为立石于殉节处。

时又有张宝华者，为望江县典史。闻城陷，视其妻贾氏自经毕，冠服坐堂上骂贼，死。华阳镇巡检王泗同时殉难，盱眙县典史周来豫后于九年助守县城，力战坠马死。

余宝锟，江西德化人。附贡生，捐知县。道光十六年，选授浙江景宁县，以才力不及降调。复捐县丞，发贵州。咸丰五年三月，署麻哈州吏目。四月，仁怀县教匪杨潏喜窜麻哈，随知州何铤击却之。寻盗魁陈大陆纠苗匪来犯，复随铤出战。贼退，遂率众攻拔下司岩、下鸡场等处，扼茅坪山，悉力堵御。未几，贼聚益众，势不能敌。退州城，贼旋陷都匀府。提督孝顺兵至茅坪被围，宝锟率团兵随总兵佟攀梅援剿，围解。自是无日不战，互有胜负。巡抚蒋霨远檄云南降将陈得功随孝顺攻克都匀，进援麻哈，官军势复振。得功旋叛去，孝顺军溃，贼大股围州城三日，宝锟率乡兵登陴固守，贼不得逞。七年，城中粮匮，兵益单，宝锟自誓与城存亡。八年正月，贼悉众来攻，宝锟出北门迎敌，不利，入城，贼已自他门入。宝锟持矛巷战，贼不忍害，挥令去。宝锟怒骂，掣矛刺之，贼夺矛还刺，死之。

王汝揆，甘肃伏羌人。道光二十年举人，拣选知县，亲老改教职。咸丰间，授平凉县教谕。同治元年，陕西回匪窜乾凤，逼甘肃境，汝揆上书平庆泾道万金镛曰：「贼西逼凤翔，必分党由汧、陇间道趋秦安东北，构煽丑类。宜及其未至，扼险严防。不然，内应且四起，平凉扰则灵、固、狄、河等州县亦危矣！」言未及用，贼寻由固关逾陇，张家川、莲花城土回应之，陷盐茶及固原，金镛死之，平凉戒严。汝揆议尽毁城外民舍，无令贼倚为障蔽，议不行。未几，贼围平凉，汝揆协同守令，督率生徒，登陴固守，衣不解带者六阅月。一日，侦西北二路贼少可击，谒知府田增寿请率壮士缒城出剿，又不许。二年，贼匪民舍掘地道，纳火药轰之，城遂陷。人皆泣曰：「早从教谕言，事岂至此乎？」汝揆还署，易朝服，北向叩首讫，妻汪氏暨女一、孙女一皆死，乃从容就缢于孔庙钟簴以殉。

汝揆性质实，敦孝友。居亲丧，不入内，不御酒肉。弟印揆，客西宁久，音信乏绝，汝揆往寻之，风雪中徒步千余里，卒挈其弟以归。平生肆力于经籍，家居课徒，以穷经为急，辄点勘善本授之，勖以立品敦行。其官平凉，亦以是为教。期年，讼庭无士子迹。当城未陷之先两月，有门人驰书劝引疾归，谓可免难。汝揆曰："无疾而称疾，是欺也；食禄而苟免，非义也。"乃为书与戚友诀，略曰："我生不辰，逢天瘅怒，向者耳闻之，今则目睹之。平郡自二月以来，围困日迫，飞书告急，援兵无一至者。汝揆妻、女，行当自尽，决不受辱于贼手。死者士之终，今诚获死所矣。惟官卑不得展一筹以报国，死有余憾耳。"三年，官军克平凉，总督杨岳斌请优恤。六年，总督穆图善疏陈汝揆死事状，请照阵亡例议恤，赠国子监助教衔，给世职，又命于本籍建祠，以从死之妻、女等附祀。

卷四百九十二　列传二百七十九

忠义六

斋清阿　童添云彭三元　**萧捷三**周清元
蔡应龙　萧意文周福昌　**彭志德　李存汉**
杜廷光等　**赖高翔**毕定邦　**刘德亮　陈大富**
陈万胜郭鹏程　王绍羲　**王之敬　陈忠德**
刘玉林等　**黄金友**麟瑞　**蔡东祥　邹上元**
郝上庠　张遇祥兄张遇清　**曹仁美**
毛克宽邢连科　**田兴奇**田兴胜　**马定国**

斋清阿，字竹塍，纳喇氏，满洲镶黄旗人。早丧父，母氏抚之。家贫，月夕至撤去镫火。膂力过人，取巨砖置平地，拳击之，立碎。以善射得名，尝随扈盛京，命射，中靶，赐克食。道光六年，发闽、浙，以都司用，补浙江杭州营都司，为总督孙尔准所赏。英吉利船入犯，献烧船退敌策，不用。递擢至广东肇庆协副将。三十年，广西金田乱起，檄令率兵至两粤交界开建县堵御。匪二千余，船四十余，从县北金庄偷越，督兵进击，斩其酋二人，余败窜，自是不敢犯境。

咸丰元年，广宁属江谷屯积匪滋扰，广东兵会剿，窜广西怀集一带，至贺县屯聚。广西大吏以广东各官惟知驱贼了事，移文广东诘之。总督徐广缙檄肇庆府知府蔡振武，参将左炘赴广西剿贼，道出开建。斋清阿以越境追贼，须重兵制其死命，愿统驻札开建之师同赴广西。守备萨国亮以无越境剿贼之责谏，斋清阿奋然曰："贼势蔓延，若画分畛域，何以纾民困而报国恩？吾虽逾七旬，精力未衰，正臣子戮力时也！"遂与振武等督兵入广西境。

至贺县铺门圩，复进至苴家坪，距贼巢里许，贼突出数百人扑营，官军迎击之，毙贼数十人。贼退回松圩，在圩内施放大炮，官军避入田中，火药枪绳尽湿，贼复分队挑战，抄官兵后，爇火烧山，斋清阿督兵以枪击毙贼七十余人。值日暮，孤军无援，深入被困。事急，掣佩刀连刃数贼，肩中火箭，犹拔箭作战，手刃执旗贼目一人，刀折，殁于阵，手握断刀牢不可开，怒目上视，懔然如生，时咸丰元年四月也。恤赠总兵，赏世职，予谥威烈。

童添云，字镇铭，湖南平江人。以贫，偕弟必发走长沙为战兵。饶膂力，能开五石弓，射必命中。道光二十二年，从提督杨芳出师广东，一日，夷扑城，有营在城外，芳欲调入，火攻甚炽。募敢死者持令缒城出，添云应募，少选，兵皆入城，芳奇之。咸丰二年，粤贼围长沙，与必发从守城，围解，添云语人曰："吾观诸将中能称将才者，惟塔都司与彭千总耳。"塔即塔齐布，彭即三元也。会塔齐布练标兵，添云隶麾下，三元时别将一营，深相结纳。茶陵土寇起，塔齐布命解火药，期三日，添云逾宿至，咤曰："何速也？"添云曰："迟恐有阻，则贻误大矣。"

四年三月，贼陷湘潭，塔齐布帅标兵等拒战，添云与必发从。时贼踞城外民廛，塔齐布好轻骑观贼，策马入黄龙巷，必发先驱，巷狭而长，甫入，贼突出刺塔齐布，必发急以背承之，中肩，塔齐布跳而免，必发死。越二日，师大捷。湘潭平，擢守备，或贺之，添云愤然曰："贼戕吾弟，虽官至一品，弗愿也！愿生啖贼肉耳，何贺为？"遂由湘潭转战至岳州，从克岳州，擢都司。克武昌，擢游击。克兴国、大冶、黄梅、广济，破田家镇，擢参将。

添云身长面赤，额以下痘瘢如钱。横矛陷阵，枪丸如雨，不少却。贼见其旗，辄相语曰："童麻子至矣！"则皆走。五年十二月，攻九江，城炮伤胸，舁归营，卒。发其箧，衣数领而已，同营皆痛哭之。诏赠副将，谥壮节，附祀塔齐布祠。

彭三元，字春浦，湖南善化人。道光二十五年武进士，用卫守备，借补千总。咸丰二年，粤匪窜湖南道州，勾结会匪犯东安，三元偕署守备周禄两次迎剿，歼贼多名。三年，叙省城防堵功，用守备。侍郎曾国藩檄宝庆知府魁联募宝勇千名，分属三元五百人。旋平江西泰和土匪于茶陵、安仁。四年，随副将塔齐布剿贼湘潭，复其城。

六月，进攻岳州，是时湘潭溃贼由靖港窜岳州，增垒设卡，为久抗计。巡抚骆秉章暨国藩会督战船，塔齐布亦统陆路官军，约期并进。先以疑兵诱贼，贼拥至，触伏尽殪，击沉贼船百余只，遂复岳州。七月，贼水陆大至，官军迎击，悉焚其船，其由陆路来犯者，三元沿岸截击，歼贼目一、余匪百余，生擒四十余名。嗣贼由高桥扑凤凰山大营，塔齐布督率将弁进剿，三元出奇抄截，分路迎击，毙贼六百余名。八月，匪于崇阳交界设卡抗拒，九月，三元偕候选知府罗泽南分路进攻，抵其垒，痛歼之。

寻随塔齐布由嘉鱼转战而前，所向披靡，直抵武汉。塔齐布分军三路：一攻武昌，一攻汉阳，一由水路进剿。时风势顺利，官军纵火，焚贼船数十只，乘势奋击，毙贼无数。汉阳贼大惧，弃城遁，武昌贼亦遁，遂复之。三元并截于洪山要隘，斩馘甚多。十月，偕泽南进屯马岭坳，直逼半壁山。贼悉众至，官军径捣贼垒，贼狂窜，三元等分途截杀，斩伪丞相林绍璋及伪将军指挥等。越数日，贼复由田家镇渡江来犯，塔齐布击却之，列队江干。贼侦官军尽赴下游，径从上游登岸，将掩袭泽南老营，三元驰至，率众奋击，迫至牛磺矶，毁其船，毙贼百余，余众溃遁。

时三元累功擢至游击，捷入，进参将。旋随塔齐布进攻黄梅，时湖北踞匪招安庆援兵并入广济，塔齐布击走之。贼败窜黄梅，官军追剿至大河埔。十一月，军至黄梅，塔齐布偕泽南攻北门，三元列阵桥西以遏贼冲，塔齐布、泽南自城北沟港中取道入，三元等亦由城西越二桥，从栅门跃入。贼惊窜，官军四面兜围，其由营垒突出者，歼灭殆尽。克黄梅，移剿九垅驿，擒伪丞相余福胜。大军复渡南岸，攻九江城，三元战绩最多。

五年二月，武昌复陷。八月，塔齐布病殁，三元副泽南回援武昌。九月，复通城，进师崇阳，贼夜遁，遂克之。国藩疏保堪胜总兵人员，三元得记名以总兵用。会湖南防兵战蒲圻羊楼峒失利，泽南饬诸营移驻羊楼峒，遏贼上犯，独率三元及湘副中营官李杏春驻崇阳，于是乘胜攻蒲圻，毙贼数百。贼首石达开率贼大至，三元等分路抵御，鏖战多时，毙贼百余。翌日，贼悉众来攻，绕营三匝，众寡不敌，遂殁于阵。赠副将衔，附祀塔齐布专祠，谥勤勇。

三元忠勇识大体，尝战濠头堡，忽讹言子瑾光阵亡，左右以告，三元亟止之曰："速击贼! 毋以吾子阻士气。"督战益急。阵殁之日，将出队，马忽蹶齿，三上三坠，众以为不祥。杏春亦同时殁于阵。

萧捷三，字敏南，湖南武陵人。由武举投营效力，擢千总。咸丰二年，以守省城功迁守备，署湘阴千总。四年，贼陷湘阴，坐免。曾国藩奇其才，檄领水师。既克岳州，沿江进剿。闰七月，败贼高桥、城陵矶，进攻擂鼓台，捷三偕李孟群、杨载福等搜捕两岸伏贼，俘馘甚众。乘胜追至六溪口，平贼垒，毁贼艘殆尽，水陆各军遂进抵嘉鱼。以功复职，授永绥协守备。八月，进规武汉，水师分两队，捷三率战舰为前队，冒炮驶至鹦鹉洲，掷火球焚沿江贼栅，贼不支，扬帆下逋，急驶出贼前，毁其辎重。渡江攻汉阳朝宗门外土城，偕载福等殊死战，焚汉口以内贼船皆尽。会陆军破花园贼垒，武昌、汉阳同日复，进都司。时余贼尚据襄河，乃扼新滩口，溯流进剿，贼艘千余，连樯下驶，迎击败之。追至上游，突有悍贼数舟，用火弹扑营，灼捷三头面手足几死，仍裹创力战，追剿二十余里。襄河肃清。

寻偕彭玉麟败贼蕲州钓鱼台、骨牌矶，遂大破田家镇，逾九江，直趋湖口。先是江西吴城战舰数百沦于贼，贼实沙石沉湖口，截江路，于对岸梅家洲筑城，环列巨炮，拒官军。十二月，捷三驾火舟径冲贼栅，燔贼舟百数，乘胜驶入内湖，泊大孤塘。游击孙昌国、黄翼升等出贼不意，焚内湖贼舟二百余。贼益襄土塞湖口，水涸，师弗克归。贼以小艇杂外江巨舰中，潜纵火，水师惊溃；国藩大营泊九江北岸，亦被焚袭。捷三陷入内湖，内外隔绝，以忠义激励将士，军心弥固。

五年，国藩入江西，益大治水师，疏荐捷三忠勇，晋游击。四月，败贼鸡公湖，复都昌。五月，贼由大孤塘上犯，捷三逆击，屡败之青山，夺回旧所失帅船及贼魁艨艟巨舰。秋七月，国藩檄平江营陆军渡湖，约水师夹攻湖口，克之。贼退保石钟山坚垒，捷三率十七舟锐进，遥见陆军围石钟，气益奋，方冲越贼艘，上下夹击而下，石钟山、梅家洲贼垒炮齐发，捷三中炮死。诏赠副将，谥节愍，赏世职。九年，建石钟山水师昭忠祠，祀死事将士三千余人，捷三为之冠。

周清元，字玉泉，湘阴人。世业农。时与群儿角戏于牧场，立表数十步外，飞石命中。掘沟数丈，跳越之，能往复十次，群儿皆出其下。同里左明志以拳勇鸣于乡，招致门下，传以技，言："天下幸无事，有事，则清元暨子光培皆骁将也。"咸丰二年冬，贼自益阳窜临资口，清元混迹市中，默识其军卒舟舰粮械之数，闻提督向荣九追至八字哨，相距三十里，遮道见荣曰："广西能战贼，不过三千余人，余皆裹胁也。临资口四面阻水，湘包其东南，资绕其西北，数十里平原，渺无障蔽。贼所携民船笨重不易行，一炬可尽也。请以兵扼要路，使不得偷渡，贼粮尽，旬日当饿死，何怯而不为？"荣不省，固请，荣叱之退。贼遂从容驶去。及东南糜烂，清元叹曰："贼自走绝地，向公纵之去，能辞咎耶？"

三年，国藩大治水军，清元与光培同应募，隶千总杨载福部下。载福尝为湘阴汛外委，夙才清元；捷三官湘阴时，亦知清元骁勇，故战必与俱。四年，贼踞湘潭，载福等帅水师进剿，时贼掠民船数千，旗帜蔽两岸。水军本新募，又经岳州新挫，望之夺气。清元言于介众曰："民船不能战，一炬可尽也!"遂随载福猛击，逼贼巨舰。贼仓卒以瓷碗来掷，清元手接而回掷之，中贼渠。载福跃登贼舟，清元随耸身入，用火球分掷左右舟，风烈火大炽，贼争赴水死。从军见火起，急桨争进，分途纵火，燔贼船皆尽。以功拔充哨官，随攻克岳州、嘉鱼。八月，攻克武汉，受重创，力疾进剿蕲、黄、田家镇皆有功。五年，武昌再陷，随彭玉麟回援，驻金口，扼上游。每战必身先，不受创不止。

六年，胡林翼攻武昌，经岁不下，议先断粮路困贼，乃檄水师清江面贼船。清元时典水师副后营，率先下驶，越武、汉二城，直驻沙口，屡败贼。驻沙口八阅月，贼粮断，城贼乃困。十一月二十二日，清元由沙口帅师上击，先破贼浮桥，断其铁链，大战黄鹤楼下，被炮伤，力战不退，各营继之，遂克武昌。未几，以创重卒于军，年二十有六。清元时已济保参将，诏赠副将例议恤，谥贞愍，赏世职。石钟山昭忠祠，捷三冠而清元次之。

蔡应龙，江西乐平人。由行伍济升千总。道光三十年，升广西永宁营守备。咸丰元年七月，提督向荣击贼于东乡，马中炮毙，应龙以所乘马授荣，步行接战，立毙贼三人，荣乃得免。钦差大臣赛尚阿闻，授梧州都司。二年，晋游击。

三年五月，江宁贼掠商船，泊观音门外，时荣官钦差大臣，饬应龙偕知府陈景曾驰往，谕以大义，船户各憬悟听命，自焚其船，押船贼无一得脱者，计焚毁及逃窜千余艘，遣散水手万余人。时贼踞城外街，与雨花台相犄角，应龙潜师过雨花台，至街尾纵火烧贼垒，贼惊遁，官军截击之，斩馘无算。

四年，升全州营参将。五月，大兵围逼江宁，贼拒守不出，应龙登钟山，望太平门外贼势，贼见官军少，包抄而上，应龙且战且退，以伏兵击贼，大败之。时贼船麕集于江北七里洲，应龙驾小船入，潜薄北岸，射火箭毁其船二十，而大队贼船适至，应龙舍舟陆战，燃炮击沉贼船数只。闰七月，击贼洪武门，斩首数百级，复连败贼高桥门等处，三日毙贼数千。贼猝于雨花台、洪武门突出，扑七星桥营垒，应龙击却之。旋升楚雄副将。

十月，贼造木簰，上施木城，列巨炮，沿南岸下驶，至八卦洲搁浅。应龙乘夜发火烧之，贼争赴水死。官军突烟上簰，擒斩余党净尽。时浦口九洑洲久为贼踞，以梗官军，陆军攻之，贼船来援。应龙帅带红单、拖罟各船截击，贼败遁，官军遂夺九洑洲。十一月，赴秣陵关查勘地势，还言于荣，请乘虚袭板桥贼营，既可援应水师，更可抄出雨花台、上坊桥诸贼营之后。遂率千人间道袭击，街外贼败走，余贼凭垒死守，复急攻之，焚其垒。

五年九月，官军为芜湖援贼牵制，应龙攻夺米家岭贼垒二、广福矶贼垒四。贼旋于丁桥一带袤延筑垒，其地则外围塘港，中间小路。应龙率师攻击时许，遽麾军退，诱贼过而击之，歼溺无算。

六年，江宁贼分股至杨家坝、陈庄筑垒，欲窥仓头。应龙与总兵张国梁分路冲击，断贼为二，贼败窜归巢。三月，督兵攻拔炭渚、下蜀街、太平桥一带贼垒七，毁沿江贼卡十余处，歼毙四千余人。五月，赴援宁国，战殁。荣以闻，诏以应龙在窑湾力战身亡，命优恤，谥勇介，给世职。

萧意文，字章甫，湖南湘乡人。初隶罗泽南麾下，从征江西、湖北，累以功至参将。咸丰八年，李续宾征皖北，从克潜山、太湖、舒城、桐城，进攻三河镇。三河镇者，舒、庐适中地，贼屯粮械以济庐州、金陵者也。筑大城，环以九垒，备严甚。续宾锐意攻取，十月，分三路进剿，意文攻河南老鼠夹贼垒，冒炮石先进，各营继之，纵火焚其垒，贼大乱。意文受炮创，殊死战，夺栅入，九垒皆下，贼尽歼，无脱者。官军伤亡千余，意文以创重归营卒。诏赠副将，谥刚勇。续宾部将以敢战著、同死三河之难者，彭友胜、刘神山，均见《续宾传》。

周福高，字子祥。亦先从泽南援剿江、鄂。续宾接统湘军，福高无役不从。以小池口、梅家洲诸战尤用命，累官至参将。军抵三河，援贼麕至，诸将知战必败，无斗志。福高愤然曰："男儿效力疆场，宁可逆计祸福，败则死耳，吾辈畏死不来矣！既至此，敢惜死隳壮志！"遂慷慨赴敌，力战而殁。诏赠副将，谥敏烈。

彭志德，字道一。隶湘军，每战必为前驱，耻居人后。累官至参将。三河之役，诸营皆溃，志德率所部贯贼阵突出，死者过半，身受重创。走入中右营，与副将李存汉等竭力死守，越三日，营陷，死之。诏赠副将，谥武烈。

李存汉，以乡勇随剿广西、江西、湖北等省，累官至副将。未抵三河镇之先，进攻舒城者凡五营，并西北面贼垒，独存汉一军攻东南城门。垒既破，城贼以存汉故，弗能救，旋破城遁，追斩无遗。续宾被围三河，调桐城戍兵未至，事迫，誓必死，存汉等皆跪泣，愿从死以报国。续宾陷阵卒，存汉与道员孙守信等坚守待援，力持三昼夜。营陷，存汉率壮士冲贼阵，越壕走保桐城。贼大至，城破，存汉巷战殁。诏赠总兵，谥果愍。福高、志德、存汉均湘乡人，并附祀续宾祠。

同时游击杜廷光、王怀兴，均湘乡人，均以苦战阵亡。

赖高翔，福建和平人。少入行伍，累功至千总。咸丰三年，潮州小刀会匪纠土匪陷漳州，高翔从总兵饶廷选讨平之，擢漳州城守营都司。四年，漳浦古竹社匪戕官扰乱，筑石堡自固，官军久攻未拔。高翔偕龙岩游击马至元、漳州镇左营游击惠寿等冒雨直捣贼巢。贼固守不下，高翔夜偕勇首毕定邦潜师梯登，克石堡，斩获无算。余匪乘夜奔窜，穷追至海汊，皆赴水死，漳州平。

六年，江西边钱会匪纠粤贼陷新城、贵溪，谋攻广信。知府沈葆桢以血书告急于廷选，高翔时从廷选驻防玉山，倍道赴之。廷选军素无部伍，唯高翔与定邦以敢战名，行不赍粮，止不为屯，故赴急易。军至广信，寇旋至，背城击贼，屡破之。贼来益众，幕府文员皆惧，怂廷选还军，高翔、定邦怒曰："诸君怯，何如勿来？今我在城中，贼不知我虚实，以我能援广信，后路必有大军。若弃城遁，贼知吾兵寡，气益壮，追歼立尽，尚何渐浅之可归耶？当为诸君决死战，翼日观吾破贼！"乃偕定邦开城纵击，自晨至日昃，尽毁城外贼垒，毙贼三千余，斩渠帅数人，贼骇遁。论功以游击用。广信围既解，廷选还浙，高翔留驻广信。

明年七月，乐平贼踞县城，将军福兴檄高翔往剿，贼众五六千，分道抗拒。高翔督率司冯日坤、勇目刁士枢等迎击，贼殊死斗，高翔突阵负创，战益力。击毙黄衣贼目，横冲贼营，贼大溃，乘胜蹙之，生擒伪指挥逊天侯等，余贼窜景德镇，遂克乐平。移防弋阳，八年二月，补游击。临江余寇合抚州贼趋广丰，福兴退驻广信，高翔自弋阳闻警赴援，转战至铅山之石塘，贼势益盛，兵寡援绝，力战死。赠副将，给世职。

毕定邦，字康侯，山东淄川人。以武童投效漳州军营。小刀会匪陷漳州，绅民输款，游击饶廷选约内应，定邦率建勇助剿，战最力，从复府城。以次讨平云霄、漳浦贼匪，斩获尤众。复讨平仙游会匪，总督王懿德檄定邦率仙游得胜之师，间道驰剿。冬夜四鼓，蛇行进，将贼堡附近钉桶竹签拔除，黎旦，奋勇梯登，与高翔同有功，复与高翔同解广信围，累擢至参将。

七年，粤贼窜围建宁，分党陷邵武、浦城，定邦奉檄援闽，率部众疾趋抵瓯宁，直前搏贼。贼由建阳逃窜，复纠乡团夹击。贼断七星桥抗拒，令乡团伏山腰，张帜以疑之，躬率劲旅迫桥，以轻兵由浅处渡河，前后合攻。贼殊斗，黄衣悍党数十，屡出荡决，尽殪之，贼大奔。毁贼垒十一,焚逆舟六十,直逼建宁临江门。大股贼复来犯,纵击败之,斩悍目六,毙贼数千,踏平城外贼垒,遂解建宁之围。进捣邵武,克之,迁参将。复督乡团剿平浦城之贼,闽边肃清,以副将升用。进剿白水墩贼匪,中弹,卒于军,年二十六。给世职,谥愍烈,与高翔同附祀廷选祠。

　　刘德亮,湖南长沙人。咸丰四年,投效水师营,随道员褚汝航等破岳州踞贼,又随知府彭玉麟克汉口镇。五年,剿贼武、汉、蕲、黄间,大小数十战,德亮皆冲锋陷阵,又随军斫断横江铁锁,击沙洲争渡之贼。嗣偕都司胡友亮堵贼童司牌,焚内湖贼艇,并烧浮桥。寻与游击孙昌凯会剿黄梅踞贼,破其要冲。八年,福建陆路提督杨载福等攻九江,发地雷,轰塌城垣,贼由龙口河倾壁出窜,德亮率所部登岸截击,歼数百人,复府城。

　　又随载福军进规安庆,先破大通贼垒。趋铜陵,德亮麾队攻其北,直逼城下,身受七伤,犹裹创仰攻不退。池州贼党万余来救安庆,掳民船渡至枞阳,载福令随总兵陈金鳌等驰往截剿。师至罗塘洲嘴,枞阳港内木桩铁链层层拦截,泊贼船百余。副将王明山等登洲轰击,督勇凫水过港,贼惊溃,官军尽焚其船。遂率队攻枞阳街尾,金鳌攻枞阳街头。贼排炮抗拒,德亮鼓众飞桨进截新河铁链,麾队登岸直攻中路,副将李朝斌抄贼垒后,官军三路进逼贼壕,平其五垒,逐北二十余里,贼尸枕藉。累功擢至参将。

　　十年,再攻枞阳,破鲍家村贼垒,斩晏家塘贼魁。时池州贼以殷家汇为犄角,载福率步队往攻,而令德亮等以舢板夹击,毙匪甚多,获枪械马匹称是。殷家汇贼垒既平,乘胜攻池州,德亮由东门外卡缘墙斩关入,破其石垒,尽毁东门外房屋,复分攻南门,获逆艇八。德亮奋不顾身,执旗先登,中炮,殁于阵。载福上闻,诏令议恤,谥威毅,给世职。

　　陈大富,字余庵,湖南武陵人。起行伍。道光末,以外委从提督向荣剿贼广西,回援长沙,追贼武昌,屡著战绩,洊擢常德协都司。进剿江宁,转战芜湖、镇江间,以功赏花翎。咸丰七年,随提督邓绍良复宁国属之湾沚、黄池,进游击。寻援浙江,败贼金华、处州,除参将。贼窜婺源、石埭、太平,先后击走之。以从复泾县,拔南陵,擢副将。八年十一月,湾沚师溃,绍良死,大富左次南陵。明年四月,贼犯南陵,百计环攻,不得逞,十年三月,围始解。帝嘉其功,除皖南镇总兵。

　　五月,伪侍王李世贤图宁国,分党攻金坛、南陵,时提督周天受守宁国,总兵萧知音、参将周天孚等守金坛,大富仍守南陵。贼众数十万,官军势不敌,各血战死守待援。七月,金坛陷,贼屠其城,天受知宁城不守,则尽出城中兵民数万令各逃生,自誓以身殉。宁民扶老携幼走南陵,大富开门纳之。八月,宁国陷,贼围南陵益急,城中食且尽,大富以忠义激励军民,皆誓死弗去。夜遣壮士缒城出,乞援于水师,前后数辈为逻贼遮获,最后乃得达。

　　时提督杨岳斌统水师奋袂起,九月,扬帆进泊鲁港,声言攻芜湖,密饬各营扼要隘。十月,水师骤登陆,出贼不意,悉燔港左右贼屯,围贼争驰奔鲁港,嚣且乱。大富乘城遥望见,拊髀曰:“援师至矣!”遂出城夹击,贼披靡,追杀十余里,与援师会歼贼万余,扑水死者无算,围立解。城中兵不食月余,仅存皮骨,民饿莩相属。岳斌船粟往哺,欢声雷动。大富方缮城垣固守,岳斌力言形势不便,乃帅师屯上游,市民从者十余万。大富前后守南陵,始被围经年,继六阅月,以蕞尔城抗巨寇,忍死待援,卒爝凶焰,由是以善守名于时。

　　十一年正月,会水师复建德。二月,李世贤率党数万窜景德镇,大富率兵四千自建德往援。贼衔恨,以计陷之。尽伏悍贼牛角岭、柳家湾、回龙岭等处,率队由镇南双凤桥窜李村,诱官军,佯败遁。大富率众前进,跃马争先,参将田应科等继之,贼突从镇北抄出,伏贼尽起,大富挺矛力御,炮洞左乳,血淋漓,仍裹创鏖战。贼从间道袭焚我营,应科及游击萧传科、胡占鳌,都司胡凤雍、熊定邦、吴定魁,千总罗廷材皆战死。大富见营中火起,下马北向叩首,曰:“臣力竭矣!”投李村河死。赠提督,谥威肃,建专祠南陵,应科等并附祀。

　　陈万胜,湘潭人。官军规复江宁,围攻将四年,用地雷法,穴城三十余处,皆不就。同治三年六月,提督李臣典请从贼炮最密处重阙隧道,统帅曾国荃韪之。命各军于城下筑炮台,护地道,别遣军士刘湿苇蒿草积城下,覆以沙土,阳为肉薄登城状。贼用力捍争,炮弹雨下。是月十五日,贼出死党烧炮台,官军血战竟夕,十六日,地雷发,遂克伪都。万胜与郭鹏程、王绍羲则于先一日死之。万胜初隶吉字营,从大军规江宁,皆为军锋,累功擢副将。地道既成,国荃入隧亲勘之,悍贼出太平门,直犯地道。别从朝阳门出数百人烧各炮台及所积芦蒿,万胜督队血战,歼百余人,力竭死之。贼裂尸,竿其首于城。

　　鹏程,湘乡人。先后隶罗泽南、李续宾营,累以克九江、援宝庆诸役擢副将;又以皖北肃清,以总兵记名简放。绍羲,同邑人。少入湘军,累功亦以总兵记名简放。是役也,贼以炮火轰击,密如飞蝗,皆奋前督攻,同时殁于阵。城复,以三人死绥事上闻,有诏惋惜,各赏三等轻车都尉世职,谥万胜武烈,鹏程勇烈,绍羲刚毅。

　　王之敬,浙江奉化人。道光二十九年,由水勇散目随捕江苏洋盗出力,拔补水师千总。咸丰三年,粤匪陷江宁,之敬管带艇师,接战甚勇,升守备。五年四月,由浦口会各营连艘剿贼,毁贼船获胜,擢游击。寻升太湖协副将。十年,迁江南福山镇总兵。适值苏、常沦陷,太湖三面皆贼,之敬孤军设守,屡挫贼锋,东西两山,赖以安堵。十一年正月,贼忽率众围扑东山,之敬迎战失利,东山遂陷,之敬失所在。嗣之敬之子祖寻寻父尸至教场之西,见所畜犬卧土堆上,向之哀号,知有异,掘之得之敬尸,卷以席,伤痕遍体,而面目如生。询居民,系于贼船退后捞获掩埋者,不知其为总兵也。之敬性忠勇,号能战,至此以寡不敌众被害,人争惜之。赠提督衔,谥果愍,建祠于太湖东西两山。

陈忠德,字仁山,湖南清泉人。操舟为业。咸丰二年,粤贼围长沙,掠舟北渡,遂陷贼中。忠德骁勇有智略,伪尽力于贼,久之,大见信任。十一年,道员曾国荃围安庆,忠德自拔来归,由是官军始尽得贼中虚实。五月,从攻菱湖两岸贼垒平之,从克安庆及平江岸各城隘,擢千总。

李鸿章援上海,选将得程学启、郭松林于曾军,忠德亦属焉。从学启破柘林、南汇、川沙、金山、青浦各城隘,击退虹桥大股贼众。会克嘉定,并解北新泾、四江口之围。二年四月,昆山、新阳既复,从规苏州。六月,攻破花泾港、同里镇,苏州贼水陆万余来援,忠德力战,负重创,卒败之,遂收吴江、震泽。

学启军益进,逼娄门外石垒,十月十九日,伪忠王李秀成、伪慕王谭绍光率万人出娄门拒战,学启令忠德等击败之。李、谭二逆走入城,石垒遂下。贼计穷,其党部云官等杀谭逆以城降,苏州复,赏勇号。累以功擢副将,加总兵衔。后从克嘉兴擢总兵,随攻湖州,中炮殁于阵,照提督例赐恤。

复吴之役,死于战者:攻青浦,为都司刘玉林、守备熊得春;攻太仓,为参将王国安;攻长洲、望亭,为把总沈玉德;攻无锡,为游击汪龙淦。皆奋身陷阵,优恤,给世职。

黄金友,字益亭,湖南人。初从军广西,转战湖北、江西、安徽,积功至副将,赐勇号。金友躬犯矢石,创遍体。咸丰十年,江苏巡抚薛焕奏调驻金山卫。十一年,贼犯浙江平湖,陷乍浦,东略姚廊,窥金山,金友迎战大破之,遂平新仓贼垒,晋总兵。平湖知县汪元祥乞师规复,金友壮之,檄金山、华亭、奉贤各营同赴援,躬督师进驻平湖之广陈。元祥率民兵犒劳,请为向导,贼连营三十里,一鼓破之。贼会嘉兴援贼分道来袭,金友迎御于十字街,贼大集。相持久,金友右胁被枪,犹誓死力战,士皆奋呼,无一不当百。贼始却,而金友创发不能骑,舁至明珠庵,卒。赠提督,恤如例。

麟瑞,字霭人,满洲瓜尔佳氏,乍浦驻防。父观成官南川知县,有德政,蜀人为立生祠,称小关庙,以关、瓜音通也。麟瑞以笔帖式历印务章京。咸丰十一年,贼犯乍城,从副都统锡龄阿出督战,借弟凤瑞、云瑞手燃巨炮纵击,贼惊却,拔出难民无算。城陷,麟瑞率众巷战,力刃数贼,贼环攻,被枪,殁于阵。赠副都统,予世职,祀昭忠祠,谥忠节。云瑞陷贼不屈死。

凤瑞出从李鸿章军,转战江、浙,攻和州、含山,以百骑计破贼万余,鸿章尝称为非常人。克太仓等处皆有功,赠将军。麟瑞督战时,本为副都统,护印至死不释。后其子柏梁官乍浦副都统,莅任拜印,启视,斑斑犹见血痕云。柏梁自有传。

蔡东祥,湖南湘阴人。充湖北水师水勇。咸丰四年,粤匪再陷武昌,与汉阳为犄角。东祥随攻武汉两岸贼,多有斩获。随攻鲇鱼套,焚贼船,通粮道。湖北提督杨载福追贼田家镇,贼联木簰,置炮石,于半壁山拒敌。东祥奉令以火具熔铁锁断之,水师骤下,燔贼艘无算,遂拔田家镇。于湖口、望江、九江、东流、建德、枞阳、芜湖、铜陵诸战皆有功,累擢至副将。

同治初,布政使曾国荃亲率十二营与道员刘连捷分道击江岸分踞贼,东祥分攻桐城,克雍家镇。又会攻巢县、含山、和州与裕溪口、江心洲、梁山各隘,复太平、芜湖二县。陆军进逼金柱关,兵部侍郎彭玉麟率东祥等分水师为三队,连环轰击,跃上堤埂,短兵击刺,积骸满渠。关破,并划三汊河、上驷渡贼垒,江岸肃清。先后赏雄勇巴图鲁等勇号,加总兵衔。

东祥勇决有谋,七年湖口之战,大风,舟入口为贼所抄,不得出。所领长龙舰一,偃旗与贼舰混,须臾风止,急桨贯贼阵出,贼觉,追之不及。是役失长龙舰五、舢板十三,将弁死者二十一人,而东祥舟独完。十一年安庆之战,水师屡挫,贼易视之,见辄争击。东祥请易战舰白旗为红旗,贼疑为援兵,骇愕间,急率所部乘之,贼以败,军威复振。

旋调江苏剿贼,偕副将欧阳利见,率淮阳水师,巡防三江口,战嘉善。奋舟驶进西塘,援贼猝至,两岸夹攻,被枪子伤,落水死。东祥转战克敌,素称勇敢,照总兵例议恤,赠提督衔,给世职。

邹上元,字兰亭,湖南湘乡人。咸丰初,投罗泽南营,泽南自江西援湖北,取道崇阳、通城,进攻佛岭贼卡。上元随队由佛岭北攀岩先进,与诸军夹击,破之。贼自崇阳三路夹攻,上元从破右路,克崇阳、咸宁诸役均有功,擢千总。五年,贼犯湖南,巡抚骆秉章檄萧启江募勇助剿,号湘果营,上元隶焉。从援江西,克万载,复袁州,累擢都司。秉章督蜀,檄黄纯熙率果毅营从,上元方假归,纯熙招偕行,充营官。贼酋何国梁、彭绍福率党攻定远急,定远东北濒江,贼屯东南,造浮桥江上遏外援。上元从纯熙疾赴,师至兴学场,贼分党逆战。上元从右路袭击,贼大奔,乘胜追至祖师殿,毁沿途二十余垒,蹙贼江干,何国梁凫水遁,上元追斩之。

彭绍福闻败,纠党来援,踞燕子窝、二郎场等处。二郎场者绝地也,四山壁立,鸟道一线,西北阻涪江,纯熙恐失宠,不待军集,率千人追之。上元虑有伏,进至距二郎场二十里,遣谍侦之,不见贼,土人皆言贼去远。夜半,至燕子窝,突遇贼骑,进逼之,贼绕山窜入场,纯熙知中伏,分道搜之,伏尽发。官军逼处泥淖间,不能成列,上元驰救,突围入,手刃数贼,贼环刺之,死,纯熙亦殁。定远之捷,上元擢参将。死事闻,命视副将例,赏世职,附祀纯熙祠。

郝上庠,直隶沙河人。由武进士授侍卫。道光二十六年,出为山东曹州镇标守备,累迁至武定游击。咸丰四年,韩庄盗起,山东巡抚张亮基虑徐州道梗,知上庠饶将略,荐署兖州镇总兵。贼帅朱广田寇郯、兰、沂、莒诸属,上庠率所部会乡兵击走之。贼南窜赣榆,上庠追及,歼其众,斩广田于阵，擢参将。五年，山东金乡贼陶三相为乱，上庠疾驰诛其渠，余众惊溃，事得解。时海上多盗，连舟窥诸口，将北犯天津洋。山东巡抚崇恩疏请以上庠摄登州镇总兵，专司防务。往来策应，先后擒斩贼首李希梦等，以功叙沂州协副将。

上庠每战，辄身先士卒，不避艰险，以勇武受上知。贼平，手诏褒美，命以总兵记名。十年，署曹州镇总兵，以疏防捻寇入境，夺记名，留镇如故。十一年，官军取濮州，河北肃清。上庠以屡战功复官，赐提督衔。九月，贼潜渡濮、范，上庠不能御，与贼遇阳穀，又战不利，为山东巡抚谭廷襄所劾，落职。

十月，克张秋镇，移兵会营总乌尔棍扎布、游击绪伦攻堂邑贼，战于丁家庙，败之。贼益众来援，上庠奋击不退，马蹶堕地，拔刀杀贼数十人，力竭，战死。命优恤，谥勤勇。聊城士民念上庠捍贼功，请立祠东昌，从之。

张遇祥，字瑞麟，直隶新乐人。年十五，能开两石弓。道光十五年，成武进士，授乾清门侍卫。二十一年，选浙江衢州城守营都司，公廉能得士卒心。咸丰二年，在寿张游击任，匪林凤祥、李开芳率粤匪围怀庆，山东巡抚李僡檄遇祥从征当一路，为士卒先，所向披靡。经略胜保嘉其勇，益感奋。尝冒夜渡河战，自寅至申，始奉令而返。

三年秋，曹县捻匪乱起，携亲兵百人入城，捻首陈九千岁、张四大王拥众扰城市，无敢撄者。遇祥密令伏兵于外，变服入贼巢，诈言他事，贼优礼之。夜分，酒酣，遇祥骤起蹴贼，首脑迸裂死，贼群起，且战且走，出巢伏起，贼皆骇散。又侦知张四大王所在，托病不出，密令亲信军士夜驰百余里入贼室擒之。粤匪攻临清，率部卒二百人，夜砍贼营而入，杀无算。所部五十余人被围，复匹马荡决者三，携之出，无一失者。右腿受伤，裹伤破贼，贼不敢当。创剧不能起，巡抚亲验之，谕令归养，新抚崇恩疑规避，奏参褫职，令解赴山东。既到标，崇恩始知其诬，慰劳备至。时金乡、鱼台、嘉祥、费县、巨野、郓城、城武七县被捻匪所陷，遇祥招旧部六百人，自为一队，复七城，余蘖悉平。复原官，以创发回籍调养。

十一年，山东教匪纠回、捻北犯直隶，胜保久无功，乃肃书聘遇祥，且令募勇自随。书至，即招募乡中子弟五百人，星驰而往，一战败之。胜保南移馆陶，进次尖庄，贼麕集尖庄南，遇祥复驰救，贼奔。民争奉糇饵浆粥，军得一饱，督队回尖庄。胜保又退守馆陶，遇祥趋谒之。贼又欲渡河，胜保令往堵河口，遇祥曰："士卒昨日一饭后，枵腹至今，乌能战耶？"胜保曰："汝速往！吾即遣人执釜甑从汝也。"遂率队趋大河，士卒觅食不得，贼已先渡，遇祥匹马陷贼阵，战至日暮，下马而搏。天明，回顾所部余数十人，急挥之去，曰："同死无益。吾身经百战，未曾一挫，今势至此，不斩贼渠，不生还也！"纵马示不返，士卒益感奋，誓同死，遇祥左右射，当者皆殪。贼以长戟钩断其弦，乃舍弓提刀战，至下堡寺，日近山，从者余六人，忽见大纛下贼渠至，将奋身刃之，时已战两昼夜，饥甚，旧伤皆发，复中矛数十处，力既竭，遂殁于阵，时咸丰十一年十一月七日。馆陶、临清诸村堡，争建祠以祀。

兄遇清，字芳辰。武举人。官广东，洊擢至督标参将，檄援广西平南县，提刀巷战，贼枪刺其腹，肠出，益奋。贼折其刀，手执木棍抵拒，贼攒击，死之。平南士民亦立祠以祀。

曹仁美，字择庵，湘潭人。初隶曾国荃军，授江西，战吉安天华山，克之。复景德镇、浮梁，与有功。咸丰十年，贼据黟县、建德，势张甚，时仁美改隶曾国藩麾下，官军屡战不利，坚垒以持。仁美曰："两军相持日久，当乘其懈而击之，否则授至难图也。"会夜大雾，仁美率所部摩其垒，更筹寂然，乃梯而入，手刃司柝者，纵火焚之。众军为承，斩数千级，贼大溃，遂克之，获器械无数。迁都司，赐号励勇巴图鲁。十一年，国荃攻安庆，久不下，国藩遣仁美往助，伪英王陈玉成合江、淮贼来援，国荃督战，中流矢，仁美负之登高，挥诸军奋击，城遂下。以次从克大江两岸城隘。同治元年，从围金陵，仁美屯雨花台西，国荃以城贼粮将匮，为坐困计，令诸军毋与战，凡四十有六日。仁美患曰："当贼不击，将何待？"乃以其军出毁石垒，贼颇死。国荃以其勇，薄责之，遂引疾归。

投入李鸿章军，围攻常州，鸿章檄刘铭传等偏师直捣，仁美率众继进，大破之。三年，克金陵，余贼突出鏖战，湘、淮诸军屡挫于奔牛。铭传军被围急，议者欲退保丹阳，仁美曰："贼虽锐，犹困兽之斗也，出奇兵胜之。"次日，与诸军略其东南，贼众轰击以拒，仁美膝行至炮旁，连掷火弹，贼骇走，官军鼓噪而登，夷东路各垒。贼自隔河来犯，仁美夜乘轻舸，率健卒数人跃轮舰杀贼十余，以火攻之，船尽裂，奔牛贼平。军无锡，执游兵扰民者斩以徇。至是诏以总兵记名。

四年，伪侍王李世贤陷漳浦，鸿章遣仁美与郭松林俱航海赴援。既至，甫筑垒，贼大至。仁美令诸军无动，独率所部三百人迎敌。贼疑有伏，不敢前，仁美伺懈击之，贼奔南靖。乘胜薄城下，率众先登，世贤巷战逾时，启西门而遁，遂复漳州，下南靖。擢提督。进规漳浦，贼分门坚守，仁美与副将张遵道分路迎战，贼稍却，麾军竞进，攻克之。进复云霄厅。旋归，以兄仁贤领其众。

五年，国荃巡抚湖北，檄仁美与松林募军进至唐县，会东捻自信阳窜入，遇于德安，薄而击之，追至钟祥白口。师分三路入，仁美攻其左，抵罗家集，遇伏，与战，力竭死之。赏世职，予钟祥及原籍建祠。

毛克宽，湖南溆浦人。咸丰初，兄弟五人同入田兴恕虎威营，皆以善战著，克宽尤骁勇。六年，随兴恕援江西，克萍乡、万载，复袁州。后从围临江，吉安贼来援，城贼填壕伺夹击。克宽从拒援寇，大破之太平墟，烧贼屯四十七，遂克临江。湖南巡抚骆秉章以克宽久经战阵、劳绩多闻于朝。时贵州苗、教各匪蠢聚，复随兴恕赴援，连克锦屏等处，克宽功最。伪翼王石达开犯湖南，窥宝庆，克宽从兴恕回援，破贼宝庆城南黄塘，复败贼七架坡。贼合围攻兴恕垒，克宽日夜搏战，援军既集，内外夹攻，贼败遁。追及九巩桥、白杨铺，复大破之。贼走广西，遂以参将留湖南。

黔乱复炽，朝命兴恕为贵州提督，督办军务。克宽再入黔，逆酋安太然及伪元帅韩成龙、伪招讨覃国英等围攻印江、石阡，克宽率虎后营分道进击平阳等处贼屯百余，斩韩成龙、覃国英，拔出难民三千余人，遂解城围，乘胜复瓮安。两旬之间，荡平数百里。兴恕疏荐克宽"胆识俱优，屡获奇捷，随征六载，战必身先，实属英勇冠群"。命以副将留黔，赏号锐勇巴图鲁。

石达开从广西犯黔，陷归化、定番等城。克宽迎剿，破笼溪、猴坪贼巢，进驻赤土，督军攻定番、长寨，克之，复解安顺、安平城围。十一年，补大定协副将，移驻大水桥，通运道。贼乘营垒未成，遣悍党分股来犯，克宽分队逆战，败其左右翼，中路贼死抗不退，克宽策马轹阵，往来荡决，刃悍贼数十，贼众披靡。会飞炮中马，徒步奋击，身受数创，殁于阵，年三十三。诏赠总兵衔，建专祠，赏世职。弟克佳，官把总，战殁临江。

先死黔苗之乱者，有邢连科，原名正堉，贵州贵阳人。台拱厅黄葆卫千总。咸丰三年，苗叛，攻城，连科迭乞援，累月兵始至。连科薨残卒夹击出陷阵，而援兵先溃，连科转战十家寨，阵亡。

子士义，举人，主讲平越，先闻警，驰赴城守。至是召家人环坐，纵火药自焚，仆谌年有，婢玉兰从死。千总署堂皇之下，列尸二十有二。巡抚蒋霨远、田兴恕先后以阖门殉难闻，赐祀，予世职。孙以谦，曾孙端，翰林院编修。

田兴奇，湖南凤凰厅人。隶田兴恕虎威营。咸丰六年，从平郴、桂、茶陵，以功叙外委。兴恕援江西，进攻袁州，兴恕跃马突贼阵，兴奇随入，各军继之，遂获大胜，贼溃奔数十里。分宜、袁州复，擢千总，加守备衔，赏蓝翎。七年，师次高安阴冈岭，兴奇斩伪监军姜万祥、总制艾得胜。攻复临江，擢游击，换花翎。八年夏，贵州寇起，随兴恕往援，败贼黎平，夷其营。转攻汉寨，斩馘二十余级，夷贼营十余处，追北十八江，斩伪侯黄必升等二十一人，擒伪将军任云童。黎平复，以参将留湖南补用，加副将衔。

九年春，石达开率众十余万犯宝庆，兴恕军适自黔还，道其境，驻军九巩桥。贼乘其甫安营，悉众来犯，随兴恕击却之。是夜三鼓，兴奇率壮士八百人袭贼营，贼惊溃，死亡相属，余众奔逃。宝庆平，擢副将。

十年，从兴恕剿贵州苗匪，兴奇领虎勇二千人至石阡，战龙潭，斩贼伪元帅韩成龙、覃国英，尽平其营。越二日再攻，贼走马坪，斩馘甚众，并拔出被掳老稚男女三千余口。捷闻，赐冲勇巴图鲁名号，加总兵衔，仍驻石阡。六月，击贼双溪，中伏，死，时年三十二。诏赠提督衔，谥刚介。

田兴胜亦隶兴恕部下，平郴、桂，援宝庆及援江西，同有功，累擢至守备。又随剿贵州各匪，破笼溪，解余庆围。偕都司沈宏富等进屯雄黄垕、小崽等处。贼于老巢立坚垒十八，悍党万余，分布左右山梁，兴胜约游击杨岩宝两路夹攻，自与沈宏富攻左路各寨；都司田兴考由右路绕山后出击，并设伏后路。计定，率兵直冲首山梁，贼数千迎击，兴胜督队冲突，鏖战逾时，贼沿山溃遁，营内贼开卡狂窜，兴胜亲入贼阵，手刃悍目二。宠富督后队合围，先毁其右寨，移攻左寨，破之。乘胜袭击，有黄衣贼目率党死拒，兴胜射之，踬，擒而枭示，余贼大溃。追十余里，坠崖死者无数。是役共破坚寨十余座，阵斩伪元帅韩进、杨正闰等二十余人，馘千五百余级，乘胜平贼营十余座。

复随总兵刘吉三等夜攻三角庄，贼猝不及防，惊而溃，毁其连营三座。适松坪贼首石复明纠玉华山匪党数万，分六股来扑，兴胜偕游击刘祖得合兵迎剿，都司徐祥太与兴考各率所部设伏山麓及民舍中，贼遇伏大败，死亡枕藉。追至木影顶，地险峻，贼寨负隅难拔，因收队。明日，同知唐绳武等由间道出松坪之后，先取老巢，兴胜奉令偕岩宝等攻木影顶，攀藤而上，贼礌石交下，军少却。兴胜横刀跃马，奋身进，飞登寨墙。贼矛攒刺，捉其矛而上，挥刀连斩悍贼十余，诸军继进，贼散走。官军四面兜剿，歼除殆尽，擒其渠秦官宝、刘老侈等，诛之。

松坪黄号贼众五万，连营三十余，兴胜等即时裹粮疾进，悉锐攻之，贼倾巢出拒，官军奋击败之。有伪扶明王者，悍酋也，手斫败退贼，挺身来抗。兴胜自与搏战，殪之。余贼犹相持，宏富等已从后破其巢，贼乃溃窜。官军夹击，斩馘四千余级，松坪贼垒皆平。乘胜攻猴岭，拔之。

旋偕宏富移剿瓮安，先破小山寺营、马安营贼垒百余，冒雨分三路进攻红冈堡，兴胜策马陷阵，连刃数贼，诸军继之，立破其巢，蹑追数里。会瓮安贼来援，败贼亦返斗，兴胜偕宏富等纵击。射毙贼酋数名，贼乱返奔，官军急蹑之，贼不敢入城，奔至玉华山老巢。瓮安遂复，自是入省之路始通。兴恕疏称"兴胜每战单枪陷阵，不计生死，实属忠勇可嘉"。诏以游击拔补，给果勇巴图鲁勇号。

十一年，粤匪大股窜贵州境，踞定番州、长寨等处，逼近省垣，岩宝等攻之未下。兴胜随兴恕往剿，屡战皆捷，克定番，又偕副将周学桂进兵拔长寨，其别股踞土地关者，分党扑安平以牵掣官军，兴胜驰救，立解围城。匪首张遇恩勾结仲匪围安顺，并扑定南汛城，又随总兵赵德昌击退之，省会解严。

三月，偕岩宝等进攻土地关，与贼战于赤土，贼败走，贼首仰天燕断后。兴胜追之，将及，以乘骑饥疲，驰骤过猛，一蹶而毙。贼回队围之，徒步格斗，杀悍贼十余人，身受多创，血流如注，犹抵死相持，力竭，殁于阵。照总兵例优恤，谥武烈。

马定国，四川万县人。咸丰六年，投鲍超霆营，从攻九江小池口，回援黄梅，叠破贼孔垅、大河铺、亿生寺、黄蜡山等处，定国功多，委带霆字左营亲兵。复随剿太湖之枫香驿，破贼垒十余座。八年，上援麻城，遇贼黄土冈，拔主将出围。从克麻城、太湖，毁雷公埠、石牌逆垒，进攻安徽省城。贼于北门外及东西山湾，连栅周亘，坚不能拔。定国负楯直入重栅，破其数垒。会巡抚李续宾军覆三河，贼由舒城、潜山上窜，遂从超退扼宿松之二郎河，贼来犯，击破之。复破贼于花凉亭，进围太湖。悍酋陈玉成以大股来援，超移壁小池驿，贼众围之。十年正月，大战，破贼垒数十座，毙贼万余，乘胜克太湖、潜山。累擢至游击，晋参将。从规皖南，收黟县，大破贼卢村、羊栈岭，命以副将用，乞假回籍。

同治元年，滇匪扰四川万县之红谷田，定国率乡兵御贼，战殁。诏赠总兵衔，建专祠，赏世职。

卷四百九十三　　列传二百八十

忠义七

张继庚从弟张继辛　李翼棠等　赵振祚赵起
马善　陈克家马钊　臧纡青窦元灏　马三俊张勋
　　吴文谋　吴廷香　孙家泰　江图恂程葆
彭寿颐　陈介眉亓祈年　唐守忠　吴山
俞焜戴煦　张洵钟世耀　孙义　汪士骧钱松
毛雍　魏谦升　金鼎燮　巴达兰布等　包立身
王玉文　孙文德李贵元等　罗正仁陈起书
陈景沧　何霖　塞谔　赵国澍　宋华嵩
伯锡尔

张继庚，字炳垣，江苏江宁人。父介福，道光六年进士，湖南保靖县知县。继庚少有志节，补诸生，幕游湖南。咸丰三年，从布政使潘铎守长沙。围既解，料贼必东窜，辞归省母。江宁布政使祁宿藻方筹守御，稔其才，招与谋。继庚虑兵不足，增募壮勇，举诸生李翼棠等统之。明年，贼至，请仿古火城法，于城内开壕积薪，城上筑两墙，为孔以出火器。城下两旁设牛皮栅，伏精兵以堵贼。时宿藻已卒，总督不能用。二月，城陷，继庚率众巷战，从弟继辛及李翼棠、侯敦诗等皆死。继庚赴水不沉，旋陷贼中，为书算。自念死志已决，欲将有所为，乃以母托戚友，变姓名为叶芝发，阳与贼昵，尽得其虚实。会钦差大臣向荣军至，因与诸生周葆濂、夏家铣及钱塘人金树本谋结贼为内应，而使金和、李钧祥、何师孟出报大营。有张沛泽者，悍贼也，同谋而中悔，首其事，家铣死之，继庚以伪名免。

九月，复遣人上书向荣，言："水西门贼所不备，有船可用，太平门近紫金山，越城亦易为力，缘城贼垒皆受约束。"既得报，益结死士张士义、刘隆舒、吕万兴、朱硕龄等，以待大军。书七上，屡约屡爽。城中人情汹汹，事垂泄，继庚泣谓其友曰："事急矣！"夜缒入营，痛哭自请师期，诸将皆感动。张国梁欲留之，继庚不可，归而大军复以雨雪不果至。他日继庚出，遇沛泽于途，噆曰："此叶芝发也！"执赴贼所，施严刑，不为动，徐曰："我张炳垣，书生耳，焉预他事？沛泽食鸦片，惧我发之，乃诬我耶？"贼搜之，信，遂杀沛泽，继庚被絷不得出。

明年二月，金和等引官兵易贾人服入城，与诸生贾钟麟等伏神策门，杀巡更贼，以斧断木栅，毁其半，贼惊走。

亟举炮，六品军功田玉梅及敢死士张鸦头先众上城，斩守贼十余人，援贼麇至，玉梅跳免。大索城中，鸦头被获，穷诘不得主名，乃益搒掠继庚，楚毒备至。时庐州知府胡元炜降贼在坐，继庚跃起谓曰："若官江南，宁不知江南人屠弱，非老兄弟合谋，谁敢为内应者？"老兄弟，贼中呼楚、粤人之悍勇者也。贼信其言，继庚索贼官册一一指，贼辄杀之，横尸东门者三十四人。贼旋悟，曰："中汝计矣！"令速杀之。继庚临死，色不变，呼天者三，成绝命词，有云："拔不去眼中铁，呕不尽心头血，吁嗟穷途穷，空抱烈士烈。杀贼苦无权，骂贼犹有舌。"遂车裂以死。事闻，赠国子监典籍，建专祠，予世职。

张士义，乳名鸦头，江宁人。故无赖而有肝胆，能急人之急。在贼中与所素狎者醉歌，若无事然。继庚遣刘隆舒招之，袖短刀二授之，曰："汝能杀贼，当以功名显。"士义慨然曰："我何人，张先生义士乃下交，誓必杀贼，富贵非所望也！"继庚狱急，趣士义速图。众请于大营，遣田玉梅等八人入城助之。咸丰四年二月二十二日夜，士义与刘隆舒、吕长兴、朱硕龄等凡五十七人，乘晦登城。遇一贼手红灯，腾身刃之，掷首城外以为信。复杀贼十余人，而官军终不进。乃下斩关，栅坚不可启，掷火烧之，不燃。栅内贼起，抽矛刺之，环城贼皆起，角鸣呜然，众知事不济，遂遁。明日，贼闭门大索，有沈兽医者首之，士义等被执，穷其主使。士义叱曰："欲杀则杀，主使不可得也！天下人皆欲杀汝，独我哉？"遂与隆舒、长兴、硕龄俱死。

是时继庚以诸生举义，乡里士慷慨相从者：夏家铣，字季质，江宁人。工诗文。城陷，贼挟充书记，作诗骂贼，贼搜得之。时继庚内应事泄，贼疑家铣知其谋，拷掠无所承，不知家铣实与闻也。贼诱之曰："汝有父母妻子，以为质，则释汝。"家铣时昏瞀，遽以母妻对。贼至家，其妻蔡匿母，骂家铣曰："汝母死且十年，何处得汝母耶？"遂与妻俱被戮死。

同预翻城之举而未死者：金和，字亚匏，上元人。性兀傲，工诗赋，好声色。纵酒，饮辄数斗。江宁失守，陷于贼，衣短后衣，与贼兵羹饮相尔汝，因廉得贼情。继庚为其妻弟，与和通谋。和与贼稔，出入无所问，子身叩向荣军门，请以身质，家在贼中不顾也。事败，和以质得脱。有《秋蟪吟馆集》。

孙文川，字澄之，上元人。敏悟，工诗赋。洪秀全据金陵，以计奉母间道出，复入，与继庚谋翻城应外兵。终日芒鞋手一筐如丐，奔走近贼地，不避风雪。得贼中曲折，具以报官军，因是屡捷，而翻城事卒无成。嗣习互市案牍，知外人情伪。英人李泰国购轮船助李鸿章战，既乃要挟索费，不受中国进止。鸿章闻文川才，荐入都，尽发泰国阴谋，朝廷褫泰国总税务司职，遣船回国，事得解。以功洊擢知府。著《读雪斋集》。

周葆濂，字还之，江宁人。诗才清丽。陷城中，与内应事，谋泄，脱归。选宝应训导。著《且巢诗存》。

汪汝桂，字燕山，上元人。幼负奇力，或劝入伍及应武童试，皆不可。初陷贼中，追者至，手批杀一贼，掷过壕而免。田玉梅入城，汝桂与俱往还。习绘事，画仕女尤工。

吴复成，字蔚堂，上元人。性慷慨，贾于粤久，咸丰初始归。贼陷金陵，与人语多不辨，惟复成解之，以是为贼所信。因说贼设机杼，织缎匹，用匠十万人，文弱陷贼者得以免；又说贼造船运柴薪，贼称其能。妇婴繈褓遁者又六七千人。既，与继庚谋内应，事泄，奔向荣军，不知重也。及曾国藩欲谍贼虚实，或以复成荐，因蓄发入贼中，得曲折以告。曾国荃围金陵，李秀成自苏州来援，贼掘地道出攻，复成侦得之，报国荃为备，遂大破贼。以功叙县丞，不就，卒以贾终。

胡恩燮，字煦斋，江宁人。与继庚谋内应，出入贼中者三十六次。破衣草履，涸迹如丐。往往伏壕内，或潜立桥下坚冰中，屡濒于危。母陷贼中，以奇计脱之。后以功叙知府。

田玉梅，字鼎臣，四川酉阳州人。入应事起，求敢内成者，吴复成以书抵玉梅，玉梅裹红巾挺身从复成行。数日，出言贼情如绘，向荣乃信任之。夺门既无成，明日贼杀张十义等百余人，不得主名，则令领石达开凭帖，无者逮讯。复成领数百纸贻诸同志。玉梅手一纸立通衢，发短言异，见贼往来反诘之，贼竟无知者，乃偕八人者俱出。后以功叙河南同知直隶州，补太康县知县。十年，英、法国联军犯天津，京师戒严，请济师勤王，大府不许。自帅所部至汝阳沙官桥，为捻匪所阻，愤极死战，被戕。恤赠太仆寺卿。诸人于是役皆冒死为之，例得附书，以竟事之本末。

赵振祚，字伯厚，江苏武进人，顺天宛平籍。道光十五年进士，改庶吉士，授编修。两遇大考皆前列，二十二年，迁詹事府赞善。咸丰三年，寇陷金陵，苏、常震动，振祚上书当事，愿归本籍办团练。奏请，报可，遂归。集赀置保卫局，募兵购械，仿行保甲，人心以安。常州北门濒江，焦湖船屡出剽掠，积为民患。振祚乃择要隘口岸立稽查卡房，并设水师战舰，严备以待，境获宁辑。六年，贼艘蔽江下，镇江几不守，避难者络绎。振祚固结人心，训练士卒，率众诣丹阳，会督师者赴援，围乃解。赏花翎，加翰林院侍读衔。

时总督何桂清驻常州，郡人编修赵曾向出其门，振祚素轻之，以是常讦其短于桂清，遇事龃龉。嗣曾向被命佐常州团练，益掣其肘，不得已，请解事，保卫局遂废。十年，和春军溃丹阳，常州大警，桂清宵遁，曾向亦举室渡江而北，于是绅民复请振祚出督团勇。是时兵单粮绝，寇氛日迫，事已不可为，复毅然誓众固守，并率所练五十人出城招集溃勇。会北乡石堰土盗蜂起，遂领众往捕，以众寡不敌，战失利，力竭，死。常州亦旋陷。事闻，赠太仆寺卿，予世职。

同治三年，李鸿章疏称："其六世祖尚书赵申乔为康熙时名臣，子姓分居苏、常。江、浙沦陷，男女死者四十三人，其弟浙江经历振禋亦死于难。"得旨，予振祚常州建祠，余附祀。

振祚伉爽重节介，口素吃，遇不平事，愤懑谩骂，期

期不避人，故多遭怨。然好奖借人才，人亦以此多之。善诗、古文词，精汉学，著有《明堂考》一卷，文、诗集若干卷。

同族起，道光举人。同时城守。城陷，命合室妇女自沉园池，遂整衣寇坐厅事。贼至，有识起者，劝令自全，大声叱贼，引刀自刭。子诸生曾寅以身卫父，刃贼数人，被害。兄子浙江候补知县禄保，骂贼，死尤烈。

马善，字遇皋，长洲人，世居苏垣北乡。有智略，膂力过人。咸丰十年闰三月，金陵大营溃，总督逭，贼席卷而南。夏四月丁丑，苏州陷。善先爰檄主黄土桥团练，集七图义勇三千人，朝夕训练，庀水陆战守具。闻变，严阵以待。明日，贼果至，迎击金巷桥。又明日，贼大掠八字桥，又趣援之。越四日，贼分两路至，一出齐门至宜桥，一出阊门至禅定桥。善率勇千人自当宜桥，遣子安澜率勇数百当禅定桥，先后均有斩获。贼将窜常熟，夜遣安澜率千人潜至八字桥，尽括岸侧灰窑遗弃砖瓦塞还近桥下，居民已空，无知者。越数日，贼船至，不得过。城贼约浒关贼至青黛湖，命宜桥、禅定桥三路并进，善分兵拒之，而自击青黛湖，失利，贼旋退。已而贼大至，善设伏青黛湖畔，遣弟增及安澜诱贼入湖，伏发胜之，获贼船十，俘贼首攀大福，枭其首，贼为夺气。

伪忠王李秀成愤不得逞，大举来攻，善尽锐御之，自辰至午，杀伤相当。贼退，团勇归局午食，贼遽掩至，善率亲兵迎战，手刃骑马贼三人，伤于胸，犹疾呼杀贼，飞镞中头角而踣。安澜方赴常熟请军火，驰归敛之，面色如生。当是时诏举团练，吴人脆弱，贼至则靡，独善以能杀贼闻。恤赠知州衔，给世职。安澜后从巡抚李鸿章军，向导得力，卒复苏州。

陈克家，字子刚，元和人。道光二十四年举人。少英异，为桐城姚莹所器重。抗心希古，落落寡合。文章自许北宋，偭体宗六朝，诗学黄庭坚。咸丰三年，挑教职。时金陵为贼据，钦差大臣向荣驻师城外，翼长福兴阿聘克家入幕。福迁去，江南提督张国梁复聘之。十年闰三月，国梁檄克家主健勇营事，十五日，贼大至，督弁勇迎战，兵败死之。克家之死也，营中大乱，求尸不得。克家祖鹤，熟精明代事，为《明纪》一书，用《通鉴》义法，崇祯三年后犹阙，克家续成之，合为十六卷。

马钊，字远林，长洲人。与克家同岁举人。治经学有名。咸丰三年，前江苏巡抚许乃钊副向荣统兵金陵，钊入许营时，有川、楚兵所带余丁，率骁勇，而苏垣空虚，钊建议募为一军，得千余人，号曰抚勇。粤匪刘丽川反嘉定，土匪周立春继之，连陷青浦等六县。向荣檄钊率抚勇卷甲赴之，至青浦，夜半，衔枚薄城，克之，奖内阁中书衔。事定，重赴金陵。十年春，浙江告急，偕总兵熊天喜赴援，复四安镇、广德州。奉调驰回，遇贼丹阳，战白塔湾，中枪死。二人以文士从军，卒死于阵，吴人称之。

臧纡青，字牧庵，江苏宿迁人。道光十一年举人。自

少倜傥好谈兵，所交多不羁之士。当英吉利入寇，纾青见武备废弛，人不知兵，寇至多被残害，因团练乡兵，凡万人。嗣入靖逆将军幕府，将军主和，纾青独主战，后以和议成，奏奖同知衔，不受，曰："以和受赏，不亦耻乎？"尝以邳州知州勒捐案被牵涉，查办大臣周天爵雪之。

时粤逆陷安庆，据江宁，淮南北捻匪乘衅为乱，聚党多者至数千人，与粤逆互为声势。天爵因疏请纾青练勇剿匪，且听自成一队。匪素慑纾青威名，称之曰"老虎兵"。所至扑灭解散，多愿归附效死者。天爵卒，副都御史袁甲三继任，亦深倚之。累擢通判，赏四品衔。

先是桐城以三年十月失陷，士民先后乞援于围庐州提督和春、团舒城提督秦定三，几一年，皆不应。甲三时驻兵临淮，念桐人请救之殷，又欲取安庆以截江路，自请进剿。文宗以临淮扼南北之要，不许。甲三于是疏请檄纾青剿办，允之。

时侍郎曾国藩已克复武昌，破田家镇，顺流东下，使提督塔齐布、道员罗泽南进攻广济、黄梅。朝廷既允甲三请，复以国藩兵屡捷，于是命纾青速进兵潜、太接应。时和春、秦定三军皆久无功，诏旨切责，令速破贼以图会剿。纾青又得国藩书相期会，于是疾驰至桐，两败贼于大关、吕亭驿，追至城下，时四年十一月六日也。

纾青以舒、庐围师率离城十余里，不断贼出入饷道，以故久无功。桐之南门通安庆，贼来援则当其冲，遂自率兵勇围之，而令参将刘玉豹、同知李安中围东门。时攻城之器未具，城坚不可猝拔。贼既败于湖北，又惧桐城或破，则与湘军成夹击势，悉力来援。纾青先后迎击于王林庄、挂车河，皆胜之，追至陶冲驿，擒斩既多，获械无算。卒以舒、庐不予接应，又不急攻城以分贼势，贼用是得专事援桐。玉豹、安中又性懦，无能当贼，纾青至以"诸君不能战，不能攻，又不能守，事事须我一人"诮之，弗恤也。

十七日，贼援大至，玉豹、安中却走，城贼得突出西门焚营。纾青与诸生张勋殊死战，杀三百余贼，以后无继者，贼伏遽起，纾青胸面间中二十余创，死焉。纾青既死，贼复得志，武昌再陷。

纾青治兵有纪律，初，贼以土匪目官兵以惑民听，至是一洗此耻。桐城破后，凡先以助饷团练，贼皆甘心焉。民以纾青来，秋毫无犯，虽被祸，无不感泣思之。事闻，赐三品卿衔，予骑都尉世职。后有窦元灏。

元灏，邳州人，咸丰元年举人，授例为员外郎，分刑部。八年，捻贼大炽，窜徐州，邳当其冲，元灏集乡团，先后偕知州毕培贞、周力城，都司濮枫等堵剿，击斩甚多。十年，州城被围，守御四昼夜，城赖以全。贼结幅匪大举，由兰、郯渡河，元灏与参将于殿甲合剿，被围，力竭死。赠太仆寺卿衔，赏世职。

马三俊，字命之，桐城人。祖宗琏，父瑞辰，皆进士，以经学显名。三俊能世其家，顾屡困乡举。咸丰元年，以优行第一贡太学，又举孝廉方正制科。三年，安庆失守，桐人恟惧，知县遁去，奸民蜂起。官兵往来境上，亦乘乱为患。独县学生张勋誓死不避，三俊亦急起而坐镇之，擒斩为首者十数人。又偕勋立法，劝富家给散贫者，乱稍定。

贼既陷安庆，尽趋江宁，诸统帅皆远避，置安庆、芜湖不堵截。三俊知贼之必回窜也，日夜在明伦堂训练乡兵，又时与勋往四乡联合团众。于是桐城练勇，名闻江南北。贼犯太湖，与勋扬兵堵境上，贼莫测虚实，莫敢逼。已而贼攻江西，不克，回据安庆，修守备，桐人大恐。巡抚李嘉瑞驻庐州，前按察使张熙宇驻集贤关，皆畏安庆不敢至。

三俊上书巡抚，其略谓："制寇之道，必能攻而后可守；守御之策，必先据要害而后可保城池。全州不守，祸及湖南；岳州不守，祸及武昌；小孤不守，祸及安庆；安庆不守，然后祸及江宁、镇江、扬州、大江南北。此明验也。自粤西起事以来，贼之所破，多不守而破，非因守而破也；贼之所败，多不战而败，非力战而败也。观桂林、长沙、南昌、开封四省城，苟能死守，贼未有陷之者。六合小邑，杀贼数千，而贼不敢至。江浦、含山、许州皆以守而得全，不大可见乎？今江北全势完固，虚实未为贼觉，而安庆之贼，又皆江西残败之余，且未齐集。望于此时迅速进攻，而分兵守桐，以为接应。如安庆不利，当可退守桐城，以为舒、庐之障。此机一失，贼或窜桐、舒，以入庐州，则与北匪勾结，河南北东西、畿辅之地危矣。"巡抚韪其言，遣总兵恒兴与熙宇合军堵剿，实不前进。

十月，贼大至，熙宇、恒兴兵皆却走，三俊独与勋率乡团数百人拒之，不利。贼遂道桐城以入舒城，陷庐州，渡河而北，蔓延千里，悉如三俊所料。城陷时，三俊父被执不屈死。三俊以不孝不忠自责，誓复仇报国。

四年夏，与前任桐城知县成福、六安参将庆麟，招集义勇于霍山，请助官军杀贼，且言"事成不邀功赏，事败则以身死之"。于是上三路进兵策，而自任桐城一路。先顿兵中梅河以俟，而提督秦定三军之图舒城者，延期不进。三俊既孤军深入，耻不肯退。至周瑜城，援绝饷匮，奸民构贼夜袭营，力战死之。

勋，字小嵩，与三俊同县人。家贫，好倡举义行。尝搜罗桐城节孝贞烈妇女二千余人无力以闻者，汇请旌表，著《总旌录》四卷。桐城既破，三俊起义兵霍山，与之定计，即往见秦定三，以急击舒城，与袭之师相应说之，定三不应，事遂败。嗣闻纾青统兵至桐，往六安迎之，谓纾青曰："桐近日贼势与前不类，兵单援寡，难操胜算。不如先助攻舒，舒破，与秦军合，事乃有济。"又数以书劝定三，卒不应，纾青亦不肯往。十一月十七日，遂随纾青督战，死之。随死者有吴文谟。

文谟，字翼甫，亦同县人。年少负气，与三俊子复震为友。三俊死，文谟不告其子，独冒险往获其尸。勋重其人，遂随勋奔走，请兵不倦，殉节时年二十有一。

吴廷香，字奉璋，庐江人。敏博沉毅，与桐城戴钧衡、马三俊友，以文章风节相砥砺。以优贡生举咸丰初元孝廉方正。上书论时事，有国士之目。三年，粤贼东下，陷安庆,庐江土寇应之,骎骎迫城下。邑团练乡兵推廷香为督,击寇,擒其渠,斩之,尽破其党。

寻,粤贼弃安庆去,长驱薄金陵,踞其城。是年夏,复遣悍酋沿江西犯,再陷安庆,皖北震动。廷香复倡义募乡勇六百人,自率之守梅山黄姑闸,遏江路。时贼张甚,官吏兵民所在迸散。贼自桐城北扰、舒、巢、无为相继沦没,独庐江赖廷香固扼得全。十一月,庐州陷,巡抚江忠源死之,官军、团练望风逃溃。十二月,庐江亦不守。廷香时在防次,扼腕慷慨,誓必得当以报国。

四年二月,提督和春败贼于庐州;七月,提督秦定三大捷于舒城;舟师复自海道入扼东西梁山,断贼归路。贼悉众北趋,诸州县守贼少,曾国藩复率大军下武昌。廷香闻则奋然起,言于众,谓:"诚以此时出贼不意复邑城,益与江上、下诸路军相应,合谋以图皖中,贼可歼也。"乃召募三千人,与外委熊允升率之趋县门,兼密约旧时勇目居城中者为内应。八月,大破守贼,贼渠任大刚走,追斩之,遂复庐江。大江东、西以乡兵败贼克城,盖自廷香始。

既,贼知庐江无援,合安庆、桐城诸路来攻,廷香出击,屡有斩获,而贼聚益众,江中贼亦逼城下。廷香豫乞救庐、舒大营,久未报。及贼大至,何桂珍檄蔡尊、沈承贻以六百人自六安赴援,至邑,则纵兵大掠,遇贼反走,贼益焚四野,火光烛天。廷香夜登陴,望救不至,拊膺泣曰:"吾志清逆乱,不克,而重祸乡里。势穷援绝,来者非人。吾死此,分耳,乱将若之何?"数日,粮竭,尊、承贻引遁,城遂中陷。廷香率死士巷战,自午夜至黎明,从者仅三人,力尽死之,允升同及于难。

初,廷香将倡义,或危其事,尼之。廷香从容曰:"如若言,乱将谁拯耶?"其人悚然退。及事急,将自裁,或夺刀掖之行,廷香抗声曰:"复城守城,虽非吾责,吾义也。城危而走,义何居焉?出郭一步,非死所也!"比战殁,邑人求得其尸,槀葬之。诏建专祠庐江,予世职。子长庆继其志,累官至提督,以功显。

孙家泰,字引恬,寿州人。大父有善行,仁宗尝书"盛世醇良"四字颜其门。家泰生有殊禀,嬉戏异群儿。每出语,长老惊若成人。未冠,补诸生。道光二十九年,入赀为员外郎,分刑部广西司,治牍明决,为上官所器。咸丰三年,粤寇窜扰江、皖,工部侍郎吕贤基奉命回籍督办团练,请以家泰从。时皖南北郡邑相继不守,官吏望风避走,群盗蜂起。定远陆退龄倡乱据城,道路梗塞。朝命再起周天爵为安徽巡抚,天爵就询策略,家泰密为擘画,旬日之间,退龄父子就擒,胁从解散,余盗敛迹,寿春兵以骁勇闻。

军兴,征调四出,留镇者少,又乏食,巡抚檄家泰劝捐募兵为固圉计。寿故繁庶,富家大贾多厚藏,鲜远识,无应者。家泰则尽货其赀产以济用,所募皆敢死士。明赏罚,严简练,一军肃然。庐、凤、颍、六安诸寇惮其强,不敢窥。寻,天爵卒于颍州,舒城再陷,吕贤基死之。家泰失所隶,势遂孤。寻为人所构,吏议落职。家泰语人曰:"时事糜烂,守土之吏,畏贼如虎狼,而视民如鱼肉,是驱良入于暴也,吾无死所矣!"自是杜门家居,口不言兵事。既毁家佐军,贫甚,菽水养亲,晏如也。

既,贼氛益炽,诸州县团练,多阴附贼,而凤台苗沛霖所部尤横桀不可制。初,沛霖为诸生,请于知州金光箸欲练乡团,而自为练总,光箸不之许。沛霖遂聚群不逞为乱,邻邑豪猾多归之。官军畏其众,遣人招抚,授以官,为羁縻计。数年累荐至川北道,加布政使衔。沛霖不奉命,南据正阳关,北扼下蔡,继袭怀远,陷之,号称苗练,骎骎逼寿州。寿人恟惧,谋聚保,众议非家泰莫属,辞不获,强起。号召部曲,上书军帅,力主剿,未报。

沛霖遣谍入寿州,家泰杀之,沛霖益怒,尽发其党来攻,守者恐不敌。忌家泰者,乃倡言献家泰与其副蒙时中于贼,以纾寿祸。有司迫行,众大哗,将以力抗。家泰夷然曰:"吾昔募健儿刺苗逆悍将,今又戮其谍,欲甘心者我也。守土非其人,顺逆不明至此,事之不济,天也。吾身许国矣,吾死而城安,其又奚恤?"遂仰药死。既殁,按察使张学醇复缚时中付贼寨,并遇害。是年九月,沛霖卒陷寿州,家泰家属被执,不屈,皆死之。

同治二年,科尔沁亲王僧格林沁督师至,沛霖败死,寿州平。闻家泰一门死事状于朝,诏赠四品卿,照阵亡例赐恤,建祠寿州。父赠祖,弟家彦、家德,子传洙,咸恤赠有差。

江图悯,字汝华,旌德人。富胆略。经商,寓舒城。侍郎吕贤基办团剿贼,过舒城,与图悯一见相契,特命带乡团,扼守舒城冲要,贼不敢过。三年十月,桐城被陷,乘胜至舒城,贤基战不利,死之。图悯犹力战,狂呼杀贼。久之,贼至益众,援兵不至,殁于阵。图悯前以助饷赠知府,至是殁,舒人义之,相与私谥曰仁惠。宣统初,补谥庄洁。

程葆,歙县人。道光十三年进士,以主事分工部。咸丰二年六月,外授广东肇庆府知府。时粤匪集皖境,谋犯浙江,葆赴任,道经杭州,巡抚何桂清奏令回籍治乡团助剿。五年,贼陷休宁,葆率团民出境援,与官军会击于东、南二门,毙贼目,贼惊退入城。诸军连夜进攻,贼从西门遁,遂拔休宁,乘胜克复石埭。自是葆益激励乡团,屡助官军剿贼,徽郡肃清。旋檄赴杭助守,城陷,死之。

彭寿颐,字子文,江西万载人。道光二十九年举人。咸丰四年,粤匪连破江西郡县,知县李峒弃城遁,寿颐率团练御贼,追剿上高、新昌,皆捷。以筹饷忤李峒,峒祖奸民,寿颐揭前弃城事。巡抚陈启迈夙讳贼,恐上闻,以蜚语诬捕寿颐,欲致灭口。钦差大臣曾国藩奏言:"数年以来,谕旨谆谆,饬行团练,多无实效。惟湖南平江县、江西义宁州以本地捐款练本地壮丁,屡歼悍党,为贼深畏。四年,义宁之捷,巡抚陈启迈冒功滥保,遍私亲昵,人心解体,团练遂散。贼再攻州,抵拒经月,省兵竟无援救,城陷,屠民数万。向使练丁尚存,何致惨祸如此?五年,饶州、广信之失,鄱阳、兴安之失,陈启迈通融入奏,宽减处分。万载之失,知县李峒有避贼重咎,举人彭寿颐有剿贼殊功,奸民彭三才有馈贼实据,陈启迈竟祖庇属僚,架诬团练义士。馈贼不斥,避贼不劾,独于剿贼者,目为豺狼,指为逆党。臬司恽光宸,逢迎喜怒,褫革逮拘,酷暑重刑,百端凌虐。臣以寿颐才识卓越深沉,叠商留营效用,陈启迈坚僻不悟,酿成冤狱。义宁之团,以保举不公毁于前;万载之团,又以讼狱颠倒毁于继。人心何由固结?大局恐致贻误。"奉谕:"陈启迈革职,恽光宸交新任巡抚文俊查办。"寿颐早以刑毙矣。南昌梅启照尝云:"国藩雅度无怒容,惟于寿颐逮狱,深为愤痛。"七年,刘长佑败,新喻、袁州三县民率丁壮助军,军复振,世益以此思寿颐。

陈介眉,山东潍县人。道光十八年拔贡生,朝考用知县,发江苏,署宿迁、盐城等县,擢通州知州。屡获海洋巨盗,擢知府,授河南归德府知府。咸丰三年,捻匪窜虞城之杨家集,介眉督兵追歼三百余,生擒二百余。粤贼陷归德,褫职回籍。十一年,捻匪窜山东,抵潍县,介眉迎剿,与候选训导陈威凤、武举谭占元等,均力竭阵亡。复原官,恤赠太仆寺卿衔,赏世职,建专祠,并祀威凤、占元及同日阵亡之武生千总衔陈执蒲等。

同县人亓祈年,道光五年举人,截取知县。捻匪炽,祈年治西乡团练,匪窜县境,祈年登圩固守。圩破,率众巷战,力竭被缚,骂贼不屈死,侄文丰等同时阵亡。恤赠道衔,赏世职,建专祠,文丰等附。

唐守忠,巨野人。咸丰初,为平阳屯屯官。四年,粤贼陷巨野,土匪窃发,守忠闻警驰归,遭匪劫,仅以身免。与乡人生员张桂梯、职员姚鸿杰等议举团练,为守卫计。旬日集义勇五千余人,分三队,捕斩土匪数十名,贼遂遁,嘉祥、巨野间悉平。土匪惧,以所劫物辗转还守忠,并乞随团剿贼,誓不为乱,守忠察其诚,纳之。时年饥人乏食,守忠使子锡龄偕张桂梯各村劝捐助赈,富出赏,贫出丁,括计余粮,计月分给,谓之均粮,而团练之势愈固。曹州、济宁两属乡团来附,贼不得逞,去。

五年,河决铜瓦厢,郓城、巨野、嘉祥等县当其冲,守忠闻丰工黄水下游淤涸成滩,官出示招垦,因率灾民数万人南下认种。仿屯田法,以教谕王孚、千总唐振海等分领之,名曰湖团,亘二百余里,浚沟筑圩,编保甲,严守望。徐州、萧、砀、丰、沛等县人闻贼警,则相率投避,复免于难者数年。

八年,捻匪来犯,守忠率团遮击,擒贼樊三、丁豹等斩之,叙功给五品顶戴。十年,钦差大臣僧格林沁令守忠随官军助剿,败贼大刘庄。同治元年,捐助军饷,又捐已垦熟田为鱼台书院经费。二年,白莲池教匪由滕县偷渡湖西,守忠截击,生擒贼目陈周等多名,余匪悉遁。

四年九月,捻匪张总愚、任柱等悉众来攻,守忠集丁堵御,一再请援兵不至,力战六日,众寡不敌,死之。方守忠被围,贼数使招降,守忠誓死拒之。及战败,与族叔千总振海、子生员锡彤同被执。贼异至铜山袁家庙,多方胁之降,守忠骂不绝口,遂并见害。江督曾国藩疏请优恤,建祠立传,从之,赠道衔。子锡彤,照四品以下阵亡例议恤,给世职。寻在沛县捐建专祠。

吴山,字岩青,河南光山人。生三日丧父,母周守节抚孤,家极贫,纺绩供山读书。道光二十五年,举于乡,会试不第,留京三载,与袁保恒、裴季芳相切磋,声誉日起。时光山有匪患,山以寡母在堂,二子尚幼,又无期功强近之亲,就拣选知县职,仓卒归。

先是,邑民郭三,凶黠。兄弟七人,郭五、郭六尤悍。郭三充县皂役,满布党与。知县水安澜愞懦,为郭三等挟制,无所不至。彼时有"郭满城"之谣。郭三充卧龙台乡保,倡首为匪,向四楞子、曾传佐等,皆领杆头目,肆行劫掠,并至各乡按亩加粮供食,并勾通亳、寿各州各匪,谋杀官起事。山有乡望,众举为团首,倡办团练,地方恃以安,而郭三忌之。

咸丰四年四月,郭三纠众突至小向店派粮,山拒而不纳,寻,集乡团与之抗。匪巢卧龙台,距小向家集仅十二里,郭三扬言非杀山不可。或有劝山走避者,山曰:"我所以触匪怒者,原以抗匪派粮,若临难而逃,任匪所为,则初志谓何?今日之事,有死而已。"遂挺身督乡团与战,众寡不敌,被擒,山骂不绝口,匪怒戕之。后俞御史刘毓楠奏建专祠。

俞焜,字昆上,浙江钱塘人。嘉庆二十五年进士,改庶吉士,授编修。道光十三年,迁御史,奏请申明《律》义,以正伦纪,略言:"《律》载'弟妹殴同胞兄姊死者皆斩'。注云:'殴死期亲尊长,若分首从,则伦常致矣。'此古今定律,所以维名教也。其听从尊长,殴死以次期亲尊长之犯,向《律》拟斩,定案时夹签声请,叠经改为斩监候,归入服制情实。自道光三年御史万方雍奏,将听从尊长,殴死以次期亲尊长,下手伤轻之卑幼,均科伤罪。刑部定为条例,至今沿之。因思例从律出,例因时变通,律一成不易。致死尊长,岂得仍论伤之重轻?今以勉从尊长,下手伤轻,止科伤罪,则与'死者皆斩'之律未符。此例既百无一抵,何以肃典刑而正人心?请仍遵不分首从本律,夹签声请,以昭平允。"下部议行。

十七年,授河南彰德府知府,以东河大工劳最,用道员,擢永定河道。调衡永郴桂道,缘事降调。咸丰九年,督办团练,操防勤奋,复道衔。十年,粤贼乱炽,焜商遣驻防军守独松关,李秀成犯杭,焜与侍郎戴熙登陴拒守二十余日。城陷,巡抚罗遵殿殉之。焜凭栅堵御,与满城犄角,复相持五日。弹尽,栅毁,贼众,焜犹手刃数贼,矛洞胸,殁于阵。明日,张玉良援师入,将军瑞昌会击,贼却而焜已死。论者谓满城之存,焜有力焉。赐谥文节,建专祠。同殉之继室陈氏,女蕴祺、蕴璇附祀。

同县戴煦,字鄂士。增贡生。候选训导。精算术。西人艾约瑟见煦所求表捷术,心折之。又工画,神似倪迂,评者谓出乃兄熙上。熙既投水殉节,闻之叹曰:"吾兄得死所矣!"亦投井死。著有《庄子顺文》、《陶靖节集注》、《四元玉鉴细草》、《对数简法》诸书。煦自有传。

张洵,字肖眉,钱塘人。咸丰二年进士,改庶吉士,授编修,命在上书房行走,文渊阁校理。十年,粤匪由安徽窜浙江,杭州省城被围,巡抚罗遵殿奏入,洵请假省亲。上召见,垂询浙省军情。洵抵浙江,杭州失而旋复。先是洵母谈氏,因贼逼杭城,率洵妻施氏、洵子惇典、从典、叙典、念典,女喜姑阖门赴水,被救得不死。施氏即命惇典、念典等护其姑出城。贼至,施氏遭喜姑先投井死,自率叙典跃池中殉焉。杭州将军瑞昌以闻,上嘉施氏孝义兼全,下部旌恤。

寻,洵母自以老需人侍奉,为洵继娶劳氏。未几,丁母忧,洵省城无房产,僦居于仁和县之永泰镇。十一年,贼大股复犯浙江,馀杭、萧山相继失陷,省城被围。洵念受恩至重,不忍坐视,乃自永泰镇挈眷赴省,与官绅筹守御;并谋诸巡抚王有龄,会合驻防兵,力通江路。顾贼势张甚,围城两月余,城陷,洵与劳氏、惇典、从典、念典皆死。洵兄濂之妻李氏及女九姑,亦先后殉焉。

方城之垂陷也,洵闻警,即索衣冠北向叩头毕,赋诗三绝,有"白云堆里吾将去,前辈风流有戴公"之句。书竟,授仆张升,遂投井死。同治元年,太常寺卿许彭寿以闻,以"一门六口,同时殉难,实属深明大义,忠烈可嘉"褒之。八年,国子监司业孙诒经复请加恩予谥建祠,允之,谥文节。

钟世耀,字啸溪,仁和人。道光二十一年进士,改庶吉士,散馆,授兵部主事。移疾归,负乡望,城再陷,贼将授以伪官,绝粒殉节。

孙义,字朴堂,钱塘人。道光九年进士,官福建仙游县知县,有循声。告归后,课徒自给,同时殉难。

汪士骧,字铁樵,钱塘人。袭世职,授杭州营千总。擅诗名,工篆隶,晚年作小楷尤精。咸丰十一年,贼再至,先以年老休致,居危城中,神色自若,日以忠义训家人。赋诗有"我死家人生,辱家即辱我"等语。城破,全家皆跃水死。

钱松,字叔盖,钱塘人。嗜金石篆刻,有文誉。贼初陷杭垣,先期具药汁,誓死。家傍清波门,贼从此入,遂与家人同仰药,麾侍者还其室,曰:"今日得死所,而男女颠仆一室可乎?"语定而绝。

毛雍,字西堂,钱塘人。诸生。事亲孝。年十三,能作大字。工书,得润笔尽给贫乏。督办东北隅团练,城再陷,自缢死。

魏谦升,字滋伯,仁和人。九岁能文,弱冠后雄长坛坫。尤工书。以廪贡生选仙居县训导,不就。家居西马塍,以著述自娱,垂五十年,有《书三昧斋稿》。贼自湖州逼省城,家当其冲,或讽宜移居避之,不应。贼火其庐,乃挈妻子走灵隐山中。贼退,侨寓城中,啸歌不辍,自号无无居士。城再陷,谦升于方老病,驱至万安桥下死,妻周氏同时殉节。周能书,世以鸥波夫妇拟之。

金鼎燮,字承高,秀水人。诸生。咸丰季年,署临安训导兼教谕。以事诣省城,寇至,围久,粮绝,至煮箧上革以食。城破,杂难民中出,至临安,率乡团御寇,死之。

庚辛之役,省城再陷,杭人殉难者至众,而旗营死事尤烈。其著者:协领巴达兰布等守花市营门,佐领德克登额、佛尔国纳、德勒苏等守钱塘门,呼松额、格勒苏、印福等督队出涌金门,皆迎战,奋力杀贼,先后阵亡。又协领赛沙奋、连生等,佐领萨音纳、伊勒哈春等,防御贵祥、明阿纳等,骁骑校志善、佛尔奇纳等,文职如知府伊丽亨等,武职千总安忻保等,皆阵亡。合营纵火自焚,男妇死者八千余人。

包立身,诸暨人。家五十八都之包村,世业农。性朴鲁,里党莫之重。咸丰十年,忽能言休咎,多奇中。节食茹素,夜则结跏趺坐。时贼气渐逼,人怀忧惧,争奔询,立身惟以行善为勖。人疑信参半,不知其娴武略也。

十一年九月,贼陷绍兴府,他贼复自金华来,诸暨亦陷。于是首倡义旗,从者响应。村踞山,三面皆水田,惟一路由塍埒达村。贼焚掠至其地,立身以静待动,入者辄为所毙。避贼者鏖投之,栖止无隙地。乃益选壮男成劲旅,贼来攻,数不胜。立身不出村剿贼,贼至则战,勇则身先,当其锋立踣。众见贼易击,虽文弱者亦挥戈从事,间谍入村者,罔弗获。无事则焚香默坐,有所指挥,从之必胜,远近惊以为神。贼惮甚,使素稔立身者招降,立斩之。乃悉纠数郡悍党,更番进攻,而往者辄衄。群贼闻调攻包村,如就死地。相持八九月,大小数十战,毙贼十余万,精锐强半尽。

贼目有周姓者,眇而通形家言,乃周览村外,悉其川源山脉。会旱,溪流弱,贼壅其上流,遂无涓滴。村外井水,贼举腐尸填之,出汲,则先以火器越井而阵,后人出尸乃得汲,腥秽不可饮,然且难得。人众食寡,贼又四面断粮道,不得达,贼遂索战无已时。每合阵,所损相当,势不能久持,终无一人言降者。贼遂阴穿隧道而以金鼓声乱之,立身不之省。

七月朔日,贼穴隧道自村社庙出,即纵火焚庙,众出不意,大乱。贼遇人即杀,未遇贼者亦仓皇尽尽。立身见事败,与其妹凤英率亲军数千人死战,溃围出,至马面山。贼蹑之,围数匝,鏖战不得脱,中炮死。凤英亦力竭自刎死,全家皆遇害,从者亦无一得脱。合村死者,盖六十余万人。

王玉文,字纬堂,金华人。性强毅,好谈经济。道光二年举人。咸丰四年,授於潜教谕。会粤寇据金陵,数上书当道论兵事,指陈两浙形势甚悉。既而浙壤告警,奉檄领兵守天目山,又令壑於潜、临安山谷,防贼阑入。既至,躬自履视,得某关废址,实为要隘,因建言修之。初偕昌化教谕高文禄行团练,於潜令素与玉文忤,多方挠之。及是议筑关,益哗然以为多事,而玉文锐于自任,不之顾。

十年,贼陷杭州,玉文将百人扼关,欲乘贼归击其惰,文禄力赞之。于是昌化、临安、新城及本境山氓,咸持梃愿受节度,官绅交阻之,事遂寝。玉文患甚,乞病归,甫束装,闻寇至,叹曰:"临难而去,非夫也!"乃辍行。适援军至,玉文戒以守关毋出,不听,战五昼夜,众寡不敌,弃关走。贼入城,官皆遁,有门下士偕二舆夫、一担者来迎，玉文坚不去，迎者旋散。乃朝服挟刃坐，一贼当先入，格杀之，即举火自焚。遗书付其子曰："天热，吾清白之体，不可俾郁蒸，有盐硝，举以自化，汝曹毋过悲痛也！"寇退，得其尸池水中，朝服尭去，跛一足，人哭殓之。以其先有告病牒，大吏不以殉难闻，士民咸以为冤。

孙文德，嘉善人。咸丰十年，年八岁，贼陷嘉善，家人携出城，遇贼，相失，独至村舍。薄暮，十余贼入舍就炊，将休矣，文德潜乞砒毒于卖药人何桂生，密启釜置之。饭熟，贼方饥，食之，毙九人。二人未食，大骇，考掠文德，奋身大骂，贼杀之。

李贵元，字祥枝，永康人。事母孝，以强有力闻。贼至，年已八十，乃出其大铁铜击贼。贼惧不敢动，贵元从容登楼。及群贼拥至，贵元遂遇害。越日，其子求遗骸以出，贼亦不之罪也。时钱塘汪玉璋、义乌金士玉、长兴副贡生王泰东，均年逾八十，先后殒于难。

富阳瞽者陈小福，避山中，从贼者识其神卜也，囚之。官兵攻急，贼势蹙，乃命之卜。小福曰："若辈必尽死，无遗类，何卜为？"贼怒，剜其目，磔之。

皮匠某，逸其姓名。十一年，围急，闽兵绝粮，不欲战，巡抚王有龄登陴泣。匠忽手百金至，叩首曰："小人勤苦，蓄得百五十金，今留五十金自赡，余请助饷。"有龄为榜示辕门示劝。城陷，匠自经死。

罗正仁，湖南郴州人。诸生。咸丰三年，土匪蜂起，三月十四日夜半，突有贼数百人攻入城，戕知州胡礼箴。正仁急起，倡办团练，获贼二十余人，杀之。由是各处效法，不数日，诸匪咸扑灭，余党恨正仁刺骨。会粤匪陷州城，土寇与合，正仁复率团要击。贼悬赏购正仁，正仁走避。久之，闻母病，归，贼侦知。一日昧爽，突有贼三人至其家，正仁猝无所备，乃率二子春官等御。俄贼众奔至，众寡莫敌，遇害。二子亦受重创，佯死得免。后春官痛父，更集团，日以剿匪为事。五年，城再陷，率团复攻之，每战奋不顾身，多斩馘，为乡里所倚庇。

同州人陈起书，字通甫，幼从兄陈诗讲求经世学，由附贡生候选训导。道光十三年，逆瑶赵金龙叛，起书条陈御瑶策，知州姚华佐多采用之，州城得无患。金田贼起，起书谓西粤一隅地，贼不能久居，必窜楚。窜楚，则大军必扼衡州，郴、桂将首受祸。遂画守御之计，州牧不能用。乃纠同志自集团丁于观音寨、大头陇，并筑堡、修墙为坚壁计。无何，贼果至，闻州境有备，遂引去。时土寇邱倡道煽乱，扰及闾里，上官檄官军剿之，不获。起书命次子善堛、戚张树荣依计诱擒之，并获贼渠黄中凤，事平。咸丰五年四月，广东贼何禄寇宜章，五月，州城陷。起书率团练扼北乡，贼不敢犯。有东乡戚党招起书为画守御策，禄适湘乡王鑫率师由衡州来援，乃命善堛迎师，自往东乡，行抵塘溪，拟联络瑶岭乡民以拒之。而土匪咸通贼，侦其往，中途要劫之，遂被执。群贼久耳起书名，拥上坐，宛转诱降，起书骂不绝口，抵死不降，贼遂计议俟何禄至，乃缚其手，日夜环守之。起书于八月七日绝粒，死之。

陈景沧，字少海，龙阳人。父永皓，直隶长垣知县，有声于时。景沧幼凝重，守道义，留心经世之务。以咸丰元年举人官内阁中书。粤乱作，湖北巡抚胡林翼治楚军备贼，征辟贤俊，以景沧佐军事。积功保知府，命筹饷岳、澧。景沧剔除宿弊，事集而民不扰，尝曰："筹饷病民，已非善政；若更贪其利，是官民交病，吾不为也！"不数年，以亲老辞归里，闭户山中，侍养之余，以读书为乐。同治六年，闽浙总督左宗棠调往福建，湖南巡抚刘琨亦强起景沧，景沧咸谢不赴。八年，丁父忧，哀毁庐墓，益远人事。

初，军兴，募民为勇，越境击贼，湖南尤盛。暨贼平，勇散归，不事生业，相率入哥老会。哥老会者，起四川，异姓相约为昆弟，同祸福，结盟立会，千里相应。其盟长之大者，辄拥众数千人，横行郡邑，吏莫敢诘，良懦惮之，则入会求庇。入者既众，势乃益厚，流行湘、楚间。初但为奸盗，均其财，继焚掠村市，抗官兵，窥城邑。长沙、衡州诸属，屡扑屡炽。十年，益阳何春台、龙阳刘凤仪、刘继汉等，率会众为乱，聚众西安化山中，距景沧家十余里。景沧闻变急，密告巡抚，巡抚檄益阳、龙阳两县往捕，会众方传檄诸州县党人，约同时发难。未至期，捕者适至，遂先举事，犯益阳。途中值景沧，执之，景沧责以大义，数其罪。被数刃，骂不绝口，贼群斫之。长子克埏、次子克权从行，以身障景沧，并及于难。

景沧长身玉立，恂恂孝友。与人交，讷然若不出口，至论古今忠孝及国政得失，辄慷慨流涕，义形于色。事闻，赠道员，给世职。

何霖，字雨人，广西兴安人。少读书，以诸生食廪饩。抗志高尚，不屑屑治章句。性沉毅，有胆略。咸丰三年，兴安盗王苟满、赵廷兰等作乱，陷县城，囚官吏。霖闻变，匿老弱，自与族弟进贤急诣省求援，中道遇贼，为所劫。霖诡辞脱进贤，入见贼酋，贼素重霖，以上宾礼之。霖谬为甘言，饮啖自若。酒酣，因说贼酋曰："君等举大事，宜先收人望，蒋方第诸人，邑之豪俊，愿假良马利剑为君辈致之，非常之业可图也！"贼喜，如约。霖遂以方第等六人至，留贼中，贼信不疑。霖阴谋方第间贼党，将乘间举事，会官军击贼灵川，屡胜，贼分兵攻金州亦败，众稍稍引散。霖遁归，偕方第一夜集乡兵，尽缚北乡诸贼。分守要害，号召邻乡团众，分三路攻城。贼不为备，遂复兴安，擒苟满等。官军至，献捷，主兵者攘其功，赏不及霖。益与方第倡言兴团练，立规约，厚饮给，人乐为用。贼党谋再举，惮霖不敢发。

四年，恭城贼陷灌阳，霖率兴安团屯边隘，贼不得逞。相持数月，乐平贼自别道来援，霖与方第议增丁壮，移营前进，遏其锋。十一月，次茗田，贼以大队从大风坳出犯霖垒。所部祗五百人，续调者未至，霖麾众迎击，奋斗竟日，力竭战死。方第暨其兄子二人并殒于阵。贼再入兴安，焚霖庐舍，尽杀其家人，霖父挈孙走临桂，得免。事平，兴安民思其功，建祠祀之。

蹇谔，字一士，贵州遵义人。道光二十六年举人。咸丰三年，大挑得教职。明年，谔还自京，适桐梓教匪杨龙喜作乱，长驱出娄山关，逼遵义。知府朱右曾要击，败还。贼遂以八月十六日围城，营郭外雷台山。是时黔中治平久，民老死不见兵革，初遭寇乱，众汹汹欲溃。独谔力言贼可击，于是人心稍定。久之，官兵渐集，而贼亦日附。谔谒提督赵万春、布政使炳纲于螺瑯堰，陈利害，请由石盘扼贼粮，挑其背，自领兵练四百人营马家河，复募二百人益之，屡战皆捷。

　　贼酋李七王者尤犷悍，以千余人入贵阳大道，踞龙坪水口寺，谔率所部围攻，尽歼之。七王自焚死，贼气夺。十二月，官兵破东路樱桃丫，贼凭险拒战，不即克，谔以兵从中坪缭其后，大破之，乘胜进克羊耳丫。贼退屯金钱山，引渠灌田，计死守。谔令健卒负草涉冻薄而焚之，于是官兵攻雷台益急，蜀兵亦驰复桐梓，龙喜蹙，遂焚巢夜遁。

　　五年冬，龙喜余党邹长保再叛，围桐梓七昼夜，并据娄山关以遏遵援。谔复集兵练千余名，攻夺娄山，解其围。期必灭贼，屡深入至寺冈。寺冈，贼巢所在，危峰攒刺，往往云雾，不见天日。谔勒兵直上，以身为之，猝遇伏，前锋为所败，谔亲率卒二十人搏战。贼众麕至，矢石交下，谔力竭死之。随行之王世洪、曾名标亦奋斗死，时咸丰四年十一月十日也。恤道衔，给世职，立专祠。

　　赵国澍，贵州贵阳人。咸丰三年，黔中土匪起，国澍方为诸生，居青岩。其地扼定番、广顺之冲，为贵阳屏蔽。乃散家财，倡团练，城青岩自守，随官军四出剿贼。十年，粤酋石达开窜贵州，陷广顺，围定番，众号二十万，贵州大震。国澍倡勇敢、救定番，民壮从者数百人。力战城下竟日，贼断其归路，死亡略尽。国澍匹马突围还青岩，登陴坚守，贼亦却退。会贼以广顺之众益定番之围，道出青岩，胁降，不可。围三日，引去。

　　七月，定番陷，并力攻青岩，国澍随机应御，贼攻六月，终不能下。伺贼稍懈，乞援提督田兴恕，兴恕遣侄麒麟来，大为民扰，国澍斩麒麟以徇。兴恕亲赴之，前锋失利，责战益急。国澍策贼食将尽，请敛军坚垒障省城，檄清镇、安平、大定清野以待。贷土匪陈文礼等死，密遣入贼纵火，内外夹击，毁贼营二，贼每夜自惊。国澍以计间其悍酋，使相屠，遂大閧，因与兴恕合兵乘之，贼崩溃。追奔至安平，复大破之，定、广诸城皆复。先是国澍剿平定、广土匪葛老岩、杨龙喜及平伐、摆金、平越、瓮安诸贼，收复修文等城，累擢至候选同知、直隶州知州，赏花翎。至是兴恕上其功，言："国澍毁家、筑城、练团，当巨寇，受攻半载，卒创贼，全省会，非优奖不足以劝士民。"命以道员即选，并总办贵州团练事务。

　　十一年九月，安顺仲苗匪警，国澍率黔勇七百，会总兵罗孝连剿之。十月，至安顺，仲苗蔓延镇、永二州，负险累年。其老巢曰养马塞、乌束陇、蜜蜂屯、猛董山，孝连直捣乌束陇，国澍调团练分塞要隘，断贼援。养马塞贼惧，缚酋献地降，国澍乘胜攻蜜蜂屯。十一月，破水西庄阿打洞屯，贼诈乞抚，国澍佯纳之，使兵冒贼衣装，夜入蜜蜂屯，遂克其巢。群贼蚁居猛董，复会诸军围而歼之。

　　同治元年正月，石头寨等隘以次荡平，安顺肃清，加按察使衔。会杨岩保兵溃，上大坪苗夷杠匪踵败兵渡清水江，国澍闻警驰赴郎岱，击苗匪破之。连战皆捷，进剿水城。贼散踞洞塞，地皆险奥，国澍分兵雕剿，自夏经冬，破洞塞百余。

　　贼走渡江，遂沿江设守，乃还省，请增兵协饷，以备深入苗疆。而御史华祝三、湖南巡抚毛鸿宾劾田兴恕苛敛，并及国澍残刻状。贵抚韩超为覆奏，辨甚晰，事乃寝。会开州知州戴鹿芝杀天主教士，法使诉于朝，复连国澍。盖兴恕尝欲逐教民，而国澍左右遂背国澍有毁教堂、杀教民事。两广总督劳崇光与法使议，令国澍偿金厚葬，事已平矣；开州案起，并发前事，法使诉不已，朝廷命将军崇实等视其狱。二年三月，褫国澍职，遂撤团练局，苗事益急。

　　四月，大吏檄国澍督练勇渡泡江河。时沿江诸军饥溃，贼再内犯，窜光沙，势张甚。国澍兼程进，次百宜，贼众兵寡，遂被围。食尽援绝，力战，死伤过半。亲军数十人，拥国澍溃围出走，至徐家堰，贼大至，奋斗死之。巡抚张亮基以闻，赠太常寺卿，赏骑都尉世职。子四，次以炯，光绪十二年进士第一，翰林院修撰。

　　宋华嵩，四川卭州人。咸丰九年，滇匪窜四川，华嵩自备军糈，以武生倡办团练，保卫乡里。十年，川匪蓝大顺围州城，华嵩率团勇大破于五道碑，围解。嗣防堵夹门关、青草坡、大进埠等处，凡自贼营逃出难民，资遣不算。蓝逆扑蒲江，华嵩督团迎击，屡胜之，贼窜去。十一年，蓝逆由新津回窜，华嵩御之文华山南河岸，贼不得还，折入眉州。既而蓝逆别股复窜蒲江，踞青水溪，华嵩率团进剿，多斩获。卒因众寡不敌，殁于阵。

　　华嵩团练数年，捐银米数甚巨，轻财好义，能得人心，故所部练勇如王德明、王富举、王富义、杨镇川等，咸效死不顾。同治元年，总督骆秉章上华嵩死状，恤如例，於本籍建专祠。

　　伯锡尔，哈密回王也，其受封始祖曰额贝都拉，畏兀儿种人。康熙中，献玉门、瓜州地，立为一等扎萨克。再传曰额敏，晋封贝子。传玉素卜，晋封贝勒，加郡王衔。三传至伯锡尔，于道光十二年进封郡王。同治三年，以助开渠功，加亲王衔，署理哈密帮办大臣。会南、北路各城叛回煽变，八月二十九日，哈密汉装回匪马兆强、马环等焚掠附城村庄，伯锡尔及办事大臣文祺率回丁出战，斩兆强、环，余党溃，叙功赏用黄缰。

　　九月初二日，图古里克回匪马添才戕税局吏役及汉民七十余家，南攻沁城，伯锡尔令章京巴海、守备赵英杰追捕，至北山板房沟，斩添才。四年二月，患陇右道梗，奏称由肃州东历蒙古漠南地，至山西归化城，往还可百日，请由此转饷。然台站旧在漠北蒙古，力疲不能增设，时哈密协标兵仅五百余人，安西协援兵二百人，不足分守。缠回及汉民虽众，未习战阵，吐鲁番叛回频来诱，人情煽动。五月，回匪黑老哇、缠匪苏布格等反，办事大臣札克当阿中弹死，贼毁汉城，入回城，幽伯锡尔。五年六月，巴里坤总兵何琯令游击凌祥趋救，攻拔回城，贼遁吐鲁番，伯锡尔奏留凌祥为副将。旋以叛党蔓延，奏由乌里雅苏台将军檄召明安郡王蒙兵，合巴里坤、哈密诸兵，共攻吐鲁番。又数遣使至肃州，请提督成禄出塞，皆不果。

十一月，苏布格率南北各城叛回五千人复来侵，凌祥以民勇三千、伯克夏斯勒以缠回五千人出御，覆没于柳树泉，凌祥遁。或谓伯锡尔："盍行乎？"伯锡尔叹曰："吾世受天子恩，备藩于此，临难何可苟免？"收残卒二千，复战于头堡，又大败，被执。明年正月，骂贼死，诏赠亲王。

卷四百九十四 列传二百八十一

忠义八

姚怀祥全福 舒恭受等 **韦逢甲**长喜等 **麦廷章**
刘大忠等 **韦印福**钱金玉等 **龙汝元**乐善 魁霖等
文丰 **殷明恒**高腾云等 **高善继**骆佩德等 **林永升**
陈金揆等 **李大本**于光炘等 **黄祖莲**

姚怀祥，福建侯官人。嘉庆二十三年举人。道光十五年，挑知县，发浙江，权象山、龙游等县。二十年，英吉利以钦差大臣林则徐在两广坚持鸦片之禁，耀兵宁波洋面，破定海，旋退出。二十一年二月，攻虎门，广东水师提督关天培、湖南提督祥福；七月，攻厦门，总兵江继芸、游击凌志；八月，复攻定海，总兵王锡朋、郑国鸿、葛云飞；九月，攻镇海，两江总督裕谦、狼山镇总兵谢朝恩；二十二年三月，攻慈溪，副将朱贵与子昭南；五月，攻吴淞，江南提督陈化成：均先后殉难，自有传。怀祥于二十年适要定海篆，分募乡勇，为死守计，总兵张朝发撤之。城陷南门，怀祥负伤，立城上呼兵，无应者，愤甚，投成仁塘死。

典史全福使酒仗气，敌至，衣冠坐狱门。囚跳，叹曰："失城当死，况失囚耶？"敌入署，大呼杀贼，毙黑酋一，丛刺死。翌年，再犯宁波、定海，则石浦同知舒恭受，游击张玉衡、外委武英太同死难。都司李跃渊则随总兵郑国鸿战晓峰岭六昼夜，与把总胡大纯、洪武琼、外委金钊同殁于阵。

是役也，慈溪大宝山死者，为即用知县颜履敬，参将黄泰，守备田锡、陈芝兰、徐宦、哈克里，千总阿本穰、魏启明，把总林怀玉、卢炳、邱法德，外委张化鹏、马龙图、何海、毛玉贵、王保元、杨福增；死镇海城者，为县丞李向阳；战金鸡山死者，为都司孙汝鹏，守备李云龙、王万龙，千总陈庆三、陈守澍、周万治，把总马金龙、汪宗斌、解天培、金鑾，外委林赓、吴定江；死招宝山者，

为外委蔡步高。而山阴练勇袁乐忠以从间道导朱贵军至长碥迎战，为炮火所逼，从烟焰中跃起，投海死。

韦逢甲，山东齐河人。道光十六年进士，用知县，发浙江，累权宣平、馀杭、浦江等县。英吉利既再扰宁波洋面，将寇吴淞，先以弋船三十艘进攻乍浦。时逢甲以督铸大炮，由镇海赴乍浦设防，就权同知。四月，敌遂由东光山上陆，屯兵皆溃。逢甲带乡团御于西行汛，死之。

同死者，为驻防副都统长喜，前锋协领英登布，佐领隆福，防御贵顺、额特赫，前锋校佛印，骁骑校伊勒哈奋、根顺，该杭阿及调浙助防之守备张淮泗，千总李廷贵，把总王荣、马致荣、孙登霄，外委马成功、朱朝贵。而伊勒哈奋尤惨，伏观山射夷，殪甚众，被执，磔死。子仁厚，袭职，殉粤寇。

麦廷章，广东鹤山人。道光十二年，以外委随剿连州瑶匪功，屡迁至游击。林则徐查办英吉利趸船鸦片，檄廷章率舟师驻九龙山巡防。英酋递书辩论，开导不服，遽开炮，廷章以大炮应之，毁双桅敌船。又潜约土密兵船助攻，复击却之。英人既陷浙定海，遂溯大洋至天津乞和，朝命直隶总督琦善驰粤与议，海防遽懈。二十年十二月，敌乘不备，突进占大角、沙角，廷章时佐提督关天培防守靖远炮台。明年二月，敌船拥入三门口，断防御桩练。南风作，复以大队用横档、永安，截我军援道，进犯虎门。廷章奋勇御之，力竭死。

时同死者，为香山协副将刘大忠，游击沈占鳌，守备洪达科等。参将周枋则以拒敌乌涌战殁。三月，英人复由粤扰闽，攻厦门，犯内港，守备王世俊、蒋锡恩，千总张然迎击之，均以力战阵亡。

韦印福，江苏上元人。由行伍随剿滑县匪，有胆略，尝曰："武官临阵，死生度外事，畏死不作武官矣。"累擢千总，为两江总督陶澍所赏，擢署金山营游击。英吉利之窥吴淞也，提督陈化成守西炮台，誓死战，以印福忠勇，隶左右。二十二年五月，敌舰丛击之，化成被伤，印福救护不及，殁于阵。

化成之殁，从殉者八十人，其尤烈者：千总钱金玉，临危或劝避去，答曰："金玉年十六即食国饷，今焉避之？"遂及难；外委徐太华，善用炮，转移如志，击皆命中，被击死；把总许攀桂，拥护化成，谓："主将与某等同甘苦，公报国在今日，某等报公亦在今日！"众心益固，卒饮剑死；把总龚增龄，迎战，刃数人，敌人围而擒之，钉手足于板，掷诸海；外委周林，率帐下巷战，中枪，先化成死。

时督师两江总督牛鉴，以炮毁演武厅，亟退去，之苏州，又之江宁，敌遂由宝山徇上海，道以下官皆遁，典史刘庆恩投浦江死。内河不能深入舰队，乃由福山口犯镇江京口，副都统海龄战不胜，自缢死，寻谥昭节。赴援游击罗必魁、把总赵连璧，均死之。

驻防员弁同与难者，为马甲长松，与子骁骑校祥云，佐领景星、爱星布、恒明，防御恒山、尚德、恒福、吉成，骁骑校伊克济讷，文举人噶喇，武举人哈达海，笔帖式哈

丰阿、恩喜，前锋校松宝、文魁、阿勒金图、喜兴等。迨江宁钦差大臣耆英等奏定款局，而五口通商之约成。

龙汝元，顺天宛平人。由行伍随剿广西会匪，以功累擢游击，隶河南巡抚英桂军营。咸丰八年，英吉利纠合法郎西、米利坚两国，藉口换约，俄罗斯复阴助之，坚请在京师开议。议未定，舰队集天津海口，朝命科尔沁亲王僧格林沁办理海防。汝元奉檄至，擢大沽协副将。九年五月，英、法兵船驶入内河，汝元手燃巨炮沉其船，旋中炮殁于阵，谥武愍。提督史荣椿同死，自有传。

是役也，诸国受创甚。十年夏，舰队复集天津大沽口，提督乐善奉命驻兵大沽，至则以关防交僧格林沁，令所部愿留者听，得千余人，誓死守。六月，敌兵自北塘登岸，七月一日，自石缝炮台击败之。相持一日，无后援。火药局火起，兵多伤死。乐善知不可守，遂投河死。从死者副将、守备各一，失其名。乐善谥威毅。

时副将魁霖在通州巡防，檄至天津助战，亡于阵，谥威肃。委翼长阿克东阿、侍卫扎精阿同死之。八月，敌遂北犯通州，图占西仓，监督觉罗贵伦与同官玉润衣冠对缢殉节。焚淀园，文丰外，员外郎泰清、苑丞泰衷全家自焚死。时文宗驻跸热河，命恭亲王奕訢再议款局，而难始定。

文丰，董氏，内务府汉军正黄旗人。内务府笔帖式，历堂主事、员外郎、造办处郎中，充杭州织造，授骁骑参领。道光二十一年，充粤海监督。二十三年，偕两广总督耆英等遵议英吉利《五口通商章程》十五条，下部议行。二十六年三月，授热河副总管，充苏州织造。差还，授堂郎中。咸丰四年，赏总管内务府大臣衔，历正蓝旗汉军副都统、正蓝旗护军统领。七年二月，授总管内务府大臣，寻署正黄旗护军统领。八年五月，管理圆明园事务，调正红旗满洲副都统，充崇文门副监督。又调正白旗满洲副都统，署御药房、太医院事务。十年八月，命在圆明园照料一切事宜，是月英人闯入圆明园，文丰投水殉难。赐恤如例，赠太子少保衔，入祀京师昭忠祠。同治元年，追念忠节诸臣，以"文丰从容赴难，不愧完人"褒之，加恩予谥忠毅。

殷明恒，江西南昌人。由武童投效水师营，擢把总。光绪四年，赴闽，隶平海中营师船司炮。时佛郎西既并越南，将窥滇省，其酋领军舰十四艘先犯福州，图覆船政局。十年七月，在马江发难，明恒阵亡。时毁兵船七，商船二，及艇哨各船俱烬，死者不可计。见奏报者，以参将高腾云死最惨，五品军功陈英战最烈。船厂学生带扬武舰叶琛，带建胜舰林森林，均登了台发炮，受弹，犹屹立指挥；充福星轮三副王涟受炮伤，犹枪毙敌兵多名，均以伤重阵亡。

是役也，战镇南关外，隶记名提督刘永福部下者，为武生杨尊恩、哨弁何承文等；隶署提督苏元春部下者，为总兵孙得胜，副将黄政德、邱福初、陈义新、刘德胜、张大寿、刘玉贵，参将胡延庆、王绍斌、萧有明、黄世昌、石启官、张兴宽，游击肃宝臣、李纯五、吴少怀，都司黄均、任有锡、李逢桢、吴述元、周同芳，守备黄效忠、杨承禄，千总苏全璧、蒋全昌、李得胜，把总王有兴、李明德、杨春林、徐国庆、叶亚吉、梁玉辉，外委曹正亮，六品军功劳国丰，从九品黄汝霖等。

隶广西巡抚潘鼎新部下，纸作社之役，为副将苏玉标，都司陈福隆，把总张元鸿、顾玉芳；谅山之役，为提督刘思河，都司刘映谷、黄正寅、邓晏林、杜光湔，守备罗云高，千总俞谏臣、蔡得胜、孙其易，把总谢世和，六品军功万国发等。

隶福建布政使王德榜部下，战丰谷等处，为总兵黄喜光，副将胡阳春、武鸿来，参将左廷芳、谭家璐、王得永、蔡玉堂、黄祖富、左占元，游击陶得玉、聂章寿、王得才、柳臣玖，都司王天喜、陈永发、赵步云、谭连胜、胡克胜、田玉贵，守备邱正亮、邓青云，千总谢廷兰、张玉魁、杨大德；胡士英，把总萧恩清、王成吉，外委刘云汉、谢薛昌，六品军功黎占元、唐复兴、谭以明等。

隶福建巡抚刘铭传部下者，为总兵曾照礼，副将刘义高，千总殷有升，把总尤运农、祁文等。均分别上闻，赠恤有差。高州镇总兵杨玉科，则以宿将有功，战殁谅山，自有传。

高善继，字次浦，江西彭泽人。由附生举同治元年孝廉方正，朝考用教职，署弋阳县训导。举优行，皆寒畯士，积弊为清。寻调赣州府学教授，又调南安。光绪十四年，举乡荐，会试不第，谒李鸿章于天津，鸿章，其父执也，语不合，投通永镇总兵吴育仁幕下。二十年，日本侵朝鲜，廷议主战。六月，善继佐营官骆佩德乘英国高升轮船运送军实。驶至牙山口外，日本举旗招抚，善继不肯屈。管驾英人先逸去，善继忿极，令悬红旗示战备，且进薄之。方与佩德指挥御敌，忽船中鱼雷，逾时，水势注射益汹涌，众强善继及佩德亟下，善继奋然曰："吾辈自请杀敌，而临难即避，纵归，何面目见人？且吾世受国恩，今日之事，一死而已！"佩德曰："如此，吾岂忍独生？"高升船遂沉，善继溺死，佩德从之。

时护行者为济远舰，亦为敌船在丰岛袭击，大副都司沈寿昌坚守炮位，竭力还攻。及中炮阵亡，则守备柯建章继之；复阵亡，则黄承勋继之。与军功王锡三、管旗刘鹍同与于难，争超死地，奋不顾身，尤为当时所称。广乙快船管轮把总何汝宾，亦于是役中弹阵亡。

林永升，福建侯官人。入船政学堂肄业驾驶，派兵轮练习，周历南北洋险要，以千总留闽，充船政学堂教习。复出洋留学，归，晋守备，调直隶。从平朝鲜之乱，擢都司。赴德国接收代造经远快船，保升游击。光绪十五年，北洋海军新设左翼左营副将，以永升署理。办海军出力，升用总兵。二十年八月，朝命海军护送陆军赴大东沟登岸援朝鲜，日本海军来袭，我铁舰十，当敌舰十有二。副将邓世昌管带致远，都司陈金揆副之；参将黄建勋管带超勇；参将林履中管带扬威；经远，则永升主之。永升夙与世昌等以忠义相激励，既合诸舰，冲锋轰击，沉日舰三，卒以敌军船快炮快为所胜,世昌战殁。提督丁汝昌坐定远督船,畏葸不知所为,又被伤,总兵刘步蟾代之。船阵失列,有跳而免者,永升仍指挥舰勇,冒死与战,骤中敌弹,脑裂死。是役也,血战逾三时,为各国海战所仅见。

永升而外,金揆、建勋、履中及守备杨建洛、徐希颜,千总池兆滨、蔡馥,把总孙景仁、史寿箴、王宗墀、张炳福、易文经、王兰芬,外委郭耀忠,五品军功张金盛,六品军功王锡山,均死之。世昌自有传。

李大本,安徽六安州人。咸丰间投效江西军营,以功累擢游击,复投效直隶,充哨长,晋副将。光绪二十年,日本犯朝鲜,叶志超统军往援,扼守公州,聂士成率五营驻成欢驿。敌军来袭,大本与游击王天培、王国祐同亡于阵。时武备学生于光炘、周宪章、李国华、辛得林并赳健士,伏要隘,狙击敌前锋,以接应不至,皆死焉。士成旋绕渡大同江至平壤与诸军合,军无斗志,溃退相继。独左宝贵扼险恶战,死最烈,自有传。自是朝鲜无我驻军,敌遂内犯。

黄祖莲,安徽怀远人。少有志节,尝思立功异域。光绪初,入上海广方言馆,列优等,送美国游学。调天津水师驾驶学堂,旋派赴威远兵轮练习。叙千总,署海军中军左营守备,充济远驾驶二副。海军出力,以都司升用。中日衅启,说丁汝昌以"严兵扼守海口,而以兵舰往捣之,攻其不备。否则载劲旅抵朝鲜东偏釜山镇等处,深沟高垒,绝其归路,分兵徇朝鲜诸郡邑,彼进则迎击,彼退则尾追,又出偏师挠之。彼粮尽援竭,人无斗志,必土崩瓦解,此俄罗斯破法兰西之计也。"汝昌不从。及大东沟将战,又说以"海战宜乘上风,兵法贵争先著。今西北风利,宜乘其兵轮未集,急击不可失。"汝昌复不决,遂失利。

十二月,日人弃西路,南扰山东,祖莲佐总兵刘步蟾等守威海。时官军集关外,东路兵单,日军由落风港登陆,攻陷荣成,全力萃威海。祖莲挥将士开炮击敌,敌少却,既复大集,诸军皆溃。二十一年正月,道员戴宗骞以力尽援绝投海,越数日,祖莲与刘步蟾及总兵张文宣、杨用霖等俱死之。时汝昌书降于敌,且要敌军不得残余军,仰药死。后以死绥上闻,旨不予恤。或谓汝昌实为所部胁降,愤而自尽,降书则死后出洋弁手也。

时旅顺先陷,海军扫地,黄海诸军要隘皆失守,将士多死事,以奏报有缺,不得书。其见奏报者,三等侍卫永山,在凤凰城战殁;游击李世鸿、副将李仁党与提督马寿山分守盖平,御敌大将乃木军,战最烈,同时以力尽阵亡。步蟾、宗骞自有传。

卷四百九十五 列传二百八十二

忠义九

宗室奕功 札隆阿等　觉罗清廉等　松林 文炘等
崇寿　韩绍徽　韩培森　马钟祺　董瀚　谭昌祺
庄礼本　冯福畤　宫玉森　景善等　宋春华
马福禄　杨福同　吴德潇 子仲韬　成肇麟

宗室奕功,历官奉宸苑卿,至御前侍卫。光绪二十六年,拳匪肇祸,各国联军破京都,德宗奉孝钦显皇后西狩,奕功以世受国恩,未能随扈,引火自焚。妻祥佳氏、子载捷等,阖家投井殉节。

先后被难者,宗室有奉恩将军札隆阿,子朴诚等;奉恩将军缉御,子培善,孙存德、存厚等;文举人恩煦,子继勋、懋勋,从子启勋、世勋等;掌江西道监察御史德藩,户部员外郎恩畀,户部主事谨善,宗人府经历讷钦,头等侍卫德润,带队官钰璋,及奕鑫、载袍、恕诚、联德、恩溥、松达、善章、国文、松根、景璋、承惠、和桂、凤喜、吉辰、海明,觉罗有清廉、年瑞、德润、荣绵。

松林,巴雅尔氏,满洲镶黄旗人。由笔帖式累擢给事中。出知临安府,升云南粮储道,晋山东按察使、布政使。内擢顺天府府尹,病解任,起为内阁侍读学士。联军犯京师,分守东直门,亲指挥炮火中,抵御甚力。俄中炮死,尸不可辨。

时阵亡者,前敌有世管佐领文炘,骑都尉玉荫、奎龄,笔帖式宝善,前锋校荣春,护军校玉连,骁骑校钟安、德昌,前锋舒元、明顺,护军秀亮、双禄、瑞升、文福、成福、恩启、常贵、成秀,把总文通,队官全成,队长全兴,领催崇宽、贵斌、崇欢、庆祥、广升、奎秀、永顺、暇安、恩庆、广立,马甲成恒、瑞喜、庆山、倭克金布、世昌、玉兴、恩隆、德胜、祥瑞、赓音布、董连元、保麟、裕安、长泉、保玲、王永立、保祥、李景瑞、田应时、张桂祥、李永福、清华、吉顺、全立德、玉崇、喜保、林长玉、布克坦、全保、喜寿、海宽、延禄、玉山、成昌、长福、松龄、柯永、文斌、徐培田、文达、庆连、兴瑞、李烨、保庆、清海、长春、恩常、保顺、广禧、广海、崇福、凤龄、成棻、双全、玉岑、汪恒吉、养育兵明禄、玉海、玉存、景立、关喜、庆禄、色勒、连贵、双寿、文奎、奎茂、齐德森、明保、永顺、泳全、常来、吉禄、万善、立得、长桂、松梁、德成、长安、闲散全兴、松泽、德禄、连升、保盛阿、玉庆、德禄、广成、连山、倭克金泰、立海、德绪、富森、广海、崇福、荣羲、国安、祥桂、富顺、延茂、德全、恩隆、杨德福、枪甲吉庆、连魁、李长升、景英、文海、枪兵崇昆、炮甲吉安、文弼、景瑞、张启茂、刘龙、富琪、全奎、全保、德凤、增锐、增辉、周奎斌、练兵桂普、队兵光辉、林庆。

东直门有护军参领贤普，世管佐领德续，公中佐领松鹤、锡昌、连秀，笔帖式荣山，骁骑校惠斌、倭什洪额、瀛绪、连桂、常浩、铭纶、凤启，护军瑞斌、常福、春安、普惠、德谦、恒有、兆芳、随善、同广、崇敬、恒斌、桂禄、三多，队官英璞、惠斌，领催德绪、常庆、成山、富顺、常全、双印、文森、松弼、双奎、广义，马甲乔龄、锡瑞、田德贵、奎秀、广喜、宝庚、广禄、富通、明喜、广林、文印、德林、永山、锡连、荣和、永霈、长安、李忠、春元、得林、兴顺、福贞、文芳、文普、玉芳、乌云珠、达崇阿、德贵、明安、世达、黄培长、贵普、英玉、锡禄、文华、德本、春伦、成祐、崇庆、双奎、双海、立福、德保、润秀、奎秀、顺立、志亨、志隆、铭荣、崇喜、恩顺、连敬、养育兵庆林、双禄、隆福、宜绪、济坤、长奎、德文、长清、得隆、景立、得保、明增、成林、福祥、宝瑞、恩佑、闲散荣喜、崇仪、顺福、吉昆、长山、英振、阿炳、阿均、广成、连山、世瑞、承英、锡保、双兴、德玉、治得、和森、广立、李斌、世山、永利、长龄、铁寿、定坤、龙泰、凤林、凤祥、景珍、崇锡、存德、延龄、锡光、宝忠、得虎、奎福、炮兵恒安、国安、承万、吉恒、玉森、善溥、盛濂、队兵凌贵、伊立布。

崇文门有护军校富亮，骁骑校德瑞，笔帖式润普，七品官萨斌图，监生福寿，队官彤勋，护军庆升、定昆、世喜、富山，领催玉山、连英、国栋、文通，马甲志福、铁升、桂安、清海、巨泰、乌林、兴海、聚泰、玉保、成喜、恩沾、全顺、恩保、辅廷、达英、张仲兰、养育兵永禄、文斌、隆兴、德存、富宽、常寿、全禄、海玉、英鋆、松山、连升、存德、闲散文成、文亮、崇林、松山、常林、秀斌、松玉、忠福、巴克坦布、奎荣、崇海、绪顺、德清、枪兵文海、队兵恩保、德禄、隆兴、幼丁刘长立。

朝阳门有云骑尉富珠伦，恩骑尉连福，护军校亮亮，骁骑校绩魁，乌枪蓝翎长松春，护军海秀、常福、乌林泰、万玉斌，前锋吉昌，领催常兴、保昌，马甲永安、福山、双喜、保勋、德福、铁升、兴海、长瑞、玉安、巴扬阿、乌林保、养育兵贵全、凌山、恩启、保春、涌澄、德顺、裕泰、玉厚、成玉、赵文忠、闰福、文瑞、荣德、闲散长绪、文立、多太、诚坤、恒立、常兴、伊三布、文禄、常林、瑞申、恩锡、连升、松山、厚宽、张勋、松山、忠福。

东便门有游击韩万钟、弟韩万禄，千总庆余，把总金钰，战兵王寿、李永福，马兵梁坤、张德舆。

德胜门有副参领祥存，世管佐领承端，骁骑校崇桂，领催柏铭、容刚、文惠，马甲锡连、桂启，养育兵常海、队兵荣喜。

安定门有笔帖式增俊，马甲立贵、长庆、德闰、卢检贵、恩寿、德平、长存、松禄、赵俊双、恒山、庄立、明、刘殿臣、长寿、荣桂、合海、袁明林、杨有春、文愈、文茂、文毓、连顺、施彬、文福、王玉凤、线长海、全英、煜祥、钟铭、傅合、连升、马玉和、养育兵恩绪、奎元、二立、文浩、闲散清联、德谦、武生长绪。

齐化门有护军校连瑞。

西直门有养育兵乌什哈、闲散全桂。

阜成门有敖尔布钟册。

永定门有闲散长泰、玉泰、春祥。

正阳门有闲散清林、奎连、德胜。

宣武门有炮甲林广明，蓝翎长祥瑞，领催常连、景绪，马甲荣福、崇善、德斌、全顺、定保、荣庆、维明，炮手庆焕，养育兵松长，闲散英绪、续顺、崇海。

大清门有前锋玉兴。

天安门有护军参领玉山，副护军参领双福，护军校花连布，侍卫润志，前锋岐俊，护军永寿、文瑞、瑞升、承通、林安、玉庆、春喜、祥林、松桂、永寿、文禄、常升、常海、松惠、海全、桂升、双寿。

午门有副护军参领凤龄，前锋崇祥、桂丰，护军玉寿、德凯。

东安门有公中佐领松寿，步军校文通，领催延寿。

东华门有副护军参领长年，副令官英宽，蓝翎长富升，队官王昌，护军恩秀、奎英、成光、忠明、贵庆、昆连、松群、玉山、阿杭阿、玉寿、恩秀、奎俊、成英、文广、托克托虎、常山、广庆、希拉布、他克布、连德，马甲长山，养育兵存山，闲散德元，技勇兵全贵。

西安门有养育兵永顺、德福。

西华门有马甲春明。

地安门有虎神营营总昆明，副护军参领恒谦，护军营管理祥瑞，护军队官凌魁，队长彦禄，护军常瑞、萨图布、永安、常山、双寿、兴斌，马甲文海、福山，养育兵崇恩、全苓、顺喜，闲散德祥。

紫禁城内有护军参领海忠，亲军校文玉。

守阵者有世管佐领德润，马甲锡秀。

巷战者有骁骑校多伦布，蓝翎长德英额、双贵，前锋凤玉、希拉奔、崇安、文英、荣昆，护军德玉、崇贵、崇福、崇兴，领催鹤鸣，马甲双福、长海、庆裕、桂保、长升、恩立、兴岱、存桂、常泰，养育兵英厚、文志、德成、俊成，幼丁元成、全祥、世增、乌凌阿、广林、广俊、松荫、松祺、松立、延尉、成明、广瑞，闲散全顺、颐霈、多山、庆禄，外委王文志、闻廷标、王灏、高玉、常存，百总郭立奎，管队张海、金松林，把总王洪铭，马兵彭玉恩、金祥，战兵李逢春、戴永福、彭florida堂、孟禄，守兵王政枢、刘永安、季茂轩，炮甲祥通，炮手白万泰。

死事者：宁寿宫员外郎诚年，笔帖式福臻在内值宿，七月二十一日巳刻，闻两宫西狩，即赴各殿封锁，至敛禧门外值房投井死。太庙五品官富亮，值班上香，洋兵突进，拒之，枪死。织工张继福，在绮华馆被戕。左营参将王长荫守署不去，以独力难持，投井死。护军连升值班端门；护军崇连，神机营呈递公事步军校赓音布、常福、胜喜，领催双喜，马甲存林、恩明，外委孙国瑞，技勇兵常有、隆祥、万昭，均在厅值班；领催荣铃，养育兵定成，队兵布兴泰，均看守军库；南城正指挥项同寿，在署办公；户部书吏高世祥，总理衙门供事沈鹏仪、徐伯兴、洪瑞汶，均在署值班，与于难。

在先阵亡者：把总李钟山，外委李钟林，七月十七日，在张家湾御敌，不克，死。

先后被难者：游击王燮，五月二十五日在东便门弹压拳匪，被戕，并毁其尸；采育营司杨光第，于闰八月二十九日闻洋兵至，衣冠坐营中，被枪死；把总张进志拥护同死。

均经留京办事大臣昆冈上闻，赠恤有差。

崇寿，温彻亨氏，满洲镶黄旗人。光绪十六年进士，入翰林，累擢翰林院侍读。变作时，不胜忧愤，仰药死。诏以"见危授命"褒之，谥文贞。

韩绍徵，字筱珊，贵州贵阳人。光绪二十年进士，授主事，分刑部，勤于所职。拳乱初起，尝走同官，涕泣誓身殉。七月二十一日，自经于陕西司司堂。

掌江西道御史韩培森，巡城积劳，城破，绝食死。内阁中书坤厚，手书"见危授命"四字，与妻同缢死。

马钟祺，字维春，隶汉军镶黄旗。少为诸生，以袭一等子，例不得与试，授三等侍卫，擢二等，有文武才。初服膺陆、王之学，继参以程、朱、张、吕，不主一家。为人忼爽有奇气，慕孙白谷之为人，好与朝野贤士游，与语或不合，辄哦诗乱之，以此得狂名。光绪二十年，日本争朝鲜，廷议出师，钟祺上书请自效，遂从戎奉天。盛京将军依克唐阿器之，使统镇边马队。会和议定，遂归。二十五年，李秉衡奉旨巡视长江，亲访于家，疏请从行。拳匪祸作，冒锋火而北，秉衡殉难，钟祺护其丧归。归三日，京师破，钟祺自缢死。著《五伦大义》、《马氏日记》若干卷。

候选县丞董瀚，于城破日与弟候补巡检征曰："我等职虽微末，既读圣贤书，惟有以身殉国而已。"同时自缢。

涿州附生谭昌祺，闻城陷，怀药哭诸圣庙，仰药死。

举人庄礼本，留京读书。拳匪初起，即以为忧。洋兵入城，痛哭不食，后以一恸而绝。

州同衔冯福畴，在通州署办刑名事。七月十六日，敌入署，守护案牍，不屈，被戕。

东城司吏目、练勇局委员宫玉森，洋兵攻局，其女请避，怒投其女于井，拔刀出战。伤数处，自知不免，亦投井死。

时同被难者，为原品休致礼部侍郎景善，前奉天府尹福裕，蒙古副都统耆龄，前察哈尔副都统明秀，冠军使文璪，工科给事中恩顺，刑部郎中汪以庄，兵部员外郎萨德贺，赵宝书，吏部主事钟杰，户部主事陶见曾、李慕、铁山，刑部主事毛焕枢、王者馨，工部主事白庆、恒昌，理藩院主事英顺，光禄寺署丞多文，国子监助教柏山，候选道郑锡敞，前绍兴府知府继恩，分省知县王朝鐩等，见册报者千余人。

全家焚溺服毒自经以尽节者众，骑都尉候选员外郎陈銮，住东便门二闸，于七月十九日洋人攻城，势急，与诸弟率眷属仆婢三十二名，一时自尽，尤为惨烈云。

宋春华，字实庵，陕西三原人。光绪十二年武进士，授蓝翎侍卫。出为天津镇标右营守备，与士卒共甘苦，所部为天津绿营冠。联军内犯，总督裕禄檄春华守城南门。城东南制造军械所不守，春华集其众曰："军械所存亡，天津生死系之。不夺归不可，胆勇者盍随吾出城！"皆应曰："诺！"率百余人夜半潜出，及库垣，春华先登，众随之。枪中春华左股，众欲退，春华负创大呼曰："今夕之事，有进无退！"众争夺敌，死伤甚众，卒以守坚，退归城。已而敌兵日集，守土官多弃城走，春华慨语其妻陈曰："城孤兵单，终恐不守。汝当以吾子出求生，吾誓与城存亡矣！"语毕，登陴督战不少息。城既陷，身被数伤，犹死守不退。或劝少避，春华曰："城不守，死自吾分。汝曹各有父母妻子，归可也，俱死无益！"众感其义，无退者。敌毕登城，乃仰天叹曰："吾志不遂，负国恩矣！然自接战以来，杀敌过当，今日之死，亦无所恨。"以首触陴，脑出，死，年三十五。

马福禄，字寿三，甘肃河州人。光绪六年武进士，用卫守备，归河南镇标，以终养告归。二十年，循化撒拉回族以争教叛，固原提督雷正绾檄福禄往崔家峡、樊家峡协防，战辄胜。河、湟回匪继起，复助官兵获大捷。累功至记名总兵。

二十一年，河州诸回变，福禄本回教，回以福禄助官军，欲加害。福禄在城，人亦以回教为疑，独正绾信之。时河州镇总兵汤彦和远驻起乍堡，命福禄率骑兵迎入河州城镇之，彦和犹豫不果行，叛回周七十乃纠众据山巅下击。福禄战二日，以失地利无功。彦和复潜走，军无统帅，贼益蹙。福禄乃突围出南番境，至兰州乞师。沿路拔出难民数千，难民德之，状总督杨昌浚，昌浚以福禄孚众望，乃檄与兰州道黄云由北路援河州。时喀什噶尔提督董福祥奉旨赴甘肃协剿，由狄道进兵。福禄率师至莲花渡，与贼隔岸相持，为福祥军椅角，卒解河州围。时韩文秀亦作乱，河湟提督李培荣、总兵牛师韩军失利，陕西巡抚魏光焘与福祥会白塔寺，议进兵。福禄入谒，陈乱事颠末，及前后战状，福祥奇之，檄剿叛回冶主麻于米拉沟。剿未尽，马营土豪马采哥应之，福祥部将石尧臣等告败，福禄复分道往援，首先陷阵，斩采哥，聚而歼之。冶主麻收余烬由黑山趋米拉，复还兵破之，斩无算，用是有骁将名。

拳匪倡乱，福祥奉旨入都，檄福禄统马步七营、旗防山海关，寻移永平府，福祥入卫京师，檄随行。五月，各国联军躏杨村而西，偕汉中镇总兵姚旺等赴黄村御之。抵廊坊，两军相接，乃令骑兵下设七覆，步兵张两翼，敌近始发枪，倒者如仆墙。敌弹落如雨，骑兵以散处少伤，两翼左右复包抄其后，短兵相接，敌不支，遽却，为庚子之役第一恶战。六月，福祥檄令攻使馆，中弹殁于阵，犹子耀图、兆图亦死，同殉者百余人。

杨福同，直隶清苑人。同治七年，投军，累擢游击，从讨朝阳教匪。嗣以副将驻营大名，专力缉捕，以功记名总兵，分统练军左翼马队，兼统天津马步队各营。近畿拳匪蜂起，涞水尤甚，总督裕禄檄福同率队往。至史家庄，伏匪邀击，力御之，擒数人。次日，又败匪于石亭镇，擒首要梁修。福同不忍多诛，令限日解散，留马队三十人镇之。无何，匪以千余众攻留队，福同率步兵数十驰援。将及石亭，群匪自沟中突出，白刃交下，创甚，犹格众数人，力尽死之。从弁孙裕清、卢玙璠俱力战死，赐恤如例。

吴德溥，字筱村，四川达县人。性至孝。博极群书，以进士用知县。庚子年，任浙江，西安、北京拳乱起，江山县土匪以仇教为名，连陷江山、常山，县人咸欲应之，德溥渭北事未定，洋人必不宜歼。有罗楠者，素健讼，德溥尝严惩之，久含恨。结都司周之德，挟众指德溥袒教，劫德溥缚道署辕门，尽镘须发，以利刃攒刺，洞腹死，德溥骂不绝口。子仲韬驰哭尸下，又杀之，并入县署杀全家四十余口。事定，恤如例。

成肇麟，江苏华亭人。父孺，诸生，列《儒林传》。肇麟由举人官直隶知县，迁直隶州知州，署沧州静海，补灵寿，所至有绩。光绪二十七年，京师和议梗，联军西上，罩及邑境，责供牲畜糇粮甚厉，肇麟壹弗应。俄而布政使廷雍檄至，令迎犒，肇麟自念："不迎犒，无以全民命；迎犒，则以中国臣子助攻君父；事处两难，守土之义无可避，惟有一死耳！"乃缮遗牒遣人间道达府，朡之以诗曰："屈体全民命，捐躯表素怀。"李鸿章状死事以上，谓其能伸大义，降敕褒嘉，赠太仆寺卿，谥恭恪，予世职。明年，允直督请，建直隶省城专祠。

卷四百九十六　列传二百八十三

忠义十

刘锡祺　阮荣发　程彬　**桂荫**存厚　荣浚
锡桢等　**张景良**倭和布　周飞鹏　**松兴**松俊等
宗室德祐彭毓嵩　**杨调元**杨宜瀚　陈问绅　德锐
皮润璞　荣麟等　**张毅　喜明**阿尔精额　斌恒等
谭振德熊国斌　**陈政诗**陆叙钊　齐世名等
罗长裿曹铭　章庆　徐昭益　曹彬孙　汪承第
吴以刚　陶家琦等　**奎荣　王毓江**刘骏堂
钟麟　何永清　沈瀛　申锡绶等　**世增**石家铭
琦璘　毛汝霖　胡国瑞　张舜群　**钟麟同**
范钟岳等　孔繁琴　王振毂　张嘉钰　**陈兆棠**
冯汝桢　何承鑫　**白如镜**何培清　黄兆熊　张德润
张振德舒志　**来秀**刘念慈　李秉钧　王荣绶
定煊长瑞　巴扬阿等　**王有宏**何师程　黄凯臣
戚从云　**盛成**哈郎阿　南山　培秀等　**桂城**延浩
文蔚　佘世宽等　**高谦　黄为熊**文海　赵翰阶
贵林量海等　**额特精额**文荣等　**玉润**
劳谦光吉升　**张程九　王文域**谭凤亭等
张传楷孙文楷　王乘龙　赵彝鼎　施伟　李泽霖
胡穆林　更夫某　**梁济　简纯泽　王国维**

刘锡祺，字佩之，直隶天津人。毕业将弁学堂。第八镇成立，为正参谋官。光绪二十二年，南、北陆军于河间会操，筹度有劳，加正参领衔。

宣统三年夏秋间，革命党人之在武汉者数被破获，总督瑞澄恣意捕杀，人人危惧。八月十九日，武昌变作，始仅工程营数十人，他军无应者。瑞澄遽逃兵舰，省垣无主。于是各营皆起，拥立都督黎元洪，称军政府，独立。锡祺时方赴沙市，以二十六日回武昌，各营争往迎谒，趣入见元洪，锡祺正色曰："国家岁糜巨帑练兵，原期君等为国干城，以御外侮。奈何一旦为人煽惑，遽尔发难乎？祸机一动，将无已时！吾不能为君等所为。"众闻之哗怒，即于坐中击杀之。事闻，照协都统例从优赐恤。

发难时，督队官阮荣发出阻，众遽击毙之。荣发邑里未详。

程彬，字筱竹，江西乐安人。时署鲇鱼同巡检。署在省城南，十九夜见城外火起，彬驰往救护，至望山门外正街，突遇陆军炮队入城，皆袖缠白布，彬大骇，厉声问曰："汝等反耶？此何为者？"众举枪拟之，彬益前致诘，遂遇害。以一巡检犯难而死，人皆哀而壮之。

桂荫，字辑五，姓嵩佳氏，满洲镶蓝旗文生。由刑部郎中、军机章京外擢施南府知府，调安陆，以治堤尽力名。安陆为襄樊门户，府城故无兵。武昌变闻，图守计，并牒道请兵，已而旁郡德安、荆州皆陷。十月初五日，郧阳兵骤变，围府署，劫印信。桂荫携妻富察氏趋入文庙，夫妇同缢崇圣殿中，死，衣带中书有"虚生一世，不能报国安民"数语。临殉难时，顾谓仆曰："葬我必北面！"官绅流涕敛之，葬城内阳春台侧。

存厚，字宽甫，正白旗监生。由内务府郎中选宜昌府，调办襄阳榷局。宣统三年十月，郡中党人应武昌，存厚挥家人出避，曰："吾嗣不绝，死无憾！"局丁旋絷存厚，拥至北门校场戕之，幼子被搜获，惊死。

荣浚，字心川，荆州驻防，蒙古镶蓝旗人。光绪三十年进士，用知县，发湖北，补天门县。操行不苟。变作后，荆防旗人有自武昌脱归者，道天门，语状，且为荣浚危。荣浚以死自誓，集绅耆、练民团为保卫计。无何，党众来攻，遂被害。记名骁骑校炳安同死，仆成松亦殉焉。

同时殉国难者，为候补县丞锡桢，姓汪氏，汉军人。充沙市警察官，尽室被歼。簰洲司巡检方祖桢，安徽桐城人。鄂军头目将入湘，道簰州，土豪某凤衔祖桢，嗾人杀之江岸石花街。巡检王萃奎，江西丰城人。佐毂城县，治盗有声。襄阳既变，属邑响应，盗渠絷萃奎及一子、一孙杀之。蕲州吏目骆兆纶，字季卿，湖南江华人。乱作，知州亡去，州人以纶习吏事，遮留之。纶请送母至汉口乃还，至治所，以全省皆陷，事无可为，愤绝投河死。又襄阳府某县典史，当变作时，晨起跽廨门外，过者叩头要入，得负贩者十八人。出银币二百枚分遗之，曰："平生所积止此！城破义不得活，请助我杀敌。"众感其义，各携肩舆长木及负担之具，噪而出。变军方踞府署，出不意击死者数人，俄而排枪起，某与十八人者皆死。候补知府张曾畴，字望屺，江苏无锡人。以书迹似总督张之洞，为之洞所赏，充文案有年，权汉阳车站货捐。战事起，避上海，仇者诬为挟赀遁，胁还汉口，会计出入悉符合，得还。党人适同舟，面辱之，捽其冠，遽投江死。候补知县联森，字植三，蒙古镶红旗人，隶荆州驻防。光绪八年举人，挑知县，发广东，改湖北。屡权厘捐，能恤商。九月，道出汉阳，变兵争索金，慷慨大骂，遇害。子宝焯、兄子宝明从死。

张景良，湖北人。将弁学堂毕业生。游学日本归，充湖北新军标统。武昌既拥立都督，景良慷慨说之曰："朝廷已宣布立宪，不宜更言革命。公受知遇久，诸将惟公命是听，盍三思之？"变军怒，拘景良署中。时清兵攻汉阳，景良阳请赴前敌，以妻子为质，乃委充司令官。九月初六日之战，清兵却，景良率炮队出，临发，炮予弹一枚，枪予弹一排，甫战弹罄，景良遽大声促军退，众不知所为，遂大溃，死者枕藉，清兵得进屯大智门。后廉其故，杀景良，临刑夷然，仰天大言曰："某今日乃不负大清矣！"

倭和布，字清泉，满洲正白旗人。家世以武功显，独兼肄文学。起家护军蓝翎长，历二等侍卫。拳匪之变，欧人侨京者多被戕，倭和布护之甚至。或诘之，曰："外人侨吾国，胜之不武。无故与八国构衅，败将不国，吾敢重召乱乎？"旋扈驾西行，家人初以为战死。出为湖北均光营参将，擢施南协副将。川寇陷黔江，率所部赴援，获其渠，斩以徇。武昌变作，鄂将屯宜昌者应之，倭和布时以裁缺寓宜城，被执，劝降不应，以得死为幸，遂枪杀之。

周飞鹏，字翔千，江西新建人。由武举人累官都司，充湖北襄防马队管带，驻老河口。鄂军变，县无赖出狱囚，纠水师营谋变，飞鹏持不可，出佩刀与斗。枪及马腹，坠马，枪继至，洞胸死。裁缺荆州城守营参将玉尊，亦遇难死之。

松兴，蒙古正白旗人，荆州驻防。以诸生改武职，累官协领，记名副都统，充常备军统领。变兵入城，被縶入鄂，叱使跪，曰："吾朝廷大吏，城不保，义当死。头可断，膝不可屈！"士绅三十余人驰救之，已及于难。其戚善吉、庖人福全皆从死。

驻防之同时殉难者，在武昌有兵备处提调松俊，守楚望台火药库，变兵攻库，力战死。三十标队官重光，守藩库，变兵掠取库储，重光大呼："保全名誉！"被枪死。妻赵，子春年、长年、宝年同日殉。四十一标排长色雅本，三十标副军需官官善，二十九标排长德龄、队官东良、排长德培，均战死。前泰宁镇右营都司荣锦就养子书记官朗察所，拔所佩铅自裁，侄迎吉及朗察举室自焚。骁骑校哲森以领军械至省，自刺其腹死。陆军小学教习举人迎禧，平时于古人之当死不死者辄痛诋之。变作时，衣冠坐讲堂，及难。副军需官荣勋仰药死，子额勒登额、穆贞额殉之。第八镇执事官锦章谋召同志抵御，中途遇害，父荣喜即自尽。司书生恩特亨、云骑尉荣清、排长仓生光均大骂不屈死。文生楚俊在督署，金培、荣森，司书生钰寿、讷尔赫图均在省与难。

在荆州者，联长泽麟愤全省尽陷，发枪毙数人，被害。协领志宽，排长额哲苏、依成额、关斌魁，恩骑尉扎勒杭阿，队官王荣耀，均亡于阵。生员秋培城陷自尽。防御多瑞仰药死。记名骁骑校金霖尝作万言书，以旗制不良，力主变更，人多笑之。及变作，发枪自击死。又知县用模范讲习所所员根寿于羊楼峒，文生陆营司书生定海于施南府，均死之。

其后死于江宁者，为生员占先、文志、恩昌，武生林福。死镇江者，为生员荣有；副将赫成额则随端方在资州，兵变遇害；军谘府军谘使良弼，自有传。

宗室德祜，字受之，隶正蓝旗，不详其支派。宣统二年，由礼部仪制司郎中选授凤翔府知府。三年九月，西安兵变，德祜闻警，即与知县彭毓嵩筹备。有湘人刘瑞麟，以武职留陕，委夺募团勇，与参将王某分任防守。初七夜，匪徒假民军名号，骤集千余人，攻府城。德祜与毓嵩登陴，激励士卒拒守。至天明，匪气夺，将引去，以有内应者，城遽陷。左右拥德祜走避，德祜曰："此吾死所，尚何避为？"匪蜂至，呼曰："知府满人，且宗室，宜速杀之！"遂遇害。又杀其幼子二人。王参将，同州人。城破，与匪相搏，愤而自戕，舁至署乃死，名未详。

毓嵩，字箴孙，四川宜宾人。由举人官教谕。学政疏荐，用知县，选陕西凤翔，勤听断，时方兴小学，必令读经。城陷后，毓嵩解束带自经，遇救未绝，乃从容出堂皇北向跪，起语众曰："吾有死耳，任尔等为之。"匪拥至署西北神祠，以白布缠其颈，毓嵩怒詈，遂被戕，枭其首去，年六十有二。子龢年，奔赴死所，为匪众所逐，投井死。

杨调元，字龢甫，贵州贵筑人。光绪二年进士，授户部主事。丁父忧归，服除，以母老不赴官。终母丧，乃入都，改知县，选陕西紫阳县。于秦境为极南，居万山中，为楚、蜀会匪出没地。以缉捕有名，迁长安，权华阴。疏浚河渠，复民田五万亩。调华州，以狱事忤上官，解任。已，复补咸阳，擢华州，署富平、渭南等县。

其署渭南，以宣统三年正月。先是，南方革命军数起皆不得志，始改计结学生之隶新军籍者，潜伏待应。陕军势弱，则又结会匪以厚其力。八月十九日，鄂变起，九月朔，陕变继作。诸守令多委印去，调元独谓守土吏当与城存亡，亟召绅民议守御。渭南北有号"刀客"者，杀人寻仇，数犯法，至是感调元义，争效命，集者万余人，檄邑绅武进士韩有书统之。时邻匪蜂起，渭南以守御严，不能入。

临潼武生张士原扬言受军政府命，骤率众徇城下，调元登陴语之曰："吏所职，保民耳。无如所犯，则释兵入见。必怙威图一逞，则视力所极，当与决生死。"士原知不可侮，遂屏骑入廨，以议贷饷事，语侵调元。调元至是，踯躅廨后园中，仰天叹曰："吾谊应死，所以委曲迁就，欲脱吾民兵祸而后归死耳。诟辱至此，尚可一息偷生乎？"

遂投井死。民闻调元殉难，执士原磔之，并杀陕都督所派副统领及同党数十人以徇。有书时出击他盗，驰归，葬调元毕家原。调元通古学，工诗文，有《训纂堂集》、《说文解字均谱》等书。所作篆书，人尤宝之。

杨宜瀚，字吟海，四川成都人。兄宜治，官太常寺卿。宜瀚好学，尝入乌鲁木齐都统金顺幕中，治军书，知名，保知县。中顺天乡试举人，以知县发陕西，补兴平，调宝鸡。以经术饰吏事，与调元齐名。署华州知州，民军围署索饷，以威劫入甘露寺中，有以事系狱赖宜瀚平反得出者，约护宜瀚出。入夜，宜瀚独至神殿自经死。遗书亲友，意思安闲，谓已得死所，无可哀者。

陈问绅，字子仲，湖北安陆人。入赀为县令，发陕西，权甘泉，以能补捕称。调白水，邑刀匪素难治，武昌变起，乘间应之，纠从攻城。时问绅初受任，一切无备，乃集绅民告之以不忍以一人故致全境糜烂，遽出城，大骂不屈死。妻吴，以护印不与，同被戕，并毙佣妇某。

德锐，满洲人。官秦中久，历长安、三原诸县，有循声。西安变作，八旗人多被祸，德锐时居会城，变兵突入，语德锐：''公得民心，我曹不忍死公，请速出城！''答曰：''感汝等意，然于满人也，不忍独生，刃加予颈可也。''遂起夺刀自刺死，妻、子均自裁。

皮润璞，湖北大冶人。官榆林县典史，有强项称。变作，匪徒缚榆林镇总兵张某、中营游击瑞某送狱，润璞斥之。群怒，以利刃相拟，不为动，纷加以刃，分股体为数段。妻闻讯，即以身殉。榆林守备穆克精额同时死，阖门自尽。

时殉难者，候补道荣麟，字仲文，满洲人。变作，方榷白河厘金，全家投井死。候补知州张存善，字次章。榷凤翔盐厘，死事所。候补直隶州知州宝坪，字子钧，西安驻防。一门殉难者七人。候补同知广启，字少渔；候补通判严济，字宽甫：均满洲人，与于难。

张毅，字仁府，直隶天津人。父梦元，官福建布政使，护台湾巡抚，以清廉著称，卒，赠太子少保。毅由荫生官部曹，改道员，分山西，奏调陕西，授甘凉道。宣统三年六月，擢安徽提法使。八月，自陇入秦，将入觐，九月，抵乾州，变作，道梗。变军侦知之，请为参谋官，斥之，撄众怒，羁留不得脱。会疾作，陕人知毅贤，言于变军，乃出就医。毅念惟一死可完，十一月初十日夜加丑，乘间投井死。毅无官守，中道遘变，卒完大节，世尤多之。

喜明，字哲臣，西安驻防。举人。宣统三年九月，民军猝起，攻旗营，将军文瑞督战，喜明领兵百余人，独树一帜，誓以书生效死。战不利，归告母曰：''吾属死不免。''母曰：''妇女以洁身为重，可受辱乎？''帅子妇二、幼孙一，投井死。喜明有三女匿邻庙中，走入手刃之，蘸血书壁曰：''喜哲臣三女死于此。''还至家，纵火自焚死。

附生春祥，素端谨。闻变后，语兄若弟曰：''城破家必亡，自古全家尽节，有光史册，吾愿死矣。''则皆应曰：''诺！''城陷，闻炮声近，曰：''可矣！''遂偕兄、弟、妻、子辈十余口焚死，无一免者。

直隶州州判阿尔精额，榷厘金于方计堡，受代还，道咸阳，变军将劫之，为之语曰：''吾当未乱时，志欲以忠报国，敢偷活耶？''义之，不加害。乃入邸舍，肃衣冠，北向自刎死。妻张氏，即吞金以殉。

城破时阵亡者，为协领斌恒、恩瑞、存福、培基，佐领贵升、特克什肯、庆喜、巴克三图、恒秀、瑞明、额哲本、达朗阿、兴智、恩寿、玉祥、西拉本、奇彻亨、恩撒亨，防御存喜、存升、恩成、林福、色清额、平升、胡图灵额、惠文、鹤龄、奇巽、苏克敦、讷拉春、惠源、呢克通阿、哲尔精额、惠祥、骁骑校奎亮、林启、启弟正目林璋、都伦太、景文太、萨立善、文昭、伊吉斯珲、智厚、惠庆、惠启、副官惠璋、盐大使文焕、举人惠斌、生员金常、武举人德森布、骑都尉昌广、益光、云骑尉俊亮、和瑞、松善、特伸布、富海、胜春、海亮、多銮太、达林、和顺、忠云、玉恒、培文、存禄、倭什珲、凤玉、惠撒亨、恩骑尉培绪、凤山、恩瑞、奎德、贵成、锡龄、崇喜、倭仁额。殉难者，为佐领图切珲，候补直隶州知州宝坪，直隶州州同俊兴。候补知县德锐自刺死，妻、子同殉。防御多英，与长子举人奎成全妻、女等投井死，次子生员奎章，伏井恸哭从死，族弟奎斌、奎庄皆死之。巡官惠祥率警生守城，城陷，投井死，家属从死者六人。从子广兴既殉，母赵氏，年六十余，执短刀闯入民军，欲杀敌，寻自刎死。生员音德本走多公祠自经死，弟领催额哲亨城陷死。伤亡者，佐领图们布、善印、全瑞。

旗兵之死于此役有名册可稽者，凡千余人，官弁兵丁之家属遇害及自尽者尤众。论者谓各省驻防，于辛亥国变，以西安死难为最烈且最多云。

谭振德，字子明，直隶天津人。始入武备学堂，调新建陆军，派充山西四十三协协统。时山西仅陆军一协，振德宽而有制，兵士亲之。巡抚陆钟琦履任之三月，武昌变作，陕西响应，召军官议省防。振德与参议官姚鸿法建议接济河南军火，而以重兵助守潼关，钟琦从之。遂于九月初七日发新军一、二营子弹，令于翌日出蒲州，屯潼关，又令熊国斌带第三营继之。有构于一、二营者，谓熊营将于中途袭击，适第二营管带姚维藩以请棉衣未得为憾，闻之，愤激，谋变。明日，拥众入省城，振德闻警，不及集兵卫，驰出遮道，对众有所宣喻，维藩恐其挠众心，举枪毙之。遂趋抚署，钟琦父子殉难，国斌以不肯附和亦被戕。钟琦自有传。

陈政诗，字咏笙，浙江仁和人。年十九，从湘军西征，将军穆图善器之。从至奉天，充防营统领。光绪初，以知县发山西，历署州县，以廉惠称。以剿套匪功擢知府，以道员用。调浙，统嘉、湖水陆防军，中谗罢。宣统元年，浙抚增韫奏言政诗军纪严，有廉将风，诏复原官，再发山西。三年，统带南路巡防队，驻泽州，兼署泽州府。武昌变作，陕西响应，晋新军亦变，戕巡抚。时政诗驻闻喜隘口镇，遏变兵南趋。敌千人，胁土匪亦千人，以三百人屡败之。方乘胜进击，清廷诏命停战，乃驻师绛州。敌勾结旁近土匪，势复张。政诗以去绛则南路即与秦军接，全晋将不保，誓死守。十一月二十日，敌攻城，城绅迎以入，政诗巷战，力不支，被执，骂不绝口，剖心脔割死。弟敷诗，山西候补同知，队官陈顺兴、刘占魁，均同时被难。

陆叙钊，字磐芝，顺天大兴人，原籍萧山。少励志节，从军甘肃，保知县。曾国荃抚山西，招入幕。擢直隶州，发山西，历官州、县凡十二，皆有声。宰灵丘十年，尤得民。拳匪逼晋边，大治乡团，县境晏然。宣统初，荐卓异，补河东监掣同知。太原变作，河东戒严。叙钊先以盛暑督浚盐池致疾，至是疾甚，强起治防守事。秦军来袭，晋军应之，城陷，预服阿夫容膏，衣冠出堂皇，厉声诃之，刃交下，无完肤，殒于座。子文治，闻变以毁卒，幼子亦为变兵所戕。时论谓与巡抚陆钟琦父死忠、子死孝、乡里同、氏族同、死难情事略同，推为奇烈。

时署陶林厅同知齐世名，天津人；岢岚州知州奎彰，天镇县知县世泰，均京旗人：先后均以兵变被戕。

罗长裿，字申田，湖南湘乡人。光绪二十一年进士，改庶吉士，授编修。捐升道员，发江苏，改四川。赵尔丰督川边军事，长裿在幕府多赞画。宣统二年，简驻藏左参赞，驻藏大臣联豫以兵备任之。会阅新调川军，以哗噪故，与协统钟颖有隙，且核钟颖入藏军资用浮冒，汰二十余万，钟颖益嫉。三年五月，钟颖率师征波密，战屡挫。长裿驰往，夺其军，得钟颖失机状。方激励军士规进取，而军多会党，气嚣甚，长裿驭将又严。及秋，内地变作，军在藏者遽变，掠长裿私宅，波密军继之。絷长裿，屈辱之。偶得脱，自投崖下，未死，复曳之起，卒被戕。长裿之死，钟颖实阴嗾之，后family人诉得实，置钟颖于法。

曹铭，浙江上虞人。由诸生参四川总督刘秉璋幕，保知县。历治西藏夷务，著绩，擢道员。巴塘边乱番聚族十余，阴为犄角。铭往解散，赵尔丰军得深入勘定，功尤伟。署嘉定府，旋委石堤厘局。局介黔、楚间，往者皆中饱，铭丝毫不染。成都变作，匪众入局，露刃逼索厘款，拒不应，中十余创，垂绝乃委去。县绅来视，以先事窖藏金指视之，点验毕，遂卒。

章庆，字勤生，浙江会稽人。以通法家言游蜀，就幕职。为总督锡良等所器，保知县，所至有声。署剑州，倡捐万金修文庙，擒巨逆王文朗，歼其党九十余人。调南部，河徙啮城，筑长堤御之，城以完。调冕宁县，有桥绠毂川南，毁于水，渡者以水驶多溺。庆制铁梁数十丈，行旅便。普夷扰境，庆廉威所被，济以兵力，夷归诚，地被掠者多人。补射洪，擢道员，在任候补。其任西昌也，值川省争路事起，哥匪张国柽与裁缺千总黄义库，侦知宁远军队出防，城中无备，联内匪袭城，庆督团众御之，力竭死。妻颜、犹子铺及胥役，仆从同死者二十余人。

徐昭益，字谦侯，浙江乌程人，咸丰季年殉难江苏巡抚有壬孙。随父游蜀，以通法家言，佐治有声，官知县。宣统三年四月，摄威远。同志会起，土匪附会名义，乘机报怨，四出剽掠。匪过境，昭益率团丁数百人出城解散，不从。匪以全力进逼，昭益念母老，居危城，命亲丁护送还省。母临行勉以大义，昭益泣涕受命，谓必不负母训以辱先人，闻者皆为感动。九月十三日，匪薄城下，奸民为内应，团丁未训练，猝战遽溃。昭益乘骑亦受创，退而守城。其酋七八人入厅事，昭益厉声问：“何不杀我？”其一酋突出利刃剚昭益腹，死之。

曹彬孙，字蔼臣，顺天武清人。以举人劳绩保知县，发四川，权奉节，补开县，未赴。七月，省城之争路构衅，匪徒欲附同志军起事，彬孙随方禁阻，未敢逞。武昌发难，夔府响应。十月初十日，彬孙率团勇出巡，行至协台坝，众暴起，团勇先受煽，不战而散。彬孙被执，割其首，置县公案。警察长徐某，失其名，安庆人，同时被戕。

汪承第，字棣圃，江苏太仓人。由州学生佐学幕，以知县发四川。宁远夷乱，檄运兵械，至则知府黄承麟留办剿抚事，充营务处，摄大足。川汉铁路拟派租股，请岁减万余金，民困以纾。摄永川，解散公口秘密会，编练保甲，群盗屏迹。既受代，大吏仍以营务属之。同志军起，双流境尤嚣张，檄摄县事，捕诛其尤者，人心少定。未几，省城变作，土寇四起，以事至簇桥，被困，中枪死，十月二十日也。

吴以刚，字克潜，江苏阳湖人。以知县发四川，尝权彭县，县铜厂通松潘、茂州夷地，素为盗薮，胥吏与通，十余年不获一犯。以刚乘冬至朝贺礼毕，驰马自率队擒之，未午，获著名巨盗数人归。宣统三年，以父忧，充重庆属水路巡警提调。武昌变作，党人谓以刚藏军器，执而戕之。

时候补县丞陶家琦在重庆，诬与以刚通谋，并遇害。候补知县湖南文某，字晋岩，省城兵变，亦与于难。

奎荣，字聚五，满洲正红旗人，成都驻防。同治十三年繙译进士，用知县，发四川。奎荣笃嗜程、朱书，务躬行。性温厚，与人语，惟恐伤之。始权南充，偶误决一狱，屈者恚而得狂疾，闻之大戚，曰：“是予之罪也！”亟集两曹，自引咎，平反之，自是听断益平。尤留意风化，在峨眉任，捐俸购儒先书，集书院诸生定课程，亲为讲授。历犍为、彭水、庆符诸县，所至劝学，一如在峨眉时。庚子前，以老告休，捐居宅为学校用。铁路争事起，总督赵尔丰持之急，奎荣太息，谓“损下益上失民心，蜀祸将自此始”，遂避地郊居。同志军起，复迁入城。十月初四日，绅民迫总督交政权，又讹传北京失守，遂托疾不食。或谓年已笃老，毋过自苦，奎荣慨然曰：“国事如此，吾辈尚偷生耶？”至十四日饿死，年八十。奎荣德望为蜀士推重，皆称聚五先生。既殉节，益崇敬之。

王毓江，字襟山，安徽宿州人。父心忠，官江南总兵。毓江将家子，有材略，以知县官江苏，复以道员改陕西，充兵备处总办。余诚格擢湘抚，檄调湖南，仍管兵备事处。长沙变，被执，骂不绝口，被乱兵所戕，到湘才九日。

同时死难者，候补游击刘骏堂，湖南益阳人。光绪庚子，自立军谋起汉上，事败。骏堂时管带院署卫队，捕党人最力，党中尤恨之。至是自益阳拘至省城，徇于市，骏堂骂不绝声，众愤怒，丛击毙之，并籍其家。

钟麟，字书春，蒙古正白旗人。光绪二十九年进士，用知县，发湖南，补浏阳。摄永顺，宣统二年，调嘉禾。省城难作，衡永郴桂道通令输款，麟闻大恸。即集士绅谓曰："麟莅县经岁，无德于民。今国亡城危，请诸君先杀麟以谢百姓。幸县城不罹兵祸，死无所恨！"皆相顾错愕，为好语慰之。九月二十一日，民军围县署，钟麟坐堂皇，屑金自尽。预伏火内室，妻邱氏燔焉。两子及次子妇均遇难。

典史何永清，字泽溥，四川新津人。捐典史，发湖南，历权州同、州吏目，屏绝规费，胥役畏之。尝于除夕，有富商以金为寿，请系一负债者，永清曰："除夕人皆欢聚，我拘之，非人情。我受金而使人一家皇皇，尤非此心所安。"峻拒之，其廉介类此。变作，誓与钟麟死守。或有诮永清者，谓："邑侯旗籍，民军恐不相容，公幸自爱。有变，当奉公主县事。"永清谢之，不为动。道令至，永清痛哭，悬印于肘，自经死。

沈瀛，字士登，江苏吴县人。尝刲臂疗母疾。以劳保知县。尝从湘抚吴大澂出关，事转运，丝毫不自润。累署武陵、长沙，奏擢知府。宣统二年春，长沙以米贵肇事，熊抚署，以瀛前任长沙得民心，复令摄任，缉匪赈贫，省城复安。三年八月，充营务处提调。新军既变，黄忠浩被戕。瀛方出巡，新军遮入谘议局，请为长沙守，不可；请仍宰长沙，又不可；锢诸室，令所亲劝之，至泣下，瀛曰："官大清州县二十年，一朝背之，异日将何面目见人乎！"言已大哭。与前湘乡知县城固申锡绶同忍饥，以死节相勉。党人知不可屈，拥二人出，骂不绝口，同死焉。时长沙协都司熊得寿为人狙击死。忠浩自有传。

世增，字益之，为祖大寿后，隶正白旗汉军。由生员入同文馆，通法文。随使英、俄诸国，历保道员，加布政使衔。尝译《西藏全图》、《西伯利亚铁路图》进呈。光绪三十二年，授宁绍台道，外务部调丞参上行走。三十三年，授兖沂曹道，擢云南按察使，调交涉使。宣统二年，擢布政使。三年七月，调甘肃，未行，而革命难作。时新简滇藩未至，或讽世增速交替，可脱险，以"义不当苟免"辞之；事亟，法领事韦礼敦劝入领事馆，又谢之。有愍世增者，则曰："人孰无耻，安有一省大吏求庇外人者？得死，命也！"挥眷属出，独抱印不去。

九月十三日，兵变，世增夕怀印步谒总督李经羲，仆纪祥从，总管拒不见，乃归。出手枪自击，纪祥遽夺之，恚曰："汝误我！"军队突入，拥至讲武堂，索金助饷，斥之。韦礼敦闻讯来视，且允代任饷银二万，变兵略无图害意。夜半，枪声作，杨某给守兵，谓电请大兵且至，众遂叩寝门，迫世增为都督，且以枪拟之，卒不应，排枪起，中五弹死。纪祥图殉，众义之，获免。乃市薄槥敛。事上闻，赠巡抚，谥忠愍。

石家铭，字订西，湖南湘潭人。治刑名，游滇，佐大府幕，凡边防扼塞及通商各国科条章约靡不谙究。云南自界连英、法领土，交涉尤繁，文书往复，惟家铭随方应付，

动中窾要，历任总督皆倚重之，以县丞累擢知府。宣统元年，补昭通，三年，调澂江，寻改开化。视事数月，审结滞狱数百起，多所平反。九月十五日，巡道所募新兵骤变，署中仅哨弁李世清率卫兵二十人守御，相持竟夜，子弹尽，仰药不死；和金屑服之，又不死；乃令世清燃火油，以身投入，世清哭随之，遂共焚死。世清，云南人。

琦璘，满洲镶红旗人。由部曹选授云南澂江府知府，调补顺宁，严正廉洁，对属吏不少假借。省城兵变，正筹议集兵往剿。先是顺宁县令肃贵祥疏脱要犯，援例上劾，贵祥衔之。至是结巡防营乘不备入城，贵祥假他事请琦璘至文昌庙会议，突起围之。琦璘理喻不退，遂大骂，众怒，遽开枪击杀之。城中大乱，贵祥遁去。

毛汝霖，字泽卿，四川成都人。云南候补知州。宣统三年，权永昌府厘金，代行知府事。九月初六日，腾越兵变，永昌民大震，集民团守御。十二日，电传省城变作，知事不可为，仰药死。营官罗某，民军入城，不屈被害，碎其尸。

胡国瑞，字琼笙，湖南攸县人。举人。光绪二十九年，挑知县，发云南。始摄沾益知州，清积讼逾百。三十三年，署弥勒，县多盗，易八令不能治，告戍将："我行，君继之，出不意，可擒也。"如其策，破贼巢，擒其渠斩之。明年大潦，蠲赈并举，以循绩上闻，被旨嘉奖。旋补江川，擢大关厅同知，皆未之任。时请修墓归里，既受代矣，变作，遣家属行，寓子书曰："省垣不守，布政使被戕，余无殉节者。臣子之义，万古无昭。予虽无守土责，然实官之也。俟北信，当死即死。"旬日后，讹传京师破，明日有汲于署东井者，井上有双履，往视之，则屹立井中死矣，背有遗书，曰："自经不死，又复投井。"又书曰："京师沦陷，用以身殉。达人不取，愚者终不失为愚。"于是县吏棺敛之，邑人请封其井，题曰胡公井。

张舜琴，字竹轩，云南石屏州人。举人，选昆明县训导。讲正学，尚名节，士皆敬之，擢顺宁府教授。事继母孝，迎养学舍，颜其堂曰"不冷"。监师范学校，人疑舜琴改平时宗旨，及观其学规严肃，壹准礼法，皆翕服。外国教习亦金曰："张先生正人。"学使叶尔恺调充学务议绅。变作，有令剪发，即夕阖户仰药死。

钟麟同，字建堂，山东济宁州人。威海武备学堂毕业。治军严整，累保道员。以尝从军龙州，调入滇，充陆军第十九镇统制官。宣统三年九月初九日，七十三标兵变，夜半，自北校场入城。麟同率卫队扼五华山，手发机关炮，毙者数百，而七十四标驻巫家坝者应之，更迭战山下。军械局员阴与之合，移巨炮城上，攻五华，蚁附上，卫队伤亡多，子弹亦尽，突围转战，慨然曰："身为统将，乃破坏至此，何面目生存耶？"以手枪自击而仆，变军碎其尸，剖心啖之。上闻，有"忠骸支解，惨不忍闻"之谕，谥忠壮。

同时死难者：辎重营管带范钟岳，字静甫，直隶盐山人，力战死；七十二标标统罗鸿奎，直隶天津人，被执不屈死；七十四标副官张之泮，直隶河间人，遇毒死；七十

二标第三营管带张恩福，直隶静海人，大骂被害。

孔繁琴，字韵笙，安徽合肥人。以文童投武卫军，入武备学堂，毕业，充哨官。庚子拳乱，扈两宫西狩，与兄繁锦殿后，夺回龙泉关，名以起。尝调广西帮办绍字营，驻柳州。营本降匪改编，将调入城，疑为哗变，戕统军，繁琴奋击之，歼甚众。又调广东管带巡防队。惠州匪声言欲投诚，胁绅求一见，繁琴盛服单骑往，觉有异，出匕首刺之，立毙。匪党将致死，援者至，乃免。地方亦以匪首死，始不复扰。历保知县，宣统元年，调云南，充蒙箇防军分统。以劳补靖边同知，又以赈奖知府。民军之变，独率一营扼普雄。军至，急与战，死甚众。已而左膝中弹伤，弁兵请退，怒，以枪击之，所部遂溃，仅七人死守不去。民军中有素重繁琴者说之，又以枪毙数人。乃大愤，发一枪，问："降否？"曰："不降。"累问之，答如故。至十三枪，乃中要害死。管带张荣魁与繁琴本同学，是日亦战死。荣魁亦安徽人。

王振畿，字化东，山东滕人。天津武备学堂毕业，充哨长，累擢至统领，改道员，入滇，总办兵备处，治军有节制。变作，欲坠城死，仅伤左股，遂被执。劝降不从，见害。

张嘉钰，字武平，湖南凤凰厅人。起世职，累官至总兵。宣统三年，署腾越镇。武昌变起，有自省遗嘉钰书讽其达时变者，嘉钰谓："我所知者，与城存亡而已，其他非我所能行，亦非所忍闻也。"未几，腾越防军起应民军，九月初六日围镇署，出堂皇弹压，兵猝入，被戕。

陈兆棠，字树甘，湖南桂阳州人。父士杰，山东巡抚，自有传。宣统三年，兆棠官惠州府知府。九月，粤中党人起应武昌，总督张鸣岐道香港，民军遂踞省城，设军政府。潮州镇赵国贤自尽死，所统防军扰乱，守、道、知县皆逃。士民惧，坚留兆棠收抚防军，部署未定，二十八日，民党纠众攻府署，火及衙门，左右挟兆棠出。民军悬赏购执，令输饷十万贷死，兆棠曰："死则死耳，安有巨金助尔谋反？"众怒，缚之柱，中十三枪乃绝。国贤自有传。

冯汝桢，字莱云，浙江桐乡人。以诸生捐知县，发广东。权商谳狱，咸举其职。宣统三年七月，摄西宁。广州变起，党军闯县署，胁汝桢悬白旗示归顺，持不可。俄而枪声作，乃朝衣冠出大堂，众争前，枪刃交集，洞胸穿胁，断右臂，死之。

何承鑫，字性存，湖南湘潭人。少治《说文》学。光绪六年，学政陶方琦按临长沙，以潀字为题，承鑫征引详赡，文誉以起。光绪季年，广东陆路提督秦炳直招入幕，于军事多所赞画。时提督驻惠州，以总稽查任之。宣统三年八月，革命军起，惠及邻境匪皆蠢动。闻营官有通敌者，密告炳直，而营务处刘殿元以全力保主帅自任，否则偕死。承鑫感其意，以首触地谢之。亡何，饷匮薪米竭，援师不至，承鑫以死自誓。城陷，夕归私室，自书绝命时日，置衣带中，并遗书诫子，自经死。炳直上闻，以"忠义可嘉"褒之。

白如镜，字显斋，隶镶黄旗汉军。由笔帖式补銮仪卫官，出为兴宁营都司。宣统元年，署潮州左营游击，兵变不屈死。

何培清，字镜亭，广东归善人。入提标，补千总。光绪三十四年，领连和防营，提督秦炳直才之。调博罗，剿罗桂帮匪，尽歼之。会鄂变，粤应之，民军猝集，攻博罗，培清以三百人登陴守两昼夜，敌有不得逞。奸民开门迎民军，执培清，不欲死之。甫出，猝遇罗桂余党，出不意，狙击死之。

时又有黄兆熊者，名家玫，以字行，湖南湘潭人。久从秦炳直为惠安水师营哨官。博罗既失，民军薄惠州，兆熊被调入城守，三日目不交睫。城陷，传提督被害，悲怆不欲生。时全城抢攘，独携枪至城堞间，以足趾触枪机，洞贯胸腹死。

张德润，南雄人。以千总充香山巡防营管带官。革军入县城，守南门力战，援绝被执，杀之，投尸江中。嘉应州游击柏某，时亦以兵变遇难。

张振德，并失其籍。广西候补知府，充巡防队统领。十月，浔州乱，率师至黄茅规进剿，众寡不敌，中枪死。时南宁府知府摄思恩府舒志，亦以兵变死之。

来秀，字乐三，姓聂格里氏，满洲镶蓝旗人。由繙译生考取笔帖式，历官刑部，屡决疑狱。充军机章京。光绪三十三年，出知汀州府。大吏议加汀盐价，力争罢。武昌事起，福建响应，总督松寿殉难，全省无主。来秀在官多惠政，士绅忧来秀满洲，为人指目，谒请护避汕头，来秀以大义自矢，不之允。九月三十日，郡城骤悬白旗。来秀知事不可回，朝服坐大堂，北向叩头，仰药死。松寿自有传。

刘念慈，字晋芝，湖北钟祥人。由禀生选教谕，俸满，以知县发福建，补永安。福州既乱，土匪倚山险，聚众数百人，念慈募勇督剿。匪负嵎抵拒，勇被枪死，念慈亦重伤，为匪拥去，索银币取赎。念慈间遣人持绝命书归，且曰："慎毋来赎，以增羞贻累！"卒绝粒不食死。

李秉钧，汉军正白旗人。由誊录叙知县，选泰宁，有治声。革命变作，慨然曰："国亡与亡，义也！第县治无官，民将失所。"召绅士议保卫，法既定，仰药死。继妻乌苏氏亦仰药殉之。

王荣绶，字笛青，湖南善化人。以军功起家，官甘肃。光绪二十八年，改选连江县知县，严于捕缉，党人莫敢留县境。受代寓省城，被拘至军政府，责以前事，抗辞不屈，被害。

定煊，福州驻防。诸生。有干略，官佐领。武昌变起，将军朴寿日料军实、简卒伍。旗民能胜兵者，皆授以兵，而任定煊为捷胜营管带，日夕操练。防军图变，于九月十八日，扬言旗营将开炮洗城以惧众。四鼓，炮声隆起，分扑军、督两署。朴寿亲督所部血战两昼夜，防御长瑞、骁骑校巴扬阿主军书，发愤从战，相继殒于阵。前者僵，后者继，变军不支，渐引却。侦利枪巨炮皆在于山，定煊从朴寿于二十日夕，短衣草履，督死士袭山垒，深入，中炮死。

长瑞、巴扬阿均繙译举人，同隶驻防之前锋森俊、苏都里、达哈使、尚阿里，领催桂斌、庆铭，举人松音，均阵亡。教员麟瑞，举人裕彤与兄笔帖式裕丰，族兄哨官铄钦额，均殉难。朴寿自有传。

王有宏，字金波，直隶天津人。同治五年，投效铭军，充兵目。自平定发、捻余孽，与剿台湾番社，法人攻台湾诸役，均随军有功，擢至游击。日本渝盟，奏调山海关办防务。和议成，入江南防营，以缉枭匪劳，记名总兵。江苏巡抚鹿传霖器之，从入秦，扈从两宫回銮。寻为河南巡抚张人骏奏留，倚以练军。人骏督两广，移督两江，皆从。管江南缉捕营，兼统总督卫队。宣统三年八月，湖北告变，檄统选锋十营会提督张勋江防军守江宁；尝请率三千人赴沪守制造局，断苏、杭铁道，未果。无何，江苏巡抚程德全宣布独立，率兵攻江宁，提督张勋与战，颇胜，而变军别出一支攻督署，有宏以机关炮击却之。十月初旬，德全以江浙联军至，麕集薄城，有宏驰出通济门，以三百人战。民军以远镜测知有宏所在，发枪，子中左腹，犹植立，督军士进击，左右舁至医院，乃绝。电闻，赠太子少保，谥壮武。

何师程，字云门。由袭骑都尉擢副将，保总兵，补江南督标中军。十月十二日，宁垣陷，自戕。

黄凯臣，本名彩，以字行，江苏江都人。入徐宝山虎字营为哨官，叙功至游击，以事去职，至卖茶自给。武昌变起，江宁将军铁良添募十营助城守，凯臣领其一。省城既陷，各营相约悬白旗，凯臣语所亲曰："城不守，而相率降附，吾实耻之！"联军至，横刀大呼杀敌，驰入阵，被戕。

戚从云，徐州人。由行伍官千总，隶江苏巡防营，以能缉捕名。苏、沪独立时，从云率巡防一营驻黄渡，抵抗不从，遂为民军所戕。

盛成，字挹轩，本荆州驻防。同治初，金陵克复，调江宁，由骁骑校累擢镶黄旗佐领。民军攻江宁，知城不可守，约知交城破各挈孥就火药库，谋同死。十月十一日，城破，有言缴械免死者，众要盛成往，不应，率子妇赵、孙国瑞，女三，赴药库，携酒痛饮，炷香以待炸发。

哈郎阿，字叔芬。素与盛成善，闻之，亦挈妻张，子成仁、成义，女一，往，同时燔焉。旁近旗民无老幼男妇，巨响一震，死不知数。

南山，字寿民。充贴写，累擢防御。初从将军铁良驻军北极阁，城破，知同僚集都统署，驰入，言曰："吾辈受国厚恩，今宜发天良，背城一战。不济，则以死继之！"无应者。出召军士语如前，亦无应者。恚甚，发枪自击死。妻某，闻南山殉节，抱其子纵火自焚死。

培秀，字希贤。先以襁褓子授其戚，以阿芙蓉膏饮一女、一佴女，夫妇自焚死。

防御松柏与妻、子、女八人，骁骑校恩钧夫妇，副前锋宝林全家，防御长年，均自焚死。隶某旗洪某，闻变，先以妻女投官井，与同居刘永祥阖室举火自焚。洪失其名，永祥，微者也。中学教习兴发，约同营前锋锦秀同投塘水死。小学校长富勒浑布，尝以世浊独清，誓与屈灵均为伍，有欲缚献民军者，跃入水，犹抗声语曰："吾今日遂吾志矣！"不受援，死。防御严德海，骁骑校爱仁阿、荣生，均率妻、女、子、妇，千总色勒善夫妇，佐领广照，世职关秀昆，相率投水死。防御果仁布，城破自尽。世职鹿鸣，自经死。队官汝霖、彭兴，教练官恩锡，执事官魁秾，均以不屈被害。

阵亡者，为骁骑校赵金泉，教练官鹏兴，排长海祥，炮队官赵寿昌。被戕者，千总富有，世职金鑫、祥泰、韩万兴、鸿锡、侯恩、俊卜、金海、永潮、韩万富，文生衣吉斯浑。

凡旗兵战死及眷属与难见姓名者数百人。事定，掩埋丛冢凡十三处，其数不可稽。生员长明，以在杭州武备学堂肄业，为同学研之死。

桂城，字仲藩，姓伊布杼克氏，蒙古镶红旗人，世京口驻防。由生员入武备学堂，考送日本振武、士官诸学校。入联队实习，调江宁为宪兵协军校，管陆军警察营。宣统三年九月，变作，遗妻、子枪令自裁，簇人在军者，咸勖以大义。时第九镇统制徐绍桢驻秣陵关，往谒，知桂城不与同志也，拘荒祠中。新军败雨花台，迁怒桂城，拥之出，中数枪死。后二年，补谥刚愍。

延浩，字子余，蒙古鄂依罗特氏，汉姓文。既老，赤面白须，善骑射，如少年。官协领，以原品食俸。载穆殉节，默不语，具衣冠北面再拜，僵卧不食卒。

文蔚，字子贞，蒙古人。同治初，从将军恩兴阿军，累擢佐领。变作，家人劝出避，誓死不应。一夕，痛饮，哭不止，家人谓其醉也，中夜遽卒，盖阴以毒物自戕矣，年八十。

协领余世宽，骁骑校恩厚、同源，佐领春涛、延熙，防御贵庆、延福，前锋锦章、炳炎，领催东皋、德庆、延昌、松廷、三元、锡昌，云骑尉良弼，师范学校校长崇朴，生员崇椿，同以绝食死。防御吉瑞呕血死。领催德需自经死。前锋钟祥、达邦，领催庆耀、升奎、国能、殿伦、发昆，五品顶戴发元，生员穆都哩，同自经死。前锋德尚，领催清泰，投江死。举人恩沛，吞玻璃死。佐领荣康、德兴、普亮，前锋国栋、和庸及弟启瑞，领催文光、延熙及弟延本、海春，恩骑尉延章、西答布，武举人炳南，生员喜德，师范毕业生锡蕃，均受伤死。安徽县丞寿余及二子德兴、德祚，同日遇害。其被调江宁者，排长国权、海靖、文馨、启贞，与桂城同日死。排长炳升，守北城战死。马兵那康元，遇敌军南门，搜军械，不服，缚于树，支解死。

高谦，字敬亭，湖南沅江人。同治季年，从左宗棠度陇司书记，以劳保县丞，发安徽。光绪八年，宗棠督两江，委谦淮北督销分局，连任十有七年，盐商馈遗皆不受；受代，典衣裘而行：商民颂之。三十三年，补安徽阜阳县丞，清严不妄入民间一钱，知县有过举，辄阴为规正，民尤爱戴之。宣统三年九月二十五日,安庆变作,变兵旋入阜阳,左右劝谦引避,厉声斥曰:"名位虽卑,大节不易,吾岂苟活者耶?"即夕饮鸩自尽。凌晨家人入视,则衣冠端坐,气绝,面如生,年七十有四。民闻之,皆走哭,议立祠祀之,因乱未果。

黄为熊,字子祥,江西德化人。由举人挑知县,发浙江,署於潜,再署东阳。民好讼,积案千百,排日决事,民畏而感之。署兰溪,除盗匪殆尽,益兴学重农。治行上闻,被奖。省城变作,闻之欲自裁,翌日,闻讹言谓京师陷,大恸曰:"主忧臣辱,主辱臣死,何颜见地方人民耶?"乱民来夺县印,正色谕之,不许,抱印自经。僚友趋救,气已绝,面如生。

文海,字云舫,汉军镶蓝旗人。由拔贡生用知县,发浙江,一摄长兴,充劝业道科长。新军变,入寓搜军械,得洋枪,将絷之,文海发枪,毙一人,伤二人,出报其党,被收,慷慨不屈,引颈受刃死。

赵翰阶,字春亭,山西祁县人。父受璧,奉天昌图知府,有惠政。翰阶随侍边塞,习骑射,以任侠重乡里。拳匪之变,尝乘且毙其酋。增韫素与习,官浙江巡抚,令充卫队管带。杭垣变作,抚署被围,率犹子赵锦标等突围入护巡抚家属,穴墙匿民舍。明日,闻巡抚为新军所拘,往救之,挈锦标持手枪出,为变兵所执,曰:"我北方男子,岂畏死者!"遂与锦标同被害。

贵林,字翰香,满洲正红旗人,杭州驻防。官协领,与浙人士游,有贤名。浙兵变,驻防营犹抗拒,相持二日。浙人劝罢战,招贵林出营议事垂定,有陷之者,谓旗营反覆不可信,且诬贵林置毒各坊巷井中,变军诱之出,枪毙之。同出者,子量海,举人存炳,佐领哈楚显,同被戕。

额特精额,字蔚如,杭营正红旗防御,驻守武林门。辛亥九月十四夜,变兵强令开城。额特精额喝曰:"何人?"以"革命党"对,遂斥曰:"汝等狗也!我不死,城不能开。"独持枪击众,众环攻,惨剁死,暴尸数日,居近商民始殓之。

文荣,字如山,蒙古巴岳特氏。世袭云骑尉。变兵攻旗营三日,坚不下,使来议和,合营官兵愿效死力争,将军德济遽遣贵林出许之,官兵皆掷枪本署,痛哭散去。文荣愤不欲生,手书十六字曰:"杭营失守,忠义扫地。清流北向,是吾死所!"遂投河死。

迎喜,号寿芝,满洲镶白旗人。年八十余矣,当议和时,诣军署以死争,大呼曰:"八旗受国恩三百年,今事至此,若辈犹欲靦颜偷生乎?"遂归,闭户自经死。

金海,正蓝旗前锋校。变兵架巨炮吴山,遥轰旗营,众议启城驰夺之,金海愿从战,闻议和,遂弃械于河,亦自经死。

希曾,正蓝旗监生,前南昌知府盛子孙。变兵入营多劫杀,希曾斥之曰:"既议和矣,奈何犹为盗贼行?"众怒,击,竟剁尸如泥。时旗人皆自危,颇有无故被杀者,其姓名不能尽详矣。

玉润,汉军镶红旗人。光绪季年,以銮仪卫治仪正出补秦州营游击。武昌事起,甘肃僻远,总督长庚素持镇静,闻陕西扰乱,乃戒严。时有道员黄越者,宿与南方党人通,充军事参议,欲通陕中民军谋独立。以陕中民军屡败,乃阴引川军入甘为援。玉润侦知,日与守备习斌筹守御,以限于兵额,末由增募。是时南北议款成,甘、陕电断不相闻。越于秦州各官独惮玉润忠鲠,壬子正月二十三日,遂率众入城据各署局,而以兵围游击署。玉润列队出拒,身自督战,终以兵少不敌,玉润中枪,殒于阵。

劳谦光,字佩兰,山东阳信人。少读书,有用世志。入北洋武备学堂,毕业,山西设武备学堂,聘为教习,管带马队营,捐知县,遂官于晋。新政创始,若督练处、警察学堂并充提调官。数岁,移充北洋常备军第三镇参谋官,兼军需官,擢第六镇工程管带官。武汉变起,率工程营赴前敌,筑桥汉上,将以济师,敌争之力,炮子雨下,躬督视不却,猝中炮死,时十月初六日。死而桥卒成,清师得渡,复汉阳,清廷主战者遂有停战之议。

吉升,字允中,满洲镶黄旗人。以学生官本旗前锋,入海军学习,积资充海筹兵舰帮带官。湖北告警,海军奉调赴援,至者兵舰十五艘、鱼雷艇二艘。清军攻汉阳,海军助势,而炮发多不命中。未几,言煤罄,相率下驶。九月二十一日,海筹与海容、海琛三巡洋舰奉令离汉口,二十三日抵九江。时江西九江已响应武昌,海容、海琛遂相约悬白旗,停泊。海筹管带喜昌不欲,邀吉升同遁,吉升潸然涕下,曰:"国家经营海军四十年,结果乃如是耶?"发愤投长江死。

张程九,字子沄,奉天台安人。由岁贡考充盛京宗室学教习,任满,以知县用。宣统元年,选为奉天谘议局议员。三年九月,鄂变起,地方不逞之徒,假改革名义,狡然思逞,台安齐某纠众将起事,惮程九持正不敢发。程九闻警,至省谒总督赵尔巽,请派队剿办,免涂炭地方,尔巽允其请,并令回县办乡团以资捍卫。程九归,经县西佛牛录,为群贼所伺,设伏遇害。恤赠知府,赏世职。

王文域,字伯若,四川人。知山东乐安县,辛亥冬,为变兵所戕;黑龙江海伦府巡防马队管带官谭凤亭,于十月阵亡;有旨优恤。伊犁将军志锐被戕,仆旨顺以朴诚著,临难护主,同死之。从死者,武巡捕官刘从德,四川人;教练官春勋,京旗人。志锐自有传。

张传楷,字睿斌,直隶青县诸生。充宗人府供事,叙劳得知州。革命军起,举朝震恐,自亲贵达官而下,惟日以徙家入外人居留地为事。传楷愤甚,诣都察院上说帖,请代奏,院官无在者,止院门,哭三日,无一官至。逊位诏下,拔所佩刀自戕死。自铭十六字曰:"成仁取义,孔、孟所垂。读书明理,舍此何为!"

孙文楷,字模卿,山东益都人。同治癸酉举人。潜心著述,尤精金石之学,以收藏贫其家,力耕自养,恒屡岁不入城市。有《适野集》、《一笑集》，皆咏田事诗也。逊位诏下，家人秘不以闻。经月，忽入城访友归，即仰药自尽。将死，嘱其子曰："吾行吾所安耳，毋谓我死节也！"著有《老学斋文集》二卷，《今吾吟草》四卷，《稽庵古印笺》四卷，《古钱谱》等书。

王乘龙，字少枚，福建龙溪人。安贫好学，以岁贡生授经里中。闽军应武昌，乘龙感怆，弥日不食。剪发令下，长至谒宗祠，宗人劝之，乘龙不一语。入夕，乃潜设香案自经死，案上遗诗曰："肤发千钧重，纲常万古新，毁形图苟活，何以见君亲！"年六十有一。

赵彝鼎，字焕文，江苏江阴县诸生。好程、朱之学。武昌变起，苏抚程德全应之，愤痛绝食。十月初九日，出而不返，明日，家人迹至三贤祠楼，则衣冠北面悬梁间，气绝矣。检箧得遗笔千余言，有曰："我死合君臣之义，冀斯人不以我君为满洲而漠视之！愿国家大兵早至，反正者免，胁从者赦。"又曰："我为国故不死于家，会文讲学地，正欲以明人伦也。"

施伟，字卓斋，江苏高淳县诸生。傲岸绝俗，以兄喜谭新学，心非之。逊位诏下，大恸。壬子元日，具衣冠拜家祠，自书挽句祠壁，投塘水死。

李泽霖，字郇雨，广东香山县诸生。教授生徒，以《小学》、《近思录》为日课。闻变，绝粒五日死。先手书"清处士李郇雨墓"七字授其子，俾刊墓道。且命二子毋入学校，毋出仕。

胡穆林，失其名，湖北江陵县诸生。变作，上书荆州将军议战守事，将军壮之。时电报被毁，具乞援牍，令赍以北行。至资福寺，为通敌之警察所侦，縶沙市敌营，诃之曰："汝汉人，奚助满人为？"穆林叱之，遇害。

杭州望江门有更夫某者，夜鸣钲巡于市，变军自城外入，方昧爽，猝见之，急鸣钲大呼兵反，狂走向官署，冀警备。军诃之不止，追及，枪击之，立毙。

梁济，字巨川，广西临桂人。父承光，卒官山西，贫不能归，寓京师，喜读戚继光论兵书暨名臣奏议。光绪十一年，举顺天乡试，时父执吴潘祖荫、济宁孙毓汶皆贵，济不求通。追毓汶罢政，始一谒之。大挑二等，得教谕，改内阁中书，十余年不迁。举经济特科，亦未赴。三十三年，京师巡警厅招理教养局，济以总局处罪人，而收贫民于分局，更立小学课幼儿，俾分科习艺，设专所售之，费省而事集。由内阁侍读署民政部主事，升员外郎。在部五年，未补缺。逊位诏下，辞职家居。明年，内务部总长一再邀之，卒不出。岁戊午，年六十，诸子谋为寿，止之，不可，避居城北隅彭氏宅。先期三日，昧爽，投净业湖死，时十月初七日也。遗书万余言，悁悁者五事：曰民、曰官、曰兵、曰财、曰皇室，区画具备。予谥贞端。

有吴宝训者，字梓箴，蒙古人。尝为理藩院员外郎。素与济游，闻济死，痛哭。越日，亦投净业湖死。

简纯泽，字廉静，湖南长沙人。父桂馥。纯泽生七岁，即出嗣伯父敬临。敬临以总兵从左宗棠军攻金积堡叛回战死，谥勇节，赐骑都尉世职。纯泽自幼吐弃俗学，尝入粤从西人习军械制造法。桂馥客游新疆，久不归，迄二十余年无耗，纯泽乃以袭职从度陇军，欲遂出嘉峪关觅之。陇督以荒远坚阻，而行文地方官搜访，卒不能得，则大痛，谓他日不求死乡里也。入陕西，为布政使升允所重。庚子，升允率师勤王，纯泽与营官欧丙森从。遇夷兵正定，斩数百人。疾作，闻丙森战死，力疾请战，升允尼之，上书责升允，词甚直。正定令要迎夷师入，下令军中严阵待，夷慑之，解去。升允擢巡抚，檄管武备学堂，兼领新军，后复檄充新军教练官。会后抚以贪黩闻，非门金不得通，积二岁不往。又与道员王毓江议军事不协，谢归里。国变后，居数年，悲咤不解。丙辰夏，北行之京师，旋客天津。后一年至烟台，游烟霞洞，去之威海，投海死。获其尸，有自书绝命词，以树墓碣镌"大清遗民"四大字为获尸者告，感其义，敛而葬诸海滨，且立碣焉。

王国维，字静安，浙江海宁州诸生。少以文名。年弱冠，适时论谋变法自强，即习东文，兼欧洲英、德各国文，并至日本求学。通农学及哲学、心理、论理等学。调学部，充图书馆、编译名词馆协修。辛亥后，携家东渡，乃专研国学。谓："尼山之学在信古，今人则信今而疑古，变本加厉，横流不返。"遂专以反经信古为己任。著述其多，撷其精粹为《观堂集林》二十卷。返国十年，以教授自给。壬戌冬，前陕甘总督升允荐入南书房，食五品俸，屡言事，皆褒许。甲子冬，遇变，国维誓死殉。驾移天津，丁卯春夏间，时局益危，国维悲愤不自制，于五月初三日，自沉于颐和园之昆明湖。家人于衣带中得遗墨，自明死志，曰"五十之年，祇欠一死！经此世变，义无再辱"云云。谥忠悫。海内外人士，知与不知，莫不重之。

卷四百九十七 列传二百八十四

孝义一

朱用纯 **吴蕃昌**从弟谦牧 **沈磊** **周靖**
耿耀弟炳 兄子於彝 耿辅 **李景濂** **汪灏**弟晨 日昂 日升 **黄农** **曹亨**黄嘉章 **郑明允**
刘宗洙弟恩广 恩广子青藜 **何复汉** **许季觉**
吴氏四孝子 **雷显宗** **赵清** **荣涟** **薛文**
弟化礼 **曹孝童** **丁履豫** **钟保** **觉罗色尔岱**
翁杜 佟良 克什布 **王麟瑞** **李盛山**
李悃 **奚缉营** **周士晋** **黄有则** **王尚毅**
胡锳 **李三** **张梦维** **乐太希** **董盛祖**
徐守仁 **李凤翔** **卯观成** **葛大宾** **吕敦孚**
王子明冯星明 **张元翰** **俞鸿庆** **姜瑢**
汤渊 **魏兴** **戴兆笨** **潘周岱** **张淮**张廷标

胡其爱 方其明 邓成珠 **张三爱** **杨梦益**
阎天伦 **夏士友** **白长久** **郭味儿** 聂宏
董阿虎 **张乞人** **席慕孔** 张长松 **崔长生**
荣孝子 **无锡二孝子** **哑孝子**

清兴关外，俗纯朴，爱亲敬长，内惷而外严。既定鼎，礼教益备。定旌格，循明旧。亲存，奉侍竭其力；亲殁，善居丧，或庐于墓；亲远行，万里行求，或生还，或以丧归。友于兄弟，同居三五世以上，号义门，及诸义行，皆礼旌。亲病，刲股割肝；亲丧，以身殉；皆以伤生有禁，有司以事闻，辄破格报可。所以教民者，若是其周其密也。国史承前例，撰次《孝友传》，亦颇及诸义行。合之方志甄录、文家传述，无虑千百人。采其尤者，用沈约《宋书》例，为《孝义传》。事亲存没能尽礼；或遭家庭之变，能不失其正；或遇寇难、值水火，能全其亲。若殉亲而死，或为亲复仇，友于兄弟，同居三五世以上，及凡有义行者，各以类聚。事同，以时次，孝为二卷，友与义合一卷。

朱用纯，子致一，江南昆山人。父集璜，明季以诸生死难。用纯慕王裒攀柏之义，自号曰柏庐。弃诸生，奉母。其学确守程、朱，知行并进，而程于至敬。来学者授以《小学》、《近思录》。仿《白鹿洞规》，设讲约，从者皆兴起。居丧哀毁，尝曰："宰我欲短丧，吾党皆以为怪，然可见古人丧礼之尽，必蔬水饘粥哭泣哀毁无苟弛。若今人饮酒食肉不改其常，虽更三年，岂谓久哉？"晚作《辍讲语》，又为《治家格言》，语平易而切至。病将革，设先人位，拜于堂，告无罪，顾弟子曰："学问在性命，事业在忠孝。"乃卒。用纯与徐枋、杨无咎称"吴中三高士"，皆明季死事之孤也。

吴蕃昌，字仲木，浙江海盐人。父麟征，明季死难，蕃昌事所后母查孝，居丧，水浆不入口。既殡，啜粥，不茹蔬果。寝苫，不脱衰绖。比葬，呕血数升，逾小祥遂卒。

从弟谦牧，字衷仲。为程、朱之学。事母朱孝，居丧，杖不能起。疾稍间，手编父遗集，复困。治窀穸，哀动行路。谦牧体素羸，益不自胜，遂卒。蕃昌、谦牧皆交于张履祥，履祥称之。

时以孝著者，复有归安沈磊，亦履祥友也。磊事母严，母不御酒肉，磊力请，终不听。有疾，医为言，乃御酒肉。磊客授于外，弟子具时食，不忍食，以为母未尝也。弟子乃先以馈母，曰："太君食矣。"乃食，率以为常。

周靖，江南吴县人。父茂兰，刺血上书明父顺昌冤，事具《明史》。靖少补诸生，事亲能尽力。茂兰卒，擗踊哭泣，丧葬悉如礼。三年不脱衰绖，不饮酒食肉。小祥，有疾作，或谓在礼得饮酒食肉，靖不可。靖素善作篆，或请题榜，亦以丧辞。

耿耀，河南太康人。世农。父应科，好施与，七世同居，颜其堂曰"效艺"。兄光，明诸生，孝后母而教诸弟严，耀从之学，事必谘而后行。明末，流寇屠太康，耀与弟炳异母避河北，贸布以养。母病，朝出暮归，不解带累月。母卒，挽舁归母丧。炳亦纯谨，定兴耿权与弟极以孝友闻，炳慕其为人，分田舍处之，孙奇逢为作《三耿传》焉。方寇至，光前卒，未葬，子於彝号泣守其柩不去，寇执之，推陨城下，伤腰膂，几死，寇退，归掬土掩柩乃去。县饥，知县馈以粟，散赡贫乏。督僮蔬，任饥者刘以食。

同时有耿辅，虞城人。奉母避寇开封，寇决河灌城，倚浮木负母以渡。母卒，衰毁，缁衣粗食终其世。

李景濂，字亦周，浙江鄞县人。幼丧母，父再娶于何而卒。何年少，媒氏欲夺之，景濂闻，伺于道，出椎击之，归告何。何相与恸哭，誓相依终身。何教景濂严，景濂事何甚谨。何嗜酪，景濂日入市求之，端捧急趋，如鸟张翼。市人怪而求其故，则皆叹其孝，为让道。何老病，景濂侍疾七年不息。何卒，景濂亦六十，庐墓三年，作孺子泣。景濂明诸生，明亡，弃诸生去为医。

汪灏，江南休宁人。晨、日昂、日升，其弟也。父病咯血，灏年十六，割股和药进，良愈。后数年病足，晨割股炼为末，敷治亦愈。又数年复咯血，晨复割臂以疗。更数年，疾大作，灏复割臂，勿瘳。晨病，日昂泣曰："吾兄割臂愈父，吾不能割以愈吾兄乎？"众尼之。槥且仆，匠治棺，日升持匠斧断指，血淋漓，调药以饮晨。有司表其门曰"一门四孝友"。

钱塘吴瑗及弟琦、璠、琰相友爱，年皆逾九十。江苏华亭姜应龙，应龙子世璜，世璜子文枢，文枢子超萃，超萃子怀权，怀权子栻，六世皆以孝行旌，人尤以为难。

黄农，江南元和人。父衮，诸生。农年十余，母吴病六年，农侍疾不懈。母卒，恸屡绝，坐卧母柩侧。衮客授于外，携农俱。久之，察其枕渍泪若膏，貌瘭然如初丧。衮客授稍远家，农归，五日一往省，衮止之，则私伺门外问安否，衣服器用，时其寒暑以往。一夕，心悸，走省，衮得暴疾，舁以归。会除夕祷神，愿减算益父，衮愈。农三十余而卒，妻金，亦贤孝。

曹亨，陕西镇安人。年十一丧母，不能具棺，号泣于路，乞自鬻为敛。或与之金，葬母毕，即诣其家执役终身。

黄嘉章，湖南桂阳人。吴三桂之乱，从父避兵连珠崖。父殁，兄嘉林年十六，嘉章亦年十一，自鬻以葬父。嘉林稍长，力为佣，得钱赎嘉章还，兄弟相友爱。

郑明允，江南歙县人。康熙间，耿精忠兵至，明允侍母抱谱牒及先世遗笔入山。贼大索山中，明允夜负母匿僻坞，还挈二子，未至，雾溢山，虎声震林木，纳二子石穴中，疾趋侍母。贼退，二子亦无恙。兄病，视汤药不去侧。及亡，每恸辄绝。与其戚同贾，失其赀，明允发橐金尽与之。族子缢客舍，明允为坐守达曙，白于官，出私财以敛。有友荡其赀，困甚，明允罄所有饮之，无难色。明允世业医，精而不试，曰："十得九，犹有一误。"业贾终其身。

刘宗洙，字长源；弟恩广，字锡三：湖北襄城人。父汉臣，明季从军。襄城破，被数创，几殆。恩广两耳断，号泣负以归。宗洙方走避寇，闻父难，往赴，贼截其耳鼻。居数年，父病，尝粪，时称襄城"尝粪孝子"。父殁，与季弟宗泗同居，俄与恩广皆得官，以母老不出。母殁，恩广呕血至笃疾。或慰解，曰："勿复言，五内裂矣！"遂卒。宗洙积哀兼痛弟，亦呕血卒。

恩广子青藜，康熙四十五年进士，选庶吉士。遭父丧，哀毁呕血，事母不复出。

何复汉，江西广昌人。十五而丧父，哭泪皆血。长事母孝，母疾作，尝粪苦甘以测病深浅，不解带者数月。母殁，寝苫三月，泪渍苫左右尽血痕。葬，乃庐墓侧，日夜悲号，丧终犹庐居。耿精忠兵至，复汉守墓不去，亲知毁其庐，乃哭而行。著《古今粹言》示子孙。子人龙，康熙五十二年进士，入翰林。

许季觉，浙江海宁人。少尚侠，既折节读书。居亲丧，水浆不入口者七日，杖而后起。含殓、殡葬、虞祔、卒哭、祥禫皆用古礼。葬，躬负土，庐于侧，朝夕哭不辍。季觉故与同县查氏交密，查氏贵，营葬侵许氏墓地。季觉曰："吾不能以友卖亲。"讼连年不决，亲朋居间，季觉终不让。查氏诬季觉通海，逮狱，有为辨者，狱稍解，避地山阴。查氏复诬以他事，再逮狱。季觉度不免，狱中碎瓷盎吞之，死。

吴氏四孝子，江南崇明人，失其名。父壮年家贫，鬻子为富家奴。及长，皆能自赎。娶妇列肆居，养父母，兄弟议奉父母膳，月而易。诸妇曰："翁姑老矣！月而易，必三月后方为翁姑具膳，太疏。"复议日而易，诸妇又曰："翁姑老矣！日而易，必三日后方为翁姑具膳，仍太疏。"乃议伯具早餐，仲午，叔脯，次日季具早餐，周而复始。越五日，诸子合具馔奉父母，子孙皆侍，诸妇以次上酒食，以为常。室置厨，兄弟各具钱五十，父食毕，取钱入市嬉，易果饵，归畀诸孙，钱将尽，复具。父或从博徒戏，兄弟潜以钱畀博徒，令阳负与其父以为欢。行之数十年，父母皆将百岁，奉事不衰。陆陇其为之传。

雷显宗，河南陈州人。诸生。父病痪，显宗摩掌热拊父四支，二十七昼夜不倦，父良愈。居数年，复病剧，侍汤药两月余，竟卒，哀毁柴立。居母丧亦如之。康熙中，岁饥，出米粟济贫乏，代偿其逋赋。有鬻其孥者，赎以归。佽婚葬者三百余家。显宗年九十，朔望集家人讲《孝经》、《曲礼》、《内则》诸篇，里闬称其家范。

赵清，山东诸城人。生有至性，嗜酒，与同县李澄中、刘翼明辈遍陟县中山，纵饮，辄沉顿。丧父，庐墓侧百日，母往携以归。丧母，复庐墓侧，麻衣躬畚锸，负土为坟，

毁几殆。客有劝者，清曰："清所以为此者，盖下愚居丧法耳。清狂荡如湍水，不居墓侧，将食旨，久而甘；闻乐，久而乐；居处，且久而安。不一期，沉缅不可问矣。不孝孰甚！"居庐久，或传有狼与犬为守庐，狎不相啮也。

荣涟，江南无锡人。少孤，多病，母令为道士。善诗画。事母孝，出游得珍玩、良药必以奉母。游倦归，晨昏侍母侧。母卒，庐墓不复出。涟与县人杜诏及僧妙复号"三逸"。

薛文，江南和州人。弟化礼。贫，有母，兄弟一出为佣，一留侍母，迭相代。留者在母侧絮絮与母语，不使孤坐。日旰，佣者还，挟酒米鱼肉治食奉母，兄弟舞跃歌讴以侑。寒，负母曝户外，兄弟前后为侏儒作态博母笑。母笃老，病且死，治殡葬毕，毁不能出户。佣主迹至家，文与化礼骨立不能起，哭益哀，数日皆死，时康熙四十二年也。知州何伟表其间。伟勤于民，卒，民祠焉。乾隆间，学政朱筠令以文、化礼附伟祠。

曹孝童，江南无锡人。居南郭，父为圬者。童五岁，父或扃户出，则竟日不食。邻或哺之，泣不食，俟父归同食。父死，童呜咽匍匐死父侧，邻市棺以敛。

丁履豫，江南娄县人。少孤，事母孝。兄二、弟一皆出游，以岁所入畀履豫，使营甘旨。母卒将敛，画师貌母像绝肖，履豫谛视久之，大恸，仆地遽绝。

钟保，满洲镶黄旗人。父希晋，以步军校从讨吴三桂，积功当迁，钟保以父老，力劝请休奉养。康熙间，自刑部笔帖式累迁刑部郎中，居父丧哀恸，水浆不入口。事母尤谨，归必侍母侧。兄荡产，抚其孤，祖遗田宅悉推与之。弟贫，赒之甚力。雍正二年，举孝子，赐金，旌其门。官至工部侍郎。

觉罗色尔岱，满洲镶红旗人，德世库七世孙也。性笃孝。年十七，父病，医不效，乃割左臂为糜以进，病稍间，旋殁。事母益谨，母病饮食减，亦减饮食；饮食不能进，忧之，亦辍饮食；母能饮食，乃复常。雍正元年，命举忠孝节义，以色尔岱应，诏赐白金，旌其门，授银库主事，勤其官，迁郎中。

康熙间，以割臂疗亲旌者，有翁杜、佟良，与色尔岱同时有克什布。翁杜，满洲镶白旗人；佟良，蒙古镶黄旗人；官防御。克什布，满洲镶红旗人，官三等侍卫。

王麟瑞，福建南靖人。诸生。八岁丧母，事后母如所生。母病暍，非时思食梅，麟瑞绕树呼号，不食三日，梅夜华，结实奉母，母良愈。父丧，庐墓三年，遇虎，虎为却避。雍正初，诏举孝廉方正，县以麟瑞上。四年，授陕西道监察御史，出为直隶永平知府。

李盛山，福建罗源人。母病，割肝以救，伤重，卒。巡抚常赉疏请旌，下礼部，礼部议轻生愚孝，无旌表之例。雍正六年三月壬子，世宗谕曰："朕惟世祖、圣祖临御万方，立教明伦，与人为善。而于例慎予旌表者，诚天地好生之盛心，圣人觉世之至道，视人命为至重，不可以愚昧误戕；念孝道为至弘，不可以毁伤为正。但有司未尝以圣贤经常之道，与国家爱养之心，明白宣示，是以愚夫愚妇救视而捐躯，殉夫而殒命，往往有之。既有其事，若不予以旌表，无以彰其苦志。故数十年来虽未定例，仍许奏闻，且有邀恩于常格之外者。圣祖哀矜下民之盛心，如是其周详而委曲也。父母爱子，无所不至，若因己病而致其子割肝剖股以充饮馔、和汤药，纵其子无恙，父母未有不惊忧恻怛惨惕而不安者，况因此而伤生，岂父母所忍闻乎？父母有疾，固人子尽心竭力之时，傥能至诚纯孝，必且感天地、动鬼神，不必以惊世骇俗之为，著奇于日用伦常之外。妇人从一之义，醮而不改，乃天下之正道，然烈妇难，节妇尤难。夫亡之后，妇职之当尽者更多，上有翁姑，则当代为奉养。他如修治苹藻，经理家业，其事难以悉数，安得以一死毕其责乎？朕今特颁训谕，有司广为宣示，俾知孝子节妇，自有常经，伦常之地，皆合中庸，以毋负国家教养矜全之德。倘训谕之后，仍有不爱躯命，蹈于危亡者，朕亦不概加旌表，以成激烈轻生之习也。"盛山仍予旌表。

李悒，河南开封府人，失其县。贫为木工，父病痹，奉侍惟谨。岁歉，不能养，乃行乞于市，归啖父。后得赈谷一石，虑不能继，日舂升许供父，而以糠秕自咽。父病剧，夜中邻人时闻悒抚摩嗟泣声，迟明则悒抱父足死矣，父亦一恸而绝。邻人愍其孝，收而葬之。

奚缉营，字圣辉，江苏宝山人。父士本，以孝旌。缉营幼读《论语》，至"父母之年，不可不知"，辄陨涕歔欷，师奇之，谓真孝子子也。母病，刲臂以疗。士本老，恶寒，缉营夜抱父足眠，以为常。两弟早卒，抚其孤如所生。女兄嫁而贫，从妹寡，皆依以居，为营婚嫁。

周士晋，江苏嘉定人。母病久，医言惟饮人乳可生，士晋子生方九月，谋于妻李，弃道旁，以乳乳母。母病已，问儿，以殇对，后李不复妊，亦无怨。越十二年，有僧为殷氏子推命，年月日与士晋儿同，诘之，则得诸道旁者也，父子得复合。

黄有则，湖南邵阳人。四岁丧父，母孙勤苦育以长。遣就傅，或迁之，孙曰："吾忍死，不欲儿废学也。"有则大感恸，奋学，客授养母。夏无帐，主人以进，命撤之，曰："吾母无此也。"寒为制棉衣，又却之，曰："家贫，无以暖母，不忍享奇温。"一夕风雪，既寐，复起，行三十里归省母。母喜曰："吾正思儿。"是时母逾九十，有则亦六十矣。母丧，以毁卒。

王尚毅，陕西郃阳人。为人佣。母佞佛，欲凿山造佛像，力不逮，将死，以命尚毅。尚毅佣，啬衣食积钱，买山辟洞，琢石为佛像，洞六，像十二，皆手造。或愍而助之，谢曰："力不己出，非敬母命也。"钱尽乃辍，复出佣，得钱更为之，如是三十余年。山植柏，围以紫荆，洞上下莳迎春，洞成方冬，花忽开，山人怪之，名曰九华洞。山无水，凿池而雨至，遂不涸，名曰青龙池。

胡鍱，浙江上虞人。鍱九岁从母汲，母堕井，鍱呼救未至，亦跃入井，救至，引以出，俱不死。中岁游陕西，一夕忽心痛，曰："殆吾父病耶？"驰还，父正病，旋卒，哀恸尽礼。方冬母病，求医，途遇盗，衣尽褫，冒寒行数十里，与医俱归。

李三，江苏宜兴人。一目眇，一足跛。父死，二兄皆娶，析产，有田六亩、屋四椽、舟一，二兄分田、屋，而畀三以舟。迭养母，三奉母食必有肉，母至二兄所，三辄私致甘旨。二兄死，嫂一前死，一嫁，三独奉母。晨爨毕，乃以舟应客，或当出五十里外，度尽日不能返，虽重雇不之许。事母三十年，邻里称其孝，抚兄子慈，而教之严。母将死，呼孙执手泣曰："儿学好，毋累汝叔怒！"自是不复怒其兄子。

张梦维，直隶元城人。县诸生。父晚病风痹，梦维日侍左右，卧起饮食溲溺皆躬自扶持。父愍其劳，呵之去，少退，复前，数年不少懈。事母如事父。居丧哀毁，准《家礼》，屏俗习。弟病疽，为剪发灼艾，日数省视，及卒，恸甚，几丧明。弟妻或诟谇，待之有加，抚孤女逾己出，弟妻卒悟且悔。少师郡入卫鹤鸣，治程、朱之学。鹤鸣卒，心丧三年。授弟子《孝经》、《小学》，以力行为本。

乐太希，湖北通山县人。幼慧，三岁母负以嬉，堕地伤额。祖母问，诡对，恐祖母见怜而怒母也。父疾，抑搔浣濯，昼夜不去侧。居丧尽哀，既葬，恒绕墓悲痛。母疾及丧亦如之，庐墓侧居五年。早为诸生，以事亲不应试，或延使授经，辄辞，虑违亲也。亲既终，益笃学。

董盛祖，云南黑盐井人。盛祖不知书，早失父，事母谨，起居饮食侍视不少懈。一妹嫁里中，盛祖出负贩，呼妹还侍母，妹亦善事母如盛祖。盛祖行遇蛇当道，惊曰："母得无病乎？"归则母方病，呼盛祖，人皆怪之。母丧，哭甚哀，或恸绝，邻里惊救之，乃苏。盛祖有妻早亡，不更娶。或劝之，曰："娶妇以事亲，顾贤者实难。脱不贤，将戾吾母，吾能安乎？"卒不娶。未终丧，遂卒。

徐守仁，安徽青阳人。世为农，未尝读书。四岁而孤，事母孝。得佣直，市酒肉奉母，母呼共食，辄以持斋谢，实不忍分甘也。母殁，哀恸。既葬，露处墓侧，蛇虺不避，里人哀之，为庐舍饮食焉。守仁并奉其父木主以居，四年，乃还其室，须发皆白。

李凤翔，直隶武强人。善事父母。凤翔以父老，自请佐家事，而督诸弟读书、习射，应文、武试。父将终，遗命析产，心怜幼子而未有言。凤翔察父意，益以所分三之一。殁，事母益谨。道光初，滹沱连岁氾溢，闾里荡析，负凤翔债者二千余缗，悉焚其券，复散钱济贫者。又遇旱，所艺蔬果任饥者采食。族子早孤，他县人以迎丧遇盗，皆厚赒之。或将屠马，凤翔赎以归，马驯异常畜，乡人感之，遂无屠马者。

　　卯观成，云南恩安人。父汉而母夷。乌蒙乱，父死，母被掠，鬻为婢。乱定，观成无所依，为昭通禁卒。父母尝为聘妇，舅促观成娶，娶而不与婚。三年，舅诘之，曰："吾非不欲婚也，行将嫁吾未婚之妻，取所直归吾母。与之婚，情不能割，义亦不可出也。"语皆泣。有义之者，募得六十金，以半赎其母，半为营庐舍，成婚，仍为禁卒以养母。

　　葛大宾，字兴森，湖南湘乡人。诸生。四岁丧父，哀恸如成人。丧终，值忌日，出主祭，主仆，粉落"葛"字脱，露"周"姓，盖木工饰周氏废主为之。大宾痛哭引咎，告墓易主。事母巨细必躬，疾尝药，生徒有馈则献。尝出客授，独坐心动，亟还呼母，母出，屋后山遽颓，压母坐处。母殁，饮不入口者五日。既葬，不脱衰，腰以下缕皆尽。丧终，祭必哀，兄弟既分居，财尽，大宾复与同居，通财无所私。殁则庀其丧，无子，为立后。

　　吕敷孚，湖南永定人。父孟卿，贫，以客授自给。母病将殆，思肉食，敷孚方七岁，贷诸屠，屠不可，泣而归。闻母呻吟，益痛，内念股肉可啖母，取厨刀励使利，割右股四寸许，授其女弟，方五岁，令就炉火炙以进。母疾良已，孟卿归，察敷孚足微跛，得其状，与母持以哭。敷孚曰："毋然，儿固无所苦也。"乡人皆嗟异称孝童。长为诸生，学政温忠翰疏闻，寻除华容训导。孟卿亦尝刲股愈父病，然敷孚割股时，初不知父有是事也。

　　王子明，甘肃通渭人。诸生。事母孝。出为客，蔬果新出，必遥献乃食。尝赴试，母闻桃香久不散，女曰："此必吾兄所献。"记其日，归验之，果然。

　　冯星明，甘肃秦安人。为营卒，戍龙山。食新韭，置诸案，叩首。同伍问之，曰："以献母。"咸以为迂。或归候其母，母曰："他日吾假寐，梦儿以韭食我，觉，犹有余香。"叩其日，星明献韭时也。

　　张元翰，直隶南皮人。光绪五年举人，除获鹿教谕，迁知县。方谒京师，父嗣陶时为万全教谕，卒官。元翰奔赴恸哭，几不能胜。居丧三年，悉用古礼。丧终，以知县待缺河南，奉母赴官，摄渑池、宁陵诸县。方有事于考城，而母遽卒，元翰以父母卒皆不克视终事，大痛。将归葬，自为文祭告，凭棺一恸而绝。

　　俞鸿庆，湖南善化人。光绪十八年进士，改庶吉士，授编修。事父母笃孝。官京师，岁必乞假归省。二十七年，母殁，鸿庆方自西安还京师，闻丧奔还，哀恸若不欲生。父年已八十，衰病，鸿庆跬步不去侧，婉容愉色，依慕如少时。冬夜必数起省视，或竟夕不眠。二十九年，父殁，鸿庆恸甚，以毁卒，距父殁方匝月。

　　姜瑢，云南嶍峨人。父文柄，尝远游，瑢裹粮行求，得以归。贫，析薪治圃以养。父嗜饮，日必具酒，家益贫，父为罢饮。命子跪而请，翌日偕樵于山，买酒归，共劝酬饮，日以为常。父殁，辄提父尝饮壶沽酒，哭于墓，人称其圃为"孝子圃"。

　　汤渊，江苏常熟人。八岁丧父。母茅纺织不稍休，渊见辄泪下。少长，为负贩，劝母暂休，母曰："休，不且馁死耶？"渊大恸。客至，母擎茗碗呼渊持以出，渊跪而受，自责贫不能具仆婢也。娶，生子而妇亡，或劝再娶，曰："吾已有子，何忍分养母力以养妇？"竟以鳏终。母卒，哀号动行路。其后家稍裕，方冬，有被而无褥，曰："吾母昔无此也。"将卒，命市棺视殡母之费。

　　魏兴，直隶新城人。早丧父，兴与弟继宗皆入伍。继宗战死，兴以母老，出伍为樵以养。岁饥，米贵，兴以米奉母，而自食糟糠，恒不饱。兴亦老，樵不足，毁屋，伐屋后树以鬻。安康诸生张鹏翼闻其事，过兴，见兴侍母左右扶持如童子，因问其邻魏叟："与其母日何食？"邻曰："兴噉包谷，母食麦。"鹏翼大嗟异，以其事白知府，月予之粟，兴母子始得饱。

　　戴兆笨，安徽旌德人。少从父业缝纫，十三丧母，尽礼，事后母如母。父病噎，亦减饮食，百方疗父，不得，则刲肱糜以进，终不愈。恸甚，庐墓侧，朝夕稽颡。时归省后母，呼妻出，戒以善侍养，不入其室。

　　潘周岱，安徽泾县人。为竹工，与父同佣，必躬其劳而遗父易且逸者。父创足，负以往返。老废，周岱独应佣，得酒肉时蔬怀归，燀以进。家食，必父母食乃食。岁饥，奉父母必丰，次以食弟，躬与妻子饱糠核。父母疾，左右侍养无须臾去侧。母家山下泉洌，母病笃，夜半思得泉以饮，周岱挈瓶往，行四十余里，向晨以泉至。居丧，旦暮悲号，先后庐墓三年。丧既终，夕必诣墓爇香燃灯，如是终其身。妻吴亦孝，无违命。

　　张淮，浙江秀水人。贫，粗识字，为人收田租。父有心疾，思食羊，非特杀则不食，淮买羊杀以食父。思出游，则赁肩舆待以出，穷日乃还。父疾数年，凡所思，百方致之，不稍息。疾笃，刲肱进，卒不治。

　　同时张廷标，为衣工。奉母，常效市中儿嬉戏以娱母。一日邻家火，负母出，迁祀先之具，而不及他器用。节所入为弟娶妇，而终身不自娶。县人与淮称"二孝子"，道光初年事也。

胡其爱,江南桐城人。为人佣而养母。母病疲癃,其爱日夕在左右,视卧起饮食。出就佣,具晨餐,度午不能归,出勺米付邻媪,嘱代爨,必拜。邻媪止之,行数里外,复遥拜。夜必归,为母涤中裙厕牏。在佣家得肉食,即请归遗母。母出观优,负以往,夜则负以还。欲往戚党家,亦如之。母殁,负土为坟,居悒悒而卒。

　　方其明,亦桐城人。亦为佣而养母,母亦病疲癃。其明虑出佣母饥渴,乃弃佣为丐,负母以出,得食必先母。母卒,乃为佣,时荷锄而泣曰:"昔为乞,苦饥寒,不离母侧;今稍足衣食,思母不可得矣!"

　　邓成珠,福建泰宁人。亦为佣而养母。佣所距家远,日乞米一合,昧旦送母所,还执佣。母盲不能炊,乃负母依主家傍舍,朝夕为具食。主或以为言,成珠曰:"成珠自减餐奉母,不敢重累主人也。"居五年,母卒,葬毕,辞主人,不知所之。

　　张三爱,江南歙县人。为人役,事母孝,母病,不能具药物。或谓之曰:"汝欲愈母病,盍刲肝?"三爱祷于丛祠,破腹,肝堕出,以右手翻肝,得指许,左手纳于腹,束以白麻。归以肝和羹饮母,母良愈,三爱创亦合。三爱所事主,故尝为知县,贫,逋赋,三爱辄代承,被笞,不少怼。主病且死,命三爱去,三爱勿听,事主之子如事主。

　　杨梦益,陕西郃阳人。卖菜佣也,事母孝,妻贾力纺织以佐养。乾隆中,岁饥,梦益与妻食糠籺,盛米于囊,置其中,熟以奉母。米尽,将鬻子,族人感而赒之,乃止。

　　阎天伦,甘肃陇西人。贫,父居僧寺,天伦与妻杨,鸡鸣起磨麦,及明入市,求父所嗜往馈,午若晡皆然,夜则从父寝。父失明,天伦为茹素,年余,目复明。天伦先父卒,杨卖浆为养,如天伦在时。翁卒,力营葬,忌日必祭,终其身。

　　夏士友,湖北江夏人。事母孝,佣力以养,不足,则减己食食母。邻或邀食,必先为母具食,然后往。寒,语母勿早起,自执炊置食床前,又丁宁嘱母善自护,乃出,如是以为常。年四十未娶,或愍之,助其娶妇。居半载,士友自外归,妇与姑诟于室,流涕责妇,即日出之。或曰:"出妇,如无后何?"士友曰:"有妇,欲其孝;有子孙,亦欲其孝。苟不孝,安用妇?安用子孙?"年余,士友疾卒,母哭之恸,邻有张某感士友孝而不得终事母,月供薪米,终其身。

　　白长久,甘肃平番人。幼孤,贫,负贩奉母,具甘旨。母或不怡,以首抵母,引手披其颈,俟解乃止。里社演剧,负母往观,侍侧说剧中事。母年八十,长久亦六十,未尝稍懈。光绪中,青海办事大臣豫师馈以金,不受。母卒,朝夕诣墓,馈食三年。

　　郭味儿,甘肃礼县人。卖浆,出必拜母,归亦然。母严,稍不当意即恚,味儿为孺子状悦母。母苦胫痛,或言瘗枯骨,母当愈,黎明辄携长镵徘徊丘陇间,寒暑不间。母卒,饮不入口,五日毁卒。

　　聂宏,陕西鄠县人。卖酒,事亲孝,得钱易甘脆奉亲。母卒,卧父榻侧,时省视。畜犬,得饼衔饲母,人以为孝感。

　　董阿虎,江南山阳人。少丧父,为人担水,得值养母。稍有余,必具甘旨。积十余年,构茅屋奉母。一日,邻被火,阿虎负母避,还跪户外,乞神佑。俄左右尽爇,独阿虎茅屋存。

　　张乞人,顺天永清人,失其名。父死,行乞以养母。穴土为居,天大雪,知县魏继齐过其处,闻歌声出地中,怪而呼问之,曰:"今日母生日,歌以劝餐耳。"继齐命车载其母子至县,继齐母畀其母粟及布,继齐与银十缗。乞人叩头曰:"官母赐我母,不敢不受;官赐我,我不敢受。"继齐问其故,曰:"民愚,不知此十缗官何所受之?我母年八十,我年六十一,为清白百姓足矣。"继齐不复强,将为营室,乞人负其母去,不知所终。

　　席慕孔,广东三水人。善养母。尝娶妻生子。岁饥,田数亩尽鬻,妻怨其贫,求去,遂遣之。夏秋助人耕获为佣,冬则乞食以养。得饼饵归食母,得余羹,啜清,以肉归。

　　张长松,山东栖霞人。母瞽,长松出为佣,主人与之食,辄不尽,归遗母。无所事则乞诸邻里,母食已,乃食其余。冬大雪,长松病不能出,呼母涕泣言曰:"儿不肖,不能养吾母,乃乞食,母赖以活。今疾亟,母老,可若何?"遂死。

　　崔长生,江南邳州人。生而喑,手又挛。为佣养父母,出入必面。岁大祲,乞食于市,得糟糠,上父母,自食草根木实以活。拾字纸,得遗金,待失者逾月不得。乃易母豕饲之,苗壮蕃息,为父母治送死之具。丧父母,舁葬于中野,遂去,不知所终。

　　荣孝子,河南遂平人。幼痴聋,无名。家本饶,后中落,贫甚。父卒,无所归,奉母居栖流铺。出乞食,择所得供母,自食其余。得少,则但供母,而自忍饥归。见母必叩头,食必跪进。母食则起而舞,食减则泣。母或故减食以食子,则泣不受。母七十余卒,县人为具敛,朝暮泣,终其身。吏以孝子旌其楣,亦不知孝子为何名也。卒亦七十余。

　　无锡二孝子,皆失其姓氏。其一瞽,磨粉为业,事母至孝,竭力供甘旨。年至四十余复明,人皆异之。其一哑,行乞得钱以养母,必具酒脯。母卒,食必祭,祭必伏地号痛。既葬,哭于墓,见者皆感。

　　哑孝子,无姓氏,或曰云南昆明人。家有母,老矣,行乞以养。得食必奉母，母食然后食。母或怒，嬉戏拜且舞，必母乐乃已。得钱密投诸井，母卒，乡人有欲醵钱以助敛者，与如井，数数指水中，乡人为出钱，营殡且葬。事毕，远游不知所终。

卷四百九十八 列传二百八十五

孝义二

卢必升　李应麒　李中德　张文龄　黎安理
易良德　方立礼　丁世忠　汪良绪
贾锡成　王长祚 刘国宾　曹超　黎兴岭 夏汝英
金国选　张愫　李志善 弟志勍　彭大士　钱孝则
任遇亨 族子裕德　陆国安　徐守质 兄基　黄简
程愿学　郁㦶　姚易修　胡梦豸　贺上林
何士阆　陈嘉谟　林长贵 弟长广　戚弢言
李敬跻　张大观 杨璞　蔡应泰　张士仁
潘珺　刘希向　沈嗣绶 谢君泽　冯福基
黄向坚 顾廷琦　李澄　刘献煜 钱美恭　赵万全
刘龙光　李芳燨　唐肇虞　缪士毅 子秉文
陆承祺 弟承祚　汪龙 方如班　张燾　朱寿命
潘天成　翁运槐 弟运标　杨士选　徐大中
沈仁业　魏树德　李汝恢　郑立本
李学侗　董士元　李复新　党国虎　严廷瓒
陆起鹍 弟起鹏　虞尔忘 弟尔雪　黄洪元 弟福元
颜中和　颜鷔　王恩荣　杨献恒　任骑马
李巨勋　任四　王国林　蓝忠

卢必升，字寀臣，浙江山阴人。九岁，父芳病，思得蜇螆炙，必升挟筐求之沙上，潮至，几死，不释筐。明季遇寇，芳独入山，必升行求得之归。必升为叔父茂后，顺治初，寇絷茂舟中，必升绕岸哭，三昼夜，不绝声。寇引使见茂，胁茂降，拔刃屡欲下，必升叩头流血，乞贷死。久之，寇中有义其行者，脱茂使共还。茂有女忌必升，嗾母遣必升往松江，使盗击诸途。盗察必升且死，曰："尔死勿我仇，谁某实使我。"必升阳死，盗掷之水，复以救免。必升书告所后母，但自谢不谨被盗，所后母为感悟，为母子如初。

李应麒，云南昆明人。遭乱，与其父相失，被略至迤东，乞食归。丧母，劝父再娶，后母至，遇应麒虐，应麒卖卜以养。失后母意，辄笞楚，跪而受杖。后乃被逐，事父母愈谨。父生日，卖卜得鸡米，持归为寿。佃人田，方耕，闻后母病，辍耕走三十里求医药。后母生三子，友爱无间。后母久乃悟，卒善视焉。

李中德，汉军旗人。康熙初，父从征福建，中德亦出参陕西军事，奉母以行。事毕，还京师，父先自福建还，已娶妾生子矣。中德母至，父昵妾而出嫡，拒不相见。中德为请，叩头流血，父终不听。请得居别室，亦不听，乃营室东直门外奉母，早晚侍父侧无几微憾，善视诸庶弟。越六年，父病棘，乃告父迎母还，父深悔焉，旋卒，妾亦死。中德母抚妾生四子如己出，中德亦友爱如父在时。

张文龄，字可庭，河南西华人。父昵妾而憎其母，文龄事父抚庶弟甚笃，庶弟亦感之，而父终不悟，逐文龄。文龄号泣呼天自惩艾，谓不复比于人，未尝一言扬亲过。远近慕其行，遣子弟从游，得束脩，因庶弟以献其父，或不得通，循墙走，泣且望，见者皆泣下。雍正五年，成进士，父荣之，意稍改。八年，就吏部选，京师地震，死者众，文龄亦与焉。邹一桂与为友，归其丧，父始悟其孝，为之恸。

黎安理，贵州遵义人。祖母卒，复娶而悍，父不容于后母，客授四川灌县，遂卒，葬焉。母还母家，安理方十岁，留祖父母所。祖母遇之虐，昼则令刈薪，夜督舂，舂重不举，绳络碓，以足挽之。恒不使得饱。尝取毒蕈纳其口。诱之溪侧，推堕水。皆濒死，遇救苏。既长，习举子业，出客授佐家。祖父卒，为治丧葬。祖母病，侍疾不倦，卒，又为治丧葬，无缺礼。其事祖父母凡三十有四年。痛父客死，恒诣灌县谒墓。母复归，事之孝。两弟不胜祖母虐，出走，安理往来黔、蜀，求得仲弟还。季弟客死，抚其孤。安理晚举乾隆四十四年乡试，授永清教谕，迁山东长山知县，有治绩。告归，卒于家。

易良德，湖南黔阳人。出为世父志宰后。志宰性急，屡抚兄弟子，皆不相能，遗还本支。最后得良德，良德能先意承志，得其欢心。有疾，昼夜侍，寝食俱废，里人无子者恒举良德相慰藉。

方立礼，江苏江都人。母殇，后母遇之虐，怒辄与大杖，立礼谨受无怼。一日，杖几绝，及苏，无变容。父殁，遂逐立礼。立礼时时候门外问起居，疾则忧惧不食，愈乃已。妻洪，亦孝谨，日受鞭挞，后母稍自悔，为少戢。后母殁，为之哀毁。后母二子皆早死，立礼育其子女如己出。

丁世忠，湖南黔阳人。母初未有子，父娶妾；母生世忠。妾亦有子女而悍，恶世忠，尝酖之，不死。父懦，令别室居，世忠事两母无怼。庶弟无礼于世忠，嫡母丧，不欲持服，世忠皆不与较。庶弟坐事破家，世忠亦中落，仍割田畀之。

汪良绪，江苏吴江人。父嗜博，母谏，忤父，为父逐。良绪日夜号泣，求返其母。父怒，并逐之，乃奉母依其妻父居。父以博破家，亦来与共居，母出奁赀易田，尽为父所鬻，良绪客授以养。方暑，父撤床上帐偿博进，屡易屡鬻，良绪亦不具帐。晨起，蚊迹遍其体。母多病，良绪必亲视汤药。出客授，母疾病，方冬，水冻舟阻，履冰而还。母既殒，哭泣无常，寝不解绖，稍寐辄呼阿母，寤则大恸，未终丧而卒。卒后视其枕，麻布包土凸也。

贾锡成，江苏宜兴人。父映乾，性严，锡成生而生母吴以小过逢映乾怒，遂去不返。锡成稍长，邻儿嘲无母，问得其故，悲不胜。甫成童，屡出访母。过无锡，梦至尼庵，妪予食，甚慈爱。因遍访诸尼庵，方雪，老尼问里居，曰："宜兴"。因曰："吾徒亦宜兴。"入见之，即其母也。相持哭，母终不肯归。锡成数省视馈食。及母卒，以丧还葬，上冢哭必恸。映乾遘疫卒，锡成痛甚，伏枢侧喃喃若共父语，梦中或欢笑，寤则大恸。疾作遽卒，距映乾卒才五日。

王长祚，字尔昌，湖南衡阳人。父乔年，以富名。明季张献忠破衡阳，乔年出避，游骑絷长祚与次子璠求乔年所在，榜掠终不言。寇挽长祚发，加刃于颈，璠号泣求代。寇中有骑者言："此父子皆孝，奈何杀之？"遂得释。

刘国宾，芷江人。国初流寇入县境，国宾负母出避，道遇寇，劫母衣，刃创国宾，血流至足。国宾忍痛跪乞还母衣，语迫至，寇憨其孝而还之。康熙中，吴三桂兵至，掠族弟国宥，其母礉也，哭之丧明。国宾行求国宥，逾年以归，其母目复明。贫不能自存，国宾分田百亩与之。

曹超，安徽和州人。顺治中，郑成功兵至，超奉父母出避，遇寇欲杀之，超号泣求代，并得免。居丧，负土为坟。家有紫薇，父手植也，久枯，每对之哀恸，非时复发花。

黎兴岭，湖南湘阴人。张献忠破长沙，略湘阴，兴岭父嘉品为贼絷，将杀。兴岭八岁，请代父死，贼幼之，举刀令申颈，泣曰："此恐欺我，既杀我，复杀父，乞但杀我一人。"引颈就刀，贼两释之，里人称之曰"孺孝"。

夏汝英，湖南安化人。顺治初，游兵掠其家，汝英九岁，卫母不去左右，游兵掠汝英去。道中告以母孤苦，乞释还，贼怜而许之。

金国选，湖南黔阳人。吴三桂之乱，贼掠其父母去。国选七岁，牵衣痛哭，求释，不得。骂贼，贼吓以白刃，不舍。击以杖，终不舍，乃释其父母。

张愫，湖南湘阴人。年十岁，寇至，从其祖走避。寇执其祖，将杀之，愫哀号求代，身蔽祖，被数创，不顾。寇嗟叹，舍之去。

李志善、志勃，湖南安化人。父步武，诸生。流寇破县，缚步武，志善十六、志勃十四，号泣求免。贼诘步武里中孰为富，步武骂贼，贼杀之。志善、志勃夺贼刀杀贼，皆为贼所杀。

彭大士，湖南湘阴人。顺治初，李自成余党破县，执大士母求金。大士给贼："金在井侧。"请偕往，因赴井，母走免。大士年十八，妻仇归大士仅二十日，亦入井死。

钱孝则，江南桐城人。方明福王时，父以党人被逮急，变姓名，挈家人亡命至震泽。兵起，母及弟、妹皆赴水死，孝则与父匿稻田中得脱，兵过，收葬母及弟、妹，走福建。未几，福建乱作，父子奔避相失。孝则走广东，数年还福建，求父十三年，始得与父俱归。父续娶于徐，徐有富名。父他往，盗夜至，毁牖，缚孝则迫令导入徐室，孝则不可。盗斫以斧，颅裂死。

任遇亨，江南昆山人。生有膂力。国初盗大起，遇亨负父逃，盗劫其父去。遇亨持刀突入，负父出，身被数创，肠出，遇医得不死，扶父徙居嘉定以老。

族子裕德，有土豪积怨于其父，伺隙持刀欲杀之。裕德年十一，身蔽父，两手夺刀，正言晓以祸福，土豪掷刀去。父病痢三年，裕德昼夜扶持，躬涤濯污秽。父卒，居丧哀毁。友于兄，幼即请代兄杖。兄老而无藉，养生送死皆任之甚具。

陆国安，浙江山阴人。父华宇，顺治初，县境寇作，缚华宇入寨，求金以赎。国安归自海上，奋入寇寨，臧寇，救华宇归，被重创，卒无恙。

徐守质，江南常熟人。顺治初，守质与兄基奉母避乱，母老病，兵至，度不能去。守质谓基曰："母徒死，绝徐氏后。兄速行，守质当奉母。"基不可。兵迫，守质愠，促基行。守质有妹适袁氏，早寡，携子与母俱。基乃弃妻、子，挟孤甥而遁。事定，基还，母与袁氏妹俱自沉井，守质被二创仆，死。

黄简，字敬之，湖南祁阳人。父用忠，诸生。简事亲孝，顺治十年二月，李定国兵略湖南，其将郝永忠屠祁阳，简奉父母避兵竹山。母渴，命简取饮，兵遽至，简父窜山阳，简妻张，奉姑窜山阴。简取饮至，不见父母，升高望之，见乱兵缚一人置釜上将烹，则其父也。简大呼，往乞代，乱兵释简父，执简求赂，不得，遂烹之。村民哀简，名其山汤镬岭。

程愿学，字奂若，江南仪真人。顺治十六年，郑成功兵退，县人坐连染死者二十余，愿学祖故睢州知州绍儒与焉。父免死徙塞外，愿学以幼留。稍长，将出塞求父，虑死且无后，乃娶妻生子。妻死，挟子行道中，子病，还，计行待子长。居恒丧服，食但啜粥，不饭，不食果蔬，衣不帛不棉。僦居学舍旁，授经不出户。训导顾霭慕其贤，屡过皆不见。借其弟子出不意往语愿学："何自苦？"愿学对曰："愿学有隐痛，不可以为人，非以自苦也。"明日报谒，赞砚与画，霭谢曰："子无所受于人，今吾受子遗，亦愿从以报子。"愿学乃持砚与画去。他日复过之，已他徙矣。俄卒，霭求得其砚，铭曰"廉士砚"。

郁襄，字子弁，浙江嘉善人。父之章，顺治六年进士，以大理寺丞坐罪徙尚阳堡。京师修治官廨,许罪人出家财佐工赎罪,褭请任刑部官廨,之章得赎还。工未如程,例当复徙,褭叩阍,请弃官代行。褭诸生广,叩阍,言身当代父徙,留褭侍父疾。部议子代父徙非旧例,仍用冲突仪仗例治罪。圣祖愍其孝友,并宥之。之章还乡里,褭以贡生授江西永丰知县。

姚易修,字象亭,江南元和人。父宗申,康熙初客闽浙总督范承谟幕。耿精忠为乱,执承谟,尽絷其幕客,宗甲与焉,易修闻,诣精忠,啮指作血书愿代父死,贼乃释宗甲而系易修狱,胁使降,易修不为屈。康熙十五年,师至,乃得脱归。易修母闻变,悲泣,两目盲,易修晨起舐母目,母目复明。邻家火,易修突火入,负父出;又入,负母出。发尽燎,两足焦烂,而父母俱无恙。

胡梦夯,江南江都人。康熙中,从父至绍兴省墓,道遇盗劫民财,斥其不义,盗怒,将刃之。梦夯从后至,奔赴,击盗仆,民群起殴杀盗。盗大至,欲屠其里,梦夯曰:"不可以我故,危一乡也。"入盗寨,独承杀盗,遂被杀。

贺上林,江苏丹阳人。父天叙,以事忤知县,系狱,将杀之。上林年十八,谋脱父。闻巡抚将上官,涉江溯淮,迎舟呼,驺从呵之,不得前,乃发愤投水,发没数寸,复跃起大呼。巡抚见,令救,已死,检其衣,得白父冤系状。巡抚按部黜知县,释天叙出狱,乡人为立贺孝子祠。

何士阀,安徽南陵人。族人破其祖母冢以葬,士阀讼不得直,巡抚檄知县诣勘,族人持之力,事未定。士阀恸,触墓碑,脑裂,死。知县乃责族人他葬,治其罪,葬士阀,碑曰"义士"。

陈嘉谟,江苏兴化人。顺治初诸生。父弘道,为怨家所诬,系扬州府狱。狱卒绝其橐饘,嘉谟求见父不得,知怨家计必杀之,乃痛哭祷于神,自沉于水。明日,盐运使得嘉谟讼冤血书,而嘉谟仆又诉失嘉谟。求其尸,七日得于钞关水次,植立风涛中,发上指。遂出弘道狱,葬嘉谟,而抵诬告者罪。

林长贵、长广,福建福清人。父宗正,业晒盐。入城,至星桥,海潮暴至,溺死。长贵闻之,奔救不及,仰天长号,投桥下殉;长广继至,绕崖痛哭,亦自沉。时雍正九年七月。里人悯其孝,收三尸敛焉。

戚发言,字魏亭,浙江德清人。父麟祥,官翰林院侍讲学士。坐事戍宁古塔,发言从,备艰苦。麟祥遣令归就试,成雍正八年进士,除福建连江知县,勤其官。乾隆初,赦流人,麟祥不得与,发言深痛之。总督郝玉麟将入觐,发言刺指血为书求赦父,诣玉麟乞代上,玉麟难之。发言叩首玉麟裾号泣,引佩刀欲自裁,玉麟乃许之。诣京师,以发言书上,高宗悯之,赦麟祥。麟祥就发言养连江,明年卒。发言持丧还,哀甚,亦卒。

李敬跻,字翼兹,云南马龙州人。父盛唐,雍正八年进士,官四川松茂道,以所部有罪坐监临官,戍卜魁。卜魁距云南万四千里,敬跻三往省。尝遇暴水,丧其仆马,徒步行,路人哀之,与之食,导使诣盛唐,盛唐辄令还侍祖母,迫使归。敬跻成乾隆二十二年进士,授福建将乐知县,计赎盛唐还。盛唐死戍所,敬跻遂发病,日呜呜而啼,未几亦死。

卜魁有范杰者,与盛唐善,盛唐倚以居二十年,至是归其丧。闽人吴阿玉尝欲从敬跻之官,盛唐丧过京师,吴为送还云南。

张大观,河南偃师人。乾隆二十六年秋,伊、洛水溢,灌偃师,民避水奎星楼上,大观奉母亦登焉。水撼楼,楼倾,柱压大观手,臂折,奋入水求母。望母晢露水中,得之,负出水,攀树以上,泳而求食以食母。水退,负母归其室,即夕创重死。

同时有杨璞,与其弟奉母居。水至,弟以筏载其妻逃山上,母呼不应。璞弃妻子背襁母,浮水至神堤滩,或援之,得登。顷之,有妇抱子从水下,母遥望,呼曰:"吾妇与孙也!"拯之,皆不死。而弟乘筏即至山下,树折压筏沉,夫妇俱死。

又有蔡应泰,居母丧,柩在堂。水至,以绳系母柩,跪而负之,入水中疾驶,亦至神堤滩。村民以长钩引至岸,舁以上。日暮,其妻、子亦得救。

张士仁,江南昆山人。六岁,母有疾,泣祷请代,母良愈。十三从父寝,仇伏榻下,露刃出。士仁呼父未应,手捫之,指欲堕,涕泣语仇请代,仇为感动,呼其父醒,曰:"尔有此子,吾不忍杀尔。"父惶遽,良久始定,与矢天日,释怨。母丧尽礼,后母虐士仁,士仁孝敬无稍渝,后母亦感悟。火作,负父出,复入火负后母,后母抱幼子,几不胜,风反得无恙。居父及后母丧如丧母,里或忤父母,必泣劝之,悔乃已。

潘瑢,浙江钱塘人。父出远游,家遇火,母出篋令瑢负以行,及门回视,不见母,委篋复入,家人自火出,止瑢毋入,瑢不可,入与母俱死。瑢女兄珠姑嫁范氏,归宁,亦在火中,家人欲掖以出,珠姑挥之曰:"汝男子,何可掖我!我从我母死耳。"火熄,瑢与母、姊三尸相环结,时乾隆四十四年十二月望。瑢聘妻王,家江干,闻丧来归,事舅以孝闻。

刘希向,江南山阳人。火,其父入火中求先人木主遗像。希向自外归,突火入,求其父不得,号而出;复入,火方盛,救者以为刘氏父子死矣。俄而墙圮,顾见庭树下人影往来,乃争入负其父出,左奉像,右握木主,希向牵父衣,额半焦矣。后数年,父病,希向为割股,良愈。希向年六十,病噎,其子亦割股,刀钝,肉不决,剪之,乃下,然希向竟不瘳。

沈嗣绶，字森甫，江阴人。父耀鋆，湖北通判，咸丰二年死于寇。嗣绶奉母还，寇至，徙避江船，高不可攀，展襟被以其母登。至通州，转徙山东、河南，结绳床舁母，步从之，千数百里，不去左右。未至兰山，道遇寇。嗣绶涕泣乞免，寇感其孝，遣四骑护行。至兰山，方闭城拒寇，嗣绶求入城，守者疑谍也，趣缚之，涕泣言其故，乃得释。既，亦得官湖北，以母病不赴。侍养十六年，进汤药，夜起，虑履声惊母，虽严寒必跣。凡事婉曲称母意，见者感叹。

谢君泽，江苏武进人。父祐曾，事母以孝闻。寇乱，为贼庐，君泽冒死依护。父齿豁，不能食，恒嚼以哺。贼欲戕之，则号泣乞代父死，贼首感动，并释之。

冯福基，代州人。父焯，为安徽潜山天堂司巡检。咸丰七年，寇至，福基年十四，匿母他所，藏利刃，计伺隙杀贼，不可得。日夜涕泣从至黄梅，市毒药置饭中，毙贼十七，亦吞药死。巡抚李续宜奏言："福基以童稚之年，护母陷贼，计杀凶党多人，从容就义。奇节至性，深可嘉愍！"被旨旌恤。

黄向坚，字端木，江南吴县人。父孔昭，崇祯间，官云南大姚知县，挈孥之官，向坚独留。鼎革后，孔昭阻兵不得归，向坚日夜哭，将入云南，亲朋、妻子颇危之，向坚决行。至白盐井，得父母并弟向严无恙，留一年乃归，时为顺治十年。行二万五千里有奇，向坚次山川道途所经，自为图十二记之。吴人作乐府纪其事。

顾廷琦，江南长洲人。父绳诒，崇祯间，官四川仁寿知县，死张献忠之难。事定，廷琦徒步入四川，阅四年，乃至成都。辗转求得绳诒墓龙脑桥侧，持丧归，自撰《入蜀记》述其事。

李澄，字仲澜，云南昆阳人。明季，充选拔贡生。父兆旂，官庐江训导，死寇难，幼子淳从死。澄奔赴，收父骨返葬，请于当事，得立祠，晨必诣祠拜且泣。寇至，奉母洪避山谷。洪病亟，言不愿以山谷终，负母投佛寺，遂卒，负遗骸攒祖墓。顺治初，山傈入州城，劫官舍，发藏粟。省吏以兵至，执澄将杀之，兵中有识澄者，乃免。澄因言："山傈迫饥寒，无与百姓事。今固不宜累百姓，即山傈亦不宜轻言剿，否则且反戈。"乃坐其渠，州民以安。兄弟凡八，与仲弟俱，老，相友爱。

刘献煜，字台凝，陕西华阴人。父濯翼，明崇祯间官武昌，母与偕，遘乱绝消息。顺治初，献煜徒步求父母，乱初定，道阻，屡濒险乃达。哭山径中，遇叟识濯翼殡所，发得砖，朱书姓名里贯皆具，犹濯翼所自记也。乃负骨归葬。

钱美恭，浙江山阴人。父士骐，明官云南阳宗知县，与妾之官，美恭留侍母。康熙元年，美恭得请于母，求父，至云南，乃知士骐迁嵩明知州，卒葬通海。美恭至通海，得故仆导诣士骐墓，得庶母及幼弟。贫无赀，留五年，乃负骨归葬。

赵万全，浙江会稽人。父应麟，明季客授北游，万全始二岁。既长，问母："父安在？"母告以故。年十九，出求父。应麟初客京师，遇乱转徙死马邑。万全遍访江、淮间，亦至京师，心疑应麟死，见道有遗骸，刺血渗之，不得入，则号于路。又自京师西，亦至马邑。马邑人张文义，尝招应麟主书者，死为之殡。一日遇万全，问得其事，导至殡所，恸绝良久，乃裹应麟骨负以归。既卒，吏为之祠，琢石表异孝。

刘龙光，字蓼萧，湖南长沙人。父廷谔，仕明为益王长史。师下江西，克建昌，益王遁，廷谔逃山中。龙光以应试家居，闻乱疾作。居五年，乃行诣建昌，不得父母所在。祷于神，梦闻人语在石际，谘石际所在，有女僧示以路。行小径万山中，经藤峡至白石岭。径绝险，攀援颠顿，蒲伏上下。岭尽至石际，于村民姚氏家遇其母，廷谔已前一年卒。居数月，舆榇奉母归。所居村曰见娘堡，相传宋王龙山于此遇母，故得名云。

李芳燻，小字葵生，湖南湘乡人。明季流寇至，湘乡当孔道，三复三陷，芳燻父母皆被掠。兄弟死于兵者三，芳燻收葬之，弃家，求父母所在。行数年至贵阳，遇乡人必为言父状，或谓军中某所颇有状似所言者，诣求之，果得父。父脱军中籍与归。再出，又数年至宝庆，暮投山家宿，见二妪操作，其一方理炊，乃似母。芳燻自陈寻母状，妪闻遽呼曰："汝葵生耶？吾即汝母也！"盖母避兵转徙，方从此妪为佣，遂奉母还。

唐肇虞，江南人，失其县。父卒，肇虞尚幼，昼夜哭。母止之，曰："母哭，能止儿勿哭耶？"顺治初，江南寇大起，母被掠。肇虞遍求诸村落及旁郡县，渡江北，复南行数千里，屡与寇遇，仅乃免，卒不得母。至江宁，众问所自来，泣以情告。一妪前问曰："若母非戴姓耶？"曰："然。"妪引至家，则其母在焉，相见大恸，遂侍母归。

缪士毅，江南天长人。父廊宾，富。顺治十七年，寇掠其家牛马，怨家诬以助寇，廊宾见法，妻子徙奉天。士毅以后世父得免，依从母以长。既闻父死母徙状，从母语之曰："而母将行，抱汝乳，且言儿仅此一乳，乳当饱，生死与儿诀矣！"士毅闻，号泣，欲行求母，恐去不得还，先娶妻生子，康熙二十二年乃决行。至沈阳，同族人同徙者，知母在乌喇为流人薛氏妻。乃行求得母，母不相识，士毅具言姓名及两女兄适谁某，皆信，相抱哭，观者多流涕。母于法不得还，乃辞归。居数年，复往，母又徙爱珲。行未至，闻母死，求得母葬所，遂居其侧僧庐，不复归。

子秉文，长，躬至爱珲，泣请归，士毅终不可。又数年，卒母葬所。秉文乃发祖母瘗，并持父骨还葬。

陆承祺，字又祉，浙江仁和人。父梦兰，客死郁林。方军兴，逾年乃得问。承祺与弟承祚号恸，走万里，历险阻，仅得达。睹丛箐中败棺，刺血沥骨皆不入，兄弟哭愈哀。途中有知梦兰者，告其棺在佛寺，兄弟从以往，抚棺恸，皆陨绝，观者磋叹呼孝子。持水饮之，承祚徐苏，承祺气结不属，竟死。承祚匿两骸担以归。母王得承祚报，知得梦兰骨及承祺死状，悲恸不食，七日，未见承祚归，遂卒。

汪龙，江南歙县人。祖客死苏州，父往迎丧，溺采石，龙时六岁。稍长，闻祖丧未归，如苏州求祖柩，无知者。久之，遇灌园叟与徙其祖柩，引诣殡舍，诸柩纵横，匍匐谛审，柩有祖名，乃奉以归。龙侍母孝，一夕，疽发背，委顿甚，自力勿使母闻，越数旬始瘳，母竟未知也。

方如珽，休宁人。国初，其曾祖避兵客死潜山。祖前卒，父不在侧，道梗，丧未归。如珽既长，问老婢，言有族姑嫁程氏，年七十余，访之，则尝会其曾祖丧。偕往踪迹，至黄石坂，于洞中得败棺，得白金簪，族姑验之，其曾祖敛时物也。乃负骨归葬，距其曾祖卒时，已五十有六年矣。

张焘，福建连江人。父震公，家县东岱堡，海寇破岱堡，张氏歼焉。震公适他往，独免。焘方七岁，为所掠，转徙佣于清漳。康熙十年，焘年二十余矣，时时念父母。顾被掠时幼，不审乡县，以人谓其语音似连江，而追忆父似名天贞，乃走还连江，数日无所问。或问何为，以张天贞问。震公闻之，曰："天贞，吾亡弟，彼焉识之？"走视问其详，喜挟以归，使见母。焘追忆母容貌，曰："非吾母也。"震公曰："汝母已死于贼，此汝后母耳。"焘大恸，为母补行丧服三年，而事后母如母。

朱寿命，江西馀干人。康熙十三年，遇寇，与母李相失，寿命日夜泣。既，闻母为禁旅所俘，属正蓝旗。寿命徒步走京师，乞于市，忍饥积钱将赎母。久之得母所在，而主者邀重购，拒寿命。寿命日跽其门外，膝为痹。侍读学士邵远平高其行，为捐金以赎，暂留远平家。母下，小不当意辄诟骂，或捽而批其颊，寿命益嬉笑。居数月，附舟还。寿命不知书，语质，每言："在母腹日啖母血三合，那忍不报？"

潘天成，字锡畴，江南溧阳人。年十三，遇家难，父母挈子女出避仇。天成行后，几为仇所毙。既得免，乃行求父母。经青阳白沙庙，宿废庙，闻虎声，为诗述悲。往来徽州、宁国所属州县，迹父母所在，至则又他徙。天成行经村聚，辄播鼗作乡语大呼。至江西界，母金自巷出，就问之，始相识。乃得父及其弟、妹，皆无恙。时天成年十五，欲归苦无赀，出行贷。又六年，使其弟从父归，天成奉母挈妹以行。遇风雪，负母行数里，还抱妹，往复跣行，足流血，入雪尽殁。既归，出行贩以养，暇则读书。荆溪汤之绮出高攀龙门，治性理之学，贤天成，天成从受业焉。同县许国昌遇天成尤厚，使为童子师。邻家儿詈母，天成召其乡老人呼儿共惩之，儿悔谢乃已。及父母卒，游学桐城，遂隶籍为安庆府学生。居二十余年，移家江宁，天成学益进，狷洁不以干当道。终穷饿，年七十四卒，葬惠应寺侧。国昌子重炎，师天成，编刻其遗书为《铁庐集》。

翁运槐，字楫山；运标，字晋公：浙江馀姚人。父瀛，往广西，道湖南。一夕，泊舟祁阳新塘，失所在，舟人求不得，还报，归其行箧，锁在而钥亡。时运槐、运标皆幼，运槐年十三，行求父不得，以病归。运标，雍正元年成进士，与运槐复求父，遍湖南境，更二年不得。一夕，复泊新塘，遇土人郑海还，言距今三十年，弟海生堕水，格败苇不死。视苇间有尸，因瘗之白沙洲，身有钥在囊，藏为识。乃遣力以囊钥还，钥与行箧锁牝合，囊则运槐女兄昔年制以奉父者也。乃痛哭启攒，以父丧还葬，而于瘗处留封树焉，时雍正五年八月也。

运标谒选，得湖南武陵知县。尝有兄弟争田讼，运标方诣勘，忽掩涕。讼者请其故，曰："吾兄弟日相依，及官此，与吾兄别。今见汝兄弟，思吾兄，故悲耳。"讼者为感泣罢讼。县东堤圮，水虐民，县又无书院，运标为修筑，民以运标姓名堤与书院。擢道州知州，县通郴、桂、凿山八十余里为坦道。疫，亲持方药巡视，曰："我民父母，子弟病，奈何不一顾耶？"年六十，卒官。

运标知武陵，建祠白沙洲，起钥亭，买田，俾郑氏世董之。知道州，拜祠下，哀感行路。

杨士选，字有贞，江南吴县人。方六岁，入塾，塾师为说古人孝行，辄穷其本末，归告父母："儿他日亦当如是。"父商于河南，丧赀而病。士选年十六，往省，渡河风雨，士选泣祷得不覆，人称"孝子舟"，奉其父还里。岁饥，士选与妻唐食糠粃，共营甘旨奉父母。居丧营葬，身穿窀负土，唐为姑吮疽。

徐大中，湖北潜山人。潜山俗重风水，大中丧母，厝棺居室傍未葬。乾隆四十七年，县大水，啮前和，失其尸，大中大恸。水初退，求尸于沙中，得一足，袜败犹未尽，色余黄，其母敛时装也。大中抱足泣，路人见者语曰："去此二里许，树上悬尸，湿绵裹，缺一足。"奔视良是，但脱颐下骨，负归改敛。忽有人若丐入其家，曰："吾拾得颐下骨。"取与合，人传为异。学官欲上其事，大中曰："我久不葬母，乃遘此祸，我天地间一罪人耳。举我孝，于及时葬亲者谓何也？"坚却之。

沈仁业，字振先，江苏吴县人。父贾于安南，娶妇生子女，仁业八岁从父母，而母为外国女，例不得入中国，不能从。仁业长而思母，父卒，乃图父像，渡海省母。安南有兵事，母挟幼子女窜山谷中，仁业行求得之，不食七日矣。居二年，有义其行者为具舟，舟入海，飓作，触海中山。仁业抱母泣，风转，挟母过山至琼州。吏执例拒仁业母不得入，仁业涕泗请，莫应。久之，有老吏谓康熙间有故事，检文书得之，仁业乃奉母及弟妹以归。

魏树德，陕西蒲城人。父季龙，出佐幕客游，树德犹在娠。幼劬学，母力针黹以活。季龙久不归，树德以嘉庆十五年举于乡，乃行求父。初闻季龙自福建转客广东，先诣福建，求不得，乃诣广东，遇知季龙者，为约略言葬处，遍求之，得志石荒冢中，乃持丧还。逾年，母卒，庐墓三年。除高陵训导，求吕柟遗书，授诸生。久之，以老乞归，卒。

李汝恢，江西庐陵人。父仲鸿，业医，游无方。汝恢年十三，出求父。初至四川，又至广东，皆未遇。乃节日用得百金，复出，遍涉江湖，遇仲鸿贵筑。仲鸿有弟亦出游，既归，日念弟。汝恢乃更出求其从父，得诸柳州。仲鸿乃乐甚，遽无疾而卒，汝恢丧葬尽礼。母痹，奉事尤谨。

郑立本，江苏肃县人。父相德，坐罪戍新疆，立本方四岁。年十八，辞母以求父，母哭而诫之曰："汝父左手小指缺一节，中有横纹，幸相值，以此为验。"立本贫无赀，乞且行，至库车。闻父戍绥来，绥来至库车，三千余里，张格尔乱未定，官道塞，乃裹粮求路，独行迷失道，还库车。待乱定，乃行至绥来，则父殁已数年。相德在戍授同戍子弟读，殁，弟子为治葬。立本哭墓而病，居二年，相德弟子力护视，故得不死。病起，启父瘗，体久化，左手独存小指，缺一节，有横纹，如母言。立本骇恸，闻其事者皆叹异，乃负骨归葬，往还凡八年。同治中，大学士曾国藩驻军徐州，闻立本事，招往见，立本举《孟子》召役往，召见不往语，谢不往见。国藩高其义，檄知县以时存问。

李学侗，山西介休人。诸生。父廷仪，道光中客死贵州荔波县，有同行者敛而葬焉。学侗志欲归父丧，贫，客授十余年，积数百金，始克行。诣荔波，时方乱，贵州境亦骚动，屡遇险，乃达。廷仪葬社稷坛山下，或以为先农坛，语廷仪同行者音转，又以为西龙塘。学侗至，求西龙塘，无其地。恸哭周行诸丛冢，乃于社稷坛得焉。学侗持丧还葬，族人有客死而旅殡者，并载以归。既葬，日必往视，持盂饭以祭。晚治《易》，有所撰述。

董士元，直隶临榆人。父行健，嘉庆中出关，去三月而士元生，行健遂不归。士元幼思父，六岁，尝失所在，翼日得之关外二里店。母问其故，涕泣言曰："欲寻父也。"年十五，戚商于奉天，士元请于母，从之往，求父消息不能得。越十余年，至阿什河，有言十年前在三姓南淘淇，尝遇临榆人，董姓，今不知存亡。士元乃往淘淇，地僻，行失道，久之始得达。举父姓名里居问居人，有知者，曰："是尝渔于此，死数年矣。"士元大恸，得藁葬地，发冢审视，啮指血滴入骨，函以归。至奉天，乃具棺还葬。居二十余年，母殁，丧葬如礼。至光绪初卒。

李复新，湖北襄城人。崇祯末岁饥，复新出籴于郧。土寇贾成伦劫杀其父际春，复新归，痛甚，誓复仇。时方乱，法不行，而成伦悍甚，复新乃谬儒示无复仇意，成伦易之。顺治初，复新始告官，狱成，会赦，成伦得减死。吏监诣徒所，复新伏道旁，俟其至，举大石击之，死。诣县请就刑，县怜其孝，上府，请勿竟狱，且旌表其门。府驳议，谓成伦已遇赦减死，复新擅杀，当用杀人律坐罪。县有老椽复其牍上府曰："《礼》言父母之仇，不共戴天。又言报仇者，《书》于士杀之无罪。赦罪者一时之仁，复仇者千古之义。成伦之罪，可赦于朝廷，复新之仇，难宽于人子。成伦且欲原贷，复新不免极刑，平允之论，似不如是。复新父子何幸，并遭大戮？凡有人心，谁不哀矜！宜贳以无罪，仍旌其孝。"府乃用县议，表其门曰"孝烈"。

党国虎，陕西富平人。明末，父兄为族子所杀，国虎方幼。顺治初，国虎稍长，诱族子于野，扑杀之，并其子，诣县自首入狱。知县郭传芳将贷之，国虎念父兄仇已雪，遂自经狱中。唐时县人梁悦复亲仇，传芳立孝义祠，首悦而配以国虎。

严廷瓒，浙江乌程人。父时敏。族子旸，以姑为明大学士温体仁妻，怙余势，时敏尝斥其非。旸阳与出游，挤堕水死。廷瓒稍长，闻父死状，讼旸论斩。旸赇上官反其狱，得脱，益肆。廷瓒奉母避长兴，买斧誓复仇。岁还里省墓，遇旸，阳昵就之，旸以为畏己也。母卒，以丧归。方村演剧，旸高坐以观。廷瓒直前斧裂其首，断项，诣县自首。县嘉其孝，欲生之，狱上，按察使将援韩愈《复仇议》为请，廷瓒遽死狱中，或曰旸家赂狱吏杀之。

陆起鸥、起鹏，贵州安顺人。父希武。明末水西安邦彦叛，破安顺，陆氏举室自焚，希武与起鹏幸得脱。起鸥自火中跳而出，遇贼，为所掠。居数月，贼攻贵阳，自间道出求父及弟，未得。顺治初，师下安顺，起鸥乃归。诇知起鹏所在，鬻产赎以归。起鹏具言父为邦彦党罗戎所杀，被掠鬻入土司中。时戎已就抚，起鸥兄弟诉父前为戎杀事，下巡道，巡道判戎罚锾。起鸥始不肯受，既而曰："不受金，是使戎知吾必报也。"乃受金。戎谓讼已决，不为备。起鹏故善骑射，结壮士七，日夜伺戎隙。一日，戎以事入安顺，其徒皆从，起鸥、起鹏与七人者盟，挟弓弩伏城外，令所亲醉戎。戎既醉而出，起鹏射戎中肩，即前斫之，七人者皆起，尽缚其徒，得与戎同杀父者四人，剖心以祭文。起鸥令起鹏走避，戎党诉巡道，起鸥赴质，抗辩不稍屈，巡道释不问。

虞尔忘、尔雪，江南无锡人。国初江南多盗，尔忘、尔雪父罕卿董乡团，捕盗，盗甚焉。一日自县还，闻门外呼，罕卿出，为盗缚去。尔忘、尔雪方田作，闻驰救，罕卿死桥下矣。尔忘、尔雪既葬父，仍董乡团，乃更其初名，"忘"，警忘仇；"雪"，冀雪恨也。每获盗，必诘执杀罕卿者，久之，知为盗杜息。息方谋入海，与所左右二人夜治行，尔忘、尔雪诇知之，将壮士奄至息家，絷息及二人者至罕卿死所。比明，尔忘抱罕卿木主至，尔雪于其旁爇釜，尔忘取息舌，尔雪探心肝，且祭且哭，尔忘乃断息头。将刃二人者，一慑死，一乞哀，沉诸河。尔忘、尔雪持息头悬罕卿墓，时距罕卿死方逾月。

黄洪元，江南丹阳人。父国相，与同里虞庠不相能。方社，国相被酒夜行，庠遣恶少绑而沉诸河。洪元与弟福元皆幼，稍长，微闻父死状，庠欲婿洪元以自解，洪元巽言谢之。母丧，既葬，洪元、福元同诇庠所在。又值社，洪元见庠在社所，还呼福元，各持斧往，洪元入迫庠，字庠曰："逸群，我死汝！"庠起犹曰："孺子醉耶？"洪元曰："将醉汝血！"两斧并举，遂杀庠。诣县自陈状，有司义之，免福元，下洪元狱。明年，亦赦出，为浮屠以终。

颜中和，吴县人。父弘仁。顺治初，怨家周昌乘乱诱而杀之，弃其首。中和砺斧束藁如人形，书昌姓名以试斧。昌闻之，轻中和幼，不为备。中和怀斧出迹昌，值市中，尾之行。稍前，遽挥斧中昌，昌左右顾，又斧之。母遣其兄孟和走视弟，昌已死。乃相与诣县，兄弟争自承杀人，市人言杀昌者实中和，乃下中和狱。明年巡按御史录囚，释中和。中和，明义士佩韦从孙也。

同时又有颜鳌，父仲常，国初为其仇金瑞甫所杀。鳌淬刃挟以出入，一日，遇诸胥口，鳌刺瑞甫，入水，鳌从之。瑞甫脱去，诬鳌以盗。兵备道王纪、同知刘瑞讯得实，为诛瑞甫。

中和复仇时年十六，鳌年十八。

王恩荣，字仁庵，山东蓬莱人。县有小吏宠于官，恩荣父永泰与有隙，被殴死。恩荣方九岁，祖母、母皆刘氏。祖母以告官，不得直，畀埋葬银十两，内自伤，遽缢。母泣血三年，病垂死，以官所畀银授恩荣曰："汝家以三丧易此，汝志之不可忘！"

恩荣依其舅以居，稍长，补诸生。志复仇，以斧自随，其舅戒之曰："汝志固宜尔，然杀人者死，汝父母其馁矣。"乃娶妻，生子，辞于舅，挟斧行。遇小吏，挥斧不中，投以石，仆，得救免；又遇于门，直前斫其首，帽厚，伤未殊。诉官，时去永泰死十九年，事无证。恩荣出母所授银，其上有朱批，旁钤以血书。知县叹曰："孝子也！吾欲听尔，违国家赦令；吾欲挠尔，伤人子至情。《周官》有调人，其名相避已耳。"于是恩荣哭，堂上下皆哭，小吏避之栖霞。

居八年，一日，方入城，过小巷，恩荣与遇，小吏无所逃，乞贷死。恩荣曰："吾父迟尔久矣！"斧裂其脑，以足蹴其心，死。乃诣县，小吏家言永泰故自缢，非殴死，当发棺以验。恩荣曰："民愿抵罪死，不愿暴父骸。"叩头流血。知县谘于众，皆曰："恩荣言是。"具状上按察使，按察使议曰："律不言复仇，然擅杀行凶人，罪止杖六十，即时杀死者不论，是未尝不许人复仇也。恩荣父死时未成童，其后屡复仇不遂，非即时，犹即时矣。况其视死无畏，刚烈有足嘉者，当特予开释，复其诸生。"有司将请旌，其舅为辞罢。

杨献恒，山东益都人。父加官，与济南杨开泰有隙，嚚其门，开泰讼焉。加官率献恒走求援，开泰遣其徒绐使出小径，要而殴之，加官死焉。献恒死复苏，开泰以他事诬之，下济南狱。山东初设总督，献恒讼焉，下青州府勘问，直献恒，开泰以贿免。献恒走京师叩阍，下山东巡抚会鞫，罚开泰纳埋葬银四十两，迫献恒具领。献恒藏银典肆，再走京师叩阍，下山东巡抚，以狱已定罪，献恒妄诉，笞四十。开泰计必欲杀献恒，遣其子承恩至青州谋诸吏。献恒潜知之，持铁骨朵挟刃至所居。承恩方与吏耳语，伺其出，以铁骨朵击之，仆，急拔刀断其喉，又抉其睛啖之，诣县自陈，出所藏银为证。县具狱，得末减，遣戍。

任骑马，直隶新城人。父为仇所戕，死以四月八日，方赛神，被二十八创。骑马时方幼，至七岁，问母，得父死状，恸愤，以爪刺胸，血出。悲至，辄如是，以为常。其仇姓马，因自名骑马。长，虑仇且疑，乃字伯超，诡自况马超也。母欲与议婚，力拒。母死，治葬，且营祭田。年十九，四月八日复赛神，骑马度仇必至，怀刀待于路。仇至，与漫语，指其笠问值，骑马左手脱笠授仇，蔽其目，右手出刃急刺，洞仇胸，亦二十八创乃止。仇妻子至，怖甚，骑马曰："吾杀父仇，于汝母子何与？"乃诣县自首。知县欲生之，曰："彼杀汝，汝夺刃杀之耶？"骑马对曰："民痛父十余年，乃今得报之，若幸脱死，谓彼非吾仇，民不愿也。"因袒，出爪痕殷然，见者皆流涕。狱具，得缓决。

在狱十余年，知县尝使出祭墓，辞，怪而问之，曰："仇亦有子，假使效我而斫我。我死，分也，奈何以累公？"新城人皆贤之，请于县，筑室狱傍，为娶妻生子。久之，赦出。知县后至者欲见之，辄辞。闻其习行家言，以相宅召，又谢不往，曰："官宅不同于民，若言不利，且兴役，是以吾言扰民也。"既卒，总督曾国藩旌其庐曰"孝义刚烈"。

李巨勋，甘肃礼县人。回乱，土豪罗五杀其父，巨勋欲赴死，母以弟幼沮之，命之娶，不可，乃讼五，五系狱，始娶生子。五以贿出狱，巨勋与弟恒挟刃伺五。光绪初，竟击杀五，巨勋自首系狱，瘐死。母不食，亦卒。妻张，抚孤子成立。

任四，甘肃渭源人，农也。徙家狄道，父死于虎，四乃习为枪，誓杀百虎报父仇。遇虎，枪一发立殪。邻县有虎，辄迎四往捕，必得。四已老，计所杀虎九十有九，复入山伺虎，虎骤至，枪不及发，几为所噬。俄云起昼晦，虎自去，四归祭父，戒子孙毋更仇虎，遂以无疾卒。卒时，犹寝虎皮也。

王国林，湖南长沙人。有膂力。虎咥其父，国林奋击，折虎左牙。虎怒，爪其腹，腹破，肠出尺许，而父卒死。

国林死复苏，家人纳其肠，为缝腹，得愈。乃制火器猎虎，最后获一虎，左牙折，知为啮父者，烹之，告父墓。

蓝忠，福建漳浦人。家万山中，父元章，与叔裕比屋居。有虎夜出，中伏弩，跳踉入所居村。裕梦中闻虎至，呼，虎扑门不得入，登屋毁栾桷直下，啮杀裕。元章闻裕为虎杀，复呼，虎循声至，破屋扑元章，仆。忠持长刀直前，刺虎中喉，刃入腹三尺许。虎舍元章扑忠，忠拔刀柄脱，妻卓扼虎颈，连呼曰："斧！"忠自门后取斧力斫之。天明：力且尽，视虎已殪。元章尚卧地，忠与妻扶就寝，越日，创甚竟死。

卷四百九十九　列传二百八十六

孝义三

**岳荐　张厫　黄学朱　吴伯宗　钱天润
萧良昌　李九　张某　程含光　陈福**谦衿
黄成富　李长茂　任天笃　赵一桂黄调鼎
杨艺咸默　**李晋福**胡端友　**朱永庆　王某
张瑛　郭氏仆　胡穆孟　苑亮　杨越**子宾
**吴鸿锡　韩瑜　程增　李应卜　塞勒
王联　黎佩**李乘道　**赵珑　蒋坚　李林孙
高大镛　许所望　邢清源**王元　**凤瑞
方元衡　叶成忠　杨斯盛　武训　吕联珠**

岳荐，江南山阳人。明末为诸生。事父母谨，居丧哭踊，气息仅属，乃病羸终其身。庶弟甫生而其母暴疾死，荐亦生女，乃令妻舍女而乳其弟。弟病疡，日夜啼，夫妇迭拊之，遂俱生疡，血淋漓被体，不以为苦。

张厫，陕西鳌屋人。顺治初，山贼破其堡，杀厫兄厂，并掠厂子去。厫愍厂死且无后，负其子入山易厂子归。方谋赎子，山贼引去，其子幼不能从，遂杀之。厫复生子，与厂子并成立。

黄学朱，福建瓯宁人。诸生。顺治间，县有土寇，执学朱及其弟。度不能两全，乃绐贼曰："家有薄产，释弟归鬻产，以其值赎我，何如？"贼疑，欲遣学朱，学朱曰："我秀才，质重于弟。"贼遂释弟归。实无产，赎不至，学朱遂被戕。

吴伯宗，山西稷山人。早丧父母，二弟幼，与相依。居数年，先后皆失之。伯宗求弟遍远近，久之，得季弟京师，为高氏仆。高氏遇之厚，曰："吾为子善抚，子求得仲弟，与之俱归。"又久之，伯宗得仲弟消息，在宁古塔，乃躬往踪迹之。仲弟属将军部，投牒讼焉。庭质，辞未毕，伯宗忽跃起，主者怒，扑之，血被面。伯宗徐曰："民非敢与抗，适见略吾弟者，奴吾弟者，皆法所不宥，顾美衣帽，平立官侧。民兄朗良家子，为奸人诱掠，万里投命，官不明其冤，乃视若罪囚，使跪而听命，民是以不服。"主者悟，白将军，归其仲弟。时正冬，兄弟相扶行冰雪中，至京师，与季弟同归。

钱天润，江苏宜兴人。少孤，为人佣耕，得钱必奉母。母死，以奉其兄。有女弟嫁而寡，甥二，方幼，天润往视之。女弟泣言："夫死子幼，不知所以为计。"天润问其意，女弟言："愿守节，第苦贫。"天润曰："妹无忧！吾助汝。"遂为女弟耕以给食。三年，女弟死，抚二甥，毕姻娶。

萧良昌，湖南邵阳人。家贫，贸漆，事父孝。兄弟四，良昌其少季。析居，伯、仲、叔皆有一子，伯、仲早卒，叔携其子出游，良昌召伯、仲子与同居，率之贸荆、襄间。家渐起，始娶妇。岁除，具酒奉父，父语良昌曰："儿能抚存孤侄甚善，顾安得汝叔兄父子复还耶？"良昌跪白父曰："儿欲行求久矣。"明岁遂行。时传叔兄在云南，良行六阅月，赀且尽，途穷哭泣，目尽肿。晨行至一村，遇晓汲者，则叔兄子也，乃与见叔兄，偕归，父乃大慰。年八十余，乃为诸子析居，厚兄子而薄其子，其子亦受之无间言。

李九，江苏赣榆人。家青口，兄七，与其邻争地而讼，知县吴蕊元纳邻赇，逮七，下典史费长春加楚毒焉，七自经死。九誓雪兄枉，诉州不得直，诉监司，狱下州，仍不得直。走京师，诉都察院，命下江苏巡抚。蕊元、长春赂承审官，责九健讼，加非刑，而令九所亲关说，啖以重利，九不应。九愤且楚，发病，蕊元等赂医将毒之。会按察使陈继昌至，亲鞫，九得直。狱成，黜蕊元，戍长春，诛县役二。九叹曰："兄枉雪，死无憾！"归未至，卒。青口士民具鼓乐迎其丧。

张某，甘肃通渭人。兄弟皆贫，为木工，相友爱。将析产，兄曰："均之。"弟曰："弟子一，而兄之子五，如兄言，弟子则富矣！诸侄独非父母孙乎？当视人为分。"兄曰："不可，父母先有子，未尝有孙。"议不决，乃析为三，兄二而弟一。兄弟皆逾八十，常言："谁先死，必呼与俱去。"兄卒，弟恸几绝，不食七日，亦卒。

程含光，安徽休宁人。出游，得赀以养亲。尝偕弟自六安归，策蹇经箬岭。日暮风起，虎突出，攫弟去。含光惊坠地，持短鞭力追，左手据虎颈，右以鞭捶虎，大呼震山谷。虎舍弟崛吼，含光负弟疾趋投岭下旅舍。弟息仅属，灌以汤，徐苏，肩创十余，血淋漓。人言虎牙毒，血不尽且死，含光吮之，血尽出，乃瘥。其后含光卒，弟每言遇虎事，解衣示人，辄流涕不已。

陈福，福建永春人。居西溪，同居十二世，家范简肃。世以一人督家事，子孙率教醇朴，未有讼者。

谯衿，湖南沅江人。同居七世，有家训二十条，丧祭无失礼。

黄成富，福建连江人。同居六世，子弟各执其业。方田作，诸妇馌，以一妇守家，视卧儿于筐，饥则哺，不问何人子。悬衣于桁，共衣之，垢则浣，不问何人衣。雍睦无间言。

李长茂，福建海澄人。同居四世，建祠，置祭田，立义学，著家规、法戒各十条示子孙。子五福，顺治六年进士，官刑部侍郎，兄弟八人皆友爱。

任天笃，河南偃师人。乾隆中，巡抚何裕成言天笃九世同居，高宗赐以诗，赉锦帛，表宅里。初，天笃祖开昌生五子，欲定议不析产，观诸子意。纳金麦囷中，子士尧、士舜得以告，开昌曰："此天赐，汝二人取之！"以"子无私蓄"对。开昌悦，乃定议不析产。宗经、传，为家训，教子弟毋侈，毋急利，毋入城市，毋传述时事。务耕田读书，惟许学医，亦毋取酬，不则执百工业以佐家。妇初至，长者以家训教之，不率，令暂还母家，悟，乃迎归。平居布衣椎髻操作，毋私馈，毋饰容观，毋适私室。年五十不执役，寡母入厨，稍厚其衣食。女适人寡，毋再嫁。至天笃，上溯开昌祖光玉，下见玄孙瑞丰，通九世男妇百六十余人共爨。吏问天笃何术能不析产，天笃曰："不忍也！"人传其语，谓视张公艺书"忍"字义尤大而远。

其后傅麟瑞、张璘，皆以七世同居赐诗旌奖。麟瑞，鲁山诸生；璘，泾阳诸生。

赵一桂，不知其邑里。崇祯末，以省祭官署昌平州吏目，被檄为庄烈帝、后营葬。师入关，定京师，列状申州，略曰："三月二十五日奉顺天府檄，穿田妃圹，葬崇祯帝、后。四月初三日发引，初四日下窆。州库如洗，葬日促，监葬官礼部主事许作梅无策，职与义士孙繁祉等十人，敛钱三百四十千，僦夫穿圹。至初四日，羡道开通，启圹宫门入。享殿三间，陈祭品。中设石案一，悬镫二。旁列锦绮缯币五色，具生存所用器物衾具，皆贮以朱红木笥。左傍石床一，床上氍毹衾枕。又启中羡门，内大殿九间，中为石床，置田妃棺椁。帝、后梓宫至，停席棚，陈羊豕、金银纸锞、祭品。率众伏谒，哭，尽哀。职躬督夫役移田妃柩于右，奉周皇后梓宫于左，乃安先帝梓宫居中。先帝有棺无椁，移田妃椁用之。梓宫前各设香案祭器，职手燃万年镫，度不灭。久之，事毕，掩中羡，闭外羡门，复土与地平。初六日，又率诸人祭奠号哭，呼集陵民百余人，畚土起冢，又筑冢墙高五尺有奇。幸本朝定鼎，为先帝建陵殿三间，缭以周垣，使故主陵寝，不侵樵牧，虽三代开国，无以加之。一时敛钱者：繁祉，诸生刘汝朴、白绅、徐魁、李菜、邓科、赵永健、刘应元、杨道、王政行，皆州民。"康熙中，嘉兴谭吉璁至昌平，得故吏牍，采入所为《肃松录》，邵长蘅又为之文，谓是时李自成据京师，礼部主事改礼政府属，盖一桂不知自成所官制，而政行有

子乞韩菱表墓，亦书其事。

黄调鼎，字盐梅，河南洛阳人。诸生。其女儿，明福王由崧妃也。早卒，葬洛阳。福王称帝南京，追爵妃父奇瑞洛中伯，以其长子九鼎袭，亦官调鼎。福王选立后、妃，巡抚山阴祁彪佳之女与焉，命以彪佳少女妻调鼎。南都破，九鼎降，马士英挟福王母邹太后至浙江。兵败，太后匿山阴民家，调鼎走依祁氏，与相闻。福王死京师，求得其柩，载归洛阳，葬故妃园。迎邹太后奉养，至卒，葬福恭王园。调鼎弃诸生，不出。

杨艺，字硕父，广西临桂人，大学士瞿式耜客也。阔略无所忌讳，同幕者称为痴艺，因以自号。已，终不合去。孔有德徇广西，破桂林，执式耜及总督张同敞，不屈死。艺衰绖悬纸钱满衣，号哭营、市间，请敛式耜，有德闻而义焉，遂许之，令并敛同敞。有姚端者，式耜门人。艺与谋，敛式耜及同敞，浅葬风洞山麓，筑室于旁，守墓不去。时明给事中金堡去为僧，将上书有德乞敛式耜等，知艺先之，乃罢。以书稿寄式耜子，颇流传人间，而罕知艺者。堡纪其事甚详，且曰："以吾书掩艺，吾为窃名，瞿氏子为负德。"

咸默，字大咸，江南山阳人。明诸生，侍郎左懋第客也。福王遣懋第等诣京师，默与司务陈用极，副将艾大选，游击王一斌，都司张良佐、王廷佐，守备刘统从。使事毕，留勿遣。大选从令剃发，懋第怒笞之，自杀。南京破，懋第与用极、一斌、良佐、廷佐、统，皆以不屈死。默送懋第丧归葬莱阳，又送用极丧归葬昆山，一斌等为浅葬京师郊外。默托堪舆术游四方，尝作《哭莱阳诗》以吊懋第，凄楚，人不忍读。

李晋福，直隶景州人。事诸生赵遵谱为僮。师入塞，略地至州，遵谱方出游，骑而行，晋福从，仓卒被掠去，家人不知也。越数日，晋福潜还，告家人，即复从遵谱出塞。遵谱马为人夺，与晋福徒跣行。久之，有骑过，则遵谱马也。遵谱直前欲夺之，骑者抽刀斫遵谱仆，几死。晋福负归为裹创，仅乃得愈。遵谱蠢直，晋福力戒毋负气取祸，在兵中稍久相习。晋福弟遵谱，有劳役，必代之。后三年，得间，遣遵谱亡归。归一年，晋福亦逃入塞。

胡端友，湖南宁乡人，刘光初仆也。顺治初，光初妻胡遇寇，以幼子付端友，端友负而逃，寇逐之，力奔得脱。至其家，释负，仆，久之乃苏。胡死于寇，其子得成立。至乾隆中，丁近二千，刘氏祀端友于祏。

朱永庆，字长源，顺天大兴人，故明宣府巡抚之冯子也。师入关，永庆见俘，隶汉军正黄旗，僦屋居。永庆修干美髯，负气节，好佛，主者贤之，将赐以妇，命视诸俘，恣所择。武进杨兆升，仕明官给事中，起兵死。妾姚见俘，剃发矢守节。永庆夙闻之，乃自名故殉难宣府巡抚子，择姚以请，引归所居室。向夕，姚拜永庆乞哀，永庆曰："吾将全夫人节，非特哀之而已。"乃诵佛至旦，凡三夕，居停觇知之，问曰："君不近妇人，安用此赘疣？"永庆曰：

"此缙绅妇，吾非欲妻之，欲完其节耳。恐机泄，故且同室，然非诵佛不可。乃为君侦得，幸终为吾讳。"居停感焉，乃治别室以居姚。久之，事闻于主者，主者益贤之，令姚寄书其家，以其母若弟来，予资遣之还。

王某，江南如皋人，隶也。顺治初，县人许德溥坐不剃发死，妻当流，王欲脱之，思不得其策，夜不寐，其妻怪问之，语以故。其妻曰："此义举也！然非得一人代不可。"王曰："安所得代者？"其妻曰："吾当成子义举，愿代行。"王伏地叩头谢。乃匿德溥妻，而以其妻行，行数千里，至流所。县人义之，敛金赎归，夫妇终老于家。

张瑛，字玉采，山西汾阳人，居西官村。顺治六年，姜瓖乱，众劫东官村赵氏，尽杀其人。独一子亡归瑛，瑛纳之，众索焉，瑛不与。瓖乱定，瑛助赵氏子讼于官，诛劫者。当乱急，村人将走避，瑛曰："贼未至先走，能保必全乎？孰若为守计！"众曰："如无寨堡何！"瑛曰："寨堡诚不可猝为，环村而沟焉，其可。"遂为沟，务深广。瑛家有楼，贮村人财物其中。既而贼大至，逾沟，村人退保楼。瑛见贼渠据胡床坐而指挥，发石中之，立毙。余贼怒攻楼，取薪将焚，众汲井以救。持数日，乃稍稍去。瑛率众出击之，贼奔溃，村以得全。瑛家饶，岁终，必出粟赒邻里。康熙三十六年，饥，县民鬻田，贬其值，瑛辄收之，得田且千亩。明年大穰，瑛榜诸村曰："愿赎者听。"不十日尽赎去。瑛卒，年九十有一。

郭氏仆，失姓名，山西闻喜郭景汾家仆也。姜瓖反，县人章惇为乱，杀景汾祖及父。景汾方三岁，仆负之走，得免。瓖败，惇降，得官。景汾读书成进士，上仆义，被旌。景汾图复仇，顾惇已遇赦，知县邵伯麟为之解，令惇谒景汾祖、父墓，且诣景汾谢。居无何，景汾击杀惇，断其首祭祖、父，而身诣狱。伯麟义景汾，具狱辞言惇谋反，景汾率众击杀之。大吏覆谳，惇谋反事无有，乃坐景汾擅杀，伯麟意出入人罪，皆论死。逾年遇赦，减死，戍福建。耿精忠反，官景汾，事定，逮京师，以从逆见法。仆自闻喜走京师，为具敛。惇子评仆不当收罪人尸，下刑部，仆言："某负三岁主艰难万死中，辱以义被旌。景汾虽被罪死，固某主也。主死，仆不为之收，是为无义。某愿死，不敢负前旌。"狱上，圣祖哀而宥之。当精忠官景汾，亦欲官伯麟，景汾言："是不办一县令，何能为？"遂不用，以是免。

胡穆孟，福建人，失其县。顺治间武举。与连江沈廷栋同岁，相善。耿精忠反，征穆孟，避匿廷栋家。廷栋寓书于其友，诋精忠，穆孟窃见之，虑书发且得祸，易书为隐语，逻者得书，犹以诋精忠见收。穆孟以语其妻王，王谓当自承以脱廷栋。穆孟乃诣吏，吏使与廷栋各具书，辨其迹，释廷栋而杀穆孟。穆孟死，王诣市，缀穆孟首，具衣冠为敛，嘱子于其叔，且及廷栋，遂缢于尸侧，市人皆感泣。师克福建，恤穆孟，荫其子焉。

苑亮，江南亳州人。亳州人韩斌为仆。斌举武科，授福建兴化守备。耿精忠反，胁授副将，浙江总督李之芳讨焉。移江南，录斌子世晋。亮从之行，之芳授以札，使招斌。亮度精忠兵所置堠，为逻者所执。问谁何，亮自陈，言斌家被籍，南来投斌。主者监亮见斌，而不许交语。亮伪遗履，斌发视，得之芳札，乃单骑诣之芳降。亮陷贼中，被刑讯，终不言赍札事，遂死。之芳作传表之。

杨越，初名春华，字友声，浙江山阴人。所居曰安城，因以为号。为诸生，慷慨尚侠。康熙初，越友有与张煌言交通者，事发，辞连越，减死，流宁古塔。例金妻，与其妻范偕行，留老母及二子家居。宁古塔地初辟，严寒，民朴鲁。越至，伐木构室，垒土石为炕，出余物易菽粟。民与习，乃教之读书，明礼教，崇退让，躬养老抚孤。赎入官为奴者，萧山李兼汝、苏州书贾朱方初及黔沐氏之裔忠显、忠祯皆廪焉。又赎明大学士朱大典孙妇，河南李天然希声夫妇。凡贫不能举火及婚丧，倡出赀以赒，民相助恐后。客，则嘻之，曰："何以见杨马法？"马法犹言长老，以敬越也。母终于家，年余始闻丧，哀恸，杜门居三年。

子宾，出塞省越，越初戍年二十四，至是已六十八。宾还，叩阍乞赦越，事未行，子宝，复出塞省越。又二年，越卒于戍所，例不得归葬，宾、宝请不已，又二年乃得请。迎范奉越丧以归，民送者哭填路。宾撰《柳边纪略》，述塞外事甚详。

吴鸿锡，字允康，福建晋江人。父德佑，康熙初，客浙江，兵部郎中噶尼布奉命督造战舰，延德佑入幕。数月德佑卒，鸿锡方七岁，噶尼布携至京，将子之，鸿锡请呼以伯，曰："父一而已。"噶尼布奇之，曰："七岁儿能辨此耶？"噶尼布故廉，家渐困，鸿锡为督刍牧，私市书册、弓矢习之。通满、汉文，精骑射。噶尼布从兄云麟以平台湾功授温州参将，至京师，欲以鸿锡行，噶尼布诺之。鸿锡流涕曰："我七岁育于公，今我壮而公老，公子幼，必俟其成立，我乃归。"镇国公海清，噶尼布婿也，义鸿锡俾入旗。

噶尼布卒，妻哀甚，得狂疾。子和顺、和鼐、和麟。和顺才七岁，鸿锡为治丧，持家政，延师教和顺兄弟，稍长，为娶妇。和顺年十六，有忌之者，授以护军，将困苦之。每值宿，鸿锡佩刀以从，露坐终夜。

大学士阿兰泰为噶尼布故交，鸿锡率和顺兄弟候其门，和顺试除中书。师征噶尔丹，和顺从军，以功擢礼部主事。有召和顺饮者，佐以博，鸿锡持刀径入坐以和顺归。他日，或问鸿锡："人可杀乎？"鸿锡曰："杀人罪不过死，吾受抚孤托，而坐视其溺于燕朋，诚生不如死。死而诸孤知勉，则死贤于生矣。"和顺自是不复与人饮。

山东饥，遣官治赈，和顺与焉，鸿锡从之。武城廪未发，出私钱散米，又虑饥者骤饱且致毙，瀹莱服饮之，全活无算。和顺寻榷密云关，鸿锡曰："负贩小民不得取其税，额不足，可以家财补焉。"民欢趋之，额亦足。

和鼐习举业，鸿锡督之，虑其怠，穴几贯铁索自系守之，和𩅦惊谢，读益力，以副榜贡生得官。

和麟年十六，鸿锡偕诣永定河效力，水大至，巡抚于成龙夜行堤上，见有向河拜且泣者，问之，鸿锡也，解衣旌之。工竟，和麟议叙笔帖式，擢刑部郎中。

鸿锡不得归，募工写父母遗像，检父遗衣冠招魂葬之。年五十八，卒。和顺兄弟去缨席地，如父母丧。

韩瑜，字玉采，山东潍县人。少孤，事母孝。母殁，哭泣三年。既除丧，祭墓未尝不哀，年八十犹故。冠时母有衣一袭，荅箧中，宾祭则服之，衣敝不弃。将卒，命以敛，犹举孟郊诗曰：“此慈母手中线也。"事兄谨，兄弟皆八十，无改常度。产不过中人，好施予，多蓄书，遇寒士则遗之。族党长不能婚娶，丧不能葬，必饮以赀。族子贫，赠以秋十石，使居贾。得赢，倍以偿，不受。康熙四十三年，饥，民鬻子女，磬所蓄，得九人，不立券。岁丰，悉遣还之。卒时八十有六。

程增，字维高，江南歙县人。父朝聘，自歙移家安东。归省墓，病作。增冒风渡江，六日夜行千五百里，至则朝聘已殁。母唐病复作，急还，又已殁，乃绝意仕进。安东地卑，母柩在堂，水大至，增与一仆力升柩木案上。既葬，复移家山阳为贾，而使二弟就学。父母之党死而无归者毕葬焉，余皆定其居，使有恒业。析田立塾，以养以教。友有急难，以千金脱之，后更相背，穷复来自解，待之如初。康熙初，河、淮溢，增出家财修邗沟两岸堤十里，河道总督张鹏翮以闻。康熙四十四年，圣祖巡视稻河，召增入见，书"旌劳"二字以赐。两江总督于成龙好微行，奸人因造言倾怨家，狱或失入。增语成龙，力言其弊，指事为征，成龙曰：“微子言，吾安知人心抗敝至此！"久之，卒。

李应卜，河南郏县人。早失父母，叔丕基遗侧室，事如母，寿百岁终。侄纬，孤，饮食教诲之。病作，必数视之，曰：“我夜不能起，然终宵未成寝也！"弟应会亡，病甚，一夕胡发须皆白。侄缉幼，食必呼共案，出必视而行，返必问在何所。施及于乡人，有典其田而远游者，以子托焉，久之，为娶妇，且复其田。有丧其妻者，为之复娶，予田，俾资以生。有贫欲远徙者，予之粟，留勿徙。有佣于其肆，负金，病且死者，为之疗其遘，厚给其妻子。有持金入其肆市粟者，视金有官封，与粟，遣之去。持金诣县庭，知县方以库失金笞吏，应卜以金上，具言始末，事乃白。乾隆二年，县举应卜行事上大吏，请旌表其门曰"义士"。

塞勒，满洲人。官苑副。与惠色友，塞勒老无子，时引以为戚。惠色曰：“我已有二子，今妇又有身，男也，为君子。"已而得男，命曰奇丰额。既免乳，以畀塞勒，塞勒与其妻抚以为子。年十六，将应童子试，当具三代，塞勒曰：“吾宁无子，不可改祖宗，欺君父！"乃携奇丰额还惠色。奇丰额初不自知惠色子，塞勒语以故，骇马去。奇丰额遂并为惠色子，乾隆三十四年成进士，授刑部主事，累迁江苏布政使。塞勒及其妻相继卒。五十七年，奇丰额擢江苏巡抚，入觐，涕泣陈本末，请以本身封典貤封塞勒，并以第三子广麟为塞勒后。上命具疏，下部议，皆不许，上特允之。

奇丰额，黄氏，先世朝鲜人，隶内务府满洲正白旗。坐事罢官，终内务府主事。

王联，字鹭亭，江苏泰州人。诸生。应乾隆四十五年江南乡试，联与友沈某偕。沈病于喉，欲归，联不入试，送之还。至龙潭，沈病益剧，联伴之寝，病者口腐，秽触鼻，不问。舆行虑其颠，徒步翼以行。沈遽死，舆者欲散，联以义感之，乃得至丹徒，殡于僧寺，以其柩归。论者谓《新唐书》以张道源送友尸归里，列诸《忠义传》，联亦其亚也。

黎侗，安南人，故安南国王黎维祁之族也。乾隆间，广南阮光平破安南，侗护维祁叩关乞援，上遣孙士毅率师送归国。既，复为光平袭破，维祁出走，侗赍上所赐国王印走，间道入关，与段旺等二十九人俱。上命剃发，分置江、浙诸地，独侗与李秉道等四人不肯从。其一为黎驷，亦维祁族，其一失姓名，四人者坚请得出关为维祁复仇。上已受光平降，不欲更为黎氏出兵。谓侗等忠于黎氏，不以盛衰为去就，谕福康安平心询问。士毅寻奏：“侗假托忠义，意图构衅。"上命侗等从维祁至京师，令军机大臣传询。侗等力请还黎氏故土，誓以死殉。上曰：“侗等仍还安南，或为光平所戮，朕心所不忍。"命暂系刑部狱。维祁卒，葬京师郊外。

仁宗即位，命释四人者，使居外火器营。嘉庆八年，农耐阮福映并安南，使上表乞封，侗子光俾在行，侗与秉道至涿州迓焉。仁宗责其私出，下刑部。侗等初自承出谒维祁墓，既乃具言愿得归国，并以维祁丧还葬。上许之，赍以银，并诸黎氏旧臣入汉军置内地者悉遣还。

赵珑，字雨亭，安徽桐城人。倜傥重然诺。有叶旸者，与有连，官大名同知，珑往客焉。甫逾月，旸坐事戍伊犁，童仆皆骇走，旸父母老且病，日夜泣，珑请与俱行。既至，将军爱旸才，置幕中，珑乃辞归。旸泣，珑曰：“勿尔！吾且再来。"归一年，旸母卒，珑复往。比出关，闻旸从将军移驻塔尔巴哈台，改途赴之。将军闻，贤珑，称曰"义士"，以此赵义士名著关外。

有叶椿者，旸同族也，亦戍伊犁。珑再出关，椿母附寄子书致金。珑既改赴塔尔巴哈台，未至伊犁，归道呼图壁，遇巡检陈栻，亦皖人也，因迹椿，则死久矣。珑曰：“椿母日夜望子归，乃今死，当奈何？且以金附我者，为我能致之也，义不忍空返其金，令椿骨不还。顾金少，尽吾橐中赀，犹不足，又当奈何？"贷于栻，迂道八千里，载椿柩以归。

蒋坚，字非磷，江西铅山人。幼即有智数。七岁，从叔入寺，虎坐县役，值与语，谓某寺僧被杀，不得其主名。坚语其叔曰：“杀人者，堂上老僧也！"方诵经，屡顾，意乃不在经。役牵去，一讯而服。年十七，附舟经瑞洪，有少年同舟，当食必出避，坚疑而问之。少年自言贫不能偿舟值，舟人将不余食焉，故出避。坚邀与共食，资以金，其人后客死，又策返其骨及余金。长习法家言，佐幕山西，屡雪疑狱。康熙五十二年，主泽州知州佟国珑，临汾民迫奸胥为变，巡抚檄国珑往按，坚从国珑以七骑往。至则众保山汹汹，坚以巡抚令箭先谕众。国珑入县，执胥扰民者五六，笞之流血，众就观，欢噪悉散。国珑乞休，坚归。数年，闻国珑以属吏亏帑逮下太原狱，责偿数千金。坚往省，为国珑征债栾城，又至泽州，贷于州民，为国珑输偿，狱乃解。坚尝曰："法所以救世，心求人之生，斯善用法矣。"著《求生集》。

子士铨，《文苑》有传。

李林孙，河南襄城人。乾隆末，教匪起，将攻河南会城。是时布政使马慧裕主城守，顾无兵，度无以御。有陈伯瑜者，郫县人，尝为河南巡抚客，先事言教匪且起，以妖言下狱。川、楚乱作，诸大吏礼为上客。友林孙，言于慧裕，使率乡兵五百人助守。教匪至，伯瑜以二百五十人面水肄战。匪易其少，就观之，林孙以二百五十人出其背夹击，大破之。知县林岚乞其兵守卢氏，教匪渠张潮儿来攻，号十万，岚兵不及二千，莫敢进。岚谢其众曰："公等皆林孙人，徒死无益。"指大树曰："我官也，死是间耳。"众怒曰："谁无面目者，致公为此言？今日战，有不胜贼而生者，撞大石破脑死！"岚拜，众亦拜，遂战，贼几歼。人或以兵家言问林孙，林孙谢不省，曰："豪杰无他，得人心耳。"

高大镐，湖南桃源人。父陞，临淄知县。嘉庆初，大镐将仆王明省父归，道荆门，遇教匪。大镐从容语，使引见其渠。渠疑为官军谍，欲杀之。大镐自言："我盗也！奈何杀我？"渠使与其徒角，杀三人，乃录与其徒伍。渠令攻宜城，大镐从行，渡溪，匿桥下得脱。遇余寇，又杀三人，乃走宜城白吏，言寇且至，为画城守策。大镐在贼中久，知贼畏飞石，令尽发市衢街道民家阶礩碎之，置城上。寇至，见有备乃走。吏欲叙大镐功，大镐辞归桃源。王明在贼中，不与大镐相闻，既为官兵所俘，谳非盗，释之，亦得归。

许所望，字叔翘，安徽怀远人。诸生。工为诗。嘉庆七年冬，宿州民王朝明、李胜才为乱，州破。所望与其戚王冠英出聚三千石佐军，且率其侄邱惠龄、张国纲、谢崇训等破贼陈家集。十八年秋，林清乱起，师围滑县，两江总督百龄驻徐州，安徽巡抚胡克家驻亳州，为备。归德盗杨七郎据引河集，其党洪广汉据保安山，与颍州乱民沙占魁等遥相结，观变。克家知所望，以书招之。所望率八百人至亳州，以惠龄等十八为队长。所望谋曰："杨七郎猛且狡，宜以计诱之。"令国纲、崇训率健儿八人伪为逃卒诣七郎，越五日诱之出，以百余人至邱家集。七郎忽疑曰："若为许所望来耶？"崇训出不意断七郎臂，众大惊，国纲疾呼曰："我张国纲也！"立击杀数人。国纲与惠龄同破宿州贼，以勇闻，贼素惮之，遂大溃。所望率兵至，七郎走死，广汉亦溃。占魁等走永城，会师克滑县，余贼走与合，焚会亭。所望与战公基湖，列十火枪土埠上，令众伏地，曰："贼至二百步，枪发，乘烟疾进击之。"贼溃奔，逐之数十里，亳州师乃罢。百龄在徐州，亦得河南张永祥者，以乡兵三百助守。事定，所望辞叙功，以诸生应试如故。永祥从巡抚阮元自河南移浙江，亦罢去，人呼为张铁枪云。

邢清源，曹州人。入镇标为兵数十年，老而退伍。咸丰十一年，长枪会为乱，围曹州。时亲王僧格林沁驻军济宁，欲乞援，无敢赍书往者，清源请行。乃裂帛为胰，置清源衣带，清源破衣持竹杖为丐者状，出围达王所。王即札示发兵状，仍置衣带还报，兵至，城得全。

王元，杭州旗营牧马人也。粤寇陷省城，将军瑞昌守旗营，令元持书突围出乞援张玉良，大哭不食。玉良义之，立进兵。瑞昌夹击，遂复省城。明年，城再陷，元已保营官，战殁长安，附祀瑞昌祠。

凤瑞，字桐山，瓜尔佳氏，满洲正白旗人，乍浦驻防。粤寇来犯，与兄麟瑞战御。城陷，麟瑞阵殁，见《忠义传》。凤瑞改隶李鸿章军，转战江、浙，屡有功，而太仓一役尤著。

初，李军以乏饷不用命，凤瑞力保盗魁贺国贤，国贤本盐商，官诬杀其兄，乃为盗。凤瑞与其兄善，责以大义，立出十万金助饷，并率所部奋攻城，遂克太仓州。国贤后官至总兵，凤瑞以笔帖式积功累保副都统，赏花翎。

江南平，调归杭州，遂隐居不仕。时难民遍地，凤瑞先于上海、青浦设厂施衣食，为谋栖宿，分遣归里。复奉诏招集旗人归防安插，恢复营制。建昭忠祠，立忠义坟。凡杭、乍两营死者逾万人，尸骨狼藉，躬督捡埋，分建两大冢于两地。勒碑致祭，列入祀典。又采访姓名，汇刻《浙江八旗殉难录》。

乍浦副都统锡龄阿全家同殉，其仆石某独负其幼子出，乞食养之。凤瑞见而言于巡抚薛焕，奏请抚恤，为赋《义仆行》，给赀送归。

凤瑞义侠，好行善，岁收租谷数百石，必尽散之穷乏，数十年如一日，众称善人。卒，年八十有二，赠将军。

凤瑞博学，工书画，游迹遍天下，尝自刊玉章，曰"读万卷书，行万里路"。著有《老子解》、《如如老人诗草》及《殉难录》等。

子四，文梁年十三，母病危，剖心以救，母愈，文梁竟卒。

方元衡，字莘田，安徽桐城人。以贡生官光禄寺署正。父病失明，晨夕调护，厕牏必躬亲之，终亲之身不稍息。推产给弟，惟笔耕以奉甘旨。年五十，依母怀如婴儿。居丧不宴笑，不居内，日所行必告于主，葬则庐墓侧，岁时祭，必哀戚尽礼。俗惑于风水，常停柩久不葬，请设劝葬局，限期督葬，无后者则购地代葬之，先后逾五万具。复设采访局，采访全省节孝贞烈，历二十年，汇请得旌者凡十余万人。建总祠总坊于省会，有司春秋致祭。著有《续心学宗》、《孝经浅注》。卒后，皖人上其孝义行，特赠五品卿。

叶成忠，字澄衷，浙江镇海人。世为农。六岁而孤，母洪抚以长。为农家佣，苦主妇苛，去之上海，棹扁舟江上，就来舶鬻杂具。西人有遗革囊路侧者，成忠守伺而还之，酬以金不受，乃为之延誉，多购其物，因渐有所蓄。西人制物以机器，凡杂具以铜铁及他金类造者，设肆以鬻，谓之五金。成忠肆虹口，数年业大盛，乃分肆遍通商诸埠。就上海、汉口设厂，缫丝、造火柴，赀益丰。乃置祠田，兴义塾，设医局。会朝议重学校，成忠出资四十万建澄衷学堂，规制宏备，生徒景从。制《字课图说》、修身、舆地诸书，诸校用之，以为善本。又建怀德堂，备于所设肆者死，育其孤，恤其嫠，困乏者岁时存问，毋俾冻馁。乡人为之谚曰："依澄衷，不忧穷。"凡佣于叶氏，皆为尽力。成忠屡以出赀助赈，叙劳至候选道，加二品顶戴，卒。命诸子人择一业，行义竟其志，勿邀赏。

杨斯盛，字锦春，江苏川沙人。为坯者至上海，上海既通市，商于此者咸受廛焉。斯盛诚信为侪辈所重，三十后稍稍有所蓄，乃以廉值市荒土营室，不数年地贵，利倍蓰。善居积，择人而任，各从所长，设肆以取赢，迭以助赈叙官。光绪二十八年，诏废科举，设学校，出赀建广明小学、师范传习所。越三年，又建浦东中、小学，青墩小学，凡糜金十八万有奇。上海业土木者以万计，众议立公所，设义学，斯盛已病，力赞其成，事立举。海滨潮溢，居民多死者，斯盛出三千金以赈，又集资数万，全活甚众。浦东路政局科渡捐急，民大哗，官至，群毁其舆。斯盛力疾往，挥众散，捐亦罢。又出赀规筑洋泾、陆家渡、六里桥南诸路，改建严家桥，创设上海南市医院，诸事毕举。建宗祠，置义田，欸故友族人，咸有恩纪。及卒，遗命散所蓄助诸不给，遗子孙者仅十一。

武训，山东堂邑人。乞者也，初无名，以其第曰武七。七孤贫，从母乞于市，得钱必市甘旨奉母。母既丧，稍长，且佣且乞。自恨不识字，誓积赀设义学，以所得钱寄富家权子母，积三十年，得田二百三十亩有奇，乞如故。蓝缕蔽骭，昼乞而夜织。或劝其娶，七谢之。又数年，设义塾柳林庄，筑塾费钱四千余缗，尽出所积田以资塾。塾为二级，曰蒙学，曰经学。开塾日，七先拜塾师，次遍拜诸生，具盛馔飨师，七屏立门外，俟宴罢，啜其余。曰："我乞者，不敢与师抗礼也！"常往来塾中，值师昼寝，默跪榻前，师觉惊起；遇学生游戏，亦如之；师生相戒勉。于学有不谨者，七闻之，泣且劝。有司旌其勤，名之曰训。尝至馆陶，僧了证设塾鸦庄，赀不足，出钱数百缗助其成。复积金千余，建义塾临清，皆以其姓名名塾。县有鳌张陈氏，家贫，刲肉以奉姑，训予田十亩助其养。遇孤寒，辄

假以钱，终身不取，亦不以告人。光绪二十二年，殁临清义塾庑下，年五十九。病革，闻诸生诵读声，犹张目而笑。县人感其义，镌像于石，归田四十亩，以其从子奉祀。山东巡抚张曜、袁树勋先后疏请旌，祀孝义祠。

吕联珠，字星五，汉军正黄旗人，隶盛京内务府。所居村曰瓦子峪。贫，授徒大父及父母养，一介不妄取。应乡试，徒步千余里，有富家子招与同乘，坚却之。光绪十四年，举于乡，授笔帖式，补催长，不改其狷。联珠有从叔，其一贫，无子，请兼祧侍养。叔严急，事之尽礼；其一出远游，以废疾归，奉于家，丧葬婚嫁力任之。有田招佃以耕，邻田鬻于人，占联珠田五尺，联珠言于官，让与之。田中有他氏墓，为之扫除岁祭焉。同学坐事系狱死，为之葬。姻家有以疑狱死京师者，赴会试，为携其骨还葬。

联珠笃行，式于乡人。治程、朱之学，乡人奉其教。久之，卒。

卷五百　　列传二百八十七

遗逸一

李清 李模　梁以樟 王世德　阎尔梅 万寿祺
郑与侨　曹元方　庄元辰 王玉藻　李长祥
王正中　董守谕　陆宇𤊝 弟宇燡　江汉 方以智 子中德等　钱澄之　恽日初　郭金台
朱之瑜　沈光文 陈士京　吴祖锡

太史公《伯夷列传》，忧愤悲叹，百世下犹想见其人。伯夷、叔齐扣马而谏，既不能行其志，不得已乃遁西山，歌《采薇》，痛心疾首，岂果自甘饿死哉？清初，代明平贼，顺天应人，得天下之正，古未有也。天命既定，遗臣逸士犹不惜九死一生以图再造，及事不成，虽浮海入山，而回天之志终不少衰。迄于国亡已数十年，呼号奔走，逐坠日以终其身，至老死不变，何其壮欤！今为《遗逸传》，凡明末遗臣如李清等，逸士如李孔昭等，分著于篇，虽寥寥数十人，皆大节凛然，足风后世者也。至黄宗羲等已见《儒林传》，魏禧等已见《文苑传》，余或分见于《孝友》及《艺术》诸传，则当比而观之，以见其全焉。

李清，字心水，号映碧，兴化人。天启辛酉举人，崇祯辛未进士，授宁波府推官。考最，擢刑科给事中，同日上两疏：一言御外敌当战守兼治，不当轻言款；御内寇当剿抚并用，不当专言抚。一言治狱不宜失入，而独罪失出，因论尚书刘之凤不职状。寻以天旱，复疏言此用刑锻炼刻深所致，语侵尚书甄淑，淑遂劾清把持，诏镌级，调浙江布政司照磨。无何，淑败，即家起吏科给事中。疾朝

臣日竞门户,疏言:"国家门户有二:北门之锁钥,以三协为门户;陪京之扃键,以两淮为门户。置此不问,而哄堂斗穴,长此安底?"疏入,不报。

京师陷,福王建号南京,迁工科都给事中。见朝政日坏,官方大乱,乃疏言:"大仇未雪,凡乘国难以拜官者,义将惭恸入地,宜急更前辙,以图光复。"又愤时议以偏安自足,抗疏曰:"昔宋高之南渡也,说者谓其病于意足,若陛下于今日,其何足之有?以河、洛为丰、沛,则恭皇之旧封也,为恭皇所已有而不有,则不足;以金陵为长安,则高帝之始基也,为高帝所全有而不有,则不足。臣深望陛下无忘痛耻,以此志为中外倡也。倘陛下弛于上,则诸臣必逸于下,先帝之深仇,将安得而复哉?且宋之南渡,犹走李成,擒杨么,以靖内制外。今则献、瑶交炽,两川危于累卵,汀、潮、南赣,并以警闻。北有既毁之室,南无可怡之堂,臣窃为陛下危之!"疏上,报闻而已。

有司始谥庄烈帝为思宗,清言庙号同于汉后主禅,请易之。又请补谥太子、二王及开国、靖难并累朝死谏诸臣,或以为迂,叹曰:"士大夫廉耻丧尽矣!不于此时显微阐幽,激发忠义之气,更复何望耶?"清事两朝,凡三居谏职,章奏后先数十上,并寝阁不行。

寻迁大理寺左寺丞,遣祀南镇,行甫及杭,而南都失守矣。乃由间道趋隐松江,又渡江寓高邮,久乃归故园,杜门不与人事。当道屡荐不起,凡三十有八年而殁。清忠义盖出天性,庄烈帝之变,适在扬州,闻之,号恸几绝。自是每遇三月十九日,必设位以哭。尝曰:"吾家世受国恩,吾以外史,蒙先帝简擢,涓埃未报。"国亡后,守其硁硁,有死无二,盖以此也。

晚著书自娱,尤潜心史学,为《史论》若干卷,又删注《南》、《北》二史,编次《南渡录》等书,藏于家。

李模,字子木,吴县人。天启乙丑进士,授东莞知县。考最,入为御史。因劾论中官,谪南京国子监典籍。福王立,封四镇为侯、伯,模上言:"拥立时,陛下不以得位为利,诸臣何敢以定策为功?甚至侯、伯之封,轻加镇将。夫诸将事先帝未收桑榆之效,事陛下未彰汗马之绩,方应戴罪,何有勋劳?使诸将果忠义者,必先慰先帝殉国之灵,而后可膺陛下延世之赏。"报闻。寻改为河南道御史。马、阮乱政,叹曰:"事无可为矣!"即请告,不复出。杜门里居,三十年如一日。幼与徐汧为总角交,汧死国事,为恤其家而存其孤,不渝旧好。年八十,卒于家。

梁以樟,字公狄,清苑人。与兄以楠、弟以桂,并知名,时号"三梁"。以樟负异才,八岁读书家塾中,值壁裂,作《壁裂歌》云:"壁猛裂,龙惊出。"见者大奇之。十六岁补弟子员,受知左东斗。崇祯己卯举乡试第一,明年成进士。命试骑射,进士皆书生,夙不习,以樟独跃马弯弓,矢三发,的皆应弦破,观者叹异。即授河南太康知县。

中原盗起十余年,所在荼毒,督抚莫能办。率倡抚议,苟且幸无事,盗且服且叛。而河南比年大旱蝗,人相食,民益蜂起为盗。人为以樟危,金都御史史可法以其有经世略,独劝之行。抵任,探知境内贼凡三十六窟,于是练乡勇,修城堡,严保甲,募死士,入贼巢,伺贼出入。尝夜半驰风雪中,帅健儿密捣贼垒,贼惊佚,擒其渠,毁巢而归。居未载,境内贼悉平。调商丘,时李自成犯开封,不能破,乃东攻归德。以樟婴城血战三日夜,城陷,妻张率家人三十口自焚死,事具《明史》。

以樟被重创,仆乱尸中,死复苏,商民救之出,奔淮上,被逮谳请室。贼入潼关,复渡河东犯,京师震动。以樟乃从狱中上疏:"请皇太子抚军南京,辅以重臣,假便宜从事,系人心。倡召豪杰义旅,大起勤王兵。择宗室贤才,分建要地,而重督抚权,行方镇遗意,合力拒。"疏上,执政尼之。

追出狱,而都城陷。福王立,以樟自德州、临清南下,与各郡邑建义文武吏及诸豪士歃血盟,人皆感愤流涕,受约束待命。渡淮见可法,因建议:"山东、河北为江南藩蔽,若无山东、河北,是无中原、江北,无中原、江北,区区江南,岂能自守耶?今宜于河南北、山东,设三大镇,仿唐节度使、宋经制招讨使之制,以大臣文武兼资者为之。宽其文法,使自为战守,而阁部大治兵,居中驭之。"又言:"北方人心向顺,宜及时抚为我用,否则忠者不能支,黠者反戈相向矣。"前后奏记百数十。而马士英专政,货鬻官爵,用逆党阮大铖为兵部尚书,竞立门户,斥忠谠之士,君臣日夜酣乐。左良玉、高杰、刘泽清等各拥兵跋扈,莫能制。以樟知事不可为,愤郁成疾,辞去。可法仍举以樟为兵部职方司主事,经理开、归。

未几,扬州破,可法死,南都相继溃。以樟遂与以楠遁宝应之葭湖,买田数十亩,躬耕自给。清初,召用胜国诸臣,以樟年才三十七,朝贵致书劝驾,不应。自筑忍冬轩,日与张璘、孙尔静讲学其中,四方之士,若阎尔梅、王猷定、刘纯学、崔干城、僧松隐暨其乡人王世德父子,时时过以樟剧饮,慷慨激昂,继以涕泣。晚年偕乔出尘、陈钰、朱克生、刘中柱结文字社。康熙四年七月十五日,端坐作论学数百言,掷笔而卒,年五十八。世德之子洁源,集其理学、经济诸书及诗、古文合为一编,曰《梁鹔林先生全书》,今传世者,惟《印否诗集》而已。

世德,字克承,自号霜皋,北平人。少袭锦衣卫指挥金事。北都陷;拔刀将引决,为仆所夺,妻魏已率诸妇女赴井死,遂易僧服,与以樟偕隐。尝愤野史诬罔,不可传信后世,欷歔扼腕,作《崇祯遗录》一卷,自序之,康熙间修《明史》,有司录其副本上史馆。三十二年,卒,年八十有一。子源,以手藁殉葬。

阎尔梅,字用卿,号古古,沛县人。崇祯庚午举人。李自成陷北京,尔梅上书请兵北伐,并尽散家财,结死士,为前驱。自成党武愫至沛,屡使招尔梅,以碎牒大骂下狱,愫败,乃免。赴史可法之聘,参军事,首劝渡河复山东,不听。时高杰为许定国所杀,河南大乱,尔梅又说可法西行镇抚之。杰部将约束待命,可法为设提督统其众,而自退保扬州。尔梅力阻之,请开幕府徐州,号召河南北义勇,得一成一旅规画中原。又请空名告身数百纸,乘时布发，视忠义为鼓励，俾逋寇叛帅不得以逾时涣散，少有睥睨。策皆不行，遂贻以书而去。

及可法殉节，尔梅走淮安，就刘泽清、田仰，画战守策，复不听。师入淮，尔梅率河北壮士伏城外，众惧阻，羽士陶万明特庇之。巡抚赵福星以书招，尔梅痛哭谢之。乃散其众，遁海上，祝发，称蹈东和尚。复走山东，联络四方魁杰，谋再举。又至河南，至京师，以山东事发被捕，下济南狱，脱走还沛。名捕急，弟尔羹、侄御九皆就逮，妻、妾同自缢。

尔梅乃托死夜遁，变名翁深，字藏若，历游楚、蜀、秦、晋九省。过关中，与王弘撰等往还。北至榆林，从宁夏入兰州。凡十年，狱解，始还。未几，为仇家所擎，复出亡，龚鼎孳救之，得免。北谒思陵，又东出榆关。还京，会顾炎武，复游塞外。至太原，访傅山，结岁寒之盟。尔梅久奔走，历艰险，不少阻。后见大势已去，知不可为，乃还沛。寄于酒，醉则骂座。常慨然曰："吾先世未有仕者，国亡，破家为报仇，天下震动。事虽终不成，疾风劲草，布衣之雄足矣！"遂高歌起舞，泣数行下。居数岁卒，年七十有七。

尔梅博学善诗，有《白耷山人集》。

万寿祺，字介若，世称年少先生，徐州人。与尔梅同郡，又同岁生，同举乡试，志节皆同，既同举事。南都破，江以南义师云起。沈自炳、戴之俊、钱邦芑起陈湖，黄家瑞、陈子龙起泖，吴易起笠泽，皆与会师，谋恢复。兵溃，寿祺被执，不屈，将及难，有阴救之者，囚系月余，得脱。乃渡江归隐，筑室浦西，妻徐、子睿，灌园以自给。髡首被僧衣，自称明志道人、沙门慧寿，而饮酒食肉如故。时渡江而南，访知旧，吊故垒。遗民故老过淮阴者，亦辄造草堂，流连歌哭，或淹留旬月。虽隐居，固未尝一日忘世也。顺治九年，卒。

寿祺善诗、文、书、画，旁及琴、剑、棋、曲、雕刻、刺绣，亦靡弗工妙。尔梅论有明一代书，推为第一。著有《隰西草堂集》。

初，尔梅、寿祺同谋举事，一起江北，一起江南，先后相呼应。及事败，尔梅出走，思得一当。寿祺留江、淮观世变，不幸先死。尔梅独奔走三十余年，亦终无所就。后世称"徐州二遗民"，常为之太息云。

郑与侨，字惠人，号确庵，济宁人。五岁父殁，母张以祖遗田让之仲，独取遗书一箧授侨，曰："儿读此，可饱也！"与侨发奋力学，崇祯丙子举于乡。时流寇充斥山左，与侨以济宁为漕艘咽喉地，倡义与城守张世臣、举人孟瑄并力杀贼，城赖以完。有贼郭升者，将至济宁州，吏议迎款，嘱与侨草表，力拒乃止。及贼至，与侨率乡人歼之，遂徙家淮阳。

史可法方开府淮上，闻与侨名，奏为仪真令，而吏部以其前守济宁功，改除扬州府推官。扬州为兴平伯高杰列藩地，其将卒多骄横，稍不当意，抽刀割人，与侨悉裁之以法。巡按御史何纶荐以推官监江、海军，驻通州。

江南失守，与侨奉母之武林，总督张存仁、经略洪承畴奇其才，欲官之，皆谢不起。后归济上，立社教授生徒，绝口不谈时事。尝遍游秦、晋、川、蜀、荆、楚、吴、越诸胜，著有《确庵稿》、《丹照集》、《争光集》、《济宁遗事》、《秦边记要》等书。卒，年八十有四。自为圹志。

曹元方，字介皇，海盐人。父履泰，明兵部侍郎，以忠直著。元方，崇祯癸未进士，南京建号，授常熟知县。时大学士马士英擅国政，有荐元方署职方司事者，士英亦藉元方名，冀往谒附己，元方讫不往。上疏言愿遵定制补外吏，语侵士英，士英怒，卒与令常熟。常熟为吴中烦剧邑最，当金陵草创，所在兵与民交狃无宁晷。元方措兵饷，惜民力，俱帖然，邑称治。

金陵败，弃官归，履泰先获谴谪戍，亦适归。父子相谓，于义不可晏然以居。元方先变姓名，间道入闽，至建宁，谒唐王。即授吏部文选司主事，晋验封司郎中。顷之，履泰亦由海道至，即授太常卿，晋兵部右侍郎。父子俱以忠义激发，间关来，一时咸伟之。

当是时，郑芝龙久以桀寇内附，崇其秩号，姑息为养骄，至是益甚，志叵测。元方抗疏，自请出视江上师，阅封守，欲从外为重内计。得召对，加御史衔，赐白金，挥涕以行。至浦城，则江上溃兵接踵狼狈下，元方仓卒走，计后图。履泰从唐王趋赣州，遇兵，投身崖石下，绝复苏。舁至僧舍，辗转至浦城，父子得相见。

履泰疾甚，先归，旋卒于家。元方闻，乃亟归，微服挈母及妻子行，寄食旅舍中。久之，事稍定，卜居硖石村，筑草堂，自号耘庵。以老卒，年八十有二。

庄元辰，字起贞，晚字顽庵，鄞人，学者称汉晓先生。赋性严凝，不随人唯阿。崇祯丁丑进士，授南京太常博士。甲申之变，一日七至中枢史可法之门，促以勤王。福王立，议推科臣，总宪刘宗周、掌科章正宸皆举元辰为首，而马士英密遣私人致意曰："博士盍不持门下刺上谒相公？掌科必无他属。"峻拒之。中旨仅授刑部主事。已而阮大铖欲兴同文之狱，元辰曰："祸将烈矣！"遽行，未几而留都亡。

钱肃乐之起事也，元辰破家输饷，时降臣谢三宾为王之仁所胁，以饷自赎。及肃乐与之仁赴江上，三宾潜招兵，众疑之。明经王家勤谓肃乐曰："浙东沿海皆可以舟师达盐官，倘彼乘风而渡，列城且立溃矣，非分兵留守不可。"肃乐曰："是无以易吾庄公者。"于是共推元辰任城守事，分兵千人属之，以四明驿为幕府，家勤及林时跃参其事。元辰日耀兵巡诸堞里，人呼为"城门军"，三宾不敢动。乃迎鲁王于天台，鄞始解严。

晋吏科都给事中，迁太常卿。上疏言："殿下大仇未雪，举兵以来，将士宣劳于外，编氓殚藏于内，卧薪尝胆之不遑，而数月来，颇安逸乐。釜鱼幕燕，抚事增忧，则晏安何可怀也？敌在门庭，朝不及夕，有深宫养优之心，安得有前席借箸之事，则蒙蔽何可滋也？天下安危，托命将相，今左右之人，颇能内承色笑，则事权何可移也？五等崇封，有如探囊，有为昔时佐命元臣所不能得者，则恩膏何可滥也？陛下试念两都黍离麦秀之悲，则居处必不安；试念孝陵、长陵铜驼荆棘之惨，则对越必不安；试念青宫二王之辱，则抚王子何以为情；试念江干将士列邦生民之困，则衣食可以俱废。"疏入，报闻。已又言中旨用人之非，累有封驳，王不能用。

时三宾夤缘居要，而马士英又至，元辰言："士英不斩，国事必不可为！"贻书同官黄宗羲、林时对云："蕞尔气象，似惟恐其不速尽者，区区忧愤，无事不痛心疾首，以致咳嗽缠绵，形容骨立。愿得以微罪，成其山野。"遂乞休。

未几，大兵东下，乃狂走深山中，朝夕野哭。元辰故美须眉，顾盼落落，至是失其面目，巾服似头陀，一日数徙，莫知所止，山中人亦不复识。忽有老妇呼其小字曰："子非念四郎邪？"因叹曰："吾晦迹未深，奈何？"顺治四年，疽发背，戒勿药，曰："吾死已晚，然及今死犹可。"遂卒。

王玉藻，字质夫，江都人。崇祯癸未进士，授慈溪知县。少詹项煜以从逆亡命，玉藻及慈民冯元飓均出其门，遂匿于冯氏。慈人毙煜于水，玉藻置不问。有明士习重闱谊，或以为过，玉藻曰："吾岂能为向雄之待钟会哉！夫君臣之与师友，果孰重？"闻者悚然。

金陵破，鲁王监国，玉藻乃与沈宸荃起兵，晋御史，仍行县。复募义勇，请赴江上自效，略谓："今恃以自保者，惟钱唐一江，待北兵渡江而后御，曷若御之于未渡之先？臣愿以身先之！"乃解县事，以兵科都给事往军前。时驻兵江上者，有方国安、王之仁、孙嘉绩、熊汝霖、章正宸、郑道谦、钱肃乐、沈光文、陈潜夫、黄宗羲，咸各自为军，兵饷交讧，莫敢先进。既不予玉藻以饷，复陈划地分饷，又不听，玉藻乃力请还朝。

既入谏垣，上封事十余，略谓："北兵之可畏者在勇，而我军之可虑者在怯，怯由于骄，兵骄由于将骄。今统兵之将，无汗马之劳，辄博五等之封，安得不启以骄心？骄则畏战，非稍加裁抑，恐无以戢其嚣陵之气。"又谓："宜用海师窥吴淞，以分杭州北兵之势。又刘宗周、祁彪佳诸臣，宜加褒忠之典。"以是不为诸臣所喜，乃力求罢职。时元辰为太常，固乞留之，谓："古人折槛旌直，今令直臣去国，岂国家之福！"玉藻感其言，供职如初。

浙东再破，玉藻追鲁王踪，弗及，自投于池，水涸不得死，乃以黄冠遁于剡溪。资粮俱尽，采野葛为食。妻李，辽东巡抚植女，知书明大义，在浙行时，屡脱簪珥佐军兴；借入剡溪，命二子方岐、方巀拾堕樵，不以穷厄易操。适四明山寨竞起义军，以书致玉藻，玉藻思乘间入舟山，为侦骑所遏，不果往。每临流读所作诗，辄激励慷慨，仰天起舞，或朝夕悲歌，与门人熊亦方相和答。继亦方以癫死。玉藻归隐北湖，誓不易衣去发，作绝词以逝。遗命不冠而敛。

李长祥，字研斋，达州人。崇祯癸未进士。初以诸生练乡勇助城守，后选庶吉士，吏部荐备将帅之选。或曰："天子果用公，计安出？"叹曰："不见孙白谷往事乎？今惟有请便宜行事，虽有金牌，亦不受进止。平贼后，囚首

阙下受斧钺耳！"闻者咋舌。贼日逼，上疏请急令大臣辅太子出镇津门，以提调勤王兵。不果行，而京师溃，为贼所掠，乘间南奔。

福王立，改监察御史，巡浙盐。鲁王监国，加右金都御史，督师西行，而江上师又溃。鲁王航海去，长祥以余众结寨上虞之东山。时浙江诸寨林立，四出募饷，居民苦之。独长祥与张煌言、王翊三营，且屯且耕，井邑不扰。监军鄞人华夏者，为之联络布置，请引舟山之兵，连大兰诸寨，以定鄞、慈五县，因下姚江，会师曹娥，合俩山诸寨以下西陵。佥议奉长祥为盟主，刻期将集，而为降绅谢三宾所发，引兵来攻。前军张有功被执，死。中军与百夫长十二人，期以次日缚长祥为献。晨起，十二人忽自相语："奈何杀忠臣？"折矢扣刃，偕誓而遁。

长祥匿丐人舟中，入绍兴城。居数日，事益急，复遁至奉化，依平西伯朝先。朝先亦蜀人，得其助，复合众于夏盖山，晋兵部左侍郎。请合朝先之众，联络沿海，以为舟山卫。张名振忌之，袭杀朝先，长祥仅免。舟山破，亡命江、淮间，总督陈锦捕得之，安置江宁。未几，乘守者之急，逸去。由吴门渡秦邮，奔河北，遍历宣府、大同，复南下百粤。晚岁，始还居毗陵，筑读易堂以老。

王正中，字仲抚，保定人。崇祯丁丑进士。鲁王监国，以兵部职方司主事摄馀姚县事。时义军猝起，市魁、里正得一札付，辄入民舍括金帛，郡县不敢谁何。正中既视事，令各营取饷必经县，否则以盗论。

总兵陈梧渡海掠馀姚，正中遣民兵击杀之，诸营大哗，责正中擅杀大将。黄宗羲言于监国曰："梧借丧乱以济其私，致犯众怒，是贼也。正中守土，当为国保民，何罪之有？"议乃息。张国柱、田仰、荆本彻各率所部过姚江，舳舻蔽空而下，以正中严备，不敢犯，皆帖帖趣行。国柱后从定海入，纵兵焚掠，正中单骑入其军，呵止之，国柱讫不得逞。寻擢监察御史，诸军从浙西来会，一听约束，众倚之若严城焉。

寻以株连系狱，论死。狱中有闽人柯仲炯者，精星象，正中欲从受业，援黄霸从夏侯胜授经为说，数年讲习不息，洞悉天官、律吕、度数诸书，复从黄宗羲学壬遁、孤虚之术。宗羲叹曰："传吾绝学者，仲抚一人耳！"遂造《监国鲁元年丙戌大统历》以进。浙东亡，避窜山中，贫不能自存，傍鉴湖佃田五亩，佐以医卜自给。康熙六年，卒，年六十九。著有《周易注》、《律书详注》。

董守谕，字次公，鄞县人。举人。鲁王监国，召为户部贵州司主事。时熊汝霖、孙嘉绩首事起兵，然皆书生，不知调度。乃迎方国安、王之仁，授之军政，凡原设营兵、卫军俱隶之。孙、熊所统，惟召募数百人。

方、王兵既盛，反恶当国者有所参决，因而分饷分地之议起。分饷者，正兵食正饷，田赋之出也，方、王主之；义兵食义饷，劝捐无名之征也，熊、孙诸军主之。分地者，某正兵，支某邑正饷；某义兵，支某邑义饷也。鲁王令廷臣集议，方、王司饷者，皆至殿陛哗争，守谕曰："诸君起义旅，咫尺天威，不守朝廷法乎？"乃稍退。守谕又进曰："义饷有名无实，以之馈义兵，必不继。即使能继，谁

为管库？今请以一切税供悉归户部，计兵而后授饷，核地之远近，酌给之后先，则兵不绌于食，而饷可以时给也。"方、王虽不从，然所议正，无以难也。

之仁请收渔船税，守谕曰："今日所恃者人心耳，渔户已办渔丁税矣，若再苛求，民不堪命，人心一摇，国何以立？"久之，又请行税人法，请塞金钱湖为田，官卖大户祀田赡军，三疏皆下部议，兵士露刃以待覆，守谕力持不可。之仁大怒，谓："行朝大臣不敢裁量幕府，户曹小臣敢尔阻大事邪？"檄召守谕，将杀之，鲁王不能禁，令且避。守谕慷慨对曰："司饷守正，臣分也。生杀出主上，武宁虽悍将，何为者？臣任死王前，听武宁以臣血溅丹墀可耳！"于是举朝忿怒，曰："之仁反邪，何敢无王命而害饷臣！"之仁乃止。

明年，庄烈帝大祥，守谕请谒朝堂哭，三军缟素一日，迁经筵日讲官，兼理饷事。鲁王航海，守谕不及从，遂遁迹荒郊，旋卒。著有《擎兰集》。

陆宇燝，字周明，鄞县人。诸生。慷慨尚气节。时有弟子讼其师，师不得直，宇燝诣文庙，恸哭伐鼓，卒直其师而后止。明亡，尝与黄宗羲谋举事，其所与计画者，皆四方知名士。其城西田舍，复壁柳车，杂宾死友。计败，喜事乃益甚。江湖间多传其姓名，以为异人。

南都破，甬东师起，宇燝毁家纾饷。翁洲又破，宇燝捐金与谍者，令访死事消息。张肯堂之孙以俘至，亟治橐饘入狱视之，语其弟子宇燝使为脱ës，董志宁之丧在海上，宇燝致而葬之。旋为降卒所诬，捕入省狱，狱具，宇燝无所违误，脱械出门，未至馆而卒。

宇燝以好事尽其家产，室中所有，惟草荐败絮及故书数百卷。讣闻，家人整理其室，得布囊于乱书之下，发而视之，则赫然人头也。宇燝识其面目，捧之而泣曰："此故少司马笃王公头也！"初，司马兵败，枭城阙，宇燝思收葬之，每徘徊其下。一日，见暗中有叩首而去者，迹之，走入破室。宇燝曰："子何人？"其人曰："余毛明山，曾以卒伍事司马，今不胜故主之感耳！"宇燝相与流涕，而诣江子云计所以收其头者。子云名汉，钱肃乐部将也。失势家居，会端阳竞渡，游人杂沓，子云红笠握刀，从十余人登城遨戏。至枭头所，问守卒曰："孰戴此头也者？"卒以司马对。子云佯怒曰："嘻！吾怨家也，亦有是日乎？"拔刀击之，绳断堕地，宇燝、明山已豫立城下。方是时，龙舟噪甚，人无回once头反视者，宇燝以身蔽，明山拾头杂传人而去。宇燝祀之书室，盖十二年矣，而家人无知者。至是宇燝始瘗之。

宇燝，宇燝第五弟，字春明。负才自喜，俯视一切。宇燝风格棱棱不可犯，而宇燝稍济之以和，故世人亲之如夏日冬日之分。然其刻意励行，虽嘲笑皆归名节，则一也。丙戌后，弃诸生与诸遗民游，荒亭木末，时闻野哭。

同里秀才杜懋俊，仗义死难，藏其遗孤。桐城方授，避地来鄞，宇燝馆之湖楼中。授卒，宇燝经纪其丧，收拾遗文以致其家。性嗜异书，晚年，家既贫，不能具写官，乃手钞，濒病不倦。从子官山左，令其访东莱赵士哲遗书，垂殁，尚以其书未至为恨。自弃诸生，即练衣蔬食，丛林以为佞佛，争劝之披缁，宇燝笑不答。及遗命不作佛事，众始瞿然。卒，年六十六。著《观日堂集》八卷。

汉，钱塘人。为肃乐所倚恃，授以都督金事总兵官。师至闽，几下福州，汉功为多。侍郎冯景第之乞师日本也，请与偕行。及归，汉曰："东师必不出也！"已而果然。肃乐既卒，汉侍母居鄞，种蔬自给，四壁无长物，惟余肃乐所赠宝刀一而已。每语及肃乐，则泪淋淋下，抑郁终。

方以智，字密之，桐城人。父孔炤，明湖广巡抚，为杨嗣昌劾下狱，以智怀血疏讼冤，得释，事具《明史》。以智，崇祯庚辰进士，授检讨。会李自成破潼关，范景文疏荐以智，召对德政殿，语中机要，上抚几称善。以忤执政意，不果用。京师陷，以智哭临殡宫，至东华门，被执，加刑毒，两髁骨见，不屈。

贼败，南奔，值马、阮乱政，修怨欲杀之，遂流离岭表。自作《序篇》，上述祖德，下表隐志。变姓名，卖药市中。桂王称号肇庆，以与推戴功，擢右中允。扈王幸梧州，擢侍讲学士，拜礼部侍郎、东阁大学士，旋罢相。固称疾，屡诏不起。尝曰："吾归则负君，出则负亲，吾其缁乎？"

行至平乐，被絷。其帅欲降之，左置官服，右白刃，惟所择，以智趋右，帅更加礼敬，始听为僧。更名弘智，字无可，别处药地。康熙十年，赴吉安，拜文信国墓，道卒。其闭关高坐时也，友人钱澄之，亦客金陵，遇故中官为僧者，问以智，澄之曰："君岂曾识耶？"曰："非也。昔侍先皇，一日朝罢，上忽叹曰：'求忠臣必于孝子！'如是者再。某跪请故，上曰：'早御经筵，有讲官父巡抚河南，坐失机问大辟，某薰衣，饰容止如常时。不孝若此，能为忠乎？闻新进士方以智，父亦系狱，日号泣，持疏求救，此亦人子也。'言讫复叹，俄释孔炤，而辟河南巡抚，外廷亦知其故乎？"澄之述其语告以智，以智伏地哭失声。

以智生有异禀，年十五，群经、子、史，略能背诵。博涉多通，自天文、舆地、礼乐、律数、声音、文字、书画、医药、技勇之属，皆能考其源流，析其旨趣。著书数十万言，惟《通雅》、《物理小识》二书盛行于世。

子中德，字田伯，著《古事比》。以智构马、阮之难，中德年十三，挝登闻鼓，讼父冤。父出亡，偕诸弟徒步追从。中通，字位伯，精算术，著《数度衍》，见《畴人传》。中履，字素伯，幼随父于方外，备尝险阻，著《古今释疑》。

钱澄之，字饮光，原名秉镫，桐城人。少以名节自励。有御史巡按至皖，盛仪从，谒孔子庙，诸生迎犒门外。澄之忽前扳车，御史大骇，止车，因抗声数其秽行。御史故阉党，方自幸脱"逆案"，内惧不敢究其事。澄之以此名闻。是时复社、几社益兴，比郡中主坛坫者，宣城沈寿民、池阳吴应箕，桐城则澄之及方以智，而澄之又与陈子龙、夏允彝辈联云龙社，以接武东林。澄之体貌伟然，好饮酒，纵谈经世之略。尝思冒危难，立功名。

阮大铖既柄用，刊章捕治党人，澄之先避吴中，妻方赴水死，事具《明史》。于是亡命走浙、闽，入粤，崎岖险绝，犹数从锋镝间支持名义不少屈。黄道周荐诸唐王，授吉安府推官，改延平府。桂王时，擢礼部主事，特试，授翰林院庶吉士，兼诰敕撰文。指陈皆切时弊，忌者众，乃乞假，间道归里。结庐先人墓旁，环庐皆田也，自号曰田间，著《田间诗学》、《易学》。

澄之尝问《易》道周，依京房、邵雍说，究极数学，后乃兼求义理。其治《诗》，遵用《小序》首句，于名物、训诂、山川、地理尤详。自谓著《易》、《诗》成，思所以翊二经者，而得庄周、屈原，乃复著《庄屈合诂》。盖澄之生值末季，离忧抑郁无所泄，一寓之于言，故以庄继《易》，以屈继《诗》也。又有《藏山阁诗文集》。卒，年八十二。

恽日初，字仲升，号逊庵，武进人。崇祯癸酉副榜。久留京师，应诏上备边五策，不报。知时事不可为，乃归隐天台山。两京亡，唐王立福州，鲁王亦监国绍兴，吏部侍郎姜垓荐日初知兵，鲁王遣使聘之，固辞不起。大兵下浙，避走福州；福州破，走广州；广州复破，乃祝发为浮图，复至建阳。

是时唐王被执死，鲁王亦败走海外，湖广何腾蛟、江西杨廷麟等皆前后覆灭，而明遗臣尚拥残旅，遥奉永历。金坛人王祈聚众入建宁，属县多响应。日初曰："建宁，入闽门户，能守，则诸郡安，然不扼仙霞关，建宁终不守也。欲取仙霞，宜先取蒲城。"乃遣长子桢随副将谢南云先趋蒲城，失利，皆死。而御史徐云兵连入数州县，锐甚，日初令夜入蒲城，自督兵继进。会大雷雨，人马冲泥淖，行不能速，军遂溃。建宁被围，王使兵部尚书揭重熙赴援。日初上书，请径取蒲城，断仙霞岭饷道，徐与围中诸将夹击之。重熙巡至邵武，不能进，建宁遂破，王祈力战死。日初收残卒走广信，寻入封禁山中，数日粮尽，喟然曰："天下事坏散已数十年，不可救正。然庄烈帝殉社稷，薄海茹痛，小臣愚妄，谓即可此延天命。今乃至此，徒毒百姓，何益？"遂散众，独行归常州。久之，张煌言与郑成功军薄江宁，败走。讹传张弟凤翼乃日初门人，从师匿，县官将收捕，日初色如常，曰："吾当死久矣。"既而事解。卒，年七十有八。

少与杨廷枢等交，于百氏无所不窥，尤喜宋儒书。及从刘宗周游，学益进，尝上书申救，义声震天下。丙戌后，累至山阴哭祭，为之《行状》，近十万言。晚服浮图服，而言学者多宗之。无锡高世泰重茸东林书院，日初与同志习礼其间。知常州府骆钟泰屡求见，不纳。去官后，与一见，言《中庸》要领，喜而去，曰："不图今日得聆大儒绪论也！"

次子桓，在建宁被掠，不知所终；少子格，字寿平，见《艺术传》。

郭金台，字幼隗，湘潭人，本姓陈氏，名湜。年十五，遭家难，赖中表郭氏卵翼得脱，遂为继。弱冠有声黉序间，万历间，两中副车。崇祯朝，屡以名荐，不起；例授官，亦不拜。既南渡，隆武乡试登贤书，督师何腾蛟论荐，授职方郎中。再起监军金事，有司敦迫，皆以母老病辞不就。避迹山中，然于时事多所论列。一二枕戈泣血之士，崎岖岭海，经营措置，不遗余力。当是时，溃卒猖獗，积尸盈野，百里无人烟。金台请于督师，命偏裨主团练，力率乡勇，锻矛戟，峙刍糗，乡人全活者以数万计。

清初，当局特疏荐于朝，力请得免。晚授徒衡山，深衣幅巾，足不履户外，绝口不谈世事。惟论列当时殉难诸人，辄歔欷流涕。康熙十五年，以疾卒于家，年六十有七。自题其墓曰"遗民郭某之墓"。著有《石村诗文集》，《五经骈语》，《博物汇编》。

朱之瑜，字鲁玙，号舜水，余姚人，寄籍松江。少有志概，九岁丧父，哀毁逾礼。及长，精研《六经》，特通《毛诗》。崇祯末与诸生两奉征辟，不就。福王建号江南，召授江西按察司副使，兼兵部职方司郎中，监方国安军，之瑜力辞。台省劾偃蹇不奉诏，将逮捕，乃走避舟山，与经略王翊相缔结，密谋恢复。渡海至日本，思乞师。鲁王监国，累征辟，皆不就。又赴安南，见国王，强令拜，不为屈，转敬礼之。

复至日本，时舟山既失，之瑜师友拥兵者，如朱永祐、吴钟峦等皆已死节，乃决蹈海全节之志，遂留寓长崎。日人安东守约等师事之，束脩敬养，始终不衰。日本水户侯源光国厚礼延聘，待以宾师，之瑜慨然赴焉。每引见谈论，依经守义，曲尽忠告善道之意。教授学者，循循不倦。

日人重之瑜，礼养备至，特于寿日设养老之礼，奉几杖以祝。又为制明室衣冠使服之，并欲为起居第，之瑜再辞曰："吾藉上公眷顾，孤踪海外，得养志守节，而保明室衣冠，感莫大焉！吾祖宗坟墓，久为发掘，每念及此，五内惨烈。若丰屋而安居，岂我志乎？"乃止。

之瑜为日人作《学官图说》，商榷古今，剖微索隐，使梓人依其图而以木模焉，栋梁析椽，莫不悉备。而殿堂结构之法，梓人所不能通晓者，亲指授之。度量分寸，凑离机巧，教喻缜密，经岁而毕。文庙、启圣宫、明伦堂、尊经阁、学舍、进贤楼、廊庑射圃，门户墙垣，皆极精巧。又造古祭器，先作古升、古尺，揣其称胜，作簠、簋、笾、豆、登、铏之属。如周庙欹器，唐、宋以来，图虽存而制莫传，乃依图考古，研核其法，巧思默契，指画精到。授之工师，或未洞达。复为揣轻重，定尺寸，关机运动，教之经年，不厌烦数，卒成之。于是率儒学生，习释奠礼，改定仪注，详明礼节，学者皆通其梗概。日人文教，为之彬彬焉。之瑜居日本二十余年，年八十三卒，葬于日本长崎瑞龙山麓。日人谥曰文恭先生，立祠祀之，并护其墓，至今不衰。

之瑜严毅刚直，动必以礼。平居不苟言笑，唯言及国难，常切齿流涕。鲁王敕书，奉持随身，未尝示人，殁后始出，人皆服其深密谨厚云。著有《文集》二十五卷，《释奠仪注》一卷，《阳九述略》一卷，《安南供役纪事》一卷。

沈光文,字文开,一字斯庵,鄞人。少以明经贡太学,福王授太常博士,浮海至长垣,晋工部郎。闽师溃而北,扈从不及。闻粤中建号,乃走肇庆,累迁太仆卿。由潮阳航海至金门,闽督李率泰方招徕故国遗臣,密遣使以书币招之,光文焚书返书。知粤事不可支,卜居于泉州海口,浮家泛宅。忽飓风大作,舟人失维,飘泊至台湾。时郑成功尚未至,而台湾为荷兰所据,光文受一廛以居,与中土音耗隔绝。成功克台湾,知光文在,大喜,以宾礼见。时海上诸遗老,多依成功入台,光文与握手相劳苦。成功致廪饩,且以田宅赡之。

成功卒,子锦嗣,改父之臣与政,军亦日削。光文作赋讽之,几不测。乃变服为浮屠,逃入台北鄙,结茅罗汉门山中以居,山旁有伽溜湾者,番社也。光文教授生徒自给,不足,则济以医。叹曰:"吾二十载飘零绝岛,弃坟墓不顾者,不过欲完发以见先皇帝于地下耳,而卒不克,命也夫!"已而锦卒,诸郑复礼之如故。

康熙癸丑年,王师下台湾,闽督姚启圣招之,光文辞。启圣贻书问讯曰:"管宁无恙?"且许遣人送归鄞,会启圣卒,不果。而诸罗令季麟光,贤者也,为粟肉之继,旬日一候门下。时耆宿已尽,而寓公渐集,乃与宛陵韩文琦、关中赵可行、无锡华衮、郑廷桂、榕城林奕丹、山阳宗城、螺阳王际慧等结诗社,所称《福台新咏》者也。寻卒于诸罗。

陈士京,字佛庄,先世本奉化朱氏,迁鄞,改姓陈。熊汝霖荐授职方司郎中,监三衢总兵陈谦军。谦使闽,偕行,而唐、鲁方争颁诏事,谦死,遂遁之海上。郑芝龙闻名,令与其子成功游,芝龙以闽降,成功不肯从,异军特起,士京实赞之。已而汝霖奉鲁王至,复以公义说成功,始致寓公之敬。会鲁王上表粤中,成功亦欲启事于粤,使士京往,加都御史,归。

鲁王入浙,特留闽,与成功相结,以为后图。成功盛以恢复自任,宾礼遗臣,其最致敬者,尚书卢若腾,侍郎王忠孝,都御史章朝荐,及徐孚远、沈光文,与士京数人而已。久之,见海师无功,粤事亦日坏,乃筑鹿石山房于鼓浪屿中,感物赋诗以自遣。寻卒。

吴祖锡,字佩远,吴江人。崇祯壬午副贡。时中原大乱,料京师必危,预谋勤王。欲身任浙西,以浙东之许都,约未定而变作。故镇臣陈洪范随王师下江南,与有旧,自言其降出于不得已,而以奇策告祖锡,立出遗产四万金畀之。已而剃发令下,遽委之去,改名钮,字稽田。从陈子龙、徐孚远谋恢复。侦事杭州,为仇家缚送江宁,羁系狱中,复鬻而纵之。鲁王授职方郎中,桂王亦官之如鲁,仍往来吴、越间。

副将冯源淮驻军嘉兴,乃与结纳,冀有所为。其部属董某司词察,冯耳目也,亦故与厚善。比孚远归自海外,有所谋,密馆之。事稍闻于冯,冯遣董诣问,祖锡遽前握其手曰:"徐公在此,若欲见之乎?"董惊曰:"徐公果在此,顾肯令我见耶?"即引见,董叩头泣下,道其向慕,矢不相负。因以讹言报冯,而阴遣弋船卫孚远浮海去。

海师入江,祖锡实导之,且连岁在金陵,隐为之助。乃复遭刊章,事解,志不稍挫。将诣滇南,而先之郧阳。时郧阳十三营,尚保残寨,乃劝出师挠楚以救滇。顾十三营已疲敝,不能用其策也。

桂王既入缅甸,思追从,道阻,不得达。复返吴。游中州,更由秦入楚,卒无所遇。康熙己未,客胶州大竹山,郁郁靡所聘。会怀宗忌日,恸哭呕血死,遗命藁葬山中,年六十有二。距明亡已三十有五年矣。

凡明末三王遗臣逸士,其初或起义,或言事,各有所谋,其后或蹈海,或居夷,志不少沮,皆先后云亡。及祖锡死,徐枋为之传曰:"自吴子殁,而天下绝援溺之望。"亦可悲矣!故以附于明末遗臣之末。

卷五百一　　列传二百八十八

遗逸二

李孔昭单者昌　崔周田　刘继宁　**刘永锡**彭之灿
徐枋戴易　李天植　理洪储　**顾柔谦**子祖禹
冒襄陈贞慧　**祁班孙**兄理孙　**汪沨**
余增远周齐曾　**傅山**子眉　**费密**　**王弘撰**
杜浚弟岕　**郭都贤**陶汝鼐　**李世熊**　**谈迁**

李孔昭,字光四,蓟州人。性孤介,平居教授生徒,倡明理学。崇祯十五年进士,见世事日非,不赴廷对,以所给牌坊银留助军饷。奉母隐盘山中,躬执樵采自给。母病,刲股疗之。北都陷,素服哭于野者三载。蓟州城破,妻王殉难死,终身不再娶。形迹数易,人无识者。

清初,诏求遗老,抚按交章荐,不出。一日,当道遣吏持书币往,遇负薪者,呼而问之,曰:"若识李进士耶?"负薪者诘得其故,以手遥指而去。吏至其室,虚矣。邻叟曰:"汝面失之。向所负薪者,李进士也!"后屡物色之,卒不得。时有某孝廉,当上公车,辄止不行,曰:"吾出郭门一步,何面目见李光四乎?"

会值邑中方兴役,按户签夫,驱孔昭,孔昭曰:"吾力不能任,愿出赀以代。"吏持去。阅数日,大学士杜立德闻孔昭在邑,急往候之,吏闻,趋谢罪。孔昭曰:"此间不知有李进士,若勿误也。"由是踪迹愈密,或黄冠,或儒服,见者甚稀。惟宝坻单者昌、崔周田、刘继宁,皆高士,与之友善,往来无虚岁。

者昌,字蔚起,才名埒孔昭。早忤于序,入清不复应试。杜立德招之,不能致,独与孔昭徜徉田野间,悲歌慨愤,有所作,辄焚之,不以示人。竟以忧死。

周田,字锡龄。顺治中,充岁贡,不与试。建一楼,贮古本书及金石刻万卷,日吟啸其中。尝过盘山,与孔昭坐林石间相笑语。孔昭亦时下榻于其家,周田命其子执弟子礼，且迎孔昭母，事之如所生。

继宁，字兑庵。少负义气，有古侠士风。尝出重金赎难女二，为之择配。岁饥，煮粥食饿者。视周田如手足，有缓急恒资之，周田亦弗谢也。晚年为子择师游盘山，踪迹孔昭，得之，邀至其家，令其三子从受业。暇则与周田聚宴歌呼以为乐，然每一念母，虽深夜必驰归，弗能禁也。晚好陶诗，因又自号潜翁。一日，为门人讲《孟子·尽心章》，曰："此传心法也！"言讫而卒。其弟子私谥曰安节先生。

刘永锡，字钦尔，号誉庵，魏县人。崇祯乙亥举人，官长洲教谕。南都败，率妻粟隐居相城，大吏造其室，欲强之出，永锡祖裼疾视，曰："我中原男子，年二十，渡漳河，登大伾，跃马鸣鞘，两河豪杰，谁不知我者！欲见辱耶？"取壁上剑自刎。门下士抱持之，得解，谓其妻曰："彼再至，我与若立决矣！"皆裂尺帛握之。寻移居阳城湖滨，与妻及子临、女贞织席以食。市中见永锡携席至，皆呼席先生。食不继，时不举火，有遗之粟者，非其人不受，益困急。其女已许字，未嫁，乱后恐遭辱，绝粒死。其妻哭之成疾，亦死。其僮仆遇水灾乏食，相继饿死，或散走。有老奴从魏县来，劝之归，曰："室庐故在也！"永锡曰："我非不欲归，然昔奉君命来，义不可离此一步。"命其子与妇携老奴还里，曰："祖宗丘墓责在汝！"麾之去。时岁荒，得食愈艰，每杂糠粃作饭。临既归，思父不置，假贷得百金驰献，中途马惊，堕地死。

永锡容貌甚伟，至是，毁形骨立，既自悼无家，买一破船往来江湖间。尝泛舟中流，鼓枻而歌曰："溯彼中流兮，采其荇矣。呼君与父兮，莫之应矣。身为饿夫兮，天所命矣。中心殷殷兮，涕斯进矣。"又歌曰："白日堕兮野荒荒，逐鬼雁兮侣牛羊，壮士何心兮归故乡。"歌声悲烈，闻者哀之。尚书钱谦益念其穷，招之往，永锡曰："尚书为党魁，受主眷，枚卜时天子期以伊、傅，彼岂忘之邪？"却不往，卒穷饿至不能起。一夕，大呼"烈皇帝"者三，遂卒，时顺治十一年秋也。弟子长洲徐晟、陈三岛，友人常熟陆泓，经纪其丧，葬之于虎丘山塘，以妻、女祔之。

彭之灿，字了凡，蠡县诸生。甲申后携妻寓饶阳作村塾师。未几，妻、子相继死，至苏门，与孙奇逢游。然性不谐俗，爱静坐。有人延于家，以市嚣，辄避去。尝渡河南游，韩鼎业为馆之僧舍，年余，又弃去。独担瓢笠图书，遍游嵩、少、王屋诸名胜。在九山绝粒数日，奇逢挽之夏峰，劝归老先人墓旁。之灿曰："某出门时，已誓告先垅不再返，不能蹈东海、入西山而死，即沟壑道路，无恨也！"顺治十五年六月，竟死啸台东北石柱下。奇逢为镌石记其事，立墓上，曰："饿夫之墓"。之灿与容城张果中、西华理鬯和，并称"苏门三贤"。

徐枋，字昭法，长洲人。父汧，明少詹事，殉国难，事具《明史》。枋，崇祯壬午举人。汧殉国时，枋欲从死，汧曰："吾不可以不死，若长为农夫以没世可也！"自是遁迹山中，布衣草履，终身不入城市。及游灵岩山，爱其旷远，卜涧上居之，老焉。枋与宣城沈寿民、嘉兴巢鸣盛，称"海内三遗民"。枋书法孙过庭，画宗巨然，间法倪、黄，自署秦余山人。尝寄灵芝一帧于王士祯，士祯与金孝章画梅、王玠草书作《斋中三咏》以记之。然性峻介，键户勿与人接。睢州汤斌巡抚江南，屏驺从，往访之，枋避不见。斌登其堂，坚坐移晷，为诵《白驹》之诗，周览太息而去。川湖总督蔡毓荣自荆州致书求其画，枋答书而返币，竟不为作。曰："明府是殷荆州，吾薄顾长康不为耳。"所往来惟沈寿民与莱阳姜垓、同里杨无咎、门人吴江潘耒及南岳僧洪储而已。

家贫绝粮，耐饥寒，不受人一丝一粟。洪储时其急而馈之，枋曰："此世外清净食也。"无不受。豢一驴，通人意。日用间有所需，则以所作书画卷置篦于驴背，驱之。驴独行，及城闉而止，不阑入一步。见者争趣之，曰："高士驴至矣！"亟取卷，以日用所需物，如其指，备而纳诸篦，驴即负以返，以为常。卒，年七十三。

时商丘宋荦抚吴，枋预戒曰："宋中丞甚知我，若我死，勿受其赙也。"荦果使人赠棺槥赀如枋命，终不受。卒，以贫不能葬。一日，有高士从武林来吊，请任窆瘗，其人亦贫，而特工篆、隶，乃赁居郡中，鬻字以庀葬具，纸得百钱。积二年，乃克葬枋于青芝山下，而以羡归其家。语之曰："吾欲称贷富家，惧先生吐之，故劳吾腕，知先生所心许也。"葬毕即去，不言名氏。或有识之者，曰："此山阴戴易也！"

易，字南枝。少从刘宗周学，游吴门，年七十余矣。有六子，不受其养，独携一子及残书百卷自随。其售字也，铢积寸累，不妄费一钱。一苍头饥不能忍，辄逃去。已寄食僧舍中，语及枋，必流涕。尝浮七里濑，登严子陵钓台，赋诗，且歌且泣。或竟日不得食，采野蕨充膳。操瓢量水，坐长松古石间饮之。

李天植，字因仲，平湖人。崇祯癸酉举人。改名确，字潜夫。甲申后，馀田四十亩、宅一区，乃并家分与所后子震及女，而与妻别隐陈山，绝迹不入城市，训山中童子自给。居十年，以僧开堂，始避喧，返屐园，卖文自食，不足，则与其妻为棕鞋竹笥以佐之。好事者约月供薪米，力辞不受。有司慕其高，往访之，辄逾垣避。所著诗文，皆吊甲申以来殉节者。屐园者，乍浦胜地，可望见海市者也。

又十年，家益困，鬻其园，寄身僧舍，戚友赎而归之，始复与妻居，时年七十矣。子震，亦弃诸生，非义一介不取。老夫妇白头相对，时绝食，则叹曰："吾生本赘耳，待尽而已。"有馈食者，非其人，终不受。或问身后，曰："杨王孙之葬，何必棺也！"

又十年，屐园仅存二楹，两耳聋，又苦腹疾，终日仰卧。客至，以粉版书相问舍。魏禧来自江西，造其庐，天植与之粉版，书竟，天植视姓字，则强起张目视之，泣，禧亦泣。时方绝粮，禧探囊得银半两赠之，五反不受，固以请，曰："此非盗跖物也！"始纳之。买米为炊，共食而别。禧嘱布衣周贇、侍郎曹溶纠同志为继粟，且谋身后事，徐枋闻之曰："李先生不食人食，听其以饿死可也。"已而贇赍粟往，天植果坚拒。禧闻之，曰："吾浅之乎为丈夫已。"乍浦有郑婴垣者，孤介绝俗，与天植称金石交，先二年，冻死雪中，至是天植亦饥死。临殁，曰："吾无愧于老友矣！"时康熙十一年也。年八十有二。葬牛桥。所著有《蜃园集》、《乍浦九山志》。

理洪储，字继起，兴化人。本姓李，父嘉兆与中州理鬯和耻与贼同姓，皆改理氏，天下称"二理"。洪储早岁出家，南都覆，明之遗臣多举兵，洪储左右之，被逮，获免，好事如故。人戒之，则曰："吾苟自反无愧，即有意外风波，久当自定。"又曰："忧患得其宜，汤火亦乐国也。"枋闻之，叹曰："是真能以忠孝作佛事者也！"洪储在沙门，宏畅宗风，笃好人物，海内皆能道之。枋曰："此其迹也，但观其每年三月十九日素服焚香，北面挥涕，二十八年如一日，是何为者？"

顾柔谦，字刚中，无锡人，迁常熟。幼遭家难，赀产皆尽。尝同兄出门游，有数人拥之行，行乃挤大泽中。母忽心动，急呼老仆往迹之，得不死。补弟子员。甲申之变，柔谦哀愤，往往形诸诗歌，读者悲之。不妄交游，以父执师事马士奇，而江阴黄毓祺、嘉定黄淳耀皆一见定交。诸人殉国难，柔谦皆设位以哭尽哀。子祖禹，见父衰闭门嘿坐，或竟日不食，祖禹叩头宽譬，柔谦乃曰："汝能终身穷饿，不思富贵乎？"祖禹跪应曰："能。"柔谦曰："汝能以身为人机上肉，不思报复乎？"祖禹复应曰："能。"柔谦喜曰："吾与汝偕隐耳！"遂更名隐，署其室曰伐檀。常夜蹴祖禹："汝他日得志，如旧怨何？"祖禹曰："每忆幼时祖母抱儿置膝上，为言家难，及堕大泽中事，祖禹不敢忘。"柔谦曰："嘻，汝何见之隘？吾家数传以来，颇盈盛，以祖、父之才，而竟中折，天也！于彼何尤？同室之中，宁彼以非礼来，吾不可以非礼报，汝谨识之！"著有《补韵略》、《六书考定》、《山居赘论》。

祖禹，字复初。柔谦精于史学，尝谓："明《一统志》于战守攻取之要，类皆不详山川，条列又复割裂失伦，源流不备。"祖禹承其志，撰《读史方舆纪要》一百三十卷，凡职方、广舆诸书，承讹袭谬，皆为驳正。详于山川险易，及古今战守成败之迹，而景物名胜皆在所略。创稿时年二十九，及成书，年五十矣。宁都魏禧见之，叹曰："此数千百年绝无仅有之书也！"以其书与梅文鼎《历算全书》、李清《南北史合钞》称三大奇书。祖禹与禧为金石交，禧客死，祖禹经纪其丧。徐乾学奉敕修《一统志》，延致祖禹，将荐起之，力辞罢。后终于家。

冒襄，字辟疆，别号巢民，如皋人。父起宗，明副使。襄十岁能诗，董其昌为作序。崇祯壬午副榜贡生，当授推官，会乱作，遂不出。与桐城方以智、宜兴陈贞慧、商丘侯方域，并称"四公子"。襄少年负盛气，才特高，尤能倾动人。尝置酒桃叶渡，会六君子诸孤，一时名士咸集。酒酣，辄发狂悲歌，訾謷怀宁阮大铖，大铖故奄党也。时金陵歌舞诸部，以怀宁为冠，歌词皆出大铖。大铖欲自结诸社人，令歌者来，襄与客且骂且称善，大铖闻之益恨。甲申党狱兴，襄赖救仅免。家故有园池亭馆之胜，归益喜客，招致无虚日，家自此中落，怡然不悔也。

襄既隐居不出，名益盛。督抚以监军荐，御史以人才荐，皆以亲老辞。康熙中，复以山林隐逸及博学鸿词荐，亦不就。著述甚富，行世者，有《先世前徽录》，《六十年师友诗文同人集》，《朴巢诗集》，《水绘园诗文集》。书法绝妙，喜作擘窠大字，人皆藏弆珍之。康熙三十二年，卒，年八十有三。私谥潜孝先生。

陈贞慧，字定生，宜兴人，明都御史陈于廷子。于廷，东林党魁。贞慧与吴应箕草《留都防乱檄》，摈阮大铖。党祸起，逮贞慧至镇抚司，事虽解，已濒十死。国亡，埋身土室，不入城市者十余年。遗民故老时时向阳羡山中一问生死，流连痛饮，惊离吊往，闻者悲之。顺治十三年，卒，年五十三。著有《皇明语林》、《山阳录》、《雪岑集》、《交游录》、《秋园杂佩》诸书。子维崧，见《文苑传》。

祁班孙，字奕喜，山阴人。父彪佳，明苏松巡抚。班孙次六，人称六公子。彪佳尝受业于刘宗周，宗周将兵江上，班孙与其兄理孙罄家饷之。祁氏藏书甲江左，班孙兄弟以故国乔木自任。豪宕喜结客，家居山阴之梅墅，园林深茂。登其堂，复壁大隧，莫能诘也。慈谿布衣魏耕者，狂走四方，思得一当。班孙兄弟与之誓天，称莫逆。或告变于浙大吏，四道捕耕，并缚班孙兄弟去。既谳，兄弟争承，祁氏客而纳赂而宥其兄。班孙遣戍辽左，理孙竟以痛弟郁郁死，而祁氏家亦破。

旋班孙遁归，祝发于吴之尧峰，寻主毗陵马鞍山寺，所称咒林明大师者也。班孙好议论古今，不谈佛法，每语及先朝，则掩面哭，然终莫有知之者。康熙十二年，卒。发其箧，有《东行风俗记》、《紫芝轩集》。且得其遗教，命归祔，乃知为山阴祁六公子，遂得返葬云。

班孙娶少师朱燮元女孙，朱工诗。其来归也，与其姑商、姒张、小姑湘君，时相唱和。商氏子冢妇曰楚缨，字介妇曰赵璧，以志闺门之盛。班孙既被难，朱盛年，孤灯缟帐，数十年未尝一出厅屏。自班孙兄弟殁，淡生堂书星散，论者谓江东文献一大厄运也。

汪沨，字魏美，钱塘人。少孤贫，力学，与人落落寡谐，人号曰汪冷。举崇祯己卯乡试，与同县陆培齐名。甲申后，培自经死，沨为文祭之，一恸几绝，遂弃科举。姻党欲强之试礼部，出千金觇其妻，俾劝驾，妻曰："吾夫子不可劝，吾亦不屑此金也。"尝独身提药裹往来山谷间，宿食无定处。沨故城居，母老，欲时时见沨，其兄澄、弟沄亦弃诸生服，奉母徙城外。沨时来定省，然沨能自来，家人欲往迹之，不可得。

嗣因兵乱，奉母入天台。海上师起，群盗满山谷，复返钱塘。当是时，湖上有三孝廉，皆高士，沨其一也，当事皆重之。监司卢高尤下士，一日，遇沨于僧舍，问："汪孝廉何在？"沨应曰："适在此，今已去矣。"高怅然，不知应者即沨也。高尝舣舟载酒西湖上，约三高士以世外礼相见，惟沨不至。已，知其在孤山，以船就之，排墙遁去。沨不入城市，有司可以俸金为寿，不得却，坎而埋之。里贵人请墓铭，馈百金，拒弗纳。徙居孤山，匡床布被外，残书数卷，键户出，或返或不返，莫可踪迹。

遇好友，饮酒一斗不醉。

晚好道，夜观天象，昼习壬遁，能数日不食，了不问世事。黄宗羲遇之于孤山，讲龙溪调息法。尝坐月至三更，夜寒甚，止布被一，汎与宗羲背相摩，得少暖气。魏禧自江西来访，谢弗见。禧留书曰："吾宁都魏禧也，欲与子握手一痛哭耳！"汎省书大惊，一见若平生欢。临别，执手涕下。汎尝从愚庵和尚究出世法，禧曰："君事愚庵谨，岂有意为其弟子耶？"汎曰："吾甚敬愚庵，然今之志士，多为释氏牵去，此吾所以不屑也。"康熙四年秋，终于宝石山僧舍，年四十有八。临殁，举书卷焚之，诗文无一存者。起视日影，曰："可矣！"书五言诗一章，投笔就寝而逝。汎与陈廷会、柴绍炳、沈昀、孙治人，称"西陵五君子"。

余增远，字谦贞，世称若水先生，会稽人。明崇祯十六年进士，除宝应知县。南都授礼部主事，迁郎中。事败，逃之山中。郡县逼之出见，乃舆疾城南，以死拒。久之，事得解。草屋三间，不蔽风雨，以鳖甲承漏。聚村童五六人，授以《三字经》。卧榻之下，牛宫鸡塒，无下足处。晨则秉耒出，与老农杂作。同年生王天锡为海防道，欲与话旧，以疾辞。天锡披帷直入，增远拥衾不起，曰："不幸有狗马疾，不得与故人为礼。"天锡执手劳苦，出门未数武，则已与婢子担粪灌园矣。天锡遥望见之，叹息去。冬夏一皂帽，虽至昵者，不见其科头。增远慨世路逼仄，遂疑荀卿性恶之说为确，至欲著论以非孟。康熙八年，卒，年六十有五。盖二十有四年不出城南一步也。疾革，黄宗羲造其榻前，欲为切脉，增远笑曰："某祈死二十年前，反祈生二十年后乎？"宗羲泫然而别。

同时有周齐曾者，字思沂，号唯一，鄞人，增远同年进士也。知广东顺德县事，变社仓为义田，而以社仓之法行之。国变后，弃官遁入剡源，尽去其发为发冢，架险立飘榜，曰"橐云"，自称无发居士。剡源饶水石，与山僧樵子出没瀑声虹影间。天锡访之，拒曰："咫尺清辉，举目有山河之异，不愿见也。"为诗文，机锋电激，汪洋自恣，寓言十九。然清苦自立，胸中兀然有所不可，与增远无二也。黄宗羲尝为两人合志其墓云。

傅山，字青主，阳曲人。六岁，啖黄精，不谷食，强之，乃饭。读书过目成诵。明季天下将乱，诸号为搢绅先生者，多迂腐不足道，愤之，乃坚苦持气节，不少婉娩。提学袁继咸为巡按张孙振所诬，孙振，阉党也。山约同学曹良直等诣通政使，三上书讼之，巡抚吴甡亦直黨，遂得雪。山以此名闻天下。甲申后，山改黄冠装，衣朱衣，居土穴，以养母。继咸自九江执归燕邸，以难中诗遗山，且曰："不敢愧友生也！"山省书，恸哭，曰："呜呼！吾亦安敢负公哉！"

顺治十一年，以河南狱牵连被逮，抗词不屈，绝粒九日，几死。门人中有以奇计救之，得免。然山深自咤恨，谓不若速死为安，而其仰视天、俯视地者，未尝一日止。比天下大定，始出与人接。

康熙十七年，诏举鸿博，给事中李宗孔荐，固辞。有司强迫，至令役夫舁其床以行。至京师二十里，誓死不入。大学士冯溥首过之，公卿毕至，山卧床不具迎送礼。魏象枢以老病上闻，诏免试，加内阁中书以宠之。冯溥强其入谢，使人舁以入，望见大清门，泪涔涔下，仆于地。魏象枢进曰："止，止，是即谢矣！"翼日归，溥以下皆出城送之。山叹曰："今而后其脱然无累哉！"既而曰："使后世或妄以许衡、刘因辈贤我，且死不瞑目矣！"闻者咋舌。至家，大吏咸造庐请谒。山冬夏著一布衣，自称曰"民"。或曰："君非舍人乎？"不应也。卒，以朱衣、黄冠敛。

山工书画，谓："书宁拙毋巧，宁丑毋媚，宁支离毋轻滑，宁真率毋安排。"人谓此言非止言书也。诗文初学韩昌黎，崛强自喜，后信笔抒写，俳调俗语，皆入笔端，不愿以此名家矣。著有《霜红龛集》十二卷。子眉，先卒，诗亦附焉。

眉，字寿髦。每日出樵，置书担上，休则把读。山常卖药四方，与眉共挽一车，暮抵逆旅，篝灯课经，力学，继父志。与客谈中州文献，滔滔不尽。山喜苦酒，自称老蘗禅，眉乃称小蘗禅。

费密，字此度，新繁人。父经虞，明云南昆明县知县。密年十四，父病，医言粪甘苦，可知生死，密尝而苦，父病果起。未几，流贼张献忠犯蜀，密上书巡按御史刘之勃，陈战守策，不省。已而全蜀陷贼，密辗转穷山中，会有人传其父滇中消息，闻之痛哭，遂去家入滇。经历蛮峒中，奉父自滇归蜀。至建昌卫，为凹者蛮所得，父赂蛮人，始脱归。

明将杨展闻密名，遣使致聘，密乃说展曰："贼乱数年，民且无食，今非屯田，无以救蜀民，且兵不能自立。"展纳其言，命于总兵官璟偕密屯田于荥经瓦屋山杨村，以次举其法，行诸州县。后展为袁韬、武大定所杀，密与璟整师为复仇计，尝与贼战，躬身擐甲，左手为刃所伤。时璟营于峨眉，神将有与花溪民殴争者，言"花溪居民下石击吾营，势且反"以怒璟，璟欲引兵诛之，密力争曰："花溪，吾民也。方与贼战而杀吾民，彼变从贼，是益贼也。"璟乃止，全活数百家。

后密还成都省墓，至新津，为武大定所掠。知密尝参展军事，欲杀之，以计得免。密叹曰："既不能报国，又不能庇亲及身，不如舍而他去！"遂奉父由成都北行入秦，溯汉江，下吴、越，流寓泰州，老焉。

经虞邃于经学，尝著《毛诗广义》、《雅论》诸书，以汉儒注说为宗。密尽传父业，又博证学士大夫，与王复礼、毛甡、阎若璩交。密一足跛，后往苏州谒孙奇逢，称弟子。工诗、古文，俯仰取给于授徒、卖文，人咸重其品，悲其遇。州守为之除徭役，杜门三十年，著书甚多。

密谓宋人以周、程接孔、孟，尽黜二千余年儒者为未闻道，乃上稽古经、正史，旁及群书，作《中传正纪》百二十卷，序儒者授受源流，自子夏始。又作《弘道书》十卷、《古今笃论》四卷、《中旨定录》四卷、《中旨辨录》四卷、《中旨申感》四卷，皆申明《弘道书》之旨。又有

《尚书说》、《周官注论》、《二南偶说》、《中庸大学驳议》、《四礼补篇》、《史记笺》、《古史正》、《历代贡举合议》、《费氏家训》及《诗文集》。卒，年七十七。子锡琮、锡璜，世其学。

王弘撰，字无异，号山史，华阴人。明诸生。博雅能古文，嗜金石，藏古书画金石最富。又通濂、洛、关、闽之学，好《易》，精图象。学者翕然宗之，关中人士领袖也。与李颙、李柏、李因笃齐名，时以得一言为荣。凡碑版铭志非三李则弘撰，而弘撰工书法，故求者多于三李。弘撰交游遍天下，甲申后，奔走结纳，尤著志节。

顾炎武遍观四方，至华阴，谓秦人慕经学、重处士、持清议，他邦所少；华阴绾毂之口，虽足不出户，而能见天下之人，闻天下之事。欲定居，弘撰为营斋舍居之。炎武尝曰："好学不倦，笃于朋友，吾不如王山史。"当时儒硕遗逸皆与弘撰往还，颇推重之。弘撰尝集炎武及孙枝蔚、阎尔梅等数十人所与书札，合为一册，手题曰《友声集》，各注姓氏。中有为谋炎武卜居华下事，言："此举大有关系，世道人心，实皆攸赖，唯速图之。"盖当日华下集议，实有所为也。

康熙间，以鸿博征，不赴。初与因笃同学，甚密，及因笃就征，遂与之绝。弘撰所居华山下，有读易庐，与华峰相向，称绝胜。卒，年七十有五。著有《易象图说》、《山志》、《砥斋集》。

杜浚，字于皇，号茶村，黄冈人。明季为诸生，避乱居金陵。少倜傥，尝欲著奇节，既不得试，遂刻意为诗，然不欲以诗人自名也。于并世人独重宣城沈寿民、吴中徐枋，自愧不如。其在金陵，与方仲舒善，仲舒，苞父也。金陵冠盖辐辏，诸公贵人求诗者踵至，多谢绝。钱谦益尝造访，至闭门不与通，惟故旧徒步到门，则偶接焉。门内为竹关，关外设坐，约客至，视键闭，则坐而待，不得叩关，虽大府至，亦然。及功令有挑门之役，有司按籍欲优免，浚曰："是吾所服也！"躬杂厮舆夜巡绰，众莫能止。嗜茗饮，尝言吾有绝粮，无绝茶。既有花冢，因拾残茗聚封之，谓之"茶丘"。年七十七，卒于扬州。

丧归，故人谋卜兆，子世济曰："吾有亲，而以葬事辱二三君乎？是谓我非人也。"亡何，世济卒。又数年，陈鹏年来守金陵，始葬诸蒋山北梅花村。

浚诗最富，世所传不及十一，手定者四十七册。吴伟业尝云："吾五言律得茶村《焦山诗》而始进。"阎若璩于时贤多所訾謷，独许浚五律，称为"诗圣"。已刻者曰《变雅堂集》。

弟岕，字苍略，号些山。诸生。与兄同避乱金陵。昆弟行身略同，而趣各异。浚峻廉隅，孤特自遂。遇名贵人，必以气折之，于众人未尝接语言，用此丛忌嫉。然名在天下，诗每出，远近争传诵之。岕则退然自同于众，所著诗歌、古文，虽子弟弗示也。方壮丧偶，不复娶。所居室漏且穿，木榻敝帷，数十年未尝易。室中终岁不扫除，每日中不得食，儿女啼号，客至无酒浆，意色间无几微不自适者。行于途，常避人，不中道与人言，虽儿童厮舆，惟恐或伤之也。后兄七年卒，年七十七。有《些山集》。

郭都贤，字天门，益阳人。天启壬戌进士，授行人。分校顺天乡试，得史可法等六人。历官员外郎，出为四川参议，督江西学政，分守岭北道，巡抚江西。时张献忠已逼境，贼骑充斥。都贤昼夜缮守御，兵饷无措，乃大会属僚，凡官司一应供给，皆捐以助饷。左良玉屯兵九江，骄蹇观望，都贤恶其淫掠，檄归之，而募士兵为戍。会有尼之者，遂乞病，弃官入庐山。逾年，北京陷，悲愤不食。南都建号，史可法开阃扬州，荐授以官，辞不赴。桂王立肇庆，以兵部尚书召，而都贤已祝发为僧矣。先是洪承畴坐事落职，都贤奏请起用，至是承畴经略西南，以故旧谒都贤于山中，馈以金，不受；奏携其子监军，亦坚辞。都贤见承畴时，故作目眯状，承畴惊问何时得目疾，都贤曰："始吾识公时，目故有疾。"承畴默然。

都贤笃至性，哀乐过人，严而介，风骨崚然。博学强识，工诗文，书法瘦硬，兼善绘事，写竹尤入妙。僧号顽石，又号些庵。茹苦，无定居。初依熊开元、尹氏兴于嘉鱼，住梅熟庵；已，流寓海阳，筑补山堂：前后十九年。归结草庐桃花江。客死江宁承天寺。

有女名纯贞，许字黔国公沐氏，变后，音问梗绝，遂终于家。纯贞能诗，自署曰郭贞女。

都贤所著有《衡岳集》、《止庵集》、《秋声吟》、《西山片石集》、《破草鞋集》、《补山堂集》、《些庵杂著》等书。

陶汝鼐，字仲调，一字密庵，宁乡人。与都贤交最笃。崇祯初，充拔贡生。会帝幸太学，群臣请复高皇积分法，祭酒顾锡畴奏荐汝鼐才，特赐第一，诏题名勒石太学。除五品官，不拜，乞留监肄业。癸酉举于乡，两中会试副榜。南渡后，剃发沩山，号忍头陀。生平内行笃，父殁，哀慕终身。事母曲尽孝养，处族党多厚德，尝为人雪奇冤，冒险难，活千余人，然不自言也。诗古文有奇气，著有《广西涯乐府》、《嘎古集》、《寄云楼集》、《褐玉堂集》、《嘉树堂集》，都贤为序而行之。有"生同里、长同学、出处患难同时同志"之语。

李世熊，字元仲，宁化人。明诸生。少负奇气，植大节，更危险，死生弗渝。笃交游，敢任难事。生平喜读异书，博闻强记。年八十，读书恒至夜分始休。《六经》、诸子百家靡不贯究，然独好韩非、屈原、韩愈之书。其为文，沉深峭刻，奥博离奇，悲愤之音，称其所遇。纵论古今兴亡，儒生出处，及江南北利害，备兵屯田水利诸大政，辄慷慨欷歔，涔涔泣下不止。年十六，补弟子员，旋中天启元年副榜，以兴化令李余昌祚得其文，争元于主司弗得，袖其卷去，曰："须后作元也。"典闽试者，争欲物色之为重。

甲申后，自号寒支道人，屏居不见客。征书累下，固谢却之。凡守、令、监司、镇将至其门者，罕能一识面。闽中拥唐王监国，用大学士黄道周、礼部侍郎曹学佺、都察院何楷荐，征拜翰林博士，辞不赴。尝上书道周，感愤时事。及道周殉节，走福州请褒恤，时恤问其孤氂。

顺治初，师入闽，有觊觎于郡帅者，帅遣某生移书，逼入都，且言："不出山，祸不测。"世熊复之曰："死生有命，岂遂悬于要津之手？且某年四十八矣，诸葛瘁躬之日，仅少一年；文山尽节之辰，已多一岁。何能抑情违性，重取羞辱哉！"时蜚语腾沸，世熊矢死不为动，疑谤旋亦释。

世熊既以文章气节著一时，名大震。辛卯、壬辰间，建昌溃贼黄希孕剽掠过宁化，有卒摘其园中二橘，希孕立鞭之，驻马园侧，视卒尽过乃行。粤寇至，燔民屋，火及其园，贼魁刘大胜遗卒扑救之，曰："奈何坏李公居？"当时虽匹夫匹妇，无不知有寒支子者。

世熊积垒块胸中，每放浪山水，以写其牢骚不平之概。尝诣西江，交魏禧、魏礼、彭士望诸子，相与泛彭蠡，登庐山绝顶。追维闯贼横行时事，痛悼如绝，泪下如泉涌，不能禁也。耿精忠反，遣伪使敦聘，世熊严拒之。自春徂冬，坚卧不起，乃得免。世熊山居四十余年，乡人宗之，争趋决事。有为不善者，曰："不使李公知也。"晚自号愧庵，颜其斋曰"但月"。所著有《寒支集》、《宁化县志》、《本行录》、《经正录》、《狗马史记》等。年八十五，卒于家。

世熊有三弟，早世，遗子女，抚育装遣之。馈遗其亲戚终身。又独建祖祠，修祖墓，编述九世以来宗谱。凡祭祀，必亲必谨。父母忌日，则减餐绝宴会。元旦，展先人遗像，则泣下沾襟，拜伏不能起，盖其孝友出于天性云。

谈迁，字孺木，原名以训，海宁人。初为诸生。南都立，以中书荐，召入史馆，皆辞，曰："余岂以国家之不幸博一官耶？"未几，归里。迁肆力经史百家言，尤注心于明朝典故。尝谓："史之所凭者，实录耳。实录见其表，其在里者，已不可见。况革除之事，杨文贞未免失实；泰陵之盛，焦泌阳又多迂正；神、熹之载笔者，皆逆奄之舍人。至于思陵十七年之忧勤惕厉，而太史遁荒，皇灵烈焰，国灭而史亦随灭，普天心痛，莫甚于此！"乃汰十五朝实录，正其是非。访崇祯十七年邸报，补其缺文，成书，名曰《国榷》。

当是时，人士身经丧乱，多欲追叙缘因，以显来世，而见闻窄狭，无所凭藉。闻迁有是书，思欲窃之为己有。迁家贫，不见可欲者，夜有盗入其室，尽发藏橐以去。迁喟然曰："吾手尚在，宁遂已乎？"从嘉善钱氏借书复成之。阳城张慎言目为奇士，折节下之。慎言卒，迁方北走昌平，哭思陵，复欲赴阳城哭慎言，未至而卒，顺治十二年冬十一月也。黄宗羲为表其墓。

明末遗逸，守志不屈，身虽隐而心不死，至事不可为，发愤著书，欲托空文以见志，如迁者，其忧愤岂有已耶？故以附于各省遗逸之末。

卷五百二　　列传二百八十九

艺术一

吴有性戴天章 余霖 刘奎 **喻昌** 徐彬 **张璐**
高斗魁 周学海 **张志聪**高世栻 张锡驹 陈念祖
黄元御 **柯琴**尤怡 **叶桂**薛雪 吴瑭 章楠
王士雄 **徐大椿**王维德 **吴谦 绰尔济**伊桑阿
张朝魁 **陆懋修**王丙 吕霞 邹澍 费伯雄
蒋平阶 章攀桂 刘禄张永祚 戴尚文

自司马迁传扁鹊、仓公及《日者》、《龟策》，史家因之，或因《方技》，或曰《艺术》。大抵所收多医、卜、阴阳、术数之流，间及工巧。夫艺之所赅，博矣众矣，古以礼、乐、射、御、书、数为六艺。士所常肄，而百工所执，皆艺事也。近代方志，于书画、技击、工巧并入此类，实有合于古义。

圣祖天纵神明，多能艺事，贯通中、西历算之学，一时鸿硕，蔚成专家，国史跻之《儒林》之列。测绘地图，铸造枪炮，始仿西法。凡有一技之能者，往往召直蒙养斋。其文学侍从之臣，每以书画供奉内廷。又设如意馆，制仿前代画院，兼及百工之事。故其时供御器物，雕、组、陶埴，靡不精美，传播寰瀛，称为极盛。

沿及高宗之世，风不替焉。钦定《医宗金鉴》，荟萃古今学说，宗旨纯正。于阴阳术数家言，亦有《协纪辨方》一书，颁行沿用，从俗从宜，隐示崇实黜虚之意，斯征徼尚矣。

中叶后，海禁大开，泰西艺学诸书，灌输中国，议者以工业为强国根本，于是研格致，营制造者，乘时而起。或由旧学以扩新知，或抒心得以济实用，世乃愈以艺事为重。采其可传者著于篇，各以类为先后。卓然成家者，具述授受源流；兼有政绩、文学列入他传者，附存梗概；凡涉荒诞俳谐之说，屏勿载。后之览者，庶为论世之资云。

吴有性，字又可，江南吴县人。生于明季，居太湖中洞庭山。当崇祯辛巳岁，南北直隶、山东、浙江大疫，医以伤寒法治之，不效。有性推究病源，就所历验，著《瘟疫论》，谓："伤寒自毫窍入，中于脉络，从表入里，故其传经有六。自阳至阴，以次而深。瘟疫自口鼻入，伏于膜原，其邪在不表不里之间。其传变有九，或表或里，各自为病。有但表而不里者，有表而再表者，有但里而不表者，有里而再里者，有表里分传者，有表里分传而再分传者，有表胜于里者，有先表后里者，有先里后表者。"其间有与伤寒相反十一事，又有变证、兼证，种种不同。并著论制方，一一辨别。古无瘟疫专书，自有性书出，始有发明。

其后有戴天章、余霖、刘奎，皆以治瘟疫名。

天章,字麟郊,江苏上元人。诸生。好学强记,尤精于医。所著《伤寒》、《杂病》诸书,及《咳论注》、《疟论注》、《广瘟疫论》,凡十余种。其论瘟疫,一宗有性之说。谓瘟疫之异于伤寒,尤慎辨于见证之始。辨气、辨色、辨舌、辨神、辨脉,益加详焉。为人疗病,不受谢。子瀚,成雍正元年一甲第二名进士。

霖,字师愚,安徽桐城人。乾隆中,桐城疫,霖谓病由热淫,投以石膏,辄愈。后数年,至京师,大暑,疫作,医以张介宾法者多死,以有性法亦不尽验。鸿胪卿冯应榴姬人呼吸将绝,霖与大剂石膏,应手而瘥。踵其法者,活人无算。霖所著曰《疫疹一得》,其论与有性有异同,取其辨证,而以用《达原饮》及《三消》、《承气》诸方,犹有附会表里之意云。

奎,字文甫,山东诸城人。乾隆末,著《瘟疫论类编》及《松峰说疫》二书,松峰者,奎以自号也。多为穷乡僻壤艰觅医药者说法。有性论瘟疫,已有大头瘟、疙瘩瘟疫、绞肠瘟、软脚瘟之称,奎复举北方俗谚所谓诸疫证名状,一一剖析之。又以贫寒病家无力购药,取乡僻恒有之物可疗病者,发明其功用,补《本草》所未备,多有心得。同时昌邑黄元御治疫,以浮萍代麻黄,即本奎说。所著书流传日本,医家著述,亦有取焉。

喻昌,字嘉言,江西新建人。幼能文,不羁,与陈际泰游。明崇祯中,以副榜贡生入都上书言事,寻诏征,不就,往来靖安间。披剃为僧,复蓄发游江南。顺治中,侨居常熟,以医名,治疗多奇中。才辨纵横,不可一世。著《伤寒尚论篇》,谓林亿、成无已过于尊信王叔和,惟方有执作《条辨》,削去叔和序例,得尊经之旨;而犹有未达者,重为编订,其渊源虽出方氏,要多自抒所见。惟《温证论》中,以温药治温病,后尤怡、陆懋修并著论非之。

又著《医门法律》,取风、寒、暑、湿、燥、火六气及诸杂证,分门condition论。次法,次律。法者,治疗之术,运用之机;律者,明著医之所以失,而判定其罪,如折狱然。昌此书,专为庸医误人而作,分别疑似,使临诊者不敢轻尝,有功医术。

后附《寓意草》,皆其所治医案。凡诊病,先议病,后用药。又与门人定议病之式,至详审。所载治验,反覆推论,务阐审证用药之所以然,异于诸家医案但泛言某病用某药愈者,并为世所取法。

昌通禅理,其医往往出于妙悟。《尚论后篇》及《医门法律》,年七十后始成。昌既久居江南,从学者甚多。

徐彬,字忠可,浙江嘉兴人。昌之弟子。著伤寒一百十三方发明及《金匮要略论注》,其说皆本于昌。《四库》著录《金匮要略》,即用彬《论注》本。凡疏释正义,见于注;或剩义及总括诸证不可专属者,见于论。彬谓:"他方书出于凑集,就采一条,时亦获验。若《金匮》之妙,统观一卷,全休方具。不独察其所用,并须察其所不用。"世以为笃论。

张璐,字路玉,自号石顽老人,江南长洲人。少颖悟,博贯儒业,专心医药之书。自轩、岐迄近代方法,无不搜览。遭明季之乱,隐于洞庭山中十余年,著书自娱,至老不倦。仿明王肯堂证治准绳,汇集古人方论、近代名言,荟萃折衷之,每门附以治验医案,为《医归》一书,后易名《医通》。

璐谓仲景书衍释日多,仲景之意转晦。后见《尚论》、《条辨》诸编,又广搜秘本,反覆详玩,如觉向之所谓多歧者,渐归一贯,著《伤寒缵论》、《绪论》。缵者,祖《仲景》之文;绪者,理诸家之纷纭而清出之,以翼仲景之法。

其注《本草》,疏本经之大义,并系诸家治法,曰《本经逢原》;论脉法大义,曰《诊宗三昧》:皆有心得。又谓唐孙思邈治病多有奇异,逐方研求药性,详为疏证,曰《千金方释义》,并行于世。

璐著书主博通,持论平实,不立新异。其治病,则取法薛已、张介宾为多。年八十余卒。圣祖南巡,璐子以柔进呈遗书,温旨留览焉。子登、倬,皆世其业。

登,字诞先,著《伤寒舌鉴》;

倬,字飞畴,著《伤寒兼证析义》:并著录《四库》。

高斗魁,字旦中,又号鼓峰,浙江鄞县人。诸生。兄斗枢,明季死国难。斗魁任侠,于遗民罹难者,破产营救。妻因事连及,勒自载。素精医,游杭,见异棺者血沥地,曰:"是未死!"启棺,与药而苏。江湖间传其事,求治病者无宁晷。著《医学心法》;又《吹毛编》,则自记医案也。其论医宗旨,亦近于张介宾。

周学海,字澄之,安徽建德人,总督馥子。光绪十八年进士,授内阁中书,官至浙江候补道。潜心医学,论脉尤详,著《脉义简摩》、《脉简补义》、《诊家直诀》、《辨脉平脉章句》。引申旧说,参以实验,多心得之言。博览群籍,实事求是,不取依托附会。慕宋人之善悟,故于史堪、张元素、刘完素、滑寿及近世叶桂诸家书,皆有评注。自言于清一代名医,服膺张璐、叶桂两家。证治每取璐说,盖其学颇与相近。宦游江、淮间,时为人疗治,常病不异人,遇疑难,辄有奇效。刻古医书十二种,所据多宋、元旧椠藏家秘笈,校勘精审,世称善本云。

张志聪,字隐庵,浙江钱塘人。明末,杭州卢之颐、繇父子著书,讲明医学,志聪继之。构侣山堂,招同志讲论其中,参考经论,辨其是非。自顺治中至康熙之初,四十年间,谈轩、岐之学者咸归之。注《素问》、《灵枢》二经,集诸家之说,随文衍义,胜明马元台本。

又注《伤寒论》、《金匮要略》,于《伤寒论》致力尤深,历二十年,再易稿始成。用王叔和原本,略改其编次。首列六经病,次列霍乱易复并痓湿、暍汗、吐下,后列辨脉、平脉,而删叔和序例,以其与本论矛盾,故去之以息辨。驳辨成无已旧注,谓:"风伤卫,寒伤营,脉缓为中风,脉紧为伤寒。伤寒,恶寒无汗,宜《麻黄汤》;中风,恶风有汗,宜《桂枝汤》:诸说未尽当。而风、寒两感,营、卫俱伤,宜《大青龙汤》为尤谬。其注,分章以明大旨,节解句释,兼晰阴阳血气之生始出入,经脉藏府之贯通循行，使读论者取之有本，用之无穷，不徒求之糟粕，庶免终身由之而不知其道也。"

又注《本草》，诠释本经，阐明药性，本五运六气之理。后人不经臆说，概置勿录。

其自著曰《侣山堂类辨》、《针灸秘传》。志聪之学，以《素》、《灵》、《金匮》为归，生平著书，必守经法，遗书并行于世，惟《针灸秘传》佚。

高世栻，字士宗。与志聪同里。少家贫，读时医通俗诸书，年二十三即出疗病，颇有称。后自病，时医治之，益剧；久之，不药，幸愈。翻然悔曰："我治人，殆亦如是，是草菅人命也。"乃从志聪讲论轩、岐、仲景之学，历十年，悉窥精奥。遇病必究其本末，处方不同流俗。志聪著《本草崇原》，未竟，世栻继成之。又注《伤寒论》。晚著《医学真传》，示门弟子。自述曰："医理如剥蕉，剥至无可剥，方为至理。以之论病，大中至正，一定不移。世行分门别类之方书，皆医门糟粕，如薛已、赵献可辈，虽有颖悟变通，非轩、岐、仲景一脉相传之大道。古人云：'不知十二经络，开口举手便错；不明五运六气，读尽方书无济。病有标有本，求其标，只取本，治千人，无一损。'故示正道，以斥旁门，使学者知所慎。"

后有张锡驹，字令韶，亦钱塘人。著《伤寒论直解》、《胃气论》，其学本于志聪。

陈念祖，字修园，福建长乐人。乾隆五十七年举人。著《伤寒金匮浅注》，本志聪、锡驹之说，多有发明，世称善本。嘉庆中，官直隶威县知县，有贤声。值水灾，大疫，亲施方药，活人无算。晚归田，以医学教授，门弟子甚众，著书凡十余种，并行世。

黄元御，字坤载，山东昌邑人。诸生。因庸医误药损目，发愤学医，于《素问》、《灵枢》、《难经》、《伤寒论》、《金匮玉函经》皆有注释，凡数十万言。自命甚高，喜更改古书，以伸己说。其论治病，主于扶阳以抑阴。

柯琴，字韵伯，浙江慈豁人。博学多闻，能诗、古文辞。弃举子业，矢志医学。家贫，游吴，栖息于虞山，不以医自鸣，当世亦鲜知者。著《内经合璧》，多所校正，书佚不传。

注《伤寒论》，名曰《来苏集》。以方有执、喻昌等各以己意更定，有背仲景之旨，乃据《论》中有太阳证、桂枝证、柴胡证诸辞以证名篇，汇集六经诸论，各以类从。自序略曰："《伤寒论》经王叔和编次，已非仲景之旧，读者必细勘何者为仲景言，何者为叔和笔。其间脱落、倒句、讹字、衍文，一一指破，顿见其面。且笔法详略不同，或互文见意，或比类相形，因此悟彼，见微知著，得于语言文字之外，始可羽翼仲景。自来注家，不将全书始终理会，先后合参，随文敷衍，彼此矛盾，黑白不分。三百九十七法，不见于仲景序文，又不见于叔和序例，林氏倡于前，成氏和于后，其不足取信，王安道已辨之矣。继起者，犹琐琐于数目，亦何补于古人？何功于后学哉？《大青龙汤》，仲景为伤寒中风无汗而兼烦燥者设，即《加味麻黄汤》耳。而谓其伤寒见风、伤风见寒，因以《麻黄汤》主寒伤营、《桂枝汤》主风伤卫、《大青龙汤》主风寒两伤营卫，曲成三纲鼎立之说，此郑声之乱雅乐也。且以十存二三之文，而谓之全篇，手足厥冷之厥，或混于两阴交尽之厥，其间差谬，何可殚举？此愚所以执卷长吁，不能已也！"

又著《伤寒论翼》，自序略曰："仲景著《伤寒杂病论》，合十六卷，法大备。其常中之变，变中之常，靡不曲尽。使全书俱在，尽可见论知源。自叔和编次《伤寒》、《杂病》，分为两书，然本论中杂病留而未去者尚多，虽有《伤寒论》之专名，终不失《杂病》合论之根蒂也。名不副实，并相淆混，而旁门歧路，莫知所从，岂非叔和之谬以祸之欤？夫仲景之言六经为百病之法，不专为伤寒一科，伤寒、杂病，治无二理，咸归六经之节制。治伤寒者，但拘伤寒，不究其中有杂病之理；治杂病者，复以伤寒论无关于杂病，而置之不问。将参赞化育之书，悉归狐疑之域，愚甚为斯道忧之。"论者谓琴二书，大有功於仲景。

尤怡，字在泾，江苏吴县人。父有田千亩，至怡中落。贫甚，鬻字于佛寺。业医，人未之异也。好为诗，与同里顾嗣立、沈德潜游。晚年，学益深造，治病多寄中，名始著。性淡荣利，隐于花溪，自号饲鹤山人，著书自得。其注《伤寒论》，名曰《贯珠集》。谓后人因王叔和编次错乱，辨驳改订，各成一家言，言愈多而理愈晦。乃就六经，各提其纲，于正治法之外，太阳有权变法、斡旋法、救逆法、类病法；阳明有明辨法、杂治法；少阳有权变法；太阴有藏病、经病法，经、藏俱病法；少阴、厥阴有温法、清法。凡病机进退微权，各有法以为辨，使读者先得其法，乃能用其方。分证甚晰，于少阴、厥阴、温清两法，尤足破世人之惑。注《金匮要略》，名曰《心典》。别撰集诸家方书、《杂病治要》，足以羽翼仲景者，论其精蕴，曰《金匮翼》。又著《医学读书记》，于轩、岐以下诸家，多有折衷，徐大椿称为得古人意。怡著述并笃雅，并以《贯珠集》与柯琴《来苏集》并重焉。

叶桂，字天士，江苏吴县人。先世自歙迁吴，祖时、父朝采，皆精医。桂年十四丧父，从学于父之门人，闻言即解，见出师上，遂有闻于时。切脉望色，如见五藏。治方不出成见，尝曰："剂之寒温视乎病，前人或偏寒凉，或偏温养，习者茫无定识。假兼备以幸中，借和平以藏拙。朝用一方，晚易一剂，讵有当哉？病有见证，有变证，必胸有成竹，乃可施之以方。"

其治病多奇中，于疑难证，或就其平日嗜好而得救法；或他医之方，略与变通服法；或竟不与药，而使居处饮食消息之；或于无病时预知其病；或预断数十年后；皆验。当时名满天下，传闻附会，往往涉于荒诞，不具录。卒，年八十。临殁，戒其子曰："医可为而不可为。必天资敏悟，读万卷书，而后可以济世。不然，鲜有不杀人者，是以药饵为刀刃也。吾死，子孙慎勿轻言医！"

桂神悟绝人，贯彻古今医术，而鲜著述。世传所注《本草》，多心得。又《许叔微本事方释义》、《景岳发挥》。殁后，门人集医案为《临证指南》，非其自著。附《幼科心法》一卷，传为桂手定，徐大椿谓独精卓，后章楠改题曰《三时伏气外感篇》；又附《温证证治》一卷，传为口授门人顾景文者，楠改题曰外感温证篇。二书最为学者所奉习。

同里薛雪，名亚于桂，而大江南、北，言医辄以桂为宗，百余年来，私淑者众。最著者，吴瑭、章楠、王士雄。

雪，字生白，自号一瓢。少学诗于同郡叶燮，乾隆初，举鸿博，未遇。工画兰，善拳勇，博学多通，于医时有独见。断人生死不爽，疗治多异迹。生平与桂不相能，自名所居曰扫叶庄，然每见桂处方而善，未尝不击节也。著《医经原旨》，于《灵》、《素》奥旨，具有发挥。世传《湿温篇》，为学者所宗，或曰非雪作。其医案与桂及缪遵义合刻。

遵义，亦吴人。乾隆二年进士，官知县。因母病，通方书，弃官为医，用药每出创意，吴中称三家焉。

瑭，字鞠通，江苏淮阴人。乾、嘉之间游京师，有名。学本于桂，以桂立证甚简，但有医案散见于杂证之中，人多忽之。著《温病条辨》，以畅其义，其书盛行。

同时归安吴贞，著《伤寒指掌》，亦发明桂医案之旨，与瑭相同。

楠，字虚谷，浙江会稽人。著《医门棒喝》。谓桂、雪最得仲景遗意，而他家不与。

士雄，字孟英，浙江海宁人。居于杭，世为医。士雄读书砺行，家贫，仍以医自给。咸丰中，杭州陷，转徙上海。时吴、越避寇者麇集，疫疠大作，士雄疗治，多全活。旧著《霍乱论》，致慎于温补，至是重订刊行，医者奉为圭臬。又著《温热经纬》，以轩、岐、仲景之文为经，叶、薛诸家之辨为纬，大意同章楠注释。兼采昔贤诸说，择善而从，胜楠书。所著凡数种，以二者为精详。

同时浙西论医者，平湖陆以湉、嘉善汪震、乌程汪曰桢，宗旨略同。

阳湖张琦、曜孙，父子皆通儒，以医鸣，取黄元御扶阳之说，偏于温。曜孙至上海，或劝士雄往就正，士雄谢之。号叶氏学者，要以士雄为巨擘，惟喜用辛凉，论者谓亦稍偏云。

徐大椿，原名大业，字灵胎，晚号洄溪，江苏吴江人，翰林检讨釚孙。生有异禀，长身广颡，聪强过人。为诸生，勿屑，去而穷经，探研《易》理，好读黄老与《阴符》家言。凡星经、地志、九宫、音律、技击、句卒、嬴越之法，靡不通究，尤邃于医，世多传其异迹。然大椿自编医案，惟剖析虚实寒温，发明治疗之法，归于平实，于神异者仅载一二。其书世多有，不具录。

乾隆二十四年，大学士蒋薄病，高宗命征海内名医，以荐召入都。大椿奏溥病不可治，上嘉其朴诚，命入太医院供奉，寻乞归。后二十年复诏征，年已七十九，遂卒于京师，赐金治丧。

大椿学博而通，注《神农本草经》百种，以旧注但言其当然，不言其所以然，采掇常用之品，备列经文，推阐主治之义，于诸家中最有启发之功。

注《难经》曰《经释》，辨其与《灵枢》、《素问》说有异同。注《伤寒》曰《类方》，谓：“医家刊定《伤寒论》，如治《尚书》者之争《洪范》、《武成》，注《大学》者之争古本、今本，终无定论。不知仲景本论，乃救误之书，当时随证立方，本无定序。”于是削除阴阳六经门目，但使方以类从，证随方定，使人可案证以求方，而不必循经以求证。一切葛藤，尽芟去之。所著《兰台轨范》，凡录病论，惟取《灵枢》、《素问》、《难经》、《金匮要略》、《伤寒论》、隋巢元方《病源》、唐孙思邈《千金方》、王焘《外台秘要》而止。录方亦多取诸书，宋以后方，则采其议可推寻、试多获效者，去取最为谨严。于疑似出入之间，辨别尤悉。

其论医之书曰《医学源流论》，分目九十有三。谓：“病之名有万，而脉之象不过数十，是必以望、闻、问三者参之。如病同人异之辨，兼证兼病之别，亡阴亡阳之分。病有不愈不死，有虽愈必死，又有药误不即死。药性有古今变迁，《内经》司天运气之说不可泥。针灸之法失传。”诸说并可取。

又《慎疾刍言》，为溺于邪说俗见者痛下针砭，多惊心动魄之语。《医贯砭》，专斥赵献可温补之弊。诸书并行世。

大椿与叶桂同以医名吴中，而宗旨异。评桂医案，多所纠正。兼精疡科，而未著专书。谓世传《外科正宗》一书，轻用刀针及毒药，往往害人，详为批评，世并奉为善本。

同郡吴县王维德，字洪绪，自号林屋山人。曾祖字若谷，精疡医，维德传其学，著《外科全生集》。谓："痈疽无死证，痈乃阳实，气血热而毒滞；疽乃阴虚，气血寒而毒凝。皆以开腠理为要，治者但当论阴阳虚实。初起色红为痈，色白为疽，截然两途。世人以痈疽连呼并治，误矣。"其论为前人所未发。凡治初起以消为贵，以托为畏，尤戒刀针毒药，与大椿说略同，医者宗之。维德兼通阴阳家言，著《永宁通书》、《卜筮正宗》。

吴谦，字六吉，安徽歙县人。官太医院判，供奉内廷，屡被恩赉。乾隆中，敕编医书，太医院使钱斗保请发内府藏书，并征集天下家藏秘籍，及世传经验良方，分门聚类，删其驳杂，采其精粹，发其余蕴，补其未备，为书二部。小而约者，以为初学诵读；大而博者，以为学成参考。既而征书之令中止，议专编一书，期速成，命谦及同官刘裕铎为总修官。

谦以古医书有法无方，惟《伤寒论》、《金匮要略》、《杂病论》始有法有方。《灵》、《素》而后，二书实一脉相承。义理渊深，方法微奥，领会不易，遂多讹错。旧注随文附会，难以传信。谦自为删定，书成八九，及是，请就谦未成之书，更加增减。于二书讹错者，悉与订正，逐条注释，复集诸家旧注实足阐发微义者，以资参考，为全书之首，标示正轨。次删补名医方论，次四诊要诀，次诸病心法要诀，次正骨心法要旨。书成，赐名《医宗金鉴》。虽出众手编辑，而订正《伤寒》、《金匮》，本于谦所自撰。

其采引清代乾隆以前医说凡二十余家，张璐、喻昌、徐彬、张志聪、高世栻、张锡驹、柯琴、尤怡，事具本传。

其次者：林澜，著《伤寒折衷》、《灵素合钞》，兼通星象、堪舆之学；汪琥，著《伤寒论辨注》；魏荔彤，著《伤寒金匮本义》；沈明宗，著《伤寒金匮编注》，程应旄，著《伤寒后条辨》，郑重光，著《伤寒论条辨续注》周扬俊；著《伤寒三注》、《金匮二注》；程林，著《金匮直解》、《圣济总录纂要》；闵芝庆，著《伤寒阐要编》。而遗书湮没无考者，尚六七家云。

绰尔济，墨尔根氏，蒙古人。天命中，率先归附。善医伤。时白旗先锋鄂硕与敌战，中矢垂毙，绰尔济为拔镞，傅良药，伤寻愈。都统武拜身被三十余矢，昏绝，绰尔济令剖白驼腹，置武拜其中，遂苏。有患臂屈不伸者，令先以热镬熏蒸，然后斧椎其骨，揉之有声，即愈。

觉罗伊桑阿，乾隆中，以正骨起家，至巨富。其授徒法，削笔管为数段，包以纸，摩挲之，使其节节皆接合，如未断者然，乃如法接骨，皆奏效。故事，选上三旗士卒之明骨法者，每旗十人，隶上驷院，名蒙古医士。凡禁庭执事人有跌损者，命医治，限日报痊，逾期则惩治之。侍郎齐召南坠马，伤首，脑出。蒙古医士以牛脬蒙其首，其创立愈。时有秘方，能立奏效，伊桑阿名最著。当时湖南有张朝魁者，亦以治伤科闻。

朝魁，辰谿人，又名毛矮子。年二十余，遇远来乞者，朝魁厚待之，乞者授以异术，治痈疽、瘰疬及跌打、损伤、危急之证，能以刀剖皮肉，去淤血于脏腑。又能续筋正骨，时有刘某患腹痛，仆地濒死，朝魁往视曰："病在大小肠。"剖其腹二寸许，伸指入腹理之，数日愈。辰州知府某乘舆越银壶山，忽堕岩下，折髀骨。朝魁以刀刺之，拨正，傅以药，运动如常。

陆懋修，字九芝，江苏元和人。先世以儒显，皆通医。懋修为诸生，世其学。咸丰中，粤匪扰江南，转徙上海，遂以医名。研精《素问》，著《内经运气病释》。后益博通汉以后书，恪守仲景家法，于有清一代医家，悉举其得失。所取法在柯琴、尤怡两家，谓得仲景意较多。吴中叶桂名最盛，传最广，懋修谓桂医案出门弟子，不尽可信。所传《温病证治》，亦门人笔述。开卷揭"温邪上受、首先犯肺、逆传心包"一语，不应经法，误以胃热为肺热，由于不识阳明病，故著《阳明病释》一篇，以阐明之。又据《难经》"伤寒有五"之文，谓："仲景撰用《难经》，温病即在伤寒中，治温病法不出《伤寒论》外。"又谓："瘟疫有温、有寒，与温病不同，医者多混称。吴有性、戴天章为治疫专家，且不免此误。"著论辨之，并精确，有功学者。

懋修既弃举业，不求仕进，及子润庠登第，就养京邸，著述至老不倦。光绪中，卒。润庠亦通医，官至大学士，自有传。

王丙，字朴庄，吴县人，懋修之外曾祖也。著《伤寒论注》，以唐孙思邈《千金方》仅采王叔和《伤寒论序例》，全书载《翼方》中，序次最古，据为定本。谓："方中行、喻昌等删驳《序例》，乃欲申己见，非定论。"著《回澜说》，争之甚力。又著《古今权量考》，古一两准今六分七厘，一升准今六勺七秒，承学者奉以为法。

吕震，字榛村，浙江钱塘人。道光五年举人，官湖北荆门州判。晚寓吴，酷嗜医，诊疗辄有奇效。其言曰："《伤寒论》使学者有切实下手工夫，不止为伤寒立法。能从六经辨证，虽繁剧如伤寒，不为多歧所误，杂证一以贯之。"著《内经要论》、《伤寒寻源》。懋修持论多本丙、震云。

邹澍，字润安，江苏武进人。有孝行，家贫绩学，隐于医。道光初，诏举山林隐逸，乡人议以澍名上，固辞。澍通知天文推步、地理形势沿革，诗古文亦卓然成家，不自表襮。所著书，医家言为多。《伤寒通解》、《伤寒金匮方解》、《医理摘要》、《医经书目》，并不传。所刊行者，《本经疏证》、《续疏证》、《本经序疏要》。谓明潜江刘氏《本草述》，贯串金、元诸家说，反多牵制，故所注悉本《伤寒》、《金匮》，疏通证明，而以《千金》、《外台》副之。深究仲景制方精意，成一家之言。

费伯雄，字晋卿。与澍同邑，居孟河，滨江。咸、同间以医名远近，诣诊者踵相接，所居遂成繁盛之区。持脉知病，不待问。论医，戒偏难杂。谓古医以"和缓"命名，可通其意。著书曰《医醇》，毁于寇。撮其要，成《医醇剩义》，附方论。大旨谓常病多，奇病少，医者执简，始能驭繁，不可尚异。享盛名数十年，家以致富，子孙皆世其业。伯雄所著，详于杂病，略于伤寒，与懋修、澍宗旨并不同。清末江南诸医，以伯雄为最著，用附载焉。

清代医学，多重考古，当道光中，始译泰西医书，王清任著《医林改错》。以中国无解剖之学，宋、元后相传脏腑诸图，疑不尽合，于刑人时，考验有得，参证兽畜。未见西书，而其说与合。光绪中，唐宗海推广其义，证以《内经》异同，经脉奇经各穴，及营卫经气，为西医所未及。著《中西汇通医经精义》，欲通其邮而补其缺。两人之开悟，皆足以启后者。

蒋平阶，字大鸿，江南华亭人。少孤，其祖命习形家之学，十年，始得其传。遍证之大江南、北古今名墓，又十年，始得其旨；又十年，始穷其变。自谓视天下山川土壤，虽大荒内外如一也。遂著《地理辨正》，取当世相传之书，订其纰缪，析其是非，惟尊唐杨筠松一人，曾文迪仅因筠松以传。其于廖瑀、赖文俊、何溥以下，视之蔑如。以世所惑溺者，莫甚于《平砂玉尺》一书，斥其伪尤力。自言事贵心授，非可言罄，古书充栋，半属伪造。其昌言救世，惟在《地理辨正》一书。后复自抒所得，作《天元五歌》，谓此皆糟粕，其精微亦不在此，他无秘本。三吴两浙，有自称得平阶真传及伪撰成书指为平阶秘本者，皆假托也。

从之学者，丹阳张仲馨，丹徒骆士鹏，山阴吕相烈，会稽姜垚，武陵胡泰征，淄川毕世持，他无所传授。姜垚注《青囊奥语》及《平砂玉尺辨伪》，《总括歌》，即附《地理辨正》中。

平阶生于明末，兼以诗鸣。清初诸老，多与唱和。地学为一代大宗，所造罗经，后人多用之，称为"蒋盘"云。

章攀桂，字淮树，安徽桐城人。乾隆中，官甘肃知县，累擢江苏松太兵备道。有吏才，多术艺，尤精形家言。谓近世形家诸书，理当辞显者，莫如明张宗道《地理全书》，为之作注，稍辨正其误失。大旨本元人《山阳指迷》之说，专主形势。攀桂既仕显，不以方技为业，自喜其术，每为亲族交友释地，贫者助之财以葬。妻吴故农家，自恨门第微，攀桂为购佳壤葬其亲，择子弟秀异者抚教之，遂登进士第，为望族。

高宗数南巡，自镇江至江宁，江行险，每由陆。诏改通水道，议凿句容故破冈渎，攀桂相其地势，谓茅山石巨势高，纵成渎，非设闸不可成，储水多劳费。请从上元东北摄山下，凿金乌珠刀枪河故道，以达丹徒，工省修易。遂监其役，渎成，谓之新河，百年来赖其利便，攀桂亦因获优擢。

大学士于敏中于金坛里第筑园，攀桂为之相度营建，敏中殁后，事觉，高宗恶之，褫职居江宁。晚耽禅理，殁时预知期日。兼通日者术，括《协纪辨方》精要为一书，曰《选择正宗》，行于世。

刘禄，河南人。善风角。圣祖召直蒙养斋，欲授以官，屡辞。从上北征，会粮饷乏济，命卜之，曰："不出三日必至。"果如其言。后从幸热河，一日，踉跄至宫门，请上速徙高阜以避水厄。时方晴霁，夜山水涨发，果冲没行宫。又善相人，谓张廷玉、史贻直异日太平宰相。六十一年冬，乞假归，至十一月望后，忽命家人制缞服，北向哭，未几，哀诏至，正圣祖崩之后二日也。后卒于家。

张永祚，字景韶，浙江钱塘人。幼即喜仰观五纬，长通晓星学，究悉天象。年近三十，督学王兰生稔其学，录为诸生。闽浙总督嵇曾筠求通知星象者，试永祚策，立成数千言。荐于朝，授钦天监博士。屡引见，占候悉验。诏刊《二十二史》，永祚校勘《天文》、《律历》两志。及书成，告归。晚著书，曰《天象原委》。卒后，有女传其学。婿沈度，亦善推步，守其书。

戴尚文，湖南溆浦人。诸生。从鸿胪卿罗典学，凡天官星卜诸书，无不究览。尝曰："吾治经，师罗先生。吾术数，未知孰可吾师者？"闻江南某僧精六壬、奇门，往师焉，尽得其秘。归，应乡试长沙，同舍生失金，尚文为占曰："君金若干，盗者青衣，手鱼肉，前行，后一白衣随之，肩荷重物。以某时，候驿步门外，可获也。"如其言往，果验。尝侍母夜坐，心动，知偷儿入宅。取井泥涂灶门，书符封之，偷不得去。

嘉庆初，福康安征苗，招致才异，罗典荐溆浦两生，一严如煜，一即尚文。谓曰："严生负经济才，应禄仕；汝疏散，为幕客，慎勿官职自羁也。"

尚文见福康安，长揖不拜，福康安欲试其术，握丝带问曰："君神算，知吾握中何物？"乃请一字析其数，以五行推之，曰："丝缕耳。"大惊异，礼遇之，凡事必咨。时苗猖獗，恒夜扑营，尚文辄预卜知之。当五月，进攻旗鼓寨，占："有大雹，贼伏林莽，师出不利。"勿听。日午，将抵寨，忽大风，雷雨雹交下，如卵如拳，击伤士卒，伏苗乘之，果败。军中呼曰"神仙"。又大军在乾州，营龙头，为苗所围，断水，军不得食。尚文设坛凿池，以法禳之，劂地，清泉滃出。四年，驻天心寨，尚文夜观天象，知有咎，作书置幕府，辞归。数日，福康安遽卒。尚文归未几，亦病，自知死日。卒后，其母伤之，焚所传书。

卷五百三　　列传二百九十

艺术二

王澍 蒋衡　徐用锡　**王文治**　**梁巘**　**梁同书**
邓石如 钱伯坰　吴育　杨沂孙　**吴熙载**
梅植之　杨亮

王澍，字若林，号虚舟，江南金坛人。缋学工文，尤以书名。康熙五十一年进士，入翰林，累迁户科给事中。雍正初，诏以六科隶都察院。澍谓科臣掌封驳，品卑任重，傥隶台臣，将废科参，偕同官崔致远、康五端抗疏力争。世宗怒，立召诘之，从容奏对，上意稍解，遂改吏部员外郎。越二年，告归，益耽书，名播海内。摹古名拓殆遍，四体并工。于唐贤欧、褚两家，致力尤深，辄跋尾自道所得。后内阁学士翁方纲持论与异，谓其篆书得古法，行书次之，正书又次之。所著题跋及《淳化阁帖考正》，并行于世。

自明、清之际，工书者，河北以王铎、傅山为冠，继则江左王鸿绪、姜宸英、何焯、汪士鋐、张照等，接踵而起，多见他传。大抵渊源出于明文征明、董其昌两家，鸿绪、照为董氏嫡派，焯及澍则于文氏为近。澍论书尤详，一时所宗。

蒋衡，改名振生，字湘帆，晚号拙老人。与澍同里。键户十二年，写《十三经》。乾隆中，进上，高宗命刻石国学，授衡国子监学正，终不出。衡早岁好游，足迹半海内，观碑关中，获晋、唐以来名迹，临摹三百余种，曰《拙存堂临古帖》。晚与澍相期斗胜，每临一书，相从质证。子骥，孙和，并以书世其家。

骥尤精分隶，著《汉隶讹体集》、《古帖字体》、《续书法论》各一卷，兼工画。其言曰："汉、魏字体不同，性情各异。书须悬臂中锋，而用力以和平为主。作画之提顿逆折，参差映带，其理一尔。"皆阐明其先说。

徐用锡，字坛长，宿迁人，占籍大兴。登乡举，康熙四十八年进士，官翰林院编修。从李光地游，究心乐律、音韵、历数、书法。五十四年，分校会试，严绝请托，衔之者反嗾言官劾其把持闱事，圣祖原之，终以浮议罢归。乾隆初，起授翰林院侍读，年已八十。寻告归，卒于家。

用锡乡举出姜宸英之门,与何焯同为光地客,论书多与二家相出入。精于鉴别古人,言笔法亦多心得,著《字学札记》二卷,载《圭美堂集》中。

王文治,字禹卿,江苏丹徒人。生有凤慧,十二岁能诗,即工书。长游京师,从翰林院侍读全魁使琉球,文字播于海外。乾隆三十五年,成一甲三名进士,授翰林院编修。逾三年,大考第一,擢侍读。出为云南临安知府,因事镌级,乞病归。后当复官,厌吏事,遂不出。往来吴、越间,主讲杭州、镇江书院。高宗南巡,至钱塘僧寺,见文治书碑,大赏爱之。内廷有以告,招之出者,亦不应。

喜声伎,行轺以歌伶一部自随,辨论音律,穷极幽渺。客至张乐,穷朝暮不倦。海内求书者,多有馈遗,率费于声伎。然客散,默然禅定,夜坐,胁未尝至席。指佛戒,自言吾诗与书皆禅理也。卒,年七十三。

所著《诗集》外有《快雨堂题跋》,略见论书之旨。文治书名并时与刘墉相埒,人称之曰"浓墨宰相,淡墨探花"。与姚鼐交最深,论最契,当时书名,鼐不及文治之远播;后包世臣极推鼐书,与刘墉并列上品,名转出文治上。

梁巘,字闻山,安徽亳州人。乾隆二十七年举人,官四川巴县知县。晚辞官,主讲寿春书院,以工李北海书名于世。初为咸安宫教习,至京师,闻钦天监正何国宗曾以事系刑部,时尚书张照亦以他事在系,得其笔法,因诣家就问。国宗年已八十余,病不能对客,遣一孙传语。巘质以所闻,国宗答曰:"君已得之矣。"赠以所临米、黄二帖。

后巘以语金坛段玉裁曰:"执笔之法,指以运臂,臂以运身。凡捉笔,以大指尖与食指尖相对,笔正直在两指尖之间,两指尖相接如环,两指本以上平,可安酒杯。平其肘,腕不附几,肘圆而两指与笔正当胸,令全身之力,行于臂而凑于两指尖。两指尖不圆如环,或如环而不平,则捉之也不紧,臂之力尚不能出,何况于身?紧则身之力全凑于指尖,而何有于臂?古人知指之不能运臂也,故使指顶相接以固笔,笔管可断,指镞痛不可胜,而后字中有力。其以大指与食指也,谓之单勾;其以大指与食中指也,谓之双勾;中指者,所以辅食指之力也,总谓之'拨镫法'。王献之七、八岁时学书,右军从旁掣其笔不得,即谓此法。舍此法,皆旁门外道。二王以后,至唐、宋、元、明诸大家,口口相传如是,董宗伯以授王司农鸿绪,司农以授张文敏,吾闻而知之。本朝但有一张文敏耳,他未为善。王虚舟用笔祇得一半,蒋湘帆知握笔而少作字乐趣。世人但言无火气,不知火气使尽,而后可言无火气也。如此捉笔,则笔心不偏,中心透纸,纸上飒飒有声。直画粗者浓墨两分,中如有丝界,笔心为之主也。如此捉笔,则必坚纸作字,软薄纸当之易破。其横、直、撇、捺皆与今人殊,笔锋所指,方向迥异,笔心总在每笔之中,无少偏也。古人所谓屋漏痕、折钗股、锥画沙、印印泥者,于此可悟入。"巘少著述,所传绪论仅此。当时与梁同书并称,巘曰"北梁",同书曰"南梁"。

梁同书,字元颖,晚号山舟,浙江钱塘人,大学士诗正子。乾隆十七年,会试未第,高宗特赐与殿试,入翰林,大考,擢侍讲。淡于荣利,未老,因疾不出。晚年重宴鹿鸣,加侍讲学士衔。卒,年九十三。好书出天性,十二岁能为擘窠大字。初法颜、柳,中年用米法,七十后乃变化。名满天下,求书者纸日数束,日本、琉球皆重之。

尝与张燕昌论书,略曰:"古人云'笔力直透纸背',当与天马行空参看。今人误认透纸,便如药山所云'看穿牛皮',终无是处。盖透纸者,状其精气结撰墨光浮溢耳,彼用笔如游丝者,何尝不透纸背耶?用腕力使极软之笔自见,譬如人持一强者,使之直,则无所用力;持一弱者,欲不使之偃,则全腕之力,自然集于两指端。其实书者只知指运,而不知有腕力也。藏锋之说,非笔如钝锥之谓,自来书家从无不出锋者,只是处处留得笔住,不使直走。笔要软,软则道;笔要长,长则灵;笔要饱,饱则腴;落笔要快,快则意出。书家燥锋曰渴笔,画家亦有枯笔,二字判然不同。渴则不润,枯则死矣。今人喜用硬笔故枯。帖教人看,不教人摹。今人只是刻舟求剑,将古人书摹画如小儿写仿本,就便形似,岂复有我?字要有气,气须从熟得来。有气则有势,大小、长短、高下、欹整,随笔所至,自然贯注,成一片段,却著不得丝毫摆布,熟后自知。中锋之法,笔提得起,自然中,亦未尝无兼用侧锋处,总为我一缕笔尖所使,虽不中亦中。乱头粗服非字也,救逸则野,求旧则拙,此处不可有半点名心在。"同书平生书旨,与梁巘之异同,具见于此。

邓石如,初名避仁宗讳,遂以字行,改字顽伯,安徽怀宁人。居皖公山下,又号完白山人。少产僻乡,鲜闻见,独好刻石,仿汉人印篆甚工。弱冠孤贫,游寿州,梁巘见其篆书,惊为笔势浑鸷,而未尽得古法。介谒江宁梅镠,都御史毂成子也。家多弆藏金石善本,尽出示之,为具衣食楮墨,使专肄习。

好《石鼓文》,李斯《峄山碑》、《泰山刻石》,汉《开母石阙》、《燉煌太守碑》,吴苏建《国山碑》,皇象《天发神识碑》,唐李阳冰《城隍庙碑》、《三坟记》,每种临摹各百本。又苦篆体不备,写《说文解字》二十本。旁搜三代钟鼎,秦、汉瓦当、碑额。五年,篆书成。乃学汉分,临《史晨前、后碑》,《华山碑》,《白石神君》,《张迁》,《潘校官》,《孔羡》,《受禅》,《大飨》诸碑,各五十本。三年,分书成。石如篆法以二李为宗,纵横辟阖,得之史籀,稍参隶意,杀锋以取劲折,字体微方,与秦、汉当额为近。分书结体严重,约《峄山》、《国山》之法而为之。自谓:"吾篆未及阳冰,而分不减梁鹄。"

客梅氏八年,学既成,遍游名山水,以书刻自给。游黄山,至歙,鬻篆于贾肆。编修张惠言故深究秦篆,时馆修撰金榜家,偶见石如书,语榜曰:"今日得见上蔡真迹。"乃冒雨同访于荒寺,榜备礼客之于家。荐于尚书曹文埴,偕至京师,大学士刘墉、副都御史陆锡熊皆惊异曰:"千数百年无此作矣!"时京师论篆、分者,多宗内阁学士翁方纲,方纲以石如不至其门,力诋之。石如乃去,客两湖总督毕沅，沅故好客，吴中名士多集节署，裘马都丽，石如独布衣徒步。居三年，辞归，沅为置田宅，俾终老。濒行，饩之，曰："山人，吾幕府一服清凉散也！"石如年四十六始娶，常往来江、淮间，卒，年六十三。

子传密，初名廷玺，字守之。从李兆洛学，晚客曾国藩幕。能以篆书世其家。

当乾、嘉之间，嘉定钱坫、阳湖钱伯坰，皆以书名。坫自负其篆直接阳冰，尝游焦山，见壁间篆书《心经》，叹为阳冰之亚。既而知为石如所作，摭其不合六书者以为诋。伯坰故服石如篆、分为绝业，及见其行、草，叹曰："此杨少师神境也！"复与论笔法不合，遂助坫诋之尤力。坫见《儒林传》。

伯坰，字鲁斯，自号仆射山人，尚书维城从子。少孤，力学，工诗嗜酒，广交游，以国子监生终。书学颜平原、李北海，尝曰："古人用兔毫，故书有中线，今用羊毫，其精者乃成双钩。吾耽此五十年，才十得三四。"论者谓自刘墉殁，正、行书以伯坰为第一。其执笔，虚小指，以三指包管外，与大指相拒，侧毫入纸，助怒张之势。指腕皆不动，以肘来去，斥古今相承拨镫之说。石如作书，则悬腕双钩，管随指转，两家法大殊。

吴育，字山子，江苏吴江人。与包世臣、李兆洛游，能文，工书。谓："下笔须使笔毫平铺纸上，乃四面圆足，此阳冰篆法，书家真秘密语。"世臣取其说。育篆书尤工，法与石如差近。

杨沂孙，字咏春，江苏常熟人。道光二十三年举人，官安徽凤阳知府。父忧归，遂不出，自号濠叟。少学于李兆洛，治周、秦诸子。耽书法，尤致力于篆、籀，著《文字解说问讹》，欲补苴段玉裁、王筠所未备。又考上古遗史籀、李斯，折衷于许慎，作《在昔篇》。篆、隶宗石如，而多自得。尝曰："吾书篆、籀，颉颃邓氏，得意处或过之；分、隶则不能及也。"光绪七年，卒，年六十九。沂孙同时工篆、籀者，又推吴大澄，自有传。

吴熙载，初名廷飏，以字行，后又字让之，江苏仪征人。先世居江宁，父明煌，始游扬州，善相人术。熙载为诸生，博学多能，从包世臣学书。世臣创明北朝书派，溯源穷流，为一家之学。其笔法兼采同时黄乙生、王良士、吴育、朱昂之、邓石如诸人之说。执笔，食指高钩，大指加食指、中指之间，中指内钩，小指贴名指外拒，管向左迤，后稍偃，若指鼻准。运锋，使笔毫平铺纸上，笔笔断而后起。结字计白当黑，使左右牝牡相得，自谓合古人八法、九宫之旨。熙载恪守师法，世臣真、行、藁草无不工，嗜篆、分而未致力，熙载篆、分功力尤深。复纵笔作画，亦有士气。咸丰中，卒。

与熙载同受包氏法者，江都梅植之蕴生，甘泉杨亮季子，高凉黄洵修存，馀姚毛长龄仰苏，旌德姚配中仲虞，松桃杨承汪挹之。配中详《儒林传》。

植之，道光十九年举人。通经，以诗鸣，世臣尤称其书。谓其跌宕遒丽，煅炼旧拓，血脉精气，奔赴腕下，熙载未之敢先。又得琴法于吴思伯之女弟子颜夫人，独具神解。纠正思伯传谱，于古操制曲之故，辄能知之。自署所居曰嵇庵。配中与有同嗜，著《琴学》二卷。植之五十而卒，琴法未有传书。

亮，世为将家，袭骑都尉世职。笃学敦行，江、淮间士大夫多称之。书亚于熙载。

合肥沈用熙最后出，至光绪末始卒，年近八十。毕生守师法，最为包门老弟子。

世臣叙次清一代书人为五品，分九等："平和简静，遒丽天成，曰神品；酝酿无迹，横直相安，曰妙品；逐迹寻源，思力交至，曰能品；楚调自歌，不谬风雅，曰逸品；墨守迹象，雅有门庭，曰佳品。神品一人，邓石如隶及篆书。妙品上一人，邓石如分及真书；妙品下二人，刘墉小真书，姚鼐行草书。能品上七人，释邱山真及行书，宋珏分榜书，傅山草书，姜宸英行书，邓石如草书，刘墉榜书，黄乙生行榜书；能品下二十三人，王铎草书，周亮工草书，笪重光行书，吴大来草书，赵润草榜书，张照行书，刘绍庭草榜书，吴襄行书，翟赐履草书，王澍行书，周於礼行书，梁巘真及行书，翁方纲行书，于令淓行书，巴慰祖分书，顾光旭行书，张惠言篆书，王文治方寸真书，刘墉行书，汪庭桂分书，钱伯坰行及榜书，陈希祖行书，黄乙生小真书。逸品上十五人，顾炎武正书，萧云从行书，释雪浪行书，郑簠分及行书，高其佩行书，陈洪绶行书，程邃行书，纪映钟行书，金农分书，张鹏翀行书，袁枚行书，朱筠藁书，朱铨真书，邓石如行书，宋镕行书；逸品下十六人，王时敏行及分书，朱彝尊分及行书，程京萼行书，释道济行书，赵青藜真及行书，钱载行书，程瑶田小真书，巴慰祖行书，汪中行书，毕涵行书，陈淮行书，姚鼐小真书，程世淳行书，李天澄行书，伊秉绶行书，张桂岩行书。佳品上二十二人，沈荃真书，王鸿绪行书，先著行书，查士标行书，汪士鋐真书，何焯小真书，陈奕禧行书，陈鹏年行书，徐良行书，蒋衡真书，于振行书，赵知希草书，孔继涑行书，嵇璜真书，钱澧行书，桂馥分书，翁方纲小真书，张燕昌小真书，康基田行书，钱坫篆书，谷际岐行书，洪梧小真书；佳品下十人，郑来行书，林佶小真书，方观承行书，董邦达行书，华嵒行书，秦大士行书，高方小真书，金榜真书，吴俊行书，陈崇本小真书。"九品共九十七人，重见者六人，实九十一人。复增能品上一人，张琦真、行及分书；能品下三人，于书佃行书，段玉立小真及草书，吴德旋行书。佳品上六人，吴育篆及行书，方履籛分书，梅植之行书，朱昂之行书，李兆洛行书，徐准宜真书。

其后包氏之学盛行，咸、同以来，以书名者，何绍基、张裕钊、翁同龢三家最著，并见他传。绍基宗颜平原法，晚复出入汉分；裕钊源出于包氏；同龢规模闳变，不为诸家所囿，为一代后劲云。

卷五百四　　列传二百九十一

艺术三

王时敏 族侄鉴　子撰　孙原祁　原祁曾孙宸
陈洪绶 崔子忠　禹之鼎　余集　改琦　费丹旭
释道济 髡残　朱耷　弘仁　**王翚** 吴历　杨晋　黄鼎
方士庶　**恽格** 马元驭　王武　沈铨　**龚贤** 赵左
项圣谟　查士标　**高其佩** 李世倬　朱伦瀚
张鹏翀 **唐岱** 焦秉贞　郎世宁　张宗苍　余省
金廷标　丁观鹏　缪炳泰　**华嵒** 高凤翰　郑燮
金农　罗聘　奚冈　钱杜　方薰　**王学浩** 黄均

　　王时敏，字逊之，号烟客，江南太仓人，明大学士锡爵孙。以荫官至太常寺少卿。时敏系出高门，文采早著。鼎革后，家居不出，奖掖后进，名德为时所重。明季画学，董其昌有开继之功，时敏少时亲炙，得其真传。锡爵晚而抱孙，弥钟爱，居之别业，广收名迹，悉穷秘奥。于黄公望墨法，尤有深契，暮年益臻神化。爱才若渴，四方工画者踵接于门，得其指授，无不知名于时，为一代画苑领袖。康熙十九年，卒，年八十有九。
　　鉴，字圆照，明尚书世贞曾孙。与时敏同族，为子侄行，而年相若。崇祯中，官廉州知府，甫强仕，谢职归。就弇园故址，营构居之，萧然世外。与时敏砥砺画学，以董源、巨然为宗，沉雄古逸，虽青绿重色，书味盎然。后学尊之，与时敏匹。康熙十六年，卒，年八十。
　　时敏子撰，字异公。画守家法，得其具体。
　　孙原祁，字茂京，号麓台。幼作山水，张斋壁，时敏见之，讶曰："吾何时为此耶？"问知，乃大奇曰："此子业且出我右！"康熙九年成进士，授任县知县。行取给事中，寻改中允，直南书房。累擢户部侍郎，历官有声。时海内清晏，圣祖右文，几余怡情翰墨，常召入便殿，从容奏对。或于御前染翰，上凭几观之，不觉移晷。命鉴定内府名迹，充《书画谱》总裁、《万寿盛典》总裁，恩礼特异。五十四年，卒于官，年七十四。
　　原祁画为时敏亲授，于黄公望浅绛法，独有心得，晚复好用吴镇墨法。时敏尝曰："元季四家，首推子久，得其神者，惟董宗伯；得其形者，予不敢让；若形神俱得，吾孙其庶几乎？"王翚名倾一时，原祁高旷之致突过之。每画必以宣德纸，重毫笔，顶烟墨，曰："三者一不备，不足以发古隽浑逸之趣。"或问王翚，曰"太熟"；复问查士标，曰"太生"。盖以不生不熟自居。中年后，供奉内廷，乞画者多出代笔，而自署名。每岁晏，与门下宾客画，人一幅，为制裘之需，好事者缄金以待。弟子最著者黄鼎、唐岱，并别有传。

　　原祁曾孙宸，字子凝，号蓬心。乾隆二十五年举人，官湖南永州知府。原祁诸孙，多以画世其家，惟宸最工。枯毫重墨，气味荒古。爱永州山水，自号潇湘子，有终焉之志。罢官后，贫不能归，毕沅为总督，遂往依之武昌。以诗画易酒，湖湘间尤重其画。著《绘林伐材》十卷，王昶称为"画史总龟"云。

　　陈洪绶，字章侯，浙江诸暨人。幼适妇翁家，登案画关壮缪像于素壁，长八九尺，妇翁见之惊异，扃室奉之。洪绶画人物，衣纹清劲，力量气局，在仇、唐之上。尝至杭州，摹府学石刻李公麟《七十二贤像》，又摹周昉《美人图》，数四不已，人谓其胜原本，曰："此所以不及也。吾画易见好，则能事犹未尽。"尝为诸生，崇祯间，游京师，召为舍人，摹历代帝王像，纵观御府图画，艺益进。寻辞归。鼎革后，混迹浮屠间，初号老莲，至是自号悔迟。纵酒不羁，语及乱离，辄恸哭。后数年卒。子字，号小莲。画亦有名。
　　洪绶在京师与崔子忠齐名，号"南陈北崔"云。
　　子忠，一名丹，字道母，别号青蚓，山东莱阳人，寄籍顺天。为诸生，负异才。作画意趣在晋、唐之间，不屑袭宋、元窠臼。人物士女尤胜，董其昌称之，谓非近代所有。以金帛请者不应，家居常绝食。史可法赠以马，售得金，呼友痛饮，一日而金尽。为诗古文，奥博奇崛。遭乱，走居土室中，遂穷饿以死。其后画人物士女最著者，曰禹之鼎、余集、改琦、费丹旭。
　　之鼎，字尚吉，号慎斋，江苏江都人。幼师蓝瑛，后出入宋、元诸家，尤擅人物，绘《王会图》传世。其写真多白描，不袭李公麟之旧，而用吴道子兰叶法，两颧微用脂赭染之，弥复古雅。康熙中，授鸿胪寺序班。爱洞庭山水，欲居之，遂归。朝贵名流，多属绘图像，世每传之。
　　集，字秋室，浙江钱塘人。乾隆三十一年进士。工画士女，时称曰"余美人"，廷试，当得大魁，因此抑之。寻充《四库全书》纂修，荐授翰林院编修，累擢侍读。所作风神静朗，无画史气，为世所重，比诸仇、唐遗迹。
　　琦，字伯蕴，号七芗，先世为西域人，寿春镇总兵光宗孙，因家江南，居华亭。琦通敏多能，工诗词。嘉、道后画人物，琦号最工。出入李公麟、赵孟頫、唐寅及近代陈洪绶诸家。花草兰竹小品，迥出尘表，有恽格遗意。
　　丹旭，字子苕，号晓楼，浙江乌程人。工写真，如镜取影，无不曲肖。所作士女，娟秀有神，景物布置皆潇洒，近世无出其右者。

　　释道济，字石涛，明楚藩裔，自号清湘老人。题画自署或曰大涤子，或曰苦瓜和尚，或曰瞎尊者，无定称。国变后为僧，画笔纵恣，脱尽窠臼，而实与古人相合。晚游江、淮，人争重之。著《论画》一卷，词议玄妙。与髡残齐名，号"二石"。
　　髡残，字石溪，湖南武陵人。幼孤，自剪发投龙三三家庵。遍游名山，后至江宁，住牛首，为堂头和尚。画山水奥境奇辟，缅邈幽深，引人入胜。道济排奡纵横，以奔放胜；髡残沉著痛快，以谨严胜：皆独绝。

朱耷，字雪个，江西人，亦明宗室。崇祯甲申后，号八大山人，尝为僧。其书画题款"八大"二字每联缀，"山人"二字亦然，类"哭"类"笑"，意盖有在。画简略苍劲，生动尽致，山水精密者尤妙绝，不概见。慷慨啸歌，世以狂目之。

弘仁，字渐江，安徽休宁人，姓江，字亦奇。明诸生，亦甲申后为僧。工诗古文，画师倪瓒，新安画家皆宗之。然弘仁所作层崖陡壑，伟俊沉厚，非若世之以疏竹枯株摹拟高士者比。殁后，墓上种梅数百本，因称梅花古衲云。

自道济以下，皆明之遗民，隐于僧，而以画著。其后画僧，上睿、明中、达受最有名。

上睿，字目存，吴人。尝从王翚游，得其指授。

明中，字大恒，浙江桐乡人。晚主杭州南屏净慈。高宗南巡，赐紫衣。山水得元人法。

达受，字六舟，浙江海宁人。故名家子。耽翰墨，书得徐渭、陈道复纵逸之致。善别古器，精摹拓，或点缀折枝于其间，多古趣。阮元呼曰"金石僧"。

王翚，字石谷，号耕烟，江南常熟人。太仓王鉴游虞山，见其画，大惊异，索见，时年甫冠。戴归，谒王时敏，馆之西田。尽出唐以后名迹，俾坐卧其中，时敏复挈之游江南北，尽得观收藏家秘本。如是垂二十年，学遂成。康熙中诏征，以布衣供奉内廷。绘《南巡图》，集海内能手，逡巡莫敢下笔，翚口讲指授，咫尺千里，令众分绘而总其成。图成，圣祖称善，欲授官，固辞，厚赐归。公卿祖饯，赋诗赠行。翚天性孝友，笃于风义，时敏、鉴既殁，岁时犹省其墓。康熙五十六年，卒，年八十六。翚论画曰："以元人笔墨，运宋人丘壑，而泽以唐人气韵，乃为大成。"称之者曰："古今笔墨之龃龉不相入者，翚罗而置之笔端，融冶以出。画有南、北宗，至翚而合。"

吴历，又名子历，字渔山，号墨井道人，亦常熟人。学画于王时敏，心思独运，气韵厚重沉郁，迥不犹人。晚年弃家从天主教，曾再游欧罗巴。作画每用西洋法，云气绵渺凌虚，迥异平时。康熙五十七年，卒，年八十七。当时或言其浮海不归，后于上海南郭得其墓碣，题曰"天学修士"云。翚初与友善，后绝交。王原祁论画，右历而左翚，曰："迩时画手，惟吴渔山而已。"世以时敏、鉴、翚、原祁、历及恽格，并称为六大家。同县又有杨晋、黄鼎。

晋，字子鹤。翚弟子，山水清秀，尤以画牛名。翚作图，凡有人物与轿驼马牛羊，皆命晋写之。从翚绘《南巡图》，因摹内府名迹进御。

鼎，字尊古。学于王原祁，而私淑翚，得其意。临摹古人辄逼真，尤擅元王蒙法。遍游名山，号独往客。论者谓翚看尽古今名画，下笔具有渊源；鼎看尽九州山水，下笔具有生气。常客宋荦家，梁、宋间其迹独多。

方士庶，字循远，号小师道人，安徽歙县人，家于扬州。鼎弟子，早有出蓝之目。年甫逾四十，卒，论者惜之。

翚画派为一代所宗，世比之王士祯之诗，当时门弟子甚盛，传衍其法者益众，附著其尤者。

恽格，字寿平，后以字行，改字正叔，号南田，江南武进人。父日初，见《隐逸传》。格年十三，从父至闽。时王祈起兵建宁，日初依之。总督陈锦兵克建宁，格被掠，锦妻抚以为子。从游杭州灵隐寺，日初侦遇之，绐使出家为僧，乃得归。格以父忠于明，不应举，擅诗名，鬻画养父。画出天性，山水学元王蒙。既与王翚交，曰："君独步矣！吾不为第二手。"遂兼用徐熙、黄筌法作花鸟，天机物趣，毕集毫端，比之天仙化人。画成，辄自题咏书之，世号"南田三绝"。虽自专意写生，间作山水，皆超逸，得元人冷淡幽隽之致。王时敏闻其名，招之，不时至。至，则时敏已病，榻前一握手而已。家酷贫，风雨常闭门饿，以金币乞画者，非其人不与。康熙二十九年，卒，年五十四。子不能具丧，王翚葬之。

从父向，字道生。自明季以画著，山水得董源法，格少即师之。及格负重名，群从子弟多工画。其著者源浚，字哲长，官天津县丞。能传徐熙法，笔有生气。族曾孙钟荫之女曰冰，尤有名，详《列女传》。

其弟子尤著者：马元驭，字扶曦，常熟人。家贫，好读书。幼即工画，王翚称之。后学于格，得其逸笔，颇称入室。孙女荃，传其学，名与恽冰相匹。元驭尝以画法授同县蒋廷锡，后廷锡官禁近，以书招之，谢不往。

格人品绝高，写生为一代之冠，私淑者众，然不能得其机趣神韵。惟乾隆中华喦号为继迹。后改琦亦差得其意云。

王武，字勤中，吴县人。画花草，流丽多风，王时敏亦称为妙品，学者宗之。及格出，遂掩其上。

沈铨，字南苹，浙江德清人。工写花鸟，专精设色，妍丽绝人。雍正中，日本国王聘往授画，三年乃归，故其国尤重铨画，于格为别派。

龚贤，字半千，江南昆山人。寓江宁，结庐清凉山下，茸半亩园，隐居自得。性孤僻，诗文不苟作。画得董源法，埽除蹊径，独出幽异，自谓前无古人，后无来者。同时与樊圻、高岑、邹喆、吴弘、叶欣、胡造、谢荪号"金陵八家"。圻，字会公；造，字石公，与荪，皆江宁人。岑，字蔚生，杭州人。喆，字方鲁，吴人。弘，字远度，金谿人。欣，字荣木，华亭人。诸家皆擅雅笔，负时誉，要以贤为称首。

清初画学蔚盛，大江以南，作者尤多，各成派别，以娄东王时敏为大宗。若金陵、云间、嘉禾、新安，皆闻人迭起。

赵左，字文度，华亭人。画出于宋旭，为云间派之首，吴、松间多宗之。

项圣谟，字孔彰，嘉兴人，元汴之孙。初学文征明，后益进于古，董其昌称其与宋人血战，又得元人气韵。子奎，字东井，世其学。

同县李琪枝，字云连，日华之孙。山水淡逸，传世者梅竹为多。项、李皆公族，濡染有绪，群从多以画名。

其后雍、乾中钱纶光妻陈书，花鸟人物并工，详《列女传》。钱氏子孙及闺秀传其法者众，更盛于项、李二家。

张庚，字浦山，亦嘉兴人。学于书，深通画理，著《画征录》及《续录》，自明末至乾、嘉中，所载四百余人。

查士标，字二瞻，号梅壑，安徽歙县人。明诸生，后弃举子业，专精书画。家饶于资，多藏鼎彝古器，及宋、元名迹。初学倪瓒，后参以吴镇、董其昌法，称逸品。晚益以幽淡为宗，疏懒罕接宾客，盖托以逃世。与同县孙逸、休宁汪之瑞、释弘仁，号"新安四家"。久寓扬州，康熙三十七年，卒，年八十四。

逸，字无逸。流寓芜湖，曾绘《歙山二十四图》。

之瑞，字无瑞。豪迈自喜，渴笔焦墨，酒酣挥洒如风雨。

时当涂萧云从，字尺木。与逸齐名，山水不专宗法，兼长人物。于采石太白楼下四壁画《五岳图》，又画《太平山水》及《离骚图》，好事者并镌刻以传。

高其佩，字韦之，号且园，奉天辽阳人，隶籍汉军。父殉耿藩之难，其佩以荫官至户部侍郎。画有奇致，人物山水，并苍浑沉厚，衣纹如草篆，一袖数折。尤善指画，尝画黄初平叱石成羊，或已成羊而起立，或将成而未起，或半成而未离为石，风趣横生。画龙、虎，皆极其态。世既重其指墨，晚年以便于挥洒，遂不复用笔。其笔画之佳，几无人知之。雍正十二年，卒。甥李世倬、朱伦瀚皆学於其佩。

世倬，字汉章，总督如龙子。官至右通政。少至江南，从王翚游，得其传。后官山西，观吴道子《水陆道场图》，悟人物之法。花鸟写生，得其佩指墨之趣，易以笔运，各名一家。

伦瀚，字涵斋，明裔也，隶籍汉军。官至都统，直内廷。指画师其佩，丘壑奇而正，色淡味厚。喜作臣障，元气淋漓。指上生有肉锥，故作人物，须眉尤有神，出于天授。其后传其佩法者，有传雯、瑛宝。

雯，字凯亭。奉天布衣，为诸王邸客，京师多其遗迹。

瑛宝，字梦禅，满洲人，大学士永贵子。以疾辞荫不仕，诗画自娱。指墨以简贵胜，深自矜许。

张鹏翀，字天飞，自号南华山人，江苏嘉定人。雍正五年进士，入翰林，官至詹事府詹事。天才超迈，诗画皆援笔立就，潇洒自适，类其为人。高宗爱其才，不次拔擢。进奉诗文，多寓规于颂。画无师承，自然入古。虽应制之作，萧散若不经意，愈见神韵。绘《春林淡霭图》，题诗进上，上赐和，鹏翀即于宫门叠韵陈谢。尝从驾西苑液池，一渡之顷，得诗八首。屡敕御舟作画，赐御笔《枇杷折枝》及《松竹双清图》，又赐双清阁书额，迭拜笔砚、文绮之赐无算。乾隆十年，乞假归，卒于途次。上眷之，久不忘，对群臣辄曰："张鹏翀可惜！"

自康熙至乾隆朝，当国家全盛，文学侍从诸臣，每以艺事上邀宸眷。大学士蒋廷锡及子溥，董邦达及子诰，尚书钱维城，侍郎邹一桂，与鹏翀为尤著。

廷锡以逸笔写生，奇正、工率、浓淡，一幅间恒间出，无不超脱。源出于恽格，而不为所囿。邦达山水源于董源、巨然、黄公望，墨法得力于董其昌，自王原祁后推为大家。久直内廷，进御之作，大幅寻丈，小册寸许，不下数百。溥、诰各承其家法。维城山水苍秀，花卉傅色尤有神采。一桂以《百花卷》被宸赏，世谓恽格后罕匹者。诸人所绘并入《石渠宝笈》，御题褒美，传为盛事。

嘉庆中，尚书黄钺由主事改官翰林，入直，画为仁宗所赏。道、咸以后，侍郎戴熙、大学士张之万，并官禁近，以画名。然国家寖以多故，视承平故事稍异焉。

唐岱，字毓东，满洲人。康熙中，以荫官参领。从王原祁学画，丘壑似原祁。供奉内廷，圣祖品题当时以为第一手，称"画状元"。历事世宗、高宗。高宗在潜邸，即喜其画，数有题咏，后益被宠遇。唐岱专工山水，以宋人为宗。少时名动公卿。直内廷久，笔法益进，人间传播者转稀。著《绘事发微》行世。

清制，画史供御者无官秩，设如意馆于启祥宫南，凡绘工、文史及雕琢玉器、装潢帖轴皆在焉。初类工匠，后渐用士流，由大臣引荐，或献画称旨召入，与词臣供奉体制不同。间赐出身官秩，皆出特赏。高宗万几之暇，尝幸馆中，每亲指授，时以为荣。其画之精美者，一体编入《石渠宝笈》、《秘殿珠林》二书。嘉庆中，编修胡敬撰《国朝院画录》，凡载八十余人，其尤卓著可传者十余人。

焦秉贞，山东济宁人。康熙中，官钦天监五官正。工人物楼观，通测算，参用西洋画法，剖析分刌，量度阴阳向背，分别明暗，远视之，人畜、花木、屋宇皆植立而形圆。圣祖嘉之，命绘《耕织图》四十六幅，镂版印赐臣工。自秉贞创法，画院多相沿袭。

其弟子冷枚，胶州人，为最肖。与绘《万寿盛典图》。

陈枚，江苏娄县人。官内务府郎中。初法宋人，折衷唐寅，后亦参西洋法。寸纸尺缣，图群山万壑，人物胥备。

郎世宁，西洋人。康熙中入直，高宗尤赏异。凡名马、珍禽、琪花、异草，辄命图之，无不奕奕如生。设色奇丽，非秉贞等所及。

艾启蒙，亦西洋人。其艺亚于郎世宁。

张宗苍，字默存，江苏吴县人。学画于黄鼎。初官河工主簿。乾隆十六年南巡，献册，受特知，召入直。数年，授户部主事，以老乞归。宗苍山水，气体深厚，多以皴擦取韵，一洗画院甜熟之习，被恩遇特厚。所画著录《石渠》者，百十有六，多荷御题。

弟子徐扬、方琮最得其法，亦邀宸赏，赐扬举人，授内阁中书。

余省，字曾三，江苏常熟人。善写生，能得花外之趣。同时杨大章，亦赋色修洁，可与邹一桂颉颃。花鸟以二人为最工。

金廷标，字士揆，浙江桐乡人。南巡进白描罗汉，称旨，召入祗候。廷标画不尚工致，以机趣传神。高宗题所作《琵琶行图》曰："唐寅旧图，有琵琶伎在别船，廷标祗绘白居易一人侧耳而听，别有会心。古人画意为先，非画院中人所及。"会爱乌罕进四骏，郎世宁绘之，复命廷标别作，仿李公麟法，增写执靮人，古趣出彼上。及廷标卒，上命旧黏殿壁者悉付装池，收入《石渠宝笈》。

丁观鹏，工人物，效明丁云鹏，以宋人为法，不尚奇诡。画仙佛神像最擅长，著录独多。

时有严弘滋者，南巡两次献画，所作三官神像，秀发飞扬，称为绝作，屡命画院诸人摹之。

姚文瀚，亦以人物仙佛名，亚于观鹏。

缪炳泰，字象宾，江苏江阴人。初以国子监生召绘御容。南巡，应召试，赐举人，授中书，官至兵部郎中。乾隆五十年以后御容，皆出所绘。又命绘紫光阁功臣像，人人逼肖，写真之最工者。

画院盛于康、乾两朝，以唐岱、郎世宁、张宗苍、金廷标、丁观鹏为最，宗苍所作，尤有士气，道光以后无闻焉。至光绪中，孝钦皇后喜艺事，稍复如意馆旧规，画史皆凡材，无可纪者。

华嵒，字秋岳，号新罗山人，福建临汀人。慕杭州西湖之胜，家焉。画山水、人物、花鸟、草虫无不工，脱去时蹊，力追古法。有时过求超脱，然其率略处，愈不可及。工诗，有《离垢集》，古质清峭。书法脱俗，世称"三绝"，可继恽格。侨居扬州最久，晚归杭州，卒年近八十。

乾、嘉之间，浙西画学称盛，而扬州游士所聚，一时名流竞逐。其尤著者，为高凤翰、郑燮、金农、罗聘、奚冈、黄易、钱杜、方薰等。

凤翰，字西园，山东胶州人。雍正初，以荐得官，署安徽绩溪知县，被劾罢。久寓江、淮间，病偏痹，遂以左手作书画，纵逸有奇气。尝登焦山观《瘗鹤铭》，寻宋陆游题名，亲埽积藓，燃烛扪图，以败笔清墨为图，传为杰作。性豪迈不羁，藏砚千，手自镌铭，著《砚史》。又藏司马相如玉印，秘为至宝。卢见曾为两淮运使，欲观之，长跪谢不可，其癖类此。

燮，字板桥，江苏兴化人。乾隆元年进士，官山东潍县知县，有惠政。辞官鬻画，作兰竹，以草书中竖长撇法为兰叶，书杂分隶法，自号"六分半书"。诗词皆别调，而有挚语。慷慨啸傲，慕明徐渭之为人。

燮同县李鱓，字复堂。举人。官山东滕县知县。花鸟学林良，多得天趣。

陈撰，字楞山，浙江鄞县人，亦居扬州。举鸿博，不就试。与鱓齐名，写梅尤隽逸。

农，字寿门，号冬心，浙江仁和人。布衣，荐鸿博，好学癖古，储金石千卷。中岁，游迹半海内，寄居扬州，遂不归。分隶小变汉法，又师《禅国山》及《天发谶》两碑。截毫端，作擘窠大字。年五十，始从事于画。初写竹，师石室老人，号稽留山民。继画梅，师白玉蟾，号昔耶居士。又画马，自谓得曹、韩法。复画佛，号心出家盦粥饭僧。其点缀花木，奇柯异叶，皆意为之。问之，则曰："贝多龙窠之类也。"性遁峭，世以迂怪目之。诗亦镌削苦硬。无子，晚手录以付其女。殁后，罗聘搜辑杂文编为集。

聘，字两峰，江都人。淹雅工诗，从农游，称高足弟子，画无不工。耽禅悦，梦入招提曰花之寺，仿佛前身，自号花之寺僧。多摹佛像，又画《鬼趣图》，不一本。游京师，跌宕诗酒，老而益贫。曾燸为两淮运使，资之归，未几卒。妻方婉仪，亦工诗画，好禅，号白莲居士。

冈，字铁生，号蒙泉，旧为歙县人，居钱塘，遂隶籍。负奇，不得志，寄于诗画。山水取法娄东，自成逸韵；竹石花木，超隽得元人意；四十后名益噪。曾游日本，海外估舶，悬金购其画。征孝廉方正，辞不就。

冈与同县黄易齐名。易父树毂，亦工书画。易详《文苑传》，笃嗜金石，每以访碑纪游作图，为世所重。画境简淡，山左多宗之。

杜，字叔美，号松壶，仁和人。屈于下僚，曾官云南经历，足迹逾万里。深擘画学，摹赵伯驹、孟頫、王蒙皆神似。间为金碧云山，妍雅绝俗。画梅疏冷出赵孟坚。兼擅诗名。著《松壶画赘》、《画忆》，多名论。

从兄东，字袖海，画近恽格，名亚于杜。

薰，字兰坻，浙江石门人。父梅，故善画，薰幼从父游吴、越间，多见名迹，接耆宿，遂兼众长。论画曰："写生以意胜形似。"又曰："不拘难易，须雅驯。"著《山静居论画》，以布衣终。

王学浩，字椒畦，江苏昆山人。乾隆五十一年举人。幼学画于同县李豫德，豫德为王原祁外孙，得南宗之传。学浩溯源倪、黄，笔力苍劲。论画曰："六法，一写字尽之。写者，意在笔先，直追所见，虽乱头粗服，而意趣自足。或极工丽，而气味古雅，所谓士大夫画也。否则与俗工何异？"又曰："画以简为上，虽烟客、麓台，犹未免繁碎，如大痴，真未易到。大痴法固在荒率苍古中求之，尤须得其不甚著力处。"时论学浩用墨，能入绢素之骨，比人深一色。晚好用破笔，脱尽窠臼，画格一变。著《南山论画》。卒，年七十九。学浩享大年，道光之季，画苑推为尊宿。馆吴中寒碧山庄刘氏，坛坫甚盛。其时吴、越作者虽众，足继前哲名一家者，盖寥寥焉。

黄均，字縠原，元和人。守娄东之法，尽其能事。游京师，法式善、秦瀛为之延誉，得官，补湖北潜江主簿，未之任。于武昌胭脂山麓筑小园，居之二十年，以吏为隐。画晚而益工，于吴中称后劲。

清画家闻人多在乾隆以前，自道光后，卓然名家者，惟汤贻汾、戴熙二人，并自有传。昭文蒋宝龄著《墨林今话》，继张庚《画征录》之后，子茝生为《续编》，至咸丰初，视庚录数几倍之。其后光绪中，无锡秦祖咏著《桐阴论画》，论次一代作者，分三编，评骘较严，称略备焉。今特著其尤工者，宝龄、祖咏画亦并有法。

卷五百五　　列传二百九十二

艺术四

**王来咸　褚士宝　冯行贞　甘凤池　曹竹斋
潘佩言　江之桐　梁九　张涟**叶陶　**刘源
唐英　戴梓　丁守存　徐寿**子建寅　华封

王来咸，字征南，浙江鄞县人。先世居奉化，自祖父居鄞，至来咸徙同岙，从同里单思南受内家拳法。内家者，起于宋武当道士张三峰，其法以静制动，应手即仆，与少林之主于搏人者异，故别少林为外家。其后流传于秦、晋间，至明中叶，王宗岳为最著，温州、陈州同受之，遂流传于温州。嘉靖间，张松溪最著，松溪之徒三四人，宁波叶继美为魁，遂流传于宁波。得继美之传者，曰吴昆山、周云泉、陈贞石、孙继槎及思南，各有授受。思南从征关白，归老于家，以术教，颇惜其精微。来咸从楼上穴板窥之，得其梗概。以银卮易美樽奉思南，始尽以不传者传之。

来咸为人机警，不露圭角，非遇甚困不发。凡搏人皆以其穴，死穴、晕穴、哑穴，一切如铜人图法。有恶少侮之，为所击，数日不溺，谢过，乃得如故。牧童窃学其法，击伴侣，立死。视之，曰：“此晕穴。”不久果苏。任侠，尝为人报仇，有致金以仇其弟者，绝之，曰：“此以禽兽待我也！”明末，尝入伍为把总，从钱肃乐起兵渐东，事败，隐居于家。慕其艺者，多通殷勤，皆不顾。锄地担粪，安于食贫。未尝读书，与士大夫谈论蕴藉，不知为粗人。黄宗羲与之游，同入天童，僧少焰有膂力，四五人不能掣其手，稍近来咸，蹶然负痛。来咸尝曰：“今人以内家无可炫耀，于是以外家羼之，此学行衰矣！”因为宗羲论述其学源流。康熙八年，卒，年五十三。宗羲子百家从之学，演其说为《内家拳法》一卷，百家后无所传焉。

清中叶，河北有太极拳，云其法出于山西王宗岳，其法式论解，与百家之言相出入。至清末，传习者颇众云。

褚士宝，字复生，江南上海人。家素封，膂力过人，好技击，游学四方。与毕凤阳、武君卿为友，遂精枪法，名曰四平枪，旋转如风，人莫能近。同邑有张擎者；虎颈板肋，力举百钧，横行为闾里患，众请士宝除之。同饮酒，擎自夸其勇，酒酣，攘臂作势，士宝徐以箸点其胸，曰：“子盍坐而言乎？”擎遂默然，少顷辞去，越日，死于桥亭。明季福王南渡，兵部员外郎何刚荐士宝为伏波营游击。未之官，南都陷，终老于家。所传弟子有王圣蕃、池天荣。天荣又传浙江提督乔照。其枪谱二种及治伤药酒方，世犹有藏之者。

冯行贞，字服之，江南常熟人。父班，以文学著。兄行贤，传其学。行贞少亦喜读书，工小词，性倜傥不羁。善射，能以后矢落前矢，投石子于百步外无不中。实鸡卵壳以矿灰，遇剧盗，辄先发鸡卵中其目。山东响马老瓜贼为行旅患，闻冯氏名，莫敢撄。从休宁程打虎及张老受枪法，驰突无敌。山行遇虎，以短枪毙之。尝为客报仇。康熙中，从康亲王杰书军南征，有功，当得官，寻弃归。侨居吴中娄门外村落，以经书教授，诗画自娱。年七十余，卒。以枪法授同县陶元淳，元淳后无传者。

甘凤池，江南江宁人。少以勇闻。康熙中，客京师贵邸。力士张大义者慕其名，自济南来见。酒酣，命与凤池角，凤池辞，固强之。大义身长八尺余，胫力强大，以铁裹拇，腾跃若风雨之骤至。凤池却立倚柱，俟其来，承以手，大义大呼仆，血满靴，解视，拇尽嵌铁中。即墨马玉麟，长躯大腹，以帛约身，缘墙升木，捷于猱。客扬州巨贾家，凤池后至，居其上。玉麟不平，与角技，终日无胜负。凤池曰：“此劲敌，非张大义比！”明日又角，数蹈其瑕，玉麟直前擒凤池，以骈指却之，玉麟仆地，惭遁。凤池尝语人曰：“吾力不逾中人，所以能胜人者，善借其力以制之耳。”手能破坚，握铅锡化为水。又善导引术，同里谭氏子病瘵，医不效，凤池于静室窒牖户，夜与合背坐，四十九日而痊。

喜任侠，接人和易，见者不知为贲、育。雍正中，浙江总督李卫捕治江宁顾云如邪术不轨狱，株连百数十人，凤池亦被逮，谳拟大辟。世宗于此狱从宽，未尽骈诛。或云凤池年八十余，终于家。江湖间流传其侠事多荒诞，著其可信者。

曹竹斋，以字行，佚其名，福建人。老而贫，卖卜扬州市。江、淮间健者，莫能当其一拳，故称曹一拳。少年以重币请其术，不可。或怪之，则曰："此皆无赖子，岂当授艺以助虐哉？拳棒，古先舞蹈之遗也，君子习之，所以调血脉，养寿命，其粗乃以御侮。必彼侮而我御之，若以之侮人，则反为人所御而自败矣。无赖子以血气事侵凌，其气浮于上，而立脚虚，故因其奔赴之势，略藉手而仆耳。一身止两拳，拳之大才数寸，焉足卫五尺之躯，且以接四面乎？惟养吾正气，使周于吾身，彼之手足近吾身，而吾之拳，即在其所近之处。以彼虚嚣之气，与吾静定之气接，则自无幸矣。故至精是术者，甚征有二：一则精神贯注，而腹背皆干滑如腊肉；一则气体健举，而额颅皆肥泽如粉粱。是皆血脉流行，应乎自然，内充实而外和平，犯而不校者也。"嘉庆末，殁于扬州，年八十余。

潘佩言，亦以字行，安徽歙县人。以枪法著称，称潘五先生。其言："枪长九尺，而杆圆四五寸，然枪入手，则全身悉委于杆。故必以小腹贴杆，使主运；后手必尽镡，以虎口实撅之；前手必直，令尽势。以其掌根与后手虎口反正拧绞，而虚指使主导。两足亦左虚右实，进退相任以趋势。使枪尖、前手尖、前足尖、鼻尖五尖相对，而五尺之身，自托荫于数寸之杆，遮闭周匝，敌仗无从入犯矣。

其用，有戮、有打；其法，曰二、曰叉。二以取人，叉以拒人。此叉则彼二，此二则彼叉。叉二循环，两枪尖交如绕指，分寸间，出入百合，不得令相附。杆一附，则有仆者，故曰'千金难买一声响'。手同则争目，目同则争气。气之运也，久暂稍殊，而胜败分焉。故其术为至静。""吾授徒百数，而莫能传吾术。吾之术，受于师者才十之三，其十之七，则授徒时被其非法相取之势迫而得之于无意者也。是故名师易求，佳徒难访。佳徒意在得师，以天下之大，求之无不如意者。至名师求徒，虽遇高资妙质，足以授道，而非其志之所存，不能耐劳苦以要之永久，则百贡而百见却矣。"

佩言与竹斋同时处扬州，后归歙，不知所终。

江之桐，字兰崖，安徽和州人。年十余岁，佣于江宁卖饼家，嗜读书，其主人异之。招至家，居之楼上数年，读《左传》、《国语》、《战国策》、《史记》、《汉书》、《三国志》毕。乃谢主人去，自设小肆于市。更习武艺，手臂刀矛，皆务实用，变通成法。且读书，且习艺，读稍倦，则趯举翕张，以作其气。已而默坐，以凝其神，昼夜无间。至百日乃睡，睡十余日，复如之。读史善疑，质之儒生，往往无以答。其艺通绵长、俞刀、程棍、峨嵋十八棍，多取洪门，敌硬斗强，以急疾为用。复及阵图、形势、器械，皆有理解。

年六十余，始遇荆溪周济。济故绩学，自负经世之略，通武艺，好谈兵。与语大悦，延教其孙，三年而之桐卒。济之言曰："兵事至危，非得练士能临敌苦斗历三十刻，及选锋一可当三者，虽上有致果之志，下有死长之心，遇强敌不能必克。以力为本，以技济之，谓之练士；作其勇者，谓之选锋。世之便骑射、习火器，以为士卒程，事取捷速，恒不能持久。洎乎接刃，则霍然而去。故曰'巧不胜拙'。若之桐，庶为知务。"

梁九，顺天人。自明末至清初，大内兴造匠作，皆九董其役。初，明时京师有工师冯巧者，董造宫殿，至崇祯间老矣。九往执业门下，数载，终不得其传，而服事左右，不懈益恭。一日九独侍，巧顾曰："子可教矣！"于是尽授其奥。巧死，九遂隶籍工部，代执营造之事。康熙三十四年，重建太和殿，九手制木殿一区，以寸准尺，以尺准丈，大不逾数尺许，四阿重室，规模悉具，工作以之为准，无爽。

张涟，字南垣，浙江秀水人，本籍江南华亭。少学画，谒董其昌，通其法，用以叠石堆土为假山。谓世之聚危石作洞壑者，气象蹙促，由于不通画理。故涟所作，平冈小阪，陵阜陂陁，错之以石，就其奔注起伏之势，多得画意，而石取易致，随地材足，点缀飞动，变化无穷。为之既久，土石草树，咸识其性情，各得其用。创手之始，乱石林立，踌躇四顾，默识在心。高坐与客谈笑，但呼役夫，某树下某石置某处，不假斧凿而合。及成，结构天然，奇正罔不入妙。以其术游江以南数十年，大家名园，多出其手。东

至越，北至燕，多慕其名来请者，四子皆衣食其业。晚岁，大学士冯铨聘赴京师，以老辞，遣其仲子往。康熙中，卒。后京师亦传其法，有称山石张者，世业百余年未替。吴伟业、黄宗羲并为涟传，宗羲谓其"移山水画法为石工，比元刘元之塑人物像，同为绝技"云。

叶陶，字金城，江南青浦人，本籍新安。善画山水，康熙中，祗候内廷。奉敕作畅春园图本称旨，即命佐监造，园成，赐金驰驿归。寻复召，卒于途。

刘源，字伴阮，河南祥符人，隶汉军旗籍。康熙中，官刑部主事，供奉内廷，监督芜湖、九江两关，技巧绝伦。少工画，曾绘《唐凌烟阁功臣像》，镌刻行世，吴伟业赠诗纪之。及在内廷，于殿壁画竹，风枝雨叶，极生动之致，为时所称。手制清烟墨，在"寥天一"、"青麟髓"之上。于一笏上刻《滕王阁序》、《心经》，字画崭然。奉敕制太皇太后及皇贵妃宝范，拨蜡精绝。时江西景德镇开御窑，源呈瓷样数百种。参古今之式，运以新意，备诸巧妙。于彩绘人物山水花鸟，尤各极其胜。及成，其精美过于明代诸窑。其他御用木漆器物，亦多出监作，圣祖甚眷遇之。及卒，无子，命官奠茶酒，侍卫护柩，驰驿归葬，恩礼特异焉。

唐英，字俊公，汉军旗人。官内务府员外郎，直养心殿。雍正六年，命监江西景德镇窑务，历监粤海关、淮安关。乾隆初，调九江关，复监督窑务，先后在事十余年。明以中官督造，后改巡道，督府佐司其事，清初因之。顺治中，巡抚郎廷佐所督造，精美有名，世称"郎窑"。其后御窑兴工，每命工部或内务府司官往，专任其事。年希尧曾奉使造器甚夥，世称"年窑"。

英继其后，任事最久，讲求陶法，于泥土、釉料、坯胎、火候，具有心得，躬自指挥。又能恤工慎帑，撰《陶成纪事碑》，备载经费、工匠解额，胪列诸色瓷釉，仿古采今，凡五十七种。自宋大观，明永乐、宣德、成化、嘉靖、万历诸官窑，及哥窑、定窑、均窑、龙泉窑、宜兴窑、西洋、东洋诸器，皆有仿制。其釉色，有白粉青、大绿、米色：玫瑰紫、海棠红、茄花紫、梅子青、骡肝、马肺、天蓝、霁红、霁青、鳝鱼黄、蛇皮绿、油绿、欧红、欧蓝、月白、翡翠、乌金、紫金诸种。又有浇黄、浇紫、浇绿、填白、描金、青花、水墨、五彩、锥花、拱花、抹金、抹银诸名。

奉敕编《陶冶图》，为图二十：曰《采石制泥》，曰《淘炼泥土》，曰《炼灰配釉》，曰《制造匣钵》，曰《圆器修模》，曰《圆器拉坯》，曰《琢器做坯》，曰《采取青料》，曰《炼选青料》，曰《印坯乳料》，曰《圆器青花》，曰《制画琢器》，曰《蘸釉吹釉》，曰《镟坯兑足》，曰《成坯入窑》，曰《烧坯开窑》，曰《圆琢洋采》，曰《明炉暗炉》，曰《束草装桶》，曰《祀神酬愿》。各附详说，备著工作次弟，后之治陶政者取法焉。英所造者，世称"唐窑"。

戴梓，字文开，浙江钱塘人。少有机悟，自制火器，能击百步外。康熙初，耿精忠叛，犯浙江，康亲王杰书南征，梓以布衣从军，献连珠火铳法。下江山有功，授道员札付。师还，圣祖召见，知其能文，试《春日早朝诗》，称旨，授翰林院侍讲。偕高士奇入直南书房，寻改直养心殿。梓通天文算法，预纂修《律吕正义》，与南怀仁及诸西洋人论不合，咸忌之。陈弘勋者，张献忠养子，投诚得官，向梓索诈，互殴构讼。忌者中以蜚语，褫职，徙关东。后赦还家，留于铁岭，遂隶籍。

所造连珠铳，形如琵琶，火药铅丸，皆贮于铳脊，以机轮开闭。其机有二，相衔如牝牡，扳一机则火药铅丸自落筒中，第二机随之并动，石激火出而铳发，凡二十八发乃重贮。法与西洋机关枪合，当时未能通用，器藏于家，乾隆中犹存。西洋人贡蟠肠鸟枪，梓奉命仿造，以十枪贲其使臣。又奉命造子母炮，母送子出坠而碎裂，如西洋炸炮，圣祖率诸臣亲临视之，锡名为"威远将军"，镌制者职名于炮后。亲征噶尔丹，用以破敌。

丁守存，字心斋，山东日照人。道光十五年进士，授户部主事，充军机章京。守存通天文、历算、风角、壬遁之术，善制器。时英吉利兵犯沿海数省，船炮之利，为中国所未有。守存慨然讲求制造，西学犹未通行，凡所谓力学、化学、光学、重学，皆无专书，覃思每与暗合。大学士卓秉恬荐之，命缮进图说，偕郎中文康、徐有壬赴天津，监造地雷、火机等器，试之皆验。

咸丰初，从大学士赛尚阿赴广西参军事，会获贼党胡以晄，使招降其兄以眺，守存制一匣曰手捧雷，伪若缄书其中，俾以眺致之贼酋，啓匣炸首毙。寻槛送贼渠洪大全还京，迁员外郎。

从尚书孙瑞珍赴山东治沂州团防，造石雷、石炮以御贼。寻调直隶襄办团练，上战守十六策。十年，回山东，创议筑堡日照要塞，曰涛雒。贼大举来犯，发石炮，声震山谷，贼辟易，相戒无犯。丁家堡附近之民归之，数年遂成都聚。

同治初，复至直隶，留治广平防务，筑堡二百余所。军事竣，授湖北督粮道，署按察使。充乡试监试，创法，以竹筒引江水注闱中，时以为便。濒江诸省，率仿行之。寻罢归。所著书曰《丙丁秘籥》，进御不传于外；所传者曰《造化究原》，曰《新火器说》。

徐寿，字雪村，江苏无锡人。生于僻乡，幼孤，事母以孝闻。性质直无华。道、咸间，东南兵事起，遂弃举业，专研博物格致之学。时泰西学术流传中国者，尚未昌明，试验诸器绝鲜。寿与金匮华蘅芳讨论搜求，始得十一，苦心研索，每以意求之，而得其真。尝购三棱玻璃不可得，磨水晶印章成三角形，验得光分七色。知枪弹之行抛物线，疑其仰攻俯击有异，设远近多靶以测之，其成学之艰类此。久之，于西学具窥见原委，尤精制器。咸丰十一年，从大学士曾国藩军，先后于安庆、江宁设机器局，皆预其事。

寿与蘅芳及吴嘉廉、龚芸棠试造木质轮船，推求动理，测算汽机，蘅芳之力为多；造器置机，皆出寿手制，不假西人，数年而成。长五十余尺，每一时能行四十余里，名之曰黄鹄。国藩激赏之，招入幕府，以奇才异能荐。既而设制造局于上海，百事草创，寿于船炮枪弹，多所发明。自制强水棉花药、汞爆药。

创议翻译西书，以求制造根本。于是聘西士伟力亚利、傅兰雅、林乐知、金楷理等，寿与同志华蘅芳、李凤苞、王德均、赵元益孳孳研究，先后成书数十种。寿所译述者，曰《西艺知新》及《续编》，《化学鉴原》及《续编》、《补编》、《化学考质》、《化学求数》、《物体遇热改易说》、《汽机发轫》、《营阵揭要》、《测地绘图》、《宝藏兴焉》。法律、医学，刊行者凡十三种，《西艺知新》、《化学鉴原》二书，尤称善本。

同治末，与傅兰雅设格致书院于上海，风气渐开，成就甚众，寿名益播。山东、四川仿设机器局，争延聘寿主其事，以译书事尤急，皆谢不往，而使其子建寅、华封代行。大冶煤铁矿、开平煤矿、漠河金矿经始之际，寿皆为擘画规制。购器选匠，资其力焉。无锡产桑宜蚕，西商购茧夺民利，寿考求烘茧法，倡设烘灶，及机器缫丝法，育蚕者利骤增。

寿狷介，不求仕进，以布衣终。光绪中，卒，年六十七。子建寅、华封，皆世其学。

建寅，字仲虎。从父于江宁、上海，助任制造。寻充山东机器局总办，福建船政提调，出使德国二等参赞，浙擢直隶候补道。光绪末，张之洞调至湖北监造无烟火药，已成，药炸裂，殒焉，赐优恤。

华封，字祝三。性敏，为父所爱，秘说精器多授之，以制造为治生。建寅、华封并从父译书行于世。

卷五百六　　列传二百九十三

畴人一

薛凤祚<small>杜知耕</small>　龚士燕　王锡阐<small>潘柽樟</small>
方中通<small>揭暄</small>　梅文鼎<small>子以燕　孙毂成　曾孙钫
弟文鼐　文鼏</small>　明安图<small>子新</small>　陈际新　刘湘煃
王元启　朱鸿　博启　许如兰

推步之学，由疏渐密。泰西新法，晚明始入中国，至清而中、西荟萃，遂集大成。圣祖聪明天亶，研究历算，妙契精微。一时承学之士，蒸蒸向化，肩背相望。二百年来，推步之学，日臻邃密，匪特辟古学之榛芜，抑且补西人之罅漏。嘉庆初，阮元撰《畴人传》，后学一再续之，唐、宋以来，于斯为盛。今甄其卓然名家者著于篇，其政事、文学登于《列传》及《儒林》、《文苑》者：西人官钦天监，厕于卿贰，各自有传者；不具列焉。

薛凤祚，字仪甫，淄川人。少习算，从魏文魁游，主持旧法。顺治中，与法人穆尼阁谈算，始改从西学，尽传其术，因著《算学会通正集》十二卷，《考验》二十八卷，《致用》十六卷。其曰对数比例者，乃西算以假数求真数之便法也；曰中法四线，以西法六十分为度，不便以十进位，改从古法，以百分为度，所列止正弦、余弦、正切、余切，故曰四线。其推步诸书：曰《太阳太阴经行法原》，曰《木火土三星经行法原》，曰《交食法原》，曰《历年甲子》，曰《求岁实》，曰《五星高行》，曰《交食表》，曰《经星中星》，曰《西域回回术》，曰《西域表》，曰《今西法选要》，曰《今法表》，皆会中、西以立法。以顺治十二年乙未天正冬至为元，诸应皆从此起算。以三百六十五日二十三刻三分五十七秒五微为岁实，黄、赤道交度有加减，恒星岁行五十二秒，与《天步真原》法同。梅文鼎谓其书详于法，而无快论以发其趣，盖其时新法初行，中、西文字辗转相通，故词旨未能尽畅。然贯通其中、西，要不愧为一代畴人之功首云。

凤祚定岁实秒数为五十七，与奈端合，与穆尼阁以为四十五秒者不同，则其学非墨守穆氏可知。或讥其谨守穆尼阁成法，依数推衍，非笃论也。

杜知耕，字端甫，号伯瞿，柘城举人。精研几何，以利玛窦、徐光启所译《几何原本》复加删削，作《几何论约》七卷，后附十条，则知耕所作也。言其法似为本书所无，其理实涵各题之内，非能于本书之外别生新义也。称后附者，以别于丁氏、利氏之增题也。又杂取诸家算学，参以西人之说，依古《九章》为目，作《数学钥》六卷。言数非图不明，图非指不明，图中用甲乙等字作志者，代指也，故其书于图解尤详。梅文鼎称其图注《九章》，颇中肯綮云。

龚士燕，字武任，武进人。少颖异能文，讲求性理，旁通算术，发明蔡氏《律吕新书》，推演黄钟圆径、开方密率诸法，而于元太史郭守敬《授时术》尤得其秘。如求冬至时刻，上推百年加一算，以为岁周三百六十五日二十四刻二十五分之内，满百年消长一分。核之《春秋》日食三十七事，多与符合。又如推晦、朔、弦、望，以太阳之盈与太阴之迟、以太阴之疾与太阳之缩皆相并，为同名相从；以太阳之盈与太阴之疾、以太阴之迟与太阳之缩皆相减，为异名相消；乃得盈缩迟疾化为加减时刻之差。以此加减朔望之大、小余分，得定朔弦望诸时刻。至盈、缩、迟、疾，郭守敬创平、立、定三差，理隐数繁，能审其机括，绘图以明之。

又如赤道变黄道之法，谓在二至后者，以度率一零八六五除赤道积度变为黄道宿度；在二分后者，以度率一零八六五乘赤道积度变为黄道宿度。凡此《授时》之术，引伸益明。其余月离五星等法，与回回、西洋诸算，遇有疑难，无不洞悉。至日、月体径有大小，交食限数有浅深，具见其奥。且悟唐顺之弧容直阔之法，以推求太阴出入黄道，在内在外，不离乎六度。自是一应七政、气朔、交食诸端，按法而推，百不失一。

康熙六年，诏募天下知算之士，于是入都。其时钦天监用《大统》算七政多不合天，奉旨在观象台每日测验，而金星比算差至十度。因修改古法，乃据七年所测表景推测太盈缩，又据日测五星行度，考其迟疾。彼此推求加减、气、闰、转、交诸应，测验皆与天合。盖其法亦本郭守敬，太阳为气应，推冬至日躔用之；太阴周天为转应，朔望用之；日月地球之运，同在一直线，视点上为交应，推日月食用之；合气盈、朔虚之奇零为闰应，推闰月用之；此外又有金、木、水、火、土同聚一宿为合应，推五星用之。

修改诸应，取顺治元年甲申为元，以应世祖章皇帝抚有中夏之祥，钦天监名为"改应法"。既改气、闰、转、交诸应，复改迟、疾限及求差诸法，又改冬至黄道日出分依步中星内法。又盈缩迟疾无积度，日食无时差，皆与天合。台官交章保荐。八年，《历书》告成，奏对武英殿，授历科博士。时有荐西人南怀仁等于朝，及其实测诸术，验且捷，遂定用西法，而古历卒不行。

十年，以疾归，著有《象纬考》一卷、《历言大略》一卷。其《天体论》一卷及《暗虚》、《中星》、《交食》、《定朔》、《五星》诸论俱佚。

王锡阐，字晓庵，吴江人。兼通中、西之学，自立新法，用以测日、月食不爽秒忽。每遇天晴霁，辄登屋卧鸱吻察星象，竟夕不寐。著《晓庵新法》六卷，序曰："炎帝八节，历之始也，而其书不传。《黄帝》、《虞》、《夏》、《殷》、《周》、《鲁》七历，先儒谓系伪作。今七历俱存，大指与汉历相似，而章蔀气朔，未睹其真，为汉人所托无疑。《太初》、《三统》，法虽疏远，而创始之功，不可泯也。刘洪、姜岌，次第阐明，何、祖专力表、圭，益称精切。自此南、北历象，率能好学深思，多所推论，皆非浅近所及。唐历《大衍》稍密，然开元甲子当食不食，一行乃为诿词以自解，何如因差以求合乎？"

又曰："明初元统造《大统历》，因郭守敬遗法，增损不及百一，岂以守敬之术果能度越前人乎？守敬治历，首重测日，余尝取其表景，反覆布算，前后牴牾。余所创改，多非密率。在当日已有失食失推之咎，况乎遗籍散亡，法意无征。兼之年远数盈，违天渐远，安可因循不变耶？元氏艺不逮郭，在廷诸臣，又不逮元，卒使昭代大典，踵陋袭伪。虽有李德芳苦争之，然德芳不能推理，而株守陈言，无以相胜，诚可叹也！"

又曰："万历季年，西人利氏来华，颇工历算。崇祯初，命礼臣徐光启译其书，有《历指》为法原，《历表》为法数，书百余卷，数年而成，遂盛行于世。言历者莫不奉为俎豆。吾谓西历善矣，然以为测候精详可也，以为深知法意未可也。循其理而求通，可也；安其误而不辨，不可也。姑举其概：二分者，春、秋平气之中；二至者，日道南、北之中也。《大统》以平气授人时，以盈缩定日躔。西人既用定气，则分、正为一，因讥中历节气差至二日。夫中历岁差数强，盈缩过多，恶得无差？然二日之异，乃分、正殊科，非不知日行之朒朒而致误也。《历指》直以怫已而讥之，不知法意一也。诸家造历，必有积年日法，多寡任意，牵合由人。守敬去积年而起自辛巳，屏日法而断以万分，识诚卓也。西历命日之时以二十四，命时之分以六十，通计一日为分一千四百四十，是复用日法矣。至于刻法，彼所无也。近始每时四分之，为一日之刻九十六。彼先求度而后日，尚未觉其繁，施之中历则窒矣。乃执西法反谓中历百刻不适于用，何也？且日食时差法之九十有六，与日刻之九十六何与乎？而援以为据，不知法意二也。天体浑沦，初无度分可指，昔人因一日日躔命为一度，日有疾徐，断以平行，数本顺天，不过捐益。西人去周天五度有奇，敛为三百六十，不过取便割圆，岂真天道固然？而党同伐异，必曰日度为非，讵知三百六十尚非天真有此度数乎？不知法意三也。上古置闰，恒于岁终，盖历术疏阔，计岁以置闰也。中古法日趋密，始计月以置闰，而闰于积终，故举中气以定月，而月无中气即为闰。《大统》专用平气，置闰必得其月，新法改用定气，致一月有两中气之时，一岁有两可闰之月，若辛丑西历者，不亦鳘乎！夫月无平中气者，乃为积余之终，无定中气者，非其月也。不能虚衷深考，而以卤莽之习，侈支离之学，是以归余之后，气尚在晦；季冬中气，已入仲冬；首春中气，将归腊杪。不得已而退朔一日以塞人望，亦见其技之穷矣，不知法意四也。天正日躔，本起子半，后因岁差，自丑及寅。若夫合神之说，乃星命家猥言，明理者所不道。西人自命历宗，何至反为所惑，谓天正日躔定起丑初乎？况十二次命名，悉依星象，如随节气递迁，虽子午不妨异地，岂玄枵、鸟咮亦无定位耶？不知法意五也。岁实消长，昉于《统天》，郭氏用之，而未知所以当用；《元氏》去之，而未知所以当去。西人知以日行最高求之，而未知以二道远近求之，得其一而遗其一。当辨者一也。岁差不齐，必缘天运缓疾，今欲归之偶差，岂前此诸家皆妄作乎？黄、白异距，生交行之进退；黄、赤异距，生岁差之屈伸；其理一也。《历指》已明于月，何蔽于日？当辨者二也。日躔盈缩最高，斡运古今不同，揆之臆见，必有定数。不惟日月星应同，但行迟差微，非毕生岁月所可测度耳。西人每诩数千年传人不乏，何以亦无定论？当辨者三也。日去人时分远近，视径因分大小，则远近大小，宜为相似之比例。西法日则远近差多，而视径差少；月则远近差少，而视径差多。因数求理，难会其通。当辨者四也。日食变差，机在交分，日轨交分，与月高交分不同；月高交于本道，与交于黄道者又不同。《历指》不详其理，《历表》不著其数，岂黄道一术足穷日食之变乎？当辨者五也。中限左右，日月视差，时或一东一西。交、广以南，日月视差，时或一南一北。此为视差异向与视差同向者加减迥别，《历指》岂以非所常遇，故置不讲耶？万一遇之，则学者何以立算？当辨者六也。日光射物，必有虚景，虚景者，光径与实径之所生也。暗虚恒缩，理不出此。西人不知日有光径，仅以实径求暗虚。及至推步不符，复酌损径分以希偶合。当辨者七也。月食定望，惟食甚为然，亏复四限，距望有差。日食稍离中限，即食甚已非定朔。至于亏复，

相去尤远。西历乃言交食必在朔、望，不用朒朒次差。当辨者八也。"

又曰："语云：'步历甚难，辨历甚易。'盖言象纬森罗，得失无所遁也。据彼所说，亦未尝自信无差。五星经度，或失二十余分，躔离表验，或失数分，交食值此，所失当以刻计；凌犯值此，所失当以日计矣。故立法不久，违错颇多，余于《历说》已辨一二。乃癸卯七月望食当既不既，与夫失食失推者何异乎？且译书之初，本言取西历之材质，归《大统》之型范，不谓尽隳成宪，而专用西法，如今日者也。余故兼采中、西，去其疵颣，参以己意，著《历法》六篇，会通若干事，改正若干事，表明若干事，增辑若干事，立法若干事。旧法虽舛，而未遽废者，两存之；理虽可知，而上下千年不得其数者，缺之；虽得其数，而远引古测，未经目信者，别见补遗，而正文仍袭其故。为日一百几十有几，为文万有千言，非敢妄云窥其堂奥，庶几初学之津梁也。"

其法：度法百分，日法百刻，周天三百六十五度二十五分六十五秒五十九微三十二纤，内外准分三十九分九十一秒四十九微，次准九十一分六十八秒八十六微，黄道岁差一分四十三秒七十三微二十六纤。列宿经纬：角一十度七十三分七十九秒，南二度一分二十三秒，亢一十度八十二分二十四秒，北三度一分一秒，氐一十八度一十六分一十四秒，北四十三分九十六秒，房四度八十三分六十三秒，南五度四十六分一十九秒，心七度六十六分二秒，南三度九十七分三十八秒，尾一十五度八十二分七十八秒，南一十五度二十一分九十秒，箕九度四十六分九十六秒，南六度五十九分四十九秒，南斗二十四度一十九分八十二秒，南三度八十八分九十三秒，牵牛七度七十九分五十五秒，北四度七十五分一十七秒，婺女一十一度八十二分二秒，北八度二十分五十九秒，虚一十度一十二分九十一秒，北八度八十二分七十秒，危二十度四十一分四秒，北一十度八十五分六十二秒，营室一十五度九十二分二十秒，北一十度七十一分七十一秒。

先是《晓庵新法》未成，作《历说》六篇，《历策》一篇，其说精核，与新法互有详略。又氍括中、西步术，作《大统西历启蒙》。丁未岁，因推步《大统法》作《丁未历稿》。辛酉八月朔日食，以中、西法及已法豫定时刻分秒，至期，与徐发等以五家法同测，已法独合，作《推步交朔测小记》。又以治历首重割圆，作《圆解》。测天当据仪晷，造三晷，兼测日、月、星，因作《三辰晷志》。俱能究术数之微奥，补西人所不逮。与同时青州薛凤祚齐名，称"南王北薛"云。《历策》有云："每遇交会，必以所步、所测课较疏密，疾病寒暑无间，变周、改应、增损、经纬、迟疾诸率，于兹三十年所。"亦可以想见作者实测之诣力矣。

潘柽樟，字力田。与王锡阐同邑友善。锡阐尝馆其家，讲论算法，常穷日夜。柽樟著《辛丑历辨》曰："昔尧命羲和，曰以闰月定四时成岁，盖历法首重置闰。而《春秋传》曰：'先王之正时也，履端于始，举正于中，归余于终。'所谓始者，取气朔分齐为历元也；所谓中者，月以

中气为定，无中气者则为闰也；所谓终者，积气盈、朔虚之数而闰生焉也。自汉以降，历术虽屡变，未有能易此者。唯西域诸历则不然，其法有闰年、有闰日，而无闰月。盖中历主日，而西历主度，不可强同也。今之为西历者，乃以日躔求定气、求闰月，不惟尽废中国之成宪，而亦自悖西域之本法矣。故十余年来，宫度既紊，气序亦讹。如戊子之闰三月也，而置在四月；庚寅之闰十一月也，而置在明年之二月；癸巳之闰七月也，而置在六月；己亥之闰正月也，而置在三月。其为舛误，何可胜言！然非深于历者，未易指摘。至于辛丑之闰月，则其失显然无以自解矣。何也？闰法论平气而不当论定气，若以平气，则是年小雪在十月晦，冬至在十一月朔，而闰在两月之间。所谓闰前之月中气在晦，闰后之月中气在朔者也。今以定气，则秋分居九月朔，故预于七月朔置闰，然后秋分仍在八月，而霜降、小雪各归其月。无如大寒定气乃在十一月朔，而十二月又无中气，既不可再置一闰，则是同一无中气之月，而或闰或否。彼所云太阳不及交宫即置为闰者，何独于此而自背其法乎？盖孟秋非归余之终，故天正不能履端于始，地正不能举正于中也。如此，则四时不定，岁功不成，而闰法又安用之？且壬寅正月，定朔旧法在丙子丑初，即彼法亦在丙子子正，则辛丑之季冬当为大尽，而明年正月中气复移于今岁之杪。彼亦自觉其未安，故进岁朔于乙亥，而季冬为小尽之月，皆所谓欲盖弥彰者耳。即辛丑岁朔，以彼法推，当会于亥正，而今在戌正，差至六刻，其他牴牾，更难枚举。噫！作法如是，而犹自以为尽善，可乎？盖其说以日行盈缩为节气短长，每遇日行最盈，则一月可置一气，是古有气盈、朔虚，而今更有气虚、朔盈矣。然或晦朔两节而中气介其间。如丙戌仲冬，去闰稍远，犹可不论；独辛丑仲冬，冬至、大寒俱在晦朔，置闰最近，进退无据。苟且迁就，有不胜其弊者。夫闰法之主平气，行之已数千年矣，今一变其术，未久而辄穷，至于无可如何，则又安取纷更为也！"怪樟后坐法死。弟来，亦学历算，见《文苑传》。

方中通，字位伯，桐城人。集诸家之说，著《数度衍》二十四卷，附录一卷。言："《九章》皆出于勾股，环矩以为圆，合矩以为方，方数为典。以方出圆，勾股之所生也；少广，方圆所出也。方田、商功，皆少广所出。一方一圆，其间不齐，始出差分，而均输对差分之数，盈朒借差求均。又差分、均输所出，而以方程济其穷。度量衡原出黄钟，粟布出焉，黄钟出于方圆者也。"又言："古法用竹径一寸长六分二百七十一而成六觚为一握，后世有珠算而古法亡矣。泰西之笔算、筹算，皆出九九。尺算即比例规，出三角。乘莫善于筹，除莫善于笔，加减莫善于珠，比例莫善于尺。"其珠算归法，三一三十一，四一二十二之类，"十"字俱作"余"字。其尺算以三尺交加，取数祇用平分一线。时广昌揭暄亦明算术，与中通论难日轮大小，得光肥影瘦之故，及古今岁差之不同，须测算消长以齐之。一昼夜人一万三千五百息，每息宗动天行十万里有奇。别录为一书，曰《揭方问答》。

揭暄，字子宣，广昌人。著《璇玑遗述》七卷，一名《写天新语》。论日月东行如槽之滚丸，而月质不变。又谓七政之小轮，皆出自然，如盘水之运旋而周遭，以行疾而成旋涡，遂成留逆。于五星西行，日月盈缩，皆设譬多方，言之近理。康熙己巳，以草稿寄梅文鼎，抄其精语为一卷，称其"深明西术，而又别有悟入，其言多古今所未发"。卒年逾八十。

梅文鼎，字定九，号勿庵，宣城人。儿时侍父士昌及塾师罗王宾仰观星象，辄了然于次舍运转大意。年二十七，师事竹冠道士倪观湖，受麻孟旋所藏台官《交食法》，与弟文鼐、文鼏共习之。稍稍发明其立法之故，补其遗缺，著《历学骈枝》二卷，后增为四卷，倪为首肯。

值书之难读者，必欲求得其说，往往废寝忘食。残编散帖，手自抄集，一字异同，不敢忽过。畴人子弟及西域官生，皆折节造访，有问者，亦详告之无隐，期与斯世共明之。所著历算之书凡八十余种。

读《元史授时历经》，叹其法之善，作《元史历经补注》二卷。又以《授时》集古法大成，因参校古术七十余家，著《古今历法通考》七十余卷。《授时》以六术考古今冬至，取鲁献公冬至证《统天术》之疏，然依其本法步算，与《授时》所得正同，作《春秋以来冬至考》一卷。《元史西征庚午元术》，西征者，谓太祖庚辰；庚午元者，上元起算之端也。《历志》讹太祖庚辰为太宗，不知太宗无庚辰也。又讹上元为庚子，则于积年不合。考而正之，作《庚午元算考》一卷。《授时》非诸古术所能方，郭守敬所著《历草》，乃《历经》立法之根，拈其义之精微者，为《郭太史历草补注》二卷。《立成》传写鲁鱼，不得其说，不敢妄用，作《大统立成注》二卷。《授时术》于日躔盈缩、月离迟疾，并以垛积招差立算，而《九章》诸书无此术，从未有能言其故者，作《平立定三差详说》一卷，此发明古法者也。唐《九执术》为西法之权舆，其后有婆罗门《十一曜经》及《都聿利斯经》，皆《九执》之属。在元则有札马鲁丁《西域万年术》，在明则马沙亦黑、马哈麻之《回回术》、《西域天文书》，天顺时贝琳所刻《天文实用》，即本此书，作《回回历补注》三卷，《西域天文书补注》二卷、《三十杂星考》一卷。表景生于日轨之高下，日轨又因里差变移，作《四省表景立成》一卷。《周髀》所言里差之法，即西人之说所自出，作《周髀经补注》一卷。浑盖之器，最便行测，作《浑盖通测宪图说订补》一卷。西国以太阳行黄道三十度为一月，作《西国日月考》一卷。西术中有细草，犹《授时》之有通轨也，以历指大意櫽括而注之，作《七政细草补注》三卷。新法有《交食蒙求》、《七政蒙引》二书，并逸，作《交食蒙求订补》二卷、《附说》二卷。监正杨光先《不得已日食图》，以金环食与食甚分为二图，而各有时刻，其误非小，作《交食作图法订误》一卷。新法以黄道求赤道交食，细草用《仪象志表》，不如弧三角之亲切，作《求赤道宿度法》一卷。谓中、西两家之法，求交食起复方位，皆以东西南北为言。然东西南北惟日月行至午规而又近天顶，则四方各正其位。非然，则黄道有斜正之殊，而自亏至复，经历时刻，辗转迁移，弧度之势，顷刻易向。且北极有高下，而随处所见必皆不同，势难施诸测验。今别立新法，不用东西南北之号，惟人所见日月员体，分为八向，以正对天顶处为上，对地平处为下，上下联为直线，作十字横线，命之曰左、曰右，此四正向也；曰上左、上右、曰下左、下右，则四隅向也。乃以定其受蚀之所，则举目可见，作《交食管见》一卷。太阳之有日差，犹月离交食之有加减时，因表说含糊而误，作《日差原理》一卷。火星最为难算，至地谷而始密，解其立法之根，作《火纬图法》一卷。订火纬表记，因及七政，作《七政前均简法》一卷。《天问略》取纬不真，而列表从之误，作《黄赤距纬图辨》一卷。新法帝星、句陈经纬刊本互异，作《帝星句陈经纬考异》一卷。测帝星、句陈二星为定夜时之简法，作《星轨真度》一卷。以上皆以发明新法算书，或正其误，或补其缺也。

康熙己未，《明史》开局，《历志》为钱塘吴任臣分修，经嘉禾徐善、北平刘献廷、毗陵杨文言，各有增定，最后以属黄宗羲，又以属文鼎，摘其讹误五十余处，以算草、通轨补之，作《明史历志拟稿》一卷。虽为《大统》而作，实以阐明《授时》之奥，补《元史》之缺略也。其总目凡三：曰《法原》，曰《立成》，曰《推步》。而《法原》之目七：曰句股测望，曰弧天割圆，曰黄赤道差，曰黄赤道内外度，曰白道交周，曰日月五星平立定三差，曰里差刻漏。《立成》之目凡四：曰太阳盈缩，曰太阴迟疾，曰昼夜刻，曰五星盈缩。《推步》之目凡六：曰气朔，曰日躔，曰月离，曰中星，曰交食，曰五星。

又作《历志赘言》一卷，大意言：“明用《大统》，实即《授时》，宜详《元史》缺载之事，以补其未备。又《回回历》承用三百年，法宜备书。又郑世子历学已经进呈，宜详述。他如袁黄之《历法新书》，唐顺之、周述学之《会通回历》，以《庚午元历》之例例之，皆得附录。其《西洋历》方今现行，然崇祯朝徐、李诸公测验改宪之功，不可没也，亦宜备载缘起。”

己巳，至京师，谒李光地于邸第，谓曰：“历法至本朝大备矣，而经生家犹若望洋者，无快论以发其趣也。宜略仿元赵友钦《革象新书》体例，作简要之书，俾人人得其门户，则从事者多，此学庶将大显。”因作《历学疑问》三卷。

光地扈驾南巡，驻跸德州，有旨取所刻书籍回奏，光地匆遽未及携带，遂以所订刻《历学疑问》谨呈。奉旨：“朕留心历算多年，此事朕能决其是非，将书留览再发。”二日后，召见光地，上云：“昨所呈书甚细心，且议论亦公平，此人用力深矣，朕带回宫中仔细看阅。”光地因求皇上亲加御笔，批驳改定，上肯之。

明年癸未春，驾复南巡，于行在发回原书，而谕光地："朕已细细看过。"中间圈点涂抹及签贴批语，皆上手笔也。光地复请此书疵缪所在，上云："无疵缪，但算法未备。"盖其书本未完成，故圣谕及之。

未几，圣祖西巡，问隐沦之士，光地以关中李颙、河南张沐及文鼎三人对。上亦夙知颙及文鼎，乙酉二月，南巡狩，光地以抚臣扈从，上问："宣城处士梅文鼎焉在？"光地以"尚在臣署"对。上曰："朕归时，汝与偕来，朕将面见。"四月十九日，光地与文鼎伏迎河干，越晨，俱召对御舟中，从容垂问，至于移时，如是者三日。上谓光地曰："历象算法，朕最留心，此学今鲜知者，如文鼎，真仅见也。其人亦雅士，惜乎老矣！"连日赐御书扇幅，颁赐珍馔。临辞，特赐"绩学参微"四大字。越明年，又命其孙瑴成内廷学习。

五十三年，瑴成奉上谕："汝祖留心律历多年，可将《律吕正义》寄一部去，令看，或有错处，指出甚好。夫古帝王有'都俞吁咈'四字，后来遂止有'都俞'，即朋友之间，亦不喜人规劝，此皆是私意。汝等须竭力克去，则学问长进。可并将此意写与汝祖知之。恩宠为古所未有。

文鼎图注各直省及蒙古各地南北东西之差，为书一卷，名《分天度里》。地既浑员，则所云二百五十里一度，纬度则然，若经度离赤道远，则里数渐狭。故惟路正东西行，自有一定算法；路或斜行，则其法不可用为立法。若两地各有北极高度，又有相距之经度，而无相距里数，是有两边一角，而求余一边，即可以知斜距之里。若先有斜距之里数而求经度，是为三边求角，亦可以知相距之经度。其法并用斜弧三角形立算，可与月食求经度之法相参，而且简易的确。

文鼎于测算之图与器，一见即得要领，古六合、三辰、四游之仪，以意约为小制，皆合。又自制为月道仪，揆日测高诸器，皆自出新意。尝登观象台，流览新制六仪，及元郭守敬简仪、明初浑球，指数其中利病，皆如素习。其书有《测器考》二卷，又《自鸣钟说》一卷，《壶漏考》一卷，《日晷备考》一卷，《赤道提晷》一卷，《勿庵揆日器》一卷，《加时日轨高度表》一卷，《揆日测说》一卷，《璇玑尺解》一卷，《测量定时简法》一卷，《勿庵测望仪式》一卷，《勿庵仰观仪式》一卷，《月道仪式》一卷。

其说曰："月道出入于黄道，犹黄道之出入于赤道也。自古及今，未有为之仪器者。今依浑盖北密南疏之度，以黄极为枢，而月道半在其内，半出其外，则月纬大小之理，及正交、中交、交前、交后之法，可以众著。仅以铜为之，略如浑盖，其上盘为月道，亦如浑盖天盘之黄道圈；其下盘黄道经纬，分宫分度，并以黄极为心，而尽边以黄纬九十五度少半为限。出黄道南五度少半，月道所到也。"

礼部郎中李焕斗尝从文鼎问历法，作《答李祠部问历》一卷。沧州老儒刘介锡同客天津，问历法，作《答刘文学问天象》一卷。又言生平有难读之书，每手疏而携诸箧，以待明者问之，于历学尤多，作《思问编》一卷。纬度以测日高，因知北极为用甚博，古用二至二分，今则逐日可测，承友人之问，作《七十二候太阳纬度》一卷。潘天成从文鼎学历，而苦于布算，作《写历步历法》一卷授之。又《授时步交食式》一卷，文鼎季弟文鼐之稿也。《步五星式》六卷，文鼎与其仲弟文鼏共成之者也。

文鼎每得一书，皆为正其讹阙，指其得失，又《古历列星距度考》一卷，从残坏之本，寻其普天星宿，入宿去极度分，中缺二星，又从闽中林侗写本补完之，而断以为《授时》之法。万历中利玛窦入中国，始倡几何之学，以点线面体为测量之资，制器作图，颇为精密。学者张皇过甚，未暇深考，辄薄古法为不足观；而株守旧法者，又斥西人为异学：两家之说，遂成隔碍。文鼎集其书而为之说，用筹、用尺、用笔，稍稍变从我法。若三角、比例等，原非中法可赅，特为表出。古法方程，亦非西法所有，则专著论，以明古人之精意不可湮没。又为《九数存古》，以著其概。总为《中西算学通例》一卷。

余分九种：一，《勿庵筹算》七卷。二，《笔算》五卷。皆易横为直，以便中文。三，《度算》一卷，原无算例，其弟文鼐补之，而参以嘉禾陈荩谟尺算用法。又有矩算，用一尺一方板，则文鼎所创。四，《比例数解》四卷。释穆尼阁所译之对数。五，《三角法举要》五卷。其目有五：曰测量名义，曰算例，曰内容外切，曰或问，曰测量。六，《方程论》六卷，安溪李鼎征为刻于泉州。七，《几何摘要》三卷，就《原本》删繁补遗。八，《句股测量》二卷，就《周髀》、《海岛》诸术，录要以存古意。九，《九九数存古》十卷，九数即《九章》隶首之法，仅存者《九章》之目耳。后有作者，莫能出其范围。

外有书一十七种为《续编》：一，《少广拾遗》一卷。古有一乘方至九乘方相生之图，而莫详所用。后或增之至十乘，惟四乘方与十乘方不可借用他法，因为推演至十二乘方，有条不紊。二，《方田通法》一卷，算家有捷田二十三法，广之为百二十有四。三，《几何补编》四卷。《几何原本》六卷，止于测面，七卷以后，未经译出，取测量全义量体诸率，实考其作法根源，以补原书之未备。而原书二十等面体之说，向固疑其有误者，今乃得其实数。又《原本》理分中末线，但有求作之法，而莫知所用。今依法求得十二等面及二十等面之体积，因得其各体中棱线及轸心对角诸线之比例。又两体互相容及两体与立方、立员诸体相容各比例，并以理分中末线为法，乃如此线不为徒设。四，《西镜录订注》一卷。五，《权度通几》一卷。重学为西术一种，载于《比例规解》者多讹误，今以南勋卿《仪象志》互相订补，其数始真。六，《奇器补注》二卷。关中王公徵《奇器图说》所述引重转木诸制，并有裨于民生日用，而又本于西人重学，以明其意。尝以书史所传，如汉杜诗作水䡇以便民，及王氏《农书》诸水器之类，睹记所及，如刘继庄诗集载筒车灌田法，稍为辑录，以补其所遗，而图与说不相应者正之，以西字为识者易之。七，《正弦简法补》一卷。《大测》诸书，言作《八线表》之法详矣，薛凤祚书有用矢线求度法，为之作图，以明其意。因得两法，在六宗、三要之外，而为用加捷。两法者，一曰正弦方幂倍而退位得倍弧之矢，一曰正矢进位折半得半弧正弦上方幂。八，《弧三角举要》五卷。历书皆三角法也，内分二支：一曰平三角，一曰弧三角。凡历法所测，皆弧度也，弧线与直线不能为比例，则剖析浑员之体，而各于弧线中得其相当直线。即于无句股中寻出句股，此法之最奇而确者。弧三角之用法虽多，而其最著明

者，为黄赤交变一图。反覆推论，了如列眉，熟此一端，则其余不难推及矣。《测量全义》第七、第八、第九卷专明此理，而举例不全，且多错谬。其散见诸《历指》者，仅存用数，无从得其端倪。《天学会通》圈线三角法，作图草率，往往不与法相应。一以正弧三角为纲，仍用浑仪解之。正弧三角之理，尽归句股。参伍其变，斜弧三角之理，亦归句股矣。其目：曰弧三角体式，曰正弧句股，曰求余角法，曰弧角比例，曰垂线，曰次形，曰垂弧捷法，曰八线相当。九，《环中黍尺》五卷。《举要》中弧度之法已详，然更有简妙之用宜知。《测量全义》原有斜弧两矢较之例，所立图姑为斜望之形，而无实度可言。今一以平仪正形为主，凡可以算得者，即可以器量。浑仪真象，呈诸片楮，而经纬历然，无丝毫隐伏假借。至于加减代乘除之用，历书举其名不详其说。疑之数十年，而后得其条贯，即初数次数甲数乙数诸法。其目：曰总论，曰先数后数，曰平仪论，曰三极通几，曰初数次数，曰加减法，曰甲数乙数，曰加减捷法，曰加减又法，曰加减通法。十，《堑堵测量》二卷。古法斜剖立方，成两堑堵形。堑堵又剖为二，成立三角，立三角为量体所必需，然此义皆未发。今以浑仪黄赤道之割切二线成立三角形，立三角本实形，今诸线相遇成虚形，与实形等，而四面皆句股，西法通于古法矣。又于余弧取赤道及大距弧之割切线，成句股方锥形，亦四面皆句股，即弧度可求，亦不言角，古法通于西法矣。二者并可以坚楮为仪象之，则八线相为比例之理，了如掌纹。而郭守敬员容方直矢接句股之法，不烦言说而解。其目：曰总论，曰立三角摘要，曰浑员内容立三角，曰句股锥，曰句股方锥，曰方堑堵容员堑堵，曰员容方直仪简法，曰郭太史本法，曰角即弧解。十一，《用句股解几何原本之根》一卷。几何不言勾股，而其理莫能外。故其最难通者，以句股释之则사异源，今为游心于立法之初，仍不外乎句股，益信古句股义包举无遗。徐光启译《大测表》，名之曰《割圆句股八线表》，其知之矣。十二，《几何增解数则》。其目有四：曰以方斜较求斜方，曰切线角与员内角交互相应，曰量无法四边形捷法，曰取平行线简法。并就几何各题而增，不入《补编》，附前条共卷。十三，《仰观覆矩》二卷。一查地平经度为日出入方位，一查赤道经度为日出入时刻，并依里差，用弧三角立算，与历书法微别。十四，《方员幂积》二卷。历书周径率至二十位，然其入算，仍用古率十一与十四之比例，岂非以乘除之际难用多位欤？今以表列之，取数殊易，乃为之约法，则径与周之比例即方、员二幂之比例，亦即为立方、立员之比例，殊为简易直捷。十五，《丽泽珠玑》一卷。友朋之益，取其有关算学者。十六，《算器考》一卷。十七，《数学星槎》一卷。

文鼎《历学疑问》，曾呈御览，后又引申其说，作《历学疑问补》二卷，皆平正通达，可为步算家准则。

文鼎为学甚勤，刘辉祖同舍馆，告桐城方苞曰："吾每寐觉，漏鼓四五下，梅君犹构灯夜诵，乃今知吾之玩日而愒时也。"居京师时，裕亲王以礼延致朱邸，称梅先生而不名。李文贞公命子钟伦从学，介弟鼎征及群从皆执弟

子之礼。宿迁徐用锡，晋江陈万策，景州魏廷珍，河间王之锐，交河王兰生，皆以得与参校为荣。家多藏书，频年游历，手抄杂帙不下数万卷。岁在辛丑，卒，年八十有九。上闻，特命有地治者经纪其丧，士论荣之。

子曰燕，字正谋。康熙癸酉举人。于算学颇有悟入，有法与加减同理，而取径特殊，能于《恒星历指》中摘出致问，文鼎所谓"能助余之思"也。早卒。

瑴成，字玉汝，以燕子。文鼎疑日差既有二根，即宜列二表，瑴成以为："定朔时既有高卑盈缩之加减矣，复用于此，岂非复乎？"文鼎因其说，然后悟交食之非缺，比之童乌九岁能与《太玄》。康熙乙未进士，改编修，与修国史。瑴成肄业蒙养斋，以故数学日进。御制《数理精蕴》、《历象考成》诸书，皆与分纂。所著《增删算法统宗》十一卷、《赤水遗珍》一卷、《操缦卮言》一卷。

明代算家，不解立天元术，瑴成谓立天元一即西法之借根方，其说曰："尝读《授时历草》求弦矢之法，先立天元一为矢，而元学士李冶所著《测圆海镜》，亦用天元一立算。传写鲁鱼，算式讹舛，殊不易读。明唐荆川、顾箬溪两公互推重，自谓得此中三昧。荆川之说曰：'艺士著书，往往以秘其机为奇，所谓天元一云尔，如积求之云尔，漫不省其为何语。'而箬溪则言：'细考《测圆海镜》，如求城径，即以二百四十为天元，半径即以一百二十为天元，即知其数，何用算为？似不必立可也。'二公之言如此，余于顾说颇不谓然，而无以解也。后供奉内廷，蒙圣祖仁皇帝授以借根之法，且谕曰："西人名此书为《阿尔热八达》，译言东来法也。'敬受而读之，其法神妙，诚算法之指南，而窃疑天元一之术颇与相似。复取《授时历草》观之，乃焕然冰释，殆名异而实同，非徒似之而已。夫元时学士著书，台官治历，莫非此物。乃历久失传，犹幸远人慕化，复得故物。东来之名，彼尚不忘所自，而明人视若赘疣而欲弃之。噫！好学深思如唐、顾二公，尚不能知其意，而浅见寡闻者，又何足道哉？"

明史馆开，瑴成与修《天文》、《历志》，呈总裁书曰："一、《历志》半先祖之藁，但屡经改窜，非复原本，其中讹舛甚多。凡有增删改正之处，皆逐条签出。一、《天文志》不宜入《历志》，拟仍另编。盖历为钦若授时，置闰成岁，其术委曲繁重，其理精微，为说深长。且有明二百七十余年沿革非一事，造历者非一家，皆须入志。虽尽力删削，卷帙犹繁。若加入《天文志》之说，则恐冗杂不合史法。自司马氏分《历》与《天官》为二书，历代因之，似不可易。一、《天文志》例载天体、星座、次舍、仪器、分野等事，《辽史》谓天象千古不变，历代之志天文者近于衍，其说似是而非。盖天象虽无古今之异，而古今之言天者，则有疏密之殊。况恒星去极，交宫中星，晨昏隐现，岁岁有差，安得谓千古不易？今拟取天文家精妙之说著于篇；其不足信者，拟削之。"

又《时宪志用图论》曰："客问于梅子曰：'史以纪事，因而不创。闻子之志《时宪》也用图，此固《廿一史》所无，而子创为之，宜执事以为非体而欲去之也。而子固执己见，复呶呶上言，独不记昌黎之自讼乎？吾窃为子危之！'梅子曰：'吾闻史之道贵信而直，余本不愿为史官，总裁谓《时宪》、《天文》两志非专家不能办，不以为固陋而委任之。余既不获辞，不得不尽其职。今客谓旧史无图而疑余之创，窃谓史之记事，亦视其信否耳，因、创非所计也。夫后史之增于前者多矣，《汉书》十志，已不侔于八书，而《后汉皇后本纪》，与《魏书》之志《释老》，《唐书》之传《公主》，《宋史》之传《道学》，皆前史所无，又何疑于国史用图之为创哉？且客未读《明史》耶？《明史》于割员弧矢、月道距差诸图，备载《历志》，何《明史》不疑为创，而顾疑余乎？'客曰：'后史增于前者，必非无因，若《明史》之用图，亦有说欤？'梅子曰：'疑以传疑，信以传信，《春秋》法也，作史者谁能易之？古之治历者数十家，大率不过增损日法，益天周，减岁余，以求合一时而已。即《太初》之起数钟律，《大衍》之造端著策，亦皆牵合，并未能深探天行之故，而发明其所以然之理。本未尝有图，史臣何从取而载之？至元郭太史修《授时》，不用积年日法，全凭实测，用句股割员以求弦矢，于是有割圆诸图载于《历草》。作《元史》时，不知采撷，则宋、王诸公之疏也。明之《大统》，实即《授时》。本朝纂修《明史》诸公，以义非图不明，遂采《历草》入志，其识极超。复经圣君贤相鉴定，不以为非体而去之，俾精义传于无穷，洵足开万古作史者之心胸矣。至于《时宪》立法之妙，义蕴之奥，悉具于图，更不可去。如必以去图为合体，岂以《明史》为非体，而本朝之制不足法欤？且客亦知《时宪》之图所自来乎？我圣祖仁皇帝悯绝学之失传，留心探索四十余年，见透底蕴，始亲授儒臣，作图立说，以阐明千古不传之秘，即《御制历象考成》是也。余亲承圣训，实与汇编之列。彼前辈纂修《明史》，尚不忍没古人之善，创例以传之。而余以承学之臣，恭纪御制，顾恐失执事之意，而迁就迎合，以致圣学不彰，贻误后学，尚得谓之信史乎？不信之史，人可塞责，而何用余越俎而代之？余之呶呶，非沽直，不得已也。然则韩子之自讼，亦谓其言之可以已者耳。使韩子果务为容悦以求幸免，则《诤臣》之论，《佛骨》之表，又何为若是其侃侃哉？'客唯唯而退。"

又《仪象论》曰："齐政授时，仪象与算术并重。盖非算术，无以推节候以前民用；非仪象，无以测现在之行度，以验推步之疏密，而为修改之端也。《虞书》'璇玑玉衡'，为仪象之权舆，其制不传。汉人创造浑天仪，即玑衡遗制，唐、宋皆仿为之。至元始有简仪、仰仪、窥几、景符等器，视古加详矣。明于齐化门南倚城筑观象台，仿元制作浑仪、简仪、天体三仪，置于台上，台下有晷影堂，圭表壶漏，国初因之。康熙八年，命造新仪，十一年，造成，安置台上，其旧仪移藏他室。五十四年，西人纪理安欲炫其能而灭弃古法，复奏制象限仪，遂将所遗旧器用作废铜，仅存明仿元浑仪、简仪、天体三仪而已。所制象限仪成，亦置台上。按《明史》云：'嘉靖间修相风杆及简、浑二仪，立四大表以测晷影，而立运仪、正方案、悬晷、偏晷，具备于观象台，一以元法为断。'余于康熙五十二三年间，充蒙养斋汇编官，屡赴观象台测验。见台下所遗旧器甚多，而元制简仪、仰仪诸器，俱有王恂、郭守敬监造姓名。虽不无残缺，然睹其遗制，想见创造苦心，不觉肃然起敬也。乾隆年间，监臣受西人之愚，屡欲废台下余器作铜送制造局，赖廷臣奏请存留，礼部奉旨查检，始知仅存三仪，殆纪理安之烬余也。夫西人欲藉技术以行其教，故将尽灭古法，使世无所考，彼益得以居奇，其心叵测。乃监臣无识，不思存什一于千百，而反助其为虐，何哉？乾隆九年冬，有旨移置三仪于紫微殿前，古人法物，庶几可以永存矣。"

又论句股曰："句股和较相求，言算学者莫不留心，其法可谓详且备矣，未有以句股积与句弦和较为问者。元学士李冶著《测圆海镜》，用余句、余股立算，神明变化，几如五花八门，亦未及此。岂俱未计及耶？抑有其法而遗之耶？《统宗少广章》内，虽有句股积及句弦较两题，乃偶合于句三股四之数，非通法。昔待罪蒙养斋，汇编《数理精蕴》，意欲立法以补其缺。先用平方辗转推求，皆不能御，思之累日，而后得用带纵立方求句股二法。"

卒，年八十有三，谥文穆。

钫，字导和，毂成第四子也。毂成纂《丛书辑要》六十余卷，图皆所绘。删订《统宗》图，十之七八，皆出其手。年二十六，卒。

文翮，字和仲，文鼎从弟也。初学历时，未有五星通轨，无从入算。与兄文鼎取《元史历经》，以三差法布为五星盈缩立成，然后算之，共成《步五星式》六卷。早卒。

文鼐，字尔素，文鼎季弟也。著《中西经星同异考》一卷。以三垣二十八宿星名，依《步天歌》次第，胪列其目，而以中、西有无多寡分注其下，载古歌、西歌于后。古歌即《步天歌》，西歌则利玛窦所撰《经天该》也。其南极诸星，则据汤若望《算书》及南怀仁《仪象志》，为考证补歌，附之于末。其《发凡》略言："齐七政，非先定恒星，则无从著手。故曰'七政如乘传，恒星其地志也；七政如行棋，恒星其楸局也。'曰'恒'者，谓其终古不易；曰'经'者，谓其不同纬星南北行，'经'亦有'恒'之义焉。是编专以中、西两家所传之星歌星名考其多寡同异，故曰《经星同异考》。星官之书，自黄帝始，重黎、羲和，志天文者，纷糅不一。汉张衡云：'中外之官常明者百有二十四，可名者三百二十，为星二千五百，微星之数盖万一千五百二十。'至三国时，太史令陈卓始列甘、石、巫咸三家所著星，总二百八十三官，一千四百八十四星。自唐以来，以仪考测，追宋《两朝志》，始能言某星去极若干度，入某星若干度，为说较详。此中国之言星学者。西儒星学远有端绪，据其书所译，周赧王丙寅古地末一测，汉永和戊寅多禄某一测，明嘉靖乙酉尼谷老一测，万历乙酉第谷一测，崇祯戊辰汤若望一测。国朝康熙壬子，南怀仁著《仪象志》，又依岁差改定黄经及赤经。今依南公志表，稽其大小，分为六等。一等大星一十有六，二等星六十有八，三等星二百有八，四等星五百一十有二，五等星三百四十有二，六等星七百三十有二，总计一千八百七十八。其微茫小星，则不能以数计。此泰西之学也。"

文鼐又有累年算稿，文鼎为录存，名曰《授时步交食式》一卷。又有《几何类求新法》，算书中比例规解，本无算例，文鼎作《度算》，用文鼐所补，而参之以陈荩谟尺算用法。

明安图，字静庵，蒙古正白旗人。官钦天监监正。受数学于圣祖，预修《御定历象考成后编》、《御定仪象考成》。因西士杜德美用连比例演周径密率及求正弦、正矢之法，知其理深奥，索解未易，因积思三十余年，著《割圆密率捷法》四卷。一曰步法，于杜氏三法外，补创弧背求通弦、求矢法，仍杜氏原法，但通加一四除耳。又弦、矢求弧背，并通弦、矢求弧背，凡六法，合杜氏共成九法。其弦求弧背法，以弦为连比例二率，半径为一率，求得二、四、六、八、十诸率，以一、三、五、七、九之五数各自乘，为累次乘数。二、三、四、五、六、七、八、九相挨，两两相乘，为累次除数，即用二率为第一得数。复置四率，以第一乘数乘之，第一除数除之，为第二得数。又置六率，以第一、第二乘数乘之，第一、第二除数除之，为第三得数。又置八率，以第一、第二、第三乘数乘之，第一、第二、第三除数除之，为第四得数。如是累求，至所得数祇一位止，乃并之，即所求之弧背也。矢求弧背法，倍正矢为连比例三率，亦以半径为一率，求得五、七、九、十一诸率。以一、二、三、四、五之五数各自乘，为屡次乘数，三、四、五、六、七、八、九、十相挨，两两相乘，为屡次除数，即用三率为第一得数。复置五率，以第一乘数乘之，第一除数除之，为第二得数。又置七率，以第一、第二乘数乘之，第一、第二除数除之，为第三得数。又置九率，以第一、第二、第三乘数乘之，第一、第二、第三除数除之，为第四得数。如是累求，至所得数祇一位而止。开平方，即所求之弧背也，通弦求弧背，亦各加一四除。矢求弧背，则三率又多加一四。因更创弧求弦矢，余弦矢求本弧，及借弧与正、余弦互求四术。二曰用法，以角度求八线，及直线、弧线、三角形边角相求，共设七题。谓今法所以密于古者，以用三角形也。然三角形非用《八线表》不能相求，惟用此法，以之立表则甚易，以之推三角形，则不用表而得数同。三、四两卷曰法解，皆阐明弦、矢与弧背相求之根。其法先以一分弧通弦求二分弧通弧弦之数，次以一分、二分弧通弦求三分、四分全弧通弦之数，以一分三分弧通弦求五分全弧通弦之数。又因二分、五分相乘得十分，十分自乘得百分，十分、百分相乘得千分，十分、千分相乘得万分。遂以半径为一率，一分弧通弦为二率，各如相乘之率数，求得十、百、千、万诸分弧率数。比例得弧背求通弦，应减四率二十四分之一，加六率八十分之一，减八率一百六十八分之一，加十率二百八十八分之一，减十二率四百四十分之一，加十四率六百二十四分之一，减十六率八百四十分之一。各四归之，则二十四得六，为二三相乘数；八十得二十，为四五相乘数；一百六十八得四十二，为六七相乘数；二百八十八得七十二，为八九相乘数；四百四十得一百一十，为十与十一相乘数；六百二十四得一百五十六，为十二与十三相乘数；八百四十得二百一十，为十四与十五相乘数。故以二、三、四、五、六、七、八、九等数两两相乘，为屡次除数。又以通弦求得二率一分多，四率一分，六率九分，八率二百二十五分，十率一万一千二十五分，十二率八十九万三千二十五分，十四率一亿八千五万六千二十五分，得后率分数为实。各递降二等，使二率降为四率，四率降为六率，得前率分数为法。以法除实，得四率一分，为一自乘数；六率九分，为三自乘数；八率二十五分，为五自乘数；十率四十九分，为七自乘数；十二率八十一分，为九自乘数；十四率一百二十一分，为十一自乘数；十六率一百六十九分，为十三自乘数；故以一、三、五、七、九等数各自乘为屡次乘数。次求通弦法，求得十、百、千、万诸分弧正矢率数，比例得弧背求正矢，应减五率十二分之一，加七率三十分之一，减九率五十六分之一，加十一率九十分之一，减十三率一百三十二分之一，加十五率一百八十二分之一，减十七率二百四十分之一；而十二为三四相乘数，三十为五六相乘数，五十六为七八相乘数，九十为九与十相乘数，一百三十二为十一与十二相乘数，一百八十二为十三与十四相乘数，二百四十为十五与十六相乘数，故以三、四、五、六、七、八、九等数两两相乘，为屡次除数。又以正矢求得五率一分多，七率四分，九率三十六分，十一率五百七十六分，十三率一万四千四百分，十五率五十一万八千四百分，十七率二千五百四十万一千六百分，为后率分数，各递降二等为前率分数。如前通弦法，除得五率一分为一自乘数，七率四分为二自乘数，九率九分为三自乘数，十一率十六分为四自乘数，十三率二十五分为五自乘数，十五率三十六分为六自乘数，十七率四十九分为七自乘数，故以一、二、三、四、五等数各自乘，为屡次乘数。书未成而卒，子新续之。

新，字景臻，安图季子。充食俸生。安图病且革，以所著《捷法》授之，新遵父命，与门下士陈际新、张肱共续成之。

陈际新，字舜五，宛平诸生。官灵台郎，为监正。续明安图《割圆密率捷法》，寻绪推究，质以生前面授之言。至乾隆甲午，始克成书。

刘湘煃，字允恭，江夏人。闻梅文鼎以历算名当世，鬻产走千余里，受业其门，湛思积悟，多所创获。文鼎得之甚喜，曰："刘生好学精进，启予不逮！"其与人书曰："金、水二星，《历指》所说未彻，得刘生说，而后二星之有岁轮，其理确不可易。"因以所著《历学疑问》嘱之讨论，湘煃为著《订补》三卷。又谓历法自汉、唐以来，五星最疏，故其迟、留、伏、逆皆入于占，至元郭守敬出，而五星始有推步经度之法，而纬则犹未备。西法旧亦未有纬度，至地谷而后有五星纬度，已在守敬后矣。历书有法原、法数，并为历法统宗。法原者，七政与交食之历指也；法数者，七政与交食经纬之表也，故历指实为造表之根本。今历所载金、水，历指如其法以造表，则与所步之表不合，如其表以推算测天，则又密合，是历虽有表数，而犹未知立表之根也。"乃作《五星法象》五卷，文鼎深契其说，摘其要目为《五星纪要》。

湘煃又欲为浑盖通宪天盘安星之用，以戊辰历元加岁差，用弧三角法，作《恒星经纬表根》一卷，及《月离交均表根》、《黄白距度表根》各一卷，皆补新法所未及也。所著又有《论日》、《月食算稿》各一卷，《各省北极出地图说》一卷，《答全椒吴荀淑历算十问书》一卷。

王元启，字宋贤，号惺斋，嘉兴人。乾隆辛未进士，授将乐县知县。究心律历句股之学，著书已刻者为《惺斋杂著》。内有《史记、汉书正讹》两种，其正《史记》之讹者，为《律书》、《历书》、《天官书》各一卷；正《汉书》之讹者，为《律历志》上下二卷。未刻者为《历法记疑》、《句股衍》、《角度衍》、《九章杂论》。而《句股衍》一书，因繁求简，最为精晰。分甲、乙、丙三集，甲集《术原》三卷，乙集《纲要》二卷，丙集《晰义》四卷。甲集首卷通论术原，为句股因积求выcheng张本。二卷专论立方，因及平方法。三卷专论和数开立方，所以尽立方诸数之变。乙集两卷，为相求法百二十三则之纲要。丙集四卷，即相求法，逐则分晰，其义专取发明立法之意。

其《总序》曰："句股弦相求法，参以和较，凡得七十八则，求句股中函数。又有幂积求容员、容方、容纵方，及依弦作底求容方，与句股求外方、外员之数。又有积数与句股和较相求容方，与句股余数相求之法。综而计之，凡得二十九则。立表测量，得求高、求远、求深三则，重表亦然。旧算书多简略，详者又苦错出无绪。间尝力为区别，使各以类从，先定相求法百十三则。甲申仲秋，复理前绪，逐一布算，捷于旧法，而旧法仍附见，以资参考。至以中函积与弦之所和、所较相求而得句、股、弦之正数，旧法罕见，今亦窃拟一法，以附于后。又别创截弦分两，及补句求股、补股求句之法，分为六则，使不成句股之形，亦化为句股。并载不成句股求中函积二则，容方、容员四则，外切员径一则，员内累求句股六则，凡又一十九则。以该西术三角之算，兼备割员之用。使学者知《周髀》一经，于术无所不该。后人不能触类旁通，以尽其变，故使西术得出而争胜，其实西术亦以《周髀》，不能出折句为股之外也。"

又《略例引言》曰："算家句股一门，为术最繁，非凿指一数以为布算之准，难以虚领其义。然如广三修四见于经者，特其正例，正例外变例尤多。必欲正变兼呈，则一卷中彼此错出，使阅者耳目数易，转增烦愦。兹特标举略例，并不成句股之形亦附见焉，以尽句股之变，而该三角之法。"

又《答友问句股书》曰："欲求句股，先学开方，方有正方、纵方之异。纵方则以修广之和、较数开之，其次则求四率比例，有三率求四率之法，有二率三率之法，又有一率求三率之法。知此即可以知求句、股、弦各无零数法。以三率之中率为主，倍中率为股，首末二率相减为句，相加为弦。依此衍之，得句股略例十数则，然后以句、股、弦为正数，两数相加为和，相减为较。又有句股三数相加减之和较数，弦与和，和弦与较和三数相加之和数也；弦与较，较弦与和较三数相减之较数也。三数相加减，今名之为兼三和较。凡正数和较之数各三，兼三和较各二，共十三数。十三数中，随举两数，即可求句股弦全数。凡得相求法九十四则，而容方、容员、截股分两、立表测量单表、重表之法，犹不与焉。其次则求截弦分两之法，是为一句股分两句股，即可以知不成句股亦可以分两句股。不成句股分两句股，即西法三角算之所由名，今则总以句股概之。其法取大小两句股形，小股与大句同数者合为一形，即为不成句股之形。分之为两，则所谓中垂线者，即小矩之股，大矩之句。以此衍之，又得不成句股略例二十余则。依类推之，又得合形分两、削形求全二法。合形分两，则有正合形截偶分两、反合形截中分两、偏合形截边分两之法。削形求全，则有削去正矩、偏矩之殊，偏矩中又有浅削、深削之分。知此则句股之学尽矣。"元启尝曰："我无他长，惟好学深思，心知其意而已。"然其《句股术》一书，几欲驾梅文鼎而上之，为算术中不可少之书云。

朱鸿，字云陆，秀水人。嘉庆七年进士，改翰林院庶吉士，散馆授编修。擢御史，历给事中，出官督理湖南粮储道。研精算学。同郡钱仪吉撰《三国会要》，集《乾象》、《景初》二术成，尝为作注。乌程陈杰时为台官博士，阳湖董祐诚亦客京邸，皆日从讲数，各出所得相质问。旧无椭圆求周术，为祐诚言，圆柱斜剖，则成椭员，可以句股形求之。祐诚既发明其说，系以图释。礼得杜德美《割圆九术》写本，以示祐诚，创《图解》三卷。既成，复得《密率捷法》于李潢家，则蒙古监正明安图师弟续绎之书也，与传写本互异。鸿曾依杜法步算，径一者，周三一四一五九二六五三五八九七九三二二三八四六二六四三一八六三六七四七二二七九五一四，周十者，径三一八三零九八八六一一八三七九零六七一五三三七七六七五四六六九六三八九零五六六六一。徐有玉采入《务民义斋算学》中。道光十年后，辞官仍居京师，撰《考工记车制参解》。又评程氏易畴《考工创物小记》，多所纠正云。

博启，字绘亭，满洲正白旗人。乾隆中，官钦天监监副。尝因句股和较之术，前人论之极详，独句股形中所容之方边、员径、垂线三事，尚缺而未备。爰以三事分配和较，创法六十。惜其书未刊，法不传。今所传者，惟有方边及垂线求句、股、弦一题。法用平行线剖容方幂为四小句股形，借垂线为小句股和，借方边为小弦，求小句小股。以小股与垂线比，若方边与句比；以小句与垂线比，若方边与弦比。道光初，方履亨官监正，每举此题课士。其后得甘泉罗士琳力为表章，博术乃复明于世。
罗论云："襄者闻方慎庵监正言绘亭监副有是法，失传。因仿监副遗法，用平行线剖半员幂为四小句股形，以半圆径减垂线余，借为小句股和，借半员为小弦，求得小句、小股。以小股比垂线，若半员径比股；以小股比股，若半员径比弦。又以半员径减方边，得较。用平行线剖较

幂为四小句股形，借半员径为小句股和，借较为小弦，求得小句、小股。以小股比半员径，若方边比句；以小句比半员径，若方边比股，以小股比股，若较比弦。用补副监之遗。复用天元术演得三事和较六十题，更立天、地两元为广例二十五术，撰《句股容三事拾遗》四卷。更试变通其术，御以八线，取方边用方斜率，得容方中之斜线。以垂线为一率，半径为二率，斜线为三率，求得四率为正割。检《八线表》得度用，与四十五度相加减，得垂线所分之大小两弧，副以半径为一率，垂线为二率，小弧正割为三率，求得四率为句。如以大弧正割为三率，求得四率为股，又如以大小两弧之两正切为三率，求得四率，为大小两弧之两分弦，相并得弦余。二题仿此，其得数同，而尾数有奇零。以《八线表》所列之数至单位止，单位以下，弃其余分，故不能如句股与天元所得之密合。或有妄诋天元术不能驭三角和较者，抑知天元创于宋、明之间，安能逆知西法之有三角而豫为立法？要在学者善为会通耳。试设平三角形，有一角内角在两边之中，有大边与对边和，有小边与对边和，求三边及垂线，此西人常法所不能御者。若立天元一术，则任求何边或和数或较数，皆一平方即得。然则天元之与西法，其优劣可见矣。"

许如兰，字芳谷，全椒人。乾隆三十年举人，大挑知县，分发福建。因亲老改江西，历任浮梁、新建等县事。丁忧服阕，赴福建，题补侯官，未履任，会瘴气发，病卒。
如兰性敏，所读书皆究心精妙，于历算始习西法，通薛凤祚所译《天步真原》、《天学会通》。时同昆山西宁武同知吴烺受梅文鼎学于刘湘煃，如兰因并习梅氏历算。又于乾隆四十年夏，谒戴震于京都，受《句股割圆记》。四十四年，谒董化星于常州。戴传《缉古算经七书》，而董则专业薛氏者也。由是兼通中、西之学。
尝谓其弟子胡早春曰："古人以句股方程列于小学，童而习之，人人能晓，今则老宿不能通其义。一则时尚帖括，视句股为不急之务；再则习为风雅，不屑持筹握算，效畴人子弟所为。嘻，过矣！"又谓："士大夫不精弧矢之术，虽识天文，无益也。畴人算工不明象数之理，虽能步算，无益也。"著有《乾象拾遗》、《春晖楼集》诸书，今多散佚。
其存者，有《书梅氏月建非专言斗柄论后》，略曰："天气浑沦，无可识认，古人不得已，即以恒星为天以识日躔。恒星积久而差，冬至日躔不在原宿，始立岁差之法。古谓恒星不动，而黄道西移。今测普天星座皆动，其经纬之度，不随赤道运转，而顺黄道东移。故谓黄道不动，而恒星东行，与七政同一法。"又谓："古人以中数为岁，朔数为年。上古气朔同日，故月建起于节气，而不起于中气；日躔过宫，起于中气，而不起于节气。起于节气，故曰冬至子之半；起于中气，故曰冬至日躔星纪之次也。然则一岁十二建，乃天道经历十二辰，故谓之月建，此万古不易者也。斗柄所指分位不真，且恒星东移，积久有差，辨之诚是也。但古人云：'斗为帝车，斟酌元气而布之四方'。又曰：'招摇柬指。'不过言天道无迹。可见顺时布化，斗

柄有象可征耳。拘泥其词，则惑矣。"其《岁差说略》曰："恒星一年东行五十余秒，又黄、赤二道斜交，并非平行，于左旋至速之中，微斜牵向右。日之于天，犹经纬之于日也。日行至黄道分至节气之限，则春秋寒暑皆随之而应。七政躔于各宫，遇各宫燥湿寒温风雨，则随恒星之性而应。然则冬、夏二至，乃黄道上子、午之位也。春、秋二分，乃黄道上卯、酉之位也。惟唐、虞时冬至日躔虚中，恒星之子中，正逢黄道之子中。嗣是渐差，而东周在女，汉在斗，今在箕。黄道之子，非恒星之子也。以丑宫初度为冬至者，因周时冬至恒星已差至丑，周人即以恒星为黄道之十二次，故命丑为星纪，言诸星以此纪也。其实丑乃周时恒星之宿度，并非恒星之子中。今并不在丑，又移至寅十余度矣。由今箕一以上溯古虚五，历年四千有余，已差至五十八度，此恒星东行之明验也。"其他著论无关历算者不录。

卷五百七　　列传二百九十四

畴人二

李潢　汪莱　陈杰_{丁兆庆 张福僖}　时日淳
李锐_{黎应南}　骆腾凤　项名达_{王大有}
丁取忠_{李锡蕃}　谢家禾　吴嘉善　罗士琳
_{易之瀚}　顾观光_{韩应陛}　左潜_{曾纪鸿}　夏鸾翔
邹伯奇　李善兰　华衡芳_{弟世芳}

李潢，字云门，钟祥人。乾隆三十六年进士，由翰林官至工部左侍郎。博综群书，尤精算学，推步律吕，俱臻微妙。著《九章算术细草图说》九卷，附《海岛算经》一卷，共十卷。

其自序《重差图》云："图九，《望远》、《海岛》旧有图解，余八图今所补也。同式形两两相比，所作四率，二三率相乘，与一四率相乘同积。如欲作图明之，第取一三率联为一边，又取二四率联为一边，作相乘长方图之，自然分为四幂。又以斜弦界为同式句股形各二，则形势验矣。旧图于形外别作同积二方，至两形相去辽远者，又必宛转通之，皆可不必。图中以四边形、五边形立说，与句股不类，然于本形外补作句股形，则亦句股也。四率比例法，在《九章》粟米谓之今有，一为所有率，二为所求率，三为所有数，四为所求数，在句股则统目之为率。刘氏注云：'句率股率，见句见股者是也。'今祇云同式相比者，取省易耳，异乘同除则一也。"书甫写定，潢即病。俟吴门沈钦裴算校，方可付梓。越八年，其甥程矞采家为之校刊，以成其志。

《九章》初经东原戴氏从《永乐大典》中录出，一刻于曲阜孔氏，再刻于常熟屈氏，悉依戴氏原校本刊刻。其时古籍甫显，校订较难，不无间有扞格，自是天下之习《九章》者，莫不家弆一编，奉为圭臬。而刘徽《九章》亦从此有善本矣。潢又尝因古《算经十书》中，《九章》之外最著者，莫如王孝通之《辑古》。唐制开科取士，独《辑古》四条限以三年，诚以是书隐奥难通。世所传之长塘鲍氏、曲阜孔氏、罗江李氏各刻本，又悉依汲古阁毛影宋本，祇有原术文而未详其法，且复传写脱误。虽经阳城张氏以天元一术推演细草，但天元一术创自宋、元时人，究在王氏后，似非此书本旨。爰本《九章》古义，为之校正，凡其误者纠之，阙者补之，著《考注》二卷。以明斜袤广狭割截附带分并虚实之原，务如其术乃止。稿未成，潢殁后，为南丰刘衡授其乡人，以西士开方方法增补算草，并附图解，刻于江西省中，喧宾夺主，殊乱其真。矞采取江西刻本削去图草，仍以原《考注》刊布。

武进李兆洛为之序，曰："《辑古》何为而作也？盖阐少广、商功之蕴而加精焉者也。商功之法，广袤相乘，又以高若深乘之为立积，今转以积与差求广袤高深，所求之数，最小数也。曷为以最小数为所求数？曰，求大数，则实方廉隅，正负杂糅。求小数，则实常为负，方廉廉常为正也。观台羡道，筑堤穿河，方仓圆囷，刍甍输粟，其形不一，概以从开立方除之何也？曰，一以贯之理也。物生而后有象，象而后有滋，滋而后有数。斜解立方，得两堑堵，一为阳马，一为鳖臑。阳马居二，鳖臑居一，不易之率也。今于平地之余续狭斜之法，无论为堑堵、为阳马、为鳖臑，皆作立积。观其立积内不以所求数乘者为减积，以所求数一乘者为方法，再乘者为廉法，所求数再自乘为立方，即隅法也。从开立方除之，得所求数。若绘图于纸，令广袤相乘，以所求数从横截之。剖平幂为若干段，又以截高与所求数乘之。分立积为若干段，若者为减积，若者为方，若者为廉，若者为隅，条段分明，历历可指。作者之意，不烦言而解矣。其云廉母自乘为方母，廉母乘方母为实母之分，开方之要术也。先生于是书立法之根，如锯解木，如锥划地，又复补正脱误，条理秩然，信王氏之功臣矣！爰述大旨，以告世之习是书者，无复苦其难读云。"

汪莱，字孝婴，号衡斋，歙县人。年十五，补博士弟子。弱冠后，读书於吴葑门外，慕其乡江文学永、戴庶常震、金殿撰榜、程徵君易畴学，力通经史百家及推步历算之术。嘉庆十二年，以优贡生入都，考取八旗官学教习，会御史徐国楠奏请续修《天文》、《时宪》二志，经大学士首举莱与徐准宜、许沄入馆纂修。十四年，书成。议叙，以本班教职用，选授石埭县训导。十八年，应省试，得疾归，卒于官，年四十有六。先是十一年夏，黄河启放王营减坝，正溜直注张家河，会六塘河归海。两江督臣奉上命，查量云梯关外旧海口与六塘河新海口地势高下，延莱测算，盖其精算之名，久为官卿所知。曾制浑天、简平、一方各仪器观测。

与郡人巴树毂最友善，客江、淮间，又与焦孝廉循、江上舍藩、李秀才锐，辩论宋秦九韶、元李冶立天元一及正、负开方诸法。天性敏绝，极能攻坚，不肯苟于著述。凡所言，皆人所未言，与夫人所不能言。

尝以古书八线之制，终于三分取一，用益实归除法求之，其一表之真数，仅得十之二。因悟得五分之一通弦与五分之三通弦交错为三角形，比例立法，以取五分之一之通弦，而弦切之数益密。梅氏环中黍尺，有以量代算之术，惟求倚平仪外周之两角，而缩于内半周之角未详。其法较易，因立新术，量取不倚外周之角度，而三角之量法乃全。堆垛有求平三角、立三角、尖堆积法，不及三乘方以上，又复推而广之，自三乘、四乘以上之尖堆，皆可由根知积。并及诸物递兼之法，以补古《九章》所未备。

又纠正梅文穆公句股知积术，及指识天元一，正、负开方之可知、不可知。其纠正句股知积术也，文穆《赤水遗珍》称："有句股积及股弦和较求句股，向无其术，苦思力索，立法四条。"其门人丁维烈又造减纵翻积开三乘方法，文穆许之。莱谓："句股形等积、等弦和，带纵立方形等幂、等高阔和，皆有两形互易。如句二十，股二十一，弦二十九，句弦和四十九，句股积二百一十。若句十二，股三十五，弦三十七，句弦积亦四十九，句股积亦二百一十。设问者暗执一形，则对者交盲两数。梅、丁诸公法成而不可用，盖两句弦较，与一句弦和，恒为连比例之三率。其两句弦较，即首、末二率；两较减一和之余，即中率；而句弦和必为三率并。遂创立有两积相等、两句弦和相等、求两句股形之法。以四倍句股积自乘，句弦和除之，为带纵长立方积。以句弦和为纵，开得数为两句弦较之中率，自乘为带纵平方积。又以中率与句弦和相减为长阔和，求得长阔两根为两句股较，用求两句股形各数。又同积之边，彼此可互，三次之乘，先后可通，故四倍句股积自乘，即两形之倍积相乘为底，两形之股相乘为高，即犹以中末乘首。中化为中率，再乘为立方三率，并为带纵。由是推得立方形两高数恒为首末二率，高阔和恒为三率，并数与等积、等弦和之两弦较及弦和丝毫无异。如高九阔十，高阔和十九，立方积九百。若高四阔十五，高阔和亦十九，立方积亦九百，其数莫不由两形相引而出。故其法即命积为带纵长立方积，以高阔和为所带之纵。用带纵长立方法开得本方根，为两形高数之中率。与高阔和相减，余为带纵之平方长阔和。中率自乘，为带纵平方积。用带纵平方长阔和法开之，得长阔一根，为两形之两高数。两高与和相减，为两阔数。"

其指识正、负开方也，"元李冶传洞渊《九容术》，撰《测圆海镜》、《益古演段》，以明天元如积相消，其究必用正、负开方，互详于宋秦九韶《数学九章》。梅文穆公虽指天元一为西人借根方所由来，而正、负开方则未有阐明者。元和李秀才锐特为雠校，谓《少广》一章，得此始贯于一。好古之士，翕然相从。莱独推其可知、有不可知。如《测圆海镜》边股第五问'圆田求径二百四十步与五百七十六步共数'，而李仁卿专以二百四十为答。《数学九章》田域第二题'尖田求积二百四十步与八百四十步共数'，而秦道古专以八百四十为答。乃自二乘方以下，缕析推之，得九十五条。凡几根数为带纵长阔较则可知，为带纵长阔和则不可知。又推得几真数少，几根数又多，几平方与一立方积等多少杂糅，和较莫定。立法以审之，以几平方数用几立方数除之，得数乘几根数，以较几真数。若少于真数，则以几平方为高阔较，是为可知。若多于真数，则或几平方为通分法，三母总数、几真数为三母维乘之共数，几根数为通分之共子，如二、如六、如十二。设真数一百四十四，少二百八，根数多二十，平方积与一立方积相等，则三数皆同，是为不可知。"

盖以一答为可知，不止一答为不可知。故李秀才锐跋其书，括为三例以证明之。谓："隅实同名者不可知；隅实异名，而从廉正负不杂者可知；隅实异名，而从廉正负相杂，其从翻而与隅同名者可知，否则不可知。隅实异名，即带纵之长阔较也，较仅一答；隅实同名，即带纵之长阔和也，和则不止一答。"锐以隅实同名、异名，明一答与不止一答；莱以长阔、和较，明可知、不可知，其义一也。著有《衡斋算学》七册，《考定通艺录磬氏倨句解》一册。

陈杰，字静斋，乌程诸生。考取天文生，任钦天监博士，供职时宪科兼天文科，司测量。累官国子监算学助教。道光十九年，谢病归，卒于家。生平邃于算学，尤神明于比例之用。初著《辑古算经细草》一卷，后十余年，又为之指画形象，成《图解》三卷；又博采训诂，考正其传写之舛讹，稽合各本之同异，别成《音义》一卷。

其自述比例言有曰："比例之法，昉自《九章》，传由西域，在古法曰异乘同除，在西法曰比例等。假如甲有钱四百，易米二斗，问乙有钱六百，易米几何？答曰三斗。法以乙钱为实，甲米乘之，得数，甲钱除之，即得。钱与米异名相乘，与钱同名相除，故谓之异乘同除，此古法也。以甲钱比甲米，若乙钱与乙米。凡言以者一率，言比者二率，言若者三率，言与者四率。二三相乘，一率除之，得四率，此西法也。古法元、明时中土几以失传，不知何时流入西域。明神宗时，西人利玛窦来中国，出其所著算书，中人矜为创获，其实所用皆古法，但异其名色耳。兹以西人名色解王氏，固取其平近，亦以名中、西之合辙也。"

又有论曰："《二十一史·律志》无不用比例者，他如《九章》、《缉古》、《十种算书》，多用比例，无如古人总不言比例。如《缉古》第二问，求均给积尺，欲以本体求又一形之体，忽取两面幂之数，一用以乘，一用以除，而得数。又第九问求员囤，第十问求员窖，忽以周径乘除，即如方亭法求之，诸数悉得。走作图解，审谛久之，而始知为比例，乃明言比例以揭之。嗣是而阅古算书者，罔弗比例矣。"

又自道光以来，尝亲在观象台督率值班天文生频年实测黄、赤大距为二十三度二十七分，未经奏明，故当时未敢用。迨甲辰岁修《仪象考成续编》，监臣即取此数上之，而钦定颁行焉。

晚年所撰为《算法大成》，上编十卷，首加、减、乘、除，次开方、句股，次比例、八线，次对数，次平三角、弧三角。门分类别，皆先列旧法，而以新法附之，图说理解，不惮反覆详明，专为引诱初学设也。下编十卷，则有目无书。其言曰："算法之用多端，第一至要为治历，故下编言在官之事，先治历，次出师，次工程钱粮，次户口盐司，次堆积丈量；儒者则考据经传，下及商贾庶民，则资本营运，市廛交易，持家日用，凡事无巨细，各设题为问答，以明算法之用，盖如此之广云。"下编似未成。其门人丁兆庆、张福僖均以算名。

兆庆，字宝书，归安人。沉潜好学，为《项学正两边夹角径求对角新法图说》，谓其讲解明晰，戛戛独造。

福僖，字南坪，乌程诸生。精究小轮之理，著有《慧星考略》。

时曰淳，字清甫，嘉定人。精算术。发明古人术意，无不入微。咸丰末，与长沙丁取忠同客胡林翼幕府，每与商榷数理，见丁氏《数学拾遗》之百鸡术，谓与二色方程暗合。因为广衍，立二十八题，以"旧学商量加邃密、新知培养转深沉"十四字识其上下，为十四耦。诸题皆借方程为本术，并述大衍求一术以博其趣，作《百鸡术衍》二卷。

自序略曰："张丘建《算经》鸡翁鸡母题问，甄、李两注及刘孝孙草，皆未达术意，不可通。近焦理堂所释尤误。读吾友丁君果臣《数学拾遗》，设术与二色方程暗合，乃通法也。骆氏《艺游录》用大衍求一术，以大小较求中数，取径颇巧，然遇较除共较实适尽者，则不可求。方程术则遇法除实得中数，不尽者以分母与减率相求而齐同之，无不可得。骆氏殆未知有方程本术耳。夫题祇本经一术，算理之微妙，不如孙子不知数一问，而术文各隐秘。彼则但举用数，此亦仅著加减三率，于前半艰取数之法皆阙如。岂古人不传之秘，必待学者深思而自得乎？孙子求一术，至宋秦道古发之，独是题袭谬传讹，无借方程以问途者。曰淳著疑既久，今年春与果臣连榻鄂城，复一商榷，别后数月乃通。怡然涣然，了无滞碍，亦穷愁中一快事也。因衍方程术为《数学拾遗补》，求负数法及加减率求答数法，附求一术为《艺游录补》。以中小较求大数法，及大中较、大小较互求得中数、小数法，引伸钩索，温故知新，庶足以大畅厥旨乎！易翁、母、雏为大、中、小，设数不必以百，而统以百鸡命之者，识斯术所自昉也。"

李锐，字尚之，元和诸生。幼开敏，有过人之资。从书塾中检得《算法统宗》，心通其义，遂为《九章》、八线之学。因受经于钱大昕，得中、西异同之奥，于古历尤深。自《三统》以迄《授时》，悉能洞澈本原。

尝谓："《三统》、《世经》称殷术，以元帝初元二年为纪首，是年岁在甲戌。推而上之，一千五百二十岁而岁值甲寅为元首，又上四千五百六十年而岁复甲寅为上元。以此积年，用四分上推，太初元年得至朔同日，而中余四分日之三，朔余九百四十分之七百五，故《太初术》亏四分日之三，去小余七百五分也。《汉书》载《三统》而不著《太初》，其实一月之日，二十九日八十一分之四十三，是日法、月法与《三统》同。贾逵称《太初术》斗二十六度三百八十五分，是统法周天又与《三统》同。盖四分无异于《太初》，而《太初》亦得谓之《三统》。郑注《召诰》，周公居摄五年二月三月，当为一月二月，不云正月者，盖待治定制礼，乃正言正月故也。江征君声、王光禄鸣盛以为据《洛诰》十二月戊辰逆推之，其说未核。今案郑君精于步算，此破二月三月为一月二月，以纬候入蔀数，推知上推下验，一一符合，不仅检勘一二年间事也。"

因据《诗·大明》疏，郑注《尚书》文王受命、武王伐纣时日皆用殷历甲寅元，遂从文王得赤雀受命年起，以《乾凿度》所载之积年推算，是年入戊午年，二十九年岁在戊午，与刘歆所说殷历周公六年始入戊午蔀不同。歆谓文王受命九年而崩，崩后四年武王克殷，后七年而崩，明年周公摄政元年，较郑少一年。又载《召诰》、《洛诰》俱摄政七年事，其年二月乙亥朔，三月甲辰朔，十二月戊辰朔，并与郑不合。乃以推算各年及一月二月，排比干支，分次上下，著《召诰日名考》，此融会古历以发明经术者也。

当是时，大昕为当代通儒第一，生平未尝亲许人，独于锐则以为胜己。大昕尝以《太乙统宗宝鉴》求积年术日法一万五百岁，实三百八十三万五千四十八分二十五秒为疑。锐据宋同州王湜《易学》，谓每年于三百六十五日二千四百四十分之外，有终于五分者，有终于六分者，有终于五六分之间者。终于五分者，五代王朴《钦天历》是也，以七千二百为日法。终于六分者，近年《万分历》是也，以一万分为日法。终于五六分之间者，《景祐历》法载于《太乙通甲》中是也，以一万五百分为日法，此暗用《授时》法也。试以日法为一率，岁实为二率，《授时》日法一万为三率，推四率，得三百六十五万二千四百二十五分，即授时之岁实也。探本穷源，一言破的。

近世历算之学，首推吴江王氏锡阐、宣城梅氏文鼎，嗣则休宁戴氏震亦号名家。王氏谓《土盘历》元在唐武德年间，非开皇己未；梅氏谓《回回历》实用洪武甲子为元，而托之于开皇己未。其算宫分，虽以开皇己未为元，其查立成之根，则在己未元后二十四年，二说并同。

戴氏谓《回回历》百二十八年闰三十一日，是每岁三百六十五日之外，又余百二十八分日之三十一也。以万万乘三十一，满百二十八而一，得二千四百二十一万八千七百五十，地谷所定岁实三百六十五日二十三刻三分四十五秒，通分内子以万万乘之，满日法而一，亦得二千四百二十一万八千七百五十，与梅氏《疑问》所云合。是三家所论，未尝不知好灼见，然均未得其详。锐据《明史·历志》、《回回》本术，参以近年瞻礼单，精加考核，谓《回回历》有太阳年，彼中谓为宫分；有太阴年，彼中谓为月分。宫分有宫分之元，则开皇己未是也；月分有月分之元，则唐武德壬午是也。自开皇己未至洪武甲子，积宫分年七百八十六，自武德壬午至洪武甲子，积月分年亦七百八十六，其惑人者即此两积年相等耳，因著《回回历元考》。有求宫分白羊一日入月分藏元后积年月日法，以为不明乎此，虽有立成，不能入算也。稿佚未刊。

梅氏未见古《九章》，其所著《方程论》，率皆以臆创补，然又囿于西学，致悖直除之旨。锐寻究古义，探索本根,变通简捷,以旧术列于前,别立新术附于后,著《方程新术草》,以期古法共明于世。古无天元一术,其始见于元李冶《测圆海镜》、《益古演段》二书,元郭守敬даже用之,以造《授时历草》,而明学士顾应祥不解其旨,妄删细草,遂致是法失传。自梅文穆悟其即西法之借根方,于是李书乃得郑重于世。其有原术不通,别设新术数则,更于梅说外辨得天元之相消,有减无加,与借根方之两边加减法少有不同。

且不满顾氏所著之句股、弧矢两算术,谓:"弧矢肇于《九章》方田,北宋沈括以两矢幂求弧背,元李冶用三乘方取矢度,引伸触类,厥法綦详。顾氏如积未明,开方徒衍,不亦俱乎?"爰取弧矢十三术,入以天元,著《弧矢算术细草》。并仿《演段》例,括句股和较六十余术,著《句股算术细草》,以导习天元者之先路。

又从同里顾千里处得秦九韶《数学九章》,见其亦有天元一之名,而其术则置奇于右上,定于右下,立天元一于左上。先以右上除右下,所得商数与左上相生,入于左下。依次上下相生,至右上末后奇一而止,乃验左上所得以为乘率。与李书立天元一于太极上,如积求之,得寄左数与同数相消之法不同。因知秦书乃《大衍》求一中之又一天元,秦与李虽同时,而宋与元则南北隔绝,两家之术,无缘流通,盖各有所授也。

锐尝谓:"四时成岁,首载《虞书》,五纪明历,见于《洪范》。历学诚致治之要,为政之本。乃《通典》、《通考》置而不录,邢云路虽撰《古今律历考》,然徒援经史,以侈卷帙之多。梅氏祇有欲撰《历法通考》之议,卒未成书。因更网罗诸史,由《黄帝》、《颛顼》、《夏》、《殷》、《周》、《鲁》六《历》,下逮元、明数十余家,一一阐明义蕴,存者表而章之,缺者考而订之,著为《司天通志》,俾读史者启其扃,治历者益其智。"惜仅成《四分》、《三统》、《乾象》、《奉天》、《占天》五术注而已。余与《开方说》皆属稿未全。

《开方说》三卷,锐读秦氏书,见其于超步、退商、正负、加减、借一为隅诸法,颇得古《九章少广》之遗,较梅氏《少广拾遗》之无方廉者,不可以道里计。盖梅氏本于《同文算指》、《西镜录》二书,究出自西法,初不知立方以上无不带从之方。锐因秦法推广详明,以著其说。甫及上、中二卷而卒,年四十有五。其下卷则弟子黎应南续成之。

应南,字见山,号斗一,广东顺德人。嘉庆戊寅顺天经魁,以书馆议叙,选浙江丽水县知县,调平阳县知县。海疆俸满,加六品衔,卒于官。

骆腾凤,字鸣冈,山阳人。嘉庆六年举人,道光六年大挑一等,用知县。以母老不愿仕,改授舒城县训导。未一年,告养归,教授里中,学徒甚众。二十二年八月,卒于家,年七十有二。性敏锐,好读书,尤精畴人术。在都中从钟祥李潢学,研精覃思,寒暑靡间。

著《开方释例》四卷,自序略谓:"天元一术,见宋秦九韶《大衍数》中,不言创于何人。元李冶《测圆海镜》、《益古演段》二书,亦用此例。冶称其术出于洞渊《九容》,今不可详所自矣。是书自平方以至多乘,悉用一术,即刍童、羡余诸形,亦可握觚而得,洵算术之秘钥也。西法借根方实原于此,乃以多少代正负,徒欲掩其袭取之迹。不知正负以别异同,多少以分盈朒,毫厘千里,必有能辨之者。"

又著《游艺录》二卷,自识云:"余于正、负开方之例,既为释例以明其法矣。至于衰分方程、句股等法,以及《九章》所未载,与夫古今算术之未能该洽者,辄为溯其源,正其误。不敢掠前哲之美以为名,亦不为黯黮之词以欺世也。随所见而识之,汇为一编。"遗稿凡十余万言,即今传本也。

南汇张文虎尝与青浦熊户部其光书论之曰:"承示骆司训算书二种,读竟奉缴。李四香《开方说》,详于超步、商除、翻积、益积诸例,而不言立法之根,令初学者茫不解其所谓。骆氏于诸乘方、方廉、和较、加减之理,皆质言之,而推求各元进退、定商诸术,尤足补李书所未备,诚学开方者之金锁匙。汪孝婴创设两句股同积同句股和一问,以两句弦较中率转求两句弦较,立术迂回。骆氏以正、负开方径求得两句,颇为简易。衡斋亦当首肯也。"其为人所推服如此。

项名达,字梅侣,仁和人。嘉庆二十一年举人,考授国子监学正。道光六年,成进士,改官知县,不就,退而专攻算学。三十年,卒于家,年六十有二。著述甚富,今传世者,但有《下学庵句股六术》及《图解》,复附句股形边角相求法三十二题,合为一卷。以句股和较相求诸题术稍繁难,爰取旧术稍为变通。分术为六,使题之相同者通为一术,厘然悉有以御之。第一、二、三术及第四术之前二题,悉本旧解,余为更定新术,皆别注捷法,各为图解,以明其意。第四、五、六术其原皆出于第三术,可释之以比例。第三术以句弦较比股,若股与句弦和,以股弦较比句,若句与股弦和,是为三率连比例。凡有比例加减之,其和较亦可互相比例。故第四、五、六术诸题,皆可由第三术之题加减而得,即可因每三术之比例而另生比例。因比例以成同积,而诸术开方之所以然遂明。名达又创有弧三角总较术,求椭员弧线术,术定,未有诠释,以义奥趣幽,难猝竟事,故六术独先成云。

名达与乌程陈杰、钱塘戴煦契最深,晚年诣益精进,谓古法无用,不甚涉猎,而专意于平弧三角,与杰意不谋而合。与杰论平三角,名达曰:"平三角二边夹一角,径求斜角对边,向无其法,窃尝拟而得之,君闻之乎?"杰曰:"未也。"录其法以归。盖以甲乙边自乘与甲丙边自乘相加,得数寄左;乃以半径为一率,甲角余弦为二率,甲乙、甲丙两边相乘倍之为三率,求得四率,与寄左数相减,钝角则相加,平方开之,得数即乙丙边。

又尝谓泰西杜德美之《割圆九术》,理精法妙,其原本于三角堆,董祐立定四术以明之,洵为卓见。惟求倍分弧,有奇无偶,徐有壬补之,庶几详备。名达尝玩三角堆,叹其数祇一递加,而理法象数,包蕴无穷,大方圆之率不相通，通方圆者必以尖，句股，尖象也；三角堆，尖数也。古法用半径屡求句股得圆周，不胜其繁。杜氏则以三角堆御连比例诸率，而弧弦可以互通，割圆术蔑以加矣。然以此制八线全表，每求一数，必乘除两次，所用弧线，位多而乘不便，董、徐二氏大、小弧相求法亦然。向思别立简易法，因从三角堆整数中推出零数，但用半径，即可任求几度分秒之正余弦，不烦取资于弧线及他弧弦矢。且每一乘除，便得一数，似可为制表之一助。

又著《象数原始》一书，未竟，疾革时，嘱戴煦。后煦索稿于名达子锦标，校算增订六阅月而稿始定，都为七卷。原书之四，仅六纸，并第七卷皆煦所补也。卷一曰《整分起度弦矢率论》，卷二曰《半分起度弦矢率论》，卷三、卷四曰《零分起度弦矢率论》，皆以两等边三角形明其象，递加法定其数，末乃申论其算法。卷五曰《诸术通诠》，取新立弧弦矢求他弧弦矢二术、半径求弦矢二术及杜、董诸术，按术诠释之。卷六曰《诸术明变》，杂列所定弦矢求八线术，开诸乘方捷术，算律管新术，椭员求周术，以明皆从递加数转变而得。卷七曰《椭员求周图解》，原术以夵为径，求大员周及周较，相减而得周，补术则以广为径，求小员周，周较相加而得周，末系以图解。徐有壬巡抚江苏，邮书索煦写定本梓行，刻甫就而有壬殉难，书与板皆毁焉。

有王大有者，字吉甫，仁和诸生。翰林院待诏。穷究天算，问业于处士戴煦。凡煦所著述，皆录副本去，名达见之，因与煦订交。大有尝校《割圆捷术合编》。后殉于杭州。

丁取忠，字果臣，长沙人。研究象数，不求闻达，刻算书二十有一种，为《白芙堂丛书》。光绪初，卒于家，年逾七十。所自撰者为《数学拾遗》一卷，以所演算草较详，可便初学，又意在拾遗，故未暇详其义之出自何人。

又撰《粟布演草》二卷，自序曰："道光壬辰，余始习算，友人罗寅交学博洪宾以难题见询，久无以应。同治初元，始获交南丰吴君子登太史，敄以开屡乘方法，余始通其术，然未悉其立法之根也。后吴君游岭表，余推之他题，及辗转相求，仍多窒碍。又函询李君壬叔，蒙示以廉法表及求总率二术，而其理始显。后吴君又示以指数表及开方式表，李君复为之图解以阐其义。由是三事互求，理归一贯。余因取数题详为演草，并捷法图解，都为一卷。质之南海邹君特夫，君复为增订开屡乘方法，并另设题演草，补所未备。即算家至精之理，如圆内容各等边形，皆可借发商生息以明之，诚快事也！"

后又撰《演草补》一篇，序云："余前年与左君壬叟共辑《粟布演草》，原为商贾之习算者设，或一例而演数题，或一题而更数式。或用真数，或用代数。其式或横列，或直下，杂然并陈，无非欲学者比类参观，易于领悟也。乃初学习之，犹谓茫无入门处，盖商贾所习算书，大都详于文而略于式。况代数又古算术所无，宜其卒然览之而不解也。兹更拟一题附后，特仿《数理精蕴》借根方体例，专详于文，庶初学读之，可因文知义。算理既明，则全书各式，可涣然冰释，或兼可为习代数者之先导乎？"其乡人李锡蕃，亦以演算名。

锡蕃，字晋夫。道光三十年早卒，著有《借根方句股细草》一卷，衍为二十有五术，取忠刊入《丛书》。

谢家禾，字和甫，钱塘举人。与同学戴氏兄弟熙、煦相友善。少嗜西学，点线面体四部，靡不淹贯。已，复取元初诸家算书，幽探冥索，悉其秘奥。乃辑平时所得析通分加减，定方程正负，以标举立元大要，撰《演元要义》一卷。其自序云："元学至精且邃，而求其要领，无过通分加减，凡四元之分正负，及相消法，互隐通分法，大致原于方程。方程者，即通分之义。方程不明，由于正负无定例，加减无定行，以讹传讹，如梅宣城精研数理，未暇深究，他书可知矣。《九章算经》正负术甚明，而释者反以意度，古谊之不明，可胜道哉！唯以衍元之法正方程之义，由是方程明而元学亦明。著《演元要义》，综通分方程而论列之，附以连枝同体之分等法。通乎此，则四元庶可窥其涯涘耳。"

又以刘徽、祖冲之之率求弧田，求其密于古率者，撰《弧田问率》一卷。同里戴煦为之序曰："古率径一周三，徽率刘徽所定，径五十周一百五十七。密率乃祖冲之简率，径七周二十二也。诸书弧田术皆用古率，郭太史以二至相距四十八度，求矢亦用古法。顾徽、密二率之周既盈于古，则积亦盈于古，试设同径之圆，旁割四弧，其中两弦相得之方三率皆同，知三率圆积之盈缩，正三率弧积之盈缩也。徽、密二率弧田古无其术，惟《四元玉鉴》一睹其名，而设问隐晦，莫可端倪。縠堂得其旨，因依李尚之《弧矢算术细草设问》立术，亦足发前人所未发也。"

又以直横与句股弦和较辗转相求，撰《直积回求》一卷，其自序云："始戴谔士著《句股和较集成》，予亦著直积与和较求句股弦之书，然二书为义尚浅，且直积与句弦和求三事，用立方三乘方等，得数不易，而又不足以为率，其书遂不存。近见《四元玉鉴》直积与和较回求之法，多立二元，尝与谔士思其义蕴，有不用二元者。盖以句弦较与句弦和相乘为股幂，股弦和与股弦较相乘为句幂，而直积自乘，即句幂股幂相乘也。如以句弦较乘股弦较幂，除直积幂，即为句弦和乘股弦和幂矣。句弦和乘股弦和幂，即弦幂和幂共内少半个黄方幂也。盖相乘幂内去一弦幂，所余为句股相乘者一，句弦相乘者一，股弦相乘者一，此三幂合成和幂，则少一半黄方幂。半黄方幂，即股弦较相乘幂也。加一半黄方幂，即为弦幂和幂共矣。加二直积，即二和幂也。减六直积，即二较幂也。又句弦和乘股弦较幂，为句幂内少个句股较乘股弦较幂也。股弦和乘句弦较幂，为股幂内多个句股较乘句弦较幂也。减一句股较乘股弦较幂，尚余一句股较幂矣。术中精意，皆出于此。其他之参用常法者，可不解而自明耳。草中既未暇论，恐习者不知其理，因揭其大旨于简端，见《演段》之不可不精也。"

家禾殁后，戴熙搜遗稿，嘱其弟煦校雠而授诸梓。煦精算，见《忠义传》。著有《补重差图说》，《句股和较集成消法简易图解》、《对数简法》、《外切密率》、《假数测圆》及《船机图说》等。

吴嘉善，字子登，南丰人。咸丰十一年进士，改翰林院庶吉士，散馆授编修。与徐有壬同治算学。同治改元，避粤匪乱游长沙，识丁取忠。逾年，客广州，因邹伯奇又识钱塘夏鸾翔。三人志同道合，相得益彰。光绪五年，奉使法兰西，驻巴黎。后受代还，旋卒。

所撰《算书》，首述《笔算》。次《九章翼》，曰今有术，曰分法，曰开方，曰平方平员各术。推演方田者，曰立方立员术，推演商功者，曰句股，曰衰分术，曰盈不足术，曰方程术。于句股术后，次附平三角、弧三角测量高远之术。又次则专述天元四元之书，为《天元一术释例》，为《名式释例》，为《天元一草》，为《天元问答》，为《方程天元合释》，为《四元名式释例并草》，为《四元浅释》。自序曰："算学至今日，可谓盛矣。古义既彰，新法日出，前此所未有也。余与丁君果臣皆癖此，既忘其癖，更欲以癖导人。尝苦近世津逮初学之书无善本，梅文穆公所删之《算法统宗》，今亦不传。因商榷述此，取其浅近易晓，以为升高行远之助云。"

罗士琳，字茗香，甘泉人。以监生循例贡太学，尝考取天文生。咸丰元年，恩诏征举孝廉方正之士，郡县交荐，以老病辞。三年春，粤匪陷扬州，死之，年垂七十矣。少治经，从其舅江都秦太史恩复受举业，已乃弃去，专力步算，博览畴人书，日夕研求数年。

初精西法，自撰言历法者曰《宪法一隅》。又思句股、少广相表里，而方田与商功无异，差分与均输不殊。按类相从，摘《九章》中之切于日用者，悉以比例驭之，汇为十二种。以各定率冠首，以借根方继后，以诸乘方开法附末，凡四卷，曰《比例汇通》，虽悔其少作，实便初学问途。

后见《四元玉鉴》，服膺叹绝，遂壹意专精四元之术。士琳博文强识，兼综百家，于古今算法尤具神解，以朱氏此书实集算学大成，思通行发明，乃殚精一纪，步为全草，并有原书于率不通及步算传写之讹，悉为标出，补漏正误，反覆设例，申明疑义，推演订证。就原书三卷二十有四门，广为二十四卷，门各补草。

尝为提要钩元之论，谓："是书通体弗出《九章》范围，不独商功修筑、句股测望、方程正负已见。如端匹互隐、廪粟回求寓粟布，如意混和寓借袤，茭草形段、果垛叠藏，如像招数寓商功中之差分，直段求源、混积问元、明积演段、拨换截田、锁套吞容寓方田、少广诸法。他若分索隐之为约分命分，方员交错、三率究员、箭积交参之为定率兼交互。至于或问歌象、杂范类会，以其各自为法，不能比类。故一则寄诸歌词，一则编成杂法，均似补遗。大旨皆以加、减、乘、除、开方、带分六例为问，每门必备此例，略简易而详繁难，尤于自来算书所无者，必设二问以明之。如混积问元中既设种金田及句三股四八角田为问，拨换截田中复设半种金田，锁套吞容中复设方五斜七八角田为问。又果垛叠藏两设员锥垛，杂范类会既设徽率割员，又设密率割员是矣。更有一门专明一义者，如和分索隐之分开方，三率究员两仪合辙之反覆互求是矣。是书但云如积求之，如积有用定率为同数相消者，有如问加减乘除得积为同数相消者。祖序谓：'平水刘汝谐撰《如积释锁》，惜今不传。'意者其释此例欤？"

道光中，得朱氏《算学启蒙》于京师厂肆，士琳复加斠诠刊布之。此书总二十门，凡二百五十九问，其名术义例多与《玉鉴》相表里。士琳为之互斠，始于天元，终于四元，义主精邃，所得甚深。考大德四年莫若序，计后此书四年。此书首列乘除布算诸例，始于超径等接之术，终于天元如积开方，由浅近以至通变，循序渐进，其理易如。名曰《启蒙》，实则《玉鉴》立术之根，此一证也。《玉鉴》原本十行，行十九字，"今有"低一格，"术曰"又低二格，与此书同，此二证也。《玉鉴》斗斛之"斗"别作"㪷"，此假借字，本《汉书·平帝纪》及《管子·乘马篇》，尚杂见于唐以前之孙子、《五曹》、张丘建诸《算经》，钩石之"石"，《说文》本作"柘"，《玉鉴》作"硕"，"硕""石"古虽互通，然假"硕"为"石"，则仅见于《毛诗·甫田》疏引《汉书·食货志》，而算书罕见。又《玉鉴》睆田之"睆"，虽见李籍《九章音义》，为字书所无，此书并同，此三证也。《玉鉴》虽亦三卷，而门则为二十四，问则为二百八十八，较多此书四门二十九问，然以四字分类，其体裁同。且如商功、修筑、方程、正负之属，则又二书互见，此四证也。《玉鉴》如意混和第一问，据数知一秤为十五斤，适与此书之斤秤起率合，此五证也。《玉鉴》锁套吞容第九问，方五斜七八角田左右逢元第六、第十三、第二十诸问，有小平小长，皆向无其术。此书卷首明乘除段，即载平除长为小长，长除平为小平之例。其田亩形段第十五问，复载方五斜七八角田求积通术，此六证也。他如《玉鉴》或间歌象第四问，与此书盈不足术第七问，又《玉鉴》果垛叠藏第十四问，与此书堆积还原第十四问，又《玉鉴》方程正负第四问，与此书方程正负第五问，题皆约略相同，此七证也。知系朱氏原书佚而复出，并其算法一则，亦为附列，间有鱼豕，悉仍其旧，但各标识于误字旁，别记刊误于卷末。

又尝以乾隆间明氏《捷法》校得《八线对数表》，一度十三分二十秒正切第五字"〇"误"一"，又六度四十一分十秒正切第五字"〇"误"六"；又十二度五十分正弦第六字"七"误"五"；又十六度三十二分十秒正切第七字"九"误"〇"；又四十二度三十二分四秒正切第九字"五"误"四"。可见西人所能，中人亦能之。

又因会通《四元玉鉴》如像招数一门，更取明氏《捷法》，御以天元，知密率亦可招差，其弧与弦矢互求之法，与《授时历》之垛积招差一一符合。且以祖氏《缀术》失传，其法廑见于秦书，即《大衍》之连环求等递减递加，亦与明氏《捷法》相近。爰融会诸家法意，撰《缀术辑补》二卷。

又甄录古今畴人，仍阮氏体例为列传，采前传所未收者，得补遗十二人，附见五人，续补二十人，附见七人，合共四十有四人，次于前传四十六卷之后。

集所校著都为《观我生室汇稿》十二种。如《四元玉鉴细草》二十四卷，《释例》二卷，《校正算学启蒙》三卷，《校正割圆密率捷法》四卷，《续畴人传》六卷，皆别有单行本。

外已刻者尚得七种，曰《句股容三事拾遗》三卷，《附例》一卷，本绘亭监副博启法补其遗，取内容方边员径垂线交互相求，一以天元驭之。曰《三角和较算例》一卷，取斜平三角形中两边夹一角术熔入天元法，用和较推演成式。曰《演元九式》一卷，括《玉鉴》中进退消长诸例，借无数之数，以正负开方式入之。曰《台锥积演》一卷，以《玉鉴》茭草、果垛二门可补《少广》之阙，爰取台锥形段引而伸之。曰《周无专鼎铭考》一卷，以《四分》周术佐以《三统》汉术，推得宣王十有六年九月既望甲戌，与铭辞正合。曰《弧矢算术补》一卷，以元和李四香原术未备，为增补二十七术，合成四十术。曰《推算日食增广新术》一卷，推广正升斜升横升之算法，以求太阴随地随时之明魄方向分秒，复推其术，以求交食限内之方向，及所经历之诸边分。

余若《春秋朔闰异同考》、《缀术辑补交食图说举隅》、《句股截积和较算例》、《淮南天文训存疑》、《博能丛话》，凡若干卷，未有刻本。其同县友有易之瀚者，亦以算名。

易之瀚，字浩川。知士琳有《四元玉鉴补草》，因从问难，为撰《四元释例》一卷。凡开方例二十九则，天元例十一则，四元例十三则。

顾观光，字尚之，金山人。太学生，三试不售，遂无志科举，承世业为医。乡钱氏多藏书，恒假读之。博通经、传、史、子、百家，尤究极天文历算，因端竟委，能抉所以然，而摘其不尽然。时复蹈瑕抵隙，蒐补其未备。如据《周髀》"笠以写天，青黄丹黑"之文及后文"凡为此图"云云，而悟篇中周径里数皆为绘图而设。天本浑员，以视法变为平员，则不得不以北极为心，而内外衡以次环之，皆为借象，而非真以平员测天也。

《开元占经·鲁历》积年之算不合，因用演积术，推其上元庚子至开元二年岁积，知《占经》少三千六十年。又以《占经颛顼历》岁积考之《史记·秦始皇本纪》，知其术虽起立春，而以小雪距朔之日为断。盖秦以十月为岁首，闰在岁终，故小雪必在十月，昔人未及言也。李尚之用何承天调日法考古历日法朔余强弱不合者十六家，以为未能推算入微。爰别立术，以日法朔余辗转相减，以得强弱之数。但使日法在百万以上皆可求，惟朔余过于强率者不可算耳。《授时术》以平定立三差求太阳盈缩，梅氏《详说》未明其故。读《明志》乃知即三色方程之法。谓凡两数升降有差，彼此递减，必得一齐同之数。引而伸之，即诸乘差，则八线、对数、小轮、椭员诸术，皆可共贯。读《占经》所载瞿昙悉达《九执术》，知《回回》、太西历法皆源于此。其所谓高月者即月孛，月藏者即月引数，日藏者即日引数，特称名不同，亦犹《回历》称岁实为宫日数，朔策为月日数也。

其论婺源江氏冬至权度，推刘宋大明五年十一月乙酉冬至前以壬戌丁未二日景求太阳实经度，而后求两心差，乃专用壬戌。今用丁未求得两心差，适与江氏古大今小之说相反。盖偏取一端，其根误在高冲行太疾也。西法用实朔距纬求食甚两心实相距，术繁而得数未确。改以前后两设时求食甚实引径得两心实相距，不必更资实朔，较本法为简而密矣。

西人割圆，止知内容各等边之半为正弦，而不知外切各等边之半为正切。乃依六宗、三要、二简诸术，别立求外切各等边之正切法，以补其缺。杜德美求员周术，用员内容六边形起算，巧师降位稍迟，谓内容十边之一边，即理分中末线之大分，距周较近。且十边形之边与周同数，不过递进一位，而大分与全分相减即得小分，则连比例各率，可以较数取之。入算尤简易，可用弧度入算，不用弧背真数。然犹虑其难记，仍不能无藉于表，因又合两法用之，则术愈简，而弧线、直线相求之理始尽。钱塘项氏割圆捷术，止有弦矢求余线术，以为可通之割、切二线，因补其术。西人求对数，以正数屡次开方，对数屡次折半，立术繁重。李氏《探原》以尖锥发其覆，捷矣，而布算术犹繁。且所得者查前后两数之较，可以造表而不可径求。戴氏《简法》及西人《数学启蒙》，又有新术，而未穷其理。乃变通以求二至九之八对数，因任意设数，立六术以御之，得数皆合。复立还原四术，并推衍为和较相求八术，为自来言对数者所未有也。又谓对数之用，莫便于八线，而西人未言其立表之根，因冥思力索，仍用诸乘方差，迎刃而解，尤晚岁造微之诣也。其它凡近时新译西术，如代数、微分、诸重学，皆有所纠正，类此。

所著曰《算剩初》、《续编》凡二卷。曰《九数存古》，依《九章》分为九卷，而以堆垛、大衍、四元、旁要、重差、夕桀、割圆、弧矢诸术附焉，皆采古书而分门隶之。曰《九数外录》，则隐括四术为对数、割圆、八线、平三角、弧三角各等面体、员锥三曲线、静重学、动重学、流质重学、天重学，凡记十篇。曰《六历通考》，则据《占经》所纪黄帝、颛顼、夏、殷、周、鲁积年而加以考证。曰《九执历解》，曰《回回历解》，皆就原法疏通证明之。曰《推步简法》，曰《新历推步简法》，曰《五星简法》，则就原术改度为百分，省迂回而归简易，盖于学实事求是，无门户异同之见，故析理甚精，而谈算为最云。其友人韩应陛，亦以表章算书显。

应陛，字对虞，娄县人。道光二十四年举人，官内阁中书舍人。少好读周、秦诸子，为文古质简奥，非时俗所尚。既而从同里姚椿游，得望溪、惜抱相传古文义法。西人所创点、线、面、体之学，为《几何原本》，凡十五卷，明万历间利译止前六卷。咸丰初，英人伟烈亚力续译后九卷，海宁李壬叔写而传之。应陛反复审订，授之剞劂，亚力以为泰西旧本弗及也。外若新译重、气、声、光诸学，应陛推极其致，往往为西人所未云。

左潜，字壬叔，大学士宗棠从子。补县学生。于诗古文辞无不深造，尤明算理。长沙丁取忠引为忘年交。早卒，士林惜之。所学自《大衍》、天元及借根方、比例诸新法，无不贯通。且能自出己意，变其式，勘其误，作为图解，往往突过先民。尝增订徐有壬《割圆缀术》，既成，忽悟通分捷法析分母、分子为极小数，根同者去之，凡多项通分，顷刻立就。因演数草，为《通分捷法》一帙。

所撰《缀术补草》四卷，自序曰："自泰西杜德美创立割圆九术，以屡乘屡除通方圆之率，我朝明氏、董氏各为之说，而杜书之义，推阐靡遗。顾八线互求，尚无通术，未足以尽一圆之变，非明氏、董氏之智力，不能因法立以尽其变也。其能穷杜氏之义也，资于借根方；其不能广杜氏之法也，亦限于借根方。盖借根方即天元一之变术，究不如元术之巧变莫测也。是书祖祉宗明，又旁参以董氏之法，八线相求，各立一式，因式立法，因法入算。向之不可立算者，今皆能驭之以法，即有不能立法布算者，而其式存，则能济法之穷；而度圆诸线，一以贯之矣。推其立式之由，所谓比例术，即明氏定半径为一率，所有为二率或三率之法也。所谓还原术，即明氏弧背求正矢，又以正矢求弧背之法也。所谓借径术，即明氏借十分全弧通弦率数求百分全弧通弦率数，求千分全弧通弦率数诸法也。所谓商除法，又即还原术之变法。是故缀术胎于明氏，而又足以尽明氏之变。明氏之未立式者，以借根方取两等数，其分母、分子杂糅繁重，既不可通，其多号、少号、辗转互变，又不可约。试取明氏书驭之以缀术，其递降各率，顷刻可求。则是书也，其真能因法立法，别树帜于明、董之后者欤？书为徐君青先生所作，吴子登成之，顾详于式而略于草。敬考其立法之原，不可遽得，学者难焉，潜因于暇日为《补草》四卷，因缀数语于简端云。"

又撰《缀术释明》二卷，湘乡曾纪鸿为之序，略曰："《易系》云：'极其数遂定天下之象。'则综天下难定之象以归有定，莫数若矣。在昔圣神，制器尚象，利物前民，于数理必有极精微，范围后世者，代久年湮，渐至失传。近三百年，泰西犹能推阐古人，而中国才智之士，或反率其成辙。孔子曰：'天子失官，学在四夷。'正今日数学之谓也。中国旧有弧矢算术，而未标角度八线钤表，则虽有用其理以入算者，而无表可检。则每求一数，必百倍其功，而所得数仍非密率。明代译出《泰西八线表》及《八线对数表》，核其立法得数之原，甚属繁难，而成表之后，一劳永逸。大至无外，细及极微，莫不以此表测之，则其用之广大可想。然得表之后，虽无事于再求，而任举一数，无从较其讹误。若仍用旧术，则非匝月经旬，不能得一数，此明静庵、董方立推演杜德美弧矢捷术之所以可贵也。向来求八线者，例用六宗、三要、二简各法，若任言一弧，必不能考其弦矢率数。至杜氏创立屡乘屡除之法，则但有弧径，而八线均可求。董方立解杜术，先取其线之极微者，令与弧线合，而后用连比例以推至极大。又考诸率数与尖锥理相合，故用尖锥以释弧矢，而弧矢之数理以显。明静庵解杜术，先取四分弧与十分弧之通弦直线之极大者，用连比例以推至千分，万分弧通弦之极微者，考其乘除之率数，与杜术乘除之原理合，故用缀术以释弧矢，而弧矢之数理亦出。董、明二氏，均为弧矢不祧之宗，无庸轩轾。迄百年中继起者，如戴、徐、李三氏所著书，虽自出心裁，

要皆奉董、明为师资也。吾友左君壬叟，于数学尤孜孜不倦，遇有疑难，必穷力追索，务洞澈其奥窔。尝谓方员之理，乃天地自然之数，吾之宗中宗西，不必分畛域，直以为自得新法可也。曾释君青徐氏《缀术》，又释戴鄂士《求表捷术》，兹又释明静庵弧矢捷术，而一贯以天元寄分之式，于员率一道三致意焉，可谓勤矣。孰意天厄良才，壬叟竟于甲戌秋不永年而逝，凡在同人，无不叹惜！况余与之为两世神交，安能无怆切耶！"

曾纪鸿，字栗诚，大学士国藩少子。恩赏举人。早卒。纪鸿少年好学，与兄纪泽并精算术，尤神明于西人代数术。锐思勇进，创立新法，同辈多心折焉。谓《大衍》求一术亦可以代数推求，依题演之，理正相通，撰《对数详解》五卷，始明代数之理，为不知代数者开其先路。中言对数之理，末言对数之用，明作书之本意。其于常对、讷对，辨析分明。先求得各真数之讷对，复以对数根乘之，即为常对数。级数朗然，有条不紊，虽初学循序渐进，无不可说以解焉。

夏鸾翔，字紫笙，钱塘人。以输饷议叙，得詹事府主簿。为项梅侣入室弟子。讲究曲线诸术，洞悉员出于方之理。汇通各法，推演以尽其变，撰《洞方术图解》二卷，自序略曰："自杜氏术出，而求弦矢得捷径焉。顾犹烦乘除，演算终不易，思一可省乘除之法而迄未得。丁巳夏，客都门，细思连比例术者，尖堆底也。尖堆底之比例，与诸乘方之比例等。以之求连比例术，必合诸乘方积而并求之。设不得诸乘方积递差之故，方积何能并求？且求方积而欲加减代乘除，又必得诸较自然之数而后可，诚极难矣。既而悟曰，方积之递加，加以较也。较之递生，生於三角堆也。较加较而成积，亦较加较而成较。且诸乘方积之数与诸乘尖堆之数，数异而理同。三角堆起于三角形，故屡次增乘，皆增以三角。方积起于正方形，故累次增乘，皆增以正方。三角之较数，增一根则增一较；方积之较数，增一乘则增一较，理正同也。累次相较，较必有尽，惟其有尽，乃可入算。相连诸弦矢所以愈相较而较愈均者，正此理矣。诸较之理，皆起于天元一，而生于根差。递加根一，诸乘方根差皆一。一乘之数不变，故可省乘。若增其根差，非复单一，则乘不能省。弦矢弧背之差，或一秒，或十秒，即以一秒、十秒弧线当根差，按根递求，即可尽得诸乘方之较。以较加较，即尽得所求弦矢各数矣，岂不捷哉！爰演为求弦矢术，俾求表者得以加减代乘除。并细绎立术之义，以俟精于术数者采择。"

又撰《致曲术》一卷，曰平员，曰椭员，曰抛物线，曰双曲线，曰摆线，曰对数曲线，曰螺线，凡七类。类皆自定新术，参差并列，法密理精。复著《致曲图解》一卷，谓天为大员，天之赋物，莫不以员。顾员虽一名，形乃万类。循员一匝，而曲线生焉。西人以线所生之次数分为诸类，一次式为直线；二次式有平员、椭员、抛物线、双曲线四式；三次式有八十种；四次式有五千余种；五次以上，殆难以数计矣。今但就二次式四种，溯其本源，并附解诸乘方。抛物线形虽万殊，理实一贯。诸曲线式备具于员锥

体，员锥者，二次曲线之母也。椭员利用聚，抛物线利用远，双曲线利用散，其理皆出于平员。苟会其通，则制器尚象，仰观俯察，为用无穷矣。今为一一解之，其目为诸曲线始于一点终于一点第一，诸式之心第二，准线第三，规线第四，横直二径第五，兑径亦名曲率径属二径第六，两心差第七，法线切线第八，斜规线又名曲率径第九，纵横线式第十，诸式互为比例第十一，八线第十二。

又尝立捷术以开各乘方，不论益积、翻积，通为一术，俱为坦途，可径求平方根数十位，成《少广缒凿》一卷。

鸢翔同治三年卒。因方积之较而悟求弦矢之术，駸駸乎驾西人而上之，然微分所弃之常数，犹方积之方与隅也。所求之变数，犹两廉递加之较也。其术施之曲线，无所不通，鸢翔犹待逐类立术，是则不能不让西人以独步。然西法开方，自三次式以上，皆枝枝节节为之，不及中法之一贯。鸢翔又于中法外独创捷术，非西人所能望其项背云。

邹伯奇，字特夫，南海诸生。聪敏绝世，覃思声音文字度数之源。尤精天文历算，能荟萃中、西之说而贯通之，静极生明，多具神解。尝作《春秋经传日月考》，谓："昔人考《春秋》者多矣，类以《经》、《传》日月求之，未能精确。今以《时宪术》上推二百四十二年之朔闰及食限，然后以《经》、《传》所书，质其合否，乃知有《经》误、《传》误及术误之分。"又谓："《尚书》克殷年月，郑玄据《乾凿度》，以入戊午蔀四十二年克殷，下至春秋，凡三百四十八年。刘歆《三统术》以为积四百年，近人钱塘李锐皆主其说。今以《时宪术》上推，且以岁星验之，始知郑是刘非。"其解《孟子》"由周而来，七百有余岁"句，谓阎百诗《孟子生卒年月考》据《大事记》及《通鉴纲目》，以孟子致为臣而归在周赧王元年丁未，逆数至武王有天下，岁在己卯，当得八百有九年。然周共和以上年数，史迁已不能纪，可考者鲁公家耳，此为刘歆《历谱》所据。然将歆《谱》与《史记》比对，歆于炀公、献公等年分多所加，共计五十二。若减其所加，则歆所谓八百有九年者，实七百五十七年耳。

又谓向来注经者，于算学不尽精通，故解《三礼》制度多疏失，因作《深衣考》，以订江永之谬。作《戈戟考》，以指程瑶田之疏。以《文选·景福殿赋》"阳马承阿"证古宫室阿栋之制。以体积论橐氏为量，以重心论悬磬之形，皆绘图立说，援引详明。

又尝谓群经注疏引算术未能简要，甄鸾《五经算术》既多疏略，王伯厚《六经天文篇》博引传注，亦无辨证。因即经义中有关于天文、算术，为先儒所未发，或发而未阐明者，随时录出，成《学计一得》二卷。

于天象著《甲寅恒星表》、《赤道星图》、《黄道星图》各一卷，自序略曰："甲寅春，制浑球，以考证经史恒星出没历代岁差之故。然制器必先绘图，绘图必先立表，此恒星表之所由作也。《史》、《汉》、《晋》、《隋》诸志，于恒星但言部位，至唐、宋始略有去极度数，盖旧传新图，大抵据《步天歌》意想为之，与天象不符。国朝康熙初，南怀仁作《灵台仪象志》，然后黄、赤经、纬各列为表。乾隆九年，增修《仪象考成》，补正缺误。道光甲辰，再加考测，为《仪象考成续编》，入表正座一千四百四十九星，外增一千七百九十一星，洵为明备。今逾十载，岁渐有差，故复据现时推测立表，庶绘图制器密合天行也。"

又谓："绘地难于算天，天文可坐而推，地理必须亲历。近人不知古法，故疏舛失实。因考求地理沿革，为《历代地图》，以补史书地志之缺。"

又手摹《皇舆全图》，自序略曰："地图以天度画方，至当不易。地球经纬相交皆正角，而世传舆图，至边地竟成斜方形，殊失绘图原理，其蔽在以纬度为直线也。昔尝为小总图，依浑盖仪，用半度切线，以显迹象。然州县不备，且内密外疏，容与实数不符，故复为此图。其格纬度无盈缩，而经度渐狭，相视皆为半径与余弦之比例。横九幅，纵十一幅，合成地球滂沱四颓之形，欲使所绘之图与地相肖也。"

又变西人之旧，作《地球正变两面全图》，其序略曰："地形浑员，上应天度，经纬皆为员线。作图者绘浑于平，须用法调剂，方不失其形似。然视法有三，其一在员外视员，法用正弦，则经圈为椭员，纬圈为直线，其形中广旁狭，作简平仪用之。其一在员心视员，法用正切，则经圈为直线，纬圈为弧线，其形中曲旁杀，内密外疏，作日晷用之。斯二者，线无定式，量算繁难。且经纬相交，不成正角。其边际或太促褊，或太展长，以画地球，既昧方斜本形，复失修广实数，所不取也。其一在员周视员，法用半切线，经纬圈皆为平员，虽亦内密外疏，而各能自相比例，西人以此作浑盖仪，最为理精法密。今本之为地球图，分正背两面。正面以京师为中线，其背面之中，即为京师对冲之处，尊首都也。旁分二十四向，审中土与各国彼此之势，定准望也。经纬俱以十度为一格，设分率也。"

因推演其法，著《测量备要》四卷，分《备物致用》、《按度考数》二题。《备物致用》其目四：一丈量器，曰插标、曰线架、曰指南尺、曰曲尺、曰丈竹、曰竹筹、曰皮活尺、曰蕃纸簿、曰铅笔；二测望仪，曰指南分率尺、曰立望表、曰三脚架、曰矩尺、曰地平经仪、曰平水准、曰纪限仪、曰回光环、曰折照玻璃屋、曰千里镜、曰象限仪、曰秒分时辰标、曰行海时辰标、曰析分大日晷、曰风雨针、曰寒暑针；三检核书，曰志书、曰地图、曰星表、曰星图、曰度算版、曰对数尺、曰八线表、曰八线对数表、曰十进对数表、曰现年行海通书、曰清蒙气差表、曰太阳纬度表、曰日晷时差表、曰句陈四游表、曰大星经纬表、曰对数较表、曰对数较差表；四画图具，曰大小幅纸、曰砚、曰墨、曰朱、曰颜色料、曰笔、曰五色铅笔、曰笔壳、曰指南分率矩尺、曰长短界尺、曰平行尺、曰分微尺、曰机簕、曰交连比例规、曰玻璃片、曰橡皮。

《按度考数》其目四：一明数，曰尺度考、曰亩法、曰里法、曰方向法、曰经纬里数；二步量，曰量田计积、曰步地远近、曰记方向曲折、曰认山形、曰准望所见；三测算，曰测量方向远近法、曰测地纬度法、曰论平阳大海地平界角、曰测地经度法、曰经纬方向里数互求法；四布图，曰正纸幅、曰定分率、曰缩展、曰识别设色。

又因修改对数表之根求析小术，是开极多乘方法，可径求自然对数，即讷对数，以十进对数根乘之，即得十进对数，著《乘方捷术》三卷。

又创对数尺，盖因西人对数表而变通其用，画数于两尺，相并而伸缩之，使原有两数相对，而今有数即对所求数。一曰形制，二曰界画，三曰致用，四曰诸善，五曰图式，为记一卷。

又尝撰《格术补》一卷，同郡陈澧序之，略曰："《格术补》者，古算家有格术，久亡，而吾友邹征君特夫补之也。格术之名，见《梦溪笔谈》，其说云：'阳燧照物，迫之则正，渐远则无所见，过此则倒，中间有碍故也。如人摇橹，臬为之碍，本末相格，算家谓之格术。'又云：'阳燧面洼，向日照之，则光聚向内，离镜一二寸，聚为一点，著物火发。'《笔谈》之说，皆格术之根源也。宋以前盖有推演为算书者，后世失传，遂无有知此术者。征君得《笔谈》之说，观日光之景，推求数理，穷极微眇，知西人制镜之法皆出于此。乃为书一卷，以补古算家之术。盖古所谓阳燧者，铸金以为镜也，西洋铁镜，即阳燧，玻璃为镜，亦同此理。故推阳燧之理，可以贯而通之。有此书而古算家失传之法复明，可知西人制器之法，实古算家所有，此今世之奇书也。至若古算失传，如此者当复不少，吾又因此而感慨系之矣！"

同治三年，郭嵩焘特疏荐之，坚以疾辞。曾国藩督两江日，欲以上海机器局旁设书院，延伯奇以数学教授生徒，亦未就。八年五月，卒，年五十有一。

李善兰，字壬叔，海宁人。诸生。从陈奂受经，于算术好之独深。十岁即通《九章》，后得《测圆海镜》、《句股割圜记》，学益进。疑割圜法非自然，精思得其理。尝谓道有一贯，艺亦然。《测圆海镜》每题皆有法有草，法者，本题之法也；草者，用立天元一曲折以求本题之法，乃造法之法，法之源也。算术大至躔离交食，细至米盐琐碎，其法至繁，以立天元一演之，莫不能得其法。故立天元一者，算学中之一贯也。并时明算如钱塘戴煦，南汇张文虎，乌程徐有壬、汪曰桢，归安张福僖，皆相友善。咸丰初，客上海，识英吉利伟烈亚力、艾约瑟、韦廉臣三人，伟烈亚力精天算，通华言。善兰以欧几里《几何原本》十三卷，续二卷，明时译得六卷，因与伟烈亚力同译后九卷，西士精通几何者鲜，其第十卷尤玄奥，未易解，讹夺甚多，善兰笔受时，辄以意匡补。译成，伟烈亚力叹曰："西士他日欲得善本，当求诸中国也！"

伟烈亚力又言美国天算名家罗密士尝取代数、微分、积分合为一书，分款设题，较若列眉，复与善兰同译之，名曰《代微积拾级》十八卷。代数变天元、四元，别为新法，微分、积分二术，又借径于代数，实中土未有之奇秘。善兰随体剖析自然，得力于《海镜》为多。

粤匪陷吴、越，依曾国藩军中。同治七年，用巡抚郭嵩焘荐，征入同文馆，充算学总教习、总理衙门章京，授户部郎中、三品卿衔。课同文馆生以《海镜》，而以代数演之，合中、西为一法，成就甚众。光绪十年，卒于官，年垂七十。

善兰聪强绝人，其于算，能执理之至简，驭数至繁，故衍之无不可通之数，抉之即无不可穷之理。所著则《古昔斋算学》，详《艺文志》。世谓梅文鼎悟借根之出天元，善兰能变四元而为代数，盖梅氏后一人云。

华蘅芳，字若汀，金匮人。能文善算，著有《行素轩算学》行世。其《笔谈》一书，犹为生平精力所聚。凡十二卷，第一卷论加、减、乘、除之理；第二卷论通分之理；第三卷论十分数；第四卷论开方之理；第五卷论看题、驭题之法，以明加、减、乘、除、通分、开方之用；第六卷论天元及天元开方；第七卷论方程之术，已寓四元之意，末乃专论四元；第八卷论代数释号及等式；第九卷论代数中助变之数及虚代之法；第十卷论微分；第十一卷论积分，分十六款以明之；第十二卷一论各种算学不外乎加、减、乘、除，二论一切算稿宜笔之于书，三论算学中可以著书之事，四论学算与著书并非两事，五论翻学之书，六论《畴人传》当再续。综计自加、减、乘、除、通分以至微分、积分，由浅入深，术本繁难，而括之以简易之旨；理本艰深，而写之以浅显之词。

又于同治十三年，与英士傅兰雅共译《代数术》二十五卷，蘅芳序之曰："代数之术，其已知、未知之数，皆代之以字，而乘、除、加、减各有记号，以为区别，可如题之曲折以相赴。迨夫层累已明，阶级已见，乃以所代之数入之，而所求之数出焉。故可以省算学之工，而心亦较逸，以其可不假思索而得也。虽然，代数之术诚简便矣，试问工此术者，遂能不病其繁乎？则又不能也。夫人之用心，日进而不已，苟不至昏眊迷乱，必不肯终辍。故始则因繁而求简，及其既简也，必更进焉，而复遇其繁，虽迭代数十次，其能免哉？自是知代数之意，乃为数学中钩深索隐之用，非为浅近之算法设也。若米盐零杂之事，而概欲以代数施之，未有不为市侩所笑者也。至于代数、天元之异同优劣，读此书者自能知之，无待余言也。"

又与傅兰雅共译《微积溯源》八卷，序之曰："吾以为古时之算法，惟有加、减而已。其乘与除乃因加减之不胜其繁，故更立二术以使之简易也。开方之法，又所以济除法之穷者也。盖学算者自有加、减、乘、除、开方五法，而一切简易浅近之数，无不可通矣。惟人之心思智虑日出不穷，往往以能人之所不能者为快，遇有窒碍难通之处，辄思立法以济其穷，故有减其所不可减，而正负之名不得不立矣；除其所不受除，而寄母通分之法又不得不立矣。代数中种种记号之法，皆出于不得已而立者也。惟每立一法，必能使繁者为简，难者为易，迟者为速，而算学之境界，藉此得更进一层。如是屡进不已，而所立之法，于是乎日多矣。微分、积分者，盖又因乘、除、开方之不胜其繁，且有窒碍难通之处，故更立此二术以济其穷，又使简易而速者也。试观圜径求周，真数求对数之事，虽无微分、积分之时，亦未尝不可求，惟须乘、除、开方数十百次，其难有不可言喻者。不如用微积之法，理明而数捷也。然则谓加、减、乘、除、代数之外,更有二术焉,一曰微分,一曰积分可也。其积分犹微分之还原,犹之开方为自乘之还原,除法为乘法之还原,减法为加法之还原也。然加与乘,其原无不可还,而微分之原,有可还有不可还者,是犹算式中有不可还原之方耳,又何怪焉!如必曰加减乘除开方已足供吾之用,何必更求其精?是舍舟车之便利,而必欲负重远行也。其用力多而成功少,盖不待智者而辨矣。又《代数术》中末卷之中,载求平员周率简捷法式,为犹拉所设。未有此法之时,曾有算学士固灵用平员内容外切之多等边形,费极大工夫,算得三十六位之数。设径为一,周为三一四一五九二六五三五八九七九三二三八四六二六四三三八三二七九五零二八八。其临死之时,嘱其家以此数刻于墓碑,盖平时得意之作,恐其磨灭,故欲传之永久,亦犹亚基默得之墓,刻一球形与员柱形也。"

又与傅氏共译《三角数理》,此书为英士海麻士所撰。海麻士专精三角、八线之学,著书十有二卷,皆言三角数理,即用为名。首明三角用比例之理;次论两角或多角诸比例数;次论造八线比例表之法;次解平三角诸形;次论诸角比例乘约变化之理,纪彼国算士棣弗美创例也,附以专论对数术及诸三角形设题一百则,为书三卷,以引学者;次总说球上各圈及弧三角形之界;次解正弧斜弧三角形之法;次杂论求弧三角数种特设之表;终以弧三角形设题二十七则焉。然书中说解过于烦费,仍不能变外角和较与垂弧、次形、总较诸旧法,故自海氏书出,益觉徐有壬《拾遗三术》难能可贵,超越西人。

又与傅氏共译《代数难题解法》十六卷。

其弟世芳,字若溪。亦通算术,著有《近代畴人著述记》。

卷五百八　　列传二百九十五

列女一

田绪宗妻张　嵇永仁妻杨妾苏　**张英妻姚
蔡璧妻黄**子世远妻刘　**尹公弼妻李
钱纶光妻陈　胡弥禅妻潘　张棠妻金
洪翘妻蒋　张蟾宾妻姜　施曾锡妻金
廷璐妻恽　汪楷妻王**妾徐　**冯智懋妻谢
郑文清妻黎　程世雄妻万　高学山妻王
王氏女**张天相女　**周氏女　王孜女　缪浒妻蔡
濮氏女　李氏女　来氏二女　曾尚增女
　王氏女　吕氏女　佘长安女　王法夔女**武仁女
　唐氏女　张桐女汪伊聘妻周　**刘氏女　吴某聘妻周
李莳一聘妻曾　袁斯凤女　丁氏女　朱械之女
杜仲梅女**方氏二女　**刘可求女　杨泰初女
孙承沂女　赵承毂聘妻丁彭爵麒女　陈宝廉女

**吴士仁女　王济源女　董桂林女　耿恂女
吴芬女　邵氏二女**蒋遂良女　**徐氏二女
李鸿普妻郭**牛辅世妻张　**高位妻段
　郑光春妻叶**子文炳妻吴　**屈崇山妻刘
谢以炳妻路**弟仲秀妻郑　**季纯妻吴　王鉅妻施
陈文世妻刘　张守仁妻梁**韩守立妻俞
路和生妻吴诸君禄妻唐　**牛允度妻张
游应标妻萧**蒋广居妻伍　**周学臣妻柳
王德骏妻盛　张茂信妻方**林经妻陈
张德邻妻李　武烈妻赵　孙朗人妻吴
李天挺妻申　刘与齐妻魏　周志桂妻冯
欧阳玉光妻蔡**子惟本妻蔡　**萧学华妻贺
张友仪妻陈　冯氏　王铖妻隋　林云铭妻蔡
陈龙妻胡　王憨妻岳　鲁宗镐妻朱
马叔吁妻丁　许光清妻陈　黄开鳌妻廖
黄茂梧妻顾　高其倬妻蔡　陈之遴妻徐
詹枚妻王**柯蘅妻李　艾紫东妻徐　**郝懿行妻王
汪远孙妻梁　陈裴之妻汪　汪延泽妻赵
吴廷鉁妻张**诸妹章政平妻等　**程鼎调妻汪
陈瑞妻缪**马某妻阮　**富乐贺妻王
仁兴妻瓜尔佳氏　耀州三妇　杉松邮卒妇
杨芳妻龙　崔龙见妻钱　沈葆桢妻林
王某妻陈　李某妻赵**罗杰妻陈　**杨某妻唐
姚旺妻潘　盖氏

积家而成国,家恒男妇半。女顺父母,妇敬舅姑,妻助夫,母长子女,姊妹娣姒,各尽其分。人如是,家和;家如是,国治。是故匹妇龟勉帷阃之内,议酒食,操井臼,勤织纴组纫,乃兴公卿大夫士谋政事。农劳稼穑,工业势曲,商贾通货财,同有职于国,而不可阙。晚近好异议,以谓女豢于父,妻豢于夫,戚戚求自食。或谓女制于父母,妇制于舅姑,妻制于夫,将一切排决,舍家而躐国,务为闳大,其过不及若殊,要为自弃其所职而害中于家国则均。呜呼,何其诬也!古昔圣王经国中而为之轨,亿万士女毋或逾焉。是故矜其变,所以诲其正;慭其异,所以励其庸;范而趋于一。使凡为女若妇者,循循各尽其职。则且广之为风俗,永之为名教。有国者之事,以权始,以化终。权故行,化故成,国以治平。

清制,礼部掌旌格孝妇、孝女、烈妇、烈女、守节、殉节、未婚守节,岁会而上,都数千人。军兴,死寇难役辄十百万,则别牍上请。捍强暴而死,爰书定,亦别牍上请,皆谨书于实录。其征之也广,其爆之也显,流风余韵,绵绵延延,风雨如晦,鸡鸣不已。故知权所以能行,化所以能成,尤必有当于人人之心,固不可强而致也。列女入史,始《后汉书》,用其例,择尤炳著如干人,贤母、孝女、孝妇、贤妇、节妇、贞妇、贞女、烈妇义行,边徼诸妇,以类相从,其处变事相亚者,厌而比焉。纂昔懿,傃来淑，敬我彤管，宜有助于兴观。

田绪宗妻张，德州人。绪宗，顺治九年进士，官浙江丽水知县，有声。卒官。张预戒管库，谨视赋徭所入，发牍核其数。代者至，请知府临察，无稍舛漏，乃持丧归。教三子雯、需、霱，皆有文行。张通《诗》《春秋传》，能文。年七十，里党将为寿，诫诸子曰："礼，妇人无夫者称未亡人，凡吉凶交际之事不与，亦不为主名，故《春秋》书'纪履緰来逆女'。《公羊传》曰：'纪有母，何以不称母？母不通也。'何休云：'妇人无外事，所以远别也。'后世礼意失，始有登堂拜母之事。战国时，严仲子自觳聂政母前，且进百金为寿。盖任侠好交之流，有所求而然耳，岂礼意当如是耶？吾自汝父之殁于官，携扶小弱，千里归榇，含艰履戚，三十年余。阖户辟缋，以礼自守。幸汝曹皆得成立，养我余年，然此中长有隐痛。每岁时腊腊，儿女满前，牵衣嬉笑，辄怦怦心动，念汝父之不及见。故或中坐叹息，或辍箸掩泪。今一旦宾客填门，为未亡人称庆，未亡人尚可以言庆乎？三十年吉凶交际之事不与知，而今日更强我为主名，其可谓之礼乎？处我以非礼，不足为我庆，而适足增我悲耳。汝曹官于朝，宜晓大体，其详思礼意，以安老人之心！"

张年七十七而卒，有《茹荼集》。雯官至户部侍郎。

嵇永仁妻杨，永仁，无锡人；杨，长洲人。永仁死福建总督范承谟之难，杨时年二十七，子曾筠生七年。舅姑皆笃老，黾勉奉事，丧葬谨如礼。福建定，永仁仆程治乃克以其丧还，杨质衣营葬。葬竟，抚曾筠而泣曰："我前所以不死，以有舅姑在。舅姑既殁而葬，今又葬汝父，我可以死，则又有汝在。汝父以诸生死国事，汝未成人，当如何？"则又呜咽曰："我其如何？"曾筠长而力学，杨日织布易米以为食，指谓曾筠曰："汝能读书，乃得啖此，未亡人则歠粥。"及曾筠官渐显，恒诫以廉慎。雍正十一年，卒，年八十有四。永仁、曾筠皆有传。

永仁妾苏，字瑶青。从永仁福州，临难，取带面永仁而缢，年十七。

张英妻姚，桐城人。英初官翰林，贫甚，或馈之千金，英勿受也。故以语姚，姚曰："贫家或馈十金五金，童仆皆喜相告。今无故得千金，人问所从来，能勿惭乎？"居恒质衣贳米。英禄稍丰，姚不改其俭，一青衫数年不易。英既相，弥自谦下。戚党或使婢起居，姚方补故衣，不识也。问："夫人安在？"姚逡巡起应，婢大惭沮。英年六十，姚制棉衣贷寒者。子廷玉继入翰林，直南书房，圣祖尝顾左右曰："张廷玉兄弟，母教之有素，不独父训也！"卒，年六十九，有《含章阁诗》。女令仪，为同县姚士封妻，好学，有《蠹窗集》。英、廷玉皆有传。

蔡璧妻黄，漳浦人，世远母也。璧丧妻，以为妾。耿精忠之变，璧方客京师，黄奉璧父母避山中。璧母老不能粒食，辍女子乳乳之。璧父母命璧以为妻。

世远妻刘，事舅姑孝。世远既贵，家人谋买婢，勿许，谋佣乳母，刘曰："吾六子四女皆自乳，吾不以贵易其素。"世远有传。

尹公弼妻李，博野人。公弼早卒，家贫，舅姑老，父母衰病，无子。养生送死，拮据黾勉。教子会一有法度，通籍，出为襄阳府知府，李就养。雨旸不时，必躬自踂祷，禳疫驱蝗亦如之。冬寒，民六十以上，量予布帛。襄阳民德之，为建贤母堂。李赋诗辞之，不能止。会一移扬州府知府，扬州俗奢，李为作《女训》十二章，教以俭。累迁河南巡抚，所至节俸钱，畀高年布帛，赒贫民，佐军饷，皆以母命为之。民间辄为立生祠，如在襄阳时。会一内擢左副都御史，李以疾不能入京师，陈情归养。复以母命，里塾社仓次第设置。居数年，高宗赐诗嘉许，榜所居堂曰"荻训松龄"。卒，年七十八。

公弼曾孙溯醇妻徐，亦早寡，与其族公亮妻高、公聘妻杨、德一妻韩、成一妻李、多福妻刘、林妻王、二喜妻朱，合称"尹氏九节"。会一有传。

钱纶光妻陈，名书。纶光，嘉兴人；陈，秀水人。幼端静，读书通大义。初婚，纶光侍其父瑞征出上冢，陈从楼上望见少年殴佃客几死，咯血，方大雪，血沾衣尽赤。佃客家以其族党至，汹汹。陈遣苍头问，少年，从子也。乃舁佃客入室，召医予药，畀其母钱米，呼从子使受杖，众乃散。瑞征还，亟贤之。陈善事舅姑，助纶光款宾客，赒邻里，曲尽恩意。纶光卒，教子尤有法度。子陈群，自有传；畀，官陕西醴泉知县，有贤声。陈晚为诗，号复庵；署画，号南楼老人。诗三卷，戒陈群毋付刻。画尤工，山水、人物、花草皆清迥高秀，力追古作者。

曾孙女与龄，字九英，为广西太平府同知吴江蒯嘉珍妻。亦能画，题所居曰仰南楼。

胡弥禅妻潘，桐城人。弥禅卒，遗三子，长子宗绪，方十岁。贫，遣就学村塾，且倚闾泣而送之，逾岭不见，乃返，暮复迎之而泣。三年，贫益甚，罢学，潘不知书，使儿诵，以意为解说。一日，闻程、朱语，叹且起立曰："我固谓世间当有此！"闻诵司马相如《美人赋》则怒，禁毋更读。诸子出必告，襟濡露，则笞之，问："奈何不由正路？"岁饥，潘日茹瓜蔓，而为麦粥饭儿，有余，以赒里之饿者。尝命仆治室，发地得千金，献宗绪；宗绪不受，母闻乃喜。宗绪成雍正八年进士，官至国子监司业，笃学行，有所述作。

张棠妻金，秀水人。棠卒，金作苦奉姑，晨炊偶有余，日午复以进。姑呼金共食，金虑姑不足，辄以腹痛辞。姑病，侍食尝药，搔痒涤揄，髽发拭垢，靡不躬焉。夜坐床下，闻呻吟即起。姑殁，哭之痛，曰："吾将何怙，以冀孤儿长乎？"则愈益作苦。方冬捆屦，两手龟且裂，敷以酱及蜡泪，痛如割，必毕事乃寝。子庚，稍长有文行，客游以为养。一日，金晨起，理发竟，登案扳甍西南望曰："我安得望见江西？"时庚方客南昌，南昌于浙为西南，故云。既得旌，泣而言曰："我姑亦早寡，徒以年已逾三十，不中令甲，而我得被旌，我于是有私痛也。"年七十九而卒。

洪翘妻蒋，武进人。翘尚义而贫，僦居临大池，隘且湿，蒋择处其尤陋者，暴雨，水浸淫床下。翘既不第，客游养父母。俄书报病且归，蒋挟二子舟迎，闻来舟哭声，审其仆也，号而自掷于水，女佣持之，免。自是率诸女针纫组织，力以自食。授其子礼吉读，至《礼经》"夫者妇之天"，哭绝良久，呼曰："吾何戴矣！"遂废其句读。礼吉稍长，出就里中师，里中师不辨音训，母为正其误，日数十字。母织子诵，往往至夜分。翘大父嶫尝守大同，父公采独偿大同官逋十有余万，不以累弟昆。受托赵氏孤，坐累家破，卒全之，以此名孝义，蒋恒举以勖礼吉。丧舅姑，毁甚，既复丧母，疾作遂卒。礼吉更名亮吉，有传。

张蟾宾妻姜，武进人。蟾宾父金第客死京师，妻白，食贫抚诸孤。蟾宾复早卒，姜抚二子惠言、翊。贫，惠言就其世父读，归省姜，无食，明日，惠言饿不能起，姜抚之曰："儿不惯饿，怠耶？吾与而姊、而弟时时如此也！"惠言稍长，使授翊书，姜与女课女红，常数线为节，晨起，尽三十线乃炊。夜燃灯视二子读，恒至漏四下，里党称姜苦节如其姑。惠言有传。

施曾锡妻金，名镜淑。曾锡，桐乡人；金，震泽人。曾锡故有文行，以副榜贡生终。孤福元生七年矣，教之严，夜篝灯读书，福元稍息，欲扑之，朴未下，涕泗交于颐，辄罢。初曾锡丧父母及所生父，金撤簪珥以佐葬；及葬曾锡，家益贫。纺绩，冬寒皲瘃，十指皆流血。所生姑亦卒，乃还依母。岁大无，具饭饭母，并及福元，而自食豆粥杂糠核。母病，侍尤谨。福元以举人知西江安福县，而金已前卒。

廷璐妻恽，廷璐，完颜氏，满州镶黄旗人。恽，阳湖人，名珠，字珍浦。恽自寿平以画名，其族多能画。毛鸿调妻恽冰，字清於，画尤工粉墨。映日有光，于珠为诸姑。珠亦能画，善为诗。廷璐为泰安知府，卒官。珠抚诸子麟庆、麟昌、麟书，教之严。持家政，肃而恕。尝拟《列女传》为《兰闺宝录》。撰定清女子诗，为《国朝女士正始集》。校刻寿平父日初遗书及李颙集，皆传世。麟庆有传。

汪楷妻王、妾徐，萧山人。楷为河南淇县典史，尝廉民冤，白令为平反。既去官，客死广东。母七十，徐有子辉祖，幼。丧归，索债者至，王鬻田、出嫁时衣装以偿。楷弟不肖，恒求钱以博，甚或篡辉祖去，得钱乃归之。已，将以母迁，王与徐力请留，奉侍甚谨。母垂殁，叹其贤孝。教辉祖读，或不中程，徐奉棰呼辉祖跪受教，王涕泣戒督，往往弃棰罢。贫益甚，互称疾减食食辉祖。

辉祖长，出游，佐州县治刑名，王戒之曰："汝父尝言生人惨怛，无过图圄中，偶扑一人，辄数日不怡，曰：

'彼得无患恨戕其生乎？'汝佐人当知此意。"辉祖自外归，必问："不入人死罪否？破人家否？"曰："无。"则喜。即言法不免，王与徐辄相视为流涕。王尤不喜言人过，辉祖或偶及之，必曰："汝能不尔即佳，此何与汝事？"徐居常布衣操作，岁饥，日织布一疋，易三斗粟，虽疟不为止。一絮被，余二十年，辉祖请易，曰："此汝父所予，不可易也！"徐病，耀祖进参，却之，曰："汝父客死，吾不获以此进，吾何忍饮？"王强之，微啜而罢。徐卒十余年，辉祖成进士而王卒。辉祖有传。

冯智懋妻谢，智懋，长洲人；谢，嘉兴人。智懋家中落，再遇火，谢处贫，黾勉无所恨。子桂芬，入学为诸生，谢喜曰："汝家久无秀才，汝继之，甚善。愿世世为秀才，毋觊科第也！"及得第，训之曰："人必有职，女红中馈，妇职也，易尽耳；汝当思尽其职。"又曰："好官不过多得钱，然则商贾耳，何名官也？汝谨，当不至是，勉旃！"苏州、嘉兴，皆困重赋，谢氏以催科破家。谢每谓桂芬："汝他日为言官，此第一事也！"同治初，江、浙初定，桂芬佐江苏巡抚李鸿章幕，成减赋之议。苏州、松江、太仓三府、州，减三之一；常州、镇江减十之一。浙江巡抚左宗棠继请嘉兴亦得量减，时谢已前卒。桂芬有传。

郑文清妻黎，遵义人。事祖姑及姑能得其欢心。贫，令长子珍就傅，诸子力田，教督之甚肃。珍录平生所训诫为《母教录》。尝曰："妇人舍言、容、工、无所谓德。言只柔声下气，容只衣饰整洁，工则针黹、纺绩、酒浆、菹醢，终身不能尽。"又曰："人虽贫，礼不可不富；礼不富，是谓真贫。"珍，《儒林》有传。

程世雄妻万，衡阳人。世雄兄世英早卒，妻何无子，世雄旋亦卒。子学伊弱，族有争嗣者，万以学伊兼承世英后。姑丧未殡，火发，何、万与诸婢号泣奉柩出，火为之止。万善治家，学伊长，家渐起。咸丰间军兴，诸将唐训方、陈士杰、彭玉麟皆倚学伊筹兵食。万日具百人馔，为规画周至，贤母名益闻。力施与，赡诸戚族，教孙曾，皆成立。年八十九卒。

高学山妻王，泸州人。王归学山，视前室子四皆羸弱，鞠育甚至。长子病且死，泣语申母恩，愿再来为母子。第三子病，亦如之。逾年，学山梦二子者至，即夕，王孪生二子。王教诸子读书，择友有法度，多取科目，孪生子同举于乡。

王氏女娥，九江屠者女也。顺治十四年，火，屠者方醉卧，娥奔火中，呼不起，遂并焚死。

张天相女巧姑，仪征人。乾隆十年正月庚寅，火，天相方病，巧姑年十四，负父欲出，同死。明日得其尸，犹负父也。

周氏女，六安人。父瞽，女八岁，火作，母抱女出，问："父胡不出？"母曰："父瞽不能行，奈何？"女入火中，导父行，火烈迷路，俱死。

王孜女，慈谿人。康熙十六年七月乙未，乙夜慈谿火。女方居母丧，停棺于堂。火至，女呼舁棺，无应者，伏棺上泣。父从火光中遥见之，抱之出，则已死。灌以矾水，稍苏，声出喉间，仅属。问："母棺出否？"家人不答，遂哽咽而绝。女年十五。

萨玉瑞妻许，闽人。夫亡，姑初丧，火发，护姑柩不去，同烬。

缪浒妻蔡，名蕙，泰州人。父孕琦，生五女，而蕙为长。字浒，未行，孕琦坐法论死，系狱待决。蕙绝嗜好，屏服饰，寝不解衣，严寒不设炉火。居四年，浒请婚，蕙谢不行。康熙二十八年，圣祖巡江南，蕙伏道旁上疏，略云："妾闻在昔淳于缇萦为父鸣冤赎罪，汉文帝怜而释之，载之前史，传为盛典。今妾父孕琦被仇害，自逮狱以来，妾日夜悲号，吁天无路。每夕遥望宸阙，礼拜数千，于今三年，寒暑靡辍。今幸驾临淮海，是诚千载奇逢，妾愿效缇萦之故事，冒死鸣哀，伏维天鉴。"上下其疏江南江西总督傅拉塔谳，二十九年，谳上，孕琦得减死。蕙归浒，未一年，卒。

濮氏女，桐乡人。其父无子，而母妒，不使置媵侍，家万金悉畀女。嫁吴生，予田宅、奴婢、什物皆具。女独愍父未有子，尝从容谏母，母怒，骂曰："吾万金饷汝，犬豕犹知人意，况人乎？"女不敢复言。乃为父置婢其家，使侍父。岁余，果生男，载而之母家，会濮氏长老见男于庙。具白母，驾母有子，母憾女，尽收田宅、奴婢、什物，驱就他舍，屏勿复相见。吴生既以妇富，乃骤贫，愤恚欲杀女，女度无所容，自经死。

李氏女，鹿邑人，次三。父麒生与族人础、挺九有隙，挺九语础，若与麒生有杀姊仇，不先之，终为害。础与其子兆龙行求麒生，共殴之，垂死，乃弃去。三时年十九，麒生将死，嗒曰："仇杀我，我无子能报者，尚何言！"呼："天，天！"遂绝。三请于母，讼县及府，皆不省。讼巡抚，下开封府同知治，挺九好语三，愿养母，请得息讼，三扼其吭，啮面尽坏，卒脱去。狱上，当础死，础自杀。兆龙杖创甚，亦死。三以祸始挺九，顾无罪，走京师，击登闻院鼓自列。下巡抚覆按，会挺九亦死。三泣告父墓曰："仇虽尽，然不弃于市，恨未雪也！"乃不嫁养母。居十五年，康熙三十七年八月，母卒，三治丧葬竟，自经死。乾隆中，知县海宁许菼表其墓，环墓为之田，曰"李孝女墓田"。

来氏二女，萧山人。姊曰凤筠，年十四。父客福建，从渡古田箬洋。父堕水，凤筠方卧病，闻遽起，跃入水呼救。鱼舟集，援出水，凤筠瘁慄无人色，犹为父易衣。夜半，遂死。凤苏，其女弟也。父病，露祷百余夕，不胜寒，亦死。

曾尚增女衍纶，长清人。尚增以庶吉士改官，迁知郴州，衍纶从。母病瘵不能起，衍纶日夜侍。居四年，一夕，母命衍纶少休，女佣就床下熏衣，遗火灼帷。衍纶突火入抱母号，救者以衍纶出，复入，哭且呼曰："速救夫人！夫人出，我乃出。"火幂床，救者不得入，尚增厉声呼衍纶出，不应，火益炽，遂殉。既灭火，见衍纶身覆母，两体胶结不可解。时乾隆二十三年十二月乙亥，衍纶年十五。

又有王氏女，怀远人，母亦病瘵，火作，女突火入负母，俱烬。

刘魁妻徐，霍丘人。既嫁而归省，火作，负父出，复入负母，病瘵不能起，俱焚。火熄，见徐跪床下，犹执母手。

薛中奇女，宿州人。侍祖母，火作，扶祖母出，梁折，承以肩，焚死，祖母得免。

吕氏女，平陆人。父卒，母且嫁，女生七年，痛哭谏其母，母不听，则日长跽母前，且哭且言，母意终不回。一日晨，潜出，家人求之勿得；暮，途人或言墙间有幼女死焉。家人就视，则女哭父塍所，死矣，泪血溢两眶，遍地尽碧。及敛，视其寝处，枕上血深渍数重。

佘长安女，名酉州，四川重庆人。长安妄讼人聚博宰耕牛，坐诬，戍湖北。嘉庆十六年，酉州走京师，诣都察院，自陈祖父、母年皆逾八十，乞赦其父得侍养。事闻，仁宗以长安罪非常赦所不原，至配所已九年，其女年甫十一，不远数千里匍匐奔诉，情可悯，命赦长安。

王法夔女，名淑春，扬州人。法夔老而贫，淑春誓不嫁，力针黹为养。方冬，手龟身寒颤，工不辍。法夔至七十余卒，淑春以首触壁，额裂死。

武仁女，名端，钱塘人。能读书，愿不嫁事父母，父母不可。少长，母偶疾，夜求药，坠楼，折脊，则喜曰："吾今形残，不可匹人，吾自是得终事父母矣！"仁客死贵州，端从母迎丧，至则赀已尽，力针黹奉母，而蓄其余。居十有七年，始克以丧归。

唐氏女，名素，无锡人。贫无昆弟，亦不嫁，鬻画以赡父母。

张桐女，名富，蔚州人。道光九年，山水暴发，家人皆走避。桐方病卧，富将负父出，弱不胜。水大至，父挥之去，号泣，俱溺。水退，家人至，见富两手犹握父臂不释。

汪俨聘妻周，刘氏女名密，吴某聘妻周，皆六安人。俨卒，周归汪氏，事舅姑，水至，周从姑乘屋，攀树，姑堕水，周跃下拯之，与俱死。密与母同堕，得板扉，缘以上，扉欹屡堕。母呼密速上，密曰："扉狭不足全我母女，冀活母，儿不上矣！"遂死。周既入水，或援之登舟，问："父母存否？"皆曰："不知。"复跃入水死。

李荐一聘妻曾，南丰人。未行，遇水，室尽圮，母投水死。女援不及，入水殉。

袁斯凤女瑶，字仪贞，江苏华亭人。斯凤官河南怀庆府黄沁同知，瑶事父母孝，视疾尤谨。母陈有寒疾，瑶榻母侧，视起居。母命之卧，顷辄起。八年，陈疾少瘥，璟乃曰："世无不可治之疾，人力未至，而委之天命，则以为不可治尔。"斯凤疾作，乍剧乍瘥，夜静或大雪，璟严立窗外，伺声息，往往不眠。道光十四年，斯凤疾大作，医谢不治。璟闻涕泣，已而怒曰："谁谓不可愈，吾必欲愈之！"而斯凤竟卒。后四日，璟阖扉欲自经，嫂过而劝之，璟泣誓死。嫂喻以杀身非孝，璟作色曰："吾自欲死，此时虽孔子、朱子以吾为不孝，吾亦惟死尔！"嫂曰："独不念病母乎？"璟曰："有汝在。"乃告其母，共谕慰之。又二日，璟竟死。死后，母察奁具，得断钏。

丁氏女，鹤庆人。父贫，煅石为灰以自给，女助之。年十六，父卒，女力作养母。尝负重而踬，遂痀偻。为备食于佣家，每饭思母，辄哽咽。人怜之，许其分食以遗。否必为母炊竟乃出佣。居四十余年，母卒女亦卒。

朱椷之女，武清人。字县诸生曹文甲。早丧父，母病，奉事良谨。将婚，女坚请留侍母。母卒，治丧葬，请旌母节，奉母主入祠，见祠有孝女，为低徊甚久，归遂自裁。遗书告文甲曰："君家孝娥以身殉父，儿愚祇知有母，深负舅姑慈，愿更得贤妇奉饔飧也。"

杜仲梅女末姑，安徽太平人。贼至，刃其母，抱持乞代，刃及，终不释。贼去，母创死，女抱母尸泣，达旦，寻毁卒。同时二方氏女，一年十四，一方九岁，皆从母死。

又有刘可求女，亦太平人。弟被掠，女请于父易弟归，即夕自杀。

杨泰初女徽德，孙承沂女锦宜，皆休宁人。徽德年十二，母死寇，抱尸不食死。锦宜七岁，寇杀其祖母，守尸侧五日，贼与食，却之，饿死。

赵承縠聘妻丁，名畹芬，武进人。父士衍，官蠡县知县，母赵及畹芬从。咸丰十年，洪秀全兵破常州，承縠大父起殉焉。或传承縠亦见执，母感伤发病卒。明年二月壬子夕，畹芬自经死。将死，书所为《思亲赋》及词六篇，字画端静如平时。

彭爵麒女，名咏春，怀宁人；陈宝廉二女慧庄、慧敬，侯官人：皆殉母。咏春哭母殡僧寺，登浮屠自投死。慧敬请以身代母，慧庄居母丧，皆仰药死。

吴士仁女，献县人。幼丧父，无兄弟，誓不嫁养母。会寇至，女求利刃置袖中，扶母出避，遇二寇，挤母仆，母怒詈，寇持刃欲斫，女急呼曰："毋杀我母！我从若，不则死。"寇乃止。扶母还其家，藏母于室，出问寇饥否？具食使食。食毕，一方饮，一出卧他室中，女蹑饮者后，挟刃刺其颈，贯喉，嘶而仆。女阳为嬉笑，拔所佩刀至他室，卧者方起立，遽前刲其胸，亦死，乃负母出走。

王济源女，枣强人。幼即能事父母。寡兄弟，遂矢不

嫁。尝有盗，夜破门入，女持火枪立暗陬，击一盗毙，盗乃去。丧父母，葬祭皆如礼，为立后。同治间，寇至，负父母木主行避寇。逾六十，父母忌日，岁时祭墓，犹号泣哽咽。

董桂林女，乐亭人。桂林卒，女十二，矢不嫁，耕织以养母。昌黎富家子，闻其贤，请婚，愿代之养，女坚拒不许。母卒，女五十余矣，鬻田以为敛，存屋数椽，田一亩，杏五树，女即牖外置母棺，手畚土以封。独处，昼夜悬刀自卫。又十余年，邻里高其义，醵金为营葬。

耿恂女，名一圭，望都人。恂举人，无子，客授保定。母刘病痹，一圭按摩抑搔，尝六七昼夜不少休。母少间，因卧床下，恂自外至，误践其手，指甲脱，血流至肘，倦不自知也。尝议婚某氏子，未聘而某氏子夭，女闻泣曰："我得终事父母矣！"遂矢不字。刘病垂二十年，哽噎不能食，食必女口哺。恂卒，持丧奉病母归里。逾年，刘亦卒，一圭营丧葬，自为文以表圹。一圭尝以生日上冢，掬土以益墓，殪仆墓侧，家人掖以归，数日卒。

吴芬女，开县人，女次第二。芬，光绪二十三年拔贡生，以知县发山东，女留侍母。芬病，女闻，夜辄焚香露祷。三十一年，芬卒，女闻大悲，且恚曰："人谓天有眼，我夜焚香露祷，叩头至数百，乃漠然不一顾耶？"越日饮药死，时年十三。

邵氏二女，黟人，长名媚，十五；次名扬，十三。从父入山樵，虎出噬其父，媚持父挥樵斧斫虎，虎负创去，父女皆不死。

蒋遂良女，城步人，虎挟其母去，女夺以还。

徐氏二女，淑云、淑英，温江人。父罄，兄登云早卒。嫂凌疾革，抚子成龙而泣，淑云、淑英在侧，曰："我二人在，当扶持以长，嫂何虞？"时成龙方二岁，淑云、淑英皆不嫁，以女红事蓄，卒扶持以长。

李鸿普妻郭，禹州人。鸿普母王，明季流贼破州，自经死，失其尸。鸿普将斫檀为之像，未成而卒。郭力纺织，奉其舅及后姑。子以达，稍长，喻以父意，求檀，辄不中像材。郭乃刺左腕，出血盈盂，和香屑为像，复剪发饰其首。以达惊，叩首泣，郭曰："我姑以节死，我何爱发若血不以奉姑？吾无恙，汝又何悲？"像成，藏洁室，日上饮膳，事如生。

其后又有牛辅世妻张，太原人。姑卒，刻木祀之，饮食必祭。

高位妻段，宛平人。位卒，段年十七，二子幼，依其兄以居。兄劝改嫁，段不可，携二子徙居小市板屋中。长子早死，次子为吏，以罪徙辽左，乃复抚诸孙。段年九十，孙裔成进士，赎其父以归。

裔母谷，事姑孝。始处贱，躬洒扫。晨侍盥栉，食时，就灶下作羹，亲上之。食毕，然后退，日以为常。既贵，终不改。或以为言，谷曰："若毋言，吾与姑故寒苦，姑习我，非我供事，姑终不适。吾老矣！洒扫盥馈以事我姑，此日可多得耶？"康熙二十七年，段卒，年九十六。

郑光春妻叶，莆田人。光春游湖南，久不归，叶以纺绩养姑。子文炳幼，或不率教，辄拊心号天，文炳惧，向学。姑老病痹，叶负以出入。七年，姑乃卒。

文炳长，娶于吴，念父不归，婚夕悒悒无欢。吴逡巡得其故，劝文炳行求父，曰："事姑，我任之！"文炳行求得父以归，吴已卒，犹处子。文炳子任仁，妇张，能绳其孝。

屈崇山妻刘，鄠县人。崇山卒，刘奉姑以居。康熙三十年，岁凶，姑劝之嫁，不从。饥益甚，姑泣语刘曰："我旦暮且死，尽自鬻，尚可活我！"刘泣不应。姑大恸曰："死耳，夫何言！"刘哽咽久之，乃曰："如姑命。"自鬻于豪家，得金畀姑，号泣登车去。豪家方具酒食为贺，刘入厕自经死。豪家大恨，以敝藁裹尸弃野外。

谢以炳妻路，仲秀妻郑，季纯妻吴，湖口人。以炳兄弟并早卒，三妇励节事姑，姑病痫，迭吮之，良愈。

王鉅妻施，鉅，萧山人；施，富阳人。姑严，小不当意，辄呵斥，施屏息不敢声。姑病反胃甚，医以为不治，施刲股和药进，病良已，姑遇施如故。鉅疾作，施视疾急，病瘵卒，姑犹不善施。鉅以刲股事告，视其尸，信，乃大恸曰："吾负孝妇！"及疾笃，出珠花付鉅曰："汝妇孝，以此志吾痛，使汝子孙勿忘。"萧山人因称鉅后为珠花王氏。

陈文世妻刘，郧人。陈、刘皆农家，刘待年于陈。既婚，姑年七十二，病噎，刘割臂和药以进，疾少间；既而复作，不食已十日，垂尽矣。刘夜屏人，杀鸡誓于神，持小刀自劚其胸二寸许，出肝剞半，取布束创，以肝与鸡同瀹汤奉姑。姑久不言，忽曰："汤香甚！"饮之竟，病良愈，刘亦旋平。为乾隆四十四年夏六月事。知县嘉兴李集出俸为买田宅，宅北有大陂，几三顷，因命曰孝妇陂。

张守仁妻梁，献县人。守仁卒，祖姑穆，耄而瞽且痿，日偃仰床蓐，梁佣力以养。或讽梁嫁，梁曰："我今日嫁，明日祖姑饥且死，义不忍。"祖姑善恚，小不当意，则怒詈，或攫其面，血出，梁事之自若。祖姑卒，依其女以终。

县又有韩守立妻俞，祖姑及姑皆瞽，或妄言割肉以燃灯可愈，守立愿试之，俞请代，刲右股燃之，尽十余日，祖姑目复明。

路和生妻吴，靖远人。善事姑。姑丧明，吴侍左右，非整衣不入。或言姑无见也，吴曰："吾心自不可欺耳。"

诸君禄妻唐，零陵人。姑胡，老无齿，兼病痹，唐日操作毕，辄跪而乳之。或曰："坐可也。"唐曰："是乳小儿也，乳姑不可。"

牛允度妻张，通渭人。三十而寡，奉姑谨。嘉庆六年，大祲，求野菜以食。姑老病，久之，不能复食。张贷钱得市脯进姑。又久之，贷不继，姑病欲绝，张慰之曰："姑稍待，妇制草笠，可得钱数十，犹足为数日供也。"笠成，卖得钱，姑已死。乃求市脯祭，朝夕哭，以馂余活夫弟。

游应标妻萧，新都人。应标出耘，萧居绩。火发翁室，翁老病不能行，萧冒火入，负翁，将及门，门焚，俱死。

蒋广居妻伍，桐城人。寡，奉姑徐。嘉庆二十四年，火作，徐年九十六矣，卧不能起。伍自火中奔赴，负徐至灶前，火逼，俱死。伍尸倚墙，背负徐，俱僵立不仆，面如生。

又有扶沟蒋有广妻陈，救翁；洧川阎惠妻李，救姑：皆火死。

周学臣妻柳，湖口人。早寡。夜，虎突门，翁出视，惊仆。柳徒手击虎，虎自去。

王德骏妻盛，益阳人。事祖姑孝，病噎，哺以乳。寇掠县，负姑夜遁，堕虎穴，祷于虎，虎不咥。

张茂信妻方，茂信，河津人；方仪征人。方尝割股愈舅疾，舅与茂信皆卒，奉姑刘。姑严，方事之谨。当夏，姑病暴下，方躬涤茵席，不以为秽。夜与姑共枕寝，微呻辄起，抚摩抑搔五十余日，姑愈，亟称其孝。

林经妻陈，连江人。姑盲性卞，常臆妇觇己，陈断三指自明，姑为之悔。经病，刲股；经卒，以节终。

张德邻妻李，迁安人。寡，从弟欲夺其志，力拒。岁饥，驱驴鬻石灰易米以养姑。一日遇盗，泣曰："驴可将去，丐留囊中物俾我姑，不即饿死！"盗舍之去。

武烈妻赵，烈，永年人；赵，宣化人。赵事姑孝，姑病，夜露祷，得寒嗽疾。烈病疫，或谓口吮胸，汗出则愈，而吮者当病，赵曰："果尔，死不恤。"卒吮之，烈竟卒，赵病几殆。贫，操作纺绩，诸子成进士，自奉恒觳。亲族有缓急，往往倾其赀。出千金置义学，卒，遂祠焉。

孙朗人妻吴，连江人。姑陈，早寡，遗腹生朗人。性严急，有不当意，辄坚卧，朗人偕吴跪床下，俟意解，命之起，乃起。朗人卒，吴以节终。

李天挺妻申，日照人。天挺早卒，姑严，申年六十，犹终日跪庭中。居姑丧，以毁卒。

刘与齐妻魏，秦州人。既寡，事姑，日被笞骂，欢颜受之。躬蒇贱，十余年不息。

周志桂妻冯，湘乡人。姑暴，忍饥以养，犹时时加棰楚。姑病瘿，不能举杖，叱冯跪自挝，流血，不敢怨。历三十余年，人名其里曰孝妇村。

欧阳玉光妻蔡，湘乡人。玉光母刘，治家有法度。玉光居父丧，以毁卒。蔡承姑教，董家事，率妯娌，与子侄佣奴，各有专职，家渐起。

子惟本,亦娶于蔡。妇家贫,将嫁,宗族赒焉,得钱三千有奇,阴置枰荐中,而系钥其端。父送女还,入室,引钥,则钱在焉。曰:"孝哉我女,留此以活我!"惟本亦早卒,从姑敬事祖姑,祖姑兴,姑执笄侍左,妇右为约发。盥,姑奉水,妇奉槃,及食,妇其馈,姑侑之。寝,三世连床。一夕,姑起,堕床折胁,妇号泣就援,姑戒勿声,毋令祖姑惊也。祖姑晚丧明,手足痿痹,挽篮舆,日游庭中,姑肩前,妇肩后。祖姑刘,年至九十,姑蔡,九十六,妇蔡,八十三。曾国藩为之传,谓:"欧阳姑、妇,虽似庸行无殊绝者,而纯孝兢兢,事姑至六十年、五十年之久而不渝,天下之至难,无以逾此。"

萧学华妻贺,湖南安化人。贺父徙陕西,学华赘其家。年余,学华归省母,贺欲与俱,父不许,贺割股肉付夫以奉姑。姑适病,学华烹肉进,病良已。后学华携贺归,事姑以孝称。

张友仪妻陈,福建永安人。事姑孝,姑尝称曰:"诸妇汝最朴讷,然酒浆筐箧琐碎无不治,得吾意者,汝也!"友仪早卒,陈未三十,勉事姑,抚孤子。同治初,寇至,负姑入山避,徒行数十里,踵裂血流,屡踣屡起。匿深林中,燃枯枝,采野蔌以活,卒得免。

子曰焜妻李,尝刲股愈母病,事祖姑及姑孝。姑病,割臂进,病目,舐以舌,良已。尝赴族人饭,心动,归,正姑病。又尝宿姻家,夜半,索舆还。姑曰:"吾正念汝,知汝必念我速归也。"

冯氏,武进人。嫁吉龙大,事舅姑谨。姑病偏废,饮食卧起皆需冯,而龙大游荡,欲衒冯以媒估客,冯不可。龙大引外妇入室,舅怒而逐之,冯曰:"姑病,妇终日侍,苦为他事闲,得一人分其劳,甚善。"因持卧具从姑寝。龙大时时殴辱冯,冯未尝有怨色。舅病,龙大市毒药授冯,令饮其父,冯掷药,跪谏数日,龙大别市药,殴而逼之,冯叹曰:"我所以不死,为舅舅耳,今无冀矣!"入视姑寝,至龙大所,举药尽饮之。谓龙大曰:"我代舅矣,后毋萌此念!"须臾毒发死。

王钺妻隋,诸城人。敏而有定识。明季,奉姑避兵,航海行数千里。寇至,负姑夜逾垣匿谷中以免。钺成进士,为广东西宁知县。康熙十三年,吴三桂反,钺城守,贼至,钺谓隋:"当奈何?"隋出匕首曰:"有此何惧!"贼去,钺行取主事,隋请以诸子先行。是时贼方盛,行人道绝,隋得敞舟,挟幼子经肇庆、度大庾、入鄱阳湖,水陆行数千里,率仆婢佩刀昼夜警备。家居,地震,自楼堕,血淋漓,持子泣,地摇摇未已,子请避,隋曰:"诸婢压其下,吾去,死矣!"督家僮发砖石出之,皆复活。火发于楼,烟蔽梯不可登,命以水濡被予诸婢,身持湿衣障火先登,诸婢汲水次第上,火遂得熄。子沛恩、沛壇、沛恂,皆成进士,官于朝,隋益勤俭自敛抑,乡人称老实王家。

林云铭妻蔡,云铭,闽人;蔡名捷,字步仙,侯官人。云铭,顺治十五年进士,授江南徽州推官。郑成功兵入江,徽州兵叛,蔡矢死不去。官省,还官建宁。耿精忠反,下云铭狱,蔡忧之,呕血殷紫,女瑛佩剜臂肉入药,旋苏。师至,云铭为击狱。云铭无子,蔡为买妾七,乃生子。蔡御诸妾有恩,所亲有妇妒,而五十无子者,蔡延至家,与处三日,归为夫买妾生子。里妇忏其夫,共指蔡以劝,曰:"毋令林孺人知。"瑛佩为闽清郑郯妻。

陈龙妻胡,龙溪人。龙少恃勇,为暴于乡里,父老群谋去害。时胡未嫁,使密劝乘时立功名。龙亡命为盗海岛,父母将别字,胡坚拒。闻龙娶,不贰。龙降,官金门总兵,知胡犹未字,乃成婚。海澄许贞尝以遭饷系狱,胡告龙代偿其负,释使去,贞卒为名将。

王慜妻岳,曲周人。岳奉舅姑笃谨,若不能言。慜移家临清,而商于天津。王伦为乱,将攻临清,临清民争走避,岳请于舅姑曰:"贼将以临清为窟,必不剪居民以自弱。从众以行,不死于奔窜,必死于蹂藉,宜若可缓然。"舅姑用其言,出者争道,多挤入水死。岳曰:"乃今宜可徙,官军且至,贼方谋出御,不暇捕逃人。且徙者已十八九,今行,无虑蹂藉;今不行,免于贼,或不免于官军。"遂相将潜出城,还曲周,慜亦归。人称其能量事,岳笃谨如故。

鲁宗镐妻朱,名如玉,字又寒,仁和人。事舅姑孝。或以贿干宗镐,有所关说,朱劝毋受。宗镐曰:"我度是无利害。"朱曰:"诸为不义事,皆以为无利害耳,奈何以贫隳素行!"宗镐悟,谢之。

马叔旴妻丁,扬州旧城人,事舅姑甚谨。叔旴兄弟三,既分,而伯兄以讼破家,丁义不已食,虽壶酒豆肉必以分。一日,语叔旴,请致家于伯氏,叔旴许之。丁事伯如舅,姒如姑,米盐纤悉一关姒,嫁时衣装饰首约臂皆不私。家故贾也,叔旴兄善贾,遂以其家富。叔旴有所请于姒,姒不时给,叔旴怒曰:"乃我家所有,嫂何与?"丁曰:"始让而终怒,人其谓我何?"劝叔旴毋校。

许光清妻陈,海宁人。善持家。戚有鬻妇者,妇誓死不从,陈偕姒妇朱醵金畀其夫,要之署券。曰:"彼人游荡,金尽终且鬻妇,不如是,妇不免。"乃招妇至,善视之。其夫死,复醵金赎所居,遣妇还,并前券焚之。邻童入其室窃壶去,陈戒家人勿言,曰:"彼何以为人?"御婢宽,闻有虐婢者,必以陶潜语劝曰:"彼亦人子也!"

黄开螯妻廖,开螯,高安人;廖,沔阳人。开螯善为针,设肆衡州,廖佐以纺绩。开螯病痪,廖习为针,针成,置诸版,摩以掌,针乃泽,数以是创,不懈。

开螯卒,子长发幼,妇刘,监利人,待年于姑氏。稍长,夫妇共为针,长发截铁,圆本而锐末,持就煅,睨火察纯疵。刘削竹，缀以钢，悬双𦈌环竹，曳𦈌则竹转以穿针鼻。针良，市者多，家渐裕。洪秀全之徒蹒湖南，家破，长发治针益力。当冬，得敝羊裘奉廖，与刘皆敝褐短辉，手足龟，不敢怠。

长发旋卒，子才三岁，被火，家再破。于是廖语刘曰："天乎！此诚不可再活，盍同死？"刘对曰："火，亦常也，姑、妇惟当复食苦耳。"鬻簪珥为贸迁，居贱鬻贵。廖持算，刘主议值。又数年，家复裕。廖老而卞，易怒，刘进淡巴菰，徐言他事辄解；不解，即跪谢，相持泣乃已。廖七十六而卒。

刘既善贸迁，邻家就求术，刘为谋至详，贫者贷以赀。同巷居五十余家，多以贸迁富。开鳌初设肆，才钱六千四百，刘晚年积白金至十万，督子孙就学，取科目，家益大，年七十九而卒。

黄茂梧妻顾，名若璞，字和知，仁和人。顾好言经世之学，为诗、古文辞，自为集序曰："若璞不才，少不若于母训，笄事东生，十有三年。闲事咏歌，大抵与东生相对忧苦之所为作也。东生溘逝，帷殡而哭，不如死之久矣。徒以羸诸孤在。发藏书，日夜披览，二子从外傅，入辄令隅坐，为陈说吾所明。日月渐多，闻见与积，圣贤经传，旁及《骚雅》词赋，冀以自发其哀思。题曰《卧月轩稿》。轩为东生所尝憩，志思也。"东生，茂梧字。顾至康熙中乃卒，年九十。

子灿妻丁，从顾学，亦好言经世，先顾卒。

高其倬妻蔡，名琬，字季玉，汉军正白旗人，绥远将军毓荣女也。毓荣、其倬皆有传。琬谙政事，其倬章疏文檄每与商榷。能诗，有《蕴真轩诗钞》。集中《辰龙关》、《关锁岭》、《江西坡》、《九峰寺》诸篇，追怀其父战绩，尤悲壮，为世传诵。嘉庆间，铁保录满洲、蒙古、汉军旗人诗，为《熙朝雅颂集》，以琬为余集首。同入选者，珠亮妻、嵩山妻皆宗室女。张宗仁妻高，名景芳，诗最多。珠亮妻有《养易斋诗》，嵩山妻有《兰轩诗》，景芳有《红雪轩诗》。

陈之遴妻徐，名灿，字明霞，吴县人。之遴自有传。徐通书史，之遴得罪，再遣戍，徐从出塞。之遴死戍所，诸子亦皆殁。康熙十年，圣祖东巡，徐跪道旁自陈。上问："宁有冤乎？"徐曰："先臣惟知思过，岂敢言冤？伏惟圣上覆载之仁，许先臣归骨。"上即命还葬。徐晚学佛，更号紫䇶，有《拙政园诗词集》。词尤工，陈维崧推为南宋后闺秀第一。画得北宋法。

詹枚妻王，名贞仪，字德卿。枚，无为人；贞仪，泗州人，而家江宁，祖者辅，官宣化知府，坐事戍吉林，贞仪年十一。者辅卒戍所，从父锡琛奔丧，因侨居吉林，侍祖母董，读书学骑射。十六还江南，又从锡琛客京师，转徙陕西、湖北、广东，二十五归于枚。后五年，嘉庆二年，卒。

贞仪通天算之学，能测星象，旁及壬遁，且知医。为诗文皆质实说事理，不为藻采。撰《星象图释》二卷，《历算简存》五卷，《筹算易知》、《重订策算证讹》、《西洋筹算增删》，皆一卷，《象数窥余》四卷，《女蒙拾诵》、《沉疴呓语》，皆一卷，《绣铁余笺》、《文选诗赋参评》，皆十卷，《德风亭集》二十卷。

贞仪病且死，谓枚曰："君门祚薄，无可为者。我先君死，不为不幸。平生手稿，为我尽致蒯夫人，蒯夫人能彰我。"蒯夫人者，吴江蒯嘉珍妻钱，附见曾祖母《钱纶光妻陈传》中，时侨居江宁，贞仪与相习，枚以贞仪书归焉。钱侄仪吉，为《历算简存序》，言："贞仪有实学，不可没，班惠姬后一人而已。"女子治历算盖至鲜。

咸丰间，胶州柯蘅妻李，名长霞，邃于《选》学，著《文选详校》八卷。工诗，有《绮斋诗集》。

光绪间，济阳艾紫东妻徐，名桂馨，治音韵之学，有《切韵指南》四卷。

郝懿行妻王，名照圆，字瑞玉，一字婉佺，福山人。懿行见《儒林传》。照圆文辞高旷，得六朝人遗意。懿行有所述作，照圆每为写定题识。其所自为书有《列女传补注》八卷，序曰："《列女传补注》者，补曹大家注也。照圆六岁而孤，母林夫人恩勤鞠育，教以读书。尝从燕闲，顾照圆而命之曰：'昔班氏注《列女传》十五卷，今其书亡，如能补为之注，是余所望于汝也。'照圆谨志之不敢忘。分阴遄迈，奄忽四七，寸草盟心，遂成衔恤。追省前言，陨越滋惧。不揣愚蒙，略依先师之诂，用达作者之意，凡所诠释，将以通其隐滞，取供吟讽。至于义所常行，或传记成文，旧人已注，则皆阙而弗论。诚知疏陋，无能纂续前修，庶几念昔先人，少酬明发之怀。《补注》成，请夫子辨析疑义，时加订正，无隐乎尔，窃所慕焉！"

又校正《列仙传》二卷，旧有赞，考以《隋书·经籍志》，知为晋郭元祖撰，复别出为一卷。又集传记言占梦者为《梦书》一卷，皆自为序，附懿行书以行。尤喜言《诗》，著《葩经小记》，书未成。懿行撰《诗问》，谓与照圆相问答，条其余义；别为诗说，皆采照圆说为多。光绪间，其孙联薇以书进，因误为照圆著云。自照圆为《列女传补注》，其后又有汪远孙妻梁《校注》。

梁，名端，字无非，钱塘人。幼为祖玉绳所爱。元和顾之逵校刻《列女传》，玉绳为审定，端辄胪其同异，退而笔之，玉绳为之折衷。既归远孙，与参酌增损。端既卒，远孙为刻行。

陈裴之妻汪，名端，字允庄。七岁赋《春雪诗》，拟以谢道韫，因字小韫，钱塘人。长为诗，旨远而辞文，尝撰定明诗初、二集，上始开国，下逮遗民，都三十家，附录又七十人。自定凡例，以为："初集，犹主盟之晋、楚；二集，犹列国之宋、郑、鲁、卫；附录，犹附庸之邾、莒、杞、薛。"梁德绳称其宗尚清苍雅正，能扫前后七子门径。吴振棫称其论一代升降正变，元元本本，纵横莫当。端所自为诗，有《自然好学斋集》。裴之卒，子又有疾，舅文述素奉道，端诗亦多为道家语。既卒，诸侄重定其集，尽删晚作，二本并行于世。

汪延泽妻赵，名棻，字仪姞。延泽，乌程人；赵，上海人，户部侍郎秉冲女也。幼读书，能诗文，有《滤月轩诗集》四卷，《文卷》二卷，《词》一卷。自为序，略曰："宋后儒者多言文章吟咏非女子所当为，故今世女子能诗者，辄自讳匿，以为吾谨守'内言不出于阃'之礼。反是，则迁欺炫鬻于世，以射利焉耳。是二者，胥失之也。《礼·昏义》女师之教，妇言居德之次，郑君注云：'妇言，辞令也。'夫言之不文，行而不远，文章吟咏，非言辞之远鄙倍者欤？何屑屑讳匿为！"

子曰桢，撰《二十四史日月考》，赵为之序，曰："刘羲叟撰《刘氏辑术》，迄于五季，书久佚，仅存《通鉴目录》。自宋迄明，六百余年，未有续为之者。曰桢好史学，习算，考当时行用本术，如法推步，得其朔闰。自《史记》至《新、旧唐书》，属草已一百余卷，余亟欲睹其成，预为此序，俾写定冠诸简端。"

吴廷鉁妻张，廷鉁，常熟人，道光六年进士，官至刑部员外郎。张名䌌英，字孟缇，阳湖人。世父惠言，父琦，皆博通能文章。䌌英与诸女弟禀其教，咸有述作，皆能诗。䌌英兼为词，秀逸有王沂中、张炎遗意。妹姗英亦能诗词，纶英尤工书，传琦笔法，真书出入欧阳、颜、杨诸家，分书自北碑上溯晋、汉，遒丽浑厚；纨英兼治古文。䌌英尝编次《国朝列女诗录》，纨英为作传，简雅合法度。姗英，江阴章政平妻；纶英，同县孙劼妻；纨英，太仓王曦妻。

程鼎调妻汪，名荽，字雅安，歙人。好学，通儒家言，诗文皆雅正。病将卒，为诗曰："秋风一叶落，余亦归荒墟。"遗书戒其子葆，言家事至详。复谓："武侯著书，内有八务、七戒、六恐、五惧，武侯第一流人，务一，而戒恐惧居其三，可不识所致力耶！"葆编其所作为《雅安书屋诗文集》。

陈瑞璜妻缪，名嘉蕙，字素筠，昆明人。工书、善画。光绪中，召入宫供奉，为皇太后嘉赏，特赐三品服。

时同被召者，马某妻阮，字苹香，仪征人，赐名玉芬。富乐贺妻王，名韶，字裔云，杭州驻防满洲人，著有《冬青馆诗》。仁兴妻瓜尔佳氏，名画梁，亦杭州驻防满洲人，著有《超范室画范》。

耀州三妇：一青嘉努妻，一纳岱妻，一迈图妻，所居寨曰荞麦冲，在耀州城南。天命十年六月癸卯，明将毛文龙遣兵三百夜薄寨，方逾墙入，寨兵未即出，三妇者见之，倚车辕于墙，以为梯，青嘉努妻持利刃先偕登城奋击，三百人皆惊，坠墙走。耀州守将扬古利以兵至，追击，尽歼之。太祖召三妇，赉金、帛、牛、马，赐青嘉努、纳岱妻备御，迈图妻千总。

杉松邮卒妇，禄劝人，失其姓。康熙五十七年正月，有常应运者为乱，逼杉松，诸邮卒方耕于山，无御者。妇曰："此可计走也。"挟钲鸣山巅，若且集众，贼引去，妇乃走告夫，州始为备。事定，知州李廷宰聚父老赉妇酒食，具鼓吹，簪胜披锦，以矜于市民。

杨芳妻龙，芳，松桃厅人；龙，华阳人。芳有传。龙善鼓琴，工画兰。嘉庆十一年，芳自宁陕镇总兵署固原提督，龙留宁陕。是岁秋，镇兵以饷不给，将叛。龙使告署总兵杨之震，之震不省。或请龙行避乱，龙曰："不可，若我出而兵叛，是知其叛也，人其谓我何？"七月辛亥夕，乱作，芳素得兵心，兵有以匪降者，尤感芳不杀，皆为龙卫。民妇就避兵，廊庑盈焉。龙严戒奴婢毋号泣，向明，叛兵叩阁请谒，诸避兵者怵惧，请毋纳。龙曰："愚哉！彼辈且自入，孰能御之？"乃启门，纳其渠数十人，咸泣谢，且请龙行。龙谓之曰："若曹虽叛戕官，其渠罪不逭，于多人何尤？主将且夕归，白若曹于朝，非尽歼也，可各罢归伍。"叛兵不欲罢，坚请龙行，龙命以舆来，尽出诸避难者，而殿其后。叛兵送至清涧，哭而返。龙兄为兴安知府，乃之兴安。芳自固原至，抚叛兵，复定。

蒲大芳者，叛兵渠也，请于芳，迎龙归。芳遣大芳等二十辈以往，龙初举子，即冒雪就道，道中大芳与其曹诟争，举刀伤其曹。行至汉阴，龙使假刑具于有司，召大芳责曰："汝叛，幸不死，更弄刀杖，又待叛耶？"杖之四十，械而行。三日，将至宁陕，其曹十九人者为之请，乃令脱械。

龙至，语芳曰："事虽定，然君且有远行。"芳曰："何至是？"龙曰："朝廷自有法度，兵叛事大，不容无任其咎者。"果有命戍伊犁。龙归侍姑，姑风缓不能言，惟龙达其意，左右在视。居姑丧尽礼。芳复起，迁湖南提督，道光五年，龙卒。

崔龙见妻钱，名孟钿，字冠之，一字浣青。龙见，永济人；钱，武进人，侍郎维城女。九岁刲臂疗父疾。归龙见，事姑谨，龙见以进士官州县，为四川顺庆知府。川东啯匪为乱，龙见帅师出御，贼自间道来袭，吏民惊扰。钱诇贼自府西至，遣人掣渡舟泊东岸。贼至，不得渡，遂引去。

及为湖北荆宜施道，值白莲教匪为乱，龙见出督饷，钱居危城中，烽火四逼，以龙见指发书，戒所属州县，令收附郭积聚，谨守备，毋与贼浪战。贼侦有备，亦引去。

龙见在官廉，钱每出于财赒戚党。自四川还，泊燕子矶，见渡舟覆溺，出钱募救者，活十于人，皆应试士也，罗拜岸上。龙见卒，教诸子成立。钱工诗词，即以"浣青"名其集。

沈葆桢妻林，名普晴，字敬纫，侯官人，云贵总督则徐女也。则徐、葆桢皆有传。葆桢故则徐甥，林六七岁时，尝侍诸姑坐，臧否戚党诸子弟。戏以诰林，辄曰："无逾沈氏兄贤。"及归葆桢，葆桢贫，董中厨，斥奁具佐馐，能得姑欢。

咸丰六年，葆桢知广信府，八月，出行县，洪秀全将杨辅清自吉安潜师越山谷入。戊子，破贵溪，己丑，破弋阳。吏具舟促林避寇，林勿行。庚寅，葆桢还，时遵义镇总兵饶廷选驻军玉山，乃为书乞援，而辅清兵益进，去广信八十里。辛卯，廷选报书，言水涸，师不得下。仆役散走，林怀印倚井坐誓死。乙夜，城南火，达曙，大雨火灭。林谓葆桢曰："城中炊烟断，火何由起？此贼谍所为，以空城告也。今日贼当至，吾殉君固其所。"解剑授葆桢曰："雨甚，吾不可露坐，贼至，君以剑当之，使吾仓卒得入井也。"贼得谍，知城无人，易之，待霁乃发。癸巳，辅清兵复进四十里，而廷选师至，葆桢徒步迎以入。甲午，辅清兵薄城，廷选军出御，其裨将毕定邦、赖高翔战甚力，林煮粥啖士卒，士卒益奋。丁酉，贼大至，围合，文吏窜伏，馈运犒劳，皆林会计而出纳之。乙亥望，大战，解围，辅清乃引去。

自是葆桢治军日有声，擢江西巡抚。治船政，林佐治官书，一一中条理。治家尤有节度，断线残纸，必储以待用。方葆桢试礼部，鬻金条脱治行，代以蜀藤，虽贵，弗易也。光绪三年，卒。

王某妻陈，皋兰人。同治六年，河州回攻兰州，师自平番来援，阻黄河不得渡。陈家河北，令其子化凤集族党，以舟济师，兰州以全。

李某妻赵，营山人。县多虎，李子赴市，暮未还，李立村外待。虎骤至，李惊呼，赵闻，持梃出，与虎斗，虎弭尾去。

罗杰妻陈，安徽太平人。杰与陈共入山采薪，虎攫杰，陈与争，不得脱，急触虎口，虎舍杰咥陈，陈死，杰得脱。

杨某妻唐，衡阳人。夫妇偕耘，虎攫其夫去，唐曳虎尾不舍，三逾岭，伤左臂，卒负夫归。数日夫死，以节终。

姚旺妻潘，旌德人。旺遇虎，潘奔救，同死。

盖氏，吉林凉水泉金广年妻也。广年贫，眇一目，有友与狎。一日，戏语广年："汝何修得美妇？"广年心动，即曰："若艳我妇，予我百金，以妇与若。"遂与友偕还语盖，盖曰："贫死命也！以贫而鬻其妇，生何心矣？"嗷然哭。广年出以语友，闻哭止，入视，则自馨死矣。呼友共解之，友因摩其足，盖苏，以足抵友仆，走厨下，取刀自斫其足，立断。昏卧血中，邻里趋视，唾广年。其友惧，请以百金疗，广年亦悔，力负贩，育子姓甚繁。

卷五百九　　列传二百九十六

列女二

张延祚妻蔡　陈时夏妻田　傅光箕妻吴
郑哲飞妻朱 李若金女 　王师课妻朱
秦甲祐妻刘　艾怀元妻姜　周子宽妻黄
李有成妻王　杨方勷妻刘 邹近泗妻邢
胡源渤妻董　林国奎妻郑　陈仁道妻庞
张某妻秦 李氏女 　何某妻韩 张荣妻吴
张万宝妻李 　沈学颜妻尤　王赐绂妻时
王某妻张 子曰琦妻魏　李学诗妻赵　学书妻高
高明妻刘　邓汝明妻刘　魏国栋妻庞
吕才智妻王 许尔臣妻骆　原某妻马　张扬名妻彭
沈万裕妻王　卢廷华妻沈　李豁然妻杨
曾经佑妻林　梁昙妻李　姜吉生妻木
曹某妻王　潘思周妻傅　倪存谟妾方朱
杨震甲妻杨 杨三德妻马　张壶装妻牛
陈大成妻林　温德珠妻李　贾国林妻韩
孙云獾妻白　图斡恰纳妻王依氏 吴先榜妻郑
王元龙妻李　蔡庚妻吴　韩某妻马
李鸣銮妻黄 金光炳妻倪　徐嘉贤妻刘
冒树楷妻周　曾广垕妻刘　冯丙焕妻俞
袁绩懋妻左 子学昌妻曾　俞振鸾妻傅
周怀伯妻边　吉山妻瓜尔佳氏　张某妻钱　戚成勋妻廖　曾惟庸妻谭　谢万程妻李
李殿机妻王　长清妇　程允元妻刘
杨某妻樊 刘柱儿妻鲁　李国郎妻苏
赵惟石妻张　钟某聘妻吴　岳氏 姚氏 张氏
袁氏　杨某妻张　周士英聘妻张
蔺壮聘妻宋　沈煜聘妻陈　王国隆聘妻余
于天祥聘妻王　方礼秘聘妻范
姚世治聘妻陈　何秉仪聘妻刘
沈之鑫聘妻唐　贝勒弘暾聘妻富察氏
潍上女子　吴某聘妻林　雷廷外聘妻侯
程树聘妻宋 张氏子聘妻姜　钱氏子聘妻王
王志曾聘妻张　李家勋聘妻杨　李家驹聘妻朱
贾汝愈聘妻卢　袁进举聘妻某　李应宗聘妻李
何其仁聘妻李 王前洛聘妻林　节义县主
李承宗聘妻何　吴某聘妻朱　徐文经聘妻姚　李煜聘妻萧　刘戊儿聘妻王
朱某聘妻李　武稞聘妻李　陈霞池聘妻钱

汪荣泰聘妻唐　季斌敏聘妻蔺
董福庆聘妻冯　乔涌涛聘妻方　张氏女　粉姐
阚氏女　赵氏婢

张延祚妻蔡，漳浦人。国初，师既下福建，滨海数百里，犹群起负固。有方祐者，谋举兵，延祚与语，不合，被杀。子才十余岁，蔡哀恸，谋复仇。一日，闻祐将其徒至，方夕，易男子服，挟刃诣祐垒。未至，顾见其子跟踉来，念母子并命，斩张氏祀，乃与俱归。既，祐降为民，娶于蔡，其妇，蔡大母行也，因得常见祐。祐甘语谢蔡，蔡益愤，夜辄握刃刺壁，壁穿，刃犹击。

顺治五年春，蔡伺祐有所过，度道所必经，将其子止松林中，挟刃俟。日午，祐雄服怒马来，蔡自林中出叱祐，祐惊呼从者，从者骇走。蔡持刀斫祐，祐坠马，负创走，蔡疾追之。行人聚而哗，蔡且奔且言曰："吾夫为此贼害，有助者，吾与俱死！"追及祐，祐攀松枝与斗，中蔡额，血被面，斗益力。遂迫祐，左手捽祐，右手奋刃，断其首，掷道旁，观者皆大惊。

蔡持祐首告于延祚墓，将其子诣巡按御史台门请死，巡按御史霍达异其事，问："有主者乎？"蔡哭对曰："夫死，所以不即死者，以有子耳。今子且不顾，安肯受他人指耶？然杀人当死，公母挠国法。"达乃释不问。

陈时夏妻田，长乐人。时夏父超鹏早卒，母高守节。田读书，知大义。时夏贫，事王姑及姑高，朝夕扶持，不去左右。病不能食，辄以口哺。时夏卒，督诸子读，尝自述与夫论学语，为《敬和堂笔训》，以授诸子，粹然儒家言。其自序略曰："余苟延性命，祗以三子一女，冀其能自立，不至辱桑下耳！大儿今十一，犹有童心，况诸幼孤，未亡人心力垂尽。恐旦暮死，而夫子之学行，与余之出肝胆，忍艰苦以冀其有成者，将谁为余告之耶？爰述先训，书之于册。嗟乎！小子异日读此，其能自省，使余生不负于子女，死不愧于夫子否耶？"居十余年，卒。

傅光箕妻吴，宣城人。吴归于傅，光箕已病矣，逾年卒。吴父母欲嫁之，吴归，留吴而讼傅氏，衣食吴。吴还傅氏，以讼故勿纳。吴复归，请自食，无累父母。力纺，闻有媒至，辄求死，乃别居。明季，饥，恒饿。邻馈之，勿受。族姊归于魏，亦熬也，遗之米，乃半易糠核。或怪问之，曰："杂糜之，可一月不死也。"久之，纺有余钱，得婢曰春兰，拾籧供爨事。里媪或呼春兰食，吴必审所自，戒勿轻受食。春兰自是即不受里媪食。

郑哲飞妻朱，哲飞，南安人；朱，明鲁王以海女也。嫁哲飞，生丈夫子一，女子子三，而哲飞卒。会以海亦殂，渡海至台湾，依明宗室宁靖王术桂以居。康熙二十二年，师克台湾，术桂自杀，朱奉姑育诸孤，以女红自给。居五十余年乃卒，年八十余。初师下舟山，以海妃陈入井死，以海谥之曰贞，而以海女又以节终。

李若金女，名蔺，馀干人。明季，字淮王世子由桂。

入国初，由桂出亡，蔺誓不更字，尝咏金环曰："红炉经百炼，不失本来真。"事父母孝，年五十九卒。

王师课妻朱，萧山人。师课，明天启中官太医院院判，卒。明亡兵乱，朱率二子避九里坳，尝遇贼，胁以刃，朱夺刃剺面，哭且詈。贼欲杀之，二子号恸求代，得不死。事平，归老于家。尝为《勖子歌》五章，其三章曰："我生之后逢世乱，白头兵起苍黄窜，肤血染点丛麻红，母子支离宵不旦。飞蚊雷聚惊鼓鼙，秋雨淋漓断薪爨。呜呼，九里坳边真瓦全，尔曹性命天所怜。"五章曰："庭闱肃洁辞亲族，薄田聊许资饘粥，震荡扁舟波复风，儿才初聘家回禄。此身直缘正气生，机杼犹能活枵腹。呜呼，但愿长作太平民，何尝俯仰惭天人。"

秦甲祐妻刘，三原人。甲祐病瘵，刘侍疾甚谨，管家政甚饬。越十年，甲祐卒，时岁饥，兵未定。刘抚二子四符、四采。尝训之曰："年荒，众人之荒；学荒，则吾儿之荒也。兵乱，众人之乱；心乱，则吾一家之乱也。"闻者以为名言。四符，甲祐前妇子也，刘爱之，均于所生。

艾怀元妻姜，米脂人。怀元父穆，兄怀英，在明皆官参将。穆卒，国初怀英降，入镶蓝旗，授牛录章京，居京师。顺治八年，怀元在省其兄，既归，仇家诬为逃人，遂亡命。官收其孥，穆妻马，老矣，妾金请代，姜方娠，皆就逮。明年，事雪，西还。姜褓稚子，金与相扶持，行数千里。又明年，马与金皆卒，怀元遗信至，言母死不得奔丧，誓毕生不归。姜食贫抚子，居四十余年乃卒。

周子宽妻黄，顺德伦教材人。子宽刺船，与其侣戏，侣溺，坐减死戍贵定。黄求从夫行，哗县门，吏为注官书。乃尽鬻嫁时物畀舅姑，制竹担荷具从夫行。夫道病，黄行经村市，操土音歌，求钱，得药物酒食奉夫。夫瘳，达戍所。居十七年，举一子、二女，而夫死。黄求以夫骨归，跪县门搏颡二十余日，吏许之，畀以牒。

黄怀牒裹夫骨，筥负小儿女，独身以行。其长女已嫁农家子，牵衣泣，黄斥不顾。黔多虎，而黄负夫骨，逆旅禁不纳。日汲于涧，拾树枝以爨，夜宿道旁废庙，恒见虎残人，余骼狼藉，无所怖。及至村，黄齿既长，鬓黑丑恶，又杂罗施语。有叟独识之，指道旁冢曰："此而翁也，而姑僵墙阴，不食已一日。"

黄求得姑，姑两目眵，黄引其手拊裹中骨，及筥中儿女。姑抱而喧，黄大号，筥中儿女亦号。乡里皆走视，义之，畀以金，傔屋奉姑居。黄行逮归十九年，顺德人号曰"女苏武"。

李有成妻王，常宁人。寡，悉散奁饰于族邻贫者。将卒，呼诸妇曰："吾寡居四十余年，耳目如聋瞍，未尝妄视听，汝曹其识之！"

杨方勖妻刘，宣城人。嫁五日而寡，剪发自誓。邻妇或微讽，刘出刀以示，曰："吾昼以是为镜，夜以是为枕。"

邻妇憪，不敢复言。

邹近泗妻邢，昆明人。寡而贫，或讽之嫁，邢曰："吾能忍饥寒，不能忍忍耻。"卒以节终。

胡源渤妻董，临清人。源渤卒，董年十五，为嫠八十年，年九十五乃卒。里妇或问："守节易乎？"曰："易。""如无夫何？"曰："如未嫁。""如无子何？"曰："如有子而死若不孝。"曰："何以制此心？"曰："饥而食，倦而寝，不饥不倦，必有事焉，毋坐而嬉。吾尝为人佣，治女红，必求其工。求工，则心专；心专，则力勤；力勤，则劳而易倦。倦即寝，寤即兴，毋使一息闲，久之则习惯矣。"

林国奎妻郑，闽人。国奎卒，有子二。郑将殉，姑诫以存孤，乃已。一子殇，遂自沉于江，渔者拯以还。姑疾，刲肝杂糜进，疾良已。族有亡赖子尝中夜至，告族人杖于宗祠。亡赖子为嫚书污郑，郑恚，取刀断左耳，讼于县，县笞亡赖子。亡赖子出，益妄语，郑复割右耳。巡抚卞永誉闻其事，坐辕门谳其狱，令隶勾两耳示观者，械亡赖子至，阅嫚书一行，辄挞其面，复重榜荷校论戍边。居数月，郑两耳复生，永誉复坐辕门，召而察之，左耳完且晳，右耳赤如血，下廓乃微颓而短於左。文武吏及诸观者皆惊叹，一时称异事云。

陈仁道妻庞，博白人。康熙十九年，吴三桂将程可任掠博白，仁道将与邻人拒之，为所杀。庞自经，家人救之，苏，乃斥产购得杀仁道者，杀诸仁道墓前。

张某妻秦，三原人。康熙三十一年，仍岁大祲，县民多流亡。秦内外无所依，至龙桥河北，河岸坼有隙，自匿其中，有老人悯之，遗以食。明日复往，则昨所遗故在，劝之食，且问故，秦曰："谢翁厚，然不可为常，先后等死耳，我坐岸隙，令死不至暴露足矣。"遂饿而死，年二十余。老人为封焉。

同时李氏女，从父母逐食至汉口，父母皆疫死。女年十六，美，侩聘焉，将鬻使为妓，女得其情，力求死。三原人贾汉口者群诘侩，侩阴杀之。

何某妻韩，张荣妻吴，张万宝妻李，皆潍县人。韩早寡，求疏属子为后。康熙四十三年，潍大饥，韩昼抱子拾薪，夜则纺绩，日一食。久之，有所蓄，非甚饥则不食。卒买宅娶妇生孙，年七十三卒。

吴嫁三日，夫死，贫甚，转役自活，夜必归其室。得米杂糠秕树叶为食，赢一日食，则一日闭户。年九十二，病将死，呼其侄，谓曰："我有银纫衣带，犹昔吾夫物。我死，以此市棺埋我夫墓侧。"

李嫁生子，方晬，而丧夫。舅、姑谓曰："汝不幸，我曹老，子幼，汝当如何？"李泣曰："妇非为舅姑老子幼，夫死何所不得？犹忍活至此，妇自审已决，愿舅姑无疑。"舅卖浆，暮出户，闻铎声，必趋往代其担。抱子力作，人未尝见其启齿。既丧舅、姑，娶妇生孙乃卒。疾革，谓其子曰："我死得见汝父，我甚喜，汝勿悲也！"

韩居县东南草庙村，吴居县西张家村，李居县北长疃村。

沈学颜妻尤，仁和人。学颜卒，无子，以从子时吉为后。时吉生子大震，又卒。尤抚孤孙，其兄侮之，以众刈其禾，尤置针于髽末，外向踊而号，兄提其发，针创手及去。常恨其孙弱，曰："我安得见曾孙，见曾孙，死不恨。"大震娶妇举子，尤乃卒。既卒，大震复举子近思，自有传。

王赐绂妻时，黄平人。赐绂出行，宿于翁丙，为苗所杀，弃尸箐中。时行求得之，告官，得苗五，俱伏罪，时年二十一。母欲令更嫁，剪发、烙左颊，毁容矢不行。

王某妻张，滦州人。早寡，无子，以族子曰琦后，亦早卒，妻魏，亦州人。所居村曰柳河，地卑湿，食不足，掇草根木叶，拾苹藻，杂糠粃以食其孤，复殇。复以族子后。张卒，族人讽魏嫁，魏不可。居十余年，为所后子娶妇，乃语所亲曰："吾乃今志始遂，使嫁，不过温饱死耳。人恒苦贫，吾独不自觉。苦皆自乐生，吾生不知为乐，又焉知有苦？"

州又有李学诗妻赵，学书妻高，娣姒以节著。学诗、学书生友爱，行涉水，学书误就深，学诗拯之，相抱持俱死。赵生二女，高无出，食贫坚守，年皆逾八十。

高明妻刘，秦安人，早寡，子步云幼。贫甚，尝伺邻家炊，乞余热为儿煻饼。步云稍长，就学归，则燃灯读。刘缝纫，夜必尽数线。一夕，线未尽，步云倦卧，抚之有泪迹，问曰："儿耶病？"曰："无之，但饥耳！"刘泫然曰："儿不惯饿，我则常耳！"步云为贾，家渐起。

邓汝明妻刘，崇善人。康熙四十一年，岁大无，官煮粥食饥民，刘不食五日。邻家招偕赴，刘耻之，三出三返，终不行。因投水，渔人拯之，坐岸侧，渔人去，复入水死。

魏国栋妻庞，蠡县庞家庄人。祖姑徐、姑董，皆节妇。国栋卒，无子，庞力女红以养。织日一匹，或授以纑，织成必增重，曰："糨所滋也。"或与值多一钱，不受。祖姑八十余，目昏，向曝、如厕，躬负以出入。姑亦至八十，负出入如之。再居丧，有赒之者，庞曰："吾贫，幸相贷，然必偿。如不使我偿，是视我非人也。"日夜织，不期月皆偿。当葬，衰而前柩，或请代，庞曰："我祖姑、我姑无子孙，我在，即其子孙也，可代乎？"姑葬之夏，方雨，庞涉潦号踊，见者皆流涕。雍正三年，县大水，岁无。有县治赈役自户外呼告之，庞曰："妇固饥，然食朝廷米，偿否？"曰："赈也，何偿？"庞曰："偿则食，不偿，则我屏妇何功报朝廷而徒食乎？不可！"遂键户，复呼之，不应。县使役具刺归之米一石，庞复辞。役曰："此乔令君所以旌节义，毋辞！"乃拜而受。县上其事，得旌，族人为立后。

吕才智妻王，博兴人。才智病伛偻，杖而行，鬻饼于市。岁祲，才智将鬻王，王曰："汝病废，我去，汝不得生！且我身值几何？汝不过得数日饱。食尽，终当死。等死，不如相依死也。"乃令才智守舍，而出行乞。生一子，才智死，终不嫁。

许尔臣妻骆，肃宁人。家奇贫。尔臣及其父母相继卒，骆号于市，得柳棺瘗焉。或劝："盍嫁？"骆曰："乞食虽辱，犹胜于再嫁！"卒以穷饿死。

原某妻马，河津人。康熙六十年，饥，行乞食。泣语人曰："乞食至辱，不如死，顾安得死所无累人耶？"或漫应曰："去此十余里，有红石崖，死此，可无累。"马明日径至其所，脱耳环易饼，迟邻人过者，嘱以畀其母，曰："为我语母，无复望我，我今死此矣！"即投崖下死。

张扬名妻彭，临江人。早寡，贫，或谓行乞可得食，彭唾之，曰："我亦书生妇，有饿死张氏舍耳，安能为丐？"日夜操作，立后，娶妇，持门户。

沈万裕妻王，浙江山阴人。万裕早失母，王事后姑谨。万裕卒，子幼，后姑虐使之。舅予田数亩，使别居。后姑使嫁，王不可。后姑阴取犬子胞掷王室，阳出之，曰："寡妇室，何乃有此？"迫嫁益厉。或语王："当以死自明。"王曰："吾当死。吾死孤不得生，夫且无祀，事终当白。吾死，又谁吾明也？"藏其胞，事后姑愈谨。后姑有少子讼于县，知县姚仁昌察胞非人，杖少子，而表王节。其后少子死，王收其孤，为娶妇。

卢廷华妻沈，永定人。廷华好狭邪游，摈沈异居。姑溺爱，亦恶沈。沈晨必谒姑，为理井臼。或私具甘旨，姑不善也。施鞭挞，无怼。廷华得恶疾，沈乃归侍。廷华死，以节终。

李豁然妻杨，永年人。康熙十五年，豁然卒，杨年二十一。事舅姑孝。抚子尊贤，娶妇王，生子而尊贤卒，姑、妇共抚孤孙271成立。杨以乾隆四十二年卒，寿百二十，守节百有一年。王前一年卒，年亦九十八。

曾经佑妻林，惠安人。早寡。所居滨海，为渔家补网，夜无灯，随月升落为作辍。积数十年，目因以盲，而手甚习，操作如故。舅姑资以老，复为夫立后。

梁昙妻李，临汾人。昙卒，时子生方两月，贫，啖野菜以活。昙尝莳槐于庭，李日纺其下，护之甚谨。曰："此吾夫手植，见之如见吾夫矣！"乡人因称"节妇槐"。

姜吉生妻木，东川人。雍正八年，东川属夷叛，从吉生逃山中。贼至，杀吉生及其子，木忍哭伏林间。师至，贼降，木蹑贼至城西，手搏杀吉生贼以告官，请得手刃之。提督张耀慜而许焉，遂磔贼以祭吉生。

曹某妻王，兴县人。早寡，子喑，邻妇亦早寡，相与约不嫁。居十五年，王诣其戚，或自外至，曰："邻妇嫁矣！"王曰："信有之乎？"曰："信，我所目见也！"王乃大恸，曰："不意此妇，乃有此事！"遂绝。

潘思周妻傅，名五芳，会稽人。思周父为田州吏目，傅氏亦侨居广西。嫁年余，生一女，思周卒。或欲聘焉，傅截发矢曰："所不终于潘者，如此发！"未几，母与兄死，兄公及娣又死，舅亦死，傅持六丧还。出郭门，身衰绖，徒步号泣以从。僮民皆感叹，称孝妇。归营葬，抚叔及其女毕婚嫁。

倪存谟二妾方、朱，富顺人。存谟为英山知县，坐事戍伊犁，方、朱皆从。存谟死，方、朱恸不食。伊犁将军为征赙，俾持丧归。至富顺，嫡子出郭迎，方、朱相谓曰："我二人不死者，惧主人骨不归。今归矣，请死。"相携跃入江，救不死，嫡子及孙死，抚曾孙二成立。

杨震甲妻杨，杨三德妻马，张壶装妻牛，皆秦州人。夫皆出客游，久不归。皆善事孀姑。马姑尤严，日被棰楚，奉之愈谨。杨抚子女成立。马、牛皆无子，立后。州人为之语曰："马牛羊，立人纲。夫还客，姑在堂。胸中冰，头上霜。"盖借"羊"目杨也。

陈大成妻林，连江人。大成坐事戍黑龙江。将行，遗林别嫁，林不可，从大成戍所。居二十八年，大成死，林裹其骨，襁儿女，乞食跣行万余里，还故乡。灌园自给，葬大成祖墓侧。

温德珠妻李，永清人。德珠早丧母，父娶后妻，生二子，遂恶德珠，并憎李。德珠病狂易，一日逃其叔杖，投井死。父母闻，不哭，李力请，乃得敛。遗腹生子经元，舅姑迫李嫁，谓李嫁，则田庐皆二少子产也，因虐之百端。李度终不可留，抱经元辞舅姑还母家，赁地以耕，劳苦自食力。经元娶妇生孙，而舅及二少子皆死，遗田亦殆尽，姑衰病无所依。李乃率子妇还，起居床下。姑执手流涕，道其悔也；而德珠叔故助虐者，亦前死，其嫠仰食于经元。经元有四子，皆力田，能孝养。

贾国林妻韩，国林，扶沟人；韩，淮宁人。乾隆五十一年，大饥，民为盗。国林有族子二，行无赖，执国林及韩，绑于庭之槐，而尽取其室所有，已乃斫绑释之。国林将指伤，越三日死。韩欲告官，无人焉为之佐。有子二，皆幼。其弟日负薪米赡姊，夜执梃伺门户。居数年，无赖又至，彻其屋茅，掷大砖中韩手，遂夺田伐树，一不与较。二人者死，乃稍稍得安。嘉庆二十三年，又大饥，无赖有子鬻其嫂，夜出走，韩为召其夫归之。因泣告其子曰："害尔父者，某也。今其子又鬻嫂，不仁哉此父子也！顾为贾氏妇，即饿死，岂可失清白，汝曹当死守之！"此妇竟得免。

孙云瓛妻白，兴县人。生十四年而嫁，嫁十三年而云瓛卒。又二十年，子长娶妇，白絜以拜云瓛墓，指而言曰："此君子也，此君妇也，吾事毕，可以从君矣！"恸而仆，遂绝。

图斡恰纳妻王依氏，满洲人，乍浦驻防。图斡恰纳，瓜尔佳氏，早丧母，寻亦卒，无子，嗣绝矣。父查郎阿谋为立后，王依氏曰："子他人子，终非骨肉，不足奉大宗，愿翁娶继室。"查郎阿感其意，娶于邵，生子观成。观成生七月，而查郎阿卒，王依氏哀姑少寡，奉养甚谨，躬操作助姑抚孤。既遘疾，犹不自逸，事辄代其姑。卒时观成已举乡试，以子凤瑞为兄嗣，未百年而子孙繁衍至百余人。

吴先榜妻郑，陕西山阳人。先榜卒，郑誓殉。家人慰喻之，曰："两兄公皆无子，若方有身，男也，吴氏幸有后。"逾数月生男，抚以成立，吴氏得有后。

王元龙妻李，嘉兴人。元龙悍，嗜酒，稍拂意，辄呵斥。既，伤于酒而病，李斥嫁时所媵田供药饵。元龙病，益悍，稍间，则日夜博。怒李，故以非礼虐使，或加以鞭楚，李安之，无几微忤也。元龙病三年而死，李朝夕上食，辄号恸。服除，会兄公之官福建，姑老不能赴，李往奉姑，七年而姑卒。李泣谓诸从子曰："我当从汝叔于地下矣！"会火发，李整衣坐楼上，有梯而援者，李戒毋上楼，烬死焉。

蔡庚妻吴，合肥人。早寡，立从子为后，以事姑。尝为辞自序曰："父母生我时，惟愿得其所。十六归君子，同心祀先祖。归时舅已殁，姑老谁为主？嗟嗟夫质弱，终朝抱疾处。十八幸生男，朝夕姑欣睹。无端因痘殇，姑泣泪如雨。堂上节姑哀，入幔痛肝腑。二十再生男，视若擎天柱。儿生甫一载，忽然夫命殂。姑妇并时啼，眷属群相抚。死者不复生，弱息堪承父。那知天夺儿，骨肉又归土。姑祇有哭时，我岂无死所！还念朽姑存，我死谁为哺？隐痛敛深闺，衰颜愿长护。奇灾偏遇火，焦烂姑肌肤。和血以丸药，年余乃如故。灾退宜多寿，云何复病殂！送姑归黄泉，夫缺我今补。我今补夫缺，一死何所顾？哀哀我父母，惸惸将泣诉！"卒，年八十有八。

韩某妻马，莱芜人。贫，夫商于辽阳，马出为佣。闻夫死，其父欲嫁之，马曰："归夫骨其可。"乃乞食行五千里，得夫骨，负以归。日行一二十里，夜或露宿，犯风雪，行岁余，乃至家。既葬，其父终欲嫁之，马执白刃自誓，乃已。

李鸣銮妻黄，腾越人。咸丰间，云南回乱，鸣銮以千总战，负伤卒。黄截发，抚二子。同治初，寇至，转徙为人缝纫浣濯，日率一粥，仍督子读不辍。尝曰："人不读书，与禽兽何异？"

金光炳妻倪，金华人。光炳卒，倪殉，救免。洪秀全兵至，携二子窜山谷。乱定，力作自给。贫甚，督子读，不少假。

徐嘉贤妻刘，嘉贤，天津人；刘，桐城人。嘉贤少从军河南，尝单骑入贼垒，拔陷贼归女数百人出。旋卒。刘贫，辄数日不举火，严督子读。族有为令者招使往，刘曰："今不自立，而托于人，惧吾子之不振也！"谢不往。

冒树楷妻周，树楷，如皋人；周，祥符人。树楷以知县待缺福建，早卒。周絜子女从舅广州，舅亦卒。侨居，日食率百钱，翼子女以长。子得官，将请旌，周拒之曰："妇节常耳，人子于其母，奈何欲假以为名哉？"父星诒，诸父星鉴、星督，并有文行，周刻其遗著，为父营葬，置墓田焉。

曾广壆妻刘，衡阳人。归广壆，舅老，姑前卒。兄公初丧，舅痛子，几失明，出入需人。刘侍舅谨，日执炊，一饭三起视舅起居衣食。虽贫，必具酒肉。舅病，奉侍七昼夜不就枕。舅卒，弃田庐治丧。刘方产，徙陋巷，艰苦冰雪中。广壆又卒，乃与姒李同居，以子为之后。李亦苦节，刘事之如姑。昼治针黹，夜则纺绩，节衣食，命子熙就学，卒成进士。方极困，老稚或乞食，必分食与之。晚少丰，年饥，必出谷以赈贫者。

冯丙煐妻俞，丙煐，大兴人；俞，婺源人。丙煐为世父后，俞事两姑，维护调和。迭遭诸丧，丙煐亦卒，丧葬皆尽礼。光绪二十六年，京师被兵，俞市米数十石与贫者，戚友相依者六十余家，衣食之，乱定始去。乱后多暴骨，募赀为收敛。死难者，求其姓名为请旌恤。狱囚衣粮主者不能给，斥银米畀之。其后直隶、安徽灾，辄募资至巨万。京师恤嫠会、八旗工厂，皆输金以助其成。

袁绩懋妻左，绩懋见《忠义传》。左名锡璇，字芙江，阳湖人。事亲孝，父病，刲臂和药进。工诗善画，书法尤精，著有《卷葹阁诗集》。

绩懋子学昌妻曾，名懿，字伯渊，华阳人。通书史，善课子，著有《古欢室诗集》、《医学篇》、《女学篇》、《中馈录》。

俞振鸢妻傅，振鸢，馀杭人；傅名宛，号青泉，大兴人，以礼女。能承父学，工诗，著有《山青云白轩诗集》。教子严，建宗祠，立条教，示子孙。光、宣间，江、浙遇灾，屡蠲金赈之。

周怀伯妻边，怀伯，馀杭人；边，诸暨人。边事姑孝，怀伯卒，有女子子三。边恃女红养姑，营丧葬，嫁三女，贷于人以举。节衣缩食，数十年乃毕偿。年六十九，知将死，辞亲族，启夫墓右生圹，坐卧其中，遂死。坚嘱毋具棺，重以累人。亲族哀其志，槥椑而掩之。

吉山妻瓜尔佳氏，名惠兴，满洲人，杭州驻防。早寡，事姑谨，尝刲肱疗姑疾。光绪季年，创立女学。逾年，赀不足，校将散，乃饮毒具牍上将军，自陈以身殉校。且言曰："雁过留声，人过留名，我非乐死，不得已耳！"既死，将军瑞兴与巡抚张曾扬奏闻，赐"贞心毅力"额，众为集赀扩校，以"惠兴"名焉。

张某妻钱，嘉兴人。生一女而嫠，还依父母居。姑贫，计鬻之，度钱刚，言无益，阳携以省戚。先期告鬻妇家，待郭外，舟出郭，别有舟来并舣，则鬻妇家人也。姑乃告钱，钱即起，跃入水。鬻妇家人大惊，而姑已得钱，强妇往，趣舟行。钱屡跃入水，持之不能止，至三。众皆惧，乃送还父母家，而钱为救者扼胸伤，咯血，数月卒。

戚成勋妻廖，江津人。成勋家万山中，张献忠之乱，成勋出避寇，廖弱不能从，闭重门独居。家故有余粟，粟将尽，就池畔种稻以食。衣敝，缀草自蔽。居四十余年，出径塞，与世隔绝。成勋窜黔中，闻乱定，乃还，行求故山，斧竹木寻道，见其宅尽圮，隐隐起炊烟。呼且入，廖自楼上问谁何，成勋道姓名，廖乃泣曰："我夫今得还耶？我无衣，君以余衣畀我，乃得下相见。"成勋解衣掷楼上，廖衣以下，面目黧黑，发如蓬，相持大恸。共居又十余年，年各至九十余。

曾惟庸妻谭，衡阳人。顺治五年，谭归惟庸，方四阅月，惟庸为游骑掠去。乱定，有言惟庸死者，谭召族人，分授以田宅。康熙二年，惟庸还，诈称行贾，过谭，音容已尽变，谭不能识。求食，与之；求借宿，不可。越日再至，乃自名惟庸，谭未敢信，问归别时事，尝授三钥，铁奇铜偶，语皆验。谭乃泣而言曰："君别十六年，谓物故久，今幸生还，当告诸宗族。"惟庸召族人，置酒，具白其事，为夫妇如初。

谢万程妻李，唐县人。万程父仪，顺治间诸生，贫，卒无棺，万程将鬻妻以为敛，不忍言。李知万程意，哭请行。南阳民王全以二十四金鬻李归，将以为妾。李至全家，日涕泣，但愿供织纴，不肯侍全，全亦听，不强。居一年所，全兄大有与全隙，诣南汝道告全匿逃人。事下南阳府同知张三异，三异汉阳人，尝为陕西延长知县，有惠政。诘大有，辞遁。召全，并以李至，问何为匿逃人，全目李妾，因言："妾至日涕泣，但愿供织纴，居一年所，不我从也。"问得自何所，乃复召万程，具得卖妻葬父状。三异惊叹，问万程："欲复合否？"万程言："妻故无失德，闻其至王氏日涕泣，但愿供织纴，居一年所，艰难以守身。我岂不欲合，而无其赀，则奈何？"三异出俸二十四金偿全，而使吏以金币送万程夫妇还。

李殿机妻王，名素贞，亳州人。幼丧母，父以字殿机，殿机父范同，顺治初坐法，妻张及殿机没入象房，殿机方三岁。稍长，自鬻于镶红旗护军厄尔库为奴，厄尔库妻以婢萧。王从其父居二十余年，其父病且死，以簪珥授女，泣曰："此李氏物也！"又数年，或传殿机死，王氏诸父兄迫女别嫁，女愿为殿机死。久之，诇殿机犹在，欲走京师求殿机。邻有范一魁者，其父友也，王乞为导，诸父兄不欲，令处于楼，去其梯。王以夜缒而下，从一魁至京师，求诸象房，有知者导至厄尔库家，殿机荷畚拾马通自厩出。一魁前与语，王出父故所授簪珥，相向哭，行路聚观，皆流涕。厄尔库义之，许放殿机及萧，不督自鬻值。巡视南城御史阿尔赛疏闻，下礼部。礼部议："八旗家奴不得复为民，惟王氏守节求夫，有裨风化，应如所题。"康熙二十八年四月乙未，疏上，圣祖可其议，王年已三十有四，犹处女也。

长清妇王氏，父王三，农也。未行，岁祲，父母舅姑议鬻之，而均其值。贩挟以去，至饶阳，入妓家，矢死不肯污。转至孔店村，村诸生孔继禹、继淳兄弟好义，愍其志，以五十金赎焉。问所居地，曰焦家台。问戚属，以父王三对。当春，村民祠泰山，具榜书女始末畀行者，诫使入长清界则揭榜。焦家台农有见者，以告王三，诣孔氏以女归，复归所字婿。

程允元妻刘，名秀石，允元，江南山阳人；秀石，平谷人也。秀石父登庸，康熙间为山西蒲州知府。初谒选，允元父举人光奎，亦在京师。相与友，申之以婚姻。时允元二岁，秀石生未期也。光奎归，寻卒。乾隆初，登庸罢官，居天津北仓，亦卒。秀石年二十二，母前卒，诸兄奔走衣食，弟崇善为童子师，徙废宅。姊妹姑侄犹五六人，食不得饱，寒无衣，相倚坐取暖。崇善死，益贫，恒数日不得食。屋破，群媪坐雨中，乃徙依比丘尼照震。无何，家人相继死，惟秀石存，力针黹自活。照震徙天津，秀石从。尝有求婚者，介照震道意，秀石恚，不食，照震力谢乃已。允元既丧父，亦中落，闻登庸卒，家且散，顾不知女存亡。或传女死，劝别娶，允元不可，且曰："女即死，必酹其墓乃别娶。"乾隆四十二年，附运漕舟至北仓求刘氏，有舟人为言："刘氏家已散，其孥殆尽死，惟第四女存，是尝字淮安程氏，传程氏子已死，而女矢不他适。昔居淮提庵，今徙天津，不知庵何名也。"允元因言己即程氏子，舟人又言："刘氏有故仆，暗而义，岁时必问女起居。"允元求得仆，偕诣照震，言始末，照震疑，且悼秀石，未敢以通。允元言于监漕吏，牒天津县知县金之忠，之忠召允元问之，信。使告女，且勉之嫁，女犹辞。复使谓曰："女不字五十七年，岂非为程郎？程郎至，天也，复何辞？"乃成婚。大学士两江总督高晋以其事上闻，下礼部，礼部议："义夫贞妇，例得旌表。至幼年聘定，彼此隔绝，经数十年之久，守义怀贞，各矢前盟，卒偿所愿，实从来所未有，应旌表以奖节义。"上从之。

杨某妻樊，字正，抚宁人。既字而杨氏子病且废，使辞于樊，樊母乃为正改字。行有日，正请于母曰："儿奚嫁？"母曰："嫁某氏。"正曰："儿幼非受杨氏聘乎？"母曰："然，杨氏子病且废，使辞于我。我怜儿，故为儿改字也。"正不语，夜潜出，度山林数十里，晨至杨氏。翁姑未即许，父母亦至，相与慰勉。正曰："夫病，天也，我为病夫妇，亦天也，违天不祥。欲别嫁，我请死。"乃卒归于杨，杨氏子病良已。

同县又有刘柱儿妻鲁，字春。柱儿先为李氏义子，聘于鲁，既复还刘氏。李富而刘贫，于是李氏之人，嗾鲁使罢婚，刘不敢争也。春闻，亡之刘氏，鲁氏劫春归。讼于县，县判归刘氏。时乾隆十九年，先樊氏女事一岁。

李国郎妻苏，南安人。未行，父以国郎贫，为女别字富家子，焚李氏书币。苏缢，未绝，父招富家子赘于家，以死拒，挞之不悔。富家子自去。国郎闻，讼于官，乃归于李。婚夕，泣曰："吾父以吾故在系，何得遽言婚！"国郎为请于有司，出其父。

同县蔡登龙妻林，其父母亦以婿贫欲别字，不从，令别居。积女红得十五金，使以遗登龙佐聘钱，父母少之。乃日减餐，治女红益勤，逾年又得十余金，卒归登龙。父母既丧，孤弟贫无依，乃收抚之。

又有黄元河妻戴，吴恒妻陈，婿皆有废疾，父母议毁盟，力请行。戴勤俭起其家，吴以节终。

赵维石妻张，小字瑶娃，宁羌人。年十七，未行。嘉庆初，教匪掠州，贼渠得之，以畀其妻。其妻以瑶娃慧，畜为女，渠累欲污之，赖其妻以免。寻窜徽县，一夕渠醉，召瑶娃，瑶娃拒之力，渠使其下将出杀之。其妻知不可救，戒勿过创，弃诸野，而以死告。次日贼引去，村妇舁之归，药其创良愈，将以为子妇。会县吏过门，瑶娃拔银钗赇吏，使告县。瑶娃至县庭，陈始末，乃召维石，为合婚，与俱归。

钟某聘妻吴，武冈人。待年于钟氏。钟氏子从父贾四川，久不归，或传已死。钟母卒，吴纺绩奉其祖母。祖母卒，为营丧葬。年四十余，钟氏子始归，欲与婚，吴曰："君出游久，安用就木老处子为！"出赀为买妾，而自居别室。钟氏子以不妇讼于官，吴曰："若祖母，吾奉之；若妾，吾畜之。吾齿长，不能育子女，请以贞终。"官判从之。

岳氏，安平人。嫁可仁言，病瘨。仁言以礼去恶疾，遂大归。居数年，病已，而仁言已别娶。或讽其嫁，岳不应，以针线遍缀衣履投井死。仁言闻，乞李塨铭其墓。

姚氏，通州人。嫁同州张维垣。维垣移家湖北，归既娶，复去。逾年，遗书绝姚，令改嫁。姚持书泣告乡党曰："我无故见绝，死无以自白，愿终守以明志。"居五十余年乃卒。张氏之族高其义，持丧葬张氏兆，为立后。

张氏，江南华亭人。字金景山。年十二，丧父母，待年于姑氏。张庄而无容，景山憎焉。稍长，当婚，景山故迟之。既而病作，张奉汤药，斥不使近，辄泣而退。景山将死，指而语母曰："彼非吾偶，儿死必嫁之。"景山死，张矢不嫁。或以夫不见答劝，曰："我知夫死妇节而已，不知其他。且祖姑及姑谁为养者？若必强我，我请死。"是岁姑卒，越八年，祖姑卒，张为营葬。日夕纺绩，足不逾阃，又三十余年乃卒。

袁氏，名机，字素文，仁和人。兄枚，见《文苑传》。机幼字如皋高氏子，高氏子长而有恶疾，其父请离婚，机曰："女从一者也，疾，我侍之；死，我守之。"卒归于高。高氏子躁戾桃荡，游狭邪，倾其奁具；不足，挟之，且灼以火。姑救，则殴母折齿。既，欲鬻机以偿博负，乃大归，斋素奉母。高氏子死，哭之恸，越一年卒。

杨某妻张，名荷，宁国人。某贫，无行，令张以非义，不应。楼居，潜去床前板，绐使堕，折足，匍匐归母家。某鬻子，张积金赎之。将卒，命子以丧归杨氏。

周士英聘妻张，泰州人。士英丧父母，叔狡，利其有，椎杀之。时顺治九年，张年十九，未行，闻其事，哭，不食。遂自髡为尼，具牒丐母舅偕诉有司。巡按为上其事，诛杀人贼，张乃理士英家财，葬士英及其祖若父，为庐奉佛，祀周氏三世。张既为尼，名曰明贞，表其志也。

蔺壮聘妻宋，名典，蔚州人。典家西崖头，壮居千字村，皆农家也，以罗帕为聘。壮死，典方从母春谷，闻，辍春，恸不食。父母喻之，意若稍解者，数日，以罗帕自经死。时康熙四年正月庚辰。

沈煜聘妻陈，名三淑，钱塘人。幼能诗。康熙间，诋言官中阅选，民间女子仓卒嫁娶殆尽，三淑父以许煜。煜故贫，客松江，久不归，三淑父从军云南，战死。其母欲改字富人子，扬言煜已他娶，以绝三淑意。三淑闻，恸哭，自髡其发，矢不字，遂病，时时哭，极悲。邻生有闻而哀之者，求煜告以故，煜请婚，母持不可。二十二年春二月，三淑病笃，其母以媒言召煜，煜至，使入省三淑。三淑方寐，告以沈郎至，遽寤，手下帏自蔽。煜问："可有言乎？"三淑徐曰："既有成言，何为又他娶？"煜辨其诬，三淑都无言，惟以袂掩泪。煜辞出，三淑泣不已。已而叹曰："彼不负我，我死可。"遂不饮药，越日卒。

王国隆聘妻余，怀远人。国隆游不归，或言在含山，余父母挈余行求不遇，遂侨居焉。余母死，从父灌园，纺绩自活，恒以巾幂首，邻女罕见其面。康熙二十八年，父死，敛毕，女自经。

韦思诚聘妻宣，广德人。思诚远行，母以贫，欲令改字，宣不可，遂归夫家。虑有强暴窃伺，夜悬柝于床，微风柝有声以警。一夕，语诸姑、姊，梦夫告以死。遂哀泣，不食死。

于天祥聘妻王，名秀女，祥符人。天祥尝育于阳武王氏,王氏为娶妻,生子,妻死,还于氏。继室以王,王未行,而天祥死,王父母秘不使知。久之始闻,力请奔丧,天祥丧已小祥矣。王请于阳武王氏,愿得子天祥前室子,王氏靳不许。及大祥,具奠,即夕自经。于氏故有刈麦刀二,俄失其一,至是得诸王枕下。

方礼秘聘妻范,名二妹,建水人。幼事父可望孝,字礼秘,未行。礼秘父良佐死,妻改嫁萧伸,居方氏,礼秘及其兄、妹皆死。范闻,哭之恸,请于父母归方氏。居久之,闻姑诟伸,始知礼秘非良死,以质姑,姑内惭,不复言。范度事无证,礼秘冤不得白,恒时时号痛。伸悼范,欲以妻其从子,百方强之,范不许。伸怒挥范仆,手点额。范怒曰:"奴污我额!"刀剜伸手所点处,血淋漓被面。其弟讼诸吏,吏笞伸,以其室属范,使奉方氏祀。

姚世治聘妻陈,会稽人。两家皆居京师。既定约,世治归,陈父欲别嫁,陈易服行求世治,遇诸济宁。曰:"女违父非孝,得见君子,事毕矣!"遂入水死。

何秉仪聘妻刘,昆明人,农家女也。秉仪卒,女请于父母,欲奔丧,不许。乃窃出,兄追及之,度金汁河,将赴水,兄力曳以归。秉仪父使迎女,女哀恸泣血,日夕力作。父母畀田四亩,女为夫弟婚鬻半,舅又鬻半。父母怒,使告姑,诬女有所私,当遣之嫁。姑以责女,女不能自白,心疾作,缢死。

沈之鑫聘妻唐,之鑫,普安人;唐,武进人。之鑫父文郁,唐父元声,康熙季年,同游高州,相友善,约为婚姻,于是唐生三年矣。元声卒,丧归,文郁亦还普安。普安去武进且万里,而文郁贫,虑不能为之鑫娶,诡言之鑫殇,使谢唐,唐矢死。久之,文郁将如京师求官,迂道至常州,唐出拜,涕泣慷慨陈所志。文郁心悔,则请为养女,期得官迓以归。既,文郁以病还,唐闻大恸,遂不食,七日竟死。后三十余年,之鑫以事过常州,始闻唐死状,感痛求其墓,已火葬矣。唐死时年十六。

贝勒弘暾聘妻富察氏,弘暾,怡亲王允祥第三子。上命指配富察氏,雍正六年,未婚卒。富察氏闻,大恸,截发诣王邸,请持服,王不许;跪门外,哭,至夕,王终不许,乃还其家持服。越二年,王薨,复诣王邸请持服,王邸长史奏闻,上命许之。谕王福晋收为子妇,令弘暾祭葬视贝勒例,以从子永喜袭贝勒。谕谓:"俾富察氏无子而有子,以彰节女之厚报焉。"

濰上女子,不知其氏,雍正间,濰田家女也。未行而夫死,其母往吊,女请从,母止之不可。衣红而袭以素,濰俗妇吊丧不至殡,女阳为如厕,因问得殡室,潜入,去袭,缢柩侧。

吴某聘妻林,漳浦人。未行,夫坐罪当死,林欲入狱与诀,夫丐狱卒勿纳,林昼夜哭不食。夫使畀以钱三百,且曰:"速择佳婿,毋自苦!"越日,闻夫已决,以所畀钱易絚缢。

雷廷外聘妻侯,南安人。廷外母黄,早寡,贫,虑不能娶,乞贫家女抚之,期长以为妇,故侯四岁而育于黄。十一黄卒,十六廷外卒,死而不瞑,侯恸屡绝。廷外有从兄,以其子震为后,侯乃笄,抱以拜祖。侯母欲令别嫁,拒以死。身自耕,跪而耨,十指皆胼。尝诫震曰:"妇人不可受人怜,况孀乎!"震亦早卒,其妻傅,从姑织席以育子。

程树聘妻宋,名景卫,长洲人。树十三补诸生,丧母,复丧大父,旋亦卒。景卫年二十,请于父,归程。以素服拜舅,见于庙;谒其大父丧,成孙妇服;谒其母丧,成妇服;乃哭其夫,持服三年;终,复补行姑服三年。同县陈氏女淑睿,未行而婿殇,有请婚者,遂自经。景卫为作诗,于《诗》共姜用刘向说,于《春秋》伯姬用何休说,旁采朱彝尊、汪琬、彭定求诸家言,申女子子未嫁守贞之义。贯穿赅洽,八百余言,以破俗说,自己志。景卫通经义,好读先儒论学书,娣、侄皆从讲说。病女教不明,乃会通古训,括圣贤修身尽伦之要,复作诗九百余言,授娣、侄,令歌习之。

张氏子聘妻姜,名桂,元和人。年十九,婿与舅、姑先后卒,依其母以居,不嫁。

钱氏子聘妻王,吴人,亦年十九而婿卒,女绝食,大父母强起之。居三年,有请婚者,复绝食,死复苏。母哭之,女曰:"先年儿私吞金环不死,食银朱又不死,顷复吞金环。儿死愿得葬钱氏之兆。"遂卒。

王志曾聘妻张,亦吴人。年二十,志曾卒。居六年,闻姑丧,因归于王,奉佛以终。

三女皆与景卫同时,而桂能诗善画,尝为《柏舟图》,赋诗赠景卫。

景卫有二娣:曰卫喜,字于张,张死,不更字;曰陈寿,嫁朱氏,寡,无子。皆依景卫以老。

李家勋聘妻杨,海宁人。杨富而李贫,家勋父为杨氏佃。杨父行田,见家勋慧,问之,九岁,使入所立塾,资令读。年十五入学为诸生,家勋父来谢,杨年十四,呼令出拜。杨母及兄皆恚曰:"是老颠!岂息女无家,而弃诸佃人子乎?"父旋卒,杨氏之人薄家勋。一夕,呼灯,无应者,杨自帷言曰:"丈夫不自处高明,何依人受慢为!"家勋遂辞杨氏去。乾隆十五年,举浙江乡试,杨氏请婚,家勋以试礼部辞。留京师数年,病卒。杨知母将为议婚他氏,请于母:"愿得迎家勋丧,临奠,然后听母。"母许之。杨迎丧于郊,奠竟,要母,遂归李氏。家勋父老而瞽,杨请于姑,为买妾生子。家勋父八十,目复明,德杨甚,命其子呼"嫂母"也。杨或曰徐氏。

李家驹聘妻朱,高安人,大学士轼女。家驹,乾隆三十六年举人，早卒。朱事父母孝，性和以肃，自诸弟妹及内外臧获，咸敬惮之。生恶华彩，寸金尺帛不以加身。及闻家驹讣，欲奔丧，饮泣不食。时轼督学陕西，大母喻其意，诚当待父命，始复食。轼还，越半载，乃以请，遂归于李。事祖姑及姑，如事父母。轼有父丧，圣祖命夺情视事，疏请终丧，戚友或尼之。朱泣曰："吾父不得归，虽官相国，年上寿，犹无与也。彼姑息之爱何为者？圣主当鉴吾父之诚矣！"卒得请。邻火且及，朱坐室中不肯出，曰："死，吾分也！宋共姬何人哉？"姑破扃挟以避。病不肯药，两弟来省，曰："吾死无恨，但恨不得终事吾父及吾舅姑！"又曰："我生恶华彩，寸金尺帛不以加身，死毋负我！"遂卒。

贾汝愈聘妻卢，汝愈，故城人；卢，德州人，协办大学士荫溥女。汝愈卒，卢矢不嫁，贾氏迎以归，为立后。

袁进举聘妻某，天津梁进忠养女也。进忠负薪行水次，有大舟泊焉，或抱女婴出，授进忠曰："此女生八月矣，父之官，卒于舟，母继殒，其善视之！"进忠抚以为女。而进忠有长女悍甚，女稍长，貌端好，长女将鬻以为人妾，女不可，长女益恚。进举故无藉，长女咻父母使字焉。进举行不归，又使告其母谋罢婚，女复不可。进忠病，疡生于胫，女割股以疗，家人皆不知，而长女虐愈甚。进举母怜之，迎以归。进忠及其长女皆死，女为营葬，迎义母进忠妻同居。长女有子，失所，召为鞠之。为进举弟娶妇，生子为进举后。终姑及其义母丧，女遂自经死。有司葬之天津西郭外五烈墓傍。

五烈墓者，先为三妇墓，葬谭应寰妻陈、阮某妻诸、赵某妻裴，陈、诸皆以捍强暴死，裴以节终。乾隆元年，金振妻丁殉夫，附葬，称节烈四妇墓。七年，又有殷氏女误嫁倡家，为所迫，棰楚炮烙，沃以沸汤，死，葬墓侧，称五烈墓。五十六年，复葬女，更为六烈墓云。

李应宗聘妻李，昆明人。所居曰庙前铺大河埂，父春荣。未行，应宗卒。其明年，应宗大母语春荣，将改字女，女闻，遂缢。缢之夕，裂绫二尺许，刺血书九十四字。民家女未尝读书，字多讹易，嘉兴钱仪吉为之句读。曰"呈天子前"，曰"忠孝节烈"，曰："二月初九日"，二月初九日盖女死日，事在乾隆末。

何其仁聘妻李，路南人。嘉庆十一年，年十六，未行。其仁及其父皆病笃，李割股畀叔母使送婿家。至，则其仁及其父皆已卒，其仁母烊以奠。李欲奔丧，母尼之，遂缢。

王前洛聘妻林，潜山人。前洛病，林父馈药，林潜割股入药。前洛卒，固请奔丧，引刀誓不嫁。

节义县主，成郡王绵勤第七女，选文纬为婿。文纬，费莫氏，内阁学士英绶子。未婚，嘉庆十八年文纬卒，主时年十六，诣文纬家守节，仁宗诏封节义县主。二十二年，卒。

李承宗聘妻何，巢县渔家女也。两家居滨溪，相违半里余，而李氏庐当上流。承宗卒，女年二十，请奔丧，父母不许。不食四日，不死；自经，或拯之。越日自沉于溪，求其尸不得。后三日，尸见溪上流，正值李氏门。

江亨昭妻杨，侯官人，二氏皆渔家。杨未嫁，与亨昭舟相值，必引避。或遇水次，则自匿芦苇中。其母非之，女曰："渔家独不当有耻乎？"既嫁，强暴窥其有色，潜逼之，杨挤使堕水。亨昭死，殉焉。

吴某聘妻朱，海盐人。吴某年十八，丧父母，遂出游不归。朱贫，父老，辟垆织屦。其兄悍，屡辱之。朱曰："兄贫不能食我父，我父衰，无所营，不得不就兄食。我留，乃助兄耳。"及父死，朱年五十八，吴不知其存亡，吴之族愍朱节，迎以归，为立后。

徐文经聘妻姚，名淑金，侯官人。文经卒，淑金屡求死，乃归于徐。贫，舅殁，姑疾作，刲股以疗。姚掇芹供姑，自食其弃茎。无何，姑亦殁，嗣子以贫去。淑金目昏，不能治女红，以钵为釜，以草为衾。僦屋不偿值，见遂，泣路隅。有负担者，怜而赒之，里人醵金助衣食，仅得不死。犹朝夕拜徐氏祏，祝其嗣子归止。居十余年乃卒。

李煜聘妻萧，秀水人。煜酒家子，居郭南万螺滨。萧未行，煜死。萧无母，请于父，愿归李，翁姑遣媒止之，勿听，遂归李。视煜敛，即奉侍姑，执爨濯衣甚谨。姑悍，既不欲李来，又见其贫也，昼夜詈，李唯唯不一言，邻勿善也。或劝姑，姑亦詈焉。士大夫众至，诫翁："毋虐贞女，贞女光尔门，宜善视之！"姑终不欲李同居，众乃于室后辟小楼居贞女，醵金以佽之。

刘戊儿聘妻王，名孝，武陟人。未嫁，岁大无，戊儿行六年不归。父母欲别嫁，孝间出，如刘氏。值老妪，问刘戊儿母，妪曰："我即戊儿母也。"孝拜且泣曰："我王氏女，姑之子妇也！"妪惊未信，孝怀出物示妪曰："此非姑家聘物耶？吾窃持以来为信。"妪视之亦泣，复以贫无食辞。曰："吾夙知姑贫，翁殁，两叔幼，安得所食？我能女红，兹固为养姑来也。生未尝一时离吾母，计无所出而后来。"因复泣曰："如不见容，我无归理，惟赴水死耳！"妪告孝父母许焉。孝勤纺绩，夜磨作蒸饼，使叔鬻之。姑病，日夜侍。居数年，乡里感其义，率钱赒其姑。葺旧屋，为叔娶妇生子。姑卒，合葬于舅墓，乃授家事于叔，夜入室，扃户，寂无声。翌晨叩户不应，毁牖入，则自经死，衣履皆易新制者。时嘉庆九年二月乙酉。孝年二十四至刘氏，事姑十二年，姑死乃死。

朱某聘妻李，字容，东安人。父大纯，幼字朱氏。朱氏子远游十余年不归，或传已死。女既丧父母，无昆弟，独与其婢春华居，誓不嫁。春华稍长，其父谋嫁之，春华义不去，容亦誓不嫁。其父不听，春华乃告容，俱赴水死。

武稌聘妻李，伊阳人。年十一，丧母，育于武。从娣妇事舅姑谨，姑羸卧，调医药，治家事日勤。姑卒，抚叔弟及二女妹。年十七，犹未婚。稌堕井死，誓从井，舅止之，幼弟妹环而哭，李大恸。遂总发为纷，曰："吾当终妇事。"请于舅，立后，纺织以佐家。舅娶后姑，又有疾，调医药，治家事如前时。久之，叔弟补县学生，两女妹皆嫁。又数年，为所后子娶妇，则语其兄曰："妹曩不即死，诚不敢死也。今吾家奉舅姑宗祜幸有人，井中人待我久，我将从之！"晨起，从容问姑安，出行汲，自投稌所堕井死。道光二十一年八月壬寅，稌生日也。后稌死二十有一年。

陈霞池聘妻钱，桐城人，居东乡。未行而霞池卒，钱请奔丧。东乡俗以为子死妇奔丧，于家凶，辞之。钱毁容矢不嫁。久之，陈氏之族迎以归，为立后。居数十年，县有士人往存问，为言："朝廷旌贞女，与节烈并重，当请于有司。"钱闻大惊，盖初不知其行应旌也。

汪荣泰聘妻唐，名凤鸾。荣泰，歙人；唐，淳安人。父以许荣泰，未聘而父卒，母更许他姓。他姓来聘，唐自所居楼裂所制衣履掷于庭，俄奋然跃而出，遂堕地死。荣泰请迎丧，母不许；母卒，乃迎丧以归。

季斌敏聘妻蔺，斌敏，正蓝旗汉军；蔺，沧州人。斌敏未婚卒，蔺年十八，矢不嫁。居二年，闻有媒妁至，截右耳，逾三日，又截左耳。其父春以告季氏，迎以归。女事姑甚孝，为夫补行丧服。丧终，归诀父母，谓当死从夫，父母力劝喻之。女复还，见姑，言笑如平时，即夕饮毒死。启箧封所割两耳，识曰："全归"。

董福庆聘妻冯，福庆，固安驻防汉军；冯，霸州人也。福庆贫，饿犹耕，死于田。女年二十，请奔丧，福庆父往沮，曰："子饿至死，复忍饿汝家女耶？"女出拜，伏地哭不起，福庆父乃诺之，遂奔丧。执妇礼以终，寒馁皆无怼。

乔涌涛聘妻方，桐城人。涌涛卒，涌涛母丁亦病，方请于父母，归于乔。以姑病寒疾，亦薄其衣当风雪。刲股以进姑，病良已。乃营葬涌涛，以衣负土，三日不食。为涌涛立后，淡食布衣，深自刻苦。病将革，戒子妇毋以寸丝敛。

张氏女，名有，邹平人。岁饥，鬻为高唐朱氏婢。及长，主母为议婚，有泣言幼已字人，不敢负。主母使求得所许字者，则已别娶有子女矣。以语有，有曰："虽别娶，身不愿更事他人。"主母怜而听之。有终不别字以死。

粉姐，失其姓，高邮人。父为迮氏苍头，字某氏子。岁饥，某氏子行乞，转徙十余年。女父遇之江都市上，某

氏子曰："我终不能娶，还我聘钱，听别嫁。"女父喜，还聘钱，与析券。归告女，女呜咽不语，夜自经。

阚氏女，名玉，浙江仁和人。玉端丽，能诗文。父亡，与母及兄嫂居。年十三，福王由崧帝南京，选民间女子，玉母匿诸卖菜佣家。玉父亡时，留百金畀玉兄备玉嫁，玉兄荡其资，遂与佣谋字佣子。玉在佣家尚待年，号泣求还，不可得。疾作，始遣归。玉垂绝，语其母曰："儿今且死，愿理父棺侧，不作佣家鬼也。"复嚼齿曰："兄陷我！"遂卒。

玉尝作《怨歌》，好事者以琴谱其声，曰《阚玉操》，辞曰："父生我兮中道逝，母茕茕兮门衰瘁。兄嫂难与居，抉我如目中之尘沙。伊又遘此佻巧兮，胡廷我之实多。彼六礼之已愆兮，曾贞女之贱从。刿要予以桑中兮，夫岂其为予之匹双。我有母兮，癫思泣血。我父而有知兮，怒冲发。我兄摩挲佣之金兮，骨肉相蔑。嫂旁睨兮，笑言哑哑。我忽愤气兮，如云。指漆室女以为正兮，又告夫司命与湘君。予不爱一死兮，弗忍速阿母之下世。愿死而有凭兮，为凶之厉。呜呼哀哉，我终死兮，魂独归去。明告我母兮，幽告我父。匪我夙夜兮，胡然遭此行露也。纵谓行多露兮，宁能我之 污也。重曰：嘉名为玉，父之命兮。幽辱粪壤，终保贞兮。忧思悄悄，泪淫淫兮。蒙耻含诟，日当心兮。"

赵氏婢，失其名，为杭州赵氏婢。赵氏尝有客，言珞琭子之学，使为婢算，曰："是当七易其夫。"婢恚曰："吾嫁则有夫，有夫则有夫。吾今且不嫁，谁为之夫者？"自是蓬首垢面，矢不嫁。赵氏有婚嫁辄避匿，媒氏至，诟谇不可近。主海之，抢首乞终役。年至七十余，死于赵氏。

卷五百十　　列传二百九十七

列女三

韦守官妻梁　**归昭妻陆**昭弟继登妻张
罗仁美妻李仁美弟妻刘　妾梅李等　钱应式女
王氏三女　**沈华区妻潘**　**陈某妻伍**
孙谞妻顾等　**洪志达妻叶**　**罗章衮妻杜**
章衮任群聘妻田等　**王磐千妻颜**
何大封妻阮　**方希文妻项**　**廖愈达妻李**
妾汪张　叶妻谢　**姚文璃妻刘**毛冀顺妻陈
王三接妻黄刘琰妻邢　王跻圣妻韩等
程显妻朱刘元镗妻吴妾朱等　**应氏妇**
平阳妇　**殷壮猷妻李**　**杨昌文妻袁**
谌日升妻陈陈某妻万　**林应雒妻莫**梁学谦女
吴师让妻某　黄某妻李　**文秉世妻梁**文氏女
文枢妻陆　何氏女　王氏三女　**陈心俊妻马**

郭俊清女　张问行妻杨　张联标妾傅　林乾妻程　杨应鹨妾佟　黄居中妻吴　胡守谦妻黄　沈棠妻俞陈得栋妻蒋等　汪二蛟母徐妻戴　刘章寿妻徐　黄嘉文妻蔡　徐明英妻吴　长清岭烈妇　韩昌有妻李　马雄镇妻李妾顾等　沈瑞妻郑傅璇妻黄　刘昆妻张妾夫及二女　杨天阶妻关及二女　乌蒙女　刘亨基女　滕士学妻满向宗榜妻滕　滕作贤妻杨　滕家万妻黄　高村妇　陈世章妻朱　薛中杰女傅瑛妻周　任寨村二十烈女　王自正妻马　强逢泰妻徐　方振声妻张　陈玉威妻唐　宝丰二妇　戴钧衡妻李妾刘　陈吉麟妻周凌传经妻杨　秦耀曾妻毕　曹士鹤妻管　谢石全妻廖曾石泰妻黄　叶金题母胡　缪胜云妻黄　石时稔聘妻刘　章瑶圃女　戴可恒妻朱　金福曾妻李　张福海妻姚　邵顺年妻伊顺年弟顺国妻刘　陈某聘妻郧　胡金题妻俞王氏女　郑德高妻阮　方其莲妻阮　周小梅妻汤　杨某妻沈　周世棣妻胡　蔡以莹妻曹妾马　王永喜妻卢　刘崇鼎母张　武昌女子沧州女子　费某妻吴　冷煜瀛妻卢陈兆吉妻余　蔡法度妻简　张守一女王占元妻杨　王乘坤女　魏克明女　刘庆耀妻廖欧阳维元妻曹　李盘龙妻邓等　黄氏女　程氏女　韩肖朱妻郗　张醴仁妻王　许氏女　李氏女　杨某妻吴　康创业妻邸　李鸿业妻邸　王书云妻谷　王有周妻杨　子汉连妻张　汉元妻李　汉科妻李等　张金铸妻段　王氏二女　马安娃妻赵王之纲妻　穆氏女　张某妻蔡程丁儿妻黄　张氏女　赵贵赐妻任　杨贵升妻刘　多宝聘妻宗室氏子英瑜妻鄂卓尔氏　公额布妻音德布女　良奎妻　连惠妻根瑞妻　松文母吴　姚叶敏妻耿　陈某妻殷　黄晞妻周　邹延玠妻吴　陈生辉妻侯　田一朋妻刘　蒋世珍妻刘　王有章妻罗有章妹　楼文贵妻卢　沙木哈妻　郑荣组妻徐　张翼妻戴　詹允迪妻吴　蔡以位妻孙　杨春芳妻王王尊德妾唐　窦鸿妾郝　章学闵妻董　杜聂齐妻何张氏妇　宁化二妇

　　韦守官妻梁，长清人。明季饥，女未行，从父流转河南，婢于富室。及笄，主为择婿，梁泣言幼尝受韦氏聘，死，不敢别嫁。主使求得守官，守官迎以归。已而守官卒，家人欲使别嫁，梁自沉大清河，救，不死。乃自治棺，曰："有欲娶我，以此界之！"家人不复言。寇乱，匿棺以免。顺治二年，师南行，过其村，梁惧，积薪于户下，举火，乃入棺，自焚死。

　　归昭妻陆，弟继登妻张，昭、昆山人；陆、张皆太仓人。昭仕明为监纪，顺治二年，死扬州；继登为教谕，长兴民乱，戕焉。二妇未得问。昆山兵起，舅姑避于乡，舟迎二妇，二妇不果行。师至，城闭，城西炮如雷。二妇夜登楼，环坐诸儿女酌酒，戒积薪楼下，城破则纵火。一老仆进，谓城破当兵冲，虑不及死，城北比丘尼故与主母善，庵后有池，仓卒可得死，从之。城破，兵掠庵，张入池，陆视其女，一卒前犯，陆力拒，被二矛，仆，又乱棰之，乃绝。张以水浅，不即死。兵去，潜视陆，陆亦苏，乃与尼共掖起之。兵复至，张辄避诸池，一卒索得张，欲执以去，张力拒，见杀。陆创重卒。

　　罗仁美妻李，仁美，扬州人，失其县；李，龙游人。家扬州广储门。师下扬州，李方娠，积薪所居楼下，呼诸妇曰："愿死者共死，毋辱！"于是姒刘、仁美妾梅、李、前室女宦姑及诸妇，从李登楼，凡十二人。呼菊花举火，前室子哭，从李俱上，李顾见，启牖呼仁美，掷儿下。仁美负母手挈儿，哭出巷，回首，见黑烟出瓦隙，火合楼摧，闻屦声沸火中。仁美行，遇兵，仅得脱。兵去，发楼烬，拾残骼，惟菊花遗肢衣可辨。乃丛葬十三人西华门外。

　　同时钱应式女淑贤，丹徒人。闻城破，数自杀，未绝。雨甚，门外万马声，比屋杀人，火四起。淑贤以纸渍水塞口鼻，持父手壅其气，父手悸不能举，又解衣带，强母使缢。母哭走，出，闻足击床阁阁，入视，已绝。

　　王氏三女，金坛人。其二为同产，其一为群从姊妹，年皆十六七。以往，师下江南，诸州县盗群起，王氏避长荡湖。昼延缘苇间，夜复其居。一日，盗至，劫三女子，缚置筏上。三女子号泣跌荡，筏覆，三女子死焉，贼十数辈亦溺。明日，尸浮水上，缚尽弛，三女子携手，发相縻。乱中无棺，得敌篋三重以敛，墓于湖滨，墓木枝蘖皆三，相樛。

　　沈华区妻潘，海宁人，居碛石。顺治二年六月，举人周宗彝起兵碛石。八月望，师宵乘北关破之，华区与潘皆被俘。过南市桥，潘眽水欲自沉，华区密止之，曰："汝死，兵且杀我！"潘乃语兵："我从汝去，愿得释我夫。"兵释华区，驱潘入舟，舟行十八里，至王店。水次，观者方集，潘忽跃起，曰："我碛石沈华区妻，义不任受辱！"奋入水。兵惊，捽其发出水，潘力自沉，发断，系以缰，益力自沉，缰绝，如是三，兵以刃舂其喉，遂死。师中有裨将叹其烈，出千钱为敛。

　　陈某妻伍，华亭人。师下松江，陈家璜溪，兵至，斧陈首，伍奔救，兵舍其夫而絷之。伍曰："毋缚我，我从汝去！"将登舟，跃入溪，死。

　　当时死于溪者，诸生孙谔妻顾、徽州商孙氏之媪。

　　洪志达妻叶，歙人。顺治二年，徽州初定，盗贼所在多有，志达偕叶避兵淳安郑家村。明年二月，村人哗言兵至，志达与叶仓皇走，匿草中，游骑过，自草中曳叶出，志达习拳勇有力，踊自草中，奋击一骑，仆，众骑拔刀赴志达。志达徒手与斗，众骑且仆且起，环射之，矢中志达目，贯脑死。叶抱尸恸，众骑挟之行，叶辄哭。马行渐缓，度悬崖，叶曰："勿持我急，我自能乘。"贼信之，遂纵马向崖，众骑自后从之，叶自马上掷崖下，死。淳安人言其死且为神，为之祠焉。

罗章袠妻杜，群聘妻田，淳化人。群聘，章袠从子也，皆早卒。顺治三年，寇至，城破，杜指墙间井，语养女淑明、淑仪曰："此吾曹死所也！"遂入井。淑明、淑仪相向哭，从之下。田与杜连墙居，闻哭，呼其女优姐，亦趋井死。

先一年，县兵噪变，章袠侄女窦芳堕楼死，窦芳有从姊雁珠，明崇祯间死寇，窦芳方在娠，其母梦雁珠偕一女至，谓唐奉天寞烈女也，故命曰窦芳。既长，嫁三原房大猷。其死后雁珠十七年，俱以正月十五日死，死时年俱十八，乡人合前后称"七烈"。

王磐千妻颜，江西安福人。顺治三年，遇寇，绗其臂索贿，颜诧曰："此手乃为贼执耶？"投水死。

何大封妻阮，无为人，早寡。有授物误触其手者，引刀断指，血溅尺许。

方希文妻项，名淑美，淳安人。顺治三年，明溃师掠县，希文携妾避兵西坑。以妾子病，谒医。兵骤至，纵火。火将及，婢请项出避，项曰："出，死于兵；不出，死于火。死同，死火不辱。若能死，则从；不能，亟出！"希文故有藏书，项积书左右，坐其中，火及，书烬，项殉焉。

廖愈达妻李，妾汪、张，泰宁人。李读书通大义，教二妾章句。愈达从外归，闻李疏"仁"字，教二妾，语谆谆。愈达入而笑，李正色曰："志士仁人，有杀身以成仁，毋求生以害仁！"顺治三年，愈达将妻妾避兵，或传崇祯十七年京师破时，检讨汪伟与其妻耿殉国事，李以告二妾，相持而哭。师渐逼，愈达与妻妾夜走南石寨，师至，攻寨，愈达率妻妾避寨口。或呼师自寨后入，李即从寨口展手投崖下。愈达挈二妾匿岩石中，搜山兵至，张亦投崖死。愈达出金遣兵去，汪坚持愈达衣，伏其后，顷之，遥见师中出神将，朱缨窄袖，指挥从卒巡山。汪大哭曰："君善自保！"亦投崖，激于石，身裂若支解。师退，愈达及诸同避寨中者皆得脱。

叶芊妻谢，宁都人。六年冬十月，明将揭重熙等以师赴南昌，驻宁都兵掠得谢，部曲将悦其色，问家世，谢从容具以对，因乞得沐浴，部曲将许之，遂入室，以剃髮刀自抵其喉，死。

姚文瑶妻刘，名满，福清人。文瑶鬻香于市，顺治三年，海寇至，索钱无所得，截文瑶首去。满舁尸还，舐血缚布缀于颈，敛毕，乃言曰："我恨不能手刃贼，独以死报君。"首触棺，仆，久之，苏，请以兄公子为后，尽鬻衣珥营葬。越三年，清明上冢，归，屑金咽之，死。

毛翼顺妻陈，亦福清人。顺治四年，翼顺死于寇，舁尸还，血溢于鼻，陈舐血，敛毕，不食七日，自经。

王三接妻黄，曹县人。三接官汾西知县，黄侍姑田家居。顺治五年，李化鲸乱，破城，姑、妇皆被执。黄语贼曰："释我姑，我与金帛，惟尔欲！"贼释其姑，黄度姑行远，乃骂曰："吾家清白吏，安有厚藏？吾名家女、命妇，岂肯从贼？有死而已！"贼磔之。

当时为贼杀者，刘琰妻邢等九人；投水死者，王跻圣妻韩等七人。

程显妻朱，新建人，明宗室女也。以其侄为子妇。顺治五年，金声桓为乱，显自南昌将家人入山，道遇兵相失。或传显已死，朱谓子妇："翁死，吾不独生，汝奈何？"妇曰："死耳！"朱缢树上，已绝，兵救之，苏，复触树死。妇亦起触树，兵前持妇，妇啮其指，夺刀自刭死。

刘元铠妻吴，妾朱，南昌人。元铠亦将家人避兵，兵及，弃抱中儿道旁厕而走，吴伏沟草。朱为兵得，絷以行，经溪，跃，絷绝，兵斫其颊，死。吴出草，行数十武，遇邻媪，脱簪求扶持。兵复至，吴握发仰天号曰："夫邪子邪！吾其死邪！"兵挟刃逐之，行赴陂死。

是役诸女妇死者至众，靖安舒同熙妻朱，救夫；丰城熊嗣蕃妻胡，及从子有恒妻沈，从夫救舅：皆死。而新建徐文瑶妻朱，割乳题首；进贤胡永益妻胡，刃出背：死尤烈。

应氏妇，鄞人。贫行乞。顺治六年，海寇至，匿郭东庙。寇欲污之，坚不从。既伪诺，出庙，将入井，寇复牵以入，终号泣不就，死乱刃。

平阳妇，不知其姓氏。顺治七年，姜瓖乱，为其徒所掠，过定州唐城村，刺血题诗于壁，并为序自述，略言："明月在天，清水在旁。得自尽于此，上不愧父母，次不惭婿，庶几与水同清，与月同明。"遂自经死。

殷壮猷妻李，丰润人。顺治中，壮猷为临蓝参将。十一年，孙可望攻临蓝，壮猷筑城以守，围久不解，出战，死。李以印畀次子质，挥使出避，而与长子文自刭死。

杨昌文妻袁，安义人，或曰建昌人。顺治间兵乱，父母迎袁归，袁不可，曰："弃姑避兵，不义。"兵至，伏地请死，斫数刃去。家人归，努目问："姑无恙乎？"曰"无恙"，乃瞑。

谌日升妻陈，高安人。顺治间，金声桓乱，为兵掠挟上马，力拒，中八刃，剖心断胫刳孕死。

陈某妻万，万县人。康熙间，谭弘乱，被执，杀其怀中子。万诡言家有藏镪，贼使其徒从以往，过悬崖，奋起，挤贼堕，亦自投死。

林应雏妻莫，梁学谦女，吴师让妻某，黄某妻李，皆新会人。应雏、学谦、师让皆诸生。顺治十一年，明将李定国攻新会，城守阅八月，食尽，杀人马为食。莫代姑，梁女年十一代父，黄、李代夫，皆死。李之死，兵持首还其夫，使葬焉。

文秉世妻梁，郁林人。李定国掠州，梁为兵掠，迫上马。梁哭，据地骂，兵杀之。越二日，秉世得其尸，目未瞑也。

文氏女兆祥，文枢妻陆，灌阳人。定国兵至，姑嫂避火星山箐中，兵入，自杀。

何氏女，昭平人。是岁师逐定国，避兵思庇冲。或迫之，死。

王氏三女：长亥娘，次竹姑，次酉娘，博白农家女。康熙十九年，避寇宴石岩，寇攻岩，姊妹皆投崖死。

陈心俊妻马，伏羌人。年十九，寡。顺治初，流寇据城，其渠闻马有色，遣人强致之。马居楼上，挥杂器物掷楼下，厉声叱其人曰："白若渠，欲强污我，惟有头可断耳！"渠闻，亦愕曰："烈妇，烈妇！"卒得免。

郭俊清女莲姑，巴州人。嘉庆二年九月，教匪破城，掠以去，女骂不绝。贼褫其衣，骂愈厉，杀之，书其背曰："烈女尸"。

张问行妻杨，秦州人。同治间回乱，破其堡。杨遣三子行，持厨刀倚扉骂贼，贼劙其口至耳际，骂犹不已，遂死。贼举扉掩其尸，书其上曰："此张监生妻杨烈妇，毋损其尸。"

张联标妾傅，泰顺人。联标为罗阳知县，傅从，年方笄。山寇破县，被执。贼渠令其徒百方诱之，不从。一夕，拥至渠所，诸贼执刀夹左右，怵以死，终不屈，乃缢杀之。

林乾妻程，漳浦人。有殊色。康熙元年，县有刘畅者，为盗马婆山。掠程至，将污之，不从。使他妇譀之曰："我曹已至此，即完节，谁复能信？"程曰："吾自行吾志，非求人信，岂能效汝曹无耻耶！"畅杀之。

杨应鹗妾佟，奉天人。应鹗官贵阳同知，吴三桂叛，檄署官，应鹗力拒，乃置诸顺宁。师将入滇，郭壮图使杀之，应鹗骂使者。佟曰："大丈夫当毅然引决，无恋恋如儿女子！我请为公先，不使公遗憾。"遂缢，应鹗亦缢。

黄居中妻吴，居中失其里贯；吴丰顺人，广东饶平镇总兵六奇女也。康熙中，居中为苍梧教谕。十三年，孙延龄叛，梧州戍兵应之，入其室，吴曰："封疆之事，固知非若曹所能，若曹其俘我乎？我将待之！"奋击，杀二人，自伏剑死。

胡守谦妻黄，闽人。守谦武举。当耿精忠叛，守谦投书城外，言贼必败，状为守者所execute，送郊外杀之。黄请代，不许。乃求得守谦首，缀于尸。葬毕，自具棺衾，饮药死。

沈棠妻俞，莆田人。年十八，美。耿精忠兵至，执俞，并及棠。俞计脱棠，乃抗贼。贼威以刃，就刃；迫以火，赴火；幽之，遂自缢，贼磔其尸。

同时福清陈得栋妻蒋，陈云元妻周，皆为贼磔。莆田林振先妻郑支解，永安黄尾四妻郑刳孕，贵溪傅护妻薛剖腹，脏腑尽出。

汪二蛟母徐，妻戴，开化人。康熙十三年，耿精忠兵入浙江境，开化陷，二蛟及母、妻行避贼。贼至，缚二蛟，驱其母、妻以行。行过大泽，戴厉声曰："得死所矣！"徐应曰："待我！"贼持戴袖，戴绝袖，抱子自投泽中，徐与俱下。二蛟大呼，缚尽绝，亦赴水死。

后二年，开化复陷，刘章寿妻徐，为贼渠所得，置楼上，令两卒为守。妇阳谓守者："事已至此，幸语若主，欲婚我，当具礼。"卒告渠，渠盛服佩刀上，妇迎坐，解刀置案上。复阳言："奈何不为我具衣饰？"渠诺而下，妇取刀弄之，拔出鞘，忽引自刺。守者前夺刀，妇挥刀断其臂，遂自刭，渠裂其尸。

黄嘉文妻蔡，名慧奴，黄岩人。康熙十三年，耿精忠之徒陷黄岩，明年，师复黄岩，以黄岩民尝丽贼，俘焉。蔡及其子女属杭州驻防将，将艳蔡，欲以为子妇。九月壬申，将召蔡喻指，蔡取壁间刀自到死，将投其尸于江。时军中得俘辄责金赎，嘉文方求金杭州，至，则蔡已死，乃赎子女还。蔡父行求蔡尸，十二月丙子，风作，江潮涌，蔡尸乃出，距蔡死九十有九日。嘉文还，言子女得赎正同日。

徐明英妻吴名，宗爱，字绛雪，永康人。宗爱幼慧，九岁通音律，十余岁即能诗，善写生，间作设色山水。明英卒。康熙十三年，耿精忠将徐尚朝攻处州，略金华。六月，游兵至永康。尚朝尝官浙东，闻宗爱才色，乃使胁宗爱族人，求宗爱，势汹汹。宗爱乃曰："未亡人终一死耳，行矣，复何言！"贼遣迎宗爱，以两骑翼宗爱行。至三十里坑，宗爱绐骑取饮，投崖死。宗爱二女兄皆能诗，而宗爱尤工，所著诗二卷。

长清岭烈妇，不知其氏，诸暨人。康熙十三年，盗朱德甫占县紫阆山为乱，吏发兵讨之，妇见掠，与其子并絷。妇好谓兵："吾既被获，复何言？吾夫祇此子，请俟其追至，以子归之，吾从汝去耳。"行至长清岭，其夫奔而至，妇复请以子授其夫。度父子行已远，自掷崖下死。

韩昌有妻李，秦州人。康熙十四年六月，遇寇，李负幼子，行迟，为贼及。李批贼颊骂，贼刃之七创，项未殊。昌有昇之归，夜而苏，谓昌有曰："必葬我松下！"又七日乃绝，昌有葬之松下。

马雄镇妻李，雄镇自有传，李不知其里贯。雄镇为广西巡抚，孙延龄反，遣子世济如京师告变，旋见执，幽四岁。康熙十六年，吴世琮攻杀延龄，遂戕雄镇及其二子。李及妾顾、刘，女子子二，世济妻董，妾苗，同日死。雄镇初见执，置其孥别室，妾赵及世济子一、女三皆以饥寒死。于是雄镇二女相要同死，妾顾亦愿从。及雄镇见执，守者梯垣以告，二女谓顾：“今日当践约。”为缳于梁，语顾曰："夫人诸母行，宜位于中，虽颠沛，不可失序。"顾曰："我妾也，又无出，何敢与诸母齿？"再让，乃先缢。幼女年十五，弱，手不胜绠，久之，环不就，呼曰："姊助我！"长女年十八，应曰："妹怖死耶？吾助妹！"已，皆缢。董先二女缢，绠再绝，再仆地，伤额及足，三缢乃绝。苗与刘后二女缢，李视诸人皆死，曰："姑妇子女，皆幸不辱身，我无憾矣！"乃亦缢。

顾，名荃，字芬若，丰润人，能诗画。

沈瑞妻郑，瑞附见其从祖《志祥传》。郑父斌事郑锦，私署礼官，盖亦锦族。瑞初封续顺公，驻潮州。锦兵破潮州，送瑞台湾，时瑞年十五，斌盖以此时婿瑞。居数年，锦部有傅为霖者谋为反间，事泄，逮连瑞、锦系瑞及其孥，而以郑归斌。郑泣谓斌曰："儿既归沈氏，生死与共！请遣儿同系。"斌使处于别室。及瑞将死，问："夫人安在？"或以告，解带使诀郑，郑遂自经。

傅璇妻黄，名弃娘，台湾人。璇，为霖子也。为霖事败，锦俘其孥，弃娘有兄铨为营救得免。为霖、璇皆被杀，弃娘矢殉，铨宽譬之。弃娘曰："今日之事，子为父死，妻为夫死，复何言！"卒自经。

刘昆妻张，保宁人。昆死乌蒙之难，语在《忠义传》。昆既死，贼遂破城，张冠帔坐中堂，呼女易璋、可璋及妾吴，戒毋辱，出昆佩刀示易璋，易璋泣而跪，张斫其肩死。可璋亦跪，张慄，刀堕，可璋曰："母怖耶？"拾刀自刭，亦死。张语吴："汝将三岁儿，好自匿，存张氏后。"吴号，抱张膝，张且叹且回刀自殊，颈且断，危坐几上。吴挥乳母抱儿速去，拜张前，引刀冲喉，死几下。雍正八年八月事也。乳母逃山中，卒全张氏后。师定乌蒙，录昆死事，张、吴易璋、可璋旌赠如例。

杨天阶妻关，开化人。天阶为乌蒙守备，城破时战死。亦有女子子二，长白凤，次无名，关闻天阶死，谓二女曰："我当死，汝姊妹宜求自脱。"二女泣曰："父已死，兄不知存亡，何以为生？"遂对缢。关自刭死。

乌蒙女，不知姓氏，里居乌蒙。倮乱，掠子女财物，女子年少者，头人自取之。女与其曹二十余辈立棚下，日暮，头人持刀入，叱诸女去衣，不从。击以刀脊，次及女，女年十五六，有容色，坚不从。头人欲击辄复止，小倮告有以酒食贺者，头人掷刀出。倮营中为坑，爇薪炭御寒，女挟头人所弃刀立坑后。头人醉，复入就女，张两手将抱持，女迎刺洞其胸，仆地死。众倮惊，就视，女已自刭，群碎其尸。

刘亨基女，字满，湘潭人。亨基官台湾府同知，权知彰化县。林爽文之难，亨基殉焉。满年十六，自沉厅后池，池浅不得死，辗转泥中。贼大至，曳之上，满骂曰："我名家女，岂惧死乎？汝曹生太平，乃为逆乱，官军至，汝曹当万段！"贼劙其口，剔其鼻，骂愈厉，乃杀之。台湾平，得旌，台湾之民私谥曰贞烈。

滕士学妻满，向宗榜妻滕，滕作贤妻杨，滕家万妻黄，皆麻阳高村人。乾隆六十年，苗乱，掠高村，入士学家，击满以梃。满怒骂，苗抉其目。骂愈厉，遂断舌剖腹，寸磔死。滕绷其儿走水次，求舟将渡。苗逐之，执其手，滕怒骂，苗杀其子，滕跃入水死。作贤、家万皆为苗杀，杨自刭殉。黄为苗掠至八斗山，绐苗入深林，解刀揕其胸，杀之。走求家万尸岩下，亦自刭殉。高村又有妇，以舅方病，不忍去。苗至，将杀其舅，妇夺刀刺苗，殪，遂自刭。

陈世章妻朱，义宁人。世章为湖北保康知县。嘉庆元年，曾世兴为乱，保康故无城，贼骤至，朱怀印坐。贼挟刃索印，朱曰："我命妇，印在此！汝曹何敢夺？"贼以矛贯其胸死。

薛中杰女，洋县人。嘉庆二年，教匪掠县境，女年十六七，从家人行避贼。为贼得，置马上，女骂，跃，仆地，贼掖之起行。经益水滨，自掷入水。方冬，水落，不即死。贼岸上立，好语招使上，女益匍匐求深处，贼攒矛刺之，死。

傅瑛妻周，宝庆人。道光间，教匪起，周方在母家，从母匿丛栗中。贼拥至，邻妇先匿者群叩头乞哀，周语母曰："死生命也！奈何降志于此曹乎？"乃举袂蒙其首伏母怀。贼迫视之，美，挟上马，二贼挟以行。周骂贼，贼抚其背为好语，周以指劖面骂益急。贼刺其胁，推坠马，死乱刃下。

任寨村二十烈女，任寨村宝丰县村也。嘉庆五年，教匪至，距村不十里，村民出御。此二十人者，与同村诸妇避于楼。教匪入村，攻楼，不能克，乃收禾黍积楼下，环而焚焉。火炽，楼中诸妇有穴墙而跳者，或欲与二十俱，二十人同声曰："教匪盈野，理难自拔，万一求死不能得，何颜食息于人世？死于刃，死于水，死于火，死同也。惟毕命于此，吾侪志决矣！"俄而风起，火益怒，楼烬，二十人燔。二十人中已适人者，何李氏、张王氏、刘王氏、冯刘氏、傅李氏、任赵氏、任周氏、任宋氏、任邱氏、任张氏、任赵氏、赵叶氏、李张氏、张赵氏、崔郝氏，未字者，何氏、冯氏、傅氏、熊氏、崔氏。

王自正妻马，秦安人。嘉庆五年，教匪破县，马被掠，骂不已，刀胁之，益厉，眦裂血，贼积薪焚杀之。

强逢泰妻徐，韩城人。逢泰父克捷，嘉庆间官滑县知县。十八年九月庚午,李文成之徒为乱,克捷及其妻殉焉。前一月,逢泰将其弟望泰归取妇。乱作,徐骂贼不为屈,贼絷徐钉著厅事柱上,脔割之,弃其骨。事闻,仁宗以徐死事烈,命谥节烈,赠恭人,附祀克捷祠。

方振声妻张,大兴人;陈玉威妻唐,台湾人。振声官嘉义县斗六门县丞,玉威官台湾北路协把总。道光十二年十一年,盗张炳为乱,遣其徒黄城攻斗六门,振声、玉威与千总唐步衢拒战,皆死之,张、唐殉焉。张骂贼,劓鼻剜舌死尤惨。其幼女亦从死。

宣宗命张、唐并谥节烈,附祀振声、玉威祠。终清世,妇人得谥者凡三人。克捷、振声、玉威语在《忠义传》。

宝丰二妇,不知其氏,县察河寨人。道光中,教匪为乱,官军逐捕,以车载火药留置寨中,为教匪所诇,将攘而有之。攻寨急,堕其一隅为陂陀,肉薄以登。二妇见贼入,大呼曰:"寨破矣!火药且资贼,奈何?"寨中人皆潜避,无应者。二妇从风而火,药尽焚,烟涌尘起,蓬勃雾晦如夜,贼自相斗杀,二妇燔焉。

戴钧衡妻李、妾刘,桐城人。钧衡,《文苑》有传。咸丰初,洪秀全之徒攻县,钧衡避舒城,李、刘及二女居。寇至,仲女年十六,抗刃死,李、刘皆被掠。寇使他所掠妇与李处,李阳与诸妇语,纳手入袖。忽口喷血仆地,视之,刃刺喉死。寇欲褫其衣,其侣呼曰:"此烈妇!汝褫其衣,吾斩汝!"诸妇防刘益严,刘受李诫,以间脱其幼女囚。两月余,不言,不栉发。一日,寇欲污之,乃大骂。寇怒,杀诸东郊外,骂不绝。曰:"吾今可以报女君矣!"遂死。

陈吉麟妻周,临川人。咸丰间,洪秀全之徒破县,周与女仙英走铜岭,贼及之,加剑于项,逼之,不肯从。杀仙英,愈怒,批贼颊,贼杀之。尸提其首而立,贼为之惊走。

同时凌传经妻杨,彭泽人。与姑匿山中,贼搜得姑,杨持刀奔赴。贼舍姑与斗,力尽,为贼支解。杨同县又有贾莲品妻韩,掴贼,为所磔。

秦耀曾妻毕,耀曾,江宁人;毕,镇洋人,湖广总督沅女也。耀曾以举人官郎中。咸丰三年二月,洪秀全攻江宁。毕年将八十,城破,集家人告曰:"吾家人受朝廷恩,于义当死。尔曹皆朝廷百姓,平日受承平之福,今寇乱,可爱死乎?且为贼得,必有求死不得者,悔何及!"乃服命服,扶杖赴水死。从者数十人。

曹士鹤妻管,名怀珠,字藏真,亦江宁人。士鹤官陕西清涧知县。城将破,与士鹤兄妻李缢朱氏祠树上,自书衣襟曰:"陕西清涧县知县曹士鹤妻管氏为国死于此。"

谢石全妻廖,曾石泰妻黄,叶金题母胡,缪胜云妻黄,皆定南人。咸丰六年,粤贼攻城,廖、黄皆助城守。廖执刃登陴,历数十昼夜。一夕,依堞视贼,为飞炮所中,遂

卒。黄佐石泰杀贼,贼攻城东南隅,黄赴救,中火枪,犹大呼杀贼,死城上。八年,贼复至,攻胡所居村,金题从乡兵御贼,胡握析薪斧,踣贼十余。力斗,被重创,与金题俱死。胜云所居曰缪家庄,土寇作,黄与妯娌发火箭毙贼。贼逾屋入,胜云与其父皆死。黄挥刀巷战,久之,贼大至,自刭死。

石时稔聘妻刘,名敏和,吴县人,家洞庭山。时稔卒,刘得请于父母,奔丧,奉姑居。咸丰十年夏,洪秀全之徒破苏州,洞庭山民拒守。阅岁余,力尽。贼自山前入,刘盛服待水次,誓死。居三日,贼不至,姑挽令入室,刘问:"何以得免?"则曰:"率钱输贼兵。"刘跃起,哭曰:"是乃降也!降则此贼土,吾贼人矣。吾认为三日中,若辈与贼决死战耳。今若此,何用生为?"姑与家人辈力劝毋死,刘好谓曰:"我三日不入户,惫矣!且少休。"入室,即夜自经死。留一纸,自书生死年月日。

章瑶圃女亥姑,馀杭人。咸丰十年,年十五。六月庚午,贼至,亥姑抱柱坚不释,贼击之,十指皆创,抱柱如故。贼斫其肩背,亥姑骂曰:"恨不为男子杀尔辈尽!"贼勒其颈死。

戴可恒妻朱,可恒,仁和人;朱,长兴人。可恒父熙自有传。咸丰十年,杭州破,熙殉。朱具衣衾,视敛如礼,从可恒转徙。明年,复还,贼复至。围急,朱方为诗词自若,曰:"我自为计久矣,何惧!"城破,朱语可恒速将子出避,赋诗矢死。不食两日,未绝;自经,缊断,又未绝;夜入池死,即熙死节处。熙死时,少子穗孙妻孙,方归省,闻即仰药殉。其祖母姚、母闵,及诸弟、妹皆死,凡七人。

金福曾妻李,福曾,秀水人,有传;李,馀杭人。福曾父鼎銮,官临安训导,寄孥杭州。洪秀全之徒再攻杭州,围久食尽,杂啖草木,甚至炸雨屐缘革为食。城将破,李与福曾矢必死。尚余银饼一,为福曾缝置复絮中,谓穷途得此,犹可旦夕活也。俄,贼大至,投姻家洪氏屋后池死。同时鼎銮殉临安,鼎銮弟鸿僖妻胡,避临安村间,为贼所迫,矛舂其喉死。咸丰十年,贼破嘉兴,福曾之族诸妇女死者,衍芹妻倪、衍科妻钟、鸿銎妻徐、鸿墀妻许、鸿勋妻潘、鸿勳妻胡、鸿绥妻顾、鸿绂妻屈。徐、许皆有女从死。振声妻张,贼将至时先自经殉。

张福海妻姚,钱塘人。福海官广东曲江知县。姚家居,寇至,城围合,米尽食麦,麦尽食糠粃,糠粃尽食马料豆。城破,贼胁姚行,姚奋起击贼,被杀。同死者娣、姒孙、王,女杏珠,侄女满、文、月。

邵顺年妻伊,仁和人。顺年,懿辰子,懿辰自有传。杭州被围,伊炊粥奉舅姑,辄忍饥不食。城破,俟其姑既出,入井死。巡抚马新贻上懿辰死事状,附陈伊"生则以孝事亲,临难不求苟活,深明大义",得旌。

顺年弟顺国妻刘,亦仁和人。顺国为六合知县,卒。刘父坤方为汉中知府,令以二子往。刘谓异乡非可久居,

以顺国丧还葬。竈先世藏书授二子，督就学甚严，二子皆成立。

陈某聘妻鄞，海宁长安镇人。未行而夫死，誓不嫁，奉父；父卒，为立后。年四十余，贼至，焚其村，鄞自沉水瓮中。贼去，戚族往视之，其庐烬，瓮水沸，尸为糜矣。

胡金题妻俞，金题，乌程人；俞，归安人：家双林。贼以有色，驱使行，不从，持刃吓之，张目以颈就刃。贼笑曰："痴女子！"乃縶以行。行数十步，有桥横水，俞好语贼曰："雨后泥泞，縶不可以行，乞舍我，我自从汝去。"复请以两矛夹持以上，示无死意。至桥半，奋跃入水，贼怒其绐，予刺之，死。

王氏女婉容，亦家双林。贼掠其父母，婉容请于贼："释父母，我从汝去。"贼释其父母。已入舟，婉容出户呼曰："我犹有语，请少待！"且呼且行，近水，疾跃自沉。贼操矛拯之，不上，遂死。

郑德高妻与方其莲妻，皆阮氏兄弟也，兰溪人。贼破县，德高、其莲将其孥避北山。久之，德高、其莲偕入县，为贼杀。二妇恸，誓死。一日贼奄至，二妇坚坐不为动。一贼持矛入，倚矛于壁于呼二妇具茗，二妇不应。贼解佩刀掷地，曰："不应且死！"二妇厉声答曰："我曹畏死，尚坐待汝耶？吾夫死于贼，今当杀汝！"遂跃起，即取刀矛击贼，贼徒手，被数创，大呼，群贼皆至，二妇力斗死。

周小梅妻汤，名硕人，常熟人。咸丰十年，洪秀全之徒陷常熟，小梅方赴乡，汤率子涟香、女淑贞及幼子、女入井死。将入井，嘱长子于邻翁；脱戒指付老仆，嘱持书报小梅。书曰："昨君出门，饭后即失常熟，一夜未眠。今水穷山尽，当死义，恨不能一言为别。愿君平安，勿以妾母子为念。寄戒指一枚，见此如见妾！"

杨某妻沈，名彩霞，金华人。生农家，有力，能舞大刀，重百斤。俗斗牛，牛奔，彩霞手挽之，牛不得动。咸丰十一年，贼将至，乡入集团练得数百人，推彩霞主之。时兰溪诸葛焘团练过万人，与群犄角，贼至则互救。洪秀全将李世贤自龙游至，彩霞乘其未定击之，败走。总督张玉良兵至兰溪，暴于民，舂甍。兵有自贼降者，伪为诸葛氏之帜过金华索犒，彩霞察其诈，击杀数百人。玉良告巡抚，谓团练杀官军，互讦不已。贼又至，伪为官军装，吏不复察，金华破，彩霞自刭死。杨某亦死乱军中。

周世棟妻胡，镇海人。咸丰十一年，贼掠世棟去，使市马，以三贼监之行。世棟曰："吾乡故多马，四人乃不足。"贼令募壮夫偕，世棟得乡人陷贼者六，导之至鄞东乡。地僻，遂手刃三贼，其一实阳死，世棟未察也。遣乡人自归，矫贼令入宁波，出被掠男妇数十辈。夜半，阳死贼归告其渠，将群贼捕世棟，世棟逃走。贼执世棟母及胡，胡语贼曰："吾家有藏镪，请以吾质，遣吾姑发藏镪，馈诸公。"姑已去，胡仰药死，世棟母子皆得免。

蔡以莹妻曹、妾马，萧山人。咸丰十一年，贼自严州循江薄萧山，以莹将妻妾子女避兵王家桥。遇贼，劫曹，将犯之，且骂且入水死。子景轼、女景良奔赴，与俱死。女景李为贼掠，语贼："勿相强，我固愿从汝。"贼稍宽之。行近水，亦疾跃自沉。马抱三岁子匿苇间，以莹还，求得马。贼复至，马视道旁舍有采菱者所遗木罂，折枯木授以莹使乘以渡。以莹要马偕，马曰："此非舟，不能胜二人。"出怀中儿投以莹，曰："以此子随君去。"以莹渡未半，廻望贼垂及，马呼："君勿念我，今与君永别！"赴水死，以莹得免。

王永喜妻卢，永喜，开州人；卢，清丰人。咸丰十一年四月乙巳，盗李古考围州城，永喜将出助守，语卢曰："若闻炮，即城破，吾家世清白，慎勿为贼污！"卢曰："诺"。贼至，举炮相击，城得全。永喜归，则卢率二女自经死矣。二女：长曰印，次曰改。又有张氏妇，村居，贼执以去。见井，绐曰："我渴甚，乞解缚饮我！"贼解缚，入井死。

刘崇鼎母张，都昌人。咸丰间，洪秀全之徒攻县，县人治乡兵，推崇鼎主其事，崇鼎谢母在。张曰："人谁无母，皆以母谢，谁当杀贼者？"崇鼎受命主乡兵，张出家财佐饷。贼至，崇鼎请母避贼，张泫然曰："未战而先策败，人心散矣！有进尺，无退寸，此外复何顾？"崇鼎雪涕出战，败死。张闻败，曰："崇鼎死矣！"遂自经，未绝；贼已入，张出，坐堂上，骂贼，死之。

武昌女子，不知其姓氏，在贼中号为朱九妹。咸丰间，洪秀全破武昌，驱以东，至江宁，杨秀清欲纳之。女侍饮欢甚，潜置毒酒食中进秀清，持之急，秀清察有异，磔死。

沧州女子，亦不知其姓氏，同治七年，张总愚北攻沧州，其党得此女。献总愚，总愚使执役。女袖出剪刺总愚，伤其臂，群贼集，立醢之。

费某妻吴，费某，德清人；吴，处州人，失其县。父景藩，为湖州运粮千总，因以女归费。早寡，事祖姑甚谨。洪秀全之徒陷德清，景藩他徒，吴嘱以子而留事祖姑。贼大至，追吴，将污之，不从。贼抽刃出，祖姑与相向哭，吴慷慨求死。贼系之树上，曰："我出汝心，观汝心坚否？"刃割胸，出心，坚如石，贼大惊。就德清人求其姓氏，曰："此妇殆有神！"

冷煜瀛妻卢，义宁人。煜瀛官都昌训导，洪秀全之徒破县，死之。卢伏哭煜瀛侧，为煜瀛理须，厉声骂贼。贼断其舌，死，手犹握须弗释也。

陈兆吉妻余，亦义宁人。义宁破，贼杀兆吉。余方妊，骂贼，贼剚其腹，儿逐刃堕，呱呱泣，贼惊走。其渠闻，为之少戢。

蔡法度妻简，新淦人。简早寡，美。洪秀全之徒攻县，名索简，言不得屠蔡氏。蔡氏大恸，简曰："是无难。"艳服乘舆出，方度溪桥，骤自舆跃出，入溪水。溪水急，求其尸，勿能得。

张守一女春英，山西人，寓海城。同治二年，回乱，守一已卒，弟、妹幼，母悲泣。春英阳语回："能脱我母及弟、妹，愿相从。"回遣两骑使守一旧仆护之行。春英度去远，入井死。

王占元妻杨，皋兰人。同治四年，回乱，杨从家人匿山穴中，为回所得。杨曰："如爱我，幸毋伤我姑。"回驱杨去，至一村，回入掠。杨语途人曰："我王占元妻，将死于此。乞寄语吾夫，速负母远遁！"遂入井死。

王秉坤女翠环，固原人。亦为回得，欲挟之去，翠环曰："释我父、兄，可。"回释其父、兄，曰："我弱不任骑，愿以舆行。"回喜，俾以舆行，女舆中饵毒，未至回所，死舆中。

魏克明女秀莲，泾州人。同治七年二月，从两兄行避兵。回至，次兄中矛死。秀莲跪请活长兄，回许之。长兄脱走至山麓，遥望回迫秀莲乘马渡水，至中流，坠水死。

刘庆耀妻廖，龙南人。庆耀贳酒自给。同治三年，贼至，廖持刃卫姑出。贼执姑，廖挥刃断贼腕，姑得脱。贼斗廖，廖杀二贼，力尽，剖腹断舌死。

欧阳维元妻曹，崇仁人。姑早寡，年九十九矣，贼急，曹奉姑走太浮山，遇贼，姑见杀。曹与维元击贼，皆死。

李盘龙妻邓，永新人。贼攻县，邓与族娣、姒走，遇贼仕坪。三妇共斗贼，皆死。娣、姒失其氏。

黄氏女，名婉梨，江宁人。咸丰三年，洪秀全破江宁，婉梨方五岁，有母，与兄弟居。同治四年，师克江宁，有兵入其室，杀其母及其兄弟，缚婉梨置舟中，谓将归湖南。婉梨好语兵："至汝家，当妻汝，舟中毋相逼。"时有金眉姑者，亦被掠，自沉于江，婉梨举以怵兵，兵不敢犯。月余，将至其家，驱就陆，兵遇其侣，与俱投逆旅，二人方共饮，婉梨见牖上有毒鼠药，潜置食中。夜分，一人毒发死，一人毒浅，未即死，婉梨掣所佩刀刲其腹，题诗壁间，述始末，自经死。

程氏女，名季玉，归安人，从父居苏州。苏州陷，其父以医卜自活。师克苏州，季玉与其父相失，就邻媪匿桃花坞。其女儿为部曲将所得，胁季玉去。季玉自经，不死，作绝命诗界媪，使他日告其父，入井死。

韩肖朱妻郜，赵州人。姑瞽，张总愚自柏乡向赵州，郜奉姑走栾城。贼骤至，姑曰："我瞽不能行，汝可疾逃，无以我累汝！"郜侍姑终不去。贼见其少，将縶以去，郜请诀于姑，贼稍缓，郜急趋赴井。贼持矛逐之，郜张两手以拒，回身堕井死。贼去，出其尸，矛创七。

张醴仁妻王，武强人。张总愚之徒入县境，王避乱深州。贼至，王与妇女数百自沉于滹沱，水浅，不即死。贼据河滨村二日，饥冻颠踣，一妇哭曰："此不即死，不如死贼刃！"王曰："见杀于贼辱甚，不如水死！"三日僵立死。

同县许氏女，从其父避贼。行遇贼，女促父速去。父陟冈望之，贼授女鞭令上马，女持鞭鞭贼，骂曰："竖子！安敢尔？"贼縶女，挟刃迫之，女骂如故。刺其腕，刺其肩，骂如故，遂见杀。

李氏女，名蒲，饶阳人。亦从父避贼。贼至，将劫之去，女抱持父，坐于地不起。父令从贼行，道侧有井，父顾曰："蒲，井也！"蒲疾入井。贼并挤其父入井，同死。

杨某妻吴，武进人。子传第，以举人官知府。客河道总督幕，迎吴居黑坬。黑坬在开封北，滨河。同治三年八月，捻匪攻开封，未下，掠黑坬，吴骂贼死，传第从河道总督在开封，闻母死，大戚。以为不能豫戒，陷母死，为母撰行述，成，仰药死。

康创业妻，与李鸿业妻，皆邸氏，兄弟也，深泽人。同治七年，张总愚党掠县境，方归宁，从其父半千登屋避。贼登，刺半千死，姊持梃击贼，妹夺贼刀殪之。贼踵登，挥刀堕梯下，毙。贼发枪，妹仆，姊被数十创，亦死。

王书云妻谷，亦县人。书云精针灸，谷传其术，活妇女无算。贼至，矛刺其子凤衔仆，谷操杖击贼酋。贼纵火，与其子凤德、凤桐，女然文，皆死。

王有周妻杨，玉门人。早寡，抚三子汉连、汉元、汉科，皆长。同治三年正月，回攻所居堡，急。杨使汉元间道诣肃州请兵，汉连以其人出御。杨闻炮声急，意堡破，将二女孙入井死。汉连妻张挈次女自经，汉元妻李率次女饮酖，汉科妻李及子三、从女一、女甥一皆以到。逾时回败去，汉连归，则家人皆狼藉死矣。

张金铸妻段，平凉人。同治间，回乱，金铸跳而逸，段未得从。回至，胁以刃，不为屈。砍项折，未殊，犹怒骂。复断其左臂，乃仆，回委之去。金铸归，段尚能语，曰："我家长物，尽为寇掠去，惟敝书数帙，我取置怀中，君可将去！"又曰："我且死，君当速行！勿以我故留，寇复至，君将不免。"金铸取怀中书欲去，返顾，段已绝。

王氏二女，香兰、缳娃，秦州人。同治八年，回乱，掠香兰。悦其色，以好言诱，不从；刃胁，不屈。欲走投崖，为贼追及，支解死。缳娃年十六，尤丽。贼縶以行，缳娃唾贼面骂，不少怯，亦见杀。

马安娃妻赵，秦州人。庄而有容。回乱，见执，骂贼，劙口，被数十创而死。安娃母田、兄妻赵皆死。

王之纲妻李，亦秦州人。扶姑避贼，贼及之，李捍贼刃，乞代姑，姑得间走，李乃骂贼。贼剜其左目，被十余刃而死。

穆氏女，名芝，束鹿人。幼慧。同治七年，年十八，捻匪至，欲縶以去。女哀之，不听，乃呼其父曰："速去！勿相顾，儿自有以处之。"父行稍远，芝厉声诟贼，贼鞭之仆。贼曰："汝阳死，岂舍汝耶？"就曳之，芝骤举足创贼目，贼连刃刺之死。

张某妻蔡，秦安人。同治中，回乱，蔡有色，回使执爨，不可；与语兼嘲谑，蔡夺他贼刀刺之，伤贼手，见杀。

同县程丁儿妻黄，执厨刀击贼，不中，贼刳其腹，引肠悬树上。

张氏女，小字纯秀，年十七，有色。为回得，坚縶之。女止哭，求弛缚，度峭岩，耸身自掷岩下死。

赵贵赐妻任，甘肃安化人。同治间，回乱，贵赐为团勇，战死。回入其家，任执厨刀伏户侧，回先入者，出不意，斫之，踣。余贼挺矛入，任反刃自杀。

杨贵升妻刘，伏羌人。回执其姑，将搥楚，刘请代，不听，取厨刀歼一贼，因自杀。

多宝聘妻，宗室氏，多宝，赫全里氏，失其所隶旗；宗室氏，正蓝旗人，大学士灵桂兄女。未行，多宝卒，易衰绖，赴吊，立从子英愉为后。灵桂以闻，穆宗书"未吉完贞"四字以赐。英愉亦早卒，妻鄂卓尔氏，蒙古正白旗人，大学士荣庆女弟。婚甫逾月，姑、妇食贫守节。光绪二十六年，义和拳为乱，各国合军入京师，城破，多宝弟和宝妻，率佣妇入井；多宝妻起，引药饮其妇，视既绝，乃自饮，同殉。

公额布妻，西安驻防，失其所隶旗。善事姑，三十而寡，教二子奎亮、奎喜，有礼法。宣统三年九月，乱作，戒二子曰："此我完节时，汝曹当努力报朝廷，毋念我！"城破，率二子妇及孙定炎、成惠、孙女三入井死。清中叶后，八旗多从汉姓，公额布妻姓关桑氏，奎亮妻关鄂氏，奎喜妻关白氏。

音德布女雪雁，西安驻防，正红旗人。幼慧，粗解文字。乱作，从家人出避。行遇兵，有诱之者，雪雁引刀断其指，血沾衣，诱者惊却。又遇兵，强胁之，女大诟曰："吾头可断，志不可夺！"兵群起抶之，无完肤，女骂不绝，刃洞胸死之。

良奎妻，从汉姓曰石甘氏，荆州驻防，满洲镶黄旗人，为驻藏大臣凤全女也。凤全自有传。贫，躬织纴供朝夕，诸子佐军，迎母居武昌。宣统三年八月，武昌兵起，诸子将奉母出避，力拒曰："吾七十老妇，死何憾！"诸子哭，麾之出，遽阖户。翌日，兵大掠，与子妇二、女子一、孙及女孙三，皆死之。

连惠妻，从汉姓曰赵那氏，京口驻防，失其所隶旗。

连惠咸丰间以前锋从攻镇江，战死。连惠妻以节旌。宣统三年，年已逾八十。九月兵起，出走，兵抽刃击之，未殊，骂不绝，被数刃，乃绝。血肉狼藉，白发为之赤。

根瑞妻，从汉姓曰王刘氏，京口驻防，镶白旗人。父德永，有文誉，客授学子。根瑞妻服父训，早寡，以节旌。无子，有女已嫁，依以居。闻兵起，语女及女夫曰："吾年六十二，被旌，当殉变。尔曹将子女村居，得田十亩，耕且食，毋更求仕。"俄闻副都统载穆死官，即求死，辄救免；号泣不食，女及女夫跪进食，终不食，七日乃绝。

松文母吴，松文，荆州驻防，镶蓝旗人。同治初，徙江宁，从汉姓为冯氏。吴，荆州士人女也。事姑孝，早寡，无子，松文，其族子也，立为后。松文子富伦浑，才而早卒，松文哭子恸，亦卒。松文妻康，富伦浑妻石，仍世守节。宣统三年，兵起，江宁驻防军溃，松文母年九十三矣，恸哭，以仍世守节，义不辱，首触墙死。康与妇石将诸孙自沉于水。康死，石与子、女遇救免，康与石不详其族系。

姚叶敏妻耿，襄城人。叶敏早卒，事舅姑尽礼。立兄子为后。武汉兵起，耿方病，襄城土豪为暴，掠妇子为质，耿惧辱，饮药死。

陈某妻殷，秀水人。宣统三年，殷从夫在郴州。九月，长沙兵起，湘南诸府州应之，郴属县宜章、永兴皆变，殷告夫誓相守以死。夫趣殷将子女徙湘乡，依戚属避兵，殷不可；强之，乃行。濒行，部署琐杂事井井，入舟，抑郁，语子女："若曹免矣，若父奈何？"湘乡距郴千余里，俄传郴破，殷忧悸不食，面深墨，戚属相慰藉，阳为酬答。十月壬子夕，戚属同居者，闻启户声，旋闻其季女惊呼阿母起，烛之，就堂后门衡自罄死矣。

黄晞妻周，江阴人。晞父毓祺，明诸生，能文，明亡，发狂亡命。有司得晞系诸狱，周闻自经，婢救之，不死，乃日馈狱饘粥，夏不施帷，恣蚊咂，曰："我遥与狱中共辛苦也！"晞入狱十阅月，事小解，得出。居无何，怨家告毓祺所在，死江宁按察使狱中。有司籍其家，捕晞兄弟，兼收周，周夜投水，不死；茹金屑，亦不死；乃诣府，藏刃刺喉，血冲溢仆地。知府惊其烈，问晞有女兄为女僧，命昇置所居庵，上按察使诸释周，按察使不许，下县令再收周。周创渐合，乃自归，语县役曰："我不累若辈，第徐之，俟我死，持片纸去公家，事易了也。"手检晞单衣一，付老仆曰："主人行久，无裹衣备浣濯，汝以此寄之！"徐入室，阖户自经乃死。时顺治七年十月丁巳，年二十八。晞尚系按察使狱，闻周死，为文述其事，略言："古成仁取义之士，所以趋死之道不一，由其一，皆可得死。妇独多途遍历，糜苦不尝，而颠跌顿撼，卒死于家。一以显百折不回之苦节，一以遂正命内寝之初心，天不可谓无意云。"晞输八旗为官奴，乡人赎出之，得归，为童子师，至七十余乃卒。

邹延玠妻吴，武进人。延玠，明诸生，顺治八年，逮系江宁狱。十年，见法。吴自经，救不死。十二年，延玠丧还葬。十三年，有司复议收延玠家北徙。吴乃迎母至，夜将半，起，请母所曰："儿今固必死，安能俯首求旦夕活，作长安累囚妇耶？愿母稍忍，成儿死。"母泣不能言。吴更衣拜佛，复向母曰："儿欲为母拜，恐伤母心，儿不敢。母老矣，勿以儿故过哀！"因出一扇，曰："此夫子南京寄我者。"出一囊，曰："有医方，夫子所手校。有书，夫子生平所习。有发，夫子狱中所留也，仍乞以殉。"复呼婢戒毋号。乃自燃烛，持囊及扇还入室。时鸡甫鸣，母及婢傍徨哭，不敢出声。少顷，视吴，自经已晚。死前一日，苦热，吴祝曰："安所得甘雨乎？"遂雨竟日，人谓"节妇雨"。

陈生辉妻侯，单县人。顺治初，盗掠生辉使牧马。县北郭秦氏有马，为盗掠，生辉乘以归。秦氏见马讼生辉，生辉坐通寇死。侯事姑，丧葬毕，并葬生辉，设祭自刭。

田一朋妻刘，通江人。国初，一朋不从剃发令，坐当死，吏并絷刘去。刘挟毒自随，闻一朋将就刑，先服毒死。

蒋世珍妻刘，扬州人，失其县。世珍，顺治中为广东连平知州，有惠于民。岭海初定，土寇数发，谍报旁县贼数千人向连平，行至。世珍曰："贼至，惊吾民，吾且往，权顺逆强弱而为之所。"单骑入贼中，谕其渠降，其渠为引退。世珍宿贼营，翌旦乃还。守备吴章者，故与世珍有隙，诬世珍通寇，告总兵黄应杰，应杰启平南王尚可喜，捕世珍赴惠州狱，刘系置守备廨旁舍。章将无礼于刘，刘怒叱去。又遣婢说刘，刘曰："死不可缓矣！"遂缢而死。世珍入狱病，亦死。连平民葬刘州南乌石坳，为之碣，曰："正烈刘宜人之墓"。嘉庆二十三年，知州陈鹏来上其事，乃得旌。

王有章妻罗，益阳人。顺治七年，盗杀有章父赓及家人男妇二十余辈。越三年，又杀有章，惟余罗及有章妹头贞，皆断发劖面，号于有司。历八年，乃论杀盗渠。罗谓头贞曰："我当报汝兄地下！"因不食死。头贞初字曹氏子，曹氏子以其毁容也，遂罢婚。头贞徙长沙，仇家有子赴试，诱至家，殪之。

楼文贵妻卢，东阳人。文贵，农也，有鹅啄其麦，文贵驱鹅，伤邻儿。邻儿呼，遂殴之，投水死。里豪喝文贵，使鬻妻以为解。卢曰："吾不忍生离！"文贵惧得罪，因求死，卢曰："吾与汝同死！"遂入林偕缢。

沙木哈妻哈里克，满洲镶白旗人。沙木哈，兵也，为弟三太所击，垂毙，沙木哈妻誓身殉。沙木哈言曰："我止一弟，我死，弟抵罪。守先茔，抚诸孤，复何人？汝当言于官，曲贳三太死。"沙木哈遂死。沙木哈妻叩阍，述沙木哈遗言，乞贳三太，圣祖命许之。沙木哈妻得请，即自裁。康熙三年正月壬午，礼部疏请旌表，圣祖令立石冢上，书其事始末。

郑荣组妻徐，西安人。荣组有族叔，无状，殴其父，赴救，为所杀。其子五元、七元遇仇于途，啮其鼻。仇诉于县，县吏逮五元、七元，徐以冤白吏，吏不省，撞县门碑死，时康熙二十七年六月事也。典史某为具榇，露置城西铁塔。越七年，知县陈鹏年为营葬，立祠于墓侧。

张翼妻戴，名礼，乌程人。翼父韬，尝知休宁县，托翼于其友王毅，毅以女妻焉。韬卒，毅女亦死，继室于戴。毅子觊翼产，康熙六十年五月，诱至其家，迫作券，殴之垂毙，挤堕水。异归，不能语，瞠视戴。戴泣曰："我一弱女子，不能为君复仇，当以死从君。"啮指以誓。越七日，翼死；又十七日，戴自经，衣带间得绝命诗三章。

詹允迪妻吴，东阳人。允迪不嗛于族人，为所中，坐危法下狱，吴期与俱死。至其日，尽出金珠畀所识贫乏者，散诸婢仆，诣狱与允迪诀，瞠视不语者久之，归自刭。

蔡以位妻孙，侯官人。以位佐鹾商与私贩者斗而死，孙迎丧河干，自掷入水，以救免。其娣，即其姊也，责以抚孤，乃不复言死。官捕得私贩者，法当检验，谳乃定，孙曰："是重僇吾夫也！"乃大戚。官悲其意，为杖杀私贩者。丧再期，从容语其姊曰："儿稍长，履袜可取诸市，不烦手自制矣。儿昔病疡，今愈矣。不累我姊矣！"或曰："姑在，既祥，当更浅色履。"孙曰："然，姑徐之！"至大祥，奠竟，入户自经死。

杨春芳妻王，铜梁人。乾隆十七年，其家火，春芳卧病，王入户，负以行。火逼不能出，子女奔赴，皆死。

王尊德妾唐，临桂人。尊德年八十，病剧，邻家火，唐欲负以避，力不胜。火迫，尊德挥使出，唐身翼蔽尊德，皆死。

窦鸿妾郝，字湘娥，保定人。十六为鸿妾，能诗善弈，画兼工花草、士女。有绳其才者，豪家谋夺之，不能。嗾盗诬鸿死，湘娥因自经。将死，为绝命词，矢为厉以报。

章学闵妻董，名合珠，连江人。故为婢，嫁学闵。学闵贫不自聊，走死深山中。董号泣求之，不知其存亡。逾年，有樵入山，若有声飕飕，行见遗骼委于地，双履在侧。出以语人，董闻曰："得非吾夫乎？"亟往视履，其手制也，拾余骨瘗焉，即夕自经死。

杜聂齐妻何，聂齐，泰宁人；何，将乐人。聂齐死于虎，何求得尸，解衣拭其血。敛毕，斥家财以葬，悉以其余分戚族，遂自经。

张氏妇，宿州人。夫樵于野，遇狼，为所噬。妇求得夫尸，以镰绝脰死。

宁化二妇,不知其氏。其一,夫嗜博,母闭诸室中,不与饮食,妇导使出亡。既,夫死于途,妇闻,自杀。其一,夫行窃,父将杀之,妇泣为请免。生二子,妇携就母家。父卒杀其夫,妇闻,亦自杀。

卷五百十一　　列传二百九十八

列女四

长山铺烈妇　胡二妻　唐之坦妻曹 李岸妻焦
方引襸妻毛　林其标妻韩　冯云勷妻李
曹邦杰妻张　林守仁妻王　张四维妻刘
李长华妾吴　周兆农妻王　陈国材妻周
吴廷望聘妻池　李正荣聘妻霍　项起鹄妻程
于某妻蔡　张义妻李　黄敬升妻王
伊嵩阿妻钮祜禄氏　张廷桂妻章
郝某妻单　陈广美妻李　贺邦达妻陆
郑宗墩妻陈 任有成妻陈　丁三郎妻
丁采芹妻孙　王如义妻向　狄听妻王
林邦基妻曾　钱瀞甫妻汪　谢作栋妻王
缪文郁妻邱　黄寿椿妻管　冯桂增妾李
黄蒿先妾彭　方忴妻赵　姚森桂妻宋
恽毓华妻庄 弟毓德妻许　侄宝元妻袁
曲承麟妻袁　尹春妻张　李氏　陈三义妻王
游开科妻赵　孙崇业妻金 张某妻田　张氏女
汤氏女　沧州女　张氏　孙大成妻裔 杨某聘妻章
孟黑子妻苑 北塘女　蓝某妻　芮氏　乐某妻左
萧氏　黄氏女 吴氏女　顾氏 张氏　许会妻张
赵海玉妻任　殷氏　嘉兴女　王某妻李
何先佑妻孙　邢氏　迁安妇 白镕妻尹　林氏
洪某妻徐　敖氏　涂氏　吴氏 杨氏　赵氏
王氏　许氏　梅氏　张氏　秦某妻崔 李某妻管
王某妻徐　陈潜聘妻崔　朱承宇妻曹
陈有量妻海　樊廷桂妻张　李有恒聘妻杨
陈某妻　刘堃妻李　曲氏女　宋氏五烈女
龚行妻谢 女巧　杨文龙聘妻孙　梁至良妻郑
郭进昌妻李　龚良翰妻陈　王均妻汤
李氏女 翠金　张元尹妻李 张检妻颜　万妻曾
李继先妻侯　田氏女　马某聘妻苗
高日勇妻杨 罗季儿妻　刘氏女　钟某妻蔡
段举妻卢　王某妻刘　张良善妻王
李青照妻张　姚际春女　王敦义妻张
陈维章妻陆　何氏女　谢亚焕妻王
张树功妻吴　郭某妻李　赵谦妻王
郭氏女 何氏女　沈鼎猷妻严　铁山妇　汪氏女
贺氏女　冯光埼女　郭君甫妻吴　黄声谐妻王
徐惟原妻许　柯叔明妻巩　胡某妻袭　陈儒先妻李
白洋女　高氏妇　段吴考女　曹氏女
刘廷斌女　张氏女　孙姬　陈氏婢 邱氏婢
董氏　任氏　卢尚义妻梁　白氏　王氏
秦士楚妻洪　张氏婢　杨氏婢
江贵寿妻王　张禄妻徐　任氏婢 郑氏女
王氏婢 徐氏女　丁香 江金姑　罗氏
陇联嵩妻禄　者架聘妻直额 罗廷胜妻马
罗朝彦妻刘　安于磐妻朱 后妻田　田养民妻杨
李任妻矣　鄂对妻热依木
索诺木荣宗母麦麦吉 坚参达结妻喇章
次妻天天　沙氏女　嘉义番妇 施世烨妻苗

长山铺烈妇,无姓氏,不知何许人。李自成南奔,驱荆、襄之民以从,妇与其夫俱被掠。行至江夏长山铺,其夫道殣,妇仅余一珥,出以乞人求瘗其夫,有少年应焉。瘗既,竟欲强其妇从去,妇入穴枕其夫恸哭,触额流血,以土自掩,曰:"乞并瘗我!"众挽之不起,日暮,风雨至,乃委去。平明往视,则血被面死矣,众因并瘗之。

胡二妻,失其氏,吴洞庭人。妇父,舟人;胡二,农也,有母,兄若弟皆别居。妇与二曰:"吾夫妇各减数口食,犹足以饱母,有如母但一子,不独养,又谁养乎?"夫妇忍饥养母,时时具甘脆。母丧,求地以葬。夫妇勤,岁倍收,始有居室,而二病瘵。乡好鬼,妇独不信,奔走医药。二病甚,妇曰:"我闻粪苦者生,甘者死。"尝之而甘,二竟死,无子。妇计兄公一子,叔二子,诣叔,丐其次为后,似不可。居数月,兄公举次子,又诣兄公曰:"吾女三岁,乳未尽,今兄公举次子,天其欲使吾夫得有后乎?"兄公额之。妇归语父,贷百钱,将祀其夫告立后。其父欲嫁妇,不许,且骂之,兄公亦中悔,妇乃自经夫柩侧,时康熙五年十二月。明年,县人黄中坚等为敛钱,与其夫合葬。

唐之坦妻曹,海宁人。康熙十五年秋,之坦卒,曹矢死,治衣衾必有副。食砒,不死;屑钱吞之,又不死。既敛,复饮卤,吐下而解;乃不食二十二日,夜投舍傍池,家人出之,死矣,顷复苏。曹谓其舅、姑及母曰:"大人爱我,乃苦我也!"于是复饮食,操作如常,织自制衣一称,婢乞余布,不与。家人窃议曰:"数尺布,尚惜之,宜不死矣!"及冬,黄梅方花,曹视而叹,为赋诗,美其不落,复不食。至岁除,出余布缒之坦柩旁,乃死。

李岸妻焦,睢州人。姑严,织纴炊舂皆焦任之。岸卒,方敛,焦缢,遇救;比葬,再缢,再遇救,乃操作如平时。卒哭,拜墓归,复缢,乃死。

方引禩妻毛，遂安人。父际可，为祥符知县，而引禩父象瑛官编修。引禩病瘵，自京师诣河南，既婚，未三日卒。家人闻毛许引禩死也，闲之密。一日，登楼自掷坠地，呕血，绝复苏，遂归于方氏，促为引禩营葬。久之，地始定，葬有日，于是谓其人曰："吾葬当同是日也！"遂不食，家人喻之百端，起辞祖姑及舅及母皆四拜，终不食，十九日乃卒。时康熙二十九年二月癸亥朔，距引禩丧十年。

林其标妻韩，福清人。其标贫，依姊居，鬻糵自给。邻媪乞之粟，韩曰："是必偿！"其标病，韩代鬻糵，垂芦帘自蔽。少间，析麻苎为布，以易米若药。其标语韩曰："吾以贫累汝，终且以死累汝！吾死，汝自为计。"韩痛绝不能语。其标死，韩告其姊曰："乞办两棺，并觅一抔土，俾夫妇相依！"尽散器物偿邻媪，遂自经。

冯云勷妻李，武定人，大学士之芳女。李年十五，适云勷。事舅姑谨，立侍竟日，诉诉无息，命坐则坐，命退则退。之芳督浙江，当耿精忠叛，驻军衢州，传语汹汹，李独谓贼不足平，坦然无惧。云勷卒，无子，李方举次女，矢死，遂不饮食。其兄延医，手为调药，拒不纳。越数日，令侍者扶行，傍柩侧，遂绝。

曹邦杰妻张，镇宁州人。邦杰早卒，张为文以祭，曰："呜呼！痛妾命之不辰也。幼失严慈，抚育无人，形影伶仃，莫可言状！幸得于归夫子，庶几夙夜事之，百年守之。忆吾父择婿时，亦曰：'吾女幸矣，终身之仰望者非婿耶？如宾如友，同心而同德者非婿耶？'私心自庆，在妾尤深。孰意甫归故里，遽婴疢疾，妾向之喜者，化而为忧，忘餐废寝，祈以身代。而天不假年，黄粱一觉，羽化升矣，伤心哉！夫子之人，如金如玉，夫子之文，如海如潮。而今已矣，不可复见矣！天耶人耶？孰为之耶？礼称未亡人，妾不忍未亡也。诗云：'之死靡佗。'妾惟知之死也。九原匪远，妾必从之。呜呼！凄凄恻恻，踽踽凉凉。拊膺呼号，瞻望无将。临风洒涕，对景悲伤。削骨代笔，葛罄衷肠！夫子乎，其知之乎？何不飙轮少待，使妾欲追而难迹乎？灵其不寐，庶鉴妾心。"邦杰死三日，张遂殉，康熙三十七年事也。

林守仁妻王，侯官人。守仁以优贡生客死京师，无子，女汀哥，前室出也。王矢死，逾年，守仁丧还，王治丧竟，一日，为汀哥制履成，叹曰："生一日，当作一日事。"因语汀哥曰："母去，儿无恐，但岁时具杯酒，一脔肉，母当归，不相吓也。"顷之，午食竟，入室自经，藏香屑袖中，解尸气也。

张四维妻刘，四维，钱塘人；刘，汉军，失其所隶旗。四维父商于广东，挈四维以行。刘父官潮州知府，见四维幼慧，因与论婚。四维父丧其资斧，而四维长多病，遂跋，刘父母欲别择婿，刘矢死，父母莫能夺，乃召四维就婚。刘既失父母欢，姊婿达官子，相侮，刘劝四维挈以归。刘辞父母，衾具一不取，勤苦作画刺绣易薪米，四维亦力学，举于乡。康熙五十九年，四维试礼部，不第，卒于京师，刘闻，遂殉焉。

李长华妾吴，长华，郓城人；吴，封丘人。幼孤，为人卖入娼家，矢死不从，其兄赎以归，为长华妾。长华以选人客京师，居八年，贫病死，其友检讨孙勷为具敛，吴饮鸩，勷往救，诫毋死，待长华子迎丧。后十余日，长华子迎丧至，知其事，亦劝毋死，且将以其子为之孙，吴即夕自经死。勷葬长华广宁门外真空寺侧，以吴祔。

周兆农妻王，长沙人。兆农樵于山，大风拔木，被创死。遗腹生子，母家悯其贫，劝改适。王拜姑，泣而言曰："儿不孝，敢以呱呱者累老人！"语未竟，大恸。姑知其且死，夜与俱寝，稍寐，闻有异，呼家人蹋户入，火之，见王头系于床，右手握拳，爪陷掌，左手指床上儿。死时年十九。

陈国材妻周，江宁人，居扬州。归国材逾月，遽卒，周夕居丧次，誓从死。籍遗财授其族子曰："明年寒食，以一卮酹我夫妇。"其父往慰喻之，周曰："儿无舅姑，无子，客居无所依，义当死，父勿误儿！然儿死不忍伤肢体。"遂吞金环二，不死；时周羸甚，饵大黄，冀暴下死，反下所吞金环。乃不饮食，七日，犹坐语；又数日，眸陷欲枯，目光注国材棺不转，两手据席爬摇，席草寸寸碎裂。不饮食二十日，雍正九年三月癸未卒，距国材死五十有一日。县人为葬孙大成妻裔墓侧。其先又有烈女池、霍，四冢比立如鳞次。

吴廷望聘妻池，江都人。廷望从军战死，廷望父欲以妻其幼子，使其从母喻意，池不可，自经。

李正荣聘妻霍，甘泉人。生十九年，事父母孝。许字正荣，才十日，而正荣卒。霍号恸自杀。二女之葬，提督学政、右中允杨中讷为之铭曰："蜀冈之巅，平山之侧，郁乎苍苍，凭高西望而叹息。曰有同县二烈女，此其幽宅。"裔自有传，葬在池、霍后。

又有项起鹄妻程，亦扬州人。程嫁三月，起鹄行贾，死广西，讣闻，程自经。州人葬其侧，合为祠，号"五烈"。

于某妻蔡，名贞仙，金坛人。年十九，将嫁而婿病，卜者言："迎妇吉。"贞仙母难之。贞仙请于母曰："彼欲已病而违之，非义。"乃行，而婿病不起。及敛，纳钗一，钏于棺，自经棺旁，救不死；讽姑为翁置媵，姑从之，且使主家事。忌者谮之，因辞于姑，忌者遂言是且有他志，乃矢死。取所读书、所为诗词尽焚之。钗于髻，钏于腕，且起袭故衣，问安于姑所，辞色如常时。午侍食，既撤，入室缢。时乾隆二年六月壬戌，年二十五。贞仙有从父尝过视贞仙，问曰："闻舅姑以谮常挫汝，有之乎？"对曰："否，古贤妇未有讼其舅姑者，即死，毋有他言。"

张义妻李，交城人。义坐罪当斩，免死，遣广西义宁，李与偕。义死遗所，李具棺以敛，以遗金上县。至夕，呼邻媪共宿，俟其熟寐，赴水死。时乾隆五年九月辛未。县具其事上巡抚，巡抚以闻，下礼部，礼部议："殉夫者令甲有明禁，惟李以从夫罪遣，孤踪殉节，非激烈轻生比，请旌表。"得旨："依议。"

　　黄敬升妻王，昆山人。敬升贫，客授，王佐以绩，食不足，制辟蚊药，鬻诸市。敬升病疫，一日门不启，邻人坏垣入视，敬升死于床，王死床下，儿卧地号，胸系王书，略言："贫不能敛其夫，食制药红砒以殉，冀有恻隐者，敛夫育儿，身填沟壑不恨！"有士人为敛其夫妇，将儿去，育以长。

　　伊嵩阿，拜都氏，满洲镶黄旗人；妻希光，钮祜禄氏，正白旗人，总督爱必达女也。伊嵩阿为大学士永贵从子，早卒。方病时，希光割股进，不起，许以死。爱必达、永贵共喻之，誓毕婚嫁乃殉。为伊嵩阿弟娶，嫁女妹及二女，次女行之明日，自缢死。张遗诗于壁，略谓："十载要盟，此日当报命。"乾隆四十六年三月事也。永贵疏闻，高宗为赋诗，旌其节。

　　张廷桂妻章，名孔荣，廷桂，常熟人；章，秦安人。廷桂父为吏陕西，初娶魏，其父宰秦安，廷桂从焉。既归，避事，复游秦安，因赘于章。居八年，事解，乃以孥还。廷桂贫，恒出客游，卒于抚宁。丧归，章为营葬。既窆，将自投穴中，为家人所持。章一女字催凤，廷桂从弟廷梅许生子为立后，乃依廷梅居。廷桂尝入赀牒授主簿，或购其牒，章曰："吾以贫鬻牒，罔国家，罪也，况夫名，其可二耶？"遂焚其牒。既终丧，复自经。家人觉，解之。次日既夕，赴水死。

　　死时为绝命辞数章，词旨哀恻，其卒章曰："忆往事兮，双泪沾巾。想当年兮，妾病沉昏。感君爱兮，信誓殷勤。云妾殁兮，君必亡身。嗟今日兮，命不由人。君先亡兮，妾岂偷存！痛万里兮，会无因。轻一命兮，地下从君。求神明兮，引我孤魂。觅天涯兮，不惜艰辛。得伴君兮，死亦欢欣。十七年兮，夫妇深恩。食糟糠兮，敢怨君贫！中路诀兮，命蹇时乖。丧葬毕兮，不死何云？伤幼女兮，失母谁亲！死为君兮，此外奚论？"

　　又留书与廷梅曰："初闻讣，即欲死，念无后，无人主丧葬。今服除，死更无余事。前议叔生子为立后，毋诳我！家贫，止田十四亩，当以十亩与所后子，四亩与催凤，遗十金与我埋先夫茔次。"催凤旋殇，廷梅亦不为立后。后二十年，县诸生柏渭、吴庆长等始为合葬。

　　郝某妻单，永宁人。郝奇丑，眇小，矞且跛，一目，口不能言。御小车，遂呼曰小车，而单美，邻妇恒讪焉。单曰："夫可憎乎？吾命也，请勿再言！"单躬纺绩，养舅姑，育子。舅姑死，鬻所居破屋以葬。尝数日不举火，族人悯之，予荞麦数斗制饼以鬻，分其余以饱。乾隆五十年，岁饥，单为邻妇佐女红，贷余食食夫及子。逾年，夫疫死，子亦殇，单裂席裹尸，以木杵掘坎瘗焉。杵折，手捧土，瘗毕，血殷地。乃号曰："天乎！单氏事毕矣，而犹生乎？"坐破窑中，饥数日死，年二十六。族人瘗之夫侧，里称贤妇墓云。

　　陈广美妻李，河内农家女也。生二十四年而归广美，广美已病，李与异室居，侍疾甚谨。事舅，日具膳常甚恭。阅三月，广美死。母往视之，且语之曰："儿虽嫁，犹处子也，何患无佳婿？"李誓不更适。葬之明日，出厨刀，嘱舅砺焉。曰："为翁作面，虞其钝也。"其舅竟砺以授李，李阖户。其舅知李且死，排户入，见李犹立，右手握刀，首堕负于背，几不属，血从鬓间溢，殷地。其舅疾呼，族邻毕至，其母亦至，乃仆。李死嘉庆五年四月丁未。

　　贺邦达妻陆，震泽人。待年于贺氏。邦达病，舅姑用卜人言，使成婚，逾月而邦达死。或语其舅姑："妇虽婚，犹处子也，盍为择婿？"陆闻，集族姻出拜，誓毋贰。居三年，语姑曰："我夜数梦吾夫，岂魂魄常从我耶？"遂入室自缢死。时嘉庆十六年四月辛酉，陆年十九。

　　郑宗墩妻陈，名淑定，长乐人。宗墩客他县，舁疾归，卒，无子。陈求死，父喻止之。陈力织，葬姑及宗墩。舅以居隘，命妇依父。嘉庆二十五年，父卒，还省舅。退告叔弟曰："兄殁十二年矣，未亡人惧伤吾父心，久而不死。今已矣，舅老，有叔在。叔能以子为兄后，兄其瞑乎！"遂缢。

　　任有成妻陈，萧山人。有成无昆弟，贾诸暨，卒，亦无子。舅姑命归母家，将徐夺其志。陈矢死不可。力积赀为舅卜妾吴，逾年而有子。舅姑卒，陈与吴居，育夫弟。钱仪吉为作《二陈传》，谓："当死生危苦之际，进退合度，得礼意云。"

　　丁三郎妻，失其氏，宜兴人。嫁逾年，夫死，不哭亦不拜，家人莫测也。后四十九日，既奠，妇出就案前立，视其主，久之，拜，拜时若呼三郎，遂伏地不能起，掖之，则已死。

　　丁采芹妻孙，震泽人。嫁半年，采芹病瘵，舅姑谓妇命凶，诟骂之。孙饮泣，脱簪珥，具汤药。采芹病日笃，谓孙曰："我且死，所不能瞑目者为汝耳。汝无子，家贫，母家亦无可依，当奈何？"孙泣曰："我念之熟，恐咸君，故不敢言。人孰不死，死贵得所，当先待君地下耳！"采芹垂泣不答，孙乘间自缢，道光六年四月也。采芹乃扶床而拜曰："从我于既死，不若殉我于将死，烈哉！"三日采芹亦死。

　　王如义妻向，涪州人。幼能为诗文。如义，农家子，向恒劝之读。道光十六年，如义暴卒，姑喻之嫁，矢以死。舅病，为刲股。家益贫，将强遣之，二十三年三月戊申，自沉荷花滩死。将死，为绝命诗十首，其序曰："妾涪陵向氏女，适王氏，未一年，而夫即世。昨岁翁又不幸。孤苦茕独，人劝以非礼，衣食事小，名节事大，惟一死以明志。夜题诗十首，藏笥中，他日阅妾诗，毋累阿姑也！"及入水，粘一纸桥柱，书五字，曰"名节江中见"，死时年二十五。

狄听妻王，名甥桐。听，溧阳人，道光九年进士，官至广西道监察御史；王，江阴人。十九年七月，听卒官，八月，子骢殇，九月丁巳，王缢。王幼承父苏教，通经史大义，能诗。将殉，作书告听诸同岁，略言："夫亡当即死，诸君俱言抚孤重，故未敢尔。孤又夭，复何言？念两世单传，不可无后，今已立后，可报舅、姑、夫子地下！"王尝抚从女，年十七，已许字，留金嘱遣嫁。又谕所后子，期明年以丧还葬，与前母三棺同穴，以殇祔。并令斥赘饮祖祠，成父志。书末题曰："我自归家去，人休作烈看。"康熙间钱塘林邦基妻曾所为绝命诗也。

曾，名如兰，邦基卒，曾立其兄子为后，葬舅姑毕，具牒上县请死，知县慰止之。后十日，题辞，吞金殉。

钱瀹甫妻汪，武进人。善女工，所入足自给。而瀹甫博，倾其资。其姑严，虽寒饥不敢告也。夜风雪，家人皆卧，薄絮衣篝灯守后户，待瀹甫。尝以除夕跪而谏："无更博。"瀹甫为少止。后客死馀干，汪请立后，所当立者不可汪意，乃勿复言。葬毕，自经死。未死前一日，以十碗致某医，曰："我为人无所受恩，惟是人尝诊我，以是偿也。"

谢作栋妻王，孟津人，王家白鹤镇，作栋家南朱村。作栋卒，王将殉，祖姑及舅姑勉以抚孤。王朝夕奠，必抱其孤拜，哭涕如雨。祖姑闻之，为辍食，王乃饮泣，不敢声。丧终，其孤殇，祖姑亦殁，王归诀父母，父母慰喻之。道光二十二年四月辛巳，作栋死三期，先日王哭于墓，誓死。晡，尽以衣物与二女妹，夜中缢。晨，众踢户入，一镫置高处，照屋梁，板障其外，王内衣皆密纫，貌如生。

缪文郁妻邱，吴江同里人。同里有敝俗，岁二、三月祠刘猛，将舆以出，少年傅粉墨为妇人，参错仪卫。闻文郁故磨豆家佣，与其役。日昳过门，女伴呼邱出观，邱以为耻，恚，阖户。文郁归，戒毋更出。越宿，文郁病，或恫以"神怒，且死。"邱曰："聪明正直为神，岂以茫昧致人死者？吾夫未即死，即死，吾与俱死耳！"数日，文郁竟死，邱迎母与居。三日，语母入市市楮，邱自缢柩侧。

黄寿椿妻管，寿椿，江苏华亭人；管，阳湖人，父光烈，母林，皆死寇。寿椿官江西德安典史，光绪二年，卒。时寿椿女如琳官浙江上虞梁湖巡检，管将寿椿丧挈子女以归。至曹娥江，距梁湖一日程，遣子女先行谒祖父母，管饮药死。

冯桂增妻李，桂增，临朐人；李，肃州农家女。桂增从左宗棠讨叛回马四，军其地，纳焉。桂增曾师新疆，李留肃州，与部曲诸妇居。李御诸妇有法度，诸妇悼之，若部曲之事其帅。光绪二年正月，桂增克玛纳斯城，军寡，为贼所乘，战死。李方有身，日夜哭。既生子，逾年殇。桂增丧还，李迎奠丧甚恸，须臾仆，不语。视之，死，盖先时已仰药也。

黄焘先妾彭，焘先，钟祥人；彭，贵筑人，先为田兴恕婢。兴恕戍新疆，寄家秦州，焘先方知秦州，得彭以为妾。光绪二年，宗棠驻军秦州，焘先为主计，四年，卒。彭悉发箧，以衣物属焘先子，吞金死。

方铨妻赵，阳湖人。祖母方，节妇。父烈文，尝知易州，有文行。归铨，食贫，持门户。光绪四年，铨客游，遽卒。赵方有身，烈文迎以归，徐告之，恸绝，首触牖，将死，家人共宽喻之。既免身，生女，赵曰："生女亦善，使我无系恋也。"后八日，自经死。

姚森桂妻宋，秦安人。森桂卒，宋入厨下自刭，血自咽出汩汩。姑入视，右手握刀，犹力作再割状。母至，束以帛，乃能语，曰："死已决，毋缓我！"引母手掩口鼻，又解带使缢，母手颤不可任。睹宋状至惨怛，乃饮以毒，毒自创溢。但闻宋咽中若曰："斫我，斫我！"久之，乃无声，遂死。

恽毓华妻庄，阳湖人。毓华死，庄饮药殉。毓华弟毓德妻许，毓德死，许绝食殉。毓华侄宝元妻袁，宝元死，袁先服毒，急救之，复绝食三日以殉。世称"恽氏三烈妇"。

曲承麟妻袁，承麟，沈阳人；袁，名桂珵，辽阳人。嫁未百日，承麟卒，袁仰药殉。

尹春妻张，歙人。初为黄氏婢，名桂喜。主妇程，知书，尝与诸娣姒说古列女事，桂喜窃听，辄称羡。既嫁而孀，遂矢死。诣肆求毒药，肆以他药予之，饮不死。市樣，卧其中，主妇泣喻之，对曰："桂喜闻主母讲列女时，意已决，不可回也！"卒不食死。

李氏，高密人。夫嘉猷，失其氏。嘉猷惑于谗，娶不与同室。及病，李奉事甚谨，祷于神请代。嘉猷闻而悔，遂死，李自经以殉。

陈三义妻王，掖县人。王未行，病而瞽，其父辞于三义，三义曰："吾聘时未瞽也，聘而瞽，犹娶而瞽，其可弃乎？"娶三年，王目良愈，三义寻卒。王曰："夫不负吾，吾岂负夫？"遂缢。

游开科妻赵，马边厅人。开科贫，赘于赵。赵有母及兄，皆厌之。赵脱簪珥别赁屋以居，食尽，不贷于母家。一日，赵还省母，方食，开科至，赵推食与之，母及兄逐开科，禁赵毋归，且言："此饿莩死，何患无家？"赵缢死。

孙崇业妻金，赤城人。崇业嗜酒，不治生，金劝之不听。顺治中，岁祲，崇业计鬻金，阳语当偕诣戚属。金察其诈，曰："汝乃忍嫁我，我嫁必且死。然至汝家二十余年，讵忍恝然行？盍沽酒为别！"崇业出沽酒，金抽刃断喉死。

张某妻田，万全人。夫游荡，田屡谏。一日叹曰："我生不能劝，死或忆我言。"因仰药死。死时犹呼其夫，劝改过。

张氏女，娄县人。农家女。嫁鲁氏子，姑与夫迫使为污行，不从，棰楚冻馁，凡三四年，志不变。康熙二十六年三月，其夫将劫以他往，夜入万安桥下水中死。

又有汤氏女，奉天人。有娼家为客娶之，使为娼，棰楚困辱，卒自杀。

沧州女，不知其姓，名黛城。年十五，鬻入娼家，使应客，不从，挞辱之，大骂。娼家支解之，弃尸于河。

张氏，都昌人。康熙十三年，耿精忠为乱，张之夫熊应鼎将从贼，张谏，勿听；质裙沽酒，以饮且劝，终不可。乃告于其族，矢死。应鼎入于贼，张自杀。

孙大成妻裔，江都人。大成母姣，二女嫁而归，皆与县吏通。迫欲污裔，裔告大成，俱缢，救不死。裔归省母，告母状，持母袂哭。临去，检母奁，得青白线各一束，因曰："儿必不辱母！"俄县吏宿姑室，复呼裔，不应；姑詈，亦不应。县吏醉，裸而噪窗下。裔以青白线缀上下衣，复合为绲，缢。姑觉，不救，遂死。邻知其事，感泣拜裔尸。或语侵姑，姑反唇，众哗以告官。官庇吏，旌裔，葬平山堂右冈，而不竟其狱。后数十年，县隶以事辱裔兄子，死于水。裔兄痛子，亦死。

杨某聘妻章，字原姑，秀水人。年十九，县隶请婚，父不许，许杨氏。县隶与其徒噪于门，诬原姑与有私，原姑夜缢死。县吏欲宽隶，狱上，巡抚持不可，乃绞隶，旌原姑。

裔死康熙六十年四月戊申，原姑死嘉庆六年九月甲午。

孟黑子妻苑，黑子，大城人；苑，东安人。其姑素无行，会永定河决，工役大集，卖磴堤上。强苑与偕，苑不从，窘辱之。姑与恶少入妇室饮，妇室不可犯，姑益怒。妇度终不免，自沉死。夫行求其尸，四日，得之武清境。又四日乃殓。方盛暑，尸未朽也。

北塘女子，业磨豆为腐，母迫为娼；新河蓝某妻，失其姓，姑迫为娼：皆自杀。

武清芮氏女秉贞，宁河乐某妻左，并以姑迫与恶少昵，自杀。

萧氏，灵州人，为张文彩妻。文彩有友悦萧美，欲污之，萧力拒。友怼萧，谮诸文彩，谓萧不洁。文彩信之，给萧归宁，与其友共杀诸途。后事雪，雍正十二年旌。

黄氏女，昭文人。嫁张氏子，为县小吏。其母有所私，迫女从之，日棰楚。或谓女："盍归？"女曰："女既嫁，安归？待死而已！"乾隆十六年夏，方暑，姑与所私裸而饮，女避，所私起持之。女大号曰："奴敢污我！"持案上酒器提之。姑怒，批其颊，复榜掠之。夜半，女入井死。

吴氏女，震泽人。丧父母，方六岁，字李氏而待年焉。稍长，美，李氏子行贾，久未归。

姑悍，私于里豪。里豪贻姑金，欲得女。女勿从，姑挞之极楚。邻妪问其故，女不肯言。当暑，浴，姑纳里豪于室，键其户。女呼，不应，挟剪拒，创里豪，里豪持女裵衣去。女求死，姑操巨棰挞之，女引剪自刭，未殊。邻人戒其姑，毋急女。女与邻女款曲如平时，晡啜粥尽一瓯，邻女谓不死矣。夜漏二刻，自溺门外溪水死。时乾隆三十七年七月丁未。

顾氏，泰州人。夫张世英，日诲顾淫，顾不可。或贷世英钱，世英阴欲顾与私，沽酒饮贷钱者，嗾其母呼顾出，不应；与之酒，覆杯，恸。贷钱者亟去，**其母扼顾吭**，几绝。邻里咸愤，诉于州，世英乞悔过，以顾归。与其母益日夜迫之，顾饮泣，不得免。乾隆十六年十月戊戌，世英语顾："冬无衣，盍如吾言？即得钱衣汝。"顾曰："我宁死不辱。"世英恚，夜扼杀之，年十七。

张氏，丹阳人。夫陈彭年，嫁十年矣。彭年贫，欲嫁张，张涕泣不应；绐使出，而密使媒从，张觉之，号恸求死。逻卒以告官，官笞彭年，令张还母家。张曰："我适陈矣，死生以之。"彭年益迫张，张度终不免，从容言曰："我无如何，今当听尔！"起随彭年走出村。塘水方盛，张跃入水死。死之日，为乾隆十九年六月戊辰。

许会妻张，颖州人。姑姣而虐，恶张端谨不类，日诟且挞，张事姑益恭。姑病，刲股以疗，姑虐如故。姑与邻寺僧通，欲乱张。姑匿僧室，召张入，而出键其户，张大号，僧遁去。翌日，自沉于井。有司捕得僧，论如律。乡人裂僧尸以祭张。

赵海玉妻任，名环，汝州人。姑故与邻人通，夜半，挟刃入任室，诟而免。亦井死，年十九。

殷氏，天津人，为同县邢文贵妻。文贵故无行，其母赵，姣。文贵初娶于，以贞慎不相入，出之。复娶殷，殷贞慎尤逾于，赵恶之，与文贵日棰楚，沃以沸汤，施燔灼焉，体尽溃。有司闻，使吏就视，殷拒不可。旋卒。有司收赵及文贵，论如法。

嘉兴女，失其氏，嫁卖酒家王氏子。姑当垆，习与酒人姣，甚女不应，乃裁抑不使饱。县中李氏母，故大家女，闻卖花媪言女事，愍女有志，辄令媪市胡饼畀女。一日见女饿，惫甚，而几上置糍果，媪怪女何弃不食，女曰："李夫人饱我，哀我志也！此物西家以饵我，我有饿死耳，岂可食乎？"李母病，且死，遗钱十余缗嘱女。女感泣，语媪："我终不负李夫人望！"恶少艳女久，嗾姑将胁以威。女渐闻之，乃请于姑，代当垆。姑喜，授女户钥。数日，女夜启后户投水死。乾隆二十年六月事也。

王某妻李，字黑姑，天津人。姑不贞，与盐运使隶有私，计欲并污李。隶与姑饮，役李，李耻之，恒不如姑指。姑以他故晋且挞，待隶为之解，复示意李，终不可，而隶意未已。李枕侧置刀以自卫，姑逐其子出，夜持被就李共寝。夜半，启户纳隶，隶迫李，李呼，姑掩其口。取刀自刭，未殊，母来视之，复苏，语其故。并言："方自刭，血溢，不知人。渐闻隶语姑，当言夫妇相争诉自戕，宜无知者。"越三日乃死，其兄告官，笞隶，不竟其狱，道光六年七月事也。

何先佑妻孙，桂阳人。先佑父在时，为先佑求塾师，授之读。未几丧父，其母以家政属塾师，因私焉。孙既归，尝晨谒姑，塾师在其室，孙趋而避。塾师与姑谋并乱之。塾师出，孙入，谏姑曰："家虽贫，粗有门阀，翁勤苦终身，不得意，所属望者先佑。姑念翁与先佑，勿复近塾师。"姑惭，戒毋泄。孙曰："妇所言为门户耳，虽先佑不敢告，第愿姑终念妇言。"塾师既与姑谋，遂属挑孙，孙以告姑，又谏，姑终毋纳。塾师入孙室，孙大诟，塾师阳避。孙欲还告其祖，忍未发。姑阳出，塾师复入孙室，潜抱持之。孙号，奋击。先佑入，塾师及走。孙伤于胁，遂自经死。时乾隆二十九年三月。明年，狱上，斩塾师，徙其姑新疆。

邢氏，字福，浚县人。农家女也，而有容色。嫁袁显旺，姑姣，群奸聚其室，惊邢美，挑之，不从。其姑诱且诋，邢若为勿喻也者。谋益急，夜出，将赴水，风失道，遇同村人送还父家。父愿，与复至袁氏。群奸迫其父使具状，曰："女再逃，杖死。"夜二鼓，群奸缚邢裸挞数百，邢有娠，不胜楚，求灭灯，死不恨。群奸绁邢于梁，而挞之益毒。五鼓灯尽，邢死。使显旺劙其颈，若自戕。官捕群奸，论如法。

迁安妇，不知其姓。夫行贾，翁耄，姑私于佣。佣计并污妇，稍近妇，妇色甚厉。乃与其姑谋，嗾翁污妇，妇不可，遂嗾翁杀妇。絮塞口，杙椓下体死。

白鏴妻尹，亦迁安人。鏴出为优，姑有外遇，迫妇，绝饮食，日啜米沈。逾月，姑缚尹，以炽铁烙下体。尹号，击其首，发皆燃，一目裂，遂死。

林氏，平湖人。嫁顾大，家乍浦汤山麓。顾大母故娼也，恶少往来其室，强林具茗，不可。母甚林，与诸恶少谋，必欲并污之，林窃出赴海。未至，值邻女，送之还，母益仇林，与大日共笞之，靳其食，不令饱。居年余，为嘉庆九年正月，方改岁，恶少至，群饮，林复窃出赴海；既日受笞，且久饥，行不前。大追至，执以归，母遂欲杀林。撞以重器，腰胁俱折，复炮烙其下体。是月丙戌晦，林死。事发，论大如律。

洪某妻徐，金谿农家女也。姑与兄公有盗行，徐至未逾月，察得之，大戚。脱簪珥畀洪，嘱远行贾以避，屡谏姑，姑不纳，乃自经。

敖氏，凉州人，嫁驻防凉州旗人四十九。四十九有友相狎，丐与敖通，四十九许之，假以衣，夜入室，敖闻语，辨非夫也，夺户出，友遁。敖詈四十九，俟其出，自溺水罂中死。

涂氏，梁山人，嫁甘克桂。克桂游荡，破其家，涂以女红供日食。克桂负蹉贾钱，将以涂偿。一日，克桂从涂取故衣易钱以饮，醉归，涂泣，克桂掴其颊，曰："行且鬻尔！"涂曰："吾矢死不往。"克桂挞之，两昼夜不已，涂自经死。

吴氏，彰化人，嫁康氏子。姑不贞，欲并乱之，吴不从；乃效治囚法，榜掠之无算，卒不为屈，剚刃其腹死。道光七年事也。

杨氏，江都木工女，嫁曹氏子。姑迫使为污行，杨不从，乃绝其食，鞭之至累千。造诸酷刑，榜掠无完肤，创重死。邻以告县吏，笞其舅及夫，葬诸梅花岭下。

赵氏，桐城人，夫同县孙某。洪秀全兵将至，其夫降，受署置。咸丰十一年，秀全兵破桐城，其夫戴黄巾，被黄袍，乘马迎赵。赵望见，大恸曰："汝非我夫也！父母遣我嫁乃诸生孙某，非作贼孙某也！且汝既读书为士人，岂不知孙氏望族，文武仕宦不绝，而失身降贼，意气扬扬自得，我不忍见也！"起，投塘死。子数岁，从之下。

同时又有王氏，合肥人。夫缪锡畴，将降秀全，王力谏不听，自经死。

许氏，名领姑，歙人，夫亦县诸生。咸丰十年，贼至，其舅将降，许泣谏，勿纳，亦自经死。其舅后忤贼，举家皆为戮。

梅氏，名兰姑，不知何县人。嫁夫不肖，欲携以为豪家奴，梅不可；又使出乳人子为佣，亦不可。夫引僧入其室，梅力拒。邻以告官，官笞僧及其夫。夫怒梅甚，窘辱捶楚无不至；又徙居木工家，夜，诸恶少入室，将强污之。邻复以告官，官未即听其狱，梅自经死。

张氏，武进人，字沈盘德。父母卒，大母老，待年于沈。盘德父故无赖，屡挑女，女谨避之，又不令归省。张之戚有与沈邻者，女大母偶过之，女闻，得间问安否，因密诉其事。呜咽曰："儿命苦，惟有死耳！"又呜咽久之。嘱大母曰："勿扬于人也！"未几，里中为优，举家往观，女独在，盘德父骤逼之，力拒得脱。度终不免，自经死。

秦某妻崔，阳高人。夫恶，崔谏勿听，挞辱之。逾年，坐罪流徙，惧见侮，先杀其子而自杀。

李某妻管，南平人。夫不肖，管数谏，累被挞辱，逼之嫁，奔还母氏。卒鬻于富家，乃自杀。

王某妻徐，东乡人。姑夏，早寡，而子无藉，夏戒勿听，徐规之，辄鞭挞欲死。夏谓徐：“夫无恩，可嫁。”徐不去。

陈潜聘妻崔，名秋，宣德人。秋大父与潜父希孔同官于肇庆，秋大父卒官，因迎秋至官廨，而潜在里，阻乱未婚。顺治十年，希孔罢官，还道高明，遇仇家，縶焉。縶秋及希孔二妾，将污之，秋骂甚厉。仇生癙秋，以蜜傅其面，引蚁嘬之，秋至死，骂不绝。二妾亦生癙死。

朱承宇妻曹，承宇，无锡人；曹，武进人；皆农家也。生二子、一女，而承宇死。承宇弟迫之嫁，曹以死拒。遍告邻里戚族，乞言于叔，得毋嫁，承宇弟不许；请终丧，不许；请及大祥，不许；乃请得见其姊，许之。曹夜挈儿女诣姊家，曰：“我初不欲嫁，今已矣！特不能累累然抱儿女作新妇，暂累姊，三日后，当相取，慎勿告吾叔！”姊谩许之，儿啼索乳，曹泣曰：“痴儿！母岂能长乳尔耶？”辞姊出，复还视儿女，再三嘱姊。姊曰："三日耳，何言之数？"乃去，哭于承宇墓，还，遂缢。姊往哭之，目犹视，许育其儿女以长，乃瞑。及敛，左臂创未合，盖承宇病时尝割臂也。父为讼于县，罪迫嫁者。

陈有量妻海，铜山人。有量，儒家子。贫无食，转徙常州。居逆旅，赀尽，恶少瞰海年少，与有量游，且賙之；时其亡，挑海，海晋之，走。是时漕粟至京师，其舟谓之粮船，主者皆豪猾。恶少绳海于主者，亦引与有量游，招使佐会计。且谓："舟行当经徐州，盍以孥归？"有量以告海，海问孰为引致，则恶少尝为所挑嘗而走者也，谢母往。恶少使其曹讼有量逃人，有量惧，乃以海入其舟。海入舟，日独处，主者使有量有事于近县，而夜就海，强抱持之。海号，捫其面，犹不释，大呼杀人。舟人尽惊起，始得免。即夕，自经。主者藏其尸积粟中，赇舟人。有篙师蓝九廷者，怒海死，却主者赇，告官，乃按诛主者及恶少。常州人葬海于南郊，会者殆千人。

樊廷柱妻张，襄城人。廷柱早卒，张奉姑抚二子。县中有无赖子二，倚兵籍为暴，艳张欲污之。康熙五十五年四月戊申，日方午，姑与其幼子出郭获麦，二子就塾。二无赖诇张独居，共入室，张走避。一直前持之，一扼其吭，吓以死，张不为屈。取菜刀擿其面，为所夺。入室就床侧解佩刀，刀长操其室，方出，又为无赖夺，遂共曳张使伏，张辄跃而起，屡仆屡立。捽其发，缕缕脱，呼益急。二无赖度终不可犯，一拾所解刀斫张额，张仆，一取菜刀断其喉，遂死。邻见二无赖出自张室，衣渍血，告官。且吏惮兵家子，欲坐廷柱弟宣，民大哗，乃以疑狱上。后四年，河道周铨元署按察使，察狱辞，诧曰："此何名疑狱？城中杀人，非荒野；日午，非昏夜。且杀人者有主名，此何名疑狱？"下县逮二无赖，一前数月发狂死，将死，自承杀张；一戮于市。

李有恒聘妻杨，偃师人。少丧母，十七未嫁。父为隶，岁暮，犹行役。一夕大雪，同村有屠者，持刀入女室，女坚拒，被杀。质明，其父归，见女死，咽断，左手数创，右手持衣带不释。出户外，逐雪上血迹至屠者家，得刀于床下。屠者死狱中。

陈某妻，不知其姓，吴人。夫圬者，出就佣。邻有酒人过，调妇，妇语夫，夫漫授以刃曰："彼来，汝杀之！"复出就佣。酒人夜排户入，妇掷刃，酒人拾刃刺妇，洞胸死。儿号，邻妇入视，一村皆集，独酒人者不至，求之，方避入邻村。告于官，诛之。里有老塾师曹叔素，尽出所蓄金为建祠，图像以祭。

刘埜妻李，太康人。姑令采菽，邻村子持镰过，调妇，妇力拒，举镰刲胸死。越数日，邻村子疾作，持镰趋采菽所，自言杀妇状，乃执以告官。两家故有连，赇罢讼。逾年，疾复作，持镰趋采菽所，抉胸断喉死。

曲氏女，字登，永宁人。年十三，父守瓜，母呼女馌之，父令女代守。邻园叟五十余，望见女独坐柿树下，前调之。女怒骂，叟执其臂，女跃上树，叟攀树，曳以下，女号益厉，乃走。女归诉父母曰："儿臂为人执，不为急湔洗，何能立天地间乎？"明日，持刀奔至邻园叟门外，自刭死，目瞠视，立不仆，血涌出不止。叟出户见之，反走，提厨刀至女门外，跽，亦自刭死。

宋氏五烈女，萧宁农家女也。父佃于势家，为庄头，其主视若奴仆。生女四、女孙一，长，并有容色。其主将迫使为媵，五女一夕皆自经死。以白县，县惮势家，不敢上闻，葬而为之碣，曰："宋氏五烈女之墓"，康熙三十四年事也。

东安陶子明妻张，解万有妻刘，清苑戴国妻郑，为营兵所挑，不从，见杀。

通州邢德重妻王，为营兵所挑，入井死。

龚行妻谢，兴化人。县被水，行挈妻女至镇江，屑豆为腐以活。镇江故屯军，有江宁无赖子入军籍，窥谢及女有容。一日行出，挟群少过之，遂挑谢。谢仓皇号呼，无赖击谢仆，女奔救，又犯女，急走避。无赖伪为行劵索偿，因殴行。行诉县官，官笞行，且逮谢。谢持女泣曰："以吾故，陷汝父，吾死不足恤，独怜汝耳！"女亦泣曰："母死，女何能生？即生，且蒙不洁。愿相从，得仍为母子。"相持而恸。鸡初鸣，投水死。女名巧。

杨文龙聘妻孙，字秀，钱塘人。秀年十五，待年于夫氏。文龙从父行贩，秀依姑共处。邻家子无赖入室，牵其衣，秀啮其指，乃去。方暑，秀晚浴，邻家子穴壁，持其足。秀惊起白姑，姑告诸邻。或引无赖谢，秀提以茶碗，中他人，其人亦无赖，相与噪于门，言终当效之。秀虑不免，密纫上下衣，出视姑膳，膳毕，复瀹茗进，乃入室，饮卤死。巡抚闻，按诛无赖，为文以祭。

罗廷胜妻马，名阿透，宁各司羊海寨仲民女也。廷胜死，阿透年二十六，父欲为别嫁，阿透哭于廷胜墓，自经死。

罗朝彦妻刘，名阿全。朝彦，仲民；刘，瓮安人。朝彦死，其弟欲妻嫂，引强暴迫刘，自杀。

安于磐妻朱、后妻田，于磐，贵州蛮夷司长官。初娶朱，事姑孝，姑病，刲股，卒。复娶田，于磐病，刲股。于磐卒，扶诸子成立。

田养民妻杨，养民，朗溪司长官；杨，邑梅司人也。年十二，母病，刲股。

李任妻矣，酱峨人，夷罗厄女也。罗厄为李氏佃，李氏欲污之，不从。缚置积薪上，曰："不从，将焚！"矣大骂，遂焚死。事闻，罪李氏。

鄂对妻热依木，鄂对，库车回头人，与其酋霍集占有隙。霍集占以叶尔羌叛，鄂对与其子鄂斯满弃家走，迎师于伊犁。霍集占破库车，憾鄂对不附，执热依木欲纳之，不可；杀其子女三，而囚之，热依木脱走。师克霍集占，授鄂对贝勒、叶尔羌阿奇木伯克，鄂斯满二等台吉、库车阿奇木伯克。居数年，乌什回叛，热依木在库车，请于办事大臣曰："回性喜效尤，今乌什叛，叶尔羌户众，伯克、阿浑辈不知顺逆，鄂对懦无断，请得往助之。"热依木行五日至叶尔羌，伯克、阿浑辈入见，言乌什，热依木漫应之，期明日会饮。明日，众集，热依木曰："汝等皆无藉，蒙大皇帝恩为太平民，今乌什叛，即日夷灭，乃欲效尤，为不忠不义鬼耶？吾力尚能杀尔曹，尔曹今日毋思出此门！"众愕顾，门守甚严，皆跪白无反状。热依木乃具筵，晓以利害，众皆泣。则出歌姬劝饮尽醉，阴使人遍收诸家战具，驱其马，令远牧。鄂对日率诸伯克集办事大臣庭，夜分散，众大定。及乌什破，多所诛戮，叶尔羌独全。

瓦寺土司索诺木荣宗母麦麦吉，早寡，抚索诺木荣宗成立。绥辑番落，有功于边，被诏旌表。

明正土司坚参达结妻喇章，无子，次妻夭夭生二子。坚参达结死，喇章、夭夭同护土司印，抚二子成立。乾隆间，从征金川有功，亦被诏旌表。

沙氏女，会理州人。父为土千户，所属土百户自氏富，妻以女。嫁，弟送之往。将入自氏所辖境，女语其弟曰："自氏，奴也；汝，主也。我受父命不敢违，汝不当入。"涕泣而别。女至自氏，自氏子求合，女坚拒之，不食七日死。

嘉义番妇，加溜湾社番大治妻也。大治死，愿变故俗，不更嫁，引刀誓曰："妇发可封，妇臂可断，妇节不可移！"力耕育其子，居三十七年乃卒。

施世耀妻苗，世耀，龙溪人；苗，骂辰港夷女。世耀死，苗自经殉焉。

卷五百十二　　列传二百九十九

土司一

湖广

西南诸省，水复山重，草木蒙昧，云雾晦冥，人生其间，丛丛虱虱，言语饮食，迥殊华风，曰苗、曰蛮，史册屡纪，顾略有区别。无君长不相统属之谓苗，长其部割据一方之谓蛮。若粤之僮、之黎，黔、楚之瑶，四川之倮㑩、之生番，云南之野人，皆苗之类。若《汉书》："南夷君长以十数，夜郎最大。其西，靡莫之以十数，滇最大。自滇以北，君长以十数，邛都最大。"在宋为羁縻州。在元为宣慰、宣抚、诏讨、安抚、长官等土司。湖广之田、彭，四川之谢、向、冉，广西之岑、韦，贵州之安、杨，云南之刀、思，远者自汉、唐，近亦自宋、元，各君其君，各子其子，根柢深固，族姻瓜结。假我爵禄，宠之名号，乃易为统摄，故奔走惟命，皆蛮之类。明代播州、兰州、水西、麓川，皆勤大军数十万，殚天下力而后铲平之。故云、贵、川、广恒视土司为治乱。

清初因明制，属平西、定南诸藩镇抚之。康熙三年，吴三桂督云、贵兵两路讨水西宣慰安坤之叛，平其地，设黔西、平远、大定、威宁四府。三藩之乱，重嗾土司兵为助。及叛藩戡定，余威震于殊俗。

至雍正初，而有改土归流之议。四年春，以鄂尔泰巡抚云南兼总督事，奏言："云贵大患，无如苗蛮。欲安民必先制夷，欲制夷必改土归流。而苗疆多与邻省犬牙相错，又必归并事权，始可一劳永逸。即如东川、乌蒙、镇雄，皆四川土府。东川与滇一岭之隔，至滇省城四百余里，而距四川成都千有八百里。去冬，乌蒙土府攻掠东川，滇兵击退，而川省令箭方至。乌蒙至滇省城亦仅六百余里。自康熙五十三年土官禄鼎乾不法，钦差、督、抚会审毕节，以流官交质始出，益无忌惮。其钱粮不过三百余两，而取于下者百倍。一年四小派，三年一大派。小派计钱，大派计两。土司一取子妇，则土民三载不敢婚。土民有罪被杀，其亲族尚出垫刀ners十金，终身无见天日之期。东川已改流三十载，仍为土目盘踞，文武长寓省城，膏腴四百里，无人敢垦。若东川、乌蒙、镇雄改隶云南，倬臣得相机改流，可设三府一镇，永靖边氛。此事连四川者也。广西土府州县峒寨等司五十余员，分隶南宁、太平、思恩、庆远四府，多狄青征侬智高、王守仁征田州时所留设。其边患，除泗城土府外，余皆土目，横于土司。且黔、粤向以牂牁江为界，而粤之西隆州与黔之普安州逾江互相斗入，苗寨寥阔，文武动辄推诿。应以江北归黔，江南归粤，增州设营，形格势禁。此事连广西者也。滇边西南界以澜沧江，江外为车里、缅甸、老挝诸土司。其江内之滇沅、威远、元江、新平、普洱、茶山诸夷,巢穴深邃,出没鲁魁、哀牢间,无事近患腹心,有事远通外国,自元迨明,代为边害。论者谓江外宜土不宜流,江内宜流不宜土。此云南宜治之边夷也。贵州土司向无钳束群苗之责,苗患甚于土司。而苗疆四周几三千余里,千有三百余寨,古州踞其中,群寨环其外。左有清江可北达楚,右有都江可南通粤,皆为顽苗蟠据,梗隔三省,遂成化外。如欲开江路以通黔、粤,非勒兵深入,遍加剿抚不可。此贵州宜治之边夷也。臣思前明流土之分,原因烟瘴新疆,未习风土,故因地制宜,使之向导弹压。今历数百战,相沿以夷治夷,遂至以盗治盗,苗、倮无追赃抵命之忧,土司无革职削地之罚,直至事大上闻,行贿详结,上司亦不深求,以为镇静边民无所控诉;若不铲蔓塞源,纵兵刑财赋事事整饬,皆治标而非治本。其改流之法,计擒为上,兵剿次之。令其自首为上,勒献次之。惟制夷必先练兵,练兵必先选将。诚能赏罚严明,将士用命,先治内,后攘外,必能所向奏效,实云贵边防百世之利。"世宗知鄂尔泰才,必能办寇,即诏以东川、乌蒙、镇雄三土府改隶云南。六年,复铸三省总督印,令鄂尔泰兼制广西。

于是自四年至九年,蛮悉改流,苗亦归化,间有叛逆,旋即平定。其间如雍正朝古州苗疆之荡平,乾隆朝四川大小金川之诛锄,光绪朝西藏瞻对之征伐,皆事之巨者,分见于篇。

其土官衔号,曰宣慰司,曰宣抚司,曰招讨司,曰安抚司,曰长官司。以劳绩之多寡,分尊卑之等差,而府、州、县之名亦往往有之。

今土司之未改流者,四川宣抚使二:曰邛部,曰沙马。宣慰司五:曰木坪,曰明正,曰巴底,曰巴旺,曰德尔格忒。安抚使二十有一:曰长宁,曰沃日,曰瓦寺,曰梭磨,曰瓜别,曰木里,曰革布什札,曰巴底,曰绰斯甲布,曰喇衮,曰瓦述馀科,曰霍耳竹窝,曰霍耳章谷,曰霍耳孔撒,曰霍耳咱,曰林葱,曰霍耳甘孜麻书,曰霍耳东科,曰春科,曰下瞻对,曰上纳夺。长官司二十有九:曰静州,曰陇木,曰岳希,曰松冈,曰卓克基,曰威龙州,曰阳地隘口,曰党坝,曰河东,曰阿都正,曰普济州,曰昌州,曰沈边,曰冷边,曰瓦述嗰陇,曰瓦述毛丫,曰瓦述曲登,曰瓦述色他,曰瓦述更平,曰霍耳纳冲,曰霍耳白利,曰春科高日,曰上瞻对,曰蒙葛结,曰泥溪,曰平夷,曰蛮夷,曰沐川,曰九姓。

云南宣慰使一:曰车里。宣抚使五:曰耿马,曰陇川,曰干崖,曰南甸,曰孟连。副宣抚使二:曰遮放,曰盏达。安抚使三:曰路江,曰芒市,曰猛卯。副长官司三:曰纳楼,曰亏容甸,曰十二关。土府四:曰蒙化,曰景东,曰孟定,曰永宁。土州四:曰富州,曰湾甸,曰镇康,曰北胜。

贵州长官司六十有二:曰中曹,曰白纳,曰养龙,曰虎坠,曰程番,曰上马,曰小程,曰卢番,曰方番,曰违番,曰罗番,曰卧龙,曰小龙,曰大龙,曰金石,曰大平,曰小平,曰大谷龙,曰小谷龙,曰木瓜,曰麻向,曰新添,曰平伐,曰羊场,曰慕役,曰顶营,曰沙营,曰杨义,曰都匀,曰邦水,曰思南,曰丰宁上,曰丰宁下,曰烂土,曰平定,曰乐平,曰邛水,曰偏桥,曰蛮夷,曰沿河,曰郎溪,曰都坪,曰黄道,曰都素,曰施溪,曰潭溪,曰新化,曰欧阳,曰亮寨,曰湖耳,曰中林,曰八舟,曰龙里,曰古州,曰洪州,曰省溪,曰提溪,曰乌罗,曰平头,曰垂西,曰抵寨,曰岩门。副长官司三:曰西堡,曰康庄,曰石门。

广西土州二十有六:曰忠州,曰归德,曰果化,曰下雷,曰下石西,曰思陵,曰凭祥,曰江州,曰思州,曰万承,曰太平,曰安平,曰龙英,曰都结,曰结安,曰上下冻,曰佶伦,曰茗州,曰茗盈,曰镇远,曰那地,曰南舟,曰田州,曰向武,曰都康,曰上映。土县四:曰罗阳,曰上林,曰罗白,曰忻城。长官司三:曰迁隆峒,曰永定,曰永顺。

凡宣慰、宣抚、安抚、长官等司之承袭隶兵部,土府、土州之承袭隶吏部。凡土司贡赋,或比年一贡,或三年一贡,各因其土产,谷米、牛马、皮、布,皆折以银,而会计于户部。

雍正七年,川陕总督岳钟琪奏四川巴塘、里塘等处请授宣抚司三员、安抚司九员、长官司十二员,给与印结号纸,副土官四员、千户三员、百户二十四员,给以职衔,以分职守。内巴塘、里塘正副土官原无世代头目承袭,请照流官例。如有事故,开缺题补,与他土司不同。

湖广之西南隅,战国时巫郡、黔中地。湖北之施南、容美,湖南之永顺、保靖、桑植,境地毗连,介于岳、辰、常德、宜昌之间,与川东巴、夔相接壤,南通黔,西通蜀。元时所置宣慰、安抚、长官司之属,明时因之。向推永、保诸宣慰,世禀富强,兵亦最敢,每遇征伐,荷戈前驱,国家倚之为重。清有天下,仅施南、散毛、容美三宣抚使,永顺、保靖两宣慰使而已。雍正年间,施南、容美、永顺、保靖先后纳土,特设施南一府,隶北布政使,永顺一府,隶南布政使。两府既设,合境无土司名目。后有苗寇,分见各传,不入此篇。

施南:古巴地。秦、汉南郡蛮。唐施州。元置施南宣抚司、忠孝安抚司。明玉珍时,复置施路宣抚司。明宣德三年,复置剑南长官司,立施州卫,领所一、宣抚司四、安抚司九、长官司十三、蛮夷官司五。清康熙三年,施州始归顺。四年,改沙溪宣慰司为宣抚司,改剑南长官司为建南长官司,而施南宣抚司、忠孝安抚司、施路安抚司如故。雍正六年,从湖广总督迈柱之请,裁施州卫,设恩施县,改归南直隶州,原管之十五土司并隶恩施县。十二年,忠孝安抚司田璋纳土,其地入于恩施县。十三年,施南宣抚司覃禹鼎以罪改流,于是忠峒土司田光祖等并请归流,乃以十五土司并原设恩施县,特设施南府,领六县。容美改鹤峰州,别隶宜昌府,领于巡荆道。

明制,施州卫,辖三里、五所、三十一土司,市郭里、都亭里、崇宁里,附郭左、右、中三所,大田军民千户所、支罗镇守百户所。

大田所，元为散毛峒。明洪武五年定其地，二十三年属千户所，仍名散毛。寻改为大田军民千户所，领百户所一、土官百户所十、剌惹等三峒。

　　支罗所，旧隶龙潭司。明嘉靖四十四年，因峒长黄中叛，讨平之，遂割半置所立屯，以百户二员世镇之，而今峒司属焉。

　　施南宣慰司，元施南道宣慰使。明洪武四年，覃大富入朝，七年，升宣抚司。清因之。雍正时，覃禹鼎袭。禹鼎，容美土司田明如婿也，有罪辄匿容美。当事以明如之先从征红苗有功，置勿问。十三年，明如被逮，自经死。禹鼎以淫恶抗提，拟罪改流，以其地置利川县。

　　东乡安抚司，明玉珍置东乡五路宣抚司。明洪武六年改安抚司，命覃起喇为之。清初归附。雍正十年，覃寿椿以长子得罪正法，改流，以其地入恩施县。

　　忠建宣抚司，明洪武四年，以田恩俊为之。六年，改宣抚司。清初，归附。雍正十一年，田兴爵以横暴不法拟流，以其地为恩施县。

　　金峒安抚司，明洪武四年，以覃耳毛为之。清初归附。康熙四十三年，覃世英袭。子邦舜，呈请改流，以其地为咸丰县。

　　忠峒安抚司，元置湖南镇边宣慰司。明洪武四年，命田玺玉为宣抚司。永乐四年，改安抚司。清初田楚珍归附，调征播州有功，仍准袭职。雍正十二年，田光祖纠十五土司呈请纳土归流，以其地入宣恩县。

　　散毛宣抚司，元为散毛府。至正六年，改宣抚司。明洪武四年，命覃野旺为宣抚司，割其半为大田所。清初覃勋麟归附，仍准袭职。雍正十三年，覃烜纳土，以其地入来凤县。

　　忠路安抚司，明洪武四年，命覃英为安抚司。清康熙元年，覃承国归附，以征谭逆功袭前职。雍正十三年，覃楚梓纳土，以其地改利川县。

　　忠孝安抚司，元至正十一年，改民府。明洪武四年，以田墨施为安抚司。清因之。康熙八年，田京袭，累授总兵。十九年，告休。雍正十三年，田璋纳土，以其地为恩施县。

　　高罗安抚司，元高罗寨长官司。明洪武六年，改安抚司，以田大名为之。清顺治初，田飞龙归附，仍准世袭。雍正十三年，田昭纳土，以其地入宣恩县。

　　木册长官司，元置安抚司。明永乐六年，改长官司，以田谷佐为长官司。清初，田经国归附，仍与世袭。雍正十三年，田应鼎纳土，以其地入宣恩县。

　　大旺安抚司，元至正置。明洪武四年，以田驴蹄为安抚司。清康熙初，田永封归附，仍准袭职。雍正十三年，田正元纳土，以其地入来凤县。

　　临壁长官司，原附大旺。清康熙元年，颁给田琦印信，仍与世袭。雍正十三年，田封疆纳土，以其地入来凤县。

　　东流安抚司，原附大旺。

　　唐崖长官司，元置千户所。明洪武七年，改长官司。清初覃宗禹归附，仍与世袭。雍正十三年，覃梓桂纳土，以其地入咸丰县。

　　龙潭安抚司，明洪武四年，以田应虎为安抚司。清初归附，仍准世袭。雍正十三年，田贵龙纳土，以其地入咸丰县。

　　沙溪安抚司，明置。清初归附。康熙四年，黄天奇袭安抚司。天奇子楚昌。初，楚昌入施州卫学为诸生。时诸司争并，民鲜知礼，楚昌折节力学，有时名。及袭职，设官学，公余与多士讲肆，多所成就。楚昌死，子正爵袭。雍正十三年，改流，其地入于利川县。

　　卯峒长官司，清雍正十三年，长官司向舜纳土，以其地入来凤县。

　　漫水宣抚司，清初，宣抚司向国泰归附，仍准世袭。雍正十三年，向庭宫纳土，其地入于来凤县。

　　西萍长官司，雍正十三年裁，其地入于咸丰县。

　　建南长官司，明宣德五年置。清雍正十三年裁，其地入于利川县。

　　容美土司，唐元和元年，田行皋从高崇文讨平刘辟，授施溱溶万招讨把截使，仍知四州事。宋有田思政。元有田乾亨。明洪武三年，田光宝以元所授诰敕诣行在请换，乃命光宝仍为宣慰使。传至田既霖，清顺治间归附，仍授宣慰使。子甘霖袭。甘霖字特云，著《合浦集》。甘霖子舜年，字九峰，受吴逆伪承恩伯敕，后缴。奉檄从征有劳绩，颇招名流习文史，刻有《廿一史纂》。日自课，某日读某经、阅某史至某处，刻于书之空处，用小印志之。有《白鹿堂集》、《容阳世述录》。子明如袭职。以放肆为赵申乔劾奏，奉旨原宥。雍正十一年，再为迈柱严参，明如移驻平山寨拟抗拒，为石梁长官司张彤硅催迫，明如自尽。改土归流，改司为鹤峰州，隶宜昌府。

　　永顺：汉武陵，隋辰州，唐溪州地。宋时为永顺州。元时，彭万潜自改为永顺等处军民安抚司。明洪武五年，改宣慰使。清顺治四年，恭顺王孔有德至辰州，宣慰使彭宏澎率三知州、六长官、三百八十峒苗蛮归附。十四年，颁给宣慰使印，并设流官经历一员。康熙十年，吴三桂叛踞辰龙关，授永顺宣慰使彭廷椿伪印，廷椿缴之。奉旨赏其子宏海总兵衔，令率土兵协剿，有功，授宣慰使印。雍正六年，宣慰使彭肇槐纳土，请归江西祖籍，有旨嘉奖，授参将，并世袭拖沙喇哈番之职，赐银一万两，听其在江西祖籍立产安插，改永顺司为府，附郭为永顺县，分永顺白崖峒地为龙山县。

　　南渭州土知州，属永顺司。元至元中，置安抚司。明洪武二年，以彭万金为土知州，传至彭应麟，清顺治四年，归附。雍正五年，彭宗国纳土，以其地入永顺县。

　　施溶州土知州，在永顺司东南。元会溪、施溶等处长官司。明洪武二年，改州，以田建霸为土知州。传至田茂年，清顺治四年，归附。雍正五年，田永丰纳土。

　　上溪州土知州，属永顺司。明洪武二年，以张义保为土知州。传至张汉卿，清顺治四年，归附。雍正五年，张汉儒纳土。

　　腊惹峒长官司，元属思州，以向孛烁为总管。明洪武五年，改属永顺司，以田世贵为长官司。传至田仕朝，清顺治四年，归附。雍正五年，田中和纳土。

麦著黄峒长官司，元曰麦著土村，属思州。明洪武五年，改属永顺司，以黄谷踵为长官司。传至黄甲，清顺治四年，归附。雍正五年，黄正乾纳土。

驴迟峒长官司，元属思州。明洪武五年，改属永顺司，以向迪踵为长官司。传至向光胄，清顺治四年，归附。雍正五年，向锡爵纳土。

施溶溪长官司，元属思州。明初，改属永顺司，以汪良为长官司。传至汪世忠，清顺治四年，归附。雍正五年，汪文珂纳土。

白岩峒长官司，元属葛蛮安抚司。明初，改属永顺司，以张那律为长官司。传至张四教，清顺治四年，归附。雍正五年，张宗略纳土。

田家峒长官司，明洪武三年，以田胜祖为长官司。传至田兴禄，清顺治四年，归附。雍正五年，田荩臣纳土。

保靖宣慰司，亦唐溪州地。宋曰保静州。元为保靖州安抚司。明仍为安抚使。清顺治四年，明宣慰司彭象乾之子彭朝柱归附。象乾曾孙泽虹病废，其妻彭氏用事。汉奸高伦、张为任二人结连其舍把长官彭泽蛟、彭祖裕等，相与树党，以劫杀为事。雍正元年，泽虹死，子御彬幼，泽蛟欲夺其职，为御彬所遏。迨御彬袭职，肆为淫凶、泽蛟与其弟泽虬合谋，互相劫杀。二年，御彬以追尋泽蛟为名，潜结容美土司田旻如、桑植土司向国栋，率土兵抢房保靖民财。七年，御彬安置辽阳，以其地为保靖县。

大喇司，在龙山县，属保靖县。明正德十五年，以土舍彭惠协理巡检事。传至彭御偌，雍正十三年，纳土。

桑植宣慰司，本慈利县地。元有上桑植、下桑植宣慰司。明置安抚司。清顺治四年，宣慰司向鼎归附，授原职。鼎子长庚调镇古州八万。长庚子向国栋残虐，与容美、永顺、茅冈各土司相仇杀，民不堪命。雍正四年，土经历唐宗圣与国栋弟国柄等相率赴诉，总督傅敏入奏，乃缴追印篆，国栋安置河南，以其地为桑植县。

上下峒长官司，明置宣抚司，复改为长官司，而分其地为二。清康熙二年，向九鸾、向日葵归附。二十一年，给九鸾上峒长官司印，日葵下峒长官司印。雍正十三年，上峒司向玉衡、下峒司向良佐纳土，以其地属桑植县。

茅冈长官司，明改天平千户所。清顺治四年，石门天平所千户覃祚昌、茅冈长官覃荫祚等相继归附，给与印信。雍正十二年，茅冈土司覃纯一纳土，石门天平所、慈利麻寮所相继请设流官，分其地属石门、慈利、安福三县。

卷五百十三　　列传三百

土司二

四川

四川边境寥廓，历代多设土司以相控制。明末，张献忠屠蜀，石砫、酉阳、松潘、建昌等土司距险御贼，其地独全。清初，戡定川境，各土司次第效顺。川之南有金川者，本明金川寺演化禅师哈伊拉木之后，分为大小金川。顺治七年，小金川卜儿吉细归诚，授原职。吴三桂乱后，康熙五年，其酋嘉纳巴复来归，给演化禅师印。其庶孙莎罗奔，以土舍将兵从将军岳钟琪征西藏羊峒番，雍正元年，奏授安抚司，居大金川；而旧土司泽旺居小金川，莎罗奔以女阿扣妻泽旺。泽旺懦，为妻所制。乾隆十一年，莎罗奔劫泽旺去，夺其印。十二年，又攻革布什札及明正两土司。

朝廷调张广泗总督四川，进驻泽旺所居美诺官寨，而以其弟良尔吉从征。时莎罗奔居勒乌围，其兄子郎卡居噶尔崖，地在大金川河东，而河西亦有地数百里。广泗调兵三万，一路出川西攻河东，一路出川南攻河西。而河东一路又分为四，以两路攻勒乌围，以两路攻噶尔崖，河西亦分两路，攻庚特额诸山，刻期蒇事。阻险不前，上命大学士公讷亲往视师，起岳钟琪于废籍。钟琪与广泗议定，自任由党坝取勒乌围，而广泗由昔岭取噶尔崖。会讷亲至，下令限三日克噶尔崖，总兵任举、参将贾国良战死。广泗轻讷亲不知兵，而恶其凌己，故饰推让，实以困之，军中解体。良尔吉夙与阿扣通，莎罗奔因使成谍，倚作间谍，官军动息辄为所备。师久无功，上怒甚，会讷亲劾广泗，于是速广泗入京，而命大学士傅恒为经略，代讷亲。冬，杀广泗，赐讷亲死。十二月，傅恒至军，斩良尔吉、王秋，阿扣以断内应。

十四年春正月，奏言："金川之事，臣到军以来，始知本末。当纪山进讨之始，惟马良柱转战直前，逾沃日，收小金川，直抵丹噶，其锋甚锐。其时张广泗若速济师策应，乘贼守备未周，殄灭尚易；乃坐失机会，宋宗璋逗留于杂谷，许应虎失机于의郊，致贼得尽据险要，增碉备御，七路、十路之兵无一路得进。及讷亲至军，严切催战，任举败殁，锐挫气索，晏起偷安，一以军务委张广泗。广泗又听奸人所愚，惟恃以卡逼卡、以碉逼碉之法，枪炮惟及坚壁，于贼无伤，而贼不过数人，从暗击明，枪不虚发，是我惟攻石，而贼实攻人。且于碉外开壕，兵不能越，而贼得伏其中自下击上。又战碉锐立，高于中土之塔，建造甚巧，数日可成，随缺随补，顷刻立就。且人心坚固，至死不移，碉尽碎而不去，炮方过而人起，主客劳佚，形势迥殊，攻一碉难于克一城。即臣所驻卡撒山顶，已有三百

余碉,计半月旬日得一碉,非数年不能尽。且得一碉辄伤数十百人,较唐人之攻石峰堡,尤为得不偿失。惟有使贼失其所恃,而我兵乃得展其所长。臣拟俟大兵齐集,别选锐师,旁探间道,裹粮直入,逾碉勿攻,绕出其后,即以围碉之兵作为护饷之兵。番众无多,外备既密,内守必虚。我兵即从捷径捣入,则守碉之番各怀内顾,人无固志,均可不攻自溃。至于奋勇固仗满兵,而向导必用土兵,土兵中小金川尤骁勇。今良尔吉之奸谍已诛,泽旺与贼仇甚切,驱策用之,自可得力。至沃日、瓦寺兵强而少,杂绰斯甲等兵众而懦。明正、木坪忠顺有余,强悍不足。革什咱兵锐,可当一路。是各土司环攻分地之说虽不可恃,而未尝不可资其兵力。臣决计深入,不与争碉,惟俟四面布置,出其不意,直捣巢穴,取其渠魁,定于四月间报捷。"上屡奉皇太后息武宁边之谕,命傅恒班师。时傅恒及钟琪两路连克碉卡,军声大振,莎罗奔乞降于钟琪,钟琪轻骑径赴其巢,贼大感动,顶佛经立誓听约束。次日,钟琪率莎罗奔父子坐皮船出洞诣大军,莎罗奔等叩颡,誓遵六事,归各土司侵地,献凶酋,纳军械,归民,供徭役。乃宣诏赦其死。诸番焚香作乐,献金佛谢。二月,捷闻,诏赏傅恒、钟琪等。

既而沙罗奔兄子郎卡主土司事,渐桀骜。二十三年,逐泽旺及革布什札土司。三十一年,诏四川总督阿尔泰檄九土司环攻之。九土司者,巴旺、丹坝、沃日、瓦寺、绰斯甲布、明正、木坪、革布什乍及小金川也。巴旺、丹坝皆弹丸,非金川敌。明正、瓦寺形势阻隔,其力足制金川。而地相逼者,莫如绰斯甲布与小金川。阿尔泰不知离其党与,反听两金川释仇缔约,自是狼狈为奸,诸小土司咸不敢抗。时泽旺老病不问事,郎卡亦旋死,其子索诺木与僧格桑侵鄂克什土司地。

三十六年,索诺木诱杀革布什札土官,而僧格桑再攻鄂克什及明正土司,与官军战。上以前此出师,本以救小金川。今小金川反悖逆,罪不赦。赐阿尔泰死,命大学士温福自云南赴四川,以尚书桂林为四川总督,共讨贼。温福由汶川出西路,桂林由打箭炉出南路。僧格桑求援于索诺木,索诺木潜兵助之。三十七年春,桂林克复革布什札土司故地,温福克资里及阿喀。朝廷以阿桂为参赞大臣,代桂林赴南路。十一月,阿桂以皮船宵济,连夺险隘,直捣贼巢。十二月,军抵美诺,进至底木达,俘泽旺,檄索诺木缚献僧格桑,不应。

上命温福为定边将军,阿桂、丰伸额为副将军。温福、阿桂奏六路进兵之策。温福由功噶入,阿桂由当噶入,丰伸额由绰斯甲布入。三十八年春,温福以贼扼险不得进,别取道攻昔岭,驻营木果木,令提督董天弼分屯底木达,守小金川之地。温福为人刚愎,不广谘方略,惟袭广泗故智,以碉卡逼碉卡,建筑千计。初索诺木欲并小金川地,故留僧格桑挟以号召。六月,阴遣小金川头目等由美诺沟出煽故降番使复叛。诸番见大军久顿,蜂起应之,攻陷天弼营,遂劫粮台,潜兵袭木果木,夺炮局,断汲道,贼四面蹂入大营,温福死之,将士随员死者数十人,各卡兵望风溃。海兰察闻警赴援,殿众由间道退出,收集溃卒,尚

万数千人,其战殁者三千余,小金川地复陷。惟阿桂一军屹然不动,乃整队出屯翁古尔垄。

上在热河闻报,召大学士刘统勋诣行在咨之。统勋前言金川不必劳师,至是亦主用兵。乃授阿桂定西将军,丰伸额、明亮为副将军。十月,阿桂改赴西路,明亮赴南路。丰伸额仍由绰斯甲布进取宜喜,阿桂从自鄂克什,转战五昼夜,直抵美诺,克之;明亮入自玛尔里,所向皆捷,遂尽复小金川地。

惟大金川自十二三年以来,全力抗守,增垒设险,严密十倍小金川。七月,令诸军分攻各碉寨,数十道并进。海兰察率死士六百削壁猱引而上,趾顶相接,比明及其碉,一涌入,尽歼守贼。数十里贼寨闻之皆夺气,悉破之,乘胜临逊克宗垒。索诺木酖杀僧格桑而献其尸,及其妻妾头目,至军乞赦己罪。阿桂槛送京师。四十年四月,阿桂先使福康安、海兰察赴河西助明亮攻宜喜,遂分兵六路,尽灭河西二十里内之贼。五月,阿桂河东之军破朗噶寨,距勒乌围仅数里,环营逼近其巢。七月,抵勒乌围。八月十五夜,进捣贼巢,四面炮轰官寨,破之。黎明,克转经楼,逸贼皆溺水死。莎罗奔兄弟及各头目已先期遁往噶尔崖。十一月,官军攻克科布曲山。十二月,遂据玛尔古山,噶尔崖即在其下。索诺木之母姑姊妹亦降。官军三路合围噶尔崖,断其水道。索诺木使其兄诣营乞哀,不允。围攻益急,索诺木从莎罗奔及其妻子挈番众二千余出寨,奉印献军门降,金川平。四十一年正月,献俘庙社,封赏阿桂等,勒碑太学,并及两金川。旋于大金川设阿尔古厅,小金川设美诺厅。四十四年,并阿尔古入美诺,改为懋功厅。

同治二年,粤匪石达开窜宁远,假道邛部土司。土司先受官军约束,引贼至紫打地。四面阻绝,达开粮罄路穷,射书千户王应元买路,复使人说土司岭承恩求缓兵,皆不应。日杀马煮桑叶为食。四月,承恩、承元等侦贼力竭,率夷众蹙攻,擒达开并贼官五人付官军,槛送成都,四川总督骆秉章诛之。奏加承恩、承元二品衔,贼军辎重悉为两土司所得。

初,瞻对土司恃强不法,雍正八年,四川提督黄廷桂剿降之。乾隆十年,四川提督李质粹等率兵五千,取道东俄落,至里塘进兵,连破番寨,获贼首噶笼丹坪。十一年,质粹会钦差大臣班第,统兵进克泥日寨,烧毙番酋姜错太,抚定丫鲁、下密等处番夷。嘉庆十九年,中瞻对土司洛布七力劫掠邻番,抗捕伤宾。二十年,四川总督常明、提督多隆武领兵剿之,恃险死拒。重庆镇总兵罗思举力战破其巢,洛布七力焚死,分其地入上下瞻对。

洎咸丰中,土司工布朗结为人沉鸷,兼并上下瞻对之地,欲拥康部全境以抗川拒藏,邻近各土司割地求免,贡赋唯命。至是藏人怒,求四川出兵,秉章派道员史致康率师会藏进讨。致康怯,顿打箭炉久,藏番需茶急,驰兵克之,杀工布朗结父子,致康始逡巡至。藏人索兵费银十六万两,秉章未允,藏人因据其地,设官兵驻守。

光绪初,丁宝桢为四川总督,以瞻对藏官虐民,往往激变,每岁派员带兵出关弹压。刘秉璋继之,稍宽纵,藏官益骄横。各土司多被威胁,唯明正土司地大,不之服,

频年争斗。十五年，瞻对内讧，逐藏官，乞内附，秉璋不许，唯治番官及乱民数人罪，由藏易官，且添驻堪布一人，兵八百名助守。二十年，朱窝、章谷土司争袭滋事，瞻圣番官率兵越境干预，开枪伤我官兵。四川总督鹿传霖奏瞻对为蜀门户，宜设法收回内属，派提督周万顺、知县张继率兵出关，击败番兵，不三月，克瞻对并德尔格忒即叠盖。旧名保盖。全境，擒德格土司夫妇，解至成都，议并改设流官。成都将军恭寿愤传霖不先会商，结驻藏大臣文海，密奏劾传霖，翻原案，复德格土司职，仍以瞻对属藏。

三十一年春，驻藏大臣凤全被戕于巴塘，四川总督锡良奏请以四川提督马维骐、建昌道赵尔丰进讨。维骐率师先发。先是泰凝寺产沙金，锡良准商人采办，并派兵弹压。寺中喇嘛反抗，杀都司卢鸣扬，瞻对潜助其乱，维骐出关讨平之。六月，攻克巴塘，擒正土司罗进宝、副土司郭宗隆保，诛之，移其妻子于成都安置。八月，尔丰至，杀堪布喇嘛及首恶数人祭凤全。维骐班师回，尔丰接办番后，派兵剿倡乱之七村沟，并搜捕余匪，因移师讨乡城。次年闰四月，克之，并攻克稻坝、贡噶岭，一律肃清。于是尔丰建筹边议，锡良以闻。朝廷特设督办川滇边务大臣，授尔丰。边地在川、滇、甘、藏、青海间，纵横各四五千里，土司居十之五，余地归呼图克图者十之一，清代赏藏者十之一，流为野番者十之三。尔丰改巴塘、里塘地治之，以所部防军五营分驻之。回川会商，锡良派道员赵渊出关坐镇。

三十三年，尔丰护理四川总督，奏准部拨开边费银一百万两。三十四年，授尔丰驻藏办事大臣，仍兼边务大臣，募西军三营，率之出关。时德格土司争袭，构乱久，尔丰奏请往办，经泰凝、道坞、章谷、倬倭、麻书、孔撒、白利、绒坝、擦玉龙、濯拉、扩洛垛以至更庆。十二月，攻逆酋昂翁，降白仁青等于赠科，匪窜杂渠卡。宣统元年四月，攻杂渠卡。五月，战于麻木。六月，追匪十日程至卡纳，一战肃清，改流其地，并改春科、高日两土司地及灵葱土司之郎吉岭村归流。十月，四川兵入藏，藏番扼察木多以西地阻之，劫粮掳言。尔丰率边军渡金沙江，逾雪山，抵察木多，送川兵行，于是三十九族波密、八宿均请附边辖。三十九族者：曰夥尔，曰图嘛鲁，曰吉宁塔克，曰尼牙木查，曰松嘛巴，曰勒达克，曰多嘛巴，曰达尔羊巴，曰他玛，曰夥儿，曰拉寒，他玛、夥儿、拉寒三族共一土司。曰夥耳、曰琼布嘎，曰琼布色尔查、曰琼布纳克鲁，曰扎玛尔，曰上阿扎，曰下阿扎，曰上夺尔树，曰下夺尔树，曰上刚噶尔，曰下刚噶尔，曰他玛尔，曰提玛尔，曰枳多，曰哇拉，枳多、哇拉二族共一土司。曰嘛弄，曰布川目桑，曰书达格鲁克，曰奔盆，曰策令毕鲁，曰色尔查，曰纳布贡巴，曰结拉克汁，曰拉巴，曰三渣，曰朴朴，皆自为部落。设土意百户或土百户、土百长等以治之，归驻藏大臣管辖。尔丰以其族素恭顺，悉加慰遣，因派兵剿类伍齐、硕搬多、洛隆宗、边坝等阻路之番人，又分兵取江卡、贡觉、桑昂、杂瑜，咸收服之。

二年，边军直抵江达，尔丰奏请以江达为边藏分界。五月，边军返察木多。六月，尔丰率兵略乍丫地。八月，巡阿足返，设乍丫委员。闻定乡兵变，派统领凤山追剿。九月，三岩野番投书索战，尔丰率兵赴贡觉。十月，派傅嵩秋攻三岩，一旬而克。十一月，设三岩委员。十二月，设贡觉委员。尔丰旋返巴塘。三年二月，尔丰以巴塘所属之得荣浪藏寺数年不服，派兵攻克之，设得荣委员，并收服冷卡石。三月，尔丰调任四川总督，四川布政使王人文继之为边务大臣。尔丰奏请人文未到任前，以嵩秋代理。四月，同发巴塘，至孔撒、麻书，设甘孜委员，橄灵葱、白利、倬倭、东科、单东、鱼科、明正、鱼通各土司缴印，改土归流。色达及上罗科野番来归。适驻藏大臣联豫电请边军攻波密，因奏派副都统凤山率兵二千往应。六月，尔丰至瞻对，藏官逃，收其地，设瞻对委员。旋经道坞、打箭炉、橄鱼通、卓斯各土司缴印改流。尔丰入川，沿途收咱里、冷边、沈边三土司印，嵩秋复出关改流泰凝，而鱼科土司结下罗科抗命。嵩秋令上罗科扼其险，击平之，毙鱼科土司，于是嵩秋奏请设西康省，而沃日、崇喜、纳夺、革伯咱、巴底、巴旺、灵葱、上纳夺各土司，暨乍丫、察木多两呼图克图，相继缴印。惟毛丫曲乞缓，许之。

凉山夷倮㑩者，居宁远、越巂、峨边、雷波、马边间，浅山部落头目属于土司。深入则凉山，数百里皆夷地。生夷黑骨头为贵种，白骨头者曰熟夷，执贱役。夷族分数支，不相统属。叛则出掠，掳汉民作奴，遇兵散匿。清兴，雍正五年、七年，嘉庆十三年、十六年，迭经川吏剿抚，加以部勒。

同治末，越巂夷叛，成都将军崇实兼摄四川总督，奏调贵州提督周达武率军由陕回剿，前锋罗应旒出清溪，抚大树堡、左右王岭各土司，进驻保安，攻降洽马里、阿波落、跑马坪、燕麦厂，遂克普雄石城。夷地四百里间咸受约束。官军至靖远，刷兹、林加、布约、尼钱、交脚等支亦降，更设靖远新老两营，土千百户出汉奴数万。追尔丰经营关外，朝廷以其兄尔巽督川，尔巽欲悉平凉山夷以利边务，光绪三十四年八月，派建昌镇总兵凤山、建昌道马汝骥等，率兵暨民团剿宁远吉狄、马加、拉斯等支倮夷。进至裹足山梁，旋值国丧，罢兵。

宣统元年正月，令建昌镇总兵田镇邦、宁远府知府陈廷绪再举，征服浅山白母子、吗哒拉、施三合等支，并收抚呼咱鸡租五支、别牛租租等支，于是加拉及吉狄、马加等支先后降。官军进驻交脚，收抚八切阿什并阿落马家上三支、下三支。野夷悉请内附，不隶土司。先是马边夷阿侯苏噶支戕英教士，拒捕，与马边协副将杨景昌军相持。尔巽调总兵董南斌往剿，与宁远军夹击，阿侯苏噶降。两军于十月二十五日贯通凉山夷巢，会于吽吽坝。于是尔巽议禁黑夷蓄奴。先就交脚设县治，余地择要屯守；而西南由美姑河至雷波，辟雷宁通道四百余里，驻兵守护，以通商旅。是役也，得地几千里，夷众凡十馀万人。二年，振邦、廷绪等师还讨会理土司，披砂、会理村、苦竹、者保、通安舟等悉改流，至是川境土司多非旧观矣。今采传世较永者著于篇。其国初归附未久旋即绝灭者，尚不胜记云。

成绵龙茂道松潘镇辖：

拈佐阿革寨土百户，系西番种类。其先个个柘，康熙四十二年，归附，授职。

热雾寨土百户，系西番种类。其先甲杠他，康熙四十二年，归附，授职。

峨眉喜寨土千户，系倮夷种类。其先官布笑，雍正四年，归附，授职。

毛革阿按寨土千户，系倮夷种类。其先生乍，雍正四年，归附，授职。

包子寺寨土千户，系西番种类。其先噶竹，康熙四十二年，归附，授职。以上松潘厅中营属。

阿思峒寨土千户，系西番种类。其先立架，顺治十五年，归附，授职。

羊峒寨土百户，系西番种类。其先甲利，雍正二年，归附，授职，由四川总督给以土百户委牌一张。以上松潘厅左营属。

下泥巴寨土百户，系西番种类。其先林青，康熙四十二年，归附，授职，由四川总督给以土百户委牌一张。松潘厅右营属。

寒盼寨土千户，系西番种类。其先占巴笑，康熙四十二年，归附，授职。

商巴寨土千户，系西番种类。其先刚让笑，康熙四十二年，归附，授职。

祈命寨土千户，系西番种类。其先龙盼架，康熙四十二年，归附，授职。

羊峒踏藏寨土目，系西番种类。其先甲六笑，康熙四十二年，归附，授土目。

阿按寨土目，系西番种类。其先六笑他，康熙四十二年，归附，授土目。

挖药寨土目，系西番川类。其先旦折笑，康熙四十二年，归附，授土目。

押顿寨土目，系西番种类。其先拈争笑，康熙四十二年，归附，授土目。

中岔寨土目，系西番种类。其先捏盼目，康熙四十二年，归附，授土目。

郎寨土目，系西番种类。其先郎那亚，康熙四十二年，归附，授土目。

竹自寨土目，系西番种类。其先札布吉，康熙四十二年，归附，授土目。

臧咱寨土目，系西番种类。其先出亚，康熙四十二年，归附，授土目。

东拜王亚寨土目，系西番种类。其先点进笑，康熙四十二年，归附，授土目。

达弄恶坝寨土目，系西番种类。其先达喇笑，康熙四十二年，归附，授土目。

香咱土目，系西番种类。其先辖六，康熙四十二年，归附，授土目。

咨马木目，系西番种类。其先由仲笑，康熙四十二年，归附，授土目。

八顿寨土目，系西番种类。其先革甲，康熙四十二年，归附，授土目。

上包坐余湾寨土千户，系西番种类。其先札卜盼，康熙四十二年，归附，授职。

下包坐竹当寨土千户，系西番种类。其先本布笑，康熙四十二年，归附，授职。

川柘寨土千户，系西番种类。其先桑仲，康熙四十二年，归附，授职。

谷尔坝那浪寨土千户，系西番种类。其先郎借，康熙四十二年，归附，授职。

双则红凹寨土千户，系西番种类。其先郎那笑，康熙四十二年，归附，授职。

以上各土司，皆颁有号纸。

上撒路木路恶寨土百户，系西番种类。其先学赖，雍正二年，归附，授职。

中撒路木路恶寨土百户，系西番程类。其先隆笑，雍正二年，归附，授职。

下撒路竹弄寨土百户，系西番种类。其先迫带，雍正二年，归附，授职。

崇路谷谟寨土百户，系西番种类。其先札务革柱，雍正二年，归附，授职。

作路生纳寨土百户，系西番种类。其先郎刀，雍正二年，归附，授职。

上勒凹贡按寨土百户，系西番种类。其先借勒，雍正二年，归附，授职。

下勒凹卜顿寨土百户，系西番种类。其先林革秀，雍正二年，归附，授职。

以上各土司，皆颁有印信号纸。

班佑寨土千户，系西番种类。其先独足笑，雍正元年，归附，授职。

巴细蛇住坝寨土百户，系西番种类。其先连柱笑，雍正元年，归附，授职。

阿细柘弄寨土百户，系西番种类。其先哈惰，雍正元年，归附，授职。

上作尔革寨土百户，系西番种类。其先辖顿，雍正元年，归附，授职。

合坝夺杂寨土百户，系西番种类。其先谷六笑，雍正元年，归附，授职。

辖漫寨土百户，系西番种类。其先额旺，雍正元年，归附，授职。

下作革寨土百户，系西番种类。其先郎纳他，雍正元年，归附，授职。

物藏寨土百户，系西番种类。其先郎加蚌，雍正元年，归附，授职。

热当寨土百户，系西番种类。其先拆戎架，雍正元年，归附，授职。

磨下寨土百户，系西番种类。其先的那，雍正元年，归附，授职。

甲凹寨土百户，系西番种类。其先革柯，雍正元年，归附，授职。

阿革寨土百户，系西番种类。其先甲亚，雍正元年，归附，授职。

鹊个寨土百户，系西番种类。其先罗六，雍正元年，归附，授职。

郎惰寨土百户，系西番种类。其先阿出，雍正元年，归附，授职。

上阿坝甲多寨土千户，系西番种类。其先拆达架，雍正元年，归附，授职。

中阿坝墨仓寨土千户，系西番种类。其先革杜亚，雍正元年，归附，授职。

下阿坝阿强寨土千户，系西番种类。其先顿坝，雍正元年，归附，授职。

上郭罗克车木塘寨上百户，系西番种类。其先噶顿，康熙六十年，归附，授职。

中郭罗克插落寨土千户，系西番种类。其先丹增，康熙六十年，归附，授职。

下郭罗克纳卡寨土百户，系西番种类。其先彭错，康熙六十年，归附，授职。

上阿树银达寨土百户，系西番种类。其先卜架亚，康熙六十年，归附，授职。

中阿树宗个寨土千户，系西番种类。其先卜他，康熙六十年，归附，授职。

下阿树郎达寨土百户，系西番种类。其先郎加札舍，康熙六十年，归附，授职。

小阿树寨土百户，系西番种类。其先达尔吉，康熙六十年，归附，授职。以上松潘厅漳腊营属。

丢骨寨土千户，系西番种类。其先沙乍谟，康熙四十二年，归附，授职。

云昌寺寨土千户，系西番种类。其先革都判，康熙四十二年，归附，授职。

呷竹寺土千户，系倮夷种类。其先七谷，康熙四十二年，归附，授职。以上松潘厅平番营属。

以上各土司，皆颁有号纸。

中羊峒隆康寨首，系西番种类。其先林柱，雍正二年，归附，委以寨首。咸丰十一年，欧利娃作乱，陷南坪营，同治四年，周达武率武字、果毅各军讨平之。

下羊峒黑角郎寨首，系西番种类。其先六孝，雍正二年，归附，委以寨首。

以上各土司，皆无印信号纸。以上松潘厅南坪营属。

大姓寨土百户，其先郁氏，于唐时颁给左都督职衔印信，管束番众。顺治六年，郁孟贤将唐时印信呈缴。

小姓寨土百户，其先郁从文，于明末归附，授长官司职衔印信，营束番众。顺治年间，将明时印信号纸呈缴。

大定沙坝土千户，其先苏忠，于明万历年间归附，授土千户职衔印信，管束番众。顺治年间，将明时印信号纸呈缴。

以上各土司，皆颁号纸。

大黑水寨土百户，其先郁孟贤，于明末归附，授土百户职衔，管束各番。顺治年间，将明时号纸呈缴。

小黑水寨土百户，其先于唐时归附，授土百户职衔印信，管束各番。顺治年间，郁从学将唐时印信呈缴。

以上各土司，皆给委牌。

松坪寨土百户，其先韩腾，于明末归附，授土百户职衔印信，管束番众。顺治年间，将明末印信号纸呈缴，仍颁给号纸。以上茂州叠溪营属。

静州长官司，其先董正伯，自康时归附，授职。顺治年间，贼屠茂州，土司董怀德率土兵捍御，地方宁谧。九年，董应诏归附。

陇木长官司，其先何文贵，于宋时剿罗打鼓生番有功，授职与印。顺治九年，归附。

岳希长官司，其先坤蒲，自唐时有功授职。康熙九年，归附。

沙坝安抚司，其先蟒答儿，自明时剿黑水三溪生番有功授职。顺治九年，归附。

水草坪巡检土司，其先蟒答儿次子住水草坪，授巡检职。顺治九年，归附。

竹木坎副巡检土司，其先坤儿布，自明时授职。顺治九年，归附。

牟托巡检土司，其先灿沙，自唐时授职。顺治九年，归附。

以上各土司，皆颁印信号纸。

实大关副长官司，其先官之保，自明时授职。康熙十年，归附，颁给号纸。以上茂州茂州营属。

阳地隘口土长官司，始祖王行俭，由宋宁宗朝授龙州判官，世袭。传三世，改守御千户。元至正间，授宣御副使。明洪武七年，开龙州，改长官司。顺治六年，王煓归附，仍授原职，颁给印信号纸。

土通判，明洪武七年授王思恭为长官司，以王思民袭判官，旋授宣抚佥事。嘉靖间，改土通判。顺治六年，王启睿归附，仍授原职，颁给号纸，无印信。

龙溪堡土知事，宋景定间，授薛严龙州知州，世袭。明隆庆间，改土知事。顺治六年，薛兆选归附，仍授原职，颁给号纸。以上龙安府龙安营属。

瓦寺宣慰司，先世雍中罗洛思，与兄桑郎纳思坝，前明纳贡土物。正统六年，威茂、孟董、九子、黑虎等寨诸番跳梁，雍中罗洛思、桑郎纳思坝奉调出藏，带兵出力，即留住汶川县涂禹山，给宣慰司印信号纸。顺治九年，土司曲翊伸归附，授安抚司。康熙五十九年，征西藏，土司桑郎温恺随征有功，加宣慰司衔。乾隆二年，加指挥使职衔。乾隆十七年及三十六年，征剿杂谷土司苍旺并金川等处，土司桑郎雍中随征出力，赏戴花翎。嘉庆元年，随征达州教匪，经四川总督勒保奏升宣慰司，换给印信号纸。以上理番厅维州协左营属。

梭磨宣慰使司，始祖囊素沙甲布，原系杂谷土目，自唐时归附。雍正元年，征剿郭克贼番有功，颁给副长官司印信号纸。乾隆十五年，换给安抚司印。三十六年，进剿大小金川，土司随征，经将军阿桂奏赏宣慰司职衔并花翎，换给印信号纸。

卓克基长官司，其祖良尔吉，系杂谷土舍。乾隆十三年，随征大金川有功。十五年，颁给长官司印信号纸，寻以通匪伏诛。

松冈长官司，其祖系杂谷土目，自唐时安设。康熙二十二年，颁给安抚司印信号纸。乾隆十七年，土司苍旺不法，伏诛。

党坝长官司，其曾祖阿丕，系杂谷土舍。乾隆十三年，土舍泽旺随征大金川有功，颁给长官司印信号纸。嘉庆元年，土司更噶斯丹增姜初随征苗匪，赏花翎。以上理番厅维州协右营属。

成绵龙茂道提标辖：

沃日安抚司，始祖巴碧太。顺治十五年，归附，颁发沃日贯顶净慈妙智国师印信号纸。

乾隆二十年，颁给土司色达拉安抚司印信号纸，随将旧印呈缴。二十九年，随征金川有功，赏二品顶戴花翎。沃日地名更为鄂克什，原系维州协所辖。乾隆五十年，改隶懋功协管辖。宣统三年，改流。

绰斯甲布宣抚司，绰斯甲布印文曰"卓斯甲布"。卓斯，地名。甲者，家之误。番人称谓如德格则曰"德格家"，孔撒则曰"孔撒家"。布者，番人男子之称。印以"绰斯甲布"为名，误矣。始祖资立，康熙三十九年，归附。四十一年，颁给安抚司印信号纸。乾隆三十七年，出师金川，赏二品顶戴花翎。四十一年，颁给宣抚司印信号纸，随将旧印呈缴。原系阜和协所辖。乾隆五十一年，改隶懋功协管辖。宣统三年，改流。以上懋功厅懋功协属。

建昌道建昌镇辖：

河东长官司，其先自元迄明，世袭建昌宣慰司。顺治十六年，安泰宁归附，呈缴明印。雍正六年，改授长官司。管有大石头、长村、继事田三土百户，利扼、上芍果、阿史、纽姑、上沈渣、下芍果、上热水、小凉山、慕西、又利呃、阿史、者加十二土目。

阿都正长官司，其先结固，顺治六年，归附，授职。康熙四十九年，土司慕枝为招抚案内，授阿都宣抚司，颁给印信信纸。雍正六年，改土归流。是年，凉山野夷不法，土司聚姑擒献凶首，复授阿都正长官司。管有歪歪溪、咱古、乔山南、大河西四土目。

副长官司，雍正六年，剿抚凉山夷众，归附有功，授阿都副长官司。管有小凉山马希、大梁山拖觉、阿乃、又阿史、结呃、派乃、者腻、那科、那俄、哈乃过、又阿驴十一土目。

沙骂宣抚司，其先安韦威，康熙四十九年，归附，授职。管有那多、扼乌、咱烈山、撒凹沟、结觉五土目。以上西昌县中营属。

昌州长官司，其先卢尼古，明洪武九年，调守德昌、昌州，康熙四十九年，归附，承袭。

普济州长官司，其先吉三嘉，明洪武七年，授普济州土知州。康熙四十九年，归附，承袭，改长官司。

威龙州长官司，其先张起朝，明洪武七年，授职。顺治十六年，归附，世袭。以上西昌县左营属。

河西宣慰司，其先安吉茂，康熙五十一年，归附。五十七年，吉茂殁，无子，岭氏抚伊兄越巂土司岭安泰之子为子，更名安祥茂。雍正六年，改土归流，换给土千总职衔，世袭。管有啰慕、芍果、咱堡、沙沟四土目。以上西昌县右营属。

以上各土司，皆颁印信号纸。

邛部宣抚司，其先岭安盘，康熙四十三年，归附，授职。同治二年，土司岭承恩助官军擒石达开有功，赏二品衔。管有腻乃、阿谷、苏呷、咱户、慕虐、阿苏、滥田坝、普雄、黑保、大疏山十土目。上以越巂厅越巂营属。

煖带密土千户，其先岭安泰，康熙四十九年，归附，授职。管有上官、六革、瓜倮、纠米、布布、阿多六磨、磨卡为呷、西纠七乡总。

煖带田坝土千户，其先部则，康熙四十四年，归附，授职。

松林地土千户，其先王德洽，康熙四十九年，归附，授职。管有老鸦漩、白石村、六翁、野猪塘、前后山、料林坪六土百户。以上越巂厅宁越营属。

以上各土司，皆颁印信号纸。

木里安抚司，其先六藏涂都，雍正七年，归附。

瓜别安抚司，系麼㱔夷人。其先玉珠迫，康熙四十九年，归附。

马喇副长官司，系儸夷人。其先阿世忠，康熙十九年，归附，颁给号纸。

古柏树土千户，系麼㱔夷人。其先郎俊位，康熙四十九年，归附。管有阿撒、禄马六槽两土目。

中所土千户，系麼㱔夷人。其先喇瑞麟，康熙四十九年，归附。

左所土千户，系麼㱔夷人。其先喇世英，康熙四十九年，归附。管有苹宜芦土目。

右所土千户，系麼㱔夷人。其先八玺，康熙四十九年，归附。

前所土百户，系麼㱔麻人。其先阿成福，康熙四十九年，归附。

后所土百户，系麼㱔麻人。其先白马塔，康熙四十九年，归附。以上盐源县会盐营属。

上以各土司，皆颁印信号纸。

酥州土千户，其先姜喳。康熙四十九年，归附，授职。

架州土百户，其先里五，康熙四十九年，归附，授职。

苗出土百户，其先热即巴，康熙四十九年，归附，授职。

大村土百户，其先也四噶，康熙四十九年，归附，授职。

糯白瓦土百户，其先纽咻，康熙四十九年，归附，授职。

大盐井土百户，其先前布汪喳，康熙四十九年，归附，授职。

热即哇土百户，其先牙卓撒，康熙四十九年，归附，授职。

中村土百户，其先歪即噶，康熙四十九年，归附，授职。

三大枝土百户,其先甲噶,康熙四十九年,归附,授职。

河西土百户,其先那姑,康熙四十九年,归附,授职。以上冕宁县冕山营属。

窝卜土百户,其先蓝布甲噶,康熙四十九年,归附,授职。

虚郎土百户,其先济布,康熙四十九年,归附,授职。

白路土百户,其先倪姑,康熙四十九年,归附,授职。

阿得轿土百户,其先募庚,康熙四十九年,归附,授职。

瓦都土目,其先安承裔,康熙四十九年,归附,授职。

木术凹土目,其先那咱,康熙四十九年,归附,授职。

瓦尾土目,其先泸沽,康熙四十九年,归附,授职。

瓦都木、术凹、瓦尾三土司,皆于雍正五年,因征三渡水僰俊违误运粮参革,其部落户口仍设土目管束。以上冕宁县靖远营属。

七儿堡土目,原设土司,康熙四十九年,归附,授职。雍正五年,降土目,管有耳挖沟土目。冕宁县泸宁营属。

以上各土司,皆颁印信号纸。

黎溪舟土千户,其先自必仁,康熙四十九年,归附,授职。

迷易土千户,其先安文,康熙四十九年,归附,授职。

以上各土司,皆颁有印信号纸。

会理村土千户,其先禄沙克,康熙三十二年,归附,授职,颁给号纸。

者保土百户,其先禄阿格,康熙四年,归附,无印信号纸。

普隆土百户,其先汪玉,康熙四十九年,归附,承袭。

红卜苴土百户,其先刁氏,康熙四十九年,归附,承袭。

以上各土司,皆颁有印信号纸。

苦竹坝土百户,其先禄姐,康熙三十七年,归附,承袭,颁给印信号纸,其通安舟土百户另给钤记。以上会理州会川营属。

披砂土千户,其先禄应麟,康熙四十九年,归附,颁给号纸。会理州永定营属。

禄氏五土司,传二百余年。宣统初,禄绍武死,无后,妻自氏据其遗产,禄、自两姓群起争袭,作乱。二年,赵尔巽派兵剿捕,先擒逆首禄祯祥、严如松等,因移师讨炉铁梁子侯夷,悉平之。披砂、会理村、苦竹、者保、通安舟五土司地一律收回,改流设治。

建昌道提标辖:

天全六番招讨司高跻泰,顺治九年,归附。副司杨先柱同。均于雍正六年追缴印信号纸,以其地为天全州。

穆坪董卜韩瑚宣慰使司,其先于明世袭土职。至康熙元年,坚参喃喀归附,仍授原职,请领宣慰司印信。乾隆十年,颁给号纸。天全州黎雅营属。

黎州土百户,汉马岱后。其先马芍德,于明洪武八年世袭安抚司。万历十九年,马祥无子,妻瞿氏掌司事,与祥侄构衅,降千户。顺治九年,马高归附,仍授原职。乾隆十七年,改百户。

大田副土百户,乾隆十七年,因防曲曲鸟,奏请添设副土百户一员,世袭。

松坪土千户,其先马比必,康熙四十三年,归附,授职。以上清溪县黎雅营属。

以上各土司,皆颁有印信号纸。

沈边长官司,原籍江西吉水县。其先余锡伯,前明从征来川,授土千户。顺治九年,余期拔归附,改名永忠。宣统三年,改流。

冷边长官司,西番瓦布人。其先阿撒乩,顺治元年,归附。传至周至德,于康熙六十年授职。宣统三年,改流。以上打箭炉泰宁营属。

明正宣慰使司,其先系木坪分支。明洪武初,始祖阿克旺嘉尔参随征明玉珍有功。永乐五年,授四川长河西宁鱼通宣慰使。康熙五年,丹怎札克巴归附。乾隆三十六年,甲木参德侵随征金川有功,赏赐"佳穆伯屯巴"名号,并二品顶戴、花翎。五十六年,甲木参诺尔布随征廓尔喀,赏花翎。嘉庆十四年,甲木参沙加领班进京恭祝万寿,赏花翎,世袭,住牧打箭炉城。光绪三十四年七月,赵尔丰奏改打箭炉为康定府,设河口县。宣统三年,土司甲木参琼珀缴印,其地悉归流。原管有咱哩木千户,木噶、瓦七、俄洛、白桑、恶热、下八义、少误石、作苏策、八哩笼、上渡噶喇住索、中渡哑出卡、他咳、索窝笼、恶拉、乐壤、扒桑、木铲、格洼卡、哩那工弄、吉增杵桑阿笼、沙卡、上八义、拉里、八乌笼、姆朱、上渣坝恶叠、上渣坝卓泥、中渣坝热错、中渣坝沱、下渣坝业洼石、下渣坝莫藏石、鲁密东谷、鲁密普工碟、鲁密郭宗、鲁密结藏、鲁密祖卜柏哈、鲁密初把、鲁密昌拉、鲁密坚正、鲁密达妈、鲁密格桑、鲁密本陇、长结杵尖、长结松归、鲁密白隅、鲁密梭布、鲁密达则、鲁密卓笼四十八土百户。

革伯咱安抚司,其先魏珠布策凌,康熙三十九年,归附,授职,颁给印信号纸。宣统三年,改流。

巴底宣慰司,其先绰布木凌,康熙四十一年,归附,授巴底安抚司。宣统三年,改流。

巴旺宣慰司,与巴底土司同世系,分驻巴旺,共管地方土民。宣统三年,改流。

喇嗪安抚司,其先阿倭塔尔,康熙四十年,归附,授职。

霍耳竹窝安抚司,即倬倭。其先索诺木衮卜,雍正六年,归附,授职。宣统三年,改流。原管有瓦述写达、瓦太更平东撒两土百户。

霍耳章谷安抚司,其先罗卜策旺,雍正六年,归附,授职。光绪二十年,瞻对欲夺其地,鹿传霖派兵灭瞻对,同倬倭一并改流。后发达,而章谷无人承领,改写炉霍屯。宣统三年,改流。

纳林冲长官司,其先诺尔布,雍正六年,归附,授职,与章谷土司一家。

瓦述色他长官司,雍正六年,归附,授职。

瓦述更平长官司,雍正六年,归附,授职。

瓦述馀科长官司,其先沙克嘉诺尔布,雍正六年,归附,授职。

霍耳孔撒安抚司,其先麻苏尔特亲,雍正六年,归附,授职。宣统三年,改流。管有科则、图根满碟两土百户。

霍耳甘孜麻书安抚司,其先那木卡索诺木,雍正六年,归附,授职。宣统三年,改流。原管有革赍、束暑、又束暑三土百户。

德尔格忒宣慰司,其先丹巴策凌。雍正六年,归附,授德尔格忒安抚司。十一年,改宣慰司。诸土司部落,以德格为最大,东连瞻对,西连察木多,南连巴塘,北连西宁。番人以其地大,有"天德格,地德格"之称。鹿传霖派兵攻瞻对时,访得德格土司罗追彭错妻玉米者登仁甲生子名多吉僧格,又与头人通,生子名降白仁青,以是与夫反目。玉米者登仁甲本藏女,于瞻对藏官有姻谊,藏官助之抗其夫,故各携其子分居焉。光绪二十年,官军计诱罗追彭错,言为之逐其妇及降白仁青,因入德格。洎传霖被劾,罢改流议。土司夫妇旋病故,传霖奏遣其二子回籍,多吉僧格暂管地方。降白仁青已为僧,继而招致多人争职,多吉僧格奔藏。德格头人百姓以降白仁青非土司子,且残暴,迎多吉僧格归。降白仁青避位数年,头人正巴阿登等唆其再起争职,并诱占多吉僧格之妾。多吉僧格夫妇复奔藏,控于驻藏大臣有泰、张荫棠。既而德格百姓复迎之归,锢降白仁青。降白仁青脱出,聚党作乱,人民多被杀戮,多吉僧格遣人至打箭炉告急。宣统元年四月,赵尔丰率兵讨之,降白仁青败逃入藏。多吉僧格夫妇请改流,尔丰不欲利其危乱,许以复职。多吉僧格泣曰:"德格地广人稀,窥伺者众,终恐不自保,愿招汉人开垦,使地辟民聚,乃可图存。"意极坚决。尔丰奏分其地为五区:中区德化州,南区白玉州,北区登科府,极北一区即石渠县,西区则同普县,而边北道驻登科署。多吉僧格纳其财产于官,徙家巴塘,复以奏给养赡银及其妻如郎错莫首饰捐助巴塘学费。尔丰奏赏头品顶戴,并予其妻建坊。原管有四上革赍、杂竹吗竹卡、笼坝,六土百户。

霍耳白利长官司,其先隆溥特查什,雍正六年,归附,授职。宣统三年,改流。

霍耳咱安抚司,其先阿克旺错尔耻木,雍正六年,归附,授职。管有两下革赍土百户。

霍耳东科长官司,其先达罕格努,雍正六年,归附,授职。宣统三年,改流。

春科安抚司,其先袞卜旺札尔,雍正六年,归附,授职。副土司与安抚司一家,同时归附授职。宣统元年,改流。

高日长官司,其先自印布,雍正六年,归附,授职。宣统元年,改流。

蒙葛结长官司,其先达木袞布,雍正六年,归附,授职。林葱安抚司,其先袞卜林亲,雍正六年,归附,授职。宣统三年,改流。

上纳夺安抚司,其先索诺木旺尔,雍正六年,归附,授职。宣统三年,改流。原管有上纳夺土千户,上纳夺黎窝、上纳夺、纳夺黎窝三土百户。

瞻对有上、中、下三名。上瞻对茹长官司、下瞻对安抚司,均雍正六年归附授职;中瞻对长官司,乾隆十年授职。距打箭炉七日程。东连明正,南接里塘,西北与德格土司毗连。纵横数百里,为鸦龙江之上游。同治初,川、藏会攻瞻对,川军未至,藏兵先克瞻对,派民官一、僧官一,率兵驻守,由达赖喇嘛及商上选任咨请驻藏大臣奏明,每三年替换。藏官恣行暴政,诛求无厌,瞻对民不堪命,屡起抗官,疆吏率加压服,仍令属藏。光绪二十年,鹿传霖讨平瞻对,议改流,卒为恭寿、文海劾罢。三十四年,赵尔丰由川赴关外,德格土司百姓沿途控告瞻对藏官侵夺土地,四出虐民,并历诉中朝两次将瞻对归藏时,藏官追究内附者——弩戮之惨。藏官不自安,阴欲添兵攻尔丰,尔丰令傅嵩秋率兵赴昌泰扼之。宣统元年春,尔丰建议收瞻对,枢府令驻藏大臣联豫、温宗尧与藏人议赎未成,枢臣恐牵动外交,持不断。于是尔丰与嵩秋议,决以计取之。三年夏,尔丰调任入川,偕嵩秋整兵经瞻对。藏官惮军势之盛,潜遁去,瞻人欢舞出迎。因收回设治。寻尔丰至川奏闻。以上打箭炉厅阜和协属。

以上各土司,均颁有印信号纸。

里塘宣抚司,其先番目江摆,康熙五十七年,归附,授职。传至索诺木根登,因不能约束帐下头人云甸等,致滋事端,革去土职,以土都司希洛工布拔补。里塘、巴塘两土司例于头人内拣补,与他土司不同。嘉庆十二年,希洛工布为竹马策登等所害,以头人阿策拔补,颁给印信号纸。

副土司,其先番目康却江错,与正土司同时归附。雍正七年,授职。嘉庆八年,土司罗藏策登为正土司头人云甸等戕害,以头人阿彩登舟拔补,颁给印信号纸。向设守备一、把总一。光绪三十一年,川军讨巴塘乱,里塘头人不支乌拉,粮饷不能转运,赵尔丰诛头人,正土司逃往稻坝贡噶岭,啸聚土人为乱。尔丰移师攻乡城,分兵先剿稻坝。正土司败逃入藏,稻坝平。先是乡城喇嘛普中札娃强悍知兵,诱杀里塘守备李朝富父子。鹿传霖派游击施文明讨之,为所擒,剥皮实草,悬以为号。三十二年正月,尔丰率兵督攻,大小数十战,匪退喇嘛寺死守。尔丰围之数月,断其水道,普中札娃自缢,诸番皆降,改里塘为顺化县。三十四年秋,复改里化同知,以乡城为定乡县,稻坝为稻城县,贡噶岭设丞。

瓦述毛丫长官司,其先番目索郎罗布,康熙六十一年,归附。雍正七年,授职。

崇喜长官司,其先番目杜纳台吉,康熙六十一年,归附。雍正七年,授职。

瓦述曲登长官司,其先番目康珠,康熙六十一年,归附。雍正七年,授职。

瓦述啯陇长官司,嘉庆十二年,归附,授职。

以上各土司,皆颁有印信号纸。

瓦述茂丫土百户,其先番目侧冷工,康熙六十一年,归附,雍正七年,授职。瓦述麻里土百户,嘉庆十二年,归附,授职。

以上各土司,皆颁有号纸。以上里塘粮务属。

巴塘宣抚司,其先罗布阿旺,康熙五十八年,归附,授职,颁给印信号纸。副土司同。由四川设粮员一、都司

一、千总一，三年更替。其喇嘛寺设堪布一、铁棒一，为僧官，亦三年另换。堪布掌管教务经典，铁棒管理僧人条规。番人犯罪，土司治之。番人之喇嘛犯罪，铁棒治之。土饷以赋相抵，不足由官补给，年约银千余两。光绪三十年，驻藏帮办大臣凤全赴任，道经巴塘，见地土膏腴，即招汉人往垦，筑垦场于茨梨陇，委巴塘粮员吴锡珍、都司吴以忠兼理。番人惊沮，土司堪布劝凤全速入藏，不听。三十一年春，七村沟番民聚众劫杀垦夫，吴以忠阵亡，凤全避入正土司寨，与乱民议和。乱民迫凤全回川，许息事，凤全信之。东行数里，至鹦哥嘴，被杀。夏，马维骐、赵尔丰往讨，六月十八日，克巴塘，诛两土司并堪布喇嘛及首恶数人。尔丰搜剿余匪，因移师定乡城。三十二年秋，尔丰会锡良暨云贵总督丁振铎具奏改流，设巴安县。三十四年，改巴安府，分设盐井县三坝通判，并设康安道，驻巴塘。原管有上临卡石、下临卡石、冈里、桑隆、上阿苏、下阿苏、郭布等七土百户。巴塘粮务属。

岭夷十二地夷人头目，嘉庆十三年，归附，给有头目牌。十六年，改流，更姓住牧。豹岭冈姓高，赶山坪姓泽，阿叶坪姓惠，牛跌蛮姓周，芭蕉沟姓华，龙竹山姓夏，雪都都姓万，小板屋姓年，牛心山姓海，月落山姓宇，盐井溪姓成，桃子沟姓平。

赤夷十三支，嘉庆十三年，归附，选拔土弁，给有委牌住牧。胆巴家土千总一、土把总一，管有麦鸡疏、卑溪疏、夯哈疏、白魁四家。哈纳家土千总一、土把总一，管有胃扭、雅札、哈什三三家。蛋瓜家土千总一、土把总二，管有妈、呆得二家。魁西家土千总一、土把总一。

凡各地支所部倮夷称曰"娃子"。以上峨边厅峨边营冷碛汛属。

川东道重庆镇辖：

石砫宣慰使，其先马定虎，汉马援后。南宋时，封安抚使。其后克用，明洪武初加封宣慰使。崇祯时，土司千乘及妇秦良玉，以功加太子太保，封忠贞侯。子祥麟，亦加封宣慰使。顺治十六年，祥麟子万年归附，仍授宣慰使职。乾隆二十一年，以夔州府分驻云安厂同知移驻石砫。二十五年，设石砫直隶厅，改土宣慰使为土通判世职，不理民事。夔州府夔州协属。

酉阳宣慰使司，其先受明封。传至奇镳，于顺治十五年归附，仍授原职，颁给印信号纸。雍正十二年，土司元龄因事革职，以其地改设酉阳直隶州。原管有邑梅峒、平茶峒、石耶峒、地坝四长官司，均于乾隆元年改流。重庆府绥宁营属。

永宁道提标辖：

九姓土长官司，其先任福，江南溧阳人。明洪武初，从傅友德入蜀，招抚拗羿蛮，受封。传至孟麒，以功擢安抚使。天启元年，土司任世藩夫妇死难，子祈禄复以功授泸卫守备。传至长春，顺治四年，归附，更给知府札副。

吴三桂叛，长春来奔。十六年，复永宁，长春子功臣复率土民归附，颁怪札付。康熙二年，江安县贼吴天成等作乱，功臣以擒贼功议叙。子宗顼袭职，随颁土长官司印信号纸，以武职属泸州州判及泸州营管辖。嘉庆元年，移驻泸卫。光绪三十四年，赵尔丰奏改泸卫为古宋县，存土司名。泸州泸州营属。

千万贯土千总，其先自元时受封。明洪武四年，赐姓杨。康熙四十三年，土司杨喇哇归附，颁给印信号纸。其后杨明义，于雍正六年因云南米贴夷滋事案参革。子明忠立功赎罪，赏土千总职衔，未经请颁印信号纸。管有头目六十五名。

千万贯土千户，其先杨继武，为土千总杨成胞叔。嘉庆七年，夷人滋事，继武同成出力，赏给土千户执照。

千万贯土巡检，其先安济，明时授马湖土知府。其后失职，复授土巡检。雍正六年，土舍安保归附，无印信号纸。管有头目二十四名。以上雷波厅普安营属。

黄螂土舍，其先为明时酋长。雍正五年，土舍国保归附，无印信号纸。

凡千万贯、黄螂四土司，所管黑、白骨头二种倮夷，椎髻衣毡，耕种打牲为业。以上雷波厅安阜营属。

平彝长官司，其先王元寿，原籍江南人，于明时受封。顺治九年，土司王长才归附。

蛮彝司长官司，其先文的保，原籍湖广人，于明时受封。顺治九年，土司文凤鸣归附。

泥溪长官司，其先王麒，自明时世袭。顺治九年，土司王嗣传归附。

沐川长官司，其先于明时受封，赐姓悦。顺治九年，土司悦峣瞻归附。

以上各土司，皆颁有印信号纸。以上屏山县屏山汛属。

明州乐土百户，其先盎甲，凉山生夷。其后骆哥，康熙四十二年，归附，授职。

油石洞土百户，其先普祚，凉山生夷。子咀姑，康熙四十二年，归附，授职。

旁阿姑土百户，其先脚谟伯，凉山生夷。子骆束，康熙四十二年，归附，授职。

大羊肠土百户，其先六盎，凉山生夷。子纽车，康熙四十二年，归附，授职。

腻乃巢土百户，其先必祚，凉山生夷。子脚骨，康熙四十二年，归附，授职。以上马边厅马边营烟峰汛属。

挖黑土百户，其先亦赤，凉山生夷。子三儿，康熙四十二年，归附，授职。

阿招土百户，其先阿直，凉山生夷。子秧哥，康熙四十二年，归附，授职。

干田坝土百户，其先赊的，凉山生夷。子路引，康熙四十二年，归附，授职。

麻柳坝土百户，其先鄂车，凉山生夷。子六贵，康熙四十二年，归附，授职。

以上各土司，皆领有号纸。

撕栗坪土千户，其先卜佐，凉山生夷。其后阿二，嘉庆十三年，归附，赏给职衔，领有委牌。

冷纪土外委，其先普祚，凉山生夷。子末铁，雍正元年，归附，授职。以上马边厅马边营三河口汛属。

以上各土司外，有理番厅之杂谷脑屯、乾堡寨屯、上孟董屯、下董孟屯、九子寨屯，懋功厅之懋功屯、崇化屯、抚边屯、章谷屯、绥靖屯等土弁，各设屯守备，暨所属屯千总、屯把总、屯外委，均世及接顶，与《地志》、《兵志》互见。

卷五百十四　　列传三百一

土司三

云　南

云南古滇国。自越巂蛮夷任贵自领太守，汉光武即授以印绶，不以内地管守例之。若爨、若蒙，皆以本土大姓，就官累世，为一方长。元封梁王于滇，与大理之段分治。明破梁王，灭大理，就土官而统驭之，分宣慰使、宣抚使、安抚使、正副长官司、土府、土州以治之。

清顺治十七年，平西王吴三桂定云南，明永明王走缅甸。以沐府旧地封三桂，永镇云南。康熙十四年，撤藩，三桂遂叛。三桂死，其孙世璠袭。二十一年，克之，世璠自杀，云南大定。

雍正初，改土归流之议起。四年夏，先革东川土目，即进图乌蒙。时乌蒙土府禄万钟、镇雄土府陇庆侯皆年少，兵权皆握于其叔禄鼎坤、陇联星。鄂尔泰令总兵刘起元屯东川，招降禄鼎坤。惟禄万钟制于汉奸，约镇雄兵三千攻鼎坤于鲁甸，鄂尔泰遣游击哈元生败之；又檄其相仇之阿底土兵共捣乌蒙，连破关隘，贼遂败走镇雄。鄂尔泰复招降陇联星，而鼎坤亦以兵三千攻镇雄之胁，两酋皆遁四川，于是两土府旬日平。以乌蒙设府，镇雄设州，又设镇于乌蒙，控制三属，由四川改隶云南，以一事权。其东川法戛土目禄天祐、乌蒙米贴土目禄永孝，尚各据巢患边。六年春，遣兵破擒法戛，又遣副将郭寿域以兵三百捕米贴贼，逃渡小金沙江，纠四川沙马司及建昌、凉山各夷倮数千潜回，袭陷官兵。鄂尔泰遣总兵张耀祖、参将哈元生三路搜讨。诏四川建昌、永宁官兵厅鄂尔泰节制。于是自小金沙江外，沙马、雷波、吞都、黄螂诸土司地，直抵建昌，袤千余里，皆置营汛，形联势控，并擒雷波土司杨明义；而哈元生回军复败阿卢土司之众数千，屯田东川，岁收二万余石，课矿岁万金，资兵饷。事甫定，禄鼎坤以功擢河南参将，怏怏失望。其子禄万福乞回鲁甸治产，见总兵刘起元军律不肃，阴会其旧部谋变。时乌蒙商民万计，有险可据，且贼止标弩，无大炮，而刘起元惟输馁赂贿和，贼遂陷镇城，尽戕兵民，遍煽东川、镇雄及四川凉山蛮数万叛。鄂尔泰奏言："臣用人偾事，请别简大臣总督两省，暂假臣提督，将兵讨贼雪愤。"世宗慰留之。鄂尔泰调官兵万余，土兵半之，三路进攻。先令总兵魏翥国率兵二千，七日驰抵东川，得不陷；而魏翥国旋为禄鼎明刺伤，乃以官禄代翥国。乌蒙委总兵哈元生、副将徐成贵，镇雄委参将韩勋。勋以兵四百扼奎乡，败贼四千，连破四寨。哈元生以千余兵讨乌蒙，先至得胜坡，遇贼二万。其黑寡、暮末二渠皆万人敌。黑寡持长枪，直犯元生，元生左格枪，右拔矢，应手毙之；又射殪暮末，即竿揭二首以进，贼夺气。再战再捷，进至倚那冈。贼数万，连营十余里。我兵三千、土兵千，夜设伏贼营左右，而严阵以待。黎明，贼数路来犯，不动。将逼阵，炮起，大呼奋击，山后伏兵左右夹攻，贼大溃，尽破其八十余营，获甲械辎重山积。即日抵乌蒙，贼见元生旗，即反走，克三关，禄万福兄弟、禄鼎坤均伏诛。

六年，鄂尔泰总督三省，其土州安于蕃、镇沅土府刁浣，及赭乐长官土司、威远州、广南府各土目，先后劾黜。惟刁氏之族舍土目煽纠威远黑倮复反，戕知府刘洪度。于是尽徙已革土司土目他省安置，并搜剿党逆之威远、新平诸倮，冒瘴突入，擒斩千计，而我将士亦患瘴死二百余。又进剿澜沧江内孟养、茶山土夷，即明王骥兵十二万，大举再征，诸蛮惊谓"自古汉兵所未至者"也。鄂尔泰先檄车里土兵截诸江外，官兵各持斧锹开路，焚栅湮沟，连破险隘，直抵孟养，据蛮坡通饷道；其六茶山巢穴四十余寨，乃用降夷向导，以贼攻贼，于是深入数千里，无险不搜。惟江外归车里土司，江内地全改流。升普洱为府；移沅江协副将驻之。于思茅、橄榄坝各设官戍兵，以扼蒙缅、老挝门户。于是广南府土同知、富州土知州，各愿增岁粮二三千石，并捐建府、州城垣。孟连土司献银厂，怒江野夷输皮币，而老挝、景迈二国皆来贡象，缅甸震焉。乾隆三十四年，迁孟拱土司于关外。缅甸事详见《缅甸传》。

云南府：

罗次县

炼象关土巡检。居炼象关大街。清顺治十六年，土巡检李文秀归附，仍授旧职。传至李东祚，乾隆五十年，改为从九品土官，世袭。

禄丰县

南平关土巡检。居土官村。清顺治十六年，土巡检李楚南归附，仍授旧职。传至李东来，乾隆五十年，改为从九品土官，世袭。

大理府：

赵州

定西岭土巡检。居定西岭。清顺治十六年，土巡检李齐斗归附，仍授旧职。

云南县土县丞，在县城。清顺治十六年，土知县杨玉蕴子岳归附，仍授土知县世职。康熙六年，云南县改设流官知县，其知县改县丞，世袭。

云南县土主簿，居土官村，离城十里。清顺治十六年，土主簿张维归附，仍授世职。

邓川州

青索鼻土巡检,在青索鼻。清顺治十六年,土巡检杨应鹏归附,仍授旧职。传至杨荣昌,乾隆五十年,改为从九品土官,世袭。

浪穹县

浪穹县土典史,在县城。清顺治十六年,土典史王凤州归附,仍授世职。

蒲陀崆土巡检,在蒲陀崆,距县城十五里。清顺治十六年,土巡检杨争先归附,仍授世职。

凤羽乡土巡检,在凤羽乡,距县城三十里。清顺治十六年,土巡检尹德明归附,仍授世职。

上江嘴土巡检,在上江嘴,距县一百二十里。清顺治十六年,土巡检杨康国归附,仍授世职。

下江嘴土巡检,在下江嘴,距县九十里。清顺治十六年,土巡检何应福归附,仍授世职。

云龙州

箭杆场土巡检,居箭杆场。清顺治十六年,土巡检字题凤归附,仍授世职。旧属邓川州,康熙二年,改隶云龙州。

十二关长官司,在府东三百里。清顺治十六年,长官司李恬森归附,仍授世职。

老窝土千总,居老窝。清顺治十六年,土知州段德寿归附,后裁。乾隆十二年,德寿孙维精剿秤戛夷贼有功,十七年,授土千总世职。道光元年,永北军务,段克勋带练擒贼,给五品顶戴。

六库土千总,居六库。其先段复健,明土知州段保十七世孙。清乾隆十二年,征秤戛夷贼有功,十七年,授土千总世职。道光元年,永北军务,段履仁带练擒贼,给五品顶戴。

漕涧土把总,居漕涧。清顺治十八年,左文灿以堵御功授土官长官司,子停袭。乾隆十二年,文灿曾孙左世英随征秤戛夷贼有功,授土把总,世袭。

邓川州土知州,清顺治十六年,土知州阿尚夔归附,仍授世职。曾孙尧远,因纵贼狭民,雍正四年改流,安插江西。

临安府:

纳楼茶甸长官司,在府西南一百八十里。清顺治十六年,长官司普率归附,仍授世职。康熙四年,率附王禄叛,官兵讨之,乞降,赦之,以子向化袭。

纳更山土巡检,距府东南二百八十里。清顺治十六年,土巡检龙天正归附,仍授世职。

亏容甸长官司,在府西南一百四十里。清顺治十六年,长官司孙大昌归附,仍授副长官世职。

思陀乡土舍,在府西南二百五十里。清顺治十六年,长官司李秉忠归附,仍授长官司、副长官世职。后绝,改土舍。康熙二十年,以李世元继袭。

溪处长官司副长官,在府西南三百一十五里。清顺治十六年,长官司恩忠归附,仍授副长官世职。康熙四年,附禄昌贤叛,伏诛,改土舍。

瓦渣乡长官司,在府西南二百四十里。清顺治十六年,钱觉耀归附,仍授副长官世职。康熙四年,通王禄叛,官兵擒斩之,职除,改土舍。

左能寨长官司,在府西南二百三十里。清顺治十六年,吴应科归附,以非《滇志》所载,下临安府查核,稽其谱系,盖应科为明蚌颇十一世孙,因改土舍,准袭。

落恐甸长官司,在府西南二百里。清顺治十六年,明授副长官司陈玉归附,因号纸无存,给便委土舍,仍准世袭。

阿邦乡土舍,在府东南二百一十里。明授土守备。清顺治十六年,土守备陶顺祖归附,守职如故。旋议土司不宜加武职,改土舍。

慢车乡土舍,在府西南一百四十里。清顺治间,元江土夷乱,漫车土目刀冈随官军协剿,授土舍世职。

稿吾卡土把总,在府东南二百八十里。清雍正间,纳更土目龙在渭随征元普逆夷有功,给土把总职衔。嘉庆二十二年,江外夷匪滋事,龙定国父子阵亡,奏准世袭土把总。

十五猛,纵横四百余里。明初为沐氏勋庄。清顺治十七年,吴三桂请并云南荒田给与藩下壮丁耕种。康熙七年,奏旨圈拨。叛后,变价归建水征收。猛各设一掌寨,督办钱粮。管有猛喇、猛丁、猛梭、猛赖、猛蚌、茨桶坝、五亩、五邦、者米、猛弄、马龙、瓦遮、斗岩、阿土、水塘十五寨。

教化三部长官司副长官。清顺治十六年,副长官龙升归附,仍以张长寿为名,许之,授世职。康熙四年,附王禄叛,诛之,以其地为开化府,设流官。

王弄山长官司副长官。清顺治十六年,副长官王朔归附,授世职。康熙四年,朔与禄昌贤叛,官兵讨之,朔自焚死,以其地属开化府。

阿迷州土知州,旧有土目李阿侧。清康熙四年,从讨王朔有功,授土知州世职。传至李纯,滥派横征,为群夷所控。雍正四年,籍其产,安置江西,改流。

宁州土知州,清顺治十六年,禄昌贤归附,仍授世职。十七年,降州同。明年,以举首梅道人等谋逆,复原职。康熙四年,以叛伏诛。

宁州土州判。清康熙十九年,滇有李者禄归附,准世袭州判。后绝,停袭。

嶍峨县土知县。清顺治十六年,禄益归附,仍授世职。康熙四年,与禄昌贤等叛,改流。

嶍峨县土主簿。清顺治十六年,王朔祖归附,仍授世职。康熙四年,与禄昌贤等叛,伏诛,职除。

蒙自县土县丞。土知县陆氏被黜,其土舍宁州禄重据土官村,溺于酒色,不能驭下。其目把李辅舜等叛归沙源,源以兵乘之,遂破有土官村。沙定州踞会城,令李辅舜子日芳窃据蒙自。定洲败,日芳遂家于蒙。清康熙四年,日芳弟日森子世藩、世屏附宁州禄昌贤叛,总兵阎镇破之。世藩遁,追斩之;世屏出降,免死,充大理军。后吴三桂反,给世屏伪总兵札。大师复滇,世屏持札归附,授蒙自县土县丞职,不准世袭。

楚雄府：
　楚雄县土县丞。清顺治十六年，土县丞杨春盛归附，仍授旧职。乾隆五十年，改为正八品土官，世袭。
　镇南州土州同，居本城。清顺治十六年，土州同段光赞归附，仍授世职。
　镇南州土州判，居镇南州城东北。清顺治十六年，土州判陈昌虞归附，仍授世职。
　阿雄关土巡检，居镇南州属。清顺治十六年，土巡检者光祖归附，仍授世职。
　镇南关土巡检。清顺治十六年，土巡检杨继祖归附，仍授旧职，传至杨文辉，乾隆五十年，改为从九品土官，世袭。
　姚州土州同，居姚州西界弥兴官庄。清顺治十六年，土州同高显锡归附，仍授旧职。传至高配忞，乾隆五十年，改为从六品土官，世袭。
　广通县
　回磴关土巡检，居回磴关。清顺治十六年，土巡检杨忠荩归附，仍授旧职。传至杨怡，乾隆五十年，改为从九品土官，世袭。
　沙矣旧土巡检。清顺治十六年，土巡检苏鉴归附，仍授旧职。传至苏敬，乾隆五十年，改为从九品土官，世袭。
　定远县土主簿，居本城。清顺治十六年，土主簿李世卿归附，仍授旧职。传至李毓英，乾隆五十年，改为正九品土官，世袭。
　姚安府土同知。清顺治十六年，土同知高嵛映归附，仍授世职。传至李厚德，雍正三年，以不法革职，安置江南。

澄江府：
　新兴州土州判，居州南研和邑。清康熙十九年，复滇，土人王凤授伪游击，迎至广西路投诚；随征石门坎、马别河、黄草坝皆有功，授土州判世职。
　河阳县安插土官。清顺治初，土官刀韬归附，止给札，仍准世袭。沿至刀廷俊，裁革。
　新兴州
　铁炉关土巡检。清顺治十六年，土巡检王先荣归附，授世职。康熙四年，同王耀祖叛，削除。

广南府：
　广南府土同知。清顺治十六年，侬鹏归附，授同知世职。传至侬毓荣，乾隆三十一年，从征普洱、缅甸。三十七年，颁给土同知关防。子世昌，嘉庆二年从征贵州仲苗，加衔一等，赏戴花翎，世袭。
　富州土知州，在府东二百六十五里。清顺治十六年，土知州沈昆璋归附，仍授世职。康熙九年，颁给州印。后以罪黜，传至沈肇乾。雍正八年，肇乾复以罪黜。

顺宁府：
　云州
　大猛麻土巡检。清顺治十六年，土巡检俸新命归附，仍授世职。
　缅宁厅
　猛猛土巡检，明末奔窜，失其印信号纸，未能请袭。传子紫芝，清康熙五十四年归附，贡象，仍授世职，颁给钤记。乾隆二十九年，改属顺宁府。
　直隶耿马宣抚司，在永昌府南七百二十里，隶孟定府。清平滇，罕闷拴归附，仍授宣抚司，承袭。乾隆二十九年，改隶顺宁府，世袭。
　孟连宣抚司，在顺宁府边外南境，旧隶于永昌府。清康熙四十八年，刀派鼎贡象，归附，授宣抚司世职。派鼎死，子刀派春年幼，叔祖刀派烈抚孤。有刀派猷谋杀派烈，夺印争职，安插省城，另给宣抚司钤记便委。传至刀派新，因地处极边，界连外域，定为经制宣抚司，颁给印信号纸。乾隆二十九年，改隶顺宁府。
　猛缅长官司，清乾隆十一年，归流，改其地为缅宁，设流官通判驻其地。

曲靖府：
　平彝县土县丞，居平彝县竹园村。清顺治初，土县丞龙阔归附，仍旧世袭。

卷五百十五　　　列传三百二

土司四

贵州

　贵州古罗施鬼国，汉夜郎国，并牂牁、武陵郡地。唐亦置播州、思州。元置八番、顺元诸军民宣慰使司以羁縻之。明霭翠、奢香最为效忠。后则播州之杨、永宁之奢、水西之安，为西南巨患。杨氏灭，为遵义、平越二府；奢氏灭，为永宁县。清初，黔省安氏犹强。经孙可望之乱，未颁正朔，苗蛮蠢动，诸擅兵相攻者，蹂躏地方，无有宁日。
　顺治十五年，经略洪承畴定贵州。十七年四月，马乃营土目龙吉兆等反。云、贵既平，各土司俱奉贡赋，遵约束。龙吉兆收养亡命，私造军器，奸民文元、胡世昌、况荣还等俱党附之，遥结李定国为声援，纠合鼠场营龙吉佐、楼下营龙吉祥歃血盟，掠广西泗城州之土寨，安南卫之阿计、屯水桥、麻衣冲、下三阿、白屯等处，所过劫戮。总督赵廷臣、巡抚卞三元招谕不服，乃合疏请讨。十一月十九日，廷臣破果母寨，杀贼数千，擒吉兆子、吉佐妻，歼逆党文元、胡世昌于阵，遂乘胜破咔呷寨。吉兆闭寨拒守，官兵围之。十八年二月，廷臣令官兵人持一炬，纵火焚其寨，破之。吉兆及逆党况荣还等皆伏诛，马乃平。
　九月，刘鼎叛。康熙二年正月，丹平土官莫之廉以隐匿刘鼎伏诛。金筑土官王应兆与鼎通，总督杨茂勋讨平之，鼎败逃水西。七月，被获伏诛。

三年正月，逆贼常金印等谋反，伏诛。金印，上元人，自称常遇春之后，从粤走滇，与水西安坤、皮熊等同谋反。金印称"荡房大将军湘平伯"，伪造印敕旗纛，聚党陈凤麟、高岑、吉士英、米应贵等，煽诱诸土司为乱，为同党陈大出首，俱就擒。

二月，水西宣慰司安坤叛。初，经略洪承畴至沅，师不能进，承畴招安坤，许以如元阿尽、明霭翠故事，坤大喜，缴印归诚，引大兵由小路进入贵阳。滇、黔底定，叙坤功，许世袭，兼赐袍帽靴服采币。朋总兵皮熊合谋，蠢蠢思动，踪迹颇露。总督杨葆勋曰："水西地方沃野千里，地广兵强，在滇为咽喉，在蜀为门户，若于黔则腹心之蛊毒也。失今不讨，养痈必大。"乃请剿。命总管吴三桂督云、贵各镇兵分东西两路讨之。三月，三桂统十镇兵由毕节七星关入，令总兵刘之复驻兵大方，遏其冲逸，令提督李本深统贵州四镇兵由大方之六归河会剿，屯粮于三岔河。而檄黔省兵书误书"六归"为"陆广"，于是本深兵及黔、蜀二省所运之粮尽屯陆广，三路气息隔绝不相通。三桂受困两月，食将绝，外援不至。永顺总兵刘安邦战死，受围益迫。适水西土目安如鼎遣人侦黔营虚实，为本深所获，始知三桂被围已久，乃使为引导，整兵入援。副将白世彦手斩骁贼以徇于阵，贼遂败走。总兵李如碧亦率精兵入重围，运粮接济，兵合为一，败贼阿作峒，复败之得初峒，九月又败之红崖峒。坤率其妻禄氏逃于木弄箐，复逃至乌蒙，乌蒙不纳。坤遣汉把曾经赍印投降，不许，生擒坤于大方之杓箐，并擒皮熊、安重圣等。皮熊不食十五日而死，坤与重圣俱伏诛。

四年十二月，郎岱土司陇安藩反，命吴三桂发兵讨之。藩乃安坤亲党。坤灭后，招纳坤余孽陇胜等，及安重圣妻陇氏，杀安顺府经历袁绩，攻破关岭，直犯永宁。陇胜等亦攻犯大定、威宁，杀毕节经历秦文。五年六月，陇安藩伏诛，郎岱平。

二十四年七月，黎平贼何新瑞反。新瑞本李姓，初在靖州为僧，后至木茶所犯罪，逃至新化，乃冒姓何，称故明总督何腾蛟子，煽惑苗民作乱，黎平官兵击败之。二十五年二月，新瑞伏诛，徙土司韦有能等，以其地入永从县。

广顺州之长寨，寨据各苗之腹。前总督高其倬诱擒阿近，议设营汛，以控前后左右各寨。雍正四年夏，官兵焚其七寨，未获首逆，副将刘业浚即退营宗角，且言三不可剿。鄂尔泰驳以三不可不剿；令总兵石礼哈搜讨，尽歼首从，勒缴军器，建参将营，分扼险要，易服剃发，立保甲，稽田户。于是乘威招服黔边东西南三面广顺、定番、镇宁生苗六百八十寨，镇宁、永宁、永丰、安顺生苗千三百九十八寨，地方千余里，直抵粤界。

镇远清水江者，沅水上游也，下通湖广，上达黔、粤，而生苗据其上游，曰九股河，曰大小丹江，沿岸数百里，皆其巢窟。古州者，有里有外。里古州距黎平府百八十里，即明置古州八万洞军民长官司之地也。地周八十余里，户四五千，口二万余。都江、溶江界其左右，合为古州江。由此东西南北各二三百里为外古州，约周千二三百里，户数千，口十余万，可敌两三州县。环黔、粤万山间，而诸葛营踞其中，倚山面川，尤据形势。张广泗守黎平，轻骑深入周勘，倡议置镇诸葛营，扼吭控制，而其外户为都匀、八寨，内户为丹江、清江。乃于六年夏，先创八寨以通运道，分兵进攻大小丹江，出奇设伏，尽焚负固之鸡讲五寨。苗赴军乞降，饮血刻木，埋石为誓。九年，乘胜沿九股江下抵清水江。时九股苗为汉奸曾文登所煽，言改流升科，额将岁倍，且江深崖险，兵不能入。及官军至，以农忙佯乞抚，广泗亦佯许之，而潜舟宵济，扼其援窜。苏大有、张禹谟突捣其巢，又败其夜劫营之贼，填壕拔橛，冒险深入，苗四山号泣，缚曾文登以献。于是清水江、丹江皆奏设重营，以控江路，令兵役雇苗船百余，赴湖南市盐布粮货，住返不绝，民、夷大忭，估客云集。

古州自昔奥朴，自清初吴三桂伪将马宝兵由楚窜滇，取道古州，诸苗遮获其大炮重甲火药，由是日强，而上下江尤甚。上江为来牛、定旦，下江为溶峒。当广泗初至，苗皆谓官兵不能久，依违从抚，及闻诸葛营建城堡，遂群起拒命。八年秋，广泗督官兵夜半集苗船为浮桥，攻其不备，进攻上江之来牛、定旦，擒斩四千，获炮械无算。其下江溶峒之深远大箐，危峰障日，皆伐山通道，穷搜窟宅。乃遍勘上下江，浚滩险，置斥堠，通饷运。其都江、清水江之间，有丹江横贯，惟隔陆路五十余里，为之开通，于是楚、粤商艘直抵镇城外，古州大定。

初，世宗以广泗招抚古州，不烦兵力，由知府逾年擢至巡抚，遣侍读春山、牧可登至军察之，并颁犒师银十万两。鄂尔泰约广西巡抚金铁赴贵阳会筹边事，乃议黎平府设古州镇，而都匀府之八寨、丹江，镇远府之清水江，设协营，增兵数千，为古州外卫；后复改清江协为镇，与古州分辖。世宗嘉鄂尔泰之劳，锡封襄勤伯，世袭罔替。九年冬，入为武英殿大学士，以高其倬代之，以元展成巡抚贵州。

十二年，哈元生进《新辟苗疆图志》，以尹继善督云、贵，而复有黔苗之变。初，苗疆辟地二三千里，几当贵州全省之半，增营设汛，凡腹内郡县防兵大半移戍新疆。又鄂尔泰用兵招抚，止及古州、清江，未及台拱之九股苗。有司辄称台拱愿内属，巡抚元展成鬼视苗疆，遂于十年设营驻兵。时秋稼未获，苗佯听版筑，而刈获甫毕，即传集上下九股数百侗，叛围大营，而扼排略大关之险，以阻饷道。营中樵汲皆断，死守弥月，援至始解。提督哈元生入觐回黔，十一年春，进军台拱，攻贼于番招之莲花苞，破之，设戍其上。

十三年春，苗疆吏以征粮不善，远近各寨蜂起，遍传木刻。总兵韩勋破贼古州之王家岭，贼复聚集清江、台拱间，番招屯复图于贼。巡抚元展成与哈元生不合，仓卒调兵五千，尽付副将宋朝相领之赴援，半途ými困于贼。贼探知内地防兵半戍苗疆，各城守备空虚，于是乘间大入，陷凯里，陷重安江驿，陷黄平州，陷岩门司，陷清平县，徐庆县，焚掠及镇远、思州。而镇远府治无城，人心恂惧，台拱、清江各营汛亦多为贼诱陷。逆氛四起，省城戒严。四月，哈元生乃以亲兵三百自出督师，扼清平之杨老驿。

六月，诏发滇、蜀、楚、粤六省兵会剿，特授哈元生扬威将军，湖广提督董芳副之。七月，又命刑部尚书张照为抚定苗疆大臣，副都御史德希寿副之。时尹继善已遣云南兵二千星夜赴援，湖、粤兵亦继至。生苗见各路援兵渐集，各掳掠回巢，弃城弗守。元生进军凯里，檄各镇克复诸城，又合攻重安江贼，以开滇师之路。生苗既回巢穴，则纠众攻围新疆各营汛，於是台拱、清江、丹江、八寨诸营复同时告急。时广西兵八千已至古州，广东兵饷亦昼夜溯流而上，湖广兵先后集镇镇远。元生遣古州镇韩勋攻毁首逆各巢，又分兵三路：一由薰贡以通台拱，一由八弓援柳罗以通清江，一走都匀援八寨；而八寨协副将冯茂复诱杀降苗六百余及头目三十余冒功，于是苗逃归者，播告徒党，诅盟益坚，多手刃妻女而后出抗官兵。陷青溪县城，而清江之柳罗、都匀之丹江，自春夏被围半载，粮尽援绝，九阅月围始解。

张照奉命赴苗疆，且令察其利害。照至沅州、镇远，则密奏改流非策，致书诸将，首倡弃地之议，且诋董芳，专主招抚，与哈元生龃龉。楚、粤官兵皆隶芳麾下。旋议分地发兵，施秉以上用滇、黔，隶元生；施秉以下用楚、粤兵，隶董芳。于是已进之兵，纷纭改调互换，而哈元生、董芳遂欲将村寨道路尽画上下界，文移辨论，致大兵云集数月，旷久无功，贼乘间复出焚掠，清平、黄平、施秉间纷纷告警。当是时，中外畏事者，争咎前此苗疆之不当辟，目前苗疆之不可守，全局几大变。

八月，召张照、德希寿还。十月，授张广泗七省经略，哈元生以下咸受节制。旋逮张照、董芳、哈元生及元展成治罪。广泗奏言："张照等所以无功者，由分战兵守兵为二，而合生苗、熟苗为一也。兵本少而复分之使单，贼本众而复殴之使合。且各路首逆，自古州败退，咸聚于上下九股、清江、丹江、高坡诸处，皆以一大寨领数十百寨，雄长号召，声势犄角，我兵攻一方，则各方援应，彼众我寡，故贼日张，兵日挫。为今日计，若不直捣巢穴，歼渠魁，溃心腹，断不能涣其党羽，惟有暂抚熟苗，责令缴凶献械，以分生苗之势。而大兵三路同捣生苗逆巢，使彼此不能相救，则我力专而彼力分，以整击散，一举可灭，而后再惩从逆各熟苗，以期一劳永逸。"广泗乃调全黔兵集镇远，以通云、贵往来大路。以精兵四千攻上九股，四千余攻下九股，而自统五千余攻清江下流各寨，是冬，刻期并举。

乾隆元年春，复增兵分八路排剿抗拒逆寨，遗孽尽窜牛皮大箐。箐圜苗巢之中，盘亘数百里，北丹江，南古州，西都匀、八寨，东清江、台拱，危岩切云，老樾蔽天，雾雨冥冥，蛇虺所国，虽近地苗蛮，亦无能悉其幽邃，故首逆诸苗咸窜伏其中，恃官兵所万不能至，俟军退复图出没。广泗檄诸军分扼菁口以坐困之，又旁布奇兵箐外以截遁逸，如陆兽网鱼，重重合围，以渐逼逼。自四月至五月，将士犯瘴疠，冒榛莽，靡奥不搜，靡险不剔，并许其党自相斩捕除罪。由是憝魁罔漏，俘馘万计，其饥饿颠陨死崖谷间者，不可计数。六月，复乘兵威搜剿附逆熟苗，分首恶、次恶、胁从三等，涉秋徂暑，先后埽荡，共毁除千有二百二十四寨，赦免三百八十有八寨，阵斩万有七千六百有奇，俘二万五千有奇，获铳炮四万六千五百有奇，刀矛弓弩标甲十有四万八千有奇。宥其半俘，收其叛产，设九卫，屯田养兵戍之。诏尽豁新疆钱粮，永不征收，以杜官胥之扰。其苗讼仍从苗俗处分，不拘律例。以广泗总督贵州兼管巡抚事，世袭轻车都尉。自是南夷遂不反。

五年夏，湖南靖州、武冈城，城步横岭苗，与广西瑶同叛。总督班第使镇筸总兵刘策名以兵五千进剿，以五千应援，诏广泗复以钦差大臣节制军务。先后斩馘五千余，俘五千余，于十二月班师。

鄂尔泰卒于乾隆十年，以开辟西南夷功，配享太庙。

后乾隆六十年，松桃苗变；及咸丰二年，教匪变，煽及苗疆，同治十二年方定。然非土司肇事，故不录。

贵阳府：

中曹长官司，在府南十五里。明洪武三年，以谢石宝为长官司。传至谢正伦，清顺治十五年，归附，仍准世袭。

副司，刘氏，清雍正七年，于土权叠害案内改流官。

养龙长官司，在府北二百二十里。明洪武五年，以蔡普为长官司。传至蔡瑛，清康熙八年，归附，准世袭。

白纳长官司，在府南七十里。元为白纳县，寻改。明初，以周可敬为长官司。传至周尔龄，清顺治十五年，归附，仍准世袭。

副长官。赵启贤同。

虎坠长官司，在府东六十里。明洪武三年，以宋瑠为长官司。传至宋继荣，清顺治十六年，归附，仍准世袭。

定番州

程番长官司，唐末，程元龙平定溪洞，世守程番。元改给安抚司印。明洪武四年，改授程番长官司。传至程民新，清顺治十五年，归附，仍准世袭。

上马桥长官司，在州北二十里。自唐末方定远开疆，明洪武四年，改授长官司。传至方维新，清顺治十五年，归附，仍准世袭。

小程番长官司，在州北五里。始自唐末程弯。明洪武四年，改授小程番长官司。传至程登云，清顺治十五年，归附，仍准世袭。

卢番长官司，在州北五里。始自唐末卢君聘。元置罗番静海军安抚司。明洪武四年，改授卢番长官司。传至卢大用，清顺治十五年，归附，仍准世袭。

方番长官司，在州南十里。始唐末方德。明洪武四年，改授方番长官司。传至方正纲，清顺治十五年，归附，仍准世袭。

韦番长官司，在州南五里。唐韦四海守此土。明洪武四年，改授韦番长官司。传至韦璋，清顺治十五年，归附，仍准世袭。

卧龙番长官司，在州南十五里。唐时，龙德寿据此。明洪武四年，改授卧龙番长官司。传至龙国瑞，清顺治十五年，归附，仍准世袭。

小龙番长官司，在州东南二十里。唐时，龙方灵据此。明洪武四年，改授小龙番长官司。传至龙象贤，清顺治十五年，归附，仍准世袭。

金石番长官司，在州东二十五里。唐时，石宝据此。明洪武四年，改授金石番长官司。传至龙如玉，清顺治十五年，归附，仍准世袭。

罗番长官司，在州南三十里。始自唐时龙应召。明洪武四年，改授罗番长官司。传至龙从云，清顺治十五年，归附，仍准世袭。

大龙番长官司，在州东三十里。始于唐时龙昌宗。明洪武四年，改授大龙番长官司。传至龙登云，清顺治十五年，归附，仍准世袭。

木瓜长官司，在州西七十里。始于元时石期玺。明洪武八年，改授木瓜长官司。传至石玉林，清顺治十五年，归附，仍准世袭。

副长官，始于元时顾德。明洪武八年，改授木瓜副长官。传至顾大维，清顺治十五年，归附，仍准世袭。

麻向长官司，在州西七十五里。明洪武十年，以得玉思为麻向长官司。传至得志，清顺治十五年，归附，仍准世袭。

开州
乖西长官司，在州东六十里。始于唐时杨立信。明洪武四年，改授乖西长官司。传至杨瑜，清顺治十五年，归附，仍准世袭。

副长官，始于唐时刘起昌。传至刘国柱，清顺治十五年，归附，仍准世袭。

龙里县
大谷龙长官司，在县西北。始于元时宋国。明洪武十三年，授大谷龙长官司。传至宋之尹，清顺治十五年，归附，仍准世袭。

小谷龙长官司，在县东北。元时，宋幕授小谷龙安抚司。明嘉靖十一年，改授长官司。传至宋景运，清顺治十五年，归附，仍准世袭。

贵定县
平伐长官司，在县南。唐时李保郎，以征南功授安抚司。明洪武十五年，改授平伐长官司。传至李世荫，清顺治十五年，归附，仍准世袭。

大平伐长官司，在县南三十里。后汉昭烈时，宋隆豆征南有功，世守兹土。明洪武四年，改授宋臣为大平伐长官司。传至宋世昌，清顺治十五年，归附，仍准世袭。

小平伐长官司，在县南三十里。唐时宋忠宣，以功授招讨司。明洪武四年，改授小平伐长官司。传至宋天培，清顺治十五年，归附，仍准世袭。

新添长官司，在县东北。唐时，宋景阳据此。明洪武四年，改授新添长官司，属新添卫。传至宋鸿基，清顺治十五年，归附，仍准世袭。康熙十年，改隶贵定县。

羊场长官司，在县东北。明洪武三十二年，以郭九龄为羊场长官司。传至郭天章，清顺治十五年，归附，仍准世袭。

修文县
底寨长官司，唐时，蔡兴隆调征黑羊，授护国将军，留守兹土。明洪武四年，改授底寨长官司。传至蔡启珵，清顺治十五年，归附，仍准世袭。

副长官，始自唐时梅天禄。明洪武四年，准世袭。传至梅朝聘，清顺治十五年，归附，仍袭旧职。

安顺府：
普定县
西堡副长官。明洪武十二年，温伯寿以平苗功，授西堡副长官。传至温捷桂，清顺治十五年，归附，仍准袭职。

镇宁州
康佐副长官。明永乐六年，于成以功授康佐副长官。传至于应鹏，清顺治十五年，归附，仍准袭职。

永宁州
顶营长官司，在州南一百里。明洪武十六年，罗录以功授顶营长官司。传至罗洪勋，清顺治十五年，归附，仍准袭职。

募役长官司，在州西一百七十里。明洪武十九年，阿辞以功授募役长官司。传至阿更，永乐元年，赐姓礼，更名山。传至阿廷试，清顺治十五年，归附，仍准袭职。

沙营长官司，明洪武十四年，沙先以功授沙营长官司。传至沙裕先，清顺治十五年，归附，仍准袭职。

盘江土巡检。明洪武八年，李当以功授盘江巡检。传至李桂芳，清顺治十五年，归附，仍准袭职。

平越州
杨义长官司，在州东八十里。始于唐时金密定。明洪武二十一年，改授杨义长官司。传至金榜，清顺治十五年，归附，仍准袭职。

黄平州
岩门长官司，在州东北。明成化六年，何清以征苗有功，授凯里安抚司左副长官。万历四十二年，故属黄平州。传至何仕洪，清顺治十五年，归附，改授岩门长官司，世袭。

重安司土吏目，在州西三十里。明洪武八年，以张佛宝、冯铎为正、副长官。万历二十七年，改土吏目。传至张威镇，清顺治十五年，归附，仍准袭职。

瓮安县
草塘司土县丞。明洪武二十五年，以宋邦佐为草塘安抚司。传至世宁，万历二十九年，改授土县丞。传至宋运鸿，清顺治十五年，归附，仍准袭职。

瓮水司土县丞，在县西北。明洪武十七年，以犹恭为安抚司。万历中，改授土县丞。传至犹登第，清顺治十五年，归附，仍准袭职。

馀庆县
土县丞。唐毛巴有功，授馀庆土知府。明洪武二年，改长官司。万历二十九年，改为土县丞。传至毛鹏程，清顺治十五年，归附，准袭前职。

土主簿。元杨正宝有功，授白泥司副长官。明万历二十四年，改为土主簿。传至杨璟，清顺治十五年，归附，仍袭前职。

都匀府：

都匀长官司，在府南七里。明洪武十六年，以吴赖为都匀长官司。传至吴玉，清顺治十五年，归附，准袭前职。

副长官。王应祖，同。

邦水长官司，在府西二十里。明永乐六年，以吴珊为邦水长官司。传至吴昌祚，清顺治十五年，仍准袭职。

麻哈州

乐平长官司，在州北四十里。明洪武年间，授宋仁德为乐平司正长官。传至宋治政，清顺治十五年，归附，仍袭前职。

平定长官司，在州北一百里。明洪武十年，授吴忠平定长官司。传至吴土爵，清顺治十五年，归附，仍袭前职。

独山州

土同知。明洪武十六年，以蒙闻为九姓独山长官司，以境有九姓蛮为名。弘治八年，改土同知。传至蒙一龙，清顺治十五年，归附，仍袭前职。

丰宁上长官司，在州南一百二十里。明洪武二十三年，以杨万八为丰宁上长官司。传至杨懋功，清顺治十五年，归附，仍准世袭。

丰宁下长官司，在州东南二百四十里。明洪武二十三年，以杨万全为丰宁下长官司。传至杨威远，清顺治十五年，归附，仍准世袭。

烂土长官司，在州东一百十里。明洪武二十四年，以张钧为烂土长官司。传至张威远，清顺治十五年，归附，仍准世袭。

凯里司。杨氏，清康熙四十五年，以土酋大恶案内改土归流，入清平县。

镇远府：

土同知。宋时，何永寿以功授高丹峒正长官司。明洪武三年，授何济承为镇远州土同知。传至何大昆，清顺治十五年，归附，仍准世袭。

土通判。宋时，杨从礼。明正统四年，改授杨瑄镇远州土通判。传至杨龙图，清顺治十五年，归附，仍准世袭。

土推官。宋时，杨载华。明正统十一年，改授杨忠镇远州土推官。传至杨秀玮，清顺治十五年，仍准袭。

偏桥长官司，在府城西六十里。宋时，安崇诚。明洪武三年，改授安德可为偏桥长官司。传至安显祖，清顺治十五年，归附，仍准世袭。

左副长官，杨通圣；右副长官，杨毓秀：均同。

镇远县

邛水长官司，在县东八十里。明洪武元年，授杨昌盛为邛水长官司。传至杨胜梅，清顺治十六年，归附，仍世袭。

副长官。袁洪远，同。

思南府：

随府办事长官司。宋时，田二凤。明洪武五年，改思南宣慰司。永乐十一年，改授随府办事长官司。传至田仁溥，清顺治十七年，归附，仍准世袭。

蛮夷长官司，在府城西。宋时，安仲用。明洪武二十九年，改授蛮夷长官司。传至安于磐，清顺治十七年，归附，仍准世袭。

副长官。李际明，清顺治十七年，归附，仍准世袭。雍正八年，李慧缘事革职。

沿河祐溪长官司，在府北二百十里。元时，张仲武以功授长官司。传至张承禄，清顺治十五年，归附，仍准世袭。

副长官。冉鼎臣，同。

朗溪长官司，在府东八十里。元时，田毅。明洪武元年，授朗溪长官司。传至田养民，清顺治十五年，归附，仍准世袭。

副长官。任进道，同。

安化县

土县丞。元时，张坤元。明万历三十三年，改授土县丞。传至张试，清顺治十八年，归附，仍准世袭。

土巡检。明洪武七年，以陆公阅为土巡检。传至陆阳春，清顺治十五年，归附，仍准世袭土百户。久改流。

印江县

土县丞。元时，张恢留此。明嘉靖七年，改授土县丞。传至张应璧，清顺治十五年，归附，仍准世袭。

婺川县

土百户，改流。

石阡府：

石阡正长官司。清雍正八年，改土归流。

副长官，在府城西北。元时，杨九龙以功授石阡副长官。明洪武五年，仍之。传至杨敬胜，清顺治十五年，归附，亦准世袭。

苗民长官司，在府城西北。明洪武十年，立。清康熙四十三年，改土归流。

思州府：

都坪长官司，在府城内。元何清定云路总管。明洪武七年，改授都坪长官司。传至何学政，清顺治十五年，归附，仍准世袭。

副长官。周如，同。

都素长官司，在府西九十里。明永乐十一年，置长官司于马口寨。传至何起图，清顺治十五年，归附，仍准世袭。

副长官。周之龙，同。

黄道长官司，在府东北一百二十里。明洪武五年，以黄文听为长官司。传至黄金印，清顺治十五年，归附，仍准世袭。

副长官。黄士元，同。

施溪长官司，在府北一百四十里。明洪武五年，以刘贵为施溪长官司。传至刘师光，清顺治十五年，归附，仍准世袭。

铜仁府：

省溪长官司，在府西一百里。明洪武五年，以杨政为省溪长官司。传至杨秀铭，清顺治十五年，归附，仍准世袭。

副长官。戴子美，同。

提溪长官司，在府西一百四十里。明洪武五年，以杨秀纂为提溪长官司。传至杨通正，清顺治十五年，归附，仍准世袭。

副长官。张体泰，同。

乌罗长官司，在府西二百里。始自唐时杨通孙。明洪武五年，改授乌罗长官司。传至杨洪基，清顺治十五年，归附，仍准世袭。

副长官。冉天奇，同。

平头长官司，在府北一百二十里。明洪武二十九年，改授杨正德为平头长官司。传至杨昌续，清顺治十五年，归附，仍准世袭。

副长官。田茂功，同。

黎平府：

潭溪长官司，在府西南三十里。明洪武四年，以石平禾为潭溪长官司。传至石玉柱，清顺治十五年，归附，仍准世袭。

副长官。石岩，同。

八舟长官司，在府北八十里。汉吴昌祚以功授八舟长官司。明洪武四年，仍令吴氏世袭。传至吴遇主，清顺治十五年，归附，亦准袭职。

龙里长官司，在府西北九十里。明洪武四年，以杨光福为龙里长官司。传至杨胜梯，清顺治十五年，归附，仍准袭职。

中林长官司，在府西北一百里。明洪武五年，以杨盛贤为中林长官司。传至杨应诏，清顺治十五年，归附，仍准袭职。

古州长官司，在府西北八十里。元置古州八万洞长官司，属思州宣抚司。明洪武五年，以杨秀茂为古州长官司。永乐十年，属府。传至杨云龙，清顺治十五年，归附，仍准袭职。

新化长官司，在府北六十里。元时，欧阳明万以功授军民长官司。明洪武五年，仍袭前职。传至欧阳瑾，清顺治十五年，归附，仍准世袭。

欧阳长官司，在府北九十里。明洪武四年，以阳都统为欧阳长官司。传至阳运洪，清顺治十五年，归附，仍准世袭。

副长官。吴登科，同。

亮寨长官司，在府北一百里。元置。明洪武四年，以龙政忠为本司长官司。传至龙文炳，清顺治十五年，仍准袭职。

湖耳长官司，在府东北一百二十里。明洪武四年，以杨再禄为本司长官司。传至杨通乾，清顺治十五年，仍准袭职。

副长官。杨大勋，同。

洪州长官司，在府东一百五十里。元置洪州泊里等洞军民长官司。明洪武五年，以李氏为洪州长官司。传至李煦，清顺治十五年，归附，仍准袭职。

副长官。林起鹏，同。

分管三郎司，在府南三十里。杨世勋袭。清康熙二十三年，改土归流。

赤谿湳洞司，在府东北二百六十里。杨鸣鸾袭。清康熙二十三年，改土归流。

水西宣慰司：康熙三年，吴三桂灭安坤，改设四府。二十一年十二月，谕大学士曰："吴三桂未叛时，征讨水西，曾灭土司安坤，其妻禄氏奔于乌蒙，后生子安世宗。朕观平越、黔西、威宁、大定四府原属苗蛮，以土司专辖，方为至便。大兵进取云南，禄氏曾前接济，著有勤劳，仍复设宣慰使，令世宗承袭。"四十年，总督王继文以土司安世宗为吏民之害，仍请停袭，地方归流官管辖。

卷五百十六　　列传三百三

土司五

广　西

广西为西南边地。秦，桂林郡。汉，始安。唐，桂管。宋，静江府。元，静江路。明建广西省。瑶、僮多于汉人十倍，盘万山之中，踞三江之险。明时，因元之旧，多设土司，以资镇压。叛服不常，韩雍之定滕峡，王守仁之抚田州，沈希仪、俞大猷之战功，殷正茂、翁万达之成绩，仅得勘定。清朝，广西莠民四起，土司独安靖无事。鄂尔泰经略三省，革泗城土府岑映宸职，割江北地隶贵州。雍正六年八月，首讨思陵州之八达寨，扼其饷道，屯兵二三里外，量大炮所能及，渐袭进逼。贼窘急，斩土目颜光色兄弟以献，尚闭寨不出，遂为官兵所毁。八年，复檄讨思明土府所属之邓横寨，三路进攻，一鼓而克。于是远近土目争缴军器二万余。巡边所至，迎犒千里，三省边防皆定。

庆远府：秦，象郡。汉，交阯、日南二郡界。唐置粤州，天宝初，改龙水郡；乾元中，更宜州。宋升庆远军节度，咸淳初，改庆远府。元为庆远路。明仍改庆远府。清因之。

东兰土州，在府西南。宋置兰州，以韦氏世袭。元改东兰州。明因之。传至韦光祚，清顺治初，归附，予旧职，雍正七年，改设流官知州。

忻城土县，在府南。宋庆历间，隶宜州。元以莫保为八仙屯千户。明洪武初，设流官。后仍任土官，以莫氏世袭。传至莫猛，清顺治九年，归附，仍准袭职。

南丹土州，在府西北。宋开宝初，土官莫洪䒾内附；

元丰三年，置州，管辖诸蛮。明洪武初，莫金纳土。金叛被诛，以金子禄袭。传至莫自乾，清顺治九年，归附，仍准袭职。

那地土州，在府西。宋熙宁初，土人罗世念来降；崇宁间，遂置地、那二州，以罗氏世知地州。元仍之。明洪武元年，土官罗黄貌附，诏并那、地为一州，予印授，黄貌世袭，以流官吏目佐之。传至罗德寿，清顺治九年，归附，仍准世袭。

永顺正土司，在府西南。明设土司，弘治间，以邓文茂为之。传至邓世广，清顺治九年，归附，仍准世袭。

副土司，彭希圣，同。

永定土司，在府西南。明成化十二年，设土司，以韦万秀为之。传至韦盛春，清顺治九年，归附，仍准世袭。

思恩府：古百粤。汉属交阯。唐天宝元年，改为横山郡。元置田州路军民总管府。明正统五年，升为思恩府。弘治末，改流官，清因之。

上林土县，在府西南二百七里。宋置，隶横山寨。元属田州。明洪武二年，以黄嵩为土知县，仍属田州；嘉靖初，改隶思恩军民府，佐以流官典史。传至黄国安，清初，归附，仍袭旧职。

白山土司，在府东北。宋皇祐间，随狄青有功，世袭土舍。明嘉靖七年，以王受明为白山土巡检。传至王如纶，清初，归附，仍袭旧职。

兴隆土司，在府东北八十里。明嘉靖七年，以韦贵为土巡检。传至韦万安，清顺治十七年，归附，仍准世袭。

那马土司，在府西北九十里。明嘉靖七年，以黄理为土巡检。传至黄天伦，清初，归附，仍准世袭。

定罗土司，在府西一百四十里。明嘉靖七年，以徐伍为土巡检。传至徐朝佐，清初，归附，仍准世袭。

旧城土司，在府西北一百二十里。明嘉靖七年，以黄集为土巡检。传至黄世勋，清初，归附，仍准世袭。

下旺土司，在府西二百十里。明嘉靖七年，以韦良保为土巡检。传至韦际弦，清初，归附，仍准世袭。

安定土司，在府北。明嘉靖七年，以潘良为土巡检。传至潘应璧，清初，归附，仍准世袭。

都阳土司，在府西北六百里。明嘉靖七年，以黄留为土巡检。传至黄宏会，清初，归附，仍准世袭。

古零土司，在府东。明嘉靖七年，以覃益为土巡检。子文显，征大滕峡有功，加千总。传至覃恩锡，清初，归附，仍准世袭。

田州土州，在府西四百五十里。唐天宝元年，横山郡。乾元元年，改为田州。宋属横山寨。元置田州路军民总管府。明改田府，寻复为州。嘉靖九年，以岑芝主田州。传至岑汉贵，清顺治初，归附，仍准世袭。近改百色直隶厅，置流官。

归顺州，旧为峒。元隶镇安路。明因之。弘治年间，升为州，以岑瑛为知州，世袭，改隶思恩府。传至岑继纲，清顺治初，归附，仍予旧职。雍正七年，改隶镇安府。八年，巡抚金鉷以土司岑佐不法状题参，革职改流。

泗城府：古百粤地。宋置泗城州。元属田州路。明隶思恩府。洪武初，以岑善忠为知府，世袭。传至岑继禄，清顺治十五年，归附，随征滇、黔有功，改为泗城军民府。继禄死，子齐岱袭。齐岱传子映宸。雍正五年，映宸以罪参革，改设流官。

下雷州。元属镇安路。明初，降为峒。万历三十二年，许应珪以军功复职。传至许文明，清顺治初，归附，仍袭旧职。

向武州。宋置，隶横山寨。元隶田州路。明初，以黄世威为知州。传至黄嘉正，清顺治初，归附，仍袭旧职。

都康州。宋置，隶横山寨。元隶田州路。明隶思恩府，以冯斌为知州。传至冯太乙，清顺治九年，归附，仍袭旧职。

南宁府：唐邕州也。元，邕州路，泰定中，改南宁路。明置南宁卫，后改府。清因之。

果化土州。宋置。元属田州路。明洪武二年，授土官赵荣为知州。弘治中，改隶南宁。传至赵国鼎，清初，率众归附，仍袭旧职。

归德土州，在府西。其先黄氏。宋征交阯有功，建归德州。明洪武二年，以黄隍城为知州。传至黄道，清初，归附，仍袭世职。

忠州土州，在府西南一百九十里。宋置。明洪武二年，以黄威庆为土知州。传至黄光圣，清顺治初，归附，仍予世职。

迁隆峒，在府西南二百四十里。明洪武元年，以黄威銮为土官，以失印废为峒，降巡检。传至黄元吉，清初，归附，仍予世职。

太平府：汉属交阯。唐为羁縻州。宋平岭南，置五寨，一曰太平，领州县。元置太平路。明洪武二年，改为太平府。清因之。

太平州，在府西北。明洪武二年，以李以忠为知州。传至李开锦，清顺治十六年，归附，仍予世职。

镇远州，在府东北。旧名古陇。宋置州。元隶太平路。明亦属太平路。明初，以赵昂升为知州。传至赵秉义，清顺治十六年，归附，仍予世职。

茗盈州，在府北。宋置。元属太平路。明初，以李铁钉为知州。传至李应芳，清顺治十六年，归附，仍予世职。

安平州，旧名安山，在府西北。唐置波州。宋设安平州。元隶太平路。明洪武初，以李郭祐为知州，使守交阯各隘。传至李长亨，清顺治十六年，归附，仍准世袭。

万承州，在府东北，旧名万阳。唐置万承、万形二州。宋省万形隶太平寨。元属太平路。明洪武初，以许郭安为知州。传至许嘉镇，清顺治十六年，归附，仍予世职。

全茗州，在府北，旧名连冈。宋置，隶邕州。元属太平路，明洪武初，以许添庆为知州，给印。传至许家麟，清顺治十六年，归附，仍予世职。

结安州，在府东北，旧名营周。宋置结安峒。元改州，属太平路。明洪武元年，以张仕荣为知州。传至张邦兴，清顺治十六年，归附，仍予世职。

龙英州，在府北，旧名英山。宋为峒。元改州，属太平路。明洪武二十二年，以赵世贤为知州，给印。传至赵荫昌，为族人继祖所杀。清顺治十六年，归附，诛继祖。荫昌无子，以邦显子廷耀袭。

佶伦州，在府东北，旧名邦兜。宋置安峒，隶太平寨。元改州，属太平路。明洪武二年，以冯万杰为知州。传至冯嘉猷，清顺治十六年，归附，仍予世袭。

都结州，在府东北。元属太平路。明洪武三年，以农武高为知州。传至农廷封，清顺治十六年，归附，仍予世袭。

上下冻州，在府西。宋置冻州。元分冻州为上冻、下冻二州。明隶太平府，洪府元年，以赵帖从为知州。传至赵长亨，清顺治十六年，归附，仍予世袭。

恩城州，在府西北。唐置。宋分上下恩城二州。元属太平路。至正间并为一。明洪武元年，以赵雄杰为知州。传至赵贵炫，清顺治十六年，归附，仍予世袭。

罗阳土县，在府东，旧名福利。宋置，隶迁隆寨。元属太平路。明隶太平府，明初，以黄宣为知县。传至黄启祥，清顺治十六年，归附，仍予世袭。

思陵州。宋置州，隶永平寨。元属思明路。明初，省入思明府，后复建，仍隶太平府，洪武二十一年，以韦延寿为知州。传至韦懋选，清顺治十六年，归附，仍予世袭。

思明州。唐置，属邕州。宋隶太平寨。元改思明路。明为府，洪武元年，以黄忽都为知府。传至黄戴乾，清顺治十六年，归附，仍予旧职。黄观珠袭。以安马、洞郎等五十村改流，隶南宁。明降府为州，移治伯江哨。雍正十年，五十村目怨观珠，杀观珠嬖人，欲因以谋不靖。太平知府屠嘉正、新太协副将崔善元安定之。观珠以罪参革，改流。又思明州与思明府本两地，土官亦黄姓，于康熙五十八年改流。

下石西州，在府西二百十里。宋闭鸿为知州。明初，仍给世袭。传至闭承恩，清顺治，归附，仍袭旧职。

上石西州。明崇祯间，并入本府。清雍正十二年，改隶明江同知。

上龙司。汉属交阯。唐置龙州。宋隶邕州。元大德中，改为万户府。明初，属太平。洪武八年，改直隶州，寻改隶太平。以土官赵帖坚袭知州，以流官吏目佐之。其后事具《明史》。传至赵有泾，为庶兄有涛所杀。有泾子国梁诉父冤，有涛逃入交阯。清平广西，更名赵禄奇，自交阯逃回归附，仍予旧职。死，传子廷楠。时国梁父冤既白，应袭，而廷楠拒之；国梁复出奔，适云南煽动，遂率贼兵破州城，杀廷楠。未几扑灭。而廷楠无子，乃以庶支赵元基孙国桓袭。传子殿灯，雍正三年，以贪残参革，析其地为上龙司、下龙司；改设两巡检，以赵升为上龙司巡检，赵埔为下龙司巡检。七年，赵埔以贪劣为巡抚金鉷题参，以地归太平通判兼摄。后改龙州厅。

凭祥州。宋为凭祥峒，属永平寨。元隶思明路。明洪武初，李升内附，置凭祥镇。永乐二年，置县；成化八年，

升州，以升孙李广宁为知州。时又属安南，仍归明，属太平府。传至李维藩，清顺治十六年，归附，仍予世袭。

江州。宋置，属古万寨。元隶思明路。明因之，洪武初，以黄威庆为知州。传至黄廷杰，清顺治十六年，归附，仍袭旧职。

镇安府：在省西。宋时于镇安峒建右江军民宣抚司。元改镇安路。明洪武元年，改府，授土官岑天保为知府。清顺治间，土官故绝，沈文崇叛据其地；十八年，发兵扑灭之。康熙二年，改置流官通判。雍正十年，改知府。

都康州。宋置，隶横山寨。元属田州路。明洪武三十二年，复置州。永乐初，以冯斌为知州，隶思恩府。传至冯太一，清顺治九年，归附，袭旧职。雍正七年，镇安设府，改隶镇安。

上映峒。宋置州。明初，废为峒，以许尚爵袭。传至许国泰，清顺治初，归附，仍予旧职。

湖润寨。宋时置州。明初，废州为寨，降巡检司。传至宗熙，清顺治九年，归附，仍给巡检司印，世袭。

卷五百十七　　　列传三百四

土司六

甘　肃

甘肃，明时属于陕西。西番诸卫、河州、洮州、岷州、番族土官，《明史》归《西域传》，不入《土司传》。实则指挥同知、宣慰司、土千户、土百户，皆予世袭，均土司也。清改甘肃为省，各土司仍其旧，有捍卫之劳，无悖叛之事。杨应琚曰："按西宁土司计十六家，皆自明洪武时授以世职，安置于西、碾二属。是时地广人稀，城池左近水地，给民树艺，边远旱地，赐各土司，各领所部耕牧。内惟土司陈子明系南人，元淮南右丞归附，余俱系蒙古及西域缠头，或以元时旧职投诚，或率领所部归命。李氏、祁氏、冶氏皆膺显爵而建忠勋。迨至我朝，俱就招抚。孟总督乔芳请仍锡以原职世袭。今已百年，输粮供役，与民无异。惟是生息蕃庶，所分田土多鬻民间，与民错杂而居，联姻而社，并有不习土语者。故土官易制，绝不类蜀、黔诸土司桀骜难驯也。"今宁郡外亦有土弁，合纪其始末为一卷。

狄道州：

脱铁木儿，蒙古人。明初，授陕西平章宣慰使司都元帅，随大将军徐达招抚十八族铁城、岷山等处，赐姓赵，更名安，授临洮卫土官指挥同知。正统十年，卒，子英袭。传至赵师范，清顺治二年，底定陇右，师范率子枢勤归附，仍令管理临洮卫指挥使土司事务。同治元年，河回倡乱，

赵坛领土兵防守州城。二年，坛赴洮州卓泥调拨铁布番兵。适州城失守，敕书号纸均毁。四年，回匪围巩昌，坛赴陕甘大营请援，行至董家堡遇害。以兄子元铭为继。光绪二十年，袭职，领兵部号纸。二十一年，河回复叛，渡河攻城，元铭率土兵五百由抹邦河进剿。至城南川，适统领威定军何建威拔狄道，亦至，遂会军抵河州。何以元铭勇，委带威定前营，驻城南黄家滩。于边家湾、三家集、罗神庙等处屡捷，解河州围，加二品衔勇号。赵氏世居桧柏庄。

河州：

何贞南，河州人。元授陕西平章宣慰使司都元帅。明初，投诚，赐姓何，授河州卫土官指挥。传至何永吉，清顺治二年，归附。五年，回变，其子扬威带兵有功，请给号纸世袭。至乾隆年，赵武袭。撤回叛乱，武同子大臣在老鸦、南岔等关防御。四十九年，石峰堡之变，父子防御尽职。嘉庆四年，教匪由川入甘，时武患病，委子大臣在南界景古城瞎歌滩防堵。同治二年，武玄孙何柄继。兵火倏起，守城有劳，复获渠魁李法正，赏戴花翎。光绪四年，袭职。

韩哈麻，元、明时、授河州卫土司。清初，归附。乾隆十四年，河州发给土千户委牌，子霆袭。四十六年，撤回猓玀，统兵固守。旋因修盖佛寺，违禁斥革。继盐茶变，防御有功，总督福康安给土司外委札付。霆曾孙钧，同治初，与贼接仗阵亡。子廷俊。同治十年，御贼八岘山口，身先士卒，刀石弗避，左宗棠赏给养伤银两。又有韩完卜者，世袭指挥使。清初，归附。其后韩千贯以札印遗失，授为外委土司。雍正间，韩世公因逆夷跳梁，把隘无失，仍授指军使。雯卒，子成璘袭。乾隆四十六年，阵亡。咸丰十一年，韩廷佐袭。韩氏世居韩家集。

岷州：

马纪，自云伏波将军后裔。元至正间，因防守哈达川九族，授指挥使职，家岷州卫。子珍，明洪武间，以功授世袭土官百户。清顺治二年，马国栋归附，授原职。马氏世居宕昌城。

后成，明镇守指挥能之季子，景泰间，守御洮州。成子璋，成化间，征乌斯藏有功，授世袭土官百户。清初，后承庆内附，为外委百户。康熙三十年，札委任事。乾隆九年，永庆孙发葵始实授土百户。后氏世居攒都沟。

赵党只管卜，岷州卫人。明洪武间，授世袭土官百户。清初，赵应臣内附，为外委土官。康熙二十一年，授其子之鼎原职。赵氏世居麻竜里。

以上三土司，所辖虽号土民，与汉民无殊，钱粮命盗重案，俱归州治，土司不过理寻常词讼而已。

后祥古子，岷州卫人。明洪武二十八年，以功授世袭土百户。清顺治间，后希魁归附，授外委百户。希魁曾孙荣昌，实授土百户。光绪初，后振兴改袭土把总。后氏世居闾井东。

绰思觉，革那族生番也。明宣德间，授土官副千户。传至宏基，顺治十六年，归附，因事革配。康熙十四年，其堂弟宏元于吴逆之变，恢复洮、岷有功，靖逆侯张勇题叙，仍授世袭副千户。二十九年，宏元子廷贤，雍正初，与黄番煽乱，改土归流。

洮州厅：

岁的，洮州卫卓泥族番人。明永乐二年，率叠番、达拉等族投诚。十六年，授土官指挥佥事。正德间，玄孙旺秀调京引见，赐姓名杨洪。传至杨朝梁，于顺治十八年归附，仍给札管理土务，为外委土司。康熙十四年，吴三桂乱，助饷，授拜他喇布勒哈番，准袭二次。二十年，朝梁子威袭。四十五年，威子汝松袭。汝松子冲霄，仍袭指挥佥事。五十一年，黑番为乱，助剿有功。前山十八族、后山十九族黑番，俱给令管辖。曾孙宗业袭职。撒拉回变，以功赏三品顶戴花翎。四十九年，盐茶回变，两剿石峰堡，赏大缎二匹。嘉庆十九年，宗业弟宗基袭，兼摄禅定寺僧纲。宗基子元，道光二十四年袭。同治中，奉总督左宗棠檄，剿循属撒匪，收复洮州新旧二城，历奖至头品顶戴、志勇巴图鲁。光绪六年，子作霖袭职，亦以军功得头品顶戴，领兵部号纸，兼摄护国禅师。日益夸大，小弱者割地以鬻，遂并有众土司地。作霖曾孙积庆，光绪二十八年袭。杨氏世居卓泥堡，地最大，南至阶文，西至四川松潘界，土司中最强者，自以为杨业之裔。明正德赐姓之事，则已茫如矣。

昝南秀节，洮州卫底古族西番头目。明洪武十一年，率部落投诚。十二年，督修洮州边壕城池。十九年，随指挥马煜征叠州，以功授本卫袭中千户所百户。子卜尔结，于洪武二十年袭。二十五年，同指挥李凯等招抚番、夷等，认纳茶马。永乐三年，赐姓昝。宣德五年，以护送侯显功，升本卫实授百户。传至昝承福，清顺治十年，归附。奉洮州卫军民指挥使司札付，昝天锡于光绪二十年承袭。昝氏居资卜族。

永鲁札剌肖，洮州卫著逊族番人，明永乐间，以功授土官百户。传至永子新，清顺治间，归附，袭职。永隆于光绪二十五年承袭。永氏居著逊隘口。

西宁县：

祁贡哥星吉，元裔。初封金紫万户侯，世守西土。洪武元年，归附。五年，招抚西番，授副千户。以追剿西番亦林真卉阵亡，子锁南袭。永乐十年，从西宁侯宋琥追捕番酋老的罕等下讨来川，予正千户。传至祁廷谏，袭职。崇祯十六年，闯寇贺锦扰西宁，廷谏率子兴周与战，斩锦。已而贼党愈炽，并被俘送西安。清顺治二年，英亲王阿济格至西安，破走逆闯，得廷谏，赏衣帽、鞍马、彩缎、银两，令回西宁安抚番族，仍授本卫指挥使，世袭。十年，病休。兴周先以战功授大靖营参将，至是袭职。会吴逆叛，兴周子荆璞随总兵王进宝克复兰州、临巩诸城。同治元年，撒回复乱，祁叙古防堵有功。十一年，为土番拉莫丹所控，革职。母李氏代理指挥使印。光绪十五年，以巡防功复职。祁氏世居寄彦才沟。

陈义，江苏山阳人。父子明，元淮安右丞。至正二十三年，明常遇春兵至淮南，率众投诚。洪武七年，随李文忠北伐有功，授随征指挥佥事。十六年，从征阵亡。义袭父职，调任燕山右护卫。靖难兵起，从燕王转战，升山西潞州卫指挥同知。永乐元年，随新城侯张辅征甘、凉。旋扈成祖征木雅失里，逐北至红山口，迁指挥使。又从耿炳文驻防甘肃，授西宁卫世袭指挥使。崇祯初，陈师尧随洪承畴守松山，阵亡。清顺治二年，陕西总督孟乔芳收甘肃，师尧弟师文归附。五年，甘州回米喇印、丁国栋反，随镇羌参将鲁典战贼乌稍岭，仍袭西宁卫指挥使。同治元年，撒回作乱，总督沈兆霖率师进剿，檄陈兴恩守乩思观。光绪四年，子迎春袭。陈氏世居陈家台。

李文，西番人。父赏哥，元都督指挥同知。明洪武初，投诚。传至李洪远，袭指挥同知职。崇祯十六年，李自成党陷甘州，独西宁不下。贼将辛恩贵攻破之，洪远与其妻祁氏暨家丁一百二十人死于难。清顺治七年，洪远子珍品归附，仍与原官。咸丰八年，李尔昌袭。同治元年，撒拉回作乱，随大军进剿，赏蓝翎。李氏世居乞塔城。

纳沙密，西番人。明洪武四年，投诚，授总旗。清顺治二年，纳元标归附，仍袭指挥佥事。同治元年，总督沈兆霖督军进讨撒回，纳朝珍奉檄守南川什张如。光绪四年，朝珍子延年袭。纳氏世居纳家庄。

南木哥，姓汪氏，西宁州土人。明洪武四年，投诚。累除金吾左卫中卫所副千户，加指挥佥事。传至汪升龙，清顺治二年，归附，仍袭指挥佥事。同治元年，撒回反，南进善随大军前赴巴燕戎格所属曲林庄防剿。二年，西宁逆回悉叛，奉檄守府城。十一年，回乱平，招集流亡土民复业。光绪十九年，子祖述袭。汪氏世居海子沟。

吉保，西番人。洪武四年，投诚，授百户。二十三年，调锦衣卫前所镇抚。子朵尔只袭。清顺治二年，吉天锡归附。十二年，仍袭指挥佥事。吉氏世居乩迭沟。

循化厅：

韩宝元，撒拉尔回人。明洪武三年，投诚，授世袭昭信校尉管军百户衔。传至韩愈昌，清康熙间，归附，蒙靖宁将军张札委署司职衔。子炳，抚番有功，于雍正间奉兵部号纸，袭土千户，管西乡上四工韩姓撒拉。

韩沙班，明时，抚番有功，授世袭撒拉族土百户。清顺治间，归附，管东乡下四工马姓撒拉。乩藏土百户王国柱，清顺治二年，归附，授原职，管番民。明时防戍小土司也。

大通县：

曹通温布，大通川人。乾隆元年，以功补大通川土千户，世袭。每年应纳贡马二十四匹，共折银一百七十三两。后因回乱，番民逃亡，总督左宗棠咨部，暂以半价交纳。由大通县管理。

碾伯县：

朵尔只失结，蒙古人。元甘肃行省右丞。明洪武四年，投诚。六年，授西宁卫指挥佥事。子端竹袭。旋调守西宁卫。建文元年，从南军征北平，阵亡。子祁震袭，始以祁为氏。祁秉忠，《明史》有传。秉忠侄国屏，袭都指挥同知。崇祯十六年，流寇蹂西宁，力抗之。清顺治二年，归附。五年，甘州回陷甘、凉、肃诸州，国屏随总督孟乔芳进剿，复甘州。九年，授西宁卫世袭指挥同知。子伯豸袭。吴三桂反，平凉提督王辅臣叛应之。逆党陷巩昌、临洮、兰州，伯豸统各土司随西宁镇总兵王进宝东征，平兰州，累官至銮舆使。圣祖亲征噶尔丹、仲豸扈从，擢署温州镇总兵，回籍以原官署理指挥同知印务。雍正元年，青海酋罗卜藏丹叛，大将军年羹尧檄祁在璇守大峡口。撒拉陷河州，璇侄调元率土兵守碾伯城。盐茶回田五作乱，调元守鲁班峡。同治元年，撒回作乱，调元曾孙承谐协同防御。以劳疾卒，承谐妻刘氏护理印务。光绪十一年，子贵玉袭。祁氏世居胜番沟。

李南哥，西番人。自云李克用裔。元西宁州同知。明洪武初，投诚，授指挥佥事世袭。招抚流散，收捕黑章砸等处番贼。永乐五年，卒，子英袭。获番酋老的罕，进都指挥佥事。二十二年，中官邓成等使西域，道安定、曲先，遇贼见杀，掠所赍金币。仁宗初立，谕赤斤、罕东及安定、曲先诘贼主名，而敕英与指挥康寿等进讨。英言知安定指挥哈三孙散哥、曲先指挥散即思实杀使者，遂率兵西入。贼惊走，追击，逾昆仑山，深入数百里。至雅令阔，与安定贼遇，大败之，俘斩千一百余人，获马牛杂畜十四万。曲先贼闻风远遁，安定王桑尔加失夹等惧，诣阙谢罪。宣宗嘉英功，遣使褒谕宴劳之，令驰驿入朝。既至，擢右都督。宣德二年，封会宁伯，禄千一百石，并赠南哥子爵。英恃功骄，所为多不法。宁夏总兵史昭奏英有异志，英上章辩，赐敕慰谕之。英家西宁，招逋逃七百余户，置庄垦田，豪夺人产，复为兵部及言官所劾，追逃者入官。传至李天俞，闯寇余党蹂湟中，天俞被执送西安，其家殉难者三百余人。清顺治二年，英亲王阿济格至关中，流寇溃散，天俞谒王，王赐衣冠、鞍马、银两、彩缎，令回西宁招抚番族。五年，甘州回米喇印反。十年，授西宁卫指挥同知，世袭。吴三桂党陷兰州，总兵王进宝檄其子澍从征。澍与弟洽预调水夫五百余名，各造木筏五十余只，由新城河口宵济官军，并率土兵千余骑继进，遂复兰州、临巩诸城，擢游击。传至李长年，光绪四年，袭职。李氏世居上川口。

赵朵尔，岷州人。元招藏万户。明洪武三年，投诚。传至赵瑜，清顺治二年，归附。十八年，仍袭指挥同知。同治初，撒回不靖，总督沈兆霖进剿，檄赵永龄率土兵随官军搜剿山后巴燕戎格等处逆党。光绪七年，永龄袭职。赵氏世居赵家湾。

失剌，蒙古人。元甘肃省郎中。明洪武初，投诚，选充小旗。子阿吉袭小旗，始以阿为氏。扈成祖北征阿鲁台，战魁列儿河有功，迁总旗。传至阿镇，清顺治二年，归附，依旧世袭。同治四年，逆回陷老鸦堡，阿文选率土兵御贼于隘，众寡不敌，死之，部下燔焉。光绪九年，文选子保衡袭。二十年，保衡子成栋袭。阿氏世居老鸦白崖子。

帖木录，西宁卫土人。元，百户。洪武四年，投诚，授原职。子大都，从都督宋晟讨西番叛贼，获捷，迁千户。永乐七年，卒，子甘肃袭职，始以甘为氏。崇祯十六年，流寇扰西宁，甘继祖家被掠，失承袭号纸。清顺治二年，归附。吴三桂逆党延及陇右，继祖子廷建率土兵三百守黄河渡口，复随王进宝征讨，陇右以安。叙功，袭指挥佥事原职。甘钟英，光绪四年袭。甘氏世居美都川。

乩铁木，西宁州土人。明洪武四年，投诚，充小旗。子金刚保，从成祖北征，追木雅失里不及，移征阿鲁台，连战于玄冥河、于静虑镇、于广汉戎，皆有功。复从指挥李英讨番酋老的罕于沙金城，大破之。二十年，再扈成祖北征，败贼于魁列儿河，擢千户。子朱荣袭职，始以朱为氏。从都指挥李英追安定贼，与战，深入，殁于阵。数传至朱秉权，值明末流寇贺锦之乱，失官诰号纸。清顺治二年，秉权偕子廷璋归附。康熙四十年，仍授指挥佥事，世袭。数传至朱协，同治四年，湟中群回肆逆，协殉难。光绪十一年，协子廷佐袭。朱氏世居朱家堡。

薛都尔丁，西域缠头回人。元，甘肃省佥事。明洪武四年，投诚，授小旗。子也里只补役，洪熙元年，从征安定贼有功，擢所镇抚。子也陕舍袭。陕舍孙祥，更姓冶氏。顺治二年，冶鼎归附，仍予世袭。冶氏世居米拉沟。

李化鳌，明世袭西宁卫指挥同知化龙之弟，锦衣卫指挥使光先之次子。清顺治二年，归附，授职百户。光绪十五年，李长庚袭。李氏世居九家巷。

朵力乩，西宁州土人。明洪武四年，投充小旗。子七十狗补役。孙辛庄奴，始以辛为氏。清顺治二年，辛伟鼎归附，仍授试百户职。同治四年，回乱湟中，堡塞俱毁，辛德成挈其子裕后避贼居藏地。光绪十二年，归里。裕后袭。辛氏世居王家堡。

哈喇反，西宁州土人。明洪武四年，投充小旗。子薛帖里加替役，以功授百户。子喇苦袭，以功升副千户。遂以喇为氏。清顺治二年，喇光耀归附，给与指挥佥事札付。喇氏世居喇家庄。

平番县：

巩卜失加，元裔。父脱欢，封武定王，兼平章政事。明洪武四年，率诸子部落投诚，太祖授巩卜失加为百夫长，俾统所部居庄浪，以功升百户。永乐初，殉阿鲁台之难，传子失加，累署庄浪卫指挥同知，赐姓鲁氏。子鉴，鉴子麟，麟子经，三世名将，《明史》有传。崇祯十年，以经曾孙印昌任西宁副总兵。及闯寇犯河西，印昌散家财享士卒，提兵至西大通，遇贼党贺锦，挥兵奋战，部卒殆尽，遂殁于阵。清顺治十六年，印昌子宏归附，袭指挥使，锡之敕印。宏卒，嫡子帝臣幼，以族人鲁大诰代理土务。会吴逆叛，宏妻汪氏捐军粮四百石。宏曾孙璠，乾隆四十六年，撒拉回攻围兰州，率土番兵三百人赴援，战于乱古堆坪。贼悍甚，兵无后继，璠负重伤，裹创力战，竟突围归营；事闻，加一等职衔、花翎。盐茶回复反，璠领土番兵防守兰州城。道光六年，逆回张格尔犯边，扬威将军长龄进讨，璠子纪勋奉檄办驼只、运军粮。九年，官兵进剿安集延，仍承办驼只。纪勋娶额驸阿拉善亲王女，缘此习

尚奢豪，盛极而衰。嫡孙如皋袭。咸丰初，如皋助军饷。七年，省城修建钱局，捐本管山场木植数万株，加二品顶戴、花翎。同治初，回乱，以功加副将衔。十三年，西宁肃清，加提督衔、誉勇巴图鲁。光绪十九年，如皋卒，子焘幼，母和硕特氏护土务。二十一年四月，焘嗣职。鲁氏自焘以上，世袭掌印土司指挥使，驻扎庄浪，分守连城。

把只罕，元武定王平章政事长男。明洪武四年，随父来降，授指挥佥事，后赐姓鲁氏。数传至鲁典，清顺治二年，归附。陕西总督孟乔芳嘉其功，委署镇海营参将，随大军征剿。数传至鲁绪周。同治三年，回变，绪周率所部御贼，阵亡，子熹袭职。光绪十一年，子服西袭职。自服西以上，世袭掌印土司指挥佥事。

鲁镛，元裔，与鲁鉴同族。明时，以官舍随征，授总旗。清顺治二年，鲁大诰随鲁希圣等归附，仍授前职。光绪十九年，鲁瞻泰袭。自泰以上，世居古城，袭土指挥使。

鲁之鼎，与鲁典同族。明时，世袭土指挥使。清顺治二年，随典归附。光绪十八年，鲁维礼袭职。自维礼以上，世居大营湾，袭土指挥副使。

鲁福，鲁鉴次子。从鉴征讨。屡立战功。清顺治二年，鲁培祚随鲁典归附。光绪十七年，鲁应选袭职。世居西大通峡口，袭土指挥同知。

鲁国英，元裔。明正千户。清顺治二年，鲁大诚投诚，随鲁典剿甘、凉回逆，力战阵亡。子景成，仍袭正千户世职。光绪五年，鲁福山袭。世居古城。

鲁三奇，元裔。明世袭副千户。清顺治二年，三奇随同族鲁典归附。光绪十六年。鲁政袭职。世居马军堡。

西坪土官杨茂才，明正百户。清顺治二年，随鲁典投诚。数传至杨得荣。同治中，逆回叛，得荣避难，不知所终。

西六渠土官何伦，明时，充小旗。清顺治二年，何进功随鲁典归附。数传至何万全。同治四年，捍御逆回，创重而卒。子臣福袭。

杨国栋，明指挥同知。清顺治二年，归附。九年，复袭指挥同知。后无考。

鲁察伯，明实授百户。清初，归附。康熙十六年，子鲁襄，仍袭实授百户。后无考。

海世臣，明指挥佥事。世臣子龙袭前职。清顺治二年，海洪舟归附。九年，仍袭指挥佥事。后无考。

卷五百十八　　　　列传三百五

藩部一

**科尔沁　扎赉特　杜尔伯特　郭尔罗斯
喀喇沁　土默特**

清起东夏，始定内盟。康熙、乾隆两戡准部。自松花、

黑龙诸江,迤逦而西,绝大漠,亘金山,疆丁零、鲜卑之域,南尽昆仑、析支、渠搜,三危既宅,至于黑水,皆为藩部。抚驭宾贡,夐越汉、唐。屏翰之重,所以宠之;甥舅之联,所以戚之;锐刘之卫,所以怀之;教政之修,所以宣之。世更十二,载越纪纪,虔奉约束,聿共盟会,奥矣昌矣。若夫元之戚垣,自为风气;明之蕃卫,虚有名字,盖未可以同年而语。带砺之盛,具见世表。兹综事实,列之为传。揆文彰武,悦近来远,疏附御侮,可得大凡。末造颠颓,乃彰畔涣。盛衰得失,斯可鉴已。

科尔沁部,在喜峰口外,至京师千二百八十里。东西距八百七十里,南北距二千有百里。东扎赉特,西扎噜特,南盛京边墙,北黑龙江。

元太祖削平西北诸国,建王、驸马等世守之,为今内外扎萨克蒙古所自出。

科尔沁始祖曰哈布图哈萨尔,元太祖弟,今科尔沁六扎萨克,及扎赉特、杜尔伯特、郭尔罗斯、阿噜科尔沁、四子部落、茂明安、乌喇特、阿拉善、青海和硕特,皆其裔。哈布图哈萨尔十四传至奎蒙克塔斯哈喇,有子二:长博第达喇,号卓尔郭勒诺颜;次诺扪达喇,号噶勒济库诺颜。

博第达喇子九:长齐齐克,号巴图尔诺颜,为土谢图汗奥巴、扎萨克图郡王布达齐二旗祖;次纳穆赛,号都喇勒诺颜,为达尔汉亲王满珠习礼、冰图郡王洪果尔、贝勒栋果尔三旗祖;次乌巴什,号鄂特欢诺颜,见《郭尔罗斯传》;次乌延岱科托果尔;次托多巴图尔喀喇;次拜新;次额勒济格卓哩克图,裔不著;次爱纳噶,号车臣诺颜,见《杜尔伯特传》;次阿敏。号巴噶诺颜,见《扎赉特传》。诺扪达喇子一,曰哲格尔德,为扎萨克镇国公喇嘛什希一旗祖。

蒙古强部有三:曰察哈尔;曰喀尔喀;曰卫拉特,即厄鲁特。明洪熙间,科尔沁为卫拉特所破,避居嫩江,以同族有阿噜科尔沁,号嫩江科尔沁以自别。扎赉特、杜尔伯特、郭尔罗斯三部与同牧,服属于察哈尔。

太祖癸巳年,科尔沁台吉齐齐克子翁果岱,纳穆赛子莽古斯、明安等,随叶赫部台吉布斋,纠哈达、乌拉、辉发、锡伯、卦尔察、珠舍里、纳殷诸部来侵,攻赫济格城不下,陈兵古哷山。上亲御之,至扎喀路,谕诸将曰:"彼虽众,皆乌合。我以逸待劳,伤其一二台吉,众自溃。"命巴图鲁额亦都率百骑挑战,叶赫诸部兵翼攻城来御,逆击之。明安马蹶,裸而遁,追至哈达部柴河寨南,俘获其众。戊申,征乌拉部,围宜罕阿林城,翁果岱复助乌拉台吉布占泰,我师击败之。于是莽古斯、明安、翁果岱先后遣使乞好。

天命九年,翁果岱子奥巴率族来归。寻为察哈尔所侵,我援之,解围去。天聪二年,会大军征察哈尔。三年,从征明,克遵化州,围北京。五年,围大凌河,降其将祖大寿。六年,从略大同、宣府边。八年,复从征明。

十年春,大军平察哈尔,获元传国玉玺。奥巴子土谢图济农巴达礼偕台吉乌克善、满珠习礼、布达齐、洪果尔、喇嘛什希、栋果尔,及扎赉特、桂尔伯特、郭尔罗斯、喀喇沁、土默特、敖汉、奈曼、巴林、扎噜特、阿噜科尔沁、翁牛特诸部长来贺捷。以上功德隆,宜正位号,遗朝鲜国王书,示推戴意。四月,合疏上尊号,改元崇德。礼成,叙功,诏科尔沁部设扎萨克五:曰巴达礼,曰满珠习礼,曰布达齐,曰洪果尔,曰喇嘛什希,分领其众,赐亲王、郡王、镇国公爵有差。十月,命大学士希福等赴其部,鞫罪犯,颁法律,禁奸盗,编佐领。二年,从征喀木尼堪部及朝鲜。三年,征喀尔喀。四年春,征索伦。秋,围明杏山、高桥。八年,随饶馀贝勒阿巴泰、护军统领阿尔津征明及黑龙江诸部。

顺治元年,偕扎赉特、杜尔伯特、郭尔罗斯兵随睿亲王多尔衮入山海关,走流贼李自成,追至望都。二年,随豫亲王多铎定江南。三年,复随剿苏尼特叛人腾机思,败喀尔喀土谢图汗、车臣汗援兵。七年,科尔沁复设扎萨克一,以栋果尔子彰吉伦领之,由贝勒晋郡王爵。十三年,上以科尔沁及扎赉特、杜尔伯特、郭尔罗斯、喀喇沁、土默特、敖汉、奈曼、巴林、扎噜特、阿噜科尔沁、翁牛特、乌珠穆沁、浩齐特、苏尼特、阿巴噶、四子部落、乌喇特、喀尔喀左翼、鄂尔多斯诸扎萨克归诚久,赐敕曰:"尔等秉资忠直,当太祖、太宗开创之初,诚心归附,职效屏藩。太祖、太宗嘉尔勋劳,崇封爵号,赏赉有加。朝觐贡献,时令陛见,饮食教诲,为数甚多。凡有怀欲吐,俱得陈奏,心意和谐,如同父子。朕荷祖宗鸿庥,统一寰宇,恐于懿行有违,成宪未洽,恒用忧惕。亲政以来,六年于兹,未得与尔等一见,虽因万几少暇,而怀尔之忧,时切朕念。每思尔等效力有年,功绩卓著,虽在寝寐,未之有致。诚以尔等相见既疏,恐有壅蔽,不能上通,故特遣官赉敕赐币,以谕朕意。嗣后有所欲请,随时奏闻,朕无不体恤而行。朕方思致天下于太平,尔等心怀忠悫,毋忘两朝恩宠。朕世世为天子,尔等亦世世为王,享富贵于无穷,垂芳名于不朽,不亦休乎!"

康熙十三年,征所部兵讨逆藩吴三桂。十四年,剿察哈尔叛人布尔尼。先是科尔沁内附,莽古斯以女归太宗文皇帝,是为孝端文皇后。孙乌克善等复以女弟来归,是为孝庄文皇后。曾孙绰尔济复以女归世祖章皇帝,是为孝惠章皇后。科尔沁以列朝外戚,荷国恩独厚,列内扎萨克二十四部首。有大征伐,必以兵从,如亲征噶尔丹,及剿策妄阿喇布坦、罗卜藏丹津、噶尔丹策凌、达瓦齐诸役,扎萨克等效力戎行,莫不懋著勤劳。土谢图亲王、达尔汉亲王、卓哩克图亲王、扎萨克图郡王四爵俸币视他部独增,非惟礼崇姻戚,抑以其功冠焉。所部六旗,分左右翼。土谢图亲王掌右翼,附扎赉特部一旗、杜尔伯特部一旗;达尔汉亲王掌左翼,附郭尔罗斯部二旗,统盟于哲里木。右翼中旗驻巴颜和翔,左翼中旗驻伊克唐噶哩克坡,右翼前旗驻席喇布尔哈苏,右翼后旗驻额木图坡,左翼前旗驻伊岳克里泊,左翼后旗驻双和尔山。爵十有七:扎萨克和硕土谢图亲王一;附多罗贝勒一;扎萨克和硕达尔汉亲王一;附卓哩克图亲王一;多罗郡王二,一由亲王降袭;多罗贝勒一;固山贝子一;辅国公四,一由贝子降袭;扎萨克多罗扎萨克图郡王一；扎萨克多罗冰图郡王一；扎萨克多罗郡王一，由贝勒晋袭；附辅国公一，由贝子降袭；扎萨克镇国公一。左翼中旗扎萨克达尔汉亲王满珠习礼之玄孙色布腾巴勒珠尔，乾隆十一年三月尚固伦和敬公主。二十年，准噶尔之平，以功加双俸，寻以阿睦尔撒纳叛事，夺爵。二十三年，复封和硕亲王。三十七年，与征金川，又以附富德勒阿桂，夺爵。四十年，复之。

四传至棍楚克林沁，袭镇国公，官至御前大臣，卒。其后左翼中旗辅国公二，左翼后旗辅国公一，均停袭。左翼后旗扎萨克多罗郡王僧格林沁，以军功晋博多勒噶台和硕亲王。同治二年，予世袭罔替。四年，以剿捻匪阵亡，自有传。其旗增多罗贝勒一，辅国公二，皆以僧格林沁功。

僧格林沁子伯彦讷谟祜，初封辅国公。同治三年，晋贝勒。四年七月，袭博多勒噶台亲王，为御前大臣。十一月，命与左翼中旗扎萨克达尔汉亲王索特那木朋苏克等选马队剿奉天马贼。五年二月，大破马贼于郑家屯；三月，命捕吉林余匪。六月，条陈奉天善后事宜，诏如所请行。匪平，回京。光绪初，德宗典学，命在毓庆宫行走，授兼镶黄旗领侍卫内大臣。十七年，卒。

自道光季年海防事起，洎咸丰三年粤逆北犯，八年海防又急，皆调东三盟兵协同防剿，科尔沁部为之冠，予爵职、给荫袭者，皆甲诸部。僧格林沁之亡，始撤哲里木盟兵旋所部。

初，科尔沁诸旗以距奉天近，皆招佃内地民人开垦。乾隆四十九年，盛京将军永玮等奏："宾图王旗界内所留民人近铁岭者，达尔汉王旗所留民人近开原者，即交铁岭县、开原县治之。"嘉庆十一年十月，盛京将军富俊等以左翼后旗昌图额勒克地方招垦闲荒，经历四载，人民四万有奇，请增置理事通判治之。达尔汉王旗界内所留人民，亦交通判就近并治，时诸旗扎萨克、王、公等多招民人垦荒，积欠抗租，则又请驱逐。廷议非之，严定招垦之禁，已佃者不得逐，未垦者不得招。道光元年，左翼中旗扎萨克达尔汉亲王布彦温都尔瑚竟以垦事延不就鞫，夺扎克。然私放私垦者仍日有所增，流民游匪于焉麇集。同治中，以昌图匪乱，通判秩轻，升为理事同知。光绪二年，署盛京将军崇厚奏设官抚治，以清盗源。遂升昌图同知为府，以原垦达尔汉王旗之梨树城、八面城地置奉化、怀德二县隶之。七年，又设康平县于康家屯，隶之。二十八年，盛京将军增祺奏设辽源州于苏家屯，隶之。皆治左翼三旗垦民。

是年，右翼前旗扎萨克图郡王乌泰以放荒事屡被劾，命礼部尚书裕德会增祺勘治。四月，覆奏言："乌泰已放荒界南北长三百余里，东西宽一百余里，外来客民有一千二百六十余户。乌泰不谙放荒章程，以致嗜利之徒，任意垦占，转相私售，实已暗增数千余户，新开荒地又增长三百余里，宽一百余里。梅楞齐莫特、色楞等复袓护荒户，阻台吉壮丁在新放荒地游牧。协理台吉巴图济尔噶勒遂以敛财聚众，不恤旗艰，控之理藩院。经传集乌泰等亲自宣导，均各悔悟，愿涤洗前愆，驱除谗慝，和同办理旗务。请将乌泰、巴图济尔噶勒暂革，仍准留任，勒限三年，限

满经理得宜，由阖旗呈请开复，否则永远革任；齐莫特、色楞等均分别屏黜，不准干预旗务。并为定领荒招垦章程，荒价则一半报效国家，一半归之蒙旗。升价则每晌以中钱二百四十为筹饷设官等经费，以四百二十作蒙古生计，自王府至台吉、壮丁、喇嘛，各有得数。仍酌留余荒，讲求牧养。"均报可。十月，增祺又奏勘明是旗洮尔河南北已垦未垦之地，约有一千余万亩，派员设局丈放。三十年，以其地置洮南府，并置靖安、开通二县隶之。三十一年，盛京将军赵尔巽以右翼后镇国公旗垦地置安广县，而法库门旧为左翼中达尔汉王诸旗招垦地，亦置同知治之。三十四年，东三省总督徐世昌以右翼中和硕土谢图亲王垦地置醴泉等县。于是科尔沁六旗垦地几遍，郡县亦最多，诸扎萨克王公等得租丰溢，而化沙砾为膏沃，地方亦日臻富庶。

诸扎萨克王公等世次皆见表，惟右翼和硕土谢图亲王色旺诺尔布桑宝以庚子之变，中外多故，殒于非命。裕德等勘奏，谓为属员逼勒而死，因请治逼勒者如律。寻增祺奏以族子业喜海顺承袭，传爵如故。

凡蒙旗，扎萨克为一旗之长，制如一品，与都统等。其辅曰协理台吉。属曰管旗章京，副章京，参领，佐领。蒙语管旗章京曰梅楞，参领曰札兰，佐领曰苏木。苏木实分治土地人民。其佐领之额，右翼中旗二十二，左翼中旗四十六，右翼前旗、后旗均十六，左翼前旗、后旗均三。凡哲里木盟重大事件，科尔沁六旗以近奉天，故由盛京将军专奏。郭尔罗斯前旗一旗以近吉林，郭尔罗斯后旗、扎赉特、杜尔伯特三旗以近黑龙江，故各由其省将军专奏。

扎赉特部，元太祖弟哈布图哈萨尔十五传至博第达喇，有子九，阿敏其季也。与兄齐齐克、纳穆赛等邻牧，号所部曰扎赉特。天命九年，阿敏子蒙衮偕科尔沁台吉奥巴遣使乞好，优诏答之，遂率属来归。顺治五年，授蒙衮子色棱扎萨克，以与科尔沁同祖，附之，隶哲里木盟。旗一，驻图卜绅察罕坡。其爵为扎萨克多罗贝勒，由固山贝子晋袭。

光绪二十五年，黑龙江将军恩泽等奏："以户部咨，黑龙江副都统寿山条奏，请放蒙古各旗荒地，派员赴扎赉特旗剀切劝商，愿将属界南接郭尔罗斯前旗，东滨嫩江之四家子、二龙梭口等处，指出开放，南北约长三百余里，东西宽百余里或三四十里，设局勘办。并谓若大东以至大西，使没边各蒙旗均能招民垦荒，则强富可期，即可无北鄙之惊。"下所司议行。先是哲里木盟诸旗皆以禁垦甲令过严，无敢明言招垦者，至是始接踵开放云。三十一年，以垦地置大赉厅治之。是部有佐领十六。

杜尔伯特部，在喜峰口外，至京师二千五十里。东西距百七十里，南北距二百四十里。东及北皆黑龙江，西扎赉特，南郭尔罗斯，北界索伦藩部。蒙古称杜尔伯特部者二，同名异族。一姓鲜罗斯，为卫拉特台吉孛罕裔，旗十有四，驻牧乌兰古木，称外扎萨克，别有传。一姓博尔济吉特，为元太祖弟哈布图哈萨尔裔，即今驻牧喜峰口外之

内札萨克也。

哈布图哈萨尔十六传至爱纳噶，始以名其部。天命九年，爱纳噶子阿都齐偕科尔沁台吉奥巴遣使乞好，优诏答之，遂率属来归。顺治五年，授阿都齐子色棱扎萨克，以与科尔沁同祖，附之，隶哲里木盟。旗一，驻多克多尔坡。其爵为扎萨克固山贝子。

同治二年，杜尔伯特贝子贡噶绰克坦咨黑龙江将军，请将交界重立封堆。寻勘明："巴勒该冈以北黑龙江界内，有杜尔伯特蒙人等居屯四处，牌莫多以南杜尔伯特界内，有黑龙江省属人等居屯八处，旧界所占均系旷地，应准各就其所，以安生计。蒙古越占巴勒该冈地，应将南榆树改为新界，省属人等越占牌莫多地，应将四六山改为新界，共立界堆十七。"奏入，诏如议。四年，贡噶绰克坦复咨以所立界堆将蒙古田地草厂归入省界，有碍蒙古生计。诏派副都统克蒙额与哲里木盟长及杜尔伯特会勘，划还塔尔欢屯以东第十、第十一封堆之西蒙古坟茔房基，平毁二十颗树封堆之南蒙界旗屯房屋，又增立界堆十有九，并以牌莫多以南官屯旧占蒙屯较巴勒该冈以北蒙旧占省屯多地十三里，拨二十颗树封堆之南省属空闲地如数补之。七年六月奏结，请饬贝子贡噶绰克坦严约属人照界永远遵守，报可。十年，以是旗私招民人垦荒，严申禁令，革其协理台吉。光绪二十五年，将军恩泽以招垦蒙地，关边圉富强大计，复奏派员商劝放垦。时东三省铁路之约既成，是部当铁路之冲，交涉烦多，商民萃集。三十二年，因以所部垦地置安达厅治之，隶黑龙江。是部一旗，有佐领二十五。

郭尔罗斯部，在喜峰口外，至京师千八百九十七里。东西距四百五十里，南北距六百六十里。南盛京边墙，东吉林府，西及北科尔沁。

元太祖遣弟哈布图哈萨尔征郭尔罗斯部，十六传至乌巴什，即以为所部号。子莽果仍之。

天命九年，莽果子布木巴偕科尔沁台吉奥巴遣使乞好，优诏答之，遂率属来归。会察哈尔林丹汗掠科尔沁，遣军由郭尔罗斯境往援，至农安塔。林丹汗遁，不敢复犯科尔沁及郭尔罗斯诸部。嗣设扎萨克二：曰布木巴，爵镇国公；曰固穆，为布木巴从弟，爵辅国公。以与科尔沁同祖，附之，隶哲里木盟。旗二：前旗驻固尔班察罕，后旗驻榛子岭。爵三：扎萨克辅国公一，扎萨克台吉一，附镇国公一。

是部布木巴一旗为前旗，近吉林。嘉庆五年，吉林将军秀林奏以郭尔罗斯垦地置长春理事通判，并请分征其租，上以非体斥之。十传至喀尔玛什迪，于光绪九年削扎萨克，公爵如故。以其族等台吉巴雅斯呼朗代为扎萨克。光绪十三年，复升长春厅为府。于是旗界内辽黄龙府旧地置农安县，隶之。三十四年，又以垦地增广，分置长岭县。宣统二年，分长春府地置德惠县。旋又定国家与蒙古分收民租例。是旗置郡县凡四，皆隶吉林。

固穆一旗为后旗，近黑龙江，亦当东三省铁路之冲。光绪三年，以垦地置肇州厅，隶黑龙江。后又分置肇东经历。是部二旗，垦地分隶吉林、黑龙江二省。前旗有佐领二十三。后旗有佐领三十四。

喀喇沁部，在喜峰口外，至京师七百六十里。东西距五百里，南北距四百五十里。东土默特及敖汉，西察哈尔正蓝旗牧厂，南盛京边墙，北翁牛特。

元时有札尔楚泰者，生济拉玛，佐元太祖有功。七传至和通，有众六千户，游牧额沁河，号所部曰喀喇沁。子格呼博罗特继之。

生子二：长格呼勒泰宰桑，为扎萨克杜棱贝勒固噜思奇布及扎萨克一等塔布囊格呼尔二旗祖；次图噜巴图尔，为扎萨克镇国公色棱一旗祖。格呼勒泰宰桑子四：长恩克，次准图，次鄂穆克图，均居喀喇沁。天聪二年二月，恩克曾孙苏布地以察哈尔林丹汗虐其部，偕弟万丹伟征等乞内附，表奏："察哈尔汗不道，喀喇沁被虐，因偕土默特、鄂尔多斯、阿巴噶、喀尔喀诸部兵，赴土默特之赵城，击察哈尔兵四万。还，值圣明请赏兵三千，复戮之。察哈尔根本动摇，事机可乘。皇帝倘兴师进剿，喀喇沁当先诸部至。"谕遣使面议。七月，遣喇嘛偕五百三十八人来朝，命贝勒阿济格、硕托迎宴，刑白马乌牛誓。九月，上亲征察哈尔，苏布地等迎会于绰洛郭勒，赐赉甚厚。三年正月，敕所部遵国宪。六月，苏布地及图噜巴图尔孙色棱等率属来归，诏还旧牧。十月，上征明，以塔布囊布尔哈图为导，入遵化，驻兵罗文峪。四年，布尔哈图为明兵所围，击败之，擒副将丁启明及游击一、都司二。诏嘉其功，赐庄田仆从及金币。六月，由都尔弼从征察哈尔，林丹汗遁，以所收察哈尔粮贮辽河守之。复分兵随贝勒阿济格略明大同、宣府边。八年正月，偕巴林、阿噜科尔沁、阿巴噶诸部兵收抚察哈尔流民。五月，从征明大同，至朔州。九年正月，诏编所部佐领，以苏布地子固噜思奇布掌右翼，色棱掌左翼。五月，选兵从征明，败之于辽河源。

崇德元年，诏授布尔哈图一等子，赐号岱达尔汉塔布囊。二年，遣大臣阿什达尔汉等赴其部理庶狱。三年九月，随大军自密云入明边，败其兵六千。十月，从征前屯卫及宁远。七年，从围苏州，过北京，下山东。

顺治元年，从入山海关，击流贼李自成。六年，从征喀尔喀。康熙十三年，大军剿藩耿精忠等，所部塔布囊霍济格尔偕土默特塔布囊善达等，以兵赴兖州。十七年，上谕曰："塔布囊霍济格尔等前自兖州赴浙江，听康亲王杰书调度。各统所属官兵征剿逆贼，深入闽省，同大兵平定逆藩耿精忠。行间效力，身先士卒，冲锋陷阵，奋勇用命，深为可嘉。宜降恩纶，即行议叙，以励后效。"二十年，上驻跸和尔和，谕曰："塔布囊霍济格尔出征时最著勤劳，今已溘逝。朕至此地，遣散秩大臣鄂齐等携茶酒往奠。"二十五年，叙平浙江、福建功，赐参领巴雅尔等十人世职。

二十九年，从征噶尔丹，败之于乌兰布通。四十四年，诏增设一旗，以塔布囊格呼尔领之。五十四年，征所部兵千赴推河防御策妄阿喇布坦，寻命侍郎觉和托等携帑万两赐之，雍正九年，从征噶尔丹策凌。所部初设二旗，右翼驻锡伯河北，左翼驻巴颜珠尔克；后增一旗，驻左右翼界内。爵六：亲王品级扎萨克多罗杜棱郡王一，由贝勒晋袭；附镇国公一，由贝子降袭；辅国公一，扎萨克多罗贝勒一，由贝子晋袭；扎萨克固山贝子一，由镇国公晋袭；扎萨克公品级一等塔布囊一。

乾隆四十一年，以所部垦地设平泉州。嘉庆八年，降爵。贝子丹巴多尔济以获逆犯陈德功，予贝勒，官至领侍卫内大臣、御前大臣，卒。光绪二十三年，扎萨克一等台吉塔布囊巴特玛鄂特萨尔以事革，复以贝勒熙凌阿袭。存爵五。

是部招民垦地最在先。乾隆十四年，始定不许容留民人多垦地亩之禁。道光十九年，复定喀喇沁、土默特种地民人不得以所种地亩折算蒙古赊贷银钱例。光绪十七年，敖汉部金丹道匪之变，是部同时被扰。事平，特颁帑赈恤之。二十九年，热河都统锡良以左翼旗招华商承办全旗五金各矿，中旗同道胜银行立有合同，开八里罕等地金矿，与定章公声明华、洋股本若干，及只准指定一处不准兼指数处者不符，请饬外务部妥议办法。下所司议申定章约束之。

是部右翼旗有佐领四十四，中旗有佐领三十八，左翼旗有佐领四十，与土默特二旗统盟于卓索图。嘉庆中，设热河都统后，是盟与昭乌达盟重大事件，皆由都统专奏。道光末，筹直隶海防，咸丰初，剿粤匪，皆征是盟之兵，与哲里木，昭乌达号东三盟兵，颇著功绩云。

土默特部，在喜峰口外，至京师千里。东西距四百六十里，南北距三百六十里。东养息牧牧厂，西喀喇沁，南盛京边墙，北喀尔喀左翼及敖汉。土默特分左右翼，异姓同牧。主左翼者为元臣济拉玛裔。自济拉玛十三传至善巴，与喀喇沁为近族。主右翼者为元太祖裔。自元太祖十九传至鄂木布楚琥尔，生子固穆，与归化城土默特为近族。

天聪三年，善巴、鄂木布楚琥尔各率属来归。八年六月，选兵从征明，颁示军律。七月，由独石口入明边，会大军于保安州，分兵隶都统武讷格，略察哈尔边。九年，诏编所部佐领，设扎萨克三：曰善巴，曰赓格尔，曰鄂木布楚琥尔。赓格尔者，善巴族也。崇德二年，以罪削扎萨克，善巴领其众。自是土默特分左右翼，命善巴及鄂木布楚琥尔掌之。是年遣大臣阿什达尔汉等赴其部理庶狱。六年，从围明锦州，败总督洪承畴援兵。八年，随饶馀贝勒阿巴泰征明。

顺治元年，从入山海关，击流贼李自成。三年，随剿苏尼特叛人腾机思。康熙元年，喀尔喀台吉巴尔布冰图来归，诏附土默特牧。十三年，大军剿逆藩耿精忠等，诏所部塔布囊善达偕喀喇沁塔布囊霍济格尔以兵赴袁州听调。十七年，调赴浙江，随康亲王杰书进剿。闽地悉定，谕优叙。五十五年，诏选兵千随公傅尔丹屯鄂尔坤。五十九年，以旱歉收，赐帑赈恤。雍正三年，塔布囊沙津达赉随大军防御准噶尔。七年，封镇国公。九年，大将军傅丹击准噶尔于和通呼尔哈诺尔，沙津达赉阵逃，削爵；而

土默特部将之随参赞内大臣马兰泰者，败贼西尔哈昭，斩获甚众，稍雪耻焉。

所部二旗，左翼驻海他呼山，右翼驻巴颜和朔，隶卓索图盟。爵三：扎萨克多罗达尔汉贝勒一，由镇国公晋袭；附喀尔喀贝勒一；扎萨克固山贝子一。

乾隆四十一年，以所部垦地置朝阳县。同治九年，以右翼旗箭丁等屡控扎萨克贝子索特那木色登科派太重，于是管旗章京阿尚等以因公派钱不能体恤，均革。热河都统库克吉泰因奏变通土默特比丁章程，申明交纳丁钱旧章，箭丁子女不许妄行役使及随侍陪嫁，八枝箭丁仍归土默特管束。光绪十七年，敖汉部金丹道匪之变，是部同时被扰。事平，赈恤之。左翼有佐领八十，右翼有佐领九十，于诸旗为特多焉。

卷五百十九　　列传三百六

藩部二

敖汉　奈曼　巴林　扎噜特　阿噜科尔沁　翁牛特　克什克腾　喀尔喀左翼　乌珠穆沁　浩齐特　苏尼特　阿巴噶　阿巴哈纳尔

敖汉部，在喜峰口外，至京师千有十里。东西距百六十里，南北距二百八十里。东奈曼，西喀喇沁，南土默特，北翁牛特。

内扎萨克二十四部，自科尔沁、扎赉特、杜尔伯特、郭尔罗斯、喀喇沁、土默特左翼、阿噜科尔沁、翁牛特、阿巴噶、阿巴哈纳尔、四子部落、茂明安、乌喇特外、皆元太祖十五世孙达延车臣汗之裔。达延车臣汗子十一：长图噜博罗特，其嗣为敖汉、奈曼、乌珠穆沁、浩齐特、苏尼特五部；第三子巴尔斯博罗特，其嗣为土默特右翼一旗及鄂尔多斯部；第五子阿尔楚博罗特，其嗣为巴林、扎噜特二部；第六子鄂齐尔博罗特，其嗣为克什克腾部；第十一子格呼森扎赉尔珲台吉，其嗣为喀尔喀左翼、喀尔喀右翼二部；余皆不著。图噜博罗特子二：长博第阿喇克，详《乌珠穆沁传》；次纳密克，生贝玛土谢图。子二：长岱青杜楞，号所部曰敖汉；次额森伟征诺颜，详《奈曼传》。

岱青杜楞子索诺木杜棱及塞臣卓哩克图，初皆服属于察哈尔。以林丹汗不道，天聪元年，偕奈曼部长衮楚克率属来归，诏索诺木杜棱居开原，塞臣卓哩克图还旧牧。二年，偕奈曼、巴林、扎噜特诸台吉剿察哈尔，谕勿妄杀降，严汛哨。后索诺木杜棱以私猎哈达、叶赫山罪，议夺开原地。塞臣卓哩克图卒，子旺第继为部长。八年冬，遣大臣赴硕翁科尔定诸藩牧，以扎哈苏台、囊嘉台为敖汉

界。崇德元年，诏编所部佐领，设扎萨克，以旺第领之，爵多罗郡王。

顺治元年，从入山海关，击流贼李自成。康熙十三年，请选兵随剿逆藩吴三桂，诏还牧听调。十四年，随大军剿察哈尔叛人布尔尼。十五年，征兵赴河南，寻调荆州。越三年，凯旋。二十八年秋，诏发喜峰口仓粟赈所属贫户。三十七年冬，遣官往教之耕，谕曰："朕巡幸所经，见敖汉及奈曼诸部田土甚嘉，百谷可种。如种谷多获，则兴安岭左右无地可耕之人，就近贸籴，不须入边市米矣。其向因种谷之地不可牧马，未曾垦耕者，今酌留草茂之处为牧地，自两不相妨。且敖汉、奈曼蒙古以捕鱼为业者众，教之以引水灌田，彼亦易从。凡有利益于蒙古者，与王、台吉等相商而行。"雍正五年，以所部灾，赐帑赈之。九年，随大军剿噶尔丹策凌。

所部一旗，驻固尔班图尔噶山，与奈曼、翁牛特、巴林、扎噜特、喀尔喀左翼、阿噜科尔沁诸部统盟于昭乌达。爵五：扎萨克多罗郡王一；附多罗郡王一；附固山贝子二，由贝勒降袭；镇国公一，由贝子降袭。

是旗垦事最在先。嘉庆以后，屡申严禁。光绪十七年，金丹道匪杨悦春等纠众为乱。十月，攻贝子德克沁府踞之，戕德克沁，四出纷扰，喀喇沁、土默特、翁牛特、奈曼诸部皆被兵。胁汉人为匪，遇蒙人则杀，占官署，毁教堂，踩躏甚惨。命直隶提督叶志超等剿之，至十二月始平。诏赈恤之，凡敖汉等五部八旗，为银十七万两有奇，全济民、蒙三十万口有奇。李鸿章会都统奎斌奏："蒙古、客民结怨已深，一在佃种之交租，一在商贾之积欠。应更定新章，佃种蒙地者，由地方官征收，蒙古王公派员领取；商民领取蒙古资本贸易，或彼此赊欠致有亏折，亦应送地方官持平论断，毋稍偏倚。"此敖汉诸部蒙古，客民结隙根本所在，故鸿章等欲更张救之。二十四年，扎萨克郡王达木林达尔达克以充昭乌达盟长累属下，违例科派，夺盟长及扎萨克。三十一年，扎萨克郡王勒恩扎勒诺尔赞复被护卫刺死。三十三年，都统廷杰以置嗣未定，请理藩院慎择亲贤，速为承袭。宣统元年，以族人棍布札布袭。二年，分置左、右二旗，以原有扎萨克者为左旗，别授郡王色凌端噜布为右旗扎萨克。左旗有佐领三十五。右旗有佐领二十。

奈曼部，在喜峰口处，至京师千有百一十里。东西距九十五里，南北距二百二十里。东喀尔喀左翼，西敖汉，南土默特，北翁牛特。

元太祖尝偕弟哈布图哈萨尔平奈曼部，三传至额森伟征诺颜，即以为所部号。子衮楚克嗣，称巴图鲁台吉，服属于察哈尔。以林丹汗不道，天聪元年，偕从子鄂齐尔等率属来归，诏还旧牧。鄂齐尔以卒巡徼，斩察哈尔兵百，获牲畜百余献，赐号和硕齐，赉甲一。八年，遣大臣赴硕翁科尔定诸藩牧，以巴克阿尔和硕、巴噶什鲁苏台为奈曼界。崇德元年，授扎萨克，爵多罗达尔汉郡王。先是，所部阿邦和硕齐从大军剿茂明安部逃贼有功，至是以宣谕朝鲜，衮楚克遣属岱都齐赍书从。遇明皮岛兵，狙击之，

斩贼二，被创还，悉蒙奖赉。五年，遣属扎丹随大军征索伦，凯旋，得优赐。七年，复遣属善丹、萨尔图随征明，由黄崖口入边，下蓟州，趋山东，攻克兖州。八年，善丹来献俘，赐宴。

顺治元年，从入山海关，击流贼李自成。康熙十四年，察哈尔布尔尼叛，扎萨克郡王扎木三应之，徙察罕郭勒，与布尔尼贼垒联声援，且遣党煽诸扎萨克。诏抚远大将军信郡王鄂扎率师讨，至达禄，布尔尼败遁。为科尔沁额驸沙津阵斩。扎木三蹙缚乞罪，特旨贷死。更优奖不附逆诸台吉，鄂齐尔由一等台吉袭扎萨克郡王爵，乌勒木济由二等台吉晋贝子，格呼尔由二等台吉晋辅国公，乌尔图纳素图由三等台吉晋一等台吉，鄂齐尔长子额尔德尼授三等台吉。二十年，诏发喜峰口仓粟赈所属贫户。雍正五年，所部歉收，赐帑赈之。九年，随大军剿噶尔丹策凌。初，奈曼与敖汉逢国家典礼及征伐事，先后偕来，位秩如一。独扎木三怀贰，遂不齿于敖汉。迨鄂齐尔重膺锡封，奉职惟谨，而荷恩亦如故焉。

所部一旗，驻彰武台，其爵为扎萨克多罗达尔汉郡王。道光二十七年，以寿安固伦公主指配奈曼扎萨克郡王阿完都注第扎布之子德木楚苏扎布，授固伦额驸。旋袭爵职。同治四年，卒，追赐亲王衔。光绪十七年，金丹道之变，是部亦被扰。事平，赈恤之。有佐领五十。

巴林部，在古北口外，至京师九百六十里。东西距二百五十一里，南北距二百三十三里。东阿噜科尔沁，西克什克腾，南翁牛特，北乌珠穆沁。

元太祖十六世孙阿尔楚博罗特生和尔朔齐哈萨尔。子苏巴海，称达尔汉诺颜，号所部曰巴林。子巴噶巴图尔嗣。有子三：长额布格岱洪巴图鲁，次和托果尔昂哈，次色特尔。初皆服属于喀尔喀。

天命四年，额布格岱洪巴图鲁偕喀尔喀部长遣使乞盟，允之。十一年春，以背盟私与明和，大军往讨，阵斩台吉囊努克。冬，讨扎噜特，诏分军入部境以张兵势，焚原驱哨而还。会察哈尔林丹汗掠其诸部，台吉皆奔依科尔沁。天聪二年，色特尔率子色布腾及额布格岱洪巴图鲁子色棱、和托果尔昂哈子满珠习礼等，自科尔沁来归，优赉抚辑之。三年，从征明，由养息穆河入大安口，克遵化。四年，攻昌黎，与扎噜特兵围城北。六年，从略大同、宣府边。八年五月，会兵扎木哈克征察哈尔，赐宰桑布兑山津雕鞍良马，遂由独石口征明朔州，克堡八。十月，遣大臣赴硕翁科尔定诸藩牧，以扈拉朔琥、呼布里都、克哩叶哈达、瑚济尔阿达克为巴林界。崇德元年，选兵从征明。三年，自墙子岭入明边，树云梯攻城，台吉阿玉什属索尔古先登，克之。四年，围锦州。六年，围松山。七年，献俘，赉将弁币。

顺治元年，从入山海关，击流贼李自成。五年，诏编所部佐领，以满珠习礼掌左翼，爵固山贝子；色布腾掌右翼，爵多罗郡王：各授扎萨克。康熙二十三年，上幸塞外，驻跸乌拉岱，两翼扎萨克率诸台吉来朝，赐冠服、弓矢、银币有差。二十八年，诏发古北口仓粟赈所属贫户。二十

九年,命额驸阿喇布坦率两翼兵四百,赴葫芦郭勒侦噶勒丹。是役也,色布腾子格呼尔图、纳木扎,孙纳木达克、桑哩达、乌尔衮,暨族台吉沙克塔尔等皆从。格呼尔图尤冲锋奋击,师旋,得优赍。三十四年,以噶勒丹掠喀尔喀至巴颜乌兰,诏檄敖汉、柰曼兵赴阿喇布坦军,并命纳木达克、乌尔衮等防乌珠穆沁汛。是年所部歉收,诏发坡赉屯米赈之。三十八年,命护军统领鄂克济哈、学士苏赫纳往会扎萨克等,将现贮巴林米千石散赈。若人众米寡,再运坡赉米赈给。雍正九年,随大军剿噶勒丹策凌。二等台吉璘瞻追贼察巴罕河,护驼马,又击之于塔尔勒图、固尔班什勒诸处。叙功,晋授一等台吉。

所部二旗:右翼驻托钵山,左翼驻阿察图拖罗海。爵四:亲王品级扎萨克多罗郡王一,扎萨克固山贝子一,附固山贝子二。光绪十七年,金丹道匪之变,贼渠李国珍扰至是部那林沟地,叶志超遣军击平之。三十三年,以是部垦地置林西县,隶赤峰直隶州。左翼有佐领十六,右翼有佐领二十六。

扎噜特部,在喜峰口外,至京师千五百一十里。东西距百二十五里,南北距四百六十里。东科尔沁,西界阿噜科尔沁,南喀尔喀左翼,北乌珠穆沁。

元太祖十八世孙乌巴什称伟征诺颜,号所部曰扎噜特。子二:长巴颜达尔伊勒登,次都喇勒诺颜。巴颜达尔伊勒登子五:长忠图,传子内齐,相继称汗;次赓根;次忠嫩;次果弼尔图,次昂安。都喇勒诺颜子二:长色本,次玛尼。初皆服属于喀尔喀。

太祖高皇帝甲寅年,内齐以其妹归我贝勒莽古尔泰;忠嫩及从弟额尔济格亦来缔姻。天命四年秋,大军征明铁岭,从。色本偕从兄巴克等随喀尔喀台吉宰赛以兵万余助明,为我军阵擒。冬,内齐、额尔济格、额腾、鄂尔斋图、多尔济桑、阿尔斋彌登图偕喀尔卓哩克图洪巴图鲁等遣使乞盟,许之,遣大臣往莅盟。其宰桑扣肯属有来奔者,上以盟不可渝,拒弗纳。旋释色本、巴克归。八年,巴克来朝,命释其质子鄂齐尔桑与俱归。而忠喇、昂安等屡以兵掠我使赍往科尔沁之服物及马牛。上遣军征之,斩昂安,俘其众。忠嫩子桑图以孥被擒,来朝乞哀,诏归令完聚。未几,所部诸台吉复背盟,袭我使固什于汉察喇及辽河畔,掠财物。十一年,命大贝勒代善率师往讨,斩鄂尔斋图,擒巴克等凡十四台吉。师还,仍诏释归。寻为察哈尔林丹汗所掠,往依科尔沁。

天聪二年,内齐、色本等先后率属来归。台吉喀巴海杀察哈尔台吉噶尔图,以俘七百献,赐号伟征。三年,奉敕定随征军令。以越界驻牧自议罪,内齐、色本、玛尼及果弼尔图、巴雅尔图、岱青,请各罚驼十、马百,诏宽之,各罚马一。是年冬,随征明,入龙井关,克遵化,围其都。明兵屯城东,蒙古诸部不俟整队,骤进失利,惟色本及玛尼败敌,得优赍。五年春,诏议台吉岱青罪。先是大贝勒代善阵擒岱青子善都,往奔科尔沁。越二年归,诏留赡养。嗣从大军征明,贝勒莽古尔泰与明兵战都城东,岱青、善都遁走。又诬讦贝勒阿济格纵属杀人。至是,论罪应斩,

上特宥之,夺所属人户分给莽古尔泰、阿济格。六年,内齐、色本、玛尼、喀巴海等从征察哈尔,谕奖其实心效力。寻随贝勒阿济格略明大同、宣府边。八年,由独石口进攻朔州。是年冬,遣大臣赴硕翁科尔定诸藩牧,以诺绰噶尔多布图乌鲁木为扎噜特界。崇德二年,由朝鲜进征瓦尔喀。三年,随征喀尔喀扎萨克图汗。五年春,从征索伦,赐台吉桑古尔及阿玉什、琥赖、阿尔苏瑚、岳博果等蟒服、貂裘、甲胄、弓矢。冬,以台吉肯哲赫追擒茂明安逃人功,赐号达尔汉。

顺治元年,从入山海关,击流贼李自成。五年,诏编所部佐领。时内齐、色本卒,以内齐子尚嘉布掌左翼,色本子桑噶尔掌右翼,各授扎萨克贝勒。康熙十四年,察哈尔布尔尼叛,且阴煽诸部。二等台吉根翼什希布以不附逆,封镇国公。后停袭。二十九年,随大军征噶尔丹,二等台吉科克晋、四等台吉衮楚克色尔济额尔德尼阵殁,俱赠一等台吉,赐号达尔汉。雍正元年,所部歉收,诏发帑赈之。十一年,选兵随剿噶尔丹策凌,隶敖汉台吉罗卜藏军。

所部二旗,左翼驻齐齐灵花拖罗海山北,右翼驻图尔山南。爵四:扎萨克多罗贝勒一,扎萨克多罗达尔汉贝勒一,附镇国公一,辅国公一。是部产硷,初禁开取。光绪二十一年,都统松寿以部议主开,奏定纳课章程,由各旗选派公正蒙员试办。三十三年,都统廷杰奏,以是部及阿噜科尔沁垦地置开鲁县,隶赤峰直隶州。是部左右翼旗各有佐领十六。

阿噜科尔沁部,在古北口外,至京师千三百四十里。东西距百三十里,南北距四百二十里。东扎噜特,西巴林,南喀尔喀左翼,北乌珠穆沁。

元太祖弟哈布图哈萨尔十三传至图美尼雅哈齐。子三:长奎蒙克塔斯哈喇,游牧嫩江,号嫩科尔沁;次巴衮诺颜;次布尔海,游牧呼伦贝尔。巴衮诺颜子三:长昆都伦岱青,号所部曰阿噜科尔沁,以别于嫩科尔沁。子达赉,称楚琥尔,嗣为部长;次哈贝,子巴图尔,裔不著;次诺颜泰,子四,号四子部落。布尔海裔号乌喇特,详各部传。

阿噜科尔沁与四子部落、乌喇特、茂明安、翁牛特、阿巴噶、阿巴哈纳尔及喀尔喀内外扎萨克统号阿噜蒙古,初皆服属于察哈尔。以林丹汗不道,天聪四年,达赉暨子穆彰率属来归,命诸贝勒郊迎五里,赐宴。八年,遣大臣赴硕翁科尔定诸藩牧,以两白旗外塔拉布拉克迤岛为其部界。崇德元年,宣谕朝鲜,其部德赫哷达尔赛书从。遇明皮岛兵,狙击败之。还,得优赍。先是阿噜科尔沁设两旗,达赉、穆彰各领一。至是始并两旗为一,以穆彰领之。嗣从征朝鲜、瓦尔喀、索伦、喀尔喀,及明济南、锦州、松山、蓟州。

顺治元年,从入山海关,击流贼李自成。叙功授扎萨克,爵固山贝子。康熙二十七年,噶尔丹侵喀尔喀,谕所部兵防苏尼特汛。二十八年,部众乏食,赐粟赈之。二十九年,二等台吉栋纽特从征噶尔丹,见贼势炽,慷慨谓众曰:"我等受恩深,若稍退,何面目见圣颜乎?"率兵三百

趋前战，皆殁。三十年，赠一等台吉，世袭达尔汉号。是冬，理藩院议给所部贫户米谷。谕曰："赏给米谷，应调蒙古驼马运送。时值隆冬，输挽殊艰，恐领米之人不能运到，必致沿边私粜，不如量米给银，到彼甚易，贫人得沾实惠。"三十五年，上亲征噶尔丹，侦贼沿克噜伦河至额哲特图哈布齐尔地，谕严防汛界。

四十三年，遣大臣往讯盗案，宣谕扎萨克戢所部，务令无盗。四十八年，固山额驸巴特玛妻县君以属人不遵令，请献户口，谕暂遣官理，后不为例。雍正五年，赐所部贫户银。九年，从大军剿噶尔丹策凌。十三年，遣官赍银赈饥。

所部一旗，驻牧珲图山东，隶昭乌达盟。其爵为扎萨克多罗贝勒，由固山贝子晋袭。是部亦产硇。光绪三十一年，定蒙员自办纳课章程。是部一旗，有佐领五十。

翁牛特部，在古北口外，至京师七百六十里。东西距三百里，南北距百六十里。东阿噜科尔沁，西承德府，南喀喇沁及敖汉，北巴林及克什克腾。

元太祖弟谔楚因，称乌真诺颜。其裔蒙克察罕诺颜。有子二：长巴颜岱洪果尔诺颜，号所部曰翁牛特，次巴泰车臣诺颜，别号喀喇齐哩克部，皆称阿噜蒙古。巴颜岱洪果尔诺颜再传至图兰，号杜棱汗。子七：长逊杜棱，次阿巴噶图珲台吉，次栋岱青，次班第伟征，次达拉海诺木齐，次萨扬墨尔根，次本巴楚琥尔巴泰车臣诺颜。三传至努绥，子二：长噶尔玛，次诺密泰岱青。皆初服属于察哈尔。以林丹汗不道，天聪六年，逊杜棱、栋岱青暨喀喇齐哩克台吉噶尔玛率属来归。是年，上亲征察哈尔，各选从入。林丹汗遁；复从贝勒阿济格赴大同、宣府，收察哈尔部众之窜入明边者。师旋，优赉遣归。自是其部称翁牛特，以喀喇齐哩克附之，不复冠阿噜旧称。

七年春，栋岱青、噶尔玛来朝，班第伟征等相继献驼马。冬，逊杜棱复率众来朝。八年，遣大臣赴硕翁科尔定诸藩牧，以崑拉瑚、琥呼布哩都为翁牛特部界。是冬，班第伟征、达拉海诺木齐以越界游牧罪，议罚驼百、马千。诏从宽，罚十之一。复以罚奈曼部驼马命分给逊杜棱、栋岱青。崇德元年，诏编新部佐领，以逊杜棱掌右翼，爵多罗杜棱郡王；栋岱青掌左翼，子多罗达尔汉岱青，各授扎萨克。三年，喀尔喀扎萨克图汗拥众逼归化城，上亲征之，栋岱青、班第伟征、达拉海诺木齐等以兵会侦，扎萨克图汗遁，乃还。四年，栋岱青率宰桑乌巴什、和尼齐等从大军征明。六年，围锦州、松山，设伏高桥大路及桑阿尔斋堡，遇杏山逃卒，追击之，斩获甚众。七年，叙功，赐栋岱青、噶尔玛、和尼齐等布币有差。复追议松山掘壕时，宰桑乌巴什以诵经故不亲督兵，及暮又失守望罪，论死，诏宥之。达拉海诺木齐及绰克图巴木布等复从贝勒阿巴泰征明。八年，来献俘，赐宴。

顺治元年，从入山海关，击流贼李自成，复追叙部将噶勒嘛从征明功，赐号达尔汉。康熙十五年，以剿逆藩吴三桂，诏选兵赴河南驻防。十六年，调荆州。十八年，撤还。二十二年，以其部多盗，谕抚众及弭盗法。二十六年，上阅兵卢沟桥，命其部来朝人从观。二十七年，选兵赴苏尼特汛防御噶尔丹。三十四年，所部乏食，遣官往赈。三十五年，上亲征噶尔丹，诏征兵五百，运中路军糈给器糈。三十六年，朔漠平，赍运粮兵银。五十六年，理藩院奏翁牛特及克什克腾诸扎萨克请令公勘地址有越界伐木者论罪，从之。雍正五年，赐银赈所属贫户。九年，随大军剿噶尔丹策凌。乾隆二十年，从征达瓦齐。

所部二旗，右翼驻英什尔哈齐特呼朗，左翼驻扎喇峰西。爵四，扎萨克多罗杜棱郡王一，附固山贝子一，镇国公一，扎萨克多罗达尔汉岱青贝勒一。光绪十七年，金丹道匪之变，贼渠李国珍窜扰是部，焚王府，踞乌丹城，即元全宁路治，实热河北路门户。叶志超遣副将潘万才等率军先克之，余遂迎刃而解。是部二旗，蹂躏均重。事平，赈恤之。左翼有佐领二十，右翼有佐领三十八。

克什克腾部，在古北口外，至京师八百有十里。东西距三百三十四里，南北距三百五十七里。东翁牛特及巴林，西浩齐特及察哈尔正蓝旗牧厂，南翁牛特，北乌珠穆沁。

元太祖十六世孙鄂齐尔博罗特，再传至沙喇勒达，称墨尔根诺颜，号所部曰克什克腾。子达尔玛，有子三：长索诺木，次巴本，次图垒。服属于察哈尔。天聪八年，索诺木率属来归。崇德六年，台吉沙哩、博罗和、云敦等奉命赴董家、喜峰诸口侦明兵，俘斩甚众。顺治九年，诏编所部佐领，以索诺木领之，授扎萨克。康熙二十六年，上阅兵卢沟桥，命其部来朝人从观。二十七年，噶尔丹侵喀尔喀，诏选兵防苏尼特汛。二十九年，四等台吉穆伦噶尔弼以侦击噶尔丹功，晋一等台吉。三十五年，上亲征噶尔丹。凯旋，以其部设站兵无误驿务，赍银币。雍正五年，赐银赈其属贫户。

所部一旗，驻牧吉拉巴斯峰，隶昭乌达盟。其爵为扎萨克一等台吉。是部垦事最早。嘉庆中，设白岔巡检治之。同治中，回匪东窜热河，设戍其地。

又经棚当直隶多伦诺尔厅东北，商民萃处，号称蕃盛。光绪十七年，金丹道匪之变，是部曾以兵协剿乌丹城等处之匪，得捷。有佐领十。

喀尔喀左翼部，在喜峰口外，至京师千二百有十里。东西距百二十五里，南北距二百三十里。东科尔沁，西奈曼，南土默特，北扎噜特及翁牛特。

元太祖十六世孙格哷森札扎赉尔珲台吉居杭爱山，始号喀尔喀。有子七，部族繁衍，分东、西、中三路，以三汗掌之。其长阿什海达尔汉诺颜。生子二：长巴颜达喇，为西路扎萨克图汗祖；次图扪达喇岱青，子硕垒乌巴什珲台吉。生子三：长俄木布额尔德尼，次杭图岱，次衮布伊勒登，皆为喀尔喀西路台吉，隶扎萨克图汗。

康熙三年，衮布伊勒登以其汗旺舒克为同族罗卜藏台吉额璘沁所戕，部众溃，穷无依，乃越瀚海来归。先是喀尔喀中路土谢图汗下台吉本塔尔携众内附，封扎萨克亲王爵，驻牧张家口外。至是诏衮布伊勒登扎萨克多罗贝勒赐牧喜峰口外察罕和硕图，以所居地分东西，故本塔尔称喀尔喀右翼，衮布伊勒登称喀尔喀左翼。盖自国初以来，喀尔喀相继归诚，名凡三：曰旧喀尔喀，归诚最早，后编入蒙古八旗；曰内喀尔喀，即今隶内扎萨克之喀尔喀左右翼二部；曰外喀尔喀，其归诚较后，即今隶外扎萨克之喀尔喀土谢图汗、车臣汗、扎萨克图汗、赛因诺颜四部。二十九年，以额鲁特台吉噶尔丹侵喀尔喀土谢图汗、车臣汗、扎萨克图汗，所居皆被掠，先后乞降。诏衮布伊勒登备兵要汛，侦御噶尔丹。三十五年，上由克噜伦河亲征，谕其部选兵赴乌勒辉听调。噶尔丹败遁，撤兵还。雍正元年，所属歉收，赐帑赈之。九年，大军剿噶尔丹策凌，选兵赴归化城驻防。寻以护外扎萨克游牧，移驻克噜伦河。乾隆初撤之。

所部一旗，驻察罕和硕图。其爵为扎萨克多罗贝勒。有佐领一。是部与敖汉、奈曼、巴林、翁牛特、扎噜特、喀尔喀左翼、阿噜科尔沁七部十一旗，统盟于卓索图。道光末筹海防，咸丰中剿粤匪，皆征其兵。至同治初，科尔沁亲王僧格林沁阵亡，乃撤归。清代蒙古留京王公，以是盟与哲里木、卓索图为多，大都额驸子孙。锡林郭勒、乌兰察布、伊克昭三盟则鲜见焉。

乌珠穆沁部，在古北口外，至京师千一百六十三里。东西距三百六十里，南北距四百二十五里。东索伦，西浩齐特，南巴林，北瀚海。

元太祖十六世孙图噜博罗特由杭爱山徙牧瀚海南，子博第阿喇克继之。有子三，分牧而处。长库登汗，详《浩齐特部传》。次库克齐图墨尔根台吉，详《苏尼特部传》。次翁衮都喇尔，号其部曰乌珠穆沁。子五：长绰克图，号巴图尔诺颜；次巴雅，号赛音冰图诺颜；次纳延泰，号伊勒登诺颜；次彰锦，号达尔汉诺颜。皆早卒。次多尔济，号车臣济农，与察哈尔同族，为所属。以林丹汗不道，多尔济偕绰克图子色棱徙牧瀚海北，依喀尔喀。

天聪九年，大军收服察哈尔，多尔济偕喀尔喀部车臣汗硕垒、浩齐特部策棱伊勒登土谢图、苏尼特部叟塞巴图鲁济农、阿巴噶部都思噶尔扎萨克图巴图尔济农等表贡方物。崇德元年，命旧自察哈尔来归之伟宰桑等赍敕往谕，遂偕其使纳木浑津等至。自是贡物不绝。二年八月，台吉伊什喀布、乌喇垓增格、阿津、铿特克等来贡，赉冠服、甲胄、弓矢、布币。十一月，多尔济、色棱各率属由克噜伦来归。三年，喀尔喀扎萨克图汗拥众逼归化城，上统师亲征，多尔济、色棱以兵会侦，扎萨克图汗遁，乃还。赐贡马台吉巴甘冠服、鞓带。五年，赐来朝台吉固穆、塔布囊阿哈图等蟒服、彩币。六年，诏授多尔济扎萨克和硕车臣亲王。顺治三年，诏授色棱扎萨克多罗额尔德尼贝勒。以多尔济掌左翼，色棱掌右翼。是年大军剿苏尼特部腾机思，至喀尔喀，以多尔济属达喇海向导功，赐号达尔汉。

康熙二十年，以所部牧邻喀尔喀，因互窃驼马，王大臣等遵旨议边汛形胜处各屯兵百许，按旗设哨，嗣后扎萨克能抚众戢盗者予叙，否则论罪。二十七年，噶尔丹侵喀尔喀，遣大臣赴乌珠穆沁宣谕扎萨克等防汛。三十年，阿巴噶台吉奔塔尔首乌珠穆沁台吉车根等叛附噶尔丹，语涉扎萨克王素达尼妻。命大臣往勘，得车根等私给噶尔丹驼马，又令校阿尔塔等往通信状，罪应死。素达尼妻预知，应削封号、夺所属人户。素达尼已故，应除爵。议上，诏治车根等罪，免夺人户。素达尼未预谋，免除爵，袭如初。三十一年，素达尼弟协理台吉乌达喇希妻以乌达喇希证车根等从逆状，乞予叙。理藩院议乌达喇希故，应赠辅国公，令子衮布伊侦袭。从之。后停袭。三十四年，噶尔丹复侵喀尔喀，诏所部选兵驻汛。三十五年，侦噶尔丹至额哲特国，哈卜济家赴乌尔辉听调。是年，上亲征噶尔丹还，赐坐塘诸弁员银。五十五年，选兵随大军防御策妄阿喇布坦。雍正九年，议剿噶尔丹策凌，诏征乌珠穆沁西各扎萨克兵三千驻乌喇特汛防四十九旗游牧，复谕乌珠穆沁别以兵驻克噜伦河。十年，移驻达哩刚爱。十三年，撤还。乾隆十二年，诏嘉两翼扎萨克，值所属灾，赡贫户二万余，王贝勒以下各赐俸半年，无俸台吉俱赐币有差。

所部二旗：右翼驻巴克苏尔哈台山，左翼驻魁苏陀罗海，与浩齐特、苏尼特、阿巴噶、阿巴哈纳尔诸部统盟于锡林郭勒。爵四：扎萨克和硕车臣亲王一，附镇国公一，辅国公一，扎萨克多罗额尔德尼贝勒一。左旗扎萨克贝勒色楞传至达克丹都宝雅扎布。咸丰十年，以报效军需驼马，予郡王衔。是部左翼有固尔班泊，产盐，由巴林桥乌丹城运售内地，西出围场，分销承德、丰、滦各属；东出建平，分销建昌、朝阳各属；远者更可销至奉天突泉诸县，西南可由多伦至山西丰镇、宁远诸厅。光绪三十二年，都统廷杰奏定《试办蒙盐章程》。宣统二年，度支部尚书载泽奏定《山西蒙盐办法》，谓东路以乌珠穆沁蒙盐为主，以苏尼特部盐附之。左翼有佐领二十一，右翼有佐领九。

浩齐特部，在独石口外，至京师千八百一十五里。东西距百七十里，南北距三百七十五里。东及北乌珠穆沁，西阿巴噶，南克什克腾。

元太祖十六世孙图噜博罗特，再传至库登汗，号其部曰浩齐特。库登汗孙德格类，号额尔德尼珲台吉。子五：长奇塔特扎干杜棱土谢图，次巴斯瑚土谢图，次策凌伊勒登土谢图，次奇塔特昆杜棱额尔德尼车臣楚琥尔，次茂海墨尔根。与察哈尔同族，为所属。以林丹汗不道，徙牧瀚海北，依喀尔喀。

天聪八年，所部台吉额琳臣及塔布囊巴特玛班第图噜齐、宰桑僧格布延彻臣乌巴什等，携户口驼马自喀尔喀内附，遣使迎宴，赍甲胄、雕鞍、蟒服、银币。额琳臣属有先附者五十三户，仍命辖之。九年，大军收服察哈尔，策凌伊勒登土谢图偕台吉乌珠穆沁诸部长表贡方物。崇德元年，巴斯瑚土谢图偕苏尼特部来贡。二年，奇塔特昆杜棱额尔德尼车臣楚琥尔子博罗特率属来归。顺治三年，诏授扎萨克多罗额尔德尼贝勒，后晋封郡王。八年，奇塔特扎干杜棱土谢图子噶尔玛色旺携众至。十年，诏授扎萨克多罗郡王，以博罗特掌左翼，噶尔玛色旺掌右翼。

康熙二十七年，诏发拜察储粟赈其部贫户，复命给银。三十四年，噶尔丹侵喀尔喀，诏两翼扎萨克选兵驻界侦御之。三十五年，上亲征噶尔丹，牧马郭和苏台，谕偕苏尼特、阿巴哈纳尔部长董牧务。凯旋，两翼扎萨克率台吉等欢迎道左，谕奖饲秣得宜，并优赉监牧及修道凿井诸弁兵。五十四年，所部歉收，以唐三营储粟赈之，并遣官往教之渔。雍正九年，大军剿噶尔丹策凌，诏选兵分驻克鲁伦河。十年，移驻达哩刚爱。十三年，撤还。

所部二旗：左翼驻特古哩克呼都克瑚钦，右翼驻乌默赫塞哩，隶锡林郭勒盟。爵二：扎萨克多罗额尔德尼郡王一，扎萨克多罗郡王一。是部左右翼有佐领各五。

苏尼特部，在张家口外，至京师九百六十里。东西距四百六里，南北距五百八十里。东阿巴噶，西四子部落，南察哈尔正蓝旗牧厂，北瀚海。

元太祖十六世孙图噜博罗特，再传至库克齐图墨尔根台吉，号其部曰苏尼特。库克齐图墨尔根台吉子四：长布延珲台吉，子绰尔衮，居苏尼特西路；次布尔海楚琥尔，子塔巴海达尔汉和硕齐，居苏尼特东路。初皆服属于察哈尔。以林丹汗不道，徙牧瀚海北，依喀尔喀。

天聪九年，绰尔衮子叟塞偕喀尔喀车臣汗硕垒遣使贡方物。崇德二年，塔巴海达尔汉和硕齐子腾机思、腾机特、莽古岱、哈尔呼喇偕台吉、伟征等，各遣使来朝，赐朝鲜贡物。三年，台吉务善伊勒登、多尔济鲁喇巴图鲁、色棱、达尔玛等从征喀尔喀扎萨克图汗，侦遁，仍还。四年春，台吉超察海、噶尔楚、瑭古特、卓特巴、什达喇、莽古思、鄂尔斋、巴图赖、额思赫尔、僧格等来朝，赉冠服、甲胄、弓矢。冬，腾机思、叟塞各率属自喀尔喀来归，入觐，献驼马。五年正月，赐叟塞、腾机思、腾机特、莽古岱、哈尔呼喇及台吉布达什希布、阿玉什、噶尔玛色棱、额尔克、辰宝、茂海、伊勒毕斯等甲胄、银币。十月，台吉乌班岱、栋果尔、鄂尔齐、博希、沙津等来贡马，赉冠服、鞍辔。六年，授腾机思扎萨克多罗郡王。七年，授叟塞扎萨克多罗杜棱郡王。以腾机思掌左翼，叟塞掌右翼。

顺治三年，腾机思以车臣汗硕垒诱叛，率弟腾机特及台吉乌班岱、多尔济斯喀等逃喀尔喀。上遣师偕外藩军由克鲁伦追剿至谔特克山及图拉河，腾机思、腾机特遁，获其孥。乌班岱、多尔济斯喀为四子部落军阵斩。师旋，以乌班岱从子托济弗从叛，且随剿，赐所俘。五年，腾机思及腾机特悔罪乞降，诏宥死，仍袭爵如初。康熙十年，所部歉收，诏发宣化府及归化城赈粟储之，复酌给马牛羊。二十年，遣官察给两翼灾户银米。

二十七年，噶尔丹侵喀尔喀，诏选兵二千防汛。二十九年，噶尔丹袭喀尔喀昆都伦博硕克图衮布，诏新部王以下愿效力者，赴军听用。寻噶尔丹入乌珠穆沁界，谕还驻本旗要汛。三十五年，上亲征噶尔丹，诏选兵赴乌勒辉听调，以牧马郭和苏台，偕浩齐特、阿巴噶、阿巴哈纳尔诸部长董牧务。凯旋，谕奖饲牧得宜，并优赉监牧及修道凿井诸弁兵。以右翼扎萨克属旺舒克、左翼扎萨克属博罗扎布向导功，赐号达尔汉。复诏郡王萨穆扎之第三子多尔济思喀布贝勒、博木布之长子素岱会师图拉河，缉噶尔丹。寻分右翼兵赴珠勒辉克尔阿济尔罕，左翼兵赴伊察扎罕，

以不见贼踪，撤还。五十四年，灾，诏发张家口储粟并帑十万，自台吉下六万四千九百余丁遍赡之。

雍正元年，右翼二等台吉进达克以追捕叛贼遇害，晋赠一等台吉，命视公爵致祭。子三：长噶尔玛逊多布，封辅国公；次噶尔玛策布腾；次恭格垂穆丕勒。以随捕贼功，各晋台吉秩有差。噶尔玛逊多布爵后停袭。二年，所部灾，赐银赈之。九年，调兵屯克鲁伦河，防御噶尔丹策凌。十年，有奏商都达布逊诺尔牧厂应移苏尼特汛者，上饬止之，令各居其牧。十二年，所部兵驻防达哩刚爱。十三年，撤还。乾隆十二年，以灾告饥，遣官往赈。

所部二旗：左翼驻和林图察伯台冈，右翼驻萨敏西勒山，隶锡林郭勒盟。爵四：扎萨克多罗郡王一；附多罗贝勒一；扎萨克多罗杜棱郡王一；附辅国公一，由贝勒降袭。洎五十六年，以是部连年被旱，又特赈之。道光十三年，右翼郡王与喀尔喀亲王争界，诏察哈尔都统凯音布往勘。寻以喀尔喀灾，缓之。其地当漠南北之冲，历代由漠南用兵漠北者，多出其途。光绪末，于苏尼特右翼王府东北七十里置电报局，曰滂江，以通乌得叨林之电。是部亦产盐，西南行销山西丰宁诸厅。左翼有佐领二十，右翼有佐领十三。

阿巴噶部，在张家口外，至京师千里。东西距二百里，南北距二百有十里。东阿巴哈纳尔，西苏尼特，南察哈尔正蓝旗牧厂，北瀚海。

元太祖弟布格博瑚德图，十七传至巴雅思瑚布尔古特。子二，长塔尔尼库同，号所部曰阿巴噶。塔尔尼库同子二：长索僧克伟征，子额尔德尼图扪，号扎萨克图诺颜；次扬古岱卓哩克图，子多尔济，号额齐格诺颜。初称阿噜蒙古，服属于察哈尔。以林丹汗不道，徙牧瀚海北克鲁伦河界，依喀尔喀车臣汗硕垒。

天聪二年，偕喀喇沁、土默特、鄂尔多斯诸部长击察哈尔众四万于土默特之赵城，复约喀尔喀偕喀喇沁乞师问察哈尔罪。六年，台吉奇塔特楚琥尔携众五百内附。九年，大军收服察哈尔，额尔德尼图扪孙都思噶尔等附车臣汗硕垒表贡方物。崇德四年，额齐格诺颜多尔济自喀尔喀来归。时有同名多尔济者，号达尔汉诺颜，率众皆至。六年，诏授额齐格诺颜多尔济为扎萨克多罗卓哩克图郡王。顺治八年，都思噶尔自喀尔喀来归，诏授扎萨克多罗郡王。以多尔济掌左翼，都思噶尔掌右翼，遣官定牧地。康熙六年，阿巴哈纳尔部乞降，以阿巴噶牧地赐之。遣官视浩齐特、苏尼特界外水草丰美地，指给阿巴噶移牧。二十九年，噶尔丹侵喀尔喀，诏所部王以下愿效力者，赴军听用。复谕偕阿巴哈纳尔供军糈，兼防新降喀尔喀掠诸内扎萨克牧产。三十一年，以台吉班第额尔德尼岱青、根敦、巴雅尔、纳木塔尔、扎木素、齐达什等导乌梁海众内附，均授二等台吉。三十五年，上亲征噶尔丹，牧马郭和苏台，谕偕浩齐特、苏尼特、阿巴哈纳尔诸部长董牧务。凯旋，谕奖饲牧得宜，并优赉监牧及修道凿井诸弁兵。复以所部达济桑阿向导功，赐号达尔汉。三十六年，王、贝子、台吉等朝正，请备马从军，慰令各归所部。时有二等台吉图

把扎布色臣楚琥尔者，年八十八，谕嘉其奋志报效，优赉之。五十四年，以灾歉收，诏发唐三营储粟赈之，复赐无产台吉牧牲。雍正二年，遣官赉银赈所部贫户。九年，大军剿噶尔丹策凌，征兵驻达哩刚爱。十三年，撤还。乾隆十一年，旱灾，赈之。五十四年，扎萨克卓里克图郡王喇特纳什第以事夺扎萨克，予其弟巴勒丹增格一等台吉扎萨克。

所部二旗，左翼驻科布尔塞哩，右翼驻巴颜额伦。爵五：扎萨克多罗郡王一；扎萨克一等台吉一；附多罗卓里克图郡王一；固山达尔汉贝子一；辅国达尔汉公一，由贝子降袭。右翼扎萨克巴勒丹僧格三传至杜噶尔布木。咸丰七年，以报效军需，予镇国公衔。是部左右翼有佐领各十一。

阿巴哈纳尔部，在张家口外，至京师千五十里。东西距百八十里，南北距四百三十六里。东浩齐特，西阿巴噶，南察哈尔正蓝旗牧厂，北瀚海。

元太祖弟布格博勒格图，十八传至诺密特默克图，号所部曰阿巴哈纳尔。再传至多尔济伊勒登。子二：长色棱墨尔根，次栋伊思喇布。初称阿噜蒙古，依喀尔喀车臣汗硕垒。驻牧克噜伦河界，其地在瀚海北。

崇德七年，有和硕泰者，台吉达喇务巴三察属也，携孥内附。嗣托克托伊尔噜噶、达赖等至，皆优养之。康熙元年，台吉阿喇纳、噶尔玛，宰桑固英等越瀚海南牧绰诺陀罗海近内汛。三年，色棱墨尔根复如之。守臣以闻，上知为喀尔喀所胁，宥罪遣归。因谕喀尔喀以噶尔拜、瀚海为牧界，继此有越者留勿遣。四年，喀尔喀复违谕，令阿巴哈纳尔诸台吉牧瀚海南。栋伊思喇布弗之从。寻偕台吉阿喇纳、噶尔玛等率众来归，诏授扎萨克固山贝子。阿喇纳、噶尔玛以各携丁七百余，均授一等台吉。五年，色棱墨尔根亦来归。六年，诏授扎萨克多罗贝勒，遣官指示阿巴噶部移牧他所，以旧牧地给阿巴哈纳尔。色棱墨尔根掌左翼，栋伊思喇布掌右翼。二十七年，噶尔丹侵喀尔喀，哲卜尊丹巴呼图克图奔赴内汛，所部班第岱青、车凌岱青奉诏督兵二百往护，复选兵千三百由瀚海侦噶尔丹。先是色棱墨尔根、栋伊思喇布来归，阿巴哈纳尔诸台吉有留居喀尔喀者，至是随哲卜尊丹巴呼图克图、额尔德尼台吉纳木扎勒等至，曰根敦额尔克，曰阿海乌巴什，曰伊克岱青，曰额尔克乌巴什，挈属户千余，诏纳之。二十九年，噶尔丹复侵喀尔喀，至乌勒札河，所部选兵四千，从大军迎击。复以所部索诺木伊噜尔图向导功，赐号达尔汉。五十四年，以灾歉收，诏发唐三营储粟赈之，复赐无产台吉牲牧。雍正二年，遣官赉银赈所部贫户。九年，大军剿噶尔丹策凌，檄兵驻达哩刚爱。十三年，撤还。

所部二旗：右翼驻昌图山，左翼驻乌勒扈陀罗海。爵二：扎萨克多罗贝勒一，扎萨克固山贝子一。扎萨克贝子栋伊思喇布十传至东林多尔济。宣统元年，以报效军需，赐郡王衔，世袭贝勒。左翼有佐领九，右翼有佐领七。

是部与乌珠穆沁、浩齐特、苏尼特、阿巴噶四部合为十旗，统盟于锡林郭勒。于内扎萨克东四盟中距京稍远，风气独守旧，迄清季无招垦之事。察哈尔都统行文令办新政，其盟覆文颇不逊。咸丰中，尝征其兵备防，旋以不得力，撤之。同治中，以回匪东窜，征其驼只济军。

卷五百二十　　列传三百七

藩部三

四子部落　茂明安　喀尔喀右翼　乌喇特　鄂尔多斯　阿拉善　额济讷

四子部落，在张家口外，至京师九百六十里。东西距二百三十五里，南北距二百四十里。东及北苏尼特，西归化城土默特，南察哈尔镶红旗牧厂。

元太祖弟哈布图哈萨尔十五世孙诺延泰与其兄昆都伦岱青游牧呼伦贝尔，均称阿噜蒙古。昆都伦岱青裔详《阿噜科尔沁部传》。诺延泰子四：长僧格，号墨尔根和硕齐；次索诺木，号达尔汉台吉；次鄂木布，号布库台吉；次伊尔扎木，号墨尔根台吉。四子分牧而处，后遂为其部称。

天聪四年，阿噜诸部长内附，伊尔扎木来献驼马貂皮，赐宴，命坐大贝勒代善右以优异之。五年，僧格从征明大凌河，败锦州援兵，献俘百余。赐酒劳饮，给阵获甲仗。六年，僧格从征察哈尔。七年，索诺木、鄂木布、伊尔扎木相继献驼马，赉甲胄、雕鞍、鞓带及币。八年，鄂木布、伊尔扎木复献驼马，命诸贝勒以次宴之。寻遣大臣赴硕翁科尔定诸藩牧，以都木达都腾格里克、鄂多尔台为其部牧界。九年夏，伊尔扎木随大军收察哈尔汗子额哲，尽降其众。冬，献驼马、貂皮。崇德元年，宣谕朝鲜，其部伊尔逊德赉书从，遇明皮岛兵，击斩二人，还，得优赉。是年，授鄂木布扎萨克，俾统四子部落。三年，伊尔扎木从征明山东。四年，从征松山。师旋，以前遣兵不及额，又弗朝正，议夺所属人户。诏从宽罚牲畜。五年，来朝，赉甲胄、弓矢、彩币。六年，上亲征明，围松山，其部将都尔拜随大军设伏高桥及桑阿尔斋堡，追杏山逃卒，获之。

顺治元年，从入山海关，击流贼李自成。六年四月，追叙所属昂安导鄂木布等来归功，予世职。康熙十年，所部歉收，诏以宣府及归化城储粟赈之。十三年，调兵协剿陕西叛贼王辅臣，谕嘉其闻命即赴。十四年，由宁夏进剿，寻分防太原、大同。十五年，调赴河南，听江西大军檄剿逆藩吴三桂。十七年，以厄鲁特额尔德尼和硕齐等掠乌喇特牧，谕严防汛。二十一年，诏发大同。宣府储粟赈所属贫户，复以察哈尔牧产赡之。二十九年，选兵赴图拉河侦噶尔丹。会噶尔丹由喀尔喀河追袭昆都伦博硕克图衮布，诏移兵驻归化城，寻撤还。二十四年，谕备兵听西路军调。三十五年，随大将军费扬古败噶尔丹于昭莫多，复简兵百与茂明安兵百防喀尔喀亲王善巴汛。三十六年,朔漠平,赐从征及坐塘监牧诸弁兵银。

雍正九年,从剿噶尔丹策凌。乾隆十一年,赈是部灾。十八年,议剿达瓦齐,诏购驼马送军。

所部一旗,驻乌兰额尔济坡。其爵为扎萨克多罗达尔汉卓哩克图郡王。同治中,以回匪东窜,命副都统杜嘎尔军择驻其地,以当漠南北之冲。征驼马备防戍襄台差,皆较他部为亟。光绪十一年,察哈尔都统绍祺以勘土默特、达拉特界事经其部,奏:"四子王旗帮台驼马,自同治年间藉词西北军兴,差役繁重,潜自回旗,至今十余年之久,屡催罔应。所属部落,闻驻垦者十已七八。请下理落院严催。"诏从之。二十六年,拳、教相仇,是部酿祸颇巨。事定,议给教堂赔款银十一万两。二十九年,置山西武川厅同知,以是部及茂明安、喀尔喀右翼寄居人民村落隶之。自回匪平,山西大同镇练军驻其地,设防卡。其后绥远城将军督办垦务,贻穀专奏请饬认垦。三十一年,是部呈因偿作抵之忽济尔图地一段,请由官局放垦。三十二年,呈所部之察罕依噜格勒图地段认垦。有佐领二十。是部与茂明安、喀尔喀右翼、乌喇特同盟于乌兰察布。绥远城将军节制乌兰察布、伊克昭二盟,故重大事件皆由将军专奏焉。

茂明安部,在张家口外,至京师千二百四十里。东西距百里,南北距百九十里。东喀尔喀右翼,西乌喇特,南归化城土默特,北瀚海。

元太祖弟哈布图哈萨尔十三世孙鄂尔图鼐布延图子锡喇奇塔特,号土谢图汗。有子三:长多尔济,次固穆巴图鲁,次桑阿尔济洪果尔,游牧呼伦贝尔,均称阿噜蒙古。多尔济号布颜图汗。子车根,嗣为茂明安部长。天聪七年,偕固伦巴图鲁暨台吉达尔玛岱衮、乌巴什等携户千余来归,献驼马。八年,台吉扬固海杜凌、乌巴海、达尔汉巴图鲁、瑚棱、都喇勒、巴特玛、额尔忻岱青、阿布泰继至,均赐宴,贲甲胄、雕鞍、银币。九年,乌巴海、达尔汉巴图鲁、都喇勒暨叛逃喀尔喀,遣兵由鄂诺河往剿,至阿古库克特勒,斩叛属千余;追至喀木尼哈,尽俘以还。崇德三年,巴特玛、瑚棱等从征喀尔喀扎萨克图汗,侦遁,乃还。嗣征明山东,及苏尼特、喀尔喀,皆以兵从。

康熙三年,授车根长子僧格扎萨克,俾统其众。十三年,调兵剿陕西叛镇王辅臣。十四年,驻防大同。十五年,调赴河南,听江西大军檄剿逆藩吴三桂。十九年,以厄鲁特罗卜藏丹台吉等掠其部牧产,遣官谕厄鲁特察归所掠。二十七年,噶尔丹侵喀尔喀,谕严防汛。二十九年,噶尔丹袭喀尔喀昆都伦博硕克图衮布,逾乌勒扎河,诏选兵驻归化城。三十五年,从西路大军击噶尔丹。三十六年,朔漠平,赐从征弁兵银。五十四年,所部歉收,以呼坦和朔储粟赈之。雍正九年,从剿噶尔丹策凌,分兵赴固尔班赛堪驻防。十年,移驻伯格尔。十三年,撤还。

所部一旗,驻牧彻特塞哩,隶乌兰察布盟。爵二:扎萨克一等台吉一,附多罗贝勒一。道光十二年,与土默特争界,命松筠往勘。八月,覆奏茂明安及达尔汉贝勒等所争土默特游牧,有乾隆年间原案、原图,并所设封堆鄂博,向该台吉等逐加指示,心俱输服。令按旧定界址各守游牧,毋相侵越。同治中,回匪东窜,是部被扰。九年十二月,绥远城将军定安奏获茂明安等旗肆扰马贼巴噶安尔等,诛之。十年,茂明安扎萨克绰克巴达尔琥等,以违误台站议处。是年,肃州回匪东窜乌拉特境,定安遣侍卫成山统吉林马队驻是部。光绪末,绥远城将军贻穀督垦,劝谕报地。三十三年,呈交水壕、帐房塔两处地段认垦。实则是部租给商民垦地颇多,境内汉民村落亦众。有佐领四。

喀尔喀右翼部,在张家口外,至京师千一百三十里。东西距百二十里,南北距百三十里。东四子部落,西茂明安,南归化城土默特,北瀚海。

元太祖十六世孙格哷森扎赉尔珲台吉,有子七,号喀尔喀七旗,分东、西、中三路,以三汗掌之。其第三子诺诺和伟征诺颜,有子二:长阿巴泰,号鄂齐赖赛因汗,为中路土谢图汗祖;次阿布琥,号墨尔根诺颜。子三:长昂噶海,袭父墨尔根号;次喇琥里,号达赖诺颜,生本塔尔、巴什希、色尔济、扎木素、额璘沁;次图豪肯,号昆都伦诺楞,子车颜都朗,生衮布,皆为喀尔喀中路台吉,隶土谢图汗。

顺治十年二月,本塔尔以与土谢图汗衮布隙,偕弟巴什希、扎木素、额璘沁及衮布,率户千余来归。色尔济独留喀尔喀,其孙礼塔尔后来归,授扎萨克台吉。见《土谢图汗部传》。三月,诏封本塔尔为扎萨克和硕达尔汉亲王,统其众,赐牧塔噜浑河,与内扎萨克诸部列,是为喀尔喀右翼。其称左翼者,为贝勒衮布伊勒登,亦自喀尔喀来归,受封在本塔尔后,互见其传。

康熙二十五年,喀尔喀扎萨克图汗沙喇与土谢图汗察珲多尔济构衅,遣大臣莅盟于库伦伯勒齐尔,由归化城赍粮往,诏所部扎萨克选驼助运。二十七年,选兵驻边侦噶尔丹。二十九年,调赴图拉河,酌留兵之半驻归化城。三十一年,诏发杀虎口仓粟赈其属贫户。三十五年五月,从大将军费扬古由西路败噶尔丹于昭莫多,凯旋,诏留营余米给部众。十月,发军前马瘠者留其地饲牧。三十六年,费扬古檄所部兵会大军于喀尔喀郡王善巴界。师旋,赉从征兵银。五十四年三月,因久雪伤牧产,诏发呼坦和朔储粟赈之。雍正九年,大军剿噶尔丹策凌,诏简兵驻归化城。十年,复随鄂尔多斯郡王扎木扬驻乌喇特西界。十三年,撤还。乾隆四年,遣大臣察阅备调兵,颁赏有差。

所部一旗,驻牧塔噜浑河。爵四:扎萨克多罗达尔汉贝勒一,由亲王降袭;附固山卓哩克图贝子一,由郡王降袭;固山贝子一;镇国公一。道光十二年,与土默特争界,松筠往勘,仍如旧界定之。同治十一年,肃州回匪东窜乌喇特,杜嘎尔遣侍卫永德率兵进驻是部之和林果尔一带堵截之。四月,杜嘎尔进军剿窜赛盟阿尔必特公等旗之匪,饬是部与四子部落委员雇觅民驼趣应军需。光绪末,议兴西盟垦务。是部报卓克苏拉塔一带地段认垦。有佐领四。

乌喇特部，在归化城西，至京师千五百二十里。东西距二百十五里，南北距三百里。东茂明安及归化城土默特，西及南鄂尔多斯，北喀尔喀右翼。

元太祖弟哈布图哈萨尔十五世孙布尔海，游牧呼伦贝尔，号所部曰乌喇特。子五：长赖噶，次布扬武，次阿尔萨瑚，次布噜图，次巴尔赛。后分乌喇特为三，赖噶孙鄂木布，巴尔赛次子哈尼斯青台吉之孙色棱，及第五子哈尼泰冰图台吉之子图巴，分领其众，统号阿噜蒙古。

天聪七年，率属来归，贡驼马。八年，从大军征明，由喀喇鄂博入得胜堡，略大同，克堡三、台一。师旋，以奈曼、翁牛特部违令罚各罚驼马，诏分给所部。嗣征朝鲜、喀尔喀及明锦州、松山、蓟州，皆以兵从。顺治五年，叙功，时鄂木布、色棱已卒，以图巴掌中旗，鄂木布子谔班掌前旗，色棱子巴克巴海掌后旗，各授扎萨克，封镇国公、辅国公爵有差。

康熙二十六年，上阅兵卢沟桥，命其部来朝人从观。二十七年，噶尔丹侵喀尔喀，谕严防汛。二十九年，噶尔丹袭喀尔喀昆都伦博硕克图衮布，逾乌勒扎河，命选兵驻归化城。三十年，以自厄鲁特来归之巴图尔额尔克济农和罗理叛逃，诏备兵五百侦剿。三十一年，和罗理降，撤所备兵归。三十五年，从西路大军败噶尔丹于昭莫多。三十六年，朔漠平，上由宁夏凯旋。四等台吉南春迎觐贺捷，称旨，晋授一等台吉，并优赉从征及坐塘、监牧、凿井诸弁兵。三十八年，以其属有贫为盗者，谕诸扎萨克教养之。五十四年，所部歉收，以呼坦和朔储粟赈之。雍正九年，大军剿噶尔丹策凌，谕选兵防游牧。乾隆十九年，议剿达瓦齐，诏购驼马送军。

所部三旗，驻牧哈达玛尔。爵三：扎萨克镇国公二，辅国公一。是部垦事最先。乾隆三十年，即将沿河牧地私租民人耕种。五十七年，以积欠商人二万两，允佃种五年之限。道光十二年，扎萨克镇国公巴图鄂齐尔充乌兰察布盟盟长，以茂明安等旗争地不报归化城副都统，辄向理藩院越诉，夺盟长。咸丰三年，绥远城将军盛塌奏："乌拉特三公旗生齿日繁，渐形穷苦。赊欠民人债物，及备办军台差使借贷银钱，无力偿还，陆续私租地亩数十处，每处宽长百十里或数十里。酌拟变通，分别应禁应开。"下所司议行。

同治七年，回匪东窜，扰后套，山西大同镇总兵马升督兵往昆都仑、沟台梁一带防剿。九年，将军定安奏："乌拉特河北后套夙称产粮之区，而粮所由产，皆出于内地民人私种蒙古游牧之地。现金顺、张曜、老湘、卓胜各营军粮无不购买于此。拟请将三公旗游牧垦出地亩，无论应开应禁，均暂准种耕，责令按亩收租，留备各项差使之用。所产粮石供各路军糈。"时回匪陷磴口，扰及是部后套一带。二月，谕定安遣宋庆一军赴舍太一带剿除北路窜匪。寻鄂尔多斯贝子乌尔那逊督队击退。六月，谕定安等劝乌拉特居民赶兴耕作，以裕足食之源。十二月，谕金顺防范乌拉特三旗地方游弋回匪。十年三月，回匪复自赛音诺颜之阿米尔毕特公旗扰是部中公旗洪库勒塔拉地方。六月，匪又扰中公旗之什巴克台。杜嘎尔奏："吉额、洪额等军大败之于布特地方，金运昌遣提督王凤鸣剿前窜洪库勒塔拉之匪于奔巴庙、察洪噶尔庙，皆殄之。其后肃州回匪平，乌拉特始息警。自征回军兴，西路文报及军需驼马，皆由是部设台分段接替，至阿拉善而止。西陲肃清，始复旧制。"

二十三年，山西巡抚胡聘之请开乌拉特三湖湾地方屯垦。既得俞旨，理藩院以蒙盟呈有碍游牧，格其议。二十九年，护山西巡抚赵尔巽、吴廷斌先后奏置五原厅同知，以是暨鄂尔多斯之达拉特、杭锦两旗寄居民人村落隶之。时兵部侍郎贻穀督垦，派员劝报地。三十三年，奏乌拉特前旗以达拉特旗东之什拉胡鲁素、红门兔等地段，后旗以黄河西岸之红洞湾地段，中旗以黄河西岸熟地莫多、噶鲁泰两段报垦，并修坝工，扩渠道，防冲突，畅引灌。仍以民多官少，防范难周，蒙人时有争渠阻垦情事入告。是部中旗有佐领十六，前旗十二，后旗六。

鄂尔多斯部，在河套内，至京师千一百里。东归化城土默特，西阿拉善，南陕西长城，北乌喇特。东西北三面皆距河，袤延二千余里。

元太祖十六世孙巴尔苏博罗特始居河套，为鄂尔多斯济农。子衮弼哩克图墨尔根继之。有子九，分牧而处，今鄂尔多斯七扎萨克皆其裔。长诺颜达喇袭济农号，为扎萨克郡王额璘臣一旗祖；次巴雅斯呼朗诺颜，为扎萨克贝勒善丹一旗祖；次伟达尔玛诺颜，为扎萨克贝子沙克扎、镇国公小扎木素二旗祖；次诺扪塔喇尼华台吉，为扎萨克贝子额琳沁一旗祖；次玻扬呼哩都噶尔岱青，为扎萨克台吉定咱喇什一旗祖；次巴雅喇伟征诺颜，为扎萨克贝子色棱一旗祖；次巴特玛萨木巴翰；次纳穆达喇达尔汉诺颜；次翁拉罕伊勒登台吉：皆为济农，属察哈尔。

林丹汗虐，其部济农额琳臣与喀喇沁、阿巴噶诸部长败察哈尔兵四万于土默特之赵城。天聪九年，大军收林丹汗子额哲于黄河西托里图地，未至，额璘臣私要额哲盟，分其众以行。我军追及之，索所获，额璘臣惧，献察哈尔户千余。自是所部内附，颁授条约。

顺治元年，选兵随英亲王阿济格赴陕西剿流贼李自成。二年，师旋，得优赉。六年，台吉大扎木素及多尔济叛劫我使图噜锡。敕曰："闻尔等背叛，即欲加兵。但念受朕恩有年，且生灵堪惜，故不忍遽用干戈。尔能悔过来朝，即宥罪恩养。倘恃险不即归顺，当发兵穷尔踪迹，必不容尔偷生。"时额璘臣偕同族固噜岱青善丹、小扎木素、沙克扎、额琳沁、色棱等，携眷济内阿喇克鄂拉徙牧博罗陀海。上嘉其不助逆，诏封郡王、贝勒、贝子、镇国公有差，各授扎萨克，凡六旗。七年，大扎木素降，诏宥有罪。谕多尔济降，不从。九年，遣兵擒斩多尔济于阿拉善。

康熙十三年冬，调所部兵三千五百会剿陕西叛镇王辅臣。十四年，复神木、定边、花马池各城堡，叙功，晋扎萨克等爵，台吉各加一级。二十七年，噶尔丹侵喀尔喀，奉诏简兵二千防汛。三十五年，上亲征噶尔丹，至所部界，扎萨克等率属渡河朝御营，献马。上手谕皇太子曰："朕至鄂尔多斯地方，见其人皆有礼貌，不失旧时蒙古规模。各旗俱和睦如一体，无盗贼，驼马牛羊不必防守。生计周全，牲畜蕃盛，较他蒙古殷富。围猎娴熟，雉兔复多。所献马皆极驯，取马不用套竿，随手执之。水土食物皆甚相宜。"三十六年，允扎萨克等请设站阿都海，军奏及粮运俱由其地行。时扎萨克等率兵扈跸，颁赉白金。是年冬，理藩院劾运米迟误罪，诏宽免。五十一年，谕曰："鄂尔多斯饥馑洊臻，户口流散，可速遣官察核，务令各遂生业。"五十二年，诏定其部牧界。先是郡王松喇布请暂牧察罕托辉，尚书穆和伦等往勘，议于柳墩、刚柳墩、房墩、西墩四台外，暂令驻牧。至是宁夏总兵范时捷奏："察罕托辉系版图内地，蒙古游牧与民樵采混杂，不便。请令仍以黄河为界。"遣官勘，议从时捷所请。五十四年，诏简兵二千从大军防御策妄阿喇布坦。五十五年，所部歉收，遣官往赈，凡七千九百余户，三万一千余丁。雍正元年，复命赈恤。十年，以调赴固尔班赛堪兵三千，不堪用者五百，又中途逃归四百余，为将军达尔济所劾，论王、贝勒、贝子等罪，各降爵。寻以次予复。

乾隆元年，诏增设一旗，以一等台吉定咱喇什领之，授扎萨克。是年，允陕西榆林、神木等处民边种鄂尔多斯余闲套地完租。四十九年，陕甘总督福康安奏："黄河改向西流，原在河西民人反在河东。鄂尔多斯蒙古贪利，滥以现行黄河为界，谓民人占据所部游牧地方。"命侍郎赛音博尔克图往勘，仍如前黄河旧流之地为界，钉桩立碑。

所部七旗，自为一盟，曰伊克昭。与哲哩木、卓索图、昭乌达、锡林郭勒、乌兰察布五盟同列内扎萨克。左翼前旗，一名准噶尔旗，驻札勒谷。左翼中旗，一名郡王旗，驻敖西喜峰。左翼后旗，一名达拉特旗，驻巴尔哈逊湖。右翼前旗，一名乌审旗，驻巴哈池。右翼中旗，一名鄂拓克旗，驻西喇布哩都池。右翼后旗，一名杭锦旗，驻鄂尔古虎泊。后增一旗，曰左翼前末旗，一名扎萨克旗。爵八：扎萨克多罗郡王一；附辅国公一；扎萨克多罗贝勒一；扎萨克固山贝子四，一由镇国公晋袭；扎萨克一等台吉一。

是部垦事最早。乾隆以后，是部招垦民人近陕西者，分隶陕西神木、定边两理事同知，及神木、府谷、怀远、靖边、定边等县。近山西者，分隶萨拉齐、托克托城、清水河三厅，偏关，河曲等县。而因地滋衅之案亦时有。道光八年，达拉特旗之才吉、波罗塔拉地方，以抵还债项，奏准租给商种五年。十四年，绥远城将军彦德奏："达拉特旗台吉人等招民私垦驿站草地，致越界侵种，其旗游牧地方贝子亲往驱逐。民人恃众，砍伤二等台吉萨音吉雅等。"诏山西巡抚鄂顺安派员捕治。其后相沿奉部文而承种者有之，由台吉私放者有之，由各庙喇嘛公放者亦之。开垦颇多，产粮亦盛。

同治初元，回匪役兴，办团练，购粮储，皆取济于此。是年，调鄂尔多斯兵赴甘协剿。六年，回匪屡入境，皆为贝子扎那格尔第兵所败。七年正月，陕西宁条梁之陷，匪遂大入游牧，南自依克沙巴尔、北至固尔根柴达木，焚掠殆遍。要地如古城、答拉寨、十里长滩诸处皆不守。蒙兵不能战，屡请撤退。四月，绥远城将军德勒克多尔济奏饬扎那格尔第简精壮蒙兵五百，合准噶尔旗壮丁及察哈尔马队各五百，均归统带，择驻神木要隘，相机迎剿。别以达拉特旗兵五百驻适中草地。朝旨饬宁夏副都统金顺一军援之。六月，金顺深入蒙地，遇匪于野狐井、门家梁、王家沟，皆捷。嵩武军统领提督张曜一军亦赴援，屡挫之，古城、十里长滩之匪皆遁。张曜又败匪于达拉特旗，进驻古城。而窜杭锦、乌审、郡王等旗之匪，亦为绥远城将军所遣达尔济一军所败。是为鄂部七旗初次肃清。绥远城将军定安遂奏撤伊克昭盟兵一千九百回本游牧防守，仍留前挑兵五百，令扎那格尔第统带探贼进剿。十二月，阿拉善之磴口不守，回匪又大入，昭盐海子、缠金一带皆被扰。时匪自磴口水路进扑，副都统杜嘎尔派参领成山等合乌尔图那逊兵分往缠金及阿拉善旗乌兰木头地方剿之，匪皆败遁。六月，张曜自古城进剿，屡败匪于察罕诺尔、沙金托海，追至贺兰山，达尔济、扎那格尔第两军击殄杭锦、达拉特、郡王诸旗之匪。朝旨又增遣宋庆一军西援。八月，败扰郡王旗之匪于东岭，击退扰乌审、鄂拓克等旗之匪，进至哈拉寨。金顺军磴口，张曜军宁夏，沿途自舍太至三道河、石嘴山皆驻官军。宋庆是冬追剿逆于准噶尔、昭盐海子诸处，悉殄之。九年，金积回匪由官军攻急，自石嘴北犯，冀梗我运道。于是沙金托海以西坐骑出没，而准噶尔、杭锦、鄂拓克诸旗复扰。宋庆、达尔济诸军复进剿，迭捷。七月，乌审旗管带官赤楼多尔济以剿匪阵亡于霍里木庙，然各旗亦屡挫来扰之匪。梅楞章京扎栋巴等以剿挫陕西怀远边外之匪，予优奖。是部再告奠定。至金积荡平，而警报始息。历次阵亡蒙旗官兵及出力者，均时予恤奖。其缠金诸地，则山西仍置防戍。

光绪二年，边外马贼肆扰，是部达拉特、杭锦等旗地户商人蹂躏特重，渠废田芜，迄不可复。十年，伊克昭盟长贝子扎那济尔迪呈："准噶尔旗以频年荒歉，请开垦空闲牧场一段，东西八十里，南北十五里，收租散赈，接济穷蒙。"下理藩院议行。以招种民人分隶山西河曲、陕西府谷。时归化城土默特与达拉特旗以黄河改道争界，署山西巡抚奎斌、大理寺少卿郭勒敏布以绥远城将军断分之案偏袒土默特，奏劾。命察哈尔都统绍祺往勘，援乾隆五十一年黄河旧漕为断之谕。以南之地四成归达拉特，以北之地六成归土默特。寻经勘定，北自乌拉特界，南至准噶尔界，达拉特应分地周六百四十八里。十二年，伊犁领队大臣长庚奏缠金等处宜开屯田。山西巡抚刚毅覆奏："缠金即才吉地，在河北外套伊克昭盟之达拉特、杭锦两旗牧界。河自改行南道，蒙古始招商租种分佃。修成渠道。西则缠金，计共五渠，东则后套，计共三渠，纡回约二百里，中间支渠曲折蜿蜒，不可枚数。后遭马贼之扰，不特缠金、牛坝商号不过数家，即后套左右亦只二百余家。达拉特旗昔岁收租银十万，近所收租钱不及三千串。阅伍至萨拉齐之包头，面与伊克昭盟长贝子扎那吉尔迪筹商，谓当明示各旗，断不使该旗牧界日久归于民人。"因上议屯三端：曰分段，曰修渠，曰设官。下所司议，格。二十六年拳匪之案，鄂尔多斯七旗，如达拉特、鄂拓克、乌审、准噶尔各旗，酿祸均重。事定，议有赔款。达拉特一旗至三十七万两。教堂欲得银，蒙旗欲抵地，久未结。

二十八年，命兵部侍郎贻穀办晋边垦务，咨调乌、伊两盟长诣归化商订，迄未至，而呈理藩院请免开办。廷旨下院严饬盟长迅与贻穀等会商，不得推诿。于是贻穀等先以赎还达拉特旗教案熟地二千顷给银十七万两者，为垦务入手之策。二十九年，达拉特、杭锦两旗始派员就议报垦，郡王、鄂拓克、乌审、准噶尔、扎萨克五旗亦相继报地，而杭锦旗贝子阿尔宾巴雅尔时充盟长，仍请缓办，坚拒出具交地印文。三十年，贻穀以抗不遵办，掣动全局劾之，以副盟长乌审旗贝子察克都尔色楞代署。三月，套匪滋事，山西练军平之。九月，察克都尔色楞等以乌审、扎萨克两旗公中之地，北起阿拜素、南至巴盖补拉克一段，归官报垦，祝皇太后七旬万寿。予察克都尔色楞郡王衔，沙克都尔扎布镇国公衔。三十一年二月，阿尔宾巴雅尔复呈悔过情形，报出杭锦旗中巴噶地一段。贻穀奏乌、伊两盟地皆封建，与察哈尔之比于郡县者不同，定押荒岁租皆一半归官，一半归蒙，别提修渠费。旨下所司知之。七月，贻穀奏："杭锦、达拉特两旗地户将原有各渠报效归公，因改长胜渠名长济，缠金渠名永济，挑浚深通，老郭等渠以次及之，计可溉田万顷。后套地必附渠，渠日加多，即地日广。就现在应收之款，悉归工作，回环挹注，务竟其功。请各旗押荒地租各款应归公者，均暂缓提拨，备渠工大修之费。"九月，准噶尔旗协理台吉丹丕尔不悦于垦，纠众抗阻，攻劫局所，贻穀遣兵捕治之。三十二年，贻穀奏定郡王等五旗旱地押荒岁租。陕西巡抚恩寿会奏以郡王、扎萨克两旗垦地置东胜厅，隶山西归绥道。三十三年，贻穀蒙谴，复阿尔宾巴雅尔盟长。信勤、瑞良等相继为垦务大臣。

是部垦事进行未废。佐领即左翼中旗十七，右翼中旗八十四，左右翼前旗各四十二，左翼后旗四十，右翼后旗三十六，左翼前末旗十三。

阿拉善厄鲁特部，至京师五千里。东鄂尔多斯，西额济讷，南宁夏、凉州、甘州，北逾瀚海接赛音诺颜、扎萨克图盟。袤延七百余里，即贺兰山地驻牧蒙古。

系出元太祖弟哈布图哈萨尔，与和硕特同族。和硕特旧为四厄鲁特之一，故称额鲁特部。哈布图哈萨尔十九传至图鲁拜琥，号顾实汗。有子巴延阿布该阿玉什，兄拜巴噶斯初育以为子。后自生子二：长鄂齐尔图，次阿巴赖。游牧河西套，称西套厄鲁特。巴延阿布该阿玉什号达赖乌巴什。子十六，居西套者，曰和罗理，曰墨尔根，曰额尔克，曰额喇勒，曰哈什哈，曰陀音，曰土谢图罗卜藏，曰博第，曰多尔济扎布，曰诺尔布扎木素，曰爱博果特，曰鄂木布。和罗理号巴图尔额尔克济农，以来归授扎萨克，赐牧阿拉善，诸昆弟子姓隶之。其居青海者，曰扎布，曰阿南达，曰伊特格勒，曰巴特巴。扎布授扎萨克，领其族。见《青海厄鲁特部传》。鄂齐尔图号车臣汗，子三：长额尔德尼，子噶勒丹多尔济；次噶尔第巴，子罗卜藏衮布阿拉喇布坦；次伊拉古克三班第达呼图克图。后皆绝嗣。阿巴赖裔为准噶尔所掠，故不著。

顺治四年，鄂齐尔图遣使贡驼马。六年，阿巴赖继至。七年，鄂齐尔图使至，以喀尔喀煽苏尼特部长腾机思叛，奏称："力能锄逆，当相机为之。否则亦必修贡如初，不敢稍萌异志。"谕绝喀尔喀，勿私通好。嗣因额尔德尼、噶尔第巴、伊拉古克三班第达呼图克图及所部台吉、宰桑等朝贡，至者相接。

准噶尔台吉噶尔丹游牧阿尔台，号博硕克图汗，觊为厄鲁特长。鄂齐尔图妻以孙女阿努，寻与隙。康熙十六年，噶尔丹以兵袭西套，戕鄂齐尔图，破其部。鄂齐尔图妻曰多尔济喇布坦，与喀尔喀墨尔根汗额列克妻，皆土尔扈特汗阿玉奇女兄也。额列克孙察珲多尔济号土谢图济农，侦噶尔丹侵鄂齐尔图兵援之不及。多尔济喇布坦奔土尔扈特。噶尔丹遣使献俘，谕曰："鄂尔齐图汗与噶尔丹向俱纳贡。今噶尔丹侵杀鄂齐尔图，献所获弓矢等物，朕不忍纳也。其却之！"西套厄鲁特既溃，或奔依达赖喇嘛，或被噶尔丹掠去。和罗理率族属避居大章滩，庐幪万余，守汛者遣之去，仍逐水草，徒恋处边外。

有楚琥尔乌巴什者，噶尔丹叔父也。子五：长巴哈班第，次阿南达，次罗卜藏呼图克图，次荤章，次罗卜藏额琳沁。噶尔丹以私憾袭杀巴哈班第，执楚琥尔乌巴什及罗卜藏额琳沁等禁之。巴哈班第子罕都为和罗理甥，时年十有三。其属额尔德尼和硕齐携之逃，以兵四百掠乌喇特户畜，窜就和罗理，居额济讷河。喀尔喀台吉毕玛里吉哩谛侦以告。会青海墨尔根台吉等察献额尔德尼和硕齐所掠，遣使诰知为准噶尔属，谕噶尔丹捕额尔德尼和硕齐治罪，并收和罗理归牧，或非所属当以告。二十二年，噶尔丹奏和罗理等归，达赖喇嘛已遣使召请，以丑年四月为限。是年盖岁在亥。二十三年，罕都偕额尔德尼和硕齐遣使贡，请宥掠乌喇特罪，而和罗理戚属尝掠茂明安诸部牧产，前以服罪故宥之。至是谕曰："和罗理既免罪，额尔德尼和硕齐等著一体赦。所贡准上纳。"

先是罗卜藏衮布阿喇布坦避噶尔丹，走唐古特。以达赖喇嘛言，表请赐居龙头山，辖西套遗众。命兵部督捕理事官拉都琥往勘。奏言："龙头山，蒙古谓之阿拉克鄂拉，乃甘州城北东大山，山脉绵延边境。山口即边关，建夏口城，距潢川堡五里；山尽为宁远堡，距龙头山里许，有昌宁湖界之。内地兵民耕牧已久，不宜令新附蒙古居。"上可其奏。

罗卜藏衮布阿喇布坦徙牧布隆吉尔，土谢图汗珲多尔济以女妻之。事闻，谕廷臣曰："前鄂齐尔图汗为噶尔丹所戕，其孙罗卜藏衮布阿喇布坦往求达赖喇嘛指授所居之地，达赖喇嘛令驻牧阿拉克鄂拉，因以为请。鄂齐尔图汗从子和罗理前沿边驻牧罾曾，檄噶尔丹收取之，令罗卜藏衮布阿喇布坦与喀尔喀互为犄角。噶尔丹欲以兵向和罗理等，则恐喀尔喀蹑之；欲以兵向喀尔喀，则恐和罗理等袭之。此必非噶尔丹所能收取也。"二十四年，和罗理请赐敕印铃部众。廷臣以游牧未定，议不允。谕曰："和罗理等以避乱，故离其旧牧，来至边境，劫掠茂明安、乌喇特诸部，本应即行殄灭。朕俯念鄂齐尔图汗世奉职贡，恪恭奔走，兼之彼亦迫于饥困，是以宥有罪戾。又罗卜藏衮布阿喇布坦系鄂尔齐图汗孙，为和罗理从子，应令聚合一处。其遣官往谕朕旨，度可居地归并安置，封授名号，给赐金印玺书，以示朕兴灭继绝之意。"理藩院尚书阿喇尼遵旨往谕。和罗理奏："皇上令臣等聚处，乃殊恩。达赖喇嘛亦谓卜藏衮布阿喇布坦居布隆吉尔，地隘草恶，不若与臣同处。臣等欲环居阿喇克山阴，遏寇盗，靖边疆。令部众从此地而北，当喀尔喀台吉毕玛里吉哩谛牧地，由噶尔拜瀚海、额济讷河、姑喇柰河、雅布赖山、巴颜努鲁、喀尔占、布尔古特、洪果尔鄂隆以内，东倚喀尔喀丹津喇嘛牧，西极高河居之。"

奏至，遣使谕达赖喇嘛曰："噶尔丹灭鄂齐尔图汗时，和罗理及罗卜藏衮布阿喇布坦等纷纭离散，来至边境，又以生计窘迫，妄行劫掠。朕宥其罪，不即发兵剿灭。和罗理等亦戴朕恩，屡请敕印，依朕为命。朕前谕噶尔丹收取，彼约以丑年四月为期，今逾期已数月矣。伊等骨肉分离，散处失所，朕心殊为恻然！鄂齐尔图汗于尔喇嘛为护法久矣，何忍漠视其子孙宗族至于穷困？今朕欲将伊等归并安置，尔喇嘛其遣使与朕使偕往定议！"

二十五年，达赖喇嘛奏已遣使，上谕拉都琥往会勘。拉都琥偕达赖喇嘛使约和罗理至东大山北，语之曰："尔所谓噶尔拜瀚海地，听尔游牧。外自宁夏所属玉泉营西罗萨喀喇山嘴，后至贺兰山阴一带布尔哈苏台口，又自宁夏所属倭波岭塞口北努浑努鲁山后甘州所属镇番塞口，北沿陶兰泰、萨喇、椿济、雷珲、希理等地，西南至额济讷河，俱以距边六十里为界，画地识之。"定议：蒙古杀边民论死；盗牲畜、夺食物者鞭之；私入边游牧者，台吉、宰桑各罚牲畜有差；所属犯科一次，罚济农牲畜以五九。时罕都及额尔德尼和硕齐请与和罗理同牧。罗卜藏衮布阿喇布坦侦其女兄阿努携兵千赴藏，道嘉峪关外，惧袭己，备之，以故未即徙。拉都琥奏至，诏以所定地域及罚例檄甘肃守臣知之。盖自是和罗理属始定牧阿拉善。

二十七年，噶尔丹侵喀尔喀，和罗理欲往援，察珲多尔济乞师于朝。时谕噶尔丹罢兵。使已就道，诏不允和罗理请。而罗卜藏衮布阿喇布坦自率兵援喀尔喀，遇我使于道，宣谕之，亦撤归布隆吉尔。察珲多尔济寻为噶尔丹所败，上复遣使谕噶尔丹，将行，命之曰："噶尔丹若问和罗理事，尔等宜述丑年之约，并言达赖喇嘛向虽遣使定议，令和罗理与罗卜藏衮布阿喇布坦归并安置，迄今尚未同居。和罗理虽居游牧边地，亦未编设旗队。前喀尔喀与额鲁特交恶，和罗理曾请兵讨尔。朕仍谕道之曰：'朕欲使尔等安处游牧而已，岂肯给尔兵耶？'其以是告之，令罢兵。"噶尔丹不从。

二十八年，以罗卜藏衮布阿喇布坦卒，赐祭。其妻及宰桑等请召噶尔丹多尔济辖部众，允之。时噶尔丹多尔济游牧准噶尔界，谕曰："罗卜藏衮布阿喇布坦属内附，所遣部众恐致流亡。噶尔丹多尔济幼，召之恐未即至。著和罗理前往布隆吉尔，暂为约束人民。俟噶尔丹多尔济至，仍归牽地。务期共相扶掖，勿侵据所部。"噶尔丹多尔济以所部饥，告不克即徙。诏授诺颜号，遣侍读学士达琥谕恤所部贫民。其母扎木苏携噶尔丹多尔济至，诏辖罗卜藏衮布阿喇布坦众，附阿拉善牧。

有拜达者，罕都属也，偕额尔德尼和硕齐诱其主弃和罗理，私以厄鲁特兵千掠边番。守汛者责之，为所戕，且抗官军。甘肃提督孙思克以后屯边，将剿之。罕都惧，乃降诏宥罪，仍驻牧阿拉善。其叔父罗卜藏额琳沁寻自准噶尔至，奏为噶尔丹所禁十余年，以准噶尔与罗喀战，乘间脱，挈孥属千余至，乞与兄子罕都同居，允之。

三十年，和罗理以不遵旨徙牧归化城，惧大兵讨，叛遁。噶尔丹多尔济、罗卜藏额琳沁、罕都等从，分道窜。将军尼雅汉等招降噶尔丹多尔济属纳木喀班尔等五十余户、和罗理女弟之夫克奇及从者二十一人以闻，诏安置归化城。时和罗理弟博第游牧中卫边外，距阿拉善三百余里，闻其兄叛遁，欲往会侦。副将军陈祚昌等屯昌宁湖，遣子索诺木至军，诡称假道诣南山，否则请牧马昌宁湖。祚昌知为缓军计，令挈属至归化城。不从，击之，斩五百余级。博第仅以身免，走伊巴赖，遇和罗理属台吉齐奇假粮马，窜额济讷河。三十一年，和罗理悔罪，降，命仍牧阿拉善。罗卜藏额琳沁、罕都、齐奇克等从和罗理降。寻复叛走。提督孙思克以兵追至库勒图，斩四十余级。齐奇克就擒，诏宥死，附和罗理牧。罗卜藏额琳沁、罕都逸，遇自青海来归之喀尔喀台吉阿海岱青班第，掠其赀，复窜哈密。罗卜藏衮布阿喇布坦有女弟曰阿海，始与策妄阿喇布坦议婚，噶尔丹夺之。策妄阿喇布坦怒，噶尔丹徙额琳哈毕尔噶。上闻之，遣员外郎马迪赍敕谕令绝噶尔丹。道哈密，罗卜藏额琳沁、罕都等偕噶尔丹属图克齐哈什哈、哈尔海法颜额尔克以兵劫之，由大草滩毁边垣遁，为青海台吉额尔德尼纳木扎勒所击，走死。三十三年，和罗理弟博第率属百余降，乞仍与同牧，许之，命辑所属溃散者。未几，齐奇克复叛遁。和罗理遣所部莽奈哈什哈等以兵追诸耨尔格山，谕之降，不从，击斩之。

三十五年，所部兵随西路大军败噶尔丹于昭莫多，副都统阿南达奉命设哨，以和罗理属布尔噶齐达尔汉宰桑玛赖额尔克哈什哈、齐劳墨尔根萨里呼纳沁齐伦珲塔汉占哈什哈、布达哩杜喇勒和硕齐等，分屯额布格特、阿木格特、昆都伦、额济讷及布隆吉尔之博多椿济敖齐、喀喇莽奈诸地。时噶尔丹多尔济窜徙嘉峪关外。有哨卒拜格者，其属也。阿南达召至，遣归说噶尔丹多尔济曰："上待汝恩甚厚，将抚育之，顾叛逃可乎？和罗理弃牧时，汝不能辑属，故从往。上灼知汝情，念汝祖鄂齐尔图汗，将玉成汝，汝其思之！"噶尔丹多尔济遣告曰："上念臣祖兄，令臣与和罗理接壤居。臣无知，从和罗理叛遁，今悔罪欲死。臣幼，臣母一妇人，未能达。乞以情代奏。"阿南达欲坚内附志，遣使归，约如期会肃州，谕设哨援哈密，复檄哈密伯克额贝者拉曰："噶尔丹至汝地，汝即召噶尔丹多尔济援，勿复疑。"噶尔丹多尔济遣宰桑阿约等赍降表，表至肃州。会上视师宁夏，阿南达驰疏至，诏优恤所部众。未几，唐古特部第巴煽青海诸台吉盟察罕托罗海，缮军械助之。檄噶尔丹多尔济以兵往，辞不赴，遣使俄通问策妄阿喇布坦，自携兵百会阿南达于布隆吉尔。阿南达侦噶尔丹死，其从子丹济拉窜瀚海，遣噶尔丹多尔济属辉特台吉罗卜藏等驰赴噶斯，而自偕噶尔丹多尔济以兵继之。至色尔滕，值俄济归，以丹济拉将自郭蛮喇嘛所往附策妄阿喇布坦告。因撤噶斯兵，遣噶尔丹多尔济仍赴布隆设哨，其属阿勒达尔哈什哈、恭格等煽之叛，至西欣驿劫驼马，奉母札木苏由吉尔喀喇乌苏遁。阿南达遣兵四百追之，不及，招降其属茂海、乌纳恩巴图尔、阿喇木札木巴、阿喇木把及辉特台吉罗卜藏等，遣归阿拉善。罗卜藏后徙牧喀尔喀，即附扎萨克图汗部之厄鲁特扎萨克也。是年，和罗理以所部数叛，请视四十九旗例编佐领。廷臣议徙乌喇特界，谕曰："若将和罗理移牧近地，则沿边别部蒙古甚多，岂可尽徙？且治蒙古贵得其道，不系地之远近。著停徙，仍游牧阿拉善地。"诏和罗理为多罗贝勒，给扎萨克印。复以噶尔丹多尔济窜赴准噶尔，敕策妄阿喇布坦曰："噶尔丹多尔济率属来降，安置耕种。今忽留其属人，弃众私遁，其中必有不得已之情，务即察明具奏。朕于噶尔丹多尔济略无责备之意，且降旨收集其遗众，倘往汝地，汝可善为抚恤。如欲内徙，即行遣归。"时噶尔丹多尔济阳附策妄阿喇布坦，阴贰之。策妄阿喇布坦将侵哈萨克，噶尔丹多尔济诡以兵从，中道遁车车，为回众所杀。母札木苏携属九百余奔青海部，青海诸台吉以献。诏安置什巴尔台，隶察哈尔。

四十三年，和罗理子阿宝尚郡主，授和硕额驸，赐第京师。四十八年，袭贝勒。五十四年，以参赞往会西安将军广柱等，驻巴里坤，袭击准噶尔于伊勒布尔和硕、阿克塔斯、乌鲁木齐诸地，皆捷。五十九年，参赞平逆将军延信军败准噶尔，有克河、齐诺郭勒、绰玛喇诸捷，护达赖喇嘛入藏。年羹尧奉谕遣归游牧。未几，来朝，上悯其劳，诏封多罗郡王。

雍正二年，大军定青海，王大臣等议阿拉善为宁夏边外要地，青海顾实汗诸子裔旧皆游牧山后，今或徙山前，请敕阿拉善扎萨克郡王阿宝饬青海众归牧山后，允之。阿宝奏："臣祖顾实汗归诚内附，百年于兹，受天朝恩甚厚。前青海昆弟阻兵构乱，上干天讨，臣当束身受诛。重荷宥贷，令安游牧，感激莫报。乞赐青海旷地，令臣钤诸部，不复萌异志。"诏以青海贝子丹忠所遣博罗充克克牧地给之，并谕抚远大将军年羹尧遣员赍饷助徙牧。博罗充克克者，即《汉书·地理志》所称潢水也。七年，阿宝以博罗充克克牧地隘，擅请徙乌兰穆伦及额济讷河界，议罪削爵。寻命复之。诏仍归阿拉善牧，不复居青海。阿宝子衮布，八年，以所部兵赴巴里坤防准噶尔援樊廷，贼遁。九年，录其劳，封辅国公。十年，晋贝子。

乾隆六年，降袭爵之索诺木多尔济为镇国公。二十一年，二等台吉达瓦龙凌从大军剿厄鲁特窜党，遇伏于博罗齐，奋击，阵殁。诏议恤，入祀昭忠祠。先是阿宝属人达玛琳从靖边大将军傅尔丹击准噶尔于和通呼尔哈诺尔，为所掠。至是携孥及属人库勒等四十户诣都统雅尔哈善军，请归阿拉善旧牧。诏如所请，徙众仍置伊犁。

所部一旗。爵三：曰扎萨克和硕亲王，由贝勒晋袭；附镇国公二，一由贝子降袭，一由辅国公晋袭。阿宝次子罗卜藏多尔济初袭贝勒。乾隆二十一年，诏以兵赴北路。二十二年，以俘逆贼巴雅尔功，晋郡王，授参赞大臣。二十三年，以剿俘已叛宰桑玛克图功，予双眼花翎。二十四年，以台吉达瓦、佐领布岱等剿玛哈沁及逆回布拉呢敦功，优赉之。三十年，晋罗卜藏多尔济亲王。三十七年十一月，以甘肃民人私挖阿拉善旗哈布搭哈拉山金沙，命勒尔谨捕治之。四十六年，大军剿萨拉尔逆回于华林寺，四十九年，又剿逆回于石峰堡邸店。是部皆以兵从，均有功。五十一年，允阿拉善盐由水路运至山西临县碛口。五十六年，是部盐入银八千两。罗卜藏多尔济子旺沁班巴尔袭亲王。后尝一为宁夏将军，以袒庇属人争勘地界，罢之。

嘉庆四年，陕甘总督长麟奏征是部征教匪兵归其部。五年，甘肃按察使姜开阳疏言："中卫边外有大小盐池，今为阿拉善王所辖，其盐洁白坚好，内地之民皆喜食之。大约甘肃全省食阿拉善盐者十分之六，陕西一省亦居其三。闻阿拉善王但于两池置官收税，不论蒙古、汉人，听其转运，故于民甚便。私贩甚多，骆驼牛骡什佰成群，持梃格斗，吏役不敢呵止。今拟令沿边各州县于各隘口盐所从入之处，设局收税，亦计所驮多少为税之轻重。彼所收者池税，我所收者过税。既无碍于阿拉善王，又易私贩为官贩，两便之道。"十一年，阿拉善王因回民私贩丽法，献其池归官办，置运判于碛口。每年予阿拉善王银八千两，池属宁夏道专管。十七年，改归商办，酌定口岸，示以限制，改碛口大使为皇甫川大使，专司稽察。吉盐水贩止准运至皇甫川，以盐池敕还阿拉善王，停其偿岁，而以吉盐八万七千余引配于潞引，由潞商包纳吉课。咸丰四年七月，亲王星毕捐输开采哈勒津库察地方银矿。定甘肃收阿拉善盐商备济军饷。同治初年，回匪滋事，屡征是部兵协剿。三年，阿拉善亲王贡桑珠尔默特以匪扰宁夏，呈理藩院乞援。时西路多警，是部台递送，南自甘、凉，西自额济讷土尔扈特，军报至乌拉特以达归化。四年四月，都兴阿军大破回匪于平罗、宝丰，是旗协理台吉阿布哩亦败扑入磨石口之匪。谕嘉奖贡桑珠尔默特，仍饬严防各口，兼办驼运。七年，贡桑珠尔默特采买米麦济穆图善中辅之军，解耕牛一百余只酌借贫民，俾时耕种。四月奏入，上复嘉奖。十二月，回匪由平罗窜是部，大肆劫掠，至碛口踞之，攻围王府，杀伤官兵。贡桑珠尔默特复咨穆图善乞援。八年，定安派蒙员乌尔罔那逊往是部乌兰木头地方剿陆路回匪。四月，屡败回匪于下永和姜、上永和姜。碛口踞匪又窜陕境。是月董马原回匪窜是部境，围定远营城，毁家茔、府第、寺庙。鄂尔多斯与额济讷河土尔扈特文报路断，贡桑珠尔默特督蒙古官兵婴城固守。七月九日，提督张曜遣部将杨春祥等率兵解定远城之围，匪退广宗寺，又败之，越山遁。次日，杨春祥等进军贺兰山。八月，金顺进军碛口，遂次平罗。九月，张曜抵宁夏，沿途之沙金托海、三道河、碛口、石嘴山等处皆驻官兵。九年十一月，回匪复窜阿拉善南界之红井一带，贡桑珠尔默特派副佐领鄂肯会官军副将郝永刚等败之。匪窜永碛口，掠阿拉善，复设台站十一处。十年五月，金顺奏："宁夏山后阿拉善旗有西来窜贼劫掠。现筹于南北要冲碛口、横城等处派队扼扎。"十一年，赛盟阿尔米毕特旗窜来回匪至沙尔杂一带，张曜以阿拉善王请兵剿办，令孙金彪分扎柳林湖一带，兼顾蒙地。是年八月，陕甘总督左宗棠奏准蒙盐仍祗从一条山、五卡寺至皋兰、靖远、条城，经安定、会宁、陇西、秦州，转运汉南一带销售，每百斤收税银、厘银各八分。十三年四月，袁保恒奏："宁夏采运，须取道阿拉善额济讷蒙古草地，以达巴里坤。而额济讷牧地近年被匪蹂躏最深，无可藉资，必以阿拉善驼只为主。当饬阿拉善协理台吉派员来宁商办。臣与管旗章京玛呢阿尔得那筹拟，按程设立三十四台，专司带领道路。另雇蒙驼一千五百，民驼五百，各以五百任运一段，班转递运，每次可运官斛八百石，限四十月运至巴里坤，间二十日由宁夏发运一次。"谕左宗棠酌度情形，派员赴宁夏接办。光绪四年七月，以关内外肃清，裁阿拉善所设台站。

二十六年，拳匪滋事，阿拉善亦出教案。二十七年三月，予各省官员上年保教不力惩处，阿拉善亲王贡桑珠尔默特传旨申饬。其后是部三道河一带教堂租种地亩益多，引河为渠，开田万顷，日以富饶。宣统二年，督办盐政大臣载泽奏："山西行销蒙盐，西路以阿拉善为主，以鄂尔多斯辅之。有矿，有林木，幅员广阔。其北毗连赛盟南境各旗，南邻甘肃镇番等九县，为漠南蒙古大部落。自为一部，不设盟，受宁夏将军节制。"有佐领八。

额济讷，旧土尔扈特部，在阿拉善旗之西。东古尔鼐，南甘肃毛目县丞地，北阿济山，东南合黎山，南与东北、西北皆大戈壁，当甘肃省甘州府及肃州边外。

系出翁罕六世孙，曰玛哈察蒙古。有子二：长曰贝果鄂尔勒克，有曾孙曰书库尔岱青。第四子曰纳木第凌，生纳扎尔玛穆特，为土尔扈特阿玉奇汗族弟。阿玉奇汗游牧额勒济河。康熙四年，诏封纳扎尔玛木特之子阿喇布珠尔为固山贝子，赐牧色尔腾。先是阿喇布珠尔尝假道准噶尔谒达赖喇嘛，既而阿玉奇与准噶尔策妄阿喇布坦修怨，阿喇布珠尔自唐古特还，以准噶尔道梗，留嘉峪关外，遣使至京师。上悯其无归，故有是命。五十五年，阿喇布珠尔奏请从军效力，诏率兵五百驻噶斯。旋卒，子丹衷袭。

雍正七年，来朝，晋贝勒。九年，以色尔腾牧通噶斯之察罕齐老图，惧准噶尔掠，乞内徙。陕甘总督查郎阿令携戚属游牧阿拉古山、阿勒坦特卜什等处。寻定牧额济讷河。乾隆四十八年，予世袭罔替。

同治中，回匪滋事，陷肃州。是部与连境，蹂躏特重。时西路文报梗，是部设台站，递至阿拉善以达归化。九年以后，肃州回匪屡出扰是部境以北，窜赛、扎两盟，犯乌里雅苏台、科布多。福济、定安、张廷岳先后奏："贼匪皆来自土尔扈特贝勒游牧，请饬左宗棠拨军防剿。"十二年，是部贝勒达什车凌以防堵回匪阵亡。光绪五年，大学士陕甘总督左宗棠为恤请。十二月，赠郡王衔，予恤银一千一百两。三十年，延祉等迎护达赖喇嘛往西宁，经是部。地杂戈壁，较诸部为艰苦，北接扎盟南境。各旗有佐领一，不设盟长，受陕甘总督节制。

卷五百二十一　　列传三百八

藩部四

喀尔喀土谢图汗部　喀尔喀车臣汗部
喀尔喀赛因诺颜部　喀尔喀扎萨克图汗部

土谢图汗部，称喀尔喀后路，至京师二千八百余里。东界肯特山，西界翁吉河，南界瀚海，北界楚库河。

元太祖十一世孙达延车臣汗，游牧瀚海北杭爱山界。子十一，格呼森扎扎赉尔珲台吉其季也。兄图噜博罗特、巴尔苏博罗特、阿尔楚博罗特、鄂齐尔博罗特等，由瀚海南徙近边，为内扎萨克敖汉、奈曼、巴林、扎噜特、克什克腾、乌珠穆沁、浩齐特、苏尼特、鄂尔多斯九部祖，详各传。独ézр部号喀尔喀，留故土，析众万余为七旗，授子七人领之，分左、右翼。其掌左翼者，为第三子诺诺和及第五子阿敏都喇勒。诺诺和号伟征诺颜，子五：长阿巴岱，号斡齐赖赛因汗；次阿布瑚，号墨尔根诺颜，徙牧图拉河界，今土谢图汗部二十扎萨克皆其裔。阿巴岱子二：长锡布固泰，号鄂尔斋图珲台吉，为扎萨克贝子锡布推哈坦巴图尔、辅国公巴海、台吉车凌扎布、青多尔济四旗祖；次额列克，号墨尔根汗，为土谢图汗察珲多尔济、扎萨克郡王噶勒丹多尔济、贝勒西第什哩、车木楚克纳木扎勒、辅国公车凌巴勒、三达克多尔济、台吉巴朗、班珠尔多尔济、辰丕勒多尔济、朋素克喇布坦十旗祖。阿布瑚子三：长昂噶海，继墨尔根诺颜号，为扎萨克郡王固噜什喜，台吉车凌、开木楚克、成衮扎布、逊笃布五祖；次喇瑚里，号达赖诺颜，为扎萨克台吉礼塔尔一旗祖；次图蒙肯，号昆都伦诺颜。初喀尔喀无汗号，自阿巴岱赴唐古特请达赖喇嘛迎经典归，为众所服，以汗称。子额列克继之，号墨尔根汗。额列克子三：长衮布，始号土谢图汗，与其族车臣汗硕垒、扎萨克图汗素巴第同时称"三汗"。

崇德二年，衮布偕硕垒上书通好。三年，遣使贡驼、马、貂皮、雕翎及俄罗斯鸟枪，命喀尔喀三汗岁献白驼一、白马八，谓之"九白"之贡，以为常。

顺治三年，苏尼特部长腾机思叛逃，豫亲王多铎率师追剿，至扎济布喇克，衮布遣喇瑚里等以兵二万援腾机思，为大军所败，弃驼马千余窜额尔克。楚琥尔者衮布族也，复私掠巴林部人畜，诏使责之。会所部额尔德尼陀音贡马至，敕归谕其汗等擒献腾机思，并以所掠归巴林。五年，腾机思降，衮布等表乞罪，诏各遣子弟来朝，不从。八年，以其部不归巴林人畜，仅献驼十、马百入谢，严谕诘贡。十年，命侍郎毕哩克图往察巴林被掠人畜，衮布等匿不尽给。会喇瑚里之子台吉木塔尔携众来归，封扎萨克亲王，驻牧张家口外塔噜浑河，因诡言巴林人畜木塔尔尽携往，应就彼取，并乞遣木塔尔等还。谕曰："尔等不遵旨遣子弟来朝，不进本年九白常贡，不尽偿巴林人畜。冒此三罪，反请遣还来归之人，是何理耶？今即各遣子弟来朝，尽偿巴林人畜，朕亦弗使木塔尔等还，尔自择之！"是年秋，遣使补贡九白，至张家口，诏勿纳。十二年夏，土谢图汗察珲多尔济继其父衮布为左翼长，约同族墨尔根诺颜、达尔汉诺颜、丹津喇嘛等，表遣子弟来朝。谕曰："尔等遵旨服罪，朕不咎既往，其应归巴林人畜缺少之数，悉从宽免。嗣后逃人至此，当即遣还。"冬，复遣使乞盟，许之，赐盟于宗人府。是年，设喀尔喀八扎萨克，仍分左、右翼，命土谢图汗及墨尔根诺颜各领左翼扎萨克之一。十五年，遣大臣赍服物赉之。

康熙二十三年，以其部与右翼扎萨克图汗成衮构衅，命阿齐图格隆偕达赖喇嘛使谕解之。二十六年，察珲多尔济偕车臣汗诺尔布等疏上尊号，谕曰："尔等恪恭敬顺，具见悃忱，但宜仰体朕一视同仁、无分中外至意。自今以后，亲睦雍和，毋相侵扰，永享安乐，庶慰朕怀，胜于受尊号也。"

二十七年，厄鲁特噶尔丹掠喀尔喀，察珲多尔济拒弗胜，偕族弟固噜什喜等携属来归，诏附牧苏尼特诸部界，发归化城仓米赡之。二十八年，复遣内大臣费扬古往赈，谕廷臣曰："朕闻土谢图汗属众有乏食致毙者，深为轸念。费扬古采买牲畜尚须时日，著速发张家口仓米运往散给，计支一月，牲畜继之，则众命可活矣。"二十九年，诏察所属贫户，遣就食张家口。

三十年春，上以察珲多尔济来归后，车臣汗乌默客、扎萨克图汗成衮子策旺扎布踵至，喀尔喀全部内附，封爵官制宜更，且降众数十万错处，应示法制俾遵守，将幸多伦诺尔行会阅礼，诏理藩院檄察珲多尔济等随四十九旗扎萨克先集以俟。尚书马齐奉命往议礼，定赏格九等，坐次七行，以察珲多尔济为之首。夏四月，驾至，喀尔喀汗、济农、诺颜、台吉等三十五人以次朝见，谕曰："尔等以兄弟之亲，自相侵夺，启衅召侮，至全部溃散。其时若令四十九旗扎萨克将尔人众收取，尔部早已散亡。朕好生之心出于天性，不忍视尔灭亡，给地安置，复屡予牲畜、糗粮以资赡养，用是亲临教诲，普加赏赉。会同之时，见尔等倾心感戴，特沛恩施，俾与四十九旗同列，以示一体抚育，罔分中外，尔等其知朕意。"寻命改所部济农、诺颜旧号，封王、贝勒、台吉有差，各授扎萨克，编佐领，仍留察珲多尔济汗号统其众，自是始称土谢图汗部。三十一年，改喀尔喀左翼为三路，土谢图汗称北路。

三十五年四月，上亲征噶尔丹，所部诸扎萨克奏："臣等被噶尔丹掠，全部溃，赖圣主天威正其罪，请从征效力。"谕毋庸尽行随往。五月，大军既破噶尔丹于昭莫多，凯旋，大赉之。明年，噶尔丹窜死，朔漠平，诏所部归图拉河游牧。四十年，赐牧产赡给。五十四年，以准噶尔策妄阿喇布坦煽众喀尔喀，命散秩大臣祁里袞率大军赴推河侦御。廷议屯田鄂尔坤、图拉裕军食，诏询土谢图汗旺扎勒多尔济勘奏所部可耕地，因言附近鄂尔坤、图拉之苏呼图克喇乌苏、明爱察罕格尔、库尔奇呼、扎布堪河、察罕廋尔、布拉罕口、乌兰固木及额尔德尼昭十余处俱可耕，命公傅尔丹选善耕人往屯种。是年，诏简所部兵驻防阿尔泰。六十年，命土谢图汗旺扎勒多尔济督理俄罗斯边境事。

雍正二年，北路军营移驻察罕廋尔及扎克拜达哩克。三年，以增设赛因诺颜部，定所部为喀尔喀后路。四年，旺扎勒多尔济等因额尔德尼昭乏相宜谷种，遣人购之俄罗斯，并请助屯田兵粮。谕廷臣曰："前议屯田时，曾有奏言喀尔喀未必踊跃从事者。朕思此举正为伊等计及久远，岂有反不乐从之理？今果感恩抒诚，与朕意相符，殊可嘉尚，交理藩院议叙。"寻各予纪录，并赉币有差，诏如议。五年，以库伦及恰克图为所部与俄罗斯互市地，诏非市朝毋许俄罗斯逾楚库河界。是年，赛音诺颜亲王额驸与俄罗斯定界。九年，选兵随大军剿噶尔丹策凌。十三年，撤大军还，诏所部兵留驻鄂尔坤及乌里雅苏台。

乾隆元年，复选兵赴鄂尔坤防秋。六年，命参赞大臣都统塔尔玛善察阅防秋兵于乌克图尔济尔哈朗。以哲布尊丹巴呼图克图移居库伦，命土谢图汗敦丹多尔济驻守其地护视之。十三年，选驼五百运归化城米赴塔密尔军营，命土谢图汗延丕勒多尔济督理俄罗斯边境事。十七年，增防鄂尔坤兵。十九年，移驻鄂尔海喀喇乌苏。是部扎萨克亲王额琳沁多尔济授西路参赞大臣。二十年，进剿达瓦齐于伊犁。时降酋阿睦尔撒纳谋据伊犁，上烛其奸，诏入觐。定北将军班第由尼楚衮军营遣额琳沁多尔济护之行。至乌隆古河，阿睦尔撒纳以北路定边左副将军印授之，诡称归治装，由额尔齐斯河驰遁。翌日，额琳沁多尔济追之弗及，论罪削爵拟斩，谕赐自尽。多罗贝勒车布登亦以驻防库克岭，不力追叛酋之巴朗，降贝子。而扎萨克辅国公车登三丕勒以俘酋袞咱卜功，扎萨克一等台吉达什旺勒以擒叛酋之和硕特讷默库功，扎萨克一等台吉班珠尔多尔济以获阿睦尔撒纳旗纛甲胄功，扎萨克一等台吉三都布多尔济以赴扎布堪获阿睦纳撒纳之孥及班珠尔等，并诛叛贼固尔班和卓辈功，均进爵赉赏有差。

先是，土谢图汗部编佐领，积三十七旗。以分置赛因诺颜部，析二十一旗，留十六旗，仍隶土谢图汗部。寻增四旗。扎萨克凡二十，盟于汗阿林，设正副盟长及副将军、参赞各一。爵二十有一：土谢图汗一；扎萨克和硕亲王一，由贝勒晋袭；附公品级一等台吉一；扎萨克多罗郡王二，一由贝勒晋袭；扎萨克固山贝子二，一由郡王降袭，一扎萨克台吉晋袭；扎萨克辅国公六，三由扎萨克台吉晋袭；扎萨克一等台吉八，一由贝子降袭。

是部本为喀尔喀四部之首，内则哲布尊丹巴，住锡库伦，外则邻接俄罗斯，有恰克图互市，形势特重，号称雄剧。乾隆二十七年，于是部中旗汗山北之库伦置办事大臣，以满洲大员任之；别选蒙古汗、王、公、扎萨克一人为办事大臣，同厘其务。和硕亲王多罗额驸桑斋多尔济以乾隆二十三年赴库伦协理俄罗斯边境事。二十七年，停互市。二十九年，桑斋多尔济请增库伦卡坐，派兵屯田依瑋、布尔噶勒台等处，不许。三十年六月，命阿里袞索琳查办恰克图潜通贸易一案，以桑斋多尔济私听蒙人仍与俄商贸易，论罪削爵；办事大臣丑达以私市得贿正法。十月，以是盟扎萨克贝子伊达木什布管俄罗斯卡坐。三十三年，库伦办事大臣庆桂等奏俄罗斯遣使乞开关交易，允之。仍申内地商人图增价值之禁。寻命桑斋多尔济复任。

四十二年，定库伦办事大臣兼辖办事章京，民、蒙交涉事件均具报办理例。四十三年，桑斋多尔济奏俄罗斯人私越边口卖马，俄员玛玉尔不肯前来，暂停贸易，即咨示俄固毕纳托尔，上是之。七月，谕桑斋多尔济会同办事大臣博清额，商办内地商人给还俄罗斯欠货。十一月，桑斋多尔济卒，命土谢图汗车登多尔济往库伦协同博清额办事。四十五年，复开市。四十八年，以车登多尔济私给乘骑乌拉黄缎照票，罢库伦办事大臣，命赛因诺颜亲王拉旺多尔济代之，仍命桑斋多尔济之子郡王蕴端多尔济随同办事，定喀尔喀四部乌拉章程。十二月，命蕴端多尔济列名在办事大臣勒保之前。四十九年，以俄罗斯属布里雅特人劫内地往乌梁海贸易商民，赔货而不交犯，屡檄其国。五十年春，以俄罗斯覆文支吾推宕，复停恰克图互市。办事大臣松筠因定沿边蒙古需用烟茶匹章程。

五十一年九月，定土、车两部及赛、扎两部每年各带一部人入围场，土、车两盟部落人交库伦办事王大臣带领习围，赛、扎两盟部落人仍交乌里雅苏台将军大臣带领习围，并令部落每年自汗、王至公各拣派一人，台吉内各拣派四人，领职衔较大者二名，微末台吉二名，仍作十名善射赴木兰习围例。五十四年，俄属布里雅特人伤我出卡巡兵，松筠檄俄固毕纳托尔捕送置之法。适有自俄归之土尔扈特喇嘛萨麻林言俄将兴兵构衅。廷旨命松筠檄问。五十五年，是部戈壁数旗灾，扎萨克台吉乌尔湛扎布报以应收赋及自畜牛羊赈给，并令有力台吉官兵捐恤贫者。事闻，上嘉之。五十六年，松筠奏俄守边目力辨其诬，诏诛萨麻林，许俄复市。松筠与接任办事大臣普福、协办贝子逊都布多尔济赴恰克图，晓谕俄固毕纳托尔，嗣后如遇会办事件，应如例迅速完结，命盗案犯，应送恰克图鞫实正法，彼此约束商贩，毋有积欠，因与立约，永为遵守。

嘉庆七年三月，土谢图汗车登多尔济等备行围进哨马匹，上嘉之。八月，定土谢图汗、车臣汗二部事务在库伦会集，与办事大臣一同办理例。自是土、车二部重大事件，皆由库伦办事大臣专奏。允蕴端多尔济请，每逾十年巡察俄罗斯交界卡伦一次。八年八月，允蕴端多尔济请，土谢图汗部扎萨克齐旺多尔济、齐巴克扎布等旗，及哲布尊丹巴呼图克图徒众所属地方，免驱逐种地民人禁。嗣后另垦地亩，添建房屋，侵占游牧，并令从前租种者，按地纳租。娶蒙女为妻者，身故之后，妻子给该处扎萨克为奴隶。呼图克图徒众地方即为其所属。并定该处居民按人给照，每年由蕴端多尔济派员检查，造册报院；及再有无照之民任意栖止，盟长、扎萨克等治罪例。二十三年，库伦遣蒙同俄员勘明疆界。

道光四年三月，以库伦章京尚安泰查验伊瑋等处种地民人不能核事，致民人等盘踞游牧，署车凌多尔济扎萨克印务之台吉贡苏伦呈报驱逐，又误毁领照人民房屋，命夺职，蕴端多尔济等处。仍申各旗容留无票民人之禁。七年，蕴端多尔济卒，以纶布多尔济代为办事大臣。

十二年，多尔济拉布坦代之。十五年，多尔济拉布坦奏喀尔喀招民垦复抛荒地亩章程，谕不许。十二月，命德勒克多尔济为库伦学习帮办大臣。十八年，多尔济拉布坦奏管卡伦扎萨克那木济勒多尔济擅以奇尔浑卡伦兵丁与明济卡伦兵丁互相移驻，撤差，仍议处。十九年，允哲布尊丹巴往库伦之北伊鲁格河温泉坐汤，命办事大臣福英护视。四月，多尔济拉布坦卒，以德勒克多尔济代为库伦办事大臣。二十一年六月，俄罗斯萨纳特衙门咨理藩院，闻中国严禁鸦片入界，已谆饬所属不得在交界之处互相贩带偷运。谕库伦办事大臣严禁内地贸易人等在交界处所私行贩运烟土，以绥外藩、除积弊。二十二年九月，德勒克多尔济以库伦地方ánь民盘踞一案，下部议处。

咸丰四年，土谢图汗、车臣汗两部汗、王、公、台吉等请捐助军需，温旨却之。八年，允俄罗斯使人由库伦至张家口入京。十一年，德勒克多尔济迁，以多尔济那木凯代为库伦办事大臣，寻命车臣汗阿尔塔什达代之。以办事大臣色克通额带演练乌枪兵丁赴恰克图，命多尔济那木凯妥办库伦事件。四月，色克通额奏俄商欲于库伦贸易，行文阻止。六月，总理各国事务王大臣奏准俄人在库伦修理公馆。十一月，色克通额奏俄商擅往蒙古各旗贸易。谕守约开导，并交总理各国事务衙门照会俄使禁阻。十二月，撤恰克图习枪炮兵。

同治元年，定俄国《陆路通商章程》条款。三年，以新疆回乱，调土谢图汗、车臣汗两部蒙兵赴乌鲁木齐等处助剿。四年三月，以土、车两盟蒙兵溃散回旗，谕文盛等不必再令赴营。以图盟援击城蒙兵逗留，扎萨克达尔玛僧格严议。五年，命办喀尔喀四盟捐输。六年，调土、车两盟兵一千五百名驻防卡伦。八年，改订中俄《陆路通商章程》，两国边界贸易在百里内均不纳税；俄商许往中国所属设官之蒙古各处，亦不纳税；其不设官之蒙古地方，该商欲前往贸易，亦不拦阻，惟该商应有边界官执照。

九年二月，回匪东窜，自三音诺颜左翼右旗扎萨克阿巴尔米特游牧扰是部左翼后旗镇国公巴勒达尔多尔济游牧。办事大臣张廷岳等奏："蒙古地方幅员辽阔，蒙众皆择水草旺处游牧，相距数十里始有毡庐。且百余年安享太平，久不知兵。贼知蒙古易欺，是以百数成群，纵横肆扰。拟调驻卡伦蒙兵，檄两部落盟长等带往西南一带，与各旗官兵协剿。库伦地方塔庙甲于各旗，商贾辐辏，人烟稠密。现派桑卓特巴等调集喇嘛、鄂拓克防护庙宇。又令商民办理保甲，以资守御。"六月，张廷岳等奏以土盟兵九百名交扎萨克公奈当等防守额尔德尼昭。七月，俄调马队在库伦操演，谕张廷岳等查察。寻以乌里雅苏台危急，张廷岳等奏调土、车两盟兵会剿。十二月，请以赛、扎两盟协助库伦官兵二百名归并赛、扎两盟，派兵分防要隘。

十年二月，回匪复窜额哲呢河一带，图犯库伦。张廷岳等奏迅檄达尔济等军赴哈尔尼敦西北地方防剿。十一年，张廷岳奏："前调土、车两盟官兵饷糇，上年由两盟捐输支给。乌城被陷，复奏调内地官兵来库防剿，檄土、车两盟及沙毕捐备马三千匹，资汉队骑乘，又借雇驼马数千只，分赴各台。两盟官兵自上年遣散，改征作防，应需驼马三千余只，亦系各旗摊派。"四月，回匪窜是部左翼中旗郡王拉苏伦巴咱尔游牧，焚掠府庙，东犯莫霍尔、嘎顺等台。张廷岳遣蒙员札齐鲁克齐、伯克瓦齐尔等追败之于乌拉特中旗沙巴克乌苏地方。六月，副参统杜嘎尔奏回匪于四月由图盟公巴勒达尔多尔济游牧窜出顺新地方。五月，窜郡王拉苏伦巴咱尔游牧之巴尔图叟吉地方。派吉尔洪额带队改道蹑贼。时回匪复西窜左翼中左旗扎萨克达尔玛僧格游牧，至乌拉特中公旗之布特拉地方。吉尔洪额会伯克瓦齐尔进击，大胜之。

八月，回匪复窜是部左翼后旗公巴勒达尔多尔济游牧，直趋翁吉河一带。别股窜哲林等台，赛尔乌苏西北台路断。张廷岳等奏察哈尔所派达尔济一军抵吉河之乌勒干呼秀地方。与是部左翼中左旗公齐莫特多尔济及伯克瓦齐尔二营相掎角。是月二十一日，伯克瓦齐尔败贼于察布察尔台之察罕吉哩玛地方。二十六日卯刻，伯克瓦齐尔星夜由间道穷追，绕出东犯库伦匪前，败之于阿达哈楚克山额里音华地方。午申刻连再捷，获驼千余、马四百，围贼于毕留庙，相持六昼夜。九月二日，达尔济军至毕留庙西北驻营，匪以投诚绐之。达尔济遽阻伯克瓦齐尔军巡逻，匪于是夜轻骑西遁。十二月，张廷岳等奏前窜乌、库两城回匪，现均返肃州老巢。宣化、古北口二军于本年到库，择要设防，足资捍卫。土、车两盟官兵拟裁半留半，每届半年，轮换防护官署昭庙，撤沙毕兵。

十二年二月，回匪复扰左翼后旗公巴勒达尔多尔济游牧，寻遁。三月，张廷岳等奏："库伦事务较繁，请土、车两盟之协理将军，饬令每年轮班在库听候差委，勿赴乌城。"下金顺等会商覆奏。谕催山东于五月前解清库伦饷银十万两，赍库伦商民团勇。定变通办理库伦军需章程。十三年九月，库伦办事大臣阿尔塔什达卒，以那木济勒端多布代之。

光绪元年，以库伦解严，撤回直隶古北口练军。四年十一月，以库伦、哈拉河等处游匪尚多，仍拨直隶宣化练军二百五十名驻之。五年二月，以穆图善奏，谕饬土谢图汗迅将撤回托果布拉克、图固里克二台帮台官兵驼马，催令仍回本台。五月，予捐输银两之土谢图汗那逊绰克图等奖。六年正月，以改议俄国归还伊犁约сти，筹备边防，派土、车二盟兵二千蒙兵驻库伦，拨军火及备蒙古包银。十二月，给库伦防兵月饷。七年二月，撤驻库伦蒙兵。四月，以库伦为俄人来往冲途，调喜昌为库伦办事大臣，统新军千人赴之。是年，中俄订《续改陆路通商章程》，俄国商民往蒙古贸易者，祇能由章程附清单内。卡伦过界，应有本国官所发中、俄两国文字，并译出蒙文执照，注明姓名、货色、包件、牲畜数目，于入中国边界时，在卡伦呈验。其无执照商民过界，任凭中国官扣留。

八年四月，喜昌奏考察库伦时势边防情形，量议变通。一、库伦与恰克图屯军分驻。一、恰克图改设道员镇守边塞。一、库伦选练土著学试屯垦。一、库伦属境暨接连邻省地方酌量屯兵。下所司议，格。寻以喜昌奏劾土盟盟长车林多尔济，罢之，并下理藩院，议注销土、车两盟王公等驻班乌里雅苏台会盟之案。八月，喜昌等奏库伦近与俄邻，为漠北第一咽喉。现驻兵设防，馈运转输，旧站绕远，亟宜变通，改设捷径。谕饬乌里雅苏台将军、察哈尔都统迅速妥筹覆奏。

九年二月，喜昌奏台站迟滞，拟饬运草养驼，以资供应，并陈报灾不实等情。谕绥远城将军丰绅等按照原奏斟酌妥办。三月，察哈尔都统吉和等奏穆霍尔、嘎顺等九台之官兵潜逃，诏喜昌等饬各旗竭力供差，不准推卸，仍严禁兵丁骚扰台站。八月，察哈尔都统吉和等奏抚恤灾荒，安设台站。喜昌又劾车林多尔济权势太重，把持公事，串通各旗虚报灾荒，遣撤官兵需用驼只，复为掣肘，各旗派拨帮台，延不到差。谕新任办事大臣桂祥密查具覆。时俄势日盛，诸部王公渐生携贰。喜昌所议置官、驻军、屯田、改台诸大端，皆以消患未萌。中朝重更张，致所请无一行者，卒以病去，并撤其军。辛亥之变，实酿于此，识者惜之。九月，喜昌奏饬图什业图汗部未被灾各旗暂行帮台。寻库伦办事大臣那木济勒端多布兔，以土谢图汗那逊绰克图代之。

十年正月，以土谢图汗部左翼中郡王阿木噶巴扎尔等四旗被灾特重，谕桂祥等妥筹减缓差徭，予劝捐赈灾之哲布尊丹巴呼图克图扁额。十二年，桂祥劾哲布尊丹巴之商卓特巴索讷木多尔济居心巧诈，意构边衅，革之。十六年八月，库伦办事大臣安德等奏库伦所属恰克图等处开办金矿，华商既无可招，洋商则断不可招集，陈窒碍难行情形，下所司知之。十二月，御史联叚奏库伦商卓特巴喇嘛达什多尔济欺朦把持，擅权科敛，下理藩院。十八年七月，定联接中俄陆路电线。哲布尊丹巴所住之庙被火，佛像经卷胥毁。土盟等四盟王公捐助重建，而商卓特巴以此假贷商人，摊派沙毕者遂重。二十年九月，安德奏日本变动，民情惶惑，请仍调官兵驻库伦，谕李鸿章酌度。

二十二年六月，库伦办事大臣桂斌奏："哲布尊丹巴呼图克图属沙毕一项因苦特甚，流亡过多。呼图克图忠厚存心，用人失当，一任喇嘛等勾通内地商民以及在官人等百方求取，若罔闻知。迨用度过窘，不得不加倍苛派，所由欠负累累，上下交困。体访其属堪布喇嘛诺们汗巴勒党吹木巴勒为僧俗所仰慕，应责成清理已撤署商卓特巴巴特多尔济等，凡一切商上应办事宜，悉心诿商，妥为筹画。先将沙毕等应派光绪二十二年分摊款，查照十年以前，各按牲畜多寡，秉公匀摊，不准加派，核实酌裁。近年增添浮费，务量所摊搏节动用，俾纾民力。并请将东营台市甲首各商，每遇两大臣节寿酬款项不减不增，按年代哲布尊丹巴归商欠。"下所司知之。寻又奏定恰克图规费，化私为公，提满、蒙大臣经费。七月，奏请定库伦大臣与哲布尊丹巴呼图克图往还体制是否平行，有曰："公事之间，备极融洽；相见之际，多似参商。实则哲布尊丹巴已骄蹇跋扈，与办事大臣积不相能。"十一月，桂斌奏："土盟所属西北旗库哈喇河一带，向有开垦地亩，播种杂粮，曾经奏明不准续垦。每届台市章京更换实任，由库伦大臣扎委会同扎萨克等前往清查有无续垦。兹届应查之期，照章派委台市章京理藩院员外郎奎显往查，将所得陋规呈请核办，约计二千数百两。当将两大臣此次款费全发商人收还，其余各项，暂照成案分责各员，俾资津帖。"

二十三年六月，办事大臣连顺奏哲布尊丹巴呼图克图与蒙古办事大臣图什业图汗那逊绰克图两不相能，请革办事大臣之任。谕从之，并饬嗣后遇有此等事件，务妥为斟酌，勿听呼图克图一面之词。以土盟中旗贝子朋楚克车林为库伦办事大臣。连顺以："桂斌所奏归还哲布尊丹巴商欠办法，四成实银，分年带销，虽恤蒙情，未恤商情，致该商等亏累太多，不敢与沙毕内外两仓及鄂拓克交易。而两仓鄂拓克虽有牲畜，无处易换，市井萧条，诸货不能畅销。现呼图克图之庙工久竣，应照桂斌所奏，不得苛派，休息蒙众。两仓所用货物银茶及鄂拓克息借之款，应循旧日章程，设法算拨。"又奏："据土盟盟长密什克多尔济转据各旗呈报，现查各旗呈报，并无未领限票民人种地之事。其由库伦台市章京衙门请领限票来旗贸易者，均随来随往，或搭盖土房存货收账，牛羊并不孳生。垦荒民人建房养畜，每年交地租茶数十箱或百箱不等。复据商民元顺明等七家呈，认种荒地，每年有地租茶，牲畜存厂，每年有草厂茶。请将认种前大臣桂斌捐款原茶交还。"旨如所请。并将查地陋规化私为公，裁台市章京查地之差。

二十四年，劝办昭信股票。连顺奏图什业图汗、车臣汗两部落王公及哲布尊丹巴呼图克图等，情愿报效市平银共二十万两。五月，土、车两盟王公及哲布尊丹巴沙毕、喇嘛等陈请不愿领昭信股票，温谕嘉之，仍饬一并给奖。以设库伦、恰克图电线，理藩院奏采伐土盟各旗官山木植。

先是，库伦西北各旗至恰克图一带内地人民，率以租地垦荒为名，偷挖金砂，俄人亦多越界潜采，查禁驱逐，具文而已。至是连顺奏："土、车两盟各旗界内库伦东北六台地，约合三百四十余里，西自鄂尔河、哈拉河至额能河，共有金矿三处。又西北九台地，约合五百三十余里，北自色垌河至伊鲁河，共有金矿二处，周围二百余里，金苗甚旺，以伊鲁河所产为最佳。惟产自河内，水势颇深，人力掏取，所得有限。必用西法以机器汲水，雇工开挖，其利方厚。拟招集巨款，延聘矿师，购运机器，相地开采。宣同时举办，于居中扼要之处，设一总厂。综计成本约需银三百万两。"复据天津税司俄人柯乐德利库西称蒙古金矿，中国集款兴办时，俄人亦愿附股，仍可代为招集，严遵中国章程。如用俄人，应听中国官员约束，通盘筹画。鄂尔河等五处金矿，拟请招商集款，合力开采，由中国自行举办，并准附招俄股，请简派大员专司督率。下总理各国事务衙门会同矿务大臣议行。寻命连顺督办蒙古鄂尔河等矿。

是年，李鸿章等奏中俄会订条约。俄国准在中国蒙古地方贸易，其蒙古各处及各盟设官与未设官之处，均准贸易，照旧不纳税。其买卖货物，或用现钱，或以货易货均可。并准俄民以各种货物抵账。在库伦设领事，科布多、乌里雅苏台俟商务兴旺添设。

二十五年十月，奏集股开采，以土、车两盟同时共举为宜，即集土、车两盟盟长切实劝谕，俾知开矿之举，不特保卫边疆，并开蒙古生计，报闻。土盟盟长密什克多尔济以连顺等劝阻挠开矿，罢之。十一月，洛布桑达什面谩哲布尊丹巴，以玩亵黄教议处。理藩院奏蒙古王公等请停办矿务，命昆冈、裕德往查办，并谕连顺缓办库伦矿务。十二月，库伦、恰克图电线工竣。二十六年，昆冈等奏停办矿务，连顺下部议处。拳匪事起，命办事大臣丰升阿等备边。

二十七年三月，丰升阿、朋楚克车林奏图什业图汗部落盟长贝子栋多布等呈，驾幸西安，请捐本年应得俸银缎匹，并量力捐马备用，哲布尊丹巴呼图克图等亦呈捐马千匹，均允纳之。六月，丰升阿等奏："上年内地拳匪肇祸，猝启兵端，库伦、恰克图等处中外各商，纷纷迁徙，互相疑惧。当与驻库俄领事官施什玛勒福等再三晤商，均能奉约惟谨，力顾邦交。彼时虽有俄兵防守，尤能实力保护中外商民、蒙众等性命赀财，两不相扰，请予宝星。"允之。

二十九二月，以防守边疆异常出力，予土盟盟长扎萨克敦都布多尔济双眼花翎，土盟参赞郡王囊达瓦齐尔紫缰，土盟副盟长扎萨克镇国公察克都尔扎布、土盟副将军亲王杭达多尔济、总管四卡伦额鲁特扎萨克贝子达克丹多尔济乾清门行走，余给奖有差。闰五月，土盟王公及哲布尊丹巴等报效修正阳门工程银，允核给奖叙。丰升阿等奏覆改设行省，以外蒙古地方与内地边疆情形不同，一例办理，多有窒碍。得旨："是。"下所司知之。九月，乌里雅苏台将军连顺等奏土、车二盟金矿续议开办，参酌外蒙等情形，详订章程，妥筹布置。请准派税务司洋员柯乐德为总办，并简派大员专司督率，下部议。十一月，以蒙古办事大臣朋楚克车林自庚子以来，慎固边围，辑睦外人，恤商抚蒙，勤劳足录，予紫缰。

三十年，办事大臣德麟奏库伦后地蒙民租佃，拟设清垦局，以杜与外人私垦，下户部议。三月，德麟等奏办库伦统捐。达赖喇嘛以印藏启衅，避之库伦，诏延祉迎，令赴西宁。九月，予驻库伦直隶练军官弁奖，以保卫蒙商，防护外人。十月，德麟奏结图盟左翼中旗扎萨克郡王阿囊塔瓦齐尔债案。

三十一年，办事大臣朴寿奏创办厘金，委差官贾得胜等分往头台暨恰克图等处带兵稽查偷漏，分段弹压。七月，以理藩院奏，予哲布尊丹巴呼图克图女徒寮汗达拉额尔德尼车臣名号。十二月，设库伦巡警兵丁，由蒙人拣选。三十二年六月，以土盟王公等承购练兵战马，依限选齐，予盟长公衔扎萨克一等台吉敦都布多尔济等奖有差。

三十三年四月，允开库伦金矿，定权限章程。以库伦蒙古办事大臣朋楚克车林会同延祉督办矿务。三十四年二月，办事大臣延祉以派员勘丈各旗垦地，亲王杭达多尔济旗台吉巴图巴鲁抗不备台，请严加议处，允之。五月，增开依拉裕格伦南之克勒司。八月，试办库伦土药统税。设蒙养学堂，就选土、车两盟及沙毕幼童，专习满、蒙、汉语言文字，以兴办新政，蒙古通晓汉文汉语少，易致隔阂。

宣统元年闰二月，延祉等奏准设库伦理刑司员。时哲布尊丹巴呼图克图之商卓特巴巴特玛多尔济捐学堂经费八千两，延祉为请赏带膁貂褂。得旨，下理藩院核给奖叙。

十一月，以库伦各厂所出金砂较往年畅旺，给监办官等花红。

二年五月，办事大臣三多以土、车两盟沙毕等三处屡报灾祲，供亿过繁，历年息借华、俄债款，迭经报官索欠者，约计不下百余万两，竟有佔一旗之牲畜不足抵债者。而自供哲布尊丹巴外，光绪二十九年至宣统元年，库伦大臣等修理衙署及器具铺垫等项，已合银十八万余两，支应马匹、食羊、柴炭等项尚不在内。因奏核定土、车两盟沙毕供库伦大小衙门柴炭、羊数目，及限制各官调任修署添物章程。其余差使，统由各员自为筹备，并以物价昂贵，费用竭蹶，请加各员公费银一万二千两。先尽库伦外销公款项下开支，倘有不敷，由库伦金矿税款暂拨，仍言金矿逐年渐有起色，蒙困一苏，商务亦可兴旺，税额自必加增，解部之款，不至较往年为绌，下度支部议行。清中叶后，诸边将军、大臣以下俸给过薄，皆倚藩部供应为生计，三多此疏，可以例之。十月，三多奏喇嘛登曾夺犯拒捕一案，商卓特巴巴特玛多尔济迄不交出首犯，历次呈文，无理取闹，要挟具奏，恐国家法令，官长政权，将难行于蒙地，请予斥革；哲布尊丹巴自二月奉严加约束电旨后，库属喇嘛安分守法，为近年所未有，请传旨嘉奖：均允之。二年四月，是部亲王朋楚克车林为资政院钦选议员。

三年，设库伦审判各厅。军谘府亦于库伦设陆军兵备处，派员统兵驻之。是年正月，三多奏宣统二年金矿应缴官税计金砂易银十九万三千两有奇，全数作为库伦办军事之款。是月，开图盟扎萨克那木萨赖旗奎腾河金矿。四月，开雅勒弼克金矿。闰六月，已革商卓特巴巴特玛多尔济报效办理新政银二万两，三多请赏还原衔，饬回库伦署商卓特巴篆务，以是款作为修汽车路之需。八月，奏："近来边事日急，今沿途台站，于来库伦官员，则多方留难，于递库要件，则任意玩忽。请饬该管台站认真整顿。"允之。九月，三多等以额尔德尼车臣报效银一万两，奏准用杏黄围车。时哲布尊丹巴与三多不协，是部亲王杭达多尔济等以债务素密结俄人，不悦新政。于是俄照会外务部，有不驻兵、不派官、不殖民之要求。

洎武昌事起，各省鼎沸，杭达多尔济等遂于十月初九日拥哲布尊丹巴称尊号，建元立国，置内阁。以喀尔喀八十六扎萨克名义通牒中外，指斥清廷，兴复元业，驱逐外蒙之满清官兵。三多被迫去职，赛尔乌苏管站站员亦于十二月去职。于是喀尔喀四部举非清有。

是部地兼耕牧，矿产林木，均称饶富。佐领共有四十九。

车臣汗部，称喀尔喀东路，至京师三千五百里。东界额尔德尼陀罗海，西界察罕齐老图，南界塔尔衮、柴达木，北界温都尔罕。

元太祖十七世孙阿敏都喇勒有子谟罗贝玛，驻牧克噜伦河，生子硕垒，始号车臣汗。与其族土谢图汗衮布、扎萨克图汗素巴第同时称三汗。子十一，今车臣汗都二十三扎萨克皆其裔。长嘛察哩，号伊勒登土谢图，为扎萨克贝子达哩、台吉旺扎勒扎布二旗祖；次察布哩，号额尔德尼台吉，为扎萨克台吉吹音珠尔一旗祖；次拉布哩，号额尔克台吉，为扎萨克台吉色棱达什一旗祖。次本巴，号巴图尔达尔珲台吉，为扎萨克镇国公车布登一旗祖；次巴布，袭父汗号，为车臣汗乌默客，扎萨克郡王纳木扎勒、朋素克，台吉韬赉、罗卜藏、垂木扎素、额尔德尼、根敦八旗祖；次绰斯喜布，号额尔德尼珲台吉，为扎萨克辅国公车凌达什，台吉多尔济达什、固噜扎布三旗祖；次巴特玛什，号达赉珲台吉，为扎萨克贝勒车布登、辅国公车凌旺布、台吉车凌多岳特三旗祖；次车布登，号车臣济农；次阿南达，号达赉济农；次布达扎布，号额尔德尼济农；均封扎萨克贝子。阿南达子贡楚克，授扎萨克台吉，又自为一旗。

初，喀尔喀服属于察哈尔。天聪九年，大军平察哈尔，车臣汗硕垒偕乌珠穆沁、苏尼特诸部长上书通好，贡驼马。崇德元年春，以其部私与明市马，谕责之曰："明，朕仇也。前者察哈尔林丹汗贪明岁币，沮朕伐明，且欲助之，朕故移师往征。天以察哈尔为非，故以其国予朕。今尔与明市马，是助明也。尔当认察哈尔为戒，其改之！"硕垒遣伟征喇嘛等来朝，请与明绝市，上嘉之，命察罕喇嘛往赉貂服、朝珠、弓、刀、金币。二年，献所产兽曰獭喜。三年，献马及甲胄、貂皮、雕翎，俄罗斯鸟枪、回部弓箙、鞍辔，阿尔玛斯斧、白鼠裘，唐古特玄狐皮。诏岁贡九白，他物毋入献。

顺治三年，硕垒诱苏尼特部长腾机思叛，遣子本巴等以兵三万援，大军败之。师旋，诏责硕垒曰："苏尼特本察哈尔属部，向化来归，尔诱之使叛。朕遣兵追剿时，犹诚勿加兵于尔。讵意尔反称兵抗拒，以致上苍降谴，立见败衄。倘非朕饬令班师，大兵既压尔境，何难长驱直入耶？今尔若知自悔，欲赎前愆，其速擒腾机思来献！"五年，腾机思乞降，硕垒遣使献驼百、马千入谢，诏遣子弟来朝。九年，以妄争岁赏，谕责勿贡。十二年，巴布继其父硕垒为车臣汗，遣子穆彰墨尔根楚琥尔来朝，诏宥前罪，贡九白如初。是年，喀尔喀左右翼设八扎萨克，命车臣汗领左翼扎萨克之一。十五年，遣大臣赉服物谕赉之。

康熙二十一年，以所属巴尔呼人私掠为珠穆沁部界，议增汛兵，严防御。会贡使至，谕曰："朕闻尔属众与界内蒙古互相窃夺，彼此效尤，恐乖生计。朕已饬界内人毋许出境滋扰，尔亦当约束所属，守分安居。违者即拘治之，毋稍姑息。"二十二年，诏毋越噶尔拜瀚海游牧。巴布卒，子诺尔布嗣车臣汗。二十六年，偕土谢图汗察珲多尔济表上尊号，谕却之。

二十七年，噶尔丹掠喀尔喀至克噜伦河。时诺尔布及长子伊勒登阿喇布坦相继卒，孙乌默客幼，台吉纳木扎勒等携之来归，从众凡十万余户佘诏附牧乌珠穆沁诸部界，乌默客袭汗号如故。寻理藩院奏降众日多，请授纳木扎勒等乌扎萨克辖之，报可。命科尔沁亲王沙津等往示内地法度，谕曰："朕因尔等为厄鲁特所掠，怜而纳之。今观尔等并无法制约束部曲，恐劫夺不已，离析愈多。爰命增置扎萨克，分掌旗队，禁止盗贼，各谋生业。尔等果能遵而行之，寇盗不兴，祸乱不作，庶副朕抚育归降、爱养群生之至意。"二十九年，选所部兵赴图拉河，随尚书阿喇尼侦御噶尔丹。三十年，驾幸多伦诺尔会阅，诏封王、贝勒、贝子、台吉有差，各授扎萨克，编所部佐领，而以车臣汗乌默客统其众。自是始称车臣汗部。

三十一年，定所部为喀尔喀东路。三十四年，遣官往购驼马。三十五年，上亲征噶尔丹，师次克噜伦河，乌默客等以兵从。凯旋，所部沿途庆献，日亿万计。明年，诏归克噜伦河游牧。五十五年，谕所部选兵六千，以兵五千领之，由郭多里巴勒噶逊运军粮赴推河。六十年，调兵防护乌梁海降众于巴颜珠尔克。

雍正九年，选兵三千赴察罕廋尔军营从剿噶尔丹策凌。十一年，复诏以所部兵千屯游牧西界，训练防守，并追缉巴尔呼逃众。十三年，撤还。

乾隆元年，选兵赴鄂尔坤防秋。六年，命参赞大臣都统塔尔玛善察阅防秋兵于塞勒壁口。十三年，选驼五百运归化城米赴塔密尔军营。十七年，选兵四千驻防巴颜乌兰。二十年，随大军剿达瓦齐于伊犁。二十一年，以所属齐木齐格特人肆窃，命参赞大臣纳穆扎尔等往缉，置之法。谕扎萨克等曰："朕因尔等不善经理游牧，以致盗贼肆行，特命大臣前往督缉。念皆起于饥寒，复令发帑赈给贫户，以赡生业。尔等游牧，始皆宁谧。尔等习于玩愒，徒知盗贼已除，不复为贫者筹画生计。又或目前尚知约束，日久渐至废弛。当各统率所属，详察贫困之由，俾谋生有策，不至为非。即有顽悍不悛之徒，亦当严加约束，有犯必惩。务令上下安全，共享升平之福。"

荡平准部之役，是部扎萨克郡王巴雅尔什第、扎萨克辅国公达尔济雅均以俘叛贼包沁副总管阿克珠勒等功，巴雅尔什第晋亲王，达尔济雅晋贝子，扎萨克一等台吉成衮扎布多尔济以察逆贼青衮咱卜造伪符撤汛兵之诈，督兵严守各汛，予公品级，而贝勒旺沁扎布以死事伊犁，予优恤。

先是车臣汗部编佐领，置十一旗，后增十二旗。扎萨克二十有三，盟于克噜伦巴尔河屯，设正副盟长各一，副将军参赞各一。爵二十有六：车臣汗一；附辅国公一；扎萨克和硕亲王一，由郡王晋袭；扎萨克多罗郡王一；附多罗贝勒一；扎萨克多罗贝勒一；扎萨克固山贝子二，一由贝勒降袭；扎萨克镇国公一；扎萨克辅国公二；一由贝子降袭；公品级扎萨克一等台吉一；扎萨克一等台吉十三，一由贝子降袭，二由辅国公降袭；附镇国公一，由贝子降袭。

二十五年八月，命车臣汗部落一体与土谢图汗等三部落充派兵诸差。三十年，以是部扎萨克贝子旺沁扎布能约束属下，捕获私贸俄罗斯民人、蒙古等，上嘉之。四十七年，是部郡王桑斋多尔济旗与黑龙江属之呼伦贝尔巴尔虎争界，谓呼伦贝尔总管将音陈、阿鲁布拉克等卡伦私自挪移。四十八年，呼伦贝尔总管三保会桑斋多尔济及贝勒车凌多尔济带同耆老勘酌地图，由界内挖出旧设卡伦所埋记木，贝勒车凌多尔济将所属人等全行收回，桑斋多尔济仍称阿鲁布拉克一卡往外展占五十里。五十年，黑龙江将军恒秀等查办是部人等报称阿鲁布拉克卡并未外展占越，桑斋多尔济坐罚俸。咸丰四年正月，是部车臣汗阿尔罕什达捐银助军，受之，却王公等捐军需之请。

同治二年，是部郡王等旗又与黑龙江巴尔虎争界，寻命吉林将军皂保勘之。三年，调是部兵援古城，溃归。四年，扎萨克车林敦多布以逗留严议。六年，调车盟兵戍卡伦。九年，回匪东扰图盟，是部供军需，增戍役，应捐输，劳费与图盟等。九年十月，库伦办事大臣张廷岳以回匪东扰乌里雅苏台境，奏派是部贝勒干丹准车林赴额尔德尼昭会剿。寻撤回。十年六月，以回匪踞图盟左翼中旗郡王拉苏伦巴咱尔游牧，图犯库伦，又派干丹准车林统驻库蒙兵赴噶尔沁图里克、托里布拉克二台协剿。十一年十二月，以窜乌、库两城回匪均回肃州老巢，撤车盟官兵一半。十二年二月，张廷岳以乌里雅苏台将军金顺西征，库伦筹备驼只，张廷岳派员赴图、车二盟劝谕各王公等竭力捐助。

光绪七年，以改议俄约，调车盟兵驻库伦。寻以约定撤之。二十二年，将军崇观以乌里雅苏台参赞大臣摊车盟规费特重，请禁之。库伦办事大臣桂斌以车臣汗阿尔塔什达任参赞大臣作佣，请追款，谕免之。是年，桂斌奏车盟报应袭台吉已报未袭者有六百余员，积压未题者有三次之久。谕理藩院迅速核办，不准积压。二十五年九月，乌里雅苏台将军连顺奏车臣汗德木楚克多尔济阻挠矿务，与俄人交密，形状可疑，谕撤去差使。十一月，是部王公等又呈理藩院请停办矿务，命昆冈等往勘缓之。二十六年，拳匪事起，库伦办事大臣丰升阿等调是部各旗官兵自备饷项，巡防边卡。洎呼伦贝尔为俄兵所据，巴尔虎诸处避难官民均至是部界内，盟长等防守抚辑，均协所宜。二十八年，丰升阿以是部王公异常出力，请予奖励。于是车盟盟长郡王多尔济帕拉穆加亲王衔，副盟长扎萨克镇国公车林尼玛挑御前行走，参赞扎萨克辅国公那尔莽达琥赏双眼花翎，余给奖有差。

宣统二年二月，内蒙匪托克托等窜扰是部贝子桑萨赖多尔济旗，三多遣驻库宣化练军营官郑春田等迎击失利。电谕周树模饬呼伦道汛派兵往接应，而蒙匪窜俄境。是年，是部郡王多尔济帕拉穆为资政院钦选议员。三年闰六月，是部扎萨克贝子多尔济车林等报效办理新政银两，奖之。十一月，哲布尊丹巴称尊号于库伦，胁是部王、公、扎萨克等附之。

是部车臣汗阿尔塔什达、车林多尔济父子皆为乌里雅苏台参赞大臣。有矿，有盐池，有成吉思汗陵。佐领共有四十。

赛因诺颜部，称喀尔喀中路，至京师三千余里。东界博罗布尔哈苏多欢，西界库勒萨雅孛郭图额金岭，南界齐齐尔里克，北界齐老图河。

元太祖十七世孙伟征诺颜诺诺和有子五：长阿巴和，为土谢图汗部祖；次塔尔呢，无嗣；次图蒙肯；次巴赉。今赛因诺颜部二十四扎萨克，自厄鲁特二旗外，皆其裔。图蒙肯子十三：长卓特巴，号车臣诺颜，为扎萨克辅国公托多额尔德尼、诺尔布扎布、台吉图巴三旗祖；次丹津喇嘛，号诺扪汗，为扎萨克亲王善巴、辅国公旺舒克、车凌达什、台吉齐旺多尔济、素达尼、多尔济六旗祖；次车凌，次罗雅克，皆无嗣；次济雅克，号伟征诺颜，为扎萨克辅国公阿玉什一旗祖；次扎木本，其番不列扎萨克；次察斯喜布，号昆都棱，为扎萨克台吉伊达木、纳木扎勒二旗祖；次丹津，号班珠尔，为扎萨克超勇亲王策棱子亲王成衮扎布、郡王车布登扎布二旗祖；次毕玛里吉哩谛，号巴图尔额尔德尼诺颜，为扎萨克台吉丹津额尔德尼一旗祖；次锡纳喇克萨特，号珲台吉，为扎萨克台吉阿哩雅、萨木济特二旗祖；次桑噶尔扎，号伊勒登和硕齐，为扎萨克台吉沙噜伊勒都齐一旗祖；次扣肯，号巴扎尔，为扎萨克台吉济纳弥达一旗祖；次衮布，号昆都伦博硕克图，授扎萨克郡王，今袭贝勒，其曾孙额墨根，授扎萨克台吉，又自为一旗。巴赉子一，曰噶尔玛，为扎萨克镇国公素泰伊勒登一旗祖。

初，喀尔喀有所谓红教者，与黄教争，图蒙肯尊黄教，为之护持。唐古特达赖喇嘛贤之，授赛因诺颜号，令所部奉之视三汗。图蒙肯卒，次子丹津喇嘛复受诺扪汗号于达赖喇嘛。

崇德三年，遣使通贡，优赉遣归。五年，赐敕奖谕。顺治四年，以偕其旗土谢图汗衮布等合兵援苏尼特部叛人腾机思，诘责之。七年，遣子额尔德尼诺木齐上书乞好，诏偕衮布约誓定议。十一年，额尔德尼诺木齐复奉表，谕曰："尔奏言喀尔喀左翼四旗皆尔统摄，凡有敕谕，罔弗遵行。今即如所请，可速饬尔部长遣子来归。有不遵者，即行奏闻。"十二年，偕衮布等各遣子弟来朝，诏宥前罪。寻设八扎萨克，命丹津喇嘛领左翼扎萨克之一，岁贡九白如三汗例。十八年，赐"遵文顺义"号，给之印。

康熙三年，诏所属毋越界游牧。丹津喇嘛卒，子塔斯希布袭。塔斯希布卒，子善巴袭，赐信顺额尔岱岱青号。二十七年，噶尔丹掠喀尔喀，善巴率属来归。诏附牧乌喇特诸部界。三十年，驾幸多伦诺尔会阅，诏封善巴等王、台吉有差，各授扎萨克，编所属佐领，隶土谢图汗部。三十一年，善巴从弟策棱来归。策棱者，图蒙肯第八子丹津之孙，台吉纳木扎勒之子，后授固伦额驸和硕超勇亲王、定边左副将军兼外喀尔喀大扎萨克者也。三十六年，诏善巴等各归旧牧。五十六年，选兵赴阿尔台军侦御策妄阿喇布坦。

雍正三年，上以所部系出赛因诺颜，较三汗裔繁衍，而额驸策棱自简任副将军，劳绩懋著，命率近族亲王达什敦多布，贝勒纳木扎勒、齐素哝，贝子策旺诺布，辅国公阿努哩敦多布、额琳沁、扎木禅旺扎勒，台吉格木不勒、齐旺、锡喇札伦、达尔济雅、根敦、车布登、巴朗、延达博第、呢玛特、克什、诺尔布扎布，凡十九扎萨克，别为一部，以其祖赛因诺颜号冠之，称喀尔喀中路，不复隶土谢图汗部。喀尔喀有四部自此始。

九年，所部兵随大军剿噶尔丹策棱，击其众克尔森齐老及额尔德尼昭，大败之。十三年，撤还。乾隆元年，选兵赴鄂尔坤防秋。六年，参赞大臣副都统庆泰察阅防秋兵于桑锦托罗海。十三年，选驼五百运归化城米赴塔密尔军营。寻调所部兵二千驻防锡喇乌苏。十九年，移塔密尔军营于是部中前旗之乌里雅苏台，以是部兵分驻扎布堪。二十五年，随大军剿达瓦齐，平之。二十六年，设乌里雅苏台至乌鲁木齐台站，留侍卫四员，余撤之。

先是喀尔喀分设中路时，但以赛因诺颜名其部，以示别于三汗，未议袭号。三十一年，亲王成衮扎布奏所部来归。初，亲王善巴为同族长，又世掌丹津喇嘛所遗印，请视三汗例，以善巴曾孙亲王诺尔布扎布袭赛因诺颜号。诏允其请，俾与土谢图汗、车臣汗、扎萨克图汗均世袭罔替。荡平准部之役，成衮扎布长子额尔克沙喇以剿叛贼巴雅尔功，封辅国公。策凌次子辅国公车布登扎布积俘准部宰桑库克辛等、平达瓦齐、诛贼固尔班和卓、征哈萨克功，历晋贝子、贝勒、郡王至亲王品级。贝子车木楚克扎布积捕获乌梁海宰桑、复设台站及招降阿尔泰淖尔乌梁海功，历晋封至郡王。扎萨克一等台吉三都克扎布以协济军需，复予袭辅国公。扎萨克一等台吉达什额以得叛贼布库察罕功，予公品级。而贝子罗布藏车邻以死事乌鲁木齐，晋其子贝勒。

初，所部十九旗，后增三旗，附额鲁特二旗。扎萨克二十有四，盟于齐齐尔里克，设正副盟长各一，副将军、参赞各一。爵三十有三：扎萨克和硕亲王二，附固山贝子一，由贝勒降袭；镇国公一，由贝子降袭；辅国公二；公品级一等台吉一；公品级三等台吉一；扎萨克多罗郡王二，一由镇国公晋封；扎萨克多罗贝勒二，一由郡王降袭，一由镇国公晋袭；扎萨克镇国公一，由扎萨克台吉晋袭；附辅国公一；扎萨克辅国公五，一由扎萨克台吉晋袭；公品级扎萨克一等台吉一；扎萨克一等台吉九，附辅国公一；公品级三等台吉一；厄鲁特扎萨克固山贝子二，一由郡王降袭，一由辅国公晋袭。

三十八年九月，以赛盟郡王车布登扎布为乌里雅苏台参赞大臣。四十二年十月，赛盟郡王车布登扎布率本部王、公、扎萨克、台吉等进大行皇帝斋醮马驼，温谕却之。四十五年六月，以赛音诺颜部落占据土谢图汗游牧，谕博清额查明，毋使侵占。十月，定赛音诺颜、土谢图汗两部界址。

嘉庆四年，是部亲王御前大臣拉旺多尔济等请调集本盟兵马助剿教匪，温旨止之，并命理藩院传知蒙古各盟，停其预备。七年八月，定喀尔喀赛因诺颜、扎萨克图汗二部事务在乌里雅苏台会集，与定边左副将军一同办理。八年，以是部齐巴克扎布旗容留种地民人，命交乌里雅苏台参赞大臣永保办理。十二年五月，乌里雅苏台参赞大臣萨木丕勒多尔济卒，以纶布多尔济代之。

道光三年七月，以赛音诺颜盟长德木楚克扎布等于大路抢劫官人财物不能捕缉，诏严议。十月，乌里雅苏台将军果勒丰阿奏："乌里雅苏台地方，请准令商民等每年驮运茶七千余箱赴古城兑换米面。如不敷，令凑买杂货，仍照例给发印票，不准另往他处。"六年十一月，回疆军兴，赛音诺颜、扎萨克图汗两盟王、公、扎萨克等输驼只助军。七年十月，纶布多尔济调库伦办事大臣。十二月，以车林多尔济为乌里雅苏台参赞大臣。十八年，以哈萨克阑入卡伦，命车林多尔济统赛、扎两盟、杜尔伯特等蒙兵逐之。十九年正月，给驱逐哈萨克之赛、扎两盟蒙古官兵俸赏行装银。四月，命车林多尔济调兵驱逐复入乌梁海之哈萨克。八月，以驱逐哈萨克旻速，赉车林多尔济亲王俸一年。二十五年二月，赛盟郡王图克济扎布以不赴军营，革副将军，阿尔塔什达代之。

咸丰三年，赛、扎两盟王、公、扎萨克等请捐助军需，温旨却之。十一年，阿尔塔什达调库伦，以车林敦多布代之。

同治三年，回匪陷乌鲁木齐各城，调是部兵接古城，竟无功。五年七月，李云麟奏："与明谊等会商，攉将扎萨克图汗部、赛音诺颜两部额兵全行派出，共一千八百名。其本爱曼操防之兵，徐为布置。旋因察汉乌苏卡伦闻警，当与麟兴等熟商。北路既有警报，拟每爱曼仍留五百兵备防本境。复商之车林敦多布，转传各盟长，将西两盟额兵以外之壮丁，每盟再挑五百名，于八月派齐，随后继发。"并谓北路寇至不能御，差务不暇给，保贝勒晋丕勒多尔济遇事勇敢，其才为喀尔喀四部王公之冠。适车林敦多布乞病，诏即以晋丕勒多尔济代之。李云麟寻率赛、扎两盟兵西进。十一月，至呼图古兰台，扎盟兵变，赛盟兵亦溃，李云麟自奏回乌城，诏严责之。七年，晋丕勒多尔济倡捐布伦托海新城经费，偕郡王桑噶匝哩等捐银二万五千两有奇。予晋丕勒多尔济王衔，余给奖有差。

九年二月，肃州回匪东窜，扰是部推河以西额尔德尼班第达呼图克图游牧，蒙兵溃于哈尔呢敦。闰十月己巳，库伦办事大臣张廷岳等奏："回匪逼乌城，福济、荣全督蒙兵二百在城防守，参赞大臣晋丕勒多尔济督索伦、满、汉兵五百迎击，驻头台。窜匪三千现已抵二台。"辛未，乌里雅苏台将军福济等奏："回匪踞博克多山、推河口、额尔德尼昭等处。十月九日，窜至第十一乌特台，文报不通，南台蒙兵闻警不遁。"十一月戊申，福济及参赞大臣荣全奏："十月九日，贼千余人由东南至西南山沟来扑东西南三门，东沟又来贼数千。初更，贼四面放火，毁栅登，城池失陷。二十三日，贼由西南窜去。福济遇救尚存，荣全奔向西北，于闰十月四日折回，定边将军印信遗失，荣全亲兵护出伊犁将军印信，暂时借用。"命福济、荣全革职留任，谕杜嘎尔统察哈尔马队及已调吉林、黑龙江官兵赴乌城进剿。寻回匪西窜金山卡伦，晋丕勒多尔济回乌里雅苏台。谕整饬台站，疏通道路。十二月，谕晋丕勒多尔济将张廷岳撤回官兵分布防守推河等处，福济妥设霍呢齐及推河粮台。癸酉，晋丕勒多尔济奏饬赛、扎两部落拣兵分扎乌城台站，并防各旗游牧。乙酉，允福济等请，设乌城驻班台站扎萨克二员、管台二员。谕福济迅将哈尔呢敦等台赶紧预备，催绥远城所遣达尔济一军前进。是月，喇嘛棍噶扎拉参一军自科布多援乌城。

十年正月，谕严催晋丕勒多尔济设复乌城以南台站。晋丕勒多尔济劾福济谬妄贻误，自顾身命，将仓库存项酬谢贼匪，眷属皆系自尽，非为贼所害。福济亦劾蒙古官员规避差使，请捏病告假规避，或饬传故意违行及始终不到者，均革职任，无职任者销爵，仍令来营，从之。设霍呢

齐台转运总局，福济饬贡果尔带察哈尔马队驻守之。荣全奏："亲往催办乌城以南二十台，行抵推河，见水台毡房驼马渐集。推河至哈尔呢敦五台照旧布置，略有规模。请自备驼马帮台之蒙古台吉丁户一半钱粮。"从之。以回匪复图再扰乌城，谕福济等整顿台站，杜嘎尔军毋得逗留。二月，谕福济等妥为布置哈尔呢敦、额尔德尼昭、推河三处防守，以以达尔济一军行抵哈尔呢敦阻滞，饬督令各台站妥为供支，毋误戎机。三月，以乌属各台尚未备齐，致滞师行，谕切责福济，并令传知蒙古王公率属守御，予乌城殉难蒙兵恤。杜嘎尔奏派苏彰阿带黑龙江兵五百赴乌城，并调贡果尔一军赴前敌各路。谕杜嘎尔赴察尔呢敦等处防剿。

四月，予赛盟台吉车登丕勒吉雅捐银面奖。杜嘎尔进驻贡鄂博地方。谕福济等饬蒙古台站应付驼马等项。晋丕勒多尔济以请归游牧，罢乌里雅苏台参赞大臣，下院严议，以扎盟中左翼左旗贝勒多木沁扎木楚代之。福济亦革任，以金顺为乌里雅苏台将军，奎昌署之。回匪复扰是部阿米尔密特游牧，焚掠固尔班赛汗等处。谕杜嘎尔会奎昌等迅速追剿。五月，回匪窜萨哈尔呢敦附近之萨巴尔图河、推河一带，杜嘎尔遣纳鲁肯一军驻翁吉驿防之。六月，回匪窜扰霍尔哈顺、霍呢齐二台。谕庆春饬达尔济于推河等处防守，杜嘎尔拨队扼要驻扎，保护粮路。福济等奏乌城调吉林、黑龙江、察哈尔马队三千二百五十名，发图、车、赛、扎四盟采买驼马等银一万两。八月，回匪复窜入阿米尔密特旗，至巴彦罕山，逼近翁吉驿。福济等饬赛盟速派蒙兵五百名赴南台哈尔呢敦堵截。九月，达尔济一军剿窜翁吉河之匪，珍之。杜嘎尔遣福珠哩率兵剿匪于阿米尔密特旗之那林浑第等处，殄之。是旗附近肃清。达尔济亦败贼于喀雅喀拉乌苏地方。

十一年正月，肃州回匪复窜扰是部阿米尔密特旗游牧西南之济尔哈朗图地方。谕金顺、奎昌等各设法保护所属台站。杜嘎尔奏派富珠哩一军扼扎哈尔呢敦一带。四月，回匪窜扰白托罗盖及金山卡伦游牧，奎昌等遣马队追剿。九月，连败之于沙尔鲁尔顿及库尔库噜地方，匪自阿育尔公旗窜扎哈沁。

十二年二月，乌里雅苏台将军长顺等以回匪屡扰赛、扎两盟游牧，暂令扎盟公车德恩敦多布多尔济旗移于边界相当之赛音诺颜部落右翼右后旗副将军王格里克扎木楚、扎萨克玛尼巴拉等旗游牧，赛盟扎萨克阿米尔密特旗移于本部赛音诺颜旗亲王车林端多布等旗游牧。两盟南界金山卡伦，亦令暂撤，俾作清野之计。奏入，得旨，下所司知之。十三年正月，乌城解严，长顺等拨察哈尔新兵五百，令佐领依楞额统赴科布多，裁乌城赛、扎两盟防兵五百，侍卫丰升阿统察哈尔马队仍驻扎巴罕河。

光绪六年，以改议俄约，调赛、扎两盟蒙兵二千名驻乌里雅苏台。七月，以将军春福等奏辅国公额尔奇博尔豁地方作为官屯。九月，予赛盟扎萨克济尔哈朗报效屯地奖。七年六月，以俄约成，撤驻乌城之赛盟蒙兵。将军杜嘎尔奏暂停办博尔豁屯田。十一年九月，复设金山卡伦。十三年，署乌里雅苏台将军祥麟等奏："管理推河、扎克

等台吉巴扎尔等报所属都特库图勒等三台鼠灾，请将都特库图勒台暂移在诺们汗沙毕游牧内拜达里克河边之敖尔楚克哈克图地方，扎克、和博勒库根两台向前移在赛盟右翼右后旗郡王吹苏伦扎布旗属之扎绥额奇叟吉、哈拉布拉克等地方。体察鼠灾定息，青草畅茂，再饬各归原台当差。"允之。十九年，乌里雅苏台参赞大臣车林多尔济病免，以那木济勒端多布代之。二十一年十二月，修乌里雅苏台。二十三年，修乌里雅苏台河桥及河堤。二十五年九月，将军崇欢奏查阅边卡供给，每台有加至百五十两之事，此次免去。查阅南二十台驼马两厂，专查五十五座台卡供给应付，概从删减。二十六年，崇欢奏以古城一带蝗灾，改采购戍守官兵日需米面于归化城。是年以拳匪肇衅，边防戒严，将军连顺等调赛、扎两盟及乌梁海兵择要防守，各王、公、扎萨克等挑选壮丁，筹帮军食，均能严约属下，勿欺凌俄商，保全大局。二十八年，请将奏入予赛盟盟长扎萨克郡王吹苏伦扎布、亲王那木囊苏伦、副将军扎萨克镇国公刚珠尔扎布、副盟长扎萨克郡王固嚕固木扎布等奖有差，特于参赞大臣那木济勒端多布黄马褂。

二十九年，设乌城中、俄通商事务局。三十年八月，连顺等以赛、扎两盟呈报去冬今春雪灾，牲畜倒毙。三十一年，是部中左末旗亲王那彦图请裁佐领所遗差户，护将军奎焕饬由本盟各旗分派，按旗接充。入夏亢旱，驼马疲瘦，请缓查阅台站，允之。三十二年，赛盟盟长吹苏伦扎布卒，将军奎焕等请于参赞大臣贝车登索诺木、亲王那木囊苏伦二员内简一人为盟长。得旨，授那木囊苏伦盟长。定例，盟长由理藩院请简，此出将军保奏，非恒格也。那木济勒端多布之后，是部中左旗贝勒车登索诺木、中右旗郡王库鲁固木扎布相继为乌里雅苏台参赞大臣。三十四年六月，御史常徽劾车登索诺木"捏报灾情。本盟应派差使，不遵奏章赴边。防守之差，以贿为定，蒙情不服，咸有戒心。如牧厂未报地界，任令开荒。驼马捏报倒毙，孳生以多报少，弊混不可枚举"。宣统元年，将军坤岫查覆，多为宽解，惟谓车登索诺木于本旗充当各差，或有互调他旗，以远易近，避重就轻。管理旗之扎萨克齐阿莫朦混自专，请革之，而为车登索诺木请免议。

二年，是部亲王那木囊苏伦、那彦图为资政院钦选议员。三年，库伦独立，是部王公附之，将军奎芳被迫去职。

是部额驸策凌之后，亲王拉旺多尔济、车登巴咱尔、达尔玛、那彦图多至御前大臣，领侍卫内大臣，为外扎萨克诸部所莫及。是部地兼耕牧，有矿，有盐池，向称饶富。共有佐领三十一。

扎萨克图汗部，称喀尔喀西路，至京师四千余里。东界翁锦、西尔哈勒珠特，西界喀喇乌苏、额垿克诺尔，南界阿尔察喀喇托辉，北界推河。

元太祖十六世孙格埒森扎赉尔珲台吉有子七，分掌喀尔喀左、右翼。左翼牧图拉河界，右翼仍留居杭爱山。其长子阿什海达尔汉珲台吉、次子诺颜泰哈坦巴图尔、第四子德勒登昆都伦、第七子鄂特欢诺颜同掌之。今扎萨克图汗部十九扎萨克，自厄鲁特一旗外，皆其裔。阿什海达尔汉珲台吉子二：长巴延达喇，子赉瑚尔汗，为原封扎萨克图汗策旺扎布及扎萨克贝勒卓特巴，台吉喇布坦、额尔德尼衮布三旗祖；次图扪达喇岱青，子硕垒乌巴什，号珲台吉，为扎萨克贝勒根敦，辅国公沙克扎、齐巴克扎布，台吉纳玛琳藏布、达什朋素尔五旗祖。诺颜泰哈坦巴图尔生土伯特哈坦巴图尔，子二：长崆奎，号车臣济农，为扎萨克郡王朋素克喇布坦、贝子博贝、辅国公索诺木伊斯札布，台吉乌尔占、哈玛尔岱青五旗祖；次赛因巴特玛，号哈坦巴图尔，为扎萨克辅国公衮占、台吉伊达木扎布二旗祖。德勒登昆都伦生钟图岱，号巴图尔，为扎萨克台吉诺尔布一旗祖。鄂特欢诺颜生青达玛尼默济克，号车臣诺颜，为扎萨克辅国公通谟svg克、台吉普尔普车凌二旗祖。

初，赉瑚尔为喀尔喀右翼长，所部以汗称，传子素巴第，始号扎萨克图汗，与其族土谢图汗衮布、车臣汗硕垒同时称三汗。硕垒通好最先，衮布次之，素巴第最后。崇德三年，以其部谋掠归化城，上统师征，所部遁，素巴第遣使谢罪，并贡马及独峰驼、无尾羊。谕曰："朕以兵讨有罪，以德抚无罪，惟行正义，故上天垂佑，蒙古、察哈尔诸部皆以畀朕。尔等皆其所属，当即相率归诚，不则亦惟谨守尔界。乃反兴兵构怨，谋肆侵掠，岂以远处西北，即为征讨不及之区耶？今与尔约，嗣后慎勿复入归化城界，重贻罪戾。"五年，复赐敕诫谕。

顺治四年，素巴第闻诏责硕垒、衮布等纳苏尼特叛人腾机思及掠巴林罪，欲代为解，偕同族俄木布额尔德尼上书乞好。上因其书不称名，词近悖慢，切责之。七年，俄木布额尔德尼等诡称行猎，私入归化城界掠牧产，遣官饬归所掠。会素巴第卒，子诺尔布嗣，称毕锡呼勒图汗，遣使入贡。谕曰："朕本欲许尔等和好，故命察归所掠以赎前罪。今尔等反以朕留尔逃人为词，是何心耶？朕统一四海，尔等弹丸小国，勿恃荒远，勿听奸词，致陨尔绪。"十二年，诺尔布偕俄木布额尔德尼名遣子来朝谢罪。十四年，复偕同族车臣济农昆都伦陀音奉表乞好。诏宥前罪。十六年，遣大臣赉服物谕赉之。

先是喀尔喀左右翼设八扎萨克，诺尔布及俄木布额尔德尼、车臣济农昆都伦陀音各领右翼扎萨克之一。诺尔布卒，子旺舒克袭，仍号扎萨克图汗。俄木布额尔德尼卒，子额璘沁袭，号罗卜藏台吉。康熙元年，额璘沁以私憾袭杀旺舒克，奔就厄鲁特。其叔父衮布伊勒登避难来归，封扎萨克贝勒，驻牧喜峰口外察罕和朔图。详《喀尔喀左翼部总传》。九年，命旺舒克弟成衮袭扎萨克图汗号，辑其众。二十三年，成衮以额璘沁之乱，属众溃，多往依左翼土谢图汗察珲多尔济，屡索不获，与构衅。命阿齐图格萨等谕解之。会成衮卒，厄鲁特噶尔丹谋掠喀尔喀，诱成子沙喇攻察珲多尔济。沙喇因会噶尔丹于固尔班赫格尔，台吉德克德赫等从往。察珲多尔济恶之，追杀沙喇及德克德赫。二十七年，噶尔丹以兵三万掠喀尔喀，至杭爱山，所部大溃。沙喇弟策旺札布偕同族色凌阿海等相继来归，诏附牧乌喇特诸部。三十年，驾幸多伦诺尔会阅，以所部屡经变乱被芟夷，诏封色凌阿海等王、贝子、台吉有差，各授扎萨克，令集所属编佐领抚辑之。而以成衮子策旺扎布为扎萨克图汗，特封和硕亲王，统其众。自是始称扎萨克图汗部。三十一年，定所部为喀尔喀西路。三十六年，诏归杭爱山游牧。四十年，赐牧产赡之。寻命策旺扎布仍袭扎萨克图汗号。

雍正四年，遣额驸策凌等赴阿尔台勘所部与准噶尔界。九年，大军剿噶尔丹策凌，诏所部扎萨克等内徙游牧。十年，以准噶尔败遁，谕曰："去岁朕降旨令尔等徙居内地，并不感悦遵行，屡次催促，始勉强迁移。今幸大军于苏克阿勒达呼及额尔德尼昭两败贼众，尔等始得安居，否则岂能保护牲畜乎？朕思尔等本属一体，岂有甘居庸懦受人庇荫之理。嗣后各宜激烈奋发，不惟永享升平，亦且垂光史册矣。"

先是扎萨克图汗策旺扎布以从征退缩罪削爵，诏郡王朋素克喇布坦子格哷克延丕勒袭汗号。十二年，调兵驻防察罕廋尔。

乾隆元年，选兵赴鄂尔坤防秋。二年，定边大将军平郡王福彭奏："喀尔喀四部防秋兵皆驻鄂尔坤，扎萨克图汗部驻牧扎克拜达哩克西南，距鄂尔坤尤迩。请即令在彼驻防，征调无难即至。"诏如所请。五年，谕曰："前以军务方兴，恐尔部游牧被贼侵扰，悉令内徙。今噶尔丹策凌谨遵朕旨，奏称不敢越阿尔台游牧，甚属恭顺。朕亦降旨令尔部游牧毋逾扎布堪、齐克慎、哈萨克图、库克岭等处。尔等当遍谕所属，永远遵行。傥有违令生事者，严行治罪。况今虽许准噶尔和好，罢息干戈，而平日不可不训习武备，尔等其留意，毋忽！"六年，命参赞大臣副都统庆泰察阅防秋兵于哈里勒迈。十三年，选驼五百运归化城米赴塔密尔军营。十六年，敕禁所部越境与准噶尔及回众私市。十七年，选兵千驻防锡喇乌苏。二十年，随大军进剿达瓦齐。二十二年，以其部和托辉特郡王青衮咱卜叛，诛之。寻谕扎萨克图汗部曰："前因青衮咱卜负恩背叛，散布流言，众喀尔喀间有煽动。经朕训谕，尔等旋知悔悟，各奉职守。今逆贼就诛，党附人等应分别治罪，以彰国宪。但尔等为国家臣仆百余年，误听浮言，致干朕戾，并非有心附贼，免其查究。嗣后益宜仰体朕恩，湔涤前愆，约束所属，各安本业，绥静边隅，长享太平之福。"

先是扎萨克图汗部编佐领，荡平准、回之役，是部扎萨克郡王品级贝勒青衮咱卜、贝勒连登扎布皆以叛诛，而辅国公旺布多尔济积俘青衮咱卜及准部叛贼呢玛功，晋袭贝勒，予郡王品级。一等台吉扎萨克朗衮扎布积取库车援贼及克库车功，晋至镇国公。二等台吉诺尔布以不从叛贼策登扎布，授扎萨克一等台吉。死事于阿里固特之二等台吉齐巴克扎布，追封辅国公，并授其子巴图济尔噶勒扎萨克。其扎萨克一等台吉噶尔丹达尔扎，以率其属户口自准部特穆尔图诺尔游牧复归，授一等台吉，其后授其子拉克沁噶喇扎萨克，编佐领隶是部。

先是扎萨克图汗部编佐领分十旗，后增八旗，附厄鲁特一旗。扎萨克十有九，盟于扎克毕赖色钦毕都哩雅诺尔，设正副盟长各一，副将军、参赞各一。爵二十有二：扎萨克图汗兼多罗郡王一；附公品级三等台吉一，由辅国公降袭；郡王品级扎萨克多罗贝勒一；扎萨克镇国公二，一由贝勒降袭，一由扎萨克台吉晋袭；扎萨克辅国公六，一由贝子降袭；附辅国公一；扎萨克一等台吉八；附辅国公一；厄鲁特扎萨克一等台吉一。

乾隆四十五年，以是部扎萨克巴哈图尔侵占杜尔伯特游牧，严饬查办，促令交还。嘉庆七年十月，收扎萨克图汗部尼喇特纳等进马五百匹。道光六年，回疆军兴，是部捐驼马助军需。二十五年，定扎萨克图盟支差章程，王、公、台吉等将所属喀木齐罕阿拉巴图等牲畜分作二分，一分牲畜津贴佐领等出差；扎萨克台吉喀木齐罕阿拉巴图等所有牲畜，依佐领等一律按户扣除大牲畜一双，余次牲畜，均与应派佐领下人等正项差务一律出派，其贫苦台吉佐领下喀木齐罕阿拉巴图等各均相监之。咸丰三年，是部汗、王、公、扎萨克等以军兴捐助军需，温旨却之。

同治三年，回匪陷乌鲁木齐等城，古城诸城被围，调是部蒙兵援之。五年十一月，李云麟奏扎盟蒙兵抵呼图古兰台，劫掠变乱。寻溃归。九年六月，肃州回匪扰是部境。十月，窜聚博提噶拉乌苏、库努克等处杀掠。十一月，匪于陷乌城后，窜金山卡伦察罕博克多地方。十一年十月，奎昌等奏移鞑克巴雅尔所部察哈尔马队驻扎盟察罕淖尔地方防回匪犯乌城。九月，回匪窜是部辅国公车德恩敦多布多尔济游牧。车德恩敦多布多尔济自备军装军火粮饷，督台吉官兵，于十六、十七日再挫匪于景色图及巴彦察汗地方，匪向西逭。事闻，予贝子衔。十二月，扰科城之回匪窜聚于扎部南境，奎昌派达尔济带队攻剿。

十二年正月，奎昌等奏回匪于十一月窜扎盟所属之那玛勒吉干昭地方，官军于是月十一日进攻败之。匪即北窜。追剿至十二日，匪又向察罕布尔噶奔窜，山势险隘，负固相持。达尔济赶带马队前进，匪又越山遁聚巴里坤、扎盟交界地方。二月，乌里雅苏台将军长顺等以扎盟牧南各旗毗连肃州，屡被回匪扰害，奏暂移公棍楚克扎布、右翼前扎萨克桑青齐苏隆、右翼后玛呢达拉等旗于本部扎萨克图汗及右翼中参赞公密帕散布、中右翼末旗达什拉布坦、扎萨克车德恩多尔济等旗游牧，扎萨克图汗旗移本部落右翼左公衔扎萨克班扎班咱尔扎布、右翼末次扎萨克达散巴拉等旗游牧。俟贼匪肃清，即令各归旧牧。下所司知之。十月，回匪窜扰图谢公游牧，旋扰察干河及莫尔根地方。长顺等遣卓凌阿剿匪于图谢公游牧之库布奇尔果罗地方，胜之，救出蒙古男妇子女一百九十余名。科布多所遣防御喜莫得等率兵败匪于阿育尔公旗库伦喇嘛地方，救出被胁蒙民男妇三四百名。会栋呢特多尔济军败之于乌兰坝，匪向鞑克扎萨克旗以南逾山逃逭。十三年三月，予扎萨克图汗等捐助乌里雅苏台城奖。

光绪初，乌鲁木齐诸城克复，是部始解严。七年，征是盟兵戍科布多。俄约成，撤去。二十一年，是部以甘肃回匪滋扰，文报改由台路，撤回边界游牧牲畜，为坚壁清野之计。二十三年，乌里雅苏台将军崇欢等劾盟长扎萨克镇国公阿育尔色德丹占扎木楚假公摊派，请革职，允之。二十四年，是部与赛音诺颜部王、公、扎萨克等输昭信股票银，并请报效，仍予奖。二十五年，是部扎萨蕴多尔济旗与科布多之扎哈沁争界，志锐等奏所争一为巴尔噜克鄂博，一为鞑吉尔图鄂博，一为田德克库与喀拉占和硕界线，请饬理藩院秉公剖断，允之。二十六年，拳匪肇衅，边防戒严，是盟王、公、扎萨克等于征兵筹饷均得出力。二十八年，予扎萨克图汗索特那木拉布坦、副将军扎萨克辅国公洛布桑端多布奖有差。宣统二年，索特那木拉布坦为资政院钦选议员。三年，库伦独立，胁是部汗、王等附之。

是部有矿，有盐。佐领有二十一。

卷五百二十二　　列传三百九

藩部五

青海额鲁特

青海额鲁特部，在西宁边外，至京师五千七十里。东及北界甘肃，西界西藏，南界四川，袤延二千余里，即古西海郡地。分左右二境，左境：东自栋科尔庙，西至洮贲河界，八百余里；南自博罗充克克河北岸，北至西喇塔拉界，四百余里；东南自拉喇山，西北至额济讷河界，四百余里；东北自永昌县界，西南至布隆吉尔河界，三千余里。右境：东自栋科尔庙，西至噶斯池界，二千五百余里；南自漳腊岭，北至博罗充克克河南岸，千五百余里；东南自达尔济岭，西北至塞尔腾、西尔噶拉金界，二千千里；东北自克腾库特尔，西南至穆噜乌苏河界，千五百余里。

厄鲁特旧分四部：曰和硕特，姓博尔济吉特；曰准噶尔；曰杜尔伯特，姓绰罗斯；曰土尔扈特，姓不著。部自为长，号四卫拉特。金称厄鲁特，即明时所谓阿鲁台也。有辉特者最微，初隶杜尔伯特。后土尔扈特徙俄罗斯境，辉特遂为四卫拉特之一云。青海蒙古分牧而处，有和硕特，有土尔扈特，有准噶尔，有辉特，统以厄鲁特称之。

和硕特设扎萨克二十有一，其始祖为元太祖弟哈布图哈萨尔，七传至阿克萨噶勒泰。子二：长阿鲁克特穆尔，今内扎萨克科尔沁、扎赉特、杜尔伯特、郭尔罗斯、阿噜科尔沁、四子部落、茂明安、乌喇特八部，其裔也。次乌噜克特穆尔，九传至博贝密尔咱，称卫拉特汗，子哈尼诺颜洪果尔继之。有子六：长哈纳克土谢图，次拜布噶斯，次昆都伦乌巴什，次图鲁拜琥，次色棱哈坦巴图尔，次布雅鄂特欢。哈纳克土谢图为公中扎萨克台吉车凌纳木扎勒一旗祖。拜布噶斯子鄂齐尔图汗及阿巴赖诺颜，牧西套，后准噶尔灭其部。昆都伦乌巴什号都尔格齐诺颜，今驻牧珠都斯之和硕特部四旗，其裔也。图鲁拜琥号顾实汗，分青海部众为二翼，子十人领之。居左翼者，曰达延、曰鄂木布、曰达兰泰、曰巴延阿布该阿玉什。居右翼者，曰伊勒都齐、曰多尔济、曰瑚噜木什、曰桑噶尔扎、曰衮布察珲、曰达什巴图尔。达延号鄂齐尔汗，为扎萨克镇国公噶勒丹达什、辅国公诺尔布朋素克、车凌三旗祖。别有附察哈尔之和硕特，亦其裔也。鄂木布号车臣岱青，为扎萨克台吉罗卜藏察罕、济克济扎布、达玛璘色布腾、阿喇布坦四旗祖。达兰泰为扎萨克郡王额尔德尼额尔克托克托鼐、台吉车凌多尔济二旗祖。巴延阿布该阿玉什号达赖乌巴什，为扎萨克台吉扎布一旗祖。别有阿拉善厄鲁特一旗，亦其裔也。伊勒都齐为扎萨克亲王察罕丹津、辅国公阿喇布坦扎木素、台吉察罕喇布坦三旗祖。多尔济号达赖巴图尔，为扎萨克贝勒朋素克旺扎勒、达什车凌、台吉伊什多勒扎布三旗祖。瑚噜木什号额尔德尼岱青，为扎萨克贝子丹巴、台吉色布腾博硕克图二旗祖。桑噶尔扎号伊勒登，为扎萨克贝子索诺布达什一旗祖。衮布察珲无嗣。达什巴图尔子罗卜藏丹津，叛逃准噶尔，后就擒，宥之，隶内蒙古正黄旗。顾实汗弟色棱哈坦巴图尔，号扎萨克陀音，为扎萨克台吉哈尔噶斯一旗祖。布延鄂特欢三传至阿布，子二：长达瓦，次鄂尔奇达逊，隶准噶尔，号扈鲁玛台吉，后来归。达瓦封公品级，寻卒。鄂尔奇达逊授伯爵，隶内蒙古正黄旗。

土尔扈特设扎萨克四，其始祖曰翁罕。七传至贝果鄂尔勒克，为扎萨克台吉索诺木喇布坦多尔济、色特尔布木二旗祖。别有土尔扈特部十二旗，亦其裔也。贝果鄂尔勒克弟翁贵，为扎萨克台吉达尔扎、丹忠二旗祖。

准噶尔设扎萨克二旗，始祖曰孛罕，六传至额森。子二：长博罗纳哈勒，为杜尔伯特所自始，今驻牧乌兰固木之杜尔伯特部十六旗，自辉特二旗外，皆其裔也。次额斯墨特达尔汉诺颜，为准噶尔所自始，七传至和多和沁，号巴图尔珲台吉，驻牧阿尔台。子十一：曰车臣，为其弟噶尔丹所杀；曰卓特巴巴图尔，徙牧青海，为扎萨克郡王色布腾扎勒一旗祖，色布腾扎勒再传，嗣绝；曰班达哩，孙车木伯勒，袭色布腾扎勒所遗扎萨克；曰卓哩克图和硕齐，为扎萨克辅国公阿喇布坦一旗祖；曰温春，子丹泣拉，以来归，封扎萨克辅国公，附喀尔喀赛因诺颜部；曰僧格，子策妄阿喇布坦，号珲台吉，再传，为其本族达瓦齐所篡，嗣绝；曰噶尔丹，以掠喀尔喀，为大军所败，窜死；曰布木，号额尔德尼台吉，其曾孙即达瓦齐，大军平其部，俘至京，寻释之，封亲王，不列藩部；曰多尔济扎布，为喀尔喀土谢图汗察珲多尔济所戕；曰朋素克达什，孙噶勒藏多尔济，以来归，封绰罗斯汗，寻叛，为从子扎纳噶尔布所杀；曰噶尔玛，三传至三济扎布，以来归，授侍卫，隶内蒙古正黄旗。

和多和沁弟曰墨尔根岱青，子二：长丹津，号噶尔玛岱青和硕齐，孙阿喇布坦，以来归，封扎萨克郡王，附喀尔喀赛因诺颜部；次阿海，三传至达什达瓦，嗣绝，妻车臣哈屯携众来归，编佐领，置直隶承德府境，不设扎萨克。

辉特设扎萨克一，其始祖曰纳木占，再传至卓哩克图和硕齐，为扎萨克辅国公贡格一旗祖。

厄鲁特诸扎萨克外，设喀尔喀公中扎萨克一。别有察罕诺扪汗，授扎萨克喇嘛，辖四佐领，自为一旗，不列诸扎萨克盟。

天聪初，蒙古诸部内附，厄鲁特犹私与明市，上以远，弗之禁。崇德二年，顾实汗遣使通贡，阅岁乃至。七年，偕达赖喇嘛等奉表贡。八年,遣使存问达赖喇嘛。以顾实汗击败唐古特藏巴汗,敕曰:"有败道违法而行者,闻尔已惩治之。自古帝王致治,法教未尝断绝。今遣使敦礼高贤,尔其知之!"并赐甲胄。使未至,顾实汗清发币使延达赖喇嘛,允之。顺治二年,顾实汗子达赖巴图尔贡马至,奏:"闻天使召圣僧,臣等自当遵奉。"三年,以厄鲁特台吉等入甘肃境要粮赏,诏所司议剿抚。会顾实汗奉表贡,赐甲胄弓矢,命辖诸厄鲁特。嗣间岁辄遣使至,厄鲁特台吉等附名以达。

和硕特族曰都尔格齐诺颜,曰色棱哈坦巴图尔,曰鄂齐尔汗,曰鄂齐尔图汗,曰阿巴赖诺颜,曰达赖乌巴什诺颜,曰伊拉古克三班第达呼图克图,曰额尔德尼珲台吉,曰阿哩禄克三陀音,曰噶尔第巴台吉,曰玛赖台吉,曰诺木齐台吉,曰绰克图台吉。土尔扈特族曰罗卜藏诺颜,曰楚琥尔岱青,曰博第苏克。准噶尔族曰巴图尔珲台吉,曰墨尔根岱青,曰杜喇勒和硕齐,曰楚琥尔乌巴什,曰罗卜藏呼图克图。以顾实汗为之首。

五年,甘肃巡抚王世功奏青海蒙古驻西宁,需索供应,请定贡使入关额,余贸关外给口粮,许之。九年,顾实汗导达赖喇嘛入觐,先奉表闻,并贡驼马方物。十年,诏封遵文行义敏慧顾实汗,赐金册印。十三年,顾实汗卒。上念其忠勤修贡,遣官致祭。

会青海属复为边患,谕顾实汗子车臣岱青及达赖巴图尔等曰:"分疆别界,向有定例。迩来尔等率众掠内地,抗官兵,守臣奏报二十余次,屡谕不悛。今特遣官赴甘肃、西宁等处勘状。或尔等亲至,或遣宰桑来质,诬妄之罪,各有攸归。番众等旧纳贡蒙古者听尔辖,倘系前明所属,应仍归中国。至汉人蒙古交界,与市易隘口,务宜详加察核,分定耕牧,毋得越境妄行。"十五年,复谕车臣岱青曰:"前因尔等频犯内地,遣官往勘。据奏尔等入边,向番取贡,辄肆攘夺。咎自难辞,朕悉宥前愆。但中外本无异视,疆圉自有大防。尔今向属番取贡,酌定人数,路由正口,遣头目禀告守臣,方准入边。至市易处所,应从西宁镇海堡、川北、洪水等口出入,毋得任意取道。如或不悛,国宪具在,朕不尔贷也。"

康熙四年,甘肃提督张勇奏蒙古番众游牧庄浪诸境,情形叵测,请增甘肃、西宁驻防兵。先是青海蒙古恋西喇塔拉水草饶,乞驻牧。张勇以其地为甘肃要隘,不容逼处,往责之,谢罪去。因设永固营,联筑八寨。至是蒙古等复相继徙近边。上以渐不可启,诏如张勇请。五年,勇复奏:"青海虽通西藏,不过荒徼绝塞,朝廷曲示招徕,准开市,自应钤束部落,各安边境。乃迩来蜂屯祁连山,纵牧内地大草滩。曾遣谕徙,复抗拒定羌庙,官军败之,犹不悛,声言纠众分入河州、临洮、巩昌、西宁、凉州诸地。请设兵备。"诏严防御,仍善抚以柔其心。勇等乃自扁都口、西水关至嘉峪关,固筑边墙。六年,川陕总督卢崇峻奏青海诸头目侦于八月将入寇,因赴庄浪所备之,遣总兵孙思克屯南山隘,相形势固守。达赖喇嘛寻檄厄鲁特诸台吉毋扰内地,驻牧黄城儿、大草滩。蒙古悉徙去,献驼马羊等服罪,请撤驻防兵,允之。

十四年,西宁诸镇兵屯河东剿叛贼王辅臣,青海蒙古乘隙犯河西。永固营副将陈达御之,阵殁。孙思克屯凉州,宣示朝廷恩威,各引罪出塞。会达赖喇嘛使至,命传谕达赖巴图尔等戢部众,勿为边患。

十六年,准噶尔台吉噶尔丹袭杀驻牧西套之鄂齐尔图汗。青海和硕特诸台吉惧,挈庐幕数千避居大草滩,抚远大将军图海等饬归故巢。十七年,西套诸台吉侦噶尔丹将侵青海,遣使告和硕特台吉达赖巴图尔等为防御计。上闻之,谕张勇曰:"噶尔丹侵青海,如远从达布素图瀚海而往,则听之。若欲经大草滩,则令坚立信约,勿扰内地。"寻噶尔丹以从者异志,且距青海远,行十一日撤兵归。遗书张勇,诡称其祖多克辛诺颜偕顾实汗取青海,和硕特族独据之,欲往索,以将军所辖地,故不果。既而惧和硕特诸台吉袭己,密遣使议婚,以女布木妻博硕克图济农子根特尔。张勇谍得状,奏噶尔丹仇青海蒙古,议婚后,恐复往侵,甘肃当往来冲,请增防,上报可。有巴图尔额尔克济农和罗理者,巴延阿布该阿玉什子也,驻牧西套,以避噶尔丹侵,乞假内地赴青海,许之。会噶尔丹属额尔德尼和硕齐潜掠乌喇特户畜,青海墨尔根台吉闻之,遣使诘归所掠。喀尔喀台吉毕玛里吉哩谛亦以厄鲁特掠所部,阴侦之,告额尔德尼和硕齐、和罗理及青海台吉茂济喇克等。游牧额济讷河,则未知其为何厄鲁特也。十八年,遣使谕达赖巴图尔等曰:"尔墨尔根台吉将铁盗劫掠人察护解送,朕甚嘉之。夫劝善惩恶者,国之法也。迩闻厄鲁特众栖处额济讷河,尔达赖巴图尔及墨尔根台吉,其照汝例,严加治罪。"使至,称茂济喇克、和罗理皆无掠乌喇特事。额尔德尼和硕齐为准噶尔属,已徙牧去。诏檄噶尔丹收补之,不从。

二十九年,大军败噶尔丹于乌兰布通,青海诸台吉附达赖喇嘛表上尊号,诏不允。三十年,甘肃提督孙思克奏:"噶尔丹巢距边月余,从子策妄阿喇布坦虽交恶,恐复合,有侵青海举,道必经嘉峪关外。肃州密迩青海,请设兵三千为备。"上报可。三十二年,昭武将军郎坦奏称青海诸台吉私与噶尔丹通问,请屯兵哈密,绝往来踪。上以噶尔丹自乌兰布通败遁后,乏边警,且青海诸台吉素恭顺,寝议。噶尔丹寻屯牧巴颜乌兰,逼内汛,诏西宁设戍兵。唐古特部第巴阳比噶尔丹,诡为达赖喇嘛奏称青海诸台吉无异志,请撤戍。谕曰:"此为征剿噶尔丹计,非防青海诸台吉也。"会议剿噶尔丹,诏檄青海众勿惊惧。

三十五年,上亲征噶尔丹,败之,获青海通噶尔丹使。以博硕克图济农及萨楚墨尔根台吉为所部长,遣使赍敕谕曰:"尔青海厄鲁特尊崇达赖喇嘛法教,敬事本朝,聘间贡献,恭顺有年,朕亦频加恩赉。乃噶尔丹违达赖喇嘛法教,不遵朕旨,朕统军至图拉,剿而灭之。博硕克图济农等遣往噶尔丹使,为朕所擒,俱言达赖喇嘛脱缁已久,第巴匿之,且噶尔丹诡言青海诸台吉谋与彼同犯中国。今噶尔丹亡命西走,青海诸台吉如欲仍前修睦,其各防守边界,遇噶尔丹即行擒解。若知而故纵,此后永仇绝之。"我使至察罕托罗海宣谕善巴陵堪布,盖达赖喇嘛遣理青海蒙古务者也。善巴陵堪布召青海诸台吉集盟坛言曰:"噶尔丹杀鄂齐尔图汗，我等与仇。但素奉达赖喇嘛言，应遣议。"时达赖喇嘛示寂久，唐古特达赖汗寻约和硕特八台吉遣使庆捷。达赖汗即鄂齐尔图汗子也，世长唐古特。鄂齐尔图汗弟自襄布察珲无嗣外，余八人皆居青海，故其裔称和硕特八台吉。

三十六年二月，上视师宁夏，诏额驸阿喇布坦、都统都思噶尔、巴林台吉德木楚克、西宁喇嘛商南多尔济等携青海诸台吉使及赏物往招抚之。复以哈密察尔汉伯克额贝都拉内附，诏青海厄鲁特勿扰哈密境。三月，阿喇布坦等至察罕托罗海，察罕扪汗迎告曰："皇上令青海众得享安乐，永受恩泽，何幸如之！"时顾实汗子惟达什巴图尔存，阿喇布坦等宣谕之。达什巴图尔议遣博硕克图济农及额尔德尼台吉代入觐。阿喇布坦等语曰："皇上驾临宁夏，尔当率众往朝，毋自误！"达什巴图尔偕察罕诺扪汗、善巴陵堪布及唐古特达赖汗子拉藏等橄诸台吉议，欲四月起行。达尔寺垂藏呼图克图、温都逊寺达赖绰尔济喇嘛及囊素通事等咸请从，私向使问狮象状，且相谓曰："我等往朝，殆必以所未见文物相示。"闰三月，阿喇布坦、德木楚克自青海归。议诸台吉至，若露处，未协朝典，应令秋后入觐京师。诏如议，命都思噶尔、商南多尔济留驻镇海堡俟之。扈跸诸臣奏："青海厄鲁特与准噶尔同部，闻噶尔丹败窜，咸惊惧。皇上定策安集所部，身至如归，诚非常举。请行庆贺礼。"谕曰："青海职贡有年，来朝亦常事耳。可勿贺。"诸臣固请，因奉表贺曰："青海向虽修贡，未隶臣属。今举部归诚，噶尔丹益无窜路。皇上安内攘外之心，自此允惬矣。"四月，谕留粮骑及羊九千余于达希图海，俟青海众至给之。十一月，达什巴图尔偕诸台吉入觐，谕曰："朕非威慑尔等前来，不过欲令天下生灵各得其所。朕何物不备，朕之尊不在尔等来否，所望尔等各遂安全，副朕好生至意耳。"诏所从诸宰桑咸列坐预宴，以御用冠服、朝珠赐达什巴图尔，赏诸台吉鞍马、银币有差。复传谕曰："尔等自祖父来，岁修职贡，故特优锡，以宠尔归。"十二月，上大阅玉泉山，达什巴图尔等扈驾往观，战栗失色，奏："天朝兵威若此，何敌不克？"三十七年正月，诏封达什巴图尔为和硕亲王，诸台吉授贝勒、贝子、公等爵有差。

先是噶尔丹诡与青海姻，实谋往侵，惧大军讨，乃寝。第巴以策妄阿喇布坦不附噶尔丹，阴间之，伪为达赖喇嘛疏，奏策妄阿喇布坦将侵青海及唐古特，上斥其妄。会噶尔丹使至，谕曰："青海诸台吉奉贡久，倘噶尔丹属犯青海，朕必往讨之。"至是噶尔丹就灭，策妄阿喇布坦憾达什巴图尔等内附，诡请大军征青海，讨前助噶尔丹罪。谕曰："青海诸台吉闻朕出师宁夏，远徙游牧。嗣噶尔丹平定，亲来称庆。伊等并无过端，岂肯遽为加兵？朕统驭天下，惟愿宇内群生咸获安堵，岂有使尔等构衅之理？"二月，上幸五台山，诏达什巴图尔等从。将旋跸，召觐行幄，温谕遣归，给驼马。三十九年，策妄阿喇布坦声言兵击第巴，遣使赴青海阴觇强弱。上以策妄阿喇布坦将不靖，诏廷臣留意汉赵充国所议五事，为防御计。四十二年，上幸西安府，达什巴图尔等来朝，扈驾阅驻防兵，奏："禁卒

精练，天下无敌。外省军容复如是。亿万年可永享升平。"赐宴遣归。

五十四年，策妄阿喇布坦遣兵掠哈密。上以邻青海左翼牧，诏兵备之，准噶尔败遁。初，达赖汗子拉藏偕青海诸台吉定议内附，寻袭唐古特汗，以第巴私立伪达赖喇嘛，袭杀之，而自立博克达之伊什旺扎穆苏为达赖喇嘛瑚毕勒罕。青海贝勒察罕丹津等讦其伪，奏里塘之罗卜藏噶勒藏嘉穆错为真达赖喇嘛瑚毕勒罕，诏内阁学士拉都琥往验。寻遣侍卫阿齐图召青海两翼议徙里塘达赖喇嘛瑚毕勒罕以弭争端。贝勒色布腾扎勒、阿喇布坦鄂木布、朋素克旺扎勒，台吉达颜、苏尔扎等佥请徙。察罕丹津不从，将偕达什巴图尔子罗卜藏丹津盟，率兵攻异己者。阿齐图疏至，王大臣等奏察罕丹津若先攻诸部，色布腾扎勒等来奔，应置边内。察罕丹津牧距松潘仅四五日程，请备兵待。诏西宁、四川松潘诸路设兵备之。

五十五年，察罕丹津畏罪，徙里塘达赖喇嘛瑚毕勒罕至西宁宗喀巴寺。阿齐图奏请集诸台吉定盟，以罗卜藏丹津、察罕丹津、达颜等领右翼，额尔德尼额尔克托克托鼐、阿喇布坦鄂木布等领左翼，令永睦，允之。会噶尔丹由沙拉袭青海，掠台吉罗布藏丹济卜等牧畜，复谋盗噶斯口官军驼马。谕曰："准噶尔侦噶斯口兵势稍弱，潜来侵扰青海，不可不严筹。著西安兵会青海左翼，四川督标兵会青海右翼，协力防御。"

五十六年，遣使赴青海测分野。未几，靖逆将军富宁安谍策妄阿喇布坦遣兵赴唐古特，驰疏闻。上以里塘达赖喇嘛瑚毕勒罕事初定，拉藏汗或阴导准噶尔侵青海，诏理藩院尚书赫寿谕拉藏汗勿得与察罕丹津、罗卜藏丹津等构兵。复谕遣侍卫色楞等赴青海，曰："准噶尔若侵拉藏汗，尔即与青海诸台吉等定议协剿，务令绝无猜忌，不至滋变方善。或拉藏汗导准噶尔侵青海，尔即谕察罕丹津等曰：'策妄阿喇布坦屡抗大军，今拉藏汗与同谋，是显为仇敌也。国家始终仁爱，保护顾实汗孙，尔等正当奋志报效而行。'"寻察罕丹津以准噶尔侵拉藏汗告，谕内大臣策旺诺尔布、西安将军额伦特等分屯青海要地。

五十七年，拉藏汗乞援疏至，诏色楞等会青海王、台吉议进兵。察罕丹津谍拉藏汗被戕，谋诱准噶尔至青海迎击之。准噶尔惧，不至。先是哈密伯克额贝都拉献西吉木、达里图、西喇郭勒地，诏设赤金、靖逆二卫及柳沟所，听兵民耕牧。五十八年，以其地错青海左翼牧，遣官偕贝子阿喇布坦、台吉阿尔萨兰等勘定界。阿喇布坦等曰："青海众荷厚恩，何惜隙地？可耕者听给兵民，留我等牧地足矣！"因集所属宰桑等画地标识，议勿私越。时抚远大将军固山贝子允禵统兵驻西宁，请自索诺木至柴达木路设站五，站置青海兵十，别令左、右翼兵各三百屯近军地，防准噶尔贼，从之。允禵复遵旨集两翼王、台吉，以上意宣谕曰："唐古特部达赖喇嘛、班禅喇嘛法教，原系尔祖顾实汗所设。今准噶尔戕拉藏汗，离散番众。尔等前称里塘罗卜藏噶勒藏嘉穆错为真达赖喇嘛瑚毕勒罕，愿置禅榻，广施法教，今唐古特民人及阿木岛喇嘛如尔言。皇上为安藏计，遣大兵送往唐古特，尔等宜率所属兵或万或

五六千从往，其定议具奏。"两翼王、台吉等佥称愿听命。五十九年，所部兵从大军败准噶尔于札卜克河、齐诺郭勒、绰玛喇等处，因护达赖喇嘛入藏。捷闻，诏留兵二千屯青海侦防准噶尔。

雍正元年，谕曰："自西陲用兵，青海王以下，台吉以上各著劳绩。皇考曾降旨俟凯旋日计功，今青海王、台吉等历年效绩，应各酌加封赏。其率兵进藏，至驻防噶斯、柴达木等众，应令各处将军分别加赏。"是年罗卜藏丹津叛，命大军往讨，越岁而定。罗卜藏丹津初袭其父达什巴图尔亲王爵，从大军入藏，归，觊为唐古特长，阴约策妄阿喇布坦援己，复诱青海台吉等盟察罕托罗海，令如所部故号，不得复称王、贝勒、贝子、公等爵，而自号达赖珲台吉以统之。郡王额尔德尼额尔克托克托鼐不从，偕镇国公噶尔丹达什来奔。上以和硕特族自相残，不忍遽加兵，诏抚远大将军贝子延信善慰额尔德尼额尔克托克托鼐。时兵部左侍郎常寿驻西宁理青海务，命传谕罗卜藏丹津罢兵，不从则惩治之。罗卜藏丹津诡言亲王察罕丹津、郡王额尔德尼额尔克托克托鼐谋据唐古特，诸台吉不服，将率兵与决胜负。盖以察罕丹津、额尔德尼额尔克托克托鼐首不附己，欲诬以罪，因胁诸台吉奉己，如鄂齐尔汗驻唐古特以遥制青海也。

察罕丹津为罗卜藏丹津所逼，继额尔德尼额尔克托克托鼐挈众至。敕川陕总督年羹尧曰："罗卜藏丹津自其祖顾实汗敬谨恭顺，达什巴图尔慕化来归，晋封亲王，复令其子罗卜藏丹津袭封，自宜仰体宠眷，敬奉法纪。乃妄逞强梁，骨肉相仇，欺凌亲王察汗丹津、郡王额尔德尼额尔克托克托鼐等，恣行倡乱。朕甫闻其事，遣使往谕，令伊讲和修睦，式好无尤。乃肆意称兵，侵袭察罕丹津、额尔德尼额尔克托克托鼐，以致投入内境。是其深负朕恩，悖逆天常，扰害生灵，诛戮不可少缓。朕欲大张天威，特命尔为抚远大将军，统领大兵，往声罗卜藏丹津罪。如敢抗拒，即行剿灭。其党有惧罗卜藏丹津势，暂为胁从者，果悔罪来归，即行宽宥。有能擒斩罗卜藏丹津者，分别具奏。有情急来归者，加意抚恤。其不抗拒者，毋加杀戮。"罗卜藏丹津诡罢兵，诱常寿至察罕托罗海，留之，遣叛党分掠西宁诸路，煽贼番等为应。副将军阿喇纳自吐鲁番驰赴噶斯，断由穆鲁乌苏往藏路；副将王嵩、参将孙继宗等击贼党于布隆吉尔及镇海堡、申中堡、北川、新城等处。四川提督岳钟琪以杂谷土司等兵剿归德堡外上寺东策卜、下寺东策卜及南川口外郭密诸番，复檄前锋统领苏丹等协剿，所至告捷。罗卜藏丹津惧，送常寿归，请罪。谕年羹尧曰："伊乃深负国恩、与大军对敌之叛贼，国法断不可宥。不得因伊曾封王爵，稍存疑虑。其与罗卜藏丹津同谋之王、贝勒、贝子、公等，既经背叛，即宜削爵。伊等或来归顺，或被擒获，不必更论封爵，但视行事轻重，可宽宥者从宽，应治罪者治罪。"

二年，诏以岳钟琪为奋威将军，参赞军务。钟琪奉命进剿，侦从贼之巴尔珠尔阿喇布坦自乌兰博尔克遁，尾击之，至伊克喀尔吉，擒其党阿喇布坦鄂木布。遣西宁总兵黄喜林由西尔哈罗色赴柴达木，断噶斯路。侦罗卜藏丹津走乌兰木和尔，钟琪复分兵驰击，擒其母阿尔泰，俘户畜无算。罗卜藏丹津偕贼党分道窜。侍卫达鼐等擒丹津珲台吉于华海子，阿布济车臣台吉于布哈色布苏，吹喇克诺木齐、扎什敦多卜等于乌拉克，罗卜藏丹津走准噶尔。逆党悉槛送京师，诏行献俘礼。

是役也，以兵拒罗卜藏丹津者，亲王察汗丹津、郡王额尔德尼额尔克托克托鼐也。不从罗卜藏丹津逆者，郡王色布腾扎勒、台吉阿喇布坦、噶勒丹岱青诺尔布、巴勒珠尔、察罕喇布坦、旺舒克喇布坦也。为罗卜藏丹津胁从者，贝勒朋素克旺扎勒、辅国公车凌、台吉诺尔布也。始附罗卜藏丹津，寻以悔罪有者，贝勒罗卜藏察罕、车凌敦多布、贝子济克济扎布、拉扎布、台吉衮布、色布腾、纳罕伊什也。其附罗卜藏丹津者，首恶曰吹喇克诺木齐、阿喇布坦鄂木布、藏巴扎木，从党曰巴勒珠尔阿喇布坦、扎什敦多布、格勒克阿喇布坦、苏泰及察罕丹津从子塔尔寺喇嘛堪布诺扪汗也。有中宵者，隶云南丽江府，罗卜藏丹津给伪札令附己。大军至，率户三千余请降。洮、岷界外诸番旧为青海属，悉就抚，其不顺者剿诛之。阿冈、多卜藏玛嘉、铁布纳珠公寺、朝天堂、卓子山、棋子山、先密寺、兴马寺、阿罗、西脱巴、上笃尔素华藏、上扎尔的诸番众以次底定，青海患始靖。御制平定青海文，立石太学。

王大臣等遵旨议善后事宜，奏青海王、台吉等应论功罪定赏罚，游牧地令各分界，如内扎萨克例。百户置佐领一，不及百户者为半佐领，以扎萨克领之。设协理台吉及协领、副协领、参领各一，每参领设佐领、骁骑校各一。岁会盟，令奏选盟长，勿私推。贡期自明年始分三班，九年一周，自备驼马，由边入京。市易以四仲月集西宁西川边外纳喇萨юд地，官兵督视，有擅入边墙者治罪。又罗卜藏丹津之吹宰桑及察罕丹津从子丹衷之宰桑色布腾达什等率众降，请各授千、百户等官。又喀尔喀居青海者，勿复隶和硕特旗，令别设扎萨克，土尔扈特及准噶尔、辉特如之。至西番部众，凡陕西所属甘州、凉州、庄浪、西宁、河州，四川所属松潘、打箭炉、里塘，云南所属中甸等处，或为喇嘛耕地，或纳租青海，但知有蒙古，不知有厅卫营伍诸官。今番众悉归化，应择给土司千百户、巡检等职，令附近道厅及卫所辖。又青海及巴尔喀木、藏、卫旧称唐古特四大部，顾实汗侵据之。以青海地广可牧畜，巴尔喀木粮富，令子孙游牧青海，而巴尔喀木纳其赋。藏、卫二地，旧给达赖喇嘛、班禅喇嘛，今以青海叛，取其地，应令四川、云南诸官管理。又达赖喇嘛遣人赴市打箭炉，驮装经察木多、乍雅、里塘、巴塘，向喇嘛等索银在差，名曰鞍租，至打箭炉免纳税。请饬达赖喇嘛勿收鞍租，打箭炉免取税，岁给达赖喇嘛茶五千斤，班禅喇嘛半之。又西宁各寺喇嘛多者数千，少者以五六百，易藏奸，前罗卜藏丹津叛，喇嘛率番众抗大兵。请于塔尔寺喇嘛选老成者三百给印照，嗣后岁察二次，庙舍不得过二百，喇嘛多者百余，少者十余。番民粮赋，令地方官管理，度各寺岁用给之。又陕西边外河州、西宁、兰州、中卫、宁夏、榆林、庄浪、甘州等处，水草丰美，林箐茂密，蒙古诸部恋牧大草滩及昌宁湖。请于西宁北川边外上下白塔等处，自巴尔托海至扁都口筑城堡，令蒙古等勿妄据。又肃州西洮赍河、常玛尔、鄂敦塔拉等处，应募民垦膏腴地，庶渐致富饶。至宁夏险要，无过阿拉善。顾实汗裔旧游牧山后，今或徙至山前。请令阿拉善扎萨克郡王额驸阿宝饬所属归阿拉善山后，其山前营盘水、长流水等处，悉为内地。又甘州、西宁界各设营汛，令蒙古等不敢觊觎。又巴尔喀木等部众，自鲁隆宗东察木多、乍雅外，诸番目悉给印照，视内地土司例。又青海属左格诸番，请徙内地。阿巴土司头目墨丹桂等从剿有功，请给安抚司衔，不隶青海辖。又西宁边内可耕地，请发直隶、山西、山东、河南、陕西五省遣犯，能种地者，官给牛具籽种，三年后起科如例。又甘州喀黄番，应招抚为青海藩篱。青海诸部，令各守牧地，不得强据，妄掠商贾。察汗诺扣汗喇嘛庙毋得私聚议事。遣官赉敕往，不论秩崇卑，王公以下跪迎，有背贰者必惩。上从其议。

三年，诏以博罗充克地给阿拉善郡王阿宝居之，钤青海族属，越七载始撤归。是年，青海和硕特、土尔扈特、准噶尔、辉特、喀尔喀及察罕诺扪汗各授扎萨克，铸"总理青海蒙古番子事务"关防，遣大臣赍镇其地，辖所部扎萨克。岳钟琪复奏："亲王察罕丹津、镇国公拉扎布等游牧河东，地近河州，松潘各路。前议市纳喇萨喇地，地陕，恐不给蒙古需。请改市河州及松潘。河州定于土门关附近双城堡，松潘定于黄胜关之西河口，二地并有城屋，水草美，互市可久。又郡王额尔德尼额尔克托克托鼐、色布腾扎勒等游牧河西，地近西宁，请改市西宁口外丹噶尔寺。至蒙古岁资牲畜，请每年六月后听不时当易，庶蒙古商众获利益。"允之。

六年，唐古特部噶卜伦阿尔布巴、隆布鼐、扎尔鼐等叛，扰唐古特，谋通准噶尔，大军诛之。七年，上以准噶尔不靖，必扰青海及唐古特，因决策进讨。王大臣等议噶斯为准噶尔通青海及唐古特要隘，请选青海扎萨克兵千五百分屯噶斯及柴达木、得卜特尔、察罕乌苏诸路，允之。会噶尔丹策凌遣使告将献罗卜藏丹津，闻大军就道，惧，仍携归。八年，诏暂缓进兵，谕噶尔丹策凌速献罗卜藏丹津，当宥罪。复命青海扎萨克备兵游牧听调。准噶尔寻袭科舍图汛，谕青海兵速赴噶斯，准噶尔遁。

九年，遣二等侍卫殷扎纳传谕左右翼扎萨克选兵万屯青海适中地，官兵皆赏装。复命所部采买牲畜，勿滋扰。扎萨克公诺尔布、拉扎布等寻徙牧，叛。诏曰："朕因准噶尔贼乘西路军不备，盗驼马，因念青海各扎萨克人众恐招逆贼侵害，谕令派兵防护。其采买马羊者，原欲使伊等所有牧畜得变价值，可获利益，并非需此区区助也。朕曾谕殷扎纳，一切派兵采买，听蒙古便，不可丝毫勉强。并虑王、台吉等科派所属，谕令严行禁约，岂肯令遣往人逼迫蒙古从事乎？今拉扎布等无故他徙，或殷扎纳不能宣扬朕谕，使众心共晓，而采买马羊又不听其便，以致拉扎布等心怀疑畏，渐避差徭。特颁旨谕拉扎布等，令其速归本处，准噶尔贼或由噶喇沙尔前赴噶斯，潜行骚扰，或增人众窥伺青海。所部蒙古兵丁尚未齐集，器械亦未周备，难望捍御贼锋，亦令官兵善为保护。"会拉扎布等不奉命，

诸扎萨克擒献。复集兵七千为备，军械及马不给。上悯之，谕廷臣曰："朕所以聚此兵者，特为保全伊等家口及游牧计，非为征伐调遣用也。今闻其生计情形，朕心深为恻然。俟从容料理，必有加恩之处。所聚七千，著选派三千，照前所降恩旨，官员赏给本年俸银，兵丁赏银五两。戍卒驻防日久，赀斧维艰，著给茶币等项，及每月所食青稞。遣归兵四千名，官员等著给三月俸银，兵丁等著赏银三两，令各回游牧。准噶尔贼或潜扰青海，朕意欲将伊等预行从容迁徙，令贼由远路来一无所得，不待战而力尽。我官兵与贼交战时，青海三千兵但追袭贼后，量力驱贼马匹，所得即赏之，仍计马匹多寡，加恩议叙。"

十年，以喀尔喀败准噶尔于克尔森齐老及额尔德尼昭，谕青海扎萨克等曰："喀尔喀奋勇剿贼，尔等何独不能？各宜鼓舞振兴，踊跃效命。贼众侵扰青海，止有噶斯一路，尔等须防守隘口，倘准噶尔前来，务期协力追杀，悉行剿除。"十三年，诏撤驻防大军，所部仍选兵二千屯得卜特尔、伊克柴达木等汛，以台吉达玛璘色布腾、色特尔布木领之。

乾隆十一年，办理青海事务副都统众佛保遵旨宣谕诸扎萨克好防汛，议以郡王额尔德尼额尔克托克托鼐之长子索诺木丹津及扎萨克台吉衮布喇布坦、色特尔布木、多尔济色布腾、萨喇等防得卜特尔汛，以郡王衮楚克达什、车凌喇布坦，贝子丹巴，辅国公纳木扎勒车凌，扎萨克台吉达玛璘色布腾等防伊克柴达木汛。十人分为五班，三年一察军械。十二年，以准噶尔使赴藏煎茶，道噶斯，复议自伊克柴达木、得卜特尔外，设汛哈济尔、察汗乌苏。

二十年，大军征达瓦齐，抵伊犁，罗卜藏丹津就擒。谕曰："罗卜藏丹津负恩背叛，逃往准噶尔，偷生三十余载。今两路大军至，伊无路奔窜，仍就擒获，实足以彰国宪而快人心。"罗卜藏丹津俘至，告祭太庙社稷，行献俘礼，上御午门楼受之。以世宗宪皇帝有罗卜藏丹津至仍宥罪之旨，诏免死。子巴朗及察罕额布根授蓝翎侍卫，其戚属处伊犁者，诏勿内徙。

二十三年，大军剿玛哈沁，侦沙拉斯玛呼斯贼窜呼尔塔克罗卜诺尔。以地近噶斯，通青海，诏副都统济福赴西宁宣谕所部集兵千人为备，复遣识噶斯道者侦贼踪。既而所部兵集扎噶苏台，诏归牧听调，勿遽就道。济福遵旨谕之，请遣近牧者归，仍量留远道兵屯乌图，备不虞。上鉴其诚，诏酌赏遣归兵。久之，噶斯无贼踪，乃撤乌图兵还。二十四年，陕甘总督杨应琚奏："青海得卜特尔、伊克柴达木等处设汛屯兵，为防准噶尔计。今准噶尔及回部悉底定，请撤青海驻防兵。"从之。先是阿睦尔撒纳叛，大军分道进剿，所部购马二千、驼四百，送巴里坤军。诏于值，毙者半。至是复输马七百余、驼三百二十余，请偿毙数，诏仍如值给。

二十七年，以所部翁扎萨克请给罗卜藏丹津旧牧地，杨应琚遵旨往勘，奏："洮赍河等处系西宁、肃州镇标马厂及番族牧地，不便拨给。西喇郭勒及西尔噶拉金东西五百余里，南北三十余里，地旷，且距扎萨克等游牧近，请给。其西尔噶拉金逾河即产矿山场，久封禁，请饬扎萨克

等就近守视。"诏以西喇郭勒给之，西尔噶拉金河东听驻牧，河西铅矿，勿得越界私采。是年复设西宁办事大臣，辖蒙古、番子事务。

所部扎萨克，自察罕诺们汗外，旗二十有九。爵三十：扎萨克多罗郡王三，一由亲王降袭，一由贝勒晋袭；扎萨克多罗贝勒二，一由郡王降袭；扎萨克固山贝子二，一由辅国公晋袭；扎萨克辅国公四，一由镇国公降袭；扎萨克一等台吉十六，一由贝勒降袭，二由贝子降袭，一由辅国公降袭；附固山贝子一；公中扎萨克一等台吉二。

二十九年十一月，命青海各扎萨克每年轮派兵丁设卡防果洛克。三十年九月，以果洛克肆行劫杀，谕青海各扎萨克协力剿之。三十一年六月，青海王、贝子、扎萨克等请留办事大臣七十五，不许。七月，谕四川禁果洛克土司番人越境掠窃青海蒙古牲畜。九月，移青海附近果洛克之各扎萨克驻牧地方，添设卡兵。十月，以青海扎萨克罗布藏色布腾等游牧为果洛克番贼劫掠，革之。四十年九月，青海扎萨克公礼塔尔以出猎被番贼戕害，谕青海办事大臣福德查办。

五十一年九月，禁青海喇嘛不领路引私自赴藏。分青海纳罕达尔济等三旗兵，罗卜藏丹津、衮楚克二旗兵驻奎屯、西哩克等处，设果洛克防卡。五十六年九月，以青海郡王纳汉达尔济属人勾引番子戕扎萨克沙喇布提，严饬之，并谕各于境内游牧，勿容匿番族。十二月，以大军进藏征廓尔喀，予亲往巡查青海新设台站之贝子罗布藏色布腾贝勒衔、镇国公达玛林贝子衔，仍责预备驼马之王、公、扎萨克等有差。五十八年，循化等处番族占居蒙古地界，命办事大臣特克慎以兵驱逐之。

嘉庆四年九月，青海郡王那罕多尔济等呈番子抢掳六千余户，伤害男女二千余人。诏责办事大臣奎舒讳匿，革逮，以台斐荫代之，命广厚赴西宁查办。十月，以松筠奏命青海蒙古王公抚绥所属，毋致勾引番子抢劫。五年六月，青海贝勒克莫特伊什等番子交出牲畜较少，谕台斐荫下部严议。九月，台斐荫以不准青海蒙古报被番子抢劫免，以台布为西宁办事大臣。六年十月，以勘定青海卡伦，禁蒙古擅出，番子擅入。十二月，台布奏循化番子渡河抢劫。谕饬拨兵防护。

七年二月，台布令西宁镇总兵保青署河州镇总兵，福宁阿拨兵驻守黄河冰桥，防护蒙旗果尔的等，番族均敛迹。谕台布责成蒙古设法自卫。八月，台布奏番子格尔吉族缚献犯事贼番，撤坐卡官兵。四月，以循化、贵德番子扰青海蒙古各旗，劫执贝子齐默特丹巴，谕办事大臣都尔嘉严行查治。五月，谕都尔嘉抚恤青海被扰蒙古，命贡楚克扎布会同都尔嘉查办番案。六月，都尔嘉奏捕获劫杀青海贝子夫人凶番齐克他勒，诛之。命陕甘总督惠龄赴西宁查办野番，抚恤青海被扰蒙古，每口加给官茶一分。七月，命惠宁等妥酌防番卡伦章程。贡楚克扎布等渡河驱逐野番。八月，贡楚克扎布奏野番退出占住蒙古地方，移回番境。命晓谕番目尖木赞交还赃畜，缚献贼目，并饬定善后章程。九年九月，办事大臣玉宁复以青海蒙古被番子抢劫之案甚多入告。

十年六月，以青海郡王纳罕多尔济呈蒙古穷困，谕玉宁遇水旱之灾，酌量赈济。七月，谕玉宁饬郡王纳罕多尔济等勿令商人私挖木植、大黄。九月，玉宁奏青海番子尖木赞等占据诺们汗等旗。命贡楚克扎布赴西宁会同驱逐之。十一年二月，办事大臣贡楚克扎布奏："贵德、循化番子头目带至暗门内，与宁西镇总兵九十、西宁道庆炆传见晓谕，番目尖木赞、策合洛等请每年各出羊只，租住蒙古空间地方，今年三四月间，划定界限，设立鄂博，每年春季，再添会哨一次。"六月，贡楚克扎布奏番帐驱逐净尽，请以青海尚那克空地安插野番，允之。二十二年十月，以青海扎萨克台吉恩凯巴雅尔捕获劫夺蒙古果洛克番贼，予花翎。二十四年十二月，护陕甘总督朱勋奏边外番目缚献番贼，交出原抢蒙古人口牲畜，予番目尖木赞四品顶戴。

道光二年正月，以朱勋奏河北插帐之循化等处九族野番及盐池一带挖盐番户抗不回巢，又蕴依、双勿两族，勾结循化、贵德及四川野番，盘踞原为贝勒特里巴勒珠尔六旗游牧之克勒盖、克克乌苏地方，抢掠蒙旗，请增卡防官兵，允之。命长龄回陕甘总督，会松廷相机办理，设法驱逐。三月，长龄奏调官兵八千余名，分途并进，迫令迁移。五月，长龄以剿捕蕴依等二十三族野番全数肃清奏闻。谕饬妥筹善后事宜，并晓谕蒙古王公等勉思振励，自相保卫。六月，长龄以贝勒特里巴勒等移居青海已久，惮回原牧，请以克勒盖一带令察罕诺们汗移居，克克乌苏一带令阿里克阿百户住牧，停向年会哨之兵，免究治诺们汗失察属下勾结野番抢掠之咎，允之。寻野番复出劫掠贝子喇特纳希第游牧。八月，长龄以野番一千数百人过河杀掠闻。命那彦成驰往查办，署陕甘总督，责长龄办理不善，撤双眼花翎。十月，那彦成奏重设卡隘，严捕汉奸。并谓："野番冥顽成性，蒙古虐其属下，反投野番谋生，导引抢掠其主。内地歇家奸贩，潜住贸易，无事则教引野番渐扰边境，有兵则潜过报信。近年番势日张，弊实在此。"十一月，增设西宁镇镇海协副将、都司、守备各一，大通营游击一，哈拉库图尔营都司一，哈玛尔托亥营都司一，双俄卜营守备一，千、把以下弁兵有差。以那彦成请，以保卫蒙旗，防御番贼。十二月，那彦成奏："察罕诺们汗所部伙同野番，勾结汉奸，作贼已久。此次将粮茶断绝，立见穷蹙，愿归河南游牧，现押令过河。"上以"不劳力、不延岁月、办理认真"嘉之。定清厘河南、循北、贵德番族，安插河北番族及易换粮茶章程，设千户、百户、百总、十总管束之，封闭野牛沟、八宝山等处偷挖金砂窑洞。

三年，赍青海被扰郡王车凌敦多布等二十四旗青稞三万石。十月，允理藩院议覆那彦成奏，分青海河北二十四旗为左、右翼，每翼设正副盟长各一，每六旗设扎齐克齐一，每三旗设梅楞一，每旗设扎兰一，承办巡防事件。每旗出二十五人，以五人为一班，每季更换，随同官兵巡防。十八年，玉树熟番内雍希叶布、蒙古尔津尼、牙木错、卡爱尔四族，以避果洛克番贼劫掠，奔赴青海，右翼盟长郡王恭木楚克集克默特愿让游牧内空闲地段住牧。西宁办事大臣苏勒芳阿派员勘明其地，东至和达素沟，西至奎田口，北至乌兰麦尔河沿，南至哈利盖边界，于四至高阜处设立鄂博，分定界址。雍希叶布等四族计人户二百有九，男妇大小一千一百有八十名口。议立交纳马贡易换粮茶各章程，盟长等镇百户番目谒见苏勒芳阿，议定应行事宜，额外苛派。九月，奏入，得旨依议。十二月，青海两翼正副盟长郡王车凌敦多布等呈苏勒芳阿："河南察罕诺们汗一旗被各番贼劫掠，人户失散，现仅存三百余户，日不聊生，不及原来人户四分之一。请将该旗照旧移过河北，与察罕洛亥驻防官兵协同把守渡口，实与蒙古有益。"苏勒芳阿奏："即饬贵德文武将该旗安分守法之人移过河北，交车凌敦多布代为管理。仍饬留心稽查，如有滋事作贼之人，不准混淆移过，以昭慎重。"从之。

二十二年，果洛克番贼窜青海，掠蒙古及番族。盟长郡王恭木楚克集克默特率兵剿捕，俘番贼多名，得所掠牲畜，赍缎匹奖之。二十三年七月，以陕甘总督富呢扬阿等奏河北近边及河南番族畏法，酌撤各路官兵，予出力左翼盟长郡王贝子索诺木雅尔吉奖，分给在事蒙、番牛羊一万四千六百有奇。二十四年三月，录斩擒偷渡河北番贼功，予左翼副盟长贝勒罗布藏济木巴双眼花翎。五月，番族喀布藏与蒙古挟仇报复，蒙兵败之。六月，富呢扬阿奏派防兵并蒙古、番兵，按季于出巡前赴青海南适中之贡额尔盖地方会哨。是年，侨居郡王恭木楚克集克默特旗之雍希叶布等四番族仍回原牧。六平番贼复出劫掠，命甘肃提督胡超赴永固剿之，饬西宁办事大臣德兴驻丹噶尔。六月，陕甘总督布彦泰等奏剿黑错寺，番族窜逋，酌量撤兵。

咸丰二年，以陕甘总督舒兴阿奏，饬暂驻永安城之蒙古郡王等回牧，裁察罕洛亥等处蒙古兵一半。四年，陕甘总督易棠奏于野牛沟三处招募猎户各一千名开采金砂，堵御番匪。同治三年，饬山西筹解青海蒙古王公等岁俸。以青海剿贼出力，予扎萨克王乌尔珲扎布等奖叙。

光绪元年九月，西宁办事大臣豫师奏捕获柴达木抢杀番目之蒙古人犯。谕免扎萨克达什多布吉议处，仍饬认真约束。四年十一月，予青海历年剿匪出力之副盟长贝勒拉旺多布吉等奖。

二十三年二月，甘肃回匪刘四伏等率溃贼数万人由南山水峡口窜青海格德木地方，贝子纳木希哩率蒙兵，右翼副盟长贝勒拉旺多布吉、贝子吹木丕勒尔布、察罕诺们汗旗及刚咱族总千户均派兵会合堵剿。纳木希哩等阵亡，寻赠纳木希哩郡王衔，恤之。是月十四、十五等日。匪窜左翼郡王鞥克济尔噶勒游牧都蓝果立地方，鞥克济尔噶勒派兵进击，匪遂窜柴达木，势张甚。陕西巡抚魏光焘派道员严金清率马队由水峡口尾追，甘肃提督董福祥派马队从丹噶尔日月山出口，会兵海南一带，齐至都蓝果力地方前进。刘四伏等窜蹻遶力哈净并腮什唐等地，负嵎死拒。柴达木住牧之左翼盟长贝子恭布车布坦、贝勒车琳端多布、台吉索木端多布等亲率蒙兵迎击。时口外盛雪严寒，回匪无所得食，饥冻毙者大半。刘四伏等见势不支，遂向西分窜安西、敦煌各境。陕甘总督陶模派道员潘效苏分兵由扁都口进战，西宁办事大臣奎顺饬大通住牧之右翼正盟长郡王棍布拉布坦、公齐克什扎布、台吉丹把、台吉齐莫特林增、阿里克族百户格拉哈官布等亲督蒙、番兵丁，会合官军，分途兜剿。公齐克什扎布手带枪伤，裹创力战。刘四伏率匪西遁，余贼降，于贝子恭布车布坦牧案安插管束，青海肃清。陶模请奖奏入，于郡王鞥克济尔噶勒等奖有差。陶模等下丹噶尔厅设局，以银布粮茶赈被难各旗。

宣统二年四月，郡王巴勒珠尔拉布坦为资政院钦选议员。三年四月，青海左翼正盟长扎萨克贝勒车林端多布卒，广恕奏以本翼郡王鞥克济尔噶勒暂代之。

其地有矿，有盐，林木亦富。佐领共一百有三。

卷五百二十三　　列传三百十

藩部六

杜尔伯特　旧土尔扈特　新土尔扈特　和硕特

杜尔伯特部，游牧金山之东乌兰固木地。东萨拉陀罗海、纳林苏穆河，接唐努乌梁海；南哈喇诺尔、齐尔噶图山，接科布多牧场及明阿特；西索果克河，接阿尔泰乌梁海；北阿斯哈图河，接乌里雅苏台卡伦。本额鲁特绰罗斯种，与内扎萨克之隶科尔沁右翼一旗同名异族。

厄鲁特旧设四卫拉特，杜尔伯特其一也，辉特隶之，后并称卫拉特。详《青海厄鲁特部传》。准噶尔台吉噶尔丹虐诸昆弟子姓，兄子策妄阿喇布坦弃之，徙博罗塔拉，杜尔伯特诸台吉从往，分牧额尔齐斯。迄准噶尔族乱，杜尔伯特内附，设扎萨克十有四，附辉特扎萨克二，统称赛因济雅哈图杜尔伯特部。

杜尔伯特祖曰博罗纳哈勒，与准噶尔祖额斯墨特达尔汉诺颜为昆弟。博罗纳哈勒子额什格泰什，三传至达赖泰什。子七：长敏珠，裔不著；次垂因；次陀音，其裔皆隶察哈尔；次鄂木布岱青和硕齐，为扎萨克汗车凌、亲王车凌乌巴什、贝勒刚多尔济三旗祖；次衮布；次达延泰什；次塔尔珲泰什，其裔袭各扎萨克。达赖泰什弟曰保伊尔登，子四：长鄂尔罗斯，为扎萨克台吉恭锡拉、达什敦多克二旗祖；次巴特玛多尔济，为扎萨克贝勒色布腾、贝子班珠尔，辅国公刚、巴图蒙克、台吉额布根五旗祖；次额璘沁巴图尔，为扎萨克贝子根敦、玛什巴图，台吉巴尔三旗祖；次伯布什，为扎萨克郡王车凌蒙克一旗祖。和硕特台吉鄂齐尔图，为卫拉特首汗，绰罗斯诸台吉隶之。

顺治十四年，杜尔伯特台吉陀音遣使哈什哈等自鄂齐尔图所，以贡马至。十五年，鄂木布岱青和硕齐子伊斯扎木复遣使额尔克贡马。

康熙十四年，台吉额勒登噶木布从鄂齐尔图使入贡，自称为阿勒达尔泰什族。阿勒达尔泰什者垂因子也，时盖为所部长。十六年，噶尔丹戕鄂齐尔图，遣使告，自称博硕克图汗，因胁诸卫拉特奉己令。谕给诸贡使符验，不从，诡称杜尔伯特及和硕特、土尔扈特虽隶准噶尔，以牧地远，不及给。二十四年，定四卫拉特贡例，噶尔丹使入关额二百人，余市张家口及归化城，其绰罗斯自贡之噶尔玛岱青和硕齐、杜尔伯特台吉阿勒达尔泰什及和硕特、土尔扈特长如之。

三十三年，台吉巴拜来归。巴拜者陀音子也，噶尔丹以附牧，强取其戚属。巴拜索之不获，畏弗敢争。嗣从噶尔丹侵喀尔喀，至乌兰布通，欲弃之降，为伊拉古克三呼图克图所阴阻。至是偕从子齐克宗至。上以其习边外，不便驻内地，诏隶喀喇沁牧。

三十六年，台吉车凌复来归。车凌为阿勒达尔泰什孙，其父乌尔衮从噶尔丹侵喀尔喀，为大军所败，携属三百余窜图拉河境。上闻之，谕遣护军统领玛喇曰："尔等驰赴图拉，遣人问故。伊等或欲内附，惧为喀尔喀阻；或力不能至而在彼，可收之至。如欲往阿勒台则听之。既不内附，又不前往，则当相机行事。"玛喇至，侦不获踪。噶尔丹再侵喀尔喀，乌尔衮复从至，和托辉特台吉根敦阵斩之。车凌从噶尔丹窜牧巴颜乌兰，根敦以告。诏使谕车凌降，不至。噶尔丹寻败遁，车凌将乞降，我师不知而击之，乃逸。其属绰克图巴图尔、宰桑莽奈哈什哈、都喇图巴图尔、班丹哈什哈、宰桑扎尔瑚齐什贲达尔汉、宰桑苏穆齐扎尔瑚齐、阿哈雅扎尔瑚齐、毕哩克扎尔瑚齐等率众百余内附。时巴拜属从至，诏置张家口外。巴拜遣宰桑博克请赐所属，遣官赍给之。巴拜寻来朝，请效力禁廷，谕曰："尔先众来降，朕自有加恩之处。其仍率所属驻喀喇沁牧。"

车凌败，知噶尔丹不足恃，遣使奏："杜尔伯特部自始贡中国，至阿勒达尔泰什，往来朝请已五世。前蒙恩遣巴扎尔传谕臣属功格额尔克，令臣归诚，许恩待。臣遵旨降，反为将军所击，臣复惧而逃，乞赐恩纶。"谕曰："车凌来归时，我绿营、蒙古兵不知而击之。今复遣使奏请，理藩院其檄令速降，朕将怃之。"会遣使招噶尔丹，诏以其使从。至则车凌他徙，其使赍檄往谕。车凌遣功格额尔克奉表降，自诣大将军费扬古所告曰："乌兰布通战后，臣父乌尔衮降志诚，不获达。臣前为大军击，心甚惧，率残卒十余奔达玛尔，遇噶尔丹，偕赴萨克萨克图固哩克。未浃旬，弃之走额克阿喇勒。臣知噶尔丹罪，与彼伍，徒就死。闻上抚厄鲁特降人咸得所，集臣属二百五十余户内徙，道逾汗阿林翁吉，阅四月始至。乞以此情代奏。"费扬古驰疏闻，留其挈属于张家口外，遣车凌觐行营。诏授散秩大臣，巴拜如之。

明年，诏以巴拜、车凌属隶察哈尔正白旗，编佐领二：车凌属六品官班丹毕哩克及壮丁百余，以功格额尔克为骁骑校领之；巴拜属五品官戴和硕齐、纳木喀琳沁、额尔德尼达木巴，六品官达尔扎巴图蒙克、色棱泰墨尔根伊什德克及壮丁百余，以达木巴领之。后巴拜卒，无嗣。车凌卒，子策旺达尔济嗣。

五十四年，诏招降台吉丹津于阿勒台。丹津者鄂木布岱青和硕齐孙也，与车凌为昆弟，游牧阿勒台，户千余。和托辉特台吉博贝请赴阿勒台招丹津降，抗不以兵取之。谕车凌遣使赍书从。比至，丹津徙策旺阿喇布坦牧。

五十九年，靖逆将军富宁安擒台吉垂木伯尔于伊勒布尔和硕。盖是时策妄阿喇布坦假兵力据四卫拉特，令诸台吉环牧乌鲁木齐、额尔齐斯为负嵎计。我大兵因屯巴里坤、阿勒台两路遏之，侦准噶尔袭唐古特，诏大军往讨罪，复以兵分击准噶尔境。垂木伯尔者丹津族台吉也，率属驻乌鲁木齐，设哨伊勒布尔和硕、阿克塔斯路。富宁安以兵至阿克塔斯设哨，贼遁，尾至伊勒布尔和硕击之，擒垂木伯尔归，乌鲁木齐众闻之咸窜。

乾隆十八年冬，台吉三车凌来归。三车凌者：曰车凌，曰车凌乌巴什，曰车凌蒙克，统称杜尔伯特台吉，巴约特其属部也。杜尔伯特以车凌为长，车凌乌巴什次之。巴约特以车凌蒙克为长，聚族额尔齐斯。准噶尔台吉旧有策凌敦多布二，大策凌敦多卜善谋，小策凌敦多卜以勇闻，策妄阿喇布坦及子噶尔丹策凌倚任之。大策凌敦多卜孙达瓦齐袭杀噶尔丹策凌嗣而自立。小策凌敦多卜孙讷默库济尔噶勒与构兵，各令杜尔伯特族助。车凌等欲拒之，不敌，欲事之，莫知所从，集族言曰："依准噶尔，非计也，不如归天朝为永聚计。"有喀尔喀卒额璘沁达什者，为准噶尔所掠，闻其谋，脱归以告。诏定边左副将军喀尔喀亲王成衮扎布扎俟车凌等至，察其诚叵纳之。既而三车凌弃额尔齐斯牧，由准噶尔东乌兰岭乌英齐而行，越旬有九日至博东齐，遣使巴颜克什克、都图尔噶等驰赴巴颜珠尔克，以降故告，而留其众于额克阿喇勒以待。成衮扎布遣守汛者视，虑诈，檄喀尔喀兵备之，以闻。谕曰："车凌等降，非叵测也。达瓦齐与讷默库济尔噶勒构兵，车凌等助之，胜负难预定，幸而从者胜，卒为人役，不若归降之为得计也。既遣使以情告，若仍令处汛外，恐遣兵至或有失，可即徙入内汛，暂给牧畜，徐议安置事宜。先以车凌、车凌乌巴什及从至者酌遣数人，令其瞻仰朕躬，朕自优加恩赉。"遣侍郎玉保赍赏物往谕。甫就道，上念所部习边外，以未受痘者生身，若即令至内地，虽伤一仆从不忍，诏俟明岁受朝塞外，勿遽来京师，以负矜恤意。而三车凌惧准噶尔兵袭，请急徙入汛，且献马为贽。成衮扎布纳之，令暂驻乌里雅苏台。达瓦齐遣宰桑祁木特以兵袭，不及乃逸。玉保至，三车凌忭迎十里外，宣谕之。诡奏："噶勒丹策凌时，思内附，以众志未变，且法严，故不获间。今避乱来归，思觐天颜，蒙恩轸念避痘，令缓入觐期，请先以宰桑等朝京师。"车凌使曰和通、巴颜克什克，车凌乌巴什使曰哈锡塔，车凌蒙克使曰巴图。明年正月，使至，诏与朝正诸藩臣宴。上以所者间道至，驼马疲甚，且乏畜产，不忍遽远徙，诏视推河、扎克拜达里克、库尔奇勒可耕地置之，谷种诸归化城。复赐车凌、车凌乌巴什羊各五千，车凌蒙克羊三千赡之。寻定牧扎克拜达里克。

车凌乌巴什属巴启、齐伦等叛逸。喀尔喀卒盗车凌属伊尔都答玛，索不给，且射杀之。诏喀尔喀扎萨克以鄂尔坤防秋兵百视牧，复檄诸扎萨克邻汛者弋叛贼务获。后巴启等就擒论罪。四月，谕曰："内扎萨克及喀尔喀咸设正副盟长，董理牧务。今新降台吉车凌等携至户口，悉编旗分佐领，其设正副盟长如内扎萨克及喀尔喀例，赐赛因济雅哈图盟名。"五月，驾幸热河，驻跸避暑山庄。三车凌率诸台吉至，赐宴万树园，命观火戏。谕曰："杜尔伯特台吉等皆准噶尔渠酋，向慕仁化，率万余众倾心来归，宜敷渥泽，锡予封爵，以示怀柔至意。其各钤所属，令安分谋业，勿负朕恩。"时所部设扎萨克十有三，自三车凌外，曰色布腾，曰蒙克特穆尔，曰根敦，曰班珠尔，曰刚，曰巴图蒙克，曰祃什巴图，曰达什敦多克，曰恭锡喇，曰巴尔，封亲、郡王、贝勒、贝子、公、一等台吉有差。后蒙克特穆尔以从车凌蒙克子巴朗叛逃，别授其弟额布根为扎萨克，余仍袭，详列传。秋七月，将军策楞请徙三车凌牧于归化城青山东。时议备兵征达瓦齐，谕曰："巴朗等甫叛窜，若徙之，将滋新降疑惧，且非办理准噶尔本意，其令安处旧牧，勿他徙。"

三车凌之至也，告族台吉讷默库留准噶尔户千余，刚多尔济、额尔德尼、巴图博罗特如之，将乘间内徙。至是果偕辉特台吉阿睦尔撒纳、和硕特台吉班珠尔至，诏赐牧畜，置塔楚，邻三车凌牧。十月，驾由盛京旋，驻跸避暑山庄。讷默库等入觐，复赐宴，锡之爵。曰讷默库，封郡王；曰刚多尔济、曰巴图博罗特，封贝勒；曰布图克森、曰额尔德尼、曰罗垒云端，封贝子；曰布颜特古斯、曰蒙克博罗特，封辅国公；曰乌巴什、曰伯勒克，封一等台吉。凡设扎萨克十，诏编旗分佐领，如三车凌例，分左、右翼，设正副盟长各一。讷默库者，车凌乌巴什兄子。刚多尔济、布图克森、额尔德尼、罗垒云端、乌巴什、伯勒克，皆车凌乌巴什曾祖察衮裔。布颜特古斯、巴图博罗特、蒙克博罗特亦戚族也。后讷默库晋亲王，子喇嘛扎卜授贝勒，以叛除爵。布图克森、罗垒云端、乌巴什，皆无嗣停袭。伯勒克卒，子多第巴袭。多第巴卒，子尼尔瓦齐袭。尼尔瓦齐卒，无嗣，以多第巴弟布颜德勒格尔袭。布颜德勒格尔卒，无嗣停袭。布颜特古斯卒，子舍棱袭，以叛除爵。刚多尔济无嗣，以从子达瓦丕勒袭。额尔德尼卒，无嗣停袭。巴图博罗特、蒙克博罗特皆以叛除爵。故自刚多尔济外，皆不立传。

二十年，乌梁海降臣察达克招服包沁，察获杜尔伯特属以献，诏给所部。寻从大军征达瓦齐。三车凌既入觐归，诏选兵二千，以车凌领其一，隶北路；车凌蒙克、色布腾从之，以车凌乌巴什领其一，隶西路；各授参赞大臣。讷默库等继至，请从军，诏隶西路。以车凌乌巴什、讷默库皆幼不更事，诏调车凌蒙克赴西路军，从车凌乌巴什、讷默库等行。而是时阿睦尔撒纳为北路副将军，讷默库其妻弟也，固请隶北路军，允之。以故偕三车凌至者隶西路副将军萨拉勒队，偕讷默库至者隶北路副将军阿睦尔撒纳队。赐车凌整装银二千，车凌乌巴什、讷默库各减十分之二，从从军者羊及粮有差。复诏使车凌及车凌蒙克遣宰桑以善耕卒百赴额尔齐斯，盖杜尔伯特众兼耕牧业，视喀尔喀专以牧为业者异。将遣绿旗及喀尔喀兵屯耕额尔齐斯，以所部识水泉道，且善耕，命简卒往导，俟大功成，遣牧众归额尔齐斯。会北路军奏至，以讷默库参赞列名，诏西路军奏如之，列三车凌及色布腾名，次参赞大臣鄂容安后。复谕定北将军班第，俟伊犁定，遣车凌、车凌乌巴什等率新降诸台吉入觐。

初，议征达瓦齐，上以卫拉特诸台吉后先附，凡数万众，错处内牧，非得地众建之不可。诏俟准噶尔定，将复设四卫拉特，以车凌为杜尔伯特汗，别以班珠尔为和硕特汗，以阿睦尔撒纳为辉特汗，以噶尔丹策凌子姓为绰罗斯汗。车凌等赴军时辄闻命。大兵抵伊犁，达瓦齐就擒。班第以车凌乌巴什、讷默库及新降之绰罗斯台吉噶勒藏多尔济、和硕特台吉沙克都尔曼济、辉特台吉巴雅尔等列入觐初班。驾幸木兰，车凌等至，召觐行幄慰谕之。旋跸避暑山庄，御澹泊敬诚殿受朝，诏以车凌为杜尔伯特汗，诸扎萨克隶之。扎萨克而下，设管旗章京、副管旗章京、参领、佐领、骁骑校等职。时阿睦尔撒纳觊辖四卫拉特，知不可得，叛窜。班珠尔以附逆，械至。噶勒藏多尔济、沙克都尔曼济、巴雅尔仍各赐汗爵，统所部众。谕曰："准噶尔互相残杀，群遭涂炭，不获安生。朕统一寰区，不忍坐视，特发两路大兵进讨。诸台吉、宰桑等畏威怀德，率属来归，从军自效。今已平定伊犁，擒获达瓦齐，是用广沛仁恩，酬庸效绩。准噶尔旧有四卫拉特汗，令即仍其部落，树之君长，各率所属，务勤养教，共图生聚，受朕无疆之福。"其后绰罗斯汗噶勒藏多尔济叛，从子扎纳噶尔布戮之，所部就灭。辉特汗巴雅尔以叛为大兵所擒诛。和硕特汗沙克都尔曼济怀贰志，副都统雅尔哈善歼其众于巴里坤。惟杜尔伯特部恪守臣节，世受封爵罔替。

是年十二月，车凌等以乏牧产，请徙额克阿喇勒。谕曰："前议平定伊犁后遣归旧牧额尔齐斯，若额克阿喇勒，距额尔齐斯较扎克、拜达里克路更迩，且附内汛外，调所部兵亦易。俟擒获阿逆后，仍当遣归旧牧。所部生计既艰，其给籽种六百石，务令及时耕种，毋误农期。至从军所给驼马，自应交纳。但念往返道远，牲畜不无疲瘠，可姑缓期二载。"

讷默库之将从征达瓦齐也，请徙牧拜达里克北扎布堪河源博罗喀博齐尔至鄂尔海、喀喇乌苏界，允之，谕努力成功，勿念游牧众。至是以车凌等将徙牧，诏往会。而讷默库隐有叛志，谋窜就阿睦尔撒纳。刚多尔济、巴图博罗特、布颜特古斯等阻之，卒不听，率众复乘间劫驿骑，戕守汛弁，夺运粮商民驼物及赀。二十一年春，驻防乌里雅苏台办事大臣阿兰偕车凌、车凌乌巴什等以兵擒讷默库及其孥，械至，论如律。诏不附逆诸扎萨克各安游牧，勿疑惧。复谕曰："刚多尔济等属妄行劫掠，应交部议扎萨克罪。但念伊等新降，未谙内地禁例，姑从宽免。"夏，以所部邻扎哈沁，盗不戢，谕曰："伊等生计全赖牧畜，若复盗窃相仍，不获蕃孳，生计焉能充裕？其各钤束部众，务期守分安生，副朕休养群生至意。"

有伯什阿噶什者，伊什扎布之曾孙也，祖扎勒，父车凌多尔济。伯什阿噶什兄曰布达扎卜、曰达瓦克什克，弟曰达瓦特、曰格咱巴克，聚牧伊犁河西沙拉伯勒，境邻哈萨克牧。达瓦齐虐其众，伯什阿噶什将弃之，惧袭而寝。大军征达瓦齐，抵伊犁，班第遣使招，因献籍三千余户降。将遣从车凌等入觐，告哈萨克数掠所部，请归视。比抵牧，侦哈萨克集兵，遣告，且请大兵援，谕嘉其恭顺。

会阿睦尔撒纳叛，逆党扰伊犁，遣和硕特辅国公纳噶察赍敕往谕曰："准噶尔内乱频仍，各部人众咸失生业。朕为一统天下之君，怀保群生，无分中外，特发大军往定伊犁。方欲施恩立制，永安反侧，乃逆贼潜怀叛志，妄思并吞诸部，肆其荼虐，罪状已著，畏诛潜逋。朕已命将穷追，务期弋获。逆贼一日不获，诸部一日不安。尔台吉输诚归命，果能仰体朕旨，去逆效顺，或以兵协剿阿逆，或俟至尔牧擒献之，朕必大沛殊恩。尔其奋勉自效！"达瓦齐复奏伯什阿噶什及库木诺颜、台吉诺尔布必无异志，命遗之书，未达，而伯什阿噶什徙牧。初传偕诺尔布内附，久之不至，或以居博罗塔拉告。诏将军策楞等侦之，无其踪。时阿睦尔撒纳败窜，谕参赞大臣侍郎玉保等侦阿逆赴伯什阿噶什牧，即谕擒献，或故纵，以兵剿之。伯什阿噶什养子博东齐寻偕宰桑诺斯海挈众至，以哈萨克侵牧告。宰桑赛音伯勒克、得木齐恩巴、济尔哈尔等踵至，告哈萨克追掠，间走乃免。诏博东齐以兵迎其父，暂置从众于额尔齐斯，诺斯海护视之。赛音伯勒克或从博东齐往，或留牧额尔齐斯，惟其便。博东齐将行，伯什阿噶什携户八百余抵额尔齐斯，请内附。乌巴什其族台吉也，从至。诏封伯什阿噶什为扎萨克和硕亲王，乌巴什为扎萨克固山贝子，赐谕曰："尔诚心感戴，率众投诚。前大军抵伊犁，即谒将军大臣，甫欲加恩封赏，旋遇阿逆背叛，未获举行。尔为哈萨克所掠，辗转迁徙，始克内附。尔众甫至，不必简兵往从大军，亦无须徙内地，即游牧额尔齐斯所。尔族台吉车凌等将归旧牧，尔等聚族而处，实为允协，不必远离故土，徒劳往返也。"命甫下，伯什阿噶什等携众抵哈达青吉勒，诏暂留，俟明岁归额尔齐斯牧。

七月，车凌、车凌乌巴什、刚多尔济等以徙牧额尔齐斯，请定入觐年班。谕嘉其诚悃，诏自来年始，定三班，前给从军驼马，姑缓期纳，示恤。九月，伯什阿噶什来朝，弟达瓦济特及兄子丹巴、都噶尔、布鲁特扣肯以视牧故，各遣宰桑代至。赐宴，赉马七百、牛百五十、羊三千，诏编旗分佐领，如三车凌及刚多尔济等来归例。别为一盟，以伯什阿噶什为盟长，乌巴什副之，丹巴都噶尔授协理台吉。

伯什阿噶什甫归牧，其妻卒，遣侍卫佛保往酹。伯什阿噶什寻卒，无子，诏副都统唐喀禄赙祭，宣谕以丹巴都噶尔为扎萨克固山贝子，以达瓦济特为扎萨克公，辖伯什阿噶什众，听归车凌牧及内徙。而丹巴都噶尔与佐领色布腾互攘畜产，佛保将至牧，驼马为所掠。诏撤恩命还，复谕乌巴什勿惊惧，俟事定归车凌牧。后乌巴什卒，停袭。

二十二年，车凌以哈萨克不擒献阿逆，诸厄鲁特叛扰边，请由额尔齐斯徙牧乌兰固木避之。时喀尔喀贝子车布登扎布遵旨遣兵剿掠佛保贼，收伯什阿噶什属户给喀尔喀，将遣博东齐归车凌牧，族台吉布图库、班珠尔、布林等挈属至，称与车凌等析处久，请异牧，允之。布图库等抵汛，闻佛保自哈达青吉勒归，和硕特台吉桑济复掠诸道，遣从卒驰马迎。上闻之，谕曰："车凌等自归诚以来，感激朕恩，约束属众，甚为宁谧。迩因叛贼纷起，亟请内徙游牧，其归附之心益坚，可允所请，并给谷种，令为谋生资。博东齐虽与杜尔伯特同族，若往归之，反仰赖车凌等养赡，著遣往乌里雅苏台，交车布登扎布，酌徙呼伦贝尔、通肯呼裕尔等处。布图库、班珠尔等迎接侍卫佛保，俟至乌里雅苏台军所，各给币赏之。"后博东齐及布图库等咸置呼伦贝尔。布图库、班珠尔以内附诚，各授二等台吉。而贝勒巴图博罗特、辅国公舍棱不从车凌等徙牧，叛应阿睦尔撒纳，副都统瑚尔起以兵擒诸辉巴朗山，妻孥悉论诛。

先是杜尔伯特及乌梁海未内属，错牧额尔齐斯。后杜尔伯特诸台吉至，游牧扎克拜达里克，初徙牧额克尔阿喇勒，再徙额尔齐斯。乌梁海就抚，以乌兰固木地给之。车凌等复请由额尔齐斯往徙，遣都统纳穆扎尔往勘杜尔伯特及乌梁海牧界。车凌复请以乌兰固木为屯耕地，而游牧于科布多、额克尔阿喇勒，允之，诏严禁所属勿攘窃。寻以错牧不便，定乌兰固木为杜尔伯特牧，别以科布多为乌梁海牧。

二十四年，乌梁海以科布多产貂不给捕，请徙就阿勒台阳额尔齐斯。谕车凌乌巴什等曰："额尔齐斯为尔旧牧，今尔移处乌兰固木，乌梁海察达克请游牧额尔齐斯地，向曾降旨，尔等若愿归旧牧，听尔便。今哈萨克已全部内附，伊犁厄鲁特贼众复歼无子遗。若尔果愿归旧牧，可即徙往额尔齐斯，所遗乌兰固木，自可给乌梁海处也。但哈萨克新附，非尔等久为内属者比，务宜严饬所属安静无事。若尔部众既遵钤束，而哈萨克反来肆扰，可即擒诛之。尔等或安土重迁，则额尔齐斯地与其为哈萨克、俄罗斯所窃据，不若令乌梁海往徙之也。"车凌乌巴什等奏："察达克所请地，系乌梁海旧牧，距臣等牧远。且乌兰固木地肥不硗，臣等游牧久，请勿徙，以额尔齐斯地给乌梁海。"诏如所请。是年十月，以大军定回部蒇功，谕车凌乌巴什等知之。十二月，侦哈萨克袭乌梁海，以兵三百余击走，得旨奖赉。

二十五年四月，以所部有温图呼尔者，贫不给，闻其弟居察哈尔牧，告扎萨克往就之。谕曰："杜尔伯特自归诚以来，编设旗分佐领，原欲伊等各安生业。若不善恤之，渐至析处，殊为可悯。其各加意抚绥，令守分谋生，勿至流离失所，副朕痌瘝一体之怀。"七月，车凌乌巴什等扈跸围猎，奏所部蒙恩安置，牧产渐饶，嗣请自备驼马。上嘉其诚悃，不忍骤劳之，诏仍官给驼马。

二十七年，诏左、右翼各设副将军一，右翼用正黄旗纛，左翼用正白旗纛，以敕印军符给之。所部旗十有六，爵如之：扎萨克特古斯库鲁克达赖汗一；扎萨克和硕亲王一；扎萨克多罗郡王一；扎萨克多罗贝勒二；扎萨克固山贝子二；扎萨克镇国公一，由贝子降袭；扎萨克辅国公二；扎萨克一等台吉四；辉特扎萨克一等台吉二。四十五年，命乌里雅苏台将军巴图查办喀尔喀侵占杜尔伯特、扎哈沁等部界址。

道光二年，修科布多众安庙。三月，科布多参赞大臣那彦宝奏定蒙民、商民贸易章程。杜尔伯特、扎哈沁、明阿特、额鲁特均准给票与商民贸易。六年，回疆军兴，杜尔伯特汗、王、公、扎萨克等献驼马助军。十二月，以杜尔伯特汗齐旺巴勒楚克等复输驼助军，上嘉赉之。九年，杜尔伯特贝子奇默特多尔济呈控科布多参赞大臣额勒锦需索马匹，扰累各部。鞫实，罢之。十八年，是部以兵从乌里雅苏台参赞大臣车林多尔济驱逐闯入乌梁海之哈萨克。十八年十二月，以乌里雅苏台参赞大臣车林多尔济奏科布多参赞大臣管理乌梁海八部落，地方辽阔，多兴讼端，允增置帮办大臣。十九年，给是部官兵俸赏行装银。咸丰三年二月，是部汗、王、公等捐助军需，温旨却之。

同治三年，乌鲁木齐等城回匪滋事，调是部兵援之。寻以不得力，撤归。八年，以杜尔伯特汗嗣绝，将军麟兴等奏：「左翼汗旗下旧管十佐领户一千五百有奇，右翼亲王旗下旧管十一佐领户一千二百上下，右翼贝勒旗下旧管二佐领仅一百六十余户。以爵而论，贝勒较轻；以户口而论，不过抵汗三十分之一。拟亲王棍布扎布令折回承袭汗爵，以贝勒巴杂尔扎那承袭亲王，贝勒一缺如无可承袭之人，俟汗王袭爵定后，即将贝勒暂行停袭。」下所司。九年，命以故汗密什多尔济族弟噶勒章那木济勒袭汗，棍布扎布等袭亲王、贝勒如故。回匪东窜，陷乌里雅苏台。十一月，科布多参赞大臣奎昌等奏：「匪扑乌里雅苏台地方，各台溃散，科城街市商民惶惑，调附近之杜尔伯特、扎哈沁、明阿特、额鲁特盟长、总管等，即发兵来城听候调遣。」寻奏杜尔伯特左翼兵四百名，右翼及明阿特、额鲁特兵各二百名，扎哈沁公兵及总管兵各五十名，均到科城收伍，命拨科布多饷银十万两。十一年十一月，予办差无误之杜尔伯特右翼盟长棍布扎布等奖。是月，科布多参赞大臣长顺等奏：「十月十七、十八等日，匪径扑本城，参将英华督弁兵登壁迎击，匪始败退，守备贺遐龄等阵亡。十九日，匪复攻扑南关，不得逞。二十日，由东南山路仍向扎哈沁部落奔窜。」自后回匪出没于扎哈沁、土尔扈特诸部之地，是部警备益严。至西路肃清，始息警撤戍。

光绪七年，以改议俄约，增戍科布多之戍，事定，撤之。二十六年，拳匪事起，北路戒严。科布多参赞大臣瑞洵议举办蒙古团练，令杜尔伯特每旗挑选兵丁二百名，一半马队，一半步队，驻防本旗。十月，事定，裁撤。二十八年四月，瑞洵以杜尔伯特正副盟长等保全俄商遗弃货物，毫无损失，请准奖叙，允之。七月，赈杜尔伯特右翼公多诺鲁旗灾，并给籽种大小麦一百石，引渠溉旧垦波什图、那米拉、察罕哈达三处之地。二十九年闰五月，予杜尔伯特左翼正盟长副将军特固斯库鲁克达赖汗噶勒章那木济勒紫缰，副盟长贝勒纳逊布彦、左翼扎萨克郡王图柯莫勒、右翼正盟长副将军扎萨克亲王索特纳木扎木柴三眼花翎，左翼扎萨克贝勒纳逊布彦等双眼花翎，余给奖有差。是年，办布伦托海屯田渠工，以杜尔伯特左、右翼助借驼只，均给帮价银。其后参赞大臣连魁等议开乌兰固木等屯田。

宣统二年四月，索特纳木扎木柴为资政院钦选议员。三年，库伦独立，喀尔喀四部无梗抗者。是部汗噶勒章那木济勒独不附，听参赞大臣溥鋆节制如故。

其地杂耕牧，有矿，有盐。共有佐领三十五。

杜尔伯特附近之部同隶科布多参赞大臣者，曰扎哈沁，东扎萨克图汗部，南新疆镇西，西阿尔泰乌梁海，北科布多屯田官厂。

初，祃木特，额鲁特人，号库克辛，为准噶尔之扎哈沁宰桑。扎哈沁者，译言「汛卒」，以宰桑领之。祃木特守阿尔泰汛，游牧布拉罕察罕托辉。其东为喀尔喀，有乌梁海界之；其西为准噶尔，有包沁杂准及噶拉杂特、塔本集赛界。包沁为回族，准噶尔呼炮曰「包」，以回人司炮，故名。噶拉杂特、塔本集赛，皆准噶尔鄂拓克。鄂拓克如各旗佐领。

乾隆十一年，准噶尔台吉策妄多尔济遣祃木特请赴藏熬茶。十八年，杜尔伯特台吉车凌弃准噶尔来降，台吉达瓦遣祃木特追之，由博尔济河入喀尔喀汛，复逸出。谕责驻防乌里雅苏台达青阿罪。明年春，达青阿诱擒之，诏宥罪遣归。有准噶尔宰桑，别号通祃木特，游牧诺海克卜特尔，近索勒毕岭，为布拉罕察罕托辉下游。祃木特将掠通祃木特，为请降计，通祃木特觉，诱执之。内大臣萨喇勒谍得状，由乌兰山阴以兵骤至，通祃木特就擒，索得祃木特，责负恩罪。祃木特请徙牧内属，遣扎哈沁得木齐招所部六百余户降。萨喇勒槛祃木特至军，诏仍释之。入觐京师，上鉴归附志诚，授内大臣，赐冠服。二十年，诏与朝正会宴。以通祃木特卒，谕祃木特善视其戚属。时议征达瓦齐，诏阿睦尔撒纳为定边左副将军，以祃木特参赞军务。祃木特密奏：「阿睦尔撒纳，豺狼也，虽降，不可往，往必为殃。」上以「不逆诈」谕之，诏授祃木特总管号。

初，准噶尔定扎哈沁、包沁纳赋例，比年献脯，间年供牲赡喇嘛，遇军事令助。诏如旧例，恤免期年赋。祃木特与阿睦尔撒纳会军于额德里克，寻抵伊犁。诏晋祃木特三等公爵，赐信勇号，赏双眼孔雀翎、四团龙服，命常服之。先是谕班第俟伊犁定，偕祃木特议准噶尔善后事。至是班第以祃木特兼管扎哈沁、包沁牧，请仍至阿尔泰，增喀尔喀藩篱，允之。寻撤大军还，扎哈沁兵三百遣归牧，祃木特以疾留伊犁。闻阿睦尔撒纳骤叛，将脱归牧之兵卫，为逆党哈丹等所遮，胁之降，不从，擒赴阿睦尔撒纳所。阿睦尔撒纳慰之，祃木特唾而詈之，为阿睦尔撒纳缢杀。明年二月，定西将军策楞谍阿睦尔撒纳戕祃木特，以闻。谕曰：「祃木特年就迈，效力行间，甚为奋勉。今逆贼戕之，深为悯恻！其孙扎木禅，令仍袭公爵。」大军定伊犁，械逆党至，讯得祃木特就死状，上制诗悯之。扎木禅乾隆二十一年袭三等信勇公。

三月，以阿睦尔撒纳煽乌梁海梗赴哈萨克，诏从北路将军哈达哈剿乌梁海叛贼。九月，赐牧哲尔格西喇呼乌苏。谕曰：「扎哈沁既与喀尔喀邻牧，即设哨附近卡伦，视喀尔喀例支领钱粮，以资养赡。」二十四年，从参赞大臣齐努浑追剿玛哈沁，至阿尔齐图。以兵先遇贼哈喇呼山，奋击之，屡就擒，奖赉币。二十五年，扎木禅子门图什扈蹄行围，乞喀尔喀亲王成衮扎布代请驼马勿官给。上以扎哈沁甫定牧畜之生计，谕仍官给。二十六年，理藩院议祃木特归诚后，扎哈沁属相继附，置佐领九，得二千余口，虽补总管，未给印，请以总管扎哈沁一旗总管印给扎木禅辖其众，允之。四十年，扎木禅卒。以扎哈沁原非祃木特之阿尔巴图,撤出佐领,设一旗属科布多参赞大臣。其扎木禅族丁及其阿尔巴图三十余户,亦附近科布多之乌裕克齐、博多克齐游牧。至四十五年五月,谕将军巴图等不可令扎萨克图汗部侵占扎哈沁之乌英济等处隙地。

嘉庆五年,以扎木禅之孙托克托巴图之属已足百五十丁,复编一佐领,即以托克托巴图为总管。十一年,以前科布多参赞大臣恒博招民人开采是部煤窑,议处。道光二年,定是部准给票与商民贸易。六年,回疆军兴,是部捐助驼马。

同治三年,以乌鲁木齐失陷,调杜尔伯特诸部兵援古城。旋仍令撤归。四年,以古城陷,撤是部南境察罕通古等通古城三台,归沙扎盖以北五台支应西路各差。九年十月,回匪陷乌里雅苏台而复窜去,科布多告警,参赞大臣奎昌等调是部二旗兵各五十名赴城收伍。是部东南通扎萨克图部,南接新疆,为用兵要冲。十一年十月,回匪由是部犯科布多,不得逞,仍窜是部,聚扎盟南境。十二年九月,匪扰察罕通古台站,掠景廉军营军装饷银,窜新土尔扈特贝子游牧布拉噶河一带,科城西南两路台站纷纷逃散。匪又由巴里坤红柳峡一带窜踞扎哈沁之博东齐。十月,科布多帮办大臣保英率兵败之于博东齐以西,匪窜扎盟阿育尔公旗。光绪二年四月,回匪由布伦托海窜沙扎盖地方,额勒和布等派官兵剿之。金顺以索伦全队扼扎乌鲁木湖,堵截分窜。其后乌鲁木齐诸城克复,是部始息警。

十二年,甘肃新疆巡抚刘锦棠以古城属汉三塘驿,来往商贾,时有劫案,咨科布多大臣饬属缉匪沙克都林扎布。因奏:"汉三塘驿与科城所属土尔扈特、扎哈沁等旗地界毗连,万里沙漠,四通八达,更兼白塔山商贾由此经过,屡被劫掠,又北八站一带抢台劫站之案,亦层见迭出。请将扎哈沁旗内拣派驻察罕淖尔官兵移驻鄂隆布拉克台,保安商民,搜捕盗匪。"允之。

二十六年,拳匪事起,边戍戒严,参赞大臣瑞洵檄是部信勇公策林多尔济、总管三保、额鲁特总管喇嘛札布、明阿特总管达什哲克博举办团防,保护俄商货物,用弭边衅。二十九年闰五月,一再请奖。奏入,予策林多尔济贝子衔,三保、达什哲克均二品顶戴。三十一年五月,瑞洵奏:"科布多所辖扎哈沁应用之五台,尤为大雪封坝。复赴阿尔泰必由之路,信使络绎,地当其冲。扎哈沁共二旗,最为瘠苦,公一旗户口甚稀。帮办大臣英秀由哈巴河回科布多,臣赴新疆督办收抚,信勇公策林多尔济调集乌拉,奔走恐后,保其台吉棍布瓦齐尔,请赏二品顶戴。"允之。宣统三年,参赞大臣溥鑘奏赈扎哈沁灾,公旗贫民三百五十六丁口,总管旗贫民一千有一十一丁口,将赏银五千两分别重轻散放。下所司。

额鲁特、明阿特亦与是部同隶科布多。额鲁特本台吉达木拜属。达木拜有罪削爵,以其众属科布多,游牧在和硕特之西。明阿特本出乌梁海,复为扎萨克图汗部中左翼左左旗之属,乾隆三十年撤出。设一旗属科布多,游牧在阿尔泰乌梁海之西。乾隆五十七年,设额鲁特、明阿特总管各一,参领以下有差。同治十年,以防守科城及供大兵西进劳,额鲁特、明阿特总管与扎哈沁信勇公及总管均予奖。两旗皆无扎萨克,论者谓此蒙部之同于郡县者也。

旧土尔扈特,始祖元臣翁罕,姓不著。七传至贝果鄂尔勒克,子四,长珠勒扎干鄂尔勒克,生子一,曰和鄂尔勒克,居于雅尔之额什尔努拉地。初卫拉特诸酋以伊犁为会宗地,各统所部不相属。准噶尔部酋巴图尔珲台吉者,游牧阿尔台,恃其强,欲役属诸卫拉特。和鄂尔勒克恶之,挈族走俄罗斯,牧额济勒河,俄罗斯因称为已属。

顺治十二、三、四年,和鄂尔勒克子书库尔岱青、伊勒登诺颜、罗卜藏诺颜相继遣使奉表贡。书库尔岱青子朋苏克,朋苏克子阿玉奇,世为土尔扈特部长,至阿玉奇始自称汗。康熙中,表贡不绝。五十一年,复遣使假道俄罗斯贡方物。上嘉其诚,且欲悉所部疆域,遣内阁侍读图理琛等赍敕往,历三载乃还,附表奏谢。自是时因俄罗斯请于中朝,遣所部人赴藏熬茶。乾隆二十一年,所部使吹扎布等入觐,称奉其汗惇罗布喇什令,假道俄罗斯,三载方至,请赴唐古忒谒达赖喇嘛,遣官护往。二十二年,自唐古忒还,颁惇罗布喇什币物。

二十三年,伊犁平,有附牧伊犁之土尔扈特族台吉舍稜等奔额济勒河。既而惇罗布喇什卒,子渥巴锡嗣为汗。三十五年,舍稜诱渥巴锡携所部之土尔扈特、和硕特、辉特、杜尔伯特等人众于十月越俄罗斯之坑格图喇纳卡伦而南,俄罗斯遣兵追之不及。渥巴锡既入国境,由巴尔噶什淖尔而进,至克齐克玉子地方,与哈萨克台吉额勒里纳拉里之众相持。伊犁将军令哈萨克毋许土尔扈特越游牧而行,渥巴锡遂向沙喇伯可而进,布鲁特群起劫之。渥巴锡走沙喇伯可之北戈壁,无水草,人皆取马牛之血而饮,瘟疫大作,死者三十万,牲畜十存三四。三十六年,至他木哈地方,近内地卡伦,布鲁特始敛兵退。将军伊勒图遣侍卫普济问来意,渥巴锡与其台吉、喇嘛计议数日始定,以投诚为词,献其祖所受明永乐八年汉篆敕封玉印及玉器、宣窑磁器等物。先是上闻渥巴锡之来,命乌什参赞大臣舒赫德往伊犁经纪其事。至是因受其降,存七万余众,赈以米、麦、牛、羊、茶、布、棉袄之属,用帑二十万两。三十六年九月,渥巴锡等入觐热河,封渥巴锡旧土尔扈特卓里克图汗,渥巴锡从子额墨根乌巴什固山贝雅尔图贝子,拜济瑚辅国公,从弟伯尔哈什哈一等台吉,均授扎萨克,各编一旗。四十七年,均予世袭罔替。

初分所部为四路,南路凡四旗,曰扎萨克卓理克图汗旗,曰中旗,曰右旗,曰左旗。三十七年,赐牧斋尔。三十八年,徙牧珠勒都斯,隶喀喇沙尔办事大臣,与北路三旗、东路二旗、西路一旗统受节制于伊犁将军。

嘉庆四年,高宗大行,旧土尔扈特汗霍绍齐之母请纳俸讽经,不许。道光六年,回匪张格尔扰喀什噶尔等城,征是路土尔扈特和硕特蒙兵赴阿克苏一带助剿。十月,击退犯浑巴什河之贼,赉贝子巴尔达拉什、台吉乌图那逊等及兵丁等缎匹、翎顶、银两有差。自是回疆有事,皆征其兵。十年十一月,以贝子巴尔丹拉什率兵援喀、英等城,卒于军,命其子蒙库那逊晋袭贝勒。十八年六月,以是部南路盟长福晋喇什丕勒指修喀喇沙尔城垣,予奖。二十一年六月，又献伊拉里克水源，却之。二十七年，布鲁特扰喀什噶尔等城，亦征是路蒙兵防剿，事定撤回。

同治三年，回匪变乱，库车失陷，征是路兵剿之，不利，退守游牧。是年，喀喇沙尔等城均失陷，是路部落屡与回匪接战，被蹂躏离散。六年十二月，盟长布雅库勒哲依图请赴京，允之，命乌里雅苏台将军麟兴等设法安插其部落游牧。七年三月，布雅库勒哲依图请率属剿回逆，上嘉之，命赴布伦托海候李云麟酌办，并饬户部筹拨历年俸银俸缎，李云麟接济所属游牧人众。六月，以旧土尔扈特蒙兵接仗失利，移至大小珠勒都斯，催布雅库勒哲依图赴布伦托海，命明瑶等接济照料。十一月，麟兴奏布雅库勒哲依图困苦情形，下所司议。八年三月，赉旧土尔扈特汗布雅库勒哲依图、贝勒固噜扎布、辅国公曼吉多尔济等旗银二万两。六月，命乌里雅苏台将军福济安插旧土尔扈特汗布雅库勒哲依图及随带官兵。

光绪元年，布雅库勒哲依图卒，以福晋恩克巴图署盟长。二年八月，拨部库银于恩克巴图抚绥人众，择地安插。三年，刘锦棠等军复喀喇沙尔。四年十二月，伊犁将军金顺奏土尔扈特南部落人众，自逆回构乱以来，逃散伊犁空吉斯及西湖等处，署盟长派员前往收集，约计一万余人，现已移回珠勒都斯游牧。谕以其部人众困苦，赏银四万恤之，由左宗棠发给。八年，是部难民由伊犁续归三百三十余丁口，旧有府第，兵燹之后，尚未修复，大小水渠，年久垫淤。钦差大臣刘锦棠奏："恩克巴图请赈恤，并筹借银两。权为筹拨银一万两，作为渠工宅第经费。喀喇沙尔善后局员照章给赈，通融接济牛种，待赈丁口粮，俾资耕作。请分别核销及作正开销。"允之。九年，设新疆喀喇沙尔直隶厅抚民同知兼理事衔，兼管土尔扈特游牧事宜。十三年，新疆巡抚刘锦棠奏："土尔扈特等蒙众向隶办事领队管辖者，应改归地方官管辖。恐各蒙民未能户晓，请饬理藩院申明新设定制，转行各蒙部。"下所知之。

二十二年三月，甘肃回匪西窜出关，伊犁将军长庚电奏贼窥珠勒都斯，檄南部落署盟长福晋色里特博勒噶丹等拣选有枪马之蒙兵五百名，由贝勒恭噶那木扎勒统之，分派参领奔津等各带官兵驻哈布齐沿山口及哈哈尔达巴罕、达兰达巴罕等处，扼珠勒都斯之东，逼喀喇沙尔、库尔勒要隘。八月，事定，撤归。

新疆署省后，旧土尔扈特诸部仍隶伊犁将军，俸银俸缎均由伊犁发给。蒙古惟旧土尔扈特等部之在新疆者，汗、王、公、扎萨克等卒，袭子不及岁，以前皆由已殁汗、王、公等之妻或母署印。有盐，有矿，地兼耕牧。佐领共五十四。

北路凡三旗，盟曰乌讷恩素珠克图，在塔尔巴哈台城东，当金山之西南霍博克萨里，东噶扎尔巴什诺尔，南戈壁，西察汉鄂博，北额尔齐斯河。渥巴锡族子策伯克多尔济等，乾隆三十六年，从渥巴锡来归，献金削刀及色尔克斯马。三十七年，入觐，封策伯克多尔济扎萨克和硕布延图亲王，授其弟奇哩布扎萨克一等台吉，辖右翼，赐牧霍博克萨里，为旧土尔扈特北路，以策伯克多尔济领之，授盟长。四十年，授奇哩布弟阿克萨哈勒扎萨克一等台吉，辖左翼。四十三年，策伯克多尔济卒，奇哩布袭，销右翼印。五十年，授策伯克多尔济之子公品级一等台吉恭格车棱扎萨克，诏辖其父属众，别铸右翼扎萨克印赐之。五十七年，封辅国公。道光二年，卒。子多尔济那木扎勒降袭公品级扎萨克一等台吉。

同治四年，塔城回变，亲王策林拉布坦以调兵迟延，为参赞大臣锡霖劾革其爵，以捐输复之。九年，奎昌等立塔尔巴哈台新界鄂博，奏饬亲王策林拉布坦、图普伸克什克、扎萨克喇扎尔巴达尔随时留意侦察，旧界亦有割弃。十二年十月，回匪窜扰是部萨巴尔山地方，劫掠牲畜衣物，乌素图等三台逃散。十二月，参赞大臣英廉奏匪已远窜，饬策林拉布坦等妥为安插被难蒙民，一面将原设七台照旧安设。寻论设台站之劳，予黄缰。

宣统元年，以阿尔泰乌梁海复在是部萨里山阴度冬，提每年租马十成之一给是部三旗作水草之租。是部金矿颇著名，地杂耕牧。有佐领十四。

东路凡二旗，跨济尔哈朗河。东奎屯河，接甘肃绥来，南南山，西库尔喀喇乌苏，北戈壁。渥巴锡族弟巴木巴尔等从渥巴锡来归。乾隆三十七年，入觐热河，封扎萨克多罗毕锡埒图勒图郡王，弟奇布腾固山依特格勒贝子，盟名亦曰乌讷恩素珠克图。初隶库尔喀喇乌苏大臣，统受伊犁将军节制。同治末，俄人以北路旧土尔扈特取所属哈萨克马驼，执是部贝子普尔普噶丹为质，寻释之。光绪初，给抚恤银一万两。十一年，设库尔喀喇乌苏同知兼理事衔，厘是部民、蒙交涉事件。清末，袭郡王者帕勒塔尝请出洋，又入贵胄学堂，以本旗事为伊犁将军广福劾，议处。是部共有佐领七。

西路一旗，当天山之北精河东岸。东精河屯田，南哈什山阴，西托霍木图台，北喀喇塔拉额西柯淖尔。渥巴锡族叔父默们图从渥巴锡来归。乾隆三十七年，入觐热河，封扎萨克济尔噶朗贝勒，赐牧精河，受伊犁将军节制。咸丰十年，贝勒鄂齐尔以捐饷予双眼花翎。光绪初，以被扰，予抚恤银一万两。十三年，设精河同知兼理事衔，厘是部民、蒙交涉事。有佐领四。

新土尔扈特，在科布多西南，当金山南乌隆古河之东。东新和硕特，南胡图斯山，西与北均阿尔泰乌梁海，东南扎哈沁。

土尔扈特翁罕十四世孙舍棱率诸昆弟附牧伊犁，为准噶尔屠台吉。大军征雅噶尔，获达瓦齐，阿睦尔撒纳等以叛相次诛灭，舍棱独抗不降，窜匿库库乌苏、喀喇塔拉境。乾隆二十三年，诏定边将军成衮扎布等剿之。舍棱奔俄罗斯，我军追之于勒布什河源，舍棱乃诡约降，计戕我副都统唐喀禄，驰逾喀喇玛岭，归额济勒土尔扈特游牧。三十六年，复诱其汗渥巴锡来踞伊犁，抵他木哈，知内备固，计无所出，不得已，随渥巴锡归顺。诏宥舍棱罪。三十七年，与从子沙喇扣肯入觐热河，封舍棱多罗弼里克图郡王，沙喇扣肯乌察喇勒图贝子，均授扎萨克。舍棱所部曰左翼旗，沙喇扣肯曰右翼旗，定盟名曰青色特启勒图，舍棱充盟长，沙喇扣肯副之。四十八年，诏世袭罔替，隶科布多参赞大臣。

道光六年，回疆军兴，是部输马驼助军。咸丰三年，是部王、贝子等请捐助军需，温旨却之。

　　同治三年，征是部兵援古城等城，以散溃，撤之。六年，于是部之布伦托海地方设办事大臣，以李云麟为之。七年五月，布伦托海兵民溃变，李云麟走青格里河。谕福济、锡纶前往查办明瑶、棍噶扎拉参，晓谕解散。七月，布伦托海变民窜乌龙古河。九月，以棍噶扎拉参挑噶尔为喇嘛成军，谕福济等督率进剿布伦托海变民，拨部库银十万两解科布多，为布伦托海剿匪及赈济难民之用。调福济为布伦托海办事大臣。十月，以守科布多城出力，予是部郡王凌扎栋鲁布亲王衔。十二月，以是部仍属科布多管辖。八年二月，以哈萨克围杀布伦托海变民，命是部郡王凌扎栋鲁布进剿。四月，福济迁乌里雅苏台将军，文硕代之。七月，布伦托海变民伤俄国卡兵，棍噶扎拉参营于克林河，谕福济等疾筹进剿，饬知遵行。是月棍噶扎拉参剿变民于和博克托里，胜之。八月，棍噶扎拉参复布伦托海，变民降，收抚之，贼首张懋等伏诛。谕福济等筹给布伦托海难民口食。九月，命塔城额鲁特暂安旧居，阿尔泰山俗众居青格里河。十月，徙布伦托海人众于阿尔泰山，予布伦托海在防之索伦及绿营官兵银两。十一月，裁新设布伦托海办事大臣，撤回旗、绿官兵，命索伦、额鲁特领队大臣及棍噶扎拉参应办事宜统归科布多参赞大臣经理，改派奎昌办布伦托海与俄分界事宜。

　　十二年九月，肃州回匪窜是部贝子旗布拉噶河一带，科布多参赞大臣托伦布等调回驻察罕淖尔之黑龙江马队暨蒙古马队，分赴布拉噶河防剿。十一月，乌鲁木齐领队大臣锡纶奏："七月十六日，率所募民勇自阿尔泰山南移营乌龙古河南岸，闻东路布尔根河一带有警，科布多属之扎哈沁及和硕特、土尔扈特边界皆被扰，阿尔泰附近之乌梁海台站逃散，匪由和硕特、土尔扈特等喇嘛营子西窜至青格里河。"十二月，锡纶奏："回匪扰及乌梁海部落，臣带民勇民团追抵至噶扎尔巴尔淖尔，匪已由萨勒布尔山南窜沙山子，即由山北取道布凌河，疾驰至霍博克河上游之库克辛仓，探得匪在河下游之科科墨顿林木中扎营五座，于夜分潜师进薄贼垒，击溃贼三营，又取后一营，匪众败遁，寻由阿雅尔淖尔窜绥来县之大小拐，回玛那斯。"科布多帮办大臣保英奏："十月十九日，亲率马队由吉庆淖尔西行，二十七日抵土尔扈特之青格里河。贼窜布伦托海，经锡纶进剿，斩获甚多。匪已西窜，臣将官兵驻青格里河，檄饬乌梁海、土尔扈特、和硕特、扎哈沁速将军台移回原处安设。"其后乌鲁木齐、玛纳斯诸城克复，是部始息警。

　　光绪九年，划科城中、俄界帮办大臣额尔庆额安插归中国之哈萨克，以奎峒山左右暨哈巴河源诸山为夏季游牧，以阿拉别沙河东暨果里子克河、哈巴河、阿拉克台为冬季游牧。实皆是部地。二十九年，瑞洵奏创修布伦托海渠工，开办屯田，给土尔扈王旗、贝子旗借用驼只帮价银，饬扎哈沁、土尔扈特、乌梁海左右翼水草较好地，从扎哈沁沙扎盖台起，至布伦托海止，安设十三台。二十九年闰五月，录科布多所属各旗保护俄商遗弃货物有裨大局之劳，予土尔扈特正盟长扎萨克郡王密锡克栋古鲁布紫缰，副盟长扎萨克贝子玛克苏尔扎布双眼花翎。三十二年十二月，划科布多、阿尔泰分辖之界，以是部二旗及新和硕特一旗、阿尔泰乌梁海七旗均隶阿尔泰。

　　是部地兼耕牧，有金矿。布尔津河通轮船。共有佐领三。

　　近是部者，有哈弼察克新和硕特。乾隆三十六年，和硕特台吉巴雅尔拉瑚之族蒙衮率属来归，愿附新土尔扈特贝子沙喇扣肯之旗。诏予一等台吉，给半佐领，令其附居。五十七年，移杜尔伯特近处哈密察克游牧。嘉庆元年，科布多参赞大臣奏蒙衮妻察彦率子布彦克什克诣言生齿日繁，求给扎萨克印，不食俸。道光六年，回疆军兴，后至咸丰初，是部皆偕杜尔伯特诸部捐马驼、捐饷助军。同治末，回匪北窜，是部与新土尔扈特同被扰。署伊犁将军荣全以商论伊犁事，自科布多西行，是部设台供支。光绪二十九年，录庚子举办防团保护俄货之劳，予扎萨克台吉布彦克什克镇国公衔。三十三年正月，卒，以子达木鼎第得恩袭。初有出缺请旨之例，实亦世袭。牧地东扎哈沁，南与西皆新土尔扈特，北阿尔泰乌梁海。有佐领一。

　　和硕特部，在新疆焉耆府北。东乌沙克塔木，南开都河，西小珠勒都斯，北察罕通格山。旧为四卫拉特之一，系出元太祖弟哈布图哈萨尔。有博贝密尔咱者，始称汗。子哈尼诺颜洪果尔嗣之，有子六，牧青海、西套、伊犁诸境。详《青海厄鲁特部传》。其第三子昆都伦乌巴什、第四子图鲁拜琥，裔蕃衍。图鲁拜琥号顾实汗，其裔或称青海厄鲁特，设扎萨克二十有一；或称阿拉善厄鲁特，设扎萨克一；或隶察哈尔旗，设爵三，皆不著。和硕特部昆都伦乌巴什，号都尔格齐诺颜，子十六：长迈玛达赖乌巴什，次乌巴什珲台吉，次多尔济，次额尔克岱青鄂弗绰特布，次第巴卓哩克图，次噶布楚诺颜，次蒙固，次青巴图尔，次伊纳克巴图尔，次伊勒察克，次赛巴克，次哈喇库济，次罗卜藏达什，次塔尔巴，次色楞，次朋素克。今和硕特设扎萨克四，皆多尔济及额尔克岱青鄂弗绰特布裔。

　　崇德七年，昆都伦乌巴什遣索诺木从达赖喇嘛使贡驼马，赐布币及朝鲜贡物。顺治八年，贡所产马及黑狐皮。九年，复贡驼马。嗣数遣使至。康熙十六年，迈玛达赖乌巴什子丹津珲台吉遣达尔汉宰桑入贡。二十一年，复遣杭勒岱等至，诸昆弟遣使从，凡百余人。二十四年，定四卫拉特贡例，使入关以二百人为额，谕所部知之。详《杜尔伯特部传》。

　　时准噶尔稍强，和硕特族惧其威，咸奉令。后噶尔丹乱定，顾实汗诸子姓游牧青海者咸内附。噶尔丹从子策妄阿喇布坦逼和硕特族与同处，表请青海复旧业如噶尔丹时，将阴谋乃己属。上烛其奸，谕责之，令遣和硕特归旧牧，勿私据，不从。有罗卜藏车凌者，多尔济曾孙也，策妄阿喇布坦以女妻之。雍正八年，靖逆大将军傅尔丹屯科布多，将击准噶尔。或告曰："噶尔丹策凌以兵万授罗卜藏车凌，遣御哈萨克，设汛阿里马图沙拉伯勒境。罗卜藏车凌弃之，率户三千余由噶斯走青海，将内附。噶尔丹策凌遣宰桑乌喇特巴哈曼集等追之，为所败。复遣喀喇沁宰桑都噶尔往袭，不之及也。"傅尔丹以闻，诏副都统达甿："侦防噶斯路。俟罗卜藏车凌降，遣入觐，以兵监从众，置内汛，勿堕诡降计。"久之，罗卜藏车凌不至。

乾隆二十年，大军征达瓦齐，抵伊犁。有善披岭集赛之得木齐苏克尔格齐霍什哈及古里特鄂拓克之得木齐和通喀喇博罗莽霏、伊什克特咱玛博勒等，告旧为罗卜藏车凌属，献籍六百余户。罗卜藏车凌子曰诺尔布敦多克，游牧额琳哈毕尔噶，遣长子鄂齐尔驰降。定北将军班第遣招其族，台吉三济特闻之，献籍三百户。

丹津珲台吉子曰阿喇布坦，有子二：长噶尔丹敦多布，生沙克都尔曼济；次敦多布车凌，生明噶特。达瓦齐善沙克都尔曼济，倚任之。小策凌敦多卜孙讷默库济尔噶尔与达瓦齐构兵，沙克都尔曼济击之，歼其孥。班第等至，达瓦齐窜格登，沙克都尔曼济乃降。有班珠尔者，顾实汗裔也，与辉特阿睦尔撒纳异父同母，阴比之。前避达瓦齐乱来归，授多罗郡王。诏俟厄鲁特定，将以为和硕特汗。时从大军抵伊犁，私夺诺尔布敦多克、沙克都尔曼济诸台吉属产。班第禁之，乃稍戢。寻定入觐次，以沙克都尔曼济及班珠尔列初班，三济特、鄂齐尔次之。阿睦尔撒纳阻其行，诡称沙克都尔曼济将叛迎达瓦齐，请以班珠尔屯特穆尔图诺尔护降众，班第斥词妄。班珠尔诡入觐，赴塔密尔牧，取阿睦尔撒纳孥，谋偕遁，参赞大臣阿兰泰擒之。沙克都尔曼济入觐避暑山庄，上御淡泊敬诚殿受朝，诏封和硕特汗，盟长，谕董视属勤养教，图生聚。三济特、鄂齐尔继至，诏授三济特扎萨克一等台吉，鄂齐尔闲散一等台吉，遣归牧。

定西将军策楞将以大兵剿阿睦尔撒纳，诏沙克都尔曼济往会，甫就道，谍者以阿睦尔撒纳据伊犁告。谕遣亲信宰桑驰谕所部备兵，勿为逆煽，而以身从大军击贼。班珠尔械至禁狱所，遣三济特、鄂齐尔书，令和硕特众分剿阿逆。三济特既得书，言诺尔布敦多克、沙克都尔曼济皆邻牧，且族台吉玛尼巴图、巴苏泰、玛赉乌巴什、弩库特图鲁孟克、阿穆尔弩斯海、萨望等皆无异志，当以书遗之。鄂齐尔称愿归告父共剿逆。而我副将军萨拉尔集伊犁宰桑等定议，约诺尔布敦多克及沙克都尔曼济子图扪以兵至博罗塔拉、布尔哈苏台、囡勒奇岭剿阿睦尔撒纳。诺尔布敦多克、图扪各遣使至巴里坤告故，诺尔布敦多克表曰："臣父罗卜藏车凌，前噶尔丹策凌时谋内附，不获间。大军征达瓦齐，臣族班珠尔倚阿睦尔撒纳夺臣属，臣愿奋志剿贼。"上嘉其诚，诏封公爵，以班珠尔所夺给之。班珠尔寻伏诛。

二十一年，诺尔布敦多克来归。萨拉尔等既定谋，阿睦尔撒纳侦知之，先备。诺尔布敦多克以兵击诸伊犁之诺罗斯哈济拜甡，不胜，偕萨拉尔间道行，由珠勒都斯至巴里坤。时沙克都尔曼济抵策楞军，诏令遗书其子图扪，以兵护牧。书未达，明噶特附阿睦尔撒纳叛，胁所部众。图扪不之从，挈戚属抵珠勒都斯，请内徙，上悯之，诏封多罗贝勒，赐银千两，赏双眼孔雀翎，谕由额琳哈毕尔噶往会沙克都尔曼济。有图什墨勒厄尔哲者，从大军剿阿睦尔撒纳，中道强取诺尔布敦多克属，诏责之，察所取以归。

诺尔布敦多克及子鄂齐尔寻继卒，诏以鄂齐尔弟博尔和津袭公爵，谕曰："诺尔布敦多克旧牧与哈萨克接壤，恐或掠之。若欲徙归额琳哈毕尔噶，惟其便。"沙克都尔曼济携子图扪及博尔和津等由珠勒都斯至巴里坤，乞屯牧近地。副都统雅尔哈善以闻，谕曰："沙克都尔曼济以旧牧乏生计，跋涉远至，殊堪悯恻。准噶尔频年不靖，诸部生计维艰。然使台吉等各收其属，安处游牧，以耕畜为业，善自谋生，不数年间，可复旧业。今沙克都尔曼济等虽暂处巴里坤，究非故土，难以久处。又喀尔喀附近之和硕特、杜尔伯特、辉特等，俱将遣归旧牧，且谕令各安生业，严戢资贼。沙克都尔曼济等自宜仍归旧牧，但甫从远道至，遽令之归，不免困顿，可令暂处巴里坤附近地，赏给粮米如户口数。"复遣使谕沙克都尔曼济及绰罗斯汗噶尔藏多尔济、辉特汗巴雅尔曰："尔等自入觐归牧后，遵朕谕旨，约束所属，守分安居，已逾一载，甚劳远念。今特遣官存问，并令赍赐食物佩饰，以示优眷。逆贼阿睦尔撒纳现窜匿哈萨克，苟延残喘。朕遣官兵征剿经年，时届寒冬，暂行撤还。第逆贼狡诈百出，傥诱人赴尔等游牧，诡计煽惑，尔等即行擒献。至沙克都尔曼济奏请游牧巴里坤附近地，已谕酌赐口粮，俟明春复赏给耔种，耕穑廋集额卜齐布拉克地，秋收后遣归旧牧。尔等其善自谋生，永享升平之福。"沙克都尔曼济寻献所部盗马者请论罪，谕曰："厄鲁特劫夺成风，不可不严加惩创。尔等擒获窃贼，解送内地，甚属恭顺。嗣后可自治之。"复以博尔和津幼不更事，谕沙克都尔曼济留心护视，并令其族摩罗及宰桑新登等暂理牧务。

既而诸卫拉特复不靖，巴雅尔诡称沙克都尔曼济掠所部牧，将以兵袭巴里坤。噶尔藏多尔济及兄子扎纳噶尔布叛扰边境，有普尔普者，以其主沙克都尔曼济私通扎纳噶尔布告，诏雅尔哈善察。时沙克都尔曼济设汛哨内防御，遣谍赴巴里坤侦大军状，子图扪死，不以告。雅尔哈善召之，称病不至，疑果叛，宵抵其营歼，斩众四千余，察获博尔和津。奏请安置地，诏徙京师，停袭公爵。沙克都尔曼济弟桑济窜徙额尔齐斯境，掠奉使杜尔伯特之侍卫佛保驼马，佛保击之，乃逸。杜尔伯特汗车凌遣亲王车凌乌巴什等追剿，桑济走死，和硕特叛党始靖。

而其族多尔济之裔恭格等，有偕土尔扈特部游牧俄罗斯之额济勒河境者，三十六年，从土尔扈特汗渥巴锡自俄罗斯来归。寻入觐，诏封恭格为土谢图贝勒，族叔父雅兰阿穆尔聆贵为贝子，授族弟诺及巴雅尔拉瑚一等台吉，均为扎萨克，各编一旗，赐盟名曰图色特启勒图，余悉如土尔扈特例。三十七年，赐牧珠勒都斯。四十年，设正副盟长各一。嘉庆二年，恭格从子博腾特克卒，无嗣。十一月，以所管佐领分给贝子鄂齐尔二，扎萨克台吉齐业齐三，乌尔图那逊一，除其爵。

道光六年，回疆军兴，征是部兵协剿。败回匪于阿克苏之浑巴什河，予缎匹、银两及翎顶各有差。自是回疆有事，皆偕土尔扈特兵应征调，统隶于伊犁将军。

同治三年，回乱，是部被蹂躏，户口散失大半，中路左旗扎萨克台吉喇什德勒克率余众避居博尔图山中，竭力保守。光绪三年，刘锦棠收复托克逊，喇什德勒克谒刘锦棠。八月，进兵，以后随同官军驰驱，于地势险夷，贼情虚实，水道深浅，具陈实状。师逾开都河，遂迁其部于河东。钦差大臣左宗棠请奖，疏入，予花翎。先是中旗贝子多尔那齐那木札勒、右旗扎萨克洞鲁布旺扎勒皆避出，至是始归旧牧。是部佐领尚呈左宗棠，请以其两旗人众隶喇什德勒克。事寻寝。八年，设喀喇沙尔直隶同知兼理事衔，厘是部蒙、民交涉事。二十二年，甘肃回匪窜出关，伊犁将军长庚檄是部贝子棍布扎普派扎萨克台吉贡噶那木扎勒统兵驻都木达塔什哈地方，扼博斯腾淖尔通罗布淖尔之径，事定，撤归。

其地出产同旧土尔扈特南部落。佐领共十一。

卷五百二十四　　列传三百十一

藩部七

唐努乌梁海　阿尔泰乌梁海
阿尔泰淖尔乌梁海

唐努乌梁海，在乌里雅苏台之北，东南土谢图汗部，南赛音诺颜部，西阿尔泰乌梁海，西南扎萨克图汗部，北俄罗斯。有总管五：曰唐努，曰萨拉吉克，曰托锦，曰库布苏库勒诺尔，曰奇木奇克河。

康熙五十四年，扎萨克图汗部和托辉特辅国公博贝随大军赴推河防准噶尔策妄阿拉布坦，言："准噶尔不靖，恃乌梁海障之。乞往招，若抗即以兵攻。扎萨克台吉济纳弥达阿里雅及根敦罗卜藏克兵俱习战，请与同往。"上韪其议，从之。九月，乌梁海头目和罗尔迈率属降。先是和罗尔迈居吹河，尝以越界射猎为博贝缚献，上宥其罪，谕还巢。至是将遣子瑚洛处纳请降。博贝至，因迁其游牧赴特斯。冬，和罗尔迈遁，博贝追至呼尔罕什巴尔，执之。五十九年，博贝擒乌梁海逃众，晋贝勒。时从征大将军祁里德军。六十年六月，议政王大臣议覆祁里德，新收乌梁海二千五百三十名，应送至巴颜诺尔克地方居住，令车臣汗等旗分派兵三百名，并派台吉协同驻扎防守。雍正二年，谕曰："朕询贝勒博贝，管辖乌梁海何以资生。据奏在将军祁里德处借饷一万八千余两，买牲分给，各得产业，今胜于昔。所有借项，自以贝俸逐年扣抵。朕思乌梁海俱朕之百姓，岂有朕之百姓而借饷于朕之理？所借银两，不必扣还。谕祁里德知之。"三年，乌梁海和罗尔迈复遁，由阿哩克窜准噶尔界，博贝遣子额璘沁由托济邀擒，而自赴克木克木齐克缉叛党，诛之。

初额鲁特与喀尔喀构兵时，错处科布多、乌兰固木。噶尔丹既灭，喀尔喀西境直抵阿尔泰，自唐努山阴之克木克木齐克至博木等处，皆博贝及来归之额鲁特贝凌旺布所属乌梁海游牧。四年，策旺阿拉布坦言克木克木齐克旧隶准噶尔，乞还，上不许，虑伺间略乌梁海，诏博贝率所部兵千，随前锋统领定寿驻唐努山阳特斯地方防护之。寻谕理藩院曰："朕详思克木克木齐克乌梁海皆博贝所属，和罗尔迈既已就擒，交博贝抚恤，居之公所。但念此等人向在喀尔喀边外林木中射猎为生，与准噶尔所属乌梁海接壤，又与俄罗斯连界。宜令博贝等同大臣前往晓谕，令自为预备，以防不虞。"三月，命大臣一员带布帛茶叶赏克木克木齐克地方乌梁海，并令拣老成服众之人作为首领。

五年，额驸策凌等与俄罗斯订约，自恰克图、鄂尔辉图两间为界，所立之鄂博，迤西至肯哲冯达霍呢音岭、克木克木齐克之博木、沙弼纳岭。循此山梁，由正中分中划界，其两边各取五貂之乌梁海，仍令照旧各归其主，彼此各征一貂之乌梁海。自定界之日，将各取一貂之处停止。

乾隆十六年，以和托辉特扎萨克贝勒青衮咱卜纵所属人私出界与准噶尔回众贸易，致潜居乌梁海，夺贝勒，诏额璘沁袭其爵，定乌梁海出入汛界例。二十一年，青衮咱卜胁乌梁海叛，大兵至，皆弃去。二十五年，铸唐努乌梁海总管印给之。嘉庆二年，乌里雅苏台参赞大臣额乐春以需索乌梁海夺职治罪。道光三年，定禁乌梁海与商民贸易例，以山西民人私向乌梁海买取羊只涉讼。二十四年六月，乌里雅苏台将军桂轮劾总管垂敦扎布需索无厌，夺职。咸丰年，奏唐努乌梁海界址。

十年，与俄国定界约，是部之沙宾达巴哈实为西疆划界之第一地段。同治三年十一月，乌里雅苏台将军明谊等奏："唐努乌梁海游牧内，俄使前开议单，载唐努鄂拉达巴哈即系唐努山岭，自沙宾达巴哈界牌起，先往西，后往南。亦据该使呈绘舆志，有顺萨彦山岭至奎屯鄂博所有界限地名。我国旧存图内虽无其名，然据该使所指方向，续经库伦办事大臣文盛迭催雍正五年已定交界图志，名目虽殊，界限大致相似。唐努乌梁海游牧虽有被俄人包去之嫌，与西二盟游牧无碍。明年立界时，俟与麟兴、车林敦多布等妥为办理。"四年八月，麟兴等奏："据委员岳嵩武禀报，与唐努乌梁海总管凡齐尔驰赴博果索克大坝履勘起，沿站按图详查，行至唐努鄂拉达巴哈，核与俄国所画唐努鄂拉达巴哈边界相符。除萨彦山因无路径不能履勘，其唐努鄂拉达巴哈及边境应分之珠噜淖尔、塔斯启勒山、哈喇塔苏尔山、德布色克哈山数处，择拟立界处所，绘会勘图志呈阅。"时俄立界使臣以事不能至。九月，明谊等以军务紧急，请缓约俄使立界。

六年，俄人遂越界至总管迈达尔游牧内乌克果勒地方建屋种地。总理各国事务衙门照会俄使，始由库伦俄官行文令送之回国。是年，廷旨促麟兴等建立西疆毗连俄境界牌鄂博。六月，专命荣全迅与俄官会立乌里雅苏台边卡界牌鄂博。八年五月，荣全与俄使穆鲁车策夫至是部西南之赛留格木山岭会立牌博，于是月二十六日起行，顺赛留格木岭至是部西南边境尽处之博果苏山坝，立第一界鄂博，科城立牌博于南，俄国立牌博于西。由此向东北约八十里，名塔斯启勒山，于山顶立第二牌博。又向东北约九十里,至珠噜淖尔,俄使言只就珠噜淖尔迤北数十里唐努山之察布齐雅坝止,建立鄂博,由此直向西北,绕至沙宾达巴哈,路既便捷,尤易行走。荣全以俄使所指之路俱系是部游牧内地,若照俄使所议,不惟与原图大不相符,且将是部游牧包去大半,向俄使反复开导,仍如原图,于珠噜淖尔东南之哈尔根山立第三牌博。顺淖尔北岸约二十余里,至唐努山南察布齐雅坝,立第四牌博。沿唐努山南,向西过莫多图河、扎勒都伦河、乌尔图河、察罕扎克苏图河,顺哈喇塔苏尔海山,至沙克鲁河,转向东北约二百五十余里,至库色尔坝,系是部西方边界,立第五牌博。向西北九十余里,至唐努鄂拉达巴哈末处,过哈喇河偏西山下楚拉察水流之处,立第六牌博。向北又东,顺萨彦山过玛纳瑚河、蒙纳克河、浩拉什河,由喀喇淖尔至苏尔大坝,约一百五十里,立第七牌博。向北又东约三百六十余里,山脉连贯,直至沙宾达巴哈,于旧牌博之东山顶上立第八牌博。照原图至赛留格木山博果苏克坝上,红线以左为中国地,红线以右为俄国地。至六月二十二日竣事,而是部阿尔泰河、阿穆哈河区域皆入于俄。

光绪五年,乌里雅苏台将军以奇木齐克河总管报俄商在唐努乌梁海属建盖行栈发处,及春季以来,有俄人或三五十人或八九十人不等,在奇木齐克河北一带中唐努山内刨挖金砂,例应禁止,咨总理各国事务衙门照会俄署使凯阳德转饬边官查禁。七年五月,乌里雅苏台将军以俄人在萨尔鲁克地方居住,扎立木棚十处,附近挖过金砂大小凡一百余处,照会俄驻库领事迅饬边界官严禁。

十四年四月,乌里雅苏台将军杜嘎尔奏称:"所辖唐努乌梁海属地边外自柏郭苏克西北至沙筱达巴罕,中国设立界牌,每年夏季派员会同查阅。其岭一东一南,至乌里雅苏台,即岭之左,归中国属,载在条约。乃俄人竟于沙宾达巴罕以东,霍呢章达巴罕以西,唐努所属尼里党、萨布塔尔、都不达果勒、车尔里克、荆格等河岸地方,前经查验过俄人挖金共四十五处,至今仍在萨布塔尔、车尔里克两处附近河岸开挖甚多。乌克、多伦两河地方,俄人明固赖等任意开垦地亩,长一千三百余广尺,宽八百二十余广尺。俄人雅固尔等于萨拉塔木、博木、额奇布拉克、多伦、乌克、车尔里克、托勒博、萨斯多克、密岗噜勒、扎库勒、哈达努额奇依斯克、木阿玛、阿克河口、吉尔噶琥河口、吉尔扎拉克等十五处建盖坚屋,南入我境至数百之多。本年派佐领荣昌等往乌梁海吉尔拉里克地方会俄官辩论挖金、盖房、种地各案,俄官一味支吾,执意不办,应由总理各国事务衙门逐件查覆。"旋由总理事务衙门覆奏:"请饬将军等详勘界限,研究根由,援据约章,与俄酋竭力辩论。倘彼坚执,或应知照俄驻俄使臣,严请外部妥筹办法,或即估给盖房之费,令从速迁徙,由将军等就近相机筹定,奏明办理。"十月,祥麟等奏覆派吉玉等由乌梁海印务处于六月自荫木噶拉泰起程,履勘车尔里克等处,往返两月有余,已将俄人在境内挖金、盖房、种地三事详细查明,缮单入告。命总理各国事务衙门照会俄使,将越界在唐努乌梁海挖金、盖房、种地之背约俄人迁回本国。

二十五年八月,乌里雅苏台参赞大臣志锐以奇木齐克河总管请给印奏入,命连顺察看情形,奏明办理。寻覆奏,以"奇木齐克河与唐努总管相隔实在千里之外,中间横亘赛音诺颜部之额鲁特扎萨克贝子达克丹多尔济所属乌梁海,遇有龃龉,文报不通,凡事转报总管,未能直达乌城。奇木齐克河实有二千一十三户,丁口已几万人。唐努总管每年勒派各情,亦所恒有。其他毗连俄界,交涉事多。既,十苏木连结恳求,是与唐努总管其心已离,两不相下,倘有事故,亦难收拾。若将数十年仰希朝廷之恩,一旦下颁,必能自固藩篱,为我屏蔽。况有东乌梁海请印在前,似难以不符体制为解,请仍赏给印信"。得旨,如所请。

二十六年,诏连顺等备边。时拳匪事起,中外人心惶惑。连顺檄唐努乌梁海总管棍布多尔济、萨拉吉克乌梁海总管巴勒锦呢玛、托锦乌梁海总管凌魁、库布苏库勒诺尔乌梁海总管克什克济尔噶勒、奇木齐克河乌梁海总管海都布调兵练团,严密举办。棍布多尔济等均能刻日成军。复筹帮兵食,择要加兵防守,善待俄商,毋生边衅。二十八年十二月,连顺等再请奖叙,疏入,予克什克济尔噶勒二品顶戴,海都布二品花翎。是年,连顺以"乌梁海向风沐化几二百年,直与喀尔喀蒙古无异。我国商民仍守旧规,不敢违禁潜往贸易。至俄商之在乌梁海贸易者,不计其数,建盖房屋,常年居住,每年收买鹿茸、狐、狼、水獭、猞猁狲、貂皮、灰鼠,为款甚巨,致乌梁海来乌城呈交贡皮时,竟至无货可以贸易。惟有变通办理,如在乌城贸易商民愿赴乌梁海贸易者,准即报官前往,仍由将军衙门照章酌给六个月限票,并严饬守卡官吏认真稽查,不准挟带违禁之物"。允之。

宣统元年,乌里雅苏台将军坤岫等以奇木齐克河总管海都布率奏本旗十苏木公拣海都布长子达鲁噶布音巴达尔琥办事勤能,众心倾服,请补总管,允之。

是部天和土腴,有灌溉之利,宜麦。有金、铜、石棉诸矿,林木亦富。达布逊山产石盐,是部全境及科布多北部皆资之。唐努、萨拉吉克、托锦三总管各有佐领四,库布苏库勒诺尔总管佐领二,奇木齐克河总管佐领十。萨拉吉克别名萨尔吉格,托锦别名陶吉,总管皆无印。库布苏库勒诺尔别名库苏古淖尔,奇木齐克河别名肯木次克,有印。此外扎萨克图汗部右翼右旗有五佐领:一在库苏古尔泊北,一在华克穆河东北,一在格德勒尔河西,一在谟什克河西,一在扎库尔河源。赛音诺颜部额鲁特贝子旗佐领十三,皆南依鄂尔噶汗山,西接阿尔泰淖尔乌梁海。哲布尊丹巴呼图克图徒众所属佐领三,西临华克穆河。

阿尔泰乌梁海,在科布多之西,东额鲁特,东南扎哈沁及布勒罕河新土尔扈特、哈弼察克新和硕特,南和博克萨里旧土尔扈特,东北杜尔伯特,北阿尔泰淖尔乌梁海。分左右翼,左翼旗四,右翼旗三。

初属准噶尔。乾隆十八年,喀尔喀扎萨克图汗等台吉达什朋索克随北路军营参赞大臣萨喇尔擒私入科布多汛之乌梁海人扎木图等。十九年正月,命萨喇尔等统兵征入卡之准噶尔属乌梁海。释北路军营诱捕之乌梁海袼木特等,令回部落。二月,准噶尔乌梁海库木来降。三月,命舒赫德赴卓克索地方会萨喇尔招抚乌梁海。寻以乌梁海徙牧额尔齐斯等地,令暂撤兵。是月,以收抚乌梁海,移北路军营于乌里雅苏台。七月,赛音诺颜贝子车木楚克扎布暨班第、萨喇尔等击乌梁海宰桑于察罕乌苏,降之。十月,班第、萨喇尔进兵降阿尔泰居住之准噶尔乌梁海宰桑袼木特及通袼木特,收户口千余。复由阿尔泰赴索尔毕岭,进至布尔汉之察汉托辉额贝和硕地方,获宰桑库克新等。十一月,以收抚乌梁海,加和托辉特贝勒青衮咱卜郡王衔,编设乌梁海人户旗分佐领,谕授宰桑车根、赤伦、察达克总管,命库克新于额尔齐斯屯田。

二十年正月,察达克等兵至华额尔齐斯河收获包沁宰桑等。授察达克副都统,予乌梁海总管赤伦副都统衔,命招抚汗哈屯之乌梁海人众。免乌梁海等贡赋一年。二月,编察达克、赤伦所属乌梁海为佐领七。三月,乌梁海宰桑都塔齐以指示投顺之人逃窜正法,命扎萨克图汗部扎萨克台吉根敦等驻防海喇图、科布多等处,管乌梁海游牧,接收降人。四月,汗哈屯地方乌梁海归顺。五月,授归顺之乌梁海宰桑图布新为总管。十月,以乌梁海出牲畜接济哈达哈西进之军,嘉赉之。二十一年三月,以阿逆煽动乌梁海,哈萨克道梗。诏哈达哈剿乌梁海叛贼。有固尔班和卓者,奇尔吉斯宰桑,携千余户潜赴乌梁海,赛音诺颜郡王车布登扎布及车登三丕勒邀擒。六月,青衮咱卜叛,诱新旧乌梁海附己。大兵至,皆来效顺。十月,以新旧乌梁海等备兵请讨青衮咱卜,嘉赉之,授察达克内大臣。

二十二年二月,命察达克等防范准部叛贼达什车凌等逃入乌梁海。四月,以额鲁特叛贼车布登多尔济属人分给察达克等。论察达克等俘辉特贼人功,予其子侍卫赉图布慎、赤伦、洪郭尔等缎茶各有差。九月,命车布登扎布等防范阿逆等扰乌梁海。十月,以阿尔泰淖尔乌梁海内附,谕授官加赏,定察达克所属乌梁海每户岁纳二貂,给俸如内地官吏之半。十一月,命乌梁海、扎哈沁人等归还马驼。乌梁海博和勒复降,仍授总管。二十三年二月,归并乌梁海管辖人户编入之,允新旧乌梁海均于乌兰固木种地,于吹河、勒和硕等处游牧。寻命移科布多乌梁海徙就阿尔泰山阳。二十四年三月,仍命郡王车布登扎布总理乌梁海事。八月,乌梁海副都统莫尼扎布等招降鄂尔楚克人户,附入乌梁海大臣管辖,授官有差。是年,定阿尔泰山之南额尔齐斯为是部牧地。十二月,以哈萨克人掠乌梁海,谕察达克等防剿。二十五年四月,以收抚乌梁海原任总管阿喇逃散属人交察达克等兼管。乌梁海总管扎布罕疏脱贼犯,上以年幼宥之,命察达克派员协同办事。

二十六年七月,禁乌梁海私向哈萨克贸易。二十七年三月,允展乌梁海卡坐。九月,严禁阿尔泰乌梁海窃取哈萨克马匹。十月,以前经内附续逃入俄罗斯之乌梁海库克新假我乌梁海名劫掠哈萨克,命察达克等领兵捕治之。十二月,铸乌梁海左、右翼总管印,分给察达克、图克慎,销原领阿尔泰乌梁海总管印。二十八年正月,库克新就

擒,戮之,以招抚人户给察达克等分辖。三十八年十二月,以新土尔扈特郡王舍楞与是部散秩大臣乌尔图那逊为婚,谕乌梁海紧接俄罗斯,瑚图灵阿等嗣后详为留意。四十九年六月,给阿尔泰台站内大臣察达克辖乌梁海官兵协济银两。

道光十八年,以哈萨克潜阑入阿尔泰乌梁海,命乌里雅苏台参赞大臣车林多尔济领蒙兵逐之。科布多参赞大臣毓书遣科布多主事职衔哈楚逼领兵逐入乌梁海之哈萨克依满等于乌里雅苏台。八月,追败之于沙拉布拉克。九月,又逐再入乌梁海之哈萨克,使过于库克伸阿林,予奖。十一月,车林多尔济奏前入乌梁海土尔扈特之哈萨克驱逐已净,获十余人释之。十二月,予乌梁海副都统车伯克达什等花翎,以论驱逐潜入游牧哈萨克劳。十九年四月,哈萨克复入乌梁海,命车林多尔济复调兵逐之。八月,以阿尔泰乌梁海右翼散秩大臣达什济克巴调营未到,严议。予驱逐哈萨克妥速之阿尔泰左翼散秩大臣达尔玛阿扎拉头品顶戴,仍下部优叙。二十二年,科布多参赞大臣固庆奏:"达尔玛阿扎拉时常称疾偷安,不善驭收。所任散秩大臣管乌梁海四旗事务烦,游牧辽阔,且与俄罗斯接攘,责任綦重,请令离任,以参领唐嘎禄署之。"

咸丰十年,与俄罗斯定西疆界约。同治三年八月,科布多参赞大臣广凤等奏:"卡伦以内阿尔泰乌梁海境内奇林河等地方十七处,有哈萨克公阿吉属下之哈济克居住。当分界未终之际,未便一旦驱逐。倘分界后,万不得已必须内迁,宜由塔尔巴哈台参赞大臣酌择地方安置。"十一月,俄人阑入是部库什业莫多及塔布图地方滋扰。明谊照会俄悉毕尔总督,先为查办来我边卡滋事官兵,俟明年两国立界大臣会同建立牌博后,再派兵驻守。四年,以伊、塔诸城回变,命设乌梁海台站,递送科城至塔城文报军饷。十二月,塔尔巴哈台参赞大臣锡霖劾广凤裁撤乌梁海台站,致文报军饷阻滞。谕广凤等议处,仍令复设。五年五月,塔尔巴哈台失守,领队大臣图库尔领额鲁特兵移至是部。

七年三月,命奎昌会同俄官建立科布多毗连俄境界牌鄂博。九月,奎昌等以俄使未到,奏俟明年会办立界。八年,奎昌与俄立界使臣巴布阔福勘明自科布多东北边界赛留格木山适中之布果索克达巴哈起,向西南顺赛留格木山至奎屯鄂拉,往西沿大阿尔泰山至海留图两河之山;转往南,顺是山直至察奇勒莫斯鄂拉,转往东南,沿斋桑淖尔之边,循喀喇额尔齐斯河岸,至玛尼图噶图勒卡伦,分为两国交界。建牌博凡二十:首曰布果索克达巴哈,次曰杜尔伯特达巴哈,曰塔布图达巴哈,曰博勒齐尔,曰察干布尔哈苏,曰乌兰达巴哈,曰巴哈那素达巴哈,曰萨尔那开,曰巴尔哈斯达巴哈,曰拜巴尔塔达巴哈,曰库尔楚木,曰特勒克梯,曰固洛木拜,曰萨拉陶,曰萨勒钦车库,曰特勒斯爱哩克,曰鄂里雅布拉克,曰奇音克里什,曰察奇勒莫斯,末曰玛呢图噶图勒干。自五月二十五日至七月三日竣事。十月,命棍噶扎拉参赴阿尔泰山收集徒众,妥办安插事宜,并免是部本年例贡貂皮。其后伊犁索伦营兵移至阿尔泰山,与塔城额鲁特兵皆由棍噶扎拉参

暂统之。十年，署伊犁将军荣全奏，以由科布多属扎哈沁五台以西至霍博克萨里一、二千里，非就地设台，后路必断。令乌梁海章盖等于西翼设察罕通格、托克鄂博、德格图阿满三台，于东翼设多鲁图阿满、额尔奇赛罕、乌里雅斯三台。自是为科、塔两城孔道。十一年，调棍噶扎拉参所部索伦、额鲁特兵赴塔城。

十二年十一月，回匪窜新土尔扈特之布尔根河，扰是部境，台站官兵纷纷逃散。乌鲁木齐领队大臣锡纶率所部民勇自阿尔泰山南移营乌龙古河南岸，追至霍博克河下游，击破之。匪窜绥来县北境，科布多参赞大臣保英等饬乌梁海速将军台移回原处安设。

光绪七年七月，以棍噶扎拉参在乌梁海达彦地方收抚哈萨克，擅杀头目柯伯史之子，谕锡伦饬棍噶扎拉参即回籍。八年，俄人议重划科、塔中俄之界，欲占哈巴河一带。科布多参赞大臣清泰等奏："俄人数百名突至哈巴河。查新条约内，奎峒山即阿尔泰山。任其勘改，实有关碍。"八月，阿尔泰左翼散秩大臣等复呈清泰等以"前次界划乌梁海西北境侵占已多，此次若再占哈巴河，蒙民无地自容，誓死不能退让"。谕清安、额尔庆额会商金顺、升泰妥筹。九年，额尔庆额偕参赞大臣升泰先期驰赴塞上，察边塞冲要，辨山川主名。以弃哈巴河、奎峒山二要地乌梁海、哈萨克之众均无所依，与俄官抗争，相持兼旬，改以哈巴河以西阿拉喀别河为界，得展地百三十余里，分道安设新界牌博。既竣事，额尔庆额又绕北山道大彦淖尔安插乌梁海两翼部落，以和里木图河、雅玛图、哟洛图、西里布拉克为夏季游牧，以罕达盖图河、塔里雅图、青格里河、乌龙古河为冬季游牧，而哈巴河仍由塔城置戍。以金顺奏，谕阿尔泰山乌梁海属一带游牧地方，请饬棍噶扎拉参交回安插蒙民。十二年七月，以沙克都尔扎布等奏，复催棍噶扎拉参将徒众仍回塔城。十三年，谕刘锦棠等于新疆择安插棍噶扎拉参之地。十五年二月，刘锦棠移棍噶扎拉参徒众于库尔喇乌苏属之八英沟，让还科布多借地。承化寺就近所招徒众，听留居其寺哈巴河一带。塔城自借地以来，即已派兵驻守，未便委去，俾俄人得乘便南下，从之。十八年六月，沙克都尔扎布、额尔庆额、魁福会勘，奏哈巴河借地暂难归还，以塔城两次分界后，蒙、哈不敷分住，请将借地展缓三年交割。乌梁海困苦，拟令塔城哈萨克酌给牲畜，并筹安插逃户，派兵驻守，允之。其后科城屡请收回哈巴河，塔城争之，迄未决。

二十六年，边防戒严，参赞大臣瑞洵檄乌梁海每旗挑兵二百名，半马牛步，驻防本旗。事定，撤之。以乌梁海各旗保护俄商货物，安全游牧，一再请奖。二十九年闰五月，予乌梁海左右翼散秩大臣额尔克、舒诺三音博勒克均头品顶戴，左翼总管倭齐尔扎布、桑敦扎布、右翼总管棍布扎布、瓦齐尔扎布均二品顶戴，左翼副都统察罕博勒克亦予奖。二十九年，塔城以哈巴城地交还科城。三十年五月，改设科布多办事大臣驻阿尔泰山，以锡恒为之，仍驻承化寺。三十二年七月，定阿尔泰练陆军马队一标、炮队一营，设哈巴河防营委员，及沙扎盖台至承化寺马拨十六处，每处设蒙古马兵五名，马十匹。开办承化寺、库克、呼布克木、哈巴河四处屯牧，建城署房屋，拨常年经费十三万两，开办经费三十一万两有奇。十二月，是部七旗划隶阿尔泰。三十四年四月，锡恒奏停办布伦托海上渠，下渠距水较近，拟再试种一年，克木奇官屯暂拨民办。宣统三年二月，署办事大臣延年奏开距承化寺七十里之红墩渠，安插农民。下部知之。

地兼耕牧，有矿，有盐。是部有佐领七，副都统暨左右翼散秩大臣均兼一旗总管。卡伦自再划界后，南起右翼散秩大臣之阿拉克别克，而北曰阿克塔斯，又东北曰克杂那阿斯，曰萨斯，曰呼吉尔图布拉克，曰乌松呼吉尔图，转东曰胡布苏，讫罗盖布，东北至左翼散秩大臣旗之霍洞淖尔止，凡八卡伦。山之著者：西吉克图山、茭拉图山、霍穆达山、哈喇温尔常山。水之著者：察罕西鲁河、萨格赛河、萨克布多河、青格里河、额尔齐斯河。

阿尔泰淖尔乌梁海，在科布多之西北，东唐努乌梁海，南阿尔泰乌梁海，西与北均俄罗斯。

初属准噶尔。乾隆二十二年九月，赛音诺颜扎萨克贝勒车木楚克扎布招抚阿尔泰山乌梁海。有特勒伯克扎尔纳克者，阿尔泰淖尔之乌梁海宰桑，携眷至。诏车木楚克扎布定贡赏例，宣示德意。十二月，授阿尔泰淖尔乌梁海宰桑特勒伯克等为总管。二十三年秋，乌梁海总管阿拉善、恩克等叛，车木楚克扎布剿阿拉善等，就擒。恩克窜哈屯河，冬，擒之。寻定是部为二旗，各设总管一，岁贡貂皮如例，隶科布多参赞大臣。道光中，查边之政渐弛，俄人始筑城于是部之吹河；我查边界鄂博者往往不至其地。

咸丰十年，定西疆界约，俄国画界清单遂将是部包去。同治六年七月，科布多参赞大臣广凤等奏俄雅什达喇城衙门给阿尔泰淖尔两旗总管文，言阿尔泰淖尔、绰罗什拜、巴什库斯、吹河均系俄罗斯游牧。如有人言系中国游牧，拿送俄城。又俄人来绰罗什拜地方伐木，已饬总管察罕等善言开导，静候两国分界大臣将疆界议定换约，立界后，再按照所分界限遵行，此时不可伐木盖房，致滋事端。时俄国官兵执去我查阅哈屯河扎萨克扎那扎布及台吉差官、蒙古员兵等，阻我查边道路，称是部游牧为俄国地面，不许中国人往来。十月，阿尔泰淖尔总管莽泰等报俄官取莽泰旗下一百四十余人及总管察罕旗下二百四十余人手印。九月，明谊、锡霖、惠勒果索与俄分界大臣照议单勘分西界，是部地遂非清有。初议迁是部诚心内附者于卡内，而总管莽泰等言两旗人丁祈全入卡内住牧。广凤等谕以"所被俄国分去地面旧住人丁，随地归为俄国，务令安居故土，各守旧业，立界后断不致仍前扰害"。随令莽岱等出卡回牧，并内徙之议亦辍。

是部有佐领四。

卷五百二十五　　列传三百十二

藩部八

西藏

西藏，《禹贡》雍州之域。汉为益州沈黎郡徼外白狼、乐土诸羌地。魏、隋为附国、女国及左封、昔卫、葛延、春桑、迷桑、北利、模徒、那鄂诸羌地。唐为吐蕃，始崇佛法。既而灭吐谷浑，尽臣羊同、党项诸羌，西邻大食，幅员万余里。唐末衰弱，诸部分散。宋时朝贡不绝。

元世祖时，置乌思藏、纳里、速古、鲁孙等三路宣慰司，都元帅府，仍置管民万户诸官抚辑之。以吐蕃僧帕克斯巴为大宝法王、帝师，嗣者数世。弟子号司空、国公，佩金玉印者甚众。

明洪武年，以摄帝师纳木嘉勒藏博为炽盛佛宝国师，给玉印。置乌斯藏指挥司及宣慰司、招讨司、万户诸官，多沿元旧，以元国公纳木嘉斯丹拜嘉勒藏等领之。寻改乌斯藏为行都指挥司，以班竹儿藏为乌斯藏都指挥使，自下皆令世袭。未几，改乌斯藏俺不罗卫为行都指挥司。永乐中，增置乌斯藏牛儿宋寨行都指挥司及必里、上邛部二卫，复分封番僧为大宝法王、大乘法王、大慈法王、阐教王、阐化王、辅教王、赞善王、护教王，凡八王，比岁或间岁朝贡。宣德、成化间，又累加封号。其地有僧号达赖喇嘛，居拉萨之布达拉庙，号前藏；有班禅喇嘛，居日喀则城之扎什伦布庙，号后藏；番俗崇奉又在诸番王之上。西藏喇嘛旧皆红教，至宗喀巴始创黄教，得道西藏噶勒丹寺。时红教本印度之习，娶妻生子，世袭法王，专指密咒，流极至以吞刀吐火炫俗，尽失戒定慧宗旨。黄教不得近女色，遗嘱二大弟子，世以呼毕勒罕转生，演大乘数。呼毕勒罕者，华言"化身"。达赖、班禅即所谓二大弟子，达赖译言"无上"，班禅译言"光显"。其俗谓死而不失其真，自知所往，其弟子辄迎而立之，常在轮回，本性不昧，故达赖、班禅易世互相为师。其教皆重见性度生，斥声闻小乘及幻术小乘。当明中叶，已远出红教上。

达赖第一辈曰罗伦嘉穆错，吐蕃赞普之裔，世为番主。二十岁之前藏，宗喀巴以为大弟子。年八十四。第二辈曰根登嘉木错，在后藏札朗转世，登布达拉、色拉、扎什伦布讲经之坐。年六十七。三辈曰锁南嘉木错，为达赖中最著名者。置第巴，代理兵刑赋税。弟子称呼图克图，分掌教化。时黄教尚未行于蒙古。元裔俺答兼并诸部，侵掠中国，用兵土伯特，收阿木多、喀木康等部落。年老厌兵，纳其侄鄂尔多斯部硕色济农谏，往迎达赖，劝之东还。自甘州移书张居正，求通贡馈。万历年，遂纳锁南嘉木错之贡，予封赍。达赖应俺答之迎，至青海，为言三生夙缘。诸台吉言："愿自今将涌血之火江，变溢乳之静海。"俺答许立庙，一在归化城，一在西宁，于是黄教普蒙古诸部。而藏中红教之大宝、大乘诸法王，皆俯首称弟子，改从黄教。化行诸部，东西数万里，熬茶膜拜，视若天神，诸番王徒拥虚位，不复能施号令。年四十七。四辈曰荣丹嘉穆错，年二十八。五辈曰阿旺罗布藏嘉木错。

初，西藏俗称其国曰图伯特，亦曰唐古特。自达赖、班禅外有汗，则蒙古部长为之。时藏之藏巴汗与达赖所用第巴不协。额鲁特部和硕汗者，名图鲁拜琥，元太祖弟哈布图哈萨尔十九世孙也。后兼并唐古特四部，改号顾实汗。以青海地广，令子孙游牧，而喀木、康输其赋。卫地则第巴奉达赖居之，藏地则藏巴汗居之。第巴桑结与藏巴汗不相能，谓其虐部众、毁黄教，乞师于顾实汗剪灭之。顾实汗遂以藏地居班禅，留长子鄂齐尔汗辖其众，次子达赉巴图尔台吉佐之，皆崇德年事也。

先是天聪年间，大兵取明之东省，天现明星祥瑞。顾实汗曰："此星系大力汗之威力星。由是观之，非常人也。"于是遐迩蒙古共遵太宗文皇帝为和尔摩斯达额尔德穆图博克达撤辰汗。迨崇德二年，奏请发币使延达赖。四年，遣使贻土伯特汗及达赖书，谓"自古所制经典，不欲其泯灭不传，故遣使敦请"云。嗣以喀尔喀有违言，不果。顾实汗复致书达赖、班禅、藏巴汗，约共遣使朝贡。达赖、班禅及藏巴汗、顾实汗遣伊喇固散胡图克图等贡方物，献丹书，先称太宗为最殊师利大皇帝。曼殊者，华言"妙吉祥"也。使至盛京，太宗躬率王大臣迓于怀远门。御座为起，迎于门阈，立受书，握手相见，升榻，设座于榻右，命坐，赐茶，大宴于崇政殿。间五日一宴，命王、贝勒以次宴。留八阅月乃还。八年，报币于达赖曰："大清国宽温仁圣皇帝致书于金刚大士达赖喇嘛。今承喇嘛有拯济众生之志，欲兴扶佛法，遣使通书，朕心甚悦，兹恭候安吉。凡所欲言，令察罕格龙等口授。"复贻书于班禅及红帽喇嘛济东胡图克图等，亦如之。是为西藏通好之始。于是阐化王及河州弘化、显庆二寺僧，天全六番，乌斯藏董卜、黎州、长河西、鱼通、宁远、泥溪、蛮彝、沈村、宁戎等土司，庄浪番僧，先后入贡，献前明敕印，请内附矣。

明年，世祖定鼎燕京，混一宇内。顾实汗复奏："达赖功德无量，宜延至京，令其讽诵经咒，以资福佑。"乃遣使往迎。顺治四年，达赖、班禅各遣使献金佛、念珠，表颂功德。五年，遣喇嘛席喇布格隆等赍书存问达赖，并敦请之。达赖覆书，许于辰年朝觐。九年十月，达赖抵代噶，命和硕承泽亲王硕塞等往迎。十二月，达赖至，谒于南苑，宾之于太和殿，建西黄寺居之。达赖寻以水土不宜，告归，赐以金银、缎币、珠玉、鞍马慰留之。十年二月，归，复御殿赐宴，命亲王硕塞偕贝子顾尔玛洪、吴达海率八旗兵送至代噶，命礼部尚书觉罗朗球、理藩院侍郎席礼赍金册印，于代噶封达赖为西天大善自在佛领天下释教普通瓦赤喇怛喇达赖喇嘛。达赖归，兴黄教，重建布达拉及前藏各寺院六十二处，又创修喀木、康等处庙，计三千七十云。

是时顾实汗先卒，达赖又年老，大权旁落于第巴桑结。桑结诡遣内安岛人冒阐化王贡使，实则阐化王久经残破，废为喇嘛，而屡次进贡仍书王名，并请换敕印。廉得其实，斥之。吴三桂王云南，岁遣人至藏熬茶。康熙十三年，三桂反，诏青海蒙古兵由松潘入川。桑结使达赖上书尼之，且代三桂乞降。及大兵围吴世璠于云南，世璠割中甸、维西二地乞援于藏，其书为贝子章泰军所获。朝廷但驻守中甸，未深问也。康熙二十一年，在布达拉寺圆寂，年六十二。

当五世达赖之卒也，第巴桑结以议立新达赖故，与拉藏汗交恶。桑结既以己意立罗布藏仁青策养嘉错为六世达赖，乃秘不发丧，伪言达赖入定，居高阁，不见人，凡事传达赖命行之，自是益横。既祖准噶尔以残喀尔喀蒙古，复唆准噶尔以斗中国，又外构策妄阿喇布坦，内阋拉藏汗，遂招准兵寇藏之祸。凡西北扰攘数十年，皆第巴一人所致。

噶尔丹者，亦四额鲁特之一，曾入藏为喇嘛，与第巴昵。归篡其汗，自言受达赖封为准噶尔博硕克图汗。又喀尔喀蒙古以入藏隔于额鲁特，乃自奉宗喀巴第三弟子哲卜尊丹巴胡图克图之后身为大胡图克图，位与班禅亚，凡数十年矣。至喀尔喀车臣汗与土谢图汗构兵，圣祖遣使约达赖和解之。桑结奏使噶尔丹西勒图往。蒙语喇嘛坐床者为"西勒图"，达赖大弟子也。而哲卜尊丹巴胡图克图亦奉诏莅盟坛，与噶尔丹西勒图抗礼。噶尔丹使其族弟随之观衅，因责喀尔喀待达赖无加礼，诟责之，为土谢图汗所杀。噶尔丹遂以报仇为名，袭侵其部落。喀尔喀集众议投俄罗斯与投中国孰利，哲卜尊丹巴曰："俄罗斯持教不同，必以我为异类，宜投中国兴黄教之地。"遂定计东走。圣祖申命桑结遣使罢兵。桑结使济隆胡图克图往，反阴嗾之。二十九年，遂入寇漠南，我兵败之乌兰布通。噶尔丹托济隆代乞和，顶威灵佛，立誓而遁。桑结内惭，乃托达赖意，合青海蒙古及额鲁特各台吉上尊号，圣祖不受，诏曰："朕与达赖，期于抚育众生，而所遣堪布等故违意旨，以致喀尔喀、额鲁特两伤。如能令其修和，朕方欲加达赖嘉号，此皆任事行人不能仰副朕心及达赖意，致喀尔喀残破，额鲁特丧败，朕心实为隐痛，复何尊号之可受乎？来使贡物其发还！"屡遣京师喇嘛入藏探之。三十四年，达赖入贡，言己年迈，国事决第巴，乞锡封爵。诏封第巴桑结为土伯特国王。

三十五年，圣祖亲征噶尔丹，至克鲁伦河。噶尔丹败窜，慰其部下曰："此行非我意，乃达赖使言南征大吉，是以深入。"上谓达赖存必无是事，乃遣使第巴桑结书曰："朕询之降番，皆言达赖脱缁久矣，尔至今匿不奏闻。且达赖存日，塞外无事者六十余年，尔乃屡唆噶尔丹兴戎乐祸，道法安在？达赖、班禅分主教化，向来相代持世。达赖如果厌世，当告诸护法主，以班禅主宗喀巴之教。尔乃使众不尊班禅而尊己，又阻班禅进京，朕欲和解准噶尔部，尔乃使有亏行之济隆以往。乌兰布通之役，为贼军卜日诵经，张盖山上观战，胜则献哈达，不胜又代为讲款，以误我追师。繁祖庇噶尔丹之由，今为殄灭准夷告捷礼，以噶尔丹佩刀一及其妻阿奴之佛像一、佩符一，遣使赉往，可令与达赖相见，令班禅来京，执济隆以畀我。如

其不然，朕且檄云南、四川、陕西之师见汝城下。汝其纠合四额鲁特人以待，其毋悔！"

桑结惶恐，明年密奏言："为众生不幸，第五世达赖于壬戌年示寂，转生静体，今十五岁矣。前恐唐古特民人生变，故未发丧。今当以丑年十月二十五日出定坐床，求大皇帝勿宣泄。至班禅，因未出痘，不敢至京。济隆，当竭力致之京师。乞全其身命戒体，并封达赖临终尸盐拌像。"圣祖许为秘之，待十月宣示内外。而第巴使者归，途遇策妄阿喇布坦会擒噶尔丹之兵，复宣言："达赖已厌世，尔部落兵毋得妄行。"策妄阿喇布坦哭而归。圣祖以第巴始终反覆持两端，乃追还其使，传集各蒙古，宣示密封，则像首已堕，第巴使惊仆于地。

桑结忌策妄阿喇布坦尽收准部故地，致噶尔丹无所归，奏防其猖獗，而策妄阿喇布坦亦奏第巴奸谲，及所立新达赖之伪，欲藉词侵藏。圣祖以二人皆叵测，不之许也。四十四年，桑结以拉藏汗终为己害，谋毒之，未遂，欲以兵逐之。拉藏汗集众讨诛桑结，诏封为翊法恭顺拉藏汗，因奏废桑结所立达赖，诏送京师。行至青海，道死，依其俗，行事悖乱者抛弃尸骸。卒，年二十五。时康熙四十六年也。论者谓达摩创法震旦，有一花五叶之谶，至六世启衣钵之争，故六祖不复传衣钵，与宗喀巴至第六世达赖之事若一辙。天数所极，佛法不能违，而况第巴诈伪出之，以尊己擅权，卒酿拉藏汗、准噶尔相寻之祸。

七辈罗布藏噶尔桑嘉穆错于康熙四十七年在里塘转世。生有异表，右臂纹如法轮。七岁与众喇嘛谈经，均莫能难，盖有夙慧也。初拉藏汗既奏废罗布藏什青策养嘉穆错，别立博克达山之呼毕勒罕阿旺伊什嘉穆错为达赖，闻其名忌之，将以兵戕之，其父索诺木达尔扎襁负走，乃免。青海众台吉以不辨真伪争，诏遣官率青海使人往视。拉藏汗奏："前解伪达赖时，曾奉旨寻真达赖，访得博克达山呼毕勒罕，以班禅言坐床。"廷议以呼毕勒罕尚幼，俟再阅数年给封，又以拉藏汗与青海台吉不睦，遣侍郎赫寿协理藏务。是为西藏设官办事之始，然犹不常置也。四十九年，班禅、拉藏汗会同管理藏务赫寿奏："阿旺伊什嘉穆错熟谙经典，青海台吉信之，请给印。"诏依其请。而青海实不之信，与藏中所奏互相是非。五十三年，青海诸台吉等遣兵取道德格，迎罗布藏噶尔桑嘉穆错至青海坐床，请赐册印。圣祖恐其构衅，诏徙至京，不果行。复令送红山寺，继请送西宁宗喀巴寺。青海贝勒察罕丹津等复尼之，且以兵胁异己者。诏大兵护送，乃居宗喀巴寺。圣祖以拉藏汗年近六旬，一子青海驻扎，一子策妄阿喇布坦就婚，恐托词爱婿，羁留不归，势颇孤危。况自杀第巴，彼处人难保不生猜忌。额鲁特秉性多疑，又甚疏忽，倘事出不测，相隔万里，救之不及。谕令深谋防范。

五十六年，策妄阿喇布坦遣台吉策凌敦多布等率兵六千，徒步绕戈壁，逾和阗南大雪山，涉险冒瘴，昼伏夜行，赴阿里克，扬言送拉藏汗长子噶尔丹忠夫妇归。拉藏汗不知备，贼至达木始觉，偕仲子索尔扎拒，交战两月，不敌，奔守布达拉，始来疏乞援。贼诱噶卜伦沙克都尔扎卜，将小招献降，唐古特台吉纳木扎勒等开布达拉北城

入，戕拉藏汗，拘其季子色布腾及宰桑等，搜各庙重器送伊犁，禁阿旺伊什嘉穆错于扎克布里庙。索尔扎率兵三十人溃走，为所擒，其妻间道来奔，诏优养之。

西安将军额伦特率西宁、松潘、打箭炉、噶勒丹，会同青海诸台吉及土司属下赴援，至喀喇河，遇伏，败殁。贼复诱里塘营官喇嘛归藏，于是巴塘、察木多、乍雅、巴尔喀木皆为所摇惑矣。寻诏都统法喇移打箭炉兵屯里塘护呼毕勒罕，复令索诺木达尔扎传谕营官喇嘛，将抗不就抚者诛之，传檄巴塘、察木多、乍雅各籍其土及民数，遂进屯巴塘。策凌敦多布惧，返所掠。而兵自巴尔喀木归，言唐古特有瘴疠，浮肿，难久处，青海蒙古皆惮进藏，恐惠达赖奏可随地安禅，兴大兵恐扰众。王大臣惩前败，亦皆言藏地险远，不决进兵议。圣祖以西藏屏蔽青海、川、滇，若准夷盗据，将边无宁日。且贼能冲雪缒险而至，何况我军。策凌敦多布闻我师至，自必望风远遁。俟定立法教后，或暂留守视，或久镇其地。唐古特众皆为我兵，准夷若再至，以逸待劳，何难剿灭。安藏大兵，决宜前进。诏封罗布藏噶尔桑嘉穆错为弘法觉众第六辈达赖喇嘛。命皇十四子允禵为抚远大将军，屯青海之木鲁乌苏治军饷，平逆将军延信出青海，定西将军噶尔弼出四川，两路捣藏。藏人亦知青海达赖之真，藏中旧立之赝，合词请于朝，乞拥置禅榻，诏许给金册印。于是蒙古汗、王、贝勒、台吉各自率所部兵，或数百，或数千，随大兵扈从达赖入藏。

策凌敦多布由中路自拒青海军，分遣其宰桑以兵三千六百拒南路。将军噶尔弼招抚里塘、巴塘番众，进至察木多，夺洛隆宗嘉玉桥之险。旋奉大将军檄，俟期并进。噶尔弼恐期久粮匮，用副将岳钟琪以番攻番计，招土司为前驰，集皮船渡河，直捣拉萨，降番兵七千。宣谕大小第巴及喇嘛，封达赖仓库，分兵塞险，扼贼饷道。而青海亦三败其中途劫营之贼，斩俘千计。额鲁特进退交敌，遂大溃，不敢归藏，由克庇雅北窜，崎岖冻馁，得还伊犁者不及半。

五十九年九月十五日，达赖至布达拉坐床，出阿旺伊什嘉穆错于禁所，发回京师废之，尽诛额鲁特喇嘛之助逆者。留蒙古、川、滇兵四千，命公策旺诺尔布总统戍藏，额驸阿宝、都统武格参赞军务。以藏遗臣空002之第巴阿尔布巴首向效顺，同大兵取藏，阿里之第巴康济鼐截击准噶尔回路，俱封贝子；隆布奈归附，授辅国公，理前藏务，颇罗鼐授扎萨克一等台吉，理后藏务，各授噶卜伦。于是里塘所属之上下牙色，巴塘所属之桑阿、坝林、卡石等番，次第归顺；郭罗克之吉宜卡、纳务、押六等寨先后剿抚矣。

雍正元年，召回允禵等，撤驻藏防兵，设戍于察木多。二年，青海喇嘛助罗卜藏丹津之叛。青海诸寺喇嘛众各数千，群起骚动。章嘉胡图克图之呼毕勒罕拒战于郭隆寺，察汗诺们汗亦党贼助战。石门寺喇嘛阳称投顺，阴肆劫掠，夹木灿堪布将窜藏，年羹尧等讨平之。世宗谓"玷辱宗门，莫斯为甚"，乃收各寺明国师、禅师印，并定庙舍毋逾二百楹，众毋逾三百人。

五年七月，阿尔布巴、隆布奈、扎尔鼐特与达赖姻争贝子康济鼐之权，聚兵害之，欲投准噶尔。诏吏部尚书查朗阿率川、陕、滇兵万有五千进讨。未至，而台吉颇罗鼐率后藏及阿里兵九千，自潘玉口至喀巴，先遣兵千余冲破喀木卡伦，与隆布奈兵交绥。夜，西藏斥堠俱归顺，颇罗鼐即率兵直抵拉萨。驻藏大臣马喇、僧格往布达拉护达赖，各寺喇嘛将阿尔布巴等擒献送马喇所。查朗阿至，诛首逆及其孥。诏以颇罗鼐为贝子，总藏事。赐犒兵银三万两。留大臣正副二人，领川、陕兵二千，分驻前后藏镇抚，是为大臣驻藏三年一代之始。收巴塘、里塘隶四川，设宣抚司治之；中甸、维西隶云南，设二厅治之。

是年策妄阿喇布坦死，子噶尔丹策零立，请赴藏熬茶，又声言欲送还所房拉藏汗二子。诏严备之，移达赖于里塘之惠远庙。八年，迁于泰宁，护以兵千。每年夏初，西藏官兵赴防北路腾格里海之隘，以备准夷，冬雪封山，撤兵。盖通准夷之路有三：其极西由叶尔羌至阿里，中隔大山，迁远易备；其东路之喀喇河又有青海蒙古隔之；中路之腾格里海逼近卫地，故防守尤要。并以颇罗鼐子珠尔默特策布登统阿里诸路兵，保唐古特，授为扎萨克一等台吉。追念康济鼐前勋，无嗣，以其兄噶锡鼐色布腾喇布阵亡阿里，封其子噶锡巴纳木札勒色布腾为辅国公，寻授噶卜伦。达赖之父索诺木达尔扎亦为辅国公。晋颇罗鼐贝勒。十年，拉达克汗德忠纳木札纳奏："臣理国事，尊释教，侦准噶尔情辄以告。"优诏答之。准噶尔请和，诏果亲王偕章嘉胡图克图送达赖由泰宁归藏，减戍藏兵四之三。章嘉胡图克图为达赖请巴塘、里塘还前藏，以其为达赖所降生，诸土司建寺安禅，制最宏丽也。诏以其地商税年银五千两赐之，地仍内属。

乾隆四年，以颇罗鼐勤劳懋著，预保子袭郡王爵。颇罗鼐子二：长，珠尔默特策布登，病足；次，珠尔默特纳木扎勒。兄弟互让，而颇罗鼐爱少子，请以次子为长子，允之。又嘉长子之让，诏封镇国公，仍镇守阿里。颇罗鼐善服众，为诸噶卜伦所敬事。有绥奔喇嘛扎克巴达颜者，书其名瘗诅之。事觉，颇罗鼐欲弭变，轻议其罪。十一年，温谕嘉奖，谓："镇压左道不足患，其偕达赖协辑唐古特众。"准噶尔使再入藏熬茶，驻藏副都统傅清等遣员率喀拉乌苏兵监视。十二年，颇罗鼐以暴疾亡，以珠尔默特纳木扎勒袭爵，兼理噶卜伦，以班第达协理藏务。高宗恐其少不更事，未能服众，或以绥奔喇嘛扎克巴达颜故，与达赖构隙，不肖众起而间之，不无滋事虞，谕傅清留意体察，而卒有十五年珠尔默特纳木扎勒之变。

时准噶尔台吉策妄多尔济纳木扎纳复遣使赴藏熬茶，入寺诡避痘，以己卒守门，不令官兵从。诏以准噶尔狡甚，饬严防，虽归巢，勿稍忽。而珠尔默特纳木扎勒以驻藏大臣不便于己，乘机奏藏地静谧，请撤驻防兵。廷议以不从撤兵请，适足滋疑，不如示之信，诏可。谕达赖勿令准噶尔入藏，虽固请弗允。珠尔默特纳木扎勒又诡称准噶尔袭唐古特，至硕翁图库尔，遣兵备喀拉乌苏，徙达木番众。不数旬，扬言准噶尔至阿哈雅克，自率兵往备。驻藏提督策拜遣旺对赴喀拉乌苏备之。比至，无踪。有诏撤喀拉乌苏兵及达木番归牧，勿惑众。初，郡王颇罗鼐以女妻班第达,至是班第达察珠尔默特纳木扎勒有逆志,不之附。珠尔默特纳木扎勒恶之,夺其孥。驻藏副都统纪山劾珠尔默特纳木扎勒妄负,请檄其兄协理藏务。高宗不允,谕纪山善导之,勿露防范迹。已而珠尔默特纳木扎勒以珠尔默特策布登发阿里兵扰藏告,盖计陷之也。因谕傅清曰:"珠尔默特纳木扎勒年幼躁急,性好滋事。若果无他故,兄欲进兵至藏,是特兄弟互相侵犯耳。若其兄并无此事而造言诬构,则宜相机办理。"

十五年,珠尔默特纳木扎勒以兵戕其兄珠尔默特策布登于阿里,诡以兄暴疾闻,请收葬,并育兄子。时其兄子朋素克拒布及珠尔默特旺扎勒皆后藏。珠尔默特纳木扎勒以兵往戕朋素克旺布,阳称逃亡。珠尔默特旺扎勒依班禅为喇嘛,乃免。傅清、拉布敦以珠尔默特纳木扎勒携兵离藏告。盖是时珠尔默特纳木扎勒既袭杀其兄,复通书馈纳准噶尔,请兵为外应,私携炮至后藏,诬籍噶卜伦班第达及第巴布隆赞等旋达木,距前藏三百余里,拥众二千余不归。奏至,诏俟副都统班第自青海赴藏讨罪,复谕四川总督策楞、提督岳钟琪驰兵往会。而贼势猖獗,驿道梗塞,军书不通者旬日。傅清偕拉布敦计,不急诛,必据唐古特为变,召珠尔默特纳木扎勒至,待诸楼。甫登,起责其罪曰:"尔违天子令,且忘尔父!无君无父,罪不可赦!"傅清趋前扼其臂,拉布敦拔佩刀剚之,谕胁从罔治。有罗卜藏扎什者,趋下呼贼,千余突至,聚围楼,集薪焚。达赖遣喜僧往护,不得入,傅清、拉布敦死之。上嘉悯傅清等靖逆遇害,均追赠一等伯,特建双忠祠以祀。班第达奔守达赖,集兵拒逆。即命班第达以辅国公摄噶卜伦,分其权,而总其成于达赖。设噶卜伦四、戴瑻五、第巴三、堪布三,分理藏务,隶驻藏大臣及达赖辖。增驻防兵千有五百戍藏。以达木番归驻藏大臣辖,视内地例,设佐领、骁骑校名职。并于准噶尔通藏隘设汛严防。二十二年,荡平伊犁,始永无准夷患。是年,达赖在布达拉圆寂,时年五十。

八辈罗布藏降白嘉穆错摆桑布,于乾隆二十三年在后藏拖结热拉冈出世。二十七年,迎至布达拉坐床。三十年,由班禅班垫伊喜传授小戒。三十三年,亲至前藏攒招,随登色拉、布赉绷、噶勒丹三大寺讲经之座。四十二年,由班禅传授格隆大戒。四十六年,颁给敕书、金册、金印,赏达赖之兄索诺木达什辅国公。四十八年,颁玉册、玉印,凡遇国家庆典准其钤用,其寻常奏书文移仍用原印。

五十三年,廓尔喀侵犯藏境。初,第六辈班禅之殁,及京归舍利于藏也,凡朝廷所赐赉,在京各王公及内外各蒙古地诸番所供养,无虑数十万金,而宝冠、璎珞、念珠、晶玉之钵、镂金之袈裟,珍宝不胜计。其兄仲巴呼图克图悉踞为己有,既不布施各寺,番兵、喇嘛等亦一无所与。其弟沙玛尔巴垂涎不遂,愤唆廓尔喀籍商税增额、食盐糅土为词,兴兵扰边。唐古特私和廓尔喀,朝廷所遣之侍卫巴忠、成都将军鄂辉、总兵成德等实阴主其议,令堪布等许岁币万五千金,于是廓尔喀饱飏而去。巴忠等以贼降饰奏,讽廓尔喀噶箕入贡,受封国王。五十四年七月,廓尔喀遣人至藏表贡,并致驻藏大臣书,请如前约。鄂辉恐发觉私许之款,屏不奏。次年,藏中币复爽约。

五十六年七月,廓尔喀复大入寇,占据聂拉木,诱执噶卜伦丹津班珠尔以归。八月,复占据济咙。保泰等迁班禅于前藏。廓匪进扰萨迦沟,遂至扎什伦布,仲巴呼图克图遁。九月,都司徐南腾坚守官寨,廓匪大掠扎什伦布财物以归。巴忠扈从热河,闻变,沉水死。鄂辉、成德奉命赴藏剿御,皆逗留不进。

十月,保泰等请移达赖、班禅于泰宁,上严斥之,而嘉达赖之拒其议。命嘉勇公福康安为将军、超勇公海兰察为参赞大臣,率索伦、达呼尔兵及屯练土兵进讨。其军饷则藏以东,四川总督孙士毅主之;藏以西,驻藏大臣和琳主之;济咙边外,则前督惠龄主之。五十七年正月,鄂辉等始复聂拉木。二月,帕克哩营官率番兵收复哲孟雄、宗木地方。是月,陷寇之第巴博尔东自阳布回藏。唐古特私许岁币事觉,诏以保泰、雅满泰隐匿不奏,革责枷号。三月,授福康安为大将军,逮仲巴呼图克图于京;四月,添调川兵三千赴藏。闰四月,福康安自定日进泉趋宗喀。五月,克擦木,复济咙。是月十五日,克热索桥,遂入廓境。二十四日,克胁布鲁碉卡。六月,福康安、海兰察等进攻东觉,并雅尔赛拉、博尔东拉诸处,皆克之,成德等亦攻克扎木铁索桥。六月,廓酋拉特纳巴都尔迭遣大头人乞降,送出丹津班珠尔及前俘之兵。七月,福康安攻克噶勒拉、堆补木,夺桥渡河,深入廓境七百余里,将迫其都阳布。都统衔斐英阿等阵亡。成德亦进克利底大山贼卡。廓酋复呈缴唐、廓前立合同,献所掠扎什伦布财物及沙玛尔巴之尸。八月,廓尔喀遣使进贡。福康安以廓尔喀屡请投诚奏入;奉旨受降。时以廓境益险,八月后即雪大封山,因允所请。于是福康安率大兵凯旋,撤回藏。议定善后章程:驻藏大臣与达赖、班禅平等;噶卜伦以下由驻藏大臣选授;前后藏番归我设之游击、都司节制训练;自行设炉鼓铸银币;设粮务一员监督之。至是,我国在藏始具完全之主权。

初,达赖、班禅及各大呼图克图之呼毕勒罕出世,均由垂仲降神指示,往往徇私不公,为世诟病。甚至哲卜尊丹巴胡图克图示寂,适土谢图汗之福晋有妊,众即指为呼毕勒罕;及弥月,竟生一女,尤贻口实。而达赖、班禅亲族亦多营为大呼图克图,以专财利,致有仲巴兄弟争利、唆廓夷入寇之祸。而达赖兄弟孜仲、绥绷等充商卓特巴,肆行舞弊,占人地亩,转奉不敬黄教之红帽喇嘛,令与第穆呼图克图、济咙呼图克图同坐;且与众喇嘛敛取银两,并将商上物件暗中亏缺,来藏熬茶人应得路费皆减半发给,有伤达赖体制,因之特来参见者日减,殊失人心。高宗乘用兵后,特运神断,创颁金奔巴瓶,一供于藏之大招,遇有呼毕勒罕出世,互报差异者,各书名于牙签,封固纳诸瓶中,诵经三日,大臣会同达赖、班禅,于宗喀巴佛前启封掣之。至扎萨克蒙古所奉之呼图克图,其呼毕勒罕亦报名理藩院与驻京之章嘉呼图克图,或喇嘛印务处掌印掣定,瓶供雍和宫,而定东科尔入官之限。

嘉庆九年十月,达赖有疾,命成都副都统文弼带医驰往看视。未抵藏,达赖已于是月在布达拉圆寂,年四十有七。九辈阿旺隆安嘉穆错摆桑布，于嘉庆十年在康巴垫曲科转世。年二岁，异常聪慧，早悟前身，奉特旨即定为呼毕勒罕，毋庸入瓶签掣。十三年九月，迎至布达拉坐床，赏达赖之叔洛桑捻扎朗结头品顶戴。十八年，由班禅传授小戒。时达赖幼稚，噶卜伦乘机舞弊，将达赖庄屋侵占，并将办事人随事更换，豢贼自肥，公肆劫掠。命成都副都统文弼、西宁办事大臣玉宁驰藏查办，并究噶卜伦策拔克与成林互讦。经讯噶卜伦策拔克率意更定章程四条，以内地治理民人之法概行禁止，致邀众怨，成林挪移库款，分别斥革，发伊犁、乌鲁木齐效力赎罪。此藏事之内溃也。至外事之芬乱，则廓尔喀噶箕乃尔兴戕其王，被诛。逆党热纳毕各咙窜逃至唐古特，又与披楞开战，求达赖、班禅助款。布鲁克巴部长曲扎曲勒请赏王爵，文弼匿不奏闻。帕克哩营官勒索其进关货物，逞凶肇衅。哲孟雄部请赏唐古特庄田，并定边界。缅甸国男妇私与藏中胡图克图文件往来。藏事已岌岌可危矣。二十年二月，在布达拉圆寂，年十一岁。

十辈阿旺罗布藏降摆丹增楚称嘉穆错摆桑布，于道光二年三月晦，奏明在大招金奔巴瓶内掣定。八月，迎至布达拉坐床。遣章嘉胡图克图由京驰藏照料。奏定噶勒丹锡埒图萨玛第巴克什为正师傅，噶勒丹旧池巴阿旺念扎及荣增班第达甲木巴勒伊喜丹贝嘉木磋为副师傅。寻以传授达赖经典三年有余，其未得诺们汗之荣增班第达亦赏给诺们汗，赏达赖之父罗布藏捻扎头品顶戴。十四年，由班禅传授格隆大戒。十五年，博窝滋事生番降，设曲木多寺四品番目营官一，宿𠮭宗、聂伊沃、有茹寺三处六品番目各一，宿木宗、普龙寺、汤堆批扎三处七品番目各一。

藏西南徼外有哲孟雄者，唐古特之屏藩也。自五辈达赖以来，因其崇信黄教，归哒赖管辖。乾隆五十六年驻藏大臣奏哲卜雄、作木朗二部落每与达赖、班禅通书讯，惟不听藏中谓遣，被廓尔喀侵占已有十年。经福康安檄令协剿，夺回侵地，藉称天热，畏惴不前。追闻廓尔喀归顺，复思藉天朝威势，断还六辈达赖所定旧界。经福康安等驳斥，画分边界，不能自由入藏，而夏秋之间，该部落因地方炎热，仍准其来卓木曲批避暑。于七辈达赖时，曾将唐古特界内卓木曲批迤西夺扎之庄田赏给作为养赡，历年自行征收钱粮、青稞。卓木之民常与哲孟雄往来贸易。其部长之妻亦唐古特人，常遣人赴廓部长住所。距藏仅十一站，至卓木曲批避暑处，在帕克哩以外，与藏仅隔一山，不三站，设有鄂博，并无要隘，相安无事者有年。自不准赴藏，而始有请求给地之奏，及请赏卓木雅纳绰之民，不得已有请赏给帕克哩营官之缺。前藏商上向与后藏商卓特巴龃龉。时噶勒丹锡勒图萨玛第巴克什尤为贪奸，不公不法，凡后藏代其陈请者，辄责其贪鄙无知。文干等饬噶卜伦严斥，谓无妄求管理藏地所属职官民人之理，并定八年来藏一次之限。廷臣不知详情，允之。文干等仅行文藏内文武严查，而不敢译旨钦遵，盖恐一经宣布，部长必有理申明也。而其部长每岁渎请赴藏熬茶及入藏避暑如故。迨道光四年，松廷等始将前奉谕旨专札明示，并随时严行驳饬。五年，班禅据报详情，谓："哲孟雄部长楚普

郎结诉称自不准赴界，上年人民病毙者一千有余。再达赖坐床已逾数年，各部落俱得赴藏朝见，而旧所属之人独抱向隅，实无面目见其部民。"于是始准其暂居避暑，仍令帕克哩营官防范稽查。在当时文干误听前藏一面之词，不查实情，率行具奏。文干等既知困难，有失字小之道，而犹迁就其词，准其来藏熬茶一次，盖以准噶尔视哲孟雄。而哲孟雄离心离德，甘为印度属地，至有捻都纳之败，而西藏之门户洞开矣。十七年，在布达拉圆寂，年二十二。

第十一辈阿旺改桑丹贝卓密凯珠嘉穆错，于道光十八年九月朔在噶达转世。二十一年五月，奏明在金奔巴瓶内掣定，由班禅披剃授戒，赏其父策旺顿柱公爵。十月，拉达克部落勾结生番占踞藏境一千七百余里，夺据达坝、噶尔及杂仁三处营寨。经驻藏大臣派戴琫等率兵攻剿，并将矛手番兵改挑枪兵，收复补仁营寨。又噶尔布伦等带兵四面夹攻，珍毙森巴及拉达克大小头目四十余，贼匪二百余，拉达克头人八底部长乞降，公禀投归唐古特商上，愿缴所占凡、汤及达坝、噶尔四处营寨，并准堆噶尔本宅金番民酌定五百名，由前后藏民内择精壮派往充当金夫，派戴琫一、如琫二、甲琫二，定驻守，教习技艺。二十二年四月，由前藏迤东日申寺迎至布达拉坐床。二十四年，以济咙呼图克图阿旺罗布藏丹贞嘉木错为正师傅，以降孜曲喇嘛罗布藏冷竹布为副师傅。

驻藏大臣琦善奏参噶勒丹锡埒图萨玛第巴克什诺们汗阿旺扎木巴勒楚勒齐木巴什擅作威福，贪黩营私，所有被控各款，讯拟结奏闻。经理藩院议得："已革诺们汗阿旺扎木巴勒楚勒齐木巴什，洮州夷僧，本系入册档一微末喇嘛，自其前辈历受三朝重恩，在雍和宫传经，旋命赴藏坐宗喀巴床，派充达赖师傅，敕封诺们汗萨玛第巴克什名号，递加衍宗翊教靖远懋功禅师，又加赏达尔汗，屡颁御书匾额以荣之，宜如何清洁潜修，公正自矢。乃竟不知守分，胆敢需索番属财物，侵占百姓田庐，私拆达赖所建房屋，擅用未蒙恩赏轿伞。更强据商产，隐匿逃人，钤用印信不在公所，进呈贡物不出已赀，滥支滥取，任性听断，恣意侵凌。甚至达赖起居不能加意照料，房内服侍无人，以致达赖颈上带伤，流血不止，始则忽而不防，继且知而不问。盖当达赖受伤时，随侍只森琫一人，此森琫即为该诺们汗之随侍。近两辈之达赖，每届接力印务以前，辄即圆寂，不得安享遐龄，其中情节，殆有不可问者。即放一扎萨克喇嘛，勒取财物，盈千累万，尤属骇人听闻。"诏令将历得职衔名号全行褫革，追敕剥黄名下徒众全行撤出，庙内查封，发往黑龙江安置。所有财产，查抄变价，赔修藏属各庙宇。旋命释回，交地方严加管束。复捐输银两请回前藏，又因廓尔喀军事，请求开复回藏。均严旨不允。迨同治初元，病殁土尔扈特旗，准其留葬，不准转世。门徒二十三人，留于该旗游牧。至光绪初年，土尔扈特王复请捐输巨款，代求转世，始曲允其已转世之呼毕勒罕得令为僧。

琦善寻奏改章程二十八条，又奏罢稽查商上出入及训练番兵成例。故事，商上出入所有一切布施金银，均按季奏报。自琦善奏定后，而中国御藏之财权失。又驻藏大

臣及兵丁俸饷，向由福康安在廓尔喀经费内拨交商上生息，以资公用。及琦善议改章程，将生息取销，一切由商务供给。追后中国驻藏一切开支，藏人渐各供给，而不知当日实有赍本发商生息，并非向商上分肥。总之，乾隆所定制度，荡然无存矣。

是年十二月，敕谕第十一辈达赖喇嘛曰："咨尔达赖喇嘛。朕抚绥寰宇，敷锡兆民，期一道以同风，冀九垓之遍德。亦赖洪宣梵义，普结善缘，导引群生，同参胜果。其有能通上乘，继阐正宗，使诸部愚蒙悉资开悟者，宜加崇奖，元沛宠封。兹以尔慧性深沉，经文谙习，既著灵踪于韶岁，益坚戒律以壮年。承袭以来，皈依者众。朕甚嘉之，故特依前辈达赖喇嘛例，封尔为大善自在佛所领天下释教普通瓦赤喇呾喇嘛达赖喇嘛，改受金册。尔尚振修黄教，主持乌斯，本利济以佑民，迓庥祥而护国。所有图伯特事务，其悉依例董率噶卜伦等，妥协商办，报明驻藏大臣转奏，俾图伯特阖境延厘，众生蒙福，弥勤启迪，用副绥怀。兹随册赍往金银、彩币、玻磁器皿，尔其敬承，以光我国家亿万年无疆之休命。钦哉！"

二十六年十二月，琦善以披楞，即英人，请定界通商闻，诏耆英以守成约拒之。二十七年七月，耆英复以英、德使请于西藏指明旧界派员前往闻。谕驻藏大臣斌良密查，如无流弊，自应照旧奏准允行，倘心怀诡谲，即当据理驳饬。并谕海善派员往查，事寻中辍。

二十八年，赏公爵策旺顿柱宝石顶、双眼花翎。咸丰二年，达赖亲往布赍绷、色拉、噶勒丹及南海、琼科各寺院熬茶讲经，诏帮办大臣额勒亨额妥为照料。寻病殁，由驻藏大臣穆腾额奏驻藏守备童星魁前往护送。三年，达赖以发逆滋扰各省，虔诚念经，祷贼匪速灭，奉旨嘉奖。四年十月，理藩院议覆，淳龄奏达赖年已及岁，应宜任事。得旨："达赖明年既已及岁，一切事务交伊掌管。所有赏给前辈之玉册、玉印，凡遇吉祥之事准其钤用，如常事仍用金印，以示广兴黄教至意。"五年正月，遵旨掌管政教事务。十二月，在布达拉圆寂，年十八。

十二辈阿旺罗布罗丹贝甲木参称嘉穆错，于咸丰六年在沃卡坝卓转世。八年正月，奏明在金奔巴瓶内掣定。九年七月，迎至布达拉坐床。赏达赖之父彭错策旺公爵。先是三年四月，廓尔喀商人与察木多番商索债起衅，聚众械斗，互有杀伤，经驻藏大臣穆腾额照夷例分别罚款完案。嗣因多收税米，阻挡商民，藉端与藏边失和，唐古特屡战不胜，宗喀、济咙、聂拉木等处均陷于贼。驻藏大臣赫特贺驰往后藏督办防剿事宜，命成都将军乐斌统汉土官兵继进。廓番闻大兵将至，惧，遣其噶箕来藏上表乞和，诏许罢兵。唐古特与廓尔喀议定约十条，唐古特每年给廓尔喀税课银二千两，廓尔喀将所占地方交还唐古特商上管理。同治元年，掌办商上事务垾征呼图克图因减放布施，连同色拉寺与布赍绷、噶勒丹两寺阋，不胜，藏中僧俗公斥之，携印潜逃赴京。诏黜其名号，不准转世。命诺们汗汪曲结布协办商上事务。汪曲结布者，原系俗装，曾为噶卜伦，即俗所谓"沙扎噶隆"是也。因与垾征忤，辞官削发为僧，至是复起用。乃创修拉萨城垣，自西而东，

工未竣而殁，遂罢役。初，驻藏官兵自游击以下，均聚居扎什敦布营房。时驻藏大臣满庆以藏中屡不靖，命迁拉萨市，从此僦屋而居。扎什城之营房遂废。三年，噶勒丹池巴罗布藏青饶汪曲为达赖传授小戒。

瞻对逆番久围里塘，梗塞驿路，其酋工布朗结复令期美工布大股逆贼至巴塘、里塘交界之三坝地方，劫去粮员行李，抢夺由藏发出摺报公文。其格吉地方亦有告急夷信。工布朗结曾于道光末，经前任川督琦善带兵往剿，并未荡平。以瞻对归各土司侵地，奏予工布朗结职，罢兵。至是益无畏惧，将附近土司任意蚕食，川、藏商贾不通，兵饷转运难艰，汉、番均困。驻藏大臣满庆派番员征兵借饷，并约三十九族调集各处土兵，防剿瞻对西北，川督骆秉章派员督饬打箭炉及巴、里各文武，同明正土司及大小金川等土司兵进攻其东南。而藏中所派之兵甫至巴塘，旋即抢掠，诏令撤回。至四年，事平。奉旨将上、中、下三瞻地方赏给达赖管理，建庙焚修。赏达赖之兄伊喜罗布汪曲承袭公爵。七年，柔至前藏攒招。八年，捐修扎林噶舒金塔。十年，亲往布赍绷、色拉二寺熬茶讲经。十二年，亲至前藏攒招。是年二月，遵旨接管政教事务。十三年及光绪元年，均亲至前藏攒招。元年三月，在布达拉圆寂，年二十。

十三世阿旺罗布藏塔布克嘉穆错，于光绪二年五月在达布甲擦宫属下朗赖家转世，至是呼毕勒罕护世，班禅率同有职各僧俗人等出具图记公禀，恳请驻藏大臣松溎代奏。奉旨毋庸入瓶签掣，即定为达赖之呼毕勒罕。四年正月，在贡汤德娃夫由班禅披剃授戒，取定法名。六月，迎至布达拉坐床，销去呼毕勒罕名号。赏达赖之父工噶仁青公爵，宝石顶、孔雀翎。八年正月，由正师傅济咙呼图克图传经授戒。

十年，因攒招，各处喇嘛麇集，与巴勒布商人购物起衅，将巴商八十三家全行劫毁。廓尔喀因索偿损失银三十余万两，并集兵挟制。驻藏大臣色楞额奏派汉、番委员前往开导，晓以恩威，始允减为十八万有奇。除唐古特商上捐筹及清出货物抵价外，尚不敷银六万七千余两，奉旨由四川拨给。十一年，亲至前藏攒招。十四年，工噶仁青故，赏达赖之兄顿柱夺吉公爵。是年亲往布赍绷、色拉寺熬茶讲经。十五年，亲至前藏攒招。

当达赖降生之年，哲孟雄与布鲁克巴部长因英并印度，与哲、布接壤，渐有窥藏心，吁请筹备。而廷旨不甚注重，谓披楞头人现向布鲁克巴部长租地修路，意欲来藏通商。惟布鲁克巴与哲孟雄毗连，哲孟雄既已认租修路，难保不暗中勾结引进，诏松溎相机开导，务令各守疆界，劝谕阻回。哲人知中朝不知边情，反疑勾结滋事，于是渐昵英人，以捻都纳为英租界，英竟视为保护地。藏人渐觉英之逼己，讼言哲人私结英约，屡议伐之，哲乃益亲英人矣。

光绪十三年，藏人于隆吐设卡，遂与印度兵战，败焉。朝旨屡谕驻藏大臣文硕，令藏人撤卡。文硕奏，实藏地，卡无可撤。严旨责焉，以升泰代之。总署与英使议边界通商，戒印兵毋进藏。藏番据新图，以隆吐、日纳宗为藏地，

坚勿让。文硕据以入告，而中旨谓："向来西藏图说藏地与哲、布分界处东西一线相齐，藏境中并无隆吐、日纳宗之名。今文硕寄来新图，隆吐、日纳宗在藏南突出一块，插入哲、布两界之内，而布、藏分界之处，恰在捻都纳修路东西一线之北，新图以黄色为藏界，而日纳宗官寨之地，注明数十年前喇嘛给与哲孟雄，现仍画黄色，正与隆吐山相近，难保非藏人多画此一段饰称现界也。并著升泰详细确查，究竟隆吐属哲属藏，据实覆奏，毋得稍有捏饰。"时枢廷以都察院劾文硕，革之。而升泰初到任时，犹知藏人理直，奏称："隆吐山南北本皆哲孟雄地方。英人虽视为保护境内，其实哲孟雄、布鲁克巴皆西藏藩属。每届年终，两部长必与驻藏大臣呈递贺禀，驻藏大臣厚加赏费以抚绥之。在唐古忒，则自达赖喇嘛以次，均有额定礼物，商上亦回赏缎匹、银、茶，与两部回信底稿，均呈送驻藏大臣查核，批准照缮，始行回覆。哲、布两部遇有争讼，亦禀由藏酌派汉、番办理。此哲、布为藏地属藩实在情形也。"奏上，置弗理。

藏人知文硕被议，不直中朝所为，遂自动思复仇。谕升泰严止之，佥愤。藏人誓众曰："凡我藏众男女，誓不与英人共天地。有渝此誓，众共殛之！"乃大集兵于帕克哩，将痛击印军。升泰搜得乾隆五十三年旧哲孟雄受逼于廓尔喀，达赖乃以日纳宗给哲人；今哲私通英人，地应收回。升泰屡谕不从，印兵攻热勒巴拉山，藏兵伤亡数百。印兵追入征毕岔，印度政府令勿穷追。谕驻藏大臣赴边界与印官会晤。英外部告驻英使刘瑞芬商议和平了结。藏人谓英若据有哲地，则誓不共立。十四年八月，印兵大队收哲孟雄全部，攻藏兵于捻都纳，藏兵败退，咱利、亚东、朗热诸隘并失，藏兵万余尽溃。印兵追噶卜伦等于仁进冈，与驻藏大臣所遣止战武员萧占先遇。占先竖汉字阻印兵，印兵止枪，约相见。占先约勿穷追，印兵官欲击仁进冈民居。占先告以此为中国土，藏番违旨用兵，中国当严为处置，请勿进兵。兵官诺之，要约速办，乃退兵。藏兵既大败失地，仍志在复仇，升泰屡严止之，不听。藏人目汉官为洋党，屡欲暴动，终为所慑而止。印官以天寒不能再缓，升泰即至边界议约，而藏众以噶卜伦中一二人主和，有坏黄教，群投之藏江，力要驻藏大臣代索回哲孟雄、布鲁克巴全境，否则倾众一战。藏兵复集大队各四路。升泰抵藏力阻之，仍百计谕藏僧戒藏番毋妄动，乃驰赴边界议约。

时冱寒，人马多冻毙。抵帕克哩，隘外藏兵尚有万人驻仁进冈。升泰命撤退，藏官言大臣尚未与印官晤，未敢遽撤，乃退扎数十里。哲孟雄部长命其弟来谒，言来见为印兵所阻。升泰与英官保尔会于纳荡。英官言："哲孟雄与印度互立约已二十七年，应归印度保护。藏与印构兵，藏既屡败，我兵何难长驱卷藏全土？以邦交故，按兵静候。"并索藏赔兵费。升泰言："哲为藏属。从前印、哲立约，并未见印督照会。藏番亦未赴印境滋扰，藏费无名。"英人又在布鲁克巴及后藏干霸修路，藏人又大震。英官要求甚奢，升泰力折之，藏人渐就范。

升泰屡要英撤兵，英不可。而藏众已成军之三大寺僧兵，及驻仁进冈之兵万余，皆撤退。噶卜伦及领袖僧官十余，其他番官数十员，随升泰至边，皆驻仁进冈，不敢与英官晤。升泰以哲事未能即竣，大雪封山，运粮无所，亦退驻仁进冈。总署派英人赫政赴藏充通译。哲孟雄部长之母率所属亲族连名上禀，言英官当年立约，不得过日喜曲河。哲孟雄租地与英，岁应纳一万二千圆。英人倚其国势，岁久不给。印、藏构衅，复致殃及。伊母子亲族实不愿归英，乞勿将哲境划出版图之外。英人既掠哲地全境，复押哲部长安置噶伦绷，以重兵驻哲境，招印度及廓尔喀游民辟地垦荒。廷议以哲事无从挽救，虑梗藏议，谕升泰勿许。布鲁克巴地数倍哲孟雄，西人呼为布丹国，光绪间尚入贡。升泰至边，部长遣兵千七百人护卫。升泰虑为英口实，谢去。并乞印绶封号，升泰允代请诸朝。藏、哲旧界本在雅纳、支木两山。其后商人往来之咱利为新辟捷径，西人称热勒巴勒岭。升泰议于咱利山先分藏、哲界以符前案，其印、哲之界在日喜曲河，拟于约中注明。印、哲立约在咸丰十一年，无案可稽，置勿论。哲部长土朵朗思，印度称为西金王，既被幽于噶伦绷，其母及子尚居春丕，即英人所称任毕也。印营假部长书取其两子赴噶伦绷，部长母坚不可，挈其两孙至升泰营哭诉；丐中朝作主，升泰无以援之也。英人又欲易置其部长，升泰婉止之。赫政阻雪久不达。

十五年二月，藏兵尽撤归，升泰请总署告英电印兵速撤。三月，赫政至边，藏兵尽撤。藏人言藏、哲本有旧界，日纳宗既赐哲孟雄，其隆吐山之格压倾仑地实为藏人游牧场，确为藏、哲旧界。至咱利山本无鄂博，不过上年实于此限止印人耳。通商极非所愿，然不敢违朝命。惟咱利以内，洋人万不可来。赫政赴营与议，英人谓咱利之界万不可移，至哲孟雄与商上及驻藏大臣旧有礼节，均可仍之。惟西金界内藏番不得有此权，允此方可开议。升泰诺焉。印兵既撤退，英人尚久不订约。升泰奏云："闻藏人言，与有仇之英议和，孰若与无仇之俄通好？俄人前次来藏，我等备礼劝阻，俄即退去。今英谋吾地，偶尔战胜，遂恣欺凌，实所不甘。查去年俄人有由之阗至藏之请。如英再延宕，则藏更生心。本年蒙古人由草地礼佛，络绎不绝，随来者颇类俄人。设藏番私与通款，则稽查不易。边事久不定局，俄或私行勾结藏番，英、俄互相猜忌，则后患方长。乞告英使电催印督速定藏约。"十月，升泰奏："英人拟撤兵之后，悉照向章，不必办理通商，不必另立新约。通商一事，本英官初次会议即行提出。又屡言西人欲至藏贸易，答以番情疑诈，万难办理，然后许至江孜。力言再四，又许退至帕隘。仍复力拒，英官意拂然。彼时首重通商，否则万难了结。臣力谕藏番，通商万不可免，始据藏番出具遵结。今英人忽不言通商，亦自有故。当日英人深知藏番于此事力拒数年，意谓藏番必不遵行，故借以为难。今知出结遵办，恐def约以后，他国援以为请，则藏地不能入其范围，是以忽议中止。然英人不议通商，藏人实所深愿，但能不自启衅端，未尝不可暂保无事。俄人亦不能有所干求，目前亦可免生枝节。惟日后防范宜严，未可再涉疏懒。现藏、印均已退兵，前怨已释，自应彼此立约以昭信守。彼族恐一经定约,即不能狡焉思逞,故任意延缓。惟自入夏至今,旷日持久,虚糜时日,万难再延。请速商英使,迅电印督,速行议结。"哲孟雄部长言愿弃地居春丕,升泰止之。

十六年二月,以升泰为全权大臣,与印督定约八款:自布、坦交界之支英挚山起,至廓尔喀边界止,分藏、哲界线;承认哲孟雄归英保护;藏印通商、交涉、游牧三款俟议;签约于印度孟加拉城;钤印后,由大臣薛福成在伦敦互换。五月,给布鲁克巴部长印。十七年三月,升泰奏移设纳金要隘。八月,升泰奏称改关游历等部,藏番不遵开导,请仍在亚东立市。下所司知之。

十九年十月,派四川越巂营参将何长荣、税务司赫政与英国政务司保尔在大吉岭议定《藏印通商交涉游牧条约》九款:开亚东为商埠,听英商贸易,添设靖西厅同知监督之,印政府派员驻扎,察看商务;自交界至亚东,任英商随意来往;藏界内英人与中、藏人民诉讼,由中国边界官与英员商办;印度递驻藏大臣文件,由印度驻哲孟雄之员交中国边务委员驿处;藏人至哲孟雄游牧,遵英国定章,与原约一律奉行。此约既订,藏人以通商事英人独享权利,而游牧事藏人反受限制,于亚东开埠之事不肯实行。

二十一年正月,荣增正师傅普尔觉沙布咙,为达赖传授格隆大戒。是年掌办商上事务前荣增师傅第穆呼图克图因病辞退。十一月,遵旨接管政教事务。二十四年,瞻对与川属明正土司构衅,四川总督鹿传霖奏明派兵攻取瞻对,成都将军恭寿、驻藏大臣文海先后奏陈,而达赖亦密遣喇嘛罗桑称勒等赴京呈诉。于是朝廷俯顺番情,命将三瞻地方仍赏还达赖,毋庸改归四川管理。是年,亲赴色拉、布赉绷、噶勒丹三大寺熬茶讲经。二十五年,亲往前藏攒招。二十六年,杀其前掌办商上事务荣增正师傅第穆呼图克图阿旺罗布藏称勒饶结及其弟洛策等。第穆所居之阖宗寺财产,全行查抄入己,并咨请驻藏大臣裕钢代奏,将第穆呼图克图名号永远革除。是年,亲赴南海、琼科尔结等处熬茶讲经。

二十九年,藏、英以争界故,英兵进藏。初,达赖误以俄罗斯为同教,亲俄而远英。虽两次与英议定约,迄未实行。俄员某伪作蒙古喇嘛装束,秘密入藏,为达赖画策,购置火器,意图抗英,英虽侦知之而无如何也。至俄方来困于日本,不暇远略,英遂藉事称兵。诏裕钢往解之。达赖恃俄员为谋主,不欲和,思与英人一战,乃止裕钢行,弗使查民支乌拉夫马,并调集各路番兵。西藏番兵以乍丫为强,然无纪律。甫抵拉萨,即围攻驻藏大臣衙署,死者数十人。后藏官弹压,开往前敌,未交绥,均溃变,由小路逃去。时藏兵屡败,英兵日迫。诏解裕钢任,寻革职。驻藏大臣有泰至藏,英兵犹驻堆补,约赴帕克里议和,照十六年条约办理,愿即休兵。有泰初与达赖商,愿自往阻英兵,达赖尼之,然亦无他策,惟日令箭头寺护法诵经诅咒英兵速死而已。既而有泰藉口商上不肯支应乌拉,不能启程,仅以李福林往,怯不进。英军至江孜,盼有泰赴议,有泰仍不敢行,藏人怨之。未几,英人长驱直入,达赖闻知大惧,先一日以印授噶勒丹寺噶卜伦,仓皇北遁至青海。有泰以达赖平日跋扈妄为,临时潜逃无踪,请褫革达赖喇嘛名号。

荣赫鹏既得志,因列条约十款,迫噶勒丹寺噶卜伦罗生戛尔等签约于拉萨:一、西藏允遵守光绪十六年中、英条约,并允认该第一款哲、藏边界;二、江孜、噶大克、亚东三处开为商埠;三、四从略;五、自印边该江孜、噶大克各通道不得阻碍;六、七从略;八、印边至江孜、拉萨之炮台山寨一律削平;九、以下五端,非得英国允许,不能举办:(一)西藏土地不准租让与他国,(二)他国不准干涉西藏一切事宜,(三)他国不得派员入藏,(四)路矿电线及别项利权不许他国享受,(五)西藏进款货物钱币等不许给与各外国抵押拨兑。有泰往见荣赫鹏,自言无权,受制商上,不肯支应夫马,荣赫鹏笑领之。英人即据为中国在藏无主权之证。

其先有泰电外务部,言番众再大败,即有转机。英军进拉萨,图压服藏众。及英军至,与藏定约,诱有泰画押,朝旨切责之。春丕暂住英兵,俟应偿兵费二百五十万卢比缴清即行撤退。朝廷以藏约损失之权太甚,命津海关道唐绍仪以三品卿加副都统衔赴藏全权议约。时议以藏事危急,宜经营四川土司,及时将三瞻收回,谕川督锡良等筹办。锡良拟改土归流,泰守喇嘛以兵抗。朝命驻藏帮办大臣凤全驰往剿办,至巴塘,为番众所戕。锡良奏派四川建昌道赵尔丰会同四川提督马维骐往。三十一年六月,马维骐克复巴塘,赵尔丰继至,接办善后事宜,并搜捕余匪,全境肃清。十一月,以里塘属之乡城桑披岭寺尝戕官弁,稔恶不法,派兵往讨。翌年闰五月,克之,擒其渠魁,并克同恶之稻坝、贡噶岭。诏以赵尔丰为边务大臣。八月,至里塘,将里塘土司改流,以防军五营分驻里、巴改流之地。十二月,盐井河西腊翁寺为乱,讨平之。

三十三年正月,草创学务、农垦、水利、桥梁、采矿、医药诸要政,粗具规模,设里化、定乡、巴安等县,并将应行兴革诸大端次第陈奏,得部拨开办经费一百万两。三十四年七月,会同川督赵尔巽奏革康安道,改打箭炉为康定府,设河口县、里化厅同知、稻成县、贡噶岭县丞、巴安府、三霸厅通判、定乡县、盐井县,并招募西军三营。是秋因德格土司兄弟争继,奏明往办。十二月,至德格,匪党退保维渠卡,赵军进攻,至翌年六月降之。德格肃清,土司请纳土改流,乃招集百姓议定赋税。九月,春科、高日两土司及灵葱土司之郎吉岭均改流,又渡金沙口巡阅春科地方。十月,三十九族波密内附,八స请改官,均抚循之,并派兵驱剿类伍齐、硕搬多、洛隆宗、边坝阻路之番人,遂分兵取江卡、贡觉、桑昂、杂瑜,咸收服之。

宣统二年正月,边军越丹达山以西,直抵江达。是时川军正拟入藏,特为声援,并奏请与藏人于江达画界,设边北道、登科府、德化州、白玉州、同普县、石渠县,遂巡阅乍丫、烟袋塘、阿足,设乍丫委员。定乡兵变,派凤山讨平之。三岩野番索战,派傅嵩秋讨平之,设三岩委员。二月,以巴塘属之得荣、浪藏梗命,派兵攻之,设得荣委员,并收服浪藏寺北之冷石卡。嗣赵尔丰督川,以傅嵩秋代理边务大臣。五月，赵尔丰、傅嵩秋以兵至孔撒、麻书，收其地，设甘孜委员，并檄灵葱、白利、俚倭、单东、鱼科、明正各土司缴印，改土归流。色达及上罗科野番来投。六月，至瞻对，逐藏官，收其地，设瞻对委员。旋返打箭炉，檄鱼通、卓斯各土司缴印改流，又义复咱里、冷边、沈边三土司。鱼科土司抗不缴印，击破之，鱼科降。于是傅嵩秋以边地各土司先后改流，已成行省规模，乃建议，以为川边故康地，其地在西，设行省曰西康，建方镇以为川、滇屏蔽。以边务大臣为西康巡抚，改边务支局为度支司，关外学务局为提学司，康安道为提法司，边北道为民政司。自打箭炉以西至丹达山，三千余里，南抵维西、中甸，北至甘肃西宁，四千余里，均为西康辖地。既入奏，于是年七月，崇喜、纳夺土司先后缴印。八月，又传檄察木多，乍丫两呼图克图改流设理事官，于是西康全局遂以底定。嗣值鼎革，川局又变，建省之议卒不果行。

当唐绍仪之议约也，于光绪三十一年正月至印度，与英议约专使费利夏会议多次。英使讳言废约，允商订修改。绍仪易其七八，费谓无异废约，坚拒焉。费虽名全权，而约事多主于印度总督冠仁，绍仪面揭之，费乃允商。第九款又力辨主国、上国之据，茭展不让，乃借辽沈议约事奉命回京，留参赞张荫棠在印接议。英仍坚持初议，卒无结果。会英内阁更易，宗旨稍变，驻京英使萨道义接英政府训，将条约稿稍有更易，命在京外务部商订。政府以西藏与英属印度接壤，历年边界交涉，争端屡起，中国两次与英订约，无非以睦邻之计为固圉之谋，英新政府既有意转圜，仍饬该使臣在京续商。在我自当早图结束，以保主权，因由唐绍仪与英使萨道义订定藏、印续款六款：（一）光绪三十年七月英、藏所立之约暨英文、汉文约本，附入现立之约，作为附约，彼此允认，切实遵守，并将更订批准之文据亦附入此约。如遇有应行设法，彼此随时设法，将该约内各节切实办理。（二）英国国家允不占并藏境及不干涉西藏一切政治，中国国家亦应允不认他外国干涉藏境及一切内治。（三）光绪三十年七月英、藏所立之约第九款内之第四节所声明各项权利，除中国独能享受外，不许他国国家及他国人民享受。惟经与中国商定在该约第二款指明之各商埠，英国应得设电线通报印度境内之利益。（四）所有光绪十六、十九年中国与英国所定两次藏、印条约，其所载各款，如与本约及附约无违背者，概应切实施行。（五）、（六）从略。以挽救前约之失，藏应偿兵费一百二十余万两。朝廷允代筹还，英人始无辞，于北京签押。旋有泰被言官弹劾，诏五品京堂张荫棠前往查办。有泰及其随员均获罪，褫革谪戍有差。

荫棠入藏，三十二年，专办开设商埠事。时英军尚驻春丕，照约俟三埠开妥、赔款清交始撤兵，故开埠尤亟亟也。三十四年，政府以光绪三十二年附约第三款内载中、英条约所有更改之处另行酌办等语，特派张荫棠为全权大臣，与英专使韦礼敦议订藏、印通商章程十五款。其要者：（二）划定江孜商埠界线。（四）英、印人民与中、藏人争论，由英商务委员与中、藏官员会同查讯，面议办法。（六）英军撤退后，印边至江孜一路旅舍，由中国赎回，所有电线，俟中国电线接修至江孜后，亦酌量售与中国。（八）已开及将开各埠，英商务委员因往来印边界文件，得用传递夫役。又英国官商雇用中、藏人民作合法事业，不得稍加限制。（九）凡往来各商埠之英官民货物，应确循印、藏边界之商路，不得擅经他处。（十）英国人民可任便以货物或银钱交易，任便将货物出售，或购买土产，不得限制抑勒。此约除中、英签押外，并有西藏噶卜伦汪曲结布随同画押。实开三方并列先例，藏局又为一变。厥后英、藏交涉日繁，而政府抚驭藏番，既有英、藏拉萨之约在先，其事益臻艰困。至宣统季年，遂有经略川边及达赖二次出亡之事。

自光绪三十年达赖与英境启衅战败出奔后，卓锡于库伦，意在投俄，而与哲布尊丹巴呼图克图不睦。经库伦办事大臣德麟电奏乞援，诏西宁办事大臣延祉俟过冬后迎护至西宁。而达赖又欲在代臣王旗小住，廷旨以王旗部落甚小，达赖随带人众，恐难供亿。翌年，侨居塔尔寺，又与阿嘉呼图克图同居一处，积不相能。陕甘总督升允奏："达赖性情贪黩，久驻思归，应否准其回藏？"得旨："俟藏务大定，再行回藏。"而调阿嘉来京以和解之。旋由西宁往五台山，折而至京，觐见于仁寿殿，如顺治朝，优礼有加。三十四年十月，以万寿节率徒祝嘏，特加封号，以昭优异。懿旨曰："达赖喇嘛业经循照旧制，封为西天大善自在佛，兹特加封为诚顺赞化西天大善自在佛，并按年赏给廪饩银一万两，由四川藩库分季支发。达赖喇嘛受封后，即令仍回西藏，经过地方，派员妥为照料。到藏以后，当确遵主国之典章，扬中朝之信义，并化导番众，谨守法度，习为善良。所有事务，依例报明驻藏大臣，随时转奏，恭候定夺，期使疆宇永保治安，僧俗悉除畛域，以无负朝廷护持黄教、绥靖边陲至意。"旋以国有大丧，受封未便举行。达赖以不服水土请，诏令先行起程，至塔尔寺受封。又值停止筵宴之时，未便设钱，仍派大臣护送，如来时礼节。至西宁，即请将阿嘉斥革，并以此事为回藏之要挟。达赖聘练兵教习十余人，影射蒙古，实系俄人，多购军火回藏。

初，张荫棠以西藏地当冲要，英、俄环伺，自非早筹整顿，难以图存。建议以汉员指挥，另派北洋新军入藏，分驻要塞，以厚声援。驻藏大臣联豫疏陈藏中情形，亦有派遣军队之请。会川边藏番扰乱，进攻三崖。三崖者，本巴塘属地，与德格、多纳两土司接壤，向归川省管辖。乃藏番察台三大寺无端派番官带兵占据上崖，调渣鸦、江卡各土司助兵，逼勒里夷投降，并遍肆煽惑，打箭炉一带均为震动。同时瞻对番官句结德格土司之弟为乱，逐其兄。炉城文武据报，派麻书土千总江文荃查办，均被围困。经川督入奏，廷议以三崖、德格均系川境，番官竟敢纠众侵逼，再事优容，恐番焰日张，土司解体。命川督会同赵尔丰相机筹办。尔丰电奏力主用兵，并称此次藏番与达赖有关系，请饬达赖传谕退兵。乃饬达寿、张荫棠诘问，达赖答词闪烁，意涉吞吾。政府以达赖纵肯戒饬番众，而万里遗书，需时甚久，三崖等处被攻正急，何能久待，遂电尔丰进剿。

三十四年冬，番兵调集益众，近逼盐井，并声言索战。虽经川军击败，番众仍未退却，扬言阻止赵尔丰入藏。政府以藏番举动，显系有恃不恐，藏地介在强邻之间，意存首鼠，自非设法经营，无以保我边疆。因思光绪三十三、四年间联豫等条陈有善后办法二十四条，创财政、督练、路矿、盐茶、学务、巡警、农务、工商、交涉九局，拟即采择试办。但无兵不敷弹压，多名又恐难相安，拟先设兵三千。其一千由川督就川兵挑选精锐，厚给饷械，派得力统领率之入藏，归驻藏大臣节制调遣。余二千由驻藏大臣就近选募，另调川中哨弁官长，俾任训练统率之事，以期持久。联豫、赵尔巽覆奏赞其议，遂派府钟颖统领川兵，于宣统元年六月启程入藏，取道德格，绕过江卡至察木多。藏番在恩达、类乌济一带，拟聚兵堵截。十一月，川军抵类乌齐，藏番不战自退，川军遂由三十九族间道前进。十二月，抵拉里、江达。番兵闻川军且至，焚其积聚，劫杀汉兵扼守。川军进击，大破之。

达赖自光绪三十四年由西宁入觐，出京回藏，沿途逗留，又绕道德格等处，迁延不进，其冬，始回拉萨。二年正月，达赖闻川军将至，乘夜西奔，潜赴印度，川军遂转战入藏。朝廷得联豫奏报，降旨数达赖罪恶，革去名号，一面责成联豫、赵尔丰会筹防务，安辑军民；一面降旨另访呼毕勒罕，以噶勒丹池巴罗布藏丹巴代理商上事宜，其噶卜伦以下各藏官供职如故，藏中僧俗亦安堵无事。是年三月，联豫请于曲水、哈拉乌苏、江达、硕般多及三十九族各设委员一。三年二月，联豫奏裁驻藏帮办大臣，改设左右参赞，以罗长崎、钱锡宝为之。会波密事起，联豫遣钟颖攻之不克，旋遣罗长崎会赵尔丰军平之。其秋，川军变，逐联豫，推钟颖代之，达赖始乘机重回拉萨。以此次出奔深赖英人保护，态度一变，于是逐钟颖而独立，中、英之交涉益纷纭矣。

班禅第一辈凯珠巴格勒克，为宗喀巴二弟子。出世至第五辈罗布藏伊什，仍号班禅呼图克图。康熙三十四年，命御史钟申保等赍敕召来京，前藏第巴桑结以未出痘辞。五十二年，诏以班禅为人安静，精通经典，勤修贡职，封为班禅额尔德尼，颁发金印、金册。六辈罗布藏巴勒垫伊西，乾隆四十三年，请祝七旬万寿，许之。迎护筵宴诸礼，概从优异，如顺治九年达赖来觐例。四十五年八月，在热河祝嘏，至京居西黄寺。是年颁赐玉印玉册，以痘圆寂。命理藩院尚书博清额为驻藏办事大臣，护送舍利金龛回藏。

第七辈罗布藏巴勒垫丹贝宜玛，五十三年，以廓尔喀扰边，命移泰宁，俟平复归后藏。道光十五年，给金册。二十一年，以接济征森巴兵饷，加"宣化绥疆"封号。咸丰元年，赍七旬寿，如六旬所赐。次年，圆寂，年七十三。

第八辈罗布藏班垫格曲吉札克丹巴贝汪曲，年二十九。至第九辈罗布藏吐巴丹曲吉宜玛格勒克拉木结，光绪十八年正月，迎至扎什伦布坐床，赏其外祖父期差汪布本身辅国公。三十一年，英人入藏，诏班禅留后藏镇摄。十一月，班禅随英皇子游历印度，有奏劝阻，不从。十二月，由印回藏，谕以情词恭顺，原擅行出境之咎勿治，谆令恪供职守。张荫棠奏班禅受英唆使，屡与达赖抵牾，而全藏实权仍归达赖替身掌握。电告外务部，请以恩泽笼络班禅，并羁縻达赖，勿急旋藏。既而达赖将由西宁起程，班禅请自迎之，而实不行。达赖抵拉萨，班禅即请觐。谕训联豫等，班禅来京，于藏中情形是否相宜。其后达赖独立，班禅亦不克安于藏矣。

统计达赖所辖寺庙三千五百五十余所，喇嘛三十万二千五百有奇，黑人十二万一千四百三十八户。班禅所辖寺庙三百二十七，喇嘛万三千六百有奇，黑人六千七百五十二户。西藏有爵五：辅国公三，一由贝子降袭，一由镇国公降袭，一定世袭；一等台吉扎萨克一；一等台吉一。而达赖、班禅之亲以恩封者不与。凡前后藏官，均由驻藏大臣分别会同达赖、班禅选补。前藏唐古特官，噶卜伦四人，三品，为总办藏务之官，其俗称之曰"四相"，议事之所曰噶厦。其次仔琫及商卓特巴各二人，皆四品。业尔仓巴二人，朗仔辖二人，协尔帮二人，硕第巴二人，皆五品。达琫二人，大中译二人，卓尼尔三人，皆六品。仔琫、商卓特巴为商上办事之官。凡喇嘛谓库藏出纳之所曰商上。业尔仓巴为管粮之官，朗仔辖为管街道之官，协尔帮为管刑名之官，硕第巴为管理布达拉一带番民之官，达琫为管马厂之官，大中译、卓尼尔等为噶厦办事之官。管兵者曰戴琫，六人，四品。如琫十二人，五品。甲琫二十四人，六品。定琫一百二十人，七品。多东科尔族任之。

其治理地方者曰营官。前藏大营十：曰乃东，曰琼结，曰贡噶尔，曰仑孜，曰桑昂曲宗，曰工布则冈，曰江孜，曰昔孜，曰协噶尔，曰纳仓，营官皆五品。后藏大营三：曰拉孜，曰练营，曰金龙，营官皆五品。前藏中营四十三：曰洛隆宗，曰角木宗，曰打孜，曰桑叶，曰巴浪，曰仁本，曰仁孜，曰朗岭，曰宗喀，曰撒噶，曰作冈，曰达尔宗，曰江达，曰古浪，曰沃卡，曰冷竹宗，曰曲水，曰突宗，曰僧宗，曰杂仁，曰茹拖，曰锁庄子，曰夺，曰结登，曰直谷，曰硕般多，曰拉里，曰朗，曰沃隆，曰墨竹宫，曰卡尔孜，曰文扎卡，曰辖鲁，曰策堆得，曰达尔玛，曰聂母，曰拉噶孜，曰岭，曰纳布，曰岭噶尔，曰错朗，曰羊八井，曰麻尔江。后藏中营十四：曰昂忍，曰仁侵孜，曰结侵孜，曰帕克仲，曰翁贡，曰干殿热布结，曰扎布甲，曰里卜，曰德庆热布结，曰央，曰绒错，曰葱堆，曰胁，曰干坝，营官皆六品。前藏小营二十五：曰雅尔堆，曰金东，曰拉岁，曰撒拉，曰浪荡，曰颇章，曰札溪，曰色，曰堆冲，曰汪垫，曰甲错，曰拉康，曰琼科尔结，曰蔡里，曰曲隆，曰扎称，曰折布岭，曰扎什，曰洛美，曰嘉尔布，曰朗茹，曰里乌，曰降，曰业党，曰工布塘；后藏小营十五：曰彭错岭，曰伦珠子，曰拉耳塘，曰达尔结，曰甲冲，曰哲宗，曰擦耳，曰暗欲，曰碌洞，曰科朗，曰哲喜孜，曰波多，曰达木牛厂，曰冻噶尔，曰札茹：营官皆七品。而前藏边营十四：曰江卡，曰堆噶尔本，曰噶喇乌苏，曰错拉，曰帕克里，曰定结，曰聂拉木，曰济陇，曰官觉，曰补仁，曰博窝，曰工布硕卡，曰绒辖尔，曰达巴喀尔，营官皆五品。每营营官一人或二人，以喇嘛、黑人参任之。

喇嘛之有游牧者，东起乍丫达呼图克图，与四川打箭炉所属土司接,其西为察木多吧克巴拉呼图克图,又西为硕般多喇嘛,又西为类乌齐呼图克图,硕般多、类乌齐之北,皆与西藏大臣所属土司接。硕般多之南,为八所喇嘛,又南为工布什卡喇嘛。类乌齐之西,为墨竹宫喇嘛,又西为噶勒丹喇嘛。类乌齐之西北,为赞垫喇嘛,介居西藏大臣所属各土司之间,其西为垺征喇嘛。噶勒丹之西为色拉喇嘛,西与布达拉接。噶勒丹之南,为琼科尔结喇嘛,其西为丈扎卡喇嘛,又西为松热岭喇嘛,又西为那仁曲第喇嘛,又西南为乃东喇嘛,北与布达拉接。乃东之西,为琼结喇嘛。布达拉之西北,为布勒绷喇嘛,又西北为羊八井喇嘛,其西为朗岭喇嘛,西与扎什伦布接。朗岭之南,为仁本喇嘛,其西南为江孜喇嘛,又西南为冈坚喇嘛。冈坚之西,为协噶尔喇嘛。协噶尔之西为聂拉木喇嘛。朗岭之西,为撒噶喇嘛,又西为杂仁喇嘛。其直属于驻藏大臣者,有达木额鲁特八旗:在喜汤者四旗,在汤宁者二旗,在佛山者一旗,皆北倚布干山,南与前藏接;在格拉者一旗,东北滨喀喇乌苏,西与后藏接。每旗置佐领一。

有三十九族土司:曰琼布噶鲁,曰琼布巴尔查,曰琼布纳克鲁,曰勒纳夥尔,曰色里琼扎巴尼查尔,曰色里琼扎参嘛布玛,曰色里琼扎嘛噜,曰木朱特羊巴,曰布米特勒达克,曰木朱特尼牙木查,曰木朱特利松嘛吧,曰木朱特多嘛巴,曰勒远夥尔,曰依戎夥尔移他玛,曰查楚和尔孙提玛尔,曰巴尔达山木多川日桑,曰嘛拉布什嘛弄,曰窝柱特只多,曰窝柱特娃拉,曰彭楚克夥尔,曰彭楚克彭他玛尔,曰彭楚克拉寨,曰盆索纳克书达格鲁克,曰沁体牙冈纳克书毕鲁,曰盆沙尼牙固纳克书色尔查,曰巴尔达穆纳克喜奔盆,曰纳格沙拉克书拉克什,曰洛克纳克书贡巴,曰三渣,曰三纳拉巴,曰扑旅,曰上阿扎克,曰下阿扎克,曰白猎扎嘛尔,曰上冈噶鲁,曰下冈噶鲁,曰上夺尔树,曰下夺尔树。皆土纳马赋,总之以夷情布京。

山之大者,曰冈底斯山,即昆仑,为东半球众山众水之祖;曰僧格山;曰郎千山;曰玛加布山;曰达木楚克山;曰朗布山;曰巴萨通拉木山;曰诸莫浑乌巴什山,是三山即三危。川之大者,曰鄂穆河,下游为澜沧江;曰喀喇乌苏河,即黑水,下游为潞江;曰薄藏布河;曰雅鲁藏布江,亦曰大金沙江;曰朋楚河;曰冈噶江。泽之大者,曰玛帕本达赖池;曰郎噶池;曰牙毋鲁克池;曰腾格里池;曰牙尔佳池。其物产自靖西东之堆朗至萨马达一带,皆有五金煤矿。其金矿最著者,曰尔仓,曰噶大克。出盐最著者,曰勒牙,曰雅干,凡十三。

其疆界西接印度之拉达克部,西南接洛敏汤、作木朗、廓尔喀诸部,南接哲孟雄、布鲁克巴各部及珞瑜茹巴之怒江,东接四川巴塘之南墩宁静山,东南接云南维西,东北接西宁所管之邦木称、巴彦诸土司,北至木鲁乌苏,接西宁所属玉树诸土司,西北至噶尔藏骨岔、阿尔坦诺尔一带,接新疆和阗、莎车。

卷五百二十六　　列传三百十三

属国一

朝鲜　琉球

有清龙兴长白,抚有蒙古,列为藩封。当时用兵中原,而朝鲜服属有明,近在肘腋,屡抗王师。崇德二年,再入其都,国王面缚纳质,永为臣仆,自此东顾无忧,专力中夏。

顺治绍明,威震殊方。三年,琉球闻声,首先请封。九年,暹罗,十七年,安南,相继归附。雍正四年,苏禄,七年,南掌,先后入贡。盖其时武义璜璜,陆慑水栗,殊国绝域,交臂诎膝,慕义归化,非以力征也。

高宗继统,国益富饶,帝喜远略,荡平回疆,兵不血刃,而浩罕、布鲁特、哈萨克、安集延、玛尔噶朗、那木干、塔什干、巴达克山、博罗尔、阿富汗、坎巨提相率款塞,通译四万,举踵来王。乾隆中叶,再征缅甸,三十四年,缅愳乞贡。五十七年,复征服廓尔喀,稽首称藩。于是环列中土诸邦,悉为属国,版图式廓,边备积完,芒芒圣德,盖秦、汉以来未之有也。

咸、同之际,内乱频仍,挞伐十余年,巨憝虽平,而国力凋敝,未遑图远。日夷琉球,英灭缅甸,中国虽抗辞请问,莫拯其亡。而越南、朝鲜政纷乱作,国家素守羁縻属国之策,不干内政,兴衰治乱,袖手膜视,以至越南亡于法,朝鲜并于日,浩罕之属蚕食于俄,而属国所虚存者,坎巨提一隅而已。越南、朝鲜之役,中国胥为出兵,而和战无常,国威扫地,藩篱撤而堂室危,外敌逼而内讧起,藩属之系于国也如此。传曰:"天子守在四夷。"讵不信哉?作《属国传》。

朝鲜又称韩国。清初王朝鲜者李珲,事明甚谨。太祖天命四年,珲遣其将姜弘立率师助明来侵,军富察之野,战而大败,姜弘立以兵五千降。帝留弘立,遣其部将张应京等十余人还国,遗书曰:"昔尔国遭倭难,明以兵救尔,故尔国亦以兵助明,势不得已,非与我有怨也。今所擒将吏,以王之故,悉释还国。去就之机,王其审所择焉。"先是明万历中,日本丰臣秀吉大举侵朝鲜,覆其八道,明为用兵七年。会秀吉死,兵罢,朝鲜乃复国,故书中及之。朝鲜不报谢。又出境拒征瓦尔喀之师。乌拉贝勒布占泰侵朝鲜,帝与布占泰有连,谕止其兵,朝鲜亦不谢。及帝崩,复不遣使吊问。而明总兵毛文龙招辽民数万守皮岛,与朝鲜犄角,屡出师袭沿海城寨。

会朝鲜叛人韩润、郑梅来归,请为向导,构兵端。时太宗天聪元年,朝鲜国王李倧嗣位之三年也。正月,命贝勒阿敏等率师征朝鲜。渡鸭绿江,败文龙兵于铁山,遁还皮岛。遂克义州、定州及汉山城，屠其军民数万，焚粮百余万。长驱而进，渡青泉江，克安州，进师平壤，城中官民悉遁走。乃渡大同江，次中和。倧惶遽甚，遣使求成，阿敏责其罪。二月，师次黄州，国中震恐，求成之使络绎于道，遂逼王京。倧势蹙，挈妻子逃江华岛，来告曰："敝邑无所逃罪，惟上国命是从。"乃许其和。江华岛在开州南海中，遣使赴岛谕倧，而驻军平山以待。倧遣族弟原昌君李觉等献马百、虎豹皮百、绵绸苎布四百、布万有五千，于是遣刘兴祚、巴克什库尔缠往江华岛莅盟。三月庚午，刑白马乌牛，誓告天地。和议成，约为兄弟之国。

初，朝鲜之求成也，诸贝勒争议以明与蒙古两敌环伺，兵不可久在外，且俘获已多，宜its其成。而阿敏慕朝鲜国都城郭宫殿之壮，不肯旋师。贝勒济尔哈朗及岳托、硕托密议，令阿敏军平山，而先与朝鲜盟，事成始告阿敏。阿敏谓己不预盟，纵兵四掠，乃复使李觉与阿敏盟于平壤城。帝驰谕阿敏："毋复秋毫扰！"分兵三千戍义州，振旅而还，以李觉归。九月，从倧请，召还义州之兵，并许赎俘虏，定议春秋输岁币、互市。

二年二月，开市中江。是年，明经略袁崇焕杀毛文龙于皮岛，诸岛兵无主。五年，谋乘虚征诸岛，征兵船于朝鲜。使至其国，三日乃见。倧览书曰："明国犹吾父也。助人攻吾父之国，可乎？船殆不可藉也。"自是渐渝盟。六年，巴都礼、察哈喇等使朝鲜，颁定贡额。还言倧于所定贡额止供什一，金银、牛角非国所出，不肯从。七年正月，赐倧书，责其减岁币额，并窝参、匿逃人之罪，欲罢遣使，专互市。二月，遣备御郎格等往会宁城互市，倧拒之。是夏，文龙部将孔有德、耿仲明等叛明，以舟师二万人渡海来降，帝遣使征粮朝鲜，并索会宁城瓦尔喀逃人及布占泰之人，倧屡书陈辩，复加筑京畿、黄海、平安三道白马等十二城。帝历数倧负义州互市之约。八年春，帝欲倧与明议和，倧以书告皮岛守将，迄无成议。冬，倧使罗德宪来，拒索逃人及互市，词甚厉，且欲坐满洲使臣于朝鲜大臣之下。帝怒，却其币，留德宪不遣，仍以书谕倧。

九年，平察哈尔林丹汗，得元传国玺，八和硕贝勒及外藩蒙古四十九贝勒表请上尊号。帝曰："朝鲜兄弟之国，宜与共议之。"于是内外诸贝勒各修书遣使约朝鲜共推戴，朝鲜诸臣争言不可，且以兵守使臣。使臣英俄尔岱率众夺马突门，倧遣人追付报书，又以书谕其边臣戒严，有"丁卯年误与讲和，今当决绝"之语，英俄尔岱并夺之以献。十年四月，改元崇德，国号"清"。朝鲜使李廓等朝贺，不拜。赐书令送质子，复不报。

十一月，帝以朝鲜败盟，将统大军亲征。先遣其使臣李廓等归国，遗书国王，并驰檄朝鲜官民。十二月辛未朔，命郑亲王济尔哈朗居守，武英郡王阿济格、多罗饶余贝勒阿巴泰分屯辽河海口，备明海师援袭之路。睿亲王多尔衮、贝勒豪格分统左翼满洲、蒙古兵，从宽甸入长山口，遣户部承政马福塔等率兵三百人潜往围朝鲜王京，豫亲王率护军千人继之。贝勒岳托等以兵三千济师。帝亲率礼亲王代善诸军进发。庚辰，渡镇江。壬午，次郭山城，降定州、安州。丁酉，次临津江。江在国都北百余里，与都

南汉江夹拱王城者也。时江冰未合，车驾至，冰骤坚，六师毕济。马福塔等以是月甲申潜袭王京，败其精兵数千，倧仓皇遣使迎英城外款兵，而徙其妻子江华岛，自率亲兵逾江保南汉山城。大军入都城，多铎、岳托亦定平壤，抵王京，合军渡江围南汉山城，连败其诸道援师。帝至，分兵搜剿都城，而亲率大军渡江，益军围南汉。二年正月壬寅，击败全罗道援兵，遣使赍敕往谕朝鲜大臣。甲辰，大军北渡汉江，营王京东二十里江岸。丁未，击败全罗、忠清两道之师。其多尔衮、豪格左翼军由长山口克昌州城，败安州、黄州兵五百、宁边城兵千，截杀援兵一万五千，至是来会师。贝勒杜度送大炮至临津江，冰泮复合如前。

城围益急。癸丑，倧请成，不许。己未，再请成。庚申，降。敕令出城亲觐，并缚献倡议败盟诸臣。是日，倧始奏书称臣，乞免出城。帝命多尔衮以轮挽小船由陆出海，炮沉其大舰三十。小船径渡入岛城，获王妃、王子、宗室七十六人，群臣家口百六十有六，客诸别室。甲子，谕倧速遵前诏出城来见。倧乃献出倡议败盟之弘文馆校理尹集、修撰吴达济及台谏官洪翼汉，诣军前。帝敕令去明年号，纳明所赐诰命册印，质二子，奉大清国正朔；万寿节及中宫皇子千秋，冬至、元旦及诸庆吊事，俱行贡献礼；遣大臣内官奉表，与使臣相见及陪臣谒见，并迎送馈使之礼，毋违明国旧例；有征伐调兵毋从，并献犒师礼物；毋擅筑城垣；毋擅收逃人；每年进贡一次，其方物黄金百两、白金千两、水牛角二百对、貂皮百张、鹿皮百张、茶千包、水獭皮四百张、青黍皮三百张、胡椒十斗、腰刀二十六口、顺刀二十口、苏木二百斤、大纸千卷、小纸千五百卷、五爪龙席四领、花席四十领、白苎布二百匹、绵绸二千匹、细麻布四百匹、细布万匹、布四千匹、米万包。

倧以孤城穷蹙，妻子被俘，八道兵皆崩溃离散；宗社垂绝，乃顿首受命。庚午，从数十骑朝服出降。二月，筑坛汉江东岸三田渡，设黄幄，帝陈仪卫渡江，登坛作乐，将士擐甲肃列。倧率其群臣离南汉山五里许步行，令英俄尔岱、马福塔迎于一里外，引至仪仗下马。帝降坐，率倧及其诸子拜天。礼毕，帝还坐，倧率其属伏地请罪，宣诏赦之，令坐坛下左侧西向，位诸王上。赐宴毕，还其君臣家属，尽召回诸道兵，振旅而西。诏以朝鲜新被兵，先免丁丑、戊寅两年贡物，以己卯年秋为始，如力有不逮，临时定夺。朝鲜臣民树碑颂德于三田渡坛下。

四月，倧送质子溰、浂至。五月，以朝鲜兵船助攻皮岛功，赐倧银币、马匹。十月，遣英俄尔岱、马福塔、达云等赍敕印制诏往封倧为朝鲜国王。十一月，倧遣陪臣表贺万寿，冬至贡方物。十二月，贺元旦。嗣凡万寿圣节、元旦、冬至，皆专遣陪臣表贺，贡方物，岁以为常。是年，定贡道，由凤凰城。其互市约：凡凤凰城诸处官员人等往义州市易者，每年定限二次，春季二月，秋季八月；宁古塔人往会宁市易者，每年一次，库尔喀人往庆源市易者，每二年一次；由部差朝鲜通事官二人，宁古塔官骁骑校、笔帖式各一人，前往监视，定限二十日即回。

三年。征朝鲜兵从征明，误军期，降诏切责。四年六月，遣使往封倧继室赵氏为朝鲜王妃。东方库尔喀叛入东

海中熊岛，命朝鲜讨之。倧遣将由庆兴西水罗前浦进师。七月，执叛首加哈禅来献，赐倧银二百两。五年十月，谕倧以诞辰，恩减岁贡内米九千包。六年正月，攻明锦州，调朝鲜舟五千运粮万石。寻倧奏言军船、粮船三十二艘漂没无存，帝知其饰词，诏切责，刻期督催。复运粮万石，船百十有五艘，由大小凌河口进至三山岛，途中遭风礁坏船五十余，又为明水师截击，仅存五十二艘。至盖州，不能前，请从陆运。诏以朝鲜三艘混入明境通信，及见明兵船不迎敌，又不由水路进，严斥之。朝鲜臣林庆业大惧，请冒险出水路，帝仍许其改从陆，止留精炮兵千，厮卒五百，余兵悉遣还。既而运粮士马久不至，遣使诘责。三月，始有朝鲜总兵柳琳、副将刁何良等率兵至锦州军。六月，倧遣陪臣李浣等献新罗瑞金，奏言咸阳郡新溪书院，新罗古寺遗基也，居民衰年掘地得瓦坛一，盖刻"一千年"三字，中有黄金二十斤，内一斤镌"宜春大吉"四字。优诏答之，而原金付还。七年，锦州大捷，明遣使议和，帝敕询倧令陈所见，倧以"止杀安民，上符天意"对。已复侦有明兵船二至朝鲜界，帝大怒，并得其阁臣崔鸣吉、兵使林庆业潜通明国书往来诸状，逮讯治罪。八年九月，朝鲜擒获明天津侦探兵船一，解至，赐倧银。

是月，世祖即位，颁诏其国，并赍敕往谕，减岁贡内红绿绵绸各五十匹、白绵绸五百匹、纻丝二百匹、布二百匹、腰刀六口、龙席二领，花席二十领。十月，倧遣其子淐奉表进香，贡方物。十二月，倧遣陪臣奉表贺登极。顺治元年正月，谕倧停解瓦尔喀人民。五月，以破流贼李自成，底定燕京，宣示朝鲜。七月，倧遣陪臣表贺，贡方物。十一月，遣世子淐归国，敕减岁贡内苏木二百斤、茶十包、绵绸千匹、各色细布五千匹、布四百匹、粗布二千匹、顺刀十把、刀十把，其元旦、冬至、万寿庆贺贡物，以道远俱于朝正时附进，著为令。二年三月，遣倧次子淏归国。十一月，世子淐卒，封倧次子淏为世子。三年十月，免贡米。六年正月，以朝鲜年觐，原定阁臣、尚书各一员，书状官一员代之，此后或阁臣、尚书一员代觐，书状官仍旧。

六月，李倧薨。八月，遣礼臣启心郎渥赫等往谕祭，赐谥庄穆。又遣户部启心郎布丹、侍卫撒尔岱充正副使，赍诰敕往封世子淏为朝鲜国王，妻张氏为王妃。七年正月，淏奏言日本"近以密书示通事，情形可畏，请筑城训练为守御计"。遣使往讯，庆尚道观察使李曼、东莱府卢协并言朝鲜、日本素和好，前奏不实，诏切责淏，褫其用事臣李敬舆、李景奭、赵洞等职。九年正月，淏表贺昭圣慈寿皇太后加上徽号。五月，国人赵熙元等谋逆伏诛，遣使奏闻。十年三月，以朝鲜国王印有清文无汉篆，命礼部改铸兼清、汉字印赐之。十二月，封淏子棩为世子。十五年二月，以罗刹犯边，谕朝鲜简发鸟枪手二百从征。

十六年五月，李淏薨。九月，遣工部尚书郭科等往谕祭，赐谥忠宣。又遣大学士蒋赫德、吏部侍郎觉罗博硕会充正副使，往封世子棩为朝鲜国王，妻金氏为王妃。十八年，圣祖即位，棩遣陪臣进香，贺登极。康熙元年，命朝鲜表贺冬至、万寿节及进岁贡，与朝正之使偕行。屡年国有大典，俱遣使驰贺。

十三年十二月，李棩薨，谕礼部："李棩克尽藩职，可从优给恤典，于常例外加祭一次。"赐谥庄恪。遣内大臣寿西特、侍卫桑厄恩宽往谕祭，兼封嗣子李焞为朝鲜国王，妻金氏为王妃。十五年十一月，焞奏言："前明《十六朝纪》一书中载本国癸亥年废光海君李珲立庄穆王李倧事，诬以篡逆。今闻纂修《明史》，特陈奏始末，乞删改以昭信史。"礼部议不准行。二十年正月，王妃金氏故，遣官致祭。二十一年五月，遣使封焞继室闵氏为王妃。是年，帝谒祖陵，焞遣陪臣至盛京迎觐，贡方物。二十四年，焞奏言国内牛多疫死，民失耕种，请暂停互市。礼部议焞托言妄奏，帝以外藩宥之，仍令照常贸易。

二十五年，朝鲜民韩得完等二十八人越江采参，枪伤绘画舆图官役。谳上，斩韩得完等为首六人，余免死，减等发落。焞奉表谢罪，附贡方物。帝以朝鲜王因谢罪进贡，宜不收，准作年贡，嗣后谢罪贡物著停止。三十年七月，礼臣奏朝鲜国贡使违禁私买《一统志》书，内通官张灿应革职发边界充军，正使李沈、副使徐文重等失于觉察，应革职。帝命从宽，免革职。三十二年正月，免朝鲜岁贡内黄金百两及蓝青红木棉。

三十六年七月，封焞子昀为世子。十一月，焞疏请于中江贸易米粮，允之。三十七年正月，遣侍郎陶岱运米三万石往朝鲜，以一万石赈济，二万石平粜，有《御制海运赈济朝鲜记》。三十九年，焞表谢发回漂入琉球船只恩，附贡方物。帝谕轸恤漂人，却贡物，嗣后有若此例者停其贡。四十年十二月，王妃闵氏故，遣官致祭。先是渔采船并贸易人至朝鲜，往往侵扰地方。至是谕王令查验船票人数姓名籍贯，开明报部，转行原籍地方官，从重治罪。并谕各抚严饬沿海地方官，有以海上渔采贸易为名，往来外国贩买违禁货物者，严行禁止。四十一年，遣员外郎邓德监收中江税，以四千两为额。四十二年二月，遣使封焞继室金氏为王妃。四十三年十二月，焞遣官资送被风漂失商船，降谕奖之。四十五年十月，谕大学士曰："朝鲜国王奉事我朝，小心敬慎。其国闻有八道，北道接瓦尔喀地方土门江，东道接倭子国，西道接我凤凰城，南道接海外，尚有数小岛。太宗平定朝鲜，国人树碑于驻军之地，颂德至今。当明之末年，彼始终服事，未尝叛离，实属重礼义之邦，尤为可取。"四十九年五月，朝鲜商人高道弼等被风坏船，漂至海州获救，江苏巡抚张伯行以闻。谕令高道弼等由部给文，驰驿归国。

五十年五月，帝谕大学士曰："长白山之西，中国与朝鲜既以鸭绿江为界，而土门江自长白山东边流出东南入海，土门江西南属朝鲜，东北属中国，亦以江为界。但鸭绿、土门二江之间地方，知之不悉。"乃派穆克登往查边界。十月，帝谕免朝鲜国王例贡物内白金一千两、红豹皮一百四十二张，治朝鲜国使沿途馆舍。是年，礼臣覆准朝鲜国与奉天府金州、复州、海州、盖州相近地方，令盛京将军、奉天府尹严饬沿海居民，不许往朝鲜近洋渔采，或别地渔采人到朝鲜，并皆捕送。五十一年五月，焞奏谢减例贡恩，附贡方物，帝命谢恩礼物准作冬至、元旦礼物。是年，穆克登至长白，会同朝鲜接伴使朴权、观察使李善溥立碑小白山上。五十四年，礼臣奏："珲春之库尔喀齐等住处，与朝鲜止隔土门江，恐往来生事，将安都立、他木努房屋窝铺悉行拆毁。嗣后沿边近处，不得盖屋种地，军民违者重罪之。"五十七年三月，焞表谢赐空青恩，附贡方物，帝命留作下次正贡。自是凡朝鲜奏谢附贡方物均留作正贡，迄于光绪朝不改。

五十九年十月，李焞薨，遣散秩大臣查克丹、礼部右侍郎罗瞻往吊祭，赐谥僖顺。兼封世子昀为朝鲜国王，继妻鱼氏为王妃。六十一年二月，昀疏言："臣萎弱无嗣，请以弟李昑为世弟，以续宗祧。"帝俞其请。四月，遣使往封昑为朝鲜国王世弟。十二月，山东渔户杨三等十四人遭风漂入朝鲜，审无信票，送回内地。帝命嗣后漂风船只人口，验有票文未滋事者，照旧送回。如无票文，复生事犯法者，令王于审拟后咨部具题，俟命下行文完结，仍报部存案。雍正元年七月，谕礼部减朝鲜贡物内布八百匹、獭皮百张、青黍皮三百张、纸二千卷。朝鲜于九月内进万寿表文，仍照例于十二月与年贡并进。昀遣陪臣进香，贺登极。二年五月，昀遣陪臣上孝恭仁皇后尊谥。

十二月，李昀薨，遣散秩大臣觉罗舒鲁、翰林院学士阿克敦往谕祭，赐谥庄恪。兼封世弟昑为朝鲜国王，妻徐氏为王妃。三年七月，昑疏请封副室所生子李緈为世子，部议与例不符，帝特允所请行。八月，遣官封昑子緈为世子。五年正月，昑疏请更正先世臣倧诬逆事。部议："昑四代祖倧，故明天启三年请封。明《十六朝纪》以篡夺为书，实属冤诬，应予更正。俟《明史》告成后，以《朝鲜列传》颁示其国。"从之。商人胡嘉佩亏帑，以朝鲜国民所负银六万两呈抵，令赴中江质明办理。部议昑咨文支饰，请按数追偿。帝命从宽免追。又谕昑追拿内地盗贼潜逃朝鲜者，倘漏网不获，王将其国防汛之员参处，王亦一并议处。六年二月。减朝鲜岁贡稻米、江米各三十石，每年止贡江米四十石，以供祭祀，著为例。十月，昑请朝鲜盗贼潜入内地，谕兵部檄盛京、山东边境官严拿究治。七年正月，世子緈卒，遣官谕祭。十月，谕礼臣："朝鲜国距京三千余里，贡使往来劳费，嗣后凡谢恩章疏，与圣寿、冬至、元旦三大节表同时赍奏，不必特遣使臣，著为令。"八月，昑为嫂妃鱼氏告哀，遣使谕祭。

九年五月，奉天将军那苏图疏言："凤凰城边外陆路防汛之虎耳山诸处，有草河、叆河二水，发源边内，至边外之莽牛哨，汇流入中江。中江之中有洲，名江心沱，沱西属凤凰城，东为朝鲜国界，岁有匪徒乘船出入，请于莽牛哨设水师防汛。"帝以询朝鲜王昑，请仍遵旧例，从之。十年三月，昑以先臣李倧被诬事，蒙令史臣改正，乞早颁发谕，先将《明史·朝鲜列传》抄录颁示。十三年九月，高宗即位，颁诏朝鲜。谕礼臣曰："大臣官员之差往朝鲜者，向有馈食仪物之例，其照旧例减半。著为令。"

乾隆元年二月，谕礼臣："朝鲜国今年所进万寿表贡，例于十二月偕年贡同进。"由是岁以为常。二年四月，昑奏请仍中江通市旧例，每岁二、八月间，八旗台站官兵赍货赴中江与朝鲜互市。帝以旗人有巡守责，且不谙贸易，改令内地商民往为市。及昑奏入，从之。十一月，昑请封其副室子愃为世子。时愃甫三岁，部议格于例，特旨允行。三年正月，遣使往封愃为世子。四年五月，昑表谢颁给《朝鲜列传》。

四年十一月，盛京侍郎德福等疏言："朝鲜渔船被风飘至海宁界，资送渔户金铁等由陆路归国。"嗣后凡朝鲜民人被风漂入内地者，俱给赍护送归国。迄至光绪朝，抚恤如例。八年九月，帝诣盛京，昑遣使表贡，特赐御书"式表东藩"扁额，令使臣与诸王大臣宴。十一年九月，减中江税额。十三年五月，盛京刑部侍郎达尔党阿奏言："十二年十二月，朝鲜贡使过万宝桥，奴人士还以马逸失银，诡称迷路，夜入人家，诬执宋二等为盗，讯明，照所诬罪加三等，拟杖徒。"帝谕从宽免罪。又朝鲜国人李云吉诱胁女口，越疆转卖，照例拟绞监候。仍照乾隆五年定例，入于秋审册内，核拟具奏。又朝鲜国王咨称，训戎镇越江东边有乌喇民人造屋垦田。礼臣议照康熙五十四年定例行，令宁古塔将军确察禁止。毁其房屋，其违禁民人，及不行察禁之该管官，照例办理。又奏："朝鲜人入山海关，所带货物，如系彼国土产，与凤凰城总管印文相符，及出关所带货物与本部札付相符，免其输税。此外如别带物件，及不系彼国所产者，即照数按例输税。倘有违买禁物，监督查出，报部治罪。"是年，朝鲜国王咨称，日本关白新立，照例通使，礼臣奏复，允之。

十四年七月，奉天将军阿兰泰奏言："向例朝鲜贡使到边，凤凰城城守尉带领官兵偕主客迎送通事等官至关门，稽其人马车舆辎重各数，沿途设馆舍，嗣兵部侍郎德沛出使其国，奏言置馆非适中之所，贡使人多，不敷居住，听来使随时赁住民居。臣以贡使人数众多，若听其赁住村庄，恐多滋扰。应请嗣后贡使到关验入后，务令合队行走，照旧例每站设官一员，兵役二十人护送。令地方官先期代备旅舍，以资栖息，昼则护行，夜则巡逻。或贡使人役需置食物，护行官检其出入人数兵役前往，如内地人民与朝鲜人役生事，兵役拿禀护行官，付地方官究治。至贡使人役，惟迎送官与之相习，应专责成。倘地方官预备不周，许护行迎送通事官揭报府尹，照违令律议处。迎送通事官沿途约束不严，致贡使人役滋事，许护行官揭报礼部，照约束不严例议处。护行官看守不严，及兵役不足，许迎送通事官揭报将军，照纵军歇役律议处。迎送通事官瞻徇容隐，致扰居民，或护行官纵容兵丁通同徇蔽，许地方旗民官各揭报上司衙门，照私结外藩例议处。"奏入，报可。十五年，礼臣覆准朝鲜贡使入边，其行李及贸易货物，报明查验车马数目，沿途按界委地方官催趱车辆，与贡使同按程行走，并于报单内注明经过日期。如朝鲜员役有托故落后者，责成迎送通事官，如催趱车辆不力，专责其管旗民地方官。

十九年九月，帝谒盛京祖陵，昑遣使表贡，赏赐如例。二十二年六月，昑以其母金氏之丧来告。王妃徐氏旋卒，二十三年，遣官谕祭。四月，大学士傅恒奏言："朝鲜久为属国，礼节语言均已娴熟，所设通事官请改为八员。"从之。二十五年正月，遣官封昑继室金氏为王妃。二十八年，朝鲜世子李愃卒，遣官谕祭。七月，封故世子愃之子祘为世孙。二十九年三月，朝鲜民人金凤守、金世柱等杀死内地披甲常德。部议金凤守造意，应斩，金世柱加功，应绞。至朝鲜奸民屡次越境生事，皆王约束不严所致，应交部议处。帝谕金凤守等从宽，改为监候；王免议处。昑以失于钤束，褫平安道观察使郑淳等职。三十年五月，昑以越江行窃人犯金顺丁等俱入缓决，案内疏防各官拟罪从宽，遣使表谢。三十六年八月，昑奏朱璘《明纪辑略》、陈建之《皇明通纪》载其先世之事，因讹袭谬，诬妄含冤，请并行刊去。礼臣议，朱璘《辑略》，浙江巡抚杨廷璋业经销毁，其陈建《通纪》，京城书肆亦无售者。若二书彼国或有流传，应令自行查禁焚销。

四十一年，李昑薨，王妃金氏请以世孙祘为国王，妻金氏为王妃，并请追赐故世子緈爵谥，及世子妇赵氏谥命，谕如所请。遣散秩大臣觉罗万福、内阁学士嵩贵往谕祭，赐昑谥曰庄顺，緈谥曰恪愍，封祘为朝鲜国王，妻金氏为王妃。四十三年，帝谒祖陵，以不举筵宴，敕止朝鲜朝贺。祘仍遣官赍表迎驾，御书"东藩绳美"扁额赐之。四十五年，祘遣正使吏曹判书徐有庆、副使礼曹参判申大升奉表贺七旬万寿，贡方物。四十八年，帝谒祖陵，祘遣陪臣至盛京迎觐，所有朝贡宴赍一切典礼，特加优渥，并赐御制诗章及《古稀说》。四十九年，祘疏称世子晫年三岁，请封为世子。特旨遣使往封，给与诰敕。五十年正月，举行千叟宴，祘遣正使安春君李烿、副使吏曹判书李致中入贡，预宴比于内臣。帝闻祘好学能诗，赏仿宋板《五经》全部，并笔墨诸物。因谕朝鲜历年留抵贡物，悉行收受，以免辗转积存；嗣后随表贡物，概行停止。

五十一年七月，世子晫病故，遣官谕祭。五十五年，礼臣奏言："朝鲜国王先因李晫病故，今副室生男，当即为奏请册封，不能拜跪行礼，请待其稍长，以永万来之福。"特旨允其国王所请。七月，祘遣正使黄仁点、副使徐浩修奉表贺八旬万寿，贡方物。五十六年，有法兰西教士由中国往朝鲜传天主教。五十八年，祘请换买钱货回国通用，部议不许。嘉庆元年，祘遣使贺太上皇帝归政，贡方物。使臣在宁寿宫入千叟宴，赐《圣制千叟宴诗》。四年正月，遣副都统张承勋、礼部侍郎恒杰赴朝鲜，颁大行太上皇帝遗诏。祘遣使表贺，上高宗纯皇帝尊谥，贡方物，留抵正贡。

五年，遣使敕封李祘子玜为世子。适李祘薨，即以册封世子之正副使往封李玜为朝鲜国王。六年，玜以本国殄除金有山等潜传洋教颠末，胪章入告，并称余孽未靖，恐其潜入门们，请饬沿疆大吏严查究办。帝谕已饬沿边大吏一体严查，设经盘获，即发交国王自行办理。十年，帝诣盛京，遣官接驾，特赐"礼教绥藩"扁额。十二年十一月，朝鲜义州商人白大贤、李士楫潜运米至獐子岛，与边民朱、张两姓私市。王将白大贤等监禁，地方官革究，并缴进钱文、铜铁等物。帝以王恭顺可嘉，颁赏大缎四匹、玻璃器四件、雕漆器四件、茶叶四瓶，以示恩奖。谕饬盛京将军督饬沿边官弁严缉朱、张二姓，查明内地疏防官员，严行惩处。十七年三月，朝鲜义州土贼起，派禄成督兵讨之。遣使敕封李玜之子旲为世子。二十三年九月，帝诣盛京，玜遣使迎觐表贺，赐御制诗及"福"字。

道光元年，玜奏言伊曾祖李昑患痼疾，经议政金昌集、中枢李颐命、左议政李健命、判中枢赵泰采请以李昑为世弟，参决国政，而相臣赵泰耈等诬金昌集四臣谋逆，肆行诛戮，幸蒙圣祖准李昑袭封，赵泰耈等论罪伏诛，金昌集四臣咸获昭雪。而《皇朝文献通考》载"四臣谋逆，事觉伏诛"等语，乞更正。部议《通考》所载，系据李昑奏报，非纂修之讹。今既吁恳为祖雪冤，应请删去此条，以昭信史，从之。二年，颁给《文献通考刊正》一编。玜遣使表贺仁宗睿皇帝升配升祔，暨上皇太后尊号徽号，贡方物；又因赏赐缎匹颁诏谢恩，进皇帝、皇太后前各贡物，前三分收受，余九分留抵正贡。又例贺外，并贺册谥孝穆皇后，又为赐祭谢恩，进皇帝、皇太后前各贡物，前二分收受，后三分留抵正贡。八年，玜遣使表贺平定回疆。又为颁给敕书暨加赏缎匹谢恩，贡方物，俱留抵正贡。九年，朝鲜国副使吕东植在榆关病故，赐银三百两。十一年，玜奏请封嫡孙李奂为世孙，帝允所请，遣使赍敕封李奂为朝鲜国王世孙。十二年，玜奏："英吉利商船驶入朝鲜古代岛，要求通市，严拒之，相持旬余，英船始去。"帝奖其忠，赐缎匹。

十五年，李玜薨，王妃金氏请以世孙李奂袭封，因为故世子具陈请追赐爵谥，及世子妇谥命。二月，遣使谕祭，赐玜谥宣恪；赠故世子旲为国王，谥康穆，妻为王妃；敕封世孙奂为朝鲜国王。奂表贺册立皇后暨上皇太后徽号，贡方物。十六年，奂表贺皇太后六旬万寿加上徽号，贡方物。礼部议准朝鲜使臣来京，禁从人在馆外贸易。十七年，遣使敕封奂正室为王妃。十九年，奂表进大行皇后前贡物三分，发还。二十二年，谕禁内地人民私越边界构舍垦田。二十四年，朝鲜国王妃薨，遣使赐祭。二十五年，遣使敕封奂继室为王妃。向例派往朝鲜使臣带通官五六员，至是减至一员，永为定例。是年，礼部奏："据朝鲜国王咨称，英船屡泊其境，量山测水，并问答中有交易之词。"帝命耆英详询英使，遵照成约，婉言开导，不得复任兵船游弋，致滋惊扰。

二十九年，李奂薨，谕祭如例。十月，命瑞常、和色本赍敕往封奂子昪为朝鲜国王。咸丰元年，昪以伊祖李䄄于嘉庆辛酉年间陷入其国邪党案内，为其威臣金龟柱等诬陷以死，恐内府编载其事，恳辨其诬。礼部奏称："当日上谕暨《会典》所载，并无李䄄之名。昪以先世被诬，备陈枉抑，实属为人后者之至情，应如所请，许其昭雪。"从之。昪表贺上孝和睿皇后暨宣宗成皇帝尊谥，贡方物。二年，遣使敕封李昪妻为王妃，昪表贺孝德皇后册立礼成，贡方物，均留抵正贡。帝饬盛京将军并沿海督抚严禁内地民船至朝鲜渔采。三年，昪表贺宣宗成皇帝升祔升配，并颁给诏书谢恩，贡方物，命留抵正贡，而受其表贺册立皇后礼成贡物。四年，朝鲜国人张添吉私来京，帝命送交其国查办。五年，朝鲜国护送美国难民四名至京，帝命递至江南，交两江总督查讯，令附该国商船回国。六年，昪表贺上孝静康慈皇后尊谥，贡方物，收受。七年，礼臣奏准朝鲜带来红铜四千余斤，听在会同四译馆交易。帝谕越界之朝鲜人金益寿解送盛京,礼部转解凤凰城,交其国查收讯办。十一年二月,帝幸热河,昪遣使奉表诣行在,恭申起居。帝谕使臣到京后无庸前赴行在,礼部仍照例筵宴,并赐昪如意、缎匹、瓷器、漆器。

同治元年,昪遣使表贺登极,呈进两宫皇太后贡物二分,均收受。其贺登极贡物一分,又颁诏赐缎谢恩进皇帝贡物二分,两宫皇太后贡物四分,均留抵正贡。二年,昪表贺上文宗显皇帝尊谥,并上两宫皇太后尊徽号,暨颁诏赏缎谢恩各贡物五分,收受,其十一分留抵正贡。是年,昪奏称先世被诬,恳将谬妄书籍刊正。帝谕:"朝鲜国王先系源流,与李仁任即李仁人者,族姓迥别。我朝纂修《明史》,于其国历次辨雪之言无不备载。今昪因见康熙年间郑元庆所撰《廿一史约编》,记载其世系多诬,吁请刊正。《约编》所称康献王为李仁人之子,实属舛误。惟系在《明史》未修以前,村塾编辑之士,见闻未确,不免仍沿明初之讹。今其国奉有特颁史传,自当钦遵刊布,使其子孙家庭皆知所信从。《约编》一书,在中国久已不行,亦无所用其改削。著各省学政通行各学,查明晓谕,凡朝鲜事实,应以钦定《明史》为正,不得援前项书籍为据,以归画一而昭信守。"三年,礼臣奏准朝鲜国庆源地方官议修两国交易官房,越图们江择偏僻地采取材木。

十月,李昪薨,遣使赍敕往封李熙为朝鲜国王,昪九世孙也。五年,俄罗斯兵舰抵朝鲜元山等处,力请通商。九月,法兰西水师提督鲁月率兵舰入汉江,抵汉城,炮击数船,毁一炮台而去。十月,法舰再抵江华岛,进陷其城,掠银十九万佛郎。朝鲜募猎虎手八百名袭之,乃遁。先是,国王李熙年幼,其生父大院郡李昰应执国政,恶西教,下令严禁,虐待天主教徒。至是,法国声其罪,无功而还。熙表贺文宗显皇帝升祔太庙,贡方物,留抵正贡。遣使敕封熙正室闵氏为王妃。

七年二月,侍郎延煦等奏接见朝鲜委员,并查勘凤凰、瑷阳两边门外大概情形。帝谕恭亲王会同大学士等公同商议。恭亲王等奏称:"查勘各处私垦地亩,已无大段闲荒,而朝鲜所虑全在民物溷杂。欲除溷杂之弊,在乎边境之严。"复经亲王等会同延煦、奕榕酌商展边一切事宜,并请饬盛京将军会同原勘之延煦等悉心查办。帝即派延煦、奕榕驰驿前往奉天,会同都兴阿出边查办。谕曰:"事当创始,必纲举而目张。且与外藩交涉,尤应禁令修明,方能垂诸久远。前次延煦接见之朝鲜使臣,所设问答,均极明晰,足见国王深明大体。即著礼部传知朝鲜国王,俟报勘定议后,务须严饬其国边界官,一体遵守。"

九年九月,朝鲜国王称其国庆源府农圃社民李东吉逃往珲春,盖屋垦田,啸聚无赖,吁恳查拿。帝谕敏福密饬珲春协领等购线踨缉,尽数拿获,解交其国惩治。是岁,朝鲜大雨雹,国内荒饥,饿莩载道,民人冒犯重禁,渡图们江至珲春诸处,乞怜求生,是为朝鲜流民越垦之始。帝谕朝鲜国王,将民人悉数领回约束,并自行设法招徕,严申禁令,不可复蹈前辙。寻有美国商船驶至朝鲜大同江附近搁浅,朝鲜人见之,误为法船,大肆劫掠。十一年,熙遣使表贺大婚,加上两宫皇太后徽号,贡方物。是年,美国水师提督劳直耳司率二铁甲兵舰抵朝鲜江华岛,毁炮台三座,以报劫掠商船之役。十二年,熙遣使表贺亲政,加上两宫皇太后徽号,贡方物。

光绪元年,朝鲜国拨舟济渡凯撤官兵,赐熙缎匹,熙遣使进香贺登极,贡方物,俱留抵正贡。发还朝鲜进穆宗毅皇帝万寿圣节、冬至、元旦、令节各贡物,照例留抵正贡。熙请封世子,贡方物。帝允所请,其进献礼物,准留抵正贡。寻遣使赍敕往封李坧为朝鲜国王世子。又谕:"奉省押解朝鲜进香贡物之佐领恩倬、骁骑校塔隆阿于五月初三日接领,至六月初五日始行起行,擅役由水路行走,两月之久,尚未到京,难保无藉端需索情事。恩倬、塔隆阿均先行革职,并著崇实等查明,从重参办。"二年,熙遣使表贺上穆宗毅皇帝及孝哲毅皇后尊谥,又表贺加上两宫皇太后徽号,贡方物,俱留抵正贡。

是年,朝鲜与日本立约通商。先是同治十一年,日本外务卿副岛种臣来北京议约,乘间诘问总理各国事务衙门:"朝鲜是否属国?当代主其通商事。"答认:"朝鲜虽藩属,而内政外交听其自主,我朝向不预闻。"元年,日本乃以兵力胁朝鲜,突遣军舰入江华岛,毁炮台,烧永宗城,杀朝鲜兵,劫其军械而去。别以军舰驻釜山要盟,而遣开拓使长官黑田清隆为全权大臣,议官井上馨副之,赴朝鲜议约。至是,定约十二条,大要认朝鲜为独立自主国,礼仪交际皆与日本平等,互派使臣,并开元山、仁川两埠通商,及日舰得测量朝鲜海岸诸事。

三年,朝鲜以天主教事与法国有违言,介驻釜山日本领事调停,书称中国为"上国",有"上国礼部"并"听上国指挥"等语。日本大诘责,以"交际平等,何独尊中国?如朝鲜为中国属,则大损日本国体"。朝鲜上其事,总理衙门致书日本辨论,略曰:"朝鲜隶中国,而政令则归其自理。其为中国所属,天下皆知,即其为自主之国,亦天下皆知,日本岂得独拒?"。

五年七月,军机大臣寄谕北洋大臣、直隶总督李鸿章,密劝朝鲜与泰西各国通商。谕曰:"总理各国事务衙门奏:'泰西各国欲与朝鲜通商,事关大局。'等语。日本、朝鲜,积不相能。将来日本恃其诈力,逞志朝鲜,西洋各国群起而谋其后,皆在意计之中。各国曾欲与朝鲜通商,倘藉此通好修约,庶几可以息事,俾无意外之虞。惟其国政教禁令,亦难骤以所不欲。据总理衙门奏,李鸿章与朝鲜使臣李裕元曾经通信,略及交邻之意。自可乘机婉为开导,俾得未雨绸缪,潜弭外患。"六年九月,鸿章遵旨筹议朝鲜武备,许朝鲜派人来天津学习制造操练,命津海关道郑藻如等与朝鲜赍奏官卞元奎拟具来学章程奏闻。

七年二月,鸿章奏言:"朝鲜国王委员李容肃随今届贡使来京,于正月二十日赴津禀谒,据称专为武备学习事,并赍呈其国请示节略一本,内载有领议政李昰应奏章,颇悔去年六月坚拒美国来使为非计,末则归重于'及今之务,莫如怀远人而安社稷'等语。又索中国与各国修好立约通商章程税则带回援照。其国军额极虚,饷力极绌,诚虑无以自立。而所据形势,实为东三省屏蔽,关系甚重。现其君相虽幡然变计,有联络外邦之意,国人议论纷歧,尚难遽决,自应乘机开诚晓谕,冀可破其成见,固我藩篱。惟其国于外交情事生疏,即如与日本通商五年,尚未设关收税,并不知税额轻重。设再与西国结约,势必被欺,无益有损。臣因令前在西洋学习交涉之道员马建忠与郑藻如等,参酌目今时势及东西洋通例,代拟朝鲜与各国通商章程底稿,豫为取益防损之计,交李容肃赍回,俾其国遇事有所据依。至其节略所询各例条内,惟答覆日本国书称谓一节,傥稍涉含混,即于属邦体例有碍。臣查西洋各国称帝称王,本非一律,要皆平等相交。朝鲜国王久受我册封,其有报答日本及他国之书,应令仍用封号。国政虽由其自主,庶不失中国属邦之名也。"礼部议准朝鲜学习制器练兵等事,发给空白凭票,径由海道赴津,以期便捷;至贡使来京,仍遵定例办理。

先是光绪初元,吉林鄂多哩开放荒田,朝鲜茂山对岸外六道沟诸处,间有朝鲜人冒禁私垦者,渐次蔓延。至是,吉林将军铭安、督办边防吴大澂奏言:"据珲春招垦委员李金镛禀称,土门江北岸,由下嘎牙河至高丽镇约二百里,有闲荒八处,前临江水,后拥群山,向为人迹不到之区,与朝鲜一江之隔。其国边民屡被水灾,连年荒歉,无地耕种,陆续渡江开垦,已熟之地,不下二千晌,其国穷民数千人赖以糊口。有朝鲜咸镜道刺史发给执照、分段注册等语。臣等查吉林与朝鲜毗连之处,向以土门江为界。今朝鲜贫民所垦闲荒在江北岸,其为吉林辖境无疑。边界旷土,岂容外藩任意侵占?惟朝鲜寄居之户,垦种有年,并有数千余众。若照例严行驱逐出界,恐数千无告穷民同时失所,殊堪怜悯。拟请饬下礼部,咨明朝鲜国王,派员会同吉林委员查勘明确,划清界址。所有其国民人,寄居户口,已垦荒地,恳恩准其查照吉林向章,每晌缴押荒钱二千一百文,每年每晌完佃地租钱六百六十文,由吉铭安饬司给领执照,限令每年冬季应交租钱,就近交至珲春,由放荒委员照数收纳。或其国铸钱不能出境,议令以牛抵租,亦可备吉省垦荒之用。其咸镜道刺史所给执照,饬令收回销毁。"从之。

十二月,鸿章奏言:"本年正月,总理衙门因屡接出使日本大臣何如璋函,述朝鲜近日渐知变计,商与美国立约,请由中国代为主持。拟变通旧制,嗣后遇有朝鲜关系洋务要件,由北洋大臣及出使日本大臣与其国通递文函,相机开导,奉旨知照。臣维朝鲜久隶外藩,实为东三省屏蔽,与琉球孤悬海外者形势迥殊。今日本既灭琉球,法国又据越南,沿海六省,中国已有鞭长莫及之势。我藩属之最亲切者,莫如朝鲜。日本胁令通商,复不允订税则,非先与美国订一妥善之约,则朝鲜势难孤立,各国要求终无已时。东方安危,大局所系。中朝即不必显为主张,而休戚相关,亦不可不随时维持,多方调护。"

八年三月,朝鲜始与美国议约,请莅盟。鸿章奏派道员马建忠、水师统领提督丁汝昌,率威远、扬威、镇海三艘,会美国全权大臣薛斐尔东渡。四月初六日,约成,美使薛斐尔,朝鲜议约官申櫶、金宏集盟于济物浦,汝昌、建忠监之。十四日,陪臣李应浚赍美约文并致美国照会呈礼部及北洋大臣代表。未几,英使水师提督韦力士、法驻津领事狄隆、德使巴兰德先后东来,建忠介之,皆如美例成约。是役也,日本亦令兵轮来词约事,其驻朝公使花房义质屡诘约文,朝鲜不之告;乃叩建忠,建忠秘之,日人滋不悦。

六月,朝鲜大院君李昰应煽乱兵杀执政数人,入王宫,将杀王妃闵氏,胁王及世子不得与朝士通,并焚日本使馆,在朝鲜练兵教师堀本礼造以下七人死焉。日使花房义质走回长崎。时建忠、汝昌俱回国,鸿章以忧去,张树声署北洋大臣,电令建忠会汝昌率威远、超勇、扬威三艘东渡观变。二十七日,抵仁川,泊月尾岛,而日本海军少将仁礼景范已乘金刚舰先至。朝鲜臣民惶惧,望中国援兵亟。建忠上书树声,请济师:"速入王京执逆首,缓则乱深而日人得逞,损国威而失藩封。"汝昌亦内渡请师。

七月初三日,日兵舰先后来仁川,陆兵亦登岸,分驻仁川、济物浦,花房义质且率师入王京。初七日,中国兵舰威远、日新、泰西、镇东、拱北至,继以南洋二兵轮,凡七艘。盖树声得朝鲜乱耗即以闻,遂命提督吴长庆所部三千人东援,便宜行事,以兵轮济师,是日登岸。十二日,薄王京。十三日,长庆、汝昌、建忠入城往候李昰应,减驺从示坦率,昰应来报谒,遂执之,致之天津,而乱党尚踞肘腋。十六日黎明,营官张光前、吴兆有、何乘鳌掩至城东枉寻里,擒百五十余人,长庆自至泰利里,捕二十余人,乱党平。

日使花房义质入王京,以焚馆逐使为言,要挟过当,议不行。义质恶声去,示决绝。朝鲜惧,介建忠留之仁川,以李裕元为全权大臣,金宏集副之,往仁川会议,卒许偿金五十万元,开杨华镇市埠,推广元山、釜山、仁川埠行程地,宿兵王京,凡八条,隐忍成约。自是长庆所部遂留镇朝鲜。

方李昰应之执归天津也,帝命俟李鸿章到津,会同张树声向昰应讯明变乱之由及著名乱党具奏。至是,究明李昰应乃国王本生父,秉政十年。及王年长亲政,王妃闵氏崇用亲属,分昰应权,昰应怨望。六月初间,闵谦镐分给军饷,米不满斛,军人与胥役诘斗,谦镐囚军卒五人,将置诸法,军人奔诉于昰应,遂变。初九日,杀谦镐、金辅弦、李最应等,昰应入阙晓谕诸军,自称"国太公",总揽国权,亦不捕治乱党。鸿章奏言:"此次变乱,虽由军卒索饷,然乱军赴昰应申诉,如果正言开导,何至遽兴大难。朝鲜臣庶皆谓昰应激之使变。即谓此无左证,而乱军围击宫禁,王妃与难,大臣被害,凶焰已不可向尔。李昰应既能定乱于事后,独不能遏乱于方萌?况乘危窃柄,一月有余。《春秋》之义,入不讨贼,片言可折,百喙难逃。傥再释回本国,奸党构煽,怨毒相寻,重植乱萌,必为后患。伏查《朝鲜史略》,元代高丽王累世皆以父子构衅。延祐年间,高丽王源既为上王,传位于其子焘,交构谗隙,元帝流源于土番,安置王父,俱有前事。又至元年间,焘子忠惠王名祯,亦经元帝流于揭阳县,其时高丽国内晏然,徒以宵小浸润,远窜穷荒。今李昰应无蒙产垂统之尊,有几危社稷之罪,较源、祯等情节尤重。惟处人家国父子之间,不能不兼筹并顾。傥蒙加恩,敕下臣等将李昰应安置近京之保定省城,永远不准复回本国,优给廪饩,讥其出入,严其防闲,仍准其国王派员省问,以慰其私。既以弭其国祸乱之端,亦即以维其国伦纪之变。"帝俞其言,乃幽昰应保定旧清河道署。

是年,鸿章奏定《朝鲜通商章程》八条:一,由北洋大臣札派商务委员前往驻扎,朝鲜亦派大员驻津照料商务;二,朝鲜商民在中国各口财产罪犯等案,悉由地方官审断,遵《会典》旧例;三,朝鲜平安、黄海道,与山东、奉天等省滨海地方,听两国渔船往来捕鱼,不得私以货物贸易,违者船货入官;四,准两国商民入内地采办土货,照纳沿途厘税;五,订鸭绿江对岸栅门与义州二处,又图们江对岸荓荓与会宁二处,听边民往来交易,设卡征税,罢除馆宇饩廪刍粮等费;六,申明严禁之物,红参一项,照例准售,酌定税则;七,派招商局轮船,每月定期往返一次,由朝鲜政府协商船费若干;八,豫计增损之处,随时商办。礼部奏准停止会宁、庆源地方监视交易,惟本年轮届会宁交易之期,恐彼处民无官约束,别滋事端,应由盛京将军、奉天府尹、吉林将军就近派员会同朝鲜官妥为经理。熙表贺孝贞显皇后升祔,恭进慈禧皇太后贡物。九年,熙表贺崇上孝贞显皇后尊谥,恭进慈禧皇太后贡物,其因乱党滋事出兵东援并派兵卫护谢恩贡方物,留抵正贡。

十年,朝鲜维新党乱作。初,朝鲜自立约通商后,国中新进轻躁喜事,号"维新党",目政府为"守旧党",相水火。维新党首金玉均、洪英植、朴泳孝、徐光范、徐载弼谋杀执政代之。五人者常游日本,昵日人,至是倚为外援。十月十七日,延中国商务总办及各国公使并朝鲜官饮于邮署,盖英植时总邮政也。是日,驻朝日兵运枪炮弹药入日使馆。及暮,宾皆集,惟日使竹添进一郎不至。酒数行,火起,乱党入,伤其国禁卫大将军闵泳翊,杀朝官数人于座,外宾惊散。夜半,日本兵排门入景祐宫,金玉均、朴泳孝、徐光范直入寝殿,挟其王,谬言中国兵至,矫令速日本入卫。十八日天明,杀其辅国闵台镐、赵宁夏、总管海防闵泳穆、左营使李祖渊、前营使韩圭樱、后营使尹泰骏;而乱党自署官,英植右参政,玉均户曹参判,泳孝前后营使,光范左右营使,载弼前营正领官,遂议废立。

议未决,而勤王兵起。十九日,朝鲜臣吴叩长庆平乱。长庆责日使撤兵,及暮不答。其臣民固请长庆兵赴王宫。及阙,日兵集普通门发枪。长庆疑国王在正宫,恐伤王,未还击,而日兵连发枪毙华兵甚夥,乃进战于宫门外。王乘间避于后北关庙,华军侦知之,遂以王归于军,斩洪英植及其徒七人以殉,泳孝、光范、载弼奔日本。日使自焚使署,走济物浦,朝民仇日人益甚。长庆卫其官商妻孥出王京。

朝鲜具疏告变。帝命吴大澂为朝鲜办事大臣,续昌副之,赴朝鲜筹善后。日本亦派全权大臣井上馨至朝鲜,有兵舰六艘,并载陆军登济物浦,以五事要朝鲜:一,修书谢罪;二,恤日本被害人十二万圆;三,杀太尉林矾之凶手处以极刑;四,建日本新馆,朝鲜出二万元充费;五,日本增置王京戍兵,朝鲜任建兵房。朝鲜皆听命,成约。

十一年正月,日本遣其宫内大臣伊藤博文、农商务大臣西乡从道来天津,议朝鲜约。帝命李鸿章为全权大臣,副以吴大澂,与议。谕曰:"日本使臣到津,李鸿章熟悉中外交涉情形,必能安筹因应。此次朝鲜乱党滋事,提督吴兆有等所办并无不合。前据徐承祖电称,日人欲我惩在朝武弁,断不能曲徇其请。其余商议各节,务当斟酌机宜,与之辩论,随时请旨遵行。"三月,约成,鸿章奏言:"日使伊藤博文于二月十八日诣行馆会议,当邀同吴大澂、续昌与之接晤。其使臣要求三事:一,撤回华军;二,议处统将;三,偿恤难民。臣惟三事之中,惟撤兵一层,尚可酌允。我军隔海远役,本非久计,原拟俟朝乱略定,奏请撤回。而日兵驻扎汉城,名为护卫使馆,今乘其来请,正可乘机令彼撤兵。但日本久认朝鲜为自主之国,不欲中国干涉,其所注意不在暂时之撤防,而在永远之辍戍。若彼此永不派兵驻朝,无事时固可相安,万一朝人或有内乱,强邻或有侵夺,中国即不复能过问,此又不可不熟思审处者也。伊藤于二十七日自拟五条给臣阅看,第一条声明嗣后两国均不得在朝鲜国内派兵设营,其所注重实在于此。臣于其第二条内添注,若他国与朝鲜或有战争,或朝鲜有叛乱情事,不在前条之列。伊藤于叛乱一语,坚持不允,遂各不怿而散。旋奉三月初一日电旨:'撤兵可允,求不派兵不可允。万不得已,或于第二条内添叙:"两国遇有朝鲜重大事变,可各派兵,互相知照。"至教练兵事一节,亦须言定两国均不派员为要。'臣复恪遵旨意,与伊藤再四磋商,始将前议五条改为三条。第一条,议定两国撤兵日期;第二条,中、日均勿派员在朝教练;第三条,朝鲜变乱重大事件,两国或一国要派兵,应先互行文知照,及其事定,仍即撤回,不再留防。字斟句酌,点易数四,乃始定议。夫朝廷眷念东藩,日人潜师袭朝,疾雷不及掩耳,故不惜縻饷劳师,越疆远戍。今既有互相知照之约,若将来日本用兵,我得随时为备。即西国侵夺朝鲜土地,我亦可会商派兵互相援助,此皆无碍中国字小之体,而有益于朝鲜大局者也。至议处统将、偿恤难民二节,一非情理,一无证据,本可置之不理。惟伊藤谓此二节不定办法,既无以复君命,更无以息众忿,亦系实情。然我军保护属藩,名正言顺,诚如圣谕谓'提督所办并无不合,断不能曲徇其请'。因念驻朝庆军系臣部曲,姑由臣行文戒饬,以明出自己意,与国无干。譬如子弟与人争斗,其父兄出为调停,固是常情。至伊所呈各口供,谓有华兵杀掠日民情事,难保非彼藉词。但既经其国取有口供,正可就此追查。如查明实有某营某兵上街滋事,确有见证,定照军法严办,以示无私,绝无赔偿可议也。以上两节,即由臣照会伊藤,俾得转圜完案。遂于初四日申刻,彼此齐集公所,将订立专条逐细校对,公同画押盖印,各执一本为据。谨将约本封送军机处进呈御览,恭候批准。臣等禀承天谟,反覆辩折,幸免陨越。以后彼此照约撤兵,永息争端,俾朝鲜整军经武,徐为自固之谋,并无伤中、日两国和好之谊,庶于全局有裨也。"由是中国戍朝鲜兵遂罢归。是年,吉林设通商局于和龙峪,设分卡于光霁峪、西步江,专司吉林与朝鲜通商事。又设越垦局,划图们江北沿岸长约七百里、宽约四十五里，为越垦专区。

当光绪己卯间，俄人以伊犁故，将失和，遣兵舰驶辽海，英人亦遣兵舰踞朝鲜之巨文岛，以尼俄人。既而伊犁约成，英人虑扰东方大局，冀中国始终保护朝鲜，屡为总署言。十二年，出使英法德俄大臣刘瑞芬致书鸿章，言："朝鲜毗连东三省，关系甚重。其国奸党久怀二心，饮鸩自甘，已成难治之症。中国能收其全土改行省，此上策也。其次则约同英、美、俄诸国共相保护，不准他人侵占寸土，朝鲜亦可幸存。"鸿章韪之。上之总署，不可，议遂寝。是年，释李昰应归国，熙奉表谢恩，贡方物，留抵正贡。

十三年，鸿章遵旨筹议朝鲜通使各国体制，奏言："电饬驻扎朝鲜办理交涉通商事宜升用道补用知府袁世凯，转商伊国应派驻公使，不必用'全权'字样。旋于九月二十三日接据袁世凯电禀：准朝鲜外署照称：'奉国王传教，前派各使久已束装，如候由咨文往返筹商，恐须时日，请先电达北洋大臣筹覆。'并据其国王咨称：'近年泰西各国屡请派使修聘，诸国幅员权力十倍朝鲜，不可不派大公使。惟派使之初，未谙体制，未先备请中朝，派定后即饬外署知照各国，以备接待。兹忽改派，深恐见疑。仍请准派全权公使前往，待报聘事竣调回，或以参赞等员代理，庶可节省经费；并饬使至西国后，与中国大臣仍恪遵旧制。'等语，辞意甚为逊顺。臣复加筹度，更将有关体制者先为约定三端：一，韩使初至各国，应请由中国大臣挈赴外部；一，遇有宴会交际，应随中国大臣之后；一，交涉大事关系紧要者，先密商中国大臣核示，并声明此皆属邦分内之体制，与各国无干，各国不得过问。当即电饬袁世凯转达国照办。兹复准王咨称：'于十月杪饬驻美公使朴定阳、驻英德俄意法公使赵臣熙先后前往，所定三端并饬遵行。'臣查朝鲜派使往驻泰西，其国原约有遣使互驻之条，遂未先商请中国，遽以全权公使报闻各国。此时虑以改派失信，自是实情。既称遣使后与中朝使臣往来恪遵旧制，臣所定拟三端又经遵行，于属邦事例并无违碍。"

是年，吉林有朝鲜勘界之案。十六年，总理衙门疏言："吉林将军奏称：'朝鲜流民占垦吉林边地，光绪七年经将军铭安、督办边防吴大澂奏将流民查明户籍，分归珲春及敦化县管辖。嗣因朝王景请刷还流民，咨由礼部转奏。经将军覆准，予限一年，由伊国地方官设法收回。复因限满而流民仍未刷还，反纵其过江侵占，经将军希元咨由总理衙门奏准派员会勘。乃其国始误以豆满、图们为两江，继误指内地海兰河为分界之江，终误以松花江发源之通化松沟子有土堆如门，附会"土门"之义，执意强辩。续经希元派员覆勘石乙水为图们正源，议于长水分界，绘具图说，于十三年十一月奏奉谕旨咨照国王遵办在案。乃国王不加详考，遽信勘界使李重夏偏执之词，坚请以红土山水立界，龃龉难合，然未便以勘界之故，遂置越垦为缓图。现在朝鲜茂山府对岸迤东之光霁峪、六道沟、十八崴子等地方，韩民越垦约有数千，地约数万晌。此处既有图们江天然界限，自可毋庸再勘。其国迁延至今，断难将流民刷还，应亟饬令领照纳租，归我版籍，先行派员清丈，编甲升科，以期边民相安'等语。臣等查吉林、朝鲜界务，前经两次会勘，其未能即定者，特茂山以上直接三汲泡二百余里之图们江源耳。至茂山以下图们江巨流，乃天然界限。江南岸为朝鲜咸镜道属之茂山、会宁、钟城、庆源、庆兴六府地方，江北岸为吉林之敦化县及珲春地方，朝鲜勘界使亦无异说。韩民越垦多年，庐墓相望，一旦尽刷还，数千人失业无依，其情实属可矜。若听其以异籍之民日久占住，主客不分，殊非久计。且近年垦民叠以韩官边界征租，种种苛扰，赴吉林控诉，经北洋大臣李鸿章咨臣衙门有案。现在江源界址既难克日划清，则无庸勘办处所，似宜及时抚绥。拟请饬下将军，遴派贤员清丈升科，领照纳租，归地方官管辖，一切章程奏明办理。"于是将军长顺颁发执照，韩民愿走者听其自便，愿留者剃发易服，与华人一律编籍为氓，垦地纳租。

是年，熙母妃赵氏薨，遣使奉表来讣曰："朝鲜国王臣李熙言：臣母赵氏于光绪十六年四月十七日薨逝，谨奉表讣告。臣李熙诚惶诚恐顿首顿首。伏以小邦无禄，肆切哀惶之忱，内艰是丁，恭申讣告之礼。臣无任望天仰圣激切屏营之至，谨奉表告讣以闻。"告讣正使洪钟永等为恳恩事："窃小邦祇守藩服，世沐皇恩，壬午、甲申之交，纲常得以扶植，土宇赖以廓清，尤属恩深再造。自经丧乱，洊遭饥馑，民物流离，六七年来，艰难日甚。近又不幸，康穆王妃薨逝，举朝哀戚，无计摒挡。主上念王妃遭兵构悯，八域困穷，向例丧祭之需，出自闾阎者，不得不一概蠲免，以舒民力，故凡丧祭俱从俭约。惟念大皇帝钦差颁敕，自昔异数，时恐星使莅临，礼节倘有未周，负罪滋甚。与其抱疚于将来，孰若陈情于先事？况天恩高厚，有愿必偿，久如赤子之仰慈父母矣。为特敬求部堂俯鉴实情，擎奏天陛。倘有温谕颁发，俾职敬谨赍回，免烦星使之处，出自逾格恩施，不胜急切兢惧之至。"

礼臣奏闻，帝谕曰："朝鲜告讣使臣具呈恳请免遣使赐奠一摺，所陈困苦情形，自非饰虚。惟国王世守东藩，备叨恩礼，吊祭专使，载在典常，循行勿替，此天朝抚恤属藩之异数，体制攸关，岂容轻改？特念朝鲜近年国用窘乏异常，不得不于率循旧章之中，曲加矜恤。向来遣使其国，皆由东边陆路，计入境后，尚有十余站，沿途供亿实繁。此次派往大员，著改由天津乘坐北洋轮船，径至仁川登岸，礼成，仍由此路回京。如此变通，则道途甚近，支应无多，所有向来陆路供张繁费，悉行节省。至钦使到国以后，应行典礼，凡无关冗费者，均应恪遵旧章，不得稍事简略。将此谕由礼部传谕国王知之。"九月，遣户部左侍郎续昌、户部右侍郎崇礼往谕祭。

十九年，朝鲜偿日本米商金。先是十五年秋，朝鲜饥，其咸镜道观察使赵秉式禁粜，及次年夏弛禁。日人谓其元山埠米商折本银十四万余元，责偿朝鲜，朝鲜为罢秉式官，许偿六万，日人至三易公使以争，至是卒偿十一万，事乃解。

初，中国驻朝道员袁世凯以吴长庆军营务处留朝，充商务总办兼理交涉事宜。时朝鲜倚中国，其执政闵泳骏等共善世凯。泳骏，闵妃族也，素嫉日本，而国中新党厚自结于日人。甲申朝鲜之难，金玉均、朴泳孝等挟赀逃日本，而李逸植、洪钟宇分往刺之。钟宇，英植子，痛其父死玉均手，欲得而甘心，佯交欢玉均。二十年二月，自日本偕乘西京丸商轮船游上海，同寓日本东和旅馆。二十二日，钟宇以手枪击杀玉均，中国捕钟宇系之以诘朝鲜。朝人谓玉均叛党，钟宇其官也，请归其狱自谳，许之。朝鲜超赏钟宇五品官，戮玉均尸而以盐渍其首。日本大哗，乃为玉均发丧假葬，执绋者数百人。会逸植亦刺泳孝于日本，未中，日人处逸植极刑。日、朝交恶，且怒中国归玉均尸。

四月，朝鲜东学党变作。东学者，创始崔福成，剌取儒家、佛、老诸说，转相衍授，起于庆尚道之慈仁县，蔓延忠清、全罗诸道。当同治四年，朝鲜禁天主教，捕治教徒，并擒东学党首乔姓杀之，其党卒不衰。洎上年径赴王宫讼乔冤，请湔雪，不许。旋擒治其渠数人，乃急而思逞。朝鲜赋重刑苛，民多怨上，党人乘之，遂倡乱于全罗道之古阜县。朝鲜王以其臣洪启勋为招讨使，假中国平远兵舰、苍龙运船，自仁川渡兵八百人至长山浦登岸，赴全州。初战甚利，党人逃入白山，朝兵蹑之，中伏大败，丧其军大半。贼由全罗犯忠清两道，兵皆溃，遂陷全州、会城，获枪械药弹无算。榜全州城以匡君救民为名，扬言即日进公州、洪州直捣王京。

朝鲜大震，急电北洋乞援师。鸿章奏派直隶提督叶志超、太原镇总兵聂士成率芦榆防兵东援，屯牙山县屯山，值朝鲜王京西南一百五十里，仁川澳左腋洒江口也。五月，电谕驻日公使汪凤藻，按光绪十一年条约，告日本外部以朝鲜请兵，中国顾念藩服，遣兵代平其乱。日本外务卿陆奥宗光复凤藻文谓："贵国虽以朝鲜为藩服，而朝鲜从未自称为属于贵国。"乃以兵北渡，命其驻京公使小村寿太郎照约告于中国总署。复文谓："我朝绥藩服，因其请兵，故命将平其内乱。贵国不必特派重兵。且朝鲜并未向贵国请兵，贵国之兵亦不必入其内地。"日使覆文谓："本国向未认朝鲜为中国藩属。今照日朝《济物浦条约》及中日两国《天津条约》，派兵至朝鲜，兵入朝鲜内地，亦无定限。"朝鲜乱党闻中国兵至，气已慑。初九日为朝兵所败，弃全州遁，朝兵收会城。

乱平，而日兵来不已。其公使大鸟圭介率兵四百人先入王京，后队继至，从仁川登岸约八千余人，皆赴王京。朝鲜惊愕，止之不可。中国以朝乱既平，约日本撤兵，而日人要改朝鲜内政。其外部照会驻日使臣，约两国各简大臣至朝，代其更革。凤藻复文谓："整顿内治，任朝鲜自为之，即我中国不愿干预。且贵国既认朝鲜为自主之国，岂能预其内政？至彼此撤兵，《中东和约》早已订有专条，今可不必再议。"而日人持之甚坚。时日兵皆据王京要害，中国屯牙山兵甚单。世凯屡电请兵，鸿章始终欲据条约要日撤兵，恐增兵益为藉口。英、俄各国使臣居间调停，皆无成议。鸿章欲以赔款息兵，而日索银三百万两，朝论大哗，于是和战无定计，而日本已以兵劫朝鲜。

日使大鸟圭介首责朝鲜独立。六月，圭介要以五事：一，举能员；二，制国用；三，改法律；四，改兵制；五，兴学校。朝鲜为设校正厅，示听命。十四日，朝鲜照会日使，先撤兵，徐议改政，不许。复责其谢绝为中国藩属。朝鲜以久事中国，不欲弃前盟，驻京日使照会出署文略谓："朝鲜之乱，在内治不修。若中、日两国合力同心，代为酌办，事莫有善于此者。万不料中国置之不讲，但日请我国退兵。两国若启争端，实惟中国执其咎。"遂遍布水雷汉江口，以兵塞仁京诸门。十七日，袁世凯赴仁川登轮回国。二十一日，大鸟圭介率兵入朝鲜王宫，杀卫兵，遂劫国王李熙，令大院君李昰应主国事。矫王令流闵泳骏等于恶岛，凡朝臣不亲附者逐之。事无巨细，皆决于日人。

二十二日，鸿章电令牙山速备战守，乃奏请以大同镇总兵卫汝贵率盛军十三营发天津，盛京副都统丰伸阿统盛京军发奉天，提督马玉昆统毅军发旅顺，高州镇总兵左宝贵统奉军发奉天。四大军奉朝命出师，虑海道梗，乃议尽由陆路自辽东行，渡鸭绿江入朝鲜。时牙山兵孤悬，不得四大军消息，而距牙山东北五十里成欢驿为自王京南来大道，且南通公州。士成请于志超，往扼守，遂率武毅副中营、老前营及练军右营于二十四日移驻成欢。鸿章租英商高升轮载北塘防军两营，辅以操江运船，载械援牙山，兵轮三艘翼之而东。而师期预泄，遂为所截，三轮逃回威海，操江悬白旗任掠去。日舰吉野、浪速以鱼雷击高升，沉，两营歼焉。是日牙山军闻之，知援绝，而日人大队又逼。士成请援于志超，二十六日，志超驰至，迎战失利。二十七日，日兵踞成欢，以炮击我军，势不支，遂败。志超已弃公州道，士成追及之，合军北走，绕王京之东，循清镇州、忠州、槐山、兴塘，涉汉江，经堤川、原州、横川、狼川、金化、平康、伊川、遂安、祥源，渡大同江至平壤，与大军合，匝月始达。

七月初一日，谕曰："朝鲜为我大清藩屏二百余年，岁修职贡，为中外共知。近十年其国时多内乱，朝廷字小为怀，叠次派兵前往勘定，并派员驻扎其国都城，随时保护。本年四月间，朝鲜又有土匪变乱，国王请兵援剿，陈词迫切，当即谕令李鸿章拨兵赴援，甫抵牙山，匪徒星散。乃日人无故添兵，突入汉城，嗣又增兵万余，迫令朝鲜更改国政。我朝抚绥藩服，其国内政事向令自理；日本与朝鲜立约，系属与国，更无以重兵强令革政之理。各国公论，皆以日本师出无名，不合情理，劝令撤兵，和平商办。乃竟悍然不顾，迄无成说，反更陆续添兵，朝鲜百姓及中国商民日加惊扰，是以添兵前往保护。讵行至中途，突有敌船多只，乘我不备，在牙山口外海面开炮袭击，伤我运船，殊非意料所及。日本不遵条约，不守公法，衅开自彼，公论昭然。用特布告天下，俾晓然于朝廷办理此事，实已仁至义尽，势难再与姑容。著李鸿章严饬派出各军，迅速进剿，厚集雄师，陆续进发，以拯韩民于涂炭。"盖中国至是始宣战也。

是时中国军并屯平壤为固守计。八月初，日兵既逼，诸将分划守界。城北面左宝贵所部奉军、丰伸阿之盛军、江自康之仁字两营守之，城西面叶志超所部芦防军守之，城南面迤西南隅卫汝贵之盛军守之，城东面大同江东岸马玉昆之毅军守之，复以左宝贵部分统聂桂林策应东南两面，志超驻城中调度，宝贵驻城北山顶守玄武门，诸将各以守界方位驻城外。十六日,日兵分道来扑,巨炮逼攻,各垒相继溃,城遂陷,宝贵力战中炮死。志超率诸将北走,军储器械、公牍密电尽委之以去。聂士成以安州山川险峻,宜固守,志超不听,奔五百余里,渡鸭绿江入边止焉。自是朝鲜境内无一华兵,朝事不可问矣。

二十一年三月,《马关条约》成,其第一款中国确认朝鲜为完全无缺独立自主之国,凡前此贡献等典礼皆废之。盖自崇德二年李倧归附,朝鲜为清属国者凡二百五十有八年,至是遂为独立自主国云。

琉球,在福建泉州府东海中。先是明季琉球国王尚贤遣使金应元请封,会道阻,留闽中。清顺治三年,福建平,使者与通事谢必振等至江宁,投经略洪承畴,送至京,礼官言前朝敕印未缴,未便受封。四年,赐其使衣帽布帛遣归。是年,尚贤卒,弟尚质自称世子,遣使奉表归诚。

十年,遣使来贡。明年,再遣贡使,兼缴前朝敕印,请封,允之。诏曰:"帝王祇德底治,协于上下,灵承于天,薄海通道,罔不率俾,为藩屏臣。朕懋缵鸿绪,奄有中夏,声教所绥,无间遐迩,虽炎方荒略,不忍遗弃。尔琉球国粤在南徼,乃世子尚质达时识势,祇奉明纶,即令王舅马宗毅等献方物,禀正朔,抒诚进表,缴上旧诏敕印。朕甚嘉之,故特遣正使兵科副理官张学礼、副使行人司行人王垓,赍捧诏印,往封为琉球国中山王。尔国官僚及尔氓庶,尚其辅乃王,饬乃侯度,协抒乃忠荩,慎乂厥职,以凝休祉,绵于奕世。故兹诏示,咸使闻知。赐王印一、缎币三十匹,妃缎币二十匹;并颁定贡期,二年一贡,进贡人数不得逾一百五十名,许正副使二员,从人十五名入京,余俱留闽待命。"既而学礼等至闽,因海氛未靖,仍掣回。

康熙元年,敕曰:"琉球国世子尚质慕恩向化,遣使入贡。世祖章皇帝嘉乃抒诚,特颁恩赍,命使兵科副理官张学礼等赍捧敕印,封尔为琉球国王。乃海道未通,滞闽多年,致尔使人率多物故。朕念尔国倾心修贡,宜加优恤,乃使臣及地方官逗留迟误,均未将前情奏明,殊失朕怀远之意。今已将正副使、督抚等官分别处治,特颁恩赍,仍遣正使张学礼、副使王垓令其自赎前非,暂还原职,速送使人归国。一应敕封事宜,仍照世祖章皇帝前旨奉行。朕恐尔国未悉朕意,故再降敕谕,俾尔闻知。"于是学礼等奉往至其国,成礼而还。

三年,质遣陪臣吴国用、金正春奉表谢封,贡方物。四年,再遣贡使并贺登极。其贡物至梅花港口遭风漂失,帝谕免其补进。五年,质仍遣贡使补进前失贡物。帝谕曰:"尚质恭顺可嘉,补进贡物,俱令赍回。至所进玛瑙、乌木、降香、木香、象牙、锡速香、丁香、檀香、黄熟香等,皆非土产,免其入贡。其琉璜留福建督抚收贮。余所贡物,令督抚差解来京。"即给赏遣归。六年,贡使仍赍表入觐。七年,重建柔远馆驿于福建,以待琉球使臣。是年,王尚质薨。

八年,世子尚贞遣陪臣英常春来贡。琉球国凡王嗣位,先请朝命,钦命正副使奉敕往封,赐以驼钮镀金银印,乃称王。未封以前称世子,权国事。十年、十三年,世子贞均遣陪臣来贡。十八年,贞遣陪臣补进十七年正贡。旧例贡物有金银罐、金银粉匣、金缸酒海、泥金彩画围屏、泥金扇、泥银扇、画扇、蕉布、苎布、红花、胡椒、苏木、腰刀、火刀、枪、盔甲、马、鞍、丝、绵、螺盘,加贡之物无定额。十九年,陪臣来贡,帝俱令免进。嗣后常贡,惟马及熟硫磺、海螺壳、红铜等物。

二十年,贞遣陪臣毛见龙等来贡。帝以贞当耿精忠叛乱之际,屡献方物,恭顺可嘉,赐敕褒谕,兼赐锦币十五。又常贡内免其贡马,著为例。贞疏言:"先臣尚质于康熙七年薨逝,贞嫡嗣,应袭爵,具通国臣民结状请封。"礼臣议航海道远,应令贡使领封。见龙等固请,礼臣执不可,帝特允之。

二十一年,命翰林院检讨汪楫、内阁中书舍人林麟焻为正副使,赍诏敕银印往封琉球国世子尚贞为王,赐御书"中山世土"额。礼成,还京,奏言:"中山王尚贞愿令陪臣子弟四人来京受学。部议前明洪武、永乐、宣德、成化间,琉球官生入监读书。今尚贞倾心向学,应如所请。"从之。贞遣陪臣毛国珍、王明佐等谢封,奏言:"前代册使,奉命后每迟至三四年甚有十余年而后临臣国者。今使臣汪楫、林麟焻朝拜命而夕就道。且当海疆多故之时,冲风冒险,而臣国又僻在海东,封舟开驾,恃西南风以行,中道无可倚泊,常兼旬经月而后至,甚者水米俱尽,事不可言。今在五虎门开洋,仅三昼夜而达小国。臣遣官迎护,亲见舟行之次,万鸟绕篷而飞,两鱼夹舟而进,经过之处,浪静波平,倏抵琉球内地,通国臣民以为仅见。仰惟皇上文德功烈,格天感神,且有御笔在船,故征应若此也。乞宣付史馆,以彰嘉瑞。"又疏请饬使官收受所辞宴金,帝命收受。

二十五年,贞遣官生梁成楫、蔡文溥、阮维新、郑秉钧四人入太学,附贡使船,遭风桅折,伤秉钧,飘至太平山修船,二十七年二月,始至京师。十月,贞遣陪臣来谢子弟入监读书恩,并贡方物。帝令成楫等三人照都通事例,日廪甚优,四时给袍褂、衫裤、靴帽、被褥咸备,从人皆有赐,又月给纸笔银一两五钱,特设教习一人,令博士一员督课。二十八年,贞疏言:"旧例,外国船定数三艘货物得免收税。今琉球进贡船止二艘,尚有接贡船一艘,未蒙免税,请照例免收,以足三船之数。"又:"人数例带一百五十人,万里汪洋,驾舟人少,不能远涉,乞准加增。"礼臣议免入贡船税,人数不准加增,帝特令加增至二百人。三十二年,贞遣陪臣来贡,请入监读书官生归国。赐宴及文绮,乘官厚给遣归。自是二年一贡如常例。

四十八年,琉球国内多灾,宫殿焚,台飓频作,人畜多死。是年王尚贞薨,世子尚纯先卒。四十九年,尚纯子尚益以嫡孙立。五十一年,卒,未及请封。五十二年,尚益世子尚敬立。比年遣使入贡,称"世曾孙"。五十七年六月,命翰林院检讨海宝、编修徐葆光充正副使,往封琉球国世曾孙尚敬为王。

五十八年,琉球国建明伦堂于文庙南,谓之府学,择久米大夫通事一人为讲解师,月吉读《圣谕衍义》;三六九日，紫金大夫诣讲堂，理中国往来贡典，察诸生勤惰，籍其能者备保举。八岁入学者，择通事中一人为训诂师教之。文庙在久米村泉崎桥北，创始于康熙十二年。庙中制度俎豆礼仪悉遵《会典》。琉球自入清代以来，受中国文化颇深，故慕效华风如此。五十九年，琉球国王尚敬疏请续送官生入监读书，从之。

雍正二年，敬遣陪臣王舅翁国柱及曾信等奉表贺登极，贡方物，兼送官生郑秉哲、郑绳、蔡弘训等入监读书。帝召见国柱等，御书"辑瑞球阳"额赐王，并玉器、缎币等物，交国柱赍回。官生蔡弘训病卒，赐银百两，交礼官择近京地葬之，并以二百两赡恤其家。三年，敬遣使表谢方物，帝命准作二年一次正贡。四年，敬遣使入贡，并进谢表方物，命存留作六年正贡；其六年表文，俟八年正贡时并进。是年，贡使归，附官生郑秉哲等归国。六年，敬仍遣使入贡，帝命作八年正贡；若八年贡使已经起程，即准作十年正贡。八年，敬遣使入贡，疏言请遵旧制二年一贡，不敢愆期。帝谕仍遵前旨；若十年贡物已遣使起程，即准作十二年正贡，十一年不必遣使。

乾隆二年六月，琉球所属之小琉球国有粟米、棉花二船遭风飘至浙江象山，浙闽总督嵇曾筠资给衣粮遣还。事闻，帝谕："嗣后被风漂泊之船，令督抚等加意抚恤。动用存公银两，资给衣粮，修理舟楫，查还货物，遣归本国。著为令。"三年，敬遣陪臣奉表贺登极，并贡方物。帝命贡使赍回御书"永祚瀛壖"额赐王，并谕不必专使谢恩，俟正贡之年一同奏谢。五年，敬遣使入贡，并进谢恩方物。六年，礼臣议琉球谢恩礼物照雍正四年例，准作二年一次正贡，从之。五月，浙江提督裴鉽奏言："江南商民徐淮华等五十三人遭风飘入琉球之叶壁山，国王资遣都通事阮为标护送归国。"帝命礼臣传旨奖之。十五年，敬遣通事阮超群等送回十四年被风失舟之商民吴永盛等四船九十二人。其林士兴等六船一百三十人，先已拨给桅木廪饩资送回闽。事闻，赐敬缎匹。十六年，福建巡抚潘思榘奏言："琉球贡使毛如苞等贡船遇飓，飘还本岛，今修葺补进。又前有闽县遭风船户蒋长兴等、常熟县商民瞿长顺等三十九人，留养两年，今亦随船回闽。"奉旨嘉奖。是年，王尚敬薨。

十九年，世子尚穆遣使入贡，兼请袭封。二十年，命翰林院侍读全魁、编修周煌充正副使，往封琉球国世子尚穆为王。二十四年，穆遣使入贡，并遣官生梁文治等入监读书。帝命所进方物准作二十五年正贡。是年，资送遭风商民金任之、照屋等五十三人回国。以后迄于光绪朝，凡琉球遭风难民，皆抚恤如例。二十九年，遣官生梁文治等归国。四十九年，穆遣陪臣毛廷栋等入觐，行庆贺礼。御书"海邦济美"额赐之，并赐玉、磁、缎匹诸物。五十五年，穆遣使入贡，并进谢恩方物，恳恩免抵正贡。帝命如所请行。五十八年，谕军机大臣："琉球贡船，现距年节两月有馀，即饬伴送员按程从容行走，祗须封篆前到京，便与年班各外藩同与宴赉。"五十九年，穆遣使谢特赐"福"字、如意恩，贡方物。是年，王尚穆薨。世子尚哲先卒，世孙尚温权署国事。

嘉庆三年，世孙尚温遣使入贡，兼请袭封。是年，尚温建国学于王府北，又建乡学三，国中子弟由乡学选入国学。四年，命翰林院修撰赵文楷、编修李鼎元充正副使，往封琉球国世孙尚温为王，赐御书"海表恭藩"额。五年，尚温遣陪臣子弟四人入监读书。七年，琉球那霸官民集赀请于王，建乡学四。八年，琉球二号贡船，至大武仑洋遭风漂至台湾，冲礁击碎，其正贡船亦同时漂没，福州将军玉德等以闻。帝谕救获官伴、水梢人等，照常例加倍给赏，贡物无庸另备呈进。十二年，王尚温薨，世子尚成署国事，未及受封，病卒。

七月，命翰林院编修齐鲲、工科给事中费赐章往封世孙尚灏为王。是年，琉球接贡船复遭风沉没，帝命给银千两作雇船资用，另给银五百两恤淹毙六十三人家属。道光二年，琉球贡船至闽头外洋遭风击碎，溺死贡使十名，帝命给银千两，雇商船回国，免另备贡物。又琉球遭风难夷米喜阜等，每名日给盐菜口粮，俟回国之日另给行粮一月。七年，琉球国王尚灏遣使入贡，并谢赐御书恩，贡方物，呈恳免抵正贡，允之。十七年，王尚灏薨，遣使往封世子尚育为王。

十九年，尚育遣使谢封册及赏御书，贡方物。又疏请饬使臣受宴金，帝不允，令来使赍回。初，琉球旧例，间岁一贡，上年改为四年朝贡一次。二十年十一月，其国王吁请照旧，允之。其陪臣子弟四人，准随同贡使北上入监读书。

琉球国小而贫，逼近日本，惟恃中国为声援。又贡舟许鬻贩各货，免征关税，举国恃以为生，其资本多贷诸日本。国中行使皆日本宽永钱；所贩各货，运日本者十常八九。其数数贡中国，非惟恭顺，亦其国势然也。

二十六年，琉球入监官生向克期回国，途中病故，恤银三百两。咸丰元年，琉球国王世子尚泰遣使贺登极，贡方物，恳免留抵，允之。帝谕军机大臣曰："琉球恪守藩封，前以英人伯德令住居伊国，久未撤回，频来呼吁，曾经饬令徐广缙晓谕文安委婉开导，令其撤回。文安设词推诿，该督仍当随时体察情形，加意控驭。"三年，赐琉球御书"同文式化"额。四年，琉球世子遣使庆贺册立大典，贡方物。时贼氛遍东南，邮传多阻，谕令使臣无庸绕道来京，即由闽回国。使臣仍恳入都，帝命王懿德等俟来岁道路疏通，派员护送。八年，琉球入监官生毛启祥途中病故，赐恤银三百两。九年，琉球贡使到闽，帝以贡使远涉输诚，命王懿德等察看情形，如闽省上游及江、浙诸省道路已通，即派员伴送来京。十年，琉球入监官生葛兆庆病故，营葬张家湾，赐恤金如例。

同治三年，琉球国世子遣使贺登极，贡方物。是年，英人与日本构衅，将袭取琉球，驻海军，事寻解。五年，遣使赍敕印往封琉球世子尚泰为王。六年，尚泰遣陪臣子弟四人入监读书。十年，有琉球船遭风漂至台湾，为生番劫杀者五十四人。十一年，复劫杀日本小田县难民四人，日本大哗。既，中、日立约于天津，要求痛惩生番，恤琉球、日本死难诸人，且言琉球为日本版图，藉口称兵台湾，语具《邦交志》。

光绪元年，琉球国贡使蔡呈祚回国病殁山东，赐葬费银。五年，日本入琉球，灭之，夷为冲绳县，虏其王及世子而还。总理衙门以灭我藩属诘日本，日人拒焉。六年，帝命北洋大臣李鸿章统筹全局，鸿章奏言：" 琉球原部三十六岛，北部九岛、中部十一岛、南部十六岛，而周回不及三百里。北部中有八岛早属日本，仅存一岛。去年日本废灭琉球，中国叠次理论，又有美前总统格兰忒从中排解，始有割岛分隶之说，此时尚未知南岛之枯瘠也。本年日本人竹添进一来津谒见，称其政府之意拟以北岛、中岛归日本，南岛归中国。又议改前约。臣以琉球初废之时，中国体统攸关，不能不亟与理论。今则俄事方殷，势难兼顾。且日人要索多端，允之则大受其损，拒之则多树一敌，惟有暂从绥议。因传询在京之琉球官尚德宏，始知中岛物产较多，南岛贫瘠僻隘，不能自立。而琉球王及其世子，日本又不肯释还。适接出使大臣何如璋来书，复称询访琉球国王，谓'如宫古、八重山小岛另立三子，不止吾家不愿，阖国臣民亦断断不服。南岛地瘠产微，向隶中山，政令由土人自主。今欲举以畀琉球，琉球人反不敢受，我之办法亦穷'等语。臣思中国以存琉球宗社为重，本非利其土地。今得南岛以封琉球，而琉球不愿，势不能不派员管理。既蹈义始利终之嫌，且以有用之兵饷，守瓯脱不毛之地，劳费正自无穷。而道里辽远，实有孤危之虑，若悼其劳费而弃之不守，适坠人狡谋。且恐西人踞之，经营垦辟，扼我太平洋咽喉，亦非中国之利。是不议改约，而仅分我以南岛，犹恐进退两难，致贻后悔。今之议改前约，倘能竟释琉球国王，畀以中、南两岛，复为一国，其利害尚足相抵，或可勉强允许。不然，彼享其利，我受其害，且并失我内地之利，窃所不取也。臣愚以为日本议结琉球之案，暂宜缓允。"由是琉球遂亡。

卷五百二十七　　列传三百十四

属国二

越　南

越南先称安南。顺治初，安南都统使莫敬耀来归，未及授爵而卒，寻授其子莫元清为安南都统使。

十六年八月，经略大学士洪承畴始奏言安南国遣吏目玉川伯邓福绥、朝阳伯阮光华，赍启赴信郡王军前抒诚纳款。十七年九月，黎维祺始自称国王，奉表贡方物，帝嘉之，赐文绮、白金。十八年，敕曰："朕惟修德来远，盛代之弘谟；纳款归仁，人臣之正谊。既输诚而向化，用锡命以宣恩。褒忠劝良，典至重也。尔安南国王黎维祺，僻处炎方，保有厥众。乃能被服声教，特先遣使来归，循览表文，悃忱可见。古称识时俊杰，王庶几有之。用锡敕奖谕，仍赍尔差官钗仁根银币衣服等事，遣通事序班一员

伴送至广西，沿途拨发兵马导之出疆。尔受兹宠命，其益励忠节，永作屏藩，恪守职贡，丕承无斁。钦哉！"未几，维祺卒，子维禔嗣。寻久卒，子维禧嗣。

康熙二年十一月，维禧遣黎敭等表谢，附贡方物。三年二月，遣内院编修吴光、礼部司务朱志远，谕祭故王维祺、维禔。五年五月，维禧缴送故明王永历敕、印，遣内国史馆翰林学士程方朝、礼部郎中张易贲册封维禧为安南国王，赐镀金驼钮银印。六年，维禧夺都统使莫元清高平地，元清奔云南，上疏陈诉，帝命安置南宁。维祺亦上疏言兴兵复仇本末。

初，明正德十一年，社堂烧香官陈暠杀其王莫晭自立，晭臣都力士莫登庸讨杀暠，立晭兄子谌。嘉靖元年，登庸逐谌自立，谌子黎平据清华自为一国。后莫氏渐衰，但保高平一郡，势益弱。至是，帝遣内院侍读李仙根、兵部主事杨兆杰，赍敕谕维禧，将高平土地人民归莫元清："各守其土，尽尔藩职。"初，安南定为三年一贡。七年，维禧疏请六年两贡并进，帝如所请。八年，使臣李仙根等赍回维禧覆疏，言遵旨将高平府石林、广原、上琅、下琅土地人民归莫元清，因奏称黎维禧所归土地，尚有保乐、七源二州，昆仑、金马等十二总社未还，请再敕谕全还，帝不许。

是年，黎维禧薨，弟维𥘵权理国事。十三年正月，维𥘵以讣告，遣陪臣胡士扬等进康熙八年、十一年岁贡，疏言："先王世守安南，为逆臣莫登庸篡弑，赖辅政郑櫕之祖剿除恢复。莫逆遗孽篡据高平，乍臣乍叛。至莫元清俱臣讨罪，潜入内地投诚。康熙八年，奉命令还高平，臣维禧钦奉君命，敢不懔遵。但莫元清为臣不共之仇，高平为世守之土，叛逆窃据，祸在萧墙。叩恳天恩，仍令高平归本国。且莫元清尚有誓辞及祭伊父莫敬耀文，内有'图逆天朝'之语，今谨敬呈，并贡方物。"事下部议。寻议："前维禧退还莫元清高平，取有复相和好印结。今维𥘵虽言收得誓书、祭文，但此文年久，誓辞系莫敬耀名，或得自敬耀存时，或得自元清今日，殊难悬拟，应饬维𥘵查明具题再议。"从之。

十四年，黎维𥘵卒，弟维正权理国事。十六年，帝谕维正曰："逆贼吴三桂，值明季闯贼之变，委身从贼，以父死贼手，穷窜来归，念其投诚，锡之王爵，方且感恩图报，殚竭忠诚。讵意以枭獍之资，怀狙诈之计，阴谋不轨，自启衅端，藉请搬移，辄行叛逆，煽惑奸宄，涂炭生灵。朕连年遣兵征讨，秦、陇底定，闽、粤荡平，惟吴三桂窃据一隅，苟延旦夕。今大兵云集，恐其挺走，潜窜岭南。兹以王累世屏藩，效忠天国，乱臣贼子，谅切同仇。今已遣诸军大张挞伐，平定粤西，进取滇、黔。尔国壤地相属，素谙形势，王其遴选将士，协力歼除，懋赏荣褒，朝有令典。钦哉，无负朕命！"十八年十一月，维正庆贺大捷，疏言："逆贼吴三桂，变乱数年，阻贡贡路，且再三胁诱，令服从，区区愚忠，罔敢易节。乃有逆臣莫元清与三桂密相缔结，潜入高平，图为掩袭。今愿仗天威，追擒逆党，明正其罪，以固屏藩。"许之。

二十一年九月，维正遣陪臣甲全等表贺闽、粤肃清，

并进岁贡方物；又为故王维䄇请恤，议恤如例。时所贡金银器皿与本内不符，诏免深求，其余贡物酌减白绢、降真香、中黑线香等物。二十二年四月，遣翰林院侍读明图、翰林院编修孙卓册封黎维正为安南国王，御书"忠孝守邦"四字赐之。同时遣翰林院侍读鄂黑、礼部郎中周灿谕祭故王维禧、维䄇。时莫元清已故，其弟敬光为黎氏所败，率众来奔，帝命发回安南。寻敬光病殁泗城土府，莫氏遂绝。

二十五年，增赐安南国王表里五十，著为例。三十六年，维正奏言牛马、蝴蝶、浦园三处为邻界土司侵占，请给还。帝问云南巡抚石文晟，知其地属开化府已三十余年，并非安南故地，移文责之。五十七年十月，黎维正薨，嗣子维裪以讣告，请袭封，附贡方物。五十八年二月，遣内阁中书邓廷哲、翰林院编修成文谕祭故王黎维正，兼册封维裪为安南国王。

雍正二年，维裪遣陪臣表贺登极，附贡方物，赐御书"日南世祚"四字。三年，云南总督高其倬奏言："云南开化府与安南接界，自开化府马伯汛外四十里至铅厂山下小河内有逢春里六寨，册载秋粮十二石零。康熙二十八年，入于安南。又《云南通志》载自开化府文山县南二百四十里至赌咒河与安南为界。今自开化府至现在之马伯汛，止一百二十里，即至铅厂山下小河，亦止一百六十里，是铅厂山小河外尚有八十里，内设都龙、南丹两厂，为云南旧境。虽失在前明，但封疆所系，均应一并清查，委勘立界。"帝谕："都龙、南丹等处明季已入安南，是侵占非始于我朝。安南入我朝以来，累世恭顺，不宜与争尺寸之地。"维裪寻疏辩。

嗣总督鄂尔泰疏请于铅厂山下小河离马伯汛四十里立界，维裪复激词陈诉。五年，谕维裪曰："朕统驭寰区，凡兹臣庶之邦，莫非吾土，何必较论此区区四十里之地。但分疆定界，政所当先，侯甸要荒，事同一体。今远藩蒙古，奉谕之下，莫不钦承，岂尔国素称礼义之邦，独违越于德化之外哉？王不必以侵占内地为嫌，拳拳申辩，此乃前人之误，非王之过也。王惟祗遵谕旨，朕不深求，倘意或迟回，失前恭顺，则自取咎戾，怀远之仁，岂能年邀？王其祗哉，无替朕命！"维裪感悔奏谢。帝因以马伯汛外四十里赐维裪，仍以马伯汛之小赌咒河为界。六年三月，遣副都御史杭奕禄、内阁学士任兰枝往安南宣谕，略云："王今自悔执迷，情词恭谨，朕特沛殊恩，即将马伯汛外四十里之地，仍赐国王世守之。"寻谕鄂尔泰曰："朕既加恩外藩，亦当俯从民便。此四十里内人民，若有愿迁内地者，可给赀安插滇省，毋使失所。其愿居外藩属安南管辖者，亦听其便。"

十一年十一月，黎维裪薨，王嗣子维祜以讣告，请袭封，附贡方物。十二年二月，遣翰林院侍读春山、兵科给事中李学裕谕祭故王维裪，册封维祜为安南国王。十三年，黎维祜薨，弟维祎权理国事。乾隆二年，维祎以讣告，请袭封。遣翰林院侍读嵩寿、修撰陈倓谕祭故王维祜，册封维祎为安南国王。三年九月，维祎遣使奉表贺登极，并贡方物。

九年九月，两广总督马尔泰奏："粤西奸民叶蓁私出外夷，诱教为匪，安南饥民流入宁明诸处。"帝命滇、粤界接安南关隘严行稽查，毋酿事端。嗣两广总督马尔泰、广西署抚托庸、提督豆斌奏言："南宁府属迁隆土峒之板蒙等隘，太平府属思陵土州之叫荒等隘，镇南府属下雷土州之下首等隘，共三十余口岸，俱逼近安南，宜叠石建栅，添卡拨兵，各土司带领土勇，扼险守巡，并饬地方官每年冬月查修通报。安南驱驴地方为货物聚集之所，最与由隘相近。从由隘出入，向设闭禁，开之实便商民。应设客长，稽商民往来，并责地方官慎察查。至平而、水口两关，通太源、牧马等地，宜设立铁练横江拦截，逢五、十日开一面以通商。"从之。初，广西思陵州沿边与安南接壤，巡抚舒辂请栽竹以杜私越。凭祥、思陵土目有乘机侵安南地者，交人不甘，恒与争鬨。十六年，总督苏昌奏闻，帝谕舒辂下部察议。

安南瑶匪盘道钳、邓成玉等谋乱，造黄袍、黄旗、木印，勾结内地民夷何圣烈等，散札招匪，谋攻都龙、安北、宜经等处，为安南兵目侦知，获何圣烈等，盘道钳等窜匿山箐间。十九年，安南八宝河沙目黄国珍诱获盘道钳、邓成玉，云贵总督硕色讯得实，奏闻正法。初，广东土匪李文光与顺化土豪阮姓谋踞禄赖、桐猥等处为乱，番官捕获系诸狱。二十一年，械送李文光十六人于福建，闽浙总督喀尔吉善奏言："安南僻处蛮陬，不敢将李文光擅自加诛，送归请示，足征怀服之忱。应将李文光等照交结外国例，分别处治。"从之。二十二年六月，安南番船失风，飘泊永宁汛，拨兵守护，给赀送归，并收贮其军械，归时给还。帝谕："收械贮库，殊为非体，可颁谕沿海提镇知之。"二十五年，闽浙总督爱必达奏言："安南边889沙匪与交目苏由为难，阑入漫卓、马鹿二寨，抢掠滋事，已咨其国王擒解矣。"帝以平日巡防不严，临时追捕不力，切责之。

二十六年，黎维祎薨，王嗣子维褍以讣告，请袭封，遣翰林院侍读德保、大理寺少卿顾汝修谕祭故王维祎，册封维褍为安南国王。维褍欲以彼国五拜事天之礼受封，德保等执不可，随如仪，礼成。顾汝修既出境，以安南王送迎仪节未周，遗书责之，广西巡抚熊学鹏以闻，汝修坐革职。二十七年三月，帝谕礼臣曰："安南世为属国，凡遇朝使册封至其国，自应遵行三跪九叩头礼。乃国王狃于小邦陋见，与册使商论拜跪仪注，德保、顾汝修指示成例，始终恪遵。外藩不谙体制，部臣应预行宣示。嗣后遇安南册封等事，即将应行典礼并前后遵行拜跪仪节告知正副使，令其永远遵循，著为令。"三十四年，安南莫氏后黄公缵居南掌蕴天寨，黎氏逼之，率属内投，维褍请索回处治，移檄责之。

四十三年，安南解审匪入关，赐维褍缎匹。四十六年，维褍遣使谢恩，贡方物。帝命收受，下次正贡著减一半，并命嗣后陈谢先奏，毋庸备礼。五月，谕礼部："本年安南贡使到京，命堂官一人带往热河瞻觐。"四十九年，帝南巡，安南陪臣黄仲政、黎有容、阮堂等迎觐南城外，赐币帛有差，特赐国王"南交屏翰"扁额。

五十一年，安南阮氏变作。初，明嘉靖中，安南王黎维潭复国，实其臣郑氏、阮氏之力，自是世为左右辅政。后右辅政乘阮死幼孤，兼摄左辅政以专国事，而出阮氏于顺化，号广南王。阮、郑世仇构兵。及黎维禟，权益下移，仅同守府。辅政郑栋遂杀世子，据金印，谋纂国，而忌广南之强，乃诱其土酋阮岳、阮惠，共攻广南王，灭之于富春。阮惠自为泰德王，郑栋自为郑靖王，两不相下，维禟无如何也。

安南所都曰东京，即古交州，唐安南都护治所；而以广南、顺化二道为西京，即古日南、九真地。黎维潭起兵之所，与东京中隔海口，世为广南阮氏所据，兵强于安南。至是，郑栋死，阮惠以郑姓专国，人心不附，乃藉除郑氏为名，攻破黎城，击灭郑栋之子郑宗，阮氏复专国，维禟牺以两郡，且妻以女。五十二年，维禟卒，嗣孙维祁立，阮惠尽取象载珍宝归广南，使郑氏之臣贡整留镇都城。贡整思扶黎拒阮，乃以王命率兵夺回象五十，而阮岳亦于广南要夺其辎重。阮惠归，治城池于富春，使其将阮任以兵数万攻贡整于国都。整战死，维祁出亡，阮任遂据东京，四守险要，有自王之志。五十三年夏，阮惠复以兵诛阮任于东京，而请维祁复位。维祁知其叵测，不敢出。惠知民心不附，尽毁王宫，挟子女玉帛舟回富春，留兵三千守东京。

有高平府督阮辉宿者，护维祁母妻宗族二百口由高平登舟远避至博谂溪河，广西太平府龙州边也，冒死涉水登北岸，其不及渡河者，尽为追兵所杀。两广总督孙士毅、广西巡抚孙永清先后以闻，且言："推因予夺，惟上所命。"帝以黎氏守藩奉贡百有余年，宜出师问罪，以兴灭继绝。先置其家于南宁，遣其陪臣黎侗、阮廷枚回国，密访嗣孙。时安南疆域，东距海，西接老挝，南与占城隔一海口，北连广西、云南。有二十二府，其二府为土司所居，实止二十府，共分十三道。此时未陷者，清华道四府十五县，宣光道三州一县，兴化道十州二县；又上路未陷、下路已陷者，安邦道四府十二县，山西道五府二十四县，京北道四府二十县，太源道三州八县；其上路已陷、下路未陷者，山南道九府三十六县；海阳道四府十九县。惟广南、顺化二道，本阮酋巢穴，又据高平道一府四州，谅山道一府七县，以捍遏内地。

帝命孙士毅移檄安南诸路，示以顺逆，早反正。时维祁弟维袖、维祯皆外出避难，维袖死宣光城，维祯由京北波篷厂来投。孙士毅以维祯有才气，欲令权摄国事。帝虑其兄弟日后嫌疑，不许，乃令土田州岑宜栋护维祯出口，号召义兵。会阮廷枚等以嗣孙复书至，乞转奏。于是安南国土司及未陷各州官兵争缚伪党献地图，而关外各厂义勇亦皆乞饷团练，请为向导。时阮惠兄弟亦叩关请贡，以其国臣民表至，言黎维祁不知存亡，请立故王维禟之子翁皇司维谨主国事，并迎其母妃回国。帝知阮惠欺维谨愚懦易与，狡计缓师，命孙士毅严斥之。

安南进兵路三：一，出广西镇南关为正道；一，由广东钦州泛海，过乌雷山至安南海东府，为唐以前舟师之道；一，由云南蒙自县莲花滩陆行至安南之洮江，乃明沐晟出师之道。孙士毅及提督许世亨率两广兵一万出关，以八千直捣王京，以二千驻谅山为声援。其云南提督乌大经以兵八千取道开化府之马白关，逾赌咒河，入交趾界千有百里而至宣化镇，较沐晟旧路稍近。云贵总督富纲请行，帝以一军不可二帅，命驻关外都龙督饷运。

十月末，粤师出镇南关。诏以安南乱后，劳瘁不堪供亿，运饷由内地滇、粤两路，设台站七十余所，所过秋毫无犯。孙士毅、许世亨由谅山分路进，总兵尚维升、副将庆成率广西兵，总兵张朝龙、李化龙率广东兵。时土兵义勇皆随行，声言大兵数十万，各守隘贼望风奔遁，惟扼三江之险以拒。十一月十三日，尚维升、庆成率兵千余，五鼓抵寿昌江。贼退保南岸，我兵乘之，浮桥断，皆超筏直上。时天大雾，贼自相格杀，我兵遂尽渡，大破之。张朝龙亦破贼柱石。十五日，进兵市球江。江阔，且南岸依山，高于北岸，贼据险列炮，我兵不能结筏。诸军以江势缭曲，贼望不及远，乃阳运拼木造浮桥，示必渡，而潜兵二千于上游二十里溜缓处用小舟宵济。十七日，乘筏薄岸相持。适上游兵已绕出其背，乘高大呼下击，声震山谷。贼不知王师何自降，皆惊溃。

十九日，薄富良江，江在国门外，贼尽伐沿江竹木，敛舟对岸。然遥望贼阵不整，知其众无固志，乃觅远岸小舟，载೯百余，夜至江，复夺小舟三十余，更番渡兵二千，分捣贼营。贼昏夜不辨多寡，大溃，焚其十余艘，获总兵、侯、伯数十。黎明，大军毕济。黎氏宗族、百姓出迎伏道左，孙士毅、许世亨入城宣慰而出。城环土垒，高不数尺，上植丛竹，内有砖城二，则国王所居，宫室已荡尽矣。而黎维祁匿民村，是夜二鼓始出诣景见孙士毅，九顿首谢。捷闻。初，王师之出也，帝虑事成后，册封往返稽时，致王师久暴露于外，先命礼部铸印，内阁撰册，邮寄军前。孙士毅遂以二十二日宣诏册封黎维祁为安南国王，并驰报孙永清归其家属。维祁表谢，请于乾隆五十五年诣京祝八旬万寿。帝命俟安南全定，维祁能自立，许来朝。是役也，乘思黎旧民与各厂义勇先驱向导，又许世亨、张朝龙等新自台湾立功，皆能战之将，故得以兵万余长驱深入，不匝月而复其都，时云南乌大经之兵尚未至也。诏封孙士毅一等谋勇公，许世亨一等子，诸将上赏赉有差。

时阮惠已遁归富春，孙士毅谋造船追讨。孙永清奏言："广南距黎都又二千里，用兵万人，设粮站需运夫十万，与镇南关至黎城等。"帝以安南残破空虚，且黎氏累世孱弱，其兴废未必非运数也。既道远饷艰，无旷日老师代其搜捕之理，诏即班师入关。而孙士毅贪俘阮为功，师不即班，又轻敌，不设备，散遣土兵义勇，悬军黎城月余。阮氏谍知虚实，岁暮倾巢出袭国都，伪为来降者，士毅等信其诳词，晏然不知也。五十四年正月朔，军中置酒张乐，夜忽报阮兵大至，始仓皇御敌。贼以象载大炮冲我军，众寡不敌，黑夜中自相踩躏。黎维祁挈家先遁，滇师闻炮击亦退走，孙士毅夺渡富良江，即斩浮桥断后，由是在岸之军，提督许世亨、总兵张朝龙，官兵夫役万余，皆挤溺死。时士毅走回镇南，尽焚弃关外粮械数十万，士马还者不及半。其云南之师，以黎臣黄文通向导得全返。黎维祁母子复来投。奏闻，帝以士毅不早班师，而又漫无筹备，致挫国威、损将士,乃褫职来京待罪,以福康安代之。

阮惠自知贾祸,既惧王师再讨,又方与暹罗构兵,恐暹罗之乘其后也,于是叩关谢罪乞降,改名阮光平,遣其兄子光显赍表入贡,恳赐封号。略言守广南已九世,与安南敌国,非君臣。且蛮触自争,非敢抗中国,请来年亲觐京师,并于国内为死绥将士筑坛建庙,请颁官衔谥号,立主奉祀。又闻暹罗贡使将入京,恐受其媒孽,乞天朝勿听其言。福康安先后以闻。

帝以维祁再弃其国,并册印不能守,是天厌黎氏,不能自存;而阮光平既请亲觐,非前代莫、黎仅贡代自金人之比。且安南自五季以来,曲、矫、吴、丁、李、陈、黎、莫互相吞噬,前代曾郡县其地,反侧无常,时忧南顾。乃允其请,即封阮光平为安南国王,册曰:"朕惟王化遐覃,伐罪因而舍服,侯封恪守,事大所以畏天。鉴诚悃于荒陬,贳其既往,沛恩膏于属国,嘉与维新,贲兹宠命之颁,勖以训行之率。惟安南地居炎徼,开十三道之封疆,而黎民臣事天朝,修百余年之职贡,每趋王会,旧附方舆。自遭难以流离,遂式微而控诉。方谓兴师复国,宇小堪与图存,何期弃印委城,积弱仍归失守,殆天心厌其薄德,致世祚讫于终沦。尔阮光平起自西山,界斯南服,向匪君臣之分,寖成婚媾之仇。衅启交讧,情殊负固。抗颜行于仓卒,虽无心而难掩前愆,悔罪告以湔除,愿革面而自深痛艾。表笺吁请,使先犹子以抒忱,琛献愸来,躬与明年之祝釐。自非仰邀封爵,荣藉龙光,曷由下莅民氓,妥兹鸠集。况王者无分民,讵在版章其土宇,而生人有司牧,是宜辑宁尔邦家。爰布宠绥,俾凭镇抚,今封尔为安南国王,锡之新印。于戏!有兴有废,天子惟顺天而行,无贰无虞,国王咸举国以听。王其懋将月款,肃矢冰兢,固圉以长其子孙,勿使逼滋他族,悉心以勤于凤夜,罔令逸欲有邦,益敬奉大明威,庶永承夫渥典。钦哉,毋替朕命!"其黎维祁赏三品衔,令同属下人户来京,归入汉军旗下,即以维祁为佐领。又令阮光平访问维祁亲属,护送进关。其前安插内地之西南夷人,有系怀故土者,并令阮光平善为抚绥,以示矜全。

五十五年,阮光平来朝祝釐,途次封其长子阮光缵为世子。七月,入觐热河山庄,班次亲王下、郡王上,赐御制诗章,受冠带归。其实光平使其弟冒名来,光平未敢亲到也,其谲诈如此。五十六年,击败黎维祗及万象国之师来献捷,帝优赏之。五十七年,议定安南贡期,旧例三年一贡者,定为两年,六年遣使来朝一次者,定为四年。

九月,阮光平在义安病故,世子阮光缵权国事,以讣告。五十八年正月,遣广西按察使成林谕祭,加谥忠纯,并颁赐御制诗,于墓道勒碑,以表恭顺。封光缵为安南国王。帝以阮邦新造,人心未定,阮光缵尚幼,且阮岳尚在广南,吴文楚久握兵柄,主少国疑,恐有变,特调福康安总督云、贵备边,并令成林密侦其国。成林旋以国事粗定闻,乃止。

八月,署两广总督郭世勋奏安南添立花山市。先是安南通市,平而、水口两关商人在其国之高凭镇牧马厉立市,由隘商人在谅山镇之驱驴厉立市,分设太和、丰盛二

号,并置厉长、市长各一人,保护、监当各一员。而从平而关出口之商,必由水路先抵花山,计程仅二百余里。且花山附近村庄稠密,至是添设行铺,其市长、监当各员,即于驱驴额内派往。客民中有由陆路前赴牧马者,仍听其便。

嘉庆元年,福州将军魁伦、两广总督吉庆先后奏言,获乌艚船海盗,有安南总兵及封爵敕命、印信等物。初,阮氏据广南,以顺化港为门户,与占城、真腊、暹罗皆接壤,西南濒海。有商舶飘入海者,阮氏辄没入其货,即中国商船,亦倍税没其半,故红毛、占腊、暹罗诸国商船,皆以近广南湾为戒。阮光平父子既以兵篡国,国用虚耗,商船不至,乃遣乌艚船百余,总兵十二人,假采办军饷,多招中国沿海亡命,啖以官爵,资以器械船只,使向导入寇闽、粤、江、浙诸省。时浙师御海盗,值大风雨,雨中有火燕入贼舟,悉破损。将烬李成隆率兵涉水取贼炮,并搜获安南敕文、总兵铜印各四。敕称"差艚队大统兵进禄侯伦贵利",而教谕王鸣珂获三贼,一诡为喑者,名王贵利,讯,云即伦贵利也。同时闽中获赎贼安南总兵范光喜,供述:"阮光平既代黎氏,光平死,传子光缵,时与旧阮构兵,而军费又苦不给,其总督陈宝玉招集粤艇肆掠于洋。继而安南总兵黄文海与贼官伍存七有隙,以二艇投诚于闽,今闽中造船用其式也。伦贵利者,广东澄海人,投附安南,与旧阮战有功,封侯。以巡海,私结闽盗来闽、浙劫掠。安南艇七十六艘,分前、中、后支,伦贵利统带后支。其铜印凡四,贵利自佩其一,余三印,三总兵曰耀、曰南、曰金者佩之。耀已擒斩,南、金则均溺毙于海"云。巡抚阮元磔贵利,而以供辞入奏。

帝命军机大臣字寄两广总督,照会安南国王。冬十二月,阮光缵呈覆,略曰:"小番世蒙天朝恩庇,旷格逾涯,无能酬报,思以慎守疆宇,永作屏翰。祗以本国极南沿海农耐地方,有贼渠阮种,窃据其地,啸聚港梗盗夥,数为海患。本国整饬海防,间收舱客,以离贼党,且助海面帆柁之役。伦贵利者,前居本国,随同商伴巡防。讵料伊包藏祸心,私瞒小番,竟敢潜约匪船,越出内洋,肆行劫掠。又擅造印札,转相诳诱,情罪重大,实为法律所不容。小番不能先烛其奸,疏于钤束。仰蒙圣慈普鉴,洞番肫诚,训诲有加,天日垂照。恭绎圣谕,且感且悚。谨当遵奉彝训,靖守藩封,令本国巡海人员,严加警饬,密施钤勒,断不容结同匪夥,越境作非,务期桂海永清,以上副圣天子怀柔之至德,是所自勉也。"帝以国王不知,赦之。二年,两广总督奏称,安南国王阮光缵差委官弁丁公雪等,带领兵船,拿获盗犯黄柱、陈乐等六十余名,解送内地。帝降敕褒赐,并颁赐如意、玉山、蟒锦、纱器,以示优奖。

初,阮光平既攻灭广南王阮某,阮某为黎王婿,妻黎氏有娠,逃于农耐,农耐为水真腊旧都,即嘉定省,今之西贡也。黎氏生子曰阮福映,本名种,潜匿民间。及长,奔暹罗。暹罗王故与阮光平夙仇,乃以女弟归福映,助之兵,攻克农耐,据之,势渐强,号"旧阮",而称阮光平父子为"新阮",亦曰"西阮"。旧阮以复仇为辞,夺其富春旧都,时嘉庆四年也。六年十一月,安南伪总兵陈天保

携眷内投，始知安南与农耐兵争事。七年八月，农耐攻升隆城，阮光缵败走被擒。八月，阮福映缚送莫观扶等三名来粤，并献其攻克富春时所获阮光缵封册、金印，奉表投诚。莫观扶等皆中国盗犯，受安南招往投顺，封东海王及总兵伪职者。帝以"从前阮光平款阙内附，恩礼有加，阮光缵嗣服南交，复颁敕命，俾其世守勿替。乃薮奸窝盗，肆毒海洋，负恩反噬，莫此为甚！且印信名器至重，辄行舍弃潜逃，罪无可逭！其俞两广总督吉庆赴镇南关备边，俟阮福映攻复安南全境以闻。"十二月，阮福映灭安南，遣使入贡，备陈构兵始末，为先世黎氏复仇，并言其国本古越裳之地，今兼并安南，不忘世守，乞以"南越"名国。帝谕以"南越"所包甚广，今两广地皆在其内，阮福映全有安南，亦不过交趾故地，不得以"南越"名国。八年，改安南为越南国。六月，命广西按察使齐布森往封阮福映为越南国王。盖自阮光平篡黎氏十九年，复灭于阮福映，嗣后修职贡者为旧阮子孙矣。

九年，遣编置佐领及安插江宁、热河、张家口、奉天、黑龙江、伊犁等处安南人回国，赉银有差，并许黎维祁归葬。十一年，越南兴化镇目请以临安府所属六猛地方外附，檄谕王自惩。阮光缵遗族阮如权避捕投内地，两广总督吴熊光奏请发交阮福映。帝嫌其为属藩擒送遭逃，不许，亦不许其逼留内地。十四年，阮福映遣员至谅山，赉送乾隆六十年锡封国王敕印，帝嘉奖之。

阮福映之得国也，藉嘉定、永隆兵力居多，乃取二省为年号，曰嘉隆。在位十七年而薨，子福皎嗣。道光元年，遣广西按察使潘恭辰赉敕印往封阮福皎为越南国王。九年，越南使臣请改贡道由广东水路，部议驳之。十九年，帝谕向来越南国二年一贡，四年遣使来朝一次，合两贡并进，嗣后改为四年遣使来贡一次。其贡物照两贡并进之数减其半。福皎改元明命，在位二十一年。尝以兵夺高蛮国河仙一带地，分通境为三十省；曰富春，国都也；广南、广义二省为右圻；广治、广平二省为左圻；平顺、富安、广和、边和、嘉定、安江、河仙、永隆、定祥九省为南圻；河静、海阳、广安、清化、乂安、南定、广平、兴安、河内、北宁、谅山、高平、太原、山西、宣光、兴化十六省为北圻。后又以广义、广治各省过小，改为道。疆域较历世为大。惟宣光省西北直广西镇府之南，有地曰保乐州，其酋农姓，系黎氏旧臣，仍念故主，不服新王，越南仅羁縻处之。黎维祯子孙逃居老挝深山中，时思聚众复国，所谓黎王后也。其余黎氏疏族，好滋事，俱安置平顺以南各省。又自鄙其国文教之陋，奏请颁发《康熙字典》。其取士则用元制，以经义、诗赋考试。

道光二十一年，阮福皎薨，遣使告哀，诏停进贡方物，命广西按察使宝清往封其子福暶为越南国王。福暶改元绍治，在位七年。道光二十八年，薨，子福时嗣。凡朝使册封，历世只在河内。河内即东京，其国建都处也。及阮福映得国，以东京屡毁于兵，而其先人世居岭南，遂迁都于富春省，改东京为河内省。封使至其国，仍循例驻节于此。阮福时嗣位年幼，奏乞天使至其国都，由是广西按察使劳崇光至富春册封焉。

三十年，郑祖琛奏越南国王阮福时因先后奉到孝和睿皇后、宣宗成皇帝遗诏，拟请遣使恭进香礼，并进香品祭物，又赉递表文、贡物庆贺登极。帝谕孝和睿皇后、宣宗成皇帝梓宫均已奉移陵寝，止其远来进香。其庆贺登极方物，亦无庸呈进。咸丰二年，谕越南国明年例贡著于咸丰三年五月内到京。六年，谕越南国王阮福时以丁巳年正贡届期，咨呈劳崇光奏请于何月进关。现在用兵诸省分尚未肃清，越南国此次例贡，著缓至下届两贡并进。

八年，法兰西夺取越南国西贡。先是，明季有法兰西天主教徒布教来安南。康熙五十九年，法兰西舰俄罗地号泊交趾，士官三人登陆至平顺省，土人缚而献之王。舰长与教师商，以重金赎归。此为法、越交涉之始。乾隆十四年，法王路易十五命皮易甫亚孛尔者为全权大臣，至顺化府谋通商，国王不许。乾隆十八年，越人大戮天主教徒。五十一年，越内乱，阮岳自称王，阮光平使其子景睿诣法国乞援。翌年，遂订法越同盟之约，割昆仑岛之茶麟港于法。未几，爽约。嘉庆二十五年，法舰来越南测量海口，国人激王杀法人狄亚氏。道光二十七年，法人以兵舰至茶麟港，大败越军，至是年遂径夺西贡，越南第一都会也。

咸丰十年，谕内阁："刘长佑奏越南国入贡届期，现在广西军务未竣，道路不宁，其丁巳、辛酉两届例贡，暂行展缓。"同治元年，法国拿破仑第三以海军大举伐越南，夺茶麟港，约割下交趾边和、嘉定、定祥三省，开通商三口，赔偿二千万佛郎，许其和。嘉定省即西贡所在也。二年，越南国王阮福时因奉到文宗显皇帝遗诏，咨请遣使进香、表贺登极、贡方物，却之。三年，越南乙丑例贡及上二届两贡仍命展缓。

六年冬，广西太平、镇安两府土匪蜂起，官军击之，败遁越南。七年，国王咨乞广西巡抚苏凤文代奏请兵援剿，帝命提督冯子材率三十营讨之。八年七月二十一日，华军由镇南关进发。八月，贼酋吴鲲战北宁，伤于铳，饮孔雀血死，诸贼大惧，大兵至，遂乞降。冬，贼酋梁天锡西奔宣光，投归河阳贼首黄崇英。是年，法人割取越南国安江、河仙、永隆三省，自是下交趾六省悉隶法版。九年，兴化省保胜贼首刘永福、太原省苏街贼首邓志雄皆来降。夏四月，黄崇英遁入保乐州白苗界内，提督冯子材班师。

七月，师次龙州，而黄崇英复踞河阳，刘永福复踞兴化之保胜，邓志雄复踞太原之苏街。十月，降贼苏国汉乘夜袭陷谅山省城，北圻总统段寿死之。时广西候补道徐延旭因事至谅山城外驱驴甫，调兵助越攻城，不克。十一月，贼酋阮四、陆之平、张十一等复踞高平省，越王复恳出师，帝命冯子材再督军出关，广西巡抚李福泰请以广东候补道华廷杰襄办军事。十年夏，冯子材次龙州。四月二十一日，总兵刘玉成诸将出关次北宁。九月，钦州知州陈某诱擒苏国汉，解送两广总督瑞龄，诛之，其子苏亚邓遁入海，踞狗头山。道员华廷杰旋回广东。十一年，广西巡抚刘长佑檄道员覃远琎率勇十营办太平、镇安二府边防，冯子材亦调回防边。

十二年，华军将撤，法人突以兵船至河内省。国王咨称华总兵陈得贵派队押令放入。刘长佑据情奏闻，朝命革职提讯。法人遂招中国散勇及云南边境不逞之徒攻越南各省,其守臣多降。至太原省,守臣招刘永福相助。法兵至,永福设伏败之,擒其帅安邺,法人败退河内省,与王和。王遣其臣阮文祥与议,法人遂建馆河内,并于白藤海口设关收税。初,贼首黄崇英为吴鲲中表,刘永福亦吴鲲之党。吴鲲死,其弟吴鲸合家自杀。黄崇英、刘永福素不相能,永福降,越南王授以三省提督之职,黄崇英踞河阳为盗自若。十三年,刘长佑遣刘玉成将左军十营,道员赵沃将右军十营,由镇安府出关讨黄崇英。是年,法人逼令越南王公布天主教及红河通航二事,红河即富良江也。旋又以保商为名,派兵驻守河内、海防诸地,且求开采红河上流矿山。光绪元年,赵沃连克底定县、襄安府各处,保乐州土民及白苗皆约降。崇英率众来拒,旋遁去。赵沃督诸军攻克河阳老巢,贼党陈亚降。七月,擒黄崇英戮之。二年春,班师。

七年,刘长佑移督云、贵,知法人志在得越南以窥滇、粤,上疏略曰:"边省者,中国之门户,外藩者,中国之藩篱。藩篱陷则门户危,门户危则堂室震。越南为滇、粤之唇齿。泰西诸国,自印度及新加坡、槟榔屿设立埠头以来,法国之垂涎越南久矣。开市西贡,据其要害,复通悍贼黄崇英,规取东京,聚兵谋渡洪江以侵谅山诸处,又欲割越南、广西界地六百里为驻兵之所。臣时任广西巡抚,虽兵疲饷绌,力遣将卒出关往援。法人不悦,讦告通商衙门,谓臣包藏祸心,有意败盟。赖毅皇帝察臣愚忠,乃得出助剿之师,内外夹击。越南招用刘永福,以折法将、沙酋之锋。广西两军,左路则提督刘玉成趋太原、北宁,右路则道员赵沃由兴化、宣光分击贼党,直抵安边、河阳,破崇英巢穴,歼其渠魁。故法人寝谋,不敢遽肆吞并者,将逮一纪。然臣每详问边将,知法人之志在必得越南,以窥滇、粤之郊而通楚、蜀之路,狡焉思启,祸近切肤。乃入秋以来,法国增加越南水师经费,其下议院议借二百五十万佛郎,经理东京海湾水师。其海军卿梅罗爱逐日筹画东京兵事,俟突尼斯案一结,即可进行,窃叹法人果蓄志而潜谋,嗜利而背约也。窃闻造此谋者为伯朗手般,在越南西贡为巡检司。开埠之后,招入土夷、客民众至百万,民情渐洽,物产日增。柬埔寨所招商民,亦逾百万。运米出洋,岁百万石,所征赋税入西贡库藏者,岁计佛郎二百五十万。柬埔本荒薮,开成通衢,车路方轨,沟渠浚浚,柬埔人感法恩德,全愿以六百万口献地归附,故伯朗手般以越南情形告其总统。富良江一带,法已驶船开市,议上溯以达澜沧江通中国之货,结楛方诸夷以窥滇、粤边境,筑西贡至柬埔寨铁路,以避海道之迂绕。越南四境皆有法人之迹,政治不修,兵赋不足,势已危如累卵。今复兴兵吞噬,加以柬埔之叛民,势必摧败不可支持。同治十三年,法提督仅鸣炮示威,西三省已入于法人之手,而红海通舟,地险复失。所立条约,惟不肯与东京,国势岌岌,恃此为犄角。若复失其东京,即不穷极兵力图灭富春,已无能自立矣。臣以为法人此举,志吞全境。既得之后,必立设领事于蒙自等处,以攘山矿金锡之利,或取道川蜀以通江海,据列邦通商口岸之上游。况滇南自同治以后,平

定逆回,其余党桀点者,或潜窜越南山谷,或奔洋埠役于法人,军情虚实,边地情形,尽行泄漏,故时有夷人阑入滇以观形势。倘法覆越南,逆党又必导之内寇,逞其反噬之谋。臣受任边防,密迩外寇,不敢闻而不告。"奏入,不报。

时驻英法使臣曾纪泽以越事迭与法廷辨诘,福建巡抚丁日昌亦疏法、越事以闻。帝命与北洋大臣李鸿章筹商办法,并谕沿江沿海督抚,密为筹办。八年二月,法人以兵舰由西贡驶至海阳,谋取东京,直督张树声以闻,帝谕滇督相机因应。三月,移曾国荃督两广。法攻东京,破之,张树声奏令滇、粤防军严守城外,以剿办土匪为名,藉图进步,并令广东兵舰出洋遥为声援。五月,滇督刘长佑遣道员沈寿榕带兵出境,与广西官军连络声势,保护越南。并奏言:"探闻法人破东京后,退驻轮船,日日添兵,增招群盗,悬赏万金购刘永福,十万金取保胜州。又法领事破城后,劫掠周政衙门,传示各商,出入货税另有新章,现仍调取陆军赶造拖船,为西取保胜之计。越王派其兵部侍郎陈廷肃接署河内总督,遣吏部尚书阮正祈抵山西与黄佐炎等筹商御敌之策。各省巡抚、布、按大半与黄佐炎、刘永福同愿决一死战。嗣后统领防军提督黄桂兰报称刘永福驰赴山西,道经谅山,来见。比晓以忠义,感激奋发,据称分兵赴北宁助守保胜,万不使法人得逞,但兵力不足,望天朝为援。其河内探报云,法人恐援兵猝至,当释所获之河内巡抚,交还城池仓库。巡抚不受,称法人违约弄兵,以死自誓,乃转交按察使。宗室阮霸复以火药轰毁东京,以免越人复聚,且省兵力分守。其轮船或东下海阳,或分驶广南、西贡,俟添兵既集,从事上游。伏查法人焚掠东京,狡谋叵测,越南诸臣决计主战。山西为上通云南要地,越军能悉力抵御,微特滇、粤边防可保,即越南大局,亦尚有振兴之期。而粤督与总署所议以滇、粤、桂三省兵力合规北圻一策,更可乘势早图,以杜窥伺。然越国受制法人已久,人心惶怯,此次决战山西,期于必胜,稍有挠败,则大局不堪设想。盖山西有失,则法人西入三江口,不独保胜无复障蔽,而滇省自河底江以下,皆须步步设防,益形劳费。以事机而论,中国有万难坐视之处,且不可使山西有失,始为事后之援。"旋召长佑入觐,以岑毓英署滇督。

刘永福者,广西上恩州人。咸丰间广西乱,永福率三百人出镇南关。时粤人何均昌据保胜,永福逐而去之,遂据保胜,所部旗皆黑色,号"黑旗军"。永福既立功,越南授三省提督职,时时自备饷械剿匪,而黄佐炎皆置不上闻,越臣亦多忌之,永福积怨于佐炎。佐炎为越南驸马,以大学士督师,督抚均受节制。冯子材为广西提督时,佐炎以事来见,子材坐将台,令以三跪九叩见,佐炎衔之次骨。越难已深,国王阮福时愤极决战,责令佐炎督永福出师,六调不至。法军忌永福,故越王始终倚任之。

先是,刘长佑命藩司唐炯率旧部屯保胜,曾国荃至粤,命提督黄得胜统兵防钦州,提督吴全美率兵轮八艘防北海,广西防军提督黄桂兰、道员赵沃相继出关,所谓三省合规北圻也。时法人要中国会议越事,谕滇、粤筹画备

议。法使宝海至天津，命北洋大臣会商越南通商分界事宜。吏部主事唐景崧自请赴越南招抚刘永福，帝命发云南岑毓英差遣。九年正月，景崧乃假道越南入滇，先至粤谒曾国荃，韪其议，资之入越。见永福，为陈三策，言："越为法逼，亡在旦夕，诚因保胜传檄而定诸省，请命中国，假以名义，事成则王，此上策也；次则提全师击河内，驱法人，中国必助之饷，此中策也；如坐守保胜，事败而投中国，此下策也。"永福曰："微力不足当上策，中策勉为之。"

三月，法军破南定。帝谕广西布政使徐延旭出关会商，黄桂兰、赵沃筹防。李鸿章丁忧，夺情回北洋大臣任，鸿章恳辞。至是，命鸿章赴广东督办越南事宜，粤、滇、桂三省防军均归节制。鸿章奏拟赴上海统筹全局。法使宝海在天津议约久不协，奉调回国，以参赞谢满禄代理。刘永福与法人战于河内之纸桥，大破法军，阵斩法将李成利，越王封永福一等男。徐延旭奏留唐景崧防营效用，并陈永福战绩。帝促李鸿章回北洋大臣任，并询法使脱利古至沪状，令鸿章定期会议。脱利古询鸿章："是否助越？"鸿章仍以边界、剿匪为辞，而法兵已转攻顺化国都，迫其议约。鸿章与法新使德理议不就，法兵声言犯粤，广东戒严。总署致法使书，言："越南久列藩封，历经中国用兵剿匪，力为保护。今法人侵陵无已，岂能蔑视？倘竟侵我军驻扎之地，惟有决战，不能坐视。"帝谕徐延旭饬刘永福相机规复河内，法军如犯北宁，即令接战。命滇督增兵防边，唐炯迅赴前敌备战，并济永福军饷。旋命岑毓英出关督师。

法兵破越之山西省，粤势愈急，以彭玉麟为钦差大臣督粤师。彭玉麟奏："法人逼越南立约，欲中国不预红河南界之地，及许在云南蒙自县通商，显系图我滇疆，冀专五金之利。不特滇、粤境不能解严，即广东、天津，亦须严备。"时越南王阮时薨，无子，以堂弟嗣。法人乘越新丧，以兵轮攻顺化海口，入据都城。越南嗣君在位一月，辅政阮说启太妃废之，改立阮福升。至是乞降于法，立约二十七条，其第一条即言中国不得干预越南事，此外政权、利权均归法人，逼王谕诸将退兵，重在逐刘永福也。

滇抚唐炯屡促永福退兵，永福欲退驻保胜，黑旗将士皆愤怒。副将黄守忠言："公可退保胜，请以全军相付，守山西。有功，公居之，罪归末将。"永福遂不复言退。徐延旭奏言："越人仓卒议和，有谓因故君未葬权顾目前者，有谓因废立之嫌，廷臣植党构祸者。迭接越臣黄佐炎等钞寄和约，越诚无以保社稷，中国又何以固藩篱？越臣辄以俟葬故君即行翻案为词，请无撤兵。刘永福仍驻守山西，嗣王阮福升嗣位，具禀告哀，并恳准其遣使诣阙乞封。越国人心涣散，能否自立，尚未可知。"并将《法越和约》二十七款及越臣黄佐炎来禀录送军机处。

两江总督左宗棠请饬前藩司王德榜募勇赴桂边扼扎。十一月，法人破兴安省，拘巡抚、布政、按察至河内枪毙之。进攻山西，破之，刘团溃，永福退守兴化城。十二月，嗣王阮福升暴卒，或云畏法逼自裁，国人立前王阮福时第三继子为王，辅政阮说之子也。徐延旭奏报山西失守，北宁断无他虞，帝责其夸张。十年，唐景崧在保胜上枢府书，言："滇、桂两军偶通文报，为日甚迟，声势实不易连络。越南半载之内，三易嗣君，臣庶皇皇，类于无主。欲培其根本以靖乱源，莫如遣师直入顺化，扶翼其君，以定人心而清匪党，敌焰庶几稍戢，军事亦易于措手。若不为藩服计，北圻沿边各省，我不妨直取，以免坐失外人。否则首鼠两端，未有不归于败者也。"

刘永福谒岑毓英于家喻关，毓英极优礼之，编其军为十二营。法军将攻北宁，毓英遣景崧率永福全军赴援。桂军黄桂兰、赵沃方守北宁，山西之围，桂兰等坐视不救，永福憾之深，景崧力解之，乃赴援。景崧劝桂兰离城择险而守，桂兰不从。二月，法兵攻扶良，总兵陈得贵乞援，北宁师至，扶良已溃，法兵进逼北宁，黄桂兰、赵沃败奔太原，刘永福亦坐视不救。徐延旭老病，与赵沃有旧，偏信之。赵沃庸懦，其将党敏宣奸，欺蔽延旭。敌犯北宁，敏宣先遁。陈得贵为冯子材旧部，骁勇善战，子材曾劝延旭，延旭怨之，并恶得贵。及北宁陷，乃奏戮之，敏宣亦正法。延旭调度失宜，帝命革职留任。三月，命湖南巡抚潘鼎新办广西关外军务，接统徐延旭军，黄桂兰惧罪仰药死。帝谕："徐延旭株守谅山，仅令提督黄桂兰、道员赵沃驻守北宁，遇敌先溃，殊堪痛恨！徐延旭革职拿问，黄桂兰、赵沃溃败情形，交潘鼎新查办。"以王德榜署广西提督，德榜辞不拜。唐炯革职拿问，以张凯嵩为云南巡抚。北宁败后，徐延旭以唐景崧护军收集败残，申明约束。时唐仁廉署广西提督。法军由北宁进据兴化，别以兵舰八艘驶入中国海，窥厦门及上海吴淞口，沿海戒严，于是中、法和议起。

四月，李鸿章与法总兵福禄诺在天津商订条款，谕滇、桂防军候旨进止。鸿章旋以和约五款入告，大略言："中国南界毗连北圻，法国任保护，不虞侵占。中国应许于毗连北圻之边界，法、越货物听其运销，将来法与越改约，决不插入伤中国体面之语。"朝旨报可，予鸿章全权画押。既而法公使以简明条约法文与汉文不符相诘，帝责鸿章办理含混，舆论均集矢鸿章，指为"通夷"。法使既藉端废约，帝令关外整军严防，若彼竟求犯，即与交绥。命岑毓英招刘永福率所部来归。潘鼎新奏："法兵分路图犯谷松、屯梅二处，桂军械缺粮乏，恐不可恃。"帝以其饰卸，责之。法兵欲巡视谅山，抵观音桥，桂军止之，令勿入。法将语无状，遂互击，胜之。奏入，谕进规北宁，责法使先行开炮，应认偿。令告法外部止法兵，并谕我军："如彼不来犯，不宜前进。"法使续请和议，帝谕桂军回谅山，滇军回保胜，不得轻开衅。

法将孤拔欲以兵舰扰海疆，法使巴德诺逗留上海，不肯赴津，乃改派曾国荃全权大臣，陈宝琛会办，邵友濂、刘麟祥同办理。谕言："兵费、恤款万不能允。越南须照旧封贡。刘永福一军，如彼反及，须由我措置。分界应于关外空地作为瓯脱。云南通商应在保胜，不得逾值百抽五。"六月，法将孤拔以兵舰八艘窥闽海，欲踞地为质，挟中国议约，何璟、张佩纶以闻。法舰攻台湾之基隆炮台，台抚刘铭传拒守。曾国荃、陈宝琛与法使议约于上海，国荃许给抚恤费五十万，奉旨申斥。约议久不就，乃一意主战。谕岑毓英令刘永福先行进兵，规复北圻，岑毓英、潘鼎新关内各军陆续进发。以法人失和，不告各国。

七月，法公使谢满禄下旗出京，帝乃宣谕曰："越南为我封贡之国，二百余年，载在史册，中、外咸知。法人先据南圻各省，旋又进据河内，戮其人民，利其土地，夺其赋税。越南暗懦，私与立约，并未奏闻，挽回无及。越亦有罪，是以姑与包涵，不加诘问。光绪八年，法使宝海在天津与李鸿章议约三条，当与总理各国事务衙门会商妥筹，法人又撤使翻覆。越之山西、北宁等省，为我军驻扎之地，清查越匪，保护属藩，与法国绝不相涉。本年二月间，法兵竟来扑犯，当经降旨宣示，正拟派员进取，忽据伊国总兵福禄诺先向中国议和。其时法国因埃及之事岌岌可危，中国明知其势处迫逼，本可峻词拒绝，而仍示以大度，许其行成，特命李鸿章与议简明条约五款，互相画押。谅山、保胜等军，应照议于定约三月后调回，迭经谕饬各防军扣扎原处，不准轻动此衅。诸军将士，奉令维谨。乃法国不遵定约，忽于闰五月初一、初二等日，以巡边为名，直扑谅山防营，先行开炮轰击，我军始与之接仗，互有杀伤。法人违背约约，无端开衅，伤我官兵，本应以干戈从事。因念订约通好二十余年，亦不必因此尽弃前盟，仍准各国总理事务衙门与在京法使往返照会，情喻理晓，至再至三。闰五月二十四日，复明降谕旨，照约撤兵，昭示大信，所以保全和局者，实属仁至义尽。法人乃竟始终怙饰，横索兵费，恣意要挟，辄于六月十五日占据台北基隆山炮台，经刘铭传迎剿获胜。本月初三日，何璟等甫接本领事照会开战，而法兵已自马尾先期攻击，伤坏兵商各船。虽经官军焚毁法船，击坏雷艇，并阵毙法国兵官，尚未大加惩创。若再曲予含容，何以伸公论而顺人心？用特揭其无理情节，布告天下。"

八月，谕岑毓英督饬刘永福及在防各营规复北圻，并谕潘鼎新饬各军联络声势，分路并进。提督苏元春与法军战于陆岸县，败之。十月，内阁学士周德润奏："官军进取越南，宜以正兵牵制河内之师，别用奇兵由车里趋老挝、走哀牢，以暗袭顺化，募用滇边土人，必能得力。"得旨交滇督详察妥办。是月，苏元春与法人战于纸作社，阵斩法兵官四人。十一月，王德榜军大败于丰谷，苏元春不往援，唐景崧与刘永福、丁槐军攻宣光，力战大捷，优诏褒之。十二月十九日，法兵攻谷松，王德榜以丰谷之败怨苏军不救，至是亦不往援，苏军败退威坡，谅山戒严。帝命冯子材帮办广西关外军务。二十九日，法军攻谅山，据之，潘鼎新等退驻镇南关，龙州大震。唐景崧、刘永福、丁槐攻宣光，月余不能下。谅山失守，岑毓英虑景崧等军断后援，令勿拚孤注。景崧不可。冯子材与法军战于文渊，互有杀伤。

十一年正月初九日，法兵攻镇南关，轰毁关门而去，提督杨玉科战殁。潘鼎新退驻海村，帝命戴罪立功。元春退驻幕府。王德榜自负湘中宿将，屡催援不至，鼎新劾之，落职，所部归云春辖。法军攻刘永福于宣光，永福军溃。唐景崧退驻牧马，钦、廉防急。彭玉麟请调冯子材军防粤，

朝旨令鼎新议，鼎新素不协于子材，乃命子材行。子材以关外防紧，不肯退，玉麟乃专顾桂防。鼎新师久无功，褫职，以李秉衡护理广西巡抚，苏元春督办广西军务。法兵既毁镇南关，逃军难民蔽江而下，广西全省大震。子材至，乃力为安辑。

子材久驻粤西，素有威惠，桂、越民怀之，人心始定。乃于关内十里之关前隘，跨东西两岭间，筑长墙三里余，外掘深堑，为扼守计，自率所部驻之，而令王孝祺勒军屯其后为犄角。法兵扬言某日犯关，子材逆料其必先期至，乃议先发制敌，鼎新止之，子材力争，径率王孝祺军夜犯敌垒，杀敌甚多。法起谅山之众扑镇南关，子材誓众曰："法再入关，吾何有面目见粤人？必死拒之！"士气皆愤。法攻长墙，急炮猛烈，子材勒诸统将屹立接战，遇退后者手刃之。战酣，子材自开壁率两子相荣、相华直冲敌军，诸军以子材年七十，奋身陷敌，皆感愤，殊死战。王孝祺、陈嘉率部将潘瀛、张春发等随其后，王德榜军旁至，夹击之，毙法兵无算。鏖战两日，法军子弹尽，大败溃遁。子材率兵攻文渊，法军弃城走。诸军三路攻谅山，孝祺、德榜战尤力，连战皆捷。二月十三日，遂克谅山，法悉众遁。子材进军克拉木，逼攻郎甲，王孝祺进军贵门关，尽复昔年所驻边地。越民立忠义五大团；二万余人，皆建冯军旗职。西贡亦闻风通款。自海通以来，中国与外国战，惟是役大捷，子材之功也。

法兵六千犯临洮府，复分两队；一北趋珂岭、安平，一南趋缅旺、猛罗。滇督岑毓英命岑毓宝、李应珍等扼北路，王文山扼南路，而自率军当中路，皆有斩获。法军遂合趋临洮府，滇军拒战南北路，回军夹攻之，阵斩法将五人，法军大溃。

时法兵舰据台湾之澎湖。谅山既大捷，法人力介英人赫德向李鸿章议和，言法人交还基隆、澎湖，彼此撤兵，不索兵费。鸿章奏言："澎湖既失，台湾必不可保，当藉谅山一胜之威，与缔和约，则法不至再事要求。"朝廷纳其议，立命停战。临洮之战，乃在停战后电谕未达前也。鸿章遽请签约，令诸将皆退还边界，将士扼腕痛愤，不肯退，彭玉麟、张之洞屡电力争。帝以《津约》断难失信，严谕遵办。法人要求逐刘永福于越南，张之洞乃拟令永福驻思、钦，永福坚不肯行，唐景崧危词胁之，朝旨严切，乃勉归于粤，授总兵。冯子材奉督办廉、钦边防之命。约既成，越南遂归法国保护焉。

卷五百二十八　　列传三百十五

属国三

缅甸　暹罗　南掌　苏禄

缅甸，在云南永昌府腾越厅边外，而顺宁、普洱诸边

皆与缅甸界。顺治十八年，李定国挟明桂王朱由榔入缅，诏公爱星阿偕吴三桂以兵万八千人临之。李定国走孟艮，不食死。缅酋莽应时缚由榔以献，遂班师。缅自是不通中国者六七十年。

雍正九年，缅与景迈交閧，景迈使至普洱求贡，乞视南掌、暹罗，云贵总督鄂尔泰疑而却之。缅密遣人至车里土司，探知景迈贡被却，则大喜，扬言缅来岁亦入贡。旋兴兵二万攻景迈，而贡竟不至。

缅地亘数千里，其酋居阿瓦城。城西濒大金沙江。江发源野人番地，纵贯其国中。南注于海。沿海富鱼盐，缅人载之，溯江上行十余日，抵老官屯、新街、蛮暮粥市，边内外诸夷人皆赖之。而江以东为孟密，有宝井，产宝石。又有波龙者，产银，江西、湖广及云南大理、永昌人出边商贩者甚众，且屯聚波龙以开银矿为生，常不下数万人。自波龙迤东有茂隆厂，亦产银。乾隆十年，葫芦酋长以厂献，遂为内地属，然其地与缅犬牙相错。十八年，厂长吴尚贤思挟缅自重，说缅入贡，缅酋麻哈祖乃以驯象、涂金塔遣使叩关，云南布政司等议却之，而巡抚图尔炳阿遽以闻。帝下礼部议，如他属国入贡例。

其冬，缅使还至顺宁，闻白古部酋撒翁起兵攻缅，缅兵败，麻哈祖逃至约提朗，为白古所得，沉之江。撒翁据阿瓦五年，而缅属之木梳头目瓮藉牙复起兵攻走白古，自据其地，令头目播定鲊等以兵胁诸部役之。既而瓮藉牙死，子懵洛立。未几，亦死，弟懵驳立。

贵家者，随永明入缅之官族也，其子孙自相署曰"贵家"，据波龙厂采银。其酋宫里雁不附于瓮藉牙，约木邦酋攻之。兵败，逃入孟连，而孟连土司刀派春夺其孥贿，为宫酋妻囊占所袭杀。云贵总督吴达善诱宫里雁至，则坐以扰边罪，肆诸市。而木邦酋罕莽底亦兵败走死，懵驳立其弟罕黑。由是缅人益无忌。

明万历时，巡抚陈用宾因永昌府近缅，设八关控之。八关者，万仞、巨石、神护、铜壁、铁壁、虎踞、天马、汉龙也。其实八关皆无险厄可守，山箐间小径往往通人行。自永昌迤逦而南为顺宁，又南为普洱，其边袤亘盖二千余里。永昌之盏达、陇川、猛卯、芒市、遮放，顺宁之孟定、孟连、耿马，普洱之车里，数土司外，又有波龙、养子、野人、根都、佧佤、濮夷杂错而居，非缅类，然多役于缅。土司亦稍致馈遗，谓之"花马礼"，由来久矣。暨缅人内讧，礼遂废。瓮藉牙父子欲复其旧，诸土司弗应，乃遣兵扰其地，而普洱独先有事。

二十八年，刘藻为云南巡抚，额尔格图为提督。是年冬，缅人先遣刀派先之兄刀派新自阿瓦还至孟连，征索币货，又遣头目卜布拉、木邦罕黑至耿马责其礼。普洱之十三板纳者，本车里土司地。雍正七年，鄂尔泰总督云南，招降之，割其地置府。至是，缅人亦来索米。永顺镇总兵田允中、普洱镇总兵刘德成、知府达成阿檄土司各率兵御之，杀其头目卜布拉、召罕标等，余众溃走。

孟艮本缅属，距普洱千余里，土司召孟容与弟召孟必不相能。召孟必之子召散谮召孟容于缅，缅人执之，其子召丙走南掌。寻入居于十三板纳之孟遮，召散因令素领散

听、素领散撰、素领党阿乌弄等犯打乐，分侵九龙江橄榄坝，车里土司遁去，贼入据其城。总督刘藻檄大理顺宁营兵七千往剿，游击司邦直先进，为贼人所围。会参将刘明智至，夹攻破之，乘胜复车里土司城。**进攻猛笼、猛歇、猛混、猛遮诸垒，连破之，然贼往往窜伏屯聚，未肯即退。藻议益以曲寻、楚姚兵二千，未至，而参将何琼诏、游击明浩等闻猛阿为贼所攻，遽率兵过滚弄江，束器械以行，不设备，入山遇贼，兵败，诏论斩。时乾隆三十年也。

三十一年正月，诏大学士杨应琚自陕甘移督云南，降刘藻湖北巡抚，藻自刎死。是月已亥，应琚至云南，楚姚镇总兵华封已平打乐，猛腊参将哈国兴已平大猛养，合剿孟艮，召散遁，官军得其城。而刘得成与提督达启及参将孙尔桂攻整欠，亦克之。普洱边外悉平。

叭先捧者，车里土司之所属，盖微者也。顾与其妻咸以从军自效，斩素领散撰于小猛仑，素领散听亦为其妻杀死。应琚乃请以召丙居孟艮，叭先捧居整欠，均授以指挥，使守其地。时提督李勋方至云南，应琚令往孟艮、整欠正经界，定赋税，附入版图，为久远计。然召丙为人懦，不能安辑其人；叭先捧不敢至整欠，退栖于猛辩。四月，召散之党召猛烈、召猛养以次被获，其弟僧召龙亦自投首，惟召散遁逃未得。

应琚见夷人之易于摧残也，遂上奏云："臣两月以来，访问召散踪迹，逃往阿瓦，已饬土司缮写缅文索取，不献，当即兴师问罪。臣查缅甸连年内乱，篡夺相寻，实有可乘之会。臣谨选人潜往阿瓦，将地方之广狭，道路之险夷，详悉绘图，探明奏报。现已备可调之兵，布置练习，密修戎器，以待进行。"疏入，帝谕曰："应琚久任边疆，必不至轻率喜事。如确有把握，自可乘时集事，克日奏功。倘劳师耗饷，稍致张皇，转非慎重筹边之道。务须熟计兼权，期于妥善，以定行止。"

是时诸将希应琚意，争言内附。李勋以猛勇、猛散告，刘德成以猛龙、补哈告，华封以整卖、景线、景海告，率侈言夷地广轮或二千里，或二千余里，为边外大都。应琚一一奏闻，以其头目为千总、守备。缅宁通判富森言木邦人杀缅立土司罕黑，奉线瓮团为主，愿求内属。永昌知府陈大吕亦言蛮暮土司被缅残虐，久愿归诚，请发兵为助。应琚乃往驻永昌，而遣副将赵宏榜将永顺、腾越兵三百余人出铁壁关屯新街，为蛮暮捍蔽。宏榜抵关，遇大吕所遣使，羁之，而自受蛮暮土司瑞团属。大吕恚，诉应琚，应琚曲解之。是时腾越知州陈廷献招猛育、猛英、猛密，陈元震招夏鸠、允帽、结步，富森招佧佤，而宏榜又招孟养、乃坝竹、孟岳十六寨诸夷，先后遣人来约降。

应琚又为文檄缅，侈言天朝有陆路兵三十万，水路兵二十万，陈于境以待速降，不然则进讨。缅闻，乃大出兵。缅人素不养兵，有事则于所辖土司诸寨籍户口多寡出夫，名曰"门户兵"。自瓮藉牙据阿瓦，蓄胜兵万人，一人给以饷四十两，其余派夫如故。每战则以所派土司濮夷居前，胜兵督其后，而以马兵为左右两翼。战既合，两翼绕而进，往往以此取胜。若自度不可胜，则急树栅自固，而发连环枪炮蔽之。比烟开则栅木已立，入而拒守。其兵

法如此。

　　九月，贼先以兵出落卓攻木邦，线瓮团不能守，入居遮放，又以兵溯江而上，抵新街。宏榜相持两日，势不支，烧其器械辎重及伤病之兵，退回铁壁关驻守，而蛮暮土司亦偕其母走入内地。

　　应琚忧甚，痰疾遽作，诏两广总督杨廷璋赴滇，代治应琚军，并廉宏榜兵败状。又遣侍卫傅灵安挟御医诊应琚病，又命其子江苏按察使重英、湖南宝庆知府重毅赴滇省视之。

　　应琚所调兵一万四千名将集，令永顺镇总兵乌尔登额驻宛顶进剿木邦，永北镇总兵朱仑由铁壁关进驻新街，而令提督李时升在杉木笼山居中调度。仑至楞木，突遇贼，战四昼夜，贼退走，追击之。槽驳之弟卜坑及其舅莽聂渺节速诡求和，言愿顶经吃咒水。顶经者，以经加于首，咒水者，取水咒之，分与其众饮，盖夷人盟誓之礼也。议未定，贼已拥众越神护、万仞关，入掠盏达，围游击马拱垣于盏达江上，分兵入户撒，游击邵应泌亦被围。刘德成在干崖有兵二千人，坐视不救。时升因檄仑还守铁壁。又闻贼欲从库弄河出关后，仑复引兵却，驻守陇川。贼势张甚，应琚数以檄促德成，始击贼于铜壁关下，破之。贼自西而东趋陇川，德成亦由户撒击其后；时升又檄乌尔登额帅宛顶兵至邦中山，以助声势；于是军威稍振。贼人见大兵之集也，复来乞降，仑以报应琚，命许之。

　　贼伺我军懈，遂走犯猛卯。猛卯与木邦亲，木邦之降，猛卯实左右焉。贼怨，故蹂躏之。时三十二年正月丙寅朔也。副将哈国兴帅兵二千五百人趋猛卯，比至，见贼势盛，乃入城与土司坚守。贼攻城，缘梯而上，城上大炮交发，贼不敢近。围八日，癸酉，副将陈廷蛟、游击雅尔姜阿各以兵至，城中出合击之，贼大溃；而乌尔登额久不至，故贼得浮猛卯江而逸。朱仑乃造浮桥过宿养渡，由景阳、暮董偕乌尔登额进剿木邦。是月丁丑，杨廷璋至军，见贼未易遽平，遂奏言应琚病已痊，臣当归粤。帝召廷璋还京师。

　　时贼入关侵扰，应琚皆不以闻，仅言朱仑杀贼几万人，贼震惧，乞降，欲以新街、蛮暮与之；而时升亦言猛卯之捷，诛其大头目播定鲊、皮鲁布。奏入，帝视应琚所进地图，用蓝笔分中外界，而猛卯、陇川均在蓝线内，疑之，以为如果歼贼万余及大头目，贼当遁走不暇，何以朱仑辄转退却，贼敢蔓延内地土司之境？降旨驳诘。而傅灵安先奉诏廉访军事，具言赵宏榜弃新街，朱仑退守陇川，及李时升未经临敌情事，与帝所驳诘者悉合。应琚复劾刘德成、乌尔登额逗留贻误。于是逮李时升、朱仑、刘德成、乌尔登额、赵宏榜，而晋杨宁为提督。且以应琚欺罔乖谬不能任事，乃召明瑞于伊犁，以将军督军云南，遣额尔景额为参赞大臣，徙巡抚汤聘于贵州，以鄂宁代之。

　　上年冬，缅人已据整卖、景线，召散遂率以攻孟艮，召丙惧，出奔，贼延入打乐，思茅同知黑光以闻。时汤聘未闻上命，杨重英方至自江苏，乃偕赴普洱，奏言总兵华封、宁珠安坐普洱，失剿御，请革职治罪。奏入，华封、宁珠与游击权恕、司邦直，都司甘其卓皆被逮，调开化镇总兵书敏总统进剿。顷之，鄂宁亦至普洱，奏言："上年九龙江外兵马以瘴死者不可胜数，官弁夫役死亦大半。此时正盛瘴发生，汤聘乃称严饬将卒，克日进剿，怀诈塞责，实无诚款。"奏入，汤聘乃革职逮治。应琚见前所招抚土司复阴附缅，其土司头目夷人千百为群，皆荡析离居，而缅贼时出没为患，边事日棘。鄂宁复奏应琚贪功启衅，为朱仑等讳饰，又不令汤聘、傅灵安与闻边务，及隐没游击班第、守备江纪阵亡各状。应琚惧，乃奏请是秋大举征缅，调兵五万，五路并进，兼约暹罗夹攻。帝下其议，廷臣皆斥之。诏逮应琚至京，赐死。

　　四月，明瑞至永昌。时杨宁壁军木邦，饷道为贼所断，溃退满河。永北镇总兵索柱及乌尔登额亡其印信。明瑞以闻，杨宁亦被逮，调谭五格为提督。诏派八旗兵三千、四川兵八千、贵州兵一万、云南兵四千，赴边进讨。绿营马匹皆本营预备，惟八旗兵三千人，每兵例需马三匹，合官员所用，计马几万匹。明瑞议拨广西马一千、广东马八百、四川马五千八百、贵州马六千、湖南马二千，每兵裹两月粮，计六斗，驮以一马。马、驴少，购牛代之。粮不足，可杀牛以抵。共用驴、马、牛八百余。其粮于大理、鹤庆、蒙化三府拨六万石，又于永昌、顺宁买三万石。兵行之道，自宛顶、木邦进者为正兵，明瑞身统之。乌尔登额、谭五格则由猛密分进。至新街，水路，时方暑雨，难造舟，宜削木柿沿江流下，疑贼以牵其势。奏入，帝嘉之，悉从其议。

　　九月，诸路兵皆至永昌，马、牛亦集。甲寅，明瑞率军启行。值大雨，潞江舟少，以次待渡，而沟路阴厌，辎重壅塞于道，军士立雨中竟夕。十月甲申，抵帕儿，帝复遣参赞大臣珠鲁讷至军，而参赞大臣额尔景额、楚姚镇总兵国柱相继病殁。贼侦知，毁津渡桥梁，且伐大树扑之。又雨多道坏，军行迟滞，明瑞乃选锐兵一半，帅以先驱。领队大臣观音保由孟谷出木邦之右。十一月丙戌，抵木邦城。贼先挟夷民以去，获其粮贮，留珠鲁讷以兵四千守之。进至锡箔江，江宽，架桥以渡。行四日，至天生桥，桥南有贼寨相逼。会商人马子团言桥之东三十里水浅可涉，且岸颇平，乃以兵绕出其后。贼复弃寨去，遂进至蛮结。贼依山立十六栅以待。明瑞抵栅下，亲冒枪炮督兵进攻。观音保麾众先据山左。哈国兴等三路登山，俯瞰之，呼而逼其垒。贵州步兵王连睨栅左有积木，藉之以登，跃入栅内，八十余人继之。贼惶乱，莫知所措，多被杀，遂破其一栅。旋复攻破三栅，而十二栅之贼悉乘夜潜遁。捷闻，晋封明瑞诚嘉毅勇公，以恩泽侯与其弟奎林，特擢王连为游击，余俱交部叙功。

　　然夷境益峭险，其草率绿竹、王乌之属，马乏食，多致毙，而牛行迟滞，棰之以登，死者尤众。贼烧其村寨，敛积贮而窖埋之，掠食无所得，军粮垂竭。进至象孔，迷失道。明瑞度不能至阿瓦，约乌尔登额等军由猛密入。其地近孟笼，有缅屯粮，且可与猛密军相合，乃议向孟笼，果大获粮；而乌尔登额等趋猛密，出虎踞关，闻老官屯有贼，意轻之，先率众往攻。贼固守，弗能下，军士多伤亡，陕西兴汉镇总兵王玉廷亦中枪卒。

　　珠鲁讷守木邦，有夷数十人来降，疑其伪，悉诛之，而遣索柱等往锡箔江设台站，以通明瑞军信息。索柱等至蒲卡，闻贼至，以兵少，退守锡箔，贼蹑之，战殁。贼遂附木邦城下，绝营南水道，粮运之从宛顶来者，贼又截之，军士皆饥渴，火药亦尽，贼审其困，佯为好语求和，珠鲁讷不得已，遣扁重英及守备王呈瑞往报，贼人留之，且诱军士出汲，断其后，皆不得还。三十三年正月，益兵攻城。丁未夜，兵乱，珠鲁讷自刭死，普洱镇总兵胡大猷亦殁。贼之围木邦也，珠鲁讷屡促鄂宁救援，而永昌兵尽行，无可调发。已而促之急，始令游击袁梦麟等率驻宛顶兵三百人以往，遇贼，皆不知所之。知府陈元震、郭鹏翀持参赞印先三日逸出，鄂宁捕之，磔死。

明瑞既就粮孟笼，谍知乌尔登额未至猛密，而谍者报大山土司瓦喇遣弟罗旺育来迎，且率其子阿陇从军；而缅自去冬象孔改道后，获官军病卒，知粮尽，不向阿瓦，即悉众蹑官军后。官军且战且行，每日先以一军拒敌，即以军退至数里外成列，待军至，则成列者复迎战。明瑞及观音保、哈图兴冀番殿后，步步为营，每日行不三十里。正月丙午，至蛮化，营于山巅，贼即营山半。明瑞曰："贼轻我甚矣，不一痛创之不可！"时贼识官军军号，每晨吹波伦者三而起行，贼亦起。次日五鼓复吹波伦三，乃尽出营伏箐中以待。贼闻波伦声争上山来追，万枪突出，四面兜击，贼溃坠者趾顶相藉，坑谷皆满，杀四千余人。

明瑞休军蛮化数日，取所得牛马犒士。又自蛮化至邦迈、虎布、蛮移、小天生桥，僮子坝，大小数十战，永顺镇总兵李全殁于阵。又稍稍闻木邦失守。明瑞耻是役之无功也，二月己未，至猛育，距宛顶粮台二百里，贼犷集数万。明瑞乃令军士乘夜出，而自与领队大臣及巴图鲁侍卫数十人率亲兵数百断其后。及晨，血战万贼中，无不一当百。俄，明瑞枪伤于胁，呼从者取水至，饮水少许而绝。观音保、扎拉丰阿皆战死，死者凡千余人。是夕也，星陨如雨，余军先后溃归宛顶。

明瑞自蛮结破贼后，悬军深入。帝久不得报，命户部尚书果毅公阿里衮以参赞大臣赴边援应。又闻木邦被困，命明瑞旋军，而敕乌尔登额撤老官屯之围，往援木邦。贼觉，扼马脖子岭，乌尔登额几不得出；而自旱塔抵猛密，木邦有袤径颇近，乌尔登额以马尽粮乏，纤道入虎踞关，经猛卯，至宛顶，复驻军。明日而明瑞阵亡之信已至，鄂宁劾其有心玩误，诏逮至京磔之，并诛谭五格于市，而厚恤明瑞。其后阿里衮募人至猛育，求其尸，归于京师以葬。是为征缅前一役。

明瑞之死也，缅人不知，震其余威，惧再讨。五月，纵所获兵许尔功等八人自木邦持缅书来，且使杨重英、王呈瑞等言："懵驳之母得罪天朝，欲使懵驳内附。"重英恐缅书翻译误，乃译清、汉字各一通，益以木邦腊戌头目苗温之书。苗温者，缅人守土官之称。腊戌在木邦南。木邦残破，而腊戌城在岭下，险可守，故苗温徙居于此。缅书云："暹罗国、得楞国、得怀国、白古国、一勘国、罕纪国、结岁国、大耳国及金银宝石厂，飞刀、飞马、飞人、有福好善之王殿下掌事官拜书领兵元帅。昔吴尚贤至阿瓦，敬述大皇帝仁慈乐善，我缅王用是具礼致贡，蒙赐锻帛、玉器诸物，自是商旅相通，初无仇隙。近因木邦、蛮暮土司播弄是非，兴兵兆衅，致彼此人马互有伤亡。兹特投文叙明颠末，请循古礼，贡赐往来，永息干戈，照旧和好。"阿里衮以闻。帝念明瑞军入关者尚逾万，所丧亡不过十之一二，然将帅亲臣皆捐躯异域，而缅夷求款未亲遣头目，非大举无以雪忠愤，命绝之勿报。自后缅人数以书与陇正野人及遮放土司访问许尔功状，皆置不答；而以杨重英偷生阿瓦，籍其家，并置其子于理。

时大学士公傅恒自请督师，乃命为经略；阿桂、阿里衮皆为副将军，明德为总督，哈国兴为提督。八月，阿桂诣热河行在，奏言："缅贼愍不畏死。臣至滇，当相度时势，以正天诛，不敢卤莽灭裂，误军国大事。"帝领之。既陛辞，至襄阳，会守备程辙前从杨宁军陷于贼，至是密书来告，言缅人方与暹罗仇杀，可约以夹攻。帝遣人驰问阿桂，奏言："官军会合暹罗，必赴缅地。若由广东往，则远隔重洋，相去万余里，期会在数月之后，恐不能如期。"帝以为然。盖自明陈用宾有要暹罗攻缅之说、杨应琚、杨廷璋先后奏上，延议呈斥之，不能释然也。因诏两广总督李侍尧询察。侍尧奏言："闻暹罗为花肚番残破，国主诏氏窜迹他所，余地为属下甘恩敕、莫士麟分据。"花肚番者，缅人以膝股为花，故云。由是约暹罗之议始寝。

是年冬，帝念明瑞所统旗兵劳苦，命回京，复选旗兵五千人赴滇，合荆州、贵州、四川兵一万三千人。阿里衮乃令副都统绵廉、曲寻镇总兵常青帅二千人驻陇川，侍卫海兰察、乌尔图纳逊帅二千人驻盏达，领队大臣丰安、鹤丽镇总兵德福帅二千人驻遮放，侍卫兴兆、巴朗帅一千人驻芒市，侍卫玉林、普尔普帅五百人亦驻盏达，侍卫恒山保、永顺镇总兵常保柱帅三千人驻永昌，广东右翼镇总兵樊经文帅一千人驻缅宁，荆州将军永瑞、四川副都统雅朗阿，提督五福帅六千人驻普洱，而腾越兵一千令绵ύ兼辖之。防守严密，边以无事。帝以缅人狡恶，思出偏师疑之，使其疲于奔命。欲出九龙江及旧小，皆不果。阿里衮乃议剿戛鸠。十一月，阿桂至永昌，闻信驰往会师讨之。十二月，出关，焚数寨，歼其众数百人，止丹山。濮夷囤五卒者，率四十余户来降，迁之盏达。

三十四年二月，经略傅恒发京师，帝御太和殿授以敕印。或告傅恒曰："元伐缅，由阿禾、阿昔二江以进。今其迹不可考，意其为大金沙江无疑。前鄂宁言腾越之银江，下通新街，南甸之槟榔江，流注蛮暮，两江皆从万山中行，石磕层布，舟楫不可施。若于近江地为舟具，使兵扛运至江浒，合成之以入于江，下阿瓦，既速且可免运粮，而师期亦较早一二月，缅人必不暇设备。又以一队渡江而西，覆其木梳旧巢。如此，缅不足平也。"傅恒然其言。四月丙辰，至永昌，条奏进兵事宜，皆如所议。遂遣护军统领伍三泰、左副都御史傅显及哈国兴，率夷人贺丙往铜壁关外相视造舟地。还报野牛坝山势爽垲，树木茂密，且距蛮暮河一百余里，于入江为宜。乃令常青等兵率三千人，督湖广工匠四百六十余，驰往造办。又使贺丙潜行招抚。贺丙者，戛鸠头目贺洛子也。

是役也，续遣满洲、索伦、鄂伦春、吉林、西僰、厄鲁特、察哈尔、及自普洱调赴腾越之满洲兵，共万余人；又福建、贵州、本省昭通镇兵，共五万余人。河南、陕西、湖广与在省曲靖各府饲养之马，凡六万余匹。益以四川工咒术之喇嘛，京城之梅针箭、冲天炮、赞叭喇、鸟枪，河南之火箭，四川之九节铜炮，湖南之铁鹿子，广东之阿魏，云南省城制造之鞍屉、帐幕、旗纛、火绳、铅药，及铅铁、灰油、麻枲诸船料物，悉运往以资军实。

乃议分路进：傅恒由江西戛鸠路，阿桂由江东猛密路，阿里衮以肩疮未愈，由水路，都计新旧调兵二万九千人。其由戛鸠路者，满洲兵一千五百人，护军统领伍三泰、侍卫玉麟、纳木札、五福、鄂宁、乌尔衮保，参领满都虎、德保领之；吉林兵五百人，护军统领索诺木策凌、侍卫占坡图领之；索伦兵二千人，副都统呼尔起、奎林、莽克察，侍卫塔尼、布克车德、受菩萨，参领占皮纳领之；鄂伦春兵三百人，侍卫成果领之；厄鲁特兵三百人，侍卫鄂尼、积尔噶尔领之；绿营兵四千人，提督哈国兴、开化镇总兵永平及德福领之。其由猛密路者，满洲兵二千人，副都统绵康、丰安、常保柱，侍卫海兰察、玛格、乔苏尔、兴兆、普尔普领之；索伦兵一千人，散秩大臣葛布舒，侍卫额森退领之；厄鲁特兵三百人，侍卫巴朗领之；绿营兵四千人，曲寻镇总兵常青，永北镇总兵马彪，楚姚镇总兵于文焕领之。其由水路者，健锐营兵五百人，侍卫乌尔图纳逊、奈库纳领之；吉林水师五百人，副都统明亮，侍卫丰盛额领之；福建水师兵二千人，福建提督叶相德，福建建宁镇总兵依昌阿领之。又令副都统铁保，侍卫永瑞领成都满洲兵一千二百人，侍卫富兴、蒙古尔岱、鄂兰、必拉尔海领西奭兵一千人，提督本进忠、临元镇总兵吴士胜领绿营兵二千二百人，分守驿站。又令侍卫诺么奔领满洲兵五百人，永顺镇总兵孙尔桂领绿营兵一千人，屯宛顶，以牵制木邦之贼。又令雅朗阿领荆州满洲兵二千人，普洱镇总兵喀木齐布领绿营兵一千五百人，驻守普洱。

分置略定，而贺丙往戛鸠路招抚孟拱，挟其头目脱乌猛以来。其言曰："上年懵驳遣头目盏拉机以千人守猛戛，需索粮重，土司畏其逼，避往户工。孟拱人苦缅人鱼肉久矣，闻大军来，皆呀呷忻喜。请由戛鸠济江出孟拱。孟拱米谷多，可以佐军食。头目归，当集舟于江以待。"傅恒上言："孟拱遣大头目来，称归备舟以候官兵过渡。臣思野牛坝造舟之役，贼早有见闻，若于西岸设伏沿江拒我，未易渡也。今忽由戛鸠过江，先从陆路据蛮暮西岸，已出贼意计之外。且戛鸠渡后，可将舟楫顺流放至蛮暮，添备东岸官军过渡。如造舟处有缓急，我兵在西岸，乘舟往来策应亦最便利。臣傅恒谨先统兵进发，阿里衮、阿桂偕往野牛坝督办船工。"

癸卯，次盏达，分道行，阿里衮固请从傅恒。庚申，出万仞关。八月癸丑，次允帽。允帽，江浒也。贺丙、脱乌猛以舟三十余来迎。丙子，次孟拱。土司浑觉窜往节东，踪迹之，护其小妻并头目兴堂札，愿往寻浑觉，纵之，即日偕以来，献象四。傅恒令其人持大纛骑以先，夷人望见皆惊骇。而予浑觉银万两，市牛数千头，米数千石，以给军。

时阿桂以七月戊申次野牛坝。舟工毕，八月乙酉，进次蛮暮。初，官兵之裹粮两月也，议以进剿为始；而督工时仍令内地馈运，总督明德面诺之，不为具。及是，移檄往促，始令腾越州发运。泥深道远，经月不能至。乃奏粮运迟误状，降明德江苏巡抚，以阿思哈代之。九月壬辰，阿桂由蛮暮进至新街。舟成，将出江口，贼人从猛戛来逆战，阿桂伏兵甘立寨。贼至，水陆奋击，发巨炮，沉其舟，噪而从之，笳鼓竞作，贼大沮，退走。

先是傅恒在江西，文报越两三日辄一至，自孟拱而南，信益稀。阿桂闻苍浦、蛮冈间有伏戎，乃募夷间道以书往讯。及伊犁将军伊勒图、总督阿思哈奉命皆至军中，乃以兵二千属伊勒图渡江迎傅恒，并令玉麟、哈青阿率兵据西岸以待。伊勒图渡江遇贼，击走之，栅贼一夕皆遁去。

傅恒率十八骑，以是月戊申抵哈坎。是时缅人列船江岸，且于沙洲及林莽间树栅以守。十月戊午，傅恒及阿桂督水师击之，侍卫阿尔苏纳首先乘小舟冲入，众继进，夺其栅，获旗纛器械无算，歼头目宾哑得诺；而阿里衮、伊勒图攻西岸诸栅，贼皆弃舟而走。丙寅，傅恒、阿桂循江东岸，伍三泰、常青循江西岸，阿里衮、伊勒图率水师并进。丁卯，阿里衮以疮甚卒于舟。

伊勒图领其众已抵老官屯。贼栅径围三里许，栅尾迤逦属于江中，潴水可泊船。栅以巨木深入土中，外周三壕，壕外横卧大树，锐其枝末外向，盖其大头目布拉莽傥所居也。西岸头目得楞孝楞率船一百三十、兵三千，起两栅。及夕，栅木杪皆焱火。有顷，鼓登登，杂以管籥俴离之歌，传呼以达于江西，远近相和，竟晓乃辍，而老官屯南巴洼、章薄贼，皆筑栅以为应援。庚午，进攻其栅，经略将军亲摩垒。总兵德福中枪，逾日卒。乃令舟师绝两栅中，下泊于栅南，断贼江中援救。发威远大炮，炮重三千斤，子三十余斤，声如奔雷，遇木辄洞从以过，栅不为塌。又改用火攻之法，先以杆牌御枪炮，众挟膏薪随之，百牌齐进，逾壕抵栅；而江自四更大雾起，迄平旦始息，栅木沾润不能蓺，兼值反风，遂却。又取生革为长绠钩之，力急绠辄断；乃伐箐中数百丈老藤，夜往钩其栅，役数千指曳之，辄为贼斧断。总兵马彪乃阙隧窌药其中，深数十丈，药发，栅突高起丈余，贼号骇，俄栅忽落平地，又起又落者三，遂不复动。盖栅坡迤下，而地道平进，故土厚不能迸裂也。贼自巴洼、章薄来铅丸、火药、粮米，卒不得断绝，是以无逃志。

然懵驳闻新街之败，大惧，而攻围日久，死伤者多。十一月己丑，布拉莽傥乃遣使诉罢兵。明日，复以懵驳书至。傅恒、阿桂召诸将问可否，诸将皆言懵驳以阿瓦致书，非震悚诚切不出此，可借此息兵。壬辰，作檄答之，言："汝国欲贷天讨，必缮表入贡，还所拘系官兵，永不犯边境。如撤兵背约，明年复当深入，不汝贷也。"癸巳，缅十三头目来认事，乃遣明亮、海兰察、哈青阿、明仁、哈国兴、常青、马彪、依常阿、于文焕、雅尔姜阿等会议，申谕所约三事，头目皆拱手听命。哈国兴曰："汝国僻在海裔，不知藩臣典礼，汝入贡当具表文，文首行书'缅甸王臣某奉表大皇帝陛下'，与安南、高丽各外藩等。"其管五营头目得勒温曰："谨受教。"目左右具书以归。丁酉，陈锦布、毡毯百余端，献经略将军，而进鱼盐犒军。于是焚舟熔巨炮，奉闻，以己亥班师。甲辰，进虎踞关，缅人遣头目率六十余人送至关上。是日奉旨以缅地瘴疠，命贳其罪，令浑觉还孟拱，而以所进四象送京师。伊勒图、傅恒先后还京。

木邦、蛮暮两土司走入内地后，线瓮团居缅宁之海腊，丁山、瑞团居盏达之坝筑，其猛密头人线官猛亦率众居绵川户南山，余迁徙无常处。及是，移线瓮团于蒙化，移瑞团，线官猛于大理，各取官庄租赡之；而贺丙则从其请，居于万仞关外之南底坝。其后又以召丙、叭先捧等分置于宁洱县之蕨箕坝，而大山之召阿陇、允帽头目之女老安皆属县官，予以廪给。猛勇头目召工、整欠头目召教、景海头目召别，咸愿输诚进献。

三十五年二月，因缅人贡使不至，帝令毋许奸商挟货贸迁以利缅，且漏内地消息。时阿桂还至省城，命核所用军装马匹，又命总督彰宝檄斥缅入贡使迟滞状，使都司苏尔相持至老官屯，布拉莽傥留之。阿桂回至永昌察贼状，三十六年三月，阿桂奏言："蛮暮、木邦、猛密三土司外，始有缅人村落，距边已二千余里，偏师不可深入。若出近边，则所歼乃濮夷野人，与缅无损。不如休息数年，外约暹罗同时大举。"帝以大举非计，乃罢阿桂，以温福代之。明年，金川反，温福、阿桂皆赴四川。而缅亦方用兵暹罗，于是暹罗灭于缅。

四十一年，金川平。时缅甸先遣孟遮等五人以书呈云南总督图思德，总督絷之归京师。及是，命赴市曹观状，且告之故，乃纵使归缅，而令阿桂以大学士赴永昌备边。缅惧，请入贡，愿出杨重英、苏尔相，求开关互市。明年，出苏尔相，而杨重英不至。

四十三年，暹罗遗民起兵逐缅人复国。五十一年，诏封郑华为暹罗国王，于是缅益惧。五十二年，耿马土司罕朝瑗报言："滚弄隔岸即缅甸木邦，缅酋孟云遣大头目叶渺瑞洞、细哈觉控、委卢撤亚三名，率小头人从役百余人，赍金叶表文，金塔及驯象八、宝石、金箔、檀香、大呢、象牙、漆盒诸物，绒毡、洋布四种，悬求进贡。译其文，称孟云乃瓮藉牙第四子，幼为僧，懵驳其长兄也。懵驳死，子赘角牙立。孟云次兄孟鲁，以瓮藉牙有兄终弟之谕，懵驳死而子袭，非约，乃戕杀赘角牙，欲自立，国人不服，亦杀孟鲁，迎孟云立之。孟云深知父子行事错谬，感大皇帝恩德，屡欲投诚进贡，因与暹罗构衅，且移建城池，未暇备办。今缅甸安宁，特差头目遵照古礼进表纳贡。"总督富纲等以闻，帝允所请，赍其使而归之，且赍孟云佛像、文绮、珍玩器皿。五十四年，孟云遣使贺八旬万寿，乞赐封，又请开关禁以通商旅，帝皆从之，封为缅甸国王，赐敕书，印信，及御制诗章、珍珠手串，遣道员、参将赍往其新都蛮得列，定十年一贡。自是西南无缅患。

六十年，缅王遣使祝釐，进缅石长寿佛、贝叶缅字经、福字镫、金海螺、银海螺、金镶缅刀、金柄尘尾、黄缎伞、贴金象轿、洋枪、马鞍、象牙、犀角、孔雀、木化石、玄猴皮、各色呢、各色花布，都十有八种。时有三缅盗逸入印度，缅人以五千人追之，突入印度之势他加境，英人领土也。英守将尔斯根诘缅人，以盗付之。嘉庆元年，缅王复遣使朝贡。总督勒保以缅使甫经回国，不宜数来，檄云南司道拒勿纳。事闻，帝谕曰："缅甸国王以本年国庆，特遣使臣赍表备物申虔称贺，勒保不据实奏闻，遽行拒绝，致令使臣徒劳跋涉，殊失柔远绥怀之意。勒保交部严议。"命军机大臣拟旨晓谕缅王，颁赐蟒锦四端。五年，缅甸入贡。十年冬，缅甸复遣使叩关求入贡，以是年暹罗伐缅，有敕谕遏罗罢兵故也。帝以非贡期，却之。

时缅甸虽失暹罗，国势犹盛。其疆域南尽南海，北迄孟拱，西包阿拉干，东联麻尔古。又有掸人之地环其东境，旧称九十九国，多为领属，地广兵强。既东失暹罗，乃西觊印度之富，时思袭取。缅西北有曼尼坡部，又西有阿萨密部，缅尝以兵攻二部，渐有从西黑特旁侵入英领之势。西黑特居阿萨密南，为印度孟加东北境，过此即克车部，英人所保护也。缅人恃其习战，蔑视英人，后果侵英边，杀英戍兵，掳其人民。又南侵加势他加，英人以少兵守内府河口之刷浦黎岛。道光三年，缅人攻守岛英兵，英以众寡不敌而溃，亡数人。英人来责言，缅置不答，益轻英。

明年，英人伐缅，水师副提督喀姆稗儿率师进厄勒瓦谛江，即大金沙江也。次仰光，缅人御诸海口而败，英军遂登陆攻仰光、克曼庭村寨。缅兵惧，每战辄奔溃，然去必毁其积贮，坚壁清野以待，英人野无所掠，粮运又不继，遂大困。缅王乘其敝，自阿瓦遣大队围攻之，英军固守不动，缅人不能胜。英军寻得巨炮反攻缅，缅军溃。逾数月，喀姆稗儿乘间攻克艾报、墨尔阶两城，与濒海地那悉林之地，然英军伤病相属，其强壮能胜战者仅三千人，乃移病卒休养于艾报诸城，势复振。进攻摆古河口之悉林工场，与葡萄牙所筑旧堡，悉取之。又克马尔达般省。

缅人惧，征镇守阿拉干长胜军回援，其帅班都拉，健将也。班都拉既至，急突英军，不得入，乃退而集师。十一月，班都拉以众六万攻仰光及克曼廷村寨，不克。还至丹阿卜，掘地营而守，喀姆稗儿于是进攻普罗美，其地西距厄勒瓦谛江约三里许。明年，英军分水陆进，将军可敦将水师，喀姆稗儿将陆军，会于丹阿卜，合力夺地营，缅将班都拉中炮死，遂长驱入普罗美城。时值大雨，约各休兵一月，以九月十七日为期。入夏以来，英别将马立生攻克阿拉干部，并逐阿萨密北部缅人，进驻克车。

十月，缅军三路攻普罗美，英守军仅有欧人三千，印人二千，缅军不能入。十二月，英人分击缅军，缅军沿厄勒瓦谛江败退，各以一万二千人分入米投、麦龙，筑垒坚守。未几，米投破，余兵奔麦龙，缅人力竭，求成于英，英将允之，遣人议和款，要以四事：一，割阿拉干、艾报、墨尔阶与意爱各城归英辖；二，阿萨密部与各小部，缅人毋得干预其治权；三，赔军费一千万罗比；四，应准各国代理人驻扎缅京，且得以兵五十名为卫，英舰之入缅港者，毋得勒令缴枪弹船舵。

议员签押呈缅王署押，缅王不允，饬整战备。英将侦知缅王无和意，明年一月十九日，攻克麦龙城，缅人复遣使议和，且征蒲甘兵卫京城。英将知非王本意，进攻不已，缅廷乃使美士迫拉意斯持前署押约章，并罗比二百五十万至英军乞止兵，英乃撤兵去。时道光六年也。

约成，缅国遂失西偏沿海地数部。然缅国上下均不服此约。迨缅王弗极道为其弟撒拉瓦第所篡，撒拉瓦第素主排英，尤蔑视前约。先是英使臣军佐白奈驻阿瓦，与缅王龃龉而去，两国交遂破，英政府撤回驻缅职事人。是后缅人遇英人颇暴厉，英舰至缅者，缅人常与其水手閧，英廷遣使诘责缅廷，且护其水师。比英使至仰光，谒其督臣，语不合，英使遂以兵舰封其港，责偿前英船所受损失费，要缅廷礼接英使，仰光督臣在英使前谢罪。时缅王蒲甘曼嗣立，执不允。于是英、缅再失和，而修职贡于中国如故。

咸丰三年十一月，罗绕典奏缅国贡使入京，请变通办理。帝谕军机大臣曰："朕念缅甸国王久列藩封，贡使远道输诚，具征忱悃。惟其国贡使向取道贵州、湖南、湖北进京。现在粤匪未平，若令绕道而行，殊非所以示体恤。即传旨其使臣，此次无庸来京，仍优予犒赏，委员护送回国。"

是年，缅、英再开战，南方严城要地尽入于英，前所交还摆古部亦为英扰。英将道好西宣言以摆古隶英版图。适缅亲王曼同下王于狱，自立为王，遣使谢印督道好西索还摆古，英廷命军佐雅实勿里为摆古行政长官，且充使以报。偕雅实勿里行者为参赞亨利幼儿，地质学家倭尔罕，挟缅王立永让摆古之约，缅王拒焉。久之，至同治元年始定约，英乃于缅甸海岸设官分部，称"英领缅甸"，即摆古、厄勒瓦谛、阿拉干、地那悉林也。以厄勒瓦谛江东支海口为会城，即所谓仰光镇，以温个那邦视巡抚。

初，英人欲觅一自英领缅甸通中国商路，苦为缅隔。后缅王许英人威廉游历缅境，北抵八募，又溯厄勒瓦谛江而上，至江上游之山峡。同治六年，缅廷与英人结通航缅境之约，又命英人代收八募与其他口岸商税。次年，缅王曼同薨，子锡袍嗣位，复命旅于仰光之英工程师威廉、生物理学学士爱达生、水师兵官暴厄尔与司式华德、白恩诸人探访运路，而以军佐斯赖登率之行，谕八募守臣以兵五十人护行。于是安抵八募东北之中国腾越厅境。八年，缅始开厄勒瓦谛江航路，上通八募，命水师兵官斯讨拉尔驻八募，理其事。缅王颇注重商务，凡克亨山一带危险地，皆设官防护，英人交口誉之。然缅王戆而多忌，废斥旧臣，诛锄兄弟亲戚殆尽。外官虽有四千六百余土司，皆禄无常俸，专脧民膏，百姓恒产，任意抄没，缅、英虽交好，而猜忌尤深。

光绪九年，法兰西由下安南进踞北圻，暹罗亦命官分驻老挝土酋各部，英据南缅既久，洞知上缅宝藏之区，甲于南海，且虑法人由北圻西趋，蔓及缅甸。十一年十月三日，英首相侯爵沙力斯伯里值伦敦府尹大宴时，宣布伐缅意，假判断木商歇业为名，由印度派兵进攻，入蛮得勒，擒其王，流之于印度孟买海滨拉德乃奇黎岛。初，缅与法兰西、意大利立私约，损自主权利，英弗善也。至是欲存缅祀，则私约不能废，遂决计灭之，并取所属掸人地。南缅地区部为四：曰摆古部，曰阿拉干部，曰厄勒瓦谛部，曰地那悉林部。北缅地区部为六：曰北部，曰中部，曰拉歇山岭部，曰南部，曰东部，曰喀伦尼山岭部，各部皆设行政长官，而隶于印度总督，缅甸自是遂亡。

时出使大臣曾纪泽驻英，帝以属国故，命与英外部会商缅事。初议立君存祀，俾守十年一贡之例，不可得。旋议由英驻缅大员按期遣使赍送仪物，其界务、商务两事，则拟先定分界，再议通商。英人自以骤辟缅甸全境，所获已多，有稍让中国展拓边界之意。英外部侍郎克蕾称："英廷愿将潞江以东之地，自云南南界之外起，南抵暹罗北界，西滨潞江，即洋图所谓萨尔温江，东抵澜沧江下游，其中北有南掌国，南有掸人各种，或留为属国，或收为属地，听中国自裁。"曾纪泽转咨总理衙门，言："南掌本中华贡国，英人果将潞江以东让我，宜即受之，将掸人、南掌均留为属国，责其按期朝贡，并将上邦之权明告天下，方可防后患而固边围。"

纪泽又向英外部索还八募。八募即蛮幕之新街。昔时蛮幕土司地甚大，后悉并于缅，其商货汇集之区谓之新街，洋图译音则为八募，距腾越边外百数十里，在大金沙江上游之东，龙川江下游之北，槟榔江下游之南，向为滇、缅通商巨镇。英人以其为全缅菁华所萃，不许。争论久之，克蕾始云，英廷已饬驻缅英官勘验一地，以便允中国立埠，且可在彼设关收税。参赞官马格里言八募虽不可得，其东二三十里旧有八募城，似肯让与中国，日后贸易亦可大兴。且允将大金沙江为两国公共之江，如此，则利益与彼分之，其隐裨大局，尤较得潞东之地为胜。议未定，纪泽旋回国。

十二年六月，总署与英使欧格讷议约五条：第一，申明十年呈进方物之例；第三，中缅边界应由中、英两国派员会同勘定，其边界通商事宜另立专章。约成，迁延者五年。

十七年，出使大臣薛福成始申前议，奏言："英人所称愿让潞东之地，南北将及千里，东西亦五六百里，果能将南掌与掸人收为属国，或列为瓯脱之地，诚系绥边保小之良图。惟查南掌即老挝之转音。臣阅外洋最新图说，似老挝已归属暹罗。若徒受英人之虚惠，终不能实有其地，非计之得者。南掌、掸人本各判为数小国，分附缅甸、暹罗。宜先查明南掌入暹罗之外，是否尚有自立之国，以定受与不受。其向附缅甸之掸人，地实大于南掌，稍能自立，且素服中国之化。若收为我属，则普洱、顺宁等府边徼皆可巩固矣。至曾纪泽所索八募之地，虽为英人所不肯舍，其曾经ম许之旧八募者，亦可为通至大金沙江张本。若将来竟不与争，或争而不得，窃有五虑焉。夫天下事不进则退。从前展拓边界之论，非谓足增中国之大也。臣闻乾隆年间，缅甸恃强不靖，吞灭滇边诸土司，腾越八关之外，形势不全。西南一隅，本多不甚清晰之界，若我不求展出，彼或反将勘入。一虑也。我不于边外稍留余地，彼必筑铁路直接滇边，一遇有事，动受要挟。二虑也。长江上源为小金沙江，最上之源由藏入滇，距边甚近，洋图即谓之扬子江。我若进分大金沙江之利，尚可使彼离边稍远。万一能守故界，则彼窥知江源伊迩，或竟图行船，径入长江以争通商之利。三虑也。夫英人经营商埠，是其长技。我稍展界,则通商在缅甸,设关收税,亦可与之俱旺。我不展界,则通商在滇境,将来彼且来择租界、设领事,地方诸务不能不受其牵制。四虑也。我得大金沙江之利,则迤西一路之铜,可由轮船遵海北上,运费当省倍蓰。否则彼独据运货之利,既入滇境,窥知矿产之富,或且渐生狡谋。五虑也。凡此五虑,皆在意计之中。又查中、英所定《缅约》第一条内,缅甸每届十年,向有派员进方物成例。英国允由缅甸最大之大臣,每届十年派员循例举行,所派之人应选缅甸国人等语。当时中外注意专在申明成例,惟缅甸何年入贡,并未计及,所以但有此约,而英之驻缅大员尚未举行。窃恐久不催问,此约即成虚设。臣查成案,缅甸向系十年一贡。自道光二十三年入贡后,道路不通,至光绪元年始复入贡一次。计截至光绪十一年,正应缅甸入贡之期。若不按时理论,彼亦断不过问。此与勘界各为一事,未便受其牵制,臣拟再加查访,即行文外部,请其知照驻缅大员,补进光绪十一年应呈方物,俟光绪二十一年,再按定例办理。万一彼谓必俟驻缅十年始呈方物,则经此一番考核,彼于光绪二十一年之期断难宕缓矣。”

既而英人不认允曾纪泽三端之说,谓普洱外边南掌、掸人诸地,及大金沙江为公用之江,与八募设关也。十九年七月,福成奏言:"英人自翻前议,虽以公法为解,实亦时势使然。前议三端,既不可恃,则展拓边界之举,毫无把握。前岁英兵游弋滇边,以查界为名,阑入界内。常驻之地,则有神护关外之昔董,暨铁壁关外之汉董。云贵督臣王文韶迭经电达总理衙门。臣承总理衙门急电,照会外部,斥其违理,责令退兵。又屡赴外部争论,英兵稍自撤退,滇边至今静谧。臣又查野人山地,绵亘数千里,不在缅甸辖境之内。曾纪泽曾照会外部,请以大金沙江为界,江东之境,均归滇属,英人坚拒不纳。其印督至进兵盏达边外之昔马,攻击野人,以示不愿分地之意。臣相机理论,稍就范围,于是有就滇境东南让我稍展边界之说。据称已与印督商定于孟定橄榄坝西南边外让我一地曰科干,在南丁与潞河中间,盖即孟艮土司旧壤,计七百五十英方里。又自孟卯土司边外包括汉龙关在内,作一直线,东抵潞江麻栗坝之对岸止,悉划归中国,约计八百英方里。又有车里、孟连土司,辖境甚广,向隶云南版图,近有新设镇边一厅,系从孟连属境分出。英人以两土司昔尝入贡于缅,并此一厅争为两属,今亦愿以全权让我,订定约章,永不过问。至滇西老界与野人山地毗连之处,亦允我酌量展出。其驻兵之昔董大寨,虽未肯让归中国,愿以穆雷江北现驻英兵之昔马归我,南起坪陇峰,北抵萨伯坪峰,西逾南嶂至新陌,计三百英方里,又自穆雷江以南、既阳江以东有一地,约计七八十英方里。是彼于野人山地亦稍让矣。其余均依滇省原图界线划分。外部于三月二十三日行文照会前来,臣先行文外部,订定大局。惟腾越八关界趾未清,尚须理论。外部请待印督所寄地图,又值外部诸员避暑在外,稍有停顿。前据督臣王文韶电称汉龙关自前明已沦于缅,天马关亦久为野人所占踞,则八关仅存六关。现经再三争论,此二关亦可归中国。又前年英兵所驻之汉董,本在界线之外,因其扼我形势,逼处堪虞,向

彼力索。外部亦愿退让,以表格外睦谊。刻下界务已竣,商务本不似界务之繁重,且已先将大意议明,无甚争论。现正商订条款,计可刻期蒇事。”寻福成议定商约,续争回铁壁、虎踞二关,时二关皆英兵占据也。

二十年正月,订《滇缅新约》十九条,划定自尖高山起,向西南行至江洪抵湄江之界线,大金沙江许中国任便行船,删去八募设关一条。于是缅事粗结。惟十年进呈方物之例,英外部初许待至光绪二十三年照约举行;继称英廷已豫备光绪二十年第一次派员赴中国,至是又声请展缓,迄未实行云。

暹罗,在云南之南,缅甸之东,越南之西,南濒海湾。顺治九年十二月,暹罗遣使请贡,并换给印、敕、勘合,允之。自是奉贡不绝。

康熙二年,暹罗正贡船行至七洲海面,遇风飘失护贡船一,至虎门,仍令驶回。三年七月,平南王尚可喜奏暹罗来馈礼物,却不受。其年,议准暹罗进贡,正贡船二艘,员役二十名,补贡船一艘,员役六名,来京,并允贸易一次。明年十一月,国王遣陪臣等赍金叶表文,文曰:"暹罗国王臣森列拍腊照古龙拍腊马嗹陆坤司由提呀菩埃诚惶诚恐稽首,谨奏大清皇帝陛下。伏以新君御世,普照中天,四海隶骈臻,万方被教化。卑国久荷天恩,倾心葵藿,今特竭诚朝贡,敬差正贡使握坤司吝喇耶迈低礼,副贡使握坤心勿吞瓦替、三贡使握坤司敕博瓦绬、大通事揭帝典,办事等臣,梯航渡海,赍上金叶表文、方物进献,用伸拜舞之诚,恪尽远臣之职。伏冀俯垂天听,宽宥不恭,微臣不胜瞻天仰圣战栗屏营之至,谨具表以闻。御前方物:龙涎香、西洋闪金缎、象牙、胡椒、脎黄、荳蔻、沉香、乌木、大枫子、金银香、苏木、孔雀、六足龟等;皇后前半之。"帝锡国王缎、纱、罗各六;金缎、纱、罗各四,王妃各减二。正副使等赏赉有差。定暹罗贡期三年一次,贡道由广东,常贡外加贡无定额。贡船以三艘为限,每艘不许逾百人,入京员役二十名,永以为例。

十二年,贡使握坤司吝喇耶迈低礼等至,具表请封。四月,册封暹罗国王,赐诰命及驼钮镀金银印,令使臣赍回。诰曰:"来王来享,要荒昭事大之诚;悉主悉臣,国家著柔远之义。朕缵承鸿绪,期德教暨于遐陬,诞抚多方,使屏翰跻于康乂。彝章具在,涣号宜颁。尔暹罗国森烈拍腊照古龙拍腊马嗹陆坤司由提呀菩埃秉志忠诚,服躬礼义,既倾心以向化,乃航海而请封。砺山带河,克荷维藩之寄;制节谨度,无忘执玉之心。念尔悃忱,朕甚嘉尚。今封尔为暹罗国王,锡之诰命,尔其益矢忠贞,广宣声教,膺兹荣宠,辑乃封圻。于戏!保民社而王,蘩休声于旧服;守共球之职,懋嘉绩于侯封。钦哉,无替朕命!"

二十三年,王遣正使王大统、副使坤学述列瓦提,赍金叶表入贡。帝谕暹罗进贡员役,有不能乘马者,官给夫轿,从人给舁夫。先是贡船抵虎门口,守臣查验后,进泊河干,封贮货物,俟礼部文到,方准贸易。至是疏请嗣后贡船到广,具报即准贸易,并请本国采买器用,乞谕地方官给照置办,允之。颁赏暹罗之靴,始折绢。贡使回国,

礼部派司官、笔帖式各一人伴送。二十四年，议定暹罗国王原赏缎三十四，今加十六，共表里五十。四十七年，贡驯象二、金丝猴二。是年，礼官议准暹罗贡船压舱货物在广东贸易，免其征税。

六十一年，部议暹罗入贡照安南国例，加赐国王缎八、纱四、罗八、织金纱罗各二；王妃缎、织金缎、纱、织金纱、罗、织金罗各二。是年，国王奏称彼国有红皮船二，前被留禁，请令广东督抚交贡使带回。帝可其请，并谕礼部曰："暹罗米甚丰足，若运米赴福建、广东、宁波三处各十万石贸易，有裨地方，免其税。部臣与暹罗使臣议定，年运三十万石，逾额米粮与货物照例收税。"

雍正二年十月，广东巡抚年希尧陈暹罗运米并进方物，诏曰："暹罗不惮险远，进献谷种、果树及洋鹿、猎犬等物，恭顺可嘉。压船货物概免征税，用奖输心向化之诚。"六年，帝谕暹罗商船运来米谷永远免税。七年，常贡内有速香、安息香、袈裟、布匹等，帝以无必须之物，免其入贡，著为例。时贡使呈称"京师为万国景仰，国王欲令观光上国，遍览名胜，归国陈述，以广见闻。"帝命贤能司官带领游览，并赏银一千两，遇所喜物购买。使臣复称本国产马甚小，国王命购数匹带归，允之，命马价向内库支给。复赐国王御书"天南乐国"扁额、缎二十五、玉器八、珐琅器一、松花石砚二、玻璃器二、瓷器十四。贡使赴广采买京弓、铜线等物，复诏赏给。

乾隆元年六月，国王遣陪臣朗三立哇提等赍表及方物来贡，增驯象一只，金缎二疋、花幔一条，并言昔赐蟒龙袍藏承恩亭上，历世久远，难保无虞，恳再赐一二袭。帝特赏蟒缎四匹。礼部奏暹罗照丕雅大库呈称伊国造福送寺需铜，恳弛禁，议弗许，帝特赏八百斤。八年，诏暹罗商人运米来闽、粤诸省贸易，万石以上免船货税银十之五，五千石以上免十之三。其米照市价公平发卖。若民间米多，官为收买，以补常平社仓，或散给沿海标营兵粮之用。十三年，入贡方物外，附黑熊一、斗鸡十二、太和鸡十六、金丝白肚猿一。十四年，国王遣陪臣朗呵派提等入贡，锡御书"炎服屏藩"四字。十六年，帝谕闽督喀尔吉善等筹办官运暹罗米法。疏陈非便，并言不如奖励商人赴暹罗运米至二千石以上者，予议叙给顶戴，从之。十八年，国王遣使入贡，恳赐人参、缨牛、良马、象牙、及通彻规仪内监。礼臣不可，帝加赐人参四斤，特饬使臣归国晓谕国王"恪守规制，益励敬恭"。二十二年，入贡，特赐其王蟒缎、锦缎各二，闪缎、片金缎各一，丝缎四，玉器、玛瑙各一，松花石砚二，珐琅器十有三，瓷器百有四。三十一年，暹罗入贡，赐与前同。

顷之，两广总督李侍尧奏暹罗为花肚番所破，缴还原颁赐物。花肚番即缅甸也。当其时，缅甸攻暹罗，进围其国都阿由提亚，三月陷之，杀其王，暹罗遂亡。

缅甸酋懵驳既破暹罗，恃强侵云南边，高宗叠遣将军明瑞、大学士傅恒、将军阿桂、阿里衮等征之，缅甸调征暹罗军自救。阿由提亚之陷也，暹罗守长郑昭光率军有事束埔寨，闻都城陷，旋师赴援，叠与缅甸战，构兵数年。既以缅甸因于中国，郑昭乘其疲敝击破之，国复。昭，中国广东人也。父贾于暹罗，生昭。长有才略，仕暹罗。既破缅军，国人推昭为主，迁都盘谷，镇抚绥辑，国日殷富。四十六年，郑昭遣使朗丕彩贲呢、霞握抚突等入贡，奏称暹罗自遭缅乱，复土报仇，国人以诏裔无人，推昭为长，遵例贡献。帝嘉之，宴使臣于山高水长。所贡方物，收象一头、犀角一石，余物准在广东出售，与他货皆免税。特赐国长蟒缎、珍物如旧制。

四十七年，昭卒，子郑华嗣立。华亦材武，屡破缅，缅酋孟陨不能敌，东徙居蛮得勒。五十一年，华遣使入贡御前方物：龙涎香、金钢钻、沉香、冰片、犀角、孔雀尾、翠皮、西洋毡、西洋红布、象牙、樟脑、降真香、白胶香、大枫子、乌木、白荳蔻、檀甘密皮、桂皮、腾黄，外驯象二。中宫前无象，物半之。并请封。十二月戊午，封郑华为暹罗国王，如康熙十二年之例。制曰："我国诞膺天命，统御万方，声教覃敷，遐尔率服。暹罗国地隔重洋，向修职贡，自遭缅乱，人民土地悉就摧残，实堪悯恻！前摄国事长郑昭，当举国被兵之后，收合余烬，保有一方，不废朝贡。其嗣郑华，克承父志，遣使远来，具见忱悃。朕抚绥方夏，罔有内外，悉主悉臣，设暹罗旧王后嗣尚存，自当择其嫡派，俾守世封。兹闻旧裔遭乱沦亡，郑氏摄国长事，既阅再世，用能保其土宇，辑和人民，阖国臣庶，共所推戴。用是特颁朝命，封尔郑华为暹罗国王，锡之诰印，尚其恪修职事，慎守藩封，抚辑番民，勿替前业，以副朕怀柔海邦、兴废继绝之至意。"是年，粤督穆腾额奏定暹罗正副贡船各一免税，余船按货征榷，以杜奸商取巧。

先是缅甸惮国威内附，后屡为暹罗所败，五十三年，来贡，乞谕暹罗罢兵。五十四年正月，帝赐郑华敕曰："朕惟自古帝王功隆丕冒，典重怀柔，凡航海梯山重译而至者，无不悉归涵育，咸被恩膏。尔暹罗国王郑华远处海隅，因受封藩职，遣使帕使滑里逊通亚排那赤突等恭赍方物，入贡谢恩，具征忱悃。朕念尔国与缅甸接壤，往者懵驳、赘角牙相继为暴，侵陵尔国，兴师构怨，匪尔之由。今缅甸孟云新掌国事，悔罪输诚，吁求内附，已于其使回国时谕令孟云与尔国重修和好，毋寻干戈。尔亦宜尽释前嫌，永弭兵衅，同作藩封，共承恩眷。兹特赐国王丝、币等物，尚其祗受嘉命，倍笃忠忱，仰副眷怀，长膺天宠。钦哉！"

明年，郑华咨称："乾隆三十一年，乌肚构兵，国破君亡。其父郑昭光复故物，十仅五六。旧有丹老氏、麻叨、涂怀三城，仍被占据，恳谕令乌肚归还，以复国土之旧。"粤督郭世勋以闻。帝念暹罗所称之"乌肚番"即缅甸。前缅甸与暹罗诏氏构兵，系已故缅酋懵驳，非今王孟云之事。丹老氏等三城，亦系诏氏在国时被缅酋侵占，非郑氏国土。相安年久，自应各守疆界。今暹罗已经易世，暹罗又系异姓继立为王，更不当争论诏氏旧失疆土。命军机大臣代世勋拟檄谕止之。是年，入贡，因庆祝万寿，加进寿烛、沉香、紫胶香、冰片、燕窝、犀角、象牙、通大海、哆罗呢九种，帝亦加赐国王御笔"福"字。六十年，暹罗破束埔寨，取阿可耳及破丁篷二地。

嘉庆元年，暹罗遣使进太上皇帝、皇帝汉、番字金叶表文并方物。正月，命使臣与宁寿宫千叟宴，赐正使《圣制千叟宴诗》一章。二年，遣使贺归政及登极，贡龙涎香、冰片等二十四种。帝奉太上皇帝命赐郑华敕曰："九服承风，建极著会归之义，三加锡命，乐天广帖冒之仁。旧典维昭，新纶用沛。尔暹罗国王郑华屡供王会，久列藩封。兹于嘉庆二年，复遣使臣奉表入贡，鉴其忱悃，允荷褒扬。至以天朝叠庆重熙，倍呈方物，具见输诚效顺，弗懈益虔。国家厚往薄来，字小柔远，自有定制。第念尔国僻处海陬，梯航远涉，其所备物若从摈却，劳费转多，特饬收受，加赐文绮等物。嗣后止宜昭常进呈一分，以示体恤。王其祗承眷顾，益懋忠纯，永膺蕃庶之恩，长隶职方之长。钦哉！"三年，召暹罗使臣宴重华宫。五年，国王遣使赍祭文、仪物，诣高宗纯皇帝前进香，并献方物，广东巡抚遵旨令使臣毋庸来京，悉将方物赍回。六年，副贡使怕窝们孙哖哆呵叭病殁广东，谕地方官妥为照料，赏银三百两，先行回国。

十年，暹罗贡表，言与缅甸战获捷，有诏和解之。十二年九月，帝谕郑华："不许违例用中国人驾船，代运货物往来，以免奸商隐匿，致启讼端。倘有违背，奸商治罪，国王亦难辞其咎。特申禁令，以严逾越之防。尔国王其凛遵毋忽！"

十四年，遣使祝嘏，加赏正副使筵宴重华宫。秋，郑华卒，世子郑佛继立。遣使入贡请封，遭风沉失贡物九种，帝谕不必补进。十五年，封郑佛为暹罗王，给诰命、驼钮镀金银印，交使赍回。十八年冬，总督蒋攸铦奏暹罗正贡船在洋焚毁，仅副贡船抵粤，副使唧拔察哪丕汶知突有疾，闻正贡船遭焚，惊愕，益剧，不能即赴都。帝命副使留粤调治，所存贡物十种，派员送京，失物毋庸补备。且谕曰："暹罗国王抒忱纳赍，沿海申虔，即与到京赍呈无异。例赏物件及敕书，交兵部及交两广总督颁给。"明年，暹罗王闻贡船焚毁，补备方物入贡，遇飓风，船漂散。二十年秋，正副贡船先后抵粤，蒋攸铦以闻。仁宗嘉其恭顺，谕曰："暹罗向系三年一贡，明年又届入贡之期。此次方物，可作二十一年例贡。"暹罗王复表请准用内地水手驾驶，部议驳之。

道光元年，暹罗远征马来半岛开泰州，悬军深入，破沙鲁他军，南下服派拉克，进与色兰格耳国战，以军疲，由新格拉而还。三年，遣使入贡贺万寿。四年，郑佛在位十五年，传位其子郑福。明年，遣使入贡请封，舟毁，贡物沉没。帝免补进，仍封郑福为暹罗王。福朝贡益恭。十九年三月，宣宗以暹罗服事之勤，谕曰："暹罗三年一贡，其改为四年。"

咸丰元年，郑福卒，弟蒙格克托继立，中国称曰郑明者是也。明奉孝和睿皇后、宣宗成皇帝遗诏，遣使进香并赍递表文、方物，庆贺登极。又因例贡届期，请将贡物一并呈进。文宗命两广总督徐广缙传知使臣毋庸来京，仪物、方物悉令赍回。至应进例贡，现当国制，二十七月之内不受朝贺，并停止筵宴，俟嗣王请封时再行呈递。二年，徐广缙奏："暹罗国王遣使补进例贡，并请敕封，现已行抵粤东。"帝命于封印前伴送来京；应给嗣王诰命，俟贡使抵都发给赍回。适粤匪乱炽，贡使竟不能至，入贡中国亦自此止。此后暹罗遂以自主之国矣。

郑明通佛学，善英语，用欧人改制度，行新政，国治日隆，称皇帝。复与英、法诸国订约，遣使分驻各国。同治七年，郑明卒，子抽拉郎公继立，废奴隶，行立宪。北部乱贼蜂起，讨平之。法既吞越南，复迫暹罗割湄江东地。光绪十九年，国王派军防守。法藉口暹罗侵越南，出兵占孔格沙丹格、托伦格二地，复进据老挝之加核蒙隆拍拉朋。暹军败退湄河西岸，法复以海军攻盘谷海港，暹人愿乞和。既，英人疾法日盛，不益于己，乃与法立约，保证湄南属暹罗，暹罗赖以少安，致力内政，日蒸富强。宣统二年，卒，子马活提路特立。

暹罗版图，北纬六度至二十度，东经九十七度至一百七度。官制，设外务、内务、财政、陆军、海军、司法、教育、农务、交通九部，佐国王管理国政。另设枢密院，国王选亲贵勋臣充之，国之大事皆咨询而行。中央称畿甸省。全国分十七州，置总督。州下有县、郡、村。人口八百万，中国人占三分之一。军备仿德国征兵制，常备军三万人，战时可增十倍。海军有炮舰、水雷艇数艘。制造枪炮厂、造船所皆备。暹罗叠出英君，政治修明，故介于英、法诸大国属地，而能自保其独立也。

南掌，旧称老挝。雍正七年，云贵总督鄂尔泰疏言："南掌国王岛孙遣使奉销金缅字编蒲表文一道、驯象二只，求入贡。"帝嘉奖，其贡道命由普洱府入，沿途护送，从厚给之。八年二月，遣使表贡，并请定贡期，命五年一贡。赐之敕谕并文绮等物，令使臣赍捧回国。九年六月，表谢颁敕谕恩。

乾隆元年，赐国王岛孙彩缎、文绮。八年二月，帝以南掌远道致贡，改为十年一次。十四年正月，贡驯象。二十六年二月，国王准第驾公满奏言："臣母喃玛喇提拉同臣遣使奉表，进驯象二只，庆贺皇上五旬万寿，皇太后七旬万寿。"准第驾公满又别备表文一、贡象二，宴赏如例。六月十三日，礼臣议："嗣后各省巡抚值南掌、琉球、苏禄、安南等国贡使到境，遴委同知、通判中一员，武弁守备一员，伴行长送至京，并知照经过各省派委妥员护送，按省更替；贡使回国，亦一例办理。"从之。又奏："南掌外藩入贡使臣，俱于陈设卤簿之日，带领道旁瞻仰天颜，备观仪典。今国王准第驾公满遣使叭哩细哩门遮昆来京，拟于七月初八日圣驾起銮之期，带领大东门道旁叩见。"

四十七年，国王召翁遣使臣叭整哄等四人入贡，帝于山高水长连日赐茶果，又赐宴于紫光阁、三无私殿。五十五年，国王表贡驯象祝釐，并附进例贡。帝谕云贵总督富纲派员护送。南掌贡使定于七月二十日至热河行在，与蒙古王公、各外藩贡使同预寿筵。五十八年，谕免例进贡象。明年，国王召温猛遣使请封，特颁诰敕，并驼钮镀金银印，交使臣赍回。六十年，国王奉表祝釐，进《长生经》一卷、阿魏二十斤，象牙四十、夷锦四十。时召温猛已播迁越南昭晋州地，既受敕印，仍未能返国。

嘉庆四年，国王遣使赍表，恳求赴京进香。帝谕止之，令云贵督臣由驿进呈金叶表文,所贡檀香三枝交太常寺。十二年,国王遣使进驯象四只、象牙四百斤、犀角三十斤、土绢一匹,帝赏赉有加。十四年,越南国王阮福映遣使恭缴南掌敕印。帝谕曰:"南掌国王召温猛懧懦不振,流徙越南,遗弃敕印,朕念其流离,不加声责,岂能复掌国事?听其在越南居住可也。其国事以其伯召蛇荣代办。"二十四年,召蛇荣子召蟒塔度腊虔提修职贡,吁恳再颁敕印。礼臣覆称前缴印信字画完好,毋庸另铸,准于颁给敕印外,再给诰命一道,交召蟒塔度腊祇领。道光二十二年,遣使赍敕封召喇呢呀宫满为南掌国王。

咸丰三年,南掌国长召整塔提拉宫满遣使叩关,请入贡。帝以南掌贡使向由贵州、湖南、湖北、河南取道进京,惟现在粤匪未尽歼除,命云贵督臣吴文镕等即传谕南掌使臣,此次毋庸来京,仍优与犒赏,俾先行回国。贡物象只即由督臣派员送京。然自是云南回匪乱起,贡道遂绝。时南掌兼贡越南之顺化,暹罗之曼谷。嗣越南衰,南掌入暹罗,号为暹罗属国。光绪十一年,法人得越南全境,以南掌地居湄公江中间,为传教通商孔道,复设法保护之,于是南掌又折入于法矣。

南掌国都曰隆勃剌邦,据湄公江左岸,江东折南流,南冈江自东来会,曲注如玦环,城在山下,当南冈江会流处,水穿城而过。王宫在城之北,背山建屋,规制壮丽。佛墓寺塔森立城市中。濒江两岸多花园。居民大半老挝种,或喀木种。老挝种人俗同暹罗,不文身雕题,性愚而懒。奉佛教,好生恶杀。务耕种、畜牧,能铸造、纺织。其状貌短小,鼻宽而唇厚,肤色红紫,剪发留顶,不蓄须。男子衣饰,横布一幅围腰至膝,富贵者以绸缎为之。妇人下裳似裙,上服折盖于胸,发黝黑,鬓垂于后项,耳手足皆带环圈,以金银铜为饰。其房屋率用藤竹缚造。富室官衙则用坚木,极壮丽。常食糯米,杂以粳稻。中国人教以制酒醴、养蚕丝之法。家畜象、牛,供耕田驮货。其物产有五金各矿,稻则有粳有糯,多包谷,少粟麦,有靛青、漆、藤、竹、麻、棉、椰叶、桄榔、甘蔗、槟榔、荳蔻、烟叶、芝麻、花生,而松木、楢木尤多。其货币或用暹罗之体格,或印度之鲁卑,皆银钱也。此外或用铜钱、用铁钱,或用银锭、用海贝。然用钱颇少,以货易者为多。天气温和,自二月至八月多东风、多雨,九月至正月多北风、多晴云。

苏禄,南洋岛国也。雍正四年,苏禄国王毋汉未母拉律林遣使奉表,贡方物。五年六月,贡使至京,贡珍珠、玳瑁、花布、金头牙萨白幼洋布、苏山竹布、燕窝、龙头、花刀、夹花标枪、满花番刀、藤席、猿十二种。赐宴赉赏,颁敕谕一道,令使臣赍回。定期五年一贡,贡道由福建。十一年六月,国王奉表谢恩,并奏:"伊祖东王于明永乐间入朝,归至德州病故。帝命有司营葬,勒碑墓道,谥曰'恭定',留妻妾僕从十人守墓。毕三年丧,遣归。今事隔三百余年,所有坟墓及其子孙存留赒恤之处,恳请修理给复。"礼臣议覆:"苏禄国东王巴都噶叭哈答殁,长子都马含归国袭封。次子安都禄,三子温哈喇,留居守茔,其子

孙以祖名分为安、温二姓,应如所请。饬查王墓所有神道享亭、牌坊,修理整饬,于安、温二姓中各遴一人给顶戴奉祀。著为例。"帝允之。乾隆五年八月,苏禄国王麻喊味呵禀胜宁遣番丁护送遭风商人回内地。八年,贡使马明光奏请三年后复修朝贡,帝命仍遵雍正五年所定五年一贡之例。十九年,苏禄国王麻喊味安柔律嘴遣使贡方物,并贡国土一包,请以户口人丁编入中国图籍。帝谕:"苏禄国倾心向化,其国之土地人民即在统御照临之内,毋庸复行赍送图册。"二十八年,国王遣使贡方物。自后遂不复至。

苏禄本巫来由番族,悍勇善斗。西班牙既据吕宋,欲以苏禄为属国,苏禄不从,西人以兵攻之,为所败。独慕义中国,累世朝贡不绝。其国小,有巉岩之岭,其极南为石崎山、犀角屿、珠池,因岛环绕。海内有珍珠,土人与华商市易,大者利数十倍。此外土产则苏木、荳蔻、降香、藤条、莩荠、鹦鹉之类。户口繁多。地硗瘠,食不足,常籴于别岛。土人奉回教。与婆罗洲芒佳瑟民结为海盗云。

卷五百二十九　　列传三百十六

属国四

廓尔喀　浩罕 布鲁特　哈萨克　安集延
　　　　玛尔噶朗　那木干　塔什干　巴达克山　博罗尔
　　　阿富汗　**坎巨提**

廓尔喀,在卫藏西南,与巴勒布各部相邻。巴勒布三汗:曰阳布,曰叶楞,曰廓库木;后皆为廓尔喀酋博纳喇赤并吞,及小部二十三。其国境东西二千里,南北约五百里。东与哲孟雄、宗木、布鲁克巴接壤,西与作木朗接壤,南距南甲噶尔,北连后藏边境。传至孙拉特纳巴都尔,年幼嗣位,其叔巴都尔萨野用事,操国大权。

乾隆五十三年,廓尔喀人至藏贸易,以争新铸银钱,与唐古忒开衅构兵,进侵藏界。帝命四川总督鄂辉、将军成德往查,以巴忠熟悉藏情,令为会办。巴忠迁就议和,称内附,帝锡封廓尔喀王爵。廓尔喀私责后藏班禅喇嘛赔偿银两,巴忠不以闻,既而后藏不能偿,班禅复与弟红帽喇嘛沙玛尔巴不协,沙玛尔巴因导廓尔喀入侵。五十六年,廓尔喀遂以唐古忒兵欠款、班禅负约为辞,遣兵围聂拉木,唐古忒兵闻风溃,进至达木,番兵亦败退。八月,廓尔喀围札什伦布,将军成德赴藏援剿,帝复命四川总督鄂辉督后队赴援,鄂辉复调金川兵二千、云南兵二千助讨。九月,廓尔喀六七百人攻宗喀,陈谟、潘占魁等率唐古忒兵固守,击却之,斩首四十六,贼退济咙。帝始议大举往征。

十月,召两广总督福康安入京,授以方略,命为将军,督参赞海兰察等由青海赴藏,总领大军讨廓尔喀。十二

月,成德次聂拉木四十里,战拍甲岭,败之。明年正月,攻克聂拉木东官寨,斩其酋呢玛叭噶嘶及踏巴等。二月,以地雷破西北碉寨,获咱玛达阿尔曾萨野,巨酋玛木萨野之侄也。聂拉木既平,进军济咙。

三月,福康安抵后藏,诏谓为大将军,各军咸受节度。廓尔喀筑寨据险死守。四月,福康安偕海兰察由绒辖、聂拉木进,决议先剿擦木、济咙。擦木地最险,两山夹峙,中亘山梁。五月六日,乘夜雨,分五队,海兰察等居中,哲森保等由东西山趋贼寨,墨尔根保等绕出贼背。黎明,攻擦木山梁两石碉,克之,擒斩二百余人。进至玛噶尔辖尔甲,济咙援贼三百据山力拒,海兰察趋进,马中枪,挥军奋击,尽歼之。济咙贼闻官军将至,建大寨山冈外,扼险筑三大碉相犄角。福康安檄巴彦泰、巴彦寨、萨宁阿、长春攻西北临河大碉,桑吉斯塔尔、克色保、筹保、巴哈、张占魁攻东北上大碉,哲森保、墨尔根保攻东南山梁上大碉,蒙兴保、绰尔浑等攻山下喇嘛寺,阿满泰、额尔登保等攻大寨,以惠龄为策应之军,海兰察率骑兵张两翼截击逸贼。六月初六日,哲森保等攻克山梁大碉,蒙兴保等克喇嘛寺,复会攻临河及石上两大碉,皆克之。设炮石上,战一昼夜,破其东北隅,遂拔济咙,斩级六百余,擒二百,获贼目七。

当福康安之攻济咙也,先遣成德、岱森保率兵三千出聂拉木南行,牵缀贼势,壁上木萨桥。贼筑三卡于德亲鼎山下,建木栅于下木萨桥,以拒官军,岱森保悉攻破之。于是自擦木至济咙边界尽复。济咙西南皆高山峻岭,路险恶。距济咙八十里有热索桥,其大河自东来注,渡桥即廓尔喀界也。贼屯北岸三四里外索喇拉山,设石卡一,南岸临河,设石卡二。官军进破索喇拉山卡,追至热索桥。逸贼甫上桥,南岸守桥贼见追兵至,仓卒撤桥,逸贼皆落河死。官军隔河施枪,河阔不能及,乃退还。密遣阿满泰、哲森保、墨尔根保、翁果尔海等率士兵东出峨缘大山,绕至上游,伐木编筏以济。时贼与官军隔河相持,不虞间道军骤至,仓皇抵抗,不能敌,溃而奔,遂夷二石卡。

六月十七日,福康安、海兰察、惠龄等渡热索桥,进密里顶大山,山重叠无路径,乃令乌什哈达、张芝元开路以进。明日,抵旺噶尔,山势险峻,玛尔臧大河傍山南注。我军循河东,路逼仄,不能驻足,士卒皆露宿岩下,深入贼境百七十里,不见一贼。寻侦知旺噶尔西南协布鲁克玛贼树木城,外环石壁,城西里许来河筑卡,城东三十里环克堆筑寨,以相犄角。二十日,官军由旺堆伐树建桥,城贼居高施弹,桥不能成,我军以炮轰其城,贼随缺随补,终不得渡。二十二日,福康安、海兰察由间道越伯尔噶藏兴三大山,攻克堆,贼阻河以拒。日暮大雨,我兵佯退伏丛林中,夜深偷渡,毁贼垒五,斩级三百余,径趋协布鲁克玛,与惠龄等前后夹击,贼惊溃,木城石卡俱下。

协布鲁克玛既克,福康安分道而前。一由噶多趋东觉为正道,一由噶多东越山趋雅尔赛拉、博尔东拉为间道。海兰察督桑吉斯塔尔、阿满泰、珠尔杭阿等出间道,福康安出正道。命台斐英阿等与贼相持于作木古拉巴载山梁,躬率额尔登保等潜趋噶多普。七月初六日晨,渡河破其碉卡,进毁寨十一、木城五,殪贼目苏必达秦新及巴撒喀尔,斩级四百。海兰察亦破贼博尔东拉前山,毁木城三、石卡七,追至玛拉,遇伏,击破之。东觉余贼俱尽,两军复合。进至雍鸦,贼据噶勒拉山梁,道路崎岖,士卒履皆穿,跣足行石子上,多刺伤,又为蚂蟥嘈啃,两足肿烂。其地多阴雨,惟辰巳二时稍见日,届午则云雾四合,大雨如注,山颠气寒凛,夜则成冰雪,于是顿兵休息。当是时,成德军亦克札木,过铁索桥,进至多洛卡,破贼陇冈,覆利底寨。

八月,福康安分军为三,过雍鸦趋噶勒拉。廓尔喀境皆山,东西对峙,中贯大河。自过雍鸦,山势皆南北向,噶勒拉、堆补木、甲尔古拉、集木集诸大山层层环抱,横河阻之,我军须渡河仰攻。初二日,破石卡,逼噶勒拉山颠木城。侍卫墨尔根保、图尔岱,参将张占魁攀堞以登,中枪而殒,士益奋,抛火弹入焚其帐房,自辰至未,克木城石卡各二,歼贼三百余,毙其目五,落崖死者无算。乘胜追数十里,抵堆补木山口之象巴宗,贼蜂拥出拒,袁国璜等陷入阵,毙贼百余。复檄珠尔杭阿等攻集木集,阿满泰、额尔登保等渡河扑甲尔古拉。贼扼险列木栅长数里阻官军,阿满泰与贼争桥,中枪落水,额尔登保等奋呼而进,遂渡河,斩贼目三,毙贼百余。大军竞进集木集,贼众分三道来援,殊死斗。福康安躬酣战,英贵殒于阵。台斐英阿、张芝元、德楞泰往来奋击,射死红衣贼目二,贼始败走。

是役也,连战两日一夜,克大山二、大木城四、石卡十一,斩贼目十三,进抵帕朗古,深入贼境七百余里,毙六百余人,廓尔喀酋震惧乞降。初,福康安破东觉,贼酋乞降,福康安不许,檄令拉特纳巴都尔、巴都尔萨野躬亲至军,并献祸首及所掠财物,贼不应。至是拉特纳巴都尔、巴都尔萨野遣大头人禀请交送札什伦布什物,缴出西藏所立条约,并献祸首沙玛尔巴之骨。

福康安、海兰察、惠龄合疏入告曰:"窃臣等秉承庙算,统率劲兵,自察木进剿以来,连战克捷,边界肃清,遂夺热索桥,深入贼境。协布鲁、东觉、博尔东拉、噶勒拉、堆补木、帕朗古诸处皆系峭壁悬崖,大河急溜,我兵绕山涉水,间道出奇,贼匪碉卡木城悉行攻克,所向无前,贼匪败衄奔逃。大兵进至雍鸦,送出上年被裹兵丁王刚诸人,具禀乞降。旋遣贼目噶布党普都尔帮哩等迎赴军前,悉将上年被裹之噶布伦丹津班珠尔及兵丁卢献麟等全行送出,禀陈沙玛尔巴唆使情形,悔罪哀祈。臣等严加驳饬,复进兵至帕朗古,移营进逼,贼匪益加震恐。即将沙玛尔巴眷属、徒弟、什物等项,及抢掠札什伦布银两物件,皆已遵檄呈交,并缴出私立合同二张,不敢复提西藏给银之事。再三禀求圣主,逾格施恩,赦其已往,以全阖部番民之命。兹于八月初八日,遣办事大头目噶箕乌达特塔巴、苏巴巴尔底曼喇纳甲、察布拉咱音达萨野、喀尔达尔巴拉巴达尔四名,恭赍表文进京,并虔备乐工、驯象、番马、孔雀、甲噶尔所制番轿、珠佩、珊瑚串、金银丝缎、金花缎、毡呢、象牙、犀角、孔雀尾、枪刀、药材共二十九种,随表呈进。另禀恳臣代奏,当即译阅表文,词意极为恭顺恳至。并据第乌达特塔巴等伏地哀恳，叩头乞命，至于泣下。跪称：'廓尔喀部长拉特纳巴都尔、部长之叔巴都尔萨野，本系边外小番，曾归王化，渥受大皇帝天恩，特加封爵，锡赉多珍，高厚恩慈，至今顶感。乃拉特纳巴都尔年幼无知，巴都尔萨野罔识天朝法度，因沙玛尔巴从中簸弄，唆使廓尔喀与唐古忒藉端滋事。拉特纳巴都尔等轻听其言，侵犯后藏，仰烦大皇帝天兵远讨，诛戮头目人众三四千人，攻据地方七八百里，天威震叠，廓尔喀胆落心惊。拉特纳巴都尔及巴都尔萨野自知罪在不赦，惶惧尤甚。从前侵犯藏界之事，虽系被人煽惑，而孽实自作，万不敢丝毫置辩，诿咎于人。惟有仰恳转奏大皇帝大沛恩施，开一线之路。如蒙允准，免其诛灭，廓尔喀阖部地土、人民皆出大皇帝所赐，衔感宏施，曷其有极！前立合同混行开写各条，万不敢复提一字。廓尔喀永为天朝属下，每届五年朝贡之期，即差办事噶箕一名，仰觐天颜，子子孙孙，恪遵约束。恳求大将军据情转奏'等语。臣等随谕：'拉特纳巴都尔、巴都尔萨野自速诛锄，侵扰藏地，天兵至此，本应灭尔部落，噍类无遗。今拉特纳巴都尔等敬凛大皇帝天威，万分悔惧，屡恳投降，情词恭顺，本大将军不敢壅于上闻，当即据实具奏。大皇帝如天好生，或可仰蒙鉴察，宥罪施恩。倘荷圣慈允准，从此尔部落惟当遵奉天朝法度，不得复滋事端，方可永受大皇帝天恩，保守境土。此次天兵威力，尔已深知，若稍抗违，即是自取灭亡，后悔无及。'其头目跪聆之下，战栗叩头，感惧之诚，形于辞色。臣等伏思廓尔喀恃其险远，构衅称兵。上年藏事，迁就议和，兵威未加，罔所祇惧，是以投诚甫及两年，复行反覆。此次兴师问罪，仰承圣主指授机宜，士卒争先用命，越险摧坚，兵到之处，屡战屡胜，大半歼擒。廓尔喀在西番各部素称强悍，今见天朝兵力精强，所向无敌，全部震慑，屡遣大头人来营乞降，察看情辞，实出诚悃。伏查前承明旨，谕令臣等'酌量情形，倘军临贼境，贼匪心怀慑伏，悔罪乞哀，或可申明约束，俯允所请，纳款班师'。仰见我皇上庙算精祥，几先指示，义正人育，威德覃敷，臣等实深饮服。今廓尔喀业已悔罪投诚，遣大头人恭进表文，请于象马方物之外，度备乐工，使隶于太常，附之国乐舞之末；并恳定立贡期，遣使五年朝贡一次。详察贼情，实属倾心向化，不敢再滋事端，卫藏全境似可永底枚宁，相安无事矣。"

疏入，帝允受降，谕福康安等筹善后撤兵，仍以所获热索桥以西协布鲁、雍鸦、东觉、堆补木、帕朗古各地还廓尔喀；热索桥以内济咙、聂拉木、宗喀前属藏地，为廓尔喀所据者，仍归后藏。沿边设立鄂博，如有偷越，即行正法。遇有遣使表贡，先行禀明，边吏允许，始准进口。八月，廓尔喀酋遣苏必达巴依喇巴忻喀瓦斯并亲信玛泌达拉蒂瓦斯至营，呈水牛、猪、羊各百头、米二百石、果品糖食百筐、酒百篓犒师。福康安酌留牛羊各十头、米十石，以答其诚敬之意，余皆发还。复赏锦缎各四匹，廓尔喀益感服，受约束。二十一日，班师。十月初三日，福康安还后藏。

五十八年正月，廓尔喀贡使噶箕第乌达特塔巴等赍贡物至京师，帝赐宴，命与朝鲜、暹罗各使同预朝贺，封拉特纳巴都尔为廓尔喀王。自是五年一贡，听命惟谨。

其后英吉利据印度，时时被侵略，迫订《西古利条约》，廓尔喀始将西界克美恒山地及开利川河流域割于英。廓尔喀既为英逼，勤修国政，力保自主之权，英虽觊觎之，无如何也。光绪末，犹入贡中国云。

浩罕，古大宛国地，一名敖罕，又曰霍罕，葱岭以西回国也。东与东布鲁特接，南与西布鲁特接，西与布哈尔国接。有四城，俱当平陆。一曰安集延，东南至喀什噶尔五百里。其人长于心计，好贾，远游新疆南北各城，处处有之，故西域盛称安集延，遂为浩罕种人之名。从安集延西百有八十里为玛尔噶朗城，又西八十里为那木干城，又西八十里为浩罕城。四城皆滨近纳林河，惟那木干在河北。南北山泉支流会合，襟带诸城之间，土膏沃饶，人民殷庶。其人奉回教，习帕尔西语，亦布鲁特种也。其头目冠高顶皮帽，衣锦衣。民人戴白毡帽，黄褐。诸城皆有伯克，而浩罕城伯克额尔德尼为之长，众听命焉。

乾隆二十四年，将军兆惠追捕霍集占兄弟，遣侍卫达克塔纳等抚布鲁特诸部。至其境，额尔德尼迎之入城，日馈羊酒瓜果，询中国疆域形势，畏慕，奉表请内附。并上将军书，称为"至威至勇如达赉札木西特之将军"。旋遣头目托克托玛哈穆等贡马京师。二十五年，遣侍卫索诺穆策凌赉敕往谕，额尔德尼率诸伯克郊迎成礼。是为浩罕属中国之始。浩罕风俗与天山南路诸回部略同，而鸷勇过之，有"百回兵不如一安集延"之语。初，大军追霍集占急，霍集占遣使欲投浩罕，不报。寻，霍集占兄弟为巴达克山所歼，波罗尼都次子萨木萨克逃入浩罕，浩罕藉其和卓木之名，居为奇货。和卓木译言"圣裔"也，回教徒尊之，所为景从。

嘉庆二十五年，萨木萨克次子张格尔，由浩罕纠布鲁特寇边。道光六年，张格尔复求助浩罕入寇，约破西四城，子女玉帛共之，且割喀什噶尔酬其劳。浩罕酋自将万人至，则张格尔已探喀城无援，背前约。浩罕酋怒，自督所部攻喀城，不下，率兵宵遁。张格尔使人追诱其众，归投者二三千人，张格尔置为亲兵。及西四城破，浩罕兵尽得府库官私之财，并搜括回户殆遍。杨芳追张格尔至阿赖岭，遇浩罕伏兵二千，军几殆，鏖战一昼夜始出险。八年，张格尔既伏诛，其妻子留浩罕。钦差那彦成檄令缚献，不从。诏命绝其互市困之。那彦成并奏驱留商内地之夷，且没入其赀产。诸夷商愤怒，乃奉张格尔之兄玉素普为和卓木，纠结布鲁特、安集延数千入寇，围喀什噶尔、英吉沙尔，犯叶尔羌，璧昌、哈丰阿等拒而破之。贼悉掠喀、英二城，遁出边。十一年，浩罕闻大军且至，由伊犁、乌什、喀城三路出师，筑边墙拒守。又乞俄援，俄弗许。浩罕念无外援，遂遣头目至喀城谒钦差长龄呈诉，并请通商。长龄遣还二使，留其一使，令缚献贼目，释回被虏兵民。浩罕报言，被虏兵民可释还，惟缚献夷事，回经所无。且通商求免税，并给还钞没赀产。

长龄疏言："安边之策，振威为上，羁縻次之。浩罕与布哈尔、达尔瓦斯、喀拉提锦诸部落犬牙相错，所属塔什干、安集延等七处均无城池，其临战皆恃骑贼，然在马上不能施枪炮。倘以鸟枪连环击之，则骑贼必先奔。其卡外布鲁特、哈萨克向受其欺凌，争求内徙，而卡内回众亦恨其房掠无人理。果欲声罪致讨，但选精锐三四万人整军而出，并于伊犁、乌什边境声称三路并进，先期檄谕布哈尔等部同时进攻，则不待直捣巢穴，而其附近诸仇部已乘衅并起，可一举而平之矣。惟是大军出塞，主客殊形。自喀浪圭卡伦至浩罕千六百余里，中有铁列克岭，为浩罕、布鲁特界山。两山夹河，仅容单骑，两日方能出山。此路奇险，劳师远涉，胜负未可尽知。今拟遣还前所留来使一人，令伯克霍尔敦寄信开导，为相机羁縻之计。盖浩罕四城外有三小城：曰窝什，在东南；曰霍占，在西南；曰科拉普，在西北。塔什干别为一部，属右哈萨克，亦附浩罕，称浩罕八城，故云所属七处也。"奏入，诏一切皆如请成。浩罕大喜过望，遣使来抱经盟誓，通商纳贡焉。

是时，浩罕酋谟哈马阿里势颇张，既与中国和，北结俄罗斯，南通印度。其人有才略，而性淫暴。征民女，纳父妾。布哈尔酋遣使责之，谟哈马阿里怒，咒其使。布哈尔遂率众攻浩罕，擒斩谟哈马阿里及其父妾，并俘获姬妾四十人，凯旋。以伊布拉兴留守，遣使至中国卡伦告捷。时道光二十二年也。会伊布拉兴虐浩罕民，浩罕叛，立西尔阿里。布哈尔遣兵二万来伐。有谟苏满沽者，浩罕人，谓布酋曰："此可说而下也！请先行。"布酋许之。至浩罕，乃力劝拒守。布哈尔兵至，攻四十日，不克，解围去。于是谟苏满沽预国政。西尔阿里死，次子古德亚嗣立。谟苏满沽妻以女，防之甚严，不使接宾客。会塔什干人犯境，谟苏满沽挟以出征，兵交而古德亚逃入敌军。后塔什干平，谟苏满沽获之，复载回国。六月，党人沙特杀谟苏满沽及其党万余人。古德亚走布哈尔，众立古德亚之弟马拉。又二年，党人基体查怨望，谋逆，杀马拉。立古德亚从弟沙漠拉。古德亚之在外也，为人佣工，以塔什干之力得复国。后阿林沽作乱，又出奔，商于外，复以布哈尔之力复国。

时俄兵日南，古德亚不能御敌，请和。古德亚有子曰那西亚丁，颇得民心，种人谋立之，诛其贪蠹者，于是国内乱，古德亚奔俄。那西亚丁立，率党人叛俄，以俄非回教国也。

光绪二十九年，俄人灭其国，置费尔干省。

布鲁特分东、西二部。东布鲁特在伊犁西南一千四百里，天山特穆尔图淖尔左右，古为乌孙西鄙塞种地。其部有五，每部各一鄂拓克。最著者三：曰萨雅克鄂拓克，曰萨拉巴噶什鄂拓克；曰塔拉斯鄂拓克。其酋长戴毡帽，似僧家毗卢，顶甚锐，卷末为檐。衣锦衣，长领曲袷，红丝绦，红革靴。民人冠无皮饰，衣褐。

先是东布鲁特为准噶尔侵逼，西迁安集延。乾隆二十年，准部平，得复故地。二十三年六月，将军兆惠等追捕准部余党哈萨克沙喇至东布鲁特界，遣侍卫乌尔金、托伦泰往抚，抵其游牧珠穆翰地。萨雅克、萨拉巴噶什两鄂拓克不自主，别推一年长者玛木克呼里主之。年九十余，体硕，跌坐腹垂至地，不能远行。遣使献牛羊百头，将军等宴而示之讲武，咸诧服天朝骑射之利，乞内附。于时兼抚定霍索楚、启台两鄂拓克。七月，参赞大臣富德复遣侍卫伊达木札布往谕，萨娄鄂拓克阿克拜亦率众五千户来归，同遣使入朝。其贡道由回部以达京师。

西布鲁特与东布鲁特相接，在回疆喀什噶尔城西北三百里。西接布哈尔国。道由鄂什山口逾葱岭至其地，盖古之休循、捐毒也。凡十有五部，最著者四：曰额德格纳鄂拓克，曰蒙科尔多尔鄂拓克，曰齐里克鄂拓克，曰巴斯子鄂拓克。衣冠风俗皆同东部。

乾隆二十四年，将军兆惠既定山南，追捕逸回道其地。其渠长遮道奉将军书曰："额德格纳布鲁特部小臣阿济比恭呈如天普覆广大无外、如爱养众生素赉满佛之鸿仁、如古伊斯干达里之神威、如鲁斯坦天下无敌之大勇、富有四海乾隆大皇帝钦命将军之前。谨率所部，自布哈尔以东二十万人众尽为臣仆。头目等以来出痘，不敢入中国，谨遣使入朝京师。"兆惠以闻，诏受之。于是东、西两部皆内附。凡布鲁特大首领称为"比"，犹回部阿奇木伯克也。比以下有阿哈拉克齐大小头目。喀什噶尔参赞大臣奏给翎顶二品至七品有差。岁遣人进马，酌赉绸缎、羊只。商回以牲畜、皮张贸易至者，税减内地商民三分之一。二十七年，阿济比所属鄂斯诸部地为浩罕所扰，新疆大臣谕还之。明年，别部长阿瓦勒比愿以其地供内地游牧，帝喜，许之，赐四品服。

然布鲁特人贫而悍，轻生重利，喜房掠。乾隆以后，边吏率庸材，抚驭失宜，往往生变。嘉庆十九年，孜牙墩之案，枉诛图尔第冱莫特，其子阿仔霍逃塞外，愤煽种类图报复。二十五年，叛回张格尔纠布鲁特数百寇边，有头目苏兰奇入报，为章京绥善叱逐。苏兰奇愤走出塞，遂从贼。道光四年，张格尔屡纠布鲁特扰边。五年九月，领队大臣色彦图以兵二百，出塞四百里掩之，不遇，则纵杀游牧之布鲁特妻子百余而还。其酋汰列克恨甚，率所部二千人追覆官兵于山谷，贼遂猖獗。于是有八年重定回疆之役。

迨同治三年，布鲁特叛酋田拉满苏拉满与库车土匪马隆等勾结为乱，逆回金相印等乘之，新疆沦陷十有余年。光绪四年，钦差大臣左宗棠遣刘锦棠收复南八城，驻军喀什噶尔，有布鲁特头目来谒锦棠，愿仍归中国。自言部落十四，盖即向之西布鲁特也。而东布鲁特接伊犁边者，又有五部：曰苏勒图，曰察哈尔，曰萨雅克，曰巴斯特斯，曰萨尔巴噶什，已投附俄罗斯矣。光绪初，俄人并吞浩罕后，西部亦大半为俄所胁收。其附近中国卡伦，喁喁内向，代为守边，可纪者仅千余家而已。

哈萨克部有三：曰东部，曰中部，曰西部。东哈萨克在旧准噶尔部之西北，东西千里，南北六百里。东界塔尔巴哈台，西界右哈萨克部，南界伊犁，北界俄罗斯。汉康居国地也。哈萨克汗阿布赉之告顺德纳曰："我哈萨克之有三玉兹，如准噶尔之有四卫拉特也。东部者，左部也，曰鄂图玉兹，谓之伊齐准。中部者，右部也，曰乌拉克玉兹，谓之多木达都准。西部最远，曰奇齐克玉兹，谓之巴罕准。左部之汗曰阿布赉,右部之汗曰脱卜柯依,西部之头人曰都尔逊。"

初,阿布赉乘准噶尔平,遣使往谕,阿布赉投诚。适阿睦尔撒纳叛走哈萨克,阿布赉纳之。我兵进,败其众。阿布赉大悔,密计擒阿逆以求臣于我。会阿逆遁归准噶尔。二十二年,阿布赉以其兵三万助攻阿逆,陈情谢罪,奉表请内附。后阿睦尔撒纳奔俄而死,阿布赉乃擒其党额布济齐巴罕以献。其别部和集博尔根及喀拉巴勒特并率其属三万户来附。二十四年以后,屡遣使朝贡,并赐冠服,宴赉如例。

右哈萨克在左哈萨克之西二千里。东界左部,西界塔什干,南界布鲁特、安集延诸部,北界俄罗斯,东南界伊犁。亦汉康居五小王地也。其汗曰阿布勒班毕特,即阿比里斯。其巴图尔有三:曰吐里拜,曰辉格尔德,曰萨萨克拜,而吐里拜实专国政。乾隆二十二年,左部阿布赉既臣服,请招右部。会参赞大臣富德方以兵索逆贼哈萨克锡拉至右部,时吐里拜方与塔什干交兵,为平之,乃下。于是吐里拜诣军门,纳款奉马,进表请归附。二十三年以后,屡遣使入朝,恩赐宴赉如例。其贡道均由伊犁以达京师。今则自中、俄定界后,哈萨克已分属两国矣。

安集延,亦大宛国地。喀什噶尔西北五百里,西至浩罕三百八十里。其贡道由回部以达京师。乾隆二十四年,将军兆惠檄谕协擒逆回霍集占,其伯克以逆回未至彼境,即专使吁请入觐。二十五年,伯克托克托玛哈墨第等来朝贡,赐宴赏赉如例。

玛尔噶朗,在安集延西百八十里。乾隆二十四年,伯克伊拉斯呼里拜率属投诚。

那木干,在玛尔噶朗西北八十里。其地东北与布鲁特杂处,东境逾河即为塔什干地。乾隆二十四年,与浩罕同时输诚内附。

塔什干,在喀什噶尔西北一千三百里。汉为康居、大宛地,唐之石国也。居平原,有城郭。人民奉回教。与哈萨克同以三和卓分辖其众:曰莫尔多萨木什、曰沙达、曰吐尔占。旧为准噶尔羁属。莫尔多萨木什者,哈萨克所置和卓也。吐尔占逐之,与哈萨克构兵。乾隆二十三年,参赞大臣富德追捕哈萨克沙喇至其地,遣使往抚,军于莽格特城外待之。时吐尔占方与哈萨克战河上,因谕以睦邻守土之义,皆感悟释兵,和好如初。乃遣其属默尼雅斯奉表求内属,曰:"臣莫尔多萨木什恭奉谕音,若开瞽昧。蠢兹边末,敢备外藩,罔或有二心。谨以准孽额什木札布献之阙下。外臣草莽,冀瞻圣容,躬服彝训,同归怙冒,永永无极。"额什木札布者,阿睦尔撒纳兄子也。帝宥而遣之。吐尔占亦贡马称臣,遣子入觐。塔什干至是自通于中国,列藩臣焉。嘉庆中,塔什干附浩罕,为浩罕八城之一。

同治三年,俄人以伐浩罕之师夺塔什干,开锡尔达利亚省,于是塔什干部遂亡。塔什干居纳林河流域之中枢,扼中亚细亚通道。纳林河今又名锡尔河,西北流入咸海。由塔什干西南行,逾锡尔河至萨马尔罕,又逾阿母河,分入印度、波斯。北出痾伦不尔屺,越乌拉山脉达欧俄,而东行可置伊犁河以通中国,故俄人置土耳其斯坦总督驻

之。塔什干山泉畅流,其乞尔乞河、卡拉苏河、安噶连河皆发源雪山,灌溉农田,地宜五谷,故人民常有余粮。树木丛杂,多果木。宜蚕桑,而棉花产额尤巨云。

巴达克山,在叶尔羌西四千余里,居葱岭右偏。由伊西洱库尔西稍南行,渡喷赤河至其国。有城郭,部落繁盛,户十万余。其酋戴红毡小帽,束以锦帕,衣锦氆衣,腰系白丝绦,黑革鞡。其民人帽顶制似葫芦,边饰以皮,衣黄褐,束白丝绦,黑革鞡,亦有用黄牛皮者。妇人不冠,被发双垂,衣紫氆,余与男子同。其国负山险,田地腴美,筑室以居,耕而兼牧猎。

乾隆二十四年八月,回酋博罗尼都、霍集占兄弟败奔巴达克山,富德率师至其地,以博罗尼都、霍集占逆状谕示巴酋素尔坦沙,令擒献。时二贼窜入巴达克山之锡克南村,诡称假道往墨克祖国,大肆劫掠。素尔坦沙缚博罗尼都,以兵攻霍集占于阿尔浑楚哈岭。霍集占退保齐那尔河,不能支,伤背及乳,擒之,囚于柴札布。柴札布者,系囚处也。素尔坦沙遣使诣军门投款,且报擒二贼。富德令献俘,进至瓦罕城以待。是时温都斯坦方以兵临巴达克山,谋劫霍集占兄弟。霍集占阴通巴达克山仇国塔尔巴斯。会谋泄,素尔坦沙迁霍集占兄弟密室,以二百人围而杀之,刃其馘以献,并率其部落十万户及邻部博罗尔三万户以降。二十五年,遣额穆尔伯克朝京师,贡刀斧及八骏马。二十七年,再遣使来朝。二十八年,贡马、犬、鸟枪、腰刀。后其国为爱乌罕所并。巴达克山酋所居地曰维萨巴特,在喀克察河上。喷赤河自瓦罕帕米尔流入境,绕其东北,喀克察河西流入之,下流为阿母河。《唐书》言竭盘陀国治葱岭负徙多河,即巴达克山地也。

博罗尔,在巴达克山东,有城郭,户三万余,四面皆山,西北则水环之。乾隆二十四年,既与巴达克山同内附,遣其陪臣沙伯克等朝京师。二十七年十一月,博罗尔伯克沙呼沙默特贡剑斧诸物。二十九年,贡匕首。是时博罗尔与巴达克山屡构衅,沙呼沙默特乞援于叶尔羌,都统新柱遣谕巴达克山遵约束,还俘罢兵。至是,沙呼沙默特以所宝匕首进贡谢恩。三十四年,又进玉橚双匕首。

博罗尔人别一种,筑室而居,有村落,无文字,与诸回部言语不通,惟衣帽则与安集延相类。人皆深目高鼻,浓髭绕喙。男女少多,恒兄弟四五人共一妻,生子女次第分认,无兄弟者与戚里共之。土半沙卤,故其人苦贫。地多桑,取葚曝干为粮。饮山羊乳,以马湩为酒。称其酋曰"比"。以人口为赋税,生子女纳其半,卖于各回城为奴婢,值颇昂,每口值八九十金。后亦为阿富汗所并。

阿富汗,即爱乌罕。其国北界布哈尔,南界俾路支,东界印度,西界波斯,东西二千余里。由巴达克山西南行约七百里,历依色克米什、班因、察里克尔诸回部,越因都库什山至喀布尔,其国都也。因都库什山者,葱岭山脉右旋之支,迤逦而西,名伊兰高原。其地波斯处其西,而阿富汗处其东。本罽宾故国。分七大部:首曰喀布尔部,内属部七;曰冈大害部,内属部四;曰射士当部;曰爱拉部,内属部二;曰欧波部,内属部三;曰爱乍尔部;曰加非利士当部,内属部七。西与波斯接壤。有沙碛,余皆沃

壤。其气候，高地多寒，近低地则热。物产，果木、棉花、甘蔗、烟草之属。人皆土著，业农，无游牧。工织毛布，著名西域。户口约五百余万，分二十四族，每族聚居一地，皆自治。其长之升降，则听命于王焉。其人勇猛朴诚出天性，易抚循。

乾隆二十四年，大军追讨霍集占兄弟二贼，欲假道巴达克山赴阿，巴酋中道邀而杀之。其属有奔阿者，告以情，阿酋爱哈摩特沙将兴师，巴酋素尔坦沙惧，赂以御赐灯及中国文绮，阿遂罢兵，且遣使密尔汉偕巴使来纳款，欲窥中国虚实也。二十七年，入贡良马四，马高七尺，长八尺。是为回疆最西之属国。时阿富汗初离波斯独立，自称算端，势张甚，六侵印度，北印度大半为所略。爱哈摩特沙死，国人争立，纷扰者数十年。

道光六年，德司脱谟哈美德起兵喀布尔，统一阿富汗，爱哈摩特沙玄孙希耶速的逃印度，求庇于英。十九年，英印度总督奥克兰德攻阿富汗，取乾陀罗、哥疾宁，遂陷喀布尔，立速的为阿富汗王。阿人厌速的，并起绝英军归路。英军败，德司脱谟哈美德仍复位。二十九年，始与英和。英之有事于阿富汗也，俄人灭布哈尔，次第南侵。英人以阿富汗为印度藩篱，抗之尤力。光绪间，帕米尔分疆之议起，英人复以保护阿富汗为名，出而干涉帕事矣。

帕米尔者，葱岭山中宽平之地，供回族游牧者也。帕地有八，其中皆小回部错居。乾隆中，大部隶属中国，羁縻之使弗绝。厥后迤北、迤西稍稍归俄，迤南小部附于阿富汗，东路、中路则服属于中国。于是帕米尔遂为中、俄、阿富汗三国平分之地。出帕米尔，南逾因都库什山，即达印度，故俄人尽力经营之，而英人亦遂急起而隐为之备。英之为阿争，即不啻为印度争也。

初，乾隆二十四年，高宗平定回疆，穷追贼首至伊西洱库尔，三战三捷，遂蒇大功。高宗御制碑文勒铭淖尔，《西域图志》所指为喀什噶尔西境外地者也。当日喀城边卡西境之玉斯屯阿喇图什卡，仅八十里；西南之鄂坡勒卡，仅一百二十里。道光间，钦定边卡西至乌帕喇特卡，一百二十里；西北与喀浪圭卡，一百五十里。迨光绪间，克复新疆，刘锦堂始增设七卡于旧界之外。十五年，又设苏满一卡于伊西洱库尔淖尔北十里，是卡距喀城千六百里，最为窎远，仅以布鲁特回人守之，未驻兵也。英使之初议分帕也，我国严拒之，未允其请。既而俄兵阑入帕地，我国责其称兵越界，俄人即引咎退归。光绪十七年，英兵入坎巨提，逐其头目，其意在觊觎帕地也。新疆巡抚檄马队巡历边境，屯于苏满。十八年春，俄人来言帕地为中、俄两属，未经勘界，中国不应驻兵。总理衙门遂电疆抚退兵，而仍留苏满卡伦。俄复请尽撤新设诸卡，然后勘界。正相持间，而英人阴嗾阿兵突至苏满，胁掳布回而去，俄遂进兵与阿人战于苏满，其东队则游弋于郎库里湖、阿克塔什，渐近喀边。总理衙门疏言："我国先驻苏满之兵不早撤回，则俄、阿战事将自我启之，转难收束。阿虽占地而适资俄兵，蛮触相争，原可不必过问。但其东骎骎逼近边境，颇为可虑耳。"盖阿富汗自乾隆后朝贡不通，久置之度外矣，至是复一见焉。二十一年，帕米尔界议始定。

坎巨提，即乾竺特，在叶尔羌西南约一千五百里。自叶尔羌西行入葱岭，至塞勒库勒之塔什库尔干，即蒲犁厅也。由是西行，逾尼若塔什山口，又西南至塔克敦巴什帕米尔，为八帕之一。由是南逾瓦呼罗特、明塔戛两山口，西为因都库什山，东为穆斯塔格山。出山口顺棍杂河南行，又顺河折西抵棍杂，即坎巨提都城，城濒棍杂河北岸。《西域水道记》言："塞勒库勒在叶尔羌之西八百里，为外蕃总会之区。自塞勒库勒西五日程，曰黑斯图济；又西南三日程，曰乾竺特。"即坎巨提，译文异耳。乾隆二十六年，其酋有黑斯娄者，始内附，即叶尔羌办事大臣新柱奏称"乾竺特伯克黑斯娄遣子贡金"者也。

其人皆奉玛罕默德回教。其部落东西宽二十里，南北长六百里。两山夹立，广大峻削，中有大河，为入南疆要隘。坎部民住河西，河东则哪格尔所属也。棍杂城大约三里。城北有大山曰温吉尔，河曰崇带雅。所辖村庄二十五，城中居民二千余，其在各庄者约五千余人，城乡大小头目一百四十。土产牛、羊、马匹，无布帛，尽衣毛褐。五谷诸果俱备。故国有犯境者，民即为兵，选精壮者出关御之。人皆业农，不纳粮，不征税，惟岁与其酋耕敛而已。每岁贡中国砂金一两五钱，派之民，农户收麦十二斤，畜牧家则户收羊羔一，以集此款，无他徭也。贡使至，朝廷赏大缎两端。其贡至宣统间不绝。

道光间，克什米尔国王热吉苦罗普散令其将布甫山率兵犯境，夺坎属麻云卡，坎酋夏孜牌尔败之，追斩七千余名。克什米尔遣使构和，年与坎酋洋银一千五百元，元重二钱五分；坎酋以马二匹、细狗二只报之。人谓入贡克什米尔者，妄也。同治四年，克什米尔国王令就贝尔萨再犯境，坎王艾赞木复战败之，盖至是克什米尔已四犯坎属矣。

光绪间，俄兵入帕米尔，英人闻之，率兵至哪格尔，并檄坎巨提修平道路，备兵进帕地。哪格尔首抗英，坎酋助之。十七年，英人败哪格尔，直抵坎城，赛必德哎里罕战败，携眷属潜通，英人遂据其地。先是赛酋私与俄通，上降书，押结约俄夺占帕米尔，修筑堡垒于黑孜吉牙克、阿克素睦尔瓦、苏满三处，并建营于包子滚拜子，以扼要冲。俄人复书，报以金币千元、金丝呢布诸货六驮、快炮六杆。赛酋悖逆无信，不恤部众，且狡而好利，屡挑衅英、俄以求赇，视其部为市贩。其副目歪孜尔素执兵权，同恶相济，部民皆深忌之。至是，率其众五百余人将奔俄，塔墩巴什头目窝思满集众邀之。张鸿畴拘诸色勒库尔，屡谋突城出，不得，后解省羁禁十有七年，嗣复安置库车，其子米则拜尔及家属男女五十二人，均编住莎车热瓦奇庄，赛酋之外产也；胁从之众悉送还部，并谕伤赛酋之弟买卖提哎孜木代理坎巨提头目，以安民心。

出使英法义比大臣薛福成与英外部商定派员会立坎酋，其疏略云："中国回疆之外，向有羁縻各回部，惟自咸丰、同治以来，中国内寇不靖，未遑远略。俄国既以兵力吞并浩罕、布鲁特、哈萨克、布哈尔诸回部，而巴达克山、鲁善、什克南、瓦罕诸小部，则皆服属于阿富汗。迩来阿富汗为英属国，英之大势骎骎由印度北向，有与俄国争雄之意，而中国西边之外，遂日以多事。坎巨提一部近喀什噶尔，南界在葱岭以南，厥地纵横数百里，户口约近万人。近年回之入贡中国者祇此一部，盖即《新疆识略》之乾竺特、《一统舆图》及《时宪书》之喀楚特，同音而异译也。英之印度总督岁贴坎巨提经费，以助彼整理防务为名，实隐收其内政之权。去年夏秋间，坎巨提已有赴喀什噶尔告急之举，则以英人筑一炮台俯临坎境也。本年正二月间，叠承总署电信，以英兵侵坎巨提，其头目连战不胜，率其众逃诣卡外求援。臣以起衅情节诘英外部，询知英兵修筑一路直贯坎域，北抵兴都哥士大山，意在扼此隘口，以杜俄众南侵而保印度门户。其头目兴师拦阻，为英兵击败，踞其所居之棍杂城。臣与英相兼外部尚书沙力斯伯里晤商，据称并无灭坎之意，亦无阻坎入贡中国之意。祇以坎酋罪恶甚多，轻慢英官，不得不示以惩儆也。臣与总署电商，因坎酋声名素劣，势难必使复位。其部既系两属之国，与专属中国者又稍不同，祇可酌就外部之辞与之理论。外部语言闪铄，其初次存坎之说既甚游移，而必欲据坎之心则甚坚韧。幸而窥彼隐情，颇以俄焰方张，亟思联络中国，不欲敛怨树敌，臣得就此设法磋磨。英廷近称选得旧酋之弟买卖提哎孜木，可为坎巨提头目，拟请中国派员会同英员行封立之礼，已由总署电告新疆巡抚选派妥员前往。臣与外部商订仪节，华员、英员共为一班，克什米尔系英属国，位次应稍居后。行礼之期，初订在十八年闰六月二十三日，现展至七月二十五日，届时彼此和衷妥办，即可藏事。"新疆巡抚陶模即委阜康县知县田鼎铭、都司张鸿畴前赴坎部，会同英员热布生，更立买卖提哎孜木为坎巨提头目。封立仪节，华员居右，英员次之，英属克什米尔委员居左稍下，新酋又次之。张鸿畴宣布皇上德意，赏给大缎，谕令贡金照旧呈进，镇抚部民，毋任剽掠。其酋悉俯首听命云。

坎部国于山谷中，崇峰叠巘，道路险绝。中有喀喇阔鲁穆大冰山，时至十一月，积雪甚厚，以长毛牛负囊橐而行。明塔戛山口高万四千四百尺，路有巨石，盖古时流冰所经地也。出山口里许，有一流水，过此即易行。再逾数涧，两崖壁立，顶有积雪，至米斯戛。居人皆鞑尔鞑回教。不幕，有室庐，村各为堡，垒石为之。性强悍，以寇钞为俗，然皆酋所使，所劫货物大半归酋，四出剽掠，或远至库车。雅尔山脉下垂如毽，水流其间，土较腴美。近帕苏又一流冰，其融处高八千尺。

光绪十五年，英人杨哈思班游至其部，坎酋言："我受上帝命，亲断父母死罪而杀之，并杀其兄弟，投于山下，遂践是位。"其悖逆如此。或谓其地立国最古，殆周时曹奴氏之所居。《穆天子传》："庚辰，济于洋水；辛巳，入于曹奴，曹奴之人献天子于洋水之上。"洋水即棍杂河。《山海经》言："洋水西南流注于丑涂之水。"今棍杂河发源因都库什山，西南流至几勒几特城，东南入印度河。丑涂为印度转音，丑涂水即印度河也。

清史稿发刊缀言

尔巽承修清史十四年矣。任事以来，栗栗危惧。盖既非史学之专长，复值时局之多故，任大责重，辞谢不获，蚊负贻讥，勉为担荷。开馆之初，经费尚充，自民国六年，政府以财政艰难，锐减额算。近年益复枯竭，支绌情状，不堪缕述。将伯呼助，垫借俱穷，日暮途远，几无成书之一日。窃以清史关系一代典章文献，失今不修，后来益难著手，则尔巽之罪戾滋重。瞻前顾后，寝馈不安。事本万难，不敢诿卸。乃竭力呼吁，幸诸帅维持，并敦促修书同人黾勉从事，共矢谅苦衷，各尽义务，竭蹶之余，大致就绪。本应详审修正，以冀减少疵颣。奈以时事之艰虞，学说之庞杂，尔巽年齿之迟暮，再多慎重，恐不及待。于是于万不获已之时，乃有发刊《清史稿》之举，委托袁君金铠经办，数月即当克竣事。诚以史事繁巨，前史每有新编，互证得失。《明史》之修，值国家承平，时历数十年而始成，亦不无可议之处，诚戛戛乎其难矣。今兹《史稿》之刊，未臻完整，夫何待言。然此急就之章，较诸《元史》之成，已多时日。所有疏陋纰缪处，敬乞海内诸君子切实纠正，以匡不逮，用为后来修正之根据。盖此稿乃大辂椎轮之先导，并非视为成书也。除查出疏漏另刊修正表外，其他均公诸海内，与天下人以共见，绳愆纠谬，世多通人。尔巽心力已竭，老病危笃，行与诸君子别矣，言尽于此。以上所述，即作为《史稿》披露后向海内诸君竭诚就正之语，幸共鉴之。中华民国十六年丁卯八月二日赵尔巽时年八十四岁

清史馆职名
馆长　赵尔巽
兼代馆长总纂　柯劭忞
总阅　于式枚
总纂　王树枏　郭曾炘　李家驹　缪荃孙　吴士鉴
　　　吴廷燮　马其昶　夏孙桐　秦树声　金兆蕃
纂修　邓邦述　章钰　　王大钧　袁励准　万本端
　　　陶葆廉　王式通　顾瑗　　杨钟羲　简朝亮
　　　张采田　何葆麟　陈曾则　姚永朴　夏曾佑
　　　唐恩溥　袁克文　金兆丰
协修　俞陛云　罗惇曧　吴广霈　吴怀清　张书云
　　　张启后　韩朴存　李岳瑞　骆成昌　胡嗣芬
　　　吴昌绶　朱孔彰　李景濂　姚永概　黄翼曾
　　　檀玑　　戴锡章　陈曾矩　李哲明　吕钰
　　　余嘉锡　邵瑞彭　奭良　　瑞洵　　陈田
　　　叶尔恺　徐鸿宝　王崇烈　方履中　商衍瀛
　　　陈能怡　王以慜　刘树屏　朱师辙　史思培
　　　赵文蔚　刘焜　　陈敬第　蓝钰　　陈毅
　　　李葆恂　张仲炘　陈延韡　宋伯鲁　李焜瀛
　　　喻长霖　田应璜　赵世骏　杨晋　　齐忠甲
　　　朱希祖　吴璆　　秦望澜　李汝谦　罗裕樟

		傅增湘	朱方饴		
提调		李经畬	陈汉第	金还	周肇祥 邵章 文牍科长 伍元芝 图书科长 尹良 会计科长 刘济 庶务科长 锡荫 收发处长 张玉藻
校勘	孟昭墉	诸以仁	奎善	刘景福	赵伯屏
收掌	董清峻	胡庆松	秦化田	史锡华	惠澄
总理史稿发刊事宜总阅		袁金铠			
办理史稿校刻事宜总阅		**金梁**			

清史稿校刻记

甲寅年始设清史馆,以赵公尔巽为馆长。修史者有总阅、总纂、纂修、协修及征访等职,先后延聘百数十人,别有名誉职约三百人。馆中执事,有提调、收掌、科长及校勘等职,亦逾二百人,可谓盛矣。

开馆之初,首商义例。馆内外同人,如于君式枚、梁君启超、吴君士鉴、吴君廷燮、姚君永朴、缪君荃孙、陶君葆廉、金君兆蕃、朱君希祖、袁君励准、王君桐龄等,皆多建议。参酌众见,后乃议定用《明史》体裁,略加通变。先排史目,凡本纪十二:曰《太祖》、《太宗》、《世祖》、《圣祖》、《世宗》、《高宗》、《仁宗》、《宣宗》、《文宗》、《穆宗》、《德宗》,而《宣统纪》初拟为《今上本纪》,后改定。志十六:曰《天文》、《灾异》、《时宪》、《地理》、《礼》、《乐》、《舆服》附《卤簿》、《选举》、《职官》、《食货》、《河渠》、《兵》、《交通》、《刑法》、《艺文》、《邦交》,初拟有《国语》、《氏族》、《外教》三志,皆删。表十:曰《皇子》、《公主》、《外戚》、《诸臣封爵》、《藩部》、《大学士》、《军机大臣》、《部院大臣》、《疆臣》、《交聘》,初以《大学士》与《军机》合称《宰辅》,后改。列传十五:曰《后妃》、《诸王》、《诸臣》、《循吏》、《儒林》、《文苑》、《畴人》、《忠义》、《孝义》、《遗逸》、《艺术》、《列女》、《土司》、《藩部》、《属国》,初拟有《明遗臣》、《卓行》、《货殖》、《客卿》、《叛臣》诸目,皆删并。其取材则以《实录》为主,兼采国史旧志及本传,而参以各种记载,与夫征访所得,务求传信,不尚文饰焉。

庚申,初稿略备,始排比复辑。丙寅秋,重加修正。自开馆至是,已岁纪一周,其难其慎,盖犹未敢为定稿也。丁卯夏,袁君金铠创刊稿待正之议,赵公赳之,即请袁君总理发刊事宜,而以梁任校刻,期一年竣事。梁拟总阅全稿,先画一而后付刊。乃稿实未齐,且待修正,祇可随修随刻,不复有整理之暇矣。是时留馆者仅十余人,于是公推以柯君劭忞总纪稿,王君树楠总志稿,吴君廷燮总表稿,夏君孙桐、金君兆蕃分总传稿,而由袁君与梁校阅付刊。本纪自《太祖》至《世宗》五朝为邓君邦述、金君兆蕃原稿,《高宗》至《穆宗》五朝为吴君廷燮原稿,《德宗》及《宣统》二朝为瑞君洵原稿,而《太祖》、《圣祖》、《世宗》、《仁宗》、《文宗》、与《宣统》六纪为奭君良复辑,《穆》、《德》二纪为李君哲明复辑,柯君皆多删正。志则《天文》、《时宪》、《灾异》为柯君稿;《地理》为秦君树声原稿,王君树楠复辑;《礼》为张君书云、王君大钧、万君本端等分稿;《职官》为金君兆丰、骆君成昌、李君景濂、徐君鸿宝等分稿,皆金君复辑,《乐》为张君采田稿,《舆服》为何君葆麟稿,《选举》为张君启后、朱君希祖、袁君励准等分稿,张君书云复辑;《食货》为姚君永朴、李君岳瑞、李君哲明、吴君怀清分稿,《河渠》为何君葆麟等原稿,《交通》为罗君惇曧等分稿,皆吴君复辑,《兵》为俞君陛云、秦君望澜、田君应璜、袁君克文等分稿,俞君复辑;《刑法》为王君式通等分辑,后用许君受衡稿;《艺文》为章君钰、吴君士鉴原稿,朱君师辙复辑;《邦交》为李君家驹、吴君广霈、刘君树屏等分稿,戴君锡章复辑。表则《诸王》、《公主》、《外戚》为吴君士鉴原稿,《诸臣封爵》为刘君师培原稿,《军机大臣》为唐君邦治原稿,余皆吴君廷燮稿。列传则《后妃》、《诸王》为邓君奭君及金君兆蕃原稿,皆金君复辑;《诸臣》原稿,凡在馆诸君多有分纂,自开国至乾隆为金君兆蕃复辑,嘉道咸同为夏君孙桐复辑,光宣为马君其昶、金君兆丰复辑,而梁又重补辑之;《循吏》及《艺术》皆夏君复辑,《儒林》为缪君荃孙稿,《文苑》为马君稿,梁皆补之;《畴人》为陈君年原稿,柯君复辑,《忠义》为章君复辑;《孝义》及《列女》为金君兆蕃复辑,《遗逸》为王君树楠及缪君原稿,梁复辑之;《土司》为缪君稿,《藩部》蒙古为吴君廷燮稿,西藏为吴君燕绍稿,《属国》为韩君朴存稿。凡诸稿梁皆校阅,并有参订。惜仓卒付刊,不及从容讨论耳。昔万季野参修《明史》,总阅全书,事必核之实录,误者正之,漏者补之,此修史公例,不敢忽也。是秋赵公去世,柯君兼代馆长,一仍旧贯。岁暮校印过半,乃先发行,至今夏全书告成,幸未逾预定之期。袁君创议于先,经营筹画,力任其难,庶几无负赵公之托。其间数经艰乱,皆幸无阻,良非初料所及。一代国史,所关甚大,其成否亦系乎天焉。初有议《宣统纪》从阙者,梁以《春秋》不讳定哀,力争存之;又议断代为史,凡殁于辛亥以后者皆不入传,梁以明末遗臣,史皆并著,且清史实为旧史结束,后将别创新史,体例各异,诸人与清室相终始,岂容泯没,故所补独多。校刻既竣,略记始末,以备参考。《史稿》本非定本,望海内通人不吝指教。当别撰校勘记,为将来修正之资,幸甚幸甚。戊辰端节金梁。